Prütting/Helms · **FamFG**

Vorwort

Das FamFG ist nunmehr genau vier Jahre in Kraft. In dieser Zeit hat es eine Fülle von Rechtsprechung und Literaturbeiträgen hervorgerufen. Rückschauend kann man dabei feststellen, dass das Gesetz seine erste Bewährungsprobe bestanden hat. Insbesondere die Rechtsprechung hat zu einer deutlichen Konsolidierung der Rechtsanwendung beigetragen.

Allerdings war auch der Gesetzgeber nicht untätig. Schon vor dem Inkrafttreten des FamFG am 1.9.2009 hatte er das am 17.12.2008 erlassene Gesetz achtmal novelliert. Nach dem 1.9.2009 hat der Gesetzgeber insgesamt 18 Änderungen vorgenommen, darunter allein 13 in den Jahren 2012/2013, die in der vorliegenden Neuauflage zu verarbeiten waren (s. Einleitung Rz. 45a).

Eine besondere Herausforderung für die Autoren und den Verlag stellte die Gesetzesflut des Sommers 2013 dar, mit der die laufende Legislaturperiode ihren Abschluss fand. So berücksichtigt die vorliegende Neuauflage insbesondere die Gesetze zur Förderung der Mediation, zur Einführung einer Rechtsbehelfsbelehrung im Zivilprozess, zur Regelung der betreuungsrechtlichen Einwilligung in eine ärztliche Zwangsmaßnahme, zur Reform der elterlichen Sorge nicht miteinander verheirateter Eltern und zur Übertragung von Aufgaben der freiwilligen Gerichtsbarkeit auf Notare. Auch die Gesetze zur Förderung des elektronischen Rechtsverkehrs, zur Änderung des Prozesskostenhilfe- und Beratungshilferechts sowie das Zweite Kostenrechtsmodernisierungsgesetz sind bereits erfasst.

Neben den vielfältigen Gesetzesänderungen, die eine Neuauflage zwingend erforderten, ist selbstverständlich auch die Rechtsprechung und Literatur der vergangenen zwei Jahre seit dem Erscheinen der Vorauflage sorgfältig berücksichtigt. Der Kommentar befindet sich auf dem Stand vom 1. August 2013. Auch künftig möchte der Kommentar dem Leser eine umfassende und vertiefte Kommentierung des gesamten Gesetzeswerkes bieten. Damit soll für Rechtsanwälte, Notare, Richter, Rechtspfleger, Jugendämter und Betreuer die zuverlässige und umfassende Orientierung für ihre tägliche Arbeit vorgelegt werden. Besonderen Wert legt auch die Neuauflage wiederum darauf, die internationalen Aspekte des Familienverfahrens angemessen zu berücksichtigen. Weiterhin sind die Kommentierungen zu den Gerichtskosten und Anwaltsgebühren ausgebaut.

Aus dem erfolgreichen Autorenteam ist Herr Rechtsanwalt und Notar Eike Maass aus Altersgründen auf eigenen Wunsch ausgeschieden. Seinen Part hat dankenswerterweise Herr Regierungsdirektor Dr. Johannes Holzer übernommen. Ferner hat Herr VROLG Eberhard Stößer einen Teil seiner bisherigen Kommentierung (nämlich die §§ 35, 86–96a, 151–168a) an Herrn RiAG Dr. Stephan Hammer übergeben.

Die Herausgeber möchten dem sehr engagierten und zuverlässig arbeitenden Autorenteam herzlich danken. Ebenso gilt der Dank dem Verlag und insbesondere dem zuständigen Lektor, Herrn Peter Marqua, sowie seinen Mitarbeiterinnen, die mit ihrer schnellen, umfassenden und sachkundigen Unterstützung das Erscheinen der Neuauflage zum Abschluss der Legislaturperiode ermöglicht haben.

Herausgeber und Autoren hoffen, dass die Benutzer des Werkes die geschlossene Gesamtkommentierung auch künftig mit großem Gewinn annehmen werden. Soweit sich nach Auffassung der Leser Lücken oder Unklarheiten in der Kommentierung ergeben, sind wir für jeden Hinweis sehr dankbar.

Köln und Marburg, im August 2013

Hanns Prütting
Tobias Helms

Bearbeiterverzeichnis

Dr. Dr. Andrik Abramenko §§ 32–34, 36, 38–48, 58–75
Richter am Landgericht, abg., Idstein

Dr. Wera Ahn-Roth §§ 15–25
Vorsitzende Richterin am Oberlandesgericht a.D.,
Bonn

Dr. Regina Bömelburg §§ 231–260
Richterin am Oberlandesgericht, Köln

Christian Feskorn §§ 80–85, 117
Vorsitzender Richter am Kammergericht, Berlin

Dr. Oliver Fröhler §§ 342–373
Notar, Lörrach

Prof. Dr. Tobias Fröschle §§ 271–311
Universität Siegen

Dr. Stephan Hammer §§ 35, 86–96a, 151–168a
Richter am Amtsgericht, Berlin

Prof. Dr. Wolfgang Hau §§ 97–110
Universität Passau

Norbert Heiter §§ 261–270
Richter am Oberlandesgericht, Stuttgart

Prof. Dr. Tobias Helms §§ 111–116, 118–150
Universität Marburg

Dr. Johannes Holzer §§ 374–414, 433–484
Regierungsdirektor, München

Wilhelm Heinz Jennissen §§ 10–14b, 415–432
Vorsitzender Richter am Oberlandesgericht a.D.,
Aachen

Dipl.-Rpfl. Werner Klüsener FamGKG; Kosten- und
Oberamtsrat im BMJ, Berlin Gebührenanmerkungen

Thomas Krause §§ 186–199
Notar, Staßfurt

Ralph Neumann §§ 200–216a
Richter am Amtsgericht, Brühl

Prof. Dr. Hanns Prütting Einleitung, §§ 1–9, 26–31, 36a,
Universität Köln 37, 485–493; Art. 111, 112
  FGG-RG

Prof. Dr. Andreas Roth §§ 312–341
Universität Mainz

Eberhard Stößer §§ 49–57, 76–79, 169–185
Vorsitzender Richter am Oberlandesgericht,
Stuttgart

Andreas Wagner §§ 217–230
Richter am Oberlandesgericht, Düsseldorf

Inhaltsübersicht

	Seite
Vorwort	V
Bearbeiterverzeichnis	VII
Abkürzungsverzeichnis	XIII
Literaturverzeichnis	XXV
Einleitung	1

Gesetz über das Verfahren in Familiensachen und in den Angelegenheiten der freiwilligen Gerichtsbarkeit

		§§	Seite
Buch 1	**Allgemeiner Teil**	1–110	25
Abschnitt 1	Allgemeine Vorschriften	1–22a	25
Abschnitt 2	Verfahren im ersten Rechtszug	23–37	213
Abschnitt 3	Beschluss	38–48	356
Abschnitt 4	Einstweilige Anordnung	49–57	463
Abschnitt 5	Rechtsmittel	58–75	489
Unterabschnitt 1	Beschwerde	58–69	489
Unterabschnitt 2	Rechtsbeschwerde	70–75	643
Abschnitt 6	Verfahrenskostenhilfe	76–79	714
Abschnitt 7	Kosten	80–85	736
Abschnitt 8	Vollstreckung	86–96a	782
Unterabschnitt 1	Allgemeine Vorschriften	86–87	782
Unterabschnitt 2	Vollstreckung von Entscheidungen über die Herausgabe von Personen und die Regelung des Umgangs	88–94	792
Unterabschnitt 3	Vollstreckung nach der Zivilprozessordnung	95–96a	813
Abschnitt 9	Verfahren mit Auslandsbezug	97–110	826
Unterabschnitt 1	Verhältnis zu völkerrechtlichen Vereinbarungen und Rechtsakten der Europäischen Gemeinschaft	97	836
	Textanhänge zu § 97:		851
	IntFamRVG		851
	Brüssel IIa-VO		864
	KSÜ		885
	HKEntfÜ		896
	HErwSÜ und HErwSÜAG		902
Unterabschnitt 2	Internationale Zuständigkeit	98–106	914

		§§	Seite
Unterabschnitt 3	Anerkennung und Vollstreckbarkeit ausländischer Entscheidungen	107–110	985
	Textanhänge zu § 110:		
	Grundlagen und Rechtsquellen des Internationalen Zivilverfahrensrechts in Unterhaltssachen		1043
	AUG		1053
	EuUntVO		1083
	LugÜ 2007		1149
	HUntVÜ 1973		1170
	HUntVÜ 2007		1177
	UNUntÜ		1196
Buch 2	**Verfahren in Familiensachen**	111–270	1201
Abschnitt 1	Allgemeine Vorschriften	111–120	1201
Abschnitt 2	Verfahren in Ehesachen; Verfahren in Scheidungssachen und Folgesachen	121–150	1305
Unterabschnitt 1	Verfahren in Ehesachen	121–132	1305
Unterabschnitt 2	Verfahren in Scheidungssachen und Folgesachen	133–150	1368
Abschnitt 3	Verfahren in Kindschaftssachen	151–168a	1457
Abschnitt 4	Verfahren in Abstammungssachen	169–185	1671
Abschnitt 5	Verfahren in Adoptionssachen	186–199	1708
Abschnitt 6	Verfahren in Ehewohnungs- und Haushaltssachen	200–209	1759
Abschnitt 7	Verfahren in Gewaltschutzsachen	210–216a	1774
Abschnitt 8	Verfahren in Versorgungsausgleichssachen	217–230	1795
Abschnitt 9	Verfahren in Unterhaltssachen	231–260	1849
Unterabschnitt 1	Besondere Verfahrensvorschriften	231–245	1853
Unterabschnitt 2	Einstweilige Anordnung	246–248	1993
Unterabschnitt 3	Vereinfachtes Verfahren über den Unterhalt Minderjähriger	249–260	2031
Abschnitt 10	Verfahren in Güterrechtssachen	261–265	2081
Abschnitt 11	Verfahren in sonstigen Familiensachen	266–268	2107
Abschnitt 12	Verfahren in Lebenspartnerschaftssachen	269–270	2130
Buch 3	**Verfahren in Betreuungs- und Unterbringungssachen**	271–341	2143
Abschnitt 1	Verfahren in Betreuungssachen	271–311	2148
Abschnitt 2	Verfahren in Unterbringungssachen	312–339	2339
Abschnitt 3	Verfahren in betreuungsgerichtlichen Zuweisungssachen	340–341	2402

		§§	Seite
Buch 4	**Verfahren in Nachlass- und Teilungssachen** . .	342–373	2405
Abschnitt 1	Begriffsbestimmung; örtliche Zuständigkeit . .	342–344	2405
Abschnitt 2	Verfahren in Nachlasssachen	345–362	2511
Unterabschnitt 1	Allgemeine Bestimmungen	345	2512
Unterabschnitt 2	Verwahrung von Verfügungen von Todes wegen	346–347	2526
Unterabschnitt 3	Eröffnung von Verfügungen von Todes wegen .	348–351	2554
Unterabschnitt 4	Erbscheinsverfahren; Testamentsvollstreckung	352–355	2576
Unterabschnitt 5	Sonstige verfahrensrechtliche Regelungen . . .	356–362	2630
Abschnitt 3	Verfahren in Teilungssachen	363–373	2653
Buch 5	**Verfahren in Registersachen, unternehmensrechtliche Verfahren**	374–409	2713
Abschnitt 1	Begriffsbestimmung	374–375	2725
Abschnitt 2	Zuständigkeit	376–377	2733
Abschnitt 3	Registersachen	378–401	2736
Unterabschnitt 1	Verfahren	378–387	2736
Unterabschnitt 2	Zwangsgeldverfahren	388–392	2768
Unterabschnitt 3	Löschungs- und Auflösungsverfahren	393–399	2788
Unterabschnitt 4	Ergänzende Vorschriften für das Vereinsregister	400–401	2815
Abschnitt 4	Unternehmensrechtliche Verfahren	402–409	2817
Buch 6	**Verfahren in weiteren Angelegenheiten der freiwilligen Gerichtsbarkeit**	410–414	2835
Buch 7	**Verfahren in Freiheitsentziehungssachen**	415–432	2845
Buch 8	**Verfahren in Aufgebotssachen**	433–488	2919
Abschnitt 1	Allgemeine Verfahrensvorschriften	433–441	2924
Abschnitt 2	Aufgebot des Eigentümers von Grundstücken, Schiffen und Schiffsbauwerken	442–446	2934
Abschnitt 3	Aufgebot des Gläubigers von Grund- und Schiffspfandrechten sowie des Berechtigten sonstiger dinglicher Rechte	447–453	2939
Abschnitt 4	Aufgebot von Nachlassgläubigern	454–464	2950
Abschnitt 5	Aufgebot der Schiffsgläubiger	465	2961
Abschnitt 6	Aufgebot zur Kraftloserklärung von Urkunden .	466–484	2963
Buch 9	**Schlussvorschriften**	485–493	2987

Gesetz über Gerichtskosten in Familiensachen

		§§	Seite
Vorbemerkung			2995
Abschnitt 1	Allgemeine Vorschriften	1–8	2999
Abschnitt 2	Fälligkeit	9–11	3008
Abschnitt 3	Vorschuss und Vorauszahlung	12–17	3012
Abschnitt 4	Kostenansatz	18–20	3017
Abschnitt 5	Kostenhaftung	21–27	3022
Abschnitt 6	Gebührenvorschriften	28–32	3034
Abschnitt 7	Wertvorschriften	33–56	3041
Unterabschnitt 1	Allgemeine Wertvorschriften	33–42	3041
Unterabschnitt 2	Besondere Wertvorschriften	43–52	3060
Unterabschnitt 3	Wertfestsetzung	53–56	3080
Abschnitt 8	Erinnerung und Beschwerde	57–61a	3086
Abschnitt 9	Schluss- und Übergangsvorschriften	62–64	3097
Kostenverzeichnis			3099
Art. 111 FGG-RG	**Übergangsvorschrift**		3161
Art. 112 FGG-RG	**Inkrafttreten, Außerkrafttreten**		3165
Sachregister			3167

Abkürzungsverzeichnis

AdÜbAG	Gesetz zur Ausführung des Haager Adoptionsübereinkommens (Adoptionsübereinkommens-Ausführungsgesetz)
AdVermiG	Gesetz über die Vermittlung der Annahme als Kind und über das Verbot der Vermittlung von Ersatzmüttern (Adoptionsvermittlungsgesetz)
AdWirkG	Gesetz über Wirkungen der Annahme als Kind nach ausländischem Recht (Adoptionswirkungsgesetz)
AEUV	Vertrag über die Arbeitsweise der Europäischen Union
AG	Amtsgericht; auch: Aktiengesellschaft
AGGVG	(Landes-)Gesetz zur Ausführung des Gerichtsverfassungsgesetzes und von Verfahrensgesetzen des Bundes
AGS	Anwaltsgebühren-Spezial (Zeitschrift für das gesamte Gebührenrecht und Anwaltsmanagement)
AktG	Aktiengesetz
AktO	Aktenordnung
ALR	Allgemeines Landrecht
AltZertG	Gesetz über die Zertifizierung von Altersvorsorge- und Basisrentenverträgen (Altersvorsorgeverträge-Zertifizierungsgesetz)
AnwBl.	Anwaltsblatt (Zeitschrift)
AO	Abgabenordnung
ArbGG	Arbeitsgerichtsgesetz
ARUG	Gesetz zur Umsetzung der Aktionärsrechterichtlinie
AsylVfG	Asylverfahrensgesetz
AuAS	Schnelldienst Ausländer- und Asylrecht (Zeitschrift)
AufenthG	Gesetz über den Aufenthalt, die Erwerbstätigkeit und die Integration von Ausländern im Bundesgebiet (Aufenthaltsgesetz)
AUG	Gesetz zur Geltendmachung von Unterhaltsansprüchen im Verkehr mit ausländischen Staaten (Auslandsunterhaltsgesetz), s. § 110 FamFG Anh. 2
AVAG	Gesetz zur Ausführung zwischenstaatlicher Verträge und zur Durchführung von Verordnungen und Abkommen der Europäischen Gemeinschaft auf dem Gebiet der Anerkennung und Vollstreckung in Zivil- und Handelssachen (Anerkennungs- und Vollstreckungsausführungsgesetz)
BadRPrax	Badische Rechtspraxis (Zeitschrift)
BaföG	Bundesgesetz über individuelle Förderung der Ausbildung (Bundesausbildungsförderungsgesetz)
BAG	Bundesarbeitsgericht
BarwertVO	Barwert-Verordnung (aufgehoben durch Art. 23 VAStRefG v. 3.4.2009, BGBl. I, S. 700)
BauGB	Baugesetzbuch
BauR	Zeitschrift für das gesamte öffentliche und zivile Baurecht
BayObLG	Bayerisches Oberstes Landesgericht
BayObLG-Report	Schnelldienst zur Rechtsprechung des Bayerischen Obersten Landesgerichts (1992–2002)
BayObLGZ	Entscheidungen des Bayerischen Obersten Landesgerichts in Zivilsachen
BayVBl	Bayerische Verwaltungsblätter
BB	BetriebsBerater – Zeitschrift für Recht, Steuern und Wirtschaft
BDG	Bundesdisziplinargesetz
BDSG	Bundesdatenschutzgesetz

BeamtVG	Gesetz über die Versorgung der Beamten und Richter des Bundes (Beamtenversorgungsgesetz)
BeckRS	Beck Rechtsprechung (online-Rechtsprechungsdatenbank)
BetrAVG	Gesetz zur Verbesserung der betrieblichen Altersversorgung (Betriebsrentengesetz)
BeurkG	Beurkundungsgesetz
BFH	Bundesfinanzhof
BGB	Bürgerliches Gesetzbuch
BGBl.	Bundesgesetzblatt
BGH	Bundesgerichtshof
BGHReport	Schnelldienst zur Rechtsprechung des Bundesgerichtshofs (2001–2009)
BGHZ	Entscheidungen des Bundesgerichtshofs in Zivilsachen (Band, Seite)
BinSchG	Gesetz betreffend die privatrechtlichen Verhältnisse der Binnenschifffahrt (Binnenschifffahrtsgesetz)
BKAG	Gesetz über das Bundeskriminalamt und die Zusammenarbeit des Bundes und der Länder in kriminalpolizeilichen Angelegenheiten (Bundeskriminalamtgesetz)
BKGG	Bundeskindergeldgesetz
BKiSchG	Bundeskinderschutzgesetz
BNotO	Bundesnotarordnung
BörsG	Börsengesetz
BPolG	Gesetz über die Bundespolizei (Bundespolizeigesetz)
BRAO	Bundesrechtsanwaltsordnung
BR-Drucks.	Bundesrats-Drucksache
BRKG	Bundesreisekostengesetz
Brüssel I-VO	Verordnung (EG) Nr. 44/2001 des Rates v. 22.12.2000 über die gerichtliche Zuständigkeit und die Anerkennung und Vollstreckung von Entscheidungen in Zivil- und Handelssachen
Brüssel IIa-VO	Verordnung (EG) Nr. 2201/2003 des Rates v. 27.11.2003 über die Zuständigkeit und die Anerkennung und Vollstreckung von Entscheidungen in Ehesachen und in Verfahren betreffend die elterliche Verantwortung und zur Aufhebung der Verordnung (EG) Nr. 1347/2000, s. § 97 FamFG Anh. 2
BSG	Bundessozialgericht
BtÄndG	Betreuungsrechtsänderungsgesetz
BtBG	Gesetz über die Wahrnehmung behördlicher Aufgaben bei der Betreuung Volljähriger (Betreuungsbehördengesetz)
BT-Drucks.	Bundestags-Drucksache
BtG	Gesetz zur Reform des Rechts der Vormundschaft und Pflegschaft für Volljährige (Betreuungsgesetz)
BtMan	Betreuungsmanagement (Zeitschrift)
BtPrax	Betreuungsrechtliche Praxis (Zeitschrift)
BVerfG	Bundesverfassungsgericht
BVerfGE	Entscheidungen des Bundesverfassungsgerichts
BVerfGG	Gesetz über das Bundesverfassungsgericht (Bundesverfassungsgerichtsgesetz)
BVerfGK	Kammerentscheidungen des Bundesverfassungsgerichts
BVerwG	Bundesverwaltungsgericht
BWahlG	Bundeswahlgesetz
BWNotZ	Zeitschrift für das Notariat in Baden-Württemberg
CR	Computer und Recht (Zeitschrift)
Das Standesamt	Zeitschrift für Standesamtswesen, Familienrecht, Staatsangehörigkeitsrecht, Personenstandsrecht, internationales Privatrecht des In- und Auslands

DAVorm	Der Amtsvormund (Zeitschrift)
DB	Der Betrieb – Wochenschrift für Betriebswirtschaft, Steuerrecht, Wirtschaftsrecht und Arbeitsrecht
DDR-RAG	Rechtsanwendungsgesetz der DDR
Der Konzern	Zeitschrift für Gesellschaftsrecht, Steuerrecht, Bilanzrecht und Rechnungslegung der verbundenen Unternehmen
DEuFamR	Deutsches und Europäisches Familienrecht (Zeitschrift)
DFGT	Deutscher Familiengerichtstag
DNotI-Report	Informationsdienst des Deutschen Notarinstituts (Zeitschrift)
DNotZ	Deutsche Notar-Zeitschrift
DONot	Dienstordnung für Notarinnen und Notare
DÖV	Die Öffentliche Verwaltung (Zeitschrift)
DRiG	Deutsches Richtergesetz
DRiZ	Deutsche Richterzeitung
DSG	Datenschutzgesetz
eA	einstweilige Anordnung
EBE/BGB	Eildienst Bundesgerichtliche Entscheidungen
EF-Z	Zeitschrift für Ehe- und Familienrecht
EG	EG-Vertrag (in Zusammenhang mit der Bezeichnung „Art.")
EGBGB	Einführungsgesetz zum Bürgerlichen Gesetzbuch
EGGmbHG	Einführungsgesetz zum GmbH-Gesetz
EGGVG	Einführungsgesetz zum Gerichtsverfassungsgesetz
EGInsO	Einführungsgesetz zur Insolvenzordnung
EGMR	s. EuGMR
EG-PKHVV	EG-Prozesskostenhilfevordruckverordnung v. 21.12.2004
EGStGB	Einführungsgesetz zum Strafgesetzbuch
EGVP	Elektronisches Gerichts- und Verwaltungspostfach
EGZPO	Einführungsgesetz zur Zivilprozessordnung
EheG	Ehegesetz
EheRG	Gesetz zur Reform des Ehe- und Familienrechts
EHG	s. EHUG
EHUG	Gesetz über elektronische Handelsregister und Genossenschaftsregister sowie das Unternehmensregister
EMRK	Europäische Menschenrechtskonvention
ErbbauRG	Erbbaurechtsgesetz
ErbStDV	Erbschaftsteuer-Durchführungsverordnung
ErbStG	Erbschaftsteuer- und Schenkungsteuergesetz
EStG	Einkommensteuergesetz
ESÜ	s. SorgeRÜ
EuBVO	Verordnung Nr. 1206/2001 v. 28.5.2001 über die Zusammenarbeit zwischen den Gerichten der Mitgliedstaaten auf dem Gebiet der Beweisaufnahme in Zivil- oder Handelssachen
EuEheVO	s. Brüssel IIa-VO
EuErbVO	Verordnung (EU) Nr. 650/2012 des europäischen Parlaments und des Rates v. 4.7.2012 über die Zuständigkeit, das anzuwendende Recht, die Anerkennung und Vollstreckung von Entscheidungen und die Annahme und Vollstreckung öffentlicher Urkunden in Erbsachen sowie zur Einführung eines Europäischen Nachlasszeugnisses
EuGH	Gerichtshof der Europäischen Gemeinschaften (Europäischer Gerichtshof)
EuGMR (EGMR)	Europäischer Gerichtshof für Menschenrechte
EuGRZ	Europäische Grundrechte-Zeitschrift
EuGVO/EuGVVO	s. Brüssel I-VO

EuGVÜ	Brüsseler Übereinkommen v. 27.9.1968 über die gerichtliche Zuständigkeit und die Vollstreckung gerichtlicher Entscheidungen in Zivil- und Handelssachen (konsolidierte Fassung in ABl. EG 1998 Nr. C 27/1)
EuGVVO	s. Brüssel I-VO
EuInsVO	Verordnung (EG) Nr. 1346/2000 des Rates v. 29.5.2000 über Insolvenzverfahren
EuLF	The European Legal Forum (Zeitschrift)
EuMahnVO	Verordnung Nr. 1896/2006 v. 12.12.2006 zur Einführung eines Europäischen Mahnverfahrens
EuUntVO	Verordnung Nr. 4/2009 v. 18.12.2008 über die Zuständigkeit, das anzuwendende Recht, die Anerkennung und Vollstreckung von Entscheidungen und die Zusammenarbeit in Unterhaltssachen, s. § 110 FamFG Anh. 3
EUV	Vertrag über die Europäische Union
EuVTVO	Verordnung Nr. 805/2004 v. 21.4.2004 zur Einführung eines europäischen Vollstreckungstitels für unbestrittene Forderungen
EuZustVO	Verordnung Nr. 1348/2000 v. 29.5.2000 über die Zustellung gerichtlicher und außergerichtlicher Schriftstücke in Zivil- oder Handelssachen in den Mitgliedstaaten
EuZVO (2007)	Verordnung Nr. 1393/2007 v. 13.11.2007 über die Zustellung gerichtlicher und außergerichtlicher Schriftstücke in Zivil- oder Handelssachen in den Mitgliedstaaten und zur Aufhebung der Verordnung Nr. 1348/2000
EuZW	Europäische Zeitschrift für Wirtschaftsrecht
eVF	elektronische Vorab-Fassung (Vorfassung zur endgültigen, lektorierten Druckfassung)
EzFamR aktuell	Sofortinformation zur Entscheidungssammlung zum Familienrecht (Zeitschrift)
FA	Fachanwalt Arbeitsrecht (Zeitschrift)
FamFG	Gesetz über das Verfahren in Familiensachen und in den Angelegenheiten der freiwilligen Gerichtsbarkeit
FamFR	Familienrecht und Familienverfahrensrecht (Zeitschrift)
FamG	Familiengericht
FamGKG	Gesetz über Gerichtskosten in Familiensachen
FamLeistG	Gesetz zur Förderung von Familien und haushaltsnahen Dienstleistungen (Familienleistungsgesetz)
FamRÄndG	Gesetz zur Vereinheitlichung und Änderung familienrechtlicher Vorschriften (Familienrechtsänderungsgesetz)
FamRB	Der Familienrechts-Berater (Zeitschrift)
FamRBint	Der Familienrechts-Berater international (Beilage zum FamRB)
FamRZ	Zeitschrift für das gesamte Familienrecht
FEVG	Gesetz über das gerichtliche Verfahren bei Freiheitsentziehungen
FF	Forum Familienrecht (Zeitschrift)
fG	freiwillige Gerichtsbarkeit
FGG	Gesetz über die Angelegenheiten der freiwilligen Gerichtsbarkeit, aufgehoben durch Art. 112 G. v. 17.12.2008 (BGBl I, S. 2586)
FGG-RG	Gesetz zur Reform des Verfahrens in Familiensachen und in den Angelegenheiten der freiwilligen Gerichtsbarkeit (FGG-Reformgesetz)
FGO	Finanzgerichtsordnung
FGPrax	Praxis der Freiwilligen Gerichtsbarkeit (Zeitschrift)
FlurbG	Flurbereinigungsgesetz
FormVAnpG	Gesetz zur Anpassung der Formvorschriften des Privatrechts und anderer Vorschriften an den modernen Rechtsgeschäftsverkehr (Formvorschriftenanpassungsgesetz)
FPR	Familie, Partnerschaft, Recht (Zeitschrift)

FrGOE	Entwurf einer Verfahrensordnung für die freiwillige Gerichtsbarkeit
FrhEntzG	s. FEVG
FuR	Familie und Recht (Zeitschrift)
GBBerG	Grundbuchbereinigungsgesetz
GBMaßnG	Gesetz über Maßnahmen auf dem Gebiet des Grundstückswesens
GBO	Grundbuchordnung
GemS	Gemeinsamer Senat der obersten Gerichtshöfe des Bundes
GenDG	Gesetz über genetische Untersuchungen bei Menschen (Gendiagnostikgesetz)
GenG	Gesetz betreffend die Erwerbs- und Wirtschaftsgenossenschaften (Genossenschaftsgesetz)
GenRegV	Genossenschaftsregisterverordnung
GerNeuOG	(Landes-)Gerichtsneuordnungsgesetz
GewSchG	Gesetz zum zivilrechtlichen Schutz vor Gewalttaten und Nachstellungen (Gewaltschutzgesetz)
GG	Grundgesetz für die Bundesrepublik Deutschland
GmbH	Gesellschaft mit beschränkter Haftung
GmbHG	Gesetz betreffend die Gesellschaften mit beschränkter Haftung (GmbH-Gesetz)
GmbHR	GmbH-Rundschau (Zeitschrift)
GmS	s. GemS
GNotKG	Gerichts- und Notarkostengesetz
GOrgG	(Landes-)Gerichtsorganisationsgesetz
GPR	Zeitschrift für Gemeinschaftsprivatrecht
GRV	Gesetzliche Rentenversicherung
GS/GrS	Großer Senat
GVG	Gerichtsverfassungsgesetz
GVGA	Geschäftsanweisung für Gerichtsvollzieher
HAdoptÜ	Haager Übereinkommen v. 29.5.1953 über den Schutz von Kindern und die Zusammenarbeit auf dem Gebiet der internationalen Adoption (Haager Adoptionsübereinkommen)
HAÜ	s. HAdoptÜ
HausratsVO	s. HausrVO
HausrVO	Verordnung über die Behandlung der Ehewohnung und des Hausrats, aufgehoben durch Art. 2 G. v. 6.7.2009, BGBl. I, S. 1696
HBÜ	Haager Übereinkommen v. 18.3.1970 über die Beweisaufnahme im Ausland in Zivil- oder Handelssachen
HErwSÜ	Haager Übereinkommen v. 13.1.2000 über den internationalen Schutz von Erwachsenen, s. § 97 FamFG Anh. 5
HErwSÜAG	Ausführungsgesetz zum Erwachsenenschutz-Übereinkommen, s. § 97 FamFG Anh. 5
HFR	Humboldt Forum Recht (Internetzeitschrift)
HGB	Handelsgesetzbuch
HKEntfÜ	Haager Übereinkommen v. 25.10.1980 über die zivilrechtlichen Aspekte internationaler Kindesentführung, s. § 97 FamFG Anh. 4
HKiEntÜ	s. HKEntfÜ
HöfeO	Höfeordnung
HRR	Höchstrichterliche Rechtsprechung im Strafrecht (Zeitschrift)
HRV	Handelsregisterverordnung
HUntP 2007	Haager Protokoll über das auf Unterhaltsverpflichtungen anzuwendende Recht v. 23.11.2007
HUntVÜ 1958	Haager Übereinkommen v. 15.4.1958 über die Anerkennung und Vollstreckung von Entscheidungen auf dem Gebiet der Unterhaltspflicht gegenüber Kindern

HUntVÜ 1973	Haager Übereinkommen v. 2.10.1973 über die Anerkennung und Vollstreckung von Unterhaltsentscheidungen, s. § 110 FamFG Anh. 5
HUntVÜ 2007	Haager Übereinkommen vom 23.11.2007 über die internationale Geltendmachung der Unterhaltsansprüche von Kindern und anderen Familienangehörigen, s. § 110 FamFG Anh. 6
HVormÜ	Haager Abkommen v. 12.6.1902 zur Regelung der Vormundschaft über Minderjährige
HZPÜ	Haager Übereinkommen v. 1.3.1954 über den Zivilprozess
HZÜ	Haager Übereinkommen v. 15.11.1965 über die Zustellung gerichtlicher und außergerichtlicher Schriftstücke im Ausland in Zivil- oder Handelssachen
iFamZ	Interdisziplinäre Zeitschrift für Familienrecht
IfSG	Gesetz zur Verhütung und Bekämpfung von Infektionskrankheiten beim Menschen (Infektionsschutzgesetz)
IJPL	International Journal of Private Law (Zeitschrift)
InfAuslR	Informationsbrief Ausländerrecht (Zeitschrift)
InsO	Insolvenzordnung
IntFamRVG	Gesetz zur Aus- und Durchführung bestimmter Rechtsinstrumente auf dem Gebiet des internationalen Familienrechts (Internationales Familienrechts-Verfahrensgesetz), s. § 97 FamFG Anh. 1
IPRax	Praxis des Internationalen Privat- und Verfahrensrechts (Zeitschrift)
IPRspr.	Die deutsche Rechtsprechung auf dem Gebiete des Internationalen Privatrechts (Rechtsprechungssammlung seit 1926)
Jamt	Das Jugendamt – Zeitschrift für Jugendhilfe und Familienrecht
JBeitrO	Justizbeitreibungsordnung
JFG	Jahrbuch für Entscheidungen in Angelegenheiten der freiwilligen Gerichtsbarkeit und des Grundbuchrechts
JGG	Jugendgerichtsgesetz
JKomG	Gesetz über die Verwendung elektronischer Kommunikationsformen in der Justiz (Justizkommunikationsgesetz)
JR	Juristische Rundschau (Zeitschrift)
JuMoG	Gesetz zur Modernisierung der Justiz (Justizmodernisierungsgesetz)
Jura	Juristische Ausbildung (Zeitschrift)
JurBüro	Juristisches Büro (Zeitschrift)
JurPC	Internet-Zeitschrift für Rechtsinformatik und Informationsrecht
Justiz	Die Justiz – Amtsblatt des Justizministeriums Baden-Württemberg
JVEG	Gesetz über die Vergütung von Sachverständigen, Dolmetscherinnen, Dolmetschern, Übersetzerinnen und Übersetzern sowie die Entschädigung von ehrenamtlichen Richterinnen, ehrenamtlichen Richtern, Zeuginnen, Zeugen und Dritten (Justizvergütungs- und Entschädigungsgesetz)
JW	Juristische Wochenschrift
JZ	JuristenZeitung
KastrG	Gesetz über die freiwillige Kastration und andere Behandlungsmethoden (Kastrationsgesetz)
KErzG	Gesetz über die religiöse Kindererziehung (Kindererziehungsgesetz)
KG	Kammergericht; auch: Kommanditgesellschaft
KGaA	Kommanditgesellschaft auf Aktien

KGJ	Jahrbuch für Entscheidungen des Kammergerichts in Sachen der freiwilligen Gerichtsbarkeit (Band, Seite)
KGReport	Schnelldienst zur Rechtsprechung des Kammergerichts (1993–2009)
KICK	Gesetz zur Weiterentwicklung der Kinder- und Jugendhilfe (Kinder- und Jugendhilfeweiterentwicklungsgesetz)
KindPrax	Zeitschrift für die praktische Anwendung und Umsetzung des Kindschaftsrechts
KindRG	Gesetz zur Reform des Kindschaftsrechts (Kindschaftsrechtsreformgesetz)
KindUFV	Kindesunterhalt-Formularverordnung
KindUG	Gesetz zur Vereinheitlichung des Unterhaltsrechts minderjähriger Kinder (Kindesunterhaltsgesetz)
KindUVV	Verordnung zur Einführung von Vordrucken für das vereinfachte Verfahren über den Unterhalt minderjähriger Kinder
KiWoMaG	Gesetz zur Erleichterung familiengerichtlicher Maßnahmen bei Gefährdung des Kindeswohls
KJHG	Kinder- und Jugendhilfegesetz, jetzt SGB VIII
KKG	Gesetz zur Kooperation und Information im Kinderschutz
KKZ	Kommunal-Kassen-Zeitschrift
KonsularG	Konsulargesetz
KostO	Gesetz über die Kosten in Angelegenheiten der freiwilligen Gerichtsbarkeit (Kostenordnung)
KostRspr	Kostenrechtsprechung, Nachschlagewerk wichtiger Kostenentscheidungen
KostVfg	Kostenverfügung (Verwaltungsvorschrift des Bundesministeriums der Justiz, BAnz Nr. 166 v. 3.9.2004, S. 19765)
KSÜ	Haager Übereinkommen v. 19.10.1996 über die Zuständigkeit, das anzuwendende Recht, die Anerkennung, Vollstreckung und Zusammenarbeit auf dem Gebiet der elterlichen Verantwortung und der Maßnahmen zum Schutz von Kindern (Haager Kindesschutzübereinkommen), s. § 97 FamFG Anh. 3
KSVG	Künstlersozialversicherungsgesetz
KWG	Gesetz über das Kreditwesen (Kreditwesengesetz)
LAG	Gesetz über den Lastenausgleich (Lastenausgleichsgesetz)
LBG	Gesetz über die Landbeschaffung für Aufgaben der Verteidigung
LFGG	Landesgesetz über die Freiwillige Gerichtsbarkeit (Baden-Württemberg)
LG	Landgericht
LMK	Lindenmaier-Möhring Kommentierte BGH-Rechtsprechung
LPartG	Gesetz über die Eingetragene Lebenspartnerschaft (Lebenspartnerschaftsgesetz)
LSG	Landessozialgericht
LuftfzRG	Luftfahrzeugregistergesetz
LugÜ	Luganer Europäisches Übereinkommen v. 16.9.1988 über die gerichtliche Zuständigkeit und die Vollstreckung gerichtlicher Entscheidungen in Zivil- und Handelssachen
LugÜ 2007	Luganer Übereinkommen vom 30.10.2007 über die gerichtliche Zuständigkeit und die Anerkennung und Vollstreckung von Entscheidungen in Zivil- und Handelssachen, § 110 FamFG Anh. 4
LwVG	Gesetz über das gerichtliche Verfahren in Landwirtschaftssachen (Landwirtschaftsverfahrensgesetz)
MDK	Medizinischer Dienst der Krankenversicherung
MDR	Monatsschrift für deutsches Recht (Zeitschrift)
MediationsG	Mediationsgesetz

Mediations-RL	Richtlinie 2008/52/EG v. 21.5.2008 über bestimmte Aspekte der Mediation in Zivil- und Handelssachen
MeldeG (mit Zusatz)	Meldegesetz (des Landes ...)
MitbestG	Gesetz über die Mitbestimmung der Arbeitnehmer (Mitbestimmungsgesetz)
MittBayNot	Mitteilungen des Bayerischen Notarvereins, der Notarkasse und der Landesnotarkammer Bayern
MittRhNotK	Mitteilungen der Rheinischen Notarkammer
MiZi	Anordnung über die Mitteilungen in Zivilsachen
MMR	Multimedia und Recht (Zeitschrift)
MoMiG	Gesetz zur Modernisierung des GmbH-Rechts und zur Bekämpfung von Missbräuchen
MSA	Haager Übereinkommen v. 5.10.1961 über die Zuständigkeit der Behörden und das anzuwendende Recht auf dem Gebiet des Schutzes von Minderjährigen (Haager Minderjährigenschutzabkommen)
NamÄndG	Gesetz über die Änderung von Familiennamen und Vornamen (Namensänderungsgesetz)
NEhelG	Gesetz über die rechtliche Stellung der nichtehelichen Kinder (Nichtehelichengesetz)
NJ	Neue Justiz (Zeitschrift)
NJOZ	Neue Juristische Online-Zeitschrift
NJW	Neue Juristische Wochenschrift
NJWE-FER	NJW-Entscheidungsdienst Familien- und Erbrecht
NJW-RR	NJW-Rechtsprechungs-Report Zivilrecht
NordÖR	Zeitschrift für öffentliches Recht in Norddeutschland
NotBZ	Zeitschrift für die notarielle Beratungs- und Beurkundungspraxis
NStZ	Neue Zeitschrift für Strafrecht
NVwZ	Neue Zeitschrift für Verwaltungsrecht
NVwZ-RR	NVwZ-Rechtsprechungs-Report Verwaltungsrecht
NZA	Neue Zeitschrift für Arbeitsrecht
NZA-RR	NZA-Rechtsprechungs-Report Arbeitsrecht
NZG	Neue Zeitschrift für Gesellschaftsrecht
NZI	Neue Zeitschrift für Insolvenz und Sanierung
NZM	Neue Zeitschrift für Miet- und Wohnungsrecht
OBG	Gesetz über Aufbau und Befugnisse der Ordnungsbehörden (Ordnungsbehördengesetz)
OHG	Offene Handelsgesellschaft
ÖJZ	Österreichische Juristen-Zeitung
OK GBO	online-Kommentar Grundbuchordnung
OLGR	Rechtsprechung der Oberlandesgerichte auf dem Gebiet des Zivilrechts, Band 1–46, erschienen 1900–1928 (zitiert nach Band, Seite)
OLGReport	Schnelldienst zur Rechtsprechung der Oberlandesgerichte (1991–2009)
OLGZ	Entscheidungen der Oberlandesgerichte in Zivilsachen 1965–1994 (zitiert nach Jahrgang, Seite)
OrtsgerichtsG	(Landes-)Ortsgerichtsgesetz
OVG	Oberverwaltungsgericht
PartGG	Gesetz über Partnerschaftsgesellschaften Angehöriger Freier Berufe (Partnerschaftsgesellschaftsgesetz)
PfandBG	Pfandbriefgesetz
PKH	Prozesskostenhilfe

PKH-RL	Richtlinie 2003/8/EG v. 27.1.2003 zur Verbesserung des Zugangs zum Recht bei Streitsachen mit grenzüberschreitendem Bezug durch Festlegung gemeinsamer Mindestvorschriften für die Prozesskostenhilfe in derartigen Streitsachen (Prozesskostenhilfe-Richtlinie)
PolG	Polizeigesetz
PRV	Partnerschaftsregisterverordnung
PStG	Personenstandsgesetz
PStRG	Gesetz zur Reform des Personenstandsrechts
PStV	Verordnung zur Ausführung des Personenstandsgesetzes (Personenstandsverordnung)
PsychKG	Landesgesetze für psychisch kranke Personen
PublG	Gesetz über die Rechnungslegung von bestimmten Unternehmen und Konzernen
r+s	recht und schaden (Zeitschrift)
RabelsZ	Rabels Zeitschrift für ausländisches und internationales Privatrecht
RBerNG	Gesetz zur Neuregelung des Rechtsberatungsrechts
RDG	Rechtsdienstleistungsgesetz
RDGEG	Einführungsgesetz zum Rechtsdienstleistungsgesetz
RdL	Recht der Landwirtschaft (Zeitschrift)
RefE	Referentenentwurf
RegE	Regierungsentwurf
RelKErzG	s. KErzG
RG	Reichsgericht
RGRK	Das Bürgerliche Gesetzbuch mit besonderer Berücksichtigung der Rechtsprechung des Reichsgerichts und des Bundesgerichtshofes, Kommentar, herausgegeben von Mitgliedern des Bundesgerichtshofes
RGZ	Entscheidungen des Reichsgerichts in Zivilsachen
RJA	Reichsjustizamt, Entscheidungen in Angelegenheiten der freiwilligen Gerichtsbarkeit und des Grundbuchrechts
RNotZ	Rheinische Notar-Zeitschrift
RpflBl	Rechtspflegerblatt (Zeitschrift)
Rpfleger	Der Rechtspfleger (Zeitschrift)
RPflG	Rechtspflegergesetz
RPflStud	Rechtspfleger-Studienhefte (Zeitschrift)
RVG	Gesetz über die Vergütung der Rechtsanwältinnen und Rechtsanwälte (Rechtsanwaltsvergütungsgesetz)
RVGreport	Anwaltsgebühren, Streitwert, Gerichtskosten, Erstattung, Rechtsschutz (Zeitschrift)
SachenRBerG	Gesetz zur Sachenrechtsbereinigung im Beitrittsgebiet
SCE-AusführungsG	Gesetz zur Ausführung der Verordnung (EG) Nr. 1435/2003 des Rates vom 22. Juli 2003 über das Statut der Europäischen Genossenschaft
ScheckG	Scheckgesetz
SchiffsRegO	Schiffsregisterordnung
SchKG	Gesetz zur Vermeidung und Bewältigung von Schwangerschaftskonflikten (Schwangerschaftskonfliktgesetz)
SchlHA	Schleswig-Holsteinische Anzeigen (Justizministerialblatt des Landes Schleswig-Holstein)
SchRegO	s. SchiffsRegO
SchRG	Gesetz über Rechte an eingetragenen Schiffen und Schiffsbauwerken
SchVG	Gesetz über Schuldverschreibungen aus Anleihen (Schuldverschreibungsgesetz)

SE-AusführungsG	Gesetz zur Ausführung der Verordnung (EG) Nr. 2157/2001 des Rates vom 8. Oktober 2001 über das Statut der Europäischen Gesellschaft
SeuffA	Seufferts Archiv für die Entscheidungen der obersten Gerichte in den deutschen Staaten
SGB I–XII	Sozialgesetzbuch Erstes bis Zwölftes Buch
SGG	Sozialgerichtsgesetz
SigG	Gesetz über Rahmenbedingungen für elektronische Signaturen (Signaturgesetz)
SorgeRÜ	Luxemburger Europäisches Übereinkommen v. 25.5.1980 über die Anerkennung und Vollstreckung von Entscheidungen über das Sorgerecht für Kinder und die Wiederherstellung des Sorgeverhältnisses
SorgeRÜbkAG	Gesetz zur Ausführung des Haager Übereinkommens vom 25.10.1980 über die zivilrechtlichen Aspekte internationaler Kindesentführung und des Europäischen Übereinkommens vom 20.5.1980 über die Anerkennung und Vollstreckung von Entscheidungen über das Sorgerecht für Kinder und die Wiederherstellung des Sorgeverhältnisses (Sorgerechtsübereinkommens-Ausführungsgesetz v. 5.4.1990)
SpruchG	Gesetz über das gesellschaftsrechtliche Spruchverfahren
StAG	Staatsangehörigkeitsgesetz
StAngRegG	Gesetz zur Regelung von Fragen der Staatsangehörigkeit
StAZ	s. Das Standesamt
StGB	Strafgesetzbuch
StPO	Strafprozessordnung
StVollzG	Strafvollzugsgesetz
StVZO	Straßenverkehrs-Zulassungs-Ordnung
ThUG	Gesetz zur Therapierung und Unterbringung psychisch gestörter Gewalttäter (Therapieunterbringungsgesetz)
TSG	Gesetz über die Änderung der Vornamen und die Feststellung der Geschlechtszugehörigkeit in besonderen Fällen (Transsexuellengesetz)
TVÜG	Gesetz zur Überführung der Testamentsverzeichnisse und der Hauptkartei beim Amtsgericht Schöneberg in Berlin in das Zentrale Testamentsregister der Bundesnotarkammer (Testamentsverzeichnis-Überführungsgesetz)
UhAnerkÜbk Haag	Haager Übereinkommen über die Anerkennung und Vollstreckung von Entscheidungen auf dem Gebiet der Unterhaltspflicht gegenüber Kindern v. 15.4.1958
UhEntschÜbk Haag	Haager Übereinkommen über die Anerkennung und Vollstreckung von Unterhaltsentscheidungen v. 2.10.1973
UhVorschG	Gesetz zur Sicherung des Unterhalts von Kindern alleinstehender Mütter und Väter durch Unterhaltsvorschüsse oder -ausfallleistungen (Unterhaltsvorschussgesetz)
UmwG	Umwandlungsgesetz
UnterbrG	Gesetz über die Unterbringung psychisch Kranker und deren Betreuung
UNUntÜ	UN-Übereinkommen v. 20.6.1956 über die Geltendmachung von Unterhaltsansprüchen im Ausland, s. § 110 FamFG Anh. 7
UVG	s. UhVorschG
VA	Versorgungsausgleich
VAG	Versicherungsaufsichtsgesetz

VAHRG	Gesetz zur Regelung von Härten im Versorgungsausgleich, aufgehoben durch Art. 23 VAStrRefG v. 3.4.2009, BGBl. I, S. 700
VAStrRefG	Gesetz zur Strukturreform des Versorgungsausgleichs
VAÜG	Versorgungsausgleichs-Überleitungsgesetz, aufgehoben durch Art. 23 VAStrRefG v. 3.4.2009, BGBl. I, S. 700
VBVG	Gesetz über die Vergütung von Vormündern und Betreuern (Vormünder- und Betreuervergütungsgesetz)
VerfO EuGH	Verfahrensordnung des Gerichtshofs der Europäischen Gemeinschaften
VersAusglG	Gesetz über den Versorgungsausgleich (Versorgungsausgleichsgesetz)
VersAusglG-MaßnG	Gesetz über weitere Maßnahmen auf dem Gebiet des Versorgungsausgleichs
VerschG	Verschollenheitsgesetz
VersR	Zeitschrift für Versicherungsrecht, Haftungs- und Schadensrecht
VG	Verwaltungsgericht
VGH	Verwaltungsgerichtshof
VKH	Verfahrenskostenhilfe
VRV	Vereinsregisterverordnung
VVaG	Versicherungsverein auf Gegenseitigkeit
VV-RVG	Vergütungsverzeichnis zum Rechtsanwaltsvergütungsgesetz
VwGO	Verwaltungsgerichtsordnung
VwVfG	Verwaltungsverfahrensgesetz
WarnR	Die Rechtsprechung des Reichsgerichts (Jahr und Nummer der Entscheidung)
WE	Wohnungseigentum – Zeitschrift für Wohnungseigentums- und Mietrecht
WEG	Gesetz über das Wohnungseigentum und das Dauerwohnrecht (Wohnungseigentumsgesetz)
WG	Wechselgesetz
WÜD	Wiener UN-Übereinkommen v. 18.4.1961 über diplomatische Beziehungen
WÜK	Wiener UN-Übereinkommen v. 24.4.1963 über konsularische Beziehungen
WuM	Wohnungswirtschaft und Mietrecht (Zeitschrift)
ZAR	Zeitschrift für Ausländerrecht und Ausländerpolitik
ZBfJR	Zentralblatt für Jugendrecht (Zeitschrift)
ZBlFG	Zentralblatt für freiwillige Gerichtsbarkeit und Notariat sowie Zwangsversteigerung (Zeitschrift)
ZErb	Zeitschrift für die Steuer- und Erbrechtspraxis
ZEuP	Zeitschrift für Europäisches Privatrecht
ZEV	Zeitschrift für Erbrecht und Vermögensnachfolge
ZFdG	Gesetz über das Zollkriminalamt und die Zollfahndungsämter (Zollfahndungsdienstgesetz)
ZFE	Zeitschrift für Familien- und Erbrecht (2011 eingestellt)
ZfIR	Zeitschrift für Immobilienrecht
ZfRV	Zeitschrift für Rechtsvergleichung, Internationales Privatrecht und Europarecht
zfs	Zeitschrift für Schadensrecht
ZfSch	s. zfs
ZKJ	Zeitschrift für Kindschaftsrecht und Jugendhilfe
ZMR	Zeitschrift für Miet- und Raumrecht
ZPO	Zivilprozessordnung
ZRHO	Rechtshilfeordnung für Zivilsachen
ZRP	Zeitschrift für Rechtspolitik

ZTRV	Verordnung zur Einrichtung und Führung des Zentralen Testamentsregisters (Testamentsregister-Verordnung)
ZustErgG	Gesetz zur Ergänzung von Zuständigkeiten auf den Gebieten des Bürgerlichen Rechts, des Handelsrechts und des Strafrechts
ZustRG	Gesetz zur Reform des Verfahrens bei Zustellungen im gerichtlichen Verfahren (Zustellungsreformgesetz)
ZVG	Gesetz über die Zwangsversteigerung und die Zwangsverwaltung
ZZP	Zeitschrift für Zivilprozess
ZZPInt	Zeitschrift für Zivilprozess International

Literaturverzeichnis

I. Kommentare

Arnold/Meyer-Stolte/Herrmann/Rellermeyer/Hintzen, Rechtspflegergesetz, 7. Aufl. 2009
Assenmacher/Mathias, Kostenordnung, 16. Aufl. 2008

Bahrenfuss, FamFG, 2009 (zitiert: Bahrenfuss/*Bearbeiter*)
Bamberger/Roth, Kommentar zum Bürgerlichen Gesetzbuch, 3 Bände, 3. Aufl. 2012
Bassenge/Roth, FamFG/RPflG, 12. Aufl. 2009
Baumbach/Hopt, Handelsgesetzbuch, 35. Aufl. 2012
Baumbach/Hueck, GmbH-Gesetz, 20. Aufl. 2013
Baumbach/Lauterbach/Albers/Hartmann, Zivilprozessordnung, 71. Aufl. 2013 (zitiert: Baumbach/*Hartmann*)
Bäumel/Bienwald/Häußermann, Familienrechtsreformkommentar – FamRefK, 1998
Bienwald/Sonnenfeld/Hoffmann, Betreuungsrecht, 5. Aufl. 2011
Bork/Jacoby/Schwab, FamFG, 2. Aufl. 2013 (zitiert: Bork/Jacoby/Schwab/*Bearbeiter*)
Brehm, Freiwillige Gerichtsbarkeit, 4. Aufl. 2009
Bruns/Kemper, Lebenspartnerschaftsrecht, 2. Aufl. 2005
Bumiller/Harders, FamFG, 10. Aufl. 2011

Damrau/Zimmermann, Betreuungsrecht, Kommentar zum materiellen und formellen Recht, 4. Aufl. 2010
Dauner-Lieb/Heidel/Ring, Bürgerliches Gesetzbuch Gesamtausgabe, 6 Bände, 2010–2013 (zitiert: NK-BGB/*Bearbeiter*)
Dodegge/Roth, Systematischer Praxiskommentar Betreuungsrecht, 3. Aufl. 2010

Erfurter Kommentar zum Arbeitsrecht, 13. Aufl. 2013
Erman, Bürgerliches Gesetzbuch, 13. Aufl. 2011 (zitiert: Erman/*Bearbeiter*)
Eylmann/Vaasen, Bundesnotarordnung, Beurkundungsgesetz, 3. Aufl. 2011

Fritz/Pielsticker, Kommentar zum Mediationsgesetz, 2013
Fröschle, Praxiskommentar Betreuungs- und Unterbringungsverfahren, 2. Aufl. 2010

Germelmann/Matthes/Prütting/Müller-Glöge, Arbeitsgerichtsgesetz, 7. Aufl. 2009
Gerold/Schmidt, Rechtsanwaltsvergütungsgesetz, 20. Aufl. 2012
Greger/Unberath, Mediationsgesetz, Recht der alternativen Konfliktlösung, Kommentar, 2012

Hartmann, Kostengesetze, 42. Aufl. 2012
Haußleiter, FamFG, 2011 (zitiert: Haußleiter/*Bearbeiter*)
Holzer, FamFG, 2011 (zitiert: Holzer/*Bearbeiter*)
Horndasch/Viefhues, FamFG – Kommentar zum Familienverfahrensrecht, 2. Aufl. 2010
Hüffer, Aktiengesetz, 10. Aufl. 2012
Huhn/v. Schuckmann/Armbrüster, Beurkundungsgesetz und Dienstordnung für Notarinnen und Notare, 5. Aufl. 2009

Jansen/v. Schuckmann/Sonnenfeld, Gesetz über die Angelegenheiten der freiwilligen Gerichtsbarkeit, 3 Bände, 3. Aufl. 2006
Jauernig, Bürgerliches Gesetzbuch, 14. Aufl. 2011
Johannsen/Henrich, Familienrecht, Scheidung, Unterhalt, Verfahren, 5. Aufl. 2010
Jurgeleit, Betreuungsrecht, Handkommentar, 2. Aufl. 2010

Jürgens, Betreuungsrecht, 4. Aufl. 2010

Keidel, FamFG, Familienverfahren, Freiwillige Gerichtsbarkeit, 17. Aufl. 2011
 (zitiert: Keidel/*Bearbeiter*)
Kemper/Schreiber, Familienverfahrensrecht, 2. Aufl. 2012
 (zitiert: HK-FamFG/*Bearbeiter*)
Kindl/Meller-Hannich/Wolf, Gesamtes Recht der Zwangsvollstreckung,
 Handkommentar, 2. Aufl. 2013
Kissel/Mayer, GVG – Gerichtsverfassungsgesetz, 7. Aufl. 2013
Korintenberg/Lappe/Bengel/Reimann, Kostenordnung, 18. Aufl. 2010
Kropholler/von Hein, Europäisches Zivilprozessrecht – Kommentar zu EuGVO,
 Lugano-Übereinkommen 2007, EuVTVO, EuMVVO und EuGFVO, 9. Aufl. 2011

Marschner/Volckart/Lesting, Freiheitsentziehung und Unterbringung, 5. Aufl. 2010
Meyer, GKG/FamGKG 2012 – Kommentar zum Gerichtskostengesetz (GKG) und
 zum Gesetz über Gerichtskosten in Familiensachen (FamGKG), 13. Aufl. 2012
Meysen, Das Familienverfahrensrecht – FamFG, 2009
Münchener Kommentar zum Aktiengesetz, 7 Bände, 3. Aufl. 2008–2012
 (zitiert: MüKo.AktG/*Bearbeiter*)
Münchener Kommentar zum Bürgerlichen Gesetzbuch, 11 Bände, 6. Aufl. 2012–2013
 (zitiert: MüKo.BGB/*Bearbeiter*)
Münchener Kommentar zur Insolvenzordnung, 4 Bände, 3. Aufl. 2013
 (zitiert: MüKo.InsO/*Bearbeiter*)
Münchener Kommentar zur ZPO, 3 Bände 4. Aufl. 2012 (zitiert: MüKo.ZPO/
 Bearbeiter)
Musielak, Zivilprozessordnung mit Gerichtsverfassungsgesetz, 10. Aufl. 2013
Musielak/Borth, Familiengerichtliches Verfahren, 1. und 2. Buch FamFG, 4. Aufl. 2013

Niedenführ/Kümmel/Vandenhouten, WEG – Kommentar und Handbuch zum
 Wohnungseigentumsrecht, 10. Aufl. 2013

Palandt, Bürgerliches Gesetzbuch, 72. Aufl. 2013 (zitiert: Palandt/*Bearbeiter*)
Prütting/Wegen/Weinreich, Bürgerliches Gesetzbuch, 8. Aufl. 2013
 (zitiert: PWW/*Bearbeiter*)

Rauscher, Europäisches Zivilprozess- und Kollisionsrecht, 4 Bände, 2010/2011
Riecke/Schmid, Fachanwaltskommentar Wohnungseigentumsrecht, 3. Aufl. 2010
Rohs/Wedewer, Kostenordnung, Loseblatt, Stand 2012
Rowedder/Schmidt-Leithoff, GmbHG, 5. Aufl. 2013

Saenger, Zivilprozessordnung – Handkommentar, 5. Aufl. 2013 (zitiert: HK-ZPO/
 Bearbeiter)
Schlosser, EU-Zivilprozessrecht, Kommentar, 3. Aufl. 2009
Schneider/Herget, Streitwertkommentar, 13. Aufl. 2011
Schneider/Wolf/Volpert, Familiengerichtskostengesetz – Handkommentar, 2. Aufl.
 2013 (zitiert: HK-FamGKG/*Bearbeiter*)
Schulte-Bunert/Weinreich, FamFG, 3. Aufl. 2011
Schulz/Hauß, Familienrecht, 2. Aufl. 2012 (zitiert: HK-FamR oder Schulz/Hauß/
 Bearbeiter)
Schuschke/Walker, Vollstreckung und Vorläufiger Rechtschutz, Kommentar, 5. Aufl.
 2011
Schwab/Weth, Arbeitsgerichtsgesetz, 3. Aufl. 2011
Soergel/Siebert, Kommentar zum Bürgerlichen Gesetzbuch, 13. Aufl. 1999 ff.
Staudinger, 4. Buch Familienrecht, Neubearbeitung 2004–2007
Stein/Jonas, Zivilprozessordnung, Kommentar, 10 Bände, 22. Aufl. 2002 ff.

Thomas/Putzo, Zivilprozessordnung, 34. Aufl. 2013

Weinreich/Klein, Fachanwaltskommentar Familienrecht, 5. Aufl. 2013
Wieczorek/Schütze, Zivilprozessordnung und Nebengesetze, 3. Aufl. 1994 ff.
Winkler, Beurkundungsgesetz, 17. Aufl. 2013

Zimmermann, Zivilprozessordnung, 9. Aufl. 2011
Zöller, Zivilprozessordnung, 29. Aufl. 2012 (zitiert: Zöller/*Bearbeiter*)

II. Handbücher, Lehrbücher, Monographien, Festschriften und sonstige Hilfsmittel

Aichhorn, Das Recht der Lebenspartnerschaft, 2003

Baldus/Gustavus, Handels- und Registerrecht, 4. Aufl. 2001
v. Bar/Mankowski, Internationales Privatrecht,. Band 1, 2. Aufl. 2003, Band 2 1991
Baumgärtel/Laumen/Prütting, Handbuch der Beweislast – Beweislastpraxis im Privatrecht, 9 Bände, 3. Aufl. 2008 ff. (zitiert: Baumgärtel/*Bearbeiter*)
Baur/Grunsky, Zivilprozessrecht, 13. Aufl. 2008
Baur/Wolf, Grundbegriffe des Rechts der Freiwilligen Gerichtsbarkeit, 3. Aufl. 2002
Becker/Junggeburth, Das neue Unterhaltsrecht: Rangfolge, Mindestunterhalt und Anpassung bestehender Unterhaltsregelungen, 2008
Bergerfurth/Rogner, Der Ehescheidungsprozess und die anderen Eheverfahren, 15. Aufl. 2006
Bergmann/Ferid/Henrich, Internationales Ehe- und Kindschaftsrecht mit Staatsangehörigkeitsrecht, Loseblatt
Bergschneider, Verträge in Familiensachen, 4. Aufl. 2010
Bienwald, Verfahrenpflegschaftsrecht, 2002
Borth, Praxis des Unterhaltsrechts, 2. Aufl. 2011
Borth, Versorgungsausgleich in anwaltlicher und familiengerichtlicher Praxis, 6. Aufl. 2011
Brambring/Jerschke, Beck'sches Notarhandbuch, 5. Aufl. 2009
Büte, Das Umgangsrecht bei Kindern geschiedener und getrennt lebender Eltern, 2. Aufl. 2005
Büte, Zugewinnausgleich bei Ehescheidungen, 4. Aufl. 2012
Büttner/Wrobel-Sachs/Gottschalk/Dürbeck, Prozess- und Verfahrenskostenhilfe, Beratungshilfe, 6. Aufl. 2012

Dethloff, Familienrecht, 30. Aufl. 2012
Dose, Einstweiliger Rechtsschutz in Familiensachen, 3. Aufl. 2010
Duderstadt, Die nichteheliche Lebensgemeinschaft, 2. Aufl. 2004
Duderstadt, Erwachsenenunterhalt, 4. Aufl. 2008
Duderstadt, Zugewinnausgleich, 2. Aufl. 2002

Eckebrecht/Große-Boymann/Gutjahr/Paul/Schael/v. Swieykowski-Trzaska/Weidemann, Verfahrenshandbuch Familiensachen, 2. Aufl. 2010 (zitiert: FamVerf/*Bearbeiter*)
Ehinger/Griesche/Rasch, Handbuch Unterhaltsrecht, 6. Aufl. 2010
Ehring, Die Abänderbarkeit der Sorgerechtsentscheidung und die Wünsche des Kindes, 1996
Eichele/Hirtz/Oberheim, Handbuch Berufung im Zivilprozess, 3. Aufl. 2010
v. Eicken/Hellstab/Lappe/Madert/Dörnhofer, Die Kostenfestsetzung, 21. Aufl. 2013
Eschenbruch/Klinkhammer, Der Unterhaltsprozess, 5. Aufl. 2009

Finke/Ebert, Familienrecht in der anwaltlichen Praxis, 6. Aufl. 2008
Firsching/Dodegge, Familienrecht. 2. Halbband: Betreuungssachen und andere Gebiete der freiwilligen Gerichtsbarkeit, 7. Aufl. 2010

Firsching/Graf, Nachlassrecht, 9. Aufl. 2008
Firsching/Schmid, Familienrecht, 1. Halbband: Familiensachen, 7. Aufl. 2010
Fölsch, Das neue FamFG in Familiensachen, 2009
Friederici/Kemper, Kommentierte Synopse, FamFG, FGG, ZPO, 2009
Frieser, Fachanwaltskommentar Erbrecht, 4. Aufl. 2013

Garbe/Oelkers, Praxishandbuch Familiensachen, Loseblatt
Garbe/Ullrich, Verfahren in Familiensachen, 3. Aufl. 2012
Geimer, Internationales Zivilprozessrecht, 6. Aufl. 2009
Geimer/Schütze, Europäisches Zivilverfahrensrecht, 3. Aufl. 2010
Geimer/Schütze, Internationaler Rechtsverkehr in Zivil- und Handelssachen, Loseblatt
Gerhardt/v. Heintschel-Heinegg/Klein, Handbuch des Fachanwalts Familienrecht: FA-FamR, 9. Aufl. 2013 (zitiert: FA-FamR/*Bearbeiter*)
Gernhuber/Coester-Waltjen, Familienrecht, 6. Aufl. 2010
Gießler/Soyka, Vorläufiger Rechtsschutz in Familiensachen, 5. Aufl. 2010
Glockner/Hoenes/Weil, Der neue Versorgungsausgleich, 2009
Goebel, AnwaltFormulare Zivilprozessrecht, 3. Aufl. 2010
Göppinger/Börger, Vereinbarungen anlässlich der Ehescheidung, 9. Aufl. 2009
Göppinger/Wax, Unterhaltsrecht, 9. Aufl. 2008
Graba, Die Abänderung von Unterhaltstiteln, 4. Aufl. 2011
Graf, Erb- und Nachlasssachen, 2008
Groll, Praxis-Handbuch Erbrechtsberatung, 3. Aufl. 2010
Groß, Anwaltsgebühren in Ehe- und Familiensachen, 3. Aufl. 2010
Grün, Vaterschaftsfeststellung und -anfechtung, 2003
Grunsky, Zivilprozessrecht, 13. Aufl. 2008
Grziwotz, Trennung und Scheidung, 7. Aufl. 2008
Gustavus, Handelsregisteranmeldungen, 7. Aufl. 2009

Hamm, Strategien im Unterhaltsrecht, 2. Aufl. 2009
Hausmann/Hohloch, Das Recht der nichtehelichen Lebensgemeinschaft, 2. Aufl. 2004
Hauß/Eulering, Versorgungsausgleich und Verfahren in der Praxis, 2009
Haußleiter/Schulz, Vermögensauseinandersetzung bei Trennung und Scheidung, 5. Aufl. 2011
Heiß/Born, Unterhaltsrecht, Loseblatt
Helms/Kieninger/Rittner, Abstammungsrecht in der Praxis, 2010
Hoppenz, Der reformierte Unterhalt, 2008
Hoppenz, Familiensachen, 9. Aufl. 2009
Hüßtege/Ganz, Internationales Privatrecht, 5. Aufl. 2013

Jansen/Rüting/Schimke, Anwalt des Kindes, Eine Positionsbestimmung der Verfahrenspflege nach § 50 FGG, 2005
Jauernig/Hess, Zivilprozessrecht, 30. Aufl. 2011
Jayme/Hausmann, Internationales Privat- und Verfahrensrecht, 16. Aufl. 2012
Jungbauer, Gebührenoptimierung in Familiensachen, 2005
Jürgens/Kröger/Marschner/Winterstein, Betreuungsrecht kompakt, 7. Aufl. 2011 (zitiert: Jürgens/*Bearbeiter*)

Kemper, Das neue Unterhaltsrecht, 2008
Kemper, FamFG – FGG – ZPO, Kommentierte Synopse, 2 Aufl. 2009
Kersten/Bühling, Formularbuch und Praxis der Freiwilligen Gerichtsbarkeit, 23. Aufl. 2010
Klein, Das neue Unterhaltsrecht, 2008
Kleveman, Anwalts-Handbuch Einstweiliger Rechtsschutz, 2. Aufl. 2013
Knittel, Beurkundung im Kindschaftsrecht, 7. Aufl. 2013
Knöringer, Freiwillige Gerichtsbarkeit, 5. Aufl. 2010
Kogel, Strategien beim Zugewinnausgleich, 4. Aufl. 2013
Krafka/Willer/Kühn, Registerrecht, 8. Aufl. 2010

Kretz/Band/Dohrn, Formularbuch Betreuungsrecht, 3. Aufl. 2012
Kroiß/Seiler, Das neue FamFG, Erläuterungen – Muster – Arbeitshilfen, 2. Aufl. 2009
Künzl/Koller, Prozesskostenhilfe, 2. Aufl. 2003

Langenfeld, Handbuch der Eheverträge und Scheidungsvereinbarungen, 6. Aufl. 2011
Lappe, Kosten in Familiensachen, 5. Aufl. 1994
Limmer/Hertel/Frenz/Mayer, Würzburger Notarhandbuch, 3. Aufl. 2012
Linke/Hau, Internationales Zivilverfahrensrecht, 5. Aufl. 2010
Lipp/Schumann/Veit, Reform des familiengerichtlichen Verfahrens, 1. Familienrechtliches Forum Göttingen, 2009
Lüke, Zivilprozessrecht: Erkenntnisverfahren, Zwangsvollstreckung, 9. Aufl. 2006
Luthin, Gemeinsames Sorgerecht nach der Scheidung, 1987
Luthin/Koch, Handbuch des Unterhaltsrechts, 11. Aufl. 2010

Madert/Müller-Rabe, Kostenhandbuch Familiensachen, 2001
Meier, Handbuch Betreuungsrecht, 2001
Melchior, Internet-Kommentar zur Abschiebungshaft, www.abschiebungshaft.de
Menne/Grundmann, Das neue Unterhaltsrecht: Einführung – Gesetzgebungsverfahren – Materialien, 2008
Mes, Beck'sches Prozessformularbuch, 12. Aufl. 2013
Meyer-Stolte/Zorn, Familienrecht, 5. Aufl. 2011
Müller/Renner, Betreuungsrecht und Vorsorgeverfügungen in der Praxis, 3. Aufl. 2010
Müller/Sieghörtner/Emmerling de Oliveira, Adoptionsrecht in der Praxis, 2. Aufl. 2011
Münchener Anwaltshandbuch Erbrecht, 3. Aufl. 2010
Münchener Anwaltshandbuch Familienrecht, 3. Aufl. 2010
Münchener Prozessformularbuch, Band 3: Familienrecht, 4. Aufl. 2013
Münchener Prozessformularbuch, Band 4: Erbrecht, 2. Aufl. 2009
Muscheler, Das Recht der Eingetragenen Lebenspartnerschaft, 2. Aufl. 2004
Müther, Das Handelsregister in der Praxis, 2. Aufl. 2007

Nagel/Gottwald, Internationales Zivilprozessrecht, 6. Aufl. 2007
Niepmann/Schwamb, Die Rechtsprechung zur Höhe des Unterhalts, 12. Aufl. 2013

Otto/Klüsener/Killmann, Die FGG-Reform – Das neue Kostenrecht, 2008

Pantle/Kreissl, Die Praxis des Zivilprozesses, 4. Aufl. 2007
Pardey, Betreuungs- und Unterbringungsrecht, 4. Aufl. 2009
Pauling, Rechtsmittel in Familiensachen, 2002
Peschel-Gutzeit, Unterhaltsrecht aktuell, 2008
Probst, Betreuungs- und Unterbringungsverfahren, 2. Aufl. 2010

Rahm/Künkel, Handbuch Familien- und Familienverfahrensrecht, Loseblatt
Rauscher, Familienrecht, 2. Aufl. 2008
Rosenberg/Schwab/Gottwald, Zivilprozessrecht, 17. Aufl. 2010

Salgo/Zenz/Fegert/Bauer/Weber/Zitelmann, Verfahrensbeistandschaft, 2. Aufl. 2010
Schack, Internationales Zivilverfahrensrecht, 5. Aufl. 2010
Schellhammer, Die Arbeitsmethoden des Zivilgerichts, 16. Aufl. 2009
Schellhammer, Erbrecht nach Anspruchsgrundlagen, 3. Aufl. 2010
Schellhammer, Familienrecht nach Anspruchsgrundlagen, 4. Aufl. 2006
Schellhammer, Zivilprozess, 14. Aufl. 2013
Schilken, Zivilprozessrecht, 6. Aufl. 2010
Schneider, Die Klage im Zivilprozess, 3. Aufl. 2007
Schneider/Thiel, Zivilprozessuales Beweisrecht, 2008
Scholz/Kleffmann/Motzer, Praxishandbuch Familienrecht, Loseblatt
Schöppe-Fredenburg/Schwolow, Formularsammlung Familienrecht, 2007

Schoreit/Groß, Beratungshilfe/Prozesskostenhilfe/Verfahrenskostenhilfe, 11. Aufl. 2012
Schröder, Bewertungen im Zugewinnausgleich, 5. Aufl. 2011
Schürmann, Tabellen zum Familienrecht, 33. Aufl. 2012
Schulte-Bunert, Das neue FamFG, 2. Aufl. 2010
Schwab, Die eingetragene Lebenspartnerschaft, 2002
Schwab, Familienrecht, 20. Aufl. 2012
Schwab, Handbuch des Scheidungsrechts, 6. Aufl. 2010
Schweitzer, Die Vollstreckung von Umgangsregelungen, 2007
Soyka, Das Abänderungsverfahren im Unterhaltsrecht, 3. Aufl. 2010
Soyka, Die Berechnung des Ehegattenunterhalts, 3. Aufl. 2012
Soyka, Die Berechnung des Volljährigenunterhalts, 4. Aufl. 2011
Steinert/Theede/Knoop, Zivilprozess, 9. Aufl. 2011
Stöber/Otto, Handbuch zum Vereinsrecht, 10. Aufl. 2012
Strohal/Viefhues, Das neue Unterhaltsrecht, 2008

Tempel/Graßnack/Kosziol/Seyderhelm, Materielles Recht im Zivilprozess, 5. Aufl. 2009

Ulrich, Der gerichtliche Sachverständige, 12. Aufl. 2007

Viefhues/Mleczko, Das neue Unterhaltsrecht, 2. Aufl. 2008
Völker/Clausius, Sorge- und Umgangsrecht in der Praxis, 5. Aufl. 2012
Vorwerk, Das Prozessformularbuch, 9. Aufl. 2010

Waldner, Der Anspruch auf rechtliches Gehör, 2. Aufl. 2000
Wellenhofer-Klein, Die eingetragene Lebensgemeinschaft, 2003
Wendl/Dose, Das Unterhaltsrecht in der familienrichterlichen Praxis, 8. Aufl. 2011
Wever, Vermögensauseinandersetzungen der Ehegatten außerhalb des Güterrechts, 5. Aufl. 2009
Wick, Der Versorgungsausgleich, 2. Aufl. 2007
Wittich, Die Gütergemeinschaft, 2000
Wuppermann, Adoption – Ein Handbuch für die Praxis, 2006
Wurm/Wagner/Zartmann, Das Rechtsformularbuch, 16. Aufl. 2011

Zimmermann, Betreuungsrecht von A–Z, 4. Aufl. 2011
Zimmermann, FamFG, 2. Aufl. 2011
Zimmermann, Erbschein und Erbscheinsverfahren, 2. Aufl. 2008
Zimmermann, Prozesskosten- und Verfahrenskostenhilfe – insbesondere in Familiensachen, 4. Aufl. 2012
Zuck, Die Anhörungsrüge im Zivilprozess, 2008

Einleitung

I. Geschichtliche Entwicklung
  1. Einführung 1
  2. Das FGG von 1898 2
  3. Die Rechtsentwicklung im 20. Jahrhundert 4
  4. Die Entstehung des FamFG 10
  5. Das Inkrafttreten 15
  6. Änderungen 15a
II. Das FamFG im Rechtsschutzsystem
  1. Das System umfassenden Rechtsschutzes 16
  2. Die freiwillige Gerichtsbarkeit als echte Gerichtsbarkeit 17
  3. Rechtsweg 19
III. Struktur und Aufbau des FamFG
  1. Aufbau des FamFG 21
  2. Inhalt des FamFG 23
    a) Erstes Buch: Allgemeiner Teil (§§ 1 bis 110) 24
    b) Zweites Buch: Familiensachen (§§ 111 bis 270) 25
    c) Drittes Buch: Betreuungs- und Unterbringungssachen (§§ 271 bis 341) 26
    d) Viertes Buch: Nachlass- und Teilungssachen (§§ 342 bis 373) ... 27
    e) Fünftes Buch: Registersachen und unternehmensrechtliche Verfahren (§§ 374 bis 409) 28
    f) Sechstes Buch: Sonstige Verfahren der fG (§§ 410 bis 414) 29
    g) Siebtes Buch: Freiheitsentziehungssachen (§§ 415 bis 432) .. 30
    h) Achtes Buch: Aufgebotssachen (§§ 433 bis 484) 31
    i) Neuntes Buch: Schlussvorschriften (§§ 485 bis 493) 32
  3. Wichtige inhaltliche Änderungen .. 33
  4. Geltungsbereich 41
  5. Gesetzesänderungen 45a
  6. Vergleich zur ZPO 46
IV. Begriff der freiwilligen Gerichtsbarkeit und Beteiligte
  1. Der Begriff der freiwilligen Gerichtsbarkeit 48
  2. Die Beteiligten 53
V. Verfahrensgrundsätze
  1. Begriff 56
  2. Amtsermittlungsgrundsatz (Stoffsammlung) 57
  3. Dispositionsmaxime und Offizialprinzip (Verfahrensherrschaft) ... 60
  4. Aufklärungspflicht des Gerichts .. 61
  5. Konzentrationsgrundsatz 62
  6. Grundsatz der Öffentlichkeit 63
  7. Rechtsfolgen einer Verletzung von Verfahrensgrundsätzen 64
VI. Einwirkungen des Verfassungsrechts
  1. Anspruch auf rechtliches Gehör .. 65
  2. Anspruch auf faires Verfahren ... 66
  3. Willkürverbot 67
  4. Rechtsschutzgarantie 68
  5. Effektiver Rechtsschutz 68a
VII. Der Verfahrensgegenstand
  1. Grundlagen 69
  2. Der Streitgegenstand im Zivilprozess 70
  3. Der Verfahrensgegenstand der freiwilligen Gerichtsbarkeit 76
  4. Die Bedeutung des Verfahrensgegenstandes im laufenden Verfahren .. 80
  5. Bedeutung des Verfahrensgegenstandes für die Rechtskraft 84
VIII. Streitschlichtung und Mediation (konsensuale Streitbeilegung) 86
IX. Internationales Verfahrensrecht der freiwilligen Gerichtsbarkeit 88

I. Geschichtliche Entwicklung

1. Einführung

Die Rechtsentwicklung der sog. freiwilligen Gerichtsbarkeit ist bis heute durch große Unsicherheiten geprägt. Es gibt weder eine umfassende historische noch eine wissenschaftlich abschließende Behandlung dieses Bereichs. Auch der Name „freiwillige Gerichtsbarkeit", eine wörtliche Übersetzung aus dem Lateinischen „jurisdictio voluntaria", bei unseren österreichischen Nachbarn als „Außerstreitverfahren"[1], in Frankreich als „jurisdiction gracieuse"[2] und in England als „non-contentious litigation" bezeichnet, hilft für die Einordnung des Rechtsgebiets nicht weiter. Die Schweiz spricht wie das deutsche Recht von freiwilliger Gerichtsbarkeit(vgl. Art. 1b, 248e schweiz. ZPO vom 19.12.2008, in Kraft seit 1.1.2011). Bis zum Jahre 1900 waren

---

1 Vgl. *Fasching*, Zivilprozessrecht, 2. Aufl. 1990, Rz. 111.
2 Dazu *Martiny*, Nichtstreitige Verfahren in Frankreich, 1976.

die Entstehung und die historische Entwicklung auf deutschem Boden durch Landesrecht geprägt. Zu erwähnen sind die preußische AGO von 1793, die einen Abschnitt über „Verfahren bei den Handlungen der freiwilligen Gerichtsbarkeit" enthielt, ferner im 19. Jh. eigene Regelungen in Baden, Hessen und Sachsen. Das Preußische ALR von 1793 enthielt in Teil 2, Titel 1, § 1 folgende Definition: „Zu den Handlungen der freiwilligen Gerichtsbarkeit werden hier diejenigen gerechnet, welche, ob sie gleich keine Prozesse sind, dennoch nach vorhandenen gesetzlichen Vorschriften vor Gerichten vollzogen werden müssen; also diejenigen, zu deren gerichtlicher Vollziehung die Parteien sich, mehrerer Gewissheit und Beglaubigung wegen, aus freiem Willen entschließen."

2. Das FGG von 1898

2 Mit der Reichsgründung von 1870/71 entstand im neuen deutschen Zentralstaat ein dringendes Bedürfnis nach Rechtserneuerung und Rechtseinheit. Die Reichsjustizgesetze von 1877 (GVG, ZPO, StPO, KO) und das am 1.1.1900 in Kraft getretene BGB sind dafür herausragende Beispiele. Gerade die umfassende Kodifizierung des Bürgerlichen Rechts erforderte aber neben dem streitigen Zivilverfahren der ZPO auch neue Verfahrensregeln für die klassischen Bereiche der nichtstreitigen Zivilgerichtsbarkeit (Vormundschaft, Nachlass, Register, Urkundsangelegenheiten). So entstanden trotz gravierender Bedenken wegen einer möglicherweise fehlenden Reichszuständigkeit Teilentwürfe zu einem FGG (1881, 1888). Erst eine 1890 berufene Kommission hielt eine reichseinheitliche Regelung insoweit für berechtigt, als dies zur verfahrensmäßigen Durchführung des BGB (und des HGB) erforderlich schien. Das daraufhin am 20.5.1898 erlassene FGG (RGBl. S. 369, 771) stellt also schon nach dem Willen des Gesetzgebers keine in sich geschlossene und vollständige Kodifikation dar, sondern eine durchaus unvollkommene Rahmenregelung. Gem. Art. 1 Abs. 1 EGBGB wurde das FGG ganz bewusst zusammen mit dem BGB und weiteren Gesetzen zum 1.1.1900 in Kraft gesetzt.[1]

3 Konsequenz dieser historischen Entwicklung war es gewesen, dass der Allgemeine Teil des FGG mit 34 Paragraphen viele Verfahrensregelungen offen ließ und insbesondere Verfahrensgrundrechte nur sehr unvollkommen erfasste.[2]

3. Die Rechtsentwicklung im 20. Jahrhundert

4 Seit Inkrafttreten im Jahre 1900 erfuhr das FGG mehr als 90 Änderungen.[3] Namentlich zu nennen sind insbesondere folgende:
– das Gleichberechtigungsgesetz v. 18.6.1957,[4]
– das Familienrechtsänderungsgesetz v. 11.8.1961,[5]
– das Gesetz über die rechtliche Stellung der nichtehelichen Kinder v. 19.8.1969,[6]
– das Betreuungsgesetz v. 16.12.1990,[7]
– das Kindschaftrechtsreformgesetz v. 16.12.1997,[8]
– das Gewaltschutzgesetz v. 11.12.2001.[9]

5 Daneben wurden weitere, das FGG ergänzende Gesetze erlassen oder geändert:
– das Adoptionsgesetz v. 2.7.1976[10]

---

[1] Vgl. die umfassenden Darstellungen bei *Bärmann*, Freiwillige Gerichtsbarkeit, S. 5 ff.; Keidel/*Winkler*, FGG, 15. Aufl., Einleitung Rz. 1; *Jacoby*, FamRZ 2007, 1703; *Habscheid*, Freiwillige Gerichtsbarkeit, 7. Aufl., S. 12 ff.
[2] *Bork*, ZZP 117 (2004), 399 (402); *Unberath*, FS Werner, 2009, S. 569 (570).
[3] Vgl. im Einzelnen: Keidel/*Schmidt*, 15. Aufl., § 1 FGG Rz. 52–114.
[4] BGBl. I, S. 609.
[5] BGBl. I, S. 1221.
[6] BGBl. I, S. 1243.
[7] BGBl. I, S. 2002.
[8] BGBl. I, S. 2942.
[9] BGBl. I, S. 3513.
[10] BGBl. I, S. 1749.

– das Partnerschaftsgesellschaftsgesetz v. 25.7.1994,[1]
– das Gesetz über die eingetragene Lebenspartnerschaft v. 16.2.2001,[2]
– das Gesetz zur Überarbeitung des Lebenspartnerschaftsrechts v. 15.12.2004,[3]
– das Zweite Gesetz zur Änderung des Betreuungsrechts v. 21.4.2005.[4]

Insgesamt hat der Gesetzgeber in den vergangenen 100 Jahren dem Bereich der freiwilligen Gerichtsbarkeit so oft neue und unterschiedliche Verfahrensregeln zugewiesen, dass es Stimmen gab, die hier von einem „gesetzgeberischen Experimentierfeld" sprachen (so etwa *Habscheid*).[5]

Angesichts der gesetzlichen Defizite war das Bestreben nach einer umfassenden gesetzgeberischen Reform des FGG im Allgemeinen und des Familienverfahrensrechts im Besonderen von Anfang an sehr hoch. Bereits in ihrem Bericht aus dem Jahr 1961, dem sog. Weißbuch, äußerte die Kommission zur Vorbereitung einer Reform der Zivilgerichtsbarkeit das Bedürfnis für eine Reform der freiwilligen Gerichtsbarkeit und gab hierfür eine Reihe von Empfehlungen.[6] Die im Jahre 1964 gegründete Kommission für das Recht der freiwilligen Gerichtsbarkeit legte 1977 auf dieser Grundlage den Gesetzentwurf einer Verfahrensordnung für die freiwillige Gerichtsbarkeit (FrGO) vor.[7] Allerdings wurde kein förmliches Gesetzgebungsverfahren initiiert. Aus dem Entwurf gingen aber die mit dem Betreuungsgesetz, welches zum 1.1.1992 in Kraft trat, in das FGG inkorporierten Vorschriften der §§ 65ff. FGG hervor.[8]

Das Familienverfahrensrecht war seit 1877 als sechstes Buch der ZPO geregelt. Es wurde zuletzt durch das zum 1.7.1977 in Kraft getretene „Erste Gesetz zur Reform des Ehe- und Familienrechts" v. 14.6.1976 wesentlich geprägt. Insbesondere wurde erstmals ein Familiengericht mit umfassender Zuständigkeit über die Scheidung und die Scheidungsfolgesachen konstituiert.[9]

Seitdem ist mehr als ein Vierteljahrhundert vergangen, in dem das gerichtliche Verfahren in Familiensachen durch ein unübersichtliches Nebeneinander verschiedener Verfahrensordnungen gekennzeichnet war. Die einschlägigen Regelungen fanden sich in der ZPO, im FGG, im BGB, in der HausrVO und in verschiedenen weiteren Gesetzen.

4. Die Entstehung des FamFG

Den ersten wesentlichen Impuls zur Reform des Familienverfahrensrechts und der freiwilligen Gerichtsbarkeit markierte der Gesetzentwurf der bereits 1964 gegründeten Kommission zum Recht der freiwilligen Gerichtsbarkeit aus dem Jahre 1977.[10] Dieser mündete jedoch nicht in ein förmliches Gesetzgebungsverfahren, vielmehr lag das Vorhaben (bis auf die im Rahmen der Verabschiedung des Betreuungsgesetzes in das FGG eingefügten Vorschriften der §§ 65ff. FGG im Jahre 1992) seitdem brach, wie *Kollhosser* schon 1980 befürchtet hatte.[11] Die immer wieder deutlich gewordene Einschätzung mangelnder Dringlichkeit einer Reform manifestierte sich in der Verabschiedung des Gesetzes zur Neuregelung des Rechts der elterlichen Sorge v. 18.7.

---

1 BGBl. I, S. 1744.
2 BGBl. I, S. 266.
3 BGBl. I, S. 3396.
4 BGBl. I, S. 1073.
5 *Habscheid*, Freiwillige Gerichtsbarkeit, 7. Aufl., S. 2.
6 Vgl. BT-Drucks. 16/6308, S. 162.
7 Bundesministerium der Justiz (Hrsg.), Bericht der Kommission für das Recht der freiwilligen Gerichtsbarkeit, Köln 1977.
8 Gesetz zur Reform des Rechts der Vormundschaft und Pflegschaft für Volljährige (Betreuungsgesetz – BtG) v. 12.9.1990 (BGBl. I, S. 2002).
9 1. EheRG, BGBl. I, S. 1421.
10 Bundesministerium der Justiz (Hrsg.), Bericht der Kommission für das Recht der freiwilligen Gerichtsbarkeit, Köln 1977.
11 *Kollhosser*, ZZP 93 (1980), 311.

1979 (BGBl. I, S. 1061) ohne die Berücksichtigung des Familienverfahrensrechts und des Rechts der freiwilligen Gerichtsbarkeit.[1]

11 Erneut kam das Vorhaben im Rahmen des 63. Deutschen Juristentages im Jahre 2000 auf die Reformagenda, bei dem die damalige Bundesjustizministerin *Däubler-Gmelin* darauf hinwies, dass eine umfassende Justizreform nicht zuletzt auch die Verfahrensordnung der freiwilligen Gerichtsbarkeit eingehend in den Blick nehmen müsse. Allerdings sei zunächst eine umfassende Analyse und Prüfung durch Wissenschaft und Praxis erforderlich, bevor ein Referentenentwurf erarbeitet werden könne. Daran schloss sich eine Anhörung der Landesjustizverwaltungen durch das Bundesjustizministerium an, die eine Vielzahl von Vorschlägen hervorbrachte. Im Frühjahr 2002 griff das Bundesjustizministerium die Reformansätze auf und unterbreitete Vorschläge auf der Basis eines zuvor erstellten Problemkatalogs.[2] Auf dieser Grundlage wurden zwei Expertengruppen eingesetzt, die Einzelheiten zu einer Reform erörtern und diskutieren sollten.[3] Der Problemkatalog wurde vor allem durch die jeweiligen Stellungnahmen des Deutschen Anwaltvereins,[4] der Bundesrechtsanwaltskammer[5] sowie des Bundes Deutscher Rechtspfleger[6] aus der Sicht der Praxis kommentiert und begleitet. Zudem wurde im Juni 2002 noch ein Workshop „Grundzüge eines neuen FGG und privatrechtliche Streitverfahren" ins Leben gerufen, wodurch sich insgesamt drei Workshops ausführlich mit der intendierten Gesetzesreform auseinander setzten. Mit Abschluss der Arbeit der Expertengruppen und der Workshops kündigte Bundesjustizministerin *Zypries* am 17.9.2003 auf dem 15. Deutschen Familiengerichtstag die Reform des Familienverfahrensrechts und des Rechts der freiwilligen Gerichtsbarkeit an.[7] Der „Referentenentwurf eines Gesetzes über das Verfahren in Familiensachen und in den Angelegenheiten der freiwilligen Gerichtsbarkeit (FamFG)" v. 6.6.2005 löste dieses Novellierungsversprechen schließlich ein.[8] Das Reformvorhaben wurde auch nach dem vorzeitigen Ende der Legislaturperiode 2005 weiterverfolgt. Der Entwurf beinhaltete indessen zunächst noch nicht die Regelungen über die Nachlass- und Teilungssachen, die erst in die zweite, komplettierte und überarbeitete Fassung v. 14.2.2006 ergänzend eingefügt wurden. Am 15.2.2006 wurde der ergänzte Referentenentwurf vom Bundesjustizministerium vorgelegt. Im weiteren Verlauf des Gesetzgebungsverfahrens beschloss die Bundesregierung am 10.5.2007 den Regierungsentwurf eines FGG-RG, welches das familiengerichtliche Verfahren und das Recht der freiwilligen Gerichtsbarkeit erstmalig einheitlich und umfassend in einem Gesetz regeln sollte. Demgegenüber brachte der Bundesrat in seiner Stellungnahme vom 6.7.2007 zahlreiche Änderungsvorschläge an.[9] Ua. äußerte er Zweifel daran, ob dem Bund für die vorgesehene Aufgabenzuweisung an Betreuungsbehörden und Jugendämter nach Inkrafttreten der Föderalismusreform überhaupt die Gesetzgebungskompetenz zustehe. Zusätzlich gab er zu bedenken, ob im Regierungsentwurf die finanziellen Konsequenzen auf die Länderhaushalte mangels dezidierter Berechnungsgrundlage prognostizierbar seien. Er verlangte eine Modifizierung der Ausgestaltung der großen Familiengerichte und der Verfahrensabläufe.

12 Die Bundesregierung teilte die Bedenken des Bundesrates ganz überwiegend nicht, insbesondere nicht hinsichtlich der Vereinbarkeit der Regelung von Mitwirkungspflichten der Jugendämter und Betreuungsbehörden im gerichtlichen Verfahren im Hinblick auf Art. 84 Abs. 1 Satz 7 GG.

---

1 Vgl. zum Folgenden die ausführlichen Darstellungen bei Jansen/*v. Schuckmann*, FGG, Einl. Rz. 58 ff.; *Kroiß/Seiler*, Das neue FamFG, S. 19 ff.
2 Vgl. *v. Schuckmann*, RpflStud 2002, 169.
3 *Meyer-Seitz/Kröger/Heiter*, FamRZ 2005, 1430 (1431); Jansen/*v. Schuckmann*, FGG, Einl. Rz. 61.
4 Vgl. FuR 2003, 354–357.
5 Abrufbar im Internet unter http://www.brak.de/seite/pdf/famrecht-stellungn2.12.pdf.
6 RpflBl 2002, 25.
7 *Kroiß/Seiler*, Das neue FamFG, S. 19.
8 *Meyer-Seitz/Kröger/Heiter*, FamRZ 2005, 1430 (1431); *Kroiß/Seiler*, Das neue FamFG, S. 19.
9 BR-Drucks. 309/07.

Am 11.10.2007 fand die erste Lesung statt,[1] am 27.6.2008 folgten im Rahmen der 173. Sitzung des Bundestages die zweite und die dritte Lesung und die Verabschiedung des Gesetzes auf der Grundlage der Empfehlungen des Rechtsausschusses.[2]

Der Bundesrat stimmte dem Gesetz in seiner 847. Sitzung am 19.9.2008 zu.[3]

5. Das Inkrafttreten

Das FamFG ist am 17.12.2008 im Bundesgesetzblatt (BGBl. I, S. 2586) verkündet worden und am 1.9.2009 in Kraft getreten; vgl. unten Rz. 44.

6. Änderungen

Zu Änderungen des FamFG vor dem Inkrafttreten s. unten Rz. 45. Zu den Gesetzesänderungen nach Inkrafttreten s. unten Rz. 45a.

II. Das FamFG im Rechtsschutzsystem

1. Das System umfassenden Rechtsschutzes

Die Rechtsordnung der Bundesrepublik Deutschland zeichnet sich durch ein System umfassenden Rechtsschutzes aus. Auf der Grundlage des Rechtsstaatsprinzips besteht die Pflicht des Staates zu einer generellen Justizgewährung.[4] Dem einzelnen Bürger wird von der Verfassung also ein qualifizierter Rechtsschutz garantiert, der durch eine unabhängige richterliche Gewalt wahrgenommen wird. Dieser Rechtsschutz ist nicht nur auf die Durchsetzung subjektiver Recht beschränkt, sondern er dient auch der Verwirklichung des objektiven Rechts. Soweit Rechtsverletzungen durch die öffentliche Gewalt geltend gemacht werden, besteht eine Rechtsschutzgarantie gem. Art. 19 Abs. 4 GG. Auch für privatrechtliche Streitigkeiten ist ein umfassender Rechtsschutz anerkannt, der sich aus dem Rechtsstaatsprinzip (in Verbindung mit Art. 2 Abs. 2 GG) ableitet.[5] Diese Garantie des Art. 19 Abs. 4 GG i.V.m. dem Rechtsstaatsprinzip und Art. 2 Abs. 1 GG gibt dem Betroffenen einen Anspruch auf Zugang zu einem staatlichen Gericht.[6]

2. Die freiwillige Gerichtsbarkeit als echte Gerichtsbarkeit

Soweit das familienrechtliche Verfahren und die freiwillige Gerichtsbarkeit echte Gerichtsbarkeit im verfassungsrechtlichen Sinn darstellen, haben sie an der verfassungsrechtlichen Rechtsschutzgarantie teil. Dabei ergibt sich allerdings das Problem, dass bis heute nicht abschließend geklärt ist, was unter den verfassungsrechtlichen Begriff der Rechtsprechung iS von Art. 92 GG fällt. Weithin wird angenommen, die Zuweisung zur rechtsprechenden Gewalt und damit die Rechtsschutzgarantie seien von einem materiellen Rechtsprechungsbegriff geprägt. Jedoch werden zunehmend die entscheidenden Merkmale der Rechtsprechung in einem funktional-organisatorischen Sinn umschrieben. Rechtsprechung ist danach die verbindliche Rechtskontrolle unter höchstmöglicher Richtigkeitsgarantie im Interesse

---

1 FGG-Reformgesetz, BT-Drucks. 16/6308.
2 *Kroiß/Seiler*, Das neue FamFG, S. 19 f.
3 BR-Drucks. 617/08.
4 BVerfG v. 11.6.1980 – 1 PBrU 1/79, ZIP 1980, 1137 = NJW 1981, 32, BVerfGE 54, 277, 291; BVerfG v. 2.3.1993 – 1 BvR 249/92, BVerfGE 88, 123; BVerfG v. 30.4.1997 – 2 BvR 817/90, BVerfGE 96, 39; BVerfG v. 30.4.2003 – 1 PBvU 1/02, BVerfGE 107, 401; BVerfG v. 1.12.2010 – 1 BvR 1682/07, NZA 2011, 354; ebenso EGMR v. 13.1.2011 – 32715/06, NJW 2011, 3703 zu Art. 6 Abs. 1 EMRK; *Dörr*, Der europäisierte Rechtsschutzauftrag deutscher Gerichte, 2003, S. 20 ff., 34 ff.; *Sachs*, GG„ Art. 2 Rz. 117 und Art. 20 Rz. 162; *Maunz/Dürig*, GG, Art. 20 VII Rz. 133.
5 *Dütz*, Rechtsstaatlicher Gerichtsschutz im Privatrecht, S. 112; *Schwab/Gottwald*, Verfassung und Zivilprozess, 1984, S. 32; *Stern*, Das Staatsrecht der BRD, Bd. I, 2. Aufl. 1984, § 20 VI 5; *Maunz/Dürig*, GG, Art. 20 VII, Rz. 133.
6 BVerfG v. 22.6.1960 – 2 BvR 37/60, VerwRspr 13, 140, BVerfGE 11, 232 (233); BVerfG v. 11.10.1978 – 2 BvR 1055/76, NJW 1979, 154, BVerfGE 49, 329 (340); BVerfG v. 11.6.1980 – 1 PBvU 1/79, BVerfGE 54, 291; BVerfG v. 2.3.1993 – 1 BvR 249/92, BVerfGE 88, 123; BVerfG v. 30.4.1997 – 2 BvR 817/90, BVerfGE 96, 39; BVerfG v. 30.4.2003 1 PBvU 1/02, BVerfGE 107, 401.

der Effektivität des Rechts.[1] Darunter fällt insbesondere der Bereich der Streitentscheidung. Es ist aber heute anerkannt, dass Rechtsprechung über diesen Bereich hinausgehen kann. Dies betrifft insbesondere die freiwillige Gerichtsbarkeit, die vielfach durch eine sog. gerichtliche Regelungstätigkeit geprägt ist. Dazu gehören vor allem die klassischen Fürsorgeverfahren der freiwilligen Gerichtsbarkeit. Für diese Verfahren war früher umstritten, ob sie dem Bereich der Rechtsprechungstätigkeit unterfallen sollen. Aus heutiger Sicht wird man dies bejahen müssen.[2] Nur solche Materien, die nicht unter den materiellen Rechtsprechungsbegriff fallen, können dem Rechtspfleger übertragen werden. Dies führt auch nicht zu einem abgeschwächten Rechtsschutz der Beteiligten, da insoweit das Rechtsstaatsprinzip einen den Art. 92 ff. GG gleichwertigen Schutz garantiert.[3]

18 Die Diskussion um die Einordnung der freiwilligen Gerichtsbarkeit als Rechtsprechung ist in der Praxis nur für den Gesetzgeber von Bedeutung. Dieser könnte Verfahren der Rechtsprechung entziehen, die er als reine Verwaltungstätigkeit ansieht. Insoweit ist die Diskussion freilich theoretischer Natur. Der Gesetzgeber hat gerade durch das FamFG zu erkennen gegeben, dass er alle von ihm geregelten Bereiche der freiwilligen Gerichtsbarkeit ausschließlich den Gerichten der ordentlichen Gerichtsbarkeit zuweisen will (vgl. § 2 EGGVG; §§ 12, 13 GVG). Damit nehmen alle geregelten Bereiche der freiwilligen Gerichtsbarkeit an der verfassungsrechtlich garantierten Rechtsschutzgarantie teil.

3. Rechtsweg

19 Gem. Art. 95 Abs. 1 GG hat das Grundgesetz den Zugang zu Gericht in Deutschland auf fünf verschiedene Rechtswege (= Zweige des Gerichtsbarkeit) aufgeteilt. Dabei handelt es sich um den Rechtsweg zu den ordentlichen Gerichten, den Verwaltungs-, Finanz-, Sozial- und den Arbeitsgerichten. Die verschiedenen Fachgerichte stehen selbständig und gleichwertig nebeneinander.

20 Durch die Neuregelung in § 2 EGGVG, §§ 12, 13 GVG hat der Gesetzgeber nunmehr deutlich gemacht, dass der gesamte Bereich der Familiensachen und der freiwilligen Gerichtsbarkeit Teil des ordentlichen Rechtsweges ist. Damit ist die freiwillige Gerichtsbarkeit jedenfalls kein eigener Zweig der Gerichtsbarkeit, sondern nur eine Frage der funktionellen Zuständigkeit innerhalb der ordentlichen Gerichtsbarkeit (zu den Einzelheiten s. § 2 Rz. 6, 15). Zur Streitentscheidung sowie zur Regelung dieser Verfahren sind also die ordentlichen Gerichte ausschließlich berufen (Amtsgericht, Landgericht, Oberlandesgericht, BGH). Innerhalb der ordentlichen Gerichtsbarkeit unterscheidet der Gesetzgeber drei verschiedene Abteilungen, nämlich die streitige Zivilgerichtsbarkeit, die freiwillige Gerichtsbarkeit sowie die Strafgerichtsbarkeit. Das für den gesamten Bereich der ordentlichen Gerichtsbarkeit geltende GVG ist ausdrücklich auch auf die freiwillige Gerichtsbarkeit anzuwenden (§ 2 EGGVG; §§ 12, 13 GVG). Soweit Regelungen in Frage stehen, die zwischen den verschiedenen Zweigen der Gerichtsbarkeit von Bedeutung sind (vgl. §§ 17 ff. GVG), bedarf es deshalb konsequenterweise zu ihrer Heranziehung im Verhältnis von streitiger Zivilgerichtsbarkeit und freiwilliger Gerichtsbarkeit einer ausdrücklichen Analogie. Die Neuregelung von § 17a Abs. 6 GVG ist daher konsequent. Nach anerkannter Auffassung gilt § 17a GVG neben den verschiedenen Abteilungen des Amtsgerichts auch für das Verhältnis zwischen Familiengericht und Kammer des Landgerichts.[4] Eine Bestimmung nach § 36 ZPO kommt insoweit nicht in Betracht.

---

1 Vgl. *Schilken*, Gerichtsverfassungsrecht, Rz. 52.
2 So insbesondere *Brehm*, Freiwillige Gerichtsbarkeit, 4. Aufl., § 2 III 1; abweichend zuletzt insbesondere *Habscheid*, Freiwillige Gerichtsbarkeit, 7. Aufl., § 4 IV 2.
3 Bork/*Jacoby*/Schwab, § 1 FamFG Rz. 10.1.
4 OLG Stuttgart v. 30.1.2012 – 17 AR 1/12, FamRZ 2012, 1073 mwN; *Weber*, NJW 2011, 3067.

III. Struktur und Aufbau des FamFG

1. Aufbau des FamFG

Die Ausgestaltung des Familienverfahrensrechts und der freiwilligen Gerichtsbarkeit war seit jeher sehr zersplittert und intransparent in diversen Einzelgesetzen geregelt. Die wesentlichen Vorschriften fanden sich in der ZPO, im FGG und in der HausrVO. Die umfangreichen Querverweisungen in den früheren §§ 621a ZPO, 64 FGG sind zwar im Laufe der Zeit in der Verfahrenspraxis in rechtssicherer Art und Weise handhabbar geworden, jedoch war die entstandene Unübersichtlichkeit auf Grund der verstreuten Regelungen, Verweisungen und der wenig modernen Rechtsterminologie nicht sonderlich anwendungsfreundlich.[1]

21

Diesen vor allem strukturellen Defiziten wollte die Reform durch das FamFG bewusst entgegentreten; die Ziele kommen schon im Aufbau und Inhalt des Gesetzes besonders deutlich zum Ausdruck. Der vorangestellte Allgemeine Teil ist deutlich erweitert und vertieft. Er gilt mit Ausnahme der Familienstreitsachen (§§ 112, 113) für sämtliche Bücher des Gesetzes. Der Gesetzgeber beabsichtigte mithin primär, die lückenhafte Rechtsmaterie zu einer umfassenden und geschlossenen systematischen Kodifikation zusammenzuführen, die dem Primat der Rechtssicherheit und der anwendungsfreundlichen Handhabbarkeit bei moderner Rechtssprache genügt.[2] Folglich werden im FamFG nicht nur die Regelungsgehalte des Familienverfahrensrechts, sondern auch diejenigen der freiwilligen Gerichtsbarkeit nahezu abschließend abgedeckt. Dies bedingt die ausschließliche Erfassung der bislang verstreuten, das FGG ergänzenden Verfahrensordnungen (zB das Aufgebotsverfahren in der ZPO, das Hausrats- und Ehewohnungsverfahren in der HausrVO) und sonstiger der Rechtsmaterie zuzuordnenden Normbereiche (zB das Erbscheinsverfahren im BGB, die Freiheitsentziehung im FEVG) im FamFG. Daraus folgt, dass die in das FamFG inkorporierten Regelungsmaterien, wie das sechste und neunte Buch der ZPO, das FGG und die HausrVO obsolet sind und daher außer Kraft gesetzt wurden.[3] Allerdings hat auch das neue FamFG nicht alle Bereiche der freiwilligen Gerichtsbarkeit erfassen können. So bleibt insbesondere das Grundbuchrecht ausgeschlossen und ist weiterhin in der GBO geregelt. Ähnliches gilt für das Verfahren in Landwirtschaftssachen (LwVG), das PStG sowie die gesellschaftsrechtlichen Auskunftsklagen nach HGB und AktG.

22

2. Inhalt des FamFG

Das FamFG besteht aus neun Büchern mit folgendem Inhalt:

23

a) Erstes Buch: Allgemeiner Teil (§§ 1 bis 110)

Im Allgemeinen Teil sind die grundsätzlich[4] für alle weiteren Bücher geltenden Vorschriften „vor die Klammer" gezogen und bringen die Gesetzesintention in Form der Vereinheitlichung des Verfahrens in Familiensachen und Angelegenheiten der freiwilligen Gerichtsbarkeit am deutlichsten zum Ausdruck. Mit 110 Paragraphen ist im ersten Buch des FamFG eine erheblich höhere Regelungsdichte als im bisherigen Recht zu verzeichnen.

24

b) Zweites Buch: Familiensachen (§§ 111 bis 270)

Dieses Buch beinhaltet sämtliche die Familiensachen betreffenden Regelungen, wie insbesondere das Ehe- und Scheidungsrecht, die Unterhalts-, Adoptions-, Lebenspartnerschafts-, Gewaltschutz- und Vormundschafts- sowie die Pflegschaftssachen der Minderjährigen. Es ersetzt also vor allem das sechste Buch der ZPO.

25

---

1 *Jacoby*, FamRZ 2007, 1703, 1704.
2 *Kemper*, FamFG, FGG, ZPO – Kommentierte Synopse, S. 10; *Borth*, FamRZ 2007, 1925 (1926); kritisch wegen weiterhin mangelnder Verständlichkeit Schulte-Bunert/Weinreich/*Schöpflin*, Einleitung Rz. 32.
3 *Büte*, FuR 2008, 537; *Kemper*, FamFG, FGG, ZPO – Kommentierte Synopse, S. 10.
4 Ausgenommen sind die Familienstreitsachen iSd. § 112 FamFG (§ 113 FamFG).

c) Drittes Buch: Betreuungs- und Unterbringungssachen (§§ 271 bis 341)

26   Die Betreuungs- und Unterbringungssachen, die früher im FGG zusammen mit den Familiensachen (§§ 35 bis 70 FGG) geregelt waren, sind im dritten Buch des FamFG niedergelegt.

d) Viertes Buch: Nachlass- und Teilungssachen (§§ 342 bis 373)

27   Die bis zur Neukodifikation des FamFG in den Vorschriften der §§ 72 bis 99 FGG zu findenden Nachlass- und Teilungssachen sind nunmehr im vierten Buch des FamFG enthalten.

e) Fünftes Buch: Registersachen und unternehmensrechtliche Verfahren (§§ 374 bis 409)

28   Das fünfte Buch hat die Registersachen und die unternehmensrechtlichen Verfahren zum Gegenstand und substituiert die §§ 125 bis 162 FGG.

f) Sechstes Buch: Sonstige Verfahren der fG (§§ 410 bis 414)

29   In diesem Buch werden weitere Angelegenheiten der freiwilligen Gerichtsbarkeit behandelt, so die Abgabe bestimmter eidesstattlicher Versicherungen, Regelungen zur Stellung von Sachverständigen, die Bestellung eines Verwahrers und der Pfandverkauf.

g) Siebtes Buch: Freiheitsentziehungssachen (§§ 415 bis 432)

30   Die zuvor in einem eigenständigen Gesetz enthaltenen Regelungen der Freiheitsentziehungssachen sind nunmehr in die Normen der §§ 415 bis 432 integriert worden.

h) Achtes Buch: Aufgebotssachen (§§ 433 bis 484)

31   Die vormals systemwidrig in der ZPO zu findenden Vorschriften über das Aufgebotsverfahren sind in die §§ 433 bis 484 überführt worden. Sie ersetzen also das neunte Buch der ZPO.

i) Neuntes Buch: Schlussvorschriften (§§ 485 bis 493)

32   Abschließend sind Übergangs- und Schlussvorschriften geregelt. Diese werden durch die Art. 111, 112 des FGG-Reformgesetzes ergänzt.

3. Wichtige inhaltliche Änderungen

33   Indessen sind nicht nur die Zusammenfassung und Vereinheitlichung, sondern auch grundlegende und inhaltliche Änderungen gegenüber dem alten Rechtszustand durch die Schwerpunkte der Reform des FamFG zu verzeichnen.[1]

34   Zentrales Element ist die Konstituierung des sog. **großen Familiengerichts**, welches unter Einbeziehung der früher den Zivilgerichten und den Vormundschaftsgerichten zugewiesenen Verfahren – zB Gesamtschuldnerausgleich gem. § 426 BGB, Adoptions- und Betreuungssachen – für sämtliche familienrechtlichen Streitigkeiten sachlich zuständig ist.

35   Ähnlich den durch gesetzliche Geschäftsverteilung bei den Amtsgerichten eingesetzten Familiengerichten gibt es nunmehr gem. § 23c GVG auch **Betreuungsgerichte**.

36   Ein weiterer, wesentlicher Punkt ist die **Beschleunigung von Umgangs- und Sorgeverfahren** durch die Einführung einer kurzen, obligatorischen Monatsfrist zur Anberaumung und Durchführung eines ersten Termins, damit längere Unterbrechungen des Umgangs mit einem Elternteil weitestgehend ausgeschlossen werden. Zudem dient dieser erste Termin nach der Intention des Gesetzgebers der Förderung

---

[1] BT-Drucks. 16/6308, S. 2; *Kroiß/Seiler*, Das neue FamFG, S. 22.

einer gütlichen Einigung mit den Eltern über das Sorge- und Umgangsrecht nach dem Vorbild des sog. Cochemer Modells. Ferner werden die Anforderungen zur Bestellung eines Verfahrenspflegers, der nunmehr als **Verfahrensbeistand** bezeichnet wird, präzisiert. Hinzu tritt die Einführung des **Umgangspflegers** zur Erleichterung der Durchführung des Umgangs in Konfliktfällen. Beachtung verdient auch die Umstellung des Abstammungsverfahrens auf die Regeln des FGG-Verfahrens.

Hervorzuheben sind ferner noch die Erweiterung der **Auskunftspflichten** der Beteiligten und die Statuierung gerichtlicher Auskunftsbefugnisse gegenüber Behörden und Versorgungsträgern in Unterhalts- und Versorgungsausgleichssachen mit dem Ziel der Straffung des gerichtlichen Verfahrens. 37

Eine prozessual wesentliche Änderung liegt darin, dass sämtliche Entscheidungen nicht mehr durch Urteil, sondern nunmehr ausschließlich durch **Beschluss** ergehen (§ 38). Insbesondere gilt dies für den Scheidungsausspruch (§ 116) und den Verbund (§ 142), ebenso für Unterhaltsentscheidungen. 38

Damit einhergehend wurde das **Rechtsmittelsystem** in Familiensachen und in Angelegenheiten der freiwilligen Gerichtsbarkeit grundlegend neu gestaltet und vereinheitlicht. Beschlüsse sind mit der Beschwerde (§§ 58 ff.) anstelle der sonst gegen Urteile statthaften Berufung und der Rechtsbeschwerde (§§ 70 ff.), welche in den Grundsätzen den §§ 574 ff. ZPO entspricht und die Funktion der früheren Revision in Familiensachen nach der ZPO erfüllt, anzugreifen. Die Einlegungsfrist für Beschwerde und Rechtsbeschwerde beträgt einen Monat (§ 63 bzw. § 71 Abs. 1). Beide Rechtsmittel sollen jeweils begründet werden, wobei die Beschwerde beim iudex a quo einzulegen ist. Für die zulassungsabhängige Rechtsbeschwerde ist ausschließlich der BGH zuständig. Besonders hervorzuheben ist, dass § 62 als einfachgesetzliche Konkretisierung des Art. 19 Abs. 4 GG die Beschwerde gegen erledigte Entscheidungen ausdrücklich zulässt.[1] 39

Eine besondere Erwähnung verdient schließlich die Neuregelung der eA gem. §§ 49 bis 57. Hier hat der Gesetzgeber die nach früherem Recht vorhandenen verschiedenen Formen des einstweiligen Rechtsschutzes vereinheitlicht und systematisiert. Er hat die eA zu einem selbständigen Verfahren (§ 51 Abs. 3) ausgestaltet. Zugleich sind damit einzelne richterrechtliche Entwicklungen kodifiziert worden.[2] Hervorhebung verdient weiterhin, dass eA nur in seltenen Fällen anfechtbar sind (§ 57). Ein Anwaltszwang besteht in diesen Verfahren nicht (§ 114 Abs. 4 Nr. 1), auch nicht in der Rechtsmittelinstanz, sofern ein Rechtsmittel statthaft ist. 39a

Schließlich ist die Einfügung einer Legaldefinition des **Beteiligtenbegriffs**, der bisher durch die Rechtsprechung bestimmt und konkretisiert wurde, in § 7 besonders bemerkenswert. Hierdurch sind ein Zuwachs an Rechtssicherheit und eine Erleichterung der Rechtsanwendung zu erhoffen. Der Beteiligtenbegriff wird zur Grundlage vieler weiterer Normen des FamFG, wie etwa zu Unterrichtungen (§ 7 Abs. 4), zur Akteneinsicht (§ 13), zu Anhörungsrechten, zur Bekanntgabe von Dokumenten (§ 15) und Entscheidungen und zur Befugnis, Rechtsmittel einzulegen. Daraus resultiert ein Systemwechsel gegenüber dem FGG, in dem von der Beschwerdebefugnis auf die Beteiligtenfähigkeit geschlossen wurde, wohingegen nunmehr der Beteiligtenbegriff selbst gesetzlicher Anknüpfungspunkt für Verfahrensrechte wird.[3] 40

4. Geltungsbereich

Das FGG-RG als ein Artikelgesetz (mit insgesamt 112 Artikeln!) beinhaltete in Art. 1 das Gesetz über das Verfahren in Familiensachen und in den Angelegenheiten der freiwilligen Gerichtsbarkeit (FamFG). Dieses enthält eine vollständige Neukodifikation des Familienverfahrensrechts und des Rechts der freiwilligen Gerichtsbarkeit. 41

---

1 Grundlegend BVerfG v. 5.12.2001 – 2 BvR 527/99, 2 BvR 1337/00, 2 BvR 1777/00, BVerfGE 104, 220 (232); BVerfG v. 10.5.1998 – 2 BvR 978/97, NJW 1998, 2432 f.
2 *Löhnig/Heiß*, FamRZ 2009, 1101; *Roth*, JZ 2009, 585, 588.
3 *Kemper*, FamFG, FGG, ZPO – Kommentierte Synopse, S. 11.

Es regelt die zuvor in verstreuten Einzelgesetzen – FGG, ZPO, HausrVO und weiteren Gesetzen – verorteten Vorschriften sowie die in der höchstrichterlichen Rechtsprechung entwickelten Grundsätze in einem einheitlichen Gesetz im Wesentlichen abschließend.[1] Das FamFG erfasst damit nicht nur (nahezu) sämtliche Regelungsgehalte des Familienverfahrensrechts, sondern auch diejenigen der freiwilligen Gerichtsbarkeit nahezu umfassend.[2] Hierfür enthält § 23a GVG einen abschließenden Katalog der erfassten Materien.

42   Als Bundesgesetz gilt das FamFG in allen Bundesländern einheitlich. Soweit Landesrecht im FGG-RG vorbehalten ist, bleibt es in Kraft (vgl. Art. 1 Abs. 2 EGBGB iVm. §§ 485, 486, 487, 488 FamFG).

43   Intertemporal bleiben Reichs- und Bundesgesetze aus dem Bereich der freiwilligen Gerichtsbarkeit (zB die GBO und das PStG) bestehen, soweit sich nicht aus dem FGG-RG etwas anderes ergibt (vgl. Art. 50 EGBGB iVm. § 485 FamFG).

44   Das FamFG ist am 1.9.2009 in Kraft getreten (s. oben Rz. 15). Es erfasst nur diejenigen Verfahren, die ab diesem Tag eingeleitet worden sind. Auf andere Verfahren, die bis zum Inkrafttreten des Gesetzes bereits eingeleitet worden waren oder deren Einleitung bis zum Inkrafttreten des Gesetzes beantragt worden war, sind weiterhin die früheren Regeln anwendbar (Art. 111 FGG-RG).

45   Vor seinem Inkrafttreten ist das FamFG bereits mehrfach geändert worden:
 – durch Art. 7 G zur Umsetzung der Beteiligungsrichtlinie vom 12.3.2009 (BGBl. I, S. 470),
 – durch Art. 2 G zur Strukturreform des Versorgungsausgleichs (VAStrRG) vom 3.4.2009 (BGBl. I, S. 700),
 – durch Art. 14 G zur Modernisierung des Bilanzrechts vom 25.5.2009 (BGBl. I, S. 1102),
 – durch Art. 3 G zur Änderung des Zugewinnausgleichs- und Vormundschaftsrechts vom 6.7.2009 (BGBl. I, S. 1696),
 – durch Art. 4 G zur Reform der Sachaufklärung in der Zwangsvollstreckung vom 29.7.2009 (BGBl. I, S. 2258), allerdings erst mit Wirkung vom 1.1.2013,
 – durch Art. 2 Drittes G zur Änderung des Betreuungsrechts vom 29.7.2009 (BGBl. I, S. 2286),
 – durch Art. 8 G zur Modernisierung von Verfahren im anwaltlichen und notariellen Berufsrecht, zur Errichtung einer Schlichtungsstelle der Rechtsanwaltschaft sowie zur Änderung sonstiger Vorschriften vom 30.7.2009 (BGBl. I, S. 2449), sog. FamFG-Reparaturgesetz,
 – durch Art. 2 G zur Neuregelung der Rechtsverhältnisse bei Schuldverschreibungen aus Gesamtemissionen und zur verbesserten Durchsetzbarkeit von Ansprüchen von Anlegern aus Falschberatung vom 31.7.2009 (BGBl. I, S. 2512).

5. Gesetzesänderungen

45a   Seit dem Inkrafttreten wurde das FamFG durch folgende Gesetze geändert:
 – durch Art. 8 G zur Umsetzung der geänderten Bankenrichtlinie und der geänderten Kapitaladäquanzrichtlinie vom 19.11.2010 (BGBl. I, S. 1592),
 – durch Art. 11 des Restrukturierungsgesetzes vom 9.12.2010 (BGBl. I, S. 1900),
 – durch Art. 3 G zur Modernisierung des Benachrichtigungswesens in Nachlasssachen pp. vom 22.12.2010 (BGBl. I, S. 2255),
 – durch Art. 7 G zur Umsetzung aufenthaltsrechtlicher Richtlinien der Europäischen Union und zur Anpassung nationaler Rechtsvorschriften an den EU-Visakodex vom 22.11.2011 (BGBl. I, S. 2258),

---

[1] BT-Drucks. 16/6308, S. 1; *Borth*, FamRZ 2007, 1925 (1926).
[2] *Jacoby*, FamRZ 2007, 1703 (1704).

- durch Art. 2 Nr. 32 G zur Änderung von Vorschriften über Verkündung und Bekanntmachungen pp. vom 22.12.2011 (BGBl. I, S. 3044),
- durch Art. 4 G zu dem Abkommen v. 4.2.2010 zwischen der Bundesrepublik Deutschland und der Französischen Republik über den Güterstand der Wahl-Zugewinngemeinschaft vom 15.3.2012 (BGBl. II, S. 178),
- durch Art. 3 G zur Förderung der Mediation und anderer Verfahren der außergerichtlichen Konfliktbeilegung vom. 21.7.2012 (BGBl. I, S. 1577),
- durch Art. 6 G zur Einführung einer Rechtsbehelfsbelehrung im Zivilprozess pp. vom 5.12.2012 (BGBl. I, S. 2418),
- durch Art. 2 G zur Regelung der betreuungsrechtlichen Einwilligung in eine ärztliche Zwangsmaßnahme vom 18.2.2013 (BGBl. I, S. 266),
- durch Art. 2 G zur Reform der elterlichen Sorge nicht miteinander verheirateter Eltern vom 16.4.2013 (BGBl. I, S. 795),
- durch Art. 11 G zur Reform des Seehandelsrechts vom 20.4.2013 (BGBl. I, S. 831),
- durch Art. 7 G zur Übertragung von Aufgaben im Bereich der freiwilligen Gerichtsbarkeit auf Notare vom 26.6.2013 (BGBl. I, S. 1800),
- durch Art. 5 G zur Umsetzung der RL 2011/89/EU pp. v. 27.6.2013 (BGBl. I, 1862),
- durch Art. 2 G zur Stärkung der Rechte des leiblichen, nicht rechtlichen Vaters vom 4.7.2013 (BGBl. I, S. 2176),
- durch Art. 5 G zum Ausbau der Hilfen für Schwangere und zur Regelung der vertraulichen Geburt, bei Drucklegung am 19.8.2013 verabschiedet (BR-Drucks. 489/13 [Beschluss] v. 5.7.2013), aber noch nicht verkündet,
- durch Art. 2 G zur Förderung des elektronischen Rechtsverkehrs mit den Gerichten, bei Drucklegung am 19.8.2013 verabschiedet (BR-Drucks. 500/13 v. 14.6.2013), aber noch nicht verkündet,
- durch Art. 1 G zur Stärkung der Funktionen der Betreuungsbehörde, bei Drucklegung am 19.8.2013 verabschiedet (BR-Drucks. 501/13 v. 14.6.2013), aber noch nicht verkündet,
- durch Art. 9 G zur Änderung des Prozesskostenhilfe- und Beratungshilferechts, bei Drucklegung am 19.8.2013 verabschiedet (BR-Drucks. 542/13 [Beschluss] v. 5.7.2013), aber noch nicht verkündet.

6. Vergleich zur ZPO

Da das FGG von 1898 nur ein lückenhaftes Rahmengesetz gewesen war, enthielt es in verschiedenen Bereichen teilweise sehr undifferenzierte Verweisungen auf die ZPO und dazu eine Vielzahl unsystematischer Sonderregelungen. Gerade im Verhältnis von ZPO und freiwilliger Gerichtsbarkeit war es daher ein Anliegen des Gesetzgebers gewesen, ein eigenständiges, modernes Verfahrensgesetz zu schaffen. Eine wichtige Folge dessen ist es, dass das FamFG in seinem Regelungsgehalt deutlich vollständiger ist und damit auf eine größere Anzahl von Verweisungen verzichten kann. Andererseits sind manche Formulierungen stärker dem früher geltenden Verfahrensrecht angeglichen. Darüber hinaus ist trotz der Bemühungen des Gesetzgebers die Zahl der Verweisungen noch immer sehr hoch.[1] Im Einzelnen sind **Verweisungen auf die ZPO** für die Ausschließung und Ablehnung von Gerichtspersonen in § 6 enthalten, für die Verfahrensfähigkeit in § 9 Abs. 5, für die Beiordnung eines Anwalts in § 10 Abs. 4, für die Vollmacht in § 11, für die Akteneinsicht in § 13 Abs. 5, für die Aktenführung in § 14, für die Zustellung in § 15 Abs. 2, für Fristen in § 16 Abs. 2, für die Aussetzung des Verfahrens in § 21 Abs. 1, für das Zeugnisverweigerungsrecht in § 29 Abs. 2, für die förmliche Beweisaufnahme in § 30 Abs. 1, für Terminsfragen in § 32, für das Zwangsmittel der Haft in § 35 Abs. 3, für die Herausgabevollstreckung in § 35 Abs. 4, für den Vergleich in § 36 Abs. 3 und vieles mehr. An vielen Stellen (§§ 6 Abs. 2, 7 Abs. 5, 21 Abs. 2, 33 Abs. 3, 35 Abs. 5, 42 Abs. 3) ist auf das zivilprozessuale Recht der sofortigen Beschwerde verwiesen. Unabhängig davon hat der Gesetzgeber im

46

---

[1] Ebenso *Musielak/Borth*, FamFG, Einleitung Rz. 5.

neuen FamFG das Rechtsmittel der sofortigen Beschwerde noch einmal eigenständig geregelt (§§ 58 ff.). Auch die Rechtsbeschwerde ist nach modernem Vorbild in den §§ 70 ff. eigenständig geregelt. Ähnliches gilt für die neue Verfahrenskostenhilfe (§§ 76 ff.), die an die Stelle der zivilprozessualen Prozesskostenhilfe getreten ist.

47 Unabhängig von diesen eigenständigen Regelungen und Anpassungen an modernes Verfahrensrecht gibt es eine größere Anzahl von auffallenden **Divergenzen zwischen FamFG und ZPO**. So ist die eA im FamFG ein selbständiges, vom Hauptsacheverfahren unabhängiges Verfahren. Auch die Abschaffung von Urteilen und die generelle Einführung von Entscheidungen durch Beschluss im FamFG weicht deutlich von der ZPO ab. Daran knüpfen sich erhebliche Unterschiede im Bereich der Rechtsmittel an. Im Gegensatz zur ZPO ist es möglich, auch gegen bereits erledigte Entscheidungen ein Rechtsmittel in Form der Beschwerde oder der Rechtsbeschwerde einzulegen, vgl. § 62. Ebenfalls im Gegensatz zur ZPO sieht § 39 eine Pflicht zur Rechtsbehelfsbelehrung vor. Geblieben sind Unterschiede in den Verfahrensmaximen von ZPO und FamFG. So ist insbesondere das streitige Verfahren nach der ZPO weiterhin vom Beibringungsgrundsatz geprägt ist, während das Verfahren der freiwilligen Gerichtsbarkeit dem Amtsermittlungsgrundsatz unterliegt. Klare Unterschiede gibt es auch beim Grundsatz der Mündlichkeit (vgl. §§ 32 ff.). Der Anwaltszwang ist innerhalb des FamFG deutlich ausgeweitet worden.

IV. Begriff der freiwilligen Gerichtsbarkeit und Beteiligte

1. Der Begriff der freiwilligen Gerichtsbarkeit

48 Das FGG enthielt keine Legaldefinition des Begriffs der „freiwilligen Gerichtsbarkeit" (zur Definition durch das ALR s. Rz. 1). Auf Grund der Tatsache, dass das FGG für zahlreiche Amtsverfahren anwendbar war, konnte indessen von Freiwilligkeit keine Rede sein.[1]

49 Die Bezeichnung ist auf das römische Recht zurückzuführen, das zwischen der „iurisdictio contentiosa" einerseits und der „iurisdictio voluntaria" andererseits und damit zwischen streitiger und freiwilliger Gerichtsbarkeit unterschied.[2]

50 Es ist anerkannt, dass sich aus diesen Begrifflichkeiten noch keine befriedigende Bestimmung entnehmen ließ, was materiell Gegenstand des Verfahrens der freiwilligen Gerichtsbarkeit ist.[3] Auch die zahlreichen wissenschaftlichen Versuche, das Wesen der freiwilligen Gerichtsbarkeit umfassend zu bestimmen[4] und damit zugleich eine Abgrenzung zur streitigen Gerichtsbarkeit zu erzielen, waren nicht erfolgreich. Anknüpfungspunkte der hierzu vertretenen Theorien waren dabei entweder der Verfahrensgegenstand, die Mittel oder der Zweck des Verfahrens der freiwilligen Gerichtsbarkeit.[5] Teilweise wird eine Bestimmung des Gegenstandes für unmöglich erachtet.[6]

51 Die insofern am ehesten überzeugende Theorie, welche das Wesen der freiwilligen Gerichtsbarkeit darin erachtet, der Gestaltung konkreter Privatrechtsverhältnisse durch Schaffung von Rechten und durch Mitwirkung zu ihrer Begründung, Änderung oder Aufhebung zu dienen, während die Aufgabe der streitigen Gerichtsbarkeit in der Aufrechterhaltung und Bewährung der Rechtsordnung durch Schutz gegen Störung und Gefährdung gesehen wird,[7] vermag angesichts der Bedeutung der echten Streitverfahren, die in der Vergangenheit ständig zugenommen hat, nicht zu überzeugen, da sie lediglich den klassischen Bereich der freiwilligen Gerichtsbarkeit erfasst,

---

1 So bereits Jansen/*v. Schuckmann*, FGG, Einl. Rz. 2.
2 Keidel/*Sternal*, § 1 FamFG Rz. 10.
3 Eine genaue Aufzählung der Gegenstände der freiwilligen Gerichtsbarkeit findet sich bei Jansen/*v. Schuckmann*, FGG, § 1 Rz. 19 ff.; s. ferner unten § 1 Rz. 4a.
4 Vgl. die umfangreiche Zusammenstellung bei *Bärmann*, Freiwillige Gerichtsbarkeit, § 5 I; Jansen/*v. Schuckmann*, FGG, § 1 Rz. 4 mwN.
5 Vgl. MüKo. ZPO/*Pabst*, § 1 FamFG Rz. 6 ff.: Jansen/*v. Schuckmann*, FGG, § 1 Rz. 4.
6 Schulte-Bunert/Weinreich/*Schöpflin*, § 1 FamFG Rz. 7.
7 *Aron*, ZZP 27 (1900), 310 ff.; *Bornhak*, ZZP 48 (1920), 38.

nicht aber die große Zahl zivilrechtlicher und auch öffentlich-rechtlicher Streitsachen.[1]

Was Angelegenheit der freiwilligen Gerichtsbarkeit ist, lässt sich im Ergebnis in materieller Hinsicht nicht umfassend klären. Es entscheidet vielmehr die **formale gesetzliche Zuordnung:** Angelegenheiten der freiwilligen Gerichtsbarkeit sind diejenigen der ordentlichen Gerichtsbarkeit (unter Ausschluss der Strafrechtspflege und im Gegensatz zur Justizverwaltung und zur Verwaltungsgerichtsbarkeit), bei denen zur Erreichung eines rechtlichen Erfolgs ein staatliches Rechtspflegeorgan mitzuwirken hat und die nicht nach den Vorschriften der Prozessgesetze zu den Angelegenheiten der streitigen Gerichtsbarkeit gehören (Ausschlussprinzip).[2] Man vergleiche etwa § 13 Abs. 1 HausrVO, § 621a ZPO (beide außer Kraft getreten) und §§ 132 Abs. 2, 176 Abs. 2 BGB.[3] Mit anderen Worten: Eine Angelegenheit der freiwilligen Gerichtsbarkeit liegt dann vor, wenn das Gesetz sie als solche bezeichnet, ihre Erledigung einem Organ der freiwilligen Gerichtsbarkeit oder einem Amtsgericht außerhalb eines Zivilprozesses zugewiesen ist und für deren verfahrensmäßige Behandlung bis 31.8.2009 das FGG bzw. seit 1.9.2009 das FamFG für anwendbar erklärt wird oder bei der der Sachzusammenhang auf eine Angelegenheit der freiwilligen Gerichtsbarkeit hinweist.[4] Diese formale Zuordnung wird nun durch den Gesetzgeber in § 23a Abs. 2 GVG unterstrichen.

52

2. Die Beteiligten

§ 7 enthält erstmals eine **Legaldefinition** des Beteiligtenbegriffs. Dies stellt ein Kernstück der Reform dar. Der gesetzlich geregelte Beteiligtenbegriff trägt dazu bei, der freiwilligen Gerichtsbarkeit eine moderne und klar strukturierte Verfahrensgrundlage als Anknüpfungspunkt für weitere Prozessrechte zu geben, wie zB zu Unterrichtungen (§ 7 Abs. 4), zur Akteneinsicht (§ 13), zu Anhörungsrechten, der Bekanntgabe von Dokumenten (§ 15) und Entscheidungen und der Befugnis, Rechtsmittel einzulegen.[5] Nach früherem Recht wurde der Begriff des Beteiligten zwar unterschiedlich verwendet und in Bezug genommen (zB in §§ 6 Abs. 1, 13, 13a Abs. 1, 15 Abs. 2, 53b Abs. 2, 86 Abs. 1, 150, 153 Abs. 1, 155 Abs. 3 FGG), es fehlte bislang aber an einer gesetzlichen Bestimmung, wer im Verfahren der freiwilligen Gerichtsbarkeit zu beteiligen ist.[6]

53

Angesichts der Vielgestaltigkeit der Verfahren der freiwilligen Gerichtsbarkeit und der Unterschiedlichkeit der in diesen Verfahren auftretenden Personen sowie der durch sie verfolgten Zwecke gestaltete und gestaltet sich die Schaffung einer umfassenden Begrifflichkeit als äußerst schwierig. In der Vergangenheit wurde zur Lösung des Problems überwiegend zwischen formell und materiell Beteiligten differenziert. Materiell Beteiligter war danach, wessen Rechte und Pflichten durch das Verfahren und durch die darin zu erwartende oder getroffene Entscheidung unmittelbar betroffen sein konnten.[7] Hingegen war formell am Verfahren beteiligt, wer zur Wahrnehmung nicht notwendig eigener Interessen auf Antrag am Verfahren teilnahm oder zu diesem als Folge der amtswegigen Ermittlungen des Gerichts (§ 12 FGG) hinzugezogen wurde.[8] Diese zwar in der Praxis handhabbare Lösung erwies sich aber im Hinblick auf das verfassungsrechtlich gewährte Recht auf rechtliches Gehör nach

54

---

1 So Keidel/*Sternal*, § 1 Rz. 13 ff., der angesichts der Vielgestaltigkeit der FGG-Sachen nicht auf den materiellen Sinn der Angelegenheit abstellt, sondern es genügen lässt festzulegen, was freiwillige Gerichtsbarkeit im formellen Sinn ist.
2 *Bärmann*, Freiwillige Gerichtsbarkeit, § 5 II; Jansen/*v. Schuckmann*, FGG, § 1 Rz. 6 mwN.
3 *Bassenge*/Roth, § 1 FamFG Rz. 1; Keidel/*Sternal*, § 1 FamFG Rz. 3 f.
4 *Bassenge*/Roth, § 1 FamFG Rz. 1; Keidel/*Sternal*, § 1 FamFG Rz. 3; Jansen/*v. Schuckmann*, FGG, § 1 Rz. 6 mwN.
5 *Kemper*, FamFG, FGG, ZPO – Kommentierte Synopse, S. 11.
6 BT-Drucks. 16/6308, S. 177; *Brehm*, FPR 2006, 402.
7 Keidel/*Zimmermann*, § 7 FamFG Rz. 4.
8 Keidel/*Zimmermann*, § 7 FamFG Rz. 5.

Art. 103 Abs. 1 GG als unbefriedigend und konnte zudem auch nicht alle denkbaren Fallgestaltungen erfassen.[1]

55 Nach der Legaldefinition des § 7 sind nunmehr Beteiligte: in Antragsverfahren der Antragsteller (Abs. 1), der sog. Muss-Beteiligte, der dem materiell Beteiligten nach der bisherigen Terminologie entspricht (Abs. 2) und der sog. Kann-Beteiligte bzw. Optionsbeteiligte, der auf einen entsprechenden Antrag hin am Verfahren beteiligt werden kann (Abs. 3).

V. Verfahrensgrundsätze

1. Begriff

56 Der Begriff des Verfahrensgrundsatzes bezeichnet im weiteren Sinne[2] alle diejenigen Rechtssätze, die den äußeren Ablauf eines gerichtlichen Verfahrens und das Verhalten von Gericht und Parteien bestimmen.[3] Hierzu zählen auch die Einwirkungen des Verfassungsrechts auf das Verfahren.

2. Amtsermittlungsgrundsatz (Stoffsammlung)

57 Zentraler Verfahrensgrundsatz des früheren FGG (§ 12) und weiterhin des FamFG (§ 26) ist der Amtsermittlungs- bzw. Untersuchungsgrundsatz. Dieser hat zum Inhalt, dass das Gericht unabhängig von dem (tatsächlichen) Vorbringen der Beteiligten und der Stellung von Beweisanträgen der Beteiligten den entscheidungserheblichen Tatsachengehalt des Rechtsstreits selbst zu ermitteln und in das Verfahren einzuführen sowie die erforderlichen Beweise zu erheben hat.[4] Der Amtsermittlungsgrundsatz beansprucht in allen Verfahren mit Ausnahme der Familienstreitverfahren Geltung und umfasst gem. § 28 Abs. 1 Satz 1 die Aufklärungspflicht iSd. § 139 Abs. 1 ZPO, auch wenn die Aufklärungspflicht vor allem die mündliche Verhandlung in zivilrechtlichen Streitverfahren betrifft, die es im Verfahren der freiwilligen Gerichtsbarkeit nicht notwendig gibt.[5]

58 Die Vorschrift des § 32, nach der das Gericht die Sache mit den Beteiligten in einem Termin erörtern kann, führt keinen Mündlichkeitsgrundsatz in das FamFG-Verfahren ein.[6] Insofern ist nach den Vorschriften des Allgemeinen Teils ein Versäumnisverfahren auch im Bereich der Antragsverfahren wegen der Geltung des Amtsermittlungsgrundsatzes nicht statthaft.[7] Gegenteiliges gilt jedoch im Rahmen der Sonderregelungen in Buch 2 des FamFG (§§ 111 bis 270), die die Familiensachen betreffen.[8]

59 Wurde das Freibeweisverfahren bislang zwar im Rahmen der Verfahren der freiwilligen Gerichtsbarkeit in der Praxis anerkannt und durchgeführt, so wird es in §§ 29, 30 erstmalig ausdrücklich gesetzlich geregelt. Gem. § 30 liegt es im Ermessen des Gerichts, ob es die Beweisaufnahme nach den Vorschriften der ZPO vornimmt oder ob es sich des Freibeweises bedient.

3. Dispositionsmaxime und Offizialprinzip (Verfahrensherrschaft)

60 Für die Verfahrenseinleitung und die Herrschaft über den Verfahrensgegenstand ist zu unterscheiden, ob diese ausschließlich in den Händen der Beteiligten liegt (Dispositionsmaxime) oder ob das Verfahren von Amts wegen eröffnet werden kann (Offizialmaxime). In der freiwilligen Gerichtsbarkeit sind beide Prinzipien anzutreffen. In

---

1 Vgl. *Kollhosser*, Zur Stellung und zum Begriff der Verfahrensbeteiligten im Erkenntnisverfahren der freiwilligen Gerichtsbarkeit, 1970, S. 360 ff., 378 ff., 398 ff.; BT-Drucks. 16/6308, S. 177 f.
2 Zum engen bzw. weiten Begriffsverständnis vgl. Zöller/*Greger*, vor § 128 ZPO Rz. 2; Stein/Jonas/*Leipold*, vor § 128 ZPO Rz. 3 f.; MüKo. ZPO/*Rauscher*, Einl. Rz. 271.
3 Zöller/*Greger*, vor § 128 ZPO Rz. 2 f.; MüKo. ZPO/*Rauscher*, Einl. Rz. 271.
4 *Bassenge*/*Roth*, Einl. Rz. 53; *Bumiller*/Harders, § 26 FamFG Rz. 1, 7 ff.
5 Vgl. nur *Brehm*, FPR 2006, 401 (404).
6 BT-Drucks. 16/6308, S. 191.
7 *Kahl*, FGPrax 2004, 160, (165).
8 BT-Drucks. 16/6308, S. 191.

vielen Fällen kann ein Verfahren von Amts wegen eingeleitet werden. Insoweit gilt also die Offizialmaxime (zu Einzelheiten s. § 24). Daran ändert es nichts, dass auch in echten Amtsverfahren eine Anregung durch die Partei erfolgen kann (vgl. § 24 Abs. 1). Dagegen unterliegen die echten Antragsverfahren der Dispositionsmaxime (zu den Einzelheiten s. § 23). Darüber hinaus gilt die Dispositionsmaxime in den Rechtsmittelinstanzen bezüglich der Einlegung und Rücknahme des Rechtsmittels.

Soweit die Dispositionsmaxime reicht, bestimmt der Antragsteller den Beginn des Verfahrens, die Verfahrenseröffnung durch Antrag oder eA, die Verfahrensart (Leistung, Feststellung, Gestaltung) sowie im Einzelnen den Verfahrensgegenstand (s. unten VII). Weiterhin können die Beteiligten im Rahmen der Dispositionsmaxime durch Antragsänderung und Antragsrücknahme sowie durch einen Vergleichsschluss (§ 36) über das gerichtliche Verfahren bestimmen.

4. Aufklärungspflicht des Gerichts

§ 28 begründet in Abs. 1 die Pflicht des Gerichts, auf die Beteiligten einzuwirken, sich rechtzeitig über alle erheblichen Tatsachen zu erklären und ungenügende tatsächliche Angaben zu ergänzen. Dies stellt eine besondere Ausprägung der Pflicht zur Amtsermittlung dar.[1] Sie bezieht sich auf alle entscheidungserheblichen tatsächlichen Umstände und besteht sowohl bei gänzlich fehlendem als auch bei unvollständigem oder widersprüchlichem Vortrag zu entscheidungserheblichen Aspekten. § 28 Abs. 2 bestimmt eine spezielle Pflicht in Antragsverfahren, auf die Beteiligten einzuwirken, die ebenfalls aus dem Amtsermittlungsgrundsatz des § 26 folgt und als nunmehr gesetzlich verankerter Verfahrensgrundsatz dem Interesse an Verfahrenstransparenz und -beschleunigung dient.[2]

5. Konzentrationsgrundsatz

Anders als im Zivilprozess, bei dem der Konzentrations- oder Beschleunigungsgrundsatz überwiegend als eigene Prozessmaxime anerkannt wird,[3] finden sich im FamFG nur vereinzelte Normen, die zu einer Präklusion führen. Zu nennen ist hier insbesondere § 115 für verspätet vorgebrachte Angriffs- und Verteidigungsmittel im Rahmen von Familiensachen. Insofern kann nicht von einem das Verfahren grundsätzlich bestimmenden Grundsatz gesprochen werden, zumal der Allgemeine Teil hierzu keinerlei Regelungen enthält. Im Rahmen von Antragsverfahren sollte es lediglich im Interesse des Antragstellers darstellen, durch Beibringung der erforderlichen Unterlagen eine zügige Verfahrenserledigung herbeizuführen oder zumindest dazu beizutragen.

6. Grundsatz der Öffentlichkeit

Nach § 170 GVG in der Fassung vor Inkrafttreten des FGG-RG war die Öffentlichkeit in Familiensachen kraft Gesetzes ausgeschlossen. Die im Rahmen der Reform erfolgte Änderung des § 170 GVG[4] knüpft an die frühere Rechtslage an und konstituiert in Abs. 1 Satz 1 den Grundsatz der Nichtöffentlichkeit für Verhandlungen, Erörterungen und Anhörungen in Familiensachen sowie in Angelegenheiten der freiwilligen Gerichtsbarkeit. Nunmehr kann das Gericht gem. § 170 Abs. 1 Satz 2 GVG die Öffentlichkeit in den vorgenannten Verfahren zulassen, soweit dies nicht dem Willen eines Beteiligten widerspricht. Diese Regelung, die einerseits dem insoweit vorrangigen Schutz der Privatsphäre der Verfahrensbeteiligten[5] und der verfassungsrechtlich gebotenen Öffentlichkeit als Ausdruck des Rechtsstaatsprinzips[6] andererseits dient,

---

1 Vgl. zur Hinwirkungspflicht Keidel/*Sternal*, § 28 FamFG Rz. 2.
2 BT-Drucks. 16/6308, S. 187.
3 Vgl. die Nachweise bei Zöller/*Greger*, vor § 128 ZPO Rz. 13; MüKo. ZPO/*Rauscher*, Einl. Rz. 52 in Fn. 94.
4 In der Fassung des FGG-RG v. 17.12.2008, BGBl. I, S. 2586 (2696). Dazu umfassend *Lipp*, NJW-Sonderheft, 5. Hannoveraner ZPO-Symposium 2011, S. 21.
5 Vgl. hierzu: Baumbach/*Hartmann*, Rz. 1 zu § 170 GVG.
6 Vgl. BVerfG v. 24.1.2001 – 1 BvR 2623/95, 1 BvR 622/99, BVerfGE 103, 44 (63).

trägt dabei dem europarechtlichen Erfordernis des Art. 6 Abs. 1 EMRK Rechnung, wonach der Grundsatz der Öffentlichkeit in Streitigkeiten mit Bezug auf zivilrechtliche Ansprüche besteht, jedoch gem. Art. 6 Abs. 1 Satz 2 EMRK in Angelegenheiten der freiwilligen Gerichtsbarkeit oder wenn die Interessen von Jugendlichen oder der Schutz des Privatlebens der Beteiligten dies verlangen, durchbrochen werden kann.[1]

7. Rechtsfolgen einer Verletzung von Verfahrensgrundsätzen

64 Die Verletzung eines verfassungsrechtlich garantierten Verfahrensgrundsatzes (s. Rz. 65 ff.) führt stets zur Anfechtbarkeit der gerichtlichen Entscheidung und begründet bei Vorliegen der Sachentscheidungsvoraussetzungen (Art. 93 Abs. 1 Nr. 4a GG iVm. § 13 Nr. 8a BVerfGG, §§ 90, 92 ff. BVerfGG) eine Verfassungsbeschwerde. Im Übrigen führt ein Verstoß gegen Verfahrensgrundsätze lediglich zur Rechtswidrigkeit, aber nicht zwingend zur Anfechtbarkeit und nicht zur Nichtigkeit des Richterspruchs.[2] Eine unter Verletzung von Verfahrensvorschriften zu Stande gekommene gerichtliche Entscheidung kann wegen Verstoßes gegen formelles Recht mit der Rechtsbeschwerde gem. §§ 70 ff. angegriffen werden. Der Gedanke des Verzichts auf Verfahrensrügen, wie ihn § 295 ZPO für das streitige Verfahren kennt, setzt die Geltung der Dispositionsmaxime voraus und kann daher nur in reinen Antragsverfahren in Betracht gezogen werden. Eine Heilung von Verstößen durch ordnungsgemäße Nachholung kommt (insbes. bei Art. 103 Abs. 1 GG) in Betracht.[3] Zur örtlichen Zuständigkeit vgl. § 2 Abs. 3.

VI. Einwirkungen des Verfassungsrechts

1. Anspruch auf rechtliches Gehör

65 Art. 103 Abs. 1 GG garantiert als Prozessgrundrecht[4] jedermann vor Gericht Anspruch auf rechtliches Gehör und ist dabei auf Grund seiner Eigenschaft als verfahrensrechtliches Grundprinzip für ein rechtsstaatliches Verfahren im Sinne des Grundgesetzes schlechthin konstitutiv.[5] Art. 103 Abs. 1 GG ist auch im Verfahren der freiwilligen Gerichtsbarkeit zu beachten.[6] Die Norm beinhaltet Informationspflichten des Gerichts (Recht auf Orientierung), damit korrelierende Äußerungsbefugnisse der Beteiligten (Recht auf Äußerung) und die Verpflichtung des Gerichts, diese angemessen bei seiner Entscheidungsfindung zu berücksichtigen (Pflicht zur Berücksichtigung). Das BVerfG verwendet hierfür die Formel, das Vorbringen der Beteiligten sei zur Kenntnis zu nehmen und in Erwägung zu ziehen.[7] Wegen des im Familienverfahren und in Angelegenheiten der freiwilligen Gerichtsbarkeit einschlägigen Amtsermittlungsgrundsatzes sind die Beteiligten bei Ermittlung von Tatsachen durch Mitteilung entsprechend in Kenntnis zu setzen und anzuhören.[8] Im Betreuungsverfahren kommt dem durch Anhörungen und Stellungnahmen ausgeübten rechtlichen Gehör (§ 283) wegen des erheblichen Grundrechtseingriffs besondere Bedeutung zu.[9] Im Anschluss an eine Beweisaufnahme kann das rechtliche Gehör die Vertagung oder die Gewährung einer Schriftsatzfrist gebieten, wenn ein Beteiligter nur auf diese Weise angemessen vortragen kann.[10]

---

1 BT-Drucks. 16/6308, S. 320; Keidel/*Kahl*, 15. Aufl., Rz. 7a vor den §§ 8 bis 18 FGG.
2 *Musielak*, Einl. Rz. 53 mwN.
3 BVerfG v. 26.11.2008 – 1 BvR 670/08, NJW 2009, 1584.
4 BVerfG v. 25.10.2002 – 1 BvR 2116/01, NJW 2003, 1655; vgl. auch BVerfG v. 5.5.2004 – 2 BvR 1012/02, NJW 2004, 2443.
5 BVerfG v. 30.4.2003 – 1 PBvU 1/02, NJW 2003, 1924 (1926).
6 BVerfG v. 20.10.2008 – 1 BvR 291/06, NJW 2009, 138; BVerfG v. 11.5.1965 – 2 BvR 747/64 = NJW 1965, 1267, BVerfGE 19, 49 (51).
7 BVerfG v. 17.9.2010 – 1 BvR 2157/10, FamRZ 2010, 1970; umfassend dazu *Waldner*, Der Anspruch auf rechtliches Gehör, S. 13 ff., 24 ff., 66 ff.
8 BVerfG v. 29.5.1991 – 1 BvR 1383/90, BVerfGE 84, 188 (190); BVerfG v. 19.10.1993 – 1 BvR 567/89, 1 BvR 1044/89, NJW 1994, 1210.
9 BVerfG v. 12.1.2011 – 1 BvR 2539/10, NJW 2011, 1275; vgl. auch BVerfG v. 17.9.2010 – 1 BvR 2157/10, FamRZ 2010, 1970.
10 BGH v. 28.7.2011 – VII ZR 184/09, NJW 2011, 3040.

2. Anspruch auf faires Verfahren

Rechtsdogmatisch und sinnlogisch mit dem Anspruch auf rechtliches Gehör verbunden ist derjenige auf ein faires Verfahren, der sich aus Art. 2 Abs. 1 iVm. Art. 20 Abs. 3 GG ableitet. Dieser Grundsatz garantiert als allgemeines Prozessgrundrecht die widerspruchsfreie Verfahrensleitung durch den Richter sowie dessen Rücksichtnahme gegenüber den Verfahrensbeteiligten in ihrer konkreten Situation. Ferner gewährleistet er, dass der Richter nicht aus eigenen oder ihm zurechenbaren Versäumnissen bzw. Fehlern Verfahrensnachteile für die am Verfahren Beteiligten ableiten darf.[1] Im Lichte des Art. 6 Abs. 1 EMRK ist das gerichtliche Verfahren in angemessener Zeit durchzuführen und abzuschließen. Das Gericht trifft dabei die Verpflichtung, auf eine zügige Verfahrenserledigung hinzuwirken.[2] Dies gilt insbesondere im Kindschaftsrecht, vgl. § 155.

66

3. Willkürverbot

Das verfassungsrechtlich verbriefte Willkürverbot aus Art. 3 Abs. 1 iVm. Art. 20 Abs. 3 GG wird durch eine gerichtliche Entscheidung tangiert, wenn sie unter keinem denkbaren Gesichtspunkt vertretbar erscheint und daher offenkundig auf sachfremden Erwägungen beruht.[3] Dies ist insbesondere dann der Fall, wenn eine sich aufdrängende einschlägige Norm nicht berücksichtigt oder in krasser Weise fehlgedeutet wird.

67

4. Rechtsschutzgarantie

Art. 19 Abs. 4 GG gewährt den ungehinderten Zugang zu den vom Staat installierten Gerichten, soweit jemand durch die öffentliche Gewalt in seinen Rechten verletzt ist. Diese Rechtsschutzgarantie (Justizgewährungsanspruch) wird aber auch in allen anderen Fällen von der Verfassung garantiert. Das BVerfG leitet diesen umfassenden Rechtsschutz aus dem Rechtsstaatsprinzip iVm. Art. 2 Abs. 1 GG ab (s. Rz. 16). Die Rechtsschutzgarantie umfasst dabei neben dem ersten Zugang zu einem Gericht auch das Durchlaufen aller jeweils vom Gesetzgeber vorgesehenen Instanzen.[4] Als einfachgesetzliche Konkretisierung findet sich in § 62 das Novum der Beschwerdemöglichkeit gegen bereits erledigte Entscheidungen.

68

5. Effektiver Rechtsschutz

Aus dem Rechtsstaatsprinzip iVm. Art. 2 Abs. 1 GG ergibt sich das Gebot des effektiven Rechtsschutzes, das eine möglichst wirksame Kontrolle durch die Gerichtsbarkeit verlangt. Daraus folgt, dass der Zugang zu den Gerichten nicht in unzumutbarer Weise erschwert werden darf. Teil des effektiven Rechtsschutzes können auch fehlende gerichtliche Hinweise sein, soweit sie nicht jederzeit nachgeholt werden können.[5]

68a

VII. Der Verfahrensgegenstand

1. Grundlagen

Die Frage nach dem Verfahrensgegenstand der freiwilligen Gerichtsbarkeit soll ebenso wie diejenige nach dem Streitgegenstand des Zivilprozesses und des Verwaltungsprozesses das Streit- und Verfahrensprogramm eines gerichtlichen Verfahrens bestimmen und begrenzen. Für den Zivilprozess ist diese Streitgegenstandsbestim-

69

---

1 BVerfG v. 14.4.1987 – 1 BvR 162/84, BVerfGE 75, 183; BVerfG v. 25.6.2003 – 1 BvR 861/03, FamRZ 2003, 1447.
2 BVerfG v. 20.7.2000 – 1 BvR 352/00, NJW 2001, 214; BVerfG v. 6.12.2004 – 1 BvR 1977/04, NJW 2005, 739.
3 BVerfG v. 26.4.2004 – 1 BvR 1819/00, NJW 2004, 2584f.; BVerfG v. 18.3.2005 – 1 BvR 113/01, NJW 2005, 2138 (2139).
4 BVerfG v. 29.10.1975 – 2 BvR 630/73, BVerfGE 40, 272 (274f.); BVerfG v. 16.12.1975 – 2 BvR 854/75, BVerfGE 41, 23 (26).
5 BVerfG v. 9.3.2011 – 1 BvR 752/10, FamRZ 2011, 957.

mung von zentraler Bedeutung, da das Gericht an den Antrag des Klägers gebunden ist (§ 308 ZPO) und die Parteien ihrerseits bei Klagehäufung (§ 260 ZPO), bei Klageänderung (§ 263 ZPO) sowie im Rahmen von Rechtshängigkeit (§ 261 ZPO) und Rechtskraft (§§ 322, 325 ZPO) gewissen spezifischen Beschränkungen unterliegen. Daher ist die Diskussion um die Bestimmung des Streitgegenstandes seit langer Zeit ein klassischer Streitpunkt der Verfahrensrechtswissenschaft. In eingeschränktem Umfang muss dies auch für die freiwillige Gerichtsbarkeit gelten, soweit dort eine Bestimmung des Streitprogramms durch die Beteiligten in Betracht kommt.

2. Der Streitgegenstand im Zivilprozess

70   a) Im Zivilprozess sind es im Wesentlichen drei verschiedene, grundlegende Fragestellungen, die die Diskussion seit langen Jahren prägen.[1] Deren erste richtet sich darauf, ob als Grundlage des Streitgegenstandes eine materiellrechtliche Rechtsposition anzunehmen ist oder ob sich der Streitgegenstand nach prozessualen Gesichtspunkten bestimmt (materielle oder prozessuale Theorien). Die zweite zentrale Frage stellt sich innerhalb der prozessualen Theorien. Hier ist zu klären, ob für die Bestimmung des Streitgegenstandes ausschließlich der Antrag in Betracht kommt (eingliedriger Streitgegenstand) oder ob der Streitgegenstand durch Antrag und Lebenssachverhalt bestimmt wird (zweigliedriger Streitgegenstand). Schließlich ist als dritte Kernfrage darauf einzugehen, ob es für alle Verfahren und alle Antragsformen einen einheitlichen Streitgegenstandsbegriff geben kann oder ob unterschiedliche Kategorien zu bilden sind (relative Theorie vom Streitgegenstand).

71   b) Die **materiellrechtlichen Theorien** vom Streitgegenstand gehen davon aus, dass dieser durch den Anspruch materiellen Rechts gebildet wird. Dies war auch der Standpunkt des Gesetzgebers der ZPO von 1877. Angesichts der im materiellen Zivilrecht bestehenden Anspruchsgrundlagenkonkurrenz würde eine solche Auffassung freilich dazu führen, dass bei jeder Klage, die einen einheitlichen Anspruch auf mehrere Anspruchsgrundlagen stützt, prozessual eine Klagenhäufung gegeben wäre. Darüber hinaus ergäbe sich die Gefahr, dass trotz vollständigen Obsiegens einer Partei eine teilweise Kostenübernahme erforderlich wäre, wenn weitere geltend gemachte Anspruchsgrundlagen nicht zur Überzeugung des Gerichts dargetan wären. Dies ist abzulehnen. Daher haben sich Überlegungen ergeben, die materiellrechtlichen Theorien des Streitgegenstandes in der Weise fortzuentwickeln, dass verschiedene materiellrechtliche Anspruchsgrundlagen zusammengefasst und zu einem einzigen Anspruch im Sinne des Prozessrechts herausgebildet werden. Grundlage dieser Zusammenfassung könnte entweder ein einheitlicher Lebenssachverhalt oder ein einheitliches Verfügungsobjekt sein. Allerdings hat sich gezeigt, dass auch diesen neueren materiellrechtlichen Auffassungen unüberwindliche Schwierigkeiten entgegenstehen, weil die zu einem Anspruch zusammengefassten Anspruchsgrundlagen bei der Verjährung, beim Haftungsumfang und bei der Beweislastverteilung unterschiedlichen Anknüpfungspunkten unterliegen können, was letztlich die Bildung eines einheitlichen materiellrechtlichen Anspruchs ausschließt.

72   c) Daher werden im deutschen Zivilprozessrecht nahezu ausschließlich **prozessuale Theorien** vom Streitgegenstand vertreten. Die in Theorie und Praxis herrschende Auffassung vertritt den sog. **zweigliedrigen Streitgegenstandsbegriff**. Diese Auffassung will also den Streitgegenstand durch zwei Elemente bestimmen, nämlich durch den vor Gericht gestellten Antrag und den diesem Antrag zugrunde liegenden Lebenssachverhalt. Dadurch werden alle materiellrechtlichen Anspruchsgrundlagen, die aus einem einheitlichen Lebenssachverhalt hervorgehen, zu einem einheitlichen prozessualen Anspruch zusammengefasst.

73   d) Nur in seltenen Fällen gerät die herrschende Auffassung vom zweigliedrigen Streitgegenstandsbegriff in Schwierigkeiten, wenn im Rahmen eines einheitlichen prozessualen Antrags mehrere tatsächliche Lebenssachverhalte zusammengefasst werden (zB einheitliches Anspruchsziel aus einem Vertragsanspruch und einem spä-

---

1 Zum neuesten Stand der Diskussion *Althammer*, ZZP 123 (2010), 163.

ter abgegebenen Schuldanerkenntnis). Diese besonderen Fälle haben zur Ausbildung der Theorie vom **eingliedrigen Streitgegenstandsbegriff** geführt. Diese Auffassung legt das Schwergewicht für die Bestimmung des Streitgegenstandes ganz auf den Klageantrag. Der Lebenssachverhalt wird allein zur Individualisierung des jeweiligen Antrags herangezogen. Eine Mehrheit von Streitgegenständen kann nach dieser Auffassung nur noch dort vorkommen, wo mehrere unterschiedliche Klageanträge gestellt werden.

e) In neuerer Zeit nehmen in der Literatur die Auffassungen zu, die die Bestimmung des Streitgegenstands nicht mehr allein mit Hilfe einer konstruktiven Theorie im Sinne einer einheitlichen Lösung bewältigen wollen. In den Vordergrund wird vielmehr gerückt, dass die Festlegung des Streitgegenstandes je nach der Art des Prozesses und nach der Bewertung der dabei im Spiel befindlichen Parteiinteressen unterschiedlich ausfallen kann. Diese **relativen Theorien** wollen den Streitgegenstand zum Teil danach unterscheiden, ob ein Prozess der Verhandlungs- oder der Untersuchungsmaxime unterliegt. Teilweise wird auch danach unterschieden, ob eine Leistungsklage oder eine Feststellungsklage erhoben worden ist. Schließlich gibt es Auffassungen, die für die Fragen der Klagenhäufung, der Klageänderung und der Rechtshängigkeit der eingliedrigen Theorie folgen. Den Umfang der Rechtskraft will diese Auffassung aber nach der zweigliedrigen Theorie entscheiden.

f) Die langjährigen und umfassenden Diskussionen über die **richtige Auffassung** zum Streitgegenstand im Zivilprozess haben gezeigt, dass jedenfalls durch materiellrechtliche Theorien das Problem nicht befriedigend zu lösen ist. Ernstlich in Betracht kommen kann nur eine prozessuale Theorie. Allerdings ist in der Praxis auch der Streit zwischen den beiden prozessualen Theorien weithin zum Stillstand gekommen. Dies beruht nicht darauf, dass sich eine einheitliche Auffassung durchgesetzt hätte. Vielmehr kann man der neueren Entwicklung entnehmen, dass heute im Ergebnis die praktischen Konsequenzen der unterschiedlichen theoretischen Auffassungen nicht mehr sehr groß sind. Vor allem unter Zugrundelegung eines weiten Begriffs des Lebenssachverhalts werden zweigliedrige und eingliedrige Streitgegenstandstheorien in aller Regel zum selben Ergebnis gelangen. Es bleibt festzuhalten, dass es eine alle Probleme befriedigend lösende, einheitliche theoretische Auffassung vom Streitgegenstand wohl nicht gibt. Entscheidend ist in jedem Falle, dass die Bestimmung des Streitgegenstandes ein dem Kläger obliegender Dispositionsakt ist. Im Rahmen der näheren Bestimmung des Umfangs dieses Dispositionsakts empfiehlt es sich, die Grenzen bei Klageerhebung und im Verlauf des Prozesses möglichst weit zu ziehen, nach Abschluss des Verfahrens bei der Bestimmung der Rechtskraft die Grenzen des Prozessgegenstands aber je nach dem vorgetragenen Sachverhalt eher eng auszulegen. Dies bedeutet, dass bei Leistungsklagen für die im Laufe eines Prozesses aufgetretenen Probleme (Rechtshängigkeit, Klagenhäufung, Klageänderung) der eingliedrige Streitgegenstandsbegriff wohl am geeignetsten ist. Nach Beendigung des Prozesses und damit im Rahmen der Bestimmung des Umfangs der materiellen Rechtskraft kann aber auf die Berücksichtigung des der Klage zugrundeliegenden Lebenssachverhalts nicht verzichtet werden. Hier ist also dem zweigliedrigen Streitgegenstandsbegriff zu folgen. Für Gestaltungs- und Feststellungsklagen wird man generell auf den Antrag abstellen können.

3. Der Verfahrensgegenstand der freiwilligen Gerichtsbarkeit

Will man die Überlegungen zum Streitgegenstand des Zivilprozesses auf den Verfahrensgegenstand der freiwilligen Gerichtsbarkeit übertragen, so lässt sich zunächst für den Bereich des § 113 Abs. 1 (Ehesachen und Familienstreitsachen) naheliegenderweise eine Parallele ziehen. Denn dort gilt ausdrücklich die ZPO. Ebenso wird man aber auch für die echten Antragsverfahren gem. § 23 eine Parallele ziehen können. Denn wie schon *Habscheid*[1] nachgewiesen hat, handelt es sich bei den echten Antragsverfahren um Verfahrensarten, die nach ihrem äußeren Aufbau und ihrer

---

[1] *Habscheid*, Der Streitgegenstand im Zivilprozess und im Streitverfahren der freiwilligen Gerichtsbarkeit, 1956, S. 222 ff.

Zweckbestimmung weitgehend mit dem Zivilprozess übereinstimmen. Auch bei den echten Antragsverfahren wird über behauptete subjektive Rechte entschieden, und es wird der Antrag in der Form eines Leistungs-, Feststellungs- oder Gestaltungsbegehrens geltend gemacht.[1] Dagegen kann bei den reinen Amtsverfahren eine Bestimmung des Verfahrensgegenstandes nicht an einen Antrag anknüpfen. In diesen Fällen muss also zwangsläufig das Gericht den Verfahrensgegenstand bestimmen. Es tut dies durch die Einleitung eines Verfahrens von Amts wegen in formloser Weise auf Grund der Kenntnisnahme von Tatsachen, die ein Einschreiten erfordern können. Auch bei den Amtsverfahren ist also die Tätigkeit des Gerichts letztlich auf eine gesetzlich vorgesehene Rechtsfolge gerichtet, und dem Verfahren liegt ein bestimmter Lebenssachverhalt zugrunde. Daraus ergibt sich, dass der Grundgedanke der prozessualen Streitgegenstandstheorien des Zivilprozesses auch für Amtsverfahren der freiwilligen Gerichtsbarkeit anwendbar ist, wenn man das Element des Antrags durch den Akt der gerichtlichen Verfahrenseinleitung im Hinblick auf ein bestimmtes Rechtsschutzziel ersetzt.

77 Soweit in bestimmten Fällen wahlweise ein Antrags- oder ein Amtsverfahren zur Einleitung eines konkreten Verfahrens führen kann, gelten die bisherigen Überlegungen entsprechend. Wird das Verfahren zunächst durch Antrag eingeleitet, so bestimmt der Antrag unter Zugrundelegung des Lebenssachverhalts den Verfahrensgegenstand. Wird der Antrag zurückgenommen und das Verfahren dennoch weitergeführt oder wird das Verfahren von Beginn an als Amtsverfahren aufgenommen, so gelten die allgemeinen Grundsätze des Amtsverfahrens.

78 Insgesamt ist in der freiwilligen Gerichtsbarkeit also das in einem Antrag enthaltene Rechtsbegehren oder ohne einen Antrag der Umfang der vom Gericht geprüften Rechtsgewährung entscheidend. Soweit der geltend gemachte Antrag und die sonstige Rechtsgewährung auf eine Leistung zielen, wird man mit der herrschenden Auffassung im Zivilprozess die zweigliedrige Theorie heranziehen können. Soweit ein Antrag oder eine gerichtliche Rechtsgewährung auf Feststellung oder auf Gestaltung zielen, kann man von der eingliedrigen Theorie ausgehen.

79 Unabhängig von dieser Festlegung des Verfahrensgegenstandes ist die Frage, ob die Bestimmung des Verfahrensgegenstandes in der freiwilligen Gerichtsbarkeit eine vergleichbare Wirkung und Bedeutung wie in der ZPO hat. Dies ist jeweils gesondert zu prüfen.

4. Die Bedeutung des Verfahrensgegenstandes im laufenden Verfahren

80 Typische Ausprägungen der zivilprozessualen Streitgegenstandsdiskussion im Rahmen der Dispositionsmaxime sind die Antragsbindung (§ 308 ZPO), die Klagehäufung (§ 260 ZPO), die Klageänderung (§ 263 ZPO), die Klagerücknahme (§ 269 ZPO) sowie die Wirkungen der Rechtshängigkeit (§ 261 ZPO).

81 In der freiwilligen Gerichtsbarkeit gibt es ebenfalls eine **Antragsbindung**. § 308 ZPO gilt für Ehe- und Familienstreitsachen direkt (§ 113 Abs. 1), er gilt analog auch für echte Antragssachen,[2] nicht dagegen in Amtsverfahren. Weiterhin ist eine **Antragshäufung** analog § 260 ZPO generell möglich, soweit der spezielle Bereich eine solche zulässt.[3] Ebenso ist eine **Antragsänderung** analog §§ 263, 264 ZPO zulässig und möglich, soweit dem nicht besondere Regelungen im Wege stehen (etwa § 113 Abs. 4 Nr. 2 für Ehesachen). Dagegen ist im Falle einer stets möglichen **Antragsrücknahme** die Norm des § 269 ZPO außer in Ehe- und Familienstreitsachen nicht heranzuziehen. Hier gilt die Spezialregelung des § 22. Im Falle der Rücknahme eines Scheidungsantrags ist zusätzlich § 141 zu beachten.

---

[1] Zur zentralen Bedeutung des Antrags für den Verfahrensgegenstand (auch in der 2. Instanz) s. BGH v. 18.5.2011 – XII ZB 671/10, MDR 2011, 876.
[2] BGH v. 10.5.1984 – BLw 2/83, NJW 1984, 2831f; Schulte-Bunert/Weinreich/*Brinkmann*, § 23 FamFG Rz. 63.
[3] Schulte-Bunert/Weinreich/*Brinkmann*, § 23 FamFG Rz. 72.

Das FamFG enthält keine Regelung der **Rechtshängigkeit**. Nur für die Ehe- und 82
Familienstreitverfahren gilt wiederum § 261 ZPO (§ 113 Abs. 1). Im Übrigen gilt für
Verfahren in Ehesachen die Regelung des § 124 zur Anhängigkeit. Darüber hinaus
setzt die Regelung des § 2 den Grundgedanken einer **Anhängigkeit** voraus. Denn der
maßgebliche Zeitpunkt für die Bestimmung der örtlichen Zuständigkeit gem. § 2
Abs. 1 ist in Antragsverfahren und in allen übrigen Verfahren, in denen ein Antrag
vorliegt, der Zeitpunkt des Eingangs dieses Antrags bei Gericht, also der Zeitpunkt
der Anhängigkeit des Verfahrens. In reinen Amtsverfahren ist die Anhängigkeit danach
zu bestimmen, wann das Gericht von Umständen Kenntnis erhalten hat, die
seine Verpflichtung zum Handeln auslösen.

Insgesamt zeigt sich, dass bereits im laufenden Verfahren eine Festlegung des Verfahrensgegenstandes 83
erforderlich werden kann. Dieser hat freilich in der praktischen
Behandlung nur eine begrenzte Bedeutung. Lediglich bei der Festlegung der örtlichen
Zuständigkeit im Rahmen von § 2 Abs. 1 bedarf es einer genauen Abgrenzung
des Verfahrensgegenstandes.

5. Bedeutung des Verfahrensgegenstandes für die Rechtskraft

Das Gesetz enthält in § 45 eine ausdrückliche Regelung über die formelle Rechtskraft. 84
Dagegen ist die materielle Rechtskraft im FamFG nicht geregelt. Es ist aber
weithin anerkannt, dass im Rahmen der echten Streitsachen und bei allen echten
Antragssachen die materielle Rechtskraft eintritt. Denn in diesen Angelegenheiten
soll auch in der freiwilligen Gerichtsbarkeit von den Beteiligten die entschiedene
Frage in einem neuen Verfahren inhaltlich nicht mehr in Frage gestellt werden. Die
materielle Rechtskraft ist also zwingend erforderlich, um den inhaltlichen Bestand einer
gerichtlichen Entscheidung zu sichern. Sie setzt damit die formelle Rechtskraft
voraus und verlangt zugleich eine Identität des Verfahrensgegenstandes. Dies zeigt,
dass im Rahmen der materiellen Rechtskraft die Bestimmung des Verfahrensgegenstandes
von erheblicher Bedeutung ist. Für die subjektiven, die objektiven und die
zeitlichen Grenzen der materiellen Rechtskraft gelten die Regelungen der ZPO, wie
sie in den §§ 322, 325 ZPO (allerdings nur eingeschränkt) Ausdruck gefunden haben.
Entscheidend ist für die Wirkung der Rechtskraft, dass der inhaltliche Bestand einer
Gerichtsentscheidung durch Präklusion neuer Tatsachen abgesichert wird. Es kann
also derselbe Verfahrensgegenstand nicht mehr in einem neuen Verfahren dadurch in
Frage gestellt werden, dass neue Tatsachen vorgebracht werden. Dies zeigt zugleich,
dass Entscheidungen in Fürsorgeverfahren grundsätzlich nicht in materielle Rechtskraft
erwachsen können (s. § 45 Rz. 11). Hier muss vielmehr der Grundsatz gelten,
dass gerade im Hinblick auf den Fürsorgegedanken die Möglichkeit zur Abänderung
einer Entscheidung bei nachträglicher Änderung der Sachlage gegeben sein muss.

Soweit zur Festlegung des Umfangs der materiellen Rechtskraft eine genaue Bestimmung 85
des Verfahrensgegenstandes erforderlich ist, ist wie im Zivilprozess die
herrschende zweigliedrige Streitgegenstandstheorie heranzuziehen. Zur Vermeidung
einer zu weit gehenden Präklusion neuer Tatsachen muss also für den Verfahrensgegenstand
auf den Antrag und den zugrundeliegenden Lebenssachverhalt abgestellt
werden.

VIII. Streitschlichtung und Mediation (konsensuale Streitbeilegung)

Ein Anliegen des Gesetzes, das mit allgemeinen Tendenzen im Verfahrensrecht 86
übereinstimmt, ist die Stärkung der konfliktvermeidenden und konfliktlösenden Elemente
innerhalb und außerhalb des Verfahrens. So sind die Regelungen über den
Vergleich in § 36 zusammengefasst und ausgebaut. In § 36a sind seit dem 26.7.2012
die Möglichkeiten eines richterlichen Vorschlags für eine außergerichtliche Mediation
oder eine sonstige Konfliktbeilegung ausdrücklich verankert. Dazu sieht § 23 Abs. 1
vor, dass ein verfahrenseinleitender Antrag Angaben zur Eignung für eine außergerichtliche
Konfliktbeilegung enthält. Im Bereich des Scheidungsfolgenrechts wird
ausdrücklich durch Mediation und sonstige außergerichtliche Streitbeilegung auf
eine Förderung des Schlichtungsgedankens gedrängt. Dazu ist in § 135 die Möglich-

keit der gerichtlichen Anordnung eines Informationsgesprächs über Mediation oder andere Möglichkeiten außergerichtlicher Streitbeilegung im Falle anhängiger Folgesachen geregelt. Schließlich wird, wie schon im früheren Recht (§§ 52, 52a FGG), gem. §§ 155, 156 auch im Kindschaftsrecht ganz besonders auf einvernehmliche Lösungen hingewirkt. In § 165 ist (ähnlich dem früheren § 52a FGG) ein besonderes gerichtliches Vermittlungsverfahren geregelt.[1]

87 In Umsetzung der Richtlinie 2008/52 EG des Europäischen Parlaments und des Rates v. 21.5.2008 über bestimmte Aspekte der Mediation in Zivil- und Handelssachen (ABl. 2008 L 136/2) hat der deutsche Gesetzgeber am 21.7.2012 das Gesetz zur Förderung der Mediation und anderer Verfahren der außergerichtlichen Konfliktbeilegung (BGBl. I, S. 1577) erlassen, das am 26.7.2012 in Kraft getreten ist. Dieses Artikelgesetz enthält in Art. 1 ein eigenständiges MediationsG und in Art. 3 Änderungen des FamFG. Von zentraler Bedeutung sind dabei die neuen §§ 36 Abs. 5, 36a (im Einzelnen s. dort).

87a Das neue MediationsG hat allerdings durch seinen § 9 Abs. 1 die Richtermediation ausdrücklich beseitigt[2] und an deren Stelle den besonderen **Güterichter** eingerichtet (vgl. §§ 278 Abs. 5 ZPO, 36 Abs. 5 FamFG).

IX. Internationales Verfahrensrecht der freiwilligen Gerichtsbarkeit

88 Bei grenzüberschreitenden Sachverhalten ist die Frage des anwendbaren materiellen Rechts (internationales Privatrecht oder materielles Kollisionsrecht iSv. Art. 3 bis 47 EGBGB) von der Frage zu trennen, nach welchem Recht das angerufene Gericht sein Verfahren bestimmt (internationales Verfahrensrecht). Das internationale Verfahrensrecht wird beherrscht vom Grundsatz der lex fori, also von dem Gedanken, dass inländische Gerichte auch bei Verfahren mit Auslandsberührung immer ihr heimisches Prozessrecht anwenden. Dieser Grundsatz wird auch heute von der hM anerkannt.[3] Allerdings erfährt er in der Praxis zahlreiche Durchbrechungen und wird zunehmend in Zweifel gezogen.[4] Die Praxis hält vor allem aus Gründen der Zweckmäßigkeit am lex fori-Prinzip fest.

89 Dieser Grundsatz gilt auch im Verfahren der internationalen freiwilligen Gerichtsbarkeit. Er betrifft insbesondere Fragen der Grenzen der deutschen Gerichtsbarkeit, der internationalen Zuständigkeit, der Rechtsstellung des Ausländers vor einem deutschen Gericht, des Rechtsverkehrs mit dem Ausland (Zustellungen, Ersuchen um Beweisaufnahme) sowie der Anerkennung und Vollstreckung ausländischer Entscheidungen. Es ist erfreulich, dass der Gesetzgeber dem Verfahren mit Auslandsbezug in den §§ 97 bis 110 erhebliche Aufmerksamkeit gewidmet hat.[5]

90 Das FamFG regelt die internationale Zuständigkeit in den §§ 98 ff., die Anerkennung und Vollstreckbarkeit in den §§ 107 ff. Für alle übrigen Fragen gelten die allgemeinen Regeln. Damit sind für die Grenzen der deutschen Gerichtsbarkeit die §§ 18 bis 20 GVG sowie die einschlägigen völkerrechtlichen Vereinbarungen (Wiener Übereinkommen) heranzuziehen, für alle weiteren Fragen gelten die Regelungen des FamFG, soweit nicht Vorschriften in völkerrechtlichen Vereinbarungen oder europäische Rechtsakte anzuwenden sind (vgl. § 97 Abs. 1). Aus völkerrechtlicher Sicht ist hier insbesondere das Haager Übereinkommen v. 1.3.1954 über den Zivilprozess zu nennen, das auch Fragen von Rechtshilfeersuchen regelt. Für Zustellungen ist das Haager Übereinkommen über die Zustellung gerichtlicher Schriftstücke im Ausland in Zivil- und Handelssachen v. 15.11.1965 zu beachten. Im Bereich von Beweisaufnah-

---

1 Zum Ganzen *Vogel*, FamRZ 2010, 1870; *Wacker*, ZRP 2009, 239; *Schael*, FamRZ 2011, 865; *Schlünder*, FamRZ 2012, 9.
2 Die abweichende Ansicht von Keidel/*Meyer-Holz*, § 36a Rz. 8 ff. beruht darauf, dass die Fassung des Regierungsentwurfs herangezogen wurde, die sich im späteren Gesetzestext geändert hat.
3 *Geimer*, IZPR Rz. 319.
4 Vgl. statt aller *Jaeckel*, Die Reichweite der lex fori im internationalen Zivilprozessrecht, 1995.
5 *Hau*, FamRZ 2009, 821.

men ist das Haager Übereinkommen über die Beweisaufnahme im Ausland in Zivil- und Handelssachen v. 18.3.1970 einschlägig.

Innerhalb der Europäischen Union verdrängen die einschlägigen Verordnungen das nationale Recht. Zu nennen sind die EuGVVO (Brüssel I-VO) v. 22.12.2000 über die gerichtliche Zuständigkeit und Anerkennung und Vollstreckung von Entscheidungen in Zivil- und Handelssachen; die EuEheVO (= Brüssel IIa VO) v. 27.11.2003 über die Zuständigkeit und die Anerkennung und Vollstreckung von Entscheidungen in Ehesachen und in Verfahren betreffend die elterliche Verantwortung (abgedruckt in Anh. 2 zu § 97); die EuZVO v. 13.11.2008 über die Zustellung gerichtlicher und außergerichtlicher Schriftstücke in Zivil- oder Handelssachen in den Mitgliedsstaaten; die EuBVO v. 28.5.2001 über die Zusammenarbeit zwischen den Gerichten der Mitgliedsstaaten auf dem Gebiet der Beweisaufnahme in Zivil- oder Handelssachen; die EuVTVO v. 21.4.2004 über einen europäischen Vollstreckungstitel für unbestrittene Forderungen. Zu den Einzelheiten s. § 97 Rz. 17 ff.

Zur Aus- und Durchführung der EuEheVO, verschiedener Haager Übereinkommen sowie des europäischen Sorgerechtsübereinkommens hat der deutsche Gesetzgeber das Gesetz v. 26.1.2005 erlassen, das bei § 97 in Anh. 1 abgedruckt ist. Weiterhin sind das Kinderschutzübereinkommen (KSÜ v. 19.10.1996) in § 97 Anh. 3, das Haager Übereinkommen zur Kindesentführung v. 25.10.1980 in § 97 Anh. 4 und das Haager Übereinkommen zum Schutz von Erwachsenen v. 13.1.2000 in § 97 Anh. 5 abgedruckt.

Gesetz über das Verfahren in Familiensachen und in den Angelegenheiten der freiwilligen Gerichtsbarkeit

Buch 1
Allgemeiner Teil

Abschnitt 1
Allgemeine Vorschriften

1 *Anwendungsbereich*
Dieses Gesetz gilt für das Verfahren in Familiensachen sowie in den Angelegenheiten der freiwilligen Gerichtsbarkeit, soweit sie durch Bundesgesetz den Gerichten zugewiesen sind.

A. Normzweck und Systematik	C. Begriff der Familiensachen
I. Einführung und Normzweck 1	I. Der Begriff 7
II. Systematik 2	II. Anwendbare Vorschriften 9
B. Begriff und Wesen der freiwilligen Gerichtsbarkeit	D. Verhältnis der freiwilligen Gerichtsbarkeit zur streitigen Zivilgerichtsbarkeit 10
I. Der Begriff 3	E. Anwendungsbereich 12
II. Zuweisung 4	F. Freiwillige Gerichtsbarkeit und Schiedsgerichtsbarkeit 16
III. Die Angelegenheiten der freiwilligen Gerichtsbarkeit 5	G. Die Bereiche der freiwilligen Gerichtsbarkeit 17

A. Normzweck und Systematik

I. Einführung und Normzweck

Die Vorschrift stellt eine typische Einleitungsnorm für ein allgemeines Verfahrensgesetz dar. Sie enthält keinen nennenswerten Regelungsumfang. Sie ersetzt § 1 FGG. Nach ihrem Normzweck regelt die Vorschrift den Anwendungsbereich des Gesetzes. Sie setzt dabei die in § 2 EGGVG sowie in §§ 12, 13 GVG nunmehr ausdrücklich vorgesehene Geltung des GVG für den Bereich der freiwilligen Gerichtsbarkeit voraus und verweist somit praktisch vor allem auf § 23a GVG. Diese Norm enthält eine abschließende Zuweisung der Gebiete der Familiensachen und des Bereichs der freiwilligen Gerichtsbarkeit, die dem FamFG unterfallen sollen. Dazu gehören nach § 23a Abs. 2 Nr. 8 GVG etwa auch die Grundbuchsachen, obgleich diese nicht dem FamFG unterfallen, so dass der Katalog des § 23a GVG eine überschießende Tendenz aufweist (vgl. im Einzelnen Rz. 17).

II. Systematik

Die Norm steht am Beginn des ersten Buches des FamFG, das einen Allgemeinen Teil enthält. Damit knüpft die Gesetzessystematik an alle klassischen Kodifikationen an, bei denen in einem Allgemeinen Teil die generellen Regeln vor die Klammer gezogen werden. Zugleich steht die Vorschrift am Beginn des ersten Abschnitts dieses Allgemeinen Teils und enthält damit innerhalb des ersten Buches nochmals Vorschrif-

1

2

ten allgemeiner Art. Die Norm (und mit ihr die §§ 1 bis 22a) ist also in doppelter Weise vor die Klammer gezogen.

B. Begriff und Wesen der freiwilligen Gerichtsbarkeit

I. Der Begriff

3   Weder früher das FGG noch heute das FamFG enthalten eine Legaldefinition des Begriffs der freiwilligen Gerichtsbarkeit.[1] Auch die Versuche in Wissenschaft und Praxis, den Begriff der freiwilligen Gerichtsbarkeit abschließend zu erfassen, sind bisher nicht erfolgreich gewesen (s. Einleitung Rz. 48 ff.). Anerkannt ist insbesondere, dass der Begriff der Freiwilligkeit kein geeignetes Merkmal für die Bestimmung des Wesens der freiwilligen Gerichtsbarkeit ist. Auch eine Abgrenzung nach Verfahrensgegenstand und Verfahrensziel führt nicht zu einer klaren Abgrenzung von streitigem Zivilprozess und Verfahren der freiwilligen Gerichtsbarkeit. Schließlich reicht der Gedanke der Rechtsfürsorge nicht aus, um den Bereich der freiwilligen Gerichtsbarkeit abschließend zu beschreiben. Vielmehr hat die gesetzgeberische Entscheidung der vergangenen 130 Jahre, dem Bereich der freiwilligen Gerichtsbarkeit Sonderverfahren unterschiedlicher Art zuzuweisen, dazu geführt, dass die Erscheinungsformen von freiwilliger Gerichtsbarkeit außerordentlich mannigfaltig und unterschiedlich geworden sind. So besteht heute Einigkeit darüber, dass nur eine formelle Abgrenzung in dem Sinne in Betracht kommt, dass Teil der freiwilligen Gerichtsbarkeit dasjenige Verfahren ist, welches der Gesetzgeber diesem Bereich zuweist. Anerkannt ist allerdings, dass der Bereich der freiwilligen Gerichtsbarkeit weiter reicht, als dies früher die Verfahren nach dem FGG und heute die Verfahren nach dem FamFG abdecken können. Vielmehr kann man der freiwilligen Gerichtsbarkeit auch alle diejenigen Verfahren zuweisen, die der Klärung von Rechtsfragen im Zivilrecht dienen, ohne dass sie verfahrensmäßig ein Teil der streitigen Zivilgerichtsbarkeit wären. Beispiele hierfür sind das Grundbuchverfahren, das Verfahren in Landwirtschaftssachen, das Schiffsregisterverfahren, das Verfahren in Beurkundungsfragen sowie die Verfahrensregeln der Notare.

II. Zuweisung

4   Der Gesetzgeber hat daher im FamFG vernünftigerweise den Versuch gemacht, den Bereich der freiwilligen Gerichtsbarkeit, soweit er dem FamFG unterfällt, durch eine abschließende gesetzliche Zuweisung zu regeln. Dazu hat das FamFG in seinen Büchern 2 bis 8 einzelne Bereiche ausdrücklich erfasst. Diese Bereiche entsprechen der gesetzlichen Aufzählung in § 23a Abs. 1 Nr. 1 sowie Abs. 2 Nr. 1 bis 7 GVG. Interessanterweise hat der Gesetzgeber in § 23a Abs. 2 GVG darüber hinaus aber auch die Grundbuchsachen, das Verfahren in Landwirtschaftssachen, die Schiffsregistersachen sowie sonstige Angelegenheiten der freiwilligen Gerichtsbarkeit aufgezählt. Diese normative Aufzählung bestätigt die hier vorgenommene negative Abgrenzung der freiwilligen Gerichtsbarkeit. Danach sind Angelegenheiten der freiwilligen Gerichtsbarkeit alle diejenigen Verfahren, die den ordentlichen Gerichten zugewiesen sind, ohne zu den zivilrechtlichen Streitverfahren iSd. §§ 23, 71 GVG zu gehören.

III. Die Angelegenheiten der freiwilligen Gerichtsbarkeit

5   Wegen der großen Zahl der einzelnen Angelegenheiten der freiwilligen Gerichtsbarkeit ist eine abschließende Aufzählung sehr schwierig. Den Versuch einer vollständigen Auflistung der Gegenstände der freiwilligen Gerichtsbarkeit nach früherem Recht hat der Kommentar von Jansen unternommen.[2]

6   In jedem Falle gehören zu den Kernangelegenheiten der freiwilligen Gerichtsbarkeit die in § 23a Abs. 2 genannten Gegenstände, also die Betreuungssachen (§ 271), die Unterbringungssachen (§ 312), die Betreuung der gerichtlichen Zuweisungssachen (§ 340), die Nachlass- und Teilungssachen (§ 342), die Registersachen (§ 374),

---

1   *Böttcher*, Rpfleger 2011, 53; MüKo. ZPO/*Pabst*, § 1 FamFG Rz. 6.
2   Jansen/*v. Schuckmann*, § 1 FGG, Rz. 19 ff.; vgl. nach neuem Recht auch die nicht abschließende Aufzählung bei Keidel/*Sternal*, § 1 FamFG Rz. 24 ff.

die unternehmensrechtlichen Verfahren (§ 375), die Freiheitsentziehungssachen (§ 415), die Aufgebotssachen (§ 433), ferner mit eigener Verfahrensordnung die Grundbuchsachen, die Landwirtschaftssachen sowie die Schiffsregistersachen. Daneben gibt es eine Vielzahl weiterer Angelegenheiten, die dem Verfahren nach dem FamFG zugewiesen sind, insbesondere einzelne Verfahren nach dem Aktiengesetz (§§ 98, 99, 131, 132, 258, 260, 293c, 315 AktG).[1]

C. Begriff der Familiensachen

I. Der Begriff

Gem. § 1 findet das FamFG Anwendung auf alle Familiensachen. In § 111 wird dieser Begriff inhaltlich ausgeführt. § 111 definiert enumerativ und abschließend den Begriff der Familiensachen, und zwar nicht allein mit Wirkung für das FamFG, sondern für die gesamte Rechtsordnung (s. § 111 Rz. 1). Was unter den jeweiligen Verfahrensgegenständen des § 111 Nr. 1 bis 11 im Einzelfall zu verstehen ist, ergibt sich wiederum aus den jeweiligen Begriffsbestimmungen, welche den verschiedenen Unterabschnitten des zweiten Buches als jeweils erste Vorschrift vorangestellt sind. § 111 fungiert also gewissermaßen als eine Art Inhaltsverzeichnis für das zweite Buch (s. § 111 Rz. 1). Anhand dieser Regelung ist zu prüfen, ob es sich im Einzelfall um eine Familiensache iSd. FamFG handelt. 7

Die Verfahren, welche § 111 als Familiensachen ein, lassen sich in drei Unterabschnitte aufteilen: 8
- Ehesachen iSv. §§ 111 Nr. 1, 121
- Familienstreitsachen iSv. § 112
- Familiensachen der freiwilligen Gerichtsbarkeit (§ 111 Nr. 2 bis 7).

II. Anwendbare Vorschriften

Uneingeschränkte Anwendung finden die Verfahrensvorschriften des FamFG auf die Familiensachen der freiwilligen Gerichtsbarkeit. Dagegen gelten im Hinblick auf die Ehesachen gem. §§ 111 Nr. 1, 121 und die Familienstreitsachen (§ 112) gem. § 113 Abs. 1 Satz 2 die Vorschriften der ersten beiden Bücher der ZPO (§§ 1 bis 510 ZPO). 9

D. Verhältnis der freiwilligen Gerichtsbarkeit zur streitigen Zivilgerichtsbarkeit

Die inhaltliche Abgrenzung von freiwilliger Gerichtsbarkeit und streitiger Zivilgerichtsbarkeit erfolgt nach dem Prinzip der formellen Zuweisung durch den Gesetzgeber (s. Rz. 3, 4). Allerdings sind beide Bereiche in ihrer verfahrensmäßigen Abwicklung den ordentlichen Gerichten (Amtsgericht, Landgericht, Oberlandesgericht, Bundesgerichtshof) zugewiesen. Für beide Bereiche gilt das GVG (vgl. § 2 EGGVG; §§ 12, 13 GVG). Daraus lässt sich entnehmen, dass beide Bereiche zu einem einheitlichen Zweig der Gerichtsbarkeit, nämlich zur ordentlichen Gerichtsbarkeit gehören. Das Verhältnis von streitiger Zivilgerichtsbarkeit zu freiwilliger Gerichtsbarkeit ist also keine Frage des Rechtsweges. 10

Teilweise wird davon gesprochen, bei den verschiedenen Bereichen der ordentlichen Gerichtsbarkeit (streitige Zivilgerichtsbarkeit, freiwillige Gerichtsbarkeit, Strafgerichtsbarkeit) handele es sich um „Unterzweige" der ordentlichen Gerichtsbarkeit.[2] Da es im Hinblick auf das Verhältnis von streitiger und freiwilliger Zivilgerichtsbarkeit keine eigenständigen Regelungen der Abgrenzung, der Verweisung und der Bindungswirkung gibt, hilft für die Entscheidung praktischer Fragen die Terminologie des Unterzweiges nicht weiter. Es ist daher hilfreich, dass der Gesetzgeber innerhalb der ordentlichen Gerichtsbarkeit deutlich gemacht hat, dass die Regelung des § 17a GVG für dieses Verhältnis analog heranzuziehen ist (vgl. § 17a 11

---

[1] Zu weiteren einzelnen Angelegenheiten vgl. die Aufzählung bei Keidel/*Sternal* § 1 FamFG Rz. 25 ff.
[2] Rosenberg/Schwab, Zivilprozessrecht, 14. Aufl. § 9 II 3; *Schilken*, Gerichtsverfassungsrecht, 3. Aufl. 2003 Rz. 405; wiederum abweichend Rosenberg/Schwab/Gottwald, 17. Aufl. 2010 § 9 II 3, der die ordentliche Gerichtsbarkeit in drei Zweige gliedert.

Abs. 6 GVG). Daraus ergibt sich zugleich im Umkehrschluss, dass dogmatisch das Verhältnis dem einer funktionellen Zuständigkeit entspricht (vgl. dazu § 2 Rz. 15). Die weitere Aufteilung der Funktionen des Amtsgerichts als Familiengericht oder als Betreuungsgericht sind danach gesetzliche Regelungen der Geschäftsverteilung.

E. Anwendungsbereich

12 Nach Gesetzesüberschrift und Wortlaut regelt § 1 den Anwendungsbereich des FamFG in der bereits beschriebenen formellen Weise, wonach das Gesetz für alle diejenigen Verfahren gilt, die durch Bundesgesetz den ordentlichen Gerichten zugewiesen sind. Im Einzelnen werden die Familiensachen in § 23a Abs. 1 Nr. 1 GVG iVm. § 111 FamFG (der seinerseits durch die §§ 121, 151, 169, 186, 200, 210, 217, 231, 261, 266, 269 näher bestimmt wird) konkretisiert. Die Angelegenheiten der freiwilligen Gerichtsbarkeit werden in § 23a Abs. 1 Nr. 2 iVm. § 23a Abs. 2 GVG im Einzelnen konkretisiert.

13 Die Anwendbarkeit des FamFG hängt im Hinblick auf die Angelegenheiten der freiwilligen Gerichtsbarkeit davon ab, dass eine entsprechende Übertragung an die Gerichte kraft Bundesrecht erfolgt ist. Diese Voraussetzung ist auch dann als erfüllt anzusehen, wenn eine Angelegenheit zwar durch Bundesrecht den Gerichten übertragen worden, aufgrund landesgesetzlichen Vorbehalts jedoch eine Behörde für zuständig erklärt ist.[1] Dieser Grundsatz wird etwa in § 312 Nr. 3 bestätigt, wenn dort eine freiheitsentziehende Unterbringung nach den Landesgesetzen ausdrücklich der freiwilligen Gerichtsbarkeit zugewiesen wird.

14 Über die enumerativ aufgezählten einzelnen Bereiche der freiwilligen Gerichtsbarkeit hinaus sieht § 23a Abs. 2 Nr. 11 GVG vor, dass auch sonstige Angelegenheiten der freiwilligen Gerichtsbarkeit hierher gehören, soweit sie durch Bundesgesetz den Gerichten zugewiesen sind. Damit stellt sich die Frage, welche Bereiche der Gesetzgeber durch die Nr. 11 ansprechen wollte. Zu denken ist hier an Aufgaben, die den Amtsgerichten außerhalb des streitigen Zivilprozessrechts zugewiesen sind. So ist etwa die einstweilige Bestellung von Vorstandsmitgliedern und Abwicklern für Vereine und Stiftungen in dringenden Fällen dem Amtsgericht zugewiesen (§§ 29, 48, 86, 88 BGB). Auch für die Bewilligung der öffentlichen Bekanntmachung bei der Kraftloserklärung einer Vollmacht nach § 176 Abs. 2 BGB und bei der Bewilligung der öffentlichen Zustellung einer Willenserklärung bei Unbekanntheit der Person oder des Aufenthalts des Empfängers gem. § 132 Abs. 2 BGB ist das Amtsgericht berufen. Durch Sondergesetze sind den Amtsgerichten Verfahren nach der GBO, dem LwVG, dem BeurkG und der BNotO zugewiesen.

15 Über den gesetzlich angeordneten Bereich hinaus ist eine Erweiterung der zum Verfahren der freiwilligen Gerichtsbarkeit gehörenden Angelegenheiten weder durch Einwilligung eines Beteiligten noch kraft Vereinbarung der Beteiligten möglich.[2]

F. Freiwillige Gerichtsbarkeit und Schiedsgerichtsbarkeit

16 Keine Regelung enthält das Gesetz darüber, ob im Anwendungsbereich des FamFG eine Vereinbarung möglich ist, einzelne Verfahren einem privaten Schiedsgericht zuzuweisen. Eine solche Schiedsklausel war früher im Bereich der freiwilligen Gerichtsbarkeit als unzulässig angesehen worden.[3] Heute ist weithin anerkannt, dass eine Schiedsklausel auch in der freiwilligen Gerichtsbarkeit insoweit zulässig sein muss, als es sich um privatrechtliche Angelegenheiten handelt, in denen die Beteiligten über den Gegenstand der Verhandlung verfügen können.[4] Insbesondere *Habscheid* hat überzeugend dargelegt, dass einer zulässigen Schiedsabrede nicht entgegensteht, dass die funktionelle Zuständigkeit der ordentlichen Gerichte in

---

1 *Bumiller*/Harders, § 1 FamFG Rz. 2; Keidel/*Sternal*, § 1 FamFG Rz. 8.
2 Jansen/*v. Schuckmann*, § 1 FGG Rz. 125.
3 RG v. 23.6.1931 – VII 237/30, RGZ 133, 128 (132).
4 BGH v. 17.6.1952 – V BLw 5/52, BGHZ 6, 248 (253); ebenso auch Keidel/*Sternal*, § 1 FamFG Rz. 23.

G. Die Bereiche der freiwilligen Gerichtsbarkeit

Im Einzelnen gehören zur freiwilligen Gerichtsbarkeit 17
- die **Familiensachen** (§ 23a Abs. 1 Nr. 1 GVG), also nach § 111 die **Ehesachen** (Scheidung, Aufhebung, Feststellung) gem. §§ 121–150, die **Kindschaftssachen** (elterliche Sorge, Umgang, Kindesherausgabe, Vormundschaft, Pflegschaft, Unterbringung, JGG-Aufgaben) gem. §§ 151–168a, die **Abstammungssachen** (Feststellung, Anerkennung, Untersuchungseinwilligung, Einsicht, Vaterschaftsanfechtung) gem. §§ 169–185, die **Adoptionssachen** gem. §§ 186–199, die **Ehewohnungs- und Haushaltssachen** gem. §§ 200–209, die **Gewaltschutzsachen** gem. §§ 210–216a, die **Versorgungsausgleichsachen** gem. §§ 217–229, die **Unterhaltssachen** gem. §§ 231–260, die **Güterrechtssachen** gem. §§ 261–265, die **Lebenspartnerschaftssachen** gem. §§ 269–270 sowie die sonstigen Familiensachen gem. §§ 266–268;
- die **Betreuungssachen** (§ 23a Abs. 2 Nr. 1 GVG mit §§ 271–311);
- die **Unterbringungssachen** (§ 23a Abs. 2 Nr. 1 GVG mit §§ 312–339);
- die **betreuungsrechtlichen Zuweisungssachen** (§ 23a Abs. 2 Nr. 1 GVG mit §§ 340–341);
- die **Nachlass- und Teilungssachen** (§ 23a Abs. 2 Nr. 2 GVG mit §§ 342–373);
- die **Registersachen** (§ 23a Abs. 2 Nr. 3 GVG mit §§ 374, 376–377, 378–401);
- die **unternehmensrechtlichen Verfahren** (§ 23a Abs. 2 Nr. 4 GVG mit §§ 375, 376–377, 402–409);
- **weitere Angelegenheiten der freiwilligen Gerichtsbarkeit** nach § 410 (eidesstattliche Versicherung, Untersuchung von Sachen, Verwahrung, Pfandverkauf gem. § 23a Abs. 2 Nr. 5 GVG mit §§ 410–414);
- die **Freiheitsentziehungssachen** (§ 23a Abs. 2 Nr. 6 GVG mit §§ 415–432);
- die **Aufgebotsverfahren** (§ 23a Abs. 2 Nr. 7 GVG mit §§ 433–484);
- die **Grundbuchsachen** (§ 23a Abs. 2 Nr. 8 GVG mit GBO);
- die **Landwirtschaftssachen** (§ 23a Abs. 2 Nr. 9 GVG mit LwVg);
- die **Schiffsregistersachen** (§ 23a Abs. 2 Nr. 10 GVG mit SchiffsRegO).

Ferner verweist § 23a Abs. 2 Nr. 11 GVG auf sonstige Angelegenheiten der freiwilligen Gerichtsbarkeit, soweit sie durch Bundesgesetz den Gerichten zugewiesen sind. Diese sonstigen Angelegenheiten ergeben sich vor allem aus den in Art. 3 ff. FGG-RG geänderten einzelnen Gesetzen, die jeweils durch die Änderung auf das FamFG verweisen.[2] 18

2 Örtliche Zuständigkeit

(1) Unter mehreren örtlich zuständigen Gerichten ist das Gericht zuständig, das zuerst mit der Angelegenheit befasst ist.
(2) Die örtliche Zuständigkeit eines Gerichts bleibt bei Veränderung der sie begründenden Umstände erhalten.
(3) Gerichtliche Handlungen sind nicht deswegen unwirksam, weil sie von einem örtlich unzuständigen Gericht vorgenommen worden sind.

A. Normzweck, Systematik und Entstehung der Norm	III. Entstehung und Ausgestaltung der Norm 3
I. Systematische Stellung 1	B. Grundfragen der Zulässigkeit 5
II. Wortlaut der Regelung und normatives Umfeld 2	C. Rechtsweg 6

---

1 *Habscheid*, ZZP 66, 188; *Habscheid*, RdL 1972, 225.
2 Vgl. die Aufzählung bei Keidel/*Sternal*, § 1 FamFG Rz. 25–28.

D. Sachliche Zuständigkeit
I. Wesen 7
II. Regelung 8
III. Vereinbarung 9
E. Örtliche Zuständigkeit
I. Wesen 10
II. Regelung 11
III. Der gewöhnliche Aufenthalt 12
IV. Vereinbarung und Entscheidung ... 13
F. Funktionelle Zuständigkeit 15
G. Internationale Zuständigkeit 16
H. Geschäftsverteilung 17
J. Vorgriffszuständigkeit (Absatz 1)
I. Tatbestandsvoraussetzungen 18

1. Mehrere örtlich zuständige Gerichte 19
2. Befasstsein 20
3. Zuerst befasstes Gericht 23
4. Angelegenheit 24
II. Rechtsfolge 27
K. Perpetuatio fori (Absatz 2) 29
L. Wirksamkeit von Gerichtshandlungen (Absatz 3)
I. Allgemeines 33
II. Voraussetzungen
1. Gerichtliche Handlung 35
2. Örtlich unzuständiges Gericht ... 38
III. Bedeutung der Norm 40
IV. Unwirksamkeit gerichtlicher Handlungen 43

A. Normzweck, Systematik und Entstehung der Norm

I. Systematische Stellung

1 Entgegen der amtlichen Überschrift regelt § 2 nicht die örtliche Zuständigkeit selbst, sondern Einzelfragen der Abwicklung von Zuständigkeitsproblemen durch das Gericht (zu den Einzelheiten s. Rz. 2). Es handelt sich insoweit um eine wenig glückliche konzeptionelle Regelung des Gesetzgebers, die insbesondere durch die §§ 3, 4 und 5 ergänzt wird.[1] Über diese Detailregelungen hinaus muss man die Systematik des Gesetzes kennen, um zu wissen, dass die jeweilige Regelung der örtlichen Zuständigkeit nahezu am Beginn eines neuen Buches oder Abschnitts lokalisiert ist (im Einzelnen s. Rz. 11). Ein zentraler Aspekt der örtlichen Zuständigkeit ist nach neuem Recht der gewöhnliche Aufenthalt. Zu diesem s. Rz. 12 und § 122 Rz. 2 ff.

II. Wortlaut der Regelung und normatives Umfeld

2 Die amtliche Überschrift „Örtliche Zuständigkeit" täuscht darüber hinweg, dass es in § 2 keine inhaltliche Regelung der örtlichen Zuständigkeit gibt. Geregelt werden vielmehr die Vorgriffszuständigkeit bei mehreren örtlich zuständigen Gerichten in Abs. 1, die Frage der perpetuatio fori bei Veränderungen der die Zuständigkeit begründeten Umstände in Abs. 2 sowie die Frage der Wirksamkeit von gerichtlichen Handlungen durch das örtlich unzuständige Gericht in Abs. 3. In Ehesachen (§§ 111 Nr. 1, 121) sowie in Familienstreitsachen (§ 112) gilt allerdings nicht § 2, sondern es gelten die Regelungen der ZPO unmittelbar (§ 113 Abs. 1). Ergänzt werden die verschiedenen Regelungsbereiche des § 2 durch § 17a Abs. 6 GVG sowie durch die §§ 3, 4 und 5 über die Fragen der Verweisung, der Abgabe und der gerichtlichen Bestimmung der Zuständigkeit.

III. Entstehung und Ausgestaltung der Norm

3 Die Vorgriffszuständigkeit in Abs. 1 war bisher in § 4 FGG geregelt. Eine allgemeine Regelung der perpetuatio fori, wie sie sich nunmehr in Abs. 2 findet, gab es im FGG nicht. Die Regelung der Wirksamkeit gerichtlicher Handlungen durch das örtliche unzuständige Gericht iSv. Abs. 3 war bisher in § 7 FGG geregelt.

4 Das FamFG sagt nichts über die sachliche Zuständigkeit aus. Insoweit gelten künftig die Regelungen des GVG, wobei allerdings eine Verweisungsnorm fehlt, wie sie § 1 ZPO enthält.

---

1 Ebenso MüKo. ZPO/*Pabst*, § 2 FamFG Rz. 1.

B. Grundfragen der Zulässigkeit

Die Anrufung bzw. das Handeln eines jeweils **zuständigen** Gerichts ist eine klassische Sachentscheidungsvoraussetzung. Auch in der freiwilligen Gerichtsbarkeit gilt der Grundsatz, dass das Gericht die Zulässigkeit stets vor der Begründetheit einer Entscheidung zu prüfen hat. Im Rahmen der Zulässigkeitsmerkmale von Sachentscheidungen sind zu trennen die das Gericht betreffenden Voraussetzungen (Rechtsweg und Zuständigkeit), die die Beteiligten betreffenden Voraussetzungen (Beteiligtenfähigkeit, Verfahrensfähigkeit, Verfahrensführungsbefugnis bzw. Verfahrensstandschaft) sowie die den Verfahrensgegenstand betreffenden Voraussetzungen (keine anderweitige Anhängigkeit, keine entgegenstehende Rechtskraft, Rechtsschutzbedürfnis). Im Bereich der das Gericht betreffenden Zulässigkeitsmerkmale ist der Rechtsweg (s. unten C) abzutrennen von der örtlichen (s. unten E), sachlichen (s. unten D), funktionellen (s. unten F) und internationalen (s. unten G) Zuständigkeit. Hinzu kommt die rein interne Geschäftsverteilung, die sich nach § 21e GVG richtet und die nicht Teil der Zulässigkeitsprüfung ist (s. unten H).

5

C. Rechtsweg

Vor einer Sachentscheidung muss das handelnde oder angerufene Gericht zunächst prüfen, ob der Rechtsweg zu den ordentlichen Gerichten gegeben ist. Hierfür muss es sich gem. § 13 GVG um eine Zivilrechtsstreitigkeit, und zwar eine Familiensache oder eine Angelegenheit der freiwilligen Gerichtsbarkeit handeln. Bei den Verfahren nach dem FamFG handelt es sich also nicht um einen eigenen Rechtsweg, sondern nur um eine Frage der funktionellen Zuständigkeit innerhalb der ordentlichen Gerichtsbarkeit (s. Rz. 15). Abzugrenzen davon sind also zunächst der Bereich der Zuständigkeit für öffentlich-rechtliche Streitigkeiten (Verwaltungsgerichte, Sozialgerichte, Finanzgerichte) sowie die Arbeitsgerichtsbarkeit. Hat ein Gericht den Rechtsweg zu den ordentlichen Gerichten bejaht, so sind gem. § 12 GVG die Amtsgerichte, Landgerichte, Oberlandesgerichte und der Bundesgerichtshof zuständig. Jedes Gericht muss eine Entscheidung über die Zulässigkeit des Rechtswegs von Amts wegen treffen und im Falle der Unzulässigkeit des Rechtswegs eine Verweisung nach § 17a Abs. 2 GVG veranlassen.

6

D. Sachliche Zuständigkeit

I. Wesen

Die sachliche Zuständigkeit regelt, vor welchem Gericht ein Verfahren in erster Instanz durchzuführen ist. In Zivil- und Familiensachen sowie in den Angelegenheiten der freiwilligen Gerichtsbarkeit entscheidet die sachliche Zuständigkeit also darüber, ob erstinstanzlich das Amtsgericht oder das Landgericht berufen ist.

7

II. Regelung

Die Regelung hierzu findet sich im GVG, ohne dass das FamFG ausdrücklich darauf verweisen würde (vgl. demgegenüber § 1 ZPO). Im Einzelnen regelt § 23a GVG, dass in allen Familiensachen und in den meisten Angelegenheiten der freiwilligen Gerichtsbarkeit die Amtsgerichte zuständig sind. Die §§ 23b, 23c, 23d sind nur Ergänzungen der gesetzlich geregelten Geschäftsverteilung. Allerdings sind nicht alle Angelegenheiten der freiwilligen Gerichtsbarkeit sachlich dem Amtsgericht zugewiesen. Nach § 71 Abs. 2 Nr. 4 GVG ist für bestimmte handelsrechtliche und gesellschaftsrechtliche Zuständigkeiten wie bisher das Landgericht sachlich zuständig.

8

III. Vereinbarung

Eine Vereinbarung der sachlichen Zuständigkeit würde die Dispositionsbefugnis der Beteiligten über den Verfahrensgegenstand voraussetzen. Das ist in Verfahren nach dem Offizialprinzip auszuschließen. Auch bei Antragsverfahren ist bisher die Möglichkeit einer Vereinbarung der Zuständigkeit allgemein abgelehnt worden. Man war der Auffassung, dass die §§ 38 bis 40 ZPO keine (auch keine analoge) Anwendung

9

finden können.¹ Für die Fortgeltung dieses Grundsatzes spricht, dass der Gesetzgeber des FamFG weder eine eigenständige Regelung in das neue Gesetz gebracht noch die Voraussetzungen für eine analoge Anwendung der §§ 38 bis 40 ZPO geschaffen hat.² Die bisher in § 164 FGG vorgesehene Ausnahme betraf nur die örtliche Zuständigkeit (vgl. nunmehr § 411 Abs. 2 Satz 2 FamFG).

E. Örtliche Zuständigkeit

I. Wesen

10 Die örtliche Zuständigkeit entscheidet darüber, welches von mehreren gleichartigen Gerichten unterschiedlicher Gerichtsbezirke tätig zu werden hat. Diese rein örtliche Verteilung der Gerichtstätigkeit auf die verschiedenen Gerichtsbezirke ist im Allgemeinen Teil des FamFG nicht geregelt (s. Rz. 2).

II. Regelung

11 Entgegen der amtlichen Überschrift in § 2 enthält das erste Buch des FamFG keine inhaltliche Regelung und Ausgestaltung der örtlichen Zuständigkeit. Vielmehr finden sich die einzelnen örtlichen Zuständigkeiten bei den jeweiligen besonderen Verfahrensregelungen. Im Einzelnen vgl. § 122 (Ehesachen), § 152 (Kindschaftssachen), § 170 (Abstammungssachen), § 187 (Adoptionssachen), § 201 (Ehewohnungs- und Haushaltssachen), § 211 (Gewaltschutzsachen), § 218 (Versorgungsausgleich), § 232 (Unterhaltssachen), § 262 (Güterrechtssachen), § 267 (sonstige Familiensachen), § 272 (Betreuungssachen), § 313 (Unterbringungssachen), §§ 343, 344 (Nachlass- und Teilungssachen), § 377 (Registersachen), § 411 (weitere Angelegenheiten), § 416 (Freiheitsentziehung), §§ 442 Abs. 2, 446 Abs. 2, 447 Abs. 2, 452 Abs. 2, 454 Abs. 2, 465 Abs. 2, 466 (Aufgebotssachen).

III. Der gewöhnliche Aufenthalt

12 Als wichtigstes Merkmal im Rahmen der örtlichen Zuständigkeit hat der Gesetzgeber im FamFG auf den gewöhnlichen Aufenthalt abgestellt. Dieses Merkmal ist in den §§ 122, 152 Abs. 2, 154, 170, 187, 201 Nr. 3 und 4, 211 Nr. 3, 218 Nr. 2 bis 4, 232 Abs. 1 Nr. 2, 262 Abs. 2, 267 Abs. 2, 272 Abs. 1 Nr. 2, 313 Abs. 1 Nr. 2, 377 Abs. 3 und 416 genannt. Für die Zuständigkeit des Vollstreckungsgerichts knüpft § 88 Abs. 1 ebenfalls an den gewöhnlichen Aufenthalt an, ferner für die internationale Zuständigkeit die §§ 98 bis 104 sowie Art. 5 Nr. 2 EuGVVO, Art. 3 Abs. 1, 8 Abs. 1 Brüssel IIa-VO, Art. 1 MSA. In allen diesen Fällen kann grundsätzlich von demselben Begriffsverständnis ausgegangen werden. Ermittelt werden muss jeweils der Schwerpunkt der Bindungen einer Person, also ihr Daseinsmittelpunkt. Dazu wird eine physische Präsenz vorausgesetzt, meist ein überwiegender Aufenthalt etwa im Sinne der normalen Wohnung und insbesondere der normalen Schlafstelle. Bei starkem Ortswechsel wird man nach dem Schwerpunkt der Lebensführung fragen müssen. In zeitlicher Hinsicht muss ein Aufenthalt von gewisser Dauer gegeben sein. Meist werden etwa sechs Monate verlangt. Auch ein soziales Element ist bei der erforderlichen Gesamtschau zu berücksichtigen (im Einzelnen s. § 122 Rz. 4 ff.). In den Fällen, in denen sich die örtliche Zuständigkeit nach dem gewöhnlichen Aufenthalt bestimmt, kann somit auch an mehreren Orten gleichzeitig ein gewöhnlicher Aufenthalt bestehen.³

IV. Vereinbarung und Entscheidung

13 Die örtliche Zuständigkeit ist in den meisten Fällen eine ausschließliche. Dies bedeutet, dass eine Vereinbarung der Zuständigkeit nicht in Betracht kommt. Eine ausdrückliche Abweichung sieht das Gesetz in § 411 Abs. 2 vor.

---

1 Jansen/*Müther*, vor § 3 FGG Rz. 31.
2 So im Ergebnis auch Keidel/*Sternal*, § 3 FamFG Rz. 40.
3 KG, NJW 1988, 650; Schulte-Bunert/Weinreich/*Schöpflin*, § 2 FamFG Rz. 3; Keidel/*Sternal*, § 2 FamFG Rz. 9.

Die Fragen einer Entscheidung zwischen mehreren örtlich zuständigen Gerichten regelt § 2 Abs. 1 (s. Rz. 18 ff.). Die Frage der nachträglichen Veränderung der die örtliche Zuständigkeit begründenden Umstände ist in § 2 Abs. 2 geregelt (s. Rz. 29). Die Fragen der Wirksamkeit von gerichtlichen Handlungen eines örtlich unzuständigen Gerichts sind in § 2 Abs. 3 geregelt (s. Rz. 33 ff.). Soweit das angerufene Gericht örtlich oder sachlich unzuständig ist, ist eine Verweisung ausdrücklich in § 3 vorgesehen. Schließlich kann gem. § 4 eine Abgabe erfolgen. Die gerichtliche Bestimmung der Zuständigkeit ist in § 5 vorgesehen.

F. Funktionelle Zuständigkeit

Die funktionelle Zuständigkeit wird im Gesetz nicht ausdrücklich erwähnt. Sie betrifft die Verteilung verschiedenartiger Rechtspflegefunktionen in derselben Sache auf verschiedene Organe desselben Gerichts (Richter, Rechtspfleger, Urkundsbeamter der Geschäftsstelle) oder verschiedener Gerichte (insbesondere Instanzenzug). Zur funktionellen Zuständigkeit gehört auch, ob das jeweilige Gericht als Prozess-, Vollstreckungs-, Familien-, Insolvenz-, Arrest-, Mahn-, Aufgebots- oder Rechtshilfegericht tätig wird. Die Trennung der Funktionen der Amtsgerichte innerhalb der ordentlichen Gerichtsbarkeit als streitiges Zivilgericht, als Familiengericht, als Gericht der freiwilligen Gerichtsbarkeit oder als Strafgericht ist danach ebenfalls eine Frage der funktionellen Zuständigkeit. Auch die Zuweisung an Notare (§ 363) ist Teil der funktionellen Zuständigkeit (vgl. § 488 Abs. 1). Die funktionelle Zuständigkeit ist immer eine ausschließliche.

G. Internationale Zuständigkeit

Die internationale Zuständigkeit ist die wohl bedeutsamste Frage aus dem Bereich des internationalen Verfahrensrechts. Bei grenzüberschreitenden Sachverhalten ist zunächst grundsätzlich die Frage, nach welchem Recht das angerufene Gericht sein Verfahren bestimmt, die zentrale Frage des internationalen Verfahrensrechts. Das internationale Verfahrensrecht wird vom Grundsatz der lex fori beherrscht (im Einzelnen s. Einleitung Rz. 88 ff.). Die internationale Zuständigkeit deutscher Gerichte betrifft damit insbesondere die Frage, ob in einer Angelegenheit mit Auslandsbezug ein deutsches Gericht tätig werden darf. Diese Frage ist von Amts wegen in jeder Lage des Verfahrens zu prüfen. Der Gesetzgeber des FamFG hat die internationale Zuständigkeit in den §§ 98 ff. näher geregelt. Darüber hinaus wird die internationale Zuständigkeit insbesondere auch durch europäische Verordnungen genauer bestimmt (im Einzelnen s. vor § 98).

H. Geschäftsverteilung

Strikt abzutrennen von den Fragen der Zuständigkeit des angerufenen Gerichts ist die Frage der personellen und sachlichen Geschäftsverteilung. Dabei handelt es sich um eine gerichtsinterne Aufgabe des jeweiligen Präsidiums gem. § 21e GVG. Das Präsidium erstellt einen Geschäftsverteilungsplan. Es besetzt die Spruchkörper personell und regelt die Vertretung der Richter. Ferner weist es alle dem Gericht obliegenden Aufgaben den einzelnen Spruchkörpern zu. Soweit eine Geschäftsverteilung im Einzelfall gesetzlich geregelt ist, hat diese gegenüber den vom Präsidium aufgestellten Geschäftsverteilungsplänen absoluten Vorrang und muss beachtet werden (im Einzelnen vgl. §§ 23b bis 23d GVG). Der jeweilige Geschäftsverteilungsplan wird für die Dauer eines Jahres im Voraus beschlossen (§ 21e Abs. 1 Satz 2 GVG). Soweit Meinungsverschiedenheiten oder Zweifel unter den verschiedenen Spruchkörpern eines Gerichts über die Zuordnung der Rechtssache bestehen, müssen diese durch das Präsidium des Gerichts, dem die jeweiligen Spruchkörper angehören, entschieden werden. Eine Anwendung von § 5 FamFG kommt nicht in Betracht. Zulässig erscheint dagegen eine formlose Abgabe zwischen einzelnen Spruchkörpern analog § 4, falls die Abgabe dem bestehenden Geschäftsverteilungsplan entspricht. Eine Abgabe gegen dessen Regelung ist unzulässig.[1]

---

[1] Vgl. BGH v. 16.10.2008 – IX ZR 183/06, MDR 2009, 404.

J. Vorgriffszuständigkeit (Absatz 1)

I. Tatbestandsvoraussetzungen

18 § 2 Abs. 1 regelt in weitgehender Übereinstimmung mit § 4 FGG aF die Vorgriffszuständigkeit des Amtsgerichts. Der Sache nach wird damit eine Regelung getroffen, die in der streitigen Zivilgerichtsbarkeit durch die Rechtshängigkeit gem. § 261 Abs. 3 Nr. 1 ZPO erreicht wird. Im Einzelnen müssen folgende Voraussetzungen gegeben sein:

1. Mehrere örtlich zuständige Gerichte

19 Erste Voraussetzung für die Anwendbarkeit von Abs. 1 ist eine Mehrfachzuständigkeit für denselben Verfahrensgegenstand (s. Rz. 24). Es müssen also mindestens zwei an sich örtlich zuständige Gerichte vorhanden sein. Nicht anwendbar ist Abs. 1 dagegen, wenn ein von den Beteiligten angerufenes Gericht unzuständig ist oder wenn ein Gericht seine örtliche Zuständigkeit irrtümlich annimmt. Wo es keine Mehrfachzuständigkeit gibt, ist § 2 Abs. 1 also nicht anwendbar (vgl. § 377 Abs. 4; im Einzelnen vgl. § 3 Rz. 5).

2. Befasstsein

20 Während § 4 FGG bisher darauf abstellte, dass unter mehreren zuständigen Gerichten eines zuerst in der Sache tätig geworden sei, formuliert das FamFG nunmehr, dass ein Gericht mit der Angelegenheit befasst sein müsse.

21 Befasst ist das örtlich zuständige Gericht in Amtsverfahren, sobald es von Tatsachen amtlich Kenntnis erhält, die Anlass zum Einschreiten geben, in Antragsverfahren mit dem Eingang des Antrags.[1]

22 Das Befasstsein mit einer Angelegenheit ist aber nur dann maßgebend, wenn die für die Zuständigkeit entscheidenden Umstände bei diesem Gericht in diesem Zeitpunkt vorliegen.

3. Zuerst befasstes Gericht

23 Das iSd. § 2 Abs. 1 zuerst mit der Angelegenheit befasste Gericht ist jenes, das die in Rz. 20–22 genannten Voraussetzungen erfüllt, und zwar zeitlich als Erstes von mindestens zwei in der Angelegenheit befassten Gerichten.

4. Angelegenheit

24 Die Zuständigkeit gem. Abs. 1 wird nur für dieselbe Angelegenheit begründet, in der eine Befassung erfolgt ist, nicht aber für davon verschiedene Angelegenheiten, selbst wenn zwischen ihnen ein Zusammenhang bestehen sollte.[2]

25 Die in Bezug genommene Angelegenheit muss eine solche sein, die Gegenstand eines einheitlichen und selbständigen Verfahrens sein kann.[3] An dieser Voraussetzung fehlt es für die einzelnen gerichtlichen Verrichtungen innerhalb einer Vormundschaft, Pflegschaft oder Betreuung, weil deren Führung als Ganzes eine Angelegenheit ist.[4]

26 Einheitlich ist auch das Verfahren auf Anordnung einer Unterbringung und auf Fortdauer der Unterbringung.[5] Gleiches gilt zB für die Nachlasssachen in Gestalt der

---

[1] BT-Drucks. 16/6308, S. 175; Jansen/*Müller-Lukoschek*, § 43 FGG Rz. 34; *Bumiller*/Harders, § 2 FamFG Rz. 5; Schulte-Bunert/Weinreich/*Schöpflin*, § 2 FamFG Rz. 5; MüKo. ZPO/*Pabst*, § 2 FamFG Rz. 15.
[2] OLG München v. 15.2.2011 – 31 AR 21/11, FGPrax 2011, 156; *Bassenge*/Roth, § 2 FamFG Rz. 6; Bork/*Jacoby*/Schwab, § 2 FamFG Rz. 5f.
[3] OLG Frankfurt v. 16.7.1997 – 20 W 240/97, NJW-RR 1998, 367; BayObLG v. 17.12.1984 – AR 94/84, FamRZ 1985, 534.
[4] Vgl. Jansen/*Müther*, § 4 FGG Rz. 6.
[5] Vgl. Jansen/*Müther*, § 4 FGG Rz. 6.

Führung der Nachlasspflegschaft, der Nachlassverwaltung oder der Vermittlung der Erbauseinandersetzung einschließlich der in ihrem Rahmen anfallenden Geschäfte.[1]

II. Rechtsfolge

Ist ein zuständiges Gericht zuerst mit der Angelegenheit befasst, so schließt es damit für diese Angelegenheit die Zuständigkeit aller anderen nach der örtlichen Zuständigkeit in Betracht kommenden Gerichte aus. Deren Zuständigkeit erlischt, wobei sie ihre Tätigkeit einzustellen und aus Zweckmäßigkeitsgesichtspunkten heraus die bei ihnen erwachsenen Vorgänge an das zuerst befasste Gericht abzugeben haben.[2] Die Ausschlusswirkung bezieht sich jedoch nur auf die in § 2 statuierte örtliche Zuständigkeit. Die von einem nach § 2 Abs. 1 unzuständigen Gericht vorgenommenen Handlungen bleiben gleichwohl wirksam, wie § 2 Abs. 3 ausdrücklich anordnet (s. Rz. 33 ff.). 27

Wie schon nach § 4 FGG lässt sich auch aus § 2 Abs. 1 FamFG entnehmen, dass in dem Zeitpunkt, in dem ein zuständiges Gericht mit einer Angelegenheit der freiwilligen Gerichtsbarkeit befasst ist, von bestehender **Anhängigkeit** der Sache gesprochen werden kann. Diese Anhängigkeit hat wie die Rechtshängigkeit im Zivilprozess die Wirkung, dass jeder gerichtlichen Tätigkeit eines anderen Gerichts die Befassung mit demselben Verfahrensgegenstand nun entgegensteht. Dies ist von Amts wegen zu beachten. Es folgt aus dem allgemeinen Grundsatz, dass nicht mehrere Gerichte mit derselben noch nicht erledigten Angelegenheit nebeneinander befasst werden sollen.[3] 28

K. Perpetuatio fori (Absatz 2)

§ 2 Abs. 2 trifft erstmals eine gesetzliche Regelung zum Grundsatz der perpetuatio fori. Danach wird bestimmt, dass es auf die örtliche Zuständigkeit keinen Einfluss hat, wenn sich die sie begründenden Umstände ändern. Dieser Grundsatz ist bereits vor Erlass des § 2 Abs. 2 allgemein anerkannt gewesen, wurde vom Gesetzgeber nunmehr aber zu Recht ausdrücklich in das Gesetz aufgenommen. Setzt sich ein Gericht im Wege der Verweisung über diesen Grundsatz hinweg, so ist der Beschluss nicht bindend.[4] 29

Im Einzelnen bedeutet dies, dass die Änderung des gewöhnlichen Aufenthalts nach Antragstellung oder Befassung durch das Gericht ohne Bedeutung ist, ebenso eine Veränderung des Fürsorgebedürfnisses (dann aber § 4), der gemeinsamen Wohnung, des Sitzes, des Wohnsitzes, der Niederlassung, des Bedürfnisses für andere Maßnahmen (aber § 4) und ein Wechsel des Orts der belegenen Sache. 30

Der Grundsatz der perpetuatio fori gilt auch für die internationale[5] und die sachliche Zuständigkeit. Letzteres dürfte in der freiwilligen Gerichtsbarkeit aber ohne Relevanz sein. Für den Rechtsweg enthält § 17 Abs. 1 GVG eine ähnliche Regelung. Der Grundsatz ist auch im Fall einer ausschließlichen Zuständigkeit anwendbar, nicht dagegen im Bereich der Geschäftsverteilung (§ 21e Abs. 4 GVG). 31

Der Gedanke der perpetuatio fori ist heute auch anerkannt, wenn durch den Gesetzgeber oder die Rechtsprechung eine Änderung der Zuständigkeit ausgelöst wird. Dagegen gilt der Grundsatz nicht im Falle ursprünglicher Unzuständigkeit. Nach Wiederaufnahme des Verfahrens bleibt der Grundsatz des § 2 Abs. 2 bestehen.[6] 32

---

1 Vgl. Jansen/*Müther*, § 4 FGG Rz. 6.
2 Vgl. Jansen/*Müther*, § 4 FGG Rz. 8; MüKo. ZPO/*Pabst*, § 2 FamFG Rz. 20; Keidel/*Sternal*, § 2 FamFG Rz. 17.
3 Jansen/*v. König*, § 31 FGG Rz. 14 mwN.
4 OLG Hamm v. 24.4.2012 – II 2 SAF 10/12, FamRZ 2012, 1317.
5 Einschränkend MüKo. ZPO/*Pabst*, § 2 FamFG Rz. 33; Bumiller/Harders, § 2 FamFG Rz. 12. Ausnahmen sind bei bestimmten Fürsorgeinteressen anzuerkennen, s. vor § 98 Rz. 12; vgl. dazu weiter § 272 Abs. 1 Nr. 3.
6 OLG Jena v. 1.3.2011 – 11 SA 1/11, FamRZ 2011, 1677.

L. Wirksamkeit von Gerichtshandlungen (Absatz 3)

I. Allgemeines

33 § 2 Abs. 3 entspricht inhaltlich im Hinblick auf die fehlende örtliche Zuständigkeit der bisherigen Vorschrift des § 7 FGG.[1] Durch diese Regelung soll den Unzulänglichkeiten vorgebeugt werden, die anderenfalls durch eine Unwirksamkeit gerichtlicher Handlungen entstehen würden.

34 Der Vorschrift kommt im Wesentlichen klarstellende Funktion zu, da die in § 2 Abs. 3 getroffene Folgerung schon allgemeinen verfahrensrechtlichen Grundsätzen folgt. E contrario kann der Regelung nicht entnommen werden, dass andere als in § 2 Abs. 3 genannte Mängel die Unwirksamkeit der gerichtlichen Handlung bedingen würden; dies ist vielmehr in jedem Einzelfall zu prüfen.[2] § 2 Abs. 3 stellt insoweit allein fest, dass gerichtliche Handlungen eines örtlich unzuständigen Gerichts aus diesem Grunde nicht unwirksam sind. Ein Ausschluss etwaiger anderer Unwirksamkeitsgründe folgt durch diese Anordnung nicht.[3] § 2 Abs. 3 ist auf die Einlegung der Beschwerde beim unzuständigen Gericht nicht anwendbar.[4]

II. Voraussetzungen

1. Gerichtliche Handlung

35 Die Anwendbarkeit der Vorschrift ist beschränkt auf gerichtliche Handlungen. Darunter ist jede Amtshandlung zu verstehen, durch welche das Gericht tätig wird, mithin sind sowohl verfahrensrechtliche Prozesshandlungen als auch Handlungen tatsächlicher Art erfasst.[5] Es bedarf einer positiven Tätigkeit des Gerichts.[6]

36 Abzugrenzen ist die positive Tätigkeit von einem rein passiven Verhalten des Gerichts, wie dieses insbesondere im Falle des Empfangs von Mitteilungen und Erklärungen feststellbar ist.[7] Sofern in diesem Fall ein Richter von der Ausübung seines Amts ausgeschlossen oder abgelehnt ist, hat dies auf die Erklärung keinen Einfluss, weil sie gegenüber dem Gericht als Behörde, nicht gegenüber dem Richter vorzunehmen ist.

37 Dagegen wird die Wirksamkeit einer Erklärung, die gegenüber einem örtlich unzuständigen Gericht vorgenommen wird, unterschiedlich beurteilt: Einigkeit besteht darüber, dass eine Erklärung unwirksam ist, wenn das örtlich unzuständige Gericht die Entgegennahme ablehnt oder die Erklärung sofort zurückgibt.[8] Nach überwiegender Ansicht ist die Wirksamkeit hingegen dann anzunehmen, wenn das Gericht seine Unzuständigkeit erkennt, aber untätig bleibt.[9] Gleiches gilt, wenn das Gericht seine örtliche Unzuständigkeit übersehen hat.[10] Als wirksam wird die Erklärung auch dann angesehen, wenn das unzuständige Gericht sie an das zuständige weitergibt, und zwar schon mit der Einreichung bei dem unzuständigen Gericht.[11]

---

1 BT-Drucks. 16/6308, S. 175.
2 Vgl. Jansen/*Müther*, § 7 FGG Rz. 1.
3 Ebenso etwas Keidel/*Sternal*, § 2 FamFG Rz. 30.
4 So wohl auch *Müther*, FamRZ 2010, 1953.
5 Jansen/*Müther*, § 7 FGG Rz. 4.
6 Schulte-Bunert/Weinreich/*Schöpflin*, § 2 FamFG Rz. 9; MüKO. ZPO/*Pabst*, § 2 FamFG Rz. 38.
7 Vgl. Keidel/*Sternal*, § 2 FamFG Rz. 32.
8 Jansen/*Müther*, § 7 FGG Rz. 7; Keidel/*Sternal*, § 2 FamFG Rz. 33; *Bumiller*/Harders, § 2 FamFG Rz. 14.
9 *Habscheid*, Freiwillige Gerichtsbarkeit, § 13 I 2c; Keidel/*Sternal*, § 2 FamFG Rz. 33 mwN; *Böttcher*, RPfleger 2011, 54; differenzierend Jansen/*Müther*, § 7 FGG Rz. 7.
10 Schulte-Bunert/Weinreich/*Schöpflin*, § 2 FamFG Rz. 12.
11 BGH v. 17.9.1998 – V ZB 14/98, FGPrax 1998, 220; aA Keidel/*Sternal*, § 2 FamFG Rz. 33 (Wirksamkeit erst mit dem Eingang beim zuständigen Gericht).

2. Örtlich unzuständiges Gericht

§ 2 Abs. 3 bezieht sich unmittelbar nur auf ein örtlich unzuständiges Gericht. Bezüglich der inhaltsgleichen Vorschrift des früheren § 7 FGG war jedoch allgemein anerkannt, dass die Wirksamkeitserstreckung auch auf die übrigen Arten der einzelnen Zuständigkeitsfragen aufgrund einer entsprechenden Anwendbarkeit des § 7 FGG zu erfolgen hatte.[1] Nach der Gesetzesbegründung zu § 2 Abs. 3 ist demgemäß auch für diese Vorschrift davon auszugehen, dass § 2 Abs. 3 ebenfalls für die übrigen Zuständigkeiten entsprechende Anwendung findet, wollte der Gesetzgeber mit § 2 Abs. 3 doch einen Gleichlauf zu der Regelung des § 7 FGG schaffen.[2]

§ 2 Abs. 3 ist danach entsprechend anwendbar, wenn die internationale Zuständigkeit des Gerichts gefehlt hat. Gleiches gilt auch bei fehlender sachlicher Zuständigkeit. Darüber hinaus ist § 2 Abs. 3 auch bei fehlender funktioneller Zuständigkeit entsprechend anzuwenden.[3]

III. Bedeutung der Norm

Die von einem unzuständigen Gericht vorgenommenen Handlungen sind zunächst wirksam, ohne jedoch einen Anspruch auf Anerkennung für alle Zukunft innezuhaben.[4]

Das zuständige Gericht hat idR von Amts wegen tätig zu werden, weshalb die Unzuständigkeit des handelnden Gerichts nicht auf Dauer bestehen bleiben muss, sondern sehr wohl der Fall denkbar ist, dass sich neue Umstände ergeben, die die örtliche Zuständigkeit eines bisher unzuständigen Gerichts zu begründen vermögen.

Die den gerichtlichen Handlungen verliehene Wirksamkeit hindert nicht daran, eine Anfechtung durch Beschwerde gem. § 58 Abs. 1, Abs. 2 vorzunehmen. Denn die Entscheidung, die von einem unzuständigen Gericht erlassen wird, stellt eine Gesetzesverletzung dar. Zu beachten ist allerdings, dass gerade im Falle einer örtlichen Unzuständigkeit in erster Instanz eine Beschwerde darauf nicht gestützt werden kann (§ 65 Abs. 4). Rechtsfolge der erfolgreichen Anfechtung ist die Aufhebung der Entscheidung, selbst wenn diese sachlich zutreffend gewesen sein sollte.[5]

IV. Unwirksamkeit gerichtlicher Handlungen

Eine gerichtliche Handlung ist unwirksam, wenn es an jeder gesetzlichen Grundlage fehlt, eine der Rechtsordnung unbekannte Rechtsfolge ausgesprochen wird oder eine Entscheidung ohne eine vom Gesetz ausdrücklich als notwendig bezeichnete Einwilligung ergeht.[6]

Darüber hinaus liegt eine Unwirksamkeit auch dann vor, wenn die gerichtliche Handlung keinerlei Rechtswirkungen erzeugt.[7]

Auch eine richterliche Entscheidung trotz Fehlens einer Rechtsmitteleinlegung sowie einer Entscheidung nach Rücknahme der Beschwerde können die Unwirksamkeit implizieren.[8]

Gleiches gilt für das Fehlen einer ordnungsgemäßen Unterschrift im schriftlichen Verfahren und ebenso bei der Überschreitung der funktionellen Zuständigkeit des Urkundsbeamten der Geschäftsstelle.[9]

---

1 *Bumiller*/Winkler, 8. Aufl., § 7 FGG Rz. 5–7; Jansen/*Müther*, § 7 FGG Rz. 19–21; Keidel/*Zimmermann*, 15. Aufl., § 7 FGG Rz. 26–27; *Bassenge*/Roth, 11. Aufl., § 7 FGG Rz. 3.
2 BT-Drucks. 16/6308, S. 175; ebenso Schulte-Bunert/Weinreich/*Schöpflin*, § 2 FamFG Rz. 13.
3 Differenzierend *Bumiller*/Harders, § 2 FamFG Rz. 19 ff.
4 Keidel/*Sternal*, § 2 FamFG Rz. 36.
5 *Keidel*, Rpfleger 1958, 314.
6 Vgl. *Bumiller*/Winkler, 8. Aufl., § 7 FGG Rz. 17.
7 *Bassenge*/Roth, 11. Aufl., § 7 FGG Rz. 6.
8 *Bumiller*/Winkler, 8. Aufl., § 7 FGG Rz. 17.
9 *Bumiller*/Winkler, 8. Aufl., § 7 FGG Rz. 17 mwN.

§ 3 Verweisung bei Unzuständigkeit

(1) Ist das angerufene Gericht örtlich oder sachlich unzuständig, hat es sich, sofern das zuständige Gericht bestimmt werden kann, durch Beschluss für unzuständig zu erklären und die Sache an das zuständige Gericht zu verweisen. Vor der Verweisung sind die Beteiligten anzuhören.
(2) Sind mehrere Gerichte zuständig, ist die Sache an das vom Antragsteller gewählte Gericht zu verweisen. Unterbleibt die Wahl oder ist das Verfahren von Amts wegen eingeleitet worden, ist die Sache an das vom angerufenen Gericht bestimmte Gericht zu verweisen.
(3) Der Beschluss ist nicht anfechtbar. Er ist für das als zuständig bezeichnete Gericht bindend.
(4) Die im Verfahren vor dem angerufenen Gericht entstehenden Kosten werden als Teil der Kosten behandelt, die bei dem im Beschluss bezeichneten Gericht anfallen.

A. Normzweck 1	E. Verfahren und Entscheidung
B. Entstehung und Inhalt der Norm ... 2	I. Bestimmung des zuständigen Gerichts 15
C. Anwendungsbereich	II. Zuständigkeit mehrerer Gerichte ... 17
I. Allgemeines 4	III. Erstinstanzliches Verfahren 18
II. Andere Gerichtszweige sowie funktionelle Zuständigkeit 8	IV. Höhere Instanz 19
	V. Unanfechtbarkeit 20
III. Ehe- und Familienstreitsachen 10	F. Rechtsfolgen
D. Voraussetzungen	I. Anhängigkeit 21
I. Angerufenes Gericht 11	II. Anfechtungsmöglichkeit 22
II. Unzuständigkeit 13	III. Bindung 24
III. Veranlassung 14	IV. Kosten 29

A. Normzweck

1 Die Norm dient ebenso wie der vergleichbare § 281 ZPO der Zeit- und Kostenersparnis und damit der Effizienz und Prozesswirtschaftlichkeit des Verfahrens. Letztlich soll § 3 vermeiden, dass nutzlose Zuständigkeitsverfahren und Entscheidungen über die Unzulässigkeit eines Verfahrens durchgeführt werden. Schließlich soll mit der Vorschrift eine Harmonisierung der Prozessordnungen erreicht werden.[1]

B. Entstehung und Inhalt der Norm

2 Das FGG kannte eine Norm mit vergleichbarem Inhalt nicht. Deshalb wurde allgemein angenommen, dass auch ohne eine besondere gesetzliche Regelung die Abgabe eines Verfahrens wegen der Unzuständigkeit des Gerichts von Amts wegen möglich sei.[2] Der Gesetzgeber hat mit der Norm also eine echte Lücke im Allgemeinen Verfahrensrecht der freiwilligen Gerichtsbarkeit geschlossen. Die Parallelen in Wortlaut und Inhalt zu § 17a GVG sowie zu § 281 ZPO sind deutlich. Auch die § 48 Abs. 1 ArbGG, 83 Satz 1 VwGO sowie 70 Satz 1 FGO enthalten der Sache nach vergleichbare Regelungen.

3 Im Einzelnen entspricht Abs. 1 Satz 1 den §§ 281 Abs. 1 Satz 1 ZPO, 17a Abs. 2 Satz 1 GVG. Abs. 2 Satz 1 entspricht den §§ 281 Abs. 2 Satz 1 ZPO, 17a Abs. 2 Satz 2 GVG. Schließlich ist Abs. 3 wörtlich aus § 281 Abs. 2 Satz 2 und 4 ZPO übernommen. Abs. 4 entspricht der Norm des § 281 Abs. 3 Satz 1 ZPO.

C. Anwendungsbereich

I. Allgemeines

4 § 3 regelt die Voraussetzungen für eine Verweisung an andere inländische Gerichte der ordentlichen Gerichtsbarkeit. An ein ausländisches Gericht oder ein Gericht ei-

---
1 Vgl. BT-Drucks. 16/6308, S. 175.
2 Keidel/*Sternal*, 15. Aufl., § 5 FGG Rz. 16; *Bumiller*/Winkler, 8. Aufl., Vor § 3 FGG Rz. 5.

nes anderen Gerichtszweiges kann nach § 3 nicht verwiesen werden.[1] Auch eine Verweisung an den EuGH ist nicht möglich.[2]

Die Norm gilt für alle Verfahren der freiwilligen Gerichtsbarkeit, die im Rahmen des FamFG geregelt sind. Keine Anwendung findet sie in Ehe- und Familienstreitsachen (vgl. § 113 Abs. 1; ferner Rz. 10). In diesem Bereich gilt § 281 ZPO. Eine Sonderregelung der Verweisung bei Kindschaftssachen enthält § 154. In Registersachen (§§ 374 ff.) ist zwar die Anwendung von § 2 Abs. 1 ausgeschlossen (vgl. § 377 Abs. 4 sowie § 2 Rz. 19). Damit soll zum Ausdruck gebracht werden, dass es in Registersachen keine Wahl zwischen verschiedenen örtlichen Zuständigkeiten gibt. Es ist aber § 3 (ebenso wie §§ 2 Abs. 2 und Abs. 3, 5) anwendbar.[3] Dagegen ist im Hinblick auf den Ausschluss von § 2 Abs. 1 auch § 4 nicht anwendbar.

Soweit das FamFG in einzelnen Fällen eine Abgabe vorsieht, hat der Gesetzgeber für das Verfahren jeweils ausdrücklich auf § 281 Abs. 2 und Abs. 3 Satz 1 ZPO Bezug genommen. Dies ist in den §§ 123, 153, 202, 233 und 263 normiert.

Eine Verweisung nach § 3 erfordert, dass ein anderes Gericht zuständig ist. Nicht von der Norm erfasst ist daher die bloße Abgabe einer Angelegenheit zwischen verschiedenen Spruchkörpern desselben Gerichts oder zwischen dem Stammgericht und seiner auswärtigen Zweigstelle. Freilich wird man auf eine solche Abgabe innerhalb desselben Gerichts den Grundgedanken, wie er im § 3 enthalten ist, anwenden können.

II. Andere Gerichtszweige sowie funktionelle Zuständigkeit

§ 3 bezieht sich nur auf Verweisungen im Rahmen der örtlichen und der sachlichen Unzuständigkeit. Soweit eine Rechtswegunzuständigkeit vorliegt (s. § 2 Rz. 6), ist § 17a GVG unmittelbar heranzuziehen.

Keine Frage des Rechtswegs stellt es dar, wenn streitig ist, ob eine Angelegenheit innerhalb der ordentlichen Gerichtsbarkeit den streitigen Zivilgerichten oder den Gerichten der freiwilligen Gerichtsbarkeit zu übertragen ist. Für diese Frage der funktionellen Zuständigkeit enthielt das Gesetz früher keine Regelung. Nunmehr ist in diesen Fällen § 17a Abs. 6 GVG zu beachten. Danach gelten die Regeln der Rechtswegverweisung analog, wenn es sich um das Verhältnis von streitiger Zivilgerichtsbarkeit, Familiengerichtsbarkeit oder Angelegenheiten der freiwilligen Gerichtsbarkeit handelt.[4]

III. Ehe- und Familienstreitsachen

Gem. § 113 Abs. 1 ist die Norm in Ehe-[5] und Familienstreitsachen nicht anzuwenden. Dies bedeutet, dass in diesen Verfahren unmittelbar auf § 281 ZPO zurückzugreifen ist. Wird also in einer Ehesache das örtlich oder sachlich unzuständige Gericht angerufen, so erfolgt eine Verweisung nach § 281 ZPO. Wird dagegen innerhalb desselben Gerichts die Ehesache dem nichtzuständigen Spruchkörper überwiesen, so ist dies weder ein Fall von § 281 ZPO noch von § 3 FamFG. Hier kommen die Regeln der gerichtsinternen Aufgabenzuweisung nach der Geschäftsverteilung zum Tragen. Damit erfolgt die Überleitung einer Sache innerhalb desselben Gerichts durch formlose und nichtbindende Abgabe (s. § 2 Rz. 17). Diese ist nicht selbständig anfechtbar.

---

1 OLG Köln v. 16.3.1988 – 24 U 182/87, NJW 1988, 2182; Zöller/*Greger*, § 281 ZPO Rz. 5; MüKo. ZPO/*Prütting*, § 281 ZPO Rz. 5.
2 *Schumann*, ZZP 76, 93.
3 AA zu Unrecht *Nedden-Boeger*, FGPrax 2010, 1.
4 OLG Hamm v. 14.9.2010 – II 2 Sdb 26/10, FamRZ 2011, 658.
5 AA Baumbach/Lauterbach/*Hartmann*, § 281 ZPO Rz. 11.

D. Voraussetzungen

I. Angerufenes Gericht

11 Zunächst muss die Sache bei dem angerufenen Gericht bereits anhängig sein.[1] Soweit eine Bekanntgabe des Antrags nach § 15 oder eine formlose Mitteilung eines Dokuments erforderlich ist, setzt die Verweisung die Durchführung dieser Bekanntgabe voraus. Vorher kommt lediglich eine Abgabe der Sache in Betracht, die ohne Prüfung der Zuständigkeit formlos und ohne Bindung des aufnehmenden Gerichts erfolgt. Ebenso muss die Anhängigkeit der Sache noch bestehen.[2] Wird diese also durch eine übereinstimmende Erledigterklärung beendet, kommt eine Verweisung nach § 3 ebenfalls nicht mehr in Betracht.[3] Ist in einem früheren Verfahren in derselben Angelegenheit eine Sache wegen örtlicher Unzuständigkeit rechtskräftig abgewiesen worden, so steht eine solche Entscheidung der Verweisung in einem späteren Verfahren und der Bindungswirkung dieser Verweisung nicht entgegen.[4]

12 Wie sich früher aus § 4 FGG ergab und heute in § 2 Abs. 1 FamFG geregelt ist, wird durch die Vorgriffszuständigkeit bei mehreren an sich örtlich zuständigen Gerichten eine Situation geschaffen, in der dieselbe Angelegenheit nur bei einem Gericht behandelt werden kann. Es gelten also auch im Rahmen der freiwilligen Gerichtsbarkeit die allgemeinen Regeln über die Rechtshängigkeit der ZPO, auch wenn wegen des Fehlens einer vergleichbaren Norm zu § 261 Abs. 1 ZPO im technischen Sinn von Rechtshängigkeit wohl nicht gesprochen werden kann. Richtiger dürfte es sein, in allen Fällen, in denen das angerufene Gericht mit der Sache iSv. § 2 Abs. 1 befasst ist, von Anhängigkeit zu sprechen.

II. Unzuständigkeit

13 Das angerufene Gericht muss nach der eindeutigen Formulierung der Norm sachlich oder örtlich unzuständig sein. Der Mangel der funktionellen Zuständigkeit oder der internationalen Zuständigkeit begründet keinen Fall von § 3. Eine Verweisung einer Sache über die Grenze hinweg ist generell nicht möglich. Zur Verweisung innerhalb der funktionellen Zuständigkeit s. § 17a Abs. 6 GVG.

III. Veranlassung

14 Im Gegensatz zu § 281 ZPO setzt die Norm keinen Antrag voraus. Eine Verweisung kommt also sowohl auf Anregung eines Beteiligten als auch von Amts wegen in Betracht.[5] Daher ist die Verweisung auch ohne oder gegen den Willen der Beteiligten möglich. Die rügelose Einlassung eines Beteiligten oder der Verzicht auf die Rüge ist ohne Bedeutung. Vor der Verweisung ist den Beteiligten gem. § 7 rechtliches Gehör zu gewähren. Dem ist aber bereits dadurch genügt, dass das Gericht Gelegenheit zur schriftlichen Stellungnahme gewährt hat.[6]

E. Verfahren und Entscheidung

I. Bestimmung des zuständigen Gerichts

15 Liegen die Voraussetzungen für eine Verweisung im Sinne der Norm vor, so muss das zunächst mit der Sache befasste Gericht das nach seiner Auffassung zuständige Gericht bestimmen. Kann eine solche Bestimmung nicht erfolgen, so ist nach § 5 zu verfahren. Das angerufene Gericht hat das zuständige Gericht nach pflichtgemäßem

---

1 BGH v. 2.12.1982 – I AZR 586/82, MDR 1983, 466; Zöller/*Greger*, § 281 ZPO Rz. 7 (Rechtshängigkeit erforderlich, da sonst keine Bindungswirkung entstehe); MüKo. ZPO/*Prütting*, § 281 ZPO Rz. 24.
2 KG v. 29.11.2011 – 1 AR 16/11, FGPrax 2012, 46.
3 Musielak/*Foerste*, § 281 ZPO Rz. 5.
4 BGH v. 13.11.1996 – XII ARZ 17/96, NJW 1997, 869; MüKo. ZPO/*Prütting* § 281 ZPO Rz. 25.
5 KG v. 4.8.2011 – 1 W 509/11, FamRZ 2012, 908; OLG Köln v. 15.3.2012 – II-21 AR 1/12, FamRZ 2012, 1406 (1407); aA Keidel/*Sternal*, § 3 FamFG Rz. 36.
6 Schulte-Bunert/Weinreich/*Schöpflin*, § 3 FamFG Rz. 6 f.

Ermessen zu ermitteln. In diesem Zusammenhang muss das angerufene Gericht sowohl die örtliche als auch die sachliche Zuständigkeit prüfen und feststellen. Nicht zulässig wäre es, wenn das verweisende Gericht isoliert nur die örtliche oder die sachliche Zuständigkeit prüft und entscheidet. Das wird im streitigen Zivilverfahren nach § 281 ZPO im Hinblick auf den dort zwingend erforderlichen Antrag des Klägers abweichend beurteilt.[1]

Das angerufene Gericht hat das zuständige Gericht in seinem Verweisungsbeschluss genau zu bezeichnen. Ein Verweisungsbeschluss, in dem das zuständige Gericht nicht bestimmt ist oder die Wahl den Parteien oder einem später zu bestimmenden Gericht überlassen bleibt, wäre unwirksam.[2] Innerhalb des Gerichts, an das verwiesen wird, ist eine Bezeichnung der zuständigen Kammer oder Abteilung nicht zulässig und nicht bindend.[3] Ein Antrag eines Beteiligten ist nicht erforderlich. Ein dennoch gestellter Antrag wäre als Anregung iSv. § 24 aufzufassen (s. oben Rz. 14). Im Rahmen einer solchen Anregung müsste der Beteiligte nicht das nach seiner Meinung zuständige Gericht bezeichnen.

II. Zuständigkeit mehrerer Gerichte

Sind mehrere Gerichte zuständig, so erfolgt die Verweisung gem. Abs. 2 an das vom Antragsteller gewählte Gericht. Ein solcher Fall ist wohl nur im Rahmen der örtlichen Zuständigkeit denkbar. Das Wahlrecht ist iSv. § 35 ZPO als freie Wahl des Antragstellers ohne Bindung an prozessökonomische Erwägungen zu verstehen. Erforderlichenfalls muss der Antragsteller vom Gericht auf sein Wahlrecht hingewiesen werden (vgl. § 28 Abs. 1 und 2). Soweit mehrere Gerichte örtlich zuständig sind und der Antragsteller die ihm durch Abs. 2 Satz 1 zugewiesene Wahlmöglichkeit nicht wahrnimmt, wird die Sache an das vom angerufenen Gericht bestimmte Gericht verwiesen. Gleiches gilt in den Fällen, in denen das Verfahren von Amts wegen eingeleitet worden ist.

III. Erstinstanzliches Verfahren

Die Regelung des § 3 bezieht sich nur auf das erstinstanzliche Verfahren. Hat in einem solchen Verfahren das angerufene Gericht seine eigene Unzuständigkeit festgestellt, so muss es zunächst die Beteiligten anhören (Abs. 1 Satz 2). Sodann erlässt das angerufene Gericht einen Beschluss, in dem es sich für unzuständig erklärt und die Verweisung an das von ihm bestimmte zuständige Gericht ausspricht. Der Beschluss bedarf einer Begründung, die erkennen lässt, welche rechtlichen Erwägungen das angerufene Gericht seiner Entscheidung zugrunde gelegt hat. Der Beschluss enthält keine Kostenentscheidung (vgl. Abs. 4). Im Übrigen gelten die allgemeinen Regeln des § 38. Einer Rechtsmittelbelehrung gem. § 39 bedarf es nicht, da der Beschluss nicht anfechtbar ist (vgl. Abs. 3). Der Beschluss muss den Beteiligten bekannt gegeben werden (§§ 40 Abs. 1, 41).

IV. Höhere Instanz

§ 3 bezieht sich ausschließlich auf die örtliche und sachliche Zuständigkeit. Er ist daher in der Rechtsmittelinstanz nicht anwendbar. Darüber hinaus gilt es zu beachten, dass in der Beschwerdeinstanz eine Rüge der örtlichen oder sachlichen Zuständigkeit nicht mehr in Betracht kommt (§ 65 Abs. 4). Die höhere Instanz kann also auch durch Endentscheidung den Beschluss der Vorinstanz nicht mit der Begründung aufheben, es sei die sachliche oder örtliche Zuständigkeit unrichtig beurteilt gewesen.

---

1 Zöller/*Greger*, § 281 ZPO Rz. 13; MüKo. ZPO/*Prütting*, § 281 ZPO Rz. 34.
2 OLG Celle v. 6.11.1952 – 4 W 346/52, MDR 1953, 111.
3 BGH v. 7.10.1987 – IVb ARZ 34/87, FamRZ 1988, 155.

V. Unanfechtbarkeit

20 Nach der ausdrücklichen gesetzlichen Anordnung ist der Verweisungsbeschluss isoliert unanfechtbar (Abs. 3 Satz 1).[1] Auch wenn der Antrag oder die Anregung eines Beteiligten auf Verweisung durch Beschluss nach § 3 vom Gericht zurückgewiesen wird, ist dagegen ein Rechtsmittel nicht gegeben.[2] Insbesondere ist eine gerichtliche Verfügung, mit der auf Bedenken gegen eine örtliche Zuständigkeit hingewiesen wird, nicht anfechtbar.[3] Nach allgemeinen Regeln können Fragen der Zulässigkeit einer Entscheidung aber zusammen mit der Endentscheidung im Rahmen einer zulässigen Beschwerde angegriffen werden. Dies gilt freilich gerade nicht für die Fragen der Zuständigkeit des ersten Rechtszuges (§ 65 Abs. 4). Im Ergebnis kann also ein Streit über die örtliche oder sachliche Zuständigkeit in der höheren Instanz weder isoliert noch im Rahmen einer Beschwerde gegen die Endentscheidung in Betracht kommen. Zur Frage von denkbaren Ausnahmen s. Rz. 22f.

F. Rechtsfolgen

I. Anhängigkeit

21 Durch den Beschluss nach § 3 Abs. 1 wird die Anhängigkeit der Angelegenheit beim zunächst angerufenen Gericht beendet. Mit dem Eingang der Akten beim für zuständig erklärten Gericht ist die Angelegenheit bei diesem Gericht anhängig. Das weitere Verfahren vor dem neuen Gericht bildet mit dem vorausgegangenen Verfahren einen einheitlichen Rechtszug. Alle richterlichen Akte des zunächst angerufenen Gerichts bleiben wirksam. Frühere Prozesshandlungen, Anträge und Erklärungen der Beteiligten wirken fort. Evtl. Wirkungen einer Anhängigkeit treten bereits mit der Erhebung des Antrags vor dem unzuständigen Gericht ein.

II. Anfechtungsmöglichkeit

22 Wie bereits im Rahmen des Verfahrens dargestellt, ist der Verweisungsbeschluss unanfechtbar (Abs. 3 Satz 1; s. Rz. 20). Daran würde auch eine fehlerhafte Rechtsmittelzulassung nichts ändern. Die Unanfechtbarkeit ist selbst dann zu bejahen, wenn im Hinblick auf einen möglichen Restitutions- oder Nichtigkeitsgrund eine Wiederaufnahme des Verfahrens gem. § 48 Abs. 2 FamFG iVm. §§ 568 ff. ZPO in Betracht käme.[4]

23 Allerdings hat die herrschende Meinung im Zivilprozess früher angenommen, dass eine Ausnahme von der Unanfechtbarkeit dann zu bejahen ist, wenn eine willkürliche Verweisung vorliegt.[5] Eine solche außerordentliche Beschwerde kann freilich seit der Plenarentscheidung des BVerfG aus dem Jahre 2003 nicht mehr bejaht werden.[6] Im Falle einer Verletzung des Anspruchs auf rechtliches Gehör im Rahmen des Verfahrens nach § 3 ist das Abhilfeverfahren nach § 44 eröffnet.[7] In anderen Fällen willkürlicher Verweisung ist nach dem Sinn und Zweck des Gesetzes darauf abzustellen, dass nach dem erkennbaren Willen des Gesetzgebers (vgl. § 65 Abs. 4) alle erstinstanzlichen Gerichte gleichwertig sind. Ein Streit über die örtliche oder sachliche Zuständigkeit soll also in höherer Instanz generell ausgeschlossen sein.[8]

---

[1] Unklar Bork/*Jacoby*/Schwab, § 3 FamFG Rz. 7.
[2] Zöller/*Greger*, § 281 ZPO Rz. 14; MüKo. ZPO/*Prütting*, § 281 ZPO Rz. 42, OLG Brandenburg v. 15.1.2010 – 9 AR 17/09, FamRZ 2010, 1464.
[3] OLG Brandenburg v. 15.1.2010 – 9 AR 17/09, FamRZ 2010, 1464.
[4] Ebenso Keidel/*Sternal*, § 3 FamFG Rz. 41.
[5] Im Einzelnen vgl. dazu Zöller/*Greger*, § 281 ZPO Rz. 17; MüKo. ZPO/*Prütting*, § 281 ZPO Rz. 41.
[6] BVerfG v. 30.4.2003 – 1 PBvU 1/02, BVerfGE 107, 395 = NJW 2003, 1924.
[7] AA MüKo. ZPO/*Pabst*, § 3 FamFG Rz. 15f., wonach § 3 Abs. 3 Satz 1 teleologisch zu reduzieren und bei schwerwiegenden Verfahrensfehlern die Beschwerde zulässig sei.
[8] Schulte-Bunert/Weinreich/*Schöpflin*, § 3 FamFG Rz. 9.

III. Bindung

Gem. Abs. 3 Satz 2 ist der Verweisungsbeschluss für das in ihm als zuständig bezeichnete Gericht bindend. Ausgeschlossen ist es also, dass das Gericht, an das die Verweisung erfolgt ist, die Sache an das ursprüngliche Gericht zurückverweist. Ebenfalls ausgeschlossen ist eine Weiterverweisung an ein drittes Gericht.

Allerdings wird im streitigen Zivilverfahren eine Weiterverweisung dann für möglich gehalten, wenn der Umfang des bindenden Verweisungsbeschlusses allein auf die örtliche oder auf die sachliche Zuständigkeit beschränkt war. Kommt also der einschränkende Wille des verweisenden Gerichts klar zum Ausdruck, so soll insoweit keine Bindung bestehen.[1] Der Anwendung dieser Grundsätze im FamFG steht allerdings entgegen, dass § 3 anders als § 281 ZPO keinen Antrag voraussetzt und insoweit das zunächst angerufene Gericht von Amts wegen gezwungen ist, seine örtliche und sachliche Zuständigkeit zu prüfen. Ein isolierter Verweisungsbeschluss nur im Hinblick auf die örtliche oder auf die sachliche Zuständigkeit kommt daher im Rahmen der freiwilligen Gerichtsbarkeit nicht in Betracht. Es ist also im Rahmen des § 3 eine Weiterverweisung in keinem Falle zu bejahen.[2]

Die Bindungswirkung des Abs. 3 Satz 2 ist auch dann zu bejahen, wenn der **Verweisungsbeschluss fehlerhaft** war.[3] Von diesem Grundsatz werden im Bereich des Zivilprozesses nach höchst umstrittener Auffassung Ausnahmen zugelassen, wenn der Verweisungsbeschluss willkürlich oder schlechterdings nicht als im Rahmen des § 281 ZPO ergangen angesehen werden kann. Dann soll eine Rückverweisung oder eine Weiterverweisung entgegen Abs. 3 möglich sein. Hierzu sollen insbesondere diejenigen Fälle zählen, in denen jede gesetzliche Grundlage fehlt[4] oder der Anspruch auf Gewährung rechtlichen Gehörs verletzt wurde.[5] Als objektiv willkürlich und offensichtlich gesetzeswidrig wird es auch angesehen, wenn das verweisende Gericht die für die Unzuständigkeit maßgeblichen Umstände nicht prüft und ihm unterbreitete Umstände nicht würdigt.[6] Diese Rechtsprechung wurde von den Gerichten auf das FamFG übertragen,[7] freilich zu Recht in sehr engen Grenzen.[8]

Mit der herrschenden Meinung ist in solchen Fällen eines willkürlichen Verweisungsbeschlusses auch heute noch eine Bindung zu verneinen. Problematisch ist allerdings die Abgrenzung der Fälle im Einzelnen, die als objektiv willkürlich anzusehen sind. Ein entscheidendes Kriterium dürfte es sein, wenn die allgemeine Systematik des Verfahrensrechts eine Verweisung der vorgenommenen Art nicht vorsieht, wenn der Akteninhalt des verweisenden Gerichts ausdrücklich Hinweise auf die Zuständigkeit des verweisenden Gerichts ergibt oder wenn das verweisende Gericht selbst zu erkennen gegeben hat, dass es seine Zuständigkeit möglicherweise für gegeben hält.[9] Demgegenüber wird man von einer Bindung ausgehen müssen, wenn die Verweisung sich im Ergebnis als vertretbar darstellt, auch wenn das verweisende Gericht von einer einhelligen oder herrschenden Meinung abweicht.[10]

Kommt es trotz der vom Gesetz angeordneten Bindungswirkung zu einer gesetzwidrigen Rück- oder Weiterverweisung, so kann diese ebenfalls eine erneute Bin-

---

1 Zöller/*Greger*, § 281 ZPO Rz. 19; MüKo. ZPO/*Prütting*, § 281 ZPO Rz. 45.
2 Ebenso Schulte-Bunert/Weinert/*Schöpflin*, § 3 FamFG Rz. 10.
3 BGH v. 8.4.1992 – XII ARZ 8/92, NJW-RR 1992, 902; BGH v. 22.6.1993 – X ARZ 340/93, NJW 1993, 2810; BGH v. 13.11.1996 – IV ZR 62/96, FamRZ 1997, 173; Keidel/*Sternal*, § 3 FamFG Rz. 37.
4 *Fischer*, NJW 1993, 2419; *Deubner*, JuS 1999, 270.
5 Baumbach/*Hartmann*, § 281 ZPO Rz. 41.
6 OLG Düsseldorf v. 29.10.2012 – I 3 Sa 5/12, FamRZ 2013, 807; früher bereits BGH v. 13.12.2005 – X ARZ 223/05, NJW 2006, 847.
7 OLG Düsseldorf v. 21.5.2010 – I 3 Sa 1/10, FGPrax 2010, 213; KG v. 6.8.2010 – 18 AR 41/10, FamRZ 2011, 319; OLG Düsseldorf v. 29.10.2012 – I 3 Sa 5/12, FamRZ 2013, 807.
8 Weitergehend OLG Hamm v. 24.2.2011 – II 2 SAF 2/11, FamRB 2011, 177 (*Schmid*).
9 Vgl. BGH v. 13.12.2005 – X ARZ 223/05, NJW 2006, 847; *Tombrink*, NJW 2003, 2364 (2366).
10 Zum Ganzen vgl. Zöller/*Greger*, § 281 ZPO Rz. 14, 16 (Bindungswirkung selbst bei Rechtsirrtümern und Verfahrensfehlern); MüKo. ZPO/*Prütting*, § 281 ZPO Rz. 55 ff.

dungswirkung auslösen. In einem solchen Fall ist § 5 heranzuziehen.[1] Dabei ist die erste bindende Verweisung entscheidend.[2] Eine mehrfache Hin- und Her-Verweisung ist ausgeschlossen.

IV. Kosten

29 Nach der ausdrücklichen Anweisung in Abs. 4 werden die im Verfahren vor dem zunächst angerufenen Gericht entstandenen Kosten als Teil der Kosten behandelt, die bei dem im Beschluss bezeichneten Gericht anfallen. Der Verweisungsbeschluss enthält also in keinem Falle eine Kostenentscheidung. Vielmehr trifft das Gericht, an das verwiesen wurde, die Kostenentscheidung einschließlich der durch die Anrufung des ersten Gerichts entstandenen Mehrkosten, soweit solche in Betracht kommen sollten.

§ 4 Abgabe an ein anderes Gericht

Das Gericht kann die Sache aus wichtigem Grund an ein anderes Gericht abgeben, wenn sich dieses zur Übernahme der Sache bereit erklärt hat. Vor der Abgabe sollen die Beteiligten angehört werden.

A. Normzweck ... 1	IV. Abgabebereitschaft ... 18
B. Entstehung und Inhalt der Norm ... 2	V. Übernahmebereitschaft des anderen Gerichts ... 20
C. Anwendungsbereich	E. Verfahren und Entscheidung
I. Freiwillige Gerichtsbarkeit ... 5	I. Grundsatz ... 23
II. Ehe- und Familienstreitsachen ... 8	II. Anhörung ... 24
III. Abgabe an das Gericht der Ehesache . 9	III. Abgabe durch den Rechtspfleger ... 28
D. Voraussetzungen	IV. Entscheidung ... 29
I. Anhängigkeit ... 10	V. Anfechtung ... 30
II. Zuständige Gerichte ... 11	F. Rechtsfolge ... 31
III. Vorliegen eines wichtigen Grundes . . 12	

A. Normzweck

1 Die Norm steht in engem Zusammenhang mit § 3. Sie regelt die nichtbindende Abgabe einer Sache an ein anderes Gericht trotz an sich bestehender Zuständigkeit des abgebenden Gerichts. Im Gegensatz dazu enthält § 3 eine bindende Verweisung der Sache an ein anderes Gericht wegen Unzuständigkeit des zunächst angerufenen Gerichts. Ähnlich wie § 3 dient auch § 4 der Effizienz des Verfahrens. Durch die Norm soll die formlose Abgabe vereinfacht werden. Darüber hinaus dient die Norm auch der Rechtsklarheit, weil sie die Fragen der Abgabe nunmehr im Allgemeinen Teil regelt und damit die Spezialregelung des früheren § 46 FGG ablöst. Schließlich dient die Norm einer sachnahen Behandlung.

B. Entstehung und Inhalt der Norm

2 § 4 knüpft inhaltlich an den vormaligen § 46 Abs. 1 FGG an. Satz 1 entspricht im Wesentlichen dem Wortlaut des § 46 Abs. 1 Satz 1 FFG aF. Satz 2 ist in dieses Gesetz als Neuregelung eingefügt worden, um dem Gesetzeszweck – der Schaffung einer transparenten einheitlichen Verfahrensordnung – Rechnung zu tragen. Inhaltlich lehnt sich die Vorschrift an den durch das Zweite Gesetz zur Änderung des Betreuungsrechts vom 21. April 2005[3] neu gefassten § 65a Abs. 2 FGG aF an.

---

[1] OLG Düsseldorf v. 21.5.2010 – I 3 Sa 1/10, FGPrax 2010, 213; KG v. 6.8.2010 – 18 AR 41/10, FamRZ 2011, 319.
[2] KG v. 6.8.2010 – 18 AR 41/10, FamRZ 2011, 319; OLG Düsseldorf v. 21.5.2010 – I 3 Sa 1/10, FGPrax 2010, 213.
[3] BGBl. I, S. 1073.

Im Kern sieht die Vorschrift vor, dass in allen Verfahren der freiwilligen Gerichtsbarkeit eine formlose Abgabe ermöglicht wird, wenn beide Gerichte sich über die Abgabe verständigen. Im Vordergrund der Norm stehen damit der personale Bezug des jeweiligen Verfahrens und die Fragen der Zweckmäßigkeit. Mit der Sachbehandlung soll möglichst ein Gericht betraut werden, das zu den betroffenen Personen eine möglichst große Sach- und Ortsnähe aufweist. 3

Normen über eine formlose und nicht bindende Abgabe durch ein an sich zuständiges Gericht an ein anderes Gericht finden sich in anderen Verfahrensordnungen nicht. Vielmehr ist es aus der Sicht zwingender Verfahrensregeln und einer fest gefügten Zuständigkeitsordnung, wie sie das Gebot des gesetzlichen Richters in Art. 101 Abs. 1 Satz 2 GG vorsieht, systemfremd, eine formlose Abgabe von einem zuständigen Gericht an ein anderes vorzusehen. Insofern repräsentiert § 4 eine echte Besonderheit der freiwilligen Gerichtsbarkeit. 4

C. Anwendungsbereich

I. Freiwillige Gerichtsbarkeit

Die Norm bezieht sich auf alle Verfahren der freiwilligen Gerichtsbarkeit. Sie ist also nicht mehr (wie früher § 46 FGG) einem Spezialbereich vorbehalten. Die Norm wird in Betreuungssachen durch § 273 ergänzt, der den wichtigen Grund in § 4 für das Betreuungsrecht konkretisiert. In Unterbringungssachen ist als ergänzende Norm § 314 zu beachten, der ohne ausdrückliche Verweisung auf § 4 ebenfalls den wichtigen Grund konkretisiert. § 314 ist zwar abweichend von § 273 wie eine lex specialis formuliert, es gelten aber die allgemeinen Regeln der Abgabe auch dort. 5

Eine Abgabe kommt nur an ein anderes Gericht der freiwilligen Gerichtsbarkeit in Betracht. § 4 ist nicht anwendbar, wenn die Sache an einen anderen Rechtsweg oder eine andere funktionelle Zuständigkeit übermittelt werden soll. Ebenso wenig kann nach § 4 die Sache an ein ausländisches Gericht abgegeben werden. 6

In jedem Falle setzt die Norm voraus, dass sowohl das abgebende als auch das annehmende Gericht zuständig sind. Daher ist sie in Registersachen wegen § 377 Abs. 4 nicht anwendbar (s. § 3 Rz. 5). 7

II. Ehe- und Familienstreitsachen

Gem. § 113 Abs. 1 ist die Norm in Ehe-[1] und Familienstreitsachen nicht anzuwenden. Dies bedeutet nach allgemeinen Regeln, dass dort eine parallele Norm der ZPO eingreifen müsste. Eine Parallelnorm in der ZPO zu § 4 FamFG existiert allerdings nicht. Daraus ist zu schließen, dass in Ehe- und Familienstreitverfahren eine formlose Abgabe ausgeschlossen ist. 8

III. Abgabe an das Gericht der Ehesache

Neben § 4 regelt das Gesetz im zweiten Buch eine andere Form der Abgabe. Es geht dort darum, dass im Einzelfall eine Ehesache rechtshängig ist und eine andere Ehesache oder eine Folgesache bei einem anderen Gericht anhängig gemacht wird. In einem solchen Falle wird der Zusammenhang von Ehesache und Folgesachen im Verbund (vgl. § 137) durch Abgabe an das Gericht der Ehesache hergestellt. Im Einzelnen betrifft dies die §§ 123, 153, 202, 233, 263, 268. Die jeweilige Abgabe erfolgt von Amts wegen. Im Übrigen ist aber in allen Fällen kraft ausdrücklicher Anweisung § 281 Abs. 2 und Abs. 3 Satz 1 ZPO anwendbar. Dies zeigt, dass die Abgabe an das Gericht der Ehesache in deutlicher Abgrenzung zu § 4 ein förmliches Abgabeverfahren darstellt. 9

---

[1] AA Baumbach/Lauterbach/*Hartmann*, § 281 ZPO Rz. 11.

D. Voraussetzungen

I. Anhängigkeit

10 Die Sache muss bei einem Gericht der freiwilligen Gerichtsbarkeit schon und noch anhängig sein. Dabei ist Anhängigkeit in dem Sinne zu verstehen, wie § 2 Abs. 1 die Befassung eines Gerichts mit einer Angelegenheit anspricht. Anhängigkeit besteht also in Antragsverfahren mit dem Eingang des Antrags, in Amtsverfahren mit dem Zeitpunkt, in dem das zuständige Gericht von Tatsachen amtlich Kenntnis erhält, die Anlass zum Einschreiten geben (vgl. § 2 Rz. 20 ff., 27). Im Bereich der Betreuungs- und Unterbringungssachen muss allerdings ein Betreuer oder Verfahrenspfleger vor der Abgabe noch nicht bestellt sein. Insgesamt erfordert die Anhängigkeit noch keinerlei konkretes gerichtliches Handeln, wie sich aus der Veränderung des Gesetzeswortlauts von § 4 FGG zu § 2 Abs. 1 FamFG ergibt.

II. Zuständige Gerichte

11 Sowohl das abgebende als auch das aufnehmende Gericht müssen für die Angelegenheit nach allgemeinen Regeln zuständig sein, mindestens müssen sie aber ihre Zuständigkeit für gegeben halten.[1] Sofern sich das abgebende Gericht für unzuständig hält, ist nach § 3 zu verfahren. Hält sich das die Angelegenheit aufnehmende Gericht für unzuständig, so muss es seine Übernahmebereitschaft verweigern.

III. Vorliegen eines wichtigen Grundes

12 Ein wichtiger Grund ist im Allgemeinen dann gegeben, wenn durch die Abgabe ein Zustand geschaffen wird, der eine leichtere und zweckmäßigere Führung des Verfahrens iSd. maßgeblich betroffenen Beteiligten ermöglicht,[2] wobei der betroffene Beteiligte nach Maßgabe des § 7 zu ermitteln ist, dazu § 7 Rz. 20, 22, 39. Wichtiger Grund kann ein enger Sachzusammenhang mit einem bei einem anderen Gericht geführten Verfahren sein.[3]

13 Hauptsächlich ist neben einer ordnungsgemäßen Bearbeitung der Angelegenheit durch die Gerichte das Wohl des Betroffenen zu berücksichtigen. Das Interesse des Betroffenen daran, dass ein ortsnahes Gericht die Sache führt, geht den Interessen des um Übernahme ersuchten Gerichts, keine Aufgaben übernehmen zu müssen, die das abgebende Gericht mit weniger Arbeitsaufwand hätte erledigen können, vor.[4]

14 Entscheidender Zeitpunkt zur Beurteilung des wichtigen Grundes ist die Abgabe, nicht die künftige Entwicklung.[5]

15 Im Bereich der Betreuungssachen kommt insbesondere der dauerhafte Aufenthaltswechsel des Mündels und des Betreuers oder der Eltern als wichtiger Grund im Sinne dieser Vorschrift in Betracht (vgl. § 273).[6] Der Wechsel des Betroffenen in ein anderes Heim begründet auch dann einen wichtigen Grund zur Abgabe, wenn das abgebende Gericht ortsnäher wäre als das zuständige Gericht.[7] Die Abgabe wegen Aufenthaltswechsels verlangt aber auch Abgabereife.[8] In Unterbringungssachen ist der Ort des Aufenthalts entscheidend (vgl. § 314). In Kindschaftssachen ist das Kin-

---

1 MüKo. ZPO/*Pabst*, § 4 FamFG Rz. 6 ff. mwN.
2 Vgl. BayObLG v. 26.11.1992 – 3 ZAR 140/92, FamRZ 1993, 449; BayObLG v. 18.1.1993 – 1 ZAR 1/93, FamRZ 1994, 1187; BayObLG v. 18. 4.2001 – 1 ZAR 3/01, FamRZ 2001, 1536; Jansen/*Müller-Lukoschek*, § 46 FGG Rz. 6; *Bumiller*/Harders, § 4 FamFG Rz. 7.
3 AG Ludwigslust v. 24.3.2010 – 5 F 56/10, FamRZ 2010, 1754.
4 OLG Köln v. 14.3.2001 – 16 Wx 45/01, FamRZ 2001, 1543.
5 BayObLG v. 20.2.1997 – 1 ZAR 11/97, DAVorm 1997, 436; Jansen/*Müller-Lukoschek*, § 46 FGG Rz. 7.
6 OLG Stuttgart v. 6.6.2011 – 8 AR 7/11, FGPrax 2011, 326; BT-Drucks. 16/6308, S. 176. Die Begr. spricht zwar von „Vormundschaftssachen", jedoch dürfte das ein redaktionelles Versehen sein, da das Gesetz keine „Vormundschaftssachen" mehr kennt (s. auch § 14 RpflG idF des Art. 23 FGG-RG).
7 OLG Hamm v. 23.3.2010 – 15 Sbd 1/10, FGPrax 2010, 214.
8 OLG Stuttgart v. 12.9.2011 – 8 AR 12/11, FGPrax 2011, 299.

Allgemeine Vorschriften § 4

deswohl entscheidend. Der dauerhafte Aufenthaltswechsel führt dabei idR zur Abgabe.[1]

In Adoptionssachen kann ein wichtiger Grund darin liegen, dass der Annehmende und das Kind ihren Wohnsitz in den Bezirk eines anderen Gerichts verlegt haben.[2] Trotz eines erfolgten Ortswechsels des betroffenen Kindes kann aber aus Gründen des Kindeswohls ein wichtiger Grund zu verneinen sein, wenn die Endentscheidung unmittelbar bevorsteht und der zuständige Richter des abgebenden Gerichts eine besondere Sachkunde in dem Verfahren erlangt hat.[3]

§ 273 regelt für Betreuungssachen ausdrücklich, dass ein wichtiger Grund regelmäßig dann vorliegt, wenn sich der gewöhnliche Aufenthalt des Betroffenen geändert hat und die Aufgaben des Betreuers im Wesentlichen am neuen Aufenthaltsort des Betroffenen zu erfüllen sind.

IV. Abgabebereitschaft

Die Abgabe ist durch das Wort „kann" in Satz 1 nicht in das freie Ermessen des zuerst angerufenen Gerichts gestellt. Vielmehr darf das Gericht, sofern ein wichtiger Grund vorliegt und die übrigen Voraussetzungen erfüllt sind, die Abgabe nicht nach seinem Ermessen ablehnen.[4]

Dem angerufenen Gericht steht insoweit lediglich ein Beurteilungsspielraum zu, welcher jedoch dann auf Null reduziert ist, wenn überwiegende sachliche Gründe für eine Abgabe sprechen. Im Ergebnis bedeutet „kann" in § 4 also, das Gericht „hat die Rechtsmacht".

V. Übernahmebereitschaft des anderen Gerichts

Das übernehmende Gericht muss zur Übernahme der Sache bereit sein. Die Bereitwilligkeit hängt jedoch nicht von seinem Belieben, sondern von seiner nach pflichtgemäßem Ermessen über das Vorhandensein eines wichtigen Grundes gebildeten Anschauung ab.[5]

Die Abgabegründe müssen von dem abgebenden Gericht, das auch den Sachverhalt vollständig aufzuklären hat, klargestellt werden.[6] Von diesem Grundsatz kann dann abgewichen werden, wenn die noch ausstehende Tätigkeit von dem Übernahmegericht wesentlich leichter verrichtet werden kann, als von dem Abgabegericht, insbesondere dann, wenn es für die zu verrichtende Tätigkeit auf die Nähe zum Gericht ankommt.[7]

Die Erklärung der Übernahmebereitschaft ist Voraussetzung der Abgabe. Sie ist formlos möglich[8] und bis zum Vollzug der Abgabe widerruflich.[9]

E. Verfahren und Entscheidung

I. Grundsatz

Liegen die Voraussetzungen für eine Abgabe vor, darf sie vollzogen werden. Die Abgabe vollzieht sich dabei durch die Abgabeverfügung des abgebenden Gerichts und die Übernahmeerklärung des übernehmenden Gerichts, die keiner Form bedürfen und einseitige Verfügungen darstellen. Die beiderseitigen Erklärungen der betei-

---

1 OLG Hamm v. 1.7.2010 – II 2 Sdb 19/10, FamRB 2010, 333 (*Stößer*).
2 BT-Drucks. 16/6308, S. 176; Keidel/*Sternal*, § 4 FamFG Rz. 26.
3 OLG Brandenburg v. 30.8.1999 – 9 Wx 19/99, FGPrax 2000, 18 = FamRZ 2000, 1295.
4 Jansen/*Müller-Lukoschek*, § 46 FGG Rz. 20; MüKo. ZPO/*Pabst*, § 4 FamFG Rz. 24.
5 Jansen/*Müller-Lukoschek*, § 46 FGG Rz. 14; MüKo. ZPO/*Pabst*, § 4 FamFG Rz. 25.
6 Jansen/*Müller-Lukoschek*, § 46 FGG Rz. 14.
7 Jansen/*Müller-Lukoschek*, § 46 FGG Rz. 15.
8 *Bumiller*/Harders, § 4 FamFG4 Rz. 8.
9 Keidel/*Sternal*, § 4 FamFG Rz. 29.

ligten Gerichte, die auch stillschweigend erfolgen können, dokumentieren den eingetretenen Übergang der Zuständigkeit.[1]

II. Anhörung

24 Satz 2 bestimmt, dass die Beteiligten vor der Abgabe angehört werden sollen, eine Zustimmung ist hingegen ungeachtet des konkreten Verfahrens nicht erforderlich. Das ursprünglich im FGG noch geregelte Widerspruchsrecht des Betroffenen und des eventuell bereits bestellten Betreuers in Betreuungssachen wurde bereits mit dem 2. BtÄndG abgeschafft, da der Gesetzgeber davon ausging, dass den Interessen des Betroffenen durch seine Anhörung hinreichend Genüge getan sei und im Falle des Vorliegens eines wichtigen Grundes keine weiteren Hürden mehr aufgebaut werden sollten.[2]

25 Von diesen Erwägungen hat sich der Gesetzgeber auch bei Erlass der Vorschrift des § 4 Satz 2 leiten lassen, indem die Regelung sich an den früheren § 65a Abs. 2 FGG idF des Zweites Gesetzes zur Änderung des Betreuungsrechts v. 21.4.2005 (BGBl. I, S. 1073) anlehnt und als Soll-Vorschrift eine Anhörung in besonders eiligen Fällen oder in solchen, in denen sie nur durch eine Verfahrensverzögerung möglich ist, entbehrlich machen soll.[3] Diese Regelung ist dem Willen des Gesetzgebers geschuldet, das Verfahren möglichst wenig förmlich auszugestalten.[4]

26 Sofern eine Anhörung jedoch möglich ist, hat sie durch das abgebende Gericht zu erfolgen. Eine besondere Form der Anhörung ist dabei nicht vorgesehen.

27 Zu beachten ist, dass das Anhörungsrecht auf alle im Verfahren Beteiligten zu erstrecken ist, weshalb neben dem Betroffenen insbesondere auch dem Betreuer Gelegenheit zur Äußerung zu gewähren ist, ob ein wichtiger Grund iSd. Satzes 1 tatsächlich vorliegt.

III. Abgabe durch den Rechtspfleger

28 Soweit Angelegenheiten der freiwilligen Gerichtsbarkeit dem Rechtspfleger übertragen sind, kann dieser auch die Abgabe nach § 4 vornehmen (§§ 3, 4 Abs. 1 RPflG). Eine Vorlage an den Richter ist nicht erforderlich,[5] sofern nicht die Voraussetzungen des § 5 RPflG vorliegen.

IV. Entscheidung

29 Eine Entscheidung über die Abgabe erfolgt als einseitiger Akt durch das abgebende Gericht. Trotz der Übernahmebereitschaft eines anderen Gerichts handelt es sich nicht um eine Vereinbarung. Die Abgabe erfolgt durch eine formlose Verfügung. Diese Verfügung kann auch stillschweigend abgegeben werden.[6] Möglich ist ein Widerruf der Abgabe solange, bis die Abgabe durch ihren Vollzug abgeschlossen ist. Mit dem endgültigen Vollzug der Abgabe ist diese nicht mehr abänderbar. Das aufnehmende Gericht kann an dem Ablauf der Vollziehung der Abgabe nichts verändern. Es könnte allenfalls ein völlig neues Verfahren nach § 4 auf Rückübernahme der Sache einleiten.

V. Anfechtung

30 Für eine Abgabe nach § 4 ist die Zustimmung eines oder aller Beteiligten in keinem Falle erforderlich. Die Möglichkeit der Beteiligten beschränkt sich auf die Anhörung nach Satz 2. Ist danach ein Beteiligter mit der Abgabe nicht einverstanden, so halten die Gesetzesmaterialien eine Überprüfung der Abgabeentscheidung im Beschwerde-

---

1 Jansen/*Müller-Lukoschek*, § 46 FGG Rz. 24.
2 BT-Drucks. 15/2494, S. 40.
3 BT-Drucks. 16/6308, S. 176.
4 BT-Drucks. 16/6308, S. 176.
5 AA OLG Zweibrücken v. 10.3.2010 – 2 AR 6/10, FGPRax 2010, 169; wie hier Keidel/*Sternal*, § 4 FamFG Rz. 34f.
6 OLG Hamm v. 10.11.1966 – 15 Sbd 25/26, Rpfleger 1967, 147.

weg für möglich.[1] Insoweit wäre die Abgabeentscheidung als eine Entscheidung iSv. § 58 Abs. 1 anzusehen.[2] Allerdings hat der BGH eine selbständige Anfechtbarkeit ausgeschlossen.[3] Eine Überprüfung ist also nur nach § 58 Abs. 2 innerhalb eines gegen die Endentscheidung gerichteten Rechtsmittels möglich. Eine Beschwerde gegen die Annahmeverfügung des übernehmenden Gerichts ist nicht zulässig.[4]

F. Rechtsfolge

Mit der erfolgten Abgabe ist der Übergang sämtlicher die Angelegenheit betreffenden Geschäfte und Handlungen auf das übernehmende Gericht bewirkt. Beim übernehmenden Gericht ist die Sache nunmehr anhängig. Mit dem Zeitpunkt der Übernahme gehen alle gesetzlichen Befugnisse und Obliegenheiten auf das übernehmende Gericht über. Die Abgabe kann vom abgebenden Gericht ab diesem Zeitpunkt nicht mehr widerrufen werden. Ein Widerruf der Übernahmebereitschaft durch das aufnehmende Gericht ist gleichfalls ab diesem Zeitpunkt ausgeschlossen (s. Rz. 22).   31

Durch die Abgabe tritt keinerlei Bindungswirkung iSv. § 281 Abs. 2 Satz 4 ZPO ein. Das aufnehmende Gericht ist vielmehr frei zu entscheiden, ob es selbst ein eigenständiges Abgabeverfahren nach § 4 (an ein drittes Gericht) einleitet.   32

Ebenso wie im Falle der Verweisung nach § 3 gibt es im Falle der Abgabe nach § 4 keine Kostenentscheidung. Mit der Abgabeentscheidung ist darüber hinaus auch keine besondere gerichtliche Gebühr verknüpft. Vielmehr ist auch hier in der Endentscheidung einheitlich über die Kosten zu befinden.   33

§ 5 Gerichtliche Bestimmung der Zuständigkeit

(1) Das zuständige Gericht wird durch das nächsthöhere gemeinsame Gericht bestimmt:
1. wenn das an sich zuständige Gericht in einem einzelnen Fall an der Ausübung der Gerichtsbarkeit rechtlich oder tatsächlich verhindert ist;
2. wenn es mit Rücksicht auf die Grenzen verschiedener Gerichtsbezirke oder aus sonstigen tatsächlichen Gründen ungewiss ist, welches Gericht für das Verfahren zuständig ist;
3. wenn verschiedene Gerichte sich rechtskräftig für zuständig erklärt haben;
4. wenn verschiedene Gerichte, von denen eines für das Verfahren zuständig ist, sich rechtskräftig für unzuständig erklärt haben;
5. wenn eine Abgabe aus wichtigem Grund (§ 4) erfolgen soll, die Gerichte sich jedoch nicht einigen können.

(2) Ist das nächsthöhere gemeinsame Gericht der Bundesgerichtshof, wird das zuständige Gericht durch das Oberlandesgericht bestimmt, zu dessen Bezirk das zuerst mit der Sache befasste Gericht gehört.

(3) Der Beschluss, der das zuständige Gericht bestimmt, ist nicht anfechtbar.

A. Normzweck 1	D. Voraussetzungen
B. Entstehung und Inhalt der Norm ... 2	I. Verhinderung des Gerichts (Abs. 1 Nr. 1) 10
C. Anwendungsbereich	II. Ungewissheit des Gerichtsbezirks (Abs. 1 Nr. 2) 15
I. Allgemeines 4	
II. Ehe- und Familienstreitverfahren ... 7	III. Positiver Kompetenzkonflikt (Abs. 1 Nr. 3) 18
III. Verhältnis zu GVG und ZPO 8	

---

1 BT-Drucks 16/6308, S. 176; differenzierend MüKo. ZPO/*Pabst*, § 4 FamFG Rz. 34f.
2 AA Schulte-Bunert/Weinreich/*Schöpflin*, § 4 FamFG Rz. 27, wonach es sich bei der Abgabe lediglich um eine verfahrensleitende und damit unanfechtbare Entscheidung handeln soll; im Ergebnis ebenso Bork/*Jacoby*/Schwab, § 4 FamFG Rz. 9.
3 BGH v. 1.12.2010 – XII ZB 227/10, FamRZ 2011, 282.
4 AA früher die hM zu § 46 FGG, vgl. Keidel/*Engelhardt*, 15. Aufl., § 46 FGG Rz. 42.

§ 5 Allgemeiner Teil

IV. Negativer Kompetenzkonflikt (Abs. 1 Nr. 4) 23
V. Streit über Abgabe (Abs. 1 Nr. 5) ... 25
VI. Analogie zu § 36 ZPO? 32a
E. Verfahren und Entscheidung
I. Einleitung des Bestimmungsverfahrens 33
II. Zuständigkeit des bestimmenden Gerichts 34

III. Entscheidung 37
F. Rechtsfolgen
I. Anhängigkeit 38
II. Bindung 39
III. Anfechtung 40
IV. Kosten 41

A. Normzweck

1 § 5 regelt im systematischen Zusammenhang mit den §§ 2 ff. die Bestimmung der Zuständigkeit. Die Norm stellt damit eine Ergänzung des speziellen Zuständigkeitssystems der freiwilligen Gerichtsbarkeit dar, wie es in den einzelnen Verfahrensarten geregelt ist (vgl. die Übersicht § 2 Rz. 5 ff.). Bestehen im Einzelfall Schwierigkeiten der in Abs. 1 genannten Art, die Zuständigkeit für den konkreten Fall festzulegen, so soll das Bestimmungsverfahren letztlich der Verfahrenseffizienz und damit der Prozessökonomie dienen. Durch das Bestimmungsverfahren wird zugleich der gesetzliche Richter gem. Art. 101 Abs. 1 Satz 2 GG konkretisiert.

B. Entstehung und Inhalt der Norm

2 Die Norm ist eine Fortentwicklung des alten § 5 FGG. In ihrer sprachlichen Ausgestaltung ist sie sehr deutlich an § 36 ZPO angepasst worden. Die früheren Sonderregeln für Vormundschafts- und Pflegschaftssachen alter Terminologie in § 46 Abs. 2 FGG sind in die Norm integriert worden.

3 Im Einzelnen sieht Abs. 1 in fünf verschiedenen Fällen die Möglichkeit einer Zuständigkeitsbestimmung durch das nächsthöhere gemeinsame Gericht vor. Nr. 1 entspricht dem bisherigen § 5 Abs. 1 Satz 2 FGG und ist wortlautidentisch mit § 36 Abs. 1 Nr. 1 ZPO. Die Nr. 2 bis 4 ersetzen und konkretisieren die vormalige Regelung in § 5 Abs. 1 Satz 1 FGG. Die Formulierungen entsprechen im Wesentlichen § 36 Abs. 1 Nr. 2, Nr. 5 und Nr. 6 ZPO. Eine Sondernorm der freiwilligen Gerichtsbarkeit stellt die neue Nr. 5 dar, die inhaltlich aus dem alten § 46 Abs. 2 FGG entnommen ist. Die Abs. 2 und 3 waren schon früher in § 5 FGG im Grundsatz enthalten.

C. Anwendungsbereich

I. Allgemeines

4 Die Bestimmung der Zuständigkeit ist auf alle Angelegenheiten der freiwilligen Gerichtsbarkeit dieses Gesetzes anzuwenden. Darüber hinaus gilt § 5 auch bei Konflikten im Rahmen der GBO (§§ 1 Abs. 2, 4 Abs. 2 Satz 2, 5 Abs. 1 Satz 2 GBO) und in anderen, nicht im FamFG geregelten Bereichen der freiwilligen Gerichtsbarkeit (vgl. etwa § 9 LwVG).

5 § 5 erfasst (im Gegensatz zum engen Wortlaut des früheren § 5 FGG) die sachliche und die örtliche, nicht aber die funktionelle Zuständigkeit[1] (arg. § 17a Abs. 6 GVG) und ebenso nicht die internationale Zuständigkeit, für die eine Bestimmung durch nationale Gerichte nicht möglich ist. Die Norm erfasst auch nicht Rechtswegfragen (insoweit gilt § 17a GVG). § 5 gilt auch in Verfahren, die dem Rechtspfleger übertragen sind.[2] Für Notare vgl. 488 Abs. 1 und 2.

6 Im Rahmen der Zuständigkeitsregeln gem. den §§ 2 bis 5 dieses Gesetzes sind die Vorgriffszuständigkeit nach § 2 Abs. 1, die Verweisung nach § 3 sowie die Abgabe nach § 4 vorrangig zu prüfen und anzuwenden. Erst wenn sich im Rahmen der §§ 2 bis 4 dieses Gesetzes nicht aufklärbare Schwierigkeiten bei der Zuständigkeitsbestimmung oder Kompetenzkonflikte auftun, greift § 5 ein.

---
1 AA Keidel/*Sternal*, § 5 Rz. 6; unklar insoweit Bork/*Jacoby*/Schwab, § 5 FamFG Rz. 2.
2 OLG Hamburg v. 5.3.2010 – 2 AR 10/09, FGPrax 2010, 238.

II. Ehe- und Familienstreitverfahren

In den Ehe- und Familienstreitverfahren ist die Anwendung von § 5 gem. § 113 Abs. 1 ausdrücklich ausgeschlossen. Insoweit gelten unmittelbar die Normen der ZPO, also die §§ 36, 37 ZPO. Im Hinblick auf die sprachliche und inhaltliche Angleichung von § 5 FamFG und §§ 36, 37 ZPO fällt dies heute wohl nur noch sehr selten ins Gewicht.

III. Verhältnis zu GVG und ZPO

§ 5 regelt nicht die Fragen der Rechtswegzuständigkeit. Insoweit gilt ausschließlich § 17a GVG.

Eine abschließende Regelung für Streitfragen im Rahmen der funktionellen Zuständigkeit enthält § 17a Abs. 6 GVG. Auch insofern ist § 17a GVG analog heranzuziehen. Im Bereich der Ehe- und Familienstreitverfahren sind die §§ 36, 37 ZPO unmittelbar anwendbar. Darüber hinaus bedarf es heute keiner analogen Heranziehung der Normen der ZPO mehr (s. unten Rz. 32a). Die sehr stark lückenhafte Regelung des bisherigen § 5 FGG ist insoweit durch gesetzgeberische Ergänzungen und eine Anpassung an die Normen der ZPO deutlich verbessert worden.

D. Voraussetzungen

I. Verhinderung des Gerichts (Abs. 1 Nr. 1)

Abs. 1 Nr. 1 entspricht dem alten § 5 Abs. 1 Satz 2 FGG und ebenso dem § 36 Abs. 1 Nr. 1 ZPO. Voraussetzung der Anwendbarkeit dieser Bestimmung ist, dass das an sich zuständige Gericht an der Ausübung der Gerichtsbarkeit rechtlich oder tatsächlich verhindert ist.

Die Zuständigkeit des Gerichts muss zunächst nach allgemeinen Vorschriften festgestellt sein. Dass daneben womöglich auch ein anderes Gericht zuständig ist, ist unschädlich. Sodann muss das Gericht an der Ausübung der Gerichtsbarkeit und damit des Richteramts tatsächlich oder rechtlich verhindert sein. Vorausgesetzt wird die Verhinderung des Gerichts, nicht nur die eines einzelnen Richters. Die Verhinderung muss sich dabei auf einen einzelnen Fall beziehen.

Eine rechtliche Verhinderung liegt insbesondere dann vor, wenn Richter kraft Gesetzes von der Ausübung des Richteramts ausgeschlossen sind oder sich der Ausübung wegen Befangenheit enthalten oder mit Erfolg wegen Befangenheit abgelehnt worden sind (§ 6 Abs. 1 FamFG iVm. §§ 41 bis 49 ZPO, dazu § 6 Rz. 6, 19).

Eine tatsächliche Verhinderung ist dann anzunehmen, wenn die Amtsausübung aus tatsächlichen Gründen unmöglich ist, zB wegen Erkrankung, Tod oder Stillstand der Rechtspflege (§ 245 ZPO).[1] Die Verhinderung des gesamten Gerichts liegt vor, wenn beim Amtsgericht alle Richter und ihre Vertreter das Amt nicht ausüben können oder wenn bei Kollegialgerichten auch unter Beiziehung von Vertretern kein ordnungsmäßig besetzter Spruchkörper mehr vorliegt. Außer Betracht bleibt die Bestellung völlig neuer Vertreter (§ 70 GVG).

Das zuständige Gericht wird durch das im Instanzenzug dem verhinderten Gericht vorgeordnete Gericht bestimmt, dazu Rz. 34.

II. Ungewissheit des Gerichtsbezirks (Abs. 1 Nr. 2)

Abs. 1 Nr. 2, 1. Alt. (die § 36 Abs. 1 Nr. 2 ZPO entspricht) findet Anwendung, wenn die örtliche Grenze verschiedener Gerichtsbezirke ungewiss ist oder wenn Zweifel darüber bestehen, in welchem Gerichtsbezirk die für das Verfahren maßgebliche Örtlichkeit liegt.[2] Als Beispiele für eine ungewisse örtliche Zuständigkeit sind zu nennen:

---

1 Jansen/*Müther*, § 5 FGG Rz. 17; *Bumiller*/Harders, § 5 FamFG Rz. 6; MüKo. ZPO/*Patzina*, § 36 ZPO Rz. 19.
2 Zöller/*Vollkommer*, § 36 ZPO Rz. 13; MüKo. ZPO/*Patzina*, § 36 ZPO Rz. 21; Musielak/*Heinrich*, § 36 ZPO Rz. 15.

Der maßgebliche Wohnsitz einer Person ist zweifelhaft, weil durch das von ihr bewohnte Haus die Grenze zweier Gerichtsbezirke verläuft. Der Sterbeort eines wohnsitzlosen Erblassers ist nicht mehr zu ermitteln. Zu einem nicht mehr feststellbaren Zeitpunkt ist in einem fahrenden Zug ein Findelkind gefunden worden.[1] Ein Grundstück liegt im Bezirk mehrerer Grundbuchämter. Nicht hierher gehört der Fall, dass Ungewissheit über die internationale Zuständigkeit besteht.[2]

16 Das Bestimmungsverfahren findet nach dieser Vorschrift auch dann Anwendung, wenn es aus sonstigen tatsächlichen Gründen ungewiss ist, welches Gericht für das Verfahren zuständig ist, Abs. 1 Nr. 2, 2. Alt. (die in § 36 ZPO keine Entsprechung findet). Mit dieser Regelung, die sich durchaus mit der 1. Alt. überschneiden kann, wird ein Auffangtatbestand für die Fälle geschaffen, in denen die für die Bestimmung des zuständigen Gerichts maßgebenden tatsächlichen Umstände nicht aufklärbar sind. Rechtliche Zweifel reichen dafür nicht aus.

17 Die Zuständigkeitsbestimmung erfolgt durch das nächsthöhere Gericht, dazu Rz. 34.

III. Positiver Kompetenzkonflikt (Abs. 1 Nr. 3)

18 Abs. 1 Nr. 3 normiert einen im früheren Recht nach § 5 FGG behandelten Anwendungsfall in Gestalt des positiven Kompetenzkonfliktes.[3] Die Norm ist wortgleich mit § 36 Abs. 1 Nr. 5 ZPO. Das Bestimmungsverfahren nach dieser Vorschrift setzt voraus, dass zwei oder mehrere Gerichte mit derselben Sache befasst worden sind und dass jedes der Gerichte die Zuständigkeit für sich in Anspruch nimmt, ohne den Vorzug des anderen Gerichts anzuerkennen, so dass eine Abgabe des Verfahrens an das zuständige Gericht unterbleibt.[4]

19 Der um die Zuständigkeit geführte Streit muss sich dabei um eine bereits anhängige, nicht erst künftig möglicherweise entstehende Angelegenheit und damit auf dieselbe Sache iSd. § 2 beziehen, vgl. dazu § 2 Rz. 24 ff. Der Antrag auf Bewilligung von Verfahrenskostenhilfe begründet bereits die Anhängigkeit eines Verfahrens.[5] Auch sonst besteht Anhängigkeit dort, wo ein Antrag mit dem Ziel der Erledigung eingegangen ist.

20 Sind Beteiligte untereinander im Streit darüber, welches Gericht örtlich zuständig ist, so ist für ein Verfahren nach § 5 zunächst kein Raum. Sofern das Gericht nicht die Ansicht eines Beteiligten betreffend die örtliche Zuständigkeit teilt, sind allein die Möglichkeiten der §§ 2 ff. in Betracht zu ziehen. Nur wenn verschiedene Gerichte angerufen worden sind und sich diese zueinander im Hinblick auf die Zuständigkeitsfrage in Widerspruch gesetzt haben, kann das nächsthöhere gemeinsame Gericht angerufen werden.[6]

21 Kein Anwendungsfall der Nr. 3 liegt vor, wenn ein Gericht seine ursprüngliche Eingangszuständigkeit nicht in Zweifel gezogen hat, sondern sich allein aufgrund nachträglich veränderter Umstände für unzuständig hält.

22 Zur Bestimmung des zuständigen Gerichts durch das nächsthöhere gemeinsame Gericht s. Rz. 34.

IV. Negativer Kompetenzkonflikt (Abs. 1 Nr. 4)

23 Genauso wie Nr. 3 normiert auch Abs. 1 Nr. 4 einen vormals nach § 5 FGG behandelten Anwendungsfall, hier in Form des negativen Kompetenzkonfliktes.[7] Die Norm

---

1 Keidel/*Sternal*, § 5 FamFG Rz. 17.
2 OLG Düsseldorf v. 26.3.2012 – I-3 Sa 1/12, Rpfleger 2012, 542.
3 Dazu Keidel/*Sternal*, § 5 FamFG Rz. 19 f.; Jansen/*Müther*, § 5 FGG Rz. 9; *Bumiller*/Harders, § 5 FamFG Rz. 8.
4 Statt aller Keidel/*Sternal*, § 5 FamFG Rz. 20.
5 Jansen/*Müther*, § 5 FGG Rz. 10.
6 Keidel/*Sternal*, § 5 FamFG Rz. 20.
7 Dazu Jansen/*Müther*, § 5 FGG Rz. 9; Keidel/*Sternal*, § 5 FamFG Rz. 21; *Bumiller*/Harders, § 5 FamFG Rz. 8.

ist wortgleich mit § 36 Abs. 1 Nr. 6 ZPO. Ein negativer Kompetenzkonflikt liegt dann vor, wenn zwei oder mehrere Gerichte, von denen mindestens eines zuständig ist, mit derselben Angelegenheit befasst sind, wobei alle beteiligten Gerichte sich für unzuständig erklären bzw. jedes das andere für zuständig halten muss.[1] Es müssen bewusst sich gegenseitig ausschließende, verbindliche Stellungnahmen vorliegen. Die Äußerung rechtlicher Zweifel an dem Vorliegen der eigenen Zuständigkeit reicht ebenso wenig wie die Annahme zweier streitender Gerichte, dass ein drittes zuständig sei.[2] § 5 Abs. 1 Nr. 4 gilt nicht analog für Fragen der funktionellen Zuständigkeit, also insbesondere eines Streites zwischen verschiedenen Abteilungen desselben Gerichts. Denn dieser Fall ist ausdrücklich von § 17a Abs. 6 GVG erfasst.[3]

Zur Zuständigkeitsbestimmung durch das nächsthöhere gemeinsame Gericht s. Rz. 34. 24

V. Streit über Abgabe (Abs. 1 Nr. 5)

Abs. 1 Nr. 5 betrifft schließlich den Fall, dass eine gerichtliche Bestimmung der Zuständigkeit deshalb vonnöten ist, weil eine Abgabe aus wichtigem Grund iSd. § 4 erfolgen soll, die mit der Angelegenheit befassten Gerichte sich darüber jedoch nicht einigen können. 25

Nr. 5 kommt nur dann zur Anwendung, wenn ein Gericht zunächst seine Zuständigkeit bejaht hat, die Angelegenheit aber wegen Vorliegens eines wichtigen Grundes iSd. § 4 abgeben möchte, dazu § 4 Rz. 11ff. 26

Über die Abgabe oder die Übernahme des Verfahrens durch eines der beteiligten Gerichte muss weiterhin Uneinigkeit zwischen den mit der Angelegenheit befassten Gerichten herrschen. 27

Nr. 5 ist folglich dann einschlägig, wenn die Gerichte in entgegengesetztem Sinne dahin Stellung genommen haben, dass das eine die Sache abgeben, das andere sie aber nicht übernehmen will oder umgekehrt. Dem steht es gleich, wenn eines der Gerichte bereits im Beschwerdeweg zur Abgabe oder zur Übernahme der Sache angehalten worden ist.[4] 28

Das für die Bestimmung der Zuständigkeit zuständige nächsthöhere gemeinsame Gericht wird idR auf Anrufung eines der beteiligten Gerichte tätig. Dabei hat das abgebende Gericht den Sachverhalt so vollständig zu ermitteln, dass das zur Entscheidung berufene Gericht abschließend beurteilen kann, ob ein wichtiger Grund zur Abgabe iSd. § 4 überhaupt vorliegt.[5] 29

Die Anrufung durch einen Beteiligten ist nicht ausgeschlossen, sofern die sachlichen Voraussetzungen dafür vorliegen, nämlich die Bereitschaft des einen Gerichts zur Abgabe oder Übernahme sowie die Weigerung des anderen zu entsprechendem Handeln.[6] Es wäre ein unnötiger Formalismus, würde man den Beteiligten andernfalls auf den Beschwerdeweg verweisen. 30

Das nächsthöhere gemeinsame Gericht kann auch von Amts wegen tätig wegen, zB wenn es irrig zur Entscheidung einer Zuständigkeit angerufen worden ist.[7] 31

Die Entscheidung des zur Bestimmung der Zuständigkeit berufenen Gerichts wird mit der Bekanntgabe an das Gericht, das übernehmen soll, wirksam. 32

---

1 Statt aller Keidel/*Sternal*, § 5 FamFG Rz. 21.
2 Keidel/*Sternal*, § 5 FamFG Rz. 21; Schulte-Bunert/Weinreich/*Schöpflin*, § 5 FamFG Rz. 11.
3 Im Einzelnen s.o. Rz. 9; aA OLG Hamm v. 22.12.2009 – 2 Sdb 31/09, NJW 2010, 2066; wie hier nunmehr OLG Hamm v. 18.5.2010 – 2 Sdb 14/10, NJW 2010, 2740.
4 Jansen/*Müller-Lukoschek*, § 46 FGG Rz. 39.
5 *Bumiller*/Harders, § 5 FamFG Rz. 19.
6 Jansen/*Müller-Lukoschek*, § 46 FGG Rz. 43; vgl. auch *Bassenge*/Roth, 11. Aufl., § 46 FGG Rz. 9.
7 Jansen/*Müller-Lukoschek*, § 46 FGG Rz. 43.

VI. Analogie zu § 36 ZPO?

32a § 5 ist im Hinblick auf die Regelung des § 17a Abs. 6 GVG mit § 36 ZPO insoweit abgestimmt, als eine Analogie zur dortigen Regelung nicht erforderlich ist.

E. Verfahren und Entscheidung

I. Einleitung des Bestimmungsverfahrens

33 Soweit das mit der Sache befasste Gericht die notwendigen tatsächlichen Umstände, die für die Zuständigkeit von Bedeutung sind, ermittelt hat, und soweit einer der fünf Fälle des Abs. 1 festgestellt worden ist, kann ein Verfahren zur gerichtlichen Bestimmung der Zuständigkeit in dreifacher Weise eingeleitet werden. Zunächst ist es möglich und nahe liegend, dass das mit der Sache befasste Gericht die zuständige nächsthöhere Instanz dadurch anruft, dass es unter Vorlage der Akten eine gerichtliche Bestimmung erbittet. Auch soweit nur einzelne Richter an der Ausübung der Gerichtsbarkeit rechtlich oder tatsächlich verhindert sind, handelt es sich jeweils um eine Vorlage des verhinderten Gerichts. Denn der einzelne vorlegende Richter muss deutlich machen, dass nicht nur er, sondern alle Richter verhindert sind, die (etwa im Wege der Stellvertretung) zur Behandlung der Sache berufen wären. Neben dem mit der Sache befassten Gericht kann aber auch jeder Beteiligte einen Antrag auf gerichtliche Bestimmung der Zuständigkeit stellen.[1] Er muss allerdings ein rechtliches Interesse an der Zuständigkeitsbestimmung geltend machen.[2] Schließlich kann auch das zur Entscheidung berufene Gericht von Amts wegen eine Zuständigkeitsbestimmung ins Auge fassen, soweit dieses Gericht von dem Vorliegen einer der Fälle des Abs. 1 Kenntnis erlangt.[3]

II. Zuständigkeit des bestimmenden Gerichts

34 Das nach § 5 Abs. 1 für die gerichtliche Bestimmung zuständige nächsthöhere gemeinsame Gericht ist grundsätzlich das im allgemeinen Gerichtsaufbau nach dem GVG nächsthöhere gemeinsame Gericht[4] der beiden streitenden Ausgangsgerichte oder des einzelnen betroffenen Gerichts. Streiten also Amtsgerichte, so ist das zuständige Landgericht des Gerichtsbezirks zuständig, streiten ein Amtsgericht mit einem Landgericht, so ist das zuständige Oberlandesgericht berufen. Zu beachten ist dabei, dass es sich immer um Gerichte desselben Bezirks handeln muss. Liegen also mehrere streitende Gerichte in verschiedenen OLG-Bezirken oder Bundesländern, so ist grundsätzlich (Ausnahmen s. Rz. 35) immer der BGH das nächsthöhere gemeinsame Gericht. In diesem Fall bestimmt allerdings Abs. 2, dass anstelle des BGH immer das OLG entscheidet, zu dessen Bezirk das zuerst mit der Sache befasste Gericht gehört.[5] Die Zuständigkeitsbestimmung wird also in aller Regel bei einem OLG liegen. Der BGH, der früher sowohl nach § 36 ZPO wie nach § 5 FGG in aller Regel zur Zuständigkeitsbestimmung berufen war, wird dadurch durchgreifend entlastet.

35 Früher bestand nach § 199 Abs. 1 FGG für die Bundesländer die Möglichkeit, die weitere Beschwerde bei einem OLG zu konzentrieren, wovon Bayern für die Bereiche aller drei Oberlandesgerichte (Bamberg, München, Nürnberg) mit einer Konzentration beim OLG München[6] und Rheinland-Pfalz für die Oberlandesgerichte Zweibrücken und Koblenz mit einer Konzentration beim OLG Zweibrücken[7] Gebrauch gemacht hatten. § 199 Abs. 2 FGG bestimmte, dass in diesem Fall die Zuständigkeit iSd. früheren § 5 FGG bei dem nach Maßgabe des § 199 Abs. 1 FGG zur Entscheidung berufenen OLG konzentriert wurde. Das FamFG hat die Regelung des § 199 FGG jedoch nicht übernommen mit der Folge, dass die Konzentrationswirkung bei den je-

---

1 AA im Hinblick auf Nr. 5 *Bumiller*/Harders, § 5 FamFG Rz. 16.
2 BayObLG v. 22.4.1998 – 3 Z AR 25/98, FGPrax 1998, 145.
3 OLG Hamm v. 20.5.2008 – 15 Sbd 5/08, FGPrax 2009, 35.
4 OLG Oldenburg v. 30.5.2012 – 5 AR 16/12, MDR 2012, 1419.
5 OLG Jena v. 1.3.2011 – 11 SA 1/11, FamRZ 2011, 1677.
6 Vgl. hierzu Jansen/*Müther*, § 5 FGG Rz. 12.
7 Gesetz v. 15.6.1949 (GVBl. I 225); Jansen/*Müther*, § 5 FGG Rz. 12.

weiligen Oberlandesgerichten der Länder gegenstandslos geworden ist, weil es hierfür an einer entsprechenden Rechtsgrundlage fehlt.[1] Die Grundsätze der Fortgeltung einer ordnungsgemäß belassenen Rechtsverordnung bei späterem Wegfall der Ermächtigungsgrundlage[2] können in diesem Fall nicht entsprechend herangezogen werden. Hierfür fehlt es an einer vergleichbaren Fallgestaltung. Die Konzentrationsermächtigung nach früherem Recht war daran gebunden, dass die Länder das Rechtsmittel der weiteren Beschwerde bei einem OLG konzentriert hatten, was mit der Änderung der Rechtsmittel (nunmehr Rechtsbeschwerde zum BGH) durch das FamFG nicht mehr möglich ist. Regelungssystematisch bestand damit für die Konzentrationsermächtigung eine doppelte Abhängigkeit, die unter Rückgriff auf die Grundsätze der Fortgeltung einer ordnungsgemäß erlassenen Rechtsverordnung, deren Anwendungsbereich in diesem Fall nicht eröffnet ist, nicht überwunden werden kann.[3] Die Zuständigkeit des jeweiligen OLG ist deshalb auch in den Ländern, die ursprünglich von der Konzentrationsermächtigung Gebrauch gemacht hatten, nunmehr allein anhand der allgemeinen Norm des § 5 zu bestimmen.

36 Eine Möglichkeit wie in § 36 Abs. 3 ZPO, dass der BGH im Falle einer Divergenz durch Vorlage mit der Sache befasst wird, gibt es im FamFG nicht.[4] Da auch eine Anfechtung ausgeschlossen ist (vgl. Abs. 3), wird also nach § 5 der BGH in keinem Falle zur Entscheidung herangezogen.

III. Entscheidung

37 Die Norm sagt nichts über die Entscheidung bei der Zuständigkeitsbestimmung im Einzelnen aus. Man wird aber den Grundgedanken von § 37 Abs. 1 ZPO heranziehen können, wonach das zur Entscheidung berufene Gericht durch Beschluss die Bestimmung der Zuständigkeit vornimmt. Dieser Beschluss enthält keine Kostenentscheidung. Tenoriert wird lediglich: „Als zuständiges Gericht in der Rechtssache X wird das Gericht Y bestimmt." Soweit das zur Entscheidung berufene Gericht die Voraussetzungen einer Bestimmung der Zuständigkeit für nicht gegeben hält, wird es tenorieren: „Die Bestimmung des zuständigen Gerichts wird abgelehnt."

F. Rechtsfolgen

I. Anhängigkeit

38 Während der Zeit, in der das Verfahren zur Bestimmung der gerichtlichen Zuständigkeit läuft, bleibt die Rechtssache bei dem zunächst befassten Gericht anhängig. Mit dem Erlass der Entscheidung über die gerichtliche Bestimmung und der Bekanntgabe dieser Entscheidung (§ 15) an das als zuständig bestimmte Gericht wird die Rechtssache bei diesem Gericht anhängig. Das Ausgangsgericht muss sodann die Akten an dieses Gericht abgeben.

II. Bindung

39 Durch eine gerichtliche Bestimmung nach § 5 ist die Zuständigkeit der beteiligten Gerichte bindend festgelegt. Diese Bindungswirkung wirkt nicht nur für das zunächst befasste Gericht und das später als zuständig bestimmte Gericht, sondern für alle Gerichte in dieser Rechtssache.[5] Diese Bindungswirkung wird noch dadurch verstärkt, dass es für die Beteiligten keine Möglichkeit zur Anfechtung des Beschlusses gibt (vgl. Abs. 3 sowie Rz. 40). Dagegen entsteht keine Bindungswirkung, wenn das angerufene Gericht eine Zuständigkeitsbestimmung ablehnt.

---

1 Zu Recht ebenso MüKo. ZPO/*Pabst*, § 5 FamFG Rz. 19; aA Keidel/*Sternal*, § 5 FamFG Rz. 29f.
2 Vgl. hierzu BVerfG v. 3.12.1958 – 1 BvR 488/57, BVerfGE 9, 3 (10); BVerfG v. 10.5.1988 – 1 BvR 482/88, BVerfGE 78, 179 (199).
3 Zum Ganzen MüKo. ZPO/*Pabst*, § 5 FamFG Rz. 19a.
4 Ebenso MüKo. ZPO/*Pabst*, § 5 FamFG Rz. 24.
5 BayObLG v. 16.6.1955 (1. ZS) – Allg. Reg. 18/1955, BayObLGZ 1955, 132.

III. Anfechtung

40 Wie im früheren Recht gem. § 5 Abs. 2 FGG und in der ZPO gem. § 37 Abs. 2 ist auch nach § 5 Abs. 3 FamFG der Beschluss, der das zuständige Gericht bestimmt, von keiner Seite anfechtbar. Trotz des gegenüber dem früheren § 5 Abs. 2 FGG geänderten Wortlauts wird man auch im Falle der Ablehnung einer Gerichtsstandsbestimmung eine Rechtsmittelmöglichkeit verneinen müssen. Dies ergibt sich aus einer teleologischen Auslegung sowie aus dem Hinweis in den Gesetzesmaterialien, dass Abs. 3 inhaltlich mit § 5 Abs. 2 FGG übereinstimmt.[1] Nach früherem Recht war der Ausschluss von Rechtsmitteln allgemein anerkannt.[2] Insgesamt dient die Unanfechtbarkeit einer Gerichtsstandsbestimmung dem sich insbesondere aus § 65 Abs. 4 ergebenden Zweck, dass in einer höheren Instanz soweit wie möglich jeglicher Streit über Fragen der Zuständigkeit vermieden wird. Zulässig ist aber die Abänderung der Entscheidung durch das bestimmende Gericht, sei es von Amts wegen oder auf Gegenvorstellung.[3]

IV. Kosten

41 Im Falle der gerichtlichen Bestimmung der Zuständigkeit kommt keine eigene Kostenentscheidung in Betracht. Für die Bestimmung fallen auch keine gesonderten Gerichtskosten an.

6 *Ausschließung und Ablehnung der Gerichtspersonen*

(1) Für die Ausschließung und Ablehnung der Gerichtspersonen gelten die §§ 41 bis 49 der Zivilprozessordnung entsprechend. Ausgeschlossen ist auch, wer bei einem vorausgegangenen Verwaltungsverfahren mitgewirkt hat.
(2) Der Beschluss, durch den das Ablehnungsgesuch für unbegründet erklärt wird, ist mit der sofortigen Beschwerde in entsprechender Anwendung der §§ 567 bis 572 der Zivilprozessordnung anfechtbar.

A. Normzweck 1	2. Ablehnung wegen Besorgnis der Befangenheit 22
B. Entstehung und Inhalt der Norm ... 2	3. Fallgruppen 24
C. Systematik und Anwendungsbereich . 4	4. Abgrenzungen 31
D. Ausschluss einer Gerichtsperson	III. Geltendmachung 36
I. Persönlicher Anwendungsbereich ... 6	IV. Rechtsfolgen der Ablehnung 44
II. Ausschlussgründe 8	F. Rechtsmittel
III. Geltendmachung 15	I. Allgemeines 49
IV. Rechtsfolgen des Ausschlusses 15a	II. Statthaftigkeit 50
E. Ablehnung einer Gerichtsperson	III. Rechtsschutzbedürfnis 52
I. Persönlicher Anwendungsbereich ... 19	IV. Beschwerdeberechtigung 53
II. Ablehnungsgründe 20	V. Form und Frist 54
1. Ablehnung wegen gesetzlichen Ausschlusses 21	VI. Neue Ablehnungsgründe 56

A. Normzweck

1 Die gesetzliche Regelung ist die Basis für die Unparteilichkeit des Richters und aller anderen Justizpersonen. Unparteilichkeit der Rechtspflege ist aber zwingende Voraussetzung für ein faires Verfahren und gehört insofern auch zwingend zum Erscheinungsbild des gesetzlichen Richters.[4] Eine funktionsfähige Rechtspflege ist ohne die

---

1 BT-Drucks. 16/6308, S. 176.
2 Keidel/*Sternal*, 15. Aufl., § 5 FGG Rz. 58; Jansen/*Müther*, § 5 FGG Rz. 31.
3 Jansen/*Müther*, § 5 FGG Rz. 31.
4 BVerfG v. 8.6.1993 – 1 BvR 878/90, NJW 1993, 2229, BVerfGE 89, 28; BVerfG v. 26.1.1971 – 2 BvR 443/69, NJW 1971, 1029, BVerfGE 30, 149; BVerfG v. 8.2.1967 – 2 BvR 235/64, NJW 1967, 1123, BVerfGE 21, 139.

Person eines neutralen, unparteiischen und unvoreingenommenen Dritten nicht möglich. Es ist daher auch kein Zufall, dass die Regeln über Ausschließung und Ablehnung von Gerichtspersonen heute in allen Verfahrensordnungen nahezu einheitlich gelten.

B. Entstehung und Inhalt der Norm

Der frühere § 6 FGG enthielt in vergleichbarer Weise eine Regelung über die Ausschließung des Richters. Die Richterablehnung war nicht geregelt, wurde aber in der Praxis analog zu § 42 ZPO anerkannt.[1] Der neue Text des § 6 FamFG war bereits im RefE enthalten und dient vor allem der Harmonisierung der Verfahrensordnungen. Durch die Verweisung auf die ZPO soll ein Gleichlauf zu den übrigen Verfahrensordnungen hergestellt werden (vgl. etwa § 54 VwGO, § 51 FGO, § 49 ArbGG). Erstmals vorgesehen ist in Abs. 2 der Norm die sofortige Beschwerde. Auch insoweit war freilich schon früher eine Analogie zu § 46 Abs. 2 ZPO anerkannt.[2]

Die Norm ist nach ihrem Inhalt im Gegensatz zum früheren § 6 FGG ohne eine eigenständige Regelung. Sie verweist für Ausschließung und Ablehnung vollständig auf die ZPO und nimmt damit eine gewisse Gegenposition zur Grundtendenz des neuen FamFG ein. An sich war es die Absicht des Gesetzgebers, ein vollständiges und eigenständiges Verfahrensgesetz für die freiwillige Gerichtsbarkeit zu schaffen, das auch eigenständig lesbar und anwendbar ist. Angesichts der inhaltlichen Übereinstimmung der geregelten Problematik in allen Verfahrensgesetzen erscheint im vorliegenden Fall allerdings die Technik der Verweisung auf die ZPO sehr gut vertretbar.

C. Systematik und Anwendungsbereich

Die Norm steht im 1. Abschnitt des 1. Buches des FamFG und ist damit grundsätzlich auf alle im FamFG geregelten Verfahren der freiwilligen Gerichtsbarkeit anwendbar. Vergleichbar zum Aufbau der ZPO ist die Norm inhaltlich an die Zuständigkeitsvorschriften angefügt und folgt damit auch im Gesetzesaufbau dem System der §§ 41 ff. ZPO.

Gem. § 113 Abs. 1 ist die Norm in Ehe- und Familienstreitsachen nicht anzuwenden. Vielmehr gelten für diese Verfahren die Regeln der ZPO unmittelbar. Da allerdings § 6 ohne eigenständige inhaltliche Regelung vollständig auf die ZPO verweist, ist dies für den vorliegenden Bereich ohne Bedeutung.

D. Ausschluss einer Gerichtsperson

I. Persönlicher Anwendungsbereich

Die Ausschlussgründe finden nach der Neufassung auf alle Gerichtspersonen Anwendung. Das sind durch den Verweis auf § 41 ZPO zunächst der Richter und über die Einbeziehung des § 49 ZPO auch der Urkundsbeamte der Geschäftsstelle. Durch die Verwendung des Begriffs „Gerichtspersonen", der auch in anderen Verfahrensordnungen (zB § 49 ArbGG) zu finden ist, wollte der Gesetzgeber zudem den ehrenamtlichen Richter in den persönlichen Anwendungsbereich der Vorschrift einschließen.[3] Dadurch wurden bisherige Sondernormen (bspw. § 11 LwVG) überflüssig. Weiterhin findet die Vorschrift über § 10 RPflG auch auf Rechtspfleger Anwendung. Für den Gerichtsvollzieher gilt die spezielle Norm des § 155 GVG. Er kann also nicht abgelehnt werden.[4] Für Sachverständige gilt § 406 ZPO (vgl. § 30 Abs. 1 FamFG), für Dolmetscher findet sich in § 191 GVG eine Regelung. In Kindschaftssachen kommt eine Ablehnung von Mitarbeitern des Jugendamts nicht in Betracht.[5]

---

1 BGH v. 31.10.1966 – AnwZ (B) 3/66, BGHZ 46, 195.
2 OLG Koblenz v. 22.5.1985 – 4 W 276/85, Rpfleger 1985, 368.
3 BT-Drucks. 16/6308, S. 176.
4 BVerfG v. 7.12.2004 – 1 BvR 2526/04, NJW-RR 2005, 365; BGH v. 24.9.2004 – IXa ZB 10/04, NJW-RR 2005, 149.
5 OLG Celle v. 25.2.2011 – 10 WF 48/11, FamRZ 2011, 1532.

7 Vom persönlichen Anwendungsbereich ist nur die natürliche Person selbst und nicht etwa das Gericht als solches erfasst.[1]

II. Ausschlussgründe

8 Die Ausschlussgründe für die Gerichtspersonen in Abs. 1 Satz 1 sind durch den Verweis auf die §§ 41 bis 49 ZPO identisch mit den in § 41 Nr. 1 bis 6 ZPO für das streitige Zivilverfahren vorgesehenen Gründen.

9 Zunächst darf die Gerichtsperson nicht in **eigener Sache** tätig werden (§ 41 Nr. 1 ZPO). Dies ist sowohl dann der Fall, wenn die Person in der Sache selbst Partei iwS ist, als auch dann, wenn sie zu einer Partei im Verhältnis eines Mitberechtigten, Mitverpflichteten oder Regresspflichtigen steht.[2]

10 Dasselbe gilt für Verfahren, in denen der **Ehegatte** (§ 41 Nr. 2 ZPO) oder der **Lebenspartner** (§ 41 Nr. 2a ZPO) der Gerichtsperson beteiligt ist, selbst wenn die Ehe oder die Lebenspartnerschaft nicht mehr besteht. Hierbei ist die Beteiligung des Ehegatten bzw. des Lebenspartners im gleichen Sinne wie die der Gerichtsperson bei § 41 Nr. 1 ZPO zu verstehen.[3]

11 Ebenso ist die Gerichtsperson gem. § 41 Nr. 3 ZPO von einem Verfahren ausgeschlossen, an dem ein **Verwandter** oder ein Verschwägerter in gleichem Maße wie bei § 41 Nr. 1-2a ZPO beteiligt ist. Erfasst werden alle Verwandten in gerader Linie und in der Seitenlinie bis zum dritten Grad, sowie alle Verschwägerten in gerader Linie sowie in der Seitenlinie bis zum zweiten Grad. Die Verwandtschaft ist nach den Vorschriften des BGB (§§ 1598f., 1592 Nr. 2-3, 1754ff. BGB) zu bestimmen.

12 Weiterhin ist die entsprechende Gerichtsperson von solchen Verfahren ausgeschlossen, in denen sie **Prozessbevollmächtigter**, Beistand oder gesetzlicher Vertreter einer Partei ist oder war (§ 41 Nr. 4 ZPO). Gleiches gilt nach § 41 Nr. 5 ZPO für Verfahren, in denen die Gerichtsperson als **Zeuge** oder **Sachverständiger** gehört wurde.

13 Als letzten Ausschlussgrund nennt § 41 Nr. 6 ZPO die **Mitwirkung** an der angefochtenen Entscheidung. Hierfür erforderlich ist, dass die Person beim Erlass (nicht der Verkündung) eines mit ordentlichen Rechtsmitteln angefochtenen Urteils mitgewirkt hat.[4]

14 Durch Abs. 1 Satz 2 wird auch diejenige Gerichtsperson vom Verfahren ausgeschlossen, die bei einem vorausgegangen Verwaltungsverfahren mitgewirkt hat. Diese Normierung entspricht einem von der Rechtsprechung anerkannten Grundsatz, der in Hinblick auf den Grundsatz der Gewaltenteilung und den Grundsatz des sachlich unabhängigen Richters (Art. 97 Abs. 2 GG) entwickelt wurde.[5]

III. Geltendmachung

15 Der Ausschluss von der Ausübung des Richteramts kraft Gesetzes ist von Amts wegen zu beachten und bedarf keines Parteiantrags. Vielmehr muss sich der Richter von sich aus jeder weiteren richterlichen Tätigkeit sofort enthalten. Soweit beim Richter Zweifel bestehen, ob ein Ausschlussgrund besteht, muss der Richter gem. § 48 ZPO Anzeige seiner Zweifel machen. Darüber hinaus kann jede Partei ihr Ablehnungsgesuch nach § 42 Abs. 1 ZPO auf einen Fall stützen, bei dem nach ihrer Meinung der Richter von der Ausübung des Richteramts kraft Gesetzes ausgeschlossen ist. Insoweit gelten die unten bei Rz. 36ff. dargelegten Einzelheiten.

---

1 Zöller/*Vollkommer*, § 41 ZPO Rz. 3.
2 Zöller/*Vollkommer*, § 41 ZPO Rz. 6; vgl. auch Schulte-Bunert/Weinreich/*Schöpflin*, § 6 FamFG Rz. 6.
3 Zöller/*Vollkommer*, § 41 ZPO Rz. 8.
4 Zöller/*Vollkommer*, § 41 ZPO Rz. 13.
5 BayObLG v. 8.5.1985 – BReg 3 Z 37/85, NJW 1986, 1622.

IV. Rechtsfolgen des Ausschlusses

Ist der Richter oder eine andere Gerichtsperson qua Gesetz ausgeschlossen, darf er sein Amt in diesem Verfahren nicht ausüben. Er muss sich vom Verfahren fern halten. Ein Antrag der Parteien ist dafür nicht erforderlich. 15a

Handlungen der ausgeschlossenen Gerichtsperson sind nicht nichtig. Dieser Grundsatz war früher in § 7 FGG ausdrücklich normiert. Eine entsprechend explizite Formulierung ist in den §§ 41–49 ZPO nicht zu finden, jedoch gilt dieser Grundsatz nach allgemeiner Ansicht generell.[1] Bemerkenswert ist, dass die Geltung dieses Grundsatzes in der ZPO stets mit Hinweis auf die Regelung des FGG und einem daraus resultierenden Erst-Recht-Schluss begründet wurde. Allerdings lässt sich aus dem Willen des Gesetzgebers, der das Ausschluss- und Ablehnungsverfahren für Gerichtspersonen im FamFG mit dem der ZPO gleichstellen wollte,[2] schließen, dass er auch diesen Aspekt übernehmen wollte. Zudem setzen die Regelungen der §§ 547 Nr. 2, 579 Abs. 1 Nr. 2, 576 Abs. 3 ZPO, nach denen eine Entscheidung, an der ein ausgeschlossener Richter mitgewirkt hat, anfechtbar ist, voraus, dass Amtshandlungen des ausgeschlossenen Richters auch ohne die Bezugnahme auf den – außer Kraft getretenen – § 7 FGG nicht per se nichtig sind. 16

Gegen Entscheidungen, an denen ein ausgeschlossener Richter mitgewirkt hat, ist die Revision (bzw. Rechtsbeschwerde) stets zulässig.[3] 17

Prozesshandlungen der Partei vor dem ausgeschlossenen Richter sind wirksam.[4] 18

E. Ablehnung einer Gerichtsperson

I. Persönlicher Anwendungsbereich

Der persönliche Anwendungsbereich der Ablehnung von Gerichtspersonen ist weitgehend identisch mit dem Anwendungsbereich beim Ausschluss von Gerichtspersonen (s. Rz. 6). Allein bei der Person des Gerichtsvollziehers gibt es gem. § 155 GVG keine Ablehnung durch Parteien oder Beteiligte. 19

II. Ablehnungsgründe

Die Ablehnungsgründe dieser Vorschrift finden sich durch den Verweis der Vorschrift in der Regelung des § 42 ZPO wieder. Demnach kann ein Richter (ebenso alle anderen Gerichtspersonen) sowohl dann abgelehnt werden, wenn er kraft Gesetz von der Ausübung seines Amts ausgeschlossen ist, als auch wegen der Besorgnis der Befangenheit. 20

1. Ablehnung wegen gesetzlichen Ausschlusses

Die erste Alternative ist in der Konstellation bedeutsam, in der die betreffende Gerichtsperson eigentlich schon nach § 41 ZPO von der Ausübung ihres Amts ausgeschlossen wäre (Rz. 8 ff.), sich dennoch nicht vom Verfahren fern hält. In diesem Fall erhalten die Parteien ein Ablehnungsrecht. 21

2. Ablehnung wegen Besorgnis der Befangenheit

Wann eine Ablehnung wegen Besorgnis der Befangenheit stattfindet, ist in § 42 Abs. 2 ZPO legal definiert. Demnach muss ein Grund vorliegen, der geeignet ist, Misstrauen gegen die Unparteilichkeit eines Richters zu rechtfertigen. Auch dies gilt entsprechend für die übrigen Gerichtspersonen. 22

Um dieses Misstrauen gegen eine unparteiliche Amtsausübung zu rechtfertigen, bedarf es ausschließlich objektiver Gründe, die vom Standpunkt des Ablehnenden 23

---

1 Zöller/*Vollkommer*, § 41 ZPO Rz. 16.
2 BT-Drucks. 16/6308, S. 176.
3 BGH v. 15.5.2007 – X ZR 20/05, BGHZ 172, 250 = NJW 2007, 2702.
4 Zöller/*Vollkommer*, § 41 ZPO Rz. 17.

aus bei vernünftiger Betrachtung die Befürchtung wecken können, die Gerichtsperson stehe der Person oder der Sache nicht unvoreingenommen und somit unparteilich gegenüber. Rein subjektive, unvernünftige Vorstellungen des Ablehnenden genügen nicht.[1] Ob die Gerichtsperson tatsächlich befangen ist, ist hingegen unerheblich.[2]

3. Fallgruppen

24　Im Rahmen des § 42 ZPO hat sich zur Besorgnis der Befangenheit eine Reihe von Fallgruppen entwickelt. Die wichtigsten Fälle sind:[3]

25　Zunächst sind die **mittelbare Beteiligung der Gerichtsperson am Rechtsstreit** und ein eigenes Interesse am Prozessausgang als Gründe für die Besorgnis der Befangenheit zu nennen.[4] Eine mittelbare Beteiligung lässt sich insbesondere bei der Zugehörigkeit (als einfaches Mitglied) zu einer als Prozesspartei auftretenden juristischen Person bejahen.[5]

26　Ebenso können **nahe persönliche oder geschäftliche Kontakte zu einer Partei** Misstrauen gegen die Unparteilichkeit der Gerichtsperson begründen. Hier ist an ein Verlöbnis oder eine nichteheliche Lebensgemeinschaft, eine enge Freundschaft oder Feindschaft mit der Partei oder die Ehe mit einem Vertretungsorgan oder einer Führungskraft der Partei zu denken.[6] Gleiches gilt für den im Verfahren beteiligten Arzt eines Richters.[7] Bei einem reinen Kollegialverhältnis (zB gemeinsame Zugehörigkeit zum gleichen größeren Gericht[8]) müssen hingegen weitere enge private oder berufliche Beziehungen zwischen den Gerichtspersonen hinzukommen, um eine Befangenheit zu begründen.[9]

27　Vergleichbare **Näheverhältnisse zum Prozessvertreter** der Partei, wie beispielsweise eine nahe Verwandtschaft oder Schwägerschaft,[10] sind gleichfalls geeignet, die Besorgnis der Befangenheit zu wecken. Gleiches gilt für einen Richter, dessen Ehegatte als Rechtsanwalt für einen Beteiligten tätig ist.[11]

28　Weiterhin begründet die **Interessenwahrnehmung** für eine Partei (über das Maß des § 41 Nr. 4 ZPO hinaus) das Misstrauen in die Unparteilichkeit der Gerichtsperson. Darunter fällt insbesondere die Erteilung von Rat außerhalb des Verfahrens.[12]

29　Verschiedene Fälle der **sachlichen Vorbefassung** können ebenfalls die Besorgnis der Befangenheit der Gerichtsperson begründen. Zu denken ist hier an eine prozessrechtlich typische Vorbefassung (zB Mitwirkung beim Verfahrenskostenhilfeverfahren),[13] durch prozessrechtlich atypische Vorbefassung (zB Versetzung des Richters nach Befassung in die Rechtsmittelinstanz),[14] durch Mitwirkung im Vorprozess und im Wiederaufnahmeverfahren[15] oder uU durch Mitwirkung in mehreren gleichzeitig anhängigen Verfahren der Partei.[16]

1　BGH v. 14.3.2003 – IXa ZB 27/03, NJW-RR 2003, 1220 (1221) = MDR 2003, 892; BayObLG v. 3.7.1986 – BReg 3 Z 26/86, BayOLGZ 1986, 249 (252) mwN.
2　BVerfG v. 18.6.2003 – 2 BvR 383/03, BVerfGE 108, 126; BGH v. 2.10.2003 – V ZB 22/03, BGHZ 156, 270 = NJW 2004, 164.
3　Eine detaillierte Übersicht findet sich bei Zöller/*Vollkommer*, § 42 ZPO Rz. 11.
4　Vgl. OLG Zweibrücken v. 12.10.2012 – 3 W 139/12, NJW-RR 2013, 383.
5　BGH v. 24.1.1991 – IX ZR 250/89, BGHZ 113, 277 = NJW 91, 985.
6　Zöller/*Vollkommer*, § 42 ZPO Rz. 12.
7　OLG Bremen v. 12.1.2012 – 5 W 36/11, NJW-RR 2012, 637.
8　BGH v. 4.7.1957 – IV ARZ 5/57, ZZP 71, 447 = NJW 1957, 1400.
9　BVerfG v. 29.6.2004 – 1 BvR 336/04, NJW 2004, 3550.
10　KG v. 11.6.1999 – 28 W 3063/99, NJW-RR 2000, 1164 = MDR 1999, 1018; LG Leipzig v. 11.5.2004 – 15 O 1999/04, NJW-RR 2004, 1003.
11　BGH v. 15.3.2012 – V ZB 112/11, NJW 2012, 1890.
12　BayObLG v. 7.11.1996 – 2 Z BR 94/96, WuM 1997, 69.
13　OLG Hamm v. 7.1.1976 – 1 W 94/75, MDR 1976, 760 = NJW 1976, 1459.
14　Zöller/*Vollkommer*, § 42 ZPO Rz. 17.
15　OLG Zweibrücken v. 10.1.1973 – 3 W 143/72, OLGZ 1974, 291.
16　OLG Frankfurt v. 18.8.1992 – 11 W 72/92, OLGReport 1993, 14.

Als letzte und umfangreichste Fallgruppe in diesem Kontext sind die **Verstöße gegen die gebotene Objektivität**, Neutralität und Distanz der Gerichtspersonen, insbesondere des Richters zu nennen. Insbesondere Verstöße gegen das grundgesetzlich verankerte Gleichbehandlungsgebot (Art. 3 Abs. 1 GG) und Fälle, die auf unsachliches, voreingenommenes oder willkürliches Handeln des Richters hinweisen, sind in dieser Kategorie zu nennen. Hierzu gehören bspw. einseitige Protokollierung,[1] unsachliche Äußerungen in der mündlichen Verhandlung,[2] kränkende oder beleidigende Wortwahl,[3] aggressive Verhandlungsführung,[4] Aussetzung des Verfahrens wegen Verdachts auf eine Straftat nach § 149 ZPO und Zuleitung der Akten an die Staatsanwaltschaft ohne hinreichende Prüfung der Verdachtsmomente,[5] die Behinderung des Ablehnenden in der Ausübung seiner Parteirechte[6] oder die Zeugenvernehmung ohne die gebotene Zuziehung eines Dolmetschers[7] ebenso wie eine unsachgemäße Verfahrensleitung, grobe Verfahrensverstöße (zB Verletzung des Anspruchs auf rechtliches Gehör) oder uU Untätigkeit.[8] Auch eine Beeinträchtigung des richterlichen Vertrauensverhältnisses (bspw. durch Ermittlungen auf eigene Faust[9]) sind dieser Kategorie zuzuordnen. Ferner ist die Androhung von Nachteilen ohne vorheriges rechtliches Gehör ein Ablehnungsgrund,[10] ebenso richterliche Äußerungen gegenüber einem Beteiligten, die eine Missachtung von dessen Person oder Anliegen beinhalten.[11] Dagegen stellen Verfahrensfehler oder unrichtige Entscheidungen des Richters keinen Ablehnungsgrund dar, wenn nicht zusätzlich eine unsachliche Einstellung des Richters erkennbar wird.[12]

4. Abgrenzungen

Diese Einzelfälle müssen jedoch von einer Reihe erlaubter Tätigkeiten (auch hier: insbesondere des Richters) abgegrenzt werden. Insbesondere spielen hier die **richterliche Aufklärungspflicht und die materiellen Prozessleitung** durch das Gericht eine Rolle. Demnach bilden weder Anregungen, Hinweise, Ratschläge oder Belehrungen an einen Beteiligten[13] noch eine vorläufige Meinungsäußerung, durch die sich der Richter jedoch noch nicht eindeutig festlegt,[14] einen Ablehnungsgrund, soweit darin nicht ein Verstoß gegen § 139 ZPO oder § 28 FamFG zu sehen ist. Ein Verstoß gegen diese Normen berechtigt zur Ablehnung.[15]

Ebenfalls sind Ausführungen über **Rechtsauffassungen des Richters** zulässig, die im Rahmen seiner richterlichen Entscheidungstätigkeit erfolgen, selbst wenn sie für einen Beteiligten ungünstig sind.[16] Allerdings darf der Richter mit rechtlichen Hinweisen nicht eine Partei unzulässig unterstützen. Unzulässig wäre zB ein Hinweis auf die Einrede der Verjährung.

---

1 OLG Köln v. 22.6.1998 – 14 WF 69/98, NJW-RR 1999, 288.
2 BGH v. 5.5.1976 – 3 StR 47/76 (S), NJW 1976, 1462; OLG Stuttgart v. 29.3.2012 – 14 W 2/12, MDR 2012, 732 (733).
3 OLG Hamburg v. 23.3.1992 – 7 W 10/92, NJW 1992, 2036; AG Sömmerda v. 22.11.2010 – 3 F 42/10, FamRZ 2011, 656.
4 OLG Brandenburg v. 15.9.1999 – 1 W 14/99, MDR 2000, 47.
5 OLG Frankfurt v. 28.7.1986 – 22 W 23/86, MDR 1986, 943 = NJW-RR 1986, 1319.
6 OLG Köln v. 16.10.1970 – 3 W 46/70, OLGZ 1971, 376.
7 OLG Celle v. 15.11.2001 – 9 W 178/01, OLGReport 2002, 35.
8 Ausführlich: Zöller/*Vollkommer*, § 42 ZPO Rz. 25.
9 OLG Düsseldorf v. 10.7.1956 – 12 W 15/56, MDR 1956, 557.
10 OLG Brandenburg v. 28.2.2011 – 10 WF 23/11, FamRZ 2011, 1527.
11 BVerfG v. 12.12.2012 – 2 BvR 1750/12, MDR 2013, 294; OLG Köln v. 31.10.2012 – II 4 WF 121/12, NJW-RR 2013, 382.
12 OLG Köln v. 4.5.2011 – 10 UF 42/11, FamRZ 2012, 318.
13 OLG Düsseldorf v. 3.3.1993 – 11 W 15/93, NJW 1993, 2542; OLG Brandenburg v. 27.10.2011 – 13 U 79/09, MDR 2012, 429; OLG Bremen v. 19.11.2012 – 1 U 35/12, NJW-RR 2013, 573.
14 BayObLG v. 18.11.1999 – 2 Z BR 160/99, NJW-RR 2000, 748 = Rpfleger 2000, 151.
15 OLG München v. 9.11.2011 – 1 W 1418/11, NJW-RR 2012, 309.
16 BGH v. 12.10.2011 – V ZR 8/10, MDR 2012, 49.

33 Ebenso wenig liegt im **gesellschaftlichen Standort des Richters** (sog. „Sozialbefangenheit") ein Ablehnungsgrund.[1] Auch eine politische oder gewerkschaftliche Betätigung des Richters stellt keinen Befangenheitsgrund dar, sofern gewisse Grenzen nicht überschritten werden.[2]

34 Gibt der Richter durch **wissenschaftliche Betätigung** eine Rechtsauffassung öffentlich kund, so bspw. durch Veröffentlichungen von Aufsätzen, Kommentierungen oder als Sachverständiger bei einem Gesetzesentwurf, kann dies ebenfalls keine Besorgnis der Befangenheit begründen.[3]

35 Schließlich stellt auch die **fehlende Dienstfähigkeit** (zB Übermüdung, Ablenkung durch Aktenstudium) nach allgemeiner Meinung keinen Ablehnungsgrund dar.[4] Allerdings kann diese uU eine Besetzungsrüge begründen.[5]

III. Geltendmachung

36 Die Ablehnung einer Gerichtsperson muss sich stets gegen eine (oder mehrere) natürliche Personen richten. Die Ablehnung eines Spruchkörpers oder eines Gerichts oder aller deutschen Gerichte ist unzulässig.

37 Die Geltendmachung des Ablehnungsgesuchs richtet sich nach § 44 ZPO. Demnach kann das Gesuch bei dem Gericht, dem der Richter angehört, mündlich oder schriftlich vor der Geschäftsstelle zu Protokoll angebracht werden (§ 44 Abs. 1 ZPO). Die Individualisierung des Ablehnungsgrundes muss sogleich erfolgen.[6]

38 Der Antragsteller muss den Ablehnungsgrund glaubhaft machen (vgl. § 31), wobei eine Versicherung an Eides statt ausgeschlossen ist. Jedoch kann auf das Zeugnis des abgelehnten Richters Bezug genommen werden (§ 44 Abs. 2 ZPO).

39 Die Partei verliert ihr Ablehnungsrecht jedoch in dem Moment, in dem sie sich bei dem von ihr abzulehnenden Richter in eine Verhandlung einlässt oder bei ihm Anträge stellt (§ 43 ZPO). Für den Fall, dass eine Partei diesen Richter selbst zu diesem Zeitpunkt noch ablehnen will, hat sie glaubhaft zu machen, dass der Ablehnungsgrund erst später, also nach der Einlassung oder der Antragsstellung entstanden ist, oder dass sie erst später von ihn Kenntnis erlangt hat (§ 44 Abs. 4 ZPO).

40 In jedem Fall hat der abgelehnte Richter sich über den Ablehnungsgrund dienstlich zu äußern (§ 44 Abs. 3 ZPO).

41 Über das Ablehnungsgesuch entscheidet nach § 45 Abs. 1 ZPO das Gericht, dem der Abgelehnte angehört, ohne dessen Mitwirkung. Wird ein Amtsrichter abgelehnt, so entscheidet ein anderer Richter des Amtsgerichts über das Gesuch, es sei denn, der Abgelehnte hält das Ablehnungsgesuch selbst für begründet (§ 45 Abs. 2 ZPO). Für den Fall, dass das zur Entscheidung berufene Gericht durch den Ausschluss des abgelehnten Mitglieds beschlussunfähig werden sollte, hat gem. § 45 Abs. 3 ZPO das im Rechtszug zunächst höhere Gericht zu entscheiden. Im Falle eines offensichtlich unzulässigen oder rechtsmissbräuchlichen Ablehnungsgesuchs entscheidet der Spruchkörper in der regulären Besetzung, also unter Beteiligung des abgelehnten Richters.[7]

42 Die Entscheidung ergeht gem. § 46 Abs. 1 ZPO als Beschluss.

43 Durch den Verweis auf die ZPO findet auch die sog. Selbstablehnung eines Richters (entsprechend aller anderen Gerichtspersonen) nach § 48 ZPO Anwendung. Da-

---

1 OLG Frankfurt v. 1.10.1997 – 14 U 151/97, NJW-RR 1998, 1764.
2 Ausführlich: Zöller/*Vollkommer*, § 42 ZPO Rz. 31.
3 BVerfG v. 11.10.2011 – 2 BvR 1010/10, NJW 2011, 3637; BGH v. 14.5.2002 – XI ZR 388/01, NJW 2002, 2396.
4 Zöller/*Vollkommer*, § 42 ZPO Rz. 34 mwN.
5 BVerwG v. 13.6.2001 – 5 B 105/00, NJW 2001, 2898.
6 BVerwG v. 7.8.1997 – 11 B 18/97, NJW 1997, 3327.
7 BGH v. 12.9.2012 – XII ZB 18/12, FamRZ 2012, 1865; BAG v. 7.2.2012 – 8 AZA 20/11, NJW 2012, 1531.

bei handelt es sich nicht um ein eigenes Ablehnungsrecht,[1] sondern vielmehr um eine Pflicht zur Anzeige (dh. Mitteilung von Tatsachen), wenn der Richter einen Ablehnungsgrund (Rz. 22 ff.) als gegeben ansieht.[2] Für die Entscheidung über diese Anzeige ist nach § 48 ZPO ebenfalls das Gericht, dem Abgelehnte angehört, zuständig.

IV. Rechtsfolgen der Ablehnung

Sofern das zuständige Gericht das Ablehnungsgesuch für begründet erklärt hat, sind die Rechtsfolgen der Ablehnung mit denen eines Ausschlusses (Rz. 15 ff.) nahezu identisch.[3] Dies ergibt sich auch aus den §§ 547 Nr. 3, 579 Abs. 1 Nr. 3 ZPO, die den erfolgreich abgelehnten Richter dem ausgeschlossenen gleichsetzen. 44

Gem. § 47 Abs. 1 ZPO trifft einen abgelehnten Richter bis zur Erledigung des Ablehnungsgesuchs eine grundsätzliche Wartepflicht. Ihm ist nur erlaubt, solche Handlungen vorzunehmen, die keinen Aufschub gestatten. Diese sind nur dann unaufschiebbar, wenn sie einer Partei wesentliche Nachteile ersparen oder wenn bei Unterlassung Gefahr im Verzug droht.[4] 45

Unter „Erledigung" ist die endgültige Behandlung des Ablehnungsgesuchs zu verstehen. Sie tritt erst dann ein, wenn rechtskräftig über das Gesuch entschieden wurde.[5] Auch nach Rücknahme des Antrags ist es dem abgelehnten Richter verwehrt, Nebenentscheidungen in dieser Angelegenheit zu treffen.[6] 46

Nach § 47 Abs. 2 ZPO kann eine mündliche Verhandlung, während der ein Richter abgelehnt wird, unter seiner Mitwirkung fortgesetzt werden. Sollte das Ablehnungsgesuch für begründet erklärt werden, so müssen alle Teile der Verhandlung, die nach der Anbringung des Ablehnungsgesuchs stattgefunden haben, wiederholt werden. 47

Umstritten ist die Frage, wie Verfahrenshandlungen des erfolgreich abgelehnten Richters vor Anbringung des Ablehnungsantrags zu behandeln sind. Einer neueren Auffassung nach stellen diese Handlungen einen Verfahrensfehler dar, der zwar nach § 43 ZPO heilbar sei, jedoch seien die Handlungen im Grundsatz fehlerhaft und somit zu wiederholen.[7] Dies gebiete das aus dem GG (Art. 20 Abs. 3, 101 Abs. 1 Satz 2) und der EMRK (Art. 6) abgeleitete Grundrecht der Parteien auf einen unparteiischen Richter, da dieses Recht schon durch das tatsächliche Vorliegen eines Ablehnungsgrundes verletzt werde.[8] Dem ist mit der ganz h.M.[9] nicht zu folgen. Dies ergibt sich aus dem Wortlaut des § 47 Abs. 2 Satz 2 ZPO, der ausdrücklich nur den Verhandlungsteil wiederholen lässt, der nach Anbringung des Ablehnungsgesuchs liegt. Demnach sind Verfahrenshandlungen eines später abgelehnten Richters nicht schon per se fehlerhaft, sondern erst, wenn der Richter seine Wartepflicht missachtet. 48

F. Rechtsmittel

I. Allgemeines

Für den Fall, dass das Ablehnungsgesuch für unbegründet erklärt wird, bietet Abs. 2 die Möglichkeit der sofortigen Beschwerde nach den Regelungen der §§ 567–572 ZPO. Der ausdrückliche Verweis ist an dieser Stelle eigentlich überflüssig und rein deklaratorischer Natur, sieht doch § 46 Abs. 2 ZPO, auf den bereits durch Abs. 1 verwiesen wurde, eben genau die sofortige Beschwerde als Rechtsmittel vor. Die Regelung in Abs. 2 ist eine bewusste Abweichung von § 58 Abs. 1, wonach nur bei Endentscheidungen eine Beschwerde in Betracht kommt. Umgekehrt schließen die 49

---

1 Zöller/*Vollkommer*, § 48 ZPO Rz. 1 mwN.
2 Zöller/*Vollkommer*, § 48 ZPO Rz. 2.
3 Zöller/*Vollkommer*, § 42 ZPO Rz. 7.
4 OLG Celle v. 17.8.1988 – 4 W 119/88, NJW-RR 1989, 569.
5 BayObLG v. 21.1.1988 – BReg 3 Z 193/87, MDR 1988, 500; OLG Köln v. 29.1.1999 – 8 W 1/99, NJW-RR 2000, 591.
6 BVerfG v. 28.4.2011 – 1 BvR 2411/10, NJW 2011, 2191.
7 Zöller/*Vollkommer*, § 41 ZPO Rz. 16 aE.
8 Zöller/*Vollkommer*, vor § 41 ZPO Rz. 2.
9 BGH v. 30.11.2006 – III ZR 93/06, NJW-RR 2007, 775 = MDR 2007, 599 mwN.

§ 6 Abs. 1 mit § 46 Abs. 2 ZPO eine Überprüfung bei erfolgreichem Ablehnungsgesuch aus. Insoweit kommt dann auch eine inzidente Prüfung nach § 58 Abs. 2 nicht in Betracht (s. § 58 Rz. 16). Eine zulassungsfreie Rechtsbeschwerde nach § 70 Abs. 3 Nr. 1 ist ausgeschlossen.[1]

II. Statthaftigkeit

50   Die sofortige Beschwerde ist nur statthaft gegen eine Entscheidung, die das Ablehnungsgesuch als unbegründet zurückweist. Die Gesetzesfassung sieht eine sofortige Beschwerde wegen eines als unzulässig zurückgewiesenen Gesuchs nicht ausdrücklich vor. Jedoch war sowohl im Rahmen des früheren § 6 FGG[2] anerkannt und ist es auch heute noch im Rahmen des § 46 Abs. 2 ZPO, dass eine Zurückweisung wegen Unzulässigkeit des Gesuchs ebenfalls mit der sofortigen Beschwerde angreifbar ist.[3] Diese Auffassung wird man auch für das FamFG aufrechterhalten müssen.

51   Gegen ein begründetes Ablehnungsgesuch ist die Beschwerde nicht statthaft. Auch eine inzidente Prüfung nach § 58 Abs. 2 muss deshalb ausscheiden (s.o. Rz. 49).

III. Rechtsschutzbedürfnis

52   Am Rechtsschutzbedürfnis für die sofortige Beschwerde mangelt es, soweit das Rechtsschutzinteresse für das Ablehnungsgesuch oder den Ablehnungsgrund nachträglich wegfällt, etwa durch endgültiges Ausscheiden des abgelehnten Richters ohne Mitwirkung an der Entscheidung.[4]

IV. Beschwerdeberechtigung

53   Beschwerdeberechtigt ist unter Bezugnahme auf § 46 Abs. 2 ZPO sowohl der Antragsteller als auch der Gegner, da er nicht auf ein neues Ablehnungsgesuch zu verweisen ist.[5]

V. Form und Frist

54   Nach § 569 Abs. 1 Satz 1 ZPO ist die sofortige Beschwerde beim Ausgangs- oder Beschwerdegericht binnen einer Notfrist von zwei Wochen einzulegen.

55   Die Beschwerde wird durch Einreichung einer Beschwerdeschrift gem. § 569 Abs. 2 ZPO eingelegt. Allerdings kommt auch eine Erklärung der Beschwerde zu Protokoll der Geschäftsstelle in Betracht, wenn der Rechtsstreit im ersten Rechtszug nicht als Anwaltsprozess zu führen ist (§ 569 Abs. 3 Nr. 1 ZPO).

VI. Neue Ablehnungsgründe

56   Gegenstand der Beschwerde sind nur die im Ablehnungsgesuch vorgetragenen Ablehnungsgründe. Neue Ablehnungsgründe können nicht geltend gemacht werden.[6]

7 Beteiligte

(1) In Antragsverfahren ist der Antragssteller Beteiligter.
(2) Als Beteiligte sind hinzuzuziehen:
1. diejenigen, deren Recht durch das Verfahren unmittelbar betroffen wird,
2. diejenigen, die aufgrund dieses oder eines anderen Gesetzes von Amts wegen oder auf Antrag zu beteiligen sind.
(3) Das Gericht kann von Amts wegen oder auf Antrag weitere Personen als Beteiligte hinzuziehen, soweit dies in diesem oder einem anderen Gesetz vorgesehen ist.

---

1 BGH v. 15.2.2012 – XII ZB 451/11, FamRZ 2012, 619.
2 Keidel/*Zimmermann*, 15. Aufl., § 6 FGG Rz. 68; OLG Koblenz v. 22.5.1985 – 4 W 276/85, MDR 1985, 850 = Rpfleger 1985, 368.
3 Zöller/*Vollkommer*, § 46 ZPO Rz. 14; KG v. 4.8.1992 – 11 W 4231/92, MDR 1992, 997.
4 BGH v. 13.1.2003 – XI ZR 357/01, WM 2003, 848.
5 Zöller/*Vollkommer*, § 46 ZPO Rz. 15.
6 BayObLG v. 26.8.1985 – BReg 3 Z 25/85, BReg 3 Z 39/85, BReg 3 Z 40/85, BayOLGZ 1985, 307.

(4) Diejenigen, die auf ihren Antrag als Beteiligte zu dem Verfahren hinzuzuziehen sind oder hinzugezogen werden können, sind von der Einleitung des Verfahrens zu benachrichtigen, soweit sie dem Gericht bekannt sind. Sie sind über ihr Antragsrecht zu belehren.
(5) Das Gericht entscheidet durch Beschluss, wenn es einem Antrag auf Hinzuziehung gemäß Absatz 2 oder Absatz 3 nicht entspricht. Der Beschluss ist mit der sofortigen Beschwerde in entsprechender Anwendung der §§ 567 bis 572 der Zivilprozessordnung anfechtbar.
(6) Wer anzuhören ist oder eine Auskunft zu erteilen hat, ohne dass die Voraussetzungen des Absatzes 2 oder Absatzes 3 vorliegen, wird dadurch nicht Beteiligter.

A. Einführung	
I. Bedeutung der Norm	1
II. Normzweck	5
III. Entstehung der Norm	7
IV. Systematik	
1. Grundfragen	12
2. Standort der Norm	13
B. Anwendungsbereich	14
C. Die Arten der Beteiligten	17
D. Antragssteller als Beteiligter (Absatz 1)	20
E. Die „Muss"-Beteiligten (Absatz 2)	
I. Allgemeines	22
II. Persönlicher Anwendungsbereich	23
III. Sachlicher Anwendungsbereich	
1. Unmittelbare Rechtsbetroffenheit (Abs. 2 Nr. 1)	24
2. Anordnung durch ein anderes Gesetz (Abs. 2 Nr. 2)	29
a) Hinzuziehung von Amts wegen (Abs. 2 Nr. 2, 1. Alt.)	32
b) Zwingende Hinzuziehung auf Antrag (Abs. 2 Nr. 2, 2. Alt.)	34
F. Die „Kann"-Beteiligten (Absatz 3)	
I. Grundlagen	39
II. Erfasste Personengruppen	
1. Beteiligung von Amts wegen (Abs. 3, 1. Alt.)	
a) Antragsberechtigte nach Abs. 2 Nr. 2	42
b) Sonstige Antragsberechtigte	44
2. Beteiligung wegen eines Antrags (Abs. 3, 2. Alt.)	48
a) Beteiligung zwingend (Option beim Antragssteller)	49
b) Beteiligung nach Ermessen (Option beim Gericht)	53
G. Die Mitteilungspflicht des Gerichts (Absatz 4)	
I. Grundsatz	55
II. Ausgenommene Personen	58
H. Entscheidung des Gerichts (Absatz 5)	
I. Entscheidung durch Beschluss (Satz 1)	62
II. Rechtsmittel (Satz 2)	66
J. Anhörung ohne Beteiligung (Absatz 6)	
I. Allgemeines	70
II. Betroffener Personenkreis	71

Literatur: *Bruns*, Die Beteiligten im Familienverfahren, NJW 2009, 27, 97; *Gramlich*, Der Begriff des Beteiligten in § 6 FGG, 1. Aufl. 1968; *Harders*, Der unbekannte Beteiligte, DNotZ 2009, 725; *Hormuth*, Beschwerdeberechtigung und materielle Beteiligung im FG-Verfahren, 1. Aufl. 1976; *Keidel*, Der Grundsatz des rechtlichen Gehörs im Verfahren der freiwilligen Gerichtsbarkeit, 1. Aufl. 1965; *Kollhosser*, Zur Problematik eines „Allgemeinen Teils" in einer Verfahrensordnung für die Freiwillige Gerichtsbarkeit, ZZP 93 (1980), 265; *Kollhosser*, Zur Stellung und zum Begriff der Verfahrensbeteiligten im Erkenntnisverfahren der freiwilligen Gerichtsbarkeit, 1. Aufl. 1970; *Liermann*, Die Beteiligten im Verfahren der freiwilligen Gerichtsbarkeit, in FS für Gottfried Baumgärtel, 1990, S. 325; *Müller*, Verfahrensbeteiligte in der freiwilligen Gerichtsbarkeit, NJW 1954, 868; *Nedden-Boeger*, Die Anwendung des allgemeinen Teils des FamFG in Registersachen und in unternehmensrechtlichen Verfahren, FGPrax 2010, 1; *Platschner*, Der Begriff des Beteiligten in der freiwilligen Gerichtsbarkeit und seine Bedeutung, 1. Aufl. 1956; *Perlwitz/Weber*, Gewährung rechtlichen Gehörs Minderjähriger im Verfahren nach dem FamFG, FamRZ 2011, 1350; *Roth*, Der Beteiligtenbegriff in § 7 FamFG, Gedächtnisschrift für Manfred Wolf, 2011, S. 503.

A. Einführung

I. Bedeutung der Norm

Die Definition der Beteiligten ist eine der von Grund auf neuen Regelungen des FamFG. Sie stellt einen Reformschwerpunkt[1] und zugleich einen in der Literatur

---
1 BT-Drucks. 16/6308, S. 177.

stark diskutierten Streitpunkt dar.[1] Früher war der Begriff der Beteiligten im FGG nicht geregelt, lediglich einige Vorschriften nahmen auf ihn Bezug (zB §§ 6 Abs. 1, 13, 13a Abs. 1, 15 Abs. 2, 41, 53b Abs. 2, 86 Abs. 1, 150, 153 Abs. 1, 155 Abs. 3 FGG).

2 Die Beteiligten sind die Subjekte des Verfahrens. Im Unterschied zu den nur anzuhörenden oder zur Sachaufklärung herangezogenen Personen (Abs. 6, Rz. 70) stehen den Beteiligten typische Verfahrensrechte zu (zB Akteneinsicht gem. § 13, Stellungnahme zum Ergebnis der förmlichen Beweisaufnahme gem. § 30 Abs. 4). Ebenso trifft sie eine Reihe von Pflichten, wie bspw. gewisse Mitwirkungspflichten (§ 27) oder die Pflicht, vor Gericht zu erscheinen (§ 33 ff.). Mit einer möglichst präzisen Bestimmung des Beteiligtenbegriffs soll letztlich auch eine bessere Sachverhaltsaufklärung und eine optimale Durchsetzung des Grundrechts auf Gewährung rechtlichen Gehörs erreicht werden.

3 Im Einzelnen spricht das FamFG an sehr vielen Stellen von Beteiligten und weist ihnen Rechte und Pflichten zu. Hinzuweisen ist auf die §§ 3, 4 (Anhörung der Beteiligten vor Verweisung und Abgabe), § 9 Abs. 4 (Zurechnung des Verschuldens eines Beteiligten), § 10 Abs. 1 (Verfahrensbetrieb durch die Beteiligten), § 10 Abs. 2 (Vertretung der Beteiligten durch Anwälte), § 12 (Beistand des Beteiligten), § 13 (Akteneinsicht), § 14 Abs. 2 (Übermittlung der Anträge), § 15 (Bekanntgabe von Dokumenten), § 22 (Antragsrücknahme), § 23 (Angabe der Beteiligten im Antrag), § 25 (Anträge), § 27 (Mitwirkungspflichten), § 28 (Erklärungen), § 30 Abs. 4 (Förmliche Beweisaufnahme), § 32 (Erörterung der Sache), §§ 33 ff. (Persönliches Erscheinen vor Gericht), § 36 (Vergleich), § 37 (Äußerungsrechte), § 38 Abs. 2 (Bezeichnung der Beteiligten im Beschluss), §§ 40, 41 (Bekanntgabe des Beschlusses), § 44 (Rügerecht der Beteiligten), § 49 Abs. 2 (eA gegen Beteiligte), § 52 Abs. 1 (Einleitung des Hauptsacheverfahrens), § 63 Abs. 3 (Beschwerdefrist), § 67 Abs. 3 (Verzicht auf Beschwerde), § 74a Abs. 2 (Zurückweisung der Rechtsbeschwerde), § 81 (Verfahrenskosten), § 83 (Kosten beim Vergleich), § 84 (Rechtsmittelkosten).

4 Neben diesen vielfältigen Bezugnahmen des Allgemeinen Teils auf den Beteiligtenbegriff gibt es die im Rahmen des Anwendungsbereichs noch näher darzulegenden Sonderregeln zum konkreten Kreis der Beteiligten (s.u. Rz. 16), die eine Konkretisierung des Beteiligtenbegriffs enthalten.

4a Der Beteiligtenbegriff des § 7 steht in einem engen Zusammenhang mit der Beschwerdeberechtigung des § 59. Zum Verhältnis von § 59 und § 7 Abs. 2 Nr. 1 allgemein s. § 59 Rz. 21. Zum besonderen Problem des Eintritts der formellen Rechtskraft eines Beschlusses, wenn eine materiell beeinträchtigte Person formell nicht beteiligt war, ist nach §§ 45, 63 Abs. 3 zu beachten, dass die Beschwerdefrist auch ihm gegenüber zu laufen beginnt, wenn der Beschluss allen formell Beteiligten schriftlich bekannt gegeben ist.[2]

II. Normzweck

5 Das Wesen des Verfahrensrechts ist mit der Feststellung, Bestimmung und Durchsetzung materiellrechtlicher Positionen eng verknüpft. Daher ist im materiellen Recht die Rechtssubjektivität („Rechtsfähigkeit") ebenso von absolut grundlegender Bedeutung wie im Verfahrensrecht die Partei- und Beteiligtenfähigkeit. Auf der Basis eines abschließend geklärten Begriffs des Beteiligten kann innerhalb einer Verfahrensordnung Rechtssicherheit geschaffen werden. Darüber hinaus bewirken die Festlegung des Beteiligtenbegriffs und das Institut der Beteiligtenfähigkeit auch eine gewisse Entlastungsfunktion. Soweit einem Prozesssubjekt die Beteiligtenfähigkeit fehlt, bedarf es keiner Sachprüfung (Beteiligtenfähigkeit als Sachurteilsvoraussetzung), und es kann von diesem Subjekt keine wirksame Prozesshandlung vorgenommen werden (Beteiligtenfähigkeit als Prozesshandlungsvoraussetzung).

---

1 Vgl. nur *Roth*, GS für Wolf, 2011, S. 503; *Maass*, ZNotP 2006, 282 (284); *Brehm*, FPR 2006, 401 (403); *Jacoby*, FamRZ 2007, 1703 (1704); *Borth*, FamRZ 2007, 1925 (1927); *Kemper*, FamRB 2008, 345 (347).
2 *Harders*, DNotZ 2009, 725.

Diese Überlegungen zeigen bereits, dass der erstmalige Versuch des Gesetzgebers, einen eigenständigen und von anderen Verfahrensordnungen losgelösten Definitionsversuch des Beteiligtenbegriffs zu unternehmen, die vermutlich wichtigste Neuerung des gesamten FamFG darstellt. Wie die Entstehungsgeschichte (s. Rz. 7 ff.) zeigt, gab es lange Zeit Bestrebungen, den Begriff der Beteiligten im Verfahren der freiwilligen Gerichtsbarkeit stärker zu formalisieren und ihn so im Ansatz dem Parteibegriff der ZPO anzunähern, um damit auch rechtsstaatlichen Erfordernissen stärker gerecht zu werden.[1] Allerdings sind diese Versuche der Vergangenheit, den Beteiligtenbegriff stärker zu formalisieren, nach 1977 weitgehend zum Erliegen gekommen. Der durch das FamFG geschaffene § 7 knüpft also an langjährige Bemühungen an (s. Rz. 7 ff.).

III. Entstehung der Norm

Die Problematik des Beteiligtenbegriffs in der freiwilligen Gerichtsbarkeit wurde schon seit langem diskutiert. Da dieser Begriff bislang nicht gesetzlich festgeschrieben war, hatten sich unterschiedliche Ansichten in Literatur und Rechtsprechung entwickelt. Die früher vorherrschende Meinung nahm eine Differenzierung zwischen formell und materiell Beteiligten vor. Demnach war materiell beteiligt, wer durch das Verfahren oder die daraus resultierende Entscheidung in seinen Rechten und Pflichten verletzt sein konnte. Als formell Beteiligter wurde derjenige bezeichnet, der zur Wahrnehmung nicht notwendig eigener Interessen auf Antrag am Verfahren teilnahm oder aufgrund der Amtsermittlungen des Gerichts hinzugezogen wurde.[2]

Als Gegenmodell wurde in der Literatur eine Unterscheidung zwischen Haupt- und Nebenbeteiligten vorgeschlagen,[3] die sich jedoch in der Praxis nicht durchsetzen konnte.

Die im Jahre 1964 eingesetzte Kommission für das Recht der freiwilligen Gerichtsbarkeit einschließlich des Beurkundungsrechts hatte sich ebenfalls mit der Problematik des Beteiligtenbegriffs beschäftigt und schlug in ihrem im Dezember 1977 veröffentlichten Abschlussbericht eine Differenzierung in Verfahrensbeteiligte kraft Gesetzes und kraft Hinzuziehung vor.[4]

Allen vertretenen Standpunkten war gemein, dass Anknüpfungspunkt zur Bestimmung der Beteiligten der Grad der Betroffenheit durch die im Verfahren zu treffende Sachentscheidung war.

Die vom Gesetzgeber nun konzipierte Form, die die Beteiligten in drei Gruppen unterteilt (Antragssteller, Muss-Beteiligte und Kann-Beteiligte, s. Rz. 17 ff.), knüpft in ihrem Ursprung schon an die Ausarbeitungen der oben genannten Kommission an. Der aktuelle Wortlaut der Norm ist auf den RefE des BMJ von Juni 2005 zurückzuführen und wurde seitdem kaum mehr verändert.

IV. Systematik

1. Grundfragen

Zu trennen sind im Rahmen der Verfahrensbeteiligung in den §§ 7–9 ebenso wie in der ZPO vier unterschiedliche Fragen:
– Wer ist im konkreten Verfahren gem. § 7 Beteiligter (= Parteistellung)?
– Ist ein Beteiligter beteiligtenfähig gem. § 8 (= Parteifähigkeit)?
– Ist dieser Beteiligte auch gem. § 9 verfahrensfähig (= Prozessfähigkeit)?
– Ist der Beteiligte verfahrensführungsbefugt (= Prozessführungsbefugnis, Prozessstandschaft)?

---

1 *Liermann* in FS für Baumgärtel, S. 325.
2 Keidel/*Zimmermann*, 15. Aufl., § 6 FGG Rz. 18 mwN.
3 *Kollhosser*, Zur Stellung der Verfahrensbeteiligten, S. 378.
4 Bericht der Kommission für das Recht der freiwilligen Gerichtsbarkeit einschließlich des Beurkundungsrechts, S. 25.

2. Standort der Norm

13 § 7 regelt nur die 1. Frage nach der Beteiligtenstellung im konkreten Verfahren. Die Vorschrift hat also im Bereich der ZPO, in der der formelle Parteibegriff gilt, keine Entsprechung. Sie ist aber als Teil der §§ 7–9, vergleichbar dem Aufbau der ZPO, inhaltlich an die Regelung über die Ausschließung und Ablehnung von Gerichtspersonen angefügt und folgt damit dem Gesetzesaufbau der ZPO mit der Reihenfolge „Zuständigkeit – Ausschließung und Ablehnung von Gerichtspersonen – Parteifragen".

B. Anwendungsbereich

14 Die Norm steht im ersten Abschnitt des ersten Buches des FamFG und ist damit grundsätzlich auf alle im FamFG geregelten Verfahren der freiwilligen Gerichtsbarkeit anwendbar.

15 Gem. § 113 Abs. 1 ist die Norm in Ehe- und Familienstreitsachen nicht anzuwenden. Vielmehr gelten für diese Verfahren die Regeln der ZPO unmittelbar. Das bedeutet im Einzelnen, dass in diesem Bereich die §§ 50 ff. ZPO direkt heranzuziehen sind. Zu beachten ist dabei allerdings § 113 Abs. 5 FamFG, wonach auch in den Ehesachen und den Familienstreitsachen die Parteien stets als Beteiligte zu bezeichnen sind.

16 Über die allgemeine Regelung in § 7 hinaus enthält das FamFG in einer größeren Zahl von Einzelfällen Sonderregeln zum konkreten Kreis der Beteiligten (**Beteiligtenkataloge**). Zu beachten sind im Einzelnen § 172 (Abstammungssachen), § 188 (Adoptionssachen), § 204 (Wohnungszuweisung), § 212 (Gewaltschutzsachen), § 219 (Versorgungsausgleich), § 274 (Betreuungssachen), § 315 (Unterbringungssachen), § 345 (Nachlass- und Teilungssachen), § 412 (weitere Angelegenheiten) sowie § 418 (Freiheitsentziehung).

16a § 7 gilt grundsätzlich auch in **Grundbuchsachen**, obgleich sich hier Schwierigkeiten ergeben können, wenn der breite Katalog des § 7 auf das formelle Konsensprinzip des Grundbuchrechts trifft.[1] Unproblematisch ist lediglich die Beteiligtenstellung des jeweiligen Antragstellers nach § 7 Abs. 1. Dagegen wird in Grundbuchverfahren die Anwendung von § 7 Abs. 2 Nr. 1 bei Antragsverfahren abgelehnt, um Kollisionen mit den Prinzipien der §§ 19, 20 GBO zu vermeiden.[2] Lediglich in Amtsverfahren (vgl. § 53 GBO) ist die Beteiligung nach Abs. 2 zu entscheiden.

C. Die Arten der Beteiligten

17 Die Norm regelt in den ersten drei Absätzen **drei verschiedene Formen** der Beteiligung. Zunächst ist gem. Abs. 1 der Antragsteller in Antragsverfahren stets Beteiligter. Dies entspricht dem **formellen Beteiligtenbegriff**. Weiterhin ist als sog. **Muss-Beteiligter** gem. Abs. 2 derjenige zum Verfahren hinzuzuziehen, der in seinem Recht unmittelbar betroffen ist (**materieller Beteiligtenbegriff**) oder der nach diesem Gesetz oder einem anderen Gesetz ausdrücklich zu beteiligen ist (**formeller Beteiligtenbegriff**). Schließlich gibt es gem. Abs. 3 eine dritte Kategorie von Beteiligten, die sog. **Kann-Beteiligten**. Hier kann das Gericht nach seinem Ermessen weitere Personen als Beteiligte zum Verfahren hinzuziehen, soweit eine solche Hinzuziehung gesetzlich vorgesehen ist. Eine darüber hinausgehende Beteiligung ist nicht zulässig.

18 Diese Konzeption des § 7, drei Arten von Beteiligten zu unterscheiden, trägt der bereits angedeuteten Überlegung (s. Rz. 7 ff.) Rechnung, dass es aufgrund der Vielzahl der möglichen Verfahren sinnvoll ist, die Beteiligten nach dem Grad ihrer Betroffenheit zu unterscheiden.[3] Insgesamt ist mit diesem Beteiligtenbegriff eine Kombination von formellem und materiellem Beteiligtenbegriff vorgenommen.

---

[1] *Holzer*, ZNotP 2009, 130; *Hügel*, NotBZ 10/2009; *Wilsch*, NotBZ 2009, 314; im Einzelnen vgl. *Böttcher*, RPfleger 2011, 55.
[2] *Böttcher*, RPfleger 2011, 55.
[3] Zustimmend *Roth*, GS für Wolf, 2011, S. 508.

Allgemeine Vorschriften §7

Außerhalb des Bereichs der freiwilligen Gerichtsbarkeit kennt das deutsche Verfahrensrecht Beteiligte insbesondere im arbeitsgerichtlichen Beschlussverfahren (§§ 80 ff. ArbGG). Dort wird allerdings nur eine Zweiteilung zwischen Antragsteller (§ 81 Abs. 1 ArbGG) sowie den sonstigen Beteiligten (§ 83 Abs. 3 ArbGG) vorgenommen. Dabei ist freilich zu berücksichtigen, dass das arbeitsgerichtliche Beschlussverfahren strikt der Dispositionsmaxime unterliegt und keine Verfahrenseröffnung von Amts wegen kennt. Die Definition der Beteiligten in § 63 VwGO will demgegenüber nur über die echten Parteien (Kläger und Beklagten) hinaus die Beigeladenen gem. § 65 VwGO und den Vertreter des öffentlichen Interesses miteinbeziehen. 19

D. Antragssteller als Beteiligter (Absatz 1)

Die in Abs. 1 formulierte Beteiligung des Antragsstellers ist eine Beteiligung kraft Gesetzes.[1] Sie knüpft an die für Antragsverfahren notwendige verfahrenseinleitende Erklärung an. Deren Mindestinhalt ist in § 23 geregelt. Im Einzelnen sind Antragsverfahren die Ehe- und Familienstreitsachen (§ 113 Abs. 1), echte Streitsachen privatrechtlicher und öffentlich-rechtlicher Natur sowie alle sonstigen echten Antragsverfahren (etwa §§ 171, 203, 211, 250, 345, 352, 363, 373 Abs. 1, 378, 403 Abs. 1, 417, 434). 20

Ausgehend davon, dass der Antragsteller im Regelfall durch die ergehende Entscheidung materiell in seinen Rechten betroffen sein wird, ist seine Beteiligung am Verfahren zwingend erforderlich. Sollte dies ausnahmsweise nicht der Fall sein, muss dennoch über seinen Antrag entschieden werden. Somit wird er zumindest diesbezüglich von der Entscheidung betroffen. Seine Beteiligung ist in jedem Fall folgerichtig.[2] Im Normalfall handelt es sich also bei Abs. 1 um einen formell und materiell Beteiligten. 21

Der Antragsgegner wird dagegen nicht schon durch die Antragstellung Verfahrensbeteiligter. In aller Regel ist er als Beteiligter nach Abs. 2 aufgrund materieller Rechtsbetroffenheit hinzuzuziehen, möglich sind allerdings auch Konstellationen, in denen er nur beteiligt werden kann (Abs. 3) oder das FamFG ihm keine Stellung im Gesetz einräumt.[3] 21a

E. Die „Muss"-Beteiligten (Absatz 2)

I. Allgemeines

Weitaus umstrittener[4] ist die Regelung des Abs. 2. Sie regelt die erste Gruppe der Beteiligten kraft Hinzuziehung. Sie umfasst sowohl all diejenigen, die durch die Entscheidung des Gerichts unmittelbar in ihren subjektiven Rechten betroffen sein können (Nr. 1), als auch diejenigen, die aufgrund einer anderen Norm dieses oder eines anderen Gesetzes hinzuzuziehen sind (Nr. 2). Durch die gerichtliche Hinzuziehung handelt es sich im Ergebnis ebenfalls um formell und materiell Beteiligte. Dem Gericht steht in allen Fällen des Abs. 2 kein Ermessensspielraum zu.[5] 22

II. Persönlicher Anwendungsbereich

Vom Anwendungsbereich dieser Vorschrift sind zwei mögliche Beteiligtengruppen ausgeschlossen. Dies sind zum einen die gesetzlichen Erben und Testamentserben im Erbscheinsverfahren. Trotz ihrer unzweifelhaft vorliegenden unmittelbaren Rechtsbetroffenheit bestimmt § 345 Abs. 1 als lex specialis, dass sie nur auf Antrag hinzuzuziehen sind. Unterlassen sie einen entsprechenden Antrag, können sie allerdings dennoch als „Kann-Beteiligte" nach Abs. 3 von Amts wegen hinzugezogen werden (Rz. 39). Weiterhin ist die Beteiligtenstellung der Behörden (Jugendamt, Betreu- 23

---

1 BT-Drucks. 16/6308, S. 178.
2 BT-Drucks. 16/6308, S. 178.
3 Keidel/*Zimmermann*, § 7 FamFG Rz. 9.
4 Vgl. *Brehm*, FPR 2006, 401 (403); *Jacoby*, FamRZ 2007, 1703 (1704); *Borth*, FamRZ 2007, 1925 (1927).
5 BT-Drucks. 16/6308, S. 179.

ungsbehörde) abschließend in den Büchern 2 bis 8 geregelt,[1] so dass diese nicht schon von Amts wegen zum Verfahren hinzuzuziehen sind. Ihnen soll die Wahl gelassen werden, ob sie nur im Rahmen der Anhörung (Abs. 6) oder aber als Beteiligte aktiv am Verfahren teilnehmen wollen.[2]

III. Sachlicher Anwendungsbereich

1. Unmittelbare Rechtsbetroffenheit (Abs. 2 Nr. 1)

24   Erforderlich für eine Beteiligung ist, dass ein eigenes Recht eines Einzelnen durch den Gegenstand des Verfahrens betroffen ist. Diese Betroffenheit muss unmittelbar vorliegen. Darunter ist eine Auswirkung auf subjektive Rechte des Einzelnen, also auf eigene materielle, nach öffentlichem oder privatem Recht geschützte Positionen zu verstehen. Dies entspricht einer Abgrenzung, die der BGH zum Beteiligtenbegriff im Versorgungsausgleich nach dem früheren § 53b Abs. 2 Satz 1 FGG entwickelt hatte.[3]

24a   Die Personen, die unmittelbar in einem eigenen Recht betroffen sind, hat das Gericht aufgrund seines Amtsermittlungsgrundsatzes (§ 26) selbst zu ermitteln.[4] Die Einschränkung des Abs. 4 Satz 1, wonach das Gericht nur ihm bekannte Personen informieren muss, greift hier nicht ein.

25   Wirkt sich das Verfahren hingegen lediglich auf ideelle, soziale oder wirtschaftliche Interessen eines Einzelnen aus, ist eine Beteiligung nicht erforderlich. Zudem sind mittelbare Auswirkungen oder eine „präjudizielle" Wirkung auf ähnliche, gleich gelagerte Fälle nicht ausreichend.[5] Wo der Gesetzgeber einzelnen Personen mit solchen Interessen eine Beteiligtenstellung einräumen wollte, hat er dies abschließend in den Beteiligtenkatalogen (s.o. Rz. 16) getan. Eine rechtsfortbildende Erweiterung dieser Kataloge durch den Richter kommt grundsätzlich nicht in Betracht.[6] In Kindschaftssachen sind die Eltern nicht beteiligt, wenn es um den Wechsel des Vormunds oder Pflegers geht.[7] Bei Anfechtungs- oder Nichtigkeitsklagen im Aktienrecht sind weitere Aktionäre nicht Beteiligte.[8] In Sorgerechtsverfahren nach § 1666 BGB ist auch der nicht sorgeberechtigte Elternteil unmittelbar betroffen,[9] nicht dagegen die Großeltern.[10] Umgekehrt ist ein sorgeberechtigter Elternteil stets unmittelbar betroffen, wenn es um ein Umgangsproblem geht.[11] Im Verfahren zur Festsetzung der Vergütung eines Nachlasspflegers ist die Bundesrepublik Deutschland stets Beteiligter, nicht dagegen der Staat Preußen, der nicht mehr existiert.[12] Auch der Zessionar eines Versorgungsantragsrechts ist Beteiligter, obgleich er in § 219 nicht ausdrücklich aufgeführt ist.[13]

26   Die Formulierung des Abs. 2 Nr. 1 wurde in der Literatur stark kritisiert. Es lasse sich regelmäßig erst am Ende des Verfahrens feststellen, ob ein Recht eines Einzelnen tatsächlich betroffen sei. Verfahrensrecht müsse jedoch ergebnisoffen formuliert sein. Ein Richter, der die Beteiligten nach dem Wortlaut des Abs. 2 Nr. 1 bestimme, nehme das Ergebnis des Verfahrens vorweg, was ein unbefangener Richter niemals machen dürfe.[14]

---

1 BT-Drucks. 16/6308, S. 179.
2 BT-Drucks. 16/6308, S. 179.
3 BGH v. 18.1.1989 – IVb ZB 208/87, FamRZ 1989, 369.
4 MüKo. ZPO/*Pabst*, § 7 FamFG Rz. 9; Keidel/*Zimmermann*, § 7 FamFG Rz. 8.
5 BT-Drucks. 16/6308, S. 178.
6 *Roth*, GS Wolf, 2011, S. 512.
7 OLG Frankfurt v. 18.2.2011 – 4 WF 5/11, FamRZ 2012, 570.
8 OLG Köln v. 23.2.2011 – 2 Wx 41/11, FGPrax 2011, 153.
9 OLG Schleswig v. 4.5.2011 – 12 UF 83/11, FamRZ 2012, 725.
10 OLG Hamm v. 10.6.2011 – II 2 WF 118/11, FamRZ 2011, 1671; OLG Hamm v. 30.12.2011 – II 2 WF 314/11, FamRZ 2012, 799.
11 OLG Hamm v. 14.7.2011 – II 2 WF 156/11, FamRZ 2011, 1889.
12 OLG Brandenburg v. 23.11.2011 – 3 Wx 53/11, FamRZ 2012, 1329.
13 OLG Schleswig v. 16.4.2012 – 10 UF 322/11, FamRZ 2012, 1220.
14 *Brehm*, FPR 2006, 401 (403).

Dem tritt die Gesetzesbegründung jedoch deutlich entgegen: Trotz des Wortlauts bedarf es keiner Prognose, ob es tatsächlich durch das Verfahren zu einer Rechtsbeeinträchtigung kommen wird. Es genügt vielmehr, wenn das Verfahren darauf gerichtet ist, das entsprechende Recht des Einzelnen zu beeinträchtigen.[1] Daher sind etwa minderjährige Kinder in allen ihre Person betreffenden Verfahren stets Beteiligte nach Nr. 1.[2] Dagegen sind anzuhörende Kinder in Adoptionsverfahren nicht Beteiligte (s.u. Rz. 72).[3]

27

Diese Art der Beteiligung aufgrund einer möglichen Rechtsverletzung entspricht der früheren Terminologie der materiell Beteiligten.[4]

28

2. Anordnung durch ein anderes Gesetz (Abs. 2 Nr. 2)

Abs. 2 Nr. 2 verweist auf Tatbestände anderer Vorschriften dieses oder eines anderen Gesetzes, nach denen einen Hinzuziehung entweder von Amts wegen oder auf Antrag des zu Beteiligenden zu erfolgen hat. In den Büchern 2 bis 8 des FamFG finden sich vielfältig Normen, nach denen eine Hinzuziehung von Amts oder eines Antrags wegen zu erfolgen hat (vgl. § 172 in Abstammungssachen, § 204 in Wohnungszuweisungssachen, § 212 in Gewaltschutzsachen, § 219 in Versorgungsausgleichssachen, § 274 in Betreuungssachen, § 315 in Unterbringungssachen, § 418 in Freiheitsentziehungssachen, § 412 in weiteren Angelegenheiten). Diese sind allerdings nicht abschließend, sie werden von den Generalklauseln des Abs. 1 und Abs. 2 Nr. 1 flankiert.[5]

29

Soweit die betreffende Vorschrift eine Hinzuziehung nach Abs. 2 Nr. 2 nach sich zieht, liegt auf jeden Fall eine unmittelbare Rechtsbetroffenheit der in Rede stehenden Person vor. Die einzelnen, zum Antrag nach Abs. 2 Nr. 2 berechtigenden Vorschriften stellen leges speciales zur Generalklausel des Abs. 2 Nr. 1 dar und indizieren somit eine unmittelbare Rechtsbetroffenheit.[6]

30

Im Einzelnen ist bei den unter Abs. 2 Nr. 2 fallenden Vorschriften zu unterscheiden zwischen den Normen, die eine zwangsweise Hinzuziehung von Amts wegen vorsehen, und denen, nach denen das Gericht erst auf Antrag zur Hinzuziehung gezwungen ist.

31

a) Hinzuziehung von Amts wegen (Abs. 2 Nr. 2, 1. Alt.)

Diese Vorschriften sind so formuliert, dass eine Hinzuziehung zwingend erforderlich ist.

32

Als Beispiele für solche Vorschriften, die eine zwingende Hinzuziehung kraft Amts vorsehen, sind § 315 Abs. 1 Nr. 1 für den Unterzubringenden im Unterbringungsverfahren, § 345 Abs. 3 Satz 1 für den Testamentvollstrecker im Verfahren zur Erteilung eines Testamentsvollstreckerzeugnisses oder § 172 für Vater und Mutter bei Abstammungssachen zu nennen.

33

b) Zwingende Hinzuziehung auf Antrag (Abs. 2 Nr. 2, 2. Alt.)

Auch diese Vorschriften indizieren eine Rechtsbetroffenheit der erfassten Personengruppen, sind allerdings als Antragsrechte formuliert.

34

---

1 BT-Drucks. 16/6308, S. 178; OLG Oldenburg v. 26.11.2009 – 14 UF 149/09, FamRZ 2010, 660; *Roth*, GS für Wolf, 2011, S. 504.
2 BGH v. 7.9.2011 – XII ZB 12/11, NJW 2011, 3454 = FamRZ 2011, 1788 mit Anm. *Stößer*, S. 1859; BGH v. 18.1.2012 – XII ZB 489/11, FamRZ 2012, 436; OLG Düsseldorf v. 23.12.2011 – II 1 UF 169/10, FamRZ 2012, 1229; OLG Oldenburg v. 26.11.2009 – 14 UF 149/09, FamRZ 2010, 660; OLG Stuttgart v. 26.10.2009 – 18 WF 229/09, FamRZ 2010, 1166.
3 AA OLG Stuttgart v. 16.9.2011 – 11 WF 155/11, FamRZ 2012, 145.
4 *Jacoby*, FamRZ 2007, 1703 (1704).
5 BT-Drucks. 16/6308, S. 179.
6 BT-Drucks. 16/6308, S. 179.

35 Denn nach der Konzeption des Gesetzgebers kann von den betroffenen Personengruppen erwartet werden, dass sie, nachdem sie von der Einleitung des Verfahrens benachrichtigt worden sind (vgl. Abs. 4), ihren Anspruch auf Verfahrensbeteiligung kundtun.[1]

36 Als mögliche Gesetze, die entsprechende Antragsrechte vorsehen, kommen sowohl das FamFG selbst als auch solche Gesetze in Frage, die das Verfahren der freiwilligen Gerichtsbarkeit für anwendbar erklären, wie zB die GBO in § 92 GBO.[2]

37 Die **Behörden** bilden den wichtigsten Fall einer Hinzuziehung wegen eines Antrags. Machen sie von ihrem oben dargestellten Wahlrecht (Rz. 23) Gebrauch, so zB die in Betreuungssachen zuständige Behörde nach § 274 Abs. 3, sind sie als Beteiligte am Verfahren hinzuzuziehen. Die Beteiligtenstellung der Behörden ist in den Büchern 2 bis 8 abschließend geregelt.[3] Insbesondere ist das Jugendamt in Kindschaftssachen auf seinen Antrag nach § 162 Abs. 2 zu beteiligen. Hat das Jugendamt keinen Antrag gestellt, so ist es nach § 162 Abs. 1 anzuhören sowie über sein Antragsrecht zu belehren (Abs. 4 Satz 2).[4]

38 Allerdings ergibt sich aus dem Wortlaut und der Anordnung von Generalklausel (Abs. 2 Nr. 1) und spezialgesetzlichen Tatbeständen, die eine Antragsberechtigung nach Abs. 2 Nr. 2, 2. Alt. nach sich ziehen, nicht direkt der vom Gesetzgeber gewollte Vorrang der speziellen Tatbestände, nach denen ein Antrag in diesen Fällen für eine Beteiligung erforderlich ist.[5] Deutlich wird dies am Beispiel des Erbprätendenten. Dieser, der zweifellos im Rahmen eines Erbscheinsverfahrens in seinen Rechten betroffen ist, wird nicht automatisch nach Abs. 2 Nr. 1 beteiligt, sondern der Richter wird erst durch seinen Antrag nach § 345 Abs. 1 zur Hinzuziehung als Beteiligter verpflichtet.[6]

F. Die „Kann"-Beteiligten (Absatz 3)

I. Grundlagen

39 Abs. 3 regelt die Beteiligung derer, die nicht zwangsweise am Verfahren beteiligt werden müssen. Folgerichtig handelt es sich um eine auch vom Gesetzgeber so formulierte Optionsbeteiligung.[7]

40 Allerdings liegt die Option entgegen dem insoweit widersprüchlichen Wortlaut der Norm nicht ausschließlich beim Gericht. Denn die Vorschrift umfasst nicht nur diejenigen, die das Gericht nach eigenem Ermessen aus verfahrensökonomischen Gesichtspunkten als Beteiligte zum Verfahren hinzuziehen kann, und jene, die aufgrund eines Antragsrechts hinzugezogen werden können (insofern hat tatsächlich das Gericht die „Option"). Vielmehr gehören zu der Gruppe der „Kann-Beteiligten" auch diejenigen, die auf ihren Antrag hin vom Gericht als Beteiligte hinzugezogen werden müssen.[8] Für diesen Personenkreis liegt die Option, ob sie am Verfahren beteiligt werden wollen, bei den Antragsberechtigten selbst. Das Gericht hat nach einem erfolgten Antrag keinen Ermessensspielraum (s. auch Rz. 22).[9]

41 Die Vorschrift regelt die zweite Gruppe der Beteiligten kraft Hinzuziehung. Die Optionsbeteiligten werden im Gegensatz zu den „Muss-Beteiligten" durch keine Generalklausel definiert. Vielmehr sind die verschiedenen Tatbestände, nach denen je-

---

1 BT-Drucks. 16/6308, S. 179.
2 BT-Drucks. 16/6308, S. 179.
3 *Roth*, GS für Wolf, 2011, S. 505.
4 *Heilmann*, FamRZ 2010, 1391.
5 Kritisch zu Recht *Jacoby*, FamRZ 2007, 1703 (1705).
6 BT-Drucks. 16/6308, S. 178.
7 BT-Drucks. 16/6308, S. 179.
8 So auch Schulte-Bunert/Weinreich/*Schöpflin*, § 7 FamFG Rz. 24; aA *Bumiller*/Harders, § 7 FamFG Rz. 20, 22.
9 BT-Drucks. 16/6308, S. 179.

mand als „Kann-Beteiligter" hinzugezogen werden kann, in den Büchern 2 bis 8 dieses Gesetzes oder in anderen Gesetzen abschließend geregelt.[1]

II. Erfasste Personengruppen

1. Beteiligung von Amts wegen (Abs. 3, 1. Alt.)

a) Antragsberechtigte nach Abs. 2 Nr. 2

Von Amts wegen kann das Gericht zum einen solche Personen am Verfahren beteiligen, denen ursprünglich ein Antragsrecht auf Beteiligung iSd. Abs. 2 Nr. 2 zustand, von dem sie aber nicht Gebrauch gemacht haben. 42

Maßgeblich für die Hinzuziehung sind verfahrensökonomische Gesichtspunkte. Eine Hinzuziehung muss nicht zwangsläufig sinnvoll sein. Es besteht häufig lediglich die Möglichkeit, nicht jedoch die Gewissheit einer für den Hinzuzuziehenden nachteiligen Entscheidung.[2] Demnach hat das Gericht nach pflichtgemäßem Ermessen zu entscheiden, ob es eine Beteiligung für sinnvoll erachtet.[3] 43

b) Sonstige Antragsberechtigte

Das FamFG sieht in seinen Büchern 2 bis 8 zudem eine Reihe von Personengruppen vor, die, ohne nach Abs. 2 Nr. 2 antragsberechtigt zu sein, vom Gericht von Amts wegen als Beteiligte hinzugezogen werden können. Dies umfasst Personen, die lediglich ein ideelles oder soziales Interesse am Ausgang des Verfahrens haben und deshalb nicht der Gruppe der „Muss-Beteiligten" angehören.[4] 44

Als Beispiele dieser Fallgruppe sind etwa die näheren Angehörigen im Betreuungs- und im Unterbringungsverfahren zu nennen (§ 274 Abs. 4 Nr. 1, § 315 Abs. 4 Nr. 1).[5] 45

Insoweit es um die Wahrnehmung solch ideeller oder sozialer Interessen geht, ist die Aufzählung der Tatbestände, die eine Beteiligung ermöglichen, in den Büchern 2 bis 8 dieses Gesetzes abschließend.[6] Im Einzelnen gehören hierher die Pflegeperson in Kindschaftssachen (§ 161), die Ehegatten, Lebenspartner, Eltern, Pflegeeltern, Großeltern, Abkömmlinge, Geschwister und Vertrauenspersonen des Betroffenen in Betreuungssachen (§ 274 Abs. 4), die im Gesetz genannten nahen Angehörigen sowie der Leiter der Einrichtung in Unterbringungssachen (§ 315 Abs. 4) sowie ähnlich in Freiheitsentziehungssachen (§ 418 Abs. 3). 46

Da die nach diesen Vorschriften hinzuzuziehenden Personen durch das Verfahren nicht in ihren Rechten betroffen werden, hat das Gericht zu prüfen, ob eine Beteiligung im wohlverstandenen Interesse der vom Verfahren betroffenen Beteiligten ist. Dabei ist auch zu berücksichtigen, inwieweit der Hinzuzuziehende nicht beteiligt werden will. In diesem Fall muss er zunächst gehört werden. Falls er seine ablehnende Haltung gut begründet darlegen kann, ist seine Hinzuziehung zu unterlassen. Ausnahmen von diesem Grundsatz können allerdings gemacht werden, wenn schwerwiegende Gründe eine Hinzuziehung dennoch für notwendig erscheinen lassen.[7] Dem gegen seinen Willen hinzugezogenen Beteiligten steht kein Anfechtungsrecht gegen seine Hinzuziehung zu, obwohl dazu ein Bedürfnis bestehen kann, wenn zB durch die Hinzuziehung sensible Daten einem größeren Personenkreis zugänglich gemacht werden.[8] 47

---

1 BT-Drucks. 16/6308, S. 179.
2 *Kollhosser*, ZZP 93 (1980), 265 (284).
3 BT-Drucks. 16/6308, S. 179.
4 BT-Drucks. 16/6308, S. 179.
5 BGH v. 15.2.2012 – XII ZB 133/11, FamRZ 2012, 960; BGH v. 11.4.2012 – XII ZB 531/11, FamRZ 2012, 1049.
6 BT-Drucks. 16/6308, S. 179.
7 BT-Drucks. 16/6308, S. 179.
8 Vgl. *Bumiller*/Harders, § 7 FamFG Rz. 28.

2. Beteiligung wegen eines Antrags (Abs. 3, 2. Alt.)

48 Die zweite Gruppe der Optionsbeteiligten sind diejenigen, die aufgrund ihres eigenen Antrags am Verfahren beteiligt werden können.

a) Beteiligung zwingend (Option beim Antragssteller)

49 Die systematisch schwer zur Gruppe der Optionsbeteiligten passende Personengruppe erfasst all jene, denen ein Antragsrecht auf Beteiligung iSd. Abs. 2 Nr. 2 zusteht und bei denen es noch offen ist, ob sie davon Gebrauch machen.

50 Im Sinne der Systematik hätte der Wortlaut der beiden Alternativen des Abs. 3 umgestellt werden müssen (besser: „Das Gericht kann auf Antrag oder von Amts wegen weitere Personen [...]"). Denn zunächst liegt die Option, ob die nach Abs. 2 Nr. 2 Antragsberechtigten am Verfahren beteiligt werden wollen, bei ihnen selbst. Erst im Falle eines Verzichts der Antragsberechtigten kann das Gericht sie gem. Abs. 3, 1. Alt. dennoch hinzuziehen (vgl. Rz. 29 ff.).

51 In den Fällen, in denen der Hinzuzuziehende von seinem Antragsrecht Gebrauch macht, steht dem Gericht kein Ermessen zu, es muss den Antragenden am Verfahren beteiligen. Da der Antragende als Berechtigter nach Abs. 2 Nr. 2 regelmäßig in seinen eigenen Rechten unmittelbar betroffen ist (vgl. Rz. 30), wird es immer sachgerecht sein, ihn am Verfahren teilhaben zu lassen, wenn er sein Interesse daran zum Ausdruck bringt. Das Gericht muss also lediglich prüfen, ob er zur betreffenden Gruppe der Optionsbeteiligten zählt.[1] Im Einzelnen gehören hierher gem. § 345 Abs. 1 Satz 2 die Erben und die sonstigen dort genannten Personen im Bereich der Nachlasssachen.

52 Abschließend ist zu betonen, dass sich das originäre Recht auf Stellung eines Antrags auf Hinzuziehung bei dieser Personengruppe nicht aus Abs. 3, sondern aus Abs. 2 Nr. 2 ergibt. Aus der in dieser Hinsicht widersprüchlichen Gesetzesbegründung ergibt sich, dass der Gesetzgeber diese Personengruppe nur insoweit in Abs. 3 miteinbezogen haben wollte, als es sich bei ihnen – wie dargestellt – auch um Optionsbeteiligte handelt.[2]

b) Beteiligung nach Ermessen (Option beim Gericht)

53 Aus Abs. 5 Satz 1 ergibt sich, dass demjenigen, der nur ein ideelles oder soziales Interesse am Verfahren hat (Rz. 44), auch ein Antragsrecht zusteht. Denn wer vom Gericht von Amts wegen zum Verfahren hinzugezogen werden kann, der muss auch eine Möglichkeit haben, selbst die Initiative zu ergreifen.[3]

54 Im Gegensatz zu den Antragsberechtigten nach Abs. 2 Nr. 2 hat der Antragende in diesem Fall aber keinen Anspruch auf positive Bescheidung seines Antrags. Vielmehr hat das Gericht auch hier – wie bei einer Hinzuziehung einer zu diesem Kreis gehörenden Person von Amts wegen – zu prüfen, ob eine Beteiligung sachgerecht und verfahrensfördernd ist.[4]

G. Die Mitteilungspflicht des Gerichts (Absatz 4)

I. Grundsatz

55 Gem. Abs. 4 Satz 1 hat das Gericht allen Personen, denen ein Antragsrecht nach Abs. 2 oder Abs. 3 zusteht, die Eröffnung des Verfahrens mitzuteilen. Sie sind nach Satz 2 von ihrem **Antragsrecht** in Kenntnis zu setzen.

56 Die Vorschrift dient der Gewährung rechtlichen Gehörs für diejenigen, die nicht zwangsweise als Beteiligte zum Verfahren hinzugezogen werden. Denjenigen, denen

---

1 BT-Drucks. 16/6308, S. 179.
2 BT-Drucks. 16/6308, S. 179.
3 Wie hier auch *Roth*, GS für Wolf, 2011, S. 516.
4 BT-Drucks. 16/6308, S. 179.

ein Antragsrecht nach Abs. 2 zusteht (Rz. 29 ff., 34 ff.), soll die Möglichkeit gegeben werden, selbst zu entscheiden, ob sie am Verfahren als Beteiligte teilnehmen wollen. Den weiteren Antragsberechtigten, denen nur aus sozialem oder ideellen Interesse ein Antragsrecht zusteht (Rz. 44), soll ihre Möglichkeit, einen Antrag auf Hinzuziehung zu stellen, bekannt gemacht werden.[1]

Im RegE dieses Gesetzes war zunächst nur eine Pflicht zur Benachrichtigung der Antragsberechtigten nach Abs. 3 vorgesehen. Diese wurde letztlich nach weitreichender Kritik aus der Literatur und dem Sachverständigengutachten auch auf die Antragsberechtigten nach Abs. 2 Nr. 2 ausgedehnt.

II. Ausgenommene Personen

Die Benachrichtigungspflicht erstreckt sich nur auf die dem Gericht bekannten Personen. Das Gericht ist demnach nicht verpflichtet, Namen und Anschriften ihm unbekannter Rechtsinhaber herauszufinden.[2] Auch für den Fall, dass eine Person unter der im Antrag angegebenen Adresse nicht erreichbar ist, trifft das Gericht keine weitere Ermittlungspflicht.[3] Diese Bestimmung kann indes in Kollision zu Art. 103 Abs. 1 GG stehen, sofern ein materiell Betroffener nicht benachrichtigt wurde, eine Ermittlung seiner Person im Rahmen der Amtsermittlung aber möglich wäre.[4]

Allerdings kann das Gericht zur Ermittlung jener Personen den Antragssteller zu Hilfe ziehen und ihn mit der Ermittlung der Adresse beauftragen. Dies ist von seiner Mitwirkungspflicht als Beteiligter gedeckt.[5] Eine Person ist noch als dem Gericht unbekannt anzusehen, wenn zwar grundsätzlich die Existenz eines bestimmten potentiellen Rechtsinhabers bekannt ist, dieser indes noch in keiner Weise individualisiert werden kann, insbesondere wenn sein Name unbekannt ist.[6]

Durch diese Regelung soll verhindert werden, dass die bereits relativ umfassend ausgestaltete Benachrichtigungspflicht des Gerichts noch zusätzlich durch lange Ermittlungen zu einer übermäßigen Belastung des Gerichts und zu einer unnötigen Verzögerung des Verfahrens führt.

In der Literatur wurde kritisiert, Abs. 4 Satz 1, 2. Halbs. sei überflüssig.[7] In der Tat erscheint es fraglich, ob eine explizite Formulierung des Grundsatzes, dass Unmögliches nicht Gegenstand einer Pflicht sein kann, vonnöten ist. Jedoch ist eine Klarstellung in Hinblick auf die ohnehin weit gefasste Benachrichtigungspflicht begrüßenswert.

H. Entscheidung des Gerichts (Absatz 5)

I. Entscheidung durch Beschluss (Satz 1)

Wenn das Gericht einem Antrag auf Hinzuziehung nicht entspricht, entscheidet es gem. Abs. 5 durch Beschluss. Dagegen ist eine positive Hinzuziehungsentscheidung nicht zwingend durch förmlichen Beschluss zu treffen. Es kommt insoweit auch eine Ladung zum Termin oder eine Übermittlung von Schriftstücken als konkludente Entscheidung über die Hinzuziehung in Betracht.

Von dieser Regelung sind sowohl die nach Abs. 3 als auch die nach Abs. 2 Nr. 2 Antragsberechtigten erfasst. Dies war im RegE zunächst noch anders vorgesehen, der diese Regelung als einen zweiten Satz des Abs. 3 ausgestaltet hatte.

---

1 BT-Drucks. 16/6308, S. 179.
2 BT-Drucks. 16/6308, S. 179.
3 BT-Drucks. 16/6308, S. 179; aA *Bumiller*/Harders, § 7 FamFG Rz. 7.
4 Bork/*Jacoby*/Schwab, § 7 FamFG Rz. 16; *Zimmermann*, FuR 2009, 7; für eine verfassungskonforme Auslegung des Abs. 4 Schulte-Bunert/Weinreich/*Schöpflin*, § 7 FamFG Rz. 29.
5 BT-Drucks. 16/6308, S. 179.
6 MüKo. ZPO/*Pabst*, § 7 FamFG Rz. 26.
7 *Jacoby*, FamRZ 2007, 1703 (1706).

64 Dies erscheint zunächst auch logisch, da von der Konzeption des Abs. 2 Nr. 2 her das Gericht gar nicht negativ über einen Antrag eines nach dieser Vorschrift Berechtigten beschließen dürfte. Jedoch ist zu bedenken, dass zunächst geprüft werden muss, ob der Antragsteller wirklich die Voraussetzungen der Vorschrift erfüllt, die eine Antragsberechtigung nach Abs. 2 Nr. 2 vorsieht. Fällt diese Prüfung negativ aus, entscheidet das Gericht auch hier durch Beschluss.

65 Aus der Begründung zu der noch im RegE vorgesehenen Fassung lässt sich entnehmen, dass das Gericht im Falle eines positiven Bescheids nicht zwingend durch Beschluss entscheidet. Hier bedarf es keines formellen Hinzuziehungsaktes, es genügt eine konkludente Hinzuziehung (s. Rz. 62).

65a Indes scheint eine klarstellende Erklärung des Gerichts gegenüber dem Dritten, der beteiligt werden soll, in Bezug auf seine Stellung im Prozess notwendig. Dem Beteiligten (insbesondere einem Laien) erschließt sich nicht nur durch Übersendung von Schriftstücken, welche Absichten das Gericht verfolgt (zB Erhebung des Freibeweises, schriftliche Zeugenaussage, Annahme einer Beteiligtenstellung).[1]

II. Rechtsmittel (Satz 2)

66 Für den Fall einer negativen, durch Beschluss verkündeten Entscheidung auf den Antrag auf Hinzuziehung hat der Antragsteller die Möglichkeit der sofortigen Beschwerde nach den §§ 567 bis 572 ZPO.

67 Durch diese Vorschrift soll zum einen demjenigen ein Beschwerderecht eingeräumt werden, der trotz eines Antrags nach Abs. 2 Nr. 2 nicht hinzugezogen wurde.[2]

68 Zudem soll sie optimalen Rechtsschutz für diejenigen bieten, die sich aus sozialen, familiären und ideellen Gründen an einem Betreuungs- oder Unterbringungsverfahren oder als Pflegeeltern an einem Kindschaftsverfahren beteiligen möchten, und denen demnach nur ein Antragsrecht nach Abs. 3 zusteht.[3]

69 Nach § 569 Abs. 1 Satz 1 ZPO ist die sofortige Beschwerde beim Ausgangs- oder Beschwerdegericht binnen einer Notfrist von zwei Wochen einzulegen.

J. Anhörung ohne Beteiligung (Absatz 6)

I. Allgemeines

70 Abs. 6 bestimmt, dass diejenigen Personen, die im Verfahren lediglich anzuhören sind oder eine Auskunft zu erteilen haben, nicht automatisch Beteiligte werden. Die Vorschrift dient der reinen Klarstellung. Beteiligter kann nur der sein, der die Voraussetzungen der Abs. 1 bis 3 erfüllt.[4]

II. Betroffener Personenkreis

71 Wer zu diesen Personen gehören kann, ist abschließend in den Büchern 2 bis 8 dieses Gesetzes geregelt.[5] Dort sehen einzelne Vorschriften explizit eine Anhörungs- oder Auskunftserteilungspflicht, insbesondere für die – nur auf Antrag zu beteiligenden (vgl. Rz. 37) – Behörden vor.

72 Als Beispiele mögen die Mitwirkungspflicht des Jugendamts in Verfahren in Kindschaftssachen nach § 160 Abs. 1 oder in Adoptionsverfahren nach § 194 Abs. 1, ferner die zwingende Anhörung der bisherigen Kinder eines Adoptivelternteils bei einem Verfahren auf Annahme als Kind nach § 193 dienen.[6]

---

1 Keidel/*Zimmermann*, § 7 FamFG Rz. 29.
2 BT-Drucks. 16/9733, S. 352.
3 BT-Drucks. 16/6308, S. 179.
4 BT-Drucks. 16/6308, S. 180.
5 BT-Drucks. 16/6308, S. 180.
6 So jetzt ausdrücklich auch OLG Düsseldorf v. 20.12.2010 – II 8 WF 282/10, FamRZ 2011, 925; zustimmend ferner *Roth*, GS für Wolf, 2011, S. 511; aA OLG Stuttgart v. 16.9.2011 – 11 WF 155/11, FamRZ 2012, 145.

§ 8 Beteiligtenfähigkeit

Beteiligtenfähig sind
1. **natürliche und juristische Personen,**
2. **Vereinigungen, Personengruppen und Einrichtungen, soweit ihnen ein Recht zustehen kann,**
3. **Behörden.**

A. Grundlagen
  I. Bedeutung der Norm 1
  II. Systematik 2
  III. Normzweck 3
  IV. Entstehung der Norm 4
B. Anwendungsbereich 5
C. Voraussetzungen
  I. Generelle Erwägungen 7
  II. Beteiligtenfähigkeit nach Nr. 1 8
    1. Natürliche Personen 9
    2. Juristische Personen 10
    3. Weitere rechtsfähige Beteiligte ... 12
  III. Beteiligtenfähigkeit nach Nr. 2 13
    1. Vereinigungen 14
    2. Personengruppen und Einrichtungen ... 17
  IV. Behörden (Nr. 3) 19
D. Rechtsfolgen 22

A. Grundlagen

I. Bedeutung der Norm

Die Norm knüpft unmittelbar an § 7 an und ist in dessen Kontext zu verstehen. Anhand der systematischen Überlegungen (s. § 7 Rz. 12) gewinnt die Norm ihre Bedeutung, wenn eine Beteiligung iSv. § 7 vorliegt und nunmehr zu prüfen ist, ob die Person, Vereinigung, Gruppe oder Einrichtung beteiligtenfähig ist. **1**

II. Systematik

Die Beteiligtenfähigkeit ist parallel zur Parteifähigkeit der ZPO (vgl. § 50 ZPO) und zur Partei- und Beteiligtenfähigkeit der VwGO (vgl. § 61 VwGO) zu sehen. Beteiligtenfähig ist, wer als Subjekt in einem Verfahren der freiwilligen Gerichtsbarkeit auftreten kann. Es handelt sich also um eine Prozesshandlungs- und Sachentscheidungsvoraussetzung. **2**

III. Normzweck

Wie in § 7 bereits dargelegt (s. § 7 Rz. 5), schafft die Norm Rechtssicherheit und dient der Verfahrensökonomie. Subjekte, die als Beteiligte auftreten, aber nicht beteiligtenfähig sind, können und dürfen das Gericht nicht zu einer Sachentscheidung veranlassen. Der Gesetzgeber hat in der freiwilligen Gerichtsbarkeit insofern also eine Regelungslücke geschlossen. **3**

IV. Entstehung der Norm

Im früheren Recht war nicht nur der Beteiligtenbegriff, sondern auch die Beteiligtenfähigkeit nicht geregelt. Dennoch war es allgemein anerkannt, dass die Beteiligtenfähigkeit eine von Amts wegen zu prüfende Verfahrensvoraussetzung (Sachentscheidungsvoraussetzung) darstellte.[1] Insofern hat der Gesetzgeber mit § 8 die schon bisher bestehende Rechtslage gesetzlich festgeschrieben. Im Ausgangspunkt richtet sich die Beteiligtenfähigkeit im Wesentlichen nach der Rechtsfähigkeit im bürgerlichen Recht.[2] Von Aufbau und Gliederung ist § 8 stark dem fast exakt gleich gestalteten § 61 VwGO nachempfunden, den der Gesetzgeber sich ausdrücklich als Modell ausgesucht hat.[3] **4**

---

1 Keidel/*Schmidt*, § 12 FGG Rz. 43.
2 Schulte-Bunert/Weinreich/*Schöpflin*, § 8 FamFG Rz. 1.
3 BT-Drucks. 16/6308, S. 180.

B. Anwendungsbereich

5 Die Norm steht im ersten Abschnitt des ersten Buches des FamFG und ist damit grundsätzlich auf alle im FamFG geregelten Verfahren der freiwilligen Gerichtsbarkeit anwendbar.

6 Gem. § 113 Abs. 1 ist die Norm in Ehe- und Familienstreitsachen nicht anzuwenden. Vielmehr gelten für diese Verfahren die Regeln der ZPO unmittelbar. Das bedeutet im konkreten Fall, dass in diesen Verfahren § 50 ZPO direkt heranzuziehen ist. Zu beachten ist dabei allerdings § 113 Abs. 5 Nr. 5 FamFG, wonach auch in den Ehesachen und den Familienstreitsachen die Parteien stets als Beteiligte zu bezeichnen sind.

C. Voraussetzungen

I. Generelle Erwägungen

7 Die Voraussetzungen der Beteiligtenfähigkeit sind alternativ in den Nr. 1 bis 3 des § 8 aufgezählt. Kommt es zum Streit um die Beteiligungsfähigkeit, ist der Betroffene bis zur Klärung wie ein Beteiligter zu behandeln.[1] Nur dadurch kann ihm ein effektiver Rechtsschutz gewährt werden.

II. Beteiligtenfähigkeit nach Nr. 1

8 Gem. Nr. 1 sind alle natürlichen und juristischen Personen sowohl des privaten als auch des öffentlichen Rechts beteiligtenfähig.

1. Natürliche Personen

9 Natürliche Person ist der Mensch iSv. § 1 BGB. Er ist dies von der Vollendung der Geburt bis zum Tod (Gehirntod). Zu den natürlichen Personen zählt auch der **Nasciturus** (also ein bereits gezeugtes, aber noch nicht geborenes Kind), allerdings nur in dem Rahmen, in dem er nach Anwendung der Grundsätze des bürgerlichen Rechts als rechtsfähig behandelt werden kann oder ihm nach öffentlichem Recht Rechte zustehen können.[2] Als Beispiel ist die Erbfähigkeit des Ungeborenen, aber bereits Gezeugten nach § 1923 Abs. 2 BGB zu nennen.

2. Juristische Personen

10 Juristische Personen iSv. Nr. 1 sind alle juristischen Personen des privaten und des öffentlichen Rechts. Im Privatrecht sind dies der eingetragene Verein (§§ 21, 55 BGB), der Wirtschaftsverein mit der Verleihung der Rechtsfähigkeit (§ 22 BGB), die selbständige Stiftung (§ 80 BGB), die Aktiengesellschaft, die KGaA, die GmbH, die Unternehmergesellschaft, die eingetragene Genossenschaft, der Versicherungsverein auf Gegenseitigkeit, die europäische Aktiengesellschaft (Art. 1 Abs. 3 SE-VO) und die europäische Genossenschaft (Art. 1 Abs. 5 SCE- VO). Im öffentlichen Recht sind juristische Personen die Gebietskörperschaften, die sonstigen Körperschaften, die Anstalten und die rechtsfähigen Sondervermögen des öffentlichen Rechts sowie Stiftungen. Auch ausländische juristische Personen gehören hierher, soweit sie nach dem kollisionsrechtlich anzuwendenden materiellen Recht rechtsfähig sind.[3]

11 Juristische Personen **in Gründung** (Vorgesellschaft, Vorverein) wird man je nach dogmatischer Auffassung entweder den juristischen Personen gleichstellen können oder nach § 8 Nr. 2 als eine Vereinigung ansehen können, der bereits Rechte zustehen können. Juristische Personen **in Liquidation** behalten ihre Rechts- und Beteiligtenfähigkeit. Erst die Löschung einer Gesellschaft im jeweiligen Register führt zum Verlust der Rechts- und Beteiligtenfähigkeit.[4] Materiell ist die gelöschte Gesellschaft

---

1 BGH v. 13.7.1993 – III ZB 17/93, NJW 1993, 2943 (2944) mwN.
2 BVerwG v. 5.2.1992 – 7 B 13/92, NJW 1992, 1524.
3 Vgl. MüKo. ZPO/*Pabst*, § 8 FamFG Rz. 10.
4 BGH v. 25.10.2010 – II ZR 115/09, ZIP 2010, 2444.

nicht mehr existent. Bestehen dagegen Anhaltspunkte, dass trotz Löschung noch verwertbares Vermögen vorhanden ist, so bleibt die juristische Person beteiligtenfähig.[1] Dafür reicht bei einem Aktivprozess die bloße Tatsache, dass die Gesellschaft einen Vermögensanspruch geltend macht. Bei einem Passivprozess ist die gelöschte Gesellschaft jedenfalls dann verfahrensfähig, wenn der Antragsteller substantiiert behauptet, es sei bei der Gesellschaft noch Vermögen vorhanden.

3. Weitere rechtsfähige Beteiligte

Vom Gesetzgeber offen gelassen wurde die Frage, ob die nach allgemeiner Ansicht in § 61 VwGO den juristischen Personen gleichgestellten und heute als rechtsfähig anerkannten Vereinigungen – zB die Personenhandelsgesellschaften, die politischen Parteien oder die Börse[2] – nach § 8 Nr. 1 oder Nr. 2 dieses Gesetzes beteiligtenfähig sind. Es besteht kein Zweifel daran, dass diese Vereinigungen beteiligtenfähig sind. Es ergibt sich lediglich aus der Gesetzesbegründung keine eindeutige Zuordnung. Zwar verweist der Gesetzgeber ausdrücklich auf den Bezug zu § 61 VwGO,[3] was für eine Beteiligtenfähigkeit nach Nr. 1 sprechen würde, jedoch werden die Gewerkschaften, die nach der ZPO und der VwGO den juristischen Personen gleichgestellt waren,[4] ausdrücklich als alternativ neben den juristischen Personen beteiligtenfähige Vereinigungen genannt.[5] Dies lässt eher darauf schließen, dass der Gesetzgeber diese Vereinigungen als beteiligtenfähig nach Nr. 2 (Rz. 13 ff.) einordnen wollte. 12

III. Beteiligtenfähigkeit nach Nr. 2

Gem. Nr. 2 sind Vereinigungen, Personengruppen und Einrichtungen beteiligtenfähig, soweit ihnen ein Recht zustehen kann. In Vergleich zur Modellvorschrift § 61 Nr. 2 VwGO ist § 8 Nr. 2 weiter gefasst. Die Erweiterung der Norm um die Personengruppen und Einrichtungen ist ein Indiz dafür, dass der Gesetzgeber Nr. 2 als Auffangvorschrift für alle jene rechts- oder teilrechtsfähigen Subjekte des Rechtsverkehrs vorgesehen hat, die nicht explizit natürliche oder juristische Personen sind. 13

1. Vereinigungen

Als Vereinigungen beteiligtenfähig sind zunächst alle diejenigen Gruppierungen, denen nach materiellem Recht vom Gesetz oder von der Rechtsprechung Rechtsfähigkeit zuerkannt wird, ohne dass sie zu den juristischen Personen gehören würden. Im Einzelnen sind dies die Gesellschaft bürgerlichen Rechts (§ 705 BGB),[6] die Personenhandelsgesellschaften (OHG und KG) gem. §§ 124, 161 Abs. 2 HGB, ferner die Reederei (§ 493 Abs. 3 HGB) und die Partnerschaftsgesellschaft (§ 7 Abs. 2 PartGG). Rechtsfähig ist auch die Wohnungseigentümergemeinschaft (§ 10 Abs. 6 WEG). 14

Problematisch war früher die Einordnung des **nichtrechtsfähigen Vereins**, der bisher im Hinblick auf § 50 Abs. 2 ZPO allenfalls als passiv beteiligtenfähig bezeichnet wurde. Diese Einordnung ist überholt. Der BGH hat im Hinblick auf seine Rechtsprechung zur Gesellschaft bürgerlichen Rechts und wegen der gesetzlichen Verweisung des § 54 BGB auch den nichtrechtsfähigen Verein für rechts- und parteifähig erklärt.[7] Dies hat nunmehr der Gesetzgeber durch die Änderung des § 50 Abs. 2 ZPO bestätigt. Das muss nunmehr auch für die Beteiligtenfähigkeit gem. § 8 FamFG gelten. Mit der generellen Beteiligtenfähigkeit des nichtrechtsfähigen Vereins ist auch abschließend geklärt, dass alle Gewerkschaften beteiligtenfähig sind. 15

---

1 BGH v. 25.10.2010 – II ZR 115/09, ZIP 2010, 2444.
2 Kopp/*Schenke*, § 61 VwGO Rz. 6 mwN.
3 BT-Drucks. 16/6308, S. 180.
4 Kopp/*Schenke*, § 61 VwGO Rz. 6.
5 BT-Drucks. 16/6308, S. 180.
6 BGH v. 29.1.2001 – II ZR 331/00, NJW 2001, 1056 = BGHZ 146, 341.
7 BGH v. 2.7.2007 – II ZR 111/05, NZG 2007, 826 = NZM 2007, 887; aA Keidel/*Zimmermann*, § 8 FamFG Rz. 13.

16 **Politische Parteien** sind wegen § 3 PartG ebenfalls beteiligtenfähig. Bei den **Kirchen** sind auf katholischer Seite die Bistümer als maßgebende Territorialgliederungen und auf evangelischer Seite die Landeskirchen als beteiligtenfähig anzusehen.

2. Personengruppen und Einrichtungen

17 Soweit Personengruppen und Einrichtungen nicht unter die bisherige Aufzählung der Beteiligtenfähigkeit fallen, weil sie etwa als nichtrechtsfähige Unterorganisation ausgestaltet sind, können sie im Rahmen der freiwilligen Gerichtsbarkeit dennoch im Einzelfall beteiligtenfähig sein, soweit ihnen ein Recht zustehen kann. Hierher gehören nichtrechtsfähige Orts- oder Kreisverbände als Unterorganisationen politischer Parteien, nichtrechtsfähige Unterorganisationen von Gewerkschaften, Organe von Hochschulen oder Erbengemeinschaften.

18 **Nicht beteiligtenfähig** ist eine Gesellschaft bürgerlichen Rechts, die lediglich als Innengesellschaft im Rechtsverkehr nicht auftritt. Ebenfalls nicht beteiligtenfähig ist die Firma eines Kaufmanns, die lediglich als Bezeichnung an die Stelle der natürlichen Person treten kann (§ 17 Abs. 2 HGB). Weiterhin sind der Nachlass als solcher und die Insolvenzmasse nicht beteiligtenfähig.[1] Nicht beteiligtenfähig ist die unselbständige Zweigniederlassung einer rechtsfähigen Person. Grundsätzlich nicht beteiligtenfähig ist die Erbengemeinschaft.[2]

IV. Behörden (Nr. 3)

19 Nach altem Recht konnten Behörden nur dann am Verfahren teilnehmen, wenn ihnen diese Fähigkeit explizit zugesprochen wurde.[3] Diesem logischen Rückschluss folgt auch die neue Konzeption: Da den Behörden vielfach ein Antragsrecht auf Beteiligung nach § 7 Abs. 2 Nr. 2 zusteht, müssen sie auch beteiligtenfähig sein. Diese Fähigkeit zur Beteiligung hängt nun jedoch nicht mehr vom Bestehen eines Antragsrechts ab, sondern besteht generell.[4]

20 Als Behörde iSv. Nr. 3 gelten alle Verwaltungsstellen, die durch organisationsrechtliche Rechtssätze gebildet, vom Wechsel der Amtsinhaber unabhängig und nach der einschlägigen Zuständigkeitsregelung dazu berufen sind, für den Staat oder einen sonstigen Verwaltungsträger hoheitlich in Form von Verwaltungsakten zu entscheiden.[5]

21 Sie handeln in Verfahrensstandschaft für die Körperschaft, der sie angehören; ihre Rechtshandlungen wirken für und gegen den Rechtsträger, für den sie am Prozess beteiligt sind.[6]

D. Rechtsfolgen

22 Folge der Beteiligtenfähigkeit ist, dass die betroffenen Vereinigungen, Personengruppen oder Einrichtungen unter ihrem Namen im Verfahren auftreten und ihre Mitglieder – da nicht Beteiligte – als Zeugen auftreten können.[7]

23 Die Beteiligtenfähigkeit ist eine **Sachentscheidungsvoraussetzung**. Sie ist in jeder Verfahrenslage von Amts wegen zu prüfen.[8] Ihr Mangel führt im Amtsverfahren zur Einstellung des Verfahrens, im Antragsverfahren zur Zurückweisung des Antrags als unzulässig. Im Streit um die Beteiligtenfähigkeit gilt jeder Beteiligte als beteiligtenfähig. Daher wäre das Rechtsmittel eines nicht Beteiligtenfähigen nicht etwa als unzulässig zu verwerfen, sondern als zulässig zu behandeln und die Vorentscheidung als unzulässig aufzuheben.

---

1 Schulte-Bunert/Weinreich/*Schöpflin*, § 8 FamFG Rz. 8.
2 BGH, NJW 2002, 3389; zu Ausnahmen s.o. Rz. 17.
3 Keidel/*Zimmermann*, 15. Aufl., § 13 FGG Rz. 51.
4 BT-Drucks. 16/6308, S. 180.
5 Kopp/*Schenke*, § 61 VwGO Rz. 13.
6 Kopp/*Schenke*, § 61 VwGO Rz. 13 mwN.
7 Kopp/*Schenke*, § 61 VwGO Rz. 8.
8 Ebenso Keidel/*Zimmermann*, § 8 FamFG Rz. 4.

Die Beteiligtenfähigkeit ist ferner eine **Prozesshandlungsvoraussetzung**. Die einzelne Prozesshandlung eines Nichtbeteiligtenfähigen ist also unzulässig. **24**

Vom Mangel der Beteiligtenfähigkeit zu unterscheiden ist die **Nichtexistenz** eines Beteiligten. Würde sie im Verfahren übersehen, wäre eine dennoch ergehende Sachentscheidung wirkungslos.[1] **25**

9 Verfahrensfähigkeit

(1) **Verfahrensfähig sind**
1. die nach bürgerlichem Recht Geschäftsfähigen,
2. die nach bürgerlichem Recht beschränkt Geschäftsfähigen, soweit sie für den Gegenstand des Verfahrens nach bürgerlichem Recht als geschäftsfähig anerkannt sind,
3. die nach bürgerlichem Recht beschränkt Geschäftsfähigen, soweit sie das 14. Lebensjahr vollendet haben und sie in einem Verfahren, das ihre Person betrifft, ein ihnen nach bürgerlichem Recht zustehendes Recht geltend machen,
4. diejenigen, die aufgrund dieses oder eines anderen Gesetzes dazu bestimmt werden.

(2) Soweit ein Geschäftsunfähiger oder in der Geschäftsfähigkeit Beschränkter nicht verfahrensfähig ist, handeln für ihn die nach bürgerlichem Recht dazu befugten Personen.

(3) Für Vereinigungen sowie für Behörden handeln ihre gesetzlichen Vertreter und Vorstände.

(4) Das Verschulden eines gesetzlichen Vertreters steht dem Verschulden eines Beteiligten gleich.

(5) Die §§ 53 bis 58 der Zivilprozessordnung gelten entsprechend.

A. Grundlagen	
I. Bedeutung der Norm 1	
II. Systematik 2	
III. Normzweck 3	
IV. Entstehung der Norm 4	
B. Anwendungsbereich 5	
C. Voraussetzungen	
I. Verfahrensfähige Personen (Absatz 1)	
1. Geschäftsfähige Personen (Absatz 1 Nr. 1) 8	
2. Beschränkt Geschäftsfähige	
a) Verfahrensfähigkeit nach Absatz 1 Nr. 2 9	
b) Verfahrensfähigkeit nach Absatz 1 Nr. 3 12	
3. Durch Gesetz bestimmte Verfahrensfähigkeit (Absatz 1 Nr. 4) 16	
II. Vertretung nicht verfahrensfähiger Personen (Absatz 2) 18	
III. Verfahrensfähigkeit von Vereinigungen und Behörden (Absatz 3)	
1. Allgemeines 21	
2. Erfasste Gruppen 23	
3. Handlungsbefugte 25	
4. Sonstiges 28	
D. Rechtsfolgen	
I. Bedeutung der Verfahrensfähigkeit 29	
II. Verschulden des gesetzlichen Vertreters (Absatz 4)	
1. Allgemeines 32	
2. Begriff des Verschuldens 34	
E. Prozessuale Besonderheiten (Absatz 5) 36	
I. Prozessunfähigkeit bei Betreuung oder Pflegschaft (§ 53 ZPO) 37	
II. Bestellung eines Prozesspflegers (§§ 57 f. ZPO) 38	
III. Sonstige Regelungen 42	
F. Verfahrensführungsbefugnis 46

A. Grundlagen

I. Bedeutung der Norm

Die Norm baut auf § 8 auf. Sie muss im Kontext der §§ 7, 8 verstanden werden. Entsprechend den in § 7 genannten Überlegungen (s. § 7 Rz. 12) stellt sich nunmehr die Frage, ob ein am konkreten Verfahren tatsächlich Beteiligter, der auch beteiligtenfähig ist, selbst wirksam Prozesshandlungen im Verfahren vornehmen kann. **1**

---

1 Jansen/*v. König*, § 13 FGG Rz. 12.

II. Systematik

2   Die Prüfung der Verfahrensfähigkeit setzt zwingend die vorherige Prüfung der §§ 7, 8 FamFG voraus. Verfahrensfähig kann nur sein, wer auch beteiligtenfähig ist.[1] Die Verfahrensfähigkeit ist parallel zur Prozessfähigkeit der ZPO (vgl. §§ 51, 52 ZPO) und zur Prozessfähigkeit der VwGO (vgl. § 62 VwGO) zu sehen. Verfahrensfähig ist, wer in einem Verfahren selbständig Prozesshandlungen vornehmen kann. Es handelt sich also wie bei der Beteiligtenfähigkeit auch hier um eine Prozesshandlungs- und Sachentscheidungsvoraussetzung.

III. Normzweck

3   Auch § 9 dient der Rechtssicherheit und der Verfahrensökonomie (s. dazu bereits § 7 Rz. 5). Die Norm grenzt darüber hinaus den Bereich ab, in dem ein Beteiligter in eigener Person die Fähigkeit hat, seinen Prozess zu führen. Anderenfalls muss das Verfahren von einem gesetzlichen Vertreter geführt werden. Dies zeigt, dass die Verfahrensfähigkeit als Voraussetzung zunächst dem Schutz des jeweils Beteiligten selbst dient. Darüber hinaus sollen auch ein eventuell vorhandener Verfahrensgegner und das geordnete Verfahren selbst geschützt werden.

IV. Entstehung der Norm

4   Auch die Verfahrensfähigkeit war bisher im FGG nicht geregelt und ist neu in das FamFG aufgenommen. Wie bei der Beteiligtenfähigkeit waren allerdings die inhaltlichen Grundsätze in Rechtssprechung und Literatur seit langem anerkannt. Die umfangreiche Norm wurde im Gesetzgebungsverfahren mehrfach umgestaltet, erhielt ihre Grundkonzeption aber schon im RefE. Für wesentliche Teile der Norm war § 62 VwGO das Vorbild.

B. Anwendungsbereich

5   Die Norm steht im ersten Abschnitt des ersten Buches des FamFG und ist damit grundsätzlich auf alle im FamFG geregelten Verfahren der freiwilligen Gerichtsbarkeit anwendbar. Sie ist abschließend und regelt alle Fälle der Verfahrensfähigkeit.

6   Gem. § 113 Abs. 1 ist die Norm in Ehe- und Familienstreitsachen nicht anzuwenden. Vielmehr gelten für diese Verfahren die Regeln der ZPO unmittelbar. Das bedeutet im konkreten Fall, dass in diesen Verfahren die §§ 51, 52 ZPO direkt heranzuziehen sind. Zu beachten ist dabei allerdings § 113 Abs. 5 Nr. 1 FamFG, wonach auch in den Ehesachen und den Familienstreitsachen der Begriff des Prozesses stets durch den Begriff des Verfahrens ersetzt wird.

7   Wie sich aus Abs. 5 ergibt, sind in Fragen der konkreten Abwicklung und des Verhaltens bei Verfahrensunfähigkeit die §§ 53 bis 58 ZPO entsprechend heranzuziehen. Diese Verweisung ist allerdings in Ehe- und Familienstreitsachen ohne Bedeutung, da dort die §§ 53 bis 58 unmittelbar gelten.

C. Voraussetzungen

I. Verfahrensfähige Personen (Absatz 1)

1. Geschäftsfähige Personen (Absatz 1 Nr. 1)

8   Nach Abs. 1 Nr. 1 sind diejenigen Personen verfahrensfähig, die nach bürgerlichem Recht voll (= unbeschränkt) geschäftsfähig sind. Die Geschäftsfähigkeit bestimmt sich nach den §§ 2 und 104 ff. BGB. Entscheidend sind also die Vollendung des 18. Lebensjahres und das Nichtvorliegen einer dauerhaften Störung der Geistestätigkeit, die die freie Willensbildung ausschließt. Für die betroffene Person darf kein Pfleger nach §§ 1911, 1913 BGB und auch kein Prozesspfleger nach § 57 ZPO bestellt sein (für diesen Fall gilt § 53 ZPO, dazu Rz. 37). Die Vorschrift entspricht § 62 Abs. 1 Nr. 1 VwGO.

---

1 BT-Drucks. 16/6308, S. 180.

2. Beschränkt Geschäftsfähige

a) Verfahrensfähigkeit nach Absatz 1 Nr. 2

Die nach bürgerlichem Recht beschränkt Geschäftsfähigen sind gem. Nr. 2 insoweit verfahrensfähig, als sie nach bürgerlichem Recht geschäftsfähig sind. Beschränkt geschäftsfähig ist nach § 106 BGB ein Minderjähriger, der das 7. Lebensjahr vollendet hat.

Insbesondere relevant ist diese Vorschrift für die Fälle, in denen ein Minderjähriger gem. § 112 BGB zum selbständigen Betrieb eines Erwerbsgeschäft oder gem. § 113 BGB zur Dienst- oder Arbeitsübernahme ermächtigt ist. Betrifft der Verfahrensgegenstand Geschäfte, zu denen der Minderjährige nach diesen Vorschriften ermächtigt ist, so ist er insoweit auch verfahrensfähig. Auch die ZPO erkennt insoweit eine partielle Prozessfähigkeit an.

Die Vorschrift ist § 62 Abs. 1 Nr. 2 VwGO nachgebildet. Der dort vorgesehene Hinweis auf eine Prozessfähigkeit qua öffentlichen Rechts entfällt hier, da er durch die Blankettvorschrift des Abs. 1 Nr. 4 aufgefangen wird (Rz. 16 f.).[1]

b) Verfahrensfähigkeit nach Absatz 1 Nr. 3

Nach Nr. 3 sind Minderjährige, die das 14. Lebensjahr vollendet haben, verfahrensfähig, sofern sie ein Recht geltend machen, das ihnen nach bürgerlichem Recht zusteht. Hier ist also das Bestehen der Verfahrensfähigkeit von einer Entscheidung des Minderjährigen abhängig. Allerdings schließt § 81 Abs. 3 es aus, dass einem solchen Minderjährigen Verfahrenskosten auferlegt werden.[2]

Diese Vorschrift ist gänzlich neu und dient laut Gesetzesbegründung der Harmonisierung von materiellem Recht und Verfahrensrecht.[3] Dies erscheint zweifelhaft, weil im Normalfall die Verfahrensfähigkeit mit der unbeschränkten Geschäftsfähigkeit korreliert (vgl. §§ 51, 52 ZPO). Im Rahmen von Kindschaftssachen werden dem Minderjährigen, soweit er das 14. Lebensjahr vollendet hat, eine Reihe von Widerspruchs- und Mitwirkungsrechten im BGB eingeräumt. Diese muss er logischerweise auch selbst geltend machen können. Diesem Umstand trägt die Regelung des Nr. 3 Rechnung. Sie erlaubt eine eigenständige Geltendmachung ohne Mitwirkung der gesetzlichen Vertreter.[4] Nicht ausreichend ist also die Geltendmachung von Rechtspositionen, deren Grundlage sich im Verfassungs-, Verwaltungs- oder Verfahrensrecht findet.[5] Das Kind kann im Laufe des Verfahrens seine Verfahrensfähigkeit wiederum aufheben. Auch die Beiordnung eines Verfahrensbeistands (vgl. §§ 158, 174, 191) setzt die Verfahrensfähigkeit voraus.

Im Einzelnen muss das Verfahren die Person des Minderjährigen als solchen betreffen. Es geht also wohl ausschließlich um Kindschaftssachen (§ 151 FamFG). Auszuscheiden haben Verfahren, die überwiegend das Vermögen des Minderjährigen betreffen. Dabei muss der Minderjährige ein ihm nach bürgerlichem Recht zustehendes Recht geltend machen. Beispiele sind das Widerspruchsrecht des Kindes bei alleiniger Übertragung der elterlichen Sorge nach § 1671 Abs. 2 Nr. 1 BGB oder die Einwilligung des Kindes zur Annahme als Kind nach § 1746 Abs. 1 BGB. Auch das Umgangsrecht des Kindes mit den Eltern nach § 1684 Abs. 1 BGB kommt in Betracht. Dagegen haben auszuscheiden die Regeln über Einschränkung oder Ausschluss des Umgangsrechts nach § 1684 Abs. 4 BGB sowie das Umgangsrecht nach § 1685 BGB. Ebenfalls kein dem Minderjährigen zustehendes Recht geben §§ 1631 Abs. 2, 1666 BGB.

---

1 BT-Drucks. 16/9733, S. 353.
2 OLG Stuttgart v. 13.4.2011 – 17 UF 82/11, FamRB 2011, 307 (*Schwonberg*).
3 BT-Drucks. 16/9733, S. 352.
4 BT-Drucks. 16/9733, S. 352.
5 MüKo. ZPO/*Pabst*, § 9 Rz. 7; *Heiter*, FamRZ 2009, 87.

15 Weiterhin muss das geltend gemachte Recht dem Minderjährigen tatsächlich zustehen. Die reine Rechtsbehauptung genügt also nicht.[1] Der Minderjährige muss dieses ihm zustehende Recht auch geltend machen. Er muss es also positiv für sich in Anspruch nehmen.[2] Hier wird man ein eigenes positives Handeln des Minderjährigen verlangen müssen, ein Handeln durch den gesetzlichen Vertreter oder ein Unterlassen reicht nicht aus. Schließlich gilt es zu beachten, dass die Verfahrensfähigkeit des Minderjährigen nur soweit besteht, wie die Voraussetzungen im Einzelnen gegeben sind. Es kann also innerhalb eines Verfahrens eine abgestufte Verfahrensfähigkeit geben.[3]

15a Eine **Verfahrensvollmacht** könnte der Minderjährige in solchen Fällen einer Verfahrensfähigkeit trotz fehlender Volljährigkeit nach allgemeinen Regeln an sich nicht erteilen. Hier muss allerdings abweichend von §§ 107 ff. BGB der Grundsatz gelten, dass die gesetzlich eingeräumte Verfahrensfähigkeit zugleich auch die Berechtigung enthält, selbständig eine Verfahrensvollmacht zu erteilen.

3. Durch Gesetz bestimmte Verfahrensfähigkeit (Absatz 1 Nr. 4)

16 Die Vorschrift der Nr. 4 erklärt all jene für verfahrensfähig, die aufgrund einer Norm des FamFG oder eines anderen Gesetzes dazu bestimmt werden. Diese „Blankettvorschrift"[4] soll den Besonderheiten des betreuungs- und unterbringungsrechtlichen Verfahrens Rechnung tragen,[5] bei dem der Betroffene gem. §§ 275, 316 immer verfahrensfähig ist. Eine eigenständige Regelung der Verfahrensfähigkeit Minderjähriger enthält in Ehesachen § 125, da § 9 in Ehesachen nicht gilt (vgl. § 113 Abs. 1).

17 Ebenso soll auf andere Vorschriften außerhalb des FamFG Bezug genommen werden, die Handlungsfähigkeit in bestimmten Sachen vorsehen, wie beispielsweise § 36 Abs. 1 Satz 1 SGB I.[6] Durch diesen Bezug konnte der Gesetzgeber bei Nr. 2 einen Verweis auf eine eventuell bestehende Handlungsfähigkeit nach öffentlichem Recht beiseitelassen (Rz. 11).

II. Vertretung nicht verfahrensfähiger Personen (Absatz 2)

18 Für diejenigen Personen, die nicht nach Abs. 1 Nr. 1 bis 4 verfahrensfähig sind, verweist Abs. 2 bezüglich deren Vertretung auf das BGB, also auf das materielle Recht. Diejenigen, die den nicht Verfahrensfähigen nach dem bürgerlichen Recht vertreten, sollen diese Funktion auch im Verfahren der freiwilligen Gerichtsbarkeit übernehmen. Zur Bekanntgabe eines Beschlusses und zum Lauf der Rechtsmittelfrist gegenüber einer nicht verfahrensfähigen Person s. § 41 Rz. 5 und § 63 Rz. 7.

19 Erfasst davon sind in allererster Linie die Eltern, die ihr Kind nach § 1629 BGB vertreten. Ebenso gilt die Regelung für den Ergänzungspfleger nach § 1909 BGB. Eine besondere Kontroverse hat sich bei der **Vertretung von Kindern** ergeben. Soweit es sich um Verfahren handelt, die die Person des Kindes betreffen, haben Kinder entweder gem. § 7 Abs. 1 oder nach § 7 Abs. 2 die Stellung eines formell am Verfahren Beteiligten. In diesem Verfahren ist zunächst Abs. 1 Nr. 3 zu beachten, wonach Kinder in den Verfahren, die ihre Person betreffen, ab der Vollendung des 14. Lebensjahres verfahrensfähig sind, sofern sie ein ihnen nach bürgerlichem Recht zustehendes Recht geltend machen. In allen anderen Fällen werden verfahrensunfähige Kinder an sich durch ihre Eltern gesetzlich vertreten (§ 1629 BGB). Zu beachten ist weiterhin, dass in solchen Fällen ein Interessenkonflikt zwischen Eltern und Kind bestehen kann, insbesondere wenn der sorgeberechtigte Elternteil in einem Verfahren seine eigenen Rechte und zugleich die des minderjährigen Kindes wahrnimmt. Hier wird teilweise

---

1 AA Schulte-Bunert/Weinreich/*Schöpflin*, § 9 FamFG Rz. 9.
2 So auch Schulte-Bunert/Weinreich/*Schöpflin*, § 9 FamFG Rz. 9; Keidel/*Zimmermann*, § 9 FamFG Rz. 13.
3 Zum Ganzen vgl. *Heiter*, FamRZ 2009, 85 (87).
4 BT-Drucks. 16/9733, S. 353.
5 BT-Drucks. 16/6308, S. 180.
6 BT-Drucks. 16/9733, S. 353.

vertreten, dass generell ein Ergänzungspfleger zu bestellen ist.[1] Nach aA genügt die Bestellung eines Verfahrensbeistandes,[2] oder es wird die Bestellung beider für erforderlich gehalten.[3] Die Einsetzung eines Ergänzungspflegers ist aufwendig. Andererseits kann ein Verfahrensbeistand nicht ausreichen, weil diesem eine gesetzliche Vertretung nicht zukommt. Auch in vermögensrechtlichen Angelegenheiten (etwa im Rahmen des Verfahrens der Genehmigung einer Erbausschlagung) muss dem minderjährigen Kind zur Wahrnehmung seiner Verfahrensrechte ein Ergänzungspfleger bestellt werden.[4] Auch hier können sich durch die Pflegerbestellung deutliche Erschwernisse im Verfahrensablauf ergeben. Die gesetzliche Neuordnung der formellen Beteiligung von Kindern am Verfahren erzwingt dies aber letztlich.

Dieser Regelung diente § 58 Abs. 2 FGO als Vorbild.[5] 20

Eine Verfahrensvollmacht kann bei der Beteiligung nicht verfahrensfähiger Personen nur vom jeweiligen gesetzlichen Vertreter erteilt werden. 20a

III. Verfahrensfähigkeit von Vereinigungen und Behörden (Absatz 3)

1. Allgemeines

Exakt wie im verwaltungsgerichtlichen Verfahren (§ 62 Abs. 3 VwGO) bestimmt Abs. 3, dass für Vereinigungen und Behörden ihre gesetzlichen Vertreter und Vorstände im Verfahren handeln. Die in der ursprünglichen Fassung des Gesetzes noch vorgesehene Möglichkeit des Handelns durch „besonders Beauftragte" wurde auf Vorschlag des Rechtsausschusses des Bundestags durch Art. 8 Nr. 1 lit. a 1 des sog. FGG-RG-Reparaturgesetzes[6] gestrichen. Die Rechtsfigur des „besonders Beauftragten" ist infolge des Gesetzes zur Neuregelung des Rechtsberatungsrechts v. 12.12.2007[7] mit Wirkung zum 1.7.2008 weggefallen. 21

Da die Vorschrift bewusst und gewollt dem § 62 Abs. 3 VwGO nachgebildet wurde,[8] sind auch dessen Maßstäbe anzusetzen. 22

2. Erfasste Gruppen

Demnach ist der Begriff der Vereinigung weit zu verstehen – weiter als der des § 8 Nr. 2. Er umfasst juristische Personen des privaten und öffentlichen Rechts, sonstige rechtsfähige Vereinigungen und ebenso nicht rechtsfähige, aber beteiligtenfähige Vereine.[9] 23

Vom Begriff der Behörden sind alle Stellen erfasst, die nach § 8 als Behörde beteiligtenfähig sind (§ 8 Rz. 19 ff.). 24

3. Handlungsbefugte

Juristische Personen handeln durch ihre Organe. Wer dies ist, ergibt sich aus dem jeweiligen Gesetz. Für die AG ist dies der Vorstand (§ 78 Abs. 1 AktG), für die GmbH ist es der Geschäftsführer (§ 35 Abs. 1 GmbHG). 25

Behörden werden in aller Regel durch den Behördenvorstand vertreten.[10] 26

Zusätzlich erfasst sind auch besonders Beauftragte, die idR speziell und ausschließlich für einen einzelnen Rechtsstreit beauftragt sind. Insbesondere kommen 27

---

1 So OLG Oldenburg v. 26.11.2009 – 14 UF 149/09, FamRZ 2010, 660.
2 So OLG Stuttgart v. 26.10.2009 – 18 WF 229/09, FamRZ 2010, 1166.
3 *Götz*, NJW 2010, 898.
4 KG v. 4.3.2010 – 17 UF 5/10, FamRB 2010, 235 (*Stößer*).
5 BT-Drucks. 16/6308, S. 180.
6 BGBl. I 2009, S. 2449.
7 BGBl. I, S. 2840.
8 BT-Drucks. 16/6308, S. 180.
9 Kopp/*Schenke*, § 62 VwGO Rz. 14 mwN; ebenso der Gesetzgeber für das FamFG: BT-Drucks. 16/6308, S. 180.
10 Kopp/*Schenke*, § 62 VwGO Rz. 15.

diese bei Behörden vor. Die Beauftragung bedarf analog § 67 Abs. 3 Satz 1 VwGO der Schriftform.[1]

4. Sonstiges

28 Von Abs. 3 erfasst sind auch vertretungsbefugte Personen kraft Amts, etwa der Verwalter einer Wohnungseigentümergesellschaft gem. § 27 WEG.[2]

D. Rechtsfolgen

I. Bedeutung der Verfahrensfähigkeit

29 Verfahrensfähigkeit ist die Fähigkeit des Beteiligten, selbst oder durch einen selbst gewählten Vertreter selbständig und wirksam Prozesshandlungen vornehmen zu können. Die Verfahrensfähigkeit ist daher während des gesamten Rechtsstreits und in jeder Verfahrenslage von Amts wegen zu prüfen (§ 56 Abs. 1 ZPO). Dies gilt auch für die Rechtsmittelinstanz. Die Verfahrensfähigkeit ist eine Prozesshandlungs- und Sachentscheidungsvoraussetzung. Die einzelne Handlung eines nicht Verfahrensfähigen ist deshalb unwirksam. Darüber hinaus ist im Falle eines Antrags dieser als unzulässig abzuweisen, im Falle eines Verfahrens von Amts wegen ist das Verfahren einzustellen.

30 Im Zulassungsstreit über das Vorliegen der Verfahrensfähigkeit ist allerdings auch ein verfahrensunfähiger Beteiligter zunächst als verfahrensfähig zu behandeln, jedoch nur so weit, wie der Streit um die Verfahrensfähigkeit reicht. Insbesondere kann ein verfahrensunfähiger Beteiligter mit dem Ziel, als verfahrensfähig behandelt zu werden, auch ein Rechtsmittel einlegen. Umgekehrt ist aber auch die Einlegung eines Rechtsmittels möglich und zulässig, um die eigene Verfahrensunfähigkeit geltend zu machen. In diesem Fall ist das Rechtsmittel nicht deshalb unzulässig, weil die vom Gericht als verfahrensfähig behandelte Partei eine andere Sachentscheidung oder eine Entscheidung über die Zulässigkeit anstrebt.

31 Bei Streit über die Verfahrensfähigkeit muss Beweis von Amts wegen erhoben werden. Im Zweifel ist bei Volljährigkeit die Verfahrensfähigkeit zu bejahen (gesetzlicher Normalfall). Für Minderjährige gilt umgekehrt, dass im Zweifel die Verfahrensfähigkeit zu verneinen ist. Der Erwerb der Verfahrensfähigkeit während eines Verfahrens erlaubt die Fortführung durch diesen Beteiligten ohne den bisherigen gesetzlichen Vertreter. Der Verlust der Verfahrensfähigkeit im Laufe eines Verfahrens kann zur Aussetzung des Verfahrens führen (§ 21).

31a Die Anordnung, sich zur Überprüfung der Verfahrensfähigkeit einer ärztlichen Prüfung zu unterziehen, ist aufgrund von § 58 nicht anfechtbar, da die Statthaftigkeit der Beschwerde auf Endentscheidungen beschränkt ist (vgl. § 58 Rz. 5, 16). Indes ist die Untersuchungsanordnung nicht zwangsweise durchsetzbar.[3]

II. Verschulden des gesetzlichen Vertreters (Absatz 4)

1. Allgemeines

32 Abs. 4 regelt die Wirkung des Verschuldens eines gesetzlichen Vertreters. Es steht dem Verschulden des Beteiligten gleich. Es handelt sich folglich um eine zwingende Zurechnung fremden Verschuldens. Der Grundsatz der Zurechnung soll insbesondere die Gegenseite eines gesetzlich vertretenen Beteiligten schützen, damit nicht zu dessen Lasten das Verfahrensrisiko verschoben wird.

33 Die Vorschrift löst § 22 Abs. 2 Satz 2 FGG ab, jedoch sind von der neuen Regelung nicht – wie früher – ausschließlich eine verschuldete Fristversäumnis bei der Einlegung einer sofortigen Beschwerde, sondern alle Handlungen des gesetzlichen Ver-

---

1 Hess. VGH v. 21.12.1984 – 11 TH 2870/84, NVwZ 1986, 310.
2 Kopp/*Schenke*, § 62 VwGO Rz. 14a; ebenso der Gesetzgeber für das FamFG: BT-Drucks. 16/6308, S. 180.
3 Vgl. Bork/*Jacoby*/Schwab, § 9 FamFG Rz. 5.

treters erfasst.[1] Als Vorbild für die Norm stand § 51 Abs. 2 ZPO Modell.[2] Für die Zurechnung des Verschuldens des gewillkürten Vertreters vgl. § 11 Rz. 35.

2. Begriff des Verschuldens

Der Begriff des Verschuldens ist im Verfahrensrecht nicht deckungsgleich mit dem des § 276 BGB, vielmehr liegt Verschulden erst dann vor, wenn die übliche, dem einzelnen zumutbare Prozesssorgfalt außer Acht gelassen wurde.[3] Dabei sind an einen Prozessunerfahrenen nicht allzu hohe Anforderungen zu stellen.[4] Das Verschulden kann sich auf die gesamte Verfahrensführung beziehen. Es betrifft alle Prozesshandlungen und alle Unterlassungen. **34**

Allerdings ist im Rahmen der Frage der Verschuldensfähigkeit diese an den §§ 276 Abs. 1 Satz 2, 827, 828 BGB zu prüfen. Geschäftsunfähigkeit schließt regelmäßig die Verschuldensfähigkeit (und natürlich auch die Verfahrensfähigkeit, s. oben Rz. 8) aus.[5] **35**

E. Prozessuale Besonderheiten (Absatz 5)

Für gewisse prozessuale Besonderheiten erklärt Abs. 5 die §§ 53–58 ZPO für entsprechend anwendbar. Die Regelung ist § 62 Abs. 4 VwGO nachempfunden. Die innerhalb der §§ 53 bis 58 ZPO aufgehobene Norm des § 53a ZPO findet sich sachlich in §§ 173, 234 FamFG wieder. **36**

I. Prozessunfähigkeit bei Betreuung oder Pflegschaft (§ 53 ZPO)

Wird eine an sich verfahrensfähige Person im Prozess durch einen Pfleger oder einen Betreuer vertreten, so steht sie gem. § 53 ZPO für diesen Rechtsstreit einer nicht verfahrensfähigen Person gleich. Dies ist selbst dann der Fall, wenn der Pfleger die Prozessführung ablehnt.[6] Der Vertretene bleibt an sich verfahrensfähig, aber für das betreffende Verfahren liegt die Verfahrensführung allein in den Händen des Betreuers oder Pflegers. Dies gilt nicht, wenn ein Verfahrensbeistand (§ 158) bestellt ist. Dessen Bestellung schränkt eine bestehende Verfahrensfähigkeit nicht ein. **37**

II. Bestellung eines Prozesspflegers (§§ 57 f. ZPO)

Der Vorsitzende des Gerichts hat unter gewissen Voraussetzungen einen Prozesspfleger (Verfahrenspfleger) gem. §§ 57 f. ZPO zu bestellen.[7] **38**

Dies ist insbesondere dann der Fall, wenn ein Verfahrensunfähiger als Antragsgegner ohne gesetzlichen Vertreter ist (§ 57 Abs. 1 ZPO). Soweit nicht spezielle Vorschriften über den Verfahrensbeistand oder den Verfahrenspfleger eingreifen, soll diese Möglichkeit dem Betroffenen Gewähr auf hinreichend rechtliches Gehör verschaffen.[8] **39**

Hierbei ist fest zu halten, dass die Regelung des § 57 ZPO auch nach dem früheren Recht im Verfahren der freiwilligen Gerichtsbarkeit angewendet wurde.[9] **40**

Weiterhin hat der Richter einen Prozesspfleger zu bestellen, soweit ein herrenloses Grundstück oder ein herrenloses Schiff betroffen sind (§ 58 ZPO). **41**

---

1 BT-Drucks. 16/6308, S. 180.
2 BT-Drucks. 16/6308, S. 180.
3 BGH v. 18.10.1984 – III ZB 13/84, VersR 1985, 139; Keidel/*Sternal*, 15. Aufl., § 22 FGG Rz. 54; Zöller/*Vollkommer*, § 51 ZPO Rz. 20 mwN.
4 BGH v. 14.5.1981 – VI ZB 39/80, VersR 1981, 834.
5 BGH v. 22.10.1986 – VIII ZB 40/86, MDR 1987, 315.
6 Bayer. VGH v. 13.9.1988 – 4 CE 88.1743, BayVBl 1989, 52.
7 AG Ludwigslust v. 25.10.2011 – 5 F 284/10, FamRZ 2012, 816.
8 BT-Drucks. 16/6308, S. 180.
9 BGH v. 30.11.1988 – IVa ZB 26/88, NJW 1989, 985 = MDR 1989, 433.

III. Sonstige Regelungen

42 Gem. § 54 ZPO bedarf es für einzelne Prozesshandlungen des gesetzlichen Vertreters des Beteiligten, welche nach bürgerlichem Recht eine besondere Ermächtigung erfordern, keine gesonderte Ermächtigung, soweit die Ermächtigung zur Verfahrensführung im Allgemeinen erteilt ist oder diese im Allgemeinen statthaft ist. Die dort genannten Vorschriften des Bürgerlichen Rechts gibt es allerdings nicht mehr, daher ist diese Regelung heute gegenstandslos.[1]

43 Ein Ausländer, der nach dem Recht seines Landes verfahrensunfähig wäre, gilt nach § 55 ZPO dennoch als verfahrensfähig, soweit ihm nach dem Recht des Gerichts die Verfahrensfähigkeit zusteht.

44 Durch den Verweis auf § 56 Abs. 1 ZPO stellt Abs. 5 nochmals ausdrücklich klar, dass die Verfahrensfähigkeit von Amts wegen zu prüfen und Mängel derselben von Amts wegen zu berücksichtigen sind.

45 § 56 Abs. 2 ZPO eröffnet dem Gericht nun auch für das Familienverfahren und das Verfahren der freiwilligen Gerichtsbarkeit die Möglichkeit, einen Beteiligten, dem es an Verfahrensfähigkeit mangelt, zur Verfahrensführung unter Vorbehalt zuzulassen, soweit der Mangel (in angemessener Zeit) behebbar ist und eine Nichtzulassung für den Beteiligten Gefahr im Verzug darstellen würde.

F. Verfahrensführungsbefugnis

46 Die Verfahrensführungsbefugnis (Verfahrensstandschaft) ist das Recht, ein Verfahren als Beteiligter im eigenen Namen zu führen, obgleich ein fremdes Recht geltend gemacht wird. Sie ist weder im FamFG noch in der ZPO oder der VwGO ausdrücklich geregelt. Allerdings gibt es Fälle, in denen im Einzelfall eine Verfahrensführungsbefugnis gesetzlich angeordnet ist. Ein typischer Fall in der ZPO ist die Veräußerung der streitbefangenen Sache gem. § 265 Abs. 2 ZPO. Trotz fehlender Regelung ist darüber hinaus neben der gesetzlichen Prozessstandschaft auch eine gewillkürte Prozessstandschaft durch die Rechtsprechung anerkannt, soweit eine Zustimmung des Rechtsinhabers und ein eigenes rechtliches Interesse gegeben sind. Es steht nichts entgegen, eine solche gesetzliche und gewillkürte Verfahrensstandschaft im Grundsatz auch im Bereich der freiwilligen Gerichtsbarkeit anzuerkennen.

47 Soweit eine Frage der Verfahrensführungsbefugnis auftritt, handelt es sich ausschließlich um eine Sachentscheidungsvoraussetzung, nicht um eine Prozesshandlungsvoraussetzung. Auch das Vorliegen der Verfahrensführungsbefugnis ist von Amts wegen zu prüfen.

10 Bevollmächtigte

(1) Soweit eine Vertretung durch Rechtsanwälte nicht geboten ist, können die Beteiligten das Verfahren selbst betreiben.
(2) Die Beteiligten können sich durch einen Rechtsanwalt als Bevollmächtigten vertreten lassen. Darüber hinaus sind als Bevollmächtigte, soweit eine Vertretung durch Rechtsanwälte nicht geboten ist, vertretungsbefugt nur
1. Beschäftigte des Beteiligten oder eines mit ihm verbundenen Unternehmens (§ 15 des Aktiengesetzes); Behörden und juristische Personen des öffentlichen Rechts einschließlich der von ihnen zur Erfüllung ihrer öffentlichen Aufgaben gebildeten Zusammenschlüsse können sich auch durch Beschäftigte anderer Behörden oder juristischer Personen des öffentlichen Rechts einschließlich der von ihnen zur Erfüllung ihrer öffentlichen Aufgaben gebildeten Zusammenschlüsse vertreten lassen;
2. volljährige Familienangehörige (§ 15 der Abgabenordnung, § 11 des Lebenspartnerschaftsgesetzes), Personen mit Befähigung zum Richteramt und die Beteilig-

---

[1] Keidel/*Zimmermann*, § 9 FamFG Rz. 28; MüKo. ZPO/*Lindacher*, § 54 ZPO Rz. 1.

ten, wenn die Vertretung nicht im Zusammenhang mit einer entgeltlichen Tätigkeit steht;
3. Notare.

(3) Das Gericht weist Bevollmächtigte, die nicht nach Maßgabe des Absatzes 2 vertretungsbefugt sind, durch unanfechtbaren Beschluss zurück. Verfahrenshandlungen, die ein nicht vertretungsbefugter Bevollmächtigter bis zu seiner Zurückweisung vorgenommen hat, und Zustellungen oder Mitteilungen an diesen Bevollmächtigten sind wirksam. Das Gericht kann den in Absatz 2 Satz 2 Nr. 1 und 2 bezeichneten Bevollmächtigten durch unanfechtbaren Beschluss die weitere Vertretung untersagen, wenn sie nicht in der Lage sind, das Sach- und Streitverhältnis sachgerecht darzustellen.

(4) Vor dem Bundesgerichtshof müssen sich die Beteiligten, außer im Verfahren über die Ausschließung und Ablehnung von Gerichtspersonen und im Verfahren über die Verfahrenskostenhilfe, durch einen beim Bundesgerichtshof zugelassenen Rechtsanwalt vertreten lassen. Behörden und juristische Personen des öffentlichen Rechts einschließlich der von ihnen zur Erfüllung ihrer öffentlichen Aufgaben gebildeten Zusammenschlüsse können sich durch eigene Beschäftigte mit Befähigung zum Richteramt oder durch Beschäftigte mit Befähigung zum Richteramt anderer Behörden oder juristischer Personen des öffentlichen Rechts einschließlich der von ihnen zur Erfüllung ihrer öffentlichen Aufgaben gebildeten Zusammenschlüsse vertreten lassen. Für die Beiordnung eines Notanwaltes gelten die §§ 78b und 78c der Zivilprozessordnung entsprechend.

(5) Richter dürfen nicht als Bevollmächtigte vor dem Gericht auftreten, dem sie angehören.

A. Entstehungsgeschichte/Anwendungsbereich 1
B. Inhalt der Vorschrift
  I. Verfahrensführung durch die Beteiligten, Absatz 1 5
  II. Vertretung der Beteiligten durch Bevollmächtigte, Absatz 2 6
    1. Grundsatz der Vertretung durch einen Rechtsanwalt, Abs. 2 Satz 1 .. 7
    2. Sonstige Bevollmächtigte bei fehlendem Anwaltszwang, Abs. 2 Satz 2 .. 8
      a) Mitarbeiter von Beteiligten ... 9
      b) Verbundene Unternehmen 10
      c) Vertretung von Behörden und juristischen Personen des öffentlichen Rechts durch andere Behörden 11
      d) Familienangehörige 12
      e) Personen mit Befähigung zum Richteramt 14
      f) Andere Beteiligte 15
      g) Notare 16
      h) Sonstige Personen 17
  III. Zurückweisung von Bevollmächtigten, Absatz 3
    1. Verfahren der Zurückweisung 18
    2. Rechtsfolge der Zurückweisung .. 20
    3. Untersagung weiterer Vertretung . 21
  IV. Vertretung vor dem BGH
    1. Grundsatz der Vertretung durch beim BGH zugelassene Rechtsanwälte, Abs. 4 Satz 1 22
    2. Vertretung von Behörden und juristischen Personen des öffentlichen Rechts, Abs. 4 Satz 2 23
    3. Beiordnung eines Notanwalts 25
    4. Verfassungskonformität des Absatz 4 26
  V. Vertretungsverbot für Richter am eigenen Gericht 27

Literatur: *Düwell*, Neuregelung der Vertretung vor den Gerichten für Arbeitssachen, jurisPR-ArbR 25/2008 Anm. 6; *Düwell*, Die Neuregelung der Prozessvertretung FA 2008, 200; *Hauck*, Änderungen des SGG im Jahre 2008: Das Gesetz zur Neuregelung des Rechtsberatungsrechts (RBerNG) – Teil II, jurisPR-SozR 18/2008 Anm. 4; *Nedden-Boeger*, Die Anwendung des Allgemeinen Teils des FamFG in Registersachen und in unternehmensrechtlichen Verfahren, FGPrax 2010, 1; *Kleine/Cosack*, Öffnung des Rechtsberatungsmarkts – Rechtsdienstleistungsgesetz verabschiedet, BB 2007, 2637; *Klawikowski*, Vertretung von Beteiligten und Bietern im Zwangsversteigerungsverfahren, Rpfleger 2008, 404; *Krafka*, Registerrechtliche Neuerungen durch das FamFG, NZG 2009, 650; *Sabel*, Die Vertretung im Zivilprozess, AnwBl 2008, 390.

§ 10 Allgemeiner Teil

A. Entstehungsgeschichte/Anwendungsbereich

1 Die Vorschrift regelt, in welchem Umfang ein Beteiligter sich durch einen Bevollmächtigten vertreten lassen kann, vor welchen Gerichten eine Vertretung durch einen Bevollmächtigten erforderlich ist und wer als Bevollmächtigter handeln kann.

2 Eine Vertretungspflicht für Beteiligte war im früheren FGG ursprünglich nur in § 29 Abs. 1 für den Fall geregelt, dass die weitere Beschwerde an das hierfür zuständige OLG nicht zu Protokoll des Rechtspflegers eines der im Instanzenzug beteiligten Gerichte, sondern schriftlich eingelegt wurde. Für diesen Fall war – mit Ausnahmen für Behörden und Notare – das Rechtsmittel nur wirksam, wenn die Beschwerdeschrift von einem Rechtsanwalt unterzeichnet war.

3 Aufgrund des Gesetzes zur Neuregelung des Rechtsberatungsrechts v. 12.12.2007[1] erfolgte mit Wirkung ab dem 1.7.2008 durch eine Neufassung des § 13 FGG eine Neuregelung des Vertretungsrechts, die weitgehend dem ebenfalls neu gefassten § 79 ZPO entsprach. Die jetzigen Regelungen in § 10 Abs. 1 über die grundsätzliche Befugnis eines Beteiligten, sich selbst zu vertreten, in Abs. 2 über Personen, die vertretungsbefugt sein können, in Abs. 3 über die Zurückweisung von Bevollmächtigten und in Abs. 5 über das Vertretungsverbot von Richtern an ihrem Gericht entsprechen den Abs. 1, 2, 3 und 4 des § 13 FGG in der seit dem 1.7.2008 geltenden Fassung. Neu hinzugekommen ist Abs. 4. Die hierin enthaltene Pflicht für Beteiligte, sich vor dem BGH durch einen dort zugelassenen Rechtsanwalt vertreten zu lassen – mit einer Ausnahme für Behörden und juristische Personen des öffentlichen Rechts – ist aus Gründen der Rechtsvereinheitlichung abgestimmt mit den Vertretungsvorschriften des § 11 Abs. 4 ArbGG, § 73 Abs. 4 SGG, § 67 Abs. 4 VwGO, § 62 Abs. 4 FGO.[2]

4 Die Vorschrift findet **keine Anwendung in Ehesachen und Familienstreitsachen** (§ 113 Abs. 1). An ihre Stelle treten die §§ 78 bis 79 ZPO. In Ehesachen und Folgesachen gelten zudem die Sonderregelungen des § 114 Abs. 1 bis 4, wonach die Beteiligten – mit Ausnahme von Behörden – sich grundsätzlich durch einen Rechtsanwalt vertreten lassen müssen. Für bestimmte in Abs. 4 aufgelistete Verfahren gilt der Vertretungszwang allerdings nicht (s. näher § 114 Rz. 29–36a). Für Verfahren, in denen das FamFG kraft einer gesetzlichen Verweisung Anwendung findet, gelten wiederum die Regelungen des § 10 und damit die hierin enthaltenen Vertretungsbeschränkungen.[3] Eine Ausnahme gilt allerdings für Erklärungen in öffentlicher oder öffentlich beglaubigter Form gegenüber dem Registergericht oder dem Grundbuchamt. Diese können gem. § 378 Abs. 1 bzw. § 15 GBO auch von solchen Personen abgegeben werden, die nicht zu dem in § 10 Abs. 2 aufgeführten Personenkreis zählen (näher § 378 Rz 3–5).

B. Inhalt der Vorschrift

I. Verfahrensführung durch die Beteiligten, Absatz 1

5 Inhaltlich in Übereinstimmung mit § 79 Abs. 1 Satz 1 ZPO ist in Abs. 1 als Grundsatz bestimmt, dass die Beteiligten Verfahren ohne Anwaltszwang selbst betreiben können. Voraussetzung hierfür ist nur, dass der jeweilige Beteiligte verfahrensfähig ist oder für ihn eine hierzu nach bürgerlichem Recht befugte Person auftritt, also im Regelfall sein gesetzlicher Vertreter (§ 9 Abs. 1, 2, s. dort Rz. 8–20a). Anwaltszwang besteht außer in Familiensachen in Verfahren der freiwilligen Gerichtsbarkeit weder in der ersten noch in der Beschwerdeinstanz vor dem LG oder OLG.[4] Ein Beteiligter kann sich also auch dort in Terminen selbst vertreten. Zu beachten ist, dass nach § 9 Abs. 1 Nr. 4 iVm. §§ 275, 316 in Betreuungs- oder Unterbringungssachen der Betroffene auch dann verfahrensfähig ist, wenn er nicht geschäftsfähig ist. Soweit dies indes

---

[1] BGBl. I, S. 2840.
[2] BT-Drucks. 16/6308, S. 181.
[3] OLG Köln v. 31.8.2010 – 2 Wx 90/10, FGPrax 2011, 97 für eine Kostenbeschwerde in einer Grundbuchsache.
[4] BT-Drucks. 16/6308, S. 181.

zur Wahrnehmung seiner Interessen erforderlich ist, ist gem. § 276 bzw. § 317 ein Verfahrenspfleger zu bestellen.

II. Vertretung der Beteiligten durch Bevollmächtigte, Absatz 2

Abs. 2 enthält für die Vertretung von Beteiligten in Verfahren ohne Anwaltszwang eine abschließende Regelung. Ob ein Vertreter unter die im Einzelnen aufgeführten Personengruppen fällt, ist von ihm darzulegen und vom Gericht von Amts wegen gem. § 26 festzustellen.[1] Ggf. hat eine Zurückweisung des Bevollmächtigten nach Abs. 3 Satz 1 zu erfolgen.

1. Grundsatz der Vertretung durch einen Rechtsanwalt, Absatz 2 Satz 1

Die Vorschrift entspricht § 79 Abs. 2 Satz 1 ZPO. Mit ihr soll zum Ausdruck gebracht werden, dass auch im Verfahren nach dem FamFG Rechtsanwälte regelmäßig die berufenen Vertreter der Beteiligten sind.[2] Erfasst sind neben in Deutschland zugelassenen Rechtsanwälten (§ 12 BRAO) europäische Rechtsanwälte (§ 27 Abs 1 Satz 1 EuRAG) und Rechtsanwaltsgesellschaften (§ 58 Abs. 1 BRAO).[3]

2. Sonstige Bevollmächtigte bei fehlendem Anwaltszwang, Absatz 2 Satz 2

Neben den **Rechtsanwälten** können auch die in Abs. 2 Satz 2 Nr. 1 bis 3 aufgeführten Personen als Bevollmächtigte tätig werden.[4] Dies betrifft auch die Erstbeschwerden, für die nunmehr gem. § 119 Abs. 1 Nr. 1 GVG die Oberlandesgerichte zuständig sind. Die in § 79 Abs. 2 Nr. 3, 4 ZPO vorgesehene Vertretungsbefugnis für Verbraucherverbände und Inkassodienstleister bei der Einziehung von Forderungen ist im Verfahren nach dem FamFG überflüssig und fehlt deshalb. Dafür können **Notare** gem. Nr. 3 nunmehr in allen Verfahren auftreten, sofern sie dies berufsrechtlich für zulässig halten.

a) Mitarbeiter von Beteiligten

Zur Verfahrensvertretung sind nach Nr. 1 Personen befugt, die bei dem Beteiligten beschäftigt sind. Dieser Personenkreis ist weit zu fassen und umfasst alle privaten und öffentlich-rechtlichen Beschäftigungsverhältnisse, gleichgültig ob es sich bei dem Beteiligten um eine natürliche oder eine juristische Person handelt. Die Vertretungsbefugnis erstreckt sich ausschließlich auf die Vertretung des Dienstherrn oder Arbeitgebers selbst und nicht etwa auf die Vertretung seiner Kunden, seiner Gesellschafter oder der Mitglieder einer Vereinigung.[5]

b) Verbundene Unternehmen

Auch die Verfahrensvertretung eines Beschäftigten für ein verbundenes Unternehmen wird vom Gesetzgeber nicht als Besorgung fremder Rechtsangelegenheiten behandelt mit der Folge, dass er für das andere Unternehmen als Bevollmächtigter auftreten kann. Ob ein solcher Fall vorliegt, ergibt sich aus der Legaldefinition des § 15 AktG. Für einen entsprechenden Nachweis reicht es aus, wenn sich aus der nach § 11 Satz 1 vorzulegenden Verfahrensvollmacht ergibt, dass der Bevollmächtigte für ein verbundenes Unternehmen auftritt.[6] Ist dies nicht oder nicht nachvollziehbar der Fall, bedarf es weiterer Ermittlungen.

---

1 Thomas/Putzo/*Hüßtege*, § 79 ZPO Rz. 10.
2 BT-Drucks. 16/3655, S. 92.
3 MüKo. ZPO/*Pabst*, § 10 FamFG Rz. 8; Schulte-Bunert/Weinreich/*Schöpflin*, § 10 FamFG Rz. 6; *Bahrenfuss*, § 10 FamFG Rz. 9 insbes. zu den Voraussetzungen für das Auftreten ausländischer Rechtsanwälte nach dem EURAG.
4 Kritisch *Heinemann*, DNotZ 2009, 6 (8), der in der Begrenzung auf bestimmte Personen vor allem für das erstinstanzliche Verfahren eine unnötige Einengung des Kreises der möglichen Bevollmächtigten sieht, und Baumbach/*Hartmann*, § 79 ZPO Rz. 10 ff., der erhebliche praktische Probleme bei der Feststellbarkeit der Vertretungsbefugnis befürchtet.
5 BT-Drucks. 16/3655, S. 87; Thomas/Putzo/*Hüßtege*, § 79 ZPO Rz. 12.
6 BT-Drucks. 16/3655, S. 87.

c) Vertretung von Behörden und juristischen Personen des öffentlichen Rechts durch andere Behörden

11 Entsprechendes gilt für Behörden und juristische Personen des öffentlichen Rechts. Diese können sich auch durch Beschäftigte anderer Behörden oder juristischer Personen des öffentlichen Rechts einschließlich der von ihnen zur Erfüllung ihrer öffentlichen Aufgaben gebildeten Zusammenschlüsse vertreten lassen. Hintergrund ist die vernünftige Erwägung des Gesetzgebers, dass für die „öffentliche Hand" ein Gleichklang mit verbundenen Unternehmen hergestellt werden soll, bei denen ebenfalls Beschäftigte für einen anderen Rechtsträger mit der Verfahrensvertretung betraut werden dürfen.[1] Entsprechende Regelungen gibt es in allen anderen Verfahrensordnungen (§ 79 Abs. 2 ZPO, § 11 Abs. 2 Nr. 1 ArbGG, § 73 Abs. 2 Nr. 1 SGG, § 67 Abs. 2 Nr. 1 VwGO, § 62 Abs. 2 Nr. 1 FGO).

d) Familienangehörige

12 Der Personenkreis der volljährigen Familienangehörigen, die als Bevollmächtigte auftreten können, ist infolge der Bezugnahme auf § 15 AO und § 11 LPartG weit gefasst: Vertretungsbefugt sind demnach
- Verlobte,
- Ehegatten und Lebenspartner,
- Verwandte und Verschwägerte gerader Linie,
- Geschwister und deren Kinder,
- Ehegatten der Geschwister und Geschwister der Ehegatten,
- Geschwister der Eltern,
- Pflegeeltern und Pflegekinder, auch wenn die häusliche Gemeinschaft nicht mehr besteht, sofern die Personen weiterhin wie Eltern und Kind miteinander verbunden sind.

Dies gilt auch dann, wenn die Ehe oder die Lebenspartnerschaft, welche die Beziehung begründet, nicht mehr besteht oder eine Verwandtschaft bzw. Schwägerschaft durch eine Adoption erloschen ist.

13 Zulässig ist die Vertretung nur dann, wenn sie **unentgeltlich** erfolgt. Wie bei § 6 RDG ist dies eine Tätigkeit, die nicht im Zusammenhang mit einer entgeltlichen Rechtsdienstleistung steht. Der Begriff der Unentgeltlichkeit ist eng und autonom auszulegen. Keine Unentgeltlichkeit liegt zunächst vor, wenn die Verfahrensvertretung von einer Gegenleistung des Beteiligten abhängig sein soll. Als Gegenleistung kommt dabei nicht nur eine Geldzahlung, sondern jeder andere Vermögensvorteil in Betracht, den der Bevollmächtigte für seine Leistung erhalten soll. Entgeltlich erfolgt eine Vertretung darüber hinaus aber auch dann, wenn eine Vergütung nicht explizit im Hinblick auf die Verfahrensvertretung, sondern im Zusammenhang mit anderen beruflichen Tätigkeiten des Bevollmächtigten anfällt oder auch nur anfallen kann. Letztlich sind damit nur **uneigennützige Verfahrensvertretungen** erlaubt.[2] Geschenke, die den im Familienkreis üblichen Rahmen nicht übersteigen, sowie die Erstattung konkret entstandener Auslagen wie Schreib- oder Fahrtkosten sind allerdings unschädlich.[3]

e) Personen mit Befähigung zum Richteramt

14 Alle **Volljuristen** einschließlich der ihnen in § 5 RDGEG gleichgestellten Diplomjuristen aus dem Beitrittsgebiet können ebenfalls als Bevollmächtigte auftreten. Voraussetzung ist auch hier, dass sie **unentgeltlich** tätig werden. In Betracht kommt daher im Wesentlichen die Übernahme von Verfahrensvertretung durch Volljuristen, die ehrenamtlich tätig sind, etwa für soziale oder kirchliche Einrichtungen in Betreu-

---

1 BT-Drucks. 16/6634, S. 55, 57, zu dem gleichlautenden § 13 Abs. 2 FGG in der ab dem 1.8.2008 geltenden Fassung.
2 BT-Drucks. 16/3655, S. 57, 87.
3 MüKo. ZPO/*Pabst*, § 10 FamFG Rz. 13.

ungs- oder Unterbringungssachen oder für Flüchtlingsinitiativen in Freiheitsentziehungssachen (s. dazu § 418 Rz. 8f.). Gerade die **Stärkung des Ehrenamtes** ist mit der Einräumung einer Vertretungsbefugnis für unentgeltlich tätige Volljuristen in § 10 Abs. 2 Satz 2 Nr. 2 und den entsprechenden Regelungen in den übrigen Verfahrensordnungen gewollt.[1] Deshalb stellt eine nicht einzelfallbezogene und nicht mit einer Honorierung des Zeit- und Arbeitsaufwandes des Vertreters verbundene Finanzierung der Vertretungstätigkeit durch öffentliche oder private Zuwendungen an den Verein oder die Einrichtung, für die der Ehrenamtler tätig ist, die Unentgeltlichkeit nicht in Frage.[2]

f) Andere Beteiligte

Wie bei der für Streitgenossen geltenden Regelung des § 79 Abs. 2 Nr. 2 ZPO kann aus Gründen der Verfahrensökonomie jeder Beteiligte von einem anderen vertreten werden, aber ebenfalls nur dann, wenn dies ohne Entgelt geschieht. 15

g) Notare

Ein Notar tritt traditionell insbesondere in Erbschafts-, Register- und Grundbuchsachen als Bevollmächtigter auf. Insofern galten und gelten teilweise weiter gesetzliche Vermutungen für eine Verfahrensvollmacht im Falle einer von ihm beurkundeten oder beglaubigten Erklärung (s. § 11 Rz. 4). Anders als in anderen Verfahrensordnungen war die Vertretungsbefugnis daher im Verfahren nach dem FamFG zu normieren. Dies ist in Abs. 2 Satz 2 Nr. 3. geschehen, der dem früheren § 13 Abs. 2 Nr. 3 FGG entspricht. Die Verfahrensvertretung ist nicht auf solche Verfahren beschränkt, in denen keine Konflikte mit seinen Berufspflichten, insbesondere der Neutralitätspflicht des Notars aus § 14 BNotO, auftreten können. Die Übernahme einer Vertretung hat der Notar daher in Grenzbereichen eigenverantwortlich mit dem Risiko eines Einschreitens der Notarkammer oder der Justizverwaltung selbst zu prüfen. 16

h) Sonstige Personen

Wegen des abschließenden Charakters der in Abs. 2 aufgeführten Personengruppen (s. Rz. 6) können sonstige Personen auch dann nicht als Bevollmächtigte auftreten, wenn sie mit einem Beteiligten nachbarschaftlich oder freundschaftlich verbunden sind und sie unentgeltlich handeln. Die Frage, ob eine Person vertretungsbefugt ist, soll nämlich schnell und zuverlässig anhand eindeutig nachweisbarer Kriterien festgestellt werden können.[3] Mit dem Regelungskonzept des § 10 Abs. 2, 3, wonach neben Rechtsanwälten und Notaren nur solche Personen als Vertreter auftreten dürfen, die entweder der Sphäre des Beteiligten zuzuordnen sind oder die Vertretung unentgeltlich wahrnehmen, werden legitime Gemeinwohlinteressen (Schutz der Rechtsuchenden; Interesse an einer geordneten Rechtspflege) verfolgt. Das hieraus folgende **Vertretungsverbot für sonstige Personen**, etwa für einen gewerblichen Erbenermittler in einem Erbscheinsverfahren verstößt daher weder gegen deren Berufsausübungsfreiheit aus Art. 12 GG noch gegen das Gleichbehandlungsgebot des Art. 3 Abs. 1 GG.[4] 17

III. Zurückweisung von Bevollmächtigten, Absatz 3

1. Verfahren der Zurückweisung

Abs. 3 entspricht inhaltlich § 79 Abs. 3 ZPO. Das Gericht hat von Amts wegen zu prüfen, ob ein Bevollmächtigter zu einer der Personengruppen gehört, die nach Abs. 2 vertretungsbefugt sind.[5] Ggf. hat es im Freibeweisverfahren gem. § 29 etwaigen Zweifeln nachzugehen.[6] Lässt sich eine Vertretungsbefugnis nicht feststellen, hat es 18

---

1 BT-Drucks. 16/3655, S. 88.
2 MüKo. ZPO/*Pabst*, § 10 FamFG Rz. 13.
3 BT-Drucks. 16/3655, S. 88.
4 BVerfG v. 23.8.2010 – 1 BvR 1632/10, NJW 2010, 3291.
5 Zöller/*Vollkommer*, § 79 ZPO Rz. 11.
6 Schulte-Bunert/Weinreich/*Schöpflin*, § 10 FamFG Rz. 19.

den Bevollmächtigten nach Satz 1 durch Beschluss zurückzuweisen. Der **Beschluss ist nicht anfechtbar**; indes ist im Rahmen einer Beschwerde gegen eine Endentscheidung ggf. dessen Rechtmäßigkeit gem. § 58 Abs. 2 inzidenter mit zu überprüfen. Zeigt sich, dass die Zurückweisung unberechtigt war, wurde hierdurch möglicherweise das rechtliche Gehör des Vertretenen verletzt.[1] Damit die Entscheidung auch für das Rechtsmittelgericht nachvollziehbar ist, sollte der Beschluss, der wegen der fehlenden Anfechtbarkeit nicht zwingend zu begründen ist, eine kurze **Begründung** enthalten, soweit sich die tragenden Erwägungen nicht ohnehin bereits aus dem sonstigen Akteninhalt ergeben. Eine jederzeitige **Abänderbarkeit** des Beschlusses, etwa auf eine Gegenvorstellung hin, ist möglich.[2]

19 Wirksam wird der Zurückweisungsbeschluss nach Maßgabe des § 40 Abs. 1. Er ist daher sowohl dem betroffenen Beteiligten als auch dem Bevollmächtigten mitzuteilen.

2. Rechtsfolge der Zurückweisung

20 Verfahrenshandlungen des nicht vertretungsberechtigten Bevollmächtigten, die dieser bis zu seiner Zurückweisung vorgenommen hat, sowie Zustellungen und sonstige Mitteilungen an ihn bleiben nach Satz 2 wirksam.

3. Untersagung weiterer Vertretung

21 Nach Satz 3 kann ein Bevollmächtigter, der zur sachgerechten Verfahrensführung nicht in der Lage ist, zurückgewiesen werden. Es handelt sich um eine **Ermessensentscheidung**, von der nur Bevollmächtige betroffen sind, die an sich nach Abs. 2 Satz 2 Nr. 1 und 2 vertretungsbefugt sind. Rechtsanwälte und Notare sind als Organe der Rechtspflege vom Anwendungsbereich des Satzes 3 ausgenommen.[3] Voraussetzung für eine Zurückweisung ist es, dass der Bevollmächtigte – aus welchen Gründen auch immer – auf nicht absehbare Zeit die Rechte des von ihm vertretenen Beteiligten nicht wahrnehmen kann. Eine fehlende Beherrschung der deutschen Sprache reicht bei einem Terminsvertreter nicht aus, weil Sprachproblemen durch die Hinzuziehung eines Dolmetschers begegnet werden kann.[4] Dieser müsste auch dann hinzugezogen werden, wenn ein ausländischer und der deutschen Sprache nicht mächtiger Beteiligter von seinem Selbstvertretungsrecht aus Abs. 1 Gebrauch macht. Weil durch die Zurückweisung eines Bevollmächtigten möglicherweise das rechtliche Gehör des Betroffenen tangiert ist, sollte hiervon auch dann nur zurückhaltend Gebrauch gemacht werden, wenn die Art und Weise des Vortrags (beleidigend, unsachlich, ungeordnet pp.) und des Auftretens in der mündlichen Verhandlung hierzu Anlass geben könnte.[5] Wegen der Anfechtbarkeit und einer etwaigen Abänderbarkeit gilt das zu Rz. 18 Ausgeführte entsprechend.

IV. Vertretung vor dem BGH

1. Grundsatz der Vertretung durch beim BGH zugelassene Rechtsanwälte, Abs. 4 Satz 1

22 Nach Abs. 4 Satz 1 müssen sich Beteiligte im Rechtsbeschwerdeverfahren vor dem BGH durch einen dort zugelassenen Rechtsanwalt vertreten lassen. Von dem Anwaltszwang ausgenommen sind allerdings das Richterablehnungsverfahren und das **Verfahren über die Verfahrenskostenhilfe**. Gerade letzterem kann erhebliche Bedeutung zukommen, weil in den Verfahren, in denen eine Rechtsbeschwerde gem. § 70 Abs. 3 auch ohne Zulassung statthaft ist, nämlich bei der Bestellung eines Betreuers, der Aufhebung einer Betreuung, der Anordnung oder Aufhebung eines Einwilligungs-

---

1 Keidel/*Zimmermann*, § 10 FamFG Rz. 39; MüKo. ZPO/*Pabst*, § 10 FamFG Rz. 24 und Zöller/*Vollkommer*, § 79 ZPO Rz. 11.
2 Baumbach/*Hartmann*, § 79 ZPO Rz. 25.
3 BT-Drucks. 16/3655, S. 92.
4 Baumbach/*Hartmann*, § 79 ZPO Rz. 28.
5 Keidel/*Zimmermann*, § 10 FamFG Rz. 41.

vorbehalts, in Unterbringungssachen sowie in Freiheitsentziehungssachen häufig die wirtschaftlichen Voraussetzungen für die Gewährung von Verfahrenskostenhilfe erfüllt sind. Damit besteht die Möglichkeit, dass ein Beteiligter auch ohne Beauftragung eines beim BGH zugelassenen Anwalts durch einen Antrag auf Gewährung von Verfahrenskostenhilfe die Erfolgsaussicht einer noch einzulegenden Rechtsbeschwerde prüfen lässt. Dieser Antrag kann von ihm selbst oder von einem nach Abs. 2 zugelassenen Vertreter, etwa einem bereits in den Vorinstanzen tätig gewesenen Rechtsanwalt, gestellt werden. Dabei haben grundsätzlich auch Betroffene, die sich inzwischen im Ausland aufhalten, etwa in Freiheitsentziehungssachen abgeschobene oder zurückgeschobene Ausländer, eine vollständige Erklärung über ihre persönlichen und wirtschaftlichen Verhältnisse vorzulegen, und zwar auf dem nach § 76 iVm. § 117 Abs. 4 und § 1 PKH-VV festgelegten Formular.[1] Allerdings ist zu beachten, dass nur der Antrag auf Gewährung von Verfahrenskostenhilfe für eine noch einzulegende Rechtsbeschwerde nicht dem Anwaltszwang unterliegt. Die Rechtsbeschwerde selbst kann auch in Verfahrenskostenhilfesachen nur durch einen beim BGH zugelassenen Anwalt eingelegt werden.[2] Dies gilt ausnahmslos auch in Betreuungs- und Unterbringungssachen mit der Folge, dass beim BGH eingelegte Rechtsbehelfe, die der gesetzlichen Form nicht entsprechen, als unzulässig zu verwerfen sind, und zwar unabhängig davon, ob im Einzelfall eine Rechtsbeschwerde gem. § 70 statthaft war oder nicht.[3]

2. Vertretung von Behörden und juristischen Personen des öffentlichen Rechts, Abs. 4 Satz 2

Behörden und juristische Personen des öffentlichen Rechts unterliegen nicht dem Anwaltszwang und können sich auch vor dem BGH durch eigene Beschäftigte oder Mitarbeiter anderer Behörden vertreten lassen, die allerdings die Befähigung zum Richteramt haben müssen (zum Personenkreis s. Rz. 14). Dieses Qualifikationserfordernis gilt ausnahmslos und damit auch für die Vertretung der Staatskasse in Kostensachen. Der normalerweise für die Staatskasse tätige Bezirksrevisor, idR ein Rechtspfleger, kann daher nicht vor dem BGH auftreten.[4]   23

Die Sonderregelung des Abs. 4 Satz 2 gilt auch dann, wenn die Behörde als gesetzlicher Vertreter einer natürlichen Person am Verfahren beteiligt ist, etwa das Jugendamt als Beistand oder Amtsvormund, nicht jedoch, wenn die Behörde außerhalb ihres öffentlichen Aufgabenkreises handelt, zB als Erbe einen Erbschein beantragt oder als rechtsgeschäftlicher Vertreter eines Beteiligten auftritt.[5]   24

3. Beiordnung eines Notanwalts

Findet der Beteiligte für eine Rechtsbeschwerde keinen beim BGH zugelassenen Anwalt, kann ihm nach Abs. 4 Satz 3 iVm. §§ 78b, 78c ZPO durch den Vorsitzenden des zuständigen Senats ein Notanwalt beigeordnet werden. Voraussetzung hierfür ist zunächst, dass der Beteiligte zumutbare Anstrengungen für eine anwaltliche Vertretung unternommen hat. Dafür muss er sich im Rechtsbeschwerdeverfahren ohne Erfolg zumindest an mehr als vier beim BGH zugelassene Rechtsanwälte gewandt haben und seine diesbezüglichen Bemühungen dem Gericht substantiiert darlegen und ggf. nachweisen.[6] Gründe, die in der Person des Beteiligten liegen, etwa eine fehlende Bereitschaft zur Zahlung eines Vorschusses oder das Verlangen nach einer den Vorstellungen des Beteiligten entsprechenden Rechtsmittelbegründung, reichen nicht.[7]   25

---

1 BGH v. 4.11.2010 – V ZB 202/10, juris; BGH v. 14.10.2010 – V ZB 214/10, NVwZ 2011, 127.
2 BGH v. 23.6.2010 – XII ZB 82/10, NJW-RR 2010, 1297.
3 BGH v. 28.7.2010 – XII ZB 317/10, BtPrax 2010, 234.
4 BGH v. 7.7.2010 – XII ZB 149/10, FamRZ 2010, 1544.
5 Keidel/*Zimmermann*, § 10 FamFG Rz. 24; Schulte-Bunert/Weinreich/*Schöpflin*, § 10 FamFG Rz. 25.
6 BGH v. 25.1.2007 – IX ZB 186/06, FamRZ 2007, 635; BGH v. 22.10.2010 – V ZA 27/10, juris.
7 Thomas/Putzo/*Hüßtege*, § 78b ZPO Rz. 2.

4. Verfassungskonformität des Absatz 4

26 Die Pflicht eines Beteiligten, sich durch einen beim BGH zugelassenen Rechtsanwalt vertreten zu lassen, ist verfassungsgemäß. Insbesondere wird die Gewährleistung des Rechtswegs (Art. 19 Abs. 4 GG) nicht in Frage gestellt, zumal einem Beteiligten auf einen formlosen Antrag hin ein Notanwalt beizuordnen ist und daher für ihn keine Gefahr besteht, nicht durch einen zugelassenen Rechtsanwalt vertreten zu sein. Für das Behördenprivileg sowie dafür, dass für die Vertretung in Strafsachen vor dem BGH und für die Vertretung vor anderen obersten Bundesgerichten keine vergleichbare Regelung bestehen, gibt es sachliche Gründe.[1]

V. Vertretungsverbot für Richter am eigenen Gericht

27 Wegen des Vertretungsverbots für Richter gibt es, anders als nach § 79 Abs. 5 ZPO, keine Differenzierung zwischen Berufsrichtern und ehrenamtlichen Richtern. Dies beruht darauf, dass es im Verfahren nach dem FamFG außer in Landwirtschaftssachen keine ehrenamtlichen Richter gibt und § 13 Abs. 2 LwVG ein gesondertes Vertretungsverbot ehrenamtlicher Richter für den Spruchkörper enthält, dem sie angehören.[2] Das Gesetz stellt nur darauf ab, dass ein Richter einem Gericht „angehört". Deshalb entfällt das Vertretungsverbot mit einer Pensionierung des Richters oder einem sonstigen Ausscheiden aus dem Richterdienst.[3] Anders ist es dagegen bei bloßen Abordnungen an ein anderes Gericht. In solchen Fällen greift das Vertretungsverbot bei beiden Gerichten, da der Richter weiterhin seinem Stammgericht angehört und seine Planstelle dort behält, auch wenn er vorübergehend an einem anderen Gericht tätig ist.[4]

28 Das Vertretungsverbot für Richter gilt entsprechend für **Rechtspfleger**, die – etwa als Familienangehörige oder ehrenamtlich – als Bevollmächtigte auftreten.[5] Dabei kommt es nicht darauf an, ob sie Sachen der freiwilligen Gerichtsbarkeit bearbeiten oder nicht. Maßgeblich ist alleine die Zugehörigkeit zu dem betreffenden Gericht.[6]

§ 11 Verfahrensvollmacht

Die Vollmacht ist schriftlich zu den Gerichtsakten einzureichen. Sie kann nachgereicht werden; hierfür kann das Gericht eine Frist bestimmen. Der Mangel der Vollmacht kann in jeder Lage des Verfahrens geltend gemacht werden. Das Gericht hat den Mangel der Vollmacht von Amts wegen zu berücksichtigen, wenn nicht als Bevollmächtigter ein Rechtsanwalt oder Notar auftritt. Im Übrigen gelten die §§ 81 bis 87 und 89 der Zivilprozessordnung entsprechend.

A. Entstehungsgeschichte/Anwendungsbereich 1	3. Inhalt der Vollmachtsurkunde ... 12
B. Inhalt der Vorschrift	4. Vollmachtsketten 14
I. Vollmachtserteilung 5	III. Verfahren bei fehlender Vorlage der Vollmachtsurkunde
II. Vorlage der Vollmacht	1. Vertretung eines Beteiligten durch einen Rechtsanwalt oder Notar ... 15
1. Form des Vollmachtsnachweises	
a) Schriftform, Satz 1 7	2. Vertretung eines Beteiligten durch sonstige Bevollmächtigte 16
b) Öffentliche Beglaubigung der Vollmacht nach Spezialnormen . 9	IV. Entsprechende Anwendung von Vorschriften der ZPO, Satz 5
2. Entbehrlichkeit eines Vollmachtsnachweises 11	1. Umfang der Verfahrensvollmacht, § 81 ZPO 19

---

1 BGH v. 27.1.2011 – V ZB 297/10, AnwBl. 2011, 397.
2 BT-Drucks. 16/6634, S. 57.
3 Zöller/*Vollkommer*, § 79 ZPO Rz. 12; aA Schulte-Bunert/Weinreich/*Schöpflin*, § 10 FamFG Rz. 29.
4 Schulte-Bunert/Weinreich/*Schöpflin*, § 10 FamFG Rz. 29.
5 Schulte-Bunert/Weinreich/*Schöpflin*, § 10 FamFG Rz. 30.
6 Zöller/*Vollkommer*, § 79 ZPO Rz. 12 für das Vertretungsverbot von Richtern.

2. Geltung für Nebenverfahren, § 82 ZPO 22
3. Beschränkung der Vollmacht, § 83 ZPO
   a) Verfahren mit Anwaltszwang .. 24
   b) Verfahren ohne Anwaltszwang . 26
   c) Interessenkonflikt und Rechtsmissbrauch 27
   d) Wirkung einer Vollmachtsbeschränkung 29
4. Mehrere Bevollmächtigte, § 84 ZPO 30
5. Wirkung der Verfahrensvollmacht, § 85 ZPO
   a) Bindung des Beteiligten an Verfahrenshandlungen seines Bevollmächtigten 33
   b) Zurechnung der Kenntnis von Tatsachen 35
   c) Zurechnung des Verschuldens des Bevollmächtigten 36
6. Fortbestand der Vollmacht, § 86 ZPO
   a) Regelungsgehalt/Anwendungsbereich 39
   b) Auftreten für den Rechtsnachfolger 42
7. Erlöschen der Vollmacht, § 87 ZPO
   a) Regelungsgehalt 43
   b) Erlöschensgründe 44
   c) Wirkung des Erlöschens 45
   d) Rechte und Pflichten des Bevollmächtigten nach Mandatskündigung 48
8. Handeln eines vollmachtlosen Vertreters, § 89 ZPO 49
C. Entscheidung bei nicht mehr behebbarem Vollmachtsmangel
   I. Entscheidung in der Hauptsache ... 52
   II. Kostenentscheidung 54

Literatur: *Grziwotz*, Bankvollmacht zur Zwangsvollstreckungsunterwerfung in der Grundschuld? ZfIR 2008, 821; *Karst*, Zum Nachweis der Prozessvollmacht gem. § 80 I ZPO durch Telefax, NJW 1995, 3278; *Müller-von Münchow*, Rechtliche Vorgaben zu Inhalt und Form von Vollmachten, NotBZ 2010, 31; *Robrecht*, Rechtsanwalt als Prozessbevollmächtigter und zugleich gesetzlicher Vertreter einer verstorbenen Partei, MDR 2004, 979; *Sabel*, Das Gesetz zur Neuregelung des Rechtsberatungsrechts, AnwBl. 2007, 816.

A. Entstehungsgeschichte/Anwendungsbereich

Die Vorschrift regelt den Nachweis der Verfahrensvollmacht und das Verfahren bei Vollmachtsmängeln. In § 13 Satz 2 FGG in der bis zum 30.6.2008 geltenden Fassung war der Nachweis der Vollmacht nur kursorisch dahingehend geregelt, dass Bevollmächtigte auf Anordnung des Gerichts oder auf Verlangen eines Beteiligten die Bevollmächtigung durch eine öffentlich beglaubigte Vollmacht nachzuweisen hatten.

Aufgrund des Gesetzes zur Neuregelung des Rechtsberatungsrechts v. 12.12.2007[1] erfolgte mit Wirkung ab dem 1.7.2008 in § 13 Abs. 5 FGG eine Neuregelung, mit der der Gesetzgeber das Ziel verfolgte, zusammen mit den unveränderten §§ 88 und 172 Abs. 1 Satz 1 ZPO sowie den neuen Vorschriften des § 73 Abs. 6 SGG, des § 67 Abs. 6 VwGO und des § 62 Abs. 6 FGO in allen zivil- und öffentlich-rechtlichen Verfahrensordnungen eine übereinstimmende Vorschrift zum Nachweis der Bevollmächtigung und zum Verfahren bei Vollmachtsmängeln zu schaffen, um zugunsten der Rechtsanwender eine einheitliche Rechtsanwendung zu gewährleisten.[2] Dem wird nunmehr dadurch Rechnung getragen, dass die Regelungen des aufgehobenen § 13 Abs. 5 FGG im Wesentlichen in § 11 übernommen wurden.

Die Vorschrift findet **keine Anwendung in Ehesachen und Familienstreitsachen** (§ 113 Abs. 1). An ihre Stelle treten die im Wesentlichen inhaltsgleichen §§ 80–88 ZPO. In Ehesachen gilt zudem § 114 Abs. 5, wonach es einer besonderen, auf das Verfahren gerichteten Vollmacht bedarf, die sich kraft Gesetzes auch auf die Folgesachen erstreckt (s. § 114 Rz. 41).

In **Registersachen** gilt die (widerlegliche) Vermutung des § 378 Abs. 2, dass der Notar, der eine für eine Eintragung erforderliche Erklärung beurkundet oder beglaubigt hat, bevollmächtigt ist, auch den Eintragungsantrag zu stellen. Zur Begründung der aus dem Notaramt, also aus öffentlichem Recht, hergeleiteten und nicht auf einem Rechtsgeschäft beruhenden Vertretungsmacht genügt die Vorlage der von dem Notar beurkundeten oder beglaubigten Erklärung. Da die Bevollmächtigung keine

---

[1] BGBl. I, S. 2840.
[2] BT-Drucks. 16/3655, S. 90.

rechtsgeschäftliche ist, ist das Registergericht nicht berechtigt, einen Vollmachtsnachweis zu verlangen (s. § 378 Rz. 13). Entsprechende Vermutungsregeln gibt es in § 15 GBO und § 25 SchiffsRegO. § 11, der die rechtsgeschäftliche Vollmacht betrifft, gilt in all diesen Fällen nicht.

B. Inhalt der Vorschrift

I. Vollmachtserteilung

5   Für die Erteilung der Verfahrensvollmacht selbst, bei der es sich nach hM um eine Verfahrenshandlung handelt, ist gesetzlich keine bestimmte Form vorgesehen. Sie kann daher auch konkludent gegenüber dem Bevollmächtigten, dem Gericht oder dem Verfahrensgegner erklärt werden und wird entsprechend § 130 BGB mit Zugang wirksam. **Voraussetzung ist, dass sowohl Vollmachtgeber wie Bevollmächtigter verfahrensfähig sind.**[1] Auch der nach §§ 275, 316 verfahrensfähige Betroffene in Betreuungs- und Unterbringungssachen kann wirksam eine Vollmacht erteilen bzw. widerrufen. Dies gilt jedenfalls dann, wenn der Betroffene wenigstens über einen natürlichen Willen verfügt (s. § 275 Rz. 11 u. § 316 Rz. 3). Die Vollmacht kann sich isoliert auf ein bestimmtes Verfahren beziehen, aber auch Teil einer umfassenden Bevollmächtigung sein, die sich auf Rechtsgeschäfte erstreckt.[2] Verstöße eines bevollmächtigten Berufsträgers gegen ein Tätigkeitsverbot, etwa eines Rechtsanwalts gegen § 45 BRAO oder eines Notars gegen § 14 BNotO, berühren die Wirksamkeit der Vollmacht und der von ihm vorgenommener Verfahrenshandlungen nicht.[3]

6   Problematisch kann die Bestimmung des Bevollmächtigten bei der Beauftragung einer **Sozietät von Rechtsanwälten** (§ 59a BRAO) sein. Maßgeblich ist insofern die Verkehrsanschauung. Hiernach sind bei einer örtlichen Sozietät im Zweifel alle Mitglieder bevollmächtigt, bei einer überörtlichen Verbindung dagegen nicht. Bei der Beauftragung einer Rechtsanwalts-GmbH oder -AG bzw. einer Partnerschaftsgesellschaft ist die Gesellschaft selbst Bevollmächtigte.[4] Ist eine Beauftragung gegenüber einer Sozietät erfolgt, so kommt ein in einem engen zeitlichen Zusammenhang erteiltes Folgemandat im Zweifel ebenfalls wieder mit der Sozietät und nicht mit dem tätig gewordenen Sozius zustande.[5] Ähnliche Grundsätze dürften bei der **Beauftragung von Notaren** gelten. In Ländern oder Landesteilen mit einem Nur-Notariat bezieht sich der Vertretungsauftrag im Zweifel auf die jeweilige Sozietät, bei der es sich nach der vom BGH gebilligten Zulassungspraxis der Landesjustizverwaltungen ohnehin im Regelfall nur um eine Zwei-Personen-Verbindung handeln wird.[6] Das Gleiche gilt für eine örtliche Sozietät von Anwaltsnotaren. Bei einer überörtlichen Sozietät sind wegen der Zuweisung eines bestimmten Orts, Stadtteils oder Amtsgerichtsbezirks als Amtssitz eines Notars gem. § 10 Abs. 1 BNotO im Zweifel ebenfalls nur die vor Ort tätigen Notare bevollmächtigt. Die gesetzliche **Vollmachtsvermutung in Register- und Grundbuchsachen** des § 378 und des § 15 GBO gilt allerdings nur für den beurkundenden Notar (s. § 378 Rz. 12).[7]

II. Vorlage der Vollmacht

1. Form des Vollmachtsnachweises

a) Schriftform, Satz 1

7   Trotz der Formfreiheit der Vollmachtserteilung ist für das Verfahren nach Satz 1 ein Nachweis durch Vorlage einer schriftlichen Vollmachtsurkunde zu führen. Der Nachweis kann auch in einem Termin zur Niederschrift des hierüber nach § 28 Abs. 4

---

1 Stein/Jonas/*Bork*, § 80 ZPO Rz. 6f.
2 Vgl. zum Ganzen Zöller/*Vollkommer*, § 80 ZPO Rz. 3–5.
3 BGH v. 19.3.1993 – V ZR 36/92, NJW 1993, 1926 zu § 45 BRAO; BGH v. 29.9.1970 – IV ZB 10/70, NJW 1971, 42 zu § 14 BNotO.
4 Näher mN Zöller/*Vollkommer*, § 80 ZPO Rz. 6.
5 BGH v. 9.12.2010 – IX ZR 44/10, NJW 2011, 2301.
6 S. dazu BGH v. 11.7.2005 – NotZ 5/05, NJW-RR 2005, 1722.
7 *Reetz* in BeckOK GBO § 15 Rz. 11.

anzufertigenden Vermerks erfolgen, weil die Bevollmächtigung auch in einem solchen Fall urkundlich nachgewiesen ist.[1]

Telefax und **Fotokopien** werden von der hM unter Bezugnahme auf Entscheidungen des BGH und des BFH als nicht ausreichend angesehen.[2] Dem ist indes für die Einreichung per Telefax nicht zu folgen. Nachdem es inzwischen anerkannt ist, dass für einen bestimmten Schriftsatz, etwa eine Rechtsmittelschrift, die Einreichung per Telefax ausreicht, dürfte die ältere Rspr., auf die sich die hM stützt, überholt sein. Es ist widersprüchlich, bei einem bestimmten Schriftsatz eine von der Verfahrensordnung geforderte Schriftform mit der Übermittlung per Telefax als gewahrt anzusehen, bei einer diesem beigefügten Vollmacht aber nicht.[3] Ebenso dürfte die Schriftform dann gewahrt sein, wenn ein **Ausdruck einer PDF-Datei** vorliegt, die als Anhang zu einer E-Mail an das Gericht übermittelt und durch Einscannen von dem schriftlichen Original hergestellt worden ist (s. auch § 14 Rz. 13).[4] Die Einreichung der **Vollmacht als elektronisches Dokument** reicht aus und ist schriftformersetzend, wenn hierfür die Voraussetzungen des § 14 Abs. 2 FamFG iVm. § 130a ZPO vorliegen, also das Dokument zur Bearbeitung durch das Gericht geeignet und – wie bei einem bestimmten Schriftsatz – mit einer qualifizierten elektronischen Signatur versehen ist (dazu näher § 14 Rz. 13–16). 8

b) Öffentliche Beglaubigung der Vollmacht nach Spezialnormen

Für die gegenüber dem Nachlassgericht zu erklärende **Ausschlagung einer Erbschaft** durch einen Bevollmächtigten ist gem. § 1945 Abs. 3 Satz 1 BGB eine öffentliche Beglaubigung der Vollmacht notwendig. Auch kann diese nicht nach § 11 Satz 2 irgendwann im Verlaufe des Verfahrens nach einer richterlichen Fristsetzung nachgereicht werden. Vielmehr ist nach § 1945 Abs. 3 Satz 2 BGB eine Nachreichung nur innerhalb der Ausschlagungsfrist möglich. Entsprechendes gilt gem. § 1955 Satz 2 für die **Anfechtung der Annahme oder Ausschlagung einer Erbschaft**. 9

Auch für die (elektronische) **Anmeldung zum Handelsregister** ist nach § 12 Abs. 1 Satz 1, 2 HGB ein Vollmachtsnachweis in öffentlich beglaubigter Form durch ein von dem Notar mit einer qualifizierten elektronischen Signatur versehenes einfaches elektronisches Zeugnis nach § 39a BeurkG beizubringen. 10

2. Entbehrlichkeit eines Vollmachtsnachweises

§ 11 gilt nur für eine rechtsgeschäftliche Bevollmächtigung. Deshalb brauchen **gesetzliche Vertreter** juristischer oder natürlicher Personen den Nachweis nach Satz 1 nicht zu führen. Dies schließt indes nicht aus, dass das Gericht in Fällen, in denen die Vertretungsmacht zweifelhaft sein kann, im Rahmen seiner Aufklärungspflicht die Beibringung entsprechender Nachweise verlangt, etwa durch Einreichung eines Registerauszugs für den Vertreter einer juristischen Person oder durch Vorlage der Bestellungsurkunde nach § 290 für einen Betreuer.[5] 11

3. Inhalt der Vollmachtsurkunde

Aus der Urkunde muss sich – ggf. iVm. der Verkehrsanschauung (s. Rz. 6) – ergeben, wer Bevollmächtigter sein soll. Ferner muss feststellbar sein, dass sie sich gerade auf das Verfahren bezieht, in dem von ihr Gebrauch gemacht werden soll. Eine entsprechende Feststellung ist notfalls im Wege der **Auslegung** unter Berücksichti- 12

---

1 BT-Drucks. 16/3655, S. 90 zu § 80 ZPO.
2 BGH v. 23.6.1994 – I ZR 106/92, NJW 1994, 2298; BFH v. 22.2.1996 – III R 97/95, NJW 1996, 3366; *Bahrenfuss*, § 11 FamFG Rz. 2; *Zöller/Vollkommer*, § 80 ZPO Rz. 8 mwN.
3 Im Ergebnis ebenso Baumbach/*Hartmann*, § 80 ZPO Rz. 10f; Keidel/*Zimmermann*, § 11 FamFG Rz. 8; kritisch zur Rspr. des BGH schon *Karst*, NJW 1995, 3278.
4 BGH v. 15.7.2008 – X ZB 8/08, NJW 2008, 2649 für einen bestimmten Schriftsatz im Zivilprozess.
5 Weitergehend MüKo. ZPO/*v. Mettenheim*, § 80 ZPO Rz. 10 und Stein/Jonas/*Bork*, § 80 ZPO Rz. 23: grds. entsprechend § 80 ZPO Vorlage eines urkundlichen Nachweises über die Vertretungsmacht.

gung ihres Zwecks, der Umstände ihrer Erteilung und der Lage des Falles festzustellen.[1] Schlagwortartige Umschreibungen reichen aus. So wird etwa eine von einem Ausländer einem Rechtsanwalt „wg. Aufenthaltserlaubnis" erteilte Vollmacht alle mit dem noch nicht rechtlich gesicherten Aufenthalt im Zusammenhang stehenden Verfahren erfassen, also zB auch ein mit einem Abschiebungshaftantrag der Ausländerbehörde eingeleitetes Freiheitsentziehungsverfahren gem. § 415 ff. Der Angabe eines Datums bedarf es nicht. Allerdings kann der Zeitpunkt der Ausstellung Bedeutung haben für die Beurteilung der Frage, ob eine bestimmte Verfahrenshandlung durch die Vollmacht gedeckt ist.[2]

13 Tritt ein **Unterbevollmächtigter** auf, so ist ebenfalls anhand der Vollmachtsurkunde festzustellen, ob der Hauptbevollmächtigte zu dessen Bestellung berechtigt war. Im Zweifel besteht wegen § 664 Abs. 1 Satz 1 BGB eine entsprechende Befugnis nicht. Auch erlischt eine Untervollmacht im Zweifel mit dem Erlöschen der Hauptvollmacht.[3]

4. Vollmachtsketten

14 Bei Haupt- und Untervollmachten oder sonstigen „Ketten" abgeleiteter Vollmachten sind alle Urkunden vorzulegen. Es hat ein lückenloser Nachweis bis zu dem Beteiligten selbst zu erfolgen.[4]

III. Verfahren bei fehlender Vorlage der Vollmachtsurkunde

1. Vertretung eines Beteiligten durch einen Rechtsanwalt oder Notar

15 Gem. § 11 Satz 4, 2. Halbs. hat das Gericht einen etwaigen Mangel der Vollmacht nicht von Amts wegen zu prüfen, wenn ein Rechtsanwalt oder Notar als Bevollmächtigter auftritt. Dies schließt allerdings nicht aus, dass bei begründeten Zweifeln an der behaupteten Vollmacht das Gericht zu einer entsprechenden Prüfung berechtigt ist.[5] Dies ist etwa dann der Fall, wenn ein Rechtsanwalt durch sein Vorbringen oder durch eingereichte Urkunden selbst begründete Zweifel an seiner Bevollmächtigung weckt.[6] Ansonsten wird das Gericht erst auf eine Rüge des angeblich Vertretenen oder eines anderen Beteiligten nach Satz 2 verfahren und eine Frist zur Vorlage der Vollmachtsurkunde bestimmen.

2. Vertretung eines Beteiligten durch sonstige Bevollmächtigte

16 Bei sonstigen Bevollmächtigten hat das Gericht nach Satz 4 auch ohne Rüge eines Beteiligten das Bestehen einer Vollmacht nachzuprüfen. Befindet sich noch kein entsprechender Nachweis bei den Akten, hat es drei Möglichkeiten.[7] Es kann
– eine Frist zur Beibringung eines Vollmachtsnachweises nach Satz 2 setzen, oder
– den Vertreter nach Satz 5 iVm. § 89 ZPO einstweilen zur Verfahrensführung zulassen, ggf. ebenfalls verbunden mit einer Fristsetzung zur Beibringung eines Vollmachtsnachweises, oder
– für den Fall, dass ein nicht behebbarer Mangel der Vollmacht oder einer sonstigen Zulässigkeitsvoraussetzung des Verfahrens bzw. eines Rechtsmittels vorliegt, die nach der Verfahrenssituation gebotene Endentscheidung treffen.

17 Die nach Satz 2 gesetzte Frist ist keine Ausschlussfrist mit der Folge, dass die Beibringung des Vollmachtsnachweises noch bis zum Erlass der Endentscheidung nach-

---

1 Schulte-Bunert/Weinreich/*Schöpflin*, § 11 FamFG Rz. 4.
2 MüKo. ZPO/*Pabst*, § 11 FamFG Rz. 8.
3 BGH v. 27.3.2002 – III ZB 43/00, NJW-RR 2002, 933; MüKo. ZPO/*Pabst*, § 11 FamFG Rz. 9.
4 BGH v. 27.3.2002 – III ZB 43/00, NJW-RR 2002, 933; Zöller/*Vollkommer*, § 80 ZPO Rz. 7.
5 BGH v. 5.4.2001 – IX ZR 309/00, NJW 2001, 2095 zu § 88 Abs. 2 ZPO; BFH v. 20.2.2001 – III R 35/00, NJW 2001, 2912 zu § 68 Abs. 6 FGO.
6 OLG Schleswig v. 3.8.2011 – 3 Wx 80/11, FamRZ 2012, 320 mit Anm. *Jahreis*, jurisPR-FamR 23/2011 Anm. 3.
7 S. für die entsprechende Verfahrensweise im Zivilprozess Zöller/*Vollkommer*, § 80 ZPO Rz. 11.

geholt werden kann. Die Verwerfung eines Rechtsmittels mangels eines schriftlichen Vollmachtsnachweises innerhalb einer zu deren Vorlage gesetzten Frist verletzt das Grundrecht des hiervon betroffenen Beteiligten aus Art. 103 Abs. 1 GG auf rechtliches Gehör.[1] Auch kann der Beteiligte oder ein neuer Vertreter, der sich durch eine schriftliche Vollmacht legitimiert, die bisherige Verfahrensführung genehmigen. Diese Genehmigung wirkt auf den Zeitpunkt der Vornahme der zunächst vollmachtlosen Rechtshandlung zurück und braucht wegen dieser Rückwirkung nicht innerhalb der Frist für die Vornahme der Rechtshandlung, etwa einer Rechtsmittelfrist erklärt zu werden.[2] Nach Abschluss der Instanz, bzw. nach Erlass einer Entscheidung, mit der ein Rechtsmittel als unzulässig verworfen wird, ist eine Genehmigung allerdings nicht mehr möglich.[3]

Die Amtspflicht des Gerichts, einer wirksamen Bevollmächtigung von Amts wegen nachzugehen, gilt in jeder Lage des Verfahrens und in allen Instanzen, und zwar in der Rechtsmittelinstanz auch für eine vorherige Instanz.[4] Wenn zB ein Beteiligter zwar im Rechtsbeschwerdeverfahren vor dem BGH durch einen dort zugelassenen Rechtsanwalt vertreten ist, in den Vorinstanzen indes für ihn ein nicht anwaltlicher Bevollmächtigter aufgetreten war, hat der BGH dessen Vollmacht von Amts wegen zu prüfen. Hat indes das Gericht im Hauptverfahren auf die Rüge eines anderen Beteiligten einen Mangel der Vollmacht verneint, kann deren Wirksamkeit im Kostenfestsetzungsverfahren nach § 85 iVm §§ 103 ff. ZPO mit derselben Begründung wie in der ursprünglichen Rüge nicht erneut in Frage gestellt werden.[5]

IV. Entsprechende Anwendung von Vorschriften der ZPO, Satz 5

1. Umfang der Verfahrensvollmacht, § 81 ZPO

Wegen der entsprechenden Anwendung des § 81 ZPO ist der Umfang einer Verfahrensvollmacht der gleiche wie im Zivilprozess. Sie erstreckt sich daher auf das gesamte Verfahren einschließlich der Zwangsvollstreckung nach §§ 86 ff. und des Kostenfestsetzungsverfahrens nach § 85 FamFG iVm. §§ 103–107 ZPO sowie auf ein Wiederaufnahmeverfahren nach § 48 Abs. 2 FamFG iVm. §§ 578–591 ZPO.[6] Auch sind Verfahren über die **Abänderung oder Aufhebung von Beschlüssen** von Amts wegen oder auf Antrag von einer im Ursprungsverfahren erteilten Vollmacht erfasst, also Abänderungen nach § 48 bei Entscheidungen mit Dauerwirkung, nach § 54 bei eA, nach den §§ 166, 230 bei Vergleichen, Vereinbarungen oder Entscheidungen in Sorgerechtssachen, nach den §§ 294, 230 in Betreuungs- und Unterhaltssachen sowie nach § 426 in Freiheitsentziehungssachen. Wegen des insoweit bestehenden rechtlichen Zusammenhangs mit dem Ausgangsverfahren ist die Situation eine andere als im Zivilprozess, in dem es sich bei einer Abänderungsklage nach § 323 ZPO um ein formell neues Verfahren handelt, so dass sich eine für den Ursprungsprozess erteilte Vollmacht hierauf nicht erstreckt.[7]

Im Einzelnen ermächtigt die Verfahrensvollmacht[8]
– zu allen **Verfahrenshandlungen**, insbesondere zur Änderung oder Rücknahme von Anträgen, zur Einlegung und Rücknahme von Rechtsmitteln, zur Erhebung einer Anhörungsrüge nach § 44, zu einem Geständnis, zum Abschluss eines Vergleichs, zu einem Anerkenntnis oder Verzicht sowie zur Entgegennahme von Zustellungen,

---

1 BGH v. 14.12.2011 – XII ZB 233/11, FamRZ 2012, 360.
2 OLG Köln v. 25.7.2011 – 5 U 116/11, NZI 2012, 26.
3 Gemeinsamer Senat der Obersten Gerichtshöfe des Bundes v. 17.4.1984 – Gem-OGB 2/83, NJW 1984, 2149; BGH v. 29.11.2012 – V ZB 170/12, InfAuslR 2013, 157; OLG Köln v. 25.7.2011 – 5 U 116/11, NZI 2012, 26; BT-Drucks. 16/3655, S. 90.
4 MüKo. ZPO/*v. Mettenheim*, § 88 ZPO Rz. 6; Stein/Jonas/*Bork*, § 88 ZPO Rz. 8a.
5 BGH v. 14.7.2011 – V ZB 237/10, WuM 2011, 653 mit Anm. Schlimme juris-PR-MietR 24/2011 Anm. 6.
6 Vgl. Zöller/*Vollkommer*, § 81 ZPO Rz. 4, 8.
7 Zu § 323 ZPO zB MüKo. ZPO/*v. Mettenheim*, § 81 ZPO Rz. 4.
8 S. dazu für den Zivilprozess Thomas/Putzo/*Hüßtege*, § 81 ZPO Rz. 4–8.

- zu **Rechtsgeschäften oder geschäftsähnlichen Handlungen**, soweit sie dazu dienen, dem von dem Vollmachtgeber im anhängigen Verfahren verfolgten Ziel zum Erfolg zu verhelfen, wie einer Aufrechnung, einer Kündigung und deren Entgegennahme, einer Anfechtung, einem Rücktritt oder einem außergerichtlichen Vergleich,
- zur Erteilung einer **Untervollmacht** und zur Beauftragung eines **Vertreters für eine höhere Instanz**, etwa eines beim BGH zugelassenen Rechtsanwalts für ein Rechtsbeschwerdeverfahren,
- zur **Empfangnahme der Kosten**, die von einem anderen Beteiligten oder aus der Staatskasse zu erstatten sind, nicht aber zum Empfang der Hauptleistung.[1]

21 Erweiterungen oder Beschränkungen des gesetzlichen Umfangs der Verfahrensvollmacht sind zulässig.[2] Bei Beschränkungen ist allerdings für das Außenverhältnis § 83 ZPO zu beachten (Rz. 24 ff.).

2. Geltung für Nebenverfahren, § 82 ZPO

22 Entsprechend § 82 ZPO gilt eine in der Hauptsache erteilte Vollmacht auch für Nebenverfahren, also auch für eA gem. §§ 49 ff. Die Vorschrift bezieht sich zwar nur auf das Außenverhältnis. Mangels anderweitiger Vereinbarung ist sie jedoch auch für das Innenverhältnis zwischen Vertreter und Vertretenem maßgeblich.[3] Eine nur auf das Anordnungsverfahren beschränkte Vollmacht ist allerdings ebenfalls möglich und zulässig.[4]

23 Die Erstreckung der Vollmacht auch auf das Nebenverfahren ändert nichts daran, dass es als solches selbständig ist. Zustellungen gem. § 15 Abs. 2 iVm. den Zustellvorschriften der ZPO können, brauchen aber nicht an den Bevollmächtigten des Hauptverfahrens zu erfolgen. § 172 ZPO gilt wegen der Selbständigkeit der Verfahren nicht.[5] In beiden Fällen kann auch an die Partei selbst zugestellt werden. § 82 ZPO gibt also das Recht, Zustellungen auch an den Prozessbevollmächtigten des Hauptprozesses zu bewirken; aus ihm folgt aber keine entsprechende Pflicht.

3. Beschränkung der Vollmacht, § 83 ZPO

a) Verfahren mit Anwaltszwang

24 Soweit für das Verfahren Anwaltszwang besteht, also im Rechtsbeschwerdeverfahren vor dem BGH sowie in Folgesachen einer Ehesache hat eine – im Innenverhältnis jederzeit mögliche – Beschränkung der Verfahrensvollmacht dem Gericht und den anderen Beteiligten gegenüber nur die eingeschränkten Wirkungen des § 83 Abs. 1 ZPO. Diese betreffen die Beendigung eines Verfahrens durch **Vergleich**, **Verzicht** auf den Verfahrensgegenstand und ein **Anerkenntnis**, die auch im Verfahren nach dem FamFG möglich sind, soweit die Beteiligten über den Verfahrensgegenstand verfügen können (s. § 36 Abs. 1 Satz 1, § 38 Abs. 4 Nr. 1). Diese Ausnahmen von der ansonsten fehlenden rechtlichen Wirkung einer Vollmachtsbeschränkung dienen dem Schutz des vertretenen Beteiligten.[6]

25 Voraussetzung für eine im Außenverhältnis wirksame Beschränkung auf die drei genannten Verfahrenshandlungen ist eine unzweideutige schriftliche oder mündliche Mitteilung gegenüber dem Gericht. Sonstige Beschränkungen der Vollmacht, zB nur für eine Instanz, nur für einzelne Anträge oder in Abweichung von § 82 ZPO nur für

---

1 Keidel/*Zimmermann*, § 11 FamFG Rz. 20 mit kritischem Hinweis darauf, dass die in der Praxis üblichen Vordrucke der Anwaltschaft eine Erweiterung der Vollmacht auf die Empfangnahme der Hauptsache vorsehen.
2 Zöller/*Vollkommer*, § 83 ZPO Rz. 12.
3 MüKo. ZPO/*v. Mettenheim*, § 82 ZPO Rz. 1.
4 Thomas/Putzo/*Hüßtege*, § 82 ZPO Rz. 1.
5 OLG Oldenburg v. 25.10.2001 – 1 U 102/01, MDR 2002, 290; Musielak/*Weth*, § 82 ZPO Rz. 3.
6 BGH v. 19.7.1984 – X ZB 20/83, BGHZ 92, 137 (143).

das Hauptverfahren haben im Anwaltsprozess selbst dann keine Wirkung, wenn sie in der dem Gericht vorgelegten Vollmachtsurkunde enthalten sind.[1]

b) Verfahren ohne Anwaltszwang

In Verfahren ohne Anwaltszwang gelten entsprechend § 83 Abs. 2 ZPO die Grenzen für die Beschränkung einer Vollmacht nicht. Die Verfahrensvollmacht kann daher beliebig beschränkt werden. Dies gilt auch dann, wenn es sich um ein nicht dem Anwaltszwang unterliegendes **Nebenverfahren** zu einem Hauptverfahren mit anwaltlicher Vertretungspflicht handelt,[2] zB für ein Verfahren auf Gewährung von Verfahrenskostenhilfe für eine Rechtsbeschwerde beim BGH (s. § 10 Abs. 4) oder für ein Verfahren auf Erlass einer eA in einer Folgesache zu einer Ehesache (s. § 114 Abs. 4 Nr. 1). Die Beschränkung kann in jeder Lage des Verfahrens erfolgen, also auch noch im Verfahren über den Kostenansatz oder im Kostenfestsetzungsverfahren.[3] Voraussetzung ist allerdings auch hier die unmissverständliche Anzeige gegenüber dem Gericht.

26

c) Interessenkonflikt und Rechtsmissbrauch

Im Zivilprozess ist es anerkannt, dass in Fällen eines Interessenkonflikts oder eines Rechtsmissbrauchs Treu und Glauben zu einer Einschränkung einer Vollmacht auch im Außenverhältnis führen können.[4] Die entsprechenden Grundsätze wurden auch im FGG-Verfahren nach §§ 43 ff. WEG in der bis zum 30.6.2007 geltenden Fassung wegen der gesetzlichen Zustellvollmacht oder einer rechtsgeschäftlichen Verfahrensvollmacht eines Verwalters angewandt, wenn die konkrete Gefahr eines Interessenkonflikts bestand.[5] Auch für sonstige Verfahren kann eine Vollmachtsbeschränkung in Betracht kommen.

27

Interessenkonflikte sind in der Praxis nicht selten, wenn eine Person eine umfassende **Vorsorgevollmacht** in Form einer Generalvollmacht erteilt hat, anschließend in einem Betreuungsverfahren der Vollmachtgeber eindeutig und unmissverständlich die Bestellung eines Betreuers oder eines Kontrollbetreuers nach § 1896 Abs. 3 BGB wünscht und das Betreuungsgericht dem entspricht.[6] In solchen Fällen könnte zwar die Generalvollmacht wegen eines möglichen Interessenkonflikts nicht zur Einlegung einer Beschwerde im Namen des Betreuten ermächtigen. Indes steht dem Vorsorgebevollmächtigten unabhängig von seiner vertraglichen Befugnis in Betreuungs- und Unterbringungssachen gem. den §§ 303 Abs. 4, 335 Abs. 3 bei Entscheidungen, die seinen Aufgabenbereich betreffen, ein Recht zur Einlegung der Beschwerde im Namen des Betroffenen zu. Mit diesem auf Vorschlag des Bundesrates normierten **Beschwerderecht des Vorsorgebevollmächtigten** wurde zwar primär das Ziel verfolgt, die autonome Entscheidung zur Vorsorgevollmacht zu stärken.[7] Gleichwohl lassen sich die Grundsätze zu einer Beschränkung einer rechtsgeschäftlichen Vollmacht nach Treu und Glauben auf das gesetzliche Recht zur Einlegung eines Rechtsmittels in fremdem Namen nicht heranziehen.

28

d) Wirkung einer Vollmachtsbeschränkung

Ist die Vollmacht wirksam beschränkt, fehlt es an einer Verfahrenshandlungsvoraussetzung mit der zwangsläufigen Folge der Unwirksamkeit der Verfahrenshandlung, die der Vertreter gleichwohl vorgenommen hat. Allerdings ist eine Genehmigung möglich. Diese hat aber aus Gründen der Rechtssicherheit nicht nur für

29

---

1 Zöller/*Vollkommer*, § 83 ZPO Rz. 1.
2 Zöller/*Vollkommer*, § 83 ZPO Rz. 5.
3 OLG Brandenburg v. 7.9.2006 – 6 W 244/05, NJW 2007, 1470.
4 S. zB Baumbach/*Hartmann*, § 83 ZPO Rz. 3.
5 Näher Bärmann/Pick/*Merle*, WEG, 9. Aufl. § 27 Rz. 129–132.
6 S. zu einer entsprechenden Konstellation OLG München v. 27.10.2006 – 33 Wx 159/06, FamRZ 2007, 582.
7 S. dazu BT-Drucks. 16/6308, S. 387.

einzelne Verfahrenshandlungen, sondern für die gesamte bisherige Verfahrensführung des Vertreters zu erfolgen.[1]

4. Mehrere Bevollmächtigte, § 84 ZPO

30   Entsprechend § 84 ZPO hat bei **mehreren Bevollmächtigten** jeder für sich allein und umfassend Verfahrensvollmacht. Hierbei ist es gleichgültig, ob die Vollmachtserteilung mehreren gleichzeitig oder nebeneinander und nacheinander erteilt worden ist. Deshalb führt die Bestellung eines weiteren Bevollmächtigten nicht ohne weiteres zum Widerruf einer früheren Vollmacht.[2] Bei **Anwaltssozietäten** beurteilt sich die Frage, ob alle Mitglieder mandatiert sind, nach der Verkehrsanschauung (s. näher Rz. 6, auch zur Beauftragung einer Rechtsanwaltsgesellschaft und zu Notarsozietäten).

31   Bei **widerstreitenden Verfahrenshandlungen** gilt, wenn diese nicht frei widerruflich sind, wie ein Geständnis oder ein Anerkenntnis, die frühere, bei widerruflichen die spätere. Bei gleichzeitiger Abgabe widersprechender Erklärungen sind alle wirkungslos.[3] Legen mehrere Bevollmächtigte ein Rechtsmittel ein, ist dies ein einheitliches mit der Folge, dass die Rücknahme durch einen der Bevollmächtigten ohne weitere Beschränkung zum Verlust des Rechtsmittels insgesamt führt.[4]

32   Für die Bekanntgabe nach § 15 oder die Übermittlung von sonstigen Schriftstücken genügt die Zustellung bzw. die formlose Übermittlung an einen Bevollmächtigten. Für den Lauf einer Frist ist die **zeitlich erste Zustellung** maßgeblich.[5]

5. Wirkung der Verfahrensvollmacht, § 85 ZPO

a) Bindung des Beteiligten an Verfahrenshandlungen seines Bevollmächtigten

33   Entsprechend § 85 Abs. 1 Satz 1 ZPO muss sich ein Beteiligter Verfahrenshandlungen seines Bevollmächtigten wie eigene zurechnen lassen, wenn sie von der Vollmacht im **Außenverhältnis** gedeckt sind, und zwar grundsätzlich auch dann, wenn der Vertreter gegen Weisungen des Beteiligten verstößt.[6] Soweit die Verfahrenshandlung nicht frei widerruflich ist, ist demzufolge der Beteiligte hieran gebunden. Erfolgen dagegen gleichzeitig widersprechende Handlungen, ist im Verfahren ohne zwingende anwaltliche Vertretung diejenige des Beteiligten selbst maßgeblich.[7]

34   Eine Ausnahme von der Bindungswirkung gilt gem. § 85 Abs. 1 Satz 2 ZPO für Geständnisse und sonstige tatsächliche Erklärungen. Diese kann ein in einem Erörterungstermin nach § 32 erschienener Beteiligter wegen seiner idR besseren Kenntnis von Geschehensabläufen sofort widerrufen oder berichtigen.

b) Zurechnung der Kenntnis von Tatsachen

35   Soweit es in Bezug auf das Verfahren auf die Kenntnis von Tatsachen ankommt, gilt § 166 BGB entsprechend. Der Beteiligte muss sich daher eine Kenntnis seines Bevollmächtigten als Wissensvertreter, etwa zu dem Zeitpunkt einer für den Lauf von Fristen maßgeblichen Zustellung oder eines Grundes für die Ablehnung eines Richters, zurechnen lassen.[8] Handelt der Bevollmächtigte dagegen auf Weisung des von ihm vertretenen Beteiligten, ist umgekehrt entsprechend § 166 Abs. 2 BGB die Kenntnis des Beteiligten selbst maßgeblich.[9]

---

1 BGH v. 19.7.1984 – X ZB 20/83, BGHZ 92, 137 (142); Thomas/Putzo/*Hüßtege*, § 83 ZPO Rz. 6.
2 BGH v. 30.5.2007 – XII ZB 82/06, NJW 2007, 3640 (3642).
3 Schulte-Bunert/Weinreich/*Schöpflin*, § 11 FamFG Rz. 18; Thomas/Putzo/*Hüßtege*, § 84 ZPO Rz. 3.
4 BGH v. 30.5.2007 – XII ZB 82/06, NJW 2007, 3640 (3642) für die Berufung im Zivilprozess.
5 BGH v. 10.4.2003 – VII ZR 383/02, NJW 2003, 2100.
6 S. näher Musielak/*Weth*, § 85 ZPO Rz. 4 auch zu Ausnahmen (kollusives Zusammenwirken des Bevollmächtigten mit dem Gegner; offensichtliche Erkennbarkeit des Widerspruchs für das Gericht und andere Beteiligte).
7 Zöller/*Vollkommer*, § 85 ZPO Rz. 5.
8 BGH v. 26.10.2006 – IX ZR 147/04, BGHZ 169, 308; Zöller/*Vollkommer*, § 85 ZPO Rz. 4.
9 Thomas/Putzo/*Hüßtege*, § 85 ZPO Rz. 2.

c) Zurechnung des Verschuldens des Bevollmächtigten

Die Zurechnung von Vertreterverschulden erfolgte früher in § 22 Abs. 2 Satz 2 FGG nur für den Fall eines Wiedereinsetzungsantrags gegen die Versäumung der Beschwerdefrist. Infolge der Verweisung auf § 85 Abs. 2 ZPO ist nunmehr für das gesamte Verfahren das Vertreterverschulden dem des Beteiligten selbst gleichgestellt. Dieses erfasst nach zutreffender Auffassung alle Verschuldensformen des § 276 BGB, also Vorsatz und Fahrlässigkeit.[1] Abzustellen ist dabei nicht auf die höchstmögliche, sondern auf die übliche Sorgfalt. Hierzu hat sich vornehmlich wegen eines Anwaltsverschuldens und zur Abgrenzung gegenüber dem Verschulden von unselbständigen Hilfspersonen des mandatierten Anwalts, das einem Beteiligten nicht zuzurechnen ist, zu Wiedereinsetzungsgesuchen im Zivilprozess eine umfangreiche Rechtsprechung des BGH entwickelt.[2] Wegen der einzelnen Problemkreise wird ergänzend auf § 17 Rz. 23, 25a verwiesen. 36

Die Zurechnung eines Vertreterverschuldens gem. § 85 Abs. 2 ZPO wird für Verfahren über die Gewährung von Prozesskostenhilfe teilweise mit der Begründung verneint, dass es sich nicht um ein kontradiktorisches Verfahren handele. Der BGH hat jedoch eine Zurechnung auch in einem solchen Verfahren mit Recht bejaht.[3] Da nach den §§ 76 ff. **Verfahrenskostenhilfe** für alle in Betracht kommenden Verfahren gewährt werden kann, also auch für die nicht streitigen, greifen die von der Gegenmeinung herangezogenen Gründe im Verfahren nach dem FamFG nicht, mit der Folge, dass § 85 Abs. 2 ZPO Anwendung findet. 37

In zeitlicher Hinsicht ist für die Zurechnung von Vertreterverschulden unabhängig von etwaigen Fortwirkungen der Vollmacht entsprechend § 87 ZPO (s. dazu Rz. 43 ff.) allein das **Innenverhältnis** maßgeblich. Es beginnt erst mit der Annahme des Mandats, und zwar auch dann, wenn zuvor eine Beiordnung im Rahmen einer Bewilligung von Verfahrenskostenhilfe erfolgt war, und endet mit dessen Niederlegung oder Kündigung durch den Mandanten; denn die Verschuldenszurechnung beruht auf dem Gedanken, dass die Partei für ihren Bevollmächtigten als Person ihres Vertrauens einzustehen hat.[4] Deshalb scheidet eine Zurechnung auch dann aus, wenn ein Mandat aus berufsrechtlichen Gründen beendet wird.[5] 38

6. Fortbestand der Vollmacht, § 86 ZPO

a) Regelungsgehalt/Anwendungsbereich

Eine wirksam erteilte Verfahrensvollmacht wird entsprechend § 86 ZPO im Außenverhältnis durch den **Verlust der Verfahrensfähigkeit des Vollmachtgebers**, sei es durch Tod, Eintritt der Geschäftsunfähigkeit oder Verlust einer gesetzlichen Vertretung, nicht berührt. Eine Unterbrechung des Verfahrens tritt daher nicht ein. Vielmehr wird es von dem Bevollmächtigten fortgeführt. Damit soll im Interesse der Rechtssicherheit und der Verfahrensökonomie verhindert werden, dass nicht offen zutage liegende Ereignisse in der Sphäre eines Beteiligten den übrigen Beteiligten und dem Gericht die Fortführung und Abwicklung des Verfahrens erschweren.[6] Die Vorschrift bezieht sich allerdings nur auf das Außenverhältnis und **nur auf eine** 39

---

1 Baumbach/*Hartmann*, § 85 ZPO Rz. 8; Hk-ZPO/*Kayser* § 85 ZPO Rz. 20; MüKo. ZPO/*v. Mettenheim*, § 85 ZPO Rz. 25; Musielak/*Weth*, § 85 ZPO Rz. 17; Thomas/Putzo/*Hüßtege*, § 85 ZPO Rz. 8; aA VG Stade v. 8.12.1982 – 5 A 464/82, NJW 1983, 1509 und Zöller/*Vollkommer*, § 85 ZPO Rz. 13: keine Zurechnung einer vorsätzlichen sittenwidrigen Schädigung oder einer dem gleichkommenden Außerachtlassung anwaltlicher Berufspflichten.
2 S. die stichwortartige Darstellung bei Baumbach/*Hartmann*, § 85 ZPO Rz. 13–40 und Zöller/*Vollkommer*, § 233 ZPO Rz. 23 Einzelfälle: „Ausgangskontrolle", „Büropersonal", „Fristenbehandlung".
3 BGH v. 12.6.2001 – XI ZR 161/01, NJW 2001, 2720 (2721) mit Darstellung des Meinungsstandes.
4 Musielak/*Weth*, § 85 ZPO Rz. 16; Zöller/*Vollkommer*, § 85 ZPO Rz. 22–25 (mit verschiedenen Fallkonstellationen).
5 BGH v. 26.1.2006 – III ZB 63/05, NJW 2006, 2260 (2261) und BGH v. 22.4.2008 – X ZB 18/07, MDR 2008, 873 (874).
6 MüKo. ZPO/*v. Mettenheim*, § 86 ZPO Rz. 1.

rechtsgeschäftlich erteilte Vollmacht, nicht aber auf die gesetzliche Vertretungsmacht etwa eines Betreuers aus § 1902 BGB.[1] Dessen Vertretungsmacht endet mit dem Tod des Betreuten, und der Betreuer ist daher nicht mehr befugt, nunmehr – für die Erben des Betreuten – ein Verfahren fortzuführen.[2] Anders ist es dagegen, wenn der Betreuer seinerseits aufgrund seiner gesetzlichen Vertretungsmacht einem Rechtsanwalt eine Verfahrensvollmacht erteilt hat. In diesem Fall besteht die – rechtsgeschäftliche – Vollmacht des Anwalts auch nach dem Tod des Betreuten entsprechend § 86 ZPO fort.

40 Der Fortbestand der Vollmacht gilt unabhängig davon, ob der Verlust der Verfahrensfähigkeit des Vollmachtgebers **vor oder nach dem Eintritt der Rechtshängigkeit** stattfand. Dies führt dazu, dass im Antragsverfahren der Tod des Antragstellers vor Einreichung des Antrags, aber nach Vollmachtserteilung der Antragstellung nicht entgegensteht. Dessen Verfahrenshandlungen gelten dann als für oder gegen die Erben erfolgt; diese sind nunmehr Beteiligte des Verfahrens. Anerkannt ist weiterhin, dass die Partei, die im Laufe eines Verfahrens verfahrensunfähig geworden ist, in dem Verfahren auch danach nach Vorschrift der Gesetze vertreten ist, wenn für sie ein Bevollmächtigter auftritt, dem sie wirksam Verfahrensvollmacht erteilt hat. Entsprechendes gilt, wenn eine juristische Person vor oder nach Einleitung eines Verfahrens im Handelsregister gelöscht wird und ihr bisheriger gesetzlicher Vertreter aus diesem Grund seine Vertretungsbefugnis verliert.[3] Darüber hinaus findet sie entsprechende Anwendung auf die Beendigung einer Parteistellung kraft Amts, etwa im Falle einer Beendigung eines Insolvenzverfahrens. In diesen Fällen bleibt die von der früheren Partei kraft Amts erteilte Verfahrensvollmacht bestehen.[4]

41 Streitig ist, ob die Vollmacht auch dann fortbesteht, wenn über das Vermögen des Vollmachtgebers das **Insolvenzverfahren** eröffnet wird oder – etwa im Fall der Vollbeendigung einer juristischen Person – ein Verlust der Beteiligtenfähigkeit eintritt. Dies ist mit der überwiegenden Meinung zu verneinen.[5]

b) Auftreten für den Rechtsnachfolger

42 Tritt der Bevollmächtigte nach Aussetzung des Verfahrens für den Rechtsnachfolger des ursprünglichen Vollmachtgebers auf, hat er entsprechend § 86, 2. Halbs. ZPO dessen Vollmacht nachzuweisen. Gem. § 11 Satz 3, 4 hat das Gericht den Vollmachtsnachweis allerdings nur dann von Amts wegen einzufordern, wenn nicht als Bevollmächtigter ein Rechtsanwalt auftritt. Bei anwaltlicher Vertretung ist der Nachweis daher nur auf Rüge des angeblich Vertretenen oder eines sonstigen Beteiligten zu verlangen.[6]

7. Erlöschen der Vollmacht, § 87 ZPO

a) Regelungsgehalt

43 Mit der entsprechenden Anwendung des § 87 ZPO soll ebenfalls verhindert werden, dass nicht offen zutage liegende Ereignisse in der Sphäre eines Beteiligten den übrigen Beteiligten und dem Gericht die Fortführung und Abwicklung des Verfahrens erschweren (s. Rz. 38). § 87 Abs. 1 betrifft die Frage, unter welchen Voraussetzungen ein Erlöschen der Vollmacht im Außenverhältnis Wirksamkeit erlangt. Hierbei ist die sprachliche Fassung des Gesetzes missglückt, da es einen „Vollmachtsvertrag" so nicht gibt, sondern nur das der Vollmachtserteilung zugrunde lie-

---

1 OLG Köln v. 6.3.2003 – 2 U 135/02, OLGReport 2003, 173; Zöller/*Vollkommer*, § 83 ZPO Rz. 8.
2 *Robrecht*, MDR 2004, 979.
3 Vgl. zum Ganzen BGH v. 8.2.1993 – II ZR 62/92, NJW 1993, 1654.
4 Musielak/*Weth*, § 86 ZPO Rz. 9.
5 ZB BGH v. 11.10.1988 – X ZB 16/88, NJW-RR 1989, 183; OLG Köln v. 15.11.2002 – 2 U 79/02, NJW-RR 2003, 264; OLG Karlsruhe v. 30.9.2004 – 19 U 2/04, NZI 2005, 39; LAG Köln v. 27.1.2006 – 4 Ta 854/05, NZA-RR 2006, 601; Musielak/*Weth*, § 86 ZPO Rz. 8; Zöller/*Vollkommer*, § 83 ZPO Rz. 6; aA Baumbach/*Hartmann*, § 86 ZPO Rz. 9, 11.
6 MüKo. ZPO/*v. Mettenheim*, § 86 ZPO Rz. 10; Musielak/*Weth*, § 86 ZPO Rz. 13; Zöller/*Vollkommer*, § 86 ZPO Rz. 13; aA Baumbach/*Hartmann*, § 86 ZPO Rz. 13: Nachweis immer notwendig.

gende Mandatsverhältnis (Auftrag, Geschäftsbesorgung) gekündigt werden kann.[1] Auch betrifft ein Erlöschen nicht nur das Verhältnis zum „Gegner", also im Verfahren nach dem FamFG das Verhältnis zu anderen Beteiligten, sondern auch dasjenige zum Gericht.[2] § 87 Abs. 2 ZPO regelt die Voraussetzungen, unter denen der Bevollmächtigte nach einer Mandatsniederlegung noch Verfahrenshandlungen vornehmen kann.

b) Erlöschensgründe

Folgende Erlöschensgründe kommen in Betracht: 44
- **Beendigung des der Vollmachtserteilung zugrunde liegenden Rechtsverhältnisses** durch Kündigung oder Widerruf, die im Normalfall eines Auftrags, Geschäftsbesorgungs- oder Dienstvertrages gem. § 671 oder § 627 BGB jederzeit möglich sind, oder auf sonstige Weise (etwa durch Zeitablauf), die entsprechend § 168 Satz 1 BGB auch zum Erlöschen der Verfahrensvollmacht führt,[3]
- **isolierter Widerruf der Verfahrensvollmacht** entsprechend § 168 Satz 2 BGB bei fortbestehendem Kausalverhältnis,[4]
- durch **Zweckerreichung** bei einer entsprechend § 83 Abs. 2 ZPO auf einzelne Verfahrenshandlungen, zB zur Terminsvertretung, beschränkten Vollmacht in Fällen nicht notwendiger anwaltlicher Vertretung,[5]
- **Insolvenz des Vollmachtgebers** wegen §§ 115–117 InsO und Verlust seiner Parteifähigkeit (strittig, s. Rz. 40),
- entsprechend § 673 BGB durch **Tod des Bevollmächtigten**, außer bei Rechtsanwälten, bei denen der Abwickler gem. § 55 Abs. 3 Satz 4 BRAO weiter als bevollmächtigt gilt oder bei Notaren, bei denen ein Notariatsverwalter gem. § 58 Abs. 2 Satz 1 BNotO die Amtsgeschäfte fortführt.[6]

c) Wirkung des Erlöschens

Eine Verfahrensvollmacht gilt entsprechend § 87 Abs. 1, 1. Halbs. ZPO bis zur Anzeige ihres Erlöschens als fortbestehend. Bis dahin bestehen im Außenverhältnis sowohl die passive als auch die aktive Vertretungsmacht des bisherigen Bevollmächtigten fort. Zustellungen müssen daher weiter ihm gegenüber erfolgen, und von ihm vorgenommene Verfahrenshandlungen sind wirksam.[7] 45

Die **Erlöschensanzeige** kann formlos und damit auch stillschweigend erfolgen. Sie muss aber eindeutig zu erkennen geben, dass das Mandat gekündigt oder die Vollmacht widerrufen worden ist. Erfolgen kann die Anzeige durch den bisherigen oder den neuen Bevollmächtigten wie auch durch den vertretenen Beteiligten, und zwar gegenüber dem Gericht und – entweder unmittelbar oder über das Gericht – gegenüber den übrigen Beteiligten.[8] 46

In **Verfahren mit notwendiger anwaltlicher Vertretung** erlangt entsprechend § 87 Abs. 1, 2. Halbs. ZPO das Erlöschen einer Vollmacht erst dann rechtliche Wirksamkeit, wenn die Bestellung eines neuen Verfahrensbevollmächtigten angezeigt wird. Dies setzt allerdings voraus, dass der neue Rechtsanwalt auch in der Lage ist, den Beteiligten rechtswirksam zu vertreten. Der neu bestellte Verfahrensbevollmächtigte 47

---

1 Musielak/*Weth*, § 87 ZPO Rz. 2.
2 Zöller/*Vollkommer*, § 87 ZPO Rz. 3.
3 Heute ganz hM, etwa Stein/Jonas/*Bork*, § 87 ZPO Rz. 1; Thomas/Putzo/*Hüßtege*, § 87 ZPO Rz. 2; Zöller/*Vollkommer*, § 87 ZPO Rz. 1.
4 MüKo. ZPO/*v. Mettenheim*, § 87 ZPO Rz. 3.
5 Musielak/*Weth*, § 86 ZPO Rz. 3.
6 Strittig ist, ob auch der Verlust der Postulationsfähigkeit eines Anwalts zu einem Erlöschen der Verfahrensvollmacht führt; s. dazu näher mit Darstellung des Meinungsstandes BGH v. 26.1.2006 – III ZB 63/05, NJW 2006, 2260 (2261) und BGH v. 22.4.2008 – X ZB 18/07, MDR 2008, 873 (874) (jeweils offengelassen).
7 Näher Zöller/*Vollkommer*, § 87 ZPO Rz. 4f.
8 Musielak/*Weth*, § 87 ZPO Rz. 4.

muss mithin für das betreffende Verfahren postulationsfähig, also etwa im Verfahren der Rechtsbeschwerde beim BGH zugelassen sein.[1] Es handelt sich hierbei um eine weitere Voraussetzung neben der Erlöschensanzeige. Die bloße Bestellung eines neuen Bevollmächtigten ohne Hinweis auf eine Mandatsbeendigung des früheren ersetzt die Anzeige nicht, weil ein Beteiligter entsprechend § 84 ZPO mehrere Bevollmächtigte haben kann.[2]

d) Rechte und Pflichten des Bevollmächtigten nach Mandatskündigung

48 Die Regelung des entsprechend anwendbaren § 87 Abs. 2 ZPO betrifft nur die Fälle einer Mandatsniederlegung durch den Bevollmächtigten selbst. Er ist hiernach berechtigt, so lange für seinen früheren Mandanten zu handeln, bis dieser für die Wahrnehmung seiner Rechte in anderer Weise gesorgt hat. Die Regelung hat eine **doppelte Schutzrichtung:** Durch die Einräumung von Handlungsbefugnissen bezweckt sie zum einen den Schutz des Beteiligten vor einer Situation, in der er ohne Vertreter ist. Sie dient darüber hinaus aber auch dem Schutz des Bevollmächtigten, der nach einer Mandatsniederlegung möglicherweise einem Schadensersatzanspruch aus § 671 Abs. 2 Satz 2 BGB ausgesetzt ist und die Möglichkeit haben soll, den Eintritt eines Schadens durch geeignete Maßnahmen abzuwenden.[3] Zustellungen müssen nach einer Anzeige zwar nach § 15 Abs. 2 FamFG iVm. § 172 ZPO ihm gegenüber bewirkt werden. Er ist aber im Rahmen des § 87 Abs. 2 ZPO weiterhin berechtigt, Zustellungen für den Beteiligten entgegenzunehmen. Macht er hiervon Gebrauch, ist die an ihn erfolgte Zustellung wirksam und er seinerseits verpflichtet, seinen früheren Mandanten zu unterrichten. Unterlässt er dies, gereicht dies dem Beteiligten nicht gem. § 85 Abs. 2 ZPO zum Verschulden und ihm ist ggf. Wiedereinsetzung in den vorigen Stand nach § 17 Abs. 1 zu gewähren.[4]

8. Handeln eines vollmachtlosen Vertreters, § 89 ZPO

49 Zeigt sich im Verlauf eines Verfahrens ein Vollmachtsmangel, hat das Gericht entsprechend § 89 Abs. 1 Satz 1 ZPO die Möglichkeit, den Bevollmächtigten einstweilen gegen oder ohne Sicherheitsleistung für Verfahrenskosten und etwaige sonstige Schäden zur Verfahrensführung zuzulassen (zu weiteren Möglichkeiten s. Rz. 17). Für diese im freien Ermessen des Gerichts stehende Entscheidung ist es unerheblich, worin der Mangel begründet ist. Auch den bewusst vollmachtlose Vertretung ist von der Norm erfasst.[5] Die Zulassung kann für den Fall eines Einverständnisses aller Beteiligten stillschweigend erfolgen, ansonsten hat ein Beschluss zu ergehen, der als bloße **Zwischenentscheidung** nicht mit der Beschwerde nach § 58 anfechtbar ist.[6] Angezeigt ist sie aber nur dann, wenn abzusehen ist, dass der Mangel behebbar ist. Ist dies nicht der Fall, hat eine der jeweiligen Verfahrenslage entsprechende Endentscheidung zu ergehen (s. dazu Rz. 52 f.).

50 Der einstweilen zugelassene Bevollmächtigte ist sowohl vom Gericht als auch von den übrigen Beteiligten als Verfahrensbevollmächtigter zu behandeln. Eine Endentscheidung darf nach § 89 Abs. 1 Satz 2 ZPO aber erst ergehen, nachdem eine für die Beibringung der Genehmigung zur bisherigen Verfahrensführung oder einer Vollmacht zu setzende Frist abgelaufen ist. Eine Genehmigung vorher vollmachtlosen Handelns ist nach Abs. 2 auch stillschweigend und rückwirkend möglich. Diese hat aber wie im Falle der Überschreitung von Vollmachtsbeschränkungen (Rz. 29) aus Gründen der Rechtssicherheit nicht nur für einzelne Verfahrenshandlungen, sondern für die gesamte bisherige Verfahrensführung des Vertreters zu erfolgen.[7]

---

[1] BGH v. 25.4.2007 – XII ZR 58/06, MDR 2007, 1033.
[2] BGH v. 30.5.2007 – XII ZB 82/06, NJW 2007, 3640 (3643).
[3] Musielak/*Weth*, § 87 ZPO Rz. 1.
[4] BGH v. 19.9.2007 – VIII ZB 44/07, NJW 2008, 234; Thomas/Putzo/*Hüßtege*, § 87 ZPO Rz. 8.
[5] Thomas/Putzo/*Hüßtege*, § 89 ZPO Rz. 1 f.; offengelassen BAG v. 4.2.2003 – 2 AZB 62/02, NZA 2003, 628.
[6] S. für den Zivilprozess – ebenso – Zöller/*Vollkommer*, § 89 ZPO Rz. 3.
[7] BGH v. 19.7.1984 – X ZB 20/83, BGHZ 92, 137 (142); Thomas/Putzo/*Hüßtege*, § 89 ZPO Rz. 15.

Ist die Vollmacht weder innerhalb der gesetzten Frist noch später bis zur Entscheidungsreife der Sache beigebracht, ergeht neben der nach der Verfahrenslage zu treffenden Entscheidung in der Hauptsache gem. § 89 Abs. 1 Satz 3 ZPO eine **Kostenentscheidung** mit einer Verpflichtung des vollmachtlosen Vertreters zur Zahlung der durch die einstweilige Zulassung den übrigen Beteiligten entstandenen Kosten. Diese sind nicht zwingend mit den Kosten des Verfahrens identisch, können dies aber sein (dazu und zur Anfechtung der Kostenentscheidung auch Rz. 54f.). Ein etwaiger daneben bestehender **Schadensersatzanspruch** der übrigen Beteiligten gegen den vollmachtlosen Vertreter ist als materiellrechtlicher Anspruch in einem gesonderten Zivilprozess geltend zu machen.[1]

C. Entscheidung bei nicht mehr behebbarem Vollmachtsmangel

I. Entscheidung in der Hauptsache

In **Amtsverfahren** hat ein nicht behebbarer Vollmachtsmangel für die Entscheidung in der Hauptsache letztlich keine Auswirkungen. So hat etwa in Betreuungssachen die nach der Sach- und Rechtslage zu treffende Entscheidung auch dann zu ergehen, wenn für den Betroffenen oder einen sonstigen Beteiligten ein vollmachtloser Vertreter aufgetreten ist und dessen Verfahrensführung auch nicht genehmigt worden war. Allerdings ist zu beachten, dass die nicht ordnungsgemäße Vertretung eines Beteiligten gem. § 72 Abs. 3 FamFG iVm. § 547 Nr. 4 ZPO eine Rechtsverletzung darstellt, die einer Rechtsbeschwerde zum Erfolg verhelfen kann. Auch kann hierauf ein Wiederaufnahmeverfahren gestützt werden (§ 48 Abs. 2 FamFG iVm. § 579 Abs. 1 Nr. 4 ZPO). Wird der Mangel erkannt, sollten daher alle für eine Endentscheidung notwendigen Verfahrenshandlungen ohne Beteiligung des vollmachtlos Handelnden nachgeholt werden.

Anders ist es dagegen **in Antragsverfahren oder bei Rechtsmitteln**. Ist in diesen Fällen der Antragsteller oder Rechtsmittelführer wegen eines Vollmachtsmangels unheilbar nicht wirksam vertreten, ist der Antrag oder das Rechtsmittel als unzulässig zu verwerfen.[2] Im Falle einer vollmachtlosen Vertretung sonstiger Beteiligten gilt das zu Rz. 51 Ausgeführte entsprechend.

II. Kostenentscheidung

Eine Kostenlast des vollmachtlosen Vertreters kann nicht nur wegen der Kosten anderer Beteiligten im Falle einer einstweiligen Zulassung nach § 89 Abs. 1 Satz 3 ZPO in Betracht kommen, sondern bei einer Zurückweisung bzw. Verwerfung eines Antrags oder Rechtsmittels auch wegen der **Kosten der Hauptsache**. Diese sind nach dem **Verursachungsprinzip** demjenigen aufzuerlegen, der das vollmachtlose Handeln veranlasst hat. Dies ist entweder der Beteiligte selbst oder der vollmachtlos Handelnde, falls er den Mangel der Vollmacht kannte. Die entsprechenden Grundsätze gelten nicht nur im Zivilprozess,[3] sondern waren auch im FGG-Verfahren anerkannt.[4] Nunmehr lässt sich eine Kostenentscheidung zulasten des angeblichen Vertreters aus § 81 Abs. 4 herleiten, wonach einem Dritten Kosten des Verfahrens auferlegt werden können, soweit die Tätigkeit des Gerichts durch ihn veranlasst worden ist und ihn ein grobes Verschulden trifft, was im Falle einer Kenntnis vom Vollmachtsmangel oder bei grob fahrlässiger Unkenntnis hiervon regelmäßig anzunehmen ist.[5]

Eine Kostenentscheidung zulasten des Bevollmächtigten ist von diesem auch ohne Beschwer in der Hauptsache mit der **Beschwerde** anfechtbar, wenn der Beschwerdewert von mehr als 600 Euro erreicht ist. Bei der vom Beschwerdewert abhängigen Beschwerde in vermögensrechtlichen Angelegenheiten nach § 61 Abs. 1 macht es nämlich keinen Unterschied, ob sich der Beschwerdeführer gegen eine Kos-

---

1 Musielak/*Weth*, § 89 ZPO Rz. 11.
2 Jansen/*v. König*, § 13 FGG Rz. 48.
3 BGH v. 19.5.2000 – IX ZB 114/98, NJW-RR 2000, 1499; Stein/Jonas/*Bork*, § 88 ZPO Rz. 14 mwN.
4 BayObLG v.12.6.1986 – BReg. 3Z 29/86, NJW 1987, 136; Jansen/*v. König*, § 13 FGG Rz. 48.
5 OLG Koblenz – 14 W 65/11, JurBüro 2012, 252.

ten- oder Auslagenentscheidung oder aber gegen eine ihn wirtschaftlich belastende Entscheidung in der Hauptsache wendet.[1]

12 Beistand

Im Termin können die Beteiligten mit Beiständen erscheinen. Beistand kann sein, wer in Verfahren, in denen die Beteiligten das Verfahren selbst betreiben können, als Bevollmächtigter zur Vertretung befugt ist. Das Gericht kann andere Personen als Beistand zulassen, wenn dies sachdienlich ist und hierfür nach den Umständen des Einzelfalls ein Bedürfnis besteht. § 10 Abs. 3 Satz 1 und 3 und Abs. 5 gilt entsprechend. Das von dem Beistand Vorgetragene gilt als von dem Beteiligten vorgebracht, soweit es nicht von diesem sofort widerrufen oder berichtigt wird.

A. Überblick/Anwendungsbereich

1   Die Vorschrift entspricht inhaltlich dem früheren, ab dem 1.7.2008 geltenden § 13 Abs. 6 FGG idF des Gesetzes zur Neuregelung des Rechtsberatungsrechts v. 12.12.2007.[2] Sie betrifft nur die Begleitung der Beteiligten und die Ausführung ihrer Parteirechte in der Gerichtsverhandlung und setzt voraus, dass die Beteiligten selbst ebenfalls erschienen sind. Die praktische Bedeutung der Vorschrift ist wegen der aus § 10 Abs. 2 folgenden Möglichkeit von Beteiligten, sich durch nicht anwaltliche Bevollmächtigte vertreten zu lassen, sowie wegen ihrer Befugnis aus § 11 Satz 5 FamFG iVm. § 83 Abs. 2 ZPO, auch für einzelne Verfahrenshandlungen, zB eine Terminsvertretung, eine Vollmacht zu erteilen, gering.

2   Die Norm gilt nicht in Ehesachen und Familienstreitsachen (§ 113 Abs. 1). An Ihre Stelle tritt der im Wesentlichen inhaltsgleiche § 90 ZPO.

B. Inhalt der Vorschrift

3   Die Möglichkeit eines Beteiligten, sich eines Beistands zu bedienen, gilt unabhängig davon, ob es sich um ein Verfahren mit Anwaltszwang handelt oder nicht. Beistand ist dabei jemand, der die Rechte des Beteiligten, die er selbst ausüben kann bzw. die in Verfahren mit notwendiger anwaltlicher Vertretung bei ihm verblieben sind, wahrnimmt. Personen, die kraft ihrer Fachkunde von einem Beteiligten unterstützend im Termin hinzugezogen werden, zB Privatgutachter, gehören hierzu nicht.[3] Die **Wirkung der Handlungen des Beistands** ergibt sich aus Satz 5. Anträge, die der Beistand formuliert, sind hiernach rechtlich solche des Beteiligten sofern dieser nicht sofort widerspricht oder berichtigt[4] Dies gilt sowohl für tatsächliche Erklärungen wie auch für Handlungen mit rechtlicher Wirkung, etwa einem Vergleichsabschluss.[5]

4   Ein Beistand ist kein Vertreter. Deshalb kann er außerhalb der mündlichen Verhandlung weder selbst Verfahrenshandlungen vornehmen, etwa einen Antrag oder Rechtsmittel zurückweisen, noch sind ihm gegenüber Verfahrenshandlungen, etwa Zustellungen zu bewirken. Diese haben allein gegenüber dem Beteiligten zu erfolgen.[6]

5   Die Möglichkeit zur Hinzuziehung eines Beistands besteht grundsätzlich nur für Beteiligte. Sonstigen Personen, etwa Zeugen oder Sachverständigen ist dieses Recht allerdings dann zuzubilligen, wenn eigene Interessen berührt sind, was bei der Verhängung von Ordnungsmitteln oder bei einem Streit um ein Aussageverweigerungsrecht der Fall sein kann. Unberührt hiervon bleibt das in allen Verfahrensordnungen

---

1 BT-Drucks. 16/6308, S. 204.
2 BGBl. I, S. 2840.
3 BT-Drucks. 16/3655, S. 90.
4 BT-Drucks. 16/3655, S. 92.
5 Schulte-Bunert/Weinreich/*Schöpflin*, § 12 FamFG Rz. 10.
6 Keidel/*Zimmermann*, § 12 FamFG Rz. 17.

Allgemeine Vorschriften § 13

bestehende Recht eines Zeugen, sich bei seiner Aussage von einem Rechtsanwalt beraten zu lassen.[1]

Nach Satz 2 kann grundsätzlich nur eine Person als Beistand auftreten, die in Verfahren ohne Anwaltszwang gem. § 10 als Bevollmächtigter vertretungsbefugt ist. Ausnahmen hiervon können nach Satz 3 vom Gericht zugelassen werden. Mögliche Konstellationen für die **Zulassung nicht vertretungsbefugter Personen** sieht der Gesetzgeber insbesondere in Betreuungs- und Unterbringungssachen.[2] Allerdings ist ggf. auch zu klären, wie genau die Stellung der Begleitperson ist und ob wirklich die Zulassung als Beistand gewollt ist; denn in Unterbringungs- und Freiheitsentziehungssachen kann der Betroffene eine **Vertrauensperson** benennen und diese kann gem. §§ 315 Abs. 4 Nr. 2, § 418 Abs. 3 Nr. 2 kraft einer ebenfalls in das Ermessen des Gerichts gestellten Hinzuziehung die verfahrensmäßig weiter gehende Stellung eines Beteiligten erlangen (s. dazu § 315 Rz. 15f., § 418 Rz. 8–10).   6

Die **Zurückweisung von Beiständen** ist nach Satz 4 unter den gleichen Voraussetzungen wie bei einem Bevollmächtigten nach § 10 Abs. 3 Satz 1, 2 möglich. Auch gilt das Auftretungsverbot des § 10 Abs. 5 für Richter an ihrem Gericht.   7

13 *Akteneinsicht*

(1) Die Beteiligten können die Gerichtsakten auf der Geschäftsstelle einsehen, soweit nicht schwerwiegende Interessen eines Beteiligten oder eines Dritten entgegenstehen.
(2) Personen, die an dem Verfahren nicht beteiligt sind, kann Einsicht nur gestattet werden, soweit sie ein berechtigtes Interesse glaubhaft machen und schutzwürdige Interessen eines Beteiligten oder eines Dritten nicht entgegenstehen. Die Einsicht ist zu versagen, wenn ein Fall des § 1758 des Bürgerlichen Gesetzbuchs vorliegt.
(3) Soweit Akteneinsicht gewährt wird, können die Berechtigten sich auf ihre Kosten durch die Geschäftsstelle Ausfertigungen, Auszüge und Abschriften erteilen lassen. Die Abschrift ist auf Verlangen zu beglaubigen.
(4) Einem Rechtsanwalt, einem Notar oder einer beteiligten Behörde kann das Gericht die Akten in die Amts- oder Geschäftsräume überlassen. Ein Recht auf Überlassung von Beweisstücken in die Amts- oder Geschäftsräume besteht nicht. Die Entscheidung nach Satz 1 ist nicht anfechtbar.
(5) Werden die Gerichtsakten elektronisch geführt, gilt § 299 Abs. 3 der Zivilprozessordnung entsprechend. Der elektronische Zugriff nach § 299 Abs. 3 Satz 2 und 3 der Zivilprozessordnung kann auch dem Notar oder der beteiligten Behörde gestattet werden.
(6) Die Entwürfe zu Beschlüssen und Verfügungen, die zu ihrer Vorbereitung gelieferten Arbeiten sowie die Dokumente, die Abstimmungen betreffen, werden weder vorgelegt noch abschriftlich mitgeteilt.
(7) Über die Akteneinsicht entscheidet das Gericht, bei Kollegialgerichten der Vorsitzende.

A. Überblick 1	6. Verfahrenskostenhilfe 11
B. Anwendungsbereich	C. Normzweck und verfassungsrechtliche Grundlagen
I. Ehesachen und Familienstreitsachen 4	I. Grundlagen 12
II. Weitere Sonderregelungen	II. Verhältnis zu den Datenschutzgesetzen 14
1. Nachlasssachen 5	III. Übermittlung von Akten und Daten an andere Behörden und Gerichte
2. Registersachen 7	
3. Grundbuchsachen 8	
4. Personenstandssachen 9	1. Personenbezogene Daten 15
5. Notariatsakten 10	2. Überlassung von Akten 17

---

1 MüKo. ZPO/*Pabst*, § 12 FamFG Rz. 6.
2 BT-Drucks. 16/3655, S. 92.

D. Inhalt der Vorschrift
I. Akteneinsicht durch Beteiligte, Absatz 1 20
II. Akteneinsicht durch Dritte 23
   1. Bestehen eines berechtigten Interesses 24
   2. Glaubhaftmachung eines berechtigten Interesses 26
   3. Berücksichtigung entgegenstehender schutzwürdiger Interessen von Beteiligten oder Dritten 27
   4. Sonderfall der Wahrung des Adoptionsgeheimnisses, Absatz 2 Satz 2 ... 29
III. Einzelfälle zur Akteneinsicht 32
   1. Allgemein 33
   2. Betreuungssachen 34
   3. Familiensachen 35
   4. Nachlassakten 36
IV. Art und Weise der Akteneinsicht ... 37
   1. Erteilung von Auszügen durch die Geschäftsstelle, Absatz 3 38
   2. Überlassung der Akten an Rechtsanwälte, Notare und beteiligte Behörden, Absatz 4 40
   3. Einsicht in elektronisch geführte Akten, Absatz 5 42
     a) Jeder Berechtigte 43
     b) Rechtsanwälte, Notare und beteiligte Behörden 45
V. Zuständigkeit für die Gewährung von Akteneinsicht, Absatz 7 47
E. Rechtsmittel 49

Literatur: *Bartsch*, Das Recht auf Einsicht in die Nachlassakte, ZErb 2004, 80; *Bartsch*, Einsicht in Personenstandsregister, NJW-Spezial 2009, 199; *Braun*, Zum Anspruch auf Erteilung einer Abschrift des Erbscheins, Rpfleger 2006, 410; *Habscheid*, Verfahren vor dem Rechtspfleger – Rechtliches Gehör und faires Verfahren, Rpfleger 2001, 209; *Haertlein*, Die Erteilung von Abschriften gerichtlicher Entscheidungen an wissenschaftlich Interessierte und die Erhebung von Kosten, ZZP 114 (2001), 411; *Holch*, Zur Einsicht in Gerichtsakten durch Behörden und Gerichte, ZZP 87 (1974), 14; *Jennissen*, Das gerichtliche Verfahren in Personenstandssachen, StAZ 2012, 8; *Keim*, Anspruch des Rechtsnachfolgers eines Vertragsteils auf Erteilung einer Abschrift des Erbvertrages auch gegen den Widerspruch des anderen Vertragsteils, ZEV 2007, 591; *Keller*, Die Akteneinsicht Dritter zu Forschungszwecken, NJW 2004, 413; *Müller*, Das Recht auf Einsicht in Nachlassakten und die Bedeutung des Erbes für die Unterhaltsberechnung, DAVorm 1998, 875; *Kunkel*, Amtsvormund (-pfleger, -beistand) im Gehäuse des Datenschutzes von SGB bis FamFG, ZKJ 2010, 262; *Nedden-Boeger*, Die Anwendung des Allgemeinen Teils des FamFG in Registersachen und in unternehmensrechtlichen Verfahren, FGPrax 2010, 1; *Pardey*, Informationelles Selbstbestimmungsrecht und Akteneinsicht, NJW 1989, 1647; *Prütting*, Datenschutz und Zivilverfahrensrecht in Deutschland, ZZP 106 (1993), 427; *Reinhardt*, Die Beteiligung in Adoptionsverfahren und der Geheimhaltungsschutz – Prüfstein für die Kooperation von Jugendamt und Familiengericht in Adoptionssachen, JAmt 2011, 628; *Sarres*, Akteneinsicht im Familien- und Erbrecht, ZFE 2011, 136; *Schimke*, Datenschutz und Betreuungsrecht, BtPrax 1993, 74; *Schulte-Bunert*, Zum Anspruch von Behörden auf Einsicht in Betreuungsakten, BtPrax 2010, 7; *Wagner*, Datenschutz im Zivilprozess, ZZP 108 (1995), 193.

A. Überblick

1 In § 34 FGG war die Akteneinsicht ohne Differenzierung zwischen Beteiligten und Dritten geregelt. Die Gewährung stand im Ermessen des Gerichts und war nach dem Gesetzeswortlaut immer von der Glaubhaftmachung eines **berechtigten Interesses** abhängig. In der Rspr. war indes erkannt worden, dass schon wegen des Anspruchs aus Art. 103 Abs. 1 GG auf Gewährung rechtlichen Gehörs Verfahrensbeteiligten ein Recht auf Akteneinsicht idR nicht abgesprochen und nur in besonders gelagerten Fällen verweigert oder auf bestimmte Teile der Akten beschränkt werden kann. Dem trägt § 13 Rechnung, indem Abs. 1 Beteiligte grundsätzlich ein Einsichtsrecht haben, es sei denn, dass **„schwerwiegende Interessen"** eines anderen Beteiligten oder eines Dritten entgegenstehen. Bei der Akteneinsicht Dritter verbleibt es dagegen gem. Abs. 2 bei einer Ermessensentscheidung, bei der für die Gewährung weiterhin die Glaubhaftmachung eines berechtigten Interesses erforderlich ist. Weitere Voraussetzung ist es zudem, dass **„schutzwürdige Interessen"** eines Beteiligten oder eines Dritten nicht entgegenstehen.

2 In den Abs. 3 bis 5 ist die Art und Weise der Gewährung von Akteneinsicht für die Beteiligten sowie für Rechtsanwälte, Notare und am Verfahren beteiligte Behörden auch für den Fall der elektronischen Aktenführung geregelt.

3 Das nach früherem Recht gem. § 78 FGG bestehende Recht auf Einsicht in Nachlassakten für jedermann im Falle der Feststellung nach § 1964 BGB, dass ein anderer

Erbe als der Fiskus nicht vorhanden sei, ist entfallen. Die dort geregelten Fälle sind von dem allgemeinen Akteneinsichtsrecht erfasst.[1]

B. Anwendungsbereich

I. Ehesachen und Familienstreitsachen

Die Vorschrift gilt nicht in Ehesachen und Familienstreitsachen (§ 113 Abs. 1). Für sie findet § 299 ZPO Anwendung. 4

II. Weitere Sonderregelungen

1. Nachlasssachen

Gem. § 357 Abs. 1, der die mit dem FGG-Reformgesetz aufgehobene bisherige Regelung des § 2264 BGB ersetzt, ist das Einsichtsrecht in eine eröffnete Verfügung von Todes wegen vom Vorliegen eines **rechtlichen Interesses** abhängig; ein berechtigtes Interesse reicht also nicht. Darüber hinaus wurde in § 357 Abs. 1 das Einsichtsrecht auf alle Arten von Verfügungen von Todes wegen ausgedehnt. Ferner wird in § 357 Abs. 2 der Anspruch auf Erteilung einer Ausfertigung des Erbscheins oder anderer Zeugnisse von der Glaubhaftmachung eines rechtlichen Interesses abhängig gemacht, und zwar als lex specialis gegenüber § 13 Abs. 3.[2] Das allgemeine Einsichtsrecht aus § 13 bleibt hiervon unberührt.[3] 5

Ebenfalls von der Glaubhaftmachung eines rechtlichen Interesses abhängig sind die Einsichtsrechte nach §§ 1953 Abs. 3 Satz 2, 1957 Abs. 2 Satz 2 BGB (Ausschlagungserklärung und deren Anfechtung), § 2010 BGB (Inventar), § 2081 Abs. 2 Satz 2 BGB (Anfechtungserklärung einer letztwilligen Verfügung) und § 2384 Abs. 2 BGB (Anzeige des Erbschaftskaufs). 6

2. Registersachen

Durch § 385 wird klargestellt, dass für die Einsicht in die nach § 374 beim Amtsgericht geführten Register sowie in die zu den Registern eingereichten Schriftstücke § 13 nicht anwendbar ist, sondern die besonderen registerrechtlichen Vorschriften in § 9 Abs. 1 HGB, § 156 Abs. 1 GenG, § 5 Abs. 2 PartGG, § 79 Abs. 1, § 1563 BGB sowie ergänzend hierzu die aufgrund von § 387 erlassenen Rechtsverordnungen maßgeblich sind. 7

3. Grundbuchsachen

In Grundbuchsachen wird § 13 ersetzt durch die §§ 12 bis 12b GBO, nach denen bereits die **Darlegung eines berechtigten Interesses** ausreicht, also eine Glaubhaftmachung nicht erforderlich ist. Ferner enthalten die §§ 132, 133 GBO für das elektronisch geführte Grundbuch die Voraussetzungen für das elektronische Abrufverfahren durch Notare oder andere Anwender mit einem berechtigten Interesse. 8

4. Personenstandssachen

Für die Einsichtnahme in Personenstandsregister und Sammelakten sowie für das Recht auf Erteilung von Personenstandsurkunden sind die §§ 61 bis 66 PStG maßgeblich. Hiernach bestehen Einsichtsrechte für Personen, auf die sich der Registereintrag bezieht, sowie deren Ehegatten bzw. Lebenspartner. Andere Personen haben ein **rechtliches Interesse** glaubhaft zu machen (§ 62 PStG). Einschränkungen bestehen nach Adoptionen sowie nach Vornamensänderungen aufgrund des Transsexuellengesetzes (§ 63 PStG). Es können unter bestimmten Voraussetzungen Sperrvermerke angebracht werden (§ 64 PStG). Sonderregelungen gibt es für Behörden und für die Einsichtnahme für wissenschaftliche Zwecke (§§ 65, 66 PStG). 9

---

1 BT-Drucks. 16/6308, S. 282.
2 BT-Drucks. 16/6308, S. 282.
3 Keidel/*Sternal*, § 13 FamFG Rz. 11.

5. Notariatsakten

10 Das Recht auf Einsicht in Notariatsakten und notarielle Urkunden sowie auf Erteilung von Ausfertigungen und beglaubigte Abschriften richtet sich nach § 51 BeurkG. § 13 gilt nicht, auch nicht subsidiär.[1]

6. Verfahrenskostenhilfe

11 Bei einem Antrag auf Verfahrenskostenhilfe haben andere Beteiligte grds. keinen Anspruch auf Einsichtnahme in die Erklärung über die persönlichen und wirtschaftlichen Verhältnisse des Antragstellers und die eingereichten Belege.[2] Diese dürfen gem. § 76 Abs. 1 iVm § 117 Abs. 2 Satz 2 ZPO einem anderen Beteiligten nur dann zugänglich gemacht werden, wenn der Antragsteller zustimmt oder wenn nach materiellem Recht ein Anspruch auf Auskunft über die Einkommens- und Vermögensverhältnisse des Antragstellers besteht. Die entsprechenden Unterlagen sind deswegen getrennt von den übrigen Akten in einem Sonderheft zu führen.

C. Normzweck und verfassungsrechtliche Grundlagen

I. Grundlagen

12 Das Recht auf Akteneinsicht durch die am Verfahren Beteiligten hat – wie in Rz. 1 bereits ausgeführt – seine verfassungsrechtliche Grundlage in dem Anspruch auf rechtliches Gehör aus Art. 103 Abs. 1 GG, das auch das **Recht auf Information** umfasst.[3] Art. 103 Abs. 1 GG bezieht sich allerdings nach der Rspr. des BVerfG nur auf das Verfahren vor dem Richter, während im Verfahren vor dem Rechtspfleger der aus Art. 2 GG iVm. dem Rechtsstaatsprinzip (Art. 20 GG) folgende Grundsatz der Gewährleistung eines fairen Verfahrens gilt.[4] Ein faires Verfahren setzt aber ebenfalls voraus, dass die Beteiligten die hierfür notwendigen Informationen erhalten.[5]

13 Ein beliebiger Zugriff auf personenbezogene Daten ist indes verfassungsrechtlich nicht zulässig; denn das Informationsrecht eines Beteiligten kann mit dem aus Art. 2 Abs. 1, Art. 1 Abs. 1 GG folgenden Grundrecht eines anderen Beteiligten auf **informationelle Selbstbestimmung als Teilbereich des allgemeinen Persönlichkeitsrechts** konkurrieren. Einschränkungen dieses Grundrechts sind nach dem Volkszählungsurteil des BVerfG „nur im überwiegenden Allgemeininteresse zulässig. Sie bedürfen einer verfassungsgemäßen gesetzlichen Grundlage, die dem rechtsstaatlichen Gebot der Normenklarheit entsprechen muss. Bei seinen Regelungen hat der Gesetzgeber ferner den Grundsatz der Verhältnismäßigkeit zu beachten. Auch hat er organisatorische und verfahrensrechtliche Vorkehrungen zu treffen, welche der Gefahr einer Verletzung des Persönlichkeitsrechts entgegenwirken".[6] Dem wird durch die abgestuften Voraussetzungen bzw. Grenzen für Einsichtsrechte in § 13 Abs. 1 und 2 Rechnung getragen. Zusätzlich hat jeweils im Einzelfall eine Abwägung zu erfolgen, ob ggf. das informationelle Selbstbestimmungsrecht von Beteiligten der Gewährung von Akteneinsicht an einen Dritten entgegensteht. Die Entscheidung steht auch nach Glaubhaftmachung eines berechtigten Interesses durch den Dritten im pflichtgemäßen **Ermessen** des Gerichts. Dabei ist zudem dem Umstand Rechnung zu tragen, dass das Verfahren nach dem FamFG grundsätzlich nicht öffentlich ist.[7] Hieraus können sich weitere Einschränkungen für Einsichtsmöglichkeiten ergeben. Dies gilt auch dann, wenn die Akteneinsicht wissenschaftlichen Zwecken dienen soll.[8]

---

1 Keidel/*Sternal*, § 13 FamFG Rz. 20.
2 BVerfG v. 14.1.1991 – 1 BvR 41/88, NJW 1991, 2078.
3 *Radtke* in BeckOK, GG Art. 103 Rz. 10.
4 BVerfG v. 18.1.2000 – 1 BvR 321/96, NJW 2000, 1709.
5 Jansen/*v. König*, § 34 FGG Rz. 2.
6 BVerfG v. 15.12.1983 – 1 BvR 209/83, NJW 1984, 419 (422) und LS 2.
7 Keidel/*Sternal*, § 13 FamFG Rz. 37; MüKo. ZPO/*Prütting*, § 299 ZPO Rz. 32 für die gleich gelagerte Problematik im Zivilprozess.
8 BVerwG v. 9.10.1985 – 7 B 188/85, NJW 1986, 1277 (1278).

II. Verhältnis zu den Datenschutzgesetzen

Im Verhältnis zu den Datenschutzgesetzen des Bundes und der Länder greift das datenschutzrechtliche **Subsidiaritätsprinzip** des § 1 Abs. 3 BDSG und der entsprechenden Vorschriften der Länder ein, etwa § 2 Abs. 3 DSG NRW, wonach sonstige Vorschriften, die auf personenbezogene Daten anzuwenden sind, Vorrang haben. Bei den Regelungen über die Gewährung von Akteneinsicht in gerichtlichen Verfahren, also auch bei § 13, handelt es sich um derartige Vorschriften mit der Folge, dass die **Datenschutzgesetze keine Anwendung** finden.[1]

III. Übermittlung von Akten und Daten an andere Behörden und Gerichte

1. Personenbezogene Daten

Infolge der Vorgaben des BVerfG im Volkszählungsurteil zur Notwendigkeit gesetzlicher Grundlagen für eine Beschränkung des informationellen Selbstbestimmungsrechts erfolgte durch das Justizmitteilungsgesetz v. 18.6.1997[2] in den §§ 12 bis 22 EGGVG eine Regelung für die Übermittlung personenbezogener Daten durch die Gerichte der ordentlichen Gerichtsbarkeit und die Staatsanwaltschaften. Hierzu hatte es vorher nur Verwaltungsanweisungen gegeben, so für die Ziviljustiz die bundeseinheitliche **Anordnung über Mitteilungen in Zivilsachen (MiZi)**. Diese wurde sodann den neuen gesetzlichen Grundlagen in den §§ 12 bis 22 EGGVG angepasst.

Auch das FamFG enthält für bestimmte Verfahren Regelungen über Mitteilungen an andere öffentliche Stellen, so in § 216a in Gewaltschutzsachen gegenüber der Polizei, in den §§ 308 bis § 311, 338 und § 431 für verschiedene Konstellationen in Betreuungs-, Unterbringungs- und Freiheitsentziehungssachen, in den §§ 347, 356 für das Nachlassgericht sowie in § 400 für das Registergericht. Ferner ist in § 379 eine Mitteilungspflicht anderer öffentlicher Stellen gegenüber dem Registergericht für den Fall einer amtlich erlangten Kenntnis von unzureichenden Eintragungen angeordnet. Auf die Einzelkommentierungen zu den jeweiligen Vorschriften wird verwiesen.

2. Überlassung von Akten

Von der Übermittlung personenbezogener Daten zu unterscheiden sind die Überlassung von Akten oder die Übermittlung von Abschriften an Behörden oder andere Gerichte. Diese sind von den §§ 12ff. EGVG nicht erfasst.[3] Soweit die **Behörde selbst Beteiligte** eines Verfahrens ist, besteht für sie das uneingeschränkte Akteneinsichtsrecht des § 13 Abs. 1. Ist die Behörde nicht am Verfahren beteiligt, ist Abs. 2 nicht einschlägig; denn die Norm lässt andere gesetzliche Vorschriften, nach denen am Verfahren nicht beteiligte Behörden Akteneinsicht verlangen können, unberührt.

Andere Gerichte können wegen der Einbeziehung des Verfahrens nach dem FamFG in das GVG auch Akteneinsicht im Wege der Rechtshilfe verlangen. In diesen Fällen obliegt es dem die Akteneinsicht vornehmenden Gerichten, die Wahrung der datenschutzrechtlichen Bestimmungen sicherzustellen.[4]

Für **andere Behörden** stellt sich die Überlassung nicht als Rechtshilfe iSd. § 156ff. GVG dar, sondern als **Amtshilfe** gem. Art. 35 GG.[5] Zuständig für die Gewährung ist der Vorstand des Gerichts, also die Justizverwaltung, von der jedoch häufig die Entscheidung über entsprechende Gesuche an den mit der Sache befassten Richter bzw. den Vorsitzenden des Spruchkörpers delegiert wird. Bei der Entscheidung über das Gesuch handelt es sich daher um einem **Justizverwaltungsakt** nach den §§ 23ff. EGGVG.[6] Die Überlassung ist nur zulässig, wenn – wie bei der Übersendung an sons-

---

1 Keidel/*Sternal*, § 13 FamFG Rz. 7; *Prütting*, ZZP 106 (1993), 427 (456).
2 BGBl. I, S. 1430.
3 Stein/Jonas/*Leipold*, § 299 ZPO Rz. 64.
4 BT-Drucks. 16/6308, S. 181.
5 BayObLG v. 13.3.1997 – 1 Z BR 257/96, FamRZ 1998, 33 mwN.
6 OLG Hamm v. 8.8.2008 – 14 VA 7-9/10, OLGReport 2009, 82; Keidel/*Sternal*, § 13 FamFG Rz. 47; aA Zöller/*Greger*, § 299 ZPO Rz. 8: Richterliche Tätigkeit bis zum Abschluss des Verfahrens, erst danach Justizverwaltungsakt.

tige Dritte nach § 13 Abs. 2 – schützenswerte Interessen der Beteiligten oder Dritter nicht verletzt werden oder wenn diese einverstanden sind.[1] Insbesondere der Inhalt von Ehescheidungs- oder Sorgerechtsakten unterliegt auch gegenüber Behörden grundsätzlich der Geheimhaltung. Ohne Einverständnis der Beteiligten kommt eine Preisgabe daher nur für Zwecke in Betracht, die in einem unmittelbaren sachlichen Zusammenhang mit dem ursprünglichen Verfahrenszweck stehen oder wenn dies unter Anlegung eines strengen Maßstabs unabweisbar notwendig ist, um hochrangige Rechtsgüter zu schützen.[2]

D. Inhalt der Vorschrift

I. Akteneinsicht durch Beteiligte, Absatz 1

20 Beteiligte haben nach Abs. 1, mit dem ihr Anspruch auf rechtliches Gehör (Rz. 1) konkretisiert wird, ein Recht auf Akteneinsicht. Dieses Recht erstreckt sich auf die gesamten dem Gericht im Zusammenhang mit dem Rechtsstreit vorgelegten oder vom Gericht selbst geführten Akten einschließlich aller beigezogenen Unterlagen, sofern diese Akten zur Grundlage der Entscheidung gemacht werden sollen oder gemacht worden sind.[3] Erfasst hiervon sind grundsätzlich auch **Beiakten**, die das Gericht im Rahmen seiner Amtsaufklärungspflicht beigezogen hat. Über einen Vorbehalt der übersendenden Behörde, die Akten den Beteiligten bzw. bestimmten Beteiligten nicht zugänglich zu machen, darf sich das Gericht zwar nicht hinwegsetzen. Indes sind die Akten dann idR zurückzusenden und dürfen nicht verwertet werden.[4] **Von der Einsicht ausgenommen** sind nur die in Abs. 6 genannten Schriftstücke, also Entwürfe zu Beschlüssen und Verfügungen sowie für die Beratung und Abstimmung angefertigte Dokumente wie Voten und Vermerke über das Beratungsergebnis. Diese sollten zweckmäßigerweise in einem gesonderten Votenheft geführt werden.

21 Das Recht der Beteiligten auf Akteneinsicht besteht allerdings nicht völlig uneingeschränkt. Das Gericht kann einem Beteiligten die Einsicht im Einzelfall versagen, wenn dies aufgrund **schwerwiegender Interessen eines anderen Beteiligten oder eines Dritten** erforderlich ist. Hierbei genügt aber noch nicht jedes Interesse aus der Privatsphäre oder aus dem Vermögensbereich eines Beteiligten. Vielmehr muss das entgegenstehende Interesse so schwerwiegend sein, dass das Recht auf Akteneinsicht im Einzelfall ganz oder teilweise zurückzustehen hat. Dies kann etwa **psychiatrische Gutachten** betreffen, wenn mit der Akteneinsicht Gefahren für den betroffenen Beteiligten verbunden sind. Auch in Fällen **häuslicher Gewalt** kann – zB zur Geheimhaltung des aktuellen Aufenthaltsorts der Gewaltbetroffenen – eine Akteneinsicht nicht oder nur eingeschränkt zu gewähren sein.[5] Versagungen oder Einschränkungen der Einsichtsmöglichkeiten können ferner in Betracht kommen, wenn eine erhebliche **Gefährdung des Kindeswohls** zu besorgen ist, zB im Falle einer Bekanntgabe des Namens und der Anschrift von Pflegeltern gegenüber den am Verfahren beteiligten Eltern eines Kindes.[6] UU kann auch das **öffentliche Interesse einer Behörde**, Informationsquellen nicht offen legen zu müssen, die – teilweise – Versagung von Akteneinsicht eines anderen Beteiligten rechtfertigen. Dies kann etwa der Fall sein, wenn nach dem Abschluss einer – im Verfahren nach dem FamFG – vom Landgericht angeordneten präventiven Telekommunikationsüberwachung durch das Zollkriminalamt der Betroffene unterrichtet wird und im Rahmen eines Fortsetzungsfeststellungsantrags nach § 23c Abs. 7 ZFdG Akteneinsicht begehrt. Für die Versagung reicht eine bloße formelle Klassifikation von Dokumenten, etwa als „geheim" nicht aus. Vielmehr bedarf es für jedes einzelne Schriftstück einer umfassenden Abwägung zwischen dem Recht auf Information des Betroffenen einerseits

---

1 Jansen/*v. König*, § 34 FGG Rz. 19.
2 OLG Hamm v. 7.10.2008 – 15 VA 7–9/08, OLGReport 2009, 82 (84).
3 BT-Drucks. 16/6308, S. 182.
4 Jansen/*v. König*, § 34 FGG Rz. 9; MüKo. ZPO/*Prütting*, § 299 ZPO Rz. 6.
5 BT-Drucks. 16/6308, S. 182.
6 OLG Stuttgart v. 13.2.1985 – 8 W 35/85, FamRZ 1985, 525; OLG Köln v. 17.7.1997 – 16 Wx 127/97, FamRZ 1998, 307.

und dem staatlichen Geheimhaltungsinteresse andererseits.[1] Auch wegen der Angaben zu den persönlichen und wirtschaftlichen Verhältnissen, die ein Beteiligter im Rahmen eines Gesuchs auf Gewährung von **Verfahrenskostenhilfe** eingereicht hat, ist anderen Beteiligten gem. § 76 iVm. § 117 Abs. 2 Satz 2 ZPO regelmäßig eine Einsichtnahme zu verweigern (s. Rz. 11).[2]

Wenn hiernach im Einzelfall Akteneinsicht ganz oder teilweise ausgeschlossen ist, haben die Beteiligten zur Wahrung des rechtlichen Gehörs Anspruch auf **Bekanntgabe des wesentlichen Inhalts** in geeigneter Form, soweit dies mit dem Zweck der Versagung vereinbar ist, etwa durch Auszüge oder eine schriftliche oder mündliche Zusammenfassung. Kann auf diese Weise das rechtliche Gehör nicht hinreichend gewährt werden, dürfen die Erkenntnisse aus den betroffenen Unterlagen grundsätzlich nicht zur Grundlage der Entscheidung gemacht werden.[3] 22

Auch dann, wenn keine Geheimhaltungsinteressen anderer Beteiligter tangiert sind, kann Akteneinsicht trotz des für diesen Fall grds. bestehenden Anspruchs eines Beteiligten auf Akteneinsicht im Einzelfall wegen Rechtsmissbrauchs verwehrt werden, allerdings nur von dem nach Abs. 7 zuständigen Rechtspflegeorgan und nicht durch den Vorstand eines Gerichts als Justizverwaltungsorgan.[4] Dies ist etwa dann der Fall, wenn wiederholt Gesuche gestellt werden, obwohl die Akte keinen neuen relevanten Inhalt hat oder wenn das Gesuch erkennbar der Verfahrensverschleppung dient.[5] 22a

II. Akteneinsicht durch Dritte

Dritte haben anders als Beteiligte **kein Recht auf Akteneinsicht**; sie „kann" ihnen aber gewährt werden. Die Entscheidung steht hiernach im pflichtgemäßen Ermessen des Gerichts. **Die Ermessensausübung hat aufgrund einer Abwägung zu erfolgen**, der eine mehrstufige Prüfung vorauszugehen hat. Zunächst ist festzustellen, ob der Dritte ein berechtigtes Interesse dargelegt hat. Danach stellt sich die Frage, ob er es auch glaubhaft gemacht hat. Wenn dies der Fall ist, ist weiter zu prüfen, ob nicht entgegenstehende schutzwürdige Interessen eines Beteiligten oder eines Dritten bestehen. Sodann sind ggf. die unterschiedlichen Interessen abzuwägen (s. auch Rz. 13). 23

1. Bestehen eines berechtigten Interesses

Der aus dem früheren § 34 Abs. 1 Satz 1 FGG übernommene Begriff des berechtigten Interesses ist im Gesetz nicht definiert. Er ist umfassender als derjenige des rechtlichen Interesses, von dem nach § 299 Abs. 2 ZPO im Zivilprozess die Akteneinsicht durch Dritte abhängig ist.[6] Ein rechtliches Interesse setzt ein bereits bestehendes Rechtsverhältnis voraus und besteht regelmäßig erst dann, wenn die erstrebte Kenntnis vom Inhalt der Akten zur Verfolgung von Rechten oder zur Abwehr von Ansprüchen erforderlich ist.[7] Ein berechtigtes Interesse kann – vorbehaltlich der Berücksichtigung eines im Einzelfall erkennbaren besonderen Interesses an einer Geheimhaltung – dagegen schon dann gegeben sein, **wenn der Antragsteller ein verständiges, durch die Sachlage gerechtfertigtes Interesse verfolgt, das auch tatsächlicher Art sein kann** und im Allgemeinen dann vorliegen wird, wenn sein künftiges Verhalten durch die Kenntnis vom Akteninhalt beeinflusst werden kann. Ferner ist es nicht stets erforderlich, dass das Interesse nicht auf andere Weise befriedigt werden kann und deshalb die Einsichtnahme in die Akten notwendig sein müsste; 24

---

1 OLG Köln v. 21.9.1998 – 16 Wx 132/98, n. v.
2 BVerfG v. 14.1.1991 – 1 BvR 41/88, NJW 1991, 2078.
3 BT-Drucks. 16/6308, S. 182.
4 OLG Hamm v. 19.1.2004 – 15 VA 4/03, FGPrax 2004, 141.
5 *Fröschle*, § 13 FamFG Rz. 14.
6 Zur Diskrepanz zwischen § 299 Abs. 2 ZPO und § 34 FGG *Prütting*, ZZP 106 (1993), 427 (457) und *Pardey*, NJW 1989, 1647 (1651), letzterer mit der vom Gesetzgeber nicht übernommenen Forderung, auch im FGG-Verfahren die Akteneinsicht durch Dritte von einem rechtlichen Interesse abhängig zu machen.
7 BayObLG v. 12.5.1998 – 1 Z BR 5/98, NJW-RR 1999, 661 (662).

die Möglichkeit anderweitiger Informationserlangung kann lediglich auf der folgenden Stufe bei der Interessenabwägung mit etwaigen entgegenstehenden Interessen von Beteiligten oder Dritten zu berücksichtigen sein.[1]

25 Hat der Antragsteller allerdings bereits die erbetenen Informationen und ist nicht erkennbar, dass die Akteneinsicht zu weiter gehenden Erkenntnissen führen wird, ist ein berechtigtes Interesse zu verneinen. Besteht das Informationsinteresse nur an einzelnen in den Akten erörterten Angelegenheiten, kann er Einsicht oder Abschriften nur in dem entsprechenden Umfang verlangen.[2] Das Gericht kann Einsicht dann verwehren, wenn greifbare Anhaltspunkte dafür bestehen, dass der Antragsteller nur aus Schikane handelt oder mit den gewonnenen Informationen auch unlautere Zwecke verfolgt.[3] In derartigen Fällen ist das mit der Einsicht verfolgte Interesse letztlich kein berechtigtes iSd. Abs. 2.

2. Glaubhaftmachung eines berechtigten Interesses

26 Anders als bei § 12 Abs. 1 GBO, wo die Darlegung eines berechtigten Interesses für eine Einsicht in das Grundbuch ausreicht, ist dieses nach § 13 Abs. 2 glaubhaft zu machen. Bei der Glaubhaftmachung handelt es sich um eine Beweisführung, bei der an die Stelle des Vollbeweises eine Wahrscheinlichkeitsfeststellung tritt. Dabei kann der am Verfahren nicht beteiligte Dritte sich nach § 31 aller präsenten Beweismittel bedienen. Er hat diese jedoch selbst beizubringen; der Amtsermittlungsgrundsatz gilt für den hier vorliegenden Fall des Begehrens einer am Verfahren nicht beteiligten Person nicht.[4] Für die Beweisführung reicht es aus, wenn eine **„überwiegende Wahrscheinlichkeit"**[5] für das Bestehen eines berechtigten Interesses spricht.

3. Berücksichtigung entgegenstehender schutzwürdiger Interessen von Beteiligten oder Dritten

27 Wenn der Dritte ein berechtigtes Interesse nicht nur dargelegt, sondern auch glaubhaft gemacht hat, bedarf es auf der nächsten Stufe einer Prüfung, ob schutzwürdige Interessen eines Beteiligten oder eines anderen Dritten der Gewährung von Akteneinsicht entgegenstehen. Diese Prüfung ist entbehrlich, wenn die betroffene Person sich mit der Akteneinsicht durch den Dritten einverstanden erklärt. In allen Fällen, in denen Anhaltspunkte für divergierende Interessenlagen bestehen, sollte das Gericht daher vor der Entscheidung über das Akteneinsichtsgesuch den möglicherweise betroffenen Personen Gelegenheit zur Äußerung geben.[6]

28 Schutzwürdige Interessen von Beteiligten oder Dritten können sich aus **Persönlichkeitsrechten** der Beteiligten, insbesondere aus ihrem Recht auf informationelle Selbstbestimmung (s. dazu näher Rz. 13), aber auch aus ihrer **Vermögenssphäre** ergeben.[7] Zu berücksichtigen ist dabei, dass das Verfahren grundsätzlich nicht öffentlich ist und dass häufig höchstpersönliche Daten, etwa aus dem Eltern-Kind-Verhältnis oder zu psychischen Erkrankungen, aber auch Verzeichnisse über die Einkommens- und Vermögensverhältnisse einer Person offen zu legen sind. Im Zweifel ist daher dem Geheimhaltungsinteresse betroffener Personen durch Versagung oder Einschränkung von Akteneinsichtsmöglichkeiten Rechnung zu tragen.

---

1 BGH v. 21.9.1993 – X ZB 31/92, NJW-RR 1994, 381 (382).
2 BayObLG v. 30.10.1997 – 1 Z BR 166/97, NJW-RR 1998, 294(295); Jansen/*v. König*, § 34 FGG Rz. 5; aA mit Verneinung eines Einsichtsrechts für den Fall des Interesses nur an einzelnen Aktenbestandteilen Keidel/*Sternal*, § 13 FamFG Rz. 31 unter Bezugnahme auf die eine Akteneinsicht nach § 299 Abs. 2 ZPO betreffende Entscheidung OLG Hamm v. 28.8.1996 – 15 VA 5/96, NJW-RR 1997, 1489.
3 Jansen/*v. König*, § 34 FGG Rz. 7.
4 Keidel/*Sternal*, § 13 FamFG Rz. 32.
5 So die Formel des BGH v. 11.9.2003 – IX ZB 37/03, NJW 2003, 3558.
6 OLG Karlsruhe v. 11.3.2010 – 20 WF 20/10, FamRZ 2010, 1467.
7 Keidel/*Sternal*, § 13 FamFG Rz. 36.

4. Sonderfall der Wahrung des Adoptionsgeheimnisses, Abs. 2 Satz 2

In Adoptionssachen gilt das Adoptionsgeheimnis. Dem trägt das **Offenbarungs- und Ausforschungsverbot** des § 1758 Abs. 1 BGB Rechnung. Hiernach dürfen Tatsachen, die geeignet sind, die Annahme als Kind und ihre Umstände zu enthüllen, nicht ohne Zustimmung des Annehmenden und des Kindes offenbart und ausgeforscht werden, es sei denn, dass besondere Gründe des öffentlichen Interesses dies erfordern. Das Verbot richtet sich an jeden, der amtlich oder privat Kenntnis von Tatsachen hat, deren Mitteilung zur Aufdeckung einer Adoption beitragen kann, und zwar auch an die leiblichen Eltern, zB im Falle einer offenen oder halb offenen Adoption.[1] Es wird verfahrensmäßig ergänzt durch § 63 Abs. 1 PStG (in der seit dem 1.1.2009 geltenden Fassung) sowie durch § 13 Abs. 2 Satz 2, der dem früheren § 34 Abs. 2 FGG entspricht.

29

In Adoptionssachen ist hiernach Dritten auch bei der Glaubhaftmachung eines berechtigten Interesses **grundsätzlich Akteneinsicht zu versagen**. Ausnahmen sind nur möglich, wenn **besondere Umstände des öffentlichen Interesses** eine Aufdeckung erforderlich machen. Dies kann etwa der Fall sein bei Fortwirkungen der natürlichen Verwandtschaft im Verfahrensrecht (Mitwirkungsverbote für Richter, Notare und Beamte), im Strafrecht oder wegen des Eheverbots des § 1307 BGB.[2] Auch das allgemeine öffentliche Interesse an der Aufklärung und Verfolgung von Straftaten kann ein Einsichtsrecht rechtfertigen.[3] Allerdings muss der Verdacht einer erheblichen Straftat bestehen, wofür deren bloße Behauptung nicht ausreicht.[4] Auch wird bei Vergehen mit erkennbar nur geringer Schuld des (möglichen) Täters das Aufklärungsinteresse der Strafverfolgungsbehörden kein „besonderes" iSd. § 1758 Abs. 1 BGB sein. Dies folgt schon daraus, dass das Strafprozessrecht in derartigen Fällen in § 153 StPO ein Absehen von einer Strafverfolgung erlaubt. Auch die Wahrung von Verfahrensgarantien für Beteiligte aus Art. 103 Abs. 1 GG bzw. dem aus Art. 2 Abs. 1, 20 Abs. 3 GG folgenden Grundsatz eines fairen Verfahrens liegt im öffentlichen Interesse. Den rechtlich geschützten Interessen des Kindes und des Annehmenden muss in einem solchen Fall durch Geheimhaltung aller Umstände Rechnung getragen werden, die eine Aufdeckung ihrer Identität ermöglichen würden, etwa indem Akteneinsicht durch Erteilung von Abschriften gewährt wird, in denen Namen und Anschrift der Adoptiveltern unkenntlich gemacht sind.[5]

30

Das Offenbarungs- und Aufklärungsverbot entfällt auch dann, **wenn der Annehmende und das Kind einverstanden sind**. Streitig ist es, von welchem Alter an das Kind sein Einverständnis selbst erteilen kann, ob es entsprechend § 63 Abs. 1 PStG (früher § 61 Abs. 2 PStG) auf die Vollendung des 16. Lebensjahres ankommt,[6] ob entsprechend § 1746 Abs. 1 BGB ein 14 Jahre altes Kind selbst entscheidet, aber zusätzlich der Zustimmung seiner gesetzlichen Vertreter bedarf,[7] oder ob in einer Kombination beider Modelle ab dem 14. Lebensjahr neben der Entscheidung des Kindes noch die Zustimmung der Eltern erforderlich ist und das 16 Jahre alte Kind allein entscheidet.[8] Zutreffend dürfte eine entsprechende Anwendung des § 1746 BGB sein, da dies in Übereinstimmungen mit zahlreichen anderen Bestimmungen steht, die einem Kind mit diesem Alter ein erhöhtes Maß an Selbstbestimmung einräumen.[9] Falls auf Seiten der gesetzlichen Vertreter des Kindes eine Interessenkollision besteht, ist entsprechend §§ 158, 191 ein Verfahrensbeistand zu bestellen.

31

---

1 Staudinger/*Frank*, § 1758 BGB Rz. 6 mit Beschreibung der in Betracht kommenden Personenkreise.
2 Staudinger/*Frank*, § 1758 BGB Rz. 13 f. mit weiteren Beispielen.
3 Schulte-Bunert/Weinreich/*Schöpflin*, § 13 FamFG Rz. 15.
4 OLG Hamm v. 26.7.2011 – 2 WF 131/11, FamRZ 2012, 51.
5 BayObLG v. 7.9.1990 – BReg. 1a Z 5/90, FamRZ 1991, 224; Schulte-Bunert/Weinreich/*Schöpflin*, § 13 FamFG Rz. 15.
6 Erman/*Saar*, § 1758 BGB Rz. 4.
7 Soergel/*Liermann*, § 1758 BGB Rz. 6a.
8 MüKo. BGB/*Maurer*, § 1758 BGB Rz. 3.
9 Staudinger/*Frank*, § 1758 BGB Rz. 11.

III. Einzelfälle zur Akteneinsicht

32 Nachstehend eine Übersicht, insbesondere zu Entscheidungen, die unter der Geltung des § 34 FGG ergangen sind. Diese können im Wesentlichen auch auf das geltende Recht übertragen werden, weil die Differenzierung zwischen Einsichtsrechten von Beteiligten und Dritten in den Abs. 1 und 2 schon seinerzeit in der Rechtsprechung entwickelt worden war (s. Rz. 1). Der Schwerpunkt der Entscheidungen liegt in Betreuungssachen, was sicherlich kein Zufall ist; denn in derartigen Verfahren enthalten die Akten idR hochsensible Daten. Auch prallen nicht selten unterschiedliche Interessen beteiligter Personen oder nicht beteiligter Dritter, insbesondere Angehöriger des Betreuten aufeinander.

1. Allgemein

33 Einsichtsrecht
- zur Vorbereitung von **Amtshaftungsansprüchen**, aber nur dann, wenn der Antragsteller zu dem Kreis der durch die Amtspflicht geschützten Dritten gehört,[1]
- zur Vorbereitung eines **strafrechtlichen Wiederaufnahmeverfahrens**, wenn nach dem Inhalt des Strafurteils ein Bezug zu Vorgängen besteht, die auch Gegenstand der Akten sind, auf die sich das Gesuch bezieht,[2]
- für **wissenschaftliche Zwecke**, etwa für soziologische Studien oder zur Ermittlung der Rechtsprechung zu einem bestimmten Problemkreis nach einer entsprechenden Abwägung unter Berücksichtigung des Umstandes, dass sich aus dem Grundrecht auf Wissenschaftsfreiheit (Art. 5 Abs. 3 GG) ein Anspruch auf Akteneinsicht für derartige Zwecke nicht herleiten lässt.[3]

Kein Einsichtsrecht
- des Angehörigen eines Beteiligten zur Vorbereitung einer Beschwerde **bei fehlender Beschwerdebefugnis**.[4]

2. Betreuungssachen

34 Einsichtsrecht
- des **Betroffenen in ein eingeholtes ärztliches Gutachten**, es sei denn, dass nach Einschätzung des Arztes erhebliche Nachteile für die Gesundheit des Betroffenen zu besorgen sind,[5]
- eines am Verfahren beteiligten **Ehegatten**, auch wenn er mit den ebenfalls am Verfahren beteiligten Kindern der betreuten Person verfeindet ist.[6]
- eines nicht am Verfahren beteiligten **Ehegatten** bei betreuungsgerichtlicher Genehmigung des von einem Betreuer für den verfahrensunfähigen Ehegatten gestellten **Scheidungsantrags**,[7]
- eines **Miterben des Betreuten** in die den Nachlass betreffenden Angaben in den Abrechnungen des Betreuers,[8]
- eines am Verfahren beteiligten und beschwerdeberechtigten **Kindes**, wenn kein besonderes Geheimhaltungsinteresse des Betroffenen erkennbar ist, jedoch der Betreuer wegen in den Akten enthaltener Informationen über seine persönlichen und finanziellen Verhältnisse widerspricht,[9]

---

1 KG v. 24.1.2006 – 1 W 133/05, KGReport 2006, 550.
2 BayObLG v. 30.10.1997 – 1 Z BR 166/97, FamRZ 1998, 638 für das Gesuch eines wegen Mordes an dem Erblasser Verurteilten für Akten des Nachlassverfahrens.
3 BVerwG v. 9.10.1985 – 7 B 188/85, NJW 1986, 1277 (1278).
4 BayObLG v. 28.10.1999 – 3Z BR 319/99, juris.
5 KG v. 28.3.2006 – 1 W 71/06, KGReport 2006, 664.
6 OLG Köln v. 22.4.2008 – 16 Wx 73/08, FGPrax 2008, 155.
7 KG v. 4.10.2005 – 1 W 162/05, FamRZ 2006, 433.
8 OLG Köln v. 12.3.1997 – 16 Wx 68/97, OLGReport 1997, 175.
9 OLG München v. 20.7.2005 – 33 Wx 75/05, OLGReport 2006, 63; LG Nürnberg-Fürth v. 10.8.2007 – 13 T 5907/07, FamRZ 2008, 90.

- eines entlassenen **Betreuers**, aber nur nach konkreter Darlegung eines noch bestehenden Informationsinteresses,[1]
- eines am Verfahren beteiligten **Vorsorgebevollmächtigten**, es sei denn, dass die Unwirksamkeit der Vollmacht offenkundig ist,[2]
- der gesetzlichen **Erben des Betroffenen** nach dessen Tod, wenn die Akteneinsicht zur sachgerechten Wahrnehmung ihrer Interessen im Nachlassverfahren begehrt wird.[3]

Kein Einsichtsrecht
- der am Verfahren beteiligten **Eltern**, wenn der Betreute widerspricht, weil er keinen Kontakt zu seinen Eltern haben will,[4] wobei es allerdings auf die Umstände des Einzelfalles ankommen wird,
- eines am Verfahren beteiligten und beschwerdeberechtigten **Kindes**, wenn das Amtsgericht eine Betreuung abgelehnt hatte und der Betroffene widerspricht,[5]
- eines nicht mehr am Verfahren beteiligten **Kindes** zur Überwachung einer ordnungsgemäßen Vermögensverwaltung durch den Betreuer,[6]
- eines Kindes des Betreuten in die Abrechnungen und Vermögensaufstellungen des Betreuers in den Betreuungsakten als **potentieller Erbe**,[7] auch dann nicht, wenn sich die Erbenstellung aus einem Erbvertrag ergibt, jedoch die Einsichtnahme dem ausdrücklichen natürlichen, wenn auch nicht mehr rechtsgeschäftlich relevanten Willen des Betreuten widerspricht,[8]
- eines **potentiellen Erben** des Betreuten bei ohne konkrete Anhaltspunkte geäußerten **Verdächtigungen**, dass der Betreuer seine Stellung zur Verschiebung von Vermögenswerten des Betreuten in sein eigenes Vermögen missbrauche,[9]
- eines nicht beteiligten **Angehörigen** eines Betreuten vor der **Genehmigung eines Grundstücksverkaufs**,[10]
- eines **Schuldners** des Betreuten bei der **Genehmigung der Abtretung** einer Forderung.[11]

3. Familiensachen

Einsichtsrecht
- der **leiblichen Eltern** nach Entziehung der elterlichen Sorge in die Akten des Vormundschaftsgerichts, ggf. nach Schwärzung von Aktenteilen, etwa Namen und Anschrift von Pflegeeltern,[12]
- von **Pflegeeltern** eines minderjährigen Kindes in einem Verfahren auf Entlassung des Vormunds des Kindes.[13]

Kein Einsichtsrecht
- **Dritter in Ehescheidungs- und Sorgerechtsakten**, es sei denn, dass das Begehren in einem unmittelbaren sachlichen Zusammenhang mit dem ursprünglichen Verfahrenszweck steht oder dass die Einsicht unter Anlegung eines strengen Maß-

---

1 KG v. 14.3.2006 – 1 W 445/04, KGReport 2006, 576.
2 KG v. 14.11.2006 – 1 W 343/06, FamRZ 2007, 1041.
3 OLG Stuttgart v. 6.9.1993 – 8 W 346/92, BWNotZ 1993, 173.
4 OLG Frankfurt v. 14.6.1999 – 20 W 209/99, OLGReport 1999, 258 (LS).
5 OLG Frankfurt, v. 7.3.2005 – 20 W 538/04, OLGReport 2005, 618.
6 OLG München v. 27.7.2007 – 33 Wx 34/07, FGPrax 2007, 227 (228).
7 BayObLG v. 19.1.2005 – 3Z BR 220/04, BayObLGReport 2005, 424 (LS).
8 OLG Köln v. 21.7.2003 – 16 Wx 147/03, FamRZ 2004, 1124; OLG München v. 27.7.2007 – 33 Wx 34/07, FGPrax 2007, 227 (228).
9 OLG München v. 4.8.2005 – 33 Wx 81/05, OLGReport 2006, 62.
10 OLG München v. 28.7.2005 – 33 Wx 108/05, OLGReport 2006, 20.
11 BayObLG v. 11.10.2000 – 3Z BR 265/00, BayObLGReport 2001, 21 (LS).
12 OLG Stuttgart v. 13.2.1985 – 8 W 35/85, FamRZ 1985, 525; OLG Köln v. 17.7.1997 – 16 Wx 127/97, FamRZ 1998, 307.
13 OLG Hamm v. 13.12.2001 – 4 WF 238/01, FamRZ 2001, 1126.

stabs unabweisbar notwendig ist, um hochrangige Rechtsgüter zu schützen (s. auch Rz. 19),[1]
- eines nicht beteiligten **Dritten**, gegen den in einem **Verfahren nach § 1666 BGB** Vorwürfe erhoben werden, bei entgegenstehenden Interessen anderer Beteiligter, insbesondere des Kindes an der Vertraulichkeit seiner Angaben im Verfahren.[2]

4. Nachlassakten

36 Einsichtsrecht
- einer Person, die glaubhaft macht, dass sie als gesetzlicher oder testamentarischer **Erbe** in Betracht kommt,[3]
- eines **Pflichtteilsberechtigten**, insbesondere auf Überlassung des Nachlassverzeichnisses,[4]
- eines **Vermächtnisnehmers**,[5]
- eines **Gläubigers**, bei Glaubhaftmachung einer Forderung gegen den Nachlass,[6]
- eines **gewerblichen Erbenermittlers**, der im Auftrag eines Nachlasspflegers oder eines gesetzlichen Vertreters nach § 11b Abs. 1 VermG tätig ist,[7]
- von **Kindern des nichtehelichen Sohnes** des Erblassers zur Vorbereitung einer Schadensersatzklage gegen die BRD wegen des Ausschlusses ihres Vaters von der gesetzlichen Erbfolge nach Art. 12 I § 10 Abs. 2 Satz 1 NEhelG.[8]

Kein Einsichtsrecht
- eines **gewerblichen Erbenermittlers** wegen seines allgemeinen beruflichen Interesses[9] bzw. wegen seines Interesses an der Erlangung von Anfangsinformationen als Grundlage für die Aufnahme von Ermittlungen[10] oder wegen seines Interesses an der Erlangung von Daten aus den Nachlassakten, um diese ggf. bei Abschluss einer Vergütungsvereinbarung weiterzugeben,[11]
- wenn der Antragsteller lediglich pauschal ein Interesse an der **Aufklärung erbrechtlicher Hintergründe** geltend macht,[12]
- bei der bloßen Darlegung einer **Verwandtschaft** mit dem Erblasser.[13]

IV. Art und Weise der Akteneinsicht

37 Besteht ein Akteneinsichtsrecht nach § 13 Abs. 1 oder 2, kann der Berechtigte dieses entweder selbst ausüben oder durch einen **Bevollmächtigten** ausüben lassen.[14] Als Bevollmächtigte können dabei nur die in § 10 genannten Personen auftreten, und zwar auch dann, wenn der Bevollmächtigte keinen Beteiligten, sondern einen Dritten vertritt. Allerdings wird der Bevollmächtigte eines Dritten für den Fall, dass sich die Akten beim BGH befinden, nicht die besondere Qualifikation des § 10 Abs. 4 haben müssen. Die ratio legis der Norm, dass ein Beteiligter sich im Rechtsbeschwerdeverfahren nur durch einen Vertreter mit einer besonderen Qualifikation vertreten lassen kann und muss, greift für einen Dritten, der keinen Einfluss auf das Verfahren neh-

---

1 OLG Hamm v. 7.10.2008 – 15 VA 7–9/08, OLGReport 2009, 82 (84).
2 OLG Köln v. 22.2.2000 – 14 WF 20/00, FamRZ 2001, 27.
3 BayObLG v. 22.3.1984 – 1 Z 88/83, Rpfleger 1984, 238.
4 LG Erfurt v. 26.9.1996 – 7 T 126/96, Rpfleger 1997, 115.
5 KG v. 17.3.2011 – 1 Wx 457/10, FGPrax 2011, 157; BayObLG v. 4.1.1995 – 1 Z BR 167/94, FGPrax 1995, 72.
6 BayObLG v. 28.5.1990 – BReg 1a Z 54/89, Rpfleger 1990, 421 und BayObLG v. 28.10.1996 – 1 Z BR 214/96, Rpfleger 1997, 162.
7 KG v. 11.1.2011 – 1 W 359/10, juris mit Anm. *Lange*, juris PR-FamR 10/2011 Anm. 3.
8 OLG Stuttgart v. 27.6.2011 – 8 W 212/11, FamRZ 2011, 1889.
9 KG v. 18.1.2011 – 1 W 340/10, juris.
10 OLG Hamm v. 12.8.2010 – 15 Wx 8/10, FamRZ 2011, 143.
11 OLG Hamm v. 12.8.2010 – 15 Wx 8/10, FamRZ 2011, 143; OLG Schleswig v. 14.1.1999 – 3 W 65/98, OLGReport 1999, 109; LG Berlin v. 14.5.2004 – 87 T 105/04, Rpfleger 2004, 630.
12 BayObLG v. 10.7.2000 – 1 Z BR 79/00, BayObLGReport 2001, 10.
13 BayObLG v. 25.5.1982 – 1 Z 22/82, MDR 1982, 857.
14 Keidel/*Sternal*, § 13 FamFG Rz. 56.

men kann und will, nicht ein. Ferner ist ein schriftlicher Nachweis der Vollmacht beizubringen; bei einem Rechtsanwalt oder Notar entsprechend § 11 allerdings nur auf eine Rüge eines Beteiligten (s. dazu näher § 11 Rz. 7f., 15–18).

1. Erteilung von Auszügen durch die Geschäftsstelle, Absatz 3

Nach Abs. 3 erstreckt sich das Akteneinsichtsrecht auch auf die Erteilung von Ausfertigungen, Auszügen und Abschriften, die auf Verlangen auch zu beglaubigen sind. Eine Begrenzung des Rechts bzw. eine richterliche Entscheidung über den Umfang der von der Geschäftsstelle dem Antragsteller zu überlassenden Schriftstücke – idR Kopien – sieht das Gesetz nicht vor. Es ist daher nicht möglich, bei einem Verlangen nach einer Vielzahl von Kopien das Begehren mit der Begründung abzulehnen, den Interessen des Antragstellers sei mit einer Gestattung der Einsichtnahme in die Akten genügend gedient.[1] Die für die Erteilung anfallenden Auslagen hat der Antragsteller ohnehin zu tragen. Allenfalls der Einwand des Rechtsmissbrauchs kann einem Gesuch entgegengehalten werden.[2] 38

Für die Erteilung von Ausfertigungen pp. kann ein **Vorschuss** nach § 8 KostO verlangt und von dessen Zahlung die Amtshandlung abhängig gemacht werden, da es sich nicht um ein von Amts wegen vorzunehmendes Geschäft handelt. Anders ist es nur dann, wenn es sich um ein Gesuch eines Beteiligten handelt, dem Verfahrenskostenhilfe gewährt worden ist.[3] 39

2. Überlassung der Akten an Rechtsanwälte, Notare und beteiligte Behörden, Absatz 4

Schon unter der Geltung des § 34 FGG wurde einem Rechtsanwalt oder Notar von den Gerichten die Möglichkeit eröffnet, ihm die Akten in seine Amts- oder Geschäftsräume zu überlassen, und zwar, ohne dass ihm hierauf ein Anspruch zugebilligt wurde.[4] In Abs. 4 wird diese Rspr. kodifiziert. Bei Rechtsanwälten, Notaren und beteiligten Behörden geht der Gesetzgeber von einer besonderen Zuverlässigkeit aus. Bestehen hiergegen im Einzelfall keine Bedenken und können die Akten unschwer kurzfristig entbehrt werden, werden die Voraussetzungen für die Überlassung der Akten regelmäßig gegeben sein.[5] Neben diesen beiden Komponenten können aber auch noch andere für die **nach pflichtgemäßen Ermessen** zu treffende Entscheidung maßgeblich sein, etwa der Schutz wichtiger Urkunden vor einem Verlust oder die Notwendigkeit ständiger Verfügbarkeit der Akten, etwa bei Register-, Nachlass und Grundakten.[6] Auch eine Unzuverlässigkeit des antragstellenden Rechtsanwalts in Bezug auf eine rechtzeitige Rückgabe der Akten, die sich in anderen Verfahren gezeigt hat, kann einer Überlassung entgegenstehen.[7] Wird eine Überlassung abgelehnt, kann einem auswärtigen Antragsteller bei größerer Entfernung die Möglichkeit eröffnet werden, auf der Geschäftsstelle des für seinen Amts- bzw. Geschäftssitz zuständigen Amtsgerichts die Akten einzusehen.[8] Auch diese Entscheidung steht im pflichtgemäßen Ermessen des Gerichts, bei der ggf. die jederzeitige Verfügbarkeit der Akten, der Schutz von Dokumenten vor einem Verlust und ein Geheimhaltungsinteresse von Beteiligten, etwa bei fachpsychiatrischen Gutachten relevant werden können.[9] 40

Zur Vermeidung von Zwischenstreitigkeiten ist die **Anfechtung** der gerichtlichen Entscheidung über die Aktenüberlassung gem. Satz 2 **ausgeschlossen**. 41

---

1 So jedoch Keidel/*Sternal*, § 13 FamFG Rz. 61.
2 KG v. 17.3.2011 – 1 Wx 457/10, FGPrax 2011, 157.
3 MüKo. ZPO/*Prütting*, § 299 ZPO Rz. 14 für die gleich gelagerte Situation im Zivilprozess.
4 Vgl. zB OLG Düsseldorf v. 1.8.2008 – I-3 Wx 118/08, OLGReport 2008, 799; OLG Köln v. 20.7.2007 – 2 Wx 34/07, FGPrax 2008, 71.
5 BT-Drucks. 16/6308, S. 182.
6 OLG Hamm v. 15.11.2012 – 15 W 261/12, MDR 2013, 273 (zu Grundakten).
7 OLG Düsseldorf v. 22.3.1987 – 18 U 53/87, MDR 1987, 768.
8 OLG Dresden v. 13.8.1996 – 15 W 797/96, NJW 1997, 667.
9 Keidel/*Sternal*, § 13 FamFG Rz. 60.

3. Einsicht in elektronisch geführte Akten, Absatz 5

42 Abs. 5 Satz 1 regelt die Akteneinsicht bei elektronischer Aktenführung, die nach § 14 Abs. 1 Satz 1 auch im Verfahren nach dem FamFG möglich ist. Nicht erfasst von der Norm ist die Einsicht in ursprünglich in Papierform geführten Akten, die nach Abschluss des Verfahrens zum Zwecke der Archivierung auf einen Datenträger übertragen worden sind. Bei diesen richten sich Einsichtnahme und Erteilung von Abschriften pp. nach § 14 Abs. 5. Infolge der Verweisung auf § 299 Abs. 3 ZPO ist für die Einsichtnahme in elektronisch geführte Akten ähnlich wie bei Akten in Papierform zu differenzieren zwischen Gesuchen von Rechtsanwälten pp. und solchen von sonstigen Berechtigten.

a) Jeder Berechtigte

43 Jeder zur Einsichtnahme Berechtigte hat die Einsichtsmöglichkeiten des § 299 Abs. 3 Satz 1 ZPO, nämlich auf Erteilung eines Aktenausdrucks, Wiedergabe auf einem Bildschirm oder Übermittlung von elektronischen Dokumenten. Ihm steht ein Wahlrecht zu, von welcher der Möglichkeiten er Gebrauch machen will. Übt er dieses auch nach Rückfrage nicht aus, entscheidet die Geschäftsstelle nach pflichtgemäßem Ermessen.[1] Die durch § 299 Abs. 3 Satz 1 ZPO begründete Zuständigkeit der Geschäftsstelle betrifft nur die Art und Weise der Einsichtnahme. Sie setzt voraus, dass zuvor eine dem Richter oder Rechtspfleger nach § 13 Abs. 7 vorbehaltene Entscheidung ergangen ist, ob und ggf. in welchem Umfang Einsicht gewährt werden kann.

44 Neben der **Erteilung eines Aktenausdrucks**, für den keine besondere Form vorgesehen ist, und der Einsichtnahme durch **Wiedergabe auf einem Bildschirm**, sei es auf der für die Aktenführung zuständigen Geschäftsstelle, sei es an einem zentralen Terminal (s. auch § 14 Rz. 34), kommt auch eine **Übermittlung elektronischer Dokumente** in Betracht. Dies wird im Regelfall per E-Mail geschehen.[2] Voraussetzung für diese Form ist aber nach § 299 Abs. 3 Satz 4 ZPO, der sich auf alle Formen der Einsichtnahme und nicht nur auf die Online-Einsicht durch Rechtsanwälte nach Satz 2 bezieht, dass ein Schutz gegen unbefugte Kenntnisnahme erfolgt und die „Gesamtheit der Dokumente" mit einer qualifizierten elektronischen Signatur versehen ist. Letzteres ist dahin zu verstehen, dass bei der Übermittlung von Teilen der Akten nur diese Teile zu signieren sind.[3]

b) Rechtsanwälte, Notare und beteiligte Behörden

45 Nach § 299 Abs. 3 Satz 2, 3 ZPO kann Bevollmächtigten, die Mitglieder einer Rechtsanwaltskammer sind (dazu § 209 BRAO), der unmittelbare elektronische Zugriff auf die Akten gestattet werden (**Online-Einsicht**). § 13 Abs. 5 Satz 2 erstreckt die Zugriffsmöglichkeit auch auf Notare und beteiligte Behörden. Bei Rechtsanwälten oder Notaren ist es für die Gestattung einer Online-Einsicht unerheblich, ob sie als Bevollmächtigte eines Beteiligten nach § 13 Abs. 1 oder als Vertreter eines Dritten nach § 13 Abs. 2 Einsicht begehren.

46 Anders als bei der Einsichtnahme gem. § 299 Abs. 3 Satz 1 ZPO entscheidet nach Satz 2 nicht die Geschäftsstelle, sondern der Vorsitzende nach seinem pflichtgemäßen Ermessen über Gesuche um Online-Einsicht. Eine Gestattung setzt voraus, dass nach § 299 Abs. 3 Satz 3 und 4 ZPO durch technisch-organisatorische Maßnahmen sichergestellt ist, dass die Berechtigung des Abfragenden zweifelsfrei feststeht (**Authentisierung und Autorisierung**); ebenso muss der Schutz vor einer unbefugten

---

[1] Enger Baumbach/*Hartmann*, § 299 ZPO Rz. 32 und Stein/Jonas/*Leipold*, § 299 Rz. 32, welche die Entscheidung generell dem pflichtgemäßen Ermessen der Geschäftsstelle überlassen wollen, allerdings unter „Berücksichtigung" der „Wünsche" des Antragstellers, was aber nicht einsehbar ist, da im Normalfall die Übermittlung von Dokumenten auf elektronischem Wege per E-Mail für alle Beteiligten die rationellere ist und ein Antragsteller, der eine andere Form wünscht, idR auch Gründe dafür haben wird.

[2] BT-Drucks. 15/4067, S. 33.

[3] Vgl. zum Ganzen Stein/Jonas/*Leipold*, § 299 ZPO Rz. 35.

Einsichtnahme durch Dritte während der Übertragung gewährleistet sein (**Verschlüsselung**).[1] Es liegt allerdings allein in der nicht sanktionsbewehrten Verantwortung des Berechtigten, dass die Daten, die sicherstellen sollen, dass ein Zugriff „nur" durch ihn erfolgt, etwa Benutzerkennung und Passwort, nicht Dritten überlassen werden.[2] Zurückhaltung bei der Gestattung ist daher vor allem bei Akten mit sensiblem Inhalt angezeigt.

V. Zuständigkeit für die Gewährung von Akteneinsicht, Absatz 7

Abs. 7 stellt klar, dass die Entscheidung über die Akteneinsicht **durch das verfahrensführende Gericht** erfolgt. Welcher Entscheidungsträger funktionell zuständig ist, richtet sich nach den für die jeweilige Angelegenheit geltenden Vorschriften. So ist innerhalb der nach § 3 RPflG übertragenen Geschäfte der **Rechtspfleger** zuständig.[3] Zur Beschleunigung und Straffung des Verfahrens entscheidet über Gesuche auf Akteneinsicht **bei Kollegialgerichten der Vorsitzende** allein.[4] Ist dagegen die Sache vom Beschwerdegericht nach § 68 Abs. 4 auf den **Einzelrichter** übertragen, hat dieser zu entscheiden.[5]

47

Die Entscheidung über Anträge auf Akteneinsicht ist **kein Akt der Justizverwaltung**, sondern eine solche, die im Rahmen der richterlichen Unabhängigkeit von dem jeweils funktionell zuständigen Entscheidungsträger getroffen wird. Dies gilt auch dann, wenn Anträge Dritter gem. Abs. 2 beschieden werden. Die Rechtslage ist insofern anders als bei § 299 Abs. 2 ZPO, wonach der „Vorstand" des Gerichts, also ein Justizverwaltungsorgan, über Anträge Dritter entscheidet.[6] Um einen Justizverwaltungsakt handelt es sich im Verfahren nach dem FamFG nur dann, wenn Akten im Wege der Amtshilfe einer nicht am Verfahren beteiligten Behörde überlassen werden (vgl. Rz. 19).

48

E. Rechtsmittel

Eine richterliche Entscheidung über ein **Akteneinsichtsgesuch eines Beteiligten** ist als bloße **Zwischenentscheidung** nicht selbständig mit der Beschwerde anfechtbar. Der von ihr Betroffene kann deshalb eine Verletzung seiner Rechte, etwa seines Grundrechts auf rechtliches Gehör aus Art. 103 Abs. 1 GG, nur mit einer Beschwerde bzw. Rechtsbeschwerde gegen die Endentscheidung in der Sache geltend machen. Dagegen ist die **Entscheidung des Rechtspflegers** über einen Antrag auf Akteneinsicht eines Beteiligten mit der befristeten Erinnerung nach § 11 Abs. 2 RPflG anfechtbar.[7]

49

Anders ist es dagegen bei Anträgen auf **Akteneinsicht Dritter** oder bei solchen eines vorher Beteiligten **nach Abschluss eines Verfahrens**. In derartigen Fällen ist der Antragsteller nur (noch) wegen des Einsichtsbegehrens am Verfahren beteiligt. Entsprechendes gilt für sonstige Dritte, deren Interessen bei der Entscheidung nach § 13 Abs. 2 ebenfalls zu berücksichtigen sind. Mit der Entscheidung über das Gesuch wird das Begehren des Antragstellers abschließend beschieden. In diesem Verhältnis handelt es sich daher um eine **Endentscheidung** iSd. § 58 Abs. 1 mit der Folge, dass eine erstinstanzlich ergangene Entscheidung von demjenigen, zu dessen Nachteil sie ergangen ist, also bei einer (teilweisen) Ablehnung von dem Antragsteller bzw. bei

50

---

1 BT-Drucks. 16/6308, S. 182.
2 Stein/Jonas/*Leipold*, § 299 ZPO Rz. 40.
3 Wegen der Zuständigkeit in abgeschlossenen Verfahren mit Richtervorbehalt s. *Fröschle*, § 13 Rz. 18.
4 BT-Drucks. 16/6308, S. 182; so schon zu § 34 FGG die ganz überwiegende Meinung, zB OLG Köln v. 2.11.1999 – 2 Wx 43/99, FGPrax 2000, 46.
5 *Bahrenfuss*, § 13 FamFG Rz. 19.
6 KG v. 17.3.2011 – 1 Wx 457/10, FGPrax 2011, 157; OLG Brandenburg v. 12.4.2007 – 11 VA 1/07, FamRZ 2007, 1575; OLG Hamm v. 19.1.2004 – 15 VA 4/03, OLGReport 2004, 196; Keidel/*Sternal*, § 13 FamFG Rz. 67 ff.; *Bahrenfuss*, § 13 FamFG Rz. 22; Schulte-Bunert/Weinreich/*Schöpflin*, § 13 FamFG Rz. 23 f.; aA § 58 Rz. 13; MüKo. ZPO/*Pabst*, § 13 FamFG Rz. 11.
7 Keidel/*Sternal*, § 13 FamFG Rz. 70; Schulte-Bunert/Weinreich/*Schöpflin*, § 13 FamFG Rz. 23.

einer (teilweisen) Stattgabe durch in ihren Interessen betroffene Beteiligte oder dritte Personen, mit der Beschwerde und im Falle der Zulassung mit der Rechtsbeschwerde angefochten werden kann. Deutlich wird dies auch dadurch, dass das Gesetz in Fällen, in denen Entscheidungen gegenüber Personen getroffen werden, die nicht Beteiligte iSd. § 7 sind, ausdrücklich eine Anfechtbarkeit ausschließt, so nach §§ 10 Abs. 3, 12 bei der Zurückweisung von Bevollmächtigten und Beiständen bzw. der Untersagung ihrer weiteren Vertretung oder in § 13 Abs. 4 Satz 3 bei der Ablehnung eines Begehrens eines Rechtsanwalts oder Notars auf Überlassung der Akten in die Amts- oder Geschäftsräume.[1]

51 Soweit in der Gesetzesbegründung ausgeführt wird, dass die Beschwerde nach § 23 EGGVG gegeben sei, „soweit" es sich bei der Entscheidung über ein Akteneinsichtsgesuch um einen **Justizverwaltungsakt** handelt,[2] ist dies zwar nicht falsch, aber missverständlich; denn es handelt sich – anders als bei § 299 Abs. 2 ZPO – wegen der Zuständigkeit des mit der Sache befassten Richters oder Rechtspflegers um „gerichtliche Entscheidungen" und nicht um solche der Justizverwaltung. Ein Justizverwaltungsakt ergeht nur dann, wenn einem Amtshilfeersuchen einer am Verfahren nicht beteiligten Behörde beschieden wird (vgl. Rz. 19, 48).

51a Nach Gewährung von Akteneinsicht ist dagegen ein Rechtsmittel eines Beteiligten, der sich hiervon in seinem Recht auf informelle Selbstbestimmung betroffen fühlt, nicht mehr möglich; ein vorher eingelegtes Rechtsmittel wird daher grundsätzlich unzulässig. Unter den Voraussetzungen des § 62 kann es allerdings mit dem Ziel der Feststellung der Rechtswidrigkeit der Bewilligung eingelegt oder aufrechterhalten werden.[3]

52 **Kosten/Gebühren: Gericht:** Die Akteneinsicht löst keine Kosten aus. Für die Erteilung von Ausfertigungen, Abschriften und Ausdrucken (auch bei elektronischer Aktenführung) entsteht grundsätzlich die Dokumentenpauschale nach Nr. 2000 KV FamGKG bzw. nach Nr. 31000 KV GNotKG. Für einen amtlichen Ausdruck oder eine Kopie aus einem Register oder aus dem Grundbuch wird anstelle der Dokumentenpauschale eine Gebühr nach Nr. 17000 (einfacher Ausdruck oder unbeglaubigte Kopie) oder nach Nr. 17001 KV GNotKG (amtlicher Ausdruck oder beglaubigte Kopie) erhoben. Bei entsprechender elektronischer Übermittlung entstehen die Gebühren nach den Nrn. 17002 und 17003 KV GNotKG. Besondere Gebühren fallen für die Erteilung eines Zeugnisses des Grundbuchamts, einer Bescheinigung aus einem Register, einer beglaubigten Abschrift des Verpfändungsvertrags nach § 16 Abs. 1 S. 3 des Pachtkreditgesetzes oder einer Bescheinigung nach § 16 Abs. 2 des Pachtkreditgesetzes nach Nummer 17004 GNotKG an. Für die Versendung von Akten auf Antrag entsteht die Aktenversendungspauschale nach Nr. 2003 KV FamGKG bzw. nach Nr. 31003 KV GNotKG. Handelt es sich bei der Akteneinsicht um einen Justizverwaltungsakt (Amtshilfe), entsteht, wenn keine Auslagenfreiheit gegeben ist, für die Erteilung von Ausfertigungen, Abschriften und Ausdrucken die Dokumentenpauschale nach Nr. 2000, 2001 KV JVKostG und für die Versendung von Akten die Pauschale nach Vorbem. 2 KV JVKostG i.V.m. Nr. 9003 KV GKG.

14 Elektronische Akte; elektronisches Dokument

(1) Die Gerichtsakten können elektronisch geführt werden. § 298a Abs. 2 und 3 der Zivilprozessordnung gilt entsprechend.
(2) Die Beteiligten können Anträge und Erklärungen als elektronisches Dokument übermitteln. Für das elektronische Dokument gelten § 130a Abs. 1 und 3 sowie § 298 der Zivilprozessordnung entsprechend.

---

1 KG v. 17.3.2011 – 1 W 457/10, FGPrax 2011, 157; OLG Celle v. 8.12.2011 – 10 UF 283/11, FamRB 2012, 150 mit Anm. *Friederici*, jurisPR-FamR 7/2012 Anm. 7; OLG Hamm v. 5.12.2012 – 15 VA 15/12, juris; *Fröschle*, § 13 FamFG Rz. 30; Keidel/*Sternal*, § 13 FamFG Rz. 72; Schulte-Bunert/Weinreich/*Schöpflin*, § 13 FamFG Rz. 24 (anders noch die Vorauflage: § 23 EGGVG); aA *Bahrenfuss*, § 13 FamFG Rz. 22: sofortige Beschwerde entsprechend §§ 567–572 ZPO.
2 BT-Drucks. 16/6308, S. 182; für die Beschwerde nach § 23 EGGVG auch § 58 Rz. 13; *Zimmermann*, Das neue FamFG, S. 19; MüKo. ZPO/*Pabst*, § 13 FamFG Rz. 11; ebenso für den Fall der Ablehnung eines Antrags nach Abschluss eines Verfahrens OLG Hamm v. 26.7.2011 – 2 WF 131/11, FamRZ 2012, 51; Musielak/*Borth*, § 13 Rz. 6.
3 *Fröschle*, § 13 FamFG Rz. 30.

(3) Für das gerichtliche elektronische Dokument gelten die §§ 130b und 298 der Zivilprozessordnung entsprechend.
(4) Die Bundesregierung und die Landesregierungen bestimmen für ihren Bereich durch Rechtsverordnung den Zeitpunkt, von dem an elektronische Akten geführt und elektronische Dokumente bei Gericht eingereicht werden können. Die Bundesregierung und die Landesregierungen bestimmen für ihren Bereich durch Rechtsverordnung die geltenden organisatorisch-technischen Rahmenbedingungen für die Bildung, Führung und Aufbewahrung der elektronischen Akten und die für die Bearbeitung der Dokumente geeignete Form. Die Landesregierungen können die Ermächtigung durch Rechtsverordnung auf die jeweils zuständige oberste Landesbehörde übertragen. Die Zulassung der elektronischen Akte und der elektronischen Form kann auf einzelne Gerichte oder Verfahren beschränkt werden.
(5) Sind die Gerichtsakten nach ordnungsgemäßen Grundsätzen zur Ersetzung der Urschrift auf einen Bild- oder anderen Datenträger übertragen worden und liegt der schriftliche Nachweis darüber vor, dass die Wiedergabe mit der Urschrift übereinstimmt, so können Ausfertigungen, Auszüge und Abschriften von dem Bild- oder dem Datenträger erteilt werden. Auf der Urschrift anzubringende Vermerke werden in diesem Fall bei dem Nachweis angebracht.

A. Überblick/Anwendungsbereich 1	3. Ausdruck eines elektronischen Dokuments, § 298 ZPO
B. Inhalt der Vorschrift	a) Aktenausdruck 19
I. Führung der Gerichtsakten, Abs. 1 .. 4	b) Transfervermerk 20
1. Transfer von Schriftstücken, § 298a Abs. 2 ZPO 5	c) Mindestspeicherdauer 22
2. Übertragungsvermerk, § 298a Abs. 3 ZPO 9	III. Gerichtliche elektronische Dokumente, Abs. 3 23
II. Übermittlung von Anträgen und Erklärungen der Beteiligten, Abs. 2 10	1. Namensangabe und Signatur, § 130b ZPO 24
1. Wahrung der Schriftform durch ein elektronisches Dokument, § 130a Abs. 1 ZPO	2. Ausdruck eines elektronischen Dokuments, § 298 ZPO 26
a) Einreichung des Dokuments ... 12	IV. Ermächtigung für die Justizverwaltungen, Abs. 4 27
b) Eignung des elektronischen Dokuments zur Bearbeitung 14	V. Ausfertigung und Abschriften aus mikroverfilmten oder elektronisch archivierten Gerichtsakten, Abs. 5 28
c) Qualifizierte elektronische Signatur 16	1. Erfasste Akten 29
d) Einreichung eines elektronischen Formulars nach § 14a 17a	2. Arten der Übertragung
2. Zeitpunkt des Eingangs, § 130a Abs. 3 ZPO 18	a) Bildträger 31
	b) Datenträger 32
	3. Schriftlicher Nachweis 33
	4. Akteneinsicht und Erteilung von Ausfertigungen 34

Literatur: *Berger*, Beweisführung mit elektronischen Dokumenten, NJW 2005, 1016; *Berlit*, Das Elektronische Gerichts- und Verwaltungspostfach bei Bundesfinanzhof und Bundesverwaltungsgericht, JurPC, Web-Dok. 13/2006, Abs. 1–54; *Blechinger*, Moderne Justiz – Elektronischer Rechtsverkehr, ZRP 2006, 56; *Dästner*, Neue Formvorschriften im Prozessrecht, NJW 2001, 3469; *Degen*, Mahnen und Klagen per E-Mail – Rechtlicher Rahmen und digitale Kluft zwischen Justiz und Anwaltschaft? NJW 2008, 1473; *Degen*, Zukunftsvision wird Realität: Elektronische Klage statt Gang zum Nachtbriefkasten – Verschlüsselung durch Signaturkarte, NJW 2009, 199; *Fischer*, Justiz-Kommunikation – „Reform der Form"?, DRiZ 2005, 90; *Fischer-Dieskau/Hornung*, Erste höchstrichterliche Entscheidung zur elektronischen Signatur, NJW 2007, 2897; *Gärtner*; Zur qualifizierten elektronischen Signatur, NJ 2010, 254; *Gilles*, Zivilgerichtsverfahren, Teletechnik und „E-Prozessrecht", ZZP 118 (2005), 399; *Greger*, Zur Frage des Unterschriftserfordernisses trotz qualifizierter elektronischer Signatur, JR 2010, 681; *Hadidi/Mödl*, Die elektronische Einreichung zu den Gerichten, NJW 2010, 2097; *Hähnchen*, Elektronische Akten bei Gericht – Chancen und Hindernisse, NJW 2005, 2257; *Heuer*, Beweiswert von Mikrokopien bei vernichteten Originalunterlagen, NJW 1982, 1505; *Köbler*, Schriftsatz per E-Mail, MDR 2009, 357; *Krüger/Bütter*; Justitia goes online – Elektronischer Rechtsverkehr im Zivilprozess, MDR 2003, 181; *Nedden-Boeger*, Die Anwendung des Allgemeinen Teils des FamFG in Registersachen und in unternehmensrecht-

§ 14 Allgemeiner Teil

lichen Verfahren, FGPrax 2010, 1; *Preuß*, Verfahrensrechtliche Grundlagen für den „Elektronischen Schriftverkehr" im Zivilprozess, ZZP 152 (2012), 135; *Redeker*, Elektronische Kommunikation mit der Justiz – eine Herausforderung für die Anwaltschaft, AnwBl 2005, 348; *Roßnagel*, Das neue Recht elektronischer Signaturen, NJW 2001, 1817; *Roßnagel*, Rechtliche Unterschiede von Signaturverfahren, MMR 2002, 215; *Roßnagel*, Die fortgeschrittene elektronische Signatur, MMR 2003, 164; *Roßnagel*, Elektronischer Signaturen mit der Bankkarte? – Das Erste Gesetz zur Änderung des Signaturgesetzes, NJW 2005, 385; *Scherf/Schmieszek/Viefhues*, Elektronischer Rechtsverkehr, 2006; *Schoenfeld*, Klageeinreichung in elektronischer Form, DB 2002, 1629; *Splittgerber*, Die elektronische Form von bestimmenden Schriftsätzen, CR 2003, 23; *Suermann*, Schöne (?) neue Welt: Die elektronische Akte, DRiZ 2005, 291; *Viefhues*, Das Gesetz über die Verwendung elektronischer Kommunikationsformen in der Justiz, NJW 2005, 1009; *Viefhues/Scherf*, Elektronischer Rechtsverkehr – eine Herausforderung für Justiz und Anwaltschaft, MMR 2001, 596.

A. Überblick/Anwendungsbereich

1 Durch das SigG,[1] das FormVAnpG,[2] das ZustRG[3] und schließlich das JKomG[4] wurden für die ZPO und weitere Verfahrensordnungen die Grundlagen für einen elektronischen Rechtsverkehr geschaffen.[5] Hiervon blieb das FGG-Verfahren mit Ausnahmen in § 16 Abs. 2 Satz 1 FGG für die Zustellung an Rechtsanwälte und in § 21 Abs. 2 Satz 2, Abs. 3 FGG für die Einreichung von Beschwerden als elektronisches Dokument weitgehend ausgespart.

2 § 14 schafft in Anpassung an die in den anderen Verfahrensordnungen bereits aufgrund des Justizkommunikationsgesetzes geltenden Normen die gesetzlichen Voraussetzungen für die Einreichung elektronischer Schriftsätze und für die elektronische Aktenbearbeitung. Hierbei ist das gerichtliche elektronische Dokument als Äquivalent zur Papierform in die Verfahrensordnung eingeführt und im Hinblick auf Signaturerfordernis und Beweiskraft wie in den anderen Verfahrensordnungen ausgestaltet.[6]

3 Die Vorschrift gilt nicht in Ehesachen und Familienstreitsachen (§ 113 Abs. 1). Für sie finden die in den Abs. 1 bis 4 in Bezug genommenen Vorschriften der ZPO unmittelbar Anwendung. An die Stelle von Abs. 5 tritt § 299a ZPO; inhaltliche Änderungen sind damit nicht verbunden. Für das Handelsregister gilt die Sonderregelung des § 12, wonach Registeranmeldungen elektronisch in öffentlich beglaubigter Form und Dokumente elektronisch einzureichen sind. Entsprechendes gilt nach § 11 Abs. 4 GenG für das Genossenschafts- und nach § 5 Abs. 2 PartG für das Partnerschaftsregister.

3a Infolge Art. 2 Nr. 2, 26 Abs. 1 des Gesetzes zur Förderung des elektronischen Rechtsverkehrs mit den Gerichten[7] wird **§ 14 Abs. 1 bis 4 ab dem 1.1.2018** folgende Fassung haben:

(1) Die Gerichtsakten können elektronisch geführt werden. § 298a Absatz 2 der Zivilprozessordnung gilt entsprechend.

(2) Anträge und Erklärungen der Beteiligten sowie schriftlich einzureichende Auskünfte, Aussagen, Gutachten, Übersetzungen und Erklärungen Dritter können als elektronisches Dokument übermittelt werden. Für das elektronische Dokument gelten § 130a und § 298 der Zivilprozessordnung entsprechend.

(3) Für das gerichtliche elektronische Dokument gelten die §§ 130b und 298 der Zivilprozessordnung entsprechend.

(4) Die Bundesregierung und die Landesregierungen bestimmen für ihren Bereich durch Rechtsverordnung den Zeitpunkt, von dem an elektronische Akten geführt werden können. Die Bundesregierung und die Landesregierungen bestimmen für ihren Bereich durch Rechtsverord-

---

1 V. 16.5.2001, BGBl I, S. 876.
2 V. 13.7.2001, BGBl I, S. 1542.
3 V. 25.6.2001, BGBl I, S. 1206.
4 V. 22.3.2005, BGBl I, S. 837.
5 Zu Einzelheiten und weiteren gesetzlichen Regelungen s. *Viefhues*, NJW 2005, 1009; *Degen*, NJW 2008, 1473.
6 BT-Drucks. 16/6308, S. 182.
7 Bei Drucklegung am 19.8.2013 verabschiedet, aber noch nicht verkündet (s. Einl. Rz. 45a).

nung die geltenden organisatorisch-technischen Rahmenbedingungen für die Bildung, Führung und Aufbewahrung der elektronischen Akten. Die Landesregierungen können die Ermächtigung durch Rechtsverordnung auf die jeweils zuständige oberste Landesbehörde übertragen. Die Zulassung der elektronischen Akte kann auf einzelne Gerichte oder Verfahren beschränkt werden.

(5) unverändert

Von einer Kommentierung dieser Änderungen wird wegen der langen Überleitungsfrist einstweilen abgesehen.

B. Inhalt der Vorschrift

I. Führung der Gerichtsakten, Absatz 1

Abs. 1 Satz 1 ermöglicht die Führung einer elektronischen Gerichtsakte. Die Vorschrift entspricht § 298a Abs. 1 Satz 1 ZPO. Für die weiteren Regelungen zur elektronischen Akte wird auf § 298a Abs. 2 und 3 ZPO verwiesen. Die Details für den Zeitpunkt ihrer Einführung und die organisatorisch-technischen Rahmenbedingungen für die Bildung, Führung und Aufbewahrung der elektronischen Akten sowie für die Bearbeitung der Dokumente sind gem. Abs. 4 Rechtsverordnungen des Bundes und der Länder vorbehalten (s. Rz. 27). 4

1. Transfer von Schriftstücken, § 298a Abs. 2 ZPO

Auch nach der Umstellung auf elektronische Aktenführung ist noch auf Jahre mit Eingängen in Papierform zu rechnen.[1] Dem trägt der entsprechend anwendbare § 298a Abs. 2 ZPO Rechnung. Hiernach sollen Dokumente in Papierform durch Einscannen in ein elektronisches Dokument übertragen werden. Dieser **Medientransfer** bezieht sich auf alle Eingänge in Papierform, also auch auf Pläne und Zeichnungen, nicht aber auf die Akten der Vorinstanz.[2] Zweckmäßigerweise geschieht das Einscannen in einer zentralen Posteingangsstelle, von wo aus eine elektronische Weiterleitung an die einzelnen Serviceeinheiten erfolgt.[3] 5

Das Einscannen ist zwar als Sollvorschrift ausgestaltet. Zur Vermeidung doppelter Aktenführung, die den mit der elektronischen Akte angestrebten Rationalisierungseffekt wieder in Frage stellen würde, wird aber regelmäßig ein Medientransfer zu erfolgen haben. Nur bei besonders umfangreichen Schriftstücken oder Unterlagen kann hiervon abgesehen werden.[4] 6

Trotz des Transfers in ein elektronisches Dokument sind Schriftstücke in Papierform nach § 298a Abs. 2 Satz 2 ZPO mindestens bis zum rechtskräftigen Abschluss des Verfahrens aufzubewahren, „sofern sie in Papierform weiter benötigt werden". Wann ein solcher Fall vorliegt, wird im Gesetz nicht näher umschrieben. Die Gesetzesbegründung nennt als Beispiel den Fall, dass die Bilddatei nicht den gleichen **Beweiswert** hat wie die Papierurkunde. *Viefhues* führt zu diesem Beispielsfall an sich zutreffend aus, dass in der gerichtlichen Praxis etwa der Inhalt von Urkunden idR bereits nach Vorlage von Kopien unstreitig gestellt wird und es daher auf den Beweiswert einer Originalurkunde nur in dem seltenen Fall des Streits über deren Echtheit ankommt.[5] Damit sind die denkbaren Fälle, in denen es auf die Beweiseignung der Originalurkunde ankommen kann, aber nicht erfasst. So kann der Fall auftreten, dass es für die Sachentscheidung erheblich ist, ob eine **Originalvollmacht** vorgelegt worden ist, etwa im Falle eines in einem Schriftsatz enthaltenen einseitigen Rechtsgeschäfts gem. § 174 BGB, bei dem evtl. die Einreichung zu den Gerichtsakten ausreicht.[6] Auch für die nach § 11 Satz 1 schriftlich einzureichende Verfahrensvollmacht reicht nach hM die Vorlage einer Kopie nicht aus (s. § 11 Rz. 8). In derartigen Fällen 7

---

1 *Viefhues*, NJW 2005, 1009 (1013).
2 BT-Drucks. 15/4067, S. 33.
3 BT-Drucks. 15/4067, S. 29 mit anschaulichem Schaubild; zu den mit dem Einscannen und der Zuordnung verbundenen praktischen Problemen *Viefhues*, NJW 2005, 1009 (1013).
4 BT-Drucks. 15/4067, S. 33; MüKo. ZPO/*Prütting*, § 298a ZPO Rz. 5.
5 *Viefhues*, NJW 2005, 1009 (1013).
6 Palandt/*Ellenberger*, § 174 BGB Rz. 5.

lässt sich später nur noch anhand des Schriftstücks selbst feststellen, ob als Vorlage für das eingescannte elektronische Dokument das Original oder nur eine Kopie gedient hat. Ferner ist es im Rahmen eines Verfahrens auf Anerkennung oder Vollstreckbarerklärung einer ausländischen Entscheidung aufgrund der einschlägigen EU-Normen oder zwischenstaatlicher Verträge und Übereinkommen idR notwendig, dass bestimmte formelle Voraussetzungen erfüllt sind. So ist sowohl nach Art. 53 Abs. 1 EuGVVO – Brüssel I-VO – wie auch nach Art. 37 Abs. 1a EuEheVO – Brüssel IIa-VO – eine „Ausfertigung" der anzuerkennenden Entscheidung vorzulegen, „die die für ihre Beweiskraft erforderlichen Voraussetzungen erfüllt". Auch hier reicht die bloße Vorlage einer Kopie oder Abschrift nicht.[1] Diese **Originalurkunden** werden im Vollstreckbarkeitserklärungsverfahren zudem zumindest bis zum Abschluss des Verfahrens erster Instanz benötigt, weil im Falle einer antragsgemäßen Entscheidung bei einer zivilprozessualen Vollstreckbarkeitserklärung gem. § 9 Abs. 3 Satz 2 AVAG bzw. bei einer familiengerichtlichen Entscheidung gem. § 23 Abs. 3 Satz 2 IntFamRVG die Vollstreckungsklausel entweder auf die vorgelegte Ausfertigung oder ein damit zu verbindendes Blatt zu setzen ist.

8   All dies schließt es aus, dass – wie von *Viefhues* vorgeschlagen – alle eingereichten Schriftstücke lediglich vollautomatisch eingescannt und sofort an den Absender zurückgegeben werden. Letzteres ist ohnehin nicht mit der gesetzlichen Regelung in Einklang zu bringen. **Vielmehr ist in den Fällen, in denen eine Urkunde nicht in Kopie, sondern im Original eingereicht wird, das Gericht im Zweifel zur Aufbewahrung verpflichtet.**[2] Das Gesetz regelt zudem nicht, wer die Entscheidung über die Aufbewahrung für den Medientransfer zu treffen hat. Eine Justizverwaltung, die von der elektronischen Akte Gebrauch machen will, ist daher gefordert, für die Scanstellen qualifizierte Bedienstete einzusetzen und diesen klare Vorgaben zu machen.

2. Übertragungsvermerk, § 298a Abs. 3 ZPO

9   Jedes eingescannte elektronische Dokument muss einen **Transfervermerk** enthalten, aus dem hervorgeht, wann und durch wen eine Übertragung erfolgt ist. An dieser Vorschrift wird in der Literatur Kritik geübt, weil sie automatisierte Abläufe beim Einscannen der Dokumente erschwere.[3]

II. Übermittlung von Anträgen und Erklärungen der Beteiligten, Absatz 2

10   § 14 Abs. 2 erweitert die nach § 21 Abs. 2 Satz 2 FGG bisher im FGG-Verfahren nur für Beschwerden geltende Möglichkeit der Einreichung durch ein elektronisches Dokument nunmehr auf alle Anträge und Erklärungen der Beteiligten. Die Beteiligten „können" hiervon Gebrauch machen, brauchen dies aber nicht. Wegen der Form wird auf die §§ 130a Abs. 1, 3 und 298 ZPO verwiesen.

11   Möglich ist die Einreichung von Anträgen und Erklärungen in elektronischer Form erst ab dem Zeitpunkt, der in einer nach Abs. 4 erlassenen Rechtsverordnung bestimmt ist (s. dazu Rz. 27).[4] Ist eine solche noch nicht erlassen, reicht bei einem als elektronischen Dokument eingelegten Rechtsmittel zur Fristwahrung der Eingang in einer elektronischen Empfangseinrichtung des Gerichts auch dann nicht, wenn diesem ein Dokument beigefügt war, für dessen Übermittlung in elektronischer Form aufgrund der Ermächtigung in § 8a Abs. 2 HGB bereits eine Verordnung erlassen war.[5] Handelt es sich bei dem elektronischen Dokument um eine per E-Mail übermittelte PDF-Datei eines eingescannten Schriftsatzes, liegt erst ab deren Ausdruck, also uU erst nach Ablauf der Rechtsmittelfrist, eine formgültige Rechtsmittelschrift vor (dazu Rz. 13).

---

1 Thomas/Putzo/*Hüßtege*, Art. 53 EuGVVO Rz. 2, Art. 37 EuEheVO Rz. 2.
2 So zutreffend MüKo. ZPO/*Prütting*, § 298a ZPO Rz. 7; Baumbach/*Hartmann*, § 298a ZPO Rz. 6.
3 *Degen*, NJW 2008, 1473 (1475); *Viefhues*, NJW 2005, 1009 (1013).
4 BGH v. 15.7.2008 – X ZB 8/08, NJW 2008, 2649.
5 OLG Köln v. 17.2.2011 – 2 Wx 15/11, FGPrax 2011, 152.

1. Wahrung der Schriftform durch ein elektronisches Dokument, § 130a Abs. 1 ZPO

a) Einreichung des Dokuments

Nach § 130a Abs. 1 Satz 1 ZPO reicht es für die Wahrung der Schriftform aus, wenn ein elektronisches Dokument eingereicht wird und dieses für die Bearbeitung durch das Gericht geeignet ist. Dies gilt für alle sonst schriftlich zu den Akten eingereichten Dokumente, also für vorbereitende Schriftsätze nebst Anlagen, sonstige Erklärungen und Anträge der Beteiligten, amtliche Auskünfte, schriftliche Aussagen von Zeugen und Beteiligten, Gutachten von Sachverständigen.

12

Die Einreichung eines elektronischen Dokuments wird normalerweise über ein auf der Internetseite der Gerichte angegebenes **elektronisches Gerichtspostfach** (EGVP) erfolgen, entweder per E-Mail oder mit spezieller Software über Webseiten bzw. OSCII-Server.[1] Soweit inzwischen der elektronische Rechtsverkehr eröffnet ist, lassen Bund und Länder allerdings die Einreichung per E-Mail wegen des nicht geschützten Übertragungsweges idR nicht zu. Vielmehr wird der Zugriff auf das elektronische Postfach nur mit einer von der Justiz bereitgestellten Software eröffnet, die in ihrer Bedienung einem E-Mail-Programm ähnelt, jedoch die verschlüsselte Übertragung und die Signatur der Nachrichten ermöglicht.[2] Möglich ist aber auch die Einreichung mit einem Datenträger, etwa CD-Rom oder USB-Stick. Telekopien (Telefax und Computerfax)[3] gehören hierzu nicht, ebenso wenig wie eine als Anhang zu einer E-Mail übermittelte PDF-Datei. Ist diese Bilddatei indes durch Einscannen eines von einem Rechtsanwalt unterschriebenen Schriftsatzes hergestellt worden, so werden mit dem Ausdruck dieser Datei durch die Geschäftsstelle des Gerichts die Schriftform und das Unterschriftserfordernis für bestimmende Schriftsätze, etwa für eine Rechtsmittelschrift, gewahrt.[4]

13

b) Eignung des elektronischen Dokuments zur Bearbeitung

Voraussetzung für die Ersetzung der Schriftform durch ein elektronisches Dokument ist es, dass dieses für die Bearbeitung durch das Gericht geeignet ist. Welche Formen hiernach erlaubt sind und welcher Übermittlungsweg zu wählen ist, ergibt sich aus der jeweiligen nach § 14 Abs. 4 erlassenen Verordnung und wird auf den Internetseiten der Gerichte bekannt gegeben.[5] Die Eignung zur Bearbeitung kann sich allerdings nur auf die Schriftsätze oder sonstigen Erklärungen eines Beteiligten beziehen, nicht aber auf etwaige beigefügte Beweismittel in anderen Dateiformaten wie Fotos, Videos usw.[6]

14

Die fehlende Eignung zur Bearbeitung ist nach § 130a Abs. 1 Satz 3 ZPO dem Absender unverzüglich mitzuteilen. Damit soll ihm die Möglichkeit gegeben werden, bei noch laufender Frist das Dokument nochmals unter Beachtung der technischen Rahmenbedingungen zu übermitteln oder auf die fehlgeschlagene Übermittlung einen **Wiedereinsetzungsantrag** zu stützen.[7] Ein solcher wird aber nur selten Erfolg haben, da der Absender bzw. sein Bevollmächtigter das Risiko der Übermittlung trägt und er schwerlich ohne Verschulden handelt, wenn er sich nicht zuvor darüber informiert, welche Dokumentformate bei dem Empfängergericht bearbeitet werden können.[8] Denkbar ist auch der Fall, dass die übermittelte Datei von der Empfangseinrichtung des Gerichts überhaupt nicht gelesen und der Absender nicht identifiziert werden

15

---

1 S. näher *Degen*, NJW 2008, 1473 (1477).
2 *Hadidi/Mödl*, NJW 2010, 2097.
3 MüKo. ZPO/*Wagner*, § 130a ZPO Rz. 2.
4 BGH v. 15.7.2008 – X ZB 8/08, NJW 2008, 2649; *Köbler*, MDR 2009, 357.
5 So sind zB nach § 2 Abs. 4 der Verordnung über den elektronischen Rechtsverkehr beim BGH und BPatG v. 24.8.2007 – BGBl. I, S. 2130 – idF des Art. 30 des FGG-Reformgesetzes folgende Dateiformate erlaubt: ASCII, Adobe PDF, Microsoft RTF, XML, TIFF sowie Microsoft Word und ODT ohne Verwendung von aktiven Komponenten (zB Makros bei Word).
6 Dazu näher *Viefhues*, NJW 2005, 1009 (1011).
7 BT-Drucks. 15/4067, S. 31.
8 *Degen*, NJW 2008, 1473 (1474); *Viefhues*, NJW 2005, 1009 (1011); Zöller/*Greger*, § 233 ZPO Rz. 23 Stichwort „Elektronischer Rechtsverkehr".

kann oder dass die Datei sogar, weil sie virenbehaftet war, vom gerichtlichen Firewall sofort vernichtet worden ist.[1] Dies kann ein Absender ebenfalls feststellen, weil bei einem identifizierten Eingang bei Gericht eine **automatische Eingangsbestätigung** gesendet wird. Der Absender hat daher zu kontrollieren, ob eine solche Bestätigung eingeht oder nicht. Unterlässt er dies oder sorgt er nicht für eine sichere büromäßige Organisation einer derartigen Kontrolle, scheidet eine Wiedereinsetzung aus.[2]

c) Qualifizierte elektronische Signatur

16 Eine qualifizierte elektronische Signatur (s. Rz. 17) ist nach § 130a Abs. 1 Satz 2 ZPO vom Wortlaut der Vorschrift her nicht zwingend erforderlich. Vielmehr „soll" ein Dokument lediglich signiert werden, wofür auch eine einfache Signatur, etwa durch ein bloßes Einscannen der Unterschrift oder das Eingeben des Namens des Verfassers ausreicht.[3] Es handelt sich also um eine Ordnungsvorschrift, um den Dateien insbesondere im Hinblick auf die sonst spurenlos mögliche Manipulierbarkeit eine dem Papierdokument vergleichbare dauerhafte Fassung zu verleihen (**Perpetuierungsfunktion**).[4] Gleichwohl ist eine qualifizierte elektronische Signatur in allen Fällen erforderlich, in denen gesetzlich die Unterzeichnung eines Schriftstücks notwendig ist, also bei der Einlegung einer Beschwerde (§ 64 Abs. 2 Satz 3) oder der Rechtsbeschwerde (§ 71 Abs. 1 Satz 3).[5] Das Unterschriftserfordernis bei prozessualen Erklärungen dient dazu, den Aussteller unzweifelhaft zu identifizieren und zudem sicherzustellen, dass es sich bei dem Schriftstück nicht nur um einen Entwurf handelt, sondern dem Gericht eine verbindliche Prozesserklärung zugeleitet wird. Nur ein entsprechend signiertes Dokument, das die zurzeit höchste Sicherheitsstufe für elektronische Erklärungen erreicht, ist hinreichend sicher, um eine gesetzlich vorgesehene Unterzeichnung zu ersetzen.[6] Ferner ist es in derartigen Fällen grds. erforderlich, dass die qualifizierte elektronische Signatur durch einen zur Vertretung bei dem jeweiligen Gericht zugelassenen Rechtsanwalt erfolgt. Dieses Formerfordernis ist dann nicht gewahrt, wenn die Signatur von einem Dritten unter Verwendung der Signaturkarte des Rechtsanwalts vorgenommen wird, ohne dass dieser den Inhalt des betreffenden Schriftsatzes geprüft und sich zu eigen gemacht hat.[7] Im Verfahren nach dem FamFG kann dies wegen der Vertretungsbeschränkung des § 10 Abs. 4 im Verfahren vor dem BGH relevant werden.

17 Die Voraussetzungen für eine qualifizierte elektronische Signatur ergeben sich aus § 2 Nr. 2 und 3 SigG. Hiernach muss sie

– ausschließlich dem Signaturschlüssel-Inhaber zugeordnet sein,
– die Identifizierung des Signaturschlüssel-Inhabers ermöglichen,
– mit Mitteln erzeugt werden, die der Signaturschlüssel-Inhaber unter seiner alleinigen Kontrolle halten kann,
– mit den Daten, auf die sie sich beziehen, so verknüpft sein, dass eine nachträgliche Veränderung der Daten erkannt werden kann,
– auf einem zum Zeitpunkt ihrer Erzeugung gültigen qualifizierten Zertifikat nach § 7 SigG beruhen,

---

1 *Viefhues*, NJW 2005, 1009 (1011).
2 OVG Koblenz v. 27.8.2007 – 2 A 10492/07, NJW 2007, 3224.
3 S. *Degen*, NJW 2009, 199.
4 BT-Drucks. 14/4987, S. 24.
5 BGH v. 4.12.2008 – IX ZB 41/08, MDR 2009, 401; BGH v. 14.1.2010 – VII ZB 112/08, MDR 2010, 653; *Preuß*, ZZP 125 (2012), 135 (139); *Dästner*, NJW 2001, 3469 (3470) und Stein/Jonas/*Leipold*, § 130a ZPO Rz. 10 jeweils mit Einzelheiten zum Gesetzgebungsverfahren; ebenso *Köbler*, MDR 2009, 357; *Hadidi/Mödl*, NJW 2010, 2097; *Gärtner*, NJ 2010, 254; MüKo. ZPO/*Wagner*, § 130a ZPO Rz. 4; Musielak/*Stadler*, § 130a ZPO Rz. 3; Thomas/Putzo/*Reichold*, § 130a ZPO Rz. 2; aA BFH v. 30.9.2009 – II B 168/08, NJW 2009, 1903 zu § 52a FGO, der allerdings neben der qualifizierten elektronischen Signatur „ein anderes sicheres Verfahren" erlaubt; Zöller/*Greger*, § 130a ZPO Rz. 4; *Greger*, JZ 2010, 681; *Bahrenfuss*, § 14 FamFG Rz. 5; Schulte-Bunert/Weinreich/*Brinkmann*, § 14 FamFG Rz. 23.
6 BGH v. 14.1.2010 – VII ZB 112/08, MDR 2010, 653; *Degen*, NJW 2009, 199.
7 BGH v. 21.12.2010 – VI ZB 28/10, MDR 2011, 251.

– mit einer sicheren Signaturerstellungseinheit nach §§ 17, 23 SigG erzeugt worden sein.

d) Einreichung eines elektronischen Formulars nach § 14a

Ab Inkrafttreten des § 14a, also **ab dem 1.7.2014**, reicht es zur Wahrung der Schriftform auch aus, wenn ein elektronisches Formular eingereicht wird, das aufgrund einer entsprechenden Rechtsverordnung der Bundesregierung eingeführt und auf einer allgemein zugänglichen Kommunikationsplattform im Internet bereitgehalten wird (näher § 14a Rz. 2–4). 17a

2. Zeitpunkt des Eingangs, § 130a Abs. 3 ZPO

Die Vorschrift regelt für ein elektronisches Dokument, dass die an die Einreichung geknüpften Rechtsfolgen (zB Fristwahrung, Rückwirkung der Verjährungsunterbrechung auf den Eingang) in dem Moment eintreten, in dem die für den Empfang bestimmte Einrichtung des Gerichts es aufgezeichnet hat. Maßgebend ist danach der Zeitpunkt, in dem diese Einrichtung den Schriftsatz gespeichert hat, und nicht derjenige der Übermittlung an die jeweils zuständige Geschäftsstelle oder gar erst des Ausdrucks.[1] 18

3. Ausdruck eines elektronischen Dokuments, § 298 ZPO

a) Aktenausdruck

Die entsprechend geltende Vorschrift des § 298 ZPO ermöglicht den **Medientransfer** eines bei Gericht eingegangenen elektronischen Dokuments in die Papierform. Sie betrifft entgegen dem zu eng gefassten Wortlaut des § 298 Abs. 1 ZPO nicht nur einen Ausdruck „für die Akten", falls diese noch nicht elektronisch geführt werden, sondern auch einen solchen für eine Zustellung oder sonstige Übermittlung in Papierform an Prozessbeteiligte, die nicht über einen elektronischen Zugang verfügen.[2] Der umgekehrte Fall, dass die Gerichtsakten bereits elektronisch geführt werden, aber noch Dokumente in Papierform eingereicht werden, ist von § 14 Abs. 1 FamFG iVm. § 298a ZPO erfasst (s. Rz. 4–9). 19

b) Transfervermerk

Nach § 298 Abs. 2 ZPO ist zwingend ein sog. Transfervermerk auf dem Aktenauszug anzubringen, der nach der Gesetzesbegründung automatisch zu erstellen ist[3] und drei Bestandteile zu enthalten hat. Es ist dies zum Nr. 1 zunächst das auf Vorschlag des Bundesrats in das Gesetz eingefügte **Ergebnis der Integritätsprüfung**. Dabei werden zur Beurteilung der Integrität, der Authentizität und der Gültigkeit einer Signatur in einem automatisierten Verfahren Werte zum Zeitpunkt des Signierens und zum Zeitpunkt des Ausdrucks für die Akten abgeglichen. Dieser Abgleich setzt voraus, dass das ausgedruckte Dokument mit einer qualifizierten elektronischen Signatur versehen ist.[4] Entsprechendes gilt für die Nr. 2 und 3, nämlich die Feststellung des **Inhabers des Signaturschlüssels** und des **Zeitpunkts der Verbindung** von Signatur und elektronischem Dokument, die ebenfalls eine qualifizierte elektronische Signatur erfordern. 20

Wie unter Rz. 16 ausgeführt, bedarf es einer qualifizierten elektronischen Signatur allerdings nur bei Schriftsätzen, die zwingend zu unterzeichnen sind, was im Verfahren nach dem FamFG lediglich bei Rechtsmittelschriften der Fall ist. Da aber ein Transfervermerk eine derartige Signatur voraussetzt, ist bei nicht signierten Dokumenten oder solchen, die nicht den hohen Anforderungen des § 2 Abs. 3 SigG an eine 21

---

1 BT-Drucks. 14/4987, S. 24.
2 *Viefhues*, NJW 2005, 1009 (1012); MüKo. ZPO/*Prütting*, § 298 ZPO Rz. 5; Zöller/*Greger*, § 298 ZPO Rz. 1.
3 BT-Drucks. 15/4067, S. 32.
4 BT-Drucks. 15/4952, S. 48.

qualifizierte Signatur entsprechen, kein gesonderter Vermerk erforderlich, dessen automatisierte Erstellung ohnehin kaum möglich sein dürfte.

c) Mindestspeicherdauer

22   Entsprechend § 298 Abs. 3 ZPO sind elektronische Dokumente mindestens bis zum rechtskräftigen Abschluss des Verfahrens zu speichern. Diese **Speicherungspflicht** bezieht sich ausschließlich auf originäre elektronische Dokumente gem. § 298 Abs. 1 ZPO, während eingescannte Papierdokumente davon nicht erfasst werden. Der Zweck der Vorschrift besteht darin, justizielle Verfahrensabläufe zu vereinfachen. Sie ermöglicht es nämlich, dass bei etwaigen Identitätszweifeln zwischen elektronischem Original und Papierausdruck im Laufe des Verfahrens immer auf das Original zurückgegriffen werden kann. Dadurch kann auf eine – uU aufwändige – ausdrückliche Feststellung der Identität zwischen elektronischem Original und Papierausdruck verzichtet werden.[1]

III. Gerichtliche elektronische Dokumente, Absatz 3

23   Entsprechend der in § 14 Abs. 2 für elektronische Dokumente der Beteiligten getroffenen Regelung wird auch für gerichtliche elektronische Dokumente auf die einschlägigen Regelungen der ZPO, nämlich die §§ 130b und 298 verwiesen.

1. Namensangabe und Signatur, § 130b ZPO

24   Gerichtliche Schriftstücke, die zu unterschreiben sind, also gem. § 38 Abs. 3 Satz 2 alle Beschlüsse, können entsprechend § 130b ZPO als elektronisches Dokument aufgezeichnet werden. Dabei ist am Ende des Dokuments der Name der Person bzw. der Personen, von dem bzw. denen es stammt, anzugeben. Ferner hat eine qualifizierte elektronische Signatur zu erfolgen (s. dazu Rz. 16 f.), durch welche die Unterschrift ersetzt wird. Bei Kollegialorganen, also bei den Beschwerdegerichten und beim BGH, haben alle beteiligten Richter das Dokument zu signieren. Das kann zu Problemen führen, wenn in Folge von Nachberatungen oder eines zwischenzeitlich eingegangenen Schriftsatzes Veränderungen an dem bereits von ihm signierten Entscheidungsentwurf des Berichterstatters erfolgen müssen oder Rechtschreibfehler korrigiert werden; denn durch jede nachträgliche Veränderung wird eine vorherige Signatur zerstört.[2] Es empfiehlt sich daher, dass die an der Entscheidung beteiligten Richter das Dokument erst dann signieren, wenn sie es zuvor alle gelesen sowie gebilligt haben und mit Eingängen nicht mehr zu rechnen ist, also unmittelbar vor der Verlesung der Beschlussformel oder der Übergabe an die Geschäftsstelle nach § 38 Abs. 3 Satz 3. Damit ist der Beschluss erlassen und nicht mehr veränderbar (s. § 38 Rz. 24). Eine nachträgliche Signatur durch die Geschäftsstelle ist daher nicht möglich. Die in der Literatur – vor allem zu der gleichgelagerten Vorschrift des § 39a BeurkG – umstrittene Frage, ob die Signatur einem Mitarbeiter überlassen werden kann oder diese – so die h.M. – ein von dem Amtsträger selbst vorzunehmender höchstpersönlicher Akt ist, stellt sich daher im Verfahren nach dem FamFG nicht.[3] Signieren kann wegen § 38 Abs. 3 nur der erkennende Richter.

25   Stimmen Namensangabe und Signaturinhaber nicht überein oder ist das elektronische Dokument nicht mit einer qualifizierten oder nicht mit einer signaturgesetzkonformen Signatur versehen, ist es mit einem Formmangel behaftet. In einem solchen Fall gelten die für Mängel einer Unterschrift auf einer schriftlichen Entscheidung von der Rspr. entwickelten Grundsätze entsprechend.[4]

2. Ausdruck eines elektronischen Dokuments, § 298 ZPO

26   Das unter Rz. 19 bis 22 Ausgeführte gilt entsprechend für gerichtliche elektronische Dokumente, allerdings mit der Maßgabe, dass wegen der nach § 130b ZPO

---

1 BT-Drucks. 15/4067, S. 32.
2 S. dazu *Viefhues*, NJW 2005, 1009 (1012).
3 Vgl. allgemein zu der Problematik *Preuß*, ZZP 125 (2012), 135 (151 ff.).
4 BT-Drucks. 15/4067, S. 32; zu Unterschriftsmängeln s. Zöller/*Vollkommer*, § 315 ZPO Rz. 2 f.

zwingend erforderlichen qualifizierten elektronischen Signatur ein Transfervermerk nach § 298 Abs. 2 ZPO immer erforderlich ist.

IV. Ermächtigung für die Justizverwaltungen, Absatz 4

Entsprechend den in § 298a Abs. 1 Satz 2 bis 4 und § 130a Abs. 2 ZPO getroffenen Regelungen werden die Bundesregierung und die Landesregierungen ermächtigt, den Zeitpunkt und die organisatorisch-technischen Rahmenbedingungen der Einführung der elektronischen Akte und des elektronischen Dokuments durch Rechtsverordnung zu regeln. Vergleichbare Regelungen finden sich in § 55b Abs. 1 VwGO, § 65b SGG, § 52b FGO und § 46d ArbGG. Eine Auflistung über die im Bund und verschiedenen Bundesländern inzwischen ergangenen Verordnungen über den elektronischen Rechtsverkehr findet sich auf der Internetseite des EDV-Gerichtstages. Diese Auflistung ermöglicht zudem durch eine Verlinkung einen unmittelbaren Zugriff auf die einzelnen Verordnungen.[1] Für den Bereich des Bundes wurde durch Art. 30 FGG-Reformgesetz die Verordnung über den elektronischen Rechtsverkehr beim BGH und BPatG v. 24.8.2007 (s. Rz. 14) dahingehend neu gefasst, dass sie nunmehr auch für das Verfahren nach dem FamFG gilt. Wenn eine solche Rechtsverordnung noch nicht ergangen ist, können Rechtsmittel nicht durch Übermittlung eines elektronischen Dokuments fristwahrend eingelegt werden.[2] 27

V. Ausfertigung und Abschriften aus mikroverfilmten oder elektronisch archivierten Gerichtsakten, Absatz 5

Die Vorschrift entspricht § 299a ZPO. Sie ermöglicht eine Mikroverfilmung oder eine elektronische Speicherung der Akten, und zwar erst nach Beendigung eines Verfahrens.[3] Die Mikroverfilmung oder der elektronische Datenträger treten an die Stelle der Originalakten, die zur Begrenzung der Kosten für Archivraum vernichtet werden können. Voraussetzung hierfür ist zum einen, dass die Übertragung nach „ordnungsgemäßen Grundsätzen" erfolgt ist, dh. nach den einschlägigen Richtlinien der jeweiligen Landesjustizverwaltung.[4] Zum anderen ist ein schriftlicher Nachweis erforderlich, dass die Wiedergabe mit dem Original übereinstimmt. Ist ein solcher **Identitätsnachweis** vorhanden, können Ausfertigungen und Abschriften von dem Mikrofilm oder dem Datenträger erteilt werden. Dies geschieht bei mikroverfilmten Akten durch eine Rückvergrößerung der entsprechenden Aktenteile und bei elektronisch gespeicherten durch einen Ausdruck der Datei. 28

1. Erfasste Akten

Die Vorschrift erlaubt **nur die Übertragung der Gerichtsakten** selbst. Hiervon nicht erfasst sind von den Parteien vorgelegte bzw. vom Gericht beigezogene Beweisurkunden oder Augenscheinsobjekte (zB Fotos). Diese sind keine dauernden Aktenbestandteile und sind zurückzugeben, sofern sie nicht entsprechend § 443 ZPO an andere Behörden, etwa bei verdächtigen Urkunden an die Staatsanwaltschaft, weiterzuleiten sind. Auch können durch richterliche Anordnung im Einzelfall Akten unbeschadet ihrer Mikroverfilmung oder Übertragung auf Datenträger von der Vernichtung ausgeschlossen werden, um sie etwa einem Staatsarchiv zuzuleiten.[5] 29

Bei **elektronisch geführten Akten** dient die Speicherung nicht der Ersetzung der Urschrift. Vielmehr sind sie selbst die Originalakten. Sie sind daher vom Anwendungsbereich des § 14 Abs. 5 nicht erfasst. 30

---

1 www.edvgt.de/pages/gemeinsame-kommission-elektronischer-rechtsverkehr/materialien.php.
2 OLG Köln v. 17.2.2011 – 2 Wx 15/11, FGPrax 2011, 152 für eine Beschwerde in Registersachen in NRW.
3 MüKo. ZPO/*Prütting*, § 299a ZPO Rz. 2.
4 S. für den Bereich des Bundes die „Richtlinie für die Mikroverfilmung von Schriftgut in der Rechtspflege und Justizverwaltung" v. 10.3.1976, Justiz 1976, 231.
5 Musielak/*Huber*, § 299a ZPO Rz. 1.

2. Arten der Übertragung

a) Bildträger

31 Bei der Übertragung auf Bildträger handelt es sich um die **Mikroverfilmung**, die bei verschiedenen Gerichten für Akten eines Zivilverfahrens seit Jahren praktiziert wird. Diese Art der Aufbewahrung der Akten kann in den Fällen, in denen sie später als Beiakten in anderen Verfahren benötigt werden, zu Handhabungsproblemen führen, weil uU die Lesbarkeit der Rückvergrößerungen im Verhältnis zum Original beeinträchtigt sein kann. Dies ist etwa der Fall, wenn die Ursprungsakten größere Pläne enthielten und diese bei der Mikroverfilmung mit einer auf das DIN-A4-Format eingestellten Kamera in diverse Ausschnitte „zerstückelt" wurden.

b) Datenträger

32 Unter den Begriff der Datenträger fallen alle elektronischen Speichermedien, die eine dauerhafte Festlegung des Inhalts der Datei entsprechend der papiergebundenen Schriftform ermöglichen (**Perpetuierungsfunktion**).[1] Die Regelung ist daher offen für neue Medien, die an die Stelle der bisher gebräuchlichen Speicherungsformen eingescannter Schriftstücke treten.

3. Schriftlicher Nachweis

33 Zwingende Voraussetzung für eine Mikroverfilmung der Akten oder deren Einscannen in ein elektronisches Medium ist es, dass ein schriftlicher Nachweis über die Übereinstimmung der Speicherung mit der Urschrift angefertigt und als Original in Schriftform aufbewahrt wird. Eine Aufbewahrung dieses Nachweises als Mikrofilm oder als elektronische Datei reicht nicht. Es muss zudem eine Zuordnung des Identitätsnachweises zu dem Mikrofilm bzw. der elektronischen Datei geben. Darin, in welcher Weise dies sichergestellt wird, ist die Justizverwaltung frei.[2] Falls **Ausfertigungen** erteilt werden, sind Vermerke, die an sich auf einer Urschrift anzubringen sind, etwa über die Erteilung einer Vollstreckungsklausel, auf dem Nachweis anzubringen. Auch deshalb muss er als Original in Schriftform zur Verfügung stehen.

4. Akteneinsicht und Erteilung von Ausfertigungen

34 Akteneinsicht kann bei mikroverfilmten Akten dadurch gewährt werden, dass auf der Geschäftsstelle oder einer zentralen Stelle des Gerichts ein **Lesegerät** vorgehalten wird.[3] Entsprechendes gilt für elektronisch archivierte Akten, die auf einem **Bildschirm** wiedergegeben und gelesen werden können. Abschriften oder Ausfertigungen werden durch Rückvergrößerungen von den Mikrofilmen in Papierform bzw. durch Dateiausdrucke hergestellt. Diesen Schriftstücken kommt im Hinblick darauf, dass ein Nachweis über die Übereinstimmung mit der Urschrift Voraussetzung für deren Erstellung ist, Urkundsqualität zu,[4] und es gelten die allgemeinen Regeln über den Beweis durch Vorlage einer Abschrift einer öffentlichen Urkunde. § 416a ZPO, der nur dem beglaubigten oder mit einem Vermerk nach § 298a ZPO versehenen Ausdruck eines öffentlichen elektronischen Dokuments den gleichen Beweiswert verleiht, gilt lediglich für primäre elektronische Dokumente, nicht aber für solche, die ursprünglich in Papierform vorgelegen haben und für die weitere Bearbeitung eingescannt worden sind.[5]

35 Der Kreis derjenigen Personen, denen Ausfertigungen, Auszüge und Abschriften von dem Bild- oder dem Datenträger erteilt werden können, ist in § 14 Abs. 5 nicht geregelt. Hierfür gilt die allgemeine Vorschrift des § 13 Abs. 3. Falls die Aufbewahrung der Akte in einer elektronischen Datei erfolgt, dürfte einem Rechtsanwalt, einem No-

---

[1] BT-Drucks. 14/4987, S. 25.
[2] MüKo. ZPO/*Prütting*, § 299a ZPO Rz. 6.
[3] Zöller/*Greger*, § 299a ZPO Rz. 2.
[4] *Heuer*, NJW 1982, 1505; Baumbach/*Hartmann*, § 299a ZPO Rz. 3; Musielak/*Huber*, § 299a ZPO Rz. 2.
[5] BT-Drucks. 15/4067, S. 35; *Viefhues*, NJW 2005, 1009 (1014).

tar oder einer am Verfahren beteiligten Behörde entsprechend § 13 Abs. 5 FamFG iVm. § 299 Abs. 3 Satz 2 und 3 ZPO auch der elektronische Zugriff ermöglicht werden können.

14a *Formulare; Verordnungsermächtigung*
Das Bundesministerium der Justiz kann durch Rechtsverordnung mit Zustimmung des Bundesrates elektronische Formulare einführen. Die Rechtsverordnung kann bestimmen, dass die in den Formularen enthaltenen Angaben ganz oder teilweise in strukturierter maschinenlesbarer Form zu übermitteln sind. Die Formulare sind auf einer in der Rechtsverordnung zu bestimmenden Kommunikationsplattform im Internet zur Nutzung bereitzustellen. Die Rechtsverordnung kann bestimmen, dass eine Identifikation des Formularverwenders abweichend von § 130a Absatz 3 der Zivilprozessordnung auch durch Nutzung des elektronischen Identitätsnachweises nach § 18 des Personalausweisgesetzes oder § 78 Absatz 5 des Aufenthaltsgesetzes erfolgen kann.

A. Allgemeines

Die Vorschrift wurde durch Art. 2 Nr. 3 des Gesetzes zur Förderung des elektronischen Rechtsverkehrs mit den Gerichten[1] **mit Wirkung ab dem 1.7.2014** in das FamFG eingefügt. Ziel dieses Gesetzes ist es, eine technologieneutrale Regelung zu schaffen, die eine anwenderfreundliche Kommunikation sowohl per De-Mail als auch über das elektronischen Gerichts- und Verwaltungspostfach (EGVP) oder andere genauso sichere elektronische Kommunikationswege ohne qualifizierte elektronische Signatur ermöglicht und zu Problemen der qualifizierten elektronischen Signatur siehe § 14 Rz. 13–17).[2] Ein großer Teil der Vorschriften dieses Gesetzes wird wegen der Notwendigkeit der Umsetzung durch Rechtsverordnungen der einzelnen Länder erst zum 1.1.2018 und teilweise erst zum 1.1.2022 für Rechtsanwälte verpflichtend in Kraft treten.

Der Regierungsentwurf des Gesetzes zur Förderung des elektronischen Rechtsverkehrs mit den Gerichten sah in einem neu zu schaffenden § 130c ZPO zur Vereinfachung und Standardisierung von gerichtlichen Verfahrensabläufen die Möglichkeit vor, dass die Bundesregierung durch Verordnung mit Zustimmung des Bundesrates elektronische Formulare für das gerichtliche Verfahren einführt.[3] Auf Vorschlag des Rechtsausschusses des Bundestages, dem eine entsprechende Prüfbitte des Bundesrates zugrunde lag, wurde eine dem § 130c ZPO entsprechende Vorschrift mit dem neu geschaffenen § 14a in das FamFG übernommen.[4] Die Vorschrift tritt gem. Art. 26 Abs. 4 des Gesetzes zur Förderung des elektronischen Rechtsverkehrs mit den Gerichten bereits **zum 1.7.2014** in Kraft.

B. Inhalt der Vorschrift

Einem Beteiligten soll durch die Schaffung bundeseinheitlicher Verfahren die Möglichkeit eröffnet werden, bei standardisierten Verfahrensabläufen kostenlos elektronische Formulare von einer Kommunikationsplattform herunterzuladen, die jedermann zur Verfügung steht. Auch blinden oder sehbehinderten Personen sind diese Formulare gem. dem ebenfalls ab dem 1.7.2014 geltenden § 191a Abs. 3 GVG barrierefrei zugänglich zu machen. In Betracht kommen im Wesentlichen einfach strukturierte Dokumente, wie etwa ein Kostenfestsetzungsantrag oder die Anzeige von Veränderungen der persönlichen und wirtschaftlichen Verhältnisse im VKH-Verfahren.[5]

---

1 Bei Drucklegung am 19.8.2013 verabschiedet, aber noch nicht verkündet (s. Einl. Rz. 45a).
2 BT-Drucks. 17/12634, S. 1.
3 BT-Drucks. 17/12634, S. 27.
4 BT-Drucks. 17/13948, S. 53.
5 BT-Drucks. 17/12634, S. 27.

4 Wegen der **Form** erfolgt in Satz 2 eine Anlehnung an diejenige, die für die Einreichung von Anträgen an das Grundbuchamt gem. § 135 Abs. 1 Satz 2 Nr. 4b GBO gilt. Wegen der Identifikation des Verwenders wird zunächst auf § 130a Abs. 3 ZPO neu verwiesen, der allerdings erst am 1.1.2018 in Kraft treten wird. Es bleiben zunächst nur die bereits heute in § 14 Abs. 2 iVm § 130a Abs. 1 ZPO vorgesehene Möglichkeit einer Identifikation durch eine qualifizierte elektronische Signatur (dazu § 14 Rz. 16) sowie die weiteren in § 14a Satz 4 genannten erleichterten Möglichkeiten des elektronischen Identitätsausweises nach § 18 PAuswG oder § 78 Abs. 5 AufenthG.

14b *Nutzungspflicht für Rechtsanwälte, Notare und Behörden*

Werden Anträge und Erklärungen durch einen Rechtsanwalt, einen Notar, durch eine Behörde oder durch eine juristische Person des öffentlichen Rechts einschließlich der von ihr zur Erfüllung ihrer öffentlichen Aufgaben gebildeten Zusammenschlüsse eingereicht, so sind sie als elektronisches Dokument zu übermitteln. Ist eine Übermittlung aus technischen Gründen vorübergehend nicht möglich, bleibt die Übermittlung nach den allgemeinen Vorschriften zulässig. Die vorübergehende Unmöglichkeit ist bei der Ersatzeinreichung oder unverzüglich danach glaubhaft zu machen; auf Anforderung ist ein elektronisches Dokument nachzureichen.

Die Vorschrift wurde durch Art. 2 Nr. 4 des Gesetzes zur Förderung des elektronischen Rechtsverkehrs mit den Gerichten[1] in das FamFG eingefügt und tritt gem. Art. 26 Abs. 7 erst **am 1.1.2022 in Kraft**. Von einer Kommentierung wird daher einstweilen abgesehen.

15 *Bekanntgabe; formlose Mitteilung*

(1) Dokumente, deren Inhalt eine Termins- oder Fristbestimmung enthält oder den Lauf einer Frist auslöst, sind den Beteiligten bekannt zu geben.
(2) Die Bekanntgabe kann durch Zustellung nach den §§ 166 bis 195 der Zivilprozessordnung oder dadurch bewirkt werden, dass das Schriftstück unter der Anschrift des Adressaten zur Post gegeben wird. Soll die Bekanntgabe im Inland bewirkt werden, gilt das Schriftstück drei Tage nach Aufgabe zur Post als bekannt gegeben, wenn nicht der Beteiligte glaubhaft macht, dass ihm das Schriftstück nicht oder erst zu einem späteren Zeitpunkt zugegangen ist.
(3) Ist eine Bekanntgabe nicht geboten, können Dokumente den Beteiligten formlos mitgeteilt werden.

A. Allgemeines	c) Entbehrlichkeit der Bekanntgabe der Gründe 17
I. Entstehung 1	d) Bekanntgabe an Minderjährige . 19
II. Ziele des Gesetzgebers 2	e) Bekanntgabe an Betroffene in besonderen Verfahren 21
III. Anwendungsbereich 5	f) Verzicht auf Bekanntgabe 22
B. Inhalt der Vorschrift	II. Form der Bekanntgabe (Absatz 2)
I. Pflicht zur Bekanntgabe von Dokumenten (Absatz 1)	1. Entscheidung über die Form der Bekanntgabe 23
1. Dokument 7	2. Zustellung nach §§ 166 ff. ZPO
2. Bekannt zu gebende Dokumente . . 9	a) Umfang der Verweisung 25
a) Terminsbestimmung 10	b) Definition und Voraussetzungen 26
b) Fristbestimmung 11	3. Zustellung von Amts wegen
c) Auslösen eines Fristablaufs ... 12	a) Regelfall der Zustellung an den Adressaten 28
3. Pflicht zur Bekanntgabe	
a) Grundsatz 14a	b) Zustellung an den gesetzlichen Vertreter 29
b) Sonderregelungen 16	

---

1 Bei Drucklegung am 19.8.2013 verabschiedet, aber noch nicht verkündet (s. Einl. Rz. 45a).

c) Ausnahmen 31
d) Zustellung an Bevollmächtigten 32
e) Zustellung an Verfahrensbevollmächtigten 33
f) Ersatzzustellung in der Wohnung oder in Geschäftsräumen 36
g) Ersatzzustellung durch Einlegen in den Briefkasten 41
h) Zustellung gegen Empfangsbekenntnis 44
i) Auslandszustellung 46
j) Öffentliche Zustellung 51
k) Heilung einer fehlerhaften Zustellung 52
4. Zustellung auf Betreiben der Beteiligten 54
5. Aufgabe zur Post 55
   a) Ausführung 56
   b) Bekanntgabefiktion 57
   c) Widerlegbarkeit 59
   d) Kriterien zur Form der Bekanntgabe 62
6. Bekanntgabe zu Protokoll 64
III. Formlose Mitteilung (Absatz 3)
1. Neuerung 65
2. Regelungsgegenstand
   a) Grundsatz 66
   b) Einzelfälle 68
   c) Durchführung der formlosen Mitteilung 69
   d) Ausnahmsweise Bekanntgabe . . 71

Literatur: *Cirullies*, Zustellungsprobleme in Gewaltschutzsachen, FamRZ 2012, 1854; *Eyinck*, Die aktuellen Entwicklungen in der Rechtsprechung zum Zustellungsrecht, MDR 2011, 1389; *Götz*, Das neue Familienverfahrensrecht – Erste Praxisprobleme, NJW 2010, 897; *Hupka/Kämper*, Die Zustellung im Zivilverfahren, JA 2012, 448; *Jacoby*, Die Zustellung an unerkannt Prozessunfähige, ZMR 2007, 327; *Reetz*, Bestellung eines Ergänzungspflegers für Zustellung der familiengerichtlichen Genehmigung der Erbausschlagung durch einen Minderjährigen, FamFR 2012, 529; *Schneider*, Bekanntgabe und Zustellungen in Familiensachen, RPfleger 2011, 1; *Wilsch*, Aspekte des FGG-Reformgesetzes in der grundbuchamtlichen Praxis, FGPrax 2009, 243.

A. Allgemeines

I. Entstehung

Die gegenüber dem FGG neu gefasste Vorschrift enthält eine allgemeine Regelung zur Bekanntgabe als förmliche Mitteilung und zur formlosen Mitteilung sämtlicher Dokumente, nicht nur Verfügungen. Die Formulierung lehnt sich in Teilen an § 41 Abs. 1 und Abs. 2 VwVfG sowie § 8 Abs. 1 InsO an.[1] **1**

II. Ziele des Gesetzgebers

Eines der Ziele des FamFG, die **Koordinierung mit anderen Verfahrensordnungen**,[2] ist mit Blick auf das VwVfG und die InsO umgesetzt. Daneben besteht eine teilweise Übereinstimmung mit § 166 Abs. 1 ZPO; dort werden ebenso die Begriffe **Bekanntgabe** und **Dokument** verwendet. **2**

Inhaltlich ist eine flexible Handhabung der Bekanntgabe angestrebt worden, um effiziente, aber auch kostengünstige Übermittlungsformen zu ermöglichen.[3] Diesem Ziel, so weit wie möglich eine förmliche Zustellung zu vermeiden, dient die nunmehr vorgesehene **Aufgabe zur Post** als die einfachere Form der Bekanntgabe, § 15 Abs. 2. Darüber hinaus sieht Abs. 3 eine **formlose Mitteilung** vor, wenn keine Bekanntgabe erforderlich ist. **3**

Die bisherige Erprobung in der Praxis lässt allerdings Zweifel aufkommen, dass die Vorschrift in dem vorgestellten Umfang von den Gerichten angenommen wird. Sie gilt als umständlich und hinsichtlich des Fristbeginns als nicht ausreichend verlässlich.[4] Deshalb und auch zur besseren Anwendbarkeit wird an eine Ergänzung gedacht, wonach nicht nur in den Akten, sondern auch auf dem Schriftstück der Tag **4**

---

1 So schon Jansen/*v. König*, § 16 FGG Rz. 73.
2 Begr. RegE, BT-Drucks. 16/6308, S. 164.
3 Begr. RegE, BT-Drucks. 16/6308, S. 166.
4 *Rüntz/Viefhues*, FamRZ 2010, 1285 (1286); *Götz*, NJW 2010, 897 (899); Protokoll der Bund-Länder-Besprechung über erste Praxiserfahrungen mit dem FamFG v. 20.10.2009, Bundesministerium der Justiz, S. 4.

der Aufgabe zur Post festgehalten werden muss, so dass der Fristbeginn auch für den Empfänger erkennbar ist.[1]

III. Anwendungsbereich

5 § 15 findet **keine Anwendung in Ehesachen und Familienstreitsachen,** § 113 Abs. 1. Für diese gelten die Zustellungsvorschriften der ZPO, damit §§ 166 ff. ZPO. Auf alle übrigen Verfahren der freiwilligen Gerichtsbarkeit und Familiensachen, die keine Ehesachen sind und nicht unter § 112 fallen, ist § 15 anzuwenden. Als **speziellere Vorschrift**, die § 15 vorgeht, ist § 41 Abs. 1 zu beachten, worin die **Bekanntgabe eines Beschlusses**, die nach § 38 alleinige Form für alle Endentscheidungen,[2] zwingend vorgesehen ist. Dem Gericht steht in diesem Fall kein Ermessen zu, welche Form der Mitteilung – ob Bekanntgabe oder formlose Mitteilung – es wählt.[3] Auch unanfechtbare Beschlüsse müssen wegen des eindeutigen Wortlauts in § 41 Abs. 1 Satz 1 bekannt gegeben werden. Ein Verzicht des Adressaten auf die förmliche Bekanntgabe ist wegen des öffentlichen Interesses an deren Feststellung regelmäßig nicht wirksam.[4]

Als weitere Spezialvorschrift sieht § 33 Abs. 2 Satz 2 in besonderen Fällen eine **Ladung** durch förmliche Zustellung vor (vgl. auch Rz. 23).

6 Die **Wirksamkeit** einer Entscheidung ist (abweichend von § 16 Abs. 1 FGG) nicht mehr mit der Bekanntgabe in derselben Vorschrift, sondern gesondert in § 40 geregelt.

B. Inhalt der Vorschrift

I. Pflicht zur Bekanntgabe von Dokumenten (Absatz 1)

1. Dokument

7 Dieser für die Verfahren der Familiensachen und der freiwilligen Gerichtsbarkeit neue Begriff wird im FamFG nicht definiert. Die Gesetzesmaterialien setzen den Begriff voraus.[5] Der Begriff „Dokument" ist aus dem Zivilverfahrensrecht (vgl. §§ 137 Abs. 3, 166 ZPO) und der früheren Fassung des § 8 Abs. 1 InsO v. 22.3.2005 (BGBl. I, S. 837) entnommen.[6] In § 166 Abs. 1 und Abs. 2 ZPO findet sich ein vergleichbarer Kontext. Der Begriff, der inhaltsgleich ist mit Schriftstück,[7] umfasst **sämtliche schriftlich abgefassten Texte gleichgültig, ob mechanisch oder elektronisch erstellt und unabhängig davon, ob es sich um eine Urkunde** handelt; auch spielt die Form – Urschrift, Ausfertigung oder Abschrift – keine Rolle.[8]

8 Dokument ist ein Schriftstück, das entweder vom Gericht erstellt worden ist, und zwar unabhängig von der gewählten Form eines Beschlusses, einer Verfügung oder Anordnung,[9] oder das von einem Beteiligten als Schriftstück in das Verfahren eingebracht wird.[10] Auch elektronische Dokumente fallen darunter.[11] Einbezogen sind damit sämtliche **gerichtlichen Verfügungen**, die schon mit § 16 Abs. 1 FGG gemeint waren, dh. Zwischenentscheidungen und Endentscheidungen – jetzt immer Be-

---

1 *Götz*, NJW 2010, 897 (898); Protokoll der Bund Länder-Besprechung über erste Praxiserfahrungen mit dem FamFG v. 20.10.2009, Bundesministerium der Justiz, S. 4.
2 Begr. RegE, BT-Drucks. 16/6308, S. 195.
3 Begr. RegE, BT-Drucks. 16/6308, S. 182.
4 Keidel/*Sternal*, § 15 Rz. 9; Schulte-Bunert/*Brinkmann*, § 15 Rz. 14; Ausnahme bei Terminsbestimmung, s. Rz. 22.
5 Begr. RegE, BT-Drucks. 16/6308, S. 182.
6 Inzwischen ist „Dokument" durch „Schriftstück" mit dem am 13.4.2007 beschlossenen Gesetz zur Vereinfachung des Insolvenzverfahrens (BGBl. I, 509) ersetzt worden.
7 RegE, BT-Drucks. 16/6308, S. 166 und S. 182 f.; *Zimmermann*, Das neue FamFG, Rz. 56.
8 Thomas/Putzo/*Hüßtege*, § 166 ZPO Rz. 5; Zöller/*Stöber*, vor § 166 ZPO Rz. 1.
9 Jansen/*v. König*, § 16 FGG Rz. 3.
10 So zu § 8 InsO: vgl. MüKo. InsO/*Ganter*, § 8 InsO Rz. 6.
11 Schulte-Bunert/Weinreich/*Brinkmann*, § 15 FamFG Rz. 8; Keidel/*Sternal*, § 15 Rz. 4.

schlüsse.[1] Ferner werden auch verfahrensleitende Anordnungen wie Terminsverfügungen, Ladungen von Beteiligten und Zeugen,[2] Auflagen und Hinweise einschließlich Aufforderungen zur Stellungnahmen erfasst. Sämtliche **Schriftsätze** der Beteiligten und **schriftliche Stellungnahmen** von Sachverständigen, Behörden oder sonstigen Dritten, die um Auskunft ersucht worden sind, sind ebenfalls Dokumente. Auf Grund dieser weiten Begriffsfassung ist kaum noch ein verfahrensmäßiges Schriftstück denkbar, das nicht unter den Dokumentenbegriff fällt.

2. Bekannt zu gebende Dokumente

Abs. 1 sieht vor, welche Dokumente bekannt zu geben sind. Das sind Schriftstücke, deren Inhalt eine Termins – oder Fristbestimmung enthält oder den Lauf einer Frist auslöst. Damit beschränkt sich die Anwendung dieser Vorschrift im Wesentlichen auf **gerichtliche** Dokumente, da unter die beiden ersten Alternativen nur gerichtliche Schriftstücke fallen können. In Einzelfällen können auch durch andere Schriftstücke Fristen ausgelöst werden, wie beispielsweise durch die Einlegung einer Anschlussrechtsbeschwerde, § 73.

9

a) Terminsbestimmung

Sämtliche gerichtlichen Terminsanberaumungen sind betroffen, wiederum abgesehen von solchen in Ehesachen und Familienstreitsachen, vgl. Rz. 5. Die Anordnung eines Termins ist in § 32 geregelt, für das Beschwerdeverfahren in § 68 Abs. 3 Satz 2 als ins Ermessen des Gerichts gestellte Möglichkeit. Spezielle Vorschriften zu Terminsbestimmungen finden sich bei den einzelnen Verfahrensarten, zT als freigestellte Alternative, so in §§ 155 Abs. 2, 157 Abs. 1, 159 Abs. 1, 160 Abs. 1, 165 Abs. 2, 175, 192, 193, 207, 221, 278, 319, 348 Abs. 2, 365 Abs. 1, 405, 420.

10

b) Fristbestimmung

Fristbestimmungen liegen vor, wenn das Gericht Fristen bspw. zur Stellungnahme, Begründung eines Rechtsmittels, Rechtsbehelfs oder zur Erfüllung von Auflagen setzt. Das FamFG sieht Fristsetzungen vor in § 65 Abs. 2 (Beschwerdebegründung), §§ 52 Abs. 1 Satz 2, 163 Abs. 1, 181 Satz 2, 355 Abs. 1, 366 Abs. 3, 382 Abs. 4, 388 Abs. 1, 393 Abs. 1, 394 Abs. 2, 395 Abs. 2, 399 Abs. 1, 425 Abs. 1, 437, 458, 465 Abs. 5.

11

Adressat der Fristsetzung können Beteiligte gem. § 7 Abs. 1 bis Abs. 3, aber auch Dritte nach § 7 Abs. 6 sein; auf letztere findet § 15 keine Anwendung, da ausdrücklich nur die Mitteilung an **Beteiligte** geregelt wird.

c) Auslösen eines Fristablaufs

Die mit dem Dokument ausgelöste Frist kann wiederum eine gesetzliche oder eine richterlich bestimmte Frist sein. Sofern es sich um **Beschlüsse** handelt, sind diese schon wegen § 41 Abs. 1 ausnahmslos bekannt zu geben, so dass es auf die Voraussetzungen des § 15 Abs. 1 nicht mehr ankommt (Rz. 5).

12

Zwischenentscheidungen können, soweit sie anfechtbar sind, eine Frist auslösen und sind dann bekannt zu geben. Hierzu kommt es darauf an, ob gegen die Zwischenentscheidung abweichend von § 58 Abs. 1, dem Regelfall, ein Rechtsmittel zugelassen ist (vgl. dazu § 58 Rz. 16 ff.).[3] Eine Anfechtbarkeit und damit die Notwendigkeit der Bekanntgabe bestehen zB bei der Beteiligung Dritter am Verfahren, vgl. §§ 7 Abs. 5 Satz 2, bei wesentlichen, eingreifenden Zwischenentscheidungen wie § 6 Abs. 2, § 19 Abs. 3, § 21 Abs. 2, § 33 Abs. 3 Satz 5, § 35 Abs. 5, § 42 Abs. 3 Satz 2, § 76 Abs. 2, § 87 Abs. 4, § 355 Abs. 1, § 382 Abs. 4. Ferner sind Verfahrensanordnungen oder Zwischenbeschlüsse, die unmittelbar in Grundrechte Beteiligter eingreifen, beschwerdefähig, wie § 178 Abs. 2 (Untersuchung), §§ 284 Abs. 3 Satz 2, 322 (zwangsweise Unterbrin-

13

---

1 Zum FGG: Jansen/v. *König*, § 16 FGG Rz. 2 und 73 f.; *Bassenge*/Roth, 11. Aufl., § 16 FGG Rz. 1; Keidel/*Schmidt*, 15. Aufl. § 16 FGG Rz. 1.
2 Ausdrücklich die Gesetzesbegründung in BT-Drucks. 16/6308, S. 182.
3 Begr. RegE, BT-Drucks. 16/6308, S. 203.

gung). Dies wird auch für Maßnahmen nach § 278 Abs. 5 bis Abs. 7 gelten (vgl. § 278 Rz. 42). Die nach bisheriger Rechtsprechung bei Vorliegen einer krassen Rechtswidrigkeit ausnahmsweise zuzulassende Anfechtbarkeit einer Zwischenentscheidung, wie zB im Fall der Anordnung einer psychiatrischen Untersuchung zur Prüfung der Betreuungsnotwendigkeit ohne vorangegangene Ermittlungen,[1] wird im Fall eines krassen Rechtsfehlers weiterhin trotz der Fassung des § 58 Abs. 2 zu bejahen sein, insbesondere auch mit Blick auf die Erweiterung in den Abs. 2 und 3 (Gesetz zur Einführung einer Rechtsbehelfsbelehrung im Zivilprozess und zur Änderung anderer Vorschriften v. 5.12.2012, BGBl. 2012 I, S. 2418, 2421);[2] näher dazu § 283 Rz. 22.

13a **Nicht bekannt zu geben** sind Mitteilungen von **Eintragungen gem. § 55 GBO**, da sie weder Termins – bzw. Fristbestimmungen enthalten, noch einen Fristablauf auslösen. Diese Bekanntmachungen können – wie bisher – formlos mitgeteilt werden.[3]

Registereintragungen in Registersachen gem. § 374 sind regelmäßig nicht bekannt zu geben; es genügt eine formlose Mitteilung, auf die verzichtet werden kann. Entgegen dem bisherigen Wortlaut des § 383 ist die formlose Mitteilung nach § 15 Abs. 3 die Regel (vgl. § 383 Rz. 3). Dem trägt die Änderung durch das **Gesetz zur Einführung einer Rechtsbehelfsbelehrung im Zivilprozess und zur Änderung anderer Vorschriften v. 5.12.2012** Rechnung, indem seit 1.1.2013 in § 383 „Bekanntgabe" durch „Mitteilung" ersetzt wurde.[4]

14 Die sonstigen **Rechtsbehelfe** des FamFG[5] sind weitgehend fristgebunden, weshalb die betreffenden Verfügungen oder Entscheidungen bekannt zu geben sind. Dazu zählen die **Erinnerung** gegen Entscheidungen des Rechtspflegers, § 11 Abs. 2 RPflG,[6] der **Einspruch** im Zwangsgeldverfahren, für dessen Erhebung mit der gerichtlichen Verfügung eine Frist gesetzt wird, §§ 388 bis 390, der **Widerspruch** im Löschungsverfahren, §§ 393, 394. Fristauslösend ist auch die Mitteilung der **Rechtsbeschwerdebegründung**, § 73. Hier sieht bereits das Gesetz die Bekanntgabe vor, § 71 Abs. 4.

3. Pflicht zur Bekanntgabe

a) Grundsatz

14a Das Gericht ist zur Bekanntgabe der aufgeführten Dokumente verpflichtet. Andere Dokumente, die keine Termins – oder Fristbestimmungen enthalten bzw. keine Frist auslösen, können formlos nach Abs. 3 mitgeteilt werden. Hierzu im Einzelnen Rz. 65 ff.

Die in Abs. 1 vorgeschriebene Bekanntgabe erfolgt entweder durch **Zustellung** nach den Vorschriften der ZPO (§§ 166 bis 195) oder durch **Aufgabe zur Post**, vgl. Abs. 2 Satz 1.

15 Der Kreis der Personen, denen die Dokumente bekannt gegeben werden müssen, ist gesetzlich festgelegt. **Notwendige Adressaten** sind **sämtliche Beteiligte** des Verfahrens. Wer als obligatorischer Beteiligter **(Muss-Beteiligter)** darunter fällt, beurteilt sich nach § 7 Abs. 1 und Abs. 2. Daneben kann das Gericht weitere Personen, Behörden oder Vereinigungen iSd. § 7 Nr. 2 als Beteiligte hinzuziehen, § 7 Abs. 3 (**Kann-Beteiligte**) (dazu § 7 Rz. 39 ff.). Die Bekanntgabe hat an die Muss-Beteiligten nach § 7 Abs. 1 und Abs. 2 und an die herangezogenen Kann-Beteiligten nach § 7 Abs. 3 zu erfolgen.[7]

---

1 BGH v. 14.3.2007 – XII ZB 201/06, NJW 2007, 3575.
2 Unter Bezug auf BGH v. 14.3.2007 LG Verden v. 18.3.2010 – 1 T 36/10, BtPrax 2010, 243; LG Saarbrücken v. 7.1.2009 – 5 T 596/08, BtPrax 2009, 143.
3 *Wilsch*, FGPrax 2009, 243.
4 Vgl. Art. 6 Nr. 27 des Gesetzes zur Einführung einer Rechtsbehelfsbelehrung (BGBl. 2012, I, 2418).
5 Begr. RegE, BT-Drucks. 16/6308, S. 203.
6 In der Fassung des Gesetzes zur Einführung einer Rechtsbehelfsbelehrung (BGBl. 2012, I 2418), dort Art. Nr. 2.
7 Begr. RegE, BT-Drucks. 16/6308, S. 178 (179); *Kemper*, FamRB 2008, 345 (347).

b) Sonderregelungen

Das Gesetz enthält darüber hinaus für die einzelnen Verfahrensarten Spezialregelungen, wer **Verfahrensbeteiligter** ist oder werden kann, demnach also auch Adressat der Bekanntgabe wird. In den Familiensachen der freiwilligen Gerichtsbarkeit sind dies insbesondere §§ 161 Abs. 1, 162 Abs. 2, 172, 188, 204, 205, 212, 219; in den anderen Verfahrensarten §§ 274, 315, 345, 380, 412, 418, 443, 448, 455, 467 (zT schon durch die Stellung als Antragsteller, vgl. § 7 Abs. 1).

c) Entbehrlichkeit der Bekanntgabe der Gründe

Von der Bekanntgabe der Gründe – **nicht der Beschlussformel** – kann in einzelnen Verfahren (Kindschaftssachen, Betreuung, Unterbringung, Freiheitsentziehung) abgesehen werden. Die insoweit fast gleich lautenden Vorschriften (§§ 164 Satz 2, 288 Abs. 1, 325 Abs. 1, 423) setzen voraus, dass ein Absehen von der Mitteilung der **Gründe** erforderlich ist, um **erhebliche Nachteile** für die Gesundheit des Betroffenen zu vermeiden. Bei § 164 Satz 2 (Kindschaftssachen) müssen lediglich „Nachteile" zu erwarten sein. Voraussetzung ist ein entsprechendes ärztliches Gutachten (vgl. § 288 Rz. 6 ff., § 325 Rz. 4 ff.). Da oftmals zur Wahrung der Rechte des Betroffenen die Bestellung eines Verfahrensbeistandes oder -pflegers geboten ist (vgl. §§ 158, 276, 317, 419), ist diesem die Entscheidung in vollständiger Form bekannt zu machen. Die Bekanntgabe ohne Gründe sollte der Ausnahmefall bleiben. Die unvollständige Bekanntgabe – zum grundsätzlichen Begründungszwang des Beschlusses vgl. § 38 Abs. 3 – hindert nicht den Lauf der Rechtsmittelfrist.

Die frühere Rechtsprechung zur Bekanntgabe eines Beschlusses ohne Gründe, die einen eigenen Beschluss, der dies anordnete und der isoliert anfechtbar war, verlangte,[1] ist nunmehr überholt (vgl. § 288 Rz. 12).

d) Bekanntgabe an Minderjährige

Das Gesetz sieht in etlichen Fällen die Bekanntgabe an Minderjährige vor, obwohl diese nur beschränkt geschäftsfähig sind und damit als nicht verfahrensfähig gelten (vgl. § 9 Abs. 1 Nr. 1). Für Verfahren in **Kindschaftssachen** ist in **§ 164 Satz 1** ausdrücklich vorgesehen, dass die Entscheidungen Minderjährigen ab 14 Jahren, die nicht geschäftsunfähig sein dürfen, bekannt zu geben sind, sofern diese dagegen ein Beschwerderecht haben. Die Vorschrift ist in Zusammenhang mit § 60 sehen, der das Beschwerderecht des Minderjährigen ab 14 Jahren regelt (vgl. § 60 Rz. 2 ff.). Die Einzelheiten zum Beschwerderecht des Minderjährigen („in allen seine Person betreffenden Angelegenheiten") werden in der Kommentierung zu § 60 (Rz. 6–8) dargestellt. Wegen des **weiten Begriffs der „Angelegenheiten"** bedeutet dies, dass in Kindschaftssachen die Entscheidungen **regelmäßig** dem über 14 Jahre alten, nicht geschäftsunfähigen Minderjährigen **bekannt zu geben sind** (vgl. § 60 Rz. 4).

Die Bekanntgabe der Endentscheidungen, damit der Beschlüsse (§ 38), richtet sich nach § 41. Im Verfahren anfallende Schriftstücke (Anträge, Schriftsätze, Gutachten, Stellungnahmen) sind dem Minderjährigen über den Wortlaut des § 164 hinaus ebenfalls zu übermitteln, bei Vorliegen der Voraussetzungen des § 15 Abs. 1, bekannt zu geben (vgl. § 164 Rz. 3 ff.). Hierbei ist § 164 Satz 2 zu beachten.

Auch in anderen Verfahrensarten sind Entscheidungen und Dokumente gem. § 15 Abs. 1 an den **Minderjährigen** selbst bekannt zu geben, wenn der Minderjährige verfahrensfähig nach **§ 9 Abs. 1 Nr. 2 oder Nr. 3** ist. § 9 Abs. 1 Nr. 2 betrifft Einzelfälle des materiellen Rechts, in denen beschränkt Geschäftsfähige für bestimmte Geschäfte als verfahrensfähig anerkannt sind, zB nach §§ 112, 113 BGB[2] (vgl. § 9 Rz. 10). Unter die Alternative des § 9 Abs. 1 Nr. 3 fallen Minderjährige, die das 14. Lebensjahr vollendet haben und ein ihnen nach **bürgerlichem Recht zustehendes Recht** geltend machen, was vor allem in Familiensachen der Fall sein kann (vgl. dazu § 9 Rz. 14, 15).

---

1 Vgl. BayObLG v. 8.7.1999 – 3 Z BR 186/99, FGPrax 1999, 181; Keidel/*Kayser*, 15. Aufl., § 69a FGG Rz. 4; *Bassenge*/Roth, 11. Aufl., § 69a FGG Rz. 2.
2 Begr. RegE, BT-Drucks. 16/6308, S. 180.

Nicht abschließend geklärt ist das Bekanntgabeerfordernis bei weiteren, über die Kindschaftssachen hinausgehenden Verfahren, insbesondere bei Abstammungs- und Adoptionsverfahren.[1]

e) Bekanntgabe an Betroffene in besonderen Verfahren

21 Betroffene in **Betreuungs- und Unterbringungssachen** sind ohne Rücksicht auf ihre sonstige Geschäfts(un-)fähigkeit für diese Verfahren stets **verfahrensfähig** gem. § 9 Abs. 1 Nr. 4 iVm. §§ 275, 316. Sämtliche Bekanntgaben sind an sie persönlich zu richten. Die **Rechtsmittelfrist** beginnt erst mit Zustellung an den Betroffenen zu laufen.[2] Zustellungen an den Betreuer bleiben auch dann ohne Wirkung, wenn der Betreuer für den Aufgabenkreis „Entgegennahme, Anhalten und Öffnen der Post" bestellt ist.[3]

Zur Bekanntgabe/Zustellung an nicht verfahrensfähige Personen s. Rz. 29 ff.

Bei der Bekanntgabe der **Genehmigung eines Rechtsgeschäfts** ist § 41 Abs. 3 zu beachten, wonach die Entscheidung auch **demjenigen, für den das Geschäft genehmigt** wird, persönlich und nicht nur dessen gesetzlichem Vertreter bekannt zu geben ist.[4]

f) Verzicht auf Bekanntgabe

22 Wenn mit der Bekanntgabe eine Fristbestimmung erfolgt oder eine Frist ausgelöst wird, kann durch den Adressaten nicht wirksam auf die Bekanntgabe verzichtet werden.[5] Ein Verzicht auf die Bekanntgabe ist indes möglich, wenn es sich um eine Terminsbestimmung handelt, da der Beteiligte wie die Partei im Zivilverfahren entsprechend § 295 ZPO auf eine förmliche Ladung verzichten kann.

II. Form der Bekanntgabe (Absatz 2)

1. Entscheidung über die Form der Bekanntgabe

23 Welche Form der Bekanntgabe gewählt wird, ob förmliche Zustellung oder Aufgabe zur Post, liegt im pflichtgemäßen **Ermessen** des Gerichts (vgl. dazu Rz. 62 ff.), wenn nicht das Gesetz eine bestimmte Form vorschreibt. Dies ist der Fall in § 41 Abs. 1 Satz 2 (Zustellung eines anfechtbaren Beschlusses an denjenigen, dessen Willen er nicht entspricht), in § 33 Abs. 2 Satz 2 (Sollvorschrift für Terminsladung in Fällen, in denen das Erscheinen eines Beteiligten ungewiss ist; im Einzelnen § 33 Rz. 21) und in § 365 Abs. 1 Satz 2 (Ladung in Teilungssachen).[6] Für Entscheidungen in streitigen Fällen ergibt sich somit keine Änderung zum bisherigen Recht, anders in unstreitigen Fällen, in denen eine Aufgabe zur Post genügt.

Eine weitere Form der Bekanntgabe sieht § 41 Abs. 2 Satz 1 mit der Verlesung der Beschlussformel gegenüber Anwesenden vor. Die mündliche Bekanntgabe führt zur Wirksamkeit des Beschlusses, setzt aber noch nicht die Rechtsmittelfrist in Gang (vgl. § 41 Rz. 17, 18).

24 Innerhalb des Gerichts hat der **Urkundsbeamte** der Geschäftsstelle über die **Form** der Bekanntgabe gem. § 168 Abs. 1 ZPO zu entscheiden; § 168 Abs. 1 ZPO gilt in entsprechender Anwendung auch für die Bekanntgabe nach dem FamFG.[7] In Zweifels-

---

1 Bejahend *Bahrenfuss*, § 9 FamFG Rz. 5; ablehnend: *Stößer*, § 172 Rz. 7; Keidel/*Engelhardt*, § 172 Rz. 3; beide bezüglich Abstammungsverfahren; Schulte-Bunert/Weinreich/*Schöpflin*, § 9 FamFG Rz. 8; *Heiter*, FamRZ 2009, 85 (87).
2 BGH v. 4.5.2011 – XII ZB 632/10, MDR 2011, 806; noch zum alten Recht: OLG München v. 16.5.2007 – 33 Wx 25 und 26/07, BtPrax 2007, 180; OLG Köln v. 21.10.2008 – 16 Wx 136/08 n.v.; zur Zustellung im Einzelnen vgl. § 275 Rz. 16.
3 BGH v. 4.5.2011 – XII ZB 632/10, MDR 2011, 806.
4 Begr. RegE, BT-Drucks. 16/6308, S. 197; s. hierzu § 41 Rz. 26, 27.
5 Keidel/*Sternal*, § 15 FamFG Rz. 9.
6 Begr. RegE, BT-Drucks. 16/6308, S. 182 und S. 191.
7 Ebenso *Bahrenfuss*, § 15 FamFG Rz. 3; noch zu § 16 Abs. 2 FGG: Keidel/*Schmidt*, 15. Aufl., § 16 FGG Rz. 40; Jansen/*v. König*, § 16 FGG Rz. 32.

fällen werden Richter oder Rechtspfleger eine Anordnung treffen, die für den Urkundsbeamten bindend ist.[1]

2. Zustellung nach §§ 166 ff. ZPO

a) Umfang der Verweisung

Für die förmliche Zustellung verweist § 15 Abs. 1 auf §§ 166 bis 195 ZPO. Die Zustellung im Parteibetrieb, die die §§ 191–195 regeln, hat vor allem im Vollstreckungsverfahren (vgl. §§ 86 ff.) Bedeutung. 25

b) Definition und Voraussetzungen

Nach der gesetzlichen Definition des § 166 Abs. 1 ZPO ist Zustellung eine in gesetzlicher Form zu bewirkende Bekanntgabe eines Schriftstücks an den Adressaten. Maßgeblich ist die **formgerechte Bekanntgabe des Dokuments**, nicht deren Beurkundung, die lediglich dem Nachweis der Zustellung dient und nicht notwendiger Bestandteil der Zustellung ist.[2] Die Beurkundung erfolgt durch die **Zustellungsurkunde** (§ 182 ZPO) als öffentliche Urkunde, die auch von einem Zusteller eines nach § 33 Abs. 1 PostG beliehenen Unternehmens errichtet werden kann, und hat die Wirkung des § 418 ZPO, erbringt mithin den Nachweis, dass die Förmlichkeiten der Zustellung gewahrt sind. 26

Zu den Voraussetzungen der Zustellung gehören: 27
(1) die Anordnung oder der Auftrag des Zustellungsveranlassers, die Zustellung eines bestimmten Schriftstücks auszuführen;
(2) die Ausführung in einer der gesetzlichen Formen;
(3) die Ausführung gerade gegenüber dem Zustellungsempfänger sowie
(4) die besonderen Voraussetzungen der jeweiligen Zustellungsform.[3]

3. Zustellung von Amts wegen

a) Regelfall der Zustellung an den Adressaten

Regelmäßig ist die erforderliche Zustellung als Zustellung von Amts wegen zu bewirken. Die Durchführung obliegt nach § 168 Abs. 1 ZPO der Geschäftsstelle. Als Normalfall geht das Gesetz von der Ausführung der Zustellung durch Aushändigung, also durch **persönliche Übergabe** an den Adressaten mit gewollter Empfangnahme aus, §§ 173, 177 ZPO.[4] Amtsstelle iSd. § 173 ZPO ist jeder Ort, an dem gerichtliche Tätigkeit ausgeübt wird, also nicht nur die Räume der Geschäftsstelle, sondern auch der Ort eines Lokaltermins, § 219 Abs. 1 ZPO.[5] 28

b) Zustellung an den gesetzlichen Vertreter

Bei nicht verfahrensfähigen Beteiligten ist nach **§ 170 Abs. 1 Satz 1 ZPO** zwingend an den gesetzlichen Vertreter zuzustellen. Eine Zustellung an den nicht verfahrensfähigen Betroffenen ist **unwirksam, § 170 Abs. 1 Satz 2 ZPO**. Die Frage der **Verfahrensfähigkeit** und damit die Entscheidung über den Zustellungsadressaten beurteilt sich nach § 9 (s. § 9 Rz. 8 ff.). Im Regelfall liegt Verfahrensfähigkeit bei den nach bürgerlichem Recht Geschäftsfähigen vor (§ 9 Abs. 1 Nr. 1). 29

Die Zustellung an den Vertreter ist keine Ersatzzustellung iSd. § 178 Abs. 1 Nr. 1 ZPO.[6] Im Übrigen kann der Vertretene Adressat einer Ersatzzustellung an seinen abwesenden Vertreter nach § 178 Abs. 1 ZPO sein, wenn er unter den Personenkreis die 30

---

1 Zöller/*Stöber*, § 168 ZPO Rz. 1.
2 Zöller/*Stöber*, § 182 ZPO Rz. 2; Thomas/Putzo/*Hüßtege*, § 166 ZPO Rz. 1.
3 Thomas/Putzo/*Hüßtege*, § 166 ZPO Rz. 2.
4 Zöller/*Stöber*, § 177 ZPO Rz. 1; Thomas/Putzo/*Hüßtege*, § 173 ZPO Rz. 2.
5 Zöller/*Stöber*, § 173 ZPO Rz. 4.
6 Keidel/*Sternal*, § 15 FamFG Rz. 19.

ser Vorschrift fällt.[1] Zustellungen an **juristische Personen** oder **Behörden**, die am Verfahren zu beteiligen sind, können durch Zustellung an den Leiter der Behörde erfolgen, § 170 Abs. 2 ZPO. Diese Erleichterung ersetzt die Zustellung an den gesetzlichen Vertreter einer juristischen Person.[2]

c) Ausnahmen

31 § 9 Abs. 1 Nr. 2 bis 4 sieht Ausnahmen von der Gleichsetzung der Geschäftsfähigkeit mit der Verfahrensfähigkeit vor, die dazu führen, dass in Einzelfällen an beschränkt geschäftsfähige Personen und im Fall des § 9 Abs. 1 Nr. 4 uU auch an nicht Geschäftsfähige persönlich zuzustellen ist. Als verfahrensfähig gelten folgende Personengruppen:
- **Beschränkt Geschäftsfähige** nach § 9 Abs. 1 Nr. 2, also Minderjährige in besonderen Geschäftsbereichen (vgl. dazu Rz. 20);
- **Minderjährige** im Fall des § 164 und soweit sie unter § 9 Abs. 1 Nr. 3 fallen, dh. soweit sie über 14 Jahre alt sind und ein ihnen zustehendes Recht geltend machen können (vgl. dazu Rz. 19 f. und § 9 Rz. 12 ff.);
- Beteiligte in besonderen Verfahren nach § 9 Abs. 1 Nr. 4, dh. in **Unterbringungs- und Betreuungsverfahren**, §§ 275, 316 (dazu Rz. 21).[3]

d) Zustellung an Bevollmächtigten

32 Die wirksame Zustellung an einen gewillkürten Vertreter nach § 171 ZPO setzt voraus, dass dem Zustellungsorgan die Zustellungsvollmacht bekannt ist. Eine Zustellungsvollmacht kann jedem, der nach § 10 Abs. 2 als Bevollmächtigter in Betracht kommt, erteilt werden (vgl. § 10 Rz. 8 ff.). Sie ist schriftlich zu erteilen und bedarf im Übrigen keiner weiteren Form (§ 11 Rz. 5). Sie muss im Zeitpunkt der Zustellung vorliegen, so dass der Zusteller sie überprüfen kann. Die Zustellung kann, muss aber nicht an den Bevollmächtigten erfolgen, wenn eine Vollmacht vorgelegt wird.[4]

e) Zustellung an Verfahrensbevollmächtigten

33 § 172 ZPO gilt wie bisher jedenfalls dann uneingeschränkt, wenn der Beteiligte zum Ausdruck gebracht hat, dass die Zustellung an den Verfahrensbevollmächtigten erfolgen soll.[5] Die Neuregelung, die auf die Neufassung des früheren § 13 Abs. 5 FGG mit Gesetz v. 12.12.2007 (BGBl. I, S. 2840) zurückgreift, hat die Streitfragen zu §§ 13, 16 Abs. 2 FGG entschärft.[6]

34 Die Regelung sieht mit § 11 Satz 4 insofern eine Vereinfachung vor, als beim Auftreten eines Rechtsanwalts die Vollmacht oder Vollmachtsmängel nicht mehr von Amts wegen zu prüfen sind. Dasselbe gilt für das Auftreten eines Notars als Verfahrensbevollmächtigten.[7] § 172 Abs. 1 Satz 1 ZPO ist in vollem Umfang auf § 15 anzu-

---

1 Zöller/*Stöber*, § 170 ZPO Rz. 2.
2 Zöller/*Stöber*, § 170 ZPO Rz. 4; Jansen/*v. König*, § 16 FGG Rz. 33.
3 BGH v. 4.5.2011 – XII ZB 632/10, MDR 2011, 806 zu Betreuungsverfahren.
4 Zöller/*Stöber*, § 171 ZPO Rz. 4.
5 BGH v. 25.6.1975 – IV ZB 35/74, NJW 1975, 1518.
6 Nach der früheren Rechtslage war streitig, welche Anforderungen an den Nachweis einer **Vertretungsvollmacht** zu stellen waren. So wurde regelmäßig zwischen streitigem und nichtstreitigem Verfahren unterschieden. Lediglich in ersteren sollte § 172 ZPO unproblematisch Anwendung finden, während in den nichtstreitigen Verfahren fraglich war, ob sich bereits aus den Gesamtumständen eine umfassende Bevollmächtigung ohne **Vollmachtsvorlage** ergeben kann, zB KG v. 17.7.1992 – 1 W 6555/90, NJW-RR 1993, 187, oder ob eine Vorlage der Vollmacht erfolgen muss. Zum Meinungsstand zu § 16 FGG: Jansen/*v. König*, § 16 FGG Rz. 35 ff.; *Bumiller/Winkler*, 8. Aufl., § 16 FGG Rz. 20.
7 Vgl. Begr. des RegE zur Neuregelung des Rechtsberatungsrechts, BT-Drucks. 16/3655, S. 92; zugleich sollte mit der Neufassung des § 13 Abs. 5 FGG bzw. § 11 eine Anpassung an die übrigen Verfahrensordnungen erfolgen.

wenden. Es reicht also aus, dass sich ein Rechtsanwalt unter Hinweis auf eine umfassende Verfahrensvollmacht bestellt[1] (vgl. auch § 11 Rz. 15).

Gleichwohl ist das Gericht auch nach der Neufassung nicht völlig der Prüfungspflicht enthoben, da Verfahrensvoraussetzungen von Amts wegen zu prüfen sind. Die gerichtliche Kontrollpflicht beschränkt sich auf diejenigen Fälle, in denen sich konkrete Anhaltspunkte für Vollmachtsmängel ergeben, zB aufgrund gerichtlicher Kenntnisse aus Vorverfahren oder wegen Widersprüchen im Vorbringen zwischen dem Verfahrensbevollmächtigten und dem Beteiligten. 35

Mit Blick auf § 11 wird das Gericht regelmäßig – wie im Zivilprozess – an denjenigen Rechtsanwalt, der sich als Verfahrensbevollmächtigter bestellt hat, zustellen müssen. Ein Verstoß dagegen – durch Zustellung an den Beteiligten – hat die Unwirksamkeit der Zustellung zur Folge.[2] Bei **mehreren Verfahrensbevollmächtigten** genügt die Zustellung an einen von ihnen, § 84 ZPO. **Zeitlich entscheidend** ist die **erste Zustellung**.[3] Bei Vertretung eines Antragstellers durch das Bundesamt für Justiz und durch einen von ihm selbst beauftragten Verfahrensbevollmächtigten ist ebenfalls die erste Zustellung an einen der beiden Vertreter maßgeblich; der beauftragte Rechtsanwalt ist nicht bloßer Unterbevollmächtigter des Bundesamtes für Justiz.[4]

f) Ersatzzustellung in der Wohnung oder in Geschäftsräumen

Wenn der Zusteller den Adressaten nicht antrifft, ist die Zulässigkeit einer Ersatzzustellung zu prüfen. Eine Ersatzzustellung nach **§ 178 Abs. 1 ZPO** ist sowohl bei Zustellungen in Privatwohnungen (Nr. 1) als auch in Geschäftsräumen (Nr. 2) oder Einrichtungen möglich (Nr. 3). Bevor weitere Zustellungsarten wirksam durchgeführt werden können, muss zunächst eine Zustellung nach § 178 Abs. 1 ZPO versucht werden. 36

Eine wirksame Ersatzzustellung in der **Wohnung** durch Übergabe an einen Familienangehörigen oder Mitbewohner setzt voraus, dass der Zustellungsempfänger in der Wohnung, in der der Zustellungsversuch unternommen wird, tatsächlich wohnt, also dort seinen **Lebensmittelpunkt** hat.[5] Dies ist der Fall, wenn der Adressat in der Wohnung lebt und insbesondere dort schläft. Dazu ist auf die konkreten Umstände abzustellen.[6] Unschädlich ist eine vorübergehende Abwesenheit, jedoch darf die Wohnung nicht aufgegeben worden sein. Für eine **Wohnungsaufgabe** müssen Aufgabewille und Aufgabeakt für einen mit den Verhältnissen vertrauten Beobachter erkennbar sein.[7] 37

Auch der erwachsene ständige **Mitbewohner**, an den nach § 178 Abs. 1 Nr. 1 ZPO ersatzweise zugestellt werden soll, muss in der Wohnung seinen Lebensmittelpunkt haben.[8] Zu beachten ist § 178 Abs. 2 ZPO, wonach an Familienangehörige oder Mitbewohner nicht zugestellt werden darf, wenn diese als Gegner an dem Verfahren beteiligt sind. Das kann in Gewaltschutzsachen, Ehewohnungs- und Haushaltssachen und auch in Kindschaftssachen relevant werden.[9] 38

---

1 OLG Karlsruhe v. 11.11.2011 – 2 UF 227/11, FamRZ 2012, 468; *Zimmermann*, Das neue FamFG, Rz. 48; Schulte-Bunert/Weinreich/*Brinkmann*, § 15 FamFG Rz. 27; einschränkend Keidel/*Sternal*, § 15 FamFG Rz. 24.
2 Zöller/*Stöber*, § 172 ZPO, Rz. 23 mwN; Thomas/Putzo/*Hüßtege*, § 172 ZPO Rz. 13.
3 BGH v. 8.3.2004 – II ZB 21/03, BGHReport 2004, 903; BGH v. 10.4.2003 – VII ZR 383/02, NJW 2003, 2100.
4 OLG Karlsruhe v. 11.11.2011 – 2 UF 227/11, FamRZ 2012, 468.
5 BGH v. 14.9.2004 – XI ZR 248/03, NJW-RR 2005, 415; BGH v. 27.10.1987 – VI ZR 268/86, NJW 1988, 713.
6 Vgl. eingehend BGH v. 27.10.1987 – VI ZR 268/86, NJW 1988, 713 = MDR 1988, 218 mwN.
7 BGH v. 16.6.2011 – III ZR 342/09, MDR 2011, 1196; BGH v. 27.10.1987 – VI ZR 268/86, NJW 1988, 713 = MDR 1988, 218 mwN.
8 Zöller/*Stöber*, § 178 ZPO Rz. 12.
9 Vgl. für Gewaltschutzsachen: *Cirullies*, FamRZ 2012, 1854.

39 Für die Ersatzzustellung an Beschäftigte in **Geschäftsräumen**[1] nach § 178 Abs. 1 Nr. 2 ZPO ist erforderlich, dass die Person zum Zeitpunkt der Zustellung in diesen Geschäftsräumen angetroffen wird.[2] Der Person, an die die Zustellung erfolgt, muss in dem Betrieb keine leitende Funktion zukommen.[3]

40 Die Alternative des § 178 Abs. 1 Nr. 3 ZPO (**Gemeinschaftseinrichtung**) ist für Zustellungen bei Untergebrachten oder Inhaftierten von Bedeutung, da an den Leiter der Einrichtung zugestellt werden darf, wenn der Betroffene nicht angetroffen wird. Unter die Gemeinschaftseinrichtungen fallen Altenheime, Lehrlings- und Arbeiterwohnheime, Krankenhäuser, Kasernen, Justizvollzugsanstalten, Asylbewerberheime.[4] Mit der Entgegennahme von Postsendungen kann der Anstaltsleiter einen Vertreter betrauen.[5]

g) Ersatzzustellung durch Einlegen in den Briefkasten

41 Die Ersatzzustellung **durch Einwurf in den Briefkasten** gem. § 180 ZPO hat in der praktischen Bedeutung die große Zahl der Zustellungen durch Niederlegung abgelöst. Sie darf erst durchgeführt werden, wenn eine Zustellung nach § 178 Abs. 1 Nr. 1 oder Nr. 2 ZPO vergeblich versucht wurde. Bei erfolglosem Versuch nach § 178 Abs. 1 Nr. 3 ZPO ist das Einlegen in den Briefkasten nicht zulässig, vielmehr muss dann als Ersatz niedergelegt werden (§ 181 ZPO). Auch diese Form der Ersatzzustellung verlangt – wie § 178 ZPO –, dass der Adressat tatsächlich unter der Anschrift wohnt, also dort seinen **Lebensmittelpunkt**[6] hat (s. Rz. 37) oder **regelmäßig seine Geschäfte betreibt**. Eine Ersatzzustellung gem. § 180 ZPO nach Aufgabe der Geschäftsräume ist unwirksam, wobei es ausreicht, dass der Geschäftsinhaber den Willen zur Geschäftsaufgabe nach außen kund getan hat; er ist nicht verpflichtet, zusätzliche Vorkehrungen gegen die weitere Nutzung des Briefkastens zu treffen (wie Verkleben des Briefschlitzes oder Anbringen eines Hinweisschildes).[7] Allein der bloße, dem Empfänger zurechenbare Rechtsschein, dieser unterhalte unter der Anschrift eine Wohnung oder einen Geschäftsraum, weil er es ohne dolose Absicht versäumt hat, das Namensschild an dem Briefeinwurf rechtzeitig zu entfernen, genügt nicht als Voraussetzung für eine ordnungsgemäße Zustellung.[8] Nur bei einem dem Empfänger nachweisbaren bewussten und zielgerichteten Handeln zur Herbeiführung eines Irrtums über seinen tatsächlichen Lebensmittelpunkt stellt die Berufung auf eine fehlerhafte Ersatzzustellung eine unzulässige Rechtsausübung dar.[9]

Neben einem Briefkasten ist eine „ähnliche Vorrichtung" für die Ersatzzustellung geeignet. Darunter fällt in einem Mehrparteienhaus mit überschaubarem Personenkreis auch ein Briefschlitz, durch den die Sendungen auf den Boden des Hausflurs fallen, wenn die Person ihre Post typischerweise auf diesem Weg erhält und eine eindeutige Zuordnung möglich ist.[10]

41a Bei unberechtigtem **Verweigern der Annahme** (§ 179 ZPO) kann die Zustellung nicht wirksam durch ein Einlegen in den Briefkasten erfolgen, vielmehr sind die Maßnahmen nach § 179 ZPO durchzuführen.[11]

---

1 Zu Geschäftslokal: BGH v. 16.6.2011 – III ZR 342/09, MDR 2011, 1196.
2 Zöller/*Stöber*, § 178 ZPO Rz. 18 f.
3 OLG Köln v. 13.8.2009 – 17 W 181/09, NJW-RR 2010, 646.
4 VG Augsburg v. 29.6.2011 – Au 7 S 11.30255, juris: Ersatzzustellung in Gemeinschaftsunterkunft; Zöller/*Stöber*, § 178 ZPO Rz. 20 mwN; Keidel/*Sternal* § 15 FamFG Rz. 40.
5 Zustellung an Inhaftierten: OLG Stuttgart v. 17.4.2012 – 13 U 46/12, JurBüro 2012, 380; OLG Stuttgart v. 17.4.2012 – 13 U 47/12, juris.
6 BGH v. 16.6.2011 – II ZR 342/09, MDR 2011, 1196; BGH v. 11.10.2007 – VII ZB 31/07, WuM 2007, 712; BGH v. 22.10.2009 – IX ZB 248/08, MDR 2010,229.
7 BGH v. 22.10.2009 – IX ZB 248/08, MDR 2010, 229.
8 BGH v. 16.6.2011 – III ZR 342/09, MDR 2011, 1196.
9 BGH v. 16.6.2011 – III ZR 342/09, MDR 2011, 1196.
10 BGH v. 16.6.2011 – III ZR 342/09, MDR 2011, 1196.
11 Thomas/Putzo/*Hüßtege*, § 180 ZPO Rz. 3.

Die Zustellung gilt als erfolgt, wenn das Schriftstück eingelegt ist und die Voraussetzungen des § 180 ZPO (s.o. Rz. 41) vorliegen.[1] Auf die Kenntnis des Adressaten kommt es nicht an.

Bei Zweifeln über die **Wirksamkeit** der Zustellung hat das Gericht von Amts wegen zu prüfen, ob die Voraussetzungen einer Ersatzzustellung gegeben sind.[2] Die **Zustellungsurkunde (§ 182 ZPO)** belegt die Beachtung der Förmlichkeiten. Eine falsche Bezeichnung des Empfängers in der Zustellungsurkunde (zB in der Familie dienende Person statt Hauswirt) führt nicht zur Unwirksamkeit der Zustellung.[3]

Die Zustellungsurkunde erbringt im Zweifelsfall aber keinen Beweis für weitergehende Tatsachen, insbesondere nicht dazu, dass der Adressat in der Wohnung tatsächlich lebt. Allerdings kann die Urkunde wesentliches **Beweisanzeichen** für entsprechende Umstände sein, wie zB dass die Person, an die übergeben wurde, Bedienstete des Adressaten ist, oder dass sich dort die Wohnung des Empfängers befindet.[4] Derjenige, der sich auf eine fehlerhafte Ersatzzustellung zB wegen fehlender Wohnung unter der Zustellungsanschrift beruft, hat klare und vollständige Angaben zu seinen Wohnverhältnissen zu machen, andernfalls bleibt sein Einwand unbeachtlich.[5]

h) Zustellung gegen Empfangsbekenntnis

Die vereinfachte Form der Zustellung gegen Empfangsbekenntnis (EB) nach § 174 Abs. 1 ZPO ist zulässig gegenüber Personen, bei denen aufgrund ihres Berufs von einer **erhöhten Zuverlässigkeit** ausgegangen werden kann, namentlich bei Rechtsanwälten, Notaren, Steuerberatern und Gerichtsvollziehern. Sie ist ferner anwendbar gegenüber Behörden, Anstalten und juristischen Personen öffentlichen Rechts. Hat sich für einen Beteiligten ein Verfahrensbevollmächtigter bestellt, so kommt diese vereinfachte Zustellungsart zum Tragen. Gegenüber diesem Empfängerkreis kann auch durch **Telekopie** (§ 130 Nr. 6 ZPO) zugestellt werden, § 174 Abs. 2 ZPO.[6] Die zusätzlichen Anforderungen hierfür ergeben sich aus § 174 Abs. 2 ZPO. § 174 Abs. 3 ZPO eröffnet die weitere Möglichkeit der Zustellung durch **elektronisches Dokument**, dessen grundsätzliche Zulässigkeit in § 130a ZPO geregelt ist.

Bei der vereinfachten Zustellung muss das EB schriftlich in der Form des § 174 Abs. 4 ZPO erteilt und mit der **Unterschrift des Adressaten** oder seines Vertreters, **nicht des Büropersonals** zurückgesandt werden.[7] Durch ein ordnungsgemäß mit Datum unterzeichnetes EB wird die Beweiswirkung der Zustellung gem. § 174 ZPO erbracht.[8] Der Gegenbeweis der Unrichtigkeit der Datumsangabe ist zulässig. Dieser ist erst geführt, wenn der Inhalt des EB vollständig entkräftet und jede Möglichkeit ausgeschlossen ist, dass die Angaben richtig sein könnten. Allein die Möglichkeit der Unrichtigkeit reicht nicht aus.[9] Gegebenenfalls hat das Gericht Beweis zu erheben.[10]

i) Auslandszustellung

Zustellungen im Ausland – unabhängig, ob an dort wohnende Deutsche oder an Ausländer – richten sich nach §§ 183, 184 ZPO. § 183 Abs. 1 ZPO sieht einen Vorrang der Zustellung nach bestehenden völkerrechtlichen Vereinbarungen und § 183 Abs. 5 ZPO für den Bereich der EU die Anwendung des Unionsrechts mit einer Sonderregelung für Dänemark vor. Die Zustellung über diplomatische oder konsularische Vertre-

---

1 Thomas/Putzo/*Hüßtege*, § 180 ZPO Rz. 5.
2 BGH v. 11.10.2007 – VII ZB 31/07, WuM 2007, 712; Thomas/Putzo/*Hüßtege*, § 178 ZPO Rz. 21.
3 BayObLG v. 26.9.2001 – 3Z BR 302/01, FamRZ 2002, 848.
4 BGH v. 16.6.2011 – III ZR 342/09, MDR 2011, 1196; BGH v. 6.5.2004 – IX ZB 43/03, NJW 2004, 2386; Thomas/Putzo/*Hüßtege*, § 178 ZPO Rz. 21.
5 BGH v. 4.10.1989 – IVb ZB 47/89, FamRZ 1990, 143.
6 Vgl. dazu Thüringer Oberverwaltungsgericht v. 28.2.2012 – 4 EO 1317/05, ThürVBl. 2012, 249.
7 Thomas/Putzo/*Hüßtege*, § 174 ZPO Rz. 15.
8 LAG Düsseldorf v. 7.7.2010 – 2 Ta 393/10, NZA-RR 2010, 658.
9 BGH v. 19.4.2012 – IX ZB 303/11, NJW 2012, 2117.
10 BGH v. 22.12.2011 – VII ZB 35/11, MDR 2012, 539.

tungen des Bundes, die § 183 Abs. 2 ZPO regelt, ist bei Bestehen völkerrechtlicher Verträge subsidiär und kommt vor allem beim vertragslosen Rechtshilfeverkehr in Betracht.[1] Als vorrangige Zustellungsart bestimmt § 183 Abs. 1 Satz 2 ZPO die Postzustellung durch Einschreiben mit Rückschein.

47 **Zustellungen innerhalb der EU** richten sich nach der **EuZVO** des Rates v. 13.11. 2007 **Nr. 1393/2007** (ABl. EU 2007 Nr. L 324, S. 79), die für alle Mitgliedstaaten der EU mit Ausnahme von Dänemark unmittelbar gilt. Die EuZVO geht allen bilateralen oder multilateralen Übereinkünften der Mitgliedstaaten vor, vgl. Art. 20 EuZVO. Die Umsetzung erfolgt gem. **§§ 1067–1069 ZPO**.

47a Mit dem am 1.7.2007 in Kraft getretenen Abkommen zwischen der EG und **Dänemark** über die Zustellung gerichtlicher und außergerichtlicher Schriftstücke in Zivil- und Handelssachen vom 19.10.2005 (ABl. L 300, S. 55) ist die EuZVO auch im Verhältnis zu Dänemark anzuwenden, wobei das diesbezügliche Abkommen als völkerrechtliche Vereinbarung unter § 183 Abs. 1 ZPO fällt.

48 Der **sachliche Anwendungsbereich** der EuZVO setzt voraus, dass es sich um eine Zivil – oder Handelssache handelt, Art. 1 Abs. 1 EuZVO. In welchem Umfang dies bei den fG-Verfahren und den Familiensachen – außer den Ehesachen und Familienstreitsachen – der Fall ist, ist durch **autonome**, in allen Mitgliedstaaten einheitliche Auslegung in Übereinstimmung mit der Rechtsprechung des EuGH zu ermitteln.[2] Danach gilt die EuZVO für alle Zivil- und Handelssachen des Art. 1 EuGVVO einschließlich der in Art 1 Abs. 2 EuGVVO aufgeführten Rechtsgebiete (Ehesachen und Kindschaftssachen, Personenstandssachen, eheliche Güterstände, Erbrecht einschließlich des Testamentsrechts). Im Gegensatz zum Anwendungsbereich der EuGVVO stellen diese – dort ausgeklammerten – Rechtsgebiete bei der Anwendung der EuZVO keine Ausnahmen dar.[3] Lediglich öffentlich-rechtliche Streitigkeiten sind vom Geltungsbereich der EuZVO ausgenommen. Für das FamFG kommt demnach die EuZVO im gesamten Bereich soweit zur Anwendung, wie nicht einzelne Verfahren den öffentlich-rechtlichen Streitigkeiten zuzuordnen sind.[4]

48a Über **Art. 14 EuZVO** iVm. **§§ 183 Abs. 1, Abs. 4, 1068 Abs. 1 ZPO** ist im EU-Raum eine **Auslandszustellung** als Postzustellung durch **Einschreiben mit Rückschein** zulässig.[5] Die Zustellung durch die Post mit Rückschein oder gleichwertigem Beleg ist in § 1068 ZPO geregelt.

49 Im Verhältnis zu anderen, nicht der EU angehörigen Staaten sind die bestehenden **völkerrechtlichen Vereinbarungen** als gegenüber dem deutschen Recht vorrangige Regelungen maßgeblich. Sehen diese eine bestimmte Zustellungsart vor, ist diese Regelung entscheidend und danach zuzustellen. Besteht keine besondere vertragliche Regelung zur Zustellung, so ist eine direkte Zustellung durch Einschreiben mit Rückschein zulässig, wenn nach den völkerrechtlichen Vereinbarungen diese Zustellung möglich ist. Hier ist das Haager Übereinkommen v. 15.11.1965 über die Zustellung gerichtlicher und außergerichtlicher Schriftstücke im Ausland in Zivil- und Handelssachen (**HZÜ**; BGBl 77, II 1453) von Bedeutung, das im Verhältnis zu einigen europäischen Staaten (wie Schweiz und Norwegen) und etlichen außereuropäischen Staaten (zB USA, Israel, Japan) Geltung hat. Daneben kommt das Haager Zivilprozessübereinkommen vom 1.3.1954 (**HZPÜ 1954**) als zeitlich vor dem HZÜ geschlossenes Über-

---

1 S. auch vor §§ 98 – 106 Rz. 60; Zöller/*Geimer*, § 183 ZPO Rz. 1 ff.
2 Zöller/*Geimer*, Art. 1 EG-VO Zustellung Anh. II Rz. 2.
3 Zöller/*Geimer*, Art. 1 EG-VO Zustellung Anh. II Rz. 2; Keidel/*Sternal*, § 15 FamFG Rz. 51 f; Schulte-Bunert/Weinreich/*Brinkmann*, § 15 FamFG Rz. 31.
4 Zöller/*Geimer*, Art. 1 EG-VO Zustellung Anh. II Rz. 2 und Art. 1 EuGVVO, Anh. I Rz. 21; als öffentlich-rechtliche Streitigkeit ist bspw. das Verfahren nach § 107 – Anerkennung ausländischer Entscheidungen in Ehesachen – anzusehen, besonderes Justizverwaltungsverfahren, s. § 107 Rz. 40 ff.
5 Eingehend Zöller/*Geimer*, § 183 ZPO Rz. 5 ff. und zu Zustellungen in Nicht-EU-Staaten: Rz. 93 ff.

einkommen gegenüber einer Vielzahl von Staaten ebenfalls noch zur Anwendung (zB im Verhältnis zu Serbien, Vatikan).[1]

Auch im Anwendungsbereich des HZÜ ist eine Zustellung durch die Post zulässig, allerdings mit Blick auf Art 10 lit a HZÜ und dem darin vorgesehenen Widerspruchsrecht, von dem Deutschland Gebrauch gemacht hat, mit Einschränkungen.[2]

Lassen die völkerrechtlichen Übereinkommen eine Zustellung durch die Post nicht zu oder ist diese Zustellung gescheitert, so ist nach § 183 Abs. 1 ZPO durch die Behörden des fremden Staates zuzustellen. Das Ersuchen hierzu muss von dem Vorsitzenden des Prozessgerichts ausgehen.

Die in § 183 Abs. 2 ZPO vorgesehene diplomatische Zustellung ist nachrangig gegenüber den Zustellungsarten des § 183 Abs. 1 ZPO und nur in Ausnahmefällen gerechtfertigt, so bei einem vertragslosen Zustand oder bei Zustellungen nach dem HZPÜ 1954.[3]

Die Zustellung durch **Einschreiben mit Rückschein** ist **durchgeführt**, wenn das Schriftstück übergeben wird an den Adressaten, Ehepartner, Postbevollmächtigten oder eine Ersatzperson, die nach den Postbestimmungen des betreffenden Staates als Postempfänger auftreten kann.[4] Der Nachweis wird durch den Rückschein erbracht, § 183 Abs. 4 Satz 1 ZPO. Bei der Zustellung durch die Behörden des fremden Staates sowie der diplomatischen Zustellung erfolgt der Nachweis durch das Zeugnis der ersuchten ausländischen Behörde, § 183 Abs. 4 Satz 2 ZPO. 49a

Die Auslandszustellung nach § 183 ZPO ist regelmäßig nur für das **verfahrenseinleitende Schriftstück** erforderlich. Dieses kann das Gericht mit einer Aufforderung nach § 184 Abs. 1 Satz 1 ZPO verbinden, einen Zustellungsbevollmächtigten zu benennen. Versäumt dies der Adressat, so können weitere Schriftstücke an seine Auslandsadresse durch Aufgabe zur Post mitgeteilt werden. Nach § 184 Abs. 2 Satz 1 ZPO gelten sie zwei Wochen nach Aufgabe zur Post als zugestellt.[5] 50

j) Öffentliche Zustellung

Für die öffentliche Zustellung nach **§ 185 ZPO** gelten im FamFG keine Besonderheiten. Die Voraussetzungen ergeben sich aus § 185 Nr. 1 bis 3 ZPO. Zu Nr. 1 ist zu beachten, dass der **Aufenthalt allgemein**, nicht nur für den Zustellungsveranlasser, dh. dem Antragsteller und dem Gericht **unbekannt** sein muss. Die Ermittlungen hierzu hat das Gericht durchzuführen. Zunächst ist allerdings der Antragsteller gehalten, alle möglichen und geeigneten Nachforschungen anzustellen und die Erfolglosigkeit seiner Bemühungen darzutun. Hierbei sind mit Blick auf das Recht auf Gehör hohe Anforderungen zu stellen.[6] Allein eine negative Auskunft des zuletzt zuständigen Einwohnermeldeamts sowie des Zustellungspostamts reicht jedenfalls im Erkenntnisverfahren regelmäßig nicht aus.[7] Die öffentliche Zustellung muss von dem Gericht, bei dem das Verfahren anhängig ist, bewilligt werden, § 186 Abs. 1 ZPO. Ist die Bewilligung wegen Fehlens der Voraussetzungen erkennbar unzulässig, so ist die öffentliche Zustellung unwirksam.[8] 51

---

1 Im Einzelnen Zöller/*Geimer*, § 183 ZPO Rz. 93 ff. mwN.
2 Zöller/*Geimer*, § 183 ZPO Rz. 6 ff.
3 Zöller/*Geimer*, § 183 ZPO Rz. 1b, 1c.
4 Zöller/*Geimer*, § 183 ZPO Rz. 43; Thomas-Putzo/*Hüßtege*, § 183 ZPO Rz. 7.
5 Zöller/*Geimer*, § 184 ZPO Rz. 8 ff.
6 BGH v. 6.12.2012 – VII ZR 74/12, MDR 2013, 484; BGH v. 4.7.2012 – XII ZR 94/10, MDR 2012, 1308; OLG Hamm v. 22.11.2012 – 2 WF 157/12, MDR 2013, 97; OLG München v. 20.10.1998 – 26 WF 1257/98, FamRZ 1999, 446.
7 BGH v. 4.7.2012 – XII ZR 94/10, MDR 2012, 1308; BGH v. 19.12.2001 – VIII ZR 282/00, NJW 2002, 827; Thomas/Putzo/*Hüßtege*, § 185 ZPO Rz. 7; Zöller/*Stöber*, § 185 ZPO Rz. 2 mwN.
8 BGH v. 20.1.2009 – VIII ZB 47/08, FamRZ 2009, 684, zu den Voraussetzungen des § 185 Nr. 2 ZPO („keinen Erfolg verspricht"), wenn ein Wohnsitz im Ausland bekannt ist; BGH v. 19.12. 2001 – VIII ZR 282/00, NJW 2002, 827; OLG Köln v. 26.5.2008 – 16 Wx 305/07, MDR 2008, 1061.

k) Heilung einer fehlerhaften Zustellung

52 Die Verletzung der zwingenden Formvorschriften der §§ 166 bis 190 ZPO hat die **Unwirksamkeit** der Zustellung zur Folge. Da § 15 Abs. 2 Satz 1 auch auf § 189 ZPO verweist, ist im Verfahren des FamFG eine Heilung von Zustellungsmängeln nach § 189 ZPO möglich.[1] Danach wird die Zustellung in den Fällen fingiert, in denen ein Nachweis formgerechter Zustellung nicht möglich oder das Dokument unter Verletzung zwingender Zustellungsvorschriften zugestellt worden, es dem Adressaten aber dennoch tatsächlich zugegangen ist. Die Voraussetzungen des § 189 ZPO sind von Amts wegen zu prüfen, wobei es auf die Wirksamkeit der betreffenden Zustellung ankommt.[2] Als Zustellungsdatum gilt in diesen Fällen der Zeitpunkt, in dem der Adressat, nicht eine Ersatzperson das Schriftstück trotz der Zustellungsmängel tatsächlich zur Kenntnis erhalten hat.[3]

53 Die Wirkung des § 189 ZPO tritt nur ein, wenn das Dokument mit **Zustellungswillen** zur Kenntnis des Adressaten gelangt ist, wobei der Zugang nicht unbedingt in demselben Verfahren erfolgen muss. Zustellungswille bedeutet, dass die Zustellung vom Veranlasser beabsichtigt, mindestens angeordnet und in die Wege geleitet sein muss; eine formlose Mitteilung oder eine Zustellung im Parteibetrieb reicht nicht aus, wenn das Dokument von Amts wegen förmlich zugestellt werden muss.[4] Ferner muss das Schriftstück dem Adressaten ausgehändigt worden sein, er muss es „in die Hand bekommen".[5] Eine Unterrichtung über den Inhalt des Dokuments ist nicht ausreichend.

4. Zustellung auf Betreiben der Beteiligten

54 § 15 Abs. 2 Satz 1 verweist auch auf die Vorschriften der Zustellung auf Betreiben der Partei, hier: der Beteiligten, **§§ 191 bis 195 ZPO**. Diese Form der Zustellung hat ihre Bedeutung im Vollstreckungsrecht; die Vollstreckung wird durch den Gerichtsvollzieher unter den Voraussetzungen der §§ 193, 194 ZPO durchgeführt. Der Verweisung dürfte keine große Bedeutung zukommen, da sie in Familienstreitsachen und Ehesachen wegen § 113 Abs. 1 nicht zur Anwendung kommt; in diesen Verfahren gelten die Vorschriften der ZPO entsprechend, § 113 Abs. 1 Satz 2. Der Schwerpunkt der Anwendung liegt bei der **Vollstreckung** zur Herausgabe von Sachen, Vornahme von Handlungen, Erzwingung von Duldungen und zur Abgabe von Willenserklärungen, vgl. § 95 Abs. 1, der die Vorschriften der ZPO für entsprechend anwendbar erklärt, die wiederum die Zustellung im Parteibetrieb zulässt (zB §§ 829 Abs. 2, 835 Abs. 3, 845 ZPO). Bei der Durchführung der Vollstreckung zB in isolierten Gewaltschutz – oder Haushaltssachen sowie in Umgangsverfahren sind die §§ 192 – 194 ZPO zu beachten. Daneben besteht die Möglichkeit der Zustellung von Anwalt zu Anwalt, § 195 ZPO.

5. Aufgabe zur Post

55 Die Möglichkeit der Bekanntgabe eines Dokuments einschließlich eines Beschlusses (§ 41 Abs. 1) durch Aufgabe zur Post stellt eine wesentliche Neuerung dar (s. Rz. 3). Damit soll eine zuverlässige, aber auch flexible sowie **effiziente und kostengünstige Übermittlung** ermöglicht werden.[6] In den Verfahren der InsO hat sich diese Form der Bekanntgabe als die mit Abstand praktisch bedeutsamste Möglichkeit der Mitteilung entwickelt.[7] Hingegen bestehen Bedenken, dass sich diese Form der Be-

---

1 Ausdrücklich BGH v. 4.5.2011 – XII ZB 632/10, MDR 2011, 806; ebenso VG Düsseldorf v. 10.2.2012 – 6 K 5127/10, FamRZ 2012, 1672.
2 Thomas/Putzo/*Hüßtege*, § 189 ZPO Rz. 5.
3 Zöller/*Stöber*, § 189 ZPO Rz. 4.
4 BGH v. 19.4.2010 – IV ZR 14/08, EBE/BGH 2010, 211; Zöller/*Stöber*, § 189 ZPO Rz. 2 mwN; Keidel/*Sternal*, § 15 FamFG Rz. 72.
5 BGH v. 4.5.2011 – XII ZB 632/10, FamRZ 2011, 1049; BGH v.15.3.2007 – 5 StR 536/06, NJW 2007, 1605.
6 Begr. RegE, BT-Drucks. 16/6308, S. 166.
7 BGH v. 13.2.2003 – IX ZB 368/02, NJW-RR 2003, 626; MüKo. InsO/*Ganter*, § 8 InsO Rz. 15.

kanntgabe für die Verfahren der freiwilligen Gerichtsbarkeit und Familiensachen durchsetzt, weil sie als zu umständlich beurteilt wird.[1]

a) Ausführung

Für die Durchführung kann auf § 184 Abs. 1 Satz 2, Abs. 2 ZPO zurückgegriffen werden.[2] Eine Sendung ist zur Post aufgegeben, sobald der Urkundsbeamte der Geschäftsstelle das Schriftstück **an die Post übergeben** hat. Für den Empfänger muss aus der Sendung ersichtlich sein, dass es sich um eine vom Gericht veranlasste Bekanntgabe eines Dokuments in dem fraglichen Verfahren handelt. Der **Hinweis, dass mit der Übersendung des Beschlusses dessen (fristauslösende) Bekanntgabe erfolgen soll, ist zwingende Voraussetzung** der wirksamen Bekanntgabe.[3] Der Urkundsbeamte hat in den **Akten zu vermerken**, zu **welcher Zeit** und unter **welcher Adresse** die Aufgabe zur Post geschehen ist (§ 184 Abs. 2 Satz 4 ZPO) und den Vermerk mit seiner Unterschrift zu versehen.[4] Dieser Vermerk ist weitere Voraussetzung für den Beginn des Laufs der Rechtsmittelfristen ab Bekanntgabe, dh. drei Tage nach Aufgabe zur Post, vgl. §§ 63 Abs. 3 Satz 1, 71 Abs. 1 Satz 1. Eine wirksame Aufgabe zur Post liegt erst vor, wenn ein entsprechender Vermerk aktenkundig ist, der indes durch Bezugnahmen ergänzt werden kann, § 184 Abs. 2 Satz 4 ZPO.[5] Nicht ausreichend ist eine richterliche Verfügung „formlos an Beteiligte und RAe wie Bl ...".[6] Die Aufgabe zur Post ist auch dann wirksam geworden, wenn der Empfänger das bekanntgegebene Schriftstück deshalb nicht erhalten hat, weil unter der von ihm im Verfahren angegebenen Geschäftsanschrift kein Briefkasten vorhanden ist, was nicht mitgeteilt wurde, und damit ein lizenziertes Postunternehmen eine Ersatzzustellung an die angegebene Geschäftsadresse nicht vornehmen kann; von einem nicht mitgeteiltem Postfach muss das Zustellunternehmen keine Kenntnis haben. Bei Vorliegen dieser Umstände kommt auch eine Wiedereinsetzung nicht in Betracht.[7]

56

Da dem Adressaten das **Datum der Aufgabe zur Post unbekannt** bleibt und er damit keine Kenntnis vom Fristbeginn erlangen kann, wird gefordert, das **Datum der Aufgabe** zur Post auch **auf dem Schriftstück** selbst zu vermerken. Dieser Vermerk soll vom Urkundsbeamten der Geschäftsstelle angebracht werden.[8] Dabei ist allerdings zu berücksichtigen, dass in größeren Gerichten der Tag, an dem der Geschäftsstellenbeamte das Schriftstück zur Post gibt, nicht dem Tag der tatsächlichen Übergabe an den Postdienstleister entspricht. In den meisten Gerichten erfolgt die Übergabe an die Post durch die Justizwachtmeister, und dieser Vorgang erfordert oftmals einen zusätzlichen Tag, so dass das vom Urkundsbeamten beurkundete Datum nicht dem tatsächlichen Datum der Übergabe an die Post entspricht und dadurch die Postlaufzeit zulasten des Adressaten verkürzt würde. Gegebenenfalls muss sich der Urkundsbeamte von dem Wachtmeister die erfolgte Zustellung bestätigen lassen.[9]

56a

b) Bekanntgabefiktion

Nach § 15 Abs. 2 Satz 2 tritt bei Inlandszustellungen **am dritten Tag** nach der Aufgabe zur Post eine **Zugangsfiktion** ein. Damit wird eine Angleichung an die Regelungen des § 8 Abs. 1 Satz 3 InsO und des § 41 Abs. 2 Satz 1 VwVfG erreicht. Die Übernahme der Drei-Tages-Frist erfolgte in Hinblick auf die üblichen Postlaufzeiten.[10]

57

---

1 Rüntz/Viefhues, FamRZ 2010, 1285.
2 Rüntz/Viefhues, FamRZ 2010, 1285; Keidel/Sternal, § 15 Rz. 69.
3 OLG München v. 20.2.2012 – 31 Wx 565/11, FamRZ 2012, 1405; BGH v. 20.3.2003 – IX ZB 140/02, NZI 2004, 341 zu § 8 InsO.
4 OLG München v. 20.2.2012 – 31 Wx 565/11, FamRZ 2012, 1405; OLG Köln v. 26.5.2010 – 2 Wx 53/10, FGPrax 2010, 303; Keidel/Sternal, § 15 FamFG Rz. 69; MüKo. InsO/Ganter, § 8 InsO Rz. 20.
5 BGH v. 21.1.2010 – IX ZB 83/06, ZIP 2010, 395.
6 OLG München v. 20.2.2012 – 31 Wx 565/11, FamRZ 2012, 1405.
7 BGH v. 21.1.2010 – IX ZB 83/06, ZIP 2010, 395.
8 Götz, NJW 2010, 897; Protokoll der Bund-Länder-Besprechung im BMJ v. 20.10.2009, S. 4.
9 So Keidel/Sternal, § 15 FamFG Rz. 69 mwN.
10 Begr. RegE, BT-Drucks. 16/6308, S. 182.

58 Voraussetzung ist eine wirksame Aufgabe zur Post, also ein Aktenvermerk über Datum und Adresse sowie der Hinweis auf die Fristauslösung (vgl. Rz. 56).[1] Die Frist wird gem. § 16 berechnet. Fristauslösend ist der Tag der Aufgabe zur Post, ein Ereignis iSd. § 187 Abs. 1 BGB (§§ 16 Abs. 2 FamFG, 222 Abs. 1 ZPO), so dass dieser Tag nicht mitzählt. Die Fiktion der Bekanntgabe tritt nach Ablauf des dritten Tages nach dem Postaufgabetag ein. Bei der Berechnung der Dreitagesfrist wird § 222 Abs. 2 ZPO nicht angewandt, dh. die Bekanntgabefiktion kann auch an einem Samstag, Sonntag oder Feiertag eintreten.[2] In Hinblick auf die Postlaufzeiten während eines Wochenendes oder anschließender Feiertage hat diese Handhabung eine – problematische – Fristverkürzung zur Folge. Ein entsprechender Änderungsbedarf mit dem Ziel der Anwendbarkeit des § 193 BGB und der Ergänzung, dass als Tage nur Werktage zugrunde gelegt werden, entspricht den Bedürfnissen der Praxis.[3]

58a Die Vermutung der Bekanntgabe nach § 15 Abs. 2 Satz 2 **schließt einen früheren Zugang nicht aus.** Aus der Regelung folgt nicht, dass die Bekanntgabe zwingend drei Tage nach Aufgabe erfolgt ist; vielmehr soll mit dieser Regelung nur die Bekanntgabe sichergestellt werden, wenn der Zugang der Postsendung nicht nachweisbar ist. Nicht erfasst ist der Fall, dass der Empfänger selbst einen früheren Zugang einräumt und diesen glaubhaft macht. Dann ist dieses (frühere) Zugangsdatum zugrunde zu legen.[4]

58b Für die Bekanntgabe im **Ausland** nach § 184 ZPO gilt die Fiktion der **Zwei-Wochen-Frist** des § 184 Abs. 2 Satz 1 ZPO. Dies folgt aus der Verweisung auf §§ 166 bis 195 ZPO in § 15 Abs. 2 Satz 1.

c) Widerlegbarkeit

59 Die Fiktion des § 15 Abs. 2 Satz 2 ist widerlegbar, was die gesetzliche Fassung ausdrücklich vorsieht. Insofern weicht der Wortlaut teilweise von den Fassungen der anderen Verfahrensordnungen ab (§§ 8 Abs. 1 Satz 3 InsO; 184 Abs. 2 Satz 1 ZPO). Vergleichbar ist die Fassung des **§ 41 Abs. 2 Satz 3 VwVfG**, die im Fall der Widerlegbarkeit der Fiktion der Behörde die Beweislast für den Zugang und dessen Zeitpunkt auferlegt.[5]

60 Der Beteiligte kann die Bekanntgabefiktion widerlegen, indem er **glaubhaft macht**, dass er das Schriftstück nicht zu dem fiktiven Datum, sondern später oder gar nicht erhalten hat.[6] Soweit die Regelung § 41 Abs. 2 VwVfG nachgebildet ist, kann die verwaltungsgerichtliche Rechtsprechung zur entsprechenden Anwendung herangezogen werden.[7] Die Fiktion des Zugangs kann durch substantiierten Vortrag des Adressaten erschüttert werden. Dazu reichen nicht einfache Behauptungen. Der Beteiligte muss vielmehr mit **konkretem Vorbringen** plausibel darlegen, dass ihm das Dokument nicht oder zu einem späteren Zeitpunkt zugegangen ist, damit ein Zweifelsfall angenommen werden kann. Er hat darüber hinaus sein Vorbringen glaubhaft zu machen. Dazu kann er sich aller Beweismittel einschließlich einer eigenen Versicherung an Eides statt bedienen, § 31.[8]

61 Ggf. hat das Gericht auch von Amts wegen Ermittlungen anzustellen, § 26. Bleibt das Ergebnis offen und hat der Beteiligte die Bekanntgabefiktion entkräftet, so liegt

---

1 OLG München v. 20.2.2012 – 31 Wx 565/11, FamRZ 2012, 1405.
2 So die verwaltungsrechtliche Rspr., VG Düsseldorf v. 10.2.2012 – 6 K 5127/10, FamRZ 2012, 1672 (LS), vollständig in juris; vgl. Kopp/*Ramsauer*, VwVfG, § 41 Rz. 42 mwN.; ebenso Keidel/*Sternal*, § 15 FamFG Rz. 68; zweifelnd Schulte-Bunert/Weinreich/*Brinkmann*, § 15 FamFG Rz. 48 mwN.
3 Schulte-Bunert/Weinreich/*Brinkmann*, § 15 FamFG Rz. 49.
4 BGH v. 12.9.2012 – XII ZB 127/12, FamRZ 2012, 1867.
5 Entsprechende Regelung ebenfalls in § 270 Satz 2 letzter Halbs. ZPO (bei Mitteilung von Schriftsätzen).
6 Begr. RegE, BT-Drucks. 16/6308, S. 183.
7 So schon zum Reformvorhaben Jansen/*v. König*, § 16 FGG Rz. 73; vgl. auch Kopp/*Ramsauer*, VwVfG, § 41 Rz. 43.
8 Keidel/*Sternal*, § 15 FamFG Rz. 70; *Zimmermann*, Das neue FamFG, Rz. 57.

die Beweislast für den Zugang und dessen Datum beim Gericht.[1] Die Rechtsprechung der Verwaltungsgerichte stellt an die **Substantiierung** keine hohen Anforderungen, weil es sich für den Beteiligten um **negative Tatsachen** handelt, die schwer nachweisbar sind.[2]

Auch bei einer fehlgeschlagenen Aufgabe zur Post, wenn die Voraussetzungen (s. Rz. 56) nicht erfüllt sind und deshalb auch die Fiktion des Abs. 2 Satz 2 nicht greift, ist eine **Heilung** möglich, wenn das Schriftstück tatsächlich zugegangen ist. Zwar verweist § 15 Abs. 2 Satz 1 nur für die förmliche Zustellung nach der ZPO auf § 189 ZPO, gleichwohl kommt eine entsprechende Anwendung auch für die Aufgabe zur Post in Betracht, die sich aus einer erweiternden Auslegung der Verweisung des § 15 Abs. 2 Satz 1 oder aus einer entsprechenden Anwendung der sich zu § 8 InsO entwickelten Grundsätze[3] herleiten lässt.[4] Voraussetzung für eine Heilung entsprechend § 189 ZPO sind Zustellungswillen des Veranlassers und körperliche Übergabe an den Adressaten (vgl. Rz. 53).[5]

61a

d) Kriterien zur Form der Bekanntgabe

Besondere Voraussetzungen für eine Bekanntgabe durch Aufgabe zur Post als Alternative zur förmlichen Zustellung sieht das Gesetz nicht vor. Die Entscheidung über die Form der Bekanntgabe liegt im pflichtgemäßen Ermessen des Gerichts, sofern nicht das Gesetz eine bestimmte Form vorsieht (vgl. dazu Rz. 23).[6]

62

Soweit § 8 Abs. 1 Satz 2 InsO die Aufgabe zur Post vorsieht, versteht der BGH mit Blick auf den Willen des Gesetzgebers dies als **Regelfall** der Bekanntgabe im Insolvenzverfahren, wobei allerdings § 8 Abs. 1 Satz 2 InsO als Zustellungsform ausdrücklich nur die Aufgabe zur Post erwähnt.[7] Da § 15 Abs. 2 Satz 1 sowohl die förmliche Zustellung nach §§ 160 ff. ZPO als auch die Aufgabe zur Post als **gleichwertige Bekanntgabeformen** vorsieht, kann aufgrund der sprachlichen Fassung dieser Vorschrift ein Schluss auf einen Regelfall – anders als für § 8 Abs. 1 InsO – nicht gezogen werden.[8] Auswirkungen auf die Wirksamkeit eines Beschlusses hat die – uU unzweckmäßige – Wahl der Form der Bekanntgabe nicht (s. auch § 41 Rz. 11 ff.).

Das Gericht hat unter Berücksichtigung der konkreten Umstände zu prüfen, ob die Bekanntgabe durch die Aufgabe zur Post hinreichend zuverlässig bewirkt werden kann oder ob es einer förmlichen Zustellung bedarf.[9] Hierbei können folgende Gesichtspunkte herangezogen werden:

63

- **Art des Dokuments** und zu erwartendes **Rechtsmittel**. Beschlüsse werden – abgesehen von § 41 Abs. 1 Satz 2 – regelmäßig zur sicheren Feststellung der Rechtsmittelfristen zuzustellen sein.
- **Schriftsätze** und **verfahrensleitende Verfügungen.** Auch wenn diese Fristen zur Stellungnahme enthalten, eignen sie sich für eine Aufgabe zur Post.
- Vertretung durch einen **Rechtsanwalt.** Hier ist eine Zustellung gegen Empfangsbekenntnis (vgl. Rz. 44) eine einfache und zuverlässige Form der Bekanntgabe.

---

1 Im Ansatz die Begr. des RegE, BT-Drucks. 16/6308, S. 182 f. unter Hinweis auf § 270 Satz 2 ZPO; Jansen/*König*, § 16 FGG Rz. 73; Schulte-Bunert/Weinreich/*Brinkmann*, § 15 FamFG Rz. 55; *Brehm*, FPR 2006, 401 (404).
2 Vgl. zB Kopp/*Ramsauer*, VwVfG, § 41 Rz. 43 mwN.
3 Bspw. LG Bochum v. 25.1.2012 – 7 T 519/11, juris; LG Bonn v. 25.8.2009 – 6 T 234/09, 6 T 235/09, juris.
4 OLG München v. 20.2.2012 – 31 Wx 565/11, FamRZ 2012, 137; Anwendbarkeit ohne nähere Begr. auch bejaht von Schulte-Bunert/Weinreich/*Brinkmann*, § 15 FamFG Rz. 62.
5 OLG München v. 20.2.2012 – 31 Wx 565/11, FamRZ 2012, 137.
6 BGH v. 4.5.2011 – XII ZB 632/10, FamRZ 2011, 1049; BGH v. 7.2.2008 – IX ZB 47/05, ZInsO 2008, 320; BGH v. 13.2.2003 – IX ZB 368/02, NZI 2003, 341 jeweils zu § 8 InsO.
7 BGH v. 20.3.2003 – IX ZB 140/02, NZI 2004, 341; BGH v. 13.2.2003 – IX ZB 368/02, NZI 2003, 341.
8 Begr. RegE, BR-Drucks. 16/6308, S. 182; BT-Drucks. 309/07, S. 361; anders: *Grotkopp*, Sachverständigenstellungnahme im Rechtsausschuss des BT v. 6.2.2008, S. 7.
9 Begr. RegE, BT-Drucks. 16/6308, S. 182.

- **Terminsbestimmung.** Um die Durchführung eines Termins zu sichern und Verhinderungen rechtzeitig zu erfahren, stellt die Sollvorschrift des § 33 Abs. 2 Satz 2 auf einen wesentlichen Gesichtspunkt ab („ungewisses Erscheinen"), der auch sonst bei zweifelhafter Mitwirkungsbereitschaft zu förmlicher Zustellung veranlassen kann.
- **Genehmigungen.** Um alsbald Rechtssicherheit über die Wirksamkeit des zu genehmigenden Geschäfts zu erreichen,[1] sollten Entscheidungen zur Genehmigung zugestellt werden.
- In **Betreuungs-, Unterbringungs- oder Freiheitsentziehungssachen** wird oftmals eine förmliche Zustellung angebracht sein, um den Zugang der Entscheidung zuverlässig feststellen zu können und um dem häufig nicht geschäftsgewandten Beteiligten nicht mit Darlegungen zu einem verzögerten Postlauf, wenn ein Fall des § 15 Abs. 2 Satz 2 im Raum steht, zu belasten.[2]

6. Bekanntgabe zu Protokoll

64   Diese Form der Bekanntgabe findet sich in §§ 38 Abs. 4 Nr. 3, 41 Abs. 2. Sie steht **neben der schriftlichen,** in § 15 geregelten Bekanntgabe und verlangt das Verlesen der Beschlussformel (s. § 41 Rz. 15 ff.).

III. Formlose Mitteilung (Absatz 3)

1. Neuerung

65   § 15 Abs. 3 hat mit der Zulassung einer formlosen Mitteilung eine Erweiterung gegenüber dem früheren § 16 Abs. 2 Satz 2 FGG eingeführt, da diese Möglichkeit auf alle Dokumente unter der Voraussetzung, dass eine Bekanntgabe nicht geboten ist, ausgedehnt wird.[3] Der Wortlaut entspricht weitgehend § 329 Abs. 2 ZPO, der unter bestimmten Voraussetzungen die formlose Mitteilung von Beschlüssen und Verfügungen zulässt.[4]

2. Regelungsgegenstand

a) Grundsatz

66   Wenngleich nach dem Wortlaut der Vorschrift alle Dokumente formlos mitgeteilt werden dürfen, wird die Regelung durch § 41 Abs. 1 wesentlich eingeschränkt. Sämtliche Beschlüsse sind ohne Ausnahme – auch bei Unanfechtbarkeit – bekannt zu geben. § 15 Abs. 3 findet damit **keine Anwendung** auf **Beschlüsse.** Ferner ist für sämtliche Dokumente, die unter § 15 Abs. 1 fallen (s. Rz. 9 ff.), Abs. 3 nicht anwendbar.

67   Andere Dokumente, die weder Termins- noch Fristbestimmungen enthalten oder Fristen auslösen, dürfen formlos mitgeteilt werden, sofern nicht aus anderen Gründen eine Bekanntgabe geboten ist. Für eine formlose Mitteilung sind vor allem **Schriftsätze** der Beteiligten, **Stellungnahmen** von Behörden, **Auskünfte, Gutachten,** aber auch **Hinweise des Gerichts,** die keine Fristsetzung enthalten, geeignet.

b) Einzelfälle

68   Eine formlose Mitteilung ist zB zulässig bei folgenden gerichtlichen Verfügungen: Anordnungen zur **Beteiligung Dritter** am Verfahren bspw. bei Kindschaftsverfahren und bei Adoptionssachen (Beteiligung des Jugendamtes, einer Pflegeperson, §§ 161, 162, 188 Abs. 2), zur Bestellung eines **Verfahrenspflegers** in Betreuungs-, Unterbringungs- und Freiheitsentziehungssachen (§§ 276, 317, 419) bzw. eines **Verfahrensbeistandes** für Minderjährige (§§ 158, 174, 191), **Anordnungen** zur **Anhörung** des Jugend-

---

1 Diesem Bedürfnis entspricht der Gesetzgeber mit einer verkürzten Rechtsmittelfrist, § 63 Abs. 2 Nr. 2.
2 So auch *Grotkopp,* Sachverständigenstellungnahme im Rechtsausschuss des BT v. 6.2.2008, S. 7.
3 Begr. RegE, BT-Drucks. 16/6308, S. 183.
4 Vgl. zur formlosen Mitteilung nach § 329 Abs. 2 ZPO Zöller/*Vollkommer,* § 329 ZPO Rz. 15.

amtes (§§ 176, 194) und zur Einholung eines ärztlichen **Gutachtens** oder **Zeugnisses** in Unterbringungssachen (§§ 321 Abs. 2, 331 Abs. 1 Nr. 2). Ferner kommen **Anfragen** oder **Aufforderungen** an Beteiligte in Frage, die nicht mit einer Fristsetzung verbunden sind, sowie Mitteilungen von Zwischenentscheidungen oder Hinweise auf vorläufige rechtliche Beurteilung. Auch Mitteilungen an die **Staatskasse** bzw. den Bezirksrevisor oder an eine andere Behörde können formlos erfolgen, s. zB § 304 Abs. 2. Allerdings werden vielfach zur Verfahrensförderung entsprechende Verfügungen des Gerichts bekanntgegeben, um die Kenntnisnahme durch und für alle Beteiligten zu sichern.

c) Durchführung der formlosen Mitteilung

69 In welcher Weise die formlose Mitteilung erfolgt, kann das Gericht nach freiem Ermessen entscheiden. Erforderlich ist ein Zugang, eine Aushändigung oder ein Einwurf in den Briefkasten des Adressaten oder eine (fern-)mündliche Mitteilung. Dementsprechend kann die formlose Mitteilung durch einfachen **Brief**, durch **Fax** oder **E-Mail**, **telefonische Unterrichtung**, Mitteilung **zu Protokoll** sowie durch mündliche oder schriftliche Unterrichtung auch durch eine andere Abteilung des Gerichts oder sonstige Dritte erfolgen.[1] Art und Weise sowie Ort und Zeit der Mitteilung sollen zum Nachweis durch einen **Aktenvermerk** festgehalten werden. Dieser Vermerk ist nicht Wirksamkeitsvoraussetzung.[2]

70 Wirksamkeit tritt ein, wenn die in dem Dokument enthaltene Erklärung dem Adressaten zugegangen ist. Schlägt die Mitteilung fehl, so ist die Verfügung zwar existent, aber nicht wirksam geworden. Die Mitteilung kann dann nachgeholt werden.[3]

d) Ausnahmsweise Bekanntgabe

71 Auch wenn kein Fall des § 15 Abs. 1 vorliegt, kann eine – förmliche – Bekanntgabe geboten sein. In Einzelfällen ist dies angebracht, wenn es sich um eine Mitteilung von besonderer Tragweite handelt oder wenn es um sensible Daten für den Beteiligten geht.[4] Die förmliche Mitteilung dient in diesen Fällen dem Schutz des Beteiligten, den diese Mitteilung betrifft.

§ 16 Fristen

(1) Der Lauf einer Frist beginnt, soweit nichts anderes bestimmt ist, mit der Bekanntgabe.
(2) Für die Fristen gelten die §§ 222 und 224 Abs. 2 und 3 sowie § 225 der Zivilprozessordnung entsprechend.

A. Allgemeines	**B. Inhalt der Vorschrift**
I. Änderungen gegenüber § 17 FGG ... 1	I. Beginn des Fristlaufs (Absatz 1) 8
II. Anwendungsbereich 2	II. Berechnung der Fristen (Absatz 2)
III. Frist	1. Verweisung auf die Vorschriften der ZPO 11
1. Bedeutung 3	2. Berechnung im Einzelnen
2. Gesetzliche Fristen 5	a) Fristbeginn 12
3. Gerichtlich bestimmte Fristen ... 6	b) Dauer 16
4. Fristwahrung 7	c) Fristende 17

---

[1] ZB fernmündliche Bekanntgabe: BGH v. 27.10.1999 – XII ZB 18/99, NJW-RR 2000, 877; vgl. auch Begr. RegE, BT-Drucks. 16/6308, S. 183; Keidel/*Sternal*, § 15 FamFG Rz. 74.
[2] Zur alten Rechtslage Keidel/*Schmidt*, 15. Aufl., § 16 FGG Rz. 69.
[3] So zur alten Rechtslage, die auch für die formlose Mitteilung nach neuem Recht Geltung haben dürfte: Keidel/*Schmidt*, 15. Aufl., § 16 FGG Rz. 69.
[4] Ausdrücklich Begr. RegE, BT-Drucks. 16/6308, S. 183.

| d) Einfluss von Samstagen, Sonn- und Feiertagen 21
| 2. Verfahren 27
| III. Friständerung durch das Gericht
| 3. Anfechtbarkeit 30
| 1. Voraussetzungen 23

A. Allgemeines

I. Änderungen gegenüber § 17 FGG

1 Die Regelung in § 16 ist umfassender als die alte Fassung in § 17 FGG. Mit § 16 hat der Gesetzgeber soweit wie möglich einen Gleichlauf mit den Vorschriften **anderer Verfahrensordnungen** hergestellt, und zwar mit § 221 ZPO und § 57 Abs. 1 VwGO.[1] Abs. 1 regelt ausdrücklich, wann der **Lauf einer Frist beginnt**. Abs. 2 enthält die eigentliche Vorschrift zur **Fristberechnung** und knüpft an § 17 FGG an. Der Wortlauf entspricht im Wesentlichen § 57 Abs. 2 VwGO. Mit der Verweisung auf die §§ 222 Abs. 3, 224 Abs. 2 und Abs. 3 und 225 ZPO sind Regelungslücken zum früheren Recht geschlossen worden, indem auch Fristberechnungen nach **Stunden** sowie Zulässigkeit und Verfahren zu **Friständerungen durch das Gericht** einbezogen worden sind.[2] Letztlich maßgeblich für die Bestimmung einer Frist sind über § 222 Abs. 1 ZPO die Vorschriften der §§ 187 bis 193 BGB.

II. Anwendungsbereich

2 § 16 findet **keine Anwendung** in den **Ehe- und Familienstreitsachen**, § 113 Abs. 1. Für diese Verfahren gelten die Fristenregelungen der §§ 221 bis 226 ZPO unmittelbar.

III. Frist

1. Bedeutung

3 Frist im eigentlichen Sinne ist der **Zeitraum**, innerhalb dessen ein Verfahrensbeteiligter eine Handlung von rechtlicher Bedeutung vorzunehmen hat (**Handlungsfrist**, zB Rechtsmittelfrist) oder der der Vorbereitung auf einen Termin dient (**Überlegungsfrist**).[3] Zu unterscheiden sind gesetzliche und gerichtlich bestimmte Fristen.

4 Daneben gibt es die **sog. uneigentlichen Fristen**. Das sind Zeiträume, in denen eine richterliche Handlung erfolgen muss, oder nach deren Ablauf das Gesetz Rechtsfolgen vorsieht, ohne dass die Möglichkeit einer Wiedereinsetzung besteht (vgl. zB §§ 18 Abs. 4, 63 Abs. 3 Satz 2). Auf diese findet § 16 Abs. 2 iVm. §§ 224, 225 ZPO keine, § 222 ZPO jedoch entsprechende Anwendung.[4]

Auf **materiellrechtliche Fristen**, die für die Entstehung oder Beendigung eines Rechtsverhältnisses, das Entstehen oder die Ausübung von Rechten Bedeutung haben, findet § 16 keine Anwendung.[5]

2. Gesetzliche Fristen

5 Das sind Fristen, deren Dauer **durch das Gesetz** bestimmt wird. Dazu finden sich im FamFG – ohne die Ehe- und Familienstreitsachen – Rechtsmittel- und Rechtsmittelbegründungsfristen (§§ 63 Abs. 1 und Abs. 2; 71 Abs. 1; § 71 Abs. 2), Aufgebotsfristen (§§ 437, 458 Abs. 2, 476) und Ladungsfristen (zB § 405 Abs. 4). Das FamFG nimmt in Zusammenhang mit der Anfechtung von Zwischenentscheidungen (zB in §§ 6 Abs. 2, 7 Abs. 5, 21 Abs. 2, 35 Abs. 5, 42 Abs. 3) mehrfach Bezug auf die sofortige Beschwerde nach §§ 567 ff. ZPO und damit auf die dortigen Fristen. Einen Verweis auf § 224 Abs. 1 ZPO sieht § 16 Abs. 2 nicht vor, so dass die Einteilung der gesetzlichen

---

[1] Begr. RegE, BT-Drucks. 16/6308, S. 163 f.
[2] Begr. RegE, BT-Drucks. 16/6308, S. 183.
[3] Unverändert wie zum FGG, vgl. Keidel/*Schmidt*, 15. Aufl., § 17 FGG Rz. 1; *Bumiller*/Winkler, 8. Aufl., § 17 FGG Rz. 1.
[4] Zöller/*Stöber*, Vor § 214 ZPO Rz. 6.
[5] Übersicht zu den Fristen: Keidel/*Sternal*, § 16 FamFG Rz. 3–7.

9 Abs. 1 ermöglicht mit der Formulierung „soweit nichts anderes bestimmt ist" abweichend vom Tag der Bekanntgabe des Dokuments einen **Fristbeginn** durch eine **richterliche Bestimmung**. Die Regelung wurde in Anlehnung an §§ 221 ZPO und 57 Abs. 1 VwGO in das Gesetz aufgenommen. Durch eine Verfügung des Richters kann gleichzeitig mit der Mitteilung des Dokuments eine eigenständige Fristsetzung mit einem von der Bekanntgabe unabhängigem Fristbeginn angeordnet werden. Diese – selten genutzte – Möglichkeit besteht nur bei richterlichen Fristen, vgl. § 221 ZPO,[1] nicht bei gesetzlichen Fristen.

10 Gesetzliche Fristen und richterliche Fristen können für **verschiedene Beteiligte unterschiedlich** laufen, was vor allem für Rechtsmittelfristen von Bedeutung ist. Entscheidend für die Berechnung ist jeweils der Tag der Bekanntgabe an den betreffenden Beteiligten.[2]

II. Berechnung der Fristen (Absatz 2)

1. Verweisung auf die Vorschriften der ZPO

11 Mit § 16 werden alle denkbaren Fälle der Fristberechnung erfasst. Die grundsätzliche Weiterverweisung zu den Fristbestimmungen des BGB über § 222 Abs. 1 ZPO entspricht dem früheren § 17 Abs. 1 FGG. Neben den Jahres-, Monats-, Wochen- und Tagesfristen werden mit der Verweisung auf § 222 Abs. 3 ZPO auch nach **Stunden** berechnete Fristen berücksichtigt. Ferner sind Möglichkeiten der **Verkürzung** und **Verlängerung** richterlicher Fristen durch eine weitere richterliche Verfügung bzw. eine solche des Rechtspflegers vorgesehen, § 224 Abs. 2 und 3 ZPO. Für gesetzliche Fristen ist diese Möglichkeit auf besonders bestimmte Fälle beschränkt, § 224 Abs. 2 ZPO. In § 225 ZPO ist klargestellt, dass und wie das Gericht über die Abkürzung oder Verlängerung einer Frist entscheiden kann.

§ 222 ZPO Fristberechnung
(1) Für die Berechnung der Fristen gelten die Vorschriften des Bürgerlichen Gesetzbuchs.
(2) Fällt das Ende einer Frist auf einen Sonntag, einen allgemeinen Feiertag oder einen Sonnabend, so endet die Frist mit Ablauf des nächsten Werktages.
(3) Bei der Berechnung einer Frist, die nach Stunden bestimmt ist, werden Sonntage, allgemeine Feiertage und Sonnabende nicht mitgerechnet.

§ 224 ZPO Fristkürzung; Fristverlängerung
(1) ...
(2) Auf Antrag können richterliche und gesetzliche Fristen abgekürzt oder verlängert werden, wenn erhebliche Gründe glaubhaft gemacht sind, gesetzliche Fristen jedoch nur in den besonders bestimmten Fällen.
(3) Im Falle der Verlängerung wird die neue Frist von dem Ablauf der vorigen Frist an berechnet, wenn nicht im einzelnen Fall ein anderes bestimmt ist.

§ 225 ZPO Verfahren bei Friständerung
(1) Über das Gesuch um Abkürzung oder Verlängerung einer Frist kann ohne mündliche Verhandlung entschieden werden.
(2) Die Abkürzung oder wiederholte Verlängerung darf nur nach Anhörung des Gegners bewilligt werden.
(3) Eine Anfechtung des Beschlusses, durch den das Gesuch um Verlängerung einer Frist zurückgewiesen ist, findet nicht statt.

---

1 Vgl. zu § 221 ZPO, der nach dem Wortlaut nur die richterlichen Fristen meint: Zöller/*Stöber*, § 221 ZPO Rz. 1.
2 Thomas/Putzo/*Hüßtege*, § 221 ZPO Rz. 3.

Fristen durch § 224 Abs. 1 ZPO in Notfristen und gewöhnliche Fristen für das FamFG keine unmittelbare Bedeutung hat, wenngleich die Rechtsmittelfristen des FamFG inhaltlich **Notfristen sind**.[1] Soweit innerhalb gesetzlicher Fristen Handlungen vorgenommen werden müssen, deren Vornahme nach Fristablauf präkludiert ist, besteht die Möglichkeit der **Wiedereinsetzung** in den vorigen Stand nach § 17.

3. Gerichtlich bestimmte Fristen

Gerichtlich bestimmte Fristen (= richterliche Fristen) sind solche, deren Dauer **durch das Gericht** festgelegt wird. Es kann sich dabei um Fristen handeln, die vom Gericht aus freiem Ermessen gesetzt werden, sowie um solche, die gesetzlich vorgesehen sind, aber ohne Vorgabe zu ihrer Dauer (wie bspw. § 65 Abs. 2 zur Beschwerdebegründung, § 163 Abs. 1 zur Fristsetzung gegenüber einem Sachverständigen, § 206 Abs. 1 in Haushaltssachen, § 381 Satz 2 zur Klageerhebung in Registersachen, § 388 zur Androhung eines Zwangsgeldes, § 393 Abs. 1 Ankündigung der Firmenlöschung). Gegen die Versäumung einer vom **Gericht gesetzten Frist** findet **keine Wiedereinsetzung** statt, § 17 Abs. 1.

6

4. Fristwahrung

Die Beteiligten dürfen gesetzliche und gerichtliche Fristen **in vollem Umfang** ausschöpfen.[2] Zur Fristwahrung müssen die fristgebundenen Prozesshandlungen spätestens am letzten Tag der Frist bis Mitternacht (24 Uhr) erfolgt sein. Dazu ist erforderlich, dass die entsprechenden Schriftsätze bis zu diesem Zeitpunkt in die Verfügungsgewalt des Gerichts gelangen. Dies geschieht regelmäßig durch Einwurf in den **(Nacht-)Briefkasten** des Gerichts;[3] der Eingangsstempel erbringt gem. § 418 Abs. 1 ZPO den vollen Beweis des fristgerechten Eingangs. Der Gegenbeweis ist möglich, § 418 Abs. 2 ZPO.[4] In Zweifelsfällen ist der fristgerechte Eingang im Wege des Freibeweises zu klären. Fehlt ein Nachtbriefkasten und existiert nur der übliche Gerichtsbriefkasten oder befinden sich zwei Briefkästen am Gericht und wird der Schriftsatz in den normalen Gerichtsbriefkasten geworfen, auch wenn mit einer Leerung bis Mitternacht nicht mehr zu rechnen ist, so der Eingang rechtzeitig, wenn der Schriftsatz noch vor Mitternacht in den Briefkasten gelangt. Allerdings muss der Absender ggf. bei einem anders lautenden Eingangsstempel den rechtzeitigen Einwurf beweisen. Dies muss zur vollen Überzeugung des Gerichts geschehen. Für erforderliche Beweiserhebungen gilt der sog. Freibeweis.[5]

7

B. Inhalt der Vorschrift

I. Beginn des Fristlaufs (Absatz 1)

§ 16 Abs. 1 regelt den für den Lauf einer Frist maßgeblichen Beginn. Der Fristbeginn ist regelmäßig der Zeitpunkt der Bekanntgabe der Entscheidung oder des Dokuments, soweit nichts anderes bestimmt ist. Gemeint ist, wie sich den Gesetzesmaterialien entnehmen lässt, die **schriftliche Bekanntgabe**, obgleich der Gesetzestext dies nicht ausdrücklich fordert.[6] Soweit § 41 Abs. 2 Satz 1 auch eine mündliche Bekanntgabe eines Beschlusses vorsieht, ersetzt diese nicht die schriftliche Bekanntgabe. § 41 Abs. 2 Satz 4 verlangt ausdrücklich eine spätere schriftliche Bekanntgabe, mit der erst die Rechtsmittelfrist zu laufen beginnt (vgl. § 63 Abs. 3 und die Kommentierung zu § 63 Rz. 5ff. und § 41 Rz. 18). Für den Fristbeginn des § 16 Abs. 1 ist deshalb allein die schriftliche Bekanntgabe maßgeblich, s. § 15 Abs. 2 (Rz. 14a ff.).

8

---

1 *Maurer*, FamRZ 2009, 465 (473).
2 HM; zuletzt BGH v. 12.1.2012 – V ZB 198/11 und 199/1, NJW 2012, 2443; BGH v. 18.9.2008 – V ZB 32/08, NJW 2008, 3571; BGH v. 2.8.2006 – XII ZB 84/06, NJW-RR 2006, 1648.
3 Zöller/*Stöber*, § 222 ZPO Rz. 8.
4 Vgl. Thomas/Putzo/*Hüßtege*, vor § 214 ZPO Rz. 10 mwN.
5 BGH v. 5.7.2000 – XII ZB 110/00, NJW-RR 2001, 280; BGH v. 25.1.1984 – IVb ZR 43/82, NJW 1984, 1237.
6 Begr. RegE, BT-Drucks. 16/6308, S. 183.

2. Berechnung im Einzelnen

a) Fristbeginn

Ist für den **Fristbeginn** ein **Ereignis** oder ein in den Lauf eines Tages fallender Zeitpunkt maßgebend, so gilt über § 222 Abs. 1 ZPO **§ 187 Abs. 1 BGB**. Danach wird der Tag nicht mitgerechnet, auf welchen das Ereignis oder der Zeitpunkt fällt, wie zB die Bekanntgabe einer Entscheidung. 12

Beispiel:
Ist ein nach § 58 beschwerdefähiger Beschluss am Montag, den 10.1. bekannt gegeben worden, so beginnt der Lauf der Beschwerdefrist nach § 63 Abs. 1 am nächsten Tag, den 11.1., und endet nach Ablauf eines Monats am 10.2. (§ 188 Abs. 2 BGB; vgl. dazu unten Rz. 20). Geht es um eine nach Tagen berechnete Frist (zB 10 Tage) und ist ein Ereignis am 10.1. maßgebend, so läuft die Frist ab dem 11.1. bis einschließlich den 20.1.

Wenn der Beginn eines Tages (zB „ab dem 10. Januar") für den Anfang der Frist maßgebend ist, so zählt dieser Tag bei der Berechnung mit, **§ 187 Abs. 2 Satz 1 BGB**. Ausdrücklich regelt das Gesetz dies für den Tag der Geburt, der bei der Berechnung des Lebensalters mitgezählt wird, § 187 Abs. 2 Satz 2 BGB. 14

Beispiel: 15
Bei Anordnung einer richterlichen Frist in der Weise, dass zur Stellungnahme oder zur Begründung eines Antrags eine Frist von „drei Wochen beginnend ab Donnerstag, den 10. Januar" eingeräumt wird, zählt der fragliche Tag mit, also Fristlauf ab dem 10. Januar zuzüglich drei Wochen bis einschließlich Mittwoch, 30. Januar.[1]

b) Dauer

Für Monats- oder Jahresfristen ist die im Einzelfall konkrete Dauer maßgebend.[2] 16

Wie im Einzelnen die Dauer bei denjenigen Fristen zu berechnen ist, die nicht nach Daten, sondern ausschließlich sprachlich („halbes Jahr") umschrieben sind, regelt § 189 Abs. 1 und Abs. 2 BGB.

c) Fristende

Das Fristende wird in § 188 BGB geregelt. Dazu ist nach Fristdauer zu unterscheiden. 17

Für **Stundenfristen**, die über § 222 Abs. 3 ZPO auch unter § 16 fallen, gilt § 188 BGB entsprechend. Stundenfristen sind vor allem für richterliche Fristsetzungen in Eilsachen, wie zB bei eA, in Unterbringungs- oder Freiheitsentziehungssachen von Bedeutung. Stundenfristen enden mit Ablauf der bestimmten Stundenzahl. Es werden nur volle Stunden gezählt.[3]

Tagesfristen enden mit dem Ablauf (= 24 Uhr) des letzten Tages der Frist (§ 188 Abs. 1). Zur Berechnung im Einzelnen wird auf Rz. 12 ff. verwiesen. 18

Bei **Wochenfristen** unterscheidet das Gesetz in § 188 Abs. 2 BGB zwischen den Fristen, die unter § 187 Abs. 1 BGB fallen, und denjenigen, die zum Anwendungsbereich des § 187 Abs. 2 BGB gehören. Im ersteren Fall endet die Frist mit dem Ablauf des Tages der letzten Woche, welcher durch seine Benennung dem Tag entspricht, in den das Ereignis oder der Zeitpunkt fällt (zB Zustellung am Montag, Fristablauf am Montag, 24 Uhr). Bei der zweiten Gruppe endet die Frist mit demjenigen Tag der letzten Woche, welcher dem Tag vorhergeht, der durch seine Benennung dem Anfangstag der Frist entspricht (zB Fristbeginn am Dienstag, den 10. Februar, Ablauf am Montag, 16. Februar, 24 Uhr). 19

---

1 S. auch *Bahrenfuss*, FamFG, § 16 Rz. 4.
2 Jansen/*Briesemeister*, § 17 FGG Rz. 17.
3 Zöller/*Stöber*, § 222 ZPO Rz. 2.

20 Das Ende bei **Monats-, Jahres- und Jahresbruchteilsfristen** richtet sich ebenfalls nach § 188 Abs. 2 BGB. Im Falle des § 187 Abs. 1 BGB endet die Frist also mit Ablauf des Tages des letzten Monats, der durch seine Benennung oder seine Zahl dem Tag entspricht, in den das Ereignis oder der Zeitpunkt fällt (zB Bekanntgabe am 5. Juli, Ablauf am 5. August, 24.00 Uhr). Bei Fehlen des maßgeblichen Tages im letzten Monat endet die Frist am letzten Tag dieses Monats, § 188 Abs. 3 BGB (zB Frist ein Monat, Ereignis am 29. Januar, Ablauf 28. Februar, 24.00 Uhr). Ist die Frist **ab einem Tag** bestimmt (§ 187 Abs. 2 BGB), so endet der Fristablauf mit dem Tag, der der Benennung des vorhergehenden Tages entspricht (zB Beginn der Frist am 10. Februar, Ablauf der Monatsfrist am 9. März, 24 Uhr; bei Jahresfrist am 9. Februar des nächsten Jahres, 24.00 Uhr).

d) Einfluss von Samstagen, Sonn- und Feiertagen

21 Feiertage sind nur **gesetzliche** Feiertage (§ 193 BGB), nicht dagegen Tage, an denen Behörden üblicherweise nicht arbeiten, wie Heilig Abend (24.12.),[1] Silvester (31.12.) oder am Rosenmontag im Rheinland. Ob ein gesetzlicher Feiertag vorliegt, bestimmt sich nach den Verhältnissen am Sitz des Gerichts.[2]

22 Bei Fristende an einem Samstag, Sonntag oder gesetzlichen Feiertag verlängert sich die Frist bis zum Ablauf des nächsten Werktages, § 222 Abs. 2 ZPO. § 222 Abs. 2 ZPO findet darüber hinaus auch Anwendung auf den Ablauf einer verlängerten Frist.[3] Wird bspw. die Rechtsbeschwerdebegründungsfrist verlängert (§ 71 Abs. 2 Satz 3 iVm. § 551 Abs. 2 Satz 5 ZPO) und fällt das Ende der Begründungsfrist auf einen Sonntag, so läuft die Frist am Montag ab; die Verlängerung läuft ab Dienstag für die bestimmte Zahl von Wochen oder Tagen, § 224 Abs. 3 ZPO.[4] Bei Stundenfristen ist über § 222 Abs. 3 ZPO die Besonderheit zu beachten, dass diese bei Sonntagen, Feiertagen und Samstagen um volle 24, 48 oder 72 Stunden gehemmt werden. Fällt der Beginn auf einen Samstag, so läuft die Stundenfrist erst ab Montag, 0 Uhr.[5]

III. Friständerung durch das Gericht

1. Voraussetzungen

23 Durch den Bezug auf § 224 Abs. 2 ZPO wird die gerichtliche Befugnis zur Friständerung auch für die Verfahren nach dem FamFG gesetzlich normiert. Diese Befugnis besteht für **gerichtliche Fristen** unbeschränkt, für **gesetzliche Fristen** nur, soweit dies ausdrücklich zugelassen ist (zB für die **Rechtsmittelbegründungsfristen** in § 71 Abs. 2 Satz 3 iVm. § 551 Abs. 2 Satz 5 und 6 ZPO, §§ 302, 333, 407 Abs. 1 Satz 2 iVm. § 878 Abs. 1 ZPO). In den übrigen Fällen, zB bei **Rechtsmittelfristen**, ist eine **Änderung nicht möglich**.

Die mit § 117 Abs. 1 Satz 4 iVm. § 520 Abs. 2 Sätze 2 und 3 ZPO eingeräumte Möglichkeit der Verlängerung der Beschwerdebegründungsfrist betrifft die Ehe- und Familienstreitsachen, in denen § 16 keine Anwendung findet (Rz. 2).

24 Eine Friständerung kann nur auf Antrag eines Beteiligten erfolgen; dieser kann auch zugunsten eines anderen Beteiligten gestellt werden. Der Antrag unterliegt regelmäßig keiner Form, mit Ausnahme im Rechtsbeschwerdeverfahren, in dem der Antrag auf Verlängerung der Rechtsmittelbegründungsfrist schriftlich durch einen beim BGH zugelassenen Rechtsanwalt gestellt werden muss, §§ 70, 71 Abs. 2 Satz 3 iVm. § 10 Abs. 4. Ferner muss der Antrag **vor Fristablauf** bei Gericht eingehen. Die Entscheidung zur Fristverlängerung muss nicht notwendig vor dem Fristablauf getroffen werden.[6]

---

1 OVG Hamburg v. 9.2.1993 – Bs VI 4/93, NJW 1993, 1941.
2 OVG Frankfurt/Oder v. 30.6.2004 – 2 A 247/04. AZ, NJW 2004, 3795.
3 BGH v. 10.3.2009 – VII ZB 87/08, MDR 2009, 644.
4 BGH v. 10.3.2009 – VII ZB 87/08, MDR 2009, 644 zur Berufungsbegründungsfrist.
5 Thomas/Putzo/*Hüßtege*, § 222 ZPO Rz. 10.
6 Thomas/Putzo/*Hüßtege*, § 224 ZPO Rz. 6 mwN.

Schließlich müssen **erhebliche Gründe** für die Friständerung vorliegen und glaubhaft gemacht werden. Die Glaubhaftmachung richtet sich nach § 31. Eine schlichte Vereinbarung der Beteiligten reicht nach hM nicht aus.[1]

25

Die Berechnung der neuen Frist nach § 224 Abs. 3 ZPO erfolgt in der Weise, dass diese erst ab dem vollständigen Ablauf der alten Frist gerechnet wird. Endet zB die alte Frist an einem Sonntag, so läuft sie wegen § 222 Abs. 2 ZPO am Montag, 24 Uhr ab; die Verlängerung läuft dann ab Dienstag, 0 Uhr (s. auch Rz. 22).[2]

26

2. Verfahren

Durch die Verweisung auf § 225 ZPO richtet sich das Verfahren zur Friständerung nach der ZPO. Die Entscheidung erfolgt in einem **schriftlichen Verfahren**, § 225 Abs. 1 ZPO. Zuständig ist das Gericht, bei dem die Frist zu wahren ist. Ob bei einem Kollegialgericht das Kollegium durch Beschluss oder der Vorsitzende durch Verfügung zu entscheiden haben, hängt von der Art der Frist ab. Im Zweifel hat das Gericht die Entscheidungsbefugnis. Wenn dem Vorsitzenden ausdrücklich die Zuständigkeit für die Fristsetzung eingeräumt wird (zB nach § 71 Abs. 2 Satz 3 FamFG iVm. § 551 Abs. 2 Satz 5 und 6 ZPO), ist er auch befugt, über eine Fristabkürzung oder -verlängerung zu entscheiden.[3]

27

Auch der **Rechtspfleger** kann in den ihm zugewiesenen Fällen Friständerungen beschließen. Zur Anfechtbarkeit jedenfalls durch die Erinnerung s. Rz. 30.

27a

Den übrigen Beteiligten ist **rechtliches Gehör** durch die Möglichkeit einer schriftlichen Stellungnahme einzuräumen, wenn eine Frist abgekürzt oder wiederholt verlängert werden soll, § 225 Abs. 2 ZPO. Eine Zustimmung ist nicht erforderlich.

28

Die Entscheidung über die Friständerung erfolgt grundsätzlich durch **Beschluss**, § 225 Abs. 3 ZPO. Kann der Vorsitzende allein entscheiden (vgl. Rz. 27), ergeht diese in Form einer Verfügung. Die Entscheidung muss nicht begründet werden, wenn sie antragsgemäß ergeht. Das Schweigen des Gerichts auf den – in der Praxis häufigen – Antrag, eine Frist „stillschweigend" zu verlängern, stellt keine friständernde Prozesshandlung des Gerichts dar und genießt deshalb auch keinen Vertrauensschutz. Friständernde Beschlüsse und Verfügungen bedürfen der vollen Richterunterschrift, eine Paraphe genügt nicht, §§ 329, 317 Abs. 2 ZPO.[4] Eine Ablehnung einer Friständerung allein aus dem Grund, dass andere Beteiligte nicht zugestimmt haben, ist nicht zulässig.[5]

29

3. Anfechtbarkeit

§ 225 Abs. 3 ZPO sieht eine Anfechtbarkeit lediglich bei **Ablehnung eines Abkürzungsantrags** vor, gewährt hingegen **kein Rechtsmittel** bei Ablehnung eines **Verlängerungsantrags** oder bei **Gewährung** von **Verlängerung** oder **Abkürzung**.[6] Für das Verfahren nach dem FamFG ist entsprechend der Verweisung die Anfechtungsmöglichkeit in dem Umfang, wie sie in § 225 Abs. 3 ZPO vorgesehen ist, zu übernehmen. Rechtsmittel gegen die Ablehnung eines Abkürzungsantrags ist die sofortige Beschwerde nach § 567 Abs. 1 Nr. 2 ZPO. Die **Rechtsmittelfrist beträgt damit zwei Wochen**, § 569 Abs. 1 Satz 1 ZPO. Soweit ablehnende Entscheidungen nicht anfechtbar sind, kann deren Rechtmäßigkeit jedoch im Rahmen der Überprüfung der Endentscheidung beurteilt werden, § 58 Abs. 2.

30

Für **Entscheidungen des Rechtspflegers** ist § 11 Abs. 1 und Abs. 2 RPflG maßgeblich, so dass diese jedenfalls im Wege der Erinnerung durch den Richter überprüfbar sind.[7]

---

1 Zöller/*Stöber*, § 224 ZPO Rz. 6 mwN; Thomas/Putzo/*Hüßtege*, § 224 ZPO Rz. 7.
2 Zöller/*Stöber*, § 224 ZPO Rz. 9; st. Rspr., vgl. BGH v. 10.3.2009 – VII ZB 87/08, MDR 2009, 644.
3 Zöller/*Stöber*, § 225 ZPO Rz. 3.
4 Zöller/*Stöber*, § 225 ZPO Rz. 4, 5.
5 BVerfG v. 9.12.1999 – 1 BvR 1287/99, NJW 2000, 944.
6 HM, vgl. zB Zöller/*Stöber*, § 225 ZPO Rz. 8; Thomas/Putzo/*Hüßtege*, § 225 ZPO Rz. 4.
7 Keidel/*Sternal*, § 16 FamFG Rz. 39.

§ 17 Wiedereinsetzung in den vorigen Stand

17 (1) War jemand ohne sein Verschulden verhindert, eine gesetzliche Frist einzuhalten, ist ihm auf Antrag Wiedereinsetzung in den vorigen Stand zu gewähren.
(2) Ein Fehlen des Verschuldens wird vermutet, wenn eine Rechtsbehelfsbelehrung unterblieben oder fehlerhaft ist.

A. Allgemeines	c) Persönliche Verhinderung 20
I. Entstehung 1	d) Unkenntnis über tatsächliche Umstände 21
II. Systematik 4	e) Mittellosigkeit 22
III. Verfassungsrechtliche Vorgaben ... 6	f) Verschulden des bevollmächtigten Rechtsanwalts 23
IV. Definition 7	g) Versendung per Telefax 23h
B. Anwendungsbereich 9	h) Rechtsirrtum 24
I. Schuldlose Fristversäumung (Absatz 1)	i) Wiedereinsetzung für eine Behörde 26
1. Verhinderung 12	II. Fehlende/fehlerhafte Rechtsmittelbelehrung (Absatz 2)
2. Ohne Verschulden 13	1. Bedeutung 27
a) Antragsteller 14	2. Regelungszweck 28
b) Vertreter 15	3. Vermutung des fehlenden Verschuldens 29
3. Ursächlichkeit 17	4. Kausalität 31
4. Einzelfälle 17a	
a) Postverkehr 18	
b) Unzuständiges Gericht 19	

Literatur: *Ahn-Roth*, Neue BGH-Rechtsprechung zu den anwaltlichen Pflichten bei der Kontrolle fristgebundener Schriftsätze, FamRB 2012, 385; *Allgaier*, Postalische Briefverzögerung im Rechtsverkehr, JurBüro 2012, 396; *Bernau*, Die Rechtsprechung des BGH zur Wiedereinsetzung in den vorigen Stand, NJW 2013, 2001; *Bernau*, Die Rechtsprechung des BGH zur Wiedereinsetzung in den vorigen Stand, NJW 2012, 2004; *Born*, Die Rechtsprechung des BGH zur Wiedereinsetzung in den vorigen Stand, NJW 2009, 2179: *Born*, Die Rechtsprechung des BGH zur Wiedereinsetzung in den vorigen Stand, NJW 2007, 2088; *Born*, Die Rechtsprechung des BGH zur Wiedereinsetzung in den vorigen Stand, NJW 2005, 2042; *Fellner*, Die aktuelle Rechtsprechung zur Wiedereinsetzung in den vorigen Stand, MDR 2007, 71; *Götz*, Die Rechtsbehelfsbelehrung, FÜR 2011, 1; *Götz*, Das neue Familienverfahrensrecht – Erste Praxisprobleme, NJW 2010,897; *Grandel*. Prozesskostenhilfe für ein beabsichtigtes Rechtsmittelverfahren der ZPO und in Ehe- und Familienstreitsachen des FamFG – Zulässigkeit und Fristfragen, FF 2009, 3000;*Grandel*, Neues zur Wiedereinsetzung in Zivilsachen, FF 2005, 21; *Hansens*, Einreichen der Rechtsmittelschrift beim falschen Gericht, JurBüro 2012, 54 und 2012, 44; *Klotz*, Wiedereinsetzung in den vorigen Stand bei fehlerhafter Telefax-Übermittlung fristgebundener Schriftsätze, MDR 2011, 581; *Maurer*, Die Rechtsmittel in Familiensachen nach dem FamFG, FamRZ 2009, 465; *Mödl/Hadidi*, Die elektronische Einreichung zu den Gerichten, NJW 2010, 2097; *Müller*, Die Rechtsprechung des BGH zur Wiedereinsetzung in den vorigen Stand, NJW 2000, 322; *Müther*, Die Beschwerdeeinlegung beim unzuständigen Gericht nach dem FamFG, FamRZ 2010, 1952; *Nickel*, Aktuelle Entwicklungen in der Rechtsprechung zur Prozesskostenhilfe, MDR 2010, 1227; *Niebling*, Anwaltshaftung im Zusammenhang mit Prozess- und Verfahrenskostenhilfe, ZfS 2010, 128; *Preuß*, Auswirkungen der FGG-Reform auf das Spruchverfahren, NZG 2009, 961; *Roth*, Wiedereinsetzung nach Fristversäumnis wegen Belegung des Telefaxempfangsgeräts des Gerichts, NJW 2008, 785, *Strasser*, Vorsicht Falle! Keine Wiedereinsetzung bei anwaltlicher Fristversäumnis trotz fehlerhafter Rechtsbehelfsbelehrung, FamFR 2010, 338; *Vorwerk*, Die neuen Rechtsmittel im FamFG, FF 2010, 297.

A. Allgemeines

I. Entstehung

1 Mit den Vorschriften der §§ 17 bis 19 wird die Wiedereinsetzung in allgemeiner Form für das Verfahren der freiwilligen Gerichtsbarkeit – mit Ausnahme der Ehesachen und Familienstreitsachen – geregelt. Im alten Recht waren die Regelungen verstreut in verschiedenen Vorschriften, wie §§ 22 Abs. 2, § 29 Abs. 4, §§ 92, 93 Abs. 2, 137, 140, 159 FGG. § 22 Abs. 2 FGG wurde auf gesetzlich nicht geregelte Sachverhalte entsprechend angewandt.[1] Mit der allgemeinen Fassung des § 17 ist der Anwendungs-

---

[1] Dazu Keidel/*Sternal*, 15. Aufl., § 22 FGG Rz. 35; Jansen/*Briesemeister*, § 22 FGG Rz. 44.

bereich der Wiedereinsetzung erweitert worden. Die vorhandenen Gesetzeslücken wurden geschlossen. Die jetzige Fassung entspricht den Regelungen **anderer Verfahrensordnungen** (§ 233 ZPO, § 60 VwGO, § 56 FGO).[1] Mit dem Gesetz zur Einführung einer Rechtsbehelfsbelehrung im Zivilprozess und zur Änderung anderer Vorschriften vom 5.12.2012[2] wird an § 233 ZPO ein Satz 2 angefügt, der inhaltsgleich ist mit § 17 Abs. 2, also eine Nichtverschuldensvermutung bei unterbliebener oder fehlerhafter Rechtsbehelfsbelehrung vorsieht, sofern kein Anwaltszwang besteht; die Neuregelung soll mit Wirkung zum 1.1.2014 in Kraft treten. Damit wird der Gleichlauf mit der ZPO fortgeführt.

Während des Gesetzgebungsverfahrens fand die jetzige Fassung Eingang in das Gesetz, das die Wiedereinsetzung gegen die Versäumung sämtlicher **gesetzlicher Fristen** regelt. Die ursprünglich vorgesehene Beschränkung auf „gesetzliche Fristen für die Einlegung eines Rechtsbehelfs"[3] wurde aufgrund der Stellungnahme des Bundesrates abgeändert.[4] Da eine Regelung zur Wiedereinsetzung auch für weitere Fälle, wie insbesondere die Frist des § 18 Abs. 1, sachgerecht erschien, ist die Neuregelung auf **sämtliche gesetzliche Fristen** ausgedehnt worden.[5]   2

Bisher ungeklärt blieb die Dauer der **Begründungsfrist für die Rechtsbeschwerde** im Fall einer Wiedereinsetzung. § 71 Abs. 2 sieht hierfür eine Monatsfrist vor, während die ursprüngliche Fassung des § 18 Abs. 1 und Abs. 3 Satz 2 lediglich eine Zweiwochenfrist zur Nachholung der versäumten Handlung einräumte. Das Versäumnis des Gesetzgebers hat die Rechtsprechung durch eine verfassungskonforme Auslegung korrigiert (dazu § 18 Rz. 21 ff.). Inzwischen hat der Gesetzgeber durch das Gesetz zur Einführung einer Rechtsbehelfsbelehrung im Zivilprozess und zur Änderung anderer Vorschriften vom 5.12.2012 eingegriffen und mit Wirkung zum 1.1.2013 § 18 Abs. 1 um einen Satz 2 ergänzt, wonach die Frist zur **Begründung der Rechtsbeschwerde** bei Verhinderung **einen Monat** beträgt.[6]   3

II. Systematik

Die §§ 17 bis 19 finden gem. § 113 Abs. 1 **keine Anwendung in Ehesachen** (§ 121) und **Familienstreitsachen** (§ 112). Für diese geht § 117 Abs. 5 als Spezialregelung vor, der für die Begründung der Beschwerde und Rechtsbeschwerde auf die Wiedereinsetzungsvorschriften der ZPO, **§§ 233 und 234 Abs. 1 Satz 2 ZPO** verweist. Im Übrigen gelten die Vorschriften der ZPO für die Ehe- und Familienstreitsachen über § 113 Abs. 1 Satz 2. Allerdings wird eine entsprechende Anwendung des § 17 Abs. 2 durch die Obergerichte[7] auch in Familienstreitsachen in Erwägung gezogen, was nunmehr mit Blick auf die geplante Neuregelung zu § 233 ZPO (vgl. Rz. 1) zu befürworten ist. Weitere Spezialregelungen zur Wiedereinsetzung finden sich in §§ 367, 368 für Terminsversäumnisse in **Teilungsverfahren**, die wiederum die entsprechende Anwendung der §§ 17 ff. vorsehen, sowie in § 439 Abs. 4 für **Aufgebotsverfahren**.   4

Die Wiedereinsetzung ist **ausgeschlossen**, wenn mit dem Beschluss eine **Genehmigung** für ein Rechtsgeschäft erteilt oder verweigert wird und diese Genehmigung oder Verweigerung einem Dritten gegenüber wirksam geworden ist, § 48 Abs. 3 (vgl. § 48 Rz. 26).   5

---

1 Begr. RegE, BT-Drucks. 16/6308, S. 183.
2 Art. 1 Nr. 5 des Gesetzes zur Einführung einer Rechtsbehelfsbelehrung im Zivilprozess und zur Änderung anderer Vorschriften v. 5.12.2012 (BGBl. I, 2418).
3 Vgl. RegE, BT-Drucks. 16/6308, S. 19.
4 BR-Drucks. 309/07, S. 11.
5 Gegenäußerung der BReg. zum Vorschlag des BR, BT-Drucks. 16/6308, S. 405.
6 Art. 6 Nr. 2 Gesetz zur Einführung einer Rechtsbehelfsbelehrung im Zivilprozess und zur Änderung anderer Vorschriften v. 5.12.2012 (BGBl. I, 2418).
7 OLG Hamm v. 17.1.2011 – 8 UF 249/10, FamFR 2011, 162; OLG Schleswig v. 28.6.2010 – 15 WF 198/10, SchlHA 2011, 36.

III. Verfassungsrechtliche Vorgaben

6 Die Entscheidung über die Zulässigkeit einer Wiedereinsetzung ist an den verfassungsrechtlichen Vorgaben zu messen. Das BVerfG verlangt in st. Rspr., dass der **Zugang zum Gericht** und zu den in den Verfahrensordnungen eingeräumten **Instanzen** nicht in unzumutbarer, aus Sachgründen nicht zu rechtfertigender Weise erschwert wird. Deshalb muss zum einen in Fristfragen für den Bürger klar erkennbar sein, was er zu tun hat, um einen Rechtsverlust zu vermeiden. Vorschriften über die Berechnung der Fristen sind in einer für den Rechtsuchenden **eindeutigen** und **vorhersehbaren** Weise auszulegen und anzuwenden.[1] Etwaige Fristversäumungen, die auf Verzögerungen bei der Entgegennahme der Sendungen durch die Gerichte beruhen, dürfen nicht dem Bürger angelastet werden.[2] Zum anderen dürfen die Anforderungen bei der Auslegung und Anwendung der für die Wiedereinsetzung maßgeblichen Vorschriften **nicht überspannt** werden.[3] Dies gilt in verstärktem Maße im Verfahren der freiwilligen Gerichtsbarkeit, soweit die Beteiligten (zB als Minderjährige, Betreute oder Untergebrachte) besonders schutzwürdig sind.

IV. Definition

7 Wiedereinsetzung ist eine gerichtliche Entscheidung, durch die eine versäumte und nachgeholte Prozesshandlung als **rechtzeitig fingiert** wird. Dadurch wird weder die versäumte Frist verlängert noch wieder eröffnet.[4]

8 Davon zu unterscheiden ist der Fall der **nicht wirksamen Bekanntgabe** bzw. der **nicht wirksamen Zustellung**. Bei dieser Fallgestaltung, die vor allem bei einer öffentlichen Zustellung nicht selten ist, beginnt schon kein Fristlauf, so dass keine Fristversäumung eintreten kann und eine Wiedereinsetzung nicht erforderlich ist.

8a Ebenfalls abzugrenzen von einer Fristsäumnis ist der Fall einer zunächst wegen einer **Falschbezeichnung** in der Rechtsmittelschrift und damit verbundener Unklarheit entstandenen nur vermeintlichen Säumnis. Eine etwaige Falschbezeichnung der angefochtenen Entscheidung sowie des statthaften Rechtsmittels stehen indes einer zulässigen und rechtzeitig eingelegten Rechtsmitteleinlegung nicht entgegen, wenn die Falschbezeichnungen evident sind und das Rechtsmittelgericht die Rechtsmitteleinlegung vor Ablauf der Frist eindeutig zuordnen kann. Eine Säumnis liegt dann nicht vor.[5]

8b Ein Fall der Säumnis liegt auch nicht vor, wenn nach dem **Grundsatz der Meistbegünstigung** das Rechtsmittel als rechtzeitig behandelt wird, auch wenn das Rechtsmittel wegen Eingang beim nicht zuständigen Gericht verfristet wäre, wenn dieses Ergebnis durch einen Fehler des Ausgangsgerichts hervorgerufen wurde. Das Erstgericht hat in solchen Fällen entweder seine Entscheidung in der falschen Form erlassen oder ein unzutreffendes Verfahrensrecht mit der – konsequent – unrichtigen Form der Endentscheidung angewandt.[6] Egal, ob die Beteiligten das nach der falschen Form vorgegebene Rechtsmittel oder das nach der Art der Entscheidung sachlich richtige Rechtsmittel wählen; in keinem Fall wirkt sich ihre Wahl zu ihren Lasten aus, selbst wenn das sachlich zutreffende Rechtsmittel verfristet wäre. Einer Wiedereinsetzung bedarf es dann nicht.

---

1 So grundlegend BVerfG v. 27.3.2001 – 2 BvR 2211/97, NJW 2001, 1563; BVerfG v. 7.5.1991 – 2 BvR 215/90, NJW 1991, 2076; BVerfG v. 11.2.1976 – 2 BvR 652/75, BVerfGE 41, 323 mwN.
2 BVerfG v. 28.2.2007 – 2 BvR 2619/06, NStZ 2007, 416; BVerfG v. 14.5.1985 – 1 BvR 370/84, BVerfGE 69, 381 mwN; BVerfG v. 11.2.1976 – 2 BvR 849/75, BVerfGE 41, 332.
3 BVerfG v. 18.10.2012 – 2 BvR 2776/10, NJW 2013, 592; BVerfG v. 27.9.2012 – 2 BvR 1766/12, NJW 2013, 39; BVerfG v. 11.3.2010 – 1 BvR 290/10, NJW 2010, 2567 je mwN.
4 Thomas/Putzo/*Hüßtege*, § 233 ZPO Rz. 1.
5 BGH v. 7.11.2012 – XII ZB 325/12, MDR 2013, 169.
6 BGH v. 17.8.2011 – XII ZB 50/1, FamRZ 2011,1649; BGH v. 6.4.2011 – XII ZB 553/10, MDR 2011, 683.

B. Anwendungsbereich

Wiedereinsetzung kann bei Versäumung sämtlicher **gesetzlichen Fristen** gewährt werden, § 17 Abs. 1. Das sind insbesondere die Rechtsmittelfristen der §§ 63, 71 Abs. 1, die in der ZPO als **Notfrist** bezeichnet werden, während das FamFG diese Bezeichnung nicht verwendet, obgleich es sich inhaltlich um eine solche handelt. Ferner fallen darunter die Rechtsbeschwerdebegründungsfrist des **§ 71 Abs. 2**, die Wiedereinsetzungsfrist des **§ 18 Abs. 1**, die Frist zur Einlegung der Anschlussrechtsbeschwerde gem. **§ 73 Satz 1** und weitere gesetzliche Fristen wie **§§ 35 Abs. 5, 42 Abs. 3 Satz 2, 43 Abs. 2, 44 Abs. 2, 76 Abs. 2, 87 Abs. 4, 284 Abs. 3 Satz 2, 304 Abs. 2, 322, 372 Abs. 1**. Wiedereinsetzung ist auch zulässig gegen die Fristversäumung bei der befristeten Erinnerung nach § 11 Abs. 2 RPflG, der durch die Neufassung aufgrund des Gesetzes zur Einführung einer Rechtsbehelfsbelehrung nun inhaltlich gleichlaufend gefasst ist.[1]

Wiedereinsetzung ist ebenfalls möglich bei Säumnis der Zwei-Wochen-Frist der sofortigen Beschwerde nach § 569 Abs. 1 Satz ZPO (§§ 567 ff. ZPO), soweit das FamFG die sofortige Beschwerde unter Verweis auf §§ 567 ff. ZPO als statthaft gegen Zwischenentscheidungen vorsieht (so in §§ 6 Abs. 2; 7 Abs. 5 Satz 2; 21 Abs. 2; 33 Abs. 3 Satz 5; 35 Abs. 5; 42 Abs. 3 Satz 2; 76 Abs. 2; 87 Abs. 4).[2] Diese richtet sich nach §§ 17 ff. FamFG und nicht nach den Regeln der §§ 233 ff. ZPO.[3]

Dagegen gibt es **keine Wiedereinsetzung** gegen die Versäumung **richterlicher Fristen** oder gegen **Widerrufsfristen** in gerichtlichen Vergleichen. **Keine Anwendung** finden die §§ 17 ff. auf **Ausschlussfristen** (zB § 18 Abs. 4).

Antragsbefugt ist jeder, der eine gesetzliche Frist versäumt hat. Die gesetzliche Fassung („jemand") sowie die Begründung des RegE lassen keine Einschränkung des Personenkreises erkennen.[4] Erfasst werden – entsprechend § 233 ZPO – Fristversäumnisse der Beteiligten selbst, ihrer gesetzlichen Vertreter, ihrer Bevollmächtigten sowie ihrer Verfahrensbevollmächtigten, aber **auch Dritter, die nicht Beteiligte sind**.[5]

Die Anforderungen an einen Wiedereinsetzungsantrag sowie das anschließende **Verfahren**, in dem über die Wiedereinsetzung entschieden wird, sind in §§ 18 und 19 geregelt.

I. Schuldlose Fristversäumung (Absatz 1)

1. Verhinderung

„Verhindert sein" ist in gleicher Weise wie in § 233 ZPO und früher in § 22 Abs. 2 FGG zu verstehen. Darunter fallen **Umstände jeder Art**, etwa **unabwendbare Ereignisse** wie Naturereignisse oder andere äußere unbeeinflussbare Ereignisse (wie zB verspätete Postzustellung) ebenso wie **in der Sphäre des Antragstellers liegende Beeinträchtigungen** (Krankheit oder Unfall). Ausreichend ist eine mittelbare Beeinträchtigung, etwa bei Krankheit naher Verwandter. Auch Rechtsunkenntnis oder Rechtsirrtum können einen Wiedereinsetzungsgrund bilden, vorbehaltlich der Verschuldensprüfung.[6] Finanzielle Bedürftigkeit iSd. § 76 Abs. 1 FamFG iVm. § 114 ZPO ist ebenfalls ein Verhinderungsgrund, wenn die Verfahrenshandlung dem Anwaltszwang unterliegt (Rechtsbeschwerde, § 71).

---

1 Vgl. das Gesetz zur Einführung einer Rechtsbehelfsbelehrung im Zivilprozess und zur Änderung anderer Vorschriften v. 5.12.2012 (BGB. 2012 I, 2418): Mit Wirkung zum 1.1.2014 ergänzt Art. 4 § 11 Abs. 2 RPflG; § 11 Abs. 2 RPflG regelt die Wiedereinsetzung entsprechend §§ 17 ff., und im Übrigen finden die Vorschriften der sofortigen Beschwerde der ZPO entsprechende Anwendung.
2 Allgemein zur Anfechtbarkeit von Zwischenentscheidungen vgl. § 58 Rz. 16 ff.; Zöller/*Feskorn*, § 58 FamFG Rz. 8 ff.
3 Keidel/*Sternal*, § 17 FamFG, Rz. 4.
4 Begr. RegE, BT-Drucks. 16/6308, S. 183; Keidel/*Sternal*, § 17 FamFG, Rz. 9.
5 Der Personenkreis geht über den des § 233 ZPO hinaus, vgl. dort Thomas/Putzo/*Hüßtege*, § 233 ZPO Rz. 4; wie hier *Zimmermann*, Das neue FamFG, Rz. 62, Keidel/*Sternal*, § 17 FamFG Rz. 9.
6 Thomas/Putzo/*Hüßtege*, § 233 ZPO Rz 31.

2. Ohne Verschulden

13 Ob die Fristversäumung ohne Verschulden des Beteiligten oder des sonstigen Antragstellers erfolgt ist, beurteilt sich nach dem Maßstab des **§ 276 BGB**, dh. die Verhinderung muss ohne Vorsatz oder Fahrlässigkeit eingetreten sein.[1] Allerdings ist auf diejenige Sorgfalt abzustellen, die unter Berücksichtigung der **konkreten Lage** erforderlich und vernünftigerweise zumutbar ist, um das der Fristwahrung entgegenstehende Hindernis abzuwenden. Der Maßstab ist kein objektiver, sondern geprägt durch die **tatsächlichen Verhältnisse** und die **zumutbaren Anforderungen** an die konkrete Person, wobei auch deren Wissensstand bedeutsam ist.[2] Die Gegenmeinung, die das Verschulden allein nach einem objektiven Maßstab beurteilen will, kann auch wegen der verfassungsrechtlichen Anforderungen an die Ermöglichung des Zugangs zum Gericht (vgl. oben Rz. 6) nicht überzeugen.[3]

a) Antragsteller

14 Maßgebend sind die konkreten Verhältnisse des Antragstellers sowie dessen Möglichkeiten. An einen rechtlich unerfahrenen Beteiligten sind geringere Anforderungen zu stellen als an einen Rechtskundigen, insbesondere einen Rechtsanwalt. Auch die Geschäftsgewandtheit einer Person kann bedeutsam sein. Allerdings entlastet die Berufung auf allgemeine Nachlässigkeit in eigenen Angelegenheiten nicht. Es ist vielmehr auf das Maß der Sorgfalt abzustellen, das ein **gewissenhafter Beteiligter/Antragsteller** nach seinen konkreten persönlichen Verhältnissen zumutbarerweise in einem Verfahren aufwenden würde.[4]

b) Vertreter

15 Dem Beteiligten/Antragsteller wird ein Verschulden seines Vertreters zugerechnet. Dies folgt für den **gesetzlichen Vertreter** aus § 9 Abs. 4 und für den **Verfahrensbevollmächtigten** (Rechtsanwalt) aus § 11 Satz 5 iVm. § 85 Abs. 2 ZPO. Im Übrigen schadet ein Verschulden dritter Personen nicht.

16 Für ein Verschulden eines Rechtsanwalts muss auf die für eine Prozess – oder Verfahrensführung **erforderliche, übliche Sorgfalt eines Rechtsanwalts** abgestellt werden.[5] Es gelten die gleichen Grundsätze wie im Zivilprozess (vgl. Rz. 23). Der **Notar** ist nicht Vertreter des Beteiligten, so dass ein Versehen seinerseits nicht dem Beteiligten angelastet werden kann.[6] Fehlerhaftes Verhalten des **Büropersonals** des Rechtsanwalts kann entlasten, da die Angestellten nicht Vertreter des Beteiligten sind. Allerdings hat der Rechtsanwalt für eine ordnungsgemäße Büroorganisation zu sorgen, so dass Fehler des Personals, die auf mangelhafter Organisation beruhen, ihm zuzurechnen sind (dazu Rz. 23).

3. Ursächlichkeit

17 Die Fristversäumung muss ihre Ursache in unverschuldeten Umständen haben. Wiedereinsetzung kann nicht gewährt werden, wenn bei verschiedenen Ursachen **auch** das **Verschulden des Verfahrensbevollmächtigten** neben anderen von ihm nicht verschuldeten Umständen mitgewirkt hat oder ein Verschulden des Verfahrens-

---

1 St. Rspr., zB BVerfG v. 6.11.2003 – 2 BvR 1568/02, NJW 2004, 502; BayObLG v. 30.11.2000 – 2 Z BR 81/00, ZMR 2001, 292 mwN; Thomas/Putzo/*Hüßtege*, § 233 ZPO Rz. 12.
2 BGH v. 17.8.2011 – I ZB 21/11, MDR 2011, 1448; BGH v. 4.7.2002 – V ZB 16/02, BGHZ 151, 221 jeweils zum Verschuldensmaßstab bei Rechtsanwälten; BayObLG v. 30.11.2000 – 2 BR 81/00, ZMR 2001, 292 mwN; Keidel/*Sternal*, § 17 FamFG Rz. 12; Schulte-Bunert/Weinreich/*Brinkmann*, § 17 FamFG Rz. 29, 30; *Bahrenfuss*, § 17 FamFG Rz. 6.
3 Vertreten zB Zöller/*Greger*, § 233 ZPO Rz. 12; MüKo. ZPO/*Gehrlein*, § 233 Rz. 21 ff.; wie hier: Schulte-Bunert/Weinreich/*Brinkmann*, § 17 FamFG Rz. 30; *Bahrenfuss*, § 17 FamFG Rz. 6; Bork/Jacoby/Schwab/*Löhnig*, § 17 FamFG Rz. 8.
4 Ebenso Keidel/*Sternal*, § 17 FamFG Rz. 12; Thomas-Putzo/*Hüßtege*, § 233 ZPO Rz. 13.
5 BGH v. 17.8.2011 – I ZB 21/11, MDR 2011, 1448 mwN; BGH v. 4.7.2002 – V ZB 16/02, BGHZ 151, 221.
6 Keidel/*Sternal*, § 17 FamFG Rz. 31.

bevollmächtigten nicht auszuschließen ist (**Mitursächlichkeit des Anwaltsverschuldens**).[1]
Dass eine fehlende Rechtsbehelfsbelehrung ein unverschuldetes Hindernis für eine rechtzeitige Rechtsmitteleinlegung sein kann, ist mit Abs. 2 nunmehr gesetzlich geregelt. Die Ursächlichkeit wird vermutet, ist aber widerlegbar (Rz. 27 ff.). Inwieweit die Vermutung greift, wenn der Beteiligte durch einen Rechtsanwalt vertreten wird, ist differenziert zu beurteilen und abhängig von der Fallgestaltung (s. eingehend Rz. 31).

4. Einzelfälle

17a Wegen des inhaltlichen Gleichlaufs zwischen § 17 Abs. 1 und § 233 ZPO ist die zivilprozessrechtliche Rechtsprechung bei den Fallgruppen ebenfalls zu berücksichtigen.

a) Postverkehr

18 Der Beteiligte kann auf einen **normalen Gang** des Postverkehrs vertrauen, wenn die Postsendung ordnungsgemäß adressiert und frankiert ist.[2] Für den Postlauf im Bundesgebiet kann der Absender grundsätzlich davon ausgehen, dass werktags aufgegebene Postsendungen am folgenden Werktag ausgeliefert werden.[3] Auch bei der Nutzung privater Beförderungsdienste können die Beteiligten auf die Einhaltung dieser Beförderungszeiten vertrauen.[4] Mit einer Verzögerung muss nicht ohne weiteres, sondern nur bei Vorliegen besonderer Umstände (zB wegen Streiks), und nicht bis zum vierten Tag nach der Aufgabe zur Post gerechnet werden.[5] Bei Fehlen eines **Nachtbriefkastens** oder Vorhandensein verschiedener Gerichtsbriefkästen reicht es aus, wenn der Antragsteller das Schriftstück bis 24.00 Uhr in einen – für die übliche Post eingerichteten – **Gerichtsbriefkasten** einlegt, auch wenn er damit rechnen muss, dass dieser nicht mehr vor Mitternacht geleert wird.[6] So ist der Beteiligte nicht verpflichtet, einen vorhandenen Nachtbriefkasten zu nutzen, wenn dieser nach der Gestaltung der tatsächlichen Verhältnisse nicht der einzige zum Empfang der an das Gericht adressierten Post bestimmte und geeignete Briefkasten ist. Der Beteiligte ist berechtigt, hierbei auch die eingeräumten Fristen bis zur Grenze auszunutzen.[7] Bei Fristablauf mit **Ablauf eines Tages** muss der Eingangsstempel diesen Tag mit – spätestens – der Uhrzeit 23.59 Uhr anzeigen; ein Eingangsvermerk vom folgenden Tag mit der Uhrzeit 00.00 Uhr reicht nicht zum Nachweis des rechtzeitigen Eingangs am vorangegangenen Tag. Denn das Schriftstück muss bis zum Ablauf des Tages (vor 24.00 Uhr = 00.00 Uhr des folgenden Tages) eingehen.[8]

b) Unzuständiges Gericht

19 Die Einreichung des Rechtsmittels bei einem unzuständigen Gericht mit der Folge der Fristversäumung beinhaltet regelmäßig ein schuldhaftes Verhalten.[9] Eine generelle Fürsorgepflicht des angegangenen Gerichts zu einem Hinweis auf die **Unzu-**

---

1 BGH v. 24.1.2012 – II ZB 3/11, MDR 2012, 485; BGH v. 17.11.2011 – LwZB 2/11, NJW 2012, 856; BGH v. 21.3.2006 – VI ZB 25/05, VersR 2006, 991; OLG Düsseldorf v. 22.7.1998 – 1 Ws 432/98, Rpfleger 1998, 487.
2 BVerfG v. 22.9.2000 – 1 BvR 1059/00, NJW 2001, 744; BVerfG v. 11.11.1999 – 1 BvR 762/99, NJW-RR 2000, 726; BGH v. 21.10.2010 – IX ZB 73/10, NJW 2011, 459 mwN.
3 BGH v. 21.10.2010 – IX ZB 73/10, NJW 2011, 458.
4 BGH v. 10.3.2011 – VII ZB 28/10, NJW-RR 2011, 790; BGH v. 23.1.2008 – XII ZB 155/07, NJW-RR 2008, 930.
5 BVerfG v. 15.5.1995 – 1 BvR 2440/94, NJW 1995, 2546.
6 BGH v. 5.7.2000 – XII ZB 110/10, NJW-RR 2001, 280.
7 BVerfG v. 7.5.1991 – 2 BvR 215/90, NJW 1991, 2076; BGH v. 25.1.1984 – IVb ZR 43/82, FamRZ 1984, 158.
8 BGH v. 8.5.2007 – VI ZB 74/06, VersR 2008, 139; OLG Nürnberg v. 30.5.2012 – 12 U 2453/11, NJW-RR 2012, 1149; OLG Naumburg v. 27.8.2012 – 12 U 32/12, MDR 2013, 55.
9 St. Rspr., vgl. BGH v. 19.12.2012 – XII ZB 61/12, FamRZ 2013, 436; BGH v. 19.9.2012 – XII ZB 221/12, FamFR 2013, 17; BGH v. 12.4.2010 – V ZB 224/09, NZM 2010, 445; BGH v. 22.10.1986 – VIII ZB 40/86, NJW 1987, 440; Schulte-Bunert/Weinreich/*Brinkmann*, § 17 FamFG Rz. 71.

ständigkeit besteht in diesen Fällen nicht.[1] Allerdings kann es trotz des Verschuldens des Antragstellers an der Kausalität fehlen, wenn ausreichend Zeit dafür verbleibt, dass das angegangene – unzuständige – Gericht das Schriftstück im **ordentlichen Geschäftsgang** innerhalb der Frist an das zuständige Gericht **weiterleiten** kann. Dies setzt voraus, dass für das angegangene Gericht „ohne weiteres" (bzw. „leicht und einwandfrei") seine Unzuständigkeit zu erkennen ist und ausreichend Zeit – wohl mehr als eine Woche – für die erwähnte Übersendung im üblichen Geschäftsgang verbleibt.[2] Ein solcher Fall kann vorliegen bei offensichtlicher örtlicher Unzuständigkeit des adressierten Gerichts[3] oder bei zweifelsfreier Erkennbarkeit der Unzuständigkeit aufgrund der übersandten Ausfertigung der angefochtenen Entscheidung.[4] Bei diesen und vergleichbaren Fallkonstellationen gebietet die richterliche Fürsorge als Teil des Gebots einer fairen Verfahrensgestaltung, den fehlgeleiteten Schriftsatz im Rahmen des ordentlichen Geschäftsgangs[5] weiterzuleiten. Der Rechtsmittelführer darf darauf vertrauen, dass dann der Schriftsatz noch rechtzeitig beim zuständigen Gericht eingeht. Gelangt der Schriftsatz indes erst einen Tag oder wenige Tage vor Fristablauf zu dem unzuständigen Gericht, kann auf eine fristgerechte Weiterleitung nicht vertraut werden.[6]

19a Beruht die Einlegung beim unzuständigen Gericht durch einen rechtsunkundigen Beteiligten auf dem Fehlen oder der Unrichtigkeit einer nach § 39 vorgeschriebenen Rechtsbehelfsbelehrung, kann die Fristversäumnis unverschuldet sein (s. dazu i.E. unten Rz. 30).

c) Persönliche Verhinderung

20 Eigene **Krankheit** bzw. **Krankenhausaufenthalt**, **Unglücksfälle**, auch solche bei **nahen Familienangehörigen**, stellen unverschuldete Hinderungsgründe dar.[7] Die Krankheit muss so schwer sein, dass sie in verfahrensrelevanter Form Einfluss auf die Entschluss-, Urteils- und Handlungsfähigkeit nimmt. Eine bescheinigte Arbeitsunfähigkeit reicht regelmäßig nicht.[8] Keine ausreichende Entschuldigung ist dauernde Arbeitsüberlastung.[9] Auch eine nicht vorhersehbare **Erkrankung des Verfahrensbevollmächtigten**, die diesem die Bestellung eines Vertreters unmöglich macht, kann den Beteiligten entschuldigen.[10]

d) Unkenntnis über tatsächliche Umstände

21 Unkenntnis oder verspätete Kenntnis vom **Inhalt der Entscheidung** sind unverschuldet, wenn der Rechtsmittelführer nach einer **Ersatzzustellung** von dem Schriftstück nicht oder erst verspätet Kenntnis erhält und mit einer Zustellung nicht gerechnet werden musste.[11] So entschuldigen Verzögerungen bei der Weiterleitung

---

1 BGH v. 19.9.2012 – XII ZB 221/12, FamFR 2013, 17; BGH v. 20.4.2011 – VII ZB 78/09, MDR 2011, 747; BGH v. 15.6.2004 – VI ZB 75/03, NJW-RR 2004, 1655.
2 BGH v. 19.12.2012 – XII ZB 61/12, FamRZ 2013, 436; BGH v. 17.8.2011 – XII ZB 50/11, FamRZ 2011, 1649; BGH v. 20.4.2011 – VII ZB 78/09, MDR 2011, 747; BGH v. 14.10.2010 – VIII ZB 20/09, NJW 2011, 683; BGH v. 15.6.2004 – VI ZB 75/03, NJW-RR 2004, 1655; ähnlich bei fehlender Unterschrift BGH v. 14.10.2008 – VI ZB 37/08, FamRZ 2009, 321, vgl. auch BVerfG v. 17.3.2005 – 1 BvR 950/04, NJW 2005, 2137.
3 BGH v. 20.4.2011 – VII ZB 78/09, MDR 2011, 747, es verblieb ein Zeitraum von 10 Tagen bis zum Fristablauf.
4 BGH v. 17.8.2011 – XII ZB 50/11, FamRZ 2011, 1649, hier verblieb ein Zeitraum von 13 Tagen.
5 Zum ordentlichen Geschäftsgang: BGH v. 19.12.2012 – XII ZB 61/12, FamRZ 2013, 436, wonach bei einem verbleibenden Zeitraum von fünf Tagen nicht mit einer erfolgreichen Weiterleitung im ordentlichen Geschäftsgang gerechnet werden kann.
6 BGH v. 19.9.2012 – XII ZB 221/12, FamFR 2013, 17; BGH v. 8.2.2012 – XII ZB 165/11, NJW 2012, 1591.
7 BGH v. 24.3.1994 – X ZB 24/93, NJW-RR 1994, 957; BGH v. 21.11.1974 – III ZB 8/74, NJW 1975, 593; Thomas/Putzo/*Hüßtege*, § 233 ZPO Rz. 40; Zöller/*Greger*, § 233 ZPO Rz. 23 „Krankheit".
8 BVerfG v. 17.7.2007 – 2 BvR 1164/07, NJW-RR 2007, 1717.
9 BGH v. 23.11.1995 – V ZB 20/95, NJW 1996, 997.
10 BGH v. 5.4.2011 – VIII ZB 81/10, NJW 2011, 1601; BGH v. 6.7.2009 – II ZB 1/09, NJW 2009, 3037.
11 Zu vorübergehender Abwesenheit: BVerfG v. 18.10.2012 – 2 BvR 2776/10, NJW 2013, 592; BGH v. 7.5.1986 – VIII ZB 16/86, NJW 1986, 2958.

innerhalb eines Klinikbetriebes die verspätete Rechtsmitteleinlegung eines Untergebrachten, wenn im Wege der Ersatzzustellung nach § 178 Abs. 1 Nr. 3 ZPO zugestellt wurde und der Beteiligte dadurch verspätet Kenntnis erlangt hat.[1] Hingegen ist die **Nichtabholung eines nach § 181 ZPO ordnungsgemäß mit Benachrichtigung niedergelegten Schriftstücks** unentschuldigt, wenn die Benachrichtigung weggeworfen wurde.[2]

e) Mittellosigkeit

22 Bei wirtschaftlichem Unvermögen ist die Wiedereinsetzung gerechtfertigt, wenn der Beteiligte innerhalb des Laufs der **Rechtsmittelfrist Verfahrenskostenhilfe** nach §§ 76 ff. beantragt, innerhalb der **Zweiwochenfrist** des § 18 Abs. 1, die mit Bekanntgabe des Beschlusses über die Bewilligung der Verfahrenskostenhilfe zu laufen beginnt[3] (s. auch § 18 Rz. 4), Wiedereinsetzung in die versäumte Rechtsmittelfrist beantragt und zugleich das Rechtsmittel einlegt. Der Beteiligte gilt solange als schuldlos an der Rechtsmitteleinlegung gehindert, wie er nach den gegebenen Umständen vernünftigerweise nicht mit der Ablehnung seines Antrags wegen fehlender Bedürftigkeit rechnen muss.[4] Um auf die Bewilligung von Verfahrenskostenhilfe vertrauen zu können, muss der Beteiligte vor Ablauf der Rechtsmittelfrist einen Vordruck für die Erklärung über die persönlichen und wirtschaftlichen Verhältnisse ordnungsgemäß ausgefüllt zu den Akten gereicht haben und aufgrund seiner wirtschaftlichen Verhältnisse vernünftigerweise davon ausgehen können, dass er als bedürftig gilt.[5] Muss der Antragsteller aufgrund einer bereits vorliegenden Entscheidung indes ernsthaft damit rechnen, dass das entscheidende Gericht seine Angaben zur Bedürftigkeit nicht als ausreichend erachtet und voraussichtlich die beantragte Prozesskostenhilfe/Verfahrenskostenhilfe verweigern wird, ist, wenn er dem Mangel nicht abhilft, die Säumnis nicht unverschuldet und steht einer Wiedereinsetzung entgegen.[6] Bei einem gerichtlichen Hinweis auf unvollständige Angaben über die persönlichen und wirtschaftlichen Verhältnisse verbunden mit einer Fristsetzung darf der Beteiligte bis zum Fristablauf weiterhin auf Bewilligung von Verfahrenskostenhilfe vertrauen.[7] Das Verfahrenskostenhilfegesuch für ein Rechtsmittel muss in diesem Verfahrensstadium hinsichtlich der Erfolgsaussichten **nicht sachlich begründet werden**.[8] Bei **Ablehnung** der Verfahrenskostenhilfe beginnt die Zweiwochenfrist erst nach Ablauf einer kurzen **Überlegungsfrist von drei bis vier Tagen**.[9]

22a Mit der Bekanntgabe der **Bewilligung der Verfahrenskostenhilfe** - und nicht erst mit der Bekanntgabe der Gewährung der Wiedereinsetzung – beginnt neben der Frist zur Rechtsmitteleinlegung auch die Frist zur **Begründung der Rechtsbeschwerde** nach § 71 Abs. 2.[10]

---

1 OLG Köln v. 7.11.2007 – 16 Wx 237/07, OLGReport 2008, 145.
2 OLG München v. 29.4.1993 – 25 W 1365/93, NJW-RR 1994, 702; zur Unkenntnis wegen Urlaubsabwesenheit: BGH v. 18.2.2009 – IV ZR 193/07, MDR 2009, 644.
3 St. Rspr. des BGH zu § 234 Abs. 1 ZPO, so zB BGH v. 19.6.2007 – XI ZB 40/06, NJW 2007, 3354 mit Darstellung seiner bisherigen Rspr.
4 BGH v. 13.1.2010 – XII ZB 108/09, FamRZ 2010, 448; BGH v. 11.6.2008 – XII ZB 184/05, NJW-RR 2008, 1313 mwN.
5 BGH v. 29.11.2011 – VI ZB 33/10, FamRZ 2012, 296; BGH v. 19.11.2008 – IV ZB 38/08, NJW-RR 2009, 563; BGH v. 13.2.2008 – XII ZB 151/07, NJW-RR 2008, 942; BGH v. 19.5.2004 – XII ZA 11/03, FamRZ 2004, 1548; BGH v. 18.10.2000 – IV ZB 9/00, NJW-RR 2001, 570.
6 BGH v. 29.11.2011 – VI ZB 33/10, FamRZ 2012, 296.
7 BGH v. 13.2.2008 – XII ZB 151/07, NJW-RR 2008, 942.
8 BGH v. 8.2.2012 – XII ZB 462/11, FamRZ 2012, 705; BGH v. 26.5.2008 – II ZB 19/07, NJW-RR 2008, 1306; BGH v. 31.1.2007 – XII ZB 207/06, NJW-RR 2007, 793; BGH v. 18.10.2000 – IV ZB 9/00, NJW-RR 2001, 570.
9 Zu § 233 ZPO: BGH v. 20.1.2009 – VIII ZA 21/08, FamRZ 2009, 685 – ohne Gründe; BGH v. 8.11.1989 – IVb ZB 110/89, NJW-RR 1990, 451; BGH v. 9.1.1985 – IVb ZB 142/84, VersR 1985, 271; BGH v. 7.2.1977 – VII ZB 22/76, VersR 1977, 432.
10 BGH v. 29.5.2008 – IX ZB 197/07, NJW 2008, 3500 ausdrücklich zur Rechtsbeschwerde gem. § 575 Abs. 2 ZPO; ebenso der XII. Senat zur Beschwerdebegründungsfrist, die allerdings bei § 17 keine Rolle spielt wegen §§ 117 Abs. 1, Abs. 5; 113 Abs. 1; obiter dicta: BGH v. 28.11.2012 – XII ZB 169/12, NJW 2013, 471; BGH v. 11.6.2008 – XII ZB 184/05, MDR 2008, 1729.

Auf die **Beschwerdebegründungsfrist** nach § 117 Abs. 1 Satz 2 in Ehe- und Familienstreitsachen findet § 17 keine Anwendung, vielmehr gelten für diese die Vorschriften der ZPO (vgl. § 113 Abs. 1 und oben Rz. 4).[1] Zur Begründung der Beschwerde in den übrigen Verfahren, für die die §§ 2 – 37 Anwendung finden, ist eine gesetzliche Frist nicht vorgesehen, so dass Säumnis iSd. § 17 nicht entstehen kann (vgl. § 65 Abs. 2). Ebenso wenig ist für die sofortige Beschwerde nach §§ 565 ff. ZPO – maßgeblich als Rechtsmittel für einige Zwischenentscheidungen – eine gesetzliche Begründungsfrist vorgegeben (vgl. § 571 Abs. 1 ZPO).

22b Weiteres Erfordernis einer Wiedereinsetzung ist die **Ursächlichkeit der Mittellosigkeit** für die Fristversäumung.[2] Die Ursächlichkeit wird nicht dadurch in Frage gestellt, dass der anwaltliche Vertreter des mittellosen Beteiligten, der die Rechtsmitteleinlegung von der Bewilligung der Verfahrenskostenhilfe abhängig macht, dem Gesuch eine Begründung für das beabsichtigte Rechtsmittel beifügt und diese erkennbar als Entwurf bezeichnet. Die (uU wünschenswerte) Begründung ist noch ein Entwurf und nicht mit einer vollständig erstellten Berufungsbegründung gleichzusetzen.[3]

f) Verschulden des bevollmächtigten Rechtsanwalts

23 Ein schuldhaftes Verhalten des Rechtsanwalts bei der Fristversäumung ist dem Beteiligten über § 11 Satz 5 FamFG, § 85 Abs. 2 ZPO wie im Zivilprozess zuzurechnen. Als Vertreter des Beteiligten gelten der Verfahrensbevollmächtigte und seine Sozien, der Verkehrsanwalt, der Unterbevollmächtigte des Rechtsanwalts, der zur selbständigen Bearbeitung von Sachen angestellte Rechtsanwalt und der Urlaubsvertreter.[4] Zum **Verschulden des Rechtsanwalts** im Rahmen des § 233 ZPO findet sich umfangreiche Rechtsprechung des BGH, die zwischen dem **eigenen Verschulden** des Rechtsanwalts und dem des **Büropersonals** unterscheidet.[5] Vorhersehbare Arbeitsüberlastung ist kein Entschuldigungsgrund.[6] Schuldhafte Versäumnisse des Personals fallen nur dann dem Rechtsanwalt und damit dem Beteiligten zur Last, wenn sie auf einem **Organisationsmangel** bei Arbeitsabläufen, insbesondere bei der Fristenkontrolle oder der Ausgangskontrolle beruhen.

23a – **Allgemeine Anforderungen an die Büroorganisation**

Der Rechtsanwalt hat die Einhaltung der Fristen organisatorisch so zu regeln, dass mögliche Fehlerquellen ausgeschaltet werden.[7] Dies ist vor allem durch die Führung eines Fristenkalenders sicherzustellen, wobei der Rechtsanwalt dafür Sorge zu tragen hat, dass in diesen die Fristen zum frühestmöglichen Zeitpunkt eingetragen werden.[8] Zur Umsetzung dieser Anforderungen sind **allgemeine verbindliche Anweisungen** des Rechtsanwalts gegenüber seinem Personal erforderlich, die die Erfüllung dieser Verpflichtungen sicherstellen.[9] Für die Festlegung und Organisation dieser allgemeinen, verbindlichen Anweisungen ist ein Rechtsanwalt selbst verantwortlich; er kann sich nicht durch Übernahme allgemeiner Regeln aus einem Handbuch zum Büro-/Qualitätsmanagement entlasten.[10]

---

1 OLG Koblenz v. 26.3.1010 – 13 UF 159/10, FamRZ 2011, 232; OLG Düsseldorf v. 1.7.2010 – 7 UF 79/10, FamRZ 2010, 2012.
2 BGH v. 28.11.2012 – XII ZB 235/09, MDR 2013, 110; BGH v. 8.2.2012 – XII ZB 462/11, FamRZ 2012, 705; BGH v. 6.5.2008 – VI ZB 16/07, NJW 2008, 2855 mwN.
3 BGH v. 28.11.2012 – XII ZB 235/09, MDR 2013, 110; BGH v. 29.3.2012 – IV ZB 16/11, NJW 2012, 2041; BGH v. 16.11.2010 – VIII ZB 55/10, NJW 2011, 230 in Abgrenzung zu BGH v. 6.5.2008 – VI ZB 16/07, NJW 2008, 2855, wonach eine während des Laufs der Rechtsmittelfrist erstellte Berufungsbegründung die Ursächlichkeit zwischen Mittellosigkeit und Fristversäumnis entfallen lässt.
4 Zöller/*Greger*, § 233 ZPO Rz. 23 „Mehrere Anwälte".
5 Dazu eingehend: Zöller/*Greger*, § 233 ZPO Rz. 23 Einzelfälle: ua. „Büropersonal", „Rechtsanwalt", „Fristenbehandlung".
6 BGH v. 8.5.2013 – XII ZB 396/12, NJW 2013, 2035.
7 BGH v. 22.3.2011 – II ZB 19/09, NJW 2011, 1599.
8 BGH v. 10.3.2011 – VII ZB 37/10, NJW 2011,1597; BGH v. 22.3.2011 – II ZB 19/09, NJW 2011, 1598.
9 BGH v. 8.1.2013 – VI ZB 78/11, MDR 2013, 233 mwN.; zur erforderlichen Vorfrist: wiederholt zB BGH v. 24.1.2012 – II ZB 3/11, MDR 2012, 485.
10 BGH v. 22.9.2010 – XII ZB 117/10, FamRZ 2010, 2063.

Die Fristen- und Ausgangskontrolle darf ein Rechtsanwalt in zulässiger Weise seinen Büroangestellten übertragen. Der Rechtsanwalt genügt in diesem Fall seinen Pflichten, indem er eine fachlich einwandfreie Kanzleiorganisation sicherstellt und seine mit der Fristen- und Ausgangskontrolle betrauten Angestellten sorgfältig aussucht und etwa durch Stichproben kontrolliert. Wird er diesen Anforderungen gerecht, so ist es ihm nicht als eigenes Verschulden anzulasten, wenn seine Angestellten im Einzelfall die Fristen- oder die Ausgangskontrolle nicht oder nicht ausreichend durchführen.[1] Besondere Kontrollpflichten entstehen bei wichtigen Vorgängen wie Rechtsmittelfristnotierung, wenn diese **nur mündlich** erteilt werden; dann sind organisatorische Vorkehrungen gegen ein Unterbleiben zu treffen.[2]

– **Fristenkalender** 23b

Der Fristenkalender ist so zu führen, dass gleichzeitig der Fristeneintrag in die Handakten und der dortige Vermerk des Eintrags in den Fristenkalender erfolgen,[3] sowie daneben zeitgleich eine Vorfrist vermerkt wird. Fehlt eine allgemeine Anweisung zur Notierung einer **Vorfrist**, so ist schon die Organisation der Rechtsanwaltskanzlei mangelhaft und begründet damit einen Organisationsfehler.[4] Auch für **Anträge auf Fristverlängerung** sind entsprechende organisatorische Vorkehrungen zu treffen. Das beantragte Fristende muss bei oder alsbald nach Einreichung des Verlängerungsantrags im Fristenkalender eingetragen und als vorläufig gekennzeichnet sein, und nach Eingang der gerichtlichen Mitteilung muss dieser Eintrag überprüft und anschließend das wirkliche Fristende sowie eine erforderliche Vorfrist notiert werden.[5]

Werden **zwei Fristenkalender** geführt, muss durch eine allgemeine Anweisung gesichert sein, dass der Erledigungsvermerk in der Handakte über den Eintrag der Fristen erst erfolgt, wenn die Frist in beiden Kalendern notiert ist.[6] Besondere Aufmerksamkeit ist geboten, wenn in **verschiedenen Verfahren gleicher Parteien** verschiedene Fristen für Rechtsmittel und Rechtsmittelbegründungen zu notieren sind, wie es in familienrechtlichen Streitigkeiten häufig vorkommt. Hier ist zu verhindern, dass eine Verwechselung entsteht, die eine Fristversäumung zur Folge haben könnte. Als solche Maßnahmen sind geeignete Anweisungen, eventuell auf Anbringung eindeutiger Erkennungszeichen für die verschiedenen Verfahren, geboten.[7]

Für **EDV-gestützte Fristenkalender** wird verlangt, dass dieselben Sicherheitsvorkehrungen zur Fristenbeachtung wie bei einem herkömmlichen Fristenkalender zu treffen sind. Der elektronische Kalender muss dieselbe Überprüfungssicherheit bieten wie ein körperlicher Kalender. Gegen ein versehentliches Löschen sind effektive Sicherungsmaßnahmen einzurichten.[8] Eingaben in den elektronischen Kalender sind zeitnah durch Ausgabe der eingegebenen Einzelvorgänge über einen Drucker zu kontrollieren; das Fehlen eines Kontrollausdrucks stellt bereits ein anwaltliches Organisationsverschulden dar.[9]

Bei **Fristverlängerungsgesuchen** hat der Rechtsanwalt die Pflicht, durch geeignete Organisationsmaßnahmen sicherzustellen, dass bei Ausbleiben einer Reaktion des Gerichts noch **vor Ablauf der beantragten verlängerten Frist** Nachfrage bei Gericht gehalten wird, ob dem Antrag stattgegeben wird. Die Frist für einen etwaigen Wiedereinsetzungsantrag beginnt in diesem Fall spätestens zu dem Zeitpunkt, in dem eine

---

1 St. Rspr., BGH v. 12.9.2012 – XII ZB 528/11, MDR 2012, 1317 mwN; BGH v. 22.6.2004 – VI ZB 10/04, FamRZ 2004, 1711.
2 BGH v. 7.3.2012 – XII ZB 277/11, FamRZ 2012, 863; BGH v. 15.5.2012 – VI ZB 27/11, MDR 2012, 795.
3 BGH v. 22.3.2011 – II ZB 19/09, MDR 2011, 684 mwN.
4 BGH v. 24.1.2012 – II ZB 3/11, MDR 2012, 485.
5 BGH v. 22.3.2011 – II ZB 19/09, MDR 2011, 684 mwN.
6 BGH v. 10.3.2011 – VII ZB 37/10, NJW 2011, 1597.
7 BGH v. 6.10.2010 – XII ZB 66/10, XII ZB 67/10, FamRZ 2011, 29.
8 BGH v. 27.3.2012 – II ZB 10/11, MDR 2012, 665; BGH v. 21.10.2010 – IX ZB 115/10, HFR 2011, 706.
9 BGH v. 2.2.2010 – XI ZB 23/08, XI ZB 24/08, NJW 2010, 1363.

klärende Antwort zu erwarten gewesen wäre.[1] **Keine Erkundigungspflicht** besteht dagegen nach st. Rspr. bezüglich der erstmaligen Verlängerung der Berufungsbegründungsfrist (entsprechend wohl für die Rechtsbeschwerdebegründungspflicht) unter Angabe eines erheblichen Grundes; der Anwalt darf in diesem Fall darauf vertrauen, dass einem Verlängerungsantrag stattgegeben wird.[2] Auch bezüglich des rechtzeitigen Eingangs des Fristverlängerungsantrags bei Gericht besteht keine Nachfragepflicht, wenn der Rechtsanwalt seinen Antrag rechtzeitig abgeschickt hat.[3]

23c – **Adressierung**

Für die zutreffende **Adressierung des Schriftsatzes** trägt grundsätzlich der Rechtsanwalt die Verantwortung. Er muss sich bei Unterzeichnung davon überzeugen, dass die Rechtsmittelschrift zutreffend adressiert ist. Diese Aufgabe darf nicht auf sein Personal, auch nicht auf gut geschultes und erfahrenes übertragen werden.[4] Unvorhersehbare, plötzlich eingetretene Belastungssituationen (wie plötzliche Erkrankungen oder zeitweise Überlastung nach Kanzleiumzug) können den Rechtsanwalt nicht entlasten.[5]

23d – **Ausgangskontrolle**

Es liegt im **Verantwortungsbereich** des Rechtsanwalts, dafür zu sorgen, dass die für den Postversand vorgesehenen Schriftsätze zuverlässig auf den Postweg gebracht werden.

Die Frist im Fristenkalender darf erst gelöscht werden, wenn das Schriftstück im **Postausgangsfach der Kanzlei („letzte Station")** eingelegt worden ist. Die Erledigung fristgebundener Sachen ist am Abend anhand des Fristenkalenders zu überprüfen.[6] Die mit der Kontrolle beauftragte Person muss sich entsprechend der anwaltlichen Anweisung anhand der Akte oder des postfertigen Schriftsatzes davon überzeugen, dass zweifelsfrei nichts mehr zu veranlassen ist.[7] „Postfertig" bedeutet, dass nur noch bloßes Frankieren erforderlich ist, das Kuvertieren muss abgeschlossen sein.[8]

Auch bei Führung eines elektronischen Kalenders muss sich die für die Kontrolle zuständige Person vor Fristlöschung durch Einblick in die Akten oder Durchsicht des Schriftsatzes vergewissert haben, dass alles Erforderliche getan worden ist, was in einer allgemeinen Anweisung geregelt sein muss.[9] Bei Vorliegen einer ordnungsgemäßen Ausgangskontrolle besteht keine weitere Überprüfungspflicht des Rechtsanwalts.[10] Unterläuft einer sonst zuverlässigen Mitarbeiterin bei Versendung ein Fehler, ohne dass ein sonstiges Organisationsverschulden vorliegt, begründet dies kein Anwaltsverschulden.[11]

23e – **Einzelanweisungen**

Ein Rechtsanwalt kann seiner Verpflichtung zur Fristenkontrolle auch durch Erteilung von Einzelanweisungen nachkommen. Soweit diese ordnungsgemäß ausrei-

---

1 BGH v. 5.6.2012 – VI ZB 16/12, MDR 2012, 1056; BGH v. 13.10. 2011 – VII ZR 29/11, MDR 2011, 1496.
2 BGH v. 13.10.2011 – VII ZR 29/11, MDR 2011, 1496 unter Verweis auf BGH v. 11.9.2007 – VIII ZB 73/05, juris; BGH v. 10.3.2009 – VIII ZB 55/06, NJW-RR 2009, 933; BGH v. 16.4.2009 – VII ZB 66/08, BauR 2009, 1328.
3 Zuletzt BGH v. 5.6.2012 – VI ZB 16/12, MDR 2012, 1056.
4 BGH v. 8.2.2012 – XII ZB 165/11, FamRZ 2012, 623; BGH v. 1.2.2012 – XII ZB 298/11, FamRZ 2012, 621.
5 BGH v. 8.2.2012 – XII ZB 165/11, FamRZ 2012, 623; BGH v. 1.2.2012 – XII ZB 298/11, FamRZ 2012, 621.
6 BGH v. 15.6.2011 – XII ZB 572/10, MDR 2011, 933; BGH v. 12.4.2011 – VI ZB 6/10, MDR 2011, 809 mit weiteren Hinweisen auf die st. Rspr.; BGH v. 17.1.2012 – VI ZB 11/11, MDR 2012, 486; bei Übermittlung durch Telefax: vgl. BGH v. 22.9.2010 – XII ZB 117/10, FamRZ 2010, 2063.
7 BGH v. 8.1.2013 – VI ZB 78/11, MDR 2013, 239; BGH v. 27.3.2012 – II ZB 10/11, MDR 2012, 665; BGH v. 10.7.1997 – IX ZB 57/97, NJW 1997, 3177.
8 BGH v. 12.4.2011 – VI ZB 6/10, MDR 2011, 809.
9 BGH v. 27.3.2012 – II ZB 10/11, FamRZ 2012, 1052.
10 BGH v. 12.9.2012 – XII ZB 528/11, MDR 2012, 1317.
11 BGH v. 20.7.2011 – XII ZB 139/11, FamRZ 2011, 1727.

chend konkret **schriftlich** niedergelegt sind, bedarf es keiner Überprüfung mehr zur Ausführung.[1] Soweit die Anweisungen nur **mündlich** erteilt worden sind, gilt das nicht uneingeschränkt, Vielmehr ist bei wichtigen Vorgängen (Rechtsmittelfristen; Adresskorrektur bei Rechtsmitteleinlegung) Sorge zu tragen, dass die mündlichen Anweisungen tatsächlich ausgeführt werden. Erforderlich sind ausreichende Sicherheitsvorkehrungen dagegen, dass die zu treffende Maßnahme unterbleibt.[2] Fällt dem Rechtsanwalt bei Unterschrift zwar ein Fehler auf, dessen **Korrektur er mündlich anmahnt**, weist er indessen nicht zugleich darauf hin, dass der Schriftsatz wegen Fristablaufs am gleichen Tag per Telefax zu übersenden ist, beruht schon wegen dieses Versäumnisses die Verspätung auf einem Anwaltsverschulden.[3] Ebenso wenig ist ein Rechtsanwalt entlastet, wenn er einen falsch adressierten Rechtsmittelschriftsatz unterschreibt, ohne diesen Fehler handschriftlich zu korrigieren, und stattdessen seine Bürokraft nur mündlich um – nicht mehr überprüfte – Korrektur bittet.[4]

– **Fristenprüfung** 23f

Ein Rechtsanwalt hat regelmäßig zu überprüfen, ob die Rechtsmittel- und Rechtsmittelbegründungsfristen **korrekt eingetragen** sind, wenn ihm die Akten im Zusammenhang mit einer fristgebundenen Prozesshandlung vorgelegt werden. Übersieht er bei dieser Gelegenheit eine fehlerhafte Fristeintragung, begründet dies anwaltliches Verschulden. Es besteht für ihn die Verpflichtung, stets auch alle weiteren unerledigten Fristen einschließlich deren korrekter Notierung in den Handakten zu kontrollieren.[5]

Auch bei Vorlage vermeintlich **nicht fristgebundener Akten** muss ein Rechtsanwalt jedenfalls binnen angemessener Zeit – regelmäßig **binnen einer Woche** – die Akten darauf durchsehen, was zu tun ist und wie lange er sich mit der Bearbeitung Zeit lassen kann. Geschieht dies nicht, trifft den Rechtsanwalt ein eigenes Verschulden an einer Fristsäumnis, auch wenn das sonst zuverlässige Personal die Akten versehentlich als nicht fristgebunden vorgelegt hat.[6]

– **Fehlende Kausalität trotz Verschulden des anwaltlichen Vertreters** 23g

Ein vom Gericht unterlassener Hinweis, der aufgrund der **Fürsorgepflicht** nach den Grundsätzen des fairen Verfahrens geboten gewesen wäre, kann dazu führen, dass ein anwaltlicher Fehler für die Fristsäumnis nicht mehr ursächlich wird. Geht eine Rechtsmittelschrift so zeitig vor Fristablauf bei dem zuständigen Gericht ein, dass nach einem gerichtlichen Hinweis auf einen etwaigen Mangel der Rechtsmittelschrift dieser Mangel innerhalb der Frist behoben werden kann, ist dem Rechtsmittelführer trotz etwaigen Verschuldens seines Vertreters Wiedereinsetzung zu gewähren, wenn das Gericht diesen Hinweis unterlässt. Der Mangel einer fehlenden Unterschrift ist bspw. unschwer zu erkennen und kann bei entsprechendem Hinweis in einem Zeitraum von zehn Tagen nachgeholt werden.[7]

g) **Versendung per Telefax**

Der Rechtsanwalt hat sein Büro so zu organisieren, dass bei der Übermittlung 23h fristgebundener Schriftsätze per Telefax ebenfalls **Regelungen** für eine besondere **Ausgangskontrolle** festgelegt und beachtet werden. Eine schriftliche Anweisung, den

---

1 BGH v. 7.3.2012 – XII ZB 277/11, FamRZ 2012, 863; BGH v. 17.8.2011 – I ZB 21/11, MDR 2011, 1448; BGH v. 21.4.2010 – XII ZB 64/09, FamRZ 2010, 1087; BGH v. 20.9.2011 – VI ZB 23/11, MDR 2011, 1442; BGH v. 9.12.2009 – XII ZB 154/09, MDR 2010, 400.
2 BGH v. 23.1.2013 – XII ZB 559/12, AnwBl 2013, 294; BGH v. 7.3.2012 – XII ZB 277/11, FamRZ 2012, 863; BGH v. 15.5.2012 – VI ZB 27/11, MDR 2012, 795; BGH v. 8.2.2012 – XII ZB 165/11, FamRZ 2012, 623.
3 BGH v. 26.6.2012 – VI ZB 12/12, NJW 2012, 3309.
4 BGH v. 17.8.2011 – I ZB 21/11, MDR 2011, 1448.
5 BGH v. 23.1.2013 – XII ZB 167/11, FamRZ 2013, 1117; BGH v. 19.10.2011 – XII ZB 250/11, FamRZ 2012, 106; BGH v. 2.11.2011 – XII ZB 317/11, FamRZ 2012, 108; BGH v. 5.6.2012 – VI ZB 76/11, MDR 2012, 990; BGH v. 12.9.2012 – XII ZB 528/11, MDR 2012, 1317.
6 BGH v. 29.3.2011 – VI ZB 25/10, NJW 2011, 1600.
7 BGH v. 14.10.2008 – VI ZB 37/08, FamRZ 2009, 321.

Schriftsatz „noch heute" an das Rechtsmittelgericht zu faxen, macht eine ausreichende Ausgangs- und Fristenkontrolle nicht entbehrlich.[1] Die Kontrolle der ordnungsgemäßen Übermittlung muss durch die Angestellten anhand des **Ausdrucks** oder des **Sendeprotokolls** erfolgen, und zwar dahingehend, ob die Übermittlung vollständig und an den richtigen Empfänger erfolgt ist.[2] Nicht genügend ist eine allgemeine Weisung, die Frist erst nach telefonischer Rückfrage bei dem Empfänger und Fertigung eines entsprechenden Vermerks zu streichen, weil in dem Fall, dass der Schriftsatz am letzten Tag der Frist nach Dienstschluss übermittelt wird, die Gefahr besteht, dass eine telefonische Bestätigung durch den Empfänger nicht mehr erfolgen kann und damit keine ausreichenden Vorkehrungen zur Vermeidung einer Fristversäumung getroffen werden können.[3] Die Ausgangskontrolle durch das Büropersonal erfordert eine selbständige Prüfung der gerichtlichen Telefaxnummer daraufhin, dass die angewählte Faxnummer nach **Abgleich mit einem aktuellen Verzeichnis** dem aktuellen Stand entspricht[4] bzw. dass sie tatsächlich einem Schreiben des Empfangsgerichts und nicht dem eines anderen Gerichts, wie zB einem früher mit der Sache befassten Gericht entstammt.[5] Zum Nachweis der zutreffenden Uhrzeit auf dem per Telefax eingereichten Schriftsatz muss nachgewiesen werden, dass die Zeiteinstellung in dem verwendeten Faxgerät entweder selbständig stetig mit der gesetzlichen Zeit abgeglichen wird oder dass der Rechtsanwalt die Zeiteinstellung regelmäßig überprüft.[6] Erst nach einer entsprechenden Kontrolle darf die Frist im **Fristenkalender gestrichen** werden.[7] Bei Störungen der Übertragung hat der Absender mehrere Versuche zu unternehmen, um auszuschließen, dass die Übermittlungsschwierigkeiten in seinem Bereich liegen. Auch bei Belegung des empfangenden Faxgeräts darf der Absender nicht vorschnell aufgeben. Da solche Umstände einkalkuliert werden müssen, ist bei der Faxübersendung eine gewisse **Zeitreserve** einzuplanen.[8]

23i Fehler bei der Übermittlung eines **elektronischen Dokuments** entschuldigen den Rechtsanwalt idR nicht, da er auch hier das Risiko der richtigen Übermittlung trägt und verpflichtet ist, den Eingang des Dokuments zu kontrollieren (im Einzelnen § 14 Rz. 15).

h) Rechtsirrtum

24 Rechtsirrtum oder Unkenntnis des Gesetzes können nur dann einen Wiedereinsetzungsgrund darstellen, wenn sie unverschuldet sind. Das ist der Fall bei einem unvermeidbaren oder entschuldbaren Rechtsirrtum.[9] Bei einem **Rechtsunkundigen** ist dies insbesondere zu bejahen, wenn ihm keine oder eine unzutreffende **Rechtsbehelfsbelehrung** erteilt wurde, die mit § 39 zwingend vorgeschrieben (s. dazu im Einzelnen unten Rz. 29 f.) und im Zivilprozess ab 1.1.2014 vorgesehen ist.[10] Unkenntnis oder Unverständnis trotz Rechtsmittelbelehrung kann bei Minderjährigen, Betreuten, Untergebrachten oder aufgrund Abschiebungshaft inhaftierten Ausländern entschuldbar sein, wenn die Belehrung für diese – uU auch nur teilweise – unverständlich ist. Allerdings wird in diesen Fällen das Gericht aufgrund seiner Fürsorgepflicht oft-

---

1 BGH v. 23.1.2013 – XII ZB 559/12, FamRZ 2013, 695.
2 BGH v. 27.3.2012 – VI ZB 49/11, NJW-RR 2012, 744; BGH v. 22.9.2010 – XII ZB 117/10, FamRZ 2010, 2063; BGH v. 14.5.2008 – XII ZB 34/07, NJW 2008, 2508; BGH v. 18.7.2007 – XII ZB 32/07, FamRZ 2007, 1722 (1723); BGH v. 10.5.2006 – XII ZB 267/04, FamRZ 2006, 1104.
3 BGH v. 22.9.2010 – XII ZB 117/10, FamRZ 2010, 2063 mwN.
4 BGH v. 27.3.2012 – VI ZB 49/11, NJW-RR 2012, 744.
5 BGH v. 14.10.2010 – IX ZB 34/10, NJW 2011, 312 mit Erleichterungen für sog. Altfälle.
6 BGH v. 27.1.2011 – III ZB 55/10, NJW 2011, 859.
7 BGH v. 22.9.2010 – XII ZB 117/10, FamRZ 2010, 2063.
8 BGH v. 6.4.2011 – XII ZB 701/10, NJW 2011, 1972; BGH v. 11.1.2011 – VIII ZB 44/10, JurBüro 2011, 22; BFH v. 15.11.2012 – XI B 70/12, BFH/NV 2013, 401.
9 BGH v. 15.12.2010 – XII ZR 27/09, FamRZ 2011, 362; BGH v. 29.3.1993 – NotZ 14/92, BGHR BNotO § 111 Abs. 4 Satz 2 Wiedereinsetzung 2; BAG v. 11.8.2011 – 9 AZN 806/11, NZA 2011, 1445; BayObLG v. 25.7.1995 – 2 Z BR 47/95, BayObLGReport 1996, 16.
10 Art. 1 Nr. 4 Gesetz zur Einführung einer Rechtsbehelfsbelehrung im Zivilprozess und zur Änderung anderer Vorschriften v. 5.12.2012 (BGBl. I, 2418).

mals einen Verfahrensbeistand nach § 158 bzw. einen Verfahrenspfleger nach §§ 276, 317, 419 zu bestellen haben, der für den Betroffenen Rechtsmittel einlegen kann, so dass eine Rechtsunkenntnis des Betroffenen nicht ursächlich werden kann. Im Übrigen ist es auch einem juristisch nicht vorgebildeten Beteiligten zumutbar, sich rechtzeitig über mögliche Rechtsmittel zu informieren, wobei insbesondere auf die dafür vorgesehenen kostenlosen Rechtsantragstellen zu verweisen ist.[1] Ein entschuldbarer Rechtsirrtum ist dann anzunehmen, wenn dem nicht anwaltlich beratenen Beteiligten eine falsche oder unvollständige Auskunft durch eine Stelle gegeben wird, auf deren Richtigkeit er vertrauen durfte.[2]

Der Rechtsirrtum bei einem – bevollmächtigten – **Rechtsanwalt** ist im Regelfall **verschuldet** und verhindert eine Wiedereinsetzung.[3] Das gilt zB bei Übersehen des **Anwaltszwangs**, Einlegung bei **unzuständigem Gericht**, irrtümlicher Rücknahme des Rechtsmittels, Einlegung eines **gesetzlich nicht vorgesehenen Rechtsmittels**.[4] Nur ausnahmsweise kann ein Rechtsirrtum auch bei einem Rechtsanwalt wegen einer **unklaren Rechtslage**, insbesondere bei uneinheitlicher und unübersichtlicher Rechtsprechung, oder **unvollständiger Darstellung** in den **gängigen Kommentaren** unverschuldet sein und die Wiedereinsetzung zulassen.[5] Ein solcher Fall liegt auch vor bei unterschiedlichen Rechtsansichten verschiedener Senate des BGH, wenn die Differenzen auf den Fristbeginn Einfluss haben (Fristbeginn für die Berufungsbegründungsfrist bei bewilligter Prozesskostenhilfe: mit Bekanntgabe der Prozesskostenhilfebewilligung oder der Wiedereinsetzung).[6] Eine **unrichtige,** jedoch nicht offensichtlich fehlerhafte **Auskunft der Geschäftsstelle** zur Wirksamkeit einer Zustellung kann den nachfragenden Rechtsanwalt entlasten, eine Pflicht zur weiteren Nachfrage besteht nicht.[7] Widerspricht die Auskunft der Geschäftsstelle allerdings offenkundig der eindeutigen Gesetzeslage („Antrag auf Verlängerung der Beschwerdebegründungsfrist müsse beim Amtsgericht eingereicht werden"), kann diese den Rechtsanwalt nicht entlasten. Denn die Prüfung der notwendigen Formalien eines Rechtsbehelfs ist primär Aufgabe des Rechtsmittelführers, dessen Anwalt Auskünfte der Geschäftsstelle auf ihre Richtigkeit überprüfen muss.[8]

Falls im Betreuungsverfahren ein Volljurist als **Betreuer** bestellt ist, kann dessen Versäumnis, sich rechtzeitig über Form und Frist des beabsichtigten Rechtsmittels zu informieren, nicht entschuldigt werden.[9] Ob dieser Maßstab auch für einen Berufsbetreuer gilt, der nicht Jurist ist, erscheint fraglich.[10]

Die Anforderungen der Rechtsprechung an die **Rechtskenntnisse des Rechtsanwalts** gelten auch und erst recht bei erst vor kurzem **geänderter Gesetzeslage**. Allein deren Vorliegen kann einen Rechtsanwalt nicht entlasten. Vielmehr bedarf es bei sog. Übergangsfällen (zB nach Inkrafttreten des FamFG) eines erhöhten Maßes an Aufmerksamkeit um festzustellen, welche Gesetzesfassung Anwendung findet. Hierzu hat sich der Rechtsanwalt anhand einschlägiger Fachliteratur über den aktuellen Stand der Gesetzgebung und deren Auslegung zu informieren. So ist ein Rechtsirrtum über das **anwendbare Verfahrensrecht** dann nicht unverschuldet, wenn der Rechtsanwalt entgegen erster veröffentlichter Entscheidungen sowie einer

25

25a

---

1 OLG Stuttgart v. 17.4.2012 – 13 U 46/12, JurBüro 2012, 380.
2 BayObLG v. 25.7.1995 – 2 Z BR 47/95, BayObLGReport 1996, 16.
3 BGH v. 17.8.2011 – XII ZB 50/11, NJW 2011, 3240; BGH v. 23.6.2010 – XII ZB 82/10, FamRZ 2010, 1425.
4 BGH v. 23.6.2010 – XII ZB 82/10, FamRZ 2010, 1425; vgl. dazu auch Thomas/Putzo/*Hüßtege*, § 233 ZPO Rz. 31 mit weiteren Beispielen und Nachweisen; zum – nicht entschuldbaren – Rechtsirrtum bei einem **Notar:** BGH v. 24.7.2006 – NotZ 20/06, JurBüro 2006, 669.
5 BGH v. 1.2.1995 – VIII ZB 53/94, NJW 1995, 1095 aE; BGH v. 18.10.1984 – III ZB 22/84, NJW 1985, 495; OLG Köln v. 10.4.2007 – 2 Wx 17/07, OLGReport 2008, 27; ähnlich gelagert BayObLG v. 22.10.2003 – 3 Z BR 197/03, FGPrax 2004, 43.
6 BGH v. 19.12.2012 – XII ZB 169/12, NJW 2013, 471.
7 BGH v. 15.12.2010 – XII ZR 27/09, FamRZ 2011, 362.
8 BGH v. 15.6.2011 – XII ZB 468/10, FamRZ 2011, 1389.
9 OLG Zweibrücken v. 25.3.2003 – 3 W 33/03, FGPrax 2003, 170.
10 So jedoch OLG Zweibrücken v. 14.1.2004 – 3 W 266/03, FGPrax 2004, 74, allerdings mit wenig überzeugender Begr.

Schrifttumsmehrheit von der Geltung des unzutreffenden Verfahrensrechts ausgeht.[1] Entsprechende Anforderungen gelten für die Frage, ob Anwaltszwang besteht.[2] Ggf. ist das Rechtsmittel zur Fristwahrung vorsorglich parallel bei zwei Gerichten einzulegen. Es besteht die Pflicht zur **Wahl des „sichersten Weges"**.[3] Beachtet der Rechtsanwalt diese Grundsätze nicht und legt er das Rechtsmittel beim unzuständigen Gericht ein, steht dieser nicht schuldlose Rechtsirrtum einer Wiedereinsetzung entgegen,[4] wenn nicht für das angegangene Gericht ausreichend Zeit verbleibt, den Schriftsatz im ordentlichen Geschäftsgang an das zuständige Gericht zu übersenden.[5] Eine fehlende oder unrichtige **Rechtsmittelbelehrung**, auch wenn sie nach § 39 vorgeschrieben ist, kann einen **anwaltlichen Rechtsirrtum** nur in Ausnahmefällen entschuldigen (dazu Rz. 33).

i) Wiedereinsetzung für eine Behörde

26 Auch einer Behörde als Beteiligter kann Wiedereinsetzung unter den gesetzlichen Voraussetzungen gewährt werden. Soweit sie vor Rechtsmitteleinlegung Auskünfte der vorgesetzten Dienststelle oder einer anderen Behörde einholt, geht eine dadurch bedingte Verzögerung zu ihren Lasten.[6] Abzustellen ist dabei nicht auf den Kenntnisstand des konkreten Sachbearbeiters, sondern darauf, ob die in Frage stehenden Aufgaben in den Aufgabenkreis dieser Behörde fallen und diese als zuständige Behörde gehalten ist, geeignete Vorkehrungen zu treffen, dass die entsprechenden Rechtskenntnisse bei den Mitarbeitern vorhanden sind. Das betrifft auch die für Rechtsmittel einzuhaltenden Fristen ebenso wie die Kenntnis der Rechtsmittelzuständigkeiten (Zuständigkeit des BGH für Rechtsbeschwerde).[7]

II. Fehlende/fehlerhafte Rechtsmittelbelehrung (Absatz 2)

1. Bedeutung

27 Mit Abs. 2 ist eine gesetzliche Regelung zur Wiedereinsetzung bei fehlender oder unrichtiger Rechtsbehelfsbelehrung, die mit § 39 für jeden Beschluss zwingend vorgeschrieben ist, geschaffen worden. Die Gesetzesfassung bestätigt die frühere Praxis in Betreuungs-, Unterbringungs- und Freiheitsentziehungsverfahren, regelmäßig Rechtsbehelfsbelehrungen zu erteilen. Mit § 232 ZPO idF ab 1.1.2014[8] ist eine Rechtsbehelfsbelehrung ab diesem Zeitpunkt zwingend für das Zivilverfahren vorgesehen, soweit kein Anwaltszwang besteht.

2. Regelungszweck

28 Die Vorschrift bestimmt die Folgen einer **unterbliebenen oder fehlerhaften Rechtsmittelbelehrung**. Eine unterbliebene oder unrichtige Belehrung hindert nicht den Lauf der Rechtsmittelfristen und hat **keinen Einfluss auf den Eintritt der Rechtskraft**.[9] Es wird zugunsten desjenigen Beteiligten, der keine oder eine unrich-

---

1 BGH v. 3.11.2010 – XII ZB 197/10, FamRZ 2011, 100; BGH v. 25.11.2009 – XII ZR 8/08, FamRZ 2010, 192.
2 BGH v. 23.6.2010 – XII ZB 82/10, FamRZ 2010, 1425.
3 Ausdrücklich OLG Zweibrücken v. 13.12.2010 – 5 WF 159/10, FamFR 2011, 119.
4 BGH v. 3.11.2010 – XII ZB 197/10, FamRZ 2011, 100; ähnlich hinsichtlich der Anforderungen OLG Zweibrücken v. 13.12.2010 – 5 WF 159/10, FamFR 2011, 119; OLG Düsseldorf v. 1.7.2010 – 7 UF 79/10, FamRZ 2010, 2012; zeitlich vorher hat das OLG Stuttgart noch Wiedereinsetzung bei ähnlicher Sachlage gewährt: OLG Stuttgart v. 22.10.2009 – 18 UF 233/09, FGPrax 2010, 59.
5 BGH v. 17.8.2011 – XII ZB 50/11, FamRZ 2011, 1649; BGH v. 20.4.2011 – VII ZB 78/09, MDR 2011, 747; vgl. Rz. 19.
6 BFH v. 6.11.2012 – VIII R 40/10, BFH/NV 2013, 397 mwN; Keidel/*Sternal*, § 17 FamFG Rz. 38.
7 BGH v. 27.2.2013 – XII ZB 6/13, FamRZ 2013, 779; BGH v. 23.11.2011 – IV ZB 15/11, FamRZ 2012, 367 grundlegend zur Verschuldens – bzw. Kausalitätsfrage bei Fristsäumnis durch eine Behörde.
8 Art. 1 Nr. 4 Gesetz zur Einführung einer Rechtsbehelfsbelehrung im Zivilprozess und zur Änderung anderer Vorschriften v. 5.12.2012 (BGBl. I, 2418).
9 BGH v. 13.1.2010 – XII ZB 248/09, FamRZ 2010, 365; OLG Stuttgart v. 14.10.2009 – 16 WF 193/09, FGPrax 2010, 59.

tige Belehrung erhalten hat, vermutet, dass er ohne Verschulden verhindert war, die Frist zur Einlegung des Rechtsmittels oder Rechtsbehelfs einzuhalten. Damit wird einerseits dem Interesse der Beteiligten an einem möglichst raschen, rechtskräftigen Abschluss des Verfahrens entgegengekommen, andererseits wird dem nicht ordnungsgemäß belehrten Beteiligten die Einlegung eines Rechtsbehelfs nicht unzumutbar erschwert.[1] Die Rechtsbehelfsbelehrung muss neben der Bezeichnung des statthaften Rechtsmittels oder Rechtsbehelfs das für die Entgegennahme zuständige Gericht, dessen vollständige Anschrift sowie Frist- und Formerfordernisse und einen Hinweis auf möglichen Anwaltszwang beinhalten.[2]

3. Vermutung des fehlenden Verschuldens

Der Wortlaut des Abs. 2 lässt offen, ob die Vermutung des fehlenden Verschuldens widerlegbar ist. Die höchstrichterliche Rechtsprechung[3] sieht die Vermutung jedenfalls bei anwaltlich vertretenen Beteiligten als widerlegbar an und hat damit diese bisher ungeklärte Frage entschieden.[4] Die **Vermutung des fehlenden Verschuldens** greift bei **nicht anwaltlich vertretenen Beteiligten** regelmäßig durch.[5] Daneben ist sowohl bei diesen wie bei den durch einen Rechtsanwalt vertretenen Beteiligten zusätzlich immer die **Kausalität** der fehlerhaften/fehlenden Rechtsbehelfsbelehrung wie auch die des Verschuldens für die Säumnis zu prüfen (s. Rz. 31).

29

Für den Einwand der fehlenden oder fehlerhaften Rechtsmittelbelehrung reicht es zunächst aus, dass sich der **nicht anwaltlich vertretene Beteiligte** darauf beruft. Die Rechtsbehelfsbelehrung muss konkret und klar gefasst sein und auf den **Anwaltszwang** für die Rechtsmittelinstanz hinweisen. Ein Nichtverschulden liegt vor, wenn dieser Hinweis fehlt und der Antragsteller im Vertrauen darauf das Rechtsmittel persönlich einlegt.[6] Entsprechendes gilt, wenn bei fehlendem Hinweis auf den Anwaltszwang ein Beteiligter persönlich Beschwerde mit dem Hinweis einlegt, er habe seinem Rechtsanwalt das Mandat gekündigt. Weist das angegangene Gericht bei noch ausreichend verbleibendem Zeitrahmen nicht auf den Anwaltszwang hin, und kommt es deshalb zur Säumnis, ist Wiedereinsetzung zu gewähren.[7] Im Zweifel ist bei einer fehlenden oder inhaltlich unrichtigen Rechtsbehelfsbelehrung dem anwaltlich nicht vertretenen Beteiligten regelmäßig, ggf. von Amts wegen Wiedereinsetzung zu gewähren.[8]

30

Der Nachweis, dass entgegen dem Vorbringen des Antragstellers eine Rechtsbehelfsbelehrung erfolgt ist, obliegt dem Gericht. Die Erteilung einer Rechtsmittelbelehrung ist **aktenkundig** zu machen. Fehlt ein entsprechender Vermerk in den Akten bzw. lässt die Entscheidung nicht erkennen, dass eine Rechtsmittelbelehrung beigefügt war, so kann nicht von einer erteilten Rechtsmittelbelehrung ausgegangen werden. Verbleibende Zweifel aufgrund der Aktenlage gehen nicht zulasten des Antragstellers.

---

1 So BT-Drucks. 16/6308, S. 183 unter Verweis auf BGH v. 2.5.2002 – V ZB 36/01, NJW 2002, 2171; ebenso BT-Drucks. 17/10490, S. 23 zum Entwurf des Gesetzes zur Einführung einer Rechtsbehelfsbelehrung im Zivilprozess und zur Änderung anderer Vorschriften.
2 BGH v. 23.6.2010 – XII ZB 82/10, FamRZ 2010, 1425; BGH v. 15.6.2011 – XII ZB 468/10, FamRZ 2011, 1389; vgl. auch § 39 Rz. 14 ff.
3 BGH v. 13.6.2012 – XII ZB, FamRZ 2012, 1287, wobei ein Rechtsirrtum und fehlende Kausalität nebeneinander geprüft werden; BGH v. 12.1.2012 – V ZB 198/11, V ZB 199/11, MDR 2012, 362, stellt nur auf Verschulden ab; ebenso OLG Saarbrücken v. 7.11.2012 – 6 UF 390/12, juris; OLG Hamm v. 6.9.2012 – 14 WF 149/12, juris.
4 Vgl. Vorauflage, § 17 Rz. 29; ebenso Keidel/*Sternal*, § 17 Rz. 36: nicht widerlegbar; aA: widerlegbar: Schulte-Bunert/Weinreich/*Brinkmann*, § 17 Rz. 37; OLG Oldenburg v. 22.12.2011 – 10 W 11/11, FamRZ 2012, 1829; OLG Rostock v. 28.12.2010 – 10 UF 199/10, FamRZ 2011, 968.
5 BGH v. 13.1.2010 – XII ZB 248/09, FamRZ 2010, 365.
6 BGH v. 22.8.2012 – XII ZB 141/12, FamRZ 2012, 1796; OLG Hamm v. 8.11.2010 – 8 UF 167/10, FamR 2011, 130.
7 OLG Karlsruhe v. 25.5.2011 – 5 UF 76/11, MDR 2011, 919.
8 KG v. 6.4.2011 – 13 UF 37/11, FamRZ 2011, 1663; OLG Dresden v. 6.4.2010 – 21 WF 160/10, FamRZ 2010, 1754; OLG Schleswig v. 28.6.2010 – 15 WF 198/10, SchlHA 2011, 36.

Im Verfahrenskostenhilfeprüfungsverfahren der Familienstreitsachen ist § 17 Abs. 2 analog anzuwenden.[1]

4. Kausalität

31 Wird eine unverschuldete Fristversäumung festgestellt, so ist im nächsten Schritt die Ursächlichkeit zwischen der fehlenden Rechtsmittelbelehrung und der verspäteten Rechtsmitteleinlegung zu prüfen. Nach der Begründung des RegE ist eine Wiedereinsetzung in denjenigen Fällen ausgeschlossen, in denen der Beteiligte wegen Kenntnis über seine Rechtsmittel keiner Belehrung mehr bedarf. Damit wird „der geringeren Schutzbedürftigkeit anwaltlich vertretener Beteiligter" Rechnung getragen.[2]

32 Bei dem nicht anwaltlich Vertretenen wird auch die **Ursächlichkeit** idR ohne weitere Prüfung anzunehmen sein.[3]

33 Die Kausalität ist hingegen im Einzelfall zu prüfen, wenn es sich um einen **rechtskundigen Beteiligten** handelt, wie zB einen Rechtsanwalt, Notar oder eine Behörde, die in dem ihr zugewiesenen Aufgabenbereich tätig wird.[4] Dasselbe gilt für Beteiligte, die durch einen **Rechtsanwalt vertreten** sind. Der Gesetzgeber hat anlässlich der Beratung des Gesetzes zur Einführung einer Rechtsbehelfsbelehrung im Zivilprozess und zur Änderung anderer Vorschriften v. 5.12.2012 zur Kausalitätsfrage Stellung genommen: Danach ist eine Wiedereinsetzung ausgeschlossen, wenn der Beteiligte wegen vorhandener Kenntnis über die Rechtsbehelfe keiner Unterstützung durch eine Rechtsbehelfsbelehrung bedarf. Die Schutzbedürftigkeit dieser Beteiligten ist geringer als diejenige der Personen, die keine anwaltliche Unterstützung erfahren. Allerdings **entfällt nicht automatisch** die Kausalität, wenn ein Beteiligter durch einen Anwalt vertreten wird. Auch ein Rechtsanwalt darf zunächst auf die in der Belehrung mitgeteilten Rechtsbehelfsfristen vertrauen. Ob die Kausalität bei anwaltlicher Vertretung eine Rolle spielt, entscheidet sich nach Art und Bedeutung des Fehlers.[5]

Es ist je nach Art der fehlerhaften Rechtsbehelfsbelehrung zu differenzieren, wobei in der Rechtsprechung nicht immer zwischen fehlendem Verschulden und Kausalität abgegrenzt wird. **Fehlt** eine vorgesehene Rechtsbehelfsbelehrung insgesamt oder ist sie **unvollständig** (zB ohne Hinweis auf den Anwaltszwang), kann der Rechtsanwalt kein Vertrauen auf die Richtigkeit der gerichtlichen Auskunft in Anspruch nehmen. Denn von einem Rechtsanwalt ist zu erwarten, dass er die Grundzüge des Verfahrensrechts und das Rechtsmittelsystem in der jeweiligen Verfahrensart kennt. Das Fehlen oder die Unvollständigkeit der vorgesehenen Rechtsbehelfsbelehrung ist für den entsprechend informierten Rechtsanwalt so offensichtlich, dass die unvollständige oder fehlende Belehrung nicht kausal werden kann.[6]

Handelt es sich dagegen um eine **unrichtige** Rechtsbehelfsbelehrung, die nicht offenkundig fehlerhaft ist, und ist ein dadurch verursachter Rechtsirrtum nachvollziehbar (zB unrichtige richterliche Rechtsmittelbelehrung über das für WEG-Verfahren zentrale Berufungsgericht in einem Bundesland), beruht eine anschließende Fristversäumung auch bei einem anwaltlich vertretenen Rechtsmittelführer darauf und ist entschuldigt.[7] Diese Voraussetzungen können gegeben sein bei einer ungewöhnli-

---

1 OLG Schleswig v. 28.6.2010 – 15 WF 198/10, SchlHA 2011, 36.
2 BGH v. 23.11.2011 – IV ZB 15/11, FamRZ 2012, 367; Begr. RegE, BT-Drucks. 16/6308, S. 183.
3 BGH v. 13.1.2010 – XII ZB 248/09, FamRZ 2010, 365; OLG Dresden v. 6.4.2010 – 21 WF 160/10, FamRZ 2010, 1754; OLG Schleswig v. 28.6.2010 – 15 WF 198/10, SchlHA 2011, 36.
4 BGH v. 27.2.2013 – XII ZB 6/13, FamRZ 2013, 779; BGH v. 23.11.2011 – IV ZB 15/11, FamRZ 2012, 367.
5 Begr. zum GesetzE der BReg., BT-Drucks. 17/10490, S. 23; BGH v. 13.6.2012 – XII ZB 592/11, MDR 2012, 928.
6 BGH v. 13.6.2012 – XII ZB 592/11, MDR 2012, 928; BGH v. 23.6.2010 – XII ZB 82/10, FamRZ 2010, 1425: bei der dortigen Fallgestaltung bedurfte es keiner Rechtsmittelbelehrung; OLG Frankfurt v. 10.5.2012 – 3 UF 52/12, NJW 2012, 3250; OLG Brandenburg v. 7.9.2011 – 9 WF 239/11, FamRZ 2012, 474; OLG Karlsruhe v. 6.7.2010 – 16 UF 76/10, NJW-RR 2010,1223; OLG Stuttgart v. 4.3.2010 – 17 UF 13/10, FamRZ 2010, 1691.
7 BGH v. 12.1.2012 – V ZB 198/11 und V ZB 199/11, MDR 2012, 362.

chen verfahrensrechtlichen Situation.[1] Ein Irrtum eines Rechtsanwalts kann auch entschuldbar sein, wenn die **unrichtige Rechtsmeinung** durch ein Verhalten oder eine – ausdrückliche – **Auskunft** des angegangenen **Gerichts verstärkt wird**, zB weil das Erstgericht die falsch eingelegte – verspätete – Beschwerde an sich zieht oder das Erstgericht fehlerhaft eine zweite Zustellung veranlasst und dazu eine missverständliche Auskunft erteilt.[2] Änderungen der Gesetzeslage entlasten den Rechtsanwalt grundsätzlich nicht. Vielmehr müssen Rechtsbehelfe und Fristen in dieser Situation ggf. mit erhöhter Aufmerksamkeit überprüft und beachtet werden; das gilt auch für die Frage des Anwaltszwangs (vgl. auch Rz. 25a).[3]

18 *Antrag auf Wiedereinsetzung*

(1) Der Antrag auf Wiedereinsetzung ist binnen zwei Wochen nach Wegfall des Hindernisses zu stellen. Ist der Beteiligte verhindert, die Frist zur Begründung der Rechtsbeschwerde einzuhalten, beträgt die Frist einen Monat.
(2) Die Form des Antrags auf Wiedereinsetzung richtet sich nach den Vorschriften, die für die versäumte Verfahrenshandlung gelten.
(3) Die Tatsachen zur Begründung des Antrags sind bei der Antragstellung oder im Verfahren über den Antrag glaubhaft zu machen. Innerhalb der Antragsfrist ist die versäumte Rechtshandlung nachzuholen. Ist dies geschehen, kann die Wiedereinsetzung auch ohne Antrag gewährt werden.
(4) Nach Ablauf eines Jahres, von dem Ende der versäumten Frist an gerechnet, kann Wiedereinsetzung nicht mehr beantragt oder ohne Antrag bewilligt werden.

A. Allgemeines	II. Nachholung der versäumten Rechtshandlung (Abs. 3 Satz 2)
I. Entstehung 1	1. Nachholung einer versäumten Antragstellung oder Rechtsmitteleinlegung 19
II. Bedeutung 2	
B. Inhalt der Vorschrift	
I. Antrag	2. Nachholung der Rechtsbeschwerdebegründung (Abs. 3 Satz 2 iVm. Abs. 1 Satz 2)
1. Fristen (Absätze 1 und 4)	
a) Wiedereinsetzungsfrist 4	a) Verlängerung der Begründungsfrist 21
b) Ausschlussfrist 6	
2. Form (Absatz 2) 8	b) Inhalt der Neuregelung 22
3. Inhalt und Glaubhaftmachung (Absatz 3)	III. Wiedereinsetzung von Amts wegen (Abs. 3 Satz 3) 26
a) Inhalt 15	
b) Glaubhaftmachung 18	

A. Allgemeines

I. Entstehung

Die Vorschrift regelt das **Verfahren** zur Wiedereinsetzung, und zwar in redaktioneller Anlehnung an § 60 Abs. 2 und Abs. 3 VwGO und inhaltlich im Wesentlichen ent- 1

---

[1] OLG Frankfurt v. 10.5.2012 – 3 UF 52/12, NJW 2012, 3250; OLG Oldenburg v. 22.12.2011 – 10 W 11/11, FamRZ 2012, 1829.
[2] BGH v. 15.12.2010 – XII ZR 27/09, FamRZ 2011, 362: Wiedereinsetzung bei anwaltlicher Vertretung, weil das Gericht eine unrichtige Auskunft zur Zweitzustellung gegeben hat; OLG Düsseldorf v. 24.9.2010 – 7 UF 112/10, JAmt 2010, 505, das in diesem Fall dem anwaltlich vertretenen Beteiligten trotz Rechtsmitteleinlegung beim unzuständigen Gericht Wiedereinsetzung gewährt hat.
[3] BGH v. 23.6.2010 – XII ZB 82/10, FamRZ 2010, 1425; OLG Naumburg v. 10.8.2010 – 8 UF 121/10, MDR 2011, 387; OLG Zweibrücken v. 13.12.2010 – 5 WF 159/10, FamFR 2011, 119; OLG Karlsruhe v. 6.7.2010 – 16 UF 76/10, NJW-RR 2010, 1223; OLG Koblenz v. 26.3.2010 – 13 UF 159/10, NJW 2010, 2594; OLG Stuttgart v. 26.3.2010 – 17 UF 13/10, NJW 2010, 197; weniger hohe Anforderungen verlangt OLG Rostock v. 28.12.2010 – 10 UF 199/10, FamRZ 2011, 986, bei einer Beschwerde unter der Geltung des Verfahrensrechts bis August 2009, die während der Übergangszeit einzulegen war.

sprechend § 22 Abs. 2 FGG. § 18 Abs. 3 Satz 2 sieht vor, dass innerhalb der Antragsfrist die versäumte Prozesshandlung nachgeholt wird, was schon bisher von der hM verlangt wurde.[1] § 18 Abs. 3 Satz 3 lässt die Wiedereinsetzung von Amts wegen bei Vorliegen sämtlicher Voraussetzungen zu. Beide Erweiterungen gegenüber der Fassung des § 22 FGG sind mit Blick auf eine Angleichung an die verwaltungsgerichtliche Verfahrensordnung in § 60 Abs. 2 Satz 3 und 4 VwGO geschaffen worden.[2] Im Gesetzgebungsverfahren ist auf Anregung des Bundesrates Abs. 2 in seiner jetzigen Form eingefügt worden, um eine wortgleiche Formulierung mit § 236 Abs. 1 ZPO zu erreichen.[3] Danach unterliegt der Wiedereinsetzungsantrag denselben Formerfordernissen wie die versäumte Rechtshandlung.

Durch Art. 6 Nr. 2 des Gesetzes zur Einführung einer Rechtsbehelfsbelehrung im Zivilprozess und zur Änderung anderer Vorschriften v. 5.12.2012 (BGBl. I, S. 2418) ist für die Nachholung der **Rechtsbeschwerdebegründung** die Frist auf **einen Monat verlängert** worden, Abs. 1 Satz 2 (dazu Rz. 21). Anlass ist die höchstrichterliche Rechtsprechung in dieser Frage, die nach verfassungskonformer Auslegung und in Hinblick auf § 234 Abs. 1 Satz 2 ZPO entgegen dem ursprünglichen Wortlaut von einer Monatsfrist ausgeht.[4]

II. Bedeutung

2 In § 18 werden die **verfahrensmäßigen Anforderungen** an eine Wiedereinsetzung festgelegt. Die Regelung verlangt nach Wegfall des Hindernisses (1) eine alsbaldige (= binnen zwei Wochen erfolgende) Antragstellung, die (2) bestimmten Formerfordernissen genügen muss. Zugleich ist (3) die versäumte Handlung nachzuholen, für die regelmäßig auch eine Frist mit der Sonderregelung für die Rechtsbeschwerdebegründung zu beachten ist. Ferner müssen (4) die Angaben zur Entschuldigung der verspäteten Rechtshandlung glaubhaft gemacht werden. Alternativ ist eine Wiedereinsetzung von Amts wegen möglich. Abs. 4 sieht aus Gründen der Rechtssicherheit eine Ausschlussfrist von einem Jahr vor.

3 In **Ehesachen und Familienstreitsachen** findet § 18 **keine Anwendung**, § 113 Abs. 1. In diesen Verfahren gelten über § 113 Abs. 1 Satz 2 die §§ 233 ff. ZPO. § 117 Abs. 5 verweist bei Versäumung der Begründungsfrist der Beschwerde und Rechtsbeschwerde auf §§ 233 und 234 Abs. 1 Satz 2 ZPO.

B. Inhalt der Vorschrift

I. Antrag

1. Fristen (Absätze 1 und 4)

a) Wiedereinsetzungsfrist

4 Die Frist für den Antrag auf Wiedereinsetzung beträgt **zwei Wochen nach Wegfall des Hindernisses**; innerhalb dieses Zeitraums muss der Antrag bei dem nach § 19 Abs. 1 zuständigen Gericht eingehen. Die Zweiwochenfrist läuft unabhängig von der Dauer der versäumten Frist. Auch wenn diese wie beispielsweise die Beschwerdefrist des § 63 Abs. 1 einen Monat beträgt und damit länger als die Frist des § 18 Abs. 2 ist, hat dies keinen Einfluss auf die Wiedereinsetzungsfrist.[5]

Der Fristlauf beginnt mit dem Tag, an dem das **Hindernis weggefallen** ist. Entscheidend für den Fristbeginn ist der Zeitpunkt, an welchem das der Fristwahrung entgegenstehende Hindernis tatsächlich zu bestehen aufgehört hat oder sein Weiter-

---

[1] Begr. RegE, BT-Drucks. 16/6308, S. 183 mit Hinweis auf die hM zu § 22 Abs. 2 FGG.
[2] Begr. RegE, BT-Drucks. 16/6308, S. 183.
[3] S. Stellungnahme des BR zum RegE, BT-Drucks. 16/6308, S. 361 unter 4.; s. auch Begr. zur Beschlussempfehlung des Rechtsausschusses, BT-Drucks. 16/9733, S. 288.
[4] BGH v. 26.10.2011 – XII ZB 247/11, FamRZ 2012, 99; BGH v. 4.3.2010 – V ZB 222/09, FGPrax 2010, 154.
[5] Zur alten Regelung: Jansen/*Briesemeister*, § 22 FGG Rz. 39.

bestehen nicht mehr als unverschuldet angesehen werden kann.[1] Im Regelfall ist das Hindernis für die Fristwahrung weggefallen, sobald der Beteiligte oder der Verfahrensbevollmächtigte die Fristversäumung **erkannt hat (positive Kenntnis)** oder dies bei Anwendung der gebotenen Sorgfalt **hätte erkennen müssen (fahrlässiges Nicht-Erkennen).**[2]

Im Falle einer **Erkrankung** eines Beteiligten entfällt das Hindernis, wenn der Beteiligte in der Lage ist, einen Verfahrensbevollmächtigten zu beauftragen, oder – soweit kein Anwaltszwang besteht – er selbst in der Lage ist, die versäumte Verfahrenshandlung durchzuführen.[3] Ist der **Verfahrensbevollmächtigte erkrankt**, ist für den Fristbeginn der Wegfall seiner Erkrankung maßgeblich. Dies gilt auch bei einer versäumten Rechtsmittelbegründungsfrist (Fall des § 71 Abs. 2 Satz 2 und 3 iVm § 551 Abs. 2 Satz 5 und 6 ZPO); nicht abzustellen ist auf den Zeitpunkt, in dem die Gegenseite ihre Zustimmung zu einer erneuten Fristverlängerung verweigert.[4]

4a

Bei Vorlage der Handakte zur Fertigung der Berufungsbegründung muss ein verantwortlicher Anwalt die Einhaltung der Rechtsmittelfrist überprüfen.[5] Beruht die Fristversäumnis darauf, dass die **Rechtsmittelbelehrung eine kürzere Frist** als die im Gesetz vorgesehene ausweist und geht der Beteiligte davon aus, dass er die Frist bereits versäumt hat, beginnt die Antragsfrist des § 18 Abs. 1, sobald der Betroffene die Unrichtigkeit der Rechtsbehelfsbelehrung erkennt oder hätte erkennen müssen.[6] Bei einem **Verfahrenskostenhilfegesuch** nach §§ 76 ff. beginnt der Fristlauf bei positiver Entscheidung mit der Bekanntgabe an den Beteiligten oder an dessen Verfahrensbevollmächtigten.[7] Wird die Verfahrenskostenhilfe nicht genehmigt, so bleibt dem Beteiligten noch eine kurze Überlegungsfrist von drei bis vier Tagen, bevor die Antragsfrist zu laufen beginnt.[8] Gegen die **Versäumung der Wiedereinsetzungsfrist** ist ebenfalls **Wiedereinsetzung möglich**, und zwar auch im Falle der Fristversäumnis nach Bekanntgabe der Verfahrenskostenbewilligung.[9] Die **rechtskräftige Verwerfung des Rechtsmittels** wegen Verfristung steht einem **Antrag auf Wiedereinsetzung** in die versäumte Wiedereinsetzungsfrist **nicht entgegen**. Es ist vorrangig zunächst über die beantragte Wiedereinsetzung in die Wiedereinsetzungsfrist zu entscheiden, bei deren Gewährung dem Verwerfungsbeschluss die Grundlage entzogen wird.[10] In diesem Fall ist Wiedereinsetzung innerhalb der Zweiwochenfrist gegen die Versäumung der Antragsfrist sowie der eigentlichen versäumten Frist zu beantragen.

Die Wiedereinsetzungsfrist wird nach § 16 Abs. 2 iVm. § 222 Abs. 1 ZPO, § 187 Abs. 1, 188 Abs. 2 BGB berechnet. Der Tag, an dem das Hindernis wegfällt, zählt nicht mit, § 187 Abs. 1 BGB.

5

---

1 BGH v. 5.4.2011 – VIII ZB 81/10, NJW 2011, 1601; BGH v. 12.11.1997 – XII ZB 66/97, FamRZ 1998, 359 mwN; Keidel/*Sternal*, § 18 FamFG Rz. 10.
2 St. Rspr. des BGH: BGH v. 3.5.2012 – V ZB 54/11, NJW 2012, 2445; BGH v. 6.7.2011 – XII ZB 88/11, MDR 2011, 1208; BGH v. 16.9.2003 – X ZR 37/03, NJW-RR 2004, 282; BGH v. 13.7.2004 – XI ZB 33/03, NJW-RR 2005, 76; BGH v. 12.11.1997 – XII ZB 66/97, NJW-RR 1998, 1218; BGH v. 13.5.1992 – VIII ZB 3/92, NJW 1992, 2098 (Verfassungsbeschwerde blieb erfolglos: BVerfG v. 23.7.1992 – 1 BvR 972/92, juris).
3 Zöller/*Greger*, § 234 ZPO Rz. 5b; Schulte-Bunert/Weinreich/*Brinkmann*, § 18 FamFG Rz. 20.
4 BGH v. 5.4.2011 – VIII ZB 81/10, NJW 2011, 1601.
5 BGH v. 6.7.2011 – XII ZB 88/11, MDR 2011, 1208.
6 BGH v. 3.5.2012 – V ZB 54/11, NJW 2012, 2445.
7 St. Rspr. BGH v. 6.10.2010 – XII ZB 22/10, NJW 2011, 153; BGH v. 4.3.2010 – V ZB 222/09, FamRZ 2010, 809; anders bei Ehe- und Familienstreitsachen nach § 117 Abs. 5 iVm. §§ 233, 234 ZPO: str., ob Fristbeginn mit Verfahrenskostenhilfegewährung oder Wiedereinsetzung, zuletzt BGH v. 19.12.2012 – XII ZB 169/12, NJW 2013, 471.
8 BGH v. 20.1.2009 – VIII ZA 21/08, FamRZ 2009, 685 (ohne Gründe); BGH v. 8.11.1989 – IVb ZB 110/89, NJW-RR 1990, 451; BGH v. 7.2.1977 – VII ZB 22/76, VersR 1977, 432.
9 BGH v. 6.10.2010 – XII ZB 22/10, NJW 2011, 153; BGH v. 5.3.2008 – XII ZB 182/04, NJW 2008, 1740; Stellungnahme der BReg. zu den Änderungsvorschlägen, BT-Drucks. 16/6308, S. 405.
10 BGH v. 28.11.2012 – XII ZB 235/09, MDR 2013, 110.

b) Ausschlussfrist

6 In Abs. 4 wird die Ausschlussfrist (**Jahresfrist**) geregelt, deren Lauf mit dem Ende der versäumten Frist beginnt. Die Frist läuft **unabhängig von der Antragsfrist des Abs. 1**. Ob das Hindernis, das einer Fristeinhaltung entgegenstehen kann, noch besteht, spielt für diesen Fristablauf keine Rolle. Die Frist des Abs. 4 kann nicht verlängert werden. Gegen ihre Versäumung gibt es keine Wiedereinsetzung. Der **Ausschluss** nach einem Jahr betrifft nur die Zulässigkeit einer **Antragstellung, nicht einer Entscheidung** nach Antragstellung, die außerhalb der Frist getroffen werden kann.[1] Auch die versäumte Rechtshandlung kann in diesem Fall nach Ablauf der Jahresfrist noch nachgeholt werden.[2] Dagegen ist eine Wiedereinsetzung von Amts wegen nach Fristablauf nicht mehr zulässig. Ein Wiedereinsetzungsantrag ist nach Ablauf der Jahresfrist auch dann unzulässig, wenn die zweiwöchige Frist zur Antragseinreichung (§ 18 Abs. 1) noch läuft und nicht innerhalb des Jahres ablaufen wird, so dass durch die Ausschlussfrist die Antragsfrist verkürzt werden kann.[3]

6a Eine Ausnahme vom Ausschluss ist grundsätzlich nicht vorgesehen. Allerdings sieht die Rechtsprechung **Ausnahmen von § 234 Abs. 3 ZPO** vor. Danach ist diese Vorschrift, obgleich sie absoluten Charakter hat, ausnahmsweise dann nicht anwendbar, wenn die **Überschreitung der Jahresfrist** nicht in der Sphäre der Partei lag, sondern **allein dem Gericht** zuzuschreiben ist.[4] Die Erwägungen zur Gewährleistung von Rechtssicherheit und Bestandschutz, die für eine absolute Frist sprechen, müssen in Einzelfällen zurücktreten, wenn die Ursache für die Verspätung in der staatlichen Sphäre liegt. Ein derartiger Fall ist zB gegeben, wenn das Rechtsmittelgericht über ein rechtzeitig eingereichtes Gesuch auf Prozesskostenhilfe nach Ablauf der Jahresfrist entscheidet, so dass der Wiedereinsetzungsantrag erst nach über einem Jahr gestellt werden kann, oder wenn der Partei eine unrichtige, für sie günstigere Entscheidungsabschrift zugestellt wird, wovon sie erst Jahre später in einem Folgeverfahren erfährt.[5] Ebenso liegt es im Verantwortungsbereich des Gerichts, wenn dieses fehlerhaft versäumt, einer Prozesskostenhilfe beantragenden Partei die Ablehnung dieses Gesuchs mitzuteilen, die Partei deshalb auf Bewilligung von Prozesskostenhilfe vertrauen durfte und erst auf Nachfrage nach über einem Jahr erfährt, dass ihr Gesuch abgelehnt worden ist. Eine daraufhin beantragte Wiedereinsetzung ist trotz Ablauf der Jahresfrist zu gewähren.[6] Diese Rechtsprechung zu § 234 Abs. 3 ZPO ist auch auf den inhaltsgleichen § 18 Abs. 4 zu übertragen.[7]

7 Die Ausschlussfrist wird nach § 16 Abs. 2 iVm. § 222 Abs. 1 ZPO, §§ 187 Abs. 1, 188 Abs. 2 BGB berechnet.

2. Form (Absatz 2)

8 § 18 verlangt für den Antrag die Einhaltung der Form der versäumten Rechtshandlung. Damit ist eine Angleichung an § 236 Abs. 1 ZPO erreicht worden.

9 **Bei welchem Gericht** der Wiedereinsetzungsantrag anzubringen ist, bestimmt sich nach der versäumten Frist. Handelt es sich um eine **Frist** in einem **laufenden Verfahren**, die nicht mit einer Rechtsmitteleinlegung verbunden ist, wie bei §§ 43 Abs. 2, 44 Abs. 2, 73, so ist der Antrag bei **demselben Gericht** einzureichen. Bei Versäumung von Rechtsmittelfristen ist der Antrag bei demjenigen Gericht zu stellen, bei dem das Rechtsmittel eingelegt werden muss. Wiedereinsetzungsanträge bspw. in den Fällen der §§ 6 Abs. 2, 7 Abs. 5 Satz 2, 21 Abs. 2, 33 Abs. 3, 35 Abs. 5, 42 Abs. 3 Satz 2,

---

1 Keidel/*Sternal*, § 18 FamFG Rz. 12; ebenso zum FFG: Jansen/*Briesemeister*, § 22 FGG Rz. 39.
2 Schulte-Bunert/Weinreich/*Brinkmann*, § 18 FamFG Rz. 42.
3 Keidel/*Sternal*, § 18 FamFG Rz. 12.
4 BGH v. 19.3.2013 – VI ZB 68/12, NJW 2013, 670; BGH v. 30.8.2010 – X ZR 193/03, juris; BGH v. 20.2.2008 – XII ZB 179/07, NJW-RR 2008, 878; BGH v. 7.7.2004 – XII ZB 12/03, FamRZ 2004, 1478; Schulte-Bunert/Weinreich/*Brinkmann*, § 18 FamFG Rz. 44.
5 BGH v. 12.6.1973 – VI ZR 121/73, VersR 1973, 815; BGH v. 7.7.2004 – XII ZB 12/03, FamRZ 2004, 1478.
6 BGH v. 20.2.2008 – XII ZB 179/07, NJW-RR 2008, 878.
7 Ebenso Schulte-Bunert/Weinreich/*Brinkmann*, § 18 FamFG Rz. 44f.

76 Abs. 2, 87 Abs. 4 können wegen der Verweisung auf die §§ 567 bis 572 ZPO sowohl beim Ausgangsgericht wie beim Beschwerdegericht gestellt werden, § 569 Abs. 1 Satz 1 ZPO.[1] Etwas anderes gilt bei Versäumung der **Beschwerdefrist nach §§ 58, 63**. In diesen Fällen ist der Wiedereinsetzungsantrag bei dem **Ausgangsgericht** anzubringen, weil auch dort das Rechtsmittel einzulegen ist, § 64 Abs. 1. Auf diesem Weg wird auch die Abhilfebefugnis des Ausgangsgerichts berücksichtigt.[2] Liegt das Rechtsmittel indes schon dem Beschwerdegericht vor, kann der Wiedereinsetzungsantrag (auch) dort gestellt werden. Es erscheint verfahrensökonomisch, in diesem Fall beide Gerichte als zuständig für den Eingang des Wiedereinsetzungsgesuchs anzusehen.[3] In der Rechtsprechung hat sich hierzu noch keine überwiegende Meinung gebildet. Bei Fristversäumung in der **Rechtsbeschwerde** muss Wiedereinsetzung beim Rechtsbeschwerdegericht beantragt werden, § 71 Abs. 1.

10 Der Antrag, der regelmäßig **keine besondere Form** verlangt – bis auf das Rechtsbeschwerdeverfahren, dazu Rz. 12 –, ist in allen Fällen entweder **schriftlich** bei Gericht einzureichen oder, soweit kein Anwaltszwang besteht, **zur Niederschrift der Geschäftsstelle nach § 25 Abs. 1** zu erklären. Die Erleichterung des § 25 Abs. 2 (Niederschrift bei jedem Amtsgericht) gilt auch bei Wiedereinsetzung wegen **Versäumung der Beschwerdefrist des § 63 Abs. 1 oder Abs. 2**. Fristwahrung verlangt indes rechtzeitigen Eingang beim Ausgangsgericht.[4]

11 Bei versäumter **Beschwerdefrist** sind die **formalen Anforderungen des § 64 Abs. 2** zu beachten (vgl. § 64 Rz. 10 ff.). Danach ist der Antrag zu unterschreiben,[5] § 64 Abs. 2 Satz 3. Ferner muss der Antrag erkennen lassen, welche Frist versäumt wurde, welche beabsichtigte Rechtshandlung als rechtzeitig angesehen sowie welche Entscheidung angefochten werden soll, vgl. § 64 Abs. 2 Satz 3. Bei Fertigung der Beschwerde durch einen Rechtsanwalt in einem Anwaltsverfahren ist eine Blankounterschrift grundsätzlich geeignet, die Form zu wahren, wenn dem eine eigenverantwortliche Prüfung des Rechtsanwalts vorangegangen ist; davon ist zunächst mangels gegenteiliger Hinweise auszugehen.[6]

12 Bei Versäumung der **Rechtsbeschwerdefrist** muss der Wiedereinsetzungsantrag den Formvorschriften des § 71 Abs. 1 genügen (vgl. dazu § 71 Rz. 7 ff.) und durch einen **Rechtsanwalt** gestellt werden (dazu Rz. 14).

12a Für sonstige **versäumte Anträge** (zB §§ 18 Abs. 1, 43 Abs. 2 und 44 Abs. 2) sind gleichfalls die jeweiligen speziellen Anforderungen an die Form zu beachten, die sich aus den Normen ergeben; so zB bei der Anhörungsrüge die Anforderungen nach § 44 Abs. 2 Satz 3 und 4 (vgl. dazu § 44 Rz. 15 ff.).

13 Eine **Vertretung durch Rechtsanwälte** ist nicht geboten, soweit Fristen für die Beschwerde oder sonstige Anträge erster oder zweiter Instanz versäumt wurden. Denn in den nicht den §§ 112, 113 Abs. 1 unterfallenden Verfahren besteht für Verfahrenshandlungen in diesem Umfang **keine Anwaltspflicht**. Das gilt auch, wenn das Oberlandesgericht Beschwerdegericht ist, § 10 Abs. 1 und Abs. 2 (vgl. § 10 Rz. 5).[7] Damit unterliegen Wiedereinsetzungsanträge, die beim Oberlandesgericht angebracht werden müssen, keinem Anwaltszwang.

---

1 Anders wohl *Schürmann*, FamRB 2009, 24 (30), wonach die sofortige Beschwerde nach §§ 567 ff. ZPO trotz des Wortlauts des § 569 Abs. 1 Satz 1 ZPO nur beim Ausgangsgericht eingelegt werden kann, was dann ebenso für den Wiedereinsetzungsantrag gelten müsste.
2 OLG Köln v. 18.12.2012 – 4 UF 206/12, juris; Schulte-Bunert/Weinreich/*Brinkmann*, § 18 FamFG Rz 11; anders *Nickel*, MDR 2010, 1227.
3 OLG Hamm v. 8.11.2010 – 8 UF 167/10, FamFR 2011, 130; Schulte-Bunert/Weinreich/*Brinkmann*, § 18 FamFG Rz. 11; einschränkend Keidel/*Sternal*, § 18 FamFG Rz. 8.
4 Anders noch in der 2. Auflage, § 18 Rz. 10.
5 Begr. RegE, BT-Drucks. 16/6308, S. 206.
6 BGH v. 12.9.2012 – XII ZB 642/11, FamRZ 2012, 1935.
7 Vgl. Begr. RegE zu § 10, BT-Drucks. 16/6308, S. 181; *Kemper*, FamRB 2008, 347.

14 Lediglich für das **Rechtsbeschwerdeverfahren** vor dem BGH besteht Anwaltszwang nach §§ 71 Abs. 1, 10 Abs. 4, der auch für den Wiedereinsetzungsantrag gilt.[1]

3. Inhalt und Glaubhaftmachung (Absatz 3)

a) Inhalt

15 Abs. 3 entspricht inhaltlich § 236 Abs. 2 ZPO. Zur Wiedereinsetzung bedarf es keines ausdrücklichen Antrags, wie durch die Neufassung mit § 18 Abs. 3 Satz 3 klargestellt wird. Es reicht ein Vorbringen, dem ein **konkludenter Wiedereinsetzungsantrag** zu entnehmen ist, ebenso ein Hilfsantrag.[2] Erforderlich ist, dass der Wille, die betreffende Prozesshandlung solle als rechtzeitig angesehen werden, erkennbar wird. Dafür spricht, wenn eine Partei sich wegen der Verspätung entschuldigt.[3]

16 Inhaltlich sind Tatsachen darzulegen, die für die Fristversäumung der betreffenden Person und den Fristlauf von Bedeutung sein können. Aus dieser Darlegung muss sich ergeben, dass der Beteiligte ohne Verschulden an der Fristeinhaltung gehindert war und nach Wegfall des Hindernisses innerhalb der zweiwöchigen Frist den Wiedereinsetzungsantrag gestellt hat. Hierzu sind vollständige und ausdrückliche Tatsachenangaben erforderlich. Es ist Sache des Beteiligten, den Sachverhalt aufzuklären; insoweit gilt der **Beibringungsgrundsatz**.[4] Erforderlichenfalls hat das Gericht durch Nachfrage auf weiteren Vortrag hinzuwirken, wenn ihm das Vorbringen zu den Umständen der Fristversäumnis ergänzungsbedürftig oder unklar erscheint. Dies folgt aus der **Hinweispflicht des Gerichts**.[5] Die weiteren Erläuterungen können auch – abweichend von §§ 234 Abs. 1, 236 Abs. 2 ZPO – nach Ablauf der Zwei-Wochen-Frist erfolgen (s. unten Rz. 17). Aktenkundige oder offenkundige Tatsachen muss das Gericht von sich aus verwerten. Oftmals ist dann von Amts wegen Wiedereinsetzung zu gewähren (dazu unten Rz. 27).

17 Die **Tatsachen zur Entschuldigung** müssen nicht – anders als bei § 236 Abs. 2 ZPO – innerhalb der Zweiwochenfrist, sondern können noch **während des Wiedereinsetzungsverfahrens** beigebracht und glaubhaft gemacht werden.[6]

b) Glaubhaftmachung

18 Die die Wiedereinsetzung begründenden Tatsachen sind glaubhaft zu machen. Die in § 31 geregelte Glaubhaftmachung lässt alle präsenten Beweismittel zu (§ 31 Abs. 2), darüber hinaus die **eidesstattliche Versicherung** und zwar auch die des **Antragstellers**. Bei einer Gesamtbewertung müssen die zur Entschuldigung vorgetragenen Tatsachen überwiegend wahrscheinlich sein.[7] Die zur Glaubhaftmachung erforderlichen Beweismittel können noch **im Verfahren** über die Wiedereinsetzung **beigebracht** werden. Falls das Gericht einer eidesstattlichen Versicherung keinen Glauben schenkt, muss es den Antragsteller darauf hinweisen und Gelegenheit zu entsprechendem Zeugenbeweis geben.[8]

---

1 Zur Wiedereinsetzung gegen Versäumung der Rechtsbeschwerdefrist in Verfahrenskostenhilfesachen BGH v. 23.6.2010 – XII ZB 82/10, FamRZ 2010, 1425.
2 Vgl. BGH v. 17.1.2006 – XI ZB 4/05, NJW 2006, 1518 zu § 233 ZPO.
3 BGH v. 16.3.2000 – VII ZB 36/99, NJW 2000, 2280; BGH v. 27.11.1996 – XII ZB 177/96, NJW 1997, 1312.
4 BGH v. 19.4.2011 – XI ZB 4/10, MDR 2011, 748; BGH v. 9.2.2010 – XI ZB 34/09, MDR 2010, 648; BayObLG v. 8.9.2000 – 3 Z BR 284/00, juris; Keidel/*Sternal*, § 18 FamFG Rz. 14.
5 BGH v. 9.2.2010 – XI ZB 34/09, MDR 2010, 648; BGH v. 13.6.2007 – XII ZB 232/06, FamRZ 2007, 1089.
6 OLG Hamm v. 22.6.1998 – 15 W 156/98, FGPrax 1998, 215 mwN zur früheren Rechtslage; Keidel/*Sternal*, § 18 FamFG Rz. 14; *Bahrenfuss*, § 18 FamFG Rz. 4; Schulte-Bunert/Weinreich/*Brinkmann*, § 18 FamFG Rz. 37.
7 Vgl. zur ZPO Thomas/Putzo/*Hüßtege*, § 236 ZPO Rz. 7; im Einzelnen § 31 Rz. 12.
8 BGH v. 24.2.2010 – XII ZB 129/09, MDR 2010, 648; BGH v. 11.11.2009 – XII ZB 174/08, FamRZ 2010, 122.

II. Nachholung der versäumten Rechtshandlung (Abs. 3 Satz 2)

1. Nachholung einer versäumten Antragstellung oder Rechtsmitteleinlegung

Abs. 3 Satz 2 stellt klar, dass innerhalb der Zweiwochenfrist die **versäumte Rechtshandlung** nachzuholen ist, was schon bisher der hM entsprach.[1] Inhaltlich ist damit ein Gleichlauf mit § 236 Abs. 2 Satz 2 ZPO und § 60 Abs. 2 Satz 3 VwGO erreicht.[2] Die nachzuholende Rechtshandlung – zB die versäumte Rechtsmitteleinlegung – bedarf **zwingend** der für sie **vorgeschriebenen Form**, bei der Beschwerdeeinlegung nach § 64 Abs. 2 Satz 3 und 4 und bei der Rechtsbeschwerde nach § 71 Abs. 1 Satz 2. 19

Die versäumte Verfahrenshandlung muss nicht gleichzeitig mit dem Antrag nachgeholt werden, aber **zwingend innerhalb der Zweiwochenfrist**. Die Frist kann **nicht** allein durch einen **Antrag auf Verfahrenskostenhilfe** oder auf Fristverlängerung gewahrt werden. Allerdings kann sich die Verfahrenshandlung konkludent schon aus dem Antrag auf Wiedereinsetzung ergeben. Gegebenenfalls ist der Inhalt des Antrags bzw. des Rechtsmittels auszulegen.[3] Wird die versäumte Verfahrenshandlung nicht innerhalb der 2-Wochen-Frist nachgeholt, ist der Antrag unzulässig.[4] Bei bereits erfolgter Verwerfung des Rechtsmittels ist gleichwohl die Nachholung (zB Rechtsmitteleinlegung oder -begründung) erforderlich, da mit Wiedereinsetzungsgewährung die Verwerfungswirkung wegfällt.[5] 20

2. Nachholung der Rechtsbeschwerdebegründung (Abs. 3 Satz 2 iVm. Absatz 1 Satz 2)

a) Verlängerung der Begründungsfrist

Art. 6 Nr. 2 des Gesetzes zur Einführung einer Rechtsbehelfsbelehrung im Zivilprozess und zur Änderung anderer Vorschriften (BGBl. I, 2418) fügt **mit Wirkung zum 1.1.2013** Abs. 1 einen weiteren Satz an, der bestimmt, dass für die Begründung einer Rechtsbeschwerde nach Säumnis die Frist nunmehr einen Monat beträgt, während die Zweiwochenfrist im Übrigen nicht berührt wird. Der Gesetzgeber hat damit die Rechtsprechung des BGH umgesetzt und eine Angleichung an die Bestimmung der Parallelvorschrift des § 234 Abs. 1 ZPO erreicht. Die Ergänzung des Abs. 1 um den Satz 2 hat zum Ziel, auch den Beteiligten, die ohne Verschulden, zB wegen finanzieller Bedürftigkeit die Frist zur Rechtsbeschwerdebegründung versäumt haben, die **Monatsfrist des § 71 Abs. 2 Satz 1 in vollem Umfang** zugutekommen zu lassen.[6] Ursprünglich sah § 18 Abs. 1 für die Nachholung sämtlicher Verfahrenshandlungen die Zweiwochenfrist vor, was schon im Gesetzgebungsverfahren zum FamFG auf Bedenken stieß, denen der damalige Gesetzgeber trotz eines Hinweises nicht nachgegangen war.[7] Wegen der Verkürzung der Rechtsbeschwerdebegründungsfrist insbesondere für bedürftige Beteiligte und auch mit Blick auf die vom Gesetzgeber korrigierte Fassung des § 234 Abs. 1 Satz 2 ZPO drängte sich eine **verfassungskonforme Auslegung** mit dem Ziel der Fristverlängerung auf.[8] Der BGH hat mit seiner Auslegung des (ursprünglichen) § 18 Abs. 1 und Abs. 3 dahin, dass die Frist zur Nachholung der Begründung der Rechtsbeschwerde entgegen dem Wortlaut des § 18 Abs. 1 nicht zwei Wochen, sondern einen Monat beträgt, die verfassungskonforme Lösung gewählt.[9] Diese höchstrichterliche Auslegung hat der Gesetzgeber nunmehr umgesetzt. 21

---

1 Keidel/*Sternal*, 15. Aufl., § 22 FGG Rz. 49 mit Verweis auf die entsprechende Rspr.; *Bumiller*/Winkler, 8. Aufl., § 22 FGG Rz. 32.
2 Begr. RegE, BT-Drucks. 16/6308, S. 183.
3 BGH v. 23.5.2012 – XII ZB 375/11, FamRZ 2012, 1205; zu § 236 ZPO: Thomas/Putzo/*Hüßtege*, § 236 ZPO Rz. 8 mwN.; Zöller/*Greger*, § 236 ZPO Rz. 1, 8; Bork/Jacoby/Schwab/*Löhnig*, § 18 FamFG Rz. 12.
4 Zöller/*Greger*, § 236 ZPO Rz. 1 mwN.
5 BGH v. 28.11.2012 – XII ZB 235/09, MDR 2013, 110; Zöller/*Greger*, § 236 ZPO Rz. 9.
6 Begr. zum GesetzE der BReg., BT-Drucks. 17/10490, S. 30.
7 *Vorwerk*, Sachverständigenstellungnahme im Rechtsausschuss des BT v. 6.2.2008, S. 8.
8 Vgl. 2. Aufl., § 18 Rz. 21 ff.; *Bahrenfuss*, § 18 FamFG Rz. 2; Keidel/*Sternal*, § 18 FamFG Rz. 11.
9 BGH v. 4.3.2010 – V ZB 222/09, FGPrax 2010, 154; BGH v. 26.10.2011 – XII ZB 247/11, FamRZ 2012, 99.

b) Inhalt der Neuregelung

22 Die Verlängerung der Begründungsfrist mit § 18 Abs. 1 Satz 2 hat wegen § 117 Abs. 5 nur Bedeutung für die **Rechtsbeschwerde**, für die das Gesetz eine Frist zur Begründung vorsieht. Für die Beschwerde nach §§ 58 ff. fehlt – anders als bei Ehe- und Familienstreitsachen – eine gesetzliche Vorschrift zur Begründung.

23 Die mit der Neufassung geregelte Fristverlängerung betrifft **sämtliche Fälle der schuldlosen Säumnis** und nicht nur die durch finanzielle Bedürftigkeit verursachte Fristversäumnis. Die Regelung entspricht somit inhaltlich § 234 Abs. 1 Satz 2 ZPO, der ebenfalls ohne Einschränkung für alle Fälle der Versäumung einer Rechtsmittelbegründungsfrist Geltung hat.[1] Die Begründungsfrist kann **nicht verlängert** werden, was wegen § 71 Abs. 2 Satz 3 eine Benachteiligung des schuldlos Säumigen darstellen mag. Diese ist indes auch mit Blick auf die Dauer des Verfahrens wegen der vorangehenden Verfahrenskostenhilfeprüfung hinzunehmen. Allerdings hat die Rechtsprechung in besonderen **Ausnahmefällen**, wenn eine **fühlbare Beeinträchtigung der Rechtsverteidigung** zu befürchten ist, weil bspw. dem anwaltlichen Vertreter die Gerichtsakten nicht vor Fristablauf zur Verfügung gestellt werden können, aus Billigkeitsgründen eine Verlängerung der Frist über die gesetzliche Grenze hinaus gewährt.[2]

24 Der **Lauf der Frist** zur Nachholung der Begründung **beginnt** mit dem Wegfall des Hindernisses (s. Rz. 4). Bei einem bedürftigen Beteiligten, der aus finanziellen Gründen an der Verfahrenshandlung gehindert ist, ist dies der Zeitpunkt der Bekanntgabe der Verfahrenskostenbewilligung.[3]

25 Die Berechnung des Fristlaufs richtet sich wie bei der Zweiwochenfrist nach §§ 16 Abs. 2, 222 Abs. 1, §§ 187 Abs. 1, 188 Abs. 2 BGB (vgl. Rz. 5).

III. Wiedereinsetzung von Amts wegen (Abs. 3 Satz 3)

26 Die gesetzlich festgeschriebene Wiedereinsetzung von Amts wegen hat ihre Parallele in § 236 Abs. 2 Satz 2 ZPO. Sie wurde in der Rechtsprechung zur freiwilligen Gerichtsbarkeit schon bisher – auch ohne ausdrückliche gesetzliche Grundlage – anerkannt.[4]

27 Eine Wiedereinsetzung von Amt wegen setzt voraus, dass innerhalb der Wiedereinsetzungsfrist die **schuldlose Fristversäumnis glaubhaft** gemacht und die **versäumte Rechtshandlung nachgeholt** werden.[5] Einer Glaubhaftmachung bedarf es nicht mehr, wenn das fehlende Verschulden an der Fristversäumung **offensichtlich** ist bzw. sich dem Gericht durch bereits bekannte und offenkundige Tatsachen als aktenkundig erschließt.[6] Die Glaubhaftmachung kann durch eine eidesstattliche Versicherung (zB der Kanzleimitarbeiter) erfolgen. Auf einen **Antrag auf Wiedereinsetzung** kommt es bei dieser Sachlage **nicht** mehr **an**. Insbesondere rechtfertigt das Fehlen eines Wiedereinsetzungsantrags nicht die Ablehnung des Wiedereinsetzungsgesuchs.[7] Das Gericht hat bei der Entscheidungsfindung keinen Ermessensspielraum, bzw. dieser ist auf Null reduziert, wenn die genannten Voraussetzungen vorliegen. Der BGH hat wie-

---

1 Thomas/Putzo/*Hüßtege*, § 234 ZPO Rz. 3b.
2 BGH v. 5.7.2007 – V ZB 48/06, MDR 2007, 1332, wonach die Wiedereinsetzungsfrist zur Begründung der Rechtsbeschwerde wegen nicht greifbarer Akten verlängert wurde.
3 BGH v. 26.10.2012 – XII ZB 247/11, FamRZ 2012, 99; BGH v. 4.3.2010 – V ZB 222/10, FGPrax 2010, 154; BGH v. 29.5.2008 – IX ZB 197/07, NJW 2008, 3500.
4 So zB BayObLG v. 23.10.2002 – 3 Z BR 186/02, NJW-RR 2003, 211 mwN.
5 BGH v. 19.12.2012 – XII ZB 169/12, NJW 2013, 471; BGH v. 12.9.2012 – XII ZB 642/11, FamRZ 2012, 1935; BGH v. 6.10.2010 – XII ZB 22/10, NJW 2011, 153; BGH v. 24.5.2000 – III ZB 8/00, NJW-RR 2000, 1590; BGH v. 5.5.1993 – XII ZR 124/92, NJW-RR 1993, 1091; BGH v. 5.2.1975 – IV ZB 52/74, NJW 1975, 928.
6 BGH v. 3.11.2010 – XII ZB 197/10, FamRZ 2011,100; BGH v. 8.12.2010 – XII ZB 334/10, MDR 2011,184; OLG Stuttgart v. 6.9.2011 – 8 W 319/11, ZIP 2011, 1959: Offenkundiges Nichtverschulden wegen eines Fehlers des Gerichts.
7 BGH v. 6.10.2010 – XII ZB 22/10, NJW 2011, 153.

derholt die Verpflichtung der Untergerichte zur Wiedereinsetzung von Amts wegen betont.[1] Bei Unklarheiten hat das Gericht nachzufragen und auf sachgerechte Antragstellung bzw. Erklärungen hinzuwirken.[2]

19 *Entscheidung über die Wiedereinsetzung*
(1) Über die Wiedereinsetzung entscheidet das Gericht, das über die versäumte Rechtshandlung zu befinden hat.
(2) Die Wiedereinsetzung ist nicht anfechtbar.
(3) Die Versagung der Wiedereinsetzung ist nach den Vorschriften anfechtbar, die für die versäumte Rechtshandlung gelten.

A. Allgemeines 1	2. Rechtsmittel gegen Versagung der Wiedereinsetzung (Absatz 3)
B. Inhalt der Vorschrift	a) Regelfall 8
I. Formelle Anforderungen	b) Rechtsbeschwerde in den Verfahren des § 70 Abs. 3 11
1. Zuständigkeit (Absatz 1) 2	
2. Verfahren 5	c) Rechtsbeschwerde bei anfechtbaren Zwischenentscheidungen 13
II. Rechtsmittel gegen die Entscheidung	
1. Unanfechtbarkeit der Wiedereinsetzung (Absatz 2) 6	

A. Allgemeines

Die Norm regelt die Zuständigkeit für Entscheidungen im Wiedereinsetzungsverfahren sowie die Anfechtbarkeit dieser Entscheidungen. In **Ehe- und Familienstreitsachen** findet sie wegen §§ 113 Abs. 1 Satz 1, 117 Abs. 5 **keine Anwendung**. Dort gelten über § 113 Abs. 1 Satz 2 und § 117 Abs. 5 die Regelungen der ZPO (§§ 233 ff.) unmittelbar. 1

Abs. 1 bestimmt, welches Gericht über die Wiedereinsetzung zu entscheiden hat. Die Absätze 2 und 3 legen die (Nicht-)Zulassung von Rechtsmitteln fest. Abweichend von dem früheren § 22 Abs. 2 Satz 3 FGG wird die **Nichtanfechtbarkeit einer positiven Entscheidung** normiert. Mit dieser Regelung sollen Zwischenstreitigkeiten im Verfahren vermieden und die **Harmonisierung** mit den Wiedereinsetzungsvorschriften anderer Prozessordnungen (§ 238 Abs. 3 ZPO; § 60 Abs. 5 VwGO) fortgeschrieben werden.[3] In Abs. 3 ist wie schon nach der früheren Gesetzeslage die grundsätzliche **Anfechtbarkeit einer ablehnenden Entscheidung** mit der Beschränkung der Rechtsmittelmöglichkeiten auf den Rechtsmittelzug in der Hauptsache eröffnet.[4] 1a

B. Inhalt der Vorschrift

I. Formelle Anforderungen

1. Zuständigkeit (Absatz 1)

Zuständig für die Entscheidung über die Wiedereinsetzung ist – wie auch im FGG[5] – das **Gericht, das über die versäumte Handlung hätte entscheiden müssen**, bei Rechtsmitteln somit das Beschwerde- bzw. Rechtsbeschwerdegericht. Bei anderen versäumten Anträgen – zB nach § 43 oder § 44 – hat das Gericht zu entscheiden, das mit dem Verfahren befasst ist bzw. dessen Verfahren fortgeführt werden soll. 2

---

1 BGH v. 19.12.2012 – XII ZB 169/12, NJW 2013, 471; BGH v. 6.10.2010 – XII ZB 22/10, NJW 2011, 153 je mwN; *Bahrenfuss*, § 18 FamFG Rz. 6; Schulte-Bunert/Weinreich/*Brinkmann*, § 18 FamFG Rz. 39.
2 BGH v. 3.11.2010 – XII ZB 197/10, FamRZ 2011, 100; BGH v. 13.6.2007 – XII ZB 232/06, FamRZ 2007, 1458; Schulte-Bunert/Weinreich/*Brinkmann*, § 18 FamFG Rz. 38.
3 Begr. RegE, BT-Drucks. 16/6308, S. 184.
4 Begr. RegE, BT-Drucks. 16/6308, S. 184.
5 Begr. RegE, BT-Drucks. 16/6308, S. 184.

3 Bei **Rechtsmittelfristversäumung** ist zu unterscheiden:

Bei Säumnis der **Beschwerdefrist nach §§ 58, 63** sind Wiedereinsetzungsantrag sowie die Beschwerde selbst beim Ausgangsgericht einzulegen, § 64 Abs. 1 (dazu § 18 Rz. 9). Dieses hat vor Vorlage des Wiedereinsetzungsantrags und des Rechtsmittels zum Beschwerdegericht zunächst das Abhilfeverfahren nach § 68 Abs. 1 Satz 1 durchzuführen. Da eine verfristete Beschwerde unzulässig ist, ist die ungeklärte, auch im FamFG nicht gelöste Frage, ob das Ausgangsgericht einer **unzulässigen, aber begründeten Beschwerde abhelfen** darf, von Bedeutung. Zur Darstellung des Problems wird auf § 68 Rz. 6 verwiesen. Folgt man der vorzugswürdigen Lösung, dass aus Gründen der Rechtsklarheit und Rechtssicherheit auf eine unzulässige Beschwerde die angegriffene Entscheidung nicht abgeändert werden darf (zur Begründung § 68 Rz. 6),[1] so hat das Ausgangsgericht das Wiedereinsetzungsgesuch sowie die verfristete Beschwerde nach § 68 Abs. 1 Satz 1 2. Halbs. unverzüglich dem zuständigen Beschwerdegericht vorzulegen.[2] Hält das Erstgericht die Beschwerde für zulässig, aber unbegründet, hat es diese nach Nichtabhilfe durch Beschluss dem Rechtsmittelgericht vorzulegen. Bei Versäumung der **Rechtsbeschwerdefrist** sind der Wiedereinsetzungsantrag wie auch das Rechtsmittel bei dem Rechtsbeschwerdegericht, dh. dem BGH anzubringen, § 71 Abs. 1.

3a Ausnahmsweise kann das höhere Gericht als weiteres Rechtsmittelgericht (regelmäßig in diesen Fällen das Rechtsbeschwerdegericht) statt des grundsätzlich zuständigen vorinstanzlichen (Beschwerde-)Gerichts einen dort gestellten **Wiedereinsetzungsantrag** verbescheiden, über den dieses **versehentlich nicht entschieden** hat, wenn das Verfahren bereits bei der höheren Instanz anhängig und der Antrag offensichtlich begründet ist. Aus Gründen der Prozesswirtschaftlichkeit ist das Rechtsmittelgericht – ggf. von Amts wegen – zur Wiedereinsetzungsentscheidung befugt.[3] Ist hingegen aus Sicht des Rechtsmittelgerichts die Wiedereinsetzung nicht begründet, so ist die Sache an das nach § 19 Abs. 1 zuständige Gericht zurückzuverweisen.[4]

4 Der **Antrag** kann schriftlich unter Beachtung der Formvorschriften des § 18 Abs. 2 eingereicht oder alternativ zur Niederschrift der Geschäftsstelle erklärt werden (dazu § 18 Rz. 10 ff.); für die Rechtsbeschwerde sind die besondere Formvorschriften des § 71 zu beachten; dazu § 71 Rz. 7 ff.

2. Verfahren

5 Für das Verfahren sieht das FamFG keine besonderen Regelungen vor. Das Wiedereinsetzungsverfahren als Teil des Verfahrens, in dem die Frist versäumt wurde, unterliegt dessen Vorgaben. Dem Gegner ist **rechtliches Gehör** zu gewähren.[5] Die Entscheidung ergeht durch **Beschluss**. Dieser kann als **gesonderte Entscheidung** oder iVm. **der Entscheidung über die versäumte Rechtshandlung** gefasst werden, wobei es ausreicht, die Entscheidung zur Wiedereinsetzung in den Gründen abzuhandeln. Liegen die Voraussetzungen für die Wiedereinsetzung vor, hat das Gericht diese zu gewähren. Die Entscheidung ist **keine Ermessensentscheidung**. Hierbei ist ohne Belang, ob der verfristete Antrag bzw. das verfristete Rechtsmittel in der Sache erfolgreich ist. Das Gericht hat den **Ablauf der Wiedereinsetzungsfrist** abzuwarten. Eine vorzeitige Entscheidung vor Ablauf der Frist kann den Anspruch des Antragstellers auf rechtliches Gehör verletzen und die Zulassung der Rechtsbeschwerde begründen.[6]

5a Mit Gewährung der Wiedereinsetzung wird die versäumte Rechtshandlung als rechtzeitig fingiert und zugleich wird eine **bereits getroffene Entscheidung**, die das

---

1 AA Keidel/*Sternal*, § 19 FamFG Rz. 3.
2 Vgl. auch OLG Hamm v. 1.7.2010 – 15 W 261/10, FGPrax 2010, 322.
3 BGH v. 22.9.1992 – VI ZB 22/92, VersR 1993, 500; BGH v. 9.7.1985 – VI ZB 8/85, NJW 1985, 2650; BGH v. 4.11.1981 – IVb ZR 625/80, NJW 1982, 1873; MüKo. FamFG/*Pabst*, § 19 FamFG Rz. 5
4 MüKo. FamFG/*Pabst*, § 19 FamFG Rz. 6.
5 BVerfG v. 23.11.1982 – 2 BvR 1008/82, BVerfGE 62, 320; Keidel/*Sternal*, § 19 FamFG Rz. 4; Schulte-Bunert/Weinreich/*Brinkmann*, § 19 FamFG Rz. 10.
6 BGH v. 17.2.2011 – V ZB 310/10, NJW 2011, 1363.

Rechtsmittel wegen Verfristung als unzulässig verworfen hat, **gegenstandslos**, ohne dass es einer förmlichen Aufhebung bedarf.[1] Die bereits eingetretene Rechtskraft wird ebenfalls beseitigt. Die **Ablehnung des Wiedereinsetzungsantrags** hat die **Verwerfung** des Rechtsmittels als unzulässig zur Folge. Allerdings ist vorrangig ein etwaiger Antrag auf Wiedereinsetzung in die **versäumte Wiedereinsetzungsfrist** zu beachten, dem eine bereits rechtskräftige Verwerfung des Antrags auf Wiedereinsetzung in die versäumte Rechtsmittelfrist nicht entgegensteht. Der Betroffene muss hierzu nicht die ablehnende Entscheidung zur Wiedereinsetzung in die Rechtsmittelfrist anfechten. Wird Wiedereinsetzung in die versäumte Wiedereinsetzungsfrist gewährt, fehlt dem Verwerfungsbeschluss die Grundlage.[2]

II. Rechtsmittel gegen die Entscheidung

1. Unanfechtbarkeit der Wiedereinsetzung (Absatz 2)

Die **Bewilligung** der Wiedereinsetzung ist nach § 18 Abs. 2 unanfechtbar. Wegen der dahinter stehenden Ziele der Vorschrift, die sich inhaltlich von der früheren Regelung in § 22 Abs. 2 Satz 3 FGG unterscheidet, wird auf Rz. 1 verwiesen. **6**

Die positive Wiedereinsetzungsentscheidung ist **bindend**. Auch bei einer rechtsirrigen Zulassung der Beschwerde durch das entscheidende Gericht bleibt die Wiedereinsetzung unanfechtbar. Denn eine nach dem Gesetz unanfechtbare Entscheidung kann nicht durch den Ausspruch eines Gerichts der Anfechtung unterworfen werden.[3] Die Entscheidung ist auch grundsätzlich nicht abänderbar, allenfalls für den Antragsgegner durch eine Anhörungsrüge nach § 44.[4] **7**

Ausnahmeregelungen enthalten § 372 Abs. 1 und wegen der Verweisung auf §§ 363 bis 372 § 373 Abs. 1 für Verfahren in Teilungssachen, in denen auch eine positive Wiedereinsetzungsentscheidung mit sofortiger Beschwerde anfechtbar ist. **7a**

2. Rechtsmittel gegen Versagung der Wiedereinsetzung (Absatz 3)

a) Regelfall

Die Versagung der Wiedereinsetzung ist für den Antragsteller als Beschwerdeberechtigten nach § 59 Abs. 1 **anfechtbar**, und zwar nach den Vorschriften, die für die **versäumte Rechtshandlung** maßgebend sind. Damit werden die Rechtsmittelmöglichkeiten auf den **Rechtsmittelzug in der Hauptsache** beschränkt. In Betracht kommen die Beschwerde nach §§ 58 ff., die Rechtsbeschwerde nach §§ 70 ff., die sofortige Beschwerde entsprechend §§ 567 bis 572 ZPO und die Erinnerung nach § 11 Abs. 2 RPflG. **8**

Für die häufigen Fälle der Wiedereinsetzung gegen die Versäumung der Rechtsmittelfristen hat die Regelung eine nur eingeschränkte Anfechtbarkeit zur Folge: Entscheidet das **Beschwerdegericht** über ein Wiedereinsetzungsgesuch wegen Versäumung der **Beschwerdefrist** und gleichzeitig über die – unzulässige, weil verspätete – Beschwerde (§§ 63, 64, 69), so ist gegen die Verwerfung des Rechtsmittels zwar die Rechtsbeschwerde statthaft, die indes in Verfahren, die nicht unter § 70 Abs. 3 fallen (zu den Verfahren nach § 70 Abs. 3, Rz. 11), vom Beschwerdegericht zugelassen werden muss, § 70 Abs. 1. Eine Nichtzulassungsbeschwerde ist gesetzlich nicht vorgesehen. Die Anfechtung der ablehnenden Wiedereinsetzungsentscheidung ist demzufolge nur zulässig, wenn in der Hauptsache die **Rechtsbeschwerde zugelassen** wird. Das wird die Ausnahme bleiben. Bejaht das Rechtsbeschwerdegericht die Voraussetzungen für eine Wiedereinsetzung, so ist zur Entscheidung in der Sache an die Vorinstanz zurückzuverweisen. **9**

---

1 BGH v. 8.10.1986 – VIII ZB 41/86, NJW 1987, 327; BGH v. 7.10.1981 – IVb ZB 825/81, NJW 1982, 887.
2 BGH v. 28.11.2012 – XII ZB 235/09, MDR 2013, 110 mwN.
3 BGH v. 8.10.2002 – VI ZB 27/02, NJW 2003, 211.
4 BGH v. 20.1.2009 – Xa ZB 34/08, FamRZ 2009, 685; Keidel/*Sternal*, § 19 FamFG Rz. 8.

10 Die **Rechtsbeschwerde allein** gegen einen das Rechtsmittel als verspätet **verwerfenden Beschluss** führt nicht zur Überprüfung der Wiedereinsetzungsentscheidung, wenn nicht parallel gegen die **die Wiedereinsetzung ablehnende Entscheidung** ebenfalls ein **Rechtsmittel** eingelegt wird. Denn das Rechtsbeschwerdegericht ist ohne ausdrückliche Anfechtung der Wiedereinsetzungsentscheidung an diese gebunden.[1]

b) Rechtsbeschwerde in den Verfahren des § 70 Abs. 3

11 In **Betreuungs-, Unterbringungs- und Freiheitsentziehungssachen**, sofern diese eine Unterbringung oder eine freiheitsentziehende Maßnahme betreffen, sowie in Verfahren nach § 151 Nr. 6 und 7 bedarf die Rechtsbeschwerde keiner Zulassung, § 70 Abs. 3. In diesen Verfahren ist eine Anfechtung der Ablehnung des Wiedereinsetzungsantrags durch das Beschwerdegericht **immer statthaft** unter Berücksichtigung der Anforderungen des § 71.

12 Soweit die Wiedereinsetzungsentscheidung unanfechtbar ist, bleibt dem Antragsteller noch die Möglichkeit, eine **Anhörungsrüge** nach § 44 anzubringen. Zu deren Voraussetzungen vgl. § 44 Rz. 3 ff.

c) Rechtsbeschwerde bei anfechtbaren Zwischenentscheidungen

13 Zur Anfechtung der Wiedereinsetzungsentscheidungen iVm. anfechtbaren Zwischenentscheidungen sind für die Beschwerde die §§ 567 bis 572 ZPO maßgebend (so bei §§ 6 Abs. 2, 7 Abs. 5 Satz 2, 21 Abs. 2, 33 Abs. 3, 35 Abs. 5, 42 Abs. 3, 76 Abs. 2, 87 Abs. 4). Soweit eine ablehnende Entscheidung des Beschwerdegerichts angefochten werden soll, ist offen, ob sich die Rechtsbeschwerde nach §§ 70 ff. FamFG oder nach §§ 574 ff. ZPO richtet. Die Rechtsprechung des BGH wendet überwiegend die §§ 574 ff. ZPO an.[2] Jedenfalls ist nach beiden Rechtsgrundlagen – nach § 574 Abs. 1 Satz 1 Nr. 1 ZPO mit den gesetzlichen Ausnahmen – eine nicht angreifbare Zulassungsentscheidung des Beschwerdegerichts erforderlich (§ 70 Abs. 1 FamFG und § 574 Abs. 1 Satz 1 Nr. 2 ZPO), was wegen § 19 Abs. 3 für ein etwaiges Wiedereinsetzungsverfahren bei Zwischenentscheidungen ebenfalls gilt.

14 **Kosten/Gebühren: Gericht:** Sowohl im Geltungsbereich des GNotKG als auch im Geltungsbereich des FamGKG löst das Verfahren über die Wiedereinsetzung selbst keine Kosten aus (§ 1 Abs. 1 GNotKG, § 1 Satz 1 FamGKG). Welche Gebühren für die Anfechtung der Versagung der Wiedereinsetzung anfallen, ist abhängig von der Art der versäumten Rechtshandlung. **RA:** Ist der RA wegen Versäumung einer Rechtsmittelfrist in einem Wiedereinsetzungsverfahren tätig, ist diese Tätigkeit mit den Gebühren des Rechtsmittelverfahrens abgegolten, wenn er auch ein Mandat für das Rechtsmittelverfahren hat. Der RA, der einen Einzelauftrag für das Verfahren über die Wiedereinsetzung hat, erhält eine Verfahrensgebühr (0,8) nach Nr. 3403 VV RVG.

20 *Verfahrensverbindung und -trennung*

Das Gericht kann Verfahren verbinden oder trennen, soweit es dies für sachdienlich hält.

A. Allgemeines	**B. Inhalt der Vorschrift**
I. Neufassung 1	I. Verfahrensverbindung
II. Normzweck 2	1. Voraussetzungen 5
III. Anwendungsbereich 4	2. Unzulässige Verfahrensverbindungen 8

---

1 Zuletzt BGH v. 28.11.2012 – XII ZB 235/09, MDR 2013, 110 mwN; BGH v. 7.10.1981 – IVb ZB 825/81, NJW 1982, 887; Zöller/*Greger*, § 238 ZPO Rz. 10 zum gleichlautenden § 238 Abs. 2, Abs. 3 ZPO.
2 BGH v. 15.2.2012 – XII ZB 451/11, FamRZ 2012, 619; BGH v. 30.3.2011 – XII ZB 692/10, FamRZ 2011, 966; BGH v. 5.1.2011 – XII ZB 152/10, FamRZ 2011, 368; BGH v. 4.3.2010 – V ZB 222/09, FamRZ 2010, 809; anders noch BGH v. 18.5.2011 – XII ZB 265/10, FamRZ 2011, 1138; BGH v. 23.6.2010 – XII ZB 82/10, FamRZ 2010, 1425; *Fölsch*, FamRZ 2011; vgl. auch Kommentierung zu § 58 Rz. 18a.

3. Gesetzliche Sonderregelungen ... 9
4. Rechtsfolgen und Anfechtbarkeit . 11
II. Verfahrenstrennung
1. Voraussetzungen 13
2. Gesetzliche Sonderregelungen ... 14
3. Anfechtbarkeit 15

A. Allgemeines

I. Neufassung

Mit dieser Vorschrift werden für die freiwillige Gerichtsbarkeit Verfahrensverbindung und Verfahrenstrennung erstmalig gesetzlich geregelt. Der Gesetzgeber hat mit § 20 die Grundsätze der früheren Rechtslage übernommen, die nun ausdrücklich normiert sind.[1] Ergänzend kommt, wie schon nach früherer Rechtslage, eine entsprechende Anwendung der §§ 145, 147 ZPO in Betracht.[2] 1

II. Normzweck

Die **Verbindung** ermöglicht es, Verfahren, an denen dieselben Personen beteiligt sind oder die auf demselben Sachverhalt beruhen, zur gemeinsamen **Verhandlung und Entscheidung** zusammenzufassen. Damit sollen doppelte Bearbeitung und uU sich widersprechende Entscheidungen vermieden werden.[3] 2

Durch eine **Verfahrenstrennung** werden umfangreiche Verfahren übersichtlicher gestaltet. Eine Trennung ermöglicht es, abgrenzbare Teile des Verfahrens, die überschaubar und nicht zu umfangreich sind, rasch einer Entscheidung zu zuführen, ohne dass es auf die Entscheidungsreife weiterer komplexer Verfahrensteile ankommt. Auf diese Weise kann auch einer eventuellen Verfahrensverschleppung durch Beteiligte begegnet werden.[4] Die damit eröffnete Möglichkeit widersprechender Entscheidungen steht einer Trennung nicht entgegen.[5] 3

III. Anwendungsbereich

§ 20 findet **keine Anwendung** in den **Ehesachen** und **Familienstreitsachen**; § 113 Abs. 1 verweist für diese Verfahren auf die Regelungen der ZPO und damit auf **§§ 145, 147 ZPO**. 4

B. Inhalt der Vorschrift

I. Verfahrensverbindung

1. Voraussetzungen

Zu unterscheiden ist die Verbindung zur gemeinsamen **Verhandlung und Entscheidung** von der Verbindung **nur zur gemeinsamen Verhandlung und/oder Beweisaufnahme** ohne gemeinsame Entscheidung, die tatsächliche Auswirkungen hat, jedoch nicht die Rechtsfolgen einer Verbindung auslöst. Sie dient der verfahrensmäßigen Vereinfachung. Eine solche vorübergehende Verbindung ist jederzeit möglich und lässt die Verfahren als selbständige bestehen.[6] Was gewollt ist, ist ggf. durch Auslegung zu ermitteln.[7] § 20 regelt die echte **Verfahrensverbindung**. 5

In § 20 werden die bisher schon durch die Rechtsprechung und das Schrifttum festgelegten Voraussetzungen normiert.[8] Eine Verbindung gleichartiger Verfahren ist 6

---

1 Begr. RegE, BT-Drucks. 16/6308, S. 184.
2 Zur alten Rechtslage: Keidel/*Sternal*, 15. Aufl., Rz. 14 vor §§ 3 ff. FFG.
3 So zu § 147 ZPO: MüKo. ZPO/*Wagner*, § 147 ZPO Rz. 1.
4 Vgl. zu § 145 ZPO: MüKo. ZPO/*Wagner*, § 145 ZPO Rz. 1; Thomas/Putzo/*Reichold*, § 145 Rz. 1.
5 BGH v. 3.4.2003 – IX ZR 113/02, NJW 2003, 2386 mwN.
6 OLG Köln v. 4.5.2012 – 4 WF 18/12, FamRZ 2012, 1968; OLG München v. 28.11.1989 – 11 W 2823/89, MDR 1990, 345; Zöller/*Greger*, § 147 ZPO Rz. 5 mwN.
7 BGH v. 30.10.1956 – I ZR 82/55, NJW 1957, 183; OLG München v. 28.11.1989 – 11 W 2823/89, MDR 1990, 345.
8 Begr. RegE, BT-Drucks. 16/6308, S. 184; *Kemper*, FamFG – FGG – ZPO, Kommentierte Synopse, zu § 20.

zulässig, wenn mehrere Verfahren in **gleicher Instanz** bei **demselben Gericht** anhängig und die **Verfahrensbeteiligten dieselben** sind.[1] Ferner kommt eine Verbindung auch bei verschiedenen Beteiligten in Betracht, wenn die Gegenstände der Verfahren in einem Zusammenhang stehen oder in einem Verfahren hätten geltend gemacht werden können („**rechtlicher Zusammenhang**", entsprechend § 147 ZPO).[2] Damit ist ein prozessualer Zusammenhang gemeint, der gegeben ist, wenn die verschiedenen Anträge oder Verfahrensgegenstände **demselben Rechtsverhältnis** oder **Tatsachenkomplex** entnommen werden.[3]

Die Verbindung muss **sachdienlich** sein. Das heißt, sie muss der Eigenart der Verfahren entsprechen[4] und darüber hinaus, ohne dass der Gesetzgeber dies ausdrücklich fordert, **verfahrensförderlich** sein. Eine Verbindung ist nicht von den Anträgen der Beteiligten oder deren Zustimmung abhängig, anders nur bei damit verbundenem Richterwechsel, der eine Zustimmung der Beteiligten verlangt.[5] Die Entscheidung über die Verbindung steht grundsätzlich im **Ermessen** des Gerichts und hat sich am Zweck der Vorschrift zu orientieren,[6] wenn nicht die Verbindung gesetzlich ge- oder verboten ist.

2. Unzulässige Verfahrensverbindungen

8 Bei den zu verbindenden Verfahren muss es sich um Verfahren derselben Verfahrensart handeln, so dass eine Verfahrensverbindung für Verfahren **verschiedener Verfahrensarten nicht zulässig** ist. Unzulässig ist deshalb eine Verbindung von Prozess- und FamFG-Verfahren[7] oder von Eilverfahren mit dem Hauptsacheverfahren.[8] Das gilt auch im Verhältnis der fG-Verfahren zu den Ehesachen und Familienstreitsachen, allerdings mit Ausnahme der Verbundregelung in § 137 Abs. 1. Verfahren, die entgegen den Verboten verbunden worden sind, müssen **zwingend wieder getrennt** werden.[9]

3. Gesetzliche Sonderregelungen

9 Eine Sonderregelung gilt für den **Verbund von Scheidung und Folgesachen**, der in § 137 geregelt ist. Diese Vorschrift sieht ausdrücklich die sonst nicht zulässige verfahrensmäßige Verbindung von Familienstreitsachen und Familiensachen der freiwilligen Gerichtsbarkeit vor. Zu den Voraussetzungen und Folgen des Verbunds s. Kommentierung zu § 137. Mit den Verbundvorschriften korrespondieren Abgabe- und Zuständigkeitsvorschriften wie §§ 153, 202, 218.

10 Abgesehen von § 137 ist in Ehesachen eine Verbindung mit anderen Verfahren unzulässig, **§ 126 Abs. 2**.

Für **Abstammungsverfahren** sieht **§ 179 Abs. 1** Sonderregelungen zur Verbindung vor. Verbindungen sind nur zulässig, wenn entweder das weitere Verfahren dasselbe Kind betrifft oder eine Verbindung zwischen dem Abstammungsverfahren und einer Unterhaltssache in Betracht kommt (§ 179 Abs. 1 Sätze 1 und 2). Im Übrigen ist eine Verbindung unzulässig, § 179 Abs. 2.

In **Adoptionssachen** besteht ein generelles **Verbindungsverbot**, § 196.

4. Rechtsfolgen und Anfechtbarkeit

11 Die Verbindung erfolgt durch gerichtlichen Beschluss, der **rechtliches Gehör der Beteiligten** voraussetzt. Die ursprünglich getrennten Verfahren bilden damit ein **ein-

---

1 Zöller/*Greger*, § 147 ZPO Rz. 2.
2 Begr. RegE, BT-Drucks. 16/6308, S. 184.
3 Vgl. zur Regelung der §§ 147, 33 ZPO: Zöller/*Greger*, § 147 ZPO Rz. 3; Zöller/*Vollkommer*, § 33 ZPO Rz. 15.
4 Begr. RegE, BT-Drucks. 16/6308, S. 184.
5 Musielak/*Stadler*, § 147 ZPO Rz. 2 und 3.
6 Entsprechend § 147 ZPO; dazu Zöller/*Greger*, § 147 ZPO Rz. 4.
7 Schulte-Bunert/Weinreich/*Brinkmann*, § 20 FamFG Rz. 4.
8 MüKo. ZPO/*Wagner*, § 147 ZPO Rz. 4.
9 BGH v. 6.12.2006 – XII ZR 97/04, MDR 2007, 466.

heitliches Verfahren. Bereits erfolgte **Verfahrenshandlungen** gelten fort und müssen grundsätzlich nicht wiederholt werden. Jedoch muss eine Beweisaufnahme wiederholt werden, wenn für einen der Beteiligten keine Möglichkeit der Teilnahme bestand oder keine Gelegenheit zum rechtlichen Gehör gegeben wurde.[1] Da in diesen Fällen der Normzweck nicht erreicht wird, sollte eine Verbindung dann unterbleiben. Die Aussage eines ursprünglichen Zeugen, der durch die Verbindung Beteiligter wird, wird dadurch zur Stellungnahme eines Beteiligten.[2]

Der verfahrensleitende Beschluss zur Verbindung- und auch deren Ablehnung[3] ist **nicht anfechtbar**. Die Gesetzesbegründung erwähnt dies ausdrücklich[4] und entspricht damit der früheren Rechtslage.[5] Im Rahmen der Beschwerde gegen die Endentscheidung ist eine **inzidente Überprüfung** der Verfahrensverbindung zulässig, § 58 Abs. 2. Diese ist auf die Prüfung einer **ermessensfehlerfreien Zwischenentscheidung**, insbesondere den Ausschluss einer Willkürentscheidung beschränkt.[6] Wegen der Möglichkeit der Inzidentüberprüfung empfiehlt es sich, den Verbindungsbeschluss mit einer – kurzen – Begründung zu versehen.

II. Verfahrenstrennung

1. Voraussetzungen

Eine Verfahrenstrennung setzt voraus, dass das Verfahren entweder **mehrere Beteiligte** oder **mehrere Verfahrensgegenstände** betrifft. Die Trennung muss **sachdienlich** sein. Dies ist der Fall, wenn ein Teil oder Teile des Verfahrensstoffes besser gesondert behandelt und entschieden werden. Die Trennung dient der Übersichtlichkeit des Verfahrensstoffes und der Vermeidung der Prozessverschleppung. Sie soll nur erfolgen, wenn dadurch wenigstens ein Teil des Verfahrensstoffes schneller erledigt wird.[7] Das Gericht entscheidet nach pflichtgemäßem Ermessen in der Form eines **Beschlusses**.

2. Gesetzliche Sonderregelungen

Für die Trennung von im **Verbund** stehenden Verfahren besteht mit § 140 („Abtrennung") eine Sonderregelung. Zu deren Voraussetzungen und Folgen wird auf die Kommentierung zu § 140 Rz. 4 ff. verwiesen.

3. Anfechtbarkeit

Die Verfahrenstrennung ist – ebenso wie die Verbindung – **nicht anfechtbar**.[8] Auch die **Ablehnung** der Trennung als verfahrensleitender Beschluss ist nicht beschwerdefähig. Ebenso wie bei der Verbindung ist eine Inzidentprüfung (§ 58 Abs. 2) auf eine ermessensfehlerfreie Entscheidung zulässig.

Für die Abtrennung im **Verbundverfahren** trifft § 140 Abs. 6 eine eigene Regelung zur Nichtanfechtbarkeit.

Kosten/Gebühren: Gericht: Sowohl im Geltungsbereich des GNotKG als auch im Geltungsbereich des FamGKG löst die Entscheidung des Gerichts über die Trennung oder Verbindung keine Kosten aus (§ 1 Abs. 1 GNotKG, § 1 Satz 1 FamGKG). Bei der Verbindung bleiben die bereits entstandenen Gebühren bestehen, so dass für das nunmehr verbundene Verfahren insgesamt ggf. mehrere Verfahrensgebühren berechnet werden können. Nach der Trennung liegen zwei verschiedene Verfahren vor, für die jeweils Gebühren und Auslagen berechnet werden können. Sind vor Trennung bereits Gebühren gezahlt worden, sind die Zahlungen entspre-

---

1 MüKo. FamFG/*Pabst*, § 20 FamFG Rz. 12; Musielak/*Stadler*, § 147 ZPO Rz. 4.
2 Keidel/*Sternal*,§ 20 FamFG Rz. 7.
3 Zöller/*Greger*, § 147 ZPO Rz. 9 zur vergleichbaren ZPO-Vorschrift.
4 Begr. RegE, BT-Drucks. 16/6308, S. 184; im Übrigen folgt dieses Ergebnis auch aus § 58 Abs. 1.
5 Zur früheren Rechtslage: *Bassenge*/Roth, 11. Aufl., Einleitung FGG Rz. 70; und Rspr., vgl. zB OLG Frankfurt v. 18.7.1991 – 20 W 204/90, NJW-RR 1992, 32 zur Ablehnung der Trennung verbundener Verfahren.
6 So die Gesetzesbegründung: BT-Drucks. 16/6308, S. 184.
7 So zu § 145 ZPO: Musielak/*Stadler*, § 145 ZPO Rz. 1.
8 Begr. RegE, BT-Drucks. 16/6308, S. 184; ebenso die Rspr. zu § 145 ZPO, zB OLG Stuttgart v. 23.3.2011 – 3 W 12/11, Justiz 2011, 289.

chend dem Verhältnis der Einzelwerte aufzuteilen. **RA:** Bis zur Verbindung liegen gebührenrechtlich zwei verschiedene Angelegenheiten vor. Die bis zur Verbindung in den verschiedenen Angelegenheiten entstandenen Gebühren bleiben unberührt. Der RA hat die Verfahrensgebühr jeweils nach dem Einzelwert der Verfahren verdient. Terminsgebühren, die vor der Verbindung entstanden sind, bleiben ebenfalls bestehen. Im Verhältnis zum verbundenen Verfahren bilden die Einzelverfahren jeweils dieselbe Angelegenheit, so dass Terminsgebühren nur einmal entstehen können (§ 15 Abs. 1 Satz 1 RVG). Terminsgebühren können also nach Verbindung nur hinsichtlich solcher Verfahrensteile entstehen, für die vor Verbindung keine Terminsgebühr angefallen ist. Ist für einen Verfahrensteil vor Verbindung und für einen anderen nach Verbindung eine Terminsgebühr zu berechnen, ist eine Terminsgebühr nach dem Gesamtwert anzusetzen. Nach der Trennung von Verfahren liegen unterschiedliche Angelegenheiten vor. Dem RA steht für beide Verfahren eine Verfahrensgebühr nach den jeweiligen Einzelwerten zu. Im Verhältnis zum ursprünglichen Verfahren bilden die Einzelverfahren jeweils dieselbe Angelegenheit. Terminsgebühren, die nach Trennung in den Einzelverfahren entstehen, können als solche auch angesetzt werden. Erfolgt nach Trennung in einem oder beiden Verfahren keine eine Terminsgebühr auslösende Tätigkeit, bleibt eine vor Trennung entstandene Terminsgebühr unberührt.

21 Aussetzung des Verfahrens

(1) Das Gericht kann das Verfahren aus wichtigem Grund aussetzen, insbesondere wenn die Entscheidung ganz oder zum Teil von dem Bestehen oder Nichtbestehen eines Rechtsverhältnisses abhängt, das den Gegenstand eines anderen anhängigen Verfahrens bildet oder von einer Verwaltungsbehörde festzustellen ist. § 249 der Zivilprozessordnung ist entsprechend anzuwenden.
(2) Der Beschluss ist mit der sofortigen Beschwerde in entsprechender Anwendung der §§ 567 bis 572 der Zivilprozessordnung anfechtbar.

A. Allgemeines	3. Vorgreiflichkeit 8
I. Frühere Rechtslage und Neufassung . 1	4. Sonstige wichtige Gründe 10
II. Normzweck 3	5. Gesetzlich geregelte Fälle 11
III. Anwendungsbereich 4	II. Verfahren und Folgen der Aussetzung
IV. Verfahrensstillstand aus anderen Gründen	1. Verfahren 12
1. Unterbrechung 5	2. Rechtsfolgen 13
2. Ruhen 6	3. Aufhebung 13a
B. Inhalt der Vorschrift	III. Rechtsmittel (Absatz 2)
I. Aussetzungsvoraussetzungen (Absatz 1)	1. Sofortige Beschwerde 14
1. Wichtiger Grund 7	2. Formale Anforderungen 15
2. Versorgungsausgleichsverfahren . . 7a	3. Beschwerdeverfahren 17
	4. Rechtsbeschwerde 19

A. Allgemeines

I. Frühere Rechtslage und Neufassung

1   Die Verfahrensaussetzung, die einen Stillstand des Verfahrens kraft gerichtlicher Anordnung bedeutet, war für das Verfahren der freiwilligen Gerichtsbarkeit nicht im FGG geregelt, wurde jedoch im Falle der Vorgreiflichkeit eines anderen Rechtsverhältnisses als zulässig angesehen, wenn nicht Besonderheiten des Verfahrens (wie Eilbedürftigkeit) dagegen sprachen.[1]

2   Mit § 21 werden die **Statthaftigkeit** einer Verfahrensaussetzung klargestellt und deren Voraussetzungen festgelegt.[2] Als Regelbeispiel eines wichtigen Grundes wird unter Anlehnung an andere Verfahrensordnungen (§ 148 ZPO, § 94 VwGO, § 74 FGO, § 114 SGG) die **Vorgreiflichkeit** eines anderen Verfahrens genannt. Für das Verfahren und die **Rechtsfolgen** der Aussetzung sieht das Gesetz die entsprechende Anwendung des § 249 ZPO vor. **Abs. 2** ermöglicht die **Anfechtbarkeit** der Anordnung oder Ablehnung der Aussetzung. Damit wird die bisherige Rechtsprechung festgeschrie-

---
1 Zur früheren Rechtslage: *Bassenge*/Roth, 11. Aufl., § 12 FGG Rz. 20, 21.
2 Begr. RegE, BT-Drucks. 16/6308, S. 184.

ben, die die Beschwerde gegen die Aussetzungsentscheidung zugelassen hat.[1] Das Rechtsmittel als sofortige Beschwerde gegen eine Zwischenentscheidung richtet sich nach den Vorschriften der §§ 567 bis 572 ZPO.

II. Normzweck

Die Aussetzung als verfahrensleitende Anordnung dient der Entscheidungsharmonie und soll Mühen und Kosten einer wiederholten Prüfung derselben Tatsachen- und/oder Rechtslage verhindern. Die damit verbundene Verzögerung nimmt der Gesetzgeber in Kauf.[2] 3

III. Anwendungsbereich

§ 21 ist **nicht anzuwenden** auf Ehesachen und Familienstreitsachen, vgl. § 113 Abs. 1, für die die Vorschriften der ZPO, hier insbesondere § 148 ZPO, entsprechende Geltung finden. Die Aussetzung in **Scheidungssachen** regelt § 136. In einigen Verfahrensarten bestehen Sonderregelungen zur Aussetzung, dazu Rz. 11. 4

Auch der **Rechtspfleger** kann in Verfahren, in denen er funktionell zuständig ist (vgl. § 3 Nr. 1 bis Nr. 3 RPflG iVm. §§ 21, 24, 24a, 25, 25a RPflG), wie in Registerverfahren oder Nachlasssachen, nach § 21 aussetzen.[3]

IV. Verfahrensstillstand aus anderen Gründen

1. Unterbrechung

Regeln zur Unterbrechung eines Verfahrens sieht der Allgemeine Teil des FamFG nicht vor. Es ist deshalb davon auszugehen, dass die von der Rechtsprechung geschaffene Rechtslage weiterhin Gültigkeit hat. Danach findet eine Unterbrechung des Verfahrens entsprechend §§ 239, 240 ZPO in Verfahren der freiwilligen Gerichtsbarkeit **grundsätzlich nicht** statt.[4] Das Gericht hat das Verfahren beschleunigt und konzentriert zu führen, so dass ein Verfahrensstillstand möglichst zu vermeiden ist.[5] 5

Beim **Tod eines Beteiligten** sind die rechtlichen Auswirkungen von Amts wegen festzustellen. Wenn der Tod eines Beteiligten das Ende des Verfahrens herbeiführt, dem Verfahren insoweit der Gegenstand entzogen und dieses in der Hauptsache erledigt ist, kommen weder eine Aussetzung noch eine Unterbrechung in Betracht. Das Verfahren ist dann **in der Hauptsache erledigt**.[6] Wenn durch den Tod des Beteiligten das Verfahren nicht bereits beendet oder die Hauptsache erledigt ist, ist ein etwaiger **Rechtsnachfolger** vom Gericht zu ermitteln und am Verfahren zu beteiligen.[7] Spezialregelungen finden sich in § 181, wonach der **Tod** eines Beteiligten in einem **Abstammungsverfahren** zur Erledigung der Hauptsache führen kann, und in § 208 für **Ehewohnungs- und Haushaltssachen**, in denen der Tod eines Ehegatten ebenfalls Hauptsacheerledigung zur **Folge** hat. 5a

Die Eröffnung eines **Insolvenzverfahrens** über das Vermögen eines Beteiligten hat keine Unterbrechung gem. § 240 ZPO, dessen unmittelbare oder mittelbare Anwendung von der Rechtsprechung abgelehnt wird, zur Folge.[8] Ausnahmen vom Unterbre-

---

1 Zum FGG: Keidel/*Kahl*, 15. Aufl., § 19 FGG Rz. 13 mwN; zB OLG Köln v. 18.2.2002 – 14 WF 17/02, FamRZ 2002, 1124.
2 Zöller/*Greger*, § 148 ZPO Rz. 1; MüKo. ZPO/*Wagner*, § 148 ZPO Rz. 1.
3 OLG Zweibrücken v. 30.8.2012 – 3 W 108/12, GmbHR 2013, 93; KG v. 8.8.2012 – 12 W 23/12, GmbHR 2012,1367; OLG München v. 18.8.2011 – 31 Wx 300/11, GmbHR 2011, 1102.
4 BGH v. 19.2.2009 – BLw 12/08, FamRZ 2009, 872; OLG Köln v. 22.7.2002 – 2 Wx 16/02, OLGReport 2002, 430; BayObLG v. 20.9.2000 – 1 Z BR 86/99, FamRZ 2001, 317; KG v. 10.11.1987 – 1 W 2414/87, MDR 1988, 329; Keidel/*Sternal*, § 21 FamFG Rz. 37ff.
5 Zum FGG: *Bassenge*/Roth, 11. Aufl., Einleitung FGG Rz. 68.
6 BGH v. 30.6.2011 – III ZB 33/10, NJW-RR 2011, 1185; BGH v. 19.2.2009 – BLw 12/08, FamRZ 2009, 872; KG v. 16.3.2004 – 1 W 458/01, FamRZ 2004, 1903; OLG Karlsruhe v. 25.11.2003 – 2 UF 179/01, FamRZ 2004,1039; Keidel/*Sternal*, § 21 FamFG Rz. 37f.
7 BayObLG v. 20.9.2000 – 1 Z BR 86/99, FamRZ 2001, 317 mwN.
8 Dazu eingehend OLG Köln v. 22.7.2002 – 2 Wx 16/02, OLGReport 2002, 430; ebenso OLG Naumburg v. 9.12.2003 – 8 UF 156/03, FamRZ 2004, 1800.

chungsverbot sind allenfalls in Einzelfällen über eine **entsprechende Anwendung der §§ 239, 240 ZPO** für echte Streitverfahren der freiwilligen Gerichtsbarkeit denkbar, wenn der Verfahrensgegenstand ein subjektives Recht des Antragstellers ist, das allein dessen Verfügungsmacht unterliegt und deshalb eine dem Zivilverfahren vergleichbare Ausgangssituation vorliegt.[1]

2. Ruhen

6   Die Möglichkeit, ein Verfahren durch Anträge der Beteiligten zum Ruhen zu bringen, ist für die freiwillige Gerichtsbarkeit auf Ausnahmefälle beschränkt. Das FamFG trifft keine Regelung und belässt es bei der sich bisher aufgrund der Rechtsprechung herausgebildeten Rechtslage. Danach ist ein Ruhen des Verfahrens entsprechend **§ 251 ZPO nur** in **echten Streitfällen**, wie zB den früher dem FGG zugeordneten Wohnungseigentumsverfahren, aufgrund übereinstimmender Anträge der Beteiligten zulässig, wenn wegen Schwebens von Vergleichsverhandlungen oder aus sonstigen Gründen die Anordnung zweckmäßig erscheint.[2] Zulässig kann die Anordnung des Ruhens des Verfahrens in einem Versorgungsausgleichsverfahren sein.[3] Hingegen darf in einem Amtslöschungsverfahren ein Ruhen des Verfahrens nicht angeordnet werden. Besteht hierüber Streit zwischen den Beteiligten, ist die sofortige Beschwerde in entsprechender Anwendung des § 21 Abs. 2 (evtl. auch § 252 ZPO) eröffnet.[4]

B. Inhalt der Vorschrift

I. Aussetzungsvoraussetzungen (Absatz 1)

1. Wichtiger Grund

7   Das Gesetz sieht in Abs. 1 einen „wichtigen Grund" als Aussetzungsvoraussetzung vor. Als **Regelfall** nennt die Vorschrift die **Vorgreiflichkeit** eines anderen Verfahrens (dazu Rz. 8). Daneben sind andere wichtige Gründe denkbar. Hierzu, insbesondere zu von der Rechtsprechung anerkannten **anderen Gründen**, vgl. Rz. 10.

Die Gesetzesbegründung verweist daneben auf die Möglichkeit einer laufenden **Mediation**, deren Ergebnis vor der Verfahrensfortsetzung abgewartet werden sollte.[5] Mit Inkrafttreten des Gesetzes zur Förderung der Mediation und anderer Verfahren der außergerichtlichen Konfliktbeilegung v. 21.7.2012[6] hat diese Fallgestaltung noch an Bedeutung gewonnen (s. Rz. 10).

Das Verfahren ist **zwingend** auszusetzen, wenn das BVerfG eine gesetzliche Bestimmung als **mit dem GG nicht vereinbar** erklärt und der Gesetzgeber zu einer Neuregelung verpflichtet ist. Vgl. hierzu Rz. 10.

2. Versorgungsausgleichsverfahren

7a   In **Versorgungsausgleichsverfahren** ist als Sonderregelung § 221 Abs. 2 und Abs. 3 zu beachten, wonach bei Anhängigkeit eines Rechtsstreits über **Bestand oder Höhe** eines in den VA einzubeziehenden **Anrechts** eine Aussetzung zwingend vorgesehen ist (vgl. § 221 Rz. 11). Ist **noch keine Klage** wegen des streitigen Anrechts erhoben worden, so besteht für das Gericht ein **Ermessensspielraum** bei der Aussetzungsentscheidung (vgl. § 221 Rz. 12 f.). Daneben bleibt die Aussetzungsmöglichkeit gem. § 21 unberührt, die weitergehend ist („aus wichtigem Grund"). Für die **Anfechtbarkeit** eines Beschlusses nach § 221 Abs. 2 oder Abs. 3 gilt § 21 Abs. 2 **entsprechend**.[7]

---

1   So KG v. 10.11.1987 – 1 W 2414/87, MDR 1988, 329; Keidel/*Sternal*, § 21 FamFG Rz. 39.
2   OLG Zweibrücken v. 6.3.2012 – 3 W 26/12, NJW-RR 2012, 1245; BayObLG v. 27.8.1987 – BReg 2 Z 56/87, NJW-RR 1988, 16; ebenso Keidel/*Sternal*, § 21 FamFG Rz. 41.
3   BGH v. 30.1.2013 – XII ZB 74/11, FamRZ 2013, 615 lässt diese Möglichkeit offen.
4   OLG Zweibrücken v. 6.3.2012 – 3 W 26/12, NJW-RR 2012, 1245.
5   Begr. RegE, BT-Drucks. 16/6308, S. 184.
6   BGBl. I, 1577, in Kraft getreten am 26.7.2012.
7   Schulte-Bunert/Weinreich/*Rehme*, § 221 Rz. 3; Keidel/*Weber*, § 221 FamFG Rz. 12.

Als **wichtiger Grund** zur Aussetzung in Versorgungsausgleichsverfahren ist bisher die Unwirksamkeit von Übergangsregeln für die Bewertung von Versorgungsanwartschaften rentenferner Jahrgänge bei der Versorgungsanstalt des Bundes und der Länder anerkannt worden („**Startgutschriften rentenferner Jahrgänge**"), wenn eine anderweite Erledigungsmöglichkeit des Versorgungsausgleichs wegen fehlender Rechtsgrundlage abzulehnen war.[1] Durch die in 2011 erzielte Einigung der Tarifparteien des öffentlichen Dienstes zur Neuregelung der Berechnung der Startgutschriften wird dieser Aussetzungsgrund an Bedeutung verlieren. Keinen wichtigen Grund für eine Aussetzung stellt die **fehlende steuerrechtliche Flankierung** zu der in einer Teilungsordnung der Unterstützungskasse vorgesehenen internen Teilung dar.[2]

7b

3. Vorgreiflichkeit

Ein anderes Verfahren ist vorgreiflich, wenn die Entscheidung in dem Verfahren, das ausgesetzt werden soll, von der Entscheidung des anderen Verfahrens, das bereits anhängig ist, abhängt. Dieses Verfahren kann zivilrechtlicher, aber auch öffentlicher – rechtlicher Natur sein. Vorgreiflich kann auch eine öffentlich-rechtliche Frage sein, die in einem **Verwaltungsverfahren** von einer Behörde zu entscheiden ist. § 21 Abs. 1 stellt dies ausdrücklich klar. **Nicht ausreichend** ist es, wenn die Entscheidung in dem anderen Verfahren lediglich **Einfluss** auf das auszusetzende Verfahren haben kann. Ein rein tatsächlicher Einfluss, den etwa eine **Beweisaufnahme** in einem anderen Verfahren uU hat, begründet nach hM eine Vorgreiflichkeit nicht. Sind zB die tatsächlichen Umstände, auf die ein Antrag im FamFG-Verfahren gestützt ist, Gegenstand einer Beweisaufnahme in einem anderen Verfahren, hat das Beweisergebnis keine präjudizielle Wirkung.[3]

8

Das **gerichtliche Verfahren**, dessen Gegenstand die vorgreifliche Frage ist, muss bereits **anhängig** sein; ein Mahnverfahren genügt nicht. Rechtshängigkeit ist hingegen nicht erforderlich. Das in Bezug genommene Verfahren darf nicht seinerseits ausgesetzt sein.[4] Die Entscheidung, ob wegen Vorgreiflichkeit auszusetzen ist, steht nicht im Belieben des Gerichts, sondern ist nach pflichtgemäßem Ermessen zu treffen. Das Gericht hat die Sach- und Rechtslage selbständig zu prüfen.[5] Von der Aussetzungsbefugnis soll es nur nach Abwägung aller sachlichen Gründe, die für oder gegen eine eigene Entscheidung ohne Abwarten des anderen Verfahrens sprechen, Gebrauch machen. Dabei sind Bedenken, die gegen das Bestehen oder Nichtbestehen des vorgreiflichen Rechtsverhältnisses bestehen, zu berücksichtigen.[6] Bei Verweis auf eine vermeintlich vorgreifliche Klage, deren Erfolgsaussichten von dem über die Aussetzung zu entscheidenden Gericht negativ beurteilt werden, ist eine Aussetzung abzulehnen. Eine Verpflichtung zur Aussetzung wird nur bei einer Ermessensreduzierung auf Null bestehen.[7] In **Registersachen** kann eine Aussetzung geboten sein, wenn in einem bereits anhängigen Zivilverfahren gesellschafts- oder firmen-

9

---

1 Aussetzung bejahend OLG Nürnberg v. 20.7.2011 – 11 UF 809/11, MDR 2011,1044; OLG Stuttgart v. 18.7.2011 – 11 UF 147/09, OLGReport Süd 46, 2011 Anm. 5; OLG Karlsruhe v. 10.3.2011 – 18 WF 18/11, FamRZ 2011, 1233; OLG Karlsruhe v. 23.12.2010 – 18 UF 246/10, OLGReport Süd 1/2011 Anm. 6; OLG Düsseldorf v. 10.9.2010 – 7 UF 84/10, FamRZ 2011, 719; OLG Celle v. 15.11 2010 – 10 UF 183/10, OLG Report Nord 50/2010, Anm. 4; aA OLG München v. 1.9.2010 – 12 UF 1006/10, FamRZ 2011, 222; OLG München v. 20.9.2010 – 33 UF 801/10, juris; OLG Köln v. 29.11. 2010 – 27 UF 148/10, juris, wonach eine anderweitige Erledigung durch den schuldrechtlichen Ausgleich möglich ist und § 21 ausschließt.
2 OLG Hamm v. 10.1.2011 – 8 UF 226/10, juris, FamRZ 2011, 1403 (LS).
3 OLG Schleswig v. 2.8.2010 – 3 Wx 56/10, FGPrax 2010, 301 zur Aussetzung des Verfahrens zur Testamentsvollstreckerentlassung; Zöller/*Greger*, § 148 ZPO Rz. 5; Musielak/*Stadler*, § 148 ZPO Rz. 5; aA MüKo. ZPO/*Wagner*, § 148 Rz. 10 mwN.
4 OLG Hamburg v. 25.7.2012 – 7 WF 77/12, FamFR 2012, 423.
5 OLG Zweibrücken v. 30.8.2012 – 3 W 108/12, GmbHR 2013, 93; KG v. 8.8.2012 – 23 W 23/12, GmbHR 2012, 1367; OLG München v. 18.8.2011 – 31 Wx 300/11, GmbHR 2011, 1102.
6 OLG Zweibrücken v. 30.8.2012 – 3 W 108/12, GmbHR 2013, 93.
7 OLG Rostock v. 31.8.2011 – 3 W 58/12, FGPrax 2012, 74; Keidel/*Sternal*, § 21 FamFG Rz. 21.

rechtliche Vorfragen (zB Ausschluss eines Gesellschafters, Änderung der Firma) zu klären sind.[1]

Eine Aussetzung kann nicht mit der Aufforderung an die Beteiligten verbunden werden, das präjudizielle Rechtsverhältnis zunächst vor dem anderen Fachgericht klären zu lassen, dh. dort ein Verfahren herbeizuführen, bevor das (Haupt-)Verfahren weitergeführt wird. Hingegen muss ein **vorgreifliches Verwaltungsverfahren** noch nicht eingeleitet sein. Um eine Entscheidung der Verwaltungsbehörde herbeizuführen, ist es demnach zulässig, das Verfahren auszusetzen.[2]

4. Sonstige wichtige Gründe

10 Neben der Vorgreiflichkeit als Regelbeispiel werden weitere Umstände oder Fallkonstellationen als „wichtiger Grund" im Sinne von § 21 Abs. 1 anerkannt.

Bei einem noch **laufenden und nicht abgeschlossenen Geschehen** kann es geboten sein, durch ein Abwarten eine fundiertere Entscheidungsgrundlage zu erhalten.[3] Grundsätzlich kann das Gericht die Entscheidung zwar nicht von der künftigen Entwicklung abhängig machen, da es nach dem aktuellen Sachstand entscheiden muss.[4] In Familiensachen, ausnahmsweise sogar in den sonst nach § 155 beschleunigt durchzuführenden Sorgerechtsverfahren, kann es in Einzelfällen zulässig sein, das Verfahren auszusetzen, wenn die **Familienverhältnisse noch in der Entwicklung** begriffen und momentan nicht zu überblicken sind (zB wenn Wohn- und Arbeitsverhältnisse der Eltern ungeklärt sind).[5] Auch in **Gewaltschutzsachen**, die idR keinen Aufschub dulden, kann es einen wichtigen Grund darstellen, wenn zunächst der Ausgang eines zugrunde liegenden Ermittlungsverfahrens abgewartet wird, um eine möglichst gesicherte Tatsachengrundlage zu erlangen.[6]

In **Abstammungssachen** kann eine Aussetzung unter entsprechender Anwendung des früheren § 640f aF ZPO geboten sein, wenn der Einholung eines Gutachtens ein **vorübergehendes Hindernis** entgegensteht.[7] Das die Aussetzung rechtfertigende Hindernis darf jedoch nicht auf nicht vorhersehbare Zeit unbehebbar bzw. dauerhaft sein. Ist **der rechtliche Vater** in einem Abstammungsverfahren auch nach intensiven Bemühungen des Gerichts und anderer Behörden **unauffindbar**, stellt dieser andauernde Zustand **keinen wichtigen Grund** dar.[8]

10a Der **Tod eines Beteiligten** ist regelmäßig kein Grund zur Aussetzung, weil oftmals mit dem Tod des Beteiligten dem Verfahren der Gegenstand entzogen und dieses in der Hauptsache erledigt ist (s. Rz. 5). In Einzelfällen, zB im Verfahren zur **gerichtlichen Bestellung von Vorstandsmitgliedern** einer Stiftung, kann mit dem Tod eines Beteiligten ein wichtiger Grund für eine Aussetzung gesehen werden, wenn das Verfahren in der Sache mit den Erben des verstorbenen Beteiligten fortzusetzen ist; die Aussetzung ist notwendig zur Klärung der Erbfolge.[9]

10b Wichtiger Grund zur Aussetzung ist ferner die Feststellung durch das BVerfG über die **Unvereinbarkeit einer Norm mit dem GG**, verbunden mit der Verpflichtung des Gesetzgebers zur Neuregelung. In diesem Fall sind die Fachgerichte grundsätzlich **verpflichtet,** die Verfahren bis zum Inkrafttreten des neuen Gesetzes **auszusetzen.**[10] Dieser Grundsatz erfährt indes eine **Ausnahme,** wenn die Nichtanwendung einer be-

---

1 OLG Zweibrücken v. 30.8.2012 – 3 W 108/12, GmbHR 2013,93; KG v. 8.8.2012 – 12 W 23/12, GmbHR 2012, 1367; OLG Zweibrücken v. 6.3.2012 – 3 W 26/12, NJW-RR 2012, 1245.
2 Zöller/*Greger*, § 148 ZPO Rz. 6a.
3 OLG Hamburg v. 25.7. 2012 – 7 WF 77/12, FamFR 2012, 423; KG v. 2.9.2010 – 19 WF 132/10, FamRZ 2011, 393; Keidel/*Sternal*, § 21 FamFG Rz. 14.
4 Keidel/*Sternal*, § 21 FamFG Rz. 14.
5 KG v. 2.9.2010 – 19 WF 132/10, FamRZ 2011, 393; OLG Frankfurt v. 27.5.1986 – 3 WF 45/86, FamRZ 1986, 1140; OLG Bremen v. 19.10.1978 – WF 134/78c, FamRZ 1979, 856.
6 OLG Hamburg v. 25.7.2012 – 7 WF 77/12, FamFR 2012, 423.
7 Begr. RegE, BT-Drucks. 16/6308, S. 184.
8 OLG Karlsruhe v. 6.6.2011 – 2 WF 32/11, FamRZ 2012, 59.
9 BGH v. 30.6.2011 – III ZB 33/10, NJW – RR 2011, 1185.
10 BVerfG v. 30.5.1990 – 1 BvL 2/83, NJW 1990, 2246.

anstandeten Vorschrift nicht zu einer Vertiefung der Grundrechtsverletzung führen würde, sondern im Gegenteil die Nichtanwendbarkeit der fraglichen Norm die Voraussetzungen für den Erfolg des Antrags eines Beteiligten erleichtert. Das wird bezüglich § 8 TSG in Hinblick auf den Beschluss des BVerfG vom 11. Januar 2011 bejaht.[1] Bei Verfahren nach dem **Transsexuellengesetz** zur Änderung der Geschlechtszugehörigkeit (§ 8 TSG), auf die das FamFG Anwendung findet, stellt der vom BVerfG festgestellte Unvereinbarkeit einiger Voraussetzungen des § 8 TSG mit dem GG keinen wichtigen Grund zur Aussetzung dar.[2] Die Verfahren sind demnach fortzuführen.

Legt das Gericht im FamFG-Verfahren dem **Bundesverfassungsgericht** entscheidungserhebliche Vorschriften nachkonstitutionellen Rechts, die es für verfassungswidrig hält, nach **Art. 100 GG** vor, ist das Verfahren auszusetzen, Art. 100 Abs. 1 Satz 1 GG.[3] Eine Aussetzung ist bereits zulässig, wenn sich das Gericht keine abschließende Überzeugung von der Verfassungswidrigkeit eines entscheidungserheblichen Gesetzes gebildet hat und die Verfassungsmäßigkeit dieses Gesetzes schon **Gegenstand einer anhängigen Verfassungsbeschwerde** oder **Richtervorlage** ist.[4] Solange es an einer bindenden Entscheidung des BVerfG fehlt, hat das Fachgericht die Entscheidung über eine Vorlage in eigener Sachentscheidung, also die Beurteilung der Verfassungsmäßigkeit sowie der Entscheidungserheblichkeit selbst zu treffen.[5]

Auch bei einer **Vorabentscheidung des EuGH nach Art. 267 AEUV**, die durch eine Vorlage des Gerichts an den EuGH zur Auslegung des Gemeinschaftsrechts in einer entscheidungserheblichen Frage veranlasst wird, ist ein wichtiger Grund zur Aussetzung gegeben. Die Vorlageberechtigung zum EuGH ist allerdings für das Fachgericht in Verfahren der klassischen Freiwilligen Gerichtsbarkeit eingeschränkt.[6] Ist bereits ein Vorlageverfahren wegen eines parallelen Rechtsstreits oder Verfahrens vor dem EuGH anhängig, kann auch ein weiteres Verfahren, in dem die Vorlagenfrage ebenfalls vorgreiflich ist, ausgesetzt werden.[7] Die **Durchführung einer Mediation** (§ 36a) stellt ebenfalls einen Aussetzungsgrund dar. § 36a Abs. 2 sieht für den Fall der Mediation ausdrücklich die Aussetzung vor. Die Aussetzung ist in diesem Fall **zwingend**, wie der Wortlaut des § 36a Abs. 2 zeigt (s. auch § 36a Rz. 14). Eingeschlossen sind beschleunigt durchzuführende Verfahren wie Kindschaftssachen, die ebenfalls wegen des Versuchs einer außergerichtlichen Konfliktbeilegung ausgesetzt werden dürfen, was sich an der Regelung des **§ 155 Abs. 4** erkennen lässt. Allerdings soll die Aussetzung in diesen Verfahren regelmäßig nicht über drei Monate hinausgehen, § 155 Abs. 4 (vgl. § 155 Rz. 50). Entsprechendes gilt im Verfahren nach § 155a, bei dem ebenfalls eine zeitlich begrenzte Aussetzung während eines Mediationsversuchs zulässig sein dürfte; vgl. § 155a Rz. 39.

Das Gericht hat bei seiner Ermessensentscheidung zu prüfen, ob den Beteiligten die aussetzungsbedingte Verzögerung **zumutbar** ist. Es hat eine Abwägung zwischen den Interessen der Beteiligten, für die eine zügige Erledigung des Verfahrens vorrangig ist, mit den Nachteilen für andere Beteiligte, die bei Fortführung des Verfahrens entstehen können, vorzunehmen.[8] In eilbedürftigen Fällen, in denen eine **baldige Ent-**

---

1 BVerfG v. 11.1.2011 – 1 BvR 3295/07, NJW 2011, 909.
2 OLG Karlsruhe v. 12.9.2011 – 11 Wx 44/11, MDR 2011, 1422.
3 BVerfG v. 27.2.1973 – 2 BvL 8/72, 2 BvL 9/72, NJW 1973, 1319; Keidel/*Sternal*, § 21 FamFG Rz. 47 ff.
4 BGH v. 10.10.2012 – XII ZB 444/11, FamRZ 2013, 118 in Zusammenhang mit der Verfassungsmäßigkeit des § 1600 Abs. 1 Nr. 5 BGB; OLG Brandenburg v. 10.4.2012 – 9 WF 315/11, FamFR 2012, 278; OLG Brandenburg v. 14.7.2011 – 9 UF 167/11, FamRZ 2012, 563.
5 BGH v. 10.10.2012 – XII ZB 444/11, FamRZ 2013, 118.
6 Keidel/*Sternal*, § 21 FamFG Rz. 61 ff., mit eingehender Darstellung der Voraussetzungen einer Vorabentscheidung durch den EuGH.
7 BGH v. 19.3.2013 – VIII ZR 275/12, juris.
8 BGH v. 10.10.2012 – XII ZB 444/11, FamRZ 2013, 118 zur Abwägung der Aussetzung in einem Abstammungsverfahren, in dem das Grundrecht auf informationelle Selbstbestimmung des Kindes und der Mutter bei fehlender Rechtfertigung eines Eingriffs durch eine molekulargenetische Abstammungsuntersuchung für eine Aussetzung spricht.

scheidung geboten ist und die Beteiligten diese auch verlangen, ist eine Aussetzung nicht zulässig.[1] Entscheidend ist stets die Einzelfallkonstellation, die auch in Eilfällen, wie Gewaltschutz, eine Aussetzung zulassen kann.[2]

In **Unterbringungs- und Freiheitsentziehungsverfahren**, bei eA und uU bei Maßnahmen nach § 1666 BGB wird eine Aussetzung kaum in Betracht kommen.[3] Auch bei Entscheidungen zu Eintragungen des Registergerichts, die keinen Aufschub dulden, ist eine Aussetzung nicht zulässig.[4]

5. Gesetzlich geregelte Fälle

11 In einigen Verfahrensarten sieht das Gesetz **Spezialregelungen** für die Aussetzung vor, so dass das richterliche Ermessen dementsprechend eingeschränkt ist.

Ergeben sich in **Nachlasssachen** bei der Auseinandersetzung des Nachlasses in den Verhandlungen Streitpunkte zwischen den Beteiligten, so ist das Verfahren nach § 370 (entsprechend der bisherigen § 95 FGG) zwingend auszusetzen, da das Nachlassgericht auf eine gütliche Ausgleichung der verschiedenen Interessen hinwirken soll. Ein Ermessen des Gerichts besteht nicht (s. dazu § 370 Rz. 16 ff.). Für das **Registerverfahren** findet sich eine spezielle Vorschrift zur Aussetzung in § 381. Das Registergericht kann ausnahmsweise schon aussetzen, bevor zu einer vorgreiflichen Frage ein Verfahren anhängig ist. Das Gericht hat einem der Beteiligten eine Frist zur Erhebung der Klage in einem neuen Verfahren zu bestimmen (s. dazu § 381 Rz. 7 ff.). Die Vorschrift entspricht dem früheren § 127 FGG. Nach fruchtlosem Ablauf der Frist zur Klageerhebung wird der Aussetzungsbeschluss ohne weitere gerichtliche Entscheidung gegenstandslos; eine etwaige Beschwerde gegen den Aussetzungsbeschluss ist damit unzulässig.[5]

Eine Sondervorschrift zum Verfahrensstillstand ist § 181, der vorsieht, dass ein **Abstammungsverfahren** nach dem Tod eines Beteiligten nur auf Antrag eines Beteiligten nach Fristsetzung fortgesetzt wird. Andernfalls ist nach § 181 Satz 2 das Verfahren wegen Erledigung der Hauptsache beendet.

II. Verfahren und Folgen der Aussetzung

1. Verfahren

12 Die Entscheidung über die Aussetzung, die von Amts wegen oder auf Antrag getroffen werden kann, liegt grundsätzlich im Ermessen des Gerichts. Zur Ermessensentscheidung bei Vorgreiflichkeit vgl. Rz. 9. Die **Beteiligten** sind vor der Entscheidung **zu hören**. Eine Zustimmung – auch die des Antragstellers in Antragssachen – ist nicht erforderlich.[6] Die Entscheidung erfolgt durch **Beschluss**. Dieser bedarf der **Begründung**, § 38 Abs. 3 Satz 1. Das folgt schon aus allgemeinen Grundsätzen wegen seiner Anfechtbarkeit.[7] Erforderlich ist eine über eine formelhafte Begründung hinausgehende Auseinandersetzung mit dem konkreten Streitstoff.[8] Auch eine **ablehnende Aussetzungsentscheidung** ist nicht nur bei entsprechenden Anträgen der Beteiligten zu begründen, da auch diese **anfechtbar** ist.[9] Der Beschluss ist mit einer **Rechtsbehelfsbelehrung** nach § 39 zu versehen.[10]

---

1 KG v. 14.10.2010 – 19 UF 75/10, FamRZ 2011, 920; Keidel/*Sternal*, § 21 FamFG Rz. 22 f.
2 OLG Hamburg v. 25.7.2012 – 7 WF 77/12, FamFR 2012, 423.
3 Begr. RegE, BT-Drucks. 16/6308, S. 184.
4 OLG München v. 18.8.2011 – 31 Wx 300/11, GmbHR 2011, 1102.
5 OLG Köln v. 17.5.2010 – 2 Wx 50/10, FGPrax 2010, 215.
6 Keidel/*Sternal*, § 21 FamFG Rz. 20; Jansen/*v. König*/*v. Schuckmann*, vor §§ 8 ff. FGG Rz. 41 mit Darstellung des kontroversen Diskussionsstandes zum FGG.
7 Vgl. dazu Grundsätze der ZPO: Thomas/Putzo/*Reichold*, § 329 ZPO Rz. 10.
8 BGH v. 17.11.2009 – VI ZB 58/08, MDR 2010, 280; OLG Düsseldorf v. 20.6.1980 – 4 W 34/80, NJW 1980, 2534; OLG München v. 18.3.2008 – 10 W 1000/08, NJW-RR 2008, 1091 jeweils zu Aussetzungsentscheidungen wegen vorgreiflicher Strafverfahren.
9 BGH v. 10.10.2012 – XII ZB 444/11, FamRZ 2013, 118 mwN; OLG Rostock v. 31.8.2011 – 3 W 58/11, FGPrax 2012, 74; OLG Brandenburg v. 14.7.2011 – 9 UF 167/11, FamRZ 2012, 563; Schulte-Bunert/Weinreich/*Brinkmann*, § 21 FamFG Rz. 28; Keidel/*Sternal*, § 21 FamFG Rz. 32.
10 Ebenso Keidel/*Sternal*, § 21 FamFG Rz. 19.

2. Rechtsfolgen

Die Wirkungen der Aussetzung richten sich nach § 249 ZPO, was § 21 Abs. 1 Satz 2 vorsieht. Die Aussetzung beendet den **Lauf jeder Frist**. Gemeint sind nur die echten Fristen, nicht die uneigentlichen Fristen (dazu § 16 Rz. 4).[1] Das Ende der Aussetzung hat zur Folge, dass der volle Fristlauf neu beginnt, aber ohne Rückwirkung, und nur, wenn die Frist nicht schon abgelaufen war.[2] **Verfahrenshandlungen der Beteiligten** während der Aussetzung bleiben **ohne Wirkung**. Handlungen des Gerichts mit Außenwirkung, wie Ladungen, Zustellungen, sind **unzulässig** und gegenüber den Beteiligten **wirkungslos**. Während der Aussetzung ergehende **Entscheidungen sind wirksam**, aber **anfechtbar**. Eine Entscheidung, die während des Verfahrensstillstands ergeht, ist allein deshalb fehlerhaft.[3]

§ 249 Abs. 3 ZPO findet keine Anwendung auf eine Verfahrensaussetzung, da diese Regelung nur die Unterbrechung betrifft.[4]

3. Aufhebung

Ist die Aussetzung zeitlich befristet, so endet sie automatisch mit **Zeitablauf**. Eines ausdrücklichen Beschlusses bedarf es nicht. In den übrigen Fällen kann das Gericht jederzeit von Amts wegen oder auf Antrag die Aussetzung aufheben. Voraussetzung ist der **Wegfall des wichtigen Grundes** für die Aussetzung. Auch die **Aufhebungsentscheidung** steht im Ermessen des Gerichts und ist **anfechtbar** (vgl. Rz. 14).[5] Hierbei ist das Interesse der Beteiligten an einer baldigen Entscheidung zu berücksichtigen.

Bei Aussetzung einer Kindschaftssache wegen der Durchführung einer Mediation ist **§ 155 Abs. 4** zu beachten, der das Gericht zur Aufhebung der Aussetzung nach drei Monaten verpflichtet.

III. Rechtsmittel (Absatz 2)

1. Sofortige Beschwerde

Die Aussetzung als Zwischenentscheidung sowie deren **Ablehnung**[6] sind anfechtbar. Das statthafte Rechtsmittel ist die sofortige Beschwerde nach den Vorschriften der §§ 567 bis 572 ZPO. § 21 Abs. 2 wird entsprechend angewandt auf die Aussetzung im Eintragungsverfahren nach § 381[7] und im Versorgungsausgleichsverfahren nach § 221.[8] Die **Ablehnung der Wiederaufnahme** ist unter entsprechender Anwendung des § 21 Abs. 2 ebenfalls anfechtbar.[9] Wird die Entscheidung nicht angegriffen, so wird sie rechtskräftig und kann nicht mehr – auch nicht inzident – im Rechtsmittelverfahren der Hauptsacheentscheidung überprüft werden.

2. Formale Anforderungen

Die Zulässigkeitsvoraussetzungen der sofortigen Beschwerde ergeben sich aus § 569 ZPO. Danach ist die sofortige Beschwerde **binnen zwei Wochen** einzulegen, und zwar entweder bei dem **Ausgangsgericht** oder bei dem **Beschwerdegericht**. Grundsätzlich ist jeder Beteiligte beschwerdeberechtigt.[10]

---

1 Zu § 249 Abs. 1 ZPO vgl. Thomas/Putzo/*Hüßtege*, § 249 ZPO Rz. 2.
2 Thomas/Putzo/*Hüßtege*, § 249 ZPO Rz. 4.
3 Thomas/Putzo/*Hüßtege*, § 249 ZPO Rz. 8 und 9.
4 Zöller/*Greger*, § 249 ZPO Rz. 8; Keidel/*Sternal*, § 21 FamFG Rz. 24.
5 *Bahrenfuss*, § 21 FamFG Rz. 6; Keidel/*Sternal*, § 21 FamFG Rz. 31; MüKo. ZPO/*Pabst*, § 21 FamFG Rz. 22 f.
6 BGH v. 10.10.2012 – XII ZB 444/11, FamRZ 2013, 118; bereits vorher OLG Rostock v. 31.8.2011 – 3 W 58/11, FGPrax 2012, 74; OLG Brandenburg v. 14.7.2011 – 9 UF 167/11, FamRZ 2012, 563.
7 OLG Köln v. 17.5.2010 – 2 Wx 50/10, FGPrax 2010, 215.
8 Musielak/*Borth*, Familiengerichtliches Verfahren, § 21 FamFG Rz. 8; Schulte-Bunert/Weinreich/*Rehme*, § 221 FamFG Rz. 3; Keidel/*Weber*, § 221 FamFG Rz. 12.
9 OLG Nürnberg v. 19.3.2010 – 7 WF 328/10, FamRZ 2010, 1462; Keidel/*Sternal*, § 21 FamFG Rz. 31.
10 KG v. 8.8.2012 – 12 W 23/12, GmbHR 2012, 1367; zur Beschwerdeberechtigung eines privaten Versorgungsträgers: OLG Nürnberg v. 16.4.2012 – 10 WF 255/12, FamRZ 2013, 313.

16 Die einzureichende **Beschwerdeschrift** muss den **formalen Mindestanforderungen** des § 569 Abs. 2 Satz 2 ZPO genügen. Die Bezeichnung der angefochtenen Entscheidung sowie die Erklärung, dass Beschwerde eingelegt wird, sind anzugeben. Soweit kein Anwaltszwang besteht, was in allen Verfahren des FamFG mit Ausnahme der Ehe- und Familienstreitsachen der Fall ist – auf diese kommt § 21 ohnehin nicht zur Anwendung –, kann die Beschwerde auch zu Protokoll der Geschäftsstelle eingelegt werden, § 569 Abs. 3 Nr. 1 ZPO. Sie soll **begründet** werden, wozu eine Frist gesetzt werden kann, § 571 Abs. 1, Abs. 3 ZPO.

3. Beschwerdeverfahren

17 Das Beschwerdeverfahren richtet sich nach § 572 ZPO. Als Beschwerdegericht entscheidet der **originäre Einzelrichter,** wenn die Erstentscheidung durch den Einzelrichter erlassen wurde, § 568 ZPO. Bei Meinungsverschiedenheiten über die Zuständigkeit innerhalb des Spruchkörpers entscheidet das Kollegium verbindlich.[1]

18 Eine zulässige, aber **unbegründete Beschwerde** wird zurückgewiesen. Ist das Rechtsmittel begründet, kann und soll das Beschwerdegericht nach Möglichkeit selbst in der Sache entscheiden. Prüfungsumfang sind die tatbestandlichen Voraussetzungen und Verfahrens- und Ermessensfehler. Das Beschwerdegericht hat das Vorliegen eines **wichtigen Grundes** zur Aussetzung in vollem Umfang zu prüfen. Wird die Aussetzung auf die Verfassungswidrigkeit einer Norm gestützt, darf das Beschwerdegericht allerdings die Rechtsauffassung der Vorinstanz zur (Nicht-)Verfassungswidrigkeit und zur Vorgreiflichkeit nicht überprüfen.[2] Die **Ermessensentscheidung** zur Aussetzung kann das Beschwerdegericht nur auf Verfahrens- und Ermessensfehler überprüfen, nicht jedoch durch eigenes pflichtgemäßes Ermessen ersetzen.[3]

In der Sache kann das Beschwerdegericht nur **über die Rechtmäßigkeit des Aussetzungsbeschlusses**, nicht über den eigentlichen Verfahrensgegenstand des Ausgangsverfahrens entscheiden.[4] Nicht abschließend geklärt ist die Frage, wie zu entscheiden ist, wenn das Erstgericht verfahrensfehlerhaft die Aussetzung abgelehnt hat, und eine Zurückverweisung nur zur Aussetzung in Betracht kommt. Mit Rücksicht auf die Fassung des § 69, dessen Rechtsgedanke auch für die sofortige Beschwerde gegen Zwischenentscheidungen anzuwenden sein wird,[5] sind die Voraussetzungen für eine Zurückverweisung enger zu sehen als früher. Es wird eine Aussetzung durch das Oberlandesgericht befürwortet, wobei das Beschwerdegericht befugt sein soll, die Aussetzung sowohl für die Beschwerdeinstanz[6] wie auch mit Wirkung für die Erstinstanz anzuordnen, wenn die Ermessensentscheidung sich auf eine Pflicht zur Aussetzung reduziert.[7]

4. Rechtsbeschwerde

19 Ob sich diese nach §§ 70 ff., oder nach §§ 574 ff. ZPO richtet, ist unklar.[8] Der BGH hat unterschiedlich entschieden, sich aber in der Mehrzahl der Rechtsbeschwerden

---

1 Zöller/*Heßler*, § 568 ZPO Rz. 5a.
2 BGH v. 10.10.2012 – XII ZB 444/11, FamRZ 2013, 118.
3 BGH v. 10.10.2012 – XII ZB 444/11, FamRZ 2013, 118; KG v. 8.8.2012 – 12 W 23/12, GmbHR 2012, 1367; OLG Nürnberg v. 20.7.2011 – 11 UF 809/11, MDR 2011, 1044; zu § 148 ZPO zuletzt OLG Düsseldorf v. 31.1.2013 – 2 W 1/13, juris.
4 OLG München v. 18.8.2011 – 31 Wx 300/11, GmbHR 2011, 1102; OLG Köln v. 17.5.2010 – 2 Wx 50/10, FGPrax 2010, 215.
5 Vgl. Zöller/*Heßler*, § 572 ZPO Rz. 27 zur Zurückhaltung bei der Zurückverweisung im Verfahren der sofortigen Beschwerde.
6 OLG Düsseldorf v. 10.9.2010 – 7 UF 84/10, FamRZ 2011, 719.
7 Für diesen Weg: OLG Stuttgart v. 18.7.2011 – 11 UF 147/09, FamRZ 2011, 1734 (LS); OLG Rostock v. 28.2.2011 – 10 UF 228/10, FamRZ 2011, 299; OLG Karlsruhe v. 23.12.2010 – 18 UF 246/10, FamRZ 2011, 727; wie hier: Bork/Jacoby/Schwab/*Elzer*, § 21 FamFG Rz. 14.
8 Für die Anwendung des § 70: Keidel/*Meyer-Holz*, § 70 FamFG Rz. 12a; *Schürmann*, FamRB 2009, 60 zu § 76 Abs. 2 (Verfahrenskostenhilfe); Voraufl., § 21 FamFG Rz. 19; aA Prütting/Helms/*Abramenko*, § 58 FamFG Rz. 18a; *Fölsch*, Das neue FamFG in Familiensachen, Rz. 106, die die Rechtsbeschwerde über §§ 574–577 ZPO zulassen wollen.

bei Zwischenentscheidungen für die Anwendung der §§ 574ff. ZPO ausgesprochen.[1] Auch bei der Lösung über §§ 574ff. ZPO ist eine Zulassung durch das Beschwerdegericht im Regelfall erforderlich.

Kosten/Gebühren: Gericht: Sowohl im Geltungsbereich des GNotKG als auch im Geltungsbereich des FamGKG löst die Entscheidung des Gerichts über die Aussetzung keine Kosten aus (§ 1 Abs. 1 GNotKG, § 1 Satz 1 FamGKG). Das Verfahren bis zur Aussetzung und nach der Aussetzung bildet eine Einheit. Wird in einer Familiensache die sofortige Beschwerde gegen den Aussetzungsbeschluss verworfen oder zurückgewiesen, fällt eine Gebühr nach Nr. 1912 KV FamGKG an. In Verfahren, die dem GNotKG unterliegen, bestimmen sich die Gebühren für das Beschwerdeverfahren nach Nr. 19116 KV GNotKG. **RA:** Das Verfahren bis zur Aussetzung und nach der Aussetzung ist eine Angelegenheit. Der RA kann die Gebühren nur einmal fordern (§ 15 Abs. 2 Satz 1 RVG). Für das Verfahren der sofortigen Beschwerde erhält der RA eine Gebühr nach Nr. 3500 VV RVG (0,5).

20

22 *Antragsrücknahme; Beendigungserklärung*

(1) **Ein Antrag kann bis zur Rechtskraft der Endentscheidung zurückgenommen werden. Die Rücknahme bedarf nach Erlass der Endentscheidung der Zustimmung der übrigen Beteiligten.**
(2) **Eine bereits ergangene, noch nicht rechtskräftige Endentscheidung wird durch die Antragsrücknahme wirkungslos, ohne dass es einer ausdrücklichen Aufhebung bedarf. Das Gericht stellt auf Antrag die nach Satz 1 eintretende Wirkung durch Beschluss fest. Der Beschluss ist nicht anfechtbar.**
(3) **Eine Entscheidung über einen Antrag ergeht nicht, soweit sämtliche Beteiligte erklären, dass sie das Verfahren beenden wollen.**
(4) **Die Absätze 2 und 3 gelten nicht in Verfahren, die von Amts wegen eingeleitet werden können.**

A. Allgemeines	2. Verfahrenshandlung 12
I. Entstehung 1	3. Zeitpunkt und erforderliche Zustimmung 13
II. Anwendungsbereich 2	4. Rechtsfolgen (Absatz 2) 15
III. Regelungsinhalt	II. Beendigung durch übereinstimmende Erklärungen (Absatz 3)
1. Bedeutung der verschiedenen Verfahrensarten 3	1. Geltung für Antragsverfahren 17
2. Erleichterte Verfahrensbeendigung 9	2. Übereinstimmende Erklärungen .. 18
B. Inhalt der Vorschrift	3. Rechtsfolge 19
I. Antragsrücknahme (Absatz 1)	III. Amtsverfahren (Absatz 4) 22
1. Zulässigkeit 10	

Literatur: *Böhringer,* Auswirkungen des FamFG auf das Grundbuchverfahren, BWNotZ 2010, 2; *Heinemann,* Das neue Aufgebotsverfahren nach dem FamFG, NotBZ 2009, 300; *Jänig/Leißring,* FamFG – Neues Verfahrensrecht für Streitigkeiten in AG und GmbH, ZIP 2010, 110; *Preuß,* Auswirkungen der FGG-Reform auf das Spruchverfahren, NZG 2009, 961.

A. Allgemeines

I. Entstehung

Die Vorschrift regelt erstmals für die freiwillige Gerichtsbarkeit, ob und auf welche Weise ein Verfahren auf Initiative eines oder aller Beteiligten ohne gerichtliche Endentscheidung beendet werden kann. Schon bisher haben Rechtsprechung und Schrifttum trotz Fehlens einer Norm jedenfalls bei Antragsverfahren die **Antragsrücknahme** als zulässig angesehen, da der Antragsteller insoweit im Rahmen seiner Dispositionsbefugnis handeln dürfe, wobei die Frage des Zeitpunkts und der Folgen

1

---

[1] BGH v. 15.2.2012 – XII ZB 451/11, FamRZ 2012, 619; BGH v. 30.3.2011 – XII ZB 692/10, FamRZ 2011, 966; BGH v. 5.1.2011 – XII ZB 152/10, FamRZ 2011, 368; BGH v. 4.3.2010 – V ZB 222/09, FamRZ 2010, 809; anders noch BGH v. 18.5.2011 – XII ZB 265/10, FamRZ 2011, 1138; BGH v. 23.6.2010 – XII ZB 82/10, FamRZ 2010, 1425.

offen blieb.[1] Ebenfalls ungeklärt war bei Antragsverfahren die Möglichkeit einer Verfahrensbeendigung allein durch Erklärungen sämtlicher Beteiligten (**Beendigungserklärungen**).[2] Der Gesetzgeber hat diese Fragen mit dem FamFG eindeutig gelöst und eine weite Lösung zugunsten der Beteiligten vorgesehen, die ihrer Dispositionsbefugnis möglichst weitgehend Raum lässt. Auf Empfehlung des Rechtsausschusses im Gesetzgebungsverfahren ist für Antragsverfahren die Verfahrensbeendigung nach übereinstimmenden Erklärungen sämtlicher Beteiligten zwingend vorgesehen, während ursprünglich noch eine abschließende Überprüfung durch das Gericht für erforderlich gehalten wurde.[3] Damit ist eine **Angleichung der Verfahrensbeendigung** für sämtliche Verfahren, die nicht von Amts wegen zu betreiben sind, geschaffen worden. Ein sachlicher Grund für eine verfahrensmäßige Unterscheidung zwischen der Beendigung nach Antragsrücknahme einerseits und einer Beendigung nach übereinstimmender Erledigung andererseits besteht aus Sicht des Gesetzgebers nicht.[4] Zugleich ist damit eine Entlastung der Gerichte verbunden, für die die übereinstimmenden Erledigungserklärungen bindend sind.[5] Davon nicht berührt sind die **von Amts wegen zu betreibenden Verfahren**, die der Gesetzgeber in **Abs. 4** ausdrücklich von diesen Regelungen ausgeschlossen hat.

II. Anwendungsbereich

2 Auf **Ehe- und Familienstreitsachen** findet die Vorschrift **keine Anwendung**, § 113 Abs. 1. Für diese gelten die Regelungen der ZPO zum Verfahren vor den Landgerichten entsprechend, insbesondere § 269 ZPO und für die Erledigung § 91a ZPO.

Sonderregelungen für die Beschwerderücknahme und die Rücknahme des Scheidungsantrags finden sich in § 67 Abs. 4 bzw. §§ 134, 141.

III. Regelungsinhalt

1. Bedeutung der verschiedenen Verfahrensarten

3 Die Möglichkeit der Verfahrensbeendigung durch Antragsrücknahme oder übereinstimmende Erklärung der Beteiligten hängt von der Art des Verfahrens ab:

Vgl. im Einzelnen Vor §§ 23, 24.

4 In **Amtsverfahren** stellen Verfahrensanträge nur Anregungen dar. Amtsverfahren sind dadurch gekennzeichnet, dass sie **von Gesetzes wegen einzuleiten** sind, sobald das Gericht eine Tatsache erfährt, die zu einer nicht auf Antrag zu treffenden Entscheidung veranlassen könnte. Das weitere Verfahren wird im Wege der **Amtsermittlung** durchgeführt.[6] Die Verpflichtung zur Amtsermittlung ergibt sich idR aus dem **Schweigen des Gesetzes**, wenn dem Gericht eine **Aufgabe zugewiesen** ist, ohne zugleich die Verfahrenseinleitung von einem Antrag abhängig zu machen. In diesen Verfahren fehlt den Beteiligten die Dispositionsbefugnis über den Verfahrensgegenstand.

5 Auf Amtsverfahren ist Abs. 1 nur eingeschränkt anwendbar. Denn die Rücknahme eines „Antrags", der materiell nur eine **Anregung** bedeutet (vgl. § 24 Rz. 3), ist zwar zulässig, löst aber keine unmittelbaren Rechtsfolgen aus. Die Abs. 2 und 3 sind nicht anwendbar, vgl. Abs. 4. Insofern bedeutet die gesetzliche Fassung für Amtsverfahren keine Veränderung zur früheren Rechtslage.

---

1 Zur früheren Rechtslage: Keidel/*Schmidt*, 15. Aufl., § 12 FGG Rz. 39, 41; *Bassenge*/Roth, 11. Aufl., FGG Einleitung, Rz. 112–114 jeweils mwN.
2 Beispielsweise *Bassenge*/Roth, 11. Aufl., Einl. FGG Rz. 123 ff.: Erledigung ist unabhängig von den Erklärungen der Beteiligten von Amts wegen zu prüfen.
3 BT-Drucks. 16/6308, § 22 Abs. 3: „Entscheidung soll nicht ergehen, soweit ..."; BR-Drucks. 309/07, S. 11; Beschlussempfehlung Rechtsausschuss, BR-Drucks. 16/9733, S. 288 unter Bezug auf die Stellungnahme des Bundesrats.
4 BR-Drucks. 309/07, Nr. 12, S. 12.
5 So ausdrücklich in BR-Drucks. 309/07, Nr. 12, S. 12: die Stellungnahme wurde unverändert übernommen, BT-Drucks. 16/6308, zu Nr. 12, S. 405.
6 So zum FGG: *Bassenge*/Roth, 11. Aufl., Einleitung FGG Rz. 1.

Verfahrensrechtlich abweichend sind diejenigen **Amtsverfahren** zu behandeln, die sowohl **von Amts wegen als auch auf Antrag** eingeleitet werden können. Es handelt sich dabei gleichwohl um Amtsverfahren, die auch als **unechte Antragsverfahren** bezeichnet werden können.[1] Die Dispositionsbefugnis der Antragsteller ist in diesen Verfahren eingeschränkt, da das Gericht im rechtsfürsorgerischen Bereich der freiwilligen Gerichtsbarkeit tätig wird. Das sind bspw. Verfahren in Kindschaftssachen nach §§ 1632 Abs. 4, 1682 Satz 1, 1684, 1685, 1887 Abs. 2 BGB sowie in Betreuungssachen nach § 1896 Abs. 1 BGB. Eine Antragsrücknahme hatte demnach im früheren Recht keine Beendigung des – von Amts wegen weiter zu betreibenden – Verfahrens zur Folge.[2] Im Rahmen des § 22 Abs. 1 bis 3 fallen die unechten Antragsverfahren unter die **Amtsverfahren** mit der Folge, dass die **Abs. 2 und 3** auf sie **keine Anwendung finden**. 6

In **Antragsverfahren** finden die Erleichterungen des § 22 Anwendung. Echte Antragsverfahren sind alle Verfahren einschließlich der echten Streitsachen, für deren Einleitung das **Gesetz** ausdrücklich einen **Antrag** vorsieht.[3] Der Antrag ist zwingende Voraussetzung des Verfahrens und der Entscheidung. 7

Zu den Antragsverfahren gehören die sog. **echten Streitverfahren** der freiwilligen Gerichtsbarkeit. Bei diesen stehen sich die Verfahrensbeteiligten, die über den Verfahrensgegenstand verfügen können, ähnlich dem Zivilverfahren mit unterschiedlichen Interessen gegenüber. Die Beteiligten streiten über subjektive private Rechte, über die das Gericht mit materieller Rechtskraft entscheidet.[4] 8

Auch auf Ausschlussverfahren nach **§ 39a WpÜG** („Squeeze-out") findet § 22 Anwendung, § 39b Abs. 1 WpÜG, so dass für ab dem 1.9.2009 eingeleitete Verfahren die Rücknahme eines Squeeze-out-Antrags bis zum Entscheidungserlass ohne Zustimmung möglich ist.[5]

2. Erleichterte Verfahrensbeendigung

Die **Antragsrücknahme**, die **bis zur Rechtskraft der Endentscheidung wirksam** erklärt werden kann, hat in Antragsverfahren nicht nur die Verfahrensbeendigung zur Folge, sondern darüber hinaus, dass eine bereits existente **Endentscheidung** ohne weiteren gerichtlichen Ausspruch automatisch und mit Wirkung **ex tunc unwirksam** wird. Auf Antrag kann das Gericht diese Wirkung durch Beschluss feststellen, dem aber nur deklaratorische Bedeutung zukommt. Die Regelung ist zum Teil § 269 Abs. 3 Satz 1 ZPO nachgebildet. Durch **übereinstimmende Beendigungserklärungen** sämtlicher Beteiligten wird ein Antragsverfahren ebenfalls automatisch ohne Zutun des Gerichts **beendet**; eine gerichtliche Überprüfung auf Erledigung ist – auch für Antragsverfahren, die nicht echte Streitverfahren sind – nicht mehr vorgesehen. 9

B. Inhalt der Vorschrift

I. Antragsrücknahme (Absatz 1)

1. Zulässigkeit

Abs. 1 Satz 1 sieht als Folge der Dispositionsbefugnis des Antragstellers vor, dass die **Rücknahme** eines Antrags **grundsätzlich zulässig** ist.[6] „Antrag" ist allein der verfahrenseinleitende Antrag in einem **echten Antragsverfahren** (vgl. dazu auch Vor §§ 23, 24). Kein Antrag ist die Verfahrensanregung nach § 24 (vgl. § 24 Rz. 3 f.). 10

---

1 Noch zum FGG: Keidel/*Schmidt*, 15. Aufl., § 12 FGG Rz. 7; Jansen/*v. König/v. Schuckmann*, vor §§ 8–18 FGG Rz. 4.
2 Keidel/*Schmidt*, 15. Aufl., § 12 FGG Rz. 7; Jansen/*v. König/v. Schuckmann*, vor §§ 8–18 FGG Rz. 4; für das Betreuungsrecht: *Jurgeleit*, Betreuungsrecht, § 1896 BGB Rz. 10; zum FamFG: Keidel/*Sternal*, § 23 FamFG Rz. 6.
3 Keidel/*Sternal*, § 22 FamFG Rz. 4; Vor §§ 23, 24 Rz. 3.
4 Noch zum FGG: *Bassenge*/Roth, 11. Aufl., Einleitung FGG Rz. 17f.
5 OLG Frankfurt v. 13.4.2010 – WpÜG 1/09, ZIP 2010, 880; Anm. von *Auerbach*, BB 2010, 1308; Anm. von *Pluskat*, EWiR 2010, 623.
6 Begr. RegE, BT-Drucks. 16/6308, S. 184.

11 Das Verhältnis zwischen Antragsrücknahme und Erledigung der Hauptsache ist für die freiwillige Gerichtsbarkeit nicht systematisch geklärt.[1] Die Praxis sieht vielfach in der Erklärung des Antragstellers, an einer Entscheidung kein Interesse mehr zu haben, die auch als Rücknahme des Verfahrensantrags verstanden werden kann, in Antragsverfahren eine Erledigung der Hauptsache.[2] Umgekehrt wird die Erklärung, der Gegenstand des Verfahrens habe sich erledigt, allgemein als Antragsrücknahme gesehen.[3] Der Gesetzgeber hat diese Frage nicht ausdrücklich angesprochen, unterscheidet aber zwischen Antragsrücknahme und Beendigungserklärung (als Unterfall einer Erledigung der Hauptsache).[4]

2. Verfahrenshandlung

12 Die Antragsrücknahme als Verfahrenshandlung ist gegenüber dem Gericht zu erklären, bei dem das Verfahren anhängig ist, im Rechtsmittelverfahren gegenüber dem Beschwerde – oder Rechtsbeschwerdegericht. Die Rücknahme unterliegt **keinen Formerfordernissen**;[5] sie kann ggf. auch stillschweigend erfolgen, wenn sie aufgrund einer mit Hinweisen verbundenen Zwischenverfügung erfolgt und mit einem neuen Antrag verbunden ist.[6] Soweit kein Anwaltszwang besteht, kann die Rücknahme zur Niederschrift der Geschäftsstelle erklärt werden, § 25 Abs. 1, Abs. 2. Im Verfahren der **Rechtsbeschwerde** nach §§ 70 ff. kann die Antragsrücknahme nur durch einen beim BGH zugelassenen Rechtsanwalt wirksam erklärt werden, § 10 Abs. 4. Sie ist als Verfahrenshandlung **bedingungsfeindlich** und **unanfechtbar**.[7] Eine erneute Antragstellung nach Rücknahme ist nicht ausgeschlossen und bleibt ohne Beschränkung zulässig, solange das Antragsrecht nicht durch Zeitablauf erloschen oder ein wirksamer Antragsverzicht erklärt worden ist.[8]

12a Befugt zur Antragsrücknahme ist der Antragsteller. Handelt es sich um **mehrere Antragsteller** mit jeweils selbständigem Antragsrecht, kann jeder den Antrag zurücknehmen, jedoch nur mit Wirkung für sein Antragsrecht. Sind mehrere nur gemeinsam antragsberechtigt, so wirkt die Antragsrücknahme durch einen Beteiligten für alle anderen.[9]

3. Zeitpunkt und erforderliche Zustimmung

13 Der Antrag kann in jeder Lage des Verfahrens und **bis zur Rechtskraft** der Endentscheidung **zurückgenommen** werden, also auch in der Beschwerde- und Rechtsbeschwerdeinstanz. Eine bereits erlassene, aber noch nicht rechtskräftige Entscheidung steht der Antragsrücknahme nicht entgegen.

14 Die übrigen Beteiligten müssen einer Antragsrücknahme, damit diese wirksam wird, nur dann **zustimmen**, wenn diese **nach Erlass der Endentscheidung** erklärt wird. Vor diesem Zeitpunkt bedarf die Wirksamkeit der Rücknahme keiner Zustimmung. Das gilt auch für **echte Streitverfahren** der freiwilligen Gerichtsbarkeit, bei denen früher überwiegend gefordert wurde, der Antragsgegner müsse unabhängig vom Zeitpunkt immer zustimmen.[10] Der **Zeitpunkt des Erlasses** der Entscheidung ist der Zeitpunkt, zu dem die Entscheidung der Geschäftsstelle übergeben oder die Beschlussformel durch Verlesen bekannt gegeben wird, § 38 Abs. 3 Satz 3.

---

1 Vgl. auch Musielak/*Borth*, § 22 FamFG Rz. 5.
2 So *Bumiller*/Harders, § 22 FamFG Rz. 9, 10; Keidel/*Sternal*, § 22 FamFG Rz. 28.
3 OLG München v. 14.9.1999 – 26 UF 1414/99, OLGReport 2000, 86; ebenso die Begr. RegE, BT-Drucks. 16/6308, S. 185.
4 Auch die Stellungnahme im Gesetzgebungsverfahren behält diese Differenzierung bei, BR-Drucks. 309/07, S. 12; Musielak/*Borth*, § 22 FamFG Rz. 5.
5 Begr. RegE, BT-Drucks. 16/6308, S. 185.
6 OLG Zweibrücken v. 6.6.2012 – 3 W 27/11, FGPrax 2011, 264.
7 Zöller/*Greger*, Vor § 128 ZPO Rz. 20 ff.
8 Vgl. OLG Zweibrücken v. 6.6.2011 – 3 W 27/11, FGPrax 2011, 264; Begr. RegE, BT-Drucks. 16/6308, S. 185; Keidel/*Sternal*, § 22 FamFG Rz. 17; MüKo. ZPO/*Pabst*, § 22 FamFG Rz. 10.
9 Keidel/*Sternal*, § 22 FamFG Rz. 18; Schulte-Bunert/Weinreich/*Brinkmann*, § 22 FamFG Rz. 9.
10 Vgl. Keidel/*Schmidt*, 15. Aufl., § 12 FGG Rz. 40; MüKo. ZPO/*Pabst*, § 22 FamFG Rz. 5.

Die nach Erlass der Entscheidung erforderliche **Erklärung der Zustimmung** durch die übrigen Beteiligten hat gegenüber dem zuständigen Gericht zu erfolgen. Sie kann formlos, uU auch konkludent erteilt werden. Schweigen auf die Antragsrücknahme reicht regelmäßig nicht, wenn nicht bei Bekanntgabe der Rücknahme unter Fristsetzung auf diese Wirkung – entsprechend § 269 Abs. 2 Satz 4 ZPO – hingewiesen worden ist.[1]

Die **Zustimmung** als Verfahrenshandlung ist **bedingungsfeindlich** und **nicht anfechtbar**.

4. Rechtsfolgen (Absatz 2)

Eine Antragsrücknahme nach Erlass der Endentscheidung hat zur Folge, dass der erlassene Beschluss **ohne weiteres wirkungslos** wird. Eine Aufhebung der Entscheidung ist nicht mehr erforderlich.[2] Damit ist der Gleichlauf mit § 269 Abs. 3 Satz 1, letzter Halbs. ZPO erreicht.[3] Auf Antrag eines Beteiligten hat das Gericht aus Gründen der Rechtssicherheit die Aufhebung festzustellen. Dieser Beschluss hat nur **deklaratorische Wirkung**. Er ist nicht anfechtbar.[4] Im **Beschwerdeverfahren** hat die Antragsrücknahme zur Folge, dass über die Beschwerde nicht mehr, auch nicht durch Verwerfung als unzulässig zu entscheiden ist. Das Beschwerdeverfahren wird durch Antragsrücknahme beendet, es ist nur noch über die Kosten zu entscheiden.[5]

Bei Antragsverfahren in Kindschaftssachen (vgl. auch Rz. 3 Vor §§ 23, 24) ist trotz Antragsrücknahme eine Fortführung des Verfahrens **von Amts wegen** gem. §§ 1666, 1671 Abs. 4 (nF) BGB denkbar, wenn sich Anhaltspunkte für ein erforderliches gerichtliches Tätigwerden ergeben.[6]

Zur Kostenentscheidung vgl. §§ 83 Abs. 2, 81 (§ 83 Rz. 5).

II. Beendigung durch übereinstimmende Erklärungen (Absatz 3)

1. Geltung für Antragsverfahren

Die Regelung zur Verfahrensbeendigung bei übereinstimmenden Erklärungen stellt einen Unterfall der **Erledigung der Hauptsache** dar. Zur **Erledigung der Hauptsache** im Einzelnen mit Fallbeispielen wird auf § 83 Rz. 6–14 verwiesen.

Abs. 3 erfasst nur **Antragsverfahren** einschließlich der echten Streitverfahren, in denen die Beteiligten die Dispositionsbefugnis über den Verfahrensgegenstand haben. Der Gesetzgeber hat mit Abs. 3 eine Klarstellung in der Weise geschaffen, dass bei **sämtlichen Antragsverfahren** die übereinstimmenden Erklärungen aller Beteiligter **zwingend** zur **Beendigung des Verfahrens** führen. Zur Begründung wird auf die vergleichbare Interessenlage bei Streitverfahren und Antragsverfahren sowie das gesetzgeberische Ziel einer einheitlichen Regelung für diese Verfahren verwiesen.[7] Liegen die Erklärungen sämtlicher Beteiligter vor, so ist nicht mehr zu prüfen, ob die Hauptsache tatsächlich erledigt ist. Die **Amtsermittlungspflicht** des Gerichts **endet** hier.

Das gilt auch für die Beschwerdeinstanz; die bereits erlassene Entscheidung wird wirkungslos.[8]

---

1 Vgl. zu § 269 ZPO: Zöller/*Greger*, § 269 ZPO Rz. 15 zur konkludenten Zustimmung und zum Schweigen auf entsprechenden Hinweis.
2 OLG München v. 13.1.2010 – 34 Wx 119/09, juris, ZfIR 2010, 199 (LS).
3 Hierauf wird auch in der Begr. RegE hingewiesen, BT-Drucks. 16/6308, S. 185.
4 RegE, BT-Drucks. 16/6308, S. 185.
5 OLG München v. 13.1.2010 – 34 Wx 119/09, juris, ZfIR 2010, 199 (LS).
6 Vgl. § 151 Rz. 47; MüKo. BGB/*Coester*, § 1671 BGB Rz. 48, 266.
7 Vgl. Begr. der BR-Stellungnahme, BR-Drucks. 309/07, S. 12, die ohne Einschränkung ins weitere Gesetzesverfahren übernommen worden ist, BT-Drucks. 16/9733, S. 288.
8 OLG München v. 11.4.2011 – 34 Wx 167/10, juris.

2. Übereinstimmende Erklärungen

18 Die Erklärung zur Verfahrensbeendigung ist als **Verfahrenshandlung** eine **bedingungsfeindliche und nicht anfechtbare Erklärung** gegenüber dem erkennenden Gericht, in der zum Ausdruck gebracht wird, dass das Verfahren ganz oder teilweise ohne Entscheidung beendet werden soll. Sie ist in Schriftform oder in der Form des § 25 Abs. 1 abzugeben, sofern eine anwaltliche Vertretung nicht geboten ist. Einer Begründung bedarf sie nicht. Die Erklärung muss nicht ausdrücklich das Verlangen nach Verfahrensbeendigung enthalten; es reicht aus, wenn dieses Begehren konkludent zum Ausdruck gebracht wird. Dies kann auch durch Unterlassen eines Widerspruchs oder Nichtantragstellung auf eine Beendigungserklärung eines anderen Beteiligten geschehen; im Zweifel muss das Gericht aufklären, was gewollt ist.[1] Von Seiten des Antragstellers muss die Erklärung nicht so weit gehen wie eine Antragsrücknahme. Denn liegt eine solche vor, ist das Verfahren schon nach Abs. 1 beendet, und es bedarf keiner Beendigungserklärungen mehr.

3. Rechtsfolge

19 Gesetzliche Folge der übereinstimmenden Beendigungserklärungen ist eine Verfahrensbeendigung **ohne gerichtliche Entscheidung**. Das Gericht darf nicht mehr prüfen, ob tatsächlich eine Erledigung der Hauptsache erfolgt ist.[2] Ein die Erledigung feststellender Beschluss ist gesetzlich nicht vorgesehen und nicht erforderlich.[3]

19a Erfolgen die Beendigungserklärungen zwischen Erlass und Rechtskraft der Entscheidung, ist Abs. 2 Satz 1 entsprechend anzuwenden. Die Entscheidung wird ohne weiteres gerichtliches Zutun wirkungslos.[4] Dies ist ggf. auf Antrag festzustellen.

20 **Eine Wiederaufnahme des Verfahrens** durch den Antragsteller gegen den **Widerspruch der anderen Beteiligten** ist nicht möglich. Das Gericht ist an die übereinstimmenden Erklärungen der Beteiligten gebunden. Der Antragsteller bleibt nicht rechtlos, er kann durch **erneute Antragstellung** ein neues Verfahren einleiten.[5]

21 Die auch bei übereinstimmender Erledigung gebotene **Kostenentscheidung** richtet sich nach §§ 83 Abs. 2, 81 (vgl. § 83 Rz. 11–13).[6]

III. Amtsverfahren (Absatz 4)

22 In Amtsverfahren (vgl. Rz. 4) kommt lediglich Abs. 1 in beschränktem Umfang zur Anwendung, weil Anträge in Amtsverfahren nur als **Anregung nach § 24 Abs. 1** anzusehen sind. Deren Rücknahme ist jederzeit, aber ohne unmittelbare Folgen für das Verfahren möglich, da sie nicht zur Verfahrensbeendigung führt. Allerdings kann die Erklärung der „Antragsrücknahme" je nach Art des Verfahrens für das Gericht Anlass zur Prüfung sein, ob nicht **tatsächlich eine Erledigung der Hauptsache** vorliegt (dazu § 83 Rz. 10). Darüber ist durch Beschluss des Gerichts zu entscheiden, der zugleich die Einstellung des Verfahrens ausspricht.

23 **Kosten/Gebühren: Gericht:** Wenn ein Antrag zurückgenommen (auch in der Rechtsmittelinstanz) wird, sieht das GNotKG in bestimmten Fällen einer Ermäßigung der Verfahrensgebühr vor (vgl. Nrn. 12211, 12221, 12222, 12231, 12232, 12311, 12331, 12332, 12426, 12427, 12512, 12521, 12531, 12532, 12541, 12542, 13321, 13322, 13331, 13332, 13502, 13504, 13611, 13621, 13622, 14401, 14521, 14522, 15111, 15121, 15124, 15131, 15132, 15134, 15135, 15211, 15221, 15226, 15227, 15231, 15232, 15234, 15235, 16112, 16123, 16212, 16223, 19113, 19122, 19124, 19125, 19127 GNotKG). Für den Bereich des Handelsregisters regelt § 3 HRegGebV die kostenrechtlichen Folgen der Zurücknahme. In Familiensachen, die nicht Ehe- oder Familienstreitsachen sind, führt die Zurücknahme von Anträgen in einigen Fällen zur einer Ermäßigung der Verfahrensgebühr (vgl. Nrn. 1315, 1317, 1318, 1321, 1323, 1324, 1326, 1327, 1412, 1421, 1423, 1424, 1715, 1721, 1722, 1911 und 1921 KV FamGKG).

---

1 Thomas/Putzo/*Hüßtege*, § 91a ZPO Rz. 6, 10 entsprechend zum Zivilverfahren.
2 Ausdrücklich BR-Drucks. 309/07, S. 12; OLG München v. 11.4.2011 – 34 Wx 167/10, juris.
3 Keidel/*Sternal*, § 22 FamFG Rz. 23; Schulte-Bunert/Weinreich/*Brinkmann*, § 22 FamFG Rz. 16; aber uU ein Kostenbeschluss, s. Rz. 21.
4 MüKo. ZPO/*Pabst*, § 22 FamFG Rz. 15, 16; *Kemper*, FamRB 2008, 345 (349).
5 *Zimmermann*, Das neue FamFG, Rz. 67; MüKo. ZPO/*Pabst*, § 22 FamFG Rz. 17.
6 OLG München v. 11.4.2011 – 34 Wx 167/10, juris.

§ 22a Mitteilungen an die Familien- und Betreuungsgerichte

(1) Wird infolge eines gerichtlichen Verfahrens eine Tätigkeit des Familien- oder Betreuungsgerichts erforderlich, hat das Gericht dem Familien- oder Betreuungsgericht Mitteilung zu machen.

(2) Im Übrigen dürfen Gerichte und Behörden dem Familien – oder Betreuungsgericht personenbezogene Daten übermitteln, wenn deren Kenntnis aus ihrer Sicht für familien- oder betreuungsgerichtliche Maßnahmen erforderlich ist, soweit nicht für die übermittelnde Stelle erkennbar ist, dass schutzwürdige Interessen des Betroffenen an dem Ausschluss der Übermittlung das Schutzbedürfnis eines Minderjährigen oder Betreuten oder das öffentliche Interesse an der Übermittlung überwiegen. Die Übermittlung unterbleibt, wenn ihr eine besondere bundes- oder entsprechende landesgesetzliche Verwendungsregelung entgegensteht.

A. Allgemeines	1	C. Mitteilungsbefugnis (Absatz 2)	
B. Mitteilungspflicht (Absatz 1)		I. Datenübermittlung nach Interessenabwägung	6
I. Voraussetzungen	2		
II. Einzelfälle	4	II. Rechtsschutz	8
III. Gesetzliche Sonderfälle	5		

A. Allgemeines

Die Vorschrift entspricht inhaltlich dem früheren § 35a FGG. Die Fortschreibung der gerichtlichen Mitteilungspflichten in Abs. 1 dient insbesondere dem **Kinderschutz** und dem **Schutz Betreuter** oder **Betreuungsbedürftiger**. Abs. 1 sieht diese **Mitteilungspflicht der Gerichte** gegenüber den Familien-/Betreuungsgerichten vor. Dem steht in Abs. 2 die **Mitteilungsbefugnis** der Gerichte und Behörden gegenüber, die sich fast wortgleich in § 35a Sätze 2 bis 4 FGG fand. Durch das Justizmitteilungsgesetz v. 18.6.1997 (BGBl. I, 1430) war diese Regelung in das FGG eingefügt worden, um eine Rechtsgrundlage zur Übermittlung personenbezogener Daten zu schaffen.[1] 1

Durch das Gesetz zur Einführung einer Rechtsbehelfsbelehrung im Zivilprozess und zur Änderung anderer Vorschriften v. 5.12.2012 (BGBl. I, 2418) ist das Redaktionsversehen des Gesetzgebers des FamFG zum Geltungsbereich dieser Vorschrift korrigiert worden. Art. 6 Nr. 11 des Gesetzes vom 5.12.2012 ändert § 113 Abs. 1 Satz 1 in der Weise, dass **§ 22a auch in Ehesachen und Familienstreitsachen Anwendung findet**.[2] Zugrunde liegt die Erkenntnis, dass § 22a, der Gerichten und Behörden eine Rechtsgrundlage zur Übermittlung personenbezogener Daten geben soll, in seinem Anwendungsbereich nicht auf einzelne Verfahrensarten des FamFG beschränkt sein kann. Vielmehr soll die Datenübermittlung an die Familien- und Betreuungsgerichte unabhängig von der Verfahrensart des Ausgangsgerichts ermöglicht werden, mithin die Übermittlungspflicht des Abs. 1 für alle Gerichte der ordentlichen Gerichtsbarkeit sowie der Fachgerichtsbarkeiten bestehen. Gerade in Ehe- und Familienstreitsachen sieht der Gesetzgeber ein solches Bedürfnis in besonderem Maße, weshalb diese nicht vom Anwendungsbereich ausgeschlossen werden dürfen.[3] 1a

B. Mitteilungspflicht (Absatz 1)

I. Voraussetzungen

Die **Mitteilungspflicht** nach Abs. 1 gilt für alle Gerichte der ordentlichen Gerichtsbarkeit sowie der Fachgerichtsbarkeiten einschließlich der Instanzgerichte, was mit der Gesetzesänderung des § 113 Abs. 1 Satz 1 ausdrücklich klargestellt worden ist (vgl. Rz. 1a). Bei der Mitteilungspflicht handelt es sich um eine **zwingende** Verpflichtung, wenn infolge eines anderen Verfahrens eine Tätigkeit des Familien – oder des 2

---

1 Zum FGG: Keidel/*Engelhardt*, 15. Aufl., § 35a FGG Rz. 8.
2 Zur ursprünglichen Fassung vgl. 2. Aufl., § 22a Rz. 1a; Keidel/*Sternal*, § 22a FamFG Rz. 2.
3 Stellungnahme des Bundesrates zum GesetzE, BT-Drucks. 17/10490, S. 27.

Betreuungsgerichts erforderlich wird, oder wenn das Tätigwerden zur ordnungsgemäßen Durchführung des Ausgangsverfahrens notwendig ist.[1] Als erforderliche Tätigkeiten des Familien- oder des Betreuungsgerichts kommen die Einleitung oder Aufhebung eines Verfahrens (bspw. **Anordnung einer Vormundschaft**, § 1773 BGB, **Pflegschaft**, §§ 1909 ff. BGB, **oder Betreuung**, § 1896 BGB) sowie Maßnahmen innerhalb eines anhängigen Verfahrens in Betracht.[2] Werden hingegen anlässlich eines gerichtlichen Verfahrens Umstände bekannt, die ein Einschreiten des Familien- oder des Betreuungsgerichts zwar geboten, aber nicht zwingend erforderlich erscheinen lassen, begründet dies noch keine Mitteilungspflicht,[3] kann aber für eine Mitteilungsbefugnis nach Abs. 2 ausreichend sein (vgl. Rz. 6).

3   Das angegangene Familien- oder Betreuungsgericht hat im Interesse der betreffenden Personen die erforderlichen Maßnahmen zu treffen. Wenn es keine Anordnungen für erforderlich hält und nicht tätig wird, steht dem anzeigenden Gericht dagegen kein Beschwerderecht zu.[4]

II. Einzelfälle

4   Mitteilungspflichten entstehen zB in folgenden Fällen:

(1) **Todeserklärung eines Elternteils**, der (auch) die elterliche Sorge innehatte, §§ 1677, 1681 Abs. 2, 1773 BGB;

(2) **Todeserklärung des Mündels**, § 1884 Abs. 2 BGB;

(3) rechtskräftige Entscheidungen in **Abstammungssachen**, wenn nach dem Inhalt die Anordnung oder Aufhebung einer Vormundschaft notwendig wird, §§ 169 ff.;

(4) **Todeserklärung, Geschäftsunfähigkeit, Insolvenzverfahren** in Bezug auf einen **Vormund, Gegenvormund, Betreuer, Pfleger oder Beistand**, §§ 1780, 1781, 1792 Abs. 4, 1886, 1897 Abs. 4 bis Abs. 7, 1915 BGB.[5]

III. Gesetzliche Sonderfälle

5   Das Gesetz enthält daneben Sonderregeln zu Mitteilungspflichten in den einzelnen Verfahrensarten. **Mitteilungspflichten** sind vorgesehen für das **Standesamt** (als Behörde) in Kindschaftsverfahren, § 168a, für das **Familiengericht** an Ordnungsbehörden in Gewaltschutzsachen, § 216a, für das **Betreuungsgericht** an andere Gerichte oder Behörden §§ 308 bis 311, § 338, für das **Nachlassgericht** über Verwahrungen an das Standesamt, § 347, sowie über Erbfälle von Kindern an das Familiengericht, § 356 Abs. 1, für Gerichte und Behörden an das Registergericht, §§ 379, 400, sowie in **Freiheitsentziehungssachen** für das Gericht an andere Behörden, § 431. Im Einzelnen wird auf die Kommentierungen zu diesen Vorschriften verwiesen. Mitteilungspflichten bestehen darüber hinaus durch die Anordnung über Mitteilungen in Zivilsachen (**MiZi**) in bundesweiten, von allen Bundesländern vereinbarten Verwaltungsvorschriften über Mitteilungen in Zivilverfahren, die im Bundesanzeiger veröffentlicht sind.

C. Mitteilungsbefugnis (Absatz 2)

I. Datenübermittlung nach Interessenabwägung

6   Mit Abs. 2 ist eine **Befugnis** geschaffen, die den **Gerichten und Behörden** erlaubt, dem **Familien-/Betreuungsgericht** personenbezogene Daten, die dem Datenschutz

---

[1] BGH v. 17.8.2011 – I ZB 73/09, WuM 2011, 530; BGH v. 9.11.2010 – VI ZR 249/09, NJW-RR 2011, 284; BGH v. 27.2.1992 – III ZR 199/89, NJW 1992, 1884 (1886).
[2] Stellungnahme Bundesrat, BT-Drucks. 17/10490, S. 27; BGH v. 17.8.2011 – I ZB 73/09, WuM 2011, 530; OLG Karlsruhe v. 3.2.2010 – 19 U 124/09, FamRZ 2010, 1762: Mitteilung zur Einleitung eines Betreuungsverfahrens.
[3] BGH v. 27.2.1992 – III ZR 199/89, NJW 1992, 1884 (1886).
[4] So zur früheren Rechtslage: Keidel/*Engelhardt*, 15. Aufl., § 35a FGG Rz. 3. Durch das FamFG ändert sich diese Rechtslage nicht, vgl. Keidel/*Sternal*, § 22a FamFG Rz. 9.
[5] Vgl. Aufstellung noch zum FGG bei Keidel/*Engelhardt*, 15. Aufl., § 35a FGG Rz. 4 ff.; *Bumiller*/Winkler, 8. Aufl., § 35a FGG Rz. 3 ff.

unterliegen, zu übermitteln. Damit sind die Fälle gemeint, in denen ein Gericht oder eine Behörde (zB Staatsanwaltschaft, Gemeinde) gelegentlich eines Verfahrens von Umständen erfährt, die ein Tätigwerden der Familien-/Betreuungsgerichte geboten erscheinen lassen (wie zB wegen Kindesmisshandlung den Entzug elterlicher Sorge; Unzuverlässigkeit eines Betreuers wegen eines Strafverfahrens mit dem Vorwurf eines Vermögensdelikts).[1]

Die Mitteilung geschützter Daten aus diesen Verfahren an die oben genannten Gerichte ist nur gerechtfertigt, wenn dies für **familien- oder betreuungsrechtliche Maßnahmen** zugunsten Minderjähriger, Betreuter oder Betreuungsbedürftiger erforderlich ist. Die anzeigende Stelle hat ein **Ermessen**, ob und in welchem Umfang sie einschlägige Daten weitergibt. Dazu sieht § 22a Abs. 2 eine **Abwägung** zwischen den schutzwürdigen Interessen der Betroffenen des Ausgangsverfahrens an einem Ausschluss der Übermittlung einerseits und dem Schutzbedürfnis der Minderjährigen oder Betreuungsbedürftigen sowie dem öffentlichen Interesse hieran andererseits auf der Grundlage des Kenntnisstandes der übermittelnden Stelle vor. Überwiegt das schutzwürdige Interesse der Beteiligten des Erstverfahrens an einem Ausschluss der Übermittlung, so hat die Mitteilung zu unterbleiben.[2] Ebenso dürfen die Daten nicht weitergegeben werden, wenn eine bundes- oder landesgesetzliche Verwendungsregelung dem entgegensteht.

7

II. Rechtsschutz

Der Rechtsschutz des von der Übermittlung seiner personenbezogenen Daten Betroffenen richtet sich nach dem **jeweiligen Verfahrensrecht,** das für das Verfahren der übermittelnden Stelle gilt. Maßgeblich sind die jeweiligen bereichsspezifischen Vorschriften.[3] Wenn solche Regelungen fehlen, greift § 22 Abs. 1 EGGVG mit der Einschränkung des § 22 Abs. 1 Satz 2 EGGVG ein. Der Rechtsschutz beurteilt sich dann nach den §§ 22 Abs. 2 und 2, 23 bis 30 EGGVG.[4]

8

Abschnitt 2
Verfahren im ersten Rechtszug

Vorbemerkungen zu §§ 23, 24

Literatur: *App,* Zum neuen Verfahren vor dem Nachlassgericht, KKZ 2009, 248; *Bartsch,* Erbscheinsantrag: Gebühr nach Nr. 3100 VV RVG oder Nr. 3101 Nr. 3 VV RVG? ZErb 2012, 123; *Büte,* Das Verfahren in Gewaltschutzsachen nach dem FamFG, FuR 2010, 250; *Heinemann,* Das neue Aufgebotsverfahren nach dem FamFG, NotBZ 2009, 300; *Heinemann,* Die Reform der freiwilligen Gerichtsbarkeit durch das FamFG und ihre Auswirkungen auf die notarielle Praxis, DNotZ 2009, 6; *Krafka,* Registerrechtliche Neuerungen durch das FamFG, NZG 2009, 650; *Neumann,* Das Verfahren in Gewaltschutzsachen nach dem FamFG, FamRB 2009, 255; *Reinken,* Das Verfahren im ersten Rechtszug nach dem FamFG, ZFE 2009, 324; *Socha,* Probleme des einstweiligen Rechtsschutzes nach dem FamFG am Beispiel der Kindschaftssachen, FamRZ 2010, 947; *Weber,* Erbscheinserteilungsverfahren, RpflStud 2009, 129; *Wilsch,* Das Grundbuchverfahren nach dem FamFG, NotBZ 2009, 313; *Zimmermann,* Die Testamentsvollstreckung im FamFG, ZErb 2009, 86.

---

1 OLG Oldenburg v. 9.7.2009 – 10 W 9/09, OLGReport 2009, 911: Mitteilung an Betreuungsgericht wegen einer ergänzenden Betreuerbestellung bei Bestehen eines möglichen Interessenkonflikts anlässlich eines Hofübergabevertrags zwischen zT. unter Betreuung stehenden Angehörigen; BGH v. 27.2.1992 – III ZR 199/89, NJW 1992, 1884 (1886).
2 So auch Schulte-Bunert/Weinreich/*Brinkmann,* § 22a FamFG Rz. 15.
3 Zöller/*Lückemann,* vor §§ 12 ff. EGGVG Rz. 3, § 22 EGGVG Rz. 2.
4 Ebenso Schulte-Bunert/Weinreich/*Brinkmann,* § 22a FamFG Rz. 19, 20.

I. Entstehung und Überblick

1 Mit §§ 23 und 24 finden sich für die Verfahrenseinleitung erster Instanz erstmals gesetzliche Regelungen. Das FGG kannte keine vergleichbaren Vorschriften.

In der freiwilligen Gerichtsbarkeit kann ein Verfahren auf zwei Wegen eingeleitet werden, entweder von Amts wegen oder aufgrund eines Antrags. Mit den §§ 23 und 24 werden diese Verfahrensweisen – teilweise – gesetzlich normiert. § 23 sieht Regelungen für das Antragsverfahren vor. § 24 bestimmt, welche Bedeutung ein Antrag im Amtsverfahren hat. Nicht ausdrücklich geregelt ist die eigentliche Verfahrenseinleitung von Amts wegen, die dem Gesetzgeber offensichtlich als so selbstverständlich für die freiwillige Gerichtsbarkeit erschien, dass er auf eine gesetzliche Regelung verzichtet hat.[1] Welche der beiden Alternativen der Verfahrenseinleitung in Betracht kommt, entscheidet sich nach der Art des Verfahrens. Die Bestimmungen hierzu finden sich überwiegend im materiellen Recht, das damit über das Ob und Wie der Verfahrenseinleitung entscheidet.[2]

II. Anwendungsbereich

2 Die Vorschriften der §§ 23, 24 finden **keine Anwendung** in **Ehe- und Familienstreitsachen**, § 113 Abs. 1. Für diese gelten die Regelungen der ZPO zum Verfahren vor den Landgerichten entsprechend, § 113 Abs. 2, somit insbesondere §§ 124 ff. iVm. §§ 253 ff., 130 ff. ZPO.

III. Verfahrenseinleitung in Abhängigkeit von der Verfahrensart

3 In Anlehnung an die in der Gesetzesbegründung vorgenommene Einteilung der Verfahrensarten[3] erscheint folgende Zuordnung sachgerecht:

– **(Echte) Antragsverfahren**; diese fallen **unter § 23**.

Gesetzliche Antragserfordernisse finden sich bspw. in folgenden Vorschriften des **FamFG**: Ehesachen §§ 124, 133; Abstammungssachen § 171, Wohnungszuweisungs- und Haushaltssachen § 203; isolierte Versorgungsausgleichsverfahren § 223; Teilungssachen § 363; Auseinandersetzung einer Gütergemeinschaft § 373; Dispache §§ 403, 405; Freiheitsentziehung § 417, Aufgebotssachen § 434;

des **BGB**: bspw. in Familiensachen §§ 1357 Abs. 2, 1365 Abs. 2, 1369 Abs. 2, 1382, 1383, 1426, 1430, 1452, 1626a II, 1628, 1630 Abs. 3, 1631 Abs. 3, 1632 Abs. 3, 1671 Abs. 1 und Abs. 2, 1681 Abs. 2, in Nachlasssachen §§ 1961, 1981, 1994, 2227, 2331a Abs. 2, 2353, 2368;

des **GewSchG**: §§ 1 Abs. 1 Satz 1, 2 Abs. 1;

des **PStG**: §§ 48 Abs. 2, 49 Abs. 1;

des **HGB**: §§ 146 Abs. 2, 147, 161 Abs. 2 iVm. §§ 146 Abs. 2, 147, 166 Abs. 3, 233 Abs. 3, 318 Abs. 3;

des **AktG**: §§ 85 Abs. 1, 98 Abs. 1, 103 Abs. 3, 104 Abs. 1, 122 Abs. 1, 132 Abs. 2, § 142 Abs. 2, 147 Abs. 2, 258 Abs. 1, 260 Abs. 1, 265 Abs. 3, 273 Abs. 4;

der **GBO**: §§ 13, 14.

Die **(echten) Antragsverfahren** sind weiter **zu unterteilen:**

in solche, bei denen das **Verfahren von Amts wegen** zu betreiben ist (Amtsermittlung, § 26). Darunter fallen bspw. Erbscheinsverfahren, Registereintragungsverfahren;

und solche, in denen der **Antragsteller** die erforderlichen **Tatsachen vortragen muss** (zB Eintragungsverfahren nach §§ 13, 19, 22 GBO).

---

1 *Kemper*, FamFG, FGG, ZPO Kommentierte Synopse, S. 48.
2 Begr. RegE, BT-Drucks. 16/6308, S. 185.
3 Vgl. BT-Drucks. 16/6308, S. 185; kritisch zu der Einteilung des Gesetzgebers: MüKo. ZPO/*Ulrici*, vor § 23 ff. FamFG Rz. 11.

- **Echte Streitverfahren privatrechtlicher Natur;**[1] diese fallen **unter § 23.**
  Das sind bspw. Verfahren zur Ersetzung der Zustimmung eines Ehegatten (§§ 1365 Abs. 2, 1369 Abs. 2 BGB), zur Stundung der Ausgleichsforderung (§ 1382 Abs. 1 BGB), Versorgungsausgleichsverfahren (§§ 20 ff. VersAusglG, § 223 FamFG), zur Pflichtteilsstundung (§ 2331a BGB), Wohnungs- und Haushaltsteilungsverfahren (§§ 1568a f. BGB) sowie nach §§ 147 und 166 Abs. 3 HGB.

- **Amtsverfahren**, diese fallen unter § 24; dazu gehören vor allem Verfahren in den Familiensachen der freiwilligen Gerichtsbarkeit, beispielsweise in Kindschaftssachen nach §§ 1630 Abs. 2, 1631b, 1640 Abs. 3, 1666[2], 1666a, 1667, 1680 Abs. 2, 1684 Abs. 3, Abs. 4, 1686a Abs. 2, 1687 Abs. 2, 1696, 1774, 1886 BGB, Betreuungssachen (§§ 1896 Abs. 1, 1908b BGB), Nachlasssachen (zB §§ 1960, 2361 BGB). Auch Verfahren auf Erteilung familien- oder betreuungsgerichtlicher Genehmigung sind Amtsverfahren (wie §§ 1821, 1822, 1904, 1905, 1906, 1907 BGB).

- **(Unechte) Antragsverfahren;**
  Diese Verfahren nehmen eine Sonderstellung ein, weil sie **auch durch Antrag** eingeleitet werden können, die Beteiligten jedoch **keine Dispositionsbefugnis** über den Verfahrensgegenstand haben und das **Verfahren von Amts wegen** geführt werden muss. Die Antragsrücknahme hat nicht die Beendigung des Verfahrens nach § 22 Abs. 2 zur Folge (vgl. § 22 Rz. 6). Allerdings bedeutet die im materiellen Recht (§§ 1632 Abs. 4, 1682 Satz 1, 1887 Abs. 2, 1896 Abs. 1 BGB) ausdrücklich vorgesehene Verfahrenseinleitung durch Antragstellung, dass damit ein verfahrenseinleitender Antrag iSd. § 23 und nicht nur eine Anregung gemeint ist. Die auf Antrag eingeleiteten Kindschaftsverfahren zum Umgangsrecht (§ 1632 Abs. 3 BGB) sind von Amts wegen zu betreiben; das Gericht ist nicht an die Anträge der Eltern gebunden (vgl. § 151 Rz. 42 f.). Der antragstellende Beteiligte wird damit **Antragsteller** iSd. FamFG, vgl. § 7. Dies bedeutet, dass ihm im Verfahren sämtliche formalen Rechte zustehen, die das FamFG dem Antragsteller einräumt. Die Beteiligtenstellung nach § 7 Abs. 1 hat vor allem die Beschwerdebefugnis nach § 59 Abs. 1[3] sowie das Recht auf Beschlussergänzung nach § 43 zur Folge.

  Liegt der Verfahrenseinleitung ein **Antrag** aufgrund **materiellrechtlicher Vorschriften** zugrunde, was regelmäßig der Fall ist, so fallen die Verfahren in den Anwendungsbereich des § 23.

23 *Verfahrenseinleitender Antrag*

(1) Ein verfahrenseinleitender Antrag soll begründet werden. In dem Antrag sollen die zur Begründung dienenden Tatsachen und Beweismittel angegeben sowie die Personen benannt werden, die als Beteiligte in Betracht kommen. Der Antrag soll in geeigneten Fällen die Angabe enthalten, ob der Antragstellung der Versuch einer Mediation oder eines anderen Verfahrens der außergerichtlichen Konfliktbeilegung vorausgegangen ist, sowie eine Äußerung dazu, ob einem solchen Verfahren Gründe entgegenstehen. Urkunden, auf die Bezug genommen wird, sollen in Urschrift oder Abschrift beigefügt werden. Der Antrag soll von dem Antragsteller oder seinem Bevollmächtigten unterschrieben werden.
(2) Das Gericht soll den Antrag an die übrigen Beteiligten übermitteln.

---

1 Zu den öffentlich-rechtlichen Streitsachen der freiwilligen Gerichtsbarkeit vgl. Keidel/*Sternal*, § 1 FamFG Rz. 41 ff; ein Rückgriff auf die Vorschriften der VwGO ist wegen der Regelungsdichte des FamFG kaum mehr erforderlich.
2 Ausdrücklich auch für die Entziehung von Teilen der elterlichen Sorge: OLG Brandenburg v. 18.4.2011 – 13 UF 48/11, FamRZ 2011, 1872.
3 So auch nach früherer Rechtslage: BayObLG v. 20.3.1998 – 4 Z BR 16/98, FamRZ 1998, 1057; OLG Hamm v. 7.6.2001 – 15 W 52/01, BtPrax 2001, 213 jeweils zur Beschwerdebefugnis bei Betreuerbestellung auf Antrag des Betroffenen.

A. Gesetzeszweck 1
B. Inhalt der Vorschrift
  I. Verfahrenseinleitender Antrag (Absatz 1)
    1. Verfahrensantrag und Sachantrag . 2
    2. Verfahrensvoraussetzungen
      a) Antrag 3
      b) Antragsberechtigung; Verfahrensstandschaft 4
      c) Erlöschen der Antragsberechtigung 5b
      d) Mehrheit von Antragstellern ... 6
      e) Rechtsschutzbedürfnis 7
    3. Rechtliche Bedeutung der Antragstellung für das Verfahren 8
    4. Formelle Anforderungen an den Antrag
      a) Keine besonderen Formvorschriften 9
      b) Mündliche Antragstellung? ... 10
      b) Wesentliche Angaben 11
      c) Begründung 12
      d) Benennung von Beweismitteln und möglichen Beteiligten (Abs. 1 Satz 2) 14
      e) Vorlage von Urkunden 15
      f) Erfordernis der Unterschrift ... 16
      g) Frist 17a
      h) Erklärung zur außergerichtlichen Konfliktbeilegung (Mediation) . 17c
    5. Nichterfüllung der formellen Anforderungen 18
    6. Spezialgesetzliche Regelungen ... 20
  II. Antragsmitteilung (Absatz 2)
    1. Normzweck 21
    2. Ausführung der Übermittlung ... 22

A. Gesetzeszweck

1 § 23 Abs. 1 als **Sollvorschrift** stellt nur Mindestanforderungen auf, die an einen verfahrenseinleitenden Antrag zu stellen sind.[1] Die in Abs. 1 vorgesehenen formellen Anforderungen sind nicht zu vergleichen mit den Erfordernissen an eine Klageschrift nach § 253 ZPO. Weiter gehende Anforderungen an den Antragsinhalt können sich indes aus Spezialvorschriften zur Antragstellung in den jeweiligen Verfahren ergeben (so zB § 2354 BGB, § 8 GmbHG). Die Vorschrift konkretisiert mit der Forderung an eine Begründung des Antrags sowie der Nennung möglicher Beteiligter die Mitwirkungspflicht des Antragstellers. Zugleich soll damit das Gericht eine möglichst frühzeitige Prüfung des Antrags ermöglichen und eine Verfahrensbeschleunigung erreicht werden.[2]

1a Mit der Verabschiedung des Gesetzes zur Förderung der Mediation und anderer Verfahren der außergerichtlichen Konfliktbeilegung[3] hat der Gesetzgeber zugleich ergänzende Vorschriften in die maßgeblichen Verfahrensordnungen wie auch das FamFG eingefügt. § 23 wurde mit Wirkung vom 26.7.2012 in Abs. 1 um Satz 3 ergänzt, worin die Beteiligten aufgefordert werden, sich mit Antragstellung **zu einer außergerichtlichen Konfliktbeilegung** zu äußern. Mit dieser Regelung will der Gesetzgeber die Mediation und andere außergerichtliche Konfliktbeilegungen stärker ins Bewusstsein der Bevölkerung und vor allem der rechtsberatenden Berufe rücken.[4] Inhaltlich wird der Regelungsinhalt des § 253 Abs. 3 Nr. 1 ZPO auf das FamFG übertragen. Spätestens mit Abfassung der Klage bzw. des Verfahrensantrags sollen sich die Beteiligten und deren Rechtsanwälte mit der Frage auseinandersetzen, ob und wie sie den zugrunde liegenden Konflikt außergerichtlich beilegen können, indem sie bereits mit Klageerhebung bzw. Antragseinreichung zu einer Stellungnahme aufgefordert werden (s. Rz. 17c).

Die Ergänzung des § 23 in Abs. 1 Satz 3 ist – wie die Norm insgesamt – **nicht auf Ehe- und Familienstreitsachen anwendbar.**[5]

Zur Anregung durch das Gericht, ein Verfahren der Mediation oder sonstiger außergerichtlicher Konfliktlösung durchzuführen, s. im Einzelnen die Kommentierung zu § 36a.

---

1 Begr. RegE, BT-Drucks. 16/6308, S. 185.
2 Begr. RegE, BT-Drucks. 16/6308, S. 185.
3 Gesetz v. 21.7.2012 (BGBl. I, S. 1577), in Kraft seit 26.7.2012; Umsetzung der RL 2008/52/EG des Europäischen Parlaments und des Rates v. 21.5.2008 über bestimmte Aspekte der Mediation in Zivil- und Handelssachen (ABl. L 136 v. 24.5.2008, S. 3).
4 BT-Drucks. 17/5335, S. 20, 22.
5 BT-Drucks. 17/5335, S. 22.

B. Inhalt der Vorschrift

I. Verfahrenseinleitender Antrag (Absatz 1)

1. Verfahrensantrag und Sachantrag

§ 23 lässt offen, in welchen Verfahren zur Verfahrenseinleitung ein Antrag erforderlich ist. Dies ergibt sich regelmäßig aus den speziellen Normen sowohl des **Verfahrensrechts** (zB im **FamFG**) wie des materiellen Rechts (insbes. des **BGB**); vgl. im Einzelnen Rz. 3 vor §§ 23, 24. Der verfahrenseinleitende Antrag kann sowohl ein Verfahrensantrag wie auch ein Sachantrag sein. **2**

Mit einem **Verfahrensantrag** wird ein bestimmtes Rechtsschutzziel deutlich gemacht und der Verfahrensgegenstand bestimmt. Der Beteiligte drückt darin sein Begehren auf Tätigkeitwerden des Gerichts in einer bestimmten Angelegenheit aus. § 23 als Verfahrensvorschrift regelt vorrangig den verfahrenseinleitenden Antrag und betrifft damit in jedem Fall den **Verfahrensantrag**.[1]

Der **Sachantrag** hat eine bestimmte **Sachentscheidung** des Gerichts zum Ziel. In echten Streitverfahren, in denen es meist primär um Vermögensinteressen der Beteiligten geht, kann uU mit dem Verfahrensantrag auch ein **Sachantrag** erforderlich sein (zB für den Erbscheinsantrag nach §§ 2353, 2354 BGB). Bei dessen Fehlen oder bei Unklarheiten hat das Gericht gem. § 28 darauf hinzuweisen und aufzuklären, was die Beteiligten in der Sache erreichen wollen.[2] Ob in dem jeweiligen Verfahren neben dem Verfahrensantrag auch ein Sachantrag erforderlich wird, **entscheidet** das **materielle Recht**. **2a**

2. Verfahrensvoraussetzungen

a) Antrag

In echten Antragsverfahren ist der Verfahrensantrag **Verfahrensvoraussetzung**. Das Vorliegen eines wirksamen Antrags muss demnach in jeder Lage des Verfahrens **von Amts wegen geprüft** werden.[3] Die Antragstellung kann noch bis zum Rechtsbeschwerdeverfahren nachgeholt werden, worauf das Gericht im Rahmen des § 28 Abs. 2 hinzuwirken hat.[4] Insoweit ist eine Heilung eines zunächst unwirksamen Antrags mit ex-nunc-Wirkung möglich.[5] Eine Ausnahme von diesem Grundsatz gilt allerdings für **Freiheitsentziehungsverfahren,** wenn die bereits angeordnete **Haft auf einer unwirksamen Antragstellung** beruht. Denn eine erst nachträglich wirksame Antragstellung kann eine bereits angeordnete Haft nicht rückwirkend rechtfertigen, sondern lediglich die Rechtmäßigkeit der Haft für die Zukunft begründen (vgl. dazu § 417 Rz. 9 ff.).[6] Fehlt ein ordnungsgemäß gestellter und damit ein wirksamer Antrag zur Haftanordnung, ist dieser **zurückzuweisen.** So kann die beantragte Anordnung der Abschiebungshaft daran scheitern, dass eine nicht zuständige Behörde den Haftantrag gestellt hat und damit kein ordnungsgemäßer Antrag vorliegt (vgl. § 417 Rz. 1a ff.).[7] **3**

---

1 So MüKo. ZPO/*Ulrici*, § 23 FamFG Rz. 5; ähnlich Bahrenfuss/*Rüntz*, § 23 FamFG Rz. 6; Schulte-Bunert/Weinreich/*Brinkmann*, § 23 FamFG Rz. 59.
2 St. Rspr. zur ZPO, vgl. BGH v. 1.2. 1996 – I ZR 50/94, BGHR ZPO § 253 Abs. 2 Nr. 2 Auslegung 1); BGH v. 1.12.1997 – II ZR 312/96, MDR 1998, 556.
3 BGH v. 28.10.2010 – V ZB 210/10, FGPrax 2011, 41; BGH v. 29.4.2010 – V ZB 218/09, FGPrax 2010, 210.
4 BayObLG v. 2.12.1997 – 1 Z BR 93/97, FamRZ 1998, 860; BayObLG v. 24.3.1994 – 1Z BR 113/93, FamRZ 1994, 1068; Schulte-Bunert/Weinreich/*Brinkmann*, § 23 FamFG Rz. 11; noch zum FGG: Jansen/*v. König/v. Schuckmann*, vor §§ 8–18 FGG Rz. 8 mwN.
5 BayObLG v. 2.12.1997 – 1Z BR 93/97, FamRZ 1998, 860; BayObLG v. 17.2.1995 – 1Z BR 3/95, FamRZ 1995, 1449.
6 BGH v. 29.4.2010 – V ZB 218/09, FGPrax 2010, 210; BGH v. 30.3.2010 – V ZB 79/10, FGPrax 2010, 158.
7 OLG Köln v. 8.5.2007 – 16 Wx 107/07, OLGReport 2007, 796.

3a   Wenn das Gericht von Amts wegen unabhängig von der Antragstellung aufgrund weiterer Anhaltspunkte tätig werden muss, wie in Betreuungsverfahren, die auf Antrag und von Amts wegen eingeleitet werden können (§ 1896 Abs. 1 Satz 1 BGB), ist die Rechtslage anders. Fehlt in diesen Verfahren, die als **unechte Antragsverfahren** bezeichnet werden (vgl. Rz. 3 vor §§ 23, 24), ein ordnungsgemäßer Antrag, so hat das Gericht von Amts wegen eine Verfahrenseinleitung zu prüfen, wenn Hinweise für eine Betreuungsbedürftigkeit vorliegen. Dasselbe gilt für Amtsverfahren, in denen ein Antrag nur als Anregung nach § 24 anzusehen ist, und das Verfahren unabhängig vom Vorliegen eines Antrags fortzuführen ist.

b) Antragsberechtigung; Verfahrensstandschaft

4   Die Antragsberechtigung oder **Antragsbefugnis**, die für die Zulässigkeit des Antrags erforderlich ist, ergibt sich regelmäßig aus den **gesetzlichen Vorschriften**, in denen die Einleitung eines Verfahrens von der Antragstellung abhängig gemacht wird. Die dort genannten Personen sind **formell** zur Antragstellung berechtigt.[1] Vorschriften zur Antragsberechtigung finden sich im **FamFG** ua. in §§ 203 Abs. 1, 223, 363 Abs. 2, 404 Abs. 1. Im BGB wird beispielsweise in folgenden Vorschriften der **Antragsteller** ausdrücklich **bezeichnet**: §§ 1365 Abs. 2, 1369 Abs. 2, 1631 Abs. 3, 1671 Absätze 1 und 2, 1712 f., 1748 f., 1752, 1757 Abs. 4, 1760 Abs. 1, 1765 Abs. 2 und Abs. 3, 1768 Abs. 1, 1771, 1889, 1908d Abs. 2, 1961, 1981. Die Antragsbefugnis ist **Sachentscheidungsvoraussetzung**. Liegt sie nicht vor, weil die Antragstellung nicht durch die im Gesetz bezeichnete Person erfolgt ist, so ist der Antrag unzulässig. In der Sache ergeht keine Entscheidung.[2]

5   Die Antragsberechtigung kann sich daneben aus allgemein gefassten Vorschriften (wie „auf Antrag eines Beteiligten, Schuldners, Gläubigers oder Erben") in Zusammenhang mit einer **unmittelbaren materiell-rechtlichen Betroffenheit** ergeben. Danach ist jeder antragsberechtigt, dessen Rechte durch die Entscheidung unmittelbar berührt werden könnten.[3] Entsprechend offen formulierte Vorschriften finden sich zB in §§ 403 Abs. 1, 443, 448, 455, 467 **FamFG**; §§ 29, 1382 Abs. 3, 1383, 1600, 2202 Abs. 3, 2216 Abs. 2, 2227, 2353 (Erbschein) BGB; § 85 Abs. 1 Satz 1 AktG. Fehlt es an dieser materiellrechtlich zu beurteilenden Berechtigung, so ist der Antrag unzulässig.[4] Bspw. ist ein **Erbschaftskäufer** nicht befugt, den Antrag auf Entlassung eines Testamentsvollstreckers nach § 2227 BGB zu stellen.[5]

5a   Die Antragstellung kann **in Verfahrensstandschaft** erfolgen, wenn der Antragsteller zwar im eigenen Namen, aber in Wahrnehmung fremder Rechte einen Verfahrensantrag stellt. Die Verfahrensstandschaft ist zulässig, wenn sie entweder gesetzlich vorgesehen ist oder wenn der Antragsteller vom Rechtsinhaber zur Geltendmachung ermächtigt worden ist und ein eigenes Interesse an dieser Geltendmachung hat (**gewillkürte Verfahrensstandschaft**). Diese findet auch in der freiwilligen Gerichtsbarkeit Anwendung.[6] Als **gesetzliche Verfahrensstandschafter** handeln Testamentsvollstrecker, Zwangsverwalter, Insolvenzverwalter, Nachlassverwalter.[7] Eine entsprechende Anwendung des § 265 ZPO kommt für die echten Streitsachen der freiwilligen Gerichtsbarkeit in Betracht.[8]

c) Erlöschen der Antragsberechtigung

5b   Die Antragsbefugnis kann durch **Verzicht** erlöschen, wenn der Antragsberechtigte, soweit er darüber disponieren kann, wirksam verzichtet hat. Eine **Verwirkung** des

---

1 Keidel/*Sternal*, § 23 FamFG Rz. 24; MüKo. ZPO/*Ulrici*, § 23 FamFG Rz. 17.
2 BGH v. 15.12.1988 – V ZB 9/88, NJW 1989, 1091 (1092); MüKo. ZPO/*Ulrici*, § 23 FamFG Rz. 16.
3 BGH v. 15.12.1988 – V ZB 9/88, NJW 1989, 1091 (1092).
4 MüKo. ZPO/*Ulrici*, § 23 FamFG Rz. 17; Keidel/*Sternal*, § 23 FamFG Rz. 25.
5 OLG Köln v. 2.8.2010 – 2 Wx 97/10, FGPrax 2011, 30.
6 MüKo. ZPO/*Ulrici*, § 23 FamFG Rz. 27; Keidel/*Sternal*, § 23 FamFG Rz. 52.
7 Keidel/*Sternal*, § 23 FamFG Rz. 50.
8 BGH v. 23.8.2001 – V ZB 10/01, NJW 2001, 3339 noch zum WEG-Verfahren mwN.

Antragsrechts wird grundsätzlich abgelehnt.[1] Allerdings kann ein Verlust der Antragsberechtigung in Frage kommen, wenn das zugrunde liegende materielle Recht verwirkt ist.

d) Mehrheit von Antragstellern

Bei einer Mehrheit von Antragstellern kann grundsätzlich **jeder einzelne** sein Antragsrecht selbständig ausüben.[2] So kann bei mehreren **Miterben** jeder Miterbe in zulässiger Weise einen Antrag nach § 2357 Abs. 1 BGB auf Erteilung eines gemeinsamen Erbscheins stellen. Stellen mehrere Berechtigte gemeinsam einen Antrag auf Verfahrenseinleitung, werden damit mehrere Verfahren eingeleitet, die vom Gericht regelmäßig – uU stillschweigend – zu einem Verfahren nach § 20 verbunden werden. Es handelt sich dabei in der Terminologie der ZPO um „**einfache Verfahrensgenossen**".[3] Soweit das Gesetz in Einzelfällen vorsieht, dass eine Mehrheit von Berechtigten ihr Antragsrecht nur gemeinschaftlich ausüben kann, wie zB in §§ 37 Abs. 1, 2062 BGB, §§ 142 Abs. 2 und 4, 147 Abs. 2 AktG besteht eine „**notwendige Verfahrensgenossenschaft**".[4] Deren Wirkung besteht darin, dass die Entscheidung nur einheitlich gegen alle ergehen kann, darüber hinaus gehende Rechtswirkungen bestehen – anders als im Zivilverfahren – nicht; inbesondere findet § 62 ZPO keine Anwendung.[5]

6

e) Rechtsschutzbedürfnis

Zu den Voraussetzungen der Zulässigkeit eines Antrags gehört auch ein **gerechtfertigtes Interesse an der beantragten Entscheidung**. Dieses ist in jedem Verfahrensstadium zu prüfen. Eine Verweigerung des Rechtsschutzes kommt nur in Betracht, wenn das Betreiben des Verfahrens zweckwidrig und missbräuchlich ist. Das wird in krassen Fällen festzustellen sein. **Mutwilligkeit oder prozessfremde Zwecke** allein reichen zur Ablehnung nicht immer aus.[6] Mutwillig ist nach der Ergänzung des § 114 ZPO durch das Gesetz zur Änderung des Prozesskostenhilfe- und Beratungshilferechts mit Wirkung zum 1.1.2014[7] eine Rechtsverfolgung, von der eine vermögende Partei bei verständiger Würdigung aller Umstände trotz hinreichender Erfolgsaussicht absehen würde.[8] Für die Verfahren der freiwilligen Gerichtsbarkeit, die nicht unter §§ 112, 121 fallen,[9] wird diese Regelung nicht ohne Einschränkungen zu übernehmen sein. So hat das Gericht bspw. in **Erbscheinsverfahren** nicht nachzuprüfen, ob der Antragsteller darauf angewiesen ist, sich mit einem Erbschein auszuweisen.[10] Ob in Hauptsacheverfahren (wie in Gewaltschutz-, Sorgerechts-, Umgangsrecht- oder Ehewohnungssachen) noch ein Rechtsschutzbedürfnis für **Verfahrenskostenhilfe** besteht, wenn in dieser Sache bereits eine eA erlassen wurde, ist streitig, wird indes in der Mehrzahl der Fälle bejaht.[11]

7

---

1 KG OLGZ 1977, 427; MüKo. ZPO/*Ulrici*, § 23 FamFG Rz. 23; Schulte-Bunert/Weinreich/*Brinkmann*, § 23 FamFG Rz. 56; Keidel/*Sternal*, § 23 FamFG Rz 56.
2 Keidel/*Sternal*, § 23 FamFG Rz. 30; Schulte-Bunert/Weinreich/*Brinkmann*, § 23 FamFG Rz. 45; zum FGG: Jansen/*v. König/v. Schuckmann*, vor §§ 8–18 FGG Rz. 14.
3 Keidel/*Sternal*, § 23 FamFG Rz. 30.
4 Keidel/*Sternal*, § 23 FamFG Rz. 31; Schulte-Bunert/Weinreich/*Brinkmann*, § 23 FamFG Rz. 46.
5 BGH v. 21.5.1980 – IVb ZB 580/80, NJW 1980, 1960; MüKo. ZPO/*Ulrici*, § 23 FamFG Rz. 22; Keidel/*Sternal*, § 23 FamFG Rz. 32.
6 OLG Naumburg v. 9.4.2002 – 10 Wx 30/01, StAZ 2003, 80; KG v. 17.6.1999 – 1 W 6809/98, NJWE-FER 2000, 15; zum FGG: Jansen/*v. König/v. Schuckmann*, vor §§ 8–18 FGG Rz. 16.
7 Art. 1 Nr. 2 lit. b des Gesetzes. Bei Drucklegung am 19.8.2013 verabschiedet, aber noch nicht verkündet (s. Einl. Rz. 45a).
8 Vgl. Gesetzesmaterialien BT-Drucks. 17/13538, S. 38, 39.
9 Vgl. zu Unterhaltsverfahren OLG Hamm v. 19.1.2011 – 10 WF 201/10, FamRZ 2011, 1157, das auf Mutwilligkeit abstellt.
10 BayObLG v. 26.7.1990 – BReg. 1a Z 24/90, RPfleger 1990, 512: Rechtsschutzbedürfnis für die Erteilung eines Erbscheins nur in Ausnahmefällen zu verneinen.
11 Rechtsschutzbedürfnis **verneint** OLG Zweibrücken v. 18.11.2009 – 2 WF 215/09, FamRZ 2010, 666; **bejaht** OLG München v. 14.2.1012 – 26 WF 128/12, FamRZ 2012, 1234; OLG Hamm v. 9.12.2009 – 10 WF 274/09, FamRZ 2010, 825; ebenso OLG Stuttgart v. 25.1.2010 – 18 WF 5/10, FamRZ 2010, 1266; vgl. zum Sorgerecht OLG Köln v. 14.12.2010 – 4 WF 230/10, FamRZ 2011, 1157; s. auch § 76 Rz. 37.

3. Rechtliche Bedeutung der Antragstellung für das Verfahren

8 Abgesehen von ihrer Relevanz als **Verfahrensvoraussetzung** hat die Antragstellung noch eine weitere verfahrensmäßige Bedeutung. Der Antragsteller ist formell Beteiligter (**Muss-Beteiligter**) nach § 7 Abs. 1. Das Gesetz räumt dem Antragsteller aufgrund dieser formellen Stellung ein Beschwerderecht gegen die Zurückweisung seines Antrags ein, § 59 Abs. 2. Ferner steht dem Antragsteller ein Recht auf Ergänzung des Beschlusses im Fall des § 43 Abs. 1 zu.

8a Handelt es sich jedoch nicht um ein Antragsverfahren, in dem eine Entscheidung nur auf Antrag ergehen kann, sondern um **ein von Amts wegen einzuleitendes Verfahren**, in dem ein Verwandter des Betroffenen einen „Antrag" gestellt hat und – verfahrensmäßig fraglich – als Beteiligter förmlich zugelassen worden ist, hat dies keine rechtlichen Auswirkungen auf die subjektive Rechtsposition des **vermeintlichen Antragstellers**. Die als „Antrag" bezeichnete Eingabe ist nur eine Anregung für ein Tätigwerden des Familiengerichts im Rahmen der ihm von Amts wegen obliegenden Verpflichtung, § 24. Eine **Beschwerdeberechtigung** gem. § 59 Abs. 2 entsteht mangels Betroffenheit aufgrund dieser nur vermeintlichen Antragstellerposition **nicht**, sondern könnte ggf. allein aus materiell-rechtlichen Normen folgen.[1]

4. Formelle Anforderungen an den Antrag

a) Keine besonderen Formvorschriften

9 Der Verfahrensantrag bedarf keiner besonderen Form.[2] Der Gesetzgeber hat mit der Fassung des § 23 Abs. 1 die frühere Rechtsprechung umgesetzt. Die Anträge können in der nach § 25 Abs. 1 vorgesehenen Form abgegeben werden, dh. **schriftlich oder zu Protokoll der Geschäftsstelle**. Eine **Vertretung durch einen Rechtsanwalt** ist bei Anträgen in erster Instanz in Verfahren, die nicht unter §§ 111, 112 fallen (Ehe- und Familienstreitsachen), **nicht erforderlich**. Der Antrag kann entweder von dem Beteiligten durch einen eigenen Schriftsatz eingereicht werden, oder er wird durch Erklärung zur Niederschrift der Geschäftsstelle gestellt, § 25 Abs. 1 (vgl. § 25 Rz. 6 ff.). Wenn die elektronische Akte gem. § 14 Abs. 4 eingeführt ist (vgl. hierzu Kommentierung zu § 14), kann die Antragstellung auch in elektronischer Form erfolgen. Derzeit wird ein per E-Mail übersandter Antrag dann als Antrag nach § 23 zugelassen, wenn er von der Eingangs – oder Geschäftsstelle des Gerichts ausgedruckt worden ist, und auch bei Fehlen einer Unterschrift der Absender durch eine vollständige Adressangabe hinreichend sicher feststeht.[3]

Soweit in besondere Verfahrensarten zusätzliche Anforderungen gestellt werden, wird auf Rz. 20 verwiesen.

b) Mündliche Antragstellung?

10 Wie schon im früheren Recht ist auch eine **mündliche oder telefonische Antragstellung** wirksam, wenn auch § 23 hierzu keine ausdrückliche Regelung enthält.[4] Weder die Formvorschriften des § 25 Abs. 1, dessen Wortlaut dem Antragsteller die Möglichkeiten des § 25 Abs. 1 durch die Verwendung des Wortes „können" einräumt, noch die Vorgaben des § 23 Abs. 1, der als Sollvorschrift ausgestaltet ist, sind zwingend. Das gilt auch für das Unterschriftserfordernis in § 23 Abs. 1 Satz 4, wenngleich die Gesetzesbegründung, deren Wortlaut allerdings nicht in das Gesetz übernommen wurde, zwingend eine Unterschrift vorsieht („... zu unterschreiben ist").[5] Eine zwingende

---

[1] OLG Frankfurt v. 8.10.2012 – 4 UF 209/12, MDR 2012, 1466; OLG Frankfurt v. 16.6.2011 – 1 UF 371/10, n.v.
[2] Zum FGG: Keidel/*Schmidt*, 15. Aufl., § 12 FGG Rz. 12.
[3] OLG Karlsruhe v. 17.11.2011 – 18 UF 312/11, FamRZ 2013, 238.
[4] Zu Zulässigkeit nach FGG: Keidel/*Schmidt*, 15. Aufl., § 12 FGG Rz. 14; zu § 23 str.: wie hier für die Zulassung einer mündlichen Antragstellung: Keidel/*Sternal*, § 23 FamFG Rz. 19; aA MüKo.ZPO/*Ulrici*, § 23 FamFG Rz. 36; Bahrenfuss/*Rüntz*, § 23 FamFG Rz. 12; Schulte-Bunert/Weinreich/*Brinkmann*, § 23 FamFG Rz. 27.
[5] BT-Drucks. 16/6308, S. 186.

Formvorschrift, die einer mündlichen Antragstellung entgegensteht, besteht somit nicht. Das Festhalten an der Möglichkeit einer mündlichen Antragstellung erleichtert die Verfahrenseinleitung bspw. für Minderjährige nach § 9 Abs. 1 Nr. 3 in Kindschaftssachen oder für potentiell zu Betreuende, die nach § 275 verfahrensfähig sind. Dem Problem kann nicht durch die Bestellung eines Verfahrensbeistands (§ 158) oder Verfahrenspflegers (§ 276) begegnet werden, denn diese erfolgt erst **nach** Einleitung des Verfahrens. Bei mündlicher Antragstellung sollte ein **Aktenvermerk** gefertigt werden, wenn nicht schon, was bei persönlicher Vorsprache ohne weiteres möglich ist, ohnehin eine Niederschrift der Geschäftsstelle gem. § 25 Abs. 1 oder Abs. 2 erfolgt.

Bedarf die Verfahrenseinleitung einer besonderen Form (Rz. 20), scheidet diese Möglichkeit aus.

b) Wesentliche Angaben

Notwendiger Inhalt eines Antrags ist die Angabe des **Namens** und der **Anschrift** des Antragstellers, um ihn als Person identifizieren zu können. Diese muss zuverlässig festgestellt werden können.[1] Ferner muss das **Begehren des Antragstellers**, sein Rechtsschutzziel deutlich werden.[2] Eines bestimmten ausdrücklichen **Sachantrags** bedarf es nicht, es sei denn, die maßgeblichen materiell-rechtlichen Regelungen stellen weitergehende Anforderungen. Allerdings muss der Verfahrensgegenstand, auch in Abgrenzung zu anderen Verfahrensgegenständen erkennbar sein.[3]

11

In Zweifelsfällen besteht bei Unklarheiten die Pflicht des Gerichts zur Aufklärung, § 28 Abs. 2.

c) Begründung

Abs. 1 Satz 1 sieht als Sollvorschrift eine Begründung des Antrags vor. Damit soll dem Gericht eine frühzeitige Strukturierung des Verfahrens und Ermittlung des Sachverhalts ermöglicht werden, um das Verfahren zu beschleunigen. Es reicht aus, wenn der Antragsteller sein Rechtsschutzziel in wenigen Sätzen darlegt. Genügt bereits der Verfahrensantrag für die Antragstellung, bedarf es keiner weiteren Ausführungen mehr.[4]

12

Weiter gehend sind die Anforderungen bei **echten Streitsachen** (vgl. Rz. 3 vor §§ 23, 24), in denen ein **Sachantrag** in Form eines bezifferten oder eines anderen konkreten Antrags formuliert werden muss. Dies folgt – unabhängig von § 23 – bereits aus der Art des Verfahrens und der damit zusammenhängenden Verfahrenseinleitung. Das Gericht ist – ähnlich wie im Zivilprozess – in seiner Entscheidung an die Anträge gebunden. Andererseits hat es zunächst durch Auslegung und ggf. Nachfrage gem. § 28 Abs. 1 und Abs. 2 auf einen sachgerechten Antrag hinzuwirken; es ist nicht allein der Wortlaut des Antrags maßgeblich, sondern es muss der wirkliche Wille erforscht werden.[5] Maßgeblich ist die Art des Verfahrens. So ist bspw. im **Versorgungsausgleichsverfahren** für einen Antrag nach §§ 33, 34 VersAusglG keine Bezifferung erforderlich.[6]

13

Ebenfalls strenge Anforderungen an die Begründung bestehen bei **Haftanträgen** nach § 417 Abs. 2, vgl. Rz. 20 und Kommentierung zu § 417.

---

1 OLG Karlsruhe v. 17.11.2011 – 18 UF 312/11, FamRZ 2013, 238; KG v. 14.10.2010 – 19 UF 75/10, FamRZ 2011, 920.
2 OLG Karlsruhe v. 17.11.2011 – 18 UF 312/11, FamRZ 2013, 238; Keidel/*Sternal*, § 23 FamFG Rz. 39; zum früheren Recht: Keidel/*Schmidt*, 15. Aufl., § 12 FGG Rz. 21.
3 MüKo. ZPO/*Ulrici*, § 23 FamFG Rz. 11, 31.
4 Begr. RegE, BT-Drucks. 16/6308, S. 185.
5 Bahrenfuss/*Rüntz*, § 23 FamFG Rz. 7; Schulte-Bunert/Weinreich/*Brinkmann*, § 23 FamFG Rz. 63.
6 OLG Hamm v. 26.5.2011 – 2 WF 126/11, MDR 2011, 983.

d) Benennung von Beweismitteln und möglichen Beteiligten (Abs. 1 Satz 2)

14 Abs. 1 Satz 2 erweitert die Mitwirkungspflicht des Antragstellers, indem dieser **Tatsachen zur Begründung** seines Antrags und **Beweismittel** angeben soll. Dadurch wird es dem Gericht ermöglicht, eine erforderliche Beweisaufnahme vorzubereiten. Ferner sollen im Antrag mögliche **weitere Beteiligte** benannt werden. In Familien-, Betreuungs- und Nachlasssachen bspw. ist dies für den Antragsteller im Normalfall problemlos umzusetzen.

e) Vorlage von Urkunden

15 Diese Verpflichtung entspricht § 131 ZPO. Soweit nur **Teile der Urkunde** von Interesse sind, nimmt die Gesetzesbegründung auf § 131 Abs. 2 ZPO Bezug, wonach die Vorlage eines **Auszugs der Urkunde** mit weiteren Details, insbesondere der Unterschrift, als ausreichend angesehen wird.[1] Abschriften der Urkunden sind vom Antragsteller nicht vorzulegen, da die benötigte Anzahl bei Antragseingang noch nicht bekannt ist.[2] Die Nichtbeachtung der nicht erzwingbaren Vorlagepflicht wird zunächst nur eine Vorlageanordnung des Gerichts zur Folge haben. Verfahrensrechtliche Nachteile könnten dem Antragsteller allenfalls in echten Streitverfahren und in Antragsverfahren, in denen er die Tatsachen beibringen muss (vgl. Rz. 3 vor §§ 23, 24), entstehen.

f) Erfordernis der Unterschrift

16 Satz 4 als **Sollvorschrift** verlangt die Unterschrift des Antragstellers oder seines Bevollmächtigten. Das ist grundsätzlich aus Gründen der Rechtsklarheit geboten. Denn nur auf diesem Weg lässt sich das Dokument zweifelsfrei einem bestimmten Antragsteller zuordnen. Die Gesetzesmaterialien, die die Unterschrift noch als zwingend angesehen haben, weisen darauf hin, dass diese Forderung dem allgemeinen Standard für verfahrenseinleitende Schriftsätze entspricht,[3] vgl. §§ 253 Abs. 4, 130 Nr. 6 ZPO; §§ 81, 82 VwGO. Bei Vertretung durch einen Rechtsanwalt reicht dessen Unterschrift aus; diese muss – umgekehrt – nicht vorliegen, wenn der Antragsteller selbst unterschrieben hat.

17 Das **Unterschriftserfordernis** des § 23 Abs. 1 Satz 4 ist – wie schon die Sollvorschrift zeigt – **nicht unverzichtbar**.[4] Mit dem FamFG sollte eine Angleichung an den Standard der vergleichbaren Verfahrensordnungen wie ZPO und VwGO erreicht werden, und da diese Verfahrensordnungen in Ausnahmefällen eine eigenhändige Unterschrift als entbehrlich erachten, ist nicht einsehbar, warum im FamFG nicht auch ein nicht unterzeichneter Antrag ausreichend ist. Ein **nicht unterschriebener Antrag** ist demnach **wirksam**, wenn sich aus anderen Umständen eine der Unterschrift vergleichbare Gewähr für den **Urheber** des Antrags ergibt und aus diesen Umständen ersichtlich ist, dass der **Antrag mit Wissen und Wollen des Antragstellers an das Gericht** gelangt ist.[5] Auch bei Haftanträgen einer Behörde gem. § 417 ist das Fehlen der Unterschrift unschädlich, wenn der Antrag aus der Sicht der betroffenen Beteiligten (hier: des zu Inhaftierenden) zweifelsfrei der antragstellenden Behörde zugeordnet werden kann und feststeht, dass das Schriftstück nicht nur ein Entwurf, sondern mit Willen des Antragstellers in den Rechtsverkehr gebracht worden ist.[6] Ausreichende Umstände, die bei Fehlen der Unterschrift sowohl die Person des Antragstellers wie auch dessen Willen, das Schriftstück dem Gericht zuzuleiten, erkennen lassen, kön-

---

[1] Begr. RegE, BT-Drucks. 16/6308, S. 186.
[2] Begr. RegE, BT-Drucks. 16/6308, S. 186.
[3] Begr. RegE, BT-Drucks. 16/6308, S. 186.
[4] Schulte-Bunert/Weinreich/*Brinkmann*, § 23 FamFG Rz. 26, 27; Keidel/*Sternal*, § 23 FamFG Rz. 42; Bahrenfuss/*Rüntz*, § 23 FamFG Rz. 21; enger: Bork/Jacoby/Schwab/*Jacoby*, § 23 FamFG Rz. 15.3.
[5] BGH v. 28.10.2010 – V ZB 210/10, FGPrax 2011, 41; OLG Karlsruhe v. 17.11.2011 – 18 UF 312/11, FamRZ 2013, 238; KG v. 14.10.2010 – 19 UF 75/10, FamRZ 2011, 920.
[6] BGH v. 28.10.2010 – V ZB 210/10, FGPrax 2011, 41, juris Rz. 9–12.

nen eine beigefügte unterschriebene eidesstattliche Versicherung des Antragstellers sowie der daraus ersichtliche Briefkopf des Bevollmächtigten sein.[1]

g) Frist

Der Antrag nach § 23 ist grundsätzlich **nicht fristgebunden**. Fristerfordernisse können sich jedoch aus einzelgesetzlichen Regelungen ergeben. Das **FamFG** sieht für den Antrag auf Ergänzung (§ 43 Abs. 2), die Anhörungsrüge (§ 44 Abs. 2), für die Rechtsmittel Beschwerde und Rechtsbeschwerde (§§ 63, 71), das **GrdstVG** sieht in § 22 Abs. 1, das **EGGVG** in §§ 23 ff. (Justizverwaltungsakte) Fristen vor. Bei Nichtwahrung der Fristen ist der Antrag als unzulässig zu verwerfen. Gegen die Fristversäumung kommt Wiedereinsetzung nach §§ 17 ff. in Betracht, sofern es sich um gesetzliche Fristen handelt.

Zu beachten für die Antragstellung sind darüber hinaus **materiellrechtliche Ausschlussfristen**. Im **BGB** finden sich diese zB in § 1600b (Vaterschaftsfeststellung), § 1762 Abs. 2 (Aufhebung des Annahmeverhältnisses bei Adoption), § 1981 Abs. 2 (Anordnung der Nachlassverwaltung), im **HGB** in §§ 318 Abs. 3 Satz 2, im **AktG** in 132 Abs. 2, 142 Abs. 4 Satz 2, 258 Abs. 2, 260 Abs. 1, 305 Abs. 4 Satz 3.

Zur Frage der Fristwahrung besteht nach wie vor keine Übereinstimmung, ob es ausreicht, wenn der Antrag **innerhalb der Frist** formgerecht, jedoch bei dem **unzuständigen Gericht** eingereicht wird,[2] oder ob der Antrag fristwahrend nur bei dem **zuständigen Gericht** eingereicht werden kann.[3] Die Fassung des § 25 Abs. 3 iVm. Abs. 2 spricht für die letztere Meinung (s. auch § 25 Rz. 14).

h) Erklärung zur außergerichtlichen Konfliktbeilegung (Mediation)

Mit der im Zusammenhang mit dem MediationsG erfolgten Gesetzesänderung durch das Gesetz zur Förderung der Mediation und anderer Verfahren der außergerichtlichen Konfliktbeilegung[4] ist § 23 Abs. 1 um Satz 3 ergänzt worden. Die Ergänzung sieht vor, dass der Antragsteller sich in geeigneten Fällen zugleich mit dem Antrag dazu äußert, ob bereits der Versuch einer Mediation oder eines anderen außergerichtlichen Verfahrens zur Konfliktbeilegung durchgeführt worden ist bzw. ob einem solchen Versuch Gründe entgegenstehen. Mit Einreichung der Antragsschrift sollen sich die Beteiligten und deren Anwälte mit der Möglichkeit der außergerichtlichen Konfliktbeilegung befassen und das Ergebnis ihrer Überlegungen dem Gericht mitteilen.[5]

Es handelt sich um eine **Sollvorschrift**, die den Antragsteller zu inhaltlich verschiedenen Äußerungen auffordert. Er soll sich erstens zu bereits durchgeführten Mediationsversuchen erklären. Zum Zweiten wird eine Stellungnahme gefordert, ob einer zukünftig durchzuführenden Mediation Gründe entgegenstehen. Eine positive Antwort bedarf mithin keiner weiteren Begründung; lehnt der Antragsteller jedoch einen Mediationsversuch ab, so ist er aufgefordert, dies zu begründen. Wird die **Stellungnahme nicht abgegeben**, ist dies verfahrensrechtlich ohne Folgen, da es sich um eine Sollvorschrift handelt und bereits die fehlenden Angaben zu § 23 Abs. 1 Sätze 1 und 2 folgenlos bleiben. Dem Gericht bleibt daneben die Möglichkeit, die Beteiligten zum Versuch einer gütlichen Einigung an den **Güterichter** zu verweisen, § 36 Abs. 5.

Als „geeignete Fälle" erscheinen – so auch der Gesetzgeber – Kindschaftssachen, insbesondere Sorgerechts- und Umgangsverfahren sowie Ehewohnungs- und Haushaltssachen, ferner auch Gewaltschutzverfahren. Nicht in Betracht kommen Verfahren, in denen die Beteiligten keinerlei Dispositionsbefugnisse haben, wie Adoptionsverfahren oder Abstammungssachen.[6]

---

1 KG v. 14.10.2010 – 19 UF 75/10, FamRZ 2011, 920.
2 So Schulte-Bunert/Weinreich/*Brinkmann*, § 23 FamFG Rz. 54 unter Hinweis auf die frühere Rechtslage und mwN.
3 So Keidel/*Sternal*, § 23 FamFG Rz. 22.
4 Gesetz v. 21.7.2012, BGBl. I, 1577 (dort Art. 3 Nr. 2).
5 BT-Drucks. 17/5335, S. 22.
6 BT-Drucks. 17/5335, S. 22.

5. Nichterfüllung der formellen Anforderungen

18 Durch die Ausgestaltung als **Sollvorschrift** hat der Gesetzgeber deutlich gemacht und dies in der Begründung unterstrichen, dass allein die Nichterfüllung der **Begründungspflicht nicht zur Zurückweisung des Antrags** als unzulässig führen kann.[1] Für die weiteren Anforderungen an die Antragsschrift (**Benennung der Beteiligten, Vorlage von Urkunden, Unterschrift**) gilt dies entsprechend. Bei unvollständigen Angaben hat das Gericht im Rahmen der Verfahrensleitung nach § 28 Abs. 1 Auflagen zur Ergänzung des Vorbringens zu machen. Für Antragsverfahren ist diese spezielle Hinwirkungspflicht des Gerichts als Verfahrensgrundsatz in § 28 Abs. 2 festgelegt (s. § 28 Rz. 10 ff.).[2]

19 Falls sich nach gerichtlichen Auflagen und weiteren Ermittlungen die **Verfahrensvoraussetzungen** des Antrags **nicht feststellen** lassen – zB das Antragsziel im Dunkeln bleibt oder die materielle Antragsberechtigung nicht geklärt werden kann –, kommt nach allgemeinen Verfahrensgrundsätzen eine **Verwerfung des Antrags** wegen Unzulässigkeit in Betracht. Je stärker das Verfahren dem echten Streitverfahren angenähert ist, desto strenger sind die Anforderungen an die Mitwirkungspflicht des Antragstellers.

Bei spezialgesetzlichen Regelungen sind deren besondere Voraussetzungen zu erfüllen (vgl. Rz. 20).

6. Spezialgesetzliche Regelungen

20 Das FamFG sieht in Sondervorschriften über § 23 hinausgehende Anforderungen an einen Verfahrensantrag vor, die als leges speciales vorgehen. So finden sich – abgesehen von den unter § 113 Abs. 1 fallenden Verfahren – zusätzliche formale Erfordernisse in §§ 155, 155a Abs. 1 (weitere Angaben zu dem gemeinsamen nichtehelichen Kind bei einem **Sorgerechtsantrag des Vaters**), 171 Abs. 2 (**Abstammungsverfahren**), 203 Abs. 2 und Abs. 3 (**Ehewohnungs- und Haushaltssachen**), 363 Abs. 3 (**Teilungssachen**), § 417 Abs. 2 (**Freiheitsentziehungssachen; zwingende Begründung**) sowie für **Aufgebotsverfahren** mit verschiedenen Zielrichtungen in 449 ff., 456, 468 (spezielle Erfordernisse wie Glaubhaftmachung, Hinterlegungsangebot ua.). In **Adoptionsverfahren** müssen die Anträge auf Annahme und auf Aufhebung die Form des § 1752 Abs. 2 Satz 2, bzw. des § 1762 Abs. 3 BGB (**notarielle Beurkundung**) wahren. Weitere besondere formelle Anforderungen ergeben sich aus dem materiellen Recht, wie für den **Erbschein** (§ 2353 BGB) aus §§ 2354 ff. BGB, für **Registeranmeldungen** aus §§ 59, 77 BGB, § 8 GmbHG, für das Handelsregister aus § 12 HGB.

20a Werden diese Anforderungen nicht gewahrt, ist der Antrag **unzulässig** und kann verworfen werden, so bisher für Haftanträge nach § 417.[3] Vgl. im Einzelnen die Kommentierung zu § 417.

II. Antragsmitteilung (Absatz 2)

1. Normzweck

21 Der Antrag ist den übrigen Beteiligten zur Kenntnis zu bringen. Damit soll die Gewährung **rechtlichen Gehörs** gesichert werden. Es handelt sich um eine **Sollvorschrift**, die Abweichungen zulässt, wie die Begründung zeigt.[4] Ist der Antrag unzulässig oder offensichtlich unbegründet, so kann eine **Übermittlung** an die weiteren Beteiligten **unterbleiben**, da deren Stellungnahme für die Entscheidung nicht mehr relevant wird.[5]

---

1 BT-Drucks. 16/6308, S. 186.
2 Begr. RegE, BT-Drucks. 16/6308, S. 187.
3 BGH v. 15.9.2011 – V ZB 123/11, FGPrax 2011, 317; BGH v. 29.4.2010 – V ZB 218/09, FGPrax 2010, 210.
4 Begr. RegE, BT-Drucks. 16/6308, S. 186.
5 BT-Drucks. 16/6308, S. 186.

2. Ausführung der Übermittlung

Der Antrag soll den übrigen Beteiligten (dazu § 7 Rz. 17 ff.) übermittelt werden. Dies hat nach § 15 zu folgen. Eine besondere Form, insbesondere eine Zustellung des Antrags sieht das Gesetz nicht vor. Oft wird eine formlose Mitteilung nach § 15 Abs. 3 ausreichen, da der Antrag nicht unter § 15 Abs. 1 fällt, wenn nicht mit der Übermittlung eine gerichtlich bestimmte Frist verbunden ist (vgl. dazu § 15 Rz. 11). Der Mitteilung des Antrags kommt keine der Klagezustellung im Zivilprozess vergleichbare Funktion (Eintritt der Rechtshängigkeit) zu. Mit dem Eingang bei Gericht ist der verfahrenseinleitende Antrag wirksam gestellt.[1] Abzugrenzen ist die Mitteilung des Verfahrensantrags von der Mitteilung eines Verfahrenskostenhilfegesuchs. Wegen der eventuell gleichen – formlosen – Übermittlungsweise hat das Gericht bei Übersendung eines Verfahrenskostenhilfegesuchs, wenn lediglich zu diesem Stellungnahme genommen werden soll, auf diese Verfahrenssituation hinzuweisen.[2]

22

Grundsätzlich ist der Antrag den anderen Beteiligten so rechtzeitig zuzuleiten, so dass diese in der Lage sind, ihr verfassungsmäßiges Recht auf **rechtliches Gehör** auch effektiv wahrzunehmen.[3]

22a

Zu den **Haftanträgen nach § 417 Abs. 2** hat die Rechtsprechung diesen Grundsatz weiter konkretisiert. Der Haftantrag ist dem Betroffenen rechtzeitig **vor seiner Anhörung** zur Inhaftierung auszuhändigen, wenn der Betroffene zuvor keine Kenntnis von dem Antragsinhalt hat. Andernfalls ist der Betroffene in seinem Anspruch auf rechtliches Gehör verletzt. Nur wenn es sich um einen einfachen, überschaubaren Sachverhalt handelt und der Betroffene auch unter Berücksichtigung einer etwaigen Überraschung ohne weiteres auskunftsfähig ist, genügt die Eröffnung des Haftantrags zu Beginn der Anhörung des Betroffenen.[4] Bei ausländischen, **der deutschen Sprache nicht mächtigen** Betroffenen ist für eine rechtzeitig erfolgende **Übersetzung des Haftantrags** zu sorgen. Regelmäßig ist dem Betroffenen die Übersetzung des vollständigen Haftantrags vor seiner persönlichen Anhörung auszuhändigen. Nur bei einfach gelagerten Sachverhalten kann auch bei der deutschen Sprache nicht mächtigen Betroffenen von einer schriftlichen Übersetzung abgesehen und stattdessen für die mündliche Anhörung ein **Dolmetscher** zur Verfügung gestellt werden.[5] Vgl. auch § 417 Rz. 8a.

Probleme kann die Feststellung des **Beteiligtenkreises** aufwerfen, der möglicherweise zum Zeitpunkt des Antragseingangs noch nicht vollständig bekannt oder so groß ist, dass die organisatorischen Möglichkeiten des Gerichts an ihre Grenzen gelangen, wie zB bei Streitigkeiten in Registersachen, die die Organstellung einer Gesellschaft oder eines Vereins betreffen, wenn es sich um große Einheiten handelt und jedes Mitglied als Muss-Beteiligter anzuhören ist (§§ 374 ff., 7 Abs. 2). Eine dementsprechende Änderungsanregung an den Gesetzgeber ist bereits erfolgt.[6]

22b

Kosten/Gebühren: Gericht: In Verfahren, die dem GNotKG unterliegen, begründet der verfahrenseinleitende Antrag die Haftung für die Gerichtskosten (§ 22 Abs. 1 GNotKG). Gleichzeitig begründet dies die Möglichkeit für das Gericht, die gerichtliche Handlung von der Zahlung eines Vorschusses in Höhe der Verfahrensgebühr abhängig zu machen (§ 13 Satz 1 GNotKG). Dies gilt in Nachlasssachen nur, wenn dies im Einzelfall zur Sicherung des Eingangs der Gebühr erforderlich erscheint (§ 13 Satz 2 GNotKG). Ausnahmen von der Vorauszahlungspflicht sind in § 16 GNotKG bestimmt. Gegen die Anordnung einer Vorauszahlung ist die Beschwerde nach § 82 GNotKG gegeben. In Familiensachen ist die Vorauszahlungspflicht für Ehesachen und selbständige Familienstreitsachen sowie für Verfahren, in denen der Antragsteller die Kosten schuldet (§ 21 FamGKG), in § 14 FamGKG bestimmt. Ausnahmen von der Vorauszahlungspflicht sind in § 15 FamGKG bestimmt. Auch

23

---

1 OLG Dresden v. 8.2.2011 – 20 WF 135/11, FamRZ 2011, 1242; Schulte-Bunert/Weinreich/Brinkmann, § 23 FamFG Rz. 58.
2 OLG Dresden v. 8.2.2011 – 20 WF 135/11, FamRZ 2011, 1242 (Abstammungsverfahren).
3 BGH v. 21.7.2011 – V ZB 141/11, FGPrax 2011, 257; BGH v. 4.3.2010 – 5 ZB 222/09, FGPrax 2010, 154.
4 BGH v. 1.7.2011 – V ZB 141/11, InfAuslR 2011, 399; BGH v. 21.7.2011 – V ZB 141/11, FGPrax 2011, 257; BGH v. 4.3.2010 – V ZB 222/09, FGPrax 2010, 154.
5 BGH v. 21.7.2011 – V ZB 141/11, FGPrax 2011, 257; BGH v. 4.3.2010 – V ZB 222/09, FGPrax 2010, 154.
6 So die Stellungnahme des Justizministeriums NRW v. 2.3.2011 an das BMJ zum Änderungsbedarf hinsichtlich des FamFG.

§ 24 Allgemeiner Teil

nach dem FamGKG begründet der verfahrenseinleitende Antrag die Haftung für die Gerichtskosten (§ 21 Abs. 1 FamGKG); dies gilt jedoch für bestimmte ausdrückliche benannte Verfahren nicht. Gegen die Anordnung einer Vorauszahlung ist die Beschwerde nach § 58 FamGKG gegeben. **RA:** Mit der Stellung des verfahrenseinleitenden Antrags hat der Rechtsanwalt die Verfahrensgebühr mit einem Gebührensatz von 1,3 (Nr. 3100 VV RVG verdient, wenn nicht der Fall der Nr. 3101 Nr. 3 VV RVG gegeben ist.

24 Anregung des Verfahrens

(1) Soweit Verfahren von Amts wegen eingeleitet werden können, kann die Einleitung eines Verfahrens angeregt werden.
(2) Folgt das Gericht der Anregung nach Absatz 1 nicht, hat es denjenigen, der die Einleitung angeregt hat, darüber zu unterrichten, soweit ein berechtigtes Interesse an der Unterrichtung ersichtlich ist.

A. Allgemeines/Entstehung 1	II. Pflicht zur Unterrichtung bei Absehen von einer Verfahrenseinleitung (Absatz 2)
B. Inhalt der Vorschrift	
I. Verfahrenseinleitung durch Anregung (Absatz 1)	
1. „Antragstellung" 3	1. Voraussetzungen 5
2. Anregung 4	2. Berechtigtes Interesse 6
3. Einleitung des Verfahrens 4a	3. Recht auf informationelle Selbstbestimmung 8
	4. Form und Inhalt der Unterrichtung 10
	5. Anfechtbarkeit 11
	6. Materiell Beteiligte 12

A. Allgemeines/Entstehung

1 Die Vorschrift betrifft die (echten) **Amtsverfahren** (vgl. Rz. 3 vor §§ 23, 24). Sie bestimmt, welche Auswirkungen ein „Antrag" in Amtsverfahren hat und wann die Person, die eine Verfahrensanregung gegeben hat, zu unterrichten ist. Mit Abs. 1, der die Anregung zu einem Verfahren regelt, bringt die Norm keine Neuerung zur früheren Rechtslage, wonach eine „Antragstellung" im Amtsverfahren schon immer nur als Anregung gesehen wurde mit der Folge, dass dem Beteiligten, der das Verfahren angeregt hat, keine Beschwerdebefugnis zustand.[1]

2 Neu ist die Bestimmung in **Abs. 2**, wonach derjenige, der die Einleitung eines Verfahrens angeregt hat, im Fall des Absehens von einer Verfahrenseinleitung zu informieren ist, soweit ein berechtigtes Interesse besteht. Eine solche **Informationspflicht** kannte das FGG nicht. Der Gesetzgeber hat mit dem FamFG die Unterrichtungspflicht bei Verfahrensanregung offensichtlich zur Stärkung der Kooperationsbereitschaft der Bürger eingeführt.[2] Eine Initiative des Bundesrates im Gesetzgebungsverfahren mit Blick auf das **informationelle Selbstbestimmungsrecht des Betroffenen**, § 24 Abs. 2 entsprechend der Regelung in § 13 Abs. 1 zu ergänzen, blieb erfolglos.[3]

B. Inhalt der Vorschrift

I. Verfahrenseinleitung durch Anregung (Absatz 1)

1. „Antragstellung"

3 Um die Einleitung eines **Amtsverfahrens** (dazu Rz. 3 vor §§ 23, 24) zu veranlassen, kann **jedermann** einen „Antrag" stellen. Auch wenn dieses Begehren ausdrücklich als

---

[1] St. Rspr., vgl. zum FGG: OLG Köln v. 23.8.2006 – 16 Wx 69/06, OLGReport 2007, 113 zum Betreuungsverfahren; Keidel/*Schmidt*, 15. Aufl., § 20 FGG Rz. 48; *Bassenge*/Roth, 11. Aufl., § 20 FGG Rz. 13.
[2] Begr. RegE, BT-Drucks. 16/6308, S. 186.
[3] BR-Drucks. 309/07, S. 13; ablehnende Antwort der BReg, s. BT-Drucks. 16/6308, S. 405: diese stellt darauf ab, dass eine begründungslose Mitteilung der Tatsache der Nichteinleitung den Betroffenen kaum belaste.

"Antrag" bezeichnet wird, bleibt es im Amtsverfahren lediglich eine Anregung zur Durchführung eines Verfahrens. Derjenige, der die Anregung gibt, wird damit nicht zum „Antragsteller" im Rechtssinne und erlangt nicht die Verfahrensstellung eines Antragstellers, insbesondere keine Beschwerdeberechtigung nach § 59 Abs. 2.[1]

2. Anregung

Personen, die mit einer Anregung ein Verfahren in Gang setzen wollen, müssen nicht mögliche Beteiligte nach § 7 sein oder sonst zu dem Betroffenen in einer Beziehung stehen. Behandelnde Ärzte, Nachbarn, Bekannte oder Dritte, die zufällig Informationen erhalten haben, können Anregungen bspw. zu Betreuungs- und Unterbringungsverfahren oder in Kindschaftssachen geben, damit das Gericht tätig wird. Diese Mitteilungen und Informationen können **in jeder Form** erfolgen.[2] Geschieht dies formlos bzw. mündlich, empfiehlt es sich, diese Information sowie die mitteilende Person in einem **Aktenvermerk** festzuhalten. Das ist schon wegen der Unterrichtungspflicht nach Abs. 2 erforderlich, dient aber vor allem dem **Anspruch** des Betroffenen und der Beteiligten auf **Kenntnis des Verfahrensstoffes**, der Teil des Grundsatzes des rechtlichen Gehörs ist. Das Gericht hat den gestellten Antrag bzw. die Anregung unabhängig von der gewählten Formulierung **auszulegen**. UU kann ein **unzulässiges Rechtsmittel** als **Anregung** zu einem gerichtlichen Handeln im Rahmen eines Amtsverfahrens (zB Löschung einer beanstandeten Eintragung) auszulegen sein.[3] Ein Antrag auf Grundbuchberichtigung, der in der Formulierung § 22 Abs. 1 GBO entspricht, kann aufgrund des von dem Beteiligten gewollten Verfahrensziels auch eine Anregung auf Eintragung eines Amtswiderspruchs enthalten, der das Gericht von Amts wegen nachzugehen hat.[4]

3. Einleitung des Verfahrens

Das Amtsverfahren wird eingeleitet, indem dem Gericht Tatsachen zur Kenntnis gebracht werden, die es zum Tätigwerden veranlassen, wobei diese Tatsachenkenntnis auf verschiedenste Weise erfolgen kann. Die Informationen können im Geschäftsbetrieb durch andere Verfahren, durch Übermittlung von Behörden oder anderen Gerichten wie auch durch Anregungen iSd § 24 dem Gericht bekannt werden. Der Zeitpunkt der Verfahrenseinleitung ist derjenige, in dem das Gericht in eine **sachliche Prüfung** eintritt und **Ermittlungen in der Sache** aufnimmt.[5] Der Beginn des Tätigwerdens kann formlos erfolgen, muss allerdings nach außen erkennbar sein. Auch wenn das Gericht von Amts wegen zu einem Einschreiten verpflichtet wäre, dem es nicht nachkommt, ist für den Zeitpunkt der Verfahrenseinleitung entscheidend, wann das Gericht tatsächlich die Ermittlungen aufgenommen hat.[6] Die Gewährung rechtlichen Gehörs ist für die Verfahrenseinleitung nicht notwendig, bedeutet aber stets, dass ein Verfahren eingeleitet worden ist. Nicht erforderlich für die Verfahrenseinleitung ist demnach eine Unterrichtung des Betroffenen.[7]

II. Pflicht zur Unterrichtung bei Absehen von einer Verfahrenseinleitung (Absatz 2)

1. Voraussetzungen

Vorgesehen ist die **Unterrichtung** derjenigen Person, die eine Anregung zur Verfahrenseinleitung gegeben hat, wenn
 (1) ein Verfahren nicht eingeleitet wird und

---

1 OLG Frankfurt v. 8.10.2012 – 4 UF 209/12, MDR 2012, 1466 zum „Antrag" eines Verwandten auf Pflegerbestellung im von Amts wegen zu betreibenden Verfahren nach §§ 1915, 1779 Abs. 2 BGB.
2 *Kemper*, FamRB 2008, 345 (348).
3 OLG Köln v. 17.3.2011 – 2 Wx 27/11, GmbHR 2011, 596 = juris, Rz. 9.
4 OLG Hamm v. 13.10.2009 – 15 W 276/09, FGPrax 2009, 283.
5 OLG Hamm v. 13.10.2009 – 15 W 276/09, FGPrax 2009, 283; Schulte-Bunert/Weinreich/*Brinkmann*, § 24 FamFG Rz. 2, 3.
6 BGH v. 24.4.2012 – II ZB 8/10, ZIP 2012, 1097.
7 Keidel/*Sternal*, § 24 FamFG Rz. 4; Schulte-Bunert/Weinreich/*Brinkmann*, § 24 FamFG Rz. 3.

(2) diese Person ein berechtigtes Interesse an der Unterrichtung hat.

Die Gesetzesfassung ist als **zwingende Verpflichtung** formuliert. Dem Gericht ist kein Ermessen eingeräumt. Der **Regelfall** ist deshalb die **Unterrichtung**.

2. Berechtigtes Interesse

6 Die Entscheidung, ob jemand ein berechtigtes Informationsinteresse hat, hängt von den **Umständen** ab. Folgende Faktoren sind von Bedeutung: die mögliche Stellung im Verfahren, die Art des Verfahrens, das Gewicht der mit der Anregung gegebenen Informationen. Dem steht das Recht des Betroffenen auf Schutz seiner persönlichen Daten und der persönlichen Umstände gegenüber, das **Recht auf informationelle Selbstbestimmung** (dazu Rz. 8). Ein **berechtigtes Interesse** wird regelmäßig **anzunehmen** sein, wenn der zu unterrichtende Dritte an einem späteren Verfahren gem. § 7 zu beteiligen ist, zB als Verwandter in Verfahren nach §§ 271 ff., 312 ff., oder wenn die Verfahrensanregung durch Vorfälle veranlasst wurde, die mit Gefahren auch für Dritte verbunden sein können (zB bei Unterbringungsverfahren).

7 Hingegen kann das berechtigte Interesse bei **weniger gewichtigen Umständen** zur Verfahrenseinleitung oder nur entfernter Beziehung zu dem Betroffenen fehlen. Dies ist häufig der Fall bei Personen, die in Zusammenhang mit ihrer beruflichen Tätigkeit (im medizinischen oder sozialen Bereich) Hinweise zur Verfahrenseinleitung geben, ohne zu dem Betroffenen besonderen Kontakt zu haben. Bei Anregungen, die erkennbar aus Streitigkeiten zwischen Nachbarn oder sonstigen Bekanntschaften resultieren oder deutlich querulatorischen Charakter haben, wird kaum ein berechtigtes Interesse an einer Unterrichtung nach Abs. 2 bestehen.[1]

3. Recht auf informationelle Selbstbestimmung

8 Dem berechtigten Interesse des zu Unterrichtenden steht das informationelle Selbstbestimmungsrecht des Betroffenen[2] gegenüber. Die Regelung des Abs. 2 ist **verfassungskonform** unter Berücksichtigung des informationellen Selbstbestimmungsrechts auszulegen. Dieses Recht wird regelmäßig bei einer Mitteilung **ohne Gründe** über die **Nichteinleitung** des Verfahrens nicht tiefergehend berührt.[3] Eine solche für Außenstehende bestimmte Information ist normalerweise weit weniger aussagekräftig als die in den Akten enthaltenen Informationen. Die eigentlich belastende Tatsache, dass eine Verfahrenseinleitung geprüft wurde, ist ohnehin bekannt.

9 Die Grenze der **zumutbaren Einschränkungen des informationellen Selbstbestimmungsrechts** wird bei der Unterrichtung über eine Nichteinleitung des Verfahrens im Regelfall aus den erwähnten Gründen nicht überschritten.[4] Bei besonderer Schutzwürdigkeit des Betroffenen (wie Jugend, hohes Alter, besondere schwierige persönliche Situation) kann das allgemeine Persönlichkeitsrecht des Betroffenen dem berechtigten Interesse an einer Unterrichtung vorgehen.

4. Form und Inhalt der Unterrichtung

10 Das Gesetz macht keine Vorgaben, in welcher Weise derjenige, der die Verfahrensanregung gegeben hat, zu unterrichten ist. Demnach kann dies **formlos** erfolgen, dh. mündlich, fernmündlich oder per E-Mail. **Gründe** müssen nicht mitgeteilt werden (s. Rz. 8).[5]

---

1 Ebenso Bahrenfuss/*Rüntz*, § 24 Rz. 6.
2 St. Rspr. des BVerfG, zB BVerfG v. 15.12.1983 – 1 BvR 209/83, BVerfGE 65, 1; BVerfG v. 9.3.1988 – 1 BvL 49/86, NJW 1988, 2031; BVerfG v. 4.4.2006 – 1 BvR 518/02, NJW 2006, 1939; zuletzt v. 11.3.2008 – 1 BvR 2074/05, NJW 2008, 1505.
3 So auch im Gesetzgebungsverfahren die Gegenäußerung der BReg., BT-Drucks. 16/6308, S. 405.
4 BVerfG v. 9.3.1988 – 1 BvL 49/86, NJW 1988, 2031.
5 Ebenso MüKo. ZPO/*Ulrici*, § 24 FamFG Rz. 11, 12; vgl. auch BT-Drucks. 16/6308, S. 406.

5. Anfechtbarkeit

Die Mitteilung über die Nichteinleitung des Verfahrens ist **nicht anfechtbar**.[1] Die Unterrichtung hierüber ist keine Endentscheidung und auch keine Zwischenentscheidung, sondern eine gerichtliche Verfügung ohne Regelungscharakter (vgl. zu den Entscheidungen, die der Beschwerde unterliegen, § 58 Rz. 8 ff.), die lediglich Mitteilungscharakter hat und der Information eines am Verfahren – noch – nicht beteiligten Dritten dient.

11

Zu unterscheiden ist die Mitteilung nach Abs. 2 von einer Endentscheidung eines aufgrund einer Anregung eingeleiteten Amtsverfahrens, wonach der Anregung nicht gefolgt wird. Bei dieser Verfahrenskonstellation kann ein Beschwerderecht bestehen; bspw. bei Ablehnung einer von einem nicht antragsbefugten Vereinsmitglied angeregten Löschung im Vereinsregisterverfahren.[2]

6. Materiell Beteiligte

Die Nichtanfechtbarkeit erfasst auch den Fall, dass der Anregende in dem angestrebten Verfahren als materiell Beteiligter iSd. **§ 7 Abs. 2** in Betracht kommt (zu den Voraussetzungen: § 7 Rz. 24–38). Auch wenn eine Person aus diesem Kreis die Verfahrenseinleitung anregt, bleibt es bei der – nicht anfechtbaren – Mitteilung nach § 24 Abs. 2. Eine Verpflichtung des Gerichts, hierüber durch anfechtbaren **Beschluss nach § 38 zu entscheiden**, sieht das Gesetz **nicht** vor.[3] Auch eine Entscheidung nach § 7 Abs. 5 ist nicht geboten, da diese Vorschrift einen anderen Fall betrifft, und zwar den der Nichtbeteiligung eines möglichen Beteiligten. Die Form dieser Mitteilung an einen materiell Beteiligten liegt im Ermessen des Gerichts; die Gesetzesmaterialien enthalten dazu keine Vorgaben.[4]

12

Zu der Problematik der Beteiligung eines anregenden Elternteils in einem von Amts wegen zu führenden Abänderungsverfahren in Kindschaftssachen gem. §§ 1696 Abs. 1 BGB, 166 FamFG, wenn dessen Einleitung abgelehnt wird, das Ausgangsverfahren indes ein Antragsverfahren war und der Elternteil dort die Stellung eines Antragstellers hatte, wird auf die Kommentierung zu § 166 Rz. 10, 11 verwiesen.

12a

§ 25 Anträge und Erklärungen zur Niederschrift der Geschäftsstelle

(1) **Die Beteiligten können Anträge und Erklärungen gegenüber dem zuständigen Gericht schriftlich oder zur Niederschrift der Geschäftsstelle abgeben, soweit eine Vertretung durch einen Rechtsanwalt nicht notwendig ist.**
(2) **Anträge und Erklärungen, deren Abgabe vor dem Urkundsbeamten der Geschäftsstelle zulässig ist, können vor der Geschäftsstelle eines jeden Amtsgerichts zur Niederschrift abgegeben werden.**
(3) **Die Geschäftsstelle hat die Niederschrift unverzüglich an das Gericht zu übermitteln, an das der Antrag oder die Erklärung gerichtet ist. Die Wirkung einer Verfahrenshandlung tritt nicht ein, bevor die Niederschrift dort eingeht.**

A. Allgemeines	**B. Inhalt der Vorschrift**
I. Neufassung 1	I. Abgabe von Erklärungen und Anträgen (Absatz 1)
II. Normzweck 3	1. Kein Anwaltsverfahren 5
III. Anwendungsbereich 4	

---

1 BGH v. 24.4.2012 – II ZB 8/10, ZIP 2012, 633; OLG Düsseldorf v. 10.2.2010 – 3 Wx 11/10, FGPrax 2010, 105; Schulte-Bunert/Weinreich/*Brinkmann*, § 24 FamFG Rz. 6; Keidel/*Sternal*, § 24 FamFG Rz. 9.
2 BGH v. 24.4.2012 – II ZB 8/10, ZIP 2012, 1097.
3 AA *Brehm*, FPR 2006, 401 (404) mit allerdings missverständlicher Formulierung, wonach der materiell Beteiligte in diesen Fällen „um Rechtsschutz" nachsuche, was bei den Verfahren der freiwilligen Gerichtsbarkeit so häufig nicht der Fall ist; zustimmend *Fölsch*, § 2 Rz. 62.
4 Begr. RegE, BT-Drucks. 16/6308, S. 186.

2. Anträge und Erklärungen in Schriftform oder zur Niederschrift der Geschäftsstelle
   a) Abgabe von Erklärungen und Anträgen 6
   b) Schriftform 7
   c) Anträge und Erklärungen zur Niederschrift der Geschäftsstelle
      aa) Zuständige Geschäftsstelle . 9
      bb) Urkundsbeamter 10
      cc) Form und Inhalt der Niederschrift 11
   d) Mündliche Anträge/Erklärungen 13

3. Abgabe des Antrags/der Erklärung gegenüber der Geschäftsstelle jedes Amtsgerichts (Absatz 2)
   a) Abgabe der Erklärung bei einem unzuständigen Gericht und Fristwahrung 14
   b) Sonderfälle
      aa) Beschwerde 15
      bb) Sondervorschriften 16
II. Verpflichtung zur Weiterleitung durch das unzuständige Gericht (Absatz 3)
1. Weiterleitung im ordnungsgemäßen Geschäftsgang 17
2. Möglichkeit der Wiedereinsetzung . 18
3. Wirksamwerden der Verfahrenshandlung 19

A. Allgemeines

I. Neufassung

1 Die an § 11 FGG aF anknüpfende Formulierung ist zum Teil wortgleich mit § 129a ZPO. Abs. 1 regelt die zulässigen Möglichkeiten zur Abgabe von Erklärungen und Anträgen, während Abs. 2 bestimmt, welche Gerichte zur Empfangnahme dieser Erklärungen zuständig sind.

Die in § 25 vorgesehenen Formen zur Antragstellung und Abgabe von Erklärungen kommen **nicht zur Anwendung**, wenn eine **Vertretung durch Rechtsanwälte** geboten ist, Abs. 1. Die noch in § 29 Abs. 1 Satz 1 FGG vorgesehenen Möglichkeiten der Rechtsmitteleinlegung sind damit entfallen. Abs. 2 stellt klar, dass Anträge und Erklärungen vor der **Geschäftsstelle jedes Amtsgerichts** zur Niederschrift abgegeben werden können.[1] Die in Abs. 3 statuierte Verpflichtung der Geschäftsstelle, die Niederschrift unverzüglich an das zuständige Gericht weiterzuleiten, bestand bereits aufgrund der früheren Rechtslage. Allerdings werden eventuelle **Fristen** erst mit Eingang bei dem **zuständigen Gericht** gewahrt, was jetzt gesetzlich festgelegt ist, Abs. 3 Satz 2.

2 Unberührt bleibt daneben die Möglichkeit, Anträge und Erklärungen als **elektronisches Dokument** nach § 14 Abs. 2 zu übermitteln, sofern die Gerichtsakten bereits elektronisch geführt werden dürfen, was bisher die Ausnahme ist (vgl. § 14 Rz. 4 und 27). Wegen weiterer Einzelheiten wird auf die Kommentierung zu § 14 verwiesen.

II. Normzweck

3 Durch die Befugnis, Anträge und Erklärungen zur Niederschrift der Geschäftsstelle abzugeben, wird für nicht anwaltlich vertretene Beteiligte der **Umgang mit dem Gericht erleichtert**. Zugleich soll die Unterstützung durch eine Amtsperson dafür sorgen, dass die Erklärungen oder Anträge in sachgemäßer Form angebracht werden.[2]

III. Anwendungsbereich

4 § 25 findet **keine Anwendung** in den **Ehesachen** und **Familienstreitsachen**; § 113 Abs. 1 verweist für diese Verfahren auf die Vorschriften der ZPO, hier insbesondere §§ 129a, 496 ZPO.

---

[1] Das entspricht der bisher hM zur Rechtslage nach § 11 FGG: Keidel/*Zimmermann*, 15. Aufl., § 11 FGG Rz. 7; *Bassenge*/Roth, 11. Aufl., § 11 FGG Rz. 6.
[2] So zum FGG Jansen/*v. König*, § 11 FGG Rz. 1.

B. Inhalt der Vorschrift

I. Abgabe von Erklärungen und Anträgen (Absatz 1)

1. Kein Anwaltsverfahren

Die erleichterten Möglichkeiten zur Abgabe von Erklärungen und Anträgen gelten nur für Verfahren, in denen kein Anwaltszwang besteht. Das sind die **Verfahren der freiwillige Gerichtsbarkeit** und die **übrigen Familienverfahren**, die nicht Ehesachen oder Familienstreitsachen sind (§§ 112, 113). In diesen Verfahren können die Beteiligten selbst sämtliche Verfahrenshandlungen wirksam durchführen mit **Ausnahme der Rechtsbeschwerde** nach §§ 70 ff.; diese kann nur durch einen beim BGH zugelassenen Rechtsanwalt eingelegt und durchgeführt werden (§§ 71, 10 Abs. 4).

2. Anträge und Erklärungen in Schriftform oder zur Niederschrift der Geschäftsstelle

a) Abgabe von Erklärungen und Anträgen

Anträge sind verfahrenseinleitende Anträge nach § 23 und sonstige Anträge wie zur Verfahrenskostenhilfe, Ablehnungsanträge, Terminsanträge, Beweisanträge, Kostenanträge, aber auch Anregungen auf Einleitung eines Verfahrens nach § 24. **Erklärungen** sind alle für das Gericht bestimmten Äußerungen tatsächlicher Art (zB Tatsachenvortrag), Erklärungen verfahrensrechtlicher (zB Antragsrücknahme nach § 22 Abs. 1, Beendigungserklärung nach § 22 Abs. 3, Erledigungserklärung, Rechtsmittelrücknahmen) sowie solche rechtsgeschäftlicher Art (zB §§ 1945 Abs. 1, 2081, 2202 Abs. 2 BGB).[1]

b) Schriftform

Die Anträge und Erklärungen können **als Schriftsätze** der Beteiligten eingereicht werden („**schriftlich**"). Es ist **keine besondere Form** erforderlich, soweit nicht spezielle Formvorschriften eingreifen (dazu unten Rz. 8). Eine **Unterschrift** ist **nicht zwingend** vorgeschrieben, wenn das Schriftstück den Aussteller erkennen lässt.[2] Da schon für verfahrenseinleitende Schriftstücke das Unterschriftserfordernis nicht zwingend ist (s. § 23 Rz. 17), können an sonstige Anträge und Erklärungen keine höheren Formanforderungen gestellt werden.[3] Im Übrigen muss der Inhalt des Antrags oder der Erklärung deutlich werden. Ferner muss der Wille des Verfassers, einen Antrag bzw. eine Erklärung dieses Inhalts gegenüber dem Gericht abgeben zu wollen, erkennbar sein.[4] Eine Erklärung per **Telefax** reicht zur Wahrung der Schriftform aus. Auch diese muss nicht unterschrieben sein, jedoch den Erklärenden erkennen lassen.[5] Die Schriftsätze können auch in der Form des § 14 Abs. 2 als elektronisches Dokument eingereicht werden, wenn die elektronische Akte eingeführt worden ist (vgl. § 14 Rz. 10 ff.). Im Übrigen – nach heutigem Stand – sind E-Mails als schriftliche Erklärungen zu akzeptieren, wenn sie vom Gericht ausgedruckt worden sind und in dieser Form in die Akten gelangen.[6]

Für spezielle Anträge oder Erklärungen sind **gesetzlich strengere Anforderungen** vorgesehen. Die **Beschwerdeeinlegung** erfordert zwingend einen vom Rechtsmittelführer oder dessen Bevollmächtigten **unterschriebenen Schriftsatz**, § 64 Abs. 2 Satz 3. Das gilt auch für ein Faxschreiben, mit dem die Beschwerde eingelegt wird. Zu den Einzelheiten s. § 64 Rz. 11 ff. **Verfahrenseinleitende Schriftsätze** nach § 23 **sollen** unterschrieben sein, wobei Ausnahmen zulässig sind (vgl. § 23 Rz. 17). Im Übrigen

---

[1] Zum FGG: Keidel/*Zimmermann*, 15. Aufl., § 11 FGG Rz. 13.
[2] Dies entspricht nunmehr der BGH-Rspr., BGH v. 28.10.2010 – V ZB 210/10, FGPrax 2011, 41, der für verfahrenseinleitende Schriftstücke nicht zwingend eine Unterschrift verlangt (vgl. § 23 Rz. 17).
[3] Ebenso Schulte-Bunert/Weinreich/*Brinkmann*, § 25 FamFG Rz. 12.
[4] OLG Frankfurt v. 27.9.2002 – 1 WF 157/02, FamRZ 2003, 321.
[5] Keidel/*Sternal*, § 25 FamFG Rz. 11.
[6] OLG Karlsruhe v. 17.11.2011 – 18 UF 312/11, FamRZ 2013, 238.

sind die **Formerfordernisse**, die das **materielle Recht** vorsieht, zu beachten, wie zB für die Erbausschlagung **§ 1945 BGB**, Anfechtung **§§ 1955, 1945 BGB**; Anmeldungen zum Handelsregister nach **§§ 106ff. HGB, 7ff. GmbHG**. Niederschriften des Nachlassgerichts oder öffentliche Beglaubigungen bedürfen der Formerfordernisse des **BeurkG** bzw. des **§ 3 Nr. 1f, Nr. 2c RPflG** und können nicht zur Niederschrift der Geschäftsstelle nach § 25 Abs. 1 erfolgen.

c) Anträge und Erklärungen zur Niederschrift der Geschäftsstelle

aa) Zuständige Geschäftsstelle

9   Die Antragstellung oder die Abgabe der Erklärung erfolgen durch die Fertigung der **Niederschrift**, nicht schon durch die mündliche Erklärung. Die Niederschrift ist in jedem Fall bei der Geschäftsstelle des zuständigen Gerichts zulässig. **Zuständiges Gericht** ist dasjenige, bei dem das Verfahren, auf das sich die Erklärung bezieht, anhängig ist. Ist noch kein Verfahren anhängig, dann ist das Gericht zuständig, bei dem die Sache nach den gesetzlichen Vorschriften anhängig gemacht werden könnte.[1] Soweit an dem Gericht eine Rechtsantragsstelle existiert, tritt diese an die Stelle der zuständigen Geschäftsstelle. Die Geschäftsstelle bzw. die Rechtsantragsstelle ist verpflichtet, den Antrag oder die Erklärung zur Niederschrift aufzunehmen. Abs. 2 sieht die weitere Zuständigkeit **eines jeden Amtsgerichts** in der Bundesrepublik Deutschland vor (s. Rz. 14).

bb) Urkundsbeamter

10   Innerhalb der Geschäftsstelle hat der Urkundsbeamte die Erklärungen oder Anträge zur Niederschrift aufzunehmen. Urkundsbeamte sind die **Beamten des mittleren Dienstes** bzw. die entsprechenden **Angestellten nach § 153 Abs. 3 GVG**. Diese sind befugt, aber auch verpflichtet, Erklärungen und Anträge von Verfahrensbeteiligten zu protokollieren. Die frühere ausschließliche Zuständigkeit des **Rechtspflegers** zur Aufnahme von Erklärungen nach § 24 Abs. 1 RPflG ist wegen des Anwaltszwangs bei Rechtsbeschwerden hinfällig geworden. Bei der Aufnahme sonstiger Rechtsbehelfe ist die in § 24 Abs. 2 RPflG vorgesehene Zuständigkeit nicht zwingend, sondern nur fakultativ und setzt auch voraus, dass mit dem Rechtsbehelf gleichzeitig die Begründung erklärt wird, § 24 Abs. 2 Nr. 1 RPflG. Wird ein Antrag oder eine Erklärung durch den Rechtspfleger anstelle des Urkundsbeamten protokolliert, so ist diese Niederschrift immer wirksam. Im Übrigen ist auch die Antragstellung/Erklärungsabgabe oder Einlegung einer Beschwerde zu Protokoll des **Richters** nach richtiger Ansicht immer zulässig, weil dieser anstelle des Urkundsbeamten tätig werden kann, aber **nicht tätig werden muss**.[2]

cc) Form und Inhalt der Niederschrift

11   Wie schon unter der Geltung des FGG sieht das Gesetz zur Form nichts vor. Ausreichend ist, dass es sich erkennbar um eine **Niederschrift einer in amtlicher Eigenschaft aufgenommenen Erklärung** handelt. Der Erklärende muss **persönlich erschienen** sein; eine telefonische Erklärung genügt nicht der Form zur Niederschrift der Geschäftsstelle.[3] Das Protokoll soll zumindest folgende Angaben enthalten:

Bezeichnung des aufnehmenden Gerichts, Name und Amtsbezeichnung des Urkundsbeamten, Ort und Datum der Niederschrift, Bezeichnung der Sache, möglichst mit Aktenzeichen, Personalien der persönlich erschienenen Person, Inhalt des Antrags oder der Erklärung.[4]

12   Die inhaltlichen Erklärungen müssen **von dem Urkundsbeamten formuliert** sein. Nicht ausreichend für eine ordnungsgemäße Niederschrift ist es, wenn der Urkunds-

---

1 Keidel/*Sternal*, § 25 FamFG Rz. 10.
2 BayObLG v. 24.5.1989 – BReg. 3Z 45/89, NJW-RR 1989, 1241; OLG Frankfurt v. 4.12.2000 – 20 W 509/2000, RPfleger 2001, 178; Keidel/*Sternal*, § 25 FamFG Rz. 24.
3 OLG Köln v. 14.5.2001 – 16 Wx 55/01, OLGReport 2001, 341.
4 Keidel/*Sternal*, § 25 FamFG Rz. 18.

beamte nur auf ein vom Erklärenden beigebrachtes und der Niederschrift angefügtes Schriftstück Bezug nimmt. Ebenso wenig wirksam ist eine Niederschrift, die auf Diktat erfolgt oder die lediglich eine Abschrift eines Schreibens des Antragstellers beinhaltet.[1] Die Niederschrift ist – mit dem Text abschließend – **vom Urkundsbeamten zu unterschreiben**. Die Unterschrift des Erklärenden ist zur Wirksamkeit nicht erforderlich,[2] empfiehlt sich aber dennoch, um späteren Streitigkeiten über den Inhalt der Erklärung vorzubeugen und eventuellen Formerfordernissen zu genügen.

d) Mündliche Anträge/Erklärungen

Nach früherer Rechtslage konnten Anträge und Erklärungen, **soweit keine besonderen Formvorschriften** bestanden, auch (fern)mündlich gegenüber dem Richter oder Rechtspfleger abgegeben werden.[3] Der Wortlaut des § 25 Abs. 1 lässt ebenfalls andere Formen der Antragstellung bzw. der Erklärung zu, da die Beteiligten ihre Anträge/Erklärungen in der dort vorgesehenen Form abgeben „können", jedoch nicht müssen. Die Gesetzesmaterialien schließen Erklärungen in mündlicher Form nicht aus, denn diese werden nicht positiv, aber auch nicht negativ erwähnt. Deshalb ist nicht ersichtlich, weshalb nicht weiterhin **mündliche Anträge oder Erklärungen**, soweit keine sonstigen Formerfordernisse bestehen, **zulässig** sind. Bei mündlichen Erklärungen ist es in gleicher Weise erforderlich, die Identität des Erklärenden festzustellen. Für den Richter oder Rechtspfleger empfiehlt es sich, einen **Vermerk** über die mündliche Erklärung zu fertigen, der zu den Akten genommen wird (vgl. auch § 23 Rz. 10 zur mündlichen Antragstellung). 13

Für die Einlegung der **Beschwerde** nach § 58 bestehen besondere Formvorschriften, für die auf § 64 Rz. 6 verwiesen wird. Durch eine **telefonische Erklärung** gegenüber dem Urkundsbeamten der Geschäftsstelle kann die Beschwerde nicht **wirksam** eingelegt werden.[4]

3. Abgabe des Antrags/der Erklärung gegenüber der Geschäftsstelle jedes Amtsgerichts (Absatz 2)

a) Abgabe der Erklärung bei einem unzuständigen Gericht und Fristwahrung

Durch § 25 Abs. 2 ist gesetzlich festgeschrieben, dass Anträge und Erklärungen nicht nur bei dem zuständigen Amtsgericht, sondern vor **jedem Amtsgericht** zur Niederschrift abgegeben werden können. Nach altem Recht war es unklar, ob mit ansonsten wirksamer Abgabe einer fristgebundenen Erklärung vor einem anderen als dem örtlich zuständigen Gericht die Frist gewahrt oder ob die Erklärung fristgerecht nur bei dem zuständigen Gericht eingehen konnte.[5] Der Gesetzgeber hat die Frage in dem Sinne entschieden, dass die Anträge/Erklärungen **innerhalb der Frist** nur bei dem **örtlich zuständigen Gericht** wirksam eingehen können. In der Gesetzesbegründung wird dies ausdrücklich bestätigt.[6] Dementsprechend ist die **unverzügliche Weiterleitung** durch die Geschäftsstelle in Abs. 3 vorgesehen. 14

b) Sonderfälle

aa) Beschwerde

§ 25 Abs. 2 findet auch Anwendung auf die Beschwerdeeinlegung nach § 64 (anders noch in der 2. Auflage[7]). Jedoch ist eine Beschwerdeeinlegung zur Niederschrift der 15

---

1 OLG Köln v. 9.12.2003 – 16 Wx 232/03, OLGReport 2004, 125; OLG Köln v. 8.6.1994 – 2 Wx 5/94, OLGReport 1995, 27.
2 BayObLG v. 3.11.2004 – 3Z BR 190/04 und 3Z BR 194/04, FamRZ 2005, 834.
3 Zu früheren Rechtslage: *Bassenge*/Roth, 11. Aufl., § 11 FGG Rz. 8 mwN; *Bumiller*/Winkler, 8. Aufl., § 11 FGG Rz. 6.
4 OLG Köln v. 14.5.2001 – 16 Wx 55/01, OLGReport 2001, 341; OLG Frankfurt v. 4.12.2000 – 20 W 509/00, FGPrax 2001, 46; Keidel/*Sternal*, § 64 FamFG Rz. 14.
5 Zur früheren Rechtslage: *Bassenge*/Roth, 11. Aufl., Einl. FGG Rz. 13: Antragstellung vor örtlich unzuständigem Gericht wahrt die Frist; anders Keidel/*Zimmermann*, 15. Aufl., § 11 FGG Rz. 12.
6 BT-Drucks. 16/6308, S. 186.
7 Dort § 25 Rz. 15.

Geschäftsstelle nicht zulässig in Ehe- oder Familienstreitsachen, § 64 Abs. 2 Satz 2, auf die § 25 auch keine Anwendung findet. In der Form des § 25 Abs. 1 kann die Rechtsmitteleinlegung vor der Geschäftsstelle jedes Amtsgerichts zur Niederschrift erfolgen. Ausreichend ist die ordnungsgemäße, vom Urkundsbeamten unterschriebene Niederschrift. Eine Unterschrift des Beschwerdeführers ist dann nicht mehr erforderlich.[1] Die durch § 25 Abs. 3 Satz 2 eingeräumte Möglichkeit der Abgabe eines Antrags oder einer Erklärung zur Niederschrift jedes Amtsgerichts ist auch auf die Beschwerdeeinlegung in den nicht unter §§ 112, 113 fallenden fG-Verfahren zu erstrecken.[2]

Zur **Fristwahrung** ist allerdings erforderlich, dass die Niederschrift innerhalb der Rechtsmittelfrist bei dem Ausgangsgericht eingeht, § 25 Abs. 3 Satz 2. Ist die weitergeleitete Rechtsmitteleinlegung verspätet eingegangen, so kommt uU eine **Wiedereinsetzung** nach §§ 17 ff. in Betracht, s. Rz. 18.

bb) Sondervorschriften

16 In Verfahren, in denen der Betroffene untergebracht oder inhaftiert ist, besteht neben dem Ausgangsgericht eine **weitere örtliche Zuständigkeit** am Ort der **Unterbringung oder Inhaftierung**. Bei diesem Amtsgericht kann der Betroffene ebenfalls fristwahrend Rechtsmittel einlegen. Das ist vorgesehen für Betreuungssachen nach **§ 305**, Unterbringungssachen nach **§ 336** und Freiheitsentziehungssachen nach **§ 429 Abs. 4**.

II. Verpflichtung zur Weiterleitung durch das unzuständige Gericht (Absatz 3)

1. Weiterleitung im ordnungsgemäßen Geschäftsgang

17 Mit Abs. 3 wird das unzuständige Gericht **verpflichtet**, Niederschriften jeder Art **unverzüglich** weiterzuleiten. Damit hat der Gesetzgeber die st. Rspr. zur Rechtsmitteleinlegung bei einem unzuständigen Gericht aufgegriffen und für sämtliche fristgebundenen Erklärungen gesetzlich fixiert.[3] Nach dieser vor allem vom BVerfG begründeten Rechtsprechung kann ein Rechtsmittelführer, der aus Unkenntnis sein Rechtsmittel mit ausreichend zeitlichem Abstand zum Fristablauf bei einem unzuständigen Gericht einreicht, erwarten, dass sein Schriftsatz im ordnungsgemäßen Geschäftsgang ohne schuldhaftes Zögern an das zuständige Gericht/die zuständige Behörde weitergeleitet wird.[4] Das BVerfG hat bspw. eine Weiterleitung, die innerhalb einer **Frist von neun Tagen** nicht durchgeführt wurde, als nicht mehr dem ordentlichen Geschäftsgang entsprechend angesehen.[5] Andererseits besteht für das zunächst angegangene Gericht keine „**vorbeugende Fürsorgepflicht**", erkennbare Irrläufer außerhalb des normalen Ablaufs beschleunigt weiterzuleiten.[6] „Unverzüglich" bedeutet demnach eine Weitergabe **ohne schuldhaftes Zögern** im **ordnungsgemäßen Geschäftsgang**. Vgl. § 17 Rz. 19.

2. Möglichkeit der Wiedereinsetzung

18 Wird aufgrund einer nicht unverzüglichen Weiterleitung eine Frist versäumt, obwohl der Antrag oder die Erklärung zeitig vor Ablauf der Frist eingereicht worden war, kommt wegen eines möglichen Verschuldens des Gerichts eine **Wiedereinsetzung gegen die Fristversäumnis nach §§ 17 ff.** in Betracht,[7] wenn deren sonstige Voraussetzungen vorliegen. Zu den Voraussetzungen s. § 17 Rz. 19 ff.

---

1 Zöller/*Feskorn*, § 63 FamFG Rz. 6; Keidel/*Sternal*, § 64 FamFG Rz. 19; Bork/Jacoby/Schwab/*Müther*, § 64 FamFG Rz. 3.
2 Keidel/*Sternal*, § 64 FamFG Rz. 19.
3 BT-Drucks. 16/6308, S. 186.
4 BVerfG v. 17.3.2005 – 1 BvR 950/04, NJW 2005, 2137; BVerfG v. 2.9.2002 – 1 BvR 476/01, NJW 2002, 3692; BVerfG v. 3.1.2001 – 1 BvR 2147/00, NJW 2001, 1343; ebenso BGH v. 15.6.2004 – VI ZB 75/03, NJW-RR 2004, 1655.
5 BVerfG v. 17.3.2005 – 1 BvR 950/04, NJW 2005, 2137.
6 BGH v. 15.6.2004 – VI ZB 75/03, NJW-RR 2004, 1655.
7 So ausdrücklich die Begr. des RegE, BT-Drucks. 16/6308, S. 186.

3. Wirksamwerden der Verfahrenshandlung

Abs. 3 bestimmt in Satz 2 ausdrücklich, dass eine Verfahrenshandlung erst mit **Eingang** bei dem **zuständigen Gericht** wirksam wird. Dies gilt für alle fristgebundenen **Verfahrenserklärungen** (s. Rz. 14). Davon zu unterscheiden ist die Frage, inwieweit diese Regelung auch für Anträge und Erklärungen gilt, soweit diese nach **materiell-rechtlichen Vorschriften fristgebunden** sind, wie zB die Erklärung zur Ausschlagung einer Erbschaft nach §§ 1944, 1945 BGB. Die Frage war unter Geltung des FGG streitig.[1] Unter Berücksichtigung der deutlich gefassten Regelung des § 25 Abs. 2 und Abs. 3 Satz 2 wird auch für Erklärungen mit materiell-rechtlicher Fristgebundenheit eine **Fristwahrung** nur durch **Abgabe gegenüber dem zuständigen Gericht** möglich sein.[2]

19

§ 26 Ermittlung von Amts wegen

Das Gericht hat von Amts wegen die zur Feststellung der entscheidungserheblichen Tatsachen erforderlichen Ermittlungen durchzuführen.

A. Entstehung und Inhalt der Norm 1	2. Betreuungs- und Unterbringungssachen 35c
B. Systematik des Gesetzes 2	3. Nachlasssachen 35d
C. Normzweck 3	4. Registersachen 35e
D. Anwendungsbereich 7	5. Freiheitsentziehungssachen 35f
E. Der Amtsermittlungsgrundsatz	F. Beweisrecht der freiwilligen Gerichtsbarkeit
I. Allgemeine Grundlagen 11	
II. Gegenstand der Amtsermittlung ... 14	I. Wesen, Ziel und Arten des Beweises . 36
1. Tatsachen 15	II. Gesetzliche Grundlagen 41
2. Rechtssätze 18	III. Beweismittel
3. Erfahrungssätze, Verkehrssitten, Handelsbräuche 21	1. Grundlagen 43
III. Umfang der Ermittlungen	2. Beweis durch Augenschein 44a
1. Ermittlung des Sachverhalts 22	3. Zeugenbeweis 44b
2. Ermittlung von Amts wegen und Beweisanträge der beteiligten Parteien 25	4. Sachverständigenbeweis 44c
	5. Urkundenbeweis 44d
3. Mitwirkung der Beteiligten 30	6. Beteiligtenvernehmung 44e
4. Richterliche Hinweispflichten und Verfahrensleitung 31	IV. Beweisverbote 45
	V. Beweiserhebung 46
5. Begrenzung durch Anträge und den Entscheidungsgegenstand 32	VI. Freie Beweiswürdigung 47
	VII. Beweisvereitelung 47a
6. Beweisbedürftigkeit und Offenkundigkeit 33	VIII. Beweismaß 48
IV. Art der Ermittlungen 35	IX. Behauptungslast und Beweislast ... 50
V. Einzelbereiche 35a	X. Vermutungen 52
1. Familiensachen 35b	XI. Anscheinsbeweis 55
	G. Anhörungsfragen 57

Literatur: *Baumgärtel/Laumen/Prütting*, Handbuch der Beweislast, Grundlagen, 2. Aufl. 2009; *Bender/Nack/Treuer*, Tatsachenfeststellung vor Gericht, 3. Aufl. 2007; *Döhring*, Die Erforschung des Sachverhalts im Prozeß, 1964; *Fröschle*, Fehler bei der Sachverhaltsermittlung in Betreuungssachen, FamRZ 2012, 88; *Greger*, Beweis und Wahrscheinlichkeit, 1978; *Lamberti*, Das Beweisverfahren der freiwilligen Gerichtsbarkeit, 2009; *Pohlmann*, Streng- und Freibeweis in der freiwilligen Gerichtsbarkeit, ZZP 106 (1993), 181; *Prütting*, Gegenwartsprobleme der Beweislast,

---

1 Zur früheren Rechtslage bspw., wenn das unzuständige Gericht bereits als Nachlassgericht tätig geworden ist: BGH v. 6.7.1977 – IV ZB 63/75, RPfleger 1977, 406; Palandt/*Edenhofer*, § 1945 BGB Rz. 7; ablehnend zur Fristwahrung: Keidel/*Zimmermann*, 15. Aufl., § 11 FGG Rz. 12; aA *Bassenge*/Roth, 11. Aufl., Einl. FGG Rz. 13.
2 Ebenso Keidel/*Sternal*, § 25 FamFG Rz. 27.

1983; *Prütting*, Beweislast und Beweismaß, ZZP 123 (2010), 135; *Walter*, Freie Beweiswürdigung, 1979; *Wütz*, Der Freibeweis in der freiwilligen Gerichtsbarkeit, 1970.

A. Entstehung und Inhalt der Norm

1   Die Norm ist nahezu wortgleich mit dem früheren § 12 FGG. Sie regelt wie die Vorgängernorm den Grundsatz der Amtsermittlung (Untersuchungsgrundsatz, Inquisitionsmaxime). Die Norm hat daher grundlegende Bedeutung sowohl für die Einordnung des FamFG in die einzelnen Verfahrensmaximen (s. Einleitung Rz. 56 ff. und § 26 Rz. 4) wie auch als Ausgangspunkt für das gesamte Beweisrecht der freiwilligen Gerichtsbarkeit (vgl. dazu § 26 Rz. 2). Wie vormals § 12 FGG, so gibt jetzt auch § 26 dem gesamten Verfahren der freiwilligen Gerichtsbarkeit in besonderer Weise das Gepräge und stellt zugleich einen zentralen Unterschied zum Zivilprozess dar. Die Norm war und ist in ihrer grundsätzlichen Beibehaltung des Grundsatzes der Amtsermittlung unumstritten. Daher stellt auch die Gesetzesbegründung sehr lapidar fest, dass dem Gericht die Feststellung der entscheidungserheblichen Tatsachen von Amts wegen obliegt.[1]

B. Systematik des Gesetzes

2   Die Norm ist im Zusammenhang der §§ 26–31 sowie 37 zu lesen. Zunächst stellt § 26 den Grundsatz der Amtsermittlung wie bisher auf. Damit in unmittelbarem Zusammenhang regelt § 27 die Mitwirkungspflicht der Beteiligten, die das FGG nach dem Normtext nicht kannte. Nach den Regeln der Verfahrensleitung und damit insbesondere des gerichtlichen Hinwirkens auf ausreichenden Sachvortrag (§ 28) wird die Beweiserhebung sodann im Einzelnen in die Möglichkeiten des Freibeweises (§ 29) und des Strengbeweises (§ 30) unterteilt. Ergänzt werden diese allgemeinen Festlegungen zur Sachverhaltsermittlung durch eine spezielle Regelung über die Glaubhaftmachung (§ 31) und den Grundsatz der freien Beweiswürdigung (§ 37). Das FGG kannte diese Regelungen zur Sachverhaltsermittlung und zum Beweis weithin nicht. Dennoch wurde die Rechtslage unter Heranziehung von § 12 FGG im Wesentlichen gleichartig eingeschätzt. Eine klare Abgrenzung zwischen Sachverhaltsermittlung und Beweisverfahren enthält allerdings das FamFG nicht.[2]

C. Normzweck

3   § 26 enthält die grundlegende Weichenstellung zur Sachverhaltsermittlung. Eine Ermittlung des Sachverhalts von Amts wegen ist für den gesamten Bereich der Familiensachen und der freiwilligen Gerichtsbarkeit sachgerecht. Die oftmals weiten Spielräume, die sich für richterliche Entscheidungen hier bieten, verlangen nach weiten und flexiblen Möglichkeiten auch im Bereich des Vorbringens und der Beweisführung. Die strikte Verhandlungsmaxime (Beibringungsgrundsatz) der ZPO setzt voraus, dass es sich beim Streit der Parteien weithin um dispositives Recht handelt, wodurch ein eindeutiges Interesse am konkreten Ausgang des Verfahrens zu Lasten der Gegenpartei erzeugt wird. Diese Situation der ZPO ist daher zwingend von einer kontradiktorischen Parteistellung der Streitparteien flankiert.

4   Die Norm ist abzutrennen von der Frage der Herrschaft über den Verfahrensgegenstand und insbesondere die Kompetenz zur Einleitung des Verfahrens (Dispositionsmaxime contra Offizialmaxime, s. Einleitung Rz. 60). Diese Fragen werden in den §§ 23, 24, 25 geregelt. Ferner ist die Norm abzugrenzen von den Fragen der formalen Verfahrensgestaltung (Amtsbetrieb contra Parteibetrieb). Diese Fragen werden in den §§ 7 Abs. 4, 15, 23 Abs. 1, 28 Abs. 4, 32, 41 geregelt. Vielmehr geht es in § 26 (sowie in § 27) allein um den Umfang der Sachverhaltsermittlungen. Die Norm regelt also allein das Verhältnis des Verhandlungs- oder Beibringungsgrundsatzes, wie er in der ZPO und im arbeitsgerichtlichen Urteilsverfahren gilt, zum Untersuchungsgrundsatz (= Amtsermittlungsgrundsatz oder Inquisitionsmaxime), wie er neben dem

---

1 Begr. RegE, BT-Drucks. 16/6308, S. 186.
2 *Lamberti*, S. 59 f.

FamFG auch im Verwaltungsprozess, Steuerprozess, Sozialgerichtsprozess, Strafprozess und im arbeitsgerichtlichen Beschlussverfahren gilt.

Erst recht nicht steht § 26 in Verbindung zu den Verfahrensgrundsätzen des rechtlichen Gehörs, der Mündlichkeit oder Schriftlichkeit des Verfahrens, der Unmittelbarkeit, der Öffentlichkeit und zu anderen Verfahrensgrundsätzen (s. Einleitung Rz. 56 ff.). 5

Wenn die Kommentierungen zum früheren § 12 FGG in breiter Form nahezu sämtliche Verfahrensmaximen ins Auge gefasst hatten, so ist das nur unter dem Aspekt zu verstehen, dass es die §§ 27, 28, 29, 30, 37 FamFG und viele weitere Normen bisher als gesetzliche Formulierungen nicht gab. In der Vergangenheit wurde deshalb § 12 FGG teilweise wie eine Generalklausel zu den Verfahrensmaximen und zum Beweisrecht behandelt. 6

D. Anwendungsbereich

§ 26 gilt in allen Verfahren der freiwilligen Gerichtsbarkeit, die im Rahmen des FamFG geregelt sind. Die Amtsermittlung gilt also für Amtsverfahren ebenso wie für Antragsverfahren. 7

§ 26 gilt für das erstinstanzliche Verfahren ebenso wie für die Beschwerdeinstanz (vgl. § 68 Abs. 3) und für das Verfahren der Rechtsbeschwerde (vgl. § 74 Abs. 4), soweit dort überhaupt noch Tatsachenfeststellungen in Betracht kommen. Die Norm gilt auch im Verfahren der eA (vgl. § 51 Abs. 2). Eine spezielle Regelung der Amtsermittlung in Nachlasssachen findet sich in § 2358 BGB. Weiterhin wird die Amtsermittlung für Betreuungssachen konkretisiert durch Anordnung von Anhörungen (§§ 278, 279) sowie durch die Anordnung obligatorischer Gutachten (§§ 280 Abs. 1, 294 Abs. 2). Ähnlich ist in Unterbringungssachen ein Gutachten obligatorisch vorgeschrieben (§ 321). 8

Keine Anwendung findet die Norm in Ehe- und Familienstreitsachen (vgl. § 113 Abs. 1). Allerdings geht die Verweisung in § 113 Abs. 1 Satz 2 auf die ZPO insoweit ins Leere, als die beiden ersten Bücher der ZPO keine ausdrückliche Regelung der Sachverhaltsermittlung enthalten. Vielmehr wurde früher der inzwischen aufgehobene § 616 ZPO herangezogen. Nach neuem Recht gilt in diesem Bereich für Ehesachen die eingeschränkte Amtsermittlung des § 127. § 127 Abs. 1 stimmt wörtlich mit § 26 überein, § 127 Abs. 2 und 3 entsprechen dem früheren § 616 Abs. 2 und 3 ZPO. Für Familienstreitsachen gilt weder § 26 noch § 127. Diese unterliegen also nicht der Amtsermittlungspflicht, was zu unangenehmen Verfahrensproblemen führen kann. Der Gesetzgeber hat deshalb in den §§ 235, 236 Auskunftspflichten der Beteiligten und Dritter festgelegt. 9

Außerhalb des FamFG gilt der Grundsatz der Amtsermittlung nicht. Das betrifft insbesondere das Grundbuchantragsverfahren.[1] 10

E. Der Amtsermittlungsgrundsatz

I. Allgemeine Grundlagen

Die grundsätzliche Bedeutung des Amtsermittlungsgrundsatzes besteht darin, dass das Gericht ohne jegliche Bindung an Behauptungen und Beweisanträge der Beteiligten die entscheidungserheblichen Tatsachen ermitteln und in das Verfahren einführen kann. In Übereinstimmung damit formuliert etwa § 86 Abs. 1 VwGO ausdrücklich, dass das Gericht an das Vorbringen und an die Beweisanträge der Beteiligten nicht gebunden ist. **Begrenzungen** kann diese allgemeine Verpflichtung des Gerichts zur Sachverhaltsermittlung zunächst durch die Mitwirkung der Beteiligten gem. § 27 erfahren. Auch soweit das Gesetz im Einzelnen den Beteiligten die Beibringung gewisser Unterlagen auferlegt (zB im Erbscheinsverfahren nach den §§ 2354 bis 2356 BGB) oder dem Antragsteller auferlegt, bestimmte Tatsachen glaubhaft zu ma- 11

---

1 KG v. 6.5.1968 – 1 W 807/68, OLGZ 1968, 337 = Rpfleger 1968, 224.

chen, ist eine Einschränkung der Amtsermittlungspflicht gegeben. **Keine Einschränkung der Pflicht** des Gerichts **zur Amtsermittlung** stellt es nach richtiger Auffassung hingegen dar, wenn dem Gericht nach § 28 gewisse Hinweispflichten und Pflichten zur Verfahrensleitung auferlegt sind.

12 Die Pflicht des Gerichts zur Amtsermittlung wird in ihrem Umfang und Inhalt durch die Anträge der Beteiligten (im Falle eines Antragsverfahrens) und den Verfahrensgegenstand (s. Einleitung Rz. 69 ff.) begrenzt. Außerhalb des jeweiligen Verfahrensgegenstandes endet grundsätzlich die Entscheidungsmöglichkeit des Gerichts und damit zugleich seine Pflicht zur Amtsermittlung.

13 Für die Beteiligten ergibt sich aus der Amtsermittlungspflicht des Gerichts, dass es keine Behauptungslast und keine subjektive Beweislast gibt, wie sie der Zivilprozess kennt (s. dazu Rz. 50). Darüber hinaus darf das Gericht den Beteiligten nicht aufgeben, bestimmte entscheidungserhebliche Tatsachen in eigener Initiative durch das Prozessgericht klären zu lassen.[1] Wegen des Amtsermittlungsgrundsatzes kann es im Bereich der freiwilligen Gerichtsbarkeit auch keine Präklusion verspäteten Vorbringens geben.[2] Weiterhin gibt es aus diesem Grund in der freiwilligen Gerichtsbarkeit keine Anerkenntnis-, Verzichts- und Versäumnisentscheidungen.[3] Ebenfalls ausgeschlossen ist es für die Beteiligten, durch Beweisverträge den Raum für Ermittlungen des Gerichts einzuschränken. Ausgeschlossen sind auch Wirkungen eines Geständnisses (§§ 138 Abs. 3, 288 ZPO).

II. Gegenstand der Amtsermittlung

14 Nach allgemeinen Regeln können in jedem Verfahren Gegenstand des Vorbringens sowie des Beweises drei verschiedene Aspekte sein: entscheidungserhebliche Tatsachen, relevante Rechtssätze sowie Erfahrungssätze.

1. Tatsachen

15 Dabei erfassen die **entscheidungserheblichen Tatsachen** eines Verfahrens sowohl alle realen Ereignisse der Außenwelt (sog. **äußere Tatsachen**) als auch alle Vorgänge des menschlichen Gefühls- und Seelenlebens (sog. **innere Tatsachen**). Auch künftige Ereignisse (**Prognosen**), hypothetische Schlussfolgerungen über die Vergangenheit (**hypothetische Tatsachen**), ferner die Zusammenfassung von Einzeltatsachen zu Geschehenskomplexen (**Gesamttatsachen**) und schließlich sogar Tatsachenurteile darüber, dass etwas nicht vorliegt (sog. **negative Tatsachen**) oder dass etwas unmöglich ist (**unmögliche Tatsachen**) gehören zum Gegenstand der Amtsermittlung. Es ist heute allgemein anerkannt, dass in allen genannten Bereichen eine Sachverhaltsermittlung sowie ein Beweis möglich sind. Dies gilt insbesondere auch für den Fall des Beweises negativer Tatsachen.

16 Einen Sonderfall stellen die sog. **juristischen Tatsachen** dar. Hierbei handelt es sich um juristische Urteile, die bereits durch eine Subsumtion konkreter Tatsachen unter bestimmte Rechtssätze gewonnen wurden und die nur in einer teilweise unjuristischen Weise ausgedrückt werden. In diesen Fällen muss im Rahmen des Beweisrechts zwischen den einzelnen Tatsachenbehauptungen und den rechtlichen Schlussfolgerungen getrennt werden.

17 Zu den Tatsachen, die Gegenstand eines Beweises und damit der Amtsermittlung sein können, gehören auch die **Hilfstatsachen** des Beweises. Ferner gehören hierher die Tatsachen, die sich auf Verfahrensvoraussetzungen oder andere Zulässigkeitsvoraussetzungen eines Antrags und eines Rechtsmittels beziehen.

---

1 OLG Zweibrücken v. 26.6.1972 – 3 W - 55/72, DNotZ 1973, 112.
2 BVerfG v. 14.4.1988 – 1 BvR 544/86, NJW 1988, 1963.
3 So auch Zöller/*Feskorn*, § 26 FamFG Rz. 3.

2. Rechtssätze

Neben den entscheidungserheblichen Tatsachen sind Gegenstand der Amtsermittlung durch das Gericht auch gewisse Rechtssätze. Nicht erforderlich ist eine Amtsermittlung freilich für das geltende deutsche Recht. Hier gilt in allen Verfahrensordnungen der Satz „iura novit curia". Vom Gericht wird also erwartet, dass es das anwendbare deutsche Recht kennt oder sich Kenntnis verschafft. Darüber hinaus muss sich die Kenntnis bzw. die Pflicht zur Ermittlung aber auch auf den in § 293 ZPO genannten Bereich des ausländischen Rechts, des Gewohnheitsrechts sowie des statuarischen Rechts beziehen. Für die Art der Ermittlungen insbesondere des **ausländischen Rechts** und für das Verfahren gelten die allgemeinen Grundsätze, wie sie zu § 293 ZPO entwickelt wurden. Im Einzelnen bedeutet dies, dass das Gericht alle internen Möglichkeiten der Ermittlung des ausländischen Rechts (Literaturstudium, Auskünfte) anwenden kann. Auch eine Mitwirkung der Beteiligten gem. § 27 kommt hierbei in Betracht. Darüber hinaus ist eine beweismäßige Ermittlung ausländischen Rechts im Rahmen des Freibeweises oder des Strengbeweises (§§ 29, 30) in Betracht zu ziehen. In erster Linie kommt die Einholung eines Sachverständigengutachtens bei rechtswissenschaftlichen Universitätsinstituten oder Max-Planck-Instituten in Betracht. § 293 Satz 2 ZPO gilt also auch im FamFG.[1]

18

Das ermittelte ausländische Recht darf der deutsche Richter allerdings nicht nach dem reinen Gesetzeswortlaut oder ausschließlich nach eigenem Verständnis anwenden. Er muss die Rechtsanwendung vielmehr unter voller Berücksichtigung von Lehre und Rechtsprechung des fremden Staates durchführen.[2] Dies entspricht dem Gebot, dass auch der deutsche Richter soweit wie möglich die **ausländische Rechtswirklichkeit** seiner Entscheidung zugrundelegen muss.

19

Die wohl schwierigste Frage im Bereich der Ermittlung ausländischen Rechts stellt es dar, wenn trotz aller Bemühungen des Gerichts im Einzelfall **das zur Entscheidung berufene ausländische Recht nicht zu ermitteln ist**. Da es im Bereich der Rechtsfrage eine Beweislastentscheidung nicht geben kann, muss der Richter eine inhaltliche Entscheidung treffen. Nach Auffassung der Rechtsprechung ist in solchen Fällen auf die lex fori zurückzugreifen und somit deutsches Recht anzuwenden.[3] Demgegenüber wird in der Literatur teilweise die Auffassung vertreten, ein Ergebnis sei unter Heranziehung verwandter Rechtsordnungen zu ermitteln.[4] Weiterhin wird empfohlen, in solchen Fällen allgemeine Rechtsgrundsätze heranzuziehen.[5] Eine in jedem Fall befriedigende Lösung wird es für das dargestellte Problem nicht geben. Bedenkt man, dass alle im Falle der Nichtermittelbarkeit des ausländischen Rechts vorgeschlagenen Lösungen nur Notlösungen darstellen können, so liegt es nahe, je nach dem Einzelfall die offen gebliebene Rechtsfrage nach Art einer bestehenden Gesetzeslücke durch rechtsfortbildende Überlegungen zu schließen. Gibt es für eine solche Lückenfüllung keine ausreichenden Hinweise, so bleiben nur die geschilderten Ersatzlösungen. Dabei sollte allerdings der Rückgriff auf das deutsche Recht an letzter Stelle stehen.

20

3. Erfahrungssätze, Verkehrssitten, Handelsbräuche

Soweit im Einzelfall Erfahrungssätze, Verkehrssitten, Handelsbräuche oÄ von Bedeutung sind, können und müssen diese ebenfalls vom Gericht ermittelt und in das Verfahren eingebracht werden.

21

---

1 AA Jansen/*Briesemeister*, § 12 FGG Rz. 36; wie hier dagegen Zöller/*Feskorn*, § 26 FamFG Rz. 6; Schulte-Bunert/Weinreich/*Brinkmann*, § 26 FamFG Rz. 16.
2 BGH v. 23.4.2002 – XI ZR 136/01, NJW-RR 2002, 1359 (1360); BGH v. 23.6.2008 – II ZR 305/01, MDR 2003, 1128.
3 BGH v. 26.10.1977 – IV ZB 7/77, BGHZ 69, 387 = NJW 1978, 496; BGH v. 23.12.1981 – IVb ZR 643/80, NJW 1982, 1215.
4 Stein/Jonas/*Leipold*, § 293 ZPO Rz. 63.
5 Vgl. *Broggini*, AcP 155 (1956), 483; *Kötz*, RabelsZ 34 (1970), 671.

§ 26

Allgemeiner Teil

III. Umfang der Ermittlungen

1. Ermittlung des Sachverhalts

22 Der Amtsermittlungsgrundsatz wird dadurch geprägt, dass das Gericht die Verantwortung dafür trägt, dass die gesamten Entscheidungsgrundlagen erfasst werden. Diese Tätigkeit des Gerichts reicht vom Sammeln des Prozessstoffs über das prozessordnungsgemäße Einbringen des Sachverhalts in das Verfahren bis hin zur Vornahme aller Maßnahmen, die der Beweiserhebung dienen und die letztlich das Gericht befähigen, eine Wahrheitsüberzeugung zu gewinnen. Der Amtsermittlung ist bis zur Grenze der Erheblichkeit eine Beschränkung des zu ermittelnden Tatsachenstoffs, aus dem im Rahmen der Sammlung des Prozessstoffs geschöpft wird, und ebenso eine gegenständliche Beschränkung des Sammelns des Prozessstoffs nicht immanent. Im Ergebnis muss daher das Gericht alle gebotenen Ermittlungsansätze ausschöpfen.[1] Es muss dabei die jeweils am Verfahren Beteiligten anhören und kann sich nicht nur auf Mitteilungen von dritter Seite beschränken.[2] Das Gericht ist aber nicht verpflichtet, allen nur theoretisch denkbaren Möglichkeiten nachzugehen und hierzu Ermittlungen anzustellen.[3] Insgesamt entscheidet das Gericht über den Umfang der Amtsermittlungen und die Mittel zur Sachaufklärung nach pflichtgemäßem Ermessen.[4] Es ist auch nicht verpflichtet, Ermittlungen „ins Blaue" anzustellen.[5]

23 Zu unterscheiden ist die Sachverhaltsermittlung durch das Gericht von der richterlichen Feststellung, dass vorhandene Tatsachenbehauptungen oder sonstige Informationen wahr oder unwahr sind. Dieser Schritt der inneren Überzeugungsbildung gehört nicht zur Amtsermittlung iSv. § 26, sondern ist der richterlichen Überzeugungsbildung und damit der freien Beweiswürdigung iSv. § 37 Abs. 1 zuzuweisen.

24 Bei dem Sachverhalt, der iSv. § 26 zu ermitteln ist, handelt es sich um die Gesamtheit aller Tatsachen, die das Gericht als gegeben zugrunde legen muss, um seine Entscheidung über den Verfahrensgegenstand zu treffen. Der Umfang dieser Tatsachen wird also ganz wesentlich vom Verfahrensgegenstand (s. Einleitung Rz. 69 ff.) bestimmt.

2. Ermittlung von Amts wegen und Beweisanträge der beteiligten Parteien

25 Die zwingende Formulierung einer erforderlichen **Ermittlung von Amts wegen** weist nach dem Gesetzeswortlaut dem Gericht die alleinige und abschließende Verpflichtung zur Amtsermittlung zu. Diese gesetzliche Zuweisung entspricht nahe liegenderweise nicht den tatsächlichen Gegebenheiten des Gerichtsalltags. Vielmehr werden die Beteiligten auf Grund ihrer besonderen Kenntnisse und ihrer speziellen Interessen in vielfältiger Weise zur Sachverhaltsermittlung beitragen wollen und können. So wird es regelmäßig vorkommen, dass Beteiligte ihre eigenen Kenntnisse, Beobachtungen und Mutmaßungen über die tatsächlichen Gegebenheiten dem Gericht mitteilen. Für das Gericht besteht insoweit allerdings keinerlei Bindung an das Vorbringen der Beteiligten. Dieses Vorbringen ist vielmehr nur ein Anhaltspunkt und eine Anregung für das Gericht, seine Ermittlungen durchzuführen und auszudehnen. Es ist aus dieser Sicht also konsequent, dass der Amtsermittlungsgrundsatz des § 26 durch eine Pflicht der Beteiligten zur Mitwirkung gem. § 27 ergänzt wird.

26 Da dem Gericht aber vom Gesetz die Kompetenz und die Verpflichtung zur umfassenden Ermittlung von Amts wegen zugewiesen sind, wäre es fehlerhaft, wenn das Gericht relevanten Anregungen der Beteiligten keine Aufmerksamkeit schenken würde. Dabei kann das Gericht seine Ermittlungen auf **erhebliche Tatsachen** beschränken. Die Ermittlung von darüber hinausgehenden Tatsachen wäre prozessual un-

---

[1] BGH v. 17.2.2010 – XII ZB 68/09, FamRZ 2010, 720 = NJW 2010, 1351.
[2] BGH v. 15.12.2010 – XII ZB 165/10, FamRZ 2011, 285 = NJW 2011, 925.
[3] Schulte-Bunert/Weinreich/*Brinkmann*, § 26 FamFG Rz. 33.
[4] BayVerfGH v. 15.9.2011 – Vf 137 VI 10, FamRZ 2012, 470.
[5] Keidel/*Sternal*, § 26 FamFG Rz. 17.

zweckmäßig. Dem Gericht ist allerdings die Ermittlung einer rechtlich nicht erheblichen oder nicht beweisbedürftigen Tatsache im Rechtssinne nicht verboten. Eine solche Aufklärung wäre also prozessual nicht unzulässig. Eine daraufhin ergehende Entscheidung könnte nicht wegen einer rechtlich nicht gebotenen Aufklärungsmaßnahme angegriffen werden. Ihre Grenze findet die Amtsermittlung des Gerichts aber im Verfahrensgegenstand (s. Rz. 32).

Die Verpflichtung des Gerichts zu einer erschöpfenden Aufklärung des Sachverhalts bestimmt zugleich den Umfang, die Intensität und die Reichweite der einzelnen dadurch geforderten gerichtlichen Bemühungen. Diese einzelnen gerichtlichen Schritte lassen sich nicht genau konkretisieren. Das Gericht muss aber allen bei einer verständigen Würdigung ernsthaften oder diskutablen Möglichkeiten des Geschehens einschließlich jeder ernstlichen Möglichkeit einer Abweichung vom normal zu erwartenden Geschehensablauf nachgehen.[1] Eine Grenze des Gerichts, eine erschöpfende Aufklärung vorzunehmen, ist aber dort erreicht, wo eine ins Auge gefasste Aufklärungsmaßnahme oder ein Beweismittel absolut ungeeignet oder unerreichbar sind. In diesem Zusammenhang sind insbesondere auch Beweisverwertungsverbote zu beachten (s. Rz. 45). 27

Soweit die Beteiligten **Beweisanträge** stellen, ist zunächst zu beachten, dass es in jedem Verfahren ein verfassungsrechtlich garantiertes Recht auf den Beweis gibt. Dieses Recht kann sich auf den Justizgewährungsanspruch und damit letztlich auf das Rechtsstaatsprinzip sowie auf Art. 6 Abs. 1 EMRK stützen.[2] Daraus lässt sich zunächst entnehmen, dass Beweisanträge der Beteiligten grundsätzlich möglich und zulässig sind. Im Rahmen einer Amtsermittlung dienen solche Anträge dem Gericht zunächst als Anregung zur Überprüfung, Ausdehnung und Erweiterung eigener Ermittlungen. Problematisch ist hierbei die Frage, ob das Gericht einen **Beweisantrag ablehnen** kann. Dazu enthält das FamFG keine Regelung. Aus § 86 Abs. 2 VwGO kann man entnehmen, dass die Ablehnung eines Beweisantrags durch das Gericht möglich ist, allerdings nur unter engen Voraussetzungen. Jedenfalls besteht eine Pflicht des Gerichts zur Beweiserhebung nicht, wenn der Antrag des Beteiligten vollkommen unsubstantiiert ist oder wenn er sich in seiner völlig unbestimmten Art als ein Versuch darstellt, vollkommen unbekannte Tatsachen erst zu ermitteln oder eine andere Person auszuforschen. Ein weiterer Grund zur Ablehnung einer Beweiserhebung durch das Gericht ist es, wenn der Beweiserhebung ein Beweisverbot entgegensteht (dazu Rz. 45). Weiterhin kann das Gericht einen Beweisantrag ablehnen, wenn die unter Beweis gestellte Tatsache völlig unerheblich ist. Schließlich kommt als Ablehnungsgrund auch die vollkommene Untauglichkeit oder Unerreichbarkeit des Beweismittels in Betracht. 28

Weiterhin kommt die Ablehnung einer Beweiserhebung durch das Gericht in Betracht, wenn die geltend gemachte Tatsache nicht oder nicht mehr beweisbedürftig ist. Eine **Beweisbedürftigkeit** scheidet insbesondere dann aus, wenn die Tatsache offenkundig ist (vgl. § 291 ZPO), wenn die Tatsache vom Gericht bereits als erwiesen angesehen wird oder wenn die behauptete Tatsache als wahr unterstellt werden kann (Beweisantizipation). Es ist anerkannt, dass eine Wahrunterstellung durch das Gericht auch im Falle der Amtsermittlung nicht ausgeschlossen ist. In der Praxis wird sich die Wahrunterstellung allerdings nicht selten mit der Unerheblichkeit einer Behauptung überschneiden. Nicht zulässig ist es demgegenüber, die Vernehmung eines Zeugen mit der Begründung abzulehnen, durch einen solchen Zeugen könne die Beweistatsache nicht zur Überzeugung des Gerichts festgestellt werden. Dies wäre eine unzulässige Vorwegnahme des Beweisergebnisses. Ebenfalls unzulässig wäre es, eine Beweisaufnahme abzulehnen, weil das Gegenteil einer behaupteten Tatsache bereits erwiesen sei. Denn nach allgemeinen Regeln muss der Gegenbeweis eines Beteiligten immer offen stehen. 29

---

1 Vgl. dazu Schoch/Schmidt-Aßmann/Pietzner/*Dawin*, VwGO, § 86 Rz. 61.
2 *Habscheid*, ZZP 96, 306; *Kofmel*, Das Recht auf Beweis im Zivilverfahren, 1992.

3. Mitwirkung der Beteiligten

30 Die generelle Verpflichtung des Gerichts zur Amtsermittlung hat zwangsläufig zur Konsequenz, dass das Gericht im Einzelfall den Umfang seiner Ermittlungen nach pflichtgemäßem Ermessen bestimmen muss.[1] Dabei besteht allerdings gem. § 27 Abs. 1 eine Mitwirkungspflicht der Beteiligten. Darüber hinaus sieht § 27 Abs. 2 vor, dass im Rahmen dieser Mitwirkungspflichten eine Pflicht zur Vollständigkeit und zur Wahrheit besteht. Allerdings gibt es bei Verletzung dieser Pflichten der Beteiligten nur in sehr beschränktem Umfange Sanktionsmöglichkeiten (im Einzelnen s. § 27). Die Amtsermittlungspflicht verlangt nicht die Beiordnung eines Rechtsanwalts über den gesetzlichen Rahmen (§ 78 Abs. 2) hinaus.[2] Mit der Amtsermittlungspflicht ist es auch nicht zu vereinbaren, wenn das Gericht den Betroffenen auferlegt, ärztliche Atteste vorzulegen.[3]

4. Richterliche Hinweispflichten und Verfahrensleitung

31 Das neue Recht ergänzt die Amtsermittlung des § 26 und die Mitwirkung der Beteiligten iSv. § 27 durch die Verpflichtung des Gerichts, darauf hinzuwirken, dass die Beteiligten sich rechtzeitig und vollständig über erhebliche Tatsachen erklären (§ 28). Diese dem Grundsatz des § 139 ZPO nachgebildete Norm stellt allerdings keine Einschränkung der Amtsermittlungspflicht dar. Vielmehr ist die Verfahrensleitung in § 28 nur ein flankierendes Hilfsmittel des Gerichts, um seine eigene Amtsermittlungspflicht vollständig zu erfüllen. Dies bedeutet im Ergebnis vor allem, dass das Gericht nicht etwa von seiner eigenen Verpflichtung frei wird, wenn die Beteiligten sich nicht rechtzeitig und vollständig erklären.[4]

5. Begrenzung durch Anträge und den Entscheidungsgegenstand

32 Die richterliche Amtsermittlungspflicht besteht grundsätzlich nur im Rahmen richterlicher Zuständigkeit. Dies bedeutet im Einzelnen bei Antragsverfahren, dass die richterlichen Pflichten von dem jeweiligen Antrag bestimmt und begrenzt werden. In allen übrigen Verfahren muss sich die Amtsermittlung auf Bereiche beziehen, die zur sachlichen Zuständigkeit des Gerichts gehören und die im Rahmen des laufenden Verfahrens relevant sein können. Bei Amtsverfahren wird also durch den nach materiellem Recht zu bestimmenden Verfahrensgegenstand (s. Einleitung Rz. 69 ff.) eine Begrenzung der Amtsermittlungstätigkeit vorgenommen.

6. Beweisbedürftigkeit und Offenkundigkeit

33 Soweit der Amtsermittlungsgrundsatz Beweiserhebungen veranlasst, sind diese nach allgemeinen Regeln dadurch zu begrenzen, dass eine **Beweisbedürftigkeit** vorliegen muss. Anders als im Zivilprozess scheidet aber die Beweisbedürftigkeit nicht bereits deshalb aus, weil eine Behauptung nicht bestritten (vgl. § 138 Abs. 3 ZPO) oder weil die behauptete Tatsache zugestanden ist (§ 288 ZPO). Vielmehr kann ein Geständnis sowohl in ausdrücklicher Form (§ 288 ZPO) als auch in einer fingierten Form (§§ 138 Abs. 3, 331 Abs. 1 ZPO) in der freiwilligen Gerichtsbarkeit nicht die Beweisbedürftigkeit einer Tatsache beseitigen.[5] In Betracht kommt beim Vorliegen eines Geständnisses allenfalls eine freie Würdigung iSv. § 37 Abs. 1. Dagegen ist auch in der freiwilligen Gerichtsbarkeit die **Offenkundigkeit** einer Tatsache (§ 291 ZPO) zu beachten. Als offenkundig sind solche Tatsachen anzusehen, die man zu den **allgemeinkundigen Tatsachen** oder zu den sog. **gerichtskundigen Tatsachen** rechnen kann. Allgemeinkundig ist eine Tatsache, wenn sie generell oder in einem bestimmten Bereich einer beliebig großen Zahl von Personen bekannt ist oder zumindest wahrnehmbar ist. Dabei genügt es, dass man sich aus einer allgemein zugänglichen und zuverlässigen Quelle ohne besondere Fachkenntnis über die Tatsache sicher un-

---

1 Ebenso Schulte-Bunert/Weinreich/*Brinkmann*, § 26 FamFG Rz. 17.
2 OLG Hamm v. 10.2.2010 – 8 WF 15/10, FamRZ 2011, 915.
3 BGH v. 2.2.2011 – XII ZB 476/10, NJW 2011, 1289 = FamRZ 2011, 556.
4 Keidel/*Sternal*, § 27 FamFG Rz. 1.
5 So auch Zöller/*Feskorn*, § 26 FamFG Rz. 2.

terrichten kann. Typische Informationsquellen für allgemeinkundige Tatsachen sind jedermann zugängliche wissenschaftliche Nachschlagewerke, Zeitungen, Zeitschriften, Hörfunk, Fernsehen, Fahrpläne, Kalender u. ä. Demgegenüber wird eine Tatsache als gerichtskundig angesehen, wenn das erkennende Gericht sie in seiner amtlichen Eigenschaft selbst wahrgenommen hat oder wahrnehmen kann. Von besonderer Bedeutung ist hierbei die richterliche Kenntnis aus früherer amtlicher Tätigkeit, aus früheren dienstlichen Mitteilungen Dritter, aus früheren Prozessen oder aus der Kenntnis öffentlicher Register. Es genügt, wenn die Tatsache durch eine Nachprüfung in den Gerichtsakten verifiziert werden kann.

Von der amtlichen Kenntnis des Gerichts ist **das private Wissen des Richters** abzugrenzen, das die Beweisbedürftigkeit nicht berührt. Ein solches privates Wissen kann der Richter allerdings von Amts wegen in das Verfahren einführen und zum Gegenstand der Erörterung machen. Wird das vom Richter in das Verfahren eingeführte private Wissen von den Beteiligten bestritten, so ist eine Beweiserhebung erforderlich. 34

IV. Art der Ermittlungen

Soweit das Gericht im Rahmen seiner Amtsermittlung relevante Tatsachenbehauptungen gesammelt und in das Verfahren eingeführt hat, stellt sich die Frage, wie im Einzelnen die Ermittlungen und damit die Beweisführung durchzuführen sind, so dass die Möglichkeit einer richterlichen Überzeugungsbildung iSv. § 37 Abs. 1 besteht. Hier stehen dem Gericht zwei Wege zur Verfügung: Es kann in einem an keine Form gebundenen Verfahren eine Beweiserhebung nach § 29 durchführen, was nach bisherigem Verständnis dem sog. Freibeweis entspricht. Das Gericht kann aber auch eine förmliche Beweisaufnahme iSv. § 30 anordnen. In diesem Falle ist die Beweisaufnahme entsprechend der ZPO und unter Beschränkung auf die dort genannten Beweismittel durchzuführen. Diese Beweisaufnahme entspricht dem Gedanken des sog. Strengbeweises; zu den Einzelheiten vgl. §§ 29, 30. 35

V. Einzelbereiche

Der Umfang der Amtsermittlung kann auch unter der Geltung des FamFG in den einzelnen Bereichen zu unterschiedlichen Ergebnissen führen, zumal teilweise besondere Normen eingreifen (s. Rz. 8). Besondere Vorsicht ist bei der Heranziehung gerichtlicher Entscheidungen aus der Zeit vor dem 1.9.2009 geboten.[1] 35a

1. Familiensachen

Schwierigkeiten bereitet hier vor allem die Altersfeststellung Minderjähriger. Dies betrifft die Einholung eines (auch röntgengeneologischen) Altersgutachtens. Ein Gutachten kommt erst dann in Betracht, wenn das Kind vorher persönlich angehört und alle möglichen amtlichen Auskünfte eingeholt wurden.[2] Im Rahmen eines Altersgutachtens ist insbesondere eine Röntgenuntersuchung problematisch. Soweit sie in Betracht kommt, muss für eine zuverlässige Altersdiagnostik eine zusammenfassende Begutachtung der körperlichen Untersuchung, einer Röntgenuntersuchung der Hand, einer zahnärztlichen Untersuchung und eventuell einer Röntgenuntersuchung des Schlüsselbeins vorliegen.[3] In Gewaltschutzsachen reicht es selbst im Verfahren des einstweiligen Rechtsschutzes nicht aus, zur Glaubhaftmachung einer Behauptung Zeugen zu benennen. Vielmehr muss über die Benennung von Zeugen hinaus auch eine schriftliche Erklärung dieser Zeugen vorgelegt werden.[4] 35b

---

1 Eine Zusammenstellung von Präjudizien aus der Zeit vor dem 1.9.2009 findet sich bei Keidel/*Sternal*, § 26 FamFG Rz. 75 ff.
2 OLG Köln v. 28.6.2012 – 25 WF 107/12, FamRB 2013, 139 (*Schmid*).
3 OLG München v. 15.3.2012 – 26 UF 308/12, FamRZ 2012, 1958; zu den Besonderheiten bei der Feststellung des Bedürfnisses einer Anordnung der Pflegschaft vgl. OLG Brandenburg v. 13.12.2010 – 13 UF 96/10, FamRZ 2011, 742.
4 OLG Bremen v. 17.8.2011 – 4 UF 109/11, NJW-RR 2011, 1511.

2. Betreuungs- und Unterbringungssachen

35c Von besonderer Bedeutung in Betreuungssachen ist das gem. § 280 obligatorisch einzuholende Sachverständigengutachten. Zu den dabei zu beachtenden Verfahrensfragen hat sich der BGH in einer Entscheidung vom 9.11.2011 grundlegend geäußert.[1] Danach muss das Gericht bei der Einholung des Gutachtens die formalen Anforderungen des § 280 beachten. Insbesondere müssen Art und Ausmaß der Erkrankung im Einzelnen anhand der Vorgeschichte, der durchgeführten Untersuchungen und der sonstigen Erkenntnisse dargestellt und wissenschaftlich begründet werden. Das Gutachten kann auch im Falle einer förmlichen Beweisaufnahme gem. § 30 durch den beauftragten oder ersuchten Richter erfolgen. Die bloße Anhörung des Betroffenen ist dagegen keine Form der Beweisaufnahme. Eine solche Anhörung gem. § 278 dient der Einräumung des rechtlichen Gehörs und der Sachverhaltsermittlung. Sie kann ebenfalls durch den beauftragten Richter vorgenommen werden. Dies gilt freilich nicht, wenn wegen der Besonderheit des Falles die gesamte zur Entscheidung berufene Kammer sich einen eigenen Eindruck von dem Betroffenen verschaffen muss. Die Entscheidung darüber obliegt der gesamten Kammer. Soweit der Betroffene in diesem Verfahren von einem Verfahrensbevollmächtigten vertreten wird, muss dieser Gelegenheit haben, an der Anhörung teilzunehmen. Im Falle der Anordnung eines Einwilligungsvorbehalts muss das Gericht im Rahmen seiner Amtsermittlungspflicht insbesondere feststellen, ob hinreichend konkrete Anhaltspunkte für eine Gefahr iSd. § 1903 Abs. 1 BGB bestehen.[2] Im Rahmen der Amtsermittlung über die Erforderlichkeit einer Unterbringung muss das Gericht auch die Frage näher prüfen und ermitteln, ob mildere Maßnahmen in Betracht kommen. Dabei kann die förmliche Beweisaufnahme durch Einholung eines Gutachtens nicht durch die Anhörung des behandelnden Arztes ersetzt werden.[3] Im Rahmen der Einholung des erforderlichen Sachverständigengutachtens nach § 280 muss darauf geachtet werden, dass der Sachverständige sich selbst einen eigenen Eindruck von der Situation verschafft hat und dass seinem Gutachten mit hinreichender Sicherheit zu entnehmen ist, ob die Voraussetzungen für die Anordnung einer Betreuung vorliegen. Eine Verdachtsdiagnose des Sachverständigen genügt insoweit nicht.[4] Soweit das Betreuungsgericht ein Sachverständigengutachten gem. § 280 nicht einholt, ohne dass eine der Ausnahmen der §§ 281, 282 vorläge, stellt dies einen Verstoß gegen die Amtsermittlungspflicht dar.[5]

3. Nachlasssachen

35d In Nachlasssachen werden die Regeln über die Amtsermittlungspflicht durch die §§ 2354 ff. BGB ergänzt. Soweit dort die Pflicht der Beteiligten zur Beibringung von Unterlagen vorgesehen ist oder dem Antragsteller die Glaubhaftmachung bestimmter Tatsachen auferlegt wird, ist eine gewisse Einschränkung der Amtsermittlungspflicht gegeben. Ist ein einmal errichtetes Testament nicht mehr vorhanden, so können dessen formgültige Errichtung und dessen Inhalt mit allen zulässigen Beweismitteln bewiesen werden. Dabei kann es der Amtsermittlungspflicht nach § 2358 BGB entsprechen, dass eine Vernehmung des Notars erforderlich ist. Bleiben Zweifel bestehen, so trägt für die formgültige Errichtung und den Inhalt eines Testaments der Antragsteller die Beweislast. Ist der Beweis geführt und bleibt unklar, ob das Testament später durch absichtliche Vernichtung widerrufen wurde, trägt hierfür derjenige die Beweislast, der sich auf die Ungültigkeit des Testaments beruft.[6]

---

1 BGH v. 9.11.2011 – XII ZB 286/11, FamRZ 2012, 104; dazu im Einzelnen *Fröschle*, FamRZ 2012, 88.
2 BGH v. 27.7.2011 – XII ZB 118/11, FamRZ 2011, 1577.
3 BGH v. 14.12.2011 – XII ZB 171/11, FamRZ 2012, 441.
4 BGH v. 16.5.2012 – XII ZB 584/11, FamRZ 2012, 1210.
5 BGH v. 21.11.2012 – XII ZB 296/12, NJW 2013, 945; BGH v. 18.5.2011 – XII ZB 47/11, FamRZ 2011, 1141.
6 OLG Schleswig v. 12.9.2011 – 3 Wx 44/10, FamRZ 2012, 903.

4. Registersachen

In Registersachen ist nach der Auffassung des BGH das Gericht nicht verpflichtet, die der Eintragung zugrunde liegenden komplizierten Rechtsverhältnisse oder zweifelhafte Rechtsfragen zu klären. Vielmehr besteht eine Pflicht zur Amtsermittlung nur dann, wenn die formalen Mindestanforderungen für eine Eintragung nicht erfüllt sind oder wenn im Übrigen begründete Zweifel an der Wirksamkeit der zur Eintragung angemeldeten Tatsachen bestehen.[1]

35e

5. Freiheitsentziehungssachen

Im Rahmen der Freiheitsentziehung erfordert die Anordnung von Haft in besonders sorgfältiger Weise die Prüfung aller Voraussetzungen einschließlich der Erforderlichkeit der Anordnung unter dem Gesichtspunkt des Beschleunigungsgebots und der Verhältnismäßigkeit.[2] Zu beachten sind dabei auch die Anhörung des Betroffenen sowie die Beiziehung der Ausländerakte.[3]

35f

F. Beweisrecht der freiwilligen Gerichtsbarkeit

I. Wesen, Ziel und Arten des Beweises

Ausgangspunkt jedes Beweises ist die Anwendung des geltenden Rechts auf das relevante tatsächliche Geschehen. Das Gericht muss den ermittelten Sachverhalt unter die jeweiligen Rechtsnormen subsumieren. Dies ist allerdings nur möglich, wenn die Tatsachen zur Überzeugung des Gerichts feststehen. Das Verfahren, durch das der Richter die Überzeugung von der Wahrheit (oder Unwahrheit) konkreter Tatsachenbehauptungen gewinnt, nennt man Beweis oder Beweisführung. Ziel des Beweises ist die Überzeugung des Richters vom behaupteten Geschehensablauf. Auf die Überzeugung dritter Personen oder einer vernünftigen Durchschnittsperson kommt es ebenso wenig an wie auf die **objektive Wahrheit** schlechthin (im Einzelnen dazu Rz. 49a).

36

Im Rahmen einer solchen Beweisführung kann der Richter nach dem **Ziel des Beweises** die volle Überzeugung von der Wahrheit erlangen (Vollbeweis); teilweise genügt aber auch eine Glaubhaftmachung, bei der der Richter die behauptete Tatsache nur für überwiegend wahrscheinlich hält (dazu § 31).

37

Nach der **Art der Beweisführung** kann man den unmittelbaren Beweis, also den Nachweis tatsächlicher Behauptungen, die sich unmittelbar auf ein Tatbestandsmerkmal der fraglichen Norm beziehen, vom mittelbaren Beweis abtrennen, bei dem eine tatbestandsfremde tatsächliche Behauptung bewiesen wird, die ihrerseits einen Schluss auf ein unmittelbares Tatbestandsmerkmal zulässt (**Indizienbeweis**).

38

Nach dem **Zweck der Beweisführung** kann man Hauptbeweis, Gegenbeweis und Beweis des Gegenteils trennen.

39

Schließlich lässt sich nach dem **Beweisverfahren** der Freibeweis vom Strengbeweis trennen (§§ 29, 30).

40

II. Gesetzliche Grundlagen

Das Beweisverfahren hat im Allgemeinen Teil des FamFG erstmals eine Regelung gewisser Grundfragen erhalten. Das frühere FGG hatte über die §§ 12, 15 hinaus keinerlei beweisrechtliche Regelungen beinhaltet. Als normative Grundlagen sind heute insbesondere die §§ 23, 26, 27, 29, 30, 31, 37 zu nennen. Darüber hinaus ist im Falle des Strengbeweises über die Verweisung in § 30 Abs. 1 das gesamte Beweisrecht der ZPO heranzuziehen. Ähnliches gilt eingeschränkt im Falle von § 29 Abs. 2.

41

---

1 BGH v. 21.6.2011 – II ZB 15/10, ZIP 2011, 1562.
2 BGH v. 18.5.2011 – XII ZB 47/11, FamRZ 2011, 1141; BGH v. 13.1.2010 – XII ZB 248/09, FamRZ 2010, 365; BGH v. 14.10.2010 – V ZB 214/10, FGPrax 2011, 41.
3 BVerfG, NJW 2009, 2659; BGH v. 17.6.2010 – V ZB 3/10, FGPrax 2010, 261.

42 Trotz dieser deutlichen Verstärkung der gesetzlichen Grundlagen im neuen FamFG ist die Regelung des Beweisrechts weder systematisch noch inhaltlich überzeugend gelungen. Auch künftig wird hier auf allgemeine Rechtsgrundlagen und auf einzelne Regelungen der ZPO zurückzugreifen sein. Im Folgenden wird daher ein **Gesamtüberblick** über das Beweisrecht gegeben.[1] Dieser Überblick wird ergänzt durch die Behandlung des Freibeweises (s. § 29 Rz. 7 ff.), des Strengbeweises (s. § 30 Rz. 3 ff.), der Glaubhaftmachung (s. § 31 Rz. 7 ff.) sowie der Prinzipien der freien Beweiswürdigung (s. § 37 Rz. 9 ff.) und der Beweislast (s. § 37 Rz. 21 ff.).

III. Beweismittel

1. Grundlagen

43 Die Frage der zur Beweisführung heranzuziehenden Beweismittel ist abhängig von der gesetzlichen Grundentscheidung und Einteilung in den Freibeweis (§ 29) und den Strengbeweis (§ 30). Im Falle des Strengbeweises wird auf die ZPO und damit auf die dort geregelten fünf klassischen Beweismittel verwiesen: Zeuge, Sachverständiger, Urkunde, Augenschein und Parteivernehmung. Demgegenüber ist das Gericht im Rahmen des Freibeweises nicht auf einen strikten Kanon von Beweismitteln festgelegt. Im Einzelnen kommen deshalb über die genannten fünf Beweismittel der ZPO hinaus in Betracht: amtliche Auskünfte von Behörden; formlose mündliche oder schriftliche Anhörungen von Beteiligten oder Zeugen; Akten von Gerichten oder Behörden; eidesstattliche Versicherungen. Eine abschließende Aufzählung der im Rahmen des Freibeweises zulässigen Beweismittel enthält das Gesetz nicht. Der Gesetzgeber wollte dem Gericht bewusst eine flexible Auswahl von Erkenntnismöglichkeiten bewahren.[2]

44 Nach § 23 Abs. 1 sind die Beteiligten im Rahmen von Antragsverfahren aufgerufen, ihren Antrag nicht nur zu begründen, sondern auch die dazu erforderlichen Beweismittel zu benennen. Das Gericht hat sodann diese benannten Beweismittel als Anregungen nach seinem pflichtgemäßen Ermessen zu beurteilen. Hat ein Beteiligter in seinem Vorbringen auf eine Urkunde Bezug genommen, so soll er diese in Urschrift oder Abschrift seinen Ausführungen beifügen (§ 23 Abs. 1 Satz 3).

2. Beweis durch Augenschein

44a Für das Beweismittel des Augenscheins gelten die Vorschriften der §§ 371–372a ZPO gem. § 30 Abs. 1 entsprechend. Unter Augenschein ist dabei jede persönliche Wahrnehmung des Gerichts zu verstehen. Als Augenscheinsobjekt kommt nach § 371 Abs. 1 ZPO jeder Gegenstand in Betracht. Darunter fallen ausdrücklich auch elektronische Dokumente. Über den Gesetzeswortlaut hinaus kann auch die richterliche Wahrnehmung von Personen oder von Verhaltensweisen Gegenstand eines Augenscheins sein. Die Beweisaufnahme wird nach § 372 ZPO durch Anordnung des Prozessgerichts von den Richtern vorgenommen. Dabei können Sachverständige zur Unterstützung hinzugezogen werden. Nach § 372 Abs. 2 ZPO kann der Augenschein auch einem beauftragten oder ersuchten Richter übertragen werden. Im Hinblick auf die Amtsermittlung gilt § 371 Abs. 2 ZPO nicht, der ein Verfahren zur Herbeischaffung von Augenscheinsobjekten regelt. Dagegen ist im Falle einer Beweisvereitelung § 371 Abs. 3 ZPO auch im Rahmen der freiwilligen Gerichtsbarkeit anzuwenden. Im Falle von Untersuchungen zur Feststellung der Abstammung gelten die §§ 372a ZPO, 178 FamFG.

3. Zeugenbeweis

44b Für den Zeugenbeweis gelten gem. § 30 Abs. 1 die Regeln der ZPO entsprechend (§§ 373–401 ZPO). Zeuge kann jede Person sein, die nicht Verfahrensbeteiligter ist.

---

1 Das Beweisrecht der freiwilligen Gerichtsbarkeit wird ferner dargestellt bei Keidel/*Sternal*, § 29 FamFG Rz. 5 ff., § 30 FamFG Rz. 3 ff.; Schulte-Bunert/Weinreich/*Brinkmann*, § 29 FamFG Rz. 6 ff., § 30 FamFG Rz. 2 ff., § 37 FamFG Rz. 7 ff.; MüKo. ZPO/*Ulrici*, § 29 FamFG Rz. 4 ff., § 30 FamFG Rz. 20 ff.
2 Zum Ganzen *Lamberti*, S. 138 ff.

Dabei gehören zu den Verfahrensbeteiligten auch deren gesetzliche Vertreter (§ 455 Abs. 1 ZPO). Ein vom Gericht geladener Zeuge hat grundsätzlich die Pflicht zum Erscheinen (vgl. §§ 380, 381 ZPO), weiterhin die Pflicht zur Aussage, soweit nicht ein Zeugnisverweigerungsrecht oder ein Recht zur Amtsverschwiegenheit besteht. Schließlich hat der Zeuge auch die Pflicht zur Eidesleistung. Die Entscheidung über eine Vereidigung liegt ausschließlich im Ermessen des Gerichts.

4. Sachverständigenbeweis

Auf den Sachverständigenbeweis finden gem. § 30 Abs. 1 die Regeln der ZPO entsprechende Anwendung (§§ 402–414 ZPO). Darüber hinaus verweist § 402 ZPO auch auf die Vorschriften über den Zeugenbeweis, soweit die ZPO nicht abweichende Regelungen enthält. Das Gericht wählt einen geeigneten Sachverständigen nach seinem Ermessen aus. Es soll vorrangig öffentlich bestellte Sachverständige heranziehen (§ 404 Abs. 2 ZPO). Im Einzelnen muss das Gericht im Rahmen seiner Amtsermittlung die fachliche Eignung des Sachverständigen näher prüfen und notfalls darlegen. Hält das Gericht die Zuziehung eines ärztlichen Sachverständigen für erforderlich, so kommt für die spezielle Eignung der jeweiligen Facharztqualifikation gesteigerte Bedeutung zu. Die besondere fachärztliche Qualifikation wird insbesondere bei der Erstattung eines Gutachtens in Betreuungsverfahren (§ 280 Abs. 1) und in Unterbringungsverfahren (§ 321 Abs. 1) erforderlich sein. Bei seiner Tätigkeit kann das Gericht den Sachverständigen leiten und ihm einzelne Weisungen erteilen (§ 404a ZPO). Ein vom Gericht bestellter Sachverständiger kann nach den Regeln über die Richterablehnung abgelehnt werden (§ 406 ZPO). Die einzelnen Pflichten des Sachverständigen und insbesondere seine Pflicht zur Erstattung des Gutachtens ergeben sich aus §§ 407, 407a ZPO. Der Sachverständige muss sein Gutachten im Rahmen der Vernehmung durch das Gericht mündlich erläutern (§§ 402, 395 Abs. 2, 396 ZPO). Allerdings kann das Gericht nach seinem Ermessen auch eine rein schriftliche Begutachtung anordnen (§ 411 ZPO).

44c

5. Urkundenbeweis

Für den Urkundenbeweis gelten gem. § 30 Abs. 1 die Regeln der ZPO entsprechend (§§ 415–444 ZPO). Im Einzelnen sind auch hier die öffentlichen Urkunden von den Privaturkunden nach Zustandekommen und Wirkung zu trennen. Im Hinblick auf die Amtsermittlung muss das Gericht sich über die Richtigkeit und Vollständigkeit einer Urkunde einen eigenen Eindruck verschaffen. Die Regelung über die Möglichkeit des Gegenbeweises gem. § 415 Abs. 2 ZPO ist nicht anzuwenden.

44d

6. Beteiligtenvernehmung

Die ZPO sieht in den §§ 445–455 einen Beweis durch Parteivernehmung vor. In entsprechender Anwendung dieser Normen kann daher auch eine förmliche Beteiligtenvernehmung im Rahmen der freiwilligen Gerichtsbarkeit durchgeführt werden. Im Hinblick auf die Amtsermittlung ist allerdings ein Antrag eines Beteiligten auf Vernehmung der Gegenseite nicht erforderlich. Vielmehr kommt wie in § 448 ZPO nach dem Ermessen des Gerichts eine Beteiligtenvernehmung von Amts wegen in Betracht, und es ist in diesem Rahmen keiner der Beteiligten als mögliche Vernehmungsperson ausgeschlossen.

44e

IV. Beweisverbote

Nicht jede Beweisführung, die tatsächlich möglich ist, ist auch rechtlich zulässig. Vielmehr gibt es nach unterschiedlicher Terminologie Fälle, in denen ein Beweishindernis oder ein sog. Beweisverbot besteht. Dabei lässt sich zwischen einem Beweiserhebungsverbot und einem Beweisbewertungsverbot trennen.[1] Während Beweiserhebungsverbote in der freiwilligen Gerichtsbarkeit sehr selten sein werden, spielt die Frage des Beweisverwertungsverbots zunehmend eine Rolle. Mit guten Gründen

45

---

[1] Vgl. MüKo. ZPO/*Prütting*, § 284 ZPO Rz. 62 ff.

haben Rechtsprechung und herrschende Meinung sich auf den Standpunkt gestellt, dass hier eine gewisse mittlere Position vertreten werden muss. Nicht akzeptiert werden kann die Auffassung, die rechtswidrige Erlangung eines Beweismittels sei im Verfahren ohne Einfluss, ein solches Beweismittel sei daher in vollem Umfang verwertbar. Abzulehnen ist aber auch die Gegenauffassung, wonach jedes materiell widerrechtlich erlangte Beweismittel auch prozessual unzulässig sei und damit eine Verwertung generell ausgeschlossen sei. Richtig dürfte es sein, den Ansatzpunkt für die Lösung dieses Problems darin zu sehen, ob der Schutzzweck der verletzten Norm die prozessuale Sanktion eines Verwertungsverbots gebietet oder nicht.[1] Ein Verwertungsverbot wird man vor allem dort annehmen müssen, wo ein rechtswidriger Eingriff in verfassungsrechtlich geschützte Grundpositionen des Einzelnen vorliegt. Ähnliches gilt wohl in weitgehender Überschneidung mit verfassungsrechtlich geschützten Positionen für einen Verstoß gegen die §§ 201 bis 203 StGB (Vertraulichkeit des Wortes, Briefgeheimnis, Privatgeheimnis). Soweit Beweismittel auf Grund eines Verstoßes gegen andere Normen rechtswidrig erlangt worden sind, kann der Schutzzweckgedanke bei Urkunden und Augenscheinsobjekten durch eine analoge Heranziehung der §§ 422, 423 ZPO ergänzt und verdeutlicht werden.[2]

V. Beweiserhebung

46 Soweit in Verfahren relevante Tatsachenbehauptungen streitig bleiben, beginnt eine Beweiserhebung grundsätzlich mit der Antretung des Beweises. Die insoweit in der ZPO vorgesehenen formellen Regeln der Beweisantretung durch Parteien gelten in der freiwilligen Gerichtsbarkeit nicht. Allerdings ist hier für die Beweisantretung § 23 Abs. 1 zu beachten. Eine auf der subjektiven Beweislast aufbauende Beweisführung von Parteien kann es im Rahmen der freiwilligen Gerichtsbarkeit ebenfalls nicht geben. Dagegen kommt im Bereich des Strengbeweises durch das Gericht eine Anordnung der Beweisaufnahme durch formellen Beweisbeschluss in Betracht (§§ 358, 358a, 359 ZPO). Möglich ist aber auch beim Strengbeweis und erst recht beim Freibeweis eine formlose Anordnung der Beweisaufnahme durch das Gericht. Die sodann durchgeführte Beweisaufnahme vor dem erkennenden Gericht muss nach allgemeinen Regeln die Unmittelbarkeit wahren (vgl. § 355 Abs. 1 Satz 1 ZPO). Zu weiteren Einzelheiten vgl. die §§ 29, 30.

VI. Freie Beweiswürdigung

47 Hat ein Gericht über erhebliche Tatsachenbehauptungen Beweis erhoben, so muss es das Ergebnis dieser Beweisaufnahme ebenso wie den gesamten Inhalt des Verfahrens frei würdigen. Dieser Grundsatz der freien Beweiswürdigung ist nunmehr in § 37 Abs. 1 niedergelegt, und er ist von prägender Bedeutung für das gesamte Beweisrecht. Er gilt im Bereich des Freibeweises ebenso wie im Bereich des Strengbeweises, in Antragsverfahren ebenso wie in Amtsverfahren. Der Grundsatz der freien Beweiswürdigung gilt in allen Verfahrensordnungen des deutschen Rechts (vgl. insbesondere § 286 ZPO, § 261 StPO). Zu Einzelheiten s. § 37.

VII. Beweisvereitelung

47a Unter Beweisvereitelung versteht man ein vorsetzliches oder fahrlässiges Verhalten eines Beteiligten, das dazu führen kann, einen an sich möglichen Beweis zu verhindern oder zu erschweren.[3] So kann es als ein Fall der Beweisvereitelung gewertet werden, wenn ein Beteiligter etwa durch Vernichtung eines Testaments die Beweisführung im Rahmen erbrechtlicher Fragen unmöglich macht. Die Grundsätze der Beweisvereitelung und deren Rechtsfolgen können in der Form, wie sie im Zivilprozess entwickelt wurden, auch im Verfahren der freiwilligen Gerichtsbarkeit entsprechend angewendet werden, ohne dass dem der Amtsermittlungsgrundsatz entgegensteht.[4]

---

1 MüKo. ZPO/*Prütting*, § 284 ZPO Rz. 66 f.
2 Zu den einzelnen Fallgruppen im Zivilprozess vgl. insbesondere MüKo. ZPO/*Prütting*, § 284 ZPO Rz. 68 ff.
3 Vergleiche im Einzelnen dazu MüKo. ZPO/*Prütting*, § 286 ZPO Rz. 80 ff.
4 BGH v. 17.2.2010 – XII ZB 86/09, FamRZ 2010, 720, 722.

Als Rechtsfolge einer Beweisvereitelung werden in der Rechtsprechung Beweiserleichterungen bis hin zur Umkehr der Beweislast genannt. Dem kann nicht gefolgt werden.[1] Vielmehr muss die Rechtsfolge einer Beweisvereitelung von den gesetzlichen Regelungen ausgehen (§§ 427, 441 Abs. 3, 444, 446 ZPO). Danach kann der Richter über die freie Beweiswürdigung hinaus im Wege einer Sanktion eine bestimmte Behauptung als bewiesen annehmen. Zu beachten ist freilich, dass die Grundsätze der Beweisvereitelung in jedem Falle voraussetzen, dass von einem Beteiligten ein missbilligenswertes Verhalten vorliegt. Wird dagegen zB im Verfahren nach § 1666 BGB die Mitwirkung eines Elternteils an der Begutachtung verweigert, so kann diese Mitwirkung weder erzwungen werden, noch kann die Weigerung der Mitwirkung nach den Grundsätzen der Beweisvereitelung gewürdigt werden.[2]

VIII. Beweismaß

48
Von der Beweiswürdigung zu trennen ist die Frage, **wann** der Richter von einer Tatsachenbehauptung überzeugt sein darf. Diese Frage nach dem Maßstab richterlicher Überzeugung wird heute regelmäßig unter dem Begriff des Beweismaßes näher behandelt. Es handelt sich dabei um eine Frage abstrakt-genereller Bewertung, ab welchem Punkt ein Richter überzeugt sein darf. Daher muss das jeweils geltende Beweismaß rechtssatzmäßig festgelegt sein. Der Wortlaut von § 37 Abs. 1 stimmt nicht vollständig mit § 286 Abs. 1 ZPO überein. Dennoch ist in Übereinstimmung mit der Gesetzesbegründung[3] davon auszugehen, dass inhaltlich Gleiches gemeint ist. Danach ist das entscheidende Kriterium für das Regelbeweismaß die Überzeugung von der Wahrheit. Der Richter darf sich also nicht mit einer gewissen Plausibilität oder einer überwiegenden Wahrscheinlichkeit begnügen. Er muss vielmehr auf Grund eines sehr hohen Grades von Wahrscheinlichkeit zu einer persönlichen Überzeugung gelangen. Dabei wird vom Richter nicht verlangt, dass er die absolute (objektive) Wahrheit erkennt oder zu einem unbezweifelbaren Ergebnis erlangt. Vielmehr muss der Richter die relevanten Tatsachenbehauptungen für wahr „erachten", wie dies § 286 Abs. 1 Satz 1 ZPO formuliert. Es dürfen also ganz entfernt liegende Zweifel bestehen bleiben. Dies wird häufig durch die Formel verdeutlicht, der Richter dürfe sich mit einem für das praktische Leben brauchbaren Grad der Beweisstärke begnügen. Das Beweismaß der richterlichen Überzeugung von der Wahrheit ist völlig unabhängig davon, ob ein Freibeweis (§ 29) oder ein Strengbeweis (§ 30) geführt wird.

49
Im Gegensatz zum Regelbeweismaß der vollen Überzeugung des Richters stehen Abstufungen. Ein geringeres Beweismaß wird vom Richter insbesondere dann verlangt, wenn eine Tatsachenbehauptung nur glaubhaft zu machen ist (§ 31). Ähnliches gilt, wenn im Gesetz formuliert wird, dass etwas mit Wahrscheinlichkeit erwartet werden kann oder dass ein bestimmter Vorgang anzunehmen oder mit ihm zu rechnen sei, ferner wenn ein bestimmter Zustand zu besorgen sei (vgl. §§ 33 Abs. 1, 34 Abs. 2, 76 Abs. 1 FamFG mit § 118 Abs. 2 ZPO, § 119 Abs. 2 FamFG mit § 917 Abs. 1 ZPO, § 214 Abs. 1, 278 Abs. 3 und 4).

49a
Wie bereits dargestellt ist es das Ziel jedes gerichtlichen Beweises, die Überzeugung des Richters davon zu erreichen, ob eine tatsächliche Behauptung für wahr zu erachten ist (s. Rz. 36). Im Mittelpunkt der Beweisführung und des Beweisergebnisses steht also mit der Überzeugung einer Person unvermeidbar ein subjektives Kriterium. Dementsprechend kann nicht Ziel eines Beweises sein, die objektive (absolute) Wahrheit zu erreichen (s. Rz. 48). Soweit im Schrifttum zur freiwilligen Gerichtsbarkeit auch heute noch die objektive Wahrheit oder die objektive Richtigkeit von Entscheidungen als Ziel bezeichnet wird, kann dem nicht gefolgt werden.[4] Auch das Kriterium der Wahrheitspflicht gem. § 27 Abs. 2 muss deshalb notwendigerweise auf die Verpflichtung zur subjektiven Wahrheit abzielen (s. § 27 Rz. 12). Schließlich darf nicht verkannt werden, dass der Begriff der Wahrheit im Verfahrensrecht im-

---

1 *Laumen*, NJW 2002, 3729.
2 BGH v. 17.2.2010 – XII ZB 68/09, FamRZ 2010, 720.
3 Begr. RegE, BT-Drucks. 16/6308, S. 194.
4 Unrichtig daher Keidel/*Sternal*, § 26 FamFG Rz. 12; MüKo. ZPO/*Ulrici*, § 26 FamFG Rz. 4.

mer nur eine „prozessordnungsgemäß gewonnene Wahrheit" zum Gegenstand haben kann. Rechtliche Beschränkung des Beweises durch Beweisverbote, durch Zeugnisverweigerungsrechte und andere Gesichtspunkte erzwingen diesen Unterschied zwischen einer Beweisführung im naturwissenschaftlichen Sinn und im rechtlichen Sinne.[1]

IX. Behauptungslast und Beweislast

50 Der Begriff der (subjektiven) Behauptungslast regelt die Frage, was ein Beteiligter durch eigenes Tätigwerden an Tatsachenbehauptungen gegenüber dem Gericht vorbringen muss, um eine Niederlage im Verfahren zu vermeiden.[2] Damit in unmittelbarem Zusammenhang steht die sog. subjektive Beweislast (auch Beweisführungslast oder formelle Beweislast genannt).[3] Dies ist die Belastung eines Beteiligten, durch eigenes Tätigwerden den Beweis der streitigen Tatsachen zu führen, um den Verfahrensverlust zu vermeiden. Sowohl bei der Behauptungslast wie bei der subjektiven Beweislast ist also die Verpflichtung der Beteiligten zur Darlegung und zur Beweisführung entscheidend. Eine solche Verpflichtung kann es aber nur in einem Verfahren mit Verhandlungsmaxime (Beibringungsgrundsatz) geben. Daher sind nach anerkannter Auffassung eine Behauptungslast sowie eine subjektive Beweislast (über einzelne Anforderungen des Gesetzes an die Beteiligten hinaus) in der freiwilligen Gerichtsbarkeit nicht anzunehmen.

51 Dagegen muss es auch in jedem Verfahren mit Amtsermittlung die sog. **objektive Beweislast** geben. Die objektive Beweislast (auch Festellungslast oder materielle Beweislast genannt) gibt nämlich dem Gericht Antwort auf die Frage, zu wessen Nachteil eine Entscheidung zu fällen ist, wenn über eine relevante Tatsachenbehauptung eine endgültige Unklarheit (non liquet) besteht.[4] Die objektive Beweislast ist also keine Last im technischen Sinn. Vielmehr ist sie völlig unabhängig von jeglichem Handeln der Beteiligten eine Norm, die dem Richter bei endgültiger Unklarheit die Subsumtion und damit die richterliche Entscheidung ermöglicht. Die objektive Beweislast ist also in Wahrheit eine Form gesetzlicher Risikoverteilung. Sie muss in abstrakt-genereller Form, also rechtssatzmäßig festgelegt sein.

X. Vermutungen

52 Auch im Bereich der freiwilligen Gerichtsbarkeit und vor allem im familiengerichtlichen Verfahren können Vermutungen eine Rolle spielen. Dabei sind allerdings die verschiedenen Arten der Vermutungen im Einzelnen zu trennen: nach ihrer Verankerung sind die im Gesetz vorhandenen sog. **gesetzlichen Vermutungen** von den **vertraglich vereinbarten Vermutungen** und von denjenigen Vermutungen abzugrenzen, die weder gesetzlich noch vertraglich niedergelegt sind und die deshalb in der Praxis gerne als tatsächliche Vermutungen bezeichnet werden. Die **tatsächlichen Vermutungen** fallen unstreitig nicht unter den Vermutungsbegriff des § 292 ZPO. Sie werden von der Rechtsprechung gerne behauptet und herangezogen im Rahmen verschiedener Beweiserleichterungen und bringen regelmäßig eine gewisse praktische Lebenserfahrung ins Spiel. Daher haben sie weit gehende Ähnlichkeit mit dem Anscheinsbeweis (vgl. Rz. 55 f.).

53 Soweit Vermutungen vertraglich vereinbart wurden, sind ihre Zulässigkeit und ihre Wirkung analog den vertraglichen Beweislastvereinbarungen zu beurteilen.[5]

54 Die im Gesetz geregelten sog. gesetzlichen Vermutungen sind ihrerseits noch einmal in die unwiderlegbaren gesetzlichen Vermutungen und die widerlegbaren gesetzlichen Vermutungen einzuteilen. **Unwiderlegbare Vermutungen** haben nach anerkannter Auffassung keine Beweis- oder Beweislastwirkung, sondern sie sind Normen

---

1 Zum Ganzen vgl. MüKo. ZPO/*Prütting*, § 284 ZPO Rz. 8.
2 Baumgärtel/Laumen/*Prütting*, Grundlagen, 2009, § 3 Rz. 56 ff.
3 Baumgärtel/Laumen/*Prütting*, Grundlagen, 2009, § 3 Rz. 32 ff.
4 Baumgärtel/Laumen/*Prütting*, Grundlagen, 2009, § 3 Rz. 10 ff.
5 Baumgärtel/Laumen/*Prütting*, Grundlagen, 2009, § 20 Rz. 4 ff.

mit einer rein materiellen Rechtsfolge. Ein wichtiges Beispiel im Zivilrecht ist insofern § 1566 Abs. 1 und Abs. 2 BGB. Diesen Sonderfällen stehen die sog. **widerlegbaren gesetzlichen Vermutungen** gegenüber, die in § 292 ZPO allein angesprochen sind. Ihr besonderes Kennzeichen besteht darin, dass die vermutete Tatsache selbst keines Beweises bedarf, sondern allein die Vermutungsbasis. Die Tatsache, dass diese Vermutungen widerlegbar sind, führt aber letztlich dazu, dass es sich bei den gesetzlichen Vermutungen um Regelungen der objektiven Beweislast handelt.

XI. Anscheinsbeweis

Eine Sonderform der Beweiswürdigung stellt der Anscheinsbeweis dar. Bei diesem handelt es sich um die Berücksichtigung der allgemeinen Lebenserfahrung durch den Richter im Rahmen der freien Beweiswürdigung auf das konkrete Geschehen. Die Voraussetzung des Anscheinsbeweises ist ein sog. typischer Geschehensablauf, also ein sich aus der Lebenserfahrung bestätigender gleichförmiger Vorgang, durch dessen Typizität es sich erübrigt, die tatsächlichen Einzelumstände eines bestimmten historischen Geschehens nachzuweisen. Dabei muss der Richter im Rahmen der Anwendung des Anscheinsbeweises zur vollen Überzeugung der festgestellten Tatsachen gelangen. Der Anscheinsbeweis verändert nicht die Beweislast, und er verändert auch nicht das Beweismaß. Da der Anscheinsbeweis den Richter zu einer (vorläufigen) Überzeugung vom Geschehen bringen kann, kann er durch einen bloßen Gegenbeweis erschüttert werden. Ein vollständiger Beweis des Gegenteils ist nicht erforderlich. 55

Der Anscheinsbeweis als Teil der freien Beweiswürdigung ist auch in der freiwilligen Gerichtsbarkeit zulässig und anzuwenden. Die Pflicht zur Amtsermittlung enthebt das Gericht nicht der weiteren Verpflichtung, das Erfahrungswissen der Zeit und insbesondere die Erkenntnisse über typische Geschehensabläufe im Rahmen der Beweiswürdigung zu verwenden. Im Unterschied zum Zivilprozess muss allerdings das Gericht neben der Führung des Anscheinsbeweises von Amts wegen auch die Frage eines Gegenbeweises und damit der Erschütterung des typischen Geschehensablaufs selbständig prüfen. 56

G. Anhörungsfragen

Abzutrennen vom Beweisrecht im engeren Sinne ist es, wenn das Gesetz vorschreibt, dass vor der richterlichen Entscheidung eine bestimmte Person oder Stelle anzuhören ist. Solche Vorschriften beschränken weder den allgemeinen Amtsermittlungsgrundsatz noch das beweisrechtliche Verfahren. Sie beschränken lediglich das Ermessen des Gerichts im Rahmen der Sachaufklärung insoweit, als dem Gericht die Wahrnehmung eines bestimmten Aufklärungsmittels verbindend übertragen wird. Das neue Recht hat im Rahmen des persönlichen Erscheinens der Beteiligten insbesondere Anhörungsregelungen in den §§ 33, 34 getroffen. Darüber hinaus enthält § 37 Abs. 2 den Hinweis, dass eine gerichtliche Entscheidung, die die Rechte eines Beteiligten beeinträchtigt, nur auf Tatsachen und Beweisergebnisse gestützt werden darf, zu denen dieser Beteiligte sich äußern konnte und damit angehört worden ist. Im Rahmen solcher Regelungen ist neben dem Gesichtspunkt der Amtsermittlung auch der verfassungsrechtliche Auftrag des rechtlichen Gehörs gem. Art. 103 Abs. 1 GG verwirklicht. 57

27 *Mitwirkung der Beteiligten*
(1) Die Beteiligten sollen bei der Ermittlung des Sachverhalts mitwirken.
(2) Die Beteiligten haben ihre Erklärungen über tatsächliche Umstände vollständig und der Wahrheit gemäß abzugeben.

A. Entstehung und Inhalt der Norm ... 1	D. Mitwirkung an der Sachverhaltsermittlung (Absatz 1)
B. Normzweck 2	I. Inhalt 5
C. Anwendungsbereich 3	

§ 27 Allgemeiner Teil

II. Sanktionen 6
E. **Wahrheits- und Vollständigkeitspflicht (Absatz 2)**

I. Inhalt 11
II. Sanktionen 15

A. Entstehung und Inhalt der Norm

1   Die Mitwirkung der Beteiligten steht in einem sehr engen Kontext zum Amtsermittlungsgrundsatz des § 26. Eine Norm mit diesem Inhalt kannte das alte Recht nicht. Dennoch war schon vor 2009 allgemein anerkannt, dass das Gericht die Beteiligten zur Ermittlung des Sachverhalts heranziehen konnte.[1] Andere Verfahren mit Untersuchungsmaxime kennen vergleichbare Regelungen (§ 86 Abs. 1 Satz 1, 2. Halbs. VwGO, § 83 Abs. 1 Satz 2 ArbGG).

B. Normzweck

2   Mit der Festschreibung einer Mitwirkungspflicht der Beteiligten wird ein Grundanliegen des Verfahrensrechts verwirklicht, alle möglichen und zulässigen Aufklärungsmittel und Aufklärungsbeiträge dem Gericht zur Verfügung zu stellen. Denn gerade in der Mitwirkung der Beteiligten liegt nicht selten der Schlüssel zu einer raschen und umfassenden Sachverhaltsaufklärung.

C. Anwendungsbereich

3   Wie § 26 gilt auch § 27 in allen Verfahren der freiwilligen Gerichtsbarkeit, die im Rahmen des FamFG geregelt sind. Die Mitwirkung der Beteiligten kommt also sowohl in Amtsverfahren wie in Antragsverfahren in Betracht.

4   Keine Anwendung findet die Norm in Ehe- und Familienstreitsachen (vgl. § 113 Abs. 1). Soweit dort nicht einige besondere Normen zu Auskunftspflichten der Beteiligten und Dritter vorgesehen sind (vgl. §§ 235, 236), gilt insoweit die allgemeine Verweisung des § 113 Abs. 1 Satz 2 auf die ZPO und damit auf die vielfältigen Möglichkeiten und Pflichten der Parteien zur Führung und zur Beteiligung am Prozess (vgl. §§ 130, 131, 134 ZPO; §§ 138, 141, 142, 143, 144 ZPO; §§ 253, 273 Abs. 2, 277 ZPO).

D. Mitwirkung an der Sachverhaltsermittlung (Absatz 1)

I. Inhalt

5   Soweit die Beteiligten das Gericht bei der Aufklärung des Sachverhalts durch die Angabe von Tatsachen, den Hinweis auf vermutete Zusammenhänge und durch die Nennung von Beweismitteln freiwillig unterstützen, ist dies selbstverständlich zulässig und erwünscht. Allerdings geht § 27 Abs. 1 darüber deutlich hinaus, als er eine **Mitwirkungspflicht der Beteiligten** für **zwingend** erklärt. Die im Gesetz vorgenommene Wortwahl „sollen" muss als zwingende Regelung ohne Sanktionsmöglichkeiten verstanden werden. Im Einzelnen kann das Gericht die Beteiligten auffordern, Tatsachenangaben zu machen und Beweismittel zu benennen. Damit in engem Zusammenhang steht die Regelung des § 27 Abs. 2, wonach den Beteiligten eine Wahrheitspflicht und eine Vollständigkeitspflicht obliegt. Diese Regelung stimmt mit § 138 Abs. 1 ZPO überein. Gemeint ist damit, dass jeder Beteiligte Behauptungen und Erklärungen aufstellen kann bzw. nach gerichtlicher Aufforderung abgeben muss, die er als wahr ansieht oder deren Ungewissheit ihn dazu drängt, die Wahrheit durch eine Beweisaufnahme bestätigen zu lassen. Verboten ist also durch die Wahrheitspflicht des § 27 Abs. 2 nur eine bewusste Lüge. Demgegenüber regelt die Vollständigkeitspflicht ebenso wie in § 138 ZPO nur eine wenig bedeutende Ergänzung zur Wahrheitspflicht. Gemeint ist hier nur, dass der Beteiligte durch lückenhaftes Vorbringen von Behauptungen nicht den Sachverhalt bewusst und absichtlich verfälschen darf. Das Gesetz verlangt allerdings nicht, dass ein Beteiligter für ihn selbst ungünstige Tatsa-

---

[1] BayObLG v. 7.9.1992 – 1 Z BR 15/92, FamRZ 1993, 366 (367); Meyer-Seitz/Frantzioch/Ziegler, Die FGG-Reform: das neue Verfahrensrecht, 2009, S. 79.

chen selbst vorträgt.[1] Darüber hinausgehende Pflichten der Beteiligten zur Mitwirkung an der Sachverhaltsermittlung gibt es nicht. Insbesondere gilt in der freiwilligen Gerichtsbarkeit nicht die Erklärungspflicht zu Behauptungen des Gegners, wie sie § 138 Abs. 2, 3, 4 ZPO vorsieht.[2] Die Verpflichtung zur Mitwirkung und die Parallele zu § 138 Abs. 1 ZPO führen zu dem Ergebnis, dass § 27 mehr als nur eine Last oder eine Obliegenheit darstellt, sondern dass es sich um eine echte Pflicht handelt.[3]

II. Sanktionen

Eine schwierige Frage und zugleich eine Kernfrage der Mitwirkung der Beteiligten ist die Problematik der **Durchsetzung von Mitwirkungspflichten** und der möglichen Sanktionen. Im Hinblick auf die Amtsermittlung ist es jedenfalls nicht möglich, durch Einführung der subjektiven Beweislast oder einer Geständnisfiktion ein besonderes Interesse der Beteiligten daran zu fördern, das Verfahren zu unterstützen. Darüber hinaus hat der Gesetzgeber in § 27 kein besonderes Zwangsmittel zur Erreichung der vorgesehenen Verpflichtung eingeführt. Ein solcher Zwang zur Mitwirkung der Beteiligten wäre wohl auch mit der verfassungsrechtlich geschützten Willensfreiheit der Beteiligten nicht vereinbar. Dennoch ist anerkannt, dass es sich bei der Mitwirkung der Beteiligten gem. § 27 um eine echte Pflicht und nicht nur um eine Last handelt. 6

Ein gegenteiliges Verhalten wird vom Gesetz missbilligt, weil es mit dem Ziel des Verfahrens nicht vereinbar ist. Darüber hinaus wird in der Gesetzesbegründung die Auffassung vertreten, dass die **Verweigerung einer zumutbaren Mitwirkungshandlung** durch einen Beteiligten den Umfang der gerichtlichen Ermittlungen beeinflussen kann, wobei die Zumutbarkeit proportional zur Angewiesenheit des Gerichts auf die Mitwirkung wachsen soll.[4] Darüber hinaus können gem. § 33 Abs. 3 gegen einen unentschuldigt ausbleibenden Beteiligten, dessen persönliches Erscheinen angeordnet war, Ordnungs- und Zwangsmittel verhängt werden. Außerdem können Mitwirkungshandlungen nach § 35 erzwungen werden. 7

Diese Hinweise der Gesetzesbegründung täuschen allerdings darüber hinweg, dass im Kern die **Mitwirkungspflicht** der Beteiligten **bei Verweigerung sanktionslos bleibt**, es sei denn, man erlaubt dem Gericht ein deutliches Abgehen von seiner Amtsermittlungspflicht bei Verweigerung der Mitwirkung. Die Gesetzesbegründung beruft sich in diesem Zusammenhang auf ein Urteil des OLG Köln.[5] Allerdings erscheint diese Auffassung nicht unproblematisch. Natürlich wäre es höchst praktikabel, wenn das Gericht im Falle verweigerter Mitwirkung seinerseits vorhandene Aufklärungsmöglichkeiten nicht ergreifen müsste, weil sie etwa aufwendiger oder schwieriger zu nutzen sind als die Auskunft eines Beteiligten. Dem steht freilich entgegen, dass die grundsätzliche Amtsermittlungspflicht des § 26 nicht unter eine solche Einschränkung gestellt ist. Insbesondere dort, wo bei dem offen gebliebenen Punkt öffentliche Interessen berührt sind oder eine Fürsorgepflicht des Gerichts für einen Verfahrensbeteiligten in Betracht kommt, wird man eine solche Sanktion des Gerichts nicht für zulässig halten können. 8

Im Ergebnis ist daher festzustellen, dass eine Verletzung von Mitwirkungspflichten durch die Beteiligten im Einzelfall zur Verkürzung der richterlichen Amtsermittlung führen kann, aber nicht dazu führen muss. Vor einer Verkürzung richterlicher Tätigkeit sind vielmehr vom Gericht die entscheidenden Umstände wie der Grad der Pflichtverletzung, die Verhältnismäßigkeit der Mitwirkung durch den Beteiligten bzw. durch das Gericht und die Zumutbarkeit einer Mitwirkungshandlung abzuwägen. 9

---

1 Vgl. Jansen/*Briesemeister*, § 12 FGG Rz. 7; wie hier auch Zöller/*Feskorn*, § 27 FamFG Rz. 2; ferner s. unten Rz. 14.
2 Wie hier Schulte-Bunert/Weinreich/*Brinkmann*, § 27 FamFG Rz. 8.
3 Schulte-Bunert/Weinreich/*Brinkmann*, § 27 FamFG Rz. 2; aA MüKo. ZPO/*Ulrici*, § 27 FamFG Rz. 7.
4 Begr. RegE, BT-Drucks. 16/6308, S. 186.
5 OLG Köln v. 22.5.1991 – 2 UF 105/91, NJW-RR 1991, 1285 (1286).

10 Zu erwägen wäre andererseits, ob als Sanktion für eine verweigerte Mitwirkungspflicht eine (negative) Berücksichtigung im Rahmen der Beweiswürdigung in Betracht kommt. Dies erscheint mit der Amtsermittlungspflicht vereinbar.[1] Als Voraussetzung für eine solche Beweiswürdigung wird man es aber ansehen müssen, dass der untätige Beteiligte über die möglichen Konsequenzen seiner Weigerung belehrt wird und sie sodann weiterhin aufrechterhält.

E. Wahrheits- und Vollständigkeitspflicht (Absatz 2)

I. Inhalt

11 § 27 Abs. 2 normiert eine Wahrheits- und Vollständigkeitspflicht, wie sie in der ZPO in gleicher Weise § 138 Abs. 1 vorsieht. Diese Pflicht greift sowohl bei freiwilligen Sachverhaltsschilderungen der Beteiligten wie bei nach Abs. 1 gerichtlich angeordneten Mitwirkungshandlungen der Beteiligten ein.

12 Im Einzelnen beinhaltet die **Wahrheitspflicht** für die Beteiligten eine Verpflichtung zur subjektiven Wahrheit. Es geht weder um die objektive Wahrheit[2] noch um das Verbot von Behauptungen, die nur vermutet werden. Vielmehr soll allein die bewusste prozessuale Lüge ausgeschlossen sein.[3] Im Einzelnen darf ein Beteiligter also vortragen, er halte gewisse Ereignisse für wahrscheinlich oder er vermute einen gewissen Zusammenhang. Auch die nicht näher begründete Behauptung eines ganz bestimmten künftigen Verlaufs oder einer hypothetischen Entwicklung kann ein Beteiligter vor Gericht geltend machen, ohne gegen die Wahrheitspflicht zu verstoßen. Ebenso ist ein hilfsweises Vorbringen zulässig, selbst wenn dies dem zunächst geltend gemachten Sachverhalt widersprechen würde. Nicht einmal Behauptungen, die nur aufs Geratewohl oder „auf gut Glück" gemacht werden, stellen einen Verstoß gegen die Wahrheitspflicht dar.[4]

13 Im Allgemeinen wird es als eine Begrenzung der Wahrheitspflicht angesehen, wenn ein Beteiligter sich zu einem Sachverhalt äußern müsste, der ihn selbst im Hinblick auf eine Strafbarkeit belasten oder der ihm zur Unehre gereichen würde.[5]

14 In Ergänzung zur Wahrheitspflicht sieht Abs. 2 auch eine Pflicht zum vollständigen Vortrag vor. Allgemein wird diese **Vollständigkeitspflicht** aber wie in § 138 ZPO als eine nur wenig bedeutsame Ergänzung zur Wahrheitspflicht angesehen. Zum Ausdruck soll dadurch insbesondere kommen, dass ein Beteiligter durch ein bewusst und gezielt lückenhaftes Vorbringen von Behauptungen nicht den Sachverhalt absichtlich verfälschen darf. Auch hier gilt allerdings eine Begrenzung insoweit, dass kein Beteiligter einen für ihn selbst ungünstigen Sachverhaltskomplex vortragen muss.[6]

II. Sanktionen

15 Wie in § 138 ZPO und ebenso in § 27 Abs. 1 sind auch im Rahmen der Wahrheits- und Vollständigkeitspflicht der Beteiligten Sanktionen oder andere prozessuale Folgen bei Verstößen nicht ausdrücklich im Gesetz vorgesehen. Dennoch wird allgemein die Wahrheits- und Vollständigkeitspflicht als eine echte Pflicht der Beteiligten (ähnlich der Mitwirkungspflicht des Abs. 1) angesehen. Auch hier gilt freilich die Feststellung, dass im Hinblick auf die Amtsermittlung der Weg über eine Auswirkung auf die subjektive Beweislast auszuscheiden hat. Soweit das Gericht die Unwahrheit einer Behauptung erkennt, wird es diese Behauptung nicht beachten und seiner Entschei-

---

1 So etwa für den Verwaltungsprozess BVerfG v. 11.6.1958 – 1 BvL 149/52, BVerfGE 8, 29 = NJW 1958, 1227; wie hier Zöller/*Feskorn*, § 27 FamFG Rz. 4.
2 Zur objektiven Wahrheit als Ziel des Beweises s. § 26 Rz. 49a.
3 BGH v. 19.9.1985 – IX ZR 138/94, NJW 1986, 246; BGH v. 13.2.1985 – IVa ZR 119/83, WM 1985, 736.
4 AA MüKo. ZPO/*Ulrici*, § 27 FamFG Rz. 20.
5 Stein/Jonas/*Leipold*, § 138 ZPO Rz. 13.
6 Jansen/*Briesemeister*, § 12 FGG Rz. 7; ebenso auch Zöller/Feskorn, § 27 FamFG Rz. 2; ferner s. oben Rz. 5.

dung nicht zugrundelegen. Unabhängig davon kann bei bewusst unwahrer oder verfälschender Behauptung eines Beteiligten ein Prozessbetrug vorliegen. Dieser würde dann über § 823 Abs. 2 BGB iVm. § 263 StGB zu einem Schadensersatz führen können.

28 Verfahrensleitung

(1) Das Gericht hat darauf hinzuwirken, dass die Beteiligten sich rechtzeitig über alle erheblichen Tatsachen erklären und ungenügende tatsächliche Angaben ergänzen. Es hat die Beteiligten auf einen rechtlichen Gesichtspunkt hinzuweisen, wenn es ihn anders beurteilt als die Beteiligten und seine Entscheidung darauf stützen will.
(2) In Antragsverfahren hat das Gericht auch darauf hinzuwirken, dass Formfehler beseitigt und sachdienliche Anträge gestellt werden.
(3) Hinweise nach dieser Vorschrift hat das Gericht so früh wie möglich zu erteilen und aktenkundig zu machen.
(4) Über Termine und persönliche Anhörungen hat das Gericht einen Vermerk zu fertigen; für die Niederschrift des Vermerks kann ein Urkundsbeamter der Geschäftsstelle hinzugezogen werden, wenn dies auf Grund des zu erwartenden Umfangs des Vermerks, in Anbetracht der Schwierigkeit der Sache oder aus einem sonstigen wichtigen Grund erforderlich ist. In den Vermerk sind die wesentlichen Vorgänge des Termins und der persönlichen Anhörung aufzunehmen. Über den Versuch einer gütlichen Einigung vor einem Güterichter nach § 36 Absatz 5 wird ein Vermerk nur angefertigt, wenn alle Beteiligten sich einverstanden erklären. Die Herstellung durch Aufzeichnung auf Datenträger in der Form des § 14 Abs. 3 ist möglich.

A. Entstehung und Inhalt der Norm ... 1	VI. Verfahrensleitung und richterliche Befangenheit 15
B. Normzweck 3	E. Zeitpunkt und Form der Verfahrensleitung (Absätze 3 und 4)
C. Anwendungsbereich 4	
D. Grundsatz der Verfahrensleitung (Absätze 1 und 2)	I. Zeitpunkt von Hinweisen 16
I. Zulässige tatsächliche Hinweise 7	II. Form und Aktenkundigkeit 18
II. Rechtliche Gesichtspunkte und Verbot einer Überraschungsentscheidung ... 9	III. Vermerke über Termine und persönliche Anhörungen 20
III. Anträge und Formfehler 10	IV. Elektronische Form 23
IV. Unzulässige Hinweise 11	F. Grenzen der Verfahrensleitung 24
V. Rechtliche Rahmenbedingungen der Verfahrensleitung 14	

A. Entstehung und Inhalt der Norm

Die Norm ist in ihren wesentlichen Grundgedanken dem § 139 ZPO nachgebildet. Die richterliche Hinweispflicht und die weiteren Verpflichtungen der Norm stehen in einem gewissen Gegensatz zu der Mitwirkungspflicht der Beteiligten nach § 27. Anders als in den §§ 26, 27 geht es bei der Verfahrensleitung allerdings nicht um Fragen, die mit der Amtsermittlung zusammenhängen.[1] Das Gericht ist durch § 28 also weder berechtigt noch verpflichtet, selbst tatsächliche oder rechtliche Gesichtspunkte zu erforschen oder in den Prozess einzubringen. Es muss vielmehr mit seinen Versuchen, auf die Beteiligten einzuwirken und ihnen Hinweise zu geben, ein sinnvolles prozessuales Verhalten aller Verfahrensbeteiligten unterstützen. Durch Art. 3 Nr. 3 des Gesetzes zur Förderung der Mediation und anderer Verfahren der außergerichtlichen Konfliktbeilegung v. 21.7.2012 (BGBl. I, S. 1577) wurde Abs. 4 Satz 3 neu eingefügt.

---

1 AA Begr. RegE, BT-Drucks. 16/6308, S. 187; Keidel/*Sternal*, § 28 FamFG Rz. 1.

2   Eine Norm mit diesem Inhalt kannte das alte Recht nicht. Dennoch war allgemein anerkannt, dass das Gericht eine solche Berechtigung und Pflicht zur Verfahrensleitung hat. Soweit früher die richterliche Verfahrensleitung auf den Grundgedanken der Amtsermittlung und damit auf § 12 FGG gestützt wurde, war dies allerdings weniger überzeugend. Zwischen dem Amtsermittlungsgrundsatz und der richterlichen Verfahrensleitung bestehen keine unmittelbaren Verbindungslinien. Das zeigt sich bereits daran, dass die richterliche Verfahrensleitung in der ZPO wie im FamFG vollkommen unabhängig von Verhandlungsmaxime und Untersuchungsgrundsatz gleichermaßen festgeschrieben ist.

B. Normzweck

3   Die richterliche Leitung des Verfahrens ist ein Ausdruck der starken Richtermacht des deutschen Verfahrensrechts. Die Norm zeigt, dass der Gesetzgeber dem Gericht eine Fürsorgepflicht und Mitverantwortung für ein faires, willkürfreies und möglichst auf die Wahrheitsermittlung ausgerichtetes Verfahren zuweist.[1] Dabei besteht die richterliche Verpflichtung unabhängig von Verhandlungsmaxime und Untersuchungsgrundsatz. Sie muss als ein Gebot richterlicher Hilfestellung angesehen werden.[2] Letztlich steht es den Beteiligten frei, ob sie einem richterlichen Hinweis folgen oder nicht.

C. Anwendungsbereich

4   Die Norm gilt genau wie die §§ 26, 27 in allen Verfahren der freiwilligen Gerichtsbarkeit, die im Rahmen des FamFG geregelt sind. Die richterliche Verfahrensleitung ist also unabhängig von der Frage, ob ein Amtsverfahren oder ein Antragsverfahren vorliegt. Lediglich für den besonderen Fall des Abs. 2 ist ausdrücklich vorgesehen, dass diese richterliche Hinweispflicht nur im Antragsverfahren gilt.

5   Die Norm gilt im erstinstanzlichen Verfahren ebenso wie in der Beschwerdeinstanz und im Verfahren der Rechtsbeschwerde sowie im Verfahren der eA.

6   Keine Anwendung findet die Norm in Ehe- und Familienstreitsachen (vgl. § 113 Abs. 1). In diesem Bereich gilt gem. der allgemeinen Verweisung des § 113 Abs. 1 Satz 2 auf die ZPO die Norm des § 139 ZPO. Das macht allerdings in der Sache keinen relevanten Unterschied.

D. Grundsatz der Verfahrensleitung (Absätze 1 und 2)

I. Zulässige tatsächliche Hinweise

7   Aus § 28 Abs. 1 iVm. § 27 Abs. 1 folgt, dass das Gericht die Befugnis sowie die Pflicht hat, die Beteiligten generell oder in Einzelbereichen zum Sachvortrag aufzufordern. Das Gericht kann seine Aufforderung mit einer **Fristsetzung** verbinden.

8   Im Einzelnen umfasst die richterliche Hinweispflicht alle erheblichen Tatsachen. Es ist also auf Lücken im Sachvortrag hinzuweisen und eine Ergänzung anzuregen. Ein unschlüssiger Sachvortrag von Beteiligten ist zu beanstanden. Auf widersprüchliches Vorbringen im Sachverhalt muss das Gericht hinweisen. Die Bezeichnung aller erheblichen Beweismittel und Beweisanträge sowie Beweisanregungen müssen vom Gericht gefordert werden. Das Gericht muss darauf bestehen, dass mehrdeutige Äußerungen durch Präzisierung und im Rahmen von Nachfragen klarer gefasst werden. Soweit Beteiligte unsubstantiiert vortragen, muss das Gericht eine weiter gehende Substantiierung verlangen. Soweit offensichtlich Falsches vorgetragen wird, muss das Gericht dies beanstanden. Soweit ein Wahlrecht für einen Beteiligten besteht, muss das Gericht ihn auffordern, sich bezüglich der Wahl zu erklären. Das Gericht muss hinreichende Gelegenheit zur Benennung geben.[3]

---

1 Zöller/*Greger*, § 139 ZPO Rz. 1; Musielak/*Stadler*, § 139 ZPO Rz. 1.
2 Rosenberg/Schwab/Gottwald, § 77 Rz. 5, 16.
3 BGH v. 6.2.2013 – XII ZB 204/11, FamRB 2013, 177 (*Götsche*).

II. Rechtliche Gesichtspunkte und Verbot einer Überraschungsentscheidung

Die Beteiligten haben **keine Verpflichtung** zum Vortrag rechtlicher Aspekte, zu rechtlicher Bewertung des Sachverhalts oder zur Diskussion verschiedener Rechtsmeinungen. Soweit die Beteiligten allerdings freiwillig rechtliche Gesichtspunkte vortragen, muss das Gericht evtl. Widersprüche, mehrdeutige Äußerungen oder gar offenkundig falsche Hinweise in gleicher Weise beanstanden wie im tatsächlichen Bereich. Darüber hinaus verlangt Abs. 1 Satz 2 in gleicher Weise wie § 139 Abs. 2 ZPO, dass das Gericht **Überraschungsentscheidungen** vermeidet. Ein nach Abs. 1 Satz 2 erforderlicher Hinweis auf rechtliche Gesichtspunkte setzt voraus, dass die Beteiligten überhaupt rechtliche Äußerungen getan haben. Ferner setzt ein solcher Hinweis voraus, dass das Gericht von einer rechtlichen Auffassung ausgeht, die von keiner der beiden Parteien in diesem Zusammenhang vertreten worden ist. Darüber hinaus muss es sich um eine entscheidungserhebliche Rechtsfrage handeln, auf die das Gericht letztlich seine Entscheidung stützen will. Ein Hinweis nach Abs. 1 Satz 2 ist nicht nur dann erforderlich, wenn die Beteiligten übereinstimmend oder im Einzelnen eine vom Gericht abweichende Rechtsauffassung vertreten, sondern auch dann, wenn die Beteiligten der Auffassung sind, bestimmte Rechtsbereiche seien erkennbar unerheblich, während das Gericht die jeweilige Frage für erheblich hält.

9

III. Anträge und Formfehler

Nach Abs. 2 muss das Gericht im Antragsverfahren auch auf Formfehler hinweisen und die Stellung sachdienlicher Anträge verlangen. Diese Pflicht des Gerichts ist im zivilprozessualen Verfahren selbstverständlich, im Bereich der freiwilligen Gerichtsbarkeit muss sie aber ebenfalls für alle Antragsverfahren gelten, da die richterlichen Hinweispflichten nicht von dem Unterschied zwischen Verhandlungsmaxime und Untersuchungsgrundsatz abhängen. Im Einzelnen bedarf es eines Hinweises, wenn eine bestimmte Formvorschrift nicht eingehalten ist, wenn die Unterschrift unter einem bestimmenden Schriftsatz fehlt oder unleserlich ist, wenn notwendige Elemente eines Schriftsatzes fehlen (Antragsschrift ohne Antrag) oder wenn andere formale Mängel zu beanstanden sind.

10

IV. Unzulässige Hinweise

Ähnlich wie im Zivilprozess gibt es aber auch in den **Antragsverfahren** der freiwilligen Gerichtsbarkeit für die richterliche Verfahrensleitung Grenzen, die sich aus den vorliegenden Anträgen der Beteiligten und dem Verfahrensgegenstand ergeben. So darf das Gericht nicht darauf hinweisen, dass ein völlig neuer Sachverhaltskomplex, der außerhalb des bisherigen Verfahrensgegenstandes liegt, in das Verfahren eingebracht werden könne. Das Gericht darf nicht auf denkbare völlig neue Einwendungen oder Einreden hinweisen. Das Gericht darf nicht die Beteiligten anregen, durch eine Veränderung der materiellen Rechtslage dem Verfahren eine neue Richtung zu geben. Insbesondere darf das Gericht auch im Bereich der freiwilligen Gerichtsbarkeit die Parteien nicht darauf hinweisen, dass die Einrede der Verjährung erhoben werden könne.[1]

11

Alle diese Hinweise und Anregungen an die Beteiligten sind aber nur insoweit unzulässig, als sie zu einem völlig neuen Vorbringen führen würden. Soweit die Beteiligten in ihrer laienhaften Weise einen bestimmten Sachvortrag, eine Einwendung oder Einrede oder Ähnliches bereits **angedeutet** haben, darf und muss das Gericht wie bei jedem anderen lückenhaften Vorbringen auf Erläuterung und evtl. Konkretisierung der Hinweise der Beteiligten dringen. Nur wenn jegliche Andeutung zu einem bestimmten Bereich fehlt, hat auch das Gericht keinen Anlass, im Antragsverfahren theoretisch mögliche andere Sachverhaltsgestaltungen oder denkbare Einwendungen oder Einreden auf das Geratewohl zu prüfen.

12

---

1 Aus dem Zivilprozess vgl. hierzu Zöller/*Greger*, § 139 ZPO Rz. 17; Musielak/*Stadler*, § 139 ZPO Rz. 9; Stein/Jonas/*Leipold*, § 139 ZPO Rz. 53; *Prütting*, NJW 1980, 361 (364); für das FamFG zustimmend Zöller/*Feskorn*, § 28 FamFG Rz. 3, 5.

13 Insoweit ergibt sich in **Amtsverfahren** eine von § 28 Abs. 1 und Abs. 2 abweichende Rechtslage. Hier trägt das Gericht die Gesamtverantwortung nicht nur für die Tatsachenermittlung, sondern auch für die zutreffende Herausarbeitung des Verfahrensgegenstandes. Auf Grund des Fehlens eines Antrags der Beteiligten kann sich also die richterliche Verpflichtung nicht im Rahmen von Anträgen begrenzen lassen. Vielmehr muss das Gericht alle zu seiner Zuständigkeit gehörenden und relevanten Aspekte des Verfahrens selbst ins Auge fassen. Eine Mitwirkungspflicht der Beteiligten wird es hier nicht über § 28 einfordern, sondern allenfalls in Einzelfällen nach § 27 Abs. 1 verlangen.

V. Rechtliche Rahmenbedingungen der Verfahrensleitung

14 Die Verfahrensleitung durch das Gericht ist unabhängig vom **Verschulden** der Beteiligten. Das Gericht kann sich also nicht in seiner verfahrensleitenden Tätigkeit zurückziehen, wenn die Beteiligten vorwerfbare Fehler begangen haben. Ebenso wenig kommt aus allgemeinen Erwägungen eine Präklusion verspäteten Vortrags der Beteiligten im Verfahren der freiwilligen Gerichtsbarkeit in Betracht. Weiterhin werden Hinweise des Gerichts nicht dadurch obsolet, dass die Beteiligten bestimmten ihnen auferlegten Mitwirkungspflichten des § 27 nicht nachgekommen sind. Zur zeitlichen Ausgestaltung gerichtlicher Hinweise s. Rz. 16. Die Verfahrensleitung und die richterliche Hinweispflicht geben den Beteiligten aber noch nicht einen Anspruch auf ein umfassendes Rechtsgespräch, bei dem das Gericht noch vor Verkündung einer Entscheidung seine eigene Rechtsauffassung offenbaren müsste.[1]

VI. Verfahrensleitung und richterliche Befangenheit

15 Soweit das Gericht im Rahmen der Verfahrensleitung des § 28 tatsächliche oder rechtliche Hinweise gibt, kann dies nicht zu einer richterlichen Befangenheit iSv. § 6 iVm. § 42 ZPO führen. Ein Ablehnungsgesuch gegen einen Richter kann also in keinem Fall darauf gestützt werden, dass der Richter Aktivitäten in den Grenzen des § 28 entfaltet habe.[2] Andererseits darf das Gericht durch seine aktive Mitwirkung am Verfahren nicht seine Pflicht zur Unabhängigkeit und Neutralität verletzen. Alle richterlichen Hinweise, die über den zulässigen Bereich des § 28 hinausgehen und damit den Beteiligten den Eindruck vermitteln könnten, das Gericht würde einseitig die tatsächliche und rechtliche Lage eines Beteiligten fördern und unterstützen, stellen einen Ablehnungsgrund wegen Besorgnis der Befangenheit dar.

E. Zeitpunkt und Form der Verfahrensleitung (Absätze 3 und 4)

I. Zeitpunkt von Hinweisen

16 Bereits Abs. 1 verlangt ein Hinwirken des Gerichts darauf, dass die Beteiligten sich „rechtzeitig" erklären. Dies wird in Abs. 3 dadurch konkretisiert, dass gerichtliche Hinweise „so früh wie möglich" zu erteilen sind.

17 Im Einzelnen bedeutet dies, dass unabhängig von der Verfahrenssituation und Mündlichkeit oder Schriftlichkeit des konkreten Verfahrensabschnitts das Gericht immer sofort dann Hinweise an die Beteiligten erteilen muss, wenn sich ein konkreter Anlass dazu zeigt. Enthält also eine Antragsschrift Lücken, unsubstantiierte Behauptungen, fehlerhafte Anträge oder eine widersprüchliche Darstellung, so hat das Gericht dies sogleich zu beanstanden. Das Gericht darf nicht erst auf einen evtl. gegnerischen oder weiteren Schriftsatz warten. Richterliche Hinweise sind also idR unmittelbar mit der Antragseinreichung termins- oder verfahrensvorbereitend zu erteilen.

II. Form und Aktenkundigkeit

18 § 28 lässt richterliche Hinweise in jeglicher Form zu (mündlich, schriftlich, telefonisch, durch Fax oder E-Mail). Daher sind alle Hinweise in Übereinstimmung mit

---

1 Wie hier *Bumiller*/Harders, § 28 Rz. 2.
2 BVerfG v. 24.3.1976 – 2 BvR 804/75, BVerfGE 42, 64, 78 = NJW 1976, 1391; BGH v. 12.11.1997 – IV ZR 214/96, NJW 1998, 612.

§ 139 Abs. 4 ZPO aktenkundig zu machen. Dies kann in Form eines Hinweisbeschlusses geschehen, der zu den Akten genommen wird. Ein Hinweis innerhalb der mündlichen Verhandlung muss in das Verhandlungsprotokoll (Vermerk) aufgenommen werden. Andere Hinweise außerhalb der mündlichen Verhandlung müssen durch einen Aktenvermerk dokumentiert werden. Das gilt in besonderer Weise für telefonische Hinweise, für die zunächst jede Papierform fehlt.

Soweit das Gericht einen Hinweis erteilt hat, die Dokumentation in den Akten aber unterlassen worden ist, kann die Aktenkundigkeit des Hinweises letztlich auch noch in der richterlichen Entscheidung dokumentiert werden.[1] Anders als § 139 Abs. 4 ZPO enthält § 28 keine Regelung, die den Inhalt der Akten bezüglich eines Hinweises zum alleinigen Beweismittel erklärt. Daraus muss rückgeschlossen werden, dass § 139 Abs. 4 Satz 2 und Satz 3 ZPO im Bereich der freiwilligen Gerichtsbarkeit nicht gelten. Es kämen also für die Frage eines gegebenen Hinweises auch andere Beweismittel in Betracht.

III. Vermerke über Termine und persönliche Anhörungen

Nach § 28 Abs. 4 muss das Gericht über Termine und persönliche Anhörungen einen Vermerk fertigen. Eine ähnliche Verpflichtung ergibt sich nach § 29 Abs. 3 im Falle einer Beweiserhebung im Rahmen des Freibeweises. Diese Dokumentationspflichten ersetzen die Führung eines Protokolls nach den § 159 ff. ZPO. Ausweislich der Materialien hat der Gesetzgeber bewusst davon abgesehen, die Vorschriften über das richterliche Protokoll (§§ 159 ff. ZPO) in diesem Zusammenhang zu übernehmen. Damit sollen sowohl die Form wie der Inhalt der richterlichen Dokumentationspflichten bewusst flexibel gehalten werden. Da sich aus dem Gesetz keine weiteren Einzelheiten zur richterlichen Dokumentationspflicht ergeben, lässt sich jedenfalls so viel sagen, dass die Führung eines Protokolls iSd. ZPO in jedem Falle ausreichend sein muss. Nach Sinn und Zweck des Gesetzes muss es freilich auch ausreichen, wenn eine Dokumentation in schriftlicher Form ohne die einzelnen Voraussetzungen der zivilprozessualen Protokollführung gegeben ist. So wird man insbesondere die technischen Einzelheiten des § 160 ZPO im Rahmen der freiwilligen Gerichtsbarkeit nicht verlangen können. Immerhin muss der erforderliche Vermerk so aussagekräftig sein, dass das Beschwerdegericht ihn zur Grundlage der Überprüfung der erstinstanzlichen Entscheidung heranziehen und notfalls gem. § 68 Abs. 3 Satz 2 von der Durchführung eines weiteren Termins, einer mündlichen Verhandlung oder einer einzelnen Verfahrenshandlung absehen kann. Letztlich liegt die konkrete Ausgestaltung des Vermerks im Ermessen des Gerichts. Der neu eingefügte Satz 3 macht deutlich, dass im Falle des Versuchs einer gütlichen Einigung nach § 36 Abs. 5 ein Vermerk nur angefertigt werden darf, wenn alle Beteiligten einverstanden sind.

Ein Vermerk kann sowohl vom Richter, vom Rechtspfleger als auch vom Urkundsbeamten der Geschäftsstelle aufgenommen werden. Die genaue Regelung des Abs. 4 Satz 1 über die Zuziehung eines Urkundsbeamten entspricht der zivilprozessualen Protokollaufnahme iSv. § 159 Abs. 1 Satz 2 ZPO.

Im Ergebnis wird man für alle Vermerke der freiwilligen Gerichtsbarkeit fordern müssen, dass sie im Wesentlichen den Anforderungen des § 160 Abs. 1 bis Abs. 3 ZPO entsprechen.

IV. Elektronische Form

§ 28 Abs. 4 Satz 4 sieht ausdrücklich die Möglichkeit vor, dass Aufzeichnungen auf Datenträgern in elektronischer Form durchgeführt werden. Hierzu verweist die Norm auf § 14 Abs. 3. Unabhängig davon können gem. § 14 Abs. 1 alle Gerichtsakten elektronisch geführt werden. Der Hinweis auf § 14 Abs. 3 gibt zusätzlich eine spezielle Verweisung auf §§ 130b, 298 ZPO. Danach kann eine nach allgemeinen Regeln vorgeschriebene handschriftliche Unterzeichnung durch Richter, Rechtspfleger oder Urkundsbeamten im Rahmen eines elektronischen Dokuments durch Hinzufügung

---

[1] OLG Hamm v. 8.6.2005 – 11 UF 6/05, NJW-RR 2006, 941.

des Namens und qualifizierte elektronische Signatur ersetzt werden. Ferner ist es zulässig, aus dem jeweiligen elektronischen Dokument einen Ausdruck für die Akten zu fertigen.

F. Grenzen der Verfahrensleitung

24 § 28 verlangt in allen seinen Handlungsvarianten, dass das Gericht auf die Beteiligten einwirkt und ihnen Hinweise gibt. Daraus folgt im Umkehrschluss, dass das Gericht sein eigenes Handeln nicht an die Stelle der Beteiligten setzen darf. Das Gericht darf nach § 28 also nicht einen Sachverhalt selbst in den Prozess einführen (dies ist nur im Rahmen von § 26 und in dessen Grenzen zulässig). Das Gericht darf nicht Anträge der Beteiligten selbst formulieren. Das Gericht darf nach § 28 keinen Zwang oder Druck auf die Beteiligten ausüben, dass diese den Anregungen oder Hinweisen Folge leisten müssten. Vielmehr sind die Beteiligten frei, ob sie den Anregungen, Hinweisen und Hinwirkungen des Gerichts folgen wollen. Schließlich darf das Gericht keinerlei Handlungen vornehmen, die bei den Beteiligten die berechtigte Sorge einer Befangenheit auslösen könnten. Bei aller Verfahrensleitung muss das Gericht also seine Neutralität und Unabhängigkeit strikt wahren.

29 *Beweiserhebung*

(1) Das Gericht erhebt die erforderlichen Beweise in geeigneter Form. Es ist hierbei an das Vorbringen der Beteiligten nicht gebunden.
(2) Die Vorschriften der Zivilprozessordnung über die Vernehmung bei Amtsverschwiegenheit und das Recht zur Zeugnisverweigerung gelten für die Befragung von Auskunftspersonen entsprechend.
(3) Das Gericht hat die Ergebnisse der Beweiserhebung aktenkundig zu machen.

A. Entstehung und Inhalt der Norm ... 1	E. Anwendungsbereich des Freibeweises und seine Vorteile 8
B. Normzweck 4	F. Anwendung der ZPO (Absatz 2) 10
C. Anwendungsbereich 5	G. Aktenkundigkeit (Absatz 3) 13
D. Freibeweis und Strengbeweis 7	

Literatur: s. § 26.

A. Entstehung und Inhalt der Norm

1 Die verschiedenen Arten des Beweises lassen sich nach unterschiedlichen Gesichtspunkten trennen. So kann man nach dem **Ziel des Beweises** den Vollbeweis von der Glaubhaftmachung trennen (s. dazu § 26 Rz. 37 und Rz. 49 sowie § 31), nach der **Art der Beweisführung** ist der unmittelbare Beweis vom mittelbaren oder Indizienbeweis zu unterscheiden (s. dazu § 26 Rz. 38), nach dem **Zweck der Beweisführung** trennt man Hauptbeweis, Gegenbeweis und Beweis des Gegenteils (s. dazu § 26 Rz. 39). Im Rahmen der §§ 29, 30 geht es um die Trennung im **Beweisverfahren**. Von jeher hat man hier den Strengbeweis vom Freibeweis unterschieden. Nunmehr hat der Gesetzgeber erstmals in abstrakter Form diese Unterscheidung in das Gesetz aufgenommen, ohne die gebräuchlichen Bezeichnungen im Gesetzeswortlaut zu verwenden. § 29 (Freibeweis) und § 30 (Strengbeweis) gehören eng zusammen. Sie hatten im alten FGG kein normatives Vorbild, der Inhalt ihrer Regelung war aber schon früher allgemein anerkannt. Zum Gesamtsystem des Beweisrechts in der freiwilligen Gerichtsbarkeit s. § 26 Rz. 42.

2 Im Kern geht es um die Frage, ob der Richter das Beweisverfahren nach den strikten Regeln der ZPO gestaltet und sich dabei auch auf die im Gesetz genannten fünf Beweismittel beschränkt (Strengbeweis) oder ob er von den strikten Regeln des Beweisverfahrens und dem numerus clausus der Beweismittel freigestellt ist, so dass er zB auch telefonische Fragen oder amtliche Auskünfte von Behörden nutzen kann (Freibeweis).

Trotz kritischer Stellungnahmen aus der Wissenschaft zum Freibeweis[1] hat der Gesetzgeber in der ZPO den Freibeweis durch die neueren Reformgesetze verdeutlicht und verstärkt (vgl. §§ 273 Abs. 2, 284 Satz 2 bis 4 ZPO; vgl. auch §§ 55 Abs. 4 Nr. 3, 56 Abs. 1 Nr. 2 ArbGG).

B. Normzweck

Die Regelung der §§ 29, 30 bringt zunächst in formaler Hinsicht eine gewisse Rechtsklarheit. Darüber hinaus macht der Gesetzgeber den Versuch, den Anwendungsbereich von Freibeweis und Strengbeweis ein wenig konkreter gegeneinander abzugrenzen. Letztlich verbleibt es aber bei der Wahlfreiheit des Richters zwischen beiden Arten des Beweisverfahrens. Das kann insbesondere dem § 30 Abs. 1 eindeutig entnommen werden. Im Ergebnis wird beiden Normen wohl nur eine sehr begrenzte Bedeutung zukommen. Es geht im Kern um die normative Bestätigung einer anerkannten Rechtslage, die die Flexibilität des Beweisverfahrens als obersten Verfahrenszweck zugrunde legt.

C. Anwendungsbereich

§ 29 gilt in allen Verfahren der freiwilligen Gerichtsbarkeit, die im Rahmen des FamFG geregelt sind. Die gerichtliche Beweiserhebung kann also unabhängig davon gem. § 29 stattfinden, ob ein Amtsverfahren oder ein Antragsverfahren vorliegt. Die Beweiserhebung nach § 29 oder § 30 gilt auch in allen Instanzen und Verfahrensarten, soweit nicht ausnahmsweise spezielle Normen eingreifen.

Keine Anwendung findet die Norm in Ehe- und Familienstreitsachen (vgl. § 113 Abs. 1). In diesem Bereich gilt gem. der allgemeinen Verweisung des § 113 Abs. 1 Satz 2 auf die ZPO das gesamte Beweisrecht der ZPO direkt. Soweit der Richter der freiwilligen Gerichtsbarkeit nach § 30 verfährt, macht dies also in der Sache keinen Unterschied. Dagegen kommt eine Anwendung von § 29 Abs. 1 insoweit generell nicht in Betracht. Zu den Besonderheiten richterlicher Amtsermittlung und Beweiserhebung s. § 26 Rz. 8, 35a.

D. Freibeweis und Strengbeweis

Das Verhältnis von Freibeweis und Strengbeweis sowie die damit zusammenhängende Entscheidung, ob ein Freibeweis grundsätzlich zugelassen sein soll, stellt **eines der zentralen Probleme des Rechts der freiwilligen Gerichtsbarkeit** dar. Schon vor über 100 Jahren wurde in der Sache nach ein solches Beweisverfahren befürwortet.[2] Seither wurde der Freibeweis (gestützt auf § 12 FGG) in der Praxis weithin verwendet. Allerdings gab es in der Vergangenheit auch immer wieder Stimmen, die die Existenz eines Freibeweisverfahrens grundsätzlich bezweifelt haben.[3] Angesichts der gesetzgeberischen Entwicklungen in § 284 ZPO und § 29 FamFG lässt sich heute die Existenz des Freibeweises nicht mehr leugnen. Die entscheidende Frage muss daher heute lauten, wann und in welchem Umfang der Freibeweis heranzuziehen ist. Nach Erlass des FGG war man ursprünglich der Auffassung gewesen, dass der Freibeweis in der Praxis die Regel sein soll, der Strengbeweis die Ausnahme. Nach 1949 hat sich unter dem Einfluss des Grundgesetzes ein gewisser Meinungswandel ergeben. In jüngerer Zeit haben die Ansichten zugenommen, dass der Strengbeweis das Regelverfahren sei. Heute hat sich theoretisch und praktisch der Strengbeweis als Regelfall eindeutig durchgesetzt. Für die Anwendung des Freibeweises wird meist die Erreichung des jeweiligen Verfahrenszweckes verlangt. So ist vertreten worden, dass der

---

1 Vgl. Rosenberg/Schwab/Gottwald, § 109 II, III; *Koch/Steinmetz*, MDR 1980, 901.
2 Vgl. *Rausnitz*, FGG, 1900, § 12 Rz. 14; geprägt hat den Begriff *Ditzen*, Dreierlei Beweis im Strafverfahren, Leipzig 1926, S. 41 ff.
3 Vgl. *Brehm*, Freiwillige Gerichtsbarkeit, Rz. 332 ff.; ferner Stein/Jonas/*Berger*, vor § 355 ZPO Rz. 24.

Freibeweis nur für Tatsachenbehauptungen in Betracht komme, die nicht entscheidungserheblich seien.[1] Zum Teil wurde auch gesagt, der Freibeweis sei (ähnlich wie in der ZPO) nur für die Zulässigkeitsfragen heranzuziehen.[2] Nunmehr bilden die §§ 29, 30 eine eindeutige Grundlage dafür, dass in der freiwilligen Gerichtsbarkeit neben dem Strengbeweis auch der Freibeweis anzuwenden ist. Andererseits zeigen die Regelungen in § 30, dass der Gesetzgeber entsprechend der bereits vorhandenen Praxis das Schwergewicht der Beweisaufnahme im Rahmen des Strengbeweises sieht. Den Grundsatz bildet zwar weiterhin das ausdrücklich gewährte richterliche Ermessen und damit eine gewisse Wahlfreiheit, wie sie sich aus § 30 Abs. 1 ergibt. Im Einzelnen zeigen aber die zwingenden Vorschriften des § 30 Abs. 2 und 3, dass sich praktisch das Schwergewicht verschoben hat.[3]

E. Anwendungsbereich des Freibeweises und seine Vorteile

8   Basis für die Anwendung des Freibeweises ist der Zweck der Norm. Dieser wird im Gesetzentwurf so umschrieben, dass der Freibeweis ein flexibles Erkenntnisinstrument sei, das ein zügiges, effizientes und ergebnisorientiertes Arbeiten ermögliche.[4] Im Einzelnen ist anzuerkennen, dass der Freibeweis im Rahmen der Ermittlung aller **Verfahrensvoraussetzungen** und aller weiteren **Verfahrensfragen** in Betracht kommt. Er kann vom Gericht auch bei **Zustimmung aller Beteiligten** herangezogen werden (Argument aus § 284 Satz 2 ZPO). Weiterhin ist ein Freibeweis zulässig, wenn ein **Eingriff in Schutzbereiche** des Verfahrensrechts und der Beteiligten sowie in öffentliche Interessen **nicht zu befürchten** ist. Darüber hinaus ist der Freibeweis heranzuziehen, wenn er **allein für eine besondere Sachverhaltsermittlung geeignet** ist. Dies könnte zB bei der Anhörung eines ausländischen Zeugen der Fall sein, der einer Zeugenladung nicht Folge leistet und auch nicht zu schriftlichen Aussagen bereit ist. In diesem Falle könnte eine telefonische Aussage der einzige Weg zur Sachverhaltsermittlung sein. In jedem Falle wird man den Freibeweis heranziehen können, wenn es um die **Anhörung einer Amtsperson** geht. Schließlich ist der Freibeweis das geeignete Verfahren, wenn es darum geht, besondere Rechtsgüter zu schützen, die im Rahmen eines normalen Strengbeweisverfahrens gefährdet wären. Dies dürfte insbesondere für verfassungsrechtlich gesicherte **Geheimhaltungsinteressen** gelten.

9   Basis für die jeweilige Wahl des Freibeweises sind in allen Fällen die von ihm ausgehenden Vorteile für das Gericht. Dabei liegt der entscheidende Vorteil des Freibeweises in seiner **Flexibilität**. Die einzelnen **Beweismittel** sind nicht vorgeschrieben und können formlos angeordnet und herangezogen werden. Ein Beweisbeschluss sowie Terminsanberaumung und Ladungen sind also nicht erforderlich. Darüber hinaus wird ein wichtiger Vorteil auch gegenüber den Gefahren des Strengbeweises gesehen, soweit dort von einem vom Gericht formulierten **Beweisbeschluss** eine bestimmte Suggestivwirkung ausgeht. Auch darf nicht verkannt werden, dass eine förmliche Beweisaufnahme insbesondere bei Wiederholung von Ladungen und ähnlichem zeitintensiv sein kann. Schließlich bietet der Freibeweis vielfältige Möglichkeiten, um den Schutz menschlicher oder sozialer Beziehungen sowie anerkennenswerte Geheimhaltungsinteressen zu wahren. Ausdruck der Flexibilität ist es auch, dass der Grundsatz der **Unmittelbarkeit** der Beweisaufnahme (§§ 285, 355 ZPO) und der Grundsatz der **Beteiligtenöffentlichkeit** (§ 357 ZPO) im Freibeweisverfahren nicht gelten.[5]

F. Anwendung der ZPO (Absatz 2)

10   Der Grundgedanke des Freibeweises ist es, dass die **Regeln der ZPO** über eine förmliche Beweisaufnahme **nicht gelten**. Daher bedarf es einer speziellen Norm, soweit ZPO-Regeln ausnahmsweise doch zu beachten sind. Dies gilt gem. Abs. 2 einmal

---

1 *Pohlmann*, ZZP 106 (1993), 181 (210).
2 Vgl. *Wütz*, Der Freibeweis in der freiwilligen Gerichtsbarkeit, S. 123.
3 Zum Ganzen *Lamberti*, Das Beweisverfahren der freiwilligen Gerichtsbarkeit, 2009, S. 64 ff.
4 Begr. RegE, BT-Drucks. 16/6308, S. 180.
5 Schulte-Bunert/Weinreich/*Brinkmann*, § 29 FamFG Rz. 11 f.

für den Bereich der Amtsverschwiegenheit, also für § 376 ZPO, soweit ein Richter, ein Beamter oder eine andere Person des öffentlichen Dienstes, ferner das Mitglied eines Parlaments oder einer Regierung sowie der Bundespräsident als Auskunftsperson über Umstände befragt werden, auf die sich ihre Pflicht zur Amtsverschwiegenheit bezieht. Soweit von einer solchen Person eine dienstliche Auskunft eingeholt wird, setzt dies auch im Rahmen des Freibeweises also eine bestehende Aussagegenehmigung gem. § 376 Abs. 1 ZPO voraus. Diese Rechtslage wäre selbst dann anzunehmen, wenn es Abs. 2 nicht gäbe. Denn es besteht kein Unterschied, ob eine der Amtsverschwiegenheit unterliegende Tatsache durch eine Person im Freibeweis als Auskunftsperson oder im Strengbeweis als Zeuge preisgegeben wird.

Für einen Rechtsanwalt gilt § 376 ZPO nicht (vgl. statt dessen § 383 Abs. 1 Nr. 6 ZPO). Für Notare als Auskunftspersonen ist § 18 BNotO zu beachten. **11**

Anzuwenden ist gem. Abs. 2 auch im Freibeweis weiterhin das Recht zur Zeugnisverweigerung nach den §§ 383, 384 ZPO. In diesem Fall gelten auch die Verfahrensregeln der §§ 385 bis 390 ZPO entsprechend. Im Einzelnen haben ein Zeugnisverweigerungsrecht danach Auskunftspersonen, die iSd. § 383 Abs. 1 Nr. 1 bis 3 ZPO ein besonderes persönliches Näheverhältnis zum Beteiligten haben. Ferner haben ein Zeugnisverweigerungsrecht diejenigen Personen, die nach § 383 Abs. 1 Nr. 4 bis 6 ZPO zu einer dort bezeichneten Berufsgruppe gehören, soweit sie nicht im Einzelnen von der Schweigepflicht entbunden sind (vgl. § 385 Abs. 2 ZPO). Schließlich ist auch das Zeugnisverweigerungsrecht aus sachlichen Gründen gem. § 384 ZPO entsprechend anzuwenden. Dabei muss allerdings die jeweilige Auskunftsperson mögliche Gründe für eine Auskunftsverweigerung selbst darlegen und glaubhaft machen. Die insoweit bestehende Mitwirkungspflicht wird nicht von der Amtsermittlungspflicht des Gerichtes verdrängt (vgl. § 386 ZPO). Im Falle eines möglichen Aussageverweigerungsrechts aus persönlichen Gründen gem. § 383 Abs. 1 Nr. 1 bis 3 ZPO muss jedoch das Gericht die Aussageperson vorher über ihr Recht zur Verweigerung der Aussage belehren. Wird eine solche Belehrung unterlassen, wäre die gegebene Auskunft im weiteren Verfahren nicht verwertbar, falls sich die Auskunftsperson später auf ihr Aussageverweigerungsrecht beruft. **12**

G. Aktenkundigkeit (Absatz 3)

In Übereinstimmung mit der generellen Regelung des § 28 Abs. 4 muss das Gericht über alle persönlichen Anhörungen der Beteiligten ebenso wie über die Befragung von Auskunftspersonen und das Ergebnis dieser Befragung in geeigneter Form eine Aktenkundigkeit herbeiführen. Dies wird in aller Regel in der Form eines Vermerks geschehen, wie er in § 28 Abs. 4 geregelt ist. Entsprechend den dort gegebenen Hinweisen ersetzt eine solche Dokumentation durch einen Vermerk die Regeln über die Protokollführung nach den §§ 159 ff. ZPO. die im Rahmen der freiwilligen Gerichtsbarkeit nicht anwendbar sind (im Einzelnen s. § 28 Rz. 20). **13**

30 Förmliche Beweisaufnahme
(1) Das Gericht entscheidet nach pflichtgemäßem Ermessen, ob es die entscheidungserheblichen Tatsachen durch eine förmliche Beweisaufnahme entsprechend der Zivilprozessordnung feststellt.
(2) Eine förmliche Beweisaufnahme hat stattzufinden, wenn es in diesem Gesetz vorgesehen ist.
(3) Eine förmliche Beweisaufnahme über die Richtigkeit einer Tatsachenbehauptung soll stattfinden, wenn das Gericht seine Entscheidung maßgeblich auf die Feststellung dieser Tatsache stützen will und die Richtigkeit von einem Beteiligten ausdrücklich bestritten wird.
(4) Den Beteiligten ist Gelegenheit zu geben, zum Ergebnis einer förmlichen Beweisaufnahme Stellung zu nehmen, soweit dies zur Aufklärung des Sachverhalts oder zur Gewährung rechtlichen Gehörs erforderlich ist.

A. Entstehung und Inhalt der Norm ... 1	III. Strengbeweis nach Absatz 3
B. Normzweck und Anwendungsbereich 2	1. Allgemeines 7
C. Der Strengbeweis in der freiwilligen Gerichtsbarkeit 3	2. Normzweck 8
	3. Tatbestandsmerkmale 9
D. Kriterien für die Wahl des jeweiligen Beweisverfahrens	4. Entscheidungserhebliche Tatsache 10
	5. Für wahr gehaltene Tatsache 11
I. Grundsatz (Absatz 1) 5	6. Bestreiten der Richtigkeit 14
II. Besondere Regelung im Gesetz (Absatz 2) 6	7. Der Beteiligte 15
	E. Gelegenheit zur Stellungnahme (Absatz 4) 16
	F. Anwendung der ZPO-Regeln 17

Literatur: s. § 26.

A. Entstehung und Inhalt der Norm

1 Der in § 30 geregelte Strengbeweis ist eng mit dem verfahrensmäßigen Gegensatz in § 29 (Freibeweis) verbunden. Der Gesetzgeber hat ganz bewusst die beiden möglichen Formen eines Beweisverfahrens in abstrakter Form in den §§ 29 und 30 erstmalig ausdrücklich geregelt. Im Rahmen der förmlichen Beweisaufnahme geht es im Kern darum, dass der Richter sein Beweisverfahren nach den strikten Regeln der ZPO gestaltet und dabei insbesondere auf die im Gesetz genannten fünf Beweismittel beschränkt ist. Zu den Einzelheiten s. § 29 Rz. 1, 2, 7. Zum Gesamtsystem des Beweisrechts in der freiwilligen Gerichtsbarkeit s. § 26 Rz. 42.

B. Normzweck und Anwendungsbereich

2 Zum gemeinsamen Normzweck der §§ 29, 30 s. § 29 Rz. 4. Auch bezüglich des Anwendungsbereichs von § 30 gilt das oben für § 29 Gesagte in gleicher Weise (s. § 29 Rz. 5). Im Ergebnis ist daher über § 30 in der freiwilligen Gerichtsbarkeit das gesamte Beweisrecht der ZPO anwendbar (zu den Einzelheiten s. Rz. 17). Im Bereich der Ehe- und Familienstreitsachen ist ohne jeden Unterschied in der Sache das Beweisrecht der ZPO unmittelbar heranzuziehen.

C. Der Strengbeweis in der freiwilligen Gerichtsbarkeit

3 Der Begriff des Strengbeweises ist im Gesetz nicht enthalten. Der Gesetzgeber spricht vielmehr von einer förmlichen Beweisaufnahme und meint damit entsprechend der Regelung in Abs. 1 diejenige Beweisaufnahme, bei der alle Normen des zivilprozessualen Beweisrechts beachtet und eingehalten werden. Im Rahmen aller streitigen Verfahren nach der ZPO und ebenso im Rahmen der Ehe- und Familienstreitsachen ist die Einhaltung des Strengbeweises eine Selbstverständlichkeit. Wenn also das Gesetz in § 284 Satz 2 ZPO mit dem Einverständnis der Parteien oder in § 29 nach dem Ermessen des Gerichts eine Abweichung vom Strengbeweis vorsieht, so ist dies aus der Sicht des effektiven Rechtsschutzes und damit des verfassungsrechtlich garantierten Rechts auf den Beweis (s. Rz. 5 und § 26 Rz. 28) die begründungsbedürftige Ausnahme. Mit der Wahrung des Strengbeweises sollen vor allem Rechtssicherheit und Rechtsklarheit beim Beweisverfahren und bei der Erzielung des Beweisergebnisses erreicht werden. Dass dies zugleich eine Einschränkung der Flexibilität des Freibeweises darstellt, wurde bereits verdeutlicht (vgl. § 29 Rz. 7).

4 Die zentrale Frage des Strengbeweises in der freiwilligen Gerichtsbarkeit ist der vom Gesetz gemachte Versuch, die beiden Beweisverfahren mit möglichst großer Eindeutigkeit und Rechtsklarheit voneinander abzugrenzen. Dem dienen neben dem Grundsatz in Abs. 1 insbesondere die Abs. 2 und 3.

D. Kriterien für die Wahl des jeweiligen Beweisverfahrens

I. Grundsatz (Absatz 1)

Gem. der allgemeinen Grundregel des Abs. 1 steht es im pflichtgemäßen Ermessen des Gerichts, ob eine förmliche Beweisaufnahme durchgeführt wird oder ob ein Freibeweis in Betracht kommt. Soweit allerdings dem Gesetz keine ermessensleitenden Erwägungen zu entnehmen sind, steht dem Gericht im Einzelfall eine gewisse Freiheit der Wahl des Beweisverfahrens nach dem jeweiligen Normzweck zu. Das Gesetz hat im Hinblick auf die Flexibilität des einzelnen Verfahrens in Abs. 1 bewusst auf alle konkreten ermessensleitenden Kriterien verzichtet. In Übereinstimmung mit der Gesetzesbegründung ist auch künftig die in der Rechtsprechung benutzte Formel heranzuziehen, wonach der Strengbeweis dann erforderlich ist, wenn dies zur ausreichenden Sachaufklärung oder wegen der Bedeutung der Angelegenheit notwendig erscheint.[1] Das Gesetz hat den Beteiligten kein förmliches Antragsrecht auf Durchführung eines Strengbeweises zugebilligt. Nach allgemeinen Regeln kann es den Beteiligten freilich nicht verwehrt werden, eine förmliche Beweisaufnahme anzuregen. Eine Bindung des Gerichts entsteht dadurch nicht.

5

II. Besondere Regelung im Gesetz (Absatz 2)

Nach Abs. 2 ist eine förmliche Beweisaufnahme zwingend, wenn sie in diesem Gesetz vorgesehen ist. Der Gesetzgeber hat also die Möglichkeit, wegen der Schwere des einzelnen Gesetzeseingriffs oder im Hinblick auf einen Eingriff in Grundrechte der Beteiligten oder weil in anderer Weise eine besondere Richtigkeitsgewähr erforderlich erscheint, eine förmliche Beweisaufnahme anzuordnen. Abs. 2 ist rein deklaratorisch. Entscheidend sind die besonderen gesetzlichen Regelungen. In Abstammungssachen ist hier auf § 177 Abs. 2 hinzuweisen; beim Verfahren in Betreuungssachen ist § 280 Abs. 1 zu beachten; für den speziellen Fall der Sterilisation ist auf § 297 Abs. 6 hinzuweisen; schließlich ist im Verfahren in Unterbringungssachen § 321 Abs. 1 zu berücksichtigen. Auch außerhalb des FamFG gibt es Normen, die ein förmliches Beweisverfahren verlangen, so zB § 29 GBO.

6

Die Regelungen des § 30 Abs. 2 mit §§ 280 Abs. 1, 321 Abs. 1 führen also in Betreuungs- und Unterbringungssachen dazu, dass zwingend als Kernbereich des Verfahrens ein Sachverständigengutachten einzuholen ist. Durch diese zwingende Regelung wird zunächst in gewissem Umfang der Amtsermittlungsgrundsatz eingeschränkt, weil das Sachverständigengutachten notwendige Grundlage der richterlichen Entscheidung sein muss und damit das weitergehende Ermittlungsermessen des Gerichts beschränkt. Zugleich führt die Regelung dazu, dass zwingend ein förmliches Beweisverfahren durchzuführen ist und die Möglichkeit des Freibeweises ausscheidet. Auf das einzuholende Sachverständigengutachten sind also die §§ 402 ff. ZPO sowie die allgemeinen Vorschriften über die Beweisaufnahme gem. § 355 ff. ZPO anzuwenden.[2]

6a

III. Strengbeweis nach Absatz 3

1. Allgemeines

In Abs. 3 ist eine zwingende Anordnung in Form einer Soll-Vorschrift enthalten, wonach das Gericht den Strengbeweis wählt, wenn es seine Entscheidung maßgeblich auf die Feststellung einer Tatsache stützen will und die Richtigkeit dieser Tatsache von einem Beteiligten ausdrücklich bestritten wird. Damit ist Abs. 3 ebenso wie Abs. 2 ein ausdrücklicher Pflichtfall für den Strengbeweis, der den Grundsatz der richterlichen Ermessensentscheidung nach Abs. 1 obsolet macht. Nur wenn weder Abs. 2 noch Abs. 3 eingreifen, muss der Richter nach der allgemeinen Grundregel des Abs. 1 vorgehen, wonach der Beweis nach pflichtgemäßem Ermessen, also in der am besten geeigneten Form zu erheben ist.

7

---

1 OLG Zweibrücken v. 27.10.1987 – 3 W 81/87, NJW-RR 1988, 1211.
2 Vgl. dazu BGH v. 19.1.2011 – XII ZB 256/10, FamRZ 2011, 637; BGH v. 15.9.2010 – XII ZB 383/10, NJW 2011, 520; *Müther*, FamRZ 2010, 857.

2. Normzweck

8 Abs. 3 setzt voraus, dass bereits eine gewisse richterliche Überzeugungsbildung auf der Basis eines Freibeweises gegeben ist, die zu dem Ergebnis führt, dass eine bestimmte Tatsache gegeben ist, auf die das Gericht seine Entscheidung maßgeblich stützen will und deren Richtigkeit andererseits von einem Beteiligten ausdrücklich bestritten wird. In diesem Falle liegt es nahe, dass der Gesetzgeber die Anwendung des Strengbeweises anordnet, weil dadurch wohl ein stärker gesichertes Verfahrensergebnis mit einem höheren Beweiswert zu erzielen ist und zugleich die Beteiligungsrechte der Beteiligten besser geschützt sind.

3. Tatbestandsmerkmale

9 Die Anordnung des Strengbeweises nach Abs. 3 setzt das Vorliegen dreier Tatbestandsmerkmale voraus: Zunächst muss eine entscheidungserhebliche Tatsache gegeben sein (s. Rz. 10), weiterhin muss diese Tatsache vom Gericht vorläufig für wahr gehalten werden (s. Rz. 11) und schließlich muss die Tatsache von einem Beteiligten ausdrücklich bestritten werden (s. Rz. 14).

4. Entscheidungserhebliche Tatsache

10 Zunächst muss eine **Tatsache** angesprochen sein (zum Tatsachenbegriff s. § 26 Rz. 15). Nicht hierher gehört also der Streit über die Rechtslage. Auch ein Streit über ausländisches Recht, über statuarisches Recht oder über Erfahrungssätze fällt nicht unter Abs. 3. Nach dem Normzweck ist also der Begriff der Tatsache hier im technischen Sinne zu verstehen. Diese Tatsache muss entscheidungserheblich sein. Es muss also ihre Berücksichtigung oder Nicht-Berücksichtigung geeignet sein, eine andere rechtliche Bewertung des Sachverhalts zu bewirken. Die Entscheidung des Richters muss daher je nach Berücksichtigung oder Nicht-Berücksichtigung der Tatsache anders ausfallen. Im Einzelnen wird dabei vorausgesetzt, dass es sich bei der Tatsache entweder um eine Haupttatsache handelt, die den Tatbestand einer entscheidungsrelevanten Norm unmittelbar ausfüllt, oder dass die streitige Tatsache jedenfalls eine von mehreren Anknüpfungstatsachen darstellt, durch die ein umfassender oder ein unbestimmter Rechtsbegriff ausgefüllt werden soll, soweit diese Tatsache im Ergebnis eine ausschlaggebende Bedeutung bei der richterlichen Gesamtabwägung hat. Handelt es sich bei der streitigen Tatsache nur um eine vorgreifliche Indiztatsache für das Vorliegen einer Haupttatsache, so muss in jedem Falle die Haupttatsache für die Entscheidung relevant sein, und die Hilfstatsache muss einen sicheren Rückschluss auf die Haupttatsache ermöglichen.[1]

5. Für wahr gehaltene Tatsache

11 Abs. 3 geht davon aus, dass das Gericht die jeweils entscheidungserhebliche Tatsache seiner Entscheidung auch wirklich zugrunde legen will. Dies ist nur möglich, wenn das Gericht sich bereits im Wege des Freibeweises oder einer sonstigen Würdigung eine vorläufige richterliche Überzeugung vom Vorliegen der Tatsache geschaffen hat. Dem Strengbeweis muss also bereits ein Freibeweisverfahren oder eine sonstige Würdigung (zumindest inzident) vorausgegangen sein, wie auch die Begründung zum Gesetzentwurf anerkennt.[2]

12 Auf Grund der bisherigen gerichtlichen Erkenntnisse muss das Gericht die entscheidungserhebliche Tatsache vorläufig für wahr halten. Dies ist nicht dadurch möglich, dass die Tatsache offenkundig ist. Denn im Falle der Offenkundigkeit wäre gem. § 291 ZPO eine weitere Beweisführung ausgeschlossen. Ebenso wenig ist dies dadurch möglich, dass bereits das Verfahren eines Strengbeweises durchgeführt worden ist. Denn Abs. 3 regelt erkennbar nicht den Fall einer Wiederholung des Strengbeweises. In Betracht kommt neben der richterlichen Überzeugungsbildung durch vorherigen Freibeweis aber auch eine vorläufige Beweiswürdigung iSv. § 37 auf Grund

---

[1] Vgl. dazu die Begr. RegE, BT-Drucks. 16/6308, S. 190.
[2] Vgl. dazu die Begr. RegE, BT-Drucks. 16/6308, S. 190.

des bisherigen Verfahrensstoffes ohne jede Beweisaufnahme. Denn § 37 Abs. 1 lässt es zu, dass das Gericht seine Überzeugung aus dem gesamten Inhalt des Verfahrens gewinnt und damit eine Überzeugungsbildung auch ohne ein Freibeweisverfahren ermöglicht.

Im **Ergebnis** regelt Abs. 3 also **zwei verschiedene Fälle:** Möglich ist erstens eine gerichtliche Überzeugungsbildung auf Grund des vorliegenden Verfahrensstoffes ohne jede Beweisaufnahme und ein nunmehr gem. Abs. 3 erstmals angeordnetes Strengbeweisverfahren zur Ermittlung des Hauptbeweises. Möglich sind aber auch eine vorläufige Überzeugungsbildung des Gerichts auf Grund eines Freibeweises und eine nunmehr nach Abs. 3 angeordnete Wiederholung des Hauptbeweises im Strengbeweisverfahren. **13**

6. Bestreiten der Richtigkeit

Schließlich setzt Abs. 3 voraus, dass die vom Gericht vorläufig für wahr gehaltene Tatsache von einem Beteiligten ausdrücklich bestritten wird. Abs. 3 soll also insbesondere auch die Verfahrensrechte eines die Tatsachen bestreitenden Beteiligten schützen. Deshalb wird man verlangen müssen, dass dieser Beteiligte die entscheidungserhebliche Tatsache ganz konkret benennt und bestreitet und nicht nur ein pauschales allgemeines Bestreiten des gesamten Vorbringens geltend macht. Soweit ein Beteiligter eine bestimmte entscheidungserhebliche Tatsache bestreitet, wird er dies regelmäßig auch substantiiert tun müssen. Für den Fall, dass ihm eine Substantiierung seines Vortrags aber nicht möglich ist, wird man ihm auch ein einfaches Bestreiten zubilligen müssen. **14**

7. Der Beteiligte

Abs. 3 geht davon aus, dass das Bestreiten einer erheblichen Tatsache von irgendeinem der Beteiligten des Verfahrens erfolgt. Eine weitere Eingrenzung lässt sich dem Normwortlaut nicht entnehmen. Da es sich allerdings bei Abs. 3 um eine Schutznorm handelt, wird man nach den Grundsätzen der objektiven Beweislast verlangen müssen, dass das Bestreiten von demjenigen Beteiligten ausgeht, zu dessen Lasten die bestrittene Tatsache sich auswirken würde. Sollte ausnahmsweise ein Beteiligter eine Tatsache bestreiten, die sich zu seinen Gunsten auswirken würde, wäre nicht Abs. 3 heranzuziehen. Vielmehr müsste in diesem Falle das Gericht gem. Abs. 1 nach seinem pflichtgemäßen Ermessen entscheiden, ob es aus allgemeinen Erwägungen eine förmliche Beweisaufnahme anordnet. **15**

E. Gelegenheit zur Stellungnahme (Absatz 4)

Die Regelung des Abs. 4 bringt in Übereinstimmung mit dem Grundsatz des § 37 Abs. 2 zum Ausdruck, dass es schon im Hinblick auf die Gewährung rechtlichen Gehörs (Art. 103 Abs. 1 GG), aber auch im Hinblick auf die Wahrung der Rechte der Beteiligten im Beweisverfahren grundsätzlich erforderlich ist, den Beteiligten die Möglichkeit einzuräumen, sich zum Ergebnis einer förmlichen Beweisaufnahme zu äußern. Im Kern stimmt diese Regelung mit den §§ 279 Abs. 3, 285 Abs. 1 ZPO überein. Sie ist insoweit offener, als das Recht der Beteiligten, zum Beweisergebnis Stellung zu nehmen, nicht zwingend im Rahmen einer mündlichen Verhandlung erfolgen muss. Die Regelung ist also flexibler. **16**

F. Anwendung der ZPO-Regeln

Der Strengbeweis iSd. § 30 ist dadurch geprägt, dass das Gericht seine förmliche Beweisaufnahme vollkommen entsprechend den Regeln der ZPO durchführt. Im Einzelnen bedeutet dies, dass die fünf verschiedenen Bereiche des Beweisrechts in der ZPO auf ihre Anwendbarkeit zu prüfen sind. Anwendbar sind in jedem Falle die allgemeinen Vorschriften über die Beweisaufnahme (§§ 355 bis 370 ZPO). Es gelten hier auch die §§ 361, 362 ZPO. Ebenfalls unzweifelhaft anwendbar sind die in der ZPO geregelten Beweismittel (§§ 371 bis 455 ZPO); im Einzelnen vgl. § 26 Rz. 44aff. Anwendbar ist weiterhin der Abschnitt über den Eid (§§ 478 bis 484 ZPO). Das hatte der frü- **17** here § 15 FGG ausdrücklich vorgesehen. Daran hat sich in der Sache nichts geändert. Schließlich ist auch der Abschnitt über das selbständige Beweisverfahren in der freiwilligen Gerichtsbarkeit anwendbar (§§ 485 bis 494a ZPO). Dies war auch bereits nach früherem Recht anerkannt.[1] Die spezielle Norm des § 410 Nr. 2 ist nicht abschließend gemeint und steht der Anwendung der §§ 485 ff. ZPO nicht entgegen. Im Rahmen des Sachverständigenbeweises ist § 411a ZPO anzuwenden, wonach die Begutachtung durch die Verwertung eines gerichtlich oder staatsanwaltschaftlich eingeholten Sachverständigengutachtens aus einem anderen Verfahren ersetzt werden kann. Diese Gutachten muss freilich den Anforderungen des § 280 Abs. 3 genügen. Im Falle einer sofortigen Beschwerde gegen die Zurückweisung der Ablehnung eines Sachverständigen entscheidet der Einzelrichter.[2]

18 Neben den genannten vier Bereichen des zivilprozessualen Beweisrechts findet sich im erstinstanzlichen Verfahren der ZPO auch ein grundlegender Abschnitt über Grundfragen der Beweisaufnahme (§§ 284 bis 294 ZPO). Die Anwendbarkeit dieses Abschnitts ist zweifelhaft, weil einige der dort genannten Normen im FamFG eine eigene Regelung erhalten haben (vgl. §§ 31, 37 FamFG). Darüber hinaus scheidet die Anwendbarkeit der Normen über das gerichtliche Geständnis (§§ 288 bis 290 ZPO) wegen des Amtsermittlungsgrundsatzes aus. Man wird im Ergebnis also differenzieren müssen. Anwendbar sind die §§ 284, 285 Abs. 2, 286 Abs. 2, 287, 291, 292, 293 ZPO.[3]

19 Soweit die ZPO außerhalb des Beweisrechts Normen enthält, die der Stoffsammlung dienen (vgl. etwa §§ 141 bis 144 ZPO), sind diese von § 30 Abs. 1 nicht in Bezug genommen.

§ 31 Glaubhaftmachung

(1) Wer eine tatsächliche Behauptung glaubhaft zu machen hat, kann sich aller Beweismittel bedienen, auch zur Versicherung an Eides statt zugelassen werden.
(2) Eine Beweisaufnahme, die nicht sofort erfolgen kann, ist unstatthaft.

A. Entstehung und Inhalt der Norm ... 1	IV. Präsente Beweismittel ... 10
B. Normzweck ... 3	V. Beweisgegner ... 11
C. Anwendungsbereich ... 4	E. Rechtsfolgen
D. Verfahren der Glaubhaftmachung	I. Beweismaß ... 12
I. Tatsachenbehauptung ... 7	II. Beweiswürdigung ... 13
II. Beweismittel ... 8	III. Begründungspflicht ... 14
III. Eidesstattliche Versicherung ... 9	

Literatur: *Van Els*, § 31 FamFG – behutsam auslegen, FamRZ 2012, 496; ferner s. § 26.

A. Entstehung und Inhalt der Norm

1 Die Norm ist in ihren beiden Absätzen wortgleich mit § 294 ZPO. Die Regelung galt der Sache nach auch schon im früheren Recht, ohne dass das FGG eine umfassende Regelung enthalten hätte. Lediglich die Möglichkeit der Versicherung an Eides statt war schon bisher normiert (vgl. § 15 Abs. 2 FGG).

2 Die Glaubhaftmachung ist nach ihrem Ziel vom Vollbeweis zu unterscheiden. Soweit im gerichtlichen Verfahren ein voller Beweis verlangt wird (vgl. § 37 Abs. 1), muss das Gericht sich die volle Überzeugung vom Vorliegen oder vom Nichtvorliegen von Tatsachenbehauptungen verschaffen. Demgegenüber ist die Glaubhaftmachung eine Abstufung, die gerade nicht die volle Überzeugung des Gerichts verlangt. Das

---

[1] Keidel/*Sternal*, § 30 FamFG Rz. 121 mwN; aA *Lamberti*, Das Beweisverfahren der freiwilligen Gerichtsbarkeit, 2009, S. 179 ff.; Jansen/*v. König*, § 15 FGG Rz. 82.
[2] OLG München v. 6.2.2012 – 31 Wx 31/12, FamRZ 2012, 1079.
[3] AA Zöller/*Feskorn*, § 30 FamFG Rz. 12.

Ergebnis einer Glaubhaftmachung ist also ein vermindertes Beweismaß gegenüber der vollen richterlichen Überzeugung (vgl. Rz. 12).

B. Normzweck

Die in allen Verfahrensgesetzen bekannte Glaubhaftmachung ist im Kern eine Erleichterung der Beweisführung und damit der Erzielung des Beweisergebnisses. Der Gesetzgeber schafft sich damit die Möglichkeit, in bestimmten Verfahrensbereichen wie etwa dem Bereich des vorläufigen Rechtsschutzes, den Eilverfahren und den Zwischenverfahren eine schwierige, komplizierte und langwierige Sachverhaltsermittlung zunächst zu vermeiden und das Beweisverfahren zugleich auf präsente Beweismittel zu beschränken. Die Glaubhaftmachung hat also erkennbar einen gewissen vorläufigen Charakter. Im Einzelnen enthält die Norm bestimmte Anordnungen, wie eine solche einfachere Art der Beweisführung zu erfolgen hat. Insbesondere ergibt sich aus der Norm, dass an die Glaubhaftmachung deutlich geringere Anforderungen bezüglich der gerichtlichen Überzeugung zu stellen sind als an den normalen Beweis iSd. § 37 Abs. 1. Zugleich verdeutlicht die Gegenüberstellung von § 31 und § 37 Abs. 1, dass es im deutschen Verfahrensrecht ein absolut einheitliches und gleich bleibendes Beweismaß nicht gibt.[1]

3

C. Anwendungsbereich

Die Glaubhaftmachung nach § 31 ist nur in denjenigen Fällen zulässig, in denen das Gesetz dies ausdrücklich vorsieht (abschließende Regelung). Eine exakte Herausarbeitung besonderer Prinzipien oder Gruppenbildung ist dabei schwer möglich. Insbesondere verwendet der Gesetzgeber die Glaubhaftmachung im Rahmen des einstweiligen Rechtsschutzes sowie bei Zwischenverfahren und Eilverfahren. Im Einzelnen ist eine Glaubhaftmachung vorgesehen bei der Richterablehnung (§ 6 Abs. 1 iVm. § 44 Abs. 2 ZPO), bei der Akteneinsicht (§ 13 Abs. 2), beim Antrag auf Wiedereinsetzung (§ 18 Abs. 3), bei einer Terminsänderung (§ 32 Abs. 1 iVm. § 227 Abs. 2 ZPO), beim persönlichen Erscheinen eines Beteiligten (§ 33 Abs. 3), bei der Gehörsrüge (§ 44 Abs. 2), bei der Wiederaufnahme des Verfahrens (§ 48 Abs. 2 iVm. § 589 Abs. 2 ZPO), bei der Bewilligung von Verfahrenskostenhilfe (§ 76 Abs. 1 iVm. § 118 Abs. 2 ZPO), bei der Kostenfestsetzung (§ 85 iVm. § 104 Abs. 2 ZPO), bei der Vollstreckung aus einem Titel wegen einer Geldforderung (§ 95 Abs. 3), bei der Anerkennung ausländischer Entscheidungen (§ 107 Abs. 4), bei der Wiederaufnahme des Verfahrens in Ehesachen (§ 118 iVm. § 589 Abs. 2 ZPO), beim Arrest in Familienstreitsachen (§ 119 Abs. 2 iVm. § 920 Abs. 2 ZPO), bei der Vollstreckung in Ehesachen (§ 120 Abs. 2), bei der Terminsverlegung in Kindschaftssachen (§ 155 Abs. 2), beim Beschluss über Zahlungen des Mündels (§ 168 Abs. 1 iVm. § 118 Abs. 2 ZPO), bei der Einsicht in eröffnete Verfügungen von Todes wegen (§ 357 Abs. 1 und Abs. 2), schließlich mehrfach im Aufgebotsverfahren (§§ 444, 449, 450, 468).

4

Das Verfahren der Glaubhaftmachung ist unabhängig von Amtsverfahren und Antragsverfahren sowie von Strengbeweis und Freibeweis überall dort heranzuziehen, wo es nach dem Gesetz ausdrücklich zugelassen ist.

5

Soweit im Einzelfall eine Glaubhaftmachung gesetzlich vorgesehen ist, gilt § 31 in allen Verfahren der freiwilligen Gerichtsbarkeit, die im Rahmen des FamFG geregelt sind. Keine Anwendung findet die Norm in Ehe- und Familienstreitsachen (vgl. § 113 Abs. 1). In diesem Bereich gilt gem. der allgemeinen Verweisung des § 113 Abs. 1 Satz 2 auf die ZPO die Norm des § 294 ZPO direkt. Wegen der Wortgleichheit macht dies keinerlei Unterschied in der Sache.

6

D. Verfahren der Glaubhaftmachung

I. Tatsachenbehauptung

Es können nur tatsächliche Behauptungen glaubhaft gemacht werden. Zum Begriff der Tatsache s. § 26 Rz. 15. Die in Betracht kommende Tatsache muss nach all-

7

---

1 Zu Einzelheiten *Prütting*, Gegenwartsprobleme der Beweislast, 1983, S. 87 ff.

gemeinen Regeln beweisbedürftig sein. Eine Glaubhaftmachung scheidet also aus, wenn die Tatsache offenkundig ist (§ 291 ZPO) oder wenn für die Tatsache eine gesetzliche Vermutung besteht (§ 292 ZPO).

II. Beweismittel

8 Zur Glaubhaftmachung sind grundsätzlich alle Beweismittel zugelassen. Soweit also eine Glaubhaftmachung im Rahmen des Strengbeweises durchzuführen ist, kommt der Beweis durch Augenschein, durch Zeugen, durch Sachverständige, durch Urkunden sowie durch Beteiligtenvernehmung in Betracht. Darüber hinaus gestattet Abs. 1 auch die Versicherung an Eides statt in allen Beweisverfahren (s. dazu Rz. 9). Allerdings kann die Glaubhaftmachung nur durch präsente Beweismittel erfolgen (Abs. 2; s. Rz. 10). Soweit die Glaubhaftmachung im Rahmen des Freibeweises erfolgt, gibt es keinerlei Beweismittelbeschränkungen. Allerdings gilt auch hier die Beschränkung auf präsente Beweismittel. Nicht ausreichend für eine Glaubhaftmachung ist die bloße Benennung von Zeugen. Vielmehr müssen mindestens schriftliche Erklärungen der Zeugen vorgelegt werden.[1]

III. Eidesstattliche Versicherung

9 Sowohl im Rahmen des Strengbeweises wie des Freibeweises ist für die Glaubhaftmachung nach Abs. 2 auch die eidesstattliche Versicherung als ausreichend anzuerkennen. Unter einer eidesstattlichen Versicherung ist eine mündliche oder schriftliche Erklärung zu verstehen, die sich sowohl auf eigene Handlungen und Wahrnehmungen als auch auf andere Tatsachen beziehen kann. Im Wortlaut der Erklärung muss eine solche Versicherung aber präzise und deutlich erkennbar sein. Nicht ausreichend ist es, wenn ein Beteiligter auf anwaltliche Schriftsätze Bezug nimmt und deren Richtigkeit bestätigt. Entspricht die Versicherung an Eides statt nicht der Wahrheit, so ist bei vorsätzlichem Handeln der Straftatbestand der falschen eidesstattlichen Versicherung (§ 156 StGB) erfüllt, im Falle von Fahrlässigkeit ist der Straftatbestand des § 163 Abs. 1 StGB heranzuziehen. In Einzelfällen schließt das Gesetz die eidesstattliche Versicherung aus (vgl. etwa § 6 iVm. § 44 Abs. 2 ZPO).

IV. Präsente Beweismittel

10 Nach Abs. 2 kommt eine Beweisaufnahme im Rahmen der Glaubhaftmachung nur dann in Betracht, wenn sie sofort erfolgen kann. Es können also nur präsente Beweismittel Berücksichtigung finden. Im Rahmen einer mündlichen Verhandlung ist also eine Vertagung durch das Gericht nicht zulässig, ebenso wenig eine Zeugenvernehmung durch einen ersuchten Richter. Die Beteiligten können auf die Einhaltung dieser Vorschrift nicht verzichten.

V. Beweisgegner

11 Soweit das Gesetz im Einzelfall eine Glaubhaftmachung vorsieht, kann neben dem vom Gesetz in Bezug genommenen Beteiligten auch jeder andere Beteiligte sich auf diese Art der Beweisführung beschränken. Daher kann jeder Beteiligte, der den Inhalt der Glaubhaftmachung bestreiten will, in gleicher Weise abweichende Tatsachenbehauptungen glaubhaft zu machen versuchen. Auch er unterliegt aber gem. Abs. 2 dem Erfordernis, dass nur präsente Beweismittel Berücksichtigung finden.[2]

E. Rechtsfolgen

I. Beweismaß

12 Nach allgemeinen Regeln verlangt der Beweis einer Tatsachenbehauptung die volle richterliche Überzeugung (vgl. § 37 Abs. 1). Dagegen entspricht es dem Wesen der Glaubhaftmachung, dass sie nur die Begründung eines geringeren Grades von Wahrscheinlichkeit beim Richter erstrebt und verlangt. Sie stellt also gegenüber dem

---

1 OLG Bremen v. 17.8.2011 – 4 UF 109/11, NJW-RR 2011, 1511.
2 *Van Els*, FamRZ 2012, 496, 498.

Regelbeweismaß eine Abstufung dar. Das Vorliegen einer Tatsache ist bei der Glaubhaftmachung bereits dann bewiesen, wenn ihr Vorliegen **überwiegend wahrscheinlich** ist. In der Praxis bedeutet die Formel von der überwiegenden Wahrscheinlichkeit, dass etwas mehr für das Vorliegen der Tatsache spricht als gegen sie.[1]

II. Beweiswürdigung

Der Richter wird durch die Glaubhaftmachung in seiner freien Beweiswürdigung nicht eingeschränkt. Ebenso wie im Rahmen des Vollbeweises (§ 37 Abs. 1) hat er anhand der ihm vorliegenden Glaubhaftmachungsmittel seine Überzeugung frei zu ergründen und festzustellen. Das Gericht darf also auch frei über die Wahrheit und den Beweiswert von eidesstattlichen Versicherungen und anderen schriftlichen Aussagen entscheiden.

13

III. Begründungspflicht

Soweit die richterliche Entscheidung, der eine Glaubhaftmachung zugrunde liegt, den Verfahrensgegenstand ganz oder teilweise erledigt (Endentscheidung), ergeht diese durch Beschluss (§ 38 Abs. 1), der gem. § 38 Abs. 3 zu begründen ist. In diesem Fall muss das Gericht im Beschluss auch die Gründe anführen, aus denen es die erfolgreiche Glaubhaftmachung ableitet. Soweit die Glaubhaftmachung dagegen nur eine Zwischenentscheidung zur Konsequenz hat, hängt die Frage einer Begründungspflicht von der jeweiligen gesetzlichen Regelung im Einzelfall ab.

14

32 Termin

(1) Das Gericht kann die Sache mit den Beteiligten in einem Termin erörtern. Die §§ 219, 227 Abs. 1, 2 und 4 der Zivilprozessordnung gelten entsprechend.
(2) Zwischen der Ladung und dem Termin soll eine angemessene Frist liegen.
(3) In geeigneten Fällen soll das Gericht die Sache mit den Beteiligten im Wege der Bild- und Tonübertragung in entsprechender Anwendung des § 128a der Zivilprozessordnung erörtern.

A. Entstehungsgeschichte und Normzweck 1
B. Inhalt der Vorschrift
  I. Bedeutung des Termins
    1. Abgrenzung von der persönlichen Anhörung 2
    2. Kein Mündlichkeitsprinzip 7
    3. Dreifacher Zweck der mündlichen Erörterung 9
  II. Erforderlichkeit eines Termins
    1. Ermessen des Gerichts 10
    2. Gewährung rechtlichen Gehörs ... 12
    3. Ermessenskontrolle 17
  III. Durchführung der mündlichen Verhandlung
    1. Ort der mündlichen Erörterung
      a) Die „Gerichtsstelle" 20
      b) Möglichkeiten abweichender Verfahrensgestaltung 21
      c) Anhörung des Bundespräsidenten 24
    2. Terminierung
      a) Verfügung des Vorsitzenden ... 24a
      b) Ladungsfrist 25
      c) Terminsverlegung 27
    3. Verhandlung im Wege der Bild- und Tonübertragung
      a) Bedeutung 28
      b) Übereinstimmender Antrag der Beteiligten 29
      c) Antrag 30
      d) Ermessensreduzierung bei Vorliegen der Voraussetzungen des § 128a ZPO in geeigneten Fällen 31
      e) Durchführung 32
      f) Protokoll und Aufzeichnung ... 33
      g) Unanfechtbarkeit der Entscheidungen nach § 32 Abs. 3 FamFG iVm. § 128a Abs. 1, 2 ZPO 34
C. Weiteres Verfahren
  I. Unvollständigkeit der Regelungen in § 32 35
  II. Öffentlichkeit 36
  III. Erörterung vor dem gesamten Spruchkörper 37
  IV. Protokoll 39

---

1 Im Einzelnen vgl. MüKo. ZPO/*Prütting*, § 294 ZPO Rz. 24.

Literatur: *Breuers*, Das neue Verfahrensrecht in Familiensachen – offene Fragen, ZFE 2010, 84; *Jänig/Leißring*, FamFG: Neues Verfahrensrecht für Streitigkeiten in AG und GmbH, ZIP 2010, 110.

A. Entstehungsgeschichte und Normzweck

1 § 32 schließt eine empfindliche **Lücke des früheren Rechts**, da das FGG keine ausdrücklichen Regelungen darüber enthielt, wie das Gericht bis zur Entscheidung mit den Beteiligten in Kontakt zu treten hatte.[1] § 32 regelt in Abs. 1 Satz 1, wann ein Termin zur mündlichen Erörterung durchgeführt wird. Die Vorschrift gilt nach § 113 Abs. 1 nicht für Ehe- und Familiensachen. Auch das geltende Recht begnügt sich insoweit mit der Vorgabe eines sehr weiten Rahmens. Es schreibt, anders als die ZPO, **kein bestimmtes Verfahren**, etwa in Form einer verbindlichen mündlichen Verhandlung, vor, sondern lässt dem Gericht einen sehr weiten **Ermessensspielraum**. Dies dient freilich nicht der Bequemlichkeit des Gerichts, sondern der optimalen Verfahrensgestaltung. Anders als regelmäßig im Zivilprozess sind die Verfahrensbeteiligten in Verfahren nach dem FamFG oftmals nicht in der Lage, ihr Begehren engagiert und zielgerichtet in einer mündlichen Verhandlung zu vertreten. Es versteht sich von selbst, dass etwa die förmliche mündliche Verhandlung mit Antragstellung in Unterbringungssachen oder gar bei einem Koma-Patienten wenig sinnvoll ist und dass die Anhörung im gewöhnlichen sozialen Umfeld bei Kindern oder geistig Behinderten weit bessere Ergebnisse verspricht als die möglicherweise einschüchternde Atmosphäre eines Gerichtssaals, in dem das Gericht schon räumlich über den Parteien thront. Nur dieser Besonderheiten wegen ist dem Gericht in § 32 eine große Freiheit bei der Verfahrensgestaltung eröffnet, mit der es verantwortungsvoll umzugehen hat. Die Ausfüllung dieses Spielraums ist daher insbesondere an § 26 zu messen, also daran, ob das Gericht die sich zur Ermittlung des Sachverhalts bietenden Ansätze ausgeschöpft hat und ob von einer mündlichen Erörterung der Sache mit den Beteiligten eine weitere Aufklärung zu erwarten gewesen wäre. § 32 Abs. 1 Satz 2, Abs. 2, 3 trifft nähere Regelungen dazu, wie ein Termin zur mündlichen Erörterung durchzuführen ist.

B. Inhalt der Vorschrift

I. Bedeutung des Termins

1. Abgrenzung von der persönlichen Anhörung

2 Mit § 32 Abs. 1 Satz 1 hat die früher aus § 12 FGG abgeleitete Möglichkeit, eine mündliche Verhandlung durchzuführen, eine gesetzliche Regelung gefunden. Die Vorschrift betrifft **nur die Erörterung der Sache mit den Beteiligten**, nicht die Anhörung Dritter oder etwaiger Auskunftspersonen. An eine Beweisaufnahme soll sich aber eine Erörterung anschließen.[2]

3 Mit der **persönlichen Anhörung** nach § 34 wird sich der Termin zur Erörterung nach § 32 oftmals überschneiden. Beide Termine können sich aber insbesondere darin unterscheiden, dass die Erörterung nach § 32, anders als die Anhörung nach § 34, nicht mit den Beteiligten persönlich erfolgen muss, sondern mit ihren Verfahrensbevollmächtigten durchgeführt werden kann. Dies genügt, wenn keine persönliche Anhörung vorgeschrieben ist. Umgekehrt sind die Anforderungen der Erörterung nach § 32 höher, was den **Kreis der Beteiligten** betrifft. Während die persönliche Anhörung nicht die Anwesenheit anderer oder gar aller Beteiligten erfordert,[3] ist dies dem Wortlaut des § 32 Abs. 1 Satz 1 nach bei der Erörterung der Fall. Denn danach hat das Gericht „die Sache mit *den* Beteiligten in *einem* Termin zu erörtern". Erforderlich ist demnach die Ladung der (also aller) Beteiligten zur **gleichzeitigen Anwe-**

---

1 BT-Drucks. 16/6308, S. 191.
2 BT-Drucks. 16/6308, S. 191; vgl. BayObLG v. 20.6.1990 – BReg 1a Z 19/89, NJW-RR 1990, 1420 (1421) = BayObLGZ 1990, 177 (180); Bassenge/Roth/*Gottwald*, § 32 FamFG Rz. 4.
3 Zur Durchführung der Anhörung außerhalb der Erörterung nach § 32 FamFG s. BT-Drucks. 16/6308, S. 191.

senheit in ein und demselben Termin.[1] Dass sie dieser Ladung Folge leisten, ist indessen nicht erforderlich, um den Charakter einer Erörterung zu wahren. Das Nichterscheinen eines Beteiligten trotz Ladung steht der Erörterung gem. § 32 Abs. 1 nicht entgegen.[2]

Auch inhaltlich bestehen zwischen Erörterung und Anhörung Unterschiede. Während das „Anhören" auf einen eher passiven Akt des Gerichts hindeutet, indem es die Standpunkte der Beteiligten zur Kenntnis nimmt, verlangt das „Erörtern" ein **aktives Tun**. Das Gericht hat hier selbst seine Sicht der Sach- und Rechtslage darzulegen. Dies betrifft insbesondere die Aufklärung des Sachverhalts, vor allem die Beseitigung von Unklarheiten in tatsächlicher Hinsicht, etwa durch Nachfragen, und das Hinwirken auf vollständigen Vortrag und rechtlich korrekte Anträge bzw. Verfahrenshandlungen, etwa durch Erteilen von Hinweisen (vgl. § 28 Abs. 2).[3]

4

Allerdings muss das Gericht, sofern dies nicht zur Sachaufklärung erforderlich ist, seine rechtliche Beurteilung des Falles nicht vorab – und schon gar nicht in allen Einzelheiten – kundtun. Bei hinreichend aufgeklärtem Sachverhalt ohne weitere Ermittlungsansätze bedarf es keines **Rechtsgesprächs**, in dem das Gericht seine Rechtsauffassung vorab offenlegt und mit den Beteiligten diskutiert.[4] Das geht bereits daraus hervor, dass schon die Erörterung als solche im pflichtgemäßen Ermessen des Gerichts steht. Erst recht kann es sich dann in Einzelaspekten einer vorläufigen Stellungnahme zur Rechtslage enthalten.

5

Diese Grundsätze gelten auch in den **Rechtsmittelinstanzen**.[5] Die Rechtsmittelgerichte haben den Beteiligten insbesondere Gelegenheit zur Stellungnahme zu geben, wenn sie eine Entscheidung mit einer völlig anderen, den Beteiligten nicht (etwa durch eine vorinstanzliche Hilfserwägung) bekannten Begründung bestätigen wollen.[6]

6

2. Kein Mündlichkeitsprinzip

In der Sache ist der Termin nach § 32 der **mündlichen Verhandlung im Zivilprozess** vergleichbar, hat allerdings nicht vollständig dieselbe Bedeutung.[7] Im Zivilprozess verhandeln die Parteien in den selbst gewählten Grenzen über den von ihnen bestimmten Tatsachenstoff, im Verfahren nach dem FamFG verhandelt das Gericht mit den Beteiligten.[8] Nach ausdrücklichem Bekunden des Gesetzgebers soll mit der Kodifizierung der Möglichkeit zur mündlichen Erörterung der Sache nicht das Mündlichkeitsprinzip in Verfahren nach dem FamFG eingeführt werden.[9] Damit ist der Termin zur mündlichen Erörterung anders als (zumindest theoretisch) die mündliche Verhandlung im Zivilprozess nach wie vor **nicht die alleinige Grundlage der Entscheidung**. Das Gericht hat seiner Entscheidung vielmehr den **gesamten Akteninhalt** zugrunde zu legen.[10] Der Gegenstand des Verfahrens und der Entscheidung wird nicht ausschließlich durch die mündlich gestellten Anträge bestimmt.[11]

7

---

1 So auch OLG Frankfurt v. 12.4.2011 – 3 UF 25/11, FamRZ 2012, 571 (572).
2 OLG Frankfurt v. 16.8.2012 – 5 UF 221/12, FamRZ 2013, 316.
3 OLG Braunschweig v. 19.2.1980 – 2 UF 24/80, FamRZ 1980, 568 (569); BayObLG v. 20.6.1990 – BReg 1a Z 19/89, NJW-RR 1990, 1420 (1421) = BayObLGZ 1990, 177 (180); OLG Frankfurt v. 11.3.1988 – 1 UF 280/87, NJW-RR 1989, 5 (6).
4 BVerfG v. 5.11.1986 – 1 BvR 706/85, BVerfGE 74, 1 (6); BVerfG v. 15.8.1996 – 2 BvR 2600/95, NJW 1996, 3202; BayObLG v. 20.6.1990 – BReg 1a Z 19/89, BayObLGZ 1990, 177 (179).
5 BVerfG v. 15.8.1996 – 2 BvR 2600/95, NJW 1996, 3202; Zöller/*Feskorn*, § 32 FamFG Rz. 8.
6 BVerfG v. 25.10.2001 – 1 BvR 1079/96, NJW 2002, 1334 (1335); OLG Köln v. 1.3.1984 – 16 Wx 6/84, OLGZ 1984, 296 (297f.); Keidel/*Sternal*, § 68 FamFG Rz. 54; *Rackl*, Rechtsmittelrecht, S. 198.
7 BGH v. 27.10.1999 – XII ZB 18/99, NJW-RR 2000, 877 (888); BayObLG v. 20.6.1990 – BReg 1a Z 19/89, BayObLGZ 1990, 177 (179); Keidel/*Meyer-Holz*, § 32 FamFG Rz. 7; Bassenge/Roth/*Gottwald*, § 32 FamFG Rz. 3; Zöller/*Feskorn*, § 32 FamFG Rz. 4.
8 So plastisch BayObLG v. 6.10.1975 – BReg 2 Z 59/75, BayObLGZ 1975, 365 (367).
9 BT-Drucks. 16/6308, S. 191.
10 BT-Drucks. 16/6308, S. 191; BayObLG v. 20.6.1990 – BReg 1a Z 19/89, BayObLGZ 1990, 177 (179f.); *Bumiller*/Harders, § 32 FamFG Rz. 1 u. § 38 Rz. 4; Keidel/*Meyer-Holz*, § 32 FamFG Rz. 8; Bassenge/Roth/*Gottwald*, § 32 FamFG Rz. 3; Zöller/*Feskorn*, § 32 FamFG Rz. 4.
11 *Bassenge*/Roth, 11. Aufl., Einl. Rz. 72.

8 Dem Termin nach § 32 kommt also **keine Präklusionswirkung** zu; auch danach eingereichte Schriftsätze sind bis zur Herausgabe der Entscheidung zur Poststelle zu beachten.[1] Es bedarf allerdings auch nach erheblichem neuen Vortrag oder sonstigen Erweiterungen der Tatsachengrundlage vor einer Entscheidung keiner erneuten mündlichen Verhandlung. Ebenso wenig gilt hinsichtlich des Spruchkörpers, der die Entscheidung trifft, die Einschränkung des § 309 ZPO. Daher können idR Richter an der Entscheidung mitwirken, die an der mündlichen Verhandlung nicht teilgenommen haben,[2] sofern es nicht entscheidend auf einen persönlichen Eindruck etwa zur Glaubwürdigkeit eines Zeugen ankommt.[3] Auch eine lange Dauer zwischen mündlicher Verhandlung und Entscheidung stellt für sich noch keinen Mangel dar, der zur Aufhebung führt.[4]

3. Dreifacher Zweck der mündlichen Erörterung

9 Positiv umschrieben dient ein Termin zur Erörterung nach § 32 vorrangig der **Aufklärung des Sachverhalts**,[5] weshalb das Erfordernis seiner Durchführung früher überwiegend aus § 12 FGG abgeleitet wurde. Daneben soll er die **Gewährung rechtlichen Gehörs** sicherstellen,[6] da jeder, auch der in der Abfassung von Schriftsätzen weniger gewandte Beteiligte, sich so in weniger förmlicher Weise dem Gericht gegenüber erklären kann. Schließlich dient der Termin nach § 32 dann, wenn der Verfahrensgegenstand zur Disposition der Beteiligten steht, also insbesondere in Streitverfahren, der Herbeiführung einer **gütlichen Einigung**.[7] Denn in direktem Kontakt mit den Beteiligten kann das Gericht die Möglichkeiten hierzu besser ausloten und auf jene einwirken. Eine Ausnahme hiervon sieht § 36 Abs. 1 Satz 2 in Gewaltschutzsachen vor.

II. Erforderlichkeit eines Termins

1. Ermessen des Gerichts

10 Nach § 32 Abs. 1 Satz 1 „kann" das Gericht die Sache mit den Beteiligten in einem Termin erörtern. Dies ist nach ausdrücklichem Bekunden der Materialien wörtlich zu nehmen. Dem Gericht steht insoweit ein Ermessen zu.[8] Anders als im Zivilprozess gilt in Verfahren nach dem FamFG also kein Mündlichkeitsgrundsatz. **Abweichende Spezialvorschriften**, nach denen eine mündliche Verhandlung zwingend oder zumin-

---

[1] BayObLG v. 11.12.1980 – 3 Z 86/80, Rpfleger 1981, 144 (145); OLG Celle v. 3.9.1991 – 4 W 230/91, OLGZ 1992, 127 (128); OLG Zweibrücken v. 7.3.2002 – 3 W 14/02, FGPrax 2002, 116; OLG Köln v. 8.1.2001 – 16 Wx 179/00, ZMR 2001, 571 f.; Keidel/*Meyer-Holz*, § 32 FamFG Rz. 7 u. § 34 FamFG Rz. 9; Zöller/*Feskorn*, § 32 FamFG Rz. 4.

[2] KG v. 5.5.1993 – 24 W 3913/92, NJW-RR 1994, 278 (278 f.); BayObLG v. 23.1.2001 – 2 Z BR 116/00, ZMR 2001, 472 (473); BayObLG v. 4.12.2002 – 2 Z BR 120/02, ZMR 2003, 369 (370); BayObLG v. 5.5.2004 – 2 Z BR 269/03, ZMR 2004, 763 (764); OLG Zweibrücken v. 7.3.2002 – 3 W 184/01, ZMR 2002, 786; Keidel/*Meyer-Holz*, § 32 FamFG Rz. 9; *Bumiller*/Harders, § 32 FamFG Rz. 1; Bork/*Jacoby*/Schwab, 1. Aufl., § 32 FamFG Rz. 2; Zöller/*Feskorn*, § 32 FamFG Rz. 4.

[3] BVerfG v. 22.11.2004 – 1 BvR 1935/03, NJW 2005, 1487.

[4] KG v. 5.5.1993 – 24 W 3913/92, NJW-RR 1994, 278 (279); BayObLG v. 23.1.2001 – 2 Z BR 116/00, ZMR 2001, 472 (473); BayObLG v. 5.5.2004 – 2 Z BR 269/03, ZMR 2004, 764 (765).

[5] BGH v. 10.9.1998 – V ZB 11/98, ZMR 1999, 41 (42); BayObLG v. 20.6.1990 – BReg 1a Z 19/89, BayObLGZ 1990, 177 (179); BayObLG v. 11.2.1999 – 2 Z BR 171/98, ZMR 1999, 349 (350); BayObLG v. 5.5.2004 – 2 Z BR 269/03, ZMR 2004, 763 (764); OLG Düsseldorf v. 2.2.1998 – 3 Wx 345/97, ZMR 1998, 449; OLG Karlsruhe v. 12.11.2001 – 14 Wx 37/01, ZMR 2003, 374 (375); Keidel/*Meyer-Holz*, § 32 FamFG Rz. 3; Bork/*Jacoby*/Schwab, 1. Aufl., § 32 FamFG Rz. 3; Zöller/*Feskorn*, § 32 FamFG Rz. 5.

[6] BGH v. 10.9.1998 – V ZB 11/98, ZMR 1999, 41 (42); OLG Düsseldorf v. 2.2.1998 – 3 Wx 345/97, ZMR 1998, 449; OLG Karlsruhe v. 12.11.2001 – 14 Wx 37/01, ZMR 2003, 374 (375); BayObLG v. 5.5.2004 – 2 Z BR 269/03, ZMR 2004, 763 (764); Keidel/*Meyer-Holz*, § 32 FamFG Rz. 3; Bork/*Jacoby*/Schwab, 1. Aufl., § 32 FamFG Rz. 3; Zöller/*Feskorn*, § 32 FamFG Rz. 5.

[7] BGH v. 10.9.1998 – V ZB 11/98, ZMR 1999, 41 (42); OLG Düsseldorf v. 2.2.1998 – 3 Wx 345/97, ZMR 1998, 449; OLG Karlsruhe v. 12.11.2001 – 14 Wx 37/01, ZMR 2003, 374 (375); BayObLG v. 5.5.2004 – 2 Z BR 269/03, ZMR 2004, 763 (764); Keidel/*Meyer-Holz*, § 32 FamFG Rz. 3; Zöller/*Feskorn*, § 32 FamFG Rz. 5.

[8] BT-Drucks. 16/6308, S. 191; KG v. 16.8.2012 – 25 WF 58/12, Rpfleger 2013, 53; Bassenge/Roth/*Gottwald*, § 32 FamFG Rz. 2; Bork/*Jacoby*/Schwab, 1. Aufl., § 32 FamFG Rz. 7.

dest als Regelfall vorgeschrieben ist (etwa §§ 157 Abs. 1, 175 Abs. 1, 207 Abs. 1, 365 Abs. 1 und 405 Abs. 1), werden von § 32 Abs. 1 Satz 1 nicht berührt.[1] Abgesehen von diesen Fällen ist das Unterlassen einer mündlichen Verhandlung auch zukünftig nicht per se ein **Verfahrensfehler**. Dies ist nur der Fall, wenn das Gericht sein **Ermessen**, ob eine mündliche Verhandlung durchzuführen ist, **fehlerhaft ausgeübt** hat und dadurch gegen den Grundsatz der **Amtsermittlung** verstößt oder nicht **hinreichend rechtliches Gehör** gewährt.[2] Dieser Fehler rechtfertigt bei Vorliegen der sonstigen Voraussetzungen des § 69 Abs. 1 Satz 3 im Rechtsbeschwerdeverfahren die Aufhebung und Zurückverweisung.[3]

IdR ist allen Beteiligten die Möglichkeit zu geben, an der mündlichen Erörterung teilzunehmen.[4] Den Beteiligten sind der Termin und der Gegenstand der Anhörung **rechtzeitig bekannt zu machen**.[5] Geschäftsunfähige oder beschränkt Geschäftsfähige üben ihre Rechte durch ihre gesetzlichen Vertreter aus, so dass es verfahrensfehlerhaft ist, nur sie selbst zu beteiligen.[6] Ggf. ist ihnen ein **Verfahrenspfleger** zu bestellen.[7] Dies muss so frühzeitig geschehen, dass er noch Einfluss auf die Entscheidung nehmen kann.[8] Etwas anderes gilt nur in den Fällen, in denen sie als verfahrensfähig anzusehen sind.[9] Für die **Beschwerdeinstanz** gelten grundsätzlich dieselben Regeln;[10] allerdings kann die zweite Tatsacheninstanz nach § 68 Abs. 3 Satz 2 von der Durchführung eines Termins oder einzelner Verfahrenshandlungen absehen (s. § 68 Rz. 26 ff.). 11

2. Gewährung rechtlichen Gehörs

Die Durchführung der mündlichen Verhandlung hat stets zumindest den Vorteil, dass die Gewährung rechtlichen Gehörs offenkundig ist.[11] Selbst wenn ein Beteiligter nicht erscheint, ist er durch Übermittlung der Niederschrift (hierzu Rz. 39) über deren Ergebnis zu informieren.[12] Ein Verzicht auf eine mündliche Erörterung mit allen Beteiligten setzt in jedem Fall voraus, dass denjenigen, die nicht mündlich angehört werden, **rechtliches Gehör auf sonstige Weise gewährt** wird. Sofern die Gewährung rechtlichen Gehörs spezialgesetzlich nur als Möglichkeit nach Ermessen des Gerichts (Kann-Vorschrift) vorgesehen ist, wird dieses nach Art. 103 Abs. 1 GG regelmäßig auf Null reduziert sein,[13] sofern keine zwingenden Gesichtspunkte hiergegen sprechen. Dies kann bei Eilbedürftigkeit insbesondere im **einstweiligen Rechtsschutz** der Fall sein.[14] Auch in diesen Fällen ist rechtliches Gehör zumindest **nachträglich** zu gewäh- 12

---

1 BT-Drucks. 16/6308, S. 191; vgl. Bumiller/Harders, § 32 FamFG Rz. 2; Bassenge/Roth/Gottwald, § 32 FamFG Rz. 2; Bork/Jacoby/Schwab, 1. Aufl., § 32 FamFG Rz. 5.
2 OLG Hamm v. 24.1.2012 – II-11 UF 102/11, FamRZ 2012, 1230 (1231) = NJW-RR 2012, 582 (583); BGH v. 15.12.1982 – IVb ZB 544/80, NJW 1983, 824 (825) sogar für die Fälle, in denen eine mündliche Verhandlung stattfinden „soll".
3 OLG Hamm v. 24.1.2012 – II-11 UF 102/11, FamRZ 2012, 1230 (1231) = NJW-RR 2012, 582 (583).
4 BayObLG v. 10.4.1996 – 2 Z BR 32/96, WuM 1996, 503.
5 OLG Frankfurt v. 5.7.1984 – 20 W 169/84, NJW 1985, 1294; Bassenge/Roth/Gottwald, § 32 FamFG Rz. 10.
6 BayVerfGH v. 2.8.1974 – Vf. 51-VI-73, Rpfleger 1976, 350.
7 BVerfG v. 29.10.1998 – 2 BvR 1206/98, NJW 1999, 631 (632 f.).
8 BGH v. 2.3.2011 – XII ZB 346/10, FamRZ 2011, 805 (806) = NJW 2011, 2365 (2366).
9 BGH v. 19.1.2011 – XII ZB 326/10, FamRZ 2011, 465 (466); vgl. zum alten Recht BayObLG v. 18.9.1968 – BReg 1a Z 44, 45/68, BayObLGZ 1968, 243 (246); BayObLG v. 11.9.1981 – BReg 3 Z 65/81, BayObLGZ 1981, 306 (307); OLG Zweibrücken v. 11.1.1990 – 3 W 170/89, FamRZ 1990, 544; OLG Frankfurt v. 16.1.1981 – 20 W 810/80, OLGZ 1981, 135 (136).
10 BGH v. 10.9.1998 – V ZB 11/98, ZMR 1999, 41 (42); OLG Düsseldorf v. 2.2.1998 – 3 Wx 345/97, ZMR 1998, 449; BayObLG v. 11.2.1999 – 2 Z BR 171/98, ZMR 1999, 349 (350); OLG Karlsruhe v. 12.11.2001 – 14 Wx 37/01, ZMR 2003, 374 (375); Keidel/Meyer-Holz, § 32 FamFG Rz. 46.
11 BVerfG v. 10.2.1995 – 2 BvR 893/93, NJW 1995, 2095; vgl. Keidel/Meyer-Holz, § 32 FamFG Rz. 3; zum maßgeblichen Zeitpunkt auch nach Schluss der mündlichen Verhandlung s. oben Rz. 8.
12 Keidel/Meyer-Holz, § 34 FamFG Rz. 15.
13 BT-Drucks. 16/6308, S. 192.
14 BayObLG v. 28.6.1971 – BReg 2 Z 79/71, BayObLGZ 1971, 217 (220); BayObLG v. 21.7.1980 – BReg 1 Z 56/80, BayObLGZ 1980, 215 (217); OLG Frankfurt v. 23.1.2003 – 20 W 479/02, FGPrax 2003, 81.

ren.[1] Eine nachträgliche Anhörung bzw. Gewährung rechtlichen Gehörs etwa in der Beschwerdeinstanz kann auch ansonsten zur **Heilung** des Verfahrensfehlers führen,[2] allerdings nicht, wenn die maßgeblichen Tatsachen erst in der Entscheidung mitgeteilt werden, da der Beteiligte sich in den Tatsacheninstanzen dann nicht mehr hierzu äußern kann.[3]

13 Auf eine Erörterung kann in aller Regel nicht verzichtet werden, sofern das Gericht zur Ermittlung des entscheidungserheblichen Sachverhalts auf die Mitwirkung der Beteiligten angewiesen ist.[4] Diese müssen **Gelegenheit einer Stellungnahme** zu den Anträgen und zum Vorbringen der anderen Beteiligten erhalten.[5] Dies betrifft auch Rechtsausführungen.[6] Die hierfür gesetzten **Fristen** müssen ausreichend bemessen sein[7] und auch vom Gericht selbst eingehalten werden.[8] Sie müssen aber nicht so großzügig bemessen sein, dass ein Beteiligter Zeit hat, neue entscheidungserhebliche Tatsachen zu schaffen.[9] Sofern einem Beteiligten die Einhaltung der Frist aus erheblichen Gründen unmöglich ist, muss ihm auf Antrag Fristverlängerung gewährt werden.[10] Ferner sind den Beteiligten, wie § 37 Abs. 2 ausdrücklich bestimmt, **alle tatsächlichen Umstände bekannt zu geben**, auf die das Gericht seine Entscheidung stützt,[11] insbesondere Schriftsätze der anderen Beteiligten,[12] das Ergebnis von Anhörungen und Beweisaufnahmen,[13] Stellungnahmen von Behörden[14] oder Betreuern,[15] Gutachten[16] und sonstige Ermittlungsergebnisse des

---

1 OLG Köln v. 16.10.1964 – 1 Wx 125/64, OLGZ 1965, 134 (135); BayObLG v. 28.6.1971 – BReg 2 Z 79/71, BayObLGZ 1971, 217 (220f.); BayObLG v. 21.7.1980 – BReg 1 Z 56/80, BayObLGZ 1980, 215 (217); OLG Naumburg v. 31.7.2001 – 8 WF 162/01, FamRZ 2002, 615; OLG Frankfurt v. 23.1. 2003 – 20 W 479/02, FGPrax 2003, 81.
2 BVerfG v. 7.12.2010 – 1 BvR 2157/10, FamRZ 2011, 272 (273) – im konkreten Fall aber verneint; OLG Düsseldorf v. 22.4.1994 – 3 Wx 258/94 u. 269/94, NJW-RR 1994, 1288; BayObLG v. 16.12. 1994 – 3 Z BR 308/94, FamRZ 1995, 695; BayObLG v. 4.6.1998 – 2 Z BR 19/98, ZMR 1998, 790 (791) = NJW-RR 1999, 452; BayObLG v. 4.11.1999 – 2 Z BR 140/99, ZMR 2000, 188 (189); BayObLG v. 12.10.2004 – 1 Z BR 71/04, FamRZ 2005, 541; OLG Hamm v. 29.6.1995 – 15 W 52/95, FGPrax 1995, 237; OLG Frankfurt v. 23.1.2003 – 20 W 479/02, FGPrax 2003, 81 (82); OLG Frankfurt v. 16.8.2012 – 5 UF 221/12, FamRZ 2013, 316 (317); Bassenge/Roth/*Gottwald*, § 68 FamFG Rz. 13; Keidel/*Meyer-Holz*, § 72 FamFG Rz. 28.
3 BayObLG v. 28.6.1973 – BReg 3 Z 154/72, BayObLGZ 1973, 162 (167); ähnlich OLG Hamburg v. 6.8.2003 – 2 Wx 131/01, ZMR 2003, 868 (869).
4 Keidel/*Meyer-Holz*, § 32 FamFG Rz. 4; Bork/*Jacoby*/Schwab, 1. Aufl., § 32 FamFG Rz. 7.
5 BVerfG v. 9.10.1973 – BvR 482/72, NJW 1974, 133 (auch dazu, dass sich das Gericht vom Zugang von Schriftsätzen etc. zu überzeugen hat; ähnlich hierzu BVerfG v. 10.2.1995 – 2 BvR 893/93, NJW 1995, 2095); v. 10.10.1973 – 2 BvR 574/71, NJW 1974, 133; BVerfG v. 2.5.1995 – 1 BvR 2174/94, NJW 1995, 2095 (2096); BayObLG v. 24.11.1981 – 1 Z 54/81, Rpfleger 1982, 69 (70); Keidel/*Meyer-Holz*, § 34 FamFG Rz. 16.
6 BVerfG v. 15.8.1996 – 2 BvR 2600/95, NJW 1996, 3202; BVerfG v. 25.10.2001 – 1 BvR 1079/96, NJW 2002, 1334.
7 BayObLG v. 18.12.1986 – 3 Z 156/86, FamRZ 1987, 412 (413); BayObLG v. 14.12.1989 – BReg 3 Z 163/89, FamRZ 1990, 542 (543); OLG Zweibrücken v. 11.1.1990 – 3 W 170/89, FamRZ 1990, 544; *Bumiller*/Harders, § 32 FamFG Rz. 6; Keidel/*Meyer-Holz*, § 34 FamFG Rz. 16.
8 BayObLG v. 8.8.2000 – 1 Z BR 109/00, NJWE-FER 2000, 319.
9 BVerfG v. 30.9.2001, 1564 – 2 BvR 1338/01, NJW 2002, 1564.
10 Keidel/*Meyer-Holz*, § 34 FamFG Rz. 17.
11 BVerfG v. 17.5.1983 – 2 BvR 731/80, NJW 1983, 2762 (2763); BVerfG v. 25.10.2001 – 1 BvR 1079/96, NJW 2002, 1334 (1034f.); OLG Frankfurt v. 16.1.1981 – 20 W 810/80, OLGZ 1981, 135 (137); Keidel/*Meyer-Holz*, § 34 FamFG Rz. 6.
12 OLG Saarbrücken v. 17.5.1985 – 5 W 60/85, OLGZ 1985, 388 (389); OLG München v. 8.11.2004 – 29 W 2601/04, NJW 2005, 1130f.; Keidel/*Meyer-Holz*, § 34 FamFG Rz. 13.
13 BayObLG v. 28.6.1973 – BReg 3 Z 154/72, BayObLGZ 1973, 162f.; Keidel/*Meyer-Holz*, § 34 FamFG Rz. 13.
14 OLG Schleswig v. 22.4.2004 – 2 W 81/04, FamRZ 2005, 64; Keidel/*Meyer-Holz*, § 34 FamFG Rz. 13.
15 BayObLG v. 13.11.1996 – 3 Z BR 278/96, FamRZ 1997, 901 (902).
16 BayObLG v. 28.6.1973 – BReg 3 Z 154/72, BayObLGZ 1973, 162 (164); BayObLG v. 18.12.1986 – 3 Z 156/86, FamRZ 1987, 412 (413); v. 14.12.1989 – BReg 3 Z 163/89, FamRZ 1990, 542 (543); OLG Zweibrücken v. 11.1.1990 – 3 W 170/89, FamRZ 1990, 544; BayObLG v. 30.7.1996 – 3 Z BR 149/96, NJW-RR 1997, 69 (70); Keidel/*Meyer-Holz*, § 34 FamFG Rz. 13.

Gerichts.[1] Sofern der Zugang bei formloser Mitteilung nicht sicher erscheint, kann das Gericht gehalten sein, diesbezügliche Erkundigungen anzustellen und ggf. auch aktenkundig zu machen.[2] Die bloße Möglichkeit der **Einsichtnahme in die Verfahrensakten** genügt nicht,[3] ist aber in jedem Falle zu gewähren.[4] In besonderen Fällen kann eine Aufforderung hierzu geboten sein.[5] Sofern hierdurch die Gefahr einer psychischen oder gesundheitlichen Beeinträchtigung droht,[6] muss wenigstens der wesentliche Inhalt und das Ergebnis der Ermittlungen mitgeteilt[7] oder ein **Verfahrenspfleger** bestellt werden.[8] Dass das Gericht bestimmte Tatsachen als gerichtsbekannt ansieht, muss, wenn ihre allgemeine Bekanntheit nicht unzweifelhaft feststeht, den Beteiligten ebenfalls mitgeteilt werden.[9] Für fremdsprachige Verfahrensbeteiligte ist in der mündlichen Verhandlung ein **Dolmetscher** hinzuziehen.[10] Die Entscheidung muss ihnen aber nicht in ihre Sprache übersetzt werden.[11]

Im Rahmen seiner Amtsermittlung hat das Gericht durch **Hinweise** (möglichst frühzeitig) auf vollständiges Vorbringen der entscheidungserheblichen Tatsachen[12] und auf die Stellung sachdienlicher Anträge hinzuwirken.[13] Dies gilt insbesondere dann, wenn die Beteiligten einen entscheidenden Gesichtspunkt übersehen haben[14] oder das Gericht von einer gängigen Rechtsauffassung[15] bzw. von einer zuvor geäußerten Auffassung abweichen will.[16] Der Wiederholung eines klaren Hinweises bedarf es aber nicht, selbst wenn ein Beteiligter ihn in seinem Vortrag erkennbar nicht berücksichtigt oder die Rechtslage falsch einschätzt.[17] Die Erörterung einer entscheidungserheblichen Frage durch andere Beteiligte dürfte nicht genügen,[18] da deren Einschätzung nicht die Beurteilung der Rechts- und Sachlage durch das Gericht wiedergibt. Hinweise müssen gem. § 28 Abs. 3 auch in Verfahren nach dem FamFG in der **Form des § 139 Abs. 4 ZPO** erfolgen, da beide Vorschriften fast wortgleich sind. Eine nachträgliche dienstliche Erklärung genügt im Gegensatz zum früheren Recht[19] nicht.

14

Natürlich gehört zur korrekten Gewährung rechtlichen Gehörs auch, dass das Gericht den erheblichen Vortrag der Beteiligten **zur Kenntnis nimmt und in Erwägung zieht**.[20] Dies ist nicht der Fall, wenn schon die Zeit zwischen dem Eingang eines

15

---

1 BayObLG v. 28.6.1971 – BReg 2 Z 79/71, BayObLGZ 1971, 217 (220f.); Keidel/*Meyer-Holz*, § 34 FamFG Rz. 13.
2 Keidel/*Meyer-Holz*, § 34 FamFG Rz. 13.
3 OLG München v. 8.11.2004 – 29 W 2601/04, NJW 2005, 1130f.
4 BayObLG v. 28.6.1973 – BReg 3 Z 154/72, BayObLGZ 1973, 162 (165).
5 Keidel/*Meyer-Holz*, § 34 FamFG Rz. 14.
6 Zur Möglichkeit des Absehens von einem Termin bei Gesundheitsgefahr eines Beteiligten s. Keidel/*Meyer-Holz*, § 32 FamFG Rz. 3.
7 BayObLG v. 18.9.1968 – BReg 1a Z 44, 45/68, BayObLGZ 1968, 243 (250f.); OLG Frankfurt v. 16.1.1981 – 20 W 810/80, OLGZ 1981, 135 (137); Keidel/*Meyer-Holz*, § 34 FamFG Rz. 11.
8 BayObLG v. 14.12.1989 – BReg 3 Z 163/89, FamRZ 1990, 542 (543).
9 BSG v. 16.11.1972 – 11 RA 42/72, NJW 1973, 392.
10 BVerfG v. 17.5.1983 – 2 BvR 731/80, NJW 1983, 2762 (2763f.); OLG Frankfurt v. 5.7.1984 – 20 W 169/84, NJW 1985, 1294.
11 BVerfG v. 17.5.1983 – 2 BvR 731/80, NJW 1983, 2762 (2763f.).
12 BayObLG v. 20.6.1990 – BReg 1a Z 19/89, BayObLGZ 1990, 177 (180); OLG Frankfurt v. 11.3.1988 – 1 UF 280/87, NJW-RR 1989, 5 (6).
13 OLG Braunschweig v. 19.2.1980 – 2 UF 24/80, FamRZ 1980, 568 (569); Keidel/*Meyer-Holz*, § 34 FamFG Rz. 8.
14 OLG Köln v. 24.3.1992 – 2 Wx 6/92, OLGZ 1992, 395 (396); OLG Köln v. 1.3.1984 – 16 Wx 6/84, OLGZ 1984, 296 (297f.).
15 BVerfG v. 25.10.2001 – 1 BvR 1079/96, NJW 2002, 1334 (1335).
16 BVerfG v. 15.8.1996 – 2 BvR 2600/95, NJW 1996, 3202; Keidel/*Meyer-Holz*, § 34 FamFG Rz. 18.
17 Keidel/*Meyer-Holz*, § 34 FamFG Rz. 18.
18 So aber Keidel/*Meyer-Holz*, § 34 FamFG Rz. 18.
19 Hierzu s. Keidel/*Schmidt*, 15. Aufl., § 12 FGG Rz. 185.
20 BVerfG v. 10.10.1973 – 2 BvR 574/71, NJW 1974, 133; BVerfG v. 16.3.1982 – 1 BvR 1336/81, NJW 1982, 1453; BVerfG v. 9.2.1982 – 1 BvR 1379/80, NJW 1982, 1453; BVerfG v. 2.5.1995 – 1 BvR 2174/94, NJW 1995, 2095 (2096); KG v. 10.10.1986 – 1 W 5106/86, Rpfleger 1987, 211 (212); speziell zu Entscheidungen nach § 38 jetzt BVerfG v. 7.12.2010 – 1 BvR 2157/10, FamRZ 2011, 272 (273); Keidel/*Meyer-Holz*, § 34 FamFG Rz. 9.

§ 32   Allgemeiner Teil

Schriftsatzes und der Entscheidung nicht zu dessen Lektüre genügt.[1] Der Anspruch auf Gewährung rechtlichen Gehörs erfordert es, Zeugen und Beteiligte, deren **Glaubwürdigkeit** das Beschwerdegericht abweichend von der ersten Instanz beurteilen will, nochmals zu vernehmen.[2] Das Beschwerdegericht hat den Beteiligten das **Aktenzeichen** des Rechtsmittelverfahrens bekannt zu geben, damit der rechtzeitige Eingang ihrer Schriftsätze gewährleistet ist.[3] Allerdings erfordert Art. 103 Abs. 1 GG nur, dass den Beteiligten die Möglichkeit zur Ausübung ihrer Verfahrensrechte einräumt. Nehmen sie diese trotz korrekter Verfahrensleitung durch das Gericht nicht wahr, wird ihr Anspruch auf rechtliches Gehör nicht verletzt.[4]

16   Die Verletzung rechtlichen Gehörs ist ein Verfahrensfehler, der zur Aufhebung und Zurückverweisung nach § 69 Abs. 1 Satz 3 führen kann, wenn dies beantragt ist und eine umfangreiche oder aufwändige Beweiserhebung notwendig wäre. Dies setzt allerdings voraus, dass die Entscheidung zumindest auf dem Fehler beruhen kann, da die Verletzung rechtlichen Gehörs **kein absoluter Beschwerdegrund** ist.[5] Die Beteiligten müssen also darlegen, was sie bei Gewährung rechtlichen Gehörs vorgetragen hätten.[6] Greift die Entscheidung nicht in die Rechte eines Beteiligten ein, ist er trotz Nichtgewährung rechtlichen Gehörs nicht beschwert.[7] Dann aber genügt die bloße Möglichkeit, dass das Gericht bei Gewährung rechtlichen Gehörs anders entschieden hätte.[8] Allerdings müssen die Verfahrensbeteiligten von sich aus alle verfahrensrechtlichen Mittel und Möglichkeiten nutzen, sich rechtliches Gehör zu verschaffen. Tun sie das nicht, kann von einer Verletzung rechtlichen Gehörs keine Rede sein.[9]

3. Ermessenskontrolle

17   Das Ermessen des Gerichts ist in den Fällen reduziert, in denen der Zweck einer mündlichen Erörterung – also insbesondere Sachverhaltsaufklärung und Gewährung rechtlichen Gehörs – durch eine Anhörung auf sonstigem Wege nicht oder nur wesentlich schlechter erreicht werden kann. Dies ist insbesondere bei **weniger schriftgewandten Personen** der Fall, die sich mündlich besser verständlich machen können.[10] Gleiches kann gelten, wenn ein Termin zur mündlichen Verhandlung etwa aufgrund der Vielzahl der Beteiligten die Aufklärung des Sachverhalts oder die Gewährung rechtlichen Gehörs besser ermöglicht als ein schriftliches Verfahren.[11] Auch dann, wenn es auf einen persönlichen Eindruck ankommt, ist ein Termin nach § 32 unentbehrlich.[12] Auch in Streitverfahren wird eine mündliche Verhandlung häufig angebracht sein, da sich die Beteiligten in einem ähnlichen **Interessengegensatz befinden wie im Zivilprozess** und dort eine mündliche Verhandlung grundsätzlich ebenfalls erforderlich ist.[13] Sind allerdings **weitere Erkenntnisse nicht zu erwarten** und ist das

---

1 BVerfG v. 2.5.1995 – 1 BvR 2174/94, NJW 1995, 2095 (2096); vgl. BVerfG 21.6.2002 – 1 BvR 605/02, FamRZ 2002, 1021 (1023).
2 BVerfG v. 22.11.2004 – 1 BvR 1935/03, NJW 2005, 1487.
3 OLG Celle v. 3.9.1991 – 4 W 230/91, OLGZ 1992, 127 (127f.).
4 Keidel/*Meyer-Holz*, § 34 FamFG Rz. 10.
5 BayObLG v. 24.11.1981 – 1 Z 54/81, Rpfleger 1982, 69 (70); BayObLG v. 20.6.1990 – BReg 1a Z 19/89, BayObLGZ 1990, 177 (180).
6 BayObLG v. 20.6.1990 – BReg 1a Z 19/89, BayObLGZ 1990, 177 (180).
7 Keidel/*Meyer-Holz*, § 34 FamFG Rz. 9.
8 BVerfG v. 9.10.1973 – 2 BvR 482/72, NJW 1974, 133; BVerfG v. 16.3.1982 – 1 BvR 1336/81, NJW 1982, 1453; BGH v. 18.6.1986 – IVb ZB 105/84, NJW 1987, 1024 (1026); BVerfG v. 2.5.1995 – 1 BvR 2174/94, NJW 1995, 2095 (2096); v. 25.10.2001 – 1 BvR 1079/96, NJW 2002, 1334 (1335); BVerfG v. 22.11.2004 – 1 BvR 1935/03, NJW 2005, 1487.
9 BayObLG v. 20.6.1990 – BReg 1a Z 19/89, BayObLGZ 1990, 177 (179).
10 BGH v. 24.2.1982 – IVb ZB 730/81, FamRZ 1983, 691; BayObLG v. 17.4.1978 – 3 Z 22/78, Rpfleger 1978, 252 (253); BayObLG v. 8.5.1980 – BReg 3 Z 37/80, BayObLGZ 1980, 138 (140); BayObLG v. 30.7.1996 – 3 Z BR 149/96, NJW-RR 1997, 69 (70); BayObLG v. 11.6.1997 – 1 Z BR 74/97, NJW-RR 1997, 1437; OLG Karlsruhe v. 27.12.1995 – 2 UF 317/95, NJW-RR 1996, 771; OLG Frankfurt v. 30.1.1998 – 2 W 281/97, NJW-RR 1998, 937 (938); OLG Köln v. 27.10.2004 – 2 Wx 29/04, NJW-RR 2005, 94, 95; Keidel/*Meyer-Holz*, § 32 FamFG Rz. 4.
11 Keidel/*Meyer-Holz*, § 32 FamFG Rz. 4.
12 Keidel/*Meyer-Holz*, § 32 FamFG Rz. 9.
13 OLG Köln v. 27.10.2004 – 2 Wx 29/04, NJW-RR 2005, 94 (95).

rechtliche Gehör auf andere Weise sichergestellt, so kann die mündliche Verhandlung entbehrlich sein.[1] Bei der Annahme, dass der **Sachverhalt hinreichend geklärt** und eine **gütliche Einigung** nicht zu erwarten ist, ist allerdings Vorsicht angebracht.[2]

Hingegen wird die mündliche Erörterung in einem Termin in stark formalisierten Verfahren wie **Registersachen**, in denen die Beteiligten zudem ohnehin sachkundig vertreten sind, wie bisher regelmäßig nicht erforderlich sein, da dies dort weder zur Sachverhaltsaufklärung noch zur Gewährung rechtlichen Gehörs erforderlich ist. In jedem Fall kann von einer mündlichen Verhandlung abgesehen werden, wenn sie selbst nach den strengeren Maßstäben der Vorschriften entbehrlich ist, die sie als Regelfall vorsehen.[3] So kann auf eine mündliche Erörterung verzichtet werden, wenn sie bereits aus Rechtsgründen ohne Einfluss auf das Ergebnis der Entscheidung bleiben muss, also etwa bei **unzulässigen Anträgen und Beschwerden**.[4] Auch die Klärung von **Rechtsfragen** kann bei vollständig aufgeklärtem Sachverhalt ohne mündliche Verhandlung erfolgen.[5] Gleiches gilt, wenn es nur noch um die **Kosten** des Verfahrens[6] oder **Nebenentscheidungen** geht.[7]   18

Die Ausübung des Ermessens, das zum Verzicht auf eine mündliche Verhandlung geführt hat, ist dabei noch **durch das Rechtsbeschwerdegericht überprüfbar**.[8] Deshalb bedarf es in den Fällen, in denen ein Termin nach § 32 grundsätzlich in Betracht kommt, einer **Begründung**, weshalb sie entbehrlich war.[9] Eine fehlerhafte oder gänzlich unterbliebene Ermessensausübung rechtfertigt die Aufhebung und Zurückverweisung, da das Rechtsbeschwerdegericht insbesondere die Sachverhaltsaufklärung als Ziel der mündlichen Verhandlung nicht nachholen kann.[10] Die fehlende Durchführung einer mündlichen Verhandlung in der ersten Instanz kann aber durch das Beschwerdegericht geheilt werden (vgl. Rz. 12). Die Durchführung eines Termins nach § 32 wird nie zur Fehlerhaftigkeit der Entscheidung führen, da er deren Grundlage nicht negativ beeinflussen kann. Daher kann die persönliche Anhörung auch gegen den Willen eines Verfahrensbevollmächtigten erfolgen.[11]   19

III. Durchführung der mündlichen Verhandlung

1. Ort der mündlichen Erörterung

a) Die „Gerichtsstelle"

Zur Durchführung der Erörterung verweist § 32 Abs. 1 Satz 2 zunächst auf § 219 ZPO. Danach finden Termine grundsätzlich „an der Gerichtsstelle" statt. Das ist das **Gerichtsgebäude**, in dem der zuständige Spruchkörper seinen Sitz hat (bzw. bei ei-   20

---

1 BVerfG v. 29.11.1983 – 2 BvR 704/83, FamRZ 1984, 139 (140f.); BGH v. 24.2.1982 – IVb ZB 730/81, FamRZ 1983, 691; BayObLG v. 28.6.1971 – BReg 2 Z 79/71, BayObLGZ 1971, 217 (222); BGH v. 10.9.1998 – V ZB 11/98, NJW 1998, 3713, 3714; Zöller/*Feskorn*, § 32 FamFG Rz. 2.
2 Zu diesen kumulativ erforderlichen Voraussetzungen s. BGH v. 15.12.1982 – IVb ZB 544/80, NJW 1983, 824 (825); dazu, dass jedenfalls eine gütliche Einigung nur selten ausgeschlossen werden kann OLG Braunschweig v. 19.2.1980 – 2 UF 24/80, FamRZ 1980, 568 (569); BayObLG v. 7.12.1987 – BReg 2 Z 35/87, NJW-RR 1988, 1151 (1152); BayObLG v. 5.5.2004 – 2 Z BR 269/03, ZMR 2004, 764 (765); OLG Hamm v. 30.3.1998 – 15 W 611/97, ZMR 1998, 591 (592).
3 Vgl. BGH v. 15.12.1982 – IVb ZB 544/80, NJW 1983, 824f.
4 BGH v. 31.5.1965-AnwZ (B) 7/65, BGHZ 44, 25 (26f.); OLG Hamm v. 30.3.1998 – 15 W 611/97, ZMR 1998, 591 (592).
5 BGH v. 10.9.1998 – V ZB 11/98, ZMR 1999, 41 (42); BGH v. 29.9.1999 – XII ZB 21/97, NJW-RR 2000, 289 (290); OLG Karlsruhe v. 12.11.2001 – 14 Wx 37/01, ZMR 2003, 374 (375); OLG Schleswig v. 14.1.2010 – 3 Wx 92/09, FGPrax 2010, 106 (107).
6 OLG Hamm v. 30.3.1998 – 15 W 611/97, ZMR 1998, 591 (592).
7 OLG Hamm v. 30.3.1998 – 15 W 611/97, ZMR 1998, 591 (592).
8 KG v. 4.11.1969 – 1 W 2265/69, OLGZ 1970, 198 (200); BayObLG v. 11.2.1999 – 2 Z BR 171/98, ZMR 1999, 349 (350); vgl. zur Ermessenskontrolle allgemein § 72 Rz. 17.
9 OLG Düsseldorf v. 2.2.1998 – 3 Wx 345/97, ZMR 1998, 449; BayObLG v. 11.2.1999 – 2 Z BR 171/98, ZMR 1999, 349 (350); Zöller/*Feskorn*, § 32 FamFG Rz. 2.
10 BayObLGZ v. 8.6.1973 – BReg 2 Z 19/73, 1973, 145 (148); BayObLG v. 28.6.1973 – BReg 3 Z 154/72, BayObLGZ 1973, 162 (167).
11 BayObLG v. 6.10.1975 – BReg 2 Z 59/75, BayObLGZ 1975, 365 (367f.).

ner Mehrheit von Gebäuden eines davon). Sofern das Gericht über Zweigstellen verfügt, ist diejenige Terminsort, in der sich der Spruchkörper befindet.[1] Den konkreten Sitzungssaal bestimmt der Vorsitzende, wobei er besondere Umstände wie etwa ein ungewöhnliches Zuschauerinteresse zu berücksichtigen hat.[2] Es steht ihm dabei frei, einen Termin auch in seinem Dienstzimmer durchzuführen. Allerdings muss bei Sachen, die öffentlich verhandelt werden (hierzu s. Rz. 36), auch dann der **Zugang des Publikums** gewährleistet sein. Der Terminsort – auch der von der Gerichtsstelle abweichende – wird durch Verfügung des Vorsitzenden bestimmt, die uU zur Nachvollziehbarkeit kurz zu begründen ist.[3] Es handelt sich hierbei um eine isoliert nicht anfechtbare verfahrensleitende Maßnahme, die aber etwa bei unzumutbarer Lokalität oder kurzfristiger, nicht mehr mitgeteilter Verlegung nach § 58 Abs. 2 zur Anfechtbarkeit der Hauptsacheentscheidung führen kann.

b) Möglichkeiten abweichender Verfahrensgestaltung

21 Nimmt man die Bezugnahme auf § 219 Abs. 1 ZPO wörtlich, geht damit eine **Einschränkung der bisherigen Möglichkeiten** zur Verfahrensgestaltung einher. Denn nach § 219 Abs. 1 ZPO werden Termine grundsätzlich im Gericht abgehalten. Nach § 219 Abs. 1 ZPO setzt eine Verhandlung an einem anderen Ort voraus, dass sie „an der Gerichtsstelle nicht vorgenommen werden kann". Dies schließt nicht nur die Verlegung der Anhörung aus Kostengründen,[4] sondern auch aus sachlichen Gründen aus, wenn dies im Interesse der Rechtsfindung liegt.[5] Damit wäre etwa die Anhörung eines Minderjährigen in seiner häuslichen Umgebung ausgeschlossen, obwohl sie in der vertrauten Atmosphäre oftmals weit sachdienlicher sein kann als eine Befragung in einem bestenfalls nüchternen Gerichtssaal.

22 Ob eine solche Einschränkung wirklich gewollt ist, erscheint zweifelhaft. Hiergegen sprechen nicht zuletzt **verfassungsrechtliche Erwägungen**. Denn die Anhörung dient auch der Gewährung rechtlichen Gehörs. Ist dieser Zweck aber gefährdet, weil ein Beteiligter zwar vor Gericht erscheinen, aber sich bei weitem nicht so sachdienlich äußern kann wie in einer anderen Umgebung, wäre eine strikte Übertragung in das Verfahren nach dem FamFG vor dem Hintergrund von Art. 103 Abs. 1 GG verfassungsrechtlich bedenklich. Man wird im Wege der **„entsprechenden" Anwendung** nach § 32 Abs. 1 Satz 2 daher wohl weniger strenge Maßstäbe anlegen müssen. Dies umso mehr, als der Gesetzgeber nicht erkennen lässt, dass er die bisherige Praxis ändern will. Vielmehr wird die **Vernehmung des Betroffenen in seiner üblichen Umgebung** von den Gesetzesmaterialien gerade als typischer Anlass für ein Abweichen von § 219 ZPO genannt.[6] Demnach ist davon auszugehen, dass eine Anhörung nach § 32 schon dann nicht „an der Gerichtsstelle" vorgenommen werden kann, wenn ihr Zweck dort nicht vollständig erreicht werden kann oder dies zumindest zu befürchten steht. Eine solche Handhabung ermöglicht dem Gericht in Verfahren nach dem FamFG die Orientierung an der maximalen Sachaufklärung und die Einbeziehung der Beteiligten am Verfahren.

23 In jedem Fall ist die Wahl eines anderen Ortes der Anhörung dann geboten, wenn sie schon nach zivilprozessualen Grundsätzen zulässig wäre. Dies ist immer dann der Fall, wenn es auf die **Augenscheinseinnahme** einer bestimmten Örtlichkeit außerhalb des Gerichtsgebäudes ankommt.[7] Die Wahl eines anderen Ortes zur Durchführung

---

1 Baumbach/*Hartmann*, § 219 ZPO Rz. 4; Zöller/*Stöber*, § 219 ZPO Rz. 1; Musielak/*Stadler*, § 219 ZPO Rz. 2.
2 Baumbach/*Hartmann*, § 219 ZPO Rz. 2; Musielak/*Stadler*, § 219 ZPO Rz. 4.
3 BAG v. 4.2.1993 – 4 AZR 541/92, NJW 1993, 1029; Baumbach/*Hartmann*, § 219 ZPO Rz. 10; Musielak/*Stadler*, § 219 ZPO Rz. 4.
4 Baumbach/*Hartmann*, § 219 ZPO Rz. 8; Zöller/*Stöber*, § 219 ZPO Rz. 2.
5 Zöller/*Stöber*, § 219 ZPO Rz. 1; Musielak/*Stadler*, § 219 ZPO Rz. 2; wohl auch Baumbach/*Hartmann*, § 219 ZPO Rz. 8.
6 BT-Drucks. 16/6308, S. 191; jedenfalls im Ergebnis ebenso Bumiller/Harders, § 32 FamFG Rz. 5; Keidel/*Meyer-Holz*, § 32 FamFG Rz. 16; Bassenge/Roth/*Gottwald*, § 32 FamFG Rz. 6.
7 Baumbach/*Hartmann*, § 219 ZPO Rz. 5; Zöller/*Stöber*, § 219 ZPO Rz. 1; Musielak/*Stadler*, § 219 ZPO Rz. 2.

der Anhörung kann aber auch dann geboten sein, wenn ein Beteiligter etwa **aus gesundheitlichen Gründen** auf längere Zeit nicht im Gerichtsgebäude erscheinen, sich aber sehr wohl in anderen Räumlichkeiten äußern kann.[1] Ausnahmsweise kann eine Verlegung auch aus Gründen geboten scheinen, die in der Sphäre des Gerichts zu suchen sind, etwa wegen **Umbauarbeiten**.[2] Auch wenn eine Durchführung der Anhörung an einem anderen Ort zulässig ist, sind die Beteiligten oder gar Dritte schon wegen Art. 13 GG nicht verpflichtet, ihre Räumlichkeiten zur Verfügung zu stellen.[3] Bei Beteiligten kann dies aber – insbesondere bei kurzfristiger Weigerung – als Verstoß gegen ihre Mitwirkungspflichten nach § 27 anzusehen sein, so dass weitere Termine entbehrlich werden können.[4] Die Durchführung der Anhörung an einem anderen Ort als der Gerichtsstelle ist nur solange zulässig, wie sie sachlich geboten ist. So kann etwa im Krankenhaus nur der dort befindliche Beteiligte, nicht aber auch weitere Beteiligte vernommen werden.[5]

c) Anhörung des Bundespräsidenten

Von geringerer praktischer Bedeutung für die alltägliche Arbeit der Gerichte ist der Verweis auf § 219 Abs. 2. Danach muss der Bundespräsident nicht im Gericht erscheinen. Tut er dies auf entsprechende Ladung gleichwohl, ist das Ergebnis der Anhörung aber nicht fehlerhaft gewonnen. Das Privileg ist eine auf den Bundespräsidenten beschränkte und daher nicht analogiefähige Ausnahmeregelung; andere Politiker einschließlich seines Vertreters müssen vor Gericht erscheinen.[6] **24**

2. Terminierung

a) Verfügung des Vorsitzenden

Die Terminierung kann gem. § 32 Abs. 1 Satz 2 FamFG iVm. § 227 Abs. 4 Satz 1, 1. Halbs. ZPO durch **Verfügung des Vorsitzenden** ohne mündliche Verhandlung erfolgen. Auch in Kollegialgerichten bedarf es keines Beschlusses des ganzen Spruchkörpers.[7] Abgesehen von der ausdrücklichen Verweisung in § 32 Abs. 1 Satz 2 lässt das FamFG nicht erkennen, dass in fG-Verfahren strengere Maßstäbe gelten sollen als im Zivilprozess. Dem steht nicht entgegen, dass die Erforderlichkeit eines Termins zur mündlichen Erörterung „der Prüfung der Sachdienlichkeit zur Rechtsanwendung" zugehört.[8] Denn das Kollegium kann einen Termin zur mündlichen Erörterung zu jeder Zeit erzwingen, im äußersten Fall noch dadurch, dass ein Beschlussentwurf aus diesem Grunde mehrheitlich abgelehnt wird. Die Ladung muss zwar mangels gesetzlicher Vorschriften keinen bestimmten Inhalt aufweisen, aber zumindest das Verfahren, den Gerichtsort und den Termin klar erkennen lassen.[9] In Ermangelung einer Spezialregelung wie § 33 Abs. 2 ist für den Fall, dass ein Beteiligter einen Verfahrensbevollmächtigten bestellt hat, dieser gem. § 15 Abs. 2 Satz 1 FamFG iVm. § 172 Abs. 2 Satz 1 ZPO **Adressat der Ladung**. Eine zusätzliche Ladung des Beteiligten hat selbstverständlich bei Anordnung seines persönlichen Erscheinens zu erfolgen, ist aber auch ansonsten nicht fehlerhaft. Die Form der Bekanntgabe richtet sich nach § 15. **24a**

---

1 Bassenge/Roth/*Gottwald*, § 32 FamFG Rz. 62; weiter gehend BAG v. 4.2.1993 – 4 AZR 541/92, NJW 1993, 1029, wonach es genügen soll, dass für die Mehrheit der Beteiligten ein anderer Ort als die Gerichtsstelle „günstiger liegt" (zweifelhaft).
2 Zöller/*Stöber*, § 219 ZPO Rz. 1; ähnlich Baumbach/*Hartmann*, § 219 ZPO Rz. 6; Musielak/*Stadler*, § 219 ZPO Rz. 2.
3 Keidel/*Meyer-Holz*, § 32 FamFG Rz. 16; vgl. für den Zivilprozess Baumbach/*Hartmann*, § 219 ZPO Rz. 7; Zöller/*Stöber*, § 219 ZPO Rz. 4; Musielak/*Stadler*, § 219 ZPO Rz. 3.
4 Ähnlich Keidel/*Meyer-Holz*, § 32 FamFG Rz. 16.
5 Vgl. Baumbach/*Hartmann*, § 219 ZPO Rz. 2.
6 Baumbach/*Hartmann*, § 219 ZPO Rz. 12; Zöller/*Stöber*, § 219 ZPO Rz. 5.
7 Anders Keidel/*Meyer-Holz*, § 32 FamFG Rz. 6.
8 Keidel/*Meyer-Holz*, § 32 FamFG Rz. 6.
9 Keidel/*Meyer-Holz*, § 32 FamFG Rz. 15; zu den Sonderregelungen bei Anordnung des persönlichen Erscheinens s. § 33 ZPO Rz. 20 ff.

b) Ladungsfrist

25 § 32 Abs. 2 sieht, anders als § 217 ZPO, **keine feste Mindestfrist** zur Ladung der Beteiligten vor. Dies liegt darin begründet, dass die dortige Mindestfrist von drei Tagen in Verfahren nach dem FamFG oftmals dem Verfahrenszweck widersprechen würde. So bestünde etwa in Unterbringungssachen die Gefahr, dass der mit der Unterbringung bezweckte Schutz von Betroffenem und Dritten dann gar nicht mehr gewährleistet werden kann. In Verfahren geringerer Eilbedürftigkeit, insbesondere in echten Streitverfahren, hat sich das Gericht aber an den Fristen des § 217 ZPO zu orientieren.[1] Denn diese Mindestfristen sind auch in Verfahren nach dem FamFG zur Vorbereitung und somit zur Gewährung rechtlichen Gehörs erforderlich. Deshalb kann eine unangemessen kurze Terminierung einen Verstoß gegen die Aufklärungspflicht aus § 26 darstellen, was mit der Beschwerde gerügt werden kann.[2] Der Verzicht der Beteiligten auf eine angemessene Ladungsfrist oder ihre rügelose Einlassung zur Hauptsache legitimiert ein entsprechendes Vorgehen des Gerichts in Verfahren nach dem FamFG nur dann, wenn die von Amts wegen durchzuführende Ermittlung der entscheidungserheblichen Tatsachen hierunter nicht leidet. Zu laden ist der Beteiligte; wenn er sich durch einen Bevollmächtigten vertreten lässt, dieser.[3] Zum **persönlichen Erscheinen** ist ein Beteiligter nur unter den Voraussetzungen des § 33 verpflichtet.[4]

26 Dem Wortlaut nach kann § 32 Abs. 2 auch als Begrenzung der **Maximaldauer** zur Bestimmung eines Termins verstanden werden. Hier ist das Ermessen des Gerichts aber wohl noch weiter gefasst als bei der Mindestfrist. Es kann die Sachen je nach Eilbedürftigkeit mit unterschiedlichen Fristen terminieren. Feste Grenzen lassen sich kaum ziehen, zumal die Verlängerung der Verfahren durch die Einsparung von Personal, insbesondere Richtern, oftmals unausweichlich ist. Nur in Einzelfällen, bei unbegründet zögerlicher Behandlung, wird ein Verstoß gegen § 32 Abs. 2 vorliegen, der aber allenfalls im Wege der Dienstaufsichtsbeschwerde gerügt werden oder Schadensersatzansprüche auslösen kann (vgl. § 58 Rz. 2a).

c) Terminsverlegung

27 Für die Verlegung eines Termins verweist § 32 Abs. 1 Satz 2 auf § 227 Abs. 1, 2 und 4 ZPO. Die vereinfachte Möglichkeit der Verlegung nach § 227 Abs. 3 ZPO im Zeitraum vom **1. Juli bis zum 31. August** soll in Verfahren nach dem FamFG keine Anwendung finden.[5] Ein Termin kann somit nur aus erheblichen Gründen verlegt werden, die auf Verlangen des Vorsitzenden **glaubhaft zu machen** sind. Zur Frage, welche **Gründe** als erheblich anzusehen sind, kann auf die Kasuistik zu § 227 ZPO Bezug genommen werden, da § 32 Abs. 1 Satz 2 insoweit ohne Einschränkung auf diese Vorschrift verweist und im Verfahren nach dem FamFG keine Besonderheiten bestehen. Auch die Entscheidung über die Terminsverlegung erfolgt gem. § 32 Abs. 1 Satz 2 FamFG iVm. § 227 Abs. 4 Satz 1, 1. Halbs. ZPO durch **Verfügung des Vorsitzenden** ohne mündliche Verhandlung. Sofern erst nach Beginn eines Termins über dessen Beendigung und die Anberaumung eines neuen (**Vertagung**) befunden wird, trifft gem. § 32 Abs. 1 Satz 2 FamFG iVm. § 227 Abs. 4 Satz 1, 2. Halbs. ZPO der gesamte Spruchkörper die Entscheidung hierüber. Sie ist nach § 32 Abs. 1 Satz 2 FamFG iVm. § 227 Abs. 4 Satz 2 ZPO kurz zu begründen, was eine kurze Darlegung erfordert, weswegen bestimmte Gründe für erheblich oder nicht erheblich befunden wurden. Sowohl die Entscheidung des Vorsitzenden als auch diejenige des gesamten Spruchkörpers stellen, wie § 32 Abs. 1 Satz 2 FamFG iVm. § 227 Abs. 4 Satz 3 ZPO klarstellt, isoliert nicht an-

---

1 So im Ergebnis auch OLG Frankfurt v. 16.8.2012 – 5 UF 221/12, FamRZ 316 (317), wonach gegen eine Ladungsfrist von einer Woche – zumal in eilbedürftigeren Gewaltschutzsachen – nichts zu erinnern ist.
2 Keidel/*Meyer-Holz*, § 32 FamFG Rz. 13.
3 BT-Drucks. 16/6308, S. 191; Bassenge/Roth/*Gottwald*, § 32 FamFG Rz. 10.
4 Bassenge/Roth/*Gottwald*, § 32 FamFG Rz. 10; Zöller/*Feskorn*, § 32 FamFG Rz. 6.
5 BT-Drucks. 16/6308, S. 191; *Bumiller*/Harders, § 32 FamFG Rz. 6; Bassenge/Roth/*Gottwald*, § 32 FamFG Rz. 7; Zöller/*Feskorn*, § 32 FamFG Rz. 6.

fechtbare verfahrensleitende Maßnahmen dar.[1] Allerdings folgt aus § 58 Abs. 2, dass eine falsche Entscheidung, etwa die Verweigerung einer Terminsverlegung trotz erheblicher Gründe, zur Anfechtbarkeit der Hauptsacheentscheidung führen kann, wenn hierdurch zB der Anspruch auf rechtliches Gehör beeinträchtigt wurde.

3. Verhandlung im Wege der Bild- und Tonübertragung

a) Bedeutung

Der Verweis auf § 128a ZPO in § 32 Abs. 3 lässt viele Fragen offen. Zunächst stellt § 128a Abs. 1 ZPO eine Lockerung des Mündlichkeitsgrundsatzes dar, der in Verfahren nach dem FamFG ohnehin nicht gilt. Wenn das Gericht aber schon nicht zur Durchführung einer mündlichen Verhandlung verpflichtet ist, kann es eine Anhörung nach pflichtgemäßem Ermessen abweichend von § 128 ZPO gestalten. Des Weiteren war das Gericht in fG-Verfahren schon bislang weit weniger strikt an bestimmte Regeln der Beweiserhebung gebunden als im Zivilprozess, was § 30 Abs. 1 fortschreibt.[2] Im Übrigen erfolgt der Verweis auf § 128a Abs. 2 ZPO an dieser Stelle **systemwidrig**, da § 32 nur die Erörterung mit den Beteiligten, nicht aber die Beweisaufnahme regelt. Darüber hinaus ist die Verhandlung als Videokonferenz dem Gericht nunmehr anempfohlen, da es auf diesem Wege verhandeln „soll", was keine Parallele im Zivilprozess findet. Dies wird wiederum eingeschränkt durch die Eingrenzung auf „geeignete Fälle", was ebenfalls keine Entsprechung im Zivilprozess findet. Schließlich stellt sich die auch ansonsten auftretende Frage, wie die Zustimmung der „Parteien" aus dem zivilprozessualen Zusammenhang auf das Verfahren nach dem FamFG zu übertragen ist.

28

b) Übereinstimmender Antrag der Beteiligten

Unabdingbare Voraussetzung sowohl der Anhörung der Beteiligten als auch der Vernehmung von Zeugen im Wege der Videokonferenz ist nach § 32 Abs. 3 FamFG iVm. § 128a Abs. 1 Satz 1, Abs. 2 Satz 1 ZPO das **Einverständnis** der „Parteien". Wie an anderer Stelle (vgl. etwa § 68 Rz. 41) ist die Übertragung dieses Begriffs auf Verfahren nach dem FamFG auch hier nicht selbstverständlich, da eine der **Partei** vergleichbare Stellung allenfalls den Beteiligten in echten Streitverfahren zukommt. Größere Schwierigkeiten bestehen schon in solchen Verfahren, in denen eine Mehrzahl in gleicher Weise Beteiligter ihr Recht verfolgt, etwa in Erbscheinsverfahren, ganz abgesehen von solchen Verfahren, in denen mehrere Beteiligte in ganz ungleicher Weise am Ausgang des Verfahrens interessiert sind. Allerdings wird das Erfordernis der **Zustimmung schon im Zivilprozess ausdehnend gehandhabt**. Es umfasst auch Streithelfer.[3] Bisweilen wird selbst für den Zivilprozess vom „Einverständnis aller Beteiligten" geredet.[4] Dies ist auf Verfahren nach dem FamFG zu übertragen. Denn die auf die Bildschirmübertragung beschränkte Wahrnehmung stellt für alle Beteiligten eine begrenzte Erkenntnisquelle dar, die ihre Einschätzung der Sachlage erschweren kann. Deswegen bedarf es der **Zustimmung aller Beteiligten**, nicht aber eventueller Zeugen oder gar Zuschauer.[5] Das Einverständnis ist eine **Verfahrenshandlung**. Sie kann somit nach allgemeinen Grundsätzen nicht angefochten oder widerrufen werden.

29

c) Antrag

Die mündliche Verhandlung kann nach § 128a Abs. 1 Satz 1 ZPO nur auf Antrag im Wege der Videokonferenz erfolgen. Das Prozessgericht kann also **nicht von Amts wegen** eine Anhörung im Wege der Videokonferenz anordnen, etwa weil es einem Betei-

30

---

1 Bassenge/Roth/*Gottwald*, § 32 FamFG Rz. 9.
2 Dazu, dass der Einsatz der Videotechnik schon bislang über den Verweis in § 30 Abs. 1 zulässig ist, s. *Bumiller*/Harders, § 32 FamFG Rz. 7.
3 Zöller/*Greger*, § 128a ZPO Rz. 2.
4 Baumbach/*Hartmann*, § 128a ZPO Rz. 4.
5 *Schultzky*, NJW 2003, 313 (315); aA Baumbach/*Hartmann*, § 128a ZPO Rz. 4; Zöller/*Feskorn*, § 32 FamFG Rz. 10; offengelassen von Musielak/*Stadler*, § 128a ZPO Rz. 2a.

ligten eine weite Anreise ersparen will.¹ Dies ist auf Verfahren nach dem FamFG zu übertragen. Denn der fürsorglichen Anordnung einer Anhörung auf Distanz, die die Wahrnehmungsmöglichkeiten bei allen technischen Möglichkeiten eben doch verringert, bedarf es nicht, wenn der betroffene Beteiligte dies gar nicht wünscht. Hingegen ist ein Antrag für die Vernehmung von **Zeugen** auch im Zivilprozess nicht erforderlich. Hier kann das Gericht also von Amts wegen eine Vernehmung im Wege der Videokonferenz anordnen. Es hat dabei die Interessen der Zeugen, etwa eine weite Anreise oder gar die emotionale Belastung durch eine Konfrontation im Gerichtssaal zu berücksichtigen. Ist der Anzuhörende bzw. zu Vernehmende mit dem Vorgehen nach § 128a ZPO nicht einverstanden, kann er zum Termin anreisen. IdR ist die Erstattung seiner Kosten dann aber mangels Notwendigkeit ausgeschlossen.²

d) Ermessensreduzierung bei Vorliegen der Voraussetzungen des § 128a ZPO in geeigneten Fällen

31 Nach § 32 Abs. 3 „soll" das Gericht die Sache „in geeigneten Fällen" nach § 128a ZPO im Wege der Bild- und Tonübertragung erörtern. Dies ist nicht ohne weiteres verständlich, da es ja zumindest des Einverständnisses aller Beteiligten und in Fällen des § 128a Abs. 1 ZPO überdies eines Antrags bedarf. Eine einseitige Anordnung kommt somit nicht in Betracht. Vor diesem Hintergrund kann die Anordnung in § 32 Abs. 3, wonach das Gericht nach § 128a ZPO vorgehen „soll", wohl nur dahin gehend verstanden werden, dass das **Ermessen** bei Vorliegen der Voraussetzungen des § 128a ZPO anders als im Zivilprozess³ eingeschränkt ist. Dann muss es bei erklärtem Einverständnis der Beteiligten darlegen, wieso es gleichwohl von einem Vorgehen nach § 32 Abs. 3 FamFG iVm. § 128a ZPO abgesehen hat.⁴ Zudem kann es gehalten sein, bei Vorliegen der Voraussetzungen **auf ein entsprechendes Vorgehen hinzuwirken**, also das Einverständnis der Beteiligten anzuregen. Dies soll allerdings nur „in geeigneten Fällen" geschehen. § 32 Abs. 3 dient also nicht in der Weise der Arbeitserleichterung für Gericht, Verfahrensbevollmächtigte und Beteiligte, dass stets vom Arbeitstisch aus verhandelt werden kann.⁵ Dies ist nur bei Vorliegen eines sachlichen Grundes zulässig, etwa dann, wenn ein Beteiligter eine weite Anreise auf sich nehmen müsste. Erst recht gilt dies dann, wenn die Vernehmung Dritter mit erheblichen Belastungen verbunden wäre. Auch in diesen Fällen ist aber von einem Vorgehen nach § 32 Abs. 3 FamFG iVm. § 128a ZPO abzusehen, wenn hiermit **Defizite in der Sachaufklärung** verbunden wären. Dies ist insbesondere dann anzunehmen, wenn es auf den persönlichen Eindruck von einem Beteiligten oder einem Zeugen ankommt.⁶

e) Durchführung

32 Für die Durchführung der Verhandlung im Wege der Bild- und Tonübertragung gelten die zum Zivilprozess entwickelten Grundsätze.⁷ Die Durchführung der Anhörung bzw. der Beweisaufnahme im Wege der Bild- und Tonübertragung ist den Beteiligten auch nach erteiltem Einverständnis **vorab bekannt zu geben**, damit sie sich hierauf einstellen können. Derjenige, der außerhalb der Gerichtsstelle angehört bzw.

---

1 Zöller/*Feskorn*, § 32 FamFG Rz. 10; *Schultzky*, NJW 2003, 313 (315); Baumbach/*Hartmann*, § 128a ZPO Rz. 5; Musielak/*Stadler*, § 128a ZPO Rz. 2.
2 *Schultzky*, NJW 2003, 313 (316); Zöller/*Greger*, § 128a ZPO Rz. 3; Musielak/*Stadler*, § 128a ZPO Rz. 9.
3 Hierzu *Schultzky*, NJW 2003, 313 (315); Baumbach/*Hartmann*, § 128a ZPO Rz. 9; dazu, dass die Bild- und Tonübertragung das Vorhandensein der technischen Voraussetzungen voraussetzt, weshalb hierauf kein Anspruch besteht, s. *Bumiller*/Harders, § 32 FamFG Rz. 7; Bork/*Jacoby*/Schwab, 1. Aufl., § 32 FamFG Rz. 13.
4 Schon deshalb zweifelhaft die gerade entgegengesetzte Position des LG Augsburg v. 28.11.2011 – 52 T 3723/11, InfAuslR 2012, 133 in Freiheitsentziehungssachen.
5 So schon für den Zivilprozess Baumbach/*Hartmann*, § 128a ZPO Rz. 6; Zöller/*Greger*, § 128a ZPO Rz. 2; ähnlich *Schultzky*, NJW 2003, 313 (316).
6 LG Augsburg v. 28.11.2011 – 52 T 3723/11, InfAuslR 2012, 133 (dass die Videokonferenz in Freiheitsentziehungsverfahren immer ausscheiden soll, erscheint freilich zweifelhaft); *Schultzky*, NJW 2003, 313 (316).
7 Vgl. *Schultzky*, NJW 2003, 313 (316 f.); Zöller/*Greger*, § 128a ZPO Rz. 4.

vernommen wird, ist **dorthin zu laden**.[1] Sein Ausbleiben zieht dieselben Folgen nach sich wie bei einer Ladung in die Gerichtsstelle.[2] Die Bild- und Tonübertragung muss **wechselseitig** sein, da nur so Reaktionen der jeweils anderen Seite wie in einer Anhörung bzw. Vernehmung im Gerichtssaal möglich sind.[3] Der Ort, an dem sich der Zugeschaltete befindet, steht dem Gerichtssaal gleich,[4] weshalb er nicht im Ausland liegen darf, da dies in die Souveränitätsrechte eines anderen Staates eingriffe.[5] Er untersteht der **Sitzungspolizei** des Vorsitzenden.[6] Unbefugte oder sich ungebührlich verhaltende Personen können von ihm also des Ortes verwiesen werden. Schon aus diesem Grunde, aber auch zur Vermeidung von Manipulationen, muss auch an diesem Ort Gerichtspersonal vorhanden sein. Eine Ausnahme kann allenfalls dann gelten, wenn die Anhörung oder Vernehmung an einem Ort vorgenommen wird, an dem von Berufs oder Amts wegen zuverlässige Personen (Rechtsanwälte, Schiedsmänner, Ortsgerichtsschöffen) das Hausrecht ausüben. Auch hinsichtlich der Möglichkeiten, die dem Zugeschalteten zukommen, gilt der Ort, an dem er sich befindet, als Gerichtssaal. Er kann somit als Zeuge belehrt und vereidigt werden, als Beteiligter oder Bevollmächtigter sein Fragerecht ausüben, sämtliche Verfahrenshandlungen vornehmen und Erklärungen abgeben wie im Gerichtssaal.[7] Der Öffentlichkeit der mündlichen Verhandlung (hierzu s. Rz. 36) wird allerdings dadurch Genüge getan, dass der Zugang zu den Räumlichkeiten gewährleistet ist, in denen sich das Gericht befindet.[8]

f) Protokoll und Aufzeichnung

Die Dokumentation der Anhörung bzw. Vernehmung erfolgt wie bei einer Sitzung im Gerichtssaal (vgl. Rz. 39). Die Aufzeichnung zwecks späterer nochmaliger Auswertung ist entgegen anderer Auffassung[9] auch bei Einverständnis des Zeugen nicht möglich.[10] Dies folgt nicht nur aus dem eindeutigen Wortlaut des § 128a Abs. 3 Satz 1 ZPO, der eine Aufzeichnung ausschließt, sondern auch aus dem Zweck der Norm. Das Verbot der Aufzeichnung soll nämlich einerseits Persönlichkeitsrecht und datenschutzrechtliche Belange nicht nur der angehörten bzw. vernommenen Personen, sondern auch der (weiteren) Beteiligten wahren.[11] Darüber hinaus soll das Gericht auch **keine weitere Erkenntnisquelle** in Form der Aufzeichnungen heranziehen können, die den Beteiligten nicht ohne weiteres zur Verfügung steht. Dies wäre mit den Grundsätzen rechtlichen Gehörs nicht vereinbar (vgl. Rz. 13).

33

g) Unanfechtbarkeit der Entscheidungen nach § 32 Abs. 3 FamFG iVm. § 128a Abs. 1, 2 ZPO

Die Anordnung der Anhörung bzw. Vernehmung im Wege der Bild- und Tonübertragung stellt eine **verfahrensleitende Maßnahme** dar. Diese ist, wie § 32 Abs. 3 FamFG iVm. § 128a Abs. 3 Satz 2 ZPO klarstellt, **isoliert nicht anfechtbar**. Dies gilt schon im Zivilprozess trotz § 567 Abs. 1 Nr. 2 ZPO auch für auch die Zurückweisung eines diesbezüglichen Antrags und somit über § 32 Abs. 3 auch für Verfahren nach dem FamFG. Allerdings folgt aus § 58 Abs. 2, dass eine falsche Entscheidung, etwa die Anordnung in ungeeigneten Fällen oder gar gegen den ausdrücklichen Willen ei-

34

---

1 BGH v. 30.3.2004 – VI ZB 81/03, NJW 2004, 2311 (2312); *Schultzky*, NJW 2003, 313 (316).
2 Zöller/*Greger*, § 128a ZPO Rz. 2.
3 *Schultzky*, NJW 2003, 313 (315); Baumbach/*Hartmann*, § 128a ZPO Rz. 8; Zöller/*Greger*, § 128a ZPO Rz. 5; Musielak/*Stadler*, § 128a ZPO Rz. 2.
4 BGH v. 30.3.2004 – VI ZB 81/03, NJW 2004, 2311 (2312); *Schultzky*, NJW 2003, 313 (316).
5 *Schultzky*, NJW 2003, 313 (314); Musielak/*Stadler*, § 128a ZPO Rz. 8.
6 *Schultzky*, NJW 2003, 313 (316f.).
7 Baumbach/*Hartmann*, § 128a ZPO Rz. 7; Zöller/*Greger*, § 128a ZPO Rz. 2; Musielak/*Stadler*, § 128a ZPO Rz. 4.
8 *Schultzky*, NJW 2003, 313 (317); Zöller/*Greger*, § 128a ZPO Rz. 4; Musielak/*Stadler*, § 128a ZPO Rz. 2.
9 Zöller/*Greger*, § 128a Rz. 5; zu recht enger Baumbach/*Hartmann*, § 128a ZPO Rz. 10, der die Zustimmung aller Beteiligten fordert.
10 So richtig *Schultzky*, NJW 2003, 313 (317); Musielak/*Stadler*, § 128a ZPO Rz. 10; Bork/*Jacoby*/Schwab, 1. Aufl., § 32 FamFG Rz. 13.
11 Vgl. *Schultzky*, NJW 2003, 313 (317); Baumbach/*Hartmann*, § 128a ZPO Rz. 1.

nes Beteiligten, jedenfalls dann zur **Anfechtbarkeit der Hauptsacheentscheidung** führen kann, wenn der Sachverhalt hierdurch nicht hinreichend aufgeklärt wurde. Dies gilt erst recht bei Fehlern in der Durchführung der Anhörung bzw. Vernehmung, wenn diese etwa trotz erheblicher technischer Mängel in der Übertragung nicht abgebrochen und wiederholt wurde[1] oder der persönliche Eindruck entscheidend ist.[2]

C. Weiteres Verfahren

I. Unvollständigkeit der Regelungen in § 32

35 Die Vorschriften zur Durchführung des Termins in § 32 sind unvollständig. Zur Vervollständigung kann auf die frühere Rechtsprechung zurückgegriffen werden. Denn auch diese konnte in vielfacher Hinsicht nicht auf positive Regelungen zurückgreifen und entwickelte die Grundsätze zur Verfahrensdurchführung oftmals aus allgemeinen Rechtsgedanken. An dieser Ausgangslage hat sich durch § 32 wenig geändert. Insbesondere ist nicht erkennbar, dass der Gesetzgeber die bewährten Verfahrensgrundsätze, die in der Judikatur entwickelt wurden, durch die Kodifikation des FamFG aufgeben wollte.

II. Öffentlichkeit

36 Verfahren nach dem FamFG sind, anders als Zivilsachen, wegen § 170 Abs. 1 Satz 1 GVG grundsätzlich nicht öffentlich zu verhandeln.[3] In einigen Verfahren, die dem Schutz des Betroffenen dienen, etwa in **Betreuungs- und Unterbringungssachen**, ist der Ausschluss der Öffentlichkeit schon aus Gründen des Persönlichkeitsschutzes geboten.[4] Dies kann aber auch in anderen Verfahren nach dem FamFG gelten, auch wenn sich die Interessen der Beteiligten dort ähnlich wie im Zivilprozess gegenüberstehen können, etwa in **Nachlasssachen**[5] oder nach § 170 GVG in Familiensachen. Gleiches gilt für die traditionellen Bereiche der freiwilligen Gerichtsbarkeit wie **Vormundschafts-, Grundbuch- sowie Registersachen**.[6] Die Zulassung der Öffentlichkeit ist zwar **kein absoluter Verfahrensmangel**, kann aber gleichwohl die Aufhebung etwa mangels hinreichender Sachaufklärung rechtfertigen, wenn sich ein Beteiligter etwa vor Zuschauern weniger offen äußert.[7] Nach früherer hM waren **echte Streitsachen** als bürgerliche Rechtsstreitigkeiten idR nach Art. 6 EMRK zu behandeln.[8] Nichtöffentlichkeit war dann ein absoluter Verfahrensmangel entsprechend § 547 Nr. 5 ZPO.[9] Hieran dürfte nach dem neuen Wortlaut von § 170 GVG nicht mehr festzuhalten sein.[10] Vielmehr dürfte die Öffentlichkeit nur bei Zustimmung aller Beteiligten zuzulassen sein.[11]

III. Erörterung vor dem gesamten Spruchkörper

37 Die Erörterung findet grundsätzlich vor dem gesamten Spruchkörper, bei Kollegialgerichten also vor der voll besetzten Kammer bzw. dem Senat statt,[12] was aller-

---

1 *Schultzky*, NJW 2003, 313 (318); Musielak/*Stadler*, § 128a ZPO Rz. 4; vgl. auch die plastischen Beispiele bei Baumbach/*Hartmann*, § 128a ZPO Rz. 2, wonach die „Abschwörgeste" infolge zu geringen Bildausschnitts nicht aufgezeichnet oder das Erröten des Zeugen bei Schwarz-Weiß-Aufnahme unsichtbar bleibt; noch weiter gehend Rz. 8.
2 *Schultzky*, NJW 2003, 313 (316); Musielak/*Stadler*, § 128a ZPO Rz. 7.
3 Bork/*Jacoby*/Schwab, 1. Aufl., § 32 FamFG Rz. 11; Zöller/*Feskorn*, § 32 FamFG Rz. 7; *Jänig*/*Leißring*, ZIP 2010, 110 (116); *Breuers*, ZFE 2010, 84 (85).
4 OLG Frankfurt v. 30.1.1998 – 2 W 281/97, NJW-RR 1998, 937 (939).
5 OLG Hamm v. 26.2.1996 – 15 W 122/95, FGPrax 1996, 142 (143).
6 OLG Hamm v. 26.2.1996 – 15 W 122/95, FGPrax 1996, 142 (143); OLG Frankfurt v. 30.1.1998 – 2 W 281/97, NJW-RR 1998, 937 (939).
7 OLG München v. 10.10.2005 – 31 Wx 68/05, NJW-RR 2006, 80 (81f.).
8 BayObLG v. 7.12.1987 – BReg 2 Z 35/87, NJW-RR 1988, 1151 (1152); OLG Hamm v. 26.2.1996 – 15 W 122/95, FGPrax 1996, 142 (143).
9 *Bassenge*/Roth, 11. Aufl., Einl. FGG, Rz. 74.
10 *Jänig*/*Leißring*, ZIP 2010, 110 (116).
11 *Jänig*/*Leißring*, ZIP 2010, 110 (116); Zöller/*Feskorn*, § 32 FamFG Rz. 7.
12 *Bassenge*/Roth, 11. Aufl., Einl. FGG, Rz. 72.

dings nicht ausschließt, dass bei der Entscheidungsfindung andere Richter mitwirken (s Rz. 8). Die Beweisaufnahme kann allerdings, da § 30 Abs. 1 auf die ZPO verweist, unter den Voraussetzungen §§ 372 Abs. 2, 375, 402, 451, 479 ZPO vom beauftragten Richter durchgeführt werden. Eine Übertragung der gesamten Sache auf den **Einzelrichter** ist im **Beschwerdeverfahren** nach § 68 Abs. 4 wie schon nach früherem Recht (§ 30 Abs. 1 Satz 3 FGG aF iVm. § 526 ZPO) möglich, wenn die in der Vorinstanz vom Einzelrichter entschiedene Sache weder besondere Schwierigkeiten tatsächlicher oder rechtlicher Art aufweist noch grundsätzliche Bedeutung hat (vgl. § 68 Rz. 31 ff.). Für die **erste Instanz** fehlt eine entsprechende Regelung. Bei erstinstanzlicher Entscheidung des LG oder ausnahmsweise des OLG ist der Einzelrichter mangels entsprechender Grundlage nie der gesetzliche Richter.[1] Eine **Aufhebung und Zurückverweisung** wegen dieses Fehlers kommt gleichwohl nach § 69 Abs. 1 Satz 3 nur dann in Betracht, wenn eine aufwändige Beweiserhebung erforderlich ist und ein Beteiligter die Zurückverweisung beantragt (vgl. § 69 Rz. 10 ff.).

Grundsätzlich können sich die Beteiligten in der mündlichen Verhandlung durch **Verfahrensbevollmächtigte** nach § 10 vertreten lassen. Sie haben aber einen Anspruch auf Teilnahme, so dass ein Termin auf entschuldigtes Ausbleiben zu vertragen ist.[2] Die **Anordnung des persönlichen Erscheinens** und ihre zwangsweise Durchsetzung sind in § 33 geregelt. In der Sitzung ist der Vorsitzende nach § 176 GVG für die **Aufrechterhaltung der Ordnung** zuständig. Gegen nicht an der Verhandlung beteiligte Personen kann er bei ungebührlichem Verhalten allein ein Ordnungsgeld verhängen, gegen Verfahrensbeteiligte nur das Gericht insgesamt (§ 178 Abs. 2 GVG). 38

IV. Protokoll

Bei der Protokollierung der mündlichen Verhandlung war das Gericht der freiwilligen Gerichtsbarkeit seit jeher wesentlich freier als im Zivilprozess. Hieran hat § 28 Abs. 4 nichts geändert. Der ausdrückliche Verweis auf §§ 159 ff. ZPO in § 36 Abs. 2 Satz 2 und auf § 164 ZPO bei der Protokollierung von Vergleichen in § 36 Abs. 4 zeigt, dass die Vorschriften der ZPO im Übrigen keine analoge Anwendung finden.[3] Die Gestaltung der Niederschrift liegt daher im freien Ermessen des Gerichts. Das Gericht kann sich mit einem Vermerk begnügen.[4] Nicht mehr ausreichend ist allerdings die nach früher hM zulässige Praxis, das Ergebnis der Anhörung in der Entscheidung mitzuteilen.[5] Denn § 28 Abs. 4 Satz 1 fordert nunmehr ausdrücklich zumindest einen Vermerk. Ihm muss nach § 28 Abs. 4 Satz 2 der wesentliche Inhalt der Erörterung zu entnehmen sein.[6] Dies bedeutet bei der persönlichen Anhörung, dass jedenfalls in groben Zügen erkennbar sein muss, was der Beteiligte geäußert hat.[7] Es genügt nicht, wenn das Ergebnis der Anhörung, Schlussfolgerungen des Gerichts und rechtliche Würdigung untrennbar miteinander vermengt sind. Ein beauftragter Richter musste schon nach früherem Recht stets ein Protokoll aufnehmen.[8] Keine Fortgeltung dürfte auch der Auffassung zukommen, wonach die Verlesung und Genehmigung von Anträgen und Erklärungen der Beteiligten iS der §§ 160 Abs. 3 Nr. 1, 3, 162 Abs. 1 ZPO entbehrlich sind.[9] Denn diese gehören zum wesentlichen Inhalt der mündlichen Verhandlung. Entsprechendes gilt auch für Anhörungen. Die Genehmigung nach Diktat oder nochmaligem Verlesen dürfte im Gegensatz zum früheren Recht[10] als wesentlicher Vorgang des Termins in die Niederschrift aufzunehmen sein. 39

---

1 AA, für eine analoge Anwendung von § 68 Abs. 4 OLG Bremen v. 29.9.2011 – 1 W 56/11, FGPrax 2012, 81 f.
2 BayObLG v. 10.4.1996 – 2 Z BR 32/96, WuM 1996, 503.
3 Vgl. BayObLG v. 7.12.1993 – 1 Z BR 99/93 u. 114/93, NJW-RR 1994, 1225 (1226).
4 BayObLG v. 23.9.1988 – 2 Z 95/87, WE 1989, 148.
5 BayObLG v. 7.12.1993 – 1 Z BR 99/93 u. 114/93, NJW-RR 1994, 1225 (1226); Keidel/*Meyer-Holz*, 15. Aufl., Vorb. §§ 8–18 FGG Rz. 11.
6 Vgl. schon zur früheren Praxis *Bassenge*/Roth, 11. Aufl., Einl. FGG, Rz. 73.
7 BayObLG v. 7.12.1993 – 1 Z BR 99/93 u. 114/93, NJW-RR 1994, 1225 (1227).
8 Keidel/*Meyer-Holz*, 15. Aufl., Vorb. §§ 8–18 FGG Rz. 12.
9 Vgl. hierzu BayObLG v. 18.4.1996 – 2 Z BR 126/95, WuM 1996, 500 (501); *Bumiller*/Winkler, 8. Aufl., § 12 FGG Rz. 60.
10 KG v. 20.3.1989 – 24 W 4238/88, NJW-RR 1989, 842.

§ 33 Persönliches Erscheinen der Beteiligten

(1) Das Gericht kann das persönliche Erscheinen eines Beteiligten zu einem Termin anordnen und ihn anhören, wenn dies zur Aufklärung des Sachverhalts sachdienlich erscheint. Sind in einem Verfahren mehrere Beteiligte persönlich anzuhören, hat die Anhörung eines Beteiligten in Abwesenheit der anderen Beteiligten stattzufinden, falls dies zum Schutz des anzuhörenden Beteiligten oder aus anderen Gründen erforderlich ist.
(2) Der verfahrensfähige Beteiligte ist selbst zu laden, auch wenn er einen Bevollmächtigten hat; dieser ist von der Ladung zu benachrichtigen. Das Gericht soll die Zustellung der Ladung anordnen, wenn das Erscheinen eines Beteiligten ungewiss ist.
(3) Bleibt der ordnungsgemäß geladene Beteiligte unentschuldigt im Termin aus, kann gegen ihn durch Beschluss ein Ordnungsgeld verhängt werden. Die Festsetzung des Ordnungsgeldes kann wiederholt werden. Im Fall des wiederholten, unentschuldigten Ausbleibens kann die Vorführung des Beteiligten angeordnet werden. Erfolgt eine genügende Entschuldigung nachträglich und macht der Beteiligte glaubhaft, dass ihn an der Verspätung der Entschuldigung kein Verschulden trifft, werden die nach den Sätzen 1 bis 3 getroffenen Anordnungen aufgehoben. Der Beschluss, durch den ein Ordnungsmittel verhängt wird, ist mit der sofortigen Beschwerde in entsprechender Anwendung der §§ 567 bis 572 der Zivilprozessordnung anfechtbar.
(4) Der Beteiligte ist auf die Folgen seines Ausbleibens in der Ladung hinzuweisen.

A. Entstehungsgeschichte und Normzweck ... 1	c) Hinweis auf die Folgen des Ausbleibens ... 22
B. Inhalt der Vorschrift	d) Fehler und ihre Folgen ... 23
I. Anordnung des persönlichen Erscheinens	II. Sanktionen des Ausbleibens
1. Voraussetzungen	1. Ordnungsgeld
a) Fehlen einer Spezialvorschrift ... 3	a) Voraussetzungen
b) Beteiligte ... 4	aa) Ordnungsgemäße Ladung ... 24
c) Zulässiger Zweck	bb) Ausbleiben ... 26
aa) Abgrenzung von der Beweiserhebung ... 5	cc) Entschuldigung ... 27
bb) Aufklärung des Sachverhalts ... 6	dd) Rechtzeitiges Vorbringen gegenüber dem Gericht ... 28
d) Sachdienlichkeit ... 7	b) Verhängung des Ordnungsgeldes
2. Ermessensausübung	aa) Ermessen ... 29
a) Aspekte der Ermessensausübung ... 8	bb) Höhe ... 30
b) Ermessenskontrolle ... 9	cc) Form der Entscheidung ... 31
3. Getrennte Anhörung mehrerer Beteiligter und Hinzuziehung weiterer Personen	dd) Wiederholte Verhängung ... 32
a) Voraussetzungen der getrennten Anhörung	2. Vorführung
aa) Erforderlichkeit zum Schutz eines Beteiligten ... 11	a) Voraussetzungen ... 33
bb) Sonstige Gründe ... 12	b) Form ... 34
b) Die Entscheidung des Gerichts und ihre Überprüfbarkeit	3. Aufhebung von Ordnungsmitteln
aa) Beurteilungsspielraum ... 13	a) Voraussetzungen
bb) Form und Begründung ... 14	aa) Genügende Entschuldigung des Ausbleibens ... 35
cc) Fehler und ihre Folgen ... 15	bb) Kein Verschulden an der Verspätung der Entschuldigung ... 36
c) Anwesenheit weiterer Personen ... 18	b) Rechtsfolge
4. Ladung des Anzuhörenden (Absatz 2)	aa) Erfasste Anordnungen ... 38
a) Ladung des Anzuhörenden und seines Bevollmächtigten ... 19	bb) Kein Ermessen ... 39
b) Form der Ladung	C. Rechtsmittel
aa) Formlose Ladung ... 20	I. Rechtsmittel gegen die Anordnung des persönlichen Erscheinens ... 40
bb) Fälle ungewissen Erscheinens 21	II. Rechtsmittel gegen die Verhängung von Ordnungsmitteln
	1. Ordnungsgeld ... 41
	2. Vorführung ... 42
	III. Rechtsmittel gegen die Nichtaufhebung von Ordnungsmitteln ... 43

Literatur: *Reinken*, Das Verfahren im ersten Rechtszug nach dem FamFG, ZFE 2009, 324.

A. Entstehungsgeschichte und Normzweck

Unter der Geltung des früheren Rechts bestand Uneinigkeit darüber, ob und auf welcher Grundlage das persönliche Erscheinen der Beteiligten angeordnet und zwangsweise durchgesetzt werden kann. Eine **ausdrückliche Grundlage für alle Verfahren der freiwilligen Gerichtsbarkeit fehlte**;[1] § 13 Satz 2 FGG aF setzte die Anordnung des persönlichen Erscheinens nur voraus.[2] Während einige Stimmen schon in § 12 FGG aF eine hinreichende Grundlage zur Anordnung des persönlichen Erscheinens sahen,[3] befürworteten andere den Rückgriff auf § 13 Satz 2 FGG aF.[4] Ebenso umstritten war die Frage, ob und auf welcher Grundlage die Anordnung des persönlichen Erscheinens zwangsweise durchgesetzt werden konnte. Hier sah die hM in § 33 FGG aF eine hinreichende Grundlage,[5] während andere eine spezialgesetzliche Rechtsgrundlage forderten und die zwangsweise Durchsetzung anderenfalls als unzulässig ansahen.[6]

1

Mit § 33 will der Gesetzgeber die frühere Unklarheit darüber bereinigen. Demnach stellt § 33 Abs. 1 **die allgemeine Grundlage für die Anordnung des persönlichen Erscheinens** dar, sofern eine spezialgesetzliche Ermächtigung fehlt. § 33 Abs. 2 betrifft Einzelheiten der **Ladung bei Bestellung eines Verfahrensbevollmächtigten** und für den Fall der Ungewissheit darüber, ob derjenige, dessen persönliches Erscheinen angeordnet wird, der Ladung folgen wird. Die **zwangsweise Durchsetzung** des persönlichen Erscheinens regelt nunmehr § 33 Abs. 3. Demnach kann zunächst, auch wiederholt, ein Ordnungsgeld festgesetzt werden (§ 33 Abs. 3 Satz 1, 2), bei wiederholtem unentschuldigtem Ausbleiben auch die zwangsweise **Vorführung** (§ 33 Abs. 3 Satz 3). § 33 Abs. 3 Satz 4 ordnet an, dass die Zwangsmaßnahmen zwingend – ohne Ermessensspielraum – wieder aufzuheben sind, wenn der Beteiligte sein Ausbleiben hinreichend entschuldigt. § 33 Abs. 3 Satz 5 bestimmt, dass auch die Entscheidung über die Vorführung nach § 33 Abs. 3 Satz 1 bis 3 als Beschluss ergeht und nach den Vorschriften der Zivilprozessordnung (§§ 567 ff. ZPO) anfechtbar ist.

2

B. Inhalt der Vorschrift

I. Anordnung des persönlichen Erscheinens

1. Voraussetzungen

a) Fehlen einer Spezialvorschrift

§ 33 ist nach ausdrücklichem Bekunden des Gesetzgebers eine **Auffangvorschrift**.[7] Die Anordnung des persönlichen Erscheinens zwecks Anhörung nach § 33 Abs. 1 setzt demnach voraus, dass **keine spezialgesetzliche Regelung** vorliegt. Dies soll nach den Gesetzesmaterialien auch dann der Fall sein, wenn das Gesetz vorschreibt,

3

---

1 BT-Drucks. 16/6308, S. 191; Bassenge/Roth/*Gottwald*, § 33 FamFG Rz. 1.
2 BT-Drucks. 16/6308, S. 191.
3 OLG Stuttgart v. 27.12.1985 – 18 WF 482/85, FamRZ 1986, 705 (706); OLG Karlsruhe v. 19.7.2004 – 16 WF 72/04, FamRZ 2005, 1576; Keidel/*Schmidt*, 15. Aufl., § 12 FGG Rz. 191 u. Keidel/*Zimmermann*, § 13 FGG Rz. 7; Bork/*Jacoby*/Schwab, 1. Aufl., § 33 FamFG Rz. 1; so auch BT-Drucks. 16/6308, S. 191.
4 OLG Karlsruhe v. 30.8.1978 – 5 WF 69/78, NJW 1978, 2247.
5 KG v. 21.11.1983 – 24 W 4953/83, OLGZ 1984, 62 (64); BayObLG v. 14.6.1988 – 1 W 2613/88, OLGZ 1988, 418 (421 ff.); BayObLG v. 3.9.1986 – BReg 3 Z 129/86, FamRZ 1986, 1236; OLG Stuttgart v. 27.12.1985 – 18 WF 482/85, FamRZ 1986, 705 (706); OLG Bremen v. 7.12.1988 – 4 WF 121/88 (a), FamRZ 1989, 306; OLG Karlsruhe v. 19.7.2004 – 16 WF 72/04, FamRZ 2005, 1576; ähnlich OLG Frankfurt v. 16.1.1981 – 20 W 810/80, OLGZ 1981, 135 (136); BayObLG v. 11.3.1988 – 1 UF 280/87, NJW-RR 1989, 5 (6).
6 BayObLG v. 13.10.1978 – BReg 1 Z 111/78, BayObLGZ 1978, 319 (321); BayObLG v. 14.6.1995 – 3 Z BR 51/95, BayObLGZ 1995, 222 (224); OLG Hamburg v. 20.1.1983 – 15 UFH 1/83, FamRZ 1983, 409 (410).
7 BT-Drucks. 16/6308, S. 191.

dass sich das Gericht einen unmittelbaren Eindruck im Wege der **persönlichen Anhörung** zu verschaffen hat.[1] Genannt werden in diesem Zusammenhang Unterbringungs- oder Betreuungssachen (§§ 278 Abs. 1, 319 Ab. 1) sowie Angelegenheiten der Personensorge (§§ 159 Abs. 1, 160). Dies kann aber nach Sinn und Wortlaut von § 33 Abs. 1 Satz 1 nur gelten, wenn die Anhörung nach der Spezialvorschrift zumindest auch die Aufklärung des Sachverhalts bezweckt (vgl. Rz. 6). Ist eine persönliche Anhörung nach dem Sinn der Vorschrift **allein zur Gewährung rechtlichen Gehörs** vorgesehen, ist § 33 daher nicht anwendbar.[2] Insbesondere können persönliches Erscheinen und Anhörung nach § 34 nicht nach den Vorschriften des § 33 angeordnet und zwangsweise durchgesetzt werden. Denn die Folgen des Nichterscheinens im Anhörungstermin sind in § 34 Abs. 3 abschließend geregelt.

b) Beteiligte

4   Die Anordnung des persönlichen Erscheinens zur Anhörung eines Beteiligten und deren zwangsweise Durchsetzung nach § 33 kommen nach dem klaren Wortlaut der Vorschrift nur gegenüber Beteiligten in Betracht. Auf **Zeugen, Sachverständige oder Dritte** ist § 33 nicht anwendbar. Hier **verweist § 30 Abs. 1 auf die Vorschriften der ZPO**, insoweit also §§ 373 ff. ZPO. Umgekehrt kann das Gericht bei Beteiligten nicht auf § 141 ZPO zurückgreifen, da ein solcher Verweis in § 33 fehlt und diese Vorschrift zudem eine abschließende Regelung enthält. Ebenso wenig können sich die Beteiligten auf ihnen günstigere Bestimmungen, etwa die Entsendung eines Vertreters nach § 141 Abs. 3 Satz 2 ZPO berufen, da § 33 auch insoweit abschließend ist.

c) Zulässiger Zweck

aa) Abgrenzung von der Beweiserhebung

5   Die Anhörung der persönlich erschienenen Beteiligten dient zwar wie die Beweisaufnahme der Aufklärung des Sachverhalts. Wie der informatorischen Anhörung einer Partei im Zivilprozess kommt aber auch der Anhörung nicht dieselbe Funktion zu. Die Anhörung ist **keine Beweisaufnahme**, auch keine der Parteivernehmung entsprechende Beteiligtenvernehmung.[3] Der gravierende Unterschied ergibt sich schon aus den verschiedenen Formen, in denen die Ergebnisse von Beweisaufnahme und Anhörung dokumentiert werden. Während § 30 Abs. 1 für die Beweisaufnahme die Anwendung der ZPO und somit die Protokollierung nach § 160 Abs. 3 Nr. 4 ZPO vorschreibt, kann es im Falle der Anhörung bei einem Vermerk nach § 28 Abs. 4 Satz 1 verbleiben. Die Anhörung dient daher nicht dem Nachweis der Richtigkeit bestimmter Tatsachen, sondern vorrangig dem **besseren Verständnis des Vorbringens** und der Gewinnung eines **persönlichen Eindrucks** von einem Beteiligten.[4] Sie ist also insbesondere dann angebracht, wenn der Vortrag eines Beteiligten missverständlich ist oder im Widerspruch zu früheren Äußerungen bzw. zu Schriftsätzen seines Bevollmächtigten steht oder dann, wenn es auf einen persönlichen Eindruck von einem oder mehreren Beteiligten ankommt.[5]

bb) Aufklärung des Sachverhalts

6   Die **mündliche Verhandlung** dient nach altem und neuem Recht nicht nur der Sachaufklärung, sondern auch der Gewährung **rechtlichen Gehörs** (oben § 32 Rz. 9)[6] und der Herbeiführung einer **gütlichen Einigung**. Deshalb stellte sich in der Praxis

---

1 BT-Drucks. 16/6308, S. 191.
2 Ebenso Zöller/*Feskorn*, § 33 FamFG Rz. 4.
3 OLG Köln v. 16.10.1964 – 1 Wx 125/64, OLGZ 1965, 134 (135); vgl. BayObLG v. 7.1.1991 – BReg 1a Z 68/89, BayObLGZ 1991, 10 (14); *Bumiller*/Harders, § 33 FamFG Rz. 1; Zöller/*Feskorn*, § 33 FamFG Rz. 6.
4 Ähnlich wohl Bork/*Jacoby*/Schwab, 1. Aufl., § 33 FamFG Rz. 2; aA möglicherweise Bassenge/ Roth/*Gottwald*, § 33 FamFG Rz. 4, wonach Gegenstand der Anhörung der bisherige Vortrag der Beteiligten nach Aktenlage sein soll. Dieser ist Gegenstand der Erörterung (vgl. § 32 Rz. 4).
5 So auch *Bumiller*/Harders, § 33 FamFG Rz. 1.
6 Hierzu BT-Drucks. 16/6308, S. 191.

die Frage, ob jede dieser gesetzlichen Zielsetzungen die Anordnung des persönlichen Erscheinens rechtfertigt. Bereits zum früheren Recht wurde dies verneint. Es herrschte die Auffassung vor, dass jedenfalls die Herbeiführung einer gütlichen Einigung nicht die Anordnung des persönlichen Erscheinens rechtfertigt.[1] Diese Zurückhaltung kodifizierte der Gesetzgeber. Da nach der Wertung des § 34 Abs. 3 auch die Sicherstellung rechtlichen Gehörs nicht zwangsweise gegen den Willen des Beteiligten durchgesetzt werden kann, ordnet 33 Abs. 1 Satz 1 darüber hinaus an, dass **nur die Aufklärung des Sachverhalts** die Anordnung des persönlichen Erscheinens rechtfertigt, nicht aber die **Gewährung rechtlichen Gehörs** oder der Versuch, eine **gütliche Einigung** herbeizuführen.[2] Ob diese Voraussetzung vorliegt, ist nicht nach uU formelhaften Wendungen in der Terminsbestimmung zu beurteilen. Maßgeblich ist vielmehr, ob das Gericht nach der Sachlage zurzeit der Anordnung davon ausgehen kann, dass ein persönliches Erscheinen überhaupt zur Sachaufklärung beitragen kann. Dies ist etwa dann anzunehmen, wenn die schriftlichen Stellungnahmen der Beteiligten keine genügende Sachaufklärung ermöglicht haben.[3] Geht es den Beteiligten etwa bei unstreitigem Sachverhalt nur um die Beurteilung der Rechtslage, kann ein persönliches Erscheinen nicht mehr zur Aufklärung des Sachverhalts beitragen. Eine gleichwohl ergehende Anordnung des persönlichen Erscheinens wäre nach § 33 Abs. 1 Satz 1 nicht berechtigt.

d) Sachdienlichkeit

Die Anordnung muss darüber hinaus sachdienlich sein. Diese Voraussetzung ist zusätzlich zur Frage zu prüfen, ob das persönliche Erscheinen überhaupt der Sachaufklärung dient. Daran kann es fehlen, wenn das persönliche Erscheinen zwar grundsätzlich zur Sachaufklärung geeignet wäre, aber aus besonderen Gründen im konkreten Fall voraussichtlich nichts oder weniger als sonstige Erkenntnisquellen zur Sachaufklärung beitragen wird. Dies ist etwa dann der Fall, wenn ein Beteiligter es von vornherein ernsthaft und endgültig, etwa unter Berufung auf ein ihm zustehendes **Aussageverweigerungsrecht**, abgelehnt hat, sich zu äußern.[4] Ähnliches gilt dann, wenn die persönliche Anhörung zwar durchführbar wäre, aber von vornherein abzusehen ist, dass **andere Beweismittel** wie Urkunden oder die sachverständige Begutachtung weitergehend zur Sachaufklärung beitragen würden. Dies gilt erst recht in stark formalisierten Verfahren wie Registersachen, in denen die Aufklärung des Sachverhalts ohne weiteres auch schriftsätzlich erfolgen kann. Auch dann würde es an der Sachdienlichkeit des persönlichen Erscheinens fehlen.

2. Ermessensausübung

a) Aspekte der Ermessensausübung

Nach dem eindeutigen Wortlaut des Gesetzes ist das Gericht bei Vorliegen der Voraussetzungen nicht verpflichtet, das persönliche Erscheinen eines oder mehrerer Beteiligten anzuordnen. Es kann so verfahren, muss es aber nicht. Demnach steht dem Gericht auch bei Vorliegen der Voraussetzungen des § 33 Abs. 1 ein Ermessen zu.[5] Die **Voraussetzungen des § 33 Abs. 1 sind notwendige Vorbedingung der Ermessensausübung**, nicht deren Kriterien. Auch dann, wenn sie erfüllt sind, hat das Gericht abzuwägen, ob Aufwand und Nutzen des persönlichen Erscheinens dessen Anordnung rechtfertigen. Dabei ist insbesondere zu berücksichtigen, ob das persönliche Erscheinen im Hinblick auf **Kosten und Mühe der Beteiligten** geboten ist, gerade wenn sie älter, krank oder behindert sind. Die Anordnung des persönli-

---

1 KG v. 21.11.1983 – 24 W 4953/83, OLGZ 1984, 62 (64f.).
2 *Bumiller*/Harders, § 33 FamFG Rz. 1.
3 BT-Drucks. 16/6308, S. 191; vgl. KG v. 21.11.1983 – 24 W 4953/83, OLGZ 1984, 62 (65f.); Bassenge/Roth/*Gottwald*, § 33 FamFG Rz. 3.
4 OLG Hamburg v. 15.1.1997 – 12 WF 6/97, MDR 1997, 596; ähnlich für den Fall, dass der Beteiligte aus sonstigen Gründen nicht zur Aufklärung des Sachverhalts beitragen kann, Zöller/*Feskorn*, § 33 FamFG Rz. 1.
5 BT-Drucks. 16/6308, S. 191.

chen Erscheinens steht unter dem Gebot der **Verhältnismäßigkeit**.[1] Die voraussehbare Möglichkeit, die tatsächlichen Verhältnisse auch ohne das persönliche Erscheinen aufzuklären, kann gegen dieses Vorgehen sprechen. Die Bitte eines Beteiligten, aus nachvollziehbaren Gründen von der Anordnung seines persönlichen Erscheinens abzusehen, ist dabei in die Abwägung einzubeziehen. Gleiches kann, wie schon die Wertung des § 33 Abs. 1 Satz 2 zeigt, bei starken **persönlichen Spannungen** zwischen den Beteiligten der Fall sein, die eine Sachaufklärung in ihrer Gegenwart eher behindert als fördert.

b) Ermessenskontrolle

9 Das Ermessen des Gerichts ist in den Fällen reduziert, in denen die Sachverhaltsaufklärung ohne das persönliche Erscheinen nicht oder nur wesentlich schlechter erreicht werden kann. Die Voraussetzungen hierfür überschneiden sich oftmals mit denjenigen für die mündliche Erörterung nach § 32. Allerdings lässt das Kriterium der Sachdienlichkeit schon die Voraussetzungen des persönlichen Erscheinens entfallen. Sind weitere Erkenntnisse nicht zu erwarten, so kann das persönliche Erscheinen also schon mangels Sachdienlichkeit nicht angeordnet werden. Die Ermessensausübung setzt das Vorliegen dieser Voraussetzungen voraus. Das persönliche Erscheinen ist demnach insbesondere bei **nicht schriftgewandten Personen** anzuordnen, die sich trotz ehrlichen Bemühens im Wege schriftlicher Stellungnahme nur unzulänglich verständlich machen können.[2] Gleiches gilt naturgemäß bei Beteiligten, die **kein Interesse an einer Sachverhaltsaufklärung** zeigen.[3] Unabdingbar ist die Anordnung des persönlichen Erscheinens, wenn es auf einen **persönlichen Eindruck** hinsichtlich bestimmter Beteiligter ankommt.[4] Gerade in Verfahren zum Schutze von Kindern, etwa nach § 1666 BGB, kann das Gericht sogar gehalten sein, die Anhörung trotz Weigerung der beteiligten Eltern zwangsweise durchzusetzen, um mit sachverständiger (psychiatrischer oder psychologischer) Hilfe den erforderlichen persönlichen Eindruck von ihrer Eignung zur Ausübung der elterlichen Sorge zu erlangen.[5]

10 Die Ausübung des Ermessens, aufgrund dessen die Tatsacheninstanz von der Anordnung des persönlichen Erscheinens abgesehen hat, ist noch **durch das Rechtsbeschwerdegericht überprüfbar**.[6] Deshalb bedarf es in den Fällen, in denen Anhörung und persönliches Erscheinen in Betracht kommen, einer **Begründung**, weshalb sie entbehrlich waren. Eine fehlerhafte oder gänzlich unterbliebene Ermessensausübung rechtfertigt aber idR nicht die **Aufhebung und Zurückverweisung**, da dies nach § 69 Abs. 1 Satz 3 nur dann in Betracht kommt, wenn eine umfangreiche oder aufwändige Beweiserhebung notwendig wäre.[7] Die fehlende Durchführung einer mündlichen Verhandlung in der ersten Instanz kann zudem durch das Beschwerdegericht **geheilt** werden (s. § 32 Rz. 12). Die **Durchführung einer Anhörung** nach Anordnung des persönlichen Erscheinens wird kaum jemals zur Fehlerhaftigkeit der Entscheidung führen, da sie deren Grundlage nicht negativ beeinflussen kann. Das

---

1 Implizit auch Keidel/*Meyer-Holz*, § 33 FamFG Rz. 4.
2 BGH v. 24.2.1982 – IVb ZB 730/81, FamRZ 1983, 691; BayObLG v. 17.4.1978 – 3 Z 22/78, Rpfleger 1978, 252 (253); BayObLG v. 8.5.1980 – BReg 3 Z 37/80, BayObLGZ 1980, 138 (140); BayObLG v. 30.7.1996 – 3 Z BR 149/96, NJW-RR 1997, 69 (70); BayObLG v. 11.6.1997 – 1 Z BR 74/97, NJW-RR 1997, 1437; OLG Karlsruhe v. 27.12.1995 – 2 UF 317/95, NJW-RR 1996, 771; OLG Frankfurt v. 30.1.1998 – 2 W 281/97, NJW-RR 1998, 937 (938); OLG Köln v. 27.10.2004 – 2 Wx 29/04, NJW-RR 2005, 94 (95); Bork/*Jacoby*/Schwab, 1. Aufl., § 33 FamFG Rz. 5; Zöller/*Feskorn*, § 33 FamFG Rz. 2.
3 Vgl. BT-Drucks. 16/6308, S. 191.
4 BT-Drucks. 16/6308, S. 191; vgl. BayObLG v. 18.12.1986 – 3 Z 156/86, FamRZ 1987, 412 (413); BayObLG v. 30.7.1996 – 3 Z BR 149/96, NJW-RR 1997, 69 (70); OLG Köln v. 27.10.2004 – 2 Wx 29/04, NJW-RR 2005, 94 (95).
5 BGH v. 17.2.2010 – XII ZB 68/09, FGPrax 2010, 129 (130f.).
6 BGH v. 17.2.2010 – XII ZB 68/09, FGPrax 2010, 129 (131) zur unterlassenen Anordnung.
7 Zur Aufhebung und Zurückverweisung bei Vorliegen dieser Voraussetzungen vgl. OLG Hamm v. 24.1.2012 – II-11 UF 102/11, FamRZ 2012, 1230 (1231).

Gericht hat allenfalls eine nicht vergrößerte Erkenntnisgrundlage, niemals aber eine geringere.

3. Getrennte Anhörung mehrerer Beteiligter und Hinzuziehung weiterer Personen

a) Voraussetzungen der getrennten Anhörung

aa) Erforderlichkeit zum Schutz eines Beteiligten

Die Anhörung eines Beteiligten hat grundsätzlich in Anwesenheit der anderen Beteiligten stattzufinden, da das Verfahren nach dem FamFG der Beteiligtenöffentlichkeit unterliegt.[1] Eine Modifikation des Verfahrens sieht § 33 Abs. 1 Satz 2 bei der persönlichen Anhörung mehrerer Beteiligter vor. Demnach ist ein Beteiligter in Abwesenheit eines anderen anzuhören, wenn dies zum Schutz des ersteren erforderlich ist. Dies wird abgesehen von Spezialregelungen wie §§ 128 Abs. 1, 155 Abs. 1, 157 Abs. 2, 159 Abs. 1, 165 Abs. 3, idR in **Sachen nach dem GewSchG** der Fall sein, wenn ein Beteiligter etwa den Anzuhörenden bedroht hat. § 33 Abs. 1 Satz 2 setzt aber kein Verschulden des Beteiligten voraus, der nicht bei der Anhörung zugegen sein soll. Die getrennte Anhörung kann auch aus **sonstigen Gründen** zum Schutze des Anzuhörenden in Betracht kommen, auch wenn den anderen Beteiligten kein Verschulden trifft. Dies kann sogar aus allein in der Person des Anzuhörenden liegenden Ursachen der Fall sein, wenn die persönliche Anhörung etwa aufgrund **krankhafter Erregungszustände** für ihn ein gesundheitliches Risiko wäre. Auch bloße **Sachdienlichkeit** zur erleichterten Wahrheitsfindung dürfte wie nach altem Recht genügen.[2] Den Verfahrensbevollmächtigten erfasst die Möglichkeit des Ausschlusses nach § 33 Abs. 1 Satz 2 nicht.[3] Auch auf § 10 Abs. 3 Satz 3 kann bei Vorliegen der Voraussetzungen einer Anhörung unter Ausschluss eines anderen Beteiligten nicht zurückgegriffen werden,[4] da § 10 Abs. 3 Satz 3 nur den Fall erfasst, dass der Verfahrensbevollmächtigte selbst nicht in der Lage ist, das Sach- und Streitverhältnis sachgerecht darzustellen. In jedem Fall muss aber der von der Anhörung ausgeschlossene Beteiligte dann nach § 37 Abs. 2 die **Möglichkeit erhalten, zum Ergebnis der Anhörung Stellung zu nehmen**.[5] IdR kann dies durch Übersendung des Vermerks oder Protokolls geschehen, in dem die Anhörung dokumentiert ist (vgl. § 28 Abs. 4).

bb) Sonstige Gründe

§ 33 Abs. 1 Satz 2 eröffnet in seiner zweiten Alternative die Möglichkeit einer getrennten Anhörung auch aus „anderen Gründen" als dem Schutz des anzuhörenden Beteiligten. Dies kann namentlich **in stark emotionalisierten Verfahren** der Fall sein, in denen eine geordnete Durchführung der Anhörung bei Anwesenheit aller Beteiligten nicht mehr gewährleistet ist, die Anhörung aller Beteiligten gleichwohl geboten ist (vgl. Rz. 6 f.).[6] Steht in diesen Fällen etwa zu erwarten, dass ohnehin mindestens ein Beteiligter wegen ungebührlichen Verhaltens aus dem Saal entfernt werden muss, kann das Gericht von vornherein die getrennte Anhörung verfügen. Dies muss allerdings erforderlich sein. Kann die Ruhe voraussichtlich schon durch sitzungspolizeiliche Maßnahmen gewährleistet werden, bedarf es der getrennten Anhörung nicht. Die getrennte Anhörung eines Beteiligten kann uU auch aus anderen Gründen in Betracht kommen, etwa krankheitsbedingt. Ist ein Beteiligter etwa **psychisch so gehemmt**, dass er sich in Gegenwart anderer Personen als des Gerichts gar nicht äußern kann, bedarf es seiner getrennten Anhörung nicht zu seinem Schutz, sondern zur Sachaufklärung. Diese ist aber auch in diesen Fällen nur dann geboten, wenn sie erforderlich ist. Kann der psychischen Blockade durch therapeutische Maßnahmen

---

1 *Bumiller*/Harders, § 33 FamFG Rz. 2.
2 BGH v. 18.6.1986 – IVb ZB 105/84, NJW 1987, 1024 (1026).
3 So auch Zöller/*Feskorn*, § 33 FamFG Rz. 7.
4 Anders offenbar Bassenge/Roth/*Gottwald*, § 33 FamFG Rz. 7.
5 BGH v. 18.6.1986 – IVb ZB 105/84, NJW 1987, 1024 (1026); Zöller/*Feskorn*, § 33 FamFG Rz. 7.
6 Kann auf die persönliche Anhörung eines der Streithähne verzichtet werden, wird es von vornherein nicht sachdienlich sein, jedenfalls aber im Ermessen des Gerichts liegen, von der Anordnung seines persönlichen Erscheinens abzusehen.

abgeholfen werden, sind diese vorrangig.[1] Auf jeden Fall muss den von der Anhörung ausgeschlossenen Beteiligten auch hier nach § 37 Abs. 2 die Möglichkeit gegeben werden, zum Ergebnis der Anhörung Stellung zu nehmen.

b) Die Entscheidung des Gerichts und ihre Überprüfbarkeit

aa) Beurteilungsspielraum

13   Dem Gericht kommt bei der Frage, ob die Voraussetzungen einer getrennten Anhörung in Abwesenheit eines oder mehrerer anderer Beteiligter vorliegen, ein Beurteilungsspielraum zu.[2] Denn es bedarf in jedem Falle der **Prognose**, ob eine solche Vorgehensweise tatsächlich zum Schutze eines Beteiligten oder aus anderen Gründen erforderlich ist. Hingegen kommt dem Gericht, wenn es die Voraussetzungen des § 33 Abs. 1 Satz 2 letzter Halbs. bejaht, **kein Ermessensspielraum** zu. Dann „hat" die Anhörung eines Beteiligten in Abwesenheit der anderen Beteiligten stattzufinden. § 33 Abs. 1 Satz 2 regelt nur den Fall, dass die Anhörung in Abwesenheit „der anderen Beteiligten", also aller anderen Beteiligten erfolgt. Keine ausdrückliche Anordnung trifft § 33 Abs. 1 Satz 2, wenn die Voraussetzungen dieser Vorschrift nur für einen oder einige, aber **nicht für alle weiteren Beteiligten** vorliegen. Dies wird in der Praxis sehr häufig der Fall sein, wenn etwa nur ein Beteiligter den Anzuhörenden bedroht. Wenn das Gericht alle anderen Beteiligten von der Anhörung ausschließen kann, wird ihm diese Möglichkeit a maiore ad minus auch nur einem oder einigen Beteiligten gegenüber zukommen. In diesem Fall scheint ein Ausschluss der anderen Beteiligten von der Anhörung nicht gerechtfertigt. Denn weder haben sie zur Notwendigkeit einer getrennten Anhörung beigetragen noch brächte eine entsprechende Vorgehensweise irgendeinen Vorteil. Ihre Abwesenheit ist ja nicht nach § 33 Abs. 1 Satz 2 erforderlich.

bb) Form und Begründung

14   Die Entscheidung, das persönliche Erscheinen eines Beteiligten anzuordnen, kann durch Beschluss erfolgen, muss es aber nicht. Denn es handelt sich um eine verfahrensleitende Maßnahme, die **nicht in Form eines Beschlusses ergehen muss**. Dies folgt im Umkehrschluss auch aus § 33 Abs. 3 Satz 1, 5, wonach die Verhängung eines Ordnungsgeldes durch Beschluss erfolgen muss. Das Gericht hat, da das Gesetz insoweit keine Vorgaben macht, sein Vorgehen entweder vorab in der Zwischenentscheidung oder in der Entscheidung zur Hauptsache **zu begründen**.[3] Denn seine Vorgehensweise unterliegt der Kontrolle durch das Gericht der nächsten Instanz. Da es sich bei der Frage, ob eine getrennte Anhörung „zum Schutz des anzuhörenden Beteiligten oder aus anderen Gründen erforderlich" ist, um eine Rechtsfrage handelt, ist diese Entscheidung noch **vom Rechtsbeschwerdegericht überprüfbar**. An verfahrensfehlerfrei festgestellte Tatsachen, etwa die Bedrohung des Anzuhörenden durch einen anderen Beteiligten, ist es aber gebunden.

cc) Fehler und ihre Folgen

15   Anders als bisweilen zu § 141 ZPO vertreten,[4] bleiben Fehler in der Anordnung des persönlichen Erscheinens nicht folgenlos. Dies folgt schon daraus, dass die Aufklärung der entscheidungserheblichen Tatsachen nicht vorrangig in der Hand der Beteiligten, sondern des Gerichts liegt. Nutzt es ein Mittel zur Aufklärung nicht, obwohl die Voraussetzungen des § 33 Abs. 1 vorliegen, kann dies nicht anders behandelt werden als ein sonstiger **Verstoß gegen die Amtsermittlungspflicht**. Dass dem persönlichen Erscheinen im Verfahren nach dem FamFG insoweit höhere Bedeutung zukommt als im Zivilprozess, folgt im Übrigen auch aus **weiteren Abweichungen zwischen den Verfahrensordnungen**. So kann der Beteiligte die Verhängung eines

---

1 Vgl. KG v. 14.6.1988 – 1 W 2613/88, OLGZ 1988, 418 (423).
2 Zöller/*Feskorn*, § 33 FamFG Rz. 7.
3 Zöller/*Feskorn*, § 33 FamFG Rz. 7.
4 Zöller/*Greger*, § 141 ZPO Rz. 3; wie hier auch zum Zivilprozess Baumbach/*Hartmann*, § 141 ZPO Rz. 56.

Ordnungsgeldes im Gegensatz zu § 141 Abs. 3 Satz 2 ZPO nicht durch **Entsendung eines Vertreters** abwenden, der zur Aufklärung des Sachverhalts und zur Abgabe der gebotenen Erklärungen ermächtigt ist. Insbesondere kann aber nach § 33 Abs. 3 Satz 3 bei wiederholtem Ausbleiben sogar die **Vorführung** angeordnet werden, was in der ZPO keine Parallele hat.

Ein Fehler kann zunächst darin liegen, dass die Anhörung **trotz Vorliegens der Voraussetzungen nach § 33 Abs. 1 Satz 2 nicht in Abwesenheit der anderen Beteiligten** durchgeführt wird. Hingegen ist es zulässig, dass der andere Beteiligte in Anwesenheit des schutzbedürftigen angehört wird. Erfolgt die Vernehmung etwa des gewalttätigen Beteiligten in Gegenwart seines früheren Opfers, ist dies nicht zu beanstanden. Fehlerhaft ist umgekehrt die **Vernehmung in Abwesenheit eines anderen Beteiligten, wenn die Voraussetzungen des § 33 Abs. 1 Satz 2 nicht vorliegen**. Die Verkennung von § 33 Abs. 1 Satz 2 führt wie jeder Verfahrensfehler dann zur Angreifbarkeit der Hauptsacheentscheidung, **wenn sie darauf beruht**. Dies ist bei Beteiligtenöffentlichkeit trotz Vorliegens der Voraussetzungen von § 33 Abs. 1 Satz 2 schon dann zu bejahen, wenn nicht auszuschließen ist, dass die korrekte getrennte Anhörung zu anderen Ergebnissen geführt hätte. Die Beschwerde muss also darlegen, dass sich der Anzuhörende bei persönlicher Anhörung in Abwesenheit der anderen Beteiligten anders oder umfassender geäußert hätte. Wurde ein Beteiligter zu Unrecht von der Anhörung ausgeschlossen, muss er darlegen, dass die spätere Übersendung des Vermerks oder Protokolls über die Anhörung zur Wahrnehmung seiner Rechte nicht genügte. Dies kann etwa dann der Fall sein, wenn sich der Anzuhörende in persönlicher Konfrontation mit dem zu Unrecht ausgeschlossenen Beteiligten anders geäußert hätte oder Zweifel an seinen Angaben sichtbar geworden wären.

Fehler in der Vorgehensweise nach § 33 Abs. 1 Satz 2 führen in der **Beschwerdeinstanz** nur ausnahmsweise zur Aufhebung und Zurückverweisung, nämlich nur dann, wenn sich aufgrund des Fehlers zusätzlich die Notwendigkeit einer umfangreichen oder aufwändigen Beweiserhebung ergibt (§ 69 Abs. 1 Satz 3). Anderenfalls hat das Beschwerdegericht die Anhörung in der gebotenen Weise zu wiederholen. Damit wird der erstinstanzliche Mangel zugleich geheilt (vgl. § 32 Rz. 12). Hingegen darf das **Rechtsbeschwerdegericht** tatsächliche Grundlagen der Entscheidung nicht ermitteln und somit auch die Anhörung nicht selbst vornehmen. Es muss daher auf einen entsprechenden Fehler nach § 74 Abs. 6 Satz 2 aufheben und zurückverweisen.

c) Anwesenheit weiterer Personen

In § 33 nicht ausdrücklich geregelt ist die Frage, ob das Gericht auch die Anwesenheit weiterer Personen anordnen darf. Soweit dies nicht spezialgesetzlich geregelt ist (s. zB § 283 Abs. 1), wird man insoweit auf die frühere Rechtsprechung zurückgreifen dürfen. Danach ist die Anordnung des persönlichen Erscheinens **zur Begutachtung etwa der Verfahrensfähigkeit durch einen Sachverständigen** zulässig,[1] uU wie in Kindschaftssachen sogar zwingend geboten.[2] Dadurch wird der Beteiligte nicht zum bloßen Objekt; das Gericht ermittelt nur unter Hinzuziehung sachverständiger Hilfe etwa eine Verfahrensvoraussetzung. Umgekehrt darf der Beteiligte, dessen persönliches Erscheinen angeordnet ist, mit einem **Beistand** erscheinen.[3] Sofern er einen **Verfahrensbevollmächtigten** hat, kommt diesem während der Anhörung ebenfalls nur die Rolle eines Beistands zu.[4]

---

1 OLG Frankfurt v. 16.1.1981 – 20 W 810/80, OLGZ 1981, 135 (136); BayObLG v. 3.9.1986 – BReg 3 Z 129/86, FamRZ 1986, 1236; KG v. 14.6.1988 – 1 W 2613/88, OLGZ 1988, 418 (420).
2 BGH v. 17.2.2010 – XII ZB 68/09, FGPrax 2010, 129 (130).
3 OLG Köln v. 16.10.1964 – 1 Wx 125/64, OLGZ 1965, 134 (135); BayObLG v. 18.1.1980 – BReg 3 Z 3/80, BayObLGZ 1980, 15 (18 f.) = Rpfleger 1980, 148.
4 OLG Köln v. 16.10.1964 – 1 Wx 125/64, OLGZ 1965, 134 (135); *Bumiller*/Harders, § 33 FamFG Rz. 2.

4. Ladung des Anzuhörenden (Absatz 2)

a) Ladung des Anzuhörenden und seines Bevollmächtigten

19 § 33 Abs. 2 Satz 1 ordnet ausdrücklich an, dass der Anzuhörende auch dann zu laden ist, wenn er einen Verfahrensbevollmächtigten bestellt hat. Dies entspricht § 141 Abs. 2 Satz 1 ZPO.[1] Damit sollen Versehen des Bevollmächtigten ausgeschlossen und dem Beteiligten die Notwendigkeit seines Erscheinens durch persönliche Ladung vor Augen geführt werden. Die Beschränkung des Wortlauts auf den **verfahrensfähigen Beteiligten** versteht sich von selbst, da andernfalls der gesetzliche Vertreter zu laden ist. Unglücklich formuliert ist der zweite Halbsatz von § 33 Abs. 2 Satz 1. Der Verfahrensbevollmächtigte ist nicht nur von der Ladung des Beteiligten, also darüber zu benachrichtigen, dass der Beteiligte geladen ist. Ihm ist vielmehr die Verfügung bzw. der Beschluss, der das persönliche Erscheinen und seinen Zweck anordnet, im Wortlaut bekannt zu geben.[2] Unterbleibt seine Ladung bzw. Benachrichtigung, liegt darin ein Verfahrensfehler, der im Beschwerdeverfahren eine erneute Anhörung erforderlich macht.[3] Denn nur dann ist eine hinreichende Möglichkeit zur Vorbereitung auf diesen Termin gewährleistet.

b) Form der Ladung

aa) Formlose Ladung

20 Die Ladung des Beteiligten **bedarf keiner Form**,[4] insbesondere nicht der Zustellung. Dies geht im Umkehrschluss aus § 33 Abs. 2 Satz 2 hervor, wonach bei Ungewissheit des Erscheinens die Zustellung erfolgen soll. Demnach kann die Ladung uU, etwa in Fällen der Eilbedürftigkeit, auch fernmündlich erfolgen. Der Beteiligte soll aber zur Möglichkeit einer hinreichenden Vorbereitung auch in diesem Fall über den Zweck seines persönlichen Erscheinens unterrichtet werden. IdR wird aber eine schriftliche Ladung unter Bekanntgabe der Verfügung, die ihr zugrunde liegt, geboten sein. Der **Zweck der Anhörung** und des persönlichen Erscheinens soll zumindest in knapper Form angegeben sein. Dabei wird wie im Zivilprozess die Angabe „zur Aufklärung des Sachverhalts" genügen. Soll der Beteiligte freilich seine Erinnerung auffrischen oder spezielle Kenntnisse in das Verfahren einbringen, bedarf dies **genauerer Angaben** in der Ladung.[5]

bb) Fälle ungewissen Erscheinens

21 Nach § 33 Abs. 2 Satz 2 soll das Gericht die förmliche Zustellung der Ladung anordnen, „wenn das Erscheinen eines Beteiligten ungewiss ist". Dies erfordert ähnlich wie § 38 Abs. 4 Nr. 2 (vgl. § 38 Rz. 28f.) oder § 41 Abs. 1 Satz 2 (vgl. § 41 Rz. 9) eine **Prognoseentscheidung**,[6] die allerdings einfacher ausfällt als dort. Ohne Kenntnis von den Beteiligten wird das Gericht grundsätzlich keine Gewissheit über den Willen eines Beteiligten haben, persönlich vor Gericht zu erscheinen. Es besteht somit hierüber Ungewissheit gem. § 33 Abs. 2 Satz 2, weshalb die förmliche Zustellung geboten ist. Nur dann, wenn **positive Anhaltspunkte** für eine Bereitschaft zum persönlichen Erscheinen bestehen, kann das Gericht von einer förmlichen Zustellung absehen. Dies wird etwa dann der Fall sein, wenn das Gericht bereits vorliegenden Schriftstücken entnehmen kann, dass ein Beteiligter zur Mitwirkung bereit ist und von dem Termin etwa über seinen Verfahrensbevollmächtigten Kenntnis hat. IdR wird dies in

---

1 BT-Drucks. 16/6308, S. 191.
2 Für eine freiere Gestaltung der Benachrichtigung *Bumiller*/Harders, § 33 FamFG Rz. 3; Bassenge/Roth/*Gottwald*, § 33 FamFG Rz. 8; Bork/*Jacoby*/Schwab, 1. Aufl., § 32 FamFG Rz. 8.
3 BGH v. 9.11.2011 – XII ZB 286/11, FamRZ 2012, 104 (106).
4 Bassenge/Roth/*Gottwald*, § 39 FamFG Rz. 9; strenger offenbar Rz. 5, wonach sie mit der Terminsbestimmung oder durch Beschluss erfolgen soll; Bork/*Jacoby*/Schwab, 1. Aufl., § 33 FamFG Rz. 7 stellt zu Unrecht auf § 15 ab. Diese Vorschrift betrifft indessen nur „Dokumente"; die Ladung muss aber nicht schriftlich ergehen.
5 Bassenge/Roth/*Gottwald*, § 33 FamFG Rz. 4.
6 Ähnlich Bassenge/Roth/*Gottwald*, § 33 FamFG Rz. 10.

Antragsverfahren auch beim Antragsteller anzunehmen sein, der eine bestimmte Entscheidung wünscht.

c) Hinweis auf die Folgen des Ausbleibens

Bereits die Ladung muss einen Hinweis auf die Folgen des Ausbleibens enthalten.[1] Dies betrifft sowohl die **Verhängung eines Ordnungsgeldes** als auch die **Möglichkeit der Vorführung** bei wiederholtem unentschuldigtem Ausbleiben. Fehlt der Hinweis oder ist er mangelhaft, berührt dies die Wirksamkeit der Ladung nicht. Es scheidet lediglich die Verhängung eines Ordnungsgeldes bzw. die Anordnung der Vorführung aus. Zur Vermeidung von Fehlerquellen empfiehlt sich bei der Formulierung des Hinweises eine enge Anlehnung an den Gesetzestext.

22

d) Fehler und ihre Folgen

Lädt das Gericht einen Beteiligten mit förmlicher Zustellung, obwohl dessen Erscheinen nicht ungewiss war, hat dies keine Folgen für das Verfahren. In Betracht kommt allenfalls eine Nichterhebung der Kosten wegen **unrichtiger Sachbehandlung nach § 16 KostO**. Wird ein Beteiligter formlos geladen, lässt sich der Zugang idR nicht feststellen, so dass verfahrensrechtliche Nachteile ebenso wie Sanktionen etwa durch Verhängung eines Ordnungsgeldes nicht in Betracht kommen. Lässt sich der Zugang mit der Belehrung nach § 33 Abs. 4 indessen zB durch Geständnis nachweisen, bleibt der **Verstoß gegen § 33 Abs. 2 Satz 2 ohne Folgen**. Denn die förmliche Zustellung ist keine Voraussetzung für die Wirksamkeit der Anordnung des persönlichen Erscheinens und auch nicht für die Rechtsfolgen des § 33 Abs. 3. Es handelt sich bei § 33 Abs. 2 Satz 2 um eine **reine Sollvorschrift**, der zudem nur Ordnungscharakter zukommt. Fehlt der Hinweis auf die Folgen des Ausbleibens nach § 33 Abs. 4, können Ordnungsgeld und Vorführung nicht angeordnet werden (vgl. Rz. 25).

23

II. Sanktionen des Ausbleibens

1. Ordnungsgeld

a) Voraussetzungen

aa) Ordnungsgemäße Ladung

Das Ausbleiben trotz Anordnung des persönlichen Erscheinens kann nach § 33 Abs. 3 Satz 1 nur dann mit einem Ordnungsgeld sanktioniert werden, wenn der Beteiligte ordnungsgemäß geladen wurde. Dies setzt zunächst voraus, dass ihm überhaupt eine Ladung zuging. Dieser **Nachweis** ist regelmäßig nur durch eine Postzustellungsurkunde zu führen.[2] Die förmliche Zustellung ist aber keine Voraussetzung der ordnungsgemäßen Ladung. Der Nachweis kann auch auf anderem Wege geführt werden,[3] etwa dadurch, dass der Beteiligte die **Ladung mit seiner Weigerung, zu erscheinen**, zurücksendet. In diesem Falle ist die Verhängung eines Ordnungsgeldes möglich. Die Ordnungsmäßigkeit der Ladung setzt zunächst voraus, dass dem Beteiligten **Ort und Datum samt Uhrzeit** des Termins, zu dem er erscheinen soll, richtig mitgeteilt werden. Sind diese Angaben unrichtig, kann ihm auch dann kein Ordnungsgeld auferlegt werden, wenn er **auf anderem Wege, etwa durch einen anderen Beteiligten, Kenntnis** von den richtigen Daten erhält. Denn er muss sich auf eine gerichtliche Ladung verlassen können. Allerdings kann das Gericht eine **falsche Angabe korrigieren**. Dies erfordert nicht die Wiederholung der gesamten Ladung, soweit die sonstigen Angaben richtig waren. Die Ladung muss ferner so frühzeitig eingehen, dass sich der Beteiligte hierauf einstellen kann. § 33 Abs. 3 sieht hier zwar ähnlich wie § 141 ZPO keine Ladungsfrist vor. In nicht besonders eiligen Fällen, insbesondere in echten Streitverfahren, wird man aber die Frist des § 217 ZPO als absolutes Minimum ansehen müssen. Hier ist im Zweifel kein zu kleinlicher Maßstab anzulegen.

24

---

1 BT-Drucks. 16/6308, S. 192.
2 Ebenso Bassenge/Roth/*Gottwald*, § 33 FamFG Rz. 10, der hierin zutreffend auch einen Gesichtspunkt für die Wahl der Zustellungsform sieht.
3 Zöller/*Feskorn*, § 33 FamFG Rz. 8.

25 Zu einer ordnungsgemäßen Ladung gehört ferner nach § 33 Abs. 4 der **Hinweis auf die Folgen des Ausbleibens**.[1] Diese muss dem Wortlaut des § 33 Abs. 4 zufolge in jeder Ladung enthalten sein. Ob dem Beteiligten die Möglichkeit der Verhängung eines Ordnungsgeldes bzw. der Vorführung **aus anderen Quellen**, etwa einem früheren Verfahren, bekannt war, ist unerheblich. Die Ladung kann aber bei einer Umladung insoweit auf eine frühere Ladung Bezug nehmen. Denn diese liegt dem Beteiligten vor. Zudem kann sich der Beteiligte **nicht auf beliebige Fehler berufen**, wenn er auf die konkret anzuordnende Maßnahme korrekt hingewiesen wurde. Hat die Geschäftsstelle etwa nur den Hinweis auf die Möglichkeit der Vorführung vergessen, ist der Beteiligte über die Möglichkeit des Ordnungsgeldes korrekt informiert. Dieses kann daher angeordnet werden, nicht aber die Vorführung. Der Hinweis nach § 33 Abs. 4 ersetzt die nach früherem Recht (§ 33 Abs. 3 Satz 1 FGG aF) erforderliche **Androhung**. Insoweit ist die frühere Judikatur[2] nicht mehr heranzuziehen.

bb) Ausbleiben

26 Der Beteiligte muss ferner im Termin ausgeblieben sein. Dies setzt voraus, dass er überhaupt nicht erschienen ist. Ist er bei Aufruf der Sache zugegen, aber **nicht zu einer Äußerung bereit**, liegt kein Ausbleiben vor.[3] Das Gericht kann daher uU seine Weigerung, sich zu äußern, bei der Tatsachenfeststellung würdigen, aber kein Ordnungsgeld verhängen. Dies gilt erst recht nicht, wenn der Beteiligte nicht zu einer Einlassung verpflichtet ist. Aus der Möglichkeit der Anordnung des persönlichen Erscheinens allein folgt keine Verpflichtung des Beteiligten zur Aussage.[4] Auch das **vorzeitige Entfernen** unter Berufung auf die zulässige Weigerung, sich zu äußern, ist kein Ausbleiben gem. § 33 Abs. 3 Satz 1.[5] Umgekehrt scheidet die Verhängung eines Ordnungsgeldes, anders als im Zivilprozess (§ 141 Abs. 3 Satz 2 ZPO), nicht deswegen aus, weil der Beteiligte einen zur Aufklärung des Sachverhalts und zur Abgabe der gebotenen Erklärungen **ermächtigten Vertreter** entsendet. Denn § 33 Abs. 3 enthält keine § 141 Abs. 3 Satz 2 ZPO vergleichbare Regelung.

cc) Entschuldigung

27 Das Ausbleiben muss ferner gem. § 33 Abs. 3 Satz 1 **unentschuldigt** sein. Hier wird man sich an der Kasuistik zu § 227 Abs. 1 Satz 2 Nr. 1, 2 ZPO bzw. § 337 Satz 1 ZPO orientieren können. Demnach gehen zunächst **Unzulänglichkeiten in der Gerichtsorganisation** nicht zulasten des Beteiligten. Erhält er etwa wesentliche Unterlagen nicht oder zu kurzfristig, um sich auf den Termin vorzubereiten, ist sein Ausbleiben entschuldigt. Gleiches gilt für **objektive Verhinderungsgründe**, auf die der Beteiligte keinen Einfluss hat, etwa der Wegfall von Verkehrsverbindungen. Auch **Verhinderungsgründe aus der Sphäre des Beteiligten** sind beachtlich. Das setzt voraus, dass sie noch vor der Anberaumung des persönlichen Erscheinens feststanden und nicht oder nur mit unzumutbarem Aufwand auszuräumen sind. Hierzu gehören etwa eine bereits gebuchte Urlaubsreise oder wichtige berufliche Ereignisse (Prüfungen, Bewerbungsgespräche).[6] Nach Zugang der Ladung eingetretene Hindernisse sind eine zu berücksichtigende Entschuldigung, wenn sie die Wahrnehmung des Termins unzumutbar machen. Dazu gehört zB die schwere Erkrankung[7] oder der Tod von Familienangehörigen. Auch eigene gesundheitliche Beeinträchtigungen können das Ausbleiben entschuldigen. Wie im Falle der Entschuldigung nach § 227 Abs. 1 Satz 2

---

1 Bassenge/Roth/*Gottwald*, § 33 FamFG Rz. 18.
2 S. etwa OLG Stuttgart v. 27.12.1985 – 18 WF 482/85, FamRZ 1986, 705 (706); OLG Bremen v. 7.12.1988 – 4 WF 121/88 (a), FamRZ 1989, 306 (307).
3 Zöller/*Feskorn*, § 33 FamFG Rz. 8.
4 BayObLG v. 13.10.1978 – BReg 1 Z 111/78, BayObLGZ 1978, 319 (323 f.); OLG Hamburg v. 15.1. 1997 – 12 WF 6/97, MDR 1997, 596; OLG Karlsruhe v. 30.8.1978 – 5 WF 69/78, NJW 1978, 2247; ähnlich OLG Stuttgart v. 16.1.1978 – 16 WF 208/77 U, NJW 1978, 547 (548); wohl auch Keidel/ *Meyer-Holz*, § 33 FamFG Rz. 18.
5 OLG Hamburg v. 15.1.1997 – 12 WF 6/97, MDR 1997, 596.
6 Bassenge/Roth/*Gottwald*, § 33 FamFG Rz. 12.
7 Bassenge/Roth/*Gottwald*, § 33 FamFG Rz. 12.

Nr. 1, 2 ZPO genügt die in ärztlichen Bescheinigungen stereotyp attestierte Arbeitsunfähigkeit nicht zur Entschuldigung gem. § 33 Abs. 3 Satz 1. Selbst die Amputation einer Hand mag der Fortführung einer Bürotätigkeit entgegenstehen, aber nicht dem persönlichen Erscheinen nach § 33 Abs. 1. Erkrankungen etc. vermögen also nur zu entschuldigen, wenn sie das persönliche Erscheinen zumindest deutlich erschweren.

dd) Rechtzeitiges Vorbringen gegenüber dem Gericht

An einer Entschuldigung fehlt es nicht nur dann, wenn ein Grund für das Ausbleiben objektiv nicht vorliegt. Eine genügende Entschuldigung ist auch dann zu verneinen, wenn der Beteiligte hinreichende Gründe für sein Ausbleiben vorbringen könnte, dies aber nicht **rechtzeitig** tut.[1] Der Beteiligte muss demnach **nicht unverzüglich** tätig werden.[2] Ist der Hinderungsgrund frühzeitig bekannt, erfordert dies nur eine so zeitige Mitteilung an das Gericht, dass der Termin noch abgesetzt werden kann. Kann sich der Beteiligte etwa krankheitsbedingt gar nicht entschuldigen oder tritt der Hinderungsgrund erst kurz vor dem Termin ein, kann er diese Gründe gem. § 33 Abs. 3 Satz 4 noch nachträglich geltend machen.

b) Verhängung des Ordnungsgeldes

aa) Ermessen

Die Verhängung eines Ordnungsgeldes steht auch bei Vorliegen der Voraussetzungen hierfür im Ermessen des Gerichts.[3] Bei seiner Ausübung ist zu berücksichtigen, dass das Ordnungsgeld nicht in erster Linie eine Strafe für unbotmäßiges Verhalten als eine **Maßnahme der Verfahrensleitung** darstellt.[4] Daher wird zu berücksichtigen sein, wenn die Beteiligten in einem Antragsverfahren das Verfahren vor der Entscheidung über das Ordnungsgeld durch Vergleich beendet haben oder der Antrag zurückgenommen wird. Gleiches gilt, wenn der ausgebliebene Beteiligte eine nach dem Termin ergangene Entscheidung gegen sich gelten lässt. Denn in diesen Fällen hätte auch sein persönliches Erscheinen offenkundig **keinen Erkenntnisgewinn** bewirkt, der zu einer anderen Entscheidung in der Sache geführt hätte. Ähnliches gilt, wenn die Sache auch ohne Erscheinen des säumigen Beteiligten entscheidungsreif ist.[5] Allerdings dient das Ordnungsgeld anders als das Zwangsgeld nach § 33 Abs. 3 FGG aF nicht nur der Beugung eines entgegenstehenden Willens,[6] sondern ist **auch Sanktion** des Ausbleibens.[7] Dies ist bei der Bemessung der Höhe gleichfalls zu berücksichtigen.

bb) Höhe

Die Höhe des Ordnungsgeldes richtet sich wie bei der zivilprozessualen Parallelnorm (§ 141 ZPO) nach Art. 6 EGStGB,[8] bewegt sich also in einem Rahmen **zwischen 5 und 1000 Euro**. Bei seiner Festsetzung sind zunächst die bekannten **Vermögensverhältnisse** des nicht erschienenen Beteiligten zu berücksichtigen. Ferner sind die **näheren Umstände des Ausbleibens** abzuwägen. Auch wenn das Ordnungsgeld dem Grunde nach berechtigt ist, können zB **falsche Ratschläge Dritter** für eine geringe Höhe sprechen. Wird ein Beteiligter etwa von seinem rechtskundigen Verfahrensbevollmächtigten dahingehend beraten, dass er die Anordnung des persönlichen Erscheinens missachten darf, kann ihn das zwar nicht entschuldigen, bei der Festsetzung einer bestimmten Höhe des Ordnungsgeldes sind derartige Umstände aber zu berücksichtigen. Gleiches gilt für sonstige Umstände, die zwar nicht zur Entschuldi-

---

1 BT-Drucks. 16/6308, S. 191; Zöller/*Feskorn*, § 33 FamFG Rz. 8.
2 Zum Fehlen einer Frist s. auch Zöller/*Feskorn*, § 33 FamFG Rz. 8.
3 BT-Drucks. 16/6308, S. 191; OLG Hamm v. 30.5.2011 – 8 WF 134/11, NJW-RR 2011, 1696.
4 OLG Hamm v. 30.5.2011 – 8 WF 134/11, NJW-RR 2011, 1696.
5 OLG Hamm v. 30.5.2011 – 8 WF 134/11, NJW-RR 2011, 1696.
6 S. etwa OLG Köln v. 30.4.2001 – 25 WF 20/01, FamRZ 2002, 111.
7 Vgl. BayObLG v. 9.3.1995 – 2 Z BR 10/95, BayObLGZ 1995, 114 (116); Bork/*Jacoby*/Schwab, 1. Aufl., § 33 FamFG Rz. 10; aA Zöller/*Feskorn*, § 33 FamFG Rz. 8.
8 BT-Drucks. 16/6308, S. 191; Bassenge/Roth/*Gottwald*, § 33 FamFG Rz. 13.

gung des Beteiligten führen, aber gleichwohl von einem billig und gerecht Denkenden **nicht als Missachtung des Gerichts zu werten** sind, sondern auf fehlerhafter Laienwürdigung beruhen. Dies kann etwa dann der Fall sein, wenn der Beteiligte einen Vertreter schickt, der im Zivilprozess gem. § 141 Abs. 3 Satz 2 ZPO durchaus ausreichend wäre. Gleiches gilt dann, wenn der Beteiligte zutreffend davon ausgeht, dass er sich nicht äußern muss und daraus zu weit gehend auch ein Recht zum Nichterscheinen ableitet. Denn der Erkenntnisverlust des Gerichts ist in diesem Falle gleich null.

cc) Form der Entscheidung

31 Die Verhängung eines Ordnungsgeldes kann, wie aus § 33 Abs. 3 Satz 1, 5 hervorgeht, nur durch **Beschluss** erfolgen. Eine bloße Verfügung oÄ ist nicht die gesetzlich bestimmte Entscheidungsform. Ergeht die Verhängung von Ordnungsgeld gleichwohl nicht in dieser Form, wäre gegen die Versäumung der Anfechtungsfrist des § 33 Abs. 3 Satz 5 FamFG iVm. § 569 Abs. 1 Satz 1 ZPO in jedem Falle Wiedereinsetzung nach §§ 233 ff. ZPO zu gewähren. Denn die in der Form einer Zwischenentscheidung ergehende Verhängung des Ordnungsgeldes erweckt den Anschein, nicht anfechtbar zu sein. Der Beteiligte wird auch nicht durch Rechtsmittelbelehrung über die Anfechtungsfrist des § 33 Abs. 3 Satz 5 FamFG iVm. § 569 Abs. 1 Satz 1 ZPO unterrichtet. Seine Fristversäumung wäre mithin unverschuldet. Sofern man Zwischenentscheidungen, die nach den Regeln der §§ 567 ff. ZPO erfolgen, mit der hM unter § 39 subsumiert (vgl. § 39 Rz. 2), muss die Verhängung eines Ordnungsgeldes mit einer Rechtsbehelfsbelehrung versehen werden.

dd) Wiederholte Verhängung

32 § 33 Abs. 3 Satz 2 regelt den Fall, dass der Beteiligte wiederholt ausbleibt. Sämtliche Voraussetzungen des § 33 Abs. 3 Satz 1 müssen also ein weiteres Mal vorliegen. Dann kann die Festlegung des Ordnungsgeldes „wiederholt werden".[1] Diese Formulierung ist gegenüber § 380 Abs. 2 ZPO präziser, wo davon die Rede ist, dass „das Ordnungsmittel noch einmal festgesetzt" wird. Damit schließt § 33 Abs. 3 Satz 2 von vornherein das Missverständnis aus, das Ordnungsgeld könne insgesamt nur zweimal verhängt werden.[2]

2. Vorführung

a) Voraussetzungen

33 Für die Vorführung müssen nach § 33 Abs. 3 Satz 3 die **Voraussetzungen der Verhängung eines Ordnungsgeldes sämtlich bereits zum wiederholten Male** gegeben sein. Der ordnungsgemäß geladene Beteiligte muss also mindestens zum zweiten Male unentschuldigt ausgeblieben sein. Das Gericht hat aber auch hier ein **Ermessen**. Es kann also berücksichtigen, ob sich das Ausbleiben uU beidesmal am unteren Rand der Verhängung eines Ordnungsgeldes bewegte. Insbesondere kann ins Gewicht fallen, dass das erstmalige Ausbleiben überhaupt nicht sanktioniert wurde. Denn dann war der Beteiligte möglicherweise nicht vorgewarnt. Umgekehrt ist aber auch die wiederholte Blockierung des Verfahrens zu berücksichtigen.

b) Form

34 Die Anordnung der Vorführung ergeht ebenfalls durch **Beschluss** des Gerichts, nicht durch Verfügung des Vorsitzenden.[3] Dies geht zwar nicht aus § 33 Abs. 3 Satz 3, wohl aber aus § 33 Abs. 3 Satz 5 hervor, wonach der „Beschluss, durch den ein Ordnungsmittel verhängt wird", unter den dort genannten Voraussetzungen aufzuheben ist. Daraus geht hervor, dass nicht nur das Ordnungsgeld, sondern alle in § 33 Abs. 3 geregelten Ordnungsmittel, mithin auch die Vorführung, durch Beschluss angeord-

---

1 Vgl. BT-Drucks. 16/6308, S. 191.
2 Vgl. Baumbach/*Hartmann*, § 380 ZPO Rz. 16; Zöller/*Greger*, § 380 ZPO Rz. 8.
3 Bassenge/Roth/*Gottwald*, § 33 FamFG Rz. 14; Zöller/*Feskorn*, § 33 FamFG Rz. 8.

net werden. Der Beschluss wird aber zweckmäßigerweise erst bei seiner Ausführung zugestellt, da seine Ausführung ansonsten gefährdet wird.[1]

3. Aufhebung von Ordnungsmitteln

a) Voraussetzungen

aa) Genügende Entschuldigung des Ausbleibens

§ 33 Abs. 3 Satz 4 ermöglicht dem mit einem Ordnungsmittel belegten Beteiligten auch die nachträgliche Entschuldigung. Dies setzt zunächst voraus, dass „eine genügende Entschuldigung nachträglich" erfolgt. Hier gelten dieselben Anforderungen wie nach § 33 Abs. 3 Satz 1. Der einzige Unterschied besteht darin, dass die Entschuldigung eben nachträglich erfolgt. 35

bb) Kein Verschulden an der Verspätung der Entschuldigung

Darüber hinaus muss der nicht erschienene Beteiligte die Verspätung der Entschuldigung ihrerseits entschuldigen. Die grundlose Verspätung eines an sich genügenden Entschuldigungsgrundes rechtfertigt also die Aufhebung des Ordnungsmittels nicht. Der Beteiligte muss vielmehr neben der Entschuldigung für das Ausbleiben im Termin glaubhaft machen, dass ihn **am verspäteten Vorbringen der Entschuldigung kein Verschulden** trifft.[2] Hierfür sind alle Möglichkeiten der Glaubhaftmachung nach § 31 zulässig. Entschuldigungsgrund und Glaubhaftmachung des fehlenden Verschuldens für sein nachträgliches Vorbringen können dabei zusammenfallen, wenn sich der Beteiligte etwa mit einer Krankheit entschuldigt, die bis zum Terminstag oder darüber hinaus angedauert hat. Beide Gründe können aber auch auseinander fallen, etwa dann, wenn der Beteiligte den Grund seines Ausbleibens vorab mitteilen und um Verlegung bitten wollte, der Brief aber nicht das Gericht erreichte. 36

Aus der Systematik des § 33 Abs. 3 Satz 4 ergibt sich, dass eine Entschuldigung immer dann **verspätet ist, wenn sie „nachträglich" erfolgt.** Nicht jede Verzögerung ist also schädlich. Wurde der Termin sehr frühzeitig angesetzt und lässt sich der Beteiligte Wochen Zeit mit seiner Entschuldigung, ist sie gleichwohl jedenfalls dann nicht verspätet, wenn sie noch vor dem Termin eingeht und dieser vom Gericht abgesetzt werden kann. Denn dann erfolgt die Entschuldigung nicht nachträglich. Umgekehrt hat der Gesetzgeber **für die Glaubhaftmachung fehlenden Verschuldens an der Verspätung keine Frist** gesetzt. Der Beteiligte muss nur glaubhaft machen, dass ihn kein Verschulden daran trifft, die Entschuldigung nicht bis zum Termin vorgebracht zu haben. Danach erfolgt sie in jedem Falle „nachträglich". Auch wenn die Entschuldigung lange nach dem Termin bei Gericht eingeht, führt diese Verzögerung, selbst wenn sie schuldhaft ist, nicht dazu, dass von der Aufhebung des Ordnungsmittels abgesehen werden kann. Die **Rechtskraft eines Beschlusses über die Verhängung von Ordnungsgeld** steht dem nicht entgegen. Denn die Aufhebung des Ordnungsgeldbeschlusses nach § 33 Abs. 3 Satz 4 steht neben der Möglichkeit eines Rechtsmittels nach § 33 Abs. 3 Satz 5. Der Wortlaut des Gesetzes ordnet ohne Einschränkung an, dass die „nach den Sätzen 1 bis 3 getroffenen Anordnungen aufgehoben" werden, sobald die in § 33 Abs. 3 Satz 4 bezeichneten Voraussetzungen vorliegen. Eine andere Handhabung ist im Übrigen auch schon deswegen ausgeschlossen, weil der Beteiligte wegen der Anfechtungsfrist nach § 33 Abs. 3 Satz 5 FamFG iVm. § 569 Abs. 1 Satz 1 ZPO unverschuldet gehindert sein kann, die Entschuldigung seines Ausbleibens in einer sofortigen Beschwerde vorzubringen. 37

---

[1] Bassenge/Roth/*Gottwald*, § 33 FamFG Rz. 1; vgl. zur Vorführung von Zeugen im Zivilprozess Baumbach/*Hartmann*, § 380 ZPO Rz. 14.
[2] BT-Drucks. 16/6308, S. 191.

b) **Rechtsfolge**

aa) **Erfasste Anordnungen**

38 Die Möglichkeit der Aufhebung betrifft vorrangig die **Verhängung eines Ordnungsgeldes**, da der Betroffene hiervon zwangsläufig erfährt. Für den Beteiligten, der von der zwischenzeitlich verfügten Anordnung der **Vorführung** nichts erfährt, kann aber nichts anderes gelten. Der Wortlaut des § 33 Abs. 3 Satz 4 erfasst alle „nach den Sätzen 1 bis 3 getroffenen Anordnungen". Bringt er ohne Kenntnis der gegen ihn verfügten Vorführung taugliche Entschuldigungsgründe vor, ist dies vom Gericht nicht anders zu behandeln als das Vorgehen des Beteiligten gegen ein Ordnungsgeld. Auch die Anordnung der Vorführung ist daher aufzuheben.

bb) **Kein Ermessen**

39 Die Aufhebung der nach den Sätzen 1 bis 3 getroffenen Anordnungen unterliegt nicht dem Ermessen des Gerichts. Liegen die Voraussetzungen des § 33 Abs. 3 Satz 4 vor, so „werden die nach den Sätzen 1 bis 3 getroffenen Anordnungen aufgehoben".

C. **Rechtsmittel**

I. **Rechtsmittel gegen die Anordnung des persönlichen Erscheinens**

40 Die Anordnung des persönlichen Erscheinens wurde nach früherem Recht für unanfechtbar gehalten, da sie selbst noch nicht in die Rechte des Beteiligten eingriff.[1] Dies gilt auch dann, wenn der Beteiligte zum Zwecke der Begutachtung seines Geisteszustandes in **Gegenwart eines Sachverständigen** angehört werden soll.[2] Ein relevanter Eingriff wurde erst bejaht, sobald Maßnahmen der zwangsweisen Durchsetzung des persönlichen Erscheinens angeordnet wurden. Diese Judikatur hat der Gesetzgeber kodifiziert. Denn Rechtsmittel sieht § 33 Abs. 3 Satz 5 erst im Zusammenhang mit der Verhängung von Ordnungsmitteln vor. Die **Anordnung des persönlichen Erscheinens selbst ist somit unanfechtbar**.[3]

II. **Rechtsmittel gegen die Verhängung von Ordnungsmitteln**

1. **Ordnungsgeld**

41 Wie nach früherem Recht ist der Beschluss, der ein Ordnungsgeld verhängt oder die Vorführung anordnet, anfechtbar (§ 33 Abs. 3 Satz 5).[4] Zwar wird letzterer zweckmäßigerweise erst bei seiner Ausführung zugestellt. Der Beteiligte kann sich aber schon **vorbeugend auch gegen einen bereits erlassenen, aber noch nicht zugestellten Beschluss** wehren.[5] Die Anfechtung richtet sich nach den Regeln der sofortigen Beschwerde (§§ 567 ff. ZPO). Eines **Mindestbeschwerdewerts** bedarf es wie nach früherem Recht[6] nicht, da § 567 Abs. 2 ZPO einen solchen nur für Entscheidungen über Kosten vorsieht. Obwohl § 33 Abs. 3 Satz 5 nur auf §§ 567 bis 572 ZPO verweist, ist gegen die Entscheidung des Beschwerdegerichts bei Vorliegen der weiteren Voraussetzungen die **Rechtsbeschwerde** eröffnet. Denn der fehlende Verweis auf §§ 574 ff. ZPO ist als Nachlässigkeit des Gesetzgebers anzusehen (vgl. § 58 Rz. 18a). Gerade bei Laien kann zweifelhaft sein, ob eine Entschuldigung nach § 33 Abs. 3 Satz 4 oder eine sofortige Beschwerde vorliegt. Erstere ist nicht vorrangig anzunehmen.[7] Denn die

---

1 KG v. 14.6.1988 – 1 W 2613/88, OLGZ 1988, 418 (420); BayObLG v. 3.9.1986 – BReg 3 Z 129/86, FamRZ 1986, 1236; BayObLG v. 14.6.1995 – 3 Z BR 51/95, BayObLGZ 1995, 222 (223).
2 OLG Frankfurt v. 16.1.1981 – 20 W 810/80, OLGZ 1981, 135 (136); BayObLG v. 3.9.1986 – BReg 3 Z 129/86, FamRZ 1986, 1236; KG v. 14.6.1988 – 1 W 2613/88, OLGZ 1988, 418 (420).
3 AA *Bumiller*/Harders, § 33 FamFG Rz. 1.
4 KG v. 14.6.1988 – 1 W 2613/88, OLGZ 1988, 418 (421); BayObLG v. 3.9.1986 – BReg 3 Z 129/86, FamRZ 1986, 1236; BayObLG v. 14.6.1995 – 3 Z BR 51/95, BayObLGZ 1995, 222 (223).
5 Zöller/*Heßler*, § 567 ZPO Rz. 14; weiter gehend Baumbach/*Hartmann*, § 567 ZPO Rz. 12.
6 KG v. 21.11.1983 – 24 W 4953/83, OLGZ 1984, 62 (63).
7 So aber wohl *Reinken*, ZFE 2009, 324 (331). Zum Nebeneinander von Aufhebung und Rechtsmittel s. auch Bork/*Jacoby*/Schwab, 1. Aufl., § 33 FamFG Rz. 14.

rechtliche Qualifikation als Entschuldigung nach § 33 Abs. 3 Satz 4 würde durch Fristablauf die Kontrolle durch die nächste Instanz versperren. Vielmehr ist im Zweifel von einer sofortigen Beschwerde auszugehen. Denn ihr kann das Gericht erster Instanz ebenfalls abhelfen, ohne dass eine Überprüfung in der nächsten Instanz verlorengeht. Das Rechtsmittel hat nach § 570 Abs. 1 ZPO aufschiebende Wirkung.[1]

2. Vorführung

Die Vorführung wird sich häufig aufgrund ihrer Durchführung bereits **erledigt** haben, bevor der Beteiligte gegen den Beschluss, der sie anordnet, sofortige Beschwerde einlegen kann.[2] Gleichwohl handelt es sich bei der zwangsweisen Verbringung in das Gericht um eine Einschränkung elementarer Freiheitsgrundrechte, also um einen der schwerwiegenden Grundrechtseingriffe, in denen nach verfassungsgerichtlicher Rechtsprechung auch **nach Erledigung eine gerichtliche Kontrolle möglich** sein muss (s. § 62 Rz. 1). Daher wird man hier trotz Fehlens einer entsprechenden Regelung aus dem Rechtsgedanken des § 62 eine Beschwerdemöglichkeit zulassen müssen. Es ist dann die **Feststellung zu beantragen** bzw. auszusprechen, dass die **Anordnung der Vorführung den Beschwerdeführer in seinen Rechten verletzt hat**. Allerdings wird man diese Beschwerde den Regeln der §§ 567 ff. ZPO unterwerfen müssen, da auch das Rechtsmittel vor der Erledigung als sofortige Beschwerde ausgestaltet ist.

42

III. Rechtsmittel gegen die Nichtaufhebung von Ordnungsmitteln

§ 33 Abs. 3 enthält keine Regelung zur Anfechtung eines Beschlusses, der die Aufhebung von Ordnungsmitteln nach § 33 Abs. 3 Satz 4 ablehnt. Dies ist umso erstaunlicher, als dem Gericht in diesen Fällen, anders als bei Verhängung und Höhe des Ordnungsgeldes, ausdrücklich kein Ermessen zustehen soll. Auch von der Intensität des Eingriffs besteht kein Unterschied. Es ist schwerlich davon auszugehen, dass der unfallbedingt bis zum Terminstag Verhinderte schlechter gestellt werden soll als derjenige, der seine Entschuldigung trotz dilatorischer Behandlung gerade noch rechtzeitig vorgebracht hat. Hier darf man wohl von einem Versehen, mithin von einer unbewussten Regelungslücke des Gesetzgebers ausgehen.[3] Die Entscheidung, ein Ordnungsgeld nicht nach § 33 Abs. 3 Satz 4 aufzuheben, dürfte somit in analoger Anwendung des § 33 Abs. 3 Satz 5 anfechtbar sein.

43

Kosten/Gebühren: Gericht: Für die Festsetzung von Zwangs- und Ordnungsmitteln gegen Beteiligte wird weder nach dem GNotKG noch nach dem FamGKG eine Gebühr erhoben. Die Nrn. 18003 KV GNotKG und 1602 KV FamGKG sind nur auf die Vollstreckung nach Buch 1 Abschnitt 8 des FamFG anwendbar (vgl. Vorbem. 1.8 KV GNotKG, Vorbem, 1.6 KV FamGKG). Wird die sofortige Beschwerde gegen die Verhängung eines Ordnungsgeldes oder gegen die Nichtaufhebung von Ordnungsmitteln verworfen oder zurückgewiesen, fällt eine Gebühr nach Nr. 19116 KV GNotKG bzw. nach Nr. 1912 KV FamGKG an. **RA:** Vertritt der RA den Beteiligten auch im Hauptsacheverfahren, gehört das Ordnungsgeldverfahren zum Rechtszug. Der RA erhält keine besonderen Gebühren. Der Rechtsanwalt, der nur im Zwangsmittelverfahren tätig wird, erhält die Gebühr nach Nr. 3403 VV RVG. Für das Beschwerdeverfahren entstehen immer zusätzlich Gebühren nach Nr. 3500 und 3513 VV RVG.

44

34 *Persönliche Anhörung*

(1) Das Gericht hat einen Beteiligten persönlich anzuhören,
1. wenn dies zur Gewährleistung des rechtlichen Gehörs des Beteiligten erforderlich ist oder
2. wenn dies in diesem oder in einem anderen Gesetz vorgeschrieben ist.

(2) Die persönliche Anhörung eines Beteiligten kann unterbleiben, wenn hiervon erhebliche Nachteile für seine Gesundheit zu besorgen sind oder der Beteiligte offensichtlich nicht in der Lage ist, seinen Willen kundzutun.

---

1 Zöller/*Feskorn*, § 33 FamFG Rz. 8.
2 Vgl. zu dieser Problematik nach altem Recht KG v. 14.6.1988 – 1 W 2613/88, OLGZ 1988, 418 (421).
3 So auch Zöller/*Feskorn*, § 33 FamFG Rz. 8.

(3) Bleibt der Beteiligte im anberaumten Anhörungstermin unentschuldigt aus, kann das Verfahren ohne seine persönliche Anhörung beendet werden. Der Beteiligte ist auf die Folgen seines Ausbleibens hinzuweisen.

A. Entstehungsgeschichte und Normzweck 1	c) Anwesenheit von Anzuhörendem, Gericht, anderen Beteiligten und Dritten
B. Inhalt der Vorschrift	aa) Anzuhörender 15
I. Persönliche Anhörung eines Beteiligten (Absatz 1)	bb) Gericht 16
1. Bedeutung	cc) Andere Beteiligte 18
a) Abgrenzung von der mündlichen Erörterung 2	dd) Dritte 19
b) Zweck der persönlichen Anhörung 3	d) Dokumentation des Anhörungsergebnisses 20
2. Erforderlichkeit einer Anhörung	II. Absehen von einer persönlichen Anhörung (Absatz 2)
a) Ermessen des Gerichts in den nicht von § 34 erfassten Fällen	1. Erhebliche Nachteile für die Gesundheit des Betroffenen
aa) Ausübung des Ermessens .. 4	a) Sinn der Regelung 21
bb) Ermessenskontrolle 5	b) Voraussetzungen 22
b) Kein Ermessen des Gerichts in den Fällen des Absatzes 1	c) „Besorgnis" der Gesundheitsgefährdung 23
aa) Vorliegen spezialgesetzlicher Vorschriften über eine Anhörung (Abs. 1 Nr. 2) 7	2. Offensichtliche Unfähigkeit, den eigenen Willen kundzutun
	a) Unfähigkeit der Willenskundgabe 24
bb) Erforderlichkeit zur Gewährleistung rechtlichen Gehörs (Abs. 1 Nr. 1) 8	b) Offensichtlichkeit 25
	c) Sonstige Gründe 26
3. Die Durchführung der persönlichen Anhörung	III. Ausbleiben des Beteiligten (Absatz 3)
	1. Bedeutung der Regelung 27
a) Ort der persönlichen Anhörung	2. Unentschuldigtes Ausbleiben
aa) Gerichtsstelle und sonstige Örtlichkeiten 12	a) Ausbleiben
	aa) Körperliche Abwesenheit .. 28
bb) Anhörung im Wege der Bild- und Tonübertragung 13	bb) Fehlende Entschuldigung ... 29
	b) Rechtsfolgen
b) Terminsbestimmung 14	aa) Entscheidung ohne persönliche Anhörung 31
	bb) Hinweis auf die Rechtsfolgen 32
	3. Sonstige Weigerung, an der Anhörung teilzunehmen 34

Literatur: *Diekmann*, Neue Verfahrensvorschriften in Betreuungssachen nach dem FamFG – ein Überblick, BtPrax 2009, 149; *Grabow*, Anhörung von Kindern und Jugendlichen im Unterbringungsverfahren, FPR 2011, 550; *Reinken*, Das Verfahren im ersten Rechtszug nach dem FamFG, ZFE 2009, 324.

A. Entstehungsgeschichte und Normzweck

1   Auch § 34 behebt eine Lücke des früheren Rechts, da die Anhörung der Beteiligten bislang nur im Zusammenhang mit besonderen Verfahren ausdrücklich geregelt war, etwa in § 68 Abs. 1 oder § 69d Abs. 1 FGG aF. Im Übrigen wurden die diesbezüglichen Pflichten des Gerichts aus den allgemeinen Vorschriften, insbesondere, was die Ermittlung des Sachverhalts betraf, aus § 12 FGG und im Hinblick auf die Gewährung rechtlichen Gehörs aus Art. 103 Abs. 1 GG abgeleitet. § 34 stellt im Wesentlichen eine **Kodifikation der diesbezüglichen Rechtsprechung** dar. Weitergehende Pflichten des Gerichts können sich allerdings aus Spezialvorschriften ergeben (etwa §§ 160 Abs.1, 192 Abs. 1, 2, 278 Abs. 1, 279, 319 Abs. 1, 320, 420 Abs. 1, 3). Auch § 34 Abs. 2 trifft erstmals eine allgemeine Regelung, wann das Gericht von der persönlichen Anhörung eines Beteiligten absehen darf. Dabei übernahm der Gesetzgeber die auf bestimmte Verfahren beschränkte Vorschrift des § 69d Abs. 1 Satz 3 FGG aF als allgemeine Regel für alle Verfahren nach dem FamFG. § 34 Abs. 3 betrifft den ebenfalls bislang nicht ausdrücklich geregelten Fall, dass der Anzuhörende im Anhörungstermin unent-

schuldigt ausbleibt. Die Vorschrift gilt nach § 113 Abs. 1 nicht für Ehe- und Familiensachen.

B. Inhalt der Vorschrift

I. Persönliche Anhörung eines Beteiligten (Absatz 1)

1. Bedeutung

a) Abgrenzung von der mündlichen Erörterung

Die persönliche Anhörung nach § 34 wird sich zwar häufig mit der Erörterung nach § 32 überschneiden, ist aber nicht mit ihr identisch. Die Anhörung unterscheidet sich von der Erörterung nach Verfahren und Zweck erheblich und kann diese daher nicht ersetzen.[1] So muss die Anhörung nach § 34, anders als die Erörterung nach § 32, stets „**persönlich**" erfolgen. Es genügt also nicht die Stellungnahme des Verfahrensbevollmächtigten, das Gericht muss sich vielmehr einen Eindruck von dem Beteiligten selbst verschaffen. Dies gilt auch und gerade bei Verfahrensunfähigen, etwa in Betreuungs- oder Unterbringungssachen. Andererseits müssen bei der Anhörung nach § 34 im Gegensatz zur Erörterung nach § 32 **andere oder gar alle Beteiligten nicht zugegen** sein. Dies kann dem Zweck der Anhörung sogar widersprechen, wenn der Betroffene von der Präsenz weiterer Beteiligter bzw. ihrer Verfahrensbevollmächtigten eingeschüchtert wird.

2

b) Zweck der persönlichen Anhörung

Die Anhörung unterscheidet sich aber auch ihrem Inhalt und Zweck nach deutlich von der Erörterung. Das Gericht hat weniger seine Sicht der Sach- und Rechtslage darzulegen, um auf sachdienlichen Vortrag, zweckmäßige Anträge oÄ hinzuwirken. Häufig würde eine solche Handhabung den Beteiligten sogar krass überfordern. Vielmehr verlangt die Anhörung, wie schon aus dem Wortsinn hervorgeht, eine eher **passive Verfahrensgestaltung** durch das Gericht, indem es den Standpunkt des Beteiligten zu möglichen gerichtlichen Maßnahmen zur Kenntnis zu nehmen hat.[2] Hierbei kann es selbstverständlich ebenfalls lenkend, etwa durch Fragen oder Hinweise auf bestimmte tatsächliche oder rechtliche Gegebenheiten, eingreifen und die Anhörung in gewisser Weise steuern. Im Vordergrund steht aber, anders als bei der Erörterung, nicht der Dialog zwischen Gericht und Beteiligtem, sondern die Kenntnisnahme dessen, was der Beteiligte zu dem Verfahren zu äußern hat, und die Gewinnung eines **persönlichen Eindrucks**.[3] Allerdings hat das Gericht durch geeignete Maßnahmen, insbesondere durch die **Gelegenheit zur Vorbereitung** des Beteiligten sicherzustellen, dass dieser Stellung zu nehmen vermag und ggf. vorhandene Urkunden einsehen bzw. sogar im Termin vorlegen kann.[4] Dies erfordert in Freiheitsentziehungssachen die Mitteilung des Sachverhalts und der sich hieraus möglicherweise ergebenden Rechtsfolgen.[5] Dies muss nicht schriftlich geschehen, insbesondere nicht bei überschaubaren Sachverhalten, wie sie Abschiebehaftsachen zugrunde liegen.[6] Die Anforderungen an eine sachgerechte Information des Anzuhörenden sind umso geringer, je besser er den Sachverhalt, etwa aus vorangegangenen Strafverfahren, kennt.[7] Auch der **Wille des Betroffenen** ist unabhängig von seiner Geschäftsfähigkeit bei der

3

---

[1] OLG Celle v. 12.3.2010 – 19 UF 49/10, FGPrax 2010, 163 (164).
[2] BGH v. 4.3.2010 – V ZB 184/09, FGPrax 2010, 152 (154); BayObLG v. 18.12.1986 – 3 Z 156/86, FamRZ 1987, 413 (413); BayObLG v. 22.12.1981 – BReg 1 Z 120/81, FamRZ 1982, 644 (646); OLG Zweibrücken v. 11.1.1990 – 3 W 170/89, FamRZ 1990, 544.
[3] BayObLG v. 21.7.1980 – BReg 1 Z 56/80, BayObLGZ 1980, 215 (218f.); BayObLG v. 11.9.1981 – BReg 3 Z 65/81, BayObLGZ 1981, 306 (310); BayObLG v. 22.12.1981 – BReg 1 Z 120/81, FamRZ 1982, 644 (646); BayObLG v. 18.12.1986 – 3 Z 156/86, FamRZ 1987, 412 (413); BayObLG v. 11.1. 1990 – 3 W 170/89, FamRZ 1990, 544; OLG Frankfurt v. 5.7.1984 – 20 W 169/84, NJW 1985, 1294; Zöller/*Feskorn*, § 34 FamFG Rz. 3.
[4] *Reinken*, ZFE 2009, 324 (331).
[5] BGH v. 4.3.2010 – V ZB 184/09, FGPrax 2010, 152 (156).
[6] BGH v. 4.3.2010 – V ZB 222/09, FGPrax 2010, 154 (155f.).
[7] BGH v. 4.3.2010 – V ZB 222/09, FGPrax 2010, 154 (156).

Entscheidung etwa über die Wahl eines Betreuers zu berücksichtigen, sofern er nicht seinem Wohl zuwiderläuft oder auf den Einfluss Dritter zurückgeht.[1] Anders als die Erörterung der Sache nach § 32 hat also die persönliche Anhörung nach § 34 **keine Entsprechung im Zivilprozess.** Im Ergebnis dient sie **vorrangig der Gewährung rechtlichen Gehörs**,[2] erst zweitrangig der Sachaufklärung. Das Gericht erster Instanz hat den Beteiligten, wenn die Voraussetzungen des § 34 Abs. 1 vorliegen, also auch dann persönlich anzuhören, wenn hiervon mit Sicherheit keine weitere tatsächliche Aufklärung des Sachverhalts zu erwarten ist.[3] Diese Grundsätze gelten auch im **zweiten Rechtszug**. Das Beschwerdegericht kann allerdings unter den Voraussetzungen des § 68 Abs. 3 Satz 2 von einer erneuten persönlichen Anhörung absehen. Voraussetzung ist allerdings, dass keine neuen „Erkenntnisse" zu erwarten sind. Das betrifft nicht nur die objektive Lage der Sachaufklärung, sondern auch die subjektive Seite der Anhörung, also insbesondere den persönlichen Eindruck vom Betroffenen und die Kenntnisnahme dessen, wie er die gerichtliche Entscheidung aufnimmt (eingehend s. § 68 Rz. 26 ff.). § 34 – vor allem die Möglichkeit, sich nach § 34 Abs. 3 der Anhörung zu entziehen – betrifft nur Fälle, in denen die persönliche Anhörung ausschließlich dem Anzuhörenden selbst zugutekommen, insbesondere sein rechtliches Gehör sicherstellen soll.[4] Sind weitere Beteiligte betroffen und kann ein Beteiligter zur Aufklärung des Sachverhalts beitragen, so kann sein Erscheinen nach § 33 erzwungen werden.

2. Erforderlichkeit einer Anhörung

a) Ermessen des Gerichts in den nicht von § 34 erfassten Fällen

aa) Ausübung des Ermessens

4   Liegt keine ausdrückliche Regelung (wie etwa § 34) vor, kommt dem Gericht ein Ermessen zu, ob es einen Beteiligten persönlich anhört.[5] Es hat anhand der bereits ermittelten Umstände abzuwägen, ob die Gewährung rechtlichen Gehörs auf sonstigem Wege genügt.[6] Diese **Gewährung rechtlichen Gehörs auf sonstige Wege**, etwa im schriftlichen Verfahren oder durch Erörterung mit seinem Verfahrensbevollmächtigten, ist freilich unverzichtbar. Wenn aufgrund konkreter Umstände eine persönliche Anhörung **weiter gehende Sachaufklärung** verspricht, ist das Gericht zu ihrer Durchführung verpflichtet.[7] Gleiches gilt, wenn nur auf diesem Wege die Gewährung rechtlichen Gehörs möglich erscheint, weil der Beteiligte etwa in Gegenwart anderer Beteiligter zu eingeschüchtert erscheint.

bb) Ermessenskontrolle

5   Führt das erstinstanzliche Gericht trotz Vorliegens der Voraussetzungen gleichwohl keine persönliche Anhörung durch, ist dies verfahrensfehlerhaft. Dieser Fehler

---

1 BayObLG v. 30.7.1996 – 3 Z BR 149/96, NJW-RR 1997, 69 (70); OLG Frankfurt v. 30.1.1998 – 2 W 281/97, NJW-RR 1998, 937 (938); BayObLG v. 23.1.2003 – 20 W 479/02, FGPrax 2003, 81; strenger noch BayObLG v. 19.3.1975 – BReg 1 Z 114/74, FamRZ 1976, 38 (41), wo eine so weit fortgeschrittene geistige und sittliche Entwicklung verlangt wird, dass das Kind zu einer vernünftigen eigenen Beurteilung und Entscheidung fähig ist.
2 Bassenge/Roth/*Gottwald*, § 34 FamFG Rz. 1; Zöller/*Feskorn*, § 34 FamFG Rz. 2; s. schon zum alten Recht BayObLG v. 11.6.1997 – 1 Z BR 74/97, NJW-RR 1997, 1437 (1438).
3 Vgl. schon zum alten Recht OLG Frankfurt v. 30.1.1998 – 2 W 281/97, NJW-RR 1998, 937 (938), wonach erst dann von einer Anhörung abgesehen werden konnte, wenn es nicht mehr entscheidend auf den persönlichen Eindruck ankommt; aA BayObLG v. 18.1.1980 – BReg 3 Z 3/80, BayObLGZ 1980, 15 (18).
4 BT-Drucks. 16/6308, S. 192.
5 OLG Köln v. 1.3.1982 – 16 Wx 9/82, FamRZ 1982, 642 (643); Keidel/*Meyer-Holz*, § 34 FamFG Rz. 20.
6 OLG Karlsruhe v. 27.12.1995 – 2 UF 317/95, NJW-RR 1996, 771; OLG Frankfurt v. 30.1.1998 – 2 W 281/97, NJW-RR 1998, 937 (938); Bork/*Jacoby*/Schwab, 1. Aufl., § 34 FamFG Rz. 4.
7 BVerfG v. 21.6.2002 – 1 BvR 605/02, FamRZ 2002, 1021 (1023); BayObLG v. 21.7.1980 – BReg 1 Z 56/80, BayObLGZ 1980, 215 (221); OLG Zweibrücken v. 11.1.1990 – 3 W 170/89, FamRZ 1990, 544; BayObLG v. 30.7.1996 – 3 Z BR 149/96, NJW-RR 1997, 69 (70); OLG Schleswig v. 22.4.2004 – 2 W 81/04, FamRZ 2005, 64; ähnlich Bassenge/Roth/*Gottwald*, § 34 FamFG Rz. 4.

führt aber nach § 69 Abs. 1 Satz 3 nur dann zur **Aufhebung und Zurückverweisung**, soweit „zur Entscheidung eine umfangreiche oder aufwändige Beweiserhebung notwendig wäre und ein Beteiligter die Zurückverweisung beantragt". Wenn allein die Anhörung in zweiter Instanz nachgeholt, aber keine Beweiserhebung durchgeführt werden muss, ist die Zurückverweisung also nach dem klaren Wortlaut des Gesetzes nicht gerechtfertigt (vgl. § 69 Rz. 11). Die Ausübung des Ermessens, das zum Verzicht auf eine mündliche Verhandlung geführt hat, ist noch durch das **Rechtsbeschwerdegericht** überprüfbar. Deshalb bedarf es in den Fällen, in denen eine persönliche Anhörung grundsätzlich in Betracht kommt, einer **Begründung**, weshalb sie gleichwohl entbehrlich war,[1] die aber jedenfalls in der ersten Instanz wohl nicht zwingend in der Endentscheidung erfolgen muss (vgl. Rz. 21).[2] Hat die erste Instanz eine persönliche Anhörung zu Unrecht unterlassen, kann dieser Fehler allerdings durch das Beschwerdegericht geheilt werden (vgl. § 32 Rz. 12). Ansonsten führt dieser Fehler zur Abänderung der erstinstanzlichen Entscheidung bzw. zur Aufhebung und Zurückverweisung, wenn die angegriffene Entscheidung möglicherweise bei Durchführung der persönlichen Anhörung für den Beschwerdeführer günstiger ausgefallen wäre.[3]

Die **Durchführung einer persönlichen Anhörung** ohne Vorliegen der Voraussetzungen nach § 34 Abs. 1 wird regelmäßig nicht zur Fehlerhaftigkeit der Entscheidung führen, da sie deren Grundlage nicht negativ beeinflussen kann. Etwas anderes wird dann gelten müssen, wenn ein **Widerspruch des Beteiligten** gegen eine persönliche Anhörung vorliegt.[4] Führt das Gericht sie gleichwohl durch und zieht es hieraus dem Beteiligten ungünstige Schlüsse, ist dies verfahrensfehlerhaft. Denn die Folgen einer Weigerung, an einer persönlichen Anhörung teilzunehmen, sind in § 34 Abs. 3 abschließend geregelt. Setzt sich das Gericht über den Willen des Beteiligten hinweg, indem es ihn gleichwohl persönlich anhört, dürfen die Rechtsfolgen dieser ungewollten Anhörung nicht über die **gesetzlich angeordnete Folge des § 34 Abs. 3** hinausgehen. Denn dann wäre derjenige, der sich etwa aufgrund einer Unterbringung nicht durch Ausbleiben am Ort der persönlichen Anhörung entziehen kann, gleichheitswidrig benachteiligt. Höherrangiges Recht, etwa die **Unverletzlichkeit der Wohnung** nach Art. 13 GG, hat das Gericht ohnehin zu beachten. Unter Verstoß hiergegen gewonnene Erkenntnisse dürfen in keinem Fall verwertet werden. 6

b) Kein Ermessen des Gerichts in den Fällen des Absatzes 1

aa) Vorliegen spezialgesetzlicher Vorschriften über eine Anhörung (Abs. 1 Nr. 2)

Kein Ermessen des Gerichts besteht hingegen in den Fällen, die von § 34 Abs. 1 erfasst sind. Hier muss das Gericht eine persönliche Anhörung durchführen. Das versteht sich dann von selbst, wenn der Tatbestand des § 34 Abs. 1 Nr. 2 erfüllt, die persönliche Anhörung also **spezialgesetzlich vorgeschrieben** ist. Dies ist etwa in Kindschaftssachen nach §§ 159 f., in Abstammungssachen nach § 175, in Adoptionssachen nach §§ 192 f., vor der Bestellung eines Betreuers bzw. der Anordnung eines Einwilligungsvorbehalts nach § 278 Abs. 1 oder einer Unterbringung nach § 319 Abs. 1 und in Freiheitsentziehungssachen nach § 420 Abs. 1 der Fall. 7

bb) Erforderlichkeit zur Gewährleistung rechtlichen Gehörs (Abs. 1 Nr. 1)

Größere Schwierigkeiten bietet die Handhabung von § 34 Abs. 1 Nr. 1, wonach eine persönliche Anhörung auch dann durchgeführt werden muss, „wenn dies zur Gewährleistung des rechtlichen Gehörs des Beteiligten erforderlich ist". Denn hierbei handelt es sich um eine **Generalklausel**, die der Ausfüllung durch die Rechtspre- 8

---

1 BayObLG v. 18.12.1986 – 3 Z 156/86, FamRZ 1987, 412 (413); OLG Karlsruhe v. 27.12.1995 – 2 UF 317/95, NJW-RR 1996, 771; OLG Hamm v. 29.1.1997 – 10 UF 448/96, FamRZ 1997, 1550; OLG Frankfurt v. 30.1.1998 – 2 W 281/97, NJW-RR 1998, 937 (938); Keidel/*Meyer-Holz*, § 34 Rz. 40.
2 Für die Beschwerdeinstanz dürfte dies unabdingbar sein, da das Rechtsbeschwerdegericht die Beschwerdeentscheidung nur auf Rechtsfehler überprüft, die erforderlichen tatsächlichen Feststellungen also vollständig in der Beschwerdeentscheidung enthalten sein müssen.
3 Keidel/*Meyer-Holz*, § 34 FamFG Rz. 46.
4 Vgl. BGH v. 17.10.2012 – XII ZB 181/12, FamRZ 2013, 31 (32).

§ 34 Allgemeiner Teil

9 chung bedarf.[1] Da der Gesetzgeber die bisher in der Rechtsprechung entwickelten Standards für die Gewährung rechtlichen Gehörs nicht absenken wollte, können diese weiterhin herangezogen werden, sofern sie nicht, wie für Betreuungs- und Unterbringungsverfahren, ohnehin kodifiziert wurden (vgl. §§ 278, 319) und nunmehr § 34 Abs. 1 Nr. 2 unterfallen.

9 Demnach ist eine persönliche Anhörung insbesondere bei **weniger schriftgewandten Personen** geboten, die sich mündlich besser verständlich machen können.[2] Das ist bei **Minderjährigen**[3] oder **betreuungsbedürftigen Personen**[4] stets der Fall (vgl. § 278 Abs. 1). Im **Adoptionsverfahren** sind Kinder eines Annehmenden stets persönlich anzuhören.[5] Auch der Umstand, dass ein nicht anwaltlich vertretener Beteiligter erkennbar rechtlich falsch beraten wurde, kann dazu führen, dass das Gericht nicht ohne weiteres sinnvolle schriftliche Ausführungen erwarten darf, sondern ihn persönlich anzuhören hat.[6] Umgekehrt kann die zutreffende rechtsanwaltliche Beratung ein Anhaltspunkt dafür sein, dass es einer persönlichen Anhörung nicht mehr bedarf.[7] Sollen **Maßnahmen nach § 1666 BGB** ergriffen werden, müssen Eltern und Kind persönlich angehört werden.[8] Das Kind ist auch im **Sorgerechtsverfahren** persönlich anzuhören.[9] Einer mündlichen Anhörung bedarf es ferner dann, wenn das Gericht über Maßnahmen zu befinden hat, die zu einem erheblichen **Eingriff in Persönlichkeitsrechte** führen.[10] Hier ist auch bei **Verfahrensunfähigen** eine persönliche Anhörung erforderlich.[11] Gleiches gilt, wenn es auf einen **persönlichen Eindruck** hinsichtlich bestimmter Beteiligter ankommt.[12] In diesem Fall muss die Entscheidung regelmäßig durch alle an der Entscheidung mitwirkenden Richter erfolgen.[13]

10 Für die Beschwerdeinstanz gelten grundsätzlich dieselben Regeln;[14] allerdings kann die **zweite Tatsacheninstanz** nach § 68 Abs. 3 Satz 2 von der Durchführung eines Termins oder einzelner Verfahrenshandlungen absehen (s. § 68 Rz. 26 ff.). Das setzt freilich voraus, dass die Anhörung auch im Hinblick auf den persönlichen Eindruck vom Betroffenen und auf seine subjektive Sicht des Verfahrens keine weiteren Erkenntnisse erwarten lässt (vgl. Rz. 3). Die Auffassung, dass in bestimmten **Sachen**

---

1 Vgl. BT-Drucks. 16/6308, S. 192.
2 BT-Drucks. 16/6308, S. 192; *Bumiller*/Harders, § 34 FamFG Rz. 1; Keidel/*Meyer-Holz*, § 34 FamFG Rz. 21; Bassenge/Roth/*Gottwald*, § 34 FamFG Rz. 4; Bork/*Jacoby*/Schwab, 1. Aufl., § 34 FamFG Rz. 9; Zöller/*Feskorn*, § 34 FamFG Rz. 2; *Reinken*, ZFE 2009, 324 (332).
3 BayObLG v. 11.6.1997 – 1 Z BR 74/97, NJW-RR 1997, 1437; OLG Karlsruhe v. 27.12.1995 – 2 UF 317/95, NJW-RR 1996, 771; OLG Schleswig v. 22.4.2004 – 2 W 81/04, FamRZ 2005, 64 OLG Frankfurt v. 30.1.1998 – 2 W 281/97, NJW-RR 1998, 937 (938); OLG Köln v. 12.1.2001 – 25 UF 82/00, FamRZ 2002, 111.
4 BGH v. 24.2.1982 – IVb ZB 730/81, FamRZ 1983, 691; BayObLG v. 17.4.1978 – 3 Z 22/78, Rpfleger 1978, 252 (253); BayObLG v. 8.5.1980 – BReg 3 Z 37/80, BayObLGZ 1980, 138 (140); OLG Zweibrücken v. 11.1.1990 – 3 W 170/89, FamRZ 1990, 544; BayObLG v. 30.7.1996 – 3 Z BR 149/96, NJW-RR 1997, 69 (70); Keidel/*Meyer-Holz*, § 34 FamFG Rz. 6.
5 BVerfG v. 23.3.1994 – 2 BvR 397/93, NJW 1995, 316 (317); BayObLG v. 22.12.1981 – BReg 1 Z 120/81, FamRZ 1982, 644 (646) auch für die Erwachsenenadoption; restriktiver OLG Köln v. 1.3.1982 – 16 Wx 9/82, FamRZ 1982, 642 (643); Keidel/*Meyer-Holz*, § 34 FamFG Rz. 22.
6 BayObLG v. 24.11.1981 – 1 Z 54/81, Rpfleger 1982, 69.
7 OLG Düsseldorf v. 29.3.2011 – I-3 Wx 263/10, FGPrax 2011, 125 (126) = MDR 2011, 608.
8 BVerfG v. 1.6.2002 – 1 BvR 605/02, FamRZ 2002, 1021 (1023); BayObLG v. 7.12.1993 – 1 Z BR 99/93 u. 114/93, NJW-RR 1994, 1225 (1226 f.).
9 OLG Hamm v. 29.1.1997 – 10 UF 448/96, FamRZ 1997, 1550.
10 BT-Drucks. 16/6308, S. 192; vgl. OLG Frankfurt v. 5.7.1984 – 20 W 169/84, NJW 1985, 1294; BayObLG v. 18.1.1980 – BReg 3 Z 3/80, BayObLGZ 1980, 15 (18); Keidel/*Meyer-Holz*, § 34 FamFG Rz. 21; ähnlich Bassenge/Roth/*Gottwald*, § 34 FamFG Rz. 4.
11 BayObLG v. 17.4.1978 – 3 Z 22/78, Rpfleger 1978, 252 (253); BayObLG v. 8.5.1980 – BReg 3 Z 37/80, BayObLGZ 1980, 138 (140); OLG Zweibrücken v. 11.1.1990 – 3 W 170/89, FamRZ 1990, 544; BayObLG v. 11.6.1997 – 1 Z BR 74/97, NJW-RR 1997, 1437; OLG Karlsruhe v. 27.12.1995 – 2 UF 317/95, NJW-RR 1996, 771.
12 OLG Köln v. 27.10.2004 – 2 Wx 29/04, NJW-RR 2005, 94 (95).
13 BayObLG v. 30.7.1996 – 3 Z BR 149/96, NJW-RR 1997, 69 (70); OLG Karlsruhe v. 27.12.1995 – 2 UF 317/95, NJW-RR 1996, 771.
14 BayObLG v. 11.6.1997 – 1 Z BR 74/97, NJW-RR 1997, 1437; OLG Karlsruhe v. 27.12.1995 – 2 UF 317/95, NJW-RR 1996, 771; Keidel/*Meyer-Holz*, § 34 FamFG Rz. 43.

mit besonderer **Eingriffsintensität** stets erneut anzuhören ist,[1] dürfte vom Wortlaut des § 68 Abs. 3 Satz 2 überholt sein. Das Beschwerdegericht hat aber stets eine persönliche Anhörung durchzuführen, wenn sie in der ersten Instanz unberechtigterweise nicht oder nicht ordnungsgemäß durchgeführt wurde.[2] Auch ist nach einer **Änderung entscheidungserheblicher Umstände** die Wiederholung der Anhörung regelmäßig geboten.[3] Gleiches gilt, wenn seit der erstinstanzlichen Anhörung **längere Zeit verstrichen** ist.[4] Vor der Abänderung der erstinstanzlichen Entscheidung ist stets rechtliches Gehör zu gewähren.[5] Gleiches soll vor der Verwerfung eines Rechtsmittels als unzulässig gelten.[6]

Die Frage, ob es einer persönlichen Anhörung bedurfte, kann noch vom **Rechtsbeschwerdegericht** in vollem Umfang nachgeprüft werden. Denn bei der Frage, ob diese nach § 34 Abs. 1 Nr. 1 erforderlich war, handelt es sich um einen unbestimmten Rechtsbegriff, dessen richtige Handhabung noch in der Rechtsbeschwerdeinstanz überprüft werden kann (s. § 72 Rz. 16). Dabei ist das Rechtsbeschwerdegericht allerdings an verfahrensfehlerfrei festgestellte Tatsachen gebunden.

11

3. Die Durchführung der persönlichen Anhörung

a) Ort der persönlichen Anhörung

aa) Gerichtsstelle und sonstige Örtlichkeiten

Vorgaben zum Ort der persönlichen Anhörung macht das Gesetz nur, wenn sie im Rahmen der Erörterung nach § 32 erfolgt.[7] Dann ist die Anhörung nach § 32 Abs. 1 Satz 2 FamFG iVm. § 219 ZPO in der Gerichtsstelle, nur bei Vorliegen besonderer Umstände an einem anderen Ort durchzuführen. Die persönliche Anhörung muss aber nicht im Rahmen einer Erörterung nach § 32 vorgenommen werden,[8] häufig liefe dies ihrem Zweck sogar zuwider, da der Anzuhörende in der Atmosphäre eines Gerichtssaales deutlich gehemmter wäre als in seiner gewohnten Umgebung. Wird die persönliche Anhörung nicht im Rahmen der Erörterung nach § 32 durchgeführt, lässt das Gesetz den Ort der persönlichen Anhörung nach ausdrücklichem Bekunden der Materialien offen.[9] Das Gericht kann hier also **ohne die Schranken des § 219 ZPO allein nach Grundsätzen der Sachdienlichkeit entscheiden**. Es kann den Ort wählen, der den Zweck der persönlichen Anhörung, die Gewährung rechtlichen Gehörs, am besten erfüllt.[10] Häufig wird dies der **übliche Aufenthaltsort** des Beteiligten sein,[11] etwa seine Wohnung oder sein Apartment in einem Pflegeheim. Sofern er vorübergehend anderenorts untergebracht ist, etwa in einem psychiatrischen Krankenhaus,

12

---

1 So BayObLG v. 29.1.1980 – BReg 3 Z 6/80, BayObLGZ 1980, 20 (21 f.); anders schon zum alten Recht BGH v. 24.2.1982 – IVb ZB 730/81, FamRZ 1983, 691, wonach auch in Unterbringungssachen die erneute Anhörung durch die zweite Instanz entbehrlich ist, „wenn hiervon zusätzliche Erkenntnisse nicht zu erwarten sind"; ähnlich BVerfG v. 29.11.1983 – 2 BvR 704/83, FamRZ 1984, 139 (140 f.).
2 BayObLG v. 18.1.1980 – BReg 3 Z 3/80, BayObLGZ 1980, 15 (18 f.); Keidel/*Meyer-Holz*, § 34 FamFG Rz. 43.
3 BGH v. 18.6.1986 – IVb ZB 105/84, NJW 1987, 1024 (1025); BayObLG v. 21.7.1980 – BReg 1 Z 56/80, BayObLGZ 1980, 215 (220); BayObLG v. 13.5.1987 – BReg 1 Z 57/86, FamRZ 1987, 1080 (1081); OLG Zweibrücken v. 11.1.1990 – 3 W 170/89, FamRZ 1990, 544; Keidel/*Meyer-Holz*, § 34 FamFG Rz. 43.
4 OLG Frankfurt v. 16.1.1981 – 20 W 810/80, OLGZ 1981, 135 (136); BayObLG v. 11.6.1997 – 1 Z BR 74/97, NJW-RR 1997, 1437 (1437 f.); e contrario auch OLG Zweibrücken v. 11.1.1990 – 3 W 170/89, FamRZ 1990, 544; BayObLG v. 27.1.1993 – 1 Z BR 92/92, BayObLGZ 1993, 21 (27).
5 Keidel/*Meyer-Holz*, § 34 FamFG Rz. 43.
6 Keidel/*Meyer-Holz*, § 34 FamFG Rz. 43.
7 Zur Sachdienlichkeit der Verbindung von Termin nach § 32 und Erörterung nach § 34 s. auch Keidel/*Meyer-Holz*, § 34 FamFG Rz. 35.
8 Bassenge/Roth/*Gottwald*, § 32 Rz. 2.
9 BT-Drucks. 16/6308, S. 192.
10 Ebenso Keidel/*Meyer-Holz*, § 34 FamFG Rz. 34.
11 BT-Drucks. 16/6308, S. 192; BayObLG v. 7.12.1993 – 1 Z BR 99/93 u. 114/93, NJW-RR 1994, 1225 (1227); *Diekmann*, BtPrax 2009, 149 (150); Bassenge/Roth/*Gottwald*, § 34 FamFG Rz. 10; Bork/*Jacoby*/Schwab, 1. Aufl., § 34 FamFG Rz. 9.

kann das Gericht die Anhörung auch dort durchführen. Dass sich das Gericht in die übliche Umgebung des Anzuhörenden begibt, lassen die Gesetzesmaterialien ausdrücklich zu.[1] Ein **Widerspruch des Anzuhörenden gegen eine Anhörung in seiner Wohnung** ist aber schon im Hinblick auf Art. 13 GG nach wie vor zu beachten.[2] Allerdings hat er dann die Mühe auf sich zu nehmen, zum Gericht oder an einen anderen geeigneten Ort zu kommen. Auch die Möglichkeit, **weitere Erkenntnisse durch Anhörung an einem bestimmten Ort** zu gewinnen, ist zu berücksichtigen.[3] Der Ort der Anhörung wird sich häufig von selbst erklären. Bei ungewöhnlichen Orten bedarf es uU in der Entscheidung einer kurzen Begründung, damit das Rechtsmittelgericht die ordnungsgemäße Durchführung der persönlichen Anhörung nachvollziehen kann. Die persönliche Anhörung an einem **ungeeigneten Ort**, wozu auch der übliche Sitzungssaal gehören kann, ist aus den dargelegten Gründen verfahrensfehlerhaft, wenn sich der Beteiligte dort nicht so frei äußern würde wie an einem anderen Ort. Denn hierdurch wird das rechtliche Gehör nicht in dem gebotenen Maße gewährt.

bb) Anhörung im Wege der Bild- und Tonübertragung

13 Wenn selbst für die insoweit strikteren Regelungen unterfallende Erörterung nach § 32 die Bild- und Tonübertragung zulässig ist, kann für die Anhörung nach § 34 nichts anderes gelten. Denn der Gesetzgeber unterließ bewusst jegliche Vorgaben dazu, wie die persönliche Anhörung durchzuführen ist.[4] Im Übrigen ergibt sich die Zulässigkeit der persönlichen Anhörung im Wege der Bild- und Tonübertragung auch daraus, dass selbst die persönliche Anhörung durch den **ersuchten Richter** zulässig ist (s. Rz. 16). Denn auch eine solche Anhörung durch das Gericht, das die Entscheidung treffen wird, gewährleistet die Unmittelbarkeit der Wahrnehmung allemal stärker als die Lektüre des von einem Dritten verfassten Protokolls.[5] Des **Einverständnisses der anderen Beteiligten** bedarf es im Gegensatz zur mündlichen Erörterung nicht, ebenso wenig eines **Antrags** des Anzuhörenden. Das Gericht hat von sich aus die sachdienlichste Möglichkeit der persönlichen Anhörung auszuwählen und dabei auch eventuelle Übertragungsverluste bei einer Anhörung durch den ersuchten Richter bzw. gar ernsthafte gesundheitliche Gefahren des Anzuhörenden bei seiner Verbringung in die Gerichtsstelle abzuwägen. Kommt es auf einen unmittelbaren Eindruck vom Beteiligten an, wird sich das Gericht auch der Mühe einer längeren Reise zum Aufenthaltsort des Anzuhörenden unterziehen müssen. Die Durchführung der Anhörung bzw. der Beweisaufnahme im Wege der Bild- und Tonübertragung ist den Beteiligten vorab bekannt zu geben, damit sie sich hierauf einstellen können. Derjenige, der außerhalb der Gerichtsstelle angehört bzw. vernommen wird, ist dorthin zu laden. Auf die Folgen eines **Ausbleibens am Ort der Anhörung im Wege der Bild- und Tonübertragung** ist der Anzuhörende nach § 34 Abs. 3 Satz 2 hinzuweisen. Die Anforderungen an die Bild- und Tonübertragung entsprechen derjenigen nach § 32 Abs. 3, insbesondere muss die **Wechselseitigkeit** gewährleistet sein (vgl. § 32 Rz. 32). Die **Dokumentation** der Anhörung bzw. Vernehmung erfolgt wie bei einer Sitzung im Gerichtssaal oder an einem anderen Ort (vgl. Rz. 20). Die **Aufzeichnung** zwecks späterer nochmaliger Auswertung dürfte auch hier jedenfalls aus persönlichkeitsrechtlichen und datenschutzrechtlichen Belangen unzulässig sein. Darüber hinaus darf sich das Gericht auch keine weiteren Erkenntnisquellen in Form von Aufzeichnungen erschließen, die den Beteiligten nicht ohne weiteres zur Verfügung stehen (vgl. § 32 Rz. 13 und 33).

b) Terminsbestimmung

14 Das Gericht hat einen geeigneten Termin für die persönliche Anhörung zu bestimmen. IdR wird dieser in die übliche Arbeitszeit fallen und schon deshalb dem Anzu-

---

1 BT-Drucks. 16/6308, S. 192; ähnlich *Bumiller*/Harders, § 34 FamFG Rz. 1.
2 BGH v. 17.10.2012 – XII ZB 181/12, FamRZ 2013, 31 (32); Keidel/*Kayser*, 15. Aufl., § 68 FGG Rz. 7.
3 BT-Drucks. 16/6308, S. 192.
4 BT-Drucks. 16/6308, S. 192.
5 *Schultzky*, NJW 2003, 313 (316); Musielak/*Stadler*, § 128a ZPO Rz. 8.

hörenden zumutbar sein. Eine **Vorankündigung** ist jedenfalls in den Fällen geboten, in denen keine besondere Eilbedürftigkeit gegeben ist. Dies ergibt sich auch aus § 34 Abs. 3 Satz 2, da der Anzuhörende auf die Folgen seines Ausbleibens hingewiesen werden soll. Dies wird regelmäßig bereits in der Terminsbestimmung erfolgen (vgl. Rz. 32). Zudem muss der Beteiligte den **Gegenstand der Anhörung** kennen, um sich hierauf vorbereiten und wirksam rechtliches Gehör verschaffen zu können.[1] Der Termin muss aber **nicht förmlich oder gar durch Beschluss festgesetzt** werden. Dies würde dem Zweck der persönlichen Anhörung uU sogar zuwiderlaufen, wenn der Anzuhörende etwa unter Krankheitsschüben leidet und bei kurzfristiger Terminierung eine bessere Ansprechbarkeit gewährleistet ist.[2] Die persönliche Anhörung hat grundsätzlich **vor der Entscheidung** stattzufinden,[3] in Betreuungssachen nach Auffassung des BVerfG sogar vor Erstellung des medizinischen Gutachtens.[4] Eine **Nachholung** dürfte jetzt aber die verfahrensfehlerhafte Unterlassung heilen,[5] da das erstinstanzliche Gericht seine Entscheidung im Nichtabhilfeverfahren nochmals zu überprüfen hat und hierbei die Erkenntnisse einer nachgeholten Anhörung berücksichtigen kann.

c) Anwesenheit von Anzuhörendem, Gericht, anderen Beteiligten und Dritten

aa) Anzuhörender

Aus dem Wortlaut des § 34, namentlich dem Begriff der „persönlichen" Anhörung geht nur hervor, dass der **Anzuhörende selbst zugegen** sein muss. Die Anhörung seines Verfahrensbevollmächtigten, seines gesetzlichen Vertreters, Betreuers oder Verfahrenspflegers wäre deshalb nicht ausreichend. Auch eine telefonische oder gar schriftliche Möglichkeit zur Stellungnahme ist keine persönliche Anhörung.[6]

bb) Gericht

Hingegen folgt aus dem Begriff der persönlichen Anhörung nicht zwingend, dass auch die Gerichtspersonen, die die Entscheidung treffen, persönlich zugegen sein müssen. Der Begriff der persönlichen Anhörung betrifft nur die Person des Anzuhörenden. Dies zeigen die Vorschriften, die die Übertragung der persönlichen Anhörung auf den **ersuchten Richter** ausdrücklich regeln bzw. ausschließen, wie etwa §§ 68 Abs. 1 Satz 4 und 69d Abs. 3 Satz 2 FGG aF oder nunmehr §§ 278 Abs. 3, 319 Abs. 4. Demnach setzte die persönliche Anhörung nicht voraus, dass auch die Gerichtspersonen persönlich anwesend sind, die später die Entscheidung unterzeichnen. Außerhalb spezieller Regelungen wie §§ 278 Abs. 1 und 3, 319 Abs. 1 und 4, wonach sich das Gericht einen persönlichen Eindruck verschaffen muss, kann die Anhörung daher grundsätzlich auch durch den ersuchten Richter vorgenommen werden.[7] Dass der Gesetzgeber hieran etwas ändern wollte, ist nicht ersichtlich. Allerdings kann die Anhörung durch den ersuchten Richter gleichwohl verfahrensfehlerhaft sein, wenn es etwa auf einen persönlichen Eindruck der Gerichtsperson für die Entscheidung ankommt. Die Anhörung kann aber keinem Richter einer Zweigstelle des Gerichts überlassen werden, da diese nichts anderes als ein unselbständiger Teil des Hauptgerichts ist und somit nicht der ersuchte, sondern ein unzuständiger Richter tätig

---

1 OLG Frankfurt v. 5.7.1984 – 20 W 169/84, NJW 1985, 1294.
2 Aus diesen Gründen bedarf es auch keiner entsprechenden Anwendung des auf die gänzlich andere Situation des Termins zur Erörterung zugeschnittenen § 33 Abs. 2 (so aber Keidel/*Meyer-Holz*, § 34 FamFG Rz. 33), zumal es an einer unbewussten Regelungslücke fehlt. Dies übersieht auch Bork/*Jacoby*/Schwab, 1. Aufl., § 34 FamFG Rz. 11.
3 *Bassenge*/Roth, 11. Aufl., § 12 FGG Rz. 25.
4 BVerfG v. 7.12.2010 – 1 BvR 2157/10, FamRZ 2011, 272.
5 Vgl. schon zum früheren Recht BayObLG v. 18.1.1980 – BReg 3 Z 3/80, BayObLGZ 1980, 15 (18f.); allgemein zur Heilung im Beschwerderechtszug s. § 32 Rz. 12.
6 *Bassenge*/Roth, 11. Aufl., § 12 FGG Rz. 25; im Ergebnis ebenso Zöller/*Feskorn*, § 34 FamFG Rz. 4.
7 BayObLG v. 13.5.1993 – 3 Z BR 156/92, BayObLGZ 1993, 226 (228); OLG Schleswig v. 22.3.1995 – 2 W 14/95, FGPrax 1995, 114 (auch zu den Grenzen dieser Möglichkeit); Keidel/*Meyer-Holz*, § 34 FamFG Rz. 38.

würde.[1] Hingegen führt ein **Dezernatswechsel** nicht dazu, dass die Anhörung wiederholt werden müsste.[2] Das Gericht hat das erforderliche Hilfspersonal hinzuzuziehen, um die Anhörung des Beteiligten effektiv zu gestalten. Bei fremdsprachigen Beteiligten ist ein Dolmetscher hinzuzuziehen.[3] In Zweifelsfällen hat es sich zu vergewissern, dass Dolmetscher und Beteiligter in derselben Sprache kommunizieren; die bloße Feststellung, dass Kommunikation zwischen beiden stattfand, genügt nicht.[4] Von der Erhebung der Kosten des Dolmetschers ist regelmäßig abzusehen.[5]

17 Für die Durchführung der Anhörung durch den **beauftragten Richter** fehlt zwar eine Vorschrift wie § 30 Abs. 1 zur Beweisaufnahme, die auf die ZPO und somit auf §§ 372 Abs. 2, 375, 402, 451, 479 ZPO verweist. Wenn die Anhörung aber sogar von einem nicht dem Spruchkörper angehörenden Richter durchgeführt werden kann, wäre es kaum zu begründen, ihre Durchführung durch den beauftragten Richter auszuschließen. Dies gilt umso mehr, als auch ein Richterwechsel nicht unbedingt eine erneute Anhörung erfordert. In der bisherigen obergerichtlichen Rechtsprechung wurde die Vornahme einzelner Verfahrenshandlungen durch den beauftragten Richter daher auch ohne ausdrückliche gesetzliche Grundlage als zulässig angesehen.[6] Dass der Gesetzgeber hieran etwas ändern wollte, ist nicht ersichtlich. Allerdings kann die Besonderheit der Sache die Anhörung durch alle Mitglieder des Kollegiums erfordern. Stützt das Gericht seine Entscheidung zugunsten eines Beteiligten auf den persönlichen Eindruck, den es aus der Anhörung durch den gesamten Spruchkörper gewonnen hat, muss es auch den oder die anderen Beteiligten in voller Besetzung anhören.[7] Gleiches gilt, wenn es aus anderen Gründen auf den persönlichen Eindruck vom Anzuhörenden ankommt. Diesen kann der beauftragte Richter nicht vermitteln.[8] Denkbar ist in der Beschwerdeinstanz ferner die Übertragung der Sache insgesamt auf den **Einzelrichter** nach § 68 Abs. 4 FamFG iVm. § 526 ZPO.

cc) **Andere Beteiligte**

18 Dazu, ob die weiteren Beteiligten an der persönlichen Anhörung teilnehmen können oder müssen, äußert sich § 34 nicht. Daraus folgt, dass **weder ihre Teilnahme noch ihr Ausschluss von der Anhörung per se als Verfahrensfehler anzusehen** ist.[9] Hier gelten dieselben Grundsätze wie für die Wahl des Ortes zur Durchführung der persönlichen Anhörung: Würde sich der Anzuhörende in Gegenwart weiterer Beteiligter nicht so frei äußern wie in ihrer Abwesenheit, wird auch deren Teilnahme fehlerhaft sein. In **Gewaltschutzsachen** ist die getrennte Anhörung der Beteiligten regelmäßig geboten, wenn davon auszugehen ist, dass die Anwesenheit des gewalttätigen Familienangehörigen einschüchternde Wirkung ausübt.[10] Jedenfalls werden in diesem Falle Schutzmaßnahmen zugunsten desjenigen anzuordnen sein, der Repressalien eines anderen zu befürchten hat.[11] Auch ansonsten ist bei der Zulassung weiterer

---

1 BayObLG v. 18.1.1980 – BReg 3 Z 3/80, BayObLGZ 1980, 15 (19).
2 *Bassenge*/Roth, § 12 FGG Rz. 25.
3 Vgl. BGH v. 4.3.2010 – V ZB 184/09, FGPrax 2010, 152 (154).
4 BGH v. 4.3.2010 – V ZB 184/09, FGPrax 2010, 152 (153).
5 BGH v. 4.3.2010 – V ZB 222/09, FGPrax 2010, 154 (156).
6 BayObLG v. 21.7.1980 – BReg 1 Z 56/80, BayObLGZ 1980, 215 (221); BayObLG v. 11.9.1981 – BReg 3 Z 65/81, BayObLGZ 1981, 306 (311); BayObLG v. 13.5.1993 – 3 BR 156/92, BayObLGZ 1993, 226 (228); ähnlich OLG Köln v. 25.10.1976 – 16 Wx 113/76, NJW 1977, 202; OLG Frankfurt v. 30.1.1998 – 2 W 281/97, NJW-RR 1998, 937 (938).
7 BGH v. 4.3.2010 – V ZB 184/09, FGPrax 2010, 152 (153 f.); BGH v. 17.6.2010 – V ZB 3/10, FGPrax 2010, 261; BGH v. 2.3.2011 – XII ZB 346/10, FamRZ 2011, 805 (806); BGH v. 27.7.2011 – XII ZB 118/11, FamRZ 2011, 1577 (1578).
8 BayObLG v. 18.12.1986 – 3 Z 156/86, FamRZ 1987, 412 (413); BayObLG v. 30.7.1996 – 3 Z BR 149/96, NJW-RR 1997, 69 (70); ähnlich OLG Frankfurt v. 30.1.1998 – 2 W 281/97, NJW-RR 1998, 937 (938).
9 Restriktiver BT-Drucks. 16/6308, S. 192, wonach lediglich die Anwesenheit des anzuhörenden Beteiligten geboten sein soll, wenn ausschließlich sein Anspruch auf rechtliches Gehör betroffen ist; ebenso Bassenge/Roth/*Gottwald*, § 34 FamFG Rz. 5.
10 BT-Drucks. 16/6308, S. 192; *Bumiller*/Harders, § 34 FamFG Rz. 1; Keidel/*Meyer-Holz*, § 34 FamFG Rz. 35.
11 BT-Drucks. 16/6308, S. 192.

Beteiligter zur persönlichen Anhörung Zurückhaltung angezeigt, insbesondere bei **Minderjährigen**.[1] Die Anhörung in ihrer Abwesenheit ist jedenfalls dann geboten, wenn sie ausschließlich dazu dient, das rechtliche Gehör des Anzuhörenden zu gewährleisten.[2] Allerdings sind die anderen Beteiligten nach § 37 Abs. 2 über das Ergebnis der Anhörung zu unterrichten, wenn das Gericht seine Entscheidung hierauf stützen will.[3] Der Anzuhörende kann die Anwesenheit der anderen Beteiligten dann nicht verhindern, wenn seine Anhörung nicht nur der Wahrung eigener Belange, sondern **der Sachaufklärung dient**. Dies gilt insbesondere dann, wenn auch die rechtlichen Interessen der anderen Beteiligten betroffen sind, vor allem in echten Streitverfahren. Das Gericht sollte die persönliche Anhörung in diesen Fällen mit einem Termin nach § 32 verbinden und ggf. das persönliche Erscheinen des Anzuhörenden nach § 33 anordnen.

dd) Dritte

Anders als frühere Spezialregelungen zur Durchführung der persönlichen Anhörung (etwa § 68 Abs. 4 Satz 2, 3 FGG aF) trifft § 34 keine Regelung zur **Anwesenheit Dritter**. Wie die Anwesenheit weiterer Beteiligter ist die Hinzuziehung Dritter oder die Unterlassung einer solchen für sich genommen nicht fehlerhaft. Die Hinzuziehung kann sogar geboten sein, um den Zweck der persönlichen Anhörung überhaupt erst zu erreichen, wenn der Anzuhörende etwa des psychischen Beistands eines **Familienangehörigen** bedarf, um sich zu äußern. Auch wenn § 34 keinen allgemeinen Anspruch auf Hinzuziehung einer **Vertrauensperson** normiert (wie früher etwa § 68 Abs. 4 Satz 2 FGG aF), wird das Übergehen eines entsprechenden Wunsches jedenfalls dann als Verfahrensfehler anzusehen sein, wenn diese den Gang der Anhörung nicht gestört hätte und der Anzuhörende in Abwesenheit der Vertrauensperson seine Position weniger gut darlegen konnte. Bei **Minderjährigen** wird die Hinzuziehung des gesetzlichen Vertreters regelmäßig von Amts wegen zu prüfen sein. Ist wegen Interessengegensatzes ein Verfahrenspfleger bestellt, muss dieser idR zur persönlichen Anhörung hinzugezogen werden.[4] Auf der Hinzuziehung seines **Verfahrensbevollmächtigten** kann der Anzuhörende in aller Regel bestehen.[5] Seine Anwesenheit ohne vorherige Ladung ist kein Fehler, wenn er sich erst in der Anhörung zum Verfahrensbevollmächtigten bestellt.[6] Umgekehrt kann auch aus Sicht des Gerichts die Hinzuziehung Dritter wünschenswert sein. Dies gilt insbesondere für **medizinisches Personal**, dessen Anwesenheit sinnvoll sein kann, auch wenn es nicht förmlich zum Sachverständigen bestellt ist.[7] Oftmals kann erst der behandelnde Arzt der insoweit unkundigen Gerichtsperson bestimmte Verhaltensweisen eines kranken Beteiligten erklären. Umgekehrt kann die Hinzuziehung eines Dritten aus denselben Gründen, die für weitere Beteiligte gelten, fehlerhaft sein, wenn sie die Bereitschaft des Beteiligten herabsetzt, sich zu äußern. Dass in der nicht öffentlichen Anhörung **Außenstehende** – etwa medizinisches Hilfspersonal oder Reinigungspersonal – vor deren Beginn des Saales zu verweisen sind, versteht sich von selbst. Soll die persönliche Anhörung nur das rechtliche Gehör des Anzuhörenden gewährleisten, sind aus § 34 Abs. 3 weitere Einschränkungen herzuleiten. Kann der Betroffene sogar die Anhörung insgesamt verweigern, so kann er erst recht die Anhörung unter bestimmten, ihm missfallenden Umständen, etwa in **Gegenwart einer ihm nicht zusagenden Person ablehnen**. Allerdings kann das nach § 34 Abs. 3 Satz 1 die Entscheidung ohne vorherige Anhörung zur Folge haben, wenn die Ablehnung, bestimmte Personen zuzu-

19

---

1 OLG Köln v. 16.10.1964 – 1 Wx 125/64, OLGZ 1965, 134 (135).
2 BT-Drucks. 16/6308, S. 192; Keidel/*Meyer-Holz*, § 34 FamFG Rz. 35.
3 BT-Drucks. 16/6308, S. 192; *Bumiller*/Harders, § 34 FamFG Rz. 1; Bassenge/Roth/*Gottwald*, § 34 FamFG Rz. 5; Bork/*Jacoby*/Schwab, 1. Aufl., § 34 FamFG Rz. 12; Zöller/*Feskorn*, § 34 FamFG Rz. 4.
4 BGH v. 28.4.2010 – XII ZB 81/09, FGPrax 2010, 184 (187f.).
5 OLG Köln v. 16.10.1964 – 1 Wx 125/64, OLGZ 1965, 134 (135) auch zu Ausnahmen von diesem Grundsatz; BayObLG v. 18.1.1980 – BReg 3 Z 3/80, BayObLGZ 1980, 15 (18f.) = Rpfleger 1980, 148; vgl. § 159 Abs. 4 Satz 2.
6 BGH v. 4.3.2010 – V ZB 222/09, FGPrax 2010, 154 (156).
7 Vgl. OLG Frankfurt v. 16.1.1981 – 20 W 810/80, OLGZ 1981, 135 (136).

lassen, den Erkenntniswert der Anhörung in Frage stellt. Dies kann etwa dann der Fall sein, wenn es medizinischen Sachverstands bedarf, um die Äußerungen des Beteiligten richtig einzuordnen. Das Gericht kann aber, wenn die Ablehnung der Anwesenheit bestimmter Dritter nach den Maßstäben des § 6 nachvollziehbar erscheint, gehalten sein, eine andere Person hinzuzuziehen, deren Gegenwart der Beteiligte akzeptiert.

d) Dokumentation des Anhörungsergebnisses

20   Ähnlich wie die Ergebnisse der Erörterung müssen auch diejenigen der persönlichen Anhörung nicht in einer förmlichen Niederschrift festgehalten werden.[1] Das Gericht kann sich nach § 28 Abs. 4 mit einem **Vermerk** begnügen. Eine Mitteilung zum Gang der Anhörung nur in den **Entscheidungsgründen** genügt allerdings im Gegensatz zum früheren Recht[2] nach § 28 Abs. 4 nicht mehr.[3] Das Rechtsmittelgericht muss aus dem Vermerk erkennen können, dass eine persönliche Anhörung stattfand[4] und was der Anzuhörende dabei geäußert hat. Dem Vermerk müssen der Verlauf und der **wesentliche Inhalt der Anhörung** zu entnehmen sein.[5] Dies bedeutet bei der persönlichen Anhörung, dass jedenfalls in groben Zügen erkennbar sein muss, was der Beteiligte geäußert hat.[6] Darüber hinaus müssen weitere für die Entscheidung bedeutsame Umstände festgehalten sein, etwa Feststellungen zum Pflegezustand von Kindern, wenn Maßnahmen nach § 1666 BGB zur Diskussion stehen.[7] Es genügt nicht, wenn das Ergebnis der Anhörung, Schlussfolgerungen des Gerichts und rechtliche Würdigung untrennbar miteinander vermengt sind. Die Ergebnisse der Anhörung durch einen **beauftragten oder ersuchten Richter** konnten schon nach früherem Recht nicht erst in der Entscheidung mitgeteilt werden; dieser hat stets ein Protokoll aufzunehmen.[8]

II. Absehen von einer persönlichen Anhörung (Absatz 2)

1. Erhebliche Nachteile für die Gesundheit des Betroffenen

a) Sinn der Regelung

21   Da die persönliche Anhörung nach § 34 dem Anzuhörenden zugutekommen soll, dessen rechtliches Gehör hierdurch gewahrt werden soll, darf sie dann nicht durchgeführt werden, wenn sie **höherrangige Rechte des Beteiligten**, namentlich seine Gesundheit gefährdet. Diese Selbstverständlichkeit kodifiziert § 34 Abs. 2, 1. Alt., wobei die Voraussetzungen dieser Vorschrift nicht nur inhaltlich an § 69d Abs. 1 Satz 3 FGG aF angelehnt sind,[9] sondern wörtlich mit ihr übereinstimmen. Dies ist insoweit von Bedeutung, als sich § 69d Abs. 1 Satz 3 FGG aF seinerseits an § 68 Abs. 2 Nr. 1 FGG aF anlehnte, aber erhebliche **Erleichterungen bei der Feststellung der Gesundheitsgefährdung** vorsah. Sofern **Spezialregelungen** wie §§ 278 Abs. 4, 319 Abs. 3 strengere Voraussetzungen für das Absehen von einer persönlichen Anhörung vorsehen, sind diese vorrangig.[10] Dies gilt auch bei weiteren Gründen für das Absehen von einer persönlichen Anhörung wie etwa der Infektion des Betroffenen mit einer übertragbaren Krankheit nach § 420 Abs. 2. Liegen die Voraussetzungen des § 34 Abs. 2 vor, ist dem Betroffenen ein **Verfahrenspfleger** zu bestellen, der seine Rechte wahrnimmt.[11] Die

---

1 OLG Hamm v. 3.4.1968 – 15 W 69/68, OLGZ 1968, 349; implizit auch Keidel/*Meyer-Holz*, § 34 FamFG Rz. 35.
2 S. hierzu OLG Hamm v. 3.4.1968 – 15 W 69/68, OLGZ 1968, 349 (350).
3 So schon zum alten Recht OLG Karlsruhe v. 27.12.1995 – 2 UF 317/95, NJW-RR 1996, 771.
4 OLG Stuttgart v. 28.5.1975 – 8 W 123, 152/75, FamRZ 1976, 34 (35).
5 *Diekmann*, BtPrax 2009, 149 (150); vgl. schon zur früheren Praxis OLG Hamm v. 3.4.1968 – 15 W 69/68, OLGZ 1968, 349 (350); OLG Karlsruhe v. 27.12.1995 – 2 UF 317/95, NJW-RR 1996, 771.
6 BayObLG v. 7.12.1993 – 1 Z BR 99/93 u. 114/93, NJW-RR 1994, 1225 (1227).
7 BayObLG v. 7.12.1993 – 1 Z BR 99/93 u. 114/93, NJW-RR 1994, 1225 (1227).
8 Ebenso jetzt Keidel/*Meyer-Holz*, § 34 FamFG Rz. 38 iVm § 33 Rz. 13.
9 Hierzu BT-Drucks. 16/6308, S. 192.
10 BT-Drucks. 16/6308, S. 192; Bassenge/Roth/*Gottwald*, § 34 FamFG Rz. 9.
11 BayObLG v. 14.12.1990 – BReg 3 Z 163/89, FamRZ 1990, 542 (543).

Gründe für das Absehen von der persönlichen Anhörung sind von Amts wegen zu ermitteln (§ 26).[1] Sie müssen für das Rechtsmittelgericht nachvollziehbar sein, was aber wohl jedenfalls in erster Instanz nicht zwingend in der Entscheidung begründet werden muss.[2] Ist etwa einem Vermerk über den Anhörungsvermerk zu entnehmen, dass der Beteiligte dauerhaft nicht in der Lage war, seinen Willen kundzutun, wäre es formalistisch, dessen Wiederholung in der Entscheidung zu verlangen. Zur Sicherheit sollte das Gericht aber hierauf Bezug nehmen.

b) Voraussetzungen

Das Absehen von einer persönlichen Anhörung des Beteiligten nach § 34 Abs. 2, 1. Alt. setzt voraus, dass „erhebliche Nachteile für seine Gesundheit zu besorgen sind". Bloß **vorübergehende Beeinträchtigungen** wie Erregungszustände genügen also nicht.[3] Eventuell kann in diesen Fällen sogar der Abbruch einer Anhörung und die Bestimmung eines neuen Termins geboten sein.[4] Erhebliche Nachteile liegen auch dann nicht vor, wenn man einer Gesundheitsgefährdung durch medikamentöse oder sonstige ärztliche Behandlung mit hinreichender Sicherheit vorbeugen kann.[5] Eine beachtliche Gefährdung ist immer dann anzunehmen, wenn **irreversible oder gar lebensbedrohliche Schädigungen** zu befürchten sind.[6] Diese Schwelle ist also recht hoch angesetzt, was nicht ohne Auswirkungen auf die Darlegung ihrer Merkmale durch das Gericht bleiben kann. Will es unter Berufung auf § 34 Abs. 2 1. Alt. von einer persönlichen Anhörung absehen, muss es die Gefahr einer solchen irreversiblen oder gar lebensbedrohlichen Schädigung durch die persönliche Anhörung nachvollziehbar darlegen.

c) „Besorgnis" der Gesundheitsgefährdung

Die Annahme des Eintritts der erheblichen Gesundheitsgefährdung erfordert eine Prognose. Die Anforderungen hieran hat der Gesetzgeber in Anlehnung an § 69d Abs. 1 Satz 3 FGG aF deutlich weniger streng ausgestaltet als in deren Vorbildnorm (§ 68 Abs. 2 Nr. 1 FGG aF). So bedarf es **keines ärztlichen Gutachtens**, da dies nach § 34 Abs. 2, anders als früher in § 68 Abs. 2 Nr. 1 FGG aF, nicht gefordert wird. **Spezialgesetzliche Vorschriften** wie etwa § 278 Abs. 4 können allerdings strengere Anforderungen vorsehen. Da das Gericht aber naturgemäß mangels Sachkunde selbst nicht in der Lage ist, die gesundheitlichen Folgen einer persönlichen Anhörung abzuschätzen, muss es gleichwohl fachkundigen Rat einholen. Es genügt insoweit die **Auskunft des behandelnden Arztes** der medizinischen Einrichtung, in der der Beteiligte untergebracht ist, anderenfalls auch des Hausarztes, sofern keine greifbaren Anhaltspunkte gegen diese Einschätzung sprechen. Auf deren medizinische Einschätzung darf sich das Gericht verlassen, ohne ein medizinisches Gutachten einzuholen. Allerdings darf er sich ähnlich wie bei der Beurteilung der Verhandlungsfähigkeit nicht mit pauschalen Attesten begnügen. Sind diese nicht hinreichend aussagekräftig, hat es bei ihren Erstellern weitere Erkundigungen anzustellen. Der ärztlichen Stellungnahme muss zu entnehmen sein, dass bei einer persönlichen Anhörung nicht nur vorübergehende Beeinträchtigungen drohen, sondern irreversible oder gar lebensbedrohende Schäden, denen durch medikamentöse oder sonstige Behandlung nicht sicher vorzubeugen ist.

2. Offensichtliche Unfähigkeit, den eigenen Willen kundzutun

a) Unfähigkeit der Willenskundgabe

Die persönliche Anhörung kann des Weiteren nach § 34 Abs. 2, 2. Alt. dann unterbleiben, wenn der Anzuhörende nicht in der Lage ist, seinen Willen kundzutun. Diese

---
1 Keidel/*Meyer-Holz*, § 34 FamFG Rz. 40.
2 So aber Keidel/*Meyer-Holz*, § 34 FamFG Rz. 40.
3 Keidel/*Meyer-Holz*, § 34 FamFG Rz. 41.
4 Keidel/*Meyer-Holz*, § 34 FamFG Rz. 37.
5 Vgl. schon zum alten Recht Keidel/*Kayser*, 15. Aufl., § 68 FGG Rz. 13.
6 Vgl. schon zum alten Recht Keidel/*Kayser*, 15. Aufl., § 68 FGG Rz. 13.

Voraussetzung ist nicht schon dann erfüllt, wenn der Anzuhörende etwa krankheitsbedingt voraussichtlich nichts Erhebliches kundtun wird. Das Gericht hat sich nach dem Willen des Gesetzgebers auch dann der Mühe einer persönlichen Anhörung zu unterziehen, wenn der Anzuhörende – aus welchen Gründen auch immer – intellektuell wenig adäquat auf das Verfahren zu reagieren vermag. Selbst dann sind bei der gebotenen Einfühlung noch Willenskundgebungen zu bestimmten Maßnahmen verständlich. In keinem Falle berechtigt daher die Geschäfts- bzw. Verfahrensunfähigkeit zum Verzicht auf die persönliche Anhörung. Insoweit kommt es nur darauf an, ob der Anzuhörende einen **natürlichen Willen** bilden und kundtun kann. Eine Unfähigkeit hierzu wird nur in den Fällen zu bejahen sein, in denen der Anzuhörende **keinerlei Willensäußerung** mehr von sich geben kann, was etwa bei Koma-Patienten oder sonstigen schwer hirngeschädigten Patienten angenommen werden kann.

b) Offensichtlichkeit

25 Die Offensichtlichkeit der Unfähigkeit, einen Willen zu äußern, muss **nicht durch eine zu diesem Zweck durchgeführte medizinische Begutachtung** feststehen. Im Gegensatz zu § 68 Abs. 2 Nr. 2 FGG aF verlangte § 69d Abs. 1 Satz 3 FGG aF und dem folgend § 34 Abs. 2, 2. Alt. auch nicht die **Offensichtlichkeit** aufgrund unmittelbaren Eindrucks des Gerichts. Dieses darf sich vielmehr insoweit auf die Diagnose der behandelnden Ärzte verlassen. Allerdings darf das Gericht sich ähnlich wie bei der Besorgnis erheblicher gesundheitlicher Nachteile nicht mit pauschalen Angaben begnügen. Sind diese nicht hinreichend aussagekräftig, hat es weitere Erkundigungen anzustellen. Der ärztlichen Stellungnahme muss zu entnehmen sein, dass der Anzuhörende etwa aufgrund seines komatösen Zustandes, aufgrund einer Hirnschädigung oÄ keine Willensäußerung mehr von sich geben kann. Auf eine solche Stellungnahme darf sich das Gericht dann aber verlassen, sofern keine entgegenstehenden Anhaltspunkte vorliegen. Die Unfähigkeit zur Willenskundgabe kann auch aufgrund **früherer Anhörungsversuche, Gutachten** oÄ gegeben sein, soweit keine Änderung in den tatsächlichen Verhältnissen eingetreten ist.[1] Für Betreuungs- und Unterbringungssachen gelten weiter gehende Anforderungen (§§ 278 Abs. 4, 319 Abs. 3).[2]

c) Sonstige Gründe

26 Weitere Gründe für ein Absehen von der persönlichen Anhörung erkennt § 34 Abs. 2 im Gegensatz zum früheren Recht (vgl. etwa § 50b Abs. 3 Satz 1 FGG aF)[3] nicht an, obwohl sie ohne weiteres in Betracht kommen, wie insbesondere ein unbekannter Aufenthalt des Anzuhörenden.[4] Es bleibt abzuwarten, ob die Gerichte einen faktischen Stillstand des Verfahrens durch eine analoge Anwendung von § 34 Abs. 2, 2. Alt. vermeiden. Dies wäre nahe liegend, da der Anzuhörende in diesen Fällen ähnlich wie ein aus gesundheitlichen Gründen nicht anzusprechender Beteiligter nicht in der Lage ist, seinen Willen kundzutun.

III. Ausbleiben des Beteiligten (Absatz 3)

1. Bedeutung der Regelung

27 Die Vorschrift regelt Voraussetzungen und Folgen des Ausbleibens in der persönlichen Anhörung. Sie konkretisiert das Gebot der Mitwirkung bei der Sachaufklärung in § 27 für den speziellen Fall der Anhörung nach § 34. Danach kann die persönliche Anhörung nicht erzwungen, der Abschluss des Verfahrens durch die fehlende Mitwirkung aber auch nicht dauerhaft verhindert werden. § 34 Abs. 3 regelt nur die Konstellation, in der die persönliche Anhörung **ausschließlich dazu dient, das rechtliche Gehör des Anzuhörenden sicherzustellen**. Dient das persönliche Erscheinen auch der

---

[1] *Bassenge*/Roth, 11. Aufl., § 69d FGG Rz. 4.
[2] BT-Drucks. 16/6308, S. 192; vgl. zu Unterbringungsverfahren bei Kindern und Jugendlichen *Grabow*, FPR 2011, 550 (552).
[3] Vgl. hierzu etwa BayObLG v. 8.5.1980 – BReg 3 Z 37/80, BayObLGZ 1980, 138 (140).
[4] BayObLG v. 13.5.1987 – BReg 1 Z 57/86, FamRZ 1987, 1080 (1081); weitergehend, auch beim Verzicht der Beteiligten auf eine Anhörung Bork/*Jacoby*/Schwab, 1. Aufl., § 34 FamFG Rz. 6.

Sachverhaltsaufklärung, kann das Erscheinen eines Beteiligten nach § 33 erzwungen werden.[1] § 34 Abs. 3 ist darüber hinaus nicht anwendbar, wenn **Spezialvorschriften** an das Ausbleiben des Anzuhörenden andere Rechtsfolgen knüpfen, wenn er etwa vorgeführt werden kann (vgl. § 278 Abs. 5).

2. Unentschuldigtes Ausbleiben

a) Ausbleiben

aa) Körperliche Abwesenheit

Ausdrücklich gesetzlich geregelt ist nur der Fall, dass der Anzuhörende im anberaumten Anhörungstermin ausbleibt. Dies ist ein rein tatsächlicher Vorgang, der die **physische Abwesenheit** des Anzuhörenden erfordert. Allein das „Nichtverhandeln", also das Erscheinen ohne Abgabe einer Stellungnahme, genügt, anders als im Zivilprozess (§ 333 ZPO), nicht. In diesem Fall liegt kein unentschuldigtes Ausbleiben iSd. § 34 Abs. 3 Satz 1 vor. Das Gericht kann aber seinen persönlichen Eindruck bei der Entscheidungsfindung berücksichtigen,[2] also etwa Umstände, die darauf hindeuten, dass der Beteiligte an ihn gerichtete Fragen verstanden hat. Der Beteiligte seinerseits kann sich dann nicht darauf berufen, dass die Voraussetzungen des § 34 Abs. 3 Satz 1 nicht vorgelegen hätten, und die Durchführung einer Anhörung verlangen. Andererseits darf etwa dem untergebrachten oder kranken Beteiligten die Möglichkeit des Nichterscheinens nicht genommen werden, indem man ihn in einem Zimmer aufsucht, in das er sich zurückgezogen hat. Ist das Gericht zugegen, der Beteiligte aber nicht zum Erscheinen in dem vorgesehenen Ort der Anhörung bereit, liegt ein Ausbleiben gem. § 34 Abs. 3 Satz 1 vor.

28

bb) Fehlende Entschuldigung

Das Ausbleiben muss ferner gem. § 34 Abs. 3 Satz 1 unentschuldigt sein, damit die Rechtsfolge der Verfahrensfortsetzung ohne Anhörung eintreten kann. Hier wird man sich an der **Kasuistik zu § 227 Abs. 1 Satz 2 Nr. 1, 2 ZPO** orientieren können. Der Anzuhörende hat sich also in gewissem Umfang auf die bevorstehende persönliche Anhörung, die das Gericht in seinem Interesse vornimmt, einzustellen. Er darf somit den Grund seines Ausbleibens nicht nach Erhalt der Terminsbestimmung selbst herbeiführen, indem er etwa eine Urlaubsreise bucht. Umgekehrt dürfen Unzulänglichkeiten der Gerichtsorganisation nicht zu seinen Lasten gehen. Erhält er etwa die Terminsbestimmung zu kurzfristig, um zuvor noch Rechtsrat einzuholen, darf er ausbleiben, da die rechtliche Beratung auch dem Anzuhörenden zusteht. Entsprechendes gilt für die verspätete Übermittlung uU entscheidungsrelevanter Umstände. Verhinderungsgründe aus der Sphäre des Beteiligten sind beachtlich, wenn sie vor der Terminsbestimmung feststanden und nicht oder nur mit unzumutbarem Aufwand auszuräumen sind. Typisches Beispiel sind die **bereits gebuchte Urlaubsreise** oder **wichtige berufliche Vorgänge** (Prüfungen, Bewerbungsgespräche). Entsprechend sind unvorhersehbare Umstände zu beurteilen, die, wie etwa die schwere Erkrankung oder der Tod von Familienangehörigen, die Teilnahme an der Anhörung verhindern. Unentschuldigt sind stets **von Dritten oder durch höhere Gewalt herbeigeführte Verhinderungsgründe**, auf die der Beteiligte keinen Einfluss hat, etwa ein Streik oder sonstige Umstände, die zum Ausfall öffentlicher Verkehrsmittel führen, oder Wettergeschehen, die Straßen unpassierbar machen.

29

Besondere Bedeutung wird häufig **gesundheitlichen Beeinträchtigungen** zukommen, da die Anzuhörenden etwa in Betreuungs- oder Unterbringungsverfahren regelmäßig gesundheitlich vorgeschädigt sind. Es genügt auch hier, ähnlich wie nach § 227 Abs. 1 Nr. 1, 2 ZPO, nicht jede Unpässlichkeit, insbesondere nicht die in ärztlichen Attesten stereotyp erscheinende **Arbeitsunfähigkeit**. Der Bruch des Unterarms ver-

30

---

1 BT-Drucks. 16/6308, S. 192; ähnlich *Bumiller*/Harders, § 34 FamFG Rz. 5; Bassenge/Roth/*Gottwald*, § 34 FamFG Rz. 11; Zöller/*Feskorn*, § 34 FamFG Rz. 4.
2 Vgl. etwa BayObLG v. 28.6.1971 – BReg 2 Z 79/71, BayObLGZ 1971, 217 (220); BayObLG v. 13.10.1978 – BReg 1 Z 111/78, BayObLGZ 1978, 319 (324).

hindert weder die Teilnahme an einer mündlichen Verhandlung im Zivilprozess noch die Anwesenheit in einer persönlichen Anhörung nach § 34. Gesundheitliche Beeinträchtigungen genügen nur, wenn sie eine ordnungsgemäße Durchführung der persönlichen Anhörung zumindest deutlich erschweren. Dabei sind der Sinn und Zweck der Anhörung zu berücksichtigen. In vielen Fällen wird der Anzuhörende ohnehin gesundheitlich angeschlagen oder gar nach zivilprozessualen Maßstäben verfahrensunfähig sein. Dies allein hindert die Durchführung der Anhörung nicht, da dort gerade auch Behinderte oder intellektuell Minderbegabte zu Wort kommen sollen. Maßgeblich ist vielmehr, ob der Anzuhörende aufgrund einer vorübergehenden gesundheitlichen Beeinträchtigung voraussichtlich deutlich schlechter als im Normalzustand in der Lage sein wird, sich zu äußern.

b) Rechtsfolgen

aa) Entscheidung ohne persönliche Anhörung

31 Die Rechtsfolgen des unentschuldigten Ausbleibens im Termin zu einer persönlichen Anhörung, die ausschließlich dem rechtlichen Gehör des nicht erschienenen Beteiligten dient, sind nunmehr positiv geregelt. Nach § 34 Abs. 3 Satz 1 kann die Entscheidung dann auch ohne seine persönliche Anhörung beendet werden. Ordnungsmittel können somit nicht verhängt werden.[1] Anderes gilt aber, wenn der Termin nicht nur der persönlichen Anhörung, sondern auch der Erörterung nach § 32 dient. Dann kann unter den Voraussetzungen des § 33 Abs. 3 ein Ordnungsgeld verhängt bzw. die Vorführung des Beteiligten angeordnet werden.[2] Mit der Formulierung, dass das Verfahren ohne seine persönliche Anhörung beendet werden „kann", stellt die Vorschrift diese Rechtsfolge in das **Ermessen des Gerichts**. Es ist also nicht gezwungen, von einer Anhörung abzusehen. Vielmehr hat es die für und gegen einen erneuten Versuch sprechenden Umstände gegeneinander abzuwägen.[3] Gegen ein Absehen von der Anhörung kann sprechen, dass das Nichterscheinen erkennbar nur auf einer momentanen Stimmungslage oder einfacher Nachlässigkeit beruht,[4] ebenso ein voraussichtlich erheblicher Erkenntnisgewinn aufgrund der Anhörung. Auch der Umstand, dass sich der Beteiligte bislang noch überhaupt nicht zu den beabsichtigten Maßnahmen äußern konnte, wird zu berücksichtigen sein. Umgekehrt ist in die Abwägung einzubeziehen, wenn bereits beim ersten Anhörungsversuch absehbar ist, dass der Beteiligte auch im zweiten Termin ausbleiben wird. Gleiches gilt, wenn er sich bereits schriftlich geäußert hat oder eine Anhörung aus sonstigen Gründen voraussichtlich wenig Erkenntnisgewinn bringen wird. Das Gericht muss erkennen lassen, dass es diesen Ermessensspielraum bei seiner Entscheidung, von einem weiteren Anhörungsversuch abzusehen, erkannt hat. Denn die Ermessensentscheidung kann noch vom Rechtsbeschwerdegericht nachgeprüft werden. Dies kann noch durch eine kurze **Begründung** in der Endentscheidung geschehen.

bb) Hinweis auf die Rechtsfolgen

32 Das Gericht muss den Anzuhörenden gem. § 34 Abs. 3 Satz 2 auf diese Folge seines Ausbleibens hinweisen. Die Vorschrift macht aber **keine Vorgaben, in welcher Form** dieser Hinweis zu erteilen ist. Er kann bereits vorab in der Terminsbestimmung erfolgen. Dies dürfte auch regelmäßig der sicherste Weg sein, da die Erteilung des Hinweises dann aktenkundig ist. Es empfiehlt sich eine deutliche Hervorhebung, damit im Nachhinein kein Zweifel darüber aufkommen kann, ob der Hinweis auch verständlich und für den Anzuhörenden ohne weiteres wahrnehmbar war. Da § 34 Abs. 3 Satz 2 aber keine bestimmte Form vorschreibt, kann der Anzuhörende auch **noch im Termin** auf die Folgen seiner Weigerung, an der persönlichen Anhörung teilzunehmen,

---

1 Bork/*Jacoby*/Schwab, 1. Aufl., § 34 FamFG Rz. 14; *Reinken*, ZFE 2009, 324 (332).
2 AA, aber ohne Begr. *Bumiller*/Harders, § 34 FamFG Rz. 6.
3 Keidel/*Meyer-Holz*, § 34 Rz. 42.
4 Vgl. OLG Frankfurt v. 5.7.1984 – 20 W 169/84, NJW 1985, 1294 (eine grundsätzliche Verpflichtung zu weiteren Ermittlungen, weshalb der Anzuhörende an der mündlichen Anhörung nicht teilnehmen bzw. sich dort nicht äußern wollte, dürfte aber zu weit gehen).

hingewiesen werden. Dies ist insbesondere dann von praktischer Bedeutung, wenn die Anhörung etwa infolge besonderer Eilbedürftigkeit nicht schriftlich angekündigt wurde und mit einem ablehnenden Verhalten nicht gerechnet werden konnte. In diesem Fall sollte über die Erteilung des Hinweises aber ein **Vermerk** aufgenommen werden, damit die Einhaltung des Verfahrens nach § 34 Abs. 3 Satz 2 aktenkundig ist.

§ 34 Abs. 3 Satz 2 lässt nicht erkennen, welche Folgen die Unterlassung des Hinweises haben soll. Wenn aber selbst die Nichtgewährung rechtlichen Gehörs **kein absoluter Verfahrensfehler** ist, kann für das Unterbleiben eines Hinweises nach § 34 Abs. 3 Satz 2 nichts anderes gelten. Die Nichterteilung des Hinweises nach § 34 Abs. 3 Satz 2 kann also nur dann zur Fehlerhaftigkeit der ohne Anhörung ergehenden Entscheidung führen, wenn diese **auf dem Verfahrensfehler beruht**. Das setzt zum einen voraus, dass der Beteiligte, dessen rechtliches Gehör durch die persönliche Anhörung gewährleistet werden soll, bei ordnungsgemäßer Belehrung über die Folgen seines Ausbleibens erschienen wäre. Zum anderen müsste davon auszugehen sein, dass seine Anhörung dem Gericht wesentliche Erkenntnisse vermittelt hätte, aufgrund derer eine andere Entscheidung zumindest möglich erscheint. Sind hierauf deutende Umstände nicht ersichtlich, kann ein Rechtsmittel, das sich auf diesen Verfahrensfehler stützt, keinen Erfolg haben.

3. Sonstige Weigerung, an der Anhörung teilzunehmen

§ 34 Abs. 3 Satz 1 regelt nur den Fall, dass der Anzuhörende in der bereits anberaumten Anhörung nicht erscheint, sei es aufgrund bewusster Ablehnung oder aufgrund schlichter Nachlässigkeit, wenn der Anzuhörende den Termin etwa vergisst. § 34 Abs. 3 regelt aber nicht den Fall, dass **von vornherein feststeht, dass der Beteiligte die Teilnahme an einer persönlichen Anhörung verweigern wird**, etwa aufgrund entsprechender ernstlicher und endgültiger Ankündigung. In diesen Fällen wird § 34 Abs. 3 entsprechend anzuwenden sein. Denn es wäre ein unnötiger, zudem staatliche Ressourcen verschwendender Formalismus, wollte man verlangen, dass der Richter oder gar der ganze Spruchkörper womöglich eine längere Anreise zu einer persönlichen Anhörung auf sich nimmt, wenn von vornherein feststeht, dass der Anzuhörende nicht zugegen sein wird. Die Weigerung des Anzuhörenden muss allerdings ernsthaft und endgültig sein. Bloße Unmutsäußerungen oÄ genügen nicht, wenn hieraus nicht mit Sicherheit hervorgeht, dass der Beteiligte nicht im Termin zur persönlichen Anhörung erscheinen wird. Die Weigerung setzt allerdings keine Verfahrensfähigkeit voraus; es genügt die Fähigkeit zur Bildung eines **natürlichen, dauerhaften Willens**. Denn auch die Anhörung selbst setzt keine Verfahrensfähigkeit voraus. Steht aber aufgrund der endgültigen Willensbildung des Anzuhörenden fest, dass er zu einem Termin nicht erscheinen wird, so wäre dessen Durchführung sinnlos.

§ 35 *Zwangsmittel*

(1) Ist aufgrund einer gerichtlichen Anordnung die Verpflichtung zur Vornahme oder Unterlassung einer Handlung durchzusetzen, kann das Gericht, sofern ein Gesetz nicht etwas anderes bestimmt, gegen den Verpflichteten durch Beschluss Zwangsgeld festsetzen. Das Gericht kann für den Fall, dass dieses nicht beigetrieben werden kann, Zwangshaft anordnen. Verspricht die Anordnung eines Zwangsgeldes keinen Erfolg, soll das Gericht Zwangshaft anordnen.
(2) Die gerichtliche Entscheidung, die die Verpflichtung zur Vornahme oder Unterlassung einer Handlung anordnet, hat auf die Folgen einer Zuwiderhandlung gegen die Entscheidung hinzuweisen.
(3) Das einzelne Zwangsgeld darf den Betrag von 25 000 Euro nicht übersteigen. Mit der Festsetzung des Zwangsmittels sind dem Verpflichteten zugleich die Kosten dieses Verfahrens aufzuerlegen. Für den Vollzug der Haft gelten § 802g Abs. 1 Satz 2 und Abs. 2, die §§ 802h und 802j Abs. 1 der Zivilprozessordnung entsprechend.
(4) Ist die Verpflichtung zur Herausgabe oder Vorlage einer Sache oder zur Vornahme einer vertretbaren Handlung zu vollstrecken, so kann das Gericht, soweit ein

Gesetz nicht etwas anderes bestimmt, durch Beschluss neben oder anstelle einer Maßnahme nach den Absätzen 1, 2 die in §§ 883, 886, 887 der Zivilprozessordnung vorgesehenen Maßnahmen anordnen. Die §§ 891 und 892 der Zivilprozessordnung gelten entsprechend.
(5) Der Beschluss, durch den Zwangsmaßnahmen angeordnet werden, ist mit der sofortigen Beschwerde in entsprechender Anwendung der §§ 567 bis 572 der Zivilprozessordnung anfechtbar.

A. Überblick 1
B. Inhalt der Vorschrift
   I. Voraussetzungen, Auswahl und Festsetzung eines Zwangsmittels (Absatz 1) 3
   II. Hinweispflicht (Absatz 2) 13
   III. Höhe des Zwangsgeldes, Kosten, Vollzug der Haft (Absatz 3) 14
   IV. Vollstreckung nach der ZPO (Absatz 4) 17
   V. Rechtsmittel (Absatz 5) 19

Literatur: *Cirullies*, Zwangsmittel und Haftbefehl – Die Anordnung von Ersatzzwangshaft, NJW 2013, 203; *Cirullies*, Sanktionsmöglichkeiten im Versorgungsausgleichsverfahren bei fehlender Mitwirkung der Beteiligten, FamRZ 2012, 157; *Cirullies*, Die Vollstreckung von Zwangs- und Ordnungsmitteln, insbesondere in Familiensachen, Rpfleger 2011, 573; *Schulte-Bunert*, Die Vollstreckung von verfahrensleitenden gerichtlichen Anordnungen nach § 35 FamFG, FuR 2009, 125.

A. Überblick

1 § 35 regelt ausschließlich die **Durchsetzung von** gerichtlichen Anordnungen mit vollstreckbarem Inhalt, die verfahrensleitenden Charakter haben (**Zwischenentscheidungen**).[1] Dagegen ist die Vollstreckung verfahrensabschließender Entscheidungen (Endentscheidungen) iSv. § 38 Abs. 1 Satz 1, 58 Abs. 1 in den §§ 86 bis 96a geregelt.

1a **Nicht von § 35 erfasst** sind deshalb die Vollstreckung eA,[2] die Vollstreckung von Vergleichen einschließlich gerichtlich gebilligter Vergleiche iSd. § 156 Abs. 2 (vgl. § 86 Abs. 1 Nr. 2), die Vollstreckung von Kostenfestsetzungsbeschlüssen (§ 85, vgl. § 85 Rz. 6), die Vollstreckung einer Informationsverpflichtung nach § 166 Abs. 3 HGB[3] sowie die Vollstreckung der Einziehung eines unrichtigen Erbscheins nach § 2361 BGB.[4] S. zur Abgrenzung auch § 58 Rz. 7 ff.

1b Auch in **Familienstreitsachen** ist § 35 **nicht anwendbar** (§ 113 Abs. 1), vielmehr richtet sich die Durchsetzung verfahrensleitender Anordnungen in diesen Verfahren entweder nach speziellen Vorschriften (s. etwa zur Erzwingung von Auflagen im Unterhaltsverfahren § 236 Abs. 4 Satz 2) oder über § 113 Abs. 1 nach der ZPO. Für die Vollstreckung von Endentscheidungen gilt § 120. Zur Systematik der Vollstreckung nach dem FamFG s. den Überblick in § 86 Rz. 2b ff.

2 **Spezialbestimmungen** bleiben gem. Abs. 1 Satz 1 unberührt. So richtet sich das Zwangsgeldverfahren in Registersachen und unternehmensrechtlichen Verfahren nach §§ 388 bis 392.[5] Nach §§ 135 Abs. 1 Satz 2, § 156 Abs. 1 Satz 5 sind gerichtliche Auflagen zur außergerichtlichen Streitbeilegung nicht nach § 35 durchsetzbar. Spezialbestimmungen enthalten auch Vorschriften, welche die Durchsetzung von verfahrensleitenden Verfügungen durch **Ordnungsmittel und zwangsweise Vorführung** vorsehen. Entsprechende Regelungen finden sich in § 33 Abs. 3 (Durchsetzung des persönlichen Erscheinens eines Beteiligten), §§ 278 Abs. 5, 319 Abs. 5 (Erzwingung

---

1 BT-Drucks. 16/6308, S. 192 und S. 216 f.
2 So für eA in Gewaltschutzsachen klarstellend OLG Zweibrücken v. 16.3.2010 – 6 WF 55/10, FamRZ 2010, 1369; OLG Celle v. 18.5.2010 – 10 WF 152/10, FamRZ 2010, 1593; die Vollstreckung erfolgt nach §§ 95 Abs. 1 Nr. 4, 96.
3 OLG München v. 9.8.2010 – 31 Wx 2/10, FG-Prax 2010, 307; die Vollstreckung erfolgt nach § 95 Abs. 1 Nr. 3.
4 Vgl. § 353 Rz. 15; Keidel/*Zimmermann*, § 35 FamFG Rz. 3, 9; *Schulte-Bunert*/*Weinreich*, § 35 Rz. 2; Palandt/*Weidlich*, § 2361 BGB Rz. 9: Vollstreckung nach § 95; aA Staudinger/*Herzog*, § 2361 BGB Rz. 33 mwN.
5 BT-Drucks. 16/6308, S. 192.

des persönlichen Erscheinens eines Betreuten oder eines Unterzubringenden), §§ 283 Abs. 1, 322 Erzwingung der Untersuchung eines Betreuten oder eines Unterzubringenden durch einen Sachverständigen), §§ 167a Abs. 3, 178 Abs. 2 FamFG iVm. 390 ZPO (Erzwingung einer Abstammungsuntersuchung), § 30 Abs. 1 FamFG iVm. §§ 142, 378, 380, 390 ZPO (Erzwingung des Erscheinens eines Zeugen und der Vorlage von Urkunden).

B. Inhalt der Vorschrift

I. Voraussetzungen, Auswahl und Festsetzung eines Zwangsmittels (Absatz 1)

Abs. 1 regelt die Durchsetzung einer gerichtlichen Anordnung mit verfahrensleitendem Charakter zur **Vornahme oder Unterlassung einer Handlung**, gleichgültig, ob dies eine vertretbare oder unvertretbare Handlung betrifft (einschließlich der Herausgabe oder Vorlage einer Sache nach Abs. 4). Unerheblich ist auch, in welcher Form die verfahrensleitende Verfügung ergangen ist. § 35 ist auch dann anwendbar, wenn eine verfahrensleitende Verfügung in Form eines Beschlusses ergeht.[1] Dagegen reicht eine sich allein aus dem Gesetz ergebende Regelung (zB die Pflicht zur Ablieferung von Testamenten nach § 2259 Abs. 1 BGB) nicht für die Festsetzung von Zwangsmitteln aus. 3

Die gerichtliche Anordnung muss einen **vollstreckbaren Inhalt** haben. Voraussetzung für die Durchsetzung ist, dass dem Verpflichteten in der gerichtlichen Anordnung ein bestimmtes, ohne weiteres verständliches Verhalten aufgegeben wurde (vgl. dazu § 86 Rz. 7). Fehlt es an der **Bestimmtheit**, ist die gerichtliche Anordnung vor der Durchsetzung zu präzisieren. So ist zB bei der Klärung des Rentenkontos im Rahmen des Versorgungsausgleichsverfahrens in der gerichtlichen Anordnung nach § 220 Abs. 3 im Einzelnen aufzuführen, welche Angaben der Ehegatte zu welchen Fehlzeiten zu erteilen oder welche Belege er vorzulegen hat. Die bloße Auflage, einen Kontenklärungsantrag zu stellen, genügt nicht.[2] Die Bezugnahme auf eine Mitteilung der Rentenversicherung ist zulässig, jedoch muss diese dann hinreichend konkret sein und mit dem Zwangsmittelbeschluss fest verbunden werden.[3] 4

Die Verpflichtung zur Vornahme oder Unterlassung einer Handlung ergibt sich nicht aus § 35 selbst[4] und auch nicht aus der allgemeinen Pflicht zur Mitwirkung der Beteiligten im Verfahren nach § 27 Abs. 1 (vgl. § 27 Rz. 6 ff.). Vielmehr bedarf es einer entsprechenden **materiell-rechtlichen oder verfahrensrechtlichen Rechtsgrundlage**, wie zB in § 220 Abs. 3 (Mitwirkung bei der Klärung von Versorgungsanwartschaften),[5] § 285 (Ablieferung der Betreuungsverfügung), § 358 (Ablieferung eines Testaments), § 404 Abs. 1 (Aushändigung von Schriftstücken an den Dispacheur), § 405 Abs. 2 (Einziehung der Dispache), § 1640 Abs. 3 BGB (Vorlage eines Vermögensverzeichnisses durch die Eltern), §§ 1892, 1893 Abs. 2 BGB (Einreichung einer Schlussrechnung und Rückgabe der Bestallungsurkunde durch den Vormund, Pfleger oder Betreuer), § 82 GBO (gerichtliche Anordnungen im Grundbuchberichtigungsverfahren).[6] Keine gesetzliche Grundlage besteht dagegen in Kindschaftsverfahren für die Erzwingung einer psychologischen oder psychiatrischen Untersuchung eines Elternteils[7] oder zur Durchführung eines Alkohol- und Drogentests[8] (dazu ausf. § 163 Rz. 21). 5

Unerheblich ist, ob das betreffende Verfahren auf Antrag oder von Amts wegen eingeleitet wurde. Die Anwendung der Zwangsmittel des § 35 findet nach **pflicht-** 6

---

1 BT-Drucks. 16/6308, S. 216 f.
2 OLG Hamm v. 16.3.2011 – 8 WF 296/10, FamRZ 2011, 1682 (LS).
3 *Cirullies*, FamRZ 2012, 157 (159).
4 Vgl. OLG Frankfurt v. 15.2.2006 – 6 WF 23/06, OLGReport 2006, 893 zu § 33 aF.
5 OLG Hamm v. 16.3.2011 – 8 WF 296/10, FamRZ 2011, 1682 (LS).
6 OLG Naumburg v. 8.1.2013 – 12 Wx 42/12, juris; OLG Frankfurt v. 5.8.2011 – 20 W 358/11, FGPrax 2011, 322; OLG Köln v. 30.6.2010 – 2 Wx 89/10, FGPrax 2010, 216.
7 BVerfG v. 20.5.2003 – 1 BvR 2222/01, FamRZ 2004, 523; OLG Frankfurt v. 19.3.1999 – 2 UF 51/99, FF 2000, 176.
8 OLG Oldenburg v. 26.3.2007 – 2 WF 55/07, FamRZ 2007, 1574.

gemäßem Ermessen des Gerichts von Amts wegen statt,[1] unerheblich davon, ob das betreffende Verfahren auf Antrag oder von Amts wegen eingeleitet wurde. Ein Vollstreckungsantrag eines Beteiligten ist daher auch in Antragsverfahren nicht erforderlich. Ist die weitere Durchführung des Verfahrens von der Erfüllung der gerichtlichen Anordnung abhängig, ist deren Durchsetzung jedoch trotz des eingeräumten Ermessens regelmäßig geboten.

7 Die Durchsetzung der Vornahme oder Unterlassung der Handlung erfolgt nach Satz 1 **regelmäßig** durch Festsetzung eines **Zwangsgeldes**. Für den Fall, dass das Zwangsgeld nicht beigetrieben werden kann, kann gem. Satz 2 gleichzeitig oder nachträglich[2] **Ersatzzwangshaft** angeordnet werden. Verspricht die Anordnung eines Zwangsgeldes von vornherein keinen Erfolg (wenn der Verpflichtete zB gerichtsbekannt einkommens- und vermögenslos ist), soll das Gericht nach Satz 3 **sogleich originär Zwangshaft** anordnen.[3] Diese ist aus Gründen der Verhältnismäßigkeit sonst grundsätzlich nachrangig. Soweit in speziellen Regelungen ausschließlich die Verhängung von Zwangsgeld vorgesehen ist, zB in § 1788 BGB (Erzwingung der Übernahme der Vormundschaft) oder in §§ 1837 Abs. 3, 1915, 1908i BGB (Durchsetzung von Anordnungen gegen den Vormund, Pfleger oder Betreuer), ist die Verhängung ersatzweiser oder originärer Zwangshaft unzulässig.[4]

8 Die Zwangsmittel des § 35 sind (anders als die Ordnungsmittel nach § 89) **Beugemittel**, durch die die künftige Befolgung der Handlung oder Unterlassung erzwungen wird. Sie dienen der Einwirkung auf den Willen der pflichtigen Person, um ein bestimmtes Verhalten in der Zukunft zu erreichen (**kein Sanktionscharakter**). Die Festsetzung eines Zwangsgeldes hat daher zu unterbleiben, wenn der gerichtlichen Anordnung zwischenzeitlich entsprochen wurde oder wenn ihr Zweck nicht mehr erreicht werden kann (zB wegen Erledigung der Hauptsache).[5] Wird die gerichtliche Anordnung nach Festsetzung des Zwangsgeldes erfüllt, darf dieses auch nicht mehr beigetrieben werden (Rz. 16a), der Festsetzungsbeschluss ist im Rahmen der Beschwerde (Rz. 20) bzw. auch noch nach Rechtskraft wegen veränderter Umstände (§ 48 Abs. 1)[6] aufzuheben. Ein bereits beigetriebenes Zwangsgeld ist dann zurückzuzahlen.[7]

9 Die Festsetzung eines Zwangsmittels setzt ein **schuldhaftes Verhalten** des Verpflichteten voraus.[8] Daran kann es fehlen, wenn der gerichtlichen Anordnung im Einzelfall ein unvermeidbarer Rechtsirrtum oder unüberwindliche Hindernisse entgegenstehen,[9] zB wenn ein Ehegatte die zur Klärung des Rentenkontos erforderlichen Unterlagen nachweislich nicht mehr besitzt und sie auch nicht mehr beschaffen kann. Vor der Festsetzung von Zwangsmitteln ist dem Betroffenen **rechtliches Gehör** zu gewähren.[10]

10 Das Zwangsgeld kann **auch wiederholt** festgesetzt werden, aber erst dann, wenn zuvor durch Vollstreckung des bereits festgesetzten Zwangsgeldes versucht wurde, die Befolgung der gerichtlichen Anordnung durchzusetzen.[11]

---

1 BT-Drucks. 16/6308, S. 193.
2 *Cirullies*, NJW 2013, 203.
3 Zu den Möglichkeiten der Durchsetzung gerichtlicher Anordnungen, wenn der Verpflichtete sich in Untersuchungs- oder Strafhaft befindet, vgl. *Cirullies*, FamRZ 2012, 157 (160).
4 MüKo. BGB/*Wagenitz*, § 1788 BGB Rz. 8 und § 1837 BGB Rz. 23.
5 *Schulte-Bunert*, FuR 2009, 125 (128).
6 *Cirullies*, Rpfleger 2011, 573 (576); **aA** Keidel/*Zimmermann*, § 35 FamFG Rz. 49 (nur im Rahmen eines Wiederaufnahmeverfahrens nach § 48 Abs. 2).
7 *Cirullies*, Rpfleger 2011, 573 (576).
8 *Schulte-Bunert*, FuR 2009, 125 (127); Keidel/*Zimmermann*, § 35 FamFG Rz. 39; **aA** MüKo. ZPO/*Ulrici*, § 35 FamFG Rz. 11.
9 OLG Naumburg v. 8.1.2013 – 12 Wx 42/12, juris.
10 *Schulte-Bunert*, FuR 2009, 125 (129).
11 *Schulte-Bunert*, FuR 2009, 125 (127); OLG Celle v. 25.2.2005 – 10 WF 58/05, FamRZ 2005, 1575 zu § 33 FGG aF.

Zuständig für die Festsetzung der Zwangsmittel nach § 35 ist das jeweils mit der Sache befasste Gericht. Für die Festsetzung des Zwangsgeldes ist auch der Rechtspfleger zuständig, soweit es um die Durchsetzung einer vom ihm getroffenen Anordnung geht. Die ersatzweise oder originäre Anordnung von Zwangshaft ist dagegen dem Richter vorbehalten (arg. aus § 4 Abs. 2 Nr. 2 RPflG), zuständig ist insoweit das jeweilige Verfahrensgericht (Familiengericht, Betreuungsgericht, Nachlassgericht), nicht das Vollstreckungsgericht.[1] Zur Zuständigkeit für die Beitreibung des Zwangsgeldes sowie Anordnung und Vollzug der Haft s. Rz. 15. 11

Eine **Androhung der Zwangsmittel ist nicht erforderlich** (s. aber den erforderlichen Hinweis nach Abs. 2). Auch einer Vollstreckungsklausel bedarf es nicht. Voraussetzung ist lediglich, dass die gerichtliche Anordnung **wirksam** geworden ist (durch Bekanntgabe oder formlose Mitteilung nach § 15). 12

II. Hinweispflicht (Absatz 2)

Nach Abs. 2 hat die gerichtliche Zwischenentscheidung, die die Verpflichtung zur Vornahme oder Unterlassung einer Handlung anordnet, auf die Folgen einer Zuwiderhandlung hinzuweisen. Dieser Hinweis ersetzt (wie in § 89 Abs. 2) die früher erforderliche Androhung nach § 33 Abs. 3 FGG aF. Ein Hinweis auf die Höchstsumme des Zwangsgeldes (bis zu ... Euro) und der Höchstdauer der Zwangshaft ist ausreichend.[2] Ferner muss auf die möglichen Maßnahmen nach §§ 883, 886, 887 ZPO hingewiesen werden.[3] Ist der Hinweis auf die möglichen Zwangsmittel unterblieben, muss er vor der Vollstreckung der Anordnung nachgeholt werden.[4] Der Hinweis nach § 35 Abs. 2 ist **nicht anfechtbar**, da es sich dabei nicht um eine gerichtliche Endentscheidung iSd. § 58 FamFG handelt[5] und gem. § 35 Abs. 5 ausdrücklich nur die Festsetzung eines Zwangsmittels anfechtbar ist. Eine Anfechtung scheidet auch dann aus, wenn fälschlich eine ausdrückliche Androhung von Zwangsmitteln erfolgt ist, da diese keine über eine Zwischenentscheidung hinausgehende Wirkung entfaltet.[6] 13

III. Höhe des Zwangsgeldes, Kosten, Vollzug der Haft (Absatz 3)

Abs. 3 Satz 1 regelt die **Höhe des Zwangsgeldes** (höchstens 25 000 Euro, mindestens 5 Euro nach Art. 6 Abs. 1 EGStGB). Die Bemessung im Einzelfall orientiert sich ua. an der Bedeutung der Angelegenheit, dem Grad des Verschuldens und an den wirtschaftlichen Verhältnissen des Verpflichteten. Nach Abs. 3 Satz 2 sind dem Verpflichteten zugleich die Kosten dieses Zwischenverfahrens (Gerichtskosten und gerichtliche Auslagen) aufzuerlegen. Wird für den Fall der Nichtbeitreibbarkeit des Zwangsgeldes **Ersatzzwangshaft** angeordnet, so ist die Dauer der Ersatzzwangshaft im Verhältnis zur Höhe des Zwangsgeldes anzuordnen („ersatzweise für je ... Euro ein Tag Zwangshaft"), denn sie muss sich anders als die originäre Zwangshaft an der Höhe des Zwangsgeldes orientieren.[7] 14

Das Zwangsgeld wird von Amts wegen nach §§ 1 Abs. 1 Nr. 3, Abs. 2 JBeitrO durch den Rechtspfleger vollstreckt. Für ihn bestehen im Falle der Nichtbeitreibbarkeit des Zwangsgeldes zwei Wahlmöglichkeiten:[8] erstens die Ladung zur Vermögensauskunft 15

---

1 *Cirullies*, NJW 2013, 203; zur vergleichbaren Situation bei der Anordnung von Zwangshaft nach § 888 ZPO auch Zöller/*Stöber*, § 888 ZPO Rz. 13.
2 BGH v. 3.10.1973 – IV ZB 12/73, NJW 1973, 2288; OLG Brandenburg v. 22.1.2008 – 10 WF 316/07, FamRZ 2008, 2136.
3 *Schulte-Bunert*, FuR 2009, 125 (127).
4 Keidel/*Zimmermann*, § 35 FamFG Rz. 15; ebenso BGH v. 17.8.2011 – XII ZB 621/10, FamRZ 2011, 1729 zu § 89 Abs. 2, vgl. § 89 Rz. 11; aA *Schulte-Bunert*, FuR 2009, 125 (127).
5 BGH v. 23.5.2012 – XII ZB 417/11, FamRZ 2012, 1204; OLG Zweibrücken v. 18.1.2011 – 2 WF 138/10, FamRZ 2011, 1089.
6 BGH v. 23.5.2012 – XII ZB 417/11, FamRZ 2012, 1204; OLG München v. 5.2.2013 – 34 Wx 50/13, juris unter Abkehr von seiner in der Entscheidung v. 5.2.2010 – 34 Wx 128/09, FGPrax 2010, 168 vertretenen Auffassung.
7 So OLG Saarbrücken v. 29.8.2011 – 5 W 197/11, juris und Zöller/*Stöber*, § 888 Rz. 9 zu § 888 ZPO. Dies gilt entsprechend für § 35 Abs. 1 Satz 2, *Cirullies*, NJW 2013, 203 (205).
8 Dazu ausf. *Cirullies*, NJW 2013, 203 (204).

(früher: eidesstattliche Versicherung) gem. § 6 Abs. 1 Nr. 1 JBeitrO iVm. § 802c ZPO und ggf. die diesbezügliche Erzwingungshaft gem. § 802g ZPO, die vom Rechtpfleger bei dem Richter am zuständigen Vollstreckungsgericht zu beantragen ist,[1] zweitens die sofortige Beantragung der Anordnung von **Ersatzzwangshaft** bei dem Richter am Verfahrensgericht, wobei Letzteres regelmäßig die verfahrensökonomischere Vorgehensweise ist.

16 Nach Abs. 3 Satz 3 gelten für den **Vollzug der Haft** § 802g Abs. 1 Satz 2 und Abs. 2 und die §§ 802h und 802j Abs. 1 entsprechend[2] (Inhalt des Haftbefehls § 802g Abs. 1 Satz 2 ZPO, Verhaftung durch den Gerichtsvollzieher nach § 802g Abs. 2 Satz 2 ZPO, höchstens sechs Monate Haft nach § 802j Abs. 1 Satz 1 ZPO). Für den Erlass eines Haftbefehls ist nur der Richter zuständig (§ 4 Abs. 2 Nr. 2 RPflG). Auch die Vollstreckung der Zwangshaft erfolgt von Amts wegen durch das Gericht, indem der Rechtspfleger dem Gerichtsvollzieher einen entsprechenden Vollstreckungsauftrag erteilt.

16a Wegen der Funktion der Zwangsmittel als Beugemittel (Rz. 8) darf die Vollstreckung des Zwangsmittels nicht erfolgen bzw. ist die Vollstreckung einzustellen, wenn der Verpflichtete der gerichtlichen Anordnung nachkommt. Diese **Abwendungsbefugnis des Verpflichteten** muss daher in den Abhilfebeschluss aufgenommen werden.[3]

IV. Vollstreckung nach der ZPO (Absatz 4)

17 Nach Abs. 4 kann das Gericht zur Vollstreckung einer verfahrensleitenden Anordnung auf Herausgabe oder Vorlage einer Sache sowie einer vertretbaren Handlung – vorbehaltlich einer anderen gesetzlichen Regelung – neben oder anstelle von Zwangsmitteln nach Abs. 1 auch die in den §§ 883, 886, 887 ZPO vorgesehenen Maßnahmen anordnen, also die **Anordnung der Wegnahme** einer herauszugebenden beweglichen Sache oder die **Ersatzvornahme** bei einer vertretbaren Handlung, zB Erstellung eines Vermögensverzeichnisses nach §§ 1640 Abs. 3, 1802 Abs. 3 BGB. Ein Verschulden ist – anders als nach Abs. 1 (vgl. Rz. 9) – nicht erforderlich.[4]

17a Die Anordnung der Ersatzvornahme von vertretbaren Handlungen oder der Wegnahme beweglicher Sachen erfolgt durch Beschluss (entsprechend § 891 Satz 1 ZPO), vor dessen Erlass der Verpflichtete zu hören ist (entsprechend § 891 Satz 2 ZPO). Leistet der Verpflichtete Widerstand, gilt § 892 ZPO entsprechend (Möglichkeit der Zuziehung eines Gerichtsvollziehers). **Zuständig** ist der Rechtspfleger, auch für die Anordnung unmittelbaren Zwangs nach § 883 ZPO.[5]

18 Das Gericht entscheidet nach **pflichtgemäßem Ermessen**, ob es neben den in Abs. 1 genannten Zwangsmitteln auch (oder nur) die Maßnahmen nach den §§ 883, 886, 887 ZPO anordnet. Regelungen, die allein auf die Vollstreckung zwischen Gläubiger und Schuldner als Privatperson abstellen (zB § 887 Abs. 2 ZPO) sind nicht auf die Vollstreckung durch das Gericht gem. § 35 Abs. 4 anzuwenden.[6]

V. Rechtsmittel (Absatz 5)

19 Entscheidungen nach § 35 Abs. 1 und Abs. 4 ergehen durch **Beschluss** (mit Kostenausspruch nach Abs. 3 Satz 2).

20 Nach Abs. 5 ist gegen Beschlüsse, durch die Zwangsmaßnahmen (einschließlich solcher nach Abs. 4[7]) angeordnet werden, die **sofortige Beschwerde** nach §§ 567 bis 572 ZPO statthaft. Diese ist entsprechend § 569 Abs. 1 Satz 1 ZPO innerhalb von **zwei**

---

[1] BGH v. 31.1.1979 – IV ARZ 111/78, NJW 1979, 1048; vgl. auch OLG Karlsruhe v. 12.8.2008 – 15 AR 23/08, NJW-RR 2009, 596.
[2] Insofern wurde § 35 Abs. 3 Satz 3 mit Wirkung vom 1.1.2013 neugefasst durch Art. 4 Abs. 8 Nr. 1 des Gesetzes zur Reform der Sachaufklärung in der Zwangsvollstreckung vom 29.7.2009, BGBl. I, S. 2259. Dazu ausf. Überblick bei *Giers*, FamRB 2013, 22 ff. und 62 ff.
[3] *Cirullies*, NJW 2013, 203 (204).
[4] *Schulte-Bunert/Weinreich*, § 35 Rz. 18; *Zöller/Feskorn*, § 35 FamFG Rz. 9.
[5] *Keidel/Zimmermann*, § 35 FamFG Rz. 12.
[6] BT-Drucks. 16/6308, S. 193.
[7] *Zöller/Feskorn*, § 35 FamFG Rz. 10.

Wochen bei dem vollstreckenden Gericht oder bei dem Beschwerdegericht einzulegen (zur Form s. § 569 Abs. 2 und Abs. 3 ZPO). Bei einer Beschwerde gegen die Festsetzung von Zwangsgeld muss dieses gem. § 567 Abs. 2 ZPO (auch nach ggf. erfolgter Teilabhilfe) mehr als 200 Euro betragen.[1] Die Beschwerde hat gem. § 570 Abs. 1 ZPO **aufschiebende Wirkung.** Das erstinstanzliche Gericht hat gem. § 572 Abs. 1 ZPO zunächst über die Abhilfe zu entscheiden. Hilft es nicht ab, legt es die Beschwerde dem Beschwerdegericht vor (zur sachlichen Zuständigkeit s. § 87 Rz. 14). Das Beschwerdegericht entscheidet gem. § 568 Abs. 1 Satz 1 ZPO durch den Einzelrichter.[2] Wird die zu erzwingende Handlung oder Unterlassung erst im Rahmen des Beschwerdeverfahrens vorgenommen, so kann der Zweck des Zwangsmittels nicht mehr erreicht werden (s. Rz. 8) und ist der Beschwerde daher durch das erstinstanzliche Gericht abzuhelfen oder der angefochtene Beschluss durch das Beschwerdegericht aufzuheben, wobei es bei der nach § 35 Abs. 3 Satz 2 getroffenen Kostenregelung verbleibt.[3]

Kosten/Gebühren: Gericht: Für die Anordnung der Zwangsmaßnahmen nach Abs. 1 bis 3 wird eine Gebühr nach Nr. 17006 KV GNotKG und in Familiensachen nach Nr. 1502 KV FamGKG in Höhe von 20,– Euro je Anordnung erhoben. Mehrere Anordnungen in Folge – zB zunächst Zwangsgeld, dann Zwangshaft – lassen die Gebühr mehrfach entstehen. Wird eine sofortige Beschwerde verworfen oder zurückgewiesen, fällt eine Gebühr nach Nr. 19116 KV GNotKG bzw. nach Nr. 1912 KV FamGKG an. **RA:** Wird ein RA, der einen Beteiligten im Hauptsacheverfahren vertritt, auch im Zwangsmittelverfahren tätig, gehört dies zum Rechtszug. Der RA erhält keine besonderen Gebühren. Der Rechtsanwalt, der nur im Zwangsmittelverfahren tätig wird, erhält die Gebühren nach Nr. 3403 VV RVG. Für das Beschwerdeverfahren entstehen immer zusätzlich Gebühren nach Nr. 3500 und 3513 VV RVG. **Gerichtsvollzieher:** Für Vollstreckungshandlungen nach Abs. 4 entstehen durch die Tätigkeit des GV Kosten nach dem GvKostG.   21

36 *Vergleich*

(1) Die Beteiligten können einen Vergleich schließen, soweit sie über den Gegenstand des Verfahrens verfügen können. Das Gericht soll außer in Gewaltschutzsachen auf eine gütliche Einigung der Beteiligten hinwirken.
(2) Kommt eine Einigung im Termin zustande, ist hierüber eine Niederschrift anzufertigen. Die Vorschriften der Zivilprozessordnung über die Niederschrift des Vergleichs sind entsprechend anzuwenden.
(3) Ein nach Absatz 1 Satz 1 zulässiger Vergleich kann auch schriftlich entsprechend § 278 Abs. 6 der Zivilprozessordnung geschlossen werden.
(4) Unrichtigkeiten in der Niederschrift oder in dem Beschluss über den Vergleich können entsprechend § 164 der Zivilprozessordnung berichtigt werden.
(5) Das Gericht kann die Beteiligten für den Versuch einer gütlichen Einigung vor einen hierfür bestimmten und nicht entscheidungsbefugten Richter (Güterichter) verweisen. Der Güterichter kann alle Methoden der Konfliktbeilegung einschließlich der Mediation einsetzen. Für das Verfahren vor dem Güterichter gelten die Absätze 1 bis 4 entsprechend.

A. Entstehungsgeschichte 1
B. Normzweck – Hinwirken auf eine gütliche Einigung
  I. Bedeutung
    1. Systematische Einordnung 2
    2. Umfassendere Möglichkeiten 3
    3. Pflichten des Gerichts 4
  II. Ausnahme in Gewaltschutzsachen
    1. Sinn der Regelung 5

    2. Fehlerfolgen 6
C. Inhalt der Vorschrift
  I. Vergleich (Abs. 1 Satz 1)
    1. Rechtsnatur
      a) Doppelnatur des Vergleichs . . . 7
      b) Widerrufsvergleich 7a
      c) Auslegung 7b
    2. Voraussetzungen
      a) Verfügungsbefugnis über den Verfahrensgegenstand 8

---

1 OLG Köln v. 30.6.2010 – 2 Wx 89/10, FGPrax 2010, 216.
2 OLG Naumburg v. 8.1.2013 – 12 Wx 42/12, juris; OLG Frankfurt v. 5.8.2011 – 20 W 358/11, FGPrax 2011, 322; OLG Köln v. 30.6.2010 – 2 Wx 89/10, FGPrax 2010, 216.
3 OLG Schleswig v. 3.1.2012 – 10 WF 258/11, FamRZ 2012, 729; OLG Frankfurt v. 5.8.2011 – 20 W 358/11, FGPrax 2011, 322.

b) Vergleichsweise Einigung über Verfahrenshandlungen 9
3. Beteiligung Dritter 10
II. Form des Vergleichs (Absätze 2, 3)
1. Vergleichsschluss im Termin 11
2. Vergleichsschluss nach § 278 Abs. 6 ZPO 12
III. Folgen des Vergleichs
1. Beendigung des Verfahrens hinsichtlich der vom Vergleich betroffenen Gegenstände 13
2. Vollstreckungstitel 14
IV. Fehler des Vergleichs
1. Fehler der Protokollierung
a) Unrichtige Protokollierung des Inhalts
aa) Berichtigung nach § 164 ZPO 15
bb) Keine Berichtigung nach § 42 16
cc) Inhaltliche Fehlerhaftigkeit der korrekt protokollierten Erklärungen 17
b) Irrtum über die Annahme eines Vergleichsschlusses 18
2. Inhaltliche Fehler
a) Materiellrechtliche Unwirksamkeit
aa) Gegenstände des bisherigen Verfahrens 19
bb) Weitere, miterledigte Gegenstände 20
b) Mangelnde Bestimmtheit 21

c) Abänderung nach § 48 Abs. 1 ... 22
V. Güterichter
1. Zweck der Vorschrift 23
2. Anwendungsbereich
a) Erfasste Verfahren 24
b) Alle Instanzen 25
3. Die Verweisung
a) Beteiligte 26
b) Zustimmung
aa) Erforderlichkeit der Zustimmung 27
bb) Zustimmungsberechtigte Beteiligte 28
c) Das Gericht 29
d) Zweck 30
e) Beurteilungsspielraum und Ermessen 31
f) Die „Verweisung" 32
4. Der Güterichter
a) Zuständigkeit 33
b) Stellung und Kompetenzen des Güterichters
aa) Stellung des Güterichters .. 34
bb) Keine Entscheidungsbefugnis 35
cc) Verfahrensgestaltung 36
dd) Vertraulichkeit 37
ee) Fehler des Verfahrens 38
5. Die Beendigung des Verfahrens vor dem Güterichter
a) Einigung der Beteiligten 39
b) Unerledigtes Verfahren 40

Literatur: *Ahrens*, Mediationsgesetz und Güterichter, NJW 2012, 2465; *Hammer*, Die gerichtliche Billigung von Vergleichen nach § 156 Abs. 2 FamFG, FamRZ 2011, 1268; *Heinemann*, Die Reform der freiwilligen Gerichtsbarkeit durch das FamFG und ihre Auswirkungen auf die notarielle Praxis, DNotZ 2009, 6; *Plassmann*, Das Mediationsgesetz – eine Steilvorlage für die gesamte Anwaltschaft, BRAK-Mitteilungen 2012, 194; *Reinken*, Tragende Grundsätze des unterhaltsrechtlichen Abänderungsverfahrens, ZFE 2010, 206; *Schael*, Von der vergleichsweisen Einigung der freiwilligen Gerichtsbarkeit alten Rechts zum gerichtlich gebilligten Vergleich, FamRZ 2011, 865; *Schlünder*, Die Vollstreckung nach dem FamFG, FamRZ 2010, 1636 (1637); *Schlünder*, Der gerichtlich gebilligte Vergleich, FamRZ 2012, 9; *Zorn*, Gesetz zur Förderung der Mediation und anderer Verfahren der außergerichtlichen Konfliktbeilegung, FamRZ 2012, 1265

A. Entstehungsgeschichte

1 Die Möglichkeit des Vergleichs wurde schon früher jedenfalls dann, wenn die Beteiligten über den Verfahrensgegenstand verfügen können, allgemein bejaht, allerdings nur in Spezialvorschriften wie §§ 53a Abs. 1 Satz 1, 53b Abs. 4 FGG aF ausdrücklich geregelt oder immerhin angesprochen. Mit § 36 hat der Gesetzgeber erstmals eine **allgemeine Regelung** nicht nur, wie die amtliche Überschrift glauben machen will, für den Vergleich, sondern für das **Hinwirken auf eine gütliche Einigung** überhaupt geschaffen. Danach soll das Gericht, außer in Gewaltschutzsachen, gem. § 36 Abs. 1 Satz 2 stets auf eine gütliche Einigung hinwirken. Einen Vergleich können die Beteiligten dagegen gem. § 36 Abs. 1 Satz 1 nur schließen, soweit sie über den Gegenstand des Verfahrens verfügen können. Die schon nach bisherigem Recht als erforderlich angesehene Protokollierung des Vergleichs nach § 160 Abs. 3 Nr. 1 ZPO kodifiziert § 36 Abs. 2. Daneben erkennt § 36 Abs. 3 die Möglichkeit eines Vergleichsschlusses nach § 278 Abs. 6 ZPO an. Für die Kostenentscheidung enthält § 83 eine Spezialregelung für den Fall, dass sich die Beteiligten hierüber nicht geeinigt haben. Die Korrektur eines fehlerhaften Vergleichs ist in § 36 Abs. 4 nur insoweit angesprochen, als es um seine unrichtige Protokollierung geht. Für sonstige Fehler, insbesondere die Fortsetzung des Verfahrens bei materiellrechtlich unwirksamen Vergleichen ist weiterhin auf die frühere Praxis zurückzugreifen. Die wohl gravierendste Neuerung ergibt sich aus dem etwas versteckten Hinweis im letzten Satz der Materialien zu § 36.[1] Danach geht der Gesetzgeber nunmehr im Gegensatz zum früheren Recht von der **Vollstreckbarkeit** eines nach § 36 Abs. 2, 3 geschlossenen Vergleichs aus (vgl. Rz. 14).[2] Die Vorschrift gilt nach § 113 Abs. 1 nicht für Ehe- und Familiensachen, wo aber die zivilprozessualen Möglichkeiten des Vergleichs eröffnet sind. Eine Sonderregelung trifft § 156 Abs. 2, wonach der Vergleich der gerichtlichen Billigung bedarf.

B. Normzweck – Hinwirken auf eine gütliche Einigung

I. Bedeutung

1. Systematische Einordnung

Nach § 36 Abs. 1 Satz 2 hat das Gericht – außer in Gewaltschutzsachen (hierzu gleich Rz. 5 f.) – auf eine gütliche Einigung der Parteien hinzuwirken. Diese Norm ist erkennbar systematisch falsch in § 36 Abs. 1 eingefügt. Dies ist schon daraus zu ersehen, dass sie anders als ihr zivilprozessuales Vorbild (§ 278 Abs. 1) erst nach der Regelung zum Vergleich eingefügt ist. Das Hinwirken muss aber zwangsläufig vor einem Vergleich erfolgen, mit dem das Verfahren beendet wird. 2

2. Umfassendere Möglichkeiten

Zum anderen ist § 36 Abs. 1 Satz 2 in zweifacher Hinsicht umfassender. Zum einen ist die „gütliche Einigung" nicht mit einem Vergleich identisch. Wie schon zu § 278 Abs. 1 ZPO anerkannt, kann das Gericht auf **jede Möglichkeit einer Beendigung des Verfahrens** ohne gerichtliche Entscheidung hinwirken. Denkbar sind etwa die Rücknahme eines Antrags oder Rechtsmittels, die Erledigungserklärung oder, wo in Verfahren nach dem FamFG zugelassen, das Anerkenntnis.[3] Zudem bleibt das Hinwirken auf eine gütliche Einigung, wie schon der Wortlaut von § 36 Abs. 1 Satz 2 zeigt, **nicht auf Verfahren beschränkt, in denen die Beteiligten über den Verfahrensgegenstand verfügen können**. Auch in Erbscheinsverfahren kann ein Antrag zurückgenommen werden, ebenso in jeglichen Verfahren ein Rechtsmittel. Sofern dem Rechtsfrieden dienlich, hat das Gericht auch hierauf hinzuwirken. 3

3. Pflichten des Gerichts

§ 36 Abs. 1 Satz 2 entspricht, abgesehen von der Ausnahme der Gewaltschutzsachen, § 278 Abs. 1 ZPO. Die Rolle des Gerichts bei der gütlichen Einigung ist eher noch betont, da „hinwirken" mehr ist als bloßes „bedacht sein".[4] Daher ist davon auszugehen, dass den Richter mindestens dieselben Pflichten treffen wie im Zivilprozess nach § 278 Abs. 1 ZPO. Das Hinwirken auf eine gütliche Beilegung des Rechtsstreits hat, auch ohne ausdrückliche Übernahme dieser fünf Worte, auch in Verfahren nach dem FamFG „in jeder Lage des Verfahrens" zu geschehen.[5] Die schon für den Zivilprozess fragwürdige **Güteverhandlung**[6] hat der Gesetzgeber nicht auf Verfahren nach dem FamFG übertragen. Sofern ein Erscheinen der Beteiligten sinnvoll erscheint, kann das Gericht es jedenfalls entsprechend § 33 Abs. 1 Satz 1 anordnen.[7] Das Hinwirken auf eine gütliche Einigung ist wie im Zivilprozess[8] als **echte Rechtspflicht** zu verstehen, auch wenn sie nicht mit Sanktionen bewehrt ist. Dies gilt wie im Zivilprozess auch bei der Verhandlung vor dem **beauftragten oder ersuchten Rich-** 4

---

1 BT-Drucks. 16/6308, S. 194; wohl übersehen von *Bumiller*/Harders, § 36 FamFG Rz. 2 unter Verweis auf die frühere Rspr.
2 So auch Keidel/*Meyer-Holz*, § 36 FamFG Rz. 50.
3 Zöller/*Feskorn*, § 36 FamFG Rz. 5; vgl. zur Parallelnorm (§ 278 Abs. 1 ZPO) MüKo. ZPO/*Prütting*, § 278 ZPO Rz. 3; Zöller/*Greger*, § 278 ZPO Rz. 3.
4 Zöller/*Feskorn*, § 36 FamFG Rz. 5; Baumbach/*Hartmann*, § 278 ZPO Rz. 10.
5 Vgl. BGH v. 5.10.1954 – V BLw 25/54, BGHZ 14, 381 (387); Zöller/*Greger*, § 278 ZPO Rz. 5.
6 MüKo. ZPO/*Prütting*, § 278 ZPO Rz. 29 ff.; vgl. auch Zöller/*Greger*, § 278 ZPO Rz. 32.
7 Keidel/*Meyer-Holz*, § 36 FamFG Rz. 21.
8 MüKo. ZPO/*Prütting*, § 278 ZPO Rz. 7.

ter.[1] Das Gericht kann gerade in echten Streitverfahren auf Risiken und Kosten einer streitigen Entscheidung hinweisen.[2] Es hat sich hierbei aber selbstverständlich an der geltenden Rechtslage zu orientieren.[3] Auf jeden Fall hat es sich unzulässigen Drucks zu enthalten.[4] Die Beendigung des Verfahrens durch gütliche Einigung dient vorrangig dem Rechtsfrieden, nicht der Arbeitsentlastung des Gerichts.

II. Ausnahme in Gewaltschutzsachen

1. Sinn der Regelung

5   In Gewaltschutzsachen soll dem Gericht das Hinwirken auf eine gütliche Einigung grundsätzlich verwehrt sein. Diese wohl ideologisch motivierte Vorgabe des Gesetzgebers, die nur mit den gerade modernen insbesondere familienpolitischen Vorstellungen zu erklären sein dürfte, ist wenig verständlich. Selbst im **Strafprozess** ist der Täter-Opfer-Ausgleich nach § 46a StGB erklärtes Ziel des Verfahrens. Wieso dies in sog. Gewaltschutzsachen von vornherein nicht zulässig sein soll, leuchtet nicht ein. Der lapidare Hinweis darauf, dass ein Vergleich nicht nach § 4 Satz 1 GewSchG strafbewehrt sei,[5] überzeugt in keiner Weise, hätte es der Gesetzgeber doch in der Hand gehabt, im Zuge der Reform auch diese Vorschrift zu ändern.[6]

2. Fehlerfolgen

6   In Gesetz und Materialien werden auch die Folgen eines Verstoßes gegen das Verbot eines Hinwirkens auf eine gütliche Einigung nicht näher bestimmt. Dass der Richter im Zivilprozess nach § 278 Abs. 1 ZPO auf eine gütliche Beilegung des Rechtsstreits hinwirken „soll", wird als echte Rechtsverpflichtung verstanden, allerdings eine nicht mit Sanktionen bewehrte (vgl. Rz. 4). Da das Absehen von einem Hinwirken auf eine gütliche Einigung auf derselben Stufe steht, liegt eine ähnliche Behandlung nahe. Allerdings erlangt der Antragsteller aufgrund des gerichtlichen Hinwirkens auf eine gütliche Einigung nicht den vom Gesetzgeber zugedachten **Titel nach §§ 4 Satz 1, 1 Abs. 1 Satz 1 oder 3, Abs. 2 Satz 1 GewSchG**. Man wird also die Möglichkeit eines neuen Antrags bejahen müssen. Als Erleichterung für dieses zweite Verfahren kann sich dann der bereits geschlossene Vergleich erweisen, da der Antragsteller auf der Grundlage der dortigen **materiellrechtlichen Vereinbarungen** jedenfalls die Titulierung der vom Antragsgegner übernommenen Verpflichtungen unschwer durchsetzen kann. Nichts anderes kann aber gelten, wenn der Antragsteller seinerseits in dem Vergleich ebenfalls auf die vollständige Durchsetzung seiner Rechte verzichtet hat. Da dies zumindest auch auf einem Verstoß des Gerichts gegen ein gesetzliches Verbot beruht, dürfen dem Antragsteller aus dem Vergleich keine verfahrensrechtlichen Nachteile erwachsen. Man wird ihm daher die Möglichkeit belassen müssen, auch seinen ursprünglichen Antrag in einem **neuen Verfahren** zu stellen.

---

1 BGH v. 5.10.1954 – V BLw 25/54, BGHZ 14, 381 (387); MüKo. ZPO/*Prütting*, § 278 ZPO Rz. 14; Baumbach/*Hartmann*, § 278 ZPO Rz. 10: Zöller/*Greger*, § 278 ZPO Rz. 5.
2 Baumbach/*Hartmann*, § 278 ZPO Rz. 8 u. 10; Zöller/*Greger*, § 278 ZPO Rz. 1.
3 MüKo. ZPO/*Prütting*, § 278 ZPO Rz. 10.
4 MüKo. ZPO/*Prütting*, § 278 ZPO Rz. 5 f.; Baumbach/*Hartmann*, § 278 ZPO Rz. 7 u. 10; Zöller/*Greger*, § 278 ZPO Rz. 5.
5 BT-Drucks. 16/6308, S. 193.
6 Zudem weist Zöller/*Feskorn*, § 36 FamFG Rz. 6 zu Recht darauf hin, dass auch ein Vergleich vollstreckt werden kann.

C. Inhalt der Vorschrift

I. Vergleich (Abs. 1 Satz 1)

1. Rechtsnatur

a) Doppelnatur des Vergleichs

Wie im Zivilprozess[1] kommt dem Vergleich auch in Verfahren nach dem FamFG eine **Doppelnatur** zu.[2] Er ist einerseits **Verfahrenshandlung**, die zur (teilweisen) Beendigung des Verfahrens führt. Andererseits ist er ein **materiellrechtliches Rechtsgeschäft** zur Regelung der Rechtsbeziehungen zwischen den Beteiligten.[3] Anders als nach § 779 BGB soll ein gegenseitiges **Nachgeben** in Verfahren der freiwilligen Gerichtsbarkeit allerdings nicht erforderlich sein.[4] Es genügen daher in jedem Falle Stundungsregelungen. Diese Grundsätze gelten auch für Verfahren mit mehr als zwei Beteiligten. Dann müssen sich aber entweder alle vergleichen oder abtrennbare Verfahrensteile vorliegen, über die sich einige unter Ausschluss der anderen einigen können.[5]

7

b) Widerrufsvergleich

Der Vergleich kann auch auf **Widerruf** geschlossen werden.[6] Hierbei handelt es sich um eine aufschiebende Bedingung.[7] Erst nach ihrem Eintritt wird der Vergleich wirksam.[8] Für Form, Adressat und Frist ist die Vereinbarung der Beteiligten maßgeblich.[9] Die Widerrufserklärung ist eine Verfahrenshandlung, die nicht widerrufen werden kann.[10] Umgekehrt ist wegen der Versäumung der Widerrufsfrist keine Wiedereinsetzung möglich, da es sich, anders als § 17 Abs. 1 voraussetzt, nicht um eine gesetzliche Frist handelt.[11]

7a

c) Auslegung

Die **Auslegung** des Vergleichs obliegt hinsichtlich seines materiellrechtlichen Inhalts wie die Auslegung von Rechtsgeschäften (vgl. § 72 Rz. 2) den Tatsacheninstanzen und kann vom Rechtsbeschwerdegericht nur eingeschränkt überprüft werden.[12] Lediglich Vereinbarungen auf verfahrensrechtlichem Gebiet kann das Beschwerdegericht ohne Bindung an die Erwägungen der Tatsacheninstanzen selbst auslegen.[13]

7b

---

1 Hierzu s. etwa BGH v. 15.4.1964 – Ib ZR 201/62, BGHZ 41, 310 (311); BGH v. 22.12.1982 – V ZR 89/80, BGHZ 86, 184 (186); v. 18.1.1984 – IVb ZB 53/83, NJW 1984, 1465 (1466); BGH v. 18.9.1996 – VIII ZB 28/96, NJW 1996, 3345 (3346); Musielak/*Foerste*, § 278 ZPO Rz. 16.
2 BGH v. 3.11.1971 – VIII ZR 52/70, NJW 1972, 159; BayObLG v. 29.1.1990 – Breg 1b Z 4/89, NJW-RR 1990, 594 (596); BayObLG v. 27.4.2000 – 2Z BR 187/99, ZMR 2000, 624 (626); Keidel/*Meyer-Holz*, § 36 FamFG Rz. 4; Bork/Jacoby/Schwab/*Elzer*, 1. Aufl., § 36 FamFG Rz. 4; Zöller/*Feskorn*, § 36 FamFG Rz. 10.
3 BayObLG v. 29.1.1990 – Breg 1b Z 4/89, NJW-RR 1990, 594 (596); BayObLG v. 27.4.2000 – 2Z BR 187/99, ZMR 2000, 624 (626).
4 Staudinger/*Wenzel*, § 44 WEG Rz. 17.
5 Keidel/*Meyer-Holz*, § 36 FamFG Rz. 4; entgegen der dort vertretenen Auffassung dürfte dies aber nicht voraussetzen, dass der Gegenstand des Vergleichs auch einem Teil-Beschluss zugänglich wäre; etwa die verbindliche Einigung über eine gemeinsame Position zu Vorfragen der Entscheidung dürfte zulässig sein (vgl. die entsprechende Stellungnahme in Keidel/*Meyer-Holz*, § 36 FamFG Rz. 5 zu Teilvergleichen zwischen zwei Beteiligten).
6 BGH v. 15.11.1973 – VII ZR 56/73, NJW 1974, 107; Keidel/*Meyer-Holz*, Vor §§ 8–18 FGG Rz. 26; Bork/Jacoby/Schwab/*Elzer*, 1. Aufl., § 36 FamFG Rz. 7.
7 BGH v. 27.10.1983 – IX ZR 68/83, BGHZ 88, 364 (367).
8 BGH v. 27.10.1983 – IX ZR 68/83, BGHZ 88, 364 (368).
9 Keidel/*Meyer-Holz*, § 36 FamFG Rz. 9.
10 BGH v. 15.11.1973 – VII ZR 56/73, NJW 1974, 107 (107f.).
11 BGH v. 15.11.1973 – VII ZR 56/73, NJW 1974, 107 f.; BAG v. 22.1.1998 – 2 AZR 367/97, NJW 1998, 2844 (2845); Keidel/*Meyer-Holz*, § 36 FamFG Rz. 8.
12 BayObLG v. 29.1.1990 – BReg 1b Z 4/89, NJW-RR 1990, 594 (596); KG v. 16.9.2003 – 1 W 48/02, Rpfleger 2004, 101 (102).
13 KG v. 16.9.2003 – 1 W 48/02, Rpfleger 2004, 101 (102).

2. Voraussetzungen

a) Verfügungsbefugnis über den Verfahrensgegenstand

8   Der Vergleich kann in jedem Stadium des Verfahrens von der Anhängigkeit bis zu seiner rechtskräftigen Beendigung abgeschlossen werden, auch schon im Verfahrenskostenhilfeverfahren.[1] Nach § 36 Abs. 1 Satz 1 setzt der Abschluss eines Vergleichs voraus, dass die Beteiligten „über den Gegenstand des Verfahrens verfügen können". Damit kodifiziert das Gesetz die schon bislang hM, dass ein Vergleich nur über Gegenstände geschlossen werden kann, die zur Disposition der Beteiligten stehen.[2] Anderes gilt natürlich auch in Amtsverfahren dann, wenn das Gericht den Parteien weitere Befugnisse einräumt, etwa in Umgangssachen nach § 156 Abs. 2 und § 165 Abs. 4.[3] Bei der Abgrenzung zu nicht disponiblen Gegenständen knüpft das Gesetz bewusst nicht an bestimmte Verfahren, sondern an den jeweils betroffenen **Verfahrensgegenstand** an. Demnach können die Beteiligten **nicht nur echte Streitverfahren** vergleichsweise beenden, auch wenn hier der Anwendungsschwerpunkt der Regelung liegen dürfte. Die Einigung kann sich sowohl auf den Streit insgesamt als auch (beim **Teilvergleich**) nur auf einzelne Teile erstrecken. Einigen sich die Beteiligten nur über die Hauptsache, so haben sie die **Gerichtskosten** gem. § 83 Abs. 1 zu gleichen Teilen zu tragen; eine Erstattung **außergerichtlicher Kosten** findet nicht statt. Die früher gebotene Entscheidung nach Billigkeit (§ 13a Abs. 1 FGG aF), die das Gericht nach pflichtgemäßem Ermessen zu treffen hatte,[4] scheidet wegen des klaren Wortlautes von § 83 Abs. 1 aus. Die Beteiligten können sich auch über **weitere, im Verfahren (noch) nicht anhängige Gegenstände** vergleichen, sofern sie hierüber verfügen können.[5] Dies gilt auch für Gegenstände, die nicht im Verfahren nach dem FamFG geltend zu machen wären.[6] Vergleiche kommen auch in **Amtsverfahren** in Betracht, sofern der konkrete Verfahrensgegenstand zur Disposition der Beteiligten steht. So können sich die Beteiligten zwar in Betreuungssachen wegen der Hauptsache nicht vergleichen, wohl aber in Fragen der Betreuervergütung, da dieses Verfahren nur Vermögensinteressen betrifft, die zur Disposition der Beteiligten stehen (vgl. § 65 Rz. 15 und 18).[7] Die **Erbenstellung** eines Beteiligten steht zwar nicht zur Disposition der am Erbscheinsverfahren Beteiligten.[8] Sie können sich jedoch unabhängig von der Auslegung eines Testamentes verpflichten, einander so zu stellen, wie sie bei einer bestimmten Gestaltung des Testamentes stünden.[9] Aus diesem Grunde können sich die Beteiligten auch über **Kostenfragen** (anstelle einer Entscheidung nach §§ 80 ff.) immer vergleichen.[10] Weitergehende Voraussetzungen, etwa die Billigung der Vereinbarung durch das Gericht nach § 156 Abs. 2, bleiben von § 36 unberührt. So bedürfen etwa Vereinbarungen über Umgangsregelungen der gerichtlichen Bestätigung.[11] Hingegen kommt eine vergleichsweise Einigung über amtswegig zu treffende Entscheidungen nicht in Betracht.

---

1 Keidel/*Meyer-Holz*, § 36 FamFG Rz. 5.
2 BGH v. 5.10.1954 – V BLw 25/54, BGHZ 14, 381 (387); BGH v. 23.9.1987 – IVb ZB 59/86, NJW-RR 1989, 195 (196); OLG Stuttgart v. 22.11.1983 – 8 W 328/83, OLGZ 1984, 131 (132); BayObLG v. 14.7.1997 – 1Z BR 39/97, FGPrax 1997, 229 (229 f.); *Heinemann*, DNotZ 2009, 6 (10); Keidel/*Meyer-Holz*, § 36 FamFG Rz. 15; Bassenge/Roth/*Gottwald*, § 34 FamFG Rz. 2.
3 *Bumiller*/Harders, § 36 FamFG Rz. 6 f.; Bork/Jacoby/Schwab/*Elzer*, 1. Aufl., § 36 FamFG Rz. 2.
4 BayObLG v. 25.3.1975 – 3 Z 33/75, Rpfleger 1975, 241.
5 BGH v. 5.10.1954 – V BLw 25/54, BGHZ 14, 381 (393); BGH v. 28.6.1961 – V ZR 29/60, BGHZ 35, 309 (316); BGH v. 18.6.1999 – V ZR 40/98, NJW 1999, 2806 (2807); BayObLG v. 14.7.1997 – 1Z BR 39/97, FGPrax 1997, 229 (230); Keidel/*Meyer-Holz*, § 36 FamFG Rz. 6; Bork/Jacoby/Schwab/*Elzer*, 1. Aufl., § 36 FamFG Rz. 11.
6 BGH v. 5.10.1954 – V BLw 25/54, BGHZ 14, 381 (393); zu den Auswirkungen auf die Beurkundungswirkung s. Keidel/*Meyer-Holz*, § 36 FamFG Rz. 12; Zöller/*Feskorn*, § 36 FamFG Rz. 2.
7 *Bumiller*/Harders, § 36 FamFG Rz. 1.
8 OLG Düsseldorf v. 17.1.2012 – I-3 Wx 198/11, FamRZ 2012, 1587 (1588).
9 AG Brandenburg a.d.H. v. 31.8.2011 – 50 VI 164/10, FamRZ 2012, 142 f.
10 Keidel/*Meyer-Holz*, § 36 FamFG Rz. 16; *Bumiller*/Harders, § 36 FamFG Rz. 8.
11 OLG Schleswig v. 30.12.2011 – 10 UF 230/11, FamRZ 2012, 895.

b) Vergleichsweise Einigung über Verfahrenshandlungen

Dem Wortlaut nach knüpft § 36 Abs. 1 Satz 1 nur beim **materiellrechtlichen Gegenstand** des Verfahrens an. Dies dürfte zu kurz gegriffen sein. Für das bisherige Recht war allgemein anerkannt, dass den Beteiligten die Möglichkeit des Vergleichs über Verfahrenshandlungen selbst dann offen steht, wenn der Verfahrensgegenstand nicht zu ihrer Disposition steht.[1] So konnten sich die Beteiligten in einem **Erbscheinsverfahren** zwar nicht auf einen bestimmten Erbschein vergleichen, da dieser ihrer Disposition entzogen war.[2] Ein Erbprätendent konnte sich aber sehr wohl gegen Zuwendung bestimmter Gegenstände aus dem Nachlass dazu verpflichten, das Rechtsmittel gegen einen Vorbescheid zurückzunehmen[3] oder hierauf zu verzichten.[4] Dass der Gesetzgeber diese Möglichkeit abschaffen wollte, ist nicht ersichtlich. Man wird sie daher weiterhin zulassen müssen, etwa in Form der Verpflichtung zur Ausschlagung einer Erbschaft oder des Verzichts auf Anfechtung eines Testaments,[5] wobei dahinstehen kann, ob dies eine erweiternde Auslegung des Begriffs „Gegenstand des Verfahrens" oder eine entsprechende Anwendung von § 36 Abs. 1 Satz 1 darstellt.

3. Beteiligung Dritter

Auch im Hinblick auf die Parteien des Vergleichs dürfte der Gesetzeswortlaut zu eng ausgefallen sein. § 36 Abs. 1 Satz 1 spricht nur davon, dass „die Beteiligten" einen Vergleich schließen können. Nach altem Recht bestand aber Einigkeit darüber, dass ebenso wie im Zivilprozess Dritte in den Vergleich einbezogen werden können, wenn sie ihm beitreten.[6] Dass diese Möglichkeit nunmehr entfallen soll, ist nicht anzunehmen. Dies umso weniger, als auch § 278 ZPO, an den sich § 36 anlehnt, die Möglichkeit der Einbeziehung Dritter nicht ausdrücklich erwähnt. Es ist also davon auszugehen, dass Dritte nach wie vor durch ihren Beitritt in den Vergleich einbezogen werden können. Auch in diesem Fall werden sie aber **nicht zu Beteiligten**; das Gericht ist für sie nur Beurkundungsstelle.[7]

II. Form des Vergleichs (Absätze 2, 3)

1. Vergleichsschluss im Termin

Der Vergleich kann, wie stets, zunächst im Termin geschlossen werden, auch vor dem **beauftragten Richter**.[8] Der Handhabung nach früherem Recht[9] entsprechend verlangt § 36 Abs. 2 für gerichtliche Vergleiche die **Protokollierung** nach §§ 159 ff. ZPO. Nach § 36 Abs. 2 Satz 1 ist über eine im Termin zu Stande gekommene Einigung eine Niederschrift anzufertigen. Wegen ihres Inhalts im Einzelnen verweist § 36 Abs. 2 Satz 2 auf „die Vorschriften der Zivilprozessordnung über die Niederschrift des Vergleichs". Dies stellt zunächst klar, dass im Falle des Vergleichs die Anfertigung des ansonsten ausreichenden Vermerks (§ 28 Abs. 4) nicht genügt. Das Gericht hat ein

---

1 KG v. 16.9.2003 – 1 W 48/02, FGPrax 2004, 31; Bork/Jacoby/Schwab/*Elzer*, 1. Aufl., § 36 FamFG Rz. 11; Zöller/*Feskorn*, § 36 FamFG Rz. 3.
2 OLG Stuttgart v. 22.11.1983 – 8 W 328/83, OLGZ 1984, 131 (133); BayObLG v. 14.7.1997 – 1 Z BR 39/97, FGPrax 1997, 229; KG v. 16.9.2003 – 1 W 48/02, FGPrax 2004, 31; KG v. 16.9.2003 – 1 W 48/02, Rpfleger 2004, 101 (102); Keidel/*Meyer-Holz*, § 36 FamFG Rz. 18.
3 BGH v. 23.9.1987 – IVb ZB 59/86, NJW-RR 1989, 195 (196); OLG Stuttgart v. 22.11.1983 – 8 W 328/83, OLGZ 1984, 131 (133); BayObLG v. 14.7.1997 – 1 Z BR 39/97, FGPrax 1997, 229; KG v. 16.9.2003 – 1 W 48/02, FGPrax 2004, 31; *Bumiller*/Harders, § 36 FamFG Rz. 8; Keidel/*Meyer-Holz*, § 36 FamFG Rz. 17; ähnlich *Heinemann*, DNotZ 2009, 6 (10).
4 BGH v. 23.9.1987 – IVb ZB 59/86, NJW-RR 1989, 195 (196); KG v. 16.9.2003 – 1 W 48/02, FGPrax 2004, 31; Keidel/*Meyer-Holz*, § 36 FamFG Rz. 17.
5 Beispiele von Keidel/*Meyer-Holz*, § 36 FamFG Rz. 18.
6 BGH v. 16.12.1982 – VII ZR 55/82, BGHZ 86, 160 (164f.); BGH v. 18.6.1999 – V ZR 40/98, NJW 1999, 2806 (2807f.); Keidel/*Meyer-Holz*, § 36 FamFG Rz. 28; *Bassenge*/Roth, Einl. FGG Rz. 133; Zöller/*Feskorn*, § 36 FamFG Rz. 10.
7 BGH v. 16.12.1982 – VII ZR 55/82, BGHZ 86, 160 (165).
8 BGH v. 5.10.1954 – V BLw 25/54, BGHZ 14, 381 (387).
9 Hierzu etwa BGH v. 5.10.1954 – V BLw 25/54, BGHZ 14, 381 (395); Keidel/*Meyer-Holz*, § 36 FamFG Rz. 24.

vollständiges Protokoll anzufertigen, das sämtliche Angaben eines Rubrums gem. § 160 Abs. 1 ZPO[1] einschließlich der Angabe enthalten muss, ob nichtöffentlich verhandelt oder die Öffentlichkeit zugelassen wurde. Sodann ist nach § 160 Abs. 3 Nr. 1 ZPO der **volle Wortlaut** des Vergleichs zu protokollieren. Hierbei kann allerdings nach § 160 Abs. 5 ZPO auf Anlagen Bezug genommen werden.[2] Der Vergleich muss schließlich den Beteiligten nach § 162 Abs. 1 ZPO **vorgelesen oder zur Durchsicht vorgelegt** bzw. bei vorläufiger Aufzeichnung auf Tonträger **vorgespielt** werden.[3] Dies ist nach § 162 Abs. 1 Satz 3 ZPO wiederum im Protokoll zu **vermerken**.[4] Diese Anforderungen stehen nicht zur Disposition der Beteiligten, die hierauf nicht verzichten können.[5] Wird das Vorlesen bzw. Vorspielen unterlassen, ist der Vergleich prozessual unwirksam.[6] Hingegen ist das Fehlen des Vermerks hierüber ohne Einfluss auf die Wirksamkeit des Vergleichs.[7] Das Protokoll muss vom Vorsitzenden und, falls hinzugezogen, vom Protokollführer unterzeichnet werden.[8] Sofern die Protokollierung des Vergleichs den sonstigen Anforderungen der §§ 159 ff. ZPO nicht genügt, kommt die Vollstreckung hieraus nicht in Betracht. Der Vergleich kann aber noch **als materiellrechtliches Rechtsgeschäft wirksam** sein.[9] Natürlich kann die Berufung auf die Formunwirksamkeit unter besonderen Umständen – etwa nach Entgegennahme der aus dem Vergleich geschuldeten Leistung und längerem Zuwarten – rechtsmissbräuchlich sein.[10]

2. Vergleichsschluss nach § 278 Abs. 6 ZPO

12 Mit § 36 Abs. 3 hat der Gesetzgeber die früher umstrittene Frage entschieden, ob ein Vergleich auch in Verfahren der freiwilligen Gerichtsbarkeit nach § 278 Abs. 6 ZPO **im schriftlichen Verfahren** geschlossen werden kann.[11] Der Vergleich kann nunmehr auch dadurch geschlossen werden, dass die Beteiligten einen abgestimmten schriftlichen Vergleichsvorschlag unterbreiten oder einen Vergleichsvorschlag des Gerichts bzw. eines anderen Beteiligten schriftsätzlich annehmen. Dies gilt jedenfalls in analoger Anwendung der Vorschrift auch für das Versorgungsausgleichsverfahren.[12] Eine verspätete oder den Vorschlag nur modifiziert annehmende Erklärung ist nach allgemeinen Grundsätzen (§ 150 BGB) ein neues Angebot.[13] Entsprechendes gilt für die „Annahme" eines gerichtlichen Vergleichsvorschlages nach Ablauf der hierfür gesetzten Frist.[14] Denn derjenige, der die Annahme fristgerecht erklärt hat, ist nach Fristablauf ohne Annahme durch den oder die anderen Beteiligten hieran nicht mehr gebunden. Die Beteiligten müssen also nicht allein zum Zweck des Vergleichsschlusses vor Gericht erscheinen. Die Voraussetzungen sind allerdings dieselben wie bei anderen Vergleichen; insbesondere muss sein Gegenstand zur Disposi-

---

1 Keidel/*Meyer-Holz*, § 36 FamFG Rz. 25; Bassenge/Roth/*Gottwald*, § 34 FamFG Rz. 5; Bork/Jacoby/Schwab/*Elzer*, 1. Aufl., § 36 FamFG Rz. 21; Zöller/*Feskorn*, § 36 FamFG Rz. 7.
2 Keidel/*Meyer-Holz*, § 36 FamFG Rz. 27.
3 BGH v. 18.6.1999-V ZR 40/98, NJW 1999, 2806 (2807); Keidel/*Meyer-Holz*, § 36 FamFG Rz. 25; Bassenge/Roth/*Gottwald*, § 34 FamFG Rz. 5; Bork/Jacoby/Schwab/*Elzer*, 1. Aufl., § 36 FamFG Rz. 22; Zöller/*Feskorn*, § 36 FamFG Rz. 7.
4 *Bumiller*/Harders, § 36 FamFG Rz. 10; Keidel/*Meyer-Holz*, § 36 FamFG Rz. 25.
5 Keidel/*Meyer-Holz*, § 36 FamFG Rz. 25.
6 BGH v. 18.1.1984 – IVb ZB 53/83, NJW 1984, 1465 (1466); BGH v. 18.6.1999 – V ZR 40/98, NJW 1999, 2806 (2807); KG v. 24.11.1983 – 22 U 6199/82, FamRZ 1984, 284 (285); OLG Koblenz v. 12.12.1983 – 13 UF 795/83, FamRZ 1984, 270.
7 BGH v. 18.6.1999 – V ZR 40/98, NJW 1999, 2806 (2807); *Bumiller*/Harders, § 36 FamFG Rz. 10.
8 BGH v. 18.6.1999 – V ZR 40/98, NJW 1999, 2806 (2807); Keidel/*Meyer-Holz*, § 36 FamFG Rz. 26.
9 AG Brandenburg a.d.H. v. 31.8.2011 – 50 VI 164/10, FamRZ 2012, 142 f.; Bork/Jacoby/Schwab/*Elzer*, 1. Aufl., § 36 FamFG Rz. 15; anders für den Fall, dass die ordnungsgemäße Protokollierung nach dem Willen der Beteiligten auch Wirksamkeitsvoraussetzung sein sollte KG v. 24.11.1983 – 22 U 6199/82, FamRZ 1984, 284 (285).
10 OLG Koblenz v. 12.12.1983 – 13 UF 795/83, FamRZ 1984, 270 (271).
11 Bejahend etwa *Ungewitter*, NZM 2004, 87 ff.; *Niedenführ*/Schulze, § 44 WEG Rz. 18a, verneinend etwa Bassenge/Roth, Einl. FGG, Rz. 133; KK/*Abramenko*, § 44 WEG Rz. 8.
12 OLG München v. 29.9.2010 – 12 UF 1153/10, FamRZ 2011, 812 f.
13 Keidel/*Meyer-Holz*, § 36 FamFG Rz. 33.
14 Hierzu vgl. Keidel/*Meyer-Holz*, § 36 FamFG Rz. 36.

tion der Beteiligten stehen.[1] Das Zustandekommen des Vergleichs ist nach § 278 Abs. 6 Satz 2 ZPO durch Beschluss festzustellen. Hierdurch erhält der bereits zustande gekommene materiell-rechtliche Vergleich die Qualität eines Vollstreckungstitels. Sofern keine Spezialvorschriften (wie etwa § 156 Abs. 2) abweichende Regelungen treffen, hat das Gericht den Vergleich nur dahin gehend zu prüfen, ob er nach allgemeinen Grundsätzen (etwa §§ 134, 138 BGB) nicht zu beanstanden ist.[2]

III. Folgen des Vergleichs

1. Beendigung des Verfahrens hinsichtlich der vom Vergleich betroffenen Gegenstände

Bestehen keine zusätzlichen Wirksamkeitserfordernisse wie etwa die gerichtliche Billigung nach § 156 Abs. 2,[3] so beendet der Vergleich das Verfahren unmittelbar, soweit die Vereinbarung reicht.[4] Soweit der Vergleich auf Widerruf geschlossen wurde, tritt diese Folge mit der aufschiebenden Bedingung ein, dass der Vergleich bis zum Ablauf der Frist nicht widerrufen wird. Der formgerecht geschlossene Vergleich ersetzt eine notarielle Beurkundung nach § 127a BGB.[5]

2. Vollstreckungstitel

Nach früherem Recht wurde auch der gerichtliche Vergleich nicht als ein Vollstreckungstitel angesehen, sofern nicht **Spezialvorschriften** wie § 45 Abs. 3 WEG aF ausdrücklich etwas anderes vorsahen.[6] § 36 nimmt zur Frage der Vollstreckung aus gerichtlichen Vergleichen nach neuem Recht nicht ausdrücklich Stellung. An etwas versteckter Stelle, im Zusammenhang mit der Berichtigung von Unrichtigkeiten, äußert sich der Gesetzgeber allerdings auch zu deren Vollstreckbarkeit: „Zum anderen bedarf es eines Instruments zur Korrektur von Vergleichen, um im Einzelfall ihre Vollstreckungsfähigkeit herzustellen."[7] Demnach sollen ordnungsgemäß protokollierte Vergleiche nunmehr Vollstreckungstitel sein. Dies folgt letztlich auch aus § 86 Abs. 1 Nr. 3, dessen etwas pauschal geratene Bezugnahme auf § 794 ZPO jedenfalls auch die Einbeziehung von Vergleichen in den Kreis der „weiteren Vollstreckungstitel" gem. § 794 Abs. 1 Nr. 1 ZPO erfasst.[8] Dies bestätigen die Materialien zu § 86, wonach „die Vollstreckung auch aus weiteren Titeln iSd. § 794 ZPO erfolgen" kann.[9] Dies umfasst nach ausdrücklichem Bekunden auch Titel, die „auf Vereinbarungen zwischen den Beteiligten fußen, wie etwa § 794 Abs. 1 Nr. 1 (...) ZPO".[10] Ordnungsgemäß protokollierte Vergleiche über Gegenstände, über die die Beteiligten verfügen können, stellen nunmehr also Vollstreckungstitel dar.[11] Sie bedürfen der Vollstreckungsklausel.[12]

---

1 *Bumiller*/Harders, § 36 FamFG Rz. 12.
2 *Keidel*/*Meyer-Holz*, § 36 FamFG Rz. 39.
3 Hierzu vgl. BGH v. 23.9.1987 – IVb ZB 59/86, NJW-RR 1989, 195 (196).
4 BGH v. 22.12.1982 – V ZR 89/80, BGHZ 86, 184 (186 f.); BGH v. 18.9.1996 – VIII ZB 28/96, NJW 1996, 3345 (3346); Bork/Jacoby/Schwab/*Elzer*, 1. Aufl., § 36 FamFG Rz. 36; Keidel/*Meyer-Holz*, § 36 FamFG Rz. 5; Zöller/*Greger*, § 278 ZPO Rz. 2.
5 BGH v. 28.6.1961 – V ZR 29/60, BGHZ 35, 309 (310); BGH v. 18.6.1999 – V ZR 40/98, NJW 1999, 2806 f.; Keidel/*Meyer-Holz*, § 36 FamFG Rz. 12; dazu, dass dies auch beim Fehlen des Vermerks nach § 162 Abs. 1 Satz 2 ZPO gilt, s. Keidel/*Meyer-Holz*, § 36 FamFG Rz. 12; aA für Beschlüsse nach § 278 Abs. 6, S. 2 ZPO Bork/Jacoby/Schwab/*Elzer*, 1. Aufl., § 36 FamFG Rz. 29.
6 OLG Zweibrücken v. 28.12.1981 – 2 WF 74/81, FamRZ 1982, 530; BayObLG v. 14.7.1997 – 1 Z BR 39/97, FGPrax 1997, 229 (230).
7 BT-Drucks. 16/6308, S. 194.
8 *Reinken*, ZFE 2009, 206 (214); *Schlünder*, FamRZ 2010, 1636 (1637); Bork/Jacoby/Schwab/*Elzer*, § 36 FamFG Rz. 9.
9 BT-Drucks. 16/6308, S. 217.
10 BT-Drucks. 16/6308, S. 217.
11 Ebenso Keidel/*Meyer-Holz*, § 36 FamFG Rz. 50; aA für zusätzlich einbezogene Gegenstände Bork/Jacoby/Schwab/*Elzer*, 1. Aufl., § 36 FamFG Rz. 11.
12 Keidel/*Meyer-Holz*, § 36 FamFG Rz. 51.

IV. Fehler des Vergleichs

1. Fehler der Protokollierung

a) Unrichtige Protokollierung des Inhalts

aa) Berichtigung nach § 164 ZPO

15 Wie jedes gerichtliche Handeln kann auch die Protokollierung des Vergleichs fehlerhaft sein. Dies betrifft zunächst den Fall, dass das Protokoll bzw. der Beschluss nach § 278 Abs. 6 Satz 2 ZPO den geschlossenen Vergleich nicht richtig wiedergibt. Beides kann nach § 36 Abs. 4 nach Gewährung rechtlichen Gehörs beim Protokoll durch Berichtigungsvermerk[1] nach § 164 ZPO behoben werden, beim Beschluss nach § 36 Abs. 4 FamFG iVm. § 278 Abs. 6 ZPO wohl auch durch Beschluss.[2] Sofern das Gericht einen entsprechenden Antrag ablehnt, ist diese Entscheidung nach überwiegender Auffassung jedenfalls dann gem. § 567 Abs. 1 Nr. 2 ZPO mit der **sofortigen Beschwerde** angreifbar, wenn nicht Vorgänge betroffen sind, die der persönlichen Wahrnehmung des Protokollierenden bedürfen.[3] Dies ist beim Vergleichsschluss der Fall, da die protokollierten Erklärungen der Beteiligten bzw. nach § 278 Abs. 6 ZPO ihre diesbezüglichen Schriftsätze bzw. der gerichtliche Vergleichsvorschlag sowie der Beschluss nach § 278 Abs. 6 Satz 2 ZPO schriftlich vorliegen, so dass eine Kontrolle unschwer möglich ist.[4] Allerdings muss die Unrichtigkeit nicht iSd. § 42 offenkundig sein.[5]

bb) Keine Berichtigung nach § 42

16 Hingegen scheidet die **Berichtigung von Vergleichen nach § 42** aus (vgl. § 42 Rz. 11). Denn es handelt sich hierbei nicht um einen Beschluss nach § 38. Dies gilt auch für die Feststellung nach § 36 Abs. 3 FamFG iVm. § 278 Abs. 6 Satz 2 ZPO, dass ein Vergleich zu Stande gekommen ist.[6] Auch dieser beruht nicht auf der Rechtserkenntnis des angerufenen Gerichts, das vielmehr, wie bei der Protokollierung des Vergleichs in der mündlichen Verhandlung, nur als beurkundende Stelle tätig wird.

cc) Inhaltliche Fehlerhaftigkeit der korrekt protokollierten Erklärungen

17 Nicht nach § 36 Abs. 4 FamFG iVm. 164 ZPO können Erklärungen korrigiert werden, die zwar korrekt protokolliert wurden, aber ihrerseits Unrichtigkeiten beinhalten (zB die unrichtige Bezeichnung eines Grundstücks).[7] Denn hierbei handelt es sich nicht um „Unrichtigkeiten in der Niederschrift" gem. § 36 Abs. 4. Vielmehr haben die Beteiligten etwas anderes erklärt als sie eigentlich wollten.[8] Bei einseitigen Irrtümern kommen aber die **Anfechtung** des materiellrechtlichen Rechtsgeschäfts und in der Folge die Nichtigkeit des Vergleichs in Betracht (vgl. Rz. 19). Ist der Irrtum **beidseitig**, dürfte jedenfalls ein Antrag auf **Feststellung des eigentlich Gewollten** zulässig sein, zumindest in einem neuen Verfahren. Denn der Fall einer falsa demonstratio kann nicht schlechter behandelt werden als der mangels Bestimmtheit nicht vollstreckbare Titel (vgl. § 38 Rz. 14f.).

---

1 Keidel/*Meyer-Holz*, § 36 FamFG Rz. 43 hält auch einen Beschluss für zulässig.
2 So Keidel/*Meyer-Holz*, § 36 FamFG Rz. 44; Bassenge/Roth/*Gottwald*, § 34 FamFG Rz. 7.
3 OLG Koblenz v. 26.2.1986 – 8 W 121/86, MDR 1986, 593; LAG Hamm v. 24.9.1987 – 8 TaBV 69/87, MDR 1988, 172; OLG Frankfurt v. 30.4.2007 – 15 W 38/07, NJW-RR 2007, 1142 (1143); Baumbach/ *Hartmann*, § 164 ZPO Rz. 15; aA Keidel/*Meyer-Holz*, § 36 FamFG Rz. 45, der sich aber nur auf die nach § 58 FamFG nicht vorgesehene Anfechtung stützt und den Verweis auf § 164 ZPO übersieht.
4 Ebenso Keidel/*Meyer-Holz*, § 36 FamFG Rz. 44.
5 Keidel/*Meyer-Holz*, § 36 FamFG Rz. 41.
6 Vgl. BGH v. 14.7.2004 – XII ZB 268/03, NJW-RR 2005, 214.
7 OLG Hamm v. 12.11.1982 – 26 W 19/82, OLGZ 1983, 89, 91f.; Zöller/*Stöber*, § 164 ZPO Rz. 3; Zöller/*Feskorn*, § 36 FamFG Rz. 11.
8 Ebenso Keidel/*Meyer-Holz*, § 36 FamFG Rz. 41.

b) Irrtum über die Annahme eines Vergleichsschlusses

Weiter kann sich das Gericht auch darüber irren, ob die Voraussetzungen eines Vergleichs überhaupt vorliegen, weil es entweder die Voraussetzungen (etwa die Schriftform der Vergleichsvorschläge nach § 278 Abs. 6 Satz 1 ZPO) oder den Inhalt der Schriftsätze verkennt. In der zivilprozessualen Literatur war streitig, wie diese Fälle zu behandeln sind. Während eine Auffassung dafür plädierte, die Unrichtigkeit des Beschlusses nach § 278 Abs. 6 Satz 2 ZPO durch **Fortsetzung des Verfahrens** geltend zu machen,[1] hielt die Gegenposition den Antrag auf **Berichtigung und bei ablehnender Entscheidung die sofortige Beschwerde** hiergegen für den richtigen Weg.[2] Jedenfalls für Verfahren nach dem FamFG scheint sich der Gesetzgeber entschieden zu haben, letztgenannte Möglichkeit zu eröffnen. Denn nach § 36 Abs. 4 können jegliche „Unrichtigkeiten in der Niederschrift oder in dem Beschluss über den Vergleich" ohne jede Einschränkung im Wege der Berichtigung nach § 164 ZPO behoben werden.[3] Dies umfasst zwangsläufig auch die unrichtige Feststellung über das Zustandekommen eines Vergleichs, da darin ohne Zweifel eine Unrichtigkeit in der Niederschrift bzw. in dem Beschluss nach § 278 Abs. 6 Satz 2 ZPO liegt.

18

2. Inhaltliche Fehler

a) Materiellrechtliche Unwirksamkeit

aa) Gegenstände des bisherigen Verfahrens

Der Vergleich kann bei richtiger Protokollierung der abgegebenen Erklärungen auch daran kranken, dass mindestens eine davon materiellrechtlich unwirksam ist. Dies kann etwa auf **fehlende Geschäftsfähigkeit** bei Abschluss des Vergleichs[4] oder auf eine wirksame Anfechtung wegen **Willensmängeln**[5] zurückgehen, nicht aber auf einseitigen „Rücktritt",[6] ebenso wenig durch eine einvernehmliche Aufhebung des Vergleichs.[7] In Falle der materiell-rechtlichen Unwirksamkeit ist der Vergleich insgesamt unwirksam.[8] In der Folge müssen, da die **verfahrensbeendigende Wirkung des Vergleichs entfällt**, die zuvor gestellten Anträge von dem Gericht beschieden werden, bei dem das Verfahren zuletzt anhängig war.[9] Verfolgt der Antragsteller sein Begehren zu Unrecht weiter, ist sein Antrag abzuweisen.[10] Gleiches gilt, wenn die Wirksamkeit des Vergleichs etwa nach einer Anfechtung gem. §§ 119, 123 BGB im Streit steht. Auch diese Frage muss durch **Fortsetzung des Verfahrens** geklärt werden.[11] Das Gericht stellt dann entweder mit Beschluss gem. §§ 38 ff., der mit den all-

19

---

1 Zöller/*Greger*, § 278 ZPO Rz. 31; *Bumiller*/Harders, § 36 FamFG Rz. 13; Keidel/*Meyer-Holz*, § 36 FamFG Rz. 46.
2 Musielak/*Foerste*, § 278 ZPO Rz. 18; für eine Wahlmöglichkeit der Partei *Abramenko*, NJW 2003, 1356 (1357f.).
3 Diese Inbezugnahme der ZPO übersieht Keidel/*Meyer-Holz*, § 36 FamFG Rz. 45, der nur damit argumentiert, dass nach § 58 eine Anfechtung im Gesetz nicht vorgesehen sei.
4 BGH v. 22.12.1982 – V ZR 89/80, BGHZ 86, 184 (187).
5 Hierzu BGH v. 15.4.1964 – Ib ZR 201/62, BGHZ 41, 310 (311); BGH v. 3.11.1971 – VIII ZR 52/70, NJW 1972, 159.
6 Hierzu s. BayObLG v. 4.3.1999 – 2Z BR 16/99, FGPrax 1999, 99; anderes galt natürlich bei materiellrechtlich begründetem Rücktritt nach § 326 Abs. 1 Satz 2 aF BGB, s. BGH v. 15.4.1964 – Ib ZR 201/62, BGHZ 41, 310 (311).
7 BGH v. 15.4.1964 – Ib ZR 201/62, BGHZ 41, 310 (311).
8 Keidel/*Meyer-Holz*, § 36 FamFG Rz. 22; Bork/Jacoby/Schwab/*Elzer*, 1. Aufl., § 36 FamFG Rz. 5.
9 BGH v. 15.4.1964 – Ib ZR 201/62, BGHZ 41, 310 (311); BGH v. 3.11.1971 – VIII ZR 52/70, NJW 1972, 159; BGH v. 22.12.1982 – V ZR 89/80, BGHZ 86, 184 (187); BGH v. 16.12.1982 – VII ZR 55/82, BGHZ 86, 160 (164); BGH v. 4.5.1983 – VIII ZR 94/82, BGHZ 87, 227 (230); BGH v. 18.9.1996 – VIII ZB 28/96, NJW 1996, 3345 (3346); BGH v. 29.7.1999 – III ZR 272/98, NJW 1999, 2903; OLG Stuttgart v. 22.11.1983 – 8 W 328/83, OLGZ 1984, 131 (133); Keidel/*Meyer-Holz*, § 36 FamFG Rz. 46.
10 BGH v. 5.10.1954 – V BLw 25/54, BGHZ 14, 381 (385); BGH v. 18.9.1996 – VIII ZB 28/96, NJW 1996, 3345 (3346).
11 BGH v. 22.12.1982 – V ZR 89/80, BGHZ 86, 184 (186f.); BGH v. 29.7.1999 – III ZR 272/98, NJW 1999, 2903 (2903f.); BayObLG v. 22.2.1990 – 2 Z 11/90, WE 1991, 199; BayObLG v. 4.3.1999 – 2Z BR 16/99, FGPrax 1999, 99; Bork/Jacoby/Schwab/*Elzer*, 1. Aufl., § 36 FamFG Rz. 13.

gemeinen Rechtsmitteln (§§ 58 ff.) anfechtbar ist, die Wirksamkeit des Vergleichs unter Zurückweisung weiter gehender Anträge fest[1] oder entscheidet bei unwirksamen Vergleich über die ursprünglichen Anträge.[2] Hingegen ist die materiell-rechtliche Wirksamkeit bei Erteilung der Vollstreckungsklausel nicht zu prüfen.[3]

bb) Weitere, miterledigte Gegenstände

20 Die Fortsetzung des bisherigen Verfahrens ist allerdings nur möglich, wenn der Vergleich zumindest auch die dort anhängigen Verfahrensgegenstände betraf. Bezieht er weitere, noch nicht rechtshängige Ansprüche mit ein, so ist zu unterscheiden: Ist neben einem weiteren Gegenstand **auch derjenige des Verfahrens** betroffen, so ist das ursprüngliche Verfahren fortzusetzen.[4] Allerdings ist zu prüfen, ob wegen der weiteren Gegenstände der Amtsermittlungsgrundsatz gilt.[5] Betrifft die behauptete Unwirksamkeit des Vergleichs dagegen **ausschließlich verfahrensfremde Gegenstände**, so kann sie nicht im ursprünglichen Verfahren geltend gemacht werden. Hierfür bedarf es eines neuen Verfahrens.[6] Je nach Verfahrensart ist dann im Zivilprozess auf Feststellung zu klagen bzw. im Verfahren nach dem FamFG die Feststellung zu beantragen, dass der Vergleich hinsichtlich dieser Gegenstände unwirksam ist.[7] War über die mitverglichenen Gegenstände bereits ein **anderer Rechtsstreit anhängig**, so ist die Frage nach der Wirksamkeit des Vergleichs durch Fortsetzung dieses Verfahrens zu klären.[8]

b) Mangelnde Bestimmtheit

21 Eines weiteren Verfahrens bedarf es dann, wenn dem Vergleich die Vollstreckbarkeit etwa mangels vollstreckbaren Inhalts oder korrekter Protokollierung abgeht. Bei derartigen verfahrensrechtlichen Fehlern kann er, anders als bei Fehlern der Willensbildung, immer noch **materiellrechtliche Wirkung** entfalten.[9] In diesem Fall ist er in einem neuen Verfahren als Anspruchsgrundlage heranzuziehen,[10] hat aber keine verfahrensbeendigende Wirkung.[11]

c) Abänderung nach § 48 Abs. 1

22 Vergleiche können schließlich auch durch nachträgliche Veränderungen der materiellen Rechtslage widersprechen. Für gerichtliche Entscheidungen sieht § 48 Abs. 1 in vergleichbaren Fällen die Möglichkeit der Abänderung vor. Vergleiche hingegen unterfallen § 48 Abs. 1 nach dem ausdrücklichen Wortlaut der Vorschrift nicht.[12] Hierin ist auch **keine unbewusste Regelungslücke** zu sehen. Denn in anderem Zusammenhang etwa in Art. 50 Nr. 30 (zu § 1696 BGB) berücksichtigt das FGG-RG die Änderung derartiger Titel wie Vergleiche durchaus. Da Vergleiche auf der privat-

---

1 BayObLG v. 22.2.1990 – 2Z 11/90, WE 1991, 199; Keidel/*Meyer-Holz*, § 36 FamFG Rz. 46.
2 Keidel/*Meyer-Holz*, § 36 FamFG Rz. 47; Bork/Jacoby/Schwab/*Elzer*, 1. Aufl., § 36 FamFG Rz. 19.
3 Keidel/*Meyer-Holz*, § 36 FamFG Rz. 51.
4 OLG Stuttgart v. 22.11.1983 – 8 W 328/83, OLGZ 1984, 131 (133 f.); *Bumiller*/Harders, § 36 FamFG Rz. 14.
5 OLG Stuttgart v. 22.11.1983 – 8 W 328/83, OLGZ 1984, 131 (134).
6 Bork/Jacoby/Schwab/*Elzer*, 1. Aufl., § 36 FamFG Rz. 14; aA *Bumiller*/Harders, § 36 FamFG Rz. 15.
7 OLG Frankfurt v. 13.7.1983 – 3 WF 284/82, FamRZ 1984, 407 (408).
8 BGH v. 4.5.1983 – VIII ZR 94/82, BGHZ 87, 227 (231); nur als Möglichkeit sieht dies Keidel/*Meyer-Holz*, § 36 FamFG Rz. 48, wonach „die Unwirksamkeit des Vergleichs auch in jenem Verfahren geltend gemacht werden (kann)". Aber es dürfte systemfremd sein, anderen Verfahrensordnungen unterfallende Gegenstände im Verfahren der freiwilligen Gerichtsbarkeit mit den dortigen Verfahrensmaximen zu entscheiden, nicht in der vorgesehenen Verfahrensordnung.
9 Keidel/*Meyer-Holz*, § 36 FamFG Rz. 22.
10 BayObLG v. 27.4.2000 – 2 Z BR 187/99, ZMR 2000, 624 (626).
11 Keidel/*Meyer-Holz*, § 36 FamFG Rz. 22.
12 Vgl. schon zum alten Recht gegen eine Anwendbarkeit von § 18 FGG *Bassenge*/Roth, Einl. FGG Rz. 138; aA, aber ohne Begr. für das neue Recht, Keidel/*Meyer-Holz*, § 36 FamFG Rz. 49.

autonomen Entscheidung der Beteiligten beruhen, scheidet eine Abänderung durch Richterspruch grundsätzlich aus.[1] Es bleibt allenfalls der Rückgriff auf die allgemeinen Institute wie den **Wegfall der Geschäftsgrundlage**.[2] Eine günstigere Ausgangsbasis können sich die Beteiligten zudem dadurch verschaffen, dass sie sich die Abänderung unter bestimmten, bereits im Vergleich definierten Bedingungen vorbehalten. Der Streit über nachträgliche Änderungen ist in einem neuen Verfahren auszutragen.[3]

V. Güterichter

1. Zweck der Vorschrift

Mit § 36 Abs. 5 hat der Gesetzgeber[4] die Möglichkeit einer alternativen Konfliktlösung in das Verfahren der fG eingeführt. Deren Sinn ist der Versuch, auch bei einem gegenüber der vorgerichtlichen Mediation höheren Eskalationsgrad eine Möglichkeit der konsensualen Konfliktlösung zu eröffnen. Dabei soll der Einsatz des Güterichters idR in **persönlicher Begegnung der Beteiligten** jenseits der juristischen Lage ein Erkennen der Bedürfnisse, Erwartungen und Wertvorstellungen der anderen Beteiligten ermöglichen und so eine gütliche Lösung ermöglichen.[5] Dem soll es auch dienen, dass das Verfahren vor dem Güterichter nicht mit zusätzlichen Gerichtskosten verbunden ist.[6] Daneben sollen Ressourcen der Justiz geschont werden. Jedenfalls letztere Zielsetzung dürfte bei der Länge der bisweilen für sinnvoll und nötig befundenen Verhandlungen,[7] der Belastung eines weiteren Richters und der damit verbundenen Zusatzausbildung[8] kaum zu erreichen sein. Zudem ist das Verfahren nach § 36 Abs. 5 mit zusätzlicher Arbeit für die Geschäftsstellen verbunden, die Schriftstücke aus diesem Verfahren gerade nicht einfach in die Hauptakte einfügen dürfen, sondern Sonderhefte anlegen müssen.[9] Hinzu kommen zusätzliche Form- und Merkblätter, Erfassungsbögen und Statistiken.[10]

23

2. Anwendungsbereich

a) Erfasste Verfahren

Mit § 36 Abs. 5 hat der Gesetzgeber die entsprechende Regelung zum Zivilprozess (§ 278 Abs. 5 ZPO) fast wortgleich auch in das FamFG eingefügt. Die Vorschrift findet gem. § 113 Abs. 1 in Ehe- und Familienstreitsachen keine Anwendung; hier gilt § 278 Abs. 5 ZPO. Bemerkenswert ist, dass der Gesetzgeber die ohnehin fragwürdige Einschränkung des § 36 Abs. 1 Satz 2 in § 36 Abs. 5 nicht übernommen hat. Das Gericht kann die Beteiligten also auch in **Gewaltschutzsachen** an den Güterichter verweisen. § 36 Abs. 5 beschränkt den Versuch einer gütlichen Einigung auch nicht auf Verfahrensgegenstände, über die die Beteiligten verfügen können. Dies erscheint auch sachgerecht, da nicht der Vergleich, sondern die gütliche Einigung Ziel der güterichterlichen Tätigkeit ist. Eine solche kann auch in Verfahren, die nicht der **Disposition der Beteiligten** unterliegen, sinnvoll sein. So können sich die Beteiligten, etwa in Nachlasssachen, zwar nicht auf bestimmte Erbquoten, aber auf die Rücknahme eines Rechtsmittels einigen.

24

---

1 Bork/Jacoby/Schwab/*Elzer*, 1. Aufl., § 36 FamFG Rz. 37. Anderes gilt naturgemäß bei Spezialregelungen, vgl. *Bumiller*/Harders, § 36 FamFG Rz. 15.
2 BayObLG v. 15.2.1966 – 1a Z 58/65, BayObLGZ 1966, 67 (72); Bork/Jacoby/Schwab/*Elzer*, 1. Aufl., § 36 FamFG Rz. 37; insoweit richtig Keidel/*Meyer-Holz*, § 36 FamFG Rz. 49.
3 BGH v. 3.11.1971 – VIII ZR 52/70, NJW 1972, 159; Bork/Jacoby/Schwab/*Elzer*, 1. Aufl., § 36 FamFG Rz. 37.
4 Durch Art. 3 Nr. 4 des Gesetzes zur Förderung der Mediation und anderer Verfahren der außergerichtlichen Konfliktbeilegung v. 21.6.2012, BGBl I, S. 1577.
5 *Ahrens*, NJW 2012, 2465 (2470); *Greger*/Unberath, Teil 4 Rz. 80.
6 *Plassman*, BRAK-Mitteilungen 2012, 194 (197).
7 Hierzu s. *Greger*/Unberath, Teil 4 Rz. 92, der von „oft mehrstündigen Verhandlungen" spricht und eine Zeitbegrenzung auf zwei oder drei Stunden für verfehlt hält (Rz. 129).
8 Hierzu s. *Greger*/Unberath, Teil 4 Rz. 87 ff.
9 *Greger*/Unberath, Teil 4 Rz. 93.
10 *Greger*/Unberath, Teil 4 Rz. 94.

b) Alle Instanzen

25 § 36 Abs. 5 macht, anders als § 278 Abs. 2 Satz 1 ZPO, keine Vorgabe, an welcher Stelle des Verfahrens das Güterichterverfahren stattfinden soll. Es kann somit bis zum Erlass der Entscheidung, ja sogar noch im **Abhilfeverfahren** eingeleitet werden, wenn sich erst dort Möglichkeiten für eine gütliche Einigung zeigen. Selbst eine **wiederholte Verweisung** an den Güterichter ist möglich, wenn sich in einem späteren Stadium des Verfahrens nochmals eine Möglichkeit zur gütlichen Einigung zeigt.[1] Eine Einschränkung auf das Hauptsacheverfahren lässt sich zumindest § 36 Abs. 5 nicht entnehmen. Der Güterichter kann somit schon im **Verfahrenskostenhilfeverfahren** tätig werden. Die Vorschrift gilt in allen Instanzen, über die Verweisungen in § 68 Abs. 3 Satz 1 für das Beschwerde- und in § 74 Abs. 4 auch für das Rechtsbeschwerdeverfahren.[2]

3. Die Verweisung

a) Beteiligte

26 § 36 Abs. 5 Satz 1 sieht vor, dass das Gericht „die Beteiligten" an den Güterichter verweist. Hierin liegt die einzige Abweichung vom Wortlaut der Vorschrift des § 278 Abs. 5 ZPO, was den Besonderheiten des Verfahrens der fG geschuldet ist. Auch in Streitverfahren sind nicht nur Antragsteller und Antragsgegner, sondern auch alle übrigen Beteiligten am Verfahren vor dem Güterichter zu beteiligen. Dies gilt erst recht in Amtsverfahren.

b) Zustimmung

aa) Erforderlichkeit der Zustimmung

27 Erstaunlicherweise setzt § 36 Abs. 5 nicht die Zustimmung der Beteiligten zur Verweisung voraus. Nach dem Wortlaut der Vorschrift könnte das erkennende Gericht die Verweisung auch ohne Zustimmung oder sogar gegen den Willen eines oder mehrerer Beteiligter vornehmen. Dies wäre aber erkennbar sinnwidrig, da es bei mangelnder Zustimmung nur zu einer Verzögerung des Verfahrens käme, da die Beteiligten sich gegen ihren Willen am Versuch einer gütlichen Einigung nicht beteiligen müssten. Das Gericht muss also vor der Verweisung die Zustimmung hierzu einholen.[3] Eine Verweisung ohne Zustimmung ist zwar als Zwischenentscheidung mangels entsprechender Regelung nicht anfechtbar. Jeder Beteiligte, der einem Verfahren vor dem Güterichter hätte zustimmen müssen, kann aber schon durch die Verweigerung seiner Mitwirkung dieses Verfahren verhindern. Eine einmal erteilte Zustimmung kann ohne Angaben von Gründen widerrufen werden.[4] Denn bei fehlender Mitwirkungsbereitschaft eines Beteiligten kann der Güterichter die Sache nur an das zuständige Gericht zurückgeben.

bb) Zustimmungsberechtigte Beteiligte

28 Die unvollständige Gesetzesfassung gewährt erst recht keinen Aufschluss darüber, wessen Zustimmung im Einzelnen eingeholt werden muss. Hier stellen sich ähnliche Probleme, wie stets, wenn das Gesetz nur pauschal von „den Beteiligten" spricht. Die Zustimmung aller Beteiligten zu verlangen, wäre nach der Zielsetzung des Gesetzes wohl sinnwidrig. Denn ein erfolgversprechendes Verfahren vor dem Güterichter kann schwerlich daran scheitern, dass ein materiell gar nicht betroffener Beteiligter, der nur aus Gründen der Sachverhaltsaufklärung zum Verfahren hinzugezogen wurde, seine Zustimmung zum Versuch einer gütlichen Einigung nicht erteilt. Hier wird nichts anderes gelten können als beim Rechtsmittelverzicht (§ 38 Rz. 39): Die Zu-

---

1 Zorn, FamRZ 2012, 1265 (1266).
2 Greger/Unberath, Teil 4 Rz. 82.
3 So auch Plassman, BRAK-Mitteilungen 2012, 194 (197); Zorn, FamRZ 2012, 1265 (1266); restriktiver Greger/Unberath, Teil 4 Rz. 122, wonach eine Verweisung ohne Zustimmung nicht erfolgen „soll".
4 Greger/Unberath, Teil 4 Rz. 108.

stimmung müssen demnach nur diejenigen erteilen, die gegen eine Entscheidung Beschwerde einlegen könnten. Dies heißt umgekehrt, dass in Antragsverfahren uU nicht nur Antragsteller und Antragsgegner zustimmen müssen. Etwa in Nachlasssachen muss auch derjenige zustimmen, der weder einen Antrag auf Erteilung eines Erbscheins gestellt noch ihm widersprochen hat, aber als Miterbe vom Ausgang des Verfahrens betroffen ist.

c) Das Gericht

Die Entscheidung über die Verweisung an den Güterichter hat nach § 36 Abs. 5 „das Gericht" zu treffen, also bei Kollegialgerichten der **Spruchkörper insgesamt**, nicht nur der Vorsitzende.[1] Trifft allein er eine entsprechende Verfügung, ist sie bis zur Billigung durch den gesamten Spruchkörper wirkungslos.

d) Zweck

Die Verweisung durch das Gericht ist nur „für den Versuch einer gütlichen Einigung" zulässig. Die Verweisung aus anderen Gründen, etwa zum Zwecke außergerichtlicher Verhandlungen der Beteiligten, ist nicht vom Zweck des § 36 Abs. 5 umfasst. Die Verweisung setzt allerdings nicht voraus, dass im Verfahren vor dem Güterichter eine komplette Erledigung der Sache zu erwarten steht.[2] Die gütliche Einigung kann auch nur einen **Teil der Sache** erfassen. Dies erfordert nicht, dass es sich, wie beim Teil-Beschluss, um einen abtrennbaren Teil des Verfahrensgegenstandes handelt. Die gütliche Einigung kann auch nur einzelne Anspruchsgrundlagen oder nur Vorfragen der Entscheidung betreffen. Das Gesetz lässt hier keine Beschränkungen erkennen. Vielmehr umfasst der Begriff der gütlichen Einigung jeden Aspekt des Verfahrensgegenstandes.

e) Beurteilungsspielraum und Ermessen

Dem zuständigen Gericht steht zunächst ein Beurteilungsspielraum in der Frage zu, ob der Versuch einer gütlichen Einigung im Verfahren vor dem Güterichter überhaupt Erfolg verspricht. Dabei kommt dem **vorgerichtlichen und gerichtlichen Verhalten** eines Beteiligten entscheidende Bedeutung zu. Haben sich die Beteiligten bereits endgültig und eindeutig festgelegt, wird idR für den Versuch einer gütlichen Einigung im Verfahren nach § 36 Abs. 5 kein Raum mehr sein. Die Verweisung nach § 36 Abs. 5 steht ferner, wie der Wortlaut („kann... verweisen") klarstellt, im Ermessen des zuständigen Gerichts. Es kann also auch dann, wenn die Voraussetzungen hierfür vorliegen, von einer Verweisung an den Güterichter absehen. Die Beteiligten haben **keinen Anspruch** auf ein Verfahren vor dem Güterichter.[3] Ein solches Vorgehen kann etwa dann geboten sein, wenn in Amtsverfahren dem **Wohl eines Beteiligten** durch eine gerichtliche Entscheidung besser gedient ist. Auch die bis dahin abgegebenen Stellungnahmen der Beteiligten sind in die Ermessensentscheidung einzubeziehen.[4] Gleiches gilt bei klarer Sachlage, die bereits eine Entscheidung zulässt. Die Entscheidung des Gerichts ist jedenfalls in entsprechender Anwendung von § 65 Abs. 4 auch im Zusammenhang mit der Entscheidung in der Hauptsache nicht anfechtbar.

f) Die „Verweisung"

Wie die Verweisung selbst zu erfolgen hat, bestimmt das Gesetz nicht. Sie kann demnach durch **Verfügung oder Beschluss** ergehen. Gleich welche Entscheidungsform gewählt wird, ist diese mangels entsprechender Anordnung nicht anfechtbar. In der Sache handelt es sich nicht um eine Verweisung nach § 3.[5] Vielmehr bleibt für den Fall, dass keine Einigung oder nur eine Teileinigung erfolgt, das „verweisende" Gericht für die Entscheidung zuständig. Der Güterichter ist am ehesten mit einem er-

---
1 Ahrens, NJW 2012, 2465 (2469).
2 Ähnlich Greger/Unberath, Teil 4 Rz. 130.
3 Ahrens, NJW 2012, 2465 (2469); Greger/Unberath, Teil 4 Rz. 123.
4 Ahrens, NJW 2012, 2465 (2469).
5 Zutreffend Greger/Unberath, Teil 4 Rz. 97.

suchten Richter vergleichbar, da ihm nur ein eng umgrenzter Aufgabenbereich zukommt. Anders als jener muss er allerdings demselben Gericht angehören. Die Verweisung ist insoweit bindend, als der Güterichter die Durchführung des Verfahrens nach § 36 Abs. 5 nicht von vornherein ablehnen kann, weil er den Fall für ungeeignet befindet.[1] Allerdings kann er sich in derartigen Fällen auf ein knappes Verfahren beschränken. Auch muss die Rückgabe der Sache an das entscheidende Gericht nicht begründet oder ein erfolgloser Einigungsversuch dokumentiert werden.[2]

4. Der Güterichter

a) Zuständigkeit

33   Der Güterichter kann eine einzelne Person sein, auch wenn das verweisende Gericht ein Kollegialgericht ist. Er muss aber bereits vorab in der **Geschäftsverteilung** bestimmt sein.[3] Dies geht daraus hervor, dass es sich gem. § 36 Abs. 5 Satz 1 um einen „hierfür bestimmten" Richter handeln muss. Ein ad hoc durch das verweisende Gericht bestimmter Kollege kann kein Güterichter sein. Auch der Güterichter eines anderen Gerichts oder gar einer anderen Gerichtsbarkeit scheidet aus, da Kooperationsabsprachen der Gerichte untereinander nicht den gesetzlichen Richter auswechseln können.[4] Einem solchen, nicht in der Geschäftsverteilung erscheinenden Vermittler stehen weder die Befugnisse eines Güterichters zu noch kommt ihm dessen Vorzugsstellung etwa bei der Vertraulichkeit der Sachbearbeitung zu. Die Beteiligten müssen also im Zweifel die Geschäftsverteilung des Gerichts einsehen. Fehler in der Verweisung werden allerdings in aller Regel ohne Folgen bleiben. Kommt eine Einigung zustande, kann diese in der Form eines Vergleichs vor dem entscheidenden Gericht protokolliert werden, so dass sie in jedem Fall gültig ist. Kommt keine Einigung zustande, bleibt das Gericht weiter zuständig und trifft eine Entscheidung.

b) Stellung und Kompetenzen des Güterichters

aa) Stellung des Güterichters

34   Die Bezeichnung des Güte*richters* und der Umstand, dass er vorab bestimmt sein muss, zeigen, dass er nicht mehr nur eine gerichtsnahe Vermittlung durchführt, sondern eine (neue) **richterliche Tätigkeit als Rechtsprechungsorgan** wahrnimmt.[5] Es handelt sich also ähnlich wie bei der Güteverhandlung nach § 278 Abs. 2 ZPO um ein Teil des Gerichtsverfahrens, auch wenn es nicht obligatorisch und aus dem eigentlichen Verfahren vor dem entscheidenden Gericht ausgelagert ist. In der Konsequenz kommen dem Güterichter sämtliche Befugnisse wie **Sitzungspolizei** etc. zu wie auch dem entscheidenden Gericht.[6]

bb) Keine Entscheidungsbefugnis

35   Der Güterichter darf in keinem Fall zur Entscheidung des Falles berufen sein. Auch dann, wenn er als ehemaliger Güterichter durch Veränderungen des Geschäftsverteilungsplans nunmehr zur Entscheidung berufen wäre, kann er keine Entscheidung treffen. Insoweit ist **§ 41 Nr. 6 ZPO** zumindest entsprechend anzuwenden.[7] Es muss sich also zwingend um einen Richter handeln, der dem zur Entscheidung beru-

---

1 AA *Greger*/Unberath, Teil 4 Rz. 97.
2 Ähnlich *Greger*/Unberath, Teil 4 Rz. 100.
3 *Ahrens*, NJW 2012, 2465 (2469); insoweit richtig auch *Greger*/Unberath, Teil 4 Rz. 84, der sogar annimmt, dass jederzeit ein anderer als der im Geschäftsverteilungsplan vorgesehene Richter das Verfahren durchführen kann (Rz. 113).
4 *Ahrens*, NJW 2012, 2465 (2469); aA *Greger*/Unberath, Teil 4 Rz. 84.
5 *Greger*/Unberath, Teil 4 Rz. 78 u. 95; implizit auch *Plassman*, BRAK-Mitteilungen 2012, 194 (197f.).
6 *Ahrens*, NJW 2012, 2465 (2470).
7 *Ahrens*, NJW 2012, 2465 (2469); im Ergebnis ebenso *Greger*/Unberath, Teil 4 Rz. 104, der allerdings davon ausgeht, dass der ehemalige Güterichter stets als befangen anzusehen ist.

fenen Spruchkörper nicht angehört.[1] Dies kann in erster Instanz bei kleinen Amtsgerichten zum Ausschluss des Verfahrens nach § 36 Abs. 5 führen. Denn der Güterichter muss, da er durch die Geschäftsverteilung zu dieser Tätigkeit zu bestimmen ist, demselben Gericht angehören. Besteht dieses nur aus einem Richter, kommt eine Güterichtertätigkeit von vornherein nicht in Frage. Aber auch bei zwei oder drei Richtern kann der als Güterichter bestimmte Richter seine eigenen Fälle naturgemäß nicht auch als Güterichter bearbeiten. Die fehlende Entscheidungsbefugnis ist weit auszulegen. Der Güterichter darf **keinerlei Entscheidung in der Sache**, auch keine Entscheidungen über den Streitwert[2] oder über die Gewährung von Verfahrenskostenhilfe treffen.[3] Denn diese könnten für den weiteren Gang des Verfahrens von erheblicher Bedeutung sein.

cc) Verfahrensgestaltung

Der Güterichter ist in seiner Gestaltung des Verfahrens nach § 36 Abs. 5 weitgehend frei.[4] So kann er eine förmliche **Mediation** durchführen, aber auch einen schriftlichen Vergleichs- bzw. Einigungsvorschlag unterbreiten. Zu diesem Zweck darf er auch die Akte des Hauptverfahrens einsehen.[5] Er kann auch einen **Erörterungstermin** nach § 32 anberaumen.[6] Es ist ihm auch nicht verwehrt, eine **rechtliche Würdigung** der Sache vorzunehmen und auf Risiken für die Beteiligten hinzuweisen.[7] Bei aller Freiheit hat der Güterichter selbstverständlich auf strikte Einhaltung seiner Neutralität zu achten und die grundlegenden Prinzipien eines fairen, rechtsstaatlichen Verfahrens einzuhalten.[8] So ist es ihm ohne Zustimmung der anderen Seite verwehrt, einseitig nur mit einem Beteiligten zu verhandeln, ohne die anderen zu laden. Mit Zustimmung der anderen Beteiligten ist dies natürlich möglich.[9] Vor der eigentlichen Güteverhandlung, etwa zur Abklärung der Modalitäten einer Erörterung oder zur Erläuterung, weswegen ein solches Verfahren sinnvoll sein kann, darf der Güterichter allerdings einseitig (idR telefonischen) Kontakt mit einzelnen Beteiligten aufnehmen.[10] Dass der Güterichter nichtöffentlich verhandelt, bereitet in Verfahren der fG von vornherein keine Schwierigkeiten, da auch die Verhandlungen vor dem entscheidenden Gericht durchweg nichtöffentlich sind.[11]

36

dd) Vertraulichkeit

Der Güterichter ist nicht schon durch § 36 Abs. 5 zur Vertraulichkeit über die ihm im Güterichterverfahren bekannt gewordenen Tatsachen verpflichtet. Eine Pflicht zur Verschwiegenheit folgt aber aus § 46 DRiG. Deswegen kann er sich auf das **Zeugnisverweigerungsrecht** entsprechend § 383 Abs. 1 Nr. 6 ZPO berufen.[12] Er kann demnach nicht zum Beweis für Tatsachen, die einem anderen Beteiligten ungünstig sind, vernommen werden. Allerdings sollte er darüber hinaus eine **Vertraulichkeitsabrede** und einen Beweismittelverzicht unter den Beteiligten anregen, um sicherzustellen, dass die Beteiligten nicht schon aus Gründen der Verwertbarkeit im Hauptsacheverfahren Informationen zurückhalten.[13] Aus diesen Gründen sollte für den Fall, dass im Verfahren nach § 36 Abs. 5 neue Unterlagen, Schriftsätze o.ä. eingereicht werden, die nicht zurückgereicht werden sollen, ein **Sonderheft** angelegt werden, das dem ent-

37

---

1 *Ahrens*, NJW 2012, 2465 (2469).
2 Wie hier *Ahrens*, NJW 2012, 2465 (2470); aA *Greger*/Unberath, Teil 4 Rz. 102.
3 *Greger*/Unberath, Teil 4 Rz. 103.
4 *Greger*/Unberath, Teil 4 Rz. 98.
5 *Ahrens*, NJW 2012, 2465 (2470).
6 Ähnlich *Ahrens*, NJW 2012, 2465 (2470) für den Zivilprozess.
7 *Plassman*, BRAK-Mitteilungen 2012, 194 (197); *Zorn*, FamRZ 2012, 1265 (1266); ähnlich *Greger*/Unberath, Teil 4 Rz. 98.
8 *Greger*/Unberath, Teil 4 Rz. 105 u. 111.
9 *Greger*/Unberath, Teil 4 Rz. 98.
10 *Greger*/Unberath, Teil 4 Rz. 124.
11 So allgemein, auch für den Zivilprozess *Plassman*, BRAK-Mitteilungen 2012, 194 (197).
12 *Zorn*, FamRZ 2012, 1265 (1266); *Greger*/Unberath, Teil 4 Rz. 117.
13 *Greger*/Unberath, Teil 4 Rz. 114f.

scheidenden Gericht nicht zugänglich zu machen ist.[1] Gleiches gilt für ein Protokoll, sofern ein solches geführt wird.[2]

ee) Fehler des Verfahrens

38 Die Unterlassung des Verfahrens nach § 36 Abs. 5 bzw. Fehler in seiner Durchführung (zB zu knappe Fristen) werden in aller Regel dann, wenn es nicht zu einer Einigung kommt, ohne Folgen bleiben. Ist die Entscheidung im Hauptsacheverfahren richtig, begründet allein die unterlassene oder fehlerhafte Durchführung des Verfahrens nach § 36 Abs. 5 keinen Mangel der Entscheidung. Es kann aber zu eigenständigen Fehlern des Güterichters kommen, unabhängig davon, ob eine Einigung zustande kommt oder nicht. Gibt der Güterichter etwa entgegen seiner Pflicht zur Verschwiegenheit Unterlagen oder Informationen weiter, kann dies beträchtliche Folgen für einen Beteiligten haben. Für derartige Fehler muss gem. Art. 34 Satz 1 GG das den Richter beschäftigende Land einstehen.[3] Das Spruchrichterprivileg des § 839 Abs. 2 BGB gilt nicht, da der Güterichter nicht als erkennendes Gericht tätig wird.[4]

5. Die Beendigung des Verfahrens vor dem Güterichter

a) Einigung der Beteiligten

39 Die Beteiligten können zunächst unter denselben Voraussetzungen wie vor dem entscheidenden Gericht einen **Vergleich** schließen, sofern sie über den Verfahrensgegenstand verfügen können (s. oben Rz. 8f.). Obwohl weder § 278 Abs. 5 ZPO noch § 36 Abs. 5 FamFG Entsprechendes regeln, geht das Schrifttum davon aus, dass der Güterichter einen solchen Vergleich nach § 36 Abs. 2 Satz 2 FamFG iVm. § 159ff. ZPO bzw. nach § 36 Abs. 3 FamFG iVm. § 278 Abs. 6 ZPO protokollieren darf.[5] Obwohl diese Möglichkeit nach der Systematik des § 36 Abs. 2, 3 nur dem entscheidenden Gericht eröffnet ist, erscheint eine solche Handhabung aus praktischen Gründen sinnvoll, da dann der unmittelbar beim Zustandekommen des Vergleichs tätige Richter die Protokollierung übernimmt und somit die in der Praxis häufigen Probleme bei der korrekten Formulierung des Beteiligtenwillens und bei der Vollstreckbarkeit vermeiden kann.[6] Die Beschränkung des § 36 Abs. 5, wonach der Güterichter nicht entscheidungsbefugt sein darf, wird hierdurch nicht durchbrochen. Denn er wird ja nur als Urkundsperson, nicht als entscheidendes Gericht tätig. Auch **alle sonstigen aus der Mediation bekannten Abschlussvereinbarungen** sind schon wegen § 36 Abs. 5 Satz 2 zulässig.[7] Allerdings können sich die Beteiligten auch darauf verständigen, den Vergleich vor dem entscheidenden Gericht protokollieren zu lassen. Der protokollierte Vergleich ist in jedem Fall Vollstreckungstitel nach § 86.[8] Denkbar ist auch eine Protokollierung durch einen Notar, auch wenn sich dies aus Kostengründen nicht empfehlen wird.[9] Unter denselben Voraussetzungen wie vor dem entscheidenden Gericht können die Beteiligten auch einen **Teilvergleich** schließen. Allerdings darf der Güterichter in diesem Fall wegen § 36 Abs. 5 keinerlei Entscheidung, auch nicht über die Kosten, treffen. Diese bleibt dem entscheidenden Gericht vorbehalten. Schließlich können die Beteiligten auch eine **sonstige Einigung** treffen, etwa über Vorfragen wie Zuständigkeitsrügen, die Vorlage bestimmter Beweismittel in Streitverfahren oä. Sofern sie sich auf die Abgabe bestimmter **Erklärungen im Verfahren** einigen, müssen diese allerdings dem entscheidenden Gericht gegenüber abgegeben werden. Denn sie verändern die prozessuale Situation oder bezwecken eine solche Änderung

---

1 *Ahrens*, NJW 2012, 2465 (2470); *Greger*/Unberath, Teil 4 Rz. 120.
2 *Plassman*, BRAK-Mitteilungen 2012, 194 (197); *Ahrens*, NJW 2012, 2465 (2470); skeptisch zur Anfertigung eines Protokolls *Greger*/Unberath, Teil 4 Rz. 127.
3 *Ahrens*, NJW 2012, 2465 (2470); *Greger*/Unberath, Teil 4 Rz. 107.
4 *Ahrens*, NJW 2012, 2465 (2470); *Greger*/Unberath, Teil 4 Rz. 107.
5 *Zorn*, FamRZ 2012, 1265 (1266); *Ahrens*, NJW 2012, 2465 (2470); *Greger*/Unberath, Teil 4 Rz. 101.
6 Vgl. *Greger*/Unberath, Teil 4 Rz. 106.
7 *Greger*/Unberath, Teil 4 Rz. 131.
8 *Greger*/Unberath, Teil 4 Rz. 144; vgl. oben Rz. 14.
9 *Greger*/Unberath, Teil 4 Rz. 131.

im Hauptsacheverfahren, so dass sie dem entscheidenden Gericht gegenüber abgegeben werden müssen.[1] Anderenfalls liegt allenfalls ein verfahrensrechtlicher Vertrag der Beteiligten vor, der sie zu einem bestimmten Verhalten verpflichtet.

b) Unerledigtes Verfahren

Soweit das Verfahren durch eine Einigung vor dem Güterichter nicht oder nur teilweise erledigt wurde, hat dieser die Sache mit einem diesbezüglichen **Vermerk** an das entscheidende Gericht zurückzugeben. Ein solcher Vermerk ist zwar im Gesetz nicht vorgesehen, aber erforderlich, um das entscheidende Gericht über die Beendigung des Verfahrens nach § 36 Abs. 5 in Kenntnis zu setzen. Der Güterichter hat die Beteiligten aufgrund seiner Verschwiegenheitspflicht ferner zu befragen, welche **Unterlagen** an das entscheidende Gericht weitergeleitet werden sollen. Sofern der einreichende Beteiligte sich nicht äußert oder einer Weiterleitung widerspricht, hat er sie ihm zurückzureichen. **Protokolle** und weitere im Verfahren nach § 36 Abs. 5 vom Güterichter angefertigte Schriftstücke darf er nur weitergeben, wenn die Beteiligten dem zustimmen.[2]

40

Kosten/Gebühren: Gericht: Soweit der Vergleich Verfahrenshandlung ist, kann er zu einer Ermäßigung der Verfahrensgebühr führen, wenn im Kostenverzeichnis ein entsprechender Ermäßigungstatbestand enthalten ist (z.B. Nr. 12521 KV GNotKG und Nr. 1315 KV FamGKG). Übersteigt der Wert des Vergleichs den Verfahrenswert, entsteht für den Mehrwert nach Nr. 17500 KV GNotKG und in Familiensachen eine Gebühr nach Nr. 1500 KV FamGKG. **RA:** Für eine Einigung erhält der RA eine Einigungsgebühr nach Nr. 1003 VV RVG. Durch den Abschluss eines schriftlichen Vergleichs entsteht die Terminsgebühr (Abs. 1 Nr. 1 der Anmerkung zu Nr. 3104 VV RVG). Dies gilt auch im Beschwerde- und im Rechtsbeschwerdeverfahren (jeweils Abs. 1 der Anmerkung zu Nr. 3202 und 3210 VV RVG).

41

36a *Mediation, außergerichtliche Konfliktbeilegung*

(1) Das Gericht kann einzelnen oder allen Beteiligten eine Mediation oder ein anderes Verfahren der außergerichtlichen Konfliktbeilegung vorschlagen. In Gewaltschutzsachen sind die schutzwürdigen Belange der von Gewalt betroffenen Person zu wahren.
(2) Entscheiden sich die Beteiligten zur Durchführung einer Mediation oder eines anderen Verfahrens der außergerichtlichen Konfliktbeilegung, setzt das Gericht das Verfahren aus.
(3) Gerichtliche Anordnungs- und Genehmigungsvorbehalte bleiben von der Durchführung einer Mediation oder eines anderen Verfahrens der außergerichtlichen Konfliktbeilegung unberührt.

A. Normzweck	1	V. Form	11
B. Entstehung und Inhalt der Norm	2	VI. Gewaltschutzsachen	12
C. Anwendungsbereich	6	E. Abgrenzung von gerichtsnaher und gerichtsinterner Mediation	13
D. Vorschlag des Gerichts (Absatz 1)		F. Aussetzung des Verfahrens (Absatz 2)	14
I. Vorschlag an Beteiligte	7	G. Gerichtliche Anordnungs- und Genehmigungsvorbehalte (Absatz 3)	15
II. Schlichtungsstellen	8		
III. Keine obligatorische Konfliktbeilegung	9	H. Möglichkeit der Verfahrenskostenhilfe für die Mediation	16
IV. Der Gegenstand konsensualer Verfahren	10		

Literatur: Fischer/Unberath, Das neue Mediationsgesetz, 2013; *Haft/v. Schlieffen,* Handbuch der Mediation, 2. Aufl. 2009; *Prütting,* Schlichten statt Richten, JZ 1985, 261; *Prütting,* Mediation und weitere Verfahren konsensualer Streitbeilegung, JZ 2008, 847; *Prütting,* Ein Plädoyer gegen Gerichtsmediation, ZZP 124 (2011), 163; *Prütting,* Das neue Mediationsgesetz, AnwBl. 2012, 204;

---

1 Insoweit unklar *Greger*/Unberath, Teil 4 Rz. 145.
2 Ähnlich *Greger*/Unberath, Teil 4 Rz. 145.

§ 36a

Zorn, Gesetz zur Förderung der Mediation und anderer Verfahren der außergerichtlichen Konfliktbeilegung, FamRZ 2012, 1265.

A. Normzweck

1   Die Norm will die **außergerichtliche Konfliktbeilegung** stärken. Ihre Besonderheit liegt darin, dass sie alle Formen außergerichtlicher Konfliktbeilegung noch ermöglichen will, obgleich bereits ein gerichtliches Verfahren eröffnet worden ist. Insofern ist die Norm eine Alternative zur Neuregelung von § 36 Abs. 5. Durch die neue Möglichkeit, die das Gericht in Abs. 1 zugewiesen erhält, wird die generelle Verpflichtung des Gerichts zum Hinwirken auf eine gütliche Einigung (§ 36 Abs. 1 Satz 2) weiter ausgestaltet und konkretisiert.

B. Entstehung und Inhalt der Norm

2   Die Norm ist durch das Gesetz zur Förderung der Mediation und anderer Verfahren der außergerichtlichen Konfliktbeilegung neu geschaffen worden.[1] Mit diesem Gesetz wurde die Richtlinie 2008/52/EG des Europäischen Parlaments und des Rates vom 21.5.2008 über bestimmte Aspekte der Mediation in Zivil- und Handelssachen umgesetzt.[2] Diese Richtlinie war an sich bereits zum 20.5.2011 umzusetzen. Dementsprechend hatte die Bundesregierung zunächst einen Gesetzentwurf zur Förderung der Mediation vom 1.4.2011 vorgelegt.[3] Dieser Gesetzesentwurf wollte ursprünglich zwischen außergerichtlicher, gerichtsnaher und gerichtlicher Mediation trennen und alle diese Aspekte umsetzen und stärken. Der Gesetzentwurf folgte damit den verschiedenen Modellversuchen vor deutschen Gerichten, die seit 2002 eine gerichtliche Mediation durchführten und sich damit mehr und mehr an die Stelle außergerichtlicher Mediation setzten. Nach kontroversen Diskussionen hat der Rechtsausschuss des Bundestags dieses Konzept geändert und lediglich die außergerichtliche und die gerichtsnahe Mediation vorgesehen. An die Stelle der gerichtlichen Mediation ist nunmehr ein Güterichterkonzept getreten. Den Entwurf in der Form des Rechtsausschusses hat der Bundestag am 15.12.2011 einstimmig gebilligt. Nach einem vom Bundesrat verlangten Verfahren im Vermittlungsausschuss ist das Gesetz schließlich am 21.7.2012 erlassen worden und am 26.7.2012 in Kraft getreten.

3   Es ist ein Gesetz mit insgesamt neun Artikeln, das in Art. 1 das eigenständige Mediationsgesetz enthält und in Art. 3 verschiedene Änderungen des FamFG. Neben den zusätzlich verlangten Angaben im Antrag gem. § 23 Abs. 1 und der Ergänzung des § 28 Abs. 4 sind die neuen § 36 Abs. 5 sowie § 36a die zentralen Regelungen für das FamFG. Hinzu kommen (teilweise redaktionelle) Änderungen in den §§ 81 Abs. 2, 135, 150, 155 sowie 156.

4   Der neu geschaffene § 36a sieht in Abs. 1 vor, dass das Gericht trotz eines bereits in Gang gekommenen Gerichtsverfahrens den Beteiligten oder einzelnen Beteiligten Vorschläge unterbreiten kann, die eine außergerichtliche Mediation oder ein anderes Verfahren der außergerichtlichen Konfliktbeilegung beinhalten. Durch diesen Abs. 1 wird also die Verpflichtung des Gerichts gem. § 36 Abs. 1 Satz 2 zum generellen Hinwirken auf eine gütliche Einigung erweitert und konkretisiert. Abs. 2 enthält für den Fall einer solchen Entscheidung der Beteiligten eine Folgewirkung für das Gericht, das sodann das Verfahren gem. § 21 Abs. 1 aussetzt. Schließlich bleiben nach Abs. 3 bei einer solchen Verfahrensgestaltung gerichtliche Anordnungs- und Genehmigungsvorbehalte unberührt.

5   § 36a entspricht weithin dem § 278a ZPO sowie dem § 54a ArbGG. VwGO, SGG und FGO verweisen ausdrücklich auf diese Normen.

---

1 Art. 3 Nr. 5 des Gesetzes v. 21.7.2012, BGBl. I, S. 1577.
2 Richtlinie v. 21.5.2008, ABl. L 136 v. 24.5.2008, S. 3.
3 Entwurf eines Gesetzes zur Förderung der Mediation und anderer Verfahren der außergerichtlichen Konfliktbeilegung v. 1.4.2011, BT-Drucks. 17/5335.

C. Anwendungsbereich

§ 36a gilt **in allen fG-Verfahren**, die im Rahmen des FamFG und außerhalb des FamFG geregelt sind. Die Norm gilt in Amtsverfahren ebenso wie in Antragsverfahren. Sie gilt in allen Instanzen.[1] Keine Anwendung findet sie in Ehe- und Familienstreitsachen (§ 113 Abs. 1). Insoweit gilt über die Verweisung des § 113 Abs. 1 Satz 2 die Norm des § 278a ZPO unmittelbar. Das bringt nur unwesentliche Unterschiede. So kann ein Gericht nach dem FamFG auch nur einzelnen Beteiligten eine außergerichtliche Mediation vorschlagen, nach § 278a ZPO gilt der Vorschlag stets beiden Parteien. Statt der Aussetzung des Verfahrens in Abs. 2 sieht § 278a Abs. 2 ZPO ein Ruhen des Verfahrens vor. Schließlich ist der Sonderfall des Abs. 3 in der ZPO nicht enthalten.

D. Vorschlag des Gerichts (Absatz 1)

I. Vorschlag an Beteiligte

Abs. 1 Satz 1 sieht die Möglichkeit eines Vorschlags durch das Gericht vor. Der Vorschlag kann sowohl auf eine Mediation hinweisen als auch auf ein sonstiges außergerichtliches Konfliktbeilegungsverfahren, und er liegt im Ermessen des Gerichts. Das Gericht kann sich dabei an alle Beteiligten wenden. Der Begriff des Beteiligten ist nach § 7 zu bestimmen. Möglich ist es aber auch, dass das Gericht seinen Vorschlag nur an einzelne Beteiligte richtet. So ist z.B. in Familiensachen die Teilnahme des Jugendamts an einem Konfliktbeilegungsverfahren möglicherweise nicht erforderlich, selbst wenn das Jugendamt aufgrund seines Antrags Verfahrensbeteiligter ist (vgl. § 162 Abs. 2).[2]

II. Schlichtungsstellen

Für ein außergerichtliches Verfahren der Konfliktbeilegung kommen neben der **Mediation** alle denkbaren **außergerichtlichen Streitschlichtungsverfahren** in Betracht, insbesondere Verfahren vor Schlichtungs-, Schieds- und Gütestellen, Online-Schlichtung, Ombudspersonen, Adjudikation, Clearingstellen, mini trial sowie alle Stellen und Verfahren iSv. § 15a EGZPO. Das Gericht wird nach seinem Ermessen einen solchen Vorschlag stets dann unterbreiten, wenn es den konkreten Konflikt für eine Streitschlichtung für geeignet hält. Dabei werden ihm Angaben der Beteiligten im Antrag helfen, ob und inwieweit bereits eine außergerichtliche Konfliktbeilegung versucht wurde oder ob einem solchen Versuch Gründe entgegenstehen (vgl. § 23 Abs. 1). Soweit das Gericht im Einzelfall einen Vorschlag unterbreitet oder dies unterlässt, ist jeweils gegenüber dem gerichtlichen Handeln **kein Rechtsbehelf** gegeben.

III. Keine obligatorische Konfliktbeilegung

Die gesetzlich vorgesehene Möglichkeit des gerichtlichen Vorschlags beinhaltet zugleich die Feststellung, dass das Gericht die Beteiligten nicht zu einer außergerichtlichen Streitbeilegung verpflichten kann und darf. Eine obligatorisch ausgestaltete Konfliktbeilegung würde dem Sinn konsensualer Verfahren widersprechen. Abweichend davon hat der Gesetzgeber in § 135 sowie in § 156 Abs. 1 Satz 4 die Möglichkeit einer zwingenden Anordnung durch das Gericht vorgesehen. Dies erscheint vertretbar, weil in den genannten Fällen nicht ein Konfliktbeilegungsverfahren angeordnet wird, sondern nur eine Information und Beratung.

IV. Der Gegenstand konsensualer Verfahren

Als Gegenstand der außergerichtlichen Konfliktbeilegung kommt neben dem vor dem Gericht anhängigen Streitgegenstand **der gesamte Streit zwischen allen Beteiligten** einschließlich eventuell am Rechtsstreit nicht beteiligter Dritter in Betracht. Konsensuale Streitbeilegung muss sich also nicht auf die Grenzen der Entschei-

---

1 Ebenso für § 278a ZPO MüKo-ZPO/*Ulrici*, § 278a Rn. 3.
2 *Zorn*, FamRZ 2012, 1265, 1269.

dungsbefugnis des angerufenen Gerichts beschränken. Allerdings muss der gerichtliche Vorschlag zumindest teilweise auch den gerichtlich anhängigen Konflikt betreffen. In der Praxis wird der jeweils anhängige Streitgegenstand wohl eher enger sein als der tatsächliche Konflikt. Die Aufarbeitung des Gesamtkonflikts ist allerdings eine der großen Vorzüge konsensualer Konfliktbeilegung.

V. Form

11   In formaler Hinsicht ist die gerichtliche Erteilung des Vorschlags an **keine bestimmte Form** gebunden. Auch eine Protokollierung dieses Vorschlags ist nicht zwingend erforderlich. Nicht einmal die Verhandlung vor einem Güterichter muss protokolliert werden (vgl. § 28 Abs. 4 FamFG). Soweit das Gericht einen Vorschlag macht, muss es die Freiwilligkeit des Verfahrens hervorheben. Ein Druck auf die Beteiligten darf dabei nicht ausgeübt werden. Das Gericht muss auch inhaltlich in zurückhaltender Weise den Vorschlag unterbreiten, um seine Neutralität zu wahren. Unter Berücksichtigung solcher Aspekte wird das Gericht einen solchen Vorschlag eventuell mündlich in der Güteverhandlung oder auch telefonisch unterbreiten. Ebenso möglich ist aber auch ein schriftlicher Hinweis.

VI. Gewaltschutzsachen

12   Aus Abs. 1 Satz 2 ergibt sich, dass selbst in Gewaltschutzsachen ein solcher gerichtlicher Vorschlag möglich ist. Dabei sind allerdings die schutzwürdigen Belange der von Gewalt betroffenen Person zu wahren. Diese Regelung des Gesetzes ist deshalb überraschend, weil in § 36 Abs. 1 Satz 2 abweichend vorgesehen ist, dass das Gericht in Gewaltschutzsachen auf eine gütliche Einigung der Beteiligten nicht hinwirkt. Hier besteht ein gewisser Wertungswiderspruch im Gesetz. Im Gesetzgebungsverfahren hatte der Bundesrat auf diesen Wertungswiderspruch hingewiesen und die gesetzliche Regelung kritisiert. Gleichwohl wurde die Regelung beibehalten, da es sinnvoll sein könne, im Interesse betroffener Kinder eine Mediation auch in Gewaltschutzsachen zu versuchen.[1]

E. Abgrenzung von gerichtsnaher und gerichtsinterner Mediation

13   Obgleich im Rahmen von § 36a ein gerichtliches Verfahren bereits anhängig ist, ist nunmehr dem Gericht die Kompetenz gegeben, die Beteiligten noch einmal aus dem Gerichtsgebäude hinaus und auf ein außergerichtliches Verfahren zu verweisen. In Abgrenzung zu Mediations- und sonstigen Konfliktbeilegungsverfahren ohne eine gerichtliche Anhängigkeit nennt man daher solche Verfahren im Gegensatz zu einer reinen außergerichtlichen Mediation „**gerichtsnahe Mediation**". Dem stand in der Vergangenheit die Tatsache gegenüber, dass im Rahmen von Modellversuchen an Gerichten aller Verfahrenszweige eine echte gerichtliche Mediation in der Weise betrieben wurde, dass ein Richter des angerufenen Gerichts oder eines anderen Gerichts sich der Streitsache in mediativer Weise annimmt und dabei seine richterliche Rolle nicht verlässt. Diese gerichtliche Mediation war in der Praxis durchaus erfolgreich. Ihr zentrales Problem bestand zunächst allerdings darin, dass solche Verfahren ohne gesetzliche Grundlage stattfanden.[2] Darüber hinaus wurden gegenüber einer solchen echten gerichtlichen Mediation Bedenken in der Weise geäußert, dass hier ein Verstoß gegen den verfassungsrechtlichen Grundsatz des gesetzlichen Richters vorlag, dass eine solche Gerichtsmediation nicht mit der Bindung des Richters an Gesetz und Recht zu vereinbaren war und dass die stets vorhandene richterliche Autorität nicht mit dem Gedanken von Mediation harmonierte, der in zentraler Weise darauf aufbaut, dass ein Mediator keine eigenständigen Lösungs- und Vergleichsvorschläge macht, sondern die Parteien nur darin unterstützt, mögliche gemeinsame Interessen zu erkennen und zu eigenständigen Lösungswegen zu finden. Darüber hinaus stehen auch zentrale Strukturmerkmale der Rechtsprechung wie der Aspekt der Öffentlichkeit, der Veröffentlichung von Entscheidungsergebnissen, der Rechts-

---

1 Vgl. dazu *Zorn*, FamRZ 2012, 1265, 1269.
2 Vgl. dazu *Prütting*, ZZP 124 (2011), S. 163, 165; *Prütting*, AnwBl. 2012, 204.

sicherheit, der Rechtsfortbildung und der Wahrung verfassungsrechtlicher Rechtsschutzgarantien (insbesondere des rechtlichen Gehörs) einer echten gerichtlichen Mediation im Wege. Der Gesetzgeber hat sich daher mit guten Gründen entschlossen, die Gerichtsmediation mit Wirkung zum 1.8.2013 ausdrücklich abzuschaffen (§ 9 Abs. 1 MediationsG) und an ihre Stelle das Modell eines nicht entscheidungsbefugten **Güterichters** zu setzten (s. oben § 36 Abs. 5). Ein solcher Güterichter unterliegt nicht dem MediationsG. Die Tatsache, dass ein solcher Güterichter gem. § 36 Abs. 5 Satz 2 die Methode der Mediation einsetzen kann, macht ihn nicht zum Mediator. Vielmehr ist der Güterichter den justiziellen Verfahrensgarantien der Verfassung sowie den Regeln von GVG und FamFG unterworfen. Er kann also zu jeder Zeit Schlichtungs- und Vergleichsvorschläge machen und in seiner richterlichen Funktion auch einen gerichtlichen Vergleich protokollieren.

F. Aussetzung des Verfahrens (Absatz 2)

Soweit die Beteiligten dem gerichtlichen Vorschlag folgen und sich für die Durchführung einer Mediation oder eines anderen Verfahrens der außergerichtlichen Konfliktbeilegung entscheiden, setzt das Gericht das Verfahren aus. Eine solche Aussetzung des Verfahrens folgt der Regelung des § 21. Die Entscheidung für eine außergerichtliche Konfliktbeilegung ist damit ein wichtiger Grund iSv. § 21 Abs. 1. Dies bedeutet zugleich, dass das in § 21 Abs. 1 dem Gericht eingeräumte Ermessen zur Aussetzung des Verfahrens im Falle von § 36a Abs. 2 nicht besteht. Hier ist die Aussetzung des Verfahrens zwingend. Mit der Regelung des Abs. 2 weicht der Gesetzgeber im FamFG von § 278a Abs. 2 ZPO ab. Dort ordnet das Gericht das Ruhen des Verfahrens an.

14

G. Gerichtliche Anordnungs- und Genehmigungsvorbehalte (Absatz 3)

Abweichend von den Regeln der ZPO sieht Abs. 3 vor, dass im Falle einer Mediation oder eines anderen Verfahrens der außergerichtlichen Konfliktbeilegung die gerichtlichen Anordnungs- und Genehmigungsvorbehalte unberührt bleiben. Im Einzelnen könnte das Gericht nach § 1671 BGB auf Antrag eine Sorgerechtsentscheidung treffen. Weiterhin wären gerichtliche Maßnahmen bei Gefährdung des Kindeswohls gem. § 1666 BGB denkbar. Solche gerichtlichen Maßnahmen können also vor oder während eines außergerichtlichen Konfliktbeilegungsverfahrens ergehen und bleiben in jedem Falle trotz Verfahrensaussetzung wirksam.

15

H. Möglichkeit der Verfahrenskostenhilfe für die Mediation

Inwiefern für die Mediation Verfahrenskostenhilfe in Anspruch genommen werden kann, ist umstritten. Weitgehende Einigkeit besteht noch darüber, dass die Vergütungsansprüche des beigeordneten Rechtsanwalts auch insoweit von der VKH abgedeckt werden, wie sie im Rahmen der Mediation – sei sie nun gerichtsintern oder gerichtsnah – ausgelöst werden. Auch insoweit handelt es sich nämlich um die „gesetzliche Vergütung" iSd. §§ 45, 48 RVG, also um von § 122 ZPO erfasste Ansprüche des beigeordneten Anwalts. Das gilt ohne weiteres für die gerichtsinterne Mediation. Aber auch wenn die Mediation nur als gerichtsnahe Mediation durchgeführt wird, ist die Teilnahme des Verfahrensbevollmächtigten an der Mediation gebührenrechtlich Bestandteil des gerichtlichen Verfahrens. Denn zu derselben Angelegenheit iSd. § 15 Abs. 1, 2 RVG gehört auch die Teilnahme an einem Termin ohne Beteiligung des Gerichts, wie sich aus Vorbemerkung 3 Abs. 3 VV-RVG ergibt.[1] Eine gesonderte Vergütung erhält der Rechtsanwalt aber bei einer Mediation im Zusammenhang mit einem gerichtlichen Verfahren nicht, da auch eine außergerichtliche Verhandlung nach § 19 Abs. 1 S. 2 Nr. 2 RVG zum Rechtszug gehört und dementsprechend mit den Gebühren, die der Anwalt als Prozessbevollmächtigter erhält, abgegolten ist.[2] Zumin-

16

---

1 KG v. 31.3.2009 – 1 W 176/07, Tz. 2, MDR 2009, 835; OLG Celle v. 5.12.2008 – 2 W 261/08, Tz. 6, NJW 2009, 1219f.
2 *Enders*, JurBüro 2013, 225f. Ähnlich zur BRAGO OLG Rostock v. 5.1.2007 – 8 W 67/06, Tz. 19, JurBüro 2007, 194ff.

dest kann aber die Tätigkeit des Anwalts Gebühren auslösen, deren Tatbestand im Rahmen des gerichtlichen Verfahrens noch nicht erfüllt wurde, insbesondere eine Terminsgebühr nach Nr. 3104 VV-RVG.[1] Bei erfolgreichem Abschluss eines gerichtsnahen oder gerichtsinternen Mediationsverfahrens werden daher in der Regel Verfahrens-, Termins- und Einigungsgebühr fällig.[2] Kommt es dagegen nicht zur Einigung, entsteht bei der Fortsetzung des gerichtlichen Verfahrens keine zweite Terminsgebühr.[3]

17 Die Kosten des Mediators sind dagegen im Rahmen der Verfahrenskostenhilfe mangels gesetzlicher Grundlage nicht erstattungsfähig, da sie nicht zu den in § 122 ZPO genannten Kosten gehören.[4] Das ist auch – entgegen einer teilweise vertretenen Auffassung[5] – nicht aus verfassungsrechtlichen Gründen geboten. Eine Ausdehnung des Justizgewährleistungsanspruchs auf Verfahren der konsensualen Streitbeilegung ist nicht angezeigt, da das gerichtsnahe Mediationsverfahren gegenüber dem streitigen gerichtlichen Verfahren eine zusätzliche Möglichkeit darstellt, das streitige Verfahren aber stets gewährleistet bleibt.[6] Für eine Beiordnung des Mediators analog § 121 ZPO[7] fehlt es an einer planwidrigen Regelungslücke; eine Mediationskostenhilfe wurde trotz entsprechender Kritik am Referentenentwurf des Gesetzes zur Förderung der Mediation und anderer Verfahren der außergerichtlichen Konfliktbeilegung nicht ins Gesetz aufgenommen.[8]

37 Grundlagen der Entscheidung

(1) Das Gericht entscheidet nach seiner freien, aus dem gesamten Inhalt des Verfahrens gewonnenen Überzeugung.
(2) Das Gericht darf eine Entscheidung, die die Rechte eines Beteiligten beeinträchtigt, nur auf Tatsachen und Beweisergebnisse stützen, zu denen dieser Beteiligte sich äußern konnte.

A. Entstehung und Inhalt der Norm	1	III. Rechtsanwendung bei Beweislosigkeit	24
B. Systematische Stellung	3	IV. Verteilung der Beweislast	25
C. Normzweck	4	G. Rechtliches Gehör und Äußerungsrecht (Absatz 2)	
D. Anwendungsbereich	6	I. Grundlagen	26
E. Freie Beweiswürdigung (Absatz 1)		II. Geltungsumfang	27
I. Begriff und Umfang	9	III. Gehörsrüge	28
II. Würdigung durch den Richter	12	IV. Träger des Anspruchs	30
III. Freiheit der Würdigung	14	V. Umfang des rechtlichen Gehörs	
IV. Ziel der Würdigung	16	1. Grundsatz	34
V. Gesetzliche Beweisregeln	18	2. Recht auf Orientierung	35
VI. Anscheinsbeweis	20	3. Recht auf Äußerung	36
F. Beweislast		4. Pflicht zur Kenntnisnahme	37
I. Überblick	21	5. Pflicht zur Erwägung	38
II. Objektive Beweislast	22	6. Einwirkungen der Amtsermittlung	39

Literatur: s. § 26.

---

1 *Enders*, JurBüro 2013, 225, 226.
2 *Friedrich/Dürschke*, Sozialrecht aktuell 2013, 12, 19.
3 *Enders*, JurBüro 2013, 225, 226.
4 OLG Dresden v. 9.10.2006 – 20 WF 739/06, Tz. 5, MDR 2007, 277.
5 OLG Köln v. 3.6.2011 – 25 UF 24/10, Tz. 11, FamRZ 2011, 1742 ff; *Spangenberg*, FamRZ 2009, 834, 835.
6 Ähnlich zum Güterichterverfahren *Friedrich/Dürschke*, Sozialrecht aktuell 2013, 12, 16.
7 So wohl *AG Eilenburg* v. 20.4.2007, 2 F 168/07, FamRZ 2007, 1670 f.
8 Vgl. *Friedrich/Dürschke*, Sozialrecht aktuell 2013, 12, 13 ff.

A. Entstehung und Inhalt der Norm

Abs. 1 beinhaltet den Grundsatz der freien richterlichen Beweiswürdigung und damit ein Kernstück des Beweisrechts.[1] Die Regelung war im FGG nicht ausdrücklich enthalten. Der Sache nach galt dieser Grundsatz unstreitig aber auch im früheren Recht. Die Neuregelung stimmt nicht wörtlich, aber sachlich mit § 286 Abs. 1 ZPO, § 261 StPO und § 108 Abs. 1 VwGO überein.

Ebenfalls neu ist Abs. 2, der den Grundsatz des rechtlichen Gehörs (Art. 103 Abs. 1 GG) zum Ausdruck bringen soll. Diese Neuregelung ist dem § 108 Abs. 2 VwGO nachgebildet.

B. Systematische Stellung

§ 37 steht am Ende des 2. Abschnitts des Allgemeinen Teils über das Verfahren im ersten Rechtszug. Entgegen Standort und neutraler Überschrift regelt die Norm mit dem Grundsatz der freien Beweiswürdigung eine spezifisch beweisrechtliche Problematik und stellt damit zugleich den zentralen Dreh- und Angelpunkt des gesamten Beweisrechts dar. Insofern besteht ein unmittelbarer systematischer Zusammenhang mit den §§ 26 bis 31. Auch inhaltlich überrascht die Formulierung in Abs. 1, die im Gegensatz zu § 286 Abs. 1 ZPO den Bezugspunkt der Überzeugung (das Für-Wahr-Erachten) nicht im Normtext erwähnt hat. Die Gesetzesbegründung erwähnt ausdrücklich das Wahrheitskriterium als Bezugspunkt der Überzeugung,[2] verkennt dabei aber, dass die Formulierung des § 37 Abs. 1 bei einer Heranziehung von § 287 Abs. 1 ZPO auch so verstanden werden könnte, dass im Rahmen der freiwilligen Gerichtsbarkeit gerade keine volle Wahrheitsüberzeugung erforderlich sei. Dass dies freilich nicht gewollt war, zeigen die im Gesetz enthaltenen verschiedenartigen Abstufungen des Beweismaßes (vgl. Rz. 16 f.). Schließlich lässt sich gegen den neuen Normtext einwenden, dass die beiden Absätze sehr unterschiedliche Fragen ansprechen und im Grunde nicht in eine gemeinsame Norm passen.

C. Normzweck

In der Erkenntnis, dass die Jahrhunderte alte Bindung des Richters an Beweisregeln und die gesamte legale Beweistheorie des kanonischen und des gemeinen Prozesses gescheitert sind und scheitern mussten, regelt Abs. 1 die freie richterliche Beweiswürdigung, die seit dem 19. Jahrhundert einen allgemeinen Grundsatz des gesamten Prozessrechts darstellt. Sie gilt in allen Verfahrensordnungen unabhängig von den jeweils geltenden Verfahrensgrundsätzen. Mit dem subjektiven Maßstab der freien richterlichen Beweiswürdigung wird zugleich anerkannt, dass es im Prozess die Ermittlung der objektiven Wahrheit nicht gibt. Die subjektive Überzeugung des neutralen und unabhängigen Richters von der Wahrheit ist das beste Kriterium, was einer richterlichen Entscheidung zugrundegelegt werden kann.

Demgegenüber verfolgt Abs. 2 den Normzweck, den seit 1949 im gesamten deutschen Recht geltenden Grundsatz des rechtlichen Gehörs gem. Art. 103 Abs. 1 GG für das konkrete Verfahren noch einmal zu verdeutlichen und fruchtbar zu machen. Es geht in Abs. 2 ganz bewusst nicht darum, die einzelnen Wege zu beschreiben, auf denen den betroffenen Beteiligten rechtliches Gehör zu gewähren ist. Vielmehr geht es um die Betonung des Grundsatzes, dass in irgendeiner Form das Äußerungsrecht der Beteiligten gewahrt werden muss.

D. Anwendungsbereich

§ 37 Abs. 1 gilt in allen Verfahren der freiwilligen Gerichtsbarkeit, die im Rahmen des FamFG und außerhalb des FamFG geregelt sind. Die freie richterliche Beweiswürdigung gilt also für Amtsverfahren ebenso wie für Antragsverfahren, sie gilt für

---

1 Zu den gesetzlichen Grundlagen und zu einem Gesamtüberblick über das Beweisrecht der freiwilligen Gerichtsbarkeit s. § 26 Rz. 42.
2 Begr. RegE, BT-Drucks. 16/6308, S. 194.

den Strengbeweis ebenso wie für den Freibeweis. Die Norm gilt für das erstinstanzliche Verfahren ebenso wie für die Beschwerdeinstanz und das Verfahren der Rechtsbeschwerde.

7 Formal findet die Norm keine Anwendung in Ehe- und Familienstreitsachen (vgl. § 113 Abs. 1). Insoweit gilt über die Verweisung des § 113 Abs. 1 Satz 2 die Norm des § 286 ZPO unmittelbar. Das macht freilich in der Sache keinen Unterschied.

8 Der Grundgedanke des rechtlichen Gehörs, wie er in Abs. 2 geregelt ist, findet dagegen nach seinem Wortlaut in der ZPO keine Entsprechung. Da es sich bei Abs. 2 aber nur um eine Wiederholung und Bekräftigung des allgemeinen verfassungsrechtlichen Grundsatzes des Art. 103 Abs. 1 GG handelt, gilt die Norm kraft höherrangigen Rechts in allen Verfahrensbereichen unmittelbar.

E. Freie Beweiswürdigung (Absatz 1)

I. Begriff und Umfang

9 Die Beweiswürdigung ist das Verfahren zur richterlichen Prüfung, ob ein Beweis gelungen ist. Kern dieses Grundsatzes ist also ein innerer Vorgang mit dem Ziel, dass der Richter sich eine **Überzeugung** vom tatsächlichen Geschehen verschafft. Grundlage dieser Würdigung ist der gesamte Inhalt des Verfahrens, also alle schriftlichen und mündlichen Vorgänge sowie alle Beweisführungen. Grundlage richterlicher Entscheidung sind also sämtliche Informationen, von denen das Gericht prozessordnungsgemäß Kenntnis erlangt hat. Ausgeschlossen bleibt das private Wissen des Richters. Ausgeschlossen bleiben ferner Erkenntnisse, die einem Beweisverwertungsverbot unterliegen. Dagegen unterliegt der freien Beweiswürdigung das gesamte Vorbringen der Beteiligten, alle Handlungen und Unterlassungen, der persönliche Eindruck der Beteiligten und ihrer Vertreter, auch das Schweigen auf Fragen und die Verweigerung bestimmter Antworten sowie verweigerte Mitwirkungspflichten oder die Vorenthaltung von Beweismitteln. Auch eine Abänderung des Vorbringens der Beteiligten im Laufe des Verfahrens kann das Gericht würdigend bewerten. In gleicher Weise kann und muss das Gericht sämtliche prozessordnungsgemäß gewonnenen Beweismittel würdigen, insbesondere auch das Verhalten von Auskunftspersonen und Zeugen.

10 Die Würdigung betrifft den **gesamten Inhalt** des Verfahrens, also den gesamten Inhalt der Akten, alle schriftlichen Gutachten, Vermerke, den gesamten Vortrag der Beteiligten sowie alle Ergebnisse der Beweisaufnahme. Die Würdigung bezieht sich insbesondere auf die Aufklärung möglicher Widersprüche, auf die Glaubwürdigkeit von Auskunftspersonen und Zeugen, sowie auf alle verweigerten oder unterlassenen Mitwirkungspflichten der Beteiligten.

11 Die Beweiswürdigung erstreckt sich auf alle **Tatsachen**, ebenso auf alle relevanten **Erfahrungssätze**. Abs. 1 bezieht sich nicht auf das anzuwendende Recht, auch nicht auf die in § 293 ZPO geregelten besonderen Bereiche (ausländisches Recht, statuarisches Recht, Gewohnheitsrecht).

II. Würdigung durch den Richter

12 Ganz bewusst überträgt Abs. 1 die Beweiswürdigung dem Gericht, also der Person des Einzelrichters oder dem Kollegium. Es kommt also allein auf die subjektive Einschätzung der zur Entscheidung berufenen Richter an. Diese müssen von den Tatsachenbehauptungen überzeugt sein. Ohne jede Bedeutung ist die Überzeugung dritter Personen oder einer vernünftigen Durchschnittsperson. Ebenso unvereinbar ist es mit dem Grundsatz der freien richterlichen Beweiswürdigung, eine objektive Erkenntnis zu verlangen.

13 Allerdings bedeutet die subjektive Würdigung durch den Richter nicht, dass es sich um ein rein subjektives Meinen oder Glauben des Richters handelt. Bei seiner eigenen Wahrnehmung (durch Augenschein oder Urkunden) und bei der Übernahme fremder Wahrnehmungen (durch Auskunftspersonen, Zeugen und Beteiligtenanhö-

rung), schließlich bei der Übernahme fremder Fachkunde (durch Sachverständige) ist der Richter insoweit an **objektive Vorgaben** gebunden, als er die Denkgesetze, die zwingenden Erfahrungsgesetze sowie die Naturgesetze beachten muss. § 37 Abs. 1 verlangt also eine **vernünftige, sachgemäße und prozessordnungsgemäße Beweiswürdigung.**

III. Freiheit der Würdigung

Mit dem Grundsatz der Freiheit der Beweiswürdigung wird zum Ausdruck gebracht, dass der Richter nicht an gesetzliche Beweisregeln gebunden ist. Eine (seltene) Ausnahme gibt es nur dort, wo entsprechend der Regelung des § 286 Abs. 2 ZPO noch heute im Gesetz echte bindende Beweisregeln vorhanden sind (s. Rz. 18f.). Der Richter unterliegt also keinem Zwang, welche Beweismittel er im Rahmen seiner Amtsermittlung und seiner freien Beweiswürdigung heranzieht. Er ist frei, die verschiedenen Beweismittel gegeneinander abzuwägen. Er ist im konkreten Fall nicht an einen bestimmten Beweiswert gebunden. Insbesondere ist er in der Beurteilung von Indizien frei.[1] So darf der Richter im Falle eines Vier-Augen-Gesprächs einem Beteiligten mehr Glauben schenken als einer Auskunftsperson oder einem Zeugen.[2]

14

Einen Verstoß gegen die Freiheit der richterlichen Beweiswürdigung würde es daher darstellen, wenn der Richter den Beweiswert eines bestimmten Beweismittels grundsätzlich geringer bewertete als andere Beweismittel oder umgekehrt in einer bestimmten Konstellation eine Bindung an ein bestimmtes Beweismittel annähme.

15

IV. Ziel der Würdigung

Nach dem Wortlaut der Norm ist Ziel der Würdigung zunächst die Überzeugung des Gerichts. Welchen Inhalt die Überzeugung im Einzelnen haben muss, bringt die Norm nicht zum Ausdruck. Hier ist § 286 Abs. 1 ZPO deutlicher, wenn er als Inhalt der Überzeugung verlangt, dass eine tatsächliche Behauptung „für wahr oder für nicht wahr zu erachten sei". Diese Anforderung an die richterliche Überzeugung, also das sog. **Beweismaß**, ist vom Vorgang der richterlichen Würdigung als solcher zu trennen. Das Beweismaß muss abstrakt-generell und damit rechtssatzmäßig geregelt sein. Im Einzelnen verlangt die richterliche Überzeugung nicht eine absolute persönliche Gewissheit. Der Begriff der Gewissheit stellt zu hohe Anforderungen an eine Person. Er lässt für geringste Zweifel keinen Raum. Dies verlangt das Gesetz nicht, wenn es im Rahmen von § 286 Abs. 1 ZPO davon spricht, dass etwas für wahr **zu erachten** ist. So ist im Rahmen von Kollegialentscheidungen völlig unstreitig, dass an die Stelle absoluter Gewissheit eine Mehrheitsentscheidung des Kollegiums tritt. Andererseits stellt richterliche Überzeugung durchaus hohe Anforderungen. Mit einer nur überwiegenden Wahrscheinlichkeit darf sich der Richter nicht begnügen. Er muss vielmehr im Rahmen des **Wahrheitskriteriums** die **volle Überzeugung** erlangen, dass die streitige Tatsachenbehauptung für wahr zu erachten ist. Nach der berühmten Formel des BGH in seiner Anastasia-Entscheidung[3] setzt die Überzeugung von der Wahrheit eine von allen Zweifeln freie Überzeugung des Gerichts nicht voraus. „Der Richter darf und muss sich in tatsächlich zweifelhaften Fällen mit einem für das praktische Leben brauchbaren Grad von Gewissheit begnügen, der den Zweifeln Schweigen gebietet, ohne sie völlig auszuschließen". Auch wenn das Wort des BGH vom Grad der Gewissheit unglücklich ist – Gewissheit ist ein absoluter Begriff, gemeint ist ein brauchbarer Grad der Beweisstärke – so drückt dieser viel zitierte Satz doch sehr schön aus, was vom Richter verlangt wird.

16

Eine absolute Sicherheit wird vom Richter nur dort erwartet, wo das Gesetz ausnahmsweise verlangt, dass etwas „offensichtlich" sei (vgl. §§ 34 Abs. 2, 276 Abs. 2). Einer solchen **Erhöhung des Beweismaßes** stehen Einzelfälle im Gesetz gegenüber, in denen das **Beweismaß vermindert** ist. Dies gilt insbesondere dort, wo eine Tatsa-

17

---
1 BGH v. 22.1.1991 – VI ZR 97/90, NJW 1991, 1894.
2 Vgl. dazu die Entscheidung des EGMR v. 27.10.1993 – 37/1992/382/460, NJW 1995, 1413.
3 BGH v. 17.2.1970 – III ZR 139/67, BGHZ 53, 245 = NJW 1970, 946.

chenbehauptung nur glaubhaft zu machen ist (vgl. § 31 und die dort genannten Fälle) oder wo ein bestimmter Vorgang nur anzunehmen oder zu besorgen ist oder in einer bestimmten Weise nur erscheint (vgl. §§ 33 Abs. 1, 34 Abs. 2, 76 Abs. 1 mit 118 Abs. 2 ZPO, 119 Abs. 2 mit 917 Abs. 1 ZPO, 214 Abs. 1, 278 Abs. 3 und Abs. 4, 308 Abs. 3, 319 Abs. 3).

V. Gesetzliche Beweisregeln

18 In Abweichung vom Grundsatz der freien Beweiswürdigung lässt § 286 Abs. 2 ZPO ausnahmsweise bindende Beweisregeln zu, sofern solche im Einzelnen ausdrücklich vorgesehen sind. § 286 Abs. 2 ZPO gilt im Falle des Strengbeweises gem. § 30 Abs. 1 auch für alle Verfahren der freiwilligen Gerichtsbarkeit. Die Norm gilt in Ehe- und Familienstreitsachen gem. § 113 Abs. 1 Satz 2 unmittelbar. Selbst darüber hinaus dürfte § 286 Abs. 2 ZPO einen allgemeinen Rechtsgrundsatz enthalten, der sogar im Rahmen des Freibeweises zu beachten ist.

19 Bindende gesetzliche Beweisregeln sind heute sehr selten. Bedeutsam sind noch immer die Beweisregeln im Rahmen des Urkundenbeweises (§§ 415 bis 418, 435, 438 Abs. 2 ZPO), im Rahmen des Grundbuchrechts ist auf die §§ 32 bis 35 GBO hinzuweisen.

VI. Anscheinsbeweis

20 Der Anscheinsbeweis (prima-facie-Beweis) ist in der gerichtlichen Praxis von großer Bedeutung. Er stellt eine Sonderform der Beweiswürdigung dar. Beim Anscheinsbeweis handelt es sich nicht um ein besonderes Beweismittel, sondern es geht um die Berücksichtigung der allgemeinen Lebenserfahrung durch den Richter im Rahmen der freien Beweiswürdigung (zu den Einzelheiten s. § 26 Rz. 55). Der Anscheinsbeweis ist auch in der freiwilligen Gerichtsbarkeit anzuwenden. Die Pflicht zur Amtsermittlung gem. § 26 enthebt das Gericht nicht der weiteren Verpflichtung, das Erfahrungswissen der Zeit sowie die Erkenntnisse über typische Geschehensabläufe im Rahmen der Beweiswürdigung zu verwenden.

F. Beweislast

I. Überblick

21 Im Zivilprozess und in jedem anderen Verfahren unter der Geltung der Verhandlungsmaxime (Beibringungsgrundsatz) ist zwischen subjektiver und objektiver Beweislast zu trennen. Die subjektive Beweislast (Beweisführungslast, formelle Beweislast) ist die den Beteiligten obliegende echte Last, durch eigenes Tätigwerden den Beweis streitiger Tatsachenbehauptungen zu führen, um einen Prozessverlust zu vermeiden. Die Beteiligten kommen einer solchen Last dadurch nach, dass sie Beweisanträge stellen und konkrete Beweismittel für ihre Behauptungen benennen. Eine solche subjektive Beweislast kann es nur in einem Verfahren mit Verhandlungsmaxime geben. Im Rahmen der freiwilligen Gerichtsbarkeit gilt aber der Amtsermittlungsgrundsatz gem. § 26. Dieser schließt das Bestehen einer subjektiven Beweislast ebenso wie einer Behauptungslast aus. Davon strikt abzutrennen sind die in jedem Verfahren relevanten Fragen der objektiven Beweislast.

II. Objektive Beweislast

22 Die objektive Beweislast (Feststellungslast, materielle Beweislast) gibt dem Richter Antwort auf die Frage, zu wessen Nachteil im Falle einer endgültigen Unklarheit (non liquet) die Entscheidung zu fällen ist. Die objektive Beweislast ist also keine Last im technischen Sinn. Denn der Begriff der Last setzt immer ein Handeln der Parteien voraus. Eine Regelung der objektiven Beweislast muss es zwingend in jedem Verfahren geben, da es niemals auszuschließen ist, dass trotz aller Bemühungen von Gericht und Beteiligten letztlich über eine entscheidungserhebliche Tatsachenbehauptung eine endgültige Unklarheit verbleibt. Die dann erforderliche Entscheidung nach den Regeln der objektiven Beweislast ist somit eine besondere Form gesetzli-

cher Risikoverteilung. Deshalb muss die objektive Beweislast in abstrakt-genereller Form und normativ festgelegt sein.

Auch wenn die objektive Beweislast keine Pflichten für die Beteiligten schafft, so wirkt sie doch auf das gesamte Verfahren ein. Im Rahmen der gem. § 27 möglichen Mitwirkungspflichten der Beteiligten und auch darüber hinaus hat die objektive Beweislast faktische Auswirkungen. Auch unter der Geltung des Amtsermittlungsgrundsatzes wird sich ein Beteiligter um die Aufklärung tatsächlicher Unklarheiten bemühen, wenn im Falle eines endgültigen non liquet die Entscheidung auf Grund der objektiven Beweislast zu seinen Lasten ausfällt.

III. Rechtsanwendung bei Beweislosigkeit

Auch in einem Verfahren mit Amtsermittlung kann es nicht ausgeschlossen werden, dass ein Sachverhalt nicht zu ermitteln ist und endgültig unklar bleibt. Auch in diesem Fall hat aber nach heute allgemein anerkannter Auffassung der Richter eine Pflicht zur Entscheidung. Da in diesem Falle der Richter nicht unter einen feststehenden Sachverhalt subsumieren kann, muss die Beweislast für ihn in Form einer Operationsregel eine methodische Anweisung zu einer Fiktion enthalten. Der Richter darf und muss den unklar gebliebenen Sachverhalt so behandeln, als wäre er geklärt worden.[1] Den Inhalt dieser Fiktion, also die Frage, ob der Richter den unklar gebliebenen Sachverhalt fiktiv als bewiesen oder als widerlegt ansehen soll, entscheiden die Beweislastnormen.

IV. Verteilung der Beweislast

Es ist heute anerkannt, dass die Verteilung der Beweislast abstrakt-generell zu erfolgen hat und auf einer normativen Entscheidung beruht. Die Beweislastverteilung ist also ein Akt gesetzgeberischer Entscheidung und nicht eine beliebig veränderbare richterliche Entscheidung des Einzelfalles. In manchen Fällen enthält das Gesetz ausdrückliche Beweislastnormen. Darüber hinaus ist heute allgemein anerkannt, dass auch die gesetzlichen Vermutungen iSv. § 292 ZPO Beweislastregeln darstellen. Soweit solche konkreten normativen Regelungen nicht vorhanden sind, gilt die allgemein anerkannte **Grundregel**, wonach derjenige die Beweislast für rechtsbegründende Tatbestandsmerkmale trägt, der eine bestimmte Rechtsfolge begehrt, während der Anspruchsgegner für die rechtshindernden, rechtsvernichtenden und rechtshemmenden Merkmale die Beweislast trägt.[2] Dabei ergibt sich die Einordnung der materiell-rechtlichen Tatbestandsmerkmale als rechtsbegründend, rechtsvernichtend oder rechtshemmend aus der jeweiligen Qualifizierung des materiellen Rechts. Dagegen bilden die rechtshindernden Merkmale keine eigene materiell-rechtliche Kategorie, sondern nur eine aus Zweckmäßigkeitsgründen vorgenommene Zusammenfassung all derjenigen Sondernormen der Beweislastverteilung, bei denen rechtsbegründenden Tatbestandsmerkmale abweichend von der Grundregel der Beweislastverteilung dem Anspruchsgegner beweislastmäßig zugewiesen sind. Die praktisch wichtigste Hilfe bei der Ermittlung dieser Beweislastverteilung durch den Gesetzgeber bildet die sprachliche und satzbaumäßige Formulierung der Normen. Im Verhältnis von rechtsbegründende und rechtshindernden Tatbestandsmerkmalen verwendet der Gesetzgeber ein sprachlich bedingtes Regel-Ausnahme-Schema.[3] Angesichts der grundsätzlich normativ festgelegten Beweislastverteilung muss der vielfach verwendete Begriff der **Beweislastumkehr** in der Weise verstanden werden, dass die Umkehr der objektiven Beweislast eine abstrakte Abweichung des Richters von gesetzlichen Vorgaben der Beweislastverteilung darstellt. Eine solche Abweichung ist nur auf Grund einer **Rechtsfortbildung** möglich. Eine solche Abweichung des Richters von der gesetzlichen Ausgangslage darf also nicht im Einzelfall geschehen,

---

1 Zu den Einzelheiten vergl. *Prütting*, Gegenwartsprobleme der Beweislast, 1983, S. 167 ff.
2 Zu den Einzelheiten dieser grundsätzlichen Beweislastverteilung vgl. Baumgärtel/Laumen/*Prütting*, Handbuch der Beweislast, Grundlagen, 2009, § 5 V.
3 Vgl. zu den Einzelheiten MüKo. ZPO/*Prütting*, § 286 ZPO Rz. 114 ff.

sondern sie muss ihrerseits auf einer abstrakt-generellen Regelbildung beruhen und von den Voraussetzungen methodisch korrekter Rechtsfortbildung getragen sein.[1]

G. Rechtliches Gehör und Äußerungsrecht (Absatz 2)

I. Grundlagen

26 Der Gesetzgeber hat in § 37 Abs. 2 und darüber hinaus im Einzelnen in den §§ 33, 34 Anhörungsrechte der Parteien und Anhörungspflichten des Gerichts niedergelegt. Ausweislich der Gesetzesmaterialien wollte der Gesetzgeber insbesondere durch § 37 Abs. 2 die Gewährleistung des rechtlichen Gehörs gem. Art. 103 Abs. 1 GG für die Beteiligten garantieren.[2] Dabei bleibt allerdings unberücksichtigt, dass das in Abs. 2 genannte Äußerungsrecht nur einen Teil des rechtlichen Gehörs ausmacht. Nach der berühmten Formel des BVerfG zum rechtlichen Gehör garantiert dieses über das Äußerungsrecht der Beteiligten hinaus die Verpflichtung des Gerichts, die jeweiligen Äußerungen „zur Kenntnis zu nehmen und in Erwägung zu ziehen".[3] Damit ist Abs. 2 ebenso wie § 108 Abs. 2 VwGO nur im Ansatz mit der Gewährung rechtlichen Gehörs verknüpft. Dies ist deshalb wenig problematisch, weil Art. 103 Abs. 1 GG unstreitig im gesamten Verfahren der freiwilligen Gerichtsbarkeit unmittelbar gilt. Er bedarf an sich keiner Umsetzung in einfaches Gesetzesrecht. Andererseits ist zu bedenken, dass das FGG ursprünglich aus dem Jahre 1898 herrührte und damals unstreitig erhebliche Lücken und Mängel gerade auch in Gehörsfragen aufwies. Die heutige Gesetzeslage im FamFG hat zweifellos auch den Zweck, den an sich selbstverständlichen Grundsatz der Gewährung rechtlichen Gehörs in Abgrenzung zum früheren FGG im heutigen Recht ganz besonders zu betonen.

II. Geltungsumfang

27 Art. 103 Abs. 1 GG gilt unmittelbar in allen Bereichen des Verfahrens der freiwilligen Gerichtsbarkeit. Er gilt ebenfalls unmittelbar in Ehe- und Familienstreitverfahren. Soweit § 37 Abs. 2 ebenso wie die §§ 33, 34 in den Ehe- und Familienstreitverfahren gem. § 113 Abs. 1 nicht anzuwenden sind, muss dies der Richter im Rahmen der mündlichen Verhandlung durch die §§ 128 ff., 272 ff. ZPO ausgleichen (vgl. insbesondere §§ 136 Abs. 3 und 4, 139, 141 Abs. 1, 273 Abs. 2 und 4, 278 Abs. 2 Satz 3 und Abs. 3, 279 Abs. 3 ZPO).

III. Gehörsrüge

28 Soweit einem Beteiligten nicht ausreichend rechtliches Gehör gewährt wird, besteht nach § 44 und nahezu wortgleich nach § 321a ZPO die Möglichkeit, Abhilfe durch Fortführung des Verfahrens im Wege der Gehörsrüge zu verlangen. Zu den Einzelheiten vgl. § 44.

29 Die Gehörsrüge des § 44 setzt voraus, dass ein Rechtsmittel oder ein Rechtsbehelf gegen die angegriffene Entscheidung nicht mehr möglich ist. Wird also der Anspruch eines Beteiligten auf rechtliches Gehör verletzt, so stellt dies grundsätzlich einen Verfahrensfehler dar, der nach allgemeinen gesetzlichen Vorschriften mit einem statthaften Rechtsmittel oder Rechtsbehelf zunächst gerügt werden kann.

IV. Träger des Anspruchs

30 Träger des Anspruchs auf rechtliches Gehör sind zunächst die Beteiligten. Dabei ist der Begriff der Beteiligten iSv. § 7 Abs. 1 bis Abs. 3 heranzuziehen. Wie allerdings § 7 Abs. 6 zeigt, können gesetzliche Anhörungsrechte und -pflichten sowie Auskunftsrechte und -pflichten über den Bereich der Beteiligten hinausgehen. Solche Personen werden durch eine Anhörung nicht zu Beteiligten.

---

[1] Vgl. zu den Einzelheiten *Baumgärtel/Laumen/Prütting*, Handbuch der Beweislast, Grundlagen, 2009, § 19.
[2] Begr. RegE, BT-Drucks. 16/6308, S. 194.
[3] BVerfG v. 14.6.1960 – 2 BvR 86/60, BVerfGE 11, 218 (220); BVerfG v. 14.7.1998 – 1 BvR 1640/97, BVerfGE 98, 218 (263); BVerfG v. 10.1.2000 – 1 BvR 1398/99, BVerfG NJW 2000, 1480 (1483).

Die Beteiligtenfähigkeit gem. § 8 lässt erkennen, dass neben natürlichen und juristischen Personen auch sonstige Vereinigungen, Personengruppen und Einrichtungen beteiligtenfähig sein können, darüber hinaus auch Behörden. Daher steht auch diesen Gruppierungen und den Behörden rechtliches Gehör zu, soweit sie im konkreten Fall Beteiligte sind.

Soweit Art. 103 Abs. 1 GG das rechtliche Gehör „jedermann" gewährt, bedeutet dies nach früherem wie nach heutigem Recht nicht, dass dadurch der Kreis der Beteiligten erweitert würde.[1]

Die konkrete Ausübung des Rechts auf Gehör im Einzelnen durch einen Beteiligten hängt davon ab, ob er auch verfahrensfähig ist (§ 9). Ein Nicht-Verfahrensfähiger übt das Recht auf rechtliches Gehör durch seinen gesetzlichen Vertreter aus.

V. Umfang des rechtlichen Gehörs

1. Grundsatz

Es ist heute anerkannt, dass die Gewährung rechtlichen Gehörs in vier Schritten zu erfolgen hat.[2] Im Einzelnen gewährt das rechtliche Gehör den Beteiligten ein Recht auf Orientierung und weiterhin ein Recht auf Äußerung, ferner die Pflicht des Gerichts zur Kenntnisnahme und schließlich die Pflicht des Gerichts, die Äußerungen der Beteiligten in Erwägung zu ziehen.

2. Recht auf Orientierung

Das Recht der Beteiligten auf Orientierung bedeutet im Einzelnen, dass sie zunächst vom Verfahren zu benachrichtigen sind (vgl. insbesondere § 7 Abs. 4). Darüber hinaus sind die Äußerungen anderer Verfahrensbeteiligter mitzuteilen (vgl. §§ 15, 23 Abs. 2). Schließlich ist auch das Recht auf Akteneinsicht (§ 13) ein Teil des Rechts auf Orientierung für die Beteiligten.

3. Recht auf Äußerung

Das ebenfalls aus dem rechtlichen Gehör erwachsende Recht auf Äußerung beinhaltet zunächst die Möglichkeiten, Anträge zu stellen und Ausführungen zu machen (vgl. insbesondere §§ 23, 24, 25). Dies ist die aktive Seite des Rechts auf Äußerung. Damit in unmittelbarem Zusammenhang steht aber auch eine passive oder negative Komponente dieses Rechts auf Äußerung. Denn das Gericht darf seiner Entscheidung nur solche Tatsachen und Beweisergebnisse zugrunde legen, zu denen sich die Beteiligten äußern konnten (§ 37 Abs. 2). Dabei hat das Gericht zur Wahrung rechtlichen Gehörs die Pflicht zur persönlichen Anhörung der Beteiligten (§ 34 Abs. 1). Ferner ist es als Teil des Rechts auf Äußerung anzusehen, dass die Beteiligten Tatsachenbehauptungen aufstellen und dafür Beweise anbieten. Dabei sind Gegenstände des Äußerungsrechts nicht nur Tatsachenbehauptungen aller Art, sondern auch Beweismittel und Beweisergebnisse sowie Rechtsausführungen. Umgekehrt ist es Teil dieses verfassungsrechtlichen Anspruchs, dass die Beteiligten nicht durch rechtliche Auffassungen des Gerichts überrascht werden. Eine **Überraschungsentscheidung** des Gerichts wäre also zugleich ein Verstoß gegen den Grundsatz des rechtlichen Gehörs (vgl. § 28 Abs. 1 Satz 2).

4. Pflicht zur Kenntnisnahme

Weit über die Pflichten der §§ 34 Abs. 1, 37 Abs. 2 zu den Äußerungsrechten der Beteiligten hinaus hat das Gericht die Verpflichtung, alle tatsächlichen und rechtlichen Äußerungen der Beteiligten zur Kenntnis zu nehmen. Kenntnisnahme ist dabei zunächst ein innerer Vorgang, wonach das Gericht das Vorbringen der Beteiligten anhört und den Beteiligten dabei seine volle und ungeteilte Aufmerksamkeit zuwendet.

---

1 Vgl. *Bettermann*, JZ 1962, 675.
2 Zum Folgenden im Einzelnen *Waldner*, Der Anspruch auf rechtliches Gehör, 2. Aufl. 2000, S. 13 ff.

Kenntnisnahme kann ebenso wie Äußerung in mündlicher, schriftlicher und jeder sonstigen Form vorgenommen werden.

5. Pflicht zur Erwägung

38 Nach der berühmten Formel des BVerfG muss das Gericht die Äußerungen der Beteiligten „zur Kenntnis nehmen und in Erwägung ziehen".[1] Das Verlangen, dass das Gericht ein bestimmtes Vorbringen in Erwägung ziehen muss, beinhaltet also mehr als eine Kenntnisnahme, vielmehr eine Berücksichtigungspflicht von Äußerungen der Beteiligten. Dabei kann die Pflicht zur Berücksichtigung allerdings nur in einem formalen Sinn verstanden werden, dass das Gericht auf zulässiges Vorbringen eine gewisse Reaktion zeigen muss. Rechtliches Gehör kann dagegen kein Recht zur erfolgreichen Berücksichtigung bedeuten. So muss das Gericht zwar zu erkennen geben, dass es die zur Kenntnis genommen Äußerungen auch tatsächlich in seine Erwägungen mit einbezogen hat. Insofern enthält das rechtliche Gehör zugleich eine gewisse Mindestpflicht des Gerichts zur Begründung seiner Entscheidung (vgl. § 38 Abs. 3). Dies bedeutet freilich nicht, dass das Gericht nicht im Einzelfall Tatsachenvortrag und ebenso Rechtausführungen der Beteiligten übergehen darf, soweit es sie nicht für erheblich hält.

6. Einwirkungen der Amtsermittlung

39 Für den Anspruch auf rechtliches Gehör ist es ohne Bedeutung, in welcher Weise erhebliches Vorbringen in das Verfahren eingeführt worden ist. Auch Tatsachen, die das Gericht selbst auf Grund des Amtsermittlungsgrundsatzes in das Verfahren eingeführt hat (§ 26), muss es zum Gegenstand der Erörterung mit den Beteiligten machen. Die Verwertung eines Sachverständigengutachtens setzt voraus, dass das Gericht den Beteiligten Gelegenheit zur Stellungnahme einräumt.[2] **Beschränkungen des rechtlichen Gehörs** kommen nur in engen Grenzen in Betracht. Dies gilt einmal für den Bereich eA (vgl. etwa § 301 Abs. 1). Es gilt darüber hinaus vor allem in Fällen, in denen die Einschränkung durch den Schutz eines Beteiligten geboten ist (§§ 157 Abs. 2 Satz 2, 159 Abs. 3). Schließlich kann im Einzelfall eine Einschränkung des rechtlichen Gehörs im Interesse der Wahrheitsfindung geboten sein (vgl. §§ 157 Abs. 2 Satz 2, 159 Abs. 3, 160 Abs. 2 Satz 2 und Abs. 3).

Abschnitt 3
Beschluss

38 *Entscheidung durch Beschluss*
(1) Das Gericht entscheidet durch Beschluss, soweit durch die Entscheidung der Verfahrensgegenstand ganz oder teilweise erledigt wird (Endentscheidung). Für Registersachen kann durch Gesetz Abweichendes bestimmt werden.
(2) Der Beschluss enthält
1. die Bezeichnung der Beteiligten, ihrer gesetzlichen Vertreter und der Bevollmächtigten;
2. die Bezeichnung des Gerichts und die Namen der Gerichtspersonen, die bei der Entscheidung mitgewirkt haben;
3. die Beschlussformel.
(3) Der Beschluss ist zu begründen. Er ist zu unterschreiben. Das Datum der Übergabe des Beschlusses an die Geschäftsstelle oder der Bekanntgabe durch Verlesen der Beschlussformel (Erlass) ist auf dem Beschluss zu vermerken.

---

1 BVerfG v. 14.6.1960 – 2 BvR 96/60, BVerfGE 11, 218 (220); BVerfG v. 14.7.1998 – 1 BvR 1640/97, BVerfGE 98, 218 (263); BVerfG v. 10.1.2000 – 1 BvR 1398/99, BVerfG NJW 2000, 1480 (1483).
2 BGH v. 18.7.2012 – XII ZB 661/11, FamRB 2012, 309 (*Stößer*).

(4) Einer Begründung bedarf es nicht, soweit
1. die Entscheidung aufgrund eines Anerkenntnisses oder Verzichts oder als Versäumnisentscheidung ergeht und entsprechend bezeichnet ist,
2. gleichgerichteten Anträgen der Beteiligten stattgegeben wird oder der Beschluss nicht dem erklärten Willen eines Beteiligten widerspricht oder
3. der Beschluss in Gegenwart aller Beteiligten mündlich bekannt gegeben wurde und alle Beteiligten auf Rechtsmittel verzichtet haben.

(5) Absatz 4 ist nicht anzuwenden:
1. in Ehesachen, mit Ausnahme der eine Scheidung aussprechenden Entscheidung;
2. in Abstammungssachen;
3. in Betreuungssachen;
4. wenn zu erwarten ist, dass der Beschluss im Ausland geltend gemacht werden wird.

(6) Soll ein ohne Begründung hergestellter Beschluss im Ausland geltend gemacht werden, gelten die Vorschriften über die Vervollständigung von Versäumnis- und Anerkenntnisentscheidungen entsprechend.

A. Entstehungsgeschichte und Normzweck 1	2. Begründung der getroffenen Entscheidung (Abs. 3 Satz 1)
B. Inhalt der Vorschrift	a) Anforderungen an die Begründung 20
I. Entscheidung „durch Beschluss"	b) Fehler der Begründung 21
1. Bezeichnung	3. Unterschriften der mitwirkenden Gerichtspersonen (Abs. 3 Satz 2) . . 23
a) Neue Terminologie 3	4. Verkündungsvermerk (Abs. 3 Satz 3)
b) Überschrift der Entscheidung . . 4	a) Bedeutung 24
c) Sonderformen der Entscheidung 5	b) Urkundsperson und erforderliche Form 25
2. Fehler in der Bezeichnung 6	5. Ausnahmen von der Begründungspflicht
3. Ausnahmen in Registersachen . . . 7	a) Anerkenntnis-, Verzichts- und Versäumnisentscheidungen (Abs. 4 Nr. 1) 26
II. Rubrum des Beschlusses	b) Entscheidungen ohne Interessengegensätze (Abs. 4 Nr. 2) 27
1. Angabe der Beteiligten, ihrer gesetzlichen Vertreter und Bevollmächtigten (Abs. 2 Nr. 1)	c) Entscheidungen nach Rechtsmittelverzicht (Abs. 4 Nr. 3)
a) Beteiligte 8	aa) Gegenwart und Rechtsmittelverzicht „aller" Beteiligten . 30
b) Gesetzliche Vertreter 9	bb) Mündliche Bekanntgabe des Beschlusses 31
c) Verfahrensbevollmächtigte . . . 10	cc) Rechtsmittelverzicht 32
2. Bezeichnung des Gerichts und der mitwirkenden Gerichtspersonen (Abs. 2 Nr. 2) 11	d) Keine Ausnahme von der Begründungspflicht bei nicht rechtsmittelfähigen Beschlüssen 33
3. Beschlussformel (Abs. 2 Nr. 3)	6. Rückausnahmen vom Wegfall der Begründungspflicht (Absatz 5)
a) Keine Entscheidung „aufgrund der mündlichen Verhandlung" . 12	a) Generelle Ausnahme in bestimmten Verfahren (Abs. 5 Nr. 1 bis 3) 34
b) Inhalt der Beschlussformel	b) Voraussichtliche Geltendmachung der Entscheidung im Ausland (Abs. 5 Nr. 4) 35
aa) Verpflichtung in der Hauptsache und Kostentragung . . 13	7. Vervollständigung eines Beschlusses ohne Begründung 36
bb) Bestimmtheit der Beschlussformel 14	C. Zwischenentscheidungen 37
III. Begründung der Entscheidung	
1. Sachverhalt	
a) Unstreitiger Sachverhalt 16	
b) Bestrittener Sachverhalt 17	
c) Anträge und Verfahrensgeschichte 18	
d) Bezugnahmen 19	

Literatur: *Abramenko*, Zu den praktischen Auswirkungen der neuen Rechtsprechung zur Teilrechtsfähigkeit der Wohnungseigentümergemeinschaft auf das Verfahrensrecht, ZMR 2005; 750; *Bolkart*, Die Reform des Verfahrens in Familiensachen und in den Angelegenheiten der freiwilligen Gerichtsbarkeit, MittBayNot 2009, 268; *Böttcher*, Das Grundbuchverfahren nach dem FamFG, Rpfleger 2011, 53; *Breuers*, Das neue Verfahrensrecht in Familiensachen – offene Fragen,

ZFE 2010, 84; *Büte*, Streitpunkte im FamFG, FuR 2011, 7; *Demharter*, Der Beschluss des BGH zur Teilrechtsfähigkeit der Gemeinschaft der Wohnungseigentümer, ZWE 2005, 357; *Demharter*, Die rechtsfähige Wohnungseigentümergemeinschaft – Wer ist verfahrens- und materiell-rechtlich Beteiligter? – Störungsabwehr und Beteigtenwechsel, NZM 2006, 82; *Diehl*, Besondere Probleme des FamFG in der 2. Instanz, FuR 2010, 542; *Diener*, Anm. zu BVerfG v. 7.12.2010 – 1 BvR 2157/10, FamRZ 2011, 274; *Elzer*, Anm. zu OLG München v. 13.7.2005 – 34 Wx 061/05, ZMR 2005, 730; *Götz*, Das neue Familienverfahrensrecht – erste Praxisprobleme, NJW 2010, 897; *Götz*, Die Rechtsbehelfsbelehrung, FPR 2011, 1; *Griesche*, Die Bekanntgabe von Entscheidungen in Unterhaltssachen, Farbe 2010, 340; *Harders*, Der „unbekannte Beteiligte", DNotZ 2009, 725; *Götz*, Die Rechtsbehelfsbelehrung, FPR 2011, 1; *Jacoby*, Der Regierungsentwurf für ein FamFG, FamRZ 2007, 1703; *Kemper*, Das Verfahren in der ersten Instanz nach dem FamFG, FamRB 2008, 345; *Keske*, Rechtsmittel gegen die Kostenentscheidung, FPR 2010, 339; *Kierig*, Wirksamkeit der Geldanlage für den Betreuten erst mit Rechtskraft?, NJW 2010, 1436; *Krafka*, Registerrechtliche Neuerungen durch das FamFG, NZG 2009, 650; *Kranz*, Beschluss – „Im Namen des Volkes"?, FamRZ 2010, 85; *Kretzschmar/Meysen*, Reform des Familienverfahrensrechts, FPR 2009, 1; *Maurer*, Die Rechtsmittel in Familiensachen nach dem FamFG, FamRZ 2009, 465; *Maurer*, Zur Anwendung von § 48 Abs. 1 FamFG in Familiensachen, FamRZ 2009, 1792; *Metzger*, Beschluss – „Im Namen des Volkes"? FamRZ 2010, 703 (zu *Kranz*, FamRZ 2010, 85); *Milzer*, Ungewollte Fernwirkungen des § 75 FamFG, MittBayNot 2011, 112; *Nedden-Böger*, Die Anwendung des Allgemeinen Teils des FamFG in Registersachen und in unternehmensrechtlichen Verfahren, FGPrax 2010, 1; *Preuß*, Auswirkungen der FGG-Reform auf das Spruchverfahren, NZG 2009, 961; *Preuß*, Das neue Beschwerdeverfahren der freiwilligen Gerichtsbarkeit unter Berücksichtigung der Besonderheiten der Notarbeschwerde, DNotZ 2010, 265; *Rasch*, Der Unterhaltsbeschluss, FPR 2010, 150; *Recla/Diener*, Anm. zu BVerfG v. 30.4.2010 – 1 BvR 2797/09, FamRZ 2010, 1146; *Reinken*, Die 2. Instanz, FuR 2010, 268; *Reinken*, Einführung in den Allgemeinen Teil des FamFG, ZFE 2010, 164; *Reinken*, Tragende Grundsätze des unterhaltsrechtlichen Abänderungsverfahrens, ZFE 2010, 206; *Rüntz*, Anm. zu BGH v. 23.6.2010 – XII ZB 82/10, FamRZ 2010, 1427; *Rüntz/Viefhues*, Erste Erfahrungen aus der Praxis mit dem FamFG, FamRZ 2010, 1285; *Schael*, Die Statthaftigkeit von Beschwerde und sofortiger Beschwerde nach dem neuen FamFG, FPR 2009, 11;*Schneider*, Bekanntgabe und Zustellungen in Familiensachen, Rpfleger 2011, 1; *Schürmann*, Rechtsmittel in Familiensachen nach dem FamFG, FuR 2010, 425; *Sonnenfeld*, Rechtsmittel im Betreuungs- und Unterbringungsverfahren, BtPrax 2009, 167; *Sonnenfeld*, Die Vertretung des verfahrensunfähigen Kindes im Genehmigungsverfahren, ZKJ 2010, 271; *Strasser*, Vorsicht Falle! Keine Wiedereinsetzung bei anwaltlicher Fristversäumnis trotz fehlerhafter Rechtsbehelfsbelehrung durch das Gericht, FamFR 2010, 338f.; *Vogel*, Die Rechtsbehelfsbelehrung, FPR 2012, 294; *Wesche*, Außen- und Innengenehmigung bei der Geldverwaltung nach dem FamFG, Rpfleger 2010, 403; *Wilsch*, Aspekte des FGG-Reformgesetzes in der grundbuchamtlichen Praxis, FGPrax 2009, 243; *Zorn*, Das Verfahren in Kindschaftssachen nach dem FamFG, Rpfleger 2009, 421.

A. Entstehungsgeschichte und Normzweck

1 § 38 gehört zu den Neuerungen des FamFG, die anstelle der lückenhaften und verstreuten Regelungen des FGG eine systematisch befriedigende Kodifikation setzen wollen. Dies erschien hinsichtlich der Entscheidung des Gerichts besonders dringlich. Eine einheitliche Regelung der Entscheidungsform fehlte im FGG.[1] Es enthielt lediglich über das Gesetz verteilt Bestimmungen zu einzelnen Aspekten der Entscheidung. Zudem war die Terminologie hierzu uneinheitlich – das FGG sprach ohne klare begriffliche Differenzierung ua. von Verfügungen, Anordnungen und Beschlüssen[2] –, und es wurde nicht zwischen verfahrensleitenden Verfügungen, sonstigen Zwischenentscheidungen und der Entscheidung, die die Instanz abschloss (hierzu im Einzelnen s.u. § 58 Rz. 7ff.), unterschieden. § 38 Abs. 1 bestimmt für letztere nun als einheitliche Entscheidungsform den **Beschluss**,[3] wobei Abs. 1 Satz 2 für Registersachen Abweichungen zulässt. Zudem wird unterschieden zwischen Entscheidungen, die die Instanz beenden, und Zwischenentscheidungen, die nicht der Vorschrift unterfallen.[4] Die Vorschrift gilt gem. § 113 Abs. 1 für alle Angelegenheiten nach dem FamFG, also auch für Familienstreit- und Ehesachen.[5]

---

1 So zutreffend BT-Drucks. 16/6308, S. 195; Keidel/*Meyer-Holz*, § 38 FamFG Rz. 2.
2 Hierzu BT-Drucks. 16/6308, S. 195.
3 BT-Drucks. 16/6308, S. 195.
4 BT-Drucks. 16/6308, S. 195; Bumiller/*Harders*, § 38 FamFG Rz. 2.
5 *Griesche*, FamRB 2010, 340; Keidel/*Meyer-Holz*, § 38 FamFG Rz. 3ff.; Bassenge/Roth/*Gottwald*, Vor § 38 FamFG Rz. 2; Bork/Jacoby/Schwab/*Elzer*, 1. Aufl., § 38 FamFG Rz. 2.

Die Regelungen zum **Inhalt der Entscheidungen** im Einzelnen (§ 38 Abs. 2 bis 6) lehnen sich eng an die Vorschriften der ZPO zum erstinstanzlichen Urteil an. So übernimmt § 38 Abs. 2 die Vorschriften zum Rubrum des Urteils erster Instanz (§ 313 Abs. 1 Nr. 1, 2 und 4 ZPO) ohne inhaltliche Modifikation. Für den **Aufbau der Entscheidung** weicht § 38 Abs. 3 von der Gliederung in Tatbestand und Entscheidungsgründe (§ 313 Abs. 1 Nr. 5, 6 ZPO) ab. Stattdessen sieht § 38 Abs. 3 Satz 1 eine Begründungspflicht ohne nähere Vorgaben vor. Das Erfordernis der Unterschrift unter dem Beschluss in § 38 Abs. 3 Satz 2 entspricht inhaltlich § 315 Abs. 1 Satz 1 ZPO. Die Regelungen dazu, dass die Übergabe des Beschlusses an die Geschäftsstelle bzw. sein Verlesen zu protokollieren sind (§ 38 Abs. 3 Satz 3), entsprechen mit den gebotenen Modifikationen für das Verfahren nach dem FamFG § 315 Abs. 3 Satz 1 ZPO. § 38 Abs. 4 sieht **Ausnahmen von der Begründungspflicht** vor. Nur § 38 Abs. 4 Nr. 2 stellt eine spezifische Regelung für Verfahren nach dem FamFG dar. Hingegen greifen § 38 Abs. 4 Nr. 1 und 3 auf die Vorbilder der §§ 313a Abs. 2, 313b Abs. 1 ZPO zurück. Die Rückausnahmen vom Wegfall der Begründungspflicht in § 38 Abs. 5 Nr. 1, 2 und 4 entsprechen zivilprozessualen Vorbildern in § 313a Abs. 4 Nr. 1, 3 und 5 ZPO. Hinzugefügt wurde eine entsprechende Regelung für Betreuungssachen (§ 38 Abs. 5 Nr. 3). § 38 Abs. 6 entspricht § 313a Abs. 5 ZPO.

B. Inhalt der Vorschrift

I. Entscheidung „durch Beschluss"

1. Bezeichnung

a) Neue Terminologie

Nach § 38 Abs. 1 Satz 1 hat das Gericht Entscheidungen, die die Instanz beenden „durch Beschluss" zu treffen (eingehend hierzu § 58 Rz. 5 ff.).[1] Dies gibt zunächst die richtige Bezeichnung der Entscheidung wieder. Die früher zulässigerweise verwendete abweichende Terminologie, also die Bezeichnung etwa als „Verfügung", „Anordnung" oÄ ist nach neuem Recht nicht mehr gesetzeskonform. Dies gilt auch in Verfahren des **einstweiligen Rechtsschutzes**, auch wenn das Gesetz die dort zu treffenden Entscheidungen als „einstweilige Anordnungen" zusammenfasst. Denn es handelt sich im Gegensatz zum früheren Recht um eigenständige Verfahren, die sich gem. § 51 Abs. 2 Satz 1 „nach den Vorschriften, die für eine entsprechende Hauptsache gelten", also auch nach § 38 Abs. 1 richten. Zudem macht der Gesetzgeber – wenn auch an etwas versteckter Stelle – selbst klar, dass die Entscheidung in Verfahren nach §§ 49 ff. durch Beschluss erfolgt. Denn § 53 Abs. 1 spricht davon, dass die eA nur dann der Vollstreckungsklausel bedarf, „wenn die Vollstreckung für oder gegen einen anderen als den in dem *Beschluss* bezeichneten Beteiligten erfolgen soll". Daraus geht hervor, dass auch eA in der Form eines Beschlusses zu erlassen sind. Ob Entscheidungen allein über die Kosten des Verfahrens solche Endentscheidungen darstellen, war streitig,[2] ist aber nunmehr geklärt, wobei sich für Ehe- und Familienstreitsachen Besonderheiten ergeben (s. § 58 Rz. 7a).

b) Überschrift der Entscheidung

Diese Art der Entscheidung durch Beschluss ist wie beim Urteil im Kopf der Entscheidung anzugeben. Im Gegensatz zu jenem ergeht dieser aber in Ermangelung einer § 311 Abs. 1 ZPO entsprechenden Regelung nicht „im Namen des Volkes".[3] Üblicherweise folgt dann eine **Eingangsformel**, die die Art des Streits bezeichnet, also etwa „In der Familiensache", „In der Betreuungssache", „In der Nachlasssache" oÄ.[4]

---

[1] *Schael*, ZPR 2009, 11 (12).
[2] Dafür etwa Bassenge/Roth/*Gottwald*, § 38 FamFG Rz. 2; aA insbesondere *Schael*, FPR 2009, 11 (13).
[3] Ebenso Keidel/*Meyer-Holz*, § 38 FamFG Rz. 41; Zöller/*Feskorn*, § 38 FamFG Rz. 7; *Kranz*, FamRZ 2010, 85 f.; *Breuers*, ZFE 2010, 84 (85); *Metzger*, FamRZ 2010, 703 (704).
[4] Für eine Fortführung dieser aus dem alten Recht stammenden Einleitungsformeln auch Keidel/*Meyer-Holz*, § 38 FamFG Rz. 41.

§ 38 Allgemeiner Teil

c) Sonderformen der Entscheidung

5   Wie im Zivilprozess kommen auch im Verfahren nach dem FamFG eine Vielzahl von Sonderformen der Entscheidung in Betracht, die auch in deren Bezeichnung ihren Niederschlag finden müssen. Entscheidet das Gericht etwa nur einen abtrennbaren Teil oder nur über den Grund der Sache, muss dies durch **Teilbeschluss**[1] bzw. **Grundbeschluss**[2] geschehen. Sofern dem eine separat nicht anfechtbare Abtrennung zugrunde liegt, kann die Unzulässigkeit des Teilbeschlusses noch mit der Beschwerde gerügt werden.[3] Die abschließende Entscheidung des Verfahrens ist dann folgerichtig als **Schlussbeschluss** zu bezeichnen.[4] Soweit nunmehr auch in Verfahren nach dem FamFG eine Entscheidung aufgrund Anerkenntnisses, Verzichts oder Säumnis möglich ist (s. §§ 38 Abs. 4 Nr. 1, 113 Abs. 1),[5] sind diese Entscheidungen nunmehr folgerichtig als **Anerkenntnis-, Verzicht- oder Versäumnisbeschluss** zu kennzeichnen.[6] Zwingend dürfte diese Bezeichnung aber wie im Zivilprozess nur dann sein, wenn es sich um abgekürzte Entscheidungen nach § 38 Abs. 4 Nr. 1 handelt.[7]

2. Fehler in der Bezeichnung

6   Die fehlerhafte Bezeichnung ändert am Wesen der Entscheidung nichts. Selbst im formstrengeren Zivilprozess gehört die Bezeichnung als „Urteil" nicht zu den formalen Voraussetzungen der Entscheidung.[8] Auch ein falsch bezeichneter Beschluss behält die Rechtsnatur einer Endentscheidung in der Hauptsache. Sofern die gewählte Bezeichnung aber einer anderen Entscheidungsform entspricht, dürfen den Beteiligten hieraus keine Nachteile erwachsen. Insoweit gilt der Grundsatz der **Meistbegünstigung**.[9] Entscheidet das erstinstanzliche Gericht etwa durch Urteil in einer Sache, für die die kürzeren Rechtsmittelfristen des § 63 Abs. 2 gelten, so kann diese Entscheidung auch nach deren Ablauf noch mit der Berufung angegriffen werden. Bei fehlerhafter Bezeichnung einer besonderen Beschlussart gilt hinsichtlich der Rechtsmittel der Meistbegünstigungsgrundsatz.[10] Ein etwa fehlerhaft als Beschluss bezeichneter Versäumnisbeschluss nach § 142 Abs. 1 Satz 2 kann daher sowohl mit dem Einspruch nach § 143 als auch mit der Beschwerde angegriffen werden.[11] Dies gilt allerdings nicht, wenn die Bezeichnung nicht (wie im Fall des § 38 Abs. 4 Nr. 1) zwingend vorgesehen ist (vgl. Rz. 5) und aus der Begründung klar hervorgeht, dass aufgrund der Säumnis entschieden wurde.[12]

---

1   Keidel/*Meyer-Holz*, § 38 FamFG Rz. 29 f.
2   OLG Düsseldorf v. 10.9.2010 – II-7 UF 84/10, FamRZ 2011, 719 (720); Keidel/*Meyer-Holz*, § 38 FamFG Rz. 34 f. (dort als „Zwischenbeschluss über den Grund" bezeichnet).
3   OLG Saarbrücken v. 31.3.2011 – 6 UF 128/10, FamRZ 2011, 1890 (1891).
4   Hiergegen aus sprachlichen Gründen Keidel/*Meyer-Holz*, § 38 FamFG Rz. 41.
5   S. BT-Drucks. 16/6308, S. 195.
6   Vgl. *Kemper*, FamRB 2008, 345 (350); Keidel/*Meyer-Holz*, § 38 FamFG Rz. 14 ff.
7   Vgl. BGH v. 3.2.1988 – IVb ZB 4/88, FamRZ 1988, 945; Zöller/*Feskorn*, § 38 FamFG Rz. 7.
8   OLG Oldenburg v. 27.9.1990 – 4 U 69/90, MDR 1991, 159 (160); Zöller/*Vollkommer*, § 313 ZPO Rz. 3; anders OLG Hamm v. 18.1.1994 – 19 U 142/93, NJW-RR 1995, 186 (187) bei der Bezeichnung als „Urteil" statt als „Versäumnisurteil"; *Rasch*, FPR 2010, 150 (die allerdings zu Unrecht die Vorauflage für die Gegenmeinung anführt).
9   BGH v. 6.4.2011 – XII ZB 553/10, FamRZ 2011, 966 f.; OLG Karlsruhe v. 19.2.2010 – 5 WF 28/10, FamRZ 2010, 1103; OLG Zweibrücken v. 21.10.2010 – 6 UF 77/10, FamRZ 2011, 1066; OLG Saarbrücken v. 31.3.2011 – 6 UF 128/10, FamRZ 2011, 1890 (1891); OLG Saarbrücken v. 31.3. 2011 – 6 UF 128/10, FamRZ 2011, 1890 (1891); Zöller/*Vollkommer*, § 313 ZPO Rz. 1.
10 Vgl. BGH v. 13.12.2001 – IX ZR 306/00, NJW 2002, 1500 (1501); Zöller/*Vollkommer*, § 313 ZPO Rz. 1.
11 Vgl. BGH v. 3.11.1998 – VI ZB 29/98, VersR 1999, 638 (639); OLG Hamm v. 18.1.1994 – 19 U 142/93, NJW-RR 1995, 186.
12 BGH v. 3.2.1988 – IVb ZB 4/88, FamRZ 1988, 945; ähnlich BGH v. 3.11.1998 – VI ZB 29/98, VersR 1999, 638 (639).

3. Ausnahmen in Registersachen

Von dem in § 38 Abs. 1 Satz 2 vorgesehenen Vorbehalt einer abweichenden Entscheidungsmöglichkeit in Registersachen hat der Gesetzgeber in § 382 Abs. 1 Gebrauch gemacht.[1] Danach erfolgt die stattgebende Entscheidung durch Eintragung in das Register.[2] Einer Begründung bedarf dies nicht. Lediglich die ablehnende Entscheidung ergeht nach § 382 Abs. 3 in Form eines Beschlusses, der den allgemeinen Regeln auch hinsichtlich der Begründung und der Rechtsbehelfsbelehrung[3] folgt. Eintragungen in das **Grundbuch** gehören gem. § 374 nicht zu den Registersachen. Gleichwohl unterfällt die Eintragung nicht den Regelungen des § 38, da sie nicht als Endentscheidung iSd § 38 angesehen wird.[4] Anderes gilt für Vorbescheid gem. § 18 GBO und Zurückweisung des Eintragungsantrags, die den Anforderungen des § 38 genügen und mit Rechtsbehelfsbelehrung versehen werden müssen.[5]

II. Rubrum des Beschlusses

1. Angabe der Beteiligten, ihrer gesetzlichen Vertreter und Bevollmächtigten (Abs. 2 Nr. 1)

a) Beteiligte

Den formellen Mindestinhalt des Beschlusses bestimmt § 38 Abs. 2.[6] Der erstinstanzliche Beschluss hat nach § 38 Abs. 2 Nr. 1 zunächst die Beteiligten anzugeben. Anders als im Zivilprozess sind also nicht nur diejenigen, die **unmittelbar gegeneinander gerichtete Anträge** stellen, aufzuführen, sondern etwa im Verfahren um den Versorgungsausgleich auch der Träger der Versorgungslast.[7] Denn der Begriff der Beteiligten korrespondiert mit der Definition in § 7. Sofern der Streit nur zwischen einigen Beteiligten ausgefochten wird und die anderen nur zur Gewährung rechtlichen Gehörs am Verfahren beteiligt sind, empfiehlt sich die früher in Wohnungseigentumssachen geübte Praxis, wonach erstere als Antragsteller und Antragsgegner, die übrigen als „**weitere Beteiligte**" im Rubrum aufzuführen sind. Dies gilt auch für Dritte, die etwa bewusst ohne Vollmacht für einen Beteiligten auftreten.[8] Im Übrigen übernimmt die Regelung wörtlich § 313 Abs. 1 Nr. 1 ZPO mit Ausnahme der zivilprozessualen Terminologie „Parteien", die der Verfahrensordnung entsprechend durch den Begriff der „Beteiligten" ersetzt wurde. Folglich kann auch die zivilprozessuale Rechtsprechung insoweit übernommen werden. Die Angabe der Beteiligten erfordert demgemäß deren Bezeichnung, die ihre **Individualisierung** zweifelsfrei ermöglicht.[9] Ist eine Firma beteiligt, bedarf es der Angabe des Inhabers.[10] Denn nicht diese ist Beteiligte; der Kaufmann handelt vielmehr unter seiner Firma. Maßgeblich ist der Firmeninhaber zurzeit der Zustellung des Antrags. Die fehlerhafte Bezeichnung eines Beteiligten ist jedenfalls so lange unschädlich, wie der tatsächlich gemeinte im Wege der **Auslegung** ermittelt werden kann.[11] Ein derartiger Fehler kann im Wege der Beschlussberichtigung nach § 42 korrigiert werden.[12] Liegt nicht nur eine unzutreffende

---

1 BT-Drucks. 16/6308, S. 195.
2 Hierzu s. *Nedden-Boegger*, FGPrax 2010, 1 (5); *Krafka*, NZG 2009, 650; Bork/Jacoby/Schwab/*Elzer*, 1. Aufl., § 38 FamFG Rz. 3; Bassenge/Roth/*Gottwald*, § 38 FamFG Rz. 4.
3 Hierzu OLG Stuttgart v. 26.2.2010 – 8 W 99/10; OLG Celle v. 20.12.2010 – 20 W 17/10, Rpfleger 2011, 278; Bork/Jacoby/Schwab/*Elzer*, 1. Aufl., § 38 FamFG Rz. 3.
4 *Wilsch*, FGPrax 2009, 243 (245).
5 *Wilsch*, FGPrax 2009, 243 (245).
6 BT-Drucks. 16/6308, S. 195; OLG Köln v. 12.7.2010 – 2 Wx 99/10, FGPrax 2010, 266 (267); Keidel/*Meyer-Holz*, § 38 FamFG Rz. 40.
7 „Jedenfalls für sinnvoll" hält dies auch das OLG Köln v. 7.12.2010 – 27 UF 148/10, FamRZ 2011, 721.
8 OLG Karlsruhe v. 1.2.1996 – 2 WF 155, 158/95, FamRZ 1996, 1335f.
9 BayObLG v. 26.7.2001 – 2Z BR 73/01, FGPrax 2001, 189; Zöller/*Feskorn*, § 38 FamFG Rz. 7.
10 Zöller/*Vollkommer*, § 313 ZPO Rz. 4.
11 BGH v. 27.2.2004 – IXa ZB 162/03, Rpfleger 2004, 362f.; BGH v. 18.11.2004 – III ZR 97/03, MDR 2005, 530; Zöller/*Vollkommer*, § 313 ZPO Rz. 4.
12 Vgl. zur Berichtigung nach § 319 ZPO BGH v. 18.11.2004 – III ZR 97/03, MDR 2005, 530f. (sehr weit gehend); Zöller/*Vollkommer*, § 313 ZPO Rz. 4.

Bezeichnung, sondern die fehlerhafte Einbeziehung eines nicht zu Beteiligenden vor, ist die Entscheidung insoweit falsch. Dies ist unschädlich, sofern die Beteiligung nur der Gewährung rechtlichen Gehörs zur Wahrung seiner rechtlichen Belange diente. Wurde aber der Falsche zu einer Leistung verpflichtet oder umgekehrt diese einem nicht Berechtigten zugesprochen, ist die Entscheidung wie im Zivilprozess unrichtig. Eine bloße **Berichtigung** nach § 42 kommt dann nicht in Betracht. Sie ist auf eine Beschwerde hin abzuändern, wobei allenfalls eine subjektive Antragsänderung in Betracht kommt.[1]

b) Gesetzliche Vertreter

9 Die Bezeichnung der gesetzlichen Vertreter ist zunächst bei Minderjährigen erforderlich. Gleiches gilt für juristische Personen und Personengesellschaften, ebenso für Gesellschaften bürgerlichen Rechts. Grundsätzlich sind alle gesetzlichen Vertreter bzw. geschäftsführenden Gesellschafter zu nennen. Dies kann bei größeren Gesellschaften bürgerlichen Rechts, aber schon bei Versicherungsgesellschaften in erhebliche Schreibarbeit ausarten. Jedenfalls bei Gesamtvertretungsberechtigung (vgl. § 170 Abs. 3 ZPO) dürfte die Nennung des Vorstandsvorsitzenden bzw. eines **Gesamtvertretungsberechtigten** unschädlich sein. Bei öffentlich-rechtlichen Körperschaften ist die Vertretungsbehörde zu nennen (vgl. § 9 Abs. 3; 10 Abs. 2 Satz 2 Nr. 1),[2] in Verfahren gegen eine Wohnungseigentümergemeinschaft (also den teilrechtsfähigen Verband) deren Vertreter gem. § 27 Abs. 3 Satz 1 Nr. 1 WEG. Die (unrichtige) Bezeichnung ist auch für die Kostenfestsetzung und Zwangsvollstreckung maßgeblich, sofern sie nicht berichtigt wird.

c) Verfahrensbevollmächtigte

10 Zu nennen sind ferner die Bevollmächtigten der Beteiligten. Soweit sie ausweislich der vorgelegten Vollmacht durch **mehrere Mitglieder einer Sozietät** vertreten sind, soll die Nennung eines von ihnen, etwa des Unterzeichners der Antragsschrift oder des Terminsvertreters, nicht genügen.[3] Allerdings müssen nicht alle Rechtsanwälte größerer Sozietäten aufgeführt werden; jedenfalls die **Kurzbezeichnung**, unter der die Sozietät selbst auftritt, reicht stets aus. Im Übrigen wird hier regelmäßig zumindest im Wege der Auslegung feststehen, wer Verfahrensbevollmächtigter ist. Eine unrichtige Angabe in der Entscheidung ist zwar nach § 42 zu berichtigen, steht aber einer wirksamen Zustellung bzw. schriftlichen Bekanntgabe nach § 15 Abs. 2 FamFG iVm. § 172 ZPO nicht entgegen, wenn diese an den Bevollmächtigten erfolgt.[4] Sofern ein Empfangsbekenntnis zurückgesandt wird, sind Fehler in jedem Falle geheilt.[5]

2. Bezeichnung des Gerichts und der mitwirkenden Gerichtspersonen (Abs. 2 Nr. 2)

11 Wie im Zivilprozess ist im Rubrum ferner das Gericht zu nennen, das die Entscheidung trifft (§ 38 Abs. 2 Nr. 2). Das erfordert, sofern das LG zuständig ist, auch die Nennung des Spruchkörpers (also 1. ZK, KfH).[6] Eine spezielle Funktionszuweisung in der gerichtsinternen Geschäftsverteilung muss nicht angegeben werden, auch nicht in zweiter Instanz („Beschwerdekammer" oÄ). Erforderlich ist ferner die An-

---

1 Vgl. BGH v. 14.7.1994 – IX ZR 193/93, MDR 1994, 1142; BGH v. 12.12.2006 – I ZB 83/06, ZMR 2007, 286 (287); OLG Frankfurt v. 26.6.1990 – 11 U 72/89, NJW-RR 1990, 1471; OLG Zweibrücken v. 11.12.1997 – 3 W 199/97, FGPrax 1998, 46; Zöller/*Vollkommer*, Vor § 50 ZPO Rz. 9.
2 Vgl. BGH v. 18.11.2004 – II ZR 97/03, MDR 2005, 530f. (wo die Auslegung allerdings sehr weit getrieben wird); Bork/Jacoby/Schwab/*Elzer*, 1. Aufl., § 38 FamFG Rz. 9; Zöller/*Vollkommer*, § 313 ZPO Rz. 4.
3 Bork/Jacoby/Schwab/*Elzer*, 1. Aufl., § 38 FamFG Rz. 12; Zöller/*Vollkommer*, § 313 ZPO Rz. 4; weniger streng wohl Baumbach/*Hartmann*, § 313 ZPO Rz. 6.
4 Zöller/*Vollkommer*, § 313 ZPO Rz. 4.
5 BGH v. 30.9.1980 – V ZB 8/80, VersR 1981, 57; OLG Frankfurt v. 7.1.2000 – 20 W 591/99, NJW 2000, 1653 (1654).
6 Die Übertragung auf den Einzelrichter sieht das FamFG in der ersten Instanz nicht vor (s. § 61 Rz. 19), so dass die im Zivilprozess erforderliche Angabe des Richters „als Einzelrichter" hier keine praktische Rolle spielt.

gabe der Gerichtspersonen, also des Rechtspflegers oder der mitwirkenden Richter.[1] Sofern diese im **Kopf des Beschlusses** fehlen, ist dies zwar fehlerhaft, aber unschädlich, wenn kein Zweifel besteht, dass es sich bei den unterzeichnenden um die mitwirkenden Gerichtspersonen handelt.[2]

3. Beschlussformel (Abs. 2 Nr. 3)

a) Keine Entscheidung „aufgrund der mündlichen Verhandlung"

Schließlich hat der Beschluss die Beschlussformel zu enthalten. Diese korrespondiert mit der „Urteilsformel", also dem Tenor. Anders als im Zivilprozess beschließt das Gericht in Verfahren nach dem FamFG nicht „aufgrund der mündlichen Verhandlung", da diese nach § 32 Abs. 1 Satz 1 nicht obligatorisch ist und vor allem nicht die (theoretisch) einzige Grundlage der Entscheidung darstellt (vgl. § 32 Rz. 7 f.). § 313 Abs. 1 Nr. 3 ZPO wurde daher nicht in § 38 Abs. 2 übernommen, weshalb eine entsprechende Angabe vor der Beschlussformel falsch ist. Lediglich für Familienstreit- und Ehesachen gilt wegen § 113 Abs. 1 Satz 2 anderes.[3]

12

b) Inhalt der Beschlussformel

aa) Verpflichtung in der Hauptsache und Kostentragung

Das Gericht entscheidet in der Hauptsache und über die Kostentragung. Während es über letztere stets von Amts wegen zu befinden hat (§§ 81 ff.), ist dies beim Hauptausspruch nur in Amtsverfahren der Fall. In Antragsverfahren begrenzt der **Antrag** die mögliche Verpflichtung durch das Gericht. Nach dem Rechtsgedanken des § 308 Abs. 1 ZPO darf das Gericht hierüber nicht hinausgehen. Unzulässige oder unbegründete Anträge werden zurückgewiesen, wobei für erstere der Zusatz „als unzulässig" unschädlich, aber nicht erforderlich ist.[4] Gleichgültig, ob das Gericht einem Antrag bzw. – in Amtsverfahren – einer **Anregung** stattgibt oder die begehrten Maßnahmen nicht erlässt, sind **Begründungselemente** etwa zur Grundlage eines Anspruchs im Tenor zumindest nicht erforderlich,[5] uU sogar, wie bei der Bezugnahme auf Versorgungssatzungen o.ä. missverständlich, da bei Änderungen der Bezugsgegenstand nicht mehr eindeutig feststeht.[6] Über die Kosten entscheidet das Gericht auch ohne Antrag nach den Vorgaben der §§ 80 ff. **von Amts wegen**. Über die **vorläufige Vollstreckbarkeit** hat das Gericht nicht zu befinden, da diese kraft Gesetzes eintritt (§ 86 Abs. 2). Einer Entscheidung über die Zulassung von Rechtsmitteln bedarf es nur in vermögensrechtlichen Angelegenheiten bei Nichterreichen des Mindestbeschwerdewertes (§ 61 Abs. 3; vgl. § 61 Rz. 8 ff.). Ansonsten hat das erstinstanzliche Gericht auch im Falle der zulassungsbedürftigen Sprungrechtsbeschwerde hierüber nicht zu befinden; ein gleichwohl ergehender Ausspruch ist wirkungslos (vgl. § 75 Rz. 10).

13

bb) Bestimmtheit der Beschlussformel

Der Tenor enthält den kraft staatlicher Autorität vollstreckbaren, gestaltenden oder feststellenden Ausspruch des Gerichts. Im Falle der Verpflichtung zu einer bestimmten Leistung muss diese genau bezeichnet sein.[7] Ein Tenor, der dahin geht, dass einem Antrag stattgegeben wird, ist ein grober Fehler. Der Leistungsbefehl muss ausdrücklich ausgesprochen werden, wobei sich die Formel, dass ein Beteiligter

14

---

1 BGH v. 22.12.1976 – IV ZR 11/76, FamRZ 1977, 124; Bork/Jacoby/Schwab/*Elzer*, 1. Aufl., § 38 FamFG Rz. 15.
2 BGH v. 22.12.1976 – IV ZR 11/76, FamRZ 1977, 124; Bork/Jacoby/Schwab/*Elzer*, 1. Aufl., § 38 FamFG Rz. 15.
3 Keidel/*Meyer-Holz*, § 38 FamFG Rz. 48; Zöller/*Feskorn*, § 38 FamFG Rz. 11.
4 Baumbach/*Hartmann*, § 313 ZPO Rz. 12; strenger für den Zivilprozess Zöller/*Vollkommer*, § 313 ZPO Rz. 9.
5 Vgl. Zöller/*Vollkommer*, § 313 ZPO Rz. 8; ähnlich Baumbach/*Hartmann*, § 313 ZPO Rz. 12.
6 BGH v. 23.1.2013 – XII ZB 541/12, NJW 2013, 869 f.; OLG Stuttgart v. 10.2.2010 – 18 UF 24/10, FamRZ 2011, 381; OLG Karlsruhe v. 6.7.2010 – 2 UF 105/10, FamRZ 2011, 381 f.
7 Keidel/*Meyer-Holz*, § 38 FamFG Rz. 50; Bork/Jacoby/Schwab/*Elzer*, 1. Aufl., § 38 FamFG Rz. 17; Zöller/*Feskorn*, § 38 FamFG Rz. 10.

§ 38 Allgemeiner Teil

„verurteilt" wird, mangels Entscheidung in Urteilsform nicht empfiehlt. Üblich war in Verfahren nach dem FGG die Formulierung, dass ein Beteiligter zu einer bestimmten Leistung **„verpflichtet"** wird, woran auch nach neuem Recht festgehalten werden kann. Die Verpflichtung muss hinreichend bestimmt sein.[1] Dies bedeutet, dass das Vollstreckungsorgan ohne Lektüre der Begründung oder sonstiger Aktenbestandteile wissen muss, welche Leistung beim verpflichteten Beteiligten zu vollstrecken ist.[2] Allerdings kann der Tenor insbesondere bei Umständen, die mit Worten kaum zu beschreiben sind (etwa die Zuweisung bestimmter Räumlichkeiten innerhalb eines Hauses im Verfahren nach § 200),[3] auf Pläne oÄ **Bezug nehmen**.[4] Diese sind dann Bestandteil des Tenors, ohne dass es der körperlichen Verbindung der Urschrift mit der Anlage zwingend bedarf.[5] Entsprechendes wie für die Verpflichtung zu bestimmten Leistungen gilt für **Unterlassungen**. Der Antragsgegner muss aus dem Tenor klar erkennen können, welche Handlungen er zu unterlassen hat.[6] Die bloße Wiedergabe des Textes einer Verbotsnorm genügt daher nicht.[7] Nach diesen Maßstäben ist bei einer **Zinsverpflichtung** ein variabler Zinssatz nicht hinreichend bestimmt, sofern es sich nicht um die gesetzlichen Verzugszinsen nach § 288 BGB handelt.[8] Es soll bei Verzugszinsen ferner die Angabe „Prozent*punkte* über dem Basiszinssatz" erforderlich sein.[9] Aber hier ist die „richtige" Lesart dem Tenor so selbstverständlich im Wege der Auslegung zu entnehmen, dass die Praxis darauf keine Silbe verschwendet.[10] Sofern, wie etwa beim Teilbeschluss, nicht entbehrlich, ist schließlich über die Verfahrenskosten und ggf. über den Ausschluss der vorläufigen Vollstreckbarkeit nach den Regelungen der ZPO zu befinden (§ 95).[11]

15 Erfüllt der Beschlusstenor diese Anforderungen nicht, so ist zunächst zu prüfen, ob ihm eine vollstreckbare Anordnung zumindest im Wege der **Auslegung** zu entnehmen ist.[12] Ist dies nicht der Fall, so fehlt ihm die Vollstreckbarkeit.[13] Der Beschluss ist daher auf Beschwerde hin abzuändern. Ohne Rechtsmittel erwächst er nicht in materielle Rechtskraft. Dem Gläubiger bleibt dann nur ein **Antrag auf Feststellung der nicht hinreichend bestimmten Verpflichtung in einem weiteren Verfahren**.[14] Selbstverständlich muss die Beschlussformel den gesamten Verfahrensstoff abdecken. Dies erfordert bei nur teilweiser Stattgabe im Antragsverfahren eine Zurückweisung „im Übrigen". Anderenfalls ist der Tenor unvollständig und muss nach § 43 ergänzt werden.[15]

---

1 BGH v. 14.10.1999 – I ZR 117/97, BGHZ 142, 388, 391; Zöller/*Vollkommer*, § 313 ZPO Rz. 8.
2 Zöller/*Vollkommer*, § 313 ZPO Rz. 8; *Musielak*, § 313 ZPO Rz. 6; ähnlich Baumbach/*Hartmann*, § 313 ZPO Rz. 11.
3 Zur Möglichkeit einer Teilung der Ehewohnung vgl. Soergel/*Lange*, § 1361b BGB Rz. 4.
4 BGH v. 9.5.1985 – I ZR 52/83, BGHZ 94, 276 (291); BGH v. 14.10.1999 – I ZR 117/97, BGHZ 142, 388 (391); anders, aber ohne Begr. Keidel/*Meyer-Holz*, § 38 FamFG Rz. 50, wonach eine Bezugnahme nur erforderlich sein soll, wenn sie sich nicht vermeiden lässt.
5 BGH v. 9.5.1985 – I ZR 52/83, BGHZ 94, 276 (291f.); BGH v. 14.10.1999 – I ZR 117/97, BGHZ 142, 388 (392f.).
6 BGH v. 2.4.1992 – I ZR 131/90, NJW 1992, 1691 (1692); OLG Köln v. 10.1.2003 – 16 Wx 221/02, ZMR 2003, 706f.; Zöller/*Vollkommer*, § 313 ZPO Rz. 8.
7 BGH v. 2.4.1992 – I ZR 131/90, NJW 1992, 1691 (1692).
8 OLG Frankfurt v. 12.11.1991 – 5 U 207/90, NJW-RR 1992, 684 (685); Zöller/*Vollkommer*, § 313 ZPO Rz. 8.
9 *Hartmann*, NJW 2004, 1358 (1358f.); Zöller/*Vollkommer*, § 313 ZPO Rz. 10.
10 So richtig OLG Hamm v. 5.4.2005 – 21 U 149/04, NJW 2005, 2238 (2239).
11 Keidel/*Meyer-Holz*, § 38 FamFG Rz. 52; Zöller/*Feskorn*, § 38 FamFG Rz. 10.
12 So der Sache nach schon RG v. 28.6.1884 – Rep. I.109/84, RGZ 15, 422f.; BGH v. 14.10.1999 – I ZR 117/97, BGHZ 142, 388 (391); Zöller/*Vollkommer*, § 313 ZPO Rz. 8.
13 Zöller/*Vollkommer*, § 313 ZPO Rz. 8.
14 BGH v. 14.10.1999 – I ZR 117/97, BGHZ 142, 388 (393); Zöller/*Vollkommer*, § 313 ZPO Rz. 8.
15 Zöller/*Vollkommer*, § 313 ZPO Rz. 8.

III. Begründung der Entscheidung

1. Sachverhalt

a) Unstreitiger Sachverhalt

Der Gesetzgeber hat in Fortführung des früheren Rechts bewusst davon abgesehen, den Aufbau einer Entscheidung in Verfahren nach dem FamFG näher zu regeln.[1] Deswegen enthält § 38 keine Regelung, die § 313 Abs. 1 Nr. 5, 6, Abs. 2, 3 ZPO entspricht. Die Entscheidung nach § 38 muss demnach **nicht formal in Tatbestand und Entscheidungsgründe unterteilt** werden.[2] Die gerichtliche Darstellung des Sach- und Streitstandes liefert somit auch keinen Beweis gem. § 314 ZPO für das Vorbringen der Beteiligten. Gleichwohl sind an eine Entscheidung im Verfahren nach dem FamFG inhaltlich eher noch höhere Anforderungen zu stellen als an ein Zivilurteil. Denn im Gegensatz zu diesem muss sie nicht nur den Beteiligten[3] und dem Rechtsmittelgericht,[4] sondern noch weiteren Beteiligten und häufig – etwa in Fragen des familienrechtlichen Status oder in Betreuungssachen – Dritten wie Behörden Aufschluss darüber geben, wie das Gericht zu seiner Entscheidung kam.[5] Gerade angesichts der Möglichkeit einer Abänderung nach § 48 Abs. 1 muss dies uU noch nach Jahren nachvollziehbar sein.[6] Allerdings sind insbesondere weitschweifige Darstellungen der Beteiligten nicht zur Gänze wiederzugeben.[7] Das Gericht muss zunächst den **unstreitigen Sachverhalt** darlegen. Dieser kann sich aus dem Vorbringen der Beteiligten ergeben, aber insbesondere in nicht-kontradiktorischen Verfahren wie Betreuungs- und Unterbringungssachen auch aus Ermittlungen des Gerichts, gegen deren Ergebnis sich der Betroffene nicht wendet. Da selbst im Zivilurteil das Fehlen tatsächlicher Ausführungen im Tatbestand durch entsprechende **Angaben in den Entscheidungsgründen** überwunden wird,[8] spielt ihre Einordnung im Beschluss gem. § 38 erst recht keine Rolle. Tatsachendarstellungen innerhalb der rechtlichen Begründung sind ausreichend.

16

b) Bestrittener Sachverhalt

Des Weiteren muss die Entscheidung erkennen lassen, wenn der vom Gericht letztlich der Entscheidung zugrunde gelegte Sachverhalt von einem Beteiligten bestritten wurde. Dies kommt sowohl in Antrags- als auch **Amtsverfahren** – selbst ohne Gegner – in Betracht. So hält sich derjenige, für den eine Betreuung angeordnet wird, oftmals in keiner Weise für außer Stande, seine Angelegenheiten zu regeln. Auch hier muss insbesondere für die Beschwerdeinstanz nachvollziehbar sein, warum das erstinstanzliche Gericht bestimmte Tatsachen für beweisbedürftig hielt, wofür das Vorbringen des Betroffenen von erheblicher Bedeutung sein kann. In **echten Streitsachen** besteht inhaltlich kein Unterschied zu den Anforderungen an ein Zivilurteil. Hier kann die dortige Gliederung (in der Reihenfolge unstreitiges Vorbringen, Antragstellervorbringen, Anträge, Antragsgegnervorbringen) meist unverändert übernommen werden. Wie im Zivilprozess kommt es für die Frage, ob bestimmte Tatsa-

17

---

1 BT-Drucks. 16/6308, S. 195; Bassenge/Roth/*Gottwald*, § 38 FamFG Rz. 7; Bork/Jacoby/Schwab/*Elzer*, 1. Aufl., § 38 FamFG Rz. 30; Zöller/*Feskorn*, § 38 FamFG Rz. 12; vgl. zum alten Recht OLG Köln v. 10.1.2000 – 16 Wx 193/99, NJW-RR 2000, 969f.
2 Wie hier *Rasch*, FPR 2010, 150; Keidel/*Meyer-Holz*, § 38 FamFG Rz. 57.
3 OLG Saarbrücken v. 25.2.1993 – 6 UF 2/93 VA, FamRZ 1993, 1098 (1099); OLG Köln v. 1.2.2005 – 4 UF 138/04, FamRZ 2005, 1921; OLG Brandenburg v. 8.2.2005 – 9 UF 240/04, FamRZ 2006, 129 (130); *Bumiller*/Harders, § 38 FamFG Rz. 5; Keidel/*Meyer-Holz*, § 38 FamFG Rz. 64; Zöller/*Feskorn*, § 38 FamFG Rz. 12.
4 BVerwG v. 10.12.1976 – VI C 12/76, MDR 1977, 604; OLG Köln v. 1.2.2005 – 4 UF 138/04, FamRZ 2005, 1921; *Bumiller*/Harders, § 38 FamFG Rz. 5; Keidel/*Meyer-Holz*, § 38 FamFG Rz. 64; Bork/Jacoby/Schwab/*Elzer*, 1. Aufl., § 38 FamFG Rz. 26 u. 31; Zöller/*Feskorn*, § 38 FamFG Rz. 12.
5 OLG Köln v. 12.7.2010 – 2 Wx 99/10, FGPrax 2010, 266 (267).
6 *Reinken*, ZFE 2009, 164 (167).
7 OLG Hamm v. 8.11.1993 – 8 U 37/93, NJW-RR 1995, 510.
8 BGH v. 25.4.1991 – I ZR 232/89, MDR 1992, 188; BGH v. 9.3.2005 – VIII ZR 381/03, NJW-RR 2005, 962 (963); Bork/Jacoby/Schwab/*Elzer*, 1. Aufl., § 38 FamFG Rz. 28; Zöller/*Vollkommer*, § 313 ZPO Rz. 11.

chen unstreitig sind, nicht auf die Stichhaltigkeit des Vorbringens oder darauf an, ob ein Beteiligter seiner Mitwirkungspflicht genügte. Dies sind Umstände, die der Überzeugungsbildung des Gerichts angehören und deshalb in der Begründung gewürdigt werden müssen.[1]

c) Anträge und Verfahrensgeschichte

18   Jedenfalls im Antragsverfahren sind die **zuletzt gestellten Anträge** wie im Zivilprozess wiederzugeben.[2] Bei Amtsverfahren ist dann, wenn die Anregung zur Einleitung des Verfahrens von einer Behörde herrührt, diese zu bezeichnen,[3] ebenso ihr Begehren. Frühere Anträge sind nur dann in der Prozessgeschichte mitzuteilen, wenn sie für die Entscheidung, etwa über die Kosten, noch von Bedeutung sind. Anträge zu den Kosten oder zur Vollstreckbarkeit müssen nicht wiedergegeben werden, da sie entweder von Amts wegen oder gar nicht beschieden werden müssen (vgl. auch Rz. 13).[4] Die Verfahrensgeschichte ist nur insoweit darzustellen, als sie für die Entscheidung noch relevant ist.[5] Dies betrifft insbesondere das Ergebnis einer Beweisaufnahme und versehentlich entgegen § 28 Abs. 3 nicht aktenkundig gemachte Hinweise.

d) Bezugnahmen

19   Bezugnahmen etwa auf das tatsächliche und rechtliche Vorbringen der Beteiligten,[6] frühere Entscheidungen[7] oder auf relevante Entscheidungen anderer Gerichte oder Behörden,[8] etwa zu Vorfragen der Beschwerdeentscheidung, sind grundsätzlich zulässig. Praktisch nicht zu vermeiden ist die Bezugnahme auf das Ergebnis einer **Beweisaufnahme**, da die Wiedergabe von Zeugenaussagen oder sachverständigen Stellungnahmen eine überflüssige Schreibarbeit darstellen und das schnelle Verständnis der Entscheidung sogar beeinträchtigen würde. Das Gericht darf aber seine eigene Entscheidung nicht in Form einer Bezugnahme treffen; etwa eine bloße Verweisung auf die Stellungnahme einer Behörde, zB des Jugendamts, genügt zur Begründung des Beschlusses nicht.[9] Zudem müssen Bezugnahmen ihrem Umfang nach klar gekennzeichnet sein.[10] **Pauschale Bezugnahmen** genügen nicht.[11] Insbesondere der summarische Verweis auf sämtliche Schriftsätze der Beteiligten ist wie im Zivilprozess bedeutungslos.[12] Als Vorbild kann insoweit § 313 Abs. 2 Satz 2 ZPO dienen, wonach „wegen der Einzelheiten des Sach- und Streitstandes" auf Schriftsätze, Protokolle und andere Dokumente verwiesen werden kann. Es empfiehlt sich daher eine kurze Inhaltsangabe des Schriftstücks und eine Bezugnahme nur auf die Einzelheiten. Ein in Bezug genommenes Dokument muss den Beteiligten aber wegen § 37 Abs. 2 jedenfalls dann aus Gründen des rechtlichen Gehörs bekannt sein, wenn das Gericht seine Entscheidung hierauf stützt. Den Rechtsmittelinstanzen wird größere Freiheit bei der Bezugnahme auf die Vorentscheidung eingeräumt.[13] Allerdings ist bei dieser Praxis darauf zu achten, dass es nicht zu Widersprüchen mit eigenen Tat-

---

1 Zöller/*Feskorn*, § 38 FamFG Rz. 12; vgl. Zöller/*Vollkommer*, § 313 ZPO Rz. 13; weniger streng Baumbach/*Hartmann*, § 313 ZPO Rz. 22.
2 BGH v. 25.4.1991 – I ZR 232/89, MDR 1992, 188; Keidel/*Meyer-Holz*, § 38 FamFG Rz. 56; aA *Rasch*, FPR 2010, 150; Zöller/*Feskorn*, § 38 FamFG Rz. 12.
3 Keidel/*Meyer-Holz*, § 38 FamFG Rz. 55.
4 Vgl. Zöller/*Vollkommer*, § 313 ZPO Rz. 15.
5 Zöller/*Vollkommer*, § 313 ZPO Rz. 17; Baumbach/*Hartmann*, § 313 ZPO Rz. 23.
6 Vgl. BGH v. 7.12.1995 – III ZR 141/93, NJW-RR 1996, 379; Zöller/*Feskorn*, § 38 FamFG Rz. 12.
7 BGH v. 16.12.1987 – IVb ZB 124/87, NJW-RR 1988, 836 (837).
8 Keidel/*Meyer-Holz*, § 38 FamFG Rz. 54.
9 OLG Köln v. 20.2.2001 – 25 UF 180/00, FamRZ 2002, 337; Zöller/*Vollkommer*, § 313 ZPO Rz. 19.
10 BayObLG v. 5.12.1996 – 2Z BR 61/96, NJW-RR 1997, 396 (397).
11 BayObLG v. 5.2.1998 – 3Z BR 486/97, NJW-RR 1998, 1014f.
12 Zöller/*Vollkommer*, § 313 ZPO Rz. 11 u. 18; *Musielak*, § 313 ZPO Rz. 8; weniger streng Baumbach/*Hartmann*, § 313 ZPO Rz.16; vgl. zum FGG OLG Köln v. 10.1.2000 – 16 Wx 193/99, NJW-RR 2000, 969 (970), wonach nur „eine ergänzende konkrete Bezugnahme zulässig ist".
13 OLG Köln v. 2.10.1992 – 2 Wx 33/92, NJW 1993, 1018; OLG Köln v. 10.1.2000 – 16 Wx 193/99, NJW-RR 2000, 969 (970).

sachenfeststellungen kommt, da dann die Entscheidungsgrundlage für das Rechtsbeschwerdegericht nicht mehr erkennbar ist.[1]

2. Begründung der getroffenen Entscheidung (Abs. 3 Satz 1)

a) Anforderungen an die Begründung

Schließlich bedarf die Entscheidung nach § 38 Abs. 3 Satz 1 der Begründung im engeren Sinne, also der Darlegung, warum das Gericht bestimmte Tatsachen für erwiesen hält und wie es diese rechtlich würdigt. Ist der Sachverhalt streitig, bedarf dies einer Würdigung der vorgetragenen Tatsachen[2] und idR, sofern das Vorbringen eines Beteiligten nicht mangels Mitwirkung bei der Ermittlung des Sachverhalts (§ 27) ungenügend bleibt, der Würdigung der erhobenen Beweise. Selbstverständlich hat das Gericht den festgestellten Sachverhalt rechtlich zu würdigen. Dies erfordert die Angabe der vom Gericht **für einschlägig befundenen Normen**[3] und die **Subsumtion** des festgestellten Sachverhalts. Die rechtliche Würdigung muss zumindest so ausführlich sein, dass die Beteiligten die tragenden Erwägungen des Gerichts nachvollziehen können.[4] Dies gilt auch für Berechnungen, etwa im Rahmen des Versorgungsausgleichs.[5] Die bloße Rekonstruierbarkeit genügt nicht.[6] Auch der Computerausdruck etwa eines Programms zur Berechnung von Kosten oder Forderungshöhe genügt nicht.[7] Bei **Auslandsberührung** muss erkennbar sein, welches Recht das Gericht angewendet hat.[8] Allerdings muss sich das Gericht nicht in wissenschaftlicher Tiefe mit jeder Position zu einer Rechtsfrage beschäftigen oder gar erkennbar fehlerhafte Rechtsansichten eines Beteiligten bescheiden.[9] Geht es allerdings nicht auf einen aktuellen, höchstrichterlich noch nicht entschiedenen Streit ein, dessen Bedeutung für die Entscheidung von einem Beteiligten ausdrücklich hervorgehoben wurde, so übergeht es den **wesentlichen Kern des Vorbringens** und verletzt den Anspruch auf rechtliches Gehör.[10] Die Drei-Wochen-Frist des § 315 Abs. 2 Satz 1 ZPO für die Absetzung der Entscheidung gilt im Verfahren nach dem FamFG nicht. Auch eine lange Zeitspanne zwischen Termin und Absetzung der Entscheidung rechtfertigt allein die Aufhebung einer Entscheidung nach § 38 nicht.[11]

b) Fehler der Begründung

Das gänzliche Fehlen einer Begründung hindert nicht den Lauf der Rechtsmittelfrist,[12] ist aber ein schwerwiegender Mangel. Er rechtfertigt nach dem Rechtsgedanken von § 547 Nr. 6 ZPO, einer auch im Verfahren nach dem FamFG zu beachtenden

---

1 Vgl. BGH v. 9.3.2005 – VIII ZR 381/03, NJW-RR 2005, 962, 963.
2 Bork/Jacoby/Schwab/*Elzer*, 1. Aufl., § 38 FamFG Rz. 33; Zöller/*Vollkommer*, § 313 ZPO Rz. 22; zu eventuellen Ermittlungen des Gerichts s. Keidel/*Meyer-Holz*, § 38 FamFG Rz. 56f.
3 Keidel/*Meyer-Holz*, § 38 FamFG Rz. 65; *Musielak*, § 313 ZPO Rz. 19; weniger streng Zöller/*Vollkommer*, § 313 ZPO Rz. 19.
4 OLG Saarbrücken v. 25.2.1993 – 6 UF 2/93 VA, FamRZ 1993, 1098, 1099; OLG Köln v. 1.2.2005 – 4 UF 138/04, FamRZ 2005, 1921; Bork/Jacoby/Schwab/*Elzer*, 1. Aufl., § 38 FamFG Rz. 31; *Rasch*, FPR 2010, 150.
5 OLG Saarbrücken v. 25.2.1993 – 6 UF 2/93 VA, FamRZ 1993, 1098 (1099).
6 OLG Saarbrücken v. 25.2.1993 – 6 UF 2/93 VA, FamRZ 1993, 1098 (1099).
7 OLG Zweibrücken v. 12.6.2003 – 6 WF 91/03, FamRZ 2004, 1735; Zöller/*Feskorn*, § 38 FamFG Rz. 13.
8 BGH v. 21.12.1962 – I ZB 27/62, BGHZ 39, 333 (339); BGH v. 3.5.1988 – X ZR 99/86, NJW 1988, 3097.
9 BVerfG v. 25.2.1994 – 2 BvR 50, 122/93, NJW 1994, 2279; BVerfG v. 16.6.1995 – 2 BvR 382/95, NJW-RR 1995, 1033 (1034); Keidel/*Meyer-Holz*, § 38 FamFG Rz. 66; Bork/Jacoby/Schwab/*Elzer*, 1. Aufl., § 38 FamFG Rz. 30.
10 BVerfG v. 25.2.1994 – 2 BvR 50, 122/93, NJW 1994, 2279; BVerfG v. 16.6.1995 – 2 BvR 382/95, NJW-RR 1995, 1033 (1034); BGH v. 6.12.2006 – XII ZB 99/06, FamRZ 2007, 275 (276f.); OLG Schleswig v. 15.7.1999 – 13 UF 4/99, NJWE-FER 2000, 240; OLG Köln v. 1.2.2005 – 4 UF 138/04, FamRZ 2005, 1921 (1922); Keidel/*Meyer-Holz*, § 38 FamFG Rz. 66.
11 BayObLG v. 5.5.2004 – 2Z BR 269/03, ZMR 2004, 764f. (wo ein Zeitraum von 22 Monaten verstrichen war), vgl. § 32 Rz. 8.
12 Keidel/*Meyer-Holz*, § 38 FamFG Rz. 73.

Vorschrift (vgl. § 72 Abs. 3), die Aufhebung der angegriffenen Entscheidung und die **Zurückverweisung** der Sache,[1] soweit die weiteren Voraussetzungen des § 69 Abs. 1 Satz 2 und 3 vorliegen. Entscheidungsgründe fehlen nicht nur dann, wenn die Entscheidung insgesamt nicht begründet ist. Es genügt, wenn Teile der Entscheidung nicht begründet wurden.[2] Gleiches gilt beim völligen **Fehlen der Beweiswürdigung**.[3] Im Zivilprozess wird ferner ein Fehlen der Entscheidungsgründe angenommen, wenn diese auf das Vorbringen der Parteien erkennbar nicht eingehen oder unverständlich, widersprüchlich oder verworren bzw. grob unvollständig sind.[4] Von einem Fehlen der Gründe soll auch auszugehen sein, wenn bei einem Fall mit Auslandsberührung nicht erkennbar ist, ob deutsches oder ausländisches Recht angewendet wurde.[5] Das Ausgangsgericht kann die Begründung im Abhilfeverfahren nachholen (vgl. § 68 Rz. 7 ff.). Die Abweichung von ober- oder höchstrichterlicher Rechtsprechung stellt kein Fehlen der Begründung dar, wenn die ausschlaggebenden Gründe hierfür dargelegt werden.[6]

22 Wird die Beschlussformel von der Begründung nicht getragen, weil sie etwa unzureichend oder unrichtig ist, so ist die Entscheidung nur fehlerhaft und kann durch **Rechtsmittel** korrigiert werden.[7] Bei Widersprüchen zwischen Begründung und Tenor ist grundsätzlich letzterer maßgebend.[8] Denn er enthält den für die Vollstreckungsorgane maßgeblichen Auftrag. Sinngemäß gilt das Gesagte auch bei rechtsgestaltenden oder feststellenden Beschlüssen, die keinen vollstreckungsfähigen Inhalt haben.

3. Unterschriften der mitwirkenden Gerichtspersonen (Abs. 3 Satz 2)

23 Die Urschrift des Beschlusses ist von allen Gerichtspersonen, also von den Richtern, die hieran mitgewirkt haben, oder von dem Rechtspfleger zu unterschreiben.[9] Die Unterschrift des Vorsitzenden genügt nicht.[10] Die Unterschriften dokumentieren die Übereinstimmung des schriftlich Niedergelegten mit dem Willen des Spruchkörpers und die Urheberschaft der Unterzeichner. Soweit die Materialien als Funktion der Unterschrift ferner die Abgrenzung der Entscheidung vom Entwurf nennen,[11] ist dies unzutreffend. Auch eine unterschriebene Fassung ist noch Entwurf und kann bis zum Erlass von dem Spruchkörper abgeändert werden[12] (vgl. Rz. 24). Wie die Unabänderbarkeit und somit das Verlassen des Entwurfsstadiums im Zivilprozess erst mit

---

1 Vgl. noch zum alten Recht BayObLG v. 5.5.2004 – 2 Z BR 269/03, ZMR 2004, 765; zum Zivilprozess BGH v. 21.12.1962 – I ZB 27/62, BGHZ 39, 333 (337); BGH v. 25.4.1991 – I ZR 232/89, MDR 1992, 188; OLG Schleswig v. 15.7.1999 – 13 UF 4/99, NJWE-FER 2000, 240; OLG Brandenburg v. 23.4.2003 – 10 WF 100/02, FamRZ 2004, 651; OLG Köln v. 1.2.2005 – 4 UF 138/04, FamRZ 2005, 1921 (1922); Keidel/*Meyer-Holz*, § 38 FamFG Rz. 74; Bork/Jacoby/Schwab/*Elzer*, 1. Aufl., § 38 FamFG Rz. 46; Zöller/*Feskorn*, § 38 FamFG Rz. 17.
2 BGH v. 21.12.1962 – I ZB 27/62, BGHZ 39, 333 (337); OLG Brandenburg v. 8.2.2005 – 9 UF 240/04, FamRZ 2006, 129 f.; Keidel/*Meyer-Holz*, § 38 FamFG Rz. 66.
3 BGH v. 21.12.1962 – I ZB 27/62, BGHZ 39, 333 (338).
4 BGH v. 21.12.1962 – I ZB 27/62, BGHZ 39, 333 (337); BayVerfGH v. 22.7.2005 – Vf. 72-VI-04 NJW 2005, 3771 (3772); BVerwG v. 10.12.1976 – VI C 12/76, MDR 1977, 604; OLG Frankfurt v. 31.11. 1983 – 17 U 89/83, MDR 1984, 322 f.; Zöller/*Vollkommer*, § 313 ZPO Rz. 19.
5 BGH v. 3.5.1988 – X ZR 99/86, NJW 1988, 3097.
6 Keidel/*Meyer-Holz*, § 38 FamFG Rz. 67.
7 BGH v. 21.12.1962 – I ZB 27/62, BGHZ 39, 333 (338).
8 BGH v. 15.6.1982 – VI ZR 179/80, NJW 1982, 2257; BGH v. 13.5.1997 – VI ZR 181/96, NJW 1997, 3447 (3448); BGH v. 11.7.2001 – XII ZR 270/99, FamRZ 2002, 1706 (1707); BGH v. 12.9.2002 – IX ZR 66/01, NJW 2003, 140 (141); Zöller/*Vollkommer*, § 313 ZPO Rz. 8.
9 BT-Drucks. 16/6308, S. 195; Keidel/*Meyer-Holz*, § 38 FamFG Rz. 78; vgl. zum Zivilurteil BGH v. 23.10.1997 – IX ZR 249/96, NJW 1998, 609; Zöller/*Vollkommer*, § 313 ZPO Rz. 25.
10 AA für Landwirtschaftssachen OLG Brandenburg v. 26.1.2012 – 5 W (Lw) 10/11, FGPrax 2012, 281 f.
11 BT-Drucks. 16/6308, S. 195; ähnlich *Reinken*, ZFE 2009, 164 (167); Bassenge/Roth/*Gottwald*, § 38 FamFG Rz. 8.
12 Keidel/*Schmidt*, 15. Aufl., § 18 FGG Rz. 3. Umgekehrt ist die Aussage natürlich richtig: Eine nicht unterzeichnete „Entscheidung" ist zwingend noch Entwurf, s. BGH v. 23.10.1997 – IX ZR 249/96, NJW 1998, 609; Bork/Jacoby/Schwab/*Elzer*, 1. Aufl., § 38 FamFG Rz. 47.

der Verkündung eintritt,[1] geschieht dies im Verfahren nach dem FamFG durch den Erlass der Entscheidung.[2] Die **unterzeichnenden Gerichtspersonen** müssen mit den **im Rubrum genannten** übereinstimmen. Anderenfalls darf keine Ausfertigung erteilt werden. Geschieht dies gleichwohl, ist deren Zustellung ungültig.[3] Erforderlich ist die **volle, eigenhändige Unterschrift**. Diese muss sich unter dem Beschluss befinden; die Unterzeichnung einer Anlage, die auf den Beschluss verweist, genügt nicht.[4] Eine Paraphe oder gar ein Stempelabdruck genügen ebenfalls nicht.[5] Die Unterschrift muss allerdings nicht für jedermann lesbar sein. Etwas anderes gilt freilich dann, wenn die mitwirkenden Gerichtspersonen im Rubrum nicht genannt sind.[6] In Kollegialgerichten kann die Unterschrift eines verhinderten Richters analog § 315 Abs. 1 Satz 2 ZPO ersetzt werden.[7] Eine **vergessene Unterschrift** kann nachgeholt werden.[8] Ebenso kann die mangels Mitwirkung an der Entscheidung zu Unrecht geleistete Unterschrift eines Richters durch die des richtigen Kollegen ersetzt werden.[9]

4. Verkündungsvermerk (Abs. 3 Satz 3)

a) Bedeutung

§ 38 Abs. 3 Satz 3 sieht vor, dass das Datum der Übergabe des Beschlusses an die Geschäftsstelle bzw. seiner Bekanntgabe durch Verlesen auf dem Beschluss zu vermerken sind (zu letzterem s. § 41 Rz. 15 ff.). Die Übergabe an die Geschäftsstelle setzt den Zweck der Bekanntgabe an die Beteiligten voraus; eine Übergabe mit der Anweisung, den Beschluss noch nicht herauszugeben, genügt nicht.[10] Wird der Beschluss gleichwohl ausgefertigt und den Beteiligten zugestellt, liegt nur eine Scheinentscheidung vor.[11] Dies entspricht dem Vermerk über die **Verkündung** eines Zivilurteils in § 315 Abs. 3 Satz 1 ZPO. Allerdings hat der Vermerk nach § 38 Abs. 3 Satz 3 größere Bedeutung. Fehlt der Vermerk über Verkündung oder Zustellung auf einem Zivilurteil, hat dies keine Folgen, da es dort auf die Verkündung ankommt, die durch das Verkündungsprotokoll nachgewiesen wird.[12] Daher hat selbst das Fehlen des Verkündungsvermerks keine Folgen.[13] Hingegen ist die Verkündung der Entscheidung nach § 38 weder erforderlich noch sind an sie vergleichbare Anforderungen geknüpft wie im Zivilprozess. Vielmehr wird ein Entwurf im Verfahren nach dem FamFG erst dann zum Beschluss nach § 38, wenn er der Geschäftsstelle übergeben oder durch Verlesen des Tenors bekannt gegeben wird. Erst dann ist er **nach der Legaldefinition des § 38 Abs. 3 Satz 3 erlassen** und somit existent (zu den Folgen s. § 40 Rz. 7 und § 41

24

---

1 BGH v. 23.10.1997 – IX ZR 249/96, NJW 1998, 609; Zöller/*Vollkommer*, § 310 ZPO Rz. 1.
2 KG v. 11.10.2010 – 19 UF 70/10, FGPrax 2011, 48.
3 RG v. 24.4.1917 – Rep. III 10/17, RGZ 90, 173 (174 f.); Zöller/*Vollkommer*, § 313 ZPO Rz. 5; ähnlich Keidel/*Meyer-Holz*, § 38 FamFG Rz. 84 f.
4 OLG Oldenburg v. 23.1.2011 – 11 UF 212/11, FamRZ 2012, 1080.
5 Keidel/*Meyer-Holz*, § 38 FamFG Rz. 79.
6 Vgl. BGH v. 22.12.1976 – IV ZR 11/76, FamRZ 1977, 124; Zöller/*Vollkommer*, § 313 ZPO Rz. 5.
7 BGH v. 6.12.1988 – VI ZB 27/88, NJW 1989, 1156 (1157); Keidel/*Meyer-Holz*, § 38 FamFG Rz. 81; aA Zöller/*Feskorn*, § 38 FamFG Rz. 15.
8 BGH v. 23.10.1997 – IX ZR 249/96, NJW 1998, 609 (610); BGH v. 27.1.2006 – V ZR 243/04, NJW 2006, 1881 (1882); Zöller/*Vollkommer*, § 315 ZPO Rz. 2; aA für den Fall des Rechtsmittels OLG Frankfurt v. 26.11.2009 – 1 UF 307/09, FamRZ 2010, 907 (908), weil nur ein Entwurf vorliege, dem die Qualität einer Scheinentscheidung zukomme; ähnlich Keidel/*Meyer-Holz*, § 38 FamFG Rz. 85 f. Aber dies gälte auch für den Zivilprozess. Eine grundsätzlich von der ZPO abweichende Handhabung der vergessenen Unterschrift wäre gerade angesichts der angestrebten Harmonisierung der Verfahrensordnungen kaum verständlich. Anderes gilt natürlich, wenn der Entwurf nach dem Willen des Spruchkörpers noch gar nicht als Entscheidung erlassen werden sollte.
9 BGH v. 24.6.2003 – VI ZR 309/02, NJW 2003, 3057; Zöller/*Vollkommer*, § 315 ZPO Rz. 2.
10 Keidel/*Meyer-Holz*, § 38 FamFG Rz. 91.
11 OLG Frankfurt v. 26.11.2009 – 1 UF 307/09, FamRZ 2010, 907 (908); Keidel/*Meyer-Holz*, § 38 FamFG Rz. 91.
12 OLG Frankfurt v. 7.12.1994 – 17 U 288/93, NJW-RR 1995, 511.
13 Zöller/*Vollkommer*, § 315 ZPO Rz. 7.

Rz. 17).[1] Der Vermerk nach § 38 Abs. 3 Satz 3 ist somit gewissermaßen die Geburtsurkunde des Beschlusses, so wie das Verkündungsprotokoll für das Zivilurteil. Allerdings sieht das FamFG ebenso wie früher das FGG nur in besonderen Fällen wie dem Abschluss eines Vergleichs (s. § 36 Abs. 2 Satz 2) die Anfertigung einer Niederschrift nach den Regeln der ZPO vor. Selbst für Termine und Anhörungen genügt ein Vermerk (§ 28 Abs. 4 Satz 1). Daher wird man dem Vermerk nach § 38 Abs. 3 Satz 3 nicht die Beweiswirkung des § 165 ZPO zuerkennen können. Er ist wohl nur als **Beweiserleichterung** dafür anzusehen, dass die Übergabe des Beschlusses an die Geschäftsstelle bzw. seine Bekanntgabe durch Verlesen stattgefunden haben.[2] Denn hierdurch wird die Fünf-Monats-Frist des § 63 Abs. 3 Satz 2 in Gang gesetzt.[3]

b) Urkundsperson und erforderliche Form

25   Die Vorschrift gibt nicht an, wer diesen Vermerk anzufertigen hat. Auch dessen Form im Einzelnen, insbesondere die Frage, ob und von wem er zu unterschreiben ist, wird in § 38 Abs. 3 Satz 3 anders als in § 315 Abs. 3 Satz 1 ZPO nicht geregelt. Die Materialien geben hierüber ebenfalls keinen Aufschluss.[4] Die sonstige Parallelität zu § 315 Abs. 3 Satz 1 ZPO lässt jedoch darauf schließen, dass sich der Gesetzgeber für § 38 Abs. 3 Satz 3 Ähnliches vorstellte und an eine Anfertigung und Unterzeichnung durch den Urkundsbeamten der Geschäftsstelle dachte. Hierfür spricht auch, dass die Übergabe des Beschlusses an die Geschäftsstelle naturgemäß nur durch den dort zuständigen Beamten dokumentiert werden kann.

5. Ausnahmen von der Begründungspflicht

a) Anerkenntnis-, Verzichts- und Versäumnisentscheidungen (Abs. 4 Nr. 1)

26   Entgegen § 38 Abs. 3 Satz 1 muss die Entscheidung nach § 38 Abs. 4 Nr. 1 nicht begründet werden, wenn sie aufgrund des Anerkenntnisses, des Verzichts oder der Säumnis eines Beteiligten ergeht. Damit wird nicht die allgemeine Möglichkeit von Anerkenntnis-, Verzichts- oder Versäumnisbeschlüssen in das Verfahren nach dem FamFG eingeführt. Derartige Entscheidungen sind, wie die Materialien klarstellen,[5] nach wie vor grundsätzlich nicht möglich und können nur aufgrund ausdrücklicher gesetzlicher Zulassung ergehen, etwa in Ehe- und Familienstreitsachen (vgl. § 113 Abs. 1). Insoweit übernimmt § 38 Abs. 4 Nr. 1 die entsprechende Regelung in § 313b Abs. 1 ZPO. Dies gilt auch hinsichtlich der Notwendigkeit, die Entscheidung als Anerkenntnis-, Verzichts- oder Versäumnisbeschluss zu bezeichnen. Wie im Zivilprozess ist ein Verzicht auf die Begründung auch für **abtrennbare Teile des Streitstoffes** möglich, wenn insoweit anerkannt, verzichtet oder von der Stellung von Anträgen abgesehen wird. Es ergeht dann ein Teil-Anerkenntnis-, Verzichts- oder Versäumnisbeschluss. Seiner Rechtsnatur entsprechend gilt § 38 Abs. 4 Nr. 1 nicht für **unechte Versäumnisbeschlüsse**, da diese nicht auf der Säumnis beruhen, sondern echte, mit der Beschwerde angreifbare Endentscheidungen darstellen.[6] Das Gericht muss von der Möglichkeit des § 38 Abs. 4 Nr. 1 keinen Gebrauch machen.[7] Erst recht kann es trotz der Möglichkeit des Absehens von einer Begründung die Entscheidung knapp begründen. Wie im Zivilprozess kann eine Begründung sogar zwingend erforderlich

---

1 Vgl. hierzu BT-Drucks. 16/6308, 195; OLG Köln v. 12.7.2010 – 2 Wx 99/10, FGPrax 2010, 266 (267); OLG Düsseldorf v. 24.1.2012 – I-3 Wx 301/11, Rpfleger 2012, 388 (389); *Bumiller*/Harders, § 38 FamFG Rz. 4; Keidel/*Meyer-Holz*, § 38 FamFG Rz. 88 u. 93; Zöller/*Feskorn*, § 38 FamFG Rz. 16; *Griesner*, FamRB 2010, 340 (341).
2 Ebenso zum Vermerk über die Art und Weise, Ort und Tag der Bekanntmachung nach altem Recht *Bumiller*/Winkler, 8. Aufl., § 16 FGG Rz. 12; ähnlich Keidel/*Schmidt*, 15. Aufl., § 16 FGG Rz. 4 und 69; BT-Drucks. 16/6308, S. 197; aA jetzt Zöller/*Feskorn*, § 38 FamFG Rz. 16.
3 BT-Drucks. 16/6308, S. 195; Keidel/*Meyer-Holz*, § 38 FamFG Rz. 93; Bassenge/Roth/*Gottwald*, § 38 FamFG Rz. 9; *Reinken*, ZFE 2009, 164 (167).
4 BT-Drucks. 16/6308, S. 195.
5 BT-Drucks. 16/6308, S. 195.
6 Vgl. OLG Frankfurt v. 31.11.1983 – 17 U 89/83, MDR 1984, 322 f.
7 Keidel/*Meyer-Holz*, § 38 FamFG Rz. 68; vgl. zum Zivilprozess Zöller/*Vollkommer*, § 313b ZPO Rz. 2; Baumbach/*Hartmann*, § 313b ZPO Rz. 3; *Musielak*, § 313b ZPO Rz. 3.

sein, wenn etwa im Falle eines sofortigen Anerkenntnisses um die Kosten gestritten wird.[1]

b) Entscheidungen ohne Interessengegensätze (Abs. 4 Nr. 2)

Spezifisch auf Verfahren nach dem FamFG zugeschnitten und daher ohne Vorbild in der ZPO ist die Möglichkeit, nach § 38 Abs. 4 Nr. 2 von einer Begründung der Entscheidung abzusehen. Dies ist bei **gleichgerichteten Anträgen** der Fall bzw. dann, wenn der Beschluss nicht dem erklärten Willen eines Beteiligten widerspricht. Hierdurch soll nach den Gesetzesmaterialien eine rasche Entscheidung in den Fällen ermöglicht werden, in denen in der Sache kein Streit besteht[2] und – so wird man ergänzend fordern müssen – **keine Möglichkeit eines Anerkenntnisses** besteht. Denn dann besteht bereits die Möglichkeit, nach § 38 Abs. 4 Nr. 1 von einer Begründung abzusehen. Gleichgerichtete Anträge kommen auch in Verfahren in Betracht, in denen ähnliche Interessenlagen bestehen wie im Zivilprozess, etwa in Erbscheinsverfahren, das diesem, wie schon die Möglichkeiten der Feststellung des Erbrechts oder die Klage auf Herausgabe des Erbscheins (§ 1362 BGB) vor dem Prozessgericht zeigen, nahe steht. Da aber keine Möglichkeit der privatautonomen Regelung über die Erteilung des Erbscheins besteht, bedarf es auch hier einer Gerichtsentscheidung. Diese kann nach § 38 Abs. 4 Nr. 2 ohne Begründung ergehen, wenn nur ein Miterbe den Erbschein beantragt und die Miterben dem zustimmen. Dass der Verfahrensgegenstand der Disposition der Beteiligten unterliegt, sieht der Gesetzeswortlaut nicht vor.[3] Dies ist auch nach dem Sinn der Regelung nicht zu fordern. Widerspräche nämlich die von den Beteiligten übereinstimmend begehrte Entscheidung der Rechtslage, dürfte das Gericht sie überhaupt nicht erlassen.

27

Hingegen dürfte das **bloße Schweigen** entgegen dem insoweit missverständlichen Wortlaut der Vorschrift nicht genügen. Denn dies liefe in der Sache auf eine nach wie vor nur in speziell geregelten Fällen zulässige Versäumnisentscheidung hinaus, da allein das Schweigen zu einer Entscheidung zugunsten des Antragstellers führen würde. Das Gericht hat aber nach wie vor Ermittlungen darüber anzustellen, ob die Sachlage den Erlass der beantragten Entscheidung gestattet. Erst wenn diese Ermittlungen den Antrag gerechtfertigt erscheinen lassen, kann gem. § 38 Abs. 4 Nr. 2 auf Schweigen der anderen Beteiligten eine Entscheidung ohne Begründung ergehen. Entsprechendes gilt auch in nicht kontradiktorischen **Amtsverfahren**. Erweist sich die Anregung zur Ergreifung von Maßnahmen zum Schutz des Kindes nach § 1666 BGB nach den Ermittlungen des Gerichts als begründet und stimmen die mit der Erziehung überforderten Eltern ebenso wie das Kind selbst oder der für dieses Verfahren bestellte Verfahrenspfleger dem zu (vgl. § 157), so bedarf auch dieser Beschluss keiner Begründung.

28

§ 38 Abs. 4 Nr. 2 enthält keine Regelung für den Fall, dass der Beschluss wider Erwarten **doch angefochten** wird. Gerade angesichts der Bedeutung, die dem Schweigen nach § 38 Abs. 4 Nr. 2 zukommen kann, wird es in der Praxis bald zu dieser Konstellation kommen. Hier besteht aber die Möglichkeit, im Wege der **Abhilfeentscheidung** nach § 68 Abs. 1 Satz 1 nachträglich eine hinreichende Begründung vorzunehmen. Angefochten ist dann der Beschluss in der Form, die er durch die Abhilfeentscheidung gefunden hat, also mit Begründung.[4]

29

---

1 OLG Brandenburg v. 23.4.2003 – 10 WF 100/02, FamRZ 2004, 651. Dies dürfte jedenfalls im Rahmen der Entscheidung nach § 81 Abs. 2 Nr. 1 Berücksichtigung finden.
2 BT-Drucks. 16/6308, S. 195.
3 Unrichtig daher *Bumiller*/Harders, § 38 FamFG Rz. 6; implizit wie hier Keidel/*Meyer-Holz*, § 38 FamFG Rz. 70, der die Vorschrift auch auf Erbscheinsverfahren anwendet.
4 Auf die im Zivilprozessrecht geführte Diskussion, auf welchem Weg eine Vervollständigung erfolgen kann (vgl. Zöller/*Vollkommer*, § 313a ZPO Rz. 15), kommt es daher im vorliegenden Zusammenhang nicht an.

c) Entscheidungen nach Rechtsmittelverzicht (Abs. 4 Nr. 3)

aa) Gegenwart und Rechtsmittelverzicht „aller" Beteiligten

30 Der Begründung bedarf es nach § 38 Abs. 4 Nr. 3 schließlich auch dann nicht, wenn der Beschluss in Gegenwart aller Beteiligten mündlich bekannt gegeben wurde und alle Beteiligten auf Rechtsmittel verzichtet haben. Diese Regelung ist § 313a Abs. 2 ZPO nachgebildet. Sie setzt zunächst voraus, dass „alle" Beteiligten bei der Bekanntgabe des Beschlusses zugegen waren und auf das Rechtsmittel verzichtet haben. Die Zustimmung von Antragsteller und Antragsgegner genügt also nicht, wenn weitere Beteiligte von der Entscheidung betroffen sind. Die Regelung ist aber teleologisch dahin gehend zu reduzieren, dass es nicht der Gegenwart und des Rechtsmittelverzichts *aller* Beteiligten, sondern nur derjenigen bedarf, die **beschwerdeberechtigt** sind.[1] Denn es kann auch im Rahmen der Entlastung der Gerichte nicht darauf ankommen, dass ein nur aus Gründen der Erkenntnisgewinnung oder zur Gewährung rechtlichen Gehörs Beteiligter auf Rechtsmittel verzichtet, die einzulegen er ohnehin nicht berechtigt ist.

bb) Mündliche Bekanntgabe des Beschlusses

31 Des Weiteren verlangt § 38 Abs. 4 Nr. 3, dass der Beschluss in Gegenwart der Beteiligten mündlich bekannt gegeben wurde. Eine schriftliche Bekanntgabe und der spätere Rechtsmittelverzicht der Beschwerdeberechtigten genügen demnach nicht. Allerdings macht die Vorschrift auch keine weiteren formalen Vorgaben zur mündlichen Bekanntgabe. Die in § 313a Abs. 2 Satz 1 ZPO enthaltenen Beschränkungen auf den „Termin, in dem die mündliche Verhandlung geschlossen worden ist", wurde in § 38 Abs. 4 Nr. 3 gerade nicht übernommen. Es kommt also nicht darauf an, ob sie im Rahmen eines Termins nach § 32, nach einer Beweisaufnahme oder aufgrund eines nicht durch Ladung des Gerichts zu Stande gekommenen Zusammentreffens der beschwerdeberechtigten Beteiligten vor dem Gericht erfolgt.[2] Erforderlich ist allein die mündliche Bekanntgabe in ihrer gleichzeitigen Gegenwart. Die Bekanntgabe ist in § 41 Abs. 2 Satz 1 gesetzlich definiert. Danach muss nur die Beschlussformel in Gegenwart der Beteiligten verlesen werden, nicht auch die Begründung.

cc) Rechtsmittelverzicht

32 Schließlich bedarf es noch des Rechtsmittelverzichts der beschwerdeberechtigten Beteiligten. Dessen Anforderungen richten sich nach § 67 **Abs. 1 bis 3**. Er muss also eindeutig, wenn auch nicht unbedingt wörtlich erklärt werden; die bloße Ankündigung, keine Beschwerde einlegen zu wollen, genügt demnach nicht (s. § 67 Rz. 5). Keine näheren Vorgaben macht § 38 Abs. 4 Nr. 3 zu den Modalitäten des Verzichts. Es genügt, dass „alle Beteiligten auf Rechtsmittel verzichtet haben". Der Verzicht muss demnach nicht anlässlich der Bekanntgabe der Entscheidung erklärt worden sein. Es genügt ein vorab oder nachträglich erklärter Verzicht.[3] Die zeitlichen Beschränkungen des § 313a Abs. 3 ZPO wurden dabei nicht in § 38 Abs. 4 Nr. 3 übernommen. Dem Wortlaut nach ist auch ein nur **gegenüber einem anderen Beteiligten erklärter Verzicht** nach § 67 Abs. 3 ausreichend. Er muss freilich wirksam sein. So genügt ein vor Bekanntgabe des Beschlusses gegenüber dem Gericht erklärter Verzicht nicht, da er nicht wirksam ist (vgl. § 67 Rz. 2). Aus denselben Gründen muss sich der andere Beteiligte auf einen nach § 67 Abs. 3 erklärten Verzicht berufen, da nur dann gegenüber dem Gericht die gewünschte Rechtsfolge eintritt (s. § 67 Rz. 20).

---

[1] Wie hier Keidel/*Meyer-Holz*, § 38 FamFG Rz. 71.

[2] Die Materialien (BT-Drucks. 16/6308, S. 195) bezeichnen dies folgerichtig auch nur als Beispiel („wenn der Beschluss den Beteiligten *etwa* unmittelbar an die Erörterung im Termin bekannt gegeben wird").

[3] Zum Vorabverzicht vgl. auch Zöller/*Vollkommer*, § 313a ZPO Rz. 6, allerdings mit den hinsichtlich der Bedeutung der mündlichen Verhandlung im Zivilprozess insoweit gebotenen Beschränkungen; aA Zöller/*Feskorn*, § 38 FamFG Rz. 20.

Die Vorschrift ist nicht auf bestimmte Verfahren beschränkt, da ein Beteiligter auch in Amtsverfahren auf Verfahrensrechte verzichten kann.[1]

d) Keine Ausnahme von der Begründungspflicht bei nicht rechtsmittelfähigen Beschlüssen

Nicht in das FamFG übernommen wurde die Möglichkeit des § 313a Abs. 1 ZPO, auf eine Begründung zu verzichten, wenn ein Rechtsmittel unzweifelhaft nicht zulässig ist. Dies mag damit zusammenhängen, dass das Vorliegen der Voraussetzungen hierfür ungleich schwerer abzuschätzen ist als in Zivilsachen. Denn anders als im Zivilprozess kommt es in Verfahren nach dem FamFG für die Zulässigkeit eines Rechtsmittels nach § 61 Abs. 1 nicht nur auf den Beschwerdewert, sondern auch darauf an, ob eine vermögensrechtliche Angelegenheit vorliegt (vgl. § 61 Rz. 2). In der Konsequenz muss eine Entscheidung auch dann begründet werden, wenn sie als vermögensrechtliche Angelegenheit einen Beschwerdewert von 600 Euro unterschreitet, aber auch dann, wenn aus sonstigen Gründen ein Rechtsmittel unzweifelhaft nicht möglich ist. So müssen, wenn nur keiner der Tatbestände des § 38 Abs. 4 erfüllt ist, nach §§ 51 Abs. 2 Satz 1, 38 Abs. 3 Satz 1 auch Entscheidungen in **Verfahren des einstweiligen Rechtsschutzes** in Familiensachen stets begründet werden, auch wenn ein Rechtsmittel kraft Gesetzes (§ 57 Satz 1) unstatthaft ist. 33

6. Rückausnahmen vom Wegfall der Begründungspflicht (Absatz 5)

a) Generelle Ausnahme in bestimmten Verfahren (Abs. 5 Nr. 1 bis 3)

Der Gesetzgeber nimmt bestimmte Verfahren, nämlich Ehesachen mit Ausnahme von Scheidungsbeschlüssen, Abstammungssachen und Betreuungssachen, generell vom Wegfall der Begründungspflicht aus. Dies erfolgt nach den Gesetzesmaterialien aus denselben Gründen wie in § 313a Abs. 4 Nr. 1 und 3 ZPO.[2] Maßgeblich ist also die Erwägung, dass diese Entscheidungen in einem **Folgeverfahren** von Bedeutung sein können bzw. nach den Regeln des internationalen Verfahrensrechts einer Begründung bedürfen, um im Ausland anerkannt zu werden.[3] Sofern in Scheidungssachen abweichend von der Grundregel von § 38 Abs. 5 Nr. 1 doch von der Begründung abgesehen werden kann, ist zu berücksichtigen, dass es bei Auslandsberührung nach § 38 Abs. 5 Nr. 4 wieder der Begründung bedarf.[4] Eine weitere generelle Ausnahme vom Wegfall der Begründungsfrist führt der Gesetzgeber aus „Gründen der Rechtsfürsorglichkeit" in Betreuungssachen ein.[5] Dem Betroffenen sollen die Gründe für Anordnung oder Ablehnung einer Betreuung auch nachträglich zur Verfügung stehen.[6] 34

b) Voraussichtliche Geltendmachung der Entscheidung im Ausland (Abs. 5 Nr. 4)

Ferner kann nach § 38 Abs. 5 Nr. 4 auch dann nicht von einer Begründung der Entscheidung abgesehen werden, „wenn zu erwarten ist, dass der Beschluss im Ausland geltend gemacht werden wird". Dies entspricht § 313a Abs. 4 Nr. 5 ZPO,[7] der mit Ausnahme der Form der Entscheidung durch Urteil mit § 38 Abs. 5 Nr. 4 wörtlich übereinstimmt. Der Tatbestand erfordert eine **Prognose** über die zukünftige Geltendmachung der Entscheidung im Ausland. Der Wortlaut („wenn zu erwarten ist") verlangt eine überwiegende Wahrscheinlichkeit für eine solche Auslandsberührung. Die bloße Möglichkeit genügt nicht. Das Gericht hat bei Vorliegen von Anhaltspunkten im Rahmen seiner Amtsermittlungspflicht zu prüfen, ob eine Geltendmachung im Ausland zu erwarten steht. Hierbei ist es auf die Mitwirkung der Beteiligten angewiesen. Nach allgemeinen Grundsätzen muss es nicht „ins Blaue hinein" ermitteln. Besteht aufgrund dieser Ermittlungen eine gewisse Wahrscheinlichkeit für eine Geltendmachung 35

---

1 *Bumiller*/Harders, § 38 FamFG Rz. 6.
2 BT-Drucks. 16/6308, S. 195.
3 Zöller/*Vollkommer*, § 313a ZPO Rz. 8; Baumbach/*Hartmann*, § 313 ZPO Rz. 18f. u. 22.
4 Zöller/*Vollkommer*, § 313a ZPO Rz. 9.
5 BT-Drucks. 16/6308, S. 195.
6 BT-Drucks. 16/6308, S. 195.
7 BT-Drucks. 16/6308, S. 195.

im Ausland, hat sich das Gericht hiermit auseinander zu setzen, wenn es gleichwohl auf eine Begründung seiner Entscheidung verzichtet. § 38 Abs. 5 Nr. 4 soll in Scheidungsverfahren immer einschlägig sein, wenn mindestens ein Ehepartner Ausländer ist, selbst wenn er auch die deutsche Staatsangehörigkeit besitzt.[1] Wenn das Gericht mangels Auslandsberührung auf die Begründung der Entscheidung selbst verzichtet, muss auch die Prognoseentscheidung nicht begründet werden. Kommt es dazu, dass etwa ein zuvor nach § 38 Abs. 4 Nr. 2 schweigender Beteiligter den Beschluss wider Erwarten im Ausland geltend machen muss, ist er ohnehin gem. § 38 Abs. 6 zu **vervollständigen**.

7. Vervollständigung eines Beschlusses ohne Begründung

36   Wie bei jeder Prognose kann die Entscheidung nach § 38 Abs. 5 Nr. 4 unzutreffend sein. Ebenso kann die Geltendmachung der Entscheidung objektiv nicht voraussehbar gewesen sein. Dies soll nicht zulasten des Beteiligten gehen, der den Beschluss im Ausland geltend machen muss. Deshalb bestimmt § 38 Abs. 6 in wörtlicher Anlehnung an § 313a Abs. 5 ZPO,[2] dass Entscheidungen ohne Begründung nach den „Vorschriften über die Vervollständigung von Versäumnis- und Anerkenntnisentscheidungen" um eine Begründung zu ergänzen sind. Dabei handelt es sich um die in den Ausführungsgesetzen zu internationalen Verträgen enthaltenen Vorschriften, zB § 30 AVAG.[3] Die Vorschrift ist nicht analogiefähig und erlaubt insbesondere nicht die Nachreichung einer aus sonstigen Gründen unterbliebenen Begründung.[4]

C. Zwischenentscheidungen

37   Die Form, in der Zwischenentscheidungen zu treffen sind, wird durch § 38 nicht geregelt. Dies schließt allerdings nicht aus, dass auch sie in der Form eines **Beschlusses** ergehen. Mangels Anwendbarkeit von § 38 bedarf es hierfür allerdings einer speziellen Regelung.[5] Beispiele hierfür sind etwa Entscheidungen, die ein Ablehnungsgesuch für unbegründet erklären (§ 6 Abs. 2), die Ablehnung der Hinzuziehung als Beteiligter (§ 7 Abs. 5 Satz 2), die Aussetzung des Verfahrens (§ 21 Abs. 2 Satz 2), die Verhängung von Ordnungsmitteln wegen Nichterscheinens (§ 33 Abs. 3 Satz 5), die Anordnung von Zwangsmitteln (§ 35 Abs. 5), die Berichtigung eines Beschlusses (§ 42 Abs. 3), die Entscheidung über einen Antrag zur Verfahrenskostenhilfe (§ 76 Abs. 2), ferner Entscheidungen im Vollstreckungsverfahren (§ 87 Abs. 4) oder die Verhängung eines Ordnungsgeldes (§ 89 Abs. 1 Satz 3). Hier bestimmt das Gesetz ausdrücklich, dass durch Beschluss zu entscheiden ist. Dabei handelt es sich aber durchweg um Beschlüsse, die sich nicht nach § 38 ff., sondern **nach den Regeln der ZPO** richten. Dies geht daraus hervor, dass das Gesetz für ihre Anfechtbarkeit die Anwendbarkeit der §§ 567 ff. ZPO anordnet. Bisweilen findet sich sogar nur dieser Verweis, so dass sich die Form der Entscheidung durch Beschluss nach den Regeln der ZPO lediglich indirekt ergibt. Dies ist etwa bei der Festsetzung von Festsetzung von Kosten (§ 85) der Fall.[6] Diese Form der Zwischenentscheidung ist aber nicht zwingend. So ordnet etwa § 56 Abs. 3 Satz 2 an, dass gegen die Entscheidung über das Außerkrafttreten einer eA „die Beschwerde" stattfindet. Dies kann mangels des ansonsten üblichen Verweises auf die §§ 567 ff. ZPO nur als Beschwerde nach §§ 58 ff. verstanden werden. In der Konsequenz sind für die erstinstanzliche Entscheidung §§ 38 ff. anzuwenden. Ohne eine solche ausdrückliche Spezialregelung ist die Entscheidung durch Beschluss nicht zwingend vorgeschrieben.[7] Ist die Zuständigkeit innerhalb des Verfah-

---

1   Zöller/*Vollkommer*, § 313a ZPO Rz. 13; *Musielak*, § 313a ZPO Rz. 7.
2   BT-Drucks. 16/6308, S. 195 f.
3   BT-Drucks. 16/6308, S. 195 f.; *Bumiller*/Harders, § 38 FamFG Rz. 8; Keidel/*Meyer-Holz*, § 38 FamFG Rz. 77; Bassenge/Roth/*Gottwald*, § 38 FamFG Rz. 21.
4   Zöller/*Feskorn*, § 38 FamFG Rz. 17.
5   BT-Drucks. 16/6308, S. 195.
6   Der Verweis auf §§ 103 bis 107 ZPO umfasst gem. § 104 Abs. 3 Satz 1 ZPO auch die Anwendbarkeit der §§ 567 ff. ZPO.
7   BT-Drucks. 16/6308, S. 195.

rens zwischen Rechtspfleger und Richter aufgeteilt, so ist letzterer für Nebenentscheidungen wie die Abgabe oder Verweisung alleine zuständig.[1]

§ 39 Rechtsbehelfsbelehrung

Jeder Beschluss hat eine Belehrung über das statthafte Rechtsmittel, den Einspruch, den Widerspruch oder die Erinnerung sowie das Gericht, bei dem diese Rechtsbehelfe einzulegen sind, dessen Sitz und die einzuhaltende Form und Frist zu enthalten. Über die Sprungrechtsbeschwerde muss nicht belehrt werden.

A. Entstehungsgeschichte und Normzweck 1	4. Keine Belehrung über die Begründung des Rechtsmittels 11
B. Erforderlichkeit einer Rechtsbehelfsbelehrung	III. Besonderheiten der Rechtsbehelfsbelehrung durch das Beschwerdegericht
I. Beschlüsse in der Hauptsache 2	1. Grundsatz 12
II. Statthaftigkeit des Rechtsmittels ... 3	2. Statthaftigkeit der Rechtsbeschwerde 13
III. Keine Rechtsbehelfsbelehrung bei unstatthaften Rechtsmitteln 4	3. Weiterer Inhalt der Rechtsbehelfsbelehrung
C. Anforderungen an die Rechtsbehelfsbelehrung	a) Rechtsmittel und Gericht seiner Einlegung 14
I. Form der Rechtsbehelfsbelehrung .. 5	b) Frist und Form der Einlegung .. 15
II. Inhalt der Rechtsbehelfsbelehrung	D. Folgen einer fehlerhaften Rechtsbehelfsbelehrung
1. Konkret statthaftes, ordentliches Rechtsmittel 6	I. Gesetzlich geforderter Inhalt der Rechtsbehelfsbelehrung 16
2. Sprungrechts- und Anschlussbeschwerde 6a	II. Zusätzlicher Inhalt der Rechtsbehelfsbelehrung 17
3. Sonstige Rechtsbehelfe 6b	III. Berichtigung der Rechtsbehelfsbelehrung 18
4. Möglichkeiten der Einlegung 7	
3. Form und Frist	
a) Form 8	
b) Fristen 10	

A. Entstehungsgeschichte und Normzweck

§ 39 zieht die Konsequenzen aus dem Streit darüber, ob es ohne ausdrückliche Anordnung einer Rechtsbehelfsbelehrung bedarf.[2] Die Vorschrift erklärt die früher nur in Spezialregelungen wie §§ 69 Abs. 1 Nr. 6, 70f Abs. 1 Nr. 4 FGG aF[3] vorgesehene Rechtsbehelfsbelehrung nunmehr für alle Entscheidungen für erforderlich, die die Instanz eines Verfahrens nach dem FamFG abschließen.[4] Zugleich bestimmt sie, welche Angaben erforderlich sind. In § 17 Abs. 2 nur teilweise geregelt ist die Frage, wie sich Fehler in der Rechtsbehelfsbelehrung auswirken. Nach § 113 Abs. 1 Satz 1 ist § 39 auch in Ehe- und Familienstreitsachen anzuwenden, nicht aber § 17.[5] Wird allerdings eine fehlerhafte Rechtsmittelbelehrung erteilt, soll § 17 Abs. 2 auch dort analoge Anwendung finden.[6] Weitere Bedeutung über die Information hinaus, welches Rechtsmittel eröffnet ist, kommt der Rechtsbehelfsbelehrung nicht zu. Insbesondere kann sie nicht zur Interpretation oder gar Ergänzung der Entscheidung herangezogen werden.[7]

1

---

1 OLG Zweibrücken v. 10.3.2010 – 2 AR 6/10, FGPrax 2010, 169 f.; aA *Sternal*, FGPrax 2010, 170.
2 Vgl. hierzu den Überblick in BGH v. 2.5.2002 – V ZB 36/01, ZMR 2002, 679 (679 f.).
3 BT-Drucks. 16/6308, S. 196.
4 BT-Drucks. 16/6308, S. 196; Keidel/*Meyer-Holz*, § 39 FamFG Rz. 2; Bassenge/Roth/*Gottwald*, § 39 FamFG Rz. 1 f.
5 *Götz*, FPR 2011, 1 (4).
6 KG v. 6.4.2011 – 13 UF 37/11, FamRZ 2011, 1663.
7 BGH v. 20.7.2011 – XII ZB 445/10, NJW-RR 2011, 1569 (1570) = FGPrax 2011, 320.

B. Erforderlichkeit einer Rechtsbehelfsbelehrung

I. Beschlüsse in der Hauptsache

2   Wie die systematische Einordnung von § 39 in den Regelungen zur Entscheidung in der Hauptsache zeigt, bedürfen vorrangig Beschlüsse nach § 38 einer Rechtsbehelfsbelehrung. Gleiches gilt jedenfalls in entsprechender Anwendung für Verfügungen in Registersachen gem. § 38 Abs. 1 Satz 2, die nicht als Beschlüsse ergehen.[1] Da auch isolierte Kostenentscheidungen das Verfahren abschließen, müssen auch sie mit einer Rechtsbehelfsbelehrung versehen werden,[2] sofern ein Rechtsmittel statthaft ist (vgl. hierzu § 58 Rz.2). Obwohl sich bei den nach den Regeln der ZPO anfechtbaren **Zwischenentscheidungen** aus den §§ 567ff. ZPO die Entbehrlichkeit einer Rechtsmittelbelehrung ergibt, hält sie die ganz überwiegende Auffassung auch dort für erforderlich.[3] Bei Zwischenentscheidungen, die ausnahmsweise nach den §§ 58ff. anzufechten sind, ist eine Rechtsbehelfsbelehrung ohnehin geboten. **Vollstreckungsverfahren** sind eigenständige Verfahren, so dass die dortigen Entscheidungen ebenfalls mit einer Rechtsbehelfsbelehrung verbunden sein müssen.[4] In Verfahren, die gänzlich anderen Verfahrensvorschriften folgen, etwa solchen nach dem **FamGKG**, ist § 39 nicht anwendbar,[5] Die Rechtsbehelfsbelehrung muss **allen Beteiligten gegenüber** erfolgen, auch bei anwaltlicher Vertretung und dann, wenn ein Beteiligter nicht in seinen Rechten betroffen ist.[6]

II. Statthaftigkeit des Rechtsmittels

3   Dem Wortlaut des § 39 zufolge ist über das „statthafte Rechtsmittel" zu belehren. Danach kommt es auf Zulässigkeitshindernisse, etwa die Nichterreichung des Mindestbeschwerdewerts nach § 61 Abs. 1 in vermögensrechtlichen Angelegenheiten oder das Vorliegen eines Rechtsmittelverzichts nach § 67 Abs. 3 nicht an. Dieser Wortlaut findet Bestätigung in den Gesetzesmaterialien, wonach eine Rechtsbehelfsbelehrung nur dann entbehrlich ist, „wenn gegen die Entscheidung nur noch außerordentliche Rechtsbehelfe *statthaft* sind".[7] In der Konsequenz hat das erstinstanzliche Gericht seiner Entscheidung auch dann eine Rechtsbehelfsbelehrung anzufügen, wenn der **Mindestbeschwerdewert** in einer vermögensrechtlichen Angelegenheit eindeutig nicht erreicht wird.[8] Der unterlegene Beteiligte ist also vom erstinstanzlichen Gericht sehenden Auges auf ein unzulässiges Rechtsmittel hinzuweisen.[9] Dies zeigt deutlich, dass die in jüngerer Zeit, auch in den Gesetzesmaterialien,[10] so betonte Fürsorge des Staates für den Rechtssuchenden auch in das Gegenteil des Gewünschten umschlagen kann. Gleichwohl sollte das erstinstanzliche Gericht von weiteren Hinweisen zur Unzulässigkeit der Rechtsmittel, über die es belehrt, absehen, da schon der Widerspruch zwischen gesetzlich geforderter Rechtsbehelfsbelehrung und der in Wirklichkeit gegebenen Aussichtslosigkeit des Rechtsmittels einen – notfalls verfas-

---

1   OLG Düsseldorf v. 6.5.2010 – I-3 Wx 35/10, FGPrax 2010, 247 (248); OLG Stuttgart v. 19.3.2010 – 8 W 112/10, FGPRax 2010, 255 (256); OLG Stuttgart v. 23.3.2010 – 8 W 139/10, FGPRax 2010, 257; Keidel/*Meyer-Holz*, § 39 FamFG Rz. 3.
2   *Vogel*, FPR 2012, 294 (295).
3   Keidel/Meyer-Holz, § 39 FamFG Rz. 3; Bumiller/Harders, § 39 FamFGRz. 3; Bork/Jacoby/Schwab/*Elzer*, 1. Aufl., § 39 FamFG Rz. 2; Zöller/Feskorn, § 39 FamFGRz. 2, *Götz*, FPR 2011, 1; *Vogel*, FPR 2012, 294 (295); wonach aber jedenfalls in Verfahren, die gänzlich den Regeln der ZPO folgen (wie etwa das Kostenfestsetzungsverfahren), anderes gelten soll; zweifelnd im Hinblick auf die Systematik des Gesetzes wohl auch Breuers, ZFE 2010, 84 (85).
4   *Vogel*, FPR 2012, 294 (295).
5   *Götz*, FPR 2011, 1.
6   *Götz*, FPR 2011, 1 (2f.).
7   BT-Drucks. 16/6308, S. 196; unrichtig daher Bork/Jacoby/Schwab/*Elzer*, 1. Aufl., wo auf die Zulässigkeit abgestellt wird.
8   Zöller/*Feskorn*, § 39 FamFG Rz. 4. Deshalb bedarf es entgegen *Götz*, NJW 2010, 897 (899) auch keines Hinweises auf den Mindestbeschwerdewert.
9   *Götz*, FPR 2011, 1 (2); dazu, dass der Hinweis auf die Unzulässigkeit des Rechtsmittels im Einzelfall nicht erforderlich sein soll, s. OLG Nürnberg v. 8.9.2011 – 7 UF 883/11, FamRZ 2012, 804 (806).
10 BT-Drucks. 16/6308, S. 196; ebenso Keidel/*Meyer-Holz*, § 39 FamFG Rz. 11.

sungsrechtlich zu begründenden – Hebel zur Aufhebung einer korrekten erstinstanzlichen Entscheidung liefern kann. Sofern Versäumnisbeschlüsse ergehen können, ist auch über die Möglichkeit des Einspruchs hierüber zu belehren.[1]

III. Keine Rechtsbehelfsbelehrung bei unstatthaften Rechtsmitteln

Der Gesetzgeber hat in § 39, anders als etwa in § 9 Abs. 5 Satz 2 ArbGG, **keine Belehrung darüber vorgesehen, dass ein Rechtsmittel nicht statthaft ist.**[2] Nach dem Willen des Gesetzgebers ist noch nicht einmal ein Hinweis auf die Unanfechtbarkeit der Entscheidung geboten, obwohl dieser sicherlich sinnvoller wäre als die Belehrung über ein im Ergebnis unzulässiges Rechtsmittel.

4

C. Anforderungen an die Rechtsbehelfsbelehrung

I. Form der Rechtsbehelfsbelehrung

Nach § 39 hat der Beschluss selbst die Rechtsbehelfsbelehrung zu enthalten. Nimmt man dies wörtlich, so darf er nicht als Formblatt angehängt sein, sondern muss von den Unterschriften nach § 38 Abs. 3 Satz 2 gedeckt sein.[3] Dies stimmt damit überein, dass die Rechtsbehelfsbelehrung individuell auf die Entscheidung zugeschnitten sein muss (vgl. Rz. 6 u. 10), also eine Subsumtion erforderlich macht. Allerdings wird man bei fehlender oder ungenügender Rechtsbehelfsbelehrung wie bei jedem anderen Bestandteil der Entscheidung eine Berichtigung nach § 42 zulassen müssen.[4] Wird eine Frist aber erst aus dieser Berichtigung ersichtlich, so beginnt ihr Lauf nach allgemeinen Grundsätzen erst mit der schriftlichen Bekanntgabe der Berichtigung.

5

II. Inhalt der Rechtsbehelfsbelehrung

1. Konkret statthaftes, ordentliches Rechtsmittel

Von der Belehrungspflicht sind nach den Materialien „alle Rechtsmittel sowie die in den FamFG-Verfahren vorgesehenen ordentlichen Rechtsbehelfe gegen Entscheidungen, Einspruch, Widerspruch und Erinnerung" umfasst.[5] Dies lässt offen, ob das Gericht erster Instanz seiner Entscheidung eine spezielle, auf die konkrete Entscheidung zugeschnittene Rechtsbehelfsbelehrung anfügen muss oder ob eine allgemeine, gewissermaßen **formularmäßige Belehrung** ausreicht, die alle denkbaren Fälle abdeckt. Der Wortlaut des Gesetzes, wonach das Gericht „über das statthafte Rechtsmittel, den Einspruch, den Widerspruch oder die Erinnerung" zu belehren hat, spricht für die **individuelle Lösung**. Demnach hat das Gericht also bei normaler Entscheidung über die Möglichkeit der Beschwerde, bei Versäumnisbeschluss über die Möglichkeit des Einspruchs, bei Rechtspflegerentscheidungen uU über die Möglichkeit der Erinnerung etc. zu belehren.[6] Zur Frage, ob das Rechtsmittel im Einzelfall zulässig ist, muss sich die Rechtsbehelfsbelehrung nicht äußern.[7] Die Rechtsbehelfsbelehrung muss die Beteiligten ohne weiteres in die Lage versetzen, die für die Wah-

6

---

1 Keidel/*Meyer-Holz*, § 39 FamFG Rz. 6; *Bumiller*/Harders, § 39 FamFG Rz. 3; *Götz*, FPR 2011, 1 (2).
2 OLG Stuttgart v. 14.10.2009 – 16 WF 193/09, FGPrax 2010, 59; vgl. BGH v. 2.5.2002 – V ZB 36/01, ZMR 2002, 679 (681); Zöller/*Feskorn*, § 39 FamFG Rz. 9; *Rüntz*/*Viefhues*, FamRZ 2010, 1285; *Götz*, NJW 2010, 897 (899); *Götz*, FPR 2011, 1 (2); *Vogel*, FPR 2012, 294 (295).
3 OLG Oldenburg v. 23.1.2011 – 11 UF 212/11, FamRZ 2012, 1080; *Schürmann*, FuR 2010, 425 (429); Zöller/*Feskorn*, § 39 FamFG Rz. 10; *Götz*, FPR 2011, 1 (3); Keidel/*Meyer-Holz*, § 39 FamFG Rz. 10, wonach sogar ein Hinweis auf die separate Rechtsbehelfsbelehrung im unterschriebenen Text nicht genügt; *Wilsch*, FGPrax 2009, 243 (245).
4 BAG v. 13.4.2005 – 5 AZB 76/04, NJW 2005, 2251 (2252).
5 BT-Drucks. 16/6308, S. 196; BGH v. 23.6.2010 – XII ZB 82/10, FamRZ 2010, 1425 (1426).
6 BGH v. 23.6.2010 – XII ZB 82/10, FGPrax 2010, 264 (LS); OLG Karlsruhe v. 25.5.2011 – 5 UF 76/11, FamRZ 2011, 1806 f.; Keidel/*Meyer-Holz*, § 39 FamFG Rz. 12; Bork/Jacoby/Schwab/*Elzer*, 1. Aufl., § 39 FamFG Rz. 10; *Götz*, FPR 2011, 1; *Vogel*, FPR 2012, 294 (296).
7 OLG Nürnberg v. 8.9.2011 – 7 UF 883/11, FamRZ 2012, 804 (806) zum Fehlen der Beschwerdeberechtigung im Einzelfall.

rung bzw. Weiterverfolgung ihrer Rechte erforderlichen Schritte zu unternehmen.[1] Die bloße Angabe der jeweiligen Paragraphen, in denen der Beteiligte sich die Erfordernisse an ein Rechtsmittel heraussuchen könnte, genügt also nicht.[2] Ergeht die Entscheidung teilweise nach beiderseitigem Verhandeln, teilweise aufgrund der Säumnis einer Seite, hat das erstinstanzliche Gericht folglich über beide Möglichkeiten, und zwar bezogen auf den jeweiligen Entscheidungsbestandteil, zu belehren. Sofern sich die Hauptsache zurzeit der Rechtsbehelfsbelehrung bereits erledigt hat, aber eine Beschwerde nach § 62 statthaft wäre, hat das Gericht erster Instanz auf diese Möglichkeit hinzuweisen (zu diesem Fall s. § 62 Rz. 2 ff.).

2. Sprungrechts- und Anschlussbeschwerde

6a Umstritten war in Schrifttum, ob das Gericht auf die Möglichkeit der **Sprungrechtsbeschwerde** hinweisen muss. Dies war schon nach früherer Rechtslage zu verneinen, da es sich nicht um eine echte Alternative zur Beschwerde, sondern um ein an strenge Voraussetzungen geknüpftes alternatives Rechtsmittel handelt.[3] Zudem ist es bei Erlass der erstinstanzlichen Entscheidung mangels Zulassung noch gar nicht statthaft, so dass die Voraussetzungen von § 39 insoweit nicht erfüllt sind. In diesem Sinne hat sich nunmehr auch der Gesetzgeber in § 39 Satz 2[4] entschieden. Die Argumentation zur Sprungrechtsbeschwerde ist auf die **Anschlussbeschwerde** übertragbar, über die die Rechtsbehelfsbelehrung gleichfalls nicht informieren muss.[5] Der Beteiligte muss ferner nur über seine Möglichkeiten Rechtsmittel einzulegen belehrt werden; eine Belehrung über Rechtsmittel anderer Beteiligter ist nicht erforderlich.[6]

3. Sonstige Rechtsbehelfe

6b Keine Pflicht zur Belehrung trifft das erstinstanzliche Gericht schließlich im Hinblick auf außerordentliche Rechtsbehelfe. Auf die Möglichkeit der **Anhörungsrüge** nach § 44[7] oder die **Wiedereinsetzung** nach § 17[8] muss es daher nicht hinweisen. Ebenso wenig muss es auf Korrekturmöglichkeiten inerhalb der Instanz, etwa die Möglichkeit der **Berichtigung** oder der **Ergänzung** des erstinstanzlichen Beschlusses hinweisen.[9]

4. Möglichkeiten der Einlegung

7 Die Rechtsbehelfsbelehrung hat des Weiteren darüber zu informieren, wo der Beschwerdeberechtigte den Rechtsbehelf einzulegen hat.[10] Dies erfordert zunächst die Angabe des Gerichts, bei dem der Rechtsbehelf eingelegt werden kann.[11] Da die Be-

---

1 BAG v. 13.4.2005 – 5 AZB 76/04, NJW 2005, 2251 (2252); Bork/Jacoby/Schwab/*Elzer*, 1. Aufl., § 39 FamFG Rz. 1.
2 *Rüntz*, FamRZ 2010, 1427; *Vogel*, FPR 2012, 294 (296); die Angabe der einschlägigen Normen ist aber auch nicht erforderlich, s. Zöller/*Feskorn*, § 39 FamFG Rz. 11.
3 Ebenso Keidel/*Meyer-Holz*, § 39 FamFG Rz. 5; aA Bumiller/Harders, § 39 FamFG Rz. 3; Bork/Jacoby/Schwab/*Elzer*, 1. Aufl., § 39 FamFG Rz. 8; Zöller/*Feskorn*, § 39 FamFG Rz. 4; offengelassen von *Rasch*, FPR 2010, 150 (153).
4 Eingefügt durch Art. 6 Nr. 4 des Gesetzes zur Einführung einer Rechtsbehelfsbelehrung im Zivilprozess und zur Änderung anderer Vorschjriften v. 5.12.2012, BGBl. I, S. 2418.
5 Ebenso Keidel/*Meyer-Holz*, § 39 FamFG Rz. 4; Zöller/*Feskorn*, § 39 FamFG Rz. 9; *Götz*, FPR 2011, 1 (2).
6 OLG Nürnberg v. 8.9.2011 – 7 UF 883/11, FamRZ 2012, 804 (806).
7 Ebenso Keidel/*Meyer-Holz*, § 39 FamFG Rz. 7; Bumiller/Harders, § 39 FamFG Rz. 4; *Götz*, NJW 2010, 897 (899); Bassenge/Roth/*Gottwald*, § 39 FamFG Rz. 5; *Götz*, FPR 2011, 1 (2).
8 Wie hier auch Keidel/*Meyer-Holz*, § 39 FamFG Rz. 8; Bumiller/Harders, § 39 FamFG Rz. 4; Bassenge/Roth/*Gottwald*, § 39 FamFG Rz. 5; Bork/Jacoby/Schwab/*Elzer*, 1. Aufl., § 39 FamFG Rz. 11 f.; Zöller/*Feskorn*, § 39 FamFG Rz. 8; *Götz*, FPR 2011, 1 (2).
9 BT-Drucks. 16/6308, S. 196; vgl. BAG v. 29.8.2001 – 5 AZB 32/00, NJW 2002, 1142; Bumiller/Harders, § 39 FamFG Rz. 4; Bassenge/Roth/*Gottwald*, § 39 FamFG Rz. 5.
10 Ebenso Keidel/*Meyer-Holz*, § 39 FamFG Rz. 13.
11 BGH v. 23.6.2010 – XII ZB 82/10, FGPrax 2010, 264 (LS) = FamRZ 2010, 1425 (1426); OLG Dresden v. 3.11.2010 – 23 UF 500/10, FGPrax 2011, 103; Zöller/*Feskorn*, § 39 FamFG Rz. 13.

schwerde gegen einen erstinstanzlichen Beschluss gem. § 64 Abs. 1 nur noch beim Ausgangsgericht eingelegt werden kann, genügt der Hinweis auf dessen **Empfangszuständigkeit**. Nach § 39 ist ferner dessen „Sitz" anzugeben. Hierfür dürfte die **postalische Adresse** genügen.[1] Ein Hinweis auf **Fax**-Anschlüsse oder die Möglichkeit der Einreichung elektronischer Dokumente ginge über die Angabe des „Sitzes" hinaus und wäre zudem, da das Gericht dem Anfechtenden bereits durch die angegriffene Entscheidung bekannt ist, auch kaum geboten. Wird dennoch auf diese Möglichkeit hingewiesen, muss sie zutreffend sein.

3. Form und Frist

a) Form

Die Rechtsbehelfsbelehrung muss ferner über Form und Frist eines Rechtsmittels belehren.[2] Jeder Beteiligte muss also in den Stand gesetzt werden, allein anhand der Rechtsbehelfsbelehrung ohne Mandatierung eines Rechtsanwalts[3] eine formrichtige Beschwerde einzulegen. Demnach ist darauf hinzuweisen, dass die Beschwerde nach § 64 Abs. 2 Satz 1 durch Einreichung einer **Beschwerdeschrift** oder zur **Niederschrift der Geschäftsstelle** eingelegt werden kann. Auch auf die Notwendigkeit einer Abfassung in **deutscher Sprache** soll hinzuweisen sein.[4] Ferner ist auf das Erfordernis der **Unterschrift** nach § 64 Abs. 2 Satz 4 hinzuweisen.[5] Sinnvoll ist der Hinweis auf die Möglichkeit der Einlegung als elektronisches Dokument (§ 64 Rz. 7), sofern dies möglich ist. Da es sich aber nur um eine weitere Möglichkeit, nicht um ein Formerfordernis handelt, ist das Fehlen eines entsprechenden Hinweises unschädlich. Auch ist darüber zu belehren, dass der **Beschwerdeführer erkennbar** und der **angefochtene Beschluss bezeichnet** sein müssen.[6] Dabei wird sich zur Vermeidung von Wiedereinsetzungsgründen der Hinweis darauf empfehlen, dass dies durch Nennung des erstinstanzlichen Gerichts und des Aktenzeichens erfolgen kann. Zwingender Inhalt einer korrekten Rechtsbehelfsbelehrung ist dies allerdings nicht. Schließlich muss der Beschwerdeberechtigte darüber unterrichtet werden, dass die Beschwerde gem. § 64 Abs. 2 Satz 1 die **Erklärung enthalten muss, es werde gegen den erstinstanzlichen Beschluss Beschwerde eingelegt**.[7] Diese Belehrungen zum Inhalt der Beschwerde sind ausreichend, da ihre Einhaltung eine formgerechte und insoweit nicht an Zulässigkeitserfordernissen scheiternde Beschwerde ermöglicht. Weitere Hinweise zu ihrem Inhalt, etwa zu **Anträgen** oder der Möglichkeit der **Teilanfechtung**, sind nicht erforderlich. Erst recht muss das Gericht nicht über die bestehende oder fehlende Beschwerdeberechtigung anderer Beteiligter informieren.[8]

Obwohl das Gesetz dies nicht vorsieht, verlangt die hM, dass die Rechtsbehelfsbelehrung auch auf einen etwaigen **Rechtsanwaltszwang** hinweist.[9] Demnach ist jedenfalls keine Belehrung darüber erforderlich, dass die Beschwerde auch ohne Anwalt eingelegt werden kann. Ein Hinweis ist aber jedenfalls dann unschädlich, wenn

---

1 So wohl auch BGH v. 23.6.2010 – XII ZB 82/10, FGPrax 2010, 264 (LS) = FamRZ 2010, 1425 (1426): „vollständige Adresse"; ebenso Bork/Jacoby/Schwab/*Elzer*, 1. Aufl., § 39 FamFG Rz. 14; wohl auch OLG Dresden v. 3.11.2010 – 23 UF 500/10, FGPrax 2011, 103; *Götz*, FPR 2011, 1 (2); aA Zöller/*Feskorn*, § 39 FamFG Rz. 13.
2 BGH v. 23.6.2010 – XII ZB 82/10, FGPrax 2010, 264 (LS) = FamRZ 2010, 1425 (1426); OLG Dresden v. 3.11.2010 – 23 UF 500/10, FGPrax 2011, 103.
3 BT-Drucks. 16/6308, S. 196.
4 Keidel/*Meyer-Holz*, § 39 FamFG Rz. 13; *Götz*, FPR 2011, 1 (2).
5 OLG Dresden v. 3.11.2010 – 23 UF 500/10, FGPrax 2011, 103; *Götz*, FPR 2011, 1 (2).
6 Dazu, dass über die Angaben gem. § 64 Abs. 2 Satz 3 FamFG zu belehren ist, s. auch die diesbezüglichen Bekundungen der Gesetzesmaterialien (BT-Drucks. 16/6308, S. 206); *Götz*, FPR 2011, 1 (2).
7 BT-Drucks. 17/6308, S. 206 (zu § 64 Abs. 2 Satz 3).
8 OLG Nürnberg v. 8.9.2011 – 7 UF 883/11, FamRZ 2012, 804 (805).
9 BGH v. 15.6.2011 – XII ZB 468/10, FGPrax 2011, 258 (259); BGH v. 13.6.2012 – XII ZB 592/11, FamRZ 2012, 1287 = NJW-RR 2012, 1025 f.; BGH v. 22.8.2012 – XII 141/12, FamRZ 2012, 1796 = NJW-RR 2012, 1473; OLG Karlsruhe v. 25.5.2011 – 5 UF 76/11, FamRZ 2011, 1806 f.; Keidel/*Meyer-Holz*, § 39 FamFG Rz. 13; *Götz*, NJW 2010, 897 (899); *Vogel*, FPR 2012, 294 (296).

er richtig ist. Anders liegt es selbstverständlich bei der Rechtsbehelfsbelehrung durch das Beschwerdegericht (s. Rz. 15).

b) Fristen

10 Die Rechtsbehelfsbelehrung muss über die Frist zur Einlegung des Rechtsmittels informieren. Das Gericht erster Instanz muss also insbesondere zwischen den Fristen des § 63 Abs. 1 und des § 63 Abs. 2 differenzieren. Damit der Beteiligte den Fristlauf berechnen kann, bedarf es ferner der Angabe, **wann die Frist zu laufen beginnt** (§ 63 Abs. 3 Satz 1). Über den Beginn der Frist nach § 63 Abs. 3 Satz 2 muss naturgemäß nicht belehrt werden, da dies bei Unmöglichkeit der schriftlichen Bekanntgabe ausgeschlossen ist und der Fristbeginn kraft Gesetzes eintritt.

4. Keine Belehrung über die Begründung des Rechtsmittels

11 Über die ohnehin nicht zwingend vorgesehene Begründung und die Vorgaben des § 65 hierzu muss das Gericht erster Instanz nicht belehren.[1] Denn dies geht über § 39 hinaus, wonach nur „das statthafte Rechtsmittel (…) sowie das Gericht, bei dem diese Rechtsbehelfe einzulegen sind, dessen Sitz und die einzuhaltende Form und Frist" Gegenstand der Rechtsbehelfsbelehrung sind. Dies bezieht sich sämtlich nur auf die Einlegung, nicht aber auf den weiteren Gang des Beschwerdeverfahrens einschließlich der Begründung der Beschwerde. Anderes gilt in den Verfahren, in denen die Beschwerde begründet werden muss; hierauf muss die Rechtsbehelfsbelehrung hinweisen.[2]

III. Besonderheiten der Rechtsbehelfsbelehrung durch das Beschwerdegericht

1. Grundsatz

12 An die Rechtsbehelfsbelehrung des Beschwerdegerichts sind grundsätzlich dieselben Anforderungen zu stellen wie an diejenige des Gerichts erster Instanz. Dies gilt mangels einschränkender Vorgaben im Gesetz in vollem Umfang, obwohl die **Rechtsbeschwerde** nach § 10 Abs. 4 nur durch einen beim BGH zugelassenen Rechtsanwalt erfolgen darf, der die Voraussetzungen etwa von Form und Frist der Rechtsbeschwerde kennt. Allerdings sind die Anforderungen an Form und Frist der Rechtsbeschwerde nicht vollständig mit derjenigen der Beschwerde identisch, so dass es insoweit teilweise erheblicher Modifikationen bedarf.

2. Statthaftigkeit der Rechtsbeschwerde

13 Bei zulassungsbedürftigen Rechtsbeschwerden bedarf es folglich nur dann der Rechtsbehelfsbelehrung, wenn eine **Zulassung** durch das Beschwerdegericht erfolgte. Anderenfalls ist kein Rechtsmittel statthaft, so dass keine Belehrung erforderlich ist (vgl. Rz. 4).[3] Dem Wortlaut des § 39 zufolge ist nur über das „statthafte Rechtsmittel" zu belehren. Ist die Rechtsbeschwerde gem. § 70 Abs. 3 stets **kraft Gesetzes statthaft**, muss auch immer hierüber belehrt werden.

3. Weiterer Inhalt der Rechtsbehelfsbelehrung

a) Rechtsmittel und Gericht seiner Einlegung

14 Gegen Entscheidungen des Beschwerdegerichts ist, wenn man vom Einspruch bei Versäumnisbeschlüssen absieht, nur die Rechtsbeschwerde gegeben, so dass die Rechtsbehelfsbelehrung insoweit einfacher ausfällt als in erster Instanz. Hinsichtlich der Einlegung ist der Beschwerdeberechtigte darüber zu informieren, dass die Rechtsbeschwerde nur beim BGH eingelegt werden kann. Für die Angabe seines Sitzes, seiner Fax-Anschlüsse und für die Möglichkeit der Einreichung elektronischer Dokumente gilt das oben Gesagte.

---

1 BGH v. 15.6.2011 – XII ZB 468/10, FGPrax 2011, 258 (259); Keidel/*Meyer-Holz*, § 39 FamFG Rz. 12; aA *Götz*, NJW 2010, 897 (899).
2 OLG Koblenz v. 26.3.2010 – 13 UF 159/10, FamRZ 2011, 232.
3 Zöller/*Feskorn*, § 39 FamFG Rz. 4; *Götz*, FPR 2011, 1 (2).

b) Frist und Form der Einlegung

Die Rechtsbehelfsbelehrung des Beschwerdegerichts muss ebenso wie diejenige des Gerichts erster Instanz über die Frist zur Einlegung des Rechtsmittels informieren.[1] Hier gilt aber anders als nach § 63 die **einheitliche Monatsfrist des § 71 Abs. 1 Satz 1** ab der schriftlichen Bekanntgabe der erstinstanzlichen Entscheidung. Im Gegensatz zur Beschwerde kann die Rechtsbeschwerde nach § 71 Abs. 1 Satz 1 nur durch Einreichung einer **Beschwerdeschrift**, nicht aber zur Niederschrift der Geschäftsstelle eingelegt werden (vgl. § 71 Rz. 3), so dass die Rechtsbehelfsbelehrung gegenüber derjenigen der ersten Instanz insoweit zu modifizieren ist. Hinsichtlich der Bezeichnung des Rechtsmittelführers, des angefochtenen Beschlusses und der Erklärung, es werde gegen den erstinstanzlichen Beschluss Rechtsbeschwerde eingelegt, ergeben sich keine inhaltlichen Änderungen gegenüber der ersten Instanz. Ein Hinweis auf die von § 71 Abs. 1 Satz 4 geforderte Vorlage einer **Ausfertigung** oder einer **beglaubigten Abschrift** der angegriffenen Entscheidung ist sinnvoll, ihr Fehlen aber unschädlich, da die unterlassene Beifügung ohne Folgen für den Rechtsbeschwerdeführer bleibt. Anders als das Gericht erster Instanz hat das Beschwerdegericht in jedem Fall darüber zu belehren, dass für die Einlegung der Rechtsbeschwerde **Rechtsanwaltszwang** herrscht.[2] Denn ihre Einlegung durch einen nach § 10 Abs. 4 beim BGH zugelassenen Rechtsanwalt ist ein Zulässigkeitserfordernis. Obwohl vor diesem Hintergrund überflüssig, bedarf es noch des Hinweises auf die Notwendigkeit der **Unterschrift** nach § 71 Abs. 1 Satz 3. Über die **Begründung** des Rechtsmittels muss das Beschwerdegericht ebenso wenig wie das Gericht erster Instanz belehren.[3]

D. Folgen einer fehlerhaften Rechtsbehelfsbelehrung

I. Gesetzlich geforderter Inhalt der Rechtsbehelfsbelehrung

Fehlt die Rechtsmittelbelehrung oder ist sie unrichtig, berührt dies die Frist für die Einlegung des Rechtsmittels nicht.[4] Dem Beteiligten, der nicht korrekt belehrt wurde, ist aber nach § 17 Abs. 2 Wiedereinsetzung zu gewähren, wobei vermutet wird, dass ihn an der Fristversäumnis kein Verschulden trifft.[5] Dies gilt in analoger Anwendung der Vorschrift auch für Beschlüsse, mit denen Verfahrenskostenhilfe verweigert oder aufgehoben wird.[6] Die Wiedereinsetzung ist somit bei erwiesenem Verschulden ausgeschlossen, etwa dann, wenn das Gericht nachträglich eine korrekte Belehrung über die Rechtsmittelfrist übermittelt. Auch beim **rechtsanwaltlich vertretenen Beteiligten** soll es regelmäßig an der Kausalität zwischen dem Fehlen der Rechtsbehelfsbelehrung und Fristversäumung fehlen, da der Beteiligte dann der Unterstützung durch die Rechtsbehelfsbelehrung nicht bedarf,[7] erst recht nicht bei einer

---

1 Ebenso Keidel/*Meyer-Holz*, § 39 FamFG Rz. 13.
2 BGH v. 23.6.2010 – XII ZB 82/10, FGPrax 2010, 264 (LS) = FamRZ 2010, 1425 (1426); zustimmend *Rüntz*, FamRZ 2010, 1427.
3 AA *Rüntz*, FamRZ 2010, 1427.
4 OLG München v. 13.1.2010 – 34 Wx 117/09, FGPrax 2010, 120; *Preuß*, DNotZ 2010, 265 (274); *Preuß*, NZG 2009, 961 (964); *Rackl*, Rechtsmittelrecht, S. 86; Bork/Jacoby/Schwab/*Elzer*, 1. Aufl., § 39 FamFG Rz. 18.
5 BGH v. 23.6.2010 – XII ZB 82/10, FamRZ 2010, 1425 (1426); OLG Nürnberg v. 26.2.2010 – 7 UF 20/10, FamRZ 2010, 1575; *Maurer*, FamRZ 2009, 465 (473); *Preuß*, DNotZ 2010, 265 (274); *Schürmann*, FuR 2010, 425 (429); Keidel/*Meyer-Holz*, § 39 FamFG Rz. 14; Bumiller/Harders, § 39 FamFG Rz. 7; *Götz*, NJW 2010, 897 (899).
6 OLG Schleswig v. 28.6.2010 – 15 WF 198/10, FamRZ 2011, 131 (LS).
7 BGH v. 23.6.2010 – XII ZB 82/10, FamRZ 2010, 1425 (1426); BGH v. 23.11.2011 – IV ZB 15/11, FamRZ 2012, 367 (369); BGH v. 13.6.2012 – XII ZB 592/11, FamRZ 2012, 1287 (1288); OLG Düsseldorf v. 1.7.2010 – II-7 UF 79/10, FamRZ 2010, 2012 f.; OLG Koblenz v. 26.3.2010 – 13 UF 159/10, FamRZ 2011, 232; OLG Naumburg v. 10.8.2010 – 8 UF 121/10, MDR 2011, 387; OLG Zweibrücken v. 13.12.2010 – 5 WF 159/10, FamRZ 2011, 987 f.; OLG Hamm v. 8.7.2010 – II-2 WF 130/10, FamRZ 2011, 233; besonders großzügig OLG Oldenburg v. 22.12.2011 – 10 W 11/11, FamRZ 2012, 1829 f.; *Maurer*, FamRZ 2009, 465 (467 und 473); *Götz*, NJW 2010, 897 (899); *Schürmann*, FuR 2010, 425 (429); *Rackl*, Rechtsmittelrecht, S. 87; kritisch *Strasser*, FamFR 2010, 338 f.; *Diehl*, FuR 2010, 542 (545); *Vogel*, FPR 2012, 294 (296).

§ 39 Allgemeiner Teil

Fachanwältin für Familienrecht.[1] Entsprechendes gilt für **Behörden** mit spezifischem juristischem Aufgabengebiet.[2] Bei **inhaltlichen Fehlern** gilt allerdings auch für Rechtsanwälte der Grundsatz, dass sie sich auf die Rechtsbehelfsbelehrung durch das Gericht verlassen dürfen.[3] In diesen Fällen gilt der Grundsatz der **Meistbegünstigung**, so dass der nicht korrekt belehrte Beteiligte sowohl das in der Rechtsbehelfsbelehrung genannte als auch das richtige Rechtsmittel einlegen kann.[4] Dies gilt allerdings nicht bei offenkundigen Fehlern der Rechtsmittelbelehrung,[5] etwa bei Fehlern in der Belehrung über den Anwaltszwang in Familiensachen, dessen Kenntnis zum Grundwissen eines Anwalts gehört.[6] Hingegen soll die Kenntnis der Rechtsmittelfristen von einem Rechtsanwalt nicht regelmäßig zu erwarten sein.[7] In der Konsequenz kann sich der Rechtsanwalt also jedenfalls dann auf eine Rechtsbehelfsbelehrung verlassen, wenn die dortigen Angaben zum Rechtsmittel einer vertretbaren Auffassung entsprechen und noch keine anderslautende Rechtsprechung des BGH vorliegt.[8] Ist die Unrichtigkeit der Rechtsbehelfsbelehrung nicht auf Anhieb ersichtlich, trifft den Rechtsanwalt auch keine Pflicht zu weiteren Erkundigungen darüber, ob diese falsch sein könnte.[9] Auch ansonsten kann zur Vermutung der Ursächlichkeit zwischen fehlerhafter Rechtsmittelbelehrung und Fristversäumung durch besondere Umstände widerlegt sein, etwa in Altverfahren. Hier soll trotz Anwendung des FamFG und Rechtsmittelbelehrung Anlass bestehen, das anwendbare Beschwerderecht zu prüfen.[10]

16a Enthält die Rechtsmittelbelehrung den **fehlerhaften Hinweis auf die Möglichkeit eines Rechtsmittels**, eröffnet dies keinen nach dem Verfahrensrecht nicht gegebenen Instanzenzug.[11] Denn der deklaratorischen, nur Informationszwecken dienenden Rechtsmittelbelehrung kann keine weitergehende Wirkung zukommen als der im Grundsatz konstitutiven Zulassung eines Rechtsmittels (vgl. § 61 Rz. 12 und § 70 Rz. 15). Der Grundsatz der Meistbegünstigung verlangt kein anderes Ergebnis. Denn er besagt nur, dass bei einer in falscher Form ergangenen Entscheidung sowohl das hiergegen wie auch das gegen die richtige Entscheidung statthafte Rechtsmittel eröffnet ist. Ergeht die Entscheidung aber in der richtigen Form, steht diese Auswahlmöglichkeit nicht in Frage.

---

1 OLG Naumburg v. 10.8.2010 – 8 UF 121/10, MDR 2011, 387.
2 BGH v. 23.11.2011 – IV ZB 15/11, FamRZ 2012, 367 (369); OLG Köln v. 3.8.2011 – 2 Wx 114/11, FGPrax 2011, 261 (262); noch weiter gehend *Götz*, FPR 2011, 1 (3).
3 BGH v. 13.6.2012 – XII ZB 592/11, FamRZ 2012, 1287 (1288); OLG Rostock v. 28.12.2010 – 10 UF 199/10, FamRZ 2011, 986f.; noch strenger OLG Zweibrücken v. 13.12.2010 – 5 WF 159/10, FamRZ 2011, 987f., wonach der Rechtsanwalt selbst bei umstrittenen, höchstrichterlich noch nicht geklärten Fragen den sichersten Weg gehen muss. Dies führt dazu, dass der Rechtsanwalt einer Rechtsmittelbelehrung selbst dann nicht vertrauen darf, wenn sie einer prominent vertretenen Auffassung folgt. Zudem muss der Rechtsanwalt nach dieser Position (besser als das Gericht) über sämtliche, noch nicht entschiedenen Rechtsstreitigkeiten informiert sein.
4 *Götz*, FPR 2011, 1 (2); *Vogel*, FPR 2012, 294 (296).
5 BGH v. 15.12.2010 – XII ZR 27/09, FamRZ 2011, 362 m. Anm. *Schlünder*; BGH v. 13.6.2012 – XII ZB 592/11, FamRZ 2012, 1287 (1288); OLG Hamm v. 8.7.2010 – II-2 WF 130/10, FamRZ 2011, 233; OLG Rostock v. 28.12.2010 – 10 UF 199/10, FamRZ 2011, 986f.
6 BGH v. 13.6.2012 – XII ZB 592/11, FamRZ 2012, 1287 (1288).
7 So OLG Naumburg v. 10.8.2010 – 8 UF 121/10, MDR 2011, 387; OLG Oldenburg v. 22.12.2011 – 10 W 11/11, FamRZ 2012, 1829 (1829).
8 Für eine vorübergehend „großzügige Gewährung von Wiedereinsetzung" auch *Diehl*, FuR 2010, 542 (543); aA OLG Zweibrücken v. 13.12.2010 – 5 WF 159/10, FamRZ 2011, 987f. = NJW-RR 2011, 1016f.
9 BGH v. 15.12.2010 – XII ZR 27/09, FamRZ 2011, 362 m. Anm. *Schlünder*.
10 OLG Schleswig v. 1.2.2011 – 10 UF 254/10, FamRZ 2011, 1247 (LS).
11 BGH v. 20.7.2011 – XII ZB 445/11, NJW-RR 2011, 1569 (1570) = FGPrax 2011, 320; BGH v. 24.4.2012 – II ZB 8/10, Rpfleger 2012, 445 (446) = FGPrax 2012, 169 (170); OLG Koblenz v. 14.12.2009 – 11 UF 766/09, FamRZ 2010, 908f.; OLG Frankfurt v. 9.2.2010 – 1 UF 327/09, FamRZ 2010, 917f.; OLG Schleswig v. 1.2.2011 – 10 UF 254/10; *Schürmann*, FuR 2010, 425 (429); *Vogel*, FPR 2012, 294 (296); aA *Keske*, FPR 2010, 339 (343).

II. Zusätzlicher Inhalt der Rechtsbehelfsbelehrung

Anders ist der Fall zu beurteilen, in dem die Entscheidung eine Rechtsbehelfsbelehrung enthält, deren gesetzlich geforderter Inhalt fehlerfrei ist, aber zusätzliche Hinweise gegeben werden, die fehlerhaft sind. Denkbar ist etwa, dass die Rechtsbehelfsbelehrung die Fax-Nr. des Gerichts unzutreffend angibt. Hier hat der Beschwerdeberechtigte alle Informationen, die ihm nach dem Gesetz zukommen müssen. Daher rechtfertigt ein **Fehler in überobligatorischen Angaben** nicht, von einer Rechtsmittelfrist praktisch abzusehen. Gleichwohl liegt ein Fehler des Gerichts vor, dessen Folgen nicht dem Rechtsuchenden anzulasten sind. Vertraut der Beschwerdeberechtigte auf unrichtige Angaben in der Rechtsbehelfsbelehrung und versäumt er deshalb die Rechtsmittelfrist, so ist ihm deswegen auf Antrag innerhalb der Frist des § 18 Abs. 1 **Wiedereinsetzung** zu gewähren. Wie bei Fehlern im gesetzlich vorgesehenen Inhalt der Rechtsbehelfsbelehrung stellt die **Jahresfrist des § 18 Abs. 4** allerdings eine absolute Obergrenze dar.[1] Dies ermöglicht angemessene Lösungen. Derjenige, der sein Rechtsmittel ohnehin per Post einreicht, kann sich in obigem Fall dann nicht darauf berufen, die Frist sei noch gar nicht in Gang gesetzt worden, wenn er die Beschwerdeschrift zu spät abgesendet hat. Der Fehler des Gerichts wurde auch weder kausal für die Fristversäumung noch beruht diese auf fehlendem Verschulden, so dass auch eine Wiedereinsetzung ausscheidet. Beruht die Versäumung der Rechtsmittelfrist aber auf dem Versuch, die Beschwerdeschrift an die angebliche Fax-Nr. des Gerichts zu senden, ist dem Beschwerdeführer regelmäßig Wiedereinsetzung zu gewähren. Versäumt allerdings ein Rechtsanwalt die Beschwerdefrist, kann wie bei Unrichtigkeiten in zwingenden Angaben jedenfalls bei Offenkundigkeit eine strengere Beurteilung geboten sein als bei einem nicht anwaltlich vertretenen Beteiligten.[2] Die **Ursächlichkeit des Fehlers** für die Fristversäumung kann auch zu verneinen sein, wenn ein Beteiligter aus anderer Quelle, etwa durch Hinweis der Geschäftsstelle, über die Voraussetzungen einer effizienten Rechtsverfolgung informiert war.[3]

III. Berichtigung der Rechtsbehelfsbelehrung

Wie jeder Fehler eines Beschlusses, kann auch eine fehlerhafte Rechtsbehelfsbelehrung berichtigt werden. Dies kann zum einen durch eine **Berichtigung** nach § 42 erfolgen. Das Gericht kann auch eine **berichtigte Fassung** des Beschlusses mit korrekter Rechtsbehelfsbelehrung zustellen lassen.[4] In jedem Fall entfällt hierdurch die unverschuldete Unkenntnis der richtigen Einlegung von Rechtsmitteln.[5]

40 Wirksamwerden

(1) Der Beschluss wird wirksam mit Bekanntgabe an den Beteiligten, für den er seinem wesentlichen Inhalt nach bestimmt ist.
(2) Ein Beschluss, der die Genehmigung eines Rechtsgeschäfts zum Gegenstand hat, wird erst mit Rechtskraft wirksam. Dies ist mit der Entscheidung auszusprechen.
(3) Ein Beschluss, durch den auf Antrag die Ermächtigung oder die Zustimmung eines anderen zu einem Rechtsgeschäft ersetzt oder die Beschränkung oder Ausschließung der Berechtigung des Ehegatten oder Lebenspartners, Geschäfte mit Wirkung für den anderen Ehegatten oder Lebenspartner zu besorgen (§ 1357 Abs. 2 Satz 1 des Bürgerlichen Gesetzbuchs, auch in Verbindung mit § 8 Abs. 2 des Lebenspartnerschaftsgesetzes), aufgehoben wird, wird erst mit Rechtskraft wirksam. Bei Gefahr im Verzug kann das Gericht die sofortige Wirksamkeit des Beschlusses anordnen. Der Beschluss wird mit Bekanntgabe an den Antragsteller wirksam.

---

1 Vgl. BGH v. 2.5.2002 – V ZB 36/01, ZMR 2002, 679 (682).
2 Vgl. BayObLG v. 14.11.2002 – 2Z BR 113/02, ZMR 2003, 278 (279) und schon BGH v. 2.5.2002 – V ZB 36/01, ZMR 2002, 679 (682).
3 KG v. 15.7.2002 – 24 W 54/02, ZMR 2002, 969 (970).
4 Ebenso *Götz*, FPR 2011, 1 (4).
5 Ähnlich *Rüntz/Viefhues*, FamRZ 2010, 1285, die erst mit Zustellung des berichtigten Beschlusses die Frist für den Wiedereinsetzungsantrag in Gang gesetzt sehen; zur Berichtigung vgl. Zöller/*Feskorn*, § 39 FamFG Rz. 17.

§ 40

A. Entstehungsgeschichte und Normzweck 1
B. Inhalt der Vorschrift
  I. Grundsatz: Wirksamwerden mit Bekanntgabe
    1. Beschlüsse 2
    2. Bekanntgabe 3
    3. Beteiligter, für den der Beschluss bestimmt ist
      a) Grundsatz 5
      b) Anerkannte Einzelfälle der Bekanntgabe an den Betroffenen . 6
    4. Wirksamwerden
      a) Abgrenzung von Erlass und Beginn der Rechtsmittelfrist 7
      b) Folgen des Wirksamwerdens .. 8
      c) Aufschieben der Wirksamkeit bis zur Rechtskraft 9
  II. Genehmigung von Rechtsgeschäften
    1. Gegenstand der Neuregelung 11
    2. Aufschub der Wirksamkeit in der Beschlussformel
      a) Ausspruch „mit der Entscheidung" 12
      b) Unterlassener Ausspruch 13
    3. Sofortige Wirksamkeit des Beschlusses auf ausdrückliche Anordnung? .. 14
    4. Verweigerte Genehmigung 15
  III. Ersetzung der Ermächtigung oder Zustimmung zu Rechtsgeschäften
    1. Gegenstand der Neuregelung
      a) Ersetzung nicht erteilter Zustimmungen 16
      b) Entscheidung des Gerichts ... 17
    2. Anordnung der sofortigen Wirksamkeit
      a) Voraussetzungen 18
      b) Verfahren und Wirksamkeit der Anordnung sofortiger Wirksamkeit 19
      c) Anfechtbarkeit 20

A. Entstehungsgeschichte und Normzweck

1 § 40 bestimmt, wann die Wirksamkeit von Beschlüssen eintritt. Insoweit übernimmt die Vorschrift die diesbezüglichen Regelungen in §§ 16 Abs. 1, 53 Abs. 1 und 2 FGG aF.[1] Hingegen sind die Bestimmungen zur Form der Bekanntmachungen in den §§ 15 und 41 geregelt, anders als nach früherem Recht also von der Frage, wann der Beschluss wirksam wird, abgekoppelt.[2] § 40 Abs. 1 enthält den Grundsatz, dass Beschlüsse nicht erst mit Eintritt der formellen Rechtskraft, sondern schon mit der Bekanntgabe an den Beteiligten wirksam werden, für den sie ihrem wesentlichen Inhalt nach bestimmt sind. Dies trägt dem Umstand Rechnung, dass insbesondere Entscheidungen im Bereich der Rechtsfürsorge, etwa die Bestellung eines Pflegers oder eines Betreuers, rascher Wirksamkeit bedürfen.[3] Demgegenüber schiebt § 40 Abs. 2 und 3 den Zeitpunkt, zu dem die gerichtliche Genehmigung von Rechtsgeschäften wirksam wird, in Übereinstimmung mit § 53 FGG aF auf den Eintritt der Rechtskraft hinaus.[4] Die Spezialregelung des § 352 kombiniert diese Grundsätze auch für das Erbscheinsverfahren, wonach ein Erbschein grundsätzlich mit Erlass Wirksamkeit erlangt, die aber dann, wenn er dem erklärten Willen eines Beteiligten widerspricht, bis zur Rechtskraft auszusetzen ist. Die Möglichkeit einer abweichenden Gestaltung, also der Anordnung der sofortigen Wirksamkeit, enthält § 40 Abs. 3 Satz 2 und 3, was mit § 53 Abs. 2 FGG aF inhaltlich übereinstimmt. Die Vorschrift gilt nach § 69 Abs. 3 auch im Beschwerdeverfahren (vgl. § 69 Rz. 34), nach § 113 Abs. 1 aber nicht in Familienstreit- und Ehesachen.[5]

B. Inhalt der Vorschrift

I. Grundsatz: Wirksamwerden mit Bekanntgabe

1. Beschlüsse

2 Wie die Vorschriften zur Bekanntgabe regelt § 40, anders als § 16 FGG aF,[6] nur das Wirksamwerden von **Beschlüssen nach § 38 ff.**[7] Dies folgt schon aus der systemati-

---

1 BT-Drucks. 16/6308, S. 196; Keidel/*Meyer-Holz*, § 40 FamFG Rz. 1.
2 So auch Keidel/*Meyer-Holz*, § 40 FamFG Rz. 3.
3 BT-Drucks. 16/6308, S. 196.
4 Zum verfassungsrechtlichen Hintergrund dieser Regelung eingehend BT-Drucks. 16/6308, S. 196.
5 Keidel/*Meyer-Holz*, § 40 FamFG Rz. 2.
6 Hierzu etwa BGH v. 27.10.1999 – XII ZB 18/99, NJW-RR 2000, 877 (888).
7 *Bumiller*/Harders, § 40 FamFG Rz. 2; Keidel/*Meyer-Holz*, § 40 FamFG Rz. 3.

schen Einordnung der Vorschrift in den 3. Abschnitt von Buch 1. Für verfahrensleitende Entscheidungen – etwa Terminsladungen oder Beweisbeschlüsse – wäre das Wirksamwerden mit Zustellung an *einen* Beteiligten auch nicht sinnvoll. Für Beschlüsse, die sich nach den Regelungen der ZPO richten, gelten ohnehin die dortigen Regelungen. Spezialgesetzlich können **Ausnahmen** von den Regelungen zur Wirksamkeit in § 40 vorgesehen sein. So bestimmt § 382 Abs. 1 Satz 2, dass die stattgebende Entscheidung durch Eintragung in das Register wirksam wird.[1] Die mögliche Mitteilung dieser Entscheidung ist insoweit wie nach früherem Recht[2] für das Wirksamwerden unmaßgeblich.

2. Bekanntgabe

Die Wirksamkeit setzt die Bekanntgabe des Beschlusses an den Beteiligten voraus, für den er seinem wesentlichen Inhalt nach bestimmt ist. Hierbei kommt es weder auf die Anforderungen für den Beginn der Rechtsmittelfrist noch auf die Ermessensbeschränkung des Gerichts durch § 41 Abs. 1 Satz 2 (hierzu s. § 41 Rz. 11 ff.) an. § 40 Abs. 1 verlangt im Gegensatz zu § 63 Abs. 3 Satz 1 weder die „schriftliche Bekanntgabe" (hierzu s. § 41 Rz. 23 ff.) noch die förmliche Zustellung, sondern nur die Bekanntgabe. Diese ist in § 15 Abs. 2 definiert. Der Beschluss wird somit auch durch Aufgabe zur Post wirksam, da dies eine der beiden Formen der Bekanntgabe nach § 15 Abs. 2 ist. Die obligatorische Zustellung nach § 41 Abs. 1 Satz 2 dient allein dem Nachweis des Zugangs, der bei einer Aufgabe zur Post schwer zu führen ist (vgl. § 15 Rz. 56). 3

Weder der Gesetzeswortlaut noch die Materialien äußern sich ausdrücklich dazu, welche Folgen es für die Wirksamkeit eines Beschlusses hat, wenn seine Bekanntmachung **nicht den Anforderungen des § 15 Abs. 2 genügt**, wenn er also nur telefonisch, per Fax oder per E-Mail mitgeteilt wird. Dies ergibt sich aber daraus, dass der Beschluss nur mit seiner Bekanntgabe wirksam werden soll. Hält die Bekanntmachung die Mindestanforderungen des § 15 Abs. 2 in Form der Übermittlung eines Schriftstücks durch die Post nicht ein, wird der Beschluss folglich nicht wirksam. Keine Rolle dürfte allerdings die Beauftragung eines bestimmten **Postunternehmens** spielen. Die Norm dient insbesondere nicht der Beschäftigungssicherung bei der Deutschen Post AG. Selbst Zustellungen werden heute zu einem Gutteil von Privatunternehmen durchgeführt. Maßgeblich ist die Übermittlung des an den Beteiligten adressierten Schriftstücks durch einen zuverlässigen Überbringer, also die Übermittlung mit Bekanntgabewillen. Auf die **Richtigkeit der Adresse** kommt es dabei nicht an, sofern das Schriftstück nur an den Beteiligten gerichtet und an ihn gelangt ist. 4

3. Beteiligter, für den der Beschluss bestimmt ist

a) Grundsatz

Das Wirksamwerden des Beschlusses setzt **nicht seine Bekanntgabe an alle Beteiligten** voraus.[3] Spezialgesetzlich kann aber die Wirksamkeit gegenüber Dritten abweichend geregelt sein.[4] § 40 Abs. 1 fordert nur die Bekanntgabe an den Beteiligten, für den der Beschluss seinen wesentlichen Inhalt nach bestimmt ist. Die Handhabung dieser fast unverändert aus § 16 Abs. 1 FGG aF übernommenen Bestimmung bereitete schon unter der Geltung des früheren Rechts erhebliche Schwierigkeiten. 5

---

1 *Bumiller*/Harders, § 40 FamFG Rz. 23 f.; vgl. ausführlich Bork/Jacoby/Schwab/*Elzer*, 1. Aufl., § 39 FamFG Rz. 21.
2 S. Keidel/*Meyer-Holz*, § 40 FamFG Rz. 4; *Bumiller*/Winkler, 8. Aufl., § 16 FGG Rz. 8.
3 Vgl. BayObLG v. 25.2.1966 – BReg. 1a Z 8/66, BayObLGZ 1966, 82 (83); BayObLG v. 28.6.1976 – BReg. 1 Z 27/76, BayObLGZ 1976, 167 (172); OLG Hamm v. 16.4.2002 – 15 W 38/02, NJW 2002, 2477 (2478); *Bumiller*/Harders, § 40 FamFG Rz. 4; zur Abgrenzung von der Rechtskraft vgl. auch OLG Schleswig v. 21.6.1978 – 10 WF 51/78, FamRZ 1978, 610 (611); BayObLG v. 13.7.1989 – BReg. 3 Z 35/89, BayObLGZ 1989, 292 (295).
4 S. BT-Drucks. 16/6308, S. 199 etwa zu § 1829 Abs. 1 BGB.

§ 40

IdR behalf man sich mit einer Formel, dass damit die Bekanntgabe an denjenigen gemeint ist, dessen Rechtsstellung durch die erlassene Entscheidung nach deren Inhalt und Zweck **unmittelbar betroffen** wird[1] bzw. dem sie bekannt werden muss, um ihren Zweck zu erfüllen.[2] Trotz ihrer Ähnlichkeit ist diese Definition aber nicht mit derjenigen der Beschwerdeberechtigung identisch. Es wird mit dieser Formel eine Begrenzung des Adressatenkreises bezweckt, durch die der Eintritt der Wirksamkeit vereinfacht und beschleunigt werden soll.[3] So ist bei Entziehung einer Rechtsposition stets der bisherige Rechtsinhaber iSd. § 40 Abs. 1 betroffen (s. Rz. 6) und folglich wird durch Bekanntgabe an ihn der Beschluss wirksam,[4] auch wenn weitere – wie bei der Betreuung etwa der Betreute – beschwerdeberechtigt sein können (vgl. § 59 Rz. 26).[5] Ähnlich wird etwa die Pflegschaft schon mit ihrer Anordnung und der Ernennung des Pflegers wirksam (s. Rz. 6), auch wenn weitere Personen beschwerdeberechtigt sind (vgl. § 59 Rz. 34). Handelt es sich nicht nur um einen, sondern um **mehrere Beteiligte**, für die der Beschluss seinem wesentlichen Inhalt bestimmt ist, so ist zu differenzieren. Hat der Beschluss einen trennbaren Inhalt, so genügt die Bekanntgabe des jew. Teils an den Beteiligten, der hiervon betroffen ist.[6] Bei untrennbarem Inhalt bedarf es der Bekanntgabe an jeden Beteiligten. Die Wirksamkeit tritt dann folglich erst mit der zeitlich letzten Bekanntgabe ein.[7]

b) Anerkannte Einzelfälle der Bekanntgabe an den Betroffenen

6   Vor dem Hintergrund dieser schwer zu handhabenden Begriffsbestimmung geht das Schrifttum zu Recht davon aus, dass es eine Frage des Einzelfalls ist, wer derjenige ist, für den der Beschluss seinem wesentlichen Inhalt nach bestimmt ist. Anerkannt ist, dass im Antragsverfahren bei **Zurückweisung des Antrags** stets der Antragsteller der Adressat der Bekanntgabe ist, die zur Wirksamkeit des Beschlusses führt.[8] Ähnliches gilt für die **Entziehung einer Rechtsstellung**. Hier tritt die Wirksamkeit stets mit der Bekanntgabe an denjenigen an, dem durch die Entscheidung eine Rechtsstellung entzogen wird.[9] Gleiches gilt bei der partiellen „Entziehung" von Befugnissen etwa durch Bestellung eines Ergänzungspflegers, der insoweit an die Stelle des Berechtigten tritt.[10] Im Übrigen ist nur auf die Kasuistik zu verweisen. So soll die Bestellung eines Notvorstandes[11] ebenso wie diejenige eines (Nachtrags)liquidators[12] mit der Zustellung des Beschlusses an den Bestellten wirksam werden.[13] Glei-

---

1   BGH v. 16.6.1952 – IV ZR 131/51, BGHZ 6, 232 (235); OLG Hamm v. 16.4.2002 – 15 W 38/02, NJW 2002, 2477 (2478); Keidel/*Meyer-Holz*, § 40 FamFG Rz. 20; *Bumiller*/Harders, § 40 FamFG Rz. 20; Zöller/*Feskorn*, § 40 FamFG Rz. 3.
2   OLG Hamm v. 16.4.2002 – 15 W 38/02, NJW 2002, 2477 (2478).
3   Keidel/*Meyer-Holz*, § 40 FamFG Rz. 20.
4   *Bumiller*/Harders, § 40 FamFG Rz. 20.
5   Ähnlich OLG Hamm v. 16.4.2002 – 15 W 38/02, NJW 2002, 2477 (2478).
6   BayObLG v. 29.1.1991 – BReg. 3 Z 137/90, BayObLGZ 1991, 52 (57); Keidel/*Meyer-Holz*, § 40 FamFG Rz. 19; *Bumiller*/Harders, § 40 FamFG Rz. 22; Bork/Jacoby/Schwab/*Elzer*, 1. Aufl., § 40 FamFG Rz. 7.
7   KG v. 10.2.1984 – 1 W 5121/81, OLGZ 1984, 152 (155); BayObLG v. 29.1.1991 – BReg. 3Z 137/90, BayObLGZ 1991, 52 (57); *Wesche*, Rpfleger 2010, 403 (404); *Bumiller*/Harders, § 40 FamFG Rz. 22; Keidel/*Meyer-Holz*, § 40 FamFG Rz. 19; *Bassenge*/Roth, § 16 FGG Rz. 5.
8   Keidel/*Meyer-Holz*, § 40 FamFG Rz. 21; *Bumiller*/Harders, § 40 FamFG Rz. 21; Bork/Jacoby/Schwab/*Elzer*, 1. Aufl., § 40 FamFG Rz. 5.
9   KG v. 11.9.1970 – 1 W 11262/70, OLGZ 1971, 196 (197); KG v. 22.9.1970 – 1 W 3096/69, OLGZ 1971, 201 (202); Keidel/*Meyer-Holz*, § 40 FamFG Rz. 21; *Bumiller*/Harders, § 40 FamFG Rz. 20; Bork/Jacoby/Schwab/*Elzer*, 1. Aufl., § 40 FamFG Rz. 5.
10 OVG Lüneburg v. 5.5.2011 – 4 OB 117/11, FamRZ 2012, 42 (LS) = NJW 2011, 3112; OVG Lüneburg v. 24.6.2011 – 4 OB 132/11, FamRZ 2011, 42 (LS).
11 Keidel/*Meyer-Holz*, § 40 FamFG Rz. 22; Bork/Jacoby/Schwab/*Elzer*, 1. Aufl., § 40 FamFG Rz. 6.
12 *Bumiller*/Harders, § 40 FamFG Rz. 22; Bork/Jacoby/Schwab/*Elzer*, 1. Aufl., § 40 FamFG Rz. 6.
13 OLG Hamm v. 16.4.2002 – 15 W 38/02, NJW 2002, 2477 (2478); BayObLG v. 13.7.1989 – BReg. 3 Z 35/89, BayObLGZ 1989, 292 (295); KG v. 4.10.1965 – 1 WKf 1247/65, OLGZ 1965, 332 (334); Keidel/*Meyer-Holz*, § 40 FamFG Rz. 22.

ches gilt für den Pfleger,[1] den Betreuer,[2] den Testamentsvollstrecker[3] und den Nachlasspfleger.[4] Die Anordnung der Nachlassverwaltung wird mit Bekanntgabe an den oder die Erben wirksam.[5] Teilweise ist diese Frage auch in **Spezialvorschriften** geregelt. So wird die Bestellung des Betreuers nach § 287 Abs. 1 schon mit der Bekanntgabe an den Betreuer wirksam.

4. Wirksamwerden

a) Abgrenzung von Erlass und Beginn der Rechtsmittelfrist

Das **Wirksamwerden** eines Beschlusses ist einerseits von seinem **Erlass**, andererseits vom **Beginn der Rechtsmittelfrist** zu unterscheiden,[6] auch wenn die drei Ereignisse zusammenfallen können. Die Wirksamkeit setzt nach § 38 Abs. 3 Satz 3 den Erlass des Beschlusses durch mündliche Bekanntgabe oder Übergabe an die Geschäftsstelle voraus. Erst durch den Erlass verlässt ein vom Spruchkörper vorbereitetes und unterzeichnetes Schriftstück das Stadium des Entwurfs und wird rechtlich zum Beschluss.[7] Erst ab diesem Zeitpunkt kann er vom Gericht nicht mehr geändert[8] und von den Beteiligten mit Rechtsmitteln angefochten werden. Wirksam wird der Beschluss aber erst dann, wenn er bekannt gegeben wird. Dies ist gleichzeitig mit dem Erlass nur dann möglich, wenn die Beschlussformel nach § 41 Abs. 2 in Anwesenheit dessen, für den der Beschluss seinem wesentlichen Inhalt nach bestimmt ist, verlesen wird.[9] Anderenfalls muss er nach den Regeln der §§ 15, 41 schriftlich bekannt gegeben werden. Mit der Bekanntgabe an diesen Beteiligten beginnt für ihn auch die Beschwerdefrist zu laufen.[10] Die Bekanntgabe an den gesetzlichen Vertreter soll nicht genügen.[11] Für die anderen Beteiligten ist insoweit allein der Zeitpunkt maßgeblich, zu dem ihnen der Beschluss bekannt gegeben wird. Auch für diese Beteiligten ist der Beschluss aber bereits mit der Bekanntgabe an den Beteiligten wirksam, für den er seinem wesentlichen Inhalt nach bestimmt ist.

7

b) Folgen des Wirksamwerdens

Mit dem Wirksamwerden wird ein Beschluss nach § 86 Abs. 2 **vollstreckbar**.[12] Die Einlegung von Rechtsmitteln hat keinen Suspensiveffekt.[13] Das Rechtsmittelgericht kann jedoch die Vollziehung der Entscheidung nach § 64 Abs. 3 suspendieren (s. § 64 Rz. 20 ff.). Die Wirksamkeit betrifft ihren gesamten Inhalt und alle Beteiligten, unabhängig davon, ob sie ihnen bereits bekannt gegeben ist, ebenso **Dritte**, soweit die Entscheidung gegenüber jedermann wirkt.[14] Soweit der Beschluss jedenfalls in der Hauptsache keinen vollstreckbaren, sondern feststellenden oder gestaltenden Inhalt hat, tritt die Feststellungs- bzw. Gestaltungswirkung zu diesem Zeitpunkt ein,[15] so-

8

---

1 BayObLG v. 25.2.1966 – BReg. 1a Z 8/66, BayObLGZ 1966, 82 (83); OLG Hamm v. 16.4.2002 – 15 W 38/02, NJW 2002, 2477 (2478); Bumiller/Harders, § 40 FamFG Rz. 20; Keidel/Meyer-Holz, § 40 FamFG Rz. 22.
2 Keidel/Meyer-Holz, § 40 FamFG Rz. 22.
3 Keidel/Meyer-Holz, § 40 FamFG Rz. 22.
4 BayObLG v. 28.6.1976 – BReg. 1 Z 27/76, BayObLGZ 1976, 167 (171); Bumiller/Harders, § 40 FamFG Rz. 20.
5 BayObLG v. 28.6.1976 – BReg. 1 Z 27/76, BayObLGZ 1976, 167 (171).
6 Keidel/Meyer-Holz, § 40 FamFG Rz. 3.
7 Keidel/Meyer-Holz, § 38 FamFG Rz. 88; ähnlich Bumiller/Harders, § 38 FamFG Rz. 4.
8 KG v. 11.10.2010 – 19 UF 70/10, FGPrax 2011, 48.
9 Keidel/Meyer-Holz, § 40 FamFG Rz. 3.
10 BayObLG v. 28.6.1976 – BReg. 1 Z 27/76, BayObLGZ 1976, 167 (172).
11 Bumiller/Harders, § 41 FamFG Rz. 2.
12 Bumiller/Harders, § 40 FamFG Rz. 3; Keidel/Meyer-Holz, § 40 FamFG Rz. 10; Bork/Jacoby/Schwab/Elzer, 1. Aufl., § 40 FamFG Rz. 11; Zöller/Feskorn, § 40 FamFG Rz. 2.
13 Keidel/Meyer-Holz, § 40 FamFG Rz. 17; Zöller/Feskorn, § 40 FamFG Rz. 2.
14 KG v. 4.10.1965 – 1 WKf 1247/65, OLGZ 1965, 332 (334); Keidel/Meyer-Holz, § 40 FamFG Rz. 3; Bork/Jacoby/Schwab/Elzer, 1. Aufl., § 40 FamFG Rz. 10.
15 OLG Schleswig v. 21.6.1978 – 10 WF 51/78, FamRZ 1978, 610 (611); KG v. 4.10.1965 – 1 WKf 1247/65, OLGZ 1965, 332 (334); Keidel/Meyer-Holz, § 40 FamFG Rz. 5; Bumiller/Harders, § 40 FamFG Rz. 3.

fern Sonderregelungen nichts anderes vorsehen. Der Testamentsvollstrecker bzw. der Betreuer können somit ab diesem Zeitpunkt für die Erben bzw. den Betreuten tätig sein. Eine Aufhebung in der Rechtsmittelinstanz beseitigt diese Wirkungen nach § 47 nur ex nunc.

c) Aufschieben der Wirksamkeit bis zur Rechtskraft

9 Zum inhaltlich ähnlichen § 16 Abs. 1 FGG aF wurde die Auffassung vertreten, das Ausgangsgericht selbst könne den Eintritt der Wirksamkeit seines Beschlusses bis zum Eintritt der formellen Rechtskraft aufschieben. Dies wurde mit einer Analogie zu § 570 Abs. 2 ZPO begründet.[1] Diese Praxis dürfte nicht mehr fortzuführen sein, da es schon an einer **unbewussten Regelungslücke** fehlt. Der Gesetzgeber hat die Regelungen zur Wirksamkeit gegenüber dem früheren Recht deutlich umgestaltet, aber die Möglichkeit, die Wirkung eines Beschlusses zu suspendieren, der Rechtsmittelinstanz vorbehalten. Angesichts der diesbezüglichen Diskussion in Rechtsprechung und Literatur, mit der sich der Gesetzgeber ausweislich der Materialien gerade zu § 40 auch beschäftigt hat,[2] kann man schwerlich von einer unbewussten Regelungslücke ausgehen. Die Aussetzung der Wirksamkeit wird sich auch kaum je durch eine eA nach § 49 ff. herbeiführen lassen. Denn dies setzt voraus, dass eine eA der Einschätzung des Ausgangsgerichts zufolge „nach den für das Rechtsverhältnis maßgebenden Vorschriften gerechtfertigt ist" (§ 49 Abs. 1), also ein Anordnungsanspruch vorliegt. Da das Ausgangsgericht aber regelmäßig davon ausgehen wird, dass seine Maßnahme mit den Vorschriften des materiellen Rechts in Übereinstimmung steht, wird es hieran fehlen.

10 Letztlich ist der Bedarf für eine solche Aussetzung bis zum Eintritt der Rechtskraft auch deutlich geringer als in anderen Rechtsgebieten, etwa der Zwangsvollstreckung. Denn dort droht bereits mit der Entscheidung des Ausgangsgerichts, das etwa einen Pfändungs- und Überweisungsbeschluss aufhebt, ein endgültiger Rechtsverlust, der ohne eine solche Suspendierung bis zur Rechtskraft durch die nächste Instanz nicht mehr rückgängig gemacht werden kann. Derartige Rangverluste sind in Verfahren nach dem FamFG regelmäßig nicht zu befürchten. Derjenige, der mit einem Beschluss nicht einverstanden ist, muss „lediglich" bei Vorliegen der Voraussetzungen von § 47 mit Maßnahmen rechnen, die unabänderlich wirksam sind. Dem lässt sich indessen regelmäßig mit einer **eA nach § 64 Abs. 3** begegnen.

II. Genehmigung von Rechtsgeschäften

1. Gegenstand der Neuregelung

11 § 40 Abs. 2 regelt die Fälle, in denen die Genehmigung eines Rechtsgeschäfts **originäre Aufgabe des Gerichts** ist. Nach dem Sinn der Vorschrift ist § 40 Abs. 2 auf Genehmigungen mit unmittelbarer Wirkung nach außen beschränkt.[3] Für Innengenehmigungen verbleibt es bei der Aufsicht und Überwachung durch das Gericht.[4] Daher betrifft § 40 Abs. 2 etwa die Genehmigungen von Rechtsgeschäften nach §§ 1821 f. BGB durch das Familiengericht.[5] Entsprechendes gilt etwa für die Zustimmung zur Verfügung über das gesamte Vermögen nach § 1365 Abs. 2 BGB und die Ersetzung von Entscheidungen bei der Verwaltung des ehelichen Gesamtguts (§§ 1426, 1430 BGB). Hier vollzieht der Gesetzgeber aufgrund der verfassungsgerichtlichen Rechtsprechung eine Abkehr von §§ 55, 62 FGG aF,[6] die eine volle Überprüfung der Genehmigung des Rechtsgeschäfts durch den Rechtspfleger nur dann zuließen, wenn die Genehmigung dem Dritten gegenüber noch nicht wirksam geworden war. Dies würde die Genehmigung im Ergebnis der gerichtlichen Kontrolle entziehen. Gleichzeitig

---

1 Vgl. *Bassenge*/Roth, 11. Aufl., § 16 FGG Rz. 4.
2 BT-Drucks. 16/6308, S. 196 etwa zu der Frage des Vorbescheids.
3 *Wesche*, Rpfleger 2010, 403 (405); *Kierig*, NJW 2010, 1436 f.; *Bumiller*/Harders, § 40 FamFG Rz. 11 ff.; Keidel/*Meyer-Holz*, § 40 FamFG Rz. 27 ff.
4 *Wesche*, Rpfleger 2010, 403 (405).
5 Zur Bedeutung in der Grundbuchpraxis s. *Wilsch*, FGPrax 2009, 243 (246).
6 Vgl. BT-Drucks. 16/6308, S. 196 und S. 198 f.; Bassenge/Roth/*Gottwald*, § 40 FamFG Rz. 4.

verwarf der Gesetzgeber die mangels entsprechender gesetzlicher Regelung problematische Praxis, vor der endgültigen Entscheidung einen anfechtbaren **Vorbescheid** zu erlassen.[1] Stattdessen schiebt § 40 Abs. 2 Satz 1 den Eintritt der Wirksamkeit der Entscheidung auf den Zeitpunkt des Eintritts der formellen Rechtskraft hinaus. Dies eröffnet den Beteiligten die Möglichkeit, den endgültigen Bescheid im Rechtsmittelzug überprüfen zu lassen, der die Genehmigung erteilt. Im Gegenzug soll die nach § 63 Abs. 2 **verkürzte Beschwerdefrist** von zwei Wochen „dem regelmäßigen Interesse der Beteiligten an einer zügigen Abwicklung der entsprechenden Rechtsgeschäfte" Rechnung tragen,[2] was wohl illusorisch bleiben dürfte, da nicht die Dauer der Rechtsmittelfrist, sondern diejenige der Verfahren vor den personell zunehmend ausgedünnten Gerichten einer raschen Schaffung von Rechtsklarheit entgegensteht. Ist kein Rechtsmittel gegeben oder wird die Einlegung eines Rechtsmittels versäumt, so wird der Beschluss mit Eintritt der formellen Rechtskraft endgültig unangreifbar (vgl. § 45 Rz. 2).[3] Denn § 48 Abs. 3 bestimmt, dass gegen Beschlüsse über die Genehmigung eines Rechtsgeschäfts weder die Wiederaufnahme oder die Wiedereinsetzung noch die Abänderung nach § 48 Abs. 1 oder die Anhörungsrüge nach § 44 gegeben sind.

2. Aufschub der Wirksamkeit in der Beschlussformel

a) Ausspruch „mit der Entscheidung"

§ 40 Abs. 2 Satz 2 ordnet an, ausdrücklich „mit der Entscheidung" auszusprechen, dass die Wirksamkeit erst mit der formellen Rechtskraft des Beschlusses eintritt. Diese Anordnung ist sowohl hinsichtlich der genauen **Art und Weise dieses Ausspruchs** wie auch hinsichtlich der **Fehlerfolgen** unklar. Das Gesetz lässt zum einen nicht klar erkennen, wo der Ausspruch zu erfolgen hat. Die Formulierung „mit der Entscheidung" ist wohl dahingehend zu verstehen, dass dies nicht in einem separaten Beschluss neben der Entscheidung geschehen soll. Der Ausspruch über die Wirksamkeit hat wohl ähnlich wie bei der Entscheidung über die Zulassung der Rechtsmittelbeschwerde „in dem Beschluss" zu erfolgen (vgl. § 70 Abs. 1). Damit bleibt immer noch offen, wo dieser Ausspruch seinen Platz hat, im **Tenor** oder in der **Begründung**. Angesichts des Umstandes, dass selbst die Entscheidung über die Zulassung der Rechtsbeschwerde noch in den Gründen vorgenommen werden kann, dürfte auch für den Ausspruch über die Wirksamkeit des Beschlusses nach § 40 Abs. 2 Satz 2 nichts anderes gelten.[4] Denn zum einen äußert sich das Gesetz insoweit nicht deutlicher als bei der Zulassung. Zum anderen handelt es sich um einen Ausspruch, der dem Gericht, anders als bei der Zulassung, keinerlei Entscheidungsspielraum lässt. Er ist also nur deklaratorischer Natur, so dass eine Aufnahme in die Beschlussformel entbehrlich erscheint. Der Nachweis der formellen Rechtskraft erfolgt durch das Rechtskraftzeugnis gem. § 46.[5]

b) Unterlassener Ausspruch

Aus diesen Vorgaben dürften auch die **Folgen einer Unterlassung** dieses Ausspruchs resultieren. Dass die Genehmigung eines Rechtsgeschäfts erst mit der Rechtskraft des Beschlusses eintritt, ergibt sich schon aus § 40 Abs. 2 Satz 1. Ein entsprechender Ausspruch hat angesichts dieser kraft Gesetzes eintretenden Rechtsfolge nur **deklaratorischen Charakter**. Er soll den Beteiligten nur Klarheit über die gesetzlichen Folgen vermitteln, wie auch die Materialien ausführen.[6] Unterbleibt der

---

1 BT-Drucks. 16/6308, S. 196; *Wesche*, Rpfleger 2010, 403 (404); *Bumiller*/Harders, § 40 FamFG Rz. 7; Bassenge/Roth/*Gottwald*, § 40 FamFG Rz. 4.
2 BT-Drucks. 16/6308, S. 196.
3 Dies meinen wohl auch die Materialien (BT-Drucks. 16/6308, S. 196) mit dem nicht passenden Begriff der materiellen Rechtskraft.
4 Vgl. BGH v. 8.3.1956 – III ZR 265/54, BGHZ 20, 188 (189).
5 *Wilsch*, FGPrax 2009, 243 (246).
6 BT-Drucks. 16/6308, S. 196: „Die Regelung dient der Rechtsklarheit gegenüber Dritten beim Abschluss eines Rechtsgeschäfts." Ebenso Zöller/*Feskorn*, § 40 FamFG Rz. 9.

Ausspruch versehentlich, bleibt dies ohne Folgen auf die gesetzliche Anordnung des § 40 Abs. 2 Satz 1.[1] Dies zeigt auch die Regelung des § 40 Abs. 3. Obwohl sie eine genau parallele Konstellation zum Gegenstand hat, die Ersetzung der Ermächtigung oder Zustimmung zu Rechtsgeschäften, die gleichfalls erst mit Eintritt der formellen Rechtskraft wirksam werden, fehlt hier eine Bestimmung, wonach das Gericht dies ausdrücklich auszusprechen hat. Wenn dieser Aufschub der Wirkung bei § 40 Abs. 3 ohne ausdrücklichen Ausspruch des Gerichts kraft Gesetzes eintritt, kann für § 40 Abs. 2 schwerlich etwas anderes gelten.

3. Sofortige Wirksamkeit des Beschlusses auf ausdrückliche Anordnung?

14   Anders als in § 40 Abs. 3 ist in Abs. 2 nicht ausdrücklich vorgesehen, dass das Gericht bei Gefahr in Verzug die sofortige Wirksamkeit des Beschlusses anordnen kann. Angesichts des Umstandes, dass der Gesetzgeber umgekehrt bei § 40 Abs. 3 offenbar auch eine § 40 Abs. 2 Satz 2 entsprechende Anordnung zum Ausspruch über die Wirksamkeit vergessen hat, dürfte hier eine **analoge Anwendung von § 40 Abs. 3 Satz 2** geboten sein. Denn es ist kein Grund erkennbar, wieso bei Gefahr in Verzug nur die Ersetzung einer Zustimmung zu einem Rechtsgeschäft sofort wirksam werden sollte, nicht aber auch die originäre Zustimmung des Gerichts nach § 40 Abs. 2. Daher wird § 40 Abs. 3, Satz 2 und 3 bei Vorliegen der dort aufgeführten Voraussetzungen (s. insoweit Rz. 18) auf Beschlüsse nach § 40 Abs. 2 analog anzuwenden sein.[2]

4. Verweigerte Genehmigung

15   Der Wortlaut des § 40 Abs. 2 ist nicht vollständig eindeutig, wenn er von einem Beschluss spricht, „der die Genehmigung eines Rechtsgeschäfts zum Gegenstand hat".[3] Dies wurde in der 1. Auflage nur auf die **Erteilung** der Genehmigung bezogen. Der systematische Vergleich mit § 63 Abs. 2 aF, dessen Nr. 2 denselben Wortlaut hatte,[4] legt aber nahe, dass die Vorschrift Erteilung und Verweigerung der Genehmigung erfassen will. Dies stellt der neue Wortlaut der Vorschrift nunmehr klar. In § 63 Abs. 2 aF war nämlich in Nr. 1 die verkürzte Frist von zwei Wochen auf „eine eA", also eine positive Entscheidung beschränkt, was nahelegt, dass mit der offenen Formulierung des § 63 Abs. 2 Nr. 2 aF und somit wohl auch in § 40 Abs. 2 ebenfalls Erteilung und Verweigerung der Genehmigung erfasst sein sollten (vgl. § 63 Rz. 4).[5] Der Unterschied in der Praxis ist allerdings gering. Bezieht man § 40 Abs. 2 nur auf die Erteilung der Genehmigung, so wird die Versagung nach den allgemeinen Regeln, also mit Bekanntgabe des Beschlusses, wirksam.[6] Dies bleibt ohne praktische Folgen, da diese Entscheidung im Rechtsmittelverfahren abgeändert werden kann. Wird die Genehmigung dort unter Abänderung der erstinstanzlichen Entscheidung erteilt, gilt insoweit über § 69 Abs. 3 wiederum § 40 Abs. 2 Satz 1.

III. Ersetzung der Ermächtigung oder Zustimmung zu Rechtsgeschäften

1. Gegenstand der Neuregelung

a) Ersetzung nicht erteilter Zustimmungen

16   § 40 Abs. 3 hat die Konstellation zum Gegenstand, in der die Ermächtigung oder Zustimmung zu einem Rechtsgeschäft **originär von einem Dritten zu erteilen** ist, aber nicht erteilt wird, so dass sie bei Vorliegen der Voraussetzungen vom Gericht zu

---

1 So auch OLG Düsseldorf v. 16.11.2010 – I-3 Wx 212/10, FamRZ 2011, 921; *Böttcher*, Das Grundbuchverfahren nach dem FamFG, Rpfleger 2011, 53 (63).
2 AA Zöller/*Feskorn*, § 40 FamFG Rz. 9.
3 Berechtigt daher die Kritik von *Schürmann*, FuR 2010, 425 (431).
4 § 63 Abs. 2 FamFG wurde neu gefasst durch Art. 6 Nr. 6 des Gesetzes zur Einführung einer Rechtsbehelfsbelehrung im Zivilprozess und zur Änderung anderer Vorschriften v. 5.12.2012, BGBl. I, S. 2418.
5 So auch *Sonnenfeld*, BtPrax 2009, 167 (168).
6 So *Bumiller*/Harders, § 40 FamFG Rz. 13; aA Keidel/*Meyer-Holz*, § 40 FamFG Rz. 27; *Zorn*, Rpfleger 2009, 421 (431).

ersetzen ist.[1] Auch hier sind nur Außengenehmigungen erfasst (vgl. oben Rz. 11).[2] Dies umfasst etwa die Zustimmung zum Eingehen eines Dienst- oder Arbeitsverhältnisses nach § 113 BGB, zur Eingehung der Ehe nach § 1303 Abs. 2 BGB oder deren Bestätigung nach § 1315 Abs. 1 Satz 3 BGB, die Zustimmung zur Verfügung über das gesamte Vermögen nach § 1365 Abs. 2 BGB oder einzelne Haushaltsgegenstände nach § 1369 Abs. 2 BGB und die Ersetzung von Entscheidungen bei der Verwaltung des ehelichen Gesamtguts (§§ 1426, 1430 BGB) und zur Einbenennung nach § 1618 Satz 4 BGB.[3] Die in § 40 Abs. 3 Satz 1 ausdrücklich genannte Aufhebung von Beschränkungen nach § 1357 Abs. 2 Satz 1 BGB, § 8 Abs. 2 LPartG betrifft den ähnlichen Fall, in dem die kraft Gesetzes bestehende, aber durch einseitige Erklärung ausgeschlossene oder beschränkte Möglichkeit zum Abschluss von Rechtsgeschäften nach § 1357 Abs. 1 BGB durch das Gericht wiederhergestellt wird.

b) Entscheidung des Gerichts

Wie in Fällen des § 40 Abs. 2 wird die Wirksamkeit der gerichtlichen Genehmigung auf den Zeitpunkt des Eintritts der formellen Rechtskraft hinausgeschoben, was den Beteiligten die Möglichkeit geben soll, den Beschluss im Rechtsmittelzug überprüfen zu lassen. Für den Beschluss, der die Ersetzung der Ermächtigung oder Zustimmung versagt, bedarf es wie bei § 40 Abs. 2 einer entsprechenden Regelung nicht (vgl. Rz. 15).[4] Erstaunlicherweise ordnet der Gesetzgeber in § 40 Abs. 3 – anders als bei § 40 Abs. 2 – keinen entsprechenden **Ausspruch über den Eintritt der Wirksamkeit** erst mit der formellen Rechtskraft des Beschlusses an. Ein solcher Ausspruch dürfte freilich unschädlich sein.

2. Anordnung der sofortigen Wirksamkeit

a) Voraussetzungen

Nach § 40 Abs. 3 Satz 2 kann die sofortige Wirksamkeit der Entscheidung „bei **Gefahr im Verzug**" angeordnet werden. Damit übernimmt die Vorschrift eine in § 53 Abs. 2 FGG aF enthaltene Regelung gleichen Inhalts. Näherer Aufschluss darüber, wann der unbestimmte Rechtsbegriff der Gefahr im Verzug vorliegt, ist weder dem Gesetzeswortlaut noch den Materialien zu entnehmen. Nach dem Sinn und Zweck der Regelung wird man dies dann annehmen müssen, wenn ohne eine solche vorgezogene Wirksamkeit das Geschäft oder ein wirtschaftlich vergleichbares entweder nicht mehr durchführbar oder für denjenigen, der die Ersetzung beantragt hat, nicht mehr sinnvoll wäre.[5] Dies dürfte etwa dann der Fall sein, wenn der Verkauf eines Grundstücks, das § 1365 Abs. 1 BGB unterfällt, zur Abwendung einer Zwangsversteigerung erforderlich und auch zu vertretbaren Bedingungen möglich ist, der (Noch-)Ehepartner seine Zustimmung aber aus Schädigungsabsicht verweigert. Entsprechendes dürfte bei der Zustimmung zur Eingehung der Ehe gelten, wenn die Eheschließung aus objektiver Sicht zu genehmigen ist, da bereits der Aufschub etwa für Kinder, die in der Zwischenzeit geboren werden, nachteilig sein kann. Hingegen dürfte die Anordnung der sofortigen Wirksamkeit bei einfachen Veräußerungen – etwa nach § 1369 Abs. 2 BGB – nicht erforderlich sein, wenn keine besondere Dringlichkeit vorliegt und nur das konkret beabsichtigte Rechtsgeschäft gefährdet ist, der Abschluss zu vergleichbaren Bedingungen aber auch später möglich erscheint.

b) Verfahren und Wirksamkeit der Anordnung sofortiger Wirksamkeit

§ 40 Abs. 3 trifft nur wenige Regelungen zum Verfahren, in dem die Anordnung sofortiger Wirksamkeit getroffen wird. Diese Anordnung ist im Gegensatz zum früheren

---

1 Keidel/*Meyer-Holz*, § 40 FamFG Rz. 38.
2 Keidel/*Meyer-Holz*, § 40 FamFG Rz. 43.
3 S. Keidel/*Meyer-Holz*, § 40 FamFG Rz. 39; *Bumiller*/Harders, § 40 FamFG Rz. 14; *Bassenge*/Roth, 11. Aufl., § 53 FGG Rz. 1.
4 *Bumiller*/Harders, § 40 FamFG Rz. 13.
5 Ebenso Zöller/*Feskorn*, § 40 FamFG Rz. 12; allgemeiner Keidel/*Meyer-Holz*, § 40 FamFG Rz. 55.

Recht[1] vom **Antrag** eines Beteiligten abhängig. Dies folgt aus § 40 Abs. 3 Satz 3, wonach die Anordnung der sofortigen Wirksamkeit mit Bekanntgabe an den *Antragsteller* wirksam ist.[2] Die Anordnung muss, anders als etwa die Zulassung der Rechtsbeschwerde nach § 70 Abs. 1 (vgl. § 70 Rz. 8), nicht „in dem Beschluss" vorgenommen werden. Demnach kann sie auch **nachträglich** auf Antrag eines Beteiligten erfolgen.[3] Dann hat sie, wie § 40 Abs. 3 Satz 3 zu entnehmen ist, gleichfalls **durch Beschluss** zu ergehen. Einer mündlichen Verhandlung hierüber bedarf es nicht. Den anderen Beteiligten ist aber zumindest nachträglich **rechtliches Gehör** zu gewähren. Die Befugnis des Ausgangsgerichts zur Anordnung der sofortigen Wirksamkeit erlischt mit **Anfall der Sache beim Beschwerdegericht**. Denn dann hat dieses über die gesamte Sache zu befinden. Wenn die Befugnis, die sofortige Wirksamkeit der Entscheidung anzuordnen, dem Gericht erster Instanz zukommt, besteht diese Möglichkeit auch für das Beschwerdegericht, uU ausnahmsweise auch im Rahmen einer eA nach § 64 Abs. 3.[4] Die Anordnung der sofortigen Wirksamkeit wird gem. § 40 Abs. 3 Satz 3 der Grundregel des § 40 Abs. 1 folgend bereits **mit der Bekanntgabe an den Antragsteller wirksam**. Dies ist folgerichtig, da sie ihren Zweck ansonsten nicht erfüllen könnte. Mit der formellen Rechtskraft der Entscheidung tritt sie außer Kraft, ohne dass es einer besonderen Entscheidung hierüber bedürfte.[5] Der Beschluss wird aber selbst dann nicht mit Rückwirkung unwirksam, wenn die Entscheidung in der Hauptsache von der vorläufig für wirksam erklärten abweicht.[6]

c) Anfechtbarkeit

20 Wie nach früherem Recht[7] ist die Anordnung der sofortigen Wirksamkeit, unabhängig davon, ob sie zusammen mit der Entscheidung in der Hauptsache oder getrennt von ihr ergeht, **nicht separat anfechtbar**.[8] Denn es handelt sich nicht um einen Beschluss nach §§ 38 ff., und die separate Anfechtbarkeit ist im Gesetz nicht vorgesehen.[9] Zudem hat eine Anordnung ja gerade den Zweck, für die Dauer des Verfahrens bis zu seinem Abschluss einen geordneten Zustand zu schaffen, was durch eine Anfechtbarkeit konterkariert würde, da dann ein Nebenkriegsschauplatz eröffnet würde (vgl. § 64 Rz. 37).[10] Für die Möglichkeit einer Anfechtung besteht auch kein Bedarf. Denn die Beteiligten, die sich gegen die Entscheidung in der Hauptsache richten, können eine **eA nach § 64 Abs. 3** anregen.[11] Auf diesem Wege kann das Beschwerdegericht die sofortige Wirkung nach § 40 Abs. 3 Satz 2 wieder aussetzen. Allerdings beseitigt dies nicht die Wirkung von Rechtsgeschäften, die auf dieser Grundlage bereits getätigt wurden. Diese bleiben nach § 47 wirksam.

41 *Bekanntgabe des Beschlusses*
(1) Der Beschluss ist den Beteiligten bekannt zu geben. Ein anfechtbarer Beschluss ist demjenigen zuzustellen, dessen erklärtem Willen er nicht entspricht.
(2) Anwesenden kann der Beschluss auch durch Verlesen der Beschlussformel bekannt gegeben werden. Dies ist in den Akten zu vermerken. In diesem Fall ist die Be-

---

1 BayObLG v. 26.5.1987 – BReg. 1 Z 24/87, NJW-RR 1987, 1226 (1227).
2 AA ohne Begr. Keidel/*Meyer-Holz*, § 40 FamFG Rz. 53; Zöller/*Feskorn*, § 40 FamFG Rz. 12.
3 Vgl. schon zu § 53 FGG BayObLG v. 26.5.1987 – BReg. 1 Z 24/87, NJW-RR 1987, 1226 (1227); Keidel/*Meyer-Holz*, § 40 FamFG Rz. 51.
4 Ähnlich Keidel/*Meyer-Holz*, § 40 FamFG Rz. 52; Zöller/*Feskorn*, § 40 FamFG Rz. 12.
5 BayObLG v. 26.5.1987 – BReg. 1 Z 24/87, NJW-RR 1987, 1226 (1227).
6 Vgl. OLG Hamm v. 16.4.2002 – 15 W 38/02, NJW 2002, 2477 (2478 f.); ebenso Keidel/*Meyer-Holz*, § 40 FamFG Rz. 62.
7 BayObLG v. 26.5.1987 – BReg. 1 Z 24/87, NJW-RR 1987, 1226 (1227).
8 Ebenso Keidel/*Meyer-Holz*, § 40 FamFG Rz. 54.
9 Im Ergebnis ebenso Keidel/*Meyer-Holz*, § 40 FamFG Rz. 54.
10 BayObLG v. 26.5.1987 – BReg. 1 Z 24/87, NJW-RR 1987, 1226 (1227).
11 BayObLG v. 26.5.1987 – BReg. 1 Z 24/87, NJW-RR 1987, 1226 (1227); Keidel/*Meyer-Holz*, § 40 FamFG Rz. 54.

gründung des Beschlusses unverzüglich nachzuholen. Der Beschluss ist im Fall des Satzes 1 auch schriftlich bekannt zu geben.
(3) Ein Beschluss, der die Genehmigung eines Rechtsgeschäfts zum Gegenstand hat, ist auch demjenigen, für den das Rechtsgeschäft genehmigt wird, bekannt zu geben.

A. Entstehungsgeschichte und Normzweck 1
B. Inhalt der Vorschrift
  I. Bekanntgabe des Beschlusses
    1. Anwendungsbereich 2
    2. Form des bekannt zu gebenden Schriftstücks 3
    3. Bekanntgabe durch Aufgabe zur Post als Mindesterfordernis 4
    4. Adressaten der Bekanntgabe
      a) Die Beteiligten 5
      b) Bevollmächtigte 6
      c) Dritte 7
    5. Zustellung von Beschlüssen
      a) Voraussetzungen
        aa) Anfechtbarkeit 8
        bb) Widerspruch zum erklärten Willen eines Beteiligten ... 9
      b) Die Bedeutung der obligatorischen Zustellung
        aa) Kein Wirksamkeitserfordernis 11
        bb) Keine Voraussetzung für den Lauf der Beschwerdefrist ... 13
        cc) Folgen für die Praxis 14
  II. Mündliche Bekanntgabe (Absatz 2)
    1. Voraussetzungen
      a) Anwesenheit von Beteiligten .. 15
      b) Verlesen der Beschlussformel .. 16
    2. Folgen der mündlichen Bekanntgabe
      a) Erlass und Wirksamkeit des Beschlusses 17
      b) Lauf der Rechtsmittelfrist? ... 18
    3. Weiteres Verfahren
      a) Aktenvermerk
        aa) Inhalt 19
        bb) Form 20
        cc) Wirkung 21
      b) Unverzügliche Nachholung der Begründung 22
      c) Schriftliche Bekanntgabe 23
  III. Genehmigung eines Rechtsgeschäfts . 26

A. Entstehungsgeschichte und Normzweck

§ 41 Abs. 1 Satz 1 formuliert die früher in § 16 Abs. 1 FGG enthaltene Verpflichtung des Gerichts, einen Beschluss nach §§ 38 ff. den Beteiligten bekannt zu geben. Die Form dieses nun „Bekanntgabe" genannten und nicht völlig mit der Bekanntmachung identischen Akts ist in § 15 geregelt (zu den Abweichungen vgl. § 15 Rz. 6).[1] Für die Bekanntgabe anfechtbarer Beschlüsse enthält § 41 Abs. 1 Satz 2 eine Sonderregelung, die im Wesentlichen § 16 Abs. 2 Satz 1 FGG aF entspricht. Für die Bekanntgabe unter Anwesenden enthält § 41 Abs. 2 eine Sonderregelung, die an § 16 Abs. 3 FGG aF angelehnt ist.[2] Eine gänzlich neue, aus verfassungsrechtlichen Gründen aufgenommene Bestimmung zur Bekanntgabe von Beschlüssen, die die Genehmigung von Rechtsgeschäften zum Gegenstand haben, enthält § 41 Abs. 3.[3] Mit der Bekanntgabe ist der Beschluss wirksam (s. § 40 Rz. 1 ff.).[4] Ab diesem Zeitpunkt läuft die Rechtsmittelfrist (s. § 40 Rz. 7 und § 63 Rz. 5 f.).[5] Die Vorschrift gilt gem. § 113 Abs. 1 Satz 1 nicht in Familienstreit- und Ehesachen.[6]

B. Inhalt der Vorschrift

I. Bekanntgabe des Beschlusses

1. Anwendungsbereich

§ 41 regelt, anders als früher § 16 FGG,[7] nur die Bekanntgabe von Beschlüssen nach § 38 ff. und jedenfalls in entsprechender Anwendung der Vorschrift für Verfügun-

---

1 BT-Drucks. 16/6308, S. 196.
2 BT-Drucks. 16/6308, S. 197.
3 Hierzu eingehend BT-Drucks. 16/6308, S. 197.
4 Bumiller/Harders, § 41 FamFG Rz. 2; Keidel/Meyer-Holz, § 41 FamFG Rz. 3.
5 Bumiller/Harders, § 41 FamFG Rz. 2; Keidel/Meyer-Holz, § 41 FamFG Rz. 3.
6 BGH v. 19.10.2011 – XII ZB 250/11, FamRZ 2012, 106 f.; BGH v. 13.6.2012 – XII ZB 592/11, FamRZ 2012, 1287 (1289).
7 Vgl. Keidel/Schmidt, 15. Aufl., § 16 FGG Rz. 1; Bumiller/Winkler, 8. Aufl., § 16 FGG Rz. 1.

gen in Registersachen gem. § 38 Abs. 1 Satz 2, die nicht als Beschlüsse ergehen, ihnen aber gleichstehen.[1] Dies ergibt sich zum einen aus der systematischen Einordnung der Vorschrift in den 3. Abschnitt von Buch 1, zum anderen aus dem Inhalt der Norm. Denn sonstige Verfügungen können auch formlos nach § 15 Abs. 3 mitgeteilt werden. Für Beschlüsse, die sich nach den Regelungen der ZPO richten, gelten ohnehin die §§ 166 ff. ZPO. Spezialgesetzlich können allerdings auch bei Entscheidungen in der Hauptsache **Ausnahmen** von der Pflicht zur Bekanntgabe der Entscheidung vorgesehen sein. So bestimmt § 382 Abs. 1 Satz 1, dass die stattgebende Entscheidung durch die Eintragung in das Register erfolgt. Eine Bekanntgabe dieser Entscheidung ist wie nach früherem Recht[2] möglich, aber nicht zwingend und hat auch nicht die Wirkung des § 40 Abs. 1, wie § 382 Abs. 1 Satz 2 zeigt.[3] Die Vorschriften zur Bekanntgabe können spezialgesetzlich auch nur partiell anders geregelt werden. So ermöglicht § 288 Abs. 1 in Betreuungssachen ein Absehen von der Bekanntgabe der Begründung, wenn dies nach ärztlichem Zeugnis zur Vermeidung von Gesundheitsnachteilen des Betroffenen erforderlich ist.

2. Form des bekannt zu gebenden Schriftstücks

3   Die Form, in der die Entscheidungen den Beteiligten bekannt zu geben sind, ist auch im neuen Recht nicht ausdrücklich geregelt. Nach früherem Recht wurde die Frage, in welcher Form eine Entscheidung bekannt zu machen war, sehr großzügig gehandhabt. Hier bestand vorbehaltlich spezialgesetzlicher Regelungen überhaupt kein Zwang zur Einhaltung einer bestimmten Form.[4] Eine Entscheidung sollte selbst dann bekannt gemacht sein, wenn ihr Inhalt in einer anderen Entscheidung mitgeteilt wurde, die ihre Aufhebung ablehnte.[5] Dies wird jedenfalls für Beteiligte nicht in das neue Recht zu übertragen sein. Dass sie in Form eines **Schriftstücks** übermittelt werden muss, ergibt sich schon aus der Form der Bekanntgabe nach § 15. Diese Vorschrift spricht aber nur allgemein von „Dokumenten", was sämtliche schriftlich abgefassten Texte umfasst und keine Aussage darüber erlaubt, ob es sich um Urschrift, Ausfertigung oder Abschrift handeln muss (vgl. § 15 Rz. 7 f.). Nur indirekt, etwa aus § 42 Abs. 2 Satz 1, ergibt sich die Vorstellung des Gesetzgebers, dass den Beteiligten grundsätzlich eine **Ausfertigung** zuzustellen bzw. auf dem Postweg zu übermitteln ist.[6] Selbstverständlich darf die Ausfertigung nicht in wesentlichen Teilen unleserlich sein[7] oder in wesentlichen Punkten von der Urschrift abweichen.[8]

3. Bekanntgabe durch Aufgabe zur Post als Mindesterfordernis

4   § 41 Abs. 1 Satz 1 regelt die Mindestanforderungen, die dem Gericht bei der Bekanntgabe eines Beschlusses iSd. §§ 38 ff. an die Beteiligten obliegen: Der Beschluss ist den Beteiligten nach § 15 Abs. 2 bekannt zu geben. Die Bekanntgabe verlangt zumindest die **Aufgabe des Beschlusses zur Post**. Eine formlose Bekanntmachung, etwa mündlich oder telefonisch, genügt den Beteiligten gegenüber nach neuem

---

[1] OLG Düsseldorf v. 6.5.2010 – I-3 Wx 35/10, FGPrax 2010, 247 (248); OLG Stuttgart v. 19.3.2010 – 8 W 112/10, FGPRax 2010, 255 (256); OLG Stuttgart v. 23.3.2010 – 8 W 139/10, FGPRax 2010, 257; vgl. hierzu *Nedden-Boegger*, FGPrax 2010, 1 (6).
[2] S. Keidel/*Schmidt*, 15. Aufl., § 16 FGG Rz. 16; Bumiller/Winkler, 8. Aufl., § 16 FGG Rz. 8.
[3] Vgl. zum früheren Recht OLG Stuttgart v. 15.10.1973 – 8 W 205/73, OLGZ 1974, 113 (114); *Bumiller*/Winkler, 8. Aufl., § 16 FGG Rz. 8.
[4] Keidel/*Schmidt*, 15. Aufl., § 16 FGG Rz. 4.
[5] BayObLG v. 11.12.1986 – BReg. 3 Z 113/86, NJW-RR 1997, 459; BayObLG v. 12.6.1996 – 3Z BR 90/96, FGPrax 1996, 194 (195).
[6] Vgl. BayObLG v. 11.2.1982 – BReg. 2 Z 44/81, BayObLGZ 1982, 90 (92); Zöller/*Feskorn*, § 41 FamFG Rz. 2.
[7] BayObLG v. 11.2.1982 – BReg. 2 Z 44/81, BayObLGZ 1982, 90 (91); *Bumiller*/Winkler, 8. Aufl., § 16 FGG Rz. 16.
[8] BayObLG v. 11.2.1982 – BReg. 2 Z 44/81, BayObLGZ 1982, 90 (92); OLG Hamm v. 18.1.1994 – 19 U 142/93, NJW-RR 1995, 186 (187); zur Unschädlichkeit kleinerer Abweichungen s. BGH v. 5.5.1993 – XII ZR 44/92, NJW-RR 1993, 1213 (1214).

Recht nicht mehr.[1] Sie sollen vielmehr über ein Schriftstück verfügen, das sie in Ruhe prüfen und auch nach geraumer Zeit noch zur Information über die Entscheidung und ihre Gründe heranziehen können. Das Gericht hat aber sehr wohl die Möglichkeit, den Beteiligten die Entscheidung nach §§ 166 ff. ZPO zustellen zu lassen, was sich insbesondere bei Zweifeln darüber empfiehlt, ob der Beschluss anfechtbar ist und daher § 41 Abs. 1 Satz 2 unterfällt. Die Pflicht zur Bekanntgabe nach § 15 Abs. 2 besteht nur Beteiligten iSv. § 7 gegenüber. **Sonstigen zum Verfahren hinzugezogenen Personen** oder **Behörden** steht keine Bekanntgabe zu. Sie müssen sich mit einer anderen Form der Information, etwa durch telefonische Mitteilung oder durch Übermittlung per E-Mail, begnügen. Dies wird auch terminologisch dadurch deutlich, dass der Gesetzgeber ihre Information etwa als „Bekanntmachen" (§ 162 Abs. 3 Satz 1) oder „Mitteilung" (§§ 176 Abs. 2 Satz 1; 194 Abs. 2 Satz 1; 205 Abs. 2 Satz 1) bezeichnet.

4. Adressaten der Bekanntgabe

a) Die Beteiligten

§ 41 regelt die Pflicht zur Bekanntgabe des Beschlusses an Beteiligte (Abs. 1 Satz 1). Dieser Personenkreis ist in § 7 legaldefiniert. Eine Rechtsbeeinträchtigung ist demnach nicht Voraussetzung der Bekanntgabe.[2] Sofern ein **Verfahrensunfähiger** beteiligt ist, muss die Entscheidung seinem gesetzlichen Vertreter bekannt gegeben werden.[3] Für Zustellungen folgt dies direkt aus § 15 Abs. 2 Satz 1 FamFG iVm. § 170 Abs. 1 Satz 1 ZPO, für die Bekanntgabe durch Aufgabe zur Post aus § 9 Abs. 2. Anderes gilt nur in den Fällen, in denen der Betreffende etwa nach §§ 60, 167 Abs. 3, 275 als verfahrensfähig gilt. Dann ist ihm selbst der Beschluss bekannt zu geben.[4] Sind **Minderjährige** beteiligt, genügt nach § 170 Abs. 3 ZPO die Zustellung an einen Elternteil. 5

b) Bevollmächtigte

Nach altem Recht war streitig, inwieweit die Entscheidung einem Bevollmächtigten bekannt zu geben ist.[5] Allgemein anerkannt war nur, dass die §§ 166 ff. ZPO, insbesondere § 172 in echten Streitverfahren Anwendung finden.[6] Diese Diskussion ist mit § 15 Abs. 2 Satz 1 obsolet geworden. **Zustellungen** müssen nunmehr stets nach §§ 171, 172 Abs. 1 Satz 1 ZPO an den rechtsgeschäftlichen Vertreter bzw. den Verfahrensbevollmächtigten gerichtet werden. Die Unterscheidung zwischen Amts- und Streitverfahren hat im neuen Recht keine Grundlage mehr. Für die **Bekanntgabe durch Aufgabe zur Post** sind diese Vorschriften zumindest entsprechend anzuwenden. Bei anwaltlichen Bevollmächtigten ist die Zustellung stets nachgewiesen, wenn ein **Empfangsbekenntnis** zu den Akten gereicht wird.[7] 6

c) Dritte

Nur ausnahmsweise ist der Beschluss aufgrund spezialgesetzlicher Regelung auch **Dritten bekannt zu geben**.[8] Das sehen § 162 Abs. 3 für das Jugendamt, § 288 Abs. 2 7

---

[1] Bassenge/Roth/*Gottwald*, § 41 FamFG Rz. 3; Bork/Jacoby/Schwab/*Elzer*, 1. Aufl., § 41 FamFG Rz. 11; Zöller/*Feskorn*, § 41 FamFG Rz. 4; zum alten Recht vgl. BGH v. 27.10.1999 – XII ZB 18/99, NJW-RR 2000, 877 (878); Keidel/*Schmidt*, 15. Aufl., § 16 FGG Rz. 4; *Bumiller*/Winkler, 8. Aufl., § 16 FGG Rz. 12.
[2] Keidel/*Meyer-Holz*, § 41 FamFG Rz. 3.
[3] BayObLG v. 29.7.1966 – BReg. 1a Z 41/66, BayObLGZ 1966, 261 (262); aA offenbar *Bumiller*/Harders, § 41 FamFG Rz. 2.
[4] BGH v. 4.5.2011 – XII ZB 632/10, Rpfleger 2011, 497; BayObLG v. 29.7.1966 – BReg. 1a Z 41/66, BayObLGZ 1966, 261 (263).
[5] Vgl. OLG Schleswig v. 16.1.1996 – 2 W 9/96, SchlHA 1996, 224; Keidel/*Schmidt*, 15. Aufl., § 16 FGG Rz. 36.
[6] Keidel/*Schmidt*, 15. Aufl., § 16 FGG Rz. 36 f.; *Bumiller*/Winkler, 8. Aufl., § 16 FGG Rz. 20; Bassenge/Roth, 11. Aufl., § 16 FGG Rz. 13.
[7] BGH v. 30.9.1980 – V ZB 8/80, VersR 1981, 57; OLG Frankfurt v. 7.1.2000 – 20 W 591/99, NJW 2000, 1653 (1654).
[8] Zum verfassungsrechtlichen Hintergrund der Vorschrift ausführlich BT-Drucks. 16/6308, S. 197.

Satz 2 und § 297 Abs. 8 Satz 3 in Betreuungssachen, § 325 Abs. 2 Satz 2 in Unterbringungssachen und § 380 Abs. 4 in Registersachen vor. In diesen Fällen ist der Dritte dem Beteiligten hinsichtlich der Bekanntgabe gleichgestellt. Es gelten somit dieselben Anforderungen wie für Beteiligte an das zu übermittelnde Schriftstück und die Art der Bekanntgabe. In aller Regel wird bei Versagung einer Genehmigung die Zustellung geboten sein, da diese dem erklärten Willen des Beteiligten widersprechen wird (vgl. Rz. 9). Ansonsten haben am Verfahren **nicht Beteiligte** keinen Anspruch auf Bekanntgabe einer Entscheidung. Eine Pflicht, die Entscheidung Dritten **mitzuteilen**, kann aber spezialgesetzlich vorgesehen sein. Solche Mitteilungen über eine Entscheidung sehen etwa §§ 162 Abs. 3, 176 Abs. 2 Satz 1, 194 Abs. 2 Satz 1, 205 Abs. 2 Satz 1 gegenüber dem Jugendamt vor, wobei aber nicht die Form der Bekanntgabe gem. § 15 Abs. 2 einzuhalten ist (vgl. Rz. 4).

5. Zustellung von Beschlüssen

a) Voraussetzungen

aa) Anfechtbarkeit

8   In Verschärfung der Erfordernisse an die Bekanntgabe des Beschlusses bedarf es nunmehr der Zustellung, wenn der Beschluss anfechtbar ist und dem erklärten Willen eines Betroffenen widerspricht (Abs. 1 Satz 2). Aus der Formulierung („ist ... zuzustellen") ergibt sich, dass dem Gericht kein Ermessen zukommt.[1] Der Begriff der Anfechtbarkeit bzw. der Nichtanfechtbarkeit stellt im Sprachgebrauch des FamFG (s. etwa §§ 10 Abs. 3 Satz 3, 42 Abs. 3, 44 Abs. 4 Satz 3, 57 Satz 1) durchweg auf die **Statthaftigkeit** des Rechtsmittels ab. Der Beschluss ist also selbst dann förmlich zuzustellen, wenn eine Beschwerde unzulässig wäre.[2] Dies entspricht auch der gesetzlichen Systematik. Ist ein Rechtsmittel unstatthaft, erwächst der Beschluss mit seinem Erlass in formelle Rechtskraft, ist es nur unzulässig, dagegen erst mit Ablauf der Rechtsmittelfrist (s. § 45 Rz. 4 f.). Genau über den Beginn ihres Laufs soll die Zustellungsurkunde gerade informieren. Außerordentliche Rechtsbehelfe wie Anhörungsrüge oder Wiedereinsetzung bleiben außer Betracht (vgl. § 45 Rz. 2).

bb) Widerspruch zum erklärten Willen eines Beteiligten

9   Neben der theoretischen Möglichkeit der Anfechtbarkeit setzt das Erfordernis der Zustellung voraus, dass hierfür auch eine gewisse Wahrscheinlichkeit besteht. Der Gesetzgeber stellt dabei darauf ab, dass der Beschluss dem erklärten Willen eines Beteiligten widerspricht. Dies stimmt inhaltlich mit § 38 Abs. 4 Nr. 2 überein. Wie dort ist die Hürde zu niedrig: Gibt ein Beteiligter seine Auffassung nicht kund, kann der Beschluss auch nicht seinem erklärten Willen widersprechen. In der Folge könnte auf eine Zustellung verzichtet werden. Da **Schweigen** aber vielerlei Ursachen haben kann, bleibt die Möglichkeit einer unentdeckten Kollision mit den Interessen des Beteiligten. In diesem Fall könnte die Bekanntgabe der Entscheidung durch Aufgabe zur Post ungleich schlechter nachgewiesen werden als durch eine Zustellung, was der Rechtssicherheit nicht zuträglich ist. Das Gericht sollte also, da ihm bei der Art der Bekanntgabe ein Ermessensspielraum zukommt, schon bei einem **denkbaren Widerspruch** zu den Interessen eines Beteiligten die Zustellung des Beschlusses wählen.[3] Ein Absehen erscheint erst in den Fällen ausdrücklich erklärter Übereinstimmung mit dem Willen des Betroffenen sinnvoll. Da die Geschäftsstelle mit der Prüfung dieser Frage überfordert sein dürfte,[4] wird diesbezüglich eine Verfügung des Vorsitzen-

---

[1] BGH v. 4.5.2011 – XII ZB 632/10, Rpfleger 2011, 497.
[2] Zöller/*Feskorn*, § 41 FamFG Rz. 3.
[3] Zöller/*Feskorn*, § 41 FamFG Rz. 4; aA Keidel/*Meyer-Holz*, § 41 FamFG Rz. 8, ähnlich Schneider, Rpfleger 2011, 1 (2); die verlangen, dass das Verfahren „tatsächlich kontrovers" geführt wurde und Schweigen nicht ausreichen lässt; weitergehend aber angesichts der Schwierigkeiten der Abgrenzung Rz. 9, wonach „der Beschluss an jeden Beteiligten zuzustellen (ist), in dessen Person eine Rechtsbeeinträchtigung und damit eine Beschwerdeberechtigung (§ 59 Abs. 1) in Betracht kommen kann."
[4] *Rüntz/Viefhues*, FamRZ 2010, 1285 (1286); *Breuers*, ZFE 2010, 84 (85).

den jedenfalls ein nobile officium sein. Ansonsten sollte die Geschäftsstelle aus Sicherheitsgründen stets den sicheren Weg der Zustellung gehen.[1]

Nach dem klaren Wortlaut des Gesetzes kommt es für die Frage der Bekanntgabeform nur auf den Widerspruch zum erklärten Willen eines Beteiligten an. Nicht maßgeblich ist danach, ob der Beteiligte überhaupt zulässigerweise Beschwerde einlegen kann. Das Gericht hat also in diesem Zusammenhang nicht zu prüfen, ob er hinreichend gem. § 61 Abs. 1 beschwert und beschwerdeberechtigt ist und ob die sonstigen **Zulässigkeitskriterien** erfüllt sind. Dies erscheint auch konsequent. Denn bei fristgerechtem Rechtsmittel hat das Gericht der nächsten Instanz auch über die sonstigen Zulässigkeitsvoraussetzungen zu entscheiden. Genau die Einhaltung der Rechtsmittelfrist soll aber anhand der Zustellungsurkunde überprüfbar sein.

b) Die Bedeutung der obligatorischen Zustellung

aa) Kein Wirksamkeitserfordernis

Nach altem Recht ging die hM, wenn auch meist ohne nähere Begründung, davon aus, dass nicht nur der Lauf der Rechtsmittelfrist, sondern auch die Wirksamkeit der Entscheidung von einer erfolgreichen Zustellung bzw. Bekanntmachung abhängt.[2] Diese Auffassung konnte sich auf den Wortlaut von § 16 Abs. 1, Abs. 2 Satz 1 FGG aF stützen. Denn nach § 16 Abs. 1 FGG erforderte die Wirksamkeit des Beschlusses dessen Bekanntmachung, und diese war für anfechtbare Beschlüssen in § 16 Abs. 2 Satz 1 FGG legaldefiniert: „Die Bekanntmachung erfolgt, wenn mit ihr der Lauf einer Frist beginnt, durch Zustellung nach den für die Zustellung von Amts wegen geltenden Vorschriften der Zivilprozessordnung."

Diese Systematik hat das neue Recht nicht übernommen. Die Form der Bekanntgabe hat in § 15 Abs. 2 eine allgemeine Legaldefinition gefunden. Danach kann die Bekanntgabe „durch Zustellung nach den §§ 166 bis 195 der Zivilprozessordnung *oder* dadurch bewirkt werden, dass das Schriftstück unter der Anschrift des Adressaten zur Post gegeben wird". Die **Bekanntgabe** ist somit der **Oberbegriff**, der sowohl die Zustellung als auch die Aufgabe zur Post umfasst. Wenn also § 40 Abs. 1 die **Wirksamkeit** eines Beschlusses an seine Bekanntgabe knüpft, genügen hierfür **beide Formen der Bekanntgabe**, sowohl die förmliche Zustellung als auch die Aufgabe zur Post.[3]

bb) Keine Voraussetzung für den Lauf der Beschwerdefrist

Die förmliche Zustellung nach §§ 166 ff. ZPO ist im Gegensatz zum früheren Recht[4] auch keine Voraussetzung für den Lauf der Rechtsmittelfrist. Denn § 63 Abs. 3 Satz 1 knüpft den Beginn des Fristlaufs ausdrücklich nur an eine **schriftliche Bekanntgabe**. Zwar ist dieser im Gesetz nur im Zusammenhang mit der Ingangsetzung der Rechtsmittelfrist (etwa in §§ 43 Abs. 2; 63 Abs. 3 Satz 1, 71 Abs. 1 Satz 1) verwendete Begriff im Einzelnen etwas kryptisch und wird in den Materialien auch nur schemenhaft erläutert (vgl. hierzu Rz. 23 ff. und § 63 Rz. 6). Zweifelsfrei geht aus dieser Terminologie aber hervor, dass der Gesetzgeber den Beginn der Rechtsmittelfrist nicht von einer förmlichen Zustellung abhängig macht. Dies folgt im Übrigen auch aus der **Systematik** des Gesetzes. Denn für Beteiligte, deren Willen der Beschluss nicht erkennbar widerspricht, genügt nach §§ 41 Abs. 1 Satz 1, 15 Abs. 2 in jedem Fall die Bekanntgabe durch Aufgabe zur Post. Folglich kann § 63 Abs. 3 Satz 1 die Wirksamkeit der Bekanntgabe nicht auf einmal von höheren Anforderungen abhängig machen, wenn sie doch Beschwerde gegen den Beschluss einlegen (vgl. zu Rechtsmitteln trotz Schweigens eines Beteiligten § 38 Rz. 27 f.).

---

[1] *Breuers*, ZFE 2010, 84 (85).
[2] BayObLG v. 18.3.1999 – 2Z BR 6/99, FGPrax 1999, 99 (100).
[3] So wohl auch *Bumiller*/Harders, § 41 FamFG Rz. 3; Keidel/*Meyer-Holz*, § 41 FamFG Rz. 6; noch weitergehend Rz. 10, wonach die förmliche Zustellung auch für diejenigen Beteiligten, denen zuzustellen ist, kein Wirksamkeitserfordernis darstellt.
[4] Hierzu *Bumiller*/Winkler, 8. Aufl., § 16 FGG Rz. 16.

cc) Folgen für die Praxis

14 Im Ergebnis bleibt in diesem Zusammenhang fest zu halten, dass der für anfechtbare Beschlüsse obligatorischen förmlichen Zustellung an denjenigen, dessen Willen die Entscheidung widerspricht, nur die Funktion einer **Ermessensbeschränkung** zukommt. Sie gibt dem Gericht klare Vorgaben, wann es zwischen den beiden Möglichkeiten der Bekanntgabe nach § 15 Abs. 2 keine Wahl hat. Darüber hinausgehende Sanktionen eines Verstoßes gegen diese Regelung sind weder dem Gesetzeswortlaut noch den Materialien zu entnehmen. Auch diese beschränken sich auf Ausführungen zur Ermessensbeschränkung durch § 41 Abs. 1 Satz 2.[1] Dies erscheint auch folgerichtig. Denn die Entscheidung über die Form der Bekanntgabe ist an eine uU schwierige Prognose über die Akzeptanz der Entscheidung geknüpft (vgl. Rz. 9). Die nach Auffassung des Beschwerdegerichts uU unzutreffende Prognose darf nicht dazu führen, dass der Beschluss entgegen § 40 Abs. 1 keine Wirksamkeit entfaltet. Dies wäre mit der Fürsorgepflicht des Staates gerade in Amtsverfahren nicht zu vereinbaren.

II. Mündliche Bekanntgabe (Absatz 2)

1. Voraussetzungen

a) Anwesenheit von Beteiligten

15 Aus dem früheren Recht übernimmt § 41 Abs. 2 die Möglichkeit einer mündlichen Bekanntgabe von Beschlüssen. Praktischer Bedarf hierzu besteht insbesondere in Betreuungs- Unterbringungs- und Freiheitsentziehungssachen, um schnell die Wirksamkeit des Beschlusses herbeizuführen.[2] Dabei kommt es nicht darauf an, ob der Beschluss anfechtbar ist und im Widerspruch zum erklärten Willen eines Beteiligten steht.[3] Nach § 41 Abs. 2 können somit, wie nach früherem Recht, **sämtliche Beschlüsse** in der Hauptsache verkündet werden. Anders als im Termin zur Verkündung einer Entscheidung im Zivilprozess ist die mündliche Bekanntgabe nach § 41 Abs. 2 Satz 1 nur **Anwesenden** gegenüber gestattet. Eine telefonische Bekanntgabe scheidet daher wie schon nach § 16 Abs. 3 FGG aF aus.[4] Der Wortlaut der Vorschrift verlangt allerdings nicht, dass alle Beteiligten anwesend sind. Dies war schon nach altem Recht anerkannt, wobei die frühere Praxis aber davon ausging, dass derjenige anwesend sein muss, für den die Entscheidung ihrem Inhalt nach bestimmt war. Dies ergab sich aus dem Begriff der Bekanntmachung nach § 16 Abs. 1 FGG aF, der mit dem Wirksamwerden des Beschlusses verknüpft war (vgl. Rz. 11). Diese Verknüpfung ist nunmehr weggefallen. Die Bekanntgabe erfolgt nach § 15 Abs. 1 allen Beteiligten gegenüber und ist **vom Wirksamwerden eines Beschlusses zu trennen**. Wirksam wird der Beschluss gem. § 40 Abs. 1 nach wie vor erst mit der Bekanntgabe an denjenigen Beteiligten, für den er seinem wesentlichen Inhalt nach bestimmt ist. Die Entscheidung kann demnach auch dann nur den Anwesenden bekannt gegeben werden, wenn der Beteiligte, für den sie ihrem wesentlichen Inhalt nach bestimmt ist, nicht anwesend ist. **Abwesenden** ist die Entscheidung nach den Regeln der §§ 15 Abs. 2, 41 Abs. 1 zuzustellen oder postalisch zu übermitteln.[5] Sofern ein Beteiligter vertreten ist, genügt seine persönliche Anwesenheit nicht.[6] Die Bekanntgabe muss dann wegen § 172 Abs. 1 ZPO nach den dargelegten Grundsätzen seinem **Bevollmächtigten** gegenüber erfolgen. Dass in § 172 ZPO nur von der Zustellung die Rede ist, steht dem nicht entgegen. Denn die ZPO kennt eben anders als das FamFG keine Bekanntgabe. In § 15 Abs. 2 ist die Zustellung aber lediglich als Unterfall der Bekanntgabe den anderen Formen gleichgestellt, so dass auch diese § 172 ZPO unterfallen. Anderenfalls würde

---

1 Wörtlich heißt es dort: „Dieses Ermessen schränkt Satz 2 wiederum ein." (BT-Drucks. 16/6308, S. 197).
2 Keidel/*Meyer-Holz*, § 41 FamFG Rz. 15.
3 Vgl. Keidel/*Schmidt*, 15. Aufl., § 16 FGG Rz. 23 und 30; *Bumiller*/Winkler, 8. Aufl., § 16 FGG Rz. 24.
4 Vgl. Keidel/*Meyer-Holz*, § 41 FamFG Rz. 7; Schneider, Rpfleger 2011, 1 (2).
5 Ähnlich Keidel/*Meyer-Holz*, § 41 FamFG Rz. 16.
6 So aber Keidel/*Meyer-Holz*, § 41 FamFG Rz. 16, wonach nur die Zustellung nach Abs. 1 Satz 2 an den Bevollmächtigten erfolgen muss.

auch jeweils der Bekanntgabeadressat wechseln, je nachdem, welche Art der Bekanntgabe gewählt wird. Dies ist mit der Vereinfachung, die §§ 15 Abs. 2, 41 Abs. 2 bezwecken, nicht zu vereinbaren. Umgekehrt ist die Abwesenheit eines vertretenen Beteiligten demnach unschädlich, wenn sein Bevollmächtigter zugegen ist.[1]

b) Verlesen der Beschlussformel

Im Gegensatz zum früheren Recht bedarf es nach § 41 Abs. 2 Satz 1 nicht mehr der Verkündung und Protokollierung der Gründe.[2] Nach § 41 Abs. 2 Satz 1 genügt zur Bekanntgabe das „Verlesen der Beschlussformel". Dies setzt ihre schriftliche Niederlegung voraus.[3] Nach altem Recht wurde bei der Beteiligung **sprachunkundiger Ausländer** teilweise die Hinzuziehung eines Dolmetschers verlangt, da bereits die für sie unverständliche Verlesung der Entscheidung die Rechtsmittelfrist in Gang setze und sie somit einem der deutschen Sprache mächtigen Beteiligten gegenüber benachteiligt seien.[4] Dies dürfte nunmehr nicht mehr gelten, da die Frist zur Einlegung der Beschwerde erst mit der schriftlichen Bekanntgabe zu laufen beginnt (s. Rz. 18; vgl. § 32 Rz. 13). 16

2. Folgen der mündlichen Bekanntgabe

a) Erlass und Wirksamkeit des Beschlusses

Die mündliche Bekanntgabe hat zumindest die rechtliche Folge, dass der Beschluss nach § 38 Abs. 3 Satz 3 erlassen wird. Im Umfang des zu verlesenden Tenors verändert er somit seine Rechtsnatur und wird vom Entwurf zum Beschluss, der nicht mehr abgeändert werden kann.[5] Ferner kann er ab diesem Zeitpunkt angefochten werden. Ob er zugleich wirksam wird, hängt davon ab, wer bei der Bekanntgabe zugegen war. Ist dies der Beteiligte, für den er seinem wesentlichen Inhalt nach bestimmt ist, wird er nach § 40 Abs. 1 mit der mündlichen Bekanntgabe wirksam,[6] ansonsten nicht. Wenn der Beschluss seinem wesentlichen Inhalt nach für eine Mehrheit von Beteiligten bestimmt ist, wird er nur wirksam, wenn alle bei der Verlesung der Beschlussformel zugegen sind. Ansonsten wird er nach den allgemeinen Regeln erst mit der Bekanntgabe an den Beteiligten wirksam, an den sie zuletzt erfolgt (vgl. § 40 Rz. 5).[7] 17

b) Lauf der Rechtsmittelfrist?

Nach altem Recht begann die Frist zur Anfechtung eines mündlich verkündeten Beschlusses nicht erst mit Erteilung einer Abschrift des Protokolls, sondern bereits mit dessen Verlesung.[8] Hinsichtlich der Protokollierung ließ die Rechtsprechung die Aufzeichnung mittels Tonträger oder Kurzschrift genügen.[9] Diese Praxis entsprach § 22 Abs. 1 Satz 2 FGG aF, wonach die Rechtsmittelfrist mit der Bekanntmachung der Entscheidung zu laufen begann. Das neue Recht stellt insoweit gem. § 63 Abs. 3 Satz 1 allein auf die **„schriftliche Bekanntgabe"** des Beschlusses ab und gestattet für 18

---

1 OLG Düsseldorf v. 21.10.1994 – 3 Wx 445/94, FGPrax 1995, 37; BayObLG v. 10.8.2001 – 2Z BR 121/01, NZM 2001, 993; Keidel/*Meyer-Holz*, § 41 FamFG Rz. 16; *Bumiller*/Harders, § 41 FamFG Rz. 6.
2 BT-Drucks. 16/6308, S. 197; vgl. zum alten Recht BayObLG v. 18.3.1999 – 2Z BR 6/99, FGPrax 1999, 99 (100); *Bumiller*/Harders, § 41 FamFG Rz. 7; Keidel/*Meyer-Holz*, § 41 FamFG Rz. 15; Bassenge/Roth/*Gottwald*, § 41 FamFG Rz. 4; Zöller/*Feskorn*, § 41 FamFG Rz. 6.
3 Bork/Jacoby/Schwab/*Elzer*, 1. Aufl., § 41 FamFG Rz. 12f.; Zöller/*Feskorn*, § 41 FamFG Rz. 5.
4 Keidel/*Schmidt*, 15. Aufl., § 16 FGG Rz. 26.
5 Vgl. BGH v. 23.10.1997 – IX ZR 249/96, NJW 1998, 609 (610); KG v. 11.10.2010 – 19 UF 70/10, FGPrax 2011, 48; implizit auch Keidel/*Meyer-Holz*, § 41 FamFG Rz. 14; Bork/Jacoby/Schwab/*Elzer*, 1. Aufl., § 41 FamFG Rz. 16; Zöller/*Feskorn*, § 41 FamFG Rz. 6.
6 Ebenso Keidel/*Meyer-Holz*, § 41 FamFG Rz. 16.
7 *Bumiller*/Winkler, 8. Aufl., § 16 FGG Rz. 6, *Bassenge*/Roth, 11. Aufl., § 16 FGG Rz. 5.
8 BayObLG v. 10.8.2001 – 2Z BR 121/01, NZM 2001, 993; Keidel/*Schmidt*, 15. Aufl., § 16 FGG Rz. 28; *Bumiller*/Winkler, 8. Aufl., § 16 FGG Rz. 25; *Bassenge*/Roth, 11. Aufl., § 16 FGG Rz. 14.
9 BayObLG v. 10.8.2001 – 2Z BR 121/01, NZM 2001, 993; Keidel/*Schmidt*, 15. Aufl., § 16 FGG Rz. 28; *Bumiller*/Winkler, 8. Aufl., § 16 FGG Rz. 25.

die nach § 41 Abs. 2 bekannt gegebenen Entscheidungen keine Ausnahme.[1] Auch wenn der Begriff der schriftlichen Bekanntgabe in Gesetz und Materialien nicht definiert ist, lässt er jedenfalls erkennen, dass die rein mündliche Bekanntmachung der Entscheidung nicht hierunter fällt. Vielmehr findet er seine Entsprechung darin, dass der Beschluss nach § 41 Abs. 2 Satz 4 „auch schriftlich bekannt zu geben" ist (vgl. hierzu u. Rz. 23 ff.). Die Rechtsmittelfrist beginnt somit erst ab diesem Zeitpunkt zu laufen.[2]

3. Weiteres Verfahren

a) Aktenvermerk

aa) Inhalt

19 § 41 Abs. 2 Satz 2 verlangt unter Bezugnahme auf die Verkündung gem. § 41 Abs. 2 Satz 1, dass „dies (...) in den Akten zu vermerken (ist)". Mit dieser etwas undeutlichen Anordnung dürfte der Gesetzgeber nicht nur die Protokollierung der Beschlussformel verlangen.[3] Da die **Anwesenheit** mindestens eines Beteiligten Voraussetzung einer Verkündung nach § 41 Abs. 2 ist, muss man die Bestimmung, dass *„dies (...)* in den Akten zu vermerken" ist auch auf die Anwesenheit der Beteiligten beziehen.[4]

bb) Form

20 Wie § 38 Abs. 3 Satz 3 erklärt sich auch § 41 Abs. 2 Satz 2 nicht ausdrücklich dazu, wer den Vermerk anzufertigen hat. Wie dort bleibt dessen Form im Einzelnen, insbesondere die Frage, ob und von wem er zu unterschreiben ist, auch in § 41 Abs. 2 Satz 2 offen. Die Materialien geben hierüber ebenfalls keinen Aufschluss.[5] Die Beweisfunktion legt aber nahe, dass der Vermerk unterschrieben werden muss, da nur so erkennbar ist, wer die Gewähr für seine Richtigkeit übernehmen will. Da die ordnungsgemäße Bekanntgabe naturgemäß nur vom Gericht selbst festgestellt und urkundlich bescheinigt werden kann, wird er **vom zuständigen Richter selbst zu unterzeichnen** sein.

cc) Wirkung

21 Wie insoweit auch zu § 38 Abs. 3 Satz 3 machen Gesetz und Materialien keine ausdrücklichen Angaben dazu, welche Wirkung dem Vermerk nach § 41 Abs. 2 Satz 2 zukommen soll. Da sich das Gesetz, ähnlich wie beim Erlass (s. § 38 Abs. 3 Satz 3) mit einem bloßen Vermerk begnügt, kommt diesem wiederum **nicht die Beweiswirkung des § 165 ZPO** zu.[6] Auch er ist nur als Beweiserleichterung dafür anzusehen, dass der Beschluss in Anwesenheit bestimmter Beteiligter verkündet wurde. Der Beschluss wird schon mit der Aufnahme der schriftlichen Bekanntgabe in das Protokoll wirksam, unabhängig davon, wann es schriftlich vorliegt.[7] Umgekehrt stehen seine Unvollständigkeit oder sein völliges Fehlen der Wirkung einer mündlichen Bekanntgabe nach § 41 Abs. 2 nicht entgegen.[8]

b) Unverzügliche Nachholung der Begründung

22 Nach früherem Recht bedurfte die mündliche Bekanntmachung der Entscheidung gem. § 16 Abs. 3 FGG stets auch ihrer Begründung (vgl. Rz. 16). Da dies nicht in das neue Recht übernommen wurde, war eine Regelung zur nachträglichen Begründung der Entscheidung erforderlich. Diese wurde in § 41 Abs. 2 Satz 3 getroffen. Danach

---

1 *Bumiller*/Harders, § 41 FamFG Rz. 7.
2 Bassenge/Roth/*Gottwald*, § 41 FamFG Rz. 5.
3 Diese muss in jedem Fall im Vermerk enthalten sein *Bumiller*/Harders, § 41 FamFG Rz. 6; Keidel/*Meyer-Holz*, § 41 FamFG Rz. 17; Bork/Jacoby/Schwab/*Elzer*, 1. Aufl., § 41 FamFG Rz. 12 f.
4 Keidel/*Meyer-Holz*, § 41 FamFG Rz. 17; wohl großzügiger für das frühere Recht BGH v. 27.10. 1999 – XII ZB 18/99, NJW-RR 2000, 887 (888).
5 BT-Drucks. 16/6308, S. 197.
6 So aber Keidel/*Meyer-Holz*, § 41 FamFG Rz. 18.
7 *Bumiller*/Harders, § 41 FamFG Rz. 6; Bassenge/Roth/*Gottwald*, § 41 FamFG Rz. 5.
8 So auch Keidel/*Meyer-Holz*, § 41 FamFG Rz. 18.

„ist die Begründung des Beschlusses unverzüglich nachzuholen". Dies setzt dem Gericht einen ausgesprochen knappen Zeitrahmen. Eine unverzügliche Nachholung der Begründung muss nach der Legaldefinition des § 121 Abs. 1 Satz 1 BGB „ohne schuldhaftes Zögern" erfolgen.[1] Hier hält die ganz hM einen Zeitraum von **allenfalls wenigen Tagen** für angemessen. Dies wurde auch in neueren Kodifikationen ähnlich streng gesehen, wie die Diskussion um § 24 Abs. 7 Satz 7 WEG zeigt.[2] Die Materialien lassen nicht erkennen, dass die unverzügliche Begründung der Entscheidung hier länger dauern dürfte als nach der üblichen Definition von „unverzüglich". Allerdings sind damit im Ergebnis keine höheren Anforderungen an das Gericht gestellt als nach früherem Recht, da die Mitteilung der Gründe früher sogar noch bei der Verkündung erfolgen musste. Im Ergebnis empfiehlt sich die mündliche Bekanntgabe für das Gericht also allenfalls dann, wenn es die Begründung ohnehin schon weitgehend vorbereitet hat. Das Gesetz gibt aber keinen Anhaltspunkt dafür, dass eine **Verletzung der Pflicht zur unverzüglichen Nachholung der Begründung** verfahrensrechtliche Folgen haben soll. Hier dürfte also Ähnliches gelten wie bei Verstößen gegen die Pflicht zur unverzüglichen Vorlage einer angegriffenen Entscheidung nach der Nichtabhilfe (vgl. § 68 Rz. 14): Der Verfahrensfehler kann nur mit der Dienstaufsichtsbeschwerde gerügt werden, hat aber keine unmittelbaren Folgen für das Verfahren.

c) Schriftliche Bekanntgabe

§ 41 Abs. 2 Satz 4 verlangt vom Gericht im Falle der Bekanntgabe durch Verlesung der Beschlussformel über die Nachholung der Begründung hinaus, die Entscheidung „schriftlich bekannt zu geben". Eine entsprechende Formulierung verwendet das Gesetz nur im Zusammenhang mit der Frist für die Anfechtung eines Beschlusses, etwa in §§ 43 Abs. 2, 63 Abs. 3 Satz 1, 71 Abs. 1 Satz 1. Was unter einer „schriftlichen Bekanntgabe" zu verstehen ist, erläutert der Gesetzgeber weder im Gesetz selbst noch in den Materialien, obwohl der Begriff nicht ohne weiteres verständlich ist. Offenkundig nicht gemeint ist damit die gewöhnliche Übermittlung einer Ausfertigung durch Zustellung oder Aufgabe zur Post, da dies selbstverständlich, weil schon von der „einfachen" Bekanntgabe nach § 15 Abs. 2 umfasst ist. So wird der Begriff ja auch durchweg verwendet, etwa in §§ 16 Abs. 1, 40 Abs. 1 und Abs. 3 Satz 3, 41 Abs. 1 Satz 1 und Abs. 3, 44 Abs. 2 Satz 2, 67 Abs. 1, 73 Abs. 1 Satz 1. Auf den ersten Blick könnte man deshalb vermuten, die „schriftliche Bekanntgabe" sei als Qualifikation der Bekanntgabe nach § 15 zu verstehen, etwa als Erfordernis der Schriftform nach § 126 BGB. Dies erscheint jedoch bei näherer Betrachtung kaum denkbar, da es der Schriftform des § 126 BGB, also eigenhändig durch den Spruchkörper unterschriebener Entscheidungen für die Parteien bzw. Beteiligten, nach keiner Verfahrensordnung bedarf und der Gesetzgeber für die Verfahren nach dem FamFG erkennbar keine abweichenden Anforderungen normieren wollte. Zudem genügt die „einfache" Bekanntgabe nach § 15 Abs. 2, sei es durch Zustellung oder durch Aufgabe zur Post, in jedem Fall, so dass § 41 Abs. 2 Satz 4 insoweit keine Verschärfung der Anforderungen bezwecken kann.

Will man die in Gesetz und Materialien nicht näher erläuterte Spezifikation der Bekanntgabe als „schriftlich" nicht als zufälligen und unbeachtlichen Zusatz ansehen, wogegen bereits die stets im Zusammenhang mit der Beschlussanfechtung erfolgende Verwendung spricht, wird man den Gehalt des Begriffes aus **Sinn und Zweck seiner Verwendung** erschließen müssen. Diese lassen sich in § 41 Abs. 2 Satz 4 besonders gut ersehen. Denn hier erfolgte bereits eine Bekanntgabe des Beschlusses, die sogar in den Akten dokumentiert ist. Der Beteiligte hat nunmehr nur noch ein Interesse, die Begründung der Entscheidung in Ruhe nachlesen zu können. Er benötigt

---

1 Keidel/*Meyer-Holz*, § 41 FamFG Rz. 19; Zöller/*Feskorn*, § 41 FamFG Rz. 6.
2 BT-Drucks. 16/887, S. 34; *Bärmann/Merle*, § 24 WEG Rz. 143 (jeweils dafür, dass eine Eintragung mehrere Tage nach der Versammlung nicht mehr „unverzüglich" ist); etwas großzügiger *Hügel/Elzer*, Das neue WEG-Recht, 2007, § 8 Rz. 35 und *Abramenko*, Das neue WEG, 2007, § 2 Rz. 48 (jeweils für eine Frist von mehreren Tagen); am großzügigsten *Riecke/Schmid*, § 24 WEG Rz. 121 (ein bis fünf Tage).

somit den Beschluss in **Textform**. Danach ist die schriftliche Bekanntgabe nichts anderes als die Übermittlung des Beschlusses in Textform nach § 126b BGB, im Gegensatz zur mündlichen Bekanntmachung nach § 41 Abs. 2 Satz 1. Genau in diesem Sinne verwenden auch die Materialien den Begriff, wenn sie ausführen, dass „die Entscheidung auch bei mündlicher Bekanntgabe gem. Satz 1 den Beteiligten künftig stets schriftlich bekannt zu geben" ist.[1] Dies entspricht im Übrigen auch dem bei § 41 Abs. 2 praktizierten Anschluss an das alte Recht. Denn nach § 16 Abs. 3 Satz 2 FGG war dem Beteiligten nach der mündlichen Bekanntmachung des Beschlusses auf Verlangen „eine *Abschrift* der Verfügung zu erteilen". Auch nach altem Recht erhielt er also ebenfalls nur die Begründung des Beschlusses in Textform. Im Ergebnis gibt der Begriff der „schriftlichen Bekanntgabe" näheren Aufschluss darüber, in welcher Form die Entscheidung selbst nach einer mündlichen Bekanntmachung zu übermitteln ist. § 41 Abs. 2 Satz 4 stellt klar, dass eine Bekanntgabe der Entscheidung in Textform genügt, wobei nicht nur die nachgeholte Begründung, sondern eine **komplette Entscheidung** zu übermitteln ist.[2] Die bloße Kenntnisnahme der Entscheidung anlässlich einer Akteneinsicht oÄ genügt nach wie vor nicht, da dann der **Bekanntgabewillen** des Gerichts fehlt,[3] ebenso wenig die formlose Miteilung etwa am Telefon.[4]

25 Diese Auslegung ist auch im Zusammenhang mit der **Rechtsmittelfrist**, in dem der Begriff der „schriftlichen Bekanntgabe" ansonsten verwendet wird, ohne weiteres sinnvoll. Denn das FamFG geht hinsichtlich der Heilung von Zustellungsmängeln nicht über § 189 ZPO, auf den § 15 Abs. 2 Satz 1 Bezug nimmt, hinaus. Hinsichtlich der Bekanntgabe durch Aufgabe zur Post enthält das FamFG überhaupt keine eigenen Vorschriften zur Heilung fehlerhafter Zustellungen. Dabei sind schon die zivilprozessualen Vorschriften unzulänglich. Bereits im Zivilprozess vertrat der BGH wiederholt[5] entgegen der hM[6] die Auffassung, dass demjenigen gegenüber, der eine **Ablichtung** des Schriftstücks in Händen hält, eine Heilung von Zustellungsmängeln eingetreten ist.[7] Dies leuchtet auch ohne weiteres ein, da ein zuvor aufgetretener Mangel die Rechtsverteidigung dann in keiner Weise mehr beeinträchtigt und die Annahme einer unwirksamen Zustellung unter diesen Umständen kaum mehr geboten erscheint. Eine solche Handhabung entspricht auch dem Anliegen des Gesetzgebers, „eine Überfrachtung mit formalen Anforderungen" abzubauen, wie es auch im weit gehenden Verzicht auf die förmliche Zustellung zum Ausdruck kam.[8] Genau diesen Schritt vollziehen §§ 43 Abs. 2, 63 Abs. 3 Satz 1, 71 Abs. 1 Satz 1 nach, wenn sie die Übermittlung des Beschlusses in Textform für die Ingangsetzung der Rechtsmittelfristen genügen lassen. Zudem wird klar, weshalb der Gesetzgeber in anderen Zusammenhängen von einer näheren Modifikation der Bekanntgabe als „schriftliche Bekanntgabe" verzichtet hat: Dort ist sie nicht erforderlich, da der Begriff der Bekanntgabe allein neutral ist. Er umfasst sowohl die Übermittlung der Urschrift als auch einer Ausfertigung oder einer Abschrift.

III. Genehmigung eines Rechtsgeschäfts

26 Abs. 3 behandelt einen Sonderfall der Bekanntgabe an vertretene Beteiligte. Er betrifft den Fall, in dem das Gericht ein Rechtsgeschäft genehmigt (vgl. § 40 Abs. 2). In diesem Fällen wird die Genehmigung dem gesetzlichen Vertreter bekannt gegeben

---

1 BT-Drucks. 16/6308, S. 197.
2 BT-Drucks. 16/6308, S. 197.
3 BayObLG v. 16.6.2004 – 2Z BR 253/03, BayObLGZ 2004, 151 (153); OLG München v. 20.2.2012 – 31 Wx 565/11, NJW-RR 2012, 523 (524); ähnlich *Bumiller*/Harders, § 41 FamFG Rz. 4.
4 *Bumiller*/Harders, § 41 FamFG Rz. 4; Keidel/*Meyer-Holz*, § 41 FamFG Rz. 7.
5 BGH v. 8.10.1964 – II ZR 152/63, MDR 1965, 117 (118); BGH v. 25.1.1980 – V ZR 161/76, Rpfleger 1980, 183.
6 S. OLG Hamm v. 18.1.1994 – 19 U 142/93, NJW-RR 1995, 186 (187); BayObLG v. 16.6.2004 – 2 Z BR 253/03, BayObLGZ 2004, 151 (153); Zöller/*Stöber*, § 189 ZPO Rz. 8 ff., jeweils mwN.
7 Dazu, dass bei Zustellungsabsicht und Empfangsbereitschaft die Übermittlung per Fax genügen kann, s. auch OLG Frankfurt v. 7.1.2000 – 20 W 591/99, NJW 2000, 1653 (1654).
8 BT-Drucks. 16/6308, S. 197.

und dem Geschäftspartner gem. § 1829 Abs. 1 Satz 2 BGB durch dessen Mitteilung wirksam (vgl. § 40 Rz. 5f.).[1] Naturgemäß hat aber auch derjenige, der vertreten wird, ein eigenes Interesse, die Entscheidung über die Genehmigung bzw. ihre Verweigerung zu erfahren. Deshalb ordnet Abs. 3 an, dass die Genehmigung auch ihm bekannt zu geben ist.[2] Die Bekanntgabe kann durch Zustellung oder durch Aufgabe zur Post (§ 15 Abs. 2) erfolgen. Hierdurch beginnt für ihn die Beschwerdefrist zu laufen.[3] Die doppelte Bekanntgabe an Vormund und Vertretenen birgt naturgemäß die Gefahr von Fehlern in sich. Allerdings dürften diese angesichts der Regelung in § 1829 Abs. 1 Satz 2 BGB keine praktischen Auswirkungen haben, da sich der Geschäftspartner nur auf die Mitteilung der Genehmigung durch den gesetzlichen Vertreter verlassen darf.

Schwierigkeiten bereitet die Anwendung von § 41 Abs. 3 allerdings bei Minderjährigen, die noch **nicht das 14. Lebensjahr erreicht** haben und deshalb ihr Beschwerderecht nicht selbst gem. § 60 ausüben können, bzw. bei Geschäftsunfähigen. Hier kann das rechtliche Gehör nicht durch den gesetzlichen Vertreter vermittelt werden, wenn gerade dessen Handeln im Genehmigungsverfahren überprüft werden soll.[4] Auch die Zustellung an einen Verfahrensbeistand kann nicht genügen, da er nach § 158 Abs. 4 Satz 6 nicht Vertreter des Kindes ist.[5] Es bedarf vielmehr der Bestellung eines Verfahrenspflegers.[6] Zudem vermeidet seine Bestellung zur Wahrung der Interessen des Vertretenen die Gefahren, die sich aus einer unterlassenen Zustellung ergeben (vgl. § 63 Rz. 7).[7] 27

§ 42 Berichtigung des Beschlusses

(1) Schreibfehler, Rechenfehler und ähnliche offenbare Unrichtigkeiten im Beschluss sind jederzeit vom Gericht auch von Amts wegen zu berichtigen.
(2) Der Beschluss, der die Berichtigung ausspricht, wird auf dem berichtigten Beschluss und auf den Ausfertigungen vermerkt. Erfolgt der Berichtigungsbeschluss in der Form des § 14 Abs. 3, ist er in einem gesonderten elektronischen Dokument festzuhalten. Das Dokument ist mit dem Beschluss untrennbar zu verbinden.
(3) Der Beschluss, durch den der Antrag auf Berichtigung zurückgewiesen wird, ist nicht anfechtbar. Der Beschluss, der eine Berichtigung ausspricht, ist mit der sofortigen Beschwerde in entsprechender Anwendung der §§ 567 bis 572 der Zivilprozessordnung anfechtbar.

A. Entstehungsgeschichte und Normzweck 1
B. Inhalt der Vorschrift
  I. Anwendbarkeit
    1. Beschlüsse nach §§ 38ff. 2

a) Überschrift der Entscheidung und Entscheidungseingang . . . 3
b) Rubrum
  aa) Die Bezeichnung der Beteiligten 4
  bb) Bezeichnung des Gerichts . 6

---

1 BGH v. 9.12.2009 – XII ZB 215/09, FGPrax 2010, 53; *Bolkart*, MittBayNot 2009, 268 (271).
2 Zur verfassungsrechtlichen Problematik dieser Vorschrift, die nicht die Beteiligung des Betroffenen nach § 7 Abs. 1 Nr. 1 anordnet, *Harders*, DNotZ 2009, 725; aA Bassenge/Roth/*Gottwald*, § 41 FamFG Rz. 6, der von einer Verpflichtung zur Beteiligung des Vertretenen ausgeht.
3 *Harders*, DNotZ 2009, 725 (730).
4 KG v. 4.3.2010 – 17 UF 5/10, FamRZ 2010, 422 (423); OLG Celle v. 4.5.2011 – 10 UF 78/11, Rpfleger 2011, 436 (437); Zöller/*Feskorn*, § 41 FamFG Rz. 7.
5 KG v. 4.3.2010 – 17 UF 5/10, FamRZ 2010, 422 (424); OLG Celle v. 14.9.2012 – 10 UF 56/12, Rpfleger 2013, 88 (89); *Zorn*, Rpfleger 2009, 421 (431); *Sonnenfeld*, ZKJ 2010, 271 (272).
6 KG v. 4.3.2010 – 17 UF 5/10, FamRZ 2010, 422 (424) m. zust. Anm. *Zorn* auch zur hierdurch eintretenden unerwünschten Verlängerung des Verfahrens; Rpfleger 2011, 436 (437); OLG Brandenburg v. 31.1.2012 – 10 UF 243/11, FamRZ 2012, 1069 (1070); OLG Hamm v. 7.9.2010 – 15 W 111/10, Rpfleger 2011, 87; OLG Celle v. 14.9.2012 – 10 UF 56/12, Rpfleger 2013, 88 (89); ähnlich Bassenge/Roth/*Gottwald*, § 41 FamFG Rz. 7; *Diehl*, FuR 2010, 542 (543); *Büte*, FuR 2011, 7; aA für die Bestellung eines Verfahrensbeistands *Harders*, DNotZ 2009, 725 (730); Bork/Jacoby/Schwab/*Elzer*, 1. Aufl., § 41 FamFG Rz. 17.
7 *Bolkart*, MittBayNot 2009, 268 (271).

cc) Beschlussformel 7
dd) Entscheidungsgründe 8
ee) Unterschriften 9
2. Sonstige Entscheidungen 10
3. Vergleiche 11
II. Voraussetzungen einer Berichtigung
nach § 42
1. Unrichtigkeit 12
2. Offenkundigkeit 13
III. Verfahren
1. Tätigkeit von Amts wegen 14
2. Zeitliche Grenzen 15
3. Zuständigkeit 16
4. Rechtliches Gehör 17

5. Durchführung
a) Herkömmliche Aktenführung .. 18
b) Elektronisches Dokument 19
IV. Wirkung
1. Maßgeblichkeit der Berichtigung für
die Entscheidung 20
2. Ausschluss der Bindungswirkung . 21
3. Einfluss auf Rechtsmittel gegen den
(unberichtigten) Beschluss
a) Rechtsmittelfristen 22
b) Zulässigkeit von Rechtsmitteln . 23
V. Anfechtbarkeit
1. Zurückweisung eines Berichtigungs-
ersuchens 24
2. Vornahme der Berichtigung 25

A. Entstehungsgeschichte und Normzweck

1 Die Berichtigung von Beschlüssen war im FGG nicht geregelt. Dennoch herrschte kein Streit darüber, dass sie analog § 319 ZPO auch nach Eintritt der formellen Rechtskraft möglich war.[1] Diese Praxis übernimmt § 42 unter enger Anlehnung an den Wortlaut des § 319 ZPO in das FamFG.[2] Dies gilt auch für die Regelung der Berichtigung von Entscheidungen in Form eines elektronischen Dokuments und für die Anfechtbarkeit der Vornahme bzw. Ablehnung von Berichtigungen.

B. Inhalt der Vorschrift

I. Anwendbarkeit

1. Beschlüsse nach §§ 38 ff.

2 Vom Wortlaut erfasst sind sämtliche Beschlüsse nach §§ 38 ff., die die Instanz beenden. Die Vorschrift gilt gem. § 113 Abs. 1 nicht in Familienstreit- und Ehesachen; hier ist § 319 ZPO anzuwenden. Nach § 42 ist dabei wie im Falle des Urteils nach § 319 ZPO jeder Bestandteil der Entscheidung berichtigungsfähig.

a) Überschrift der Entscheidung und Entscheidungseingang

3 Die Berichtigung nach § 42 kann bereits die Überschrift erfassen, wenn diese etwa Urteil statt Beschluss oder Teilbeschluss statt Beschluss lautet. Relevanter dürften die Fälle sein, in denen die nähere Spezifikation des Beschlusses etwa als Versäumnis- oder Teilbeschluss fehlerhaft ist.[3] Voraussetzung ist aber, wie bei jedem anderen Fehler, dass es sich um eine „offenbare" Unrichtigkeit handelt, die etwa aus dem Eingangssatz („hat ... *beschlossen*") oder aus den Gründen, etwa zur Kostenentscheidung im Schlussbeschluss, ersichtlich ist. Dann kann die Überschrift nach § 42 berichtigt werden. Entsprechendes gilt, wenn der Eingangssatz fehlerhaft ist, also etwa versehentlich die Streitigkeit falsch bezeichnet (zB „In der Familiensache" statt „In der Nachlasssache" geschrieben wurde) oder am Ende des Eingangssatzes die Formel „hat ... für Recht erkannt" statt „hat ... beschlossen" gewählt wurde.

---

1 BT-Drucks. 16/6308, S. 197; BGH v. 9.2.1989 – V ZB 25/88, NJW 1989, 1281; BayObLG v. 26.5.1992 – BReg. 1 Z 71/91, FamRZ 1992, 1326 (1327); OLG Zweibrücken v. 11.12.1997 – 3 W 199/97, FGPrax 1998, 46; OLG Brandenburg v. 17.5.1999 – 9 Wx 9/99, FGPrax 2000, 45; *Preuß*, NZG 2009, 961 (964); *Bumiller*/Harders, § 42 FamFG Rz. 1; Keidel/*Meyer-Holz*, § 42 FamFG Rz. 1; Bassenge/Roth/*Gottwald*, § 42 FamFG Rz. 1; Zöller/*Feskorn*, § 42 FamFG Rz. 1.
2 BT-Drucks. 16/6308, S. 197.
3 BGH v. 2.12.2003 – VI ZR 349/02, NJW 2004, 949; vgl. Zöller/*Vollkommer*, § 319 ZPO Rz. 13.

b) Rubrum

aa) Die Bezeichnung der Beteiligten

In der Praxis bedeutsamer sind Fehler des Rubrums, insbesondere der Bezeichnung der Beteiligten. Diese sind nach § 42 zu berichtigen, unabhängig davon, ob sie durch ein Versehen des Gerichts oder der Beteiligten in die Entscheidung gelangt sind.[1] So hat das Gericht die Bezeichnung der Beteiligten auch dann, wenn ein Beteiligter schon in der Antragsschrift den Antragsgegner oder einen anderen Beteiligten falsch bezeichnet hat, nach § 42 zu korrigieren. Das gilt auch für Verfahrensbevollmächtigte.[2] Die Berichtigung setzt allerdings voraus, dass es sich um eine „offenbare" Unrichtigkeit handelt. Die Bezeichnung kann also insbesondere dann nicht nach § 42 berichtigt werden, wenn der Antragsteller den Antragsgegner nicht nur falsch bezeichnet, sondern einen anderen, **nicht Passivlegitimierten** in Anspruch genommen hat. Über § 42 können auch „Fehler" berichtigt werden, die sich durch Veränderungen im Laufe des Verfahrens ergaben. So kann bei Firmenänderung durch identitätswahrenden **Rechtsformwechsel** die alte durch die neue Bezeichnung eines Beteiligten ersetzt werden.[3] Ähnliches gilt, wenn die Firma des Einzelkaufmanns während des Verfahrens gelöscht wird.[4] Jede Berichtigung nach § 42 setzt aber voraus, dass zumindest erkennbar ist, wer als Beteiligter gemeint ist. Voraussetzung ist freilich, dass die Identität der Beteiligten gewahrt wird;[5] die Auswechslung eines Beteiligten ist nach § 42 nicht möglich.[6]

Besondere Probleme ergeben sich, wenn durch **Wechsel der Rechtsprechung** ein neuer Rechtsinhaber an die Stelle des ursprünglichen tritt, wie etwa die Gesellschaft bürgerlichen Rechts an die Stelle der Gesellschafter oder der teilrechtsfähige Verband[7] an die Stelle der Wohnungseigentümer. Entgegen zu großzügigen Vorstellungen im Schrifttum und teilweise auch in der Rechtsprechung[8] ist die Berichtigung hier nicht stets, insbesondere nicht nach Eintritt der Rechtskraft möglich.[9] Denn der Falschbezeichnung liegt gerade kein offenkundiges Versehen, sondern ein Rechtsirrtum zugrunde: Es wurde entgegen späterer Erkenntnis der Rechtsprechung schlicht der Falsche in Anspruch genommen, was zumindest der „Berichtigung" rechtskräftiger Titel entgegensteht. Ansonsten würde ein zu keiner Zeit am Verfahren Beteiligter auf einmal Schuldner einer titulierten Verpflichtung. Berichtigungen sind aber wie immer bei bloßer Gedankenlosigkeit oder Falschbezeichnung möglich.

bb) Bezeichnung des Gerichts

Auch Fehler in der Bezeichnung des Gerichts können nach § 42 berichtigt werden. Diese können insbesondere darin bestehen, dass die mitwirkenden Gerichtspersonen nicht im Rubrum genannt sind.[10]

---

1 KG v. 10.3.1936 – 16 U 5758/33, JW 1936, 1479 (1480); *Bumiller*/Harders, § 42 FamFG Rz. 3.
2 Keidel/*Meyer-Holz*, § 42 FamFG Rz. 18.
3 BGH v. 19.2.2002 – VI ZR 394/00, NJW 2002, 1430 (1431); BGH v. 27.2.2004 – IXa ZB 162/03, Rpfleger 2004, 362; Zöller/*Vollkommer*, § 319 ZPO Rz. 14.
4 Zöller/*Vollkommer*, § 319 ZPO Rz. 14; *Musielak*, § 319 ZPO Rz. 6.
5 *Bumiller*/Harders, § 42 FamFG Rz. 3; Keidel/*Meyer-Holz*, § 42 FamFG Rz. 17.
6 BGH v. 14.7.1994 – IX ZR 193/93, MDR 1994, 1142; BGH v. 12.12.2006 – I ZB 83/06, ZMR 2007, 286 (287); OLG Frankfurt v. 26.6.1990 – 11 U 72/89, NJW-RR 1990, 1471; OLG Zweibrücken v. 11.12.1997 – 3 W 199/97, FGPrax 1998, 46; Keidel/*Meyer-Holz*, § 42 FamFG Rz. 17; Bork/Jacoby/Schwab/*Elzer*, 1. Aufl., § 42 FamFG Rz. 5; Zöller/*Vollkommer*, § 319 ZPO Rz. 14.
7 Hierzu BGH v. 15.1.2003 – XII ZR 300/99, NJW 2003, 1043.
8 OLG München v. 13.7.2005 – 34 Wx 061/05, ZMR 2005, 729, 730; OLG Düsseldorf v. 29.11.2005 – 23 U 211/04, NZM 2006, 182; Zöller/*Vollkommer*, § 319 ZPO Rz. 14.
9 BGH v. 12.12.2006 – I ZB 83/06, ZMR 2007, 286 (287); OLG Celle v. 5.4.2006 – 3 U 265/05, ZMR 2006, 540 (541); *Demharter*, ZWE 2005, 360 und NZM 2006, 82f.; *Elzer*, ZMR 2005, 730f.; *Abramenko*, ZMR 2005, 750 (751f.).
10 BGH v. 27.10.1955 – II ZR 310/53, BGHZ 18, 350 (354); BayObLG v. 20.10.1986 – RReg. 2 Z 102/86, BayObLGZ 1986, 398 (399).

cc) Beschlussformel

7 Auch die Beschlussformel kann nach § 42 berichtigt werden, sofern sie offenbar unrichtig ist, also etwa der Begründung widerspricht.[1] Dies kann zunächst die **Entscheidung in der Hauptsache** betreffen; diese kann im Wege der Berichtigung sogar in ihr Gegenteil verkehrt werden.[2] Berichtigt werden können nach der ausdrücklichen Anordnung von § 42 Abs. 1 auch **Rechenfehler**, etwa die unrichtige Addition mehrerer Positionen. In Betracht kommt auch die Berichtigung des **Kostenausspruchs**, wenn etwa versehentlich derjenige Beteiligte mit den Kosten belastet wurde, der sie nach der Begründung der Ermessensentscheidung nach § 81 Abs. 1 gerade nicht tragen sollte. Selbstverständlich kann auch eine Kostenentscheidung wegen eines Rechenfehlers berichtigt werden, wenn sie nicht 100 % oder mehr als 100 % der Kosten auf die Beteiligten verteilt. Die **Zulassung von Rechtsmitteln**, hier also der Beschwerde nach § 61 Abs. 3 oder der Rechtsbeschwerde nach § 70 Abs. 1 und 2, kann im Wege der Berichtigung nachgeholt werden, wenn schon bei Erlass der Entscheidung ein diesbezüglicher Wille hervorgetreten ist, der Ausspruch aber versehentlich unterlassen wurde (s. § 61 Rz. 18 u. § 70 Rz. 13).[3] Gleiches gilt für die Anordnung der sofortigen Wirksamkeit eines Beschlusses nach § 40 Abs. 3 Satz 2.[4]

dd) Entscheidungsgründe

8 Die Tatsachenfeststellung entfaltet zwar keine Beweiskraft nach § 314 ZPO, weshalb auch keine Tatbestandsberichtigung vorgesehen ist.[5] Obwohl deshalb eine förmliche Korrektur der tatsächlichen Feststellungen zwecks Abänderung der Beschlussformel nicht erforderlich ist, sollte man sie zulassen.[6] Dies ergibt sich schon daraus, dass ohne Berichtigung der tatsächlichen Feststellungen der Tenor entweder unverständlich ist oder gar, wenn nur er im Wege der Berichtigung geändert wird, unverständlich wird. Am häufigsten dürften sich Berichtigungen nach § 42 auf die Entscheidungsgründe beziehen, da diese bei Weitem den umfangreichsten Bestandteil der Entscheidung darstellen; dementsprechend finden sich hier auch die meisten Schreib- und Rechenfehler. Auch eine unrichtige oder fehlende **Rechtsmittelbelehrung** kann im Wege der Berichtigung korrigiert oder nachgeholt werden (vgl. § 39 Rz. 18).[7]

ee) Unterschriften

9 Auch die Unterschriften der Gerichtspersonen können nach § 42 berichtigt werden, wenn etwa anstelle des zur Mitwirkung berufenen Richters ein anderer unterzeichnet hat. Dies erfordert die Streichung der falschen Unterschrift und die Unterschriftsleistung durch das richtige Mitglied des Spruchkörpers.[8] Auch eine fehlende Unterschrift[9] oder ein fehlender Verhinderungsvermerk kann nachgeholt werden.[10] Dies kann auch noch nach Einlegung von Rechtsmitteln geschehen,[11] allerdings

---

1 OLG Stuttgart v. 13.1.1984 – 15 UF 251/83 u. 15 UF 531/83, FamRZ 1984, 402 (403 f.); Zöller/*Vollkommer*, § 319 ZPO Rz. 15.
2 Keidel/*Meyer-Holz*, § 42 FamFG Rz. 19.
3 BGH v. 8.7.1980 – VI ZR 176/78, BGHZ 78, 22; BGH v. 25.2.2000 – V ZR 206/99, NJW-RR 2001, 61; BGH v. 17.12.2003 – II ZB 35/03, FamRZ 2004, 530; BGH v. 11.5.2004 – VI ZB 19/04, NJW 2004, 2389.
4 Keidel/*Meyer-Holz*, § 42 FamFG Rz. 20.
5 Keidel/*Meyer-Holz*, § 42 FamFG Rz. 23.
6 Anders wohl Keidel/*Meyer-Holz*, § 42 FamFG Rz. 23.
7 BAG v. 13.4.2005 – 5 AZB 76/04, NJW 2005, 2251 (2252); Keidel/*Meyer-Holz*, § 42 FamFG Rz. 28; *Götz*, FPR 2011, 1 (4).
8 BGH v. 27.10.1955 – II ZR 310/53, BGHZ 18, 350 (354); BGH v. 24.6.2003 – VI ZR 309/02, MDR 2003, 1310; Keidel/*Meyer-Holz*, § 42 FamFG Rz. 26; Zöller/*Vollkommer*, § 319 ZPO Rz. 13a.
9 BGH v. 23.10.1997 – IX ZR 249/96, NJW 1998, 609 (610); BGH v. 27.1.2006 – V ZR 243/04, NJW 2006, 1881 (1882); Keidel/*Meyer-Holz*, § 42 FamFG Rz. 26.
10 Zöller/*Vollkommer*, § 319 ZPO Rz. 13a; allgemein ebenso Baumbach/*Hartmann*, § 319 ZPO Rz. 20.
11 Keidel/*Meyer-Holz*, § 42 FamFG Rz. 26.

nicht nach Ablauf der Frist des § 63 Abs. 3 Satz 2.[1] Dies soll nicht bei schriftlich bekannt gegebenen Beschlüssen (§ 41 Abs. 1) gelten, da dann nur ein bloßer Entwurf vorliege.[2]

2. Sonstige Entscheidungen

Im Zivilprozess ist seit langem anerkannt, dass nicht nur Entscheidungen in der Hauptsache nach § 319 ZPO berichtigt werden können, sondern auch Beschlüsse.[3] Diese Praxis wurde schon nach altem Recht auf Verfahren der freiwilligen Gerichtsbarkeit übertragen. Obwohl § 42 systematisch in die Vorschriften zur Entscheidung nach §§ 38 ff. eingeordnet wurde, ist nicht zu erkennen, dass der Gesetzgeber an dieser Praxis etwas ändern wollte. Es wäre ein sinnwidriges Ergebnis, wollte man der ausdrücklichen Regelung der Berichtigung von Entscheidungen in der Hauptsache entnehmen, dass sonstige Entscheidungen, insbesondere Zwischenentscheidungen, nunmehr nicht mehr berichtigt werden können. Vielmehr wollte der Gesetzgeber die bisherige Praxis durch Übernahme einer § 319 ZPO entsprechenden Regelung auf eine gesetzliche Grundlage stellen.[4] Man wird also insoweit auf die frühere Praxis zurückgreifen können, wonach auch diese Entscheidungen bei Schreib- und Rechenfehlern oder sonstigen offenbaren Unrichtigkeiten berichtigt werden können, wobei dies nunmehr in entsprechender Anwendung von § 42 erfolgt.[5] Demnach können neben der abschließenden Entscheidung in der Hauptsache auch **isolierte Kostenentscheidungen** nach beidseitiger Erledigungserklärung oder nach einem Vergleich gem. § 83 bei offenbaren Unrichtigkeiten berichtigt werden, ebenso **Zwischenentscheidungen**, unabhängig davon, ob sie anfechtbar sind oder nicht. Auch **Berichtigungen** selbst können ihrerseits wieder nach § 42 berichtigt werden.[6] Dies gilt grundsätzlich auch für unanfechtbare Entscheidungen wie Verweisungen oder Adoptionsbeschlüsse, soweit der unabänderbare Inhalt nicht betroffen ist, also etwa bei Fehlern in der Bezeichnung der Beteiligten.[7] Eine geringfügige Abweichung ergibt sich nur bei solchen Entscheidungen, die im Verfahren nach der ZPO ergehen. Hier richtet sich die Möglichkeit der Berichtigung nach § 319 ZPO, was aber angesichts der identischen Regelungen im Ergebnis keinen Unterschied ausmacht.

3. Vergleiche

Auf Vergleiche ist § 42 grundsätzlich nicht anwendbar (vgl. § 36 Rz. 16),[8] wobei im Einzelnen zu differenzieren ist: Wird der Vergleich schriftlich nach § 36 Abs. 3 FamFG iVm. § 278 Abs. 6 ZPO geschlossen, so unterliegt ein Fehler des Gerichts bei Abfassung des Beschlusses, der ihn feststellt, der Sonderregelung des § 278 Abs. 6 Satz 3 ZPO.[9] Wird er aber im Termin protokolliert und von den Beteiligten nach erneutem Vorlesen genehmigt, so liegt keine gerichtliche Entscheidung vor, die nach § 319 ZPO berichtigt werden könnte. Auch eine Protokollberichtigung nach § 36 Abs. 4 FamFG iVm. § 164 ZPO kommt nicht in Betracht, wenn die protokollierten Erklärungen den abgegebenen entsprechen.[10]

---

1 Keidel/*Meyer-Holz*, § 42 FamFG Rz. 26.
2 So Keidel/*Meyer-Holz*, § 42 FamFG Rz. 27, was wohl nicht zutrifft, vgl § 38 Rz. 23 m. Fn. 4.
3 Zöller/*Vollkommer*, § 319 ZPO Rz. 3; Baumbach/*Hartmann*, § 319 ZPO Rz. 3; *Musielak*, § 319 ZPO Rz. 2.
4 BT-Drucks. 16/6308, S. 197.
5 So auch Keidel/*Meyer-Holz*, § 42 FamFG Rz. 10.
6 OLG Koblenz v. 23.9.1996 – 5 W 429/96, NJW-RR 1997, 1352; Zöller/*Vollkommer*, § 319 ZPO Rz. 14.
7 Keidel/*Meyer-Holz*, § 42 FamFG Rz. 11 ff.
8 BGH v. 14.7.2004 – XII ZB 268/03, NJW-RR 2005, 214; Keidel/*Meyer-Holz*, § 42 FamFG Rz. 15; Zöller/*Vollkommer*, § 319 ZPO Rz. 3; aA ohne Begr. Bork/Jacoby/Schwab/*Elzer*, 1. Aufl., § 42 FamFG Rz. 3.
9 So auch Keidel/*Meyer-Holz*, § 42 FamFG Rz. 15.
10 OLG Hamm v. 12.11.1982 – 26 W 19/82, OLGZ 1983, 89 (91 f.); Zöller/*Stöber*, § 164 ZPO Rz. 3.

II. Voraussetzungen einer Berichtigung nach § 42

1. Unrichtigkeit

12 Voraussetzung der Berichtigung nach § 42 ist das Vorliegen eines Schreib- oder Rechenfehlers bzw. einer ähnlichen offenbaren Unrichtigkeit. Schreib- und Rechenfehler spielen in Rechtsprechung und Schrifttum praktisch keine Rolle, weil ihr Vorliegen idR unzweifelhaft festzustellen ist. Zu Schreibfehlern gehört etwa die Nennung der falschen **Grundbuchnummer** eines Grundstücks[1] oder ein **Zahlendreher**[2] sowie fehlerhafte Eingaben in ein **Computerprogramm**.[3] Größere Probleme bereitet die Handhabung der offenbaren Unrichtigkeit.[4] Sie liegt – abstrakt definiert – immer dann vor, wenn das vom Gericht **Erklärte vom Gewollten abweicht**,[5] was zudem offenkundig sein muss. Dies ist etwa dann der Fall, wenn ein Anspruch in den Gründen behandelt, in der Beschlussformel aber vergessen wird.[6] Die Nachholung eines gänzlich vergessenen Ausspruchs ist dagegen nach § 43 zu korrigieren.[7] Alle **anderen Mängel** der Entscheidung, insbesondere die fehlerhafte, tatsächliche[8] oder rechtliche Beurteilung des Falles,[9] berechtigen nicht zur Berichtigung, selbst wenn sie offenkundig sind. Für Verfahrensmängel, etwa die Nichtberücksichtigung erheblichen Vortrags, gilt nichts anderes.[10] Derartige Fehler in einer Entscheidung nach §§ 38 ff. können aber in der ersten Instanz, sieht man von Familiensachen ab, im Wege der Abhilfe nach § 68 Abs. 1 Satz 1 beseitigt werden. Gleiches gilt für **Zwischenentscheidungen**, die nach den §§ 567 ff. ZPO anfechtbar sind, gem. § 572 Abs. 1 ZPO. Bei Unanfechtbarkeit kommt eine Abhilfe auf **Anhörungsrüge** in Betracht, wenn die Voraussetzungen des § 44 vorliegen. Die Abgrenzung der in diesem Sinne ungewollten Mängel von einer bewussten, wenn auch fehlerhaften Entscheidung ist oftmals nicht einfach und nicht selten auch umstritten. So ist die auf einer falschen Festsetzung der Gegenstandswerte für einzelne Ansprüche beruhende Kostenverteilung eigentlich kein Fall der Berichtigung nach § 319 ZPO (und somit auch nicht nach § 42), da das Gericht dann genau das erklärt, was es will, nur auf unzutreffender Grundlage.[11] Gleichwohl wird auch in diesen Fällen die Möglichkeit einer Berichtigung wegen offenbarer Unrichtigkeit teilweise bejaht.[12] Ähnliches gilt bei sonstigen Fällen offensichtlich falscher Willensbildung, etwa der versehentlichen Zuerkennung nicht bean-

---

1 KG v. 10.3.1936 – 16 U 5758/33, JW 1936, 1479, 1480; Zöller/*Vollkommer*, § 319 ZPO Rz. 8.
2 OLG Bremen v. 23.8.2005 – 2 W 57/05, OLGReport 2005, 661; Zöller/*Vollkommer*, § 319 ZPO Rz. 8.
3 OLG Bamberg v. 15.10.1997 – 2 WF 115/97, FamRZ 1998, 764; OLG Düsseldorf v. 23.6.1997 – 2 UF 203/93, FamRZ 1997, 1407 (1408); OLG Karlsruhe v. 25.10.2002 – 2 UF 98/02, MDR 2003, 523; Keidel/*Meyer-Holz*, § 42 FamFG Rz. 9.
4 Zum Fehlen scharfer Grenzen zwischen Versehen nach § 319 Abs. 1 ZPO und sonstigen Irrtümern s. schon BGH v. 12.1.1984 – III ZR 95/82, NJW 1985, 742 (743).
5 BGH v. 12.1.1984 – III ZR 95/82, NJW 1985, 742; BGH v. 9.2.1989 – V ZB 25/88, NJW 1989, 1281; BayObLG v. 30.3.1951 – UmstBeschwReg. 47/50, BayObLGZ 1948–1951, 342 (344); OLG Bamberg v. 15.10.1997 – 2 WF 115/97, FamRZ 1998, 764; Bumiller/Harders, § 42 FamFG Rz. 2; Keidel/*Meyer-Holz*, § 42 FamFG Rz. 3; Bassenge/Roth/*Gottwald*, § 42 FamFG Rz. 3; Bork/Jacoby/Schwab/*Elzer*, 1. Aufl., § 42 FamFG Rz. 8.
6 OLG Stuttgart v. 13.1.1984 – 15 UF 251/83 u. 15 UF 531/83, FamRZ 1984, 402 (403); BayObLG v. 11.9.2001 – 3 Z BR 101/99, FGPrax 2001, 253 (254).
7 Keidel/*Meyer-Holz*, § 42 FamFG Rz. 25.
8 BGH v. 9.12.1987 – IVa ZR 155/86, NJW-RR 1988, 407 (408); OLG Köln v. 16.4.1996 – 4 UF 40/96, FamRZ 1997, 569 (570); Keidel/*Meyer-Holz*, § 42 FamFG Rz. 4; Zöller/*Vollkommer*, § 319 ZPO Rz. 19.
9 OLG Düsseldorf v. 10.6.1992 – 9 W 52/92; NJW-RR 1992, 1532; OLG Zweibrücken v. 23.4.1999 – 2 UF 191/98, NJW-RR 1999, 1666; OLG Brandenburg v. 17.5.1999 – 9 Wx 9/99, FGPrax 2000, 45; OLG München v. 16.6.2003 – 7 W 1516/03, NJW-RR 2003, 1440; Keidel/*Meyer-Holz*, § 42 FamFG Rz. 4; Zöller/*Vollkommer*, § 319 ZPO Rz. 4.
10 Zöller/*Vollkommer*, § 319 ZPO Rz. 19a.
11 OLG Düsseldorf v. 10.6.1992 – 9 W 52/92; NJW-RR 1992, 1532; OLG Köln v. 18.3.1993 – 7 W 1/93, OLGZ 1993, 446 (447 f.); Keidel/*Meyer-Holz*, § 42 FamFG Rz. 25; Bork/Jacoby/Schwab/*Elzer*, 1. Aufl., § 42 FamFG Rz. 6.
12 Zöller/*Vollkommer*, § 319 ZPO Rz. 9; zur aA s. vorige Fn.

tragter Mehrwertsteuer.[1] Im Ergebnis tendierte die Praxis der Gerichte im Sinne der materiellen Gerechtigkeit zu einer großzügigen Anwendung von § 319 ZPO,[2] was man nach Schaffung der Spezialregelung des § 42 für Verfahren nach dem FamFG auch auf diese übertragen kann. Unerheblich ist, wer den Fehler verursacht hat; er kann also auch auf ein Versehen – etwa auf eine falsa demonstratio – des Antragstellers oder eines sonstigen Beteiligten zurückgehen.[3] Kein berichtigungsfähiger Fehler liegt aber dann vor, wenn sich der Beteiligte etwa über den Passivlegitimierten oder den Gegenstand seines Anspruchs getäuscht hat; dann ist der Antrag schlicht unbegründet.[4]

2. Offenkundigkeit

Die Abweichung des Gewollten vom Erklärten muss ferner „offenbar" sein. Dies erfordert, dass sie für einen objektiven Dritten **aus der Entscheidung und den Umständen bei ihrer Verkündung** ersichtlich wird.[5] Herangezogen werden können somit neben der Entscheidung selbst etwa das Sitzungsprotokoll,[6] gleichzeitig verkündete Entscheidungen in Parallelsachen,[7] uU der sonstige Akteninhalt[8] oder für jedermann offenliegende Umstände[9] und Informationsquellen wie etwa in der Fachliteratur publizierte Unterhaltstabellen.[10] Nicht ausreichend sind unprotokolliert gebliebene Vorgänge in der mündlichen Verhandlung oder Entscheidungsentwürfe, da sie einem Dritten nicht bekannt bzw. zugänglich sind.[11] Erst recht kann eine Berichtigung gem. § 42 nicht auf **nachträgliches Vorbringen** gestützt werden, da hier schon die Möglichkeit der Kenntnis und damit erst recht die Offenkundigkeit fehlt.[12] Offenbar bedeutet nicht, dass der Fehler auf Anhieb oder gar für jeden Laien ersichtlich ist.[13] Es genügt, dass ihn das Gericht korrigiert hätte, wenn es ihn rechtzeitig entdeckt hätte.[14] Das Vergessen eines Anspruchs ist nur nach § 42 zu korrigieren, wenn sich aus der Entscheidung oder sonstigen berücksichtigungsfähigen Umständen ergibt,

---

1 OLG Braunschweig v. 17.6.1993 – 2 U 36/93, NJW-RR 1994, 34 (35); Zöller/*Vollkommer*, § 319 ZPO Rz. 4.
2 BGH v. 12.1.1984 – III ZR 95/82, NJW 1985, 742 f.; Zöller/*Vollkommer*, § 319 ZPO Rz. 1; zu Rechenfehlern s. Keidel/*Meyer-Holz*, § 42 FamFG Rz. 9.
3 KG v. 10.3.1936 – 16 U 5758/33, JW 1936, 1479 (1480); Keidel/*Meyer-Holz*, § 42 FamFG Rz. 7; Zöller/*Vollkommer*, § 319 ZPO Rz. 5; Baumbach/*Hartmann*, § 319 ZPO Rz. 16.
4 BGH v. 12.12.2006 – I ZB 83/06, ZMR 2007, 286 (287); Zöller/*Vollkommer*, § 319 ZPO Rz. 8.
5 BGH v. 8.3.1956 – III ZR 265/54, BGHZ 20, 188 (192); BGH v. 8.7.1980 – VI ZR 176/78, BGHZ 78, 22 f.; BGH v. 9.2.1989 – V ZB 25/88, BGHZ 106, 370 (373); BAG v. 29.8.2001 – 5 AZB 32/00, NJW 2002, 1142; OLG Brandenburg v. 17.5.1999 – 9 Wx 9/99, FGPrax 2000, 45; OLG Bamberg v. 15.10.1997 – 2 WF 115/97, FamRZ 1998, 764; Keidel/*Meyer-Holz*, § 42 FamFG Rz. 8; Bassenge/Roth/*Gottwald*, § 42 FamFG Rz. 3; Zöller/*Vollkommer*, § 319 ZPO Rz. 5.
6 BGH v. 25.2.2000 – V ZR 206/99, NJW-RR 2001, 61; Zöller/*Vollkommer*, § 319 ZPO Rz. 15; Bassenge/Roth/*Gottwald*, § 42 FamFG Rz. 3; zu eng *Bumiller*/Harders, § 42 FamFG Rz. 3, wonach sich die Unrichtigkeit aus der Entscheidung ergeben muss.
7 BGH v. 8.7.1980 – VI ZR 176/78, BGHZ 78, 22 (23); Bork/Jacoby/Schwab/*Elzer*, 1. Aufl., § 42 FamFG Rz. 8.
8 Keidel/*Meyer-Holz*, § 42 FamFG Rz. 8; allerdings ist hier Vorsicht geboten, weil die unterlassene Kenntnisnahme des Akteninhalts oder Missverständnisse keine Abweichung vom eigentlich Gewollten darstellen.
9 BGH v. 9.2.1989 – V ZB 25/88, NJW 1989, 1281; BGH v. 25.2.2000 – V ZR 206/99, NJW-RR 2001, 61; BGH v. 11.5.2004 – VI ZB 19/04, NJW 2004, 2389.
10 OLG Düsseldorf v. 23.6.1997 – 2 UF 203/93, FamRZ 1997, 1407 (1408); OLG Bamberg v. 15.10.1997 – 2 WF 115/97, FamRZ 1998, 764; OLG Karlsruhe v. 25.10.2002 – 2 UF 98/02, MDR 2003, 523; Keidel/*Meyer-Holz*, § 42 FamFG Rz. 9; Zöller/*Vollkommer*, § 319 ZPO Rz. 5.
11 BAG v. 29.8.2001 – 5 AZB 32/00, NJW 2002, 1142; BGH v. 25.2.2000 – V ZR 206/99, NJW-RR 2001, 61; Zöller/*Vollkommer*, § 319 ZPO Rz. 15.
12 Zöller/*Vollkommer*, § 319 ZPO Rz. 19; vgl. OLG Köln v. 1.7.1991 – 13 U 50/91, NJW-RR 1991, 1536.
13 BGH v. 14.7.1994 – IX ZR 193/93, BGHZ 127, 74, 81; Bassenge/Roth/*Gottwald*, § 42 FamFG Rz. 3; Zöller/*Vollkommer*, § 319 ZPO Rz. 5.
14 BGH v. 9.11.1994 – XII ZR 184/93, NJW 1995, 1033; OLG Karlsruhe v. 25.10.2002 – 2 UF 98/02, MDR 2003, 523; Zöller/*Vollkommer*, § 319 ZPO Rz. 5; ähnlich Bork/Jacoby/Schwab/*Elzer*, 1. Aufl., § 42 FamFG Rz. 9.

dass das Gericht darüber befinden wollte.[1] Findet der Sachverhalt überhaupt keinen Niederschlag in der Entscheidung, ist der Fehler nicht offenkundig.[2] Hier liegt der Anwendungsbereich von § 43.[3] Auch im Zusammenhang mit der Offenkundigkeit ist die abstrakte Definition freilich einfacher als die Handhabung in der Praxis. So ist etwa bei der Verlesung nur der Beschlussformel nach § 38 Abs. 3 Satz 3 keine Offenkundigkeit möglich, wenn sie lediglich der später abgesetzten Begründung widerspricht.[4]

III. Verfahren

1. Tätigkeit von Amts wegen

14   Die Berichtigung wegen offenbarer Unrichtigkeiten hat von Amts wegen zu erfolgen. Das Gericht hat tätig zu werden, sobald ihm der Fehler bekannt wird.[5] Eines Antrags der Beteiligten bedarf es nicht, ein solcher ist als Anregung zu verstehen.[6] Deshalb kann der Beteiligte auch in Verfahren mit Anwaltszwang die Berichtigung selbst anregen; das Gericht muss dem nachgehen.[7] Deswegen hat auch das **Rechtsbeschwerdegericht** Eingaben der Beteiligten nachzugehen, die nicht von einem gem. § 10 Abs. 4 postulationsfähigen Anwalt eingereicht werden. Denn hiermit erlangt es Kenntnis des Fehlers, den es von Amts wegen zu berichtigen hat.

2. Zeitliche Grenzen

15   Die Berichtigung kann nach § 42 Abs. 1 „jederzeit" erfolgen, dh. auch schon **vor Zustellung** der Entscheidung.[8] Die Entscheidung muss aber naturgemäß schon erlassen sein,[9] da es sich ansonsten nur um einen Entwurf handelt. Nach Zustellung bestehen **keine Ausschlussfristen**. Das Gericht kann seine Entscheidung auch nach Einlegung von Rechtsmitteln,[10] ja noch nach Eintritt der Rechtskraft berichtigen.[11] Es gelten nur die allgemeinen Schranken der Verwirkung und des Verstoßes gegen Treu und Glauben.[12] Das bloße Absehen von Rechtsmitteln genügt hierfür allerdings nicht.[13]

3. Zuständigkeit

16   Nach oben Gesagtem zu korrigierende Fehler sind gem. § 42 Abs. 1 „vom Gericht" zu berichtigen. Damit ist das Gericht gemeint, das die fehlerhafte Entscheidung er-

---

1   BGH v. 10.7.1991 – IV ZR 155/90, NJW-RR 1991, 1278; OLG München v. 16.6.2003 – 7 W 1516/03, NJW-RR 2003, 1440.
2   OLG Düsseldorf v. 16.5.2001 – 24 W 25/01, NJW-RR 2002, 211; OLG Stuttgart v. 7.3.2011 – 18 UF 332/10.
3   BGH v. 10.1.2002 – III ZR 62/01, NJW 2002, 1115 (1116); OLG München v. 16.6.2003 – 7 W 1516/03, NJW-RR 2003, 1440.
4   BAG v. 29.8.2001 – 5 AZB 32/00, NJW 2002, 1142; Keidel/*Meyer-Holz*, § 42 FamFG Rz. 22.
5   OLG Hamm v. 3.9.1986 – 4 WF 457/85, NJW-RR 1987, 187 (188); Zöller/*Vollkommer*, § 319 ZPO Rz. 21; Bork/Jacoby/Schwab/*Elzer*, 1. Aufl., § 42 FamFG Rz. 12; unklar Bumiller/Harders, § 42 FamFG Rz. 4, wonach die Änderung „von Amts wegen und auf Antrag" (?) erfolgen kann; ähnlich Keidel/*Meyer-Holz*, § 42 FamFG Rz. 30.
6   Bassenge/Roth/*Gottwald*, § 42 FamFG Rz. 6.
7   Insoweit richtig Keidel/*Meyer-Holz*, § 42 FamFG Rz. 30, weshalb die Abgrenzung zwischen der zwingend vom Anwalt vorzunehmenden Antragstellung und der Anregung durch den Beteiligten nicht recht verständlich erscheint.
8   OLG München v. 16.6.2003 – 7 W 1516/03, NJW-RR 2003, 1440.
9   Keidel/*Meyer-Holz*, § 42 FamFG Rz. 29.
10 BGH v. 27.10.1955 – II ZR 310/53, BGHZ 18, 350 (356f.); BayObLG v. 20.10.1986 – RReg. 2 Z 102/86, BayObLGZ 1986, 398 (399); Keidel/*Meyer-Holz*, § 42 FamFG Rz. 29; Bassenge/Roth/*Gottwald*, § 42 FamFG Rz. 1.
11 BT-Drucks. 16/6308, S. 197; vgl. OLG Hamm v. 3.9.1986 – 4 WF 457/85, NJW-RR 1987, 187 (188); OLG Brandenburg v. 2.12.1999 – 9 WF 234/99, NJW-RR 2000, 1522; Keidel/*Meyer-Holz*, § 42 FamFG Rz. 29; Bassenge/Roth/*Gottwald*, § 42 FamFG Rz. 1; Bork/Jacoby/Schwab/*Elzer*, 1. Aufl., § 42 FamFG Rz. 14.
12 OLG Brandenburg v. 2.12.1999 – 9 WF 234/99, NJW-RR 2000, 1522f.; Zöller/*Vollkommer*, § 319 ZPO Rz. 21.
13 OLG Brandenburg v. 2.12.1999 – 9 WF 234/99, NJW-RR 2000, 1522 (1523).

lassen hat.¹ Es hat derselbe Spruchkörper tätig zu werden. Hat der Einzelrichter den Beschluss erlassen, so ist er auch für die Berichtigung zuständig.² Dabei muss keine Personenidentität bestehen.³ Auch der **Dezernatsnachfolger** kann offenkundige Unrichtigkeiten nach § 42 berichtigen.⁴ Nach Einlegung eines Rechtsmittels ist die Sache auch insoweit **dem Beschwerdegericht zugefallen**, so dass dieses eine Berichtigung vornehmen kann.⁵ Dies ist allerdings nur dann der Fall, wenn der fehlerhafte Beschluss Gegenstand des Rechtsmittelverfahrens und dadurch in der höheren Instanz angefallen ist.⁶ Nach Abschluss des Rechtsmittelzuges ist wieder die Vorinstanz zuständig,⁷ allerdings nur, soweit es ihre Entscheidung betrifft. Entscheidungen des Rechtsmittelgerichts kann die Vorinstanz nicht berichtigen.⁸ Da es sich nur um die Herstellung der eigentlich bereits von der ersten Instanz gewollten Entscheidung handelt, die nicht mit einer inhaltlichen Neubeurteilung einhergeht, gilt das Verbot der reformatio in peius nicht.⁹

4. Rechtliches Gehör

Vor der Berichtigung hat das Gericht den anderen Beteiligten in aller Regel rechtliches Gehör zu gewähren.¹⁰ Etwas anderes kann allenfalls dann gelten, wenn deren Interessen in keiner Weise berührt sind.¹¹ Eine Anhörung ist dagegen unbedingt erforderlich, wenn die Entscheidung zum Nachteil eines anderen Beteiligten berichtigt werden soll. Einer **mündlichen Verhandlung** bedarf es allerdings nicht.¹² Die Anhörung kann auch schriftlich erfolgen.

17

5. Durchführung

a) Herkömmliche Aktenführung

Die Berichtigung wird nach § 42 Abs. 2 Satz 1 durch Beschluss ausgesprochen.¹³ Dieser ist jedenfalls nach dem Rechtsgedanken von § 38 Abs. 3 Satz 1 (kurz) zu begründen, da es sich um eine Modifikation der Entscheidung handelt.¹⁴ Er wird nach § 42 Abs. 2 Satz 1 „auf dem berichtigten Beschluss und auf den Ausfertigungen vermerkt". Unzulässig ist also die stillschweigende Berichtigung der Urschrift eines bereits erlassenen Beschlusses, selbst wenn noch keine Ausfertigungen erstellt und an die Beteiligten übermittelt wurden. Erforderlich ist die Verbindung des Berichtigungsbeschlusses mit der Urschrift in der Akte. Ferner sind die **Ausfertigungen**

18

---

1 Keidel/*Meyer-Holz*, § 42 FamFG Rz. 31; Bassenge/Roth/*Gottwald*, § 42 FamFG Rz. 5.
2 Bassenge/Roth/*Gottwald*, § 42 FamFG Rz. 5.
3 BGH v. 8.3.1956 – III ZR 265/54, BGHZ 20, 188 (192); BGH v. 9.12.1987 – IVa ZR 155/86, NJW-RR 1988, 407 (408); BGH v. 9.2.1989 – V ZB 25/88, NJW 1989, 1281; BGH v. 11.5.2004 – VI ZB 19/04, NJW 2004, 2389; Bumiller/Harders, § 42 FamFG Rz. 4; Keidel/*Meyer-Holz*, § 42 FamFG Rz. 8 u. 31; Bassenge/Roth/*Gottwald*, § 42 FamFG Rz. 5; Bork/Jacoby/Schwab/*Elzer*, 1. Aufl., § 42 FamFG Rz. 13.
4 BGH v. 28.7.2005 – III ZR 443/04, NJW-RR 2006, 63 (64).
5 BGH v. 9.2.1989 – V ZB 25/88, NJW 1989, 1281; OLG Hamm v. 3.9.1986 – 4 WF 457/85, NJW-RR 1987, 187 (188); OLG Düsseldorf v. 6.6.1991 – 10 W 57/91, NJW-RR 1991, 1471; OLG Braunschweig v. 17.6.1993 – 2 U 36/93, NJW-RR 1994, 34 (35); Bumiller/Harders, § 42 FamFG Rz. 4; Keidel/*Meyer-Holz*, § 42 FamFG Rz. 13; Bork/Jacoby/Schwab/*Elzer*, 1. Aufl., § 42 FamFG Rz. 13; Zöller/*Vollkommer*, § 319 ZPO Rz. 22.
6 BayObLG v. 26.5.1992 – BReg. 1 Z 71/91, FamRZ 1992, 1326 (1328).
7 Bumiller/Harders, § 42 FamFG Rz. 4; Keidel/*Meyer-Holz*, § 42 FamFG Rz. 31.
8 OLG Düsseldorf v. 6.6.1991 – 10 W 57/91, NJW-RR 1991, 1471.
9 BGH v. 9.12.1987 – IVa ZR 155/86, NJW-RR 1988, 407 (408f.); Zöller/*Vollkommer*, § 319 ZPO Rz. 22.
10 Keidel/*Meyer-Holz*, § 42 FamFG Rz. 32; Bassenge/Roth/*Gottwald*, § 42 FamFG Rz. 7; Bork/Jacoby/Schwab/*Elzer*, 1. Aufl., § 42 FamFG Rz. 15.
11 Ähnlich Keidel/*Meyer-Holz*, § 42 FamFG Rz. 32; Bassenge/Roth/*Gottwald*, § 42 FamFG Rz. 7.
12 Zöller/*Vollkommer*, § 319 ZPO Rz. 23; Baumbach/*Hartmann*, § 319 ZPO Rz. 28; Musielak, § 319 ZPO Rz. 15.
13 Bassenge/Roth/*Gottwald*, § 42 FamFG Rz. 4 u. 7; Bork/Jacoby/Schwab/*Elzer*, 1. Aufl., § 42 FamFG Rz. 15; implizit auch Bumiller/Harders, § 42 FamFG Rz. 5; Keidel/*Meyer-Holz*, § 42 FamFG Rz. 33.
14 Bork/Jacoby/Schwab/*Elzer*, 1. Aufl., § 42 FamFG Rz. 15.

zwecks entsprechenden Vorgehens **zurückzufordern**. Dies kann aber nicht erzwungen werden und ist auch kein Wirksamkeitserfordernis der Berichtigung.[1] Es genügt die schriftliche Bekanntgabe des Berichtigungsbeschlusses an die Beteiligten. Sofern der Berichtigungsbeschluss anfechtbar ist (s. Rz. 24 f.), empfiehlt sich die Zustellung, um den Fristbeginn zu dokumentieren.[2]

b) Elektronisches Dokument

19   Sofern die Gerichtsakte als elektronisches Dokument nach § 14 Abs. 3 FamFG iVm. § 130b ZPO geführt wird, ist der Berichtigungsbeschluss in einem gesonderten Dokument zu speichern. Das setzt voraus, dass diese Übermittlungsform durch Rechtsverordnung nach § 14 Abs. 4 zugelassen ist.[3] Eine einfache Veränderung des Dokuments, auf dem der ursprüngliche Beschluss abgespeichert wurde, ist unzulässig. Das Dokument mit dem Berichtigungsbeschluss muss nach § 14 Abs. 3 FamFG iVm. § 130b ZPO mit einer **qualifizierten elektronischen Signatur** der Gerichtspersonen versehen werden, die den Beschluss erlassen haben. Ferner ist das Dokument, das den Berichtigungsbeschluss enthält, **untrennbar mit demjenigen des berichtigten Beschlusses zu verbinden**. Dies muss eine unbemerkte Abtrennung unmöglich machen.[4]

IV. Wirkung

1. Maßgeblichkeit der Berichtigung für die Entscheidung

20   Die Berichtigung verändert die ursprüngliche Entscheidung mit Rückwirkung.[5] Im Rechtsmittelverfahren ist damit der Beschluss in der berichtigten Fassung maßgeblich. Dies führt dazu, dass ordentliche Rechtsmittel im Hinblick auf den berichtigten Bestandteil der Entscheidung als ursprünglich unbegründet anzusehen sind (vgl. Rz. 23, auch zur Kostentragung). Wurde bereits aus dem unberichtigten Beschluss vollstreckt, ist der dem Vollstreckungsschuldner hieraus entstandene Schaden nach § 95 Abs. 1 FamFG iVm. § 717 Abs. 2 Satz 1 ZPO zu ersetzen,[6] da der Beschluss insoweit nach § 95 Abs. 2 dem Urteil gleichsteht. Da die Korrektur des fehlerhaften Beschlusses sowohl mit der Berichtigung als auch mit einem Rechtsmittel erreicht werden kann, ist auch im Hinblick auf die Folgen des § 717 Abs. 2 Satz 1 ZPO zumindest eine entsprechende Anwendung dieser Vorschrift geboten.[7] Sofern die Berichtigung nicht angegriffen wird oder die sofortige Beschwerde erfolglos bleibt, wird sie formell und materiell rechtskräftig.[8]

2. Ausschluss der Bindungswirkung

21   Ausnahmsweise sollen Berichtigungen aber wirkungslos sein. Dies wurde schon früher angenommen, wenn eine Berichtigung **keinerlei gesetzliche Grundlage** hatte.[9] Das mag im Hinblick auf die nachträgliche Begründung der Schuldnerstellung einer

---

1 Keidel/*Meyer-Holz*, § 42 FamFG Rz. 34.
2 Bassenge/Roth/*Gottwald*, § 42 FamFG Rz. 7.
3 OLG Köln v. 17.2.2011 – 2 Wx 15/11, FGPrax 2011, 152 f.
4 BT-Drucks. 16/6308, S. 197; *Bumiller*/Harders, § 42 FamFG Rz. 5; Keidel/*Meyer-Holz*, § 42 FamFG Rz. 35; Bassenge/Roth/*Gottwald*, § 42 FamFG Rz. 4; Bork/Jacoby/Schwab/*Elzer*, 1. Aufl., § 42 FamFG Rz. 17.
5 BGH v. 9.12.1983 – V ZR 21/83, MDR 1984, 387 (388); BGH v. 12.1.1984 – III ZR 95/82, NJW 1985, 742; BayObLG v. 20.10.1986 – RReg. 2 Z 102/86, BayObLGZ 1986, 398 (399); Bassenge/Roth/ *Gottwald*, § 42 FamFG Rz. 8; vgl. zum Zivilprozess Zöller/*Vollkommer*, § 319 ZPO Rz. 25.
6 Baumbach/*Hartmann*, § 319 ZPO Rz. 33; Zöller/*Herget*, § 717 ZPO Rz. 4.
7 AA Zöller/*Vollkommer*, § 319 ZPO Rz. 25a, der im Zivilprozess eine neue Klage für erforderlich hält.
8 BGH v. 14.7.1994 – IX ZR 193/93, MDR 1994, 1142 (1143); BGH v. 12.1.1984 – III ZR 95/82, NJW 1985, 742 (743); Zöller/*Vollkommer*, § 319 ZPO Rz. 29.
9 BGH v. 8.3.1956 – III ZR 265/54, BGHZ 20, 188 (191); BGH v. 12.1.1984 – III ZR 95/82, NJW 1985, 742; Zöller/*Vollkommer*, § 319 ZPO Rz. 29; etwas anders BGH v. 14.7.1994 – IX ZR 193/93, MDR 1994, 1142 (1143), wo „ein besonders schwerer Mangel, der zudem aus Gründen der Rechtsklarheit regelmäßig offenkundig sein muss", gefordert wird.

nicht am Verfahren beteiligten Person noch begründbar sein.[1] Der Wegfall der Bindungswirkung soll aber schon dann eintreten, wenn eine **offenbare Unrichtigkeit nicht aus dem Urteil oder den Umständen bei seiner Verkündung erkennbar ist**.[2] Eine solche nachträgliche Überprüfung von Subsumtionsfehlern des Berichtigungsbeschlusses erscheint im Hinblick auf seine materielle Rechtskraft nicht unbedenklich. Auch eine Berichtigung, die eine versehentlich unterlassene **Zulassung von Rechtsmitteln** im Wege der Berichtigung nachholt, wird für unwirksam gehalten (vgl. § 70 Rz. 13).[3]

3. Einfluss auf Rechtsmittel gegen den (unberichtigten) Beschluss

a) Rechtsmittelfristen

Im Grundsatz versetzt die Berichtigung die Entscheidung in den Zustand, den sie von Anfang an hätte haben sollen.[4] Der berichtigte Beschluss tritt also mit Rückwirkung an die Stelle des fehlerhaften. Daher bleibt die Berichtigung grundsätzlich ohne Einfluss auf den Lauf von Rechtsmittelfristen.[5] Auch wenn Urschrift und Ausfertigung durch den Beschluss ergänzt werden, läuft jedenfalls für den unveränderten Teil grundsätzlich keine neue Rechtsmittelfrist.[6] Insoweit kommt es auf die Zustellung des ursprünglichen Beschlusses an.[7] Etwas anderes kann nur gelten, wenn die **Beschwer eines Beteiligten erst durch die Berichtigung sichtbar** wird.[8] Dreht diese etwa die Beschlussformel um, läuft die Rechtsmittelfrist für den hierdurch in seinen Rechten Beeinträchtigten ab schriftlicher Bekanntgabe der Berichtigung. Entsprechendes gilt, wenn bei der Verwechslung von Beteiligten erst durch die Berichtigung der richtige Beschwerdegegner genannt[9] oder das Rechtsmittel zugelassen wird.[10] Ebenso ist der Fall zu handhaben, in dem eine vom erstinstanzlichen Gericht vorgenommene Berichtigung auf sofortige Beschwerde hin kassiert wird. Zumindest dann, wenn die Berichtigung eine zusätzliche Beschwer mit sich bringt, kann diese nicht anders behandelt werden. Auch hinsichtlich der Verschlechterung, die ein Beteiligter gerade durch die Berichtigung erleidet, kann die Rechtsmittelfrist erst ab schriftlicher Bekanntgabe des Berichtigungsbeschlusses laufen.[11]

22

---

1 S. OLG Frankfurt v. 26.6.1990 – 11 U 72/89, NJW-RR 1990, 1471; OLG Koblenz v. 10.6.1998 – 1 U 429/97, OLGReport 1998, 452; Zöller/*Vollkommer*, § 319 ZPO Rz. 29.
2 BGH v. 8.3.1956 – III ZR 265/54, BGHZ 20, 188 (192 f.); Zöller/*Vollkommer*, § 319 ZPO Rz. 29.
3 BGH v. 8.3.1956 – III ZR 265/54, BGHZ 20, 188 (190 f.); BGH v. 25.2.2000 – V ZR 206/99, NJW-RR 2001, 61; BGH v. 11.5.2004 – VI ZB 19/04, NJW 2004, 2389.
4 *Bumiller*/Harders, § 42 FamFG Rz. 6; Keidel/*Meyer-Holz*, § 42 FamFG Rz. 41.
5 BGH v. 9.12.1983 – V ZR 21/83, MDR 1984, 387 (388); BGH v. 17.1.1991 – VII ZB 13/90, BGHZ 113, 228 (230); Bassenge/Roth/*Gottwald*, § 42 FamFG Rz. 8; Bork/Jacoby/Schwab/*Elzer*, 1. Aufl., § 42 FamFG Rz. 19.
6 BGH v. 5.5.1993 – XII ZR 44/92, NJW-RR 1993, 1213 (1214); BGH v. 12.2.2004 – V ZR 125/03, NJW-RR 2004, 712 (713); OLG Stuttgart v. 13.1.1984 – 15 UF 251/83 und 15 UF 531/83, FamRZ 1984, 402 (403); BayObLG v. 11.9.2001 – 3 Z BR 101/99, FGPrax 2001, 253 (254); Keidel/*Meyer-Holz*, § 42 FamFG Rz. 42; Zöller/*Vollkommer*, § 319 ZPO Rz. 25.
7 BGH v. 9.12.1983 – V ZR 21/83, MDR 1984, 387 (388); BGH v. 5.5.1993 – XII ZR 44/92, NJW-RR 1993, 1213 (1214); Zöller/*Vollkommer*, § 319 ZPO Rz. 25.
8 BGH v. 5.5.1993 – XII ZR 44/92, NJW-RR 1993, 1213 (1214); BGH v. 9.11.1994 – XII ZR 184/93, MDR 1995, 196 (197); BGH v. 12.2.2004 – V ZR 125/03, NJW-RR 2004, 712 (713); BayObLG v. 11.9.2001 – 3 Z BR 101/99, FGPrax 2001, 253 (254); *Bumiller*/Harders, § 42 FamFG Rz. 8; Zöller/*Vollkommer*, § 319 ZPO Rz. 25; Keidel/*Meyer-Holz*, § 42 FamFG Rz. 44; Bork/Jacoby/Schwab/*Elzer*, 1. Aufl., § 42 FamFG Rz. 20; zur Korrektur der Zulassung eines Rechtsmittels s. nachstehend § 61 Rz. 18 und § 70 Rz. 13.
9 BGH v. 17.1.1991 – VII ZB 13/90, BGHZ 113, 228 (231); BGH v. 12.2.2004 – V ZR 125/03, NJW-RR 2004, 712 (713).
10 BGH v. 5.5.1993 – XII ZR 44/92, NJW-RR 1993, 1213 (1214); BGH v. 12.2.2004 – V ZR 125/03, NJW-RR 2004, 712 (713); BGH v. 11.5.2004 – VI ZB 19/04, NJW 2004, 2389; Zöller/*Vollkommer*, § 319 ZPO Rz. 25.
11 Zöller/*Vollkommer*, § 319 ZPO Rz. 26; ähnlich BGH v. 17.1.1991 – VII ZB 13/90, BGHZ 113, 228 (230 f.).

b) Zulässigkeit von Rechtsmitteln

23 Die bloße Möglichkeit der Durchführung eines Berichtigungsverfahrens nach § 42 bleibt ohne Einfluss auf die Zulässigkeit ordentlicher Rechtsmittel. Nach richtiger, allerdings nicht einheitlich gehandhabter Rechtsprechung fehlt dem Rechtsmittel nicht schon deswegen das **Rechtsschutzbedürfnis**, weil der Rechtsmittelführer mit der Berichtigung einen einfacheren Weg zur Durchsetzung seiner Rechte hat (vgl. § 68 Rz. 18).[1] Dies ist schon im Hinblick darauf, dass die Fragen, ob eine vom Gewollten abweichende Erklärung vorliegt und ob diese offenkundig ist, keineswegs immer einheitlich beantwortet wird.[2] Zudem ist auch die fehlerhafte Zurückweisung eines Berichtigungsantrags nach § 42 Abs. 3 Satz 1 nicht anfechtbar. Allerdings läuft der Rechtsmittelführer bei Fehlern, die auch nach § 42 berichtigt werden können, Gefahr, dass sich sein **Rechtsmittel erledigt**. Da der Berichtigung Rückwirkung zukommt (s. Rz. 20), war sein Rechtsmittel dann im Umfang der Berichtigung von Anfang an unbegründet, so dass ihm eine (teilweise) Auferlegung der Rechtsmittelkosten nach § 84 droht.[3] Zudem kann es die Mindestbeschwer des § 61 unterschreiten und unzulässig werden.[4]

V. Anfechtbarkeit

1. Zurückweisung eines Berichtigungsersuchens

24 Die Zurückweisung eines Antrags auf Berichtigung ist nach § 42 Abs. 3 Satz 1 unanfechtbar. Denn dann, wenn das Gericht seine Entscheidung auch nach entsprechender Rüge für richtig hält, ist die Unrichtigkeit zumindest nicht offenbar.[5] In Betracht kommt allerdings, wie stets, die Anhörungsrüge.[6] Dies soll allerdings nur bei einer **Entscheidung in der Sache** gelten; wird der Antrag fehlerhaft als unzulässig zurückgewiesen, soll im Zivilprozess die Beschwerde nach §§ 567 ff. ZPO zulässig sein.[7] Dies dürfte nicht auf Verfahren nach dem FamFG übertragbar sein, da die Anfechtbarkeit von Zwischenentscheidungen hier stets ausdrücklich angeordnet ist (vgl. § 58 Rz. 17), was in § 42 gerade nicht der Fall ist.[8] Die früher im Zivilprozess für statthaft befundene **außerordentliche Beschwerde** bei grob verfahrensfehlerhaftem Vorgehen des Gerichts[9] wurde mit der Neuordnung des Verfahrens in Angelegenheiten der freiwilligen Gerichtsbarkeit in Kenntnis der Diskussion nicht eingeführt und muss daher wie bei der Reform des Zivilprozessrechts als abgeschafft angesehen werden.[10] Da der Gesetzgeber die derzeitige Rechtslage in das Verfahren nach dem FamFG übernehmen wollte, ist davon auszugehen, dass eine Beschwerde wegen greifbarer Gesetzwidrigkeit auch dort unstatthaft ist. Es bleibt allenfalls die Anhörungsrüge nach

---

1 BGH v. 9.11.1977 – VIII ZB 34/77, MDR 1978, 307 f.; OLG Karlsruhe v. 25.10.2002 – 2 UF 98/02, MDR 2003, 523; Zöller/*Vollkommer*, § 319 ZPO Rz. 21; aA BayObLG v. 18.7.1968 – BReg. 2 Z 35/68, BayObLGZ 1968, 190 (194 f.); OLG Zweibrücken v. 11.10.1984 – 6 UF 34/84, FamRZ 1985, 614.
2 BGH v. 12.1.1984 – III ZR 95/82, NJW 1985, 742 (743); Zöller/*Vollkommer*, § 319 ZPO Rz. 21.
3 BGH v. 14.7.1994 – IX ZR 193/93, MDR 1994, 1142 (1143); Zöller/*Vollkommer*, § 319 ZPO Rz. 21.
4 So auch *Bumiller*/Harders, § 42 FamFG Rz. 6; Keidel/*Meyer-Holz*, § 42 FamFG Rz. 41.
5 BGH v. 9.2.1989 – V ZB 25/88, NJW 1989, 1281; *Bumiller*/Harders, § 42 FamFG Rz. 7; Keidel/*Meyer-Holz*, § 42 FamFG Rz. 36; Bork/Jacoby/Schwab/*Elzer*, 1. Aufl., § 42 FamFG Rz. 18.
6 Bassenge/Roth/*Gottwald*, § 42 FamFG Rz. 9.
7 OLG Hamm v. 3.9.1986 – 4 WF 457/85, NJW-RR 1987, 187 f.; OLG Frankfurt v. 17.8.1989 – 22 W 42/89, OLGZ 1990, 75 (76); BayObLG v. 11.9.2001 – 3 Z BR 101/99, FGPrax 2001, 253 (254); für das FamFG jetzt auch *Bumiller*/Harders, § 42 FamFG Rz. 7.
8 Wie hier Keidel/*Meyer-Holz*, § 42 FamFG Rz. 37; schon für den Zivilprozess BGH v. 20.4.2004 – X ZB 39/03, NJW-RR 2004, 1654 (1655).
9 OLG Frankfurt v. 17.8.1989 – 22 W 42/89, OLGZ 1990, 75 (76).
10 BGH v. 20.4.2004 – X ZB 39/03, NJW-RR 2004, 1654 (1655); BGH v. 14.7.2004 – XII ZB 268/03, NJW-RR 2005, 214; *Keske*, FPR 2010, 339 (343); *Kretzschmar/Meysen*, FPR 2009, 1 (3); *Reinken*, FuR 2010, 268 (269); Keidel/*Meyer-Holz*, § 44 FamFG Rz. 11; Bassenge/Roth/*Gottwald*, § 44 FamFG Rz. 1; Zöller/*Vollkommer*, § 319 ZPO Rz. 27; vgl. BT-Drucks. 16/6308, S. 197; aA *Lettau*, Beschwerde, S. 136 ff.

§ 44. Anderes gilt, wenn in Wirklichkeit eine Ergänzung beantragt wurde (vgl. § 43 Rz. 16).[1]

2. Vornahme der Berichtigung

Die Vornahme der Berichtigung ist gem. § 42 Abs. 3 Satz 2 mit der sofortigen Beschwerde nach §§ 567 ff. ZPO anfechtbar.[2] Aufgrund der unbeschränkten Verweisung auf §§ 567 ff. ZPO ist die Entscheidung über die Berichtigung nicht nur hinsichtlich ihrer Zulässigkeit zu prüfen,[3] sondern auch inhaltlich. Allerdings muss ein Fehler der Vorinstanz nach dem Maßstab des § 42 offenkundig sein. Mit der Beschwerde kann insbesondere ein Überschreiten der Grenzen des § 42, etwa eine Berichtigung ohne offenbare Unrichtigkeit[4] oder eine nur anlässlich der Berichtigung vorgenommene Änderung gerügt werden. Ansonsten könnte das Ausgangsgericht im Berichtigungsverfahren ohne Rechtsschutzmöglichkeit beliebige Entscheidungen treffen, die beim ursprünglichen Beschluss ohne Zweifel mit der Beschwerde angegriffen werden könnten. Ausnahmsweise kann die Berichtigung auch unwirksam sein, etwa bei der nachträglichen Zulassung von Rechtsmitteln trotz gesetzlich normierter Unstatthaftigkeit (vgl. § 70 Rz. 15).[5] Gegen den Beschluss des Beschwerdegerichts ist bei Vorliegen der sonstigen Voraussetzungen die Rechtsbeschwerde eröffnet.[6] Dass § 42 Abs. 3 Satz 2 nur auf §§ 567 bis 572 ZPO verweist, ist eine Nachlässigkeit des Gesetzgebers (vgl. § 58 Rz. 18a). 25

Kosten/Gebühren: Gericht: Für Berichtigungen entstehen weder nach dem GNotKG noch nach dem FamGKG Gebühren. Es entsteht auch keine Dokumentenpauschale, vgl. Abs. 3 der Anmerkung zu Nr. 31000 KV GNotKG und Abs. 2 der Anmerkung zu Nr. 2000 KV FamGKG. **RA:** Nach § 19 Abs. 1 Nr. 6 RVG gehört das Verfahren über die Berichtigung zu dem jeweiligen Rechtszug. Die Tätigkeit des Rechtsanwalts ist durch die Verfahrensgebühr des Ausgangsverfahrens abgegolten. 26

§ 43 Ergänzung des Beschlusses

(1) Wenn ein Antrag, der nach den Verfahrensakten von einem Beteiligten gestellt wurde, ganz oder teilweise übergangen oder die Kostenentscheidung unterblieben ist, ist auf Antrag der Beschluss nachträglich zu ergänzen.

(2) Die nachträgliche Entscheidung muss binnen einer zweiwöchigen Frist, die mit der schriftlichen Bekanntgabe des Beschlusses beginnt, beantragt werden.

A. Entstehungsgeschichte und Normzweck 1	II. Voraussetzungen einer Ergänzung nach § 43
B. Inhalt der Vorschrift	1. Entscheidungslücke
I. Anwendbarkeit	a) Übergehen eines Antrags
1. Antrags- und Amtsverfahren . . 2	aa) Vorliegen eines Antrags 5
2. Beschlüsse nach §§ 38 ff. und andere Entscheidungen 3	bb) Keine Bescheidung in Beschlussformel und Gründen 6
3. Abgrenzung zu § 319 ZPO und Rechtsmitteln 4	cc) Vollständiges und teilweises Übergehen 7

---

[1] OLG Frankfurt v. 17.8.1989 – 22 W 42/89, OLGZ 1990, 75 (76), wo allerdings für den Zivilprozess die Beschwerde nach §§ 567 ff. für statthaft gehalten wurde. Richtig dürfte das Hauptsacherechtsmittel, also die Berufung bzw. im Verfahren nach dem FamFG die Beschwerde nach §§ 58 ff. sein.
[2] Vgl. BT-Drucks. 16/6308, S. 197; *Bumiller*/Harders, § 42 FamFG Rz. 8; s. zum Zivilprozess OLG München v. 16.6.2003 – 7 W 1516/03, NJW-RR 2003, 1440.
[3] So *Bumiller*/Harders, § 42 FamFG Rz. 8; Keidel/*Meyer-Holz*, § 42 FamFG Rz. 38.
[4] Bork/Jacoby/Schwab/*Elzer*, 1. Aufl., § 42 FamFG Rz. 18; aA Keidel/*Meyer-Holz*, § 42 FamFG Rz. 38.
[5] Weitergehend für die nachträgliche Zulassung eines Rechtsmittels jenseits der Berichtigung und für die Korrektur des zuständigen Spruchkörpers (zB Familien- statt allgemeinem Zivilgericht) Keidel/*Meyer-Holz*, § 42 FamFG Rz. 46.
[6] *Bumiller*/Harders, § 42 FamFG Rz. 8; Keidel/*Meyer-Holz*, § 42 FamFG Rz. 39.

dd) Versehentliche Nichtbescheidung 8
b) Unterbleiben der Kostenentscheidung 9
2. Antrag
a) Keine Ergänzung von Amts wegen 10
b) Frist
aa) Gesetzliche Frist von zwei Wochen 11
bb) Folgen der Fristversäumung 12
c) Beschwer 13
III. Entscheidung über den Antrag auf Ergänzung
1. Verfahren 14
2. Entscheidung 15
IV. Anfechtung der Ergänzung 16

A. Entstehungsgeschichte und Normzweck

1   Wie die Berichtigung von Entscheidungen war auch ihre Ergänzung im FGG nicht geregelt.[1] Auch hier behalf man sich mit einer analogen Anwendung der diesbezüglichen Vorschrift des Zivilprozessrechts, § 321 ZPO.[2] § 43 will diese Praxis im Wesentlichen übernehmen.[3] Eine Ausnahme gilt nur hinsichtlich der Anforderung des § 321 Abs. 1 ZPO, wonach der übergangene Antrag „nach dem ursprünglich festgestellten oder nachträglich berichtigten Tatbestand" gestellt worden sein muss. Da ein Tatbestand in Beschlüssen nach §§ 38 ff. nicht zwingend vorgeschrieben ist und den Tatsachenfeststellungen in der Entscheidung auch keine Beweiswirkung nach § 314 ZPO zukommt, stellt § 43 insoweit auf die Verfahrensakten ab.[4] § 43 ist gem. § 69 Abs. 3 auch auf die Beschwerdeentscheidung und gem. § 74 Abs. 4 auch auf Entscheidungen des Rechtsbeschwerdegerichts anwendbar. Im Gegensatz zur Berichtigung geht die Ergänzung ordentlichen Rechtsmitteln vor,[5] da sie nicht die Unrichtigkeit der Entscheidung korrigieren, sondern eine noch gar nicht getroffene Entscheidung herbeiführen will. Die Vorschrift gilt gem. § 113 Abs. 1 nicht in Familienstreit- und Ehesachen; hier ist § 319 ZPO anzuwenden.

B. Inhalt der Vorschrift

I. Anwendbarkeit

1. Antrags- und Amtsverfahren

2   Die Terminologie des § 43, der nur von einem „Antrag", nicht aber von Anregungen oÄ spricht, und die ausdrückliche Anknüpfung an § 321 ZPO legen auf den ersten Blick nahe, dass die Möglichkeit der Ergänzung nach § 43 nur in Antragsverfahren Anwendung findet. Eine solche Sichtweise dürfte aber schon deswegen zu eng sein, weil auch in **Amtsverfahren** Anträge gestellt werden können, die denjenigen in Streitverfahren gleichstehen. So wurden etwa die Beschwerde des Betreuers oder des Verfahrenspflegers wegen teilweise zurückgewiesener **Vergütungsanträge** aus diesem Grunde auch dem Verbot der reformatio in peius unterworfen (vgl. § 65 Rz. 18).[6] Entsprechendes muss auch in vorliegendem Zusammenhang gelten. Setzt das Amtsgericht die Vergütung des Betreuers oder des Verfahrenspflegers von Amts wegen fest, ohne auf die gestellten Anträge einzugehen, ist dies inhaltlich nichts anderes als das Übergehen eines Antrags in einem echten Streitverfahren. Man wird wohl noch darüber hinausgehen müssen und auch andere „Anträge" in Amtsverfahren, die nur **Anregungen** darstellen, der Ergänzung nach § 43 unterwerfen.[7] Regen etwa die Eltern im Verfahren nach § 1666 BGB ergänzende Hilfsmaßnahmen an, so hat sich das Gericht mit diesem Vorbringen ohnehin zu befassen. Übergeht es diese Anregungen,

---

1 BT-Drucks. 16/6308, S. 197.
2 BT-Drucks. 16/6308, S. 197; OLG Zweibrücken v. 9.7.1999 – 3 W 129/99, ZMR 1999, 663; *Preuß*, NZG 2009, 961 (964); Keidel/*Meyer-Holz*, § 42 FamFG Rz. 1; Bassenge/Roth/*Gottwald*, § 43 FamFG Rz. 1; Zöller/*Feskorn*, § 43 FamFG Rz. 1.
3 BT-Drucks. 16/6308, S. 197.
4 BT-Drucks. 16/6308, S. 197.
5 OLG Zweibrücken v. 9.7.1999 – 3 W 129/99, ZMR 1999, 663; Zöller/*Vollkommer*, § 321 ZPO Rz. 2; Baumbach/*Hartmann*, § 321 ZPO Rz. 1; *Musielak*, § 321 ZPO Rz. 10.
6 KG v. 13.6.1986 – 1 W 5768/84, OLGZ 1986, 282 (284f.).
7 Zöller/*Feskorn*, § 43 FamFG Rz. 2.

liegt darin in jedem Fall ein Verstoß gegen den Anspruch auf rechtliches Gehör. Es wäre nicht einsichtig, wieso dieser Verstoß gegen Verfahrensgrundrechte nur durch Rechtsmittel und nicht schon in derselben Instanz dadurch behoben werden sollte, dass sich das Gericht im Wege der Ergänzung seines Beschlusses nach § 43 mit der Anregung befasst.[1]

2. Beschlüsse nach §§ 38 ff. und andere Entscheidungen

Nach Wortlaut und Systematik erfasst § 43 sämtliche Beschlüsse nach §§ 38 ff., die die Instanz beenden. Im Zivilprozess und dem folgend auch im Verfahren der freiwilligen Gerichtsbarkeit ist aber seit langem anerkannt, dass nicht nur **Entscheidungen in der Hauptsache** nach § 321 ZPO ergänzt werden können, sondern auch Beschlüsse.[2] Wie im Falle der Berichtigung nach § 42 ist trotz der systematischen Einordnung der Ergänzung in die Vorschriften zur Entscheidung nach §§ 38 ff. nicht zu erkennen, dass der Gesetzgeber von dieser Praxis abgehen wollte. Es wäre auch sinnwidrig, wollte man der ausdrücklichen Regelung zur Ergänzung von Entscheidungen in der Hauptsache entnehmen, dass dies bei sonstigen Entscheidungen, insbesondere bei Zwischenentscheidungen, nunmehr nicht mehr möglich sein soll. Vielmehr sollte die bisherige Praxis durch Übernahme einer § 321 ZPO entsprechenden Regelung auf eine gesetzliche Grundlage gestellt werden.[3] Sofern sich andere Entscheidungen als diejenigen nach §§ 38 ff. nicht ohnehin schon nach den Regeln der ZPO richten und dann nach § 321 ZPO ergänzt werden können, ist dies nunmehr nach § 43 möglich.

3. Abgrenzung zu § 319 ZPO und Rechtsmitteln

§ 43 ist unanwendbar, wenn eine Berichtigung nach § 42 möglich ist. Denn beide Normen haben zumindest theoretisch **einander ausschließende Voraussetzungen**. Ist erkennbar, dass das Gericht einen Antrag bescheiden wollte, und hat es dies lediglich in der Beschlussformel vergessen, so wurde der Antrag nicht iSd. § 43 übergangen. Es kommt dann nur eine Berichtigung nach § 42 in Betracht.[4] Umgekehrt setzt das Übergehen voraus, dass sich das Gericht unbewusst gerade nicht mit einem Antrag beschäftigt hat, so dass nur eine Ergänzung nach § 43, keine Berichtigung nach § 42 möglich ist.[5] Dies soll auch für Teile eines einheitlichen Anspruchs gelten.[6] Ebenso wenig überschneidet sich § 43 mit den **Rechtsmitteln** der Beschwerde und der Rechtsbeschwerde. Wird ein Antrag übergangen, so trifft das Gericht hierüber keine Entscheidung. Ein Rechtsmittel nach §§ 58 ff. wäre somit **mangels Beschwer unzulässig**.[7] Sofern unklar ist, ob dies auf einem Versehen des Gerichts oder einer falschen Rechtsanwendung beruht (vgl. Rz. 8), sollten allerdings sowohl die Ergänzung beantragt als auch Rechtsmittel eingelegt werden, da ansonsten bei einem Misserfolg eines Rechtsbehelfs die Fristen für die jeweils andere Möglichkeit abgelaufen sind.[8] Selbstverständlich können die Abänderung im Rechtsmittelverfahren und die Ergänzung aber nebeneinander verfolgt werden, wenn sowohl inhaltliche Fehler als auch das Übergehen eines Antrags gerügt werden.[9] In diesem Fall kann der übergangene Antrag auch durch **Antragserweiterung** oder **Anschlussbeschwerde** wieder in den

---

1 Ebenso Keidel/*Meyer-Holz*, § 43 FamFG Rz. 7.
2 Zöller/*Vollkommer*, § 321 ZPO Rz. 1; Baumbach/*Hartmann*, § 329 ZPO Rz. 20; *Musielak*, § 321 ZPO Rz. 2.
3 BT-Drucks. 16/6308, S. 197.
4 Wie hier Keidel/*Meyer-Holz*, § 43 FamFG Rz. 4.
5 OLG Stuttgart v. 13.1.1984 – 15 UF 251/83 u. 15 UF 531/83, FamRZ 1984, 402 (403); OLG München v. 16.6.2003 – 7 W 1516/03, NJW-RR 2003, 1440.
6 OLG Düsseldorf v. 23.6.1997 – 2 UF 203/93, FamRZ 1997, 1407 (1408).
7 RG v. 9.2.1911 – VI 680/09, RGZ 75, 286 (293); BGH v. 16.2.2005 – VIII ZR 133/04, FamRZ 2005, 881; OLG Zweibrücken v. 17.1.1994 – 5 UF 157/93, FamRZ 1994, 972 (973); großzügiger OLG Schleswig v. 22.9.2004 – 9 U 79/03, MDR 2005, 350; Keidel/*Meyer-Holz*, § 43 FamFG Rz. 6.
8 BGH v. 27.11.1979 – VI ZR 40/78, NJW 1980, 840 (841).
9 BGH v. 25.6.1996 – VI ZR 300/95, MDR 1996, 1061 f.; BGH v. 16.12.2005 – V ZR 230/04, NJW 2006, 1351 (1352); weitergehend, diese Möglichkeit auch bei Identität von Fehler und Übergehen bejahend OLG Schleswig v. 22.9.2004 – 9 U 79/03, MDR 2005, 350; Keidel/*Meyer-Holz*, § 43 FamFG Rz. 6.

Prozess eingeführt werden.¹ Hingegen geht die Ergänzung nach § 43 der **Anhörungsrüge** vor, da erstere eine „andere Abänderungsmöglichkeit" nach § 44 Abs. 1 Satz 1 Nr. 1 darstellt.

II. Voraussetzungen einer Ergänzung nach § 43

1. Entscheidungslücke

a) Übergehen eines Antrags

aa) Vorliegen eines Antrags

5 § 43 Abs. 1 setzt voraus, dass „ein Antrag, der nach den Verfahrensakten von einem Beteiligten gestellt wurde, ganz oder teilweise übergangen (wurde)". Diese Modifikation gegenüber § 321 ZPO, der auf den Tatbestand abstellt, wurde notwendig, da der Tatbestand im Verfahren nach dem FamFG weder obligatorisch ist noch eine § 314 ZPO vergleichbare Beweiswirkung entfaltet.² Ein **im mündlichen Termin nach § 32 gestellter Antrag** muss somit protokolliert werden, um nach § 43 relevant zu sein. Im Übrigen genügt **jeder schriftlich zu den Akten gereichte Antrag**.³ Nach allgemeinen Grundsätzen muss er in den Tatsacheninstanzen nicht ausformuliert sein.⁴ Bis in den Beschwerderechtszug bedarf es ja keiner Anträge. Es genügt demnach, dass dem schriftsätzlichen Vorbringen eines Beteiligten ein Rechtsschutzziel zu entnehmen war, mit dem sich das Gericht nicht befasst hat. Im Rechtsbeschwerdeverfahren muss der Antrag allerdings von einem gem. § 10 Abs. 4 beim BGH zugelassenen Anwalt gestellt worden sein. Bloße Anregungen genügen auch in Amtsverfahren nicht.⁵ Diese Grundsätze sollen bei versehentlicher Unterlassung einer Entscheidung über die Rechtsbeschwerde nicht gelten (vgl. § 70 Rz. 14).⁶

bb) Keine Bescheidung in Beschlussformel und Gründen

6 Die Ergänzung nach § 43 setzt voraus, dass der Antrag weder im Tenor noch in den Gründen behandelt wurde. Ist nur letzteres der Fall, fehlt es an einer Begründung der Entscheidung nach § 38 Abs. 3 Satz 1, so dass die Entscheidung fehlerhaft, aber nicht unvollständig ist. Beschäftigt sich das Gericht nur in den Gründen mit dem Antrag, so stellt der fehlende Ausspruch in der Beschlussformel eine offenbare Unrichtigkeit dar, die nach § 42 zu berichtigen ist.⁷ Daraus geht hervor, dass vorrangig **positive Entscheidungen** iSd. § 43 lückenhaft sein können. Werden die Anträge des Antragstellers (und sei es auch nur „im Übrigen") zurückgewiesen, so liegt eine Entscheidung auch über solche Anträge vor, die in den Gründen nicht beschieden wurden.⁸ Anderes gilt nur, wenn das Gericht nur „den Antrag" zurückweist, obwohl mehrere Anträge gestellt wurden. Denn dann ist die Lücke aus Tenor und den in der Begründung wiedergegebenen Anträgen ersichtlich.⁹

cc) Vollständiges und teilweises Übergehen

7 Ein Antrag wird gem. § 43 übergangen, wenn er insgesamt nicht beschieden wurde. Unerheblich ist es, ob es sich um einen Haupt- oder Hilfsantrag handelt, sofern die innerprozessuale Bedingung für letzteren eingetreten ist. Auch die Übergehung von Nebenansprüchen wie Zinsen genügt.¹⁰ Wie dargelegt (Rz. 2), kommt eine Anwendung von § 43 auch in Amtsverfahren, uU sogar bei „Anträgen" in Betracht, die recht-

---

1 Vgl. BGH v. 16.2.2005 – VIII ZR 133/04, FamRZ 2005, 881.
2 BT-Drucks. 16/6308, S. 197.
3 Ebenso Bassenge/Roth/*Gottwald*, § 43 FamFG Rz. 2; Bork/Jacoby/Schwab/*Elzer*, 1. Aufl., § 43 FamFG Rz. 3; Zöller/*Feskorn*, § 43 FamFG Rz. 1.
4 Zöller/*Feskorn*, § 43 FamFG Rz. 1.
5 Bassenge/Roth/*Gottwald*, § 43 FamFG Rz. 3.
6 BGH v. 17.12.2003 – II ZB 35/03, FamRZ 2004, 530.
7 BayObLG v. 11.9.2001 – 3 Z BR 101/99, FGPrax 2001, 253 (254); Bork/Jacoby/Schwab/*Elzer*, 1. Aufl., § 43 FamFG Rz. 2.
8 Vgl. BGH v. 27.11.1979 – VI ZR 40/78, NJW 1980, 840 (841).
9 Vgl. hierzu BGH v. 27.11.1979 – VI ZR 40/78, NJW 1980, 840 (841).
10 Vgl. Zöller/*Vollkommer*, § 321 ZPO Rz. 2; *Musielak*, § 321 ZPO Rz. 3.

lich nur Anregungen darstellen. Darüber hinaus kann ein Übergehen iSd. § 43 auch dann vorliegen, wenn Anträge übergangen werden, mit denen der **Anspruch nur modifiziert werden sollte**, etwa unter Geltendmachung einer beschränkten Haftung.[1] Dabei spielt es keine Rolle, ob die Einschränkung schon vom Antragsteller oder erst vom Antragsgegner beantragt wurde. Ein Antrag wurde in beiden Fällen übergangen. Zweifelhaft ist die Rechtsprechung, wonach der versehentlich unterlassene Ausspruch der **Zulassung von Rechtsmitteln** kein nach § 319 ZPO und somit auch nach § 43 beachtliches Übergehen sein soll (s. § 70 Rz. 14). Nicht im Sinne dieser Vorschrift übergangen werden Anträge, wenn das Gericht eine hierfür rechtlich erhebliche Begründung oder einzelne Angriffs- oder Verteidigungsmittel übersieht.[2] Dies stellt lediglich einen Subsumtionsfehler dar, ändert aber nichts daran, dass über den Antrag befunden wurde.[3]

dd) Versehentliche Nichtbescheidung

Ein Übergehen gem. § 43 kann nur dann vorliegen, wenn es auf einem **Versehen** beruht.[4] Übergeht das Gericht einen Antrag **bewusst**, weil es etwa unzutreffend von einer Antragsrücknahme ausgeht, liegt kein Übergehen iSd. § 43 vor.[5] Gleiches gilt, wenn es die Kostenentscheidung zu Unrecht einer späteren Schlussentscheidung vorbehält, obwohl sie einem ausgeschiedenen Beteiligten gegenüber schon ergehen könnte. § 43 dient nur der Korrektur eines versehentlichen Übergehens von Anträgen, nicht der Richtigstellung falscher Rechtsanwendung.[6]

b) Unterbleiben der Kostenentscheidung

Die oben ausgeführten Grundsätze gelten auch für den zweiten Fall von § 43 Abs. 1, das Unterbleiben der Kostenentscheidung. Ein Antrag muss hier allerdings im vorangegangenen Verfahren nicht gestellt worden sein, da die Kostenentscheidung von Amts wegen zu treffen ist. Die Kostenentscheidung muss in Tenor und Gründen unerwähnt bleiben. Es muss aber auch in diesem Zusammenhang die Entscheidung **versehentlich unterblieben** sein (s. Rz. 8). Eine fehlerhafte Ermessensentscheidung nach § 81 genügt also ebensowenig[7] wie die Annahme, dass nur ein Teilbeschluss vorliegt und die Kostenentscheidung somit dem Schlussbeschluss vorzubehalten ist.[8]

2. Antrag

a) Keine Ergänzung von Amts wegen

Im Gegensatz zur Berichtigung wird die Ergänzung nach § 43 nicht von Amts wegen vorgenommen.[9] Dies geschieht nach § 43 Abs. 1 nur auf Antrag. Dieser ist bei

---

1 Vgl. BGH v. 25.6.1996 – VI ZR 300/95, MDR 1996, 1061; OLG Schleswig v. 22.9.2004 – 9 U 79/03, MDR 2005, 350; Zöller/*Vollkommer*, § 321 ZPO Rz. 3; anders aber beim Übergehen der Zug-um-Zug-Einschränkung BGH v. 5.2.2003 – IV ZR 149/02, BGHZ 154, 1 (3 f.); hiergegen zu Recht Baumbach/*Hartmann*, § 321 ZPO Rz. 16.
2 BGH v. 27.11.1979 – VI ZR 40/78, NJW 1980, 840 f.; BGH v. 5.2.2003 – IV ZR 149/02, BGHZ 154, 1, 2.
3 BGH v. 7.12.1995 – III ZR 141/93, NJW-RR 1996, 379 f.; BGH v. 13.12.2001 – IX ZR 306/00, NJW 2002, 1500 (1501); OLG München v. 20.2.2012 – 31 Wx 565/11, NJW-RR 2012, 523 (524); Zöller/*Vollkommer*, § 321 ZPO Rz. 4.
4 OLG München v. 20.2.2012 – 31 Wx 565/11, FGPrax 2012, 137 (138).
5 BGH v. 16.12.2005 – V ZR 230/04, NJW 2006, 1351 (1352); OLG München v. 20.2.2012 – 31 Wx 565/11, NJW-RR 2012, 523 (524); Keidel/*Meyer-Holz*, § 43 FamFG Rz. 3; Bork/Jacoby/Schwab/*Elzer*, 1. Aufl., § 43 FamFG Rz. 2; Zöller/*Vollkommer*, § 321 ZPO Rz. 2.
6 BGH v. 27.11.1979 – VI ZR 40/78, NJW 1980, 840 f.; BGH v. 25.6.1996 – VI ZR 300/95, MDR 1996, 1061; OLG München v. 20.2.2012 – 31 Wx 565/11, NJW-RR 2012, 523 (524) = FGPrax 2012, 137 (138); *Bumiller*/Harders, § 43 FamFG Rz. 1; Keidel/*Meyer-Holz*, § 43 FamFG Rz. 6.
7 Keidel/*Meyer-Holz*, § 43 FamFG Rz. 9.
8 Bassenge/Roth/*Gottwald*, § 43 FamFG Rz. 5.
9 OLG Hamm v. 26.6.2000 – 22 W 30/00, NJW-RR 2000, 1524; *Bumiller*/Harders, § 43 FamFG Rz. 1; Bassenge/Roth/*Gottwald*, § 43 FamFG Rz. 4; Bork/Jacoby/Schwab/*Elzer*, 1. Aufl., § 43 FamFG Rz. 9; Zöller/*Vollkommer*, § 321 ZPO Rz. 1.

§ 43 Allgemeiner Teil

dem Gericht zu stellen, das die lückenhafte Entscheidung erlassen hat.[1] Für die Einreichung bei einem **unzuständigen Gericht** gilt das zur Beschwerde Ausgeführte (§ 64 Rz. 3) entsprechend. Wird die Ergänzung einer Entscheidung des BGH begehrt, muss dies nach § 10 Abs. 4 von einem dort zugelassenen Rechtsanwalt beantragt werden.[2] Ansonsten muss der Antrag nur dann von einem Rechtsanwalt gestellt werden, wenn, wie in Ehesachen, Rechtsanwaltszwang herrscht.[3] Der Kostenfestsetzungsantrag kann nicht in einen Ergänzungsantrag umgedeutet werden, da er schon vom Rechtsschutzziel etwas anderes begehrt, nämlich nicht die Kostengrundentscheidung, sondern die hierauf fußende Festsetzung der berücksichtigungsfähigen Kosten.[4]

b) Frist

aa) Gesetzliche Frist von zwei Wochen

11   Der Antrag auf Ergänzung der Entscheidung ist binnen einer Frist von zwei Wochen zu stellen (Abs. 2). Die Frist beginnt mit **schriftlicher Bekanntgabe der lückenhaften Entscheidung**.[5] Der Antrag kann aber bereits zuvor gestellt werden, wenn der Ergänzungsantrag die lückenhafte Entscheidung hinreichend genau bezeichnet.[6] Für die **Fristberechnung** gelten über die Verweisungen des § 16 Abs. 2 FamFG iVm. § 222 Abs. 1 ZPO die Vorschriften des BGB, also §§ 186 ff. BGB. Die Frist wird bei der Ergänzung nach § 321 ZPO nicht als Notfrist angesehen, so dass eine **Verkürzung** nach § 224 ZPO möglich ist, nicht aber eine Verlängerung.[7] Es handelt sich aber um eine gesetzliche Frist. Dies ist für § 43 zu übernehmen, da § 43 „die Antragsfrist entsprechend der Regelung des § 321 Abs. 2 (regelt)".[8] Da § 17 Abs. 1 im Gegensatz zu § 233 ZPO die Wiedereinsetzung wegen der Versäumung jeglicher gesetzlicher Fristen gestattet, kommt es auf die diesbezügliche Diskussion zu § 321 Abs. 2 ZPO[9] nicht an. Bei Versäumung kann auf jeden Fall Wiedereinsetzung gewährt werden.[10] Erfolgt die Antragstellung rechtzeitig, steht die zwischenzeitlich eingetretene Rechtskraft der Ergänzung nicht entgegen.[11]

bb) Folgen der Fristversäumung

12   In der zivilprozessualen Rechtsprechung und Literatur herrscht Einigkeit darüber, dass die **Rechtshängigkeit eines übergangenen Anspruchs erlischt**, wenn nicht fristgerecht eine Ergänzung beantragt wird.[12] Der Antragsteller kann folglich ein **neues Verfahren** anstrengen.[13] Fällt das Verfahren beim Rechtsmittelgericht an, kann er den übergangenen Anspruch, sofern die Voraussetzungen einer Antragsänderung vorliegen, auch mit der **Beschwerde** geltend machen (vgl. Rz. 4).[14] Das ist allerdings nur möglich, wenn der übergangene Anspruch allein beschwerdefähig ist, ansonsten nur im Wege des **Anschlussrechtsmittels**. Bei übergangenen Kostent-

---

1 Zöller/*Vollkommer*, § 321 ZPO Rz. 9 Baumbach/*Hartmann*, § 321 ZPO Rz. 9; *Musielak*, § 321 ZPO Rz. 8.
2 Bassenge/Roth/*Gottwald*, § 43 FamFG Rz. 4.
3 Bassenge/Roth/*Gottwald*, § 43 FamFG Rz. 4.
4 OLG Stuttgart v. 8.6.1998 – 20 W 4/98, MDR 1999, 116 (117); OLG München v. 16.6.2003 – 7 W 1516/03, NJW-RR 2003, 1440.
5 OLG München v. 20.2.2012 – 31 Wx 565/11, NJW-RR 2012, 523 (524).
6 OLG Stuttgart v. 8.6.1998 – 20 W 4/98, MDR 1999, 116 (117).
7 Zöller/*Vollkommer*, § 321 ZPO Rz. 6; Baumbach/*Hartmann*, § 321 ZPO Rz. 8.
8 BT-Drucks. 16/6308, S. 197.
9 BGH v. 26.3.1980 – IVb ZR 579/80, FamRZ 1980, 669 (670); Zöller/*Vollkommer*, § 321 ZPO Rz. 6.
10 So auch Keidel/*Meyer-Holz*, § 43 FamFG Rz. 10; Bassenge/Roth/*Gottwald*, § 43 FamFG Rz. 6.
11 OLG Köln v. 12.7.1991 – 11 U 334/88, MDR 1992, 301; *Bumiller*/Harders, § 43 FamFG Rz. 1.
12 BGH v. 10.1.2002 – III ZR 62/01, NJW 2002, 1115 (1116); BGH v. 16.2.2005 – VIII ZR 133/04, FamRZ 2005, 881; OLG Düsseldorf v. 23.6.1997 – 2 UF 203/93, FamRZ 1997, 1407 (1408); KG v. 15.1.1980 – 1 W 3765/79, Rpfleger 1980, 158 (159); Keidel/*Meyer-Holz*, § 43 FamFG Rz. 12.
13 KG v. 15.1.1980 – 1 W 3765/79, Rpfleger 1980, 158 (159); OLG Düsseldorf v. 23.6.1997 – 2 UF 203/93, FamRZ 1997, 1407 (1408); Zöller/*Vollkommer*, § 321 ZPO Rz. 8.
14 BGH v. 16.2.2005 – VIII ZR 133/04, FamRZ 2005, 881; Keidel/*Meyer-Holz*, § 43 FamFG Rz. 12.

scheidungen kann die Fristversäumung also zum endgültigen Rechtsverlust führen.[1] Diese Praxis wird, da sich § 43 ausdrücklich an § 321 ZPO anlehnt, auf das Verfahren nach dem FamFG zu übertragen sein.

c) Beschwer

Nach allgemeinen Grundsätzen kann die Berichtigung nicht von jedem Beteiligten verlangt werden. Hierzu ist nur derjenige befugt, dessen Antrag nicht beschieden wurde. Sein Verfahrensgegner wird durch diesen Fehler nicht beeinträchtigt. Einer Mindestbeschwer wie im Falle der Einlegung einer Beschwerde (§ 61 Abs. 1) bedarf es aber nicht. 13

III. Entscheidung über den Antrag auf Ergänzung

1. Verfahren

Das Gericht hat zunächst zu prüfen, ob das Ergänzungsbegehren zulässig ist. Dies setzt neben der Einhaltung der Zwei-Wochen-Frist voraus, dass der Antragsteller überhaupt die Schließung einer vermeintlichen Lücke in der Entscheidung begehrt.[2] Ob eine solche Lücke tatsächlich vorliegt, ist keine Frage der Zulässigkeit, sondern der Begründetheit des Antrags.[3] 14

Zuständig für die Entscheidung über den Antrag ist das Gericht, dessen Entscheidung ergänzt werden soll.[4] Identität der Gerichtspersonen ist nicht erforderlich; bei **Dezernatswechsel** kann also der Nachfolger (mit)entscheiden.[5] Selbst im Zivilprozess können etwa nach einem Dezernatswechsel Richter mitwirken, die an der früheren Entscheidung noch nicht mitgewirkt haben,[6] so dass dies erst recht für das Verfahren nach dem FamFG gilt,[7] in dem § 309 ZPO keine Anwendung findet. 14a

2. Entscheidung

Greift die Ergänzung in die Rechtsstellung eines Beteiligten ein, ist wie bei der Berichtigung zuvor rechtliches Gehör zu gewähren.[8] So wie die Entscheidung über die Ergänzung im Zivilprozess als eigenständiges Urteil erfolgen muss,[9] ist sie im Verfahren nach dem FamFG ein **Beschluss nach §§ 38 ff.**[10] Das Gericht hat also nach denselben Grundsätzen vorzugehen wie im sonstigen erstinstanzlichen Verfahren. Ob es eines Termins zur **mündlichen Verhandlung** bedarf, richtet sich nach § 32,[11] wobei dies regelmäßig zu verneinen sein wird, wenn die Sache bereits erörtert und der betroffene Anspruch nur bei der Abfassung der Entscheidung übersehen wurde. Soweit ein **Versäumnisbeschluss** zugelassen ist, kann er auch im Verfahren nach § 43 ergehen. IdR muss die Entscheidung auch einen Ausspruch über die Kosten wegen des übergangenen Anspruchs enthalten. Ebenso bedarf es der Rechtsbehelfsbelehrung.[12] 15

---

1 OLG Stuttgart v. 8.6.1998 – 20 W 4/98, MDR 1999, 116 (117); aA für ein selbständiges Festsetzungsverfahren Bork/Jacoby/Schwab/*Elzer*, 1. Aufl., § 43 FamFG Rz. 12.
2 BGH v. 16.12.2005 – V ZR 230/04, NJW 2006, 1351 (1352); Bork/Jacoby/Schwab/*Elzer*, 1. Aufl., § 43 FamFG Rz. 7.
3 BGH v. 16.12.2005 – V ZR 230/04, NJW 2006, 1351 (1352); Keidel/*Meyer-Holz*, § 43 FamFG Rz. 14.
4 Keidel/*Meyer-Holz*, § 43 FamFG Rz. 13.
5 RG v. 7.11.1892 – Beschw. Rep. VI 125/92, RGZ 30, 342 (345); BGH v. 28.7.2005 – III ZR 443/04, NJW-RR 2006, 63 (64).
6 RG v. 7.11.1892 – Beschw. Rep. VI 125/92, RGZ 30, 342 (344 f.); Zöller/*Vollkommer*, § 321 ZPO Rz. 10.
7 Keidel/*Meyer-Holz*, § 43 FamFG Rz. 13.
8 Bassenge/Roth/*Gottwald*, § 43 FamFG Rz. 4.
9 RG v. 7.11.1892 – Beschw. Rep. VI 125/92, RGZ 30, 342 (343 f.); BGH v. 28.7.2005 – III ZR 443/04, NJW-RR 2006, 63 (64); Zöller/*Vollkommer*, § 321 ZPO Rz. 10.
10 *Bumiller*/Harders, § 43 FamFG Rz. 1; Bassenge/Roth/*Gottwald*, § 43 FamFG Rz. 7.
11 Keidel/*Meyer-Holz*, § 43 FamFG Rz. 14.
12 Zöller/*Feskorn*, § 43 FamFG Rz. 2.

IV. Anfechtung der Ergänzung

16 Wie im Zivilprozess ist auch die Ergänzung nach § 43 als selbständige Entscheidung anzusehen, da sie über einen bislang nicht beschiedenen Gegenstand befindet.[1] Sie kann daher selbständig angefochten werden,[2] auch neben dem ursprünglichen Beschluss.[3] Insoweit läuft auch eine neue Frist.[4] Allerdings muss die **Mindestbeschwerdesumme** nach § 61 Abs. 1 für die isolierte Anfechtung der Ergänzung erreicht sein.[5] Da die Kostenentscheidung ohnehin isoliert angefochten werden kann, ergeben sich bei einer diesbezüglichen Ergänzung keine Besonderheiten. Auch die **Zulassung der Rechtsbeschwerde** muss für die Ergänzung gesondert erfolgen,[6] sofern sie nicht nach § 70 Abs. 3 kraft Gesetzes statthaft ist.

17 Kosten/Gebühren: Gericht: Für die Ergänzung des Beschlusses entstehen weder nach dem GNotKG noch nach dem FamGKG Gebühren. Es entsteht auch keine Dokumentenpauschale, vgl. Abs. 3 der Anmerkung zu Nr. 31000 KV GNotKG und Abs. 2 der Anmerkung zu Nr. 2000 KV FamGKG. **RA:** Nach § 19 Abs. 1 Nr. 6 RVG gehört die Ergänzung des Beschlusses zu dem jeweiligen Rechtszug. Die Tätigkeit des Rechtsanwalts ist durch die Verfahrensgebühr des Ausgangsverfahrens abgegolten.

§ 44 *Abhilfe bei Verletzung des Anspruchs auf rechtliches Gehör*

(1) Auf die Rüge eines durch eine Entscheidung beschwerten Beteiligten ist das Verfahren fortzuführen, wenn
1. ein Rechtsmittel oder ein Rechtsbehelf gegen die Entscheidung oder eine andere Abänderungsmöglichkeit nicht gegeben ist und
2. das Gericht den Anspruch dieses Beteiligten auf rechtliches Gehör in entscheidungserheblicher Weise verletzt hat.

Gegen eine der Endentscheidung vorausgehende Entscheidung findet die Rüge nicht statt.
(2) Die Rüge ist innerhalb von zwei Wochen nach Kenntnis von der Verletzung des rechtlichen Gehörs zu erheben; der Zeitpunkt der Kenntniserlangung ist glaubhaft zu machen. Nach Ablauf eines Jahres seit der Bekanntgabe der angegriffenen Entscheidung an diesen Beteiligten kann die Rüge nicht mehr erhoben werden. Die Rüge ist schriftlich oder zur Niederschrift bei dem Gericht zu erheben, dessen Entscheidung angegriffen wird. Die Rüge muss die angegriffene Entscheidung bezeichnen und das Vorliegen der in Absatz 1 Satz 1 Nr. 2 genannten Voraussetzungen darlegen.
(3) Den übrigen Beteiligten ist, soweit erforderlich, Gelegenheit zur Stellungnahme zu geben.
(4) Ist die Rüge nicht in der gesetzlichen Form oder Frist erhoben, ist sie als unzulässig zu verwerfen. Ist die Rüge unbegründet, weist das Gericht sie zurück. Die Entscheidung ergeht durch nicht anfechtbaren Beschluss. Der Beschluss soll kurz begründet werden.
(5) Ist die Rüge begründet, hilft ihr das Gericht ab, indem es das Verfahren fortführt, soweit dies aufgrund der Rüge geboten ist.

---

1 RG v. 7.11.1892 – Beschw. Rep. VI 125/92, RGZ 30, 342 (343f.); BGH v. 27.11.1979 – VI ZR 40/78, NJW 1980, 840f.; BGH v. 20.6.2000 – VI ZR 2/00, NJW 2000, 3008; Keidel/*Meyer-Holz*, § 43 FamFG Rz. 16; Zöller/*Vollkommer*, § 321 ZPO Rz. 11.
2 BGH v. 3.2.2011 – V ZB 128/10, FGPrax 2011, 148; *Bumiller*/Harders, § 43 FamFG Rz. 1; Bassenge/Roth/*Gottwald*, § 43 FamFG Rz. 7.
3 Bassenge/Roth/*Gottwald*, § 43 FamFG Rz. 8.
4 RG v. 9.2.1911 – Rep. VI 680/09, RGZ 75, 288 (293); BGH v. 30.9.1980 – V ZB 8/80, VersR 1981, 57; Zöller/*Vollkommer*, § 321 ZPO Rz. 11; zu weit gehend, für einen Neulauf der Beschwerdefrist auch gegen den ursprünglichen Beschluss Keidel/*Meyer-Holz*, § 43 FamFG Rz. 18; inkonsequent ist es dann allerdings, die Fälle, in denen die Beschwerdefrist für den ursprünglichen Beschluss abgelaufen ist, abweichend zu behandeln (Keidel/*Meyer-Holz*, § 43 FamFG Rz. 19).
5 Vgl. BGH v. 20.6.2000 – VI ZR 2/00, NJW 2000, 3008; Keidel/*Meyer-Holz*, § 43 FamFG Rz. 16; Zöller/*Feskorn*, § 43 FamFG Rz. 2; Zöller/*Vollkommer*, § 321 ZPO Rz. 11.
6 BGH v. 27.11.1979 – VI ZR 40/78, NJW 1980, 840; Keidel/*Meyer-Holz*, § 43 FamFG Rz. 16.

A. Entstehungsgeschichte und Normzweck 1
B. Inhalt der Vorschrift
 I. Anwendungsbereich 2
 II. Voraussetzungen
  1. Verletzung des Anspruchs auf rechtliches Gehör 3
  2. Kein anderweitiger Rechtsbehelf
   a) Beschwerde und Rechtsbeschwerde 5
   b) Sonstige Rechtsbehelfe 6
  3. Beschwer 7
  4. Rechtsschutzbedürfnis 7a
  5. Rüge 8
   a) Form ....
    aa) Rügeschrift oder Erklärung zu Protokoll der Geschäftsstelle 9
    bb) Rüge in elektronischer Form 10
    cc) Adressat 11
   b) Frist ....
    aa) Zwei-Wochen-Frist ab Kenntnis der Gehörsverletzung .. 12
    bb) Ausschlussfrist 13
    cc) Wiedereinsetzung bei Nichteinhaltung der Frist 14
   c) Inhalt
    aa) Höhere Anforderungen als bei der Beschwerde 15
    bb) Bezeichnung der angegriffenen Entscheidung 16
    cc) Bezeichnung des Rügeführers und ausdrückliche Rüge der Gehörsverletzung 17
    dd) Darlegung der Gehörsverletzung in entscheidungserheblicher Weise 18
 III. Verfahren und Entscheidung
  1. Zuständigkeit 21
  2. Anhörung der anderen Beteiligten .. 22
  3. Einstweilige Anordnungen 23
  4. Prüfungsumfang 24
  5. Entscheidung
   a) Verwerfung bei Nichteinhaltung von Form oder Frist 25
   b) Zurückweisung mangels Gehörsverletzung 26
   c) Begründete Anhörungsrügen
    aa) Entscheidung über die Anhörungsrüge 27
    bb) Die Fortführung des ursprünglichen Verfahrens ... 28

A. Entstehungsgeschichte und Normzweck

§ 44 übernimmt weitgehend unverändert den Text der Vorgängernorm, § 29a FGG, **1** und soll ihr auch inhaltlich voll entsprechen.[1] Mit der Vorgängervorschrift kam der Gesetzgeber dem Auftrag des BVerfG nach, einen förmlichen Rechtsbehelf für die Fälle zur Verfügung zu stellen, in denen das rechtliche Gehör nicht gewährt wurde.[2] Er sollte eine fachgerichtliche Abhilfe ermöglichen. Daher ist die erfolglose Durchführung des Verfahrens nach § 44 **Zulassungsvoraussetzung für die Erhebung der Verfassungsbeschwerde zum BVerfG**[3] bzw. für landesgerichtliche Verfassungsbeschwerden.[4] Die Verfassungsbeschwerde nach unterlassener Anhörungsrüge ist auch dann unzulässig, wenn neben der Gehörsverletzung noch die Verletzung weiterer Verfahrensgrundrechte gerügt werden soll.[5] Der Gesetzgeber beschränkte die Rügemöglichkeiten aber ausdrücklich auf die Verletzung des Anspruchs auf rechtliches Gehör, woran sich ausweislich des Gesetzeswortlauts nichts geändert hat.[6] Dies wirft wie zum alten Recht die Frage auf, welcher Rechtsbehelf gegen unanfechtbare Entscheidungen gegeben ist, die **andere Verfahrensgrundrechte** verletzen. Entgegen einer Mindermeinung[7] ist auch hier wohl nicht die außerordentliche Beschwerde zum Gericht der nächsten Instanz statthaft, da der Gesetzgeber diese gerade abschaffen wollte (vgl. § 42 Rz. 24).[8] Man wird in diesen Fällen davon ausgehen müssen, dass in

---

1 S. die bemerkenswert knappen Ausführungen in BT-Drucks. 16/6308, S. 197.
2 BVerfG v. 30.4.2003 – PBvU 1/02, NJW 2003, 1924 ff.; *Bumiller*/Harders, § 44 FamFG Rz. 1.
3 BVerfG v. 25.4.2005 – 1 BvR 644/05, NJW 2005, 3059; Bassenge/Roth/*Gottwald*, § 44 FamFG Rz. 1; Keidel/*Meyer-Holz*, § 44 FamFG Rz. 66, der allerdings eine Ausnahme für zulässig hält, wenn die Anhörungsrüge aus Sicht eines verständigen Beteiligten offenkundig unzulässig wäre.
4 BayVerfGH v. 15.9.2011 – Vf. 137-VI-10, FamRZ 2012, 470.
5 BVerfG v. 25.4.2005 – 1 BvR 644/05, NJW 2005, 3059 f.; Keidel/*Meyer-Holz*, § 44 FamFG Rz. 68; Bassenge/Roth/*Gottwald*, § 44 FamFG Rz. 1.
6 *Bumiller*/Harders, § 44 FamFG Rz. 1; Keidel/*Meyer-Holz*, § 44 FamFG Rz. 8.
7 *Bumiller*/Harders, § 44 FamFG Rz. 2.
8 BGH v. 20.4.2004 – X ZB 39/03, NJW-RR 2004, 1654 (1655); BGH v. 14.7.2004 – XII ZB 268/03, NJW-RR 2005, 214; BayObLG v. 30.9.2004 – 3 Z BRH 2/04, FamRZ 2005, 917; OLG Zweibrücken v. 31.5.2005 – 3 W 52/05, FamRZ 2006, 555; *Keske*, FPR 2010, 339 (343); *Kretzschmar/Meysen*,

Ermangelung einer § 44 entsprechenden Norm nach wie vor eine **Gegenvorstellung** beim Ausgangsgericht[1] und anschließend die Verfassungsbeschwerde unmittelbar zulässig ist. Für Zwischenentscheidungen, die in Grundrechte der Beteiligten eingreifen, deutet die Rechtsprechung des BVerfG an, dass in verfassungskonformer Auslegung von § 44 Abs. 1 Satz 2 FamFG eine Anhörungsrüge statthaft sein soll (vgl. § 58 Rz. 11).[2]

Wird trotz Eröffnung eines ordentlichen Rechtsmittels die Gegenvorstellung erhoben, kann diese nicht als Einlegung des zulässigen Rechtsmittels umgedeutet werden, da es sich nicht um vergleichbare Verfahrenshandlungen handelt.[3] Aus Gründen der Rechtssicherheit wird man auch für die Gegenvorstellung die Einhaltung der Frist von zwei Wochen analog § 44 Abs. 2 Satz 1 verlangen müssen,[4] zumal die Verletzung anderer Verfahrensgrundrechte nicht anders behandelt werden kann als die Nichtgewährung rechtlichen Gehörs. Werden sowohl die Verletzung des rechtlichen Gehörs als auch sonstiger Verfahrensgrundrechte geltend gemacht, liegt eine Kombination von Anhörungsrüge und Gegenvorstellung vor,[5] die nach den jeweiligen Regeln zu behandeln sind. Die Monatsfrist für die Einlegung der Verfassungsbeschwerde läuft erst nach Bekanntgabe des zurückweisenden Beschlusses, sofern die Anhörungsrüge nicht offenkundig unzulässig war.[6] Die Vorschrift gilt gem. § 113 Abs. 1 nicht in Familienstreit- und Ehesachen; hier ist § 321a ZPO anzuwenden.

B. Inhalt der Vorschrift

I. Anwendungsbereich

2   Anders als die Regelungen etwa zu Berichtigung und Ergänzung eines Beschlusses macht § 44 schon im Wortlaut deutlich, dass diese Rechtsschutzmöglichkeit nicht nur Entscheidungen nach §§ 38 ff. erfasst. § 44 Abs. 1 spricht nämlich ausdrücklich allgemein von einer „Entscheidung", was auch Nebenentscheidungen etwa im Vollstreckungsverfahren, isolierte Kostenentscheidungen, eA[7] ua. umfasst. Zwischenentscheidungen sind schon deswegen nicht mit der Anhörungsrüge nach § 44 angreifbar, da sie entweder selbständig oder inzident gem. § 58 Abs. 2 zusammen mit der Hauptsacheentscheidung überprüft werden können. Sie sind deshalb nicht mit der Anhörungsrüge angreifbar, wie § 44 Abs. 1 Satz 2 nochmals feststellt.[8] Allerdings könnte der Wortlaut von § 44 Abs. 1 Satz 2 in den Fällen zu weit geraten sein, in denen Dritte

---

FPR 2009, 1 (3); *Reinken*, FuR 2010, 268 (269); Keidel/*Meyer-Holz*, § 44 FamFG Rz. 11; Bassenge/Roth/*Gottwald*, § 44 FamFG Rz. 1; Bork/Jacoby/Schwab/*Elzer*, 1. Aufl., § 44 FamFG Rz. 24; vgl. BAG v. 8.8.2005 – 5 AZB 31/05, NJW 2005, 3231 (3232).

1 Bork/Jacoby/Schwab/*Elzer*, 1. Aufl., § 44 FamFG Rz. 16; *Keske*, FPR 2010, 339 (343); *Kretzschmar/Meysen*, FPR 2009, 1 (3); *Reinken*, FuR 2010, 268 (269); Keidel/*Meyer-Holz*, § 44 FamFG Rz. 9 und Anh. § 58 Rz. 49; offengelassen von OLG Zweibrücken v. 31.5.2005 – 3 W 52/05, FamRZ 2006, 555. Hingegen wird die Möglichkeit der Gegenvorstellung von Bassenge/Roth/*Gottwald*, § 44 FamFG Rz. 1 verneint. Im Hinblick darauf, dass nach der verfassungsgerichtlichen Rspr. auch nicht allgemein anerkannte außerordentliche Rechtsbehelfe ausgeschöpft werden müssen (vgl. BVerfG v. 25.4.2005 – 1 BvR 644/05, NJW 2005, 3059; anders allerdings noch BVerfG v. 30.4.2003 – PBvU 1/02, NJW 2003, 1924 [1928]) und die Gegenvorstellung in diesen Fällen von namhaften Stimmen für statthaft angesehen wird, erscheint dies für die Praxis bedenklich.

2 BVerfG v. 2.12.2009 – 1 BvR 2797/09, FamRZ 2010, 186 (187); insoweit wortgleich BVerfG v. 30.4.2010 – 1 BvR 2797/09, FamRZ 2010, 1145 (1146); BVerfG v. 17.9.2010 – 1 BvR 2157/10, FamRZ 2010, 1970 (1971); BVerfG v. 26.10.2010 – 1 BvR 2538/10, BtPrax 2011, 28 (29); BVerfG v. 7.12.2010 – 1 BvR 2157/10, FamRZ 2011, 272 (273); kritisch *Recla/Diener*, FamRZ 2010, 1146 (1147) und *Diener*, FamRZ 2011, 274.

3 BGH v. 21.6.2000 – XII ZB 93/00, NJW-RR 2001, 279 f.; vgl. Keidel/*Meyer-Holz*, Anh. § 58 FamFG Rz. 50.

4 Keidel/*Meyer-Holz*, Anh. § 58 FamFG Rz. 51.

5 Keidel/*Meyer-Holz*, § 44 FamFG Rz. 9.

6 Keidel/*Meyer-Holz*, § 44 FamFG Rz. 70 f.

7 *Bumiller*/Harders, § 44 FamFG Rz. 4; Zöller/*Feskorn*, § 44 FamFG Rz. 1; im Ergebnis ähnlich Keidel/*Meyer-Holz*, § 44 FamFG Rz. 13 f., der die Anhörungsrüge in selbständigen Zwischenverfahren und Nebenverfahren zulassen will; anders wohl Bassenge/Roth/*Gottwald*, § 44 FamFG Rz. 2.

8 *Bumiller*/Harders, § 44 FamFG Rz. 4; Bork/Jacoby/Schwab/*Elzer*, 1. Aufl., § 44 FamFG Rz. 5.

von einer Zwischenentscheidung betroffen sind, die diese weder separat noch inzident mit der Hauptsacheentscheidung anfechten können.[1] Für die Entscheidungen, die im ZPO-Verfahren zu entscheiden sind, gelten nach § 321a ZPO dieselben Grundsätze.

II. Voraussetzungen

1. Verletzung des Anspruchs auf rechtliches Gehör

Die Anhörungsrüge nach § 44 setzt zunächst die Verletzung des Anspruchs auf rechtliches Gehör voraus. Dies bedeutet, dass das Gericht bei seiner Entscheidung nach § 44 Abs. 1 Satz 1 Nr. 2 erheblichen Vortrag eines Beteiligten nicht zur Kenntnis genommen hat.[2] Dies kann zum einen dadurch geschehen sein, dass korrekt in den Machtbereich des Gerichts gelangte Eingaben nicht mehr zur Kenntnis des Spruchkörpers gelangt sind. Diese sind bis zum Erlass der Entscheidung zu berücksichtigen, wobei das Gericht organisatorische Vorkehrungen für eine zeitnahe Weiterleitung zu treffen hat (vgl. § 69 Rz. 2 und § 32 Rz. 8).[3] Die Verletzung des Anspruchs auf rechtliches Gehör kann aber auch durch Fehler des Gerichts verursacht werden, indem es Vortrag eines Beteiligten überliest oder sich hiermit nicht in der gebotenen Weise beschäftigt (hierzu vgl. § 38 Rz. 20 f.).[4] Eine Gehörsverletzung liegt auch dann vor, wenn das Gericht einem Beteiligten die von ihm ermittelten Tatsachen nicht zur Kenntnis gibt, wie § 37 Abs. 2 nunmehr ausdrücklich klarstellt. Hierbei sind an die Auswertung des Vorbringens **höhere Anforderungen zu stellen als im Zivilprozess**, da das Gericht nach § 26 den erheblichen Sachverhalt von Amts wegen zu ermitteln hat. Ist das Vorbringen eines Beteiligten zwar nach zivilprozessualen Maßstäben zu pauschal, besteht im Verfahren nach dem FamFG doch Anlass dazu, möglichen Ermittlungsansätzen nachzugehen oder zumindest im Wege eines Hinweises[5] zur erforderlichen Konkretisierung aufzufordern. Erst recht verletzt das Übergehen von Beweisangeboten bzw. die Unterlassung einer gebotenen Anhörung den Anspruch auf rechtliches Gehör.[6] Das Gericht darf auch nicht auf einen Gesichtspunkt abstellen, mit dem ein Beteiligter nicht rechnen muss,[7] oder gar auf Umstände, die ihm nicht zur Kenntnis gebracht wurden (vgl. § 37 Abs. 2).[8] Neues Vorbringen kann selbstverständlich mit der Anhörungsrüge nicht in das Verfahren eingeführt werden,[9] erst recht keine erst nach Erlass der Entscheidung eingetretenen Änderungen der Sach- oder Rechtslage.[10] Auch die bloße Nichtheilung eines Gehörsverstoßes früherer Instanzen genügt nicht.[11]

3

Das übergangene Vorbringen muss **entscheidungserheblich** sein. Ebenso wenig wie der Zivilrichter muss sich der Spruchkörper im Verfahren nach dem FamFG mit Vortrag auseinandersetzen, der selbst im Falle seiner Richtigkeit keinen Einfluss auf die Entscheidung hat.[12] Hierbei kommt es auf die **rechtliche Beurteilung des Ge-**

4

---

1 In diesen Fällen nach altem Recht für die Möglichkeit der Verfassungsbeschwerde Keidel/*Meyer-Holz*, § 29a FGG Rz. 8; aA Zöller/*Feskorn*, § 44 FamFG Rz. 3.
2 Keidel/*Meyer-Holz*, § 44 FamFG Rz. 39; weiter gehend offenbar Bassenge/Roth/*Gottwald*, § 44 FamFG Rz. 5, wonach schon die Unterlassung der Anhörung, die einem Beteiligten zusteht, genügen soll. Eine solche Ausdehnung würde aber schon wegen rein formaler Fehler zur Durchbrechung der Rechtskraft führen und ist nicht mit dem Wortlaut vereinbar, wonach die Anhörungsrüge nur einem „durch eine Entscheidung beschwerten Beteiligten" zustehen soll. Hieran fehlt es, wenn nur eine für das Ergebnis unerhebliche Anhörung unterlassen wurde.
3 Keidel/*Meyer-Holz*, § 44 FamFG Rz. 38.
4 BVerfG v. 7.12.2010 – 1 BvR 2157/10, FamRZ 2011, 272 (273).
5 Vgl. Keidel/*Meyer-Holz*, § 44 FamFG Rz. 39.
6 Keidel/*Meyer-Holz*, § 44 FamFG Rz. 39.
7 Keidel/*Meyer-Holz*, § 44 FamFG Rz. 39.
8 Keidel/*Meyer-Holz*, § 44 FamFG Rz. 39.
9 Keidel/*Meyer-Holz*, § 44 FamFG Rz. 32.
10 Keidel/*Meyer-Holz*, § 44 FamFG Rz. 42.
11 BVerfG v. 5.5.2008 – 1 BvR 562/08, NJW 2008, 2635 (2636); *Bumiller*/Harders, § 44 FamFG Rz. 8; ähnlich Keidel/*Meyer-Holz*, § 44 FamFG Rz. 33 u. 36.
12 BVerfG v. 25.2.1994 – 2 BvR 50, 122/93, NJW 1994, 2279; BVerfG v. 16.6.1995 – 2 BvR 382/95, NJW-RR 1995, 1033 (1034).

richts an. Ist der Vortrag nach seiner rechtlichen Würdigung für die Entscheidung irrelevant, so verletzt es den Anspruch auf Gewährung rechtlichen Gehörs auch dann nicht, wenn diese Beurteilung materiellrechtlich nicht zutrifft. In rechtlicher Hinsicht muss die Entscheidungserheblichkeit feststehen; das Gericht hat also die behaupteten Tatsachen unter die in Betracht kommenden Vorschriften zu subsumieren. Hingegen darf es in tatsächlicher Hinsicht die Beweiswürdigung nicht vorwegnehmen. Insoweit genügt es, dass das Übergehen des Vortrags möglicherweise entscheidungserheblich ist.[1]

2. Kein anderweitiger Rechtsbehelf

a) Beschwerde und Rechtsbeschwerde

5 Die Gehörsrüge ist nur statthaft, wenn andere Rechtsmittel oder Rechtsbehelfe gegen die Entscheidung nicht gegeben sind (§ 44 Abs. 1 Satz 1 Nr. 1).[2] Die Anhörungsrüge nach § 44 kommt also nur bei letztinstanzlichen Entscheidungen in Betracht. In **erster Instanz** ist das der Fall, wenn die Entscheidung bereits kraft Gesetzes **unanfechtbar** ist wie etwa eA nach § 57 Satz 1, oder wenn der Mindestbeschwerdewert nach § 61 Abs. 1 nicht erreicht ist.[3] § 44 ist über § 68 Abs. 3 Satz 1 auch auf Entscheidungen des **Beschwerdegerichts** anwendbar.[4] Hier ist die Anhörungsrüge nach § 44 nur bei Entscheidungen statthaft, gegen die die Rechtsbeschwerde nach § 70 Abs. 1 nicht zugelassen wurde. Ansonsten ist entweder aufgrund der Zulassung oder kraft Gesetzes (§ 70 Abs. 3) die Rechtsbeschwerde, mithin ein anderer Rechtsbehelf statthaft. Die Erfolglosigkeit dieses Rechtsmittels eröffnet nicht die Anhörungsrüge in der Vorinstanz;[5] dann besteht allenfalls die Möglichkeit der Anhörungsrüge gegen die letztinstanzliche Entscheidung. Gleiches gilt bei Versäumung der Rechtsmittelfrist.[6] Die Anschlussbeschwerde ist nur dann ein Rechtsbehelf iSd. § 44 Abs. 2, wenn sie auch tatsächlich eingelegt wird.[7] In diesem Falle ist das Rügeverfahren analog § 21 auszusetzen.[8] Über § 74 Abs. 4 ist die Anhörungsrüge auch gegen die Entscheidung des BGH über eine **Rechtsbeschwerde** möglich.[9] Ein anderes ordentliches Rechtsmittel ist dann naturgemäß nicht mehr vorgreiflich.

b) Sonstige Rechtsbehelfe

6 Nach § 44 Abs. 1 Satz 1 Nr. 1 darf auch keine „andere Abänderungsmöglichkeit" gegen eine mit der Beschwerde oder der Rechtsbeschwerde nicht mehr angreifbare Entscheidung bestehen. Dies betrifft insbesondere die Möglichkeit der **Ergänzung nach § 43**. Liegen deren Voraussetzungen vor, wurde also ein Antrag versehentlich übergangen, stellt dies stets eine Verletzung des Anspruchs auf rechtliches Gehör dar. Die Anhörungsrüge ist dann aber wegen § 44 Abs. 1 Satz 1 Nr. 1 nicht statthaft; der Betroffene kann nur die Ergänzung verlangen.[10] Entsprechendes gilt für die Berichtigung gem. § 43.[11] Gegen Entscheidungen des Rechtspflegers ist immer die Erinne-

---

1 Keidel/*Meyer-Holz*, § 44 FamFG Rz. 40; Bassenge/Roth/*Gottwald*, § 44 FamFG Rz. 6.
2 OLG Frankfurt v. 29.7.2005 – 9 U 43/04, NJW-RR 2005, 1591; OLG Celle v. 2.1.2003 – 9 U 139/02, MDR 2003, 593; *Bumiller*/Harders, § 44 FamFG Rz. 5; Keidel/*Meyer-Holz*, § 44 FamFG Rz. 3; Bassenge/Roth/*Gottwald*, § 44 FamFG Rz. 3; Bork/Jacoby/Schwab/*Elzer*, 1. Aufl., § 44 FamFG Rz. 3.
3 Keidel/*Meyer-Holz*, § 44 FamFG Rz. 4.
4 *Maurer*, FamRZ 2009, 465 (480); hier sieht Bassenge/Roth/*Gottwald*, § 44 FamFG Rz. 1 sogar den Hauptanwendungsbereich der Norm.
5 OLG Frankfurt v. 29.7.2005 – 9 U 43/04, NJW-RR 2005, 1591; ebenso wohl *Bumiller*/Harders, § 44 FamFG Rz. 7.
6 *Maurer*, FamRZ 2009, 465 (480); anders Bassenge/Roth/*Gottwald*, § 44 FamFG Rz. 3, wenn der Rügeführer erst nach Ablauf der Rechtsmittelfrist von der Gehörsverletzung erfährt.
7 Keidel/*Meyer-Holz*, § 44 FamFG Rz. 5; aA wohl Bork/Jacoby/Schwab/*Elzer*, 1. Aufl., § 44 FamFG Rz. 3.
8 Keidel/*Meyer-Holz*, § 44 FamFG Rz. 5.
9 Im Ergebnis ebenso *Bumiller*/Harders, § 44 FamFG Rz. 6.
10 So auch Keidel/*Meyer-Holz*, § 44 FamFG Rz. 6.
11 Keidel/*Meyer-Holz*, § 44 FamFG Rz. 6.

rung vorrangig.¹ Die Anhörungsrüge ist also nur in den Fällen gegeben, in denen nicht der gesamte Antrag, sondern nur einzelne Bestandteile seiner Begründung, etwa eine durchgreifende Anspruchsgrundlage oder ein erheblicher Beweisantritt, übergangen wurden, da dieser Fehler nicht mit der Ergänzung nach § 43 behoben werden kann (vgl. § 43 Rz. 7). Keine andere Abänderungsmöglichkeit gem. § 44 Abs. 1 Satz 1 Nr. 1 ist die **Abänderung nach § 48 Abs. 1**.² Denn zum einen setzt dieses eine Änderung der Sach- oder Rechtslage voraus. Zum anderen wird damit nicht der Mangel des vorliegenden Verfahrens bereinigt, was § 44 leisten soll, sondern nur ein neues ermöglicht. Ähnliches gilt für die fälschlich in den Gesetzesmaterialien genannten Verfahren nach §§ 1696, 2361 BGB³ und erst recht für die Wiederaufnahme nach § 48 Abs. 2.⁴

3. Beschwer

Die Anhörungsrüge steht nach allgemeinen Grundsätzen nur demjenigen zu, der durch die Verletzung des Anspruchs auf rechtliches Gehör in seinen Rechten verletzt ist.⁵ Auch § 44 eröffnet keinen Popularrechtsbehelf. Zum Vorliegen der Rechtsbeeinträchtigung gilt das zur Beschwerdeberechtigung Gesagte (§ 59 Rz. 2 ff.). Eines **Mindestbeschwerdewerts** bedarf es allerdings nicht.

7

4. Rechtsschutzbedürfnis

Wie bei jedem Rechtsbehelf muss auch bei der Anhörungsrüge ein Rechtsschutzbedürfnis gegeben sein. Es muss also überhaupt möglich sein, das begehrte Rechtsschutzziel durch eine erfolgreiche Anhörungsrüge und die damit verbundene Fortführung des ursprünglichen Verfahrens zu erreichen.⁶ Daran fehlt es selbst bei einer Gehörsverletzung im Erbscheinsverfahren. Denn die Gehörsrüge könnte nicht zur Einziehung des bereits erteilten Erbscheins führen, die nur in einem neuen Verfahren nach § 2361 BGB erfolgen kann.⁷

7a

5. Rüge

Die Abhilfe nach § 44 erfolgt **nicht von Amts wegen**. Sie setzt, wie § 44 Abs. 1 Satz 1 klarstellt („auf die Rüge"), einen Antrag des Beteiligten voraus.⁸ Dieser muss allerdings nicht als Anhörungsrüge bezeichnet werden. Insbesondere kann ein **unzulässiges Rechtsmittel** in eine Anhörungsrüge nach § 44 umgedeutet werden.⁹ Die Anforderungen an diese Rüge sind in § 44 Abs. 2 geregelt.

8

a) Form

aa) Rügeschrift oder Erklärung zu Protokoll der Geschäftsstelle

Die Anhörungsrüge muss nach § 44 Abs. 2 Satz 3 schriftlich oder zur Niederschrift der Geschäftsstelle eingelegt werden. Trotz der geringfügig von § 64 Abs. 2 Satz 1 abweichenden Formulierung, wo von einer „Beschwerdeschrift" die Rede ist, gilt also ähnliches wie für die Beschwerde. Der Beteiligte muss eine „**Rügeschrift**" vorlegen. Allerdings fordert § 44 Abs. 2 Satz 3 im Gegensatz zu § 64 Abs. 2 Satz 4 nicht die **Unterschrift** des Rügenden. Dies lässt sich auch dem Tatbestandsmerkmal „schriftlich" nicht entnehmen, da dies nicht Schriftform gem. § 126 BGB, sondern nur **Textform** gem. § 126b BGB meint, wie nicht zuletzt der Vergleich etwa mit der „schriftlichen

9

---

1 Keidel/*Meyer-Holz*, § 44 FamFG Rz. 12.
2 So auch Keidel/*Meyer-Holz*, § 44 FamFG Rz. 7; einschränkend Bassenge/Roth/*Gottwald*, § 44 FamFG Rz. 4; *Bumiller*/Harders, § 44 FamFG Rz. 5; aA Zöller/*Feskorn*, § 44 FamFG Rz. 2.
3 *Bumiller*/Harders, § 44 FamFG Rz. 5; Keidel/*Meyer-Holz*, § 44 FamFG Rz. 7.
4 Keidel/*Meyer-Holz*, § 44 FamFG Rz. 7.
5 Keidel/*Meyer-Holz*, § 44 FamFG Rz. 21; *Bumiller*/Harders, § 44 FamFG Rz. 14; Bork/Jacoby/Schwab/*Elzer*, 1. Aufl., § 44 FamFG Rz. 12.
6 KG v. 22.12.2011 – 1 W 544/11, FamRZ 2012, 1588f.
7 KG v. 22.12.2011 – 1 W 544/11, FamRZ 2012, 1588f.
8 KG v. 11.10.2010 – 19 UF 70/10, FGPrax 2011, 48.
9 Vgl. BayObLG v. 30.9.2004 – 3 Z BRH 2/04, FamRZ 2005, 917.

Bekanntgabe" gem. § 63 Abs. 3 Satz 1 zeigt (s. § 41 Rz. 23 ff. und § 63 Rz. 6). Es genügt also ein Schriftstück, das den Rügeführer zweifelsfrei erkennen lässt. Die Übermittlung per Fax genügt.[1] Die Vertretung durch einen **Rechtsanwalt** ist abgesehen von Ehesachen und Familienstreitsachen nur in Verfahren vor dem BGH erforderlich, wo sich die Beteiligten stets nach § 10 Abs. 4 durch einen dort postulationsfähigen Anwalt vertreten lassen müssen. Dies gilt auch für die Anhörungsrüge.[2]

bb) Rüge in elektronischer Form

10 Nach § 14 Abs. 2 können die Beteiligten ihre „Anträge und Erklärungen" auch als elektronisches Dokument an das Gericht übermitteln, wofür §§ 130a Abs. 1 und 3, 298 ZPO entsprechend gelten.[3] Dies gilt auch für die Anhörungsrüge. Allerdings muss diese Möglichkeit jedenfalls in erweiterter Anwendung von § 7 nicht, wie der Wortlaut von § 14 Abs. 2 bestimmt, nur den Beteiligten, sondern auch demjenigen offenstehen, der unter Verletzung seines Anspruchs auf rechtliches Gehör noch nicht beteiligt war, da § 44 dem gerade abhelfen will. Voraussetzung ist naturgemäß, dass das Beschwerdegericht zu denjenigen Gerichten gehört, für die die elektronische Einreichung von Dokumenten nach § 14 Abs. 4 Satz 4 zugelassen ist. Im Übrigen können die Grundsätze der Einreichung durch Schriftsatz oder Telefax entsprechend herangezogen werden. Nach § 68 Abs. 3 Satz 1 und § 74 Abs. 4 existiert diese Möglichkeit auch in den Rechtsmittelinstanzen.

cc) Adressat

11 Die Rüge ist nach § 44 Abs. 2 Satz 3 „bei dem Gericht zu erheben, dessen Entscheidung angegriffen wird". Die Einlegung bei einem **anderen Gericht** wahrt die Frist nicht.[4] Dieses ist aber gem. § 25 Abs. 3 zur Weiterleitung verpflichtet. Insoweit kann auf die Ausführungen zur Einlegung der Beschwerde verwiesen werden (§ 64 Rz. 3). Dies gilt auch für die verschiedenen Möglichkeiten, die Rügeschrift auf anderem Wege als mittels Schriftsatz (also per **Fax, Fernschreiber** etc.) bei dem zuständigen Gericht anzubringen (§ 64 Rz. 4 f.).

b) Frist

aa) Zwei-Wochen-Frist ab Kenntnis der Gehörsverletzung

12 Als Frist für die Erhebung der Anhörungsrüge sieht § 44 Abs. 2 Satz 1 einen Zeitraum von zwei Wochen nach Kenntnis der Gehörsverletzung vor. Hierbei handelt es sich um eine **Notfrist**, die nicht verlängert werden kann.[5] Ihr Lauf wird idR mit der **schriftlichen Bekanntgabe** der Entscheidung,[6] möglicherweise aber auch **später** beginnen, wenn ein Beteiligter etwa erst nach Akteneinsicht Kenntnis von der Gehörsverletzung erhält.[7] Nach dieser Vorschrift kommt es nur auf die **positive Kenntnis** dieses Umstands an. Auch die grob fahrlässige Unkenntnis der Gehörsverletzung schadet demnach nicht,[8] wohl aber die bewusste Vereitelung der Kenntnisnahme.[9] Allerdings hat der Rügeführer den Zeitpunkt seiner Kenntnis nach § 44 Abs. 2 Satz 1 glaubhaft zu machen. Allzu abenteuerliche Darstellungen über die Kenntnisnahme etwa der im angegriffenen Beschluss enthaltenen Gehörsverletzung unterliegen also

---

1 Keidel/*Meyer-Holz*, § 44 FamFG Rz. 28.
2 Vgl. BGH v. 18.5.2005 – VIII ZB 3/05, NJW 2005, 2017; speziell zu den außerordentlichen Rechtsmitteln BVerfG v. 30.4.2003 – PBvU 1/02, NJW 2003, 1924; *Bumiller*/Harders, § 44 FamFG Rz. 11; Keidel/*Meyer-Holz*, § 44 FamFG Rz. 29.
3 Keidel/*Meyer-Holz*, § 44 FamFG Rz. 28; zu § 14 im Einzelnen, insbesondere zur qualifizierten elektronischen Signatur und dem Format des Dokuments s. die Kommentierung dort.
4 *Bumiller*/Harders, § 44 FamFG Rz. 12; implizit auch Zöller/*Feskorn*, § 44 FamFG Rz. 4.
5 Keidel/*Meyer-Holz*, § 44 FamFG Rz. 22.
6 Keidel/*Meyer-Holz*, § 44 FamFG Rz. 23; Bassenge/Roth/*Gottwald*, § 44 FamFG Rz. 7.
7 Keidel/*Meyer-Holz*, § 44 FamFG Rz. 23; *Bumiller*/Harders, § 44 FamFG Rz. 13.
8 So auch Keidel/*Meyer-Holz*, § 44 FamFG Rz. 25; aA *Bumiller*/Harders, § 44 FamFG Rz. 13; Bork/Jacoby/Schwab/*Elzer*, 1. Aufl., § 44 FamFG Rz. 10.
9 So wohl auch Keidel/*Meyer-Holz*, § 44 FamFG Rz. 25, wonach der positiven Kenntnis gleichsteht, wenn es der Beteiligte „bewusst unterlassen (hat), sich die Kenntnis zu verschaffen".

der Würdigung durch das Gericht. Nach dem Zusammenhang des § 44 Abs. 2 Satz 1 ist auch der Zeitpunkt der Kenntniserlangung binnen zwei Wochen glaubhaft zu machen.[1]

bb) Ausschlussfrist

§ 44 Abs. 2 Satz 2 setzt der Anhörungsrüge eine **absolute zeitliche Grenze**. Demnach kann auch eine Gehörsverletzung „nach Ablauf eines Jahres seit der Bekanntgabe der angegriffenen Entscheidung" nicht mehr mit der Anhörungsrüge angegriffen werden. Dies gilt zunächst für die erfolgte schriftliche Bekanntgabe der Entscheidung nach § 63 Abs. 3 Satz 1. Ist die schriftliche Bekanntgabe nicht möglich, so kann der Rügeführer bei der Anhörungsrüge nach § 44 nicht besser behandelt werden als bei der Beschwerde. Daher ist für diesen Fall die **Fünf-Monats-Frist** des § 63 Abs. 3 Satz 2 auch auf den Beginn der Rügefrist nach § 44 Abs. 2 Satz 2 entsprechend anzuwenden. Nach Ablauf der an die Fünf-Monats-Frist des § 63 Abs. 3 Satz 2 anschließenden Jahresfrist des § 44 Abs. 2 Satz 2 kann somit die Anhörungsrüge auch dann nicht mehr erhoben werden, wenn eine schriftliche Bekanntgabe nicht möglich ist.

13

cc) Wiedereinsetzung bei Nichteinhaltung der Frist

Versäumt der Rügeführer die Frist zur Einlegung, kann ihm **Wiedereinsetzung** gewährt werden.[2] Die früher hierüber geführte Diskussion, ob auch wegen anderer als der in § 233 ZPO genannten Fristen Wiedereinsetzung gewährt werden kann,[3] ist nach der neuen Gesetzeslage erledigt. Denn § 17 Abs. 1 stellt ausdrücklich auf „**gesetzliche Fristen**" ab. Hierzu gehört § 44 Abs. 2 Satz 1 unzweifelhaft. Dies gilt infolge des ausdrücklichen Ausschlusses in § 44 Abs. 2 Satz 2 nicht nach Ablauf der Jahresfrist.[4]

14

c) Inhalt

aa) Höhere Anforderungen als bei der Beschwerde

Die inhaltlichen Anforderungen an eine Rüge sind nicht gering. Sie sind sogar höher als bei der Beschwerde, da die Rüge nach § 44 Abs. 2 Satz 4 das Vorliegen der Voraussetzungen nach § 44 Abs. 1 Satz 1 Nr. 2 darlegen muss. Es bedarf also einer **Begründung**,[5] die gewisse Mindestanforderungen erfüllen muss. Dies erscheint verfassungsrechtlich nicht unbedenklich, da hierdurch die Hürden für den Zugang zu einem verfassungsgemäß durchgeführten Verfahren hoch angesetzt werden. Immerhin will die Anhörungsrüge ja gerade die bereits erfolgte Gehörsverletzung beseitigen. Sofern die (geringeren) Anforderungen an die Beschwerde gerade damit gerechtfertigt werden, dass der Beschwerdeberechtigte hierauf in der **Rechtsbehelfsbelehrung** hingewiesen wird,[6] gilt hier das Gegenteil. Der Rechtsuchende, der nach dem Willen des Gesetzgebers auch vor dem OLG noch nicht einmal anwaltlich vertreten sein muss, wird über die Anforderungen an eine Anhörungsrüge gerade nicht belehrt. Vor diesem Hintergrund dürfen die Anforderungen an die Zulässigkeit der Rüge jedenfalls nicht streng gehandhabt werden. Wenn das erstinstanzliche Gericht auch auf eine ungenügende Anhörungsrüge zu erkennen gibt, einer Verletzung des rechtlichen Gehörs nicht abhelfen zu wollen, ist der mit § 44 verfolgten Intention des Gesetzgebers Genüge getan und eine Verfassungsbeschwerde zulässig.[7]

15

---

1 *Bumiller*/Harders, § 44 FamFG Rz. 13.
2 Bassenge/Roth/*Gottwald*, § 44 FamFG Rz. 7; Zöller/*Feskorn*, § 44 FamFG Rz. 4.
3 Keidel/*Meyer-Holz*, § 44 FamFG Rz. 22.
4 *Bumiller*/Harders, § 44 FamFG Rz. 12; Keidel/*Meyer-Holz*, § 44 FamFG Rz. 26; Bassenge/Roth/ *Gottwald*, § 44 FamFG Rz. 7.
5 *Bumiller*/Harders, § 44 FamFG Rz. 9.
6 BT-Drucks. 16/6308, S. 206.
7 BVerfG v. 7.12.2010 – 1 BvR 2157/10, FamRZ 2011, 272 (273).

bb) Bezeichnung der angegriffenen Entscheidung

16 Nach § 44 Abs. 2 Satz 4 muss ferner die angefochtene Entscheidung bezeichnet sein.[1] Dies wird idR durch Angabe von **Gericht, Datum und Aktenzeichen** oder durch Beifügung einer **Ablichtung** erfolgen. Angesichts der oben (Rz. 15) dargelegten Problematik wird man hier allerdings noch großzügiger sein müssen als bei der Beschwerde und jegliche Angaben genügen lassen, die die angefochtene Entscheidung erkennbar machen.[2]

cc) Bezeichnung des Rügeführers und ausdrückliche Rüge der Gehörsverletzung

17 Auch wenn dies nicht ausdrücklich in § 44 verlangt wird, muss, wie bei der Beschwerde, erkennbar sein, wer die Anhörungsrüge einlegt.[3] Wie dort ist aber der Wortlaut der Rügeschrift nicht allein maßgeblich. Insoweit gelten dieselben Grundsätze wie bei der Beschwerde (vgl. § 64 Rz. 17). Lässt sich der **Rügeführer** auch im Wege der Auslegung nicht ermitteln, ist das Rechtsmittel unzulässig. Wiederum im Gegensatz zu § 64 Abs. 2 Satz 3 verlangt § 44 Abs. 2 auch nicht ausdrücklich die Erklärung, dass Anhörungsrüge gegen den Beschluss eingelegt wird. Es genügt somit, wenn irgendwie das **Rechtsschutzziel** klar wird, dass der Rügeführer eine Abänderung der Entscheidung begehrt. Daher sind auch unzulässige Beschwerden etc. daraufhin zu prüfen, ob sie als Anhörungsrüge auszulegen sein können.

dd) Darlegung der Gehörsverletzung in entscheidungserheblicher Weise

18 Nach § 44 Abs. 2 Satz 4 muss der Rügeführer das Vorliegen der Voraussetzungen von § 44 Abs. 1 Satz 1 Nr. 2 darlegen, also begründen, weshalb seiner Meinung nach eine entscheidungserhebliche Verletzung des Anspruchs auf rechtliches Gehör vorliegt.[4] Dies kann auch konkludent erfolgen, indem der Rügeführer etwa beanstandet, dass das Gericht bei der Entscheidung seinen Vortrag nicht zur Kenntnis genommen, sich hiermit nicht in der gebotenen Weise beschäftigt oder einen gebotenen Hinweis nicht erteilt hat. An diese Darlegungen können nicht dieselben strengen Maßstäbe angelegt werden wie bei der Begründung der Rechtsbeschwerde nach § 71 Abs. 3 Nr. 2b. Denn die Rügeführer erhalten anders als bei ordentlichen Rechtsmitteln keinerlei Hilfe in Form einer Rechtsbehelfsbelehrung und müssen in den Tatsacheninstanzen auch nicht von Rechtsanwälten vertreten werden. Keinesfalls erfordert daher die Rüge, erhebliches Vorbringen sei übergangen worden, die Angabe des Schriftsatzes und der Fundstelle, sondern nur die des **übergangenen Vortrags**. Dem Gericht, das den Vortrag beim ersten Durchgang bereits übergangen hat, ist eine genauere Prüfung auf diese Rüge hin zumutbar. Allerdings hat auch der Rügeführer den Verfahrensmangel selbst dann, wenn es sich um einen absoluten Rechtsbeschwerdegrund handelt, der Sache nach darzulegen, um eine Nachprüfung zu ermöglichen. Das Gericht hat nicht von Amts wegen nach möglichen Verfahrensfehlern zu suchen, die den Anspruch auf rechtliches Gehör verletzen (s. Rz. 24). Der Vortrag, das Gericht habe sich mit bestimmtem Vortrag nicht beschäftigt, dürfte für die Zulässigkeit der Rüge stets ausreichen, auch wenn dieser Vortrag für unerheblich gehalten wurde.[5] Dies kann in der gebotenen Kürze auch bei der Zurückweisung als unbegründet dargelegt werden.

19 Noch geringer sind die Anforderungen an die Darlegung, dass das übergangene Vorbringen **entscheidungserheblich** ist.[6] Lediglich dann, wenn der Rügeführer die

---

1 OLG Dresden v. 11.1.2011 – 17 W 1161/10, FamRZ 2011, 1807 (LS).
2 Ähnlich Keidel/*Meyer-Holz*, § 44 FamFG Rz. 27; Bassenge/Roth/*Gottwald*, § 44 FamFG Rz. 9.
3 Keidel/*Meyer-Holz*, § 44 FamFG Rz. 28.
4 OLG Dresden v. 11.1.2011 – 17 W 1161/10, FamRZ 2011, 1807 (LS); Bumiller/Harders, § 44 FamFG Rz. 9; Keidel/*Meyer-Holz*, § 44 FamFG Rz. 28; Bassenge/Roth/*Gottwald*, § 44 FamFG Rz. 10; Bork/Jacoby/Schwab/*Elzer*, 1. Aufl., § 44 FamFG Rz. 9; Zöller/*Feskorn*, § 44 FamFG Rz. 4.
5 Strenger *Bassenge*/Roth, 11. Aufl., § 29a FGG Rz. 11.
6 Strenger wohl Keidel/*Meyer-Holz*, § 44 FamFG Rz. 30; offengelassen von Bassenge/Roth/*Gottwald*, § 44 FamFG Rz. 10.

Unterlassung eines Hinweises oder eigener Ermittlungen des Gerichts beanstandet, hat er darzutun, was er bei korrektem Verhalten des Gerichts vorgetragen bzw. was dieses seiner Auffassung zufolge ermittelt hätte.[1] Hingegen ist er beim Übergehen erheblicher Tatsachen zu rechtlichem Vortrag nicht verpflichtet, da das Gericht die Subsumtion selbst zu leisten hat. Keinesfalls darf die Anhörungsrüge daher als unzulässig behandelt werden, weil die Entscheidungserheblichkeit des übergangenen Tatsachenvortrags nicht dargetan wurde. Ob dieser erheblich ist, muss im Rahmen der Begründetheit geprüft werden. Hierbei muss das Gericht allerdings seine bereits dargetane rechtliche Beurteilung nicht wiederholen, insoweit reicht eine Bezugnahme.[2] In tatsächlicher Hinsicht bedarf es überhaupt keiner Darlegungen des Rügeführers zum vermuteten Ausgang der **Beweiserhebung**. Ist das Beweisangebot nicht bereits aus Rechtsgründen unerheblich, so genügt die bloße Möglichkeit, dass die Beweiserhebung zugunsten des Rügeführers ausgeht. Denn bei tatsächlichen Fragen genügt es, dass das übergangene Vorbringen möglicherweise entscheidungserheblich ist.[3]

Dem Wortlaut von § 44 Abs. 2 Satz 4 nach muss **schon die Rügeschrift die Darlegungen zur entscheidungserheblichen Verletzung** des Anspruchs auf rechtliches Gehör enthalten. Es genügt also dem Wortlaut nach nicht, wenn der entsprechende Vortrag noch innerhalb der Frist von zwei Wochen nach § 44 Abs. 2 Satz 1 erfolgt.[4] Die diesbezügliche Begründung muss vielmehr schon in der Rügeschrift vorgebracht werden. Diese strikte Regelung erscheint gerade vor dem Hintergrund, dass der Rügeführer uU nicht nur in seinem Anspruch auf rechtliches Gehör verletzt ist, sondern noch nicht einmal über die Möglichkeit und Erfordernisse einer Anhörungsrüge belehrt wird, mehr als bedenklich (vgl. Rz. 15). Man sollte in einer separaten Begründung gem. § 44 Abs. 2 Satz 4 daher zumindest eine **erneute Rügeschrift** unter Bezugnahme auf das frühere Vorbringen sehen und den Rechtsbehelf aus diesem Grund stets als zulässig ansehen.

III. Verfahren und Entscheidung

1. Zuständigkeit

Über eine Anhörungsrüge hat ähnlich wie bei der Urteilsberichtigung nach § 319 ZPO (vgl. § 42 Rz. 16) oder der Urteilsergänzung nach § 321 ZPO (vgl. § 43 Rz. 14a) das **Gericht in seiner Besetzung zurzeit der Einlegung**, nicht der angegriffenen Entscheidung zu befinden.[5] § 320 Abs. 4 ZPO findet keine (entsprechende) Anwendung. Nach **Dezernatswechsel** ist also der neue Sachbearbeiter bzw. der Spruchkörper in seiner neuen Zusammensetzung zur Entscheidung berufen.

2. Anhörung der anderen Beteiligten

§ 44 Abs. 3 bestimmt, dass den übrigen Beteiligten, „soweit erforderlich, Gelegenheit zur Stellungnahme zu geben" ist. Die Bekanntgabe der Rügeschrift und die Anhörung sind demnach, anders als etwa bei der Rechtsbeschwerde nach § 71 Abs. 4, **nicht obligatorisch**. Das Gericht kann dann, wenn die Interessen der übrigen Beteiligten erkennbar nicht betroffen sind, über die Anhörungsrüge entscheiden, ohne Gelegenheit zur Stellungnahme zu geben.[6] Das wird namentlich dann geboten sein, wenn die Rüge **unzulässig** oder **schon nach dem Rügevorbringen unbegründet** ist.[7] Ansonsten erfolgt die Gewährung rechtlichen Gehörs durch schriftliche Bekanntgabe

---

1 Vgl. Keidel/*Meyer-Holz*, § 44 FamFG Rz. 31; *Bassenge*/Roth, 11. Aufl., § 29a FGG Rz. 11; Bork/Jacoby/Schwab/*Elzer*, 1. Aufl., § 44 FamFG Rz. 9; Zöller/*Feskorn*, § 44 FamFG Rz. 4; möglicherweise weitergehend *Bumiller*/Harders, § 44 FamFG Rz. 10.
2 Strenger Keidel/*Meyer-Holz*, § 44 FamFG Rz. 31.
3 Strenger jetzt Keidel/*Meyer-Holz*, § 44 FamFG Rz. 34.
4 OLG Dresden v. 11.1.2011 – 17 W 1161/10, FamRZ 2011, 1807 (LS); aA ohne Begr. Keidel/*Meyer-Holz*, § 44 FamFG Rz. 30.
5 BGH v. 28.7.2005 – III ZR 443/04, NJW-RR 2006, 63 (64); Keidel/*Meyer-Holz*, § 44 FamFG Rz. 43.
6 So implizit auch Keidel/*Meyer-Holz*, § 44 FamFG Rz. 48.
7 Ähnlich Keidel/*Meyer-Holz*, § 44 FamFG Rz. 48; strenger, nur für den Fall der Unzulässigkeit *Bumiller*/Harders, § 44 FamFG Rz. 15; Bassenge/Roth/*Gottwald*, § 44 FamFG Rz. 11.

der Rügeschrift.[1] Einer **mündlichen Verhandlung** allein über die Anhörungsrüge bedarf es nicht. Hat diese Erfolg, kann sie aber zur adäquaten Behandlung des übergangenen Vorbringens erforderlich sein.

3. Einstweilige Anordnungen

23 Obwohl das Problem bereits im Zusammenhang mit § 29a FGG aF bekannt war, hat der Gesetzgeber auch im neuen Recht keine Regelung darüber getroffen, wie die unter Gehörsverletzung getroffene Entscheidung bis zur neuerlichen Entscheidung zu behandeln ist. Hierfür besteht aber in der Praxis ein erhebliches Bedürfnis, da der Anhörungsrüge **kein Suspensiveffekt** zukommt (vgl. § 45 Rz. 2),[2] der in der angegriffenen Entscheidung obsiegende Beteiligte also nach wie vor hieraus vollstrecken könnte, obwohl sie sich aufgrund der Anhörungsrüge als zweifelhaft erweist. Der Vorschlag, die Vorschriften zum Beschwerderecht (jetzt also § 64 Abs. 3) analog anzuwenden,[3] dürfte nach Erlass des FamFG jedenfalls für die erste Instanz überholt sein. Denn der Gesetzgeber hätte dieses bekannte Problem nunmehr ausdrücklich unter Verweis auf § 64 Abs. 3 regeln können, was er aber nicht getan hat. Offenbar hielt er die vorhandenen Instrumente, insbesondere den Verweis in § 95 Abs. 1 und 3, der auch die einstweilige Einstellung der Zwangsvollstreckung im Verfahren nach § 321a ZPO nach § 707 Abs. 1 Satz 1 ZPO erfasst,[4] und die Möglichkeit einer **eA nach §§ 49 ff.**, jedenfalls im ersten Rechtszug für ausreichend.[5] Der Rügeführer wird sich also der Mühe unterziehen müssen, bei drohender Vollstreckung aus nicht beschwerdefähigen Entscheidungen erster Instanz zusätzlich einen Antrag nach § 707 Abs. 1 Satz 1 ZPO zu stellen bzw. in den von § 95 Abs. 1 und 3 nicht erfassten Fällen eine eA nach §§ 49 ff. zu beantragen. Hingegen dürfte die **Befugnis des Beschwerdegerichts aus § 64 Abs. 3** auch die Möglichkeit umfassen, von Amts wegen und erst recht auf Antrag die Vollziehung der eigenen Entscheidung auszusetzen. Denn auch dies erfolgt noch „vor der Entscheidung", da die bereits getroffene bei begründeter Rüge ja noch nicht endgültig ist.

4. Prüfungsumfang

24 Wie bei der Rechtsbeschwerde sind auch im Verfahren der Anhörungsrüge nur solche Verfahrensfehler zu prüfen, die der Rügeführer beanstandet hat. Der Normzweck des § 44 schließt es aus, dass das Gericht von sich aus **weitere Verfahrensfehler** berücksichtigt oder gar eine neue materiellrechtliche Prüfung vornimmt.[6] Denn die bereits eingetretene Rechtskraft soll nur insoweit durchbrochen werden, als der Anspruch auf rechtliches Gehör verletzt und dies auch gerügt wurde.

5. Entscheidung

a) Verwerfung bei Nichteinhaltung von Form oder Frist

25 Ist die Anhörungsrüge unstatthaft oder erfüllt sie die Anforderungen an Form oder Frist nach § 44 Abs. 2 und die anderen Zulässigkeitsvoraussetzungen nicht, so ist sie nach § 44 Abs. 4 Satz 1 als unzulässig zu verwerfen.[7] Zur Einhaltung der Form gehört auch, dass in irgendeiner Weise zu den Voraussetzungen des § 44 Abs. 1 Satz 1 Nr. 2 vorgetragen wird.[8] Wird trotz Eröffnung eines ordentlichen Rechtsmittels die Anhörungsrüge erhoben, kann diese nicht als Einlegung des zulässigen Rechtsmittels umgedeutet werden, da es sich nicht um vergleichbare Verfahrenshandlungen han-

---

1 So auch Keidel/*Meyer-Holz*, § 44 FamFG Rz. 49.
2 Keidel/*Meyer-Holz*, § 44 FamFG Rz. 62; Bork/Jacoby/Schwab/*Elzer*, 1. Aufl., § 44 FamFG Rz. 2.
3 So noch für das neue Recht Keidel/*Meyer-Holz*, § 44 FamFG Rz. 57, der einstweiligen Rechtsschutz allerdings erst im fortgeführten Verfahren, nicht schon in der Prüfungsphase zuvor für zulässig hält (Keidel/*Meyer-Holz*, § 44 FamFG Rz. 64).
4 So auch Zöller/*Feskorn*, § 44 FamFG Rz. 5.
5 So wohl auch *Bumiller*/Harders, § 44 FamFG Rz. 18.
6 So auch Keidel/*Meyer-Holz*, § 44 FamFG Rz. 42.
7 *Bumiller*/Harders, § 44 FamFG Rz. 16.
8 *Bumiller*/Harders, § 44 FamFG Rz. 16; Bork/Jacoby/Schwab/*Elzer*, 1. Aufl., § 44 FamFG Rz. 9.

delt.[1] Liegt nach dem Rügevorbringen lediglich keine Gehörsverletzung vor, so ist die Anhörungsrüge zwar zulässig, aber unbegründet. Zu beachten ist freilich, dass die Formerfordernisse großzügig zu handhaben sind. Die Entscheidung ergeht nach § 44 Abs. 4 Satz 3 durch Beschluss. Dieser **soll** nach § 44 Abs. 4 Satz 4 **„kurz begründet werden"**. Daraus geht hervor, dass eine Begründung nicht zwingend erforderlich ist. Eine Verwerfung der Anhörungsrüge ohne Begründung ist also nicht unwirksam. In jedem Fall soll die Begründung nach ausdrücklichem Bekunden des Gesetzgebers kurz sein. Sie muss also nicht den zu § 38 Abs. 3 Satz 1 bzw. § 69 Abs. 2 geltenden Grundsätzen genügen, aber doch auf die Anhörungsrüge eingehen, da auf dieser Grundlage uU über eine Verfassungsbeschwerde zu entscheiden ist. Ein kurzer Hinweis zu dem zentralen Vorbringen der Anhörungsrüge ist aber ausreichend. Die Kostenentscheidung erfolgt entsprechend § 84 zulasten des Rügeführers.[2] Die Entscheidung ist nach § 44 Abs. 4 Satz 3 **nicht anfechtbar**. Dies ist weit zu verstehen. Im Interesse des Rechtsfriedens und der Schonung staatlicher Ressourcen, die eine unendliche Fortsetzung des Verfahrens ausschließen, muss daher auch eine erneute Anhörungsrüge des Rügeführers gegen die Entscheidung über die erste Rüge nicht mehr beschieden werden.[3] Die Entscheidung über die Anhörungsrüge stellt auch keinen eigenständigen Grund für die Annahme der Verfassungsbeschwerde dar,[4] da nur die zugrunde liegende Entscheidung zu überprüfen ist. Stellt sich diese im Hinblick auf die Anforderungen an das rechtliche Gehör als unbedenklich heraus, kann diese verfahrensrechtliche Richtigkeit nicht durch eine zusätzliche, wenn auch fehlerhafte Prüfung im Verfahren nach § 44 rückwirkend beseitigt werden.

b) Zurückweisung mangels Gehörsverletzung

Wenn die Anhörungsrüge zwar form- und fristgerecht eingelegt und begründet wurde, aber in der Sache unbegründet ist, hat sie das Gericht nach § 44 Abs. 4 Satz 2 zurückzuweisen. Auch dies ist geschehen durch Beschluss. Zu seiner Begründung und Unanfechtbarkeit kann auf die Ausführungen zur Verwerfung (Rz. 25) verwiesen werden. Hingegen darf das Gericht die Anhörungsrüge nicht mit der Begründung zurückweisen, es hätte **auch bei korrektem Vorgehen nicht anders entschieden**.[5] Denn diese Frage betrifft die Hauptsache und ist dort nach erneuter Sachprüfung zu entscheiden. Auch diese Entscheidung ist nach § 44 Abs. 4 Satz 3 nicht anfechtbar. 26

c) Begründete Anhörungsrügen

aa) Entscheidung über die Anhörungsrüge

Ist die Anhörungsrüge begründet, so **führt das Gericht das Verfahren fort**. Dabei genügt es, wenn die Gehörsverletzung möglicherweise zu einer anderen Entscheidung geführt hätte.[6] Die Fortführung des Verfahrens kann auch **teilweise**, nur hinsichtlich eines oder einiger von mehreren gerügten Verletzungen des Anspruchs auf rechtliches Gehör, erfolgen.[7] In diesem Fall führt das Gericht das Verfahren nur hinsichtlich dieses Verfahrensgegenstandes fort; im Übrigen findet keine Überprüfung der angegriffenen Entscheidung statt.[8] Hinsichtlich der Anhörungsrüge selbst bedarf 27

---

1 Vgl. BGH v. 21.6.2000 – XII ZB 93/00, NJW-RR 2001, 279 f.; Keidel/*Meyer-Holz*, Anh. § 58 Rz. 50.
2 Keidel/*Meyer-Holz*, § 44 FamFG Rz. 52.
3 Zur Unanfechtbarkeit im Zivilprozess s. VGH Koblenz v. 19.12.2006 – VGH B 7/06, MDR 2007, 544; wohl auch Keidel/*Meyer-Holz*, § 44 FamFG Rz. 51.
4 So aber Keidel/*Meyer-Holz*, § 44 FamFG Rz. 67; anderes gilt, wenn sich das Gericht aus fehlerhaften verfahrensrechtlichen Erwägungen mit der Anhörungsrüge gar nicht beschäftigt und somit endgültig korrekt vorgebrachten Vortrag außer Acht lässt, s. BVerfG v. 14.3.2007 – 1 BvR 2748/06, NJW 2007, 2241 f.
5 Anders jetzt Keidel/*Meyer-Holz*, § 44 FamFG Rz. 47 u. Bork/Jacoby/Schwab/*Elzer*, 1. Aufl., § 44 FamFG Rz. 15, wonach es reine Förmelei wäre, das Verfahren fortzusetzen, wenn das durch bloße Rechtsausführungen zu bescheidende Vorbringen abschließend beurteilt werden kann.
6 *Bumiller*/Harders, § 44 FamFG Rz. 10; Bork/Jacoby/Schwab/*Elzer*, 1. Aufl., § 44 FamFG Rz. 15.
7 Keidel/*Meyer-Holz*, § 44 FamFG Rz. 53.
8 OLG Koblenz v. 26.5.2010 – 13 UF 457/09, FamRZ 2010, 2013.

es nach § 44 Abs. 5 gar **keiner förmlichen Entscheidung**.[1] Es genügt nach dem Wortlaut der Norm, dass das Gericht das Verfahren fortführt, soweit dies aufgrund der Rüge geboten ist. In der Praxis bedeutet dies aber ein Abrücken von einer bereits erlassenen Entscheidung. Hier ist eine **Erläuterung** den Beteiligten gegenüber mehr als nur ein nobile officium, vielmehr – ähnlich wie ein Hinweis – zwingendes Gebot eines fairen Verfahrens. Der Beteiligte, der das Verfahren in seinem Sinne abgeschlossen glaubt, muss wissen, weswegen es auf einmal weitergeführt wird.[2] Das Unterlassen einer solchen Aufklärung dürfte ein Verfahrensfehler sein, da die anderen Beteiligten im Unklaren darüber wären, weswegen und in welchem Umfang genau das Verfahren fortgeführt wird. Insoweit steht dann ihnen die Anhörungsrüge zu.[3] § 44 Abs. 4 Satz 3 steht dem nicht entgegen, da sich die dort geregelte Unanfechtbarkeit nur auf die Verwerfung bzw. Zurückweisung der Anhörungsrüge bezieht. Allerdings wird die nachträgliche Gewährung rechtlichen Gehörs diesen Mangel heilen, zumal der erste Verstoß nur durch Fortführung des Verfahrens behoben werden kann.[4]

bb) Die Fortführung des ursprünglichen Verfahrens

28 Im Übrigen findet (nur) hinsichtlich des von der Anhörungsrüge zu Recht beanstandeten Verfahrensmangels ein gewöhnliches Verfahren statt, wie es bei Berücksichtigung des übergangenen Vortrags ohnehin hätte durchgeführt werden müssen.[5] Insoweit trifft das Gericht auch eine **neue Entscheidung**, uU nach neuerlicher Sachaufklärung.[6] Auch eine zwischenzeitlich eingetretene Erledigung ist zu berücksichtigen.[7] Da sie auf dem Vorbringen der Beteiligten in dieser Instanz beruht und bei korrektem Vorgehen ohnehin so hätte getroffen werden müssen, gilt auch das Verbot der **reformatio in peius** nicht.[8] Teilweise wird vorgeschlagen, eine in der Sache unveränderte Entscheidung dahingehend zu tenorieren, dass die frühere Entscheidung aufrechterhalten wird.[9] Dies dürfte zulässig sein, eine gänzlich neue Tenorierung stellt aber keinen Fehler dar. Weicht die neue Entscheidung in der Sache von dem früheren Ergebnis ab, sollte die frühere Entscheidung zur Klarstellung insoweit aufgehoben werden. Auch die Kostenentscheidung ist in diesem Umfang zu ändern.[10] Sofern die neue Entscheidung aufgrund geänderter Umstände etwa den Wert der Mindestbeschwer nach § 61 Abs. 1 überschreitet, kann sie nunmehr anfechtbar,[11] ansonsten aufgrund neuer Tatsachen auch die Zulassung nach § 63 Abs. 3 geboten sein, über die das Gericht erneut zu befinden hat.

29 **Kosten/Gebühren: Gericht:** Für die Anhörungsrüge entsteht, wenn sie in vollem Umfang verworfen oder zurückgewiesen wird, eine Gebühr nach Nr. 19200 KV GNotKG bzw. nach Nr. 1800 KV FamGKG in Höhe von 60,– Euro. **RA:** Nach § 19 Abs. 1 Nr. 5 RVG gehört die Anhörungsrüge zu dem jeweiligen Rechtszug. Die Tätigkeit des Rechtsanwalts ist durch die Verfahrensgebühr des Ausgangsverfahrens abgegolten. Der Rechtsanwalt, der nur im Rügeverfahren tätig wird, erhält Gebühren nach den Nrn. 3330 und 3332 VV RVG (jeweils 0,5).

---

1 OVG Lüneburg v. 24.6.2011 – 4 OB 132/11, FamRZ 2012, 42 (LS); Keidel/*Meyer-Holz*, § 44 FamFG Rz. 54; *Bassenge*/Roth, 11. Aufl., § 29a FGG Rz. 18; *Bumiller*/Harders, § 44 FamFG Rz. 16.
2 Ähnlich Keidel/*Meyer-Holz*, § 44 FamFG Rz. 54, der sogar einen (ebenfalls unanfechtbaren) Abhilfebeschluss für geboten hält; nur für zulässig, aber nicht erforderlich halten eine solche Entscheidung Bassenge/Roth/*Gottwald*, § 44 FamFG Rz. 13 und Bork/Jacoby/Schwab/*Elzer*, 1. Aufl., § 44 FamFG Rz. 21.
3 Weniger streng *Bumiller*/Harders, § 44 FamFG Rz. 16.
4 Im Ergebnis ebenso VGH Koblenz v. 19.12.2006 – VGH B 7/06, MDR 2007, 544.
5 So im Ergebnis auch Keidel/*Meyer-Holz*, § 44 FamFG Rz. 56.
6 Keidel/*Meyer-Holz*, § 44 FamFG Rz. 56.
7 Keidel/*Meyer-Holz*, § 44 FamFG Rz. 58.
8 *Bumiller*/Harders, § 44 FamFG Rz. 17; Keidel/*Meyer-Holz*, § 44 FamFG Rz. 58; Bork/Jacoby/Schwab/*Elzer*, 1. Aufl., § 44 FamFG Rz. 22.
9 OVG Lüneburg v. 24.6.2011 – 4 OB 132/11, FamRZ 2011, 42 (LS).
10 Wie hier Keidel/*Meyer-Holz*, § 44 FamFG Rz. 61.
11 So implizit auch Keidel/*Meyer-Holz*, § 44 FamFG Rz. 60.

§ 45 Formelle Rechtskraft

Die Rechtskraft eines Beschlusses tritt nicht ein, bevor die Frist für die Einlegung des zulässigen Rechtsmittels oder des zulässigen Einspruchs, des Widerspruchs oder der Erinnerung abgelaufen ist. Der Eintritt der Rechtskraft wird dadurch gehemmt, dass das Rechtsmittel, der Einspruch, der Widerspruch oder die Erinnerung rechtzeitig eingelegt wird.

A. Entstehungsgeschichte und Normzweck 1
B. Inhalt der Vorschrift
  I. Reichweite
    1. Formelle Rechtskraft 2
    2. Beschlüsse nach §§ 38ff. 3
  II. Eintritt der formellen Rechtskraft
    1. Unstatthaftigkeit von Rechtsmitteln 4
    2. Unzulässigkeit von Rechtsmitteln . 5
    3. Zulässigkeit von Rechtsmitteln
      a) Rechtskraft bei unterlassener Einlegung von Rechtsmitteln .. 6
      b) Rechtskraft nach Einlegung von Rechtsmitteln 7
      c) Teilrechtskraft 8
  III. Materielle Rechtskraft
    1. Bedeutung der materiellen Rechtskraft
      a) Voraussetzungen 9
      b) Umfang 10
    2. Materielle Rechtskraft in Verfahren nach dem FamFG 11

A. Entstehungsgeschichte und Normzweck

§ 45 enthält erstmals eine Bestimmung zum Eintritt der formellen Rechtskraft in Angelegenheiten der freiwilligen Gerichtsbarkeit. Die **formelle Rechtskraft** wurde von § 31 FGG aF nur vorausgesetzt, aber nicht näher geregelt. Wohl deswegen lehnt sich § 45 an die zivilprozessuale Vorschrift des § 705 ZPO an.[1] Die negative Fassung, die sich nur dazu äußert, wann formelle Rechtskraft noch nicht eintritt, überlässt aber weiterhin weite Bereiche dieser Problematik der Klärung durch Rechtsprechung und Schrifttum. Überhaupt keine Regelung findet sich im FamFG zur **materiellen Rechtskraft**, obwohl hier auch in Zukunft erhebliche Abweichungen vom Zivilprozess unausweichlich sein werden. Die Vorschrift gilt gem. § 113 Abs. 1 nicht in Familienstreit- und Ehesachen; hier ist § 705 ZPO anzuwenden. 1

B. Inhalt der Vorschrift

I. Reichweite

1. Formelle Rechtskraft

§ 45 spricht ohne Einschränkung nur von der Rechtskraft. Gemeint ist aber nur die formelle Rechtskraft, wie sich aus der amtlichen Bezeichnung der Vorschrift und aus den näheren Erläuterungen in den Gesetzesmaterialien ergibt.[2] Im Unterschied zur materiellen Rechtskraft beschränkt sich die Wirkung der formellen darauf, dass eine Entscheidung **von keinem Beteiligten mehr durch Rechtsmittel angegriffen werden kann**.[3] Bereits der formellen Rechtskraft kann aber erhebliche Wirkung zukommen, s. etwa in § 22 Abs. 1 zur Möglichkeit der Rücknahme oder § 40 Abs. 2 zur Wirksamkeit bei der Genehmigung von Rechtsgeschäften. Neben den in Verfahren nach dem FamFG nur eingeschränkt anwendbaren Einsprüchen gegen Versäumnisentschei- 2

---

1 BT-Drucks. 16/6308, S. 198; Keidel/*Engelhardt*, § 45 FamFG Rz. 1f.; Bassenge/Roth/*Gottwald*, § 45 FamFG Rz. 1.
2 BT-Drucks. 16/6308, S. 198.
3 OLG Hamm v. 26.5.1970 – 15 W 26/70, OLGZ 1971, 84; BayObLG v. 28.6.1976 – BReg. 1 Z 27/76, BayObLGZ 1976, 167 (173); BayObLG v. 3.6.1993 – 2 Z BR 48/93, WuM 1993, 492, 493; BayObLG v. 22.8.1997 – 3 Z BR 211, 212/97, NJWE-FER 1998, 66; OLG Düsseldorf v. 21.5.2010 – I-3 Sa 1/10, FGPrax 2010, 213; *Bumiller*/Harders, § 45 FamFG Rz. 1; Keidel/*Engelhardt*, § 45 FamFG Rz. 3; *Bumiller*/Harders, § 45 FamFG Rz. 1; Bassenge/Roth/*Gottwald*, § 44 FamFG Rz. 5; Musielak/*Lackmann*, § 705 ZPO Rz. 6; Zöller/*Stöber*, § 705 ZPO Rz. 1; dazu, dass die Berichtigung nicht zu den „zulässigen Rechtsmitteln" gehört, vgl. auch BAG v. 29.8.2001 – 5 AZB 32/00, NJW 2002, 1142.

dungen, dem nur in Spezialverfahren (§§ 406 ff.) relevanten Widerspruch und der Erinnerung gegen Rechtspflegerentscheidungen sind dies die Beschwerde und die Rechtsbeschwerde. **Außerordentliche Rechtsbehelfe** wie der Antrag auf Wiedereinsetzung oder die Anhörungsrüge hemmen die Rechtskraft ebenso wenig wie im Zivilprozess.[1] Haben sie Erfolg, fällt die Rechtskraft aber mit Rückwirkung fort.[2]

2. Beschlüsse nach §§ 38 ff.

3   Die Regelung zur formellen Rechtskraft in § 45 bezieht sich, sofern keine Spezialregelungen existieren wie etwa § 5 Abs. 1 Nr. 4 für rechtskräftige Unzuständigkeitserklärungen,[3] nur auf **Beschlüsse in der Hauptsache** nach §§ 38 ff. Dies erfasst auch Entscheidungen über einen Teil des Verfahrensgegenstandes.[4] Die Beschränkung auf Endentscheidungen ergibt sich zum einen aus der systematischen Stellung der Vorschrift in den §§ 38 ff., zum anderen daraus, dass in § 45 Satz 1 anders etwa in § 44 Abs. 1 Satz 1 (vgl. hierzu § 44 Rz. 2) nur von der „Rechtskraft eines *Beschlusses*" ohne Verweis auf §§ 567 ff. ZPO die Rede ist.[5] Im Gegensatz zu §§ 42 f. bedarf es hier auch keiner Ausdehnung auf sonstige Entscheidungen, da hierfür kein praktischer Bedarf besteht. Soweit Zwischenentscheidungen selbständig sind, richten sie sich in aller Regel nach den §§ 567 ff. ZPO, so dass die zivilprozessualen Vorschriften, insbesondere § 705 ZPO, unmittelbar Anwendung finden.[6] Soweit sie nicht isoliert anfechtbar sind, können sie nach § 58 Abs. 2 noch vom Beschwerdegericht überprüft werden und erwachsen somit gerade nicht unabhängig von der Einscheidung nach §§ 38 ff. in Rechtskraft.

II. Eintritt der formellen Rechtskraft

1. Unstatthaftigkeit von Rechtsmitteln

4   § 45 Satz 1 beschränkt die Hemmung der Rechtskraft auf den Fall der „Einlegung des zulässigen Rechtsmittels". Damit lehnt sich der Gesetzgeber ausdrücklich an die Formulierung von § 705 ZPO an.[7] Daraus geht hervor, dass die Einlegung eines unstatthaften Rechtsmittels keinen Einfluss auf den Eintritt der Rechtskraft hat.[8] Damit kodifiziert die Vorschrift die schon bislang ganz hM. Ist also kraft Gesetzes kein Rechtsmittel gegeben, etwa gegen Entscheidungen des Beschwerdegerichts, gegen die die Rechtsbeschwerde nach § 70 Abs. 1 nicht zugelassen wird (zur Unstatthaftigkeit gleichwohl eingelegter Rechtsbeschwerden s. § 70 Rz. 4),[9] oder gegen Entscheidungen des Rechtsbeschwerdegerichts, tritt die **Rechtskraft mit Erlass der Entscheidung** ein.[10]

---

1   Keidel/*Engelhardt*, § 45 FamFG Rz. 6; Bassenge/Roth/*Gottwald*, § 45 FamFG Rz. 2 f.; Zöller/*Feskorn*, § 45 FamFG Rz. 4; vgl. etwa BGH v. 20.2.1951 – V BLw 71/49, BGHZ 1 200 (202 f.); BGH v. 18.3.1987 – IVb ZR 44/86, BGHZ 100, 203 (205); Baumbach/*Hartmann*, § 705 ZPO Rz. 3; Musielak/*Lackmann*, § 705 ZPO Rz. 2; Zöller/*Stöber*, § 705 ZPO Rz. 1.
2   BGH v. 20.2.1951 – V BLw 71/49, BGHZ 1 200 (203); BGH v. 18.3.1987 – IVb ZR 44/86, BGHZ 100, 203 (205); Bassenge/Roth/*Gottwald*, § 45 FamFG Rz. 3; vgl. zum Zivilprozess Musielak/*Lackmann*, § 705 ZPO Rz. 2; Zöller/*Stöber*, § 705 ZPO Rz. 1.
3   OLG Düsseldorf v. 21.5.2010 – I-3 Sa 1/10, FGPrax 2010, 213; vgl. zum Anwendungsbereich Keidel/*Engelhardt*, § 45 FamFG Rz. 5.
4   OLG Stuttgart v. 27.10.2010 – 15 UF 196/10, FamRZ 2011, 1086.
5   AA Keidel/*Engelhardt*, § 45 FamFG Rz. 5.
6   Zur Anwendung von § 705 ZPO auf Beschl. s. etwa Musielak/*Lackmann*, § 705 ZPO Rz. 2; Baumbach/*Hartmann*, § 705 ZPO Rz. 3; Zöller/*Stöber*, § 705 ZPO Rz. 1.
7   BT-Drucks. 16/6308, S. 198.
8   BT-Drucks. 16/6308, S. 198; Bassenge/Roth/*Gottwald*, § 45 FamFG Rz. 4.
9   *Schürmann*, FuR 2010, 425 (426); anders Keidel/*Engelhardt*, § 45 FamFG Rz. 8 (ähnlich § 70 FamFG Rz. 12) – er hält zwar nicht mehr die in der 16. Aufl. vertretene Auffassung aufrecht, wonach formelle Rechtskraft erst eintritt, wenn „die Rechtsbeschwerde nicht zugelassen **und** die Nichtzulassung der Rechtsbeschwerde aufgrund ausdrücklicher Vorschrift nicht anfechtbar ist", gleichwohl meint er, Rechtskraft trete erst nach Ablauf der Rechtsmittelfrist bzw. Verwerfung des Rechtsmittels ein; ähnlich Zöller/*Feskorn*, § 45 FamFG Rz. 2.
10 BT-Drucks. 16/6308, S. 198; Keidel/*Engelhardt*, § 45 FamFG Rz. 11; *Bumiller*/Harders, § 45 FamFG Rz. 5; Bork/Jacoby/Schwab/*Elzer*, 1. Aufl., § 45 FamFG Rz. 7; Musielak/*Lackmann*, § 705 ZPO Rz. 4.

2. Unzulässigkeit von Rechtsmitteln

Anderes als für die Unstatthaftigkeit gilt dann, wenn ein Rechtsmittel nur **unzulässig** ist, etwa wegen Nichterreichens des **Mindestbeschwerdewertes** nach § 61 Abs. 1[1] oder mangels **hinreichender Begründung** nach § 71 Abs. 3 Nr. 2 (vgl. § 71 Rz. 22 f.).[2] In diesen Fällen tritt Rechtskraft nach den allgemeinen Regeln ein, also nicht vor Ablauf der Rechtsmittelfrist.[3] Dies liegt daran, dass das Rechtsmittelgericht über die Zulässigkeit selbst zu befinden hat und etwa den Wert der Beschwer höher bewerten könnte als die erste Instanz.[4] Entsprechendes gilt auch für die anderen Zulässigkeitsvoraussetzungen, etwa die Einhaltung von **Form und Frist** des Rechtsmittels. Allerdings werden von diesen Grundsätzen Ausnahmen zugelassen. So soll der allseitige **Rechtsmittelverzicht** unmittelbar zum Eintritt der Rechtskraft führen,[5] obwohl auch dieser nur zur Unzulässigkeit des Rechtsmittels führt (s. § 67 Rz. 9 und 20) und seine Wirksamkeit durchaus streitig sein, also ebenfalls die Nachprüfung durch das Beschwerdegericht erfordern kann. Man wird diese Ausnahme aber aus Gründen des fehlenden Interesses an einem Herausschieben der Rechtskraft im Normalfall anerkennen können. Anderes gilt freilich, wenn die Wirksamkeit des Verzichts trotz Streits der Beteiligten hierüber vom Ausgangsgericht angenommen wird. In diesen Fällen darf keine Rechtskraft angenommen werden; die Erteilung des Rechtskraftzeugnisses durch den Urkundsbeamten der Geschäftsstelle wäre dann nicht zulässig.[6]

3. Zulässigkeit von Rechtsmitteln

a) Rechtskraft bei unterlassener Einlegung von Rechtsmitteln

Der einzige ausdrücklich in § 45 geregelte Fall betrifft die (Nicht-)einlegung von Rechtsmitteln. Sofern kein Verzicht vorliegt,[7] tritt Rechtskraft nach § 45 Satz 1 erst ein, wenn die Frist zur Einlegung von Rechtsmitteln abgelaufen ist.[8] Diese beginnt nach § 63 Abs. 3 Satz 1 regelmäßig mit der schriftlichen Bekanntgabe des Beschlusses, kann also für die einzelnen Beteiligten zu unterschiedlichen Zeitpunkten beginnen und ablaufen. In diesem Fall ist der Beschluss für denjenigen, der infolge Fristablaufs kein Rechtsmittel mehr einlegen kann, zwar nicht mehr selbständig anfechtbar. Formelle Rechtskraft tritt aber schon im Hinblick auf die Möglichkeit der Anschlussbeschwerde gem. § 67 erst ein, wenn die **Rechtsmittelfrist für alle Beteiligten abgelaufen ist**.[9]

---

1 GS v. 24.10.1983 – GmS-OGB 1/83, NJW 1984, 1027 (1028); *Bassenge*/Roth, 11. Aufl., § 31 FGG Rz. 3; Zöller/*Feskorn*, § 45 FamFG Rz. 6.
2 Baumbach/*Hartmann*, § 705 ZPO Rz. 9.
3 *Milzer*, MittBayNot 2011, 112 (113); *Bumiller*/Harders, § 45 FamFG Rz. 3; Bork/Jacoby/Schwab/*Elzer*, 1. Aufl., § 45 FamFG Rz. 11; ähnlich für nicht zugelassene Rechtsmittel Keidel/*Engelhardt*, § 45 FamFG Rz. 17.
4 Vgl. GmS v. 24.10.1983 – GmS-OGB 1/83, BGHZ 88, 353 (357 ff.); Baumbach/*Hartmann*, § 705 ZPO Rz. 3; Musielak/*Lackmann*, § 705 ZPO Rz. 3; Zöller/*Stöber*, § 705 ZPO Rz. 5; vgl. BGH v. 4.7.1988 – II ZR 334/87, NJW 1989, 170 zum materiell-rechtlichen Rechtsmittelverzicht.
5 Zöller/*Feskorn*, § 45 FamFG Rz. 5; *Milzer*, MittBayNot 2011, 112 (113); vgl. zum Zivilprozess BGH v. 8.5.1985 – IVb ZB 56/84, FamRZ 1985, 801; BGH v. 8.12.1993 – XII ZR 133/92, NJW-RR 1994, 386; Baumbach/*Hartmann*, § 705 ZPO Rz. 8; Musielak/*Lackmann*, § 705 ZPO Rz. 5; Zöller/*Stöber*, § 705 ZPO Rz. 9; *Bumiller*/Harders, § 45 FamFG Rz. 3; Keidel/*Engelhardt*, § 45 FamFG Rz. 18.
6 Ähnlich für den Zivilprozess Zöller/*Stöber*, § 705 ZPO Rz. 9; Baumbach/*Hartmann*, § 705 ZPO Rz. 8.
7 Der Verzicht aller Beteiligten auf Rechtsmittel führt zum sofortigen Eintritt der Rechtskraft, s. Bassenge/Roth/*Gottwald*, § 45 FamFG Rz. 4.
8 *Bumiller*/Harders, § 45 FamFG Rz. 3.
9 OLG München v. 14.7.1979 – 26 UF 553/79, FamRZ 1979, 942; *Bumiller*/Harders, § 45 FamFG Rz. 4; Bork/Jacoby/Schwab/*Elzer*, 1. Aufl., § 45 FamFG Rz. 7.

b) Rechtskraft nach Einlegung von Rechtsmitteln

7 Werden Rechtsmittel eingelegt, so tritt Rechtskraft nicht schon mit Erlass der Entscheidung in der Rechtsmittelinstanz ein. Nach dem in § 45 Satz 1 bestimmten Grundsatz ist das erst dann der Fall, wenn die **Frist zur Einlegung eines Rechtsmittels** gegen diese Entscheidung abgelaufen ist. Ist **kein Rechtsmittel mehr statthaft**, wird die letztinstanzliche Entscheidung mit ihrem Erlass rechtskräftig.[1] Wird das Rechtsmittel **zurückgenommen**, tritt dann noch keine Rechtskraft ein, wenn die Rechtsmittelfrist noch nicht abgelaufen ist.[2] Denn dann könnte nochmals ein Rechtsmittel eingelegt werden. Ist die Rechtsmittelfrist bereits abgelaufen, tritt die Rechtskraft mit der Rücknahme ein. Allerdings geschieht dies, anders als bei erfolgreicher Anhörungsrüge oder Wiedereinsetzung, nicht mit Rückwirkung, da erst mit der Rücknahme der Suspensiveffekt wegfällt.[3]

c) Teilrechtskraft

8 Grundsätzlich kann eine Entscheidung auch nur teilweise in Rechtskraft erwachsen.[4] Dies ist aber auf wenige Fälle beschränkt, in denen etwa ein Beteiligter auf Anschlussrechtsmittel[5] und der andere auf ein über den angegriffenen Teil hinausgehendes Rechtsmittel wirksam **verzichtet** hat,[6] ferner bei einer **Mehrheit nicht notwendiger Streitgenossen** nach Abschluss des Verfahrens für einzelne von ihnen.[7] Die Beschränkung des Rechtsmittels genügt entgegen anderen Vorschlägen[8] auch nach neuem Recht nicht, da das Rechtsmittel **erweitert** bzw. eine **Anschluss(rechts)beschwerde** nach § 66 bzw. § 73 eingelegt werden kann.[9] Dass diese Möglichkeiten teilweise befristet sind (s. § 73 Satz 1) ändert hieran nichts. Denn die Einhaltung dieser Fristen ist keine Frage der Statthaftigkeit, sondern der Zulässigkeit eines Rechtsmittels. Deren Nichtvorliegen ist aber nach allgemeinen Grundsätzen für den Eintritt der Rechtskraft unerheblich (vgl. Rz. 5).

---

1 Vgl. BGH v. 8.1.1952 – IV ZB 97/51, BGHZ 4, 294 (295).
2 Zöller/*Feskorn*, § 45 FamFG Rz. 9; Baumbach/*Hartmann*, § 705 ZPO Rz. 9; Musielak/*Lackmann*, § 705 ZPO Rz. 9; Zöller/*Stöber*, § 705 ZPO Rz. 10.
3 Zöller/*Feskorn*, § 45 FamFG Rz. 9.
4 Bumiller/*Harders*, § 45 FamFG Rz. 1.
5 OLG Karlsruhe v. 11.8.1978 – 5 UF 66/78, NJW 1979, 1211; OLG München v. 7.8.1984 – 2 WF 1106/84, FamRZ 1985, 502.
6 Vgl. BGH v. 4.7.1988 – II ZR 334/87, NJW 1989, 170; BGH v. 12.5.1992 – VI ZR 118/91, MDR 1992, 1083; OLG München v. 1.3.1979 – 4 UF 280/78, FamRZ 1979, 444 (445); OLG München v. 14.7.1979 – 26 UF 553/79, FamRZ 1979, 942 (943); BayObLG v. 30.10.1990 – BReg. 2 Z 122/90, NJW-RR 1991, 402 (403); OLG Zweibrücken v. 16.12.2002 – 3 W 202/02, ZMR 2004, 63 (64 f.); Zöller/*Stöber*, § 705 ZPO Rz. 11.
7 Vgl. OLG Karlsruhe v. 21.4.1988 – 14 U 318/87, OLGZ 1989, 77; wohl auch Keidel/*Engelhardt*, § 45 FamFG Rz. 21.
8 OLG Oldenburg v. 22.6.2004 – 1 U 3/04, NJW-RR 2005, 368 zum Zivilprozess. Die Berufung auf die Frist des § 524 Abs. 2 Satz 2 ZPO ist auf Verfahren nach dem FamFG ohnehin nicht zu übertragen, da sie nicht in § 66 übernommen wurde.
9 OLG Oldenburg v. 29.8.2012 – 14 UF 22/11, FamRZ 2013, 136 f.; zur früheren Rechtslage vgl. BGH v. 4.7.1988 – II ZR 334/87, NJW 1989, 170; BGH v. 12.5.1992 – VI ZR 118/91, MDR 1992, 1083; BGH v. 1.12.1993 – VIII ZR 41/93, NJW 1994, 657 (659); OLG Düsseldorf v. 24.7.1978 – 3 WF 261/78, FamRZ 1978, 715; OLG Bremen v. 12.10.1978 – UF 107/87b), FamRZ 1979, 444; OLG Karlsruhe v. 21.4.1988 – 14 U 318/87, OLGZ 1989, 77; Bork/Jacoby/Schwab/*Elzer*, 1. Aufl., § 45 FamFG Rz. 11; Baumbach/*Hartmann*, § 705 ZPO Rz. 9; Musielak/*Lackmann*, § 705 ZPO Rz. 5, zur Erweiterung Rz. 8; im Ergebnis ebenso Keidel/*Engelhardt*, § 45 FamFG Rz. 21; Bassenge/Roth/*Gottwald*, § 45 FamFG Rz. 6; vgl. zum alten Recht BayObLG v. 30.10.1990 – BReg. 2 Z 122/90, NJW-RR 1991, 402 (403); OLG Zweibrücken v. 16.12.2002 – 3 W 202/02, ZMR 2004, 63 (64 f.); aA, aber ohne Erörterung der Problematik OLG Nürnberg v. 18.1.2011 – 7 UF 1473/10, FamRZ 2011, 991; OLG Schleswig v. 2.8.2011 – 10 UF 242/10, FamRZ 2012, 146.

III. Materielle Rechtskraft

1. Bedeutung der materiellen Rechtskraft

a) Voraussetzungen

Zur materiellen Rechtskraft in Verfahren nach dem FamFG ist im Gesetz nichts ausdrücklich bestimmt. Der Gesetzgeber hat aber auch in keiner Weise erkennen lassen, dass er insoweit mit Erlass des FamFG Änderungen beabsichtigt. Daher kann auf die zum früheren Recht entwickelten Grundsätze zurückgegriffen werden. Nach allgemeinen Grundsätzen bestimmt die materielle Rechtskraft, wie weit eine formell rechtskräftige Entscheidung auch für künftige Streitigkeiten maßgeblich ist.[1] Voraussetzung der materiellen Rechtskraft ist somit zum einen die **formelle Rechtskraft**[2] und zum anderen die **Identität der Beteiligten**.[3] Dass sie sich zuvor aktiv am Verfahren beteiligten, ist nicht erforderlich. Es genügt, wenn die maßgeblichen Schriftsätze und die Entscheidung zugestellt wurden, und der Adressat somit die Möglichkeit zur Stellungnahme und zur Anfechtung der Entscheidung hatte.[4] Für **Dritte**, die am früheren Verfahren nicht beteiligt waren, kann eine Entscheidung niemals Rechtskraft entfalten.[5] Die formelle Rechtskraft, also die Unangreifbarkeit einer Entscheidung, hat nicht zwingend ihre materielle Rechtskraft zur Folge. Ist der Beschlusstenor etwa **nicht hinreichend bestimmt**, so fehlt ihm die Vollstreckbarkeit und er erwächst nicht in materielle Rechtskraft.[6] Dem Gläubiger bleibt dann nur ein Antrag auf Feststellung der nicht hinreichend bestimmten Verpflichtung in einem weiteren Verfahren.[7]

9

b) Umfang

Die materielle Rechtskraft bestimmt den Umfang der Bindungswirkung, also **wieweit und für wen die Entscheidung bindend** ist. Insoweit gilt der zweigliedrige Streitgegenstandsbegriff des Zivilprozesses.[8] Sachlich umfasst die materielle Rechtskraft wie im Zivilprozess grundsätzlich nur den **Tenor**, nicht die **Entscheidungsgründe**.[9] Diese können aber zur Auslegung, ob derselbe Streitgegenstand vorliegt, herangezogen werden.[10] Lediglich im Falle der **Antragsabweisung** erfasst die Rechtskraft wie im Zivilprozess nicht nur den Tenor, da die Urteilsformel allein zur Bestimmung des Streitgegenstandes nicht ausreicht, sondern auch die tragenden Gründe. Die materielle Rechtskraft schließt nicht nur die Abänderung der Entscheidung im Instanzenzug aus, sondern auch ein neues Verfahren über die in der Beschlussformel entschie-

10

---

1 BGH v. 23.1.1979 – VI ZR 199/77, NJW 1979, 1046f.; BayObLG v. 28.8.1996 – 3 Z BR 75/96, NJW 1996, 3217 (3218).
2 *Bumiller*/Harders, § 45 FamFG Rz. 1; Keidel/*Engelhardt*, § 45 FamFG Rz. 22.
3 BayObLG v. 28.8.1996 – 3 Z BR 75/96, NJW 1996, 3217 (3218); BayObLG v. 22.8.1997 – 3 Z BR 211, 212/97, NJWE-FER 1998, 66; *Bumiller*/Harders, § 45 FamFG Rz. 7; Keidel/*Engelhardt*, § 45 FamFG Rz. 22.
4 BGH v. 25.9.1980 – VII ZR 276/79, NJW 1981, 282; BayObLG v. 4.4.1989 – BReg. 1b Z 22/88, WuM 1989, 350; Zöller/*Feskorn*, § 45 FamFG Rz. 12.
5 BayObLG v. 30.10.2003 – 2 Z BR 121/02, ZMR 2003, 515 (516); zu einer nach der hM geltenden Ausnahme s. § 63 Rz. 7.
6 BGH v. 25.9.1972 – VIII ZR 81/71, NJW 1972, 2268; Zöller/*Vollkommer*, § 313 ZPO Rz. 8; ähnlich Baumbach/*Hartmann*, § 705 ZPO Rz. 11 f.; vgl. oben § 38 Rz. 14f.
7 BGH v. 25.9.1972 – VIII ZR 81/71, NJW 1972, 2268; BGH v. 14.10.1999 – I ZR 117/97, BGHZ 142, 388 (393); Zöller/*Vollkommer*, § 313 ZPO Rz. 8.
8 OLG Köln v. 22.12.1997 – 16 Wx 279/97, ZMR 1998, 374f.; BayObLG v. 20.6.2001 – 2 Z BR 12/01, ZMR 2001, 989 (990); BayObLG v. 26.5.2004 – 2 Z BR 056/04, ZMR 2005, 213f.; ähnlich schon BayObLG v. 29.1.1998 – 2 Z BR 53/97, ZMR 1998, 356 (359); wohl auch Keidel/*Engelhardt*, § 45 FamFG Rz. 23; Zöller/*Feskorn*, § 45 FamFG Rz. 12; differenzierend für Amtsverfahren *Lettau*, Beschwerde, S. 22, wonach das vom Gericht bestimmte Verfahrensziel iVm. dem zugrunde liegenden Lebenssachverhalt maßgeblich sein soll.
9 BGH v. 17.2.1983 – III ZR 174/81, NJW 1983, 2032; BayObLG v. 15.6.1989 – 2 Z 50/89, ZMR 1989, 386 (387); OLG Düsseldorf v. 23.1.1998 – 3 Wx 526/97, FGPrax 1998, 107.
10 BGH v. 27.2.1961 – III ZR 16/60, BGHZ 34, 337 (339); BGH v. 17.2.1983 – III ZR 174/81, NJW 1983, 2032; BayObLG v. 22.4.1994 – 2 Z BR 19/94, NJW-RR 1994, 1036 (1037) (unter II 2d); BayObLG v. 26.5.2004 – 2 Z BR 056/04, ZMR 2005, 213f.; Zöller/*Feskorn*, § 45 FamFG Rz. 12.

dene Frage.[1] Ein diesbezüglich erneuter Antrag muss somit ohne Sachprüfung als unzulässig verworfen werden.[2] Sofern die Vorentscheidung einen Antrag nur **als unzulässig zurückwies**, erwächst diese Entscheidung auch nur insoweit in Rechtskraft;[3] nach Beseitigung des Verfahrenshindernisses kann also ein neues Verfahren durchgeführt werden. Selbst dann, wenn der in der Beschlussformel entschiedene Gegenstand nur **Vorfrage** in einem neuen Gerichtsverfahren ist, ist das nunmehr angerufene Gericht an die Vorentscheidung gebunden.[4] Ob die rechtskräftige Entscheidung verfahrensfehlerfrei zu Stande gekommen und materiellrechtlich richtig ist, spielt keine Rolle.[5] Überwunden wird die materielle Rechtskraft allenfalls vom Einwand der Titelerschleichung oder des Rechtsmissbrauchs.[6] Die Rechtskraft erfasst analog § 322 Abs. 2 ZPO auch die Entscheidung, dass die Gegenforderung bis zur Höhe des Betrags, für den eine **Aufrechnung** geltend gemacht wurde, nicht besteht.[7] Ferner wird das Nichtbestehen eines Rechtsverhältnisses festgestellt, wenn ein **positiver Feststellungsantrag** abgewiesen wird,[8] umgekehrt das Bestehen des Rechtsverhältnisses bei Abweisung des **negativen Feststellungantrags**.[9] Die rechtskräftige Abweisung eines Antrags auf **Unterlassung** beinhaltet die positive Feststellung der Zulässigkeit des beanstandeten Verhaltens.[10] **Bloße Vorfragen**, die zur Entscheidung in der Beschlussformel führten, erwachsen allerdings ebenso wenig in materielle Rechtskraft wie im Zivilprozess.[11] Die Beteiligten können insoweit jedoch wie im Zivilprozess definitive Rechtsklarheit durch einen Zwischenfeststellungsantrag analog § 256 Abs. 2 ZPO erreichen.

2. Materielle Rechtskraft in Verfahren nach dem FamFG

11 In Abweichung vom Zivilprozess führen formell rechtskräftige Entscheidungen nicht immer auch zur materiellen Rechtskraft.[12] Anders als im Zivilprozess geht es hier häufig nicht um Bestehen oder Nichtbestehen eines Anspruchs zwischen zwei Parteien. Deshalb werden Entscheidungen in Verfahren, die der **Fürsorge** für Beteiligte und Dritte dienen,[13] etwa **Betreuungs-, Unterbringungs- oder Freiheitsentziehungssachen**,[14] grundsätzlich nicht materiell rechtskräftig. In diesen Angelegenheiten muss eine Möglichkeit zur Abänderung einer Entscheidung zumindest bei nachträglicher Änderung der Sachlage bestehen. Es kann naturgemäß nicht angehen, einen gesundeten Beteiligten weiterhin unter Berufung auf die Rechtskraft der ursprünglichen Entscheidung unter Betreuung zu belassen oder gar die Aufhebung der Unterbringung zu versagen. Gleiches gilt für Verfahren über die **elterliche Sorge** etwa bei Besserung der zu Maßnahmen nach § 1666 BGB führenden Umstände,[15] für

---

1 BGH v. 27.2.1961 – III ZR 16/60, BGHZ 34, 337 (339); BayObLG v. 22.8.1997 – 3Z BR 211, 212/97, NJWE-FER 1998, 66; Zöller/*Feskorn*, § 45 FamFG Rz. 12.
2 BGH v. 8.5.1980 – III ZR 27/77, NJW 1980, 2814 (2815); BGH v. 17.2.1983 – III ZR 174/81, NJW 1983, 2032; Keidel/*Engelhardt*, § 45 FamFG Rz. 33.
3 Zöller/*Vollkommer*, § 322 ZPO Rz. 1a.
4 BGH v. 8.5.1980 – III ZR 27/77, NJW 1980, 2814 (2815); *Bassenge*/Roth, 11. Aufl., § 31 FGG Rz. 6.
5 BGH v. 27.2.1961 – III ZR 16/60, BGHZ 34, 337 (339); BGH v. 23.1.1979 – VI ZR 199/77, NJW 1979, 1046 f.; *Bassenge*/Roth, 11. Aufl., § 31 FGG Rz. 6.
6 BGH v. 27.6.1968 – II ZR 29/67, DB 1968, 1576 f.
7 BayObLG v. 29.1.1998 – 2 Z BR 53/97, ZMR 1998, 356 (359).
8 BayObLG v. 20.6.2001 – 2 Z BR 12/01, ZMR 2001, 989 (990).
9 BGH v. 17.2.1983 – III ZR 174/81, NJW 1983, 2032 f.
10 BayObLG v. 11.4.2001 – 2 Z BR 121/00, ZMR 2001, 824 (825).
11 OLG Düsseldorf v. 23.1.1998 – 3 Wx 526/97, FGPrax 1998, 107; OLG Düsseldorf v. 2.4.2001 – 3 Wx 332/00, ZMR 2001, 837 f.
12 *Bumiller*/Harders, § 45 FamFG Rz. 7; Bork/Jacoby/Schwab/*Elzer*, 1. Aufl., § 45 FamFG Rz. 5; Zöller/*Feskorn*, § 45 FamFG Rz. 11.
13 OLG Hamm v. 26.5.1970 – 15 W 26/70, OLGZ 1971, 84 (85); BayObLG v. 28.8.1996 – 3 Z BR 75/96, NJW 1996, 3217 (3218).
14 BayObLG v. 5.5.1988 – BReg. 3 Z 14/88, BayObLGZ 1988, 137 (138f.); Keidel/*Engelhardt*, § 45 FamFG Rz. 28; *Bumiller*/Harders, § 45 FamFG Rz. 9.
15 Keidel/*Engelhardt*, § 45 FamFG Rz. 28.

Personenstandssachen[1] oder, wie sich schon aus § 2361 BGB ergibt, für **Erbscheinsverfahren**,[2] wenn etwa ein neues Testament aufgefunden wird. Auch in **Registerverfahren** gibt es keine materielle Rechtskraft.[3] In Verfahren des einstweiligen Rechtsschutzes wird von vornherein nur eine vorläufige Regelung getroffen, so dass dort ergangene Entscheidungen schon deswegen nicht in Rechtskraft erwachsen.[4] Die formelle Rechtskraft steht einem neuen Verfahren ohne Änderung der Rechts- oder Sachlage zwar nicht entgegen, für seine Durchführung wird dann aber regelmäßig das Rechtsschutzbedürfnis nicht bestehen.[5]

Ob in anderen Verfahren materielle Rechtskraft eintreten kann, ist mangels diesbezüglicher Regelungen im Gesetz weiterhin eine Frage des Einzelfalls. Maßgeblich ist, ob das Bedürfnis der Beteiligten nach einer endgültigen Regelung das öffentliche Interesse an einer Abänderbarkeit überwiegt.[6] Dies wird in **echten Streitverfahren** bejaht, in denen ähnlich wie im Zivilprozess nur die Interessen der Beteiligten gegeneinander stehen.[7] Hier kann eine Entscheidung auch materiell rechtskräftig werden. Beispiele hierfür sind etwa die Genehmigungsverfahren der Landwirtschaftsgerichte,[8] die Entscheidungen im **Versorgungsausgleich**,[9] über die **Genehmigung von Rechtsgeschäften**,[10] die Feststellung der **Vaterschaft**,[11] über die **Annahme als Kind** oder deren Aufhebung,[12] über die **Vergütung des Betreuers**[13] und über die **Entlassung des Testamentsvollstreckers**.[14]

12

§ 46 Rechtskraftzeugnis

Das Zeugnis über die Rechtskraft eines Beschlusses ist aufgrund der Verfahrensakten von der Geschäftsstelle des Gerichts des ersten Rechtszugs zu erteilen. Solange das Verfahren in einem höheren Rechtszug anhängig ist, erteilt die Geschäftsstelle des Gerichts dieses Rechtszugs das Zeugnis. In Ehe- und Abstammungssachen wird den Beteiligten von Amts wegen ein Rechtskraftzeugnis auf einer Ausfertigung ohne Begründung erteilt. Die Entscheidung der Geschäftsstelle ist mit der Erinnerung in entsprechender Anwendung des § 573 der Zivilprozessordnung anfechtbar.

---

1 Vgl. OLG Stuttgart v. 6.7.1965 – 8 W 307/63, OLGZ 1966, 194 (195); BayObLG v. 17.11.1977 – BReg. 1 Z 59/77, BayObLGZ 1977, 274 (277); Keidel/*Engelhardt*, § 45 FamFG Rz. 28.
2 BGH v. 3.2.1967 – III ZB 15/66, BGHZ 47, 58 (62 ff.); KG v. 1.7.1999 – 1 W 6784/97, FGPrax 1999, 227 (228); Keidel/*Engelhardt*, § 45 FamFG Rz. 28; *Bumiller*/Harders, § 45 FamFG Rz. 9.
3 BayObLG v. 28.8.1996 – 3 Z BR 75/96, NJW 1996, 3217, 3218 (für das Handelsregister); *Bumiller*/Harders, § 45 FamFG Rz. 10.
4 *Bumiller*/Harders, § 45 FamFG Rz. 1.
5 KG v. 1.7.1999 – 1 W 6784/97, FGPrax 1999, 227 (229) (auch zu einem Ausnahmefall).
6 Keidel/*Engelhardt*, § 45 FamFG Rz. 8.
7 OLG Hamm v. 26.5.1970 – 15 W 26/70, OLGZ 1971, 84 (85); BayObLG v. 28.8.1996 – 3 Z BR 75/96, NJW 1996, 3217 (3218); BayObLG v. 20.6.2001 – 2 Z BR 12/01, ZMR 2001, 989 (990); BayObLG v. 26.5.2004 – 2 Z BR 056/04, ZMR 2005, 213 f.; OLG Düsseldorf v. 23.1.1998 – 3 Wx 526/97, FGPrax 1998, 107; *Bumiller*/Harders, § 45 FamFG Rz. 8; Zöller/*Feskorn*, § 45 FamFG Rz. 11.
8 Keidel/*Engelhardt*, § 45 FamFG Rz. 27.
9 BGH v. 28.3.1984 – IVb ZB 774/81, NJW 1984, 2364 (2365); OLG Stuttgart v. 27.10.2010 – 15 UF 196/10, FamRZ 2011, 1086; Keidel/*Engelhardt*, § 45 FamFG Rz. 27.
10 *Bassenge*/Roth, § 31 FGG Rz. 8; einschränkend OLG Hamm v. 26.5.1970 – 15 W 26/70, OLGZ 1971, 84 (85).
11 BGH v. 30.10.2002 – XII ZR 345/00, NJW 2003, 585 (586); OLG Düsseldorf v. 22.8.1979 – 3 W 202/79, NJW 1980, 349; *Bumiller*/Harders, § 45 FamFG Rz. 8; Keidel/*Engelhardt*, § 45 FamFG Rz. 27.
12 *Bassenge*/Roth, 11. Aufl., § 31 FGG Rz. 8.
13 BayObLG v. 22.8.1997 – 3 Z BR 211, 212/97, NJWE-FER 1998, 66; OLG Jena v. 3.5.2001 – 6 W 127/01, FamRZ 2001, 1243; *Bumiller*/Harders, § 45 FamFG Rz. 8; Keidel/*Engelhardt*, § 45 FamFG Rz. 27.
14 OLG Düsseldorf v. 23.1.1998 – 3 Wx 526/97, FGPrax 1998, 107; Keidel/*Engelhardt*, § 45 FamFG Rz. 27.

| A. Entstehungsgeschichte und Normzweck 1
| B. Inhalt der Vorschrift
| I. Voraussetzungen
| 1. Vorliegen einer Entscheidung nach §§ 38 ff. 2
| 2. Antrag
| a) Keine Erteilung von Amts wegen   3

b) Antragsberechtigung 4
3. Eintritt der Rechtskraft nach Prüfung anhand der Verfahrensakten . 6
  II. Zuständigkeit
    1. Instanzielle Zuständigkeit 7
    2. Funktionelle Zuständigkeit 8
  III. Inhalt und Wirkung 9
C. Rechtsmittel 11

A. Entstehungsgeschichte und Normzweck

1 § 46 regelt die Erteilung des Rechtskraftzeugnisses. Die Norm übernimmt inhaltlich ohne Einschränkungen § 706 Abs. 1 ZPO.[1] Die Vorschrift zur Erteilung eines **Notfristzeugnisses** (§ 706 Abs. 2 ZPO) wurde dagegen nicht in das FamFG übernommen.[2] Die Sätze 1 und 2 der Vorschrift gelten gem. § 113 Abs. 1 nicht in Familienstreit- und Ehesachen; hier ist § 706 ZPO anzuwenden.

B. Inhalt der Vorschrift

I. Voraussetzungen

1. Vorliegen einer Entscheidung nach §§ 38 ff.

2 Bescheinigt werden kann nach § 46 nur die Rechtskraft von Entscheidungen, die die Instanz beenden. Das ergibt sich schon aus der systematischen Einordnung der Norm in den §§ 38 ff. Die Rechtskraft einer Zwischenentscheidung kann somit nicht nach § 46 bescheinigt werden. Dasselbe gilt für Vergleiche.[3]

2. Antrag

a) Keine Erteilung von Amts wegen

3 Obwohl der Wortlaut von § 46 Satz 1 dies ebenso wenig fordert wie derjenige von § 706 Abs. 1 Satz 1 ZPO, ist das Rechtskraftzeugnis nur auf **Antrag** zu erteilen.[4] Das ergibt sich letztlich im Umkehrschluss aus § 706 Abs. 1 Satz 2 ZPO bzw. § 46 Satz 3 FamFG, einer Spezialregelung für das Rechtskraftzeugnis in Ehe- und Abstammungssachen. Lediglich dort ist es in Übereinstimmung mit dem früheren Recht auf einer **Ausfertigung ohne Begründung** von Amts wegen zu erteilen. Begründet wird dies – ähnlich wie beim Begründungszwang nach § 38 Abs. 5 Nr. 1 und 3 – mit der Rechtsfürsorge für die Beteiligten, die die Feststellung der Rechtskraft von Amts wegen gebiete (vgl. § 38 Rz. 34).[5] Die Ersparnis von Arbeit für die Geschäftsstelle, die keine gesonderten Anträge der Beteiligten bearbeiten muss, kann schwerlich als Begründung von § 46 Satz 3 herangezogen werden,[6] zumal Anträge mehrerer Beteiligter in jedem Verfahren aufgrund Teilobsiegens möglich sind.

b) Antragsberechtigung

4 Antragsberechtigt ist zumindest **jeder Beteiligte**, der den Beschluss vorlegt.[7] Gerade in Verfahren nach dem FamFG kann auch der Beteiligte, der keinen Antrag ge-

---

1 BT-Drucks. 16/6308, S. 198.
2 BGH v. 9.12.2009 – XII ZB 215/09, FGPrax 2010, 53; Keidel/*Engelhardt*, § 46 FamFG Rz. 4.
3 Zum Zivilprozess vgl. Zöller/*Stöber*, § 706 ZPO Rz. 1; Baumbach/*Hartmann*, § 706 ZPO Rz. 1; Musielak/*Lackmann*, § 706 ZPO Rz. 1.
4 BGH v. 21.12.1959 – III ZR 138/58, BGHZ 31, 388 (390); Bassenge/Roth/*Gottwald*, § 46 FamFG Rz. 2; Zöller/*Stöber*, § 706 ZPO Rz. 3.
5 Zöller/*Stöber*, § 706 ZPO Rz. 6a; Musielak/*Lackmann*, § 706 ZPO Rz. 2 zum öffentlichen Interesse am Rechtskraftzeugnis s. Zöller/*Feskorn*, § 46 FamFG Rz. 2.
6 So aber Zöller/*Stöber*, § 706 ZPO Rz. 6a.
7 Vgl. BGH v. 21.12.1959 – III ZR 138/58, BGHZ 31, 388 (391); Keidel/*Engelhardt*, § 46 FamFG Rz. 8; *Bumiller*/Harders, § 46 FamFG Rz. 5; Bassenge/Roth/*Gottwald*, § 44 FamFG Rz. 2.

stellt hat, ein schutzwürdiges Interesse am Nachweis der Rechtskraft haben,[1] etwa der Miterbe, der zwar selbst nicht den Antrag auf Erteilung des Erbscheins gestellt hat, ihn aber inhaltlich billigt. Es wäre auch ein kaum zu überwindender Wertungswiderspruch, könnte dieser Beteiligte zwar Beschwerde einlegen (vgl. § 59 Rz. 20) oder durch seine Zustimmung das Absehen von einer Begründung der Entscheidung nach § 38 Abs. 4 Nr. 2 ermöglichen (vgl. § 38 Rz. 27), aber nicht die Erteilung eines Rechtskraftzeugnisses beantragen.

Darüber hinaus können im Verfahren nach dem FamFG auch **Dritte** antragsberechtigt sein.[2] Wenn Dritte selbst im Zivilprozess nach § 792 ZPO die Erteilung eines Erbscheins zum Zwecke der Zwangsvollstreckung beantragen können, müssen sie erst recht im Verfahren nach dem FamFG die Erteilung eines Zeugnisses über dessen Rechtskraft verlangen können. Da das Vorliegen eines berechtigten Interesses im Verfahren nach § 706 Abs. 1 ZPO und dem folgend in § 46 nicht geprüft wird, können sie die Entscheidung selbst vorlegen.

3. Eintritt der Rechtskraft nach Prüfung anhand der Verfahrensakten

Die Bescheinigung der Rechtskraft setzt selbstverständlich voraus, dass diese eingetreten ist. Dies kann auch **teilweise**, etwa nach teilweisem Rechtsmittelverzicht (vgl. § 45 Rz. 8), der Fall sein.[3] Auf einen Antrag hin hat das Gericht nur anhand der Verfahrensakten gem. § 46 Satz 1 zu prüfen, ob formelle Rechtskraft eingetreten ist.[4] Daher muss ein Rechtskraftzeugnis auch beim Fehlen des Ausspruchs gem. § 40 Abs. 2 Satz 2 erteilt werden, wenn Rechtskraft eingetreten ist,[5] da dieser nur deklaratorisch ist (vgl § 40 Rz. 13). Die Prüfung nur anhand der Verfahrensakten **beschränkt die Amtsermittlung** nach § 26. Über den Wortlaut hinaus wird aber beim inhaltsgleichen § 706 Abs. 1 Satz 1 ZPO eine **Anfrage beim Gericht des nächsten Rechtszugs** für zulässig gehalten.[6] Keine Erkundigungspflicht besteht hinsichtlich einer **Sprungrechtsbeschwerde**. Hier sieht aber § 75 Abs. 2 FamFG iVm. § 566 Abs. 3 Satz 3 ZPO vor, dass die Geschäftsstelle des Rechtsbeschwerdegerichts unverzüglich nach Eingang der Antragsschrift die Prozessakten beim Gericht erster Instanz anfordert, damit dieses im Hinblick auf das Rechtskraftzeugnis Kenntnis von dem Antrag erhält.[7] Daneben kann anders als nach § 706 Abs. 2 Satz 2 ZPO von der Geschäftsstelle des Beschwerdegerichts kein Zeugnis verlangt werden, wenn ein Antrag auf Zulassung der Rechtsbeschwerde nicht gestellt ist, da diese Vorschrift eben nicht in das FamFG übernommen wurde (s. Rz. 1).[8] Es ist nur zu prüfen, ob ein **statthaftes Rechtsmittel** eingelegt ist. Ein unstatthaftes hat auf den Eintritt der Rechtskraft keine Auswirkung. Zudem beschränkt § 46 Satz 1 den Inhalt der Prüfung. Das Gericht hat nicht zu kontrollieren, ob ein **Rechtsschutzbedürfnis** für die Erteilung des Rechtskraftzeugnisses besteht,[9] oder gar, zu welchem Zweck es eingeholt wird.[10] Umgekehrt hat das

---

1 Bork/Jacoby/Schwab/*Elzer*, 1. Aufl., § 46 FamFG Rz. 6.
2 *Preuß*, DNotZ 2010, 265 (275); Bumiller/Harders, § 46 FamFG Rz. 5; Keidel/*Engelhardt*, § 46 FamFG Rz. 8; s. für den Zivilprozess Baumbach/*Hartmann*, § 706 ZPO Rz. 7; Zöller/*Stöber*, § 706 ZPO Rz. 3; offengelassen von BGH v. 21.12.1959 – III ZR 138/58, BGHZ 31, 388 (391).
3 BGH v. 4.7.1988 – II ZR 334/87, NJW 1989, 170; OLG Oldenburg v. 22.6.2004 – 1 U 3/04, NJW-RR 2005, 368; OLG München v. 7.8.1984 – 2 WF 1106/84, FamRZ 1985, 502; *Bumiller*/Harders, § 46 FamFG Rz. 1; Zöller/*Stöber*, § 706 ZPO Rz. 7.
4 Bassenge/Roth/*Gottwald*, § 46 FamFG Rz. 4; vgl. zum Zivilprozess Zöller/*Stöber*, § 706 ZPO Rz. 1; weiter gehend Baumbach/*Hartmann*, § 706 ZPO Rz. 8, wonach der Urkundsbeamte „die erforderlichen Nachweise an(fordert)"; ähnlich Musielak/*Lackmann*, § 706 ZPO Rz. 3.
5 OLG Düsseldorf v. 16.11.2010 – I-3 Wx 212/10, FamRZ 2011, 921.
6 BGH v. 9.12.2009 – XII ZB 215/09, FGPrax 2010, 53.
7 BGH v. 9.12.2009 – XII ZB 215/09, FGPrax 2010, 53; vgl. zum Zivilprozess Baumbach/*Hartmann*, § 566 ZPO Rz. 8; MüKo. ZPO/*Wenzel*, § 566 ZPO Rz. 15.
8 BGH v. 9.12.2009 – XII ZB 215/09, FGPrax 2010, 53; *Preuß*, DNotZ 2010, 265 (275).
9 OLG München v. 7.8.1984 – 2 WF 1106/84, FamRZ 1985, 502; vgl. Zöller/*Stöber*, § 706 ZPO Rz. 5.
10 BGH v. 21.12.1959 – III ZR 138/58, BGHZ 31, 388 (391); OLG München v. 7.8.1984 – 2 WF 1106/84, FamRZ 1985, 502; Bassenge/Roth/*Gottwald*, § 46 FamFG Rz. 4; Bork/Jacoby/Schwab/ *Elzer*, 1. Aufl., § 46 FamFG Rz. 4; Zöller/*Stöber*, § 706 ZPO Rz. 5.

Gericht, wenn ein statthaftes Rechtsmittel eingelegt wird, nicht zu prüfen, ob es zulässig ist.[1] Ein Rechtskraftzeugnis kann dann nicht erteilt werden.

II. Zuständigkeit

1. Instanzielle Zuständigkeit

7 Die instanzielle Zuständigkeit bemisst sich danach, **wo das Verfahren anhängig ist**. Sofern kein Rechtsmittel eingelegt wurde, ist das Rechtskraftzeugnis vom Gericht der ersten Instanz zu erteilen.[2] Bei Anhängigkeit in einem höheren Rechtszug ist das Rechtsmittelgericht zuständig.[3] Dies ist auch dann der Fall, wenn die Entscheidung teilweise in Rechtskraft erwachsen und dort nur noch wegen der **anderen Verfahrensgegenstände** anhängig ist.[4] Die Anhängigkeit beginnt erst mit der **Einlegung** eines Rechtsmittels, nicht schon mit Einreichung eines Antrags auf **Verfahrenskostenhilfe**.[5] Auch die Beiziehung der Akten nur zur Einsichtnahme oder zu Beweiszwecken begründet noch nicht die Zuständigkeit des Rechtsmittelgerichts für die Erteilung des Rechtskraftzeugnisses.[6] Die kurzfristige Rücksendung der Akten an die Vorinstanz, etwa zur Entscheidung über eine Berichtigung, ändert an seiner Zuständigkeit nichts.[7] Das Rechtsmittelgericht soll auch nach Erledigungserklärung oder Rücknahme des Rechtsmittels bis zur Rücksendung der Akten zuständig bleiben.[8] Dies mag einem praktischen Bedürfnis entsprechen, ist aber nicht recht mit dem Begriff der Anhängigkeit zu vereinbaren. Jedenfalls nach endgültiger Rückkehr der Akten zum erstinstanzlichen Gericht ist dieses wieder zuständig.[9]

2. Funktionelle Zuständigkeit

8 Nach § 46 Satz 1 erteilt die Geschäftsstelle das Rechtskraftzeugnis. Zuständig hierfür ist der Urkundsbeamte der Geschäftsstelle.[10]

III. Inhalt und Wirkung

9 Das Rechtskraftzeugnis soll den Eintritt der formellen Rechtskraft nachweisen.[11] Dies geschieht idR durch einen **Vermerk auf der Ausfertigung**.[12] Eine **selbständige Bescheinigung** ist aber zulässig. Der Vermerk hat etwa den Inhalt: „Vorstehender Beschluss ist rechtkräftig ..., den ... (Urkundsbeamter der Geschäftsstelle)". Weitere Angaben etwa über Anträge auf Wiedereinsetzung oder Wiederaufnahme sind nicht zu vermerken,[13] da entsprechende Anträge auf die Rechtskraft, deren Eintritt allein

---

1 Zöller/*Stöber*, § 706 ZPO Rz. 5; Baumbach/*Hartmann*, § 706 ZPO Rz. 9; Musielak/*Lackmann*, § 706 ZPO Rz. 3.
2 *Bumiller*/Harders, § 46 FamFG Rz. 3; Keidel/*Engelhardt*, § 46 FamFG Rz. 5.
3 OLG München v. 1.3.1979 – 4 UF 280/78, FamRZ 1979, 444 (445); OLG München v. 14.7.1979 – 26 UF 553/79, FamRZ 1979, 942 (943); *Bumiller*/Harders, § 46 FamFG Rz. 3; Keidel/*Engelhardt*, § 46 FamFG Rz. 5; Bassenge/Roth/*Gottwald*, § 46 FamFG Rz. 2.
4 OLG München v. 1.3.1979 – 4 UF 280/78, FamRZ 1979, 444 (445); OLG München v. 14.7.1979 – 26 UF 553/79, FamRZ 1979, 942 (943).
5 BGH v. 26.1.1956 – VI ZA 106/55, Rpfleger 1956, 97 (98); Zöller/*Stöber*, § 706 ZPO Rz. 4.
6 BGH v. 26.1.1956 – VI ZA 106/55, Rpfleger 1956, 97 (98).
7 KG v. 7.4.1989 – 18 UF 6795/88, FamRZ 1989, 1206.
8 BGH v. 26.1.1956 – VI ZA 106/55, Rpfleger 1956, 97 (98); KG v. 7.4.1989 – 18 UF 6795/88, FamRZ 1989, 1206; Zöller/*Stöber*, § 706 ZPO Rz. 4.
9 OLG Schleswig v. 21.6.1978 – 10 WF 51/78, FamRZ 1978, 610 (611); *Bumiller*/Harders, § 46 FamFG Rz. 3; Bork/Jacoby/Schwab/*Elzer*, 1. Aufl., § 46 FamFG Rz. 5.
10 BGH v. 22.2.1989 – IVb ZB 121/88, FamRZ 1989, 729 (730); OLG München v. 1.3.1979 – 4 UF 280/78, FamRZ 1979, 444 (445); OLG München v. 14.7.1979 – 26 UF 553/79, FamRZ 1979, 942 (943); *Bumiller*/Harders, § 46 FamFG Rz. 3; Bassenge/Roth/*Gottwald*, § 46 FamFG Rz. 2; Keidel/*Engelhardt*, § 46 FamFG Rz. 5; vgl. Zöller/*Stöber*, § 706 ZPO Rz. 4.
11 Keidel/*Engelhardt*, § 46 FamFG Rz. 1; Bork/Jacoby/Schwab/*Elzer*, 1. Aufl., § 46 FamFG Rz. 1; vgl. Zöller/*Stöber*, § 706 ZPO Rz. 2; Baumbach/*Hartmann*, § 706 ZPO Rz. 2; Musielak/*Lackmann*, § 706 ZPO Rz. 5.
12 Bassenge/Roth/*Gottwald*, § 46 FamFG Rz. 2.
13 So für den Zivilprozess zu Recht Zöller/*Stöber*, § 706 ZPO Rz. 12; aA ohne Begr. *Bumiller*/Harders, § 46 FamFG Rz. 1; Keidel/*Engelhardt*, § 46 FamFG Rz. 4; Anderes gilt natürlich, wenn dem Antrag stattgegeben wurde.

bescheinigt wird, keinen Einfluss haben. Bei Änderungen des Personenstands bedarf es darüber hinaus der **Angabe des Datums**, wann Rechtskraft eingetreten ist.[1] Die Erteilung des Rechtskraftzeugnisses ist in den Akten zu vermerken.[2]

Im Zivilprozess hat das Rechtskraftzeugnis nur die **Beweiskraft des § 418 ZPO**,[3] führt also den vollen Nachweis für die darin bezeugten Tatsachen, ohne den Gegenbeweis auszuschließen. Dagegen kommt ihm zwischen den Parteien keine Bindung im Sinne einer Feststellung zu.[4] Ebenso wenig begründet es einen Vertrauenstatbestand.[5] Für das Verfahren nach dem FamFG ist seine Bedeutung noch geringer. Zwar ist das Rechtskraftzeugnis eine öffentliche Urkunde,[6] so dass ihm im Falle der Einführung in einen Zivilprozess wiederum die Wirkung des § 418 ZPO zukäme. Im Verfahren nach dem FamFG überwinden die zivilprozessualen Beweisregeln die **Amtsermittlungspflicht** des Gerichts nicht. Es könnte also mangels konstitutiver Wirkung des Rechtskraftzeugnisses nicht ohne weiteres vom Nachweis der Rechtskraft nach § 418 ZPO ausgehen, wenn dem widersprechende Anzeichen vorlägen.[7]

10

C. Rechtsmittel

Die ursprüngliche Fassung von § 46 selbst sah kein Rechtsmittel gegen die Entscheidung über die Erteilung des Rechtskraftzeugnisses vor. Damit war zweifelhaft, ob Rechtsmittel gegen die Entscheidung der Geschäftsstelle gegeben waren. Der Verweis in § 87 Abs. 4 auf die Rechtsmittel der ZPO hätte hier nicht weitergeholfen, da er nur auf §§ 567 bis 572 ZPO und nicht auf die Erinnerung nach § 573 Abs. 1 ZPO Bezug nimmt. Diesem Mangel half der Gesetzgeber selbst ab, indem er nachträglich[8] § 46 um einen Satz 4 ergänzte. Danach ist gegen die Entscheidung der Geschäftsstelle – also sowohl die Erteilung als auch die Nichterteilung des Rechtskraftzeugnisses – die **Erinnerung in entsprechender Anwendung von § 573 ZPO** statthaft.[9] Dieses kann seine Entscheidung nur in diesem Verfahren, aber nicht von Amts wegen korrigieren.[10] Gegen diese Entscheidung ist dann in entsprechender Anwendung von § 573 Abs. 2 ZPO die **sofortige Beschwerde** nach den §§ 567ff. ZPO gegeben,[11] gegen die Entscheidung des Beschwerdegerichts bei Vorliegen der sonstigen Voraussetzungen die Rechtsbeschwerde.[12] Dabei liegt eine beschwerdefähige Entscheidung nicht nur dann vor, wenn der Urkundsbeamte die Erteilung des Rechtskraftzeugnisses ausdrücklich verweigert, sondern auch dann, wenn er mitteilt, sie verzögere sich etwa infolge eines Rechtsmittels. Denn auch hierin liegt die Weigerung seiner sofortigen Erteilung.[13]

11

---

1 KG v. 5.2.1993 – 18 WF 7385/92, FamRZ 1993, 1221; *Bumiller*/Harders, § 46 FamFG Rz. 2; Bassenge/Roth/*Gottwald*, § 46 FamFG Rz. 4.
2 Zöller/*Stöber*, § 706 ZPO Rz. 6b; Baumbach/*Hartmann*, § 706 ZPO Rz. 7; Musielak/*Lackmann*, § 706 ZPO Rz. 3.
3 Bassenge/Roth/*Gottwald*, § 46 FamFG Rz. 5; Bork/Jacoby/Schwab/*Elzer*, 1. Aufl., § 46 FamFG Rz. 1; vgl. zum Zivilprozess Zöller/*Stöber*, § 706 ZPO Rz. 2; Baumbach/*Hartmann*, § 706 ZPO Rz. 1; Musielak/*Lackmann*, § 706 ZPO Rz. 5.
4 BGH v. 21.12.1959 – III ZR 138/58, BGHZ 31, 388 (391); Zöller/*Stöber*, § 706 ZPO Rz. 2.
5 *Böttcher*, Rpfleger 2011, 53 (63).
6 *Bumiller*/Harders, § 46 FamFG Rz. 1; Keidel/*Engelhardt*, § 46 FamFG Rz. 1.
7 *Wilsch*, FGPrax 2009, 243 (246); *Zorn*, Rpfleger 2009, 421 (433); *Kesseler*, ZNotP 2009, 422 (423); *Bolkart*, MittBayNot 2009, 268 (271); *Büte*, FuR 2011, 7 (8); implizit auch BGH v. 9.12. 2009 – XII ZB 215/09, FGPrax 2010, 53, wo nur davon die Rede ist, dass ein „falsches Rechtskraftzeugnis (...) zu Irrtümern über den Bestand der Genehmigung und die Wirksamkeit des genehmigten Rechtsgeschäfts führen (kann)", ähnlich *Harders*, DNotZ 2009, 725 (732); vgl. den Sachverhalt in BGH v. 21.12.1959 – III ZR 138/58, BGHZ 31, 388ff.
8 Durch das sog. FGG-RG-Reparaturgesetz v. 30.7.2009, BGBl. I, S. 2449.
9 BGH v. 9.12.2009 – XII ZB 215/09, FGPrax 2010, 53; s. dazu BT-Drucks. 16/12717 (eVF), S. 69.
10 Anders, aber ohne Begr., Keidel/*Engelhardt*, § 46 FamFG Rz. 12, wonach der Urkundsbeamte die Erteilung „zurücknehmen" kann.
11 OLG Düsseldorf v. 16.11.2010 – I-3 Wx 212/10, FamRZ 2011, 921; *Bumiller*/Harders, § 46 FamFG Rz. 6; Keidel/*Engelhardt*, § 46 FamFG Rz. 12; Bork/Jacoby/Schwab/*Elzer*, 1. Aufl., § 46 FamFG Rz. 12; vgl. KG v. 5.2.1993 – 18 WF 7385, FamRZ 1993, 1221.
12 *Bumiller*/Harders, § 46 FamFG Rz. 6; Keidel/*Engelhardt*, § 46 FamFG Rz. 12.
13 OLG Düsseldorf v. 24.7.1978 – 3 WF 261/78, FamRZ 1978, 715.

12 **Kosten/Gebühren: Gericht:** Sowohl im Geltungsbereich des GNotKG als auch im Geltungsbereich des FamGKG löst die Erteilung des Rechtskraftzeugnisses keine Kosten aus (§ 1 Abs. 1 GNotKG, § 1 Satz 1 FamGKG). **RA:** Nach § 19 Abs. 1 Nr. 9 RVG gehört die Erteilung des Rechtskraftzeugnisses zu dem jeweiligen Rechtszug. Die Tätigkeit des Rechtsanwalts ist durch die Verfahrensgebühr des Ausgangsverfahrens abgegolten.

47 *Wirksam bleibende Rechtsgeschäfte*

Ist ein Beschluss ungerechtfertigt, durch den jemand die Fähigkeit oder die Befugnis erlangt, ein Rechtsgeschäft vorzunehmen oder eine Willenserklärung entgegenzunehmen, hat die Aufhebung des Beschlusses auf die Wirksamkeit der inzwischen von ihm oder ihm gegenüber vorgenommenen Rechtsgeschäfte keinen Einfluss, soweit der Beschluss nicht von Anfang an unwirksam ist.

A. Entstehungsgeschichte und Normzweck 1	2. Aufhebung des Beschlusses über die Ermächtigung
B. Inhalt der Vorschrift	a) Konstitutive Kassation
I. Voraussetzung der Fortwirkung von Rechtsgeschäften	aa) „Ungerechtfertigte" Ermächtigung 5
1. Gerichtliche Ermächtigung	bb) Aufhebung des Beschlusses 6
a) Wirksamkeit der gerichtlichen Ermächtigung bei Vornahme der Rechtshandlung 2	b) Zur Unwirksamkeit führende Fehler
b) Fähigkeit zur Vornahme von Rechtsgeschäften und Entgegennahme von Willenserklärungen . 3	aa) Beschlüsse der nicht hierzu befugten Gerichtsperson .. 7
c) Befugnis zur Vornahme von Rechtsgeschäften und Entgegennahme von Willenserklärungen . 4	bb) Sonstige zur Unwirksamkeit führende Fehler 8
	II. Wirkung
	1. Aufhebung ex nunc 9
	2. Entsprechende Anwendung auf die Aufhebung der Aufhebung 10

A. Entstehungsgeschichte und Normzweck

1 § 47 regelt die Auswirkungen der Abänderung eines Beschlusses, mit dem das Gericht die Fähigkeit oder die Befugnis verliehen hat, Rechtsgeschäfte vorzunehmen oder Willenserklärungen entgegenzunehmen. Aus dem Wegfall dieser gerichtlichen Entscheidung würde nach bürgerlichem Recht eigentlich rückwirkend die Unfähigkeit zur Vornahme des Rechtsgeschäfts oder der Entgegennahme der Willenserklärung bzw. die fehlende Vollmacht hierzu resultieren. Diese Folge erschien schon dem Gesetzgeber des FGG im Hinblick auf das schutzwürdige **Vertrauen des Rechtsverkehrs in gerichtliche Verfügungen** mit Außenwirkung inakzeptabel. Deshalb ordnete er in § 32 FGG aF die fortdauernde Wirksamkeit der Vornahme von Rechtsgeschäften bzw. der Entgegennahme von Willenserklärungen an, wenn sie kraft gerichtlicher Ermächtigung erfolgten. Ausgenommen blieben nur vergleichsweise leicht erkennbare Fehler dieser Ermächtigung aufgrund sachlicher Unzuständigkeit der handelnden Gerichtsperson. Diese Regelung übernimmt § 47, abgesehen von sprachlichen Änderungen, in das FamFG.[1] Die einzige inhaltliche Änderung besteht darin, dass nicht nur die Unwirksamkeit der gerichtlichen Ermächtigung aufgrund fehlender sachlicher Zuständigkeit, sondern jede anfängliche Unwirksamkeit auf die Ermächtigung durchschlägt.[2] Allerdings dürfte die Vorschrift gegenüber § 32 FGG aF durch die Regelungen in § 40 Abs. 2 und 3 und in § 48 Abs. 3 an Bedeutung verloren haben (vgl. Rz. 3). Eine inhaltsgleiche Spezialvorschrift für den Einwilligungsvorbehalt enthält § 306.

---

1 BT-Drucks. 16/6308, S. 198; Keidel/*Engelhardt*, § 47 FamFG Rz. 1.
2 BT-Drucks. 16/6308, S. 198.

B. Inhalt der Vorschrift

I. Voraussetzung der Fortwirkung von Rechtsgeschäften

1. Gerichtliche Ermächtigung

a) Wirksamkeit der gerichtlichen Ermächtigung bei Vornahme der Rechtshandlung

§ 47 setzt zunächst voraus, dass die Person, deren rechtsgeschäftliches Handeln wirksam bleiben soll, kraft gerichtlicher Anordnung die Fähigkeit bzw. Befugnis erlangt hat, Rechtsgeschäfte vorzunehmen oder Willenserklärungen entgegenzunehmen. Auf die Ermächtigung durch andere Personen oder Institutionen, auch durch sonstige staatliche Stellen, findet § 47 **keine (analoge) Anwendung**.[1] Es handelt sich um eine Ausnahmevorschrift, die nur das Vertrauen des Rechtsverkehrs in sonstige gerichtliche Beschlüsse nach §§ 38 ff. schützt. Die gerichtliche Entscheidung muss ferner zur Zeit der Rechtshandlung *wirksam* sein. Das Vertrauen auf die Genehmigung von Rechtsgeschäften ist also schon deshalb nicht durch § 47 geschützt, da diese gem. § 40 Abs. 2 Satz 1 erst mit Rechtskraft wirksam wird.[2] Wirksamkeit gem. § 47 liegt ferner dann nicht vor, wenn etwa das Beschwerdegericht ihre Wirksamkeit nach § 64 Abs. 3 ausgesetzt hat (vgl. § 64 Rz. 28). Der **gute Glaube** in das Fortbestehen einer außer Wirksamkeit gesetzten oder endgültig durch Entscheidung des Rechtsmittelgerichts aufgehobenen Ermächtigung wird durch § 47 nicht geschützt.[3] Es kommt auf ihr objektives Vorliegen an. Umgekehrt ist es deshalb für den Geschäftspartner unschädlich, wenn er Mängel der gerichtlichen Ermächtigung zur Vornahme von Rechtsgeschäften bzw. zur Entgegennahme von Willenerklärungen kennt.[4] Auf seinen guten Glauben kommt es nicht an. Gleichgültig ist, welche Instanz die Entscheidung getroffen hat. Wird die erst im Beschwerdeverfahren verliehene Ermächtigung in der Rechtsbeschwerdeinstanz wieder aufgehoben, findet § 47 ebenso Anwendung wie für erstinstanzliche Entscheidungen.

b) Fähigkeit zur Vornahme von Rechtsgeschäften und Entgegennahme von Willenserklärungen

Das Gesetz unterscheidet zwischen der Fähigkeit und der Befugnis, Rechtsgeschäfte vorzunehmen und Willenserklärungen entgegenzunehmen. Ersteres bezeichnet die auf gerichtlicher Verleihung beruhende Möglichkeit, **selbst rechtsgeschäftlich zu handeln**. Dies umfasst etwa die Ermächtigung zum selbständigen Betrieb eines Erwerbsgeschäfts nach § 112 BGB[5] oder zum Eingehen eines Dienst- oder Arbeitsverhältnisses nach § 113 BGB.[6] Nicht mehr von § 47 erfasst ist, anders als zu § 32 FGG aF angenommen,[7] die Aufhebung von Beschränkungen nach § 1357 Abs. 2 BGB. Dieser Tatbestand ist nunmehr **in § 40 Abs. 3 ausdrücklich geregelt**, wonach eine entsprechende Entscheidung erst mit Eintritt der formellen Rechtskraft wirksam wird. Damit kann es nicht mehr dazu kommen, dass der Rechtsverkehr auf eine später im Rechtsmittelverfahren aufgehobene Entscheidung vertraut.[8] Auch eine Aufhebung im Wege der Anhörungsrüge oder nach Wiedereinsetzung oder Wiederaufnahme des Verfahrens scheidet in diesen Fällen gem. § 48 Abs. 3 aus.[9] Ähnliches gilt für alle weiteren früher unter § 32 FGG fallenden Tatbestände,[10] die die Ge-

---

1 Vgl. BGH v. 29.1.1963 – VI ZR 119/62, BGHZ 39, 45 (48).
2 Vgl. Keidel/*Zimmermann*, 15. Aufl., § 32 FGG Rz. 2; *Bumiller*/Winkler, 8. Aufl., § 32 FGG Rz. 5.
3 Keidel/*Zimmermann*, 15. Aufl., § 32 FGG Rz. 11; Zöller/*Feskorn*, § 47 FamFG Rz. 1 u. 3.
4 Keidel/*Zimmermann*, 15. Aufl., § 32 FGG Rz. 11; *Bassenge*/Roth, 11. Aufl., § 32 FGG Rz. 3; Zöller/*Feskorn*, § 47 FamFG Rz. 1.
5 Keidel/*Engelhardt*, § 47 FamFG Rz. 4; Bassenge/Roth/*Gottwald*, § 47 FamFG Rz. 2.
6 Zum Anwendungsbereich vgl. Keidel/*Engelhardt*, § 47 FamFG Rz. 4; *Bumiller*/Harders, § 47 FamFG Rz. 2; Bassenge/Roth/*Gottwald*, § 47 FamFG Rz. 2.
7 *Bumiller*/Winkler, 8. Aufl., § 32 FGG Rz. 2; *Bassenge*/Roth, 11. Aufl., § 32 FGG Rz. 1.
8 Wohl übersehen von *Bumiller*/Harders, § 47 FamFG Rz. 2; Keidel/*Engelhardt*, § 47 FamFG Rz. 4.
9 Ebenso Keidel/*Engelhardt*, § 47 FamFG Rz. 3; aA Zöller/*Feskorn*, § 47 FamFG Rz. 4.
10 S. Keidel/*Zimmermann*, 15. Aufl., § 32 FGG Rz. 4; *Bumiller*/Winkler, 8. Aufl., § 32 FGG Rz. 2; *Bassenge*/Roth, 11. Aufl., § 32 FGG Rz. 1.

nehmigung eines einzelnen Rechtsgeschäfts nach § 40 Abs. 2 oder die Ersetzung der verweigerten Genehmigung nach § 40 Abs. 3 betreffen,[1] etwa die Zustimmung zur Verfügung über das gesamte Vermögen nach § 1365 Abs. 2 BGB oder über einzelne Haushaltsgegenstände nach § 1369 Abs. 2 BGB[2] sowie die Ersetzung von Entscheidungen bei der Verwaltung des ehelichen Gesamtguts (§§ 1426, 1430 BGB). Anderes gilt nur, wenn nach § 40 Abs. 3 Satz 2 die **sofortige Wirksamkeit des Beschlusses** angeordnet wurde.

c) Befugnis zur Vornahme von Rechtsgeschäften und Entgegennahme von Willenserklärungen

4   In der Praxis weit relevanter ist die Befugnis, Rechtsgeschäfte vorzunehmen und Willenserklärungen entgegenzunehmen. Dies bezeichnet die Ermächtigung, kraft gerichtlicher Anordnung **für Dritte tätig zu werden**. Hiervon erfasst ist insbesondere die Bestellung zum **Vormund** (§§ 1789 ff. BGB),[3] **Betreuer** (§§ 1896, 1902 BGB),[4] **Pfleger** (§§ 1915, 1789 BGB),[5] **Nachlasspfleger** (§§ 1960 f. BGB), **Nachlassverwalter** (§§ 1981, 1984 BGB)[6] und **Testamentsvollstrecker** (§ 2200 BGB).[7]

2. Aufhebung des Beschlusses über die Ermächtigung

a) Konstitutive Kassation

aa) „Ungerechtfertigte" Ermächtigung

5   § 47 setzt ferner voraus, dass die gerichtliche Ermächtigung „ungerechtfertigt" ist und dass dies zur „Aufhebung des Beschlusses" führt. Dabei ist das Tatbestandsmerkmal, dass der Beschluss „ungerechtfertigt" sein muss, **ohne eigenständige Bedeutung**. Bei der Frage, ob ein Rechtsgeschäft wirksam bleibt, ist also nicht zusätzlich zur Aufhebung des Beschlusses zu prüfen, ob dieser ungerechtfertigt war. Maßgeblich ist die Aufhebung durch das Rechtsmittelgericht bzw. im Wege der Anhörungsrüge oder des Wiedereinsetzungsverfahrens. Ob das aufhebende Gericht in der Sache zutreffend von einer Unrichtigkeit des Beschlusses ausging, ist unerheblich. Ansonsten käme es zu dem paradoxen Ergebnis, dass ausgerechnet bei einer fehlerhaften Aufhebung die Fähigkeit bzw. Befugnis zur Vornahme der Rechtshandlung nicht mehr fortbesteht.

bb) Aufhebung des Beschlusses

6   Wie es zur Aufhebung des Beschlusses kommt, ist im Gesetz nicht näher bestimmt. Sie umfasst zunächst die **vollständige Aufhebung** der erstinstanzlichen Entscheidung durch das Rechtsmittelgericht. Nach Sinn und Zweck muss aber auch die weniger weit gehende **teilweise Abänderung** der vorinstanzlichen Entscheidung denselben Schutz durch § 47 genießen. Wird etwa in der Beschwerdeinstanz der Umfang der Vertretungsmacht eines Betreuers geändert, bleiben die bis dahin von ihm getroffenen Maßnahmen wirksam, auch wenn sie darüber hinausgingen. § 47 erfasst aber auch die Abänderung der Entscheidung im Wege der **Anhörungsrüge**. Es kann keinen Unterschied ausmachen, ob eine fehlerhafte Entscheidung durch das Rechtsmittelgericht oder mangels Statthaftigkeit eines Rechtsmittels durch das Ausgangsgericht selbst korrigiert wird. Letztlich wird auch eine Abänderung der Entscheidung nach § 48 Abs. 3 aufgrund einer **Wiedereinsetzung** oder im **Wiederaufnahmeverfahren**

---

1 So auch Keidel/*Engelhardt*, § 47 FamFG Rz. 8.
2 Bassenge/Roth/*Gottwald*, § 47 FamFG Rz. 2.
3 *Bumiller*/Harders, § 47 FamFG Rz. 3; Bassenge/Roth/*Gottwald*, § 47 FamFG Rz. 2.
4 *Bumiller*/Harders, § 47 FamFG Rz. 5; Keidel/*Engelhardt*, § 47 FamFG Rz. 7; Bassenge/Roth/ *Gottwald*, § 47 FamFG Rz. 2.
5 *Bumiller*/Harders, § 47 FamFG Rz. 3; Keidel/*Engelhardt*, § 47 FamFG Rz. 5; Bassenge/Roth/ *Gottwald*, § 47 FamFG Rz. 2.
6 *Bumiller*/Harders, § 47 FamFG Rz. 3; Keidel/*Engelhardt*, § 47 FamFG Rz. 5.
7 Vgl. BayObLG v. 25.2.1966 – BReg. 1a Z 8/66, BayObLGZ 1966, 82 (84); BayObLG v. 13.7.1989 – BReg. 3 Z 35/89, BayObLGZ 1989, 292 (295); Keidel/*Engelhardt*, § 47 FamFG Rz. 5; *Bumiller*/ Harders, § 47 FamFG Rz. 3.

nach § 48 Abs. 2 genügen,[1] da auch hierdurch eine wirksame Entscheidung mit Rückwirkung (vgl. § 45 Rz. 2) beseitigt wird. Nicht der Aufhebung nach § 47 zuzurechnen ist allerdings die **Abänderung der Entscheidung nach § 48 Abs. 1**. Die Abänderung war schon nach altem Recht nur dann als eine § 32 FGG aF unterfallende Aufhebung angesehen worden, wenn sie nicht aufgrund einer nachträglichen Änderung der Sach- oder Rechtslage vorgenommen wurde.[2] Da ein diesbezüglicher Änderungswille des Gesetzgebers nicht erkennbar ist, scheiden Änderungen nach § 48 Abs. 1 insgesamt aus dem Anwendungsbereich von § 47 aus, da sie nunmehr immer eine wesentliche Änderung der Sach- oder Rechtslage voraussetzen.

b) Zur Unwirksamkeit führende Fehler

aa) Beschlüsse der nicht hierzu befugten Gerichtsperson

Schon mit dem Begriff der Aufhebung stellt der Gesetzgeber klar, dass er durch § 47 nur das Vertrauen in solche gerichtlichen Entscheidungen schützen will, denen erst ein **konstitutiver Akt** die Wirksamkeit nimmt. Schon nach altem Recht waren solche Verfügungen von der Wirkung des § 32 FGG aF ausgenommen, die „wegen Mangels der sachlichen Zuständigkeit des Gerichts" unwirksam waren. Das erfasste die Fälle, in denen die falsche Gerichtsperson handelte, der die **Kompetenz fehlte**, die Befähigung bzw. Ermächtigung zur Vornahme von Rechtsgeschäften und zur Entgegennahme von Willenerklärungen zu verleihen. Dies war etwa dann der Fall, wenn der Rechtspfleger für den Richter handelte.[3] Ein solcher zur Unwirksamkeit führender Fehler wurde auch angenommen, wenn der Einzelrichter für den gesamten Spruchkörper handelte.[4] Unschädlich ist es dagegen, wenn der gesamte Spruchkörper für den Einzelrichter handelt. Denn der gesamte Spruchkörper ist ein Mehr gegenüber dem Einzelrichter und kann nach § 68 Abs. 4 FamFG iVm. 526 Abs. 2 Satz 2 ZPO die Sache auf Vorlage des Einzelrichters wieder übernehmen. Dass die unrichtige Annahme der instanziellen Zuständigkeit durch das AG oder das LG nicht zur Nichtigkeit führt,[5] ergibt sich bereits aus der Unerheblichkeit dieses Fehlers nach § 65 Abs. 4.

bb) Sonstige zur Unwirksamkeit führende Fehler

Schon nach bisherigem Recht wurde angenommen, dass nicht nur die in § 32 FGG aF genannte Unzuständigkeit den Schutz des § 32 FGG aF ausschließt, sondern **jeder zur Nichtigkeit führende Grund**.[6] Denn dann ist die Entscheidung über die Unwirksamkeit dieser Verfügung keine konstitutive Aufhebung, sondern eine deklaratorische Feststellung.[7] Dies hat der Gesetzgeber in § 47 kodifiziert,[8] indem er von der Unerheblichkeit des Fehlers eine Ausnahme macht, soweit der Beschluss „von Anfang an unwirksam ist". Hierzu zählen etwa die Fälle, in denen eine Ermächtigung zur Vornahme von Rechtsgeschäften oder zur Entgegennahme von Willenserklärungen **materiellrechtlich nicht vorgesehen** ist, das Gericht also ohne die hierfür erforderliche Kompetenz handelt.[9] Ähnliches gilt beim Fehlen einer zwingend erforderlichen **Einwilligung**.[10] Auch das **Fehlen der Unterschrift unter der Urschrift der Entscheidung** soll zur Unwirksamkeit der Entscheidung führen.[11]

---

1 So auch Keidel/*Engelhardt*, § 47 FamFG Rz. 10; Zöller/*Feskorn*, § 47 FamFG Rz. 6.
2 *Bumiller*/Harders, § 47 FamFG Rz. 1.
3 OLG Schleswig v. 23.12.1999 – 2 W 136/99, FGPrax 2000, 73 (74); Keidel/*Engelhardt*, § 47 FamFG Rz. 9; Bassenge/Roth/*Gottwald*, § 47 FamFG Rz. 5; Bork/Jacoby/Schwab/*Elzer*, 1. Aufl., § 47 FamFG Rz. 13; Zöller/*Feskorn*, § 47 FamFG Rz. 8; ähnlich Bumiller/Harders, § 47 FamFG Rz. 4.
4 Keidel/*Engelhardt*, § 47 FamFG Rz. 9; Bork/Jacoby/Schwab/*Elzer*, 1. Aufl., § 47 FamFG Rz. 13.
5 Hierzu Keidel/*Zimmermann*, 15. Aufl., § 32 FGG Rz. 8 m. Fn. 10; *Bumiller*/Winkler, 8. Aufl. § 32 FGG Rz. 4.
6 Keidel/*Zimmermann*, 15. Aufl., § 32 FGG Rz. 8; *Bassenge*/Roth, 11. Aufl., § 32 FGG Rz. 6; vgl. BT-Drucks. 16/6308, S. 198.
7 *Bumiller*/Harders, § 47 FamFG Rz. 4; Keidel/*Engelhardt*, § 47 FamFG Rz. 9.
8 BT-Drucks. 16/6308, S. 198; Keidel/*Engelhardt*, § 47 FamFG Rz. 1.
9 Zöller/*Feskorn*, § 47 FamFG Rz. 8.
10 *Bumiller*/Harders, § 47 FamFG Rz. 4.
11 BGH v. 23.10.1997 – IX ZR 249/96, NJW 1998, 609 (611); *Bumiller*/Harders, § 47 FamFG Rz. 4.

II. Wirkung

1. Aufhebung ex nunc

9 § 47 ordnet an, dass die Aufhebung der gerichtlich verliehenen Fähigkeit bzw. Befugnis, Rechtsgeschäfte vorzunehmen und Willenserklärungen entgegenzunehmen, anders als dies bei der Aufhebung gerichtlicher Entscheidungen ansonsten der Fall ist, **keine Rückwirkung** hat.[1] Wird die Bestellung zum Vormund, Betreuer, Pfleger, Nachlasspfleger, Nachlassverwalter oder Testamentsvollstrecker aufgehoben, so wird der Bestellte also nicht zum Vertreter ohne Vertretungsmacht. Die von ihm vorgenommenen Rechtsgeschäfte bzw. die von ihm entgegengenommenen Willenserklärungen wirken weiterhin für und gegen den „Vertretenen".[2] **Sonstige Fehler**, etwa die Nichteinhaltung der Form oder die Anfechtbarkeit eines Rechtsgeschäfts werden von § 47 nicht überwunden.[3] Entsprechendes gilt für die kraft gerichtlicher Anordnung verliehene Fähigkeit, in eigenem Namen Rechtsgeschäfte vorzunehmen und Willenserklärungen entgegenzunehmen. Die Aufhebung der Ermächtigung wirkt somit nur ex nunc. Ab diesem Zeitpunkt vorgenommene Rechtsgeschäfte bleiben unwirksam, die Entgegennahme von Willenserklärungen wirkt nicht gegen den Vertretenen bzw. den nicht mehr hierzu Befähigten. Auf die **Kenntnis des Geschäftspartners** von der Aufhebung der gerichtlichen Entscheidung kommt es nicht an. Weder ist es schädlich, dass er die zur Aufhebung oder Änderung führenden Umstände kannte,[4] noch schützt ihn die Unkenntnis einer entsprechenden Entscheidung.[5] Maßgeblich ist allein der Zeitpunkt, zu dem der Beschluss aufgehoben wird, der die Fähigkeit oder Befugnis verlieh, Rechtsgeschäfte vorzunehmen bzw. Willenserklärungen entgegenzunehmen.

2. Entsprechende Anwendung auf die Aufhebung der Aufhebung

10 Entsprechende Probleme wie bei der Aufhebung der Ermächtigung ergeben sich dann, wenn diese selbst auf Rechtsmittel oder Anhörungsrüge hin wieder aufgehoben wird. Dann würde durch die Beseitigung der Entscheidung, die die Ermächtigung aufhebt, diese wieder wirksam. Nimmt man hier **Rückwirkung** an, so würden die vom Vertreter vorgenommenen Rechtsgeschäfte und der Zugang von Willenserklärungen wirksam, die entsprechenden Geschäfte des Vertretenen unwirksam. Diese missliche Konsequenz hat die ganz hM in der entsprechenden Konstellation der Ungültigerklärung einer Abberufung des Wohnungseigentumsverwalters unter ausdrücklichen Hinweis auf den Rechtsgedanken des § 32 FGG aF abgelehnt. Die von einem neuen Verwalter vorgenommenen Rechtsgeschäfte bleiben demnach trotz Aufhebung der Abberufung und damit des Wegfalls der Verwalterstellung beim zwischenzeitlich berufenen Amtsinhaber ebenso wirksam wie die Entgegennahme von Willenserklärungen; der abberufene Verwalter erlangt seine Stellung nur ex nunc wieder.[6] Hingegen schlug die hM dem auf dem Gebiet des § 32 FGG aF unter Berufung auf eine alte Entscheidung des BayObLG[7] einen anderen Weg ein. Danach sollen Geschäfte, die der Vertreter nach Aufhebung der Ermächtigung getroffen hat, gewissermaßen rückwirkend mit der Aufhebung dieser Entscheidung Wirksamkeit erlangen.[8] Es soll sogar zu einer **Konkurrenz** zwischen der Vornahme von Rechtsgeschäften durch den Vertretenen und seinem Vertreter kommen. Dann soll es darauf ankommen, wer die betrof-

---

[1] *Bumiller*/Harders, § 47 FamFG Rz. 5; Bork/Jacoby/Schwab/*Elzer*, 1. Aufl., § 47 FamFG Rz. 9; Zöller/*Feskorn*, § 47 FamFG Rz. 7.
[2] BayObLG v. 5.3.1992 – BReg. 2Z 165/91, NJW-RR 1992, 787 (788).
[3] Keidel/*Zimmermann*, 15. Aufl., § 32 FGG Rz. 11; *Bumiller*/Winkler, 8. Aufl., § 32 FGG Rz. 5.
[4] *Bumiller*/Harders, § 47 FamFG Rz. 5.
[5] Keidel/*Engelhardt*, § 47 FamFG Rz. 11.
[6] KG v. 20.3.1989 – 24 W 5478/86, NJW-RR 1989, 839 f.; OLG Celle v. 27.9.2006 – 15 W 98/06, ZMR 2007, 133 (134); *Riecke/Schmid*, Fachanwaltskommentar WEG, § 26 WEG Rz. 32; ähnlich *Bärmann/Merle*, § 26 WEG Rz. 245.
[7] BayObLG v. 10.4.1959 – BReg. 1 Z 178/58, BayObLGZ 1959, 128 ff.
[8] KG v. 11.9.1970 – 1 W 11262/70, OLGZ 1971, 196 (197); OLG Köln v. 9.1.1995 – 16 Wx 4/95, FamRZ 1995, 1086; widersprüchlich KG v. 22.9.1970 – 1 W 3096/69, OLGZ 1971, 201 (202).

fene Rechtshandlung zuerst vorgenommen hat.[1] Dies ist weder dogmatisch konsequent noch seinen Folgen nach notwendig. Sofern man § 32 FGG aF bzw. nunmehr § 47 nicht anwenden will und die letztinstanzliche Entscheidung über die Aufhebung der Ermächtigung als vorrangig ansieht, müsste man folgerichtig die Rechtshandlungen des Vertretenen als unwirksam ansehen. Im Übrigen besteht auch kein schützenswertes Interesse des Rechtsverkehrs, weiterhin über den Vertreter, dessen Vertretungsmacht aufgehoben wurde, mit dem Vertretenen rechtsgeschäftlich zu verkehren. Richtig ist es, auch der Aufhebung der Aufhebung nur Wirksamkeit ex nunc zuzuerkennen.

48 Abänderung und Wiederaufnahme

(1) Das Gericht des ersten Rechtszugs kann eine rechtskräftige Endentscheidung mit Dauerwirkung aufheben oder ändern, wenn sich die zugrunde liegende Sach- oder Rechtslage nachträglich wesentlich geändert hat. In Verfahren, die nur auf Antrag eingeleitet werden, erfolgt die Aufhebung oder Abänderung nur auf Antrag.

(2) Ein rechtskräftig beendetes Verfahren kann in entsprechender Anwendung der Vorschriften des Buches 4 der Zivilprozessordnung wiederaufgenommen werden.

(3) Gegen einen Beschluss, durch den die Genehmigung für ein Rechtsgeschäft erteilt oder verweigert wird, findet eine Wiedereinsetzung in den vorigen Stand, eine Rüge nach § 44, eine Abänderung oder eine Wiederaufnahme nicht statt, wenn die Genehmigung oder deren Verweigerung einem Dritten gegenüber wirksam geworden ist.

A. Entstehungsgeschichte und Normzweck 1	2. Verfahren
B. Inhalt der Vorschrift	a) Zuständigkeit 16
I. Abänderung von Entscheidungen (Absatz 1)	b) Mündliches Verfahren und rechtliches Gehör 17
1. Voraussetzungen der Abänderung	c) Ermessen 18
a) Endentscheidungen 2	3. Abänderung
b) Eintritt der formellen Rechtskraft 3	a) Art der Änderung 19
c) Wesentliche Änderung der Sach- oder Rechtslage	b) Korrektur ursprünglicher Fehler der früheren Entscheidung 20
aa) Keine Richtigkeitskontrolle . 4	c) Anfechtbarkeit 21
bb) Änderung der Sachlage ... 5	II. Wiederaufnahme des Verfahrens (Absatz 2)
cc) Änderung der Rechtslage .. 8	1. Bedeutung 22
dd) Wesentlichkeit der Änderung 9	2. „Entsprechende" Anwendung der §§ 578 ff. ZPO
d) Entscheidungen mit Dauerwirkung 10	a) Problem 23
e) Antrag in Antragsverfahren ... 11	b) Lösung 24
f) Konkurrenzen	3. Wiederaufnahmegründe und weiteres Verfahren 25
aa) Unechte Konkurrenzen ... 12	III. Keine außerordentlichen Rechtsmittel gegen die Genehmigung von Rechtsgeschäften (Absatz 3) 26
bb) Außerordentliche Rechtsbehelfe 13	
cc) Spezialvorschriften 14	

Literatur: *Jacoby*, Der RegE für ein FamFG, FamRZ 2007, 1703; *Maurer*, Zur Anwendung von § 48 Abs. 1 FamFG in Familiensachen, FamRZ 2009, 1792; *Reinken*, Tragende Grundsätze des unterhaltsrechtlichen Abänderungsverfahrens, ZFE 2010, 206.

A. Entstehungsgeschichte und Normzweck

Mit § 48 Abs. 1 hat der Gesetzgeber die von § 18 FGG aF eröffnete Möglichkeit der Abänderung bereits ergangener Entscheidungen in das neue Recht übernommen. Al- 1

---

1 Keidel/*Engelhardt*, § 47 FamFG Rz. 10.

lerdings bedurfte es mit der Umstellung auf fristgebundene Rechtsmittel schon deswegen deutlicher Änderungen, weil früher eine **Abänderung** von Entscheidungen, die der sofortigen Beschwerde unterlagen, nach § 18 Abs. 2 FGG aF ausgeschlossen war.[1] Im Zuge dieser Umstellung wurde die Möglichkeit der Abänderung nach § 48 Abs. 1 auf Entscheidungen mit Dauerwirkung begrenzt, die in Abkehr vom früheren Recht zudem rechtskräftig sein müssen.[2] Ferner wird in Abweichung vom früheren Recht stets die Zuständigkeit des erstinstanzlichen Gerichts begründet, auch für Abänderungen, die Entscheidungen der höheren Instanzen betreffen (vgl. Rz. 16). In § 48 Abs. 2 kodifiziert der Gesetzgeber die schon bislang auch in Verfahren der freiwilligen Gerichtsbarkeit anerkannte Anwendung der zivilprozessualen Vorschriften zur **Wiederaufnahme**.[3] Mit § 48 Abs. 3 wird das Vertrauen des Rechtsverkehrs in die gerichtliche Genehmigung von Rechtsgeschäften deutlich über das in § 32 FGG aF vorgesehene Maß ausgedehnt. Danach sollen viele früher unter § 32 FGG aF fallende Tatbestände, die die Genehmigung eines einzelnen Rechtsgeschäfts nach § 40 Abs. 2 oder die Ersetzung der verweigerten Genehmigung nach § 40 Abs. 3 betreffen, **nach Eintritt der formellen Rechtskraft unangreifbar** werden. Denn die Aufhebung im Wege der Anhörungsrüge, der Wiedereinsetzung oder der Wiederaufnahme des Verfahrens scheidet danach ebenso aus wie die Abänderung nach § 48 Abs. 1.[4] Die Vorschrift gilt gem. § 113 Abs. 1 nicht in Familienstreit- und Ehesachen; hier sind §§ 323, 578 ff. ZPO anzuwenden.

B. Inhalt der Vorschrift

I. Abänderung von Entscheidungen (Absatz 1)

1. Voraussetzungen der Abänderung

a) Endentscheidungen

2   Nach ausdrücklicher Anordnung in § 48 Abs. 1 Satz 1 können nunmehr von vornherein nur noch Endentscheidungen abgeändert werden. Damit erübrigt sich die Diskussion, ob etwa **verfahrensleitende Anordnungen** oder eA nach § 64 Abs. 3 der Abänderungsbefugnis des erstinstanzlichen Gerichts unterfallen.[5] Nach § 48 Abs. 1 Satz 1 ist dies definitiv nicht mehr der Fall.[6]**Andere vollstreckbare Titel** wie **Vergleiche** unterfallen § 48 Abs. 1 nach seinem ausdrücklichen Wortlaut nicht.[7] Hierin ist auch keine unbewusste Regelungslücke zu sehen, da das FGG-RG etwa in Art. 50 Nr. 30 (zu § 1696 BGB) die Abänderung derartiger Titel wie Vergleiche ausdrücklich berücksichtigt.

b) Eintritt der formellen Rechtskraft

3   Im Gegensatz zur früheren Diskussion über die Abänderbarkeit nach § 18 Abs. 1 FGG aF ist der Eintritt der formellen Rechtskraft nunmehr kein Hindernis der Abänderung mehr,[8] sondern umgekehrt eine **Voraussetzung** hierfür.[9] Bestehen also andere Möglichkeiten der Korrektur einer Entscheidung durch ordentliche Rechtsmittel wie Beschwerde und Rechtsbeschwerde, ist § 48 Abs. 1 von vornherein nicht anwendbar. Hingegen besteht in zeitlicher Hinsicht **keine feste Grenze, ab der eine Abänderung**

---

1 Vgl. BT-Drucks. 16/6308, S. 198; BGH v. 23.9.1987 – IVb 107/85, NJW-RR 1988, 71 (72); *Bumiller*/Harders, § 48 FamFG Rz. 1; Keidel/*Engelhardt*, § 48 FamFG Rz. 1.
2 BT-Drucks. 16/6308, S. 198.
3 BT-Drucks. 16/6308, S. 198.
4 BT-Drucks. 16/6308, S. 198.
5 S. Keidel/*Schmidt*, 15. Aufl., § 18 FGG Rz. 18.
6 Keidel/*Engelhardt*, § 48 FamFG Rz. 5.
7 AA *Maurer*, FamRZ 2009, 1792 (1795 f.).
8 So aber zum alten Recht etwa BayObLG v. 10.6.1955 – BReg. 2 Z 44/55, BayObLGZ 1955, 124 (130); KG v. 1.7.1999 – 1 W 6784/97, FGPrax 1999, 227 (228); Keidel/*Schmidt*, 15. Aufl., § 18 FGG Rz. 13; *Bumiller*/Winkler, 8. Aufl., § 18 FGG Rz. 9; vgl. BT-Drucks. 16/6308, S. 198.
9 *Bumiller*/Harders, § 48 FamFG Rz. 5; Keidel/*Engelhardt*, § 48 FamFG Rz. 13.

nicht mehr zulässig ist. Hier gelten ohne spezialgesetzliche Regelung[1] die allgemeinen Schranken der Verwirkung und des Rechtsmissbrauchs.[2]

c) Wesentliche Änderung der Sach- oder Rechtslage

aa) Keine Richtigkeitskontrolle

Mit dem Erfordernis der Änderung der zugrunde liegenden Sach- oder Rechtslage vollzieht der Gesetzgeber eine Abkehr von der bisherigen Diskussion über die Möglichkeit der Abänderung. Bislang war umstritten, ob nach einer solchen Änderung der Sach- oder Rechtslage nach Erlass der Entscheidung eine Abänderung der Entscheidung überhaupt in Betracht kam. Ein Teil von Schrifttum und Rechtsprechung hielt § 18 Abs. 1 FGG aF in diesen Fällen für unanwendbar und verwies den Betroffenen auf die **Möglichkeit eines Zweitverfahrens**.[3] Dies fand im Gesetzeswortlaut auch insoweit eine Stütze, als § 18 Abs. 1 FGG aF eine „ungerechtfertigte" Verfügung verlangte.[4] Diese Unklarheiten hat § 48 Abs. 1 Satz 1 nunmehr beseitigt, indem die Vorschrift keine „**ungerechtfertigte**" Entscheidung mehr verlangt[5] und ausdrücklich allein auf eine Änderung der Sach- oder Rechtslage abstellt. Die Abänderung ist somit nach neuem Recht jedenfalls nicht mehr vorrangig ein Rechtsbehelf zur Korrektur anfänglich unrichtiger Entscheidungen,[6] sondern dient ihrer **Anpassung an nachträgliche Änderungen**.[7]

bb) Änderung der Sachlage

Eine Abänderung wegen veränderter Sachlage ist stets möglich, wenn **nach Erlass der Entscheidung neue Tatsachen** eintreten,[8] die eine abweichende Beurteilung rechtfertigen.[9] Denn dies stellt eine objektive Änderung der Sachlage dar. Dem entspricht es, dass die Materialien die Voraussetzungen einer Abänderung „immer dann" bejahen, „wenn sich die der Entscheidung zugrunde liegenden Tatsachen ändern". Ob eine Änderung der Sachlage eingetreten ist, hat das Gericht nach § 26 zu ermitteln; die objektive Feststellungslast hierfür trifft den hiervon Begünstigten.[10]

Weniger klar erscheint, ob § 48 Abs. 1 Satz 1 auch auf solche Konstellationen Anwendung finden kann, in denen die maßgeblichen Tatsachen **schon bei Bekanntgabe des Beschlusses vorlagen**, dem Gericht aber nicht bekannt waren und deswegen neu sind. Diese Frage stellt sich insbesondere dann, wenn sie bereits vor Erlass der Entscheidung hätten vorgetragen werden können, aber nicht vorgetragen wurden.[11] Gegen die Berücksichtigung solcher Tatsachen spricht, dass sich § 48 Abs. 1 Satz 1 auf den Begriff der **Rechtskraft** bezieht, der gerade die Rechtssicherheit über das unendliche Streiten um eine materiell richtige Entscheidung stellt. Dies gilt insbesondere in Antragsverfahren, in denen ähnliche Verfahrensgrundsätze gelten wie im Zivilprozess. Hierauf deutet auch, dass § 48 Abs. 1 Satz 1 ausdrücklich eine „**nachträgliche**"

---

1 Hierzu *Bumiller*/Winkler, 8. Aufl., § 18 FGG Rz. 10.
2 OLG Frankfurt v. 16.6.1967 – 6 W 91/67, OLGZ 1967, 352 (353f.); KG v. 30.6.1970 – 1 W 5601/70, OLGZ 1971, 89 (90f.).
3 S. *Bassenge*/Roth, 11. Aufl., § 18 FGG Rz. 7; *Bumiller*/Winkler, 8. Aufl., § 18 FGG Rz. 2; aA Keidel/*Schmidt*, 15. Aufl., § 18 FGG Rz. 2; vgl. zu dieser Diskussion und ihren Einfluss auf die Fassung von § 48 FamFG Abs. 1 BT-Drucks. 16/6308, S. 198.
4 Vgl. hierzu Keidel/*Schmidt*, 15. Aufl., § 18 FGG Rz. 1.
5 Hierzu BayObLG v. 10.6.1955 – BReg. 2 Z 44/55, BayObLGZ 1955, 124 (129f.).
6 OLG Stuttgart v. 12.1.2011 – 15 UF 243/10, FamRZ 2011, 976f.
7 So schon nach früherem Recht bei Entscheidungen, die der sofortigen Beschwerde unterlagen BGH v. 23.9.1987 – IVb 107/85, NJW-RR 1988, 71 (72); Bassenge/Roth/*Gottwald*, § 48 FamFG Rz. 4; ähnlich für Verfahren nach § 238 *Reinken*, ZFE 2010, 206 (208); aA Keidel/*Engelhardt*, § 48 FamFG Rz. 14.
8 Zur Beschränkung der Abänderung nach § 48 Abs. 1 auf nachträgliche Änderungen der Sach- oder Rechtslage s. schon BT-Drucks. 16/6308, S. 198; Keidel/*Engelhardt*, § 48 FamFG Rz. 14.
9 Dazu, dass der Eintritt neuer, entscheidungserheblicher Tatsachen stets erheblich ist, s. BT-Drucks. 16/6308, S. 198.
10 Zöller/*Feskorn*, § 48 FamFG Rz. 8.
11 Hierfür nach altem Recht *Bumiller*/Winkler, 8. Aufl., § 18 FGG Rz. 1.

Änderung der Sachlage verlangt. Noch weiter gehen die Materialien, die eine „Änderung der Verhältnisse" voraussetzen.[1] Dies lässt sich nur dahingehend verstehen, dass sich die Umstände selbst geändert haben müssen. Unterlässt ein Beteiligter in einem Antragsverfahren erheblichen Vortrag, der schon vor Erlass der Entscheidung möglich gewesen wäre, kommt eine Änderung daher wohl nicht mehr in Betracht. Eine falsche Tatsachengrundlage lässt sich daher nur noch mit der Beschwerde korrigieren.[2] Dies erscheint auch sachgerecht, da ähnliche Beschränkungen wie nach §§ 529 ff. ZPO im Verfahren nach dem FamFG nicht existieren und jeder Beteiligte nach Lektüre der erstinstanzlichen Entscheidung erkennen kann, ob aus seiner Sicht **ergänzendes Vorbringen** weiterer, bislang nicht berücksichtigter Tatsachen geboten erscheint. Entsprechendes muss aber auch für Amtsverfahren gelten. Kommt das Gericht seiner Amtsermittlung nicht im gebotenen Maße nach oder unterlassen die Beteiligten gar die ihnen nach § 27 obliegende Mitwirkung, so mag die Entscheidung insoweit unrichtig sein. Die vom Gesetzgeber ua. mit der Einführung der befristeten Beschwerde bezweckte Schaffung schneller Rechtssicherheit würde aber unterlaufen, wollte man den weiten Kreis der Entscheidungen mit Dauerwirkung unbeschränkt der erneuten tatsächlichen Überprüfung im Wege der Abänderung unterwerfen.

7   Umgekehrt verzichtet § 48 Abs. 1 Satz 1 aber auf ausdrückliche **Beschränkungen neuen Vorbringens**, wie sie sich etwa in §§ 529 ff., 767 ZPO finden. Insbesondere lässt sich § 48 Abs. 1 Satz 1 nicht entnehmen, dass **bereits vorhandene, aber den Beteiligten nicht bekannte Tatsachen** im Abänderungsverfahren unberücksichtigt bleiben müssen. Man wird daher auch die erst nach Erlass der Entscheidung entstehende Möglichkeit, bestimmte Tatsachen vorzutragen, als Änderung der zugrunde liegenden Sachlage verstehen müssen. Für eine solche Handhabung spricht auch die **Parallele bei der Änderung der Rechtslage**, da die Materialien in diesem Zusammenhang nicht nur die Gesetzesänderung, sondern auch die Änderung der höchstrichterlichen Rechtsprechung als erheblich ansehen.[3] Auch in diesem Fall liegt in der abzuändernden Entscheidung nur ein Rechtsanwendungsfehler vor, hier eben nicht in der tatsächlichen, sondern in der rechtlichen Beurteilung (vgl. Rz. 8). Auch dieser Fehler wäre mit Eintritt der Rechtskraft nach zivilprozessualen Grundsätzen nicht mehr behebbar. § 48 Abs. 1 Satz 1 stellt also bei der Frage, ob eine relevante Änderung der Sach- oder Rechtslage vorliegt, ersichtlich auf die Möglichkeiten der Beteiligten ab, die eine höchstrichterliche Rechtsprechung regelmäßig akzeptieren müssen. Wenn Änderungen hierin nach § 48 Abs. 1 Satz 1 zu berücksichtigen sind, kann für Tatsachen, die die Beteiligten erst nachträglich vorzubringen im Stande sind, nichts anderes gelten. Der Beteiligte, der eine Abänderung nach § 48 Abs. 1 begehrt, wird daher mit neuem Vortrag gehört, den er weder im Verfahren erster Instanz noch mit der Beschwerde vortragen konnte.

cc) Änderung der Rechtslage

8   Klarer ist der Begriff der Änderung der Rechtslage in den Materialien definiert. Hierunter soll nicht nur die **Änderung des materiellen Rechts durch den Gesetzgeber** fallen.[4] Nach ausdrücklichem Bekunden kann auch die **Änderung der höchstrichterlichen Rechtsprechung** im Wege der Abänderung nach § 48 Abs. 1 Satz 1 Berücksichtigung finden,[5] obwohl sich hierdurch nach traditionellem Verständnis die Rechtslage nicht ändert, sondern nur die richtige, aber eigentlich schon von Anfang an geltende Rechtsanwendung gefunden wird.

---

1 BT-Drucks. 16/6308, S. 198.
2 Ebenso Bork/Jacoby/Schwab/*Elzer*, 1. Aufl., § 48 FamFG Rz. 11 u. 14; wohl auch Zöller/*Feskorn*, § 48 FamFG Rz. 5; aA Keidel/*Engelhardt*, § 48 FamFG Rz. 14.
3 BT-Drucks. 16/6308, S. 198.
4 BT-Drucks. 16/6308, S. 198; *Bumiller*/Harders, § 48 FamFG Rz. 6; Keidel/*Engelhardt*, § 48 FamFG Rz. 14; Zöller/*Feskorn*, § 48 FamFG Rz. 5.
5 BT-Drucks. 16/6308, S. 198; Keidel/*Engelhardt*, § 48 FamFG Rz. 14; *Bumiller*/Harders, § 48 FamFG Rz. 6; Bassenge/Roth/*Gottwald*, § 48 FamFG Rz. 4; Bork/Jacoby/Schwab/*Elzer*, 1. Aufl., § 48 FamFG Rz. 10.

dd) Wesentlichkeit der Änderung

Nicht auf Anhieb verständlich ist das Erfordernis der „Wesentlichkeit" einer Änderung der Sach- oder Rechtslage. Dies ließe sich auf den ersten Blick dahin gehend verstehen, dass die Änderung der Sach- oder Rechtslage gewisse **Mindestauswirkungen** haben muss, was wie bei Rechtsmitteln auf eine Mindestbeschwer hinausliefe. Dies ist aber wohl nicht gemeint. Nach den Materialien „muss eine wesentliche, also bedeutsame, bei der Entscheidungsfindung maßgebliche Änderung der Verhältnisse vorliegen".[1] „Wesentlich" ist also nur eine **entscheidungserhebliche Änderung** der tatsächlichen Lage.[2] Daraus geht auch hervor, dass bei Änderungen der Rechtslage die Wesentlichkeit keiner Prüfung mehr bedarf. Ist aufgrund einer Änderung des Rechts oder der höchstrichterlichen Rechtsprechung anders als bei Erlass des früheren Beschlusses zu entscheiden, liegt stets eine wesentliche Veränderung vor. Konsequenterweise sind die Ausführungen der Materialien auch auf die „Änderung der Verhältnisse", also der tatsächlichen Umstände, beschränkt.

d) Entscheidungen mit Dauerwirkung

Schon nach früherem Recht konzentrierte sich die Diskussion über die Möglichkeit der Abänderung nach § 18 Abs. 1 FGG aF auf Entscheidungen mit Dauerwirkung.[3] Diese Einschränkung hat der Gesetzgeber nunmehr in § 48 Abs. 1 kodifiziert.[4] Wie die Dauerwirkung im Einzelnen beschaffen sein muss, ist dem Wortlaut von § 48 Abs. 1 Satz 1 und den Materialien nicht zu entnehmen. Auf Anhieb ersichtlich ist nur, dass Entscheidungen, deren Vollzug sich etwa in einer **einmaligen Leistung** (zB einer Vergütung) erschöpft, nicht nach § 48 Abs. 1 abänderbar sind. Hingegen dürften jegliche unmittelbar aus der Beschlussformel resultierenden, nicht punktuell begrenzten **Folgewirkungen** für eine Abänderbarkeit nach § 48 Abs. 1 genügen.[5] Deshalb dürfte die Aufhebung eines Zwangsgeldbeschlusses gegen einen Betreuer, der seiner Pflicht zur Rechnungslegung nicht nachkommt, § 48 nicht unterfallen.[6] Hingegen sind selbstverständlich Verpflichtungen zu **wiederkehrenden Leistungen** von § 48 Abs. 1 erfasst. Gleiches gilt für **Duldungs- oder Unterlassungsverpflichtungen**. Schließlich haben auch **Feststellungs- und Gestaltungsbeschlüsse** Dauerwirkung, da sie Rechtsverhältnisse für die Zukunft regeln. Erfasst werden insbesondere auch Fürsorgeverfahren wie die Anordnung einer Vormundschaft, Betreuung, Unterbringung oder Freiheitsentziehung.[7] Auch die Zuweisung der Ehewohnung nach § 1361b BGB ist eine Entscheidung mit Dauerwirkung.[8] Ebenso ist die Feststellung über das Erbrecht des Fiskus gem. § 1964 Abs. 1 BGB im Verfahren nach § 48 abänderbar.[9] Unklar ist, ob auch Leistungen oder Unterlassungen, die auf einen **bestimmten Zeitraum** beschränkt sind, von § 48 Abs. 1 umfasst sein sollen. Man wird hier danach abgrenzen müssen, ob sie zurzeit des Abänderungsverfahrens noch Wirkungen für die Zukunft entfalten. Ist dies nicht der Fall, unterscheiden sie sich nicht mehr von Verpflichtungen zu einmaligen Leistungen, die bereits erbracht wurden. Dann besteht im Ergebnis kein Unterschied zu einer bereits erbrachten Zahlung in Raten. Bestehen aber noch Rechtswirkungen für die Zukunft, können sie noch abgeändert werden, auch wenn ein Endpunkt des geschuldeten Leistens oder Unterlassens ohnehin absehbar ist.[10]

---

1 BT-Drucks. 16/6308, S. 198.
2 OLG Stuttgart v. 12.1.2011 – 15 UF 243/10, FamRZ 2011, 976f.; Bassenge/Roth/*Gottwald*, § 48 FamFG Rz. 4; wohl auch Bork/Jacoby/Schwab/*Elzer*, 1. Aufl., § 48 FamFG Rz. 15ff.; aA Zöller/*Feskorn*, § 48 FamFG Rz. 6.
3 Vgl. OLG Jena v. 3.5.2001 – 6 W 127/01, FamRZ 2001, 1243; *Maurer*, FamRZ 2009, 1792 (1793f.); *Bumiller*/Harders, § 48 FamFG Rz. 4.
4 BT-Drucks. 16/6308, S. 198; Keidel/*Engelhardt*, § 48 FamFG Rz. 6; Bassenge/Roth/*Gottwald*, § 48 FamFG Rz. 4.
5 Wohl noch weiter gehend für das Familienrecht *Maurer*, FamRZ 2009, 1792 (1795).
6 Unrichtig insoweit LG Kassel v. 20.12.2010 – 3 T 712/10, FamRZ 2011, 829f. (LS).
7 Keidel/*Engelhardt*, § 48 FamFG Rz. 6.
8 OLG Stuttgart v. 12.1.2011 – 15 UF 243/10, FamRZ 2011, 976f.
9 BGH v. 23.11.2011 – IV ZB 15/11, FamRZ 2012, 367 (368).
10 Wie hier Zöller/*Feskorn*, § 45 FamFG Rz. 4.

e) Antrag in Antragsverfahren

11 In Antragsverfahren erfolgt die Abänderung nach § 48 Abs. 1 Satz 2 nur auf Antrag, was selbstverständlich erscheint.[1] Wird schon das ursprüngliche Verfahren nur auf Antrag eingeleitet, kann auch die Abänderung nicht von Amts wegen vorgenommen werden. Weniger einsichtig sind dagegen die Ausführungen der Gesetzesmaterialien, wonach „eine Abänderung in Antragsverfahren nur auf **Antrag des ursprünglichen Antragstellers** erfolgen kann."[2] Diese Einschränkung ist dem Gesetzeswortlaut nicht zu entnehmen. Denn dann könnte eine neue Sach- oder Rechtslage etwa bei der Verpflichtung zu wiederkehrenden Leistungen nur bei einer Veränderung zugunsten des Antragstellers, nicht aber des Antragsgegners berücksichtigt werden. Für eine solche Ungleichbehandlung ist keine Rechtfertigung ersichtlich. Sie wäre auch schwerlich mit Art. 3 GG vereinbar. Daher muss mit dem Wortlaut des Gesetzes zwar ein Antrag auf Abänderung der ursprünglichen Entscheidung nach § 48 Abs. 1 gestellt werden, es bleibt aber gleichgültig, von welcher Seite. Allerdings kann auch der ursprüngliche Antragsteller die Abänderung der Entscheidung beantragen, wenn seinem früheren Antrag stattgegeben wurde.[3] Die Wiederholung eines Antrags ist zulässig; ohne Änderung der Rechts- oder Sachlage fehlt einem erneuten Antrag mit gleicher Begründung aber das Rechtsschutzbedürfnis.[4] Ausgeschlossen sind nach allgemeinen Grundsätzen allenfalls Beteiligte, deren rechtliche Interessen durch eine Abänderung in keiner Weise berührt wären. Aus der Regelung für Antragsverfahren geht im Umkehrschluss hervor, dass das erstinstanzliche Gericht in **Amtsverfahren** von Amts wegen tätig werden muss; ein „Antrag" ist insoweit nur Anregung.[5]

f) Konkurrenzen

aa) Unechte Konkurrenzen

12 Die Abänderung nach § 48 Abs. 1 ist zunächst abzugrenzen von ähnlichen Rechtsschutzmöglichkeiten, deren **Voraussetzungen aber im Detail von ihr abweichen** und daher nicht wirklich im Konkurrenzverhältnis mit ihr stehen. So geht bei offenbaren Unrichtigkeiten die **Berichtigung** nach § 42 der Abänderung nach § 48 Abs. 1 vor, auch wenn der Beschluss bereits rechtskräftig ist.[6] Hierbei handelt es sich aber im Gegensatz zur Abänderung nach § 48 Abs. 1 um einen ursprünglichen Fehler des Beschlusses, der nach § 42 zu korrigieren ist. Ähnliches gilt für die **Ergänzung** nach § 43, die gleichfalls einen Mangel bereits bei Erlass der Entscheidung voraussetzt, nämlich das Übergehen eines Antrags oder der Kostenentscheidung. Nach oben (Rz. 4) Gesagtem können auch sonstige anfängliche Mängel der Entscheidung nur mit **ordentlichen Rechtsmitteln**, nicht aber mit der Abänderung nach § 48 Abs. 1 angegriffen werden.

bb) Außerordentliche Rechtsbehelfe

13 Nicht recht geklärt wird durch den Gesetzeswortlaut und die Materialien das Verhältnis von § 48 Abs. 1 zu außerordentlichen Rechtsbehelfen wie Anhörungsrüge, Wiedereinsetzung und Wiederaufnahme des Verfahrens. Der ausdrücklichen Anordnung in § **48 Abs. 3** zufolge, die sie für die Genehmigung von Rechtsgeschäften ausschließt, ist im Umkehrschluss zu entnehmen, dass diese Möglichkeiten grundsätzlich neben der Abänderung nach § 48 Abs. 1 existieren. Allerdings wird sich der **Anwendungsbereich** der Abänderung kaum jemals mit demjenigen der außerordentlichen Rechts-

---

1 Keidel/*Engelhardt*, § 48 FamFG Rz. 16; *Bumiller*/Harders, § 48 FamFG Rz. 7; Bassenge/Roth/ Gottwald, § 48 FamFG Rz. 5.
2 BT-Drucks. 16/6308, S. 198; kritisch zu dieser Handhabung nach altem Recht schon Keidel/ *Schmidt*, 15. Aufl., § 18 FGG Rz. 12.
3 Keidel/*Engelhardt*, § 48 FamFG Rz. 16.
4 Keidel/*Engelhardt*, § 48 FamFG Rz. 17.
5 BayObLG v. 21.10.1993 – 3 Z BR 171/93, FamRZ 1994, 317 f.; Keidel/*Engelhardt*, § 48 FamFG Rz. 15.
6 Keidel/*Schmidt*, 15. Aufl., § 18 FGG Rz. 60 ff.; *Bumiller*/Winkler, 8. Aufl., § 18 FGG Rz. 2; Bassenge/Roth, 11. Aufl., § 18 FGG Rz. 20.

behelfe überschneiden. Denn letztere bezwecken die Korrektur der anfänglichen Unrichtigkeit einer Entscheidung, während die Abänderung die Berücksichtigung nachträglich eingetretener Umstände ermöglichen will.

cc) Spezialvorschriften

§ 48 Abs. 1 ist als allgemeine Norm nicht anwendbar, wenn Spezialgesetze eine **Änderung der Sach- oder Rechtslage ebenfalls regeln**, sei es positiv oder negativ.[1] So bedarf es keiner Abänderung des ursprünglichen Beschlusses nach § 48 Abs. 1, wenn das Gesetz ausdrücklich oder stillschweigend **davon ausgeht, dass dieser gegenstandslos wird**. Dies ist etwa bei der Vormundschaft mit Erreichen der Volljährigkeit der Fall. Hier bedarf es nicht der Änderung nach § 48 Abs. 1, da die Vormundschaft kraft Gesetzes (§ 1882 BGB) wegfällt.[2] Einem gleichwohl gestellten Antrag auf Aufhebung nach § 48 Abs. 1 würde das Rechtsschutzbedürfnis fehlen. 14

§ 48 Abs. 1 ist auch dann nicht anzuwenden, wenn die Veränderung der Sach- oder Rechtslage **anderweitig bereits geregelt** ist. Dies gilt zum einen bei positiven Regelungen, die in diesem Falle eine abweichende Entscheidung unter Abänderung der früheren gestatten, etwa §§ 1631b Satz 3 BGB bei einer Unterbringung des Kindes, § 1696 Abs. 2 BGB bei Entscheidungen zur Abwendung einer Gefährdung des Kindeswohls oder §§ 1919, 1921 BGB bei Wegfall der Voraussetzungen für eine Pflegschaft.[3] Auch Spezialvorschriften im FamFG wie § 294 zur Aufhebung der Betreuung, § 330 zur Aufhebung der Unterbringung, § 395 zur Löschung von Registereintragungen oder § 426 zur Aufhebung der Freiheitsentziehung gehen § 48 vor.[4] Diese Sondervorschriften können sogar über § 48 Abs. 1 hinausgehen, indem sie über Beschlüsse nach §§ 38 ff. hinaus **andere Entscheidungen** in die Möglichkeit der Abänderung einbeziehen, wie dies § 166 Abs. 1 FamFG iVm. § 1696 Abs. 2 BGB für Vergleiche oder § 230 Abs. 1 für Vereinbarungen über den Versorgungsausgleich vorsehen.[5] Umgekehrt ist eine Abänderung nach § 48 Abs. 1 ausgeschlossen, wenn eine Abänderung ausdrücklich nicht stattfinden soll. Dies ist etwa bei Registereintragungen der Fall, die nach § 383 Abs. 3 unanfechtbar sind und daher auch nicht im Wege der Abänderung nach § 48 Abs. 1 verändert werden dürfen.[6] Auch die Abänderung eines Erbscheins scheidet nach § 2361 BGB aus; er muss eingezogen und durch einen neuen ersetzt werden.[7] Ausgeschlossen ist eine Abänderung gem. § 197 Abs. 3 Satz 2 auch in Adoptionssachen.[8] 15

2. Verfahren

a) Zuständigkeit

Nach ausdrücklicher Anordnung des § 48 Abs. 1 Satz 1 ist wie bisher das **Gericht des ersten Rechtszugs** für die Veränderung zuständig.[9] Mit der neuen Fassung des Gesetzes geht allerdings eine **Erweiterung seiner Kompetenzen** einher. Während das erstinstanzliche Gericht nach § 18 Abs. 1 FGG aF nur „eine von ihm erlassene Verfügung" abändern konnte, spricht § 48 Abs. 1 Satz 1 allgemein davon, dass es „eine rechtskräftige Endentscheidung" aufheben oder abändern kann. Damit wird zum ei- 16

---

1 BT-Drucks. 16/6308, S. 198 unter Verweis auf §§ 166, 230, 294, 330; Bassenge/Roth/*Gottwald*, § 48 FamFG Rz. 3; Bork/Jacoby/Schwab/*Elzer*, 1. Aufl., § 48 FamFG Rz. 19; Zöller/*Feskorn*, § 48 FamFG Rz. 2.
2 KG v. 11.9.1970 – 1 W 11262/70, OLGZ 1971, 196 (197); unklar KG v. 22.9.1970 – 1 W 3096/69, OLGZ 1971, 201 (203).
3 Vgl. zum alten Recht BayObLG v. 25.2.1966 – BReg. 1a Z 8/66, BayObLGZ 1966, 82 (83); OLG Frankfurt v. 16.6.1967 – 6 W 91/67, OLGZ 1967, 352 (353).
4 Keidel/*Engelhardt*, § 48 FamFG Rz. 7.
5 Vgl. BT-Drucks. 16/6308, S. 198; *Bumiller*/Harders, § 48 FamFG Rz. 8.
6 Vgl. Keidel/*Schmidt*, 15. Aufl., § 18 FGG Rz. 41; *Bumiller*/Harders, § 48 FamFG Rz. 8.
7 Keidel/*Engelhardt*, § 48 FamFG Rz. 10.
8 *Maurer*, FamRZ 2009, 1792 (1793) mit weiteren Beispielen; *Bumiller*/Harders, § 48 FamFG Rz. 8; Keidel/*Engelhardt*, § 48 FamFG Rz. 9.
9 OLG Köln v. 3.8.2011 – 2 Wx 114/11, FGPrax 2011, 261 (262); Keidel/*Engelhardt*, § 48 FamFG Rz. 19; Zöller/*Feskorn*, § 48 FamFG Rz. 8.

nen klargestellt, dass es etwa im Falle einer **Abgabe nach § 4** auch die Entscheidung des zuvor zuständigen Gerichts nach § 48 Abs. 1 abändern kann. Zum anderen geht aus dieser Formulierung aber auch hervor, dass das Gericht des ersten Rechtszugs auch **Entscheidungen der höheren Instanzen** abändern kann.[1] Damit ist die unglückliche Situation behoben, dass Entscheidungen der Rechtsmittelgerichte auch bei Vorliegen der Voraussetzungen praktisch nicht abgeändert werden konnten. Dazu war das Gericht erster Instanz früher nicht befugt, da es sich nicht um „eine von ihm erlassene Verfügung" gem. § 18 Abs. 1 FGG aF handelte.[2] Das Beschwerdegericht konnte sie aber nicht abändern, da es nicht mehr mit der Sache befasst und die Abänderungsbefugnis auf das Gericht erster Instanz beschränkt war.[3] Mit der Erweiterung der Befugnisse des Gerichts erster Instanz wird auch nicht der Instanzenzug in Frage gestellt, da es nur bei Vorliegen der Voraussetzungen des § 48 Abs. 1 Entscheidungen der nächsten Instanz abändern und hierin wiederum von den Rechtsmittelgerichten korrigiert werden kann. Zudem wurde die Möglichkeit der Abänderung durch das Gericht der ersten Instanz bei der nunmehr tatbestandlich zwingend erforderlichen Änderung der Sachlage schon früher bejaht.[4] Umgekehrt wird aus § 48 Abs. 1 Satz 1 auch ersichtlich, dass das Beschwerde- und Rechtsbeschwerdegericht auch dann nicht für eine Abänderung zuständig ist, wenn die betroffene Entscheidung von ihm stammt.[5] Die höheren Instanzen werden in diesen Angelegenheiten erst auf ein Rechtsmittel tätig.

b) Mündliches Verfahren und rechtliches Gehör

17 Für die Erforderlichkeit einer mündlichen Verhandlung gelten im Verfahren nach § 48 Abs. 1 Satz 1 gegenüber anderen Entscheidungen in der Hauptsache **keine Erleichterungen**. Denn das Gericht erster Instanz hat eine neue Entscheidung zu treffen. Die Ermittlungen zur früheren, nunmehr uU abzuändernden Entscheidung genügen in aller Regel nicht mehr, da sich die Sachlage ja verändert hat. Lediglich zu unveränderten Tatsachen muss keine neue Anhörung, Beweisaufnahme etc. vorgenommen werden.[6] Daher muss die Erkenntnisquelle der **mündlichen Verhandlung** regelmäßig ausgeschöpft werden. Anderes kann für die **Veränderung der Rechtslage** gelten. Stehen nur Rechtsfragen zur Diskussion, so kann eine mündliche Verhandlung zur Aufklärung des Sachverhalts entbehrlich sein. Auch dann hat das erstinstanzliche Gericht aber den Betroffenen **rechtliches Gehör** zu gewähren.

c) Ermessen

18 Wenig gelungen erscheint die Formulierung in § 48 Abs. 1 Satz 1, wonach das Gericht des ersten Rechtszugs eine Entscheidung abändern „kann". Damit ist ihm kein Ermessen bei der Frage der Abänderung eingeräumt. Liegen die Voraussetzungen des § 48 Abs. 1 Satz 1 vor, so *muss* es die Entscheidung abändern, ähnlich wie es bei Vorliegen anderer Tatsachen von Anfang an eine abweichende Entscheidung hätte treffen müssen.[7] Die Formulierung in § 48 Abs. 1 Satz 1 soll lediglich klarstellen, dass nur das Gericht des ersten Rechtszugs und kein anderes Gericht (etwa das Beschwerdegericht) eine derartige Abänderung vornehmen kann.

---

1 Wie hier Zöller/*Feskorn*, § 48 FamFG Rz. 2; Keidel/*Engelhardt*, § 48 FamFG Rz. 19; anders noch zum neuen Recht (zweifelhaft) Bork/Jacoby/Schwab/*Elzer*, 1. Aufl., § 48 FamFG Rz. 6.
2 KG v. 22.9.1966 – 1 W 1721/66, OLGZ 1966, 608 (609); OLG Hamm v. 26.5.1970 – 15 W 26/70, OLGZ 1971, 84 (85).
3 KG v. 22.9.1966 – 1 W 1721, OLGZ 1966, 608 f.; KG v. 1.7.1999 – 1 W 6784/97, FGPrax 1999, 227 (228); OLG Hamm v. 26.5.1970 – 15 W 26/70, OLGZ 1971, 84 (85 f.); OLG Zweibrücken v. 17.12.2002 – 5 UF 112/00, FamRZ 2003, 961.
4 KG v. 1.7.1999 – 1 W 6784/97, FGPrax 1999, 227 (228).
5 Keidel/*Engelhardt*, § 48 FamFG Rz. 20.
6 *Bassenge*/Roth, 11. Aufl., § 18 FGG Rz. 14.
7 Zöller/*Feskorn*, § 48 FamFG Rz. 9; vgl. zum früheren Recht Keidel/*Schmidt*, 15. Aufl., § 18 FGG Rz. 4; *Bumiller*/Winkler, 8. Aufl., § 18 FGG Rz. 1; *Bassenge*/Roth, 11. Aufl., § 18 FGG Rz. 9.

3. Abänderung

a) Art der Änderung

Bei der Abänderung handelt es sich um eine **neue Entscheidung in der Hauptsache**. Sie hat daher als eigene Entscheidung nach §§ 38 ff. zu ergehen, nicht nur als Berichtigung oÄ. Allerdings ist in der Beschlussformel klarzustellen, dass die frühere Entscheidung abgeändert wird. Anderenfalls bestünden zB bei einer Ermäßigung periodisch anfallender Zahlungen zwei Vollstreckungstitel, aus denen der Gläubiger vorgehen könnte. In der Sache kann das Gericht die ursprüngliche Entscheidung „aufheben oder ändern". Dies umfasst jede Form der Korrektur.[1] Neben der ersatzlosen Kassation ist auch eine partielle Veränderung möglich, etwa in der Höhe des monatlich zu zahlenden Betrags.[2] Der positiven Entscheidung im Abänderungsverfahren kommt **keine Rückwirkung** zu; sie wirkt nur ex nunc.[3] Für eine abweichende Anordnung durch das Gericht fehlt auch nach neuem Recht eine rechtliche Grundlage.[4] Bei mehrfachem Vorliegen der Voraussetzungen ist auch eine wiederholte Abänderung möglich.[5] Eine **reformatio in peius** entgegen dem Antrag auf Abänderung dürfte nunmehr in Antragsverfahren ausscheiden.[6] Wenn schon bei der Rüge ursprünglicher Fehler im Rechtsmittelverfahren keine Verschlechterung zulasten des Antragstellers eintreten darf, kann für die Geltendmachung nachträglicher Unrichtigkeit nichts anderes gelten. Hingegen ist das Gericht in Amtsverfahren insoweit nicht gebunden, da der „Antrag" auf Abänderung hier nur eine Anregung darstellt (s. Rz. 11).

b) Korrektur ursprünglicher Fehler der früheren Entscheidung

Nach diesen Grundsätzen könnte fraglich sein, wie frühere Fehler der Entscheidung zu behandeln sind. Keinem Zweifel dürfte es unterliegen, dass fehlerhafte Entscheidungen bei einer Änderung der Sach- oder Rechtslage grundsätzlich ebenfalls nach § 48 Abs. 1 Satz 1 abgeändert werden können. Auch wenn die Möglichkeit der Abänderung jetzt nicht mehr vorrangig der Korrektur ursprünglich fehlerhafter Entscheidungen dient, kann solchen aber keine höhere Rechtsbeständigkeit zukommen als den bei ihrem Erlass richtigen Beschlüssen, die nach einer Änderung der Sach- oder Rechtslage abzuändern sind. Weniger klar erscheint, ob im Abänderungsverfahren auch solche Fehler behoben werden können, die nicht auf der Änderung der Sach- oder Rechtslage beruhen.[7] Dies dürfte aber nicht nur deswegen zu bejahen sein, da es dem Gericht kaum zuzumuten ist, eine als unrichtig erkannte Entscheidung sehenden Auges aufrechtzuerhalten. Vielmehr folgt dies aus dem Wortlaut des § 48 Abs. 1 Satz 1. Denn die Änderung darf nicht nur erfolgen, „soweit" sich die Sach- oder Rechtslage geändert hat, sondern „wenn" sie sich geändert hat. Das Gericht erster Instanz kann also bei Vorliegen dieser Voraussetzungen die **gesamte Entscheidung überprüfen** und auch frühere Fehler korrigieren, die nicht auf der Änderung der Sach- oder Rechtslage beruhen.

c) Anfechtbarkeit

Als eigenständige Entscheidung ist die Abänderung nach § 48 Abs. 1 nach den **allgemeinen Regeln** mit der Beschwerde und der Rechtsbeschwerde anfechtbar. Es müssen daher die für Rechtsmittel erforderlichen Voraussetzungen wie Mindest-

---

1 Keidel/*Engelhardt*, § 48 FamFG Rz. 12.
2 Keidel/*Schmidt*, 15. Aufl., § 18 FGG Rz. 1; *Bassenge*/Roth, 11. Aufl., § 18 FGG Rz. 1.
3 OLG Jena v. 3.5.2001 – 6 W 127/01, FamRZ 2001, 1243; Keidel/*Engelhardt*, § 48 FamFG Rz. 21.
4 OLG Jena v. 3.5.2001 – 6 W 127/01, FamRZ 2001, 1243; Keidel/*Engelhardt*, § 48 FamFG Rz. 18; aA BayObLG v. 21.10.1993 – 3 Z BR 171/93, FamRZ 1994, 317 f.
5 Keidel/*Engelhardt*, § 48 FamFG Rz. 17; *Bassenge*/Roth, 11. Aufl., § 18 FGG Rz. 14.
6 Anders zum alten Recht Keidel/*Schmidt*, 15. Aufl., § 18 FGG Rz. 23.
7 Zu den Abgrenzungsschwierigkeiten vgl. Keidel/*Schmidt*, 15. Aufl., § 18 FGG Rz. 2.

§ 48 Allgemeiner Teil

beschwerdewert, Rechtsschutzbedürfnis etc. gegeben sein. Auch fehlerhafte Abänderungen können in Rechtskraft erwachsen und sind nicht unwirksam.[1]

II. Wiederaufnahme des Verfahrens (Absatz 2)

1. Bedeutung

22 Die Wiederaufnahme des Verfahrens stellt eine Möglichkeit dar, nach Eintritt der Rechtskraft bereits bei Erlass der Entscheidung vorliegende Mängel zu rügen. Dies setzt freilich voraus, dass es sich um besonders gravierende Fehler handelt. § 48 Abs. 2 kodifiziert insoweit die schon bislang gängige Praxis, die in der Regelung der §§ 578 ff. ZPO einen allgemeinen, auch auf Verfahren der freiwilligen Gerichtsbarkeit übertragbaren Rechtsgedanken erblickte.[2] Problematisch ist allerdings die pauschale Verweisung auf diese Vorschriften.

2. „Entsprechende" Anwendung der §§ 578 ff. ZPO

a) Problem

23 naturgemäß von den „**Parteien**" die Rede ist, was nicht ohne weiteres durch „Beteiligte" ersetzt werden kann. Wenn § 579 Abs. 1 Nr. 4 ZPO etwa die nicht den Vorschriften der ZPO entsprechende Vertretung der „Parteien" als Wiederaufnahmegrund normiert, wird man schwerlich wegen eines derartigen Fehlers bei einem beliebigen Beteiligten ebenfalls die Rechtskraft einer Entscheidung nach §§ 38 ff. zur Disposition stellen können. Denn oftmals werden am Verfahren Personen oder Behörden nur zur Wahrung rechtlichen Gehörs beteiligt. Etwa im Streit um den Versorgungsausgleich wird man es den Eheleuten kaum zumuten können, wegen eines Fehlers in der Vertretung der nach § 219 beteiligten Träger von Pensions- und Rentenkassen etc. die rechtskräftige Entscheidung erneut – uU mit erheblichem finanziellen Aufwand – in einem neuen Verfahren überprüfen zu lassen. Die **Zwei-Parteien-Systematik** kommt selbst in echten Streitverfahren an ihre Grenzen, wenn ein solcher nur aus Gründen rechtlichen Gehörs Beteiligter die Wiederaufnahme erzwingen wollte. Dann müsste er sich gegen die ursprünglichen Verfahrensgegner – etwa die Eheleute – richten, was mit einer Verschiebung der ursprünglichen „Parteirollen" einherginge: Im Beispielsfall würden die Eheleute zu „Beklagten" und der Träger der Pensions- und Rentenkasse zum „Kläger", ein erkennbar sinnwidriges Ergebnis. Dies wird noch deutlicher, wenn man berücksichtigt, dass in den zivilprozessualen Vorschriften, etwa in § 580 Nr. 1 ZPO, bisweilen vom „Gegner" die Rede ist. Es bedarf also eines entsprechenden **Gegensatzes zwischen den Beteiligten**. Auf der anderen Seite wird man das Wiederaufnahmeverfahren nicht nur in solchen Fällen zulassen können, in denen sich die Beteiligten wie im Zivilprozess gegenüberstehen. Denn der Gesetzgeber wollte eine solche Beschränkung nicht; vielmehr ordnete er die entsprechende Anwendung der §§ 578 ff. ZPO für alle Verfahren nach dem FamFG an, nicht nur für echte Streitverfahren oder gar nur einen Teil von ihnen.

b) Lösung

24 Man wird dieses Problem dadurch in den Griff bekommen, dass man sich an dem eingangs dargelegten Regelungszweck orientiert. Denn § 48 Abs. 2 FamFG iVm. §§ 578 ff. ZPO soll den Beteiligten letztlich nur eine Möglichkeit zur Korrektur anfänglicher Fehler einer Entscheidung eröffnen, die sie mit ordentlichen Rechtsmitteln nicht geltend machen konnten (§ 48 Abs. 2 iVm. §§ 579 Abs. 2, 582 ZPO). Die Möglichkeit der Überprüfung mit Rechtsmitteln setzt aber die Beschwerdeberechtigung eines Beteiligten voraus. Von dieser Voraussetzung wird man im Wiederaufnahmeverfahren nicht absehen können, nur weil er den Mangel nicht rechtzeitig geltend

---

[1] Anders Keidel/*Engelhardt*, 16. Aufl. § 48 FamFG Rz. 18 (in der 17. Aufl. entfallen); Bork/Jacoby/Schwab/*Elzer*, 1. Aufl., § 48 FamFG Rz. 24. Aber das lässt sich mit der Rechtsnatur der Abänderung, die ein eigener Beschluss nach § 38 ist, nicht vereinbaren.
[2] BT-Drucks. 16/6308, S. 198; Keidel/*Engelhardt*, § 48 FamFG Rz. 2 u. 19; *Bumiller*/Harders, § 48 FamFG Rz. 10; Bassenge/Roth/*Gottwald*, § 48 FamFG Rz. 6.

machen konnte. Man wird daher bei entsprechender Anwendung der §§ 578 ff. ZPO im Hinblick auf den Begriff der „Partei" bzw. des „Gegners" darauf abstellen müssen, ob der Beteiligte, der deren Rechte im Verfahren nach dem FamFG geltend machen will, iSd. **§ 59 beschwert** ist. Denn nur dann besteht ein ähnlicher Interessengegensatz zwischen ihm und den übrigen Beteiligten, der die „entsprechende" Anwendung der §§ 578 ff. ZPO rechtfertigt. Nach diesen Grundsätzen sind die §§ 578 ff. ZPO in Verfahren nach dem FamFG ohne Einschränkungen anwendbar, wenn es sich um **echte Streitverfahren** handelt, in denen sich nur zwei Beteiligte wie Parteien im Zivilprozess gegenüberstehen.[1] Darüber hinaus kommt eine Wiederaufnahme in den Verfahren in Betracht, in denen sich nicht nur zwei Beteiligte wie im Zivilprozess gegenüberstehen, sondern eine **größere Anzahl in gleicher Weise Beteiligter** ihr Recht verfolgt. Hier wird man jedem Beteiligten, der beschwerdeberechtigt wäre, auch die in §§ 578 ff. ZPO normierten Rechte einer „Partei" zubilligen können. Eine solche entsprechende Anwendung der §§ 578 ff. ZPO ist auch in Verfahren möglich, in denen zwar mehrere Beteiligte existieren, aber **in ganz ungleicher Weise am Ausgang des Verfahrens interessiert** sind. Hätte ein Beteiligter die Möglichkeit gehabt, gegen die erstinstanzliche Entscheidung Rechtsmittel einzulegen, dann ist ihm damit eine Verfahrensposition eingeräumt, die auch die Geltendmachung ursprünglicher Fehler der Entscheidung im Wiederaufnahmeverfahren gestattet. Schließlich kann diese Handhabung auch auf **Amtsverfahren** übertragen werden.

3. Wiederaufnahmegründe und weiteres Verfahren

Hinsichtlich der **Voraussetzungen** eines Nichtigkeits- bzw. Restitutionsantrags weicht das Verfahren nach dem FamFG nicht von den §§ 579 ff. ZPO ab. Insoweit kann daher auf die Kommentierung der zivilprozessualen Vorschriften verwiesen werden.[2] Im Hinblick auf die **Zuständigkeit** ist der ausschließliche Gerichtsstand nach § 584 ZPO zu beachten, wonach auch das Beschwerde- oder Revisionsgericht für das Wiederaufnahmeverfahren zuständig sein kann.[3] Bei entsprechender Anwendung ist der Verweis auf die allgemeinen Vorschriften in § 585 ZPO auf die Vorschriften des FamFG zu beziehen. Aus § 48 Abs. 2 FamFG iVm. § 586 ZPO folgt, dass die Wiederaufnahme auch in Verfahren nach dem FamFG nur auf **Antrag** erfolgt, was auch in Amtsverfahren gilt.[4] Das Gericht des ersten Rechtszugs muss also in keinem Fall von Amts wegen tätig werden. Der Antrag muss nach § 48 Abs. 2 FamFG iVm. § 586 Abs. 1 und 2 ZPO binnen einer **Notfrist von einem Monat** nach Erlangung der Kenntnis von dem Wiederaufnahmegrund zugestellt werden, wobei dem Antragsteller insoweit die Fiktion des § 167 ZPO zugute kommt. Die inhaltlichen Anforderungen an die Antragsschrift ergeben sich aus § 48 Abs. 2 FamFG iVm. §§ 587, 588 ZPO. Für das weitere Verfahren wird häufig eine erneute **mündliche Verhandlung** erforderlich sein, unabhängig davon, ob im früheren Verfahren bereits ein Termin nach § 32 durchgeführt wurde. Deren Notwendigkeit ist neu vor dem Hintergrund der Tatsachen zu beurteilen, die im Zusammenhang mit den Wiederaufnahmegründen vorgebracht werden. Insoweit ist die mündliche Verhandlung wiederum zur Gewinnung von Erkenntnissen und der Gewährung rechtlichen Gehörs erforderlich. Sie kann demnach nur in Ausnahmefällen entbehrlich sein, etwa bei Nichteinhaltung der Frist des § 586 ZPO oder dann, wenn selbst nach dem eigenen Vorbringen des Antragstellers kein Wiederaufnahmegrund vorliegt. Über die Zulässigkeit kann nach § 48 Abs. 2 FamFG iVm. § 590 Abs. 2 Satz 1 ZPO vorab verhandelt werden. Für die Anfechtbarkeit gelten in entsprechender Anwendung von § 591 ZPO die allgemeinen Regeln. Allerdings dürfte hieraus nicht der Schluss zu ziehen sein, dass die Rechtsbeschwerde ohne Zulassung

25

---

[1] Vgl. zur Problematik auch *Jacoby*, FamRZ 2007, 1703 (1704).
[2] Zum ausdrücklichen Verzicht auf eine eigenständige Regelung im FamFG s. BT-Drucks. 16/6308, S. 198; Bassenge/Roth/*Gottwald*, § 48 FamFG Rz. 6.
[3] OLG Köln v. 3.8.2011 – 2 Wx 114/11, FGPrax 2011, 261 (262); Bassenge/Roth/*Gottwald*, § 48 FamFG Rz. 8; anders ohne Begr. Keidel/*Engelhardt*, § 48 FamFG Rz. 27, wonach „grundsätzlich das Gericht der letzten Tatsacheninstanz berufen" sein soll.
[4] Vgl. hierzu die ausdrückliche Stellungnahme des Gesetzgebers in BT-Drucks. 16/6308, S. 198; Keidel/*Engelhardt*, § 48 FamFG Rz. 24; Bassenge/Roth/*Gottwald*, § 48 FamFG Rz. 7; Bork/Jacoby/Schwab/*Elzer*, 1. Aufl., § 48 FamFG Rz. 26; Zöller/*Feskorn*, § 48 FamFG Rz. 10.

eröffnet ist. Denn insoweit ist § 70 Abs. 2 eine Spezialregelung, die der Verweisung auf §§ 578ff. in § 48 Abs. 2 vorgeht.[1] Die Wiederaufnahme kann durch Spezialvorschriften wie § 197 Abs. 3 Satz 2 ausgeschlossen sein.

III. Keine außerordentlichen Rechtsmittel gegen die Genehmigung von Rechtsgeschäften (Absatz 3)

26 Eine entscheidende Änderung gegenüber dem früheren Recht enthält § 48 Abs. 3. Danach kann ein Beschluss, der die Genehmigung eines Rechtsgeschäftes erteilt oder verweigert, nicht mehr mit den außerordentlichen Rechtsmitteln der Wiedereinsetzung, der Anhörungsrüge, der Abänderung nach § 48 Abs. 1 und der Wiederaufnahme angegriffen werden. Dies gilt zumindest entsprechend auch für weitere in § 48 Abs. 3 nicht ausdrücklich genannte außerordentliche Rechtsmittel wie die Gegenvorstellung.[2] Voraussetzung ist nicht nur, dass er bereits wirksam geworden ist, was regelmäßig mit seiner formellen Rechtskraft der Fall ist (§ 40 Abs. 2), so dass wirksamer Rechtsschutz in Form der Beschwerde gegen die Genehmigung gewährleistet ist.[3] Darüber hinaus muss die Genehmigung oder ihre Verweigerung einem Dritten gegenüber wirksam geworden sein. Dies erfordert gem. § 1829 Abs. 1 Satz 2 BGB die Mitteilung des gesetzlichen Vertreters an den Geschäftspartner.[4] Die Mitteilung durch das Gericht selbst hat diese Wirkung nicht.[5] Mit ihrem Eintritt werden diese Beschlüsse somit endgültig unanfechtbar. Dies gilt auch für Vergleiche, die der gerichtlichen Genehmigung bedürfen.[6] Ein gleichwohl Wiedereinsetzung gewährender, eine Abänderung vornehmender oder im Wege der Wiederaufnahme oder Anhörungsrüge zu einer neuen Entscheidung gelangender Beschluss ist nichtig.[7] Dem Wortlaut der Norm zufolge gilt dies nur für die **Genehmigung eines einzelnen Rechtsgeschäftes**, etwa für die Zustimmung über das gesamte Vermögen nach § 1365 Abs. 2 BGB oder über einzelne Haushaltsgegenstände nach § 1369 Abs. 2 BGB, nicht aber für die Verleihung der **Fähigkeit oder der Befugnis, Rechtsgeschäfte vorzunehmen und Willenserklärungen entgegenzunehmen**. Denn § 48 Abs. 3 spricht ausdrücklich von der „Genehmigung für *ein* Rechtsgeschäft". Dies dürfte auch dem Willen des Gesetzgebers entsprechen. Durch § 48 Abs. 3 sollte ja die Position der Geschäftspartner verbessert werden, die auf die Wirksamkeit der gerichtlichen Entscheidung vertrauen,[8] nicht aber die Stellung derjenigen, die die Willenserklärung abgeben. Es besteht kein Anlass, etwa die Bestellung zum Betreuer der Anfechtung mit außerordentlichen Rechtsbehelfen zu entziehen. Schutzbedürftig ist nicht der Betreuer im Hinblick auf erst künftig vorzunehmende Geschäfte, sondern nur der Geschäftspartner im Hinblick auf bereits getätigte. Dessen Vertrauen auf gerichtliche Entscheidungen wird aber im Fall der Fähigkeit oder Befugnis zur Abgabe von Rechtsgeschäften durch § 47 hinreichend geschützt.[9] Etwa die Ermächtigung zum selbständigen Betrieb eines Erwerbsgeschäftes nach § 112 BGB oder zum Eingehen eines Dienst- oder Arbeitsverhältnisses nach § 113 BGB werden also von § 48 Abs. 3 ebenso wenig erfasst wie die Bestellung zum Vormund (§§ 1789ff. BGB), Pfleger (§§ 1915, 1789 BGB), Nachlasspfleger (§§ 1960f. BGB), Nachlassverwalter (§§ 1981, 1984 BGB) oder Testamentsvollstrecker (§ 2200 BGB). Die damit verliehene Fähigkeit oder Befugnis, Rechtsgeschäfte vorzunehmen und Willenserklärungen entgegenzunehmen, kann also auch auf außerordentliche Rechtsmittel wie Wiedereinsetzung, Anhörungsrüge, Antrag auf Abänderung nach § 48 Abs. 1 oder Wiederaufnahme aufgehoben oder beschränkt werden.

---

1 Keidel/*Meyer-Holz*, § 70 Rz. 16.
2 Bork/Jacoby/Schwab/*Elzer*, 1. Aufl., § 48 FamFG Rz. 31.
3 Bassenge/Roth/*Gottwald*, § 48 FamFG Rz. 9.
4 Keidel/*Engelhardt*, § 48 FamFG Rz. 37; Bassenge/Roth/*Gottwald*, § 48 FamFG Rz. 9; Zöller/*Feskorn*, § 48 FamFG Rz. 13.
5 Keidel/*Engelhardt*, § 48 FamFG Rz. 42.
6 Keidel/*Engelhardt*, § 48 FamFG Rz. 39.
7 *Bumiller*/Harders, § 48 FamFG Rz. 13; Keidel/*Engelhardt*, § 48 FamFG Rz. 44.
8 BT-Drucks. 16/6308, S. 199.
9 Vgl. BT-Drucks. 16/6308, S. 198f.

Kosten/Gebühren: Gericht: Nach § 57 Abs. 2 GNotKG und nach § 31 Abs. 2 Satz 1 FamGKG gilt das Verfahren über eine Abänderung oder Aufhebung einer Entscheidung als besonderes Verfahren, das die entsprechenden Gebühren nochmals auslöst. Bei dem Verfahren über die Wiederaufnahme handelt es sich um ein neues Verfahren, das die entsprechenden Gebühren auslöst. **RA:** Das Verfahren über eine Abänderung oder Aufhebung einer Entscheidung und das Wiederaufnahmeverfahren sind besondere Angelegenheiten, für die die Gebühren nach Teil 3 Abschnitt 1 entstehen.   27

Abschnitt 4
Einstweilige Anordnung

§ 49 Einstweilige Anordnung

(1) Das Gericht kann durch einstweilige Anordnung eine vorläufige Maßnahme treffen, soweit dies nach den für das Rechtsverhältnis maßgebenden Vorschriften gerechtfertigt ist und ein dringendes Bedürfnis für ein sofortiges Tätigwerden besteht.

(2) Die Maßnahme kann einen bestehenden Zustand sichern oder vorläufig regeln. Einem Beteiligten kann eine Handlung geboten oder verboten, insbesondere die Verfügung über einen Gegenstand untersagt werden. Das Gericht kann mit der einstweiligen Anordnung auch die zu ihrer Durchführung erforderlichen Anordnungen treffen.

A. Allgemeines	I. Elterliche Sorge 12
I. Entstehung 1	II. Persönlicher Umgang 13
II. Systematik 2	III. Unterhalt 14
III. Normzweck 4	IV. Güterrecht 15
B. Inhalt der Vorschrift	V. Ehewohnung und Haushaltsgegenstände, Gewaltschutz 16
I. Voraussetzungen einer einstweiligen Anordnung (Absatz 1) 5	VI. Betreuungs- und Unterbringungssachen 17
II. Beispiele, Durchführungsanordnungen (Absatz 2) 7	**D. Verhältnis zur Hauptsache** 18
C. Beispiele für einstweilige Anordnungen 11	**E. Ansprüche bei falscher einstweiliger Anordnung** 19

Literatur: *van Els*, Verhältnis von Hauptverfahren zum Eilverfahren, FPR 2008, 406; *Gießler*, Das einstweilige Anordnungsverfahren, FPR 2006, 421; *Löhnig/Heiß*, Die Neuregelung des einstweiligen Rechtsschutzes nach dem FamFG – die einstweilige Anordnung nach §§ 49 ff. FamFG, FamRZ 2009, 1101; *Schürmann*, Die einstweilige Anordnung nach dem FamFG, FamRB 2008, 375.

A. Allgemeines

I. Entstehung

§§ 49 ff. enthalten die **allgemeinen Vorschriften** über eA. Sie ersetzen die Vorschriften, die früher in §§ 127a, 620 ff., 621g, 644 aF ZPO und in §§ 24 Abs. 3, 64b Abs. 3 FGG aF enthalten waren und regeln diese neu.   1

II. Systematik

§§ 49 ff. gelten für eA aller Art, soweit das FamFG keine Sonderregelungen enthält. **Besondere Vorschriften** über eA finden sich in § 119 (Familienstreitsachen), § 214 (Gewaltschutzsachen), §§ 246 ff. (Unterhaltssachen, Verfahrenskostenvorschuss), §§ 300 ff. (vorläufiger Betreuer, vorläufiger Einwilligungsvorbehalt), §§ 331 ff. (vorläufige Unterbringungsmaßnahme) und in § 427 (vorläufige Freiheitsentziehung). Nach § 119 Abs. 1 Satz 1 sind die Vorschriften über die eA auch in Familienstreitsachen anzuwenden. Einstweilige Verfügungen in Unterhaltssachen sind damit ausnahmslos   2 ausgeschlossen.[1] Dagegen bleibt der persönliche oder der dingliche Arrest in Familienstreitsachen neben der eA möglich (§ 119 Abs. 2). Bestehen keine Sondervorschriften, sind für eA nur §§ 49 ff. anzuwenden.

3   Im Unterschied zum früheren Recht ist die Anhängigkeit einer gleichartigen Hauptsache bzw. der Eingang eines diesbezüglichen Gesuchs auf Bewilligung von Verfahrenskostenhilfe nicht mehr Voraussetzung für eine eA. Diese ist **von einer Hauptsache unabhängig**, sie ist nicht mehr auf eine vorläufige Regelung in einem anhängigen Verfahren gerichtet. Sie hat den Charakter eines **vereinfachten, beschleunigten Verfahrens**. Dies entspricht der Rechtslage bei Arrest und einstweiliger Verfügung. In Antragsverfahren steht deshalb den Beteiligten die Einleitung eines zusätzlichen Hauptsacheverfahrens frei. In Amtsverfahren hat das Gericht die Pflicht zu überprüfen, ob die Einleitung eines Hauptsacheverfahrens von Amts wegen erforderlich ist. § 52 Abs. 1 regelt darüber hinaus, dass in Amtsverfahren auf Antrag eines von einer eA Betroffenen das Gericht das Hauptsacheverfahren einzuleiten hat. In Antragsverfahren kann der Betroffene nach § 52 Abs. 2 beantragen, dass dem Antragsteller unter Fristsetzung aufgegeben wird, Antrag auf Einleitung des Hauptsacheverfahrens zu stellen. Wenn es nicht beantragt wird und wenn in Amtsverfahren das Gericht ein weiter gehendes Tätigwerden auch nicht für erforderlich hält, kommt es nicht mehr zu einem gleichartigen Hauptsacheverfahren über den Verfahrensgegenstand. Wegen § 51 Abs. 3 Satz 1 (eA als selbständiges Verfahren) findet für Anträge auf Erlass einer eA ab dem 1.9.2009 wohl neues Recht Anwendung, auch wenn das Hauptsacheverfahren noch vor dem 1.9.2009 eingeleitet wurde,[2] vgl. allerdings dazu Art. 111 FGG-RG Rz. 4.

III. Normzweck

4   Durch eA sollen die rechtlichen Beziehungen der Beteiligten vorläufig geregelt und geschlichtet und aktuelle Bedürfnisse in einem **summarischen, beschleunigten Verfahren** befriedigt werden. Für eine eA kommen im Grundsatz nur vorläufige Maßnahmen in Betracht. Diese sollen die Hauptsache nicht vorwegnehmen (Grundsatz des Verbots der Vorwegnahme der Hauptsache). Davon machen aber Gesetz und Rechtsprechung Ausnahmen, weil bei strikter Beachtung dieses Grundsatzes eine vorläufige Regelung gar nicht ergehen könnte, obwohl ein dringendes Regelungsbedürfnis nicht verneint werden kann. EA sollten möglichst nicht dazu führen, dass sich ein bestimmter Zustand verfestigt. Es bleibt aber vielfach nur eine Abwägung der Folgen, die eintreten können, wenn eine eA ergeht oder wenn sie abgelehnt wird.[3]

B. Inhalt der Vorschrift

I. Voraussetzungen einer einstweiligen Anordnung (Absatz 1)

5   § 49 enthält den **Grundtatbestand der eA**. Nach Abs. 1 kann das Gericht durch eA eine vorläufige Maßnahme treffen, soweit dies nach den für das Rechtsverhältnis maßgebenden Vorschriften gerechtfertigt ist. Diese Voraussetzung entspricht dem Erfordernis eines Verfügungsanspruchs (Anspruchsgrundlage). Die Bestimmungen über den Erlass einer eA sind verfahrensrechtlicher Natur. Sie enthalten **keine materiell-rechtliche Anspruchsgrundlage** für das geforderte Begehren. Diese ergibt sich aus dem anwendbaren sachlichen, ggf. auch ausländischen Recht. Ohne eine dahingehende Anspruchsgrundlage kann eine vorläufige Maßnahme nicht getroffen werden.

6   Weiterhin ist nach § 49 Abs. 1 – von besonderen Vorschriften abgesehen – für den Erlass einer eA ein dringendes Bedürfnis für ein sofortiges Tätigwerden erforderlich.

---

1 RegE BT-Drucks. 16/6308, S. 226.
2 OLG Nürnberg v. 16.3.2010 – 7 WF 237/10, FamRZ 2010, 1463.
3 Anschaulich zu dieser Folgenabwägung die st. Rspr. des BVerfG zu § 32 BVerfGG, zB BVerfG v. 29.8.2012 – 1 BvR 1766/12, FamRZ 2013, 103; BVerfG v. 21.5.2008 – 1 BvR 1192/08, FamRZ 2008, 1507 und BVerfG v. 11.2.2009 – 1 BvR 142/09, NJW-RR 2009, 721; OLG Brandenburg v. 4.11.2008 – 10 WF 225/08, FamRZ 2009, 445.

Der Erlass einer eA setzt ein **Regelungsbedürfnis** voraus, also ein dringendes Bedürfnis für ein alsbaldiges Einschreiten, das ein Abwarten bis zur endgültigen Entscheidung nicht gestattet.[1] Ist ein solches Regelungsbedürfnis gegeben, hat das Gericht kein freies Handlungsermessen. Vielmehr hat es bei Vorliegen des Regelungsbedürfnisses eine eA zu erlassen. Das Wort „kann" bezeichnet nur die Anordnungskompetenz, ermöglicht dem Gericht bei Vorliegen des Regelungsbedürfnisses aber keine Ermessensentscheidung.[2] Ein Regelungsbedürfnis kann im Einzelfall verneint werden, wenn eine eA ohne nachvollziehbaren Grund erst nach längerer Zeit beantragt wird und der Antragsteller damit ein Bedürfnis für ein sofortiges Tätigwerden selbst widerlegt.

II. Beispiele, Durchführungsanordnungen (Absatz 2)

Abs. 2 enthält eine nähere Bezeichnung der für eine eA **in Betracht kommenden Maßnahmen**.

1. Satz 1 nennt als Beispiel die **Sicherungsanordnung** und die **Regelungsanordnung** (vgl. §§ 935 und 940 ZPO), wobei mit dieser Formulierung keine Begrenzung bei der Auswahl der in Betracht kommen Maßnahmen verbunden ist.

2. Satz 2 nennt in Anlehnung an § 938 Abs. 2 ZPO einige praktisch bedeutsame Fälle vorläufiger Maßnahmen, wie etwa **Gebote** oder **Verbote** und hierbei insbesondere das **Verfügungsverbot**. Diese Aufzählung ist nur beispielhaft und nicht abschließend. Es kommen auch Regelungen in Betracht, die einer Hauptsacheentscheidung entsprechen (zB zum Unterhalt oder über den Aufenthalt eines Kindes).

3. Satz 3 stellt klar, dass von der Anordnungskompetenz des Gerichts auch flankierende Maßnahmen umfasst sind, die für die praktische Durchführung und Vollstreckung der Entscheidung erforderlich sind. Ein diesbezüglicher Antrag ist nicht erforderlich, und zwar auch dann nicht, wenn das Gericht im einstweiligen Anordnungsverfahren dem Grunde nach einer Bindung an die gestellten Anträge unterliegt. Zu solchen **Durchführungsanordnungen** zählen zB Räumungsfristen bei der Wohnungszuweisung oder Ge- und Verbote im Zusammenhang mit Umgangsregelungen.[3]

C. Beispiele für einstweilige Anordnungen

Als Regelungsgegenstände für eA kommen in Familiensachen und in Angelegenheiten der freiwilligen Gerichtsbarkeit insbesondere folgende Sachverhalte in Betracht:

I. Elterliche Sorge

Können sich Eltern nicht über den Aufenthalt eines Kindes einigen, kann das Aufenthaltsbestimmungsrecht vorläufig einem Elternteil übertragen werden (§ 1671 Abs. 2 Nr. 2 BGB). Hat ein Elternteil eigenmächtig mit einem gemeinsamen Kind die gemeinsame Wohnung verlassen, kann die Herausgabe des Kindes an den anderen Elternteil angeordnet werden. Steht ein eigenmächtiger Auszug bevor, kann angeordnet werden, dass der betreffende Elternteil den gewöhnlichen Aufenthalt eines gemeinsamen Kindes gegen den Willen des anderen Elternteils nicht ohne familiengerichtliche Entscheidung verlegen kann. Für die (streitige) Übertragung der (gesamten) elterlichen Sorge auf einen Elternteil besteht ein (dringendes) Regelungsbedürfnis aber nur ganz ausnahmsweise; vor allem dann nicht, wenn dadurch Fakten geschaffen werden, die sich gravierend auswirken können.[4] Nach verbreiteter Ansicht kann im Wege einer eA auch nicht eine bestehende Hauptsacheregelung zur

---

1 BayObLG v. 3.11.1998 – 1 Z BR 106/98, FamRZ 1999, 1457; OLG Stuttgart v. 14.9.1999 – 15 WF 347/99, FamRZ 2000, 965.
2 Zöller/*Feskorn*, § 49 FamFG Rz. 6; OLG Stuttgart v. 14.9.1999 – 15 WF 347/99, FamRZ 2000, 965.
3 *Schürmann*, FamRB 2008, 375 (378).
4 OLG Nürnberg v. 9.9.2010 – 11 WF 972/10, NJW-RR 2011, 219.

elterlichen Sorge abgeändert werden.[1] Durch eA kann auch einem Elternteil die Befugnis übertragen werden, eine Angelegenheit, deren Regelung für das Kind von erheblicher Bedeutung ist (Schulwechsel, Umzug, Ausschlagung einer überschuldeten Erbschaft[2]), allein zu entscheiden (§ 1628 BGB). Weigert sich ein Elternteil, bei der Ausstellung eines Kinderausweises mitzuwirken, kann dem anderen Elternteil das entsprechende Recht zur alleinigen Ausübung übertragen (§ 1628 BGB) und durch eA eine Eilentscheidung getroffen werden.[3] Durch eA kann die Herausgabe eines Kindes angeordnet werden, wenn die Voraussetzungen des § 1632 Abs. 1 BGB vorliegen, etwa wenn ein Kind den Eltern oder einem Elternteil von einem Dritten widerrechtlich vorenthalten wird oder wenn es dem personenberechtigten Elternteil vom nur umgangsberechtigten Elternteil nicht mehr zurückgegeben wird. Nach § 156 Abs. 3 Satz 1 hat das Gericht mit den Beteiligten den Erlass einer eA zu erörtern, wenn im Erörterungstermin (§ 155 Abs. 2) keine einvernehmliche Regelung in Streitigkeiten über den Aufenthalt oder die Herausgabe des Kindes erreicht werden kann. Auch Hauptsacheverfahren in Kindschaftssachen sind allerdings beschleunigt zu führen (§ 155 Abs. 1). Für eine eA ist daher ein Regelungsbedürfnis kritisch zu prüfen, weil auch diese regelmäßig nicht ohne Anhörungen und deshalb auch nicht schneller ergehen kann.[4] Zur Mutwilligkeit parallel geführter eA- und Hauptsacheverfahren vgl. § 76 Rz. 37.

12a EA im Bereich der elterlichen Sorge (Schutzmaßnahmen zugunsten eines Kindes nach §§ 1666, 1666a BGB) ergehen idR aufgrund einer Mitteilung des Jugendamts nach § 8a Abs. 3 SGB VIII. In diesen Verfahren hat das Gericht nach § 157 Abs. 3 unverzüglich den Erlass einer eA zu prüfen. Die verfassungsrechtliche Dimension von Art. 6 GG beeinflusst dabei auch das Verfahrensrecht, auch und gerade in kindschaftsrechtlichen Eilverfahren.[5] Dies gilt vor allem deshalb, weil Eilmaßnahmen die Gefahr einer Verfestigung des vorläufig geschaffenen Zustandes in sich bergen, die später nicht oder nur schwer rückgängig zu machen ist. Eine Eilmaßnahme nach §§ 1666, 1666a BGB muss daher auf einer möglichst zuverlässigen Entscheidungsgrundlage beruhen.[6] Durch eA kann auch einem Elternteil (oder den Eltern) verboten werden, ein Kind ins Ausland zu verbringen, wenn die Voraussetzungen des § 1666 BGB vorliegen.[7] Bestehen dringende Gründe dafür, dass ein Minderjähriger geschlossen untergebracht werden muss (§ 1631b BGB), kann durch eA eine vorläufige Unterbringung genehmigt werden (§ 331 f.).

II. Persönlicher Umgang

13 Streiten Eltern über den persönlichen Umgang mit einem gemeinsamen Kind, kann der persönliche Umgang durch eA geregelt (§ 1684 Abs. 3 BGB) oder vorläufig ausgeschlossen werden (§ 1684 Abs. 4 BGB). Eine eA kann auch dann ergehen, wenn der Streit um den persönlichen Umgang sich nur auf einzelne Tage (zB hohe Feiertage), auf ein bestimmtes Wochenende oder nur auf einen Ferienumgang bezieht. Zur Verhinderung einer Kindesentführung ins Ausland kann auch die Hinterlegung eines Reisepasses (des Kindes oder des Umgangsberechtigten) angeordnet werden.[8] Eine eA zum persönlichen Umgang (Regelung oder Ausschluss) soll nach § 156 Abs. 3 Satz 2 ergehen, wenn die Teilnahme an einer Beratung angeordnet oder ein schriftliches Sachverständigengutachten eingeholt wird.

---

1 Nur im Hauptsacheverfahren, so OLG Celle v. 2.12.2010 – 15 UF 233/10, juris.
2 Vgl. den Fall OLG Hamm v. 16.4.2002 – 15 W 38/02, NJW 2002, 2477.
3 OLG Karlsruhe v. 20.9.2004 – 16 WF 124/04, FamRZ 2005, 1187.
4 *Schmid*, FamRB 2011, 348.
5 BVerfG v. 21.6.2002 – 1 BvR 605/02, FamRZ 2002, 1021; vgl. dazu auch EuGHMR v. 8.4.2004 – Beschwerde Nr. 11057/02, FamRZ 2005, 585, 588: Eilmaßnahmen nur dann, wenn eine unmittelbare Gefährdung eines Kindes tatsächlich festgestellt worden ist.
6 BVerfG v.19.12.2007 – 1 BvR 2681/07, FamRZ 2008, 492.
7 OLG Karlsruhe v. 15.6.2001 – 16 UF 30/01, FamRZ 2002, 1273.
8 OLG Frankfurt v. 4.6.1996 – 20 W 170/96, FamRZ 1997, 571.

III. Unterhalt

In Unterhaltssachen besteht häufig das Bedürfnis, den Unterhalt eines Kindes (§§ 1601 ff. BGB), den Ehegattentrennungsunterhalt (§ 1361 BGB), den nachehelichen Unterhalt (§§ 1570 ff. BGB) oder den Betreuungsunterhalt nach § 1615l BGB vorläufig zu regeln (§§ 246 ff.). In Unterhaltssachen ist dabei ein dringendes Bedürfnis für ein sofortiges Tätigwerden nicht erforderlich. Abweichend von § 49 kann insbesondere auch eine Zahlung angeordnet werden (keine Begrenzung auf vorläufige Maßnahmen). In Unterhaltssachen setzt der Erlass einer eA damit wie bisher keine Notsituation voraus. Der Gläubiger muss lediglich seinen Unterhaltsanspruch schlüssig darlegen und glaubhaft machen.[1] Unterhalt kann im Wege der eA in vollem Umfang ohne zeitliche Begrenzung zuerkannt werden, soweit die Voraussetzungen hierfür glaubhaft gemacht werden.[2] Er ist nicht auf einen Notbedarf beschränkt. Rückständiger Unterhalt kann allerdings nicht im Wege der eA geltend gemacht werden, sondern nur Unterhalt ab Antragstellung.[3] Eingehend zur eA in Unterhaltssachen § 246 Rz. 40 ff.

Für die Einleitung eines Verfahrens auf Kindesunterhalt zwischen miteinander verheirateten Eltern ist § 1629 Abs. 3 Satz 1 BGB zu beachten: Das Verfahren der eA muss bei Getrenntleben oder Anhängigkeit einer Ehesache von dem Elternteil, der den Kindesunterhalt geltend machen will, im eigenen Namen beantragt werden. Nach rechtskräftiger Scheidung muss dagegen das eheliche Kind, vertreten durch den Elternteil, den Unterhalt als Antragsteller geltend machen. Letzteres (Führung des Verfahrens im eigenen Namen des Kindes) gilt auch, wenn die Eltern nicht miteinander verheiratet waren.

Eine eA auf Zahlung eines Verfahrenskostenvorschusses ermöglicht § 246 Abs. 1, wenn nach materiellem Recht die Voraussetzungen der §§ 1361 Abs. 4 Satz 4, 1360a Abs. 4 BGB vorliegen. Ein Anspruch auf Verfahrenskostenvorschuss besteht dem Grunde nach auch beim Kindesunterhalt, und zwar auch von volljährigen Kindern gegenüber ihren Eltern für die Kosten eines Rechtsstreits in persönlichen Angelegenheiten.[4] Dagegen besteht kein Anspruch auf Verfahrenskostenvorschuss mehr zwischen geschiedenen Ehegatten.[5] Durch die Möglichkeit, in Unterhaltssachen eine eA zu erwirken, ist die früher anerkannte einstweilige Verfügung auf Notunterhalt (§§ 935 ff. ZPO) dagegen überflüssig geworden und nach dem FamFG ausnahmslos ausgeschlossen (vgl. § 119 Rz. 1). § 119 Abs. 1 sieht dies jetzt ausdrücklich vor. In Familienstreitsachen (§ 112) lässt § 119 Abs. 2 aber weiterhin die Anordnung eines persönlichen oder dinglichen Arrestes zu.

Ein Arrest kommt in Betracht, um künftige Unterhaltsansprüche zu sichern (oder Unterhaltsrückstände, wenn noch kein Titel vorhanden ist), wenn Vermögensverschiebungen zu besorgen sind oder wenn sich der Unterhaltsschuldner in das Ausland absetzen will (§§ 917 f. ZPO). Ein Arrestgrund liegt zB dann vor, wenn Vermögen (zB eine Abfindung für die Auflösung eines Arbeitsverhältnisses) bewusst beiseite geschafft wird.[6]

IV. Güterrecht

Zum Schutz vor illoyalen Vermögensminderungen kann nach § 1385 BGB vorzeitiger Ausgleich des Zugewinns im Wege des Leistungsantrags verlangt werden. Dieser künftige Zugewinnausgleichsanspruch kann durch Arrest nach § 916 ZPO gesichert werden.[7] Ein Arrest zur Sicherung des Zugewinnausgleichs ist auch dann möglich, wenn die Ehesache rechtshängig ist (vgl. § 119 Rz. 7).

---

1 OLG Naumburg v. 4.2.2003 – 8 WF 248/02, FamRZ 2004, 478.
2 OLG Jena v. 27.9.2010 – 1 WF 327/10, FamRZ 2011, 491 m. Anm. *van Els*; *Borth*, FamRZ 2007, 1925 (1929).
3 *Schürmann*, FamRB 2008, 375 (377).
4 BGH v. 23.3.2005 – XII ZB 13/05, NJW 2005, 1722.
5 BGH v. 15.11.1989 – IVb ZR 95/88, FamRZ 1990, 280.
6 Einzelheiten zum Arrest zur Sicherung von Unterhalt FA-FamR/*Seiler*, 1. Kap. Rz. 554 ff.
7 *Brudermüller*, FamRZ 2009, 1185 (1189).

V. Ehewohnung und Haushaltsgegenstände, Gewaltschutz

16 Begehrt ein Ehegatte die Zuweisung der Ehewohnung (§ 1361b BGB, § 2 GewSchG), kann dies auch durch eA ausgesprochen werden. Auch ein Streit über Haushaltsgegenstände kann durch eA geregelt werden (§ 1361a BGB). Durch eA kann auch der Schutz vor Nachstellungen geregelt werden (Betretungs-, Näherungs- und Kontaktverbot nach § 1 GewSchG, vgl. § 214).

VI. Betreuungs- und Unterbringungssachen

17 Durch eA kann bei Eilbedürftigkeit aufgrund des § 1896 Abs. 1 BGB ein vorläufiger Betreuer bestellt oder nach § 1903 Abs. 1 BGB ein vorläufiger Einwilligungsvorbehalt angeordnet werden (§ 300). Dringend erforderliche ärztliche Behandlungen können nach §§ 1908i Abs. 1 Satz 1, 1846 BGB durch eA genehmigt werden, wenn der Betroffene nicht einwilligungsfähig ist und ein Betreuer wegen Eilbedürftigkeit nicht mehr bestellt werden kann. Durch eA können aufgrund des § 1906 Abs. 4 BGB freiheitsbeschränkende Maßnahmen (Fixierung) angeordnet oder genehmigt werden, wenn mit dem Aufschub der Maßnahme eine Gefahr für den Betroffenen verbunden wäre. Durch eA kann auch eine schützende vorläufige geschlossene Unterbringung eines Betreuten angeordnet oder genehmigt werden, wenn dringende Gründe für die Annahme gegeben sind, dass eine endgültige Unterbringungsmaßnahme (nach § 1906 Abs. 1 BGB oder nach den Landesgesetzen über die Unterbringung psychisch Kranker) notwendig wird (§ 331).

D. Verhältnis zur Hauptsache

18 Das Bestehen einer eA hindert es nicht, denselben Gegenstand auch in einem Hauptsacheverfahren endgültig zu klären.[1] Das **Rechtsschutzbedürfnis** hierfür **entfällt** auch nach neuem Recht **nicht**,[2] denn das Verfahren der eA ist ein summarisches Verfahren, die Entscheidungen sind grundsätzlich unanfechtbar (§ 57 Satz 1), über den Anspruch wird in der eA nicht mit materieller Rechtskraft entschieden. Eine eA schafft in Unterhaltsverfahren nur eine einstweilige Vollstreckungsmöglichkeit wegen eines vorläufig als bestehend angenommenen Anspruchs.[3] Sie stellt keinen Rechtsgrund zum Behaltendürfen dar.[4] Das Rechtsschutzbedürfnis für ein Hauptsacheverfahren kann aber im Einzelfall gleichwohl zu verneinen sein, etwa dann, wenn eine inhaltsgleiche eA (zB über Gewaltschutz) bereits besteht, die vom Gegner akzeptiert wird.

E. Ansprüche bei falscher einstweiliger Anordnung

19 Stellt sich heraus, dass eine eA sachlich nicht gerechtfertigt war, sind **Ersatzansprüche** gegen den Antragsteller **ausgeschlossen**. § 945 ZPO gilt nicht für eA.[5] Dabei bleibt es auch nach dem FamFG, insbesondere für eA auf Unterhalt.[6] Eine Ausnahme enthält § 248 Abs. 5 Satz 2 bei der eA auf Unterhalt im Vaterschaftsfeststellungsverfahren (vgl. § 641g aF ZPO). Für einen ungerechtfertigten oder später aufgehobenen Arrest in Familienstreitsachen gilt jedoch gem. § 119 Abs. 2 Satz 1 unmittelbar die Schadensersatzvorschrift des § 945 ZPO.

19a Unberührt bleiben Ansprüche aus § 823 Abs. 2 BGB iVm. § 263 StGB, wenn eine eA durch eine unerlaubte Handlung erwirkt oder in sittenwidriger Weise von ihr Gebrauch gemacht wurde (§ 826 BGB).[7]

---

1 BGH v. 9.2.1983 – IVb ZR 343/81 FamRZ 1983, 355.
2 *Götz*, NJW 2010, 897.
3 BGH v. 29.5.1991 – XII ZR 157/90, FamRZ 1991, 1175.
4 BGH v. 29.5.1991 – XII ZR 157/90, FamRZ 1991, 1175.
5 BGH v. 9.5.1984 – IVb ZR 7/83, FamRZ 1984, 767; BGH v. 27.10.1999 – XII ZR 239/97, NJW 2000, 740; Zöller/*Vollkommer*, § 945 ZPO Rz. 5; Thomas/Putzo/*Seiler*, § 945 ZPO Rz. 6.
6 RegE BT-Drucks. 16/6308, S. 226; Johannsen/Henrich/*Büte*, § 54 Rz. 14.
7 Vgl. BGH v. 9.5.1984 – IVb ZR 7/83, FamRZ 1984, 767.

In Familienstreitsachen mit Ausnahme der Unterhaltssachen und der (Unterhalts-)Lebenspartnerschaftssachen nach § 269 Abs. 1 Nr. 7 und 8 gilt jedoch § 945 ZPO entsprechend (§ 119 Abs. 1 Satz 2). In Familienstreitsachen bleibt nach § 119 Abs. 2 S. 1 der persönliche oder der dingliche Arrest möglich. Erweist sich ein solcher als ungerechtfertigt, gilt § 945 ZPO (§ 119 Abs. 2 Satz 2). 20

50 Zuständigkeit

(1) Zuständig ist das Gericht, das für die Hauptsache im ersten Rechtszug zuständig wäre. Ist eine Hauptsache anhängig, ist das Gericht des ersten Rechtszugs, während der Anhängigkeit beim Beschwerdegericht das Beschwerdegericht zuständig.
(2) In besonders dringenden Fällen kann auch das Amtsgericht entscheiden, in dessen Bezirk das Bedürfnis für ein gerichtliches Tätigwerden bekannt wird oder sich die Person oder die Sache befindet, auf die sich die einstweilige Anordnung bezieht. Es hat das Verfahren unverzüglich von Amts wegen an das nach Absatz 1 zuständige Gericht abzugeben.

A. Allgemeines

Die Vorschrift regelt die örtliche und sachliche **Zuständigkeit** für eA. 1

B. Inhalt der Vorschrift

I. Gericht der Hauptsache (Absatz 1)

1. Nach Satz 1 ist, wenn eine **Hauptsache nicht anhängig** ist, für das einstweilige Anordnungsverfahren das Gericht zuständig, das für eine (fiktive) Hauptsache in erster Instanz zuständig wäre. Die Zuständigkeit ist nach den **allgemeinen Vorschriften** zu prüfen. Sofern für die Hauptsache in erster Instanz das Landgericht oder ein höheres Gericht sachlich zuständig wäre, gilt dies auch für die eA. 2

2. Satz 2 regelt die Zuständigkeit, wenn eine Hauptsache bereits anhängig ist. Dann ist für eine eA das Gericht zuständig, bei dem die **Hauptsache** im ersten Rechtszug **anhängig ist**. Für die Zuständigkeit nach Satz 2 ist erforderlich, dass der Gegenstand des Hauptsacheverfahrens dem der eA entspricht. Das Gericht der Hauptsache ist auch dann für die eA zuständig, wenn es seine Zuständigkeit zu Unrecht annimmt, wenn nur insoweit der Rechtsweg gegeben ist (formale Anknüpfung).[1] Während der Anhängigkeit der Hauptsache beim Beschwerdegericht (ab Eingang der Beschwerdeschrift) ist das Beschwerdegericht zuständig. Während der Anhängigkeit der Hauptsache beim Rechtsbeschwerdegericht ist wiederum das Gericht erster Instanz für das einstweilige Anordnungsverfahren zuständig (Abs. 1 Satz 2, 1. Halbs.[2]). 3

Anhängig ist eine Hauptsache ab Eingang der Antragschrift bei Gericht, nicht erst ab Zustellung. In Amtsverfahren kommt es darauf an, ob das Gericht die Einleitung eines Verfahrens verfügt hat. Die Zuständigkeit nach Satz 2 endet mit dem rechtskräftigen Abschluss des entsprechenden Hauptsacheverfahrens (oder durch Antragsrücknahme oder Erledigung). Dann ist für das einstweilige Anordnungsverfahren wieder nach Abs. 1 Satz 1 das (ggf. auch andere) Gericht zuständig, das für eine (fiktive) Hauptsache in erster Instanz zuständig wäre.[3] Wird eine eA allerdings während der Anhängigkeit einer Hauptsache beim Beschwerdegericht beantragt, bleibt das Beschwerdegericht für das Verfahren der eA zuständig, auch wenn es das Hauptsacheverfahren vor der Entscheidung über den Antrag auf Erlass einer eA abgeschlossen 4

---

1 Keidel/*Giers*, § 50 FamFG Rz. 5; Schulte-Bunert/Weinreich/*Schwonberg*, § 50 FamFG Rz. 12.
2 *Gießler*, FPR 2006, 421; Löhnig/*Heiß*, FamRZ 2009, 1101.
3 *Gießler*, FPR 2006, 421; Keidel/*Giers*, § 50 Rz. 9; Schulte-Bunert/Weinreich/*Schwonberg*, § 50 FamFG Rz. 12; aA Löhnig/*Heiß*, FamRZ 2009, 1101 und möglicherweise die Begr. RegE BT-Drucks. 16/6308, S. 200.

hat (perpetuatio fori entsprechend § 261 Abs. 3 Nr. 2 ZPO). Die Zuständigkeit des Beschwerdegerichts ist auch gegeben, wenn sich bei einem Stufenantrag nur die Auskunftsstufe in der 2. Instanz befindet. Weil bei einem Stufenantrag auch der bezifferte Anspruch sogleich rechtshängig wird, und weil Auskunftsanspruch und bezifferter Anspruch rechtlich verklammert sind, ist z.B. für eine eA über bezifferten Unterhalt während der Anhängigkeit der Sache (auch nur der Auskunftsstufe) beim Beschwerdegericht dessen Zuständigkeit gegeben.[1]

5 Durch die verfahrensrechtliche Selbständigkeit einer eA kann sich (durch Umzug) ein **Auseinanderfallen der Zuständigkeit** für Hauptsache und eA ergeben,[2] weil trotz Anhängigkeit einer eA die Zuständigkeit für die Hauptsache gesondert zu prüfen ist. Dem kann nur durch Abgabe aus wichtigem Grund (§ 4) Rechnung getragen werden. Kommt eine Abgabe nicht in Betracht (zB in Unterhaltssachen), kann eine doppelte Befassung der Gerichte mit demselben Gegenstand dadurch vermieden werden, dass das Verfahren der eA im Hinblick auf die Hauptsache für erledigt erklärt wird. Im Übrigen gelten für das Verhältnis zwischen eA Anordnung und Hauptsache § 56 Abs. 1 und Abs. 2.

6 Wird bei Anhängigkeit eines Verfahrens der eA bei einem anderen Familiengericht eine Ehesache rechtshängig, muss das Verfahren der eA an das Gericht der Ehesache abgegeben werden (entsprechend §§ 153, 202, 233, 263, 268[3]).

II. Eilzuständigkeit (Absatz 2)

7 1. Satz 1 begründet eine zusätzlich gegebene **Eilzuständigkeit** des Amtsgerichts für besonders dringende Fälle. Da eA grundsätzlich nur ergehen können, wenn ein dringendes Bedürfnis für ein sofortiges Tätigwerden besteht, sind für die Eilzuständigkeit erhöhte Voraussetzungen (nur in ganz besonders dringenden Fällen) zu stellen. Da die Gerichte grundsätzlich einen Bereitschaftsdienst eingerichtet haben, ist in Zeiten moderner Kommunikationsmittel (Einreichung von Schriftsätzen per Telefax) ein Fall der Eilzuständigkeit kaum denkbar. Der Antragsteller muss glaubhaft machen, warum er durch die Anrufung des nach Abs. 1 zuständigen Gerichts einen Nachteil erleiden würde (praktisch: dass und warum dieses Gericht derzeit nicht erreichbar ist).

8 Maßgeblich für die zusätzlich gegebene Eilzuständigkeit ist der Ort, an dem das Bedürfnis für ein gerichtliches Tätigwerden hervortritt. Im Übrigen wird für die Eilzuständigkeit entsprechend § 942 Abs. 1 ZPO (Amtsgericht der belegenen Sache) darauf abgestellt, wo sich die Person oder die Sache, auf die sich die eA bezieht, befindet.

9 2. Nach Satz 2 hat das in einem besonders dringenden Fall angerufene Amtsgericht für den Fall der Wahrnehmung der Eilzuständigkeit das einstweilige Anordnungsverfahren unverzüglich an das nach Abs. 1 zuständige Gericht (das nach Abs. 1 Satz 1 zuständig wäre oder bei dem bereits ein Hauptsacheverfahren nach Abs. 1 Satz 2 anhängig ist) **abzugeben**. Die Eilzuständigkeit besteht also nicht auf Dauer. Die Abgabe des Verfahrens ist auch im Hinblick auf eine auf Antrag oder von Amts wegen erfolgende Abänderung der im einstweiligen Anordnungsverfahren zunächst ergangenen Entscheidung (nach § 54) von Bedeutung.

51 *Verfahren*
(1) **Die einstweilige Anordnung wird nur auf Antrag erlassen, wenn ein entsprechendes Hauptsacheverfahren nur auf Antrag eingeleitet werden kann. Der Antragsteller hat den Antrag zu begründen und die Voraussetzungen für die Anordnung glaubhaft zu machen.**

---

1 AA Schulte-Bunert/Weinreich/*Schwonberg*, § 50 FamFG Rz. 13.
2 *Gießler*, FPR 2006, 421.
3 *Gießler*, FPR 2006, 421; *Schürmann*, FamRB 2008, 375.

(2) Das Verfahren richtet sich nach den Vorschriften, die für eine entsprechende Hauptsache gelten, soweit sich nicht aus den Besonderheiten des einstweiligen Rechtsschutzes etwas anderes ergibt. Das Gericht kann ohne mündliche Verhandlung entscheiden. Eine Versäumnisentscheidung ist ausgeschlossen.
(3) Das Verfahren der einstweiligen Anordnung ist ein selbständiges Verfahren, auch wenn eine Hauptsache anhängig ist. Das Gericht kann von einzelnen Verfahrenshandlungen im Hauptsacheverfahren absehen, wenn diese bereits im Verfahren der einstweiligen Anordnung vorgenommen wurden und von einer erneuten Vornahme keine zusätzlichen Erkenntnisse zu erwarten sind.
(4) Für die Kosten des Verfahrens der einstweiligen Anordnung gelten die allgemeinen Vorschriften.

A. Allgemeines 1	II. Verfahrensgrundsätze (Absatz 2) ... 6
B. Inhalt der Vorschrift	III. Einstweilige Anordnung als selbständiges Verfahren (Absatz 3) 18
I. Antragserfordernis in Antragsverfahren (Absatz 1) 2	IV. Kostenentscheidung (Absatz 4) 20

A. Allgemeines

Die Vorschrift enthält die wesentlichen **Verfahrensvorschriften** für einstweilige Anordnungssachen. 1

B. Inhalt der Vorschrift

I. Antragserfordernis in Antragsverfahren (Absatz 1)

1. Satz 1 stellt klar, dass in **Antragsverfahren** (zB Unterhalt oder Prozesskostenvorschuss, Wohnungszuweisungs- und Hausratssachen, Gewaltschutzsachen, einstweilige Sorgerechtsregelung nach § 1671 Abs. 1, Abs. 2 Nr. 2 BGB) eine eA nur auf Antrag ergehen kann. Dies bedeutet zugleich, dass für Verfahren, die **von Amts wegen** eingeleitet werden können (zB Maßnahmen zur Abwendung einer Gefährdung des Kindswohls nach §§ 1666, 1666a BGB oder Umgangsverfahren nach § 1684 Abs. 3 und Abs. 4 BGB – im Bereich der Umgangsregelung hat der Antrag eines Beteiligten lediglich die Funktion einer **Anregung**[1] –, ferner Betreuung, Unterbringung, Freiheitsentziehung), ein Antragserfordernis auch für eine eA nicht besteht. Es bedarf dann nur einer **Anregung** nach § 24 Abs. 1 für den Erlass einer eA. Dadurch ist die von der Rechtsprechung entwickelte frühere sog. vorläufige Anordnung endgültig erledigt.[2] In Amtsverfahren hat das Gericht aber auch von sich aus zu prüfen, ob eine eA wegen eines dringenden Regelungsbedürfnisses ergehen muss. 2

Anwaltszwang besteht im Verfahren der eA generell nicht (§ 114 Abs. 4 Nr. 1), auch nicht in Unterhaltssachen, in einer mündlichen Verhandlung und auch nicht vor dem Beschwerdegericht. Ein Antrag auf Erlass einer eA kann daher auch nach § 25 Abs. 1 zur Niederschrift der Geschäftsstelle erklärt werden. 3

2. Satz 2 sieht weiter vor, dass der Antrag zu **begründen** ist und die Voraussetzungen für die Anordnung **glaubhaft** zu machen sind, soweit Tatsachen beweisbedürftig sind (also nicht unstreitige Tatsachen). Glaubhaft zu machen ist insbesondere das dringende Regelungsbedürfnis iSd. § 49 Abs. 1. Es wird in Gewaltschutzsachen in den Fällen des § 214 Abs. 1 Satz 2 (begangene oder drohende Tat nach § 1 GewSchG) vermutet und ist in Unterhaltssachen und bei einem Verfahrenskostenvorschuss nach § 246 Abs. 1 nicht erforderlich. In Unterhaltssachen setzt der Erlass einer eA damit wie bisher keine Notsituation voraus. Der Gläubiger muss lediglich seinen Unterhaltsanspruch schlüssig darlegen und glaubhaft machen.[3] Unterhalt kann im Wege 4

---

[1] Vgl. OLG Zweibrücken v. 13.10.1992 – 5 UF 237/91, FamRZ 1993, 728; OLG Jena v. 3.3.1994 – 7 UF 76/93, FamRZ 1996, 359.
[2] *Gießler*, FPR 2006, 421; anders zB noch früher OLG Hamm v. 4.11.2003 – 2 WF 371/03, FamRZ 2004, 1046 für eine vorläufige Entziehung der elterlichen Sorge nach § 1666 BGB.
[3] OLG Naumburg v. 4.2.2003 – 8 WF 248/02, FamRZ 2004, 478.

der eA in vollem Umfang ohne zeitliche Begrenzung zuerkannt werden, soweit die Voraussetzungen hierfür glaubhaft gemacht werden.[1] Er ist nicht auf einen Notbedarf beschränkt (vgl. § 49 Rz. 14).

5 Welche **Beweismittel für die Glaubhaftmachung** zugelassen sind, bestimmt sich nach § 31, in Familienstreitsachen nach § 113 Abs. 1 FamFG iVm. § 294 ZPO. In Familienstreitsachen sind also alle präsenten Beweismittel und die eidesstattliche Versicherung der eigenen Partei und Dritter zulässig. Die Benennung von Zeugen genügt zur Glaubhaftmachung nicht. Vielmehr sind schriftliche Erklärungen der Zeugen oder deren eidesstattliche Versicherungen vorzulegen.[2] Eine einfache Erklärung eines Beteiligten oder mündliche Angaben im Termin reichen zur Glaubhaftmachung grundsätzlich nicht aus. Eine eidesstattliche Versicherung sollte eine eigene Darstellung des Sachverhalts enthalten und sich nicht auf eine bloße Bezugnahme auf einen Schriftsatz des Verfahrensbevollmächtigten beschränken. Welche Anforderungen an die Begründung eines Antrags genau zu stellen sind, kann allerdings nur im Einzelfall bestimmt werden. Hierbei ist zu berücksichtigen, dass es sich um ein summarisches Eilverfahren handelt. Eine Tatsache ist glaubhaft gemacht, wenn sie überwiegend wahrscheinlich ist. Für Anregungen in Amtsverfahren, auch wenn sie als Anträge bezeichnet sind, ist Satz 2 (insbesondere Glaubhaftmachung) nicht anzuwenden. In Amtsverfahren gilt die Amtsermittlung auch im Verfahren der eA. Der Antragsteller muss aber auch hier an der Feststellung des Sachverhalts mitwirken und das Verfahren fördern (vgl. § 26 Rz. 30 und § 27 Rz. 5).

II. Verfahrensgrundsätze (Absatz 2)

6 1. Satz 1 verweist für das einstweilige Anordnungsverfahren auf die Verfahrensvorschriften, die für eine entsprechende Hauptsache anwendbar sind. Gilt für die Hauptsache die Amtsermittlung, gilt diese auch im Verfahren der eA: Das Gericht ist dann verpflichtet, den Sachverhalt von Amts wegen aufzuklären. In Familienstreitsachen gilt dagegen der Beibringungsgrundsatz.

7 Die Verweisung auf die entsprechenden **Hauptsachevorschriften** bedeutet auch, dass grundsätzlich die Anhörungen durchzuführen sind, die für das jeweilige Verfahren vorgeschrieben sind (zB Kind, Eltern, Pflegeperson, Jugendamt, Betroffener, Verfahrenspfleger). Gleiches gilt für die erforderliche Hinzuziehung von weiteren Beteiligten. In Ehewohnungssachen ist eine Beteiligung des Vermieters nicht erforderlich, wenn es sich nur um eine vorläufige Regelung für die Dauer des Getrenntlebens handelt (§ 204 Abs. 1). Unterbleiben Anhörungen wegen Eilbedürftigkeit, müssen sie ggf. nach den für die entsprechende Hauptsache geltenden Vorschriften nachgeholt werden (vgl. zB §§ 159 Abs. 3 Satz 2, 160 Abs. 4, 162 Abs. 1 Satz 2, 213 Abs. 1 Satz 2, 301 Abs. 1 Satz 2, 332 Satz 2, 427 Abs. 2).

8 Die Verweisung auf die für eine entsprechende Hauptsache anwendbaren Vorschriften reicht aber ausdrücklich nur so weit, wie nicht die Besonderheiten des einstweiligen Rechtsschutzes, also die Eilbedürftigkeit des Verfahrens und dessen summarischer Zuschnitt, entgegenstehen. Eine eA setzt nach § 49 Abs. 1 ein dringendes Bedürfnis für ein sofortiges Tätigwerden voraus. Die Einholung eines schriftlichen Sachverständigengutachtens kommt damit wegen des damit verbundenen Zeitbedarfs (und Aktenversendung) regelmäßig nicht in Betracht, es sei denn, die Schwere des Eingriffs in Rechte der Beteiligten erfordert dies auch für eine eA (zB für Entzug des Sorgerechts im Eilverfahren).[3] Das Eilbedürfnis schließt grundsätzlich auch eine Aussetzung des Verfahrens aus.[4]

---

1 Borth, FamRZ 2007, 1925, 1929; AG Recklinghausen v. 19.11.2002 – 47 F 183/02, FamRZ 2003, 1103.
2 OLG Bremen v. 17.8.2011 – 4 UF 109/11, NJW-RR 2011, 1511.
3 Vgl. dazu BVerfG v. 21.6.2002 – 1 BvR 605/02, FamRZ 2002, 1021: Eilentscheidungen nur auf der Grundlage eines ermittelten Sachverhalts.
4 KG v. 14.10.2010 – 19 UF 75/10, FamRZ 2011, 920.

2. Satz 2 stellt klar, dass das Gericht auch **ohne mündliche Verhandlung** entscheiden kann, auch in Familienstreitverfahren. Die Entscheidung hierüber steht, vorbehaltlich besonderer Vorschriften wie etwa § 246 Abs. 2 (eA Unterhalt oder Verfahrenskostenvorschuss), in seinem Ermessen. Die Vorschrift ist auch auf die Termine nach §§ 155 Abs. 2, 157 Abs. 1 und § 207 (Erörterungstermin in Kindschafts-, Ehewohnungs- und Haushaltssachen) anwendbar. Auch diese Erörterungstermine können daher in Eilfällen entfallen.

Regelmäßig ist dem Antragsgegner vor Erlass aufgrund einer mündlichen Verhandlung **rechtliches Gehör** zu gewähren (Art. 103 Abs. 1 GG). Dies geschieht durch Bekanntgabe der Antragsschrift oder des vom Urkundsbeamten aufgenommenen Protokolls. Dem Gegner ist eine Frist zur Stellungnahme zu gewähren, vor deren Ablauf nicht entschieden werden darf. Die Gewährung rechtlichen Gehörs ist nicht erforderlich, wenn der Antrag auf Erlass der eA abweisungsreif ist und deshalb sofort abgewiesen wird. Die Anhörung eines Gegners muss auch dann unterbleiben, wenn ausnahmsweise wegen Eilbedürftigkeit sofort eine Regelung getroffen werden muss. Dann ist dem Gegner nach der Anhörung rechtliches Gehör zu gewähren durch Übersendung der Antragsschrift mit der Entscheidung und durch Nachholung vorgeschriebener persönlicher Anhörungen (vgl. zB § 160 Abs. 4).

Beabsichtigt das Gericht, über einen Antrag auf Erlass einer eA aufgrund mündlicher Verhandlung zu entscheiden, sind zumindest in den Fällen, in denen Vorschriften der ZPO anzuwenden sind (vgl. § 113 Abs. 1 Satz 2 für die Familienstreitsachen), die Ladungsvorschriften der ZPO entsprechend anzuwenden.[1] Nach § 217 ZPO beträgt die Frist, die zwischen der Zustellung der Ladung und dem Termin liegen soll, mindestens drei Tage, wenn es sich – wie bei der eA – nicht um einen Anwaltsprozess handelt. Die Einlassungsfrist des § 274 Abs. 3 ZPO gilt dagegen nicht.[2] Auch nach den allgemeinen Vorschriften (§ 32 Abs. 2) soll zwischen der Ladung und dem Termin eine angemessene Frist liegen. In Gewaltschutzsachen ist eine Ladungsfrist von einer Woche nicht unangemessen kurz.[3]

Wird die Ladungsfrist oder die angemessene Frist des § 32 Abs. 2 nicht eingehalten oder wird sonst nicht verfahrensordnungsgemäß verhandelt, ist gleichwohl iSd. § 57 Satz 2 aufgrund mündlicher Erörterung entschieden.[4]

In Verfahren der eA sind im Termin **Vergleiche** zulässig, sofern die Beteiligten über den Verfahrensgegenstand verfügen können (zB in Unterhaltssachen). In Kindschaftssachen kann nach Maßgabe des § 156 Abs. 2 auch im Verfahren der eA ein gerichtlich gebilligter Vergleich zu Stande kommen. Bei Abschluss eines Vergleichs sollte (im Hinblick auf Rechtsbehelfe und Abänderungsmöglichkeiten) immer klargestellt werden, ob es sich um eine nur vorläufige oder aber um eine endgültige Regelung handelt.

Die Endentscheidung in Verfahren der eA ergeht durch **Beschluss**. Es handelt sich um eine Endentscheidung im Sinne der §§ 38 Abs. 1 Satz 1, 58 Abs. 1. Ob das Gericht dabei an Anträge der Beteiligten gebunden ist, richtet sich nach dem Gegenstand des Anordnungsverfahrens. In Unterhaltssachen ist das Gericht an die Anträge gebunden, bei der Regelung des persönlichen Umgangs und der elterlichen Sorge dagegen nicht. Auch in den fG – Familiensachen darf die Entscheidung jedoch den eingeleiteten Verfahrensgegenstand nicht überschreiten.[5] Die Entscheidung muss nach den für das Rechtsverhältnis maßgebenden Vorschriften gerechtfertigt sein (§ 49 Abs. 1). Ihr muss nach materiellem Recht ein Anspruch zugrunde liegen. Die eA kann befristet werden (vgl. § 56 Abs. 1 Satz 1).

---

1 OLG Dresden v. 21.2.2002 – 22 WF 88/02, FamRZ 2002, 1498.
2 Zöller/*Philippi*, 27. Aufl., § 620a ZPO Rz. 24.
3 OLG Frankfurt v. 16.8.2012 – 5 UF 221/12, FamRZ 2013, 316.
4 OLG Dresden v. 21.2.2002 – 22 WF 88/02, FamRZ 2002, 1498; Zöller/*Philippi*, 27. Aufl., § 620c ZPO Rz. 8.
5 Zöller/*Feskorn*, § 51 FamFG Rz. 12.

14 Der Beschluss ist nach § 38 Abs. 3 Satz 1 zu **begründen** und hat eine Rechtsbehelfsbelehrung zu enthalten (§ 39). Zu belehren ist auch über den Antrag auf erneute Entscheidung aufgrund mündlicher Verhandlung nach § 54 Abs. 2. Die Rechtsbehelfsbelehrung muss sich auch auf den Antrag nach § 52 auf Einleitung des Hauptsacheverfahrens beziehen.[1]

15 In besonders dringenden Fällen kann von einer Begründung nach Abs. 2 Satz 1, 2. Halbs. abgesehen werden.[2] Das Gericht kann in besonders dringenden Fällen einem Antrag auf Erlass einer eA stattgeben und sich der Antragsbegründung ausdrücklich anschließen, also auf den Antrag Bezug nehmen.[3] Ein Beteiligter, dessen Antrag abgelehnt wird, hat dagegen stets Anspruch auf eine Begründung. Nach § 49 Abs. 2 Satz 3 kann das Gericht mit der eA auch die zu ihrer Durchführung erforderlichen Anordnungen treffen.

16 Der Beschluss ist nach den für die Hauptsache geltenden Vorschriften bekannt zu geben (nach § 41). In Familienstreitsachen müssen wegen § 113 Abs. 1 Satz 1 FamFG die auf Grund einer mündlichen Verhandlung ergehenden Beschlüsse nach § 329 ZPO verkündet werden.

17 3. Satz 3 schließt eine Versäumnisentscheidung in jedem Fall aus, also auch dann, wenn wie zB in Unterhaltsverfahren die für eine entsprechende Hauptsache geltenden Verfahrensvorschriften eine solche grundsätzlich vorsehen.

III. Einstweilige Anordnung als selbständiges Verfahren (Absatz 3)

18 1. Durch Satz 1 wird ausdrücklich klargestellt, dass das Verfahren der eA im Unterschied zum früheren Recht auch bei Anhängigkeit einer Hauptsache ein **selbständiges Verfahren** ist (vgl. § 49 Rz. 3). Zur (unklaren) Behandlung einer eA, die nach dem 1.9.2009 beantragt wird, wenn bereits eine vor dem 1.9.2009 eingeleitete Hauptsache anhängig ist, vgl. Art. 111 FGG-RG Rz. 4 und § 49 Rz. 3. Für Scheidungsverbundverfahren mit Versorgungsausgleich stellt sich diese Problematik allerdings seit dem 1.9.2010 nicht mehr (Art. 111 Abs. 5 FGG-RG).

19 2. Nach Satz 2 müssen einzelne Verfahrenshandlungen (zB Anhörungen) im Hauptsacheverfahren nicht wiederholt werden, wenn von deren erneuter Vornahme keine zusätzlichen Erkenntnisse zu erwarten sind. Auf Termine und mündliche Verhandlungen kann jedoch, sofern sie gesetzlich vorgeschrieben sind, in einem erstinstanzlichen Hauptsacheverfahren nicht verzichtet werden. Dies gilt insbesondere für den Erörterungstermin in Kindschaftssachen nach § 155 Abs. 2.

IV. Kostenentscheidung (Absatz 4)

20 Abs. 4 ordnet als Folge der Selbständigkeit des einstweiligen Anordnungsverfahrens für die Kosten des Verfahrens der eA im Unterschied zum früheren Recht (§ 620g aF ZPO) die Geltung der allgemeinen Vorschriften an. In einstweiligen Anordnungssachen ist somit nach Maßgabe der einschlägigen Vorschriften (§ 81; in Familienstreitsachen wegen § 113 Abs. 1 Satz 1 FamFG nach §§ 91 ff. ZPO; in Unterhaltssachen nach § 243 FamFG) eine **Kostenentscheidung** geboten; soweit allerdings in einer entsprechenden Hauptsache von einer Kostenentscheidung abgesehen werden kann, gilt dies auch im einstweiligen Anordnungsverfahren.

21 Kosten/Gebühren: Gericht: Im Verfahren über den Erlass einer eA entstehen Gebühren nach Teil 1 Hauptabschnitt 6 KV GNotKG (Nrn. 16110 bis 16224) bzw. nach Hauptabschnitt 4 KV FamGKG (Nrn. 1410 bis 1424). Die Gebühren fallen neben den Gebühren für die Hauptsache an. Im Verfahren über den Erlass einer eA und über deren Aufhebung oder Änderung werden die Gebühren nur einmal erhoben (Vorbem. 1.6 KV GNotKG; Vorbem. 1.4 KV FamGKG). Für das Verfahren ist nach § 62 GNotKG bzw. nach § 41 FamGKG der Wert in der Regel unter Berücksichtigung der geringeren Bedeutung gegenüber der Hauptsache zu ermäßigen. Dabei ist von der Hälfte des für die Hauptsache bestimmten Werts auszugehen. Als Kostenschuldner kommen der Entscheidungs- oder der Übernahmeschuldner in Frage (§ 27 Nr. 1 und 2 GNotKG, § 24 Nr. 1 und 2 FamGKG), in

---

1 RegE BT-Drucks. 16/6308, S. 201; aA Zöller/*Feskorn*, § 51 FamFG Rz. 11.
2 *Gießler*, FPR 2006, 421.
3 Zöller/Feskorn, § 51 FamFG Rz. 10.

echten Antragsverfahren zusätzlich der Antragsteller (§ 22 Abs. 1 GNotKG, § 21 Abs. 1 FamGKG). Keine Gebühr entsteht nach Abs. 1 der Anmerkung zu Nr. 16110 KV GNotKG für ein Verfahren der eA, das in den Rahmen einer bestehenden Betreuung oder Pflegschaft fällt. Gleiches gilt für die Bestellung eines vorläufigen Betreuers, wenn in der Hauptsache ein Betreuer bestellt wird. Ebenfalls keine Gebühr entsteht für Verfahren, die in den Rahmen einer Vormundschaft oder Pflegschaft fallen (Anmerkung zu Nr. 1410 KV FamGKG). RA: Das Verfahren über den Erlass einer eA ist nach § 17 Nr. 4 Buchst. b RVG gegenüber dem Hauptsachverfahren eine besondere Angelegenheit, für die Gebühren nach Teil 3 entstehen. Das Verfahren über den Erlass einer eA und über deren Aufhebung oder Änderung sind eine Angelegenheit (§ 16 Nr. 5 RVG). Die § 62 GNotKG und § 41 FamGKG sind nach § 23 Abs. 1 Satz 1 RVG auch für die RA-Gebühren maßgeblich.

52 Einleitung des Hauptsacheverfahrens

(1) Ist eine einstweilige Anordnung erlassen, hat das Gericht auf Antrag eines Beteiligten das Hauptsacheverfahren einzuleiten. Das Gericht kann mit Erlass der einstweiligen Anordnung eine Frist bestimmen, vor deren Ablauf der Antrag unzulässig ist. Die Frist darf drei Monate nicht überschreiten.

(2) In Verfahren, die nur auf Antrag eingeleitet werden, hat das Gericht auf Antrag anzuordnen, dass der Beteiligte, der die einstweilige Anordnung erwirkt hat, binnen einer zu bestimmenden Frist Antrag auf Einleitung des Hauptsacheverfahrens oder Antrag auf Bewilligung von Verfahrenskostenhilfe für das Hauptsacheverfahren stellt. Die Frist darf drei Monate nicht überschreiten. Wird dieser Anordnung nicht Folge geleistet, ist die einstweilige Anordnung aufzuheben.

A. Allgemeines

§ 52 regelt das **Verhältnis** der eA **zum Hauptsacheverfahren** neu. Ein Hauptsacheverfahren ist im Unterschied zum früheren Recht nicht mehr zwingend erforderlich. Es wird nur dann durchgeführt, wenn dies beantragt wird, etwa um ein Verfahren mit besseren Erkenntnismöglichkeiten zur Verfügung zu haben. Unberührt bleibt die Verpflichtung des Gerichts, in Amtsverfahren zu überprüfen, ob die Einleitung eines Hauptsacheverfahrens von Amts wegen erforderlich ist. Erforderlich ist ein Hauptsacheverfahren auch dann, wenn eine eA zum Schutz eines Betroffenen nur für einen begrenzten Zeitraum ergehen kann (§§ 333, 427) oder nach einer bestimmten Frist außer Kraft tritt (§ 302) und zu diesem Zeitpunkt das Ziel des Verfahrens noch nicht erreicht ist. § 52 setzt eine erlassene eA voraus (vgl. Rz. 7).

B. Inhalt der Vorschrift

I. Amtsverfahren (Absatz 1)

Abs. 1 regelt die Einleitung (Erzwingung) eines Hauptsacheverfahrens in Verfahren, die **von Amts wegen** eingeleitet werden (zB Verfahren wegen Gefährdung des Kindeswohls oder zur Regelung des persönlichen Umgangs). Auf Antrag eines Beteiligten im einstweiligen Anordnungsverfahren hat das Gericht in solchen Verfahren gem. Satz 1 das Hauptsacheverfahren von Amts wegen einzuleiten. Über dieses Antragsrecht ist gem. § 39 zu belehren.[1]

Gem. Satz 2 kann das Gericht in der eA allerdings eine **Wartefrist** für den Einleitungsantrag bestimmen, um ein vorschnelles Hauptsacheverfahren zu vermeiden. Es ordnet also gegebenenfalls an, dass ein Antrag auf Einleitung eines Hauptsacheverfahrens vor einem bestimmten Zeitpunkt unzulässig ist. Die Wartefrist soll eine Prüfung ermöglichen, ob sich die vorläufig getroffene Maßnahme bewährt hat, ob die Beteiligten also mit ihr leben können. Von dieser Wartefrist sollte nur zurückhaltend Gebrauch gemacht werden, weil die Gefahr besteht, eine inhaltlich nicht gerechtfertigte eA zu zementieren, zumal eA regelmäßig nicht anfechtbar sind (§ 57 Satz 1). Die Wartefrist kann deshalb den Rechtsschutz der Beteiligten unterlaufen.[2] Ist das Gericht bei Erlass der eA bereits zur Einleitung des Hauptsacheverfahrens von Amts

---

[1] RegE BT-Drucks. 16/6308, S. 201; Schulte-Bunert/Weinreich/*Schwonberg*, § 51 Rz. 40.
[2] *Löhnig/Heiß*, FamRZ 2009, 1101.

wegen entschlossen, unterbleibt die Fristsetzung. Die Wartefrist beträgt gem. Satz 3 **höchstens drei Monate**, kann aber kürzer bemessen werden, insbesondere wenn die eA schwerwiegend in die Rechte eines Beteiligten eingreift. Nach dem Gesetzeswortlaut kann die Wartefrist nur mit der eA bestimmt, also nicht später nachgeholt werden, etwa dann, wenn ein Antrag auf Einleitung eines Hauptsacheverfahrens gestellt wird.[1] Ein verfrühter Antrag auf Einleitung des Hauptsacheverfahrens ist nach dem Wortlaut des Gesetzes unzulässig und daher vom Gericht durch Beschluss als unzulässig zu verwerfen.[2] Es kann aber nach Fristablauf ein erneuter Antrag gestellt werden. Ist entgegen dem Gesetz eine Wartefrist von mehr als drei Monaten angeordnet werden, kann jedenfalls nach drei Monaten ein Hauptsacheverfahren erzwungen werden.[3] Innerhalb der Wartefrist bleiben dem durch eine eA beschwerten Beteiligten die Anträge nach § 54. Damit kann aber nur eine Überprüfung der getroffenen Entscheidung innerhalb des summarischen Verfahrens und nicht mit allen Beweismitteln (nicht präsente Zeugen, Sachverständigengutachten) erreicht werden.

II. Antragsverfahren (Absatz 2)

4 Abs. 2 regelt die Einleitung eines Hauptsacheverfahrens in Verfahren, die nur **auf Antrag** eingeleitet werden (zB Unterhalt, Verfahrenskostenvorschuss, Ehewohnungs- und Haushaltssachen, Gewaltschutzsachen). Auf (nicht fristgebundenen) Antrag eines Beteiligten, der durch die eA in seinen Rechten beeinträchtigt ist (Beschwer erforderlich), hat das Gericht in solchen Verfahren gem. Satz 1 gegenüber demjenigen, der die eA erwirkt hat, anzuordnen, dass er die Einleitung des Hauptsacheverfahrens oder die Gewährung von Verfahrenskostenhilfe hierfür beantragt (vgl. § 926 ZPO). Das Gericht hat hierzu eine Frist zu bestimmen, die sich an den Umständen des Einzelfalls zu orientieren hat, die aber **höchstens drei Monate** beträgt (Satz 2). Der fruchtlose Ablauf der Frist hat gem. Satz 3 zwingend die Aufhebung der eA zur Folge. Zuständig für die Anordnung nach Abs. 2 ist der Richter, nicht der Rechtspfleger (da in § 25 RPflG nicht erwähnt). Im Einzelfall kann einem Antrag für die Fristsetzung zur Durchführung eines Hauptsacheverfahrens das Rechtsschutzbedürfnis fehlen. Gegen einen Beschluss, durch den es abgelehnt wird, eine Frist zur Einleitung eines Hauptsacheverfahrens zu setzen, findet die Beschwerde nach § 58 statt.[4]

5 Das **Aufhebungsverfahren** richtet sich analog § 926 Abs. 2 ZPO. Die Aufhebung muss vom Gegner beantragt werden. Sie erfolgt rückwirkend.[5] Dies hat das Gericht durch Beschluss auszusprechen. Dieser Beschluss ist gem. § 57 Satz 1 unanfechtbar.

6 Eine Regelung zur Kostentragung bei Aufhebung sieht § 52 Abs. 2 nicht vor. In dem Aufhebungsbeschluss dürften die Kosten analog § 926 ZPO dem Beteiligten aufzuerlegen sein, der die eA erwirkt hat. Der Aufhebungsbeschluss hat zur Folge, dass die Grundlage für beigetriebene Zahlungen rückwirkend entfällt.[6]

7 § 52 setzt voraus, dass das Gericht eine eA erlassen hat. Ist der Erlass einer eA abgelehnt (oder ist sie nach § 54 oder auf Beschwerde hin aufgehoben) worden, kommen Anträge auf Einleitung eines Hauptsacheverfahrens nach § 52 Abs. 1 oder Abs. 2 nicht in Betracht. Zum Verhältnis des § 52 Abs. 2 zum negativen Feststellungsantrag in Unterhaltssachen vgl. § 57 Rz. 15.

8 **Kosten/Gebühren: Gericht:** Für das Hauptsacheverfahren entstehen nach dem GNotKG und dem FamGKG die Gebühren besonders. Für die Anordnung und Fristsetzung zur Antragstellung in der Hauptsache entstehen keine besonderen Gebühren. Der Antrag eines Beteiligten auf Einleitung eines Amtsverfahrens nach Abs. 1 macht diesen Beteiligten nicht zum Antragstellerschuldner des Hauptsacheverfahrens nach § 22 Abs. 1 GNotKG, § 21 Abs. 1 FamGKG. Für die Aufhebung der eA nach Abs. 2 Satz 3 entstehen keine besonderen Gebühren (Vorbem. 1.6 KV GNotKG, Vorbem. 1.4 KV FamGKG). RA: Das Hauptsacheverfahren ist im Verhältnis

---

1 Schulte-Bunert/Weinreich/*Schwonberg*, *§ 52 FamFG Rz. 9.*
2 *Klein*, FuR 2009, 241; Keidel/*Giers*, § 52 FamFG Rz. 7; Johannsen/Henrich/*Büte*, § 52 FamFG Rz. 5.
3 Schulte-Bunert/Weinreich/*Schwonberg*, § 52 FamFG Rz. 8.
4 *van Els*, FamRZ 2011, 573; Keidel/*Giers*, § 52 FamFG Rz. 9.
5 Zöller/*Feskorn*, § 52 FamFG Rz. 7; vgl. auch Thomas/Putzo/*Seiler*, § 926 ZPO Rz. 15.
6 *Schürmann*, FamRB 2008, 375 (380).

zum Verfahren über den Erlass einer eA eine besondere Angelegenheit (§ 17 Nr. 4 Buchst. b RVG), für das die Gebühren nach Teil 3 entstehen. Für die Anordnung und Fristsetzung zur Antragstellung in der Hauptsache entstehen keine besonderen Gebühren. Das Verfahren über die Aufhebung der eA bildet mit dem Verfahren über den Antrag auf Erlass der eA dieselbe Angelegenheit (§ 16 Nr. 5 RVG), so dass keine besonderen Gebühren entstehen. Der RA, der nur im Aufhebungsverfahren tätig wird, erhält die gleichen Gebühren wie im Verfahren über den Antrag auf Erlass einer eA. Der Wert bestimmt sich nach § 23 Abs. 1 Satz 1 RVG, § 62 GNotKG, § 41 FamGKG.

53 Vollstreckung

(1) Eine einstweilige Anordnung bedarf der Vollstreckungsklausel nur, wenn die Vollstreckung für oder gegen einen anderen als den in dem Beschluss bezeichneten Beteiligten erfolgen soll.
(2) Das Gericht kann in Gewaltschutzsachen sowie in sonstigen Fällen, in denen hierfür ein besonderes Bedürfnis besteht, anordnen, dass die Vollstreckung der einstweiligen Anordnung vor Zustellung an den Verpflichteten zulässig ist. In diesem Fall wird die einstweilige Anordnung mit Erlass wirksam.

A. Allgemeines

§ 53 regelt einzelne Voraussetzungen für die **Vollstreckung** einer eA. Als gerichtlicher Beschluss ist sie ein Vollstreckungstitel nach § 86 Abs. 1 Nr. 1. Die Vollstreckung erfolgt nach den Vorschriften, die für eine entsprechende Hauptsache gelten.[1] Die Vollstreckung in Familienstreitsachen erfolgt nach § 120 Abs. 1 entsprechend §§ 704 bis 915h ZPO, in Angelegenheiten der freiwilligen Gerichtsbarkeit nach §§ 88ff. Für die Vollstreckung einer eA gelten die allgemeinen Voraussetzungen (insbes. Titel, Vollstreckungsklausel nach Maßgabe des Abs. 2, Zustellung). § 53 regelt nur davon abweichende Besonderheiten. Vollstreckt werden kann eine eA ab deren Wirksamwerden (§ 86 Abs. 2). Diese tritt grundsätzlich mit der Bekanntgabe an den Betroffenen nach § 40 Abs. 1 ein. Eine Anordnung der sofortigen Wirksamkeit ist bei einer eA nicht erforderlich.[2] Einer Beschwerde nach § 57 kommt keine aufschiebende Wirkung zu. Aus rechtsgestaltenden eA (zB Übertragung des Aufenthaltsbestimmungsrechts) braucht nicht vollstreckt zu werden. Ihre Wirkungen treten mit Wirksamwerden von selbst ein.

1

B. Inhalt der Vorschrift

I. Wegfall der Vollstreckungsklausel (Absatz 1)

Nach Abs. 1 bedarf eine eA in Anlehnung an § 929 Abs. 1 ZPO im Interesse einer Verfahrensbeschleunigung einer **Vollstreckungsklausel** nur für den Fall, dass die Vollstreckung für oder gegen eine nicht in dem Beschluss bezeichnete Person erfolgen soll (Fälle des § 727 ZPO). Die Vorschrift führt zu einem Wegfall der Klauselpflicht bei der Vollstreckung, sofern gegen denjenigen vollstreckt wird, der in dem Beschluss bezeichnet wird. Dies gilt auch bei einer eA nach dem GewSchG.[3]

2

Allerdings bedarf es nach § 86 Abs. 3 ohnehin keiner Vollstreckungsklausel, wenn die Vollstreckung durch das Gericht erfolgt, das den Titel erlassen hat. Dabei verbleibt es auch für den Fall der Vollstreckung einer eA gegen eine im Beschluss nicht bezeichnete Person.[4] Abs. 1 bezweckt nach der amtlichen Begründung nämlich eine **Einschränkung der Klauselpflicht** und nicht deren Erweiterung. Grundsätzlich ist also für die Vollstreckung einer eA keine Vollstreckungsklausel erforderlich. Erforderlich ist die Klausel aber dann, wenn ein Beteiligter durch den Gerichtsvollzieher (und somit nicht das Gericht, das den Titel erlassen hat) aus einer eA für oder gegen eine nicht im Beschluss bezeichnete Person vollstreckt. Erforderlich ist sie weiter dann,

3

---
1 *Gießler*, FPR 2006, 421; *van Els*, FPR 2008, 406.
2 Keidel/*Giers*, § 53 Rz. 2; Schulte-Bunert/Weinreich/*Schwonberg*, § 53 Rz. 3.
3 Anders noch zum früheren Recht OLG Karlsruhe v. 19.9.2007 – 20 WF 104/07, NJW 2008, 450.
4 RegE BT-Drucks. 16/6308, S. 201.

§ 54 Allgemeiner Teil

wenn ein anderes Gericht (§ 86 Abs. 3) für oder gegen eine nicht im Beschluss bezeichnete Person vollstreckt.

4   Für die Vollstreckung aus einer eA ist die Vollziehungsfrist des § 929 Abs. 2 ZPO von einem Monat nicht entsprechend anzuwenden.[1]

II. Vollstreckung vor der Zustellung (Absatz 2)

5   1. Satz 1 ermöglicht es dem Gericht anzuordnen, dass die Vollstreckung einer eA (abweichend von § 87 Abs. 2) bereits **vor deren Zustellung** an den Verpflichteten möglich ist, insbesondere für eA in Gewaltschutzsachen (vgl. § 64b Abs. 3 Satz 3 FGG aF). Damit sollen für den Antragsteller belastende Situationen, die durch die Bekanntmachung einer gerichtlichen Entscheidung an den Verpflichteten entstehen können, vermieden werden. Der Anwendungsbereich ist nicht auf Gewaltschutzsachen beschränkt, sondern auf weitere Fälle erweitert, in denen hierfür ein besonderes Bedürfnis besteht, etwa bei einer eA auf Herausgabe eines Kindes. Ein besonderes Bedürfnis für eine Vollstreckung vor Zustellung kann auch in Fällen der Anordnung einer vorläufigen Unterbringungsmaßnahme oder vorläufigen Freiheitsentziehung (§§ 331, 427) gegeben sein.

6   2. Ordnet das Gericht an, dass die Vollstreckung der eA vor der Zustellung an den Verpflichteten zulässig ist, wird die eA nach Satz 2 **mit** ihrem **Erlass** (dh. mit Übergabe an die Geschäftsstelle) **wirksam** (Vorverlagerung des Wirksamwerdens). Ergeht eine Anordnung nach Abs. 2 Satz 1 nicht, wird die eA mit der Bekanntgabe wirksam. Es ist nicht notwendig, die sofortige Wirksamkeit anzuordnen.[2] Es kann aber erst nach Zustellung vollstreckt werden. Mit Ordnungsmitteln geahndet werden können nur solche Verstöße gegen Gewaltschutzanordnungen, die nach Zustellung begangen wurden.

7   **Kosten/Gebühren:** Für die Anordnung nach Abs. 2 entstehen weder Gerichts- noch RA-Kosten.

54 Aufhebung oder Änderung der Entscheidung

**(1) Das Gericht kann die Entscheidung in der einstweiligen Anordnungssache aufheben oder ändern. Die Aufhebung oder Änderung erfolgt nur auf Antrag, wenn ein entsprechendes Hauptsacheverfahren nur auf Antrag eingeleitet werden kann. Dies gilt nicht, wenn die Entscheidung ohne vorherige Durchführung einer nach dem Gesetz notwendigen Anhörung erlassen wurde.
(2) Ist die Entscheidung in einer Familiensache ohne mündliche Verhandlung ergangen, ist auf Antrag aufgrund mündlicher Verhandlung erneut zu entscheiden.
(3) Zuständig ist das Gericht, das die einstweilige Anordnung erlassen hat. Hat es die Sache an ein anderes Gericht abgegeben oder verwiesen, ist dieses zuständig.
(4) Während eine einstweilige Anordnungssache beim Beschwerdegericht anhängig ist, ist die Aufhebung oder Änderung der angefochtenen Entscheidung durch das erstinstanzliche Gericht unzulässig.**

A. Allgemeines	1	II. Antrag auf mündliche Verhandlung (Absatz 2)	7
B. Inhalt der Vorschrift		III. Zuständigkeit (Absatz 3)	10
I. Aufhebung oder Änderung (Absatz 1)	2	IV. Verhältnis zur Beschwerde (Absatz 4)	14

A. Allgemeines

1   § 54 regelt die Überprüfung sowie **Aufhebung und Abänderung** von Entscheidungen im einstweiligen Anordnungsverfahren. Die Vorschrift entspricht inhaltlich weit-

---

[1] Keidel/*Giers*, § 53 Rz. 1; Schulte-Bunert/Weinreich/*Schwonberg*, § 53 Rz. 7.
[2] OLG Hamm v. 6.1.2011 – 8 WF 322/10, FamRZ 2011, 830.

gehend § 620b aF ZPO. Die weit gehende Abänderungsmöglichkeit ist in Familiensachen der Ersatz für die regelmäßig nicht gegebene Anfechtbarkeit (§ 57 Satz 1).

B. Inhalt der Vorschrift

I. Aufhebung oder Änderung (Absatz 1)

1. Satz 1 enthält die Befugnis des Gerichts, die Entscheidung im einstweiligen Anordnungsverfahren aufzuheben oder zu ändern, und zwar grundsätzlich **auch von Amts wegen** (zB in Sorgerechts- und Umgangsverfahren). Dies gilt nicht nur für Entscheidungen, die eine eA enthalten, sondern auch für solche, die den Erlass einer solchen ablehnen. Die Aufhebung oder Abänderung setzt keine Veränderung der Sach- oder Rechtslage voraus. Es genügt, dass das Gericht die tatsächlichen oder rechtlichen Verhältnisse anders würdigt.[1] Ein Antrag auf Änderung ist nach dem Gesetzeswortlaut auch gegen eine bloße Kostenentscheidung (zB nach Erledigung des Anordnungsverfahrens) möglich (vgl. Rz. 7).

Das Verfahren der Abänderung nach § 54 kann wiederholt werden. Werden keine neuen Tatsachen (oder keine Änderung der Rechtslage) vorgebracht, fehlt für einen wiederholten Änderungsantrag ein Rechtsschutzbedürfnis. Eine Aufhebung oder Änderung wird nicht dadurch ausgeschlossen, dass gegen die Entscheidung nach § 57 Satz 2 Beschwerde möglich wäre.

2. Kann eine entsprechende Hauptsache nur auf Antrag eingeleitet werden, kann die Entscheidung in der einstweiligen Anordnungssache nach Satz 2 **nur auf Antrag** aufgehoben oder abgeändert werden. In Antragsverfahren dürfte für eine Aufhebung oder Änderung erforderlich sein, dass ein Beteiligter auf Gesichtspunkte hinweist, die bei der Erstentscheidung noch nicht berücksichtigt worden sind.

3. Dieses Antragserfordernis besteht gem. Satz 3 nicht, wenn die Entscheidung, deren Aufhebung oder Änderung in Frage steht, ohne vorherige Durchführung einer notwendigen Anhörung (zB eines Elternteils oder eines anderen anzuhörenden Beteiligten) ergangen ist; in diesem Fall kann das Gericht die Entscheidung ebenfalls von Amts wegen aufheben oder ändern.

Nach § 54 können auch im Anordnungsverfahren abgeschlossene vorläufige Vergleiche abgeändert werden. Der Abänderung nach § 54 unterliegt zB auch eine **Vereinbarung** der Beteiligten über Unterhalt, die sie (ausdrücklich nur) zur Erledigung eines Verfahrens auf Erlass einer eA getroffen haben, die also keine endgültige Regelung enthält. Eine solche Einigung über vorläufige Unterhaltszahlungen steht einer eA gleich.[2] Haben die Beteiligten sich dagegen in einem Verfahren auf Erlass einer eA endgültig über den Unterhalt geeinigt, geht die Wirkung des Vergleichs somit über das Verfahren der eA hinaus, muss Abänderung des Vergleichs nach § 239 beantragt werden,[3] was eine wesentliche Veränderung der für die Unterhaltsbemessung maßgebenden Verhältnisse (Wegfall oder Veränderung der Geschäftsgrundlage nach § 313 BGB) erfordert.

II. Antrag auf mündliche Verhandlung (Absatz 2)

Abs. 2 entspricht inhaltlich § 620b Abs. 2 aF ZPO. Durch einen **Antrag auf mündliche Verhandlung** kann eine erneute Entscheidung aufgrund mündlicher Verhandlung erzwungen werden, und zwar unabhängig davon, ob zuvor eine eA ergangen ist oder ein dahingehender Antrag zurückgewiesen wurde. Eine Entscheidung ist nicht ohne mündliche Verhandlung ergangen, wenn eine solche zwar stattgefunden hat, ein Beteiligter aber trotz ordnungsgemäßer Ladung nicht erschienen ist. Zum sog. gemischt mündlich-schriftlichen Verfahren vgl. § 57 Rz. 9. In fG-Verfahren ist ein Antrag nach Abs. 2 zulässig, wenn kein Erörterungstermin stattgefunden hat. Der Antrag auf

---

1 Zöller/*Feskorn*, § 54 FamFG Rz. 3.
2 Zöller/*Feskorn*, § 54 FamFG Rz. 5; OLG Hamm v. 13.12.1990 – 2 WF 497/90, FamRZ 1991, 582.
3 Zöller/*Feskorn*, § 54 FamFG Rz. 5; OLG Brandenburg v. 2.11.1999 – 9 WF 225/99, FamRZ 2000, 1377.

mündliche Verhandlung (oder mündliche Erörterung) ist nicht an eine Frist gebunden. Er steht jedem Beteiligten zu, der durch die vorangegangene Entscheidung beschwert ist. Eine Erledigung der Angelegenheit steht einem Antrag, auf Grund mündlicher Verhandlung erneut zu entscheiden, nicht entgegen.[1] Mit einem Antrag nach Abs. 2 können auch dieselben Einwendungen wie mit einem Vollstreckungsabwehrverfahren (§ 767 ZPO) erhoben werden.[2] Der Unterhaltspflichtige hat insoweit ein Wahlrecht.[3] Dem Unterhaltsschuldner steht also auch ein Vollstreckungsabwehrverfahren zur Verfügung, wenn er einwenden will, er habe den festgesetzten Betrag bereits bezahlt (vgl. § 246 Rz. 79). Voraussetzung dafür ist aber, dass die eA noch Bestand hat, dass also nicht das Außerkrafttreten der eA nach § 56 Abs. 3 ausgesprochen werden kann.

8   Anträge auf Abänderung oder Aufhebung nach Abs. 1 und auf erneute Entscheidung aufgrund mündlicher Verhandlung nach Abs. 2 sind nach dem Wortlaut des Gesetzes **nicht mehr** (wie noch nach § 620d Satz 1 aF ZPO) **zu begründen**, so dass vom Gericht eine Begründung auch nicht verlangt werden kann. Ohne Begründung gestellte Änderungsanträge versprechen aber wenig Aussicht auf Erfolg, so dass sich eine Begründung gleichwohl empfiehlt.

9   Unklar ist das Verhältnis von Abs. 1 (Aufhebung oder Änderung) zu Abs. 2 (Antrag auf mündliche Verhandlung). Ist ohne mündliche Verhandlung entschieden worden, kann wohl nur der Antrag nach Abs. 2 und nicht ein Änderungsantrag nach Abs. 1 gestellt werden.[4] Ein Antrag nach Abs. 1 dürfte andererseits nur zulässig sein, wenn bereits mündlich verhandelt wurde, auch dann, wenn ein Änderungsgrund geltend gemacht wird.[5]

III. Zuständigkeit (Absatz 3)

10   Abs. 3 regelt die örtliche und sachliche **Zuständigkeit** für Maßnahmen nach § 54 (Aufhebung oder Änderung).

11   1. Satz 1 enthält den Grundsatz, dass für die Abänderung das Gericht zuständig ist, das die abzuändernde Entscheidung erlassen oder den Antrag auf Erlass der eA abgelehnt hat.[6] Das gilt grundsätzlich auch dann, wenn sich seither die zuständigkeitsbegründenden Umstände geändert haben.

12   2. Satz 2 macht hiervon eine Ausnahme für den Fall, dass das einstweilige Anordnungsverfahren nach Erlass der Entscheidung, deren Abänderung beantragt ist oder in Betracht kommt, an ein anderes Gericht abgegeben oder verwiesen wurde. Dann hat sich die bisherige Zuständigkeit erledigt. Ist die eA erst im zweiten Rechtszug ergangen, ist nach dem klaren Gesetzeswortlaut für die Aufhebung oder Änderung das Beschwerdegericht zuständig. Unzweckmäßig ist dies nicht, so dass zu einer abweichenden Auslegung[7] kein Anlass besteht.

13   Über den Antrag auf Aufhebung oder Änderung der Entscheidung in der einstweiligen Anordnungssache ist erneut durch einen zu begründenden Beschluss zu entscheiden (vgl. § 38 FamFG). Dieser muss erneut eine Kostenentscheidung enthalten (§ 51 Abs. 4). Wer erfolglos die Aufhebung oder Änderung beantragt hat, hat die weiteren Verfahrenskosten (zB einer mündlichen Verhandlung) zu tragen.

---

[1] OLG Karlsruhe v. 3.9.2010 – 5 WF 179/10, FamRZ 2011, 571.
[2] OLG Karlsruhe v. 20.4.2009 – 18 WF 50/09, FamRZ 2009, 1342.
[3] OLG Karlsruhe v. 20.4.2009 – 18 WF 50/09, FamRZ 2009, 1342..
[4] Zöller/*Feskorn*, § 54 FamFG Rz. 8; aA Keidel/*Giers*, § 54 FamFG Rz. 14: kein Vorrang des Antrags nach Abs. 2 vor demjenigen nach Abs. 1.
[5] *Schürmann*, FamRB 2008, 375; *Klein*, FuR 2009, 321; Johannsen/Henrich/*Büte*, § 54 FamFG Rz. 9.
[6] *Gießler*, FPR 2006, 421.
[7] AA *Gießler*, FPR 2006, 421 und Schulte-Bunert/Weinreich/*Schwonberg*, § 54 Rz. 20.

IV. Verhältnis zur Beschwerde (Absatz 4)

Abs. 4 regelt das **Verhältnis der Abänderung nach § 54 zu einem Rechtsmittelverfahren** nach § 57. Ist gegen eine Entscheidung im Verfahren der eA Beschwerde eingelegt, ist die Aufhebung oder Änderung der angefochtenen Entscheidung durch das erstinstanzliche Gericht unzulässig. Die Möglichkeit eines Abänderungsantrags beseitigt im Übrigen das Rechtsschutzbedürfnis für ein Hauptsacheverfahren nicht. 14

§ 54 enthält **keine zeitliche Grenze** für die Aufhebung oder Änderung einer eA, weder in Abs. 1 noch in Abs. 2. EA sind aber nicht dafür geschaffen, zeitlich unbegrenzte Änderungsverfahren nach sich zu ziehen. Ist ein entsprechendes Hauptsacheverfahren anhängig, ist die Aufhebung oder Abänderung einer eA nur bis zum Wirksamwerden einer anderweitigen Regelung nach § 56 zulässig. Ist kein Hauptsacheverfahren eingeleitet, kann im Grundsatz zeitlich unbefristet die Aufhebung oder Abänderung einer Entscheidung im Verfahren der eA beantragt werden. Dies kann im Einzelfall unbillig sein, wenn sich ein Beteiligter auf die vorläufig getroffene Regelung eingerichtet hat und einrichten durfte. Das Recht, ohne Änderung der Verhältnisse Aufhebung oder Änderung der Entscheidung zu beantragen, unterliegt daher ggf. der Verwirkung nach § 242 BGB. 15

Eine **rückwirkende Abänderung** einer eA kommt jedenfalls dann in Betracht, wenn sie noch nicht vollzogen ist (zB noch nicht vollzogene Wohnungszuweisung, noch nicht bezahlter Unterhalt[1]). Sonst kann eine Abänderung nur für die Zukunft erfolgen.[2] § 54 ermöglicht es auch, mit Rückwirkung erstmals eine eA zu erlassen, wenn die dafür erforderlichen Voraussetzungen nach materiellem Recht vorliegen. 16

Kosten/Gebühren: Gericht: Für die Aufhebung der eA entstehen keine besonderen Gebühren (Vorbem. 1.6 KV GNotKG, Vorbem. 1.4 KV FamGKG). **RA:** Das Verfahren über die Aufhebung der eA bildet mit dem Verfahren über den Antrag auf Erlass der eA dieselbe Angelegenheit (§ 16 Nr. 5 RVG), so dass dem RA, der bereits im Anordnungsverfahren tätig war, keine besonderen Gebühren entstehen. Der RA, der nur im Aufhebungsverfahren tätig wird, erhält die gleichen Gebühren wie im Verfahren über den Antrag auf Erlass einer eA. Der Wert bestimmt sich nach § 23 Abs. 1 Satz 1 RVG, § 62 GNotKG, § 41 FamGKG. 17

§ 55 *Aussetzung der Vollstreckung*

(1) In den Fällen des § 54 kann das Gericht, im Fall des § 57 das Rechtsmittelgericht, die Vollstreckung einer einstweiligen Anordnung aussetzen oder beschränken. Der Beschluss ist nicht anfechtbar.
(2) Wenn ein hierauf gerichteter Antrag gestellt wird, ist über diesen vorab zu entscheiden.

A. Allgemeines

§ 55 regelt die Fälle, in denen die Vollstreckung einer eA ausgesetzt oder inhaltlich beschränkt werden kann. Die Regelung ist notwendig, weil ein Antrag auf Abänderung (§ 54) oder die Einlegung eines Rechtsmittels (§ 57) die Vollstreckbarkeit der eA nicht hemmt. Weder die Rechtsbehelfe des § 54 noch die Beschwerde haben aufschiebende Wirkung. Die Vorschrift entspricht § 620e aF ZPO. 1

B. Inhalt der Vorschrift

I. Aussetzung der Vollstreckung (Absatz 1)

1. Nach Satz 1 kann die Vollstreckung einer eA **ausgesetzt** oder (beim Unterhalt zB auf einen Teilbetrag) **beschränkt** werden, wenn die Aufhebung oder Abänderung einer Entscheidung über eine eA nach § 54 Abs. 1 oder Abs. 2 beantragt ist, wenn eine Abänderung nach § 54 Abs. 1 von Amts wegen in Betracht kommt oder wenn Rechtsmittel (Beschwerde) eingelegt ist (§ 57). Da ein besonderer Antrag nicht erforderlich 2

---
1 OLG Köln v. 13.3.2004 – 14 WF 5/03, FamRZ 2004, 39.
2 OLG Köln v. 13.3.2004 – 14 WF 5/03, FamRZ 2004, 39.

ist, kann die Aussetzung oder Beschränkung der Vollstreckung wie bisher **auch von Amts wegen** nach dem Ermessen des Gerichts erfolgen. Ein Antrag nach Abs. 2 ist also als Anregung zu verstehen. Bei rechtsgestaltenden eA (z.B. Übertragung des Aufenthaltsrechts oder eine Entscheidung nach § 1628 BGB) kann über § 55 der Vollzug vorläufig ausgesetzt werden.[1] Maßgebender Gesichtspunkt für die Ausübung des Ermessens bei der Entscheidung nach § 55 ist, ob eine Aufhebung oder Abänderung nach § 54 ernsthaft in Betracht kommt oder ob die eingelegte Beschwerde Aussicht auf Erfolg hat. Zu berücksichtigen ist im Wege einer Abwägung auch, welche Folgen die sofortige Vollstreckung der eA hat. Drohen bei einer Vollstreckung nicht zu beseitigende Folgen, ist es im Zweifel geboten, die Vollstreckung zunächst einmal auszusetzen, es sei denn, der eingelegte Rechtsbehelf bzw. die eingelegte Beschwerde hat keine Aussicht auf Erfolg.

3   **Zuständig** für die Aussetzung der Vollstreckung ist im Fall des § 57 nur das Rechtsmittelgericht, in den Fällen des § 54 das Gericht, das die eA erlassen hat. Die Aussetzung oder Beschränkung der Vollstreckung kann von Bedingungen oder Auflagen abhängig gemacht werden, insbesondere auch von einer Sicherheitsleistung. Die Entscheidung ergeht durch Beschluss. Dieser tritt mit einer Entscheidung nach § 54 oder über das Rechtsmittel außer Kraft.[2]

4   2. Satz 2 legt die **Unanfechtbarkeit** einer nach Satz 1 ergangenen Entscheidung im Gesetz ausdrücklich fest. Dies entspricht der bisherigen Rechtslage.[3]

II. Vorabentscheidung (Absatz 2)

5   Abs. 2 stellt klar, dass über einen Antrag auf Aussetzung der Vollstreckung vorab entschieden werden muss. Dieses Gebot gilt unabhängig davon, dass schon das Verfahren der eA selbst regelmäßig beschleunigt zu betreiben ist.

6   **Kosten/Gebühren: Gericht:** Durch die Aussetzung der Vollstreckung entstehen keine Gebühren. **RA:** Das Verfahren über die Aussetzung gehört zum Rechtszug des Verfahrens über die Aufhebung oder Änderung der eA (§ 19 Nr. 11 RVG), so dass dem RA keine besonderen Gebühren zustehen.

56 *Außerkrafttreten*
(1) **Die einstweilige Anordnung tritt, sofern nicht das Gericht einen früheren Zeitpunkt bestimmt hat, bei Wirksamwerden einer anderweitigen Regelung außer Kraft. Ist dies eine Endentscheidung in einer Familienstreitsache, ist deren Rechtskraft maßgebend, soweit nicht die Wirksamkeit zu einem späteren Zeitpunkt eintritt.**
(2) **Die einstweilige Anordnung tritt in Verfahren, die nur auf Antrag eingeleitet werden, auch dann außer Kraft, wenn**
1. **der Antrag in der Hauptsache zurückgenommen wird,**
2. **der Antrag in der Hauptsache rechtskräftig abgewiesen ist,**
3. **die Hauptsache übereinstimmend für erledigt erklärt wird oder**
4. **die Erledigung der Hauptsache anderweitig eingetreten ist.**
(3) **Auf Antrag hat das Gericht, das in der einstweiligen Anordnungssache im ersten Rechtszug zuletzt entschieden hat, die in den Absätzen 1 und 2 genannte Wirkung durch Beschluss auszusprechen. Gegen den Beschluss findet die Beschwerde statt.**

A. Allgemeines 1	II. Weitere Gründe in Antragsverfahren (Absatz 2) 7
B. Inhalt der Vorschrift	
I. Anderweitige Regelung (Absatz 1) . . 2	III. Beschluss (Absatz 3) 10

---

1 *Van Els*, FPR 2012, 480; Schulte-Bunert/Weinreich/*Schwonberg*, § 55 Rz. 3.
2 *Löhnig/Heiß*, FamRZ 2009, 1101.
3 OLG Hamburg v. 21.11.1989 – 2 WF 151/89, FamRZ 1990, 423.

A. Allgemeines

§ 56 regelt das **Außerkrafttreten** einer eA neu, unter Berücksichtigung der Unabhängigkeit des einstweiligen Anordnungsverfahrens von einer Ehesache oder Hauptsache. So tritt die eA nicht mehr bei Rücknahme, Abweisung oder Erledigung einer zwischen den Beteiligten geführten Ehesache außer Kraft. Aus demselben Grund bleibt es auch dabei, dass, vorbehaltlich einer anders lautenden Bestimmung durch das Gericht, die Rechtskraft der Ehescheidung nicht zu einem Außerkrafttreten der eA (zB über den Ehegattenunterhalt) führt (vgl. unten Rz. 5).

B. Inhalt der Vorschrift

I. Anderweitige Regelung (Absatz 1)

1. Satz 1 gilt für Amts- und Antragsverfahren. Er stellt für das Außerkrafttreten auf das **Wirksamwerden** einer anderweitigen Regelung ab (entsprechend § 620f Abs. 1 Satz 1 aF ZPO). Wirksam wird eine andere Regelung insbesondere mit Erlass einer anderen Entscheidung im inhaltsgleichen Hauptsacheverfahren oder mit Abschluss einer Vereinbarung der Beteiligten über denselben Verfahrensgegenstand. Hat das Gericht allerdings in der eA einen früheren Zeitpunkt festgesetzt, ist dieser für das Außerkrafttreten maßgeblich. Das Gericht kann nämlich von vornherein eine eA (zB zum Unterhalt, zur Regelung des persönlichen Umgangs oder zum Gewaltschutz, vgl. § 1 Abs. 1 Satz 2 GewSchG) nur für einen bestimmten Zeitraum treffen.

2. Satz 2 enthält eine Konkretisierung für den Fall, dass es sich bei der anderweitigen Regelung um die Endentscheidung in einer **Familienstreitsache** (§ 112) handelt. In diesem Fall tritt die eA erst mit Eintritt der Rechtskraft der Endentscheidung außer Kraft. Die Anordnung der sofortigen Wirksamkeit genügt hierfür nicht.[1] Diese Klarstellung gilt für alle Familienstreitsachen. In fG-Verfahren tritt eine eA mit der Bekanntgabe der Hauptsacheentscheidung an den Beteiligten außer Kraft, für den sie ihrem wesentlichen Inhalt nach bestimmt ist (§ 40 Abs. 1). Sonderregelungen über das Wirksamwerden einer Hauptsacheentscheidung finden sich in § 209 Abs. 2 (Ehewohnungs- und Haushaltssachen), § 216 Abs. 1 (Gewaltschutzsachen), § 224 Abs. 1 (Versorgungsausgleich), § 264 Abs. 1 (Verfahren nach §§ 1382, 1383 BGB), § 324 (Unterbringungsmaßnahme) und in § 422 (Freiheitsentziehung).

Die Regelung des Satz 2 über das Außerkrafttreten einer eA in Familienstreitsachen bewirkt, dass ein Unterhaltsschuldner aus einer eA weiter in Anspruch genommen werden kann, obwohl dem Gläubiger nach einem noch nicht rechtskräftigen Urteil in der Hauptsache kein oder nur ein geringerer Unterhalt zusteht. Dem kann durch einen Abänderungsantrag nach § 54 begegnet werden.[2]

Wegen der Regelung des § 56 Abs. 1 Satz 1 bleibt es auch dabei, dass eine im Scheidungsverfahren ergangene eA über den **Ehegattenunterhalt** über den Zeitpunkt der Rechtskraft der Scheidung hinaus fortwirkt, wenn keine anderweitige Regelung wirksam wird. Eine eA gilt also ggf. als Regelung des nachehelichen Unterhalts weiter, obwohl sie zunächst den Ehegattenunterhalt während der Trennungszeit betraf.[3]

Eine Einschränkung besteht nach § 56 Abs. 1 Satz 2, 2. Halbs. in Fällen, in denen die Wirksamkeit der Endentscheidung in einer Familienstreitsache erst zu einem späteren Zeitpunkt eintritt, wie dies in § 148 für **Folgesachen** vorgesehen ist. Dann tritt die eA erst mit dem späteren Zeitpunkt des Wirksamwerdens der Endentscheidung außer Kraft. Eine eA in Betreuungssachen tritt nach § 302 nach sechs Monaten außer Kraft.

---

1 So schon zum früheren Recht BGH v. 27.10.1999 – XII ZR 239/97, FamRZ 2000, 751 und OLG Köln v. 7.5.2002 – 4 UF 76/02, FamRZ 2003, 320 für Unterhaltsurteile.
2 Für eine Vollstreckungsabwehrklage OLG Köln v. 7.5.2002 – 4 UF 76/02, FamRZ 2003, 320.
3 BGH v. 9.2.1983 – IVb ZR 343/81, FamRZ 1983, 355; BGH v. 7.11.1990 – XII ZR 129/89, FamRZ 1991, 180.

II. Weitere Gründe in Antragsverfahren (Absatz 2)

7 Abs. 2 regelt für **Antragsverfahren** das zusätzliche Außerkrafttreten der eA (ohne anderweitige Regelung in der Hauptsache) infolge einer Beendigung eines zugleich eingeleiteten inhaltsgleichen Hauptsacheverfahrens. Wenn der Antrag in der Hauptsache zurückgenommen (Nr. 1) oder rechtskräftig als unbegründet oder auch als unzulässig[1] abgewiesen wurde (Nr. 2), tritt auch eine eA kraft Gesetzes außer Kraft. Dasselbe gilt, wenn die Hauptsache übereinstimmend für erledigt erklärt wird (Nr. 3) oder sich die Hauptsache tatsächlich erledigt hat (Nr. 4). Im Übrigen tritt auch in Antragsverfahren eine eA bei Wirksamwerden einer anderweitigen Regelung nach Abs. 1 außer Kraft.

8 Die eA tritt in Verfahren, die nur auf Antrag eingeleitet werden, im Übrigen wegen der Verfügungsbefugnis der Beteiligten über den Verfahrensgegenstand auch dann außer Kraft, wenn nur der Antrag auf Erlass einer eA zurückgenommen wird (§ 22 Abs. 2 Satz 1, für Familienstreitsachen wegen § 113 Abs. 1 iVm. § 269 Abs. 3 Satz 1 ZPO). Gleichzustellen ist der Fall, dass das Verfahren auf Erlass einer eA übereinstimmend für erledigt erklärt wird.[2]

9 Zusätzliche Fälle des Außerkrafttretens einer eA enthält § 248 Abs. 5. Wegen ihrer Koppelung an das Abstammungsverfahren treten eA auf Unterhalt für ein Kind oder dessen Mutter nach § 248 Abs. 1 trotz ihrer verfahrensrechtlichen Selbständigkeit auch dann außer Kraft, wenn der Antrag auf Feststellung der Vaterschaft zurückgenommen oder rechtskräftig (nicht schon mit dem Ergehen des Beschlusses[3]) zurückgewiesen worden ist (vgl. § 641f aF ZPO).

III. Beschluss (Absatz 3)

10 Abs. 3 entspricht § 620f Abs. 1 Satz 2, 3 und Abs. 2 aF ZPO. Das Gericht hat danach auf Antrag durch **Beschluss** auszusprechen, ob und ggf. ab welchem Zeitpunkt (nur für die Zukunft[4]) die eA außer Kraft tritt. Zuständig ist das Gericht, das in der einstweiligen Anordnungssache im ersten Rechtszug (unabhängig von einer eventuellen Beschwerdeentscheidung) zuletzt entschieden hat. Abs. 3 gilt auch für Amtsverfahren (insbes. § 1666 BGB). In Gewaltschutzsachen dürfte es wegen der Gefahr einer ungerechtfertigten Strafverfolgung (§ 4 GewSchG) gerechtfertigt sein, das Außerkrafttreten einer eA nach § 1 Abs. 1 GewSchG auch ohne Antrag auszusprechen.[5]

11 Gegen den Beschluss findet die **Beschwerde** (§ 58) statt, auch dann, wenn die eA selbst unanfechtbar war. Es dürfte die allgemeine Beschwerdefrist des § 63 Abs. 1 von einem Monat maßgebend sein, weil es keine Beschwerde gegen eine eA nach § 63 Abs. 2 Nr. 1 ist[6]). Eine Rechtsbeschwerde findet entsprechend § 70 Abs. 3 nicht statt.

12 Eine Regelung zur **Kostentragung** bei Außerkrafttreten enthält Abs. 3 nicht. Es verbleibt damit grundsätzlich bei der Kostenregelung in der eA. Dies kann allerdings insbesondere in den Fällen des Abs. 2 Nr. 1 und Nr. 2 zu unbilligen Ergebnissen führen. Dem könnte dadurch begegnet werden, dass im Hauptsacheverfahren neben der Kostenregelung im Hauptsacheverfahren auch ein Antrag auf Abänderung der Kostenentscheidung in der eA zugelassen wird.[7]

---

1 *Van Els*, FPR 2012, 480; Keidel/*Giers*, § 56 Rz. 8; aA Schulte-Bunert/Weinreich/*Schwonberg*, § 56 Rz. 22 für die Abweisung als unzulässig.
2 Vgl. dazu OLG Hamm v. 12.2.2003 – 10 WF 20/03, FamRZ 2003, 1307; Keidel/*Giers*, § 56 Rz. 9; *van Els*, FPR 2012, 480.
3 Vgl. RegE BT-Drucks. 16/6308, S. 260.
4 Keidel/*Giers*, § 56 Rz. 13; Johannsen/Henrich/*Büte*, § 56 Rz. 17.
5 Keidel/*Giers*, § 56 Rz. 10.
6 *Schürmann*, FamRB 2008, 375 (382); Keidel/*Giers*, § 56 Rz. 11; aA Schulte-Bunert/Weinreich/*Schwonberg*, § 56 Rz. 25: Frist von 2 Wochen.
7 Vgl. dazu auch Schulte-Bunert/Weinreich/*Schwonberg*, § 56 Rz. 25: Abänderung der Kostenentscheidung in der Entscheidung nach § 56 Abs. 3.

§ 57 Rechtsmittel

Entscheidungen im Verfahren der einstweiligen Anordnung in Familiensachen sind nicht anfechtbar. Dies gilt nicht in Verfahren nach § 151 Nummer 6 und 7 und auch nicht, wenn das Gericht des ersten Rechtszugs aufgrund mündlicher Erörterung
1. über die elterliche Sorge für ein Kind,
2. über die Herausgabe des Kindes an den anderen Elternteil,
3. über einen Antrag auf Verbleiben eines Kindes bei einer Pflege- oder Bezugsperson,
4. über einen Antrag nach den §§ 1 und 2 des Gewaltschutzgesetzes oder
5. in einer Ehewohnungssache über einen Antrag auf Zuweisung der Wohnung
entschieden hat.

A. Allgemeines 1	III. Anfechtbarkeit von einstweiligen Anordnungen in Angelegenheiten der freiwilligen Gerichtsbarkeit 14
B. Inhalt der Vorschrift	
I. Grundsätzliche Unanfechtbarkeit ... 3	
II. Beschwerde als zulässiges Rechtsmittel 12	IV. Rechtsbehelfe gegen einstweilige Anordnung auf Unterhalt 15

A. Allgemeines

§ 57 regelt in Anlehnung an § 620c Satz 1 aF ZPO die **begrenzte Anfechtbarkeit** von Entscheidungen im Verfahren der eA in Familiensachen (obwohl der frühere Grundgedanke für die grundsätzliche Unanfechtbarkeit mit der Ausgestaltung der eA als selbständiges Verfahren weitgehend entfallen ist). Als Ersatz für die regelmäßige Unanfechtbarkeit einer Entscheidung nach § 57 Satz 1 steht es den Beteiligten offen, unmittelbar oder über § 52 ein Hauptsacheverfahren einzuleiten und auf diese Weise die getroffene Entscheidung durch das Gericht und notfalls auch durch das Rechtsmittelgericht überprüfen zu lassen. Alternativ kann auf eine Abänderung nach § 54 hingewirkt werden, die in weit gehendem Umfang möglich ist. Wenn kein anderer Rechtsbehelf mehr gegeben ist, können schließlich etwaige Verletzungen des Grundrechts auf rechtliches Gehör mit der Anhörungsrüge (§ 44) geltend gemacht werden.   1

Im Hinblick auf diese Rechtsbehelfe besteht[1] kein Bedürfnis, zusätzlich zu den in Satz 2 genannten Fällen ein Rechtsmittel ausnahmsweise wegen „greifbarer Gesetzwidrigkeit" der eA zuzulassen, zumal Begriffe wie „greifbar gesetzwidrig" oder „grob fehlerhaft" keine klare Abgrenzung der Anfechtbarkeit ermöglichen.   2

B. Inhalt der Vorschrift

I. Grundsätzliche Unanfechtbarkeit

Nach Satz 1 sind Entscheidungen im Verfahren der eA in Familiensachen (§ 111) **nicht anfechtbar.**   3

In Ausnahme davon nennt Satz 2 die Fälle, in denen die Entscheidung anfechtbar ist.   4

Anfechtbar sind die Entscheidungen, die das Gericht aufgrund mündlicher Erörterung über die **elterliche Sorge** für ein Kind (Nr. 1) und über die **Herausgabe des Kindes** an den anderen Elternteil (Nr. 2) getroffen hat. Klargestellt ist durch einen von § 620c Satz 1 aF ZPO abweichenden Wortlaut, dass in den Fällen der Nr. 1 und 2 auch Entscheidungen in Verfahren über die elterliche Sorge oder über die Herausgabe eines Kindes, die einen entsprechenden Antrag ablehnen, einer Anfechtung zugänglich sind.[2] Anfechtbar ist daher auch die (nach mündlicher Erörterung erfolgte) Abweisung eines Antrags des Jugendamts, den Eltern das Aufenthaltsbestimmungsrecht   5

---

1 Entgegen zB OLG Stuttgart v. 14.9.1999 – 15 WF 347/99, FamRZ 2000, 965.
2 RegE BT-Drucks. 16/6308, S. 202 f.; *Gießler*, FPR 2006, 421; *van Els*, FamRZ 2008, 2045.

für ein Kind nach § 1666 BGB im Wege der eA zu entziehen.[1] Anfechtbar nach Nr. 1 sind auch Entscheidungen, in denen nur über einen Teilbereich der elterlichen Sorge entschieden wurde.[2] Nr. 2 ist entsprechend anzuwenden, wenn die Herausgabe des Kindes von einem Elternteil an das als Ergänzungspfleger bestellte Jugendamt angeordnet worden ist.[3] Obwohl anfechtbar, kann es aber dem Kindeswohl widersprechen, eine bereits vollzogene eA über den Aufenthalt des Kindes ohne schwerwiegende Gründe abzuändern und damit vor der Entscheidung in der Hauptsache über einen erneuten Ortswechsel des Kindes zu befinden.[4]

6   Nach Nr. 3 anfechtbar sind Entscheidungen über eine **Verbleibensanordnung** nach §§ 1632 Abs. 4, 1682 BGB (Verbleibensanordnung oder deren Ablehnung[5]).

7   Die Nr. 4 und 5 entsprechen § 620c Satz 1 aF ZPO. Anfechtbar sind danach Entscheidungen über einen Antrag nach den §§ 1 und 2 des **Gewaltschutzgesetzes** (Schutzanordnungen, Wohnungszuweisungen) und über einen Antrag auf **Zuweisung einer Wohnung** nach § 1361b BGB. Es kommt auch in den Fällen der Nr. 4 und 5 nicht darauf an, ob dem Antrag stattgegeben oder ob er zurückgewiesen wurde. Keine Zuweisung der Ehewohnung liegt vor bei einer eA, mit der verfügt wird, dass ein Ehegatte dem anderen wieder Mitbesitz an der Ehewohnung einzuräumen hat.[6] Eine Beschwerde ist auch nicht statthaft, wenn lediglich einzelne Räume und nicht die gesamte Wohnung zur alleinigen Nutzung zugewiesen worden sind.[7]

8   Im Übrigen sind Entscheidungen im Verfahren der eA in Familiensachen nicht anfechtbar. Nicht anfechtbar sind insbesondere alle Entscheidungen (auch über die in § 57 Satz 2 angeführten Verfahrensgegenstände), die **ohne mündliche Erörterung** ergangen sind. Dies gilt auch für ohne vorherige Anhörung (§ 160 Abs. 2) ergangene Maßnahmen in Verfahren nach §§ 1666, 1666a BGB. Als Ersatz dient insbesondere der Antrag nach § 54 Abs. 2. Fällt ein Verfahren dagegen unter den Katalog der nach Satz 2 grundsätzlich beschwerdefähigen Angelegenheiten, kann dasselbe Verfahren auch **wiederholt** an das Beschwerdegericht gelangen, nämlich dann, wenn nach einer Beschwerdeentscheidung Aufhebung oder Änderung nach § 54 in erster Instanz beantragt wurde und das Erstgericht über den Änderungsantrag wiederum auf Grund mündlicher Erörterung entschieden hat.

Nach der Änderung des § 57 Satz 2 ist eine eA über die Genehmigung oder Anordnung der freiheitsentziehenden Unterbringung eines Minderjährigen wegen des besonders schwerwiegenden Grundrechtseingriffs stets anfechtbar. Anders als bei den anderen in § 57 Satz 2 genannten Familiensachen setzt die Anfechtbarkeit nicht voraus, dass die Entscheidung auf Grund mündlicher Erörterung ergangen ist. Bei einer ohne mündliche Verhandlung ergangenen Genehmigung oder Anordnung der freiheitsentziehenden Unterbringung eines Minderjährigen kann demnach wahlweise Beschwerde eingelegt oder nach § 54 Abs. 2 erneute Entscheidung auf Grund mündlicher Verhandlung beantragt werden. Beschwerdefähig sind auch Beschlüsse, durch die eine freiheitsentziehende Unterbringung abgelehnt wird.

9   Auf Grund mündlicher Erörterung ergangen ist eine eA nur dann, wenn die mündliche Erörterung in zeitlicher Nähe zu dem Beschluss stattgefunden hat und in ihr ge-

---

1 Überholt OLG Zweibrücken v. 25.1.2006 – 5 WF 2/06, FamRZ 2006, 872.
2 KG v. 2.5.1995 – 19 WF 2596/95, NJW-RR 1996, 455, zB Übertragung des Aufenthaltsbestimmungsrechts auf einen Elternteil; OLG Naumburg v. 12.6.2009 – 3 WF 128/09, FamRZ 2010, 139 und OLG Köln v. 19.2.2001 – 25 UF 213/00, FamRZ 2002, 404: jew. Übertragung der Befugnis zur Beantragung eines Reisepasses.
3 OLG Oldenburg v. 9.11.2010 – 13 UF 90/10 – FamRZ 2011, 745.
4 OLG Brandenburg v. 25.5.2011 – 13 WF 185/10, FamRZ 2011, 1873; OLG Saarbrücken v. 24.9.2009 – 9 WF 67/09, FamRZ 2010, 139; OLG Saarbrücken v. 30.9.2010 – 6 UF 99/10, FamRZ 2011, 490.
5 Überholt OLG Hamm v. 23.7.2004 – 11 WF 183/04, 183/04, FamRZ 2005, 814: kein Rechtsmittel, wenn ein Kind vorläufig bei Pflegeeltern bleiben soll.
6 Nicht anfechtbar, vgl. OLG Bamberg v. 21.2.2005 – 2 WF 22/05, FamRZ 2006, 873.
7 OLG Nürnberg v. 16.3.2010 – 7 WF 237/10, FamRZ 2010, 1463.

rade die Voraussetzungen für den Erlass der eA erörtert wurden.[1] Hat das Erstgericht im Verfahren der eA nach einer mündlichen Erörterung weitere Ermittlungen veranlasst, so ist die danach im schriftlichen Verfahren erlassene Entscheidung (sog. **gemischt mündlich-schriftliches Verfahren**) nicht mehr aufgrund mündlicher Erörterung ergangen.[2] In einem solchen Fall ist erneut Antrag auf mündliche Verhandlung nach § 54 Abs. 2 zu stellen. Hat eine mündliche Erörterung stattgefunden, kommt es für die Frage der Anfechtbarkeit dagegen nicht darauf an, ob die Erörterung verfahrensordnungsgemäß durchgeführt wurde und alle Beteiligten hierzu rechtzeitig geladen wurden. Eine verfahrensfehlerhafte Erörterung genügt für die Anfechtungsmöglichkeit.[3] Aufgrund mündlicher Erörterung ist auch dann entschieden worden, wenn an der Verhandlung nur ein Beteiligter teilgenommen hat.[4] Anfechtbar ist auch ein Beschluss, durch den über eine eA der in § 57 Satz 2 genannten Art aufgrund § 54 Abs. 2 nach mündlicher Verhandlung entschieden wurde, wenn zunächst eine Entscheidung ohne mündliche Verhandlung ergangen war.

Unanfechtbar sind alle Verfahren zum **persönlichen Umgang**,[5] auch eine Entscheidung, die den Ausschluss des Umgangsrechts nach § 1684 Abs. 4 BGB gegenüber einem Elternteil anordnet.[6]   10

Die Unanfechtbarkeit einer Entscheidung nach § 57 Satz 1 erfasst **auch Nebenentscheidungen**, zB über die Verfahrenskostenhilfe, wenn die Versagung auf fehlender Erfolgsaussicht beruht,[7] und die Kostenentscheidung.[8]   11

II. Beschwerde als zulässiges Rechtsmittel

Das zulässige Rechtsmittel ist die **Beschwerde** (§ 58). Die Beschwerdefrist beträgt nach § 63 Abs. 2 Nr. 1 wegen des Charakters des einstweiligen Anordnungsverfahrens als Eilverfahren **zwei Wochen**. Dies gilt nach der Änderung des Gesetzeswortlautes unabhängig davon, welcher Art die angefochtene Entscheidung ist,[9] also auch für Entscheidungen über die in § 57 Satz 2 angeführten Verfahrensgegenstände, durch die ein Antrag auf Erlass einer eA zurückgewiesen wurde.[10] Eine längere Rechtsmittelfrist bei einer ablehnenden Entscheidung widerspricht dem Charakter eines Eilverfahrens. Eine Abhilfebefugnis durch das Erstgericht besteht nicht (§ 68 Abs. 1 Satz 2).[11]   12

Sachlich zuständig für die Verhandlung und Entscheidung über die Beschwerde ist in den von den Familiengerichten entschiedenen Sachen das Oberlandesgericht (§ 119 Abs. 1 Nr. 1a GVG). Im Beschwerdeverfahren besteht kein Anwaltszwang (§ 114 Abs. 4 Nr. 1). Eine Rechtsbeschwerde findet in Verfahren einer eA nach § 70 Abs. 4 nicht statt. Dies gilt auch für die Familienstreitsachen (§ 119 Abs. 1).   13

---

1 KG v. 23.10.2007 – 16 WF 234/07, FamRZ 2008, 1265.
2 OLG Zweibrücken v. 22.1.2008 – 5 WF 2/08, FamRZ 2008, 1265 m. Anm. *van Els*, S. 2045; *van Els*, FPR 2012, 480.
3 OLG Dresden v. 21.2.2002 – 22 WF 88/02, FamRZ 2002, 1498..
4 OLG Frankfurt v. 16.8.2012 – 5 UF 221/12, FamRZ 2013, 316: Antragsgegner zum Termin trotz ordnungsgemäßer Ladung nicht erschienen.
5 OLG München v. 25.10.2010 – 12 WF 1735/10, FamRZ 2011, 496.
6 Vgl. Beschlussempfehlung und Bericht Rechtsauschuss BT-Drucks. 16/9733, S. 289.
7 Nicht bei Versagung wegen Mutwilligkeit, oder wenn die Beiordnung eines Rechtsanwalts abgelehnt wurde, oder wenn ausschließlich die Bedürftigkeit des Antragstellers zu überprüfen ist, BGH v. 18.5.2011 – XII ZB 265/10, FamRZ 2011, 1138.
8 OLG Zweibrücken v. 15.6.2011 – 2 WF 25/11, FamRZ 2012, 50; OLG Düsseldorf v. 18.10.2010 – II-2 WF 123/10, FamRZ 2011, 496; OLG Naumburg v. 21.9.2006 – 3 WF 141/06, FamRZ 2007, 1035; KG v. 7.10.2010 – 19 UF 55/10, FamRZ 2011, 576; KG v. 6.12.2010 – 16 UF 151/10, FamRZ 2011, 577 (isolierte Kostenentscheidung nach Erledigung der Hauptsache); OLG Hamburg v. 26.11.2010 – 7 UF 154/10, FamRZ 2011, 752.
9 RegE BT-Drucks. 16/6308, S. 203.
10 Vgl. RegE BT-Drucks. 17/10490, S. 18; so zuvor schon OLG Zweibrücken v. 8.10.2010 – 6 WF 196/10, FamRZ 2011, 497; KG v. 18.4.2011 – 16 UF 52/11 u. 16 UF 78/11, FamRZ 2012, 51.
11 Schulte-Bunert/Weinreich/*Schwonberg*, § 57 Rz. 25; *Schürmann*, FamRB 2008, 375 (381).

III. Anfechtbarkeit von einstweiligen Anordnungen in Angelegenheiten der freiwilligen Gerichtsbarkeit

14 § 57 regelt nur die begrenzte Anfechtbarkeit von Entscheidungen im Verfahren der eA in Familiensachen nach § 111. EA in **Betreuungs- und Unterbringungssachen** und in **Freiheitsentziehungssachen** (§§ 300 ff., §§ 331 ff., § 427) unterliegen dieser Einschränkung nicht. Sie sind nach § 63 Abs. 2 Nr. 1 innerhalb von zwei Wochen mit der Beschwerde anfechtbar. Beschwerdegericht in Freiheitsentziehungssachen und in den von den Betreuungsgerichten entschiedenen Sachen ist das Landgericht (§§ 72 Abs. 1 Satz 2, 119 Abs. 1 Nr. 1b GVG).

IV. Rechtsbehelfe gegen einstweilige Anordnung auf Unterhalt

15 In **Unterhaltsverfahren** kann vom **Unterhaltsverpflichteten** gegen eine eA im ordentlichen Verfahren mit dem negativen Feststellungsantrag nach §§ 113 Abs. 1 Satz 2 FamFG, 256 Abs. 1 ZPO vorgegangen werden und nicht mit dem Abänderungsantrag, weil die Abänderung eA nur im summarischen Verfahren stattfindet.[1] Der negative Feststellungsantrag ist auf die Feststellung gerichtet, dass der Verpflichtete keinen Unterhalt oder jedenfalls nicht in der in der eA zugesprochenen Höhe schuldet. Das Feststellungsinteresse besteht, weil der Unterhaltsberechtigte eine eA erwirkt hat und sich damit eines Anspruchs berühmt. Es entfällt auch nach neuem Recht nicht deshalb, weil nach § 54 Aufhebung oder Änderung der eA beantragt oder nach § 52 Abs. 2 die Einleitung eines Hauptsacheverfahrens erzwungen werden kann.[2] Der negative Feststellungsantrag unterliegt nach materiellem Recht keiner Einschränkung dahin, dass die Feststellung erst ab Rechtshängigkeit des Antrags oder ab Verzug des Gläubigers mit einem Verzicht auf seine Rechte aus der eA begehrt werden könnte.[3] Der Antrag kann mit dem Antrag verbunden werden, die Zwangsvollstreckung aus der eA analog § 769 ZPO einstweilen einzustellen.[4] Es kann auch ohne Rücksicht auf die vorherige Aufhebung der eA aus ungerechtfertigter Bereicherung Rückzahlung geleisteten Unterhalts verlangt werden.[5] Gegen eA auf Unterhalt findet auch ein Vollstreckungsabwehrverfahren nach § 767 ZPO statt (zB Einwand der Erfüllung).[6]

16 Der **Unterhaltsberechtigte** kann die Abänderung einer eA im Hauptsacheverfahren dadurch erreichen, dass er bei einer Erstfestsetzung im Wege des allgemeinen Leistungsantrags höheren Unterhalt beantragt. Eine eA beseitigt das Rechtsschutzbedürfnis nicht. Diese ist nicht der materiellen Rechtskraft fähig und entfaltet keine Bindungswirkung iSv. § 238. Dem Berechtigten kann es daher nicht verwehrt werden, sich einen endgültigen Titel über den Unterhalt zu verschaffen.[7]

17 **Kosten/Gebühren: Gericht:** Für das Beschwerdeverfahren entsteht in Kindschaftssachen eine Gebühr nach Nr. 1411 oder 1412 KV FamGKG, in den übrigen Familiensachen nach den Nrn. 1422 bis 1424 KV FamGKG. **Wert:** §§ 40, 41 FamGKG. Als Kostenschuldner kommen der Entscheidungs- oder Übernahmeschuldner in Frage (§ 24 Nr. 1 und 2 FamGKG), in echten Antragsverfahren zusätzlich der Antragsteller (§ 21 Abs. 1 FamGKG). **RA:** Der RA erhält Gebühren nach Teil 3 Abschnitt 2 Unterabschnitt 1 VV RVG (Vorbem. 3.2.1 Nr. 2 Buchst. b VV RVG).

---

[1] BGH v. 9.2.1983 – IVb ZR 343/81, FamRZ 1983, 355.
[2] *Götz*, NJW 2010, 897; zur entsprechenden Rechtslage bei § 926 ZPO vgl. Zöller/*Vollkommer*, § 926 ZPO Rz. 3; Johannsen/Henrich/*Maier*, Rz. 9 vor § 246 FamFG; aA FA-FamR/Gerhardt, 6. Kap. Rz. 864 und Rz. 999 (§ 52 Abs. 2 als einfacherer Weg).
[3] BGH v. 22.3.1989 – IVb ZA 2/89, FamRZ 1989, 850.
[4] BGH v. 9.2.1983 – IVb ZR 343/81, FamRZ 1983, 355; BGH v. 27.10.1999 – XII ZR 239/97, NJW 2000, 740.
[5] BGH v. 9.5.1984 – IVb ZR 7/83, FamRZ 1984, 767; BGH v. 27.10.1999 – XII ZR 239/97, NJW 2000, 740.
[6] OLG Karlsruhe v. 20.4.2009 – 18 WF 50/09, FamRZ 2009, 1342.
[7] BGH v. 7.12.1988 – IVb ZR 49/88, FamRZ 1989, 267.

Abschnitt 5
Rechtsmittel

Unterabschnitt 1
Beschwerde

Literatur: *Böttcher*, Das Grundbuchverfahren nach dem FamFG, Rpfleger 2011, 53; *Bolkart*, Die Reform des Verfahrens in Familiensachen und in den Angelegenheiten der freiwilligen Gerichtsbarkeit, MittBayNot 2009, 268; *Borth*, Anm. zu BGH v. 9.12.2009 – XII ZB 215/09, DNotZ 2011, 53; *Borth*, Die Neufassung des Zurückweisungsbeschlusses nach § 522 II ZPO sowie dessen Auswirkungen auf Ehe- und Familienstreitsachen, FamRZ 2012, 764; *Borth*, Anschlussbeschwerde eines Ehegatten bei Rechtsmittel eines Versorgungsträgers gegen Entscheidungen im Versorgungsausgleich, FamRZ 2013, 94; *Diehl*, Besondere Probleme das FamFG in der 2. Instanz, FuR 2010, 542; *Diener*, Anm. zu BVerfG v. 7.12.2010 – 1 BvR 2157/10, FamRZ 2011, 274; *Finke*, Die Bestimmung des Kindergeldberechtigten – Voraussetzungen und Zuständigkeiten, FPR 2012, 155; *Fölsch*, FamFG – Zuständigkeiten im Hauptsachebeschwerdeverfahren, NJW 2010, 3352; *Frank*, Anwaltszwang bei der isolierten Beschwerde gegen Verbundentscheidungen in Folgesachen der freiwilligen Gerichtsbarkeit, FamRZ 2011, 1021; *Giers*, Kostenentscheidungen in Familiensachen einschließlich Rechtsmittel, FPR 2012, 250; *Götz*, Das neue Familienverfahrensrecht – Erste Praxisprobleme, NJW 2010, 897; *Griesche*, Die Bekanntgabe von Entscheidungen in Unterhaltssachen, FamRB 2010, 340; *Gutdeutsch*, Das Unterhaltsprivileg im Verbund, FamRZ 2010, 1140; *Harders*, Der „unbekannte Beteiligte" – ein Beitrag zum Eintritt der Rechtskraft bei Genehmigungsbeschlüssen, DNotZ 2009, 725; *Heidebach*, Die Reichweite gerichtlicher Kontrolle bei erledigter Freiheitsentziehung nach dem FamFG, NJW 2011, 1708; *Heinemann*, Die Reform der freiwilligen Gerichtsbarkeit durch das FamFG und ihre Auswirkungen auf die notarielle Praxis, DNotZ 2009, 6; *Hoffmann*, FamFG und Vormundschaft: Mögliche Auswirkungen auf die Tätigkeit von Vormündern und Pflegern, JAmt 2009, 413; *Kroiß*, Die Rechtsmittel in nachlassgerichtlichen Verfahren nach dem FamFG, ZEV 2009, 224; *Jacoby*, Der Regierungsentwurf für ein FamFG, FamRZ 2007, 1703; *Jänig/Leißring*, FamFG: Neues Verfahrensrecht für Streitigkeiten in AG und GmbH, ZIP 2010, 110; *Jennissen*, Die Neuregelung des Freiheitsentziehungsverfahrens im FamFG – Licht und Schatten, FGPrax 2009, 93; *Joachim/Kräft*, Die Rechtsmittel des FamFG, JR 2010, 277; *Kemper*, Das Verfahren in der ersten Instanz nach dem FamFG, FamRB 2008, 345; *Keske*, Rechtsmittel gegen die Kostenentscheidung, FPR 2010, 339; *Kesseler*, Die Bedeutung des Rechtskraftzeugnisses, ZNotP 2009, 425; *Krafka*, Registerrechtliche Neuerungen durch das FamFG, NZG 2009, 650; *Kretzschmar/Meysen*, Reform des Familienverfahrensrechts, FPR 2009, 1; *Kroiß*, Änderungen im Nachlassverfahren durch das FamFG, AnwBl 2009, 592; *Lettau*, Gegenstand und Statthaftigkeit der Beschwerde in Familiensachen und Angelegenheiten der freiwilligen Gerichtsbarkeit, Diss. Tübingen 2010; *Maurer*, Die Rechtsmittel in Familiensachen nach dem FamFG, FamRZ 2009, 465; *Maass*, Neues Verfahren bei der Notarkostenbeschwerde nach der FGG-Reform – Kennt das neue Rechtsmittelverfahren nach § 156 Abs. 3–5 KostO die „Sprungrechtsbeschwerde"?, ZNotP 2010, 333; *Meyer-Seitz/Kröger/Heiter*, Auf dem Weg zu einem modernen Familienverfahrensrecht – die familienverfahrensrechtlichen Regelungen im Entwurf eines FamFG, FamRZ 2005, 1430; *Milzer*, Ungewollte Fernwirkungen des § 75 FamFG, MittBayNot 2011, 112; *Müther*, Verfahrensrechtliche Probleme des Betreuungsverfahrens, FPR 2012, 1; *Müther*, Die Beschwerdeeinlegung beim unzuständigen Gericht nach dem FamFG, FamRZ 2010, 1952; *Nedden-Böger*, Die Anwendung des Allgemeinen Teils des FamFG in Registersachen und unternehmensrechtlichen Verfahren, FGPrax 2010, 1; *Netzer*, Das Rechtsmittelrecht im neuen Gesetz über das Verfahren in Familiensachen und in den Angelegenheiten der freiwilligen Gerichtsbarkeit (FamFG), ZNotP 2009, 303; *Preuß*, Auswirkungen der FGG-Reform auf das Spruchverfahren, NZG 2009, 961; *Preuß*, Das neue Beschwerdeverfahren der freiwilligen Gerichtsbarkeit unter Berücksichtigung der Besonderheiten der Notarbeschwerde, DNotZ 2010, 265; *Rakete-Dombek*, Aktuelle Entwicklungen im Familienrecht, NJW 2010, 1313; *Rakete-Dombek/Türck-Brocker*, Das FamFG, NJW 2009, 2769; *Rackl*, Das Rechtsmittelrecht nach dem FamFG, Diss. Regensburg 2011; *Recla/Diener*, Anm. zu BVerfG v. 30.4.2010 – 1 BvR 2797/09, FamRZ 2010, 1146; *Reinken*, Die 2. Instanz, FuR 2010, 268; *Roth*, Die Reform der freiwilligen Gerichtsbarkeit durch das FamFG, JZ 2009, 585; *Schael*, Die Statthaftigkeit von Beschwerde und sofortiger Beschwerde nach dem neuen FamFG, FPR 2009, 11; *Schael*, Das FamFG und die Beschwerde gegen Endentscheidungen, FPR 2009, 195; *Schneider*, Beschwerde gegen den Nichterlass eines Arrests – auch ein kostenrechtliches Problem, FamRZ 2012, 1782; *Schürmann*, Die Rechtsmittel nach dem

FamFG, FamRB 2009, 24; *Schürmann*, Rechtsmittel in Familiensachen nach dem FamFG, FuR 2010, 425 und 493; *Sonnenfeld*, Rechtsmittel im Betreuungs- und Unterbringungsverfahren, BtPrax 2009, 167; *Sturm*, Wegen Verletzung fremden Rechts sind weder Revision noch Rechtsbeschwerde zulässig, JZ 2011, 44; *Tiedke/Diehn*, Notarkosten: Das neue Rechtsmittelverfahren nach der FGG-Reform nach § 156 KostO durch das FamFG und weitere Änderungen der KostO, ZNotP 2009, 385; *Winter/Nießen*, Amtsermittlung und Beibringung im Spruchverfahren, NZG 2007, 13; *Vogel*, Probleme mit dem neuen Rechtsmittel der befristeten Beschwerde beim iudex a quo, FPR 2011, 4; *Vogel*, Die juristischen Mindeststandards bei der mit Freiheitsentziehung verbundenen Unterbringung in der Behandlung von Kindern, FPR 2012, 462; *Zimmermann*, Das neue Nachlassverfahren nach dem FamFG, ZEV 2009, 53; *Zorn*, Anm. zu OLG Brandenburg v. 23.1.2012 – 10 UF 243/11, FamRZ 2012, 1070.

58 Statthaftigkeit der Beschwerde

(1) **Die Beschwerde findet gegen die im ersten Rechtszug ergangenen Endentscheidungen der Amtsgerichte und Landgerichte in Angelegenheiten nach diesem Gesetz statt, sofern durch Gesetz nichts anderes bestimmt ist.**
(2) **Der Beurteilung des Beschwerdegerichts unterliegen auch die nicht selbständig anfechtbaren Entscheidungen, die der Endentscheidung vorausgegangen sind.**

A. Entstehungsgeschichte und Normzweck ... 1
B. Inhalt der Vorschrift
  I. Beschwerde als Hauptsacherechtsmittel
    1. Neue Differenzierung der Rechtsmittel
      a) Hauptsacherechtsmittel ... 2
      b) Keine „Erstbeschwerde" gegen Entscheidungen der Landgerichte ... 4
    2. Gegenstand der Beschwerde
      a) Entscheidungen in der Hauptsache
        aa) Richtig bezeichnete Entscheidungen ... 5
        bb) Unrichtig bezeichnete Entscheidungen ... 6
      b) Die Rechtslage unmittelbar beeinflussende Entscheidungen ... 7
      c) Abgrenzung von sonstigen gerichtlichen Verfügungen
        aa) Abgrenzung von verfahrensleitenden Verfügungen ohne Regelungscharakter ... 8
        bb) Abgrenzung von verfahrensleitenden Entscheidungen mit Regelungscharakter oder sonstigen Zwischenentscheidungen ... 11
        cc) Abgrenzung von Justizverwaltungsakten ... 13
        dd) Abgrenzung von Behördenentscheidungen aufgrund gerichtlicher Entscheidungen ... 13a
      d) Weitere Zulässigkeitsvoraussetzungen ... 14
      e) Nebenverfahren ... 14a
    3. Ausnahmen ... 15
  II. Anfechtbarkeit von Zwischenentscheidungen
    1. Nicht selbständig anfechtbare Zwischenentscheidungen ... 16
    2. Selbständig anfechtbare Zwischenentscheidungen
      a) Anfechtbarkeit
        aa) Anfechtbarkeit nur bei ausdrücklicher Regelung ... 17
        bb) Instanzenzug ... 18
        cc) Rechtsbeschwerde ... 18a
      b) Keine inzidente Überprüfung nach Absatz 2 ... 19
  III. Beschwerdegericht
    1. Regelfall: OLG als Beschwerdegericht ... 20
    2. Ausnahme: LG als Beschwerdegericht ... 21
  IV. Einzelfälle anfechtbarer und nicht anfechtbarer Entscheidungen nach der Rechtsprechung
    1. Betreuungsrecht ... 22
    2. Einstweiliger Rechtsschutz ... 23
    3. Familienrecht (ohne Eherecht) ... 24
    4. Unterbringungssachen ... 25
    5. Pflegschaften ... 26

A. Entstehungsgeschichte und Normzweck

1   Die Vorschrift entspricht in ihrem Regelungszweck § 19 FGG aF, allerdings auf die Frage beschränkt, wogegen sich das Rechtsmittel richten kann. Die ursprünglich in § 19 Abs. 2 FGG bestimmte **sachliche Zuständigkeit** ist nunmehr in § 72 Abs. 1 Satz 2 GVG und 119 Abs. 1 Nr. 1a, b GVG geregelt, wobei die Zuständigkeit des Land-

gerichts nur noch für einen kleinen Teil der Beschwerden (in Freiheitsentziehungs- und Betreuungssachen) besteht. Den Zielsetzungen des neuen Rechts entsprechend ist auch der Inhalt der Norm, soweit sie mit § 19 FGG aF korrespondiert, erheblich verändert. Dies betrifft zum einen den **Gegenstand der Beschwerde**. Dass nunmehr im Grundsatz nur noch die Instanz abschließende Entscheidungen mit der sofortigen Beschwerde angreifbar sein sollen, ergibt sich aus § 58 Abs. 1, wo von **„Endentscheidungen"** die Rede ist, nicht, wie vormals in § 19 FGG, von „Verfügungen". Zum anderen hat die Beschränkung der selbständigen Beschwerde auf Endentscheidungen in § 58 Abs. 2 ihren Niederschlag in einer speziellen Regelung zur Angreifbarkeit von Zwischenentscheidungen gefunden, die das alte Recht nicht kannte. Sie ist an § 512 ZPO angelehnt. Sofern nach diesem System kein Rechtsmittel gegeben ist und auch die Anhörungsrüge nicht eröffnet ist, kommt allenfalls eine Gegenvorstellung in Betracht, bei Entscheidungen des Rechtspflegers auch die Erinnerung nach § 11 Abs. 2 RPflG,[1] nicht aber die außerordentliche Beschwerde.[2] Denn diese wollte der Gesetzgeber abschaffen (vgl. § 42 Rz. 24 und § 44 Rz. 1). Die Vorschrift gilt gem. § 113 Abs. 1 Satz 1 in allen Verfahren nach dem FamFG, auch für Ehe- und Familienstreitsachen, allerdings mit den Modifikationen des § 117. Auch dann, wenn Spezialgesetze die Anwendbarkeit des FamFG vorsehen, umfasst dies ohne abweichende Regelung auch § 58.

Die Beschwerde ist nunmehr grundsätzlich fristgebunden (§ 63 Rz. 2 ff.) und in vermögensrechtlichen Angelegenheiten nur zulässig, wenn der Wert des Beschwerdegegenstandes 600 Euro übersteigt (§ 61 Rz. 2 ff.) oder eine Zulassung durch das erstinstanzliche Gericht erfolgte (§ 61 Rz. 8 ff.). Sie hat keine aufschiebende Wirkung (§ 64 Rz. 20). Die Beschwerde soll begründet werden (§ 65 Rz. 2 ff.). Das erstinstanzliche Gericht kann der Beschwerde nunmehr immer abhelfen (§ 68 Rz. 2 ff.). Die Beschwerde ist anders als die zivilprozessuale Berufung in vollem Umfang eine neue Tatsacheninstanz (§ 65 Rz. 11 ff.).

1a

B. Inhalt der Vorschrift

I. Beschwerde als Hauptsacherechtsmittel

1. Neue Differenzierung der Rechtsmittel

a) Hauptsacherechtsmittel

Die Umgestaltung des Rechtsmittelrechts in fG-Verfahren führt zu einer stärkeren Differenzierung der Rechtsmittel. §§ 58 ff. betreffen anders als §§ 19 ff. FGG aF vorbehaltlich einer abweichenden Spezialregelung[3] nur Rechtsmittel gegen die **Entscheidung in der Hauptsache**, also eine Entscheidung, die den Verfahrensgegenstand nach § 38 Abs. 1 Satz 1 ganz oder teilweise erledigt (vgl. § 38 Rz. 1). Die Anordnung einer Ergänzungspflegschaft ist unabhängig von dem betroffenen Geschäft eine eigenständige Endentscheidung.[4] Zu den Endentscheidungen gehören auch vormundschaftliche Weisungen[5] und Innengenehmigungen[6] und die Entscheidung über die Vergütung eines Pflegers.[7] Der früher hierunter gezählte **Vorbescheid** im Erbscheinsverfahren[8] hat in § 352 eine Spezialregelung hinsichtlich der Wirksamkeit erfahren und ist nunmehr ein gewöhnlicher Beschluss in der Hauptsache, der nach §§ 58 ff. an-

2

---

[1] OLG Hamm v. 6.8.2010 – II 6 WF 261/10, FamRZ 2011, 307; Bork/Jacoby/Schwab/*Müther*, 1. Aufl., § 58 FamFG Rz. 4; *Roth*, JZ 2009, 585 (589); *Zimmermann*, ZEV 2009, 53 (54); *Bumiller/Harders*, § 58 FamFG Rz. 25; Keidel/*Sternal*, § 63 FamFG Rz. 5; Bassenge/Roth/*Gottwald*, § 58 FamFG Rz. 5; vgl. Rz. 5 und § 61 Rz. 6a.
[2] AA *Bumiller*/Harders, § 58 FamFG Rz. 21 f.
[3] Vgl. hierzu BT-Drucks. 16/6308, S. 203; *Bumiller*/Harders, § 58 FamFG Rz. 9 zu § 382 Abs. 4.
[4] OLG Brandenburg v. 23.1.2012 – 10 UF 243/11, Rpfleger 2012, 385; OLG Celle v. 14.9.2012 – 10 UF 56/12, Rpfleger 2013, 88; aA *Müther*, FPR 2012, 1 (2).
[5] Keidel/*Meyer-Holz*, § 58 FamFG Rz. 20.
[6] Keidel/*Meyer-Holz*, § 58 FamFG Rz. 20.
[7] OLG Hamm v. 6.8.2010 – II 6 WF 261/10, FamRZ 2011, 307.
[8] OLG Hamm v. 8.6.1999 – 15 W 105/99, FamRZ 2000, 487 f.

§ 58

greifbar ist.[1] Wird gleichwohl ein Vorbescheid erlassen, dürfte dieser mangels abschließender Entscheidung in der Hauptsache nicht anfechtbar sein, sondern nur der angekündigte Beschluss.[2] Der Vorbescheid kann aber zur Klarstellung aufgehoben werden.[3] Auf **Zwischenentscheidungen**, die früher unter bestimmten Voraussetzungen gleichermaßen mit der Beschwerde nach §§ 19 ff. FGG anfechtbar waren,[4] sind §§ 58 ff. grundsätzlich nicht anwendbar, sondern idR §§ 567 ff. ZPO. So kann etwa die Aussetzung des Verfahrens nach § 21 Abs. 1 nicht mehr mit demselben Rechtsmittel wie die Hauptsacheentscheidung,[5] sondern nach § 21 Abs. 2 nur mit der sofortigen Beschwerde nach §§ 567 ff. ZPO angegriffen werden. Insoweit haben die neuen Regelungen der §§ 58 ff. gegenüber den §§ 19 ff. FGG einen Teil ihres früheren Anwendungsbereichs eingebüßt. Nach §§ 58 ff. anfechtbar sind auch Entscheidungen, die einen Aspekt oder einen Teil der Hauptsache etwa als **Teil- oder Grundbeschluss** entscheiden.[6] Dies gilt auch für eigenständige Entscheidungen über Vorfragen, etwa die „Anfechtung der Erbschaftsannahme".[7] Im Verfahren der freiwilligen Gerichtsbarkeit kann auch die **Kostenentscheidung** isoliert ohne gleichzeitiges Rechtsmittel in der Hauptsache angefochten werden (zur Mindestbeschwer s. § 61 Rz. 3).[8] Die Anfechtung einer Kostenentscheidung nach Erledigung ist ohnehin wie im Zivilprozess als Endentscheidung ohne weiteres anfechtbar (s. Rz. 7 und § 84 Rz. 15). Anfechtbar ist eine Entscheidung **ab ihrem Erlass**, selbst wenn sie dem Anfechtenden nicht bekannt gegeben wird.[9] Auch unzulässige Entscheidungen erster Instanz sind mit der Beschwerde anfechtbar.[10] Entsprechendes gilt für **nichtige Entscheidungen**, da sie den Rechtsschein einer gerichtlichen Regelung erwecken.[11]

---

1 Zum Vorbescheid s. Bork/Jacoby/Schwab/*Müther*, 1. Aufl., § 58 FamFG Rz. 7; *Jacoby*, FamRZ 2007, 1703 (1706 f.); *Heinemann*, DNotZ 2009, 6 (12); *Kroiß*, AnwBl. 2009, 592 (594); *Zimmermann*, ZEV 2009, 53 (56).

2 OLG Köln v. 12.7.2010 – 2 Wx 99/10, FGPrax 2010, 266 (267); OLG Köln v. 29.10.2010 – 2 Wx 161/10, FGPrax 2011, 49; Keidel/*Meyer-Holz*, § 58 FamFG Rz. 38.

3 OLG Köln v. 12.7.2010 – 2 Wx 99/10, FGPrax 2010, 266 (267).

4 Vgl. OLG Bremen v. 7.11.1972 – 1 W 73/72(c), Rpfleger 1973, 58; OLG Düsseldorf v. 11.1.1993 – 19 W 2/92, NJW-RR 1993, 1256; OLG Zweibrücken v. 6.12.1982 – 3 W 217/82, OLGZ 1983, 163 f.; OLG Zweibrücken v. 2.3.2000 – 3 W 35/00, FGPrax 2000, 109; BayObLG v. 21.10.1968 – BReg 1b Z 25/68, BayObLGZ 1968, 257 (258); BayObLG v. 6.3.1987 – BReg 1 Z 11/87, NJW-RR 1987, 1202; BayObLG v. 16.7.1997 – 3 Z BR 272/97, NJW-RR 1998, 437 (438); BayObLG v. 31.1.2001 – 3 Z BR 20/01, FGPrax 2001, 78; OLG Frankfurt v. 11.11.1992 – 20 W 430/92, FamRZ 1993, 442; *Rackl*, Rechtsmittelrecht, S. 23 f.

5 So aber das alte Recht, s. BayObLG v. 18.1.1967 – BReg 1a Z 62/66, BayObLGZ 1967, 19 (20 f.); Keidel/*Kahl*, 15. Aufl., § 19 FGG Rz. 13.

6 OLG Düsseldorf v. 11.1.1993 – 19 W 2/92, NJW-RR 1993, 1256; BayObLG v. 9.1.1962 – BReg 1 Z 243/1961, BayObLGZ 1962, 11 (13); BayObLG v. 27.9.1993 – 1 Z BR 95/93, NJW-RR 1994, 1162 zu einzelnen Abschnitten eines Verfahrens; vgl. zur Vorabentscheidung über die Zuständigkeit OLG Bremen v. 10.5.1979 – 5 UF 41/79a, FamRZ 1979, 861 (hierzu jetzt § 65 Abs. 4); Keidel/*Meyer-Holz*, § 58 FamFG Rz. 17.

7 BayObLG v. 27.6.1996 – 1 Z BR 148/95, NJW-RR 1997, 72 (73).

8 OLG Hamm v. 13.4.2010 – 13 WF 55/10, FGPrax 2010, 166; OLG Stuttgart v. 3.11.2009 – 18 UF 243/09, FamRZ 2010, 664 (665); OLG Stuttgart v. 8.12.2009 – 33 WF 1737/09, FamRZ 2010, 1465; OLG Nürnberg v. 17.12.2009 – 7 WF 1483/09, FamRZ 998 (999); OLG Oldenburg v. 26.2.2010 – 14 UF 175/09, FamRZ 2010, 1466; OLG Karlsruhe v. 10.6.2010 – 16 WF 95/10, FamRZ 2010, 1695; OLG Koblenz v. 10.5.2010 – 11 WF 300/10, FamRZ 2010, 2013; OLG Düsseldorf v. 11.10.2010 – 1 WF 133/10, JAmt 2010, 497; OLG Hamburg v. 26.11.2010 – 7 UF 154/10, MDR 2011, 104; OLG Frankfurt v. 4.10.2010 – 5 WF 208/10, FamRZ 2011, 752; OLG Saarbrücken v. 7.4.2011 – 6 UF 17/11, FamRZ 2011, 1805 f.; Keidel/*Meyer-Holz*, § 58 FamFG Rz. 95; Zöller/*Feskorn*, § 58 FamFG Rz. 5; *Götz*, NJW 2010, 897 (902); *Rackl*, Rechtsmittelrecht, S. 34 f.; aA *Schael*, FPR 2009, 195 f., der nach Erledigung der Hauptsache keinen Raum mehr für eine Endentscheidung sieht.

9 BayObLG v. 23.7.1986 – BReg 3 Z 62/86, BayObLGZ 1986, 289 (290).

10 BayObLG v. 22.6.1982 – BReg 1 Z 52/82, FamRZ 1983, 92 (93); OLG Zweibrücken v. 3.11.2003 – 3 W 198/03, FGPrax 2004, 48.

11 BGH v. 13.6.2012 – XII ZB 592/11, FamRZ 2012, 1287 (1289); OLG Frankfurt v. 26.11.2009 – 1 UF 307/09, FamRZ 2010, 907 (908); BVerfG v. 17.1.1985 – 2 BvR 498/84, NJW 1985, 788; BayObLG v. 26.6.1986 – BReg. 3 Z 86/85, BayObLGZ 1986, 229 (233); BayObLG v. 21.7.1988 – BReg 3 Z 59/88, BayObLGZ 1988, 259 (260); Keidel/*Meyer-Holz*, § 58 FamFG Rz. 112; Bork/Jacoby/Schwab/*Müther*, 1. Aufl., § 58 FamFG Rz. 14.

Auch die **Ablehnung der Verfahrenseinleitung** ist in Antragsverfahren anfechtbar, 2a
in Amtsverfahren nur dann, wenn derjenige, dessen Anregung des Verfahrens erfolglos blieb, hierdurch gem. § 59 Abs. 1 beschwert ist.[1] Die bloße **Untätigkeit** ist allerdings, sofern sie nicht auf eine Zurückweisung des verfahrenseinleitenden Antrags hinausläuft, gerade keine Entscheidung und kann daher nicht mit der Beschwerde angegriffen werden.[2] Eine Untätigkeitsbeschwerde scheidet nach der ausdrücklichen Regelung der Materie in §§ 198 ff. GVG aus.[3] Hier bleiben nur dienstaufsichtsrechtliche Mittel[4] oder im Extremfall Schadensersatzansprüche aus § 839 BGB iVm. Art. 34 GG[5] bzw. nunmehr aus § 198 Abs. 1 GVG.[6] Allerdings muss der Betroffene zuvor eventuell ergangene Zwischenentscheidungen, auf denen die Untätigkeit beruht, wie eine Verfahrensaussetzung nach § 21, nach allgemeinen Grundsätzen anfechten.[7]

Die Beschwerde hat aber nicht nur gegenüber dem früheren Recht einen Teil ihres 3
Anwendungsbereichs eingebüßt. Umgekehrt übernehmen die §§ 58 ff. **weitere Aufgaben** als ihre Vorgängervorschriften, namentlich die Funktion der Berufung in den früher durch Urteil zu entscheidenden **Familiensachen**. Diese sind im Rahmen des Großen Familiengerichts nunmehr ebenfalls durch Beschluss zu entscheiden und folglich mit der Beschwerde anzufechten.[8]

b) Keine „Erstbeschwerde" gegen Entscheidungen der Landgerichte

Mit der neuen Regelung entfällt auch die „Erstbeschwerde" gegen Entscheidun- 4
gen der LG. Die frühere Praxis der Obergerichte differenzierte zwischen (sofortigen) weiteren Beschwerden und „Erstbeschwerden" gegen Entscheidungen der LG, je nachdem, ob diese in ihrer Tätigkeit als Rechtsmittelgericht oder wie ein erstinstanzliches Gericht entschieden hatten.[9] Diese feinsinnige, wohl nur nach langer obergerichtlicher Spruchpraxis wirklich sicher zu beherrschende Differenzierung[10] ist mit § 58 Abs. 1 jedenfalls für Beschwerdeentscheidungen der LG hinfällig. Denn in § 58 Abs. 1 ist nicht mehr kryptisch von „Verfügungen des Gerichts erster Instanz", sondern von den „im ersten Rechtszug ergangenen Entscheidungen der Amtsgerichte und Landgerichte" die Rede. Damit ist die „Erstbeschwerde" gegen die weiterhin den LG zugewiesenen Beschwerden in Freiheitsentziehungs- und Betreuungssachen fortgefallen, da Voraussetzung einer statthaften Beschwerde eine Entscheidung *im ersten Rechtszug* ist. Eine solche liegt aber nicht vor, wenn das Gericht im zweiten

---

1 Keidel/*Meyer-Holz*, § 58 FamFG Rz. 18; *Vogel*, FPR 2012, 462 (465).
2 BayObLG v. 8.10.1997 – 3 Z BR 116/97, Rpfleger 1998, 67 = NJW-RR 1999, 292 (293); OLG Naumburg v. 5.8.2010 – 3 WF 195/10, FamRZ 2011, 236 (LS); zur Ausnahme, wenn die Untätigkeit einer negativen Entscheidung gleichkommt, s. OLG Celle v. 17.3.1975 – 7 W 22/75, NJW 1975, 1230 f.; OLG Köln v. 23.6.1981 – 4 WF 93/81, NJW 1981, 2263 f.; OLG Schleswig v. 26.6.1981 – 1 W 94/81, NJW 1982, 246; OLG Naumburg v. 5.8.2010 – 3 WF 195/10, FamRZ 2011, 236; LG München II v. 28.1.2010 – 6 T 218/10, FamRZ 2010, 2013 (2014) mit der Einschränkung, dass keine willkürliche Untätigkeit vorliegen darf; weiter gehend *Bumiller*/Harders, § 58 FamFG Rz. 7; wohl auch *Müther*, FamRZ 2010, 1952 (1953); für eine Anweisung der Vorinstanz, dem Verfahren Fortgang zu geben OLG Frankfurt v. 12.8.2009 – 5 WF 154/09, FGPrax 2010, 136 (mangels Rechtsgrundlage zweifelhaft); ähnlich *Lettau*, Beschwerde, S. 101 ff., die für eine Untätigkeitsbeschwerde analog §§ 58 ff. plädiert.
3 BGH v. 20.11.2012 – VIII ZB 49/12, NJW 2013, 385 f.; OLG Düsseldorf v. 15.2.2012 – II-8 WF 21/12, FGPrax 2012, 184.
4 OLG Stuttgart v. 20.1.1998 – 8 W 4 u. 5/98, FamRZ 1998, 1128 (1129); Bork/Jacoby/Schwab/ *Müther*, 1. Aufl., Vor § 58 FamFG Rz. 9 u. § 58 FamFG Rz. 4; *Reinken*, FuR 2010, 268 (269); aA wegen Ineffektivität *Lettau*, Beschwerde, S. 94; *Kretzschmar*/Meysen, FPR 2009, 1 (3); *Rakete-Dombek*, NJW 2010, 1313 (1316); *Lettau*, Beschwerde, S. 88 f.
5 *Lettau*, Beschwerde, S. 96 f.
6 OLG Jena v. 29.12.2011 – 1 WF 634/11, FamRZ 2012, 728.
7 OLG Düsseldorf v. 2.5.2012 – I-3 Wx 68/12, FamRZ 2012, 1891 (1892).
8 S. BT-Drucks. 16/6308, S. 203; *Roth*, JZ 2009, 585 (589); Keidel/*Meyer-Holz*, § 58 FamFG Rz. 6; Bassenge/Roth/*Gottwald*, § 58 FamFG Rz. 1; ähnlich *Jänig*/Leißring, ZIP 2010, 110 (117); *Joachim*/Kräft, JR 2010, 277; *Rakete-Dombek*/Türck-Brocker, NJW 2009, 2769 (2770); *Schürmann*, FuR 2010, 425 (428).
9 S. etwa BayObLG v. 19.12.2001 – 3 Z BR 280/01, NJW-RR 2002, 679.
10 Instruktiv BayObLG v. 27.11.1975 – BReg 1 Z 59/75, BayObLGZ 1975, 421 (424 f.).

Rechtszug tätig wird. Dies entspricht auch dem Willen des Gesetzgebers, da sich die Beschwerde nach §§ 58 ff. bewusst an die ZPO-Beschwerde anlehnt.[1]

2. Gegenstand der Beschwerde

a) Entscheidungen in der Hauptsache

aa) Richtig bezeichnete Entscheidungen

5   Das neue Recht beschränkt die Möglichkeit der Beschwerde ausdrücklich auf „Endentscheidungen". Zwischenentscheidungen sind nur noch bei ausdrücklicher Bestimmung im Gesetz separat anfechtbar, dann aber überwiegend nach den Regelungen der ZPO (§§ 567 ff. ZPO; hierzu im Einzelnen Rz. 11 u. 17). Eine Endentscheidung ist nach der **Legaldefinition** in § 38 Abs. 1 Satz 1 eine solche, durch die der Verfahrensgegenstand ganz oder teilweise erledigt wird.[2] Eine **Teilentscheidung** setzt allerdings voraus, dass über einen Teil des Verfahrensgegenstandes abschließend entschieden werden kann.[3] Die Frage, ob eine Endentscheidung vorliegt, ist nach neuem Recht erheblich vereinfacht, da § 38 Abs. 1 insoweit **klare, auch terminologische Vorgaben** macht. Denn das Gericht hat eine solche Form der Entscheidung nach § 38 Abs. 1 Satz 1 durch **Beschluss** zu treffen. Eine Endentscheidung kann bei korrekter Anwendung der gesetzlichen Terminologie zukünftig also grundsätzlich nur noch bei Erlass eines Beschlusses vorliegen. Die Rechtsprechung macht die zusätzliche Einschränkung, dass die Endentscheidung im Hauptsacheverfahren ergangen sein muss, was bei Entscheidungen im **einstweiligen Rechtsschutz** nicht der Fall sein soll, was allerdings nur für die Abhilfemöglichkeit im Rahmen des § 68 Abs. 1 Satz 2 von Bedeutung ist.[4] Die Entscheidung muss nicht vom Richter erlassen sein, auch **Endentscheidungen des Rechtspflegers** sind mit der Beschwerde nach § 58 anzugreifen, wenn sie den Mindestbeschwerdewert gem. § 61 Abs. 1 überschreiten.[5] Der Beschwerdeführer kann sich auch darauf beschränken, einen **Teil der Entscheidung** anzufechten (vgl. § 64 Rz. 9), was allerdings voraussetzt, dass es sich wie bei einer Teilentscheidung um einen abtrennbaren Teil der Entscheidung handelt.[6]

bb) Unrichtig bezeichnete Entscheidungen

6   Die unrichtige Bezeichnung einer Endentscheidung führt nicht zum Verlust des Rechtsmittels, auch wenn gegen die gewählte Form der Entscheidung kein Rechtsmittel gegeben ist. Gegen eine solche Endentscheidung ist in jedem Fall die Beschwerde nach §§ 58 ff. eröffnet.[7] Ist auch gegen die zu Unrecht gewählte Entscheidungsform ein Rechtsmittel möglich, hat der Rechtsmittelführer nach dem Grundsatz der **Meistbegünstigung** die Wahl: Er kann sowohl das Rechtsmittel einlegen, das gegen die gewählte Entscheidungsart zulässig ist (also etwa gegen ein Urteil die Berufung), als auch die Beschwerde nach §§ 58 ff. (vgl. zu den Zulässigkeitsvoraussetzungen § 68 Rz. 18).[8] Allerdings darf das Rechtsmittelgericht dann nicht auf

---

1 BT-Drucks. 16/6308, S. 203; vgl. *Bumiller*/Harders, § 58 FamFG Rz. 21.
2 OLG Hamm v. 4.8.2010 – II-10 WF 121/10, FamRZ 2011, 234 (235).
3 OLG Düsseldorf v. 10.9.2010 – II-7 UF 84/10.
4 OLG Hamm v. 4.8.2010 – II-10 WF 121/10, FamRZ 2011, 234 (235).
5 Vgl. zur Bestimmung des Kindergeldberechtigten nach § 64 Abs. 2 S. 3 EStG KG v. 12.7.2010 – 16 UF 79/10, FamRZ 2011, 494; OLG Nürnberg v. 16.2.2011 – 7 WF 161/11, FamRZ 2011, 1243; OLG Celle v. 14.5.2012 – 10 UF94/11, FamRZ 2012, 1964; AG Bremen v. 26.4.2012 – 64 F 3060/10 UKI, FamRZ 2012, 1578 (LS); zur Erinnerung bei Unterschreiten des Mindestbeschwerdewerts s. unten Rz. 14; *Finke*, FPR 2012, 155 (159).
6 OLG Nürnberg v. 18.1.2011 – 7 UF 1473/10, FamRZ 2011, 991; OLG Brandenburg v. 11.7.2011 – 9 UF 77/11, FamRZ 2012, 555; OLG Karlsruhe v. 15.3.2012 – 18 UF 338/11, FamRZ 2012, 1306 (1307); OLG Karlsruhe v. 24.5.2012 – 18 UF 335/11, FamRZ 2013, 314 (315); im Einzelnen s. unten § 64 Rz. 9 und zur Teilrechtskraft oben § 45 Rz. 8.
7 Keidel/*Meyer-Holz*, § 58 FamFG Rz. 19.
8 BGH v. 6.4.2011 – XII ZB 553/10, FamRZ 2011, 966f.; BGH v. 29.2.2012 – XII ZB 198/11, NJW-RR 2012, 753 (754); BGH v. 7.3.2012 – XII ZB 421/11, FamRZ 2012, 962 (963); BGH v. 15.8.2012 – XII ZR 80/11, FamRZ 2012, 1785 (1786); OLG Karlsruhe v. 19.2.2010 – 5 WF 28/10, FamRZ 2010, 1103; OLG Zweibrücken v. 21.10.2010 – 6 UF 77/10; OLG Saarbrücken v. 31.3.2011 – 6 UF 128/10,

dem eingeschlagenen falschen Weg fortfahren, sondern muss das Verfahren so betreiben, wie das im Falle einer richtigen erstinstanzlichen Entscheidung der Fall wäre.[1] Der Grundsatz der Meistbegünstigung gilt auch dann, wenn zwar die richtige Entscheidungsform, aber falsches Verfahrensrecht gewählt wurde; auch dann genügt die Einhaltung der Voraussetzungen nach dem richtigen oder nach dem vom Ausgangsgericht angewandten Recht.[2] Ist die Frist zur Einlegung der Beschwerde nach § 63 Abs. 2 abgelaufen, nicht aber diejenige für die Berufung, kann letztere also immer noch eingelegt werden.[3] Bei der Auswahl auch **Kostenaspekte** zu berücksichtigen, ist legitim bzw. geboten. So ist zu berücksichtigen, dass sich die Gerichtskosten für ZPO-Beschwerden nach Nr. 1810 ff. VV-GKG regelmäßig auf eine Festgebühr beschränken und dass auch für den Rechtsanwalt nur eine halbe Verfahrensgebühr nach Nr. 3500 VV-RVG anfällt. Gegenüber einer Berufung wird die Beschwerde nach §§ 58 ff. angesichts der niedrigeren Sätze der KostO üblicherweise das geringere Kostenrisiko darstellen. Allerdings können nicht dem Rechtsmittelführer vorteilhafte Regelungen aus beiden Rechtsmitteln kombiniert werden.[4]

b) Die Rechtslage unmittelbar beeinflussende Entscheidungen

Eine nach § 58 anfechtbare Entscheidung zeichnet sich idR dadurch aus, dass sie die Rechtslage mindestens eines Beteiligten beeinflusst.[5] Hierbei kommt wie im Zivilprozess etwa die Verpflichtung zu einer Leistung (Leistungsbeschluss), die unmittelbare Einwirkung auf die Rechtslage durch Gestaltungsbeschluss oder die Feststellung eines Rechtsverhältnisses (Feststellungsbeschluss) in Betracht. Hierzu gehört auch die Bestimmung des Kindergeldberechtigten nach § 64 Abs. 2 Satz 3 EStG.[6] Auch Entscheidungen gegen Dritte wie Kontaktsperren nach § 1632 Abs. 2 Satz 2 BGB sind anfechtbare Entscheidungen mit Außenwirkung.[7] Besondere Probleme stellen sich, wenn die Entscheidung mit ihrem Erlass bereits Folgen zeitigt oder bereits vollzogen ist. Dies ist etwa bei **Genehmigungen** der Fall, deren Folgen selbst im Falle ihrer Rechtswidrigkeit nicht mehr beseitigt werden können (§ 47). Eine gleichwohl aufrechterhaltene Beschwerde ist unzulässig.[8] Eine Anfechtung derartiger Entscheidungen kommt nur in den Ausnahmefällen in Betracht, in denen das Gericht seine Entscheidung (unzulässigerweise) bekannt gibt, aber noch nicht mit Außenwirkung vollzieht, etwa durch Mitteilung der Anordnung über die Eintragung in ein Register.[9] Ansonsten kann die Beschwerde aber **auf ein anderes Ziel als auf die Abänderung des Beschlusses gerichtet** sein, dessen Rechtswirkungen ohnehin nicht mehr zu beseitigen sind. So kann die Eintragung in das Handelsregister zwar gem. § 383 Abs. 3 nicht selbst angefochten, wohl aber mit dem Ziel angegriffen werden, das AG zur Einleitung eines **Amtslöschungsverfahrens** anzuweisen.[10] Nach Erteilung eines Erb-

---

FamRZ 2011, 1890 (1891); *Schürmann*, FuR 2010, 425 (426); Keidel/*Meyer-Holz*, § 58 FamFG Rz. 109; Bork/Jacoby/Schwab/*Müther*, 1. Aufl., § 98 FamFG Rz. 12.

1 BGH v. 6.4.2011 – XII ZB 553/10, FamRZ 2011, 966f.; BGH v. 6.7.2011 – XII ZB 100/11, FamRZ 2011, 1575 (1576); BGH v. 29.2.2012 – XII ZB 198/11, NJW-RR 2012, 753 (754); BGH v. 15.8.2012 – XII ZR 80/11, FamRZ 2012, 1785 (1786).
2 BGH v. 6.7.2011 – XII ZB 100/11, FamRZ 2011, 1575 (1576); BGH v. 29.2.2012 – XII ZB 198/11, NJW-RR 2012, 753 (754).
3 Zur Notwendigkeit, die für das gewählte Rechtsmittel geltende Frist einzuhalten, s. BGH v. 2.11.1994 – XII ZB 121/94, NJW-RR 1995, 379 (380).
4 BGH v. 28.6.2002 – V ZR 74/01, NJW-RR 2002, 1651; Keidel/*Meyer-Holz*, § 58 FamFG Rz. 110.
5 *Lettau*, Beschwerde, S. 16.
6 KG v. 12.7.2010 – 16 UF 79/10, FamRZ 2011, 494; OLG Nürnberg v. 16.2.2011 – 7 WF 161/11, FamRZ 2011, 1243; OLG Celle v. 31.5.2011 – 10 UF 297/10, FamRZ 2011, 1616f.; zum Verfahren insgesamt s. *Finke*, FPR 2012, 155 ff.
7 BGH v. 29.9.2010 – XII ZB 161/09, FGPrax 2010, 291.
8 BayObLG v. 29.3.1996 – 3 Z BR 82/96, FamRZ 1997, 218 (219); KG v. 29.8.2000 – 1 W 1675/00, FGPrax 2000, 250.
9 OLG Stuttgart v. 19.5.1970 – 8 W 343/68, OLGZ 1970, 419 (420); *Lettau*, Beschwerde, S. 80ff.
10 OLG Hamm v. 31.7.1967 – 15 W 282/67, OLGZ 1967, 471 (472); OLG Hamm v. 1.7.2010 – I-15 W 261/10, FGPrax 2010, 322; *Preuß*, DNotZ 2010, 265 (268); darüber hinaus kann wegen der konkreten Eintragung eine „Fassungsbeschwerde" erhoben werden, s. *Nedden-Boegger*, FGPrax 2010, 1 (6); *Lettau*, Beschwerde, S. 83f.; ähnlich *Krafka*, NZG 2009, 650 (654), wobei der Verweis auf § 48 wohl ein Versehen sein dürfte.

§ 58

scheins kann mit der Beschwerde dessen **Einziehung** verfolgt werden.[1] Gleiches gilt für die Erteilung eines Testamentsvollstreckerzeugnisses.[2] Die Aufhebung einer Pflegschaft kann mit dem Ziel der **Neuanordnung** angegriffen werden.[3]

7a Nach Erledigung oder Antragsrücknahme ist auch die **Entscheidung nur über die Kosten** eine die Instanz beendende und somit anfechtbare Entscheidung nach § 38 Abs. 1 Satz 1 (zu sonstigen Kostenentscheidungen s. Rz. 2; zum Festsetzungsverfahren s. § 61 Rz. 7; zur isolierten Anfechtung der Kostenentscheidungen s. § 61 Rz. 3).[4] Dies gilt allerdings nicht, wenn die Entscheidung in der Hauptsache unanfechtbar wäre.[5] Nach mittlerweile hM ist zudem wegen der Verweisung des § 113 Abs. 1 Satz 2 auf die Vorschriften der ZPO in **Ehe- und Familienstreitsachen** die Beschwerde gegen isolierte Kostenentscheidungen nicht eröffnet; hier erfolgt die Anfechtung mit der sofortigen Beschwerde nach §§ 567 ff. ZPO.[6] Deshalb kann die Kostenentscheidung in Familiensachen abgesehen von den Fällen der isolierten Kostenentscheidung wegen § 99 Abs. 1 ZPO auch regelmäßig nicht ohne gleichzeitiges Rechtsmittel in der Hauptsache angegriffen werden.[7]

c) Abgrenzung von sonstigen gerichtlichen Verfügungen

aa) Abgrenzung von verfahrensleitenden Verfügungen ohne Regelungscharakter

8 Erging die Entscheidung in Form eines Beschlusses, so ist die Frage, ob eine Endentscheidung vorliegt, **nach dessen Regelungsgehalt zu beurteilen**.[8] Eine Entscheidung in der Hauptsache liegt nur dann vor, wenn das Gericht diese mit **Außenwirkung** bescheiden, also die Rechtslage feststellen oder ändern wollte.[9] Damit sind ver-

---

1 BayObLG v. 7.8.1973 – BReg 1 Z 36/73, BayObLGZ 1973, 224 (226); v. 5.2.1992 – BReg 1 Z 28/91, FamRZ 1992, 1206; KG v. 29.11.1994 – 1 W 2837/94, FGPrax 1995, 120.
2 OLG Hamm v. 8.6.1999 – 15 W 105/99, FamRZ 2000, 487.
3 BayObLG v. 30.9.1965 – BReg 1b Z 69/65, BayObLGZ 1965, 348 (349).
4 OLG Oldenburg v. 1.6.2010 – 14 UF 45/10, FamRZ 2010, 1831; OLG Hamburg v. 10.11.2009 – 7 WF 187/09, FamRZ 2010, 665 f.; OLG Brandenburg v. 15.2.2010 – 15 UF 12/10, FamRZ 2010, 1464; OLG Köln v. 21.4.2010 – 4 UF 68/10, FamRZ 2010, 1834; OLG Zweibrücken v. 20.5.2010 – 5 WF 32/10, FamRZ 2010, 1835; OLG Düsseldorf v. 27.5.2010 – II-WF 63/10, FamRZ 2010, 1835 (1836); OLG Hamm v. 26.10.2010 – 2 WF 249/10; Keidel/*Meyer-Holz*, § 38 FamFG Rz. 4; Zöller/*Feskorn*, § 58 FamFG Rz. 4; *Götz*, NJW 2010, 897 (902); *Reinken*, ZFE 2009, 164 (167); *Diehl*, FuR 2010, 542 (547); *Schürmann*, FuR 2010, 425 (428); teilweise krit. *Rackl*, Rechtsmittelrecht, S. 35 ff.
5 OLG Zweibrücken v. 15.6.2011 – 2 WF 25/11, FamRZ 2012, 50.
6 So BGH v. 28.9.2011 – XII ZB 2/11, FamRZ 2011, 1933 (1934 f.); OLG Nürnberg v. 9.6.2010 – 11 WF 172/10, FamRZ 2010, 1837; OLG Saarbrücken v. 11.10.2010 – 6 UF 72/10, NJW-RR 2011, 369; OLG Stuttgart v. 12.1.2011 – 15 WF 2/11, *FamRZ 2011*, 751 f.; OLG Stuttgart v. 26.4.2011 – 15 UF 86/11, FamRZ 2011, 1613 f.; OLG Stuttgart v. 21.2.2012 – 17 UF 396/11, FamRZ 2012, 1410; OLG Bamberg v. 10.1.2011 – 2 WF 320/10, MDR 2011, 543; OLG Hamm v. 30.12.2010 – 12 WF 288/10, FamRZ 2011, 989 f.; OLG Hamm v. 2.2.2011 – 8 WF 262/10, FamRZ 2011, 1245; OLG Karlsruhe v. 6.12.2010 – 5 WF 209/10, FamRZ 2011, 749 f.; OLG Köln v. 14.12.2011 – 4 WF 248/10, FamRZ 2011, 1246; OLG Zweibrücken v. 30.3.2011 – 6 WF 224/10, FamRZ 2011, 1614 f.; OLG Zweibrücken v. 8.4.2011 – 6 WF 27/11, FamRZ 2011, 1750; OLG Zweibrücken v. 7.7.2011 – 6 WF 59/11, FamRZ 2012, 392 f.; Zöller/*Feskorn*, § 58 FamFG Rz. 4; *Schael*, FPR 2009, 11 (13); *Rakete-Dombek/Türck-Brocker*, NJW 2009, 2769 (2772); *Diehl*, FuR 2010, 542 (547); *Keske*, FPR 2010, 339 (340); aA OLG Oldenburg v. 1.6.2010 – 14 UF 45/10, FamRZ 2010, 1831 m. krit. Anm. *Götz*; OLG Oldenburg v. 8.10.2010 – 4 WF 226/10, NJW-RR 2011, 367 f.; OLG Naumburg v. 26.2.2010 – 3 WF 40/10, FamRZ 2011, 577 f.; OLG Hamm v. 29.10.2010 – II 2 WF 249/10, FamRZ 2011, 582 f.; KG v. 1.3.2011 – 13 UF 263/10, NJW 2011, 2672 f.; *Schürmann*, FuR 2010, 425 (428).
7 OLG Stuttgart v. 12.1.2011 – 15 WF 2/11, FamRZ 2011, 751 f.; OLG Stuttgart v. 21.2.2012 – 17 UF 396/11, FamRZ 2012, 1410; OLG Bamberg v. 10.1.2011 – 2 WF 320/10, FamRZ 2011, 1244 f.; aA (für die Anwendbarkeit von § 58) OLG Oldenburg v. 8.10.2010 – 4 WF 226/10, NJW-RR 2011, 367 f.; OLG Bremen v. 18.4.2011 – 4 WF 23/11, FamRZ 2011, 1615 f.; OLG Stuttgart v. 4.8.2011 – 18 UF 223/11, FamRZ 2012, 50 f.; Giers, FPR 2012, 250 (253).
8 Keidel/*Meyer-Holz*, § 38 FamFG Rz. 5.
9 BayObLG v. 22.6.1982 – BReg 1 Z 52/82, FamRZ 1983, 92 (93); BayObLG v. 6.3.1987 – BReg 1 Z 11/87, NJW-RR 1987, 1202; BayObLG v. 20.12.1990 – 3 Z 140/90, Rpfleger 1991, 156; BayObLG v. 8.10.1997 – 3 Z BR 116/97, Rpfleger 1998, 67 = NJW-RR 1999, 292 (293).

fahrensleitende Verfügungen[1] wie die Terminierung zur mündlichen Verhandlung,[2] Beweisbeschlüsse,[3] Anordnungen und Ersuchen nach § 220[4] oder die Bestellung eines Verfahrenspflegers bzw. deren Ablehnung[5] von vorneherein nicht mit der Beschwerde nach §§ 58 ff. angreifbar, da sie die Entscheidung in der Hauptsache erst vorbereiten. Nicht beschwerdefähig sind ferner **Hinweisbeschlüsse**,[6] Warnhinweise etwa nach § 35 Abs. 2[7] und § 89 Abs. 2,[8] Anordnungen und Ersuchen nach § 220[9] oder sonstige schriftliche Mitteilungen,[10] in denen das Gericht seine Einschätzung der Rechts- und Sachlage kundtut. Erst recht keine Entscheidung nach § 38 Abs. 1 Satz 1 sind bloße Einschätzungen der Rechtslage,[11] oder **Ankündigungen** bestimmter Entscheidungen (vgl. aber unter Rz. 10).[12] Etwas anders kommt allerdings in Betracht, wenn sich das Gericht in einer Entscheidung mit den behandelten Fragen hätte befassen müssen; dann liegt in unverbindlichen Erörterungen ein Fehler der Endentscheidung.[13]

Unanfechtbar sind auch gerichtliche **Tätigkeiten ohne Entscheidungscharakter** 9 wie rein tatsächliche Handlungen,[14] die Testamentseröffnung[15] oder innerdienstliche Vorgänge[16] wie die Einleitung eines Amtsverfahrens[17] oder die Einholung eines Gutachtens,[18] selbst wenn sie in die Form eines Beschlusses gekleidet werden. Fraglich kann allenfalls sein, ob sie gleichwohl der Beschwerde nach §§ 58 ff. zugänglich sind, wenn sie zu Unrecht in die Form eines Beschlusses nach §§ 38 ff. gekleidet wurden, ohne dass sie etwa durch Bezeichnungen wie „Hinweisbeschluss" oÄ als rein verfahrensleitende Verfügung kenntlich gemacht wurde. Hier ist wohl wieder der **Meistbegünstigungsgrundsatz** zugunsten des Rechtsmittelführers anzuwenden: Erweckt

---

1 OLG Zweibrücken v. 27.4.2010 – 4 W 37/10, FGPrax 2010, 245; OLG Stuttgart v. 19.3.2010 – 8 W 112/10, FGPrax 2010, 255 (256); OLG Stuttgart v. 23.3.2010 – 8 W 139/10, FGPrax 2010, 257.
2 OLG Celle v. 17.3.1975 – 7 W 22/75, NJW 1975, 1230 f.; OLG Köln v. 23.6.1981 – 4 WF 93/81, NJW 1981, 2263; einschränkend OLG Schleswig v. 26.6.1981 – 1 W 94/81, NJW 1982, 246; Bork/Jacoby/Schwab/*Müther*, 1. Aufl., § 58 FamFG Rz. 5.
3 BayObLG v. 6.3.1987 – BReg 1 Z 117/87, NJW-RR 1987, 1202; OLG Düsseldorf v. 11.1.1993 – 19 W 2/92, NJW-RR 1993, 1256; OLG Celle v. 16.12.2010 – 10 UF 253/10, FamRZ 2011, 574 (576).
4 OLG Zweibrücken v. 18.1.2011 – 2 WF 138/10, FamRZ 2011, 1089.
5 OLG Düsseldorf v. 20.4.1999 – 7 WF 47/99, FamRZ 2000, 249.
6 OLG Hamm v. 17.5.1990 – 15 W 206/90, Rpfleger 1990, 426; BayObLG v. 8.10.1997 – 3 Z BR 116/97, Rpfleger 1999, 67 = NJW-RR 1999, 292 (293); OLG München v. 11.3.2010 – 34 Wx 23/10, FGPrax 2010, 122 f.; OLG Köln v. 12.7.2010 – 2 Wx 99/10, FGPrax 2010, 266 (267); OLG Köln v. 29.10.2010 – 2 Wx 161/10, FGPrax 2011, 49; OLG Köln v. 9.11.2010 – 4 WF 189/10 u. 190/10, FamRZ 2011, 574; OLG Brandenburg v. 28.10.2010 – 7 Wx 22/10, NotBZ 2011, 39.
7 BGH v. 23.5.2012 – XII ZB 417/11, NJW-RR 2012, 1156 = FGPrax 2012, 183 (184); OLG Zweibrücken v. 18.1.2011 – 2 WF 138/10, FamRZ 2011, 1089.
8 OLG Frankfurt v. 9.2.2010 – 1 UF 327/09, FamRZ 2010, 917 f.; OLG Köln v. 3.11.2010 – 4 WF 189–190/10; Bork/Jacoby/Schwab/*Müther*, 1. Aufl., § 58 FamFG Rz. 5.
9 OLG Zweibrücken v. 18.1.2011 – 2 WF 138/10, FamRZ 2011, 1089.
10 OLG Zweibrücken v. 27.4.2010 – 4 W 37/10, FGPrax 2010, 245 f.; OLG Brandenburg v. 15.1.2010 – 9 AR 17/09, FamRZ 2010, 1464 (zu einem Hinweis auf die örtliche Unzuständigkeit des angerufenen Gerichts); *Lettau*, Beschwerde, S. 16; Keidel/*Meyer-Holz*, § 58 FamFG Rz. 42.
11 OLG Köln v. 16.3.1988 – 2 Wx 14/88, NJW 1989, 173 (174); BayObLG v. 17.12.1987 – BReg 3 Z 127/87, NJW-RR 1988, 869; BayObLG v. 20.12.1990 – 3 Z 140/90, Rpfleger 1991, 156; BayObLG v. 27.9.1993 – 1 Z BR 95/93, NJW-RR 1994, 1162; BayObLG v. 4.6.1997 – 3 Z BR 42/97, Rpfleger 1997, 476 f.
12 OLG Köln v. 12.7.2010 – 2 Wx 99/10, FGPrax 2010, 266 (267); OLG Köln v. 29.10.2010 – 2 Wx 161/10, FGPrax 2011, 49.
13 KG v. 10.1.1989 – 1 W 3253/88, OLGZ 1989, 129 (130).
14 *Bumiller*/Harders, § 58 FamFG Rz. 11; Keidel/*Meyer-Holz*, § 58 FamFG Rz. 41; krit. *Lettau*, Beschwerde, S. 72 ff. für tatsächliche Tätigkeiten, die sich unmittelbar an die Entscheidung anschließen und deren Folgen nicht mehr beseitigt werden können; vgl. Rz. 10.
15 BayObLG v. 27.9.1993 – 1 Z BR 95/93, NJW-RR 1994, 1162; Keidel/*Meyer-Holz*, § 58 FamFG Rz. 41.
16 BGH v. 29.1.1955 – IV ZB 1/55, BGHZ 16, 177 (178); OLG Stuttgart v. 19.5.1970 – 8 W 343/68, OLGZ 1970, 419 (420); *Lettau*, Beschwerde, S. 17; ähnlich für die Erinnerung BGH v. 9.12.2009 – XII ZB 215/09, FGPrax 2010, 53.
17 BayObLG v. 31.1.2001 – 3 Z BR 20/01, FGPrax 2001, 78.
18 BayObLG v. 6.3.1987 – BReg 1 Z 11/87, NJW-RR 1987, 1202 f.; BayObLG v. 1.7.1999 – 3 Z BR 182/99, FamRZ 2000, 249 f.; BayObLG v. 31.1.2001 – 3 Z BR 20/01, FGPrax 2001, 78.

die verfahrensleitende Verfügung etwa aufgrund ungenügender Bezeichnung und missverständlichen Inhalts den Eindruck, es werde eine Endentscheidung getroffen, so muss sie schon deswegen mit der Beschwerde nach §§ 58 ff. angreifbar sein, um den falschen Eindruck einer Hauptsacheentscheidung zu vermeiden.[1] IdR werden diese Fälle auch ohne Einschaltung der nächsten Instanz im Wege der **Abhilfe nach § 68 Abs. 1 Satz 1** zu bereinigen sein.

10 Keine bloße Einschätzung der Rechtslage liegt vor, wenn ein Beschluss etwa über die Entziehung eines Erbscheins bereits die **konkrete Ankündigung enthält, wie ein bereits gestellter neuer Antrag beschieden wird**.[2] Dies gilt auch weiterhin für den Fall, dass das erstinstanzliche Gericht etwa in Registersachen (§ 382 Abs. 4) Zwischenverfügungen erlässt.[3] Gleiches gilt für Zwischenverfügungen in Grundbuchsachen gem. § 18 GBO.[4] Diese sind zu begründen und mit Rechtsbehelfsbelehrung zu versehen.[5] Wird umgekehrt eine **Entscheidung über einen Teil der Hauptsache** nicht als solche, sondern als Zwischenentscheidung bezeichnet, kann der hiervon Beschwerte sie nach dem Grundsatz der Meistbegünstigung noch inzident nach § 58 Abs. 2 mit der Hauptsacheentscheidung überprüfen lassen. Darüber hinaus soll die Beschwerde statthaft sein, wenn die verfahrensleitende Verfügung „in Rechte des davon Betroffenen in einem so erheblichen Maße eingreift, dass ihre selbständige Anfechtbarkeit unbedingt geboten ist, etwa dann, wenn den Schlusserben der Inhalt eines **Erbvertrags** einschließlich der Verfügungen des überlebenden Ehegatten mitgeteilt werden soll.[6] Dies erscheint kaum subsumtionsfähig.[7]

bb) Abgrenzung von verfahrensleitenden Entscheidungen mit Regelungscharakter oder sonstigen Zwischenentscheidungen

11 Abzugrenzen ist die beschwerdefähige Endentscheidung ferner von **Aufforderungen zu einem bestimmten prozessualen Verhalten** (etwa der Vorlage von Unterlagen) etc. Diese Entscheidungen ergehen zwar regelmäßig in der Form eines Beschlusses und bezwecken auch ihrem Inhalt nach eine Regelung mit Außenwirkung. Sie wollen aber die Hauptsache nicht erledigen, sondern nur ihren Fortgang fördern. Deshalb fehlt auch diesen verfahrensleitenden Verfügungen die Qualität einer Entscheidung nach § 38 Abs. 1 Satz 1. Sie sind allenfalls mit der **sofortigen Beschwerde** nach §§ 567 ff. ZPO angreifbar, soweit dies durch eine Spezialregelung angeordnet ist (hierzu im Einzelnen Rz. 17). Im Gegensatz zur früheren Rechtslage[8] gilt dies auch dann, wenn die Ent-

---

1 Vgl. BGH v. 16.10.2002 – VIII 27/02, MDR 2003, 285 f.
2 BayObLG v. 13.2.1975 – BReg 1 Z 82/74, BayObLGZ 1975, 62 (64) = FamRZ 1976, 104 (106).
3 OLG Düsseldorf v. 30.11.2009 – I-3 W 232/09, FGPrax 2010, 43; OLG Düsseldorf v. 6.5.2010 – I-3 Wx 35/10, FGPrax 2010, 247 (248); OLG Düsseldorf v. 6.12.2011 – 3 Wx 293/11, NJW-RR 2012, 560 f. = Rpfleger 2012, 391 (392); OLG Stuttgart v. 26.2.2010 – 8 W 99/10; OLG Frankfurt v. 17.1.2011 – 20 W 378/10, GmbHR 2011, 823 (825); OLG Nürnberg v. 18.4.2011 – 12 W 631/11, Rpfleger 2011, 521 (523); KG v. 19.1.2012 – 25 W 66/11, Rpfleger 2012, 447; KG v. 7.2.2012 – 25 W 5/12, FGPrax 2012, 171; KG v. 16.4.2012 – 25 W 39/12, FGPrax 2012, 172; *Joachim/Kräft*, JR 2010, 277; Bassenge/Roth/*Gottwald*, § 58 FamFG Rz. 4; Bork/Jacoby/Schwab/*Müther*, 1. Aufl., § 58 FamFG Rz. 7; weiter gehend *Lettau*, Beschwerde, S. 54 ff., die weiterhin allgemeinen Bedarf für diese Entscheidungsform und folglich auch für ihre Anfechtbarkeit sieht.
4 OLG Hamm v. 22.12.2010 – 15 W 526/10, Rpfleger 2011, 367; OLG Düsseldorf v. 25.9.2012 – I-3 Wx 31/12, FGPrax 2013, 14 f.; *Heinemann*, DNotZ 2009, 6 (17); *Bolkart*, MittBayNot 2009, 268 (275); im Ergebnis auch *Böttcher*, Rpfleger 2011, 53 (61 f.).
5 OLG Stuttgart v. 26.2.2010 – 8 W 99/10; OLG Düsseldorf v. 6.12.2011 – 3 Wx 293/11, NJW-RR 2012, 560 f.
6 OLG Zweibrücken v. 27.4.2010 – 4 W 37/10, FamRZ 2011, 236 zur Ankündigung des Nachlassgerichts, den Erbvertrag dem eingesetzten Schlusserben bekannt zu machen; ähnlich OLG Hamm v. 7.3.2012 – I-15 W 104/11, FamRZ 2012, 1892 f.; *Lettau*, Beschwerde, S. 75 f.; dazu, dass die Beschwerde jedenfalls nicht dem Notar zusteht, OLG Düsseldorf v. 11.10.2010 – I-3 Wx 224/10, FamRZ 2011, 497.
7 Gegen diese Anfechtbarkeit von Zwischenentscheidungen explizit auch OLG Köln v. 29.10.2010 – 2 Wx 161/10, FGPrax 2011, 49, das stattdessen eine Endentscheidung etwa über die Eröffnung von Testamenten fordert, deren Wirksamkeit in analoger Anwendung von § 352 Abs. 2 Satz 2 bis zur Rechtskraft ausgesetzt werden soll.
8 Vgl. Rz. 2 mit OLG Bremen v. 7.11.1972 – 1 W 73/72(c), Rpfleger 1973, 58; OLG Düsseldorf v. 11.1.1993 – 19 W 2/92, NJW-RR 1993, 1256; OLG Zweibrücken v. 6.12.1982 – 3 W 217/82, OLGZ

scheidung in **Rechte Dritter** eingreift, was schon deswegen unbefriedigend erscheint, weil der Ausschluss von Rechtsbehelfen die Verfassungsbeschwerde zum regelmäßigen Rechtsmittel gegen verfahrensleitende Entscheidungen umfunktioniert.[1] Die verfassungsrechtliche Rechtsprechung legt nahe, dass in verfassungskonformer Auslegung trotz § 44 Abs. 1 Satz 2 die Anhörungsrüge statthaft sein soll.[2] IdR wird hier aber die Statthaftigkeit der sofortigen Beschwerde nach §§ 567 ff. ZPO angeordnet sein, wie etwa die Ablehnung der Hinzuziehung als Beteiligter (§ 7 Abs. 5 Satz 2) oder die Anordnung von Zwangsmitteln (§ 35 Abs. 5).[3]

Ähnliches gilt für sonstige Entscheidungen im Laufe des Hauptsacheverfahrens über bestimmte Vorfragen. Zwar bezwecken auch sie eine Regelung im Außenverhältnis, aber keine Erledigung der Hauptsache, weshalb sie nicht mit der Beschwerde nach §§ 58 ff. anfechtbar sind. Ausdrücklich geregelt ist dies (überflüssigerweise) etwa für **Verweisungen** in § 3 Abs. 3 Satz 1, für die **Bestimmung des zuständigen Gerichts** nach § 5 Abs. 3, für die **Zurückweisung von Bevollmächtigten und Beiständen** nach §§ 10 Abs. 3 Satz 3, 12 Satz 4, ferner für **einstweilige Anordnungen** in §§ 49 ff. Sie können in Familiensachen regelmäßig nur in den Fällen der § 57 Satz 2 Nr. 1 bis 5 angefochten, ansonsten allenfalls auf Anhörungsrüge durch das Ausgangsgericht selbst überprüft werden.

cc) Abgrenzung von Justizverwaltungsakten

Nicht zu den nach §§ 58 ff. beschwerdefähigen Entscheidungen gehören ferner Justizverwaltungsakte, insbesondere über die Akteneinsicht Beteiligter und wohl auch Dritter.[4] Denn die Gewährung oder Nichtgewährung von Akteneinsicht stellt keine Entscheidung in der Hauptsache dar.[5] Die Entscheidung über entsprechende Gesuche ist vielmehr ein Verwaltungsakt, dessen Kontrolle wegen der größeren Sachnähe gem. §§ 23 ff. EGGVG innerhalb der ordentlichen Gerichtsbarkeit erfolgt. Eine Beschwerde nach §§ 58 ff. findet demgemäß nicht statt.

dd) Abgrenzung von Behördenentscheidungen aufgrund gerichtlicher Entscheidungen

Nicht mit der Beschwerde gem. § 58 anfechtbar sind schließlich auch Behördenentscheidungen, auch wenn sie aufgrund gerichtlicher Entscheidungen ergehen. So

---

1983, 163 f.; OLG Zweibrücken v. 2.3.2000 – 3 W 35/00, FGPrax 2000, 109; BayObLG v. 21.10.1968 – BReg 1b Z 25/68, BayObLGZ 1968, 257 (258); BayObLG v. 6.3.1987 – BReg 1 Z 11/87, NJW-RR 1987, 1202; BayObLG v. 16.7.1997 – 3 Z BR 272/97, NJW-RR 1998, 437 (438); BayObLG v. 31.1. 2001 – 3 Z BR 20/01, FGPrax 2001, 78; OLG Frankfurt v. 11.11.1992 – 20 W 430/92, FamRZ 1993, 442.

1 *Recla/Diener*, FamRZ 2010, 1146 (1147); *Diener*, FamRZ 2011, 274; vgl. insoweit die großzügige Annahme einer außerordentlichen Beschwerdemöglichkeit durch das OLG Zweibrücken v. 27.4.2010 – 4 W 37/10, FGPrax 2010, 245 (246); ähnlich *Rackl*, Rechtsmittelrecht, S. 27 und – allerdings für Beteiligte, die sich gegen gravierende Eingriffe wie eine psychiatrische Untersuchung erst im Zusammenhang mit der Entscheidung in der Hauptsache wehren können – *Lettau*, Beschwerde, S. 43 ff., die aus verfassungsrechtlichen Gründen für eine Beschwerdemöglichkeit plädiert.
2 S. BVerfG v. 2.12.2009 – 1 BvR 2797/09, FamRZ 2010, 186 (187), wonach es sich bei einer „Vorführungsanordnung" um „eine – bei verfassungskonformer Auslegung von § 44 Abs. 1 Satz 2 FamFG – einer Anhörungsrüge zugängliche Zwischenentscheidung handelt"; wortgleich BVerfG v. 30.4.2010 – 1 BvR 2797/09, FamRZ 2010, 1145 (1146); BVerfG v. 17.9.2010 – 1 BvR 2157/10, FamRZ 2010, 1970 (1971); BVerfG v. 26.10.2010 – 1 BvR 2538/10, BtPrax 2011, 28 (29) und BVerfG v. 7.12.2010 – 1 BvR 2157/10, FamRZ 2011, 272 (273).
3 Streitig ist die Rechtslage bei der Anordnung einer psychologischen Begutachtung; für eine separate Anfechtbarkeit, *Lettau*, Beschwerde, S. 43 ff., differenzierend Keidel/*Meyer-Holz*, § 58 FamFG Rz. 29 f.
4 OLG Hamm v. 29.7.2011 – II-2 WF 131/11, FamRZ 2012, 51 f.; wohl auch BT-Drucks. 16/6308, S. 181 f.; aA für Dritte OLG Celle v. 15.12.2011 – 10 UF 283/11, FamRZ 2012, 727 und oben § 13 Rz. 49 sowie KG v. 17.3.2011 – 1 W 457/10, NJW-RR 2011, 1025 f. = FGPrax 2011, 157 f., wo in der Entscheidung über das Akteneinsichtsgesuch eine beschwerdefähige Endentscheidung gesehen wird.
5 So völlig zu recht OLG Hamm v. 29.7.2011 – II-2 WF 131/11, FamRZ 2012, 51 (52).

ist etwa die Auswahl des konkreten Sachbearbeiters, der die Eltern aufgrund einer gerichtlichen Entscheidung betreut, in das Auswahlermessen des Jugendamts gestellt und daher nicht mehr wie die gerichtliche Entscheidung nach § 58 angreifbar.[1]

d) Weitere Zulässigkeitsvoraussetzungen

14 § 58 Abs. 1 regelt nur die Statthaftigkeit der Beschwerde gegen erstinstanzliche Entscheidungen in der Hauptsache. Insbesondere § 61 stellt weitere Anforderungen an die Zulässigkeit einer Beschwerde auf, namentlich eine **Mindestbeschwer** oder die **Zulassung** der Beschwerde durch das Gericht des ersten Rechtszugs (§ 61 Rz. 2 ff. u. 8 ff.). Ist bei einer Endentscheidung des Rechtspflegers nach § 38 der Mindestbeschwerdewert von 600 Euro nicht erreicht, so ist eine gleichwohl eingelegte Beschwerde als Erinnerung nach § 11 Abs. 2 RpflG zu behandeln, so dass auf eine Nichtabhilfeentscheidung der Richter erster Instanz gem. § 11 Abs. 2 Satz 3 RpflG abschließend zu entscheiden hat.[2] Ferner gelten die allgemeinen Zulässigkeitsvoraussetzungen, also das Erfordernis der Verfahrensfähigkeit, die Notwendigkeit eines Rechtsschutzbedürfnisses etc. (hierzu im Einzelnen § 68 Rz. 18). Ist eine Beschwerde danach nicht zulässig, verbleibt den Beteiligten nur die Anhörungsrüge nach § 44 und anschließend uU die Verfassungsbeschwerde.

e) Nebenverfahren

14a Eine weitere Einschränkung des Beschwerderechtes gilt für Nebenverfahren. Dort kann der Rechtsschutz nicht weiter reichen als in der Hauptsache. Wäre also die Hauptsacheentscheidung nicht anfechtbar, so kann auch die Versagung von Verfahrenskostenhilfe hierfür nicht mit der Beschwerde angegriffen werden.[3]

3. Ausnahmen

15 Die an sich klare Systematik der Unterscheidung von Rechtsmitteln in der Hauptsache, sofortiger Beschwerde gegen Zwischenentscheidungen bei ausdrücklicher Anordnung und Anfechtbarkeit nur im Rahmen des Rechtsmittels in der Hauptsache nach § 58 Abs. 2 wird durch eine Vielzahl von **Sondervorschriften** durchlöchert. So eröffnet etwa § 56 Abs. 3 Satz 2 gegen die Entscheidung über das Außerkrafttreten einer einstweiligen Anordnung die Beschwerde nach §§ 58 ff. Nach § 382 Abs. 4 bleibt die Beschwerde gegen Zwischenverfügungen möglich.[4] Bisweilen eröffnet dieselbe Vorschrift sogar **unterschiedliche Rechtsmittel**. So ist die Versagung der Wiedereinsetzung gem. § 19 Abs. 3 „nach den Vorschriften anfechtbar, die für die versäumte Rechtshandlung gelten". Hat der Beteiligte also die Beschwerdefrist versäumt, muss die Versagung der Wiedereinsetzung durch das Beschwerdegericht mit der Rechtsbeschwerde nach §§ 70 ff. bekämpft werden, sofern zugelassen. Wird dagegen im Rahmen der Richterablehnung die Frist zur Anfechtung der Zurückweisung versäumt, ist hiergegen gem. § 6 Abs. 2 die Rechtsbeschwerde nach §§ 574 ff. ZPO gegeben. Ausnahmsweise kann die Beschwerde gegen Hauptsacheentscheidungen durch Spezialregelung ausgeschlossen sein, wie etwa § 197 Abs. 3 Satz 1 für die Adoption bestimmt.

II. Anfechtbarkeit von Zwischenentscheidungen

1. Nicht selbständig anfechtbare Zwischenentscheidungen

16 Das Fehlen der selbständigen Anfechtbarkeit stellt die Beteiligten nicht rechtlos. Wie § 58 Abs. 2 nunmehr in Anlehnung an § 512 ZPO[5] ausdrücklich bestimmt, sind die nicht selbständig anfechtbaren Zwischenentscheidungen (hierzu Rz. 8) vom Beschwerdegericht nach §§ 58 ff. **inzident im Rahmen des Hauptsacherechtsmittels** zu überprüfen.[6] Wenn bereits die Entscheidung selbst überprüfbar ist, gilt dies erst

---
1 OLG Köln v. 27.7.2010 – 4 UF 96/10, FamRZ 2011, 233 (LS).
2 OLG Hamm v. 6.8.2010 – II 6 WF 261/10, FamRZ 2011, 307 (308).
3 OLG Hamm v. 9.6.2010 – II-10 WF 92/10, FamRZ 2011, 234 (LS).
4 Vgl. BT-Drucks. 16/6308, S. 204.
5 BT-Drucks. 16/6308, S. 203 f.
6 BGH v. 1.12.2010 – XII ZB 227/10, NJW-RR 2011, 577 (578) = FGPrax 2011, 101 (102); OLG Saarbrücken v. 31.3.2011 – 6 UF 128/10, FamRZ 2011, 1890 (1891); grundsätzlich zustimmend zu die-

recht für ihre Begründung und die hieraus gezogenen Folgerungen, ebenso für Vorfragen, die das Beschwerdegericht anders beantwortet als die erste Instanz. Eine **Ausnahme** gilt nur dann, wenn die Zwischenentscheidung nach ausdrücklicher Anordnung des Gesetzes überhaupt nicht, auch nicht inzident, bei der Entscheidung über die Beschwerde gegen die Hauptsacheentscheidung überprüft werden soll.[1] Beispiele sind etwa die Verweisung nach § 3 Abs. 3 Satz 1, die Bestimmung des zuständigen Gerichts nach § 5 Abs. 3 oder die Entscheidung über die Überlassung von Akten nach § 13 Abs. 4 Satz 3. Auch bei erfolgreichen **Ablehnungsgesuchen** kommt eine inzidente Überprüfung im Rahmen der Hauptsache nicht in Betracht, da nach § 6 Abs. 1 die Regelungen der §§ 41 bis 49 ZPO entsprechend gelten und nach § 46 Abs. 2 ZPO gegen ein erfolgreiches Ablehnungsgesuch kein Rechtsmittel gegeben ist.[2] Gleiches ist nach § 68 Abs. 4 FamFG iVm. § 526 Abs. 3 ZPO für eine **Übertragung auf den Einzelrichter** oder die Rückübertragung auf den gesamten Spruchkörper trotz Nichtvorliegens der Voraussetzungen hierfür bestimmt.[3] Entsprechendes gilt nach § 65 Abs. 4 für die **unrichtige Annahme der Zuständigkeit** durch das erstinstanzliche Gericht.[4] Nicht mehr überprüfbar sind nach der Systematik des Gesetzes ferner solche Zwischenentscheidungen, die selbständig anfechtbar waren, gleichgültig, ob die Anfechtung erfolgreich war oder unterlassen wurde (s. Rz. 19).

2. Selbständig anfechtbare Zwischenentscheidungen

a) Anfechtbarkeit

aa) Anfechtbarkeit nur bei ausdrücklicher Regelung

Zwischenentscheidungen sind nunmehr nur noch dann anfechtbar, wenn dies ausdrücklich bestimmt ist.[5] Hierbei wurde die frühere Praxis aber durchweg kodifiziert. Anfechtbar sind etwa Beschlüsse, die ein **Ablehnungsgesuch** für unbegründet erklären (§ 6 Abs. 2),[6] die Ablehnung der **Hinzuziehung als Beteiligter** (§ 7 Abs. 5 Satz 2), die Versagung der **Wiedereinsetzung** (§ 19 Abs. 3), die **Aussetzung** des Verfahrens (§ 21 Abs. 2), die Verhängung von **Ordnungsmitteln** wegen Nichterscheinens (§ 33 Abs. 3 Satz 5), die Anordnung von **Zwangsmitteln** (§ 35 Abs. 5), die **Berichtigung** eines Beschlusses (§ 42 Abs. 3 Satz 2), die Entscheidung über einen Antrag auf **Verfahrenskostenhilfe** (§ 76 Abs. 2), die **Festsetzung von Kosten** (§ 85)[7] oder Entscheidungen im **Vollstreckungsverfahren** (§ 87 Abs. 4). IdR wird hierbei auf die Vorschriften der §§ 567 ff. ZPO verwiesen. Der Umfang dieser Verweisung ist allerdings nicht recht klar. Teilweise wird vertreten, die §§ 58 ff. träten nicht hinter die §§ 567 ff. ZPO zurück, wenn letztere den Besonderheiten des fG-Verfahrens nicht hinreichend Rechnung tragen.[8] Dies erscheint im Hinblick auf die Rechtsmittelklarheit zweifelhaft und würde in der Praxis dazu führen, dass die jeweils „passenden" Normen aus jeder Verfahrensordnung herangezogen werden könnten.[9] Unbedenklich dürfte es aber sein, bei Lücken der §§ 567 ff. ZPO die Regelungen der §§ 58 ff. entsprechend heranzuziehen, etwa beim Beschwerderecht Minderjähriger (§ 60) und bei der Feststellung der

17

---

ser gesetzlichen Regelung *Rackl*, Rechtsmittelrecht, S. 25 ff.; kritisch gegen die u.U. verspätete Rechtsschutzmöglichkeit bei selbständigen Eingriffen wie psychiatrischen Untersuchungen *Lettau*, Beschwerde, S. 43 ff., die hierin aus verfassungsrechtlichen Gründen beschwerdefähige Entscheidungen sieht.
1 BT-Drucks. 16/6308, S. 204; Zöller/*Feskorn*, § 58 FamFG Rz. 12; Bork/Jacoby/Schwab/*Müther*, 1. Aufl., § 58 FamFG Rz. 10; *Lettau*, Beschwerde, S. 26; *Rackl*, Rechtsmittelrecht, S. 33.
2 *Netzer*, ZNotP 2009, 303.
3 BT-Drucks. 16/6308, S. 204; *Netzer*, ZNotP 2009, 303.
4 *Netzer*, ZNotP 2009, 303.
5 BGH v. 15.2.2012 – XII ZB 451/11, FamRZ 2012, 619.
6 BGH v. 15.2.2012 – XII ZB 451/11, FamRZ 2012, 619.
7 Der Verweis auf §§ 103 bis 107 ZPO umfasst auch die Anwendbarkeit der §§ 567 ff. ZPO gem. § 104 Abs. 3 Satz 1 ZPO.
8 Keidel/*Meyer-Holz*, § 58 FamFG Rz. 89; dem folgend *Rackl*, Rechtsmittelrecht, S. 29.
9 Kritisch zu einer Vermengung beider Verfahrensordnungen im Zusammenhang mit Fragen der Form und Frist sowie der Zuständigkeit auch OLG Köln v. 15.7.2010 – 2 Wx 101/10, FGPrax 2010, 267 (268); im Ergebnis ebenso BGH v. 4.3.2010 – V ZB 222/09, FGPrax 2010, 154 f.

Rechtsverletzung nach Erledigung der Hauptsache (§ 62).[1] Die Verweisung in das ZPO-Beschwerderecht ist aber auch für Zwischenentscheidungen nicht zwingend. So findet etwa gegen die Entscheidung über das Außerkrafttreten einer einstweiligen Anordnung nach § 56 Abs. 3 Satz 2 „die Beschwerde" statt. Dies kann mangels des ansonsten üblichen Verweises auf die §§ 567 ff. ZPO (vgl. § 6 Abs. 2, § 7 Abs. 5 Satz 2, § 21 Abs. 2, § 42 Abs. 3 Satz 2, § 85 iVm. § 104 Abs. 3 Satz 1 ZPO) nur als Beschwerde nach §§ 58 ff. verstanden werden. In einigen Fällen, etwa der Beschwerde gegen die Versagung der Wiedereinsetzung, kommen je nach Verfahren, in denen die Frist versäumt wurde, sogar beide Beschwerden, die nach §§ 58 ff. FamFG und nach §§ 567 ff. ZPO, in Betracht (vgl. Rz. 15).

bb) Instanzenzug

18 Sofern für die Anfechtung von Nebenentscheidungen auf die §§ 58 ff. verwiesen wird, ergeben sich bei der Bestimmung der Beschwerdegerichte keine Besonderheiten, da der allgemeine Rechtsmittelzug gilt (s. Rz. 20 f.). Zu Unklarheiten führt aber bei Zwischenentscheidungen die **pauschale Verweisung auf die Vorschriften zur zivilprozessualen Beschwerde**. Demnach wären nämlich nach § 72 Abs. 1 Satz 1 GVG die LG für die erstinstanzlichen Zwischenentscheidungen der AG zuständig, die OLG dagegen nur in den (seltenen) Fällen, in denen der erste Rechtszug vor dem LG durchzuführen ist. Dies würde zu einer unglücklichen Aufspaltung der Rechtsmittelzuständigkeit führen. Zudem müsste die mit Beschwerden nach §§ 567 ff. ZPO befasste Beschwerdekammer am LG über spezifische Fragen des Verfahrens nach dem FamFG entscheiden, etwa über die Richtigkeit eines Beschlusses nach § 7 Abs. 5 Satz 1, den Antragsteller nicht als Beteiligten hinzuzuziehen. Hierbei besteht zudem die Gefahr einander widersprechender Entscheidungen zur Beschwerde in der Hauptsache, für die ja nun überwiegend das OLG zuständig ist (s. Rz. 20). Vor diesem Hintergrund sind die Verweisungen in das zivilprozessuale Beschwerdeverfahren wohl wie nach früherem Recht (etwa nach § 13a Abs. 3 FGG aF für das Kostenfestsetzungsverfahren) nur als **partielle Anwendbarerklärung** anzusehen.[2] Sie betrifft nur die Statthaftigkeit der sofortigen Beschwerde und der Rechtsbeschwerde (hierzu s. § 70 Rz. 2), nicht aber auch die Zuständigkeit der für die Entscheidung über zivilprozessuale Beschwerden berufenen Gerichte. Allerdings bedarf diese Differenzierung einer gewissen Sorgfalt bei der Fallbearbeitung.[3] Im Ergebnis sind also auch sofortige Beschwerden, auf die aufgrund Spezialregelung die §§ 567 ff. ZPO anzuwenden sind, stets nach § 119 Abs. 1 Nr. 1a, b GVG vom OLG zu entscheiden, soweit nicht nach § 72 Abs. 1 Satz 2 GVG ausnahmsweise die Zuständigkeit des LG begründet ist (hierzu Rz. 21). Die bisweilen kritisch beurteilte originäre Zuständigkeit des Einzelrichters nach § 568 Satz 1 ZPO besteht allerdings auch hier selbst für die Prüfung nach § 114 ZPO, was Familiensachen einschließt.[4]

cc) Rechtsbeschwerde

18a Umstritten war die Frage, ob und mit welchem Rechtsmittel die Beschwerdeentscheidung angreifbar ist. Eine Auffassung entnahm aus den Verweisen auf die §§ 567 bis 572 ZPO, dass die Vorschriften der §§ 574 ff. ZPO nicht gelten sollten und plädierte daher für die Anwendbarkeit der §§ 70 ff.[5] oder gar für den Ausschluss der Rechtsbeschwerde.[6] Die Gegenauffassung sah in den Verweisen nur auf die zivilprozessuale

---

1 Hierzu s. auch Keidel/*Meyer-Holz*, § 58 FamFG Rz. 89.
2 BGH v. 30.9.2004 – V ZB 16/04, ZMR 2005, 58 f.; BGH v. 28.9.2006 – V ZB 105/06, WuM 2006, 706 f.; *Rackl*, Rechtsmittelrecht, S. 19 und 29; Dies gilt umso mehr, als § 85 FamFG wieder eine § 13a Abs. 3 FGG entsprechende Regelung enthält.
3 Vgl. die innerhalb von nur zwei Jahren dreifach (ohne jedes Problembewusstsein) geänderte Rspr. des V. Zivilsenats, BGH v. 24.7.2003 – V ZB 12/03, ZMR 2003, 756 (für seine Zuständigkeit); anders BGH v. 30.9.2004 – V ZB 16/04, ZMR 2005, 58 f. (für Zuständigkeit der OLG); anders BGH v. 9.3.2006 – V ZB 164/05, NZM 2006, 660 f. (für seine Zuständigkeit), anders BGH v. 28.9.2006 – V ZB 105/06, WuM 2006, 706 f. (für Zuständigkeit der OLG).
4 *Schürmann*, FamRB 2009, 24 (27).
5 Keidel/*Meyer-Holz*, § 70 FamFG Rz. 19; *Rackl*, Rechtsmittelrecht, S. 223.
6 Bork/Jacoby/Schwab/*Müther*, 1. Aufl., Vor § 58 FamFG Rz. 2 u. § 70 FamFG Rz. 6.

Beschwerde eine Nachlässigkeit des Gesetzgebers und hielt über die Verweisung auf die zivilprozessuale Beschwerde auch die Rechtsbeschwerde nach den Voraussetzungen der §§ 574 ff. für eröffnet.[1] Letztgenannter Auffassung hat sich der BGH nun angeschlossen.[2]

b) Keine inzidente Überprüfung nach Absatz 2

Für selbständig anfechtbare Zwischenentscheidungen gilt die Möglichkeit einer inzidenten Überprüfung im Rahmen der Beschwerde gegen die Hauptsacheentscheidung nach dem ausdrücklichen Wortlaut der Norm nicht. Sie erwachsen in **Rechtskraft**, wenn sie nicht angefochten werden oder das Rechtsmittel erfolglos bleibt. In der Folge können diese Entscheidungen, selbst wenn das Beschwerdegericht sie für unrichtig hält, im Rahmen der Beschwerde gegen die Hauptsache nicht mehr überprüft werden.[3] Der Entscheidung hierüber muss die rechtskräftige Zwischenentscheidung zugrunde gelegt werden. Dies umfasst allerdings wie bei der Rechtskraft nur die **Entscheidungsformel**, nicht auch einzelne Begründungselemente. Wird eine Zwischenentscheidung etwa deswegen zulasten des Beschwerdeführers getroffen, weil eine Vorfrage seiner Auffassung nach nicht mehr aufklärbar ist, so ist das Beschwerdegericht an die Beurteilung der Vorfrage für die Hauptsacheentscheidung nicht gebunden, wenn es selbst noch weitere Aufklärungsmöglichkeiten sieht.

III. Beschwerdegericht

1. Regelfall: OLG als Beschwerdegericht

Mit Art. 22 FGG-RG ist dem Gesetzgeber das gelungen, was im Rahmen der ZPO-Reform und der WEG-Novelle am Widerstand der Länder scheiterte: Obwohl die Länder auch im Rahmen der Beratungen zum FamFG mit den schon von den früheren Reformvorhaben bekannten Argumenten, insbesondere im Hinblick auf die Kosten, opponierten,[4] bestimmt § 119 Abs. 1 Nr. 1a, b GVG nunmehr die Zuständigkeit der Oberlandesgerichte nicht nur für die „von den Familiengerichten entschiedenen Sachen", sondern auch „in den Angelegenheiten der freiwilligen Gerichtsbarkeit" als zweite Instanz. Während ersteres weitgehend dem bisherigen Rechtszustand entspricht, stellt die Zuständigkeit für die meisten anderen Beschwerdesachen der freiwilligen Gerichtsbarkeit eine Neuerung dar. Im Ergebnis wird die Belastung der OG nunmehr zunehmen, da sie nicht nur die gegenüber den früheren weiteren Beschwerden höhere Zahl der Beschwerden nach neuem Recht zu verkraften, sondern auch die früher den Landgerichten zukommende **Tatsachenermittlung** zu übernehmen haben.[5] Berücksichtigt man zudem den niedrigeren Pensenschlüssel am OLG und die höhere Besoldung der dortigen Richter, ist fraglich, ob sich die Erwartung des Bundestages bewahrheiten wird, es werde „zu keinen Mehrbelastungen für die Haushalte kommen" kommen. Gleichwohl ist die Zuweisung der Beschwerden an das OLG im Gegensatz zur Regelung in Wohnungseigentumssachen (§ 72 Abs. 2 Satz 1 GVG) nachdrücklich zu begrüßen. Wie die dortige Praxis zeigt, hat die Zuständigkeit der LG in einer erfahrungsgemäß innerhalb der Richterschaft nicht sonderlich beliebten Spezialmaterie nicht nur fehlende Kontinuität zur Folge, da diese Dezernate häufig wechseln und regelmäßig neuen Richtern (auf Probe) zugewiesen werden. Berücksichtigt man die erheblich höheren Zuweisungsschlüssel an LG, ist kaum zu vermeiden, dass die Spezialmaterie in zweiter Instanz (und damit praktisch letztinstanzlich) weit weniger gründlich behandelt wird als am OLG. Diese Problematik wird durch die Zuständigkeit der Oberlandesgerichte vermieden, da die Spezialsenate üb-

---

1 *Bumiller*/Harders, § 70 FamFG Rz. 8; Prütting/Helms/*Abramenko*, 2. Aufl., § 70 FamFG Rz. 2 m. Fn. 4.
2 BGH v. 15.2.2012 – XII ZB 451/11, FamRZ 2012, 619 = FGPrax 2012, 137.
3 Bassenge/Roth/*Gottwald*, § 58 FamFG Rz. 9; Bork/Jacoby/Schwab/*Müther*, 1. Aufl., § 58 FamFG Rz. 9; *Lettau*, Beschwerde, S. 28; vgl. zum Zivilprozess BGH v. 6.11.1958 – III ZR 147/57, BGHZ 28, 302 (305 f.).
4 BT-Drucks. 16/6308, S. 360 f.
5 *Schürmann*, FamRB 2009, 24 (27).

§ 58 Allgemeiner Teil

licherweise einem geringeren personellen Wechsel unterworfen sind und aufgrund der geringeren Belastung eine tiefere Durchdringung der Materie gewährleisten. Die Oberlandesgerichte sind auch für die Streitigkeiten etwa aufgrund der Verweisungen in Landespolizeigesetzen zuständig, da die Ausnahmeregelungen in § 72 Abs. 1 GVG nur Freiheitsentziehungs- und Betreuungssachen umfassen.[1]

2. Ausnahme: LG als Beschwerdegericht

21 Eine Ausnahme vom üblichen Instanzenzug sieht § 72 Abs. 1 Satz 2 GVG vor. Danach bleibt das LG für Beschwerden nur in **Freiheitsentziehungs- und Betreuungssachen** zuständig. In den Gesetzesmaterialien wird dies mit der „regelmäßig geringere(n) räumliche(n) Entfernung der Landgerichte vom gewöhnlichen Aufenthalt des Betreuten und Untergebrachten" begründet.[2] Sicherlich waren auch Kostenerwägungen hier nicht unerheblich. Denn die weit geringeren Pensenschlüssel der OLG hätten in diesen „Massenverfahren" zu einem erheblichen Personalmehrbedarf geführt.[3] Da diese Verfahren zudem idR infolge geringer Gegenstandswerte und der Vermögenslage der Betroffenen allenfalls einen Teil der Kosten einbringen, wäre der übliche Instanzenzug schlicht zu teuer geworden.[4]

IV. Einzelfälle anfechtbarer und nicht anfechtbarer Entscheidungen nach der Rechtsprechung

1. Betreuungsrecht

22 Die Festsetzung der Betreuervergütung ist eine Endentscheidung nach § 38, die bei Vorliegen der Mindestbeschwer von 600 Euro mit der Beschwerde nach § 58 angegriffen werden kann.[5]

2. Einstweiliger Rechtsschutz

23 Umstritten sind die Beschwerdemöglichkeiten im Arrestverfahren. Dies gilt insbesondere für die Ablehnung eines Antrags auf Anordnung eines Arrestes in Familienstreitsachen. Während eine Auffassung unter Berufung auf § 119 Abs. 2, der nur die Anwendbarkeit der §§ 916 bis 934 und §§ 943 bis 945 ZPO anordnet,[6] die Beschwerde nach § 58 als statthaftes Rechtsmittel ansieht,[7] sieht die Gegenmeinung die zivilprozessuale Beschwerde nach §§ 567 ff. ZPO als das richtige Rechtsmittel an.[8] Letzteres dürfte den Vorzug verdienen. Der fehlende Verweis ist ähnlich wie bei der Rechtsbeschwerde (s. Rz. 18a) als gesetzgeberische Nachlässigkeit anzusehen. Außerhalb von Familiensachen ist die Abweisung des Antrags auf Erlass einstweiliger Anordnungen anfechtbar.[9]

3. Familienrecht (ohne Eherecht)

24 Nicht mit der Beschwerde nach § 58 anfechtbar ist die Betreuung der Eltern durch eine konkrete Sachbearbeiterin des Jugendamts, da dies nicht Gegenstand der ge-

---

1 OLG Zweibrücken v. 3.5.2011 – 3 W 45/11, NJW 2011, 3527.
2 BT-Drucks. 16/6308, S. 319; *Schürmann*, FamRB 2009, 24 (27); Bassenge/Roth/*Gottwald*, Vor § 58 FamFG Rz. 10.
3 *Rackl*, Rechtsmittelrecht, S. 59.
4 Wohlwollender *Rackl*, Rechtsmittelrecht, S. 59.
5 OLG Hamm v. 6.8.2010 – II 6 WF 261/10, FamRZ 2011, 307.
6 Hierauf berufen sich OLG Karlsruhe v. 5.8.2010 – 18 UF 100/10, FamRZ 2011, 234; OLG München v. 18.11.2010 – 33 UF 1650/10, FamRZ 2011, 746 (747); Prütting/*Helms* § 119 Rz. 9.
7 So etwa OLG Karlsruhe v. 5.8.2010 – 18 UF 100/10, FamRZ 2011, 234; OLG München v. 18.11.2010 – 33 UF 1650/10, FamRZ 2011, 746 (747); OLG Oldenburg v. 22.2.2012 – 13 UF 28/12, NJW-RR 2012, 902; OLG Frankfurt v. 27.2.2012 – 5 UF 51/12, NJW-RR 2012, 902 f.; Prütting/*Helms* § 119 Rz. 9.
8 OLG Oldenburg v. 22.2.2012 – 13 UF 28/12, FamRZ 2012, 1077 f.; OLG Frankfurt v. 27.2.2012 – 5 UF 51/12, FamRZ 2012, 1078 f.; Cirullies, FamRZ 2011, 748 f.; offengelassen von *Schneider*, FamRZ 2012, 1782, auch zu den kostenrechtlichen Folgen.
9 OLG Naumburg v. 7.2.2012 – 2 Wx 16/12, FGPrax 2012, 118 f.

richtlichen Entscheidung, sondern eine vom Jugendamt zu treffende Auswahl ist.[1] Umstritten ist, ob der Beschluss, mit dem eine Umgangsregelung nach § 156 Abs. 2 gebilligt wird, nur deklaratorischen Charakter hat. Dies wird teilweise bejaht, wobei auch angeführt wird, dass er zudem auf der vorgängigen Einigung der Beteiligten beruht, so dass für eine Beschwerde kein Raum sei.[2] Dies kollidiert wohl damit, dass die Beteiligten etwa in Umgangsverfahren nicht über den Verfahrensgegenstand verfügen können, weshalb es zur Wirksamkeit eines Vergleichs der gerichtlichen Billigung bedarf.[3]

4. Unterbringungssachen

Auch die einstweilige Anordnung auf Genehmigung der vorläufigen Unterbringung eines Minderjährigen soll mit der Beschwerde nach § 58 angreifbar sein.[4] Die Anordnung einer Untersuchung des Betroffenen ist als Zwischenentscheidung nicht isoliert mit der Beschwerde anfechtbar, eventuell aber mit der Anhörungsrüge nach § 44.[5]   25

5. Pflegschaften

Die Anordnung einer Ergänzungspflegschaft stellt eine Endentscheidung dar, die mit der Beschwerde nach § 58 angegriffen werden kann.[6]   26

59 Beschwerdeberechtigte

(1) Die Beschwerde steht demjenigen zu, der durch den Beschluss in seinen Rechten beeinträchtigt ist.
(2) Wenn ein Beschluss nur auf Antrag erlassen werden kann und der Antrag zurückgewiesen worden ist, steht die Beschwerde nur dem Antragsteller zu.
(3) Die Beschwerdeberechtigung von Behörden bestimmt sich nach den besonderen Vorschriften dieses oder eines anderen Gesetzes.

A. Entstehungsgeschichte und Normzweck ... 1	bb) Ausnahmen bei doppelt relevanten Tatsachen ... 15
B. Inhalt der Vorschrift	II. Formelle Beschwer
I. Beeinträchtigung in eigenen Rechten	1. Amtsverfahren ... 17
1. Rechte	2. Antragsverfahren
a) Subjektive Rechte	a) Beschwerderecht nur des Antragstellers
aa) Materielles Recht ... 2	aa) Zurückweisung als Voraussetzung der Beschwerdeberechtigung ... 18
bb) Verfahrensrechte ... 3	
b) Eigene Rechte ... 6	bb) Zurückweisung als hinreichende Voraussetzung? ... 19
c) Beeinträchtigung	
aa) Eingriff in die Rechtsposition 7	b) Ausnahmen vom Erfordernis der formellen Beschwer
bb) Kausalität und Unmittelbarkeit ... 8	aa) Beschwerden weiterer Antragsberechtigter, die keinen Antrag gestellt haben ... 20
d) Zeitpunkt der Beeinträchtigung 9	
e) Übertragbarkeit ... 11	
f) Geltendmachung durch Dritte . 12	
g) Prüfung der Beschwerdeberechtigung durch das Gericht	bb) Notwendigkeit der Beschwerde weiterer Antragsberechtigter? ... 21
aa) Amtsermittlung und Freibeweis ... 13	

---

[1] OLG Köln v. 27.7.2010 – 4 UF 96/10, FamRZ 2011, 233 (LS).
[2] OLG Nürnberg v. 28.4.2011 – 7 UF 487/11, FamRZ 2011, 1533.
[3] OLG Schleswig v. 30.12.2011 – 10 UF 230/11, FamRZ 2012, 895; *Schlünder*, FamRZ 2012, 9 (14).
[4] OLG Naumburg v. 21.4.2010 – 4 UF 43/10, FamRZ 2011, 749; OLG Naumburg v. 5.8.2010 – 8 WF 196/10, FamRZ 2011, 132 (LS).
[5] BVerfG v. 7.12.2010 – 1 BvR 2157/10, FamRZ 2011, 272 (273).
[6] OLG Brandenburg v. 23.1.2012 – 10 UF 243/11, FamRZ 2012, 1069 (1070); aA *Zorn*, FamRZ 2012, 1070 (1071).

c) Beschwerderecht trotz Stattgabe 22
III. Weitere Beschränkungen des Beschwerderechts 23
IV. Beschwerdeberechtigung von Behörden und Verbänden
  1. Beschwerdeberechtigung nach Absatz 1 24
  2. Eigenständige Beschwerdeberechtigung nach Absatz 3 25
V. Beispiele der Beschwerdeberechtigung aus den einzelnen Rechtsgebieten

1. Adoptionsrecht 25a
2. Betreuungsrecht 26
3. Ehe(scheidungs)recht 27
4. Erbrecht 28
5. Familienrecht (ohne Eherecht) ... 29
6. Genehmigung von Rechtsgeschäften 30
7. Gesellschafts- und Vereinsrecht ... 31
8. Grundbuchsachen 32
9. Unterbringungssachen 33
10. Pflegschaften 34

A. Entstehungsgeschichte und Normzweck

1 Die ersten beiden Absätze des § 59 entsprechen fast wörtlich § 20 FGG aF. Auch inhaltlich bezwecken sie keine wesentliche Änderung gegenüber dem alten Recht,[1] sieht man davon ab, dass die Beschwerde nach §§ 58ff. nunmehr nur noch gegen Entscheidungen in der Hauptsache gerichtet sein kann. Die Vorschrift regelt die Befugnis, gegen eine solche Entscheidung Rechtsmittel einzulegen. Diese Befugnis ist von Amts wegen (s. § 68 Rz. 15) zu prüfende **Zulässigkeitsvoraussetzung**.[2] Sie muss bei einer Mehrzahl von Beschwerden für jede einzelne vorliegen. Fehlt es hieran, ist die Beschwerde als unzulässig zu verwerfen.[3] Jeder Beschwerdeberechtigte kann, sofern kein Fall der gemeinschaftlichen Beschwerdeberechtigung vorliegt (s. Rz. 23), sein Recht allein ausüben.[4] Die Beschwerdeberechtigung ist nicht identisch mit der **Beteiligung** am erstinstanzlichen Verfahren.[5] Ein (fehlerhaft) nicht am erstinstanzlichen Verfahren Beteiligter kann beschwerdeberechtigt sein,[6] wie umgekehrt einem Beteiligten mangels Beschwer die Befugnis hierzu fehlen kann.[7] Abs. 2 enthält eine **Sonderregelung für Antragsverfahren**. Der neu eingefügte Abs. 3 berücksichtigt die uU von Abs. 1 und 2 abweichende Befugnis von **Behörden**, Beschwerde einzulegen. Die Vorschrift gilt gem. § 113 Abs. 1 Satz 1 in allen Verfahren nach dem FamFG, auch für Ehe- und Familienstreitsachen.

B. Inhalt der Vorschrift

I. Beeinträchtigung in eigenen Rechten

1. Rechte

a) Subjektive Rechte

aa) Materielles Recht

2 § 59 Abs. 1 setzt – wie schon § 20 Abs. 1 FGG aF – voraus, dass der angefochtene Beschluss ein Recht des Beschwerdeführers beeinträchtigt. Dieser Begriff war nach früherem Recht weit zu verstehen, woran die Neufassung in § 59 Abs. 1 nichts geändert hat. Hierunter fällt jedes materielle Recht, das dem Beschwerdeführer zugeord-

---

1 BT-Drucks. 16/6308, S. 204; *Schürmann*, FamRB 2009, 24 (25); Bassenge/Roth/*Gottwald*, § 59 FamFG Rz. 1.
2 Keidel/*Meyer-Holz*, § 59 FamFG Rz. 2; Bork/Jacoby/Schwab/*Müther*, 1. Aufl., § 59 FamFG Rz. 3; *Rackl*, Rechtsmittelrecht, S. 93.
3 *Bumiller*/Harders, § 59 FamFG Rz. 1.
4 BayObLG v. 23.7.1985 – BReg 1 Z 39/85, FamRZ 1985, 1179 (1180); *Bumiller*/Harders, § 59 FamFG Rz. 8; *Rackl*, Rechtsmittelrecht, S. 94.
5 BT-Drucks. 16/6308, S. 204; BGH v. 12.11.1980 – IVb ZB 712/80, FamRZ 1981, 132 (133).
6 Zöller/*Feskorn*, § 59 FamFG Rz. 7; Bork/Jacoby/Schwab/*Müther*, 1. Aufl., § 59 FamFG Rz. 6; *Bolkart*, MittBayNot 2009, 268 (270); *Zimmermann*, ZEV 2009, 53 (54); *Schürmann*, FuR 2010, 425 (429); *Reinken*, FuR 2010, 268 (272); Bassenge/Roth/*Gottwald*, § 59 FamFG Rz. 2; *Harders*, DNotZ 2009, 725 (727); *Roth*, JZ 2009, 585 (590).
7 BT-Drucks. 16/6308, S. 204; *Schürmann*, FamRB 2009, 24 (25); *Zimmermann*, ZEV 2009 53 (54); *Schürmann*, FuR 2010, 425 (429); Bassenge/Roth/*Gottwald*, § 59 FamFG Rz. 2; Zöller/*Feskorn*, § 59 FamFG Rz. 7.

net ist. Gleichgültig ist, ob es dem **bürgerlichen oder dem öffentlichen Recht** angehört.[1] Bei Auslandsberührung ist für die Beschwerdeberechtigung insoweit das deutsche Verfahrensrecht maßgeblich, während die materielle Rechtsbeeinträchtigung nach dem jeweiligen Sachstatut zu beurteilen ist.[2] Der Eingriff in **Vermögensrechte** ist ebenso ausreichend wie der Eingriff in **immaterielle Rechte**. Zu den geschützten immateriellen Rechten gehören die Möglichkeit der Berufsausübung,[3] das Firmenrecht[4] und dasjenige auf informationelle Selbstbestimmung.[5] Hingegen ist die Vollmacht, deren Ausübung durch eine gerichtliche Entscheidung erschwert oder verhindert wird, kein subjektives Recht.[6] Auch auf die über die normierte Einsicht hinausgehende Herausgabe von Akten besteht kein subjektives Recht.[7] Von den subjektiven Rechten abzugrenzen sind lediglich **wirtschaftliche**,[8] **ideelle**,[9] **moralische**[10] **oder sonstige Interessen**[11] bzw. bloße **Reflexwirkungen** einer Entscheidung.[12] So gewährt die Aussicht, Erbe zu werden, kein Beschwerderecht gegen Entscheidungen, die den Nachlass betreffen.[13] Auch das Interesse einer Behörde an einer Klärung der Rechtslage stellt kein subjektives Recht dar, aus dem sich eine Beschwerdeberechtigung ergäbe (s. Rz. 24 f.).[14] Der Wert der Beeinträchtigung muss nach § 61 in vermögensrechtlichen Angelegenheiten wie im Zivilprozess mindestens 600 Euro betragen. Auch die **Kostenbelastung** im Verfahren ist nach hM sogar isoliert angreifbar (vgl. § 58 Rz. 7); es gilt allerdings das Erfordernis der Mindestbeschwer nach § 61 Abs. 1 (s. § 61 Rz. 7). Nach allgemeinen Grundsätzen ist die Belastung mit Verfahrenskosten bei der nach § 61 erforderlichen Beschwer in der Hauptsache allerdings

---

1 BayObLG v. 27.7.1978 – BReg 3 Z 100/76, BayObLGZ 1978, 235 (237); BayObLG v. 20.3.1998 – 4 Z BR 16/98, BayObLGZ 1998, 84; OLG Frankfurt v. 5.10.2001 – 20 W 362/01, FGPrax 2002, 46; OLG Brandenburg v. 5.7.2011 – 9 UF 112/11, FamRZ 2012, 461; OLG Düsseldorf v. 10.1.2011 – II-3 WF 148/10, Rpfleger 2011, 372 (373); *Bumiller*/Harders, § 59 FamFG Rz. 5; Keidel/*Meyer-Holz*, § 59 FamFG Rz. 6; Bassenge/Roth/*Gottwald*, § 59 FamFG Rz. 4; Zöller/*Feskorn*, § 59 FamFG Rz. 3; Bork/Jacoby/Schwab/*Müther*, 1. Aufl., § 59 FamFG Rz. 4.
2 BayObLG v. 5.5.1988 – BReg 1a Z 21/88, NJW 1988, 2745 (2746); *Bumiller*/Harders, § 59 FamFG Rz. 3; Keidel/*Meyer-Holz*, § 59 FamFG Rz. 18.
3 KG v. 3.2.1966 – 1 W 174/66, OLGZ 1966, 112 f. (zum Rechtsbeistand).
4 KG v. 8.2.1991 – 1 W 3211/90, OLGZ 1991, 396 (398).
5 OLG Saarbrücken v. 13.10.2000 – 5 W 259/00–95, FGPrax 2001, 70 (71); ähnlich BayObLG v. 4.1.1995 – 1 Z BR 167/94, BayObLGZ 1995, 1 (4).
6 BayObLG v. 26.10.1990 – BReg 1a Z 19/90, BayObLGZ 1990, 294 (296 f.); BayObLG v. 15.9.2000 – 1 Z BR 75/00, NJW-RR 2001, 297; OLG München v. 26.2.2010 – 31 Wx 16/10, FamRZ 2010, 1113 (1114); im Ergebnis ebenso OLG Stuttgart v. 1.8.1994 – W 260/94, FGPrax 1995, 87 f.; anders bei der gesetzlichen Vertretungsmacht der Eltern BayObLG v. 22.6.1982 – BReg 1 Z 52/82, FamRZ 1983, 92 (93); Bassenge/Roth/*Gottwald*, § 59 FamFG Rz. 4.
7 BayObLG v. 4.1.1995 – 1 Z BR 167/94, BayObLGZ 1995, 1 (3).
8 OLG Frankfurt v. 16.4.1968 – 6 W 88/68, OLGZ 1968, 341 (342); OLG Köln v. 6.7.1970 – 2 W 75/70, OLGZ 1971, 94 (95); OLG Hamm v. 9.5.1977 – 15 W 473/76, OLGZ 1977, 422 (424); OLG Hamm v. 30.8.1977 – 15 W 37/76, OLGZ 1978, 35 (36); OLG Hamm v. 26.1.2010 – I-15 W 361/09, FGPrax 2010, 143; BayObLG v. 27.2.1996 – 3 Z BR 337/95, BayObLGZ 1996, 52 (53); BayObLG v. 20.3.1998 – 4 Z BR 16/98, BayObLGZ 1998, 82 f.; OLG München v. 26.2.2010 – 31 Wx 16/10, FamRZ 2010, 1114 (1114).
9 BGH v. 25.8.1999 – XII ZB 109/98, NJW 1999, 3718 (3719); BayObLG v. 27.2.1996 – 3 Z BR 337/95, BayObLGZ 1996, 52 (53); BayObLG v. 21.5.1993 – 3 Z BR 56/93, BayObLGZ 1993, 234 (235); BayObLG v. 27.2.1996 – 3 Z BR 337/95, BayObLGZ 1996, 52 (53).
10 BayObLG v. 21.5.1993 – 3 Z BR 56/93, BayObLGZ 1993, 234 (235); OLG Frankfurt v. 5.10.2001 – 20 W 362/01, FGPrax 2002, 46; OLG München v. 26.2.2010 – 31 Wx 16/10, FamRZ 2010, 1113 (1114).
11 BGH v. 18.4.2012 – XII ZB 624/11, FamRZ 2012, 1131 (1132); BGH v. 18.4.2012 – XII ZB 623/11, FGPrax 2012, 164; OLG München v. 26.2.2010 – 31 Wx 16/10, FamRZ 2010, 1113 (1114); OLG Düsseldorf v. 10.1.2011 – II-3 WF 148/10, Rpfleger 2011, 372 (373); OLG Hamm v. 20.10.2011 – 2 UF 140/11, NJW-RR 2012, 388 f.; Bork/Jacoby/Schwab/*Müther*, 1. Aufl., § 59 FamFG Rz. 4.
12 BayObLG v. 7.8.1973 – BReg 1 Z 36/73, BayObLGZ 1973, 224 (225).
13 OLG Saarbrücken v. 13.10.2000 – 5 W 259/00–95, FGPrax 2001, 70 (72); ähnlich BGH v. 15.2.1979 – V BLw 12/78, NJW 1979, 1453 (1454) zur Parallelregelung des § 9 LwVG.
14 OLG München v. 2.2.2006 – 34 Wx 158/05, FGPrax 2006, 89 (90). Anderes gilt, wenn ihnen spezialgesetzlich ein Beschwerderecht gem. § 59 Abs. 3 eingeräumt ist.

nicht zu berücksichtigen.[1] Die Beschwerdeberechtigung soll allerdings auch dann nicht ausgeschlossen sein, wenn sich die Stellung des Rechtsmittelführers durch den Erfolg seiner Beschwerde verschlechtert.[2] Eine Ausnahme vom Erfordernis der Rechtsbeeinträchtigung soll gelten, wenn die zurückweisende Entscheidung des Ausgangsgerichts mit der fehlenden Antragsberechtigung begründet wurde. Dies soll immer mit der Beschwerde nachgeprüft werden können.[3]

bb) Verfahrensrechte

3   Entgegen bisweilen in Rechtsprechung und Schrifttum geäußerter Auffassung begründete dagegen die bloße Verletzung von Verfahrensrechten schon nach altem Recht keine Beschwerdebefugnis.[4] Es gibt, anders als bisweilen auch in der obergerichtlichen Rechtsprechung angenommen,[5] **kein subjektives Recht auf ein korrektes Verfahren.**[6] Hieran will die Neufassung des § 59 nichts ändern. Die Verletzung von Verfahrensvorschriften allein begründet also keine Beschwerdeberechtigung, sofern keine Verletzung materiellen Rechts hinzutritt.[7] Die korrekte Gestaltung des Verfahrens ist kein Selbstzweck. Damit sind zum einen solche Beschwerden mangels Beschwerdebefugnis unzulässig, mit denen ausschließlich die Verletzung von Verfahrensrechten gerügt wird, ohne dass der Beschwerdeführer zugleich eine Beeinträchtigung in seinen materiellen Rechten auch nur behauptet. An der erforderlichen Beeinträchtigung fehlt es aber auch dann, wenn es bei Einhaltung der Verfahrensregeln – etwa aufgrund zwingend vorgegebener Rechtsfolge – nicht zu einem anderen Ergebnis hätte kommen können, der prozessuale Fehler also nicht kausal für das Ergebnis ist.

4   Zum anderen eröffnet das Erfordernis einer Beeinträchtigung in materiellen Rechten die **Heilung von Verfahrensfehlern** in der Beschwerdeinstanz.[8] Wurde etwa kein rechtliches Gehör gewährt, kann dies im Rahmen der Beschwerde geheilt werden. Dies kann schon durch die Kenntnisnahme des Vortrags in der Beschwerdeschrift erfolgen, zu dem der Beschwerdeführer erstinstanzlich nicht in der Lage war, jedenfalls aber dadurch, dass ihm das Beschwerdegericht ausdrücklich die Möglichkeit zur Stellungnahme einräumt.[9]

5   Die Verletzung des Verfahrensrechts stellt aber eine Beeinträchtigung dar, wenn es bei einer korrekten Verfahrensgestaltung auch in materiell-rechtlicher Hinsicht zu

---

1 BayObLG v. 24.8.2000 – 2 Z BR 33/00, ZMR 2000, 859 (860); BayObLG v. 27.4.2001 – 2 Z BR 70/00, ZMR 2001, 829; BayObLG v. 17.4.2003 – 2 Z BR 32/03, ZMR 2003, 947; Zöller/*Heßler*, Vor § 511 ZPO Rz. 22.
2 OLG Zweibrücken v. 27.2.1986 – 3 W 46/86, NJW-RR 1987, 7; OLG Dresden v. 30.9.1997 – 15 W 1236/97, NJW-RR 1998, 830; Keidel/*Meyer-Holz*, § 59 FamFG Rz. 12.
3 OLG München v. 5.11.2010 – 34 Wx 117/10, FGPrax 2011, 47.
4 KG v. 15.10.1974 – 1 W 1263/74, FamRZ 1977, 65 (66); BayObLG v. 28.2.1997 – 1 Z BR 244/96, FamRZ 1997, 1299; OLG Köln v. 12.5.2010 – 2Wx 36/10, FGPrax 2010, 194 (195); Keidel/*Meyer-Holz*, § 59 FamFG Rz. 7; *Rackl*, Rechtsmittelrecht, S. 94; Zöller/*Feskorn*, § 59 FamFG Rz. 3; aA *Bumiller*/Harders, § 59 FamFG Rz. 6.
5 BayObLG v. 18.1.1967 – BReg 1a Z 62/66, BayObLGZ 1967, 19 (21f.); BayObLG v. 27.11.1975 – BReg 1 Z 59/75, BayObLGZ 1975, 421 (425); OLG Bremen v. 7.11.1972 – 1 W 73/72(c), Rpfleger 1973, 58.
6 KG v. 15.10.1974 – 1 W 1263/74, FamRZ 1977, 65f.; OLG Hamm v. 25.2.1980 – 3 UF 395/79, FamRZ 1980, 604; Bork/Jacoby/Schwab/*Müther*, 1. Aufl., § 59 FamFG Rz. 6.
7 BGH v. 25.8.1999 – XII ZB 109/98, NJW 1999, 3718 (3720); KG v. 9.11.1973 – 1 W 667/72, OLGZ 1975, 62 (67); OLG Oldenburg v. 15.6.2012 – 3 UF 37/12, FamRZ 2013, 235 (236).
8 BVerfG v. 7.12.2010 – 1 BvR 2157/10, FamRZ 2011, 272 (273) – im konkreten Fall aber verneint; OLG Düsseldorf v. 22.4.1994 – 3 Wx 258/94 u. 269/94, NJW-RR 1994, 1288; BayObLG v. 16.12.1994 – 3 Z BR 308/94, FamRZ 1995, 695; BayObLG v. 4.6.1998 – 2 Z BR 19/98, ZMR 1998, 790 (791) = NJW-RR 1999, 452; BayObLG v. 4.11.1999 – 2 Z BR 140/99, ZMR 2000, 188 (189); BayObLG v. 12.10.2004 – 1 Z BR 71/04, FamRZ 2005, 541; OLG Hamm v. 29.6.1995 – 15 W 52/95, FGPrax 1995, 237; OLG Frankfurt v. 23.1.2003 – 20 W 479/02, FGPrax 2003, 81 (82); OLG Frankfurt v. 16.8.2012 – 5 UF 221/12, FamRZ 2013, 316 (317); Bassenge/Roth/*Gottwald*, § 68 FamFG Rz. 13; Keidel/*Meyer-Holz*, § 72 FamFG Rz. 28.
9 Keidel/*Sternal*, § 68 FamFG Rz. 54.

einer **günstigeren Entscheidung** für den Beschwerdeführer hätte kommen können. Hierfür genügt die bloße Möglichkeit; es bedarf keiner überwiegenden Wahrscheinlichkeit oder gar eines bestimmten Grades an Sicherheit, dass die Entscheidung bei korrekter Durchführung des Verfahrens anders ausgefallen wäre.[1] Dies betrifft insbesondere die Fälle, in denen dem Beschwerdeführer erstinstanzlich nicht hinreichend rechtliches Gehör gewährt wurde. Eine hierauf gestützte Beschwerde ist in aller Regel zulässig. Denn bei entsprechendem Vortrag, was auf hinreichende Gewährung rechtlichen Gehörs ergänzend vorgebracht worden wäre, kann eine abweichende Entscheidung grundsätzlich nicht ausgeschlossen werden.[2] Ob sie tatsächlich anders getroffen worden wäre, ist eine Frage der Begründetheit, nicht der Zulässigkeit der Beschwerde.

b) Eigene Rechte

Es genügt nach § 59 ferner nicht, dass irgendjemand durch die Entscheidung in seiner Rechtsstellung beeinträchtigt wird. Die Beschwerde steht wie nach altem Recht nur demjenigen zu, der „durch den Beschluss in *seinen* Rechten beeinträchtigt ist". Die Beschwer muss also in der Person des Beschwerdeführers vorliegen. Niemand kann die Rechte Dritter wahrnehmen, wenn sich diese selbst mit der gerichtlichen Entscheidung abfinden.[3] Es kann allerdings zu prüfen sein, ob die Beschwerde in Wirklichkeit **im Namen eines beschwerdeberechtigten Dritten**, etwa des Kindes, eingelegt sein soll.[4] Die sog. „Popularbeschwerde" ist wie in den anderen Verfahrensordnungen nur ausnahmsweise, auf ausdrückliche gesetzliche Zulassung hin, eröffnet.[5] So sind etwa gegen Entscheidungen in Angelegenheiten der **Handelsgesellschaften** nur diese beschwerdeberechtigt, nicht aber ihre Gesellschafter.[6] Dies setzt allerdings nicht voraus, dass der Beschwerdeführer am Verfahren erster Instanz beteiligt war. Wird etwa ein **Dritter irrtümlich im Rubrum der Entscheidung genannt**, ist er beschwerdeberechtigt, um sich gegen die Vollstreckung aus der Entscheidung wehren zu können.[7] Nur eine scheinbare Ausnahme vom Erfordernis der Betroffenheit in eigenen Rechten liegt darin, dass der Vertragspartner etwa des Mündels dann gegen die Verweigerung der **Genehmigung** eines mit ihm geschlossenen Geschäftes Beschwerde einlegen darf, wenn dieses überhaupt keiner Genehmigung bedarf. Denn dann ist das Geschäft in Wahrheit schon zu Stande gekommen, so dass die verweigerte Genehmigung in bereits erworbene Rechte eingreift.[8]

c) Beeinträchtigung

aa) Eingriff in die Rechtsposition

Das subjektive Recht des Beschwerdeführers muss durch die Entscheidung beeinträchtigt werden.[9] IdR kommt es insoweit allein auf den **Tenor der Entscheidung** an,[10] wobei allerdings die Entscheidungsgründe wie immer zu seiner Auslegung he-

6

7

---

1 OLG Frankfurt v. 20.12.1977 – 20 W 663/77, Rpfleger 1978, 310 (311); OLG Köln v. 1.3.1984 – 16 Wx 6/84, OLGZ 1984, 296 (297); Zöller/*Feskorn*, § 59 FamFG Rz. 3 f.
2 BayObLG v. 5.4.1989 – BReg 1a Z 26/88, NJW-RR 1989, 1090 (1091).
3 OLG Frankfurt v. 13.1.1997 – 20 W 557/94, Rpfleger 1997, 262 zu einem Fehler, der nur den Verfahrensgegner traf; allgemein Bassenge/Roth/*Gottwald*, § 59 FamFG Rz. 4.
4 KG v. 15.10.1974 – 1 W 1263/74, FamRZ 1977, 65 (66); ähnlich Keidel/*Meyer-Holz*, § 59 FamFG Rz. 24; Bassenge/Roth/*Gottwald*, § 59 FamFG Rz. 3.
5 Vgl. OLG Hamm v. 25.2.1980 – 3 UF 395/79, FamRZ 1980, 604; OLG Köln v. 12.5.2010 – 2 Wx 36/10, FGPrax 2010, 194 (195).
6 OLG Hamm v. 30.8.1977 – 15 W 37/76, OLGZ 1978, 35 (36).
7 Vgl. BGH v. 9.11.1977 – VIII ZB 34/77, MDR 1978, 307 f.
8 BayObLG v. 17.5.1976 – 1 Z 37/76, FamRZ 1977, 141 (142).
9 OLG Hamm v. 25.2.1980 – 3 UF 395/79, FamRZ 1980, 604; KG v. 14.7.1980 – 15 UF 4569/79, FamRZ 1980, 1033.
10 KG v. 15.10.1974 – 1 W 1263/74, FamRZ 1977, 65; BayObLG v. 27.11.1975 – BReg 1 Z 59/75, BayObLGZ 1975, 421 (424); BayObLG v. 5.5.1988 – BReg 1a Z 21/88, NJW 1988, 2745 (2746); BayObLG v. 7.9.2000 – 3 Z BR 210/00, MDR 2001, 94 (95); Keidel/*Meyer-Holz*, § 59 FamFG Rz. 9; ähnlich *Bumiller*/Harders, § 59 FamFG Rz. 7; Bassenge/Roth/*Gottwald*, § 59 FamFG Rz. 6; Zöller/*Feskorn*, § 59 FamFG Rz. 8; Bork/Jacoby/Schwab/*Müther*, 1. Aufl., § 59 FamFG Rz. 7.

rangezogen werden können bzw. müssen.[1] Nur ausnahmsweise, etwa bei Auslösung außerhalb des Verfahrens liegender gesetzlicher Nebenfolgen, kann die Beeinträchtigung aber auch in der Begründung der Entscheidung liegen.[2] Es genügt **jeder Eingriff in ein subjektives Recht**, etwa durch Aufhebung, Beschränkung oder Minderung.[3] Eine Erschwerung oder Störung in der Ausübung eines solchen Rechts,[4] etwa durch Anordnung einer Testamentsvollstreckung,[5] ist ausreichend. Gleiches gilt für Notare, denen die Erfüllung von Amtspflichten durch die Zurückweisung einer Gesellschafterliste streitig gemacht wird.[6] Auch das **Vorenthalten einer Verbesserung der Rechtsstellung** genügt.[7] Nicht ausreichend ist es aber, dass der Beschwerdeführer die Beeinträchtigung eines materiellen Rechts nur befürchtet; die Beeinträchtigung muss nach objektiviertem Verständnis gegeben sein.

bb) Kausalität und Unmittelbarkeit

8   Die angegriffene Entscheidung muss ferner für die Beeinträchtigung des Rechts ursächlich sein. Dies wird selten zweifelhaft sein. Die Beeinträchtigung muss allerdings unmittelbar durch den angegriffenen Beschluss erfolgen.[8] Eine bloße **Reflexwirkung** – etwa die den Gläubiger treffende Verringerung des pfändbaren Vermögens durch Einziehung des Erbscheins – ist nicht ausreichend. Auch der Umstand, dass die Trennung von den Eltern, die bereits das gesamte Sorgerecht verloren haben, weiter vertieft wird, stellt allenfalls eine mittelbare Rechtsbeeinträchtigung dar.[9]

d) Zeitpunkt der Beeinträchtigung

9   Maßgeblich für die Frage, ob eine Beeinträchtigung vorliegt, ist allein der Zeitpunkt der Entscheidung.[10] Dies ist für den Fall anerkannt, dass sie im Laufe des Verfahrens fortfällt, etwa durch Auffinden eines neuen Testaments, das der Beschwerde gegen den vorgesehenen Erbschein die Grundlage entzieht. In diesem Fall wird das Rechtsmittel nachträglich unzulässig; dem Beschwerdeführer bleibt in echten Streitverfahren allenfalls die **Erledigungserklärung** und die Beschränkung der Beschwerde

---

1 Keidel/*Meyer-Holz*, § 59 FamFG Rz. 11.
2 BayObLG v. 27.11.1975 – BReg 1 Z 59/75, BayObLGZ 1975, 421 (424); ähnlich BayObLG v. 13.2.1975 – BReg 1 Z 82/74, BayObLGZ 1975, 62 (64) = FamRZ 1976, 104 (106); Keidel/*Meyer-Holz*, § 59 FamFG Rz. 10.
3 BayObLG v. 7.8.1973 – BReg 1 Z 36/73, BayObLGZ 1973, 224 (225); BayObLG v. 5.5.1988 – BReg 1a Z 21/88, NJW 1988, 2745 (2746); BayObLG v. 27.2.1996 – 3 Z BR 337/95, BayObLGZ 1996, 52 (53); BayObLG v. 7.9.2000 – 3 Z BR 210/00, MDR 2001, 94 (95); OLG Frankfurt v. 5.10.2001 – 20 W 362/01, FGPrax 2002, 46; OLG Stuttgart v. 1.8.1994 – 8 W 260/94, FGPrax 1995, 87f.; *Rackl*, Rechtsmittelrecht, S. 94; Bassenge/Roth/*Gottwald*, § 59 FamFG Rz. 6; Zöller/*Feskorn*, § 59 FamFG Rz. 3.
4 BGH v. 17.3.1997 – II ZB 3/96, NJW 1997, 1855; KG v. 10.1.1989 – 1 W 3253/88, OLGZ 1989, 129 (130); BayObLG v. 27.2.1996 – 3 Z BR 337/95, BayObLGZ 1996, 52 (53); OLG Stuttgart v. 1.8.1994 – 8 W 260/94, FGPrax 1995, 87f.; OLG Dresden v. 30.9.1997 – 15 W 1236/97, NJW-RR 1998, 830; OLG Frankfurt v. 5.10.2001 – 20 W 362/01, FGPrax 2002, 46; OLG Karlsruhe v. 18.5.2012 – 18 UF 324/11, FamRZ 2013, 306; OLG Karlsruhe v. 24.5.2012 – 18 UF 335/11, FamRZ 2013, 314 (315).
5 KG v. 7.3.2000 – 1 W 7496/98, NJW-RR 2000, 1608.
6 BGH v. 1.3.2011 – II ZB 6/10, NJW 2011, 1809 (1810) = FGPrax 2011, 132 (133).
7 BayObLG v. 5.5.1988 – BReg 1a Z 21/88, NJW 1988, 2745 (2746); BayObLG v. 7.9.2000 – 3 Z BR 210/00, MDR 2001, 94 (95); OLG Frankfurt v. 5.10.2001 – 20 W 362/01, FGPrax 2002, 46; Bork/Jacoby/Schwab/*Müther*, 1. Aufl., § 59 FamFG Rz. 7.
8 BGH v. 18.1.1989 – IVb ZB 208/87, NJW 1989, 1858; KG v. 9.11.1973 – 1 W 667/72, OLGZ 1975, 62 (64ff.); BayObLG v. 24.8.1971 – BReg 3 Z 30/71, BayObLGZ 1971, 284 (286); BayObLG v. 13.10.1986 – BReg 3 Z 68/86, BayObLGZ 1986, 412 (414); OLG Hamburg v. 14.1.1991 – 2 Wx 62/90, WuM 1991, 316; OLG Karlsruhe v. 25.11.1997 – 11 Wx 88/97, FamRZ 1998, 568 (569); OLG Hamm v. 14.12.2010 – 15 W 538/10, FGPrax 2011, 150; Bassenge/Roth/*Gottwald*, § 59 FamFG Rz. 6.
9 OLG Hamm v. 20.10.2011 – 2 UF 140/11, NJW-RR 2012, 388 (389).
10 BGH v. 18.1.1989 – IVb ZB 208/87, NJW 1989, 1858f.; BGH v. 25.8.1999 – XII ZB 109/98, NJW 1999, 3718 (3719); BayObLG v. 6.7.1995 – 3 Z BR 64/95, FGPrax 1995, 211 (212); Keidel/*Meyer-Holz*, § 59 FamFG Rz. 19; Bassenge/Roth/*Gottwald*, § 59 FamFG Rz. 7.

auf die Kosten.[1] Eine isolierte Feststellung der Rechtsverletzung ist nur unter den Voraussetzungen des § 62 zulässig.

Entgegen der hM war eine abweichende Behandlung aber schon nach früherem Recht nicht geboten, wenn sich die **Rechts- und Sachlage zugunsten des Beschwerdeführers ändert.** Liegt die Beeinträchtigung zwar bei Einlegung der Beschwerde noch nicht vor, wohl aber zurzeit der Entscheidung über das Rechtsmittel, so wird dieses durch die nachträgliche Änderung der Rechts- und Sachlage zulässig.[2] Es kann dem angerufenen Beschwerdegericht nicht zugemutet werden, sehenden Auges eine zurzeit der Entscheidung zulässige und begründete Beschwerde zu verwerfen, weil es bei ihrer Einlegung an der Rechtsbeeinträchtigung fehlte. Die Begründung, ein Recht, das erst nach der angegriffenen Entscheidung entstehe, könne durch sie nicht beeinträchtigt sein,[3] mutet begriffsjuristisch an. Dies gilt erst recht nach Einführung einer Beschwerdefrist für alle Beschwerden nach §§ 58 ff. Andernfalls kann es dazu kommen, dass die Beeinträchtigung von niemandem mehr angegriffen werden kann: Der frühere Rechtsinhaber wäre dann nach herkömmlicher Dogmatik nicht mehr beeinträchtigt, der neue noch nicht zurzeit der Einlegung der Beschwerde.[4] Ein solcher endgültiger Rechtsverlust war mit der generellen Einführung einer Beschwerdefrist nicht beabsichtigt und würde auch dem Justizgewährungsanspruch zuwiderlaufen. Die Befugnis einer Abänderung nach § 48 Abs. 1 ändert hieran schon dem Wortlaut nach nichts, da die Vorschrift „eine rechtskräftige Entscheidung" voraussetzt, die vor Abschluss des Beschwerderechtszuges eben noch nicht vorliegt. Zudem ist dieser Behelf auf Entscheidungen „mit Dauerwirkung" beschränkt. Schließlich gebietet es auch die Verfahrensökonomie, die zurzeit der Entscheidung gegebene Sach- und Rechtslage zugrunde zu legen und den Beschwerdeführer nicht auf ein anderes Verfahren zu vertrösten. Dies ist schon bislang für den Fall anerkannt, dass die Beschwerde vor einer Pfändung erfolgte, die durch die erstinstanzliche Entscheidung beeinträchtigt wird.[5] Der hinter dieser Judikatur stehende Rechtsgedanke ist verallgemeinerungsfähig.

e) Übertragbarkeit

Das Beschwerderecht kann auf einen **Rechtsnachfolger** übergehen. Dies ist jedenfalls bei übertragbaren Vermögensrechten der Fall. Bei ihrer Beeinträchtigung geht das Beschwerderecht auf den Gesamtrechtsnachfolger des Rechtsinhabers über.[6] Auch dem **Pfändungsgläubiger** steht ein Beschwerderecht zu, wenn die erstinstanzliche Entscheidung sein Pfandrecht an einer gepfändeten Sache oder Forderung beeinträchtigt.[7] Dies gilt selbst dann, wenn die (wirksame) Pfändung erst nach der Einlegung der Beschwerde erfolgte.[8]

---

1 BayObLGZ v. 2.3.1971 – BReg 2 Z 53/70, BayObLGZ 1971, 84 (88); BayObLG v. 1.7.1999 – 3 Z BR 192/99, FamRZ 1999, 1594; Keidel/*Meyer-Holz*, § 59 FamFG Rz. 19; Zöller/*Feskorn*, § 59 FamFG Rz. 6.
2 Wie hier *Rackl*, Rechtsmittelrecht, S. 94 f.; anders die hM zum alten Recht, s. BGH v. 18.1.1989 – IVb ZB 208/87, NJW 1989, 1859; ebenso noch *Bumiller*/Harders, § 59 FamFG Rz. 4; Bassenge/Roth/*Gottwald*, § 59 FamFG Rz. 7; Zöller/*Feskorn*, § 59 FamFG Rz. 6; Bork/Jacoby/Schwab/*Müther*, 1. Aufl., § 59 FamFG Rz. 13.
3 So BGH v. 18.1.1989 – IVb ZB 208/87, NJW 1989, 1858 (1859); Keidel/*Meyer-Holz*, § 59 FamFG Rz. 19; ähnlich KG v. 16.3.1999 – 1 W 6452/98, FGPrax 1999, 157 (158).
4 Instruktiv hierzu schon nach altem Recht KG v. 16.3.1999 – 1 W 6452/98, FGPrax 1999, 157 (158).
5 KG v. 16.3.1999 – 1 W 6452/98, FGPrax 1999, 157 (158).
6 BayObLG v. 30.9.1965 – BReg 1b Z 69/65, BayObLGZ 1965, 348 (350); BayObLG v. 29.3.1996 – 3 Z BR 82/96, FamRZ 1997, 218 (219); Keidel/*Meyer-Holz*, § 59 FamFG Rz. 14; Bassenge/Roth/*Gottwald*, § 59 FamFG Rz. 4; Bork/Jacoby/Schwab/*Müther*, 1. Aufl., § 59 FamFG Rz. 13.
7 BayObLG v. 7.8.1973 – BReg 1 Z 36/73, BayObLGZ 1973, 224 (226); KG v. 16.3.1999 – 1 W 6452/98, FGPrax 1999, 157 (158); Keidel/*Meyer-Holz*, § 59 FamFG Rz. 14; Bassenge/Roth/*Gottwald*, § 59 FamFG Rz. 4.
8 KG v. 16.3.1999 – 1 W 6452/98, FGPrax 1999, 157 (158) sogar für den Fall der Pfändung nach Einlegung der weiteren Beschwerde.

f) Geltendmachung durch Dritte

12 Die personale Zuordnung des beeinträchtigten Rechtes und der Befugnis, hiergegen Beschwerde einzulegen, kann auseinanderfallen. Bei beschränkter Geschäftsfähigkeit ist jenseits der Grenzen des § 60 der **gesetzliche Vertreter** zur Ausübung des Beschwerderechts befugt. Entsprechendes gilt bei **Betreuung**, die die Einlegung des Rechtsmittels umfasst.[1] Materiell berechtigt bleibt aber das Kind bzw. der Mündel oder der Betreute; es kommt also auf seine Rechte an. Die von einem **Notar** eingelegte Beschwerde gilt im Zweifel als Rechtsmittel des Beteiligten, für die er in seiner Eigenschaft als Notar tätig wird, auch wenn er sie dem Wortlaut nach in eigenem Namen einlegt.[2] Ähnliches gilt für Verfahrensstandsschafter, etwa Testamentsvollstrecker oder Insolvenzverwalter, die kraft Amts fremde Rechte wahrnehmen.[3]

g) Prüfung der Beschwerdeberechtigung durch das Gericht

aa) Amtsermittlung und Freibeweis

13 Die Beschwerdeberechtigung ist durch das Beschwerdegericht von Amts wegen zu prüfen.[4] Selbst das Rechtsbeschwerdegericht hat in diesem Zusammenhang eigene Feststellungen zu treffen.[5] Es ist dabei nicht auf das Vorbringen des Beschwerdeführers beschränkt, auch dann nicht, wenn es (erfolglos) eine **Frist zur Beschwerdebegründung** nach § 65 Abs. 2 gesetzt hat. Denn der Amtsermittlungsgrundsatz gilt in jedem Fall, auch für die Prüfung der Frage, ob das angestrengte Verfahren überhaupt zulässig ist (vgl. § 68 Rz. 15). Hat das Beschwerdegericht aber die Zulässigkeit von Amts wegen zu ermitteln, so kann es nicht erheblichen – wenn auch nach Fristablauf vorgebrachten – Vortrag ignorieren. Das Gericht darf sich dabei **nicht auf eine Schlüssigkeitsprüfung beschränken**. Allein die Rechtsbehauptung des Beschwerdeführers, er sei in einem eigenen Recht beeinträchtigt, genügt also nicht. Die Beeinträchtigung in eigenen Rechten muss tatsächlich vorliegen.[6] Ist die Inhaberschaft des behaupteten Rechts allerdings auch für den sachlichen Erfolg der Beschwerde erheblich, ist dies Gegenstand der Begründetheitsprüfung (zur Ausnahme bei den sog. doppelrelevanten Tatsachen s. § 59 Rz. 15f.).

14 Das Gericht kann das Vorliegen der Verfahrensvoraussetzungen wie im Zivilprozess im **Freibeweisverfahren** klären.[7] In echten Streitverfahren ist darüber hinaus die gesteigerte Förderungspflicht der Beteiligten zu berücksichtigen. Trägt der Beschwerdeführer in Zweifelsfällen trotz Hinweises des Gerichts nicht ergänzend vor, ist das Gericht nicht verpflichtet, von sich aus weitere Ermittlungen anzustellen, wenn sich keine Aufklärungsansätze mehr ergeben.[8] In Amts- wie in Antragsverfahren trägt grundsätzlich der Beschwerdeführer die **Feststellungslast** für seine Beschwerdeberechtigung. Lässt sie sich nicht positiv feststellen, geht dies zu seinen Lasten. Hier sind aber keine überspannten Anforderungen zu stellen. Ergibt sich, wenn man die Unrichtigkeit der Entscheidung annimmt, eine Beeinträchtigung in

---

1 OLG Saarbrücken v. 13.10.2000 – 5 W 259/00-95, FGPrax 2001, 70 (71).
2 OLG Hamm v. 16.2.2010 – I-15 W 322/09, FGPrax 2010, 198; OLG Nürnberg v. 18.4.2011 – 12 W 631/11, Rpfleger 2011, 521 (523); KG v. 7.2.2012 – 25 W 5/12, FGPrax 2012, 171; KG v. 16.4.2012 – 25 W 39/12, FGPrax 2012, 172 (173).
3 Keidel/*Meyer-Holz*, § 59 FamFG Rz. 28; Bork/Jacoby/Schwab/*Müther*, 1. Aufl., § 59 FamFG Rz. 10.
4 Keidel/*Meyer-Holz*, § 59 FamFG Rz. 15; Zöller/*Feskorn*, § 59 FamFG Rz. 9; Bork/Jacoby/Schwab/*Müther*, 1. Aufl., § 59 FamFG Rz. 11.
5 BayObLG v. 5.2.1992 – BReg 1 Z 28/91, FamRZ 1992, 1206; *Maurer*, FamRZ 2009, 465 (470).
6 OLG Zweibrücken v. 8.3.1977 – 3 W 19/77, Rpfleger 1977, 305; BayObLG v. 27.2.1996 – 3 Z BR 337/95, BayObLGZ 1996, 52 (54); *Bumiller*/Harders, § 59 FamFG Rz. 4; Zöller/*Feskorn*, § 59 FamFG Rz. 8.
7 BGH v. 5.7.2000 – XII ZB 110/00, NJW-RR 2001, 280; BGH v. 24.7.2001 – VIII ZR 58/01, NJW 2001, 2888; Bork/Jacoby/Schwab/*Müther*, 1. Aufl., § 59 FamFG Rz. 11; *Kemper*, FamRB 2008, 345 (349).
8 BGH v. 15.12.1982 – IVb ZB 910/80, FamRZ 1983, 262 (263); BayObLG v. 10.9.1991 – BReg 1 Z 29/91, NJW 1992, 322 (323).

seinen Rechten, so liegt die Beschwerdeberechtigung vor.[1] Ob die Beeinträchtigung zu Unrecht erfolgte, ist eine Frage der Begründetheit. Die Zulässigkeit der Beschwerde ist noch vom Rechtsbeschwerdegericht eigenständig zu prüfen.[2]

bb) Ausnahmen bei doppelt relevanten Tatsachen

Eine Ausnahme vom oben skizzierten Verfahren ergibt sich bei Tatsachen, die sowohl für die Beschwerdeberechtigung als auch für ihre Begründetheit von Bedeutung sind (sog. doppelt relevante Tatsachen). Behauptet der gesetzliche Erbe etwa den Widerruf des Testaments, durch das er enterbt wurde, ist diese Tatsache für den Fall der Erbscheinserteilung gem. Testament sowohl für die Beschwerdeberechtigung (die Beeinträchtigung des gesetzlichen Erbrechts) als auch für die Begründetheit der Beschwerde von Bedeutung. In diesen Fällen ist die Richtigkeit der doppelrelevanten Tatsache nicht als Frage der Zulässigkeit, sondern der Begründetheit zu prüfen,[3] wobei das Vorgehen im Einzelnen umstritten ist. Während für eine Position die **Möglichkeit einer Rechtsbeeinträchtigung** genügt,[4] verlangt die Gegenposition **schlüssiges Vorbringen**.[5] Letztere Auffassung erscheint insoweit problematisch, als auch das Beschwerdegericht im Rahmen der Begründetheit den Sachverhalt von Amts wegen selbst zu ermitteln hat und keinen schlüssigen Vortrag verlangen kann. Im Ergebnis kann sich das Gericht also bei der Prüfung der Beschwerdeberechtigung mit schlüssigem Vortrag einer Verletzung in eigenen Rechten begnügen, da diese dann auch nach der erstgenannten Position möglich ist. Fehlt entsprechender Vortrag, hat es aber jedenfalls, soweit Aufklärungsansätze bestehen, weitere Ermittlungen anzustellen. In echten Streitverfahren sind die Ermittlungspflichten aber durch die gesteigerte Förderungspflicht des Beschwerdeführers begrenzt.

15

Allerdings besteht diese Erleichterung nur, wenn Zulässigkeit und Begründetheit unmittelbar von denselben Tatsachen abhängen. Weitere tatsächliche Vorfragen sind vom Gericht zu klären, das insoweit nicht die Richtigkeit des Beschwerdevorbringens unterstellen kann. Behauptet der Beschwerdeführer etwa, infolge der Nichtigkeit eines Testaments sei er kraft gesetzlicher Erbfolge der richtige Erbe, ist nur die Unwirksamkeit des Testaments zu unterstellen. Die gesetzliche Erbfolge ist von Amts wegen zu prüfen. Liegt nämlich keine gesetzliche Erbfolge vor, so wird der Beschwerdeführer in keinem Falle Erbe und somit nicht durch die erstinstanzliche Entscheidung in seinen Rechten beeinträchtigt, so dass ihm die Beschwerdeberechtigung fehlt.[6]

16

II. Formelle Beschwer

1. Amtsverfahren

In Verfahren, die von Amts wegen einzuleiten sind, besteht die Beschwerdeberechtigung unabhängig vom Verhalten des Beschwerdeführers in der ersten Instanz. Er

17

---

1 So auch *Kroiß*, ZEV 2009, 224 (225); Keidel/*Meyer-Holz*, § 59 FamFG Rz. 16; Zöller/*Feskorn*, § 59 FamFG Rz. 8; Bork/Jacoby/Schwab/*Müther*, 1. Aufl., § 59 FamFG Rz. 7.
2 BayObLG v. 13.2.1975 – BReg 1 Z 82/74, BayObLGZ 1975, 62 (63); BayObLG v. 13.10.1986 – BReg 3 Z 68/86, BayObLGZ 1986, 412 (414).
3 OLG Zweibrücken v. 8.3.1977 – 3 W 19/77, Rpfleger 1977, 305; OLG Zweibrücken v. 23.12.1977 – 3 W 126/77, OLGZ 1978, 155; BayObLG v. 9.1.1992 – BReg 1 Z 47/91, FamRZ 1992, 1205 f.
4 BayObLG v. 30.3.1994 – 3 Z BR 4/94, FamRZ 1994, 1061; KG v. 4.1.2011 – 1 W 471/10, FamRZ 2011, 1096; OLG Brandenburg v. 5.7.2011 – 9 UF 112/11, FamRZ 2012, 461 (462); Keidel/*Meyer-Holz*, § 59 FamFG Rz. 20.
5 BGH v. 24.4.2012 – II ZB 8/10, Rpfleger 2012, 445 (446) = FGPrax 2012, 169 (170); OLG Stuttgart v. 19.5.1970 – 8 W 343/68, OLGZ 1970, 419 (421); OLG Zweibrücken v. 23.12.1977 – 3 W 126/77, OLGZ 1978, 155; BayObLG v. 27.2.1996 – 3 Z BR 337/95, BayObLGZ 1996, 52 (54); *e contrario* auch BayObLG v. 5.2.1992 – BReg 1 Z 28/91, FamRZ 1992, 1206, wonach ernstliche Zweifel am Fortleben eines Erbberechtigten näherer Ordnung reichen; wohl auch BGH v. 5.12.1990 – XII ZB 121/90, FamRZ 1991, 549 (550).
6 Instruktives Beispiel in KG v. 29.11.1994 – 1 W 2837/94, FGPrax 1995, 120 (121 f.); ähnlich OLG Zweibrücken v. 8.3.1977 – 3 W 19/77, Rpfleger 1977, 305; BayObLG v. 5.2.1992 – BReg 1 Z 28/91, FamRZ 1992, 1206; KG v. 7.3.2000 – 1 W 7496/98, NJW-RR 2000, 1608.

ist auch dann beschwerdeberechtigt, wenn er selbst keinen **Antrag** gestellt oder sich mit der gerichtlich angeordneten Maßnahme einverstanden erklärt hat.[1] Seiner Beschwerdeberechtigung steht noch nicht einmal der Umstand entgegen, dass das Gericht seinem „Antrag" in vollem Umfang stattgegeben hat. Denn der Antrag ist in Verfahren, in denen die Parteien nicht über den Verfahrensgegenstand verfügen können, nur eine Anregung. Da die Beteiligten dort den Verfahrensgegenstand durch ihre „Anträge" nicht bestimmen können, wird auch ihre Beschwerdeberechtigung hierdurch nicht berührt. Maßgeblich ist allein die **objektive Rechtslage**, also die „**materielle Beschwer**":[2] Wird die Rechtsposition des Beschwerdeführers danach durch die Entscheidung verletzt, ist er in jedem Falle zur Einlegung der Beschwerde berechtigt. Auf eine „formelle Beschwer", also das Zurückbleiben der gerichtlichen Entscheidung hinter einem vom Beschwerdeführer gestellten Antrag, kommt es nicht an.[3] Umgekehrt folgt aus der Zurückweisung eines „Antrags" in Verfahren, die von Amts wegen einzuleiten sind, nicht automatisch die Beschwerdeberechtigung. Denn § 59 Abs. 2 gilt nur in Antragsverfahren. Auch insoweit kommt es in Amtsverfahren nur auf die materielle Beschwer an.[4]

2. Antragsverfahren

a) Beschwerderecht nur des Antragstellers

aa) Zurückweisung als Voraussetzung der Beschwerdeberechtigung

18 Restriktiver wurde die Beschwerdeberechtigung schon nach altem Recht (§ 20 FGG aF) für Verfahren gehandhabt, in denen eine Entscheidung des Gerichts nur auf Antrag erging. War der Antrag zwingende Voraussetzung der gerichtlichen Entscheidung, ordnete § 20 Abs. 2 FGG aF an, dass **nur der Antragsteller gegen die Zurückweisung** seines Antrags Rechtsmittel einlegen durfte. Diese Beschränkung übernimmt § 59 Abs. 2 fast wortgleich in das neue Recht.[5] Alle anderen Personen als der Antragsteller sind somit nicht beschwerdeberechtigt, selbst wenn sie durch die zurückweisende Entscheidung materiell beeinträchtigt sind.[6] Ausreichend ist aber selbstverständlich auch eine **teilweise Zurückweisung**. Die formelle Beschwer reicht so weit, wie dem Antrag nicht stattgegeben wurde. Dies soll nicht für Verfahren gelten, in denen das Gericht zwar nur auf Gesuch tätig werden soll, dieses aber nur eine Anregung darstellt wie etwa die vormundschaftliche Genehmigung nach §§ 1819 ff. BGB.[7] Erst recht findet § 59 Abs. 2 keine Anwendung auf Verfahren, die sowohl von Amts wegen als auch auf Antrag eingeleitet werden können wie etwa die Bestellung eines Betreuers nach § 1896 Abs. 1 Satz 1 BGB.[8]

bb) Zurückweisung als hinreichende Voraussetzung?

19 § 59 Abs. 2 stellt **keine selbständige Regelung der Beschwerdeberechtigung** für Antragsverfahren, sondern ein **Zusatzerfordernis** dar.[9] Aus dieser Regelung folgt also

---

1 Bassenge/Roth/*Gottwald*, § 59 FamFG Rz. 6; Bork/Jacoby/Schwab/*Müther*, 1. Aufl., § 59 FamFG Rz. 6.
2 OLG Hamm v. 26.1.2010 – I-15 W 361/09, FGPrax 2010, 143; OLG Celle v. 30.6.2010 – 10 UF 82/10, NJW-RR 2011, 220; Keidel/*Meyer-Holz*, § 59 FamFG Rz. 3.
3 BayObLG v. 17.10.1966 – BReg 1b 64/66, BayObLGZ 1966, 343 (345); Zöller/*Feskorn*, § 59 FamFG Rz. 11.
4 OLG Köln v. 6.7.1970 – 2 W 75/70, OLGZ 1971, 94 (95).
5 Zur beabsichtigten inhaltlichen Identität s. BT-Drucks. 16/6308, S. 204.
6 KG v. 15.8.1966 – 1 W 1870/66, OLGZ 1966, 596 f.; KG v. 31.8.1971 – 1 W 1644/71, NJW 1972, 113; OLG Karlsruhe v. 17.1.2012 – 14 Wx 21/11, FGPrax 2012, 210 (211); Keidel/*Meyer-Holz*, § 59 FamFG Rz. 4 f. und 37; Bassenge/Roth/*Gottwald*, § 59 FamFG Rz. 10; Zöller/*Feskorn*, § 59 FamFG Rz. 10.
7 Keidel/*Meyer-Holz*, § 59 FamFG Rz. 38.
8 Keidel/*Meyer-Holz*, § 59 FamFG Rz. 38.
9 OLG Hamm v. 20.10.2011 – 2 UF 140/11, NJW-RR 2012, 388 (389); OLG Karlsruhe v. 17.1.2012 – 14 Wx 21/11, FGPrax 2012, 210 (211); OLG Düsseldorf v. 13.12.2012 – I-3 Wx 247/12, MDR 2013, 114; *Preuß*, DNotZ 2010, 265 (272); *Netzer*, ZNotP 2009, 303 (304); Keidel/*Meyer-Holz*, § 59 FamFG Rz. 39; Bassenge/Roth/*Gottwald*, § 59 FamFG Rz. 9; *Rackl*, Rechtsmittelrecht, S. 95.

nicht im Umkehrschluss, dass die Beschwerde des Antragstellers, dessen Antrag zurückgewiesen wurde, immer zulässig ist.[1] Vielmehr muss die formelle Beschwer zu den Voraussetzungen des § 59 Abs. 1 hinzutreten. Eine Ausnahme ist allerdings dann zuzulassen, wenn der Antrag als unzulässig verworfen wurde.[2] Denn dann kann der Antragsteller nur im Wege der Beschwerde überprüfen lassen, ob er überhaupt antragsberechtigt ist.[3]

b) Ausnahmen vom Erfordernis der formellen Beschwer

aa) Beschwerden weiterer Antragsberechtigter, die keinen Antrag gestellt haben

Die hM ließ dann eine **Ausnahme vom Erfordernis der formellen Beschwer** in Antragsverfahren zu, wenn ein Beschwerdeführer den (zurückgewiesenen) Antrag in erster Instanz hätte stellen können, aber nicht gestellt hat.[4] Dies wurde mit Sinn und Zweck des § 20 Abs. 2 FGG aF und mit Aspekten der Prozesswirtschaftlichkeit begründet: Es wäre eine reine Förmelei, von dem weiteren Antragsberechtigten zu verlangen, denselben Antrag nochmals zu stellen, über den das Gericht bereits befunden hat, nur um dem Wortlaut der Vorschrift Genüge zu tun.[5] Das Erfordernis der formellen Beschwer in Antragsverfahren soll, wenn sich der Antragsteller mit der Entscheidung abgefunden hat, lediglich Rechtsmittel anderer Beteiligter aus altruistischen oder anderen Motiven verhindern, nicht aber Beschwerden anderer Antragsberechtigter, die ohne weiteres ein eigenes Verfahren hätten einleiten können. Da sich an der Ausgangslage nichts geändert hat, wird an dieser Praxis auch nach neuem Recht fest zu halten sein. Weder der Wortlaut des § 59 Abs. 2 noch die Gesetzesmaterialien lassen erkennen, dass der Gesetzgeber diese Handhabung missbilligen könnte.[6]

20

bb) Notwendigkeit der Beschwerde weiterer Antragsberechtigter?

Eine andere Frage ist es, ob der weitere Antragsberechtigte gegen die Entscheidung, durch die der Antrag eines anderen Antragsberechtigten zurückgewiesen wurde, nunmehr Beschwerde einlegen *muss*. Diese Frage war nach früherem Recht, da die Beschwerde regelmäßig nicht befristet war, von geringerer Bedeutung, da dem weiteren Antragsteller dann in jedem Falle noch das Rechtsmittel blieb. Für eine solche Verpflichtung, gegen die Entscheidung über den Antrag des anderen Antragsberechtigten Beschwerde einzulegen, scheinen auf den ersten Blick die Regelungen zu den **Beschwerdefristen in § 63** zu sprechen. Denn nach § 63 Abs. 3 Satz 1 beginnt die Beschwerdefrist „mit der schriftlichen Bekanntgabe des Beschlusses an die Beteiligten". Dies wird dem Wortlaut nach häufig auch die weiteren Antragsberechtigten erfassen, da sie oftmals von der Entscheidung über den ersten Antrag in ihren Rechten betroffen wären und daher nach § 7 Abs. 2 Nr. 1 zu beteiligen sind. Eine solche Auslegung würde aber außer Acht lassen, dass es sich bei dem beschiedenen Antrag eben um das Verfahren handelt, das ein Dritter eingeleitet hat. Es geht aber grundsätzlich nicht an, die anderen Beteiligten an die Ergebnisse eines Verfahrens zu binden, das sie nicht betrieben haben. Die Rechtsmittelfrist des § 63 kann nicht **die fristlose Berechtigung zur Antragstellung in der ersten Instanz** verdrängen, die den anderen Antragsberechtigten weiterhin zukommt. Die weiteren Beteiligten werden auch nicht durch die Rücknahme des Antrags oder der Beschwerde gegen die erstinstanzliche Entscheidung ihrer eigenen Antragsrechte beraubt. Eine Rechtskrafterstreckung bedürfte, wie die parallele Problematik im Wohnungseigentumsrecht zeigt, einer ausdrücklichen Regelung (wie § 48 Abs. 3 WEG) und zudem der Möglichkeit ei-

21

---

1 OLG Hamm v. 9.5.1977 – 15 W 473/76, OLGZ 1977, 422 (425); Zöller/*Feskorn*, § 59 FamFG Rz. 10.
2 OLG Düsseldorf v. 13.12.2012 – I-3 Wx 247/12, MDR 2013, 114; Keidel/*Meyer-Holz*, § 59 FamFG Rz. 40; *Rackl*, Rechtsmittelrecht, S. 95.
3 OLG Düsseldorf v. 13.12.2012 – I-3 Wx 247/12, MDR 2013, 114.
4 BGH v. 19.6.1959 – V ZB 19/58, BGHZ 30, 220 (223 f.); KG v. 10.4.1990 – 1 W 5405/87, MDR 1990, 1023 f. = NJW-RR 1990, 1292; Keidel/*Meyer-Holz*, § 59 FamFG Rz. 41; Bork/Jacoby/Schwab/*Müther*, 1. Aufl., § 59 FamFG Rz. 16; *Nedden-Boeger*, FGPrax 2010, 1 (6).
5 BGH v. 19.6.1959 – V ZB 19/58, BGHZ 30, 220 (223 f.).
6 Zöller/*Feskorn*, § 59 FamFG Rz. 10; *Roth*, JZ 2009, 585 (590); *Zimmermann*, ZEV 2009 53 (54); aA Bassenge/Roth/*Gottwald*, § 59 FamFG Rz. 10.

ner eigenständigen Einwirkung auf das von einem Dritten eingeleitete Verfahren (wie § 48 Abs. 2 Satz 2 WEG). Die weiteren Antragsberechtigten können somit nach Rechtskraft der Entscheidung über den ersten Antrag zwar keine Beschwerde hiergegen mehr einlegen, sehr wohl aber einen neuen erstinstanzlichen Antrag stellen.[1]

c) Beschwerderecht trotz Stattgabe

22 § 59 Abs. 2 regelt, wie früher § 20 Abs. 2 FGG aF, nur den Fall, dass der Antrag im Antragsverfahren zurückgewiesen wurde. Dies ließ und lässt die Frage offen, ob der Antragsteller (wie im Amtsverfahren) beschwerdeberechtigt ist, wenn seinem Antrag in vollem Umfang stattgegeben wurde. Hier wird man nach der Annäherung der Beschwerden an die sofortige Beschwerde nach §§ 567ff. ZPO und den Übergang früherer ZPO-Verfahren in das Verfahrensrecht des FamFG noch zurückhaltender sein müssen als früher. So dürfte etwa eine Beschwerdeberechtigung gegen einen antragsgemäß erteilten Erbschein nur bei einer Änderung der Sach- oder Rechtslage bestehen.[2] Jedenfalls in **echten Streitverfahren**, in denen der Streitstoff durch den Antrag bestimmt wird, ist nach vollständiger Stattgabe für eine Beschwerde des Antragstellers ebenso wenig Raum wie nach § 511 ZPO. Dies ist auf **Ausnahmen** zu beschränken, etwa auf den Fall, dass bereits der Antrag – von Antragsteller und Gericht unbemerkt – fehlerhaft, etwa nicht vollstreckbar ist.[3] Allenfalls ist zu überlegen, ob der Antrag vom Gericht richtig erfasst wurde, ob also in Wirklichkeit etwas anderes gewollt wurde als (scheinbar) beantragt. Wenn schon der Zivilrichter nach § 139 Abs. 1 Satz 2 ZPO auf sachdienliche Anträge hinzuwirken hat, gilt dies erst recht für Verfahren nach dem FamFG, so dass die Bescheidung eines unzureichenden Antrags mit der Beschwerde angegriffen werden kann. Hingegen bedarf es in Amtsverfahren der formellen Beschwer nicht. Denn hier ist die Prüfung der Sach- und Rechtslage ohne Bindung an die Anträge der Beteiligten vorzunehmen.[4]

III. Weitere Beschränkungen des Beschwerderechts

23 Weitere Beschränkungen des Beschwerderechts können **aus dem materiellen Recht** folgen, etwa dann, wenn mehrere Personen **nur gemeinschaftlich handeln können**. In der Praxis relevante Fälle sind etwa der Tod des Antragstellers oder der Antrag auf Anordnung der Nachlassverwaltung nach § 2062 BGB. Die Beschwerde kann hier nur von allen Miterben bzw. allen Antragstellern gemeinsam eingelegt werden.[5] Ähnliches gilt für die Zurückweisung der Anmeldung eines Vereins oder einer AG oder einer GmbH, wenn man den Vorstand bzw. die Geschäftsführer, nicht die Gesellschaft oder den Verein als antrags- und beschwerdeberechtigt ansieht:[6] Dann kann die Beschwerde gegen die zurückweisende Entscheidung **nur von allen Anmeldeberechtigten gemeinsam** eingelegt werden.[7] Ist das Nachrücken mehrerer Erben in die Kommanditistenstellung einzutragen, so sind nur alle Erben gemeinsam beschwerdeberechtigt.[8] Auch im Vereinsrecht, etwa bei Einberufungsverlangen durch

---

1 *Nedden-Boeger*, FGPrax 2010, 1 (6).
2 Vgl. OLG Rostock v. 12.11.2001 – 10 UF 336/00, FamRZ 2002, 673 (674); anders noch BayObLG v. 14.12.1966 – BReg 1b Z 75/66, BayObLGZ 1966, 408 (411) und noch Keidel/*Meyer-Holz*, § 59 FamFG Rz. 44; Bork/Jacoby/Schwab/*Müther*, 1. Aufl., § 59 FamFG Rz. 17.
3 Vgl. zum Zivilprozess Zöller/*Heßler*, Vor § 511 ZPO Rz. 13; Musielak/*Ball*, vor §§ 511 ZPO Rz. 22.
4 OLG Düsseldorf v. 5.10.1981 – 1 UF 83/81, FamRZ 1982, 84.
5 Zur Beschwerde gegen die Ablehnung der Nachlassverwaltung s. etwa Soergel/*Wolf*, § 2062 BGB Rz. 2; vgl. *Bumiller*/Harders, § 59 FamFG Rz. 8; Keidel/*Meyer-Holz*, § 59 FamFG Rz. 14 und 42; Bassenge/Roth/*Gottwald*, § 59 FamFG Rz. 11.
6 BayObLG v. 6.7.1982 – BReg 3 Z 49/82, MDR 1982, 1030; BayObLG v. 5.11.1987 – BReg 3 Z 67/87, NJW-RR 1988, 873f.; OLG Hamm v. 8.2.1990 – 15 W 37/90, OLGZ 1990, 257 (258); anders BGH v. 24.10.1988 – II ZB 7/88, BGHZ 105, 324 (327f.).
7 BayObLG v. 10.3.1978 – 1 Z 27/78, BayObLGZ 1978, 62 (64); BayObLG v. 6.7.1982 – BReg 3 Z 49/82, MDR 1982, 1030; BayObLG v. 5.11.1987 – BReg 3 Z 67/87, NJW-RR 1988, 873f. auch zu Ausnahmen von dieser Regel; OLG Hamm v. 8.2.1990 – 15 W 37/90, OLGZ 1990, 257 (258); KG v. 17.1.2006 – 1 W 175/05, DNotZ 2006, 550 (551); Bork/Jacoby/Schwab/*Müther*, 1. Aufl., § 59 FamFG Rz. 9.
8 BayObLG v. 13.5.1977 – 3 Z 41/76, Rpfleger 1977, 321.

eine Minderheit, kann die gemeinschaftliche Einlegung der Beschwerde durch alle erstinstanzlichen Antragsteller erforderlich sein.[1] Entsprechendes gilt bei der Zurückweisung eines Registerantrags.[2] Wird die Beschwerde nicht von allen nur gemeinschaftlich Beschwerdeberechtigten eingelegt, ist sie unzulässig.[3]

IV. Beschwerdeberechtigung von Behörden und Verbänden

1. Beschwerdeberechtigung nach Absatz 1

Mit § 59 Abs. 3 berücksichtigt der Gesetzgeber das über § 59 Abs. 1 und 2 hinausgehende Beschwerderecht von Behörden im FamFG. Die Vorschrift ist also nur einschlägig, wenn eine Behörde **nicht schon nach § 59 Abs. 1 und 2 beschwerdeberechtigt** ist, was durchaus in Betracht kommt.[4] So ist die Bundesrepublik Deutschland als treuhänderische Vermögensverwalterin für ererbtes Treuhandvermögen befugt, gegen die Vergütung des Nachlassverwalters Beschwerde einzulegen.[5] Wird eine Gemeinde etwa in einem Testament bedacht, kann sie schon nach § 59 Abs. 1 gegen einen Erbschein, der dies nicht berücksichtigt, Beschwerde einlegen. 24

2. Eigenständige Beschwerdeberechtigung nach Absatz 3

Auch **ohne eine Beeinträchtigung nach § 59 Abs. 1** kann eine Behörde nach § 59 Abs. 3 beschwerdeberechtigt sein. Dies setzt allerdings eine **spezialgesetzliche Regelung** voraus.[6] Obwohl § 59 Abs. 3 zur Regelung der Beschwerdeberechtigung von Behörden nur auf besondere Vorschriften des FamFG oder eines anderen Gesetzes verweist, kommt der Vorschrift eigenständige Bedeutung zu.[7] Denn die Beschwerdeberechtigung von Behörden bestimmt sich nunmehr nach dem FamFG oder einem sonstigen Gesetz, etwa nach §§ 162 Abs. 3 Satz 2, 176 Abs. 2 Satz 2, 194 Abs. 2 Satz 2, 205 Abs. 2 Satz 2, 303 Abs. 1, 335 Abs. 4[8] oder nach spezialgesetzlichen Regelungen wie § 53 Abs. 2 PStG[9] oder § 156 Abs. 6 KostO.[10] Der Kreis der beschwerdeberechtigten Behörden ist damit nun abschließend bestimmt: Kann sich eine Behörde hinsichtlich ihrer Beschwerdeberechtigung nicht auf eine spezialgesetzliche Regelung berufen, liegt eine solche nicht vor. Die bloße Beeinträchtigung einer Behörde bei der Erfüllung ihrer Aufgaben führt nicht zu einem Beschwerderecht.[11] Früher diskutierte Fragen nach der Beschwerdeberechtigung etwa der Aufsichtsbehörden, des Notars oder gar des Gerichts, das sich gegen die Aufhebung seiner Verfügung wehren will,[12] können damit in Zukunft nicht mehr aufkommen. Die Beteiligung der Behörde im Verfahren erster Instanz ist für die Beschwerdeberechtigung nach § 59 Abs. 3 nicht erforderlich[13] und zur Einsparung staatlicher Ressourcen auch nicht geboten. Die ef- 25

---

1 BayObLG v. 23.7.1986 – BReg 3 Z 62/86, BayObLGZ 1986, 289 (290 f.).
2 BayObLG v. 23.12.1986 – BReg 3 Z 126/86, BayObLGZ 1986, 528 (532).
3 BayObLG v. 23.12.1986 – BReg 3 Z 126/86, BayObLGZ 1986, 528 (532).
4 OLG Köln v. 7.5.2010 – 2 Wx 20/10, FGPrax 2010, 202; Zöller/*Feskorn*, § 59 FamFG Rz. 17; Bork/Jacoby/Schwab/*Müther*, 1. Aufl., § 59 FamFG Rz. 18; *Netzer*, ZNotP 2009, 303 (305); *Preuß*, DNotZ 2010, 265 (272); *Rackl*, Rechtsmittelrecht, S. 96.
5 OLG Brandenburg v. 23.11.2011 – 3 Wx 53/11, FamRZ 2012, 1329 (1330).
6 BayObLG v. 17.1.1964 – BReg 2 Z 209/63, BayObLGZ 1964, 22 (23 f.).
7 Zurückhaltender *Joachim/Kräft*, JR 2010, 277 (280).
8 BT-Drucks. 16/6308, S. 204.
9 BT-Drucks. 16/6308, S. 204; vgl. zum früheren Recht BGH v. 9.6.1967 – IV ZB 663/66, BGHZ 48, 88 (92); BGH v. 14.1.2004 – XII ZB 30/02, NJW 2004, 1108; zu den Grenzen der Beschwerdebefugnis der Standesämter vgl. OLG Dresden v. 8.3.2011 – 17 W 172/11, FamRZ 2012, 238 (LS).
10 BayObLG v. 2.12.1965 – BReg 2 Z 34/65, BayObLGZ 1965, 441 (442 ff.).
11 BGH v. 18.4.2012 – XII ZB 623/11, FGPrax 2012, 164 (165); BGH v. 18.4.2012 – XII ZB 624/11, FamRZ 2012, 1131 (1132); OLG Karlsruhe v. 24.5.2012 – 18 UF 335/12, FamRZ 2013, 314 f.; anders die Rspr. zum früheren Recht, s. BGH v. 12.11.1980 – IVb ZB 712/80, FamRZ 1981, 132 (133); KG v. 9.11.1973 – 1 W 667/72, OLGZ 1975, 62 (65 f.); OLG Köln v. 7.5.2010 – 2 Wx 20/10, FGPrax 2010, 202; deutlich großzügiger ist der II. Zivilsenat bei Notaren, s. BGH v. 1.3.2011 – II ZB 6/10, NJW 2011, 1809 (1810) = FGPrax 2011, 132 (133).
12 KG v. 9.11.1973 – 1 W 667/72, OLGZ 1975, 62 (64 ff.); anders offenbar noch OLG Hamburg v. 20.2.1985 – 2 W 5/85, Rpfleger 1985, 194; *Rackl*, Rechtsmittelrecht, S. 96.
13 BT-Drucks. 16/6308, S. 204; Bassenge/Roth/*Gottwald*, § 59 FamFG Rz. 11; Zöller/*Feskorn*, § 59 FamFG Rz. 17.

fektive Kontrolle durch Ausübung des Beschwerderechts soll über die **Mitteilung der gerichtlichen Entscheidungen** an die Behörden gewährleistet werden.[1]

V. Beispiele der Beschwerdeberechtigung aus den einzelnen Rechtsgebieten

1. Adoptionsrecht

25a Gegen die Zurückweisung eines Antrags auf Annahme eines Minderjährigen ist nur der Annehmende, nicht auch der Anzunehmende beschwerdeberechtigt, da nur Ersterer gem. § 1752 Abs. 1 BGB antragsberechtigt ist.[2]

2. Betreuungsrecht

26 Der Betroffene kann sich gegen die **Anordnung der Betreuung** mit der Beschwerde wehren, da hierdurch in seine grundrechtlich geschützte Freiheit, etwa über sein Vermögen zu verfügen, eingegriffen wird,[3] ebenso gegen die Auswahl des Betreuers.[4] Auch die **Aufhebung der Betreuung** gewährt dem Betroffenen ein Beschwerderecht, da ihm hierdurch die Rechtsfürsorge des Staates entzogen wird.[5] Hingegen wird kein von § 59 erfasstes Recht der Eltern verletzt, wenn sie nicht als Betreuer ihres Kindes eingesetzt werden.[6] Gegen die **Festsetzung der Vergütung** ist nach dem Tod des Betreuten dessen Erbe beschwerdeberechtigt, da er nach § 1967 BGB hierfür haftet.[7] Dies gilt allerdings nicht bei Festsetzungen zulasten der Staatskasse, da der Betreute und seine Erben dann nicht beschwert sind.[8] Der **Betreuungsbehörde** kommt gegen die Bestellung eines Betreuers auf Antrag des Betroffenen wegen der damit verbundenen wirtschaftlichen Belastungen kein Beschwerderecht zu, da dies keinen Eingriff in ihre Rechte darstellt.[9] Entsprechendes gilt für die Aufhebung einer Unterbringungsmaßnahme.[10] Gegen die Einsicht in die **Betreuungsakte** steht nicht nur dem Betreuten, sondern auch dem Betreuer ein eigenes Beschwerderecht zu.[11] Will ein **Dritter** eine Forderung gegen einen Prozessunfähigen einklagen, steht auch ihm gegen die ablehnende Entscheidung die Beschwerde zu.[12]

3. Ehe(scheidungs)recht

27 Die Ehefrau ist beschwert, wenn der **Versorgungsausgleich** unterbleibt, obwohl sie ausgleichsberechtigt wäre.[13] Dem öffentlich-rechtlichen **Träger der Versorgungslast** wird überwiegend ein „Wächteramt" zugesprochen, aufgrund dessen er unrichtige Entscheidungen im Versorgungsausgleich auch dann anfechten kann, wenn durch den gerügten Fehler seine Vermögensinteressen nicht berührt werden.[14] Dies wird

---

1 BT-Drucks. 16/6308, S. 204; Bassenge/Roth/*Gottwald*, § 59 FamFG Rz. 11; Zöller/*Feskorn*, § 59 FamFG Rz. 17.
2 OLG Nürnberg v. 8.9.2011 – 7 UF 883/11, FamRZ 2012, 804 (805).
3 *Bassenge*/Roth, 11. Aufl., Einl. FGG Rz. 132.
4 *Bumiller*/Harders, § 59 FamFG Rz. 18.
5 BayObLG v. 7.9.2000 – 3 Z BR 210/00, MDR 2001, 94 (95).
6 BGH v. 30.3.2011 – XII ZB 692/10, FamRZ 2011, 966.
7 KG v. 31.7.1990 – 1 W 1445/89, OLGZ 1991, 1 f.; BayObLG v. 23.11.1995 – 3 Z BR 296/95, FGPrax 1996, 25.
8 LG Koblenz v. 28.4.2011 – 2 T 183/11, FamRZ 2011, 1617.
9 BayObLG v. 20.3.1998 – 4 Z BR 16/98, BayObLGZ 1998, 82 f.
10 OLG Frankfurt v. 5.10.2001 – 20 W 362/01, FGPrax 2002, 46 = Rpfleger 2002, 147 f.
11 OLG Köln v. 12.3.1997 – 16 Wx 68/97, NJW-RR 1998, 438.
12 BGH v. 19.1.2011 – XII ZB 326/10, FamRZ 2011, 465 (466); BGH v. 18.4.2012 – XII ZB 623/11, FGPrax 2012, 164 (165).
13 BGH v. 5.12.1990 – XII ZB 121/90, FamRZ 1991, 549 f.
14 BGH v. 31.10.2012 – XII ZB 588/11, FamRZ 2013, 207 f.; OLG Stuttgart v. 14.6.2011 – 15 UF 74/11, FamRZ 2011, 1733 (LS); OLG Stuttgart v. 15.6.2011 – 15 UF 129/11, FamRZ 2012, 303 f.; OLG Karlsruhe v. 15.3.2012 – 18 UF 338/11, FamRZ 2012, 1306 (1307); OLG Frankfurt v. 30.1.2012 – 2 UF 112/11, FamRZ 2012, 1308 f.; in der Sache auch OLG Celle v. 15.11.2011 – 10 UF 256/11, FamRZ 2012, 717 (718 f.); OLG Karlsruhe v. 18.5.2012 – 18 UF 324/11, FamRZ 2013, 306; OLG Karlsruhe v. 24.5.2012 – 18 UF 335/11, FamRZ 2013, 314 f.; aA mit bedenkenswerten Argumenten OLG Schleswig v. 14.9.2011 – 12 UF 188/11, FamRZ 2012, 378 f.

nunmehr im Gegensatz zum früheren Recht[1] auch auf private Versorgungsträger ausgedehnt.[2] Allerdings kann er keine Rechte geltend machen, die allein den Eheleuten zugewiesen sind, etwa die Berufung auf Härteklauseln.[3] Ebenso wenig hat der Versorgungsträger ein Recht auf den möglichst raschen Abschluss des Versorgungsausgleichsverfahrens, so dass er zu einer Beschwerde gegen eine Aussetzung nach § 21 nicht beschwerdebefugt ist.[4]

4. Erbrecht

Beim Beschluss über die **Erteilung eines Erbscheins** (§ 352 Abs. 2) ist jeder Miterbe beschwerdeberechtigt, dessen Erbrecht nicht in der beanspruchten Quote berücksichtigt wird.[5] Dies gilt erst recht, wenn der aufgrund gesetzlicher Erbfolge beantragte Erbschein überhaupt nicht erteilt, sondern eine Erbfolge kraft Testaments bescheinigt werden soll.[6] Hierin liegt zugleich die Zurückweisung des Erbscheinsantrags aufgrund gesetzlicher Erbfolge.[7] Anfechtbar ist auch die Aufhebung und Zurückverweisung einer Entscheidung, die den beantragten Erbschein erteilt.[8] Dies gilt auch für die selbständige Entscheidung über Vorfragen, etwa die „Anfechtung der Erbschaftsannahme".[9] Beschwerdeberechtigt ist auch der **Miterbe, der selbst keinen Antrag gestellt hat**, ihn aber noch stellen könnte (vgl. Rz. 20).[10] Dies gilt selbst dann, wenn er gerade nicht als Miterbe ausgewiesen sein will.[11] Beschwerdeberechtigt ist der Erbe auch bei Beschränkungen seines Erbrechts etwa durch die **Anordnung einer Testamentsvollstreckung**[12] oder gar bei der Einziehung des Erbscheins.[13] Der Nacherbe ist beschwerdeberechtigt, wenn der Erbschein die **Nacherbfolge** nicht erwähnt[14] oder ausweist, dass der Vorerbe von den Beschränkungen des § 2136 BGB befreit ist.[15] Entsprechendes gilt für den Ersatznacherben, da ihm eine bedingte Anwartschaft auf die Nacherbschaft zukommt, die vererblich und übertragbar ist.[16] Er soll nicht beschwerdeberechtigt sein, wenn der sein Nacherbrecht ausweisende Erbschein eingezogen wird, da die Rechtslage dann nicht anders als vor der Erteilung des Erbscheins ist.[17] Wird der **Testamentsvollstrecker** entgegen dem Antrag eines

28

---

1 Hierzu s. BGH v. 18.1.1989 – IVb ZB 208/87, NJW 1989, 1858; BGH v. 20.2.1991 – XII ZB 11/89, NJW-RR 1991, 771 f. und jetzt noch OLG Frankfurt v. 30.1.2012 – 2 UF 112/11, FamRZ 2012, 1308 (1309).
2 BGH v. 31.10.2012 – XII ZB 588/11, FamRZ 2013, 207 f.; OLG Saarbrücken v. 11.8.2011 – 6 UF 82/11, FamRZ 2012, 306 f.; OLG Karlsruhe v. 24.5.2012 – 18 UF 335/12, FamRZ 2013, 314 f.; aA noch OLG Nürnberg v. 16.4.2012 – 10 WF 255/12, FamRZ 2013, 313 (314).
3 BGH v. 12.11.1980 – IVb ZB 712/80, FamRZ 1981, 132, 134; ähnlich schon BGH v. 21.5.1980 – IVb ZB 580/80, NJW 1980, 1960 (1961); OLG Celle v. 15.11.2011 – 10 UF 256/11, FamRZ 2012, 717 (718).
4 OLG Nürnberg v. 16.4.2012 – 10 WF 255/12, FamRZ 2013, 313 f.
5 BayObLG v. 6.3.1964 – BReg 1 Z 16/64, BayObLGZ 1964, 94 (96); BayObLG v. 26.2.1985 – 1 Z 91/84, FamRZ 1985, 839 (840); KG v. 29.11.1994 – 1 W 2837/94, FGPrax 1995, 120 (121 f.); KG v. 10.4.1990 – 1 W 5405/87, FamRZ 1990, 1264; OLG Köln v. 12.5.2010 – 2 Wx 36/10, FGPrax 2010, 194 (195).
6 OLG Hamm v. 19.8.2010 – I-15 W 428/10, FGPrax 2010, 323.
7 BayObLG v. 9.1.1992 – BReg 1 Z 47/91, FamRZ 1992, 1205 (1206).
8 BayObLG v. 26.2.1985 – 1 Z 91/84, FamRZ 1985, 839 (840) noch zum Vorbescheid.
9 BayObLG v. 27.6.1996 – 1 Z BR 148/95, NJW-RR 1997, 72 (73).
10 KG v. 10.4.1990 – 1 W 5405/87, MDR 1990, 1023 f. = NJW-RR 1990, 1292; OLG Brandenburg v. 25.11.1997 – 10 Wx 33/96, FamRZ 1999, 55.
11 BayObLG v. 26.10.1990 – BReg 1a Z 19/90, BayObLGZ 1990, 294 (296 f.).
12 BGH v. 19.6.1959 – V ZB 19/58, BGHZ 30, 220 (223 f.); KG v. 7.3.2000 – 1 W 7496/98, NJW-RR 2000, 1608.
13 BGH v. 19.6.1959 – V ZB 19/58, BGHZ 30, 220 (221 f.).
14 BayObLG v. 20.10.1960 – BReg 1 Z 213/59, BayObLGZ 1960, 407 (410); OLG Hamm v. 19.9.1967 – 15 W 397/67, OLGZ 1968, 80 (81); BayObLG v. 13.2.1975 – BReg 1 Z 82/74, BayObLGZ 1975, 62 (63); BayObLG v. 26.10.1990 – BReg 1a Z 19/90, BayObLGZ 1990, 294 (296); BayObLG v. 26.3.1996 – 1 Z BR 111/94, BayObLGZ 1996, 69 (72).
15 BayObLG v. 20.10.1960 – BReg 1 Z 213/59, BayObLGZ 1960, 407 (410).
16 BayObLG v. 20.10.1960 – BReg 1 Z 213/59, BayObLGZ 1960, 407 (410).
17 BayObLG v. 13.2.1975 – BReg 1 Z 82/74, BayObLGZ 1975, 62 (63) = FamRZ 1976, 104 (105) (zweifelhaft, da die Nacherbschaft dann eben nicht mehr bescheinigt ist).

§ 59

Erben nicht entlassen, sind die Miterben beschwerdeberechtigt, da sie den erstinstanzlichen Antrag gleichfalls stellen könnten und die Wiederholung des Verfahrens zum bloßen Erwerb des Beschwerderechts eine reine Förmelei wäre (vgl. Rz. 20).[1] Der **Vermächtnisnehmer** ist im Erbscheinsverfahren grundsätzlich nicht beschwerdeberechtigt, da der Erbschein nur das Erbrecht bezeugt und Vermächtnisse nicht berührt.[2] Entsprechendes gilt für Pflichtteilsberechtigte.[3] Wer sich keines Erbrechts berühmt, kann folglich nicht beschwerdeberechtigt sein.[4] Die Ablehnung, ein Testamentsvollstreckerzeugnis zu erteilen, berechtigt nur den Testamentsvollstrecker und Gläubiger unter den Voraussetzungen der §§ 792, 896 ZPO zur Beschwerde, nicht aber den Erben[5] und den Pflichtteilsberechtigten, der keinen Vollstreckungstitel besitzt. Durch die Zurückweisung des Antrags auf Erteilung eines Testamentsvollstreckerzeugnisses wird der Testamentsvollstrecker, nicht aber der Erbe in seinen Rechten beeinträchtigt.[6] Der **Gläubiger**, der einen Miterbenanteil gepfändet hat, kann gegen einen Erbschein Beschwerde mit dem Ziel der Einziehung einlegen, wenn der Erbschein seinen Schuldner nicht als Erben ausweist.[7] Dem Gläubiger des Erblassers steht die Beschwerde auch dann zu, wenn entgegen seinem Antrag keine Nachlasspflegschaft angeordnet wird.[8] Hingegen kommt demjenigen, dem der Erblasser eine **Vollmacht für den Todesfall** erteilt hat, kein Beschwerderecht gegen die Anordnung einer Nachlasspflegschaft zu, da die Vollmacht kein subjektives Recht darstellt.[9] Die Erben können die Feststellung des Todeszeitpunkts nach § 47 Abs. 2 Nr. 2 PStG mit der Beschwerde nach § 58 angreifen, auch wenn sie den Nachweis eines bestimmten Todeszeitpunkts noch im Nachlassverfahren führen können.[10] Die Feststellung des Erbrechtes des Fiskus nach § 1964 Abs. 1 BGB kann mit der Beschwerde nach § 58 angegriffen werden,[11] ebenso der Ausschließungsbeschluss nach § 439.[12] Auch Dritte können Entscheidungen über die Nachlasspflegschaft anfechten, wenn sie – etwa als Vermieter – Ansprüche gegen den Nachlass verfolgen.[13]

5. Familienrecht (ohne Eherecht)

29 Jeder Elternteil kann gegen die Bestellung des anderen zum **Betreuer** für das gemeinschaftliche Kind Beschwerde mit dem Ziel einer gemeinschaftlichen Betreuung durch beide Elternteile einlegen,[14] ebenso gegen die Entziehung der Personen- und Vermögenssorge,[15] die Nichtgewährung des Mitsorgerechts[16] oder gegen die Anordnung der Herausgabe an den Pfleger.[17] Das Kind selbst ist bei Ablehnung seiner Anregung von Maßnahmen nach § 1666 BGB oder gegen ihre Befristung beschwerdebefugt.[18] Gegen die Anordnung einer **Pflegschaft** nach Entziehung der elterlichen Sorge des allein sorgeberechtigten Elternteils ist auch der andere Elternteil beschwerdebe-

---

1 BayObLG v. 11.4.1995 – 1 Z BR 86/94, FamRZ 1996, 186 (187).
2 OLG Köln v. 6.7.1970 – 2 W 75/70, OLGZ 1971, 94 f.; BayObLG v. 13.12.2004 – 1 Z BR 94/03, BayObLGZ 2004, 37 (41 f.).
3 BayObLG v. 13.12.2004 – 1 Z BR 94/03, BayObLGZ 2004, 37 (41 f.).
4 BayObLG v. 6.3.1964 – BReg 1 Z 16/64, BayObLGZ 1964, 94 (96).
5 OLG Hamm v. 8.6.1999 – 15 W 105/99, FamRZ 2000, 487 (488).
6 OLG Hamm v. 9.5.1977 – 15 W 473/76, OLGZ 1977, 422 (423 f.).
7 BayObLG v. 7.8.1973 – BReg 1 Z 36/73, BayObLGZ 1973, 224 (226).
8 OLG Köln v. 10.12.2010 – 2 Wx 198/10, MDR 2011, 370.
9 BayObLG v. 15.9.2000 – 1 Z BR 75/00, NJW-RR 2001, 297; OLG München v. 26.2.2010 – 31 Wx 16/10, FamRZ 2010, 1113 (1114).
10 OLG Schleswig v. 9.2.2011 – 2 W 138/10, FamRZ 2011, 1246 f.
11 BGH v. 23.11.2011 – IV ZB 15/11, FamRZ 2012, 367 ff.; OLG Köln v. 3.8.2011 – 2 Wx 114/11, FGPrax 2011, 261 (262).
12 OLG Düsseldorf v. 24.1.2012 – I-3 Wx 301/11, Rpfleger 2012, 388 (389).
13 OLG Schleswig v. 24.10.2011 – 3 Wx 36/11, FamRZ 2012, 814 f.
14 OLG Zweibrücken v. 28.9.2001 – 3 W 213/01, Rpfleger 2002, 146.
15 *Bumiller*/Harders, § 59 FamFG Rz. 14.
16 OLG Brandenburg v. 23.3.2011 – 10 UF 2/11, FamRZ 2011, 1662 f.
17 *Bumiller*/Harders, § 59 FamFG Rz. 14.
18 *Bumiller*/Harders, § 59 FamFG Rz. 14.

rechtigt, selbst wenn er nie sorgeberechtigt war.[1] Nach Übertragung der elterlichen Sorge kann hiergegen der Vormund Beschwerde einlegen.[2] Gegen die erstmalige Verhängung einer Kontaktsperre nach § 1632 Abs. 2 Satz 2 BGB steht dem Betroffenen ebenso ein Beschwerderecht zu wie gegen ihre Verlängerung.[3] Nach Entzug der elterlichen Sorge steht die Beschwerdeberechtigung allein dem **Vormund** zu;[4] die nicht mehr sorgeberechtigten Eltern sind nicht mehr beschwerdebefugt.[5] Verwandten (etwa **Großeltern**) oder Dritten steht gegen die Zurückweisung ihres Antrags auf **Einräumung eines Umgangsrechts** kein Beschwerderecht zu, da die Pflege verwandtschaftlicher oder persönlicher Beziehungen kein subjektives Recht darstellt.[6] Gleiches gilt für Entscheidungen über die elterliche Sorge.[7] Das über Jahre anhaltende **Pflegeverhältnis** ist zwar selbst durch Art. 6 Abs. 1 GG geschützt,[8] gewährt aber den Pflegeeltern kein Beschwerderecht gegen die Entlassung des Vormundes, sondern nur gegen die Bestellung eines neuen.[9] Auch die Entscheidung über die elterliche Sorge bedeutet keine unmittelbare Beeinträchtigung von Rechten der Pflegeeltern,[10] ebenso wenig die Entscheidung zum Umgangsrecht.[11] Gegen die Zurückweisung eines Antrags auf **Unterhaltsbestimmung nach § 1612 Abs. 2 Satz 2 BGB** steht nur dem Kind, nicht aber den Eltern ein Beschwerderecht zu.[12] Das Beschwerderecht der **Angehörigen** nach § 303 Abs. 2 Nr. 1 ist auf die in § 303 Abs. 1 genannten Entscheidungen beschränkt.[13] Der **nichteheliche Vater** hat kein Beschwerderecht gegen die Anordnung einer Amtspflegschaft, die zwecks Geltendmachung von Unterhaltsansprüchen gegen ihn angeordnet wird.[14] Auch gegen die Erteilung des Ehenamens der Mutter an das nichteheliche Kind soll ihm kein Beschwerderecht zustehen.[15]

6. Genehmigung von Rechtsgeschäften

Der **Vertragspartner** eines genehmigungspflichtigen Geschäftes hat kein Beschwerderecht, wenn die erforderliche Genehmigung versagt wird.[16] Ausnahmsweise kommt ihm aber ein Beschwerderecht zu, wenn eine bereits erteilte und damit nach § 1829 Abs. 1 BGB wirksame Genehmigung entzogen wird.[17] Gleiches gilt, wenn das Geschäft nach seiner Auffassung überhaupt keiner Genehmigung bedarf.[18] Denn in beiden Fällen werden ihm bereits erworbene Rechte aus dem Vertrag wieder entzogen. Auch **Dritte** können bei Ablehnung ihres Antrags auf Bestellung eines Betreuers

---

1 OLG Nürnberg v. 30.12.2009 – 7 UF 1050/09, FamRZ 2010, 994 f.; aA OLG Celle v. 30.6.2010 – 10 UF 82/10, FamRZ 2011, 121 f.
2 OLG Celle v. 14.9.2012 – 10 UF 56/12, Rpfleger 2013, 88 (89).
3 BGH v. 29.9.2010 – XII ZB 161/09, FGPrax 2010, 291.
4 OLG Hamm v. 9.5.2011 – II-13 UF 81/11, FamRZ 2011, 1666 f.
5 OLG Brandenburg v. 5.7.2011 – 9 UF 112/11, FamRZ 2012, 461 (462) mit der Ausnahme bei doppelt relevanten Tatsachen (vgl. Rz. 15); OLG Hamm v. 20.10.2011 – 2 UF 140/11, NJW-RR 2012, 388 f.; OLG Brandenburg v. 24.2.2012 – 9 UF 27/12, FamRZ 2012, 1578; OLG Celle v. 9.8. 2012 – 10 UF 192/12, FamRZ 2012, 1826; OLG Bremen v. 29.5.2012 – 4 UF 50/12, FamRZ 2013, 234 f.; OLG Oldenburg v. 15.6.2012 – 3 UF 37/12, FamRZ 2013, 235 f.
6 BayObLG v. 21.5.1993 – 3 Z BR 56/93, BayObLGZ 1993, 234 (235 f.); OLG Hamm v. 19.1.2011 – 8 UF 263/10, NJW-RR 2011, 585; OLG Hamm v. 9.7.2012 – II-9 UF 74/12, FamRZ 2013, 140 f.
7 BGH v. 2.2.2011 – XII ZB 241/09, FamRZ 2011, 552 f.; OLG Hamm v. 30.12.2011 – II-2 WF 314/11, FamRZ 2012, 799 f.
8 BGH v. 25.8.1999 – XII ZB 109/98, NJW-1999, 3718, 3719; OLG Karlsruhe v. 25.11.1997 – 11 Wx 88/97, FamRZ 1998, 568 (569).
9 OLG Karlsruhe v. 25.11.1997 – 11 Wx 88/97, FamRZ 1998, 568 (569).
10 BGH v. 25.8.1999 – XII ZB 109/98, NJW 1999, 3718 (3719); OLG Köln v. 26.7.2010 – 4 UF 131/10, FamRZ 2011, 233; OLG Köln v. 8.3.2010 – II-4 UF 1/10, FamRZ 2011, 233 f.; OLG Köln v. 8.3. 2010 – II-4 UF 1/10, FamRZ 2011, 233 f.
11 OLG Köln v. 8.3.2010 – II-4 UF 1/10, FamRZ 2011, 233 f.
12 KG v. 10.1.1989 – 1 W 3253/88, OLGZ 1989, 129 (130).
13 LG Stuttgart v. 15.12.2010 – 10 T 356/10, FamRZ 2011, 1091.
14 BayObLG v. 28.2.1997 – 1 Z BR 244/96, FamRZ 1997, 1299.
15 BayObLG v. 24.8.1971 – BReg 3 Z 80/71, BayObLGZ 1971, 284 (286 f.).
16 BayObLG v. 17.5.1976 – 1 Z 37/76, FamRZ 1977, 141 (142); OLG Celle v. 28.9.2011 – 17 UF 154/11, NJW-RR 2012, 73 f. = Rpfleger 2012, 144.
17 BayObLG v. 17.5.1976 – 1 Z 37/76, FamRZ 1977, 141 (142).
18 BayObLG v. 17.5.1976 – 1 Z 37/76, FamRZ 1977, 141 (142).

beschwerdeberechtigt sein, wenn ein sie betreffendes Rechtsgeschäft (etwa die Kündigung einer Mietwohnung) gegenüber einem Geschäftsunfähigen ansonsten ausgeschlossen ist.[1] Die **Eltern** des Kindes sind beschwerdeberechtigt, wenn das erstinstanzliche Gericht ihre Vertretungsmacht beim Abschluss des Vertrags verneint.[2]

7. Gesellschafts- und Vereinsrecht

31 Wird eine **Registereintragung zurückgewiesen**, kann hiergegen nur vom Antragsteller Beschwerde eingelegt werden.[3] Dies ist bei Eintragungen einer Gesellschaft in das Handelsregister die Gesellschaft selbst, die von ihren Geschäftsführern bzw. vom Vorstand vertreten wird.[4] Gleiches gilt für die **Löschung** einer Gesellschaft gegen ihren Willen.[5] Hingegen kann die Einstellung des Amtslöschungsverfahrens von der Gesellschaft nicht angegriffen werden, da die Gesellschaft hierdurch nicht beschwert ist.[6] Dieselben Grundsätze finden auf die Eintragung und Löschung von Vereinen in das Vereinsregister Anwendung.[7] Die noch fehlende Rechtsfähigkeit ist für Vorvereine im Registerverfahren unschädlich.[8] Handelt es sich hierbei um eine Mehrzahl von Personen, können sie nur gemeinschaftlich Beschwerde einlegen (vgl. Rz. 23).[9] Die Beschwerde gegen die Entscheidung des Registergerichts, die Gesellschafterliste nach § 40 Abs. 2 GmbHG nicht in den Registerordner aufzunehmen, steht der Gesellschaft, nicht dem Notar zu.[10] Die Ablehnung einer Ermächtigung zur **Einberufung einer Mitgliederversammlung** können nur alle Mitglieder, die den erstinstanzlichen Antrag gestellt haben, gemeinschaftlich anfechten; diese müssen die nach § 37 Abs. 1 BGB erforderliche Mindestzahl erreichen, die schon für den erstinstanzlichen Antrag erforderlich ist.[11] Gegen die Ermächtigung zur **Einberufung einer Mitgliederversammlung** sind alle diejenigen beschwerdeberechtigt, die hierdurch in ihrem satzungsmäßigen Recht zur Einberufung beeinträchtigt werden.[12] Gegen die **Ersatzbestellung eines Aufsichtsratspostens** durch das Gericht sind weder Aktionäre noch Aufsichtsratsmitglieder beschwerdebefugt.[13] Sonstige Entscheidungen gegen eine Gesellschaft etwa zur **Abberufung eines Liquidators** können nur von dieser, nicht von ihren Gesellschaftern angefochten werden.[14] Ausnahmsweise besteht ein Beschwerderecht des Vereinsmitglieds oder Gesellschafters, wenn auch er unmittelbar in seinen Mitgliedschafts- bzw. Gesellschafterrechten beeinträchtigt wird.[15] Die Befugnis eines Aktionärs, nach § 315 Abs. 1 Satz 1 AktG die **Bestellung eines Sonderprüfers** zu verlangen, ist ein subjektives Recht gem. § 59 Abs. 1.[16] Gegen eine Entscheidung, die das Firmenrecht einer Gesellschaft verletzt, ist diese beschwerdebe-

---

1 BayObLG v. 27.2.1996 – 3 Z BR 337/95, BayObLGZ 1996, 52 (53f.).
2 BayObLG v. 22.6.1982 – BReg 1 Z 52/82, FamRZ 1983, 92 (93); ähnlich BayObLG v. 27.11.1975 – BReg 1 Z 59/75, BayObLGZ 1975, 421 (425f.).
3 OLG Hamm v. 8.2.1990 – 15 W 37/90, OLGZ 1990, 257, 258; OLG Hamm v. 26.1.2010 – I-15 W 361/09, FGPrax 2010, 143; BayObLG v. 28.6.1990 – BReg 3 Z 62/90, BayObLGZ 1990, 192 (198); *Nedden-Boeger*, FGPrax 2010, 1 (6); für ein Beschwerderecht auch des Rechtsträgers *Krafka*, NZG 2009, 650 (651f. und 654).
4 OLG Nürnberg v. 5.3.2010 – 12 W 376/10, Rpfleger 2010, 374; KG v. 22.2.2012 – 25 W 79/11, FGPrax 2012, 172; aA KG v. 7.2.2012 – 25 W 4/12, ZIP 2012, 980f.: Beschwerdebefugt sollen danach die Gesellschafter sein.
5 OLG Düsseldorf v. 14.9.2012 – I-3 Wx 62/12, FGPrax 2013, 33f. = Rpfleger 2013, 34.
6 OLG München v. 12.5.2011 – 31 Wx 205/11, GmbHR 2011, 657f. = MDR 2011, 994 (995).
7 OLG Schleswig v. 8.8.2010 – 2 W 112/10, FGPrax 2011, 34 (35); KG v. 19.10.2011 – 25 W 73/11, Rpfleger 2012, 212; OLG Karlsruhe v. 17.1.2012 – 14 Wx 21/11, FGPrax 2012, 210 (211).
8 OLG Schleswig v. 8.8.2010 – 2 W 112/10, FGPrax 2011, 34 (35).
9 BayObLG v. 23.12.1986 – BReg 3 Z 126/86, BayObLGZ 1986, 528 (532); OLG Hamm v. 8.2.1990 – 15 W 37/90, OLGZ 1990, 257 (258).
10 OLG Hamm v. 16.2.2010 – I-15 W 322/09, FGPrax 2010, 198; OLG Köln v. 7.5.2010 – 2 Wx 20/10, FGPrax 2010, 202; aA OLG Jena v. 25.5.2010 – 6 W 39/10, FGPrax 2010, 199.
11 BayObLG v. 23.7.1986 – BReg 3 Z 62/86, BayObLGZ 1986, 289 (290f.).
12 BayObLG v. 2.3.1971 – BReg 2 Z 53/70, BayObLGZ 1971, 84 (86f.).
13 OLG Hamm v. 14.12.2010 – 15 W 538/10, FGPrax 2011, 150.
14 OLG Hamm v. 30.8.1977 – 15 W 37/76, OLGZ 1978, 35 (36).
15 OLG Stuttgart v. 19.5.1970 – 8 W 343/68, OLGZ 1970, 419 (422).
16 BGH v. 17.3.1997 – II ZB 3/96, NJW 1997, 1855.

rechtigt.[1] Ein nach der Satzung nicht antragsbefugtes Mitglied eines Vereins ist gegen die Ablehnung, diesen im Vereinregister zu löschen, nicht beschwerdebefugt.[2]

8. Grundbuchsachen

In grundbuchlichen Antragssachen sind grundsätzlich nur diejenigen beschwerdebefugt, die **erfolglos einen Antrag beim Grundbuchamt** gestellt haben.[3] Die Beschwerde gegen eine Eintragung ist nur mit dem Ziel des Widerspruchs oder der Löschung nach § 71 Abs. 2 Satz 2 GBO zulässig (vgl. § 58 Rz. 7).

32

9. Unterbringungssachen

Gegen die auf Antrag des Betreuers erteilte **Genehmigung der geschlossenen Unterbringung** ist der Betroffene stets beschwerdeberechtigt, da in sein Freiheitsgrundrecht eingegriffen wird.[4] Dies gilt auch für Minderjährige.[5]

33

10. Pflegschaften

Dem Pfleger steht zwar kein Recht auf das Fortbestehen der Pflegschaft zu; bei ihrer Fortdauer ist er aber in seinen Rechten beeinträchtigt, wenn er nachträglich in seinen **Befugnissen beschränkt** wird.[6] Das Jugendamt kann aber gegen eine Pflegschaft, die ihm gegen seinen Willen übertragen wird, Beschwerde einlegen.[7] Allerdings ist es erst durch seine Bestellung zum Ergänzungspfleger in seinen Rechten betroffen, nicht schon durch die Grundentscheidung über die Bestellung eines Ergänzungspflegers,[8] ebenso wenig diejenige zum Sorgerechtsentzug.[9] Anordnungen über die Pflegschaft für ein nichteheliches Kind greifen in die **Rechte von Mutter und Kind** ein und berechtigen diese zur Beschwerde.[10] Der Pfleger mit speziellen Wirkungskreisen ist nicht zur Beschwerde gegen die Entlassung eines weiteren Pflegers mit anderen Wirkungskreisen befugt.[11]

34

§ 60 Beschwerderecht Minderjähriger

Ein Kind, für das die elterliche Sorge besteht, oder ein unter Vormundschaft stehender Mündel kann in allen seine Person betreffenden Angelegenheiten ohne Mitwirkung seines gesetzlichen Vertreters das Beschwerderecht ausüben. Das Gleiche gilt in sonstigen Angelegenheiten, in denen das Kind oder der Mündel vor einer Entscheidung des Gerichts gehört werden soll. Dies gilt nicht für Personen, die geschäftsunfähig sind oder bei Erlass der Entscheidung das 14. Lebensjahr nicht vollendet haben.

A. Entstehungsgeschichte und Normzweck 1
B. Inhalt der Vorschrift
I. Voraussetzungen des Beschwerderechts
1. Persönliche Voraussetzungen
a) Erreichen des 14. Lebensjahres . 2
b) Geschäftsfähigkeit 3
2. Betroffene Verfahren 4
3. Erfasste Rechtsmittel 5
4. Betroffene Angelegenheiten
a) Eigene Angelegenheiten 6
b) Seine Person betreffende Angelegenheiten 7

---

1 KG v. 8.2.1991 – 1 W 3211/90, OLGZ 1991, 396 (398).
2 BGH v. 24.4.2012 – II ZB 8/10, Rpfleger 2012, 445 (446) = FGPrax 2012, 169 (170).
3 BayObLG v. 9.2.1965 – BReg 2 Z 276/64, BayObLGZ 1965, 342 (343), auch zu Ausnahmen von diesem Grundsatz.
4 OLG Frankfurt v. 4.12.2000 – 20 W 509/2000, FGPrax 2001, 46.
5 OLG Celle v. 12.3.2010 – 19 UF 49/10, FamRZ 2010, 1167f.; wohl auch OLG Naumburg v. 5.8.2010 – 8 WF 196/10, FamRZ 2011, 32; *Vogel*, FPR 2012, 462 (465).
6 KG v. 16.8.1965 – 1 W 1854/65, OLGZ 1965, 237 (238f.).
7 KG v. 4.3.2010 v. 4.3.2010 – 17 UF 5/10, FamRZ 2010, 422.
8 BGH v. 23.11.2011 – XII ZB 293/11, Rpfleger 2012, 141f.
9 OLG München v. 8.2.2012 – 4 UF 2304/11, FamRZ 2012, 1071 (LS).
10 BayObLG v. 28.2.1997 – 1 Z BR 244/96, FamRZ 1997, 1299.
11 BayObLG v. 13.10.1986 – BReg 3 Z 68/86, BayObLGZ 1986, 412 (414ff.).

c) Angelegenheiten, die eine persönliche Anhörung des Minderjährigen erfordern 7a

II. Ausübung des Beschwerderechts . . 8

A. Entstehungsgeschichte und Normzweck

1 § 60 Satz 1 und 2 entsprechen wörtlich § 59 Abs. 1 FGG aF. § 60 Satz 3 versteht der Gesetzgeber als eine lediglich redaktionelle überarbeitete Übernahme von § 59 Abs. 3 Satz 1 FGG.[1] Entgegen dem Bekunden der Materialien wurde § 59 Abs. 3 Satz 2 FGG nicht in § 60 übernommen.[2] Die in § 59 Abs. 2 FGG vorgeschriebene Bekanntgabe der Entscheidung, gegen die dem Kind oder dem Mündel ein Beschwerderecht zusteht, ist nun im Wesentlichen unverändert in § 164 geregelt.[3] Die Vorschrift nimmt Rücksicht auf das mit zunehmendem Alter „wachsende Bedürfnis des Kindes zu selbständigem verantwortungsbewusstem Handeln" (§ 1626 Abs. 2 Satz 1 BGB) auch gegenüber Behörden und Gerichten. Deshalb wird seine Fähigkeit, gerichtliche Entscheidungen kritisch zu prüfen, gegenüber der vollen Geschäftsfähigkeit in denjenigen Angelegenheiten vorverlagert, die alle seine Person betreffenden Angelegenheiten betrifft. Aus § 60 folgt **kein eigenständiges, von den Voraussetzungen des § 59 Abs. 1 und 2 unabhängiges Beschwerderecht**.[4] Eine Beeinträchtigung in eigenen Rechten muss auch hier vorliegen.[5] § 60 regelt vielmehr nur, wann ein nach diesen Vorschriften bestehendes Beschwerderecht von einem Minderjährigen nach Vollendung des 14. Lebensjahres unabhängig vom Willen der ihn gesetzlich vertretenden Person ausgeübt werden kann.[6] Liegen die Voraussetzungen des § 60 nicht vor, ist das Rechtsmittel unzulässig.[7] Die Feststellungslast hierfür trägt nach allgemeinen Grundsätzen (vgl. § 68 Rz. 19) der Beschwerdeführer.[8] § 60 gibt dem Minderjährigen nach Wortlaut und Sinn der Norm nur ein Abwehrrecht gegen gerichtliche Entscheidungen, nicht jedoch die Befugnis, von sich aus **in erster Instanz** Antragsverfahren durch eigene Anträge einzuleiten.[9] Ein sich aus sonstigen Vorschriften ergebendes Beschwerderecht etwa in Angelegenheiten, in denen dem Minderjährigen ein eigenes Antragsrecht zukommt (zB nach § 113 Abs. 3 BGB), bleibt unberührt.[10]

B. Inhalt der Vorschrift

I. Voraussetzungen des Beschwerderechts

1. Persönliche Voraussetzungen

a) Erreichen des 14. Lebensjahres

2 § 60 Satz 3 bestimmt als Voraussetzung des Beschwerderechts, dass der Minderjährige das 14. Lebensjahr vollendet hat. Dies muss **bereits „bei Erlass der Entscheidung"** der Fall sein. Maßgeblich ist also nach § 38 Abs. 3 Satz 3 die Übergabe des Be-

---

1 BT-Drucks. 16/6308, S. 204.
2 BT-Drucks. 16/6308, S. 204.
3 Im Ergebnis ebenso *Rackl*, Rechtsmittelrecht, S. 97, der aber wegen des systematischen Zusammenhangs von § 164 im Kindschaftsrecht eine analoge Anwendung für geboten hält.
4 OLG Düsseldorf v. 10.1.2011 – II-3 WF 148/10, Rpfleger 2011, 372 (373); OLG Nürnberg v. 8.9.2011 – 7 UF 883/11, FamRZ 2012, 804 (805).
5 BayObLG v. 18.1.1982 – 1 Z 141/81, FamRZ 1982, 634 (635); Zöller/*Feskorn*, § 60 FamFG Rz. 2; Bork/Jacoby/Schwab/*Müther*, 1. Aufl., § 60 FamFG Rz. 2; *Netzer*, ZNotP 2009, 303 (304); *Joachim/Kräft*, JR 2010, 277 (280); *Rackl*, Rechtsmittelrecht, S. 97.
6 BT-Drucks. 16/6308, S. 204.
7 *Bumiller*/Harders, § 60 FamFG Rz. 7.
8 AA ohne Begr. *Bumiller*/Harders, § 60 FamFG Rz. 7; ebenso Keidel/*Meyer-Holz*, § 60 FamFG Rz. 14 mit der Erwägung, dass es in Zweifelsfällen rechtsstaatlichen Grundsätzen entspreche, von der Zulässigkeit der Beschwerde auszugehen und in der Sache zu entscheiden. Dies ließe sich aber auf die Zulässigkeitsprüfung allgemein übertragen.
9 *Bumiller*/Harders, § 60 FamFG Rz. 4; Keidel/*Meyer-Holz*, § 60 FamFG Rz. 3; *Rackl*, Rechtsmittelrecht, S. 97.
10 Vgl. zur Unterbringung OLG Celle v. 12.3.2010 – 19 UF 49/10, FamRZ 2010, 1167 f.; *Bumiller*/Harders, § 60 FamFG Rz. 12; im Ergebnis ebenso Keidel/*Meyer-Holz*, § 60 FamFG Rz. 2 und 8, der § 60 FamFG dann nur noch deklaratorische Bedeutung beimisst.

schlusses an die Geschäftsstelle oder das Verlesen ihres Tenors nach § 41 Abs. 2 Satz 1, da er hierdurch bereits wirksam wird (§ 40 Abs. 1).[1] Die Vollendung des 14. Lebensjahres nach diesem Stichpunkt hat auf die Beschwerdeberechtigung keinen Einfluss mehr; sie tritt wie nach bisherigem Recht[2] nicht nachträglich ein. Den Minderjährigen stehen Pflegebefohlene gleich, die unter elterlicher Sorge oder Vormundschaft stehen.[3]

b) Geschäftsfähigkeit

Auch nach Vollendung des 14. Lebensjahres ist der Minderjährige nicht beschwerdeberechtigt, wenn er nicht geschäftsfähig ist. Damit ist, da ein Minderjähriger ohnehin nach §§ 106 ff. BGB nur beschränkt geschäftsfähig ist, die Geschäftsunfähigkeit nach § 104 Nr. 2 BGB gemeint.[4] Eine **Ausnahme** gilt aber wie nach altem Recht (§ 70a FGG aF) in Betreuungs- und Unterbringungssachen (vgl. §§ 275, 316). Dort ist der Betroffene nach § 316 ohne Rücksicht auf seine Geschäftsfähigkeit verfahrensfähig und somit auch beschwerdeberechtigt. Wie beim Erreichen des 14. Lebensjahres muss die Geschäftsfähigkeit schon bei Erlass der Entscheidung vorliegen.[5] Sie muss aber bis zur Entscheidung des Beschwerdegerichts andauern.[6] Fällt die Geschäftsfähigkeit vor diesem Zeitpunkt weg, kann der Beschwerdeführer das Verfahren auch nicht durch einen Bevollmächtigten fortsetzen, dem er zuvor Verfahrensvollmacht erteilt hat.[7] Weiterer Prüfungen, ob der Minderjährige nach seiner **individuellen Einsichtsfähigkeit bzw. Verstandesreife** die Bedeutung und Tragweite seiner Verfahrenserklärungen erfasst, sind nicht anzustellen.[8] Dies widerspräche dem Wortlaut und Sinn der Norm, die bewusst generalisiert. Der Minderjährige soll bei vorhandener Geschäftsfähigkeit in den von § 60 erfassten Fällen eben wie ein Volljähriger behandelt werden. Ebenso wenig wie bei Volljährigen ist dann aber noch eine individuelle Prüfung vorzunehmen, ob der Beschwerdeführer die nach seiner persönlichen Einsichtsfähigkeit bzw. Verstandesreife in der Lage ist, die Bedeutung und Tragweite seiner Verfahrenserklärungen zu erfassen.

2. Betroffene Verfahren

Das Beschwerderecht nach § 59 FGG aF wurde auf Vormundschaftssachen und FG-Familiensachen beschränkt. Letzteres ist mit der Überführung der Familiensachen in das Verfahren nach dem FamFG obsolet. Der Minderjährige kann nach Vollendung des 14. Lebensjahres **in allen Familiensachen** ein eigenständiges Beschwerderecht ausüben, soweit seine Person betreffende Angelegenheiten berührt sind. Nicht recht einsichtig waren schon nach früherem Recht die bisweilen vertretene Beschränkung auf Vormundschafts- und Familiensachen und die Ausklammerung etwa von Personenstandssachen,[9] die dem Wortlaut des § 59 FGG aF nicht zu entnehmen war. Mit der Neukodifikation des Verfahrensrechts, das nunmehr alle Verfahren der freiwilligen Gerichtsbarkeit erfasst und mit der Verortung des Beschwerderechts Minderjähriger im Allgemeinen Teil lässt sich diese Beschränkung systema-

---

1 Dass die Verkündung mangels Anwesenheit des Betroffenen durch die Übergabe an die Geschäftsstelle ersetzt werden soll, zeigt auch der Verweis auf § 59 Abs. 3 Satz 2 FGG aF, der aber entgegen dem Bekunden der Materialien (BT-Drucks. 16/6308, S. 204) nicht in den Text des § 60 FamFG übernommen wurde; ebenso *Bumiller*/Harders, § 60 FamFG Rz. 6; Bork/Jacoby/Schwab/*Müther*, 1. Aufl., § 60 FamFG Rz. 4; und wohl auch Bassenge/Roth/*Gottwald*, § 60 FamFG Rz. 4.
2 Keidel/*Meyer-Holz*, § 60 FamFG Rz. 13; *Bumiller*/Harders, § 60 FamFG Rz. 6; Zöller/*Feskorn*, § 60 FamFG Rz. 3; aA Bork/Jacoby/Schwab/*Müther*, 1. Aufl., § 60 FamFG Rz. 4.
3 *Bumiller*/Harders, § 60 FamFG Rz. 5.
4 *Bumiller*/Harders, § 60 FamFG Rz. 7; Keidel/*Meyer-Holz*, § 60 FamFG Rz. 13; aA Bork/Jacoby/Schwab/*Müther*, 1. Aufl., § 60 FamFG Rz. 6.
5 Keidel/*Meyer-Holz*, § 60 FamFG Rz. 14.
6 Keidel/*Meyer-Holz*, § 60 FamFG Rz. 14.
7 *Bumiller*/Harders, § 60 FamFG Rz. 7; Keidel/*Meyer-Holz*, § 60 FamFG Rz. 14.
8 Bork/Jacoby/Schwab/*Müther*, 1. Aufl., § 60 FamFG Rz. 9; aA Keidel/*Meyer-Holz*, § 60 FamFG Rz. 17.
9 Keidel/*Engelhardt*, 15. Aufl., § 59 FGG Rz. 5; Bork/Jacoby/Schwab/*Müther*, 1. Aufl., § 60 FamFG Rz. 7.

tisch in keinem Fall mehr aufrechterhalten. Der Minderjährige, der das 14. Lebensjahr vollendet hat, ist nunmehr in allen Verfahren der freiwilligen Gerichtsbarkeit nach Maßgabe des § 60 beschwerdeberechtigt,[1] auch in Verfahren des einstweiligen Rechtsschutzes.[2]

3. Erfasste Rechtsmittel

5   § 60 erfasst dem Wortlaut nach nur Beschwerden gegen Entscheidungen in der Hauptsache. Es kann aber wie nach altem Recht kein Zweifel bestehen, dass der Minderjährige dann auch, wenn kein Rechtsmittel mehr gegeben ist, a maiore ad minus auch die **Anhörungsrüge nach § 44** erheben kann.[3] Entsprechendes wird für die Erinnerung gegen **Entscheidungen des Rechtspflegers nach § 11** Abs. 2 RPflG[4] und für die sofortige Beschwerde gegen **Zwischenentscheidungen** gelten, sofern deren isolierte Anfechtbarkeit bestimmt ist. Auf die Rechtsbeschwerde ist § 60 jedenfalls entsprechend anzuwenden.[5]

4. Betroffene Angelegenheiten

a) Eigene Angelegenheiten

6   Die Beschwerdeberechtigung erfasst nach dem klaren Wortlaut der Norm nur eigene Angelegenheiten des Minderjährigen.[6] Dies betrifft etwa die Frage der Schulwahl.[7] Wie nach altem Recht kommt ihm daher in **Angelegenheiten Dritter** kein Beschwerderecht zu, auch wenn das Kindeswohl durchaus betroffen sein kann.[8] So besteht kein Beschwerderecht gegen Entscheidungen zur elterlichen Sorge bzw. zur Vormundschaft über Geschwister, auch wenn diese mit einer Trennung verbunden sind. Entsprechendes gilt für Entscheidungen in Vermögensangelegenheiten der Eltern, auch wenn die materiellen Verhältnisse naturgemäß für die Entwicklung des Kindes von großer Bedeutung sein können.

b) Seine Person betreffende Angelegenheiten

7   Auch in eigenen Angelegenheiten ist der Minderjährige nur dann beschwerdeberechtigt, wenn seine Person betroffen ist. Dies geht allerdings über die Sorge für die Person hinaus.[9] Erfasst sind alle Angelegenheiten, die **Unterhalt oder Vermögen des Minderjährigen** berühren,[10] da sie sich jedenfalls mittelbar auf die Person auswirken.

c) Angelegenheiten, die eine persönliche Anhörung des Minderjährigen erfordern

7a Unabhängig von den Voraussetzungen des § 60 Satz 1 steht dem Minderjährigen nach Satz 2 auch in den Angelegenheiten ein eigenes Beschwerderecht zu, in denen er vor der Entscheidung des Gerichts gehört werden soll.[11] Dies umfasst etwa in Adoptionssachen die Kinder des Annehmenden (§ 193), obwohl es sich nicht um eigene Angelegenheiten nach Satz 1 (vgl. Rz. 6) handelt. Die Einschränkungen des Satzes 3 für Geschäftsunfähige und Personen unter 14 Jahren gelten allerdings auch hier.[12] Das Beschwerderecht setzt nicht voraus, dass die Anhörung tatsächlich

---

1 So auch Keidel/*Meyer-Holz*, § 60 FamFG Rz. 1; Bassenge/Roth/*Gottwald*, § 60 FamFG Rz. 2; *Rackl*, Rechtsmittelrecht, S. 96; aA Zöller/*Feskorn*, § 60 FamFG Rz. 4.
2 Keidel/*Meyer-Holz*, § 60 FamFG Rz. 20.
3 *Rackl*, Rechtsmittelrecht, S. 97; Zöller/*Feskorn*, § 60 FamFG Rz. 2.
4 Keidel/*Meyer-Holz*, § 60 FamFG Rz. 20; Bumiller/Winkler, 8. Aufl., § 59 FGG Rz. 9.
5 Ebenso Bork/Jacoby/Schwab/*Müther*, 1. Aufl., § 60 FamFG Rz. 10.
6 *Rackl*, Rechtsmittelrecht, S. 96.
7 BayObLG v. 18.1.1982 – 1 Z 141/81, FamRZ 1982, 634 (635).
8 Bassenge/Roth/*Gottwald*, § 60 FamFG Rz. 2; Keidel/*Meyer-Holz*, § 60 FamFG Rz. 6.
9 Keidel/*Meyer-Holz*, § 60 FamFG Rz. 6; Bumiller/Harders, § 60 FamFG Rz. 5.
10 *Bumiller*/Harders, § 60 FamFG Rz. 9f.; aA für reine vermögensrechtliche Angelegenheiten ohne Einfluss auf den Unterhalt bzw. die hierfür verfügbaren Mittel Keidel/*Meyer-Holz*, § 60 FamFG Rz. 9.
11 Zur eher geringen Bedeutung dieser Bestimmung neben Satz 1 s. Bassenge/Roth/*Gottwald*, § 60 FamFG Rz. 3.
12 *Bumiller*/Harders, § 60 FamFG Rz. 12.

durchgeführt wurde; Voraussetzung ist allein, dass der Minderjährige angehört werden sollte.[1] Umgekehrt ist die fehlerhafte Anhörung keine Voraussetzung für die Zulässigkeit der Beschwerde eines Minderjährigen.[2]

II. Ausübung des Beschwerderechts

Die Ausübung des Beschwerderechtes setzt dessen Vorabprüfung durch das Gericht voraus, da es dem Minderjährigen dann die Entscheidung bekannt zu geben hat.[3] Anderenfalls läuft die Beschwerdefrist des § 63 Abs. 3 Satz 1 nicht. Der Minderjährige kann aufgrund der nach § 60 vorverlagerten Verfahrensfähigkeit sämtliche Verfahrenshandlungen im Rahmen der Beschwerde selbst vornehmen, auch Verfahrenskostenhilfe beantragen oder einstweilige Anordnungen nach § 64 Abs. 3 anregen.[4] Dies umfasst neben der Einlegung der **Beschwerde**[5] ua. den Abschluss eines **Vergleichs** oder die **Rücknahme** der Beschwerde[6] sowie die **Mandatierung eines Rechtsanwalts**.[7] Der gesetzliche Vertreter kann der Vornahme derartiger Geschäfte nicht entgegentreten.[8] Umgekehrt ist der Minderjährige aus Rechtsgeschäften, die die Ausübung dieses Rechts betreffen, auch in vollem Umfang verpflichtet. So schuldet er die Rechtsanwaltsvergütung und kann insoweit auch im Erkenntnis- und Vollstreckungsverfahren in Anspruch genommen werden. Da der Minderjährige diese Rechte wahrnehmen „kann", aber nicht muss, kann auch der gesetzliche Vertreter tätig werden, soweit es sich nicht in Widerspruch zu dem Minderjährigen setzt.[9]

8

61 Beschwerdewert; Zulassungsbeschwerde

(1) In vermögensrechtlichen Angelegenheiten ist die Beschwerde nur zulässig, wenn der Wert des Beschwerdegegenstandes 600 Euro übersteigt.
(2) Übersteigt der Beschwerdegegenstand nicht den in Absatz 1 genannten Betrag, ist die Beschwerde zulässig, wenn das Gericht des ersten Rechtszugs die Beschwerde zugelassen hat.
(3) Das Gericht des ersten Rechtszugs lässt die Beschwerde zu, wenn
1. die Rechtssache grundsätzliche Bedeutung hat oder die Fortbildung des Rechts oder die Sicherung einer einheitlichen Rechtsprechung eine Entscheidung des Beschwerdegerichts erfordert und
2. der Beteiligte durch den Beschluss mit nicht mehr als 600 Euro beschwert ist.

Das Beschwerdegericht ist an die Zulassung gebunden.

A. Entstehungsgeschichte und Normzweck 1
B. Inhalt der Vorschrift
 I. Mindestbeschwer
  1. Geltungsbereich
   a) Mindestbeschwer nur in vermögensrechtlichen Streitigkeiten 2
   b) Nichtvermögensrechtliche Streitigkeiten 2a
   c) Kostengrundentscheidungen in vermögens- und nichtvermögensrechtlichen Streitigkeiten 3
  2. Gegenstand und Höhe der Beschwer
   a) Grundsatz 4

---

1 Zöller/*Feskorn*, § 60 FamFG Rz. 5; *Hoffmann*, JAmt 2009, 413 (417).
2 Keidel/*Meyer-Holz*, § 60 FamFG Rz. 12.
3 *Bumiller*/Harders, § 60 FamFG Rz. 13; im Ergebnis ebenso Keidel/*Meyer-Holz*, § 60 FamFG Rz. 21, der eine analoge Anwendung von § 164 vertritt.
4 *Hoffmann*, JAmt 2009, 413 (417); Keidel/*Meyer-Holz*, § 60 FamFG Rz. 20; Zöller/*Feskorn*, § 60 FamFG Rz. 6; *Rackl*, Rechtsmittelrecht, S. 97.
5 Keidel/*Engelhardt*, 15. Aufl., § 59 FGG Rz. 2.
6 Keidel/*Meyer-Holz*, § 60 FamFG Rz. 16; *Bassenge*/Roth, § 59 FGG Rz. 4; *Bumiller*/Harders, § 60 FamFG Rz. 3.
7 *Hoffmann*, JAmt 2009, 413 (417); Keidel/*Meyer-Holz*, § 60 FamFG Rz. 18f.; Zöller/*Feskorn*, § 60 FamFG Rz. 6; Bork/Jacoby/Schwab/*Müther*, 1. Aufl., § 60 FamFG Rz. 9.
8 *Hoffmann*, JAmt 2009, 413 (417); Keidel/*Meyer-Holz*, § 60 FamFG Rz. 16; im Ergebnis (Vorrang der vom Minderjährigen vorgenommenen Verfahrenshandlungen) ebenso *Rackl*, Rechtsmittelrecht, S. 97.
9 Zöller/*Feskorn*, § 60 FamFG Rz. 6; Bork/Jacoby/Schwab/*Müther*, 1. Aufl., § 60 FamFG Rz. 11; weiter gehend für den Fall der Rücknahme des Rechtsmittels oder den Verzicht hierauf Keidel/*Meyer-Holz*, § 60 FamFG Rz. 19.

- b) Nachträgliche Änderungen im Wert der Beschwer 5
- c) Zu berücksichtigende Faktoren . 6
- d) Erinnerung bei Rechtspflegerentscheidungen 6a
- 3. Kostenentscheidungen 7
- II. Zulassung der Beschwerde nach § 61 Absätze 2 und 3
  - 1. Voraussetzungen
    - a) Nichterreichen des Beschwerdewerts 8
    - b) Besondere Bedeutung
      - aa) Grundsätzliche Bedeutung . 9
      - bb) Fortbildung des Rechts oder Sicherung einer einheitlichen Rechtsprechung 10
    - cc) Beurteilungsspielraum und Ermessen des Gerichts ... 11
    - c) Ausschließlichkeit der Zulassungsvoraussetzungen 12
    - d) Beschränkung der Zulassung .. 13
  - 2. Entscheidung
    - a) Zulassung in Tenor oder Gründen 15
    - b) Wirkung
      - aa) Bindung des Beschwerdegerichts 16
      - bb) Unanfechtbarkeit für die Verfahrensbeteiligten 17
      - cc) Korrektur bei versehentlich unterlassener Zulassung ... 18
      - dd) Entscheidung durch den Einzelrichter 19

A. Entstehungsgeschichte und Normzweck

1 Die Vorschrift gehört zu den substantiellen Neuerungen des FamFG. Für die Beschwerde nach §§ 19 ff. FGG aF bedurfte es grundsätzlich keiner **Mindestbeschwer**, sofern sie nicht spezialgesetzlich vorgeschrieben war. Beispiele hierfür waren die Beschwerde gegen Aufwandsersatz oder Vergütung des Vormunds (§ 56g Abs. 5 Satz 1 FGG aF),[1] gegen den Kostenansatz (§ 14 Abs. 3 Satz 1 KostO) oder in Wohnungseigentumssachen (§ 45 Abs. 1 WEG aF). In diesen Fällen waren zudem unterschiedliche Beschwerdewerte vorgesehen (in obigen Beispielen 150 Euro bei Beschwerden gegen die Entscheidung über Aufwendungsersatz oder Vergütung des Vormunds, 200 Euro in Kosten- und 750 Euro in Wohnungseigentumssachen). Diese Unterschiede beseitigt § 61, indem eine einheitliche, an § 511 Abs. 2 Nr. 1 ZPO angelehnte Mindestbeschwer von 600 Euro eingeführt wird. Zugleich wird hierdurch eine **Harmonisierung mit der ZPO** angestrebt, die dieselbe Beschwer verlangt.[2] Allerdings wird dieses Bestreben durch Spezialvorschriften wie § 228 oder § 156 KostO[3] konterkariert. Die bei dem hohen Mindestbeschwerdewert drohende Uneinheitlichkeit der Rechtsprechung bzw. der Praxis im Kostenfestsetzungsverfahren soll die Möglichkeit einer **Zulassung der Beschwerde** in § 61 Abs. 2 und 3 verhindern. Bei ihrer Handhabung kann auf entsprechende Regelungen in anderem Zusammenhang (zB § 57 Abs. 2 FamGKG oder § 14 Abs. 3 Satz 2 KostO) zurückgegriffen werden. Die Vorschrift gilt für alle Verfahren nach dem FamFG, also auch für Ehe- und Familienstreitsachen. Allerdings ist die Beschwerde gegen eine zweite Versäumnisentscheidung wegen § 117 Abs. 2 Satz 1 FamFG iVm. § 514 Abs. 2 Satz 2 ZPO unabhängig von einer Mindestbeschwer zulässig.

B. Inhalt der Vorschrift

I. Mindestbeschwer

1. Geltungsbereich

a) Mindestbeschwer nur in vermögensrechtlichen Streitigkeiten

2 § 61 Abs. 1 schränkt das Erfordernis einer Mindestbeschwer gegenüber § 511 ZPO, an den sich die Vorschrift ansonsten anlehnt,[4] erheblich ein: Anders als dort[5] ist sie nicht in jedem Verfahren, sondern nur **in vermögensrechtlichen Streitigkeiten** erforderlich. Im Umkehrschluss folgt daraus, dass die Beschwerde in nichtvermögensrechtlichen Streitigkeiten unabhängig von einer Beschwer des Rechtsmittelführers immer zulässig ist.

---

1 Hierzu BT-Drucks. 16/6308, S. 204.
2 BT-Drucks. 16/6308, S. 163 u. 204; *Rackl*, Rechtsmittelrecht, S. 98.
3 Hierzu *Tiedtke/Diehn*, ZNotP 2009, 385 (386).
4 BT-Drucks. 16/6308, S. 204.
5 S. hierzu Musielak/*Ball*, § 511 ZPO Rz. 17; Zöller/*Heßler*, § 511 ZPO Rz. 12.

b) Nichtvermögensrechtliche Streitigkeiten

Dies bringt allerdings insoweit wieder Probleme mit sich, als die **Abgrenzung** von vermögens- und nichtvermögensrechtlichen Streitigkeiten entscheidende Bedeutung gewinnt. Richtet sich die Beschwerde etwa gegen die Ablehnung der Eintragung einer bestimmten Firma in das Handelsregister lässt sich dies uU beiden Kategorien zuordnen. Das Abgrenzungskriterium, ob das „Rechtsschutzbegehren in wesentlicher Weise auch der Wahrung wirtschaftlicher Belange dienen soll",[1] dürfte wenig zur Konkretisierung beitragen. Gleiches gilt für die Formel, dass es „um Geld oder Geldeswert" gehen muss,[2] was gerade auch bei immateriellen Rechten wie dem Namensrecht der Fall sein kann. Einen gewissen Anhaltspunkt kann das Begehren des Beteiligten geben: Verlangt er lediglich Unterlassung oder Widerruf, liegt eine nicht vermögensrechtliche Streitigkeit nahe.[3] Das Begehren Dritter um **Akteneinsicht** ist nichtvermögensrechtlicher Natur.[4] Der Streit um die **Vergütung** eines Pflegers ist vermögensrechtlicher Natur,[5] ebenso die **Bestimmung des Kindergeldberechtigten** nach § 64 Abs. 2 EStG.[6] Im Zweifel ist hierbei großzügig, zugunsten der Möglichkeit einer sachlichen Überprüfung durch die Rechtsmittelinstanz zu verfahren.[7]

c) Kostengrundentscheidungen in vermögens- und nichtvermögensrechtlichen Streitigkeiten

Die Anfechtung von Kostengrundentscheidungen (zum Festsetzungsverfahren Rz. 7; zu isolierten Kostenentscheidungen s. § 58 Rz. 2) wird von der hM unabhängig davon, worum es in der Hauptsache ging, zu Recht stets als vermögensrechtliche Angelegenheit angesehen und unterliegt der Mindestbeschwer des § 61 Abs. 1.[8] Denn es geht hier nicht mehr um den Gegenstand der Hauptsache, sondern ausschließlich um die Kostenbelastung, also eine vermögensrechtliche Angelegenheit.[9] Es wäre auch nicht einzusehen, dass etwa die Entscheidung nach einer Erledigung gem. § 83 Abs. 2 in vermögensrechtlichen Streitigkeiten von einer Mindestbeschwer von 600 Euro abhängig ist, in nichtvermögensrechtlichen Streitigkeiten dagegen nicht, obwohl gleichermaßen nur noch das Kosteninteresse betroffen ist. Entsprechendes gilt für Zwangsgelder: Auch hier kommt es nicht auf die Rechtsnatur der hiermit durchzusetzenden Handlung, sondern auf die Kostenbelastung als vermögensrecht-

---

1 So Keidel/*Meyer-Holz*, § 61 FamFG Rz. 2; Zöller/*Feskorn*, § 61 FamFG Rz. 3; zum Versuch einer Konkretisierung s. *Rackl*, Rechtsmittelrecht, S. 98.
2 Bassenge/Roth/*Gottwald*, § 61 FamFG Rz. 4.
3 *Joachim/Kräft*, JR 2010, 277 (279).
4 OLG Celle v. 15.12.2011 – 10 UF 283/11, FamRZ 2012, 727.
5 OLG Hamm v. 6.8.2010 – II 6 WF 261/10, FamRZ 2011, 307.
6 OLG Celle v. 14.5.2012 – 10 UF 94/11, FamRZ 2012, 1964 f.; *Finke*, FPR 2012, 155 (159).
7 BayObLG v. 27.4.2000 – 2 Z BR 187/99, ZMR 2000, 624 (625); Keidel/*Meyer-Holz*, § 61 FamFG Rz. 13; *Rackl*, Rechtsmittelrecht, S. 101.
8 OLG Stuttgart v. 3.11.2009 – 18 UF 243/09, FamRZ 2010, 664 (665); OLG Stuttgart v. 8.12.2009 – 33 WF 1737/09, FamRZ 2010, 1465; OLG Hamburg v. 10.11.2009 – 7 WF 187/09, FamRZ 2010, 665 f.; OLG Düsseldorf v. 11.10.2010 – 1 WF 133/10, JAmt 2010, 497; OLG Hamburg v. 26.11.2010 – 7 UF 154/10, MDR 2011, 104; OLG Oldenburg v. 26.2.2010 – 14 UF 175/09, FamRZ 2010, 1466; OLG Karlsruhe v. 10.6.2010 – 16 WF 95/10, FamRZ 2010, 1695 f.; OLG Köln v. 21.4.2010 – 4 UF 68/10, FamRZ 2010, 1834 f.; OLG Zweibrücken v. 20.5.2010 – 5 WF 32/10, FamRZ 2010, 1835; OLG Zweibrücken v. 18.7.2011 – 2 WF 92/11, FamRZ 2012, 238 f.; OLG Düsseldorf v. 27.5.2010 – II-WF 63/10, FamRZ 2010, 1835 (1836); OLG Koblenz v. 10.5.2010 – 11 WF 300/10, FamRZ 2010, 2013; OLG Hamm v. 26.10.2010 – 2 WF 249/10, FamRZ 2011, 582; OLG Frankfurt v. 4.10.2010 – 5 WF 208/10, FamRZ 2011, 752; OLG Schleswig v. 17.1.2011 – 10 WF 227/10, FamRZ 2011, 988; KG v. 17.9.2010 – 3 UF 102/10, FamRZ 2011, 990; OLG Brandenburg v. 3.2.2011 – 13 WF 7/11, FamRZ 2011, 1616; *Keske*, FPR 2010, 339 (341); *Schürmann*, FuR 2010, 425 (431); Keidel/*Meyer-Holz*, § 61 FamFG Rz. 4; *Rackl*, Rechtsmittelrecht, S. 99 f.; Bassenge/Roth/*Gottwald*, § 61 FamFG Rz. 5; Zöller/*Feskorn*, § 61 FamFG Rz. 6; aA OLG Nürnberg v. 17.12.2009 – 7 WF 1483/09, FamRZ 998 (999); OLG Düsseldorf v. 11.10.2010 – 1 WF 133/10, JAmt 2010, 497; OLG Düsseldorf v. 11.10.2010 – II WF 133/10, FamRZ 2011, 991 (LS) für nichtvermögensrechtliche Streitigkeiten in der Hauptsache; OLG Düsseldorf v. 16.1.2012 – II-1 WF 307/11, FamRZ 2012, 1827 f.; offengelassen von OLG Saarbrücken v. 7.6.2010 – 9 UF 49/10, FGPrax 2010, 270.
9 OLG Schleswig v. 17.1.2011 – 10 WF 227/10, FamRZ 2011, 988.

liches Interesse an.[1] Keine isolierte Anfechtung der Kostenentscheidung findet allerdings wegen § 113 Abs. 1 in Ehe- und Familienstreitsachen statt, da hier die zivilprozessualen Regelungen und somit § 99 Abs. 1 anzuwenden sind.[2]

2. Gegenstand und Höhe der Beschwer

a) Grundsatz

4   Die Mindestbeschwer von 600 Euro nach § 61 Abs. 1 bezeichnet allein die **persönliche Beschwer** des Rechtsmittelführers, die sich aus seinem vermögenswerten Interesse an der Abänderung der angegriffenen Entscheidung ergibt.[3] Sie ist der Wert, um den der Beschwerdeführer in seinem Recht verkürzt zu sein behauptet. Dieser Wert ist **nicht identisch mit dem Geschäftswert**, der wesentlich höher sein kann.[4] Die Beschwer kann aber naturgemäß den Geschäftswert nicht überschreiten.[5] Bei Zwangsgeldern ist deren Höhe, nicht die hiermit durchzusetzende Handlung maßgeblich.[6] Das Beschwerdegericht hat den Wert der Beschwer gem. § 26 grundsätzlich selbst zu ermitteln.[7] Mangels Übernahme einer § 511 Abs. 3 ZPO entsprechenden Regelung kann dem Beschwerdeführer nicht die Glaubhaftmachung der Beschwer abverlangt werden,[8] was aber im Ergebnis kaum einen Unterschied machen wird: Macht der Beschwerdeführer selbst keine verwertbaren Angaben zu seiner Beschwer, so kann diese geschätzt werden,[9] wobei mangels Mitwirkung des Beschwerdeführers die Anforderungen an die Ermittlungen durch das Gericht sinken. Bei der Schätzung kann auf die Judikatur zu § 3 ZPO zurückgegriffen werden.[10] Fehlen hinreichende Anhaltspunkte zur Schätzung, kann entsprechend § 42 Abs. 3 FamGKG ein Wert von 3 000 Euro angesetzt werden.[11] Die Einholung eines Sachverständigengutachtens von Amts wegen kommt nicht in Betracht.[12]

b) Nachträgliche Änderungen im Wert der Beschwer

5   Maßgeblich für die Höhe der Beschwer ist der **Zeitpunkt, zu dem die Beschwerde eingelegt** wird.[13] Im Falle der Teilabhilfe ist die verbleibende Beschwer maßgeb-

---

1 OLG Zweibrücken v. 19.2.2010 – 3 W 26/10, FGPrax 2010, 169; OLG Düsseldorf v. 20.8.2012 – I-3 Wx 175/12, Rpfleger 2012, 683.
2 OLG Stuttgart v. 12.1.2011 – 15 WF 2/11, FamRZ 2011, 751 f.; OLG Bamberg v. 10.1.2011 – 2 WF 320/10, FamRZ 2011, 1244 f.; aA für die Anwendbarkeit von § 58 OLG Bremen v. 18.4.2011 – 4 WF 23/11, FamRZ 2011, 1615 f.; OLG Stuttgart v. 4.8.2011 – 18 UF 223/11, FamRZ 2012, 50 f.; vgl. oben § 58 Rz. 7.
3 OLG Oldenburg v. 1.2.1999 – 5 W 227/98, ZMR 1999, 358; OLG Hamm v. 19.10.2000 – 15 W 133/00, ZMR 2001, 138 (140); OLG Düsseldorf v. 10.7.2000 – 3 Wx 214/00, ZMR 2000, 783 (784); BayObLG v. 12.10.2000 – 2 Z BR 98/00, ZMR 2001, 126 (127); BayObLG v. 26.9.2001, ZMR 2002, 212; BayObLG v. 17.10.2002 – 2 Z BR 68/02, ZMR 2003, 215 u. BayObLG v. 17.4.2003 – 2 Z BR 32/03, ZMR 2003, 947; OLG Celle v. 27.2.2003 – 4 W 20/03, ZMR 2004, 51; *Rackl*, Rechtsmittelrecht, S. 101 f.; Bork/Jacoby/Schwab/*Müther*, 1. Aufl., § 61 FamFG Rz. 6.
4 BayObLG v. 24.8.2000 – 2 Z BR 33/00, ZMR 2000, 859 (860); BayObLG v. 21.9.2000 – 2 Z BR 62/00, ZMR 2001, 49, 50; BayObLG v. 8.3.2001 – 2 Z BR 30/01, ZMR 2001, 814 f.; BayObLG v. 17.4.2003 – 2 Z BR 32/03, ZMR 2003, 947; teilweise abweichend Keidel/*Meyer-Holz*, § 61 FamFG Rz. 6 f.
5 BayObLG v. 20.4.2000 – 2 Z BR 9/00, ZMR 2001, 906 (907); Zöller/*Feskorn*, § 61 FamFG Rz. 11.
6 OLG Zweibrücken v. 19.2.2010 – 3 W 26/10, FGPrax 2010, 169.
7 *Rackl*, Rechtsmittelrecht, S. 101 f.; Zöller/*Feskorn*, § 61 FamFG Rz. 8; Bork/Jacoby/Schwab/*Müther*, 1. Aufl., § 61 FamFG Rz. 8.
8 AA, für eine analoge Anwendung dieser Vorschrift *Rackl*, Rechtsmittelrecht, S. 104.
9 Keidel/*Meyer-Holz*, § 61 FamFG Rz. 11; vgl. zum Zivilprozess BGH v. 20.10.1997 – II ZR 334/96, NJW-RR 1998, 573; ähnlich Zöller/*Feskorn*, § 61 FamFG Rz. 8; zum Ermessen des Gerichts bei der Schätzung BGH v. 16.12.1987 – IVb ZB 124/87, NJW-RR 1988, 836 f.
10 *Maurer*, FamRZ 2009, 465 (471); Joachim/*Kräft*, JR 2010, 277 (279); Keidel/*Meyer-Holz*, § 61 FamFG Rz. 11; *Rackl*, Rechtsmittelrecht, S. 103.
11 Keidel/*Meyer-Holz*, § 61 FamFG Rz. 13; *Jänig/Leißring*, ZIP 2010, 110 (117 Fn. 89).
12 Vgl. BGH v. 20.10.1997 – II ZR 334/96, NJW-RR 1998, 573.
13 OLG Celle v. 27.2.2003 – 4 W 20/03, ZMR 2004, 51; Musielak/*Ball*, vor §§ 511 ZPO Rz. 23; Zöller/*Heßler*, § 511 ZPO Rz. 19; *Reinken*, FuR 2010, 268 (274); Keidel/*Meyer-Holz*, § 61 FamFG

lich.¹ Ansonsten sind Umstände, die die Beschwer bei unverändertem Beschwerdegegenstand nachträglich verändern, nicht zu berücksichtigen.² Daher kann auch eine gegenüber dem erstinstanzlichen Begehren erweiterte Antragstellung die Beschwer nicht erhöhen.³ Sofern die Entscheidung nur wegen eines unter der erforderlichen Beschwer liegenden Teils der Hauptsacheentscheidung angefochten oder die sofortige Beschwerde bis auf einen unterhalb der Mindestbeschwer liegenden Teil zurückgenommen wird, ist das verbliebene Rechtsmittel unzulässig.⁴ Es kann aber durch **Erweiterung** wieder zulässig werden,⁵ sofern in der Beschränkung kein Teilrechtsmittelverzicht zu sehen ist (hierzu vgl. § 67 Rz. 6). In Zweifelsfällen, in denen die Bestimmung der Beschwer mangels konkreter Anhaltspunkte Ermessenssache ist, entspricht es rechtsstaatlichen Grundsätzen, von der Zulässigkeit des Rechtsmittels auszugehen und in der Sache zu entscheiden.⁶ Der Beschwerdeführer kann aber die Beschwerdesumme nicht durch Erweiterung des in erster Instanz gestellten Antrags im Rechtsmittelverfahren erreichen, da er mangels Entscheidung hierüber im früheren Rechtszug gar nicht beschwert ist (vgl. § 69 Rz. 3).⁷ Das Rechtsmittelgericht kann den Beschwerdewert ohne Bindung an die erstinstanzliche Wertfestsetzung vorab festsetzen,⁸ um eine kostengünstige Rücknahme zu eröffnen. Dieser Beschluss ist nicht separat anfechtbar, da die Festsetzung nicht nach § 31 Abs. 3 KostO zum Zwecke der Gebührenfestsetzung erfolgt.⁹ Allerdings ist dem Beschwerdeführer vor der Verwerfung seines Rechtsmittels rechtliches Gehör zu gewähren.¹⁰

c) Zu berücksichtigende Faktoren

Die **Beschwer mehrerer Beschwerdeführer** ist zusammenzurechnen,¹¹ soweit es sich nicht, wie bei gesamtschuldnerischer Inanspruchnahme um wirtschaftlich identische Verfahrensgegenstände handelt.¹² Mit der Rücknahme der Beschwerde kann diese somit auch für die anderen unzulässig werden. Entsprechendes gilt für die Beschwer bei einer **Mehrzahl von Beschwerdegegenständen**,¹³ auch wenn es sich nur um einen Hilfsantrag handelt.¹⁴ Bei der Ermittlung der Beschwer sind Kosten und Auslagen grundsätzlich nicht zu berücksichtigen.¹⁵ Auch das **Interesse an der Klä-**

6

Rz. 16; *Rackl*, Rechtsmittelrecht, S. 102; geringfügig anders *Bumiller*/Harders, § 61 FamFG Rz. 2, der auf den Erlass der angegriffenen Entscheidung abstellt; missverständlich OLG Dresden v. 8.6.2010 – 17 W 510/10, Rpfleger 2011, 35 (36), wo eine fortbestehende Beschwer verlangt wird, was bei Wertänderungen ohne Veränderung des Beschwerdegegenstandes gerade nicht der Fall ist.

1 OLG Köln v. 30.6.2010 – 2 Wx 89/10, FGPrax 2010, 216 (für die sofortige Beschwerde nach § 35 Abs. 5); *Schürmann*, FuR 2010, 425 (432); *Bumiller*/Harders, § 61 FamFG Rz. 2; Keidel/*Meyer-Holz*, § 61 FamFG Rz. 16.
2 OLG Celle v. 27.2.2003 – 4 W 20/03, ZMR 2004, 51 f.; für die Veringerung der Beschwer auch Keidel/*Meyer-Holz*, § 61 FamFG Rz. 18; Bork/Jacoby/Schwab/*Müther*, 1. Aufl., § 61 FamFG Rz. 7; zum Zivilprozess vgl. Musielak/*Ball*, vor §§ 511 ZPO Rz. 23; Zöller/*Heßler*, § 511 ZPO Rz. 18.
3 Keidel/*Meyer-Holz*, § 61 FamFG Rz. 7; Zöller/*Feskorn*, § 61 FamFG Rz. 11.
4 BayObLG v. 17.2.1994 – 2 Z BR 134/93, MDR 1994, 1148; BayObLG v. 25.7.2002 – 2 Z BR 31/02, ZMR 2003, 49; ebenso im Grundsatz Keidel/*Meyer-Holz*, § 61 FamFG Rz. 16.
5 BayObLG v. 25.7.2002 – 2 Z BR 31/02, ZMR 2003, 49; *Bumiller*/Harders, § 61 FamFG Rz. 2; Keidel/*Meyer-Holz*, § 61 FamFG Rz. 17.
6 BayObLG v. 27.4.2000 – 2 Z BR 187/99, ZMR 2000, 624 (625).
7 BayObLG v. 12.10.2000 – 2 Z BR 98/00, ZMR 2001, 126 (127).
8 Keidel/*Meyer-Holz*, § 61 FamFG Rz. 10 und 20.
9 OLG Karlsruhe v. 11.8.1997 – 4 W 82/97, ZMR 1998, 248; Keidel/*Meyer-Holz*, § 61 FamFG Rz. 19.
10 BGH v. 15.8.2007 – XII ZB 101/07, NJW-RR 2007, 1718; BGH v. 18.7.2007 – XII ZB 162/06, NJW-RR 2008, 78; Keidel/*Meyer-Holz*, § 61 FamFG Rz. 19.
11 BayObLG v. 6.8.1993 – 2 Z BR 43/93, WuM 1993, 765 (766); OLG Düsseldorf v. 16.3.1998 – 3 Wx 18/98, ZMR 1998, 450 (451); Keidel/*Meyer-Holz*, § 61 FamFG Rz. 14.
12 Keidel/*Meyer-Holz*, § 61 FamFG Rz. 14.
13 BGH v. 17.7.2003 – V ZB 11/03, ZMR 2003, 750 (752); BayObLG v. 17.4.2003 – 2 Z BR 32/03, ZMR 2003, 947 f.; OLG Hamm v. 19.10.2000 – 15 W 133/00, ZMR 2001, 138 (140).
14 Vgl. KG v. 30.6.1978 – 17 U 1300/78, OLGZ 1979, 349 f.
15 BayObLG v. 24.8.2000 – 2 Z BR 33/00, ZMR 2000, 859 (860); BayObLG v. 27.4.2001 – 2Z BR 70/00, ZMR 2001, 829; BayObLG v. 17.4.2003 – 2Z BR 32/03, ZMR 2003, 947; Zöller/*Feskorn*, § 61 FamFG Rz. 11.

rung einer **Rechtsfrage** für alle Beteiligten bleibt außer Betracht.[1] Bei der Verpflichtung zur Erteilung von **Auskünften** bemisst sich die Beschwer des Auskunftspflichtigen nach der Zeit und den Kosten, die deren sorgfältige Erteilung erfordern.[2] Kosten für Fachkräfte wie Steuerberater sind nur in Ansatz zu bringen, wenn sie zwangsläufig entstehen, weil der Auskunftspflichtige ohne ihre Hilfe die geschuldete Auskunft nicht erteilen kann.[3] Beim Auskunftsberechtigten ist dagegen auf das wirtschaftliche Interesse an der Erteilung der Auskunft abzustellen.[4]

d) Erinnerung bei Rechtspflegerentscheidungen

6a   Besonderheiten gelten dann, wenn bei einer Endentscheidung des Rechtspflegers nach § 38 der Mindestbeschwerdewert von 600 Euro nicht erreicht wird. Dann ist zwar eine Beschwerde nach § 58 nicht zuulässig. Die beschwerte Partei kann aber Erinnerung nach § 11 Abs. 2 RpflG einlegen, so dass auf eine Nichtabhilfeentscheidung der Richter erster Instanz gemäß § 11 Abs. 2 Satz 3 RpflG abschließend zu entscheiden hat.[5] Eine gleichwohl eingelegte Beschwerde hat er als Erinnerung zu behandeln und bei (Teil)nichtabhilfe dem Richter zur abschließenden Entscheidung vorzulegen.[6] Wird sie gleichwohl an das Beschwerdegericht weitergeleitet, ist sie von diesem nicht zu verwerfen,[7] sondern dem Rechtspfleger zur Durchführung des Erinnerungsverfahrens zurückzugeben.

3. Kostenentscheidungen

7   Der Beschwerdewert von 600 Euro gilt nach ausdrücklichem Bekunden der Materialien mangels Spezialregelung auch für Kosten- und Auslagenentscheidungen.[8] Diese in keiner Weise eingeschränkte Aussage dürfte aber zumindest unglücklich formuliert sein. § 61 Abs. 1 dürfte nur die **Kostengrundentscheidung** (vgl. Rz. 2) und nicht das **Kostenfestsetzungsverfahren** erfassen. Denn insoweit erklärt § 85 ausdrücklich die Regelungen der ZPO (§§ 103 bis 107 ZPO) für anwendbar. Da § 104 Abs. 3 Satz 1 ZPO aber ohne Einschränkung die sofortige Beschwerde als Rechtsmittel zulässt, wird man für dieses Rechtsmittel nur eine Mindestbeschwer von 200 Euro nach § 567 Abs. 2 ZPO fordern können.[9] Nur dies entspricht auch der Absicht des Gesetzgebers, die Beschwerdemöglichkeiten in den verschiedenen Verfahrensarten zu harmonisieren.[10] Im Übrigen sieht auch die Beschwerde gegen den Kostenansatz nach § 57 Abs. 2 Satz 1 FamGKG 200 Euro als Mindestbeschwer vor. Dass die Beschwerde gegen einen Kostenfestsetzungsbeschluss nach § 104 Abs. 3 Satz 1 ZPO den Regeln der §§ 567 ff. ZPO folgt, bedeutet umgekehrt, dass bei Nichterreichen der dortigen Beschwerdesumme von 200 Euro eine Zulassung nach § 61 Abs. 2 und 3 nicht möglich ist. Es ist nur die Rechtspflegererinnerung nach § 11 Abs. 2 RpflG zulässig. Erfolgt sie gleichwohl, bleibt die sofortige Beschwerde nach allgemeinen Grundsätzen unstatthaft. Da es insoweit auf § 61 Abs. 1 nicht ankommt, gilt die Mindestbeschwer des § 567 Abs. 2 ZPO unabhängig davon, ob eine vermögensrechtliche oder eine nichtvermögensrechtliche Angelegenheit vorliegt.

---

1 BayObLG v. 24.8.2000 – 2Z BR 33/00, ZMR 2000, 859 (860); BayObLG v. 8.3.2001 – 2Z BR 30/01, ZMR 2001, 814f.
2 BGH v. 9.11.2011 – XII ZB 212/11, FamRZ 2012, 204.
3 BGH v. 9.11.2011 – XII ZB 212/11, FamRZ 2012, 204.
4 BGH v. 12.10.2011 – XII ZB 127/11, NJW-RR 2012, 130f.
5 OLG Hamm v. 6.8.2010 – II 6 WF 261/10, FamRZ 2011, 307 (308); AG Bremen v. 26.4.2012 – 64 F 3060/10 UKI, FamRZ 2012, 1578 (LS).
6 BGH v. 15.8.2012 – XII ZB 442/11, FamRZ 2012, 1796 (LS) = NJW-RR 2012, 1476f. = Rpfleger 2012, 681f. = FGPrax 2012, 280.
7 Insoweit unrichtig OLG Celle v. 31.5.2011 – 10 UF 297/10, FamRZ 2011, 1616f.
8 BT-Drucks. 16/6308, S. 204.
9 So auch *Dieker*, RpflStud. 2006, 134 (136); *Schürmann*, FamRB 2009, 24 (25); Keidel/*Meyer-Holz*, § 61 FamFG Rz. 22.
10 BT-Drucks. 16/6308, S. 163 und 204.

II. Zulassung der Beschwerde nach § 61 Absätze 2 und 3

1. Voraussetzungen

a) Nichterreichen des Beschwerdewerts

Voraussetzung der Zulassung ist zunächst, wie überflüssigerweise in § 61 Abs. 2 und in § 61 Abs. 2 Nr. 3 doppelt geregelt wird, das Nichterreichen des Beschwerdewerts. Hierdurch wird auch die Reichweite der Zulassung bestimmt. Das Gericht kann also durch die Zulassung nach § 61 Abs. 2 und 3 nicht über das **Fehlen anderer Zulässigkeitsvoraussetzungen**, etwa über die fehlende Beschwerdeberechtigung oder den gesetzlichen Ausschluss eines Rechtsmittels, hinweghelfen. Eine gleichwohl erfolgte Zulassung ist unwirksam; die gleichwohl eingelegte Beschwerde bleibt unstatthaft. Denn der gesetzliche Ausschluss eines Rechtsmittels steht nicht zur Disposition des entscheidenden Gerichts. Hieran ändert auch die Bindung des Beschwerdegerichts nach § 61 Abs. 3 Satz 2 nichts. Denn die Bindungswirkung überwindet nur das Nichterreichen des Beschwerdewerts und das Fehlen der Zulassungsgründe nach § 61 Abs. 3 Nr. 1, aber nicht die aus sonstigen Gründen fehlende Statthaftigkeit der Beschwerde.[1]

b) Besondere Bedeutung

aa) Grundsätzliche Bedeutung

Die sich teilweise überschneidenden Zulassungsgründe entsprechen wörtlich § 511 Abs. 4 Satz 1 Nr. 1 ZPO.[2] Grundsätzliche Bedeutung ist daher anzunehmen, wenn eine Frage klärungsbedürftig ist, die sich in einer unbestimmten Vielzahl von Fällen stellen wird. Dies setzt selbstverständlich voraus, dass die Frage entscheidungserheblich ist, da es ansonsten auf sie nicht ankommt. Die Vielzahl von Fällen liegt stets bei „**Musterprozessen**" vor.[3] Die Anforderungen des § 61 Abs. 3 Nr. 1 setzen aber ebenso wie § 511 Abs. 4 Satz 1 Nr. 1 ZPO sowohl hinsichtlich der betroffenen Rechtskreise als auch der Zahl der Fälle bereits auf deutlich niedrigerer Stufe an. So genügt es, wenn die Frage nur für den Rechtsverkehr im Bezirk des Beschwerdegerichts[4] oder für bestimmte Berufsgruppen[5] von Bedeutung ist. Bei der Vielzahl der Fälle ist auch die **tatsächliche oder rechtliche Bedeutung** zu berücksichtigen. Ist diese für den betroffenen Personenkreis hoch, kann auch eine geringere Zahl von Fällen genügen. Äußerste Grenze ist aber die Einzelfallentscheidung: Stellt sich eine Frage nur in dem konkreten Verfahren, so liegt keine grundsätzliche Bedeutung vor, selbst wenn die Entscheidung für die dort Beteiligten von existentieller Bedeutung ist.

bb) Fortbildung des Rechts oder Sicherung einer einheitlichen Rechtsprechung

Die Zulassungsvoraussetzungen der Fortbildung des Rechts oder der Sicherung einer einheitlichen Rechtsprechung werden als **Unterfälle der grundsätzlichen Bedeutung** angesehen.[6] Im vorliegenden Zusammenhang, da das erstinstanzliche Gericht die Beschwerde selbst zulässt, wird die Abweichung von der Rechtsprechung anderer Gerichte[7] die größte Rolle spielen. Gerade in der Anfangszeit wird aber auch

---

1 BGH v. 1.10.2002 – IX ZB 271/02, MDR 2003, 229; BGH v. 8.10.2002 – VI ZB 27/02, NJW 2003, 211 (212); BGH v. 27.2.2003 – I ZB 22/02, NJW 2003, 1531; BGH v. 21.4.2004 – XII ZB 279/03, NJW 2004, 2224 f.; Keidel/*Meyer-Holz*, § 61 FamFG Rz. 42; MüKo.ZPO/*Lipp*, § 574 ZPO Rz. 11; Musielak/*Ball*, § 574 ZPO Rz. 8; Zöller/*Heßler*, § 574 ZPO Rz. 9 u. 15; vgl. unten § 70 FamFG Rz. 15.
2 Zur Übernahme der dortigen Regelung s. auch BT-Drucks. 16/6308, S. 204; *Rackl*, Rechtsmittelrecht, S. 105.
3 BGH v. 1.10.2002 – XI ZR 71/02, NJW 2003, 65 (68) = MDR 2003, 104 (106).
4 *Rackl*, Rechtsmittelrecht, S. 105; Bassenge/Roth/*Gottwald*, § 61 FamFG Rz. 13; Bork/Jacoby/Schwab/*Müther*, 1. Aufl., § 61 FamFG Rz. 11; vgl. Zöller/*Heßler*, § 511 ZPO Rz. 37.
5 BGH v. 18.9.2003 – V ZB 9/03, NJW 2003, 3765; vgl. BGH v. 1.10.2002 – XI ZR 71/02, NJW 2003, 65 (68) = MDR 2003, 104 (106); Zöller/*Heßler*, § 543 ZPO Rz. 11.
6 Bassenge/Roth/*Gottwald*, § 61 FamFG Rz. 14; *Rackl*, Rechtsmittelrecht, S. 104; vgl. Zöller/*Heßler*, § 511 ZPO Rz. 38.
7 *Rackl*, Rechtsmittelrecht, S. 105; wohl zu eng BT-Drucks. 16/6308, S. 205, wo nur die Abweichung von obergerichtlichen Entscheidungen aufgeführt wird. Letztlich ist diese Frage aber

die Fortbildung des Rechts zur Klärung von Auslegungsfragen und zur Schließung von Gesetzeslücken erhebliche praktische Bedeutung gewinnen.[1] Auch hierbei muss aber eine **über den Einzelfall hinausgehende Frage** zu klären sein. Ohne Bedeutung wird in diesem Rahmen die Rechtsprechung zur schweren Fehlerhaftigkeit der Ausgangsentscheidung als Grund für die Sicherung einer einheitlichen Rechtsprechung[2] sein, da das erstinstanzliche Gericht kaum jemals seinen eigenen Beschluss als so mängelbelastet ansehen wird, dass es deswegen die Beschwerde für geboten hält.

cc) Beurteilungsspielraum und Ermessen des Gerichts

11 Dem erstinstanzlichen Gericht kommt bei der Frage, ob grundsätzliche Bedeutung vorliegt, ein Beurteilungsspielraum,[3] aber kein Ermessen hinsichtlich der Rechtsfolgen zu.[4] Bejaht es die Voraussetzungen von § 61 Abs. 2 und 3 muss es, wie der Wortlaut („lässt die Beschwerde zu") zeigt, die Beschwerde zulassen. Anderenfalls wäre die Entscheidung willkürlich und nach der **Anhörungsrüge** nach § 44 mit der **Verfassungsbeschwerde** angreifbar. Ähnliches gilt auch dann, wenn das erstinstanzliche Gericht vor dem Vorliegen der Zulassungsvoraussetzungen förmlich die Augen verschließt, etwa diesbezüglichen Vortrag nicht zur Kenntnis nimmt. Denn auch dann verletzt es den Anspruch auf rechtliches Gehör iSd. § 44 Abs. 1 Nr. 2.

c) Ausschließlichkeit der Zulassungsvoraussetzungen

12 Anders als etwa bei der ZPO-Beschwerde lässt der Gesetzgeber für Beschwerden in Verfahren nach dem FamFG **keine Zulassung aus sonstigen Gründen** zu (vgl. § 568 Nr. 1 ZPO), etwa wegen besonderer Schwierigkeiten tatsächlicher oder rechtlicher Art. Dies entspricht dem Charakter als Hauptsacherechtsmittel, da auch § 511 Abs. 4 Satz 1 Nr. 1 ZPO entsprechende Möglichkeiten nicht vorsieht. Wird die Zulassung gleichwohl auf andere Gründe als die in § 61 Abs. 3 genannten gestützt, bleibt die Beschwerde unstatthaft, da der gesetzliche Ausschluss eines Rechtsmittels nicht durch die Entscheidung des erstinstanzlichen Gerichts überwunden werden kann.[5]

d) Beschränkung der Zulassung

13 Die Beschränkung der Zulassung wird selbst bei der Berufung im Zivilprozess allgemein für zulässig erachtet, obwohl sich die Materialien zu § 511 ZPO ausdrücklich dagegen aussprechen.[6] Dies muss erst recht für die Zulassung der Beschwerde nach § 61 Abs. 2 und 3 gelten, da sich die Materialien hierzu nicht äußern. Denn schon dem erstinstanzlichen Gericht wäre es möglich, abtrennbare Einzelkomplexe durch Teil-Beschluss zu entscheiden, wogegen dann auch die Beschwerde zulässig wäre. Die Zusammenfassung mehrerer abtrennbarer Entscheidungsgegenstände in einem Beschluss darf aber die rechtliche Überprüfbarkeit nicht beeinträchtigen. Wenn nur für einen dieser Gegenstände ein Zulassungsgrund nach § 61 Abs. 2 und 3 vorliegt, muss auch die Zulassung auf ihn begrenzbar sein können.[7]

---

von geringer praktischer Bedeutung, da beim Vorliegen lediglich erstinstanzlicher Entscheidungen dann die Zulassungsvoraussetzung der Fortbildung des Rechts erfüllt ist; vgl. Keidel/*Meyer-Holz*, § 61 FamFG Rz. 30.

[1] BT-Drucks. 16/6308, S. 205; vgl. Keidel/*Meyer-Holz*, § 61 FamFG Rz. 30; Bassenge/Roth/*Gottwald*, § 61 FamFG Rz. 14.
[2] BGH v. 4.7.2002 – V ZB 16/02, NJW 2002, 3029 (3030); ähnlich BGH v. 1.10.2002 – XI ZR 71/02, NJW 2003, 65 (68) = MDR 2003, 104 (106); BGH v. 4.7.2002 – V ZR 75/02, NJW 2002, 2957; zurückhaltender BGH v. 1.10.2002 – XI ZR 71/02, NJW 2003, 65 (67) = MDR 2003, 104 (106).
[3] AA *Rackl*, Rechtsmittelrecht, S. 106 f., was aber hinsichtlich der Weite der Tatbestandsmerkmale eine eher theoretische Frage bleiben wird, wie nicht zuletzt die unterschiedliche Zulassungspraxis der Obergerichte zeigt.
[4] Keidel/*Meyer-Holz*, § 61 FamFG Rz. 33; *Rackl*, Rechtsmittelrecht, S. 107; so wohl auch *Schürmann*, FamRB 2009, 24 (26); vgl. zur ZPO-Beschwerde MüKo.ZPO/*Lipp*, § 574 ZPO Rz. 12.
[5] *Schürmann*, FuR 2010, 425 (432).
[6] BT-Drucks. 14/4722, S. 93; *Rackl*, Rechtsmittelrecht, S. 107.
[7] So auch Bork/Jacoby/Schwab/*Müther*, 1. Aufl., § 61 FamFG Rz. 14; *Joachim/Kräft*, JR 2010, 277 (279).

Damit sind zugleich die Grenzen einer Beschränkung der Zulassung abgesteckt. **14**
Sie kann nicht auf einzelne **Rechtsfragen, Vorfragen** oÄ erfolgen. Sie muss einen abtrennbaren Gegenstand betreffen, über den auch eigenständig durch Teil-Beschluss hätte befunden werden können.[1] Nimmt das erstinstanzliche Gericht eine **unzulässige Beschränkung** vor, ist diese unwirksam. Das Beschwerdegericht kann und muss die angegriffene Entscheidung dann insgesamt überprüfen.[2]

2. Entscheidung

a) Zulassung in Tenor oder Gründen

Die Entscheidung über die Zulassung hat nach dem Wortlaut von § 61 Abs. 3 auch **15** ohne Antrag, also **von Amts wegen** zu erfolgen.[3] Anders als §§ 511 Abs. 2 Nr. 2, 543 Abs. 1 Nr. 1 ZPO, wo ausdrücklich von einer Zulassung der Berufung „im Urteil" bzw. „in dem Urteil" die Rede ist, trifft § 61 Abs. 2 und 3 keine Regelung dazu, wie die Zulassung zu erfolgen hat. Auf Grund der in den Materialien betonten Anlehnung an § 511 Abs. 4 ZPO,[4] wo eine ausdrückliche Bestimmung dieses Inhalts ebenfalls fehlt, wird man § 61 nicht anders handhaben können. Die Zulassung hat also **in der Entscheidung zur Hauptsache**, nicht in einem separaten Beschluss zu erfolgen.[5] Allerdings kann in letzterem Fall eine Berichtigung der Hauptsacheentscheidung nach § 42 Abs. 1 erfolgen (vgl. Rz. 18). Angesichts der engen Anlehnung an § 511 Abs. 4 wird man wie dort davon ausgehen müssen, dass die Zulassung nur im Tenor oder nur in den Gründen ausreichend ist.[6] Trifft das erstinstanzliche Gericht überhaupt **keine (ausdrückliche) Entscheidung**, so ist die Beschwerde nicht zugelassen.[7]

b) Wirkung

aa) Bindung des Beschwerdegerichts

Die Zulassung durch das erstinstanzliche Gericht bindet das Beschwerdegericht **16** nach § 61 Abs. 3 Satz 2. Dieses kann also weder isoliert die Zulassung aufheben noch die Beschwerde gegen die Entscheidung in der Hauptsache als unzulässig verwerfen, weil seiner Auffassung nach die Voraussetzungen des § 61 Abs. 2 und 3 nicht vorliegen.[8] Anderes gilt nur, wenn das Gericht die Beschwerde trotz Fehlens sonstiger Zulässigkeitsvoraussetzungen zugelassen hat (vgl. Rz. 8)

bb) Unanfechtbarkeit für die Verfahrensbeteiligten

Die Entscheidung über die Zulassung der Beschwerde ist, gleichgültig ob positiv **17** oder negativ, nicht anfechtbar.[9] Lediglich gegen Entscheidungen des Rechtspflegers

---

[1] Vgl. BGH v. 3.6.1987 – IVa ZR 292/85, BGHZ 101, 276 (278); Zöller/*Heßler*, § 511 ZPO Rz. 40; Korintenberg/Lappe/*Bengel*, § 14 KostO Rz. 146.
[2] Bork/Jacoby/Schwab/*Müther*, 1. Aufl., § 61 FamFG Rz. 14.
[3] *Schürmann*, FamRB 2009, 24 (26); *Zimmermann*, ZEV 2009 53 (54); *Joachim/Kräft*, JR 2010, 277 (279); Bassenge/Roth/*Gottwald*, § 61 FamFG Rz. 8; *Preuß*, DNotZ 2010, 265 (272); Keidel/*Meyer-Holz*, § 61 FamFG Rz. 33; *Rackl*, Rechtsmittelrecht, S. 106; so auch zu § 511 Abs. 4 ZPO Zöller/*Heßler*, § 511 ZPO Rz. 39.
[4] S. BT-Drucks. 16/6308, S. 204.
[5] BGH v. 28.3.2012 – XII ZB 323/11, FamRZ 2012, 961; *Schürmann*, FuR 2010, 425 (432); Bork/Jacoby/Schwab/*Müther*, 1. Aufl., § 61 FamFG Rz. 13; *Rackl*, Rechtsmittelrecht, S. 107.
[6] *Schürmann*, FamRB 2009, 24 (26); Keidel/*Meyer-Holz*, § 61 FamFG Rz. 34; Bassenge/Roth/*Gottwald*, § 61 FamFG Rz. 9; *Rackl*, Rechtsmittelrecht, S. 107; anders *Joachim/Kräft*, JR 2010, 277 (279) und Bork/Jacoby/Schwab/*Müther*, 1. Aufl., § 61 FamFG Rz. 13, die eine Entscheidung über die Zulassung im Tenor fordern.
[7] *Zimmermann*, ZEV 2009 53 (54); *Joachim/Kräft*, JR 2010, 277 (279); *Rackl*, Rechtsmittelrecht, S. 107.
[8] BT-Drucks. 16/6308, S. 205; Bork/Jacoby/Schwab/*Müther*, 1. Aufl., § 61 FamFG Rz. 16; *Kroiß*, ZEV 2009, 224 (225); *Schürmann*, FPR 2010, 425 (432); *Rackl*, Rechtsmittelrecht, S. 106.
[9] BT-Drucks. 16/6308, S. 205; *Schürmann*, FamRB 2009, 24 (26); Zöller/*Feskorn*, § 61 FamFG Rz. 14; Bork/Jacoby/Schwab/*Müther*, 1. Aufl., § 61 FamFG Rz. 13; *Zimmermann*, ZEV 2009 53 (54); *Kroiß*, ZEV 2009, 224 (225); *Maurer*, FamRZ 2009, 465 (470); *Rackl*, Rechtsmittelrecht, S. 107; für die Nichtzulassung auch *Bumiller*/Harders, § 61 FamFG Rz. 4.

ist die Erinnerung nach § 11 Abs. 2 RPflG gegeben.[1] Dieser soll im Wege der Abhilfe die Zulassung nachholen können.[2] Die beschwerte Partei hat also weder ein isoliertes Rechtsmittel in Form einer Nichtzulassungsbeschwerde[3] noch die Möglichkeit einer außerordentlichen Beschwerde gegen die Hauptsacheentscheidung. Dies gilt auch dann, wenn das Beschwerdegericht den Beschwerdewert geringer ansetzt und in Ansehung dieser Festsetzung eine Zulassung geboten wäre.[4] Denn hierin liegt ebenso ein einfacher Fehler in der Rechtsanwendung wie bei der fehlerhaften Nichtzulassung; wie dort ist eine Korrektur sowohl durch das Gericht erster Instanz wie auch durch das Beschwerdegericht ausgeschlossen. In Betracht kommt nur die **Anhörungsrüge** nach § 44. Deren Erfolg setzt aber voraus, dass das erstinstanzliche Gericht bei der Nichtzulassung den Anspruch auf rechtliches Gehör verletzt hat.[5] Allenfalls kommen noch Verfahrensfehler von ähnlich gravierender Bedeutung als Grund der Abhilfe nach § 44 in Betracht, etwa eine willkürliche Versagung des Rechtsmittels trotz Vorliegens der Zulassung nach § 61 Abs. 2 und 3. Hingegen genügt die einfachrechtliche Fehlbeurteilung der Zulassungsvoraussetzungen nicht.[6]

cc) Korrektur bei versehentlich unterlassener Zulassung

18   Auch der Korrektur bei versehentlicher Unterlassung einer Zulassung nach § 61 Abs. 2 und 3 sind enge Grenzen gesetzt. Für die Parallelregelung des § 511 Abs. 4 ZPO wird die Selbstkorrektur im Wege der Urteilsergänzung nach § 321 ZPO allgemein abgelehnt.[7] Dies wird angesichts der bewussten Anlehnung von § 61 Abs. 2 und 3 an diese Vorschrift im Verfahren nach dem FamFG nicht anders beurteilt werden können. Eine **Ergänzung** nach § 43 dürfte somit ausscheiden.[8] In Betracht kommt nur eine **Berichtigung** wegen offenbarer Unrichtigkeit, die auch im Zivilprozess für zulässig gehalten wird.[9] Die Berichtigung nach § 42 Abs. 1 setzt allerdings eine gewisse Evidenz des Fehlers voraus. Die Divergenz zwischen Äußerung und Bildung des Willens muss entweder aus der Entscheidung selbst oder aus anderen Umständen außerhalb der Entscheidung für jeden neutralen Dritten offenkundig sein.[10] In Betracht kommt etwa eine entsprechende Kundgabe des Gerichts im Protokoll oder in Fällen, in denen die Zulassung fälschlicherweise in einer separaten Entscheidung erfolgt. Ohne solche Evidenz soll die Berichtigung wirkungslos sein.[11] Besonderheiten gelten bei Veränderungen zumindest in der Einschätzung des Beschwerdewertes nach der Entscheidung. So wird eine Korrektur durch das Beschwerdegericht für möglich gehalten, wenn dieses den Wert der Beschwer im Gegensatz zur ersten Instanz unter 600,01 Euro ansetzt. Denn in diesem Falle bedurfte es aus Sicht des Ausgangsgerichts keiner Entscheidung über die Zulassung, die nunmehr das Beschwerdegericht nachholen kann.[12] Sinkt der Beschwerdewert deswegen, weil das Ausgangs-

---

1 *Bumiller*/Harders, § 61 FamFG Rz. 5.
2 OLG Stuttgart v. 21.1.2010 – 8 WF 14/10, FGPrax 2010, 111 (112).
3 Bassenge/Roth/*Gottwald*, § 61 FamFG Rz. 16; *Rackl*, Rechtsmittelrecht, S. 107.
4 AA Keidel/*Meyer-Holz*, § 61 FamFG Rz. 39; zur Möglichkeit einer Zulassung s. unten Rz. 18.
5 *Rackl*, Rechtsmittelrecht, S. 107; ähnlich Keidel/*Meyer-Holz*, § 61 FamFG Rz. 37f.
6 Vgl. BVerfG v. 28.9.1990 – 1 BvR 52/90, FamRZ 1991, 295.
7 *Rackl*, Rechtsmittelrecht, S. 107f.; Zöller/*Heßler*, § 511 ZPO Rz. 39; vgl. auch Korintenberg/Lappe/*Bengel*, § 14 KostO Rz. 141.
8 Wie hier *Zimmermann*, ZEV 2009 53 (54); *Schürmann*, FuR 2010, 425 (432); Keidel/*Meyer-Holz*, § 61 FamFG Rz. 36; Bassenge/Roth/*Gottwald*, § 61 FamFG Rz. 9.
9 BGH v. 28.3.2012 – XII ZB 323/11, FamRZ 2012, 961 (962); *Joachim/Kräft*, JR 2010, 277 (279); Keidel/*Meyer-Holz*, § 61 FamFG Rz. 38; *Rackl*, Rechtsmittelrecht, S. 108; vgl. zum Zivilprozess Musielak/*Ball*, § 511 ZPO Rz. 42; Zöller/*Heßler*, § 511 ZPO Rz. 39.
10 BGH v. 28.3.2012 – XII ZB 323/11, FamRZ 2012, 961 (962); ebenso Keidel/*Meyer-Holz*, § 61 FamFG Rz. 38; *Rackl*, Rechtsmittelrecht, S. 108.
11 BGH v. 11.5.2004 – VI ZB 19/04, NJW 2004, 2389; Keidel/*Meyer-Holz*, § 61 FamFG Rz. 38.
12 BGH v. 28.3.2012 – XII ZB 323/11, FamRZ 2012, 961 (962); *Joachim/Kräft*, JR 2010, 277 (279); zur verfassungsrechtlichen Unbedenklichkeit einer Zulassungsentscheidung der höheren Instanz s. BVerfG v. 18.7.2006 – 1 BvR 457/06, NJW 2007, 1053 (1054).

gericht teilweise abhilft, kann es in der Abhilfeentscheidung auch die erst jetzt erforderliche Zulassung der Beschwerde nachholen.[1]

dd) Entscheidung durch den Einzelrichter

IdR wird es bei der Zulassung der Beschwerde durch das Gericht erster Instanz insoweit keine Probleme geben, da in aller Regel das AG zuständig ist. Für das LG als erste Instanz sehen die §§ 23 ff. von vornherein nicht die Möglichkeit der Übertragung zu. Erfolgt sie gleichwohl, wäre die Zulassung mangels Entscheidung durch den gesetzlichen Richter zwar grob verfahrensfehlerhaft, sofern keine spezialgesetzliche Sonderregelung vorliegt. Die Aufhebung und **Zurückverweisung** erfordert aber nach § 69 Abs. 1 Satz 3 neben dem Verfahrensfehler, dass zum Einen ein Beteiligter die Aufhebung und Zurückverweisung beantragt und dass zum Zweiten „eine umfangreiche oder aufwändige Beweiserhebung notwendig wäre". Liegen diese Voraussetzungen nicht vor, muss das Beschwerdegericht also trotz des groben Verfahrensfehlers selbst in der Sache entscheiden (zu den Voraussetzungen einer Aufhebung und Zurückverweisung im Einzelnen s. § 69 Rz. 8 ff.). 19

§ 62 Statthaftigkeit der Beschwerde nach Erledigung der Hauptsache

(1) Hat sich die angefochtene Entscheidung in der Hauptsache erledigt, spricht das Beschwerdegericht auf Antrag aus, dass die Entscheidung des Gerichts des ersten Rechtszugs den Beschwerdeführer in seinen Rechten verletzt hat, wenn der Beschwerdeführer ein berechtigtes Interesse an der Feststellung hat.
(2) Ein berechtigtes Interesse liegt in der Regel vor, wenn
1. schwerwiegende Grundrechtseingriffe vorliegen oder
2. eine Wiederholung konkret zu erwarten ist.

A. Entstehungsgeschichte und Normzweck 1	2. Berechtigtes Interesse
B. Inhalt der Vorschrift	a) Vorliegen eines schwerwiegenden Grundrechtseingriffs 7
I. Voraussetzungen der Statthaftigkeit einer Beschwerde trotz Erledigung	b) Konkrete Wiederholungsgefahr . 8
1. Erledigung der Hauptsache	c) Gesetzlich nicht geregelte Fälle . 9
a) Entscheidung in der Hauptsache 2	d) Antrag
b) Ursprünglich zulässige und begründete Beschwerde 3	aa) Antragsbefugnis 10
c) Erledigung	bb) Feststellungsantrag 10a
aa) Erledigendes Ereignis 4	3. Verfahren und Entscheidung
bb) Zeitpunkt des erledigenden Ereignisses 5	a) Feststellungsantrag im Beschwerdeverfahren 11
cc) Analoge Anwendung bei Erledigung vor Erlass der erstinstanzlichen Entscheidung . 6	b) Vorliegen der Voraussetzungen des Absatzes 2 .... 11a
	c) Fehlen der Voraussetzungen des Absatzes 2 12
	d) Rechtsmittel 13

A. Entstehungsgeschichte und Normzweck

Die Möglichkeit der Beschwerde nach Erledigung vor einer Entscheidung wurde in Verfahren der freiwilligen Gerichtsbarkeit ursprünglich gänzlich verneint. Sofern der Beschwerdeführer seinen Antrag nach Erledigung nicht auf die Kosten beschränkte,[2] verfiel er der Zurückweisung.[3] Auch eine Fortsetzungsfeststellungsklage wurde von der hM mangels einer § 113 Abs. 1 Satz 4 VwGO entsprechenden Regelung abge- 1

---

1 OLG Frankfurt v. 19.2.2010 – 6 UF 29/10; weiter gehend, für eine grundsätzliche Möglichkeit der Zulassung im Rahmen der Abhilfeentscheidung im Erinnerungsverfahren OLG Stuttgart v. 21.1.2010 – 8 WF 14/10, FGPrax 2010, 111 (112).
2 Hierzu etwa BayObLGZ v. 2.3.1971 – BReg 2 Z 53/70, BayObLGZ 1971, 84 (88); BayObLG v. 1.7.1999 – 3 Z BR 192/99, FamRZ 1999, 1594; Bassenge/Roth/*Gottwald*, § 62 FamFG Rz. 1.
3 *Bumiller*/Harders, § 58 FamFG Rz. 15 und § 62 FamFG Rz. 1; Keidel/*Budde*, § 62 FamFG Rz. 1.

§ 62

Allgemeiner Teil

lehnt.[1] Erst in jüngerer Zeit begann unter dem Einfluss der verfassungsgerichtlichen Rechtsprechung[2] ein Umdenken. Ausgehend von Fällen der Freiheitsentziehung und des Eingriffs in die Unverletzlichkeit der Wohnung wurde ein Interesse an der Entscheidung über die Rechtmäßigkeit der staatlichen Maßnahme auch nach ihrer Erledigung bejaht. Dies hatte Einfluss auch auf die Verfahren der freiwilligen Gerichtsbarkeit, da gerichtliche Entscheidungen auch dort oftmals insbesondere in das Grundrecht der Freizügigkeit eingriffen. Diese neue Rechtsprechung wird durch § 62 im Wesentlichen kodifiziert.[3] Die Vorschrift gilt auch in Ehe- und Familienstreitsachen. Im Rechtsbeschwerdeverfahren ist sie entsprechend anzuwenden,[4] allerdings wegen § 70 Abs. 4 nicht bei einstweiligen Anordnungen.[5]

B. Inhalt der Vorschrift

I. Voraussetzungen der Statthaftigkeit einer Beschwerde trotz Erledigung

1. Erledigung der Hauptsache

a) Entscheidung in der Hauptsache

2   Die Statthaftigkeit der Beschwerde nach § 62 setzt zunächst voraus, dass eine **erstinstanzliche Entscheidung in der Hauptsache** existiert. Es genügt also keine Stellungnahme des Gerichts erster Instanz, mit der eine Rechtsauffassung hinsichtlich der zu treffenden Entscheidung geäußert wird oÄ. Da gegen derartige vorbereitende Maßnahmen keine Beschwerde gegeben ist (s. § 58 Rz. 8 ff.), kann auch nach einer Erledigung nichts anderes gelten. Auch auf Zwischenentscheidungen ist § 62, der nur Entscheidungen in der Hauptsache regelt, grundsätzlich nicht anwendbar.[6] Gleiches gilt für Entscheidungen im Vollstreckungsverfahren.[7] Die **Beschwer** muss sich ferner **aus dem Tenor** ergeben.[8] Wird etwa ein Antrag auf Unterbringung zurückgewiesen, kann der Betroffene auch nach Erledigung (etwa aufgrund einer Therapie) durch die ihm missfallende Begründung nicht iSd. § 62 Abs. 1 beschwert sein.[9] Fraglich ist, ob der **Vollzug der gerichtlichen Entscheidung** hinzukommen muss. Dies ist wohl zu bejahen.[10] Jedenfalls bei freiheitsentziehenden Maßnahmen wird man dies wohl annehmen können. Denn die maßgebliche Entscheidung des BVerfG leitet das Feststellungsinteresse wohl aus dem Freiheitsverlust, nicht schon aus der gerichtlichen Anordnung ab.[11] Auch bei der Anordnung einer Betreuung fehlt es jedenfalls dann

---

1 OLG Frankfurt v. 16.4.1968 – 6 W 88/68, OLGZ 1968, 341 (342 f.); BayObLG v. 18.2.1993 – 3 Z BR 127/92, BayObLGZ 1993, 82 (83 ff.).
2 BVerfG v. 5.12.2001 – 2 BvR 527/99 ua., NJW 2002, 2456 ff.; vgl. BayObLG v. 1.7.1999 – 3 Z BR 192/99, FamRZ 1999, 1594; KG v. 26.6.2001 – 1 W 5938/00, FamRZ 2002, 338; vgl. hierzu etwa Bassenge/Roth/*Gottwald*, § 62 FamFG Rz. 2.
3 BT-Drucks. 16/6308, S. 205; *Jacoby*, FamRZ 2007, 1703 (1707); *Rackl*, Rechtsmittelrecht, S. 43.
4 BGH v. 25.2.2010 – V ZB 172/09, FGPrax 2010, 150 (151); BGH v. 16.9.2010 – V ZB 120/10, FGPrax 2010, 290; BGH v. 3.2.2011 – V ZB 128/10, FGPrax 2011, 148; BGH v. 3.2.2011 – V ZB 224/10, FGPrax 2011, 148 (149); BGH v. 24.2.2011 – V ZB 202/10, FGPrax 2011, 146; BGH v. 8.6.2011 – XII ZB 245/10, FGPrax 2011, 258; BGH v. 21.9.2011 – XII ZB 263/11, FGPrax 2011, 319; BGH v. 6.10.2011 – V ZB 314/10, FamRZ 2012, 211; Keidel/*Budde*, § 62 FamFG Rz. 38.
5 BGH v. 20.1.2011 – V ZB 116/10, FGPrax 2011, 143 f.; BGH v. 3.2.2011 – V ZB 128/10, FGPrax 2011, 148; BGH v. 12.5.2011 – V ZB 135/10, FGPrax 2011, 253.
6 *Rackl*, Rechtsmittelrecht, S. 44. Wenn Zwischenentscheidungen nach §§ 58 ff. FamFG anfechtbar sind, dürfte allerdings auch § 62 FamFG anwendbar sein (*Lettau*, Beschwerde, S. 124). Bei Zwischenentscheidungen, die nach §§ 567 ff. ZPO selbständig anfechtbar sind, kommt eine Analogie zu § 62 FamFG in Betracht (vgl. oben § 58 FamFG Rz. 17; weiter gehend *Lettau*, Beschwerde, S. 125).
7 Zöller/*Feskorn*, § 62 FamFG Rz. 2.
8 *Rackl*, Rechtsmittelrecht, S. 44.
9 Vgl. BayObLG v. 7.9.2000 – 3 Z BR 210/00, MDR 2001, 94 (95).
10 OLG Hamm v. 16.3.2010 – I-15 W 367/09, FGPrax 2010, 213 (214); OLG Hamm v. 11.1.2011 – I-15 W 495/10; *Jennissen*, FGPrax 2009, 93 (98); aA *Lettau*, Beschwerde, S. 119 f.; *Rackl*, Rechtsmittelrecht, S. 44; *Heidebach*, NJW 2011, 1708 (1709).
11 BVerfG v. 5.12.2001 – 2 BvR 527/99 ua., NJW 2002, 2456 (2457); OLG Hamm v. 16.3.2010 – I-15 W 367/09, FGPrax 2010, 213 (214); ebenso für die Unterbringung Bumiller/Harders, § 61 FamFG Rz. 4 f.; Keidel/*Budde*, § 62 FamFG Rz. 12.

am Feststellungsinteresse, wenn sie so kurzfristig aufgehoben wird, dass es noch nicht zu spürbaren Eingriffen in Rechte des Betroffenen gekommen ist.[1] Wehrt sich der Beschwerdeführer gegen eine nicht vollzogene freiheitsentziehende Maßnahme, bleibt ihm daher nur die Beschränkung seiner Beschwerde auf die Kosten.

b) Ursprünglich zulässige und begründete Beschwerde

Des Weiteren muss eine **zulässige Beschwerde** gegen diese belastende Entscheidung vorliegen. Ist eine Beschwerde nicht statthaft, kommt auch eine Feststellung nach § 62 nicht in Betracht.[2] Hat etwa ein nicht Beschwerdeberechtigter Rechtsmittel eingelegt oder ist die Beschwerde nicht innerhalb der Frist des § 63 eingelegt worden, ändert sich an ihrer Unzulässigkeit durch die Erledigung nichts.[3] Die Beschwerde muss nach wie vor als unzulässig verworfen werden. Sie muss auch **ursprünglich begründet**, die erstinstanzliche Entscheidung darf also nicht rechtmäßig gewesen sein (zu Besonderheiten bei Erledigung vor Einlegung der Beschwerde s. Rz. 5).[4] Allerdings soll die Verletzung von Verfahrensrechten unabhängig davon, ob die angegriffene Entscheidung hierauf beruht, die Feststellung der Rechtswidrigkeit rechtfertigen können.[5] Eine **Heilung** von Verfahrensfehlern im Verfahren nach § 62 kommt jedenfalls bei gravierenden Fehlern nicht mehr in Betracht.[6] Gleiches gilt, wenn eine Heilung im Nachhinein nicht mehr möglich ist, etwa weil der Abgeschobene nicht mehr angehört werden kann.[7] Stellt der Beschwerdeführer bei ursprünglich unzulässiger oder unbegründeter Beschwerde den Antrag auf Feststellung, dass er in seinen Rechten verletzt wurde, so ist dieser als unbegründet zurückzuweisen. Denn der Ausspruch nach § 62 ist nichts anderes als ein modifizierter Feststellungsantrag. Ein solcher setzt aber voraus, dass die Beschwerde ursprünglich zulässig und begründet war.

c) Erledigung

aa) Erledigendes Ereignis

Ferner muss die angefochtene Entscheidung erledigt sein. Dies ist dann der Fall, wenn das mit der Beschwerde verfolgte Ziel nicht mehr erreicht werden kann, weil es etwa durch ein außerprozessuales Ereignis eingetreten ist (vgl. § 83 Rz. 6).[8] Typisches Beispiel hierfür ist der Ablauf der im amtsgerichtlichen Beschluss angeordneten Dauer einer Unterbringung (s. Rz. 7).[9] Fehlt es hieran, so wäre ein Antrag nach § 62 Abs. 1 wie jeder andere Feststellungsantrag unbegründet, was das vollständige Un-

---

1 Keidel/*Budde*, § 62 FamFG Rz. 16.
2 BGH v. 3.2.2011 – V ZB 128/10, FGPrax 2011, 148; ähnlich BGH v. 20.1.2011 – V ZB 116/10, FGPrax 2011, 143 (zur Rechtsbeschwerde bei einstweiligen Anordnungen).
3 *Joachim/Kräft*, JR 2010, 277 (278); Keidel/*Budde*, § 62 FamFG Rz. 4; Bassenge/Roth/*Gottwald*, § 62 FamFG Rz. 5; *Rackl*, Rechtsmittelrecht, S. 44.
4 *Joachim/Kräft*, JR 2010, 277 (278); krit. wohl Keidel/*Budde*, § 62 FamFG Rz. 21 f.; aA Zöller/*Feskorn*, § 62 FamFG Rz. 3.
5 BGH v. 4.3.2010 – V ZB 184/09, FGPrax 2010, 152 (154); OLG München v. 20.5.2010 – 4 UF 254/10, FGPrax 2010, 191 (192); nicht vereinbar damit, dass aus der bloßen Verletzung von Verfahrensrechten noch nicht einmal zwingend die erforderliche Beeinträchtigung nach § 59 FamFG Abs. 1 folgt (s. § 59 FamFG Rz. 3 ff.).
6 BGH v. 15.2.2012 – XII ZB 389/11, FamRZ 2012, 619 (621); *Heidebach*, NJW 2011, 1708 (1710); BGH v. 19.5.2011 – V ZB 36/11, FGPrax 2011, 254 (255).
7 BGH v. 15.2.2012 – XII ZB 389/11, FamRZ 2012, 619 (621).
8 BGH v. 14.10.2010 – V ZB 78/10, FGPrax 2011, 39; OLG Köln v. 5.10.2010 – 6 W 82/10, FGPrax 2011, 44 (45); BayObLG v. 18.2.1993 – 3 Z BR 127/92, BayObLGZ 1993, 82 (83); Bork/Jacoby/Schwab/*Müther*, 1. Aufl., § 62 FamFG Rz. 2; Zöller/*Feskorn*, § 62 FamFG Rz. 3; *Joachim/Kräft*, JR 2010, 277 (278); *Rackl*, Rechtsmittelrecht, S. 44 f.; eingehend *Lettau*, Beschwerde, S. 117 f.
9 BayObLG v. 1.7.1999 – 3 Z BR 192/99, FamRZ 1999, 1594; vgl. BT-Drucks. 16/6308, S. 205. Die dort noch genannte Wohnungsdurchsuchung dürfte regelmäßig nicht zu den direkten Anwendungsfällen des § 62 FamFG zählen, da sie keine Maßnahme nach dem FamFG darstellt und zudem schon eine Entscheidung der ersten Instanz vor Beendigung der Maßnahme regelmäßig nicht zu erlangen sein wird. Zu denken ist in derartigen Fällen aber an eine analoge Anwendung der Vorschrift.

terliegen mit der daraus folgenden Kostenbelastung nach sich zieht. Es empfiehlt sich daher, den **ursprünglichen Antrag zumindest hilfsweise aufrechtzuerhalten**. Auf Bedenken wegen nicht vorliegender Erledigung sollte das Beschwerdegericht zudem hinweisen. Einer Ausdehnung der Anwendung von § 62 auf Fälle der „Teilerledigung" in dem Sinne, dass der angegriffene Beschluss (etwa die Freiheitsentziehung) bereits in Vollzug gesetzt, aber noch nicht beendet wurde, bedarf es wohl nicht.[1] Denn dann ist noch die Beschwerde eröffnet.

bb) Zeitpunkt des erledigenden Ereignisses

5   § 62 Abs. 1 ist nicht genau zu entnehmen, wann das erledigende Ereignis eingetreten sein muss. Daraus, dass sich die „angefochtene Entscheidung in der Hauptsache erledigt" haben muss, folgt nur, dass das Verfahren erster Instanz bereits abgeschlossen sein muss. Fraglich ist dagegen, ob die Beschwerde schon eingelegt sein muss. Der Wortlaut der Norm, der nur verlangt, dass „sich die angefochtene Entscheidung in der Hauptsache erledigt" hat, erfordert dies nicht. Dem entspricht auch der Schutzzweck insbesondere des § 62 Abs. 2 Nr. 2, der eine Wiederholung vermeiden will.[2] Danach kann der durch eine gerichtliche Entscheidung Beschwerte also auch gegen eine Entscheidung Beschwerde einlegen, die sich bereits erledigt hat.[3] Dann muss der Betroffene aber auch die Beschwerdefristen des § 63 einhalten;[4] gegen formell rechtskräftige Entscheidung kann der Feststellungsantrag nach § 62 nicht mehr gerichtet werden.[5] Allerdings kann das erstinstanzliche Gericht in diesen Fällen nicht in einem „Abhilfeverfahren" die Rechtswidrigkeit seiner eigenen Entscheidung feststellen.[6] Dies behält § 62 Abs. 1 Satz 1 ausdrücklich dem Beschwerdegericht vor. Dies erscheint auch sinnvoll, da eine „Abhilfe" in dem Sinne, dass die belastende Entscheidung beseitigt wird, in den von § 62 erfassten Fällen regelmäßig eben nicht mehr möglich ist.[7] Erst recht kann es kein neues Verfahren auf Feststellung der Rechtswidrigkeit in der ersten Instsnz geben (vgl. Rz. 11). Dies ergibt sich auch daraus, dass es im Verfahren nach § 62 nicht mehr zur Heilung von Verfahrensmängeln der Vorinstanzen kommen kann (vgl. Rz. 11).

cc) Analoge Anwendung bei Erledigung vor Erlass der erstinstanzlichen Entscheidung

6   Anders als im öffentlichen Recht wird sich eine den Bürger belastende Maßnahme im Bereich des FamFG selten schon vor dem Erlass der erstinstanzlichen Entscheidung erledigen, da sie regelmäßig erst durch eine gerichtliche Entscheidung ermöglicht wird. Geschieht dies gleichwohl, etwa durch krasse Pflichtverletzung der eigentlich auf eine gerichtliche Entscheidung angewiesenen Behörden, so ist § 62 analog anzuwenden:[8] Muss selbst die fehlende Rechtmäßigkeit gerichtlicher Entscheidun-

---

1 So aber Keidel/*Budde*, § 62 FamFG Rz. 8; noch weiter gehend BGH v. 14.10.2010 – V ZB 78/10, FGPrax 2011, 39 und BGH v. 11.10.2012 – V ZB 238/11, FGPrax 2013, 39 (40), wonach die Möglichkeit bestehen soll, zugleich mit der Aufhebung der Haftanordnung die Feststellung zu beantragen, dass die Inhaftierung rechtswidrig gewesen sei.
2 Insoweit richtig BGH v. 6.10.2011 – V ZB 314/10, FamRZ 2012, 211; so schon zum alten Recht BVerfG v. 5.12.2001 – 2 BvR 527/99, NJW 2002, 2456 (2457), wonach die Gewährung von Rechtsschutz nicht „vom konkreten Ablauf des Verfahrens und dem Zeitpunkt der Erledigung der Maßnahme (...) abhängen (...) kann".
3 Ebenso OLG Köln v. 5.10.2010 – 6 W 82/10, FGPrax 2011, 44 (45); *Netzer*, ZNotP 2009, 303 (304); *Maurer*, FamRZ 2009, 465 (475); *Bumiller/Harders*, § 61 FamFG Rz. 4; Keidel/*Budde*, § 62 FamFG Rz. 9; Zöller/*Feskorn*, § 62 FamFG Rz. 9; *Lettau*, Beschwerde, S. 120 f.; für eine entsprechende Anwendung *Rackl*, Rechtsmittelrecht, S. 51 ff.; wohl auch Bork/Jacoby/Schwab/*Müther*, 1. Aufl., § 62 FamFG Rz. 3.
4 BGH v. 3.2.2011 – V ZB 128/10, FGPrax 2011, 148 (149); *Lettau*, Beschwerde, S. 121 ff.; aA *Rackl*, Rechtsmittelrecht, S. 54 ff., der nur in der Verwirkung eine zeitliche Schranke der Anfechtung nach Erledigung sieht.
5 BGH v. 6.10.2011 – V ZB 314/10, FamRZ 2012, 211.
6 So aber Keidel/*Budde*, § 62 FamFG Rz. 6; *Rackl*, Rechtsmittelrecht, S. 56.
7 Dem entspricht es, dass Keidel/*Budde*, § 62 FamFG Rz. 21 f. in der Beschwerde und dem Feststellungsantrag nach § 62 FamFG verschiedene Verfahrensgegenstände sieht.
8 AA *Rackl*, Rechtsmittelrecht, S. 56; Zöller/*Feskorn*, § 62 FamFG Rz. 5.

gen bei berechtigtem Interesse festgestellt werden, gilt dies erst recht für Verwaltungshandeln ohne eine solche Grundlage. Denkbar ist eine Entscheidung nach § 62 auch in den Fällen, in denen andere Behörden, etwa Notare, Entscheidungen im Verfahren der freiwilligen Gerichtsbarkeit treffen.[1]

2. Berechtigtes Interesse

a) Vorliegen eines schwerwiegenden Grundrechtseingriffs

Eine Beschwerde ist nach Erledigung der Hauptsache grundsätzlich als unzulässig zurückzuweisen, wenn sie nicht auf die Kosten beschränkt wird.[2] Auch nach neuem Recht ist die Feststellung, dass die erledigte gerichtliche Verfügung rechtswidrig war, auf besondere Fälle beschränkt, in denen ein **berechtigtes Interesse** vorliegt. Dieses geht über die Beeinträchtigung in eigenen Rechten nach § 59 Abs. 1 hinaus.[3] Für das berechtigte Interesse bietet § 62 Abs. 2 zwei aus der Rechtsprechung des Verfassungsgerichts stammende Regelbeispiele. Das erste fordert einen **schwerwiegenden Grundrechtseingriff**. Dieser ist nach der verfassungsgerichtlichen Rechtsprechung stets bei Eingriffen in die Freiheit der Person gegeben.[4] Ein solcher kam in Verfahren der freiwilligen Gerichtsbarkeit insbesondere in **Unterbringungssachen**[5] und in **Abschiebehaftsachen** in Betracht.[6] Gleiches gilt wegen des Grundrechtsschutzes aus Art. 13 GG auch für die Verweisung aus der eigenen Wohnung in Gewaltschutzsachen[7] oder die Durchsuchung der Wohnung nach Landespolizeigesetzen.[8] Auch die **Bestellung eines Betreuers** kann hierzu zählen,[9] da dem Betroffenen die Befugnis, über sein Vermögen zu verfügen, zumindest teilweise entzogen und somit massiv in sein Eigentumsgrundrecht eingegriffen wird. Gleiches gilt für die Genehmigung der Fixierung nach §§ 1846, 1908i BGB.[10] Auch die Herausgabe von Verkehrsdaten des Nutzers einer Internettauschbörse nach § 101 Abs. 9 UrhG stellt einen schwerwiegenden Eingriff in Grundrechte, nämlich das Telekommunikationsgeheimnis, dar, der eine Feststellung nach § 62 Abs. 1 rechtfertigt.[11] Ob diese Eingriffsintensität in Registersachen überhaupt erreicht werden kann, ist fraglich.[12] Gleiches gilt für Grundbuchsachen.[13] Für die Frage, ob sie in der Sache begründet war, kommt es auf die **Rechtmäßigkeit der erstinstanzlichen Entscheidung zur Zeit ihres Erlasses**

7

---

1 Vgl. *Heinemann*, DNotZ 2009, 6 (7).
2 BGH v. 8.5.2012 – II ZB 17/11, NJW-RR 2012, 997f. = FGPrax 2012, 228; BayObLG v. 18.2.1993 – 3 Z BR 127/92, BayObLGZ 1993, 82 (84); aA die überwiegende Auffassung, die vom Wegfall des Rechtsschutzbedürfnisses und somit von der Unzulässigkeit der Beschwerde ausgeht, s. etwa Zöller/*Feskorn*, § 62 FamFG Rz. 4 und die weiteren Nachw. bei § 68 FamFG Rz. 17.
3 OLG Hamm v. 16.3.2010 – I-15 W 367/09, FGPrax 2010, 213 (214).
4 BGH v. 4.3.2010 – V ZB 184/09, FGPrax 2010, 152; BGH v. 3.2.2011 – V ZB 224/10, FGPrax 2011, 148; BGH v. 21.9.2011 – XII ZB 263/11, FGPrax 2011, 319; BGH v. 14.12.2011 – XII ZB 488/11, FamRZ 2012, 442; OLG München v. 2.2.2006 – 34 Wx 158/05, FGPrax 2006, 89 (90); BGH v. 15.2.2012 – XII ZB 389/11, FamRZ 2012, 619 (620); Bork/Jacoby/Schwab/*Müther*, 1. Aufl., § 62 FamFG Rz. 6.
5 Bassenge/Roth/*Gottwald*, § 62 FamFG Rz. 11.
6 BVerfG v. 5.12.2001 – 2 BvR 527/99 u.a., NJW 2002, 2456 (2457); BGH v. 3.2.2011 – V ZB 224/10, FGPrax 2011, 148 (149); Bassenge/Roth/*Gottwald*, § 62 FamFG Rz. 11.
7 OLG München v. 20.5.2010 – 4 UF 254/10, FGPrax 2010, 191.
8 OLG Zweibrücken v. 3.5.2011 – 3 W 45/11, NJW 2011, 3527 (auch zum Verweis auf das FamFG).
9 BGH v. 24.10.2012 – XII ZB 404/12, FamRZ 2013, 29 (30); Keidel/*Budde*, § 62 FamFG Rz. 15; Bork/Jacoby/Schwab/*Müther*, 1. Aufl., § 62 FamFG Rz. 6.
10 Bassenge/Roth/*Gottwald*, § 62 FamFG Rz. 11.
11 OLG Köln v. 5.10.2010 – 6 W 82/10, FGPrax 2011, 44 (45).
12 OLG München v. 1.7.2010 – 31 Wx 61/10, FGPrax 2010, 269; trotz grundsätzlicher Bejahung der Anwendbarkeit von § 62 FamFG aufgrundbuchsachen ebenfalls wegen der erforderlichen Eingriffsintensität zweifelnd OLG Düsseldorf v. 7.1.2010 – I-3 Wx 250/09, FGPrax 2010, 116; noch weiter gehend für alle „unternehmensrechtlichen Verfahren" BGH v. 8.5.2012 – II ZB 17/11, NJW-RR 2012, 997f.
13 Vgl. OLG Hamm v. 11.1.2011 – I-15 W 495/10, FGPrax 2011, 209.

an. Nicht ausreichend ist die bloße Versagung einer Besserstellung, etwa der Bestimmung zum Versammlungsleiter einer Hauptversammlung.[1] Die Vorschrift soll die Beschwerdegerichte nicht dazu verpflichten, im Hinblick auf ähnliche Streitfälle in der Zukunft gutachterliche Stellungnahmen abzugeben.[2] Die Gefahr, dass das Gericht bei seiner nach Auffassung des Beschwerdeführers falschen Rechtsanwendung bleibt, genügt daher jedenfalls dann nicht, wenn künftig nur sein Verfahrensbevollmächtigter oder andere Rechtsgenossen betroffen sind.[3] Auch die unterlassene Eintragung in das Grundbuch, die zur verzögerten Auszahlung eines Kaufpreises führt, ist kein schwerwiegender Grundrechtseingriff.[4] Gleiches gilt für sonstige rein wirtschaftliche Interessen.[5] Die Anforderungen an das berechtigte Interesse nach § 62 Abs. 1 sind also keineswegs gering.[6] Einer Behörde, zu deren Lasten die erstinstanzliche Entscheidung ausgegangen ist, kann grundsätzlich kein Feststellungsinteresse nach § 62 Abs. 1 zukommen, da sie nicht in ihren Grundrechten verletzt sein kann.[7] Auch bei Vorliegen der Voraussetzungen kann ein Fortsetzungsfeststellungsantrag unzulässig sein, wenn sich der Antragsteller mittlerweile mit der Maßnahme einverstanden erklärt hat.[8]

b) Konkrete Wiederholungsgefahr

8 Als zweite Fallgruppe, die nach Erledigung der erstinstanzlichen Maßnahme gleichwohl eine Beschwerde zuließ, erkannte das BVerfG das Interesse an „einer Wiederholungsgefahr zu begegnen".[9] Auch diese Fallgruppe wurde in § 62 Abs. 2 kodifiziert. Allerdings fordert § 62 Abs. 2 Nr. 2, dass „eine Wiederholung *konkret* zu erwarten ist".[10] Dies wird vor dem Hintergrund der Rechtsprechung des BVerfG restriktiv zu verstehen sein, da dessen Vorgaben, die eine entsprechende Einschränkung nicht vorsehen, ansonsten nicht korrekt umgesetzt sind. Dem Beschwerdeführer ist also nicht die Darlegung einer konkreten Gefahr für die Wiederholung abzuverlangen und anderenfalls die Beschwerde mangels Rechtsschutzbedürfnisses zu verwerfen. Dies kann erst recht nicht verlangt werden, wenn der Beschwerdeführer in die Entscheidungsfindung auf Antragstellerseite keinen Einblick hat. Vielmehr wird man § 62 Abs. 2 Nr. 2 dahingehend auslegen müssen, dass eine Wiederholung nicht unwahrscheinlich oder zumindest nicht ausgeschlossen sein darf.[11] Denn erst dann besteht für einen Fortsetzungsfeststellungsantrag nach § 62 Abs. 2 kein Rechtsschutzinteresse mehr.

---

1 OLG Hamm v. 16.3.2010 – I-15 W 367/09, FGPrax 2010, 213; in der Sache ähnlich wohl OLG München v. 1.7.2010 – 31 Wx 61/10, FGPrax 2010, 269, das einen „effektiven Eingriff in die Rechte des Beschwerdeführers" fordert.
2 So plastisch OLG Hamm v. 16.3.2010 – I-15 W 367/09, FGPrax 2010, 213 (214).
3 OLG München v. 1.7.2010 – 31 Wx 61/10, FGPrax 2010, 269 f.; ähnlich OLG Hamm v. 11.1.2011 – I-15 W 495/10.
4 OLG Düsseldorf v. 7.1.2010 – I-3 Wx 250/09, FGPrax 2010, 116.
5 Vgl. BGH v. 8.5.2012 – II ZB 17/11, NJW-RR 2012, 997 f. für alle „unternehmensrechtlichen Verfahren"; OLG Hamm v. 11.1.2011 – I-15 W 495/10.
6 So aber *Maurer*, FamRZ 2009, 465 (474), der in der Vorschrift vorrangig „erzieherische" Zwecken gegenüber den Ausgangsgerichten vermutet bzw. gar deren „Brandmarkung" befürchtet.
7 OLG München v. 2.2.2006 – 34 Wx 158/05, FGPrax 2006, 89 (90); *Jennissen*, FGPrax 2009, 93 (98); ähnlich Keidel/*Budde*, § 62 FamFG Rz. 11.
8 KG v. 26.6.2001 – 1 W 5938/00, FamRZ 2002, 338; *Bumiller*/Harders, § 61 FamFG Rz. 5.
9 BVerfG v. 5.12.2001 – 2 BvR 527/99 ua., NJW 2002, 2456.
10 Vgl. hierzu OLG Hamm v. 16.3.2010 – I-15 W 367/09, FGPrax 2010, 213 (214); OLG München v. 1.7.2010 – 31 Wx 61/10, FGPrax 2010, 269; Bassenge/Roth/*Gottwald*, § 62 FamFG Rz. 13.
11 So auch BT-Drucks. 16/6308, S. 205, wo dem Fall, dass eine Wiederholung konkret zu erwarten ist, die mindere Form der bloßen Wiederholungsgefahr gegenübergestellt ist, die dort ebenfalls als ausreichend angesehen wird; s. jetzt OLG Hamm v. 16.2.2010 – I-15 W 322/09, FGPrax 2010, 198 zum Festhalten des Registergerichts an der Beurteilung einer Rechtsfrage; strenger *Rackl*, Rechtsmittelrecht, S. 48 f.; Bork/Jacoby/Schwab/*Müther*, 1. Aufl., § 62 FamFG Rz. 7; Zöller/*Feskorn*, § 62 FamFG Rz. 8.

c) Gesetzlich nicht geregelte Fälle

Die Beispiele des § 62 Abs. 2 sind, wie der Wortlaut „in der Regel" zeigt, **nicht abschließend**.[1] Dies kann insbesondere aus einem – bereits in der maßgeblichen Entscheidung des Verfassungsgerichts angesprochenen[2] – **Rehabilitationsinteresse** folgen,[3] wenn die Entscheidung ohne eine Überprüfung durch das Beschwerdegericht fortdauernde Auswirkungen auf die soziale Reputation des Betroffenen hat. Stellt das Amtsgericht etwa in seiner Entscheidung über die Nichterteilung eines Erbscheins die Erbunwürdigkeit des Antragstellers fest, muss dieser sich auch nach Auffinden eines ihn enterbenden Testaments gegen die gerichtliche Entscheidung wehren können. Denn auch hier besteht nach der Rechtsprechung des BVerfG ein schützenswertes Interesse, „eine fortwirkende Beeinträchtigung durch einen an sich beendeten Eingriff zu beseitigen".[4] Ob die **Verletzung von Verfahrensgrundrechten** wie des Anspruchs auf rechtliches Gehör unabhängig von der materiell-rechtlichen Richtigkeit der erstinstanzlichen Entscheidung von § 62 Abs. 2 umfasst ist,[5] erscheint allerdings zweifelhaft. Denn für eine Feststellung im Verfahren nach § 62 genügt nicht schon die Rechtswidrigkeit der erstinstanzlichen Entscheidung, sondern erst die daraus resultierende Verletzung des Beschwerdeführers in seinen Rechten.[6]

d) Antrag

aa) Antragsbefugnis

Die Feststellung der Rechtswidrigkeit einer erstinstanzlichen Entscheidung erfordert einen Antrag". Wer ihn zu stellen hat, folgt nicht aus dem Wortlaut, aber aus dem Sinn der Norm: Da der Beschwerdeführer ein berechtigtes Interesse an der Feststellung haben muss, kann auch nur er den Antrag stellen.[7] Das Feststellungsinteresse hat höchstpersönlichen Charakter;[8] **Verwandte oder Erben** können die Feststellung daher nicht begehren.[9] Dies geht auch aus dem Wortlaut der Vorschrift hervor, wonach der „Beschwerdeführer in seinen Rechten verletzt" sein muss.[10] Für die in § 303 Abs. 2 genannten Personen folgt aus dem Beschwerderecht nichts anderes, da es nicht auch den Feststellungsantrag nach § 62 umfasst.[11] Der Tod des Betroffenen hat vielmehr die Unzulässigkeit der Beschwerde aufgrund ihrer Erledigung zur Folge.[12] Auch der Verfahrenspfleger gem. § 335 Abs. 2 kann den Feststellungsantrag nach § 62 nicht stellen.[13] Eine Ausnahme soll nach dem Tod eines Abschiebungshäftlings gelten; hier sollen die in § 429 Abs. 2 genannten Personen den Feststellungsantrag nach § 62 stellen können.[14]

---

1 OLG Düsseldorf v. 7.1.2010 – I-3 Wx 250/09, FGPrax 2010, 116; Keidel/*Budde*, § 62 FamFG Rz. 13; Bassenge/Roth/*Gottwald*, § 62 FamFG Rz. 14; Bork/Jacoby/Schwab/*Müther*, 1. Aufl., § 62 FamFG Rz. 5; Zöller/*Feskorn*, § 62 FamFG Rz. 6.
2 BVerfG v. 5.12.2001 – 2 BvR 527/99 ua., NJW 2002, 2456 (2457).
3 Wie hier *Rackl*, Rechtsmittelrecht, S. 48; hierzu vgl. auch BGH v. 4.3.2010 – V ZB 222/09, FGPrax 2010, 154 (155); aA *Netzer*, ZNotP 2009, 303 (304), wonach das Rehabilitationsinteresse grundsätzlich kein berechtigtes Interesse gem. § 62 darstellt.
4 BVerfG v. 5.12.2001 – 2 BvR 527/99 u.a., NJW 2002, 2456; *Rackl*, Rechtsmittelrecht, S. 46 f. fasst darunter wohl auch die Vorbereitung der Geltendmachung von Schäden im Amtshaftungsbzw. Schadensersatzprozess.
5 So OLG Naumburg v. 23.9.2011 – 4 UF 86/11, FamRZ 2013, 66 f.
6 BGH v. 3.2.2011 – V ZB 128/10, FGPrax 2011, 148 (149).
7 Zöller/*Feskorn*, § 62 FamFG Rz. 9; so implizit auch BT-Drucks. 16/6308, S. 205, auch zum alten Recht wurde die Stellung eines Feststellungsantrags als erforderlich angesehen, s. etwa BayObLG v. 1.7.1999 – 3 Z BR 192/99, FamRZ 1999, 1594.
8 BGH v. 24.10.2012 – XII ZB 404/12, FamRZ 2013, 29 (30); OLG München v. 1.7.2010 – 31 Wx 61/10, FGPrax 2010, 269 (zu den Folgen, wenn von der behaupteten Rechtsverletzung nur Dritte betroffen sind, s. Rz. 8).
9 BGH v. 24.10.2012 – XII ZB 404/12, FamRZ 2013, 29 f.; *Bumiller*/Harders, § 61 FamFG Rz. 8; Keidel/*Budde*, § 62 FamFG Rz. 11.
10 BGH v. 15.2.2012 – XII ZB 389/11, FamRZ 2012, 619 (620).
11 BGH v. 24.10.2012 – XII ZB 404/12, FamRZ 2013, 29 (30).
12 BGH v. 24.10.2012 – XII ZB 404/12, FamRZ 2013, 29 (30).
13 BGH v. 15.2.2012 – XII ZB 389/11, FamRZ 2012, 619 (620).
14 BGH v. 6.10.2011 – V ZB 314/10, FamRZ 2012, 211 f. – zweifelhaft.

bb) Feststellungsantrag

10a Eine Entscheidung nach § 62 ergeht, wie der klare Wortlaut des Gesetzes zeigt, **nicht von Amts wegen**, sondern nur „auf Antrag".[1] Der **Inhalt des Antrags** folgt aus § 62 Abs. 1. Er muss auf die Feststellung zielen, dass die Entscheidung des Gerichts erster Instanz ihn, den Beschwerdeführer, in seinen Rechten verletzt hat. Stellt er diesen Antrag nicht, ist die Beschwerde nach den aufgezeigten Grundsätzen mangels Rechtsschutzbedürfnisses zu verwerfen (vgl. zur prozessualen Überholung allgemein § 68 Rz. 17).[2] Allerdings ist das Gericht nicht anders als das Prozessgericht verpflichtet, auf eine korrekte Antragstellung hinzuwirken.[3] Eine Umdeutung des ursprünglichen Antrags von Amts wegen kommt aufgrund des ausdrücklichen Erfordernisses eines Antrags nach § 62 Abs. 1 nicht in Betracht.[4] Eine konkludente Antragstellung genügt jedoch.[5] In Zweifelsfällen ist zu prüfen, ob der gestellte Antrag im Wege der Auslegung des Rechtsschutzbegehrens als Feststellungsantrag anzusehen ist.[6] Der Antragsteller kann sich aber trotz der weiter gehenden Möglichkeiten aus § 62 auch damit begnügen, sein **Rechtsmittel auf die Kosten zu beschränken**.[7] Dies sollte er auf jeden Fall hilfsweise für den Fall tun, dass das Gericht die Voraussetzungen des § 62 nicht als erfüllt ansieht. Denn damit vermeidet der Beschwerdeführer wenigstens den völligen Misserfolg der aufrechterhaltenen Beschwerde.[8]

3. Verfahren und Entscheidung

a) Feststellungsantrag im Beschwerdeverfahren

11 Der von der erstinstanzlichen Entscheidung Beeinträchtigte hat seinen Feststellungsantrag in jedem Falle im Beschwerdeverfahren zu stellen, auch wenn die Erledigung bereits vor Einlegung der Beschwerde eingetreten ist (hierzu s. Rz. 5). Ein **isoliertes Feststellungsverfahren** vor dem Gericht erster Instanz eröffnet § 62 nicht.[9] Der Feststellungsantrag tritt in vollem Umfang an die Stelle der ursprünglichen Beschwerde. Trotz Erledigung ist nicht nur eine summarische Prüfung der Rechts- und Sachlage vorzunehmen, vielmehr hat das Beschwerdegericht den zugrunde liegenden Sachverhalt in vollem Umfang aufzuklären.[10] Auch die Erfordernisse von mündlicher Erörterung und persönlicher Anhörung richten sich nach den allgemeinen Regeln; sie können also nur unterbleiben, wenn sie schon nach den Regelungen für die erste Instanz entbehrlich sind oder nach § 68 Abs. 3 Satz 2 keine zusätzlichen Erkenntnisse erwarten lassen (s. § 68 Rz. 26).

b) Vorliegen der Voraussetzungen des Absatzes 2

11a Hat sich die Entscheidung in der Hauptsache erledigt und liegen die Voraussetzungen des § 62 Abs. 2 vor, so ergibt sich die Entscheidung bereits aus dem Wortlaut des Gesetzes. Das Beschwerdegericht **stellt dann fest, dass die Entscheidung des Ge-**

---

1 OLG Celle v. 24.3.2010 – 10 UF 48/10, FamRZ 2010, 1844; Zöller/*Feskorn*, § 62 FamFG Rz. 5; *Maurer*, FamRZ 2009, 465 (475); *Bumiller*/Harders, § 61 FamFG Rz. 8; Keidel/*Budde*, § 62 FamFG Rz. 10; Bassenge/Roth/*Gottwald*, § 62 FamFG Rz. 6.
2 BT-Drucks. 16/6308, S. 205; BGH v. 8.6.2011 – XII ZB 245/10, NJW-RR 2011, 1303 = FGPrax 2011, 258; Bassenge/Roth/*Gottwald*, § 62 FamFG Rz. 6.
3 *Bumiller*/Harders, § 62 FamFG Rz. 8; Keidel/*Budde*, § 62 FamFG Rz. 10; Zöller/*Feskorn*, § 62 FamFG Rz. 9; *Rackl*, Rechtsmittelrecht, S. 51.
4 *Rackl*, Rechtsmittelrecht, S. 50 f. So schon in den Fortsetzungsfeststellungsbeschwerden nach altem Recht *Bassenge*/Roth, 11. Aufl., Einl. FGG Rz. 132; ähnlich jetzt BGH v. 19.5.2011 – V ZB 36/11, FGPrax 2011, 254 (255).
5 OLG Köln v. 5.10.2010 – 6 W 82/10, FGPrax 2011, 44 (45).
6 BGH v. 19.5.2011 – V ZB 36/11, FGPrax 2011, 254 (255), im konkreten Fall aber verneint.
7 BayObLG v. 1.7.1999 – 3 Z BR 192/99, FamRZ 1999, 1594.
8 Vgl. OLG Düsseldorf v. 7.1.2010 – I-3 Wx 250/09, FGPrax 2010, 116; Zöller/*Feskorn*, § 62 FamFG Rz. 10.
9 BGH v. 3.2.2011 – V ZB 128/10, FGPrax 2011, 148; BGH v. 10.10.2012 – XII ZB 660/11, FamRZ 2013, 28 f.
10 BGH v. 10.6.2010 – V ZB 205/09, FGPrax 2010, 261 (LS).

richts erster Instanz den Beschwerdeführer in seinen Rechten verletzt hat.[1] Dies kann auch teilweise erfolgen, wenn etwa eine Unterbringung nur bis zu einem bestimmten Zeitpunkt gerechtfertigt war. Im Übrigen ist der Antrag dann zurückzuweisen. Anders als im normalen Beschwerdeverfahren ohne Erledigung kann eine Heilung nach § 62 relevanter Verfahrensmängel nicht mehr eintreten.[2] Denn der Beschwerdeführer war dann bereits den Folgen einer verfahrensfehlerhaft zustande gekommenen Entscheidung ausgesetzt, ohne sich in einem vollständig rechtsstaatlichen Verfahren dagegen wehren zu können. Das rechtfertigt die Feststellung nach § 62. Zudem geht es um die Rechtmäßigkeit der angegriffenen Entscheidung zur Zeit ihres Erlasses.

c) Fehlen der Voraussetzungen des Absatzes 2

Hat sich die angefochtene Entscheidung erledigt, ohne dass ein besonderes Interesse nach § 62 Abs. 2 vorliegt, ist die Beschwerde mangels Rechtsschutzbedürfnisses zu **verwerfen**,[3] wenn der Beschwerdeführer seinen Antrag nicht auf die Kosten beschränkt. Denn ein Fortsetzungsfeststellungsantrag kommt nach wie vor nur unter den in § 62 kodifizierten Voraussetzungen in Betracht.[4] Unerheblich ist in diesen Fällen, ob die Beschwerde ursprünglich zulässig und begründet war. Dies gilt auch für einen Antrag nach § 62. Denn auch er ist nur unter den dort normierten besonderen Voraussetzungen zulässig. Auf die **Möglichkeit der Beschränkung auf die Kosten** wird das Gericht hinzuweisen haben, um dem Beschwerdeführer ein vermeidbares Unterliegen zu ersparen.

12

d) Rechtsmittel

Die Entscheidung über den Antrag nach § 62 ist wie jede Entscheidung über eine Beschwerde anfechtbar. Da bereits das Beschwerdegericht entschieden hat, kommt demnach nur die Rechtsbeschwerde in Betracht. Sie muss entweder zugelassen oder kraft Gesetzes zulässig sein. Dies ist bei den in § 70 Abs. 3 genannten Sachen der Fall.[5]

13

63 *Beschwerdefrist*
(1) Die Beschwerde ist, soweit gesetzlich keine andere Frist bestimmt ist, binnen einer Frist von einem Monat einzulegen.
(2) Die Beschwerde ist binnen einer Frist von zwei Wochen einzulegen, wenn sie sich gegen folgende Entscheidungen richtet:
1. Endentscheidungen im Verfahren der einstweiligen Anordnung oder
2. Entscheidungen über Anträge auf Genehmigung eines Rechtsgeschäfts.
(3) Die Frist beginnt jeweils mit der schriftlichen Bekanntgabe des Beschlusses an die Beteiligten. Kann die schriftliche Bekanntgabe an einen Beteiligten nicht bewirkt werden, beginnt die Frist spätestens mit Ablauf von fünf Monaten nach Erlass des Beschlusses.

---

1 Vgl. BT-Drucks. 16/6308, S. 205; *Bumiller*/Harders, § 61 FamFG Rz. 6; Zöller/*Feskorn*, § 62 FamFG Rz. 10; *Rackl*, Rechtsmittelrecht, S. 56.
2 AA Keidel/*Budde*, § 62 FamFG Rz. 22; anders aber wohl Rz. 26 ff., wenn bereits Eingriffe aufgrund des Beschlusses erfolgten, bevor das Beschwerdegericht ergänzende Verfahrenshandlungen durchführen konnte (wohl dem Regelfall, da vor dem Vollzug der gerichtlichen Entscheidung ein Antrag nach § 62 jedenfalls häufig nicht in Betracht kommt, vgl. Rz. 2). Die Unterscheidung zwischen der nicht gesetzeskonform ergangenen und der rechtswidrigen Entscheidung (so 16. Aufl., Rz. 30) wurde zu Recht aufgegeben.
3 OLG Hamm v. 16.3.2010 – I-15 W 367/09, FGPrax 2010, 213 (214); Zöller/*Feskorn*, § 62 FamFG Rz. 10.
4 BT-Drucks. 16/6308, S. 205.
5 BGH v. 6.10.2011 – V ZB 314/10, FamRZ 2012, 211.

- A. Entstehungsgeschichte und Normzweck ... 1
- B. Inhalt der Vorschrift
  - I. Fristen des § 63
    - 1. Rechtsnatur ... 2
    - 2. Regelfrist von einem Monat ... 3
    - 3. Verkürzte Frist des Absatzes 2
      - a) Bedeutung der verkürzten Fristen ... 4
      - b) Harmonisierung mit der Frist zur Einlegung der Sprungrechtsbeschwerde ... 4a
  - II. Fristbeginn
    - 1. Schriftliche Bekanntgabe des Beschlusses
      - a) Erschwerungen gegenüber dem früheren Recht ... 5
      - b) Erleichterungen gegenüber der ZPO ... 6
      - c) Beteiligte und Bevollmächtigte ... 7
      - d) Nicht in Gang gesetzte Frist ... 9
      - e) Fehler der Entscheidung ... 10
    - 2. Erlass der Entscheidung
      - a) Voraussetzungen des Fristbeginns nach Abs. 3 Satz 2 ... 11
      - b) Nachträgliche Möglichkeit der schriftlichen Bekanntgabe ... 12
      - c) Wiedereinsetzung bei Fristbeginn nach Abs. 3 Satz 2 ... 13
    - 3. Fristberechnung ... 14

A. Entstehungsgeschichte und Normzweck

1 § 63 ist gehört zu den grundsätzlichen Neuerungen des FamFG. War ein Rechtsmittel nach altem Recht nur dann fristgebunden, wenn dies ausdrücklich spezialgesetzlich bestimmt war (etwa in § 56g Abs. 5 Satz 1 FGG), so existiert forthin nur noch die fristgebundene Beschwerde, sofern nichts anderes bestimmt ist. Dies soll der **Verfahrensbeschleunigung** und der möglichst frühzeitigen Herstellung von Rechtssicherheit dienen.[1] Ferner soll die Beseitigung des Nebeneinanders von unbefristeter und befristeter Beschwerde der Verfahrensvereinfachung dienen.[2] Angesichts dieser Einführung einer Beschwerdefrist für alle Verfahren dürfte sich das Problem einer Verwirkung des Beschwerderechts durch bloßen Zeitablauf erledigt haben.[3] Da die Beschwerde nunmehr die Funktion der früheren Berufung in ZPO-Familiensachen übernimmt, wurde im Gegensatz zur ZPO-Beschwerde die längere Monatsfrist gewählt.[4] Gegenüber der allgemeinen Regelung zum Beginn des Laufs von Fristen in § 16 Abs. 1 ist § 63 Abs. 3 Spezialvorschrift. Die Vorschrift gilt auch in Ehe- und Familienstreitsachen, ferner auch für Verfahren, die kraft Verweisung nach den Regeln des FamFG durchzuführen sind, etwa für die Notarkostenbeschwerde (s. § 156 Abs. 3 KostO), und trotz fehlender ausdrücklicher Anordnung für die Kostenbeschwerde nach § 14 Abs. 3 KostO und § 8 Abs. 3 Satz 1 KostO,[5] wegen der Spezialregelung des § 71 GBO aber nicht in Grundbuchsachen.[6]

B. Inhalt der Vorschrift

I. Fristen des § 63

1. Rechtsnatur

2 Bei den Fristen des § 63 handelt es sich, obwohl sich Gesetzeswortlaut und -materialien hierzu nicht ausdrücklich äußern, um **Notfristen**. Dies folgt aus § 16 Abs. 2 FamFG iVm. § 224 Abs. 2 ZPO und entspricht dem Bestreben, die Rechtsmittelfristen in den verschiedenen Verfahrensordnungen aneinander anzugleichen, bei denen es sich ebenfalls um Notfristen handelt. Mangels besonderer Bestimmung gem. § 16 Abs. 2 FamFG iVm. § 224 Abs. 2 ZPO können die Fristen des § 63 somit weder durch Verfügung des Gerichts noch durch Vereinbarung der Beteiligten verkürzt oder ver-

---

1 BT-Drucks. 16/6308, S. 205; *Meyer-Seitz/Kröger/Heiter*, FamRZ 2005, 1430 (1434); *Dieker*, RpflStud. 2006, 134; *Schael*, FPR 2009, 11; Keidel/*Sternal*, § 63 FamFG Rz. 1.
2 BT-Drucks. 16/6308, S. 205.
3 Ähnlich Keidel/*Sternal*, § 64 FamFG Rz. 54; vgl. hierzu noch BayObLG v. 26.3.1996 – 1 Z BR 111/94, BayObLGZ 1996, 69 (72).
4 Hierzu und zur Kritik an der gesetzlichen Regelung vgl. *Rackl*, Rechtsmittelrecht, S. 82 ff.
5 Keidel/*Sternal*, § 63 FamFG Rz. 6.
6 Keidel/*Sternal*, § 63 FamFG Rz. 7.

längert werden.[1] Eine nicht fristgerecht eingelegte Beschwerde ist unzulässig (§ 68 Abs. 2 Satz 1).[2] Sofern die Fristversäumung allerdings auf einer unzulässigen Fristverlängerung durch das Gericht beruht, kann dem Beschwerdeführer Wiedereinsetzung zu gewähren sein.[3] Dies gilt nicht für rechtlich nicht existente Entscheidungen, etwa „**Scheinbeschlüsse**", die nur aus Gründen der Rechtsklarheit beseitigt werden sollen; derartige Beschwerden zur deklaratorischen Beseitigung rechtlich inexistenter Beschlüsse sind an keine Frist gebunden.[4]

2. Regelfrist von einem Monat

§ 63 Abs. 1 setzt die Beschwerdefrist in Verfahren nach dem FamFG auf einen Monat fest. Dies ist die Regelfrist, die ohne abweichende Spezialregelung für alle Beschwerden gegen Hauptsacheentscheidungen der freiwilligen Gerichtsbarkeit gilt. Für Beschwerden gegen die Entscheidung über einstweilige Anordnungen und die Genehmigung von Rechtsgeschäften gilt allerdings **nach § 63 Abs. 2 die Zwei-Wochen-Frist**. Gleiches ist bei der Anfechtung von Zwischenentscheidungen der Fall, die nach den Regeln der §§ 567 ff. ZPO zu behandeln sind.[5] Längere Fristen sieht etwa § 304 Abs. 2 für die Beschwerde des Vertreters der Staatskasse in Betreuungssachen vor.

3

3. Verkürzte Frist des Absatzes 2

a) Bedeutung der verkürzten Fristen

In bestimmten Angelegenheiten besteht ein Bedürfnis nach besonders schneller Rechtsklarheit.[6] Dies sind zum einen Verfahren des einstweiligen Rechtsschutzes, nach Auffassung des Gesetzgebers auch Beschlüsse, die die Genehmigung eines Rechtsgeschäftes zum Gegenstand haben. Für diese Verfahren bestimmt § 63 Abs. 2 eine verkürzte Beschwerdefrist von zwei Wochen.[7] Bei Verfahren des einstweiligen Rechtsschutzes ist indessen zu beachten, dass die dort getroffenen Entscheidungen in Familiensachen nach § 57 Satz 1 grundsätzlich unanfechtbar sind. Die Beschwerdefrist des § 63 Abs. 2 Nr. 1 betrifft dort also nur einstweilige Anordnungen nach § 57 Satz 2. Nach der ursprünglichen Fassung der Norm war streitig, ob die abgekürzte Rechtsmittelfrist nur den Erlass einer einstweiligen Anordnung oder auch die Zurückweisung eines diesbezüglichen Antrags umfasste. Der Wortlaut legte ersteres nahe,[8] wogegen sich allerdings namhafte Stimmen mit guten Argumenten richteten.[9] Diesen hat sich der Gesetzgeber jetzt angeschlossen und klargestellt, dass § 63 Abs. 2 Nr. 1 für jegliche Endentscheindung in Verfahren der einstweiligen Anordnung gilt.[10] Hingegen differenzierte § 63 Abs. 2 Nr. 2 schon nach der ursprünglichen Gesetzesfassung nicht zwischen der Genehmigung eines Rechtsgeschäfts und ihrer Ablehnung, so dass hier seit jeher immer die verkürzte Frist von zwei Wochen galt.[11] Die § 63 Abs. 2 Nr. 1 entsprechende Änderung des § 63 Abs. 2 Nr. 2 hat also nur klarstellenden

4

---

1 OLG Stuttgart v. 6.9.2011 – 8 W 319/11, Rpfleger 2012, 30 (31); *Schürmann*, FuR 2010, 425 (431); *Maurer*, FamRZ 2009, 465 (473); *Bumiller*/Harders, § 63 FamFG Rz. 1; Keidel/*Sternal*, § 63 FamFG Rz. 9; *Rackl*, Rechtsmittelrecht, S. 81.
2 OLG Karlsruhe v. 11.11.2011 – 2 UF 227/11, FamRZ 2012, 468 (469).
3 OLG Stuttgart v. 6.9.2011 – 8 W 319/11, Rpfleger 2012, 30 (31).
4 BGH v. 13.6.2012 – XII ZB 592/11, FamRZ 2012, 1287 (1289).
5 *Bumiller*/Harders, § 63 FamFG Rz. 1; Keidel/*Sternal*, § 63 FamFG Rz. 4.
6 BT-Drucks. 16/6308, S. 205 f.; KG v. 4.3.2010 – 17 UF 5/10, FamRZ 2010, 422 (424).
7 Zu weiteren Verfahren mit verkürzter Beschwerdefrist außerhalb des FamFG s. *Schürmann*, FamRB 2009, 24 (25).
8 So Prütting/Helms/*Abramenko*, 2. Aufl., § 63 FamFG Rz.4; Keidel/*Sternal*, § 63 FamFG Rz. 14a; Zöller/*Feskorn*, § 63 FamFG Rz. 3.
9 OLG Zweibrücken v. 8.10.2010 – 6 WF 196/10, FamRZ 2011, 497; KG v. 18.4.2011 – 16 UF 52/11, FamRZ 2012, 51.
10 Durch Art. 6 Nr. 6 des Gesetzes zur Einführung einer Rechtsbehelfsbelehrung im Zivilprozess und zur Änderung anderer Vorschriften v. 5.12.2012, BGBl. I, S. 2418.
11 *Sonnenfeld*, BtPrax 2009, 167 (168); *Schürmann*, FuR 2010, 425 (431); Keidel/*Sternal*, § 63 FamFG Rz. 14b.

Charakter. Zu beachten ist, dass Spezialvorschriften wie § 355 Abs. 2 gleichfalls verkürzte Fristen von zwei Wochen vorsehen.

b) Harmonisierung mit der Frist zur Einlegung der Sprungrechtsbeschwerde

4a Die Fristverkürzung des § 63 Abs. 2 Nr. 2 war nach der ursprünglichen Fassung des § 75 Abs. 2 nicht harmonisiert, da der dortige Verweis auf §§ 566 Abs. 2 Satz 2, 548 ZPO stets zu einer Monatsfrist für die Einlegung der Sprungrechtsbeschwerde führte. Deshalb konnte auch nach Ablauf der zweiwöchigen Beschwerdefrist noch kein Rechtskraftzeugnis erteilt werden, da noch die Frist zur Einlegung der Sprungrechtsbeschwerde läuft.[1] Diese Unstimmigkeit hat der Gesetzgeber nun[2] durch einen neuen Satz 1 in § 75 Abs. 2 beseitigt. Demnach gelten für Beschwerde und Sprungrechtsbeschwerde stets dieselben Fristen.

II. Fristbeginn

1. Schriftliche Bekanntgabe des Beschlusses

a) Erschwerungen gegenüber dem früheren Recht

5 Im Gegensatz zu § 22 Abs. 1 Satz 2 FGG aF beginnen die Beschwerdefristen nach § 63 Abs. 3 Satz 1 erst mit der schriftlichen Bekanntgabe der Entscheidung zu laufen.[3] Auch wenn die Entscheidung bereits mit Gründen vorliegt und im Termin verlesen und dies protokolliert wird, beginnt die Beschwerdefrist anders als nach früherem Recht, wonach sie Anwesenden gegenüber schon durch Verfügung zu Protokoll in Gang gesetzt werden konnte,[4] ausnahmslos erst mit dem Zugang der schriftlichen Entscheidung. Dies soll der Harmonisierung der Verfahrensordnungen dienen.[5] Das Fehlen der in § 39 vorgeschriebenen Rechtsmittelbelehrung hemmt den Lauf der Frist nicht, kann aber nach § 17 Abs. 2 zur Wiedereinsetzung führen (s. § 39 Rz. 16). Gleiches gilt bei sonstigen Fehlern etwa inhaltlichen Mängeln (zum Einfluss von Berichtigung und Ergänzung auf den Fristbeginn s. § 42 Rz. 22 und § 43 Rz. 16). Anderes soll gelten, wenn der Inhalt der Begründung etwa bei Unvollständigkeit oder Unleserlichkeit der Entscheidungsgründe gar nicht oder jedenfalls in wichtigen Teilen nicht erkennbar ist.[6] Der Kenntnisnahme vom Inhalt der Entscheidung bedarf es dagegen wie nach früherem Recht nicht.[7]

b) Erleichterungen gegenüber der ZPO

6 Die Harmonisierung der Verfahrensordnungen ging indessen nicht so weit, dass man auch für Entscheidungen nach dem FamFG wie für Urteile und Beschlüsse im Zivilprozess die förmliche Zustellung verlangt (so aber §§ 517, 569 Abs. 1 Satz 2 ZPO). Wie § 15 Abs. 2 sieht auch § 63 Abs. 3 Satz 1 die förmliche Zustellung nicht zwingend vor. Die Vorschrift begnügt sich mit der „**schriftlichen Bekanntgabe** des Beschlusses an die Beteiligten". Damit genügt es, wenn diese auf Veranlassung des Gerichts eine Abschrift erhalten. Der Schriftform des § 126 BGB bedarf es wie bisher nicht, da die Verfahrensbeteiligten nach keiner Verfahrensordnung eigenhändig unterschriebene Entscheidungen erhalten und der Gesetzgeber für die Verfahren nach dem FamFG erkennbar keine abweichenden Anforderungen normieren wollte. Die „schriftliche Bekanntgabe" entspricht insoweit der **Textform** nach § 126b BGB (vgl. ausführlich § 41 Rz. 23 ff.). Deswegen bedarf es auch keiner Vorschrift zur Heilung fehlgeschla-

---

1 *Borth*, DNotZ 2011, 55; *Milzer*, MittBayNot 2011, 112 (113).
2 Durch Art. 6 Nr. 9 des Gesetzes zur Einführung einer Rechtsbehelfsbelehrung im Zivilprozess und zur Änderung anderer Vorschriften v. 5.12.2012, BGBl. I, S. 2418.
3 BGH v. 4.5.2011 – XII ZB 632/10, NJW-RR 2011, 1011; *Bumiller*/Harders, § 63 FamFG Rz. 2; Keidel/*Sternal*, § 63 FamFG Rz. 19; Zöller/*Feskorn*, § 63 FamFG Rz. 5.
4 Keidel/*Sternal*, § 63 FamFG Rz. 15; *Rackl*, Rechtsmittelrecht, S. 85; zu der neuen Regelung s. auch *Schürmann*, FamRB 2009, 24 (25).
5 BT-Drucks. 16/6308, S. 206.
6 Keidel/*Sternal*, § 63 FamFG Rz. 23; Bork/Jacoby/Schwab/*Müther*, 1. Aufl., § 63 FamFG Rz. 8.
7 Hierzu *Bumiller*/Winkler, 8. Aufl., § 22 FGG Rz. 8.

ner Zustellungen wie § 189 ZPO.[1] Die formalisierten Regelungen der ZPO gelten insoweit nicht, es bedarf also weder einer Ausfertigung noch der förmlichen Zustellung.[2] So setzt etwa die Übersendung der Entscheidung per Telefax den Lauf der Frist in Gang, denn dies ist eine schriftliche Bekanntgabe der Entscheidung. Auf diesem Wege kann sogar die Verkündung im Termin wieder möglich sein, indem etwa das Gericht den Beteiligten eine Kopie der Entscheidung übergibt. Letztlich wird auch die Übermittlung über elektronische Medien genügen, da der Empfänger dann eine beliebig reproduzierbare schriftliche Fassung erhält. Auch § 172 ZPO findet keine Anwendung, wenn die Entscheidung dem Bevollmächtigten zumindest mittelbar schriftlich bekannt gegeben wird. Erhält der Bevollmächtigte also die schriftliche Entscheidung, die versehentlich dem Mandanten zugestellt wurde, von diesem, löst dies den Lauf der Frist aus. Ebenso genügt die Übermittlung einer einfachen Abschrift in das Ausland, da es auf das Vorliegen einer Zustellung nicht ankommt.

c) Beteiligte und Bevollmächtigte

§ 63 Abs. 3 Satz 1 spricht nur von der schriftlichen Bekanntgabe des Beschlusses „an die Beteiligten". Sofern diese durch Bevollmächtigte vertreten werden, vertreten sie die Beteiligten auch in der Zustellung.[3] Eine Zustellung an den Mandanten genügt also grundsätzlich nicht, erst die Weitergabe der Entscheidung in schriftlicher Form löst den Lauf der Frist aus. Das Empfangsbekenntnis erbringt grundsätzlich vollen Beweis für die Zustellung; es kann nur im Wege des Gegenbeweises entkräftet werden.[4] Bei der Bestellung einer **Mehrzahl von Verfahrensbevollmächtigten** beginnt der Lauf der Frist mit der schriftlichen Bekanntgabe, die zuerst erfolgt.[5] Sofern mehrere Beschwerdeberechtigte existieren, läuft die Frist für jeden von ihnen gesondert.[6] Durch die Zustellung an einen Unterbevollmächtigten wird der Fristlauf allerdings nicht ausgelöst, da er nicht Verfahrensbevollmächtigter im Sine des § 172 ZPO ist.[7] Der **nicht verfahrensfähige** Beteiligte wird auch insoweit von seinem gesetzlichen Vertreter (Eltern, Vormund, Betreuer) vertreten,[8] soweit er nicht ausnahmsweise als verfahrensfähig zu behandeln ist wie in Streitigkeiten um eben die Verfahrensfähigkeit.[9]

7

Größere Schwierigkeiten bereitet der Beginn der Frist, wenn der **Beschwerdeberechtigte erstinstanzlich gar nicht beteiligt** wurde. Obwohl er bei einer Beeinträchtigung in seinen Rechten anerkanntermaßen beschwerdebefugt ist (s. § 59 Rz. 1), blieb der Beginn der Beschwerdefrist für ihn in § 63 Abs. 3 ungeregelt. Weitgehende Einigkeit herrscht insoweit, als die Auffangfrist des § 63 Abs. 3 Satz 2 auf „vergessene" Beteiligte nicht anzuwenden ist, da diese Vorschrift gerade die Beteiligung voraussetzt und nur den Fristbeginn bei unmöglicher Zustellung an einen Beteiligten regelt.[10] Vielmehr will die überwiegende Auffassung dem „vergessenen" Beteiligten gegenüber Rechtskraft eintreten lassen, wenn die Rechtsmittelfrist für die Beteiligten abgelau-

7a

---

1 Wie hier *Rackl*, Rechtsmittelrecht, S. 85; aA, für eine (analoge?) Anwendbarkeit von § 189 ZPO Keidel/*Sternal*, § 63 FamFG Rz. 27.
2 Zöller/*Feskorn*, § 63 FamFG Rz. 5; aA Bork/Jacoby/Schwab/*Müther*, 1. Aufl., § 63 FamFG Rz. 8.
3 OLG Zweibrücken v. 5.5.2002 – 3 W 104/02, Rpfleger 2002, 567; Keidel/*Sternal*, § 63 FamFG Rz. 21.
4 Keidel/*Sternal*, § 63 FamFG Rz. 16.
5 OLG Zweibrücken v. 5.5.2002 – 3 W 104/02, Rpfleger 2002, 567; OLG Karlsruhe v. 11.11.2011 – 2 UF 227/11, FamRZ 2012, 468 f.; *Bumiller*/Harders, § 63 FamFG Rz. 5; Keidel/*Sternal*, § 63 FamFG Rz. 21.
6 *Preuß*, DNotZ 2010, 265 (275); *Schürmann*, FuR 2010, 425 (431); *Bumiller*/Harders, § 63 FamFG Rz. 4; Keidel/*Sternal*, § 63 FamFG Rz. 20; *Rackl*, Rechtsmittelrecht, S. 85; Zöller/*Feskorn*, § 63 FamFG Rz. 5.
7 OLG Karlsruhe v. 11.11.2011 – 2 UF 227/11, FamRZ 2012, 468 (469).
8 Keidel/*Sternal*, § 63 FamFG Rz. 22; *Rackl*, Rechtsmittelrecht, S. 86; Zöller/*Feskorn*, § 63 FamFG Rz. 5.
9 BGH v. 19.1.2011 – XII ZB 326/12, FamRZ 2011, 465 (466).
10 *Harders*, DNotZ 2009, 725 (727 f.); Bassenge/Roth/*Gottwald*, § 63 FamFG Rz. 6; *Bolkart*, MittBayNot 2009, 268 (272); *Schürmann*, FuR 2010, 425 (431); *Reinken*, FuR 2010, 272 (272); aA *Heinemann*, DNotZ 2009, 6 (17 f.).

fen sein soll.[1] Gestützt wird diese Auffassung zumeist kommentarlos auf eine entsprechende Stellungnahme der Materialien[2] oder auf die bislang publizierten Stimmen, die ihr folgen. Dass dem materiell Beeinträchtigten der Rechtsschutz hierdurch abgeschnitten wird, empfinden selbst Vertreter dieser Auffassung als unbefriedigend.[3] Immerhin wird hier ein zu Unrecht nicht Beteiligter an die Ergebnisse eines Verfahrens gebunden, auf das er keinerlei Einfluss nehmen konnte. Dies wäre im deutschen Verfahrensrecht nicht nur einmalig, sondern auch verfassungsrechtlich äußerst bedenklich. Die Möglichkeit der Wiedereinsetzung[4] korrigiert die Ergebnisse dieser Auffassung nur unzureichend, da sie gerade in einer der wichtigsten Fallgruppen, bei der Genehmigung von Rechtsgeschäften, gem. § 48 Abs. 3 ausgeschlossen ist. Im Ergebnis könnte etwa die Wohnung eines zu Unrecht am Verfahren nicht Beteiligten veräußert werden, wogegen er sich bis zur Rechtskraft mangels Kenntniserlangung und danach wegen des in § 48 Abs. 3 angeordneten Ausschlusses der Wiedereinsetzung nicht wehren kann. Dies erscheint mit dem Grundsatz rechtlichen Gehörs unvereinbar. Zudem erscheint das Hauptargument dieser Position, der in den Gesetzesmaterialien geäußerte Wille des Gesetzgebers, nicht zwingend, da diese auch in anderem Zusammenhang mit dem Gesetzeswortlaut nicht vereinbar sind (vgl. etwa § 67 Rz. 2). Vielmehr darf der zu Unrecht nicht Beteiligte nicht schlechter gestellt werden als andere Beschwerdeberechtigte, weshalb § 63 Abs. 3 auf ihn wohl analog anzuwenden ist. Damit läuft die Beschwerdefrist für ihn frühestens mit dem Empfang der Entscheidung in Textform.[5] Die Schwierigkeiten, die sich aus der Zustellung insbesondere von Genehmigungen ergäben, lassen sich durch die Bestellung eines Verfahrenspflegers für den Betroffenen vermeiden, da dieser dann auch die Genehmigung nach § 41 Abs. 3 entgegennimmt und somit die Rechtsmittelfrist auslöst (s. § 41 Rz. 27).[6]

8   Allerdings dürfte die Kenntniserlangung in beliebiger Weise nicht ausreichen. Denn es bedarf, wie das Tatbestandsmerkmal der Bekanntgabe impliziert, der **Übermittlung durch das Gericht**. Die vom Gericht in keiner Weise intendierte Anfertigung von Kopien durch einen Beteiligten ist also nicht ausreichend, wenn das Gericht den Beschwerdeberechtigten überhaupt nicht am Verfahren beteiligt hat. Hingegen genügt die Übermittlung der Entscheidung auf Anfrage.

d) Nicht in Gang gesetzte Frist

9   § 63 Abs. 3 regelt nur den Beginn der Frist, bis zu deren Ablauf die Beschwerde spätestens eingelegt werden muss. Ihr Beginn ist aber keine Voraussetzung einer wirksamen Beschwerde. Es ist anerkannt, dass ein Rechtsmittel schon **vor Beginn der Frist** hierfür eingelegt werden kann. Zwingende Voraussetzung hierfür ist nur, dass die angegriffene Entscheidung **bereits existent** ist (vgl. § 58 Rz. 2).[7] Das ist mit ihrem Erlass (§ 38 Abs. 3 Satz 3) der Fall. Legt ein Berechtigter bereits zuvor – etwa aufgrund eindeutiger Äußerungen des Gerichts über den Ausgang des Verfahrens –

---

1 OLG Hamm v. 7.9.2010 – 15 W 111/10, FamRZ 2011, 396f; OLG Celle v. 4.10.2011 – 17 Wx 16/11, FamRZ 2012, 321 (LS); *Preuß*, DNotZ 2010, 265 (276f.); *Harders*, DNotZ 2009, 725 (727f.); *Reinken*, FuR 2010, 268 (272); *Schürmann*, FuR 2010, 425 (431); *Bumiller/Harders*, § 63 FamFG Rz. 6; Keidel/*Sternal*, § 63 FamFG Rz. 45; Bassenge/Roth/*Gottwald*, § 63 FamFG Rz. 5; Zöller/*Feskorn*, § 63 FamFG Rz. 6; *Rackl*, Rechtsmittelrecht, S. 88 (aber mit deutlicher Kritik an dieser Gesetzesfassung, S. 91f.).
2 BT-Drucks. 16/9733, S. 289.
3 *Bumiller*/Harders, § 63 FamFG Rz. 6.
4 Hierauf stellen Zöller/*Feskorn*, § 63 FamFG Rz. 6 und *Preuß*, DNotZ 2010, 265 (276f.) ab.
5 Wie hier OLG Köln v. 28.9.2010 – 4 UF 42/10, FGPrax 2011, 104; *Bolkart*, MittBayNot 2009, 268 (270 und 272); ähnlich *Heinemann*, DNotZ 2009, 6 (17); dem zuneigend auch *Kesseler*, ZNotP 2009, 422 (422f.).
6 *Bolkart*, MittBayNot 2009, 268 (272); *Heinemann*, DNotZ 2009, 6 (17).
7 KG v. 18.4.2011 – 16 UF 52/11, FamRZ 2012, 51; *Lettau*, Beschwerde, S. 18; Keidel/*Sternal*, § 63 FamFG Rz. 15; *Bumiller*/Harders, § 64 FamFG Rz. 11; *Rackl*, Rechtsmittelrecht, S. 22f., 66 und 86.

Beschwerde ein, so ist diese unzulässig.[1] Der Beschwerdeführer ist hierüber aber zu unterrichten. Sofern er als Rechtsunkundiger von der Wirksamkeit seiner Beschwerde ausgeht, ist ihm deshalb Wiedereinsetzung zu gewähren. Entsprechendes gilt auch, wenn etwa mangels Unterzeichnung noch gar keine Entscheidung vorliegt. Wird ein solcher Entwurf gleichwohl ausgefertigt und schriftlich bekannt gegeben, ist der **Anschein eines Beschlusses** gegeben. Folglich kann er mit einem Rechtsmittel angegriffen werden.

e) Fehler der Entscheidung

Wird ein Beschluss **nach § 43 ergänzt**, läuft die Frist für eine Beschwerde gegen diesen neuen Teil der Entscheidung nach dem Rechtsgedanken von § 518 ZPO mit schriftlicher Bekanntgabe der Ergänzung. Die Beschwerdefrist für den bereits übermittelten Teil läuft nach Ergänzungen oder Berichtigungen nicht von Neuem. Etwas anderes kann nur gelten, wenn die Beschwer hinsichtlich des ursprünglichen Teils der Entscheidung erst mit der Berichtigung sichtbar wird (s.o. Rz. 5). Vergisst das Gericht die **Rechtsbehelfsbelehrung** nach § 39 oder belehrt es falsch, bleibt dies ohne Auswirkung auf die Rechtsmittelfrist, kann aber einen Antrag auf Wiedereinsetzung rechtfertigen (s. § 39 Rz. 16). Auch ein Fehler in weiteren Angaben, etwa zur Fax-Nr. des Gerichts kann die Wiedereinsetzung rechtfertigen (s. § 39 Rz. 17). 10

2. Erlass der Entscheidung

a) Voraussetzungen des Fristbeginns nach Abs. 3 Satz 2

Nach § 63 Abs. 3 Satz 2 beginnt der Lauf der Beschwerdefrist spätestens fünf Monate nach dem Erlass der Entscheidung.[2] Dies erfordert das Vorliegen des **begründeten und unterschriebenen Originals** und seine Übergabe an die Geschäftsstelle (§ 38 Abs. 3). Die Verlesung der Beschlussformel nach § 41 Abs. 2 genügt nach dem klaren Wortlaut von § 63 Abs. 3 Satz 2 nicht.[3] Denn nur bei Vorliegen der vollständigen Entscheidung kommt die Möglichkeit ihrer schriftlichen Bekanntgabe, die § 63 Abs. 3 Satz 2 voraussetzt, überhaupt in Betracht. Die Vorschrift lehnt sich scheinbar an § 517, letzter Halbs. ZPO bzw. § 569 Abs. 1 Satz 2 ZPO an, was auch die Materialien andeuten.[4] In Wirklichkeit unterscheidet sie sich jedoch deutlich von den zivilprozessualen Regelungen. Im Gegensatz zu ihnen stellt § 63 Abs. 3 Satz 2 nicht darauf ab, dass der Beschluss verkündet oder den Beteiligten bekannt gegeben wurde.[5] Sie muss nur erlassen, also nach § 38 Abs. 3 Satz 3 der Geschäftsstelle übergeben sein. Im Gegenzug begnügt sich § 63 Abs. 3 Satz 2 nicht mit dem Ablauf der fünfmonatigen Frist als alleiniger Voraussetzung für den Beginn der Beschwerdefrist. Vielmehr verlangt § 63 Abs. 3 Satz 2 ausdrücklich, dass die schriftliche Bekanntgabe des Beschlusses nicht bewirkt werden kann. Die Fünfmonatsfrist beginnt also anders als bei den zivilprozessualen Regelungen unabhängig von einer Verkündung oder Bekanntgabe des Beschlusses. Dafür ist aber nach ausdrücklicher Anordnung in § 63 Abs. 3 Satz 2 zu fordern, dass die Übermittlung einer Entscheidung in schriftlicher Form überhaupt nicht möglich ist. Es genügt also für den Fristbeginn nach § 63 Abs. 3 Satz 2 – anders als im Zivilprozess – nicht, dass die Zustellung nicht nachweisbar ist oder fehlschlägt.[6] § 63 Abs. 3 Satz 2 ist nur anwendbar, wenn dem Gericht selbst die gegen- 11

---

1 Keidel/*Kahl*, 15. Aufl., § 19 FGG Rz. 51; Bassenge/Roth, 11. Aufl., § 19 FGG Rz. 28; zur Möglichkeit der Heilung s. Bumiller/Harders, § 64 FamFG Rz. 11; Keidel/*Sternal*, § 64 FamFG Rz. 15.
2 Hierzu und zur wenig geglückten Fassung der Vorschrift Harders, DNotZ 2009, 725 (728 f.).
3 Wie hier Rackl, Rechtsmittelrecht, S. 87; die Verlesung der Beschlussformel ist im Gegensatz zum Zivilurteil auch nicht obligatorisch, s. BT-Drucks. 16/6308, S. 206, und daher kein geeigneter Anknüpfungszeitpunkt für den Fristbeginn; aA Zöller/*Feskorn*, § 63 FamFG Rz. 7.
4 BT-Drucks. 16/6308, S. 206.
5 BT-Drucks. 16/6308, S. 206; anders die zivilprozessualen Regelungen, s. MüKo.ZPO/*Lipp*, § 569 ZPO Rz. 5; Baumbach/*Hartmann*, § 569 ZPO Rz. 5; Zöller/*Heßler*, § 569 ZPO Rz. 4.
6 Ähnlich wohl Preuß, DNotZ 2010, 265 (277); offengelassen von Schürmann, FamRB 2009, 24 (25); aA Preuß, NZG 2009, 961 (964); Keidel/*Sternal*, § 63 FamFG Rz. 43; Bassenge/Roth/*Gottwald*, § 63 FamFG Rz. 7; wohl auch Bork/Jacoby/Schwab/*Müther*, 1. Aufl., § 63 FamFG Rz. 9 (anders aber Rz. 10).

über der Zustellung wesentlich vereinfachte schriftliche Bekanntgabe der schriftlichen Entscheidung aus tatsächlichen oder rechtlichen Gründen nicht möglich ist, weil der Aufenthaltsort eines Beteiligten etwa trotz intensiver Nachforschungen nicht zu ermitteln ist.[1] Dies erscheint auch systemgerecht. Denn die von §§ 517, letzter Halbs., 569 Abs. 1 Satz 2 ZPO erfassten Fälle, in denen die Kenntnis von der Entscheidung lediglich auf unzureichendem Weg vermittelt wird, aber letztlich doch erfolgt, werden in aller Regel schon durch § 63 Abs. 3 Satz 1 erfasst, da die schriftliche Bekanntgabe an weit geringere Voraussetzungen geknüpft ist als die förmliche Zustellung. Man wird daher die noch weiter gehende Fiktion des Fristbeginns nach § 63 Abs. 3 Satz 2 zum Schutze der Beteiligten restriktiv handhaben und verlangen müssen, dass selbst die schriftliche Bekanntgabe objektiv unmöglich ist.[2] Dies muss in der Akte sorgfältig dokumentiert werden,[3] da dem betroffenen Beteiligten ansonsten ohne Verschulden ein einschneidender Rechtsverlust drohen kann.

b) Nachträgliche Möglichkeit der schriftlichen Bekanntgabe

12 In den Fällen des § 63 Abs. 3 Satz 2 bedarf es dann aber anders als im Zivilprozess überhaupt keiner Bekanntgabe oder Zustellung, auch keiner öffentlichen. Kann die schriftliche Bekanntgabe nicht bewirkt werden, genügt der Erlass der Entscheidung. Dies wirft die Frage auf, was bei nachträglichen Änderungen in der Möglichkeit der schriftlichen Bekanntgabe zu gelten hat, wenn die Bekanntgabe also bei Erlass der Entscheidung noch nicht erfolgen kann, wohl aber später. In diesen Fällen ist nach dem Zweck der Norm wohl zwischen der Zeit **vor und nach Ablauf der Frist** des § 63 Abs. 3 Satz 2 zu unterscheiden: § 63 Abs. 3 Satz 1 muss schon aus Gründen effektiven Rechtsschutzes als vorrangig angesehen werden, so dass dem Beschwerdeberechtigten die Entscheidung innerhalb des Zeitraums von fünf Monaten nach ihrem Erlass noch schriftlich bekannt gegeben werden muss. Erst dann läuft die Beschwerdefrist,[4] auch wenn dies bei einer Zustellung gegen Ende des Fünf-Monats-Zeitraums zu einer Verschiebung der Beschwerdefrist führt. Ist die Frist nach § 63 Abs. 3 Satz 2 dagegen abgelaufen, kann die Beschwerdefrist durch eine schriftliche Bekanntgabe nicht von Neuem in Gang gesetzt werden.

c) Wiedereinsetzung bei Fristbeginn nach Abs. 3 Satz 2

13 Nach dem von § 517, letzter Halbs. ZPO bzw. § 569 Abs. 1 Satz 2 ZPO abweichenden Regelungsgehalt des § 63 Abs. 3 Satz 2 setzt der dort bestimmte Fristbeginn nicht voraus, dass der Beschwerdeberechtigte in irgendeiner Weise Kenntnis vom Inhalt der Entscheidung erlangt hat.[5] Dies folgt nicht nur aus dem Wortlaut, wonach die schriftliche Bekanntgabe eben gar nicht bewirkt werden kann, sondern auch aus dem Zusammenhang mit § 63 Abs. 3 Satz 1: Sofern eine solche formlose Kenntniserlangung überhaupt möglich ist, wird sie regelmäßig bereits von § 63 Abs. 3 Satz 1 erfasst sein. In diesen Fällen kommt aber ähnlich wie bei der unrichtigen Rechtsbehelfsbelehrung (vgl. § 39 Rz. 16 f.), die zur Nichteinhaltung der Frist führt, die Wiedereinsetzung in Betracht.[6] Dies setzt voraus, dass die Unmöglichkeit, eine schriftliche Bekanntgabe zu bewirken, nicht vom Beschwerdeberechtigten verschuldet ist. Vereitelt er selbst die schriftliche Bekanntgabe, kommt eine Wiedereinsetzung demnach nicht in Betracht.

---

1 So auch Zöller/*Feskorn*, § 63 FamFG Rz. 7; *Rackl*, Rechtsmittelrecht, S. 89 f.; ähnlich wohl *Maurer*, FamRZ 2009, 465 (472).
2 Dass dies nur selten zu bejahen sein wird, betont zu Recht *Rackl*, Rechtsmittelrecht, S. 90.
3 So auch *Rackl*, Rechtsmittelrecht, S. 90 f.
4 Ebenso Keidel/*Sternal*, § 63 FamFG Rz. 44; *Rackl*, Rechtsmittelrecht, S. 87; Bork/Jacoby/Schwab/*Müther*, 1. Aufl., § 63 FamFG Rz. 9.
5 Zu den zivilprozessualen Regelungen s. etwa MüKo.ZPO/*Lipp*, § 569 ZPO Rz. 5; Zöller/*Heßler*, § 569 ZPO Rz. 4.
6 AA Keidel/*Sternal*, § 63 FamFG Rz. 47, der auch insoweit § 63 Abs. 2 Satz 2 FamFG nur als Übertragung des § 517 ZPO in das fG-Verfahren ansieht. Immerhin soll für den an die Fünfmonatsfrist anschließenden Lauf der Beschwerdefrist Wiedereinsetzung möglich sein, was in der Praxis häufig zu identischen Ergebnissen führen wird.

3. Fristberechnung

Für die Fristberechnung gelten über die Verweisungen des § 16 Abs. 2 FamFG iVm. § 222 Abs. 1 ZPO die Vorschriften des BGB, also §§ 186 ff. BGB.[1] Demnach wird der Tag, an dem die Entscheidung schriftlich bekannt gegeben bzw. erlassen wird, gem. § 187 BGB bei der Berechnung der Frist nicht mitgezählt. Die Fristen des § 63 Abs. 1 und 2 enden gem. § 188 Abs. 2 BGB mit Ablauf des Tages des Monats bzw. der zweiten Woche, der durch seine Benennung dem Tag der schriftlichen Bekanntgabe bzw. des Erlasses entspricht.[2] Sofern dies ein Sonn- oder Feiertag ist, tritt gem. § 193 BGB an dessen Stelle der nächste Werktag. Hingegen ist auf § 63 Abs. 3 Satz 2 nur § 222 Abs. 1, nicht aber die Sonderregel des § 222 Abs. 2 für Samstage, Sonntage und Feiertage anwendbar.[3] Der Beteiligte muss sich u.U. durch Akteneinsicht über den Fristbeginn Klarheit verschaffen.[4] Die Wahrung der Frist setzt die Einlegung der Beschwerde am richtigen Ort (hierzu § 64 Rz. 4 ff.) und in der richtigen Form (hierzu § 64 Rz. 10 ff.) voraus.

§ 64 Einlegung der Beschwerde

(1) Die Beschwerde ist bei dem Gericht einzulegen, dessen Beschluss angefochten wird. Anträge auf Bewilligung von Verfahrenskostenhilfe für eine beabsichtigte Beschwerde sind bei dem Gericht einzulegen, dessen Beschluss angefochten werden soll.

(2) Die Beschwerde wird durch Einreichung einer Beschwerdeschrift oder zur Niederschrift der Geschäftsstelle eingelegt. Die Einlegung der Beschwerde zur Niederschrift der Geschäftsstelle ist in Ehesachen und in Familienstreitsachen ausgeschlossen. Die Beschwerde muss die Bezeichnung des angefochtenen Beschlusses sowie die Erklärung enthalten, dass Beschwerde gegen diesen Beschluss eingelegt wird. Sie ist von dem Beschwerdeführer oder seinem Bevollmächtigten zu unterzeichnen.

(3) Das Beschwerdegericht kann vor der Entscheidung eine einstweilige Anordnung erlassen; es kann insbesondere anordnen, dass die Vollziehung des angefochtenen Beschlusses auszusetzen ist.

A. Entstehungsgeschichte und Normzweck 1	b) Unterschrift 11
B. Inhalt der Vorschrift	c) Kein Rechtsanwaltszwang 14
I. Ort der Einlegung	2. Inhalt
1. Gericht der ersten Instanz	a) Bezeichnung der angegriffenen Entscheidung 15
a) Einlegung der Beschwerde 2	b) Begehren einer Überprüfung .. 16
b) Antrag auf Verfahrenskostenhilfe 2a	c) Bezeichnung des Beschwerdeführers 17
2. Einlegung bei einem anderen Gericht 3	d) Antrag und Begründung 18
3. Empfangsmöglichkeiten	e) Bedingungen 19
a) Fristbriefkasten und sonstige Briefkästen 4	III. Einstweilige Anordnungen
b) Fax und entsprechende Möglichkeiten 5	1. Regelungszweck 20
c) Erklärung zu Protokoll 6	2. Voraussetzungen und Inhalt der einstweiligen Anordnung nach Absatz 3
d) Elektronisches Dokument 7	a) Verhältnis zu einstweiligen Anordnungen nach § 50 Abs. 1 Satz 2 letzter Halbsatz
4. Mehrfache Einlegung 8	aa) Abgrenzung der einstweiligen Anordnungen nach § 50 Abs. 1 Satz 2 und § 64 Abs. 3 21
5. Beschränkung der Beschwerde ... 9	
II. Form und Inhalt der Beschwerdeschrift	
1. Formerfordernisse	
a) Schriftform 10	

---

1 Keidel/*Sternal*, § 63 FamFG Rz. 30; Bork/Jacoby/Schwab/*Müther*, 1. Aufl., § 63 FamFG Rz. 4.
2 Keidel/*Sternal*, § 63 FamFG Rz. 31 f.
3 Keidel/*Sternal*, § 63 FamFG Rz. 46.
4 Keidel/*Sternal*, § 63 FamFG Rz. 46.

§ 64 Allgemeiner Teil

bb) Gemeinsame Verfahrensgrundsätze 22
b) Voraussetzungen: Dringlichkeit
und Anordnungsanspruch 23
c) Verfahren
aa) Antrag und Begründung . . . 24
bb) Mündliche Verhandlung und
rechtliches Gehör 26
d) Form der Entscheidung 27
e) Inhalt der Entscheidung
aa) Weites Ermessen des Beschwerdegerichts 28
bb) Regelung im Rahmen des Verfahrensgegenstandes 29

cc) Keine Vorwegnahme der
Hauptsache 30
3. Dauer der Anordnung
a) Wirksamwerden und Vollstreckung 32
b) Erlass der Entscheidung in der
Hauptsache 34
c) Sonstige Erledigung in der
Hauptsache 35
d) Ausdrückliche Befristung im Beschluss selbst 36
4. Anfechtbarkeit 37

A. Entstehungsgeschichte und Normzweck

1 § 64 übernimmt mit Modifikationen die Regelungen der §§ 569 Abs. 1 Satz 1, Abs. 2, 570 Abs. 3 ZPO in das Verfahren des FamFG. Dabei entspricht § 64 Abs. 1 der Regelung zur Einlegung des Rechtsmittels in § 569 Abs. 1 Satz 1 ZPO, lässt aber im Gegensatz hierzu (und zu § 21 Abs. 1 FGG aF)[1] nur noch die Einlegung der Beschwerde beim Ausgangsgericht zu.[2] Damit wird an die Erfahrungen mit § 569 Abs. 1 Satz 1 ZPO angeknüpft, der die Einlegung beim Ausgangs- und beim Beschwerdegericht zulässt, was der Verfahrensbeschleunigung nicht dienlich war.[3] Eine Sonderregelung gilt mit §§ 305, 336 in Betreuungs- und Unterbringungssachen, wonach der Betroffene Beschwerde auch bei dem Amtsgericht einlegen kann, in dessen Bezirk er untergebracht ist.[4] Entsprechendes gilt nach § 429 Abs. 4 für Freiheitsentziehungssachen. Die Vorschriften zu Form und Inhalt der Beschwerde (§ 64 Abs. 2) stimmen in Inhalt und weitgehend auch im Wortlaut mit § 569 Abs. 2 ZPO überein. Dabei enthält § 64 Abs. 2 Satz 3 und 4 gegenüber dem alten Recht (§ 21 Abs. 2 FGG) neue Anforderungen an Mindestinhalt und Unterzeichnung der Beschwerdeschrift. Auch dies dient der Harmonisierung der Verfahrensordnungen.[5] Die Vorschrift zur Möglichkeit einstweiliger Anordnungen (§ 64 Abs. 3) entspricht altem Recht (§ 24 Abs. 3 FGG) und findet ihr zivilprozessuales Gegenstück in § 570 Abs. 3 ZPO. § 64 findet mit der in Abs. 2 Satz 2 vorgesehenen Ausnahme auch in Ehe- und Familienstreitsachen Anwendung.

B. Inhalt der Vorschrift

I. Ort der Einlegung

1. Gericht der ersten Instanz

a) Einlegung der Beschwerde

2 Die Beschwerde kann nunmehr gem. § 64 Abs. 1 nur noch bei dem Gericht eingelegt werden, dessen Beschluss angefochten wird, **nicht mehr beim Beschwerdegericht**. Wie im Umkehrschluss aus der Sonderregelung der §§ 305, 336 hervorgeht, soll dies auch bei einem Wechsel der Zuständigkeit während des laufenden Verfahrens

---

1 *Schürmann*, FamRB 2009, 24 (26); die Materialien (BT-Drucks. 16/6308, S. 206) beziehen sich insoweit zu Unrecht auf § 22 Abs. 1 FGG.
2 BT-Drucks. 16/6308, S. 206; *Bumiller*/Harders, § 64 FamFG Rz. 1; Bassenge/Roth/*Gottwald*, § 63 FamFG Rz. 1.
3 Dazu, dass die Einlegung beim Ausgangsgericht auch bei Beschwerden nach §§ 567ff. ZPO empfehlenswert ist, s. etwa MüKo.ZPO/*Lipp*, § 569 ZPO Rz. 2; zu weiteren verfahrensförderlichen Auswirkungen der Konzentration beim erstinstanzlichen Gericht *Schürmann*, FamRB 2009, 24 (25).
4 *Sonnenfeld*, BtPrax 2009, 167 (168).
5 BT-Drucks. 16/6308, S. 206.

der Fall sein.¹ Dies dient der Beschleunigung des Verfahrens,² da die nach § 68 Abs. 1 erforderliche Entscheidung über die Abhilfe nun nicht mehr die Rücksendung der Beschwerdeschrift an das erstinstanzliche Gericht erfordert.³ Zudem kann das Ausgangsgericht nun ohne Anfrage beim Beschwerdegericht feststellen, ob Rechtskraft eingetreten ist.⁴ Da der Beschwerdeberechtigte nach § 39 in der Rechtsbehelfsbelehrung über das zuständige Gericht in Kenntnis zu setzen ist, resultieren für ihn aus der Konzentration der Einlegungsmöglichkeit auf das Ausgangsgericht auch keine Nachteile.⁵ Nicht recht einsichtig ist allerdings, wieso diese Regelung auch in Ehe- und Familienstreitsachen gilt, in denen dem Ausgangsgericht keine Abhilfebefugnis zukommt und die Einlegung dort auf keinen Fall zu einer Zeitersparnis führt.⁶ Die Beschwerde kann noch vor der schriftlichen Bekanntgabe des angefochtenen Beschlusses, aber nicht vor seinem Erlass eingelegt werden, da der Beschluss erst hierdurch existent wird (s. hierzu § 63 Rz. 9).

b) Antrag auf Verfahrenskostenhilfe

Umstritten war die Frage, wo der Beschwerdeführer ein Gesuch auf Verfahrenskostenhilfe anzubringen hatte. Während eine Auffassung auch insoweit auf § 64 Abs. 1 abstellte und nur den Antrag beim Ausgangsgericht für richtig befand,⁷ hielt eine andere Auffassung jedenfalls ab Übersendung der Akten die Antragstellung beim Beschwerdegericht für möglich.⁸ Diesen Streit hat der Gesetzgeber nunmehr durch Änderung von § 64 Abs. 1 entschieden.⁹ Demnach sind Anträge auf Bewilligung von Verfahrenskostenhilfe für eine beabsichtigte Beschwerde immer bei dem Gericht einzulegen, dessen Beschluss angefochten wird.

2a

2. Einlegung bei einem anderen Gericht

Die Einlegung der Beschwerde beim Beschwerdegericht oder einem anderen Gericht wahrt die Beschwerdefristen des § 63 Abs. 1 und 2 nur, wenn die Beschwerdeschrift innerhalb der Beschwerdefrist beim zuständigen Gericht eingeht.¹⁰ Das andere Gericht, auch das Beschwerdegericht ist zwar zur **Weiterleitung** der Beschwerdeschrift verpflichtet (§ 25 Abs. 3 Satz 1),¹¹ hat hierbei aber keine besonde-

3

---

1 Noch weiter gehend Keidel/*Sternal*, § 64 FamFG Rz. 4, der u.a. auch nach einer Verweisung oder Abgabe von einer Beschwerdeeinlegung beim Ausgangsgericht ausgeht, was aber jedenfalls dann zu weit gehen dürfte, wenn das Gericht, an das verwiesen bzw. abgegeben wurde, die erstinstanzliche Entscheidung erlassen hat.
2 BT-Drucks. 16/6308, S. 206; OLG Dresden v. 3.11.2010 – 23 UF 500/10, FGPrax 2011, 103; Zöller/*Feskorn*, § 64 FamFG Rz. 2.
3 *Rackl*, Rechtsmittelrecht, S. 61 f.
4 OLG Dresden v. 3.11.2010 – 23 UF 500/10, FGPrax 2011, 103; *Rakete-Dombek/Türck-Brocker*, NJW 2009, 2769 (2770); *Rackl*, Rechtsmittelrecht, S. 61.
5 So zutreffend BT-Drucks. 16/6308, S. 206; Keidel/*Sternal*, § 64 FamFG Rz. 5; *Rackl*, Rechtsmittelrecht, S. 61 f.
6 *Rackl*, Rechtsmittelrecht, S. 64; ähnlich Zöller/*Feskorn*, § 64 FamFG Rz. 2; OLG Dresden v. 3.11.2010–23 UF 500/10, FGPrax 2011, 103; das deshalb offenbar auch die Einlegung der Beschwerde beim Beschwerdegericht für zulässig hält; aA *Schürmann*, FuR 2010, 425 (431).
7 OLG Bamberg v. 22.8.2011 – 2 UF 154/11, FamRZ 2012, 49; *Fölsch*, NJW 2010, 3352 (3353).
8 So wohl OLG Bremen v. 14.4.2011 – 4 UF 163/10, FamRZ 2011, 1741 f.
9 Durch Art. 6 Nr. 7 des Gesetzes zur Einführung einer Rechtsbehelfsbelehrung im Zivilprozess und zur Änderung anderer Vorschriften v. 5.12.2012, BGBl. I, S. 2418.
10 OLG Düsseldorf v. 1.7.2010 – II-7 UF 79/10, FamRZ 2010, 2012; *Schürmann*, FamRB 2009, 24 (25) m. Fn. 12; *Netzer*, ZNotP 2009, 303 (305); *Jänig/Leißring*, ZIP 2010, 110 (117 Fn. 86); *Reinken*, FuR 2010, 268 (272); *Joachim/Kräft*, JR 2010, 277 (280); Keidel/*Sternal*, § 63 FamFG Rz. 41 und § 64 FamFG Rz. 7; *Bumiller*/Harders, § 64 FamFG Rz. 1; *Müther*, FamRZ 2010, 1952 (1953); *Vogel*, FPR 2011, 4.
11 BGH v. 17.8.2011 – XII ZB 50/11, FamRZ 2011, 1649 (1650); KG v. 2.2.2010 – 16 UF 1/10, FGPrax 2010, 104; OLG Nürnberg v. 26.2.2010 – 7 UF 20/10, FamRZ 2010, 1575; *Netzer*, ZNotP 2009, 303 (305); *Reinken*, FuR 2010, 268 (272); Keidel/*Sternal*, § 63 FamFG Rz. 41 und § 64 Rz. 7; Zöller/*Feskorn*, § 64 FamFG Rz. 3; *Vogel*, FPR 2011, 4; aA *Müther*, FamRZ 2010, 1952 (1953), wonach die Pflicht zur Weiterleitung auf Erklärungen zu Protokoll der Geschäftsstelle bestehen soll. Dies mutet begriffsjuristisch an. Dann wäre das Beschwerdegericht zwar zur Weiterleitung einer zu Protokoll der Geschäftsstelle erklärten Beschwerde verpflichtet (*Rackl*, Rechtsmittel-

ren Maßnahmen (etwa die beschleunigte Weiterleitung durch besonderen Wachtmeister) zu ergreifen, um die Wahrung der Beschwerdefrist zu sichern.[1] Nur **zusätzliche Fehler**, etwa die Weiterleitung an ein unzuständiges Gericht, begründen die Wiedereinsetzung, wenn die Beschwerdefrist bei normalem Geschäftsgang gewahrt worden wäre. Gleiches gilt, wenn die Weiterleitung verzögert erfolgt.[2] Entsprechendes gilt für Justizbehörden wie die Staatsanwaltschaft.[3]

3. Empfangsmöglichkeiten

a) Fristbriefkasten und sonstige Briefkästen

4   Zwischen verschiedenen Empfangseinrichtungen des erstinstanzlichen Gerichts hat der Beschwerdeführer grundsätzlich die **freie Wahl**. Er kann die Beschwerdeschrift zunächst in den normalen Briefkasten dieses Gerichts einlegen. Damit ist sie in die Verfügungsgewalt des Beschwerdegerichts gelangt, was genügt.[4] Dabei gilt die Frist auch dann als gewahrt, wenn der Kasten am letzten Tag der Frist nicht geleert wird, aber sich bei der nächsten Leerung unter den Eingängen befindet. Dies gilt auch dann, wenn das Gericht einen speziellen **Fristenbriefkasten** vorhält und darauf bei sonstigen Empfangsvorrichtungen deutlich und unmissverständlich hinweist.[5] Denn einer Mitwirkungshandlung des Gerichts etwa in Form einer Entgegennahme bedarf es nicht; es genügt, dass der Schriftsatz in seine Verfügungsgewalt gelangt ist, was beim normalen Hausbriefkasten der Fall ist.[6] Ein Fristbriefkasten dient nur der Beweiserleichterung.[7] Somit ist nur eine Beschwerdeschrift, die sich bei der Leerung am Ende des letzten Tages nicht unter den Eingängen befindet, nicht mehr fristgerecht. Halten mehrere Gerichte oder Justizbehörden einen **gemeinsamen Briefkasten** vor, so erfolgt die Einlegung dort fristwahrend; auf den Zugang beim erstinstanzlichen Gericht kommt es dann nicht mehr an.[8] Gleiches gilt für ein Postfach des Gerichts beim örtlichen Postamt.[9] Die Frist wird aber nur gegenüber dem Gericht gewahrt, das als Empfänger bezeichnet ist.[10] Richtet der Beschwerdeführer sein Rechtsmittel etwa an das Beschwerdegericht, so ist das Rechtsmittel nicht schon bei Einlegen in den gemeinsamen Briefkasten, sondern erst bei Weiterleitung an das Ausgangsgericht fristwahrend eingegangen. Der **Eingangsstempel** des erstinstanzlichen Gerichts erbringt den Beweis für den Eingang, kann aber entsprechend § 418 Abs. 2 ZPO widerlegt werden.[11] Dabei bedarf es der vollen Überzeugung des Gerichts, die es sich auch im Wege des Freibeweises bilden kann.[12] Etwas anderes gilt freilich dann, wenn der Beschwerdeführer ein anderes als das erstinstanzliche Gericht als Empfänger bezeichnet hat. Dann gilt das oben zur Einlegung beim falschen Gericht Gesagte (Rz. 3): Es kommt darauf an, wann die Beschwerde beim richtigen Gericht eingeht.

---

recht, S. 65), nicht aber zur Weiterleitung eines Beschwerdeschriftsatzes. Jedenfalls wäre § 25 Abs. 3 dann entsprechend anzuwenden, so dass die auf der behaupteten Nichtanwendbarkeit von § 25 Abs. 3 beruhenden Überlegungen obsolet sein dürften.

1 KG v. 2.2.2010 – 16 UF 1/10, FGPrax 2010, 104; Keidel/*Sternal*, § 63 FamFG Rz. 41; Bork/Jacoby/Schwab/*Müther*, 1. Aufl., § 64 FamFG Rz. 4; Zöller/*Feskorn*, § 64 FamFG Rz. 3.
2 *Vogel*, FPR 2011, 4 f.
3 BGH v. 3.6.1987 – IVa ZR 292/85, BGHZ 101, 276 (280); *Schürmann*, FamRB 2009, 24 (25) m. Fn. 12.
4 BGH v. 5.7.2000 – XII ZB 110/00, NJW-RR 2001, 280.
5 BVerfG v. 7.5.1991 – 2 BvR 215/90, NJW 1991, 2076; BGH v. 12.2.1981 – VII ZB 27/80, NJW 1981, 1216 f.; BGH v. 25.1.1984 – IVb ZR 43/82, NJW 1984, 1237; BGH v. 5.7.2000 – XII ZB 110/00, NJW-RR 2001, 280.
6 BVerfG v. 7.5.1991 – 2 BvR 215/90, NJW 1991, 2076; BGH v. 12.2.1981 – VII ZB 27/80, NJW 1981, 1216 f.; BGH v. 25.1.1984 – IVb ZR 43/82, NJW 1984, 1237.
7 BGH v. 25.1.1984 – IVb ZR 43/82, NJW 1984, 1237.
8 BGH v. 3.6.1987 – IVa ZR 292/85, BGHZ 101, 276, 280; Keidel/*Sternal*, § 63 FamFG Rz. 36.
9 Keidel/*Sternal*, § 63 FamFG Rz. 37.
10 *Bumiller*/Harders, § 64 FamFG Rz. 1.
11 Vgl. BGH v. 5.7.2000 – XII ZB 110/00, NJW-RR 2001, 280; Keidel/*Sternal*, § 63 FamFG Rz. 34.
12 BGH v. 5.7.2000 – XII ZB 110/00, NJW-RR 2001, 280.

Auch die Übermittlung der Beschwerdeschrift an das Gericht, die keine der vorgesehenen Empfangsvorrichtungen nutzt, etwa das Einlegen in die Akte, genügt nicht.[1]

b) Fax und entsprechende Möglichkeiten

Bereits nach altem Recht war anerkannt, dass die Beschwerde durch Telefax eingelegt werden konnte. Da dies auch für die Berufung in Zivilsachen möglich ist[2] und die Beschwerde nach dem FamFG keine höheren formalen Hürden aufstellen will, hat dies auch in Zukunft zu gelten.[3] Allerdings genügt wie im Zivilprozess[4] eine **Fernkopie ohne Unterschrift** nunmehr wegen § 64 Abs. 2 Satz 4 nicht mehr.[5] Defekte des Empfängergerätes gehen nicht zulasten des Beschwerdeführers, da die Gerichte für ein ordnungsgemäßes Funktionieren ihrer Faxgeräte zu sorgen haben, wenn sie diese Empfangsmöglichkeit bereithalten.[6] Sind **zentrale Faxgeräte** für mehrere Justizbehörden eingerichtet, so sind diese ebenso wie zentrale Briefkästen zu behandeln:[7] Die Übermittlung der ordnungsgemäß gesendeten Signale auf dieses Gerät bewirkt den Eingang bei Gericht.[8] Eine Aufteilung der Empfangszuständigkeit auf verschiedene Geräte wirkt gegenüber dem Rechtsverkehr nur, wenn sie allgemein bekannt gemacht wurde.[9] Jedenfalls dann, wenn das Fax selbst im Gericht nicht mehr auffindbar ist, kann die ordnungsgemäße Übermittlung durch Sendebericht und Faxchronik nachgewiesen werden.[10] In diesem Fall können Störungen in der Sphäre des Gerichts auch nicht mit der Erwägung auf die Beteiligten abgewälzt werden, es sei nicht sicher, ob eine unterzeichnete Beschwerdeschrift übermittelt wurde.[11] Zulässig ist auch weiterhin die Einlegung mit früher üblichen Fernübermittlungsmethoden wie Fernschreiber und Telegramm,[12] wobei es sich aber heute um weitgehend theoretische Möglichkeiten handelt, da sie üblicherweise nicht mehr in Gebrauch sind.

c) Erklärung zu Protokoll

Die Beschwerde kann nach § 64 Abs. 2 Satz 1 wie früher nach § 21 Abs. 2 Satz 1 FGG[13] auch zur Niederschrift der Geschäftsstelle erfolgen, allerdings nicht in Ehe- und Familienstreitsachen (§ 64 Abs. 2 Satz 2). Dies ist nunmehr gem. § 64 Abs. 1 aber nur noch beim Ausgangsgericht möglich.[14] Die Aufnahme der Beschwerde zu Protokoll durch ein anderes Gericht ist nach §§ 68 Abs. 3 Satz 1, 25 Abs. 2, 3 an das zu-

---

1 Keidel/*Sternal*, § 63 FamFG Rz. 35 u. § 64 FamFG Rz. 11; Bork/Jacoby/Schwab/*Müther*, 1. Aufl., § 64 FamFG Rz. 13.
2 BGH v. 23.6.2005 – V ZB 45/04, MDR 2005, 1427 (1428); Zöller/*Heßler*, § 519 ZPO Rz. 18a.
3 Bumiller/Harders, § 64 FamFG Rz. 4.
4 Hierzu Zöller/*Heßler*, § 519 ZPO Rz. 18a.
5 Der alte Meinungsstreit (s. etwa *Bassenge*/Roth, 11. Aufl., § 21 FGG Rz. 5; anders schon nach altem Recht Bumiller/Winkler, 8. Aufl., § 21 FGG Rz. 3; Bork/Jacoby/Schwab/*Müther*, 1. Aufl., § 64 FamFG Rz. 2) ist insoweit durch die ausdrückliche Regelung des § 64 Abs. 2 Satz 4 überholt.
6 BGH v. 2.10.1991 – IV ZR 68/91, FamRZ 1992, 296.
7 BGH v. 3.6.1987 – IVa ZR 292/85, BGHZ 101, 276 (280); Keidel/*Sternal*, § 63 FamFG Rz. 39.
8 BGH v. 25.4.2006 – IV ZB 20/05, NJW 2006, 2263 (2264); Keidel/*Sternal*, § 63 FamFG Rz. 38; die frühere Rspr., die auf den Ausdruck abstellte – s. etwa BayObLG v. 11.7.1991 – BReg 3 Z 103/91, MDR 1991, 1088; ähnlich schon für Fernschreiber BGH v. 3.6.1987 – IVa ZR 292/85, BGHZ 101, 276 (280) – ist überholt.
9 BayObLG v. 11.7.1991 – BReg 3 Z 103/91, MDR 1991, 1088.
10 OLG Zweibrücken v. 30.10.2001 – 3 W 246/01, FGPrax 2002, 17 = NJW-RR 2002, 355; Keidel/*Sternal*, § 63 FamFG Rz. 39; weiter ergehend wohl BGH v. 2.10.1991 – IV ZR 68/91, FamRZ 1992, 296 und BGH v. 10.3.2009 – VIII ZB 55/06, NJW-RR 2009, 933 (934), wo offenbar nur auf den Sendebericht abgestellt wird; ähnlich Bumiller/Harders, § 64 FamFG Rz. 4; aA Bork/Jacoby/Schwab/*Müther*, 1. Aufl., § 64 FamFG Rz. 13.
11 OLG Zweibrücken v. 30.10.2001 – 3 W 246/01, FGPrax 2002, 17 = NJW-RR 2002, 355 (356); vgl. schon OLG Köln v. 17.12.1975 – 2 W 143/75, MDR 1976, 497 (498).
12 BGH v. 6.12.1979 – VII ZB 13/79, VersR 1980, 331; BGH v. 3.6.1987 – IVa ZR 292/85, BGHZ 101, 276 (279f.); Keidel/*Sternal*, § 63 FamFG Rz. 37 und § 64 FamFG Rz. 12; Bumiller/Harders, § 64 FamFG Rz. 4.
13 Zur Übereinstimmung mit dem alten Recht s. BT-Drucks. 16/6308, S. 206.
14 Zu Unrecht zweifelnd Bassenge/Roth/*Gottwald*, § 64 FamFG Rz. 4.

ständige Gericht weiterzuleiten und wahrt bei rechtzeitigem Eingang die Beschwerdefrist.[1] Maßgeblich ist die Niederschrift, nicht die bloße Erklärung des Beschwerdeberechtigten. Nach richtiger Meinung setzt dies die **persönliche Anwesenheit des Beschwerdeführers** voraus; telefonisch kann eine Beschwerde nicht eingelegt werden.[2] Denn nur so kann überprüft werden, welche Person das Rechtsmittel einlegt. Die Unterzeichnung einer **vorgefertigten Beschwerdeschrift** mit Eingangs- und Schlussformel durch den Urkundsbeamten genügt nicht, da das Protokoll von ihm selbst abgefasst sein muss.[3] Wird eine Beschwerde aber trotz derartiger Fehler vom Urkundsbeamten entgegengenommen, ist der Beschwerdeführer vom Beschwerdegericht darauf hinzuweisen. Auf Antrag ist ihm dann Wiedereinsetzung zu gewähren, da der Fehler im Verantwortungsbereich des Gerichts liegt.[4] Der **Unterschrift** des Beschwerdeführers bedarf es neben derjenigen des Urkundsbeamten nicht.[5] Allein letzterer erstellt die Niederschrift. Unterzeichnet nur der Beschwerdeführer, kann die Niederschrift als Beschwerdeschrift anzusehen sein.[6] Allein das Fehlen des Protokollvermerks, dass die Niederschrift vorgelesen oder zur Durchsicht vorgelegt wurde und vom Beschwerdeführer genehmigt wurde, ist unschädlich.[7] Sofern das Gericht eine besondere **Rechtsantragsstelle** eingerichtet hat, übernimmt diese die Funktion des Urkundsbeamten.[8] Auch der Richter kann nach richtiger Auffassung die Beschwerde wirksam protokollieren.[9] Denn er kann alle Aufgaben übernehmen, die dem Rechtspfleger übertragen sind. Er ist allerdings nicht zur Protokollierung der Niederschrift verpflichtet.[10] Damit die Möglichkeit zur Niederschrift der Geschäftsstelle für die Einlegung der Beschwerde den in Familiensachen gem. § 114 Abs. 1 vorgesehenen Anwaltszwang nicht aushebelt, hat der Gesetzgeber Abs. 2 nachträglich noch um einen entsprechenden Ausschluss ergänzt.[11] Dies soll nicht für Folgesachen gelten; hier soll nur die Vertretung durch einen Rechtsanwalt im weiteren Verfahren erforderlich sein.[12]

d) Elektronisches Dokument

7   Die Vorschriften über Rechtsmittel enthalten keine eigene Regelung zur Einlegung der Beschwerde als elektronisches Dokument. Nach §§ 68 Abs. 3 Satz 1, 14 Abs. 2 können die Beteiligten ihre „Anträge und Erklärungen" aber auch als elektronisches Dokument übermitteln, wofür §§ 130a Abs. 1 und 3, 298 ZPO entsprechend gelten.[13] Dies muss in **erweiternder Auslegung** auch auf Rechtsmittel angewendet werden.[14] Zum einen muss die Einreichung einer **Beschwerdeschrift** zumindest in entsprechender Anwendung von § 14 Abs. 2 Satz 1 erfasst sein, auch wenn sie nicht zu erstinstanzlichen Anträgen oder Erklärungen gehört. Zum anderen muss diese

---

1 Keidel/*Sternal*, § 64 FamFG Rz. 19; Zöller/*Feskorn*, § 64 FamFG Rz. 6; ohne Begr. *Bumiller*/Harders, § 64 FamFG Rz. 5, wonach die Erklärung zu Protokoll eines anderen Gerichts unheilbar unwirksam sein soll.
2 OLG Frankfurt v. 4.12.2000 – 20 W 509/2000, FGPrax 2001, 46; *Schürmann*, FuR 2010, 425 (430); Keidel/*Sternal*, § 64 FamFG Rz. 14; Bork/Jacoby/Schwab/*Müther*, 1. Aufl., § 64 FamFG Rz. 3.
3 Keidel/*Sternal*, § 64 FamFG Rz. 17.
4 OLG Frankfurt v. 4.12.2000 – 20 W 509/2000, FGPrax 2001, 46.
5 BayObLG v. 30.7.1987 – BReg 3 Z 80/87, BayObLGZ 1987, 275 (276f.); Bork/Jacoby/Schwab/*Müther*, 1. Aufl., § 64 FamFG Rz. 3; Zöller/*Feskorn*, § 64 FamFG Rz. 6; aA LG Freiburg v. 1.12.2011 – 4 T 281/11, NJW-RR 2012, 638 f.
6 Keidel/*Sternal*, § 64 FamFG Rz. 16.
7 Keidel/*Sternal*, § 64 FamFG Rz. 16.
8 *Bumiller*/Harders, § 64 FamFG Rz. 5.
9 BayObLG v. 30.7.1987 – BReg 3 Z 80/87, BayObLGZ 1987, 275 (276); OLG Frankfurt v. 4.12.2000 – 20 W 509/2000, FGPrax 2001, 46; *Bumiller*/Harders, § 64 FamFG Rz. 5; Keidel/*Sternal*, § 64 FamFG Rz. 18.
10 Ebenso Keidel/*Sternal*, § 64 FamFG Rz. 18.
11 BT-Drucks. 16/12717, S. 69; Keidel/*Sternal*, § 64 FamFG Rz. 2; vgl. zur ursprünglichen Fassung *Schürmann*, FamRB 2009, 24 (26).
12 *Rackl*, Rechtsmittelrecht, S. 69.
13 Zu § 14 im Einzelnen, insbesondere zur qualifizierten elektronischen Signatur und dem Format des Dokumentes s. die Kommentierung dort.
14 Ebenso *Bumiller*/Harders, § 64 FamFG Rz. 3; Keidel/*Sternal*, § 64 FamFG Rz. 20.

Möglichkeit entgegen der Beschränkung auf „Beteiligte" **auch demjenigen offenstehen, der in erster Instanz noch nicht beteiligt war**, aber beschwerdeberechtigt ist (vgl. hierzu § 59 Rz. 1). Voraussetzung ist naturgemäß, dass das Beschwerdegericht zu denjenigen Gerichten gehört, für die die elektronische Einreichung von Dokumenten nach § 14 Abs. 4 Satz 4 zugelassen ist. Anderenfalls kann eine Beschwerde nicht mit elektronischem Dokument eingelegt werden.[1] Im Übrigen können die Grundsätze der Einreichung durch Schriftsatz oder Telefax entsprechend herangezogen werden. Demnach ist die Beschwerde eingereicht, wenn die Empfangseinrichtung des Gerichts das elektronische Dokument aufgezeichnet hat.[2]

4. Mehrfache Einlegung

Legt ein Beteiligter mehrfach Beschwerde ein, ist darin nur eine Beschwerde zu sehen, auch wenn die gestellten Anträge verschiedene, voneinander abtrennbare Ziele haben. Da in der Stellung eines bestimmten Antrags in aller Regel kein Beschwerdeverzicht hinsichtlich des übrigen Inhalts der angefochtenen Entscheidung zu sehen ist (im Einzelnen s. § 67 Rz. 5), liegt in dem späteren Antrag eine (zulässige) Erweiterung der ursprünglichen Beschwerde. Auch nach Rücknahme der Beschwerde kann grundsätzlich **erneut Beschwerde** gegen dieselbe Entscheidung eingelegt werden. Gleiches gilt, wenn die erste Beschwerde die Mindestanforderungen an eine wirksame Einlegung nicht erfüllt.[3] Im Gegensatz zum früheren Recht[4] hat diese Möglichkeit ihre praktische Bedeutung weitgehend verloren, da die Fristen des § 63 bei der erneuten Einlegung zumeist verstrichen und die erneute Beschwerde daher unzulässig sein wird. Sofern eine **Mehrzahl von Personen** Beschwerde einlegt, liegen aber in jedem Fall verschiedene Rechtsmittel vor, auch wenn sie identische Ziele verfolgen.

5. Beschränkung der Beschwerde

Die Beschwerde kann auf Teile der erstinstanzlichen Entscheidung beschränkt werden. Dabei muss es sich aber um **abtrennbare Teile** handeln, etwa um einzelne, gesondert beschiedene Zeiträume der Vergütung oÄ[5] oder um Beschränkungen der Höhe eines Anspruchs nach. Zulässig ist etwa eine Beschwerde, die die erstinstanzliche Entscheidung insoweit angreift, als nur ein bestimmter Betrag zuerkannt wurde, und die einen höheren, aber nicht den in erster Instanz geforderten begehrt. Gleichfalls zulässig ist bei teilbaren Gegenständen, etwa in Hausratssachen, die Beschränkung auf einige von ihnen.[6] Zulässig ist bei der Anordnung einer Betreuung die Beschränkung auf die Auswahl des Betreuers[7] oder auf einen Teil des Ausspruchs im Versorgungsausgleich,[8] etwa die im Beitrittsgebiet erworbenen Versorgungsansprüche.[9] Unwirksam sind aber Beschränkungen auf **einzelne rechtliche Aspekte**;[10] auf eine entsprechende Beschwerde wird die angegriffene Entscheidung insgesamt überprüft.[11] Eine wirksame Beschränkung stellt keinen Teilverzicht dar und steht daher einer Erweiterung auf andere Teile der angefochtenen Entscheidung nicht entgegen (vgl. § 67 Rz. 5 f.).[12]

---

1 OLG Köln v. 17.2.2011 – 2 Wx 15/11, FGPrax 2011, 152; *Schürmann*, FuR 2010, 425 (430).
2 Keidel/*Sternal*, § 63 FamFG Rz. 40; *Bassenge*/Roth, 11. Aufl., § 21 FGG Rz. 6.
3 Keidel/*Sternal*, § 63 FamFG Rz. 42.
4 Hierzu *Bassenge*/Roth, 11. Aufl., § 21 FGG Rz. 12; *Bumiller*/Winkler, 8. Aufl., § 21 FGG Rz. 10.
5 OLG Nürnberg v. 18.1.2011 – 7 UF 1473/10, FamRZ 2011, 991; OLG Brandenburg v. 11.7.2011 – 9 UF 77/11, FamRZ 2012, 555; OLG Karlsruhe v. 15.3.2012 – 18 UF 338/11, FamRZ 2012, 1306 (1307); *Bumiller*/Harders, § 64 FamFG Rz. 8; Keidel/*Sternal*, § 64 FamFG Rz. 37; Zöller/*Feskorn*, § 64 FamFG Rz. 5.
6 *Bumiller*/Harders, § 64 FamFG Rz. 8; Keidel/*Sternal*, § 64 FamFG Rz. 42.
7 *Bumiller*/Harders, § 64 FamFG Rz. 8; Keidel/*Sternal*, § 64 FamFG Rz. 39.
8 OLG Karlsruhe v. 24.5.2012 – 18 UF 335/11, FamRZ 2013, 314.
9 OLG Karlsruhe v. 15.3.2012 – 18 UF 338/11, FamRZ 2012, 1306 (1307).
10 Keidel/*Sternal*, § 64 FamFG Rz. 47.
11 *Bumiller*/Harders, § 64 FamFG Rz. 8; Keidel/*Sternal*, § 64 FamFG Rz. 37; Zöller/*Feskorn*, § 64 FamFG Rz. 5.
12 Ebenso *Bumiller*/Harders, § 64 FamFG Rz. 9; aA offenbar Keidel/*Sternal*, § 63 FamFG Rz. 33.

II. Form und Inhalt der Beschwerdeschrift

1. Formerfordernisse

a) Schriftform

10 Die Beschwerde bedarf in jedem Fall der schriftlichen Form.[1] Dies erfordert entweder die Einreichung einer Beschwerdeschrift[2] oder die Erklärung zu Protokoll des Urkundsbeamten. Auch hier ist aber die Niederschrift entscheidend; die bloße Erklärung dem Urkundsbeamten gegenüber wäre für sich genommen wirkungslos. Sofern die Einlegung der Beschwerde als elektronisches Dokument zulässig ist, genügt allerdings die schriftliche Reproduzierbarkeit. Die Beschwerdeschrift muss in deutscher Sprache abgefasst werden, sonst wahrt sie die Beschwerdefrist nicht.[3]

b) Unterschrift

11 aa) Im Gegensatz zum alten Recht ordnet § 64 Abs. 2 Satz 4 nunmehr an, dass die Beschwerde vom **Rechtsmittelführer oder seinem Bevollmächtigten** zu unterzeichnen ist. Letzteres stellt keine Alternative zur Unterzeichnung durch den Beschwerdeführer selbst dar; wird die Beschwerdeschrift von einem Bevollmächtigten eingereicht, so ist sie von ihm zu unterzeichnen. Denn mit der Unterschrift übernimmt der Bevollmächtigte die volle Verantwortung für den Schriftsatz[4] und gewährleistet die Abgrenzung der Beschwerdeschrift von einem bloßen Entwurf.[5] Da das FamFG hiermit nach der Gesetzesbegründung ausdrücklich auf den „Standard der anderen Verfahrensordnungen" gebracht werden soll,[6] kommt dem **Fehlen der Unterschrift** hier folglich dieselbe Bedeutung zu wie dort: Das Rechtsmittel ist dann nicht wirksam eingelegt.[7] Allerdings dürfte wie im Zivilprozess die **Unterzeichnung des Beglaubigungsvermerks oder eines Begleitschreibens** genügen.[8] Im Hinblick auf die ausdrückliche, vorbehaltlose Regelung in § 64 Abs. 2 Satz 4 und mangels anderer Regelungen, wie sie der Gesetzgeber an anderer Stelle durchaus traf (vgl. § 59 Abs. 3) kann entgegen früherer Praxis auch bei **Behörden** nicht mehr völlig auf eine Unterschrift verzichtet werden.[9] Allerdings bedarf es nicht der Unterzeichnung durch den Behördenleiter; es genügt diejenige eines niederrangigen Beamten, sofern dieser berechtigt ist, die Behörde insoweit nach außen zu vertreten.[10]

12 bb) Die Unterschrift erfordert die **eigenhändige Unterzeichnung** mit dem vollen Namen,[11] wobei aber nicht sämtliche Adelsprädikate oder akademischen Titel wiedergegeben sein müssen. Es genügt der im Rechtsverkehr geführte Name, auch wenn der Beschwerdeführer einen **Doppelnamen** führt. Aus diesem Grunde kann etwa auch ein **Künstlername** genügen, wenn der Beschwerdeführer unter diesem im

---

1 Zum Zweck der Gewissheit über die Identität des Beschwerdeführers und der Beweissicherungsfunktion s. OLG Frankfurt v. 4.12.2000 – 20 W 509/2000, FGPrax 2001, 46.
2 Vgl. OLG Bremen v. 10.5.1979 – 5 UF 41/79a, FamRZ 1979, 861.
3 Keidel/*Sternal*, § 63 FamFG Rz. 33 und § 64 FamFG Rz. 28.
4 BGH v. 23.6.2005 – V ZB 45/04, MDR 2005, 1427 (1428); OLG Celle v. 6.6.2012 – 10 UF 281/11, FamRZ 2012, 1894; Keidel/*Sternal*, § 64 FamFG Rz. 29; *Rackl*, Rechtsmittelrecht, S. 68.
5 BGH v. 6.12.1979 – VII ZB 13/79, VersR 1980, 331; BGH v. 10.3.2009 – VIII ZB 55/06, NJW-RR 2009, 933.
6 BT-Drucks. 16/6308, S. 206.
7 OLG Dresden v. 3.11.2010 – 23 UF 500/10, FGPrax 2011, 103; OLG Celle v. 6.6.2012 – 10 UF 281/11, FamRZ 2012, 1894; *Schürmann*, FuR 2010, 425 (430); Keidel/*Sternal*, § 64 FamFG Rz. 29; Bork/Jacoby/Schwab/*Müther*, 1. Aufl., § 64 FamFG Rz. 8; Zöller/*Feskorn*, § 64 FamFG Rz. 5; vgl. zur ZPO Zöller/*Greger*, § 130 ZPO Rz. 7 mwN.
8 BGH v. 10.3.2009 – VIII ZB 55/06, NJW-RR 2009, 933 (934); Keidel/*Sternal*, § 64 FamFG Rz. 30; Bork/Jacoby/Schwab/*Müther*, 1. Aufl., § 64 FamFG Rz. 8; Zöller/*Feskorn*, § 64 FamFG Rz. 5; vgl. Zöller/*Greger*, § 130 ZPO Rz. 19 mwN.
9 So noch BGH v. 9.6.1967 – IV ZB 663/66, BGHZ 48, 88 (94f.); Bork/Jacoby/Schwab/*Müther*, 1. Aufl., § 64 FamFG Rz. 2.
10 Vgl. BGH v. 9.6.1967 – IV ZB 663/66, BGHZ 48, 88 (93); Keidel/*Sternal*, § 64 FamFG Rz. 32.
11 BGH v. 15.11.1988 – XI ZB 3/88, MDR 1989, 352; BGH v. 24.7.2001 – VIII ZR 58/01, NJW 2001, 2888.

Rechtsverkehr auftritt.[1] Eine Paraphe genügt aber nicht, da sie als gewollte und bewusste Verkürzung nicht den vollen Namen wiedergibt.[2] Die Unterschrift muss nicht leserlich sein, aber hinreichende Individualisierungsmerkmale erkennen lassen.[3] Ein bloßer Strich genügt daher nicht. Die Frage ist anhand des äußeren Erscheinungsbildes der Unterschrift zu beurteilen[4] und kann im Wege des Freibeweises geklärt werden.[5] Hierbei ist ein großzügiger Maßstab anzuwenden.[6] Aus dem Erfordernis der Eigenhändigkeit folgt, dass die Unterschrift nicht auf andere Art reproduziert sein darf (etwa durch Faksimilestempel, Kopie).[7] Auch eingescannte Unterschriften genügen grundsätzlich nicht.[8] Für Telefaxe bzw. die mittlerweile überholten weiteren Fernübermittlungsgeräte ist insoweit freilich eine Ausnahme gewohnheitsrechtlich anerkannt, wenn es sich bei der Kopiervorlage um den eigenhändig unterschriebenen Originalschriftsatz handelt.[9] Die Eigenhändigkeit verlangt ferner, dass die Unterschrift nicht auf den Willen Dritter (etwa durch Führen der Hand) zurückgeht. Die bloße Unterstützung beim Schreiben ist allerdings zulässig.[10] **Blankounterschriften** genügen daher grundsätzlich nicht, sofern der Unterzeichner den Inhalt des Schriftsatzes nicht vorher so genau festgelegt hat, dass er seinem Willen entspricht.[11] Die Bedeutung der Unterschrift darf auch nicht durch die gleichzeitige Distanzierung von dem Geschriebenen (etwa die Unterzeichnung „im Auftrag") aufgehoben werden.[12] Eine **Unterzeichnung in Vertretung** ist aber zulässig, da der Unterzeichner damit die Verantwortung für das Schriftstück übernimmt. Da die Verantwortung für die Beschwerdeschrift bei Einlegung des Rechtsmittels übernommen werden muss, kommt eine **nachträgliche Billigung** und Unterzeichnung nicht in Betracht.[13] Der Fehler kann aber innerhalb der Beschwerdefrist durch Einreichung einer unterzeichneten Ausfertigung geheilt werden.[14] Aus dem Begriff der **Unter**schrift ergibt sich grundsätzlich, dass sie unter den geschriebenen Text gesetzt werden muss.[15] Wenn man aber selbst die Unterzeichnung von Begleitschreiben genügen lässt (vgl. Rz. 11), können insoweit keine höheren Anforderungen gestellt werden. Auch der Unterschrift **nachfolgende Textteile** sind daher formgerechte Bestandteile der Beschwerde, wenn sie nicht erkennbar von dieser nicht gedeckt sind, etwa von anderer Hand hinzugefügt wurden.[16] Die Unterschrift kann mit beliebigem Schreibmittel (Kugelschreiber, Füller, Pinsel) geleistet werden, sofern es eine gewisse Dauerhaftigkeit aufweist. Dabei ist nicht nur auf den Abdruck des Schreibmittels in das Papier abzustellen, da dieser nur durch

---

1 Keidel/*Sternal*, § 64 FamFG Rz. 31.
2 BGH v. 10.7.1997 – IX ZR 24/97, NJW 1997, 3380 (3381); BGH v. 27.9.2005 – VIII ZB 105/04, NJW 2005, 3775 (3776).
3 BGH v. 21.6.1990 – I ZB 6/90, MDR 1991, 223 = NJW-RR 1991, 511; BGH v. 10.7.1997 – IX ZR 24/97, NJW 1997, 3380 (3381).
4 BGH v. 10.7.1997 – IX ZR 24/97, NJW 1997, 3380 (3381); BGH v. 24.7.2001 – VIII ZR 58/01, NJW 2001, 2888, (2889); BGH v. 27.9.2005 – VIII ZB 105/04, NJW 2005, 3775.
5 BGH v. 24.7.2001 – VIII ZR 58/01, NJW 2001, 2888.
6 BGH v. 10.7.1997 – IX ZR 24/97, NJW 1997, 3380 (3381); BGH v. 24.7.2001 – VIII ZR 58/01, NJW 2001, 2888, (2889); BGH v. 27.9.2005 – VIII ZB 105/04, NJW 2005, 3775.
7 BGH v. 15.11.1988 – XI ZB 3/88, MDR 1989, 352; Bork/Jacoby/Schwab/*Müther*, 1. Aufl., § 64 FamFG Rz. 8.
8 OLG Celle v. 6.6.2012 – 10 UF 281/11, FamRZ 2012, 1894, auch zur Ausnahme des Computerfaxes.
9 Vgl. BGH v. 6.12.1979 – VII ZB 13/79, VersR 1980, 331; BGH v. 23.6.2005 – V ZB 45/04, MDR 2005, 1427 (1428).
10 Vgl. BGH v. 12.3.1981 – IVa ZR 111/80, NJW 1981, 1900 (1901) (sehr weit gehend).
11 BGH v. 23.6.2005 – V ZB 45/04, MDR 2005, 1427 (1428).
12 BGH v. 23.6.2005 – V ZB 45/04, MDR 2005, 1427 (1428); anders wenn auch der mit dem Zusatz „i.A." unterzeichnende Anwalt selbst zu den Verfahrensbevollmächtigten gehört, vgl. BGH v. 27.5.1993 – III ZB 9/93, MDR 1993, 902.
13 BGH v. 6.12.1979 – VII ZB 13/79, VersR 1980, 331; BGH v. 23.6.2005 – V ZB 45/04, MDR 2005, 1427 (1428).
14 Wie hier Keidel/*Sternal*, § 64 FamFG Rz. 30.
15 Vgl. BGH v. 20.11.1990 – XI ZR 107/89, BGHZ 113, 48 (51 ff.).
16 Anders wohl BGH v. 20.11.1990 – XI ZR 107/89, BGHZ 113, 48 ff., wenn auch nicht in vorliegendem Zusammenhang.

Fachleute festgestellt werden kann. Die Unterzeichnung mit Bleistift genügt daher nicht, da der Beschreibstoff hier wieder entfernt werden kann.

13 cc) Das Erfordernis einer eigenhändigen Unterschrift tritt zu der schon früher anerkannten Anforderung, dass der **Beschwerdeführer erkennbar** sein muss, nicht an deren Stelle. Auch eine unterzeichnete Beschwerdeschrift ist somit nicht ausreichend, wenn der Beschwerdeführer nicht individualisierbar ist (vgl. Rz. 17). Er muss somit durch Briefkopf, Angabe der Adresse oÄ bezeichnet sein. Das Gericht ist auch nicht zum Vergleich mit bekannten Unterschriften aus anderen Akten zur Ermittlung des Beschwerdeführers verpflichtet. Insoweit ist die Verpflichtung zur Amtsermittlung durch § 64 Abs. 2 Satz 4 eingeschränkt. Aus diesen Gründen muss bei Rechtsmitteln, die der Beteiligte selbst einlegt, die Unterschrift mit dem Namen erfolgen, unter dem die Beschwerde eingelegt wurde. Denn nur so ist die Überprüfung möglich, ob die Beschwerdeschrift auf den Willen des genannten Beschwerdeführers zurückgeht.

c) Kein Rechtsanwaltszwang

14 Aus dem alten Recht hat das FamFG die Möglichkeit, sich selbst zu vertreten oder durch nichtanwaltliche Bevollmächtigte vertreten zu lassen, grundsätzlich übernommen. Auch in Beschwerden vor dem OLG besteht kein Zwang, sich anwaltlich vertreten zu lassen.[1] Dies folgt im Umkehrschluss aus § 10 Abs. 4, wo der Zwang festgeschrieben ist, sich vor dem BGH durch einen dort zugelassenen Rechtsanwalt vertreten zu lassen. Mangels entsprechender Regelung gilt dies vor dem OLG nicht. Auch der früher erforderlichen Einlegung des Rechtsmittels zu Protokoll der Geschäftsstelle[2] bedarf es nicht. Allerdings sind bei der Vertretung durch Dritte die (neuen) **Beschränkungen des § 10 Abs. 2** zu beachten (zur Auslegung der Beschwerdeschrift hinsichtlich des Rechtsmittelführers vgl. § 59 Rz. 12). Eine Ausnahme gilt zudem gem. § 114 Abs. 1 für **Ehe- und Folgesachen**, wo sich die Beteiligten schon in erster Instanz und folglich erst recht in den Rechtsmittelinstanzen anwaltlich vertreten lassen müssen.[3]

2. Inhalt

a) Bezeichnung der angegriffenen Entscheidung

15 Das FamFG stellt höhere inhaltliche Anforderungen an eine Beschwerde als das alte Recht.[4] Dies ist ohne weiteres zumutbar, zumal der Beschwerdeberechtigte hierauf in der **Rechtsbehelfsbelehrung** hingewiesen wird.[5] Zunächst stellt § 64 Abs. 2 Satz 3 klar, dass die angefochtene Entscheidung bezeichnet sein muss. Dies wird idR durch Angabe von Gericht, Datum und Aktenzeichen oder durch Beifügung einer Ablichtung erfolgen.[6] Aus rechtsstaatlichen Gründen können aber auch andere Angaben genügen, etwa die der Beteiligten und des Datums, wenn hierdurch eindeutig klargestellt ist, welche Entscheidung angefochten werden soll.[7] Auch eine Falschbezeichnung ist unschädlich, wenn das Beschwerdegericht das Rechtsmittel vor Ablauf der Rechtsmittelfrist anhand der vorgelegten Akten eindeutig zuordnen kann.[8] Kann die Beschwerde nicht eindeutig einer Entscheidung zugeordnet werden, weil

---

1 *Kemper*, FamRB 2008, 345 (347); *Schürmann*, FamRB 2009, 24 (26); *Keske*, FPR 2010, 339 (341); *Reinken*, FuR 2010, 268 (271); *Joachim/Kräft*, JR 2010, 277; Keidel/*Sternal*, § 64 FamFG Rz. 50; Bassenge/Roth/*Gottwald*, § 64 FamFG Rz. 7; Bork/Jacoby/Schwab/*Müther*, 1. Aufl., § 64 FamFG Rz. 9; Zöller/*Feskorn*, § 64 FamFG Rz. 5; *Rackl*, Rechtsmittelrecht, S. 67.
2 Hierzu Bassenge/Roth, 11. Aufl., § 29 FGG Rz. 3; Bumiller/Winkler, 8. Aufl., § 29 FGG Rz. 6.
3 *Kemper*, FamRB 2008, 345 (347); *Schürmann*, FamRB 2009, 24 (26); Zöller/*Feskorn*, § 64 FamFG Rz. 5; BGH v. 29.1.1955 – IV ZB 1/55, BGHZ 16, 177 (178); OLG Stuttgart v. 19.5.1970 – 8 W 343/68, OLGZ 1970, 419 (420).
4 Vgl. hierzu BT-Drucks. 16/6308, S. 206.
5 BT-Drucks. 16/6308, S. 206.
6 Zöller/*Feskorn*, § 64 FamFG Rz. 7; *Rackl*, Rechtsmittelrecht, S. 67.
7 Ebenso Keidel/*Sternal*, § 64 FamFG Rz. 25f.; Zöller/*Feskorn*, § 64 FamFG Rz. 7.
8 BGH v. 7.11.2012 – XII ZB 325/12, NJW-RR 2013, 121 (122).

etwa zwei Entscheidungen mit denselben Beteiligten am selben Tag erlassen wurden, ist die Beschwerde unzulässig.[1] Das Gericht hat aber, sofern es diesen Mangel rechtzeitig erkennt, einen diesbezüglichen Hinweis zu erteilen. Eine Klarstellung innerhalb der Beschwerdefrist heilt den Zulässigkeitsmangel.

b) Begehren einer Überprüfung

Nach § 64 Abs. 2 Satz 3 muss die Beschwerdeschrift bzw. die Erklärung zu Protokoll der Geschäftsstelle die „Erklärung enthalten, dass Beschwerde gegen diesen Beschluss eingelegt wird". Dies ist aber nicht, wie eine strikt am Wortlaut verhaftete Auslegung ergeben könnte, dahingehend zu verstehen, dass der Begriff der „Beschwerde" verwendet werden muss. Auch die Parallelregelung im Zivilprozess (§ 519 Abs. 2 Nr. 2 ZPO), wonach es der Erklärung bedarf, „dass gegen dieses Urteil Berufung eingelegt werde", verlangt nicht den Gebrauch des Wortes „Berufung".[2] Die **Nennung des falschen Rechtsmittels** (zB „Berufung" oder „Revision") oder auch die Verwendung eines **unbestimmten Begriffes** (zB „Rechtsmittel") ist unschädlich.[3] Die Beschwerdeschrift muss aber erkennen lassen, dass eine Überprüfung der Entscheidung durch die nächste Instanz gewünscht ist.[4] Etwa das Begehren einer „Berichtigung" ist nicht ausreichend, wenn damit auch eine Berichtigung nach § 42 gemeint sein kann. Auch Rügen, die nur das persönliche Verhalten des Richters betreffen, stellen keine Beschwerde nach §§ 58 ff. dar, sondern sind als Dienstaufsichtsbeschwerde anzusehen.[5] Ob ein Rechtsmittel (unbedingt) eingelegt worden sein soll, muss sich aus dem objektiven Erklärungswert der Rechtsmittelschrift und innerhalb der Rechtsmittelfrist eingelegter Schriftsätze ergeben; nachträgliche „Klarstellungen" sind weder zugunsten noch zulasten des Beschwerdeführers zu berücksichtigen.[6] Bei Rechtsmitteln, die in Verbindung mit einem Verfahrenskostenhilfegesuch verbunden werden, ist im Zweifel davon auszugehen, dass sie unbedingt eingelegt sein sollen.[7]

c) Bezeichnung des Beschwerdeführers

Wie nach früherem Recht muss der Beschwerdeführer erkennbar sein.[8] Auch hier ist aber nicht am Wortlaut der Erklärung zu haften. Legt ein **Rechtsanwalt oder Notar** Beschwerde ein, so geschieht dies im Zweifel nicht in eigenem Namen, sondern für den Beschwerdeberechtigten, auch wenn dieser nicht genannt ist.[9] Die von einem **gesetzlichen Vertreter** eingelegte Beschwerde kann, wenn er selbst nicht beschwerdeberechtigt ist, als Rechtsmittel des Vertretenen anzusehen sein.[10] Sind sowohl der Vertretene als auch der Vertreter beschwerdeberechtigt, können zwei Beschwerden vorliegen. Bei der Auslegung sind Beschwerdevortrag, Rechtsschutzziel und Interessenlage zu berücksichtigen, wobei im Zweifel das zu einer Sachentscheidung füh-

---

1 OLG Celle v. 5.4.2011 – 10 WF 74/11, FamRZ 2011, 1247 (LS).
2 *Schürmann*, FamRB 2009, 24 (26); *Rackl*, Rechtsmittelrecht, S. 67; vgl. Zöller/*Heßler*, § 519 ZPO Rz. 1.
3 OLG Zweibrücken v. 18.9.2003 – 3 W 151/03, FGPrax 2004, 42; *Schürmann*, FamRB 2009, 24 (26); Bassenge/Roth/*Gottwald*, § 64 FamFG Rz. 5; Zöller/*Feskorn*, § 64 FamFG Rz. 8.
4 BayObLG v. 13.11.1980 – 3 Z 99/80, BayObLGZ 1980, 344 (345); *Preuß*, DNotZ 2010, 265 (280); Bumiller/Harders, § 64 FamFG Rz. 7; Keidel/*Sternal*, § 64 FamFG Rz. 27; Bork/Jacoby/Schwab/*Müther*, 1. Aufl., § 64 FamFG Rz. 6.
5 BayObLG v. 18.7.1985 – BReg 3 Z 62/85, BayObLGZ 1985, 272 (275); BayObLG v. 13.10.1986 – BReg 3 Z 68/86, BayObLGZ 1986, 412 (416f.).
6 BGH v. 7.3.2012 – XII ZB 421/11, FamRZ 2012, 962 (963).
7 BGH v. 7.3.2012 – XII ZB 421/11, FamRZ 2012, 962 (963).
8 OLG Celle v. 24.8.2010 – 10 UF 130/10, FamRZ 2011, 497; Keidel/*Sternal*, § 64 FamFG Rz. 28; Zöller/*Feskorn*, § 64 FamFG Rz. 8; *Rackl*, Rechtsmittelrecht, S. 67; instruktiv aufgrund nachvollziehbaren Geheimhaltungsinteresses BayObLG v. 27.7.1978 – BReg 3 Z 100/76, BayObLGZ 1978, 235 (237).
9 OLG Hamm v. 16.2.2010 – I-15 W 322/09, FGPrax 2010, 198; OLG Nürnberg v. 18.4.2011 – 12 W 631/11, Rpfleger 2011, 521 (523); KG v. 7.2.2012 – 25 W 5/12, FGPrax 2012, 171; KG v. 16.4.2012 – 25 W 39/12, FGPrax 2012, 172 (173).
10 KG v. 18.11.2003 – 1 W 444/02, NJW-RR 2004, 331f.

rende zulässige Rechtsmittel eingelegt werden soll.[1] Der Angabe einer ladungsfähigen Anschrift bedarf es nicht zwingend.[2] Lässt sich der Beschwerdeführer auch im Wege der Auslegung nicht ermitteln, ist das Rechtsmittel unzulässig.[3]

d) Antrag und Begründung

18 Die Beschwerde muss lediglich erkennen lassen, dass die angefochtene Entscheidung durch die nächste Instanz überprüft werden soll. Wie im zivilprozessualen Beschwerdeverfahren[4] bedarf es nicht der Stellung von Anträgen.[5] Erforderlich soll ein Antrag aber sein, wenn die Anweisung des erstinstanzlichen Gerichts zu **Ausführungshandlungen** begehrt wird.[6] Sofern zwar ein Antrag gestellt ist, aber eine unstatthafte Rechtsfolge (etwa die Löschung einer Eintragung im Grundbuch) begehrt wird, kann der Beschwerdeführer nicht schlechtergestellt werden als derjenige, der überhaupt keinen Antrag stellt (hierzu s. § 58 Rz. 7; zur Entbehrlichkeit von Anträgen s. § 65 Rz. 4). Auch hier ist die Entscheidung als insgesamt angefochten zu behandeln und die zulässige Rechtsfolge, etwa die **Eintragung eines Widerspruchs** nach § 71 Abs. 2 Satz 2 GBO als gewollt anzusehen.[7] Sofern dieser Antrag begründet ist, muss der angefochtene Beschluss entsprechend geändert werden. Neu ist die Regelung in § 65 Abs. 1, wonach die Beschwerde begründet sein soll (hierzu s. im Einzelnen § 65 Rz. 2 ff.). Da es eines Antrags überhaupt nicht bedarf, kann ein gleichwohl gestellter Antrag jederzeit geändert werden, soweit der neue nicht über den bisherigen Verfahrensgegenstand hinausgeht.[8] Eine derartige Antragsänderung macht die Beschwerde unzulässig.[9] In Antragsverfahren ist das Gericht an den Antrag gebunden.[10]

e) Bedingungen

19 Die Beschwerde darf grundsätzlich nicht unter einer Bedingung (etwa derjenigen, dass das Gericht eine bestimmte Rechtsansicht vertritt) eingereicht werden.[11] Von diesem Grundsatz sind zwei Ausnahmen zugelassen. Unschädlich sind zum einen reine **Rechtsbedingungen**, etwa die Einlegung für den Fall, dass der Beschwerdeführer beschwerdeberechtigt ist. Diese „Bedingung" hat das Rechtsmittelgericht ohnehin zu prüfen, was dazu führt, dass eine derartige Bedingung zwar nicht zur Unzulässigkeit der Beschwerde führt, aber auch die förmliche Bescheidung und somit die Kostenbelastung nicht verhindert, wenn die Rechtsbedingung nicht erfüllt ist. Nicht nur unschädlich, sondern grundsätzlich beachtlich sind **innerprozessuale Bedingungen**, also solche, die die Einlegung der Beschwerde von einem Vorgang innerhalb des Verfahrens abhängig machen.[12] So kann ein Beteiligter seine Beschwerde etwa unter

---

1 KG v. 18.11.2003 – 1 W 444/02, NJW-RR 2004, 331 f.; Keidel/*Sternal*, § 64 FamFG Rz. 29.
2 Keidel/*Sternal*, § 64 FamFG Rz. 28.
3 BayObLG v. 18.7.1985 – BReg 3 Z 62/85, BayObLGZ 1985, 272 (275); KG v. 18.11.2003 – 1 W 444/02, NJW-RR 2004, 331 (332); OLG Celle v. 24.8.2010 – 10 UF 130/10, FamRZ 2011, 497; *Rackl*, Rechtsmittelrecht, S. 66.
4 Hierzu Zöller/*Heßler*, § 519 ZPO Rz. 36; Musielak/*Ball*, § 519 ZPO Rz. 5.
5 BGH v. 7.3.2012 – XII ZB 421/11, FamRZ 2012, 962 (963); OLG Nürnberg v. 18.1.2011 – 7 UF 1473/10, FamRZ 2011, 991; OLG Brandenburg v. 23.11.2011 – 3 Wx 53/11, FamRZ 2012, 1329 (1330); *Tiedtke/Diehn*, ZNotP 2009, 385 (386); Keidel/*Sternal*, § 64 FamFG Rz. 34; Zöller/*Feskorn*, § 64 FamFG Rz. 8; *Rackl*, Rechtsmittelrecht, S. 67.
6 OLG Karlsruhe v. 12.2.1988 – 11 W 162/87, Rpfleger 1988, 315; BayObLG v. 26.10.1990 – BReg 1a Z 19/90, BayObLGZ 1990, 294 (300).
7 BayObLG v. 27.11.1975 – BReg 1 Z 59/75, BayObLGZ 1975, 421 (424); BayObLG v. 2.11.1989 – BReg 1a Z 52/88, NJW-RR 1990, 202; ähnlich Keidel/*Sternal*, § 64 FamFG Rz. 47.
8 *Bumiller*/Harders, § 64 FamFG Rz. 10; andersherum formuliert, dass ein anderslautender Antrag nicht gestellt werden kann, sofern nicht der erstinstanzliche Antrag einen Anhaltspunkt in dieser Richtung enthält, Keidel/*Sternal*, § 64 FamFG Rz. 44 und 48.
9 Keidel/*Sternal*, § 64 FamFG Rz. 49.
10 Keidel/*Sternal*, § 64 FamFG Rz. 36; *Rackl*, Rechtsmittelrecht, S. 67.
11 OLG Nürnberg v. 18.4.2011 – 12 W 631/11, Rpfleger 2011, 521 (523); Keidel/*Sternal*, § 64 FamFG Rz. 21.
12 BayObLG v. 7.7.1989 – BReg 1a Z 45/88, NJW-RR 1989, 1286; OLG Nürnberg v. 18.4.2011 – 12 W 631/11, Rpfleger 2011, 521 (523); Keidel/*Sternal*, § 64 FamFG Rz. 22; Bork/Jacoby/Schwab/*Müther*, 1. Aufl., § 64 FamFG Rz. 5; Zöller/*Feskorn*, § 64 FamFG Rz. 9; zur Einlegung der Be-

der Bedingung einlegen, dass das Rechtsmittel eines anderen Beteiligten erfolglos bleibt.[1] Ebenso kann ein Beteiligter, der sich mit einer ihn teilweise begünstigenden, teilweise belastenden Entscheidung abfindet, Beschwerde für den Fall einlegen, dass der ihm günstige Teil durch das Rechtsmittel eines anderen Beteiligten abgeändert wird. Soll das Beschwerdeverfahren nur nach Gewährung von Verfahrenskostenhilfe durchgeführt werden, muss das Rechtsmittel unbedingt, nicht nur bedingt für den Fall der Gewährung von Verfahrenskostenhilfe erhoben und bei Nichtgewährung zurückgenommen werden.[2]

III. Einstweilige Anordnungen

1. Regelungszweck

Auch wenn eine ausdrückliche Regelung wie § 24 Abs. 1 FGG aF in das neue Recht keinen Eingang gefunden hat, ist doch dem Zusammenspiel der Regelungen zu Wirksamwerden der erstinstanzlichen Entscheidung (§ 40 Abs. 1) und Vollstreckbarkeit (§ 86 Abs. 2) zu entnehmen, dass die **Beschwerde keine aufschiebende Wirkung** hat.[3] Sofern keine Sonderregelung durch spezielle Vorschriften vorliegt, ist eine Entscheidung nämlich mit ihrer Wirksamkeit nach der Bekanntgabe (§ 40 Abs. 1) gem. § 86 Abs. 2 sogleich vollstreckbar. In Ermangelung abweichender Regelungen zur Beschwerde gilt dies auch dann, wenn die Entscheidung angefochten ist. Dies erfordert wie nach altem Recht eine Möglichkeit, die **Vollziehung der erstinstanzlichen Entscheidung durch das Beschwerdegericht auszusetzen**, um ein geordnetes Verfahren bis zur Entscheidung über das Rechtsmittel, insbesondere die Regelung des Zustandes bis dahin zu gewährleisten. Diese Möglichkeit bietet § 64 Abs. 3, der weitgehend wörtlich mit dem bisherigen § 24 Abs. 3 FGG übereinstimmt. Da der Gesetzgeber auch inhaltlich nur die Regelungen des früheren Rechts übernehmen wollte,[4] kann daher für die Auslegung dieser Vorschrift in vollem Umfang auf die zum alten Recht ergangene Judikatur zurückgegriffen werden. Da die einstweilige Anordnung in § 64 Abs. 3 nur bruchstückhaft geregelt ist, kann im Übrigen über § 68 Abs. 3 Satz 1 auf die zum Teil sehr ausführlichen Regelungen zur einstweiligen Anordnung in der ersten Instanz zurückgegriffen werden.[5]

2. Voraussetzungen und Inhalt der einstweiligen Anordnung nach Absatz 3

a) Verhältnis zu einstweiligen Anordnungen nach § 50 Abs. 1 Satz 2 letzter Halbsatz

aa) Abgrenzung der einstweiligen Anordnungen nach § 50 Abs. 1 Satz 2 und § 64 Abs. 3

Einstweilige Anordnungen kann das Beschwerdegericht ab der Befassung mit der Sache[6] sowohl nach § 64 Abs. 3 als auch nach § 50 Abs. 1 Satz 2 erlassen, wenn die Hauptsache bereits dort anhängig ist. Im Gegensatz zur ersten Instanz, die nur die Anordnung nach §§ 49 ff. erlassen kann, stellt sich somit die Frage nach der Abgrenzung beider Möglichkeiten. Hierbei ist zu berücksichtigen, dass die einstweilige **Anordnung nach § 64 Abs. 3 ein Teil des Hauptsacheverfahrens** bleibt,[7] während diejenige nach §§ 49 ff. ein selbständiges Verfahren darstellt. Zudem weist das Regelbeispiel in § 64 Abs. 3, die Aussetzung der Vollziehung eines angefochtenen Beschlusses,

---

schwerde vor Erlass der Entscheidung für den Fall, dass sie nachteilig ausfällt, s. § 63 FamFG Rz. 9).
1 BayObLG v. 7.7.1989 – BReg 1a Z 45/88, NJW-RR 1989, 1286.
2 BGH v. 7.3.2012 – XII ZB 421/11, FamRZ 2012, 962 (963); Keidel/*Sternal*, § 64 FamFG Rz. 23.
3 *Rackl*, Rechtsmittelrecht, S. 162; Bork/Jacoby/Schwab/*Müther*, 1. Aufl., § 64 FamFG Rz. 17; Zöller/*Feskorn*, § 64 FamFG Rz. 10.
4 S. BT-Drucks. 16/6308, S. 206, wo sich die Ausführungen zu § 64 Abs. 3 FamFG in dem Verweis auf § 24 Abs. 3 FGG erschöpfen.
5 AA *Rackl*, Rechtsmittelrecht, S. 163 f., der die Verweisung in § 68 FamFG Abs. 3 Satz 1 nur auf §§ 23 bis 37 bezieht, nicht aber auf die gleichfalls im ersten Rechtszug ergehenden einstweiligen Anordnungen nach §§ 49 ff.; iE ebenso Zöller/*Feskorn*, § 64 FamFG Rz. 12.
6 Keidel/*Sternal*, § 64 FamFG Rz. 60.
7 BGH v. 1.3.2010 – II ZB 1/10, FGPrax 2010, 102 (103); *Rackl*, Rechtsmittelrecht, S. 163.

auf einen engeren Zusammenhang zwischen erstinstanzlicher Entscheidung und einstweiliger Anordnung nach § 64 Abs. 3. Man wird also alle Entscheidungen des einstweiligen Rechtsschutzes im Zusammenhang mit der angegriffenen Entscheidung, etwa die Aussetzung ihrer Vollziehung, das Gebot oder Verbot bestimmter Handlungen im Zusammenhang hiermit wie etwa die Herausgabe des Erbscheins an das Beschwerdegericht oder vorläufige Anordnungen zur Regelung oder Sicherung eines Zustandes bis zur Beschwerdeentscheidung § 64 Abs. 3 zuordnen müssen.[1] Betrifft die einstweilige Anordnung dagegen einen **eigenständigen Gegenstand**, der nicht unmittelbar mit der angegriffenen Entscheidung in Zusammenhang steht, unterfällt sie § 50 Abs. 1 Satz 2.

bb) Gemeinsame Verfahrensgrundsätze

22   Die Aufteilung des einstweiligen Rechtsschutzes in der Beschwerdeinstanz ändert indessen nichts daran, dass er grundsätzlich den gleichen Verfahrensgrundsätzen folgt. Dies ergibt sich nicht zuletzt daraus, dass beide Möglichkeiten, die selbständige einstweilige Anordnung und die flankierende Maßnahme, in erster Instanz gleichermaßen §§ 49 ff. unterfallen.[2] Aus diesem Grund kann die Verweisung des § 68 Abs. 3 Satz 1 zur Anwendbarkeit der Vorschriften zum erstinstanzlichen Verfahren auch insoweit angewendet werden (näher hierzu § 68 Rz. 21 ff.).

b) Voraussetzungen: Dringlichkeit und Anordnungsanspruch

23   Wie der Rechtsschutz im Zivilprozess setzt auch die einstweilige Anordnung im Verfahren der freiwilligen Gerichtsbarkeit zum einen eine gewisse **Erfolgsaussicht**, zum anderen eine bestimmte **Dringlichkeit** für die Regelung durch eine einstweilige Anordnung voraus. Diese schon bislang aufgestellten Anforderungen[3] sind nunmehr über § 68 Abs. 3 Satz 1 auch § 49 Abs. 1 zu entnehmen, wo die einstweilige Anordnung im Verfahren erster Instanz geregelt ist. Danach bedarf es eines dringenden Bedürfnisses für die Anordnung, und diese muss „nach den für das Rechtsverhältnis maßgebenden Vorschriften gerechtfertigt" sein. Eine einstweilige Anordnung darf mithin nicht zugunsten desjenigen erlassen werden, der voraussichtlich in der Beschwerdeinstanz unterliegen wird. Wurde eine einstweilige Anordnung bereits erlassen, so ist sie etwa nach Änderung der Rechts- oder Sachlage aufzuheben. Auch wenn Erfolgsaussichten bestehen, darf eine einstweilige Anordnung nur zugunsten eines Beteiligten ergehen, wenn eine gewisse Dringlichkeit besteht.[4] Dies bedeutet, dass Regelungsbedarf noch vor Ergehen der Entscheidung in der Hauptsache besteht. Liegen diese Voraussetzungen vor, kann das Beschwerdegericht noch **vor Eingang der Akte** eine einstweilige Anordnung erlassen.[5] Denn effektiver Rechtsschutz kann nicht an der Säumnis des erstinstanzlichen Gerichts scheitern.

c) Verfahren

aa) Antrag und Begründung

24   Da es in Amtsverfahren noch nicht einmal in der Hauptsache eines Antrags bedarf, steht außer Zweifel, dass auch einstweilige Anordnungen von Amts wegen **ohne Antrag** erlassen werden können. Ein Antrag ist nur als Anregung aufzufassen. Da dem Wortlaut des § 24 Abs. 3 FGG aF nichts anderes zu entnehmen war, wurde der Antrag

---

[1] Vgl. OLG Köln v. 8.10.1986 – 2 Wx 57/86, NJW-RR 1987, 71 (72); Keidel/*Sternal*, § 64 FamFG Rz. 65.
[2] Vgl. *Schürmann*, FamRB 2008, 375 (378) unter Verweis auf BT-Drucks. 16/6308, S. 199.
[3] Keidel/*Sternal*, § 64 FamFG Rz. 59; Zöller/*Feskorn*, § 64 FamFG Rz. 13; *Rackl*, Rechtsmittelrecht, S. 163.
[4] BGH v. 18.7.2012 – XII ZB 661/11, FamRZ 2012, 1556 (1559) spricht vom „Nachteil" für den Betroffenen als zweitem Abwägungskriterium neben der Erfolgsaussicht. Dies dürfte in der Sache keinen Unterschied zur Dringlichkeit ausmachen, da die bei Nichterlass der einstweiligen Anordnung drohenden Nachteile eben die Dringlichkeit einer Anordnung begründen.
[5] Zu dieser Konstellation *Vogel*, FPR 2011, 4 f.

nicht als zwingende Voraussetzung angesehen.[1] Mangels Änderungswillens des Gesetzgebers ist diese Praxis in das neue Recht zu übernehmen. Wenn aber der Wunsch nach einer vorläufigen Regelung ausdrücklich geäußert wird, hat das Gericht diesen Antrag innerhalb der üblichen Grenzen (Rechtsmissbrauch etc.) zu bescheiden. Wenn es schon keines Antrags bedarf, muss das Begehren auf Erlass einer einstweiligen Anordnung in Amtsverfahren auch nicht begründet werden.

In Antragsverfahren verfuhr die Rechtsprechung schon nach altem Recht zum Teil strenger. Im Hinblick darauf, dass das Beschwerdegericht ohne Begründung oftmals nicht ersehen kann, woraus die Dringlichkeit für den Erlass einer einstweiligen Anordnung resultieren soll, wurde eine **Begründung** verlangt, jedenfalls aber deswegen, weil sich der Antragsgegner ohne Begründung kaum zu einem entsprechenden Begehren hätte einlassen können, was aber zur Gewährung rechtlichen Gehörs erforderlich ist.[2] Deshalb wurde eine Begründung für erforderlich angesehen. Diese Anforderungen gelten nun nach § 68 Abs. 3 Satz 1 iVm. § 51 Abs. 1 Satz 2 allgemein. Danach wird in **Antragsverfahren** eine einstweilige Anordnung nach § 64 Abs. 3 nur noch auf Antrag erlassen.[3] § 68 Abs. 3 Satz 1 iVm. § 51 Abs. 1 Satz 2 geht sogar über die Anforderungen in der Hauptsache hinaus, da der Antragsteller danach seinen Antrag zu begründen hat, während die Beschwerde selbst nach § 65 Abs. 1 nur begründet werden soll. Ein auch nach gerichtlichem Hinweis nicht begründeter Antrag ist somit unzulässig.[4] Diese Diskrepanz zwischen Hauptsache und einstweiligem Rechtsschutz ist wohl nur mit dem **Gebot rechtlichen Gehörs** zu begründen, da derjenige, der schon – unanfechtbar – bis zur Entscheidung des Beschwerdegerichts eine gerichtliche Anordnung hinnehmen muss, wenigstens die Möglichkeit haben muss, sich zu dem Antrag zu äußern.

bb) Mündliche Verhandlung und rechtliches Gehör

Das Beschwerdegericht kann nach § 68 Abs. 3 Satz 1 iVm. § 51 Abs. 2 Satz 2 ohne mündliche Verhandlung entscheiden. Auch dann hat es aber dem Betroffenen rechtliches Gehör zu gewähren. Nur in besonders dringlichen Fällen muss der Betroffene nicht vorab angehört werden. Dies erfordert aber eine qualifizierte Eilbedürftigkeit, da die einfache Dringlichkeit schon Voraussetzung der einstweiligen Anordnung selbst ist. Zudem muss **das rechtliche Gehör dann nachgeholt werden**.[5] Sofern die über § 68 Abs. 3 Satz 1 anwendbare Vorschrift des § 51 Abs. 2 Satz 3 Versäumnisentscheidungen ausschließt, ist dies für die Mehrzahl der Verfahren ohnehin selbstverständlich, da im Verfahren der freiwilligen Gerichtsbarkeit Versäumnisentscheidungen iSd. Zivilprozesses nur ausnahmsweise möglich sind.

d) Form der Entscheidung

§ 64 Abs. 3 trifft zur Form, in der die einstweilige Anordnung ergeht, keine ausdrücklichen Regelungen. Die Form des Beschlusses ergibt sich auch nicht aus §§ 68 Abs. 3 Satz 1, 38, da § 38 nur für Endentscheidungen in der Hauptsache gilt. Allerdings ist an etwas versteckter Stelle über die Verweisung in § 68 Abs. 3 Satz 1 erkennbar, dass auch diese Entscheidung als Beschluss zu ergehen hat. Denn § 53 Abs. 1 spricht davon, dass die einstweilige Anordnung nur dann der Vollstreckungsklausel bedarf, „wenn die Vollstreckung für oder gegen einen anderen als in dem *Beschluss* bezeichneten Beteiligten erfolgen soll". Hieraus geht hervor, dass auch einstweilige Anordnungen in der Form eines Beschlusses zu erlassen sind.

---

1 OLG Düsseldorf v. 29.7.1994 – 3 Wx 406/94, FamRZ 1995, 118, 119; Bassenge/Roth/*Gottwald*, § 64 FamFG Rz. 15.
2 OLG Köln v. 12.3.1990 – 2 Wx 6/90, OLGZ 1990, 304.
3 AA Zöller/*Feskorn*, § 64 FamFG Rz. 14; ebenso ohne Begr. *Bumiller*/Harders, § 64 FamFG Rz. 12; Keidel/*Sternal*, § 64 FamFG Rz. 59a.
4 AA Zöller/*Feskorn*, § 64 FamFG Rz. 15.
5 OLG Naumburg v. 31.7.2001 – 8 WF 162/01, FamRZ 2002, 615; Zöller/*Feskorn*, § 64 FamFG Rz. 15.

e) Inhalt der Entscheidung

aa) Weites Ermessen des Beschwerdegerichts

28 Die in das neue Recht übernommene weite Fassung von § 24 Abs. 3 FGG aF setzt dem Inhalt der einstweiligen Anordnung **keine ausdrücklichen Grenzen**. Daher kann das Gericht sämtliche einstweiligen Anordnungen treffen, die der Regelung der Rechts- und Sachlage bis zu seiner Entscheidung dienlich sind.[1] Beschränkungen des Ermessens können sich aber aus dem materiellen Recht ergeben. So sollen, wenn die Entlassung des Testamentsvollstreckers beantragt ist, grundsätzlich keine vorläufigen Beschränkungen seiner Tätigkeit zulässig sein, da derartige Eingriffe des Beschwerdegerichts in die Befugnisse des Testamentsvollstreckers mit dessen Stellung unvereinbar sein sollen.[2] Ohne derartige Vorgaben müssen die gewählten Maßnahmen nur der Sicherung oder Regelung eines bestehenden Zustands dienen (§ 68 Abs. 3 Satz 1 iVm. § 49 Abs. 2 Satz 1). Dies wird vorrangig, wie schon das Regelbeispiel des § 64 Abs. 3 zeigt, die Aussetzung der Vollziehung des angefochtenen Beschlusses sein.[3] Darüber hinaus ist es dem Beschwerdegericht nach § 68 Abs. 3 Satz 1 iVm. § 49 Abs. 2 Satz 1 möglich, einem Beteiligten Handlungen zu gebieten oder zu verbieten. Denkbar sind auch Maßnahmen aufgrund des § 1666 BGB zur Abwendung einer Gefahr für das Kind.[4] Das Gericht kann eine getroffene einstweilige Anordnung auch **abändern oder aufheben**, wie sich nunmehr auch aus § 68 Abs. 3 Satz 1 iVm. § 54 Abs. 1 ergibt.[5] Jedenfalls in entsprechender Anwendung erlaubt § 64 Abs. 3 auch die Aussetzung der Vollziehung von Verwaltungsakten, wenn der Streit in der Hauptsache hierüber geführt und zulässigerweise im Verfahren der freiwilligen Gerichtsbarkeit ausgetragen wird.[6]

bb) Regelung im Rahmen des Verfahrensgegenstandes

29 Gleichwohl kann das Beschwerdegericht keine beliebigen Anordnungen nach seinem Gutdünken treffen. Aus dem Sinn und Zweck der Regelung wurde schon zum alten Recht gefolgert, dass sich das Beschwerdegericht im Rahmen des Verfahrensgegenstandes halten muss.[7] Dies bedeutet zunächst, dass es nur soweit einstweilige Anordnungen treffen kann, wie der **Gegenstand der Beschwerde** reicht. So, wie es zufällig in diesem Zusammenhang bekannt gewordene weitere Entscheidungen erster Instanz nicht mitkorrigieren darf, wenn hiergegen keine Beschwerde eingelegt wurde (vgl. § 69 Rz. 3 f.), kann es insoweit keine einstweiligen Anordnungen erlassen. Des Weiteren darf die einstweilige Anordnung auch den **zeitlichen Rahmen des Beschwerdeverfahrens** nicht überschreiten.[8] Das Beschwerdegericht darf daher keine Anordnungen für die Zeit nach Erlass der Beschwerdeentscheidung treffen, auch dann nicht, wenn es die Entscheidung der Vorinstanz aufhebt und die Sache zurückverweist.[9] So kann es etwa die Wirksamkeit seiner Entscheidung nicht selbst über die

---

1 *Bumiller*/Harders, § 64 FamFG Rz. 14; Bassenge/Roth/*Gottwald*, § 64 FamFG Rz. 11; Zöller/*Feskorn*, § 64 FamFG Rz. 15; wohl auch Keidel/*Sternal*, § 64 FamFG Rz. 61 ff.; ähnlich *Rackl*, Rechtsmittelrecht, S. 163; Bork/Jacoby/Schwab/*Müther*, 1. Aufl., § 64 FamFG Rz. 20 und wohl auch BGH v. 18.7.2012 – XII ZB 661/11, FamRZ 2012, 1556 (1559), wo von pflichtgemäßem Ermessen die Rede ist.
2 OLG Köln v. 8.10.1986 – 2 Wx 57/86, NJW-RR 1987, 71 f.
3 BayObLG v. 17.3.1975 – 3 Z 26/75, NJW 1975, 2147 (2148); OLG Köln v. 12.3.1990 – 2 Wx 6/90, OLGZ 1990, 303; Zöller/*Feskorn*, § 64 FamFG Rz. 17.
4 Vgl. BayObLG v. 26.6.1991 – BReg 1 Z 39/91, NJW 1992, 121 zu Maßnahmen der ersten Instanz.
5 Im Ergebnis ebenso Zöller/*Feskorn*, § 64 FamFG Rz. 15.
6 BGH v. 11.3.1963 – NotZ 15/62, BGHZ 39, 162 ff.
7 BayObLG v. 21.11.1996 – 1 Z BR 221/96, FamRZ 1997, 572 (573); OLG Stuttgart v. 20.1.1998 – 8 W 4 u. 5/98, FamRZ 1998, 1128; *Bumiller*/Harders, § 64 FamFG Rz. 14; Keidel/*Sternal*, § 64 FamFG Rz. 62; Bassenge/Roth/*Gottwald*, § 64 FamFG Rz. 15; Zöller/*Feskorn*, § 64 FamFG Rz. 18.
8 KG v. 18.6.1971 – 1 W 1208/71, OLGZ 1972, 88 (92); KG v. 11.10.1974 – 1 W 1283/74, OLGZ 1976, 130 (132); Keidel/*Sternal*, § 64 FamFG Rz. 60; Zöller/*Feskorn*, § 64 FamFG Rz. 16.
9 KG v. 27.11.1936 – 1a Wx 1757/36, JFG 14, 423 (424).

Rechtskraft seiner eigenen Entscheidung hinaus aussetzen.[1] Aus diesem Grunde können einstweilige Anordnungen auch nicht mehr mit der Entscheidung in der Hauptsache verbunden werden.

cc) Keine Vorwegnahme der Hauptsache

Das Beschwerdegericht darf nach allgemeinen verfahrensrechtlichen Regeln grundsätzlich auch nicht die Hauptsache vorwegnehmen, sondern muss eine vorübergehende Regelung finden.[2] So kann es den Erbschein nicht durch einstweilige Anordnung nach § 64 Abs. 3 einziehen, wohl aber seine vorübergehende Herausgabe an das Beschwerdegericht (ohne die Wirkung der Einziehung) verfügen.[3] Ebenso kann das Beschwerdegericht einen Vormund, Betreuer, Testamentsvollstrecker etc. nicht entlassen, ihm aber vorläufig die Ausübung seiner Tätigkeit untersagen.[4] Auch die Bestellung eines Pflegers ist im Wege der einstweiligen Anordnung nicht möglich.[5]

30

Vor diesem Hintergrund ist auch der Streit darüber zu beurteilen, ob das Gericht noch nicht wirksamen Entscheidungen **im Wege der einstweiligen Anordnung Wirksamkeit** verleihen kann.[6] Auch wenn dies nicht schon durch den Wortlaut des § 64 Abs. 3 ausgeschlossen ist, wäre die Anordnung der Wirksamkeit einer kraft Gesetzes noch nicht wirksamen erstinstanzlichen Entscheidung die Vorwegnahme der Hauptsache, die nicht zulässig ist.[7] Eine Ausnahme gilt dann, wenn die Möglichkeit, die sofortige Wirksamkeit des Beschlusses anzuordnen, bereits der ersten Instanz nach § 40 Abs. 3 Satz 2 zukommt. Denn die Befugnisse des Beschwerdegerichts können nicht geringer sein als die der unteren Instanz (vgl. § 40 Rz. 19). Hingegen kann das Beschwerdegericht dann, wenn das erstinstanzliche Gericht die Wirksamkeit seiner Entscheidung ausgesetzt hat, diese Entscheidung abändern.

31

3. Dauer der Anordnung

a) Wirksamwerden und Vollstreckung

Für das Wirksamwerden einstweiliger Anordnungen trifft das Gesetz keine eigenständige Regelung. Bislang ging man davon aus, dass einstweilige Anordnungen **mit der Bekanntmachung** an denjenigen, gegen den sie wirken, wirksam werden.[8] Da der Gesetzgeber die Rechtslage insoweit nicht ändern wollte, ist an dieser Handhabung festzuhalten.[9] Denn die zu ihrem Erlass führende Dringlichkeit gebietet ihre schnelle Umsetzung, zumal gegen einstweilige Anordnungen kein Rechtsmittel gegeben ist.

32

Sofern die Vollstreckung aus einstweiligen Anordnungen erforderlich ist, erfolgt sie jedenfalls in entsprechender Anwendung von § 53. Zwar ist dort nur die einstweilige Anordnung durch das Gericht erster Instanz geregelt. Auch wenn man § 53 daher nicht direkt für anwendbar hält, kommt ihr jedenfalls über § 68 Abs. 3 Satz 1 Geltung auch für das Beschwerdeverfahren zu. Denn die §§ 58ff. enthalten keine abweichende Regelung. Damit bedarf es der **Vollstreckungsklausel** nur, wenn die Vollstreckung gegen einen anderen als den im Beschluss bezeichneten Beteiligten erfolgen soll.

33

---

1 Keidel/*Sternal*, § 64 FamFG Rz. 60; vgl. BayObLG v. 17.3.1975 – 3 Z 26/75, BayObLGZ 1975, 115 (117) = NJW 1975, 2147 (2148), wonach die Aussetzung bis zur Rechtskraft allerdings noch möglich ist.
2 OLG Köln v. 12.3.1990 – 2 Wx 6/90, OLGZ 1990, 303 f.; Bassenge/Roth/*Gottwald*, § 64 FamFG Rz. 15; Bork/Jacoby/Schwab/*Müther*, 1. Aufl., § 64 FamFG Rz. 20; Zöller/*Feskorn*, § 64 FamFG Rz. 18; *Rackl*, Rechtsmittelrecht, S. 163.
3 OLG Köln v. 12.3.1990 – 2 Wx 6/90, OLGZ 1990, 303 f.; *Zimmermann*, ZEV 2009 53 (58); *Heinemann*, DNotZ 2009, 6 (13).
4 *Heinemann*, DNotZ 2009, 6 (13).
5 BayObLG v. 8.10.1987 – BReg 3 Z 163/87, FamRZ 1988, 423 (424).
6 Hierfür *Bumiller*/Harders, § 64 FamFG Rz. 15; dagegen *Rackl*, Rechtsmittelrecht, S. 162.
7 So auch Keidel/*Sternal*, § 64 FamFG Rz. 62.
8 Keidel/*Sternal*, 15. Aufl., § 24 FGG Rz. 22; *Bassenge*/Roth, 11. Aufl., § 24 FGG Rz. 10; Zöller/*Feskorn*, § 64 FamFG Rz. 15.
9 So auch Keidel/*Sternal*, § 64 FamFG Rz. 69.

b) Erlass der Entscheidung in der Hauptsache

34 Da die einstweilige Anordnung nach § 64 Abs. 3 nur die Verhältnisse bis zur Entscheidung des Beschwerdegerichts regeln kann,[1] tritt sie mit deren Erlass ohne weiteres außer Kraft,[2] wie sich nunmehr auch aus § 68 Abs. 3 Satz 1 iVm. § 56 Abs. 1 ergibt. Dies ist aber nur dann der Fall, wenn die Endentscheidung auch den Verfahrensgegenstand betrifft, der durch die einstweilige Anordnung geregelt wurde. Entscheidet das Beschwerdegericht absichtlich (etwa durch Teilbeschluss) oder unabsichtlich (etwa in den Fällen des § 43) nur über einen Teil des Verfahrensstoffes, bleibt die hiervon nicht betroffene einstweilige Anordnung in Kraft. Im Falle einer Entscheidung des Beschwerdegerichts bedarf es ihrer **Aufhebung** nicht; eine deklaratorische Feststellung dieser Art ist aber nicht fehlerhaft und kann zur Klarstellung uU sogar geboten sein. Da die einstweilige Anordnung mit Erlass der Beschwerdeentscheidung automatisch außer Kraft tritt, hat das Rechtsbeschwerdegericht hierüber im Rechtsbeschwerdeverfahren nicht mehr zu befinden. Es kann allenfalls eine eigene einstweilige Anordnung erlassen. Mit einer Aufhebung der Beschwerdeentscheidung in der Hauptsache lebt die einstweilige Anordnung nicht wieder auf.[3]

c) Sonstige Erledigung in der Hauptsache

35 Wie § 68 Abs. 3 Satz 1 iVm. § 56 Abs. 2 nunmehr klarstellt, tritt die einstweilige Anordnung auch bei Erledigung der Hauptsache auf sonstigem Wege außer Kraft. Dies ist in Antragsverfahren nach § 68 Abs. 3 Satz 1 iVm. § 56 Abs. 2 Nr. 1 namentlich bei **Rücknahme** des Antrags in der Hauptsache der Fall, ferner nach § 68 Abs. 3 Satz 1 iVm. § 56 Abs. 2 Nr. 3 bei übereinstimmender **Erledigungserklärung**. Sofern § 68 Abs. 3 Satz 1 iVm. § 56 Abs. 2 Nr. 2 auf die rechtskräftige Abweisung des Antrags abstellt, ist diese Regelung einerseits selbstverständlich, andererseits zu eng gefasst, da jede Entscheidung des Beschwerdegerichts, auch die dem Antrag stattgebende, die einstweilige Anordnung außer Kraft setzt. Eine anderweitige Erledigung nach § 68 Abs. 3 Satz 1 iVm. § 56 Abs. 2 kann etwa durch **Vergleich** erfolgen. Allerdings steht zu befürchten, dass die Regelung des § 68 Abs. 3 Satz 1 iVm. § 56 Abs. 2 Nr. 4 neue Rechtsunsicherheit nach sich ziehen wird. Denn nach dem Wortlaut tritt die einstweilige Anordnung schon durch das erledigende Ereignis als solches außer Kraft. Ist also die Erledigung als solche umstritten, folgt hieraus ein Streit um die Wirksamkeit der einstweiligen Anordnung. Der hiervon Betroffene kann diese nach dem Wortlaut des § 68 Abs. 3 Satz 1 iVm. § 56 Abs. 2 Nr. 4 ohne Weiteres, insbesondere ohne gerichtliche Entscheidung ignorieren.

d) Ausdrückliche Befristung im Beschluss selbst

36 Das Beschwerdegericht kann seine einstweilige Anordnung selbst auf einen gewissen Zeitraum befristen.[4] In diesem Fall tritt sie mit Erreichen des Enddatums ohne weiteres außer Kraft.

4. Anfechtbarkeit

37 Ein eigenständiges Rechtsmittel gegen einstweilige Anordnungen wurde schon bislang grundsätzlich mit der Begründung abgelehnt, dass die einstweilige Anordnung nur der Regelung der Verhältnisse bis zum Erlass der Entscheidung in der Beschwerdeinstanz diene. Eine eigenständige Anfechtbarkeit sei daher nicht erforder-

---

1 Keidel/*Sternal*, § 64 FamFG Rz. 60; *Rackl*, Rechtsmittelrecht, S. 163 (s. oben Rz. 29).
2 BayObLG v. 19.7.1963 – BReg 1 Z 69/1963, BayObLGZ 1963, 191 (193); BayObLG v. 17.3.1975 – 3 Z 26/75, BayObLGZ 1975, 115, 117 = NJW 1975, 2147 (2148); Keidel/*Sternal*, § 64 FamFG Rz. 70; Bassenge/Roth/*Gottwald*, § 64 FamFG Rz. 15; Bork/Jacoby/Schwab/*Müther*, 1. Aufl., § 64 FamFG Rz. 24; Zöller/*Feskorn*, § 64 FamFG Rz. 16.
3 BayObLG v. 19.7.1963 – BReg 1 Z 69/1963, BayObLGZ 1963, 191 (193); Keidel/*Sternal*, § 64 FamFG Rz. 70.
4 So auch *Bumiller*/Harders, § 64 FamFG Rz. 17; Keidel/*Sternal*, § 64 FamFG Rz. 70.

lich und führe vielmehr zur Verzögerung der Entscheidung in der Hauptsache.[1] Diese Rechtsprechung wurde nunmehr in § 70 Abs. 4 gesetzlich kodifiziert, wonach die Rechtsbeschwerde im Verfahren über die Anordnung, Abänderung oder Aufhebung einer einstweiligen Anordnung nicht stattfindet. Auf Grund dieser Spezialregelung finden § 57 Nr. 1 bis 5 auch über die Verweisung des § 68 Abs. 3 Satz 1 keine Anwendung.

Problematisch erscheinen hingegen nach neuem Recht die **Ausnahmen** von diesem Grundsatz, die die bisherige Rechtsprechung zuließ. Die Anfechtbarkeit einstweiliger Anordnungen nach § 24 Abs. 3 FGG aF wurde bislang bejaht, wenn das Beschwerdegericht entweder über den im Rahmen der Beschwerde vorgelegten Verfahrensgegenstand hinausging[2] oder aber Anordnungen traf, die über eine einstweilige Anordnung hinausreichen sollten.[3] In diesen Fällen argumentierte die Rechtsprechung dahingehend, dass in Wirklichkeit wegen **Überschreitens des Verfahrensgegenstandes** eine eigenständige Entscheidung getroffen wurde, die folglich auch selbständig anfechtbar sein müsse.[4] Diese Argumentation verfängt nach neuem Recht von vornherein nicht mehr, da die Rechtsbeschwerde, abgesehen von den in § 70 Abs. 3 geregelten Fällen, nach § 70 Abs. 1 auch in der Hauptsache nur statthaft ist, wenn sie vom Beschwerdegericht zugelassen wurde. Dies wird aber nie der Fall sein, wenn das Beschwerdegericht der Auffassung ist, es erlasse nur eine einstweilige Anordnung nach § 64 Abs. 3.[5] Selbst die Anhörungsrüge nach §§ 68 Abs. 3 Satz 1, 44 wird hier nur in Ausnahmefällen Abhilfe schaffen, wenn das Gericht vor Erlass der einstweiligen Anordnung oder jedenfalls danach rechtliches Gehör gewährt hat. Es liegt dann allenfalls eine einfach-rechtliche Verkennung der Reichweite einer einstweiligen Anordnung vor. Ein derartiger Fehler begründet aber weder die Anhörungsrüge noch gar die Verfassungsbeschwerde. Sofern nicht die Rechtsbeschwerde in der Hauptsache zugelassen ist und die einstweilige Anordnung dann noch Wirkung entfaltet, wird man die Rechtsprechung zur ausnahmsweise möglichen Anfechtung einstweiliger Anordnungen also nicht in das neue Recht übernehmen können. Etwas anderes kann sich allenfalls bei **greifbarer Gesetzwidrigkeit** ergeben, wenn das Beschwerdegericht etwa im Hinblick auf die Unanfechtbarkeit einstweiliger Anordnungen bewusst eine nicht zulässige Regelung trifft. In derartigen Konstellationen kommt ein Rückgriff auf das Institut der **außerordentlichen Beschwerde** in Betracht, die allerdings von der ganz hM mittlerweile für nicht mehr zulässig angesehen wird (s. § 44 Rz. 1) und überdies nur zur Beseitigung krassen Unrechts diente.[6]

38

§ 65 *Beschwerdebegründung*

(1) **Die Beschwerde soll begründet werden.**
(2) **Das Beschwerdegericht oder der Vorsitzende kann dem Beschwerdeführer eine Frist zur Begründung der Beschwerde einräumen.**
(3) **Die Beschwerde kann auf neue Tatsachen und Beweismittel gestützt werden.**
(4) **Die Beschwerde kann nicht darauf gestützt werden, dass das Gericht des ersten Rechtszugs seine Zuständigkeit zu Unrecht angenommen hat.**

---

1 BGH v. 11.3.1963 – NotZ 15/62, BGHZ 39, 162, 164; BGH v. 9.12.1996, AnwZ (B) 48/96, NJW-RR 1997, 1149; BayObLG v. 4.8.1967 – BReg 1b Z 76/67, BayObLGZ 1967, 279 (280); BayObLG v. 8.10.1997 – 3 Z BR 384/97, NJW-RR 1998, 1047 (1048); BayObLG v. 1.7.1999 – 3 Z BR 192/99, FamRZ 1999, 1594; KG v. 18.6.1971 – 1 W 1208/71, OLGZ 1972, 88 (92 f.); KG v. 11.10.1974 – 1 W 1283/74, OLGZ 1976, 130 (131); OLG Frankfurt v. 28.7.1997 – 20 W 250/97, FGPrax 1997, 200.
2 BayObLG v. 4.8.1967 – BReg 1b Z 76/67, BayObLGZ 1967, 279 (280).
3 KG v. 18.6.1971 – 1 W 1208/71, OLGZ 1972, 88 (89).
4 KG v. 18.6.1971 – 1 W 1208/71, OLGZ 1972, 88 (89).
5 *Rackl*, Rechtsmittelrecht, S. 241; im Ergebnis ebenso Keidel/*Sternal*, § 64 FamFG Rz. 71; Zöller/Feskorn, § 64 FamFG Rz. 19.
6 Vgl. etwa OLG Frankfurt v. 28.7.1997 – 20 W 250/97, FGPrax 1997, 200; BayObLG v. 8.10.1997 – 3 Z BR 384/97, NJW-RR 1998, 1047 (1048).

A. Entstehungsgeschichte und Normzweck 1
B. Inhalt der Vorschrift
  I. Begründung der Beschwerde (Absatz 1)
    1. Rechtsnatur der „Begründungspflicht"
      a) Absatz 1 als Soll-Vorschrift ... 2
      b) Generelle Bedeutung von Absatz 1
        aa) Beschränkung der Amtsermittlung 3
        bb) Inhalt der Begründung 4
      c) Verfahren 5
    2. Fristsetzung nach Absatz 2
      a) Fristsetzung zur Beschwerdebegründung 6
      b) Fristsetzung zur Beschwerdeerwiderung und zur Replik 7
      c) Fristverlängerung 8
      d) Folgen des Fristablaufs
        aa) Keine Präklusion 9
        bb) Folgen der Fristversäumung 10
  II. Neues Tatsachenvorbringen (Absatz 3)
    1. Beschwerdegericht als Tatsacheninstanz
      a) Berücksichtigung bereits vorgebrachter Tatsachen 11
      b) Berücksichtigung neuer Tatsachen 12
    2. Abweichungen vom erstinstanzlichen Verfahren
      a) Wiederholung von Beweisaufnahmen und Anhörungen 14
      b) Ursprünglicher Verfahrensgegenstand und neue Anträge .. 15
      c) Bindung an eigene Entscheidungen 17
      d) Keine reformatio in peius 18
  III. Rüge der Unzuständigkeit des erstinstanzlichen Gerichts
    1. Bedeutung 19
    2. Umfang des Rügeausschlusses ... 20
    3. Ausnahmen von der Unanfechtbarkeit
      a) Zulässigkeit des Rechtswegs (§ 17a GVG) 21
      b) Internationale Zuständigkeit ... 22
      c) Sonstige Ausnahmen von der Unanfechtbarkeit 23
      d) Registersachen 24

A. Entstehungsgeschichte und Normzweck

1 § 65 Abs. 1 und 2 stellen Neuerungen im Verfahren der freiwilligen Gerichtsbarkeit dar. Während die Beschwerde früher nicht begründet werden musste und ein Fehlen der Begründung allenfalls in echten Streitverfahren die Ermittlungspflichten des Gerichts verringerte, verlangt § 65 Abs. 1 nunmehr, dass die **Beschwerde in allen Verfahren begründet** werden soll. Die Vorschrift lehnt sich an die gleich lautende Norm zur sofortigen Beschwerde im Zivilprozess (§ 571 Abs. 1 ZPO) an.[1] § 65 Abs. 2 ergänzt diese Anordnung um die Möglichkeit, dem Beschwerdeführer hierzu eine Frist zu setzen. Damit soll neben der Verfahrensbeschleunigung auch eine größere Transparenz erreicht werden, indem für die Beteiligten absehbar wird, wann eine Entscheidung des Gerichts zu erwarten ist.[2] § 65 Abs. 3 entspricht wörtlich § 23 FGG aF. In Ehe- und Familienstreitsachen ist diese Vorschrift aber durch § 115 eingeschränkt.[3] § 65 Abs. 4 entspricht nahezu wörtlich § 571 Abs. 2 Satz 2 ZPO und soll nach der Gesetzesbegründung auch dieselbe Funktion übernehmen, nämlich Rechtsmittel ausschließen, die ausschließlich die fehlende Zuständigkeit des erstinstanzlichen Gerichts rügen.[4] Für Ehe- und Familienstreitsachen ist die Begründung der Beschwerde nicht nur Soll-Vorschrift, sondern zwingend vorgesehen.

B. Inhalt der Vorschrift

I. Begründung der Beschwerde (Absatz 1)

1. Rechtsnatur der „Begründungspflicht"

a) Absatz 1 als Soll-Vorschrift

2 Die in den Gesetzesmaterialien als „Begründungspflicht" bezeichnete Regelung des § 65 Abs. 1 stellt tatsächlich, wie der Wortlaut zeigt, nur eine Sollvorschrift dar.

---

[1] BT-Drucks. 16/6308, S. 206.
[2] BT-Drucks. 16/6308, S. 206; Keidel/*Sternal*, § 65 FamFG Rz. 1; Zöller/*Feskorn*, § 65 FamFG Rz. 2.
[3] BT-Drucks. 16/6308, S. 206; OLG Köln v. 4.7.2011 – 4 UF 200/10, NJW-RR 2011, 1447 f.
[4] BT-Drucks. 16/6308, S. 206.

Wie im Zivilprozess bleibt das Unterlassen einer Begründung zunächst **sanktionslos**. Die Beschwerde kann wie im Zivilprozess nicht als unzulässig verworfen werden, wie die Gesetzesmaterialien ausdrücklich hervorheben.[1] Darüber hinaus führt eine fehlende Begründung, ebenfalls wie im Zivilprozess, auch nicht dazu, dass die Beschwerde mangels näherer Darlegungen als unsubstanziiert zurückgewiesen werden kann.[2] Das Gericht hat nach wie vor zu prüfen, ob sie nach dem vorgelegten Akteninhalt begründet ist. Gem. § 26 hat es dabei erkennbaren Ermittlungsansätzen unverändert von sich aus nachzugehen. Anderes regelt § 117 Abs. 1 und 2, für Familiensachen, wo tatsächlich eine Begründungspflicht besteht.[3] Keine Regelung enthält § 65 Abs. 1, wo die Begründung einzureichen ist. Es empfiehlt sich aber, sie wie die Beschwerdeschrift dem Ausgangsgericht vorzulegen, da dieses sich im Rahmen der Abhilfe mit der Begründung zu befassen hat.[4] Zudem wird so eine Rücksendung durch das Beschwerdegericht vermieden.

b) Generelle Bedeutung von Absatz 1

aa) Beschränkung der Amtsermittlung

Gerade im Zusammenhang mit der Amtsermittlung dürfte aber im Gegensatz zur wortgleichen Regelung in § 571 Abs. 1 ZPO die Bedeutung der Vorschrift liegen. Im Zivilprozess, der keine Ermittlung von Amts wegen kennt, erschöpft sich die Begründetheitsprüfung auf den **Akteninhalt** und das **Vorbringen der Beteiligten**. Liegt Letzteres nicht vor, besteht von vorneherein keine Möglichkeit weiterer Prüfung über die Akte hinaus, und die Sache ist entscheidungsreif. Trug der Beschwerdeführer in Verfahren der freiwilligen Gerichtsbarkeit nicht vor, begrenzte dies schon nach altem Recht in echten Streitverfahren die Pflicht des Gerichts zu eigenen Ermittlungen.[5] Die Rechtsprechung ging davon aus, dass der Beteiligte in diesen Verfahren schon im eigenen Interesse vortragen werde, was seiner Position günstig ist. Dies ist nunmehr in § 27 Abs. 1, der über die Verweisung in § 68 Abs. 3 Satz 1 auch im Beschwerdeverfahren Anwendung findet, positiv normiert.[6] Vor dem Hintergrund der „Begründungspflicht" nach § 65 Abs. 1 dürfte diese Praxis auf alle Verfahren nach dem FamFG zu übertragen sein. Denn den Beschwerdeführer trifft nun jedenfalls eine Obliegenheit, das Verfahren dadurch zu fördern, dass er die aus seiner Sicht gegen die angefochtene Entscheidung streitenden Umstände darlegt.[7] Das Gericht kann nach ausdrücklicher Normierung dieser Obliegenheit in § 65 Abs. 1 davon ausgehen, dass der Beschwerdeführer derartige Umstände von sich aus vorträgt. Tut er dies nicht, hat es **keine weiteren Ermittlungen** anzustellen, wenn sich Ansätze hierzu nicht schon aus der Akte ergeben.[8] Die Beschwerde ist dann als unbegründet zurückzuweisen.[9] In Verfahren des einstweiligen Rechtsschutzes rechtfertigt das Ausbleiben einer Beschwerdebegründung zumindest Zweifel an der Eilbedürftigkeit der begehrten Maßnahme.[10]

3

---

1 BT-Drucks. 16/6308, S. 206; *Schürmann*, FamRB 2009, 24 (26 f.); *Rakete-Dombek/Türck-Brocker*, NJW 2009, 2769 (2771); *Netzer*, ZNotP 2009, 303 (305); *Preuß*, DNotZ 2010, 265 (280); *Reinken*, FuR 2010, 268 (272); *Schürmann*, FuR 2010, 425 (432); *Maurer*, FamRZ 2009, 465 (473); *Bumiller/Harders*, § 65 FamFG Rz. 1; Keidel/*Sternal*, § 65 FamFG Rz. 3; Bassenge/Roth/*Gottwald*, § 65 FamFG Rz. 2; Bork/Jacoby/Schwab/*Müther*, 1. Aufl., § 65 FamFG Rz. 2; Zöller/*Feskorn*, § 65 FamFG Rz. 2 f.; *Rackl*, Rechtsmittelrecht, S. 71; *Vogel*, FPR 2011, 4 (5).
2 *Rackl*, Rechtsmittelrecht, S. 71.
3 *Schürmann*, FamRB 2009, 24 (27).
4 *Rackl*, Rechtsmittelrecht, S. 73.
5 Zum Ermessen des Beschwerdegerichts nach altem Recht s. BGH v. 15.12.1982 – IVb ZB 910/80, FamRZ 1983, 262 (263); BayObLG v. 10.9.1991 – BReg 1 Z 29/91, NJW 1992, 322 (323); vgl. zur Reduktion der Pflicht zur Amtsermittlung *Winter/Nießen*, NZG 2007, 13 (14 f.); *Jacoby*, FamRZ 2007, 1703 (1706); *Kemper*, FamRB 2008, 345 (349).
6 Hierzu etwa *Kemper*, FamRB 2008, 345 (349); *Rackl*, Rechtsmittelrecht, S. 72; Bork/Jacoby/Schwab/*Müther*, 1. Aufl., § 65 FamFG Rz. 3; Zöller/*Feskorn*, § 65 FamFG Rz. 2.
7 Zum Aspekt der Verfahrensförderung ausdrücklich BT-Drucks. 16/6308, S. 206; ähnlich *Maurer*, FamRZ 2009, 465 (473); Bassenge/Roth/*Gottwald*, § 65 FamFG Rz. 4.
8 OLG Düsseldorf v. 2.3.2012 – II-1 UF 120/10, FamRZ 2012, 1233.
9 *Maurer*, FamRZ 2009, 465 (473); *Rackl*, Rechtsmittelrecht, S. 72.
10 OLG Brandenburg v. 22.7.2010 – 9 WF 95/10.

bb) Inhalt der Begründung

4 Dazu, was der Beschwerdeführer inhaltlich vorzutragen hat, kann auf § 23 Abs. 1 Satz 2 zurückgegriffen werden, der über § 68 Abs. 3 Satz 1 ohnehin Anwendung findet.[1] Danach hat der Beschwerdeführer insbesondere die **Tatsachen** vorzutragen, die für die von ihm erstrebte günstigere Entscheidung erheblich sind. Dies umfasst für den Fall, dass sie streitig sein sollten, auch die zu ihrem Nachweis erforderlichen **Beweismittel**. Gleichermaßen sind **Urkunden**, die das Beschwerdevorbringen stützen können, im Original oder in Ablichtung beizufügen. **Rechtsausführungen** sind, da das Beschwerdegericht das Recht unabhängig vom Vorbringen der Beteiligten anzuwenden hat, nicht zwingend erforderlich. Wird aber (auch) die Fehlanwendung des Rechts gerügt, sind Ausführungen hierzu naturgemäß angebracht. Eines **Antrags** bedarf es ähnlich wie in der ZPO-Beschwerde[2] nicht. Dies ergibt sich nicht zuletzt aus dem Vergleich mit den Parallelregelungen der Rechtsbeschwerde, die in § 71 Abs. 3 Nr. 1 Anträge ausdrücklich verlangen. Soweit sich aus der Beschwerdebegründung nichts anderes ergibt, ist die erstinstanzliche Entscheidung dann insgesamt angegriffen, soweit sie den Beschwerdeführer belastet.

c) Verfahren

5 Wie im Zivilprozess hat das Beschwerdegericht eine **angekündigte Beschwerdebegründung abzuwarten**.[3] Als angemessene Wartefrist sind zwei bis drei Wochen anzusehen.[4] Auch ohne Ankündigung einer Begründung kann das Gericht nicht sofort entscheiden. Es muss auch in diesem Fall die angemessene Zeit von zwei bis drei Wochen abwarten.[5] Eine unangemessene Verzögerung lässt sich durch eine **Fristsetzung nach § 65 Abs. 2** vermeiden. Wie im Zivilprozess ist das Beschwerdegericht in keinem Fall verpflichtet, den Beschwerdeführer zur Vorlage einer Begründung aufzufordern oder eine Frist hierfür zu setzen.[6]

2. Fristsetzung nach Absatz 2

a) Fristsetzung zur Beschwerdebegründung

6 Das Beschwerdegericht kann dem Beschwerdeführer nunmehr nach § 65 Abs. 2 eine Frist zur Begründung seiner Beschwerde setzen.[7] Nach dem ursprünglichen Wortlaut des § 65 Abs. 2 hatte das gesamte Gericht, nicht nur der Vorsitzende die Frist zu setzen.[8] Dies hat der Gesetzgeber nun[9] dahingehend abgeändert, dass diese Befugnis sowohl dem gesamten Spruchkörper als auch dessen Vorsitzendem zukommt. Mangels abweichender Regelung ist dies bereits unmittelbar **nach Eingang der Beschwerdeschrift** möglich. Verzögert das erstinstanzliche Gericht die Weiterleitung der Akte, kommt eine Fristsetzung durch das Beschwerdegericht wohl nicht in Betracht,[10] auch wenn der Beschwerdeführer vorsorglich eine Abschrift der Beschwerde bereits an das Beschwerdegericht weitergeleitet hat. Denn hier kann das Verfahren schon aus justizinternen Gründen nicht beschleunigt werden. Soweit die Materialien nur eine Fristsetzung für den Fall ansprechen, dass der Beschwerdefüh-

---

1 Ebenso *Rackl*, Rechtsmittelrecht, S. 71.
2 Bassenge/Roth/*Gottwald*, § 65 FamFG Rz. 2; vgl. zum Zivilprozess Musielak/*Ball*, § 569 ZPO Rz. 7; Zöller/*Heßler*, § 569 ZPO Rz. 8.
3 BayObLG v. 23.7.1974 – BReg 1 Z 55/74, BayObLGZ 1974, 302 (304f.); BayObLG v. 30.3.1988 – 2 Z 120/87, WE 1988, 205 (206); *Netzer*, ZNotP 2009, 303 (306).
4 *Rackl*, Rechtsmittelrecht, S. 73; vgl. zum Zivilprozess MüKo.ZPO/*Lipp*, § 571 ZPO Rz. 5; Baumbach/*Hartmann*, § 571 ZPO Rz. 7; Zöller/*Heßler*, § 571 ZPO Rz. 14.
5 Keidel/*Sternal*, 15. Aufl., § 23 FGG Rz. 17; *Bumiller*/Winkler, 8. Aufl., § 23 FGG Rz. 1; Zöller/*Feskorn*, § 65 FamFG Rz. 4.
6 BayObLG v. 30.3.1988 – 2 Z 120/87, WE 1988, 205 (206).
7 Weiter gehend, auch für eine Befugnis des Ausgangsgericht zur Fristsetzung *Rackl*, Rechtsmittelrecht, S. 74.
8 Keidel/*Sternal*, § 65 FamFG Rz. 5; Prütting/Helms/*Abramenko*, 2. Aufl. § 65 FamFG Rz. 6.
9 Durch Art. 6 Nr. 8 des Gesetzes zur Einführung einer Rechtsbehelfsbelehrung im Zivilprozess und zur Änderung anderer Vorschriften v. 5.12.2012, BGBl. I, S. 2418.
10 Zu dieser Konstellation s. *Vogel*, FPR 2011, 4 (5).

rer „nicht zeitnah zur Einlegung der Beschwerde eine Begründung vorträgt",[1] gibt dies nur eine vom Gesetzeswortlaut eröffnete Möglichkeit wieder. Das Beschwerdegericht kann die Frist natürlich erst nach Abwarten eines bestimmten Zeitraums setzen. Dies empfiehlt sich insbesondere bei umfangreichem Streitstoff, um unnütze Arbeit in Form eines Entscheidungsentwurfs zu vermeiden, der durch neuen Vortrag obsolet wird. Eine Fristsetzung ist aber bereits nach Eingang der Beschwerdeschrift möglich. Die Frist zur Beschwerdebegründung muss **angemessen** sein. Wird sie unmittelbar nach Eingang der Beschwerdeschrift gesetzt, ist auch hier ein Zeitraum von **zwei bis drei Wochen**, den das Gericht ohnehin abwarten müsste, angemessen.[2] Hat das Gericht bereits eine gewisse Zeit abgewartet, kommt auch eine kürzere Fristsetzung in Betracht. Da die Frist bereits vom Beschwerdegericht gesetzt wird, kommt es zu ihrer Einhaltung auf den Eingang des Schriftsatzes dort an; die Spezialregelung des § 64 Abs. 1 gilt nur für die Einlegung der Beschwerde beim Gericht erster Instanz.[3] Die Fristsetzung ist auch den anderen Beteiligten bekanntzugeben, damit auch sie wissen, wann mit einer Entscheidung des Beschwerdegerichts zu rechnen ist.[4] Selbstverständlich hat das Gericht den Ablauf der Frist abzuwarten, bevor es entscheidet.[5]

b) Fristsetzung zur Beschwerdeerwiderung und zur Replik

Das Gesetz enthält keine Regelung dazu, ob das Beschwerdegericht auch dem Beschwerdegegner eine **Frist zur Beschwerdeerwiderung** oder dem Beschwerdeführer eine solche zur Antwort hierauf setzen kann. Insoweit ist aber eine **analoge Anwendung von § 65 Abs. 2** geboten.[6] Für die Beschwerdeerwiderung ergibt sich dies schon aus dem Gebot der Waffengleichheit. Im Übrigen besteht eine identische Interessenlage, da auch die unangemessen späte Beschwerdeerwiderung bzw. Einreichung sonstiger Schriftsätze das Verfahren vermeidbar verzögert. Eine entsprechende Auslegung entspricht auch der Handhabung der Vorschriften zur Zulässigkeit neuen Vorbringens: Obwohl das Gesetz (§ 23 FGG aF bzw. § 65 Abs. 3 FamFG) auch hier nur auf das Beschwerdevorbringen abstellt, ist doch anerkannt, dass auch der Beschwerdegegner neues Vorbringen in das Verfahren einführen kann (s. Rz. 13). 7

c) Fristverlängerung

Wie im Zivilprozess können richterliche Fristen nach § 16 Abs. 2 FamFG, § 224 Abs. 2 ZPO verlängert werden.[7] Dies setzt allerdings einen **Antrag** voraus, ferner die Glaubhaftmachung erheblicher Gründe.[8] Die Verlängerung nach Ablauf der Frist ist nicht mehr möglich.[9] 8

d) Folgen des Fristablaufs

aa) Keine Präklusion

Verstreicht eine Frist nach § 65 Abs. 2 ungenutzt, ist der Beschwerdeführer mit neuem Vorbringen **nicht präkludiert**.[10] Dies ergibt sich zum einen schon daraus, dass eine Vorschrift dieses Inhalts im Gegensatz zu § 571 Abs. 3 Satz 2 ZPO entgegen dem 9

---

1 BT-Drucks. 16/6308, S. 206.
2 Ebenso Keidel/*Sternal*, § 65 FamFG Rz. 5 u. 7.
3 Im Ergebnis ebenso *Schürmann*, FamRB 2009, 24 (27).
4 Bassenge/Roth/*Gottwald*, § 65 FamFG Rz. 5.
5 Keidel/*Sternal*, § 65 FamFG Rz. 6.
6 Ebenso *Rackl*, Rechtsmittelrecht, S. 74; Zöller/*Feskorn*, § 65 FamFG Rz. 4.
7 Vgl. BGH v. 15.6.2011 – XII ZB 468/10, FGPrax 2011, 258 (259) (zu einer Familiensache).
8 Keidel/*Sternal*, § 65 FamFG Rz. 5.
9 Zöller/*Stöber*, § 224 ZPO Rz. 7.
10 *Netzer*, ZNotP 2009, 303 (306); *Schürmann*, FPR 2010, 425 (432); Keidel/*Sternal*, § 65 FamFG Rz. 6; Bassenge/Roth/*Gottwald*, § 65 FamFG Rz. 6; Zöller/*Feskorn*, § 65 FamFG Rz. 4; *Rackl*, Rechtsmittelrecht, S. 76 ff., der für eine Berücksichtigung der Fristüberschreitung gem. § 81 Abs. 2 Nr. 4 FamFG bei der Kostenentscheidung plädiert.

Vorschlag des Bundesrates[1] in das FamFG gerade nicht aufgenommen wurde.[2] Zum anderen folgt dies aus der Pflicht zur Ermittlung des Sachverhalts von Amts wegen (§ 26).[3] Würden dem Beschwerdegericht entscheidungserhebliche Umstände aus anderer Quelle bekannt, müsste es diese unzweifelhaft bei der Entscheidung berücksichtigen. Dass sie vom Beschwerdeführer vorgetragen werden, hebt den Amtsermittlungsgrundsatz nicht auf.[4] Sein Vortrag muss also auch nach Fristablauf, selbst nach Unterzeichnung der Entscheidung durch den gesamten Spruchkörper noch berücksichtigt werden. Das Beschwerdegericht hat daher organisatorische Vorkehrungen zu treffen, die eine Vorlage auch nach Fristablauf eingegangener Schriftsätze sicherstellen.[5] Die zeitliche Grenze für die Berücksichtigung nicht fristgerechter Schriftsätze ist die Bekanntgabe bzw. die Übergabe der Entscheidung an die Geschäftsstelle nach § 38 Abs. 3 Satz 3, womit sie nach der dortigen Legaldefinition erlassen ist. Erlassene Beschwerdeentscheidungen können nicht mehr geändert werden.

bb) Folgen der Fristversäumung

10   Trotz dieser Pflicht zur Berücksichtigung nicht fristgerechter Schriftsätze bleibt die Versäumung einer Frist nach § 65 Abs. 2 nicht unbedingt sanktionslos. Zum einen kann das Beschwerdegericht **unmittelbar nach Fristablauf entscheiden**.[6] Denn die Fristsetzung soll gerade auch der Orientierung der Beteiligten darüber dienen, wann eine Entscheidung zu erwarten ist.[7] Bei angemessener Frist geschieht dem Beschwerdeführer also durch eine Entscheidung ohne Berücksichtigung der Umstände, die er hätte vortragen können, kein Unrecht. Zum anderen begrenzt der ungenutzte Fristablauf die Ermittlungspflicht des Gerichts in allen Verfahren. Kommt der Beschwerdeführer schon seiner Obliegenheit zur Beschwerdebegründung nach § 65 Abs. 1 nicht nach und lässt er darüber hinaus noch eine Frist nach § 65 Abs. 2 ungenutzt verstreichen, muss das Gericht **keine weiteren Ermittlungen** anstellen, wenn sich Ansätze hierzu nicht schon aus der Akte ergeben.

II. Neues Tatsachenvorbringen (Absatz 3)

1. Beschwerdegericht als Tatsacheninstanz

a) Berücksichtigung bereits vorgebrachter Tatsachen

11   Das Beschwerdegericht ist auch nach neuem Recht vollwertige Tatsacheninstanz. Es hat also die erstinstanzliche Entscheidung in tatsächlicher Hinsicht[8] umfassend zu überprüfen, soweit sie angefochten ist (zum Umfang der Prüfung vgl. auch § 69 Rz. 2 ff.). Das Beschwerdegericht kann sich also nicht auf die Prüfung beschränken, ob die rechtliche Beurteilung des zu Grunde liegenden Sachverhalts fehlerfrei ist.[9] Es hat eine **eigene Würdigung des Tatsachenvortrags** und insbesondere der erhobenen Beweise vorzunehmen. Dabei ist es an das Vorbringen des Beschwerdeführers nicht gebunden.[10] Es hat daher etwa bei der Testamentsauslegung nicht nur die vorgebrachten Bedenken des Beschwerdeführers zu überprüfen, sondern den gesamten

---

1 BT-Drucks. 16/6308, S. 367 f.
2 Allgemein hierzu *Jacoby*, FamRZ 2007, 1703 (1706).
3 Keidel/*Sternal*, § 65 FamFG Rz. 6. Die Ausführungen von *Winter/Nießen*, NZG 2007, 13 (16 f.) zur nur noch subsidiären Fortgeltung des Amtsermittlungsgrundsatzes gelten für das Verfahren nach dem FamFG nicht.
4 So auch BT-Drucks. 16/6308, S. 409.
5 BayObLG v. 17.6.1999 – 2Z BR 46/99, NJW-RR 1999, 1685, 1686; OLG Köln v. 8.1.2001 – 16 Wx 179/00, ZMR 2001, 571.
6 *Preuß*, DNotZ 2010, 265 (280); ähnlich *Rakete-Dombek/Türck-Brocker*, NJW 2009, 2769 (2771).
7 BT-Drucks. 16/6308, S. 206 und 409; Zöller/*Feskorn*, § 65 FamFG Rz. 4.
8 BayObLG v. 6.7.1995 – 3 Z BR 64/95, FGPrax 1995, 211 (212); Bassenge/Roth/*Gottwald*, § 65 FamFG Rz. 7; Zöller/*Feskorn*, § 65 FamFG Rz. 7; *Rackl*, Rechtsmittelrecht, S. 19 u. 161.
9 BGH v. 19.1.2011 – XII ZB 256/10, FGPrax 2011, 156; BayObLG v. 23.7.1985 – BReg 1 Z 39/85, FamRZ 1985, 1179 (1180); Bassenge/Roth/*Gottwald*, § 68 FamFG Rz. 13; Zöller/*Feskorn*, § 65 FamFG Rz. 7 und § 69 FamFG Rz. 2.
10 Keidel/*Sternal*, § 68 FamFG Rz. 42.

Tatsachenstoff zu berücksichtigen, der für eine von der ersten Instanz abweichende Auslegung sprechen kann.[1] Sofern es die Beweiserhebung für unvollständig hält, kommt eine Aufhebung und Zurückverweisung der angefochtenen Entscheidung nur unter den Voraussetzungen des § 69 Abs. 1 Satz 2 und 3 in Betracht. Auch in diesen Fällen darf es jedoch **selbst erstmals Beweis erheben** und diesen würdigen, auch ohne diesbezügliche Beweisanträge.[2] Sofern das Beschwerdegericht eigene Ermittlungen angestellt hat, sollten diese aktenkundig gemacht werden. Ihre Darlegung in den Entscheidungsgründen genügt nämlich nur, wenn alle ermittelnden Richter hieran noch mitwirken.[3] Eine solche Kontinuität in der Zusammensetzung des Spruchkörpers ist aber anders als im Zivilprozess nicht zwingend, da eine § 309 ZPO entsprechende Einschränkung in Verfahren nach dem FamFG nach wie vor nicht vorgesehen ist. Auf der Grundlage der solchermaßen ermittelten Tatsachen hat es eine eigene Bewertung der Rechtsfolgen, auch durch eine eigene Ermessensausübung zu treffen (hierzu s. § 69 Rz. 2).

b) Berücksichtigung neuer Tatsachen

Neue Tatsachen sind bis zum Erlass der Entscheidung[4] unbegrenzt zu berücksichtigen.[5] Eine Ausnahme sieht § 115 für Ehe- und Familienstreitsachen vor.[6] Begrenzungen für neues tatsächliches Vorbringen sind in einigen Verfahren spezialgesetzlich vorgesehen (s. etwa §§ 372 Abs. 2, 391 Abs. 2, 408 Abs. 2). Die Pflicht zur Berücksichtigung neuer Tatsachen bedeutet zum einen, dass bei einer **Änderung in tatsächlicher Hinsicht** die Sachlage zurzeit der Beschwerdeentscheidung maßgeblich ist (vgl. § 69 Rz. 2).[7] Der beschwerte Beteiligte ist in diesen Fällen nicht auf die Abänderung nach § 48 Abs. 1 beschränkt; er kann die nachträglich in tatsächlicher Hinsicht unrichtig gewordene Entscheidung auch mit der Beschwerde angreifen. Der Beschwerdegegner kann in diesen Fällen uU durch Erledigterklärung der Kostenlast entgehen, da das billige Ermessen nach § 81 Abs. 1 Satz 1 auch die Berücksichtigung der ursprünglichen Sachlage gebietet. Die neuen Tatsachen dürfen den Verfahrensgegenstand allerdings nicht ändern, indem etwa ein anderer Vertrag zur Genehmigung vorgelegt wird als in erster Instanz.[8]

12

Zum anderen können auch Tatsachen, die bereits in erster Instanz hätten vorgetragen werden können, in das Verfahren eingeführt werden.[9] Anders als im Zivilprozess (§ 531 Abs. 2 ZPO) kennt § 65 Abs. 3 weder eine **Präklusion**, weil die Tatsachen bereits im ersten Rechtszug hätten vorgebracht werden können, noch kann die Berücksichtigung tatsächlichen Vorbringens wegen verspäteter Einführung in der Rechtsmittelinstanz zurückgewiesen werden (vgl. § 530 ZPO).[10] Wie nach altem Recht ist die Berücksichtigung neuen Vorbringens entgegen dem Wortlaut von § 23

13

---

1 BayObLG v. 2.11.1989 – BReg 1a Z 52/88, NJW-RR 1990, 202; Bassenge/Roth/*Gottwald*, § 68 Rz. 13.
2 Bumiller/*Harders*, § 65 FamFG Rz. 5.
3 OLG Hamm v. 3.4.1968 – 15 W 69/68, OLGZ 1968, 349, 350.
4 Keidel/*Sternal*, § 68 FamFG Rz. 48; Bassenge/Roth/*Gottwald*, § 68 Rz. 14; *Rackl*, Rechtsmittelrecht, S. 161; Bork/Jacoby/Schwab/*Müther*, 1. Aufl., § 65 FamFG Rz. 4.
5 BGH v. 5.1.2011 – XII ZB 240/10, FamRZ 2011, 367; BGH v. 19.1.2011 – XII ZB 256/10, FGPrax 2011, 156; BGH v. 11.10.2012 – V ZB 274/11, FGPrax 2013, 40; OLG München v. 4.2.2010 – 31 Wx 13/10, FamRZ 2010, 1000 (1001); OLG Hamm v. 4.8.2010 – II-10 WF 121/10, FamRZ 2011, 234 (235); *Rakete-Dombek/Türck-Brocker*, NJW 2009, 2769 (2771); Zöller/*Feskorn*, § 65 FamFG Rz. 7.
6 BT-Drucks. 16/6308, S. 206; OLG Köln v. 4.7.2011 – 4 UF 200/10, NJW-RR 2011, 1447f.
7 BGH v. 5.1.2011 – XII ZB 240/10, FamRZ 2011, 367; Keidel/*Sternal*, § 65 FamFG Rz. 12; Bassenge/Roth/*Gottwald*, § 68 FamFG Rz. 14.
8 OLG Stuttgart v. 12.4.1979 – 8 W 153/79, OLGZ 1979, 328.
9 OLG Schleswig v. 8.8.2010 – 2 W 112/10, FGPrax 2011, 34 (35); OLG Schleswig v. 25.10.2010 – 3 Wx 115/10; OLG Köln v. 4.7.2011 – 4 UF 200/10, NJW-RR 2011, 1447 (1448); Bumiller/Harders, § 65 FamFG Rz. 3; Keidel/*Sternal*, § 65 FamFG Rz. 10; Bassenge/Roth/*Gottwald*, § 65 FamFG Rz. 7 und § 68 FamFG Rz. 14; Bork/Jacoby/Schwab/*Müther*, 1. Aufl., § 65 FamFG Rz. 4; Zöller/*Feskorn*, § 65 FamFG Rz. 7; *Rackl*, Rechtsmittelrecht, S. 161.
10 OLG Nürnberg v. 18.1.2011 – 7 UF 1473/10, FamRZ 2011, 991.

FGG aF und § 65 Abs. 3 nicht auf das Beschwerdevorbringen beschränkt. Auch der **Beschwerdegegner** kann neuen Vortrag in das Verfahren einführen.[1] Die Nichtberücksichtigung neuer oder jedenfalls erstmals vorgetragener Tatsachen ist ein schwerer Verfahrensmangel, der das rechtliche Gehör verletzt,[2] unabhängig davon, ob dies auf Fehler des Spruchkörpers oder der Gerichtsorganisation zurückzuführen ist (vgl. Rz. 9; § 32 Rz. 8 und § 69 Abs. 2). Er kann bei Statthaftigkeit der Rechtsbeschwerde zur Aufhebung und Zurückverweisung führen. Andernfalls kann die Entscheidung des Beschwerdegerichts mit der Anhörungsrüge nach § 44 und bei Erfolglosigkeit wegen Versagung rechtlichen Gehörs mit der Verfassungsbeschwerde angegriffen werden.[3]

2. Abweichungen vom erstinstanzlichen Verfahren

a) Wiederholung von Beweisaufnahmen und Anhörungen

14   Die Ausgestaltung des Beschwerdeverfahrens als Tatsacheninstanz geht indessen nicht so weit, dass das Beschwerdegericht die erstinstanzliche Tatsachenermittlung in vollem Umfang wiederholen müsste. Schon nach altem Recht war anerkannt, dass das Beschwerdegericht etwa Beweiserhebungen nur dann zwingend zu wiederholen hatte, wenn diese entweder fehlerhaft waren oder das Ergebnis der Beweisaufnahme bzw. die Glaubwürdigkeit eines Zeugen abweichend von der ersten Instanz beurteilt werden sollte.[4] Ähnliches galt für persönliche Anhörungen, allerdings in abgeschwächtem Umfang, da sich auch das Beschwerdegericht einen persönlichen Eindruck verschaffen soll. Diese Rechtsprechung wurde nunmehr in § 68 Abs. 3 Satz 2 ausdrücklich kodifiziert, wonach von der erneuten Vornahme einzelner Verfahrenshandlungen abgesehen werden kann, wenn diese bereits im ersten Rechtszug vorgenommen wurden und von einer Wiederholung keine zusätzlichen Erkenntnisse zu erwarten sind (im Einzelnen s. § 68 Rz. 26 ff.).

b) Ursprünglicher Verfahrensgegenstand und neue Anträge

15   Eine weitere Einschränkung gegenüber dem Verfahren erster Instanz gilt für neue oder geänderte Anträge. Der Gegenstand des Verfahrens wird in Verfahren, die von Amts wegen eingeleitet werden, durch das Gericht erster Instanz bestimmt (vgl. auch § 69 Rz. 3 f.). Anträge in der Beschwerdeinstanz, die diesen Verfahrensgegenstand ändern, werden grundsätzlich als **unzulässig** angesehen.[5] Allerdings ist stets zu prüfen, ob sich ein neuer Antrag im Rahmen des bisherigen Verfahrensgegenstandes hält.[6] In Erbscheinsverfahren dürfte eine Änderung des Antrags hinsichtlich der Erbquote unter diesem Aspekt im Gegensatz zum früheren Recht möglich sein.[7] Zudem kann ein neuer Antrag auch nach der erstinstanzlichen Entscheidung noch bis zum Abschluss des Abhilfeverfahrens gestellt werden, da die Sache so lange noch in der ersten Instanz anhängig ist.[8] In **Amtsverfahren** ist zudem, ähnlich wie bei der Frage nach der Zulässigkeit einer reformatio in peius (vgl. Rz. 18), zu prüfen, ob es sich bei dem konkreten Verfahrensgegenstand, etwa bei der Vergütung von Betreuern und Pflegern, nicht in Wirklichkeit um die Entscheidung widerstreitender privatrechtlicher Interessen handelt. Dann sind neue Anträge möglich (vgl. Rz. 16). Allerdings darf etwa im Rahmen der Beschwerde gegen die Versagung der Genehmigung eines

---

1 Keidel/*Sternal*, § 65 FamFG Rz. 1; *Bumiller*/Harders, § 65 FamFG Rz. 2.
2 Keidel/*Sternal*, § 65 FamFG Rz. 6 u. 9.
3 Vgl. schon zum alten Recht Keidel/*Sternal*, 15. Aufl., § 23 FGG Rz. 11.
4 BayObLG v. 15.1.1998 – 1Z BR 68/97, FamRZ 1998, 1469; vgl. zum Zivilprozess BGH v. 22.9.1988 – IX ZR 219/87, NJW-RR 1989, 380.
5 BGH v. 5.1.2011 – XII ZB 240/10, FamRZ 2011, 367; KG v. 28.10.2010 – 19 UF 52/10, NJW-RR 2011, 438 f.; *Bumiller*/Harders, § 65 FamFG Rz. 6; Bassenge/Roth/*Gottwald*, § 68 FamFG Rz. 16; Zöller/*Feskorn*, § 65 FamFG Rz. 7.
6 S. OLG Schleswig v. 9.2.2011 – 2 W 138/10, FamRZ 2011, 1246 f. zu der Änderung des Antrags wegen des Eintrags im Sterberegister.
7 So mit guten Argumenten OLG Hamm v. 9.11.2011 – I-15 W 635/10, FamRZ 2012, 321 ff.
8 OLG Celle v. 13.10.2011 – 6 W 206/11, FamRZ 2012, 321

Vertrags nicht über die Genehmigung eines anderen entschieden werden.[1] Denn über eine neue Maßnahme hat zuerst das Gericht erster Instanz zu befinden.

Hingegen wird in **Antragsverfahren** die Änderung des Antrags erster Instanz – allerdings mit erheblichen Ausnahmen – als zulässig angesehen.[2] In echten Streitverfahren ist auf die Änderung/Erweiterung von Anträgen bzw. auf gänzlich neue Antragstellung § 533 ZPO analog anzuwenden. Sofern die erstinstanzlichen **Anträge unbestimmt oder sonst wie fehlerhaft** sind, hat das Beschwerdegericht nach §§ 68 Abs. 3 Satz 1, 28 Abs. 2 sogar auf eine Änderung hinzuwirken.

16

c) Bindung an eigene Entscheidungen

Gegenüber dem Gericht erster Instanz kann das Beschwerdegericht des Weiteren in seiner Entscheidung eingeschränkt sein, wenn es in dieser Sache bereits früher eine Entscheidung getroffen hat. Insoweit, als der Verfahrensgegenstand bereits einer früheren Beschwerde unterlag, ist es nunmehr im gleichen Umfang wie das Gericht erster Instanz an seine eigene tatsächliche und rechtliche Beurteilung gebunden. Für die rechtliche Würdigung ist dies nunmehr in § 69 Abs. 1 Satz 4 ausdrücklich kodifiziert (s. im Einzelnen § 69 Rz. 15ff.).

17

d) Keine reformatio in peius

Bereits aus dem Grundsatz, dass das Beschwerdegericht die Entscheidung nur in dem Umfang der Anfechtung überprüfen darf, ergibt sich das Verbot der reformatio in peius. Die erstinstanzliche Entscheidung darf demnach jedenfalls in echten Streitverfahren ohne eigenes Rechtsmittel des Verfahrensgegners nicht zulasten dessen abgeändert werden, der Beschwerde eingelegt hat.[3] Dies kann auch in Amtsverfahren gelten. So darf das Gericht auf Beschwerde des Betroffenen gegen die Bestellung eines Betreuers nicht noch dessen Aufgabenkreis erweitern.[4] Denn insoweit ist die erstinstanzliche Entscheidung nicht angefochten. Eine **zwischenzeitliche Aufhebung und Zurückverweisung** durch das Rechtsbeschwerdegericht ändert hieran nichts.[5] Anderes kann bei der Verletzung von Verfahrensvorschriften gelten, die von Amts wegen zu beachten sind.[6] Das Verbot der Schlechterstellung gilt im Rahmen des **Versorgungsausgleichs** auch zugunsten des Versorgungsträgers.[7] Keine Verschlechterung zulasten des Beschwerdeführers liegt allerdings dann vor, wenn ein als unbegründet zurückgewiesener Antrag in der Beschwerdeinstanz als unzulässig behandelt wird.[8] Gleiches gilt für eine abweichende Begründung, wenn der Tenor nicht geändert wird (vgl. § 69 Rz. 6). Eine Ausnahme gilt wie in anderen Verfahrensarten hinsichtlich der Entscheidung über **Kosten und Geschäftswert**.[9] Im Verfahren nach dem FamFG wird man aber wie nach früherem Recht darüber hinausgehen müssen. Dort wurde eine reformatio in peius auch in Verfahren, die der **Durchsetzung öffentlicher Interes-**

18

---

1 BayObLG v. 27.11.1975 – BReg 1 Z 59/75, BayObLGZ 1975, 421 (424); *Bumiller*/Harders, § 65 FamFG Rz. 6.
2 BayObLG v. 11.7.1997 – 3Z BR 193/96, NJW-RR 1998, 8; zur abweichenden Handhabung etwa im Erbscheinverfahren OLG Frankfurt v. 13.1.1997 – 20 W 557/94, Rpfleger 1997, 262; BayObLG v. 18.2.1998 – 1 Z BR 155/97, NJW-RR 1998, 798 (799); OLG Brandenburg v. 25.11.1997 – 10 Wx 33/96, FamRZ 1999, 55; strenger wohl Bassenge/Roth/*Gottwald*, § 68 FamFG Rz. 17.
3 BGH v. 18.9.1985 – IVb ZB 57/84, NJW 1986, 185 (186); OLG Hamm v. 10.2.1969 – 15 W 31/69, OLGZ 1969, 273 (274f.); KG v. 13.6.1986 – 1 W 5768/84, OLGZ 1986, 282 (283); Keidel/*Sternal*, § 69 FamFG Rz. 22; Bassenge/Roth/*Gottwald*, § 68 FamFG Rz. 18; Zöller/*Feskorn*, § 69 FamFG Rz. 4.
4 *Bumiller*/Harders, § 69 FamFG Rz. 5; Keidel/*Sternal*, § 69 FamFG Rz. 25.
5 Keidel/*Sternal*, § 69 FamFG Rz. 29; Bassenge/Roth/*Gottwald*, § 68 FamFG Rz. 18; *Rackl*, Rechtsmittelrecht, S. 198.
6 *Bumiller*/Harders, § 69 FamFG Rz. 6; Keidel/*Sternal*, § 69 FamFG Rz. 20.
7 BGH v. 18.9.1985 – IVb ZB 57/84, NJW 1986, 185 (186); *Bumiller*/Harders, § 69 Rz. 5; Keidel/*Sternal*, § 69 FamFG Rz. 25.
8 Bork/Jacoby/Schwab/*Müther*, 1. Aufl., § 69 FamFG Rz. 13.
9 BayObLG v. 13.7.1979 – BReg 3 Z 32/79, BayObLGZ 1979, 223 (224); *Bumiller*/Harders, § 69 FamFG Rz. 6; Keidel/*Sternal*, § 69 FamFG Rz. 18; Bassenge/Roth/*Gottwald*, § 68 FamFG Rz. 18; Bork/Jacoby/Schwab/*Müther*, 1. Aufl., § 69 FamFG Rz. 13; Zöller/*Feskorn*, § 69 FamFG Rz. 4.

sen dienen, zugelassen,[1] ebenso bei Entscheidungen, die das Kindeswohl betreffen.[2] Noch weiter gehend wird auch eine Schlechterstellung bei Beschwerden von Versorgungsträgern für möglich befunden.[3] Bisweilen wird das Verschlechterungsverbot auch dann nicht angewendet, wenn das Gericht die Rechts- und Sachlage von Amts wegen zu ermitteln hat, etwa die Erbfolge in Bayern.[4] Allerdings findet das Verbot der Schlechterstellung nicht schon deswegen keine Anwendung, weil das Gericht nicht an die Anträge der Beteiligten gebunden ist.[5] Da ein diesbezüglicher Änderungswille nicht zu erkennen ist, wird man an dieser Handhabung der Rechtsprechung auch unter der Geltung des neuen Rechts festhalten müssen. Auch in Verfahren, die der Wahrnehmung öffentlicher Interessen oder der staatlichen Fürsorge dienen, ist aber jeweils zu prüfen, ob die streitgegenständliche Angelegenheit selbst hauptsächlich dem **Ausgleich privater Belange** der Beteiligten dient, etwa beim Streit über die Vergütung eines Pflegers. Dann ist die Verschlechterung wiederum ausgeschlossen.[6]

III. Rüge der Unzuständigkeit des erstinstanzlichen Gerichts

1. Bedeutung

19   § 65 Abs. 4 nimmt eine Beschränkung der Überprüfung hinsichtlich der Zuständigkeit vor, die den Regelungen für Berufung und Beschwerde im Zivilprozess (§§ 513 Abs. 2, 571 Abs. 2 Satz 2 ZPO) entspricht.[7] Danach kann eine Beschwerde nicht (erfolgreich) darauf gestützt werden, dass das Gericht erster Instanz seine **Zuständigkeit zu Unrecht angenommen** hat. Die Verneinung seiner Zuständigkeit ist also nach den allgemeinen Regeln in der Beschwerdeinstanz überprüfbar.[8] Nach der Gesetzesbegründung sollen die Rechtsmittelgerichte hierdurch von reinen Streitigkeiten um Zuständigkeitsfragen entlastet werden.[9] Mindestens ebenso bedeutsam dürften aber die Verfahrensbeschleunigung und der Erhalt der vom Gericht erster Instanz bereits geleisteten Arbeit in der Sache[10] sein.

2. Umfang des Rügeausschlusses

20   Für den Rügeausschluss ist gleichgültig, ob das erstinstanzliche Gericht seine Zulässigkeit durch Zwischenentscheidung (zur Zulässigkeit in Verfahren nach dem FamFG s. § 38 Rz. 5) bejaht oder inzident durch eine Endentscheidung in der Sache.[11]

---

1 KG v. 13.6.1986 – 1 W 5768/84, OLGZ 1986, 282 (284); *Keske*, FPR 2010, 339 (341); *Bumiller*/Harders, § 69 FamFG Rz. 6; Keidel/*Sternal*, § 69 FamFG Rz. 21; Bassenge/Roth/*Gottwald*, § 68 FamFG Rz. 18; Bork/Jacoby/Schwab/*Müther*, 1. Aufl., § 69 FamFG Rz. 16; Zöller/*Feskorn*, § 69 FamFG Rz. 2; *Rackl*, Rechtsmittelrecht, S. 198.
2 KG v. 16.2.1971 – 1 W 12685/70, FamRZ 1971, 267 (268); KG v. 13.6.1986 – 1 W 5768/84, OLGZ 1986, 282 (284); OLG Köln v. 24.8.2001 – 25 UF 214/00, MDR 2002, 341; Keidel/*Sternal*, § 69 FamFG Rz. 21 und 23; Bassenge/Roth/*Gottwald*, § 68 FamFG Rz. 18; Zöller/*Feskorn*, § 69 FamFG Rz. 3.
3 OLG Karlsruhe v. 18.5.2012 – 18 UF 324/11, FamRZ 2013, 306.
4 BayObLG v. 26.3.1996 – 1Z BR 111/94, BayObLGZ 1996, 69 (73f.) unter Berufung auf Art. 37 Abs. 1 AGGVG (zweifelhaft), anders wohl BayObLG v. 7.5.1991 – BReg 1a Z 65/90, NJW-RR 1991, 1222 (1223); *Bumiller*/Harders, § 69 FamFG Rz. 6; Keidel/*Sternal*, § 69 FamFG Rz. 24.
5 OLG Hamm v. 10.2.1969 – 15 W 31/69, OLGZ 1969, 273 (274f.); *Bumiller*/Harders, § 69 FamFG Rz. 5.
6 KG v. 13.6.1986 – 1 W 5768/84, OLGZ 1986, 282 (284f.); Keidel/*Sternal*, § 69 FamFG Rz. 25; Bork/Jacoby/Schwab/*Müther*, 1. Aufl., § 69 FamFG Rz. 15; Zöller/*Feskorn*, § 69 FamFG Rz. 3.
7 Zur bewussten Anlehnung an § 571 Abs. 2 Satz 2 ZPO s. BT-Drucks. 16/6308, S. 206; zur Abkehr von der früheren Rechtslage s. *Rackl*, Rechtsmittelrecht, S. 165.
8 Keidel/*Sternal*, § 65 FamFG Rz. 20.
9 BT-Drucks. 16/6308, S. 206; vgl. BGH v. 16.12.2003 – XI ZR 474/02, MDR 2004, 707; *Rackl*, Rechtsmittelrecht, S. 166.
10 So richtig Keidel/*Sternal*, § 65 FamFG Rz. 1; Bassenge/Roth/*Gottwald*, § 65 FamFG Rz. 8; *Rackl*, Rechtsmittelrecht, S. 166; ebenso zum Zivilprozess BGH v. 16.12.2003 – XI ZR 474/02, MDR 2004, 707; Zöller/*Heßler*, § 513 ZPO Rz. 6; MüKo.ZPO/*Lipp*, § 571 ZPO Rz. 9.
11 Keidel/*Sternal*, § 65 FamFG Rz. 16.

Wie im Zivilprozess[1] ist erstere Entscheidung gar nicht, letztere im Hinblick auf die Annahme der Zuständigkeit nicht anfechtbar. Dies umfasst grundsätzlich sachliche, örtliche und funktionelle Zuständigkeit.[2] Die Unanfechtbarkeit ist selbst dann zu bejahen, wenn das erstinstanzliche Gericht eine ausschließliche oder vereinbarte Zuständigkeit nicht berücksichtigt.[3] Selbst eine Überprüfung der Zuständigkeit nach diesbezüglicher Zulassung der Beschwerde soll nicht möglich sein.[4] § 65 Abs. 4 ist wie die Parallelnormen des Zivilprozesses (§§ 513 Abs. 2, 571 Abs. 2 Satz 2 ZPO) zwar nur anwendbar, wenn das erstinstanzliche Gericht seine Zuständigkeit bejaht. Hält sich das Gericht erster Instanz in Verfahren nach dem FamFG für **unzuständig**, hat es die Sache aber, anders als das Zivilgericht, auch ohne Antrag an das zuständige Gericht zu verweisen. Dieser Beschluss ist nach § 3 Abs. 3 Satz 1 nicht anfechtbar. Umstritten ist die Anwendbarkeit dieser Vorschrift in Registerverfahren (s Rz. 24).

3. Ausnahmen von der Unanfechtbarkeit

a) Zulässigkeit des Rechtswegs (§ 17a GVG)

Ausnahmsweise anfechtbar ist die Bejahung seiner Zuständigkeit durch das erstinstanzliche Gericht, sofern der Rechtsweg betroffen ist.[5] Denn insoweit stellt § 17a Abs. 3 und 4 GVG eine Spezialvorschrift dar. Dies umfasst auch das Verhältnis zu Arbeits- und Zivilgericht.[6] Soweit die Zuständigkeit des Gerichts nicht beanstandet wird, ist die Zulässigkeit des beschrittenen Rechtswegs nach § 17a Abs. 5 GVG wiederum nicht mehr überprüfbar.[7]

21

b) Internationale Zuständigkeit

Eine weitere Ausnahme, die insbesondere in Familiensachen von Bedeutung sein wird, ist wie im Zivilprozess[8] für die internationale Zuständigkeit anzuerkennen.[9] Denn zum einen wird diese vielfach durch höherrangiges europäisches Recht geregelt, zum anderen hat sie besondere Bedeutung, da die von einem international nicht zuständigen Gericht erlassene Entscheidung im Ausland nicht vollstreckbar ist.[10] Deshalb kann das Fehlen der internationalen Zuständigkeit entgegen dem zu weiten Wortlaut der § 65 Abs. 4 FamFG, §§ 513 Abs. 2, 571 Abs. 2 Satz 2 ZPO nicht anders als im Zivilprozess auch in der Rechtsmittelinstanz noch gerügt werden.

22

c) Sonstige Ausnahmen von der Unanfechtbarkeit

Umstritten ist die Frage, ob die Bejahung der Zuständigkeit auch dann anfechtbar ist, wenn sie auf der **Verletzung von Verfahrensgrundrechten** oder auf **Willkür** beruht.[11] Dies dürfte zu verneinen sein. Über den Verweis in § 68 Abs. 3 Satz 1 ist auch

23

---

1 S. Zöller/*Heßler*, § 513 ZPO Rz. 7.
2 *Bumiller*/Harders, § 65 FamFG Rz. 8; Keidel/*Sternal*, § 65 FamFG Rz. 18; *Rackl*, Rechtsmittelrecht, S. 165; Bork/Jacoby/Schwab/*Müther*, 1. Aufl., § 65 FamFG Rz. 6.
3 Vgl. zur wortgleichen Vorschrift des § 513 Abs. 2 ZPO Musielak/*Ball*, § 513 ZPO Rz. 7; Zöller/ *Heßler*, § 513 ZPO Rz. 7.
4 Keidel/*Sternal*, § 65 FamFG Rz. 16.
5 *Rackl*, Rechtsmittelrecht, S. 165; Bork/Jacoby/Schwab/Müther, 1. Aufl., § 65 FamFG Rz. 8.
6 MüKo.ZPO/*Lipp*, § 571 ZPO Rz. 10 m. Fn. 25; Zöller/*Heßler*, § 513 ZPO Rz. 12.
7 *Rackl*, Rechtsmittelrecht, S. 165.
8 Vgl. insoweit BGH v. 28.11.2002 – III ZR 102/02, MDR 2003, 348 (349); BGH v. 16.12.2003 – XI ZR 474/02, MDR 2004, 707; Zöller/*Heßler*, § 513 ZPO Rz. 8f.; MüKo.ZPO/*Lipp*, § 571 ZPO Rz. 8.
9 BGH v. 17.2.2010 – XII ZB 68/09, FGPrax 2010, 129; BGH v. 15.8.2012 – XII ZR 80/11, FamRZ 2012, 1785; OLG Hamm v. 2.2.2011 – II-8 UF 98/10, FamRZ 2012, 143 (LS); *Bumiller*/Harders, § 65 FamFG Rz. 8; Keidel/*Sternal*, § 65 FamFG Rz. 18; Bork/Jacoby/Schwab/*Müther*, 1. Aufl., § 65 FamFG Rz. 7; *Rackl*, Rechtsmittelrecht, S. 165; so schon zum alten Recht BayObLG v. 7.12.1993 – 1Z BR 99/93 u. 114/93, FamRZ 1994, 913.
10 Vgl. BGH v. 28.11.2002 – III ZR 102/02, MDR 2003, 348 (349); BGH v. 16.12.2003 – XI ZR 474/02, MDR 2004, 707.
11 Wie hier ablehnend Keidel/*Sternal*, § 65 FamFG Rz. 17; bejahend für den Zivilprozess etwa MüKo.ZPO/*Lipp*, § 571 ZPO Rz. 9; verneinend Zöller/*Heßler*, § 513 ZPO Rz. 10; offengelassen von BGH v. 1.12.2010 – XII ZB 227/10, NJW-RR 2011, 577 (579) = FGPrax 2011, 101 (103), wo-

insoweit die **Anhörungsrüge** nach § 44 der vorgesehene Rechtsbehelf. Dass die Verletzung von Verfahrensgrundrechten ausgerechnet in den – wie gerade § 65 Abs. 4 zeigt – vom Gesetzgeber als weniger bedeutsam angesehenen Zuständigkeitsfragen ein ansonsten nicht vorgesehenes Rechtsmittel eröffnen soll, erscheint systemwidrig. Anderes gilt allerdings dann, wenn der **Rechtspfleger ihm nicht übertragene Geschäfte** wahrnimmt, was seine Grundlage letztlich in Art 101 Abs. 1 GG findet.[1]

d) Registersachen

24   Umstritten ist die Frage, ob auch die Annahme der eigenen Zuständigkeit durch das Gericht des ersten Rechtszugs auch in Registersachen nach § 65 Abs. 4 unanfechtbar ist. Dies dürfte nach dem Sinn und Zweck der Vorschrift zu verneinen sein. Denn hier geht es nicht um die Entlastung des Beschwerdegerichts von reinen Zulässigkeitsfragen bzw. den Erhalt der vom Gericht erster Instanz bereits geleisteten Arbeit. Vielmehr steht in Registersachen der Schutz des Rechtsverkehrs im Vordergrund, der auf die Eintragung in das richtige Register vertrauen muss.[2]

66 Anschlussbeschwerde

Ein Beteiligter kann sich der Beschwerde anschließen, selbst wenn er auf die Beschwerde verzichtet hat oder die Beschwerdefrist verstrichen ist; die Anschließung erfolgt durch Einreichung der Beschwerdeanschlussschrift bei dem Beschwerdegericht. Die Anschließung verliert ihre Wirkung, wenn die Beschwerde zurückgenommen oder als unzulässig verworfen wird.

A. Entstehungsgeschichte und Normzweck 1	II. Form und spätester Zeitpunkt der Anschließung
B. Inhalt der Vorschrift	1. Beschwerdeanschlussschrift
I. Anwendbarkeit von § 66	a) Grundsatz: Dieselben Anforderungen wie bei der Beschwerde . 8
1. Keine selbständige Beschwerde . . 2	b) Einlegung zur Niederschrift der Geschäftsstelle 9
2. Voraussetzungen der Anschlussbeschwerde	c) Abhilfeverfahren 9a
a) Verfahrensgegenstand und Verfahrensgegner 3	2. Begründung der Anschlussbeschwerde und das weitere Verfahren 10
b) Beschwerdeberechtigung 4	3. Zeitpunkt der Anschließung 11
3. Von § 66 überwundene Zulässigkeitsmängel der eigenständigen Beschwerde	4. Anschließung an eine Anschlussbeschwerde 12
a) Rechtsmittelverzicht 5	III. Folgen von Rücknahme oder Verwerfung der Hauptbeschwerde
b) Fristversäumnis 6	1. Rücknahme und Verwerfung 13
c) Geringere Beschwer als beim Hauptrechtsmittel 7	2. Weitere Erledigungstatbestände . . 14

A. Entstehungsgeschichte und Normzweck

1   Die Anschlussbeschwerde war im alten Recht nicht im FGG, sondern allenfalls spezialgesetzlich (§§ 22 Abs. 2 LwVG) geregelt.[3] Gleichwohl war sie allgemein anerkannt.[4] Diese Praxis kodifiziert § 66 unter ausdrücklicher Anlehnung an § 567 Abs. 3

---

nach eine Kontrolle der erstinstanzlichen Zuständigkeit „jedenfalls auf Fälle der Willkür beschränkt" bleibt.
1 OLG Düsseldorf v. 17.3.2011 – I-3 Wx 6/11, Rpfleger 2011, 378f. = FGPrax 2011, 158; implizit auch OLG Zweibrücken v. 16.9.2010 – 3 W 132/10, FGPrax 2011, 101.
2 So *Nedden-Boeger*, FGPrax 2010, 1 (6); aA für die Anwendbarkeit von § 65 Abs. 4 FamFG in Registersachen Keidel/*Sternal*, § 65 FamFG Rz. 16, der aber von der Möglichkeit einer Löschung von Amts wegen Gebrauch machen will.
3 Vgl. hierzu BT-Drucks. 16/6308, S. 206.
4 BT-Drucks. 16/6308, S. 206; vgl. *Maurer*, FamRZ 2009, 465 (467); *Preuß*, DNotZ 2010, 265 (269); *Preuß*, NZG 2009, 961 (965); Keidel/*Sternal*, § 66 FamFG Rz. 1; *Bumiller*/Harders, § 66 FamFG

Satz 1 ZPO.¹ Damit soll demjenigen, der etwa mangels ausreichender Beschwer (§ 61 Abs. 1) oder Einhaltung der Beschwerdefristen nach § 63 keine eigenständige Beschwerde einlegen kann, bei einer Beschwerde eines anderen Beteiligten auch die Überprüfung zu seinen Gunsten eröffnet werden.[2] Eine Beschränkung auf bestimmte Verfahrensgegenstände oder auf echte Streitverfahren lehnte der Gesetzgeber ausdrücklich ab.[3] Fällt freilich mit **Rücknahme** oder **Verwerfung** der Hauptbeschwerde die Möglichkeit der Verschlechterung zu seinen Lasten weg, zieht dies auch den Verlust der Anschlussbeschwerde nach sich (§ 66 Satz 2). Aus diesem Grunde sollte ein durch die erstinstanzliche Entscheidung beschwerter Beteiligter stets die Einlegung eines eigenständigen Rechtsmittels innerhalb der Fristen des § 63 prüfen. Die Möglichkeit der Anschlussbeschwerde ist nicht auf echte Streitverfahren beschränkt, wird aber dort voraussichtlich besonders relevant.[4] In Ehe- und Familienstreitsachen gelten nach § 117 Abs. 2 Satz 1 einige Vorschriften zur (Anschluss)berufung entsprechend. Daher sind hier ein bestimmter Antrag und eine Begründung der Anschlussbeschwerde erforderlich.[5] In den Verfahren, in denen der Betroffene bei einem anderen als dem Ausgangsgericht Beschwerde einlegen darf (vgl. § 64 Rz. 1), muss dies auch für eine Anschlussbeschwerde gelten.[6]

B. Inhalt der Vorschrift

I. Anwendbarkeit von § 66

1. Keine selbständige Beschwerde

Des Rückgriffs auf § 66 bedarf es nur dann, wenn der Anschlussbeschwerdeführer **2** keine eigenständige Beschwerde einlegen kann. Liegen die Voraussetzungen einer eigenständigen Beschwerde vor und wird diese rechtzeitig eingelegt, so ist das Rechtsmittel auch bei **unrichtiger Bezeichnung** nicht als Anschlussbeschwerde mit den misslichen Folgen des § 66 Satz 2 zu behandeln.[7] Denn die unrichtige Bezeichnung schadet nach allgemeinen Grundsätzen nicht (s. § 64 Rz. 16). In **Amtsverfahren** besteht jedenfalls dann kein Bedarf für eine Anschlussbeschwerde, wenn das Verbot der reformatio in peius nicht gilt.[8] Denn dann kann das Beschwerdegericht, wenn es die Rechtslage für den Beschwerdeführer ungünstiger einschätzt als die erste Instanz, auch ohne Anschlussbeschwerde eine Entscheidung zu dessen Lasten treffen.[9]

2. Voraussetzungen der Anschlussbeschwerde

a) Verfahrensgegenstand und Verfahrensgegner

Bereits zum alten Recht war anerkannt, dass sich die Anschlussbeschwerde im **3** Rahmen des erstinstanzlichen Verfahrensgegenstandes halten musste. Mit der Anschlussbeschwerde kann kein neuer Verfahrensgegenstand in das Verfahren einge-

---

Rz. 1; Bork/Jacoby/Schwab/*Müther*, 1. Aufl., § 65 FamFG Rz. 1; Zöller/*Feskorn*, § 65 FamFG Rz. 1; *Rackl*, Rechtsmittelrecht, S. 110.
1 BT-Drucks. 16/6308, S. 206; OLG Zweibrücken v. 24.1.2011 – 2 UF 43/10, FamRZ 2011, 1226 (1227); OLG Bremen v. 11.3.2011 – 4 UF 1/11, FamRZ 2011, 1296 (1297); krit. hierzu *Rackl*, Rechtsmittelrecht, S. 110, der eine Anlehnung an § 524 ZPO für vorzugswürdig gehalten hätte.
2 OLG Zweibrücken v. 24.1.2011 – 2 UF 43/10, FamRZ 2011, 1226 (1227); OLG Bremen v. 11.3.2011 – 4 UF 1/11, FamRZ 2011, 1296 (1297).
3 BT-Drucks. 16/6308, S. 206; *Rackl*, Rechtsmittelrecht, S. 110.
4 BT-Drucks. 16/6308, S. 206; Keidel/*Sternal*, § 66 FamFG Rz. 5; Zöller/*Feskorn*, § 66 FamFG Rz. 4; zur besonderen Relevanz in Scheidungssachen s. *Gutdeutsch*, FamRZ 2010, 1140; *Rackl*, Rechtsmittelrecht, S. 111 f.; aA für Anwendbarkeit nur in Streitverfahren Bassenge/Roth/*Gottwald*, § 66 FamFG Rz. 1.
5 Keidel/*Sternal*, § 66 FamFG Rz. 17a; aA *Rackl*, Rechtsmittelrecht, S. 119 f.
6 Keidel/*Sternal*, § 66 FamFG Rz. 14.
7 Zöller/*Feskorn*, § 66 FamFG Rz. 5.
8 Ähnlich OLG Bremen v. 11.3.2011 – 4 UF 1/11, FamRZ 2011, 1296 (1297), das eine gleichwohl eingelegte Anschlussbeschwerde für unzulässig hält.
9 BGH v. 3.10.1984 – IVb ZB 42/82, NJW 1985, 968 (969); OLG Köln v. 24.8.2001 – 25 UF 214/00, MDR 2002, 341; *Bumiller*/Harders, § 64 FamFG Rz. 1: ähnlich Keidel/*Sternal*, § 66 FamFG Rz. 5.

führt werden. Hierüber hat zunächst das Gericht erster Instanz zu befinden.[1] Die Anschlussbeschwerde kann sich des Weiteren nur gegen den Beschwerdeführer, nicht gegen sonstige Beteiligte richten.[2] Dies gilt auch in Verfahren des Versorgungsausgleichs.[3] Der Beschwerdeführer muss eine zulässige Hauptbeschwerde eingelegt haben (vgl. Rz. 13), ansonsten ist die Anschlussbeschwerde unzulässig. Der Anschlussbeschwerdeführer muss mehr als nur die Zurückweisung der Beschwerde begehren.[4] Sofern man auch andere Beteiligte als den Antragsgegner für anschlussbeschwerdebefugt hält, darf die Anschlussbeschwerde auch nicht nur dasselbe Ziel verfolgen wie die Beschwerde.[5]

b) Beschwerdeberechtigung

4 Zumindest missverständlich ist die nachträgliche Abänderung[6] der ursprünglichen Gesetzesfassung, wonach sich nicht mehr ein „Beschwerdeberechtigter", sondern nunmehr ein „Beteiligter" der Beschwerde anschließen kann. Begründet wurde dies damit, dass auch der vollständig obsiegende Beteiligte in der Lage sein soll, sich bei Änderungen im Unterhaltsbedarf der Beschwerde des Unterhaltsverpflichteten anzuschließen.[7] Dies war, worauf die Materialien selbst hinweisen,[8] selbst im Rahmen des Zivilprozesses möglich und erfordert nicht den völligen Verzicht auf die Beschwerdeberechtigung. Es kann nicht gewollt sein, dass jeder nur aus Gründen rechtlichen Gehörs oder gar zu Unrecht formell am Verfahren Beteiligte aus ideellen, wirtschaftlichen oder moralischen Gründen ebenfalls die Entscheidung erster Instanz angreifen kann. § 66 eröffnet nicht die Möglichkeit der Popularbeschwerde.[9] Man wird den misslungenen Wortlaut von § 66 Satz 1 im Lichte der Materialien korrigierend dahin auslegen müssen, dass eine vollständige Stattgabe der Anträge die Beschwerdeberechtigung nicht ausschließt. Der Anschlussbeschwerdeführer muss aber durch die Entscheidung zumindest aufgrund nachträglicher Entwicklungen in seinen Rechten beeinträchtigt sein (hierzu s. § 59 Rz. 2 ff.).[10]

3. Von § 66 überwundene Zulässigkeitsmängel der eigenständigen Beschwerde

a) Rechtsmittelverzicht

5 Als ersten der Zulässigkeitsmängel für eine eigenständige Beschwerde, die durch § 66 überwunden werden, nennt die Vorschrift in bewusster Anlehnung an § 567 Abs. 3 Satz 1 ZPO[11] den Verzicht auf die Beschwerde (§ 67 Abs. 1 bis 3). Obwohl die

---

1 OLG Stuttgart v. 27.10.2010 – 15 UF 196/10; Keidel/*Sternal*, § 66 FamFG Rz. 8; Zöller/*Feskorn*, § 66 FamFG Rz. 2; *Borth*, FamRZ 2013, 94 (95).
2 OLG Stuttgart v. 27.10.2010 – 15 UF 196/10, FamRZ 2011, 1086; OLG München v. 31.12.2012 – 31 Wx 495/11, FGPrax 2012, 115; Keidel/*Sternal*, § 66 FamFG Rz. 8b; vgl. für den Zivilprozess Musielak/*Ball*, § 554 ZPO Rz. 7; Zöller/*Heßler*, § 524 ZPO Rz. 18; jedenfalls im Ergebnis ebenso *Rackl*, Rechtsmittelrecht, S. 114f.; einschränkend OLG Zweibrücken v. 24.1.2011 – 2 UF 43/10, FamRZ 2011, 1226f., wonach das Hauptrechtsmittel geeignet sein mus, die Rechtsposition des Anschlussbeschwerdeführers zu verschlechtern; hingegen verzichtet KG v. 25.3.2011 – 13 UF 229/10, NJW-RR 2011, 1372 (1373) gänzlich auf ein kontradiktorisches Verhältnis zwischen Haupt- und Anschlussbeschwerdeführer.
3 OLG Stuttgart v. 27.10.2010 – 15 UF 196/10, FamRZ 2011, 1086; *Borth*, FamRZ 2013, 94 (95).
4 BGH v. 26.10.1990 – V ZR 122/89, NJW-RR 1991, 510; OLG Bremen v. 11.3.2011 – 4 UF 1/11, FamRZ 2011, 1296 (1297); KG v. 25.3.2011 – 13 UF 229/10, NJW-RR 2011, 1372; Bork/Jacoby/Schwab/*Müther*, 1. Aufl., § 66 FamFG Rz. 9.
5 So OLG Bremen v. 11.3.2011 – 4 UF 1/11, FamRZ 2011, 1296 (1297); OLG München v. 31.12. 2012 – 31 Wx 495/11, FGPrax 2012, 115.
6 Durch das sog. FamFG-Reparaturgesetz v. 30.7.2009, BGBl. I, S. 2449.
7 BT-Drucks. 16/12717 (eVF), S. 69; insoweit richtig OLG Zweibrücken v. 24.1.2011 – 2 UF 43/10, FamRZ 2011, 1226 (1227).
8 BT-Drucks. 16/12717 (eVF), S. 69.
9 Wie hier *Schürmann*, FuR 2010, 425 (433); Bork/Jacoby/Schwab/*Müther*, 1. Aufl., § 66 FamFG Rz. 6.
10 Ebenso *Schürmann*, FuR 2010, 425 (432); Bassenge/Roth/*Gottwald*, § 66 FamFG Rz. 3; aA *Rackl*, Rechtsmittelrecht, S. 114.
11 BT-Drucks. 16/6308, S. 206.

Beschwerde des Beteiligten, der auf dieses Rechtsmittel verzichtet hat, eigenständig nicht zulässig wäre, kann er also Anschlussbeschwerde einlegen.[1] Auch auf diese kann ein Beteiligter aber verzichten, wie § 67 Abs. 2 zeigt.

b) Fristversäumnis

Die Anschlussbeschwerde kommt ferner, wie § 66 Satz 1 ebenfalls in Anlehnung an § 567 Abs. 3 Satz 1 ZPO[2] klarstellt, auch nach Versäumung der Beschwerdefristen des § 63 in Betracht.[3] Sie muss allerdings bis zum Erlass der Entscheidung eingelegt werden.[4] Allerdings ist in diesem Fall die **Wiedereinsetzung** nach § 18 vorzuziehen, wenn deren Voraussetzungen vorliegen. Im Beschwerdeverfahren kann aber das Beschwerdegericht auch dem Anschlussbeschwerdeführer eine Frist zur Begründung seines Rechtsmittels setzen, deren Nichteinhaltung weiteres Vorbringen indessen ebenso wenig präkludiert wie bei der Hauptbeschwerde (vgl. § 65 Rz. 9 f.).

6

c) Geringere Beschwer als beim Hauptrechtsmittel

Schon nach bisherigem Recht herrschte Einigkeit, dass bei einer Anschlussbeschwerde an die Beschwer nach § 20 Abs. 1 FGG aF geringere Anforderungen als bei der Hauptbeschwerde zu stellen sind. Dies kann auf das neue Recht übertragen werden, da § 66 Satz 1 keinen abschließenden Katalog enthält. So kann der Anschlussbeschwerdeführer die Entscheidung auch bei einer § 61 Abs. 1 unterschreitenden Beschwer überprüfen lassen.[5] An einer Beschwer in der Hauptsache kann es sogar gänzlich fehlen, wenn sich der Anschlussbeschwerdeführer nur gegen die **Kostenentscheidung** wendet. Da sich § 66 Satz 1 ausdrücklich an § 567 Abs. 3 Satz 1 ZPO anlehnt,[6] kann die diesbezügliche zivilprozessuale Praxis[7] ebenfalls auf Verfahren nach dem FamFG übertragen werden.[8] Allerdings darf es nicht an jeglicher Beschwer fehlen. Denn dann überschreitet die Anschlussbeschwerde entweder unzulässigerweise den Verfahrensgegenstand erster Instanz (s. § 69 Rz. 3 f.) oder der Anschlussbeschwerdeführer ist überhaupt nicht in seinen Rechten beeinträchtigt, weshalb ihm die Beschwerdeberechtigung fehlt (s. Rz. 4 u. § 59 Rz. 2 ff.).

7

II. Form und spätester Zeitpunkt der Anschließung

1. Beschwerdeanschlussschrift

a) Grundsatz: Dieselben Anforderungen wie bei der Beschwerde

Die Anschließung an die Hauptbeschwerde erfolgt nach § 66 Satz 1, 2. Halbs. durch eine Beschwerdeanschlussschrift. Diese muss die Voraussetzungen einer Beschwerdeschrift erfüllen.[9] Insoweit kann auf § 64 Abs. 2 Satz 1 Bezug genommen werden. Die Anschlussbeschwerdeschrift muss abgesehen von der Einreichung beim Beschwerdegericht nach § 66 Satz 1 (statt der Einlegung beim Ausgangsgericht nach § 64 Abs. 1 vgl. u. Rz. 9 a) daher dieselben Anforderungen wie die Beschwerdeschrift erfüllen.[10] Sie muss demnach den angefochtenen Beschluss bezeichnen, die Erklärung enthalten, dass hiergegen Anschlussbeschwerde eingelegt wird und vom Anschlussbeschwerdeführer oder seinem Bevollmächtigten unterzeichnet sein (s. die Kommen-

8

---

1 *Rackl*, Rechtsmittelrecht, S. 116.
2 BT-Drucks. 16/6308, S. 206.
3 *Bumiller*/Harders, § 64 FamFG Rz. 2; Keidel/*Sternal*, § 66 FamFG Rz. 3; Zöller/*Feskorn*, § 66 FamFG Rz. 5; *Rackl*, Rechtsmittelrecht, S. 116.
4 KG v. 25.3.2011 – 13 UF 229/10, NJW-RR 2011, 1372 (1373).
5 *Bumiller*/Harders, § 64 FamFG Rz. 2; Keidel/*Sternal*, § 66 FamFG Rz. 3 und 8b; Zöller/*Feskorn*, § 66 FamFG Rz. 2; Bork/Jacoby/Schwab/*Müther*, 1. Aufl., § 66 FamFG Rz. 6.
6 BT-Drucks. 16/6308, S. 206.
7 S. Baumbach/*Hartmann*, § 567 ZPO Rz. 20; Zöller/*Heßler*, § 567 ZPO Rz. 61.
8 Ebenso Keidel/*Sternal*, § 66 FamFG Rz. 8b; *Rackl*, Rechtsmittelrecht, S. 116; Bork/Jacoby/Schwab/*Müther*, 1. Aufl., § 66 FamFG Rz. 9.
9 Vgl. die Begr. in BT-Drucks. 16/6308, S. 368; *Rackl*, Rechtsmittelrecht, S. 115; Bork/Jacoby/Schwab/*Müther*, 1. Aufl., § 66 FamFG Rz. 6; Zöller/*Feskorn*, § 66 FamFG Rz. 6.
10 Keidel/*Sternal*, § 66 FamFG Rz. 11.

tierung zu § 64). Die Anschlussbeschwerde kann unter einer innerprozessualen Bedingung eingelegt werden.[1]

b) Einlegung zur Niederschrift der Geschäftsstelle

9 § 66 Satz 1 sieht im Gegensatz zu § 64 Abs. 2 Satz 1 aber nicht die Möglichkeit einer Einlegung der Anschlussbeschwerde durch Erklärung zur **Niederschrift der Geschäftsstelle** vor. Dies dürfte angesichts der lückenhaften Regelung des § 66 nicht überzubewerten sein.[2] Immerhin erwähnt die Vorschrift auch die nach bisherigem Recht und im Zivilprozess unstreitige Möglichkeit der Anschlussbeschwerde bei Nichterreichen der Beschwerdesumme ebenso wenig wie die beiderseitige Erledigungserklärung der Beschwerde als weiteren Tatbestand dafür, dass die Anschlussbeschwerde ihre Wirkung verliert (s. Rz. 14). Auch die Interessenlage von Beschwerde- und Anschlussbeschwerdeführer sind im Hinblick auf die Einlegung des Rechtsmittels durch Erklärung zu Protokoll der Geschäftsstelle identisch. Daher ist von einer unbewussten Regelungslücke auszugehen, die eine analoge Anwendung von § 64 Abs. 2 Satz 1 letzter Halbs. auf die Anschlussbeschwerde rechtfertigt.[3]

c) Abhilfeverfahren

9a § 66 sieht anders als für die Hauptbeschwerde (§ 68 Abs. 1) kein Abhilfeverfahren vor. Das Beschwerdegericht hat die Akte somit nicht zunächst dem Gericht erster Instanz zu dessen Durchführung zu übermitteln. Hilft das Gericht erster Instanz vor der Entscheidung des Beschwerdegerichts über die Anschlussbeschwerde ab, so wird letztere analog § 66 Satz 2 unwirksam. Denn die Hauptbeschwerde erledigt sich und nicht anders als bei einer Rücknahme oder Verwerfung als unzulässig. Das Ausgangsgericht darf schon im Hinblick auf die Abhängigkeit der Anschlussbeschwerde von der Hauptbeschwerde, zumal eine verfahrensrechtliche Grundlage hierfür fehlt, der Anschlussbeschwerde nicht abhelfen, auch wenn es von ihr Kenntnis erlangt.[4] Wurde bereits im Abhilfeverfahren dem Hauptrechtsmittel vollständig abgeholfen, kann eine Anschlussbeschwerde mangels wirksamer Beschwerde gar nicht mehr eingelegt werden. Das Beschwerdegericht darf aus diesen Gründen im Hinblick auf die Abhilfemöglichkeit auch noch nicht über die Anschlussbeschwerde befinden.

2. Begründung der Anschlussbeschwerde und das weitere Verfahren

10 Auch zur Begründung der Anschlussbeschwerde finden sich in § 66 keine weiteren Regelungen.[5] Da die Interessenlage der Beteiligten insoweit nicht von derjenigen nach Einlegung der Hauptbeschwerde abweicht, sind die Vorschriften zur **Begründung** der Beschwerde (§ 65) einschließlich der Möglichkeit einer **Fristsetzung** zur Begründung nach § 65 Abs. 2 entsprechend anzuwenden. Das umfasst selbstverständlich auch die Möglichkeit, das Rechtsmittel entsprechend § 65 Abs. 3 auf **neue Tatsachen und Beweismittel** zu stützen.[6] Auch die Entscheidung über die Anschlussbeschwerde kann nicht über den Umfang der Anfechtung hinausgehen. Allerdings gilt die erstinstanzliche Entscheidung auch durch eine Anschlussbeschwerde im Zweifel insgesamt als angefochten, soweit sie den Anschlussbeschwerdeführer belastet. Selbstverständlich gilt der Ausschluss der Unzuständigkeitsrüge nach § 65 Abs. 4 für die Anschlussbeschwerde im gleichen Umfang wie für die Hauptbeschwerde. Soweit die Anschlussbeschwerde hierzu Anlass gibt, kann das Beschwerdegericht nach

---

1 Zöller/*Feskorn*, § 66 FamFG Rz. 5.
2 Ebenso Zöller/*Feskorn*, § 66 FamFG Rz. 6.
3 Wie hier Keidel/*Sternal*, § 66 FamFG Rz. 15; *Rackl*, Rechtsmittelrecht, S. 115 f.; vgl. zum Zivilprozess MüKo.ZPO/*Lipp*, § 571 ZPO Rz. 38; Zöller/*Heßler*, § 567 ZPO Rz. 61.
4 *Rackl*, Rechtsmittelrecht, S. 149; Keidel/*Sternal*, § 68 FamFG Rz. 5; anders aber für die Einreichung beim Ausgangsgericht § 66 Rz. 12; ähnlich Bassenge/Roth/*Gottwald*, § 66 FamFG Rz. 6 für den Fall, dass das Abhilfeverfahren über die Hauptbeschwerde noch nicht abgeschlossen ist.
5 Zu Recht rügt Bassenge/Roth/*Gottwald*, § 66 FamFG Rz. 4, dies als wenig förderlich für den ansonsten so betonten Beschleunigungsgrundsatz.
6 *Rackl*, Rechtsmittelrecht, S. 118.

§ 64 Abs. 3 allein im Hinblick hierauf **einstweilige Anordnungen** erlassen.[1] Im Zivilprozess kann das Gericht erster Instanz der Anschlussbeschwerde – auch isoliert unter Nichtabhilfe hinsichtlich der Hauptbeschwerde – **abhelfen**. Dies dürfte im Verfahren nach dem FamFG nicht gelten, da das erstinstanzliche Gericht die Hauptbeschwerde schon dem Beschwerdegericht vorgelegt hat und die Sache dann insgesamt dort anhängig ist (vgl. Rz. 9a).[2] Über Haupt- und Anschlussbeschwerde muss nicht zugleich entschieden werden.[3] Eine Vorabentscheidung über die Anschlussbeschwerde scheidet jedoch wegen § 66 Satz 2 aus, da sie ja mit Erledigung der Hauptbeschwerde ihre Wirkung verliert.[4] Die **Kostenentscheidung** bleibt bei einer **Vorabentscheidung über die Hauptbeschwerde** der Schlussentscheidung vorbehalten, da sie für das gesamte Verfahren einheitlich ergehen muss.[5] Sie wird regelmäßig den Erfolg von Beschwerde und Anschlussbeschwerde zu berücksichtigen haben, auch wenn beide Rechtsmittel Erfolg haben.[6]

3. Zeitpunkt der Anschließung

Die Anschließung ist frühestens mit **Einlegung der Hauptbeschwerde** zulässig.[7] Nach einer vollständigen Abhilfe durch das Ausgangsgericht ist eine Anschlussbeschwerde allerdings mangels zulässiger Hauptbeschwerde nicht mehr zulässig.[8] Ein zuvor eingelegtes und (etwa mangels Erreichens der Beschwerdesumme) nicht als eigenständige Beschwerde zulässiges Rechtsmittel kann jedoch wiederholt werden, da es nicht fristgebunden ist. Hierauf hat das Beschwerdegericht nach § 68 Abs. 3 Satz 1, § 28 Abs. 2 hinzuwirken. Da die Anschlussbeschwerde nicht an die Fristen des § 63 gebunden ist,[9] kann sie ähnlich wie neues Vorbringen **bis zur Entscheidung in der Hauptsache** bzw. bis zur sonstigen Erledigung erfolgen.[10] Da die Entscheidung, anders als das Urteil im Zivilprozess, nicht aufgrund der mündlichen Verhandlung ergeht, kann dies auch nicht danach geschehen. Erst mit dem Erlass der Beschwerdeentscheidung nach § 38 Abs. 3 Satz 3, also mit ihrer Übergabe an die Geschäftsstelle oder mit Verlesung der Beschlussformel, entfällt die Möglichkeit einer Anschlussbeschwerde.[11] Eine danach eingelegte Anschlussbeschwerde ist unzulässig.

4. Anschließung an eine Anschlussbeschwerde

Schon im Rahmen der ZPO-Beschwerde, und zwar gerade in den auch hier relevanten Familiensachen, war streitig, ob auch die Anschließung an eine Anschlussbeschwerde möglich ist.[12] Diese Frage kann sich in Verfahren nach dem FamFG häufiger stellen, nämlich immer dann, wenn ein Beteiligter von der Hauptbeschwerde nicht betroffen ist, wohl aber von einer Anschlussbeschwerde. Wird etwa gegen den vom Gericht in Aussicht gestellten Erbschein zunächst nur deswegen Beschwerde eingelegt, weil die Erbeinsetzung eines Miterben für unwirksam befunden wird, beschwert dies die anderen Miterben nicht unbedingt. Legt der Beschwerdegegner daraufhin im Hinblick auf die ihm günstigere gesetzliche Erbfolge Anschluss-

---

1 *Rackl*, Rechtsmittelrecht, S. 118f.
2 *Rackl*, Rechtsmittelrecht, S. 115; vgl. MüKo.ZPO/*Lipp*, § 567 ZPO Rz. 38; Musielak/*Ball*, § 567 ZPO Rz. 24; § 66 Satz 1 FamFG sieht nur die Einlegung beim Beschwerdegericht vor.
3 Keidel/*Sternal*, § 66 FamFG Rz. 19; vgl. MüKo.ZPO/*Lipp*, § 571 ZPO Rz. 39.
4 Keidel/*Sternal*, § 66 FamFG Rz. 19; Bork/Jacoby/Schwab/*Müther*, 1. Aufl., § 66 FamFG Rz. 11.
5 Keidel/*Sternal*, § 66 FamFG Rz. 20.
6 Keidel/*Sternal*, § 66 FamFG Rz. 20.
7 *Rackl*, Rechtsmittelrecht, S. 116.
8 Keidel/*Sternal*, § 66 FamFG Rz. 10.
9 Der diesbezügliche Vorschlag des BR (BT-Drucks. 16/6308, S. 368), dem die BReg. nicht zustimmte (BT-Drucks. 16/6308, S. 409), wurde nicht Gesetz.
10 OLG Oldenburg v. 29.8.2012 – 14 UF 22/11, FamRZ 2013, 136f.; Bassenge/Roth/*Gottwald*, § 66 FamFG Rz. 4; Bork/Jacoby/Schwab/*Müther*, 1. Aufl., § 66 FamFG Rz. 7; Zöller/*Feskorn*, § 66 FamFG Rz. 5; *Rackl*, Rechtsmittelrecht, S. 116.
11 Keidel/*Sternal*, § 66 FamFG Rz. 10; *Rackl*, Rechtsmittelrecht, S. 117.
12 S. MüKo.ZPO/*Lipp*, § 567 Rz. 37; Musielak/*Ball*, § 567 ZPO Rz. 25; Baumbach/*Hartmann*, § 567 ZPO Rz. 20, jeweils mwN.

beschwerde ein, mit der er sich gegen die Wirksamkeit des Testaments wendet, sind die Interessen aller testamentarischen Erben berührt. Angesichts der identischen Interessenlage von Anschlussbeschwerdeführer und dem durch dieses Rechtsmittel betroffenen Beteiligten kann kein Zweifel bestehen, dass sich dieser der Anschlussbeschwerde anschließen kann,[1] wie dies die hM in der Zivilprozessrechtsliteratur gleichfalls annimmt.[2]

III. Folgen von Rücknahme oder Verwerfung der Hauptbeschwerde

1. Rücknahme und Verwerfung

13   Die Anschlussbeschwerde ist von der Existenz eines zulässigen Hauptrechtsmittels abhängig.[3] Kommt es etwa durch Rücknahme oder Verwerfung als unzulässig nicht mehr zu einer Entscheidung in der Hauptsache über die Hauptbeschwerde, scheidet nach § 66 Satz 2 auch eine Entscheidung über die Anschlussbeschwerde aus. Sie verliert nach § 66 Satz 2 ihre Wirkung.[4] Dies kann aber klarstellend festgestellt werden.[5] Damit endet ähnlich wie bei Rücknahme oder beidseitiger Erledigungserklärung einer Sache ihre Rechtshängigkeit. In diesem Falle hat allerdings der Hauptbeschwerdeführer wie im Zivilprozess[6] die **Kosten** des gesamten Beschwerdeverfahrens zu tragen.[7]

2. Weitere Erledigungstatbestände

14   Die in § 66 Satz 2 genannten Tatbestände der Rücknahme oder Verwerfung stellen **keine abschließende Aufzählung** dar. Es sind noch andere Möglichkeiten denkbar, in denen es nicht mehr zu einer Entscheidung in der Hauptsache über die Hauptbeschwerde kommen kann. In Betracht kommt etwa die **beiderseitige Erledigungserklärung** des Gegenstandes der Hauptbeschwerde, die eine sachliche Bescheidung der Hauptbeschwerde nicht mehr zulässt.[8] Ähnliches gilt für die Anschließung an eine Anschlussbeschwerde, wenn sich Haupt- und Anschlussbeschwerdeführer **vergleichen**.[9] Auch in dieser Konstellation werden die Haupt- und die erste Anschlussbeschwerde nicht mehr in der Sache entschieden, so dass sich die weitere Anschließung ebenfalls erledigt hat. In all diesen Fällen verliert die Anschlussbeschwerde entweder in direkter oder in entsprechender Anwendung von § 66 Satz 2 ebenfalls ihre Wirkung. Ähnliches muss auch dann gelten, wenn das Ausgangsgericht der Beschwerde vollständig abhilft (vgl. Rz. 9a).[10] Da eine Zurückweisung wie im Zivilprozess nach § 522 Abs. 2 ZPO im Verfahren nach dem FamFG nicht vorgesehen ist, kommt eine hierdurch eintretende Erledigung der Anschlussbeschwerde hingegen nicht in Betracht.[11]

15   **Kosten/Gebühren:** Der Wert der Beschwerde und der Wert der Anschlussbeschwerde werden für die Berechnung der Gebühren zusammengerechnet (§ 35 Abs. 1 GNotKG, § 39 Abs. 2 FamGKG). Dies gilt auch für die RA-Gebühren.

---

1 Keidel/*Sternal*, § 66 FamFG Rz. 7; *Rackl*, Rechtsmittelrecht, S. 116; Bork/Jacoby/Schwab/*Müther*, 1. Aufl., § 66 FamFG Rz. 3.
2 MüKo.ZPO/*Lipp*, § 571 ZPO Rz. 37; Musielak/*Ball*, § 567 ZPO Rz. 37.
3 *Preuß*, NZG 2009, 961 (965); *Bumiller*/Harders, § 66 FamFG Rz. 2; Keidel/*Sternal*, § 66 FamFG Rz. 8; Bassenge/Roth/*Gottwald*, § 66 FamFG Rz. 5; *Rackl*, Rechtsmittelrecht, S. 110 und 116.
4 OLG Zweibrücken v. 24.1.2011 – 2 UF 43/10; *Sonnenfeld*, BtPrax 2009, 167 (168); *Preuß*, NZG 2009, 961 (965); *Schürmann*, FuR 2010, 425 (433); Keidel/*Sternal*, § 66 FamFG Rz. 21; Bassenge/Roth/*Gottwald*, § 66 FamFG Rz. 5; Bork/Jacoby/Schwab/*Müther*, 1. Aufl., § 66 FamFG Rz. 8; Zöller/*Feskorn*, § 66 FamFG Rz. 7; anders OLG Karlsruhe v. 24.5.2012 – 18 UF 335/11, FamRZ 2013, 314 (315), das vom Fehlen des Rechtsschutzbedürfnisses ausgeht.
5 Keidel/*Sternal*, § 66 FamFG Rz. 21.
6 Hierzu MüKo.ZPO/*Lipp*, § 571 ZPO Rz. 39.
7 *Maurer*, FamRZ 2009, 465 (469); Zöller/*Feskorn*, § 66 FamFG Rz. 7; zurückhaltender, nur als Möglichkeit im Rahmen der Ermessensausübung für eine solche Kostenentscheidung Keidel/*Sternal*, § 66 FamFG Rz. 20.
8 *Rackl*, Rechtsmittelrecht, S. 116.
9 *Rackl*, Rechtsmittelrecht, S. 116.
10 Vgl. Keidel/*Sternal*, § 66 FamFG Rz. 10.
11 *Rackl*, Rechtsmittelrecht, S. 121 ff.

§ 67 Verzicht auf die Beschwerde; Rücknahme der Beschwerde

(1) Die Beschwerde ist unzulässig, wenn der Beschwerdeführer hierauf nach Bekanntgabe des Beschlusses durch Erklärung gegenüber dem Gericht verzichtet hat.
(2) Die Anschlussbeschwerde ist unzulässig, wenn der Anschlussbeschwerdeführer hierauf nach Einlegung des Hauptrechtsmittels durch Erklärung gegenüber dem Gericht verzichtet hat.
(3) Der gegenüber einem anderen Beteiligten erklärte Verzicht hat die Unzulässigkeit der Beschwerde nur dann zur Folge, wenn dieser sich darauf beruft.
(4) Der Beschwerdeführer kann die Beschwerde bis zum Erlass der Beschwerdeentscheidung durch Erklärung gegenüber dem Gericht zurücknehmen.

A. Entstehungsgeschichte und Normzweck ... 1
B. Inhalt der Vorschrift
  I. Beschwerdeverzicht gegenüber dem Gericht (Absatz 1)
    1. Erklärung gegenüber dem Gericht
      a) Erklärender ... 1a
      b) Zeitpunkt der Erklärung ... 2
      c) Form der Erklärung ... 3
      d) Adressat der Erklärung ... 4
      e) Inhalt der Erklärung
        aa) Eindeutiger Verzicht auf Überprüfung ... 5
        bb) Teilverzicht ... 6
        cc) Bedingungsfeindlichkeit ... 7
    2. Folgen des Beschwerdeverzichts gegenüber dem Gericht
      a) Wirksamkeit durch einseitige Erklärung und Widerruf ... 8
      b) Unzulässigkeit der Beschwerde ... 9
  II. Verzicht auf die Anschlussbeschwerde (Absatz 2)
    1. Weitergehender Regelungsbedarf
      a) Verzicht in Kenntnis eines (möglichen) Hauptrechtsmittels ... 10
      b) Kein Verzicht bei Prüfung von Amts wegen ... 11
    2. Einschränkung gegenüber dem Verzicht auf die Beschwerde
      a) Einlegung der Hauptbeschwerde ... 12
      b) Erklärung gegenüber dem Gericht ... 13
      c) Verzicht auf die Anschlussbeschwerde ... 14
    3. Folgen des wirksamen Verzichts auf die Anschlussbeschwerde ... 15
  III. Nicht dem Gericht gegenüber erklärter Beschwerdeverzicht (Absatz 3)
    1. Erklärung gegenüber anderen Beteiligten
      a) Zeitpunkt der Erklärung ... 16
      b) Adressat der Erklärung ... 17
      c) Form und Inhalt der Erklärung ... 18
    2. Folgen des Beschwerdeverzichts gegenüber einem anderen Beteiligten
      a) Wirksamkeit durch einseitige Erklärung ... 19
      b) Einrede ... 20
  IV. Sonstige verfahrensrechtliche Vereinbarungen
    1. Zulässigkeit ... 21
    2. Bedeutung neben der einseitigen Erklärung nach Absatz 3 ... 22
    3. Voraussetzungen und Grenzen
      a) Vereinbarung ... 23
      b) Zeitpunkt ... 24
      c) Form und Inhalt ... 25
    4. Folgen
      a) Einrede ... 26
      b) Anfechtbarkeit ... 27
    5. Besonderheiten bei der Anschlussbeschwerde ... 28
  V. Rücknahme der Beschwerde (Absatz 4)
    1. Regelungsgehalt ... 29
    2. Erklärung gegenüber dem Gericht
      a) Zeitpunkt der Erklärung ... 30
      b) Berechtigung zur Rücknahme ... 31
      c) Form der Erklärung ... 32
      d) Adressat der Erklärung ... 33
      e) Inhalt der Erklärung
        aa) Eindeutiger Verzicht auf das konkrete Rechtsmittel ... 34
        bb) Teilrücknahme ... 35
        cc) Bedingungsfeindlichkeit ... 36
    3. Folgen der Rücknahme
      a) Verlust des Rechtsmittels ... 37
      b) Entscheidung trotz Rücknahme ... 38

A. Entstehungsgeschichte und Normzweck

§ 67 will die Voraussetzungen und Folgen des Verzichts und der Rücknahme einer Beschwerde gesetzlich regeln. Beide Möglichkeiten waren schon bislang anerkannt,[1]

---

[1] BayObLG v. 30.12.1964 – BReg 1a Z 315/64, BayObLGZ 1964, 448 (449); BayObLG v. 13.3.1998 – 3Z BR 54/98, BayObLGZ 1998, 62 (63); Keidel/*Sternal*, § 67 FamFG Rz. 1; Bork/Jacoby/Schwab/*Müther*, 1. Aufl., § 67 FamFG Rz. 2; *Rackl*, Rechtsmittelrecht, S. 124.

im Einzelnen jedoch umstritten.[1] Hierbei erreicht der Wortlaut von § 67 Abs. 1 das in den Materialien gesteckte Ziel, den Rechtsmittelverzicht vor Erlass der Entscheidung durch Erklärung gegenüber dem Gericht zu ermöglichen (s. Rz. 2),[2] eindeutig nicht. Auch die Voraussetzungen eines Rechtsmittelverzichts außerhalb einer Gerichtsverhandlung werden nunmehr anders geregelt als von der früher hM praktiziert, nämlich nicht mehr als Vertrag, sondern als Prozesshandlung. Die knappe Regelung zur Beschwerderücknahme ermöglicht wohl die Beibehaltung der zum alten Recht entwickelten Handhabung. Die Möglichkeiten von Verzicht und Rücknahme sind **für alle Verfahren gleichermaßen** gegeben. Dies entspricht der Reichweite der Verfahrensherrschaft jedes Beteiligten auch in Amtsverfahren: Auch wenn er über den Verfahrensgegenstand selbst nicht verfügen kann, kommt ihm jedoch volle Disposition über die ihm verfahrensrechtlich gegebenen Einwirkungsmöglichkeiten zu.[3] Eine Einschränkung besteht nur bei **beschränkt verfahrensfähigen Personen**. Sie können Verzicht oder Rücknahme unbeschränkt nur in den Fällen erklären, in denen sie als verfahrensfähig gelten.[4] Ansonsten müssen sie sich zumindest in einem Zustand geistiger Klarheit befinden, dass sie die Bedeutung einer entsprechenden Erklärung erkennen.[5] Anderenfalls bedarf es hierfür der Bestellung eines Verfahrenspflegers.[6]

B. Inhalt der Vorschrift

I. Beschwerdeverzicht gegenüber dem Gericht (Absatz 1)

1. Erklärung gegenüber dem Gericht

a) Erklärender

1a Der Rechtsmittelverzicht muss von demjenigen erklärt werden, der zurzeit der Erklärung zur Führung des Verfahrens befugt ist. Für ihn kann selbstverständlich, wie stets, sein Verfahrensbevollmächtigter handeln. Nachträgliche Änderungen in der Verfahrensführungsbefugnis ändern hieran nichts. Dies gilt auch für den Verfahrenspfleger, dessen Verfügungsbefugnis diejenige des Erben zwar nicht verdrängt. Die frühere Erklärung geht aber der später eingelegten Beschwerde vor.[7]

b) Zeitpunkt der Erklärung

2 Nach den Materialien wollte der Gesetzgeber mit § 67 Abs. 1 den Beschwerdeverzicht gegenüber dem Gericht vor und nach dem Erlass einer gerichtlichen Entscheidung ermöglichen.[8] Ersteres hat er bei der Formulierung von § 67 Abs. 1 offensichtlich aus den Augen verloren. Denn die Vorschrift erklärt die Beschwerde ausdrücklich nur dann für unzulässig, wenn der Beschwerdeführer hierauf „**nach Bekanntgabe des Beschlusses** verzichtet". Dies geht sogar noch über den Erlass hinaus, da eine Entscheidung bereits nach § 38 Abs. 3 der Geschäftsstelle übergeben oder ihr Tenor verlesen und sie damit erlassen sein kann, bevor sie dem Beschwerdeberechtigten nach §§ 41, 15 Abs. 2 bekannt gegeben wird. Diesem eindeutigen Wortlaut zufolge scheidet ein Verzicht vor Bekanntgabe und somit vor Erlass der erstinstanzlichen Entscheidung aus.[9] Damit folgt der Wortlaut des Gesetzes der schon bislang

---

1 Vgl. BT-Drucks. 16/6308, S. 207.
2 BT-Drucks. 16/6308, S. 207.
3 BayObLG v. 14.7.1997 – 1Z BR 39/97, FGPrax 1997, 229.
4 OLG Hamm v. 10.7.1990 – 15 W 143/90, OLGZ 1990, 401 (404).
5 OLG Hamm v. 10.7.1990 – 15 W 143/90, OLGZ 1990, 401 (404f.).
6 OLG Hamm v. 10.7.1990 – 15 W 143/90, OLGZ 1990, 401 (405); *Bumiller*/Harders, § 67 FamFG Rz. 2; Keidel/*Sternal*, § 67 FamFG Rz. 3.
7 OLG Bremen v. 15.3.2012 – 5 W 19/11, FamRZ 2012, 1826f.
8 BT-Drucks. 16/6308, S. 207.
9 Ebenso *Netzer*, ZNotP 2009, 303 (307); *Sonnenfeld*, BtPrax 2009, 167 (170); *Maurer*, FamRZ 2009, 465 (468); *Preuß*, DNotZ 2010, 265 (268); *Bumiller*/Harders, § 67 FamFG Rz. 4; Keidel/*Sternal*, § 67 FamFG Rz. 1 und 9; Bassenge/Roth/*Gottwald*, § 67 FamFG Rz. 3; Zöller/*Feskorn*, § 67 FamFG Rz. 4; *Rackl*, Rechtsmittelrecht, S. 127; aA wohl Rakete-Dombek/*Türck-Brocker*, NJW 2009, 2769 (2771).

hM.[1] Eine gleichwohl abgegebene Erklärung ändert nichts an der Zulässigkeit der Beschwerde (zur evtl. möglichen Behandlung als verfahrensrechtliche Vereinbarung s. Rz. 22). Den spätesten Zeitpunkt, zu dem der Verzicht auf die Beschwerde noch möglich ist, bestimmt das Gesetz nicht ausdrücklich. Der zeitliche Rahmen dürfte aber § 67 Abs. 4 zu entnehmen sein. Wenn nämlich schon die Rücknahme als Erklärung mit weniger gravierenden Folgen nur bis zum **Erlass der Beschwerdeentscheidung** möglich ist, muss die erst recht für den weiter reichenden Verzicht gelten.

c) Form der Erklärung

Der Verzicht auf die Beschwerde bedurfte nach bisheriger Praxis **keiner Form**. Er konnte somit durch Schriftsatz und zu gerichtlichem Protokoll, aber auch mündlich erklärt werden.[2] Auch ein telefonischer Verzicht ist möglich, wenn der Inhalt der Erklärung eindeutig ist und die Identität des Beteiligten feststeht.[3] Da der Gesetzgeber hieran nichts ändern wollte, kann diese Handhabung, die auf Formerfordernisse weitgehend verzichtet, in das neue Recht übernommen werden.[4] Ein vorgefertigtes Protokoll, das eine Erklärung über den Rechtsmittelverzicht zum Ankreuzen enthält, genügt nach Auffassung des V. Zivilsenats des BGH nicht.[5]

3

d) Adressat der Erklärung

Zum Adressaten des Verzichts bestimmt § 67 Abs. 1 nur, dass er „gegenüber dem Gericht" erklärt werden kann. Dies umfasste nach früherer Praxis auch das erstinstanzliche Gericht.[6] Hieran ist festzuhalten.[7] Wenn das **Gericht erster Instanz** nunmehr im Gegensatz zum früheren Recht sogar ausschließlich für die Einlegung der Beschwerde zuständig ist, muss auch der Verzicht hierauf schon dort erklärt werden können. Selbstverständlich ist dies **im Laufe des weiteren Verfahrens auch noch vor dem Beschwerdegericht** möglich.[8] Der Verzicht kann gem. § 25 Abs. 1 auch zu Protokoll der Geschäftsstelle erklärt werden.[9] Da der Gesetzgeber insoweit keine Einschränkungen vornehmen wollte, bleibt der Verzicht wie die weniger weit reichende Rücknahme zudem auch gegenüber dem **ersuchten Richter** möglich. Nach Auffassung des V. Zivilsenats des BGH darf das Gericht dem Beteiligten einen solchen Verzicht nicht nahelegen.[10] Bei anwaltlich nicht vertretenen Beteiligten soll das Gericht zu einer Belehrung über die Folgen eines solchen Rechtsmittelverzichts verpflichtet sein und diese dokumentieren.[11] Die Erklärung gegenüber einem **unzuständigen Gericht** wird von § 67 Abs. 1 nicht erfasst. Auch die Weiterleitung der schriftlichen oder protokollierten Erklärung an das zuständige Gericht oder an andere Beteiligte bleibt ohne rechtliche Folgen.[12] Denn § 67 Abs. 1 erfordert nicht nur, dass dem Gericht die Erklärung irgendwann durch die Vermittlung irgendeines Dritten zugeht. Vielmehr trifft die Norm eine Bestimmung über den Erklärungsvorgang selbst, der „gegenüber

4

---

1 S. BGH v. 9.6.1967 – IV ZB 663/66, BGHZ 48, 88 (96f.); BGH v. 24.10.1988 – II ZB 7/88, BGHZ 105, 324 (329).
2 OLG Hamm v. 10.7.1990 – 15 W 143/90, OLGZ 1990, 401 (404); BayObLG v. 13.3.1998 – 3Z BR 54/98, BayObLGZ 1998, 62 (63); *Maurer*, FamRZ 2009, 465 (468); *Bumiller*/Harders, § 67 FamFG Rz. 1; *Rackl*, Rechtsmittelrecht, S. 124.
3 Keidel/*Sternal*, § 67 FamFG Rz. 8.
4 *Bumiller*/Harders, § 67 FamFG Rz. 1; Keidel/*Sternal*, § 67 FamFG Rz. 4; anderes gilt in Ehe- und Familienstreitsachen, s. Frank, FamRZ 2011, 1021 (1025).
5 BGH v. 1.12.2011 – V ZB 73/11, FGPRax 2012, 83 (84).
6 BayObLG v. 13.3.1998 – 3Z BR 54/98, BayObLGZ 1998, 62 (63).
7 Ebenso *Maurer*, FamRZ 2009, 465 (469); *Bumiller*/Harders, § 67 FamFG Rz. 5; Keidel/*Sternal*, § 67 FamFG Rz. 7; Zöller/*Feskorn*, § 67 FamFG Rz. 7.
8 *Maurer*, FamRZ 2009, 465 (469); *Bumiller*/Harders, § 67 FamFG Rz. 5; Keidel/*Sternal*, § 67 FamFG Rz. 7; weiter gehend *Rackl*, Rechtsmittelrecht, S. 130, der wohl in jedem Stadium des Verfahrens Ausgangs- und Beschwerdegericht für taugliche Adressaten der Verzichtserklärung hält.
9 Keidel/*Sternal*, § 67 FamFG Rz. 8.
10 BGH v. 1.12.2011 – V ZB 73/11, FGPRax 2012, 83 (84).
11 BGH v. 1.12.2011 – V ZB 73/11, FGPRax 2012, 83 (84) – sehr zweifelhaft.
12 Vgl. zur weiteren Beschwerde in Grundbuchsachen OLG München v. 24.10.2007 – 34 Wx 102/07, Rpfleger 2008, 192; aA *Rackl*, Rechtsmittelrecht, S. 131.

dem Gericht" oder gem. § 67 Abs. 3 „gegenüber einem anderen Beteiligten" erfolgen muss. Das ist aber bei Erklärungen, die von vornherein an Unzuständige gerichtet werden, nicht der Fall (vgl. Rz. 33 zur richtigen Adressierung, aber unrichtigen Übermittlung an das falsche Gericht).

e) Inhalt der Erklärung

aa) Eindeutiger Verzicht auf Überprüfung

5   Ein wirksamer Verzicht muss die Erklärung enthalten, dass der Beschwerdeberechtigte die **Möglichkeit einer Überprüfung des erstinstanzlichen Beschlusses durch Rechtsmittel endgültig aufgibt**.[1] Es muss sich um einen vollständigen Verzicht auf die Überprüfung, nicht nur auf das konkrete Rechtsmittel handeln. Hierin unterscheidet sich der Verzicht von der Rücknahme. Nach letzterer ist eine **erneute Beschwerde**, sofern die Fristen des § 63 eingehalten werden, zulässig (vgl. Rz. 37), nach einem Verzicht nicht. Dessen Erklärung muss nicht ausdrücklich unter Verwendung des Begriffes „Verzicht" erfolgen, sie muss aber eindeutig sein.[2] Die bloße Absichtserklärung, keine Beschwerde einlegen zu wollen, genügt nicht.[3] Hiermit bekundet der Beschwerdeberechtigte lediglich, vorerst keinen Gebrauch von seinem Recht machen zu wollen. Gleiches gilt für die Rücknahme. Sie stellt keinen endgültigen Verzicht auf eine Überprüfung des erstinstanzlichen Beschlusses dar, so dass nochmals Beschwerde eingelegt werden kann, sofern die Fristen des § 63 noch nicht abgelaufen sind. Der Verzicht kann aber im Einzelfall mit der Rücknahme verbunden sein.[4] Auch die konkludente oder ausdrückliche Beschränkung der Beschwerde stellt keinen Teilverzicht dar,[5] noch viel weniger das Schweigen zu bestimmten Teilgegenständen der Beschwerdebegründung.[6]

bb) Teilverzicht

6   Der Verzicht kann auf Teile der erstinstanzlichen Entscheidung beschränkt werden.[7] Hierbei muss es sich aber um **abtrennbare Teile** handeln,[8] etwa um einzelne, gesondert beschiedene Zeiträume der Vergütung oÄ. Unwirksam sind aber Beschränkungen auf **einzelne rechtliche Aspekte**. Auf eine entsprechende Beschwerde wird die angegriffene Entscheidung insgesamt überprüft.[9]

cc) Bedingungsfeindlichkeit

7   Der Verzicht kann nicht unter einer Bedingung erklärt werden.[10] Ein solcher Verzicht ist grundsätzlich unwirksam und hat auf eine gleichwohl eingelegte Beschwerde

---

1   BGH v. 9.6.1967 – IV ZB 663/66, BGHZ 48, 88 (98); BayObLG v. 30.12.1964 – BReg 1a Z 315/64, BayObLGZ 1964, 448 (449); BayObLG v. 13.3.1998 – 3Z BR 54/98, BayObLGZ 1998, 62 (63); *Bumiller*/Harders, § 67 FamFG Rz. 1 f.; Bork/Jacoby/Schwab/*Müther*, 1. Aufl., § 67 FamFG Rz. 3; *Rackl*, Rechtsmittelrecht, S. 123 f.
2   BGH v. 1.12.2011 – V ZB 73/11, FGPrax 2012, 83 (84); BayObLG v. 30.12.1964 – BReg 1a Z 315/64, BayObLGZ 1964, 448 (449); BayObLG v. 13.3.1998 – 3Z BR 54/98, BayObLGZ 1998, 62 (63); *Bumiller*/Harders, § 67 FamFG Rz. 4; Bork/Jacoby/Schwab/*Müther*, 1. Aufl., § 67 FamFG Rz. 2; Zöller/*Feskorn*, § 67 FamFG Rz. 3.
3   BGH v. 24.10.1988 – II ZB 7/88, BGHZ 105, 324 (330); BayObLG v. 16.4.1957 – BReg 1 Z 190/1956, BayObLGZ 1957, 130 (132); BayObLG v. 13.3.1998 – 3Z BR 54/98, BayObLGZ 1998, 62 (63); *Bumiller*/Harders, § 67 FamFG Rz. 2.
4   BayObLG v. 30.12.1964 – BReg 1a Z 315/64, BayObLGZ 1964, 448 (449); Keidel/*Sternal*, § 67 FamFG Rz. 5 f., der einen konkludenten Verzicht durch Beschränkung der Beschwerde für möglich hält, nicht aber durch den (teilweisen) Verzicht auf eine Begr.
5   BayObLG v. 30.10.1990 – BReg 2 Z 122/90, NJW-RR 1991, 402 (403); Bork/Jacoby/Schwab/*Müther*, 1. Aufl., § 67 FamFG Rz. 4.
6   OLG Stuttgart v. 24.1.2011 – 101 W 3/10.
7   BayObLG v. 30.3.1988 – 2Z 120/87, WE 1988, 205 (206); *Bumiller*/Harders, § 67 FamFG Rz. 2; Keidel/*Sternal*, § 67 FamFG Rz. 3; Bork/Jacoby/Schwab/*Müther*, 1. Aufl., § 67 FamFG Rz. 5.
8   *Bumiller*/Harders, § 67 FamFG Rz. 1; Keidel/*Sternal*, § 67 FamFG Rz. 3; Bork/Jacoby/Schwab/*Müther*, 1. Aufl., § 67 FamFG Rz. 5.
9   Keidel/*Sternal*, § 67 FamFG Rz. 3.
10 *Bumiller*/Harders, § 67 FamFG Rz. 1.

keine Auswirkungen. Eine Ausnahme gilt nach allgemeinen Regeln für **innerprozessuale Bedingungen**. Wird der Verzicht von einem Ereignis im Verlauf des Verfahrens abhängig gemacht, etwa dem Beschwerdeverzicht auch eines anderen Beteiligten, so ist diese Erklärung zulässig. Der Verzicht wird mit Eintritt der Bedingung wirksam.

2. Folgen des Beschwerdeverzichts gegenüber dem Gericht

a) Wirksamkeit durch einseitige Erklärung und Widerruf

Der Beschwerdeverzicht nach § 67 Abs. 1 stellt eine einseitige Erklärung gegenüber dem Gericht dar. Er wird erst mit dem Zugang bei Gericht wirksam. Eine schriftliche Erklärung kann also **vor dem Zugang** noch rückgängig gemacht werden. Dies kann entweder körperlich durch „Abfangen" des Schriftstücks oder durch Widerruf geschehen. Letzteres erfordert eine vor dem Verzicht dem Gericht zugehende **weitere Erklärung**, mit der eindeutig bekundet wird, dass der später dort eingehende Verzicht nicht gelten soll. Der Verzicht als einseitige Erklärung bedarf zu seiner Wirksamkeit nicht der Zustimmung anderer Beteiligter. Ist er einmal bei Gericht eingegangen, kann er als **Prozesshandlung** weder widerrufen noch wegen Willensmängeln angefochten werden.[1] Bei einer Prozesshandlung ist dies, anders als dies nach altem Recht für verfahrensrechtliche Vereinbarungen über einen Rechtsmittelverzicht angenommen wurde,[2] auch bei Zustimmung aller anderen Beteiligten nicht möglich.

8

b) Unzulässigkeit der Beschwerde

Ein wirksamer Verzicht hat die in § 67 Abs. 1 ausdrücklich normierte Folge: Eine gleichwohl eingelegte Beschwerde ist unzulässig.[3] Dies bedeutet, dass das Gericht den ihm oder dem erstinstanzlichen Gericht gegenüber erklärten Beschwerdeverzicht **von Amts wegen zu berücksichtigen** hat.[4] Die anderen Beteiligten müssen sich hierauf nicht berufen. Durch den wirksamen Verzicht tritt somit formelle Rechtskraft ein.[5]

9

II. Verzicht auf die Anschlussbeschwerde (Absatz 2)

1. Weitergehender Regelungsbedarf

a) Verzicht in Kenntnis eines (möglichen) Hauptrechtsmittels

Beim Verzicht auf die Anschlussbeschwerde sah der Gesetzgeber zu Recht einen weiter gehenden Regelungsbedarf.[6] Denn der Verzicht auf Rechtsmittel erfolgt regelmäßig im Hinblick auf die vorliegende Entscheidung und die darin begründete Beschwer. Nur hiermit will sich der Verzichtende abfinden.[7] Erstrebt aber ein Beteiligter die Abänderung zulasten eines anderen, so muss dieser zur Wahrung der Waffengleichheit seinerseits gleichfalls zur Anfechtung selbst dann berechtigt sein, wenn er ursprünglich auf Rechtsmittel verzichten wollte.[8] Das zeigt schon die Regelung des § 66 Satz 1. Gleichwohl wäre es mit dem Grundsatz der Privatautonomie unvereinbar, wollte man einem Beteiligten den Verzicht auf eine Anschlussbeschwerde

10

---

1 BGH v. 8.5.1985 – IVb ZB 56/84, MDR 1985, 830 (831); BayObLG v. 30.12.1964 – BReg 1a Z 315/64, BayObLGZ 1964, 448 (450); *Joachim/Kräft*, JR 2010, 277 (281); *Bumiller*/Harders, § 67 FamFG Rz. 1; Bork/Jacoby/Schwab/*Müther*, 1. Aufl., § 67 FamFG Rz. 3; Zöller/*Feskorn*, § 67 FamFG Rz. 5; *Rackl*, Rechtsmittelrecht, S. 124.
2 BGH v. 8.5.1985 – IVb ZB 56/84, MDR 1985, 830 (831).
3 OLG Bremen v. 15.3.2012 – 5 W 19/11, FamRZ 2012, 1826 f.; *Preuß*, DNotZ 2010, 265 (268); *Bumiller*/Harders, § 67 FamFG Rz. 3; Keidel/*Sternal*, § 67 FamFG Rz. 10; Bassenge/Roth/*Gottwald*, § 67 FamFG Rz. 3; Bork/Jacoby/Schwab/*Müther*, 1. Aufl., § 67 FamFG Rz. 7; Zöller/*Feskorn*, § 67 FamFG Rz. 5; *Rackl*, Rechtsmittelrecht, S. 124 und 126 f.
4 *Bumiller*/Harders, § 67 FamFG Rz. 7; Keidel/*Sternal*, § 67 FamFG Rz. 10.
5 Keidel/*Kahl*, 15. Aufl., § 19 FGG Rz. 104; vgl. aber die Einschränkungen § 45 Rz. 5.
6 Seine Motive im Einzelnen gehen allerdings aus der dürftigen, einen Satz umfassenden GesetzesBegr. (BT-Drucks. 16/6308, S. 207) nicht hervor.
7 Vgl. BGH v. 3.10.1984 – IVb ZB 42/82, NJW 1985, 968.
8 BGH v. 3.10.1984 – IVb ZB 42/82, NJW 1985, 968.

grundsätzlich versagen. Diese Spannung kann zu erheblicher Rechtsunsicherheit führen: Hat ein Beteiligter etwa in der Freude über eine überwiegend obsiegende Entscheidung den Verzicht auf „jegliches Rechtsmittel" erklärt, umfasst dies dem Wortlaut nach auch die Anschlussbeschwerde.[1] Gerade eine solche Wirkung im Hinblick auf die Beschwerde eines anderen Beteiligten will § 66 Satz 1 aber vermeiden.[2] Die zurzeit der Erklärung uU noch gar nicht erfasste Bedeutung ist um so schmerzlicher, als der Verzicht auf die Beschwerde als Prozesshandlung unwiderruflich ist. Vor diesem Hintergrund knüpfte der Gesetzgeber den Verzicht auf die Anschlussbeschwerde zu Recht an besondere Voraussetzungen.

b) Kein Verzicht bei Prüfung von Amts wegen

11 Die Materialien äußern sich nicht dazu, ob ein Verzicht auf die Anschlussbeschwerde möglich ist, wenn die Sach- und Rechtslage ohnehin von Amts wegen zu prüfen ist. Dies wurde bislang verneint, da eine reformatio in peius zulasten des Beschwerdeführers ohnehin möglich sei. Hieran wird festzuhalten sein. Denn der Gesetzgeber wollte die Voraussetzungen des Beschwerdeverzichts nicht neu regeln oder gar grundsätzlich erweitern. Gerade bei der Anschlussbeschwerde hat er sogar besondere Zurückhaltung walten lassen, so dass eine gegenüber dem früheren Recht erweiterte Rechtsfolge in diesem Zusammenhang nicht anzunehmen ist.[3]

2. Einschränkung gegenüber dem Verzicht auf die Beschwerde

a) Einlegung der Hauptbeschwerde

12 Aus den eingangs (Rz. 10) genannten Gründen ist der Verzicht auf die Anschlussbeschwerde durch einseitige Erklärung gegenüber dem Gericht nach § 67 Abs. 2 zum einen in zeitlicher Hinsicht restriktiver geregelt als der Verzicht auf die Beschwerde: Die Anschlussbeschwerde ist nach § 67 Abs. 2 nur dann unzulässig, wenn der Verzicht **nach Einlegung des Hauptrechtsmittels** erklärt wird.[4] Dies soll sicherstellen, dass die Erklärung in Kenntnis des Hauptrechtsmittels erfolgt. Eine vorab erfolgte einseitige Erklärung entfaltet jedenfalls im Hinblick auf die Anschlussbeschwerde von vornherein keine Wirkung. Anderes kann für ein eigenes Hauptrechtsmittel gelten, sofern die Erklärung den Anforderungen des § 67 Abs. 1 genügt. Eine Rückausnahme von der Ausnahme des § 67 Abs. 2 stellt die Spezialvorschrift des § 144 dar, wonach die Ehegatten bereits vor Einlegung eines Rechtsmittels gegen den Scheidungsausspruch auch auf dessen Anfechtung im Wege des Anschlussrechtsmittels verzichten können.[5] Daneben wird man eine Erklärung nach Abs. 3 einem anderen Beteiligten gegenüber zulassen müssen,[6] ebenso eine verfahrenrechtliche Vereinbarung (vgl. Rz. 21 f.). Allerdings muss dann eindeutig in Kenntnis eines möglichen Hauptrechtsmittels gleichwohl auf die Anschlussbeschwerde verzichtet werden.

b) Erklärung gegenüber dem Gericht

13 Eine weitere Einschränkung sieht der Gesetzgeber darin vor, dass der einseitige Verzicht auf die Anschlussbeschwerde **nur gegenüber dem Gericht** erfolgen kann.[7] Der Vortrag, der Beschwerdeführer habe dem Beschwerdegegner gegenüber eine entsprechende Erklärung abgegeben, ist also unbeachtlich. In Betracht kommt nur eine verfahrenrechtliche Vereinbarung (s. Rz. 28).

---

1 Vgl. OLG Koblenz v. 10.5.1985 – 13 UF 77/85, FamRZ 1985, 1266, 1267, wo auf „Rechtsmittel aller Art" verzichtet wurde.
2 Ebenso *Bumiller*/Harders, § 67 FamFG Rz. 4; bedenklich daher schon nach altem Recht OLG Koblenz v. 10.5.1985 – 13 UF 77/85, FamRZ 1985, 1266 (1267).
3 Ebenso *Rackl*, Rechtsmittelrecht, S. 135.
4 Ebenso Bassenge/Roth/*Gottwald*, § 67 FamFG Rz. 6; *Rackl*, Rechtsmittelrecht, S. 137f.
5 Zur Bedeutung gerade der Anschlussbeschwerde in Scheidungssachen s. *Gutdeutsch*, FamRZ 2010, 1140; Bassenge/Roth/*Gottwald*, § 67 FamFG Rz. 7.
6 Keidel/*Sternal*, § 67 FamFG Rz. 11 ff.
7 Zöller/*Feskorn*, § 67 FamFG Rz. 6. Anders, für eine analoge Anwendung von § 67 Abs. 3 FamFG, *Rackl*, Rechtsmittelrecht, S. 135f. (mit dem Gesetzeswortlaut kaum vereinbar); noch weiter gehend, aber mit dem Gesetzeswortlaut schwerlich vereinbar Keidel/*Sternal*, § 67 Rz. 14.

c) Verzicht auf die Anschlussbeschwerde

Das Sicherungsmittel in Form eines frühestmöglichen Zeitpunktes, ab dem der Verzicht auf ein Anschlussrechtsmittel erfolgen kann, dürfte aber in der nunmehr geregelten Form nicht ausreichen. Denn § 67 Abs. 2 stellt ausdrücklich auf die „**Einlegung**" des **Hauptrechtsmittels**, nicht auf seine Zustellung ab. Eingelegt ist die Beschwerde aber nach § 64 Abs. 2 Satz 1 schon „durch Einreichung einer Beschwerdeschrift", ohne dass die anderen Beteiligten hiervon wissen müssen. Mithin ist durch den zeitlichen terminus post quem für die Wirksamkeit des Verzichts auf die Anschlussbeschwerde allein noch nicht sichergestellt, dass die Erklärung in Kenntnis des Hauptrechtsmittels abgegeben wird. Man wird daher zum Schutze des Beschwerdegegners den Wortlaut des Gesetzes wörtlich nehmen müssen, wonach eine Anschlussbeschwerde nur dann unzulässig ist, wenn der Anschlussbeschwerdeführer *hierauf* verzichtet hat. **Der Erklärung muss also eindeutig zu entnehmen sein, dass auf eine *Anschluss*beschwerde verzichtet wird.**[1] Dies muss eindeutig, wenn auch nicht ausdrücklich erfolgen. Es genügt etwa die Erklärung, dass auch im Hinblick auf die Beschwerde der anderen Beteiligten auf Rechtsmittel verzichtet wird.

3. Folgen des wirksamen Verzichts auf die Anschlussbeschwerde

Für die Folgen eines Verzichts auf die Anschlussbeschwerde kann auf die Ausführungen zum Beschwerdeverzicht (Rz. 8 f.) Bezug genommen werden. Als **einseitige Erklärung gegenüber dem Gericht** wird der Verzicht erst mit dem Zugang bei Gericht wirksam und bedarf nicht der Zustimmung anderer Beteiligter. Ein Widerruf ist nur vor dem Zugang bei Gericht möglich; eine Anfechtung ist ausgeschlossen. Eine trotz Verzichts eingelegte Anschlussbeschwerde ist **unzulässig**, was von Amts wegen zu berücksichtigen ist.[2]

III. Nicht dem Gericht gegenüber erklärter Beschwerdeverzicht (Absatz 3)

1. Erklärung gegenüber anderen Beteiligten

a) Zeitpunkt der Erklärung

§ 67 Abs. 3 regelt den Verzicht, der nicht dem Gericht, sondern anderen Verfahrensbeteiligten gegenüber erklärt wird. Dieser ist teilweise deutlich abweichend vom Verzicht gegenüber dem Gericht ausgestaltet. Der erste Unterschied betrifft den **Zeitpunkt**, zu dem die Erklärung frühestens abgegeben werden kann. Im Gegensatz zu § 67 Abs. 1 sieht § 67 Abs. 3 keine zeitliche Beschränkung der Art vor, dass der Verzicht erst „nach Bekanntgabe des Beschlusses" erklärt werden kann. Damit ist die früher überwiegend verneinend beantwortete Frage, ob schon **vor Erlass der Entscheidung** einseitig auf die Beschwerde verzichtet werden kann,[3] durch den Gesetzgeber geklärt. Die weite Gesetzesfassung ermöglicht es sogar, schon bei Entstehen der Streitigkeit auf Rechtsmittel gegen die erstinstanzliche Entscheidung zu verzichten, um schnell Rechtssicherheit zu erlangen. Dies gilt entgegen früher wohl hM auch für Angelegenheiten, in denen die Beteiligten nicht über den Verfahrensgegenstand verfügen können.[4] Denn weder dem Wortlaut des Gesetzes noch den Materialien lässt sich eine Einschränkung von § 67 Abs. 3 auf **Antragsverfahren** oder **echte Streitverfahren** entnehmen. Der ausdrücklich geäußerte Wille des Gesetzgebers, die Streitigkeiten um die Voraussetzungen eines Verzichts nunmehr zu regeln,[5] zeigt auch, dass er in Kenntnis des Streitstandes eine bewusst weite Regelung vorgenommen hat.[6]

---

1 *Rackl*, Rechtsmittelrecht, S. 134.
2 Keidel/*Sternal*, § 67 FamFG Rz. 14.
3 Zöller/*Feskorn*, § 67 FamFG Rz. 4; *Rackl*, Rechtsmittelrecht, S. 126.
4 S. etwa Keidel/*Kahl*, 15. Aufl., § 19 FGG Rz. 100; *Bumiller*/Winkler, 8. Aufl., § 19 FGG Rz. 22.
5 BT-Drucks. 16/6308, S. 206.
6 Ebenso *Rackl*, Rechtsmittelrecht, S. 133 f.

b) Adressat der Erklärung

17 Der Verzicht muss „gegenüber einem anderen Beteiligten" erklärt werden. Erklärungen **gegenüber dem Gericht** genügen also nicht, ebenso wenig **gegenüber Dritten**. Der Beschwerdegegner kann sich also grundsätzlich nicht auf Äußerungen des Beschwerdeberechtigten berufen, die nur Dritten gegenüber gefallen sind. Da es einer Erklärung dem Beteiligten gegenüber bedarf, hat der gegenüber einem Dritten getätigte Verzicht keine Wirkung, sofern ihm nicht nach allgemeinen Regeln **Empfangszuständigkeit** für den Beteiligten zukommt, etwa als **Boten** oder **Vertreter**. Sofern der Beteiligte selbst nicht handeln kann oder nicht verfahrensfähig ist, bedarf es naturgemäß der Erklärung gegenüber seinen Organen bzw. Vertretern.

c) Form und Inhalt der Erklärung

18 Wie bei der Erklärung gegenüber dem Gericht sind an die Form des Verzichts nur geringe, an den Inhalt hohe Anforderungen zu stellen. Der Verzicht bedarf **keiner Form** und kann von den Beteiligten selbst erklärt werden, auch wenn im gerichtlichen Verfahren Anwaltszwang herrscht.[1] Er kann auch mündlich, uU sogar konkludent erfolgen. Sein Inhalt muss aber **eindeutig** sein, wenn auch der Begriff Verzicht nicht verwendet werden muss. Ob die Voraussetzungen eines Verzichts vorliegen, hat das Gericht auf entsprechende Einrede des Beschwerdegegners uU durch Beweisaufnahme zu klären, weshalb sich die schriftliche Fixierung zumindest empfiehlt.

2. Folgen des Beschwerdeverzichts gegenüber einem anderen Beteiligten

a) Wirksamkeit durch einseitige Erklärung

19 Auch der Verzicht gegenüber anderen Beteiligten ist in § 67 Abs. 3 als einseitige Erklärung, nicht als verfahrensrechtliche Vereinbarung ausgestaltet. Der Erklärungsempfänger muss also nicht zustimmen.[2] Der Verzicht ist sogar dann wirksam, wenn er ausdrücklich widerspricht. Die völlig parallele Regelung von § 67 Abs. 1 und Abs. 3 legt es nahe, auch den Verzicht gegenüber einem anderen Beteiligten als grundsätzlich unwiderrufliche, nicht wegen Willensmängeln anfechtbare **Prozesshandlung** anzusehen.[3] Auch die Zustimmung des Beschwerdegegners zu einem Widerruf ändert hieran nichts.[4] Die früher auch für einseitige Erklärungen vertretene gegenteilige Auffassung[5] dürfte durch die neue Fassung des Gesetzes überholt sein. Allerdings kann der Beschwerdegegner die Folgen des Verzichts allein dadurch rückgängig machen, dass er sich **hierauf nicht beruft** (zur Ausgestaltung des Verzichts nach § 67 Abs. 3 als Einrede s. Rz. 20).

b) Einrede

20 Im Unterschied zum Verzicht gegenüber dem Gericht nach § 67 Abs. 1 ist derjenige nach § 67 Abs. 3 nicht von Amts wegen zu beachten. Er ist nur als Einrede ausgestaltet, so dass sich der Beschwerdegegner hierauf berufen muss.[6] Ansonsten ist der Verzicht nach § 67 Abs. 3 nicht zu berücksichtigen, selbst wenn er dem Beschwerdegericht bekannt ist. Zudem muss **Identität zwischen dem Empfänger der Verzichtserklärung und demjenigen bestehen, der sich hierauf beruft**. Dies geht schon aus dem Wortlaut des § 67 Abs. 3 hervor, wonach der „gegenüber einem anderen Beteilig-

---

1 *Rackl*, Rechtsmittelrecht, S. 124 f.
2 Hierfür spricht auch der Wortlaut der Gesetzesbegründung (BT-Drucks. 16/6308, S. 207), wonach „der gegenüber einem anderen Beteiligten erklärte Verzicht (...) wirksam" sein soll.
3 Ebenso *Joachim/Kräft*, JR 2010, 277 (281); Keidel/*Sternal*, § 67 FamFG Rz. 13; Zöller/*Feskorn*, § 67 FamFG Rz. 5; *Rackl*, Rechtsmittelrecht, S. 125; zu Prozesshandlungen, die nicht dem Gericht, sondern dem Gegner gegenüber vorzunehmen sind, vgl. Zöller/*Greger*, vor § 128 ZPO Rz. 17.
4 AA Bumiller/Harders, § 67 FamFG Rz. 1 und 6; *Rackl*, Rechtsmittelrecht, S. 126.
5 Bumiller/Winkler, 8. Aufl., § 19 FGG Rz. 21.
6 BT-Drucks. 16/6308, S. 207; *Preuß*, DNotZ 2010, 265 (268); Keidel/*Sternal*, § 67 FamFG Rz. 11; Bassenge/Roth/*Gottwald*, § 67 FamFG Rz. 8; Bork/Jacoby/Schwab/*Müther*, 1. Aufl., § 67 FamFG Rz. 6; Zöller/*Feskorn*, § 67 FamFG Rz. 5.

ten erklärte Verzicht" nur dann zur Unzulässigkeit der Beschwerde führt, „wenn *dieser* sich darauf beruft". Zudem darf niemand prozessuale Befugnisse Dritter geltend machen. Der Beschwerdeberechtigte kann also sowohl hinsichtlich des Verfahrensgegenstandes teilweise auf die Beschwerde verzichten als auch persönlich hinsichtlich einzelner Beschwerdegegner.

IV. Sonstige verfahrensrechtliche Vereinbarungen

1. Zulässigkeit

Verfahrensrechtliche Vereinbarungen über den Verzicht auf Rechtsmittel wurden nach der alten Rechtslage jedenfalls in **echten Streitverfahren** allgemein für zulässig gehalten.[1] An dieser Einschätzung dürfte sich nach neuem Recht nichts ändern.[2] Die Regelungen der § 67 Abs. 1 bis 3, die nur den Verzicht durch einseitige Erklärung kodifizieren, lassen sich schwerlich als abschließend begreifen. Ein solch gravierender Eingriff in die Privatautonomie bedürfte einer ausdrücklichen Regelung. Zudem hielt der Gesetzgeber in den Materialien selbst den einseitig erklärten Verzicht in weiterem Umfange für möglich, als dies nach der Gesetz gewordenen Fassung des Textes in Betracht kommt (vgl. Rz. 1 f.). Es wäre kaum vertretbar, derartige weiter gehende Gestaltungen, deren Zulässigkeit der Gesetzgeber ausdrücklich wünschte, aber im Gesetzestext nicht berücksichtigte, noch nicht einmal im Wege einer verfahrensrechtlichen Vereinbarung zu ermöglichen. Allerdings wird man hier mangels abweichender Kodifizierung im neuen Recht die früher angenommenen Grenzen der Vertragsgestaltung weiterhin als wirksam ansehen müssen.

21

2. Bedeutung neben der einseitigen Erklärung nach Absatz 3

Die verfahrensrechtliche Vereinbarung wird neben der einseitigen Erklärung insbesondere dann von Bedeutung sein, wenn der Erklärende seinen Beschwerdeverzicht nicht isoliert erklären, sondern **von Zugeständnissen der anderen Seite abhängig** machen will. Die Bedingungsfeindlichkeit der Erklärungen nach § 67 Abs. 1 bis 3 lässt auch hier nur die verfahrensrechtliche Vereinbarung als Gestaltungsmöglichkeit zu. Gleiches gilt dann, wenn die **Initiative nicht vom Beschwerdeberechtigten ausgeht**. Unterbreitet ihm der Beschwerdegegner ein entsprechendes Angebot, würde die Annahme durch einfaches „Ja" schwerlich den Anforderungen an einen ausdrücklichen Beschwerdeverzicht durch einseitige Erklärung genügen. Selbstverständlich kann auf diesem Wege aber eine zweiseitige verfahrensrechtliche Vereinbarung zu Stande kommen. Daneben kann sie bei **fehlgeschlagener einseitiger Erklärung** Bedeutung erlangen. Denn nach allgemeinen Regeln kann die auf einen anderen Erfolg gerichtete Erklärung im Wege der Umdeutung als Angebot einer verfahrensrechtlichen Vereinbarung anzusehen sein. Hat der Beschwerdeberechtigte etwa vor Erlass der Entscheidung gegenüber dem Beschwerdegericht in Anwesenheit des Beschwerdegegners seinen Verzicht auf Rechtsmittel erklärt, ist diese Erklärung nach § 67 Abs. 1 unwirksam, da sie erst nach Erlass der Entscheidung abgegeben werden kann (s. Rz. 2). Die einseitige Erklärung kann aber in das Angebot zum Abschluss einer verfahrensrechtlichen Vereinbarung umgedeutet werden, wenn davon auszugehen ist, dass der Beschwerdeberechtigte in Kenntnis der Unwirksamkeit seiner Erklärung ein Angebot dieses Inhalts hätte abgeben wollen. Dies setzt allerdings voraus, dass der Beschwerdegegner sogleich (§ 147 Abs. 1 Satz 1 BGB) in irgendeiner Weise seine Zustimmung zu dem Verzicht zu erkennen gegeben hat.

22

3. Voraussetzungen und Grenzen

a) Vereinbarung

Die verfahrensrechtliche Vereinbarung bedarf übereinstimmender Willenserklärungen von Beschwerdeberechtigtem und Beschwerdegegner. Diese müssen die end-

23

---

[1] BGH v. 9.6.1967 – IV ZB 663/66, BGHZ 48, 88 (96 f.).
[2] Ebenso *Bumiller*/Harders, § 67 FamFG Rz. 6; Keidel/*Sternal*, § 67 FamFG Rz. 4; *Rackl*, Rechtsmittelrecht, S. 132.

gültige Aufgabe der Möglichkeit eines Rechtsmittels gegen die erstinstanzliche Entscheidung zum Inhalt haben. Insoweit gilt nichts anderes als für die einseitige Erklärung des Verzichts (s. Rz. 5).

b) Zeitpunkt

24 Schon bislang ging man davon aus, dass die Vereinbarung eines Verzichts auf die Beschwerde im Gegensatz zur einseitigen Erklärung **bereits vor Erlass der Entscheidung** erfolgen kann.[1] Hieran ist fest zu halten. Auch wenn dies im Wortlaut des § 67 keinen Niederschlag gefunden hat, wollte der Gesetzgeber diese Möglichkeit nicht beschränken, sondern ausweislich der Materialien sogar erweitern.[2] Frühester Zeitpunkt einer solchen Vereinbarung dürfte **das Entstehen der später gerichtlich zu entscheidenden Streitigkeit bzw. des ansonsten zu regelnden Sachverhalts** sein. Denn ein globaler Verzicht auf Rechtsmittel in noch nicht einmal absehbaren Verfahren erster Instanz dürfte mangels Bestimmtheit unwirksam sein.[3]

c) Form und Inhalt

25 Wie bei der einseitigen Erklärung bedarf es beim vereinbarten Beschwerdeverzicht (s. Rz. 3) keiner Form. Dieser kann auch mündlich vereinbart werden. Der Inhalt muss wie dort eindeutig sein. Bei Streitigkeiten ist das Vorliegen eines vereinbarten Beschwerdeverzichts durch Beweisaufnahme zu klären, sofern sich der Beschwerdegegner hierauf beruft.

4. Folgen

a) Einrede

26 Der vereinbarte Beschwerdeverzicht hatte nach altem Recht im Gegensatz zur wirksamen Erklärung dem Gericht gegenüber keine unmittelbaren Auswirkungen auf das Beschwerdeverfahren. Selbst wenn das Gericht hiervon Kenntnis hatte, war die Vereinbarung nicht von Amts wegen zu berücksichtigen, sondern nur dann, wenn sich der Beschwerdegegner hierauf berief.[4] Diese Ausgestaltung als Einrede kommt dem vereinbarten Beschwerdeverzicht auch nach neuem Recht zu. Abgesehen davon, dass der Gesetzgeber insoweit keinen Änderungswillen erkennen lässt, folgt dies auch aus § 67 Abs. 3. Denn selbst die dort geregelte einseitige Erklärung, die als Prozesshandlung anzusehen ist, ist nur dann zu berücksichtigen, wenn sich der Beschwerdegegner darauf beruft. Nichts anderes kann dann für den verfahrensrechtlichen Vertrag gelten.

b) Anfechtbarkeit

27 Im Gegensatz zur Prozesshandlung unterliegt die verfahrensrechtliche Vereinbarung als Vertrag denselben Regeln der Anfechtung wie sonstige Willenserklärungen. Bei **Willensmängeln** kann sie etwa nach §§ 119, 123 BGB angefochten werden.[5] Anders als bei der einseitigen Erklärung ist entsprechender Vortrag im Beschwerdeverfahren also beachtlich. Das Gericht hat bei Streit über die zur Anfechtung berechtigenden Tatsachen notfalls Beweis zu erheben, sofern die Willenserklärung nicht auch die Voraussetzungen der § 67 Abs. 1 bis 3 erfüllt, also insbesondere unbedingt und unabhängig von Zugeständnissen eines anderen Beteiligten erklärt ist.

---

1 Keidel/*Kahl*, 15. Aufl., § 19 FGG Rz. 103; *Bumiller*/Winkler, 8. Aufl., § 19 FGG Rz. 22; *Bassenge*/ Roth, 11. Aufl., § 20 FGG Rz. 3.
2 So wohl auch *Rakete-Dombek*/*Türck-Brocker*, NJW 2009, 2769 (2771).
3 *Rackl*, Rechtsmittelrecht, S. 134.
4 Ebenso *Rackl*, Rechtsmittelrecht, S. 132; *Bumiller*/Winkler, 8. Aufl., § 19 FGG Rz. 24; aA wohl Keidel/*Sternal*, § 67 FamFG Rz. 4.
5 Keidel/*Sternal*, § 67 FamFG Rz. 13.

5. Besonderheiten bei der Anschlussbeschwerde

Der Gesetzgeber lässt mit den Sonderregelungen zum Verzicht auf die Anschlussbeschwerde in § 67 Abs. 2 erkennen, dass bei der Annahme, ein Beteiligter verzichte trotz Hauptrechtsmittels auf seine Anschlussmöglichkeit, besondere Vorsicht geboten ist. Dies ist auch bei der verfahrensrechtlichen Vereinbarung zu beachten. Ein solcher Verzicht muss zwar grundsätzlich zumindest dort möglich sein, wo der Beteiligte über den Verfahrensgegenstand disponieren kann, also insbesondere in echten Streitverfahren. Bei der Annahme eines solchen Verzichts ist allerdings Zurückhaltung geboten. Bei Vereinbarungen vor Einlegung des Hauptrechtsmittels ist vom Verzicht auf die Anschlussbeschwerde nur dann auszugehen, **wenn er auch für den Fall gelten soll, dass die Gegenseite Beschwerde einlegt**. Dies muss eindeutig, wenn auch nicht unbedingt ausdrücklich erfolgen. Der Verzicht auf „jedes" Rechtsmittel etwa wird regelmäßig nicht genügen. Sofern eine Abänderung zulasten des Beschwerdeführers ohne Anschlussbeschwerde möglich ist, bindet eine entsprechende Erklärung das Gericht ohnehin nicht.

28

V. Rücknahme der Beschwerde (Absatz 4)

1. Regelungsgehalt

Mit § 67 Abs. 4 trifft der Gesetzgeber eine Regelung zur Rücknahme von Rechtsmitteln, die das FGG nicht kannte. Gleichwohl war die Möglichkeit der Rücknahme eines Rechtsmittels auch dort allgemein anerkannt.[1] § 67 Abs. 4 beschränkt sich auf die Regelung der Möglichkeit und des spätesten Zeitpunktes der Rücknahme. In letzterer Hinsicht ist die Norm ausdrücklich an § 516 Abs. 1 ZPO angelehnt.[2] Weiter geht die Übernahme zivilprozessualer Grundsätze nicht, so dass § 516 Abs. 2, 3 ZPO keine, auch keine analoge Anwendung findet.[3] Insoweit kann aber mangels Änderungswillens des Gesetzgebers auf die zum alten Recht entwickelten Grundsätze zurückgegriffen werden. Die Vorschrift ist zumindest entsprechend auch auf die Rücknahme der Anschlussbeschwerde anzuwenden.[4]

29

2. Erklärung gegenüber dem Gericht

a) Zeitpunkt der Erklärung

Die Rücknahme der Beschwerde ist naturgemäß erst **nach ihrer Einlegung** möglich. Das Rechtsmittel muss indessen **nicht statthaft oder zulässig** sein; auch eine durch einen nicht Beschwerdeberechtigten, vor Erlass der erstinstanzlichen Entscheidung oder nach Ablauf der Beschwerdefristen des § 63 eingelegte Beschwerde kann zurückgenommen werden. § 67 Abs. 4 regelt den spätesten Zeitpunkt, zu dem die Beschwerde zurückgenommen werden kann, ausdrücklich. Nach **Erlass** der Entscheidung, also nach Übergabe des Beschlusses an die Geschäftsstelle oder nach Verlesen der Beschlussformel (§ 38 Abs. 3 Satz 3) ist dies nicht mehr möglich. Der Bekanntgabe nach §§ 41 Abs. 1, 15 Abs. 2 oder der sonst wie erlangten Kenntnis durch den Beschwerdeführer bedarf es also nicht. Eine nach diesem Zeitpunkt eingehende Rücknahme ist wirkungslos.

30

b) Berechtigung zur Rücknahme

Nach früherem Recht war die Rücknahme der Beschwerde **in allen Verfahren** gleichermaßen möglich, auch in Amtsverfahren. Denn die Befugnis, von einer Überprüfung der erstinstanzlichen Entscheidung abzusehen, kam verfahrensrechtlich jedem Beschwerdeberechtigten zu, auch wenn er materiell-rechtlich über den Verfahrensgegenstand nicht verfügen konnte.[5] Hieran hat das neue Recht festgehalten, indem

31

---

1 S. Keidel/*Kahl*, 15. Aufl., § 19 FGG Rz. 108; *Bumiller*/Winkler, 8. Aufl., § 19 FGG Rz. 20; *Bassenge*/Roth, 11. Aufl., § 20 FGG Rz. 3.
2 BT-Drucks. 16/6308, S. 207.
3 Ebenso *Rackl*, Rechtsmittelrecht, S. 141.
4 *Rackl*, Rechtsmittelrecht, S. 144 f.
5 BayObLG v. 14.7.1997 – 1Z BR 39/97, FGPrax 1997, 229.

§ 67 Abs. 4 keine Einschränkung auf bestimmte Verfahren vornimmt. Steht einer Mehrzahl von Personen das **Beschwerderecht nur gemeinsam** zu, so führt die Rücknahme nur durch einen von ihnen zum Verlust des Rechtsmittels für alle Beschwerdeführer.[1] Sofern der Beschwerdeberechtigte **verfahrensunfähig** ist, ist die nicht durch einen Pfleger erklärte Rücknahme unwirksam. Eine Ausnahme gilt dann, wenn der Verfahrensunfähige selbst zur Einlegung von Rechtsmitteln befugt ist (s. Rz. 1).

c) Form der Erklärung

32 Die Rücknahme der Beschwerde bedurfte nach bisheriger Praxis keiner Form. Sie konnte somit durch Schriftsatz und zu gerichtlichem Protokoll, aber auch mündlich erklärt werden.[2] Da der Gesetzgeber hieran nichts ändern wollte, kann diese Handhabung in das neue Recht übernommen werden.[3]

d) Adressat der Erklärung

33 Zum Adressaten der Rücknahme äußerte sich § 67 Abs. 4 in der ursprünglichen Fassung nicht. Nach früherer Praxis konnte die Rücknahme der Beschwerde sowohl vor dem erstinstanzlichen Gericht als auch vor dem Beschwerdegericht erklärt werden.[4] Diese Praxis hat der Gesetzgeber nunmehr kodifiziert.[5] Da der Gesetzgeber insoweit keine Einschränkungen vornehmen wollte, kann die Beschwerde auch vor dem ersuchten Richter zurückgenommen werden.[6] Die Erklärung gegenüber einem unzuständigen Gericht wird von § 67 Abs. 4 nicht erfasst. Wie beim Verzicht löst aber die Weiterleitung einer schriftlichen oder protokollierten Erklärung an das zuständige Gericht die Wirkungen der Rücknahme nicht aus. Denn die Rücknahme muss ebenso wie der Verzicht nach § 67 Abs. 1 „gegenüber dem Gericht" erklärt werden.[7] Die von vornherein bewusst an einen unzuständigen Dritten – etwa ein unzuständiges Gericht oder den Beschwerdegegner – gerichtete Erklärung bleibt wirkungslos, auch wenn sie dem Gericht zugeleitet wird.[8] Etwas anderes gilt natürlich dann, wenn die Rücknahme an das richtige Gericht adressiert ist, aber einem anderen übermittelt wird. Dann wird die Rücknahme mit Zugang beim richtigen Gericht wirksam.

e) Inhalt der Erklärung

aa) Eindeutiger Verzicht auf das konkrete Rechtsmittel

34 Die Rücknahme muss nur die Erklärung enthalten, dass der Beschwerdeberechtigte auf das **konkrete** Rechtsmittel verzichtet. Er muss nicht die Möglichkeit einer Überprüfung des erstinstanzlichen Beschlusses durch Rechtsmittel endgültig aufgeben. Hierin unterscheidet sich die Rücknahme vom Verzicht (vgl. Rz. 37).

bb) Teilrücknahme

35 Die Rücknahme kann auf Teile der ursprünglichen Beschwerde beschränkt werden. Hierbei muss es sich aber um **abtrennbare Teile** handeln,[9] etwa um einzelne, ge-

---

1 Keidel/*Kahl*, 15. Aufl., § 19 FGG Rz. 108.
2 BayObLG v. 14.8.1967 – BReg 1b Z 45/67, BayObLGZ 1967, 286 (288).
3 Ebenso *Bumiller*/Harders, § 67 FamFG Rz. 8; Bassenge/Roth/*Gottwald*, § 67 FamFG Rz. 10; *Rackl*, Rechtsmittelrecht, S. 141.
4 S. Keidel/*Kahl*, 15. Aufl., § 19 FGG Rz. 108.
5 Durch das sog. FamFG-Reparaturgesetz v. 30.7.2009, BGBl. I, S. 2449 (s. auch BT-Drucks. 16/12717, S. 70); ebenso Zöller/*Feskorn*, § 67 FamFG Rz. 7; *Rackl*, Rechtsmittelrecht, S. 142.
6 Keidel/*Kahl*, 15. Aufl., § 19 FGG Rz. 108.
7 AA *Rackl*, Rechtsmittelrecht, S. 144.
8 *Rackl*, Rechtsmittelrecht, S. 144, der allerdings die (zu einer Einrede führende) Vereinbarung der Rücknahme für möglich hält; die bisweilen für die Wirksamkeit einer Rücknahmeerklärung gegenüber unzuständigen Dritten zitierten Entscheidungen des BGH v. 21.3.1977 – II ZB 5/77, VersR 1977, 574 und v. 19.2.1991 – X ZR 14/91, MDR 1991, 668 stehen dem nicht entgegen, da die Rechtsmittel dort bei dem ursprünglich zumindest empfangszuständigen Gericht eingelegt wurden, nicht aber bei einem unbeteiligten Gericht; aA für eine Weiterleitung Keidel/*Sternal*, § 67 FamFG Rz. 15.
9 *Bumiller*/Harders, § 67 FamFG Rz. 9; Keidel/*Sternal*, § 67 FamFG Rz. 17.

sondert beschiedene Zeiträume der Vergütung.[1] Zurückgenommen werden kann auch hinsichtlich des Umfangs, in dem ein Anspruch geltend gemacht wird. Unwirksam sind Rücknahmen wegen **einzelner Anspruchsgrundlagen oÄ**. In solchen Fällen wird weiterhin die angegriffene Entscheidung insgesamt überprüft.[2] Anderes gilt allerdings dann, wenn nur die Kostenentscheidung von der Rücknahme ausgenommen ist.[3] Sie ist wirksam und führt zur Unzulässigkeit der nunmehr auf die Kosten beschränkten Beschwerde.

cc) Bedingungsfeindlichkeit

Die Rücknahme kann als Prozesshandlung nicht unter einer Bedingung erklärt werden.[4] Eine solche Bedingung ist grundsätzlich unwirksam und hat auf eine gleichwohl eingelegte Beschwerde keine Auswirkungen. Eine Ausnahme gilt nach allgemeinen Regeln für **innerprozessuale Bedingungen**.[5] Insoweit kann auf die Ausführungen zum Verzicht (Rz. 7) Bezug genommen werden.

36

3. Folgen der Rücknahme

a) Verlust des Rechtsmittels

Die Rücknahme der Beschwerde führt zum Verlust des Rechtsmittels.[6] Den Beschwerdeführer trifft idR nach § 84 die Kostenlast. Hierüber hat für den Fall, dass die Beschwerde noch im Abhilfeverfahren zurückgenommen wird, das Gericht erster Instanz zu befinden.[7] Diese Folge tritt mit dem Zugang der Erklärung bei Gericht ein. Sie kann also zuvor noch durch „Abfangen" des Schriftstücks oder durch Widerruf unwirksam gemacht werden. Insoweit kann auf die Ausführungen zum Verzicht Bezug genommen werden (vgl. Rz. 8). Sofern mehrere Beschwerdeführer nicht ausnahmsweise nur gemeinschaftlich beschwerdeberechtigt sind,[8] trifft diese Folge nur den Beschwerdeführer, der die Rücknahme erklärt hat (zur gemeinschaftlichen Beschwerdeberechtigung vgl. § 59 Rz. 23).[9] Nachträglich kann die Rücknahme als **Prozesshandlung** weder durch Widerruf noch durch Anfechtung beseitigt werden,[10] auch nicht bei Zustimmung des Beschwerdegegners. Ausnahmen werden zugelassen, wenn ein **Restitutionsgrund** iSd. § 580 ZPO vorliegt.[11] Allerdings bezieht sich der Rechtsmittelverlust im Gegensatz zum Verzicht nur auf das konkrete Rechtsmittel. Sind die Fristen des § 63 noch nicht abgelaufen, kann also eine neue Beschwerde eingelegt werden.[12] Die Rücknahme als einseitige Erklärung bedarf zu ihrer Wirksamkeit nicht der Zustimmung anderer Beteiligter, auch nicht nach einer mündlichen Verhandlung.[13] Entsprechendes gilt zur Rücknahme der Anschlussbeschwerde, auf die Abs. 4 entsprechend anzuwenden ist.[14]

37

---

1 BayObLG v. 14.8.1967 – BReg 1b Z 45/67, BayObLGZ 1967, 286 (288).
2 BayObLG v. 14.8.1967 – BReg 1b Z 45/67, BayObLGZ 1967, 286 (288).
3 BayObLG v. 14.8.1967 – BReg 1b Z 45/67, BayObLGZ 1967, 286 (289f.).
4 *Bumiller*/Harders, § 67 FamFG Rz. 9; Keidel/*Sternal*, § 67 FamFG Rz. 15; Zöller/*Feskorn*, § 67 FamFG Rz. 7.
5 *Bumiller*/Harders, § 67 FamFG Rz. 8; aA Keidel/*Sternal*, § 67 FamFG Rz. 15.
6 Keidel/*Sternal*, § 67 FamFG Rz. 20; Bassenge/Roth/*Gottwald*, § 67 FamFG Rz. 9; *Rackl*, Rechtsmittelrecht, S. 141; aA, für Unzulässigkeit der Beschwerde, *Bumiller*/Harders, § 67 FamFG Rz. 9.
7 KG v. 31.5.2011 – 1 W 278/11, FamRZ 2011, 1750 f.
8 Dann führt die Rücknahme eines Beteiligten zur Beendigung des gesamten Beschwerdeverfahrens, s. *Bumiller*/Harders, § 67 FamFG Rz. 9.
9 BayObLG v. 26.3.1996 – 1Z BR 111/94, BayObLGZ 1996, 69 (71 f.).
10 BayObLG v. 30.12.1964 – BReg 1a Z 315/64, BayObLGZ 1964, 448 (450); Keidel/*Sternal*, § 67 FamFG Rz. 19.
11 BGH v. 8.5.1985 – IVb ZB 56/84, MDR 1985, 830 (831).
12 *Joachim*/Kräft, JR 2010, 277 (281); *Bumiller*/Harders, § 67 FamFG Rz. 9; Keidel/*Sternal*, § 67 FamFG Rz. 21; Bassenge/Roth/*Gottwald*, § 67 FamFG Rz. 9; *Rackl*, Rechtsmittelrecht, S. 141.
13 BayObLG v. 14.8.1967 – BReg 1b Z 45/67, BayObLGZ 1967, 286 (288); *Bumiller*/Harders, § 67 FamFG Rz. 8; Keidel/*Sternal*, § 67 FamFG Rz. 17.
14 Keidel/*Sternal*, § 67 FamFG Rz. 22.

b) Entscheidung trotz Rücknahme

38 Die Möglichkeit der Rücknahme gegenüber den Gerichten beider Instanzen kann Probleme hervorrufen, wenn die Akte bereits der Rechtsmittelinstanz zugeleitet wurde und diese keine Kenntnis hiervon erlangt. Keine Schwierigkeiten ergeben sich, wenn die Rücknahme erst eingeht, **nachdem die Entscheidung des Beschwerdegerichts erlassen ist**. Dann bleibt sie von der Rücknahme unberührt, da die Rücknahme nach § 67 Abs. 4 nur bis zum Erlass der zweitinstanzlichen Entscheidung erfolgen kann (vgl. Rz. 30).[1] Hingegen wird zu differenzieren sein, wenn die Rücknahme **noch vor der Entscheidung des Beschwerdegerichts eingeht**, aber etwa infolge verzögerter Bearbeitung in der Eingangsstelle oder infolge eines Kanzleiversehens nicht unverzüglich weitergeleitet wird. Dann kommt es darauf an, ob die Rechtsbeschwerde kraft Gesetzes oder durch Zulassung eröffnet ist. In diesem Fall wird die trotzdem ergangene zweitinstanzliche Entscheidung wirkungslos. Denn die Rücknahme eines Rechtsmittels führt grundsätzlich zur Wirkungslosigkeit bereits ergangener, noch nicht rechtskräftiger Entscheidungen zweiter Instanz.[2] Rechtskraft tritt aber erst nach Ablauf der Frist für die Einlegung der Rechtsbeschwerde ein. Anderes gilt mangels Nichtzulassungsbeschwerde, wenn keine Rechtsbeschwerde eingelegt werden kann. Ist nämlich ein Rechtsmittel von vornherein unstatthaft, so wird die Entscheidung der Beschwerdeinstanz – ähnlich wie Berufungsurteile des LG nach altem Recht – mit ihrem Erlass rechtskräftig.[3] Die Rücknahme kann aber nicht zur Unwirksamkeit bereits rechtskräftiger Entscheidungen führen.[4]

39 **Kosten/Gebühren:** Für die Kostenentscheidung gilt mangels Verweises nicht § 516 Abs. 3 ZPO. Über § 84 FamFG wird man aber regelmäßig zu denselben Ergebnissen gelangen.[5] Nehmen mehrere Beteiligte ihre Beschwerden zurück oder bleibt die nicht zurückgenommene Beschwerde erfolglos, sind die Kosten idR nach dem Verhältnis ihres Unterliegens auf die Beschwerdeführer zu verteilen. Eine Kostenquotelung erfolgt auch bei Teilrücknahme, wenn der verbliebene Teil der Beschwerde (zumindest teilweise) erfolgreich ist.

68 *Gang des Beschwerdeverfahrens*

(1) Hält das Gericht, dessen Beschluss angefochten wird, die Beschwerde für begründet, hat es ihr abzuhelfen; anderenfalls ist die Beschwerde unverzüglich dem Beschwerdegericht vorzulegen. Das Gericht ist zur Abhilfe nicht befugt, wenn die Beschwerde sich gegen eine Endentscheidung in einer Familiensache richtet.
(2) Das Beschwerdegericht hat zu prüfen, ob die Beschwerde an sich statthaft und ob sie in der gesetzlichen Form und Frist eingelegt ist. Mangelt es an einem dieser Erfordernisse, ist die Beschwerde als unzulässig zu verwerfen.
(3) Das Beschwerdeverfahren bestimmt sich im Übrigen nach den Vorschriften über das Verfahren im ersten Rechtszug. Das Beschwerdegericht kann von der Durchführung eines Termins, einer mündlichen Verhandlung oder einzelner Verfahrenshandlungen absehen, wenn diese bereits im ersten Rechtszug vorgenommen wurden und von einer erneuten Vornahme keine zusätzlichen Erkenntnisse zu erwarten sind.
(4) Das Beschwerdegericht kann die Beschwerde durch Beschluss einem seiner Mitglieder zur Entscheidung als Einzelrichter übertragen; § 526 der Zivilprozessordnung gilt mit der Maßgabe entsprechend, dass eine Übertragung auf einen Richter auf Probe ausgeschlossen ist.

---

1 Ebenso Keidel/*Sternal*, § 67 FamFG Rz. 15; aA, ohne Differenzierung stets für die Wirkungslosigkeit der Beschwerdeentscheidung, *Bumiller*/Harders, § 67 FamFG Rz. 9; Bork/Jacoby/Schwab/*Müther*, 1. Aufl., § 67 FamFG Rz. 10.
2 *Rackl*, Rechtsmittelrecht, S. 141; Zöller/*Feskorn*, § 67 FamFG Rz. 8; vgl. Stein/Jonas/*Grunsky*, § 515 ZPO Rz. 21; MüKo.ZPO/*Rimmelspacher* § 515 ZPO Rz. 24; Baumbach/*Hartmann*, § 516 ZPO Rz. 18.
3 *Rackl*, Rechtsmittelrecht, S. 143; vgl. zum Zivilprozess Schuschke/Walker, Vollstreckung und vorläufiger Rechtsschutz, 3. Aufl. 2002, § 705 Rz. 6; *Gottwald*, Zwangsvollstreckung, 4. Aufl. 2002, § 705 Rz. 10; Stein/Jonas/*Münzberg*, ZPO, 22. Aufl. 2002, § 705 Rz. 2 iVm. 4; für Berufungsurteile des LG nach altem Recht s. Stein/Jonas/*Münzberg*, ZPO, 21. Aufl. 1995, § 705 Rz. 2b.
4 *Rackl*, Rechtsmittelrecht, S. 143; aA wohl Keidel/*Sternal*, § 67 FamFG Rz. 21.
5 Vgl. Keidel/*Sternal*, § 67 FamFG Rz. 18; *Rackl*, Rechtsmittelrecht, S. 141.

A. Entstehungsgeschichte und Normzweck ... 1
B. Inhalt der Vorschrift
I. Abhilfeverfahren (Absatz 1)
1. Zweck des Abhilfeverfahrens 2
2. Ausschluss des Abhilfeverfahrens . 3
3. Zuständigkeit 4
4. Prüfungsumfang
   a) Dieselbe Prüfungskompetenz wie das Beschwerdegericht 5
   b) Prüfungsmöglichkeit oder -pflicht bei unzulässigen Beschwerden . 6
5. Verfahren
   a) Tätigwerden nach Eingang der Beschwerde bis zur Vorlage ... 7
   b) Gewährung rechtlichen Gehörs und weitere Verfahrenshandlungen 8
6. Entscheidung
   a) Notwendigkeit einer Entscheidung über die Abhilfe 9
   b) Abhilfe 10
   c) Nichtabhilfe 11
7. Fehler des Abhilfeverfahrens
   a) Möglichkeit einer Aufhebung des Vorlagebeschlusses 12
   b) Möglichkeit einer eigenen Entscheidung des Beschwerdegerichts 13
8. Vorlage an das Beschwerdegericht (Abs. 1 Satz 1, letzter Halbsatz) .. 14
II. Prüfung der Zulässigkeitserfordernisse (Absatz 2)
1. Prüfung durch das Beschwerdegericht
   a) Prüfung von Amts wegen 15
   b) Vorrangigkeit der Zulässigkeitsprüfung? 16
   c) Zeitpunkt der Prüfung 17
2. Anforderungen an die Zulässigkeit einer Beschwerde
   a) Zulässigkeitsvoraussetzungen . 18
   b) Mitwirkungs- und Feststellungslast 19
3. Folge der Unzulässigkeit 20
III. Weiterer Gang des Beschwerdeverfahrens (Absatz 3)
1. Ausdrückliche und stillschweigende Verweisungen auf andere Vorschriften 21
2. Verweisung auf die Vorschriften über das Verfahren im ersten Rechtszug 22
3. Absehen von mündlicher Verhandlung oder sonstigen Verfahrenshandlungen (Abs. 3 Satz 2)
   a) Sinn der Vorschrift 26
   b) Voraussetzungen des Verzichts auf die mündliche Verhandlung oder sonstige Verfahrenshandlungen
      aa) Vornahme der Verfahrenshandlung in der ersten Instanz 27
      bb) Negative Prognose hinsichtlich der Gewinnung zusätzlicher Erkenntnisse 28
      cc) Verfahren 30
IV. Übertragung auf den Einzelrichter (Absatz 4)
1. Möglichkeit der Übertragung
   a) Die gesetzliche Regelung und ihre Neuerungen 31
   b) Voraussetzungen der Übertragung
      aa) Gesetzliche Regelung 32
      bb) Erlass der Entscheidung durch den Einzelrichter ... 33
      cc) Keine besonderen Schwierigkeiten tatsächlicher oder rechtlicher Art 34
      dd) Fehlen grundsätzlicher Bedeutung 35
      ee) Keine Verhandlung zur Hauptsache 36
      ff) Keine Übertragung auf einen Richter auf Probe 38
   c) Verfahren und Wirkung der Übertragung 39
2. Rückübertragung
   a) Rückübertragung aufgrund einer wesentlichen Änderung der Verfahrenslage 40
   b) Übereinstimmender Antrag der Beteiligten 41
   c) Verfahren 42
3. Fehler in der Übertragung
   a) Verkennung der Voraussetzungen für eine Übertragung oder Rückübertragung 43
   b) Fehlen eines Beschlusses 44
   c) Unzulässige Übertragung auf den Richter auf Probe 45

A. Entstehungsgeschichte und Normzweck

§ 68 regelt den Gang des Beschwerdeverfahrens. Dabei lehnen sich § 68 Abs. 1 und 2 im Wesentlichen an die Beschwerde im Zivilprozess (§ 572 Abs. 1 und 2 ZPO) an, was ua. der Harmonisierung der Verfahrensordnungen dienen soll.[1] Für alle Verfahren wurde ein Abhilfeverfahren eingeführt, das die Beschränkungen des § 18 Abs. 2 FGG aF auf bestimmte Beschwerden beseitigte.[2] Mit der weitgehenden **Übernahme der zi-**

---
1 Vgl. BT-Drucks. 16/6308, S. 207.
2 Zu dieser Abweichung vom alten Recht BT-Drucks. 16/6308, S. 207.

vilprozessualen Regelungen[1] wurden aber auch die dortigen Unklarheiten etwa zur Prüfungsberechtigung und Prüfungspflicht im Abhilfeverfahren übernommen. Zudem ist die Regelungsdichte wie im Zivilprozess sehr punktuell.[2] Während dem Abhilfeverfahren vor dem Gericht des ersten Rechtszuges und der Zulässigkeitsprüfung durch das Beschwerdegericht jeweils ein ganzer Absatz gewidmet werden, wird das gesamte weitere Verfahren in § 68 Abs. 3 Satz 1 durch den Verweis auf den ersten Rechtszug abgehandelt. In § 68 Abs. 3 Satz 2 wurde die Möglichkeit kodifiziert, von der Durchführung einer mündlichen Verhandlung oder der Wiederholung sonstiger Verfahrenshandlungen wie etwa Anhörungen oder Beweisaufnahmen abzusehen, wenn diese keine zusätzlichen Erkenntnisse versprechen (vgl. Rz. 26 ff.).[3] § 68 Abs. 4 regelt die Übertragung der Sache auf den Einzelrichter, dessen Zuständigkeit im Unterschied zur zivilprozessualen Beschwerde nicht obligatorisch, sondern fakultativ ist. Dies entspricht der Beschwerde als Rechtsmittel gegen die Entscheidung in der Hauptsache (vgl. § 526 ZPO).

B. Inhalt der Vorschrift

I. Abhilfeverfahren (Absatz 1)

1. Zweck des Abhilfeverfahrens

2   Vor der Entscheidung des Beschwerdegerichts soll das Gericht erster Instanz die Möglichkeit bekommen, seine Entscheidung selbst zu überprüfen. Dies soll zum einen die Beschwerdegerichte entlasten, da ihnen solche Entscheidungen gar nicht mehr vorgelegt werden, deren Unrichtigkeit das Ausgangsgericht selbst erkannt hat.[4] Zum anderen soll das **Verfahren beschleunigt** werden,[5] indem die Korrektur von dem bereits mit der Materie betrauten Gericht des ersten Rechtszuges vorgenommen wird, wodurch Zeit für die Einarbeitung des Beschwerdegerichts eingespart wird.[6] Zudem kann der Beschwerdeführer Kosten sparen, wenn er auf eine nunmehr für überzeugend befundene Begründung im Nichtabhilfebeschluss die Beschwerde zurücknimmt.[7] Die Möglichkeit der **Abänderung** der Entscheidung durch das erstinstanzliche Gericht nach § 48 Abs. 1 wegen einer Änderung der Sach- und Rechtslage existiert unabhängig von der Abhilfe nach § 68 Abs. 1 Satz 1, ist aber wohl auf nachträgliche Änderungen beschränkt (zum Verhältnis von Beschwerde und Abänderung bei einer Änderung der Sach- oder Rechtslage innerhalb der Beschwerdefrist s. § 48 Rz. 6).[8]

2. Ausschluss des Abhilfeverfahrens

3   Nach § 68 Abs. 1 Satz 2 besteht in **Familiensachen** keine Befugnis des erstinstanzlichen Gerichts zur Abhilfe. Ob ein Verfahren hierzu gehört, ist bisweilen auch in der

---

1 Hierzu BT-Drucks. 16/6308, S. 207.
2 Krit. auch *Rackl*, Rechtsmittelrecht, S. 148 f.
3 *Meyer-Seitz/Kröger/Heiter*, FamRZ 2005, 1430 (1434); zu weit gehend *Schürmann*, FamRB 2009, 24 (28), der davon spricht, dass „für das Beschwerdegericht gleichwohl keine Verpflichtung (besteht), eine erstinstanzliche Beweisaufnahme zu wiederholen".
4 BT-Drucks. 16/6308, S. 207; Keidel/*Sternal*, § 68 FamFG Rz. 2; Bork/Jacoby/Schwab/*Müther*, 1. Aufl., § 68 FamFG Rz. 3; *Rackl*, Rechtsmittelrecht, S. 148; vgl. MüKo.ZPO/*Lipp*, § 572 ZPO Rz. 3; Baumbach/*Hartmann*, § 572 ZPO Rz. 2.
5 OLG Hamm v. 30.7.2010 – II-10 WF 121/10, FGPrax 2010, 322; OLG Hamm v. 4.8.2010 – II-10 WF 121/10, FamRZ 2011, 234 (235); OLG Hamm v. 4.8.2010 – II-10 WF 121/10, FamRZ 2011, 234 (235); OLG Schleswig v. 25.10.2010 – 3 Wx 115/10; Keidel/*Sternal*, § 68 FamFG Rz. 2; *Rackl*, Rechtsmittelrecht, S. 148; vgl. Baumbach/*Hartmann*, § 572 ZPO Rz. 2; Musielak/*Ball*, § 572 ZPO Rz. 1; krit. *Müther*, FamRZ 2010, 1952 (1953 f.).
6 OLG Hamm v. 4.8.2010 – II-10 WF 121/10, FamRZ 2011, 234 (235); OLG Schleswig v. 4.7.2011 – 10 WF 82/11, MDR 2011, 1378 (1379).
7 OLG Hamm v. 30.7.2010 – II-10 WF 121/10, FGPrax 2010, 322 (323); OLG Hamm v. 4.8.2010 – II-10 WF 121/10, FamRZ 2011, 234 (235); OLG Hamm v. 4.8.2010 – II-10 WF 121/10, FamRZ 2011, 234 (235).
8 BT-Drucks. 16/6308, S. 207.

obergerichtlichen Rechtsprechung streitig, etwa bei Verfahren nach dem AdWirkG.[1] Die Regelung soll die entsprechenden Bestimmungen des alten Rechts in §§ 621e Abs. 3 aF, 318 ZPO fortschreiben.[2] Dies gilt auch für die Anordnung einer Ergänzungspflegschaft.[3] Das Beschwerdegericht konnte aber schon nach altem Recht die Vollziehung der Entscheidung aussetzen.[4] Diese Möglichkeit bleibt nach § 64 Abs. 3 erhalten. Sofern die Beschwerde anderweitig in Spezialgesetzen ausgeschlossen oder beschränkt ist, gilt dies in gleichem Umfang auch für das Abhilfeverfahren.[5] So kann etwa ein eine Eintragung in das Handelsregister (vgl. § 383 Abs. 3) oder in das Grundbuch auch nicht im Wege der Abhilfe beseitigt oder geändert werden. Auch der Anschlussbeschwerde kann das erstinstanzliche Gericht nicht abhelfen (s. § 66 Rz. 9a). Die Vorschrift soll in Verfahren der einstweiligen Anordnung nach § 49 ff. keine Anwendung finden, so dass das erstinstanzliche Gericht dort zu einer Abhilfeentscheidung befugt, aber auch verpflichtet ist.[6]

3. Zuständigkeit

Die Durchführung des Abhilfeverfahrens obliegt demselben Spruchkörper, der die erstinstanzliche Entscheidung getroffen hat.[7] Ist ausnahmsweise die erstinstanzliche Zuständigkeit des LG gegeben, hat also die **ganze Kammer**, nicht nur der Vorsitzende über die Abhilfe zu entscheiden.[8] Im Übrigen ist insoweit die Geschäftsverteilung des Gerichts maßgeblich. Nach einem **Dezernatswechsel** entscheidet daher der neue Dezernent, der nach der Geschäftsverteilung für das Verfahren zuständig ist.[9] Das gilt auch dann, wenn der frühere Dezernent noch am Gericht tätig ist. Hieraus ergibt sich für den Fall, dass der neue Dezernent abhelfen will, uU die Notwendigkeit einer **erneuten mündlichen Verhandlung** oder der Wiederholung sonstiger Verfahrenshandlungen.[10] Wie § 68 Abs. 3 Satz 2 zeigt, hat auch das Beschwerdegericht etwa eine Beweisaufnahme zu wiederholen, wenn es den Inhalt einer Aussage oder die Glaubwürdigkeit eines Zeugen anders bewerten will als das Gericht erster Instanz. Nichts anderes kann dann aber gelten, wenn ein neuer Dezernent im Abhilfeverfahren diese Fragen abweichend von seinem Vorgänger beurteilen will. Denn das Ausgangsgericht tritt im Abhilfeverfahren an die Stelle des Beschwerdegerichts (s. Rz. 5).

4

4. Prüfungsumfang

a) Dieselbe Prüfungskompetenz wie das Beschwerdegericht

Nach § 68 Abs. 1 hat das Gericht, dessen Entscheidung angefochten wird, der Beschwerde abzuhelfen, wenn es sie für begründet hält. Dies ergibt dieselbe Kompetenz und Verpflichtung zur Überprüfung, die auch dem Beschwerdegericht zukommt.[11] Das Ausgangsgericht hat also nicht nur Fehler bei der Würdigung der Sach- und Rechtslage nach dem bisherigen Vortrag der Beteiligten zu korrigieren.[12] Es hat wie

5

---

1 Hierfür OLG Düsseldorf v. 2.3.2012 – II-1 UF 120/10, FamRZ 2012, 1233; dagegen OLG Hamm v. 24.1.2012 – II-11 UF 102/11, FamRZ 2012, 1230 f.; OLG Köln v. 30.3.2012 – II-4 UF 61/12, FamRZ 2012, 1234; OLG Köln v. 24.4.2012 – 4 UF 185/10, FamRZ 2012, 1815 (LS).
2 BT-Drucks. 16/6308, S. 207; *Schürmann*, FamRB 2009, 24 (28).
3 KG v. 4.3.2010 v. 4.3.2010 – 17 UF 5/10, FamRZ 2010, 422; OLG Brandenburg v. 23.1.2012 – 10 UF 243/11, FamRZ 2012, 1069 (1070).
4 Zöller/*Philippi*, 27. Aufl., § 621e ZPO Rz. 60.
5 Keidel/*Sternal*, § 68 FamFG Rz. 24 ff.
6 OLG Hamm v. 4.8.2010 – II-10 WF 121/10, FamRZ 2011, 234 (235).
7 Bassenge/Roth/*Gottwald*, § 68 FamFG Rz. 2; *Rackl*, Rechtsmittelrecht, S. 148.
8 Keidel/*Sternal*, § 68 FamFG Rz. 10; Bassenge/Roth/*Gottwald*, § 68 FamFG Rz. 7; OLG Stuttgart v. 27.8.2002 – 14 W 3/02, MDR 2003, 110 (111).
9 Keidel/*Sternal*, § 68 FamFG Rz. 10; trotz unglücklicher Formulierung im Ergebnis ebenso *Rackl*, Rechtsmittelrecht, S. 148.
10 Bassenge/Roth/*Gottwald*, § 68 FamFG Rz. 3; *Rackl*, Rechtsmittelrecht, S. 148.
11 *Rackl*, Rechtsmittelrecht, S. 148; dazu, dass das Ausgangsgericht bei begründeten Beschwerden zur Abhilfe verpflichtet ist, s. auch *Maurer*, FamRZ 2009, 465 (475).
12 Hierzu Keidel/*Sternal*, § 68 FamFG Rz. 7.

das Beschwerdegericht (s. § 65 Rz. 11 ff.) auch **neuen Vortrag** zu berücksichtigen[1] und bei Gesetzesänderungen uU neues Recht anzuwenden. Entgegen den Gesetzesmaterialien, die nur von einem „Recht, einer Beschwerde abzuhelfen" sprechen,[2] ergibt sich aus dem Wortlaut des § 68 Abs. 1 Satz 1 („hat es ihr abzuhelfen") eine **Pflicht zur Abhilfe**, wenn sich der angegriffene Beschluss als unrichtig erweist.[3] Beschränkt wird die Prüfungsmöglichkeit nur durch Vorgaben des Beschwerdegerichts aus einem früheren Beschwerdeverfahren, sofern kein neues Verfahren eingeleitet wird.[4] Hieran bleibt das Gericht des ersten Rechtszuges gebunden (vgl. § 69 Rz. 15 ff.),[5] sofern sich nicht neue Tatsachen ergeben oder neue Anträge gestellt werden.[6] In Antragsverfahren gilt zudem das Verbot der reformatio in peius, da dem Ausgangsgericht insoweit keine weiteren Befugnisse zukommen als dem Beschwerdegericht.[7]

b) Prüfungsmöglichkeit oder -pflicht bei unzulässigen Beschwerden

6 § 68 Abs. 1 Satz 1 stellt wie § 572 Abs. 1 Satz 1 ZPO nur darauf ab, ob das Gericht erster Instanz die Beschwerde für *begründet* hält. Das wirft dieselben Fragen zum Prüfungsumfang unzulässiger Beschwerden auf wie im Zivilprozess: Wie dort wird wohl auch im Verfahren nach dem FamFG umstritten bleiben, ob die erste Instanz einer unzulässigen Beschwerde abhelfen darf oder muss, wenn es sie für begründet hält.[8] Obwohl der Wortlaut hierauf zu deuten scheint,[9] zumal die Prüfung der Zulässigkeit in § 68 Abs. 2 ausdrücklich geregelt wird, widerspräche eine solche Prüfungsmöglichkeit oder gar Prüfungspflicht der Systematik des Gesetzes.[10] So sieht § 44 **Abs. 2** selbst bei besonders schwerwiegenden Verfahrensfehlern ausdrücklich die Einhaltung einer **Zweiwochenfrist** ein. Könnte oder müsste die Entscheidung ohnehin im Abhilfeverfahren abgeändert werden, liefe diese ebenso Frist leer wie diejenigen des § 63. Zudem wäre das Vertrauen auf die **Rechtskraft** einer Entscheidung, deren Eintritt nach § 46 Gegenstand eines Zeugnisses ist, grundsätzlich unberechtigt, könnte oder müsste das Gericht erster Instanz auch verfristeten Beschwerden im Abhilfeverfahren zum Erfolg verhelfen. Ähnliches gilt für andere Fragen der Zulässigkeit, etwa die **Beschwerdeberechtigung**. Gerade in Verfahren nach dem FamFG werden, anders als im Zivilprozess, oftmals Dritte beteiligt, deren rechtlichen Interessen durch die Entscheidung nicht berührt werden. Könnte oder müsste das Gericht ihren Beschwerden (oder gar denen gar nicht beteiligter Personen) trotz fehlender Beschwerdeberechtigung abhelfen, so wäre der Bestand einer Entscheidung in das Belieben Dritter gestellt. Jedenfalls im Abhilfeverfahren wäre die Popularbeschwerde zulässig und würde das Gericht nach der weitestgehenden Auffassung zum Parallelproblem im Zivilprozess zur Korrektur seiner Entscheidung verpflichten. Dies würde, da auch die Fristversäumung dieser Auffassung zufolge lediglich eine nach § 68 Abs. 1 Satz 1 der Abhilfe nicht entgegenstehende Zulässigkeitsvoraussetzung wäre, zu unbefristeter Rechtsunsicherheit führen. Dass eine solche Behandlung unzulässiger Beschwerden Dritter dem deutschen Recht fremd wäre, bedarf keiner weiteren Erörterung. Auf unzulässige Beschwerden hin darf mithin die Entscheidung auch im

---

1 OLG Hamm v. 10.5.2010 – I-15 W 200/10, FGPrax 2010, 266; OLG Hamm v. 4.8.2010 – II-10 WF 121/10, FamRZ 2011, 234 (235); OLG Düsseldorf v. 14.11.2011 – I-3 Wx 269/11, FamRZ 2012, 653; *Bumiller*/Harders, § 68 FamFG Rz. 2; Keidel/*Sternal*, § 68 FamFG Rz. 7 und 11; *Rackl*, Rechtsmittelrecht, S. 148.
2 BT-Drucks. 16/6308, S. 207.
3 OLG Hamm v. 4.8.2010 – II-10 WF 121/10, FamRZ 2011, 234 (235); OLG Hamm v. 24.1.2012 – II-11 UF 102/11, FamRZ 2012, 1230 (1231); OLG Köln v. 30.3.2012 – II-4 UF 61/12, FamRZ 2012, 1234; Keidel/*Sternal*, § 68 FamFG Rz. 5; *Rackl*, Rechtsmittelrecht, S. 149.
4 Hier gelten die Grundsätze der Rechtskraft, vgl. § 45 FamFG Rz. 9 ff.
5 Ebenso Keidel/*Sternal*, § 68 FamFG Rz. 15.
6 Keidel/*Sternal*, § 68 FamFG Rz. 16 f.
7 AA Keidel/*Sternal*, § 68 FamFG Rz. 13.
8 Zum Streitstand vgl. auch Keidel/*Sternal*, § 68 FamFG Rz. 9.
9 So auch Musielak/*Ball*, § 572 ZPO Rz. 4 selbst für den Fall einer unstatthaften Beschwerde, eingeschränkt, nur für statthafte Beschwerden Baumbach/*Hartmann*, § 572 ZPO Rz. 4.
10 AA Keidel/*Sternal*, § 68 FamFG Rz. 9a; offengelassen von OLG Hamm v. 1.7.2010 – I-15 W 261/10, FGPrax 2010, 322.

Abhilfeverfahren nicht geändert werden.[1] Sie müssen gleichwohl dem Beschwerdegericht vorgelegt werden (s. Rz. 14).

5. Verfahren

a) Tätigwerden nach Eingang der Beschwerde bis zur Vorlage

Das Gericht erster Instanz darf **nur nach Eingang einer Beschwerde** tätig werden.[2] Ohne eine solche darf es Fehler allenfalls im Wege der **Berichtigung** nach § 42 oder der **Abänderung** nach § 48, aber nicht gestützt auf die Kompetenz zur Selbstkorrektur nach § 68 Abs. 1 beheben. Es hat eine mit angemessener Frist angekündigte Begründung abzuwarten,[3] ansonsten kann es über eine nicht mit Begründung versehene Beschwerde sofort eine Nichtabhilfeentscheidung treffen und die Sache dem Beschwerdegericht vorlegen.[4] Die Möglichkeit der Selbstkorrektur endet mit der Vorlage nach § 68 Abs. 1 Satz 1 letzter Halbs. Danach ist die Sache beim Beschwerdegericht anhängig und allein dieses zur Abänderung der angefochtenen Entscheidung befugt.[5]

7

b) Gewährung rechtlichen Gehörs und weitere Verfahrenshandlungen

Hält das Gericht erster Instanz die zulässige Beschwerde zumindest teilweise für begründet, darf es seine Entscheidung nicht ohne weiteres abändern. Es hat hierzu allen Beteiligten, die hierdurch belastet werden, rechtliches Gehör zu gewähren.[6] Jedenfalls bei komplizierten rechtlichen oder tatsächlichen Fragen wird die bloße Übersendung der Beschwerdeschrift hierzu oftmals nicht ausreichen, zumal sich das Gericht ja bereits in eine Richtung entschieden hat. Da Schriftsätze in jedem Falle weiterzuleiten sind, werden die anderen Beteiligten häufig noch nicht einmal erkennen, dass eine Änderung des ihnen günstigen Beschlusses droht. Das Gericht wird daher regelmäßig vorab **darauf hinweisen müssen**, welche Änderung beabsichtigt ist. Nur dann haben die anderen Beteiligten die Möglichkeit, sich auf die beabsichtigte Änderung zu ihren Lasten konkret zu äußern. Sofern es um eine abweichende Beurteilung der Sachlage durch einen neuen Dezernenten geht, kann zudem die Wiederholung von Verfahrenshandlungen (etwa einer Beweisaufnahme) geboten sein (hierzu s. bereits Rz. 4).

8

6. Entscheidung

a) Notwendigkeit einer Entscheidung über die Abhilfe

In der zivilprozessualen Rechtsprechung und Literatur herrscht weitgehend Einigkeit darüber, dass das Gericht erster Instanz über die Abhilfe entscheiden muss, was durch **Beschluss** zu erfolgen hat.[7] Die bloße Vorlageverfügung ohne Entscheidung über die Nichtabhilfe genügt demnach nicht.[8] Einer Nichtabhilfeentscheidung bedarf

9

---

1 Ebenso *Rackl*, Rechtsmittelrecht, S. 152 ff., der auf die Möglichkeit der Einleitung eines neuen Verfahrens verweist; aA Bassenge/Roth/*Gottwald*, § 68 FamFG Rz. 2.
2 KG v. 11.10.2010 – 19 UF 70/10, FGPrax 2011, 48; *Rackl*, Rechtsmittelrecht, S. 151.
3 OLG Hamm v. 20.12.2010 – I-15 W 664/10, ZfIR 2011, 153 (LS).
4 *Rackl*, Rechtsmittelrecht, S. 151.
5 *Rackl*, Rechtsmittelrecht, S. 156; Baumbach/Lauterbach, § 572 ZPO Rz. 9; Musielak/*Ball*, § 572 ZPO Rz. 9; Zöller/*Heßler*, § 572 ZPO Rz. 16.
6 Keidel/*Sternal*, § 68 FamFG Rz. 11; Bassenge/Roth/*Gottwald*, § 68 FamFG Rz. 3.
7 OLG Düsseldorf v. 30.11.2009 – I-3 W 232/09, FGPrax 2010, 43; OLG Düsseldorf v. 6.5.2010 – I-3 Wx 35/10, FGPrax 2010, 247 (248); OLG Düsseldorf v. 14.11.2011 – I-3 Wx 269/11, FamRZ 2012, 653; OLG München v. 4.2.2010 – 31 Wx 13/10, FamRZ 2010, 1000 (1001); OLG Hamm v. 10.5.2010 – I-15 W 200/10, FamRZ 2011, 238; OLG Hamm v. 19.8.2010 – I-15 W 428/10, FGPrax 2010, 323; OLG Hamm v. 25.8.2010 – I-15 W 428/10, FamRZ 2011, 235 (236); OLG Celle v. 20.12.2010 – 20 W 17/10, Rpfleger 2011, 278; OLG Schleswig v. 25.10.2010 – 3 Wx 115/10; Bassenge/Roth/*Gottwald*, § 68 FamFG Rz. 3; *Rackl*, Rechtsmittelrecht, S. 150 f.; *Bumiller*/Harders, § 68 FamFG Rz. 3; Keidel/*Sternal*, § 68 FamFG Rz. 12; aA *Müther*, FPR 2012, 1 (4).
8 OLG München v. 4.2.2010 – 31 Wx 13/10, FamRZ 2010, 1000; OLG Düsseldorf v. 6.5.2010 – I-3 Wx 35/10, FGPrax 2010, 247 (248); OLG Schleswig v. 25.10.2010 – 3 Wx 115/10; OLG Celle v. 20.12.

es auch dann, wenn das Gericht erster Instanz die Beschwerde für unzulässig hält.[1] Der Beschluss ist nach den allgemeinen Regeln zu erlassen (§ 38 Abs. 3) bzw. bekanntzugeben (§ 41).[2] Gegenstand der Beschwerde ist dann der erstinstanzliche Beschluss idF, die er durch die Abhilfeentscheidung gewonnen hat. Neue Gründe, die zur Nichtabhilfe angeführt werden, sind also beim Fortgang des Beschwerdeverfahrens zu berücksichtigen. Das Ausgangsgericht muss allerdings, anders als das Beschwerdegericht, die Begründung einer Beschwerde nicht abwarten, sofern sie nicht ausdrücklich binnen angemessener Frist angekündigt ist.[3] Eine **isolierte Anfechtung** nur der Entscheidung im Abhilfeverfahren ist nicht möglich.[4] Deshalb bedarf es auch keiner erneuten Rechtsbehelfsbelehrung.[5] Es muss der **Beschluss in der Form, die er im Abhilfeverfahren erhalten hat**, angefochten werden.[6] Die (Nicht)abhilfentscheidung kann auch vom Beschwerdegericht nicht isoliert aufgehoben werden.

b) Abhilfe

10 Hält das Gericht erster Instanz die Beschwerde für begründet, muss es seine neue Entscheidung in jedem Fall begründen.[7] Denkbar ist auch eine **Teilabhilfe**. Dabei kann das Gericht sowohl dem Umfang nach nur einen Teil des Begehrten (zB einen Teil der im Beschwerdewege erstrebten Mehrvergütung) als auch – bei trennbaren Verfahrensgegenständen – einen Teilanspruch insgesamt, den anderen nicht zuerkennen. Bei voller Abhilfe erledigt sich die ursprüngliche Beschwerde.[8] Das Ausgangsgericht hat dann auch über die **Kosten des Beschwerdeverfahrens** zu befinden.[9] Allerdings kann gegen den Beschluss in Form des Abhilfebeschlusses regelmäßig **Beschwerde durch die ursprünglichen Beschwerdegegner** eingelegt werden.[10] Deswegen muss der abhelfende Beschluss nunmehr für ihn mit einer Rechtsbehelfsbelehrung versehen sein.[11] Nach einer (Teil)abhilfe läuft für den hierdurch Belasteten eine **neue Frist zur Anfechtung** nach § 63. Denn er erfährt erst durch die Bekanntgabe des Abhilfebeschlusses, dass er im Umfang der Abhilfe belastet ist. Die Beschwerde darf sich auch in diesem Fall nicht gegen den Abhilfebeschluss richten, sondern gegen den erstinstanzlichen Beschluss in der Form, die er im Abhilfeverfahren erhalten hat. Da sich der Anfechtungsgegner aber häufig nur gegen die ihn belastende Abhilfe richten wird, ist deren Anfechtung entsprechend auszulegen. Die Abhilfeentscheidung wird nach allgemeinen Regeln, also gem. § 40 Abs. 1 mit der Bekanntgabe wirksam. Sie kann aber praktisch Rückwirkung haben, etwa bei der Verpflichtung zur Zahlung einer Vergütung.[12]

2010 – 20 W 17/10, Rpfleger 2011, 278; Keidel/*Sternal*, § 68 FamFG Rz. 12; Bassenge/Roth/*Gottwald*, § 68 FamFG Rz. 7.
1 OLG Hamm v. 1.7.2010 – I-15 W 261/10, FGPrax 2010, 322.
2 OLG Düsseldorf v. 30.11.2009 – I-3 W 232/09, FGPrax 2010, 43; OLG Düsseldorf v. 14.11.2011 – I-3 Wx 269/11, FamRZ 2012, 653; OLG München v. 4.2.2010 – 31 Wx 13/10, FamRZ 2010, 1000 (1001); OLG Schleswig v. 25.10.2010 – 3 Wx 115/10, SchlHA 2011, 169; Keidel/*Sternal*, § 68 FamFG Rz. 20.
3 Keidel/*Sternal*, § 68 FamFG Rz. 11; vgl. Zöller/*Heßler*, § 572 ZPO Rz. 8.
4 OLG Düsseldorf v. 6.5.2010 – I-3 Wx 35/10, FGPrax 2010, 247 (248); *Rackl*, Rechtsmittelrecht, S. 151.
5 OLG Düsseldorf v. 6.5.2010 – I-3 Wx 35/10, FGPrax 2010, 247 (248).
6 *Rackl*, Rechtsmittelrecht, S. 151.
7 *Rackl*, Rechtsmittelrecht, S. 151.
8 Keidel/*Sternal*, § 68 FamFG Rz. 23; Bassenge/Roth/*Gottwald*, § 68 FamFG Rz. 3.
9 KG v. 31.5.2011 – 1 W 278/11, FamRZ 2011, 1750 (1751); Baumbach/*Hartmann*, § 572 ZPO Rz. 4; Zöller/*Heßler*, § 572 ZPO Rz. 15.
10 *Bumiller*/Harders, § 68 FamFG Rz. 2; Keidel/*Sternal*, § 68 FamFG Rz. 23; Bassenge/Roth/*Gottwald*, § 68 FamFG Rz. 3; *Rackl*, Rechtsmittelrecht, S. 150.
11 Keidel/*Sternal*, § 68 FamFG Rz. 12.
12 Keidel/*Sternal*, § 68 FamFG Rz. 21.

c) Nichtabhilfe

Auch der Nichtabhilfebeschluss muss grundsätzlich mit einer **Begründung** versehen werden.[1] Allerdings sind hieran keine übertriebenen Anforderungen zu stellen.[2] Beschränkt sich die Beschwerde auf das bisherige Vorbringen, genügt aber eine **Bezugnahme** auf den angefochtenen Beschluss.[3] Bei neuem Tatsachenvorbringen hat sich das erstinstanzliche Gericht hiermit zu befassen.[4] Das Ausgangsgericht soll sogar verpflichtet sein, auf die Unzulänglichkeit des Beschwerdevorbringens hinzuweisen.[5] In jedem Fall muss jedenfalls nachvollziehbar sein, dass sich das Ausgangsgericht mit den Argumenten des Beschwerdeführers befasst hat.[6] Wurde der ursprüngliche Beschluss nicht oder nicht ausreichend begründet, kann das Gericht des ersten Rechtszuges dies im Abhilfeverfahren nachholen.[7] Ebenso kann es seine Entscheidung nun auf eine neue Grundlage stellen, also bei gleicher Entscheidung die **Begründung hierfür auswechseln.**

7. Fehler des Abhilfeverfahrens

a) Möglichkeit einer Aufhebung des Vorlagebeschlusses

Wird das Abhilfeverfahren nicht oder ungenügend durchgeführt, kann das Beschwerdegericht nicht allein im Hinblick hierauf den erstinstanzlichen Beschluss kassieren. Denn der Fehler im Abhilfeverfahren allein führt nicht zur Unrichtigkeit der Entscheidung im ersten Rechtszug. Das Beschwerdegericht kann aber die Sache **unter Aufhebung der Vorlageverfügung zurückgeben**[8] und das erstinstanzliche Gericht dadurch zwingen, sich (erneut) mit dem Vorbringen des Beschwerdeführers im Abhilfeverfahren zu beschäftigen. Ein solches Vorgehen erscheint insbesondere dann sinnvoll, wenn das erstinstanzliche Gericht die Möglichkeit der Abhilfe verkannt hat, weil es etwa irrtümlich von einem Ausschluss des Abhilfeverfahrens nach § 68 Abs. 1 Satz 2 ausgegangen ist.[9] Ähnliches gilt, wenn der Beschwerdeführer neue Argumente oder Tatsachen anführt, mit denen sich das Gericht des ersten Rechtszuges nicht

---

1 OLG Celle v. 20.12.2010 – 20 W 17/10, Rpfleger 2011, 278; wohl aA *Müther*, FPR 2012, 1 (4).
2 OLG Hamm v. 10.5.2010 – I-15 W 200/10, FGPrax 2010, 266; OLG Hamm v. 25.8.2010 – I-15 W 428/10, FamRZ 2011, 235 (236); implizit auch OLG Düsseldorf v. 30.11.2009 – I-3 W 232/09, FGPrax 2010, 43; *Preuß*, DNotZ 2010, 265 (281); *Rackl*, Rechtsmittelrecht, S. 156 f.
3 OLG München v. 4.2.2010 – 31 Wx 13/10, FamRZ 2010, 1000 f.; OLG Hamm v. 25.8.2010 – I-15 W 428/10, FamRZ 2011, 235 (236); OLG Schleswig v. 25.10.2010 – 3 Wx 115/10, SchlHA 2011, 169.
4 OLG München v. 4.2.2010 – 31 Wx 13/10, FamRZ 2010, 1000 (1001); OLG Hamm v. 10.5.2010 – I-15 W 200/10, FamRZ 2011, 238; OLG Hamm v. 19.8.2010 – I-15 W 428/10, FGPrax 2010, 323; OLG Jena v. 30.4.2010 – 1 WF 114/10, FamRZ 2010, 1692; OLG Schleswig v. 25.10.2010 – 3 Wx 115/10, SchlHA 2011, 169; OLG Schleswig v. 4.7.2011 – 10 WF 82/11, MDR 2011, 1378 (1379 f.); *Bumiller*/Harders, § 68 FamFG Rz. 3; Keidel/*Sternal*, § 68 FamFG Rz. 12; Bassenge/Roth/*Gottwald*, § 68 FamFG Rz. 7; OLG Stuttgart v. 27.8.2002 – 14 W 3/02, MDR 2003, 110 (111).
5 OLG Hamm v. 25.8.2010 – I-15 W 428/10, FamRZ 2011, 235 (236). Dies erscheint zweifelhaft, da hierdurch die Entscheidung erster Instanz zur „Probeentscheidung" wird, auf deren Grundlage die Beteiligten den Sach- und Streitstand nochmals in vollem Umfang diskutieren und zu einer zweiten erstinstanzlichen Entscheidung bringen können.
6 OLG München v. 4.2.2010 – 31 Wx 13/10, FamRZ 2010, 1000 (1001); OLG Hamm v. 10.5.2010 – I-15 W 200/10, FGPrax 2010, 266; OLG Hamm v. 19.8.2010 – I-15 W 428/10, FGPrax 2010, 323; OLG Hamm v. 25.8.2010 – I-15 W 428/10, FamRZ 2011, 235 (236); OLG Düsseldorf v. 14.11.2011 – I-3 Wx 269/11, FamRZ 2012, 653.
7 Keidel/*Sternal*, 16. Aufl. § 68 FamFG Rz. 33.
8 OLG München v. 4.2.2010 – 31 Wx 13/10, FamRZ 2010, 1000 (1001); OLG Hamm v. 10.5.2010 – I-15 W 200/10, FamRZ 2011, 238; OLG Hamm v. 25.8.2010 – I-15 W 428/10, FamRZ 2011, 235 (236); OLG Jena v. 30.4.2010 – 1 WF 114/10, FamRZ 2010, 1692; OLG Schleswig v. 25.10.2010 – 3 Wx 115/10, SchlHA 2011, 169; OLG Schleswig v. 4.7.2011 – 10 WF 82/11, MDR 2011, 1378 (1379 f.); OLG Düsseldorf v. 14.11.2011 – I-3 Wx 269/11, FamRZ 2012, 653; Keidel/*Sternal*, § 68 FamFG Rz. 34; Bassenge/Roth/*Gottwald*, § 68 FamFG Rz. 5; *Rackl*, Rechtsmittelrecht, S. 149 f.; MüKo.ZPO/*Lipp*, § 572 ZPO Rz. 14; Baumbach/*Hartmann*, § 572 ZPO Rz. 10; Zöller/*Heßler*, § 572 ZPO Rz. 4.
9 OLG Hamm v. 24.1.2012 – II-11 UF 102/11, FamRZ 2012, 1230; OLG Köln v. 30.3.2012 – II-4 UF 61/12, FamRZ 2012, 1234.

oder nur formelhaft auseinandergesetzt hat.[1] Fehlt ein Vorlagebeschluss oder hat ein nicht zuständiger Spruchkörper entschieden, ist die Sache stets zurückzugeben, da es dann an einer ordnungsgemäßen Vorlage fehlt.[2] Hingegen rechtfertigen formale Mängel wie die Entscheidung durch bloße Verfügung die Aufhebung der Nichtabhilfeentscheidung und der Vorlageverfügung nicht.[3]

b) Möglichkeit einer eigenen Entscheidung des Beschwerdegerichts

13 Bei Fehlern oder auch dem völligen Fehlen eines Abhilfeverfahrens ist das Beschwerdegericht aber nicht gezwungen, die Vorlageverfügung aufzuheben. Die inhaltsgleiche Regelung des § 572 Abs. 1 ZPO wird von der hM dahingehend verstanden, dass das Beschwerdegericht **in jedem Falle zu einer eigenen Entscheidung befugt ist**.[4] Diese Praxis kann auf das Abhilfeverfahren nach § 68 Abs. 1 übertragen werden. Dient das Abhilfeverfahren der Verfahrensbeschleunigung, so wäre es kontraproduktiv, zunächst das erstinstanzliche Gericht zu einer Entscheidung zu zwingen, wenn das Beschwerdegericht bereits selbst entscheiden kann. Dies ist etwa bei verfristeten Beschwerden der Fall.[5] Auch der Gesichtspunkt einer Entlastung der zweiten Instanz ist in diesen Fällen ohne Bedeutung, da es das Beschwerdegericht meist stärker in Anspruch nehmen würde, zunächst die Vorlageverfügung aufzuheben und dann nach geraumer Zeit und der dann erneut erforderlichen Einarbeitung doch eine eigene Entscheidung fällen zu müssen.

8. Vorlage an das Beschwerdegericht (Abs. 1 Satz 1, letzter Halbsatz)

14 § 68 Abs. 1 Satz 1, letzter Halbs. regelt den weiteren Gang des Abhilfeverfahrens vor dem Gericht erster Instanz, wenn es die Beschwerde für **unbegründet** hält. Über den Wortlaut hinaus besteht die Pflicht zur Vorlage ähnlich wie im Zivilprozess[6] auch dann, wenn das Gericht erster Instanz die Beschwerde für **unzulässig** hält. Denn auch die Entscheidung hierüber kommt dem Beschwerdegericht, nicht dem Gericht zu, dessen Entscheidung angefochten wird.[7] In beiden Fällen hat das Gericht erster Instanz die Sache unverzüglich dem Beschwerdegericht vorzulegen. Daraus geht hervor, dass die Pflicht zur **unverzüglichen Vorlage** erst nach der Prüfung besteht, ob die Beschwerde begründet ist. Daher hat das Ausgangsgericht ausreichende Zeit zur Prüfung.[8] Nach ihrem Abschluss besteht aber kein Anlass, den Begriff der Unverzüglichkeit anders auszulegen als im sonstigen zivilrechtlichen Sprachgebrauch. Dies gilt auch dann, wenn noch weitere Anträge zu bescheiden sind oder ansonsten ein sachlicher Grund zur weiteren Aktenbearbeitung gegeben ist.[9] Das Ausgangsgericht

---

1 OLG Hamm v. 10.5.2010 – I-15 W 200/10, FGPrax 2010, 266; Bork/Jacoby/Schwab/*Müther*, 1. Aufl., § 68 FamFG Rz. 9; MüKo.ZPO/*Lipp*, § 572 ZPO Rz. 14.
2 MüKo.ZPO/*Lipp*, § 572 ZPO Rz. 14.
3 OLG Hamm v. 10.5.2010 – I-15 W 200/10, FGPrax 2010, 266; OLG Hamm v. 19.8.2010 – I-15 W 428/10, FGPrax 2010, 323; OLG Hamm v. 25.8.2010 – I-15 W 428/10, FamRZ 2011, 235 (236); Bork/Jacoby/Schwab/*Müther*, 1. Aufl., § 68 FamFG Rz. 3.
4 BGH v. 22.7.2010 – V ZB 29/10; vgl. OLG Frankfurt v. 24.5.2002 – 5 W 4/02, MDR 2002, 1391 (für den Fall einer offenkundig unbegründeten sofortigen Beschwerde); OLG Stuttgart v. 27.8.2002 – 14 W 3/02, MDR 2003, 110 (111);OLG Schleswig v. 24.10.2011 – 3 Wx 36/11, FamRZ 2012, 814 (bei Vorlage ohne Beschluss, nur durch Verfügung); *Rackl*, Rechtsmittelrecht, S. 150; MüKo.ZPO/*Lipp*, § 572 ZPO Rz. 14; Zöller/*Heßler*, § 572 ZPO Rz. 4; aA OLG Hamm v. 30.7.2010 – II-10 WF 121/10, FGPrax 2010, 322; OLG Hamm v. 4.8.2010 – II-10 WF 121/10, FamRZ 2011, 234 (235); Bork/Jacoby/Schwab/*Müther*, 1. Aufl., § 68 FamFG Rz. 3.
5 OLG Nürnberg v. 8.9.2011 – 7 UF 883/11, FamRZ 2012, 804 (805).
6 BT-Drucks. 16/6308, S. 207; vgl. etwa MüKo.ZPO/*Lipp*, § 572 ZPO Rz. 10.
7 OLG Hamm v. 1.7.2010 – I-15 W 261/10, FGPrax 2010, 322; Bassenge/Roth/*Gottwald*, § 68 FamFG Rz. 5; Bork/Jacoby/Schwab/*Müther*, 1. Aufl., § 68 FamFG Rz. 5; *Rackl*, Rechtsmittelrecht, S. 154; so zum Zivilprozess auch Musielak/*Ball*, § 572 ZPO Rz. 7; einschränkend, die Pflicht zur Vorlage bei unstatthafter Beschwerde verneinend Zöller/*Heßler*, § 572 ZPO Rz. 6.
8 So im Ergebnis auch BT-Drucks. 16/6308, S. 207; Bork/Jacoby/Schwab/*Müther*, 1. Aufl., § 68 FamFG Rz. 7; anders, für eine unverzügliche Prüfung OLG Schleswig v. 4.7.2011 – 10 WF 82/11, MDR 2011, 1378 (1379).
9 Keidel/*Sternal*, § 68 FamFG Rz. 32 mit dem praxisnahen Vorschlag, zum Zwecke der weiteren Bearbeitung eine Duplo-Akte anzufertigen.

hat daher nach Erlass des Nichtabhilfebeschlusses allenfalls ein oder zwei Tage Zeit, die Vorlage an das Beschwerdegericht zu verfügen.[1] In aller Regel sollte dies schon zusammen mit dem Nichtabhilfebeschluss geschehen. Die Nichterfüllung dieser Pflicht hat allerdings wie im Zivilprozess[2] keine unmittelbaren Folgen für das Verfahren.[3] Dem Beschwerdeführer bleibt nur die Dienstaufsichtsbeschwerde.[4] Über die Vorlage sollen die Beteiligten informiert werden.[5]

II. Prüfung der Zulässigkeitserfordernisse (Absatz 2)

1. Prüfung durch das Beschwerdegericht

a) Prüfung von Amts wegen

Anders als § 572 Abs. 2 Satz 1 ZPO bestimmt § 68 Abs. 2 Satz 1 nicht, dass die Zulässigkeit der Beschwerde von Amts wegen zu prüfen ist. Schon bislang wurde die Pflicht zur Ermittlung der entscheidungserheblichen Tatsachen selbstverständlich auch auf die Prüfung der Zulässigkeitsvoraussetzungen bezogen (s. auch Rz. 18 f.).[6] Trotz der missglückten Gesetzesbegründung[7] ist diese Praxis in Ermangelung einer anders lautenden Kodifizierung fortzuführen,[8] da eine solche im Hinblick auf §§ 68 Abs. 3 Satz 1, 26 weiterhin entbehrlich ist. Die Voraussetzungen für die Zulässigkeit gehören nämlich ohne weiteres zu den „entscheidungserheblichen Tatsachen", die nach § 26 von Amts wegen festzustellen sind. Ihr Fehlen ist daher zu berücksichtigen, auch wenn sich der Beschwerdegegner nicht darauf beruft. Ob die Zulässigkeitsvoraussetzungen vorlagen, hat noch das Rechtsbeschwerdegericht nachzuprüfen,[9] auch wenn ihr Fehlen nicht gerügt wird.[10] Maßgeblich ist das zurzeit der Beschwerdeeinlegung geltende Recht.[11] Die Prüfung der Verfahrensvoraussetzungen kann grundsätzlich im Freibeweisverfahren erfolgen.[12]

15

b) Vorrangigkeit der Zulässigkeitsprüfung?

Bereits die als Vorbild des § 68 Abs. 2 herangezogene zivilprozessuale Vorschrift (§ 572 Abs. 2) gab zu Diskussionen Anlass, ob die Prüfung der Zulässigkeit stets in vollem Umfang durchgeführt werden muss, auch wenn feststeht, dass die Beschwerde unbegründet ist. Dies ist mit der hM in der zivilprozessualen Rechtsprechung und Literatur zu verneinen,[13] was sich schon aus dem Wortlaut der Norm er-

16

---

1 *Rackl*, Rechtsmittelrecht, S. 156.
2 Hierzu MüKo.ZPO/*Lipp*, § 572 ZPO Rz. 11; für die Möglichkeit einer erneuten Einreichung der Beschwerde beim Beschwerdegericht Baumbach/*Hartmann*, § 572 ZPO Rz. 7.
3 *Rackl*, Rechtsmittelrecht, S. 156.
4 Ebenso Keidel/*Sternal*, § 68 FamFG Rz. 32; *Rackl*, Rechtsmittelrecht, S. 156.
5 Keidel/*Sternal*, § 68 FamFG Rz. 31.
6 BayObLG v. 13.12.2004 – 1Z BR 94/03, BayObLGZ 2004, 37 (40). Die vereinzelt vertretene Gegenmeinung, s. KG v. 29.11.1994 – 1 W 2837/94, FGPrax 1995, 120, 122, ist durch die neue Gesetzesfassung überholt.
7 Dort (BT-Drucks. 16/6308, S. 207) wird unmittelbar an die Darstellung der Pflicht zur Amtsermittlung der Zulässigkeitsvoraussetzungen nach altem Recht ausgeführt, dass dies nun „ausdrücklich gesetzlich geregelt" werde, was gerade nicht der Fall ist.
8 *Bumiller*/Harders, § 68 FamFG Rz. 4; *Rackl*, Rechtsmittelrecht, S. 158.
9 BayObLG v. 17.5.1976 – 1 Z 37/76, FamRZ 1977, 141 (142); BayObLG v. 21.6.1983 – BReg 1 Z 7-11/83, BayObLGZ 1983, 149, 150; BayObLG v. 21.7.1988 – BReg 3 Z 59/88, BayObLGZ 1988, 259 (260); BayObLG v. 27.6.1996 – 1Z BR 148/95, NJW-RR 1997, 72 (73); BayObLG v. 13.12.2004 – 1Z BR 94/03, BayObLGZ 2004, 37 (40); KG v. 18.11.2003 – 1 W 444/02, NJW-RR 2004, 331 (332).
10 BayObLG v. 13.12.2004 – 1Z BR 94/03, BayObLGZ 2004, 37 (40).
11 BayObLG v. 6.7.1989 – BReg 3 Z 22/89, BayObLGZ 1989, 282 (284).
12 Kemper, FamRB 2008, 345 (349); Bork/Jacoby/Schwab/*Müther*, 1. Aufl., § 68 FamFG Rz. 10; Zöller/*Feskorn*, § 68 FamFG Rz. 6.
13 Für das Verfahren nach dem FamFG s. OLG Köln v. 15.7.2010 – 2 Wx 101/10, FGPRax 2010, 267 (269); Bassenge/Roth/*Gottwald*, § 68 FamFG Rz. 10; Bork/Jacoby/Schwab/*Müther*, 1. Aufl., § 68 FamFG Rz. 10; *Rackl*, Rechtsmittelrecht, S. 159 f.; einschränkend Keidel/*Sternal*, § 68 FamFG Rz. 63 und 84; *Bumiller*/Harders, § 69 FamFG Rz. 2 (Offenlassen nur bei schwierigen Prüfungen der Zulässigkeit und offenkundiger Unbegründetheit); ähnlich schon zum alten

gibt. § 68 Abs. 2 Satz 1 spricht alleine davon, dass die Zulässigkeit (von Amts wegen) zu prüfen ist, und § 68 Abs. 2 Satz 2 zieht die Folgerungen aus einer mit negativem Ergebnis verlaufenden Prüfung.[1] Daraus folgt nur, dass einer Beschwerde nicht stattgegeben werden darf, deren Zulässigkeit nicht feststeht.[2] § 68 Abs. 2 Satz 2 verlangt aber nicht, dass eine unbegründete Beschwerde, deren Zulässigkeit ebenfalls zweifelhaft ist, zwingend vorab in letzterer Hinsicht zu prüfen ist. Es wäre auch mit Grundsätzen der Verfahrensökonomie unvereinbar, zunächst – uU durch Beweisaufnahme – die Zulässigkeit einer Beschwerde festzustellen, die offenkundig unbegründet ist. Dem Beschwerdeführer entstehen insoweit keine Nachteile, da jedenfalls im Hinblick auf die Fristversäumung einer erneuten Beschwerde durch die Zurückweisung als unbegründet kein weiter gehender Rechtsverlust eintritt.[3] Denn die Wiederholung der Beschwerde wäre auch bei Verwerfung als unzulässig ausgeschlossen. Vielmehr ist er sogar insoweit eher bevorteilt, als die Zulassung der Rechtsbeschwerde wegen materiell-rechtlicher Probleme eher erfolgen dürfte als allein im Hinblick auf Zulässigkeitsfragen.[4] In jedem Falle sind Tatsachen, die sowohl für die Beschwerdeberechtigung als auch für ihre Begründetheit von Bedeutung sind (sog. doppelt relevante Tatsachen), erst im Rahmen der Begründetheit zu prüfen (vgl. zur Beschwerdeberechtigung bereits § 59 Rz. 15).[5]

c) Zeitpunkt der Prüfung

17 Die Zulässigkeit der Beschwerde muss noch im Zeitpunkt der gerichtlichen Entscheidung feststehen.[6] Dies bedeutet zum einen, dass ein Zulässigkeitsmangel innerhalb der Fristen des § 63 **geheilt werden** kann.[7] Fehlt es etwa an einer ordnungsgemäßen Bezeichnung des angegriffenen Beschlusses oder an der nunmehr erforderlichen Unterschrift, kann der Beschwerdeführer diesen Mangel durch Nachreichen einer ausreichenden Beschwerdeschrift heilen. Das Gericht trifft nach §§ 68 Abs. 3 Satz 1, 28 Abs. 2 sogar die Pflicht, hierauf hinzuwirken.[8] Ist die Verletzung dieser Pflicht ursächlich für die Unzulässigkeit einer Beschwerde, begründet dies die Wiedereinsetzung. Umgekehrt kann die ursprünglich gegebene Zulässigkeit einer Beschwerde auch entfallen, wenn der Beschwerdeführer etwa verfahrensunfähig wird. Häufig nennt die zivilprozessuale Literatur in diesem Zusammenhang auch die sog. prozessuale **Überholung**, wenn also der Beschwerdeführer sein Rechtsschutzziel aufgrund nachträglicher Ereignisse in keinem Fall mehr erreichen kann.[9] Dem liegt der Gedanke zugrunde, dass der Beschwerde das Rechtsschutzbedürfnis fehlt.[10] In diesen Fällen liegt aber wohl eher Erledigung vor, die dem ursprünglichen Begehren die Grundlage entzieht, weshalb die Beschwerde unbegründet wird.[11]

Recht OLG Zweibrücken v. 18.9.2003 – 3 W 151/03, FGPrax 2004, 42; vgl. zum Zivilprozess OLG Köln v. 22.10.1974 – 2 W 107/74, Rpfleger 1975, 29; Musielak/*Ball*, § 572 ZPO Rz. 11; Zöller/*Heßler*, § 572 ZPO Rz. 20.

1 So auch BT-Drucks. 16/6308, S. 207: „Satz 2 bestimmt, wie das Gericht zu verfahren hat, wenn es an einem Zulässigkeitserfordernis fehlt."
2 Ebenso *Rackl*, Rechtsmittelrecht, S. 159.
3 Ähnlich Musielak/*Ball*, § 572 ZPO Rz. 11; grundsätzlich auch MüKo.ZPO/*Lipp*, § 572 ZPO Rz. 19, wo auch auf Ausnahmefälle hingewiesen wird.
4 Ebenso *Rackl*, Rechtsmittelrecht, S. 160.
5 OLG Zweibrücken v. 8.3.1977 – 3 W 19/77, Rpfleger 1977, 305; OLG Zweibrücken v. 23.12.1977 – 3 W 126/77, OLGZ 1978, 155; BayObLG v. 9.1.1992 – BReg 1 Z 47/91, FamRZ 1992, 1205 f.; Keidel/*Sternal*, § 69 FamFG Rz. 7.
6 Keidel/*Sternal*, § 68 FamFG Rz. 49; Bassenge/Roth/*Gottwald*, § 68 FamFG Rz. 10.
7 Bassenge/Roth/*Gottwald*, § 68 FamFG Rz. 13.
8 Zöller/*Feskorn*, § 68 FamFG Rz. 4.
9 MüKo.ZPO/*Lipp*, § 572 ZPO Rz. 22; Musielak/*Ball*, § 572 ZPO Rz. 12; so für das Verfahren der freiwilligen Gerichtsbarkeit auch BayObLG v. 24.7.1975 – BReg 1 Z 15/75, FamRZ 1976, 47 (48).
10 BGH v. 8.6.2011 – XII ZB 245/10, FGPrax 2011, 258; BGH v. 8.5.2012 – II ZB 17/11, NJW-RR 2012, 997 f. = FGPrax 2012, 228.
11 So in der Sache BayObLG v. 30.9.1965 – BReg 1b Z 69/65, BayObLGZ 1965, 348 (349); wohl auch BayObLG v. 29.3.1996 – 3Z BR 21/96, BayObLGZ 1996, 81 (83), wonach die Beschwerde „gegenstandslos geworden" ist. Für diese Einordnung spricht auch, dass das Rechts-

2. Anforderungen an die Zulässigkeit einer Beschwerde

a) Zulässigkeitsvoraussetzungen

§ 68 Abs. 2 Satz 1 verlangt dem Wortlaut nach nur die Prüfung „ob die Beschwerde an sich statthaft und ob sie in der gesetzlichen Form und Frist eingelegt ist". Es kann aber wie im Zivilprozess kein Zweifel darüber bestehen, dass das Beschwerdegericht auch die sonstigen Zulässigkeitsvoraussetzungen zu prüfen hat.[1] Hierunter fallen ua. die **Beschwerdeberechtigung** nach § 59, das Erreichen des **Mindestbeschwerdewerts** nach § 61 Abs. 1 und das Fehlen von Ausschlussgründen wie etwa ein **Beschwerdeverzicht** nach § 67 Abs. 1. Ist der Beschwerdeführer minderjährig, müssen die Voraussetzungen des § 60 erfüllt sein. Hinzu kommen die allgemeinen Verfahrensvoraussetzungen, die in den §§ 58 ff. nicht ausdrücklich geregelt sind. So muss der Beschwerdeführer **verfahrensfähig** sein. Ist aber gerade die Verfahrensfähigkeit Gegenstand des Verfahrens, etwa bei der angefochtenen Löschung einer GmbH[2] oder beim Streit um die Geschäftsfähigkeit im Betreuungsverfahren,[3] so hat der Beschwerdeführer für dieses Verfahren als verfahrensfähig zu gelten. Aus diesen Gründen ist auch die Bevollmächtigung eines Rechtsanwalts für dieses Verfahren als wirksam anzusehen.[4] Ferner muss ein **Rechtsschutzbedürfnis** vorliegen. Daran fehlt es, wenn dem Beschwerdeführer zur Wahrung seiner Rechte ein einfacheres Mittel zu Gebote steht als die Beschwerde. Das ist auch dann der Fall, wenn der Beschwerdeführer durch die angefochtene Entscheidung bereits erlangt hat, was er begehrte.[5] Das Rechtsschutzbedürfnis soll auch dann fehlen, wenn das Abänderungsbegehren etwa bei einem offenkundigen Rechenfehler durch eine Berichtigung nach § 42 geltend gemacht werden könnte.[6] Auch die Möglichkeit der Antragsrücknahme zur Beseitigung der Folgen einer Entscheidung soll das Rechtsschutzbedürfnis für die Beschwerde entfallen lassen.[7] Tritt ein Dritter für den Beschwerdeführer auf, muss seine **Vertretungsbefugnis** nachgewiesen sein.[8]

18

b) Mitwirkungs- und Feststellungslast

Auch wenn die Voraussetzungen der Zulässigkeit von Amts wegen zu prüfen sind, trifft den Beschwerdeführer insoweit eine Mitwirkungspflicht. Er hat Tatsachen aus seiner Kenntnissphäre mitzuteilen, die für die Zulässigkeit der Beschwerde von Bedeutung sind. Für **Tatsachen aus seinem Bereich**, wie zB Beschwerdesumme und rechtzeitige Einlegung der Beschwerde, trägt er auch die **Feststellungslast**.[9] Sind diese Tatsachen nicht erweisbar, ist die Beschwerde mithin unzulässig.[10] Hingegen trifft das Gericht die Feststellungslast für Tatsachen aus seinem Bereich. Dies betrifft etwa den Zeitpunkt der **Bekanntgabe** oder der **Zustellung** der erstinstanzlichen Entscheidung.[11] Gleiches gilt für den Eingang der Beschwerde, wenn sich der Be-

19

---

beschwerdegericht derartige Tatsachen, die zur Erledigung führen, anders als sonstige Fragen der Zulässigkeit in echten Streitsachen nicht von Amts wegen zu berücksichtigen hat (Keidel/*Meyer-Holz*, § 74 FamFG Rz. 51).

1 Vgl. MüKo.ZPO/*Lipp*, § 572 ZPO Rz. 18; Musielak/*Ball*, § 572 ZPO Rz. 21.
2 BayObLG v. 8.12.1977 – BReg 3 Z 154/76, BayObLGZ 1977, 320 (321 f.); ähnlich BayObLG v. 18.7.1985 – BReg 3Z 62/85, BayObLGZ 1985, 272 (275 f.).
3 OLG Zweibrücken v. 6.12.1982 – 3 W 217/82, OLGZ 1983, 163 (164); BayObLG v. 19.6.1986 – BReg 3 Z 165/85, BayObLGZ 1986, 214 (215); OLG Hamm v. 10.7.1990 – 15 W 143/90, OLGZ 1990, 401 (404); OLG Frankfurt v. 11.11.1992 – 20 W 430/92, FamRZ 1993, 442; OLG Frankfurt v. 16.12.1996 – 20 W 597/95, NJW-RR 1997, 580.
4 BayObLG v. 19.6.1986 – BReg 3 Z 165/85, BayObLGZ 1986, 214 (215).
5 KG v. 15.10.1974 – 1 W 1263/74, FamRZ 1977, 65 (66).
6 BayObLG v. 18.7.1968 – BReg 2 Z 35/68, BayObLGZ 1968, 190 (194 f.); OLG Zweibrücken v. 11.10.1984 – 6 UF 34/84, FamRZ 1985, 614; anders mit guten Gründen BGH v. 9.11.1977 – VIII ZB 34/77, MDR 1978, 307 f.
7 Keidel/*Meyer-Holz*, § 59 FamFG Rz. 45.
8 KG v. 18.11.2003 – 1 W 444/02, NJW-RR 2004, 331 (332).
9 OLG Köln v. 17.12.1975 – 2 W 143/75, MDR 1976, 497 (498); Keidel/*Sternal*, § 68 FamFG Rz. 65.
10 KG v. 29.11.1994 – 1 W 2837/94, FGPrax 1995, 120 (122); BayObLG v. 13.12.2004 – 1Z BR 94/03, BayObLGZ 2004, 37 (40).
11 OLG Köln v. 17.12.1975 – 2 W 143/75, MDR 1976, 497 (498).

schwerdeführer auf ein vollständiges Übersendungsprotokoll und Faxchroniken seines Faxgerätes stützen kann, das die vollständige und fristgerechte Übermittlung der Beschwerdeschrift bestätigt (s. § 64 Rz. 5).

3. Folge der Unzulässigkeit

20 Erweist sich die Beschwerde als unzulässig, ist ihre **sachliche Prüfung nicht mehr möglich**. Sie ist ohne eine solche Prüfung als unzulässig zu verwerfen, wie § 68 Abs. 2 Satz 2 nunmehr ausdrücklich bestimmt. Ob das Beschwerdegericht die Beschwerde als unzulässig verwirft oder als unbegründet zurückweist, bemisst sich nicht nach der verwendeten Terminologie, sondern nach dem Inhalt der Entscheidung.[1] Dies geschieht durch Beschluss, der nach § 69 Abs. 2 zu begründen ist. Die Zulässigkeit der Beschwerde ist vom Rechtsbeschwerdegericht ohne Bindung an die zweitinstanzliche Entscheidung selbständig zu prüfen.[2]

III. Weiterer Gang des Beschwerdeverfahrens (Absatz 3)

1. Ausdrückliche und stillschweigende Verweisungen auf andere Vorschriften

21 Das Beschwerdegericht prüft sodann die Richtigkeit der erstinstanzlichen Entscheidung als vollständige Tatsacheninstanz unabhängig von den Rügen der Beschwerde (vgl. § 65 Rz. 11 ff.; zur Möglichkeit der Heilung erstinstanzlicher Fehler s. § 59 Rz. 4). Nach § 68 Abs. 3 Satz 1 sollen dabei die Vorschriften des zweiten Abschnitts „Verfahren im ersten Rechtszug" (§§ 23 bis 37) auch für das Beschwerdeverfahren (entsprechend) anwendbar sein. Diese ausdrückliche Verweisung des § 68 Abs. 3 Satz 1 ist unvollständig. Nach den Ausführungen der Gesetzesmaterialien „verweist Abs. 3 Satz 1 über § 113 Abs. 1 auf die Vorschriften der Zivilprozessordnung über das (erstinstanzliche) Verfahren vor den Landgerichten".[3] Auch wenn dies nicht recht verständlich ist, da § 68 Abs. 3 Satz 1 eine solche Verweisung nicht enthält, ist über die Sonderregelung für Familiensachen in § 113 partiell die ZPO anwendbar.[4] Daneben sind die **Allgemeinen Vorschriften des ersten Abschnitts (§§ 1 bis 22a)** auch ohne nochmalige Bestimmung anwendbar.[5] Für die Entscheidung des Beschwerdegerichts enthält § 69 Abs. 3 eine spezielle Verweisung auf den Beschluss im ersten Rechtszug.[6]

2. Verweisung auf die Vorschriften über das Verfahren im ersten Rechtszug

22 § 68 Abs. 3 Satz 1 erklärt „im Übrigen" die Vorschriften über das Verfahren im ersten Rechtszug (also jedenfalls §§ 23 bis 37)[7] für anwendbar. Dies ist wohl dahingehend zu verstehen, dass §§ 23 bis 37 Anwendung finden sollen, sofern §§ 58 bis 69 keine abschließenden Spezialregelungen enthalten, was im Einzelfall schwierig zu entscheiden sein kann. Darüber hinaus können auch Spezialregelungen für die einzelnen Verfahren wie § 319 Abs. 1 S. 1 von § 68 Abs. 3 Satz 1 erfasst sein.[8] Die Regelungen zum **verfahrensleitenden Antrag in § 23 Abs. 1 Satz 1 und 2** werden durch § 64 Abs. 2 und die Begründungsobliegenheit des § 65 Abs. 1 weitgehend verdrängt. Nur zum Inhalt der Begründung kann § 23 Abs. 1 Satz 2 noch herangezogen werden. Gleiches gilt für die Angabe weiterer Beteiligter und die Vorlage von Urkunden bei neuem Vortrag. Die Soll-Vorschrift des **§ 23 Abs. 1 Satz 4 zur Unterzeichnung des Antrags** wird durch

---

1 BGH v. 24.3.1993 – XII ZB 12/92, FamRZ 1993, 1310 f.
2 BayObLG v. 17.5.1976 – 1 Z 37/76, FamRZ 1977, 141 (142); BayObLG v. 21.6.1983 – BReg 1 Z 7–11/83, BayObLGZ 1983, 149 (150); BayObLG v. 21.7.1988 – BReg 3 Z 59/88, BayObLGZ 1988, 259 (260); BayObLG v. 27.6.1996 – 1Z BR 148/95, NJW-RR 1997, 72 (73); BayObLG v. 13.12.2004 – 1Z BR 94/03, BayObLGZ 2004, 37 (40); KG v. 18.11.2003 – 1 W 444/02, NJW-RR 2004, 331 (332).
3 BT-Drucks. 16/6308, S. 207.
4 Allgemein zur fortbestehenden Anwendbarkeit der ZPO in Familiensachen *Kemper*, FamRB 2008, 345 (346).
5 BT-Drucks. 16/6308, S. 207.
6 BT-Drucks. 16/6308, S. 207.
7 Dazu, dass die Verweisung in § 68 Abs. 3 Satz 1 über §§ 23 bis 37 hinausgeht, s. Zöller/*Feskorn*, § 74 FamFG Rz. 6, der zu Recht auch § 38 noch erfasst sieht.
8 BGH v. 15.2.2012 – XII ZB 389/11, FamRZ 2012, 619 (620).

die strengere Regelung des § 64 Abs. 2 Satz 4 verdrängt. Die **Verpflichtung zur Übermittlung des Antrags in § 23 Abs. 2** findet mangels eigenständiger Regelung in den §§ 58 ff. auf die Beschwerdeschrift entsprechende Anwendung.[1] § 24 hat **im Beschwerderechtszug keinen Anwendungsbereich**, da die Einleitung des Beschwerdeverfahrens allein von der Einlegung des Rechtsmittels abhängt.

Die **Abgabe von Anträgen und Erklärungen nach § 25 Abs. 1** hat nur hinsichtlich der Beschwerdeschrift selbst sowie Verzicht und Rücknahme eine Sonderregelung in §§ 64 Abs. 2, 67 Abs. 1–4 erfahren; für sonstige Anträge und Erklärungen bleibt § 25 Abs. 1 anwendbar. Die Möglichkeit, **Anträge und Erklärungen nach § 25 Abs. 2** vor anderen als dem zuständigen Amtsgericht abzugeben, wird für die Beschwerde selbst in § 64 und für Verzicht und Rücknahme in § 67 eingeschränkt. Die **Verpflichtung zur unverzüglichen Weiterleitung nach § 25 Abs. 3** wird aber auch für Beschwerden gelten, die beim unzuständigen Gericht eingehen. Dies betrifft auch die Wirkung der Verfahrenshandlung nach § 25 Abs. 3 Satz 2. Allerdings begründet § 25 Abs. 3 keine Verpflichtung des Gerichts, zusätzliche Maßnahmen (etwa die Übermittlung durch besonderen Wachtmeister) zu ergreifen, um einen rechtzeitigen Eingang etwa einer Beschwerdeschrift zu ermöglichen. Es genügt die unverzügliche Weiterleitung mit normaler Post. Für sonstige Erklärungen gilt § 25 Abs. 3 unmittelbar. 23

Die Vorschriften zu **Amtsermittlung**[2] bzw. Mitwirkungspflichten der Beteiligten und Beweiserhebung bzw. Beweiswürdigung sowie Glaubhaftmachung (**§§ 26, 27, 29 bis 31 und 37**) finden auch im Verfahren vor dem Beschwerdegericht Anwendung. Sie werden nur durch die Möglichkeit, nach § 68 Abs. 3 Satz 2 von einer erneuten Beweisaufnahme abzusehen, modifiziert. In jedem Fall muss das Beschwerdegericht eine Beweisaufnahme wiederholen, wenn es die protokollierte Aussage anders versteht als die erste Instanz oder die Glaubwürdigkeit eines Zeugen abweichend beurteilt.[3] Uneingeschränkte Anwendung findet die Regelung der **Verfahrensleitung in § 28**, wonach das Gericht Hinweise zu erteilen, sachdienliche Anträge anzuregen und dies ebenso zu dokumentieren hat wie Termine und persönliche Anhörungen. Die schon für die erste Instanz nicht zwingend vorgeschriebene **Durchführung einer mündlichen Verhandlung (§ 32 Abs. 1 Satz 1)** kann auch im Beschwerderechtszug unterbleiben. Dies setzt voraus, dass ihr wesentlicher Zweck, die Gewährung rechtlichen Gehörs und die Aufklärung der Sache, von vornherein nicht erfüllt werden kann. In Betracht kommt das insbesondere bei unzulässigen Rechtsmitteln, über die schon nach altem Recht nicht mündlich verhandelt werden musste.[4] Das Absehen von einer mündlichen Verhandlung nach § 68 Abs. 3 Satz 2 ist dagegen nur zulässig, wenn sie in der ersten Instanz durchgeführt wurde und eine Wiederholung voraussichtlich keine zusätzlichen Erkenntnisse bringt. Die Verweise auf die zivilprozessualen Vorschriften zu **Terminsort und Terminsänderung in § 32 Abs. 1 Satz 2** und zur **Verhandlung im Wege der Bild- und Tonübertragung in § 32 Abs. 3** finden uneingeschränkt Anwendung, ebenso die Regelungen zur **Ladungsfrist (§ 32 Abs. 2)**. 24

Die Vorschriften zum **persönlichen Erscheinen der Beteiligten (§ 33)** und zur **persönlichen Anhörung (§ 34)** sind grundsätzlich auch im Beschwerdeverfahren anwendbar. Wenn es, wie in Kindschaftssachen, auf den persönlichen Eindruck ankommt, muss sie vor dem gesamten Spruchkörper durchgeführt werden.[5] Dabei kann in Kindschaftssachen die Zuziehung eines psychiatrischen oder psychologischen Sachverständigen erforderlich sein.[6] Das Beschwerdegericht kann aber wiederum nach § 68 Abs. 3 Satz 2 auf eine erneute Anordnung des persönlichen Erscheinens bzw. auf die Durchführung einer persönlichen Anhörung verzichten, wenn hiervon keine zu- 25

---

1 *Rackl*, Rechtsmittelrecht, S. 161.
2 Hierzu vgl. Keidel/*Sternal*, § 68 FamFG Rz. 56.
3 BGH v. 22.5.2002 – VIII ZR 337/00, MDR 2002, 1267 (1268); BayObLG v. 15.1.1998 – 1Z BR 68/97, FamRZ 1998, 1469; vgl. zum Zivilprozess BGH v. 22.9.1988 – IX ZR 219/87, NJW-RR 1989, 380.
4 BGH v. 9.12.1996 – AnwZ (B) 48/96, NJW-RR 1997, 1149.
5 BGH v. 28.4.2010 – XII ZB 81/09, FGPrax 2010, 184 (187); weitergehend, zur Unzulässigkeit der Übertragung der Beweisaufnahme auf den Einzelrichter, das Schrifttum, s. Rz. 31).
6 BGH v. 17.2.2010 – XII ZB 68/09, FGPrax 2010, 129 f.

sätzlichen Erkenntnisse zu erwarten sind.[1] Die Vorschrift zur **Festsetzung von Zwangsmitteln** (§ 35) findet auch im Beschwerdeverfahren uneingeschränkt Anwendung. Ein **Vergleich nach** den Maßgaben des § 36 kann im Beschwerdeverfahren ebenso geschlossen und protokolliert werden wie im ersten Rechtszug.

3. Absehen von mündlicher Verhandlung oder sonstigen Verfahrenshandlungen (Abs. 3 Satz 2)

a) Sinn der Vorschrift

26   § 68 Abs. 3 Satz 2 überträgt eine bislang nur im Betreuungsrecht ausdrücklich normierte Möglichkeit (§ 69g Abs. 5 Satz 3 FGG aF) auf alle Verfahren nach dem FamFG.[2] Die Vorschrift gilt mit der Modifikation des § 117 Abs. 3, wonach das Gericht auf die beabsichtigte Unterlassung einer Verfahrenshandlung hinweisen muss, auch Ehe- und Familienstreitsachen. Demnach können voraussichtlich nicht zu weiteren Erkenntnissen führende Wiederholungen von Verfahrenshandlungen unterbleiben. Dies dient der Verfahrensbeschleunigung, aber auch der Schonung staatlicher Ressourcen.[3] Diese Vorschrift ist mit Art. 6 EMRK vereinbar.[4] Die Möglichkeit, von Verfahrenshandlungen nach § 68 Abs. 3 Satz 2 abzusehen, tritt neben die nach § 68 Abs. 3 Satz 1 in Bezug genommenen Vorschriften der ersten Instanz.[5] Denn es wäre sinnlos, dem Beschwerdegericht etwa die Anhörung eines Koma-Patienten abzuverlangen (vgl. § 34 Rz. 21 ff.), von der das Gericht erster Instanz ohne Weiteres absehen kann.

b) Voraussetzungen des Verzichts auf die mündliche Verhandlung oder sonstige Verfahrenshandlungen

aa) Vornahme der Verfahrenshandlung in der ersten Instanz

27   § 68 Abs. 3 Satz 2 setzt zunächst voraus, dass die mündliche Verhandlung oder die sonstige Verfahrenshandlung in der ersten Instanz durchgeführt wurde. Sie muss auch verfahrensfehlerfrei vorgenommen und dokumentiert worden sein.[6] Fehlt es hieran, kann das Beschwerdegericht hierauf jedenfalls nicht unter Berufung auf § 68 Abs. 3 Satz 2 verzichten, auch wenn es sich von der Durchführung der mündlichen Verhandlung bzw. der Vornahme der Verfahrenshandlung keinen Erkenntnisgewinn verspricht.[7] Der **Verstoß der ersten Instanz gegen zwingende Verfahrensvorschriften** führt also immer dazu, dass die Verfahrenshandlung in zweiter Instanz nachgeholt werden muss.[8] Wurde etwa dem abzuschiebenden Ausländer keine Gelegenheit gegeben, sich zu dem Haftantrag zu äußern[9] oder ist dieser zur Zeit seiner erstinstanzlichen Anhörung unvollständig, so muss das Beschwerdegericht ihn nochmals anhören.[10] Gleiches gilt bei einer Anhörung in der Wohnung des Betroffenen gegen seinen

---

1 OLG Schleswig v. 14.1.2010 – 3 Wx 92/09, FGPrax 2010, 106 (107); OLG Schleswig v. 3.8.2011 – 3 Wx 80/11, FamRZ 2012, 320 f.; KG v. 29.6.2010 – 1 W 161/10, FGPrax 2010, 294; KG v. 30.11.2010 – 1 W 434/10, FGPrax 2011, 122; OLG Düsseldorf v. 29.3.2011 – I-3 Wx 263/10, FGPrax 2011, 125 = MDR 2011, 608.
2 BT-Drucks. 16/6308, S. 207.
3 BT-Drucks. 16/6308, S. 207.
4 Ausführlich hierzu BT-Drucks. 16/6308, S. 207.
5 OLG Schleswig v. 14.1.2010 – 3 Wx 92/09, FGPrax 2010, 106 (107); OLG Schleswig v. 3.8.2011 – 3 Wx 80/11, FamRZ 2012, 320 f.; KG v. 29.6.2010 – 1 W 161/10, FGPrax 2010, 294; KG v. 30.11.2010 – 1 W 434/10, FGPrax 2011, 122; OLG Düsseldorf v. 29.3.2011 – I-3 Wx 263/10, FGPrax 2011, 125 = MDR 2011, 608; *Nedden-Boeger*, FGPrax 2011, 1 (6 f.).
6 BGH v. 17.6.2010 – V ZB 3/10, FGPrax 2010, 261; BGH v. 16.9.2010 – V ZB 120/10, FGPrax 2010, 290; BayObLG v. 29.6.2001 – 3Z BR 150/01, FamRZ 2001, 1646 f.; Keidel/*Sternal*, § 68 FamFG Rz. 57; Zöller/*Feskorn*, § 68 FamFG Rz. 7; *Rackl*, Rechtsmittelrecht, S. 167.
7 BGH v. 2.3.2011 – XII ZB 346/10, FamRZ 2011, 805 (806).
8 BGH v. 2.3.2011 – XII ZB 346/10, FamRZ 2011, 805 (806); BGH v. 14.3.2012 – XII ZB 502/11, FGPrax 2012, 110 (111); BGH v. 17.10.2012 – XII ZB 181/12, FamRZ 2013, 31 (32).
9 LG Augsburg v. 28.11.2011 – 52 T 3723/11, InfAuslR 2012, 133.
10 BGH v. 29.4.2010 – V ZB 218/09, FGPrax 2010, 210 (211 f.); ähnlich BGH v. 4.3.2010 – V ZB 222/09, FGPrax 2010, 154 (155 f.); BGH v. 17.6.2010 – V ZB 3/10, FGPrax 2010, 261 (262).

Willen.[1] In Betracht kommt dann nur die Anwendung der Vorschriften zum erstinstanzlichen Verfahren über § 68 Abs. 3 Satz 1. So kann auch das Beschwerdegericht nach §§ 68 Abs. 3 Satz 1, 34 Abs. 2 von einer persönlichen Anhörung absehen, wenn durch die persönliche Anhörung erhebliche Nachteile für die Gesundheit des Beteiligten drohen oder er offensichtlich nicht in der Lage ist, seinen Willen kundzutun. Dies ist etwa dann der Fall, wenn der Betroffene im Dauerkoma liegt und sich nicht äußern kann. Für ihn ist aber ein Verfahrenspfleger zu bestellen.[2]

bb) Negative Prognose hinsichtlich der Gewinnung zusätzlicher Erkenntnisse

Das Absehen von der Wiederholung der mündlichen Verhandlung oder einer Verfahrenshandlung setzt die Prognose voraus, dass hiervon keine zusätzlichen Erkenntnisse zu erwarten wären. Damit sind naturgemäß entscheidungserhebliche Erkenntnisse gemeint.[3] Umgekehrt folgt aus dem Begriff der „zusätzlichen" Erkenntnisse nicht, dass schon dann auf die Verfahrenshandlung verzichtet werden kann, wenn weitere, die Entscheidung bestätigende Erkenntnisse nicht zu erwarten sind.[4] Dass keine neuen Erkenntnisse zu erwarten sind, darf nicht vorschnell bejaht werden. Eine (überwiegende) Wahrscheinlichkeit genügt noch nicht; es muss mit an Sicherheit grenzender Wahrscheinlichkeit feststehen, dass die erneute Vornahme der Verfahrenshandlung ohne Erkenntnisgewinn bleiben würde.[5] Insoweit kann auf die Kasuistik zu § 69g Abs. 5 Satz 3 FGG aF zurückgegriffen werden.[6] Vor diesem Hintergrund einer bereits vorhandenen Kasuistik relativiert sich auch die bisweilen geäußerte Kritik,[7] die Norm werde leerlaufen, da die Beschwerdegerichte eher (überflüssige) Verfahrenshandlungen durchführen als die Aufhebung und Zurückverweisung ihrer Entscheidung riskieren würden. Dies ist etwa dann der Fall, wenn die **Beschwerde gar nicht zulässig ist**[8] oder in zweiter Instanz **nur Rechtsfragen betroffen** sind[9] bzw. **über die Ergebnisse der Beweisaufnahme kein Streit** besteht.[10] Ähnliches soll gelten, wenn der Beteiligte bereits in erster Instanz angehört wurde, der Sachverhalt einfach gelagert ist und das Beschwerdegericht nach Aktenlage entscheiden kann.[11] In Registersachen wird dies regelmäßig der Fall sein.[12] Auch das **Fehlen einer Begründung** iVm. der nach Aktenlage zu ersehenden Aussichtslosigkeit rechtfertigt das Absehen von einer erneuten Erörterung nach § 32.[13] Ansonsten muss das Beschwerdegericht die Anhörung zwingend durchführen. Dies gilt auch dann, wenn der Anzuhörende in der ersten Instanz auf eine Anhörung verzichtet hat. Dies entbindet nicht auch das Beschwerdegericht von einem erneuten Anhörungsversuch, wobei es den Hinweis nach § 34 Abs. 3 Satz 1 wiederholen muss.[14] Einer Anhörung bedarf es auch dann, wenn erst das Beschwerdevorbringen darauf schließen lässt, dass sie neue Erkenntnisse bringen wird.[15] Des Weiteren kann von der Wiederholung der mündlichen Verhandlung oder sonstiger Verfahrenshandlungen abgesehen werden, wenn es auf diese

---

1 BGH v. 17.10.2012 – XII ZB 181/12, FamRZ 2013, 31 (32).
2 BayObLG v. 21.1.1993 – 3Z BR 169/92, FamRZ 1993, 602.
3 *Maurer*, FamRZ 2009, 465 (477f.); *Rackl*, Rechtsmittelrecht, S. 167.
4 Zöller/*Feskorn*, § 68 FamFG Rz. 7; *Rackl*, Rechtsmittelrecht, S. 167.
5 *Rackl*, Rechtsmittelrecht, S. 167f.
6 *Rackl*, Rechtsmittelrecht, S. 168.
7 *Maurer*, FamRZ 2009, 465 (477ff.); *Rackl*, Rechtsmittelrecht, S. 171f.
8 *Keske*, FPR 2010, 339 (341); Zöller/*Feskorn*, § 68 FamFG Rz. 9.
9 OLG Stuttgart v. 24.11.2009 – 8 W 462/09, FGPrax 2010, 83; OLG Stuttgart v. 19.3.2010 – 8 W 112/10, FGPRax 2010, 255 (256); OLG Stuttgart v. 23.3.2010 – 8 W 139/10, FGPRax 2010, 257; OLG Stuttgart v. 26.2.2010 – 8 W 99/10; KG v. 29.6.2010 – 1 W 161/10, FGPrax 2010, 294; KG v. 30.11.2010 – 1 W 434/10; Zöller/*Feskorn*, § 68 FamFG Rz. 9; *Rackl*, Rechtsmittelrecht, S. 168; *Bumiller*/Harders, § 68 FamFG Rz. 7.
10 *Rackl*, Rechtsmittelrecht, S. 168.
11 BGH v. 28.1.2010 – V ZB 2/10, FGPrax 2010, 163; noch weiter gehend OLG Frankfurt v. 16.8.2012 – 5 UF 221/12, FamRZ 2013, 316 (317).
12 *Nedden-Boeger*, FGPRax 2010, 1, (6).
13 OLG Koblenz v. 20.1.2010 – 27 UF 5/10, FamRZ 2010, 921.
14 BGH v. 11.8.2010 – XII ZB 171/10, FamRZ 2010, 1650 (1651).
15 BGH v. 4.3.2010 – V ZB 184/09, FGPrax 2010, 152 (153).

auch nach dem Vorbringen des Beschwerdeführers überhaupt nicht ankommt.[1] Nach diesen Maßstäben rechtfertigt § 68 Abs. 3 Satz 2 nicht die Durchführung einer Beweisaufnahme, nur weil der Beteiligte Zeugen erst im Beschwerdeverfahren benannt hat.[2] Es kann auch von der Wiederholung von Teilen einer Beweiserhebung abgesehen werden. Dies ist etwa dann anzunehmen, wenn auch der Beschwerdeführer die Würdigung der Aussagen nicht aller, sondern nur eines Zeugen angreift. Allerdings muss sich das Gericht einen Überblick über die gesamte Beweiserhebung verschaffen, wenn ein Beteiligter nur die ihm ungünstigen Ergebnisse der Beweisaufnahme angreift, da es dann zur Beurteilung der Glaubhaftigkeit dieser Zeugen regelmäßig auch der Vernehmung der anderen bedarf. Umgekehrt kann auf die Wiederholung der mündlichen Verhandlung, einer Beweisaufnahme oder sonstiger Verfahrenshandlungen auch dann verzichtet werden, wenn die erstinstanzliche Entscheidung ohnehin aufzuheben ist.[3]

29 Hingegen kann auf die mündliche Verhandlung, eine Anhörung oder eine sonstige Verfahrenshandlung grundsätzlich nicht verzichtet werden, wenn neue entscheidungserhebliche Tatsachen vorgetragen werden[4] oder eine **Änderung der Sachlage** eingetreten ist. Eine solche Änderung liegt auch dann vor, wenn die in erster Instanz erteilte **Zustimmung zu einer gerichtlichen Maßnahme**, etwa der Anordnung einer Betreuung, in zweiter Instanz nicht mehr vorliegt[5] oder ein von der ersten Instanz abweichender Wunsch (etwa zur Person des Betreuers) vorliegt.[6] Entsprechendes gilt für subjektive Tatsachen, etwa die Behauptung des Abschiebehäftlings, er wolle sich der Abschiebung nicht mehr entziehen.[7] Eine gesetzliche Vermutung (etwa des § 62 Abs. 2 Satz 3 AufenthG) ändert hieran nichts, wenn die Glaubhaftigkeit einer dieser Vermutung entgegenstehenden Versicherung zu beurteilen ist.[8] Gleiches gilt, wenn es auf den **persönlichen Eindruck** ankommt, den ein Beteiligter vermittelt.[9] Auch seine Glaubwürdigkeit kann nur nach einer persönlichen Anhörung beurteilt werden.[10] Ferner ist zu berücksichtigen, dass auch dem Beschwerdegericht eine gewisse Kontrollfunktion gegenüber Zeugen und Sachverständigen zukommt.[11] Eine Abänderung zum Nachteil des Betroffenen, die auf eine **abweichende Beurteilung der Beweiserhebung** oder der persönlichen Anhörung gestützt werden soll, setzt stets deren erneute Vornahme voraus.[12] Aber auch dann, wenn die **Dokumentation** des Beweisergebnisses, der Anhörung oder der sonstigen Ermittlung entscheidungserheblicher Tatsachen nicht ausreicht, ist die betroffene Verfahrenshandlung zu wiederholen.[13] Dasselbe gilt selbstverständlich auch dann, wenn die Verfahrenshandlung

---

1 BayObLG v. 30.4.1999 – 3Z BR 127/99, BayObLGZ 1999, 97 (98).
2 So zumindest missverständlich OLG Bamberg v. 17.8.2011 – 4 UF 109/11, NJW-RR 2011, 1511 (1512).
3 Keidel/*Kayser*, 15. Aufl., § 69g FGG Rz. 29.
4 BGH v. 17.6.2010 – V ZB 3/10, FGPrax 2010, 261; BGH v. 2.3.2011 – XII ZB 346/10, FamRZ 2011, 805 (806); *Bumiller*/Harders, § 68 FamFG Rz. 7; Bork/Jacoby/Schwab/*Müther*, 1. Aufl., § 68 FamFG Rz. 1; Zöller/*Feskorn*, § 68 FamFG Rz. 7.
5 BGH v. 16.3.2011 – XII ZB 601/10, NJW-RR 2011, 723 (724) = Rpfleger 2011, 431 (432) = FGPrax 2011, 120 (121); BGH v. 16.5.2012 – XII ZB 454/11, FamRZ 2012, 1207f.,; BGH v. 22.8.2012 – XII 141/12, FamRZ 2012, 1796.
6 BGH v. 21.11.2012 – XII ZB 384/12, FamRZ 2013, 286 (287).
7 BGH v. 4.3.2010 – V ZB 184/09, FGPrax 2010, 152 (153); BGH v. 16.9.2010 – V ZB 120/10; FGPrax 2010, 290.
8 BGH v. 16.9.2010 – V ZB 120/10; FGPrax 2010, 290.
9 BGH v. 4.3.2010 – V ZB 184/09, FGPrax 2010, 152 (153f.); BGH v. 17.6.2010 – V ZB 3/10, FGPrax 2010, 261; BGH v. 2.3.2011 – XII ZB 346/10, FamRZ 2011, 805 (806); BGH v. 27.7.2011 – XII ZB 118/11, FamRZ 2011, 1577 (1578).
10 BGH v. 4.3.2010 – V ZB 184/09, FGPrax 2010, 152 (153).
11 OLG Karlsruhe v. 4.4.2000 – 11 Wx 28/00, FGPrax 2000, 165 (166).
12 BGH v. 27.7.2011 – XII ZB 118/11, FamRZ 2011, 1577 (1578); BGH v. 11.4.2012 – XII ZB 531/11, FGPrax 2012, 182; *Schürmann*, FuR 2010, 493 (496); Keidel/*Sternal*, § 68 FamFG Rz. 57; *Bumiller*/Harders, § 68 FamFG Rz. 7; Zöller/*Feskorn*, § 68 FamFG Rz. 10; vgl. BGH v. 22.5.2002 – VIII ZR 337/00, MDR 2002, 1267 (1268).
13 OLG Stuttgart v. 9.6.1993 – 8 W 163/93, FamRZ 1993, 1365 (zur unzureichenden Vermittlung des persönlichen Eindrucks im erstinstanzlichen Protokoll); Zöller/*Feskorn*, § 68 FamFG Rz. 7.

zwar ausreichend festgehalten, aber selbst **unzureichend** ist, weil sie etwa ohne Bestellung oder Beteiligung des erforderlichen Verfahrenspflegers vorgenommen wurde[1] oder umgekehrt ein äußerungsfähiger Betroffener nicht angehört wurde.[2] Ähnliches ist der Fall, wenn die betroffene Verfahrenshandlung **schon geraume Zeit zurückliegt** und daher keine hinreichenden Schlüsse für die Gegenwart mehr zulässt.[3] Umgekehrt erübrigt eine kurz zuvor durchgeführte Anhörung ihre Wiederholung durch das Beschwerdegericht nur dann, wenn keine zusätzlichen Erkenntnisse zu erwarten sind.[4]

Bisweilen wird im Zusammenhang mit der mündlichen Erörterung nicht nur auf die zusätzlichen Erkenntnisse, sondern auch auf die nicht zu erwartende gütliche Einigung abgestellt.[5] Dies erscheint durchaus naheliegend, da die mündliche Erörterung eben nicht nur der Sachaufklärung, sondern daneben auch der Gewährung rechtlichen Gehörs und der Herbeiführung einer gütlichen Einigung dient (s. § 32 Rz. 9). Dennoch ginge es über den Wortlaut von § 68 Abs. 3 Satz 2 hinaus, wollte man dem Beschwerdegericht auch in dieser Hinsicht eine – zudem kaum mögliche – Prognose abverlangen. Das voraussichtliche Ausbleiben zusätzlicher Erkenntnisse rechtfertigt also allein das Absehen von einer erneuten mündlichen Erörterung. Selbstverständlich muss die Gewährung rechtlichen Gehörs aber auch ohne eine Erörterung gewährleistet sein.

cc) Verfahren

Die Beurteilung, ob von der Wiederholung der mündlichen Verhandlung oder sonstiger Verfahrenshandlungen abgesehen werden kann, obliegt dem ganzen Spruchkörper, nicht nur dem Vorsitzenden.[6] Das Gericht muss, wie auch im Umkehrschluss aus der Spezialregelung für Ehe- und Familienstreitsachen in § 117 Abs. 3 hervorgeht, auf seine Absicht, von der erneuten Durchführung von Verfahrenshandlungen abzusehen, nicht hinweisen.[7] Die Beurteilung soll nach der Gesetzesbegründung im „pflichtgemäßen Ermessen" des Beschwerdegerichts liegen.[8] Dies soll wohl bedeuten, dass dem Beschwerdegericht auch ein **Beurteilungsspielraum** zukommt.[9] Denn danach steht ihm schon bei der Einschätzung, ob die Voraussetzungen eines Absehens von der Wiederholung der mündlichen Verhandlung oder sonstiger Verfahrenshandlungen vorliegen, ein eigener Prognosespielraum zu, nicht erst ein Abwägungsspielraum bei der Frage der Rechtsfolgen. Langjährige Erfahrung und Sachkunde in einem Gebiet, etwa in Unterbringungs- und Betreuungsverfahren, allein genügen aber nicht, wenn es um die **Beurteilung des Einzelfalles** geht.[10] Je schwerwiegender der Eingriff ist, der dem Betroffenen droht, desto eher muss sich das Beschwerdegericht einen eigenen Eindruck verschaffen, was insbesondere bei freiheitsentziehenden Maßnahmen anzunehmen ist.[11] Das Beschwerdegericht ist auch bei Vorliegen der Voraussetzungen von § 68 Abs. 3 Satz 2 **nicht gehindert, die Verfahrenshandlung gleichwohl durchführen.**[12] Dies ist nicht verfahrensfehlerhaft; insoweit besteht auch ein Ermessen auf der Rechtsfolgenseite. Beim Absehen von der Wiederholung müssen die **Gründe hierfür nachvollziehbar dargelegt** sein. Dies erfordert diesbezügliche Ausführungen in

30

---

1 BGH v. 18.7.2012 – XII ZB 661/11, FamRZ 2012, 1556 (1557); *Bassenge*/Roth, 11. Aufl., § 69g FGG Rz. 26.
2 *Bassenge*/Roth, 11. Aufl., § 69g FGG Rz. 26.
3 Keidel/*Kayser*, 15. Aufl., § 69g FGG Rz. 29; Zöller/*Feskorn*, § 68 FamFG Rz. 7.
4 OLG Celle v. 12.3.2010 – 19 UF 49/10, FGPrax 2010, 163 (164).
5 OLG Köln v. 17.3.2010 – 27 UF 28/10, FamRZ 2011, 372 (373).
6 *Maurer*, FamRZ 2009, 465 (477); *Rackl*, Rechtsmittelrecht, S. 168.
7 Zöller/*Feskorn*, § 68 FamFG Rz. 8 (mit Hinweis auf die Sonderregelung in § 117 Abs. 3); *Rackl*, Rechtsmittelrecht, S. 168f.; missverständlich *Maurer*, FamRZ 2009, 465 (476); aA Borth FamRZ 2012, 764 (766).
8 BT-Drucks. 16/6308, S. 207.
9 AA *Rackl*, Rechtsmittelrecht, S. 168.
10 OLG Stuttgart v. 9.6.1993 – 8 W 163/93, FamRZ 1993, 1365.
11 OLG Karlsruhe v. 4.4.2000 – 11 Wx 28/00, FGPrax 2000, 165 (166); BayObLG v. 29.6.2001 – 3Z BR 150/01, FamRZ 2001, 1646.
12 *Maurer*, FamRZ 2009, 465 (478); *Rackl*, Rechtsmittelrecht, S. 167.

der Begründung der Beschwerdeentscheidung.[1] Fehlt es hieran, kann das Rechtsbeschwerdegericht die Entscheidung des Beschwerdegerichts schon mangels diesbezüglicher Begründung nach § 69 Abs. 2 aufheben und zur erneuten Entscheidung zurückverweisen. Liegt eine Begründung vor, hat das Rechtsbeschwerdegericht die Ermessensentscheidung des Beschwerdegerichts nur auf Ermessensfehlgebrauch zu überprüfen. An verfahrensfehlerfrei getroffene tatsächliche Beurteilungen ist es dabei gebunden.

IV. Übertragung auf den Einzelrichter (Absatz 4)

1. Möglichkeit der Übertragung

a) Die gesetzliche Regelung und ihre Neuerungen

31   § 68 Abs. 4 übernimmt die in § 30 Abs. 1 Satz 3 FGG aF iVm. § 526 ZPO vorgesehene Möglichkeit, die Sache auf den Einzelrichter zu übertragen, in das neue Recht. Dies gilt mangels abweichender Regelung auch für Ehe- und Familienstreitsachen.[2] Von der Einführung des originären Einzelrichters hat der Gesetzgeber aber abgesehen,[3] was im Hinblick auf den weit gehenden Wegfall der dritten Instanz zu begrüßen ist, da die Entscheidung bei einer Kontrolle durch den gesamten Spruchkörper eine höhere Richtigkeitsgewähr bietet.[4] Eine Neuerung besteht aber insoweit, als § 68 Abs. 4 die Möglichkeit der Übertragung auf den Einzelrichter **ohne Beschränkung auf bestimmte Verfahren** vorsieht. Sie ist daher nun in allen Beschwerdesachen möglich.[5] Der Gesetzgeber hat dem gesamten Spruchkörper auch keine Mindestprüfung etwa der Zulässigkeitsvoraussetzungen vorbehalten, so dass die Sache sofort zur vollständigen Entscheidung auch über die Zulässigkeit übertragen werden kann.[6] Ist der Spruchkörper eine Kammer für Handelssachen, so erfolgt die Übertragung auf deren Vorsitzenden als Einzelrichter.[7] Gleichwohl sieht auch das neue Recht die weniger weit reichende Form der Zuweisung zur **Vorbereitung der Entscheidung** mangels Verweises auf § 527 ZPO nicht vor.[8] Allerdings kann über die Verweise in §§ 74 Abs. 3, 30 Abs. 1 FamFG auf § 375 Abs. 1 ZPO die Aufnahme des Zeugenbeweises einem Mitglied des Spruchkörpers übertragen werden, wenn von vornherein anzunehmen ist, dass es auf den unmittelbaren Eindruck vom Verlauf der Beweisaufnahme nicht ankommt.[9] Wird die Sache nicht nach § 68 Abs. 4 übertragen, kommt die Delegation einzelner Verfahrenshandlungen daher nicht in Betracht. § 68 Abs. 4 gilt nur bei der Anfechtung von Endentscheidungen, nicht aber für die Beschwerden, für die die Anwendbarkeit der §§ 567 ff. ZPO vorgesehen ist. Für diese ist nach § 568 Abs. 1 Satz 1 ZPO der Einzelrichter originär zuständig.

---

1 BGH v. 2.3.2011 – XII ZB 346/10, FamRZ 2011, 805 (806); BGH v. 11.4.2012 – XII ZB 504/11, NJW-RR 2012, 833 = FGPrax 2012, 163 (164); BGH v. 18.7.2012 – XII ZB 661/11, FamRZ 2012, 1556 (1557f.) *Maurer*, FamRZ 2009, 465 (478); Keidel/*Sternal*, § 68 FamFG Rz. 59a; Bumiller/Harders, § 68 FamFG Rz. 7; Bork/Jacoby/Schwab/*Müther*, 1. Aufl., § 68 FamFG Rz. 16; Zöller/*Feskorn*, § 68 FamFG Rz. 8; *Rackl*, Rechtsmittelrecht, S. 169.
2 *Schürmann*, FamRB 2009, 24 (27).
3 KG v. 5.10.2010 – 19 UF 72/10, FamRZ 2011, 583.
4 *Rackl*, Rechtsmittelrecht, S. 178.
5 BT-Drucks. 16/6308, S. 208; Bassenge/Roth/*Gottwald*, § 68 FamFG Rz. 22.
6 Anders *Rackl*, Rechtsmittelrecht, S. 178, der dem Gesamtspruchkörper die Prüfung der Zuständigkeit vorbehalten will.
7 BT-Drucks. 16/6308, S. 208; *Rackl*, Rechtsmittelrecht, S. 177.
8 *Bumiller*/Harders, § 68 FamFG Rz. 11; Keidel/*Sternal*, § 68 FamFG Rz. 110; nicht entschieden in BGH v. 28.4.2010 – XII ZB 81/09, FGPrax 2010, 184 (187), wo noch auf die alte Rechtslage Bezug genommen wird; mit dieser Einschränkung gegen die Möglichkeit der Übertragung auf den vorbereitenden Einzelrichter auch *Diehl*, FuR 2010, 542 (546).
9 BGH v. 17.6.2010 – V ZB 9/10 FGPrax 2010, 263 (LS); ähnlich BGH v. 9.11.2011 – XII ZB 286/11, FamRZ 2012, 104 (106); *Fröschle*, FamRZ 2012, 88 (89).

b) Voraussetzungen der Übertragung

aa) Gesetzliche Regelung

Hinsichtlich der Voraussetzungen einer Übertragung auf den Einzelrichter verweist § 68 Abs. 4 zur Gänze auf § 526 ZPO, schließt aber zusätzlich eine Übertragung auf einen **Richter auf Probe** aus. Danach ist die Übertragung in allen Verfahren, in denen die erstinstanzliche Entscheidung von einem Einzelrichter erlassen wurde, möglich, aber bei Vorliegen eines der vier Negativtatbestände des § 526 Abs. 1 ausgeschlossen.

32

bb) Erlass der Entscheidung durch den Einzelrichter

Zunächst muss auch die angefochtene Entscheidung nach § 68 Abs. 4 FamFG, § 526 Abs. 1 Nr. 1 ZPO durch einen Einzelrichter erlassen worden sein. Das ist stets der Fall, wenn die erstinstanzliche Entscheidung, wie fast durchweg vorgesehen, durch das Amtsgericht als zuständiges Gericht des ersten Rechtszuges erlassen wurde. Der anstelle der Kammer für Handelssachen entscheidende Vorsitzende soll nicht Einzelrichter sein,[1] was wohl auf den Vorsitzenden des Landwirtschaftsgerichts zu übertragen ist.[2]

33

cc) Keine besonderen Schwierigkeiten tatsächlicher oder rechtlicher Art

Insoweit verweist § 68 Abs. 4 zur Gänze auf § 526 Abs. 1 Nr. 2 ZPO, womit die dort bestehenden Zweifelfragen in das Verfahren nach dem FamFG übertragen werden. Die besondere Schwierigkeit tatsächlicher oder rechtlicher Art nach § 68 Abs. 4 FamFG, § 526 Abs. 1 Nr. 2 ZPO ist qualitativ zu verstehen. Es dürfen also weder besondere **Schwierigkeiten bei der Ermittlung des Sachverhalts** noch bei der **rechtlichen Beurteilung** bestehen. Der Gegenstandswert alleine ist hierfür unerheblich. Da das FamFG keinen § 348 ZPO entsprechenden Katalog kennt, stellt sich die Frage weniger drängend, ob bestimmte Materien generell von besonderer Schwierigkeit sind, was wohl auch zu verneinen ist.[3] Eine solche Betrachtungsweise dürfte in vorliegendem Zusammenhang auch besonders unbehelflich sein, da die dem FamFG zugeordneten Materien durchweg Spezialmaterien sind, die einer gewissen Einarbeitungszeit bedürfen. Für langjährige Angehörige der Spezialkammern bzw. -senate können sie gleichwohl tatsächlich und rechtlich einfach zu bearbeiten sein.[4] Es ist also darauf abzustellen, ob etwa eine langwierige Beweisaufnahme in Spezialgebieten erforderlich ist, die auch mit gutachterlicher Hilfe besonderer Einarbeitung bedarf.[5] In rechtlicher Hinsicht können etwa **Auslandsbezug** oder das **Ineinandergreifen von Spezialnormen verschiedener Rechtsgebiete** (zB Gesellschafts- und Erbrecht) besondere Schwierigkeiten begründen.

34

dd) Fehlen grundsätzlicher Bedeutung

Der Sache darf des Weiteren nach § 68 Abs. 4 FamFG, § 526 Abs. 1 Nr. 3 ZPO keine grundsätzliche Bedeutung zukommen. Dies ist zum einen wie nach §§ 526 Abs. 1 Nr. 3, 348 Abs. 3 Nr. 2 ZPO dann anzunehmen, wenn die Entscheidung **über den konkreten Fall hinaus von Bedeutung** ist. Davon ist etwa auszugehen, wenn in einer Vielzahl von Fällen ähnliche Fragen zu entscheiden sind. Wie bei § 526 Abs. 1 Nr. 3 ZPO dürfte auch die **wirtschaftliche Bedeutung** der Entscheidung für die von der Entscheidung mittelbar Betroffenen genügen.[6] Denn es geht bei § 68 Abs. 4, anders als bei der Zurückweisung der Berufung nach § 522 Abs. 2 ZPO oder der Zulassung der

35

---

1 BGH v. 20.10.2003 – II ZB 27/02, NJW 2004, 856 (857); Keidel/*Sternal*, § 68 FamFG Rz. 98.
2 Keidel/*Sternal*, § 68 FamFG Rz. 98.
3 S. zum Zivilprozess Zöller/*Heßler*, § 526 ZPO Rz. 5; ähnlich wohl Keidel/*Sternal*, § 68 FamFG Rz. 96.
4 Vgl. zu derartigen subjektiven Gegebenheiten im Zivilprozess Zöller/*Greger*, § 348 ZPO Rz. 21.
5 Wie hier *Rackl*, Rechtsmittelrecht, S. 179; tendenziell noch großzügiger in der Beurteilung der besonderen Schwierigkeit wohl Keidel/*Sternal*, § 68 FamFG Rz. 99.
6 Vgl. Zöller/*Heßler*, § 526 ZPO Rz. 6.

Revision nach § 543 Abs. 2 ZPO, nicht vorrangig um Aspekte der Verfahrensökonomie, sondern darum, den der Sache angemessenen Spruchkörper zu bestimmen.

ee) Keine Verhandlung zur Hauptsache

36 Die Übertragung auf den Einzelrichter soll ferner nach § 68 Abs. 4 FamFG, § 526 Abs. 1 Nr. 4 ZPO ausgeschlossen sein, wenn bereits im Haupttermin zur Hauptsache verhandelt worden ist. Diese Verweisung wirft für das Verfahren nach dem FamFG Fragen auf, da eine mündliche Verhandlung dort nicht dieselbe Bedeutung hat wie im Zivilprozess.[1] Nicht sie ist, auch nicht theoretisch, Grundlage der Entscheidung, sondern der gesamte Inhalt des Verfahrens (§§ 68 Abs. 3 Satz 1, 37 Abs. 1). Eine mündliche Verhandlung kann nach §§ 68 Abs. 3 Satz 1, 32 Abs. 1 Satz 1 und § 68 Abs. 3 Satz 2 sogar gänzlich entbehrlich sein. In diesem Fall liefe der Verweis auf § 526 Abs. 1 Nr. 4 ZPO gänzlich leer, da dann bei wörtlicher Handhabung der Norm die Voraussetzung einer Verhandlung zur Hauptsache in einem Haupttermin nicht vorliegt.[2] Man wird deshalb hier eine **ausdehnende Auslegung** vornehmen müssen. Findet ein Termin nach §§ 68 Abs. 3 Satz 1, 32 Abs. 1 Satz 1 statt, so scheidet eine Übertragung auf den Einzelrichter grundsätzlich nach § 68 Abs. 4 FamFG, § 526 Abs. 1 Nr. 4 ZPO aus, auch wenn danach noch weitere gem. § 37 Abs. 1 erhebliche Erkenntnisse gewonnen werden.[3] Ähnliches muss aber jedenfalls auch dann gelten, wenn der gesamte Spruchkörper das Verfahren **ohne mündliche Verhandlung** bis zur Entscheidungsreife betrieben hat.[4] Denn dann ist auf jeden Fall auch der Zeitpunkt überschritten, zu dem im Zivilprozess eine mündliche Verhandlung hätte stattfinden müssen und somit nach § 526 Abs. 1 Nr. 4 ZPO die Übertragung auf den Einzelrichter ausgeschlossen wäre. In beiden Fällen bleibt die gesamte Beschwerdekammer bzw. der gesamte Beschwerdesenat insgesamt zuständig, auch wenn die § 68 Abs. 4 FamFG, § 526 Abs. 1 Nr. 1 bis 3 ZPO einer Übertragung nicht entgegenstünden.

37 Eine Rückausnahme sehen § 68 Abs. 4 FamFG, § 526 Abs. 1 Nr. 4 ZPO für den Fall vor, dass nach dem maßgeblichen Zeitpunkt ein **Teil- oder Zwischenbeschluss** ergangen ist. Denn hierdurch kann der schwierige Aspekt des Falles abgearbeitet sein, wenn die komplizierten Fragen etwa zum Grund des Anspruchs[5] entschieden sind und die Höhe des zuzusprechenden Betrags keine vergleichbaren Schwierigkeiten mehr bereitet. Dies lässt sich auf Verfahren nach dem FamFG übertragen. Hat das Beschwerdegericht durch Zwischen- oder Teilbeschluss über den Grund oder den Teil des Anspruchs entschieden, der aufgrund seiner besonderen Schwierigkeiten nicht auf den Einzelrichter übertragen werden konnte, kann die Schlussentscheidung dem Einzelrichter übertragen werden.

ff) Keine Übertragung auf einen Richter auf Probe

38 Auch bei Vorliegen der Voraussetzungen nach § 68 Abs. 4 FamFG, § 526 Abs. 1 Nr. 1 bis 4 ZPO darf die Sache gem. § 68 Abs. 4, letzter Halbs. nicht auf einen Proberichter als Einzelrichter übertragen werden. Dies kann nur für Freiheitsentziehungs- und Betreuungssachen Bedeutung gewinnen, in denen nach § 72 Abs. 1 GVG weiterhin die Landgerichte als Beschwerdegerichte bestimmt sind. Im Gegensatz zu § 348 Abs. 1 Nr. 1 ZPO ist der Richter auf Probe für die **gesamte Probezeit** vom Ausschluss der Übertragung nach § 68 Abs. 4, letzter Halbs. erfasst, unabhängig davon, wie lange er schon Verfahren nach dem FamFG bearbeitet hat.[6] Auch ansonsten unterscheidet sich der Wortlaut der Vorschrift von den vergleichbaren Normen, die den Einsatz von Richtern auf Probe beschränken. § 348 Abs. 1 Nr. 1 ZPO erklärt die Mög-

---

1 Ebenso *Rackl*, Rechtsmittelrecht, S. 179.
2 *Rackl*, Rechtsmittelrecht, S. 179.
3 *Rackl*, Rechtsmittelrecht, S. 180.
4 Wie hier *Rackl*, Rechtsmittelrecht, S. 180.
5 Zum Grundurteil als besondere Form des Zwischenurteils s. BGH v. 20.2.1998 – V ZR 319/96, NJW 1998, 1709; Baumbach/Lauterbach, § 304 ZPO Rz. 1; Zöller/*Vollkommer*, § 304 ZPO Rz. 1.
6 So auch BT-Drucks. 16/6308, S. 208, wonach die Übertragung als Einzelrichtersachen nur auf Richter auf Lebenszeit erfolgen soll. Dieser Vorschlag, dem die BReg. nicht zustimmte (BT-Drucks. 16/6308, S. 410), wurde nicht Gesetz. Wie hier *Rackl*, Rechtsmittelrecht, S. 181.

lichkeit der Entscheidung durch Proberichter ohne die erforderliche einjährige Erfahrung in Zivilsachen schlechterdings für unzulässig. § 22 Abs. 6 GVG schließt sogar jegliche Tätigkeit eines Proberichters im ersten Jahr nach seiner Ernennung in Insolvenzsachen aus. Entsprechendes bestimmen § 23b Abs. 3 Satz 2 GVG für Familiensachen und § 29 Abs. 1 Satz 2 GVG für den Vorsitz der des Schöffengerichts.[1] Hingegen verbietet § 68 Abs. 4, letzter Halbs. nur die *Übertragung* auf Proberichter. Diese Abweichung wäre in den Fällen von Relevanz, in denen ein älterer Richter durch einen Richter auf Probe ersetzt wird. In diesen Fällen werden die bereits auf den Einzelrichter übertragenen Fälle nicht mehr auf einen Richter auf Probe übertragen, so dass der Ausschluss dem Wortlaut nach keine Anwendung fände. Dies dürfte jedoch dem Sinn der Norm widersprechen, die vermeiden will, dass die regelmäßig letztinstanzlichen Entscheidungen in den oftmals komplizierten Spezialmaterien der Freiheitsentziehungs- und Betreuungssachen von einem Proberichter getroffen werden.[2] Im Übrigen ergäbe sich dann die paradoxe Situation, dass zwar die Übertragung auf einen uU schon längere Zeit mit Freiheitsentziehungs- und Betreuungssachen befassten Proberichter unzulässig wäre, selbst wenn er schon kurze Zeit später (bei der Entscheidung) auf Lebenszeit ernannt würde, der Übergang auf einen völligen Berufsanfänger aber bei Übergang des Dezernats auf ihn die Tätigkeit als Einzelrichter nicht ausschlösse. Daher wird man auch hier davon ausgehen, dass derartige Beschwerdesachen entgegen dem Wortlaut des § 68 Abs. 4 mit dem Übergang des Dezernats auf einen Proberichter Kammersachen werden.[3] Wird umgekehrt ein Proberichter durch einen auf Lebenszeit ernannten Richter ersetzt, ergeben sich im Gegensatz zum Zivilprozess[4] keine Schwierigkeiten, da es ohnehin der Übertragung durch Beschluss bedarf. Allerdings können dann auch der Vorliegen der sonstigen Voraussetzungen § 68 Abs. 4 FamFG, § 526 Abs. 1 Nr. 4 ZPO entgegenstehen.

c) Verfahren und Wirkung der Übertragung

39 Über die Übertragung befindet der Spruchkörper gem. § 68 Abs. 4, 1. Halbs. durch Beschluss.[5] Gegen ihn ist nach der ausdrücklichen Anordnung in § 526 Abs. 3 ZPO, auf den § 68 Abs. 3 verweist, kein Rechtsmittel eröffnet. Er kann also weder isoliert noch iVm. der Hauptsacheentscheidung angefochten werden. Die Beteiligten sind zuvor anzuhören, müssen aber nicht zustimmen.[6] Der Beschluss muss den Einzelrichter nicht namentlich bezeichnen, was für den Fall des Dezernatswechsels auch nicht unproblematisch wäre. Vielmehr ist die Sache dem Berichterstatter zu übertragen. Einer Begründung bedarf es nicht, auch nicht, wenn die Übertragung dem Willen der Beteiligten widerspricht. Anderes lässt sich auch nicht aus § 38 Abs. 3 Satz 1, Abs. 4 Nr. 2 herleiten,[7] da § 38 nur die Entscheidung in der Hauptsache regelt. Mit der Übertragung nach § 68 Abs. 4 tritt der Einzelrichter in vollem Umfang an die Stelle der Kammer. Er hat also auch dort allein zu entscheiden, wo das Gesetz von der gesamten Kammer spricht (zu den Konsequenzen für die Zulassung der Rechtsbeschwerde s. Rz. 43).[8]

2. Rückübertragung

a) Rückübertragung aufgrund einer wesentlichen Änderung der Verfahrenslage

40 Da § 68 Abs. 4 insgesamt auf § 526 ZPO verweist, kommt auch die Rückübertragung nach § 526 Abs. 2 ZPO in Betracht. Dies kann allerdings nach § 526 Abs. 2 Nr. 1, 2 nur unter den dort geregelten Voraussetzungen erfolgen. §§ 68 Abs. 4, 526 Abs. 2

---

1 Zum Vorschlag einer mit § 23b Abs. 3 GVG übereinstimmenden Fassung s. die Äußerung des BR (BT-Drucks. 16/6308, S. 368 f.) und *Schürmann*, FamRB 2009, 24 (27).
2 Vgl. BT-Drucks. 16/6308, S. 208; ähnlich Keidel/*Sternal*, § 68 FamFG Rz. 106.
3 *Rackl*, Rechtsmittelrecht, S. 182 verlangt in diesen Fällen eine Rückübertragung analog § 526 Abs. 2 ZPO.
4 Hierzu Zöller/*Greger*, § 348 ZPO Rz. 6a.
5 *Rackl*, Rechtsmittelrecht, S. 180; Bork/Jacoby/Schwab/*Müther*, 1. Aufl., § 68 FamFG Rz. 19.
6 Keidel/*Sternal*, § 68 FamFG Rz. 102.
7 So aber Keidel/*Sternal*, § 68 FamFG Rz. 102.
8 Keidel/*Sternal*, § 68 FamFG Rz. 103; *Rackl*, Rechtsmittelrecht, S. 177.

Nr. 1 ZPO setzt eine **wesentliche Änderung der Verfahrenslage** voraus. Bereits bei Übertragung bekannte Umstände genügen also nicht.[1] Diese kann sich entweder aus einer Änderung der Sachlage, etwa aus neuen Schwierigkeiten bei der Ermittlung des entscheidungserheblichen Sachverhalts, oder aus rechtlichen Schwierigkeiten ergeben. Letzteres kann etwa aus der **Erweiterung der ursprünglichen Anträge** resultieren. In jedem Fall muss die aus der wesentlichen Änderung der Sach- oder Rechtslage folgende Schwierigkeit bei der Bearbeitung der Sache das in § 526 Abs. 1 Nr. 2 ZPO vorgegebene Maß erreichen,[2] da nur dann die Entscheidung durch den Einzelrichter ausgeschlossen ist.

b) Übereinstimmender Antrag der Beteiligten

41 Über den Verweis in § 68 Abs. 4 ist auch die Rückübertragung auf Antrag nach § 526 Abs. 2 Nr. 2 ZPO möglich. Diese Übernahme zivilprozessualer Bestimmungen ist allerdings im Verfahren nach dem FamFG wiederum problematisch, da sie jedenfalls nicht durchgängig von der Zwei-Parteien-Systematik beherrscht werden. Eine Übernahme durch den gesamten Spruchkörper auf **Antrag der „Parteien"** kann also nur dann ohne Weiteres auf Verfahren nach dem FamFG übertragen werden, wenn es sich – erstens – um **echte Streitverfahren** handelt, in denen sich – zweitens – nur zwei Beteiligte wie Parteien im Zivilprozess gegenüberstehen.[3] Schwieriger wird es schon in solchen echten Streitverfahren, in denen eine größere Anzahl in gleicher Weise Beteiligter ihr Recht verfolgt, etwa in Erbscheinsverfahren. Hier wird man die **Zustimmung aller Beteiligten** verlangen müssen, da alle in gleicher Weise am Verfahren beteiligt sind.[4] Noch komplizierter wird die Anwendung von § 526 Abs. 2 Nr. 2 ZPO in Streitverfahren, an denen zwar mehrere Personen beteiligt sind, diese aber in ganz **ungleicher Weise am Ausgang des Verfahrens interessiert** sind. So streiten im Versorgungsausgleich vorrangig die Eheleute um ihre Rechte, zu beteiligen sind aber nach § 219 auch Träger der Pensions- und Rentenkassen etc. Hier wird man wohl nach der Beschwerdeberechtigung differenzieren müssen: Hat ein Beteiligter die Möglichkeit, sogar gegen die erstinstanzliche Entscheidung Rechtsmittel einzulegen, dann gewährt ihm das Recht im zweiten Rechtszug eine Verfahrensposition, die die eigenständige Durchsetzung der eigenen Interessen ermöglicht. In diesem Fall ist der Beteiligte auch bei wesentlichen prozessualen Veränderungen wie der Rückübertragung vom Einzelrichter auf den gesamten Spruchkörper antragsbefugt, auch wenn seine Interessen weniger gravierend betroffen sind als die anderer Beteiligter.[5] Umgekehrt darf ohne seinen Antrag eine Rückübertragung nach § 68 Abs. 4 FamFG, § 526 Abs. 2 Nr. 2 ZPO nicht erfolgen. Wird er hingegen nur zur Wahrung rechtlichen Gehörs oder aus Gründen der Sachverhaltsermittlung beteiligt, ohne ein **eigenes Beschwerderecht** zu haben, bedarf es seines Antrags für die Rückübertragung nach § 68 Abs. 4 FamFG, § 526 Abs. 2 Nr. 2 ZPO nicht. Ähnlich wird wohl auch in Amtsverfahren zu differenzieren sein, in denen noch nicht einmal ein echtes Streitverhältnis vorliegt.[6] Hier kann allenfalls aus der Möglichkeit, aus eigenem Recht ein Beschwerdeverfahren einzuleiten, auch die Befugnis seiner näheren Ausgestaltung durch Antrag nach § 68 Abs. 4 FamFG, § 526 Abs. 2 Nr. 2 ZPO folgen. Der Antrag sonstiger Beteiligter ist weder erforderlich noch überhaupt beachtlich.

c) Verfahren

42 Der Einzelrichter hat die Sache bei Vorliegen der Voraussetzungen dem gesamten Spruchkörper zur Entscheidung vorzulegen.[7] Die Entscheidung über die Rücküber-

---

1 Keidel/*Sternal*, § 68 FamFG Rz. 105.
2 *Rackl*, Rechtsmittelrecht, S. 184.
3 *Rackl*, Rechtsmittelrecht, S. 184; vgl. zur Problematik auch *Jacoby*, FamRZ 2007, 1703 (1704).
4 Ebenso *Rackl*, Rechtsmittelrecht, S. 184.
5 Wie hier *Rackl*, Rechtsmittelrecht, S. 184.
6 Ebenso *Rackl*, Rechtsmittelrecht, S. 184.
7 Keidel/*Sternal*, § 68 FamFG Rz. 105; *Rackl*, Rechtsmittelrecht, S. 184; Bork/Jaboby/Schwab/*Müther*, 1. Aufl., § 68 FamFG Rz. 20.

tragung trifft dieser, nicht der Einzelrichter.[1] Bei Vorliegen der Voraussetzungen des § 526 Abs. 1 ZPO hat der Spruchkörper die Sache zu übernehmen.[2] Zuvor ist allen Beteiligten, auch den nicht antragsberechtigten, rechtliches Gehör zu gewähren.[3] Eine erneute Übertragung auf den Einzelrichter ist nach § 526 Abs. 2 Satz 4 ZPO ausgeschlossen. Die bis zur Rückübertragung getroffenen Entscheidungen bleiben wirksam.[4] Gleiches gilt für Beweiserhebungen, die nicht vor dem gesamten Spruchkörper wiederholt werden müssen, sofern es nicht auf den persönlichen Eindruck von dem Zeugen ankommt.[5]

3. Fehler in der Übertragung

a) Verkennung der Voraussetzungen für eine Übertragung oder Rückübertragung

43 Verkennt das Beschwerdegericht die Voraussetzungen der Übertragung auf den Einzelrichter oder der Rückübertragung auf den gesamten Spruchkörper, begründet dies nach § 68 Abs. 4 FamFG, § 526 Abs. 3 ZPO **kein Rechtsmittel**.[6] Auch dann, wenn die Rechtsbeschwerde zugelassen wird, bleiben diesbezügliche Fehler somit folgenlos. Dies gilt im Rahmen der § 68 Abs. 4 FamFG, § 526 ZPO auch dann, **wenn der Einzelrichter die Rechtsbeschwerde nach § 70 Abs. 2 zulässt**. Zwar entsprechen die Ausschlussgründe nach § 69 Abs. 4 FamFG iVm. § 526 Abs. 1 Nr. 2 und 3 ZPO denjenigen des § 568 ZPO. Hier ist die Sache dem Einzelrichter aber ursprünglich nach § 68 Abs. 4 FamFG, § 526 Abs. 1 ZPO übertragen worden. Die Rückübertragung nach § 68 Abs. 4 FamFG, § 526 Abs. 2 ZPO steht nicht allein in seiner Hand. Anders als bei Beschlüssen im zivilprozessualen Beschwerdeverfahren, in denen der Einzelrichter die Rechtsbeschwerde wegen Grundsätzlichkeit zulässt,[7] ist der Einzelrichter somit der zur Entscheidung **gesetzlich zuständige Richter** (vgl. o Rz. 39).[8] Die Regelungen der § 68 Abs. 4 FamFG, § 526 ZPO lassen erkennen, dass der Einzelrichter nach dem Willen des Gesetzgebers durch den Übertragungsbeschluss des Kollegiums zur Entscheidung über die Beschwerde befugt ist, auch wenn er die grundsätzliche Bedeutung der Sache abweichend vom Kollegium bejaht.

b) Fehlen eines Beschlusses

44 Entscheidet der Einzelrichter **ohne Beschluss**, der ihm die Sache überträgt, werden nicht nur die Voraussetzungen einer Übertragung verkannt. Der Einzelrichter entscheidet vielmehr ohne gesetzliche Grundlage. Das Verfahren leidet dann an einem Mangel, der bei Zulassung der **Rechtsbeschwerde** zur Aufhebung und Zurückverweisung führt.[9] Gleiches gilt bei einer Entscheidung des Vorsitzenden der Kammer für Handelssachen ohne Übertragungsbeschluss.[10] Auch die Wiederbeschäftigung des gesamten Spruchkörpers ohne Rückübertragung ist ein Mangel, der bei Zulassung der **Rechtsbeschwerde** zur Aufhebung und Zurückverweisung führt.[11] Ist die Rechtsbeschwerde nicht zugelassen, kann die Entscheidung durch einen anderen als den gesetzlichen Richter jedenfalls deswegen mit der **Anhörungsrüge** nach §§ 68 Abs. 3 Satz 1, 44 geltend gemacht werden, weil der Beteiligte mit der Entscheidung

---

1 *Rackl*, Rechtsmittelrecht, S. 184; anders für den Zivilprozess, aber mit dem klaren Wortlaut der Norm nicht vereinbar Zöller/*Heßler*, § 526 ZPO Rz. 13.
2 Keidel/*Sternal*, § 68 FamFG Rz. 106; *Rackl*, Rechtsmittelrecht, S. 185.
3 *Rackl*, Rechtsmittelrecht, S. 185; Bork/Jacoby/Schwab/*Müther*, 1. Aufl., § 68 FamFG Rz. 20.
4 Keidel/*Sternal*, § 68 FamFG Rz. 106.
5 Keidel/*Sternal*, § 68 FamFG Rz. 107; ähnlich *Rackl*, Rechtsmittelrecht, S. 185, der die Grundsätze zur Verwertung einer Beweisaufnahme nach einem Richterwechsel anwenden will.
6 Keidel/*Sternal*, § 68 FamFG Rz. 104a; Bork/Jacoby/Schwab/*Müther*, 1. Aufl., § 68 FamFG Rz. 20.
7 Vgl. BGH v. 13.3.2003 – IX ZB 134/02, Rpfleger 2003, 374.
8 S. BGH v. 16.7.2003 – VIII ZR 286/02, NJW 2003, 2900 f.; unklar *Bumiller*/Harders, § 68 FamFG Rz. 11.
9 *Schürmann*, FuR 2010, 493 (495); *Bumiller*/Harders, § 68 FamFG Rz. 9; Keidel/*Sternal*, § 68 FamFG Rz. 104; vgl. Musielak/*Ball*, § 526 ZPO Rz. 9; Zöller/*Heßler*, § 526 ZPO Rz. 11.
10 *Schürmann*, FuR 2010, 493 (495); *Bumiller*/Harders, § 68 FamFG Rz. 13.
11 *Schürmann*, FuR 2010, 493 (495); Keidel/*Sternal*, § 68 FamFG Rz. 104.

durch einen anderen als den gesetzlich vorgesehenen Richter vor diesem kein rechtliches Gehör erhalten hat.[1] Anschließend ist die Verfassungsbeschwerde wegen Verstoßes gegen Art. 101 Abs. 1 Satz 2 GG möglich.

c) Unzulässige Übertragung auf den Richter auf Probe

45 Wird die Sache einem Richter auf Probe übertragen, werden ebenfalls nicht nur die Voraussetzungen einer Übertragung verkannt. Es entscheidet auch dann ein gesetzlich **nicht vorgesehener Spruchkörper**. Das Verfahren leidet in diesem Fall an einem Mangel, der bei Zulassung der Rechtsbeschwerde zur Aufhebung und Zurückverweisung führt.[2] Wird die Rechtsbeschwerde nicht zugelassen, so kann die Entscheidung durch einen anderen als den gesetzlichen Richter wiederum zunächst mit der Anhörungsrüge nach §§ 68 Abs. 3 Satz 1, 44 angegriffen werden. Danach bleibt nur die Verfassungsbeschwerde wegen Verstoßes gegen Art. 101 Abs. 1 Satz 2 GG.

§ 69 Beschwerdeentscheidung

(1) Das Beschwerdegericht hat in der Sache selbst zu entscheiden. Es darf die Sache nur unter Aufhebung des angefochtenen Beschlusses und des Verfahrens nur dann an das Gericht des ersten Rechtszugs zurückverweisen, wenn dieses in der Sache noch nicht entschieden hat. Das Gleiche gilt, soweit das Verfahren an einem wesentlichen Mangel leidet und zur Entscheidung eine umfangreiche oder aufwändige Beweiserhebung notwendig wäre und ein Beteiligter die Zurückverweisung beantragt. Das Gericht des ersten Rechtszugs hat die rechtliche Beurteilung, die das Beschwerdegericht der Aufhebung zugrunde gelegt hat, auch seiner Entscheidung zugrunde zu legen.
(2) Der Beschluss des Beschwerdegerichts ist zu begründen.
(3) Für die Beschwerdeentscheidung gelten im Übrigen die Vorschriften über den Beschluss im ersten Rechtszug entsprechend.

A. Entstehungsgeschichte und Normzweck ... 1
B. Inhalt der Vorschrift
I. Eigene Entscheidung des Beschwerdegerichts (Absatz 1)
  1. Eigene Entscheidung in der Sache
    a) Grundsatz
      aa) Eigene Sachprüfung ... 2
      bb) Begrenzung durch erstinstanzlichen Verfahrensgegenstand, Anfall beim Beschwerdegericht und Übertragung von Ausführungshandlungen ... 3
    b) Entscheidung über unzulässige Beschwerden ... 5
    c) Entscheidung über unbegründete Beschwerden ... 6
    d) Eigene Entscheidung über begründete Beschwerden ... 7
  2. Aufhebung und Zurückverweisung
    a) Grundsatz ... 8
    b) Keine Entscheidung des erstinstanzlichen Gerichts in der Sache ... 9
    c) Grobe Verfahrensfehler
      aa) Wesentlicher Mangel des Verfahrens ... 10
      bb) Notwendigkeit einer umfangreichen oder aufwändigen Beweisaufnahme ... 11
      cc) Antrag eines Beteiligten ... 14
    d) Folgen der Aufhebung und Zurückverweisung
      aa) Bindung des Gerichts erster Instanz ... 15
      bb) Selbstbindung des Beschwerdegerichts und Bindung des Rechtsbeschwerdegerichts ... 19
      cc) Kostenentscheidung ... 20
    e) Folgen einer unberechtigten Aufhebung und Zurückverweisung ... 21
II. Pflicht zur Begründung der Entscheidung (Absatz 2)
  1. Betroffene Entscheidungen ... 22
  2. Umfang der Begründungspflicht
    a) Zu begründende Entscheidungsbestandteile ... 23
    b) Inhalt der Begründung
      aa) Tatsachen ... 24
      bb) Rechtliche Beurteilung ... 25

---

[1] Wie hier *Schürmann*, FuR 2010, 493 (495).
[2] AA *Rackl*, Rechtsmittelrecht, S. 183.

cc) Bezugnahmen 26
3. Ausnahmen 28
4. Folgen des Verstoßes 30
5. Weitere formale Anforderungen an die Entscheidung des Beschwerdegerichts 31
III. Entsprechende Anwendbarkeit der Vorschriften über den Beschluss im ersten Rechtszug (Absatz 3) 32

A. Entstehungsgeschichte und Normzweck

§ 69 trifft nähere Regelungen zur Entscheidung des Beschwerdegerichts über das Rechtsmittel. Dabei übernimmt § 69 Abs. 1 Satz 1 den bereits zum alten Recht anerkannten Grundsatz, dass das Beschwerdegericht die Sache grundsätzlich selbst zu entscheiden hat.[1] Die Vorschrift kodifiziert zugleich in Abs. 1 Satz 2 und 3 die bisher anerkannten Ausnahmefälle, in denen eine Aufhebung und Zurückverweisung an das Gericht erster Instanz in Betracht kommt.[2] In **Grundbuchsachen** gelten diese Regelungen nicht.[3] Die Beschränkung der Möglichkeit zur Aufhebung und Zurückverweisung dient der Verfahrensbeschleunigung und berücksichtigt das Interesse der Beteiligten an einer raschen Entscheidung.[4] § 69 Abs. 1 Satz 4 gestaltet die Bindung des Gerichts erster Instanz für den Fall der Aufhebung und Zurückverweisung näher aus. § 69 Abs. 2[5] enthält in modernerer sprachlicher Fassung die bislang in § 25 FGG enthaltene Pflicht zur Begründung der Beschwerdeentscheidung.

1

B. Inhalt der Vorschrift

I. Eigene Entscheidung des Beschwerdegerichts (Absatz 1)

1. Eigene Entscheidung in der Sache

a) Grundsatz

aa) Eigene Sachprüfung

Das Beschwerdegericht hat die Sache in vollem Umfang selbst zu prüfen. Es tritt insoweit weitgehend **an die Stelle des erstinstanzlichen Gerichts** (zu den Ausnahmen § 65 Rz. 14ff.).[6] Es hat also nicht nur zu prüfen, ob die erstinstanzliche Entscheidung fehlerfrei zu Stande gekommen ist, sondern den Sachverhalt neu zu prüfen und ggf. eigene **Ermessensentscheidungen** zu treffen.[7] Dies erfordert im Erbscheinsverfahren auch eine eigene Auslegung eines Testaments.[8] An Rügen der Beteiligten ist es nicht gebunden; es hat eine eigene rechtliche und aufgrund der Amtsermittlungspflicht auch tatsächliche Prüfung der Sache vorzunehmen.[9] Neue Tatsachen hat es zu berücksichtigen und bei neuen Ermittlungsansätzen auch selbst **neu zu ermitteln** (vgl. § 65 Rz. 11ff.).[10] Deshalb können auch Verfahrensfehler der ersten Instanz, etwa

2

---

1 BT-Drucks. 16/6308, S. 208.
2 Zur Anlehnung an das frühere Recht s. BT-Drucks. 16/6308, S. 208.
3 OLG Hamm v. 14.12.2010 – I-15 W 190/10, FGPrax 2011, 127.
4 BT-Drucks. 16/6308, S. 208.
5 Die Ausführungen der Gesetzesmaterialien (BT-Drucks. 16/6308, S. 208) zu Abs. 2 Satz 2 und den dort geregelten Fällen einer zwingenden Begr. bleiben kryptisch, da Abs. 2 nur aus einem Satz besteht.
6 BayObLG v. 16.2.1962 – WBReg 54/60, BayObLGZ 1962, 42 (46); BayObLG v. 2.11.1989 – BReg 1a Z 52/88, NJW-RR 1990, 202; BayObLG v. 6.7.1995 – 3Z BR 64/95, FGPrax 1995, 211 (212); BayObLG v. 7.5.1991 – BReg 1a Z 65/90, NJW-RR 1991, 1222 (1223); BayObLG v. 20.2.2002 – 3Z BR 34/02, NJW-RR 2002, 1086; KG v. 13.11.1967 – 1 W 1882/67, OLGZ 1968, 76 (77); s. § 65 Rz. 11ff.
7 BGH v. 19.1.2011 – XII ZB 256/10, FGPrax 2011, 156; BayObLG v. 16.2.1962 – WBReg 54/60, BayObLGZ 1962, 42 (46); BayObLG v. 23.7.1985 – BReg 1 Z 39/85, FamRZ 1985, 1179 (1180); KG v. 13.11.1967 – 1 W 1882/67, OLGZ 1968, 76 (77); Keidel/*Sternal*, § 68 FamFG Rz. 93; Bassenge/Roth/*Gottwald*, § 68 FamFG Rz. 13; Zöller/*Feskorn*, § 69 FamFG Rz. 2.
8 BayObLG v. 2.11.1989 – BReg 1a Z 52/88, NJW-RR 1990, 202.
9 Keidel/*Sternal*, § 68 FamFG Rz. 86.
10 BayObLG v. 20.2.2002 – 3Z BR 34/02, NJW-RR 2002, 1086.

eine unterbliebene Beteiligung oder Anhörung, noch im Beschwerdeverfahren geheilt werden.[1] Soweit die Neuvornahme etwa bei einer unterlassenen Anhörung in Freiheitsentziehungssachen keine rückwirkende Heilungswirkung entfaltet, kann sie doch zur Rechtmäßigkeit der Maßnahme ab der Beschwerdeentscheidung führen.[2] Da die Beschwerdeentscheidung nicht aufgrund der mündlichen Verhandlung ergeht, diese also nicht wie im Zivilprozess die (theoretische) Funktion der Entscheidungsgrundlage einnimmt, ist Vortrag der Beteiligten bis zur Bekanntgabe der Beschwerdeentscheidung nach § 41 Abs. 2 bzw. bis zur Übergabe an die Geschäftsstelle nach § 38 Abs. 3 Satz 3 zu berücksichtigen. Das Beschwerdegericht hat durch entsprechende organisatorische Maßnahmen Sorge dafür zu tragen, dass es bis dahin eingegangene Schriftsätze noch erhält (s. § 32 Rz. 7 f.).

bb) Begrenzung durch erstinstanzlichen Verfahrensgegenstand, Anfall beim Beschwerdegericht und Übertragung von Ausführungshandlungen

3   Die volle Überprüfungsmöglichkeit des Beschwerdegerichts wird durch den erstinstanzlichen Verfahrensgegenstand und den beim Beschwerdegericht angefallenen Gegenstand begrenzt.[3] Auch wenn das Gericht des ersten Rechtszuges auf eine sachdienliche weiter gehende Antragstellung hätte hinwirken müssen, kann die Entscheidung des Beschwerdegerichts in aller Regel **nicht über das hinausgehen, was Gegenstand des angefochtenen Beschlusses** war.[4] Das Beschwerdegericht darf also nicht mehr entscheiden als die vorangegangene Instanz, etwa den Aufgabenkreis des Betreuers erweitern, wenn nur der Betroffene gegen dessen Bestellung Beschwerde eingelegt hat.[5] Der Grundsatz der Amtsermittlung ändert hieran nichts, weil diese nur im Rahmen des angefallenen Verfahrensgegenstandes erfolgt.[6] Allerdings kann ein neuer Antrag auch nach der erstinstanzlichen Entscheidung noch bis zum Abschluss des Abhilfeverfahrens gestellt werden, da die Sache so lange noch in der ersten Instanz anhängig ist.[7] Auch darf etwa im Rahmen der Beschwerde gegen die Versagung der Genehmigung eines Vertrags nicht über die Genehmigung eines anderen entschieden werden.[8] Auch die Einbeziehung weiterer, am erstinstanzlichen Verfahren fehlerfrei nicht beteiligter Personen ist nicht zulässig.[9] Das Beschwerdegericht kann zB keinen anderen Erbschein erteilen als in erster Instanz beantragt. Über die erstinstanzlich gestellten Anträge kann es daher regelmäßig nicht hinausgehen, auch wenn die Beteiligten eine Erweiterung ihrer Anträge vornehmen (zu den Ausnahmen in echten Streitverfahren s. § 65 Rz. 16).[10] Auch zur Verschlechterung der erstinstanzlichen Entscheidung zulasten des Beschwerdeführers ist es nur sehr begrenzt befugt (s. im Einzelnen § 65 Rz. 18). Entscheidet das Beschwerdegericht (versehentlich) über eine mangels Beschwerde oder infolge Rücknahme nicht angefallene Sache, so

---

1   BVerfG v. 7.12.2010 – 1 BvR 2157/10, FamRZ 2011, 272 (273) – im konkreten Fall aber verneint; OLG Düsseldorf v. 22.4.1994 – 3 Wx 258/94 u. 269/94, NJW-RR 1994, 1288; BayObLG v. 16.12.1994 – 3 Z BR 308/94, FamRZ 1995, 695; BayObLG v. 4.6.1998 – 2 Z BR 19/98, ZMR 1998, 790 (791) = NJW-RR 1999, 452; BayObLG v. 4.11.1999 – 2 Z BR 140/99, ZMR 2000, 188 (189); BayObLG v. 12.10.2004 – 1 Z BR 71/04, FamRZ 2005, 541; OLG Hamm v. 29.6.1995 – 15 W 52/95, FGPrax 1995, 237; OLG Frankfurt v. 23.1.2003 – 20 W 479/02, FGPrax 2003, 81 (82); OLG Frankfurt v. 16.8.2012 – 5 UF 221/12, FamRZ 2013, 316 (317); Bassenge/Roth/*Gottwald*, § 68 FamFG Rz. 13; Keidel/*Meyer-Holz*, § 72 FamFG Rz. 28.
2   *Jennissen*, FGPrax 2009, 93 (95).
3   BGH v. 18.5.2011 – XII ZB 671/10, FamRZ 2011, 1143f.; Keidel/*Sternal*, § 68 FamFG Rz. 88; *Bumiller*/Harders, § 69 FamFG Rz. 7; Bassenge/Roth/*Gottwald*, § 68 FamFG Rz. 15; *Rackl*, Rechtsmittelrecht, S. 188.
4   OLG Schleswig v. 9.2.2011 – 2 W 138/10, FamRZ 2011, 1246f. auch zu einer Ausnahme beim Eintrag in das Sterberegister.
5   BayObLG v. 29.3.1996 – 3Z BR 21/96, BayObLGZ 1996, 81 (83).
6   BayObLG v. 29.3.1996 – 3Z BR 21/96, BayObLGZ 1996, 81 (83).
7   OLG Celle v. 13.10.2011 – 6 W 206/11, FamRZ 2012, 321.
8   BayObLG v. 27.11.1975 – BReg 1 Z 59/75, BayObLGZ 1975, 421 (424); *Bumiller*/Harders, § 65 FamFG Rz. 6.
9   BGH v. 17.3.1997 – II ZB 3/96, NJW 1997, 1855.
10 Keidel/*Sternal*, § 68 FamFG Rz. 92.

ist seine Entscheidung unwirksam, aber aufgrund des äußeren Scheines einer Entscheidung gleichwohl anfechtbar.[1]

Des Weiteren kann es nur insoweit entscheiden, als die erstinstanzliche Entscheidung durch die Beschwerde **beim Beschwerdegericht angefallen** ist.[2] Enthält die Akte weitere Entscheidungen, die (noch) nicht angefochten sind, kann das Beschwerdegericht diese nicht abändern. Des Weiteren kann das Beschwerdegericht jedenfalls in Antragsverfahren nicht über den Antrag des Beschwerdeführers hinausgehen.[3] Sofern zwei Maßnahmen vom Gesetz als einheitliche Entscheidung angesehen werden (wie die Beurteilung der Betreuungsbedürftigkeit und die Auswahl eines Betreuers), kann das Beschwerdegericht auch über die in erster Instanz noch nicht getroffene Entscheidung an sich ziehen.[4] Schließlich kann das Beschwerdegericht notwendige **Ausführungshandlungen** nicht selbst vornehmen.[5] So kann es einen Erbschein nicht selbst erteilen oder einziehen[6] bzw. den Antrag auf Erteilung eines Erbscheins nicht endgültig zurückweisen,[7] einen Testamentsvollstrecker nicht verpflichten oder entlassen,[8] ebenso wenig einen Vormund,[9] wohl aber einen Betreuer bestellen.[10] Zur Vornahme derartiger notwendiger Ausführungshandlungen kann es jedoch **das Gericht erster Instanz anweisen.**[11] Dieses ist an die Anweisung gebunden.[12] Hierzu bedarf es allerdings eines entsprechenden Antrags.[13] Gegen die Vornahme einer Ausführungshandlung ist eine erneute Beschwerde grundsätzlich nicht zulässig, es sei denn, der Beschwerdeführer beruft sich auf eine Änderung der Rechts- oder Sachlage, aufgrund derer die Ausführung nicht mehr hätte erfolgen dürfen.[14]

4

b) Entscheidung über unzulässige Beschwerden

Dass das Beschwerdegericht die Zulässigkeitserfordernisse von Amts wegen zu prüfen hat (vgl. § 68 Rz. 15 ff.),[15] ergibt sich zwar im Gegensatz zu § 572 Abs. 2 Satz 1 ZPO nicht unmittelbar aus dem Gesetzeswortlaut, wohl aber im Zusammenhang mit §§ 68 Abs. 3 Satz 1, 26 aus der Systematik des Gesetzes (s. § 68 Rz. 15). Die Zulässigkeitsvoraussetzungen müssen bei Einlegung der Beschwerde **bis zur Entscheidung des Beschwerdegerichts** vorliegen. Behebbare Mängel etwa zur Form der Beschwerde können nur bis zum Ablauf der Beschwerdefrist geheilt werden.[16] Wird der Mangel, auf den das Beschwerdegericht regelmäßig hinzuweisen hat,[17] nicht beho-

5

---

1 BayObLG v. 21.7.1988 – BReg 3 Z 59/88, BayObLGZ 1988, 259 (260).
2 KG v. 13.6.1986 – 1 W 5768/84, OLGZ 1986, 282 (283).
3 BayObLG v. 27.11.1975 – BReg 1 Z 59/75, BayObLGZ 1975, 421 (424); BayObLG v. 26.6.1986 – BReg. 3 Z 86/85, BayObLGZ 1986, 229 (234); BayObLG v. 28.4.1992 – 1Z BR 17/92, NJW-RR 1992, 1223 (1225).
4 BGH v. 5.1.2011 – XII ZB 240/10, FamRZ 2011, 367.
5 *Bumiller*/Harders, § 69 FamFG Rz. 8; Keidel/*Sternal*, § 69 FamFG Rz. 10.
6 BayObLG v. 16.2.1962 – WBReg 54/60, BayObLGZ 1962, 42 (46); BayObLG v. 7.7.1989 – BReg 1a Z 45/88, NJW-RR 1989, 1286 (1287); BayObLG v. 26.3.1996 – 1Z BR 111/94, BayObLGZ 1996, 69 (74); OLG Brandenburg v. 25.11.1997 – 10 Wx 33/96, FamRZ 1999, 55; *Bumiller*/Harders, § 69 FamFG Rz. 8; Keidel/*Sternal*, § 69 FamFG Rz. 11.
7 BayObLG v. 28.4.1992 – 1Z BR 17/92, NJW-RR 1992, 1223 (1225); OLG Frankfurt v. 13.1.1997 – 20 W 557/94, Rpfleger 1997, 262 (263).
8 OLG Karlsruhe v. 15.9.2004 – 14 Wx 73/03, NJW 2005, 1519; *Bumiller*/Harders, § 69 FamFG Rz. 8; Keidel/*Sternal*, § 69 FamFG Rz. 10.
9 BayObLG v. 16.2.1962 – WBReg 54/60, BayObLGZ 1962, 42 (46).
10 BayObLG v. 21.1.1993 – 3Z BR 169/92, FamRZ 1993, 602 f.; Keidel/*Sternal*, § 69 FamFG Rz. 10; anderes gilt für die Ausstellung der Bestellungsurkunde, s. Keidel/*Sternal*, § 69 FamFG Rz. 10.
11 OLG Frankfurt v. 13.1.1997 – 20 W 557/94, Rpfleger 1997, 262 (263); OLG Brandenburg v. 25.11. 1997 – 10 Wx 33/96, FamRZ 1999, 55; Bork/Jacoby/Schwab/*Müther*, 1. Aufl., § 69 FamFG Rz. 9.
12 BayObLG v. 26.3.1996 – 1Z BR 111/94, BayObLGZ 1996, 69 (74).
13 BayObLG v. 26.10.1990 – BReg 1a Z 19/90, BayObLGZ 1990, 294 (300).
14 Keidel/*Sternal*, § 69 FamFG Rz. 12; *Bumiller*/Harders, § 69 FamFG Rz. 8.
15 So auch *Bumiller*/Harders, § 69 FamFG Rz. 2; Rackl, Rechtsmittelrecht, S. 157 f.
16 *Rackl*, Rechtsmittelrecht, S. 158.
17 *Schürmann*, FuR 2010, 493 (495).

ben, so ist die Beschwerde zu **verwerfen**,[1] wobei der Zusatz „als unzulässig" unschädlich, aber nicht erforderlich ist. Dem Beschwerdeführer ist zuvor rechtliches Gehör zu gewähren.[2] Eine Entscheidung in der Sache ergeht nicht. **Hilfserwägungen** dazu, dass eine Beschwerde auch nicht begründet wäre, sind nicht nur unschädlich, sondern können dem Rechtsfrieden sogar förderlich sein, da der Rechtsmittelführer dann nicht meint, nur aus formalen Gründen gescheitert zu sein. Sie tragen die Entscheidung aber nicht: Das Rechtsbeschwerdegericht kann also nur die Verwerfung prüfen, nicht aber Erwägungen zur Begründetheit.[3] Sofern sich keine Bedenken zur Zulässigkeit ergeben, verstößt es nicht gegen die Begründungspflicht aus § 69 Abs. 2, wenn die Beschwerdeentscheidung hierzu keine weiteren Ausführungen enthält.[4] Ist die Beschwerde nur **teilweise unzulässig**, etwa infolge eines Verzichts nur auf eine Beschwerde gegen bestimmte abtrennbare Gegenstände der erstinstanzlichen Entscheidung, so ist das Rechtsmittel teilweise zu verwerfen.[5]

c) Entscheidung über unbegründete Beschwerden

6   Ist die Beschwerde zulässig, aber in der Sache nicht begründet, so ist sie **zurückzuweisen**. Dies ist auch dann der Fall, wenn das Beschwerdegericht mit einer **anderen Begründung** zum selben Ergebnis kommt wie das Gericht des ersten Rechtszuges.[6] In diesem Fall hat es dem Beschwerdeführer aber in aller Regel rechtliches Gehör zu gewähren, damit dieser zu der neuen Begründung Stellung nehmen kann.[7] Gleiches gilt, wenn die Beschwerde aus Gründen zurückzuweisen ist, die erst im Beschwerdeverfahren bekannt werden.[8] Auf einen Hinweis kann aber verzichtet werden, wenn der Beschwerdeführer auch diese rechtlichen Gesichtspunkte etwa aus einem Hinweis oder der Hilfsbegründung des erstinstanzlichen Gerichts bereits kannte und somit Stellung nehmen konnte. Unbegründet ist die Beschwerde auch dann, wenn der erstinstanzliche Antrag zu Recht als unzulässig behandelt wurde.[9]

d) Eigene Entscheidung über begründete Beschwerden

7   Erweist sich die Beschwerde als begründet, hat das Beschwerdegericht grundsätzlich nicht nur den Beschluss der Vorinstanz aufzuheben, sondern eine **eigene Entscheidung** zu treffen (vgl. § 65 Rz. 11 ff.). Es kann sich nicht darauf beschränken, das Gericht erster Instanz anzuweisen, von gewissen Bedenken Abstand zu nehmen, wenn die Sache im Beschwerderechtszug entscheidungsreif wird.[10] Eine Ausnahme wurde nach früherem Recht bei Zwischenverfügungen oder Vorbescheiden zugelassen. Hier wurde eine ersatzlose Aufhebung für zulässig befunden.[11] Dies wird auf die nunmehr nach § 352 Abs. 2 ergehenden Beschlüsse über die Erteilung eines Erbscheins zu übertragen sein.

---

1   *Rackl*, Rechtsmittelrecht, S. 158.
2   BGH v. 13.7.2005 – XII ZB 80/05, NJW-RR 2006, 142 (143); BGH v. 15.8.2007 – XII ZB 101/07, NJW-RR 2007, 1718; BGH v. 18.7.2007 – XII ZB 162/06, NJW-RR 2008, 78.
3   BGH v. 17.8.2011 – XII ZB 50/11, FamRZ 2011, 1649; KG v. 16.8.1965 – 1 W 1854/65, OLGZ 1965, 237 (239); ebenso Keidel/*Sternal*, § 68 FamFG Rz. 84 und § 69 FamFG Rz. 6.
4   Ähnlich Keidel/*Sternal*, 15. Aufl., § 25 FGG Rz. 15.
5   Keidel/*Sternal*, 15. Aufl., § 25 FGG Rz. 15.
6   Bassenge/Roth/*Gottwald*, § 68 FamFG Rz. 18.
7   BVerfG v. 25.10.2001 – 1 BvR 1079/96, NJW 2002, 1334 (1335); OLG Köln v. 1.3.1984 – 16 Wx 6/84, OLGZ 1984, 296 (297f.); Keidel/*Sternal*, § 68 FamFG Rz. 54; *Rackl*, Rechtsmittelrecht, S. 198.
8   *Bumiller*/Harders, § 69 FamFG Rz. 3; Bork/Jacoby/Schwab/*Müther*, 1. Aufl., § 69 FamFG Rz. 8.
9   Keidel/*Sternal*, § 69 FamFG Rz. 8.
10 OLG Hamm v. 19.9.1967 – 15 W 397/67, OLGZ 1968, 80 (83); BayObLG v. 7.5.1991 – BReg 1a Z 65/90, NJW-RR 1991, 1222 (1223); Keidel/*Sternal*, § 69 FamFG Rz. 11.
11 BayObLG v. 27.6.1996 – 1Z BR 148/95, NJW-RR 1997, 72 (73).

2. Aufhebung und Zurückverweisung

a) Grundsatz

Das Beschwerdegericht soll idR selbst entscheiden.[1] Dieser schon bisher anerkannte Grundsatz ist nunmehr in § 69 Abs. 1 Satz 1 kodifiziert. Ausnahmen lässt das Gesetz nur im eng begrenzten Umfang des § 69 Abs. 1 Satz 2 und 3 zu, wobei es sich an § 538 Abs. 2 Nr. 1, 3 ZPO anlehnt.[2] Auch in diesen Fällen betrachtete man das Beschwerdegericht nach früherem Recht allgemein **nicht als verpflichtet, die Sache unter Aufhebung der erstinstanzlichen Entscheidung zurückzuverweisen**. Es war nach allgemeiner Auffassung befugt, gleichwohl selbst zu entscheiden.[3] Dies erscheint jedenfalls dann vor dem Anspruch auf den gesetzlichen Richter nach Art. 101 Abs. 1 Satz 2 GG bedenklich, wenn es zum Verlust einer Instanz führt. Gleichwohl spricht auch § 69 Abs. 1 Satz 2 nur davon, dass das Beschwerdegericht die Sache zurückverweisen „darf", was wohl die bisherige Praxis fortschreiben soll. Dies entspricht auch der als Vorbild dienenden Vorschrift des § 538 Abs. 2 ZPO, wo ein **Ermessensspielraum** des Berufungsgerichts angenommen wird.[4] Dessen Ausübung ist allerdings zu begründen, wobei die Gesichtspunkte der Abwägung nachvollziehbar darzulegen sind.[5] Das Beschwerdegericht kann bei teilbaren Verfahrensgegenständen auch nur teilweise aufheben und zurückverweisen, im Übrigen aber in der Sache selbst entscheiden.[6] Die weiteren Zurückverweisungsgründe des § 538 Abs. 2 ZPO wurden nicht in das FamFG übernommen. Da der Gesetzgeber bewusst auf diese zivilprozessuale Vorschrift Bezug genommen hat, liegt auch keine unbewusste Regelungslücke vor. Eine analoge Anwendung von § 538 Abs. 2 ZPO scheidet somit aus, auch wenn die Voraussetzungen dieser Vorschrift, etwa bei der Entscheidung nur über den Grund eines Anspruchs (§ 528 Abs. 1 Nr. 4 ZPO), gegeben wären.[7]

8

b) Keine Entscheidung des erstinstanzlichen Gerichts in der Sache

Der erste, in § 69 Abs. 1 Satz 2 geregelte Ausnahmefall liegt dann vor, wenn das Gericht erster Instanz keine Entscheidung in der Sache getroffen hat. Denn anderenfalls würde der Beschwerdeführer eine Tatsacheninstanz verlieren.[8] Die Voraussetzungen dieser Norm liegen zum einen vor, wenn das Gericht erster Instanz den Antrag schon aus Gründen der **Zulässigkeit** scheitern lässt, etwa seine Zuständigkeit, die Antragsbefugnis[9] oder das Rechtsschutzbedürfnis verneint,[10] oder zu Unrecht die Bindung durch die Rechtskraft einer früheren Entscheidung annimmt.[11] Keine Entscheidung in der Sache liegt aber auch dann vor, wenn sich das Gericht erster Instanz zu Unrecht weigert, seine Entscheidung wegen eines **nicht beschiedenen Antrags** nach § 43 zu ergänzen. Gleiches gilt, wenn es einen nach § 7 zu Beteiligenden **fehlerhaft nicht hinzuzieht**.[12] Denn dann kann eine Entscheidung gegen ihn nicht wirksam werden, so dass ihm gegenüber auch keine Entscheidung in der Sache getroffen ist. Die fehlende Begründung stellt kein Fehlen der Entscheidung nach § 69 Abs. 1 Satz 2 dar, wenn die Beschlussformel – sei es auch nur mit einer Zurückweisung im Übrigen – die Frage erfasst. Dieser Mangel kann aber nach § 69 Abs. 1 Satz 3 beachtlich sein. Ferner

9

---

1 BT-Drucks. 16/6308, S. 208.
2 BT-Drucks. 16/6308, S. 208.
3 Keidel/*Sternal*, § 69 FamFG Rz. 13; Bork/Jacoby/Schwab/*Müther*, 1. Aufl., § 69 FamFG Rz. 18; *Rackl*, Rechtsmittelrecht, S. 189.
4 Keidel/*Sternal*, § 69 FamFG Rz. 13; Zöller/*Feskorn*, § 69 FamFG Rz. 7; vgl. Zöller/*Heßler*, § 538 ZPO Rz. 6f.; einschränkend Musielak/*Ball*, § 538 ZPO Rz. 15.
5 *Rackl*, Rechtsmittelrecht, S. 189; vgl. zum Zivilprozess BGH v. 16.12.2004 – VII ZR 270/03, MDR 2005, 645.
6 Keidel/*Sternal*, § 69 FamFG Rz. 13.
7 Wie hier *Rackl*, Rechtsmittelrecht, S. 189.
8 *Rackl*, Rechtsmittelrecht, S. 190.
9 Hierzu jetzt OLG München v. 5.11.2010 – 34 Wx 117/10, FGPrax 2011, 47 (48).
10 BT-Drucks. 16/6308, S. 208, wo das Fehlen einer Entscheidung in der Sache allerdings zu Unrecht auf diese Fallgruppe beschränkt wird; Bassenge/Roth/*Gottwald*, § 69 FamFG Rz. 3.
11 BayObLG v. 19.12.2001 – 3Z BR 280/01, NJW-RR 2002, 679 (680).
12 OLG Köln v. 30.9.3010 – II-4 UF 42/10, FamRZ 2011, 753; *Rackl*, Rechtsmittelrecht, S. 190.

dürfte bei unzulässigen Teil- oder Grundentscheidungen jedenfalls eine entsprechende Anwendung von § 69 Abs. 1 Satz 2 FamFG in Betracht kommen, da es auch dann an der gebotenen Entscheidung in der Sache fehlt.[1] An einer Entscheidung des funktional zuständigen Richters iSd. § 69 Abs. 1 Satz 1 fehlt es auch dann, wenn an seiner Stelle der Rechtspfleger entschieden hat, obwohl ihm die Sache nicht übertragen ist.[2] Trotz der missverständlichen Formulierung in der Gesetzesbegründung, die allgemein von einer Zurückverweisung nur auf Antrag der Beteiligten ausgeht,[3] ist das Antragserfordernis dem klaren Gesetzeswortlaut nach auf § 69 Abs. 1 Satz 3 beschränkt.[4] Für die Zurückverweisung nach § 69 Abs. 1 Satz 2 bedarf es eines solchen Antrags daher nicht.[5] § 69 Abs. 1 Satz 2 soll auch anwendbar sein, wenn das Ausgangsgericht aufgrund einer Zustimmung eines Beteiligten nach § 1671 Abs. 2 Nr. 1 BGB zur Übertragung der elterlichen Sorge entschieden hat und diese Zustimmung in der Beschwerdeinstanz entfällt.[6]

c) Grobe Verfahrensfehler

aa) Wesentlicher Mangel des Verfahrens

10   Der zweite, dem Grundsatz nach ebenfalls schon nach bisherigem Recht anerkannte Grund zur Zurückverweisung[7] ist nach § 69 Abs. 1 Satz 3 das Vorliegen eines wesentlichen Verfahrensmangels. Dies setzt die Verletzung einer Norm voraus, die das Verfahren regelt. Eine **fehlerhafte materiellrechtliche Beurteilung** genügt danach nicht, auch wenn sie ebenfalls grob fehlerhaft ist und bei der rechtlich gebotenen Würdigung eine umfangreiche oder aufwändige Beweisaufnahme erforderlich wird.[8] Maßgeblich für die Frage nach dem Vorliegen eines Verfahrensmangels ist die **materiellrechtliche Sicht der ersten Instanz**.[9] Wenig konturiert ist die „Wesentlichkeit" des Verfahrensmangels.[10] Wesentliche Verfahrensmängel können etwa Verstöße gegen die Pflicht zur **Amtsermittlung** nach § 26 oder zur Erteilung von Hinweisen sein[11] oder umgekehrt die **Verwertung unzulässig gewonnener Beweismittel**, etwa heimlicher Tonbandaufzeichnungen. § 69 Abs. 1 Satz 3 unterfallen ferner die **Nichtgewährung rechtlichen Gehörs**[12] etwa durch unterbliebene Mitteilung der Beschwerdeschrift[13] oder durch **Unterlassen einer Anhörung**,[14] Fehler in der Beteiligung oder das Abweichen von Anträgen in Antragsverfahren. In Betracht kommt auch die falsche Besetzung des Gerichts etwa bei unzulässiger Abweichung von der Geschäftsverteilung oder bei **Mitwirkung eines zu Recht abgelehnten Richters** an der Entscheidung.[15] In jedem Falle ist einer der durch § 72 Abs. 3 für die Rechtsbeschwerde in

---

1 So jetzt auch OLG Hamm v. 9.7.2012 – II-9 UF 105/12, FamRZ 2013, 309 (310); Keidel/*Sternal*, § 69 FamFG Rz. 14.
2 OLG Zweibrücken v. 16.9.2010 – 3 W 132/10, FGPrax 2011, 101.
3 BT-Drucks. 16/6308, S. 208.
4 So jetzt auch OLG Zweibrücken v. 17.2.2011 – 6 UF 14/11, FamRZ 2011, 992.
5 *Maurer*, FamRZ 2009, 465 (482); *Rackl*, Rechtsmittelrecht, S. 191; Zöller/*Feskorn*, § 69 FamFG Rz. 8.
6 OLG Zweibrücken v. 17.2.2011 – 6 UF 14/11, FamRZ 2011, 992.
7 BayObLG v. 16.2.1962 – WBReg 54/60, BayObLGZ 1962, 42, 46; vgl. hierzu BT-Drucks. 16/6308, S. 208.
8 Bassenge/Roth/*Gottwald*, § 69 FamFG Rz. 5; vgl. zum Zivilprozess Musielak/*Ball*, § 538 ZPO Rz. 7; Zöller/*Heßler*, § 538 ZPO Rz. 9 f.
9 Bassenge/Roth/*Gottwald*, § 69 FamFG Rz. 5; *Rackl*, Rechtsmittelrecht, S. 192; vgl. Musielak/*Ball*, § 538 ZPO Rz. 10; Zöller/*Heßler*, § 538 ZPO Rz. 10.
10 Die Definition von Bassenge/Roth/*Gottwald*, § 69 FamFG Rz. 5, der Verfahrensfehler müsse „so erheblich" sein, „dass das Verfahren keine ordnungsmäßige Grundlage für die Entscheidung darstellt", verbindet die Voraussetzung der Entscheidungserheblichkeit mit einem weiteren Wertungselement.
11 Bassenge/Roth/*Gottwald*, § 69 FamFG Rz. 5; *Rackl*, Rechtsmittelrecht, S. 192.
12 Bassenge/Roth/*Gottwald*, § 69 FamFG Rz. 5.
13 BayObLG v. 20.10.1960 – BReg 1 Z 213/59, BayObLGZ 1960, 407 (409); *Rackl*, Rechtsmittelrecht, S. 192.
14 OLG Hamm v. 24.1.2012 – II-11 UF 102/11, FamRZ 2012, 1230 (1231).
15 BayObLG v. 20.2.2002 – 3Z BR 34/02, NJW-RR 2002, 1086.

Bezug genommenen absoluten Revisionsgründe des § 547 ZPO ein wesentlicher Verfahrensmangel.[1] Auch die Entscheidung selbst kann noch gravierende Verfahrensfehler enthalten, wenn etwa **Beweise unzureichend gewürdigt** werden oder die in § 38 Abs. 3 Satz 1 vorgeschriebene Begründung für Teile der Entscheidung gänzlich fehlt.[2] Erst recht genügt das völlige Fehlen jeder Begründung (vgl. § 72 Abs. 3 FamFG iVm. § 547 Nr. 6 ZPO).[3] Die fehlerhafte Bekanntgabe kann ebenfalls ein wesentlicher Verfahrensmangel nach § 69 Abs. 1 Satz 3 sein.[4] Kein beachtlicher Verfahrensmangel ist nach dem Rechtsgedanken des § 65 Abs. 4 die unzutreffende Annahme des erstinstanzlichen Gerichts, es sei für die Sache zuständig. Sofern ein grober Verfahrensfehler vorliegt, muss die Entscheidung hierauf beruhen.[5] Es muss also zumindest möglich sein, dass das Gericht ohne den Verfahrensfehler zu einer anderen Entscheidung gekommen wäre.

bb) Notwendigkeit einer umfangreichen oder aufwändigen Beweisaufnahme

Ein grober Verfahrensmangel allein berechtigt das Beschwerdegericht im Gegensatz zum früheren Recht noch nicht zur Zurückverweisung. Vielmehr setzt § 69 Abs. 1 Satz 3 zusätzlich[6] voraus, dass „zur Entscheidung eine umfangreiche oder aufwändige Beweiserhebung notwendig wäre". Dies macht zunächst deutlich, dass auch wesentliche Mängel etwa in der Beteiligung nicht in jedem Fall zur Zurückverweisung berechtigen. Kann überhaupt ohne Beweiserhebung entschieden werden, indem der Mangel etwa in der Beteiligung durch das Beschwerdegericht geheilt wird, ist die Zurückverweisung unzulässig.[7] Auch auf die **unterlassene Anhörung** von Beteiligten allein kann das Beschwerdegericht eine Zurückverweisung nach dem klaren Wortlaut der Vorschrift entgegen früherer Praxis[8] grundsätzlich nicht stützen, obwohl jene ähnlich umfangreich sein kann wie eine Beweisaufnahme. Es hat die Anhörung selbst durchzuführen. Umgekehrt muss **zwischen Verfahrensmangel und Beweisaufnahme keine Kausalbeziehung** bestehen.[9] Denn die diesbezügliche Formulierung des § 538 Abs. 2 Nr. 1 ZPO, wonach „aufgrund dieses Mangels eine umfangreiche oder aufwändige Beweisaufnahme notwendig" sein muss, wurde gerade nicht in § 69 Abs. 1 Satz 3 übernommen.[10] Diese Einschränkung ist in Verfahren nach dem FamFG auch nicht geboten, da die Amtsermittlung durch die erste Instanz auch dann nicht verloren ge-

---

1 Keidel/*Sternal*, § 69 FamFG Rz. 15a.
2 OLG Köln v. 28.9.2010 – 4 UF 42/10, FGPrax 2011, 104; ebenso für das Fehlen der inhaltlichen Auseinandersetzung mit einem Teil des erstinstanzlichen Vortrags OLG Düsseldorf v. 28.1.2010 – I-3 Wx 3/10, FGPrax 2010, 98 (99).
3 OLG Frankfurt v. 11.8.1978 – 1 UF 147/78, FamRZ 1978, 942f.; OLG Hamm v. 26.1.2010 – I-15 W 361/09, FGPrax 2010, 143 (144); OLG Hamm v. 26.7.2011 – II-8 UF 50/11, FamRZ 2012, 725 (726); anders unter Berufung auf die frühere Rspr. Keidel/*Sternal*, § 69 FamFG Rz. 15a. Dies dürfte aber dem nunmehr ausdrücklich angeordneten Begr. zwang nicht gerecht werden. Im Übrigen ergäbe sich dann das Paradoxon, dass eine gar nicht begründete Entscheidung gegenüber einer schlecht begründeten privilegiert wird.
4 Vgl. Zöller/*Heßler*, § 538 ZPO Rz. 29; ähnlich Musielak/*Ball*, § 538 ZPO Rz. 11.
5 OLG Frankfurt v. 20.12.1977 – 20 W 663/77, Rpfleger 1978, 310 (311); Bassenge/Roth/*Gottwald*, § 69 FamFG Rz. 6; *Rackl*, Rechtsmittelrecht, S. 192.
6 Dazu, dass Verfahrensmangel, Erfordernis einer umfangreichen oder aufwändigen Beweiserhebung und Anträge eines Beteiligten kumulativ vorliegen müssen, s. Keidel/*Sternal*, § 69 FamFG Rz. 15c; Zöller/*Feskorn*, § 69 FamFG Rz. 9; ähnlich *Netzer*, ZNotP 2009, 303 (307) und OLG Düsseldorf v. 10.9.2010 – II-7 UF 84/10, FamRZ 2011, 719 (720).
7 Zöller/*Feskorn*, § 69 FamFG Rz. 10.
8 OLG Frankfurt v. 11.8.1978 – 1 UF 147/78, FamRZ 1978, 942f.; BayObLG v. 6.7.1989 – BReg 3 Z 22/89, BayObLGZ 1989, 282 (288); OLG Köln v. 29.10.2003 – 26 UF 161/03, FamRZ 2004, 1301f.
9 Die Stellungnahme in den Materialien (BT-Drucks. 16/6308, S. 208), wonach „aufgrund dessen (des Verfahrensmangels) eine umfangreiche oder aufwändige Beweisaufnahme erforderlich ist", lässt sich weder mit dem Wortlaut noch mit dem Sinn des Gesetzes in Übereinstimmung bringen; vgl. hier *Rackl*, Rechtsmittelrecht, S. 193; auch Keidel/*Sternal*, § 69 FamFG Rz. 15c; aA ohne Begr. Bassenge/Roth/*Gottwald*, § 69 FamFG Rz. 6; die von letzterem gefürchtete Aufhebung und Zurückverweisung aus Zweckmäßigkeitserwägungen wird gerade durch das zusätzliche Erfordernis einer umfangreichen oder aufwendigen Beweisaufnahme begrenzt.
10 *Rackl*, Rechtsmittelrecht, S. 193, der dies zu Recht mit der 1. Auflage als ausschlaggebendes Argument ansieht.

hen soll, wenn die neue Sachaufklärung nicht aufgrund eines Verfahrensfehlers erforderlich wird. Zudem wiche eine solche Praxis zu weit vom früheren Recht ab, was nicht beabsichtigt ist. Etwa die Unterlassung einer gebotenen Anhörung berechtigte früher ohne Weiteres zur Aufhebung und Zurückverweisung. Wenn dies nunmehr nicht mehr der Fall ist, darf dieser Fehler nicht auch dann noch unbeachtlich sein, wenn zusätzlich noch eine umfangreiche oder aufwändige Beweisaufnahme erforderlich ist, deren Notwendigkeit aber nicht auf der unterlassenen Anhörung beruht. Die Zurückverweisung ist also nicht nur dann zulässig, wenn sich der Verfahrensmangel auch auf die Unterlassung der Beweisaufnahme erstreckt. Vielmehr kann dem auch eine abweichende rechtliche Beurteilung durch das Beschwerdegericht zugrunde liegen.

12 Voraussehbar sind Schwierigkeiten bei der Subsumtion, wann eine Beweisaufnahme umfangreich oder aufwändig ist.[1] Unzweifelhaft geht aus diesem Wortlaut nur hervor, dass **nicht jede Beweisaufnahme** die Zurückverweisung begründet. Die Vernehmung eines Zeugen zu einer einfachen tatsächlichen Frage genügt daher nicht.[2] Gleiches dürfte für die Klärung einer einzelnen tatsächlichen Frage – etwa der Echtheit einer Unterschrift – durch einen **Sachverständigen** gelten.[3] Auch die Einnahme des Augenscheins stellt jedenfalls dann weder eine umfangreiche noch eine aufwändige Beweisaufnahme dar, wenn sie an einem nahe gelegenen Ort stattfindet.[4] Demgegenüber unterfallen Beweisaufnahmen mit einer Vielzahl von Zeugen[5] oder Sachverständigen oder eine Kombination aus beidem § 69 Abs. 1 Satz 3. Die Schwierigkeit liegt in der Abgrenzung. Ist **mehr als ein Termin des Beschwerdegerichts** zur Beweisaufnahme erforderlich, dürfte ein § 69 Abs. 1 Satz 3 erreichender Aufwand zu bejahen sein.[6] Allerdings kommt dem Beschwerdegericht bei der Abschätzung des Umfangs ein wohl nicht mehr nachzuprüfender Prognosespielraum zu.[7] Diese Gesichtspunkte, von denen sich das Beschwerdegericht hat leiten lassen, müssen freilich seiner Entscheidung zu entnehmen sein.[8]

13 Nach ausdrücklicher Anordnung des § 69 Abs. 1 Satz 3 rechtfertigt nicht nur der besondere Umfang der Beweisaufnahme, sondern auch ein **besonderer Aufwand** die Zurückverweisung. Ein solcher kann auch bei wenigen Zeugen etwa dann vorliegen, wenn **Auslandszustellungen** oder **Vernehmungen an weit entfernten Orten** erforderlich werden.[9] Gleiches wird für die Einnahme des Augenscheins gelten.

cc) Antrag eines Beteiligten

14 Die Aufhebung und Zurückverweisung setzt neben dem wesentlichen Verfahrensfehler und der umfangreichen oder aufwändigen Beweisaufnahme den Antrag eines Beteiligten voraus. Ohne einen solchen muss das Beschwerdegericht auch eine umfangreiche oder aufwendige Beweisaufnahme selbst durchführen.[10] Anders als nach früherer Praxis, derzufolge es noch nicht einmal einer Rüge bedurfte,[11] kann das Be-

---

1 Krit. hierzu *Schürmann*, FamRB 2009, 24 (28).
2 BT-Drucks. 16/6308, S. 208; Keidel/*Sternal*, § 69 FamFG Rz. 15c; vgl. Zöller/*Heßler*, § 538 ZPO Rz. 31 zum Zivilprozess.
3 Keidel/*Sternal*, § 69 FamFG Rz. 15c; weiter gehend BGH v. 16.12.2004 – VII ZR 270/03, MDR 2005, 645 für ein Sachverständigengutachten über Baumängel; aA offenbar *Schürmann*, FamRB 2009, 24 (28).
4 So e contrario auch Keidel/*Sternal*, § 69 FamFG Rz. 15c; vgl. zum Zivilprozess BGH v. 22.9.2006 – V ZR 239/05, MDR 2007, 289.
5 BT-Drucks. 16/6308, S. 208; Keidel/*Sternal*, § 69 FamFG Rz. 15c; Bork/Jacoby/Schwab/*Müther*, 1. Aufl., § 69 FamFG Rz. 19; Zöller/*Feskorn*, § 69 FamFG Rz. 10.
6 *Rackl*, Rechtsmittelrecht, S. 194.
7 Anders, für Überprüfbarkeit in der Rechtsbeschwerde *Rackl*, Rechtsmittelrecht, S. 194.
8 *Rackl*, Rechtsmittelrecht, S. 194; vgl. zum Zivilprozess BGH v. 16.12.2004 – VII ZR 270/03, MDR 2005, 645.
9 Vgl. BT-Drucks. 16/6308, S. 208.
10 Keidel/*Sternal*, § 69 FamFG Rz. 15d.
11 OLG Köln v. 29.10.2003 – 26 UF 161/03, FamRZ 2004, 1301 (1302).

schwerdegericht ohne Antrag nicht zurückverweisen und muss selbst entscheiden.[1] Allerdings wird ein **Hilfsantrag** wie im Zivilprozess genügen.[2] Er kann bis zum Erlass der Entscheidung gestellt werden.[3] Wie beim Antrag auf Rückübertragung auf den gesamten Spruchkörper nach § 68 Abs. 4 FamFG iVm. § 526 Abs. 2 Nr. 2 ZPO (vgl. § 68 Rz. 41) stellt sich hier die Frage, ob jeder Beteiligte einen entsprechenden Antrag stellen kann, auch wenn er gar nicht antrags- oder beschwerdebefugt wäre. Anders als in diesem Zusammenhang verweist § 69 Abs. 1 Satz 3 nicht nur auf die ZPO, weshalb sich hier nicht das Problem stellt, wer als „Partei" anzusehen ist. Vielmehr benutzt § 69 Abs. 1 Satz 3 die Terminologie des FamFG, wenn es formuliert, dass „ein Beteiligter" den Antrag stellen muss. Daraus geht hervor, dass grundsätzlich **jeder, der von § 7 erfasst ist**, einen Antrag stellen kann.[4] Er muss insbesondere nicht der Rechtsmittelführer sein. Dies ist zu respektieren, auch wenn die Beteiligten durchaus unterschiedlich von dem Verfahren und dem Zeitverlust durch die Aufhebung und Zurückverweisung betroffen sein können. Der Antrag soll entbehrlich sein, wenn in Streitigkeiten über den Versorgungsausgleich ein notwendig zu Beteiligender in erster Instanz nicht beteiligt wurde.[5]

d) Folgen der Aufhebung und Zurückverweisung

aa) Bindung des Gerichts erster Instanz

§ 69 Abs. 1 Satz 4 kodifiziert die bisherige, wohl gewohnheitsrechtlich verfestigte Rechtsprechung, wonach das Gericht erster Instanz an die Entscheidung des Beschwerdegerichts gebunden ist.[6] Der Gesetzgeber will hierüber offenbar nicht hinausgehen, wenn er in den Gesetzesmaterialien von einer Übernahme der „nach allgemeiner Ansicht ... bestehende(n) Bindung des Gerichts des ersten Rechtszugs ... als gesetzliche Regelung" spricht.[7] Angesichts dessen ist die knappe Beschreibung dieser Bindung, wonach für das erstinstanzliche Gericht „die der Aufhebung des Beschwerdegerichts zugrunde liegende Beurteilung der Sach- und Rechtslage" maßgeblich sein soll,[8] sehr genau zu nehmen. Die Beurteilung muss der Aufhebung zugrunde liegen.[9] Sie erfasst also nur die Gründe, die den Beschwerdegegenstand bestimmen.[10] **Obiter dicta** entfalten keine Bindungswirkung.[11] Wird etwa wegen eines Verfahrensmangels zurückverwiesen, darf das Gericht erster Instanz sein Verfahren nicht als fehlerfrei ansehen, auch wenn es die Entscheidung der übergeordneten Instanz für falsch hält. Nicht gebunden ist es an zusätzliche Ausführungen zur Rechtslage, denn sie liegen der Aufhebung nicht zugrunde. In diesem Rahmen geht die Bindung nach § 69 Abs. 1 Satz 4 aber über die Rechtskraft hinaus. Für das Gericht der ersten Instanz ist nicht nur nur die Beschlussformel nach §§ 68 Abs. 3 Satz 1, 38

---

1 BT-Drucks. 16/6308, S. 208; OLG Düsseldorf v. 10.9.2010 – II-7 UF 84/10, FamRZ 2011, 719 (720); OLG Hamm v. 26.7.2011 – II-8 UF 50/11, FamRZ 2012, 725 (726); *Bumiller*/Harders, § 69 FamFG Rz. 11.
2 *Schürmann*, FamRB 2009, 24 (29); Bassenge/Roth/*Gottwald*, § 69 FamFG Rz. 8; Bork/Jacoby/Schwab/*Müther*, 1. Aufl., § 69 FamFG Rz. 19; Zöller/*Feskorn*, § 69 FamFG Rz. 11; *Rackl*, Rechtsmittelrecht, S. 194; vgl. Zöller/*Heßler*, § 538 ZPO Rz. 4; zur Anlehnung an § 538 ZPO s. BT-Drucks. 16/6308, S. 208.
3 *Rackl*, Rechtsmittelrecht, S. 195.
4 Ebenso Zöller/*Feskorn*, § 69 FamFG Rz. 11; *Rackl*, Rechtsmittelrecht, S. 195.
5 OLG Köln v. 30.9.3010 – II-4 UF 42/10, FamRZ 2011, 753.
6 BayObLG v. 26.2.1985 – 1 Z 91/84, FamRZ 1985, 839 (840); OLG Karlsruhe v. 12.2.1988 – 11 W 162/87, Rpfleger 1988, 315; *Rackl*, Rechtsmittelrecht, S. 195; Zöller/*Feskorn*, § 69 FamFG Rz. 13.
7 BT-Drucks. 16/6308, S. 208.
8 BT-Drucks. 16/6308, S. 208.
9 *Bumiller*/Harders, § 69 FamFG Rz. 12.
10 BayObLG v. 22.1.1974 – BReg 2 Z 52/73, BayObLGZ 1974, 18 (21 f.) = Rpfleger 1974, 148 (149); *Bumiller*/Winkler, 8. Aufl., § 25 FGG Rz. 8.
11 Keidel/*Sternal*, § 69 FamFG Rz. 28; Zöller/*Feskorn*, § 69 FamFG Rz. 13; *Rackl*, Rechtsmittelrecht, S. 196.

Abs. 2 Nr. 3 maßgeblich. Es ist auch an **rechtliche Vorfragen** gebunden, die das Beschwerdegericht seiner Aufhebung zugrunde legt.[1]

16 Zu eng dürfte der Wortlaut des § 69 Abs. 1 Satz 4 insoweit gefasst sein, als er nur auf „die *rechtliche* Beurteilung" abstellt, die das Beschwerdegericht der Aufhebung zugrunde gelegt hat. Von der Bindung umfasst sein dürften wie bisher **auch tatsächliche Fragen**.[2] Hält das Gericht etwa die Verfahrensfähigkeit eines Beteiligten für gegeben, liegt dem eine medizinische und somit tatsächliche Beurteilung zugrunde. Das Gericht erster Instanz kann den Antrag dieser Beteiligten somit nach Aufhebung und Zurückverweisung nicht mehr unter abweichender Beantwortung dieser Frage erneut als unzulässig zurückweisen, sofern keine neuen Tatsachen vorliegen.

17 Nach der Systematik des § 69 Abs. 1 Satz 4 tritt die Bindung nur nach einer Aufhebung und Zurückverweisung ein. Dies ist insoweit zu eng, als auch eine **Aufhebung ohne Zurückverweisung** die erste Instanz bindet, wenn etwa die Entscheidung über die Erteilung eines Erbscheins aufgehoben und das Nachlassgericht zur Erteilung eines anderen angewiesen wird.[3] Der förmlichen Zurückverweisung bedarf es nicht.

18 Die Bindung an die rechtliche und tatsächliche Beurteilung durch das Beschwerdegericht besteht nur dann, wenn **dieselbe Sache** erneut Gegenstand der Beschwerde ist. Wenn lediglich eine übereinstimmende Sach- und Rechtslage vorliegt, ist das Beschwerdegericht an seine Beurteilung in einer Parallelsache nicht gebunden, selbst wenn Identität der Beteiligten besteht.[4] Zudem darf keine Änderung der Sachlage eingetreten sein.[5] Auch durch eine **Gesetzesänderung** kann die Bindung aufgehoben werden. Bestimmt der Gesetzgeber, wie etwa in Wohnungseigentumsverfahren (§ 62 Abs. 1 WEG), die Anwendbarkeit neuen Rechts ab einem bestimmten Zeitpunkt auch für Altverfahren, hat das Beschwerdegericht Rechtsmittel nach der neuen Rechtslage zu beurteilen.[6]

bb) Selbstbindung des Beschwerdegerichts und Bindung des Rechtsbeschwerdegerichts

19 Der Gesetzeswortlaut ist auch insoweit zu eng, als er nur eine Bindung des Gerichts erster Instanz regelt. Kommt für dieses nur noch eine bestimmte Beurteilung der Rechts- und Sachlage in Betracht, kann die Einhaltung dieser Vorgaben nicht rechtswidrig sein. Deshalb ist bei einer erneuten Beschwerde auch das Gericht des zweiten Rechtszugs an seine frühere Beurteilung gebunden, die der Zurückverweisung zugrunde lag.[7] Anderes soll gelten, wenn die erstinstanzliche Entscheidung nur aufgrund eines Verfahrensmangels aufgehoben wurde.[8] Dies kann mittlerweile eben-

---

1 Instruktiv OLG Hamm v. 19.9.1967 – 15 W 397/67, OLGZ 1968, 80 (82); ebenso BGH v. 28.10.1954 – IV ZB 48/54, BGHZ 15, 122 (125); *Rackl*, Rechtsmittelrecht, S. 196.
2 So auch BT-Drucks. 16/6308, S. 208: „Bindung des Gerichts des ersten Rechtszugs an die der Aufhebung des Beschwerdegerichts zugrunde liegenden Beurteilung der Sach- *und Rechtslage*"; Keidel/*Sternal*, § 69 FamFG Rz. 27; Zöller/*Feskorn*, § 69 FamFG Rz. 13; vgl. BayObLG v. 16.4.1992 – 3Z BR 8/92, BayObLGZ 1992, 96 (99); *Rackl*, Rechtsmittelrecht, S. 196 (mit möglicherweise durch missverständliche Formulierung in der ersten Auflage hervorgerufenen Kritik zum gewählten Beispiel).
3 OLG Karlsruhe v. 12.2.1988 – 11 W 162/87, Rpfleger 1988, 315.
4 BayObLG v. 10.9.1991 – BReg 1 Z 29/91, NJW 1992, 322; BayObLG v. 18.2.1998 – 1Z BR 155/97, NJW-RR 1998, 798 (799).
5 BayObLG v. 31.8.1995 – 3Z BR 176/95, FamRZ 1996, 436; BayObLG v. 31.3.1998 – 1Z BR 174/97, BayObLGZ 1998, 100 (102); BayObLG v. 17.4.2003 – 2Z BR 32/03, ZMR 2003, 947; *Bumiller*/Harders, § 69 FamFG Rz. 12; *Rackl*, Rechtsmittelrecht, S. 197.
6 Vgl. BGH v. 11.7.2002 – IX ZB 80/02, NJW-RR 2002, 1621.
7 BGH v. 28.10.1954 – IV ZB 48/54, BGHZ 15, 122 (124); OLG Hamm v. 19.9.1967 – 15 W 397/67, OLGZ 1968, 80 (82); BayObLG v. 22.1.1974 – BReg 2 Z 52/73, BayObLGZ 1974, 18 (21 f.) = Rpfleger 1974, 148 (149); BayObLG v. 16.4.1992 – 3Z BR 8/92, BayObLGZ 1992, 96 (99); BayObLG v. 31.8.1995 – 3Z BR 176/95, FamRZ 1996, 436; BayObLG v. 31.3.1998 – 1Z BR 174/97, BayObLGZ 1998, 100 (102); *Bumiller*/Harders, § 69 FamFG Rz. 13; Keidel/*Sternal*, § 69 FamFG Rz. 30; Bork/Jacoby/Schwab/*Müther*, 1. Aufl., § 69 FamFG Rz. 17; *Rackl*, Rechtsmittelrecht, S. 197.
8 *Bumiller*/Harders, § 69 FamFG Rz. 14; Keidel/*Sternal*, § 69 FamFG Rz. 27.

falls als gewohnheitsrechtlich verfestigte Praxis gelten. Aus denselben Gründen ist auch das **Rechtsbeschwerdegericht** an die Beurteilung des Beschwerdegerichts gebunden, wenn die Zurückverweisung nicht angegriffen wurde. Können die beiden Tatsacheninstanzen aus Rechtsgründen keine andere Beurteilung der Sach- und Rechtslage vornehmen, so liegt auch kein mit der Rechtsbeschwerde angreifbarer Fehler vor, wenn sie entsprechend entscheiden.[1] Allerdings reicht die Bindung von Beschwerde- und Rechtsbeschwerdegericht nicht weiter als diejenige der ersten Instanz. Es muss also dieselbe Sache, nicht nur eine Parallelsache oder ein neues Verfahren[2] vorliegen. Bei einer von den unteren Instanzen berücksichtigten Änderung der Sachlage ist auch das Rechtsbeschwerdegericht insoweit nicht mehr an die der Zurückverweisung zugrunde liegende Beurteilung des Beschwerdegerichts gebunden.[3] Änderungen der Gesetzeslage und dieser gleichstehende Entscheidungen des BVerfG und des EuGH hat es ohnehin zu berücksichtigen.[4]

cc) Kostenentscheidung

Mit der Aufhebung und Zurückverweisung hat das Gericht erster Instanz regelmäßig auch über die Kosten der Beschwerde zu entscheiden. Blieb der Beschwerdeführer dort im Ergebnis erfolglos, brachte dies einen Konflikt der Kostentragungsgrundsätze nach § 13a Abs. 1 Satz 1 FGG aF, wonach grundsätzlich jeder Beteiligte seine außergerichtlichen Kosten selbst trägt, und der Kostentragung des unterlegenen Rechtsmittelführers nach § 13a Abs. 1 Satz 2 FGG aF mit sich. In diesen Fällen sah die bisherige Praxis Anlass, **von einer Kostenentscheidung nach § 13a Abs. 1 Satz 2 FGG aF zulasten des Beschwerdeführers abzusehen**.[5] Das erneute Unterliegen in der ersten Instanz wurde nicht als so schwerwiegend angesehen, dass es die Kostenerstattung nach § 13a Abs. 1 Satz 2 FGG aF rechtfertigen könnte. An dieser Praxis wird man festhalten können, da auch § 84 nur eine Soll-Vorschrift enthält. Bei ihrer Anwendung ist **zu berücksichtigen, dass der Beschwerdeführer in der Rechtsmittelinstanz erfolgreich** war.

e) Folgen einer unberechtigten Aufhebung und Zurückverweisung

Die Aufhebung und Zurückverweisung ist grundsätzlich wie jede andere Entscheidung des Beschwerdegerichts überprüfbar.[6] Bei Zulassung der Rechtsbeschwerde ist die **unberechtigte Aufhebung und Zurückverweisung** ein Fehler, der zur Aufhebung der Beschwerdeentscheidung führt. Die Sache ist dem Beschwerdegericht gem. § 74 Abs. 6 Satz 2 zur eigenen Entscheidung zurückzugeben. Ist die Rechtsbeschwerde nicht kraft Gesetzes oder Zulassung statthaft, können sich die Beteiligten nur mit der **Anhörungsrüge** nach § 44 wehren, wenn ihr Anspruch auf rechtliches Gehör verletzt ist. Dies kann etwa dann der Fall sein, wenn sie nähere Ausführungen zum Nichtvorliegen der Möglichkeit einer Zurückverweisung machten, die unbeachtet blieben. Ansonsten kann die unberechtigte Zurückverweisung die Verfassungsbeschwerde begründen, da dann nicht der gesetzliche Richter, nämlich das Beschwerdegericht, sondern die erste Instanz entscheiden soll.

II. Pflicht zur Begründung der Entscheidung (Absatz 2)

1. Betroffene Entscheidungen

Für die Form der Entscheidung gelten über § 69 Abs. 3 grundsätzlich die Regelungen zur ersten Instanz (s. Rz. 33). Für die Begründung trifft § 69 Abs. 2 eine eigen-

---

1 Ausführlich hierzu OLG Hamm v. 19.9.1967 – 15 W 397/67, OLGZ 1968, 80 (82); ebenso BGH v. 28.10.1954 – IV ZB 48/54, BGHZ 15, 122 (124 f.); BayObLG v. 16.4.1992 – 3Z BR 8/92, BayObLGZ 1992, 96 (100); BayObLG v. 31.8.1995 – 3Z BR 176/95, FamRZ 1996, 436; BayObLG v. 31.3.1998 – 1Z BR 174/97, BayObLGZ 1998, 100 (102).
2 *Bumiller*/Harders, § 69 FamFG Rz. 14; Keidel/*Sternal*, § 69 FamFG Rz. 31.
3 Keidel/*Sternal*, § 69 FamFG Rz. 30.
4 Keidel/*Sternal*, § 69 FamFG Rz. 30.
5 OLG Hamm v. 8.12.1992 – 15 W 205/92, FamRZ 1993, 823.
6 BayObLG v. 26.2.1985 – 1 Z 91/84, FamRZ 1985, 839 (840); Keidel/*Meyer-Holz*, § 70 FamFG Rz. 14.

ständige Regelung. Aus der systematischen Stellung – die §§ 58 ff. betreffen nur Endentscheidungen – folgt, dass die Begründungspflicht nach § 69 Abs. 2 nur für **instanzbeendende Entscheidungen** des Beschwerdegerichts gilt. Erfasst sind also neben der **Hauptsacheentscheidung** insbesondere selbständige **Kostenentscheidungen** nach Erledigung oder Rücknahme. Hingegen kann ein Begründungszwang für andere Entscheidungen, etwa für einstweilige Anordnungen nach § 64 Abs. 3 nicht aus § 69 Abs. 2, sondern nur aus Spezialvorschriften abgeleitet werden.

2. Umfang der Begründungspflicht

a) Zu begründende Entscheidungsbestandteile

23 Zu begründen ist grundsätzlich die Entscheidung über **alle beschiedenen Anträge**.[1] Ausnahmen können sich aus §§ 69 Abs. 3, 38 Abs. 4 ergeben, wenn die dortigen Voraussetzungen (teilweise) vorliegen (s. im Einzelnen Rz. 28 f. und 33). Auch die **Kostenentscheidung** bedarf der Begründung,[2] die aber regelmäßig kurz ausfallen kann, wenn das Beschwerdegericht der gesetzlichen Regel des § 84 folgt. Eine ausführlichere Begründung ist aber beim Abweichen hiervon geboten. Eine Begründung zur Wirksamkeit und **Vollstreckbarkeit** der Entscheidung erübrigt sich regelmäßig, da diese in §§ 86 Abs. 2, 40 Abs. 1 gesetzlich geregelt ist.[3] Nähere Ausführungen können aber bei Ausnahmen wie der Genehmigung von Rechtsgeschäften (§ 40 Abs. 2) geboten sein.

b) Inhalt der Begründung

aa) Tatsachen

24 Die Anforderungen an die Begründung der Beschwerdeentscheidung können je nach Einzelfall sehr unterschiedlich ausfallen. Jedenfalls dann, wenn das Beschwerdegericht seine Entscheidung auf **neue tatsächliche oder rechtliche Erwägungen** stützt, sind sie nicht geringer als beim erstinstanzlichen Beschluss. Dem Beschwerdegericht obliegt dann eine vollständige Darstellung der festgestellten Tatsachen, auf das es seine Entscheidung stützt.[4] Dies erfordert neben der Darlegung der unstreitigen Tatsachen die **Würdigung der erhobenen Beweise**, also eine Begründung, weshalb das Beschwerdegericht bestimmte Tatsachen für erwiesen bzw. für nicht erwiesen hält.[5] Dies schließt es aus, nicht als unstreitig oder bewiesen festgestellte Umstände der Entscheidung zugrunde zu legen, etwa Verwandtschaftsverhältnisse bei der Entscheidung über einen Erbschein.[6] Nach Auffassung des Gerichts festgestellte Tatsachen und bloßes Vorbringen der Beteiligten müssen klar voneinander zu unterscheiden sein.[7] IdR wird dies einen **ähnlichen Aufbau wie das Zivilurteil**, also mit Tatbestand und Entscheidungsgründen erfordern,[8] die aber in Verfahren der freiwilligen Gerichtsbarkeit traditionell mit I./II. überschrieben werden. Das Abweichen von diesem Aufbau ist aber unschädlich.[9] Es genügt, wenn sich die **Tatsachenfeststellungen aus den Entscheidungsgründen** ergeben.[10] Mit unwesentlichen Tatsachenbehauptungen und den Beweisangeboten hierfür muss sich das Beschwerdege-

---

1 *Rackl*, Rechtsmittelrecht, S. 200.
2 *Zöller/Feskorn*, § 69 FamFG Rz. 6; *Rackl*, Rechtsmittelrecht, S. 200.
3 *Meyer-Seitz/Kröger/Heiter*, FamRZ 2005, 1430 (1434); *Rackl*, Rechtsmittelrecht, S. 200.
4 BGH v. 9.6.2011 – V ZB 230/10, NJW 2011, 3450; OLG Frankfurt v. 20.12.1977 – 20 W 663/77, Rpfleger 1978, 310, 311; BayObLG v. 13.1.1994 – 3Z BR 311/93, NJW-RR 1994, 617 (618); BayObLG v. 5.2.1998 – 3Z BR 486/97, NJW-RR 1998, 1014 f.; *Bumiller/Harders*, § 69 FamFG Rz. 17; *Zöller/Feskorn*, § 69 FamFG Rz. 5.
5 OLG Frankfurt v. 20.12.1977 – 20 W 663/77, Rpfleger 1978, 310 (311); BayObLG v. 5.2.1998 – 3Z BR 486/97, NJW-RR 1998, 1014 f.; Bork/Jacoby/Schwab/*Müther*, 1. Aufl., § 69 FamFG Rz. 3 f.; *Zöller/Feskorn*, § 69 FamFG Rz. 5.
6 BayObLG v. 26.2.1985 – 1 Z 91/84, FamRZ 1985, 839 (840).
7 BayObLG v. 7.12.1993 – 1Z BR 99/93 u. 114/93, FamRZ 1994, 913 (915).
8 OLG Köln v. 2.10.1992 – 2 Wx 33/92, NJW 1993, 1018.
9 OLG Frankfurt v. 20.12.1977 – 20 W 663/77, Rpfleger 1978, 310 (311); Bork/Jacoby/Schwab/*Müther*, 1. Aufl., § 69 FamFG Rz. 4.
10 *Bumiller/Harders*, § 69 FamFG Rz. 18; Keidel/*Sternal*, § 69 FamFG Rz. 43.

richt freilich nicht beschäftigen. Es darf Sachverständigen oder gar Zeugen nicht kritiklos folgen.[1] Sachverständige Stellungnahmen dürfen nicht nur pauschal wiedergegeben werden, wenn kein schriftliches Gutachten vorliegt.[2] Sofern sich die hinreichende Qualifikation eines Gutachters nicht schon aus Berufsbezeichnung und Zusatzqualifikationen, etwa als Facharzt für bestimmte Gebiete, ergibt, muss das Beschwerdegericht auch die tatsächlichen Umstände dartun, aus denen die besondere Sachkunde folgt.[3] Drängen sich Unstimmigkeiten auf oder werden konkrete Rügen vorgebracht, muss sich das Gericht hiermit befassen. Erst recht bedarf es einer nachvollziehbaren Begründung, wenn das Gericht vom Gutachten eines Sachverständigen abweicht.[4] Sofern ein **Beurteilungs- oder Ermessensspielraum** vorliegt, müssen die tatsächlichen Grundlagen hierfür gleichfalls ausgeführt werden.[5] Auch Entscheidungen im Verfahren, die sich nicht von selbst verstehen, wie etwa die unterlassene Hinzuziehung eines Dolmetschers für einen ausländischen Beteiligten,[6] sind spätestens in der Entscheidung zu begründen. Entsprechendes gilt für die **Dokumentation von Hinweisen** (§ 28 Abs. 3). Sofern das Ergebnis einer Anhörung oder einer Vernehmung nicht aktenkundig ist, muss das Beschwerdegericht deren wesentlichen Inhalt vollständig und im Zusammenhang wiedergeben.[7] Allerdings ist dies nur zulässig, wenn die Anhörung oder Vernehmung von den an der Entscheidung beteiligten Richtern durchgeführt[8] und den anderen Beteiligten nach § 37 Abs. 2 rechtliches Gehör gewährt wurde.[9]

bb) Rechtliche Beurteilung

Die Entscheidung muss ferner die **Rechtsanwendung auf den festgestellten Sachverhalt** enthalten.[10] Allerdings musste das Beschwerdegericht auf abweichende Rechtsansichten der Beteiligten nach allgemeiner Handhabung des bisherigen Rechts ebenso wenig eingehen wie auf abweichende Meinungen in Literatur und Rechtsprechung.[11] Dies erscheint zu weit gehend. Wenn sich die Beteiligten hauptsächlich oder gar ausschließlich um die Auslegung des weitgehend neuen Rechts streiten, wird das Beschwerdegericht – immerhin idR ein OLG – gehalten sein, sich jedenfalls dann auch zu abweichenden **Rechtsfragen** zu äußern, wenn sich hierüber noch keine überwiegende Auffassung in Rechtsprechung und Schrifttum gebildet hat.

25

cc) Bezugnahmen

Bezüglich tatsächlicher und rechtlicher Begründung kann das Beschwerdegericht auf die Entscheidung erster Instanz Bezug nehmen, sofern diese die erforderlichen Feststellungen und die Subsumtion enthält.[12] Ähnliches gilt auch für Entscheidungen anderer Gerichte oder Behörden,[13] etwa zu Vorfragen der Beschwerdeentscheidung, und für sonstige Akten. Allerdings muss die Bezugnahme jedenfalls in letzterem Fall ihrem Umfang nach klar gekennzeichnet sein.[14] **Pauschale Bezugnahmen**

26

---

1 OLG Stuttgart v. 17.2.1978 – 16 UF 20/78, FamRZ 1978, 827 (828).
2 OLG Düsseldorf v. 29.7.1994 – 3 Wx 406/94, FamRZ 1995, 118.
3 BayObLG v. 19.6.1986 – BReg 3 Z 165/85, BayObLGZ 1986, 214 (216f.); für einen Berufsanfänger ohne Facharztqualifikation, dessen Sachkunde zudem ausdrücklich gerügt wurde.
4 BayObLG v. 5.11.1992 – 3Z BR 102/92, FamRZ 1993, 442f.
5 *Bumiller*/Harders, § 69 FamFG Rz. 17.
6 *Bumiller*/Winkler, 8. Aufl., § 25 FGG Rz. 12.
7 OLG Hamm v. 3.4.1968 – 15 W 69/68, OLGZ 1968, 349 (350); BayObLG v. 7.12.1993 – 1Z BR 99/93 u. 114/93, FamRZ 1994, 913 (914).
8 OLG Hamm v. 3.4.1968 – 15 W 69/68, OLGZ 1968, 349 (350).
9 Vgl. BayObLG v. 10.12.1985 – BReg 3 Z 159/85, BayObLGZ 1985, 403 (406).
10 OLG Frankfurt v. 20.12.1977 – 20 W 663/77, Rpfleger 1978, 310, 311; BayObLG v. 5.2.1998 – 3Z BR 486/97, NJW-RR 1998, 1014f.; Zöller/*Feskorn*, § 69 FamFG Rz. 5.
11 *Bumiller*/Harders, § 69 FamFG Rz. 18; wie hier wohl auch Keidel/*Sternal*, § 69 FamFG Rz. 45f.
12 OLG Köln v. 2.10.1992 – 2 Wx 33/92, NJW 1993, 1018.
13 OLG Köln v. 2.10.1992 – 2 Wx 33/92, NJW 1993, 1018; OLG Köln v. 20.2.2001 – 25 UF 180/00, FamRZ 2002, 337; *Bumiller*/Harders, § 69 FamFG Rz. 18.
14 BGH v. 9.6.2011 – V ZB 230/10, NJW 2011, 3450; BayObLG v. 5.12.1996 – 2Z BR 61/96, NJW-RR 1997, 396 (397); *Bumiller*/Harders, § 69 FamFG Rz. 16; Zöller/*Feskorn*, § 69 FamFG Rz. 5.

genügen nicht.[1] Weitergehende Bezugnahmen werden nur dann zugelassen, wenn sich das Beschwerdegericht die Wiederholung einer **Entscheidung erster Instanz** ersparen will. In diesem Fall genügt es aber nicht, dass der angefochtene Beschluss nach Auffassung des Beschwerdegerichts zutrifft. Er muss sowohl die erforderlichen **Tatsachenfeststellungen** als auch die **rechtliche Subsumtion** in **vollem Umfang** enthalten.[2] Von diesen Anforderungen geht auch das neue Recht nicht ab, obwohl die vormals tragende Erwägung weggefallen ist, wonach dem Rechtsbeschwerdegericht allein anhand der Beschwerdeentscheidung eine Rechtskontrolle möglich sein muss.[3] Denn ohne Zulassung der Rechtsbeschwerde durch das Beschwerdegericht ist diese ohnehin nur bei Zulässigkeit kraft Gesetzes statthaft. Gleichwohl besteht der Begründungszwang in vollem Umfang.[4]

27 Im Übrigen sind **Pauschalverweisungen auf gesamte Akten** oÄ mit § 69 Abs. 2 unvereinbar. Die Bezugnahme darf auf keinen Fall zur Unverständlichkeit der Entscheidung führen, etwa dadurch, dass sich der Inhalt der Begründung nur noch durch Lektüre einer Vielzahl in Bezug genommener Schriftstücke oder gar durch Studium einer anderen Akte erschließt.[5] IdR empfiehlt sich zumindest eine kurze Inhaltsangabe des Schriftstücks und eine Bezugnahme nur auf die Einzelheiten. Selbstverständlich muss das in Bezug genommene Dokument den Beteiligten schon aus Gründen des rechtlichen Gehörs bekannt sein, wenn das Gericht seine Entscheidung hierauf stützt (§ 37 Abs. 2). Das Gericht muss aber eine eigene Entscheidung treffen und dies auch erkennen lassen; eine bloße Bezugnahme auf die Stellungnahme einer Behörde, etwa des Jugendamtes genügt nicht.[6]

3. Ausnahmen

28 Über den Verweis in § 69 Abs. 3 kommen Ausnahmen von der Begründungspflicht wie im ersten Rechtszug in Betracht.[7] Denn § 69 Abs. 2 geht nicht über § 38 Abs. 3 Satz 1 hinaus, will insbesondere keine abschließende Sonderregelung treffen. Vorbehaltlich der Rückausnahmen in § 38 Abs. 5 und der besonderen Anforderungen bei einer Geltendmachung des Beschlusses im Ausland nach § 38 Abs. 6 kann also auch das Beschwerdegericht von einer Begründung absehen,[8] wenn die Entscheidung aufgrund eines **Anerkenntnisses**, eines **Verzichts** oder der **Säumnis** eines Beteiligten ergeht (§§ 69 Abs. 3, 38 Abs. 4 Nr. 1) oder alle Beteiligten nach mündlicher Bekanntgabe **auf Rechtsmittel verzichtet** haben (§§ 69 Abs. 3, 38 Abs. 4 Nr. 3). Hingegen kommt ein Absehen von der Begründung nach §§ 69 Abs. 3, 38 Abs. 4 Nr. 2 infolge gleichgerichteter Anträge bzw. deswegen, weil der Beschluss nicht dem erklärten Willen eines Beteiligten widerspricht, wohl nur theoretisch in Betracht. Diese Bestimmung ist wohl nur auf erstinstanzliche Verfahren zugeschnitten. Die Tatsache, dass überhaupt Beschwerde eingelegt wurde, zeigt bereits, dass keine gleichgerichteten Anträge verfolgt werden und ein Widerspruch zum erklärten Willen eines Beteiligten besteht. Unter § 38 Abs. 4 Nr. 2 fallende Erklärungen wären daher in der Beschwerdeinstanz wohl regelmäßig als Rücknahme des Rechtsmittels bzw. des Antrags zu werten.

---

1 BayObLG v. 5.2.1998 – 3Z BR 486/97, NJW-RR 1998, 1014 f.; Zöller/*Feskorn*, § 69 FamFG Rz. 5.
2 OLG Köln v. 2.10.1992 – 2 Wx 33/92, NJW 1993, 1018; *Bumiller*/Harders, § 69 FamFG Rz. 16; Keidel/*Sternal*, § 69 FamFG Rz. 47.
3 OLG Frankfurt v. 20.12.1977 – 20 W 663/77, Rpfleger 1978, 310 (311); OLG Köln v. 2.10.1992 – 2 Wx 33/92, NJW 1993, 1018; BayObLG v. 5.2.1998 – 3Z BR 486/97, NJW-RR 1998, 1014 f.
4 Dass anderes angedacht war, zeigen die Ausführungen der Materialien zu einem § 69 Abs. 2 Satz 2 zu Fällen, „in denen die Entscheidung zwingend zu begründen ist" (BT-Drucks. 16/6308, S. 208). Diese Vorschrift wurde aber nicht Gesetz.
5 BayObLG v. 5.12.1996 – 2Z BR 61/96, NJW-RR 1997, 396, 397; BayObLG v. 31.8.1995 – 3Z BR 176/95, FamRZ 1996, 436; Keidel/*Sternal*, § 69 FamFG Rz. 48; Bork/Jacoby/Schwab/*Müther*, 1. Aufl., § 69 FamFG Rz. 5.
6 OLG Köln v. 20.2.2001 – 25 UF 180/00, FamRZ 2002, 337.
7 *Maurer*, FamRZ 2009, 465 (481 f.); *Rackl*, Rechtsmittelrecht, S. 201 f.; Bork/Jacoby/Schwab/*Müther*, 1. Aufl., § 69 FamFG Rz. 20; Zöller/*Feskorn*, § 69 FamFG Rz. 5; aA *Bumiller*/Harders, § 69 FamFG Rz. 15, wonach „ausnahmslos" alle Beschwerdeentscheidungen zu begründen sein sollen; ähnlich Keidel/*Sternal*, § 69 FamFG Rz. 42. Das ist mit § 69 Abs. 3 FamFG kaum zu vereinbaren.
8 Zu den Rückausnahmen s. auch *Rackl*, Rechtsmittelrecht, S. 201.

Weitere Erleichterungen wie im zivilprozessualen Berufungsverfahren sehen die Vorschriften zur Beschwerde nicht vor. Das Beschwerdegericht kann also anders als das Berufungsgericht ohne Rechtsmittelverzicht nach §§ 69 Abs. 3, 38 Abs. 4 Nr. 3 **keine Kurzfassung der Entscheidung** entsprechend § 540 Abs. 1 Satz 2 ZPO in das Protokoll diktieren.[1] Mangels Verweises auf die entsprechenden Vorschriften scheidet auch eine Zurückweisung der Beschwerde nach § 522 Abs. 2 ZPO aus.[2] Vielmehr ist der in § 69 Abs. 3 angeordneten entsprechenden Anwendung der Vorschriften über das erstinstanzliche Verfahren zu entnehmen, dass die Beschwerdeentscheidung grundsätzlich den Anforderungen an einen erstinstanzlichen Beschluss genügen muss.

29

4. Folgen des Verstoßes

Fehlt nicht nur die Begründung, sondern die Entscheidung über einen Antrag insgesamt, kann dieser fehlende Bestandteil **nach §§ 69 Abs. 3, 43** ergänzt werden. Im Übrigen ist die **fehlende Begründung** wie jeder inhaltliche Fehler nur mit dem zulässigen Rechtsmittel, hier also mit der Rechtsbeschwerde angreifbar,[3] was allerdings deren Zulassung kraft Gesetzes oder durch das Beschwerdegericht nach § 70 voraussetzt. In diesem Fall liegt ein gravierender Fehler vor, da sich das Beschwerdegericht in der Sache nicht mit dem Vorbringen der Beteiligten auseinander gesetzt hat. Dies rechtfertigt nach § 74 Abs. 6 Satz 2 die teilweise Aufhebung und Zurückverweisung.[4] Dies ist auch bei teilweisem Fehlen einer Begründung der Fall.[5] Ist die Rechtsbeschwerde nicht statthaft, so bleibt den Beteiligten nur die **Anhörungsrüge** nach §§ 69 Abs. 3 Satz 1, 44.[6] Denn das Beschwerdegericht hat sich dann nicht mit dem Vorbringen der Beteiligten auseinander gesetzt und somit den Anspruch auf rechtliches Gehör verletzt. Die nach §§ 69 Abs. 3, 44 Abs. 5 gebotene Fortführung des Verfahrens besteht dann in der Anfertigung und Übermittlung der fehlenden Begründung für den betroffenen Teil der Entscheidung.

30

5. Weitere formale Anforderungen an die Entscheidung des Beschwerdegerichts

Die §§ 58 ff. enthalten keine eigenen Vorgaben zu den weiteren formalen Anforderungen an die Entscheidung des Beschwerdegerichts. Über die Verweisung in § 69 Abs. 3 gelten insoweit die **Vorschriften für das erstinstanzliche Verfahren**. So muss auch der Beschluss zweiter Instanz die Angaben des § 38 Abs. 2 enthalten. Ferner ist die Entscheidung nach § 38 Abs. 3 Satz 2 „zu unterschreiben". Dabei wird man die Unterschriften des gesamten Spruchkörpers, nicht nur des Vorsitzenden fordern müssen.[7] Ferner muss der Beschluss nach §§ 69 Abs. 3, 39 eine Rechtsbehelfsbelehrung enthalten, sofern ein Rechtsmittel statthaft ist.

31

III. Entsprechende Anwendbarkeit der Vorschriften über den Beschluss im ersten Rechtszug (Absatz 3)

Ähnlich wie § 68 Abs. 3 Satz 1 für das Verfahren bestimmt § 69 Abs. 3 für die Entscheidung des Beschwerdegerichts die entsprechende Anwendbarkeit der Vorschriften des ersten Rechtszugs. Auch hier ergeben sich wie bei § 68 Abs. 3 Satz 1 aufgrund der Pauschalität der Bezugnahme bisweilen Zweifelsfragen, ob und in welchem Um-

32

---

1 Zöller/*Feskorn*, § 69 FamFG Rz. 5; aA wohl Keidel/*Sternal*, § 69 FamFG Rz. 44.
2 *Schürmann*, FuR 2010, 493 (495); zur familienrechtlichen Spezialnorm des § 117 Abs. 3 und ihrer § 522 ZPO möglicherweise vergleichbaren Wirkung s. *Schürmann*, FamRB 2009, 24 (28); aA – für Anwendbarkeit von § 522 ZPO – OLG Karlsruhe v. 27.4.2010 – 16 UF 27/10, FamRZ 2011, 232.
3 *Rackl*, Rechtsmittelrecht, S. 200.
4 OLG Frankfurt v. 11.8.1978 – 1 UF 147/78, FamRZ 1978, 942 f.; BayObLG v. 13.1.1994 – 3Z BR 311/93, NJW-RR 1994, 617 (618); Keidel/*Sternal*, § 69 FamFG Rz. 50.
5 BayObLG v. 13.1.1994 – 3Z BR 311/93, NJW-RR 1994, 617 (618); Keidel/*Sternal*, § 69 FamFG Rz. 50.
6 *Rackl*, Rechtsmittelrecht, S. 200.
7 Keidel/*Sternal*, 15. Aufl., § 25 FGG Rz. 34; *Bumiller*/Winkler, 8. Aufl., § 25 FGG Rz. 14; Bork/Jacoby/Schwab/*Müther*, 1. Aufl., § 69 FamFG Rz. 2.

§ 69 Allgemeiner Teil

fang eine Norm zur Entscheidung im ersten Rechtszug auch auf die Beschwerdeentscheidung anwendbar ist.

33 Die Regelungen zur **Form der Entscheidung in § 38 Abs. 1 und 2** finden nur insoweit eine speziellere Regelung in § 69 Abs. 1, als dort die grundsätzliche Pflicht zu einer eigenen Entscheidung des Beschwerdegerichts in der Sache normiert wird. § 38 Abs. 1 und 2 bleiben daneben anwendbar, soweit es um die Form der Entscheidung geht. Wie die erste Instanz hat das Beschwerdegericht durch Beschluss zu entscheiden, der hinsichtlich Rubrum und Tenor den Mindestanforderungen des § 38 Abs. 2 Nr. 1 bis 3 genügen muss. Darüber hinaus macht der ausdrücklich bestimmte Gleichlauf von erstinstanzlichem Beschluss und Beschwerdeentscheidung deutlich, dass dem Gericht des zweiten Rechtszuges im Verfahren nach dem FamFG keine der Zurückweisung nach § 522 Abs. 2 ZPO entsprechende Möglichkeit einer Ressourcen schonenden Erledigung eröffnet ist. Die Pflicht zur **Begründung der Entscheidung in § 38 Abs. 3 Satz 1** hat in § 69 Abs. 2 eine Spezialregelung für das Beschwerdeverfahren gefunden. Hingegen bleibt für den Vermerk zur Übergabe des Beschlusses an die Geschäftsstelle bzw. zur **Bekanntgabe § 38 Abs. 3 Satz 3** mangels eigener Regelung in den §§ 58 ff. auch für das Beschwerdeverfahren maßgeblich.[1] Die Möglichkeit eines **Verzichts** auf die Begründung und die **Rückausnahmen in § 38 Abs. 4 bis 6** sind auch im zweiten Rechtszug anwendbar. Allerdings wird der Stellung gleich lautender Anträge nach § 38 Abs. 4 Nr. 2 in der Beschwerdeinstanz keine Bedeutung zukommen, da dann entweder von einer Antrags- oder einer Beschwerderücknahme auszugehen ist (vgl. Rz. 28). Schließlich gehört auch die **Rechtsbehelfsbelehrung nach § 39** zu den Mindestanforderungen, denen die Beschwerdeentscheidung ebenso wie diejenige des erstinstanzlichen Gerichts genügen muss.[2]

34 Die Vorschriften zum **Wirksamwerden der Entscheidung in § 40** sind uneingeschränkt auch auf das Beschwerdeverfahren anwendbar. Dies gilt auch für die Regelungen zur **Bekanntgabe des Beschlusses nach § 41**.[3]

35 Die Korrektur einer Beschwerdeentscheidung bei unwillentlicher Abweichung des geschriebenen vom gewollten Inhalt durch **Berichtigung nach § 42** ist auch auf die Entscheidung des Beschwerdegerichts anzuwenden. Allerdings kann für diesen Fall kein weiter gehender Rechtszug eröffnet werden als in der Hauptsache. Eine **Erstbeschwerde** nach § 42 Abs. 3 Satz 2 zum BGH findet daher nicht statt. Die Rechtsbeschwerde scheidet schon mangels Verweises auf die §§ 574 ff. ZPO aus.

36 Wird über einen Antrag nicht entschieden, kommt auch im Beschwerdeverfahren auf Antrag binnen zweiwöchiger Frist die **Ergänzung des Beschlusses nach § 43** in Betracht. Allerdings erfasst dies nur Anträge im Beschwerdeverfahren. Hat das Gericht erster Instanz einen Antrag nicht entschieden, hat es diese Entscheidung selbst nach § 43 nachzuholen. Verschließt es sich einem solchen Antrag, ist die Sache vom Beschwerdegericht nach § 69 Abs. 1 Satz 2 mangels Entscheidung zurückzuverweisen.

37 Die **Anhörungsrüge nach § 44** hat in der Beschwerdeinstanz noch größere Bedeutung als im ersten Rechtszug, da gegen die Entscheidungen des Beschwerdegerichts kein Rechtsmittel gegeben ist, sofern nicht ausnahmsweise die Rechtsbeschwerde kraft Gesetzes statthaft ist oder vom Beschwerdegericht zugelassen wird. Die Vorschriften zur Rügefrist (§ 44 Abs. 2), zur Gewährung rechtlichen Gehörs (§ 44 Abs. 3), zur Verwerfung unzulässiger Rügen (§ 44 Abs. 4) und zur Fortsetzung des Verfahrens bei begründeten Rügen (§ 44 Abs. 5) sind in vollem Umfang auch im Beschwerdeverfahren anwendbar.

38 Die **Bestimmungen zur Rechtskraft (§ 45)** finden ebenfalls in vollem Umfang auch auf das Beschwerdeverfahren Anwendung. Für die **Erteilung des Rechtskraftzeugnisses** (§ 46) trifft bereits § 46 Satz 2 eine Sonderregelung für den Fall der Anhängigkeit bei einem Gericht des höheren Rechtszuges.

---

1 *Schürmann*, FuR 2010, 493 (496).
2 *Rackl*, Rechtsmittelrecht, S. 187.
3 *Maurer*, FamRZ 2009, 465 (482).

39 Eine im vollen Umfang auch für das Beschwerdeverfahren geltende Vorschrift enthält § 47. Danach **bleiben Rechtsgeschäfte**, die im Vertrauen auf eine Gerichtsentscheidung vorgenommen werden, **wirksam**, auch wenn der Beschluss zweiter Instanz vom Rechtsbeschwerdegericht aufgehoben wird.

40 Die Regelung zur **Abänderung** rechtskräftiger Entscheidungen in **§ 48 Abs. 1** ist dem Wortlaut nach der ersten Instanz vorbehalten. Dies entspricht der überwiegenden Handhabung von § 18 FGG aF, wonach das Gericht erster Instanz nur seine Entscheidungen, aber nicht die des Beschwerdegerichts abändern konnte.[1] Eigene Entscheidungen konnte das Beschwerdegericht nach bisheriger Praxis nicht nach § 18 FGG aF ändern, da es nicht mehr mit der Sache befasst war und die Abänderungsbefugnis auf das Gericht erster Instanz beschränkt war.[2] Daran ist fest zu halten, da auch § 48 Abs. 1 Satz 1 nur von einer Abänderung durch das „Gericht des ersten Rechtszugs" spricht.[3] Da § 48 Abs. 1, anders als § 48 Abs. 2, gerade nicht auf die Vorschriften der ZPO verweist, wonach das Berufungsgericht für Wiederaufnahmeklagen gegen seine Entscheidungen zuständig ist,[4] sondern die Abänderung ausdrücklich auf das „Gericht des ersten Rechtszugs" beschränkt, wird man hieran festhalten müssen. Das Beschwerdegericht kann demnach weder eigene Entscheidungen noch diejenigen des erstinstanzlichen Gerichts nach § 48 Abs. 1 abändern. Es kann erst auf Beschwerde gegen eine Entscheidung erster Instanz über eine Abänderung tätig werden (vgl. § 48 Rz. 16 und 21). Die Vorschriften der §§ 578ff. ZPO zur **Wiederaufnahme- und Restitutionsklage**, die nach § 48 Abs. 2 auch im Verfahren nach dem FamFG anwendbar sind, regeln in § 584 Abs. 1 ZPO ausdrücklich die Zuständigkeit des Rechtsmittelgerichts. Danach ist dieses für die Wiederaufnahme- und Restitutionsklagen gegen Entscheidungen zuständig, die es selbst erlassen hat.[5] Die Einschränkung, die § 48 Abs. 3 für die Genehmigung von Rechtsgeschäften vornimmt, gilt in vollem Umfang auch für das Verfahren zweiter Instanz.

41 **Kosten/Gebühren: Gericht:** Für Beschwerden gegen Endentscheidungen sind im GNotKG und im FamGKG in den entsprechenden Abschnitten für das Ausgangsverfahren jeweils Gebühren vorgesehen. Der Wert bestimmt sich nach § 62 Abs. 1 und 2 GNotKG, § 40 Abs. 1 und 2 FamGKG. Als Kostenschuldner kommen der Entscheidungs- oder Übernahmeschuldner in Frage (§ 27 Nr. 1 und 2 GNotKG, § 24 Nr. 1 und 2 FamGKG), zusätzlich der Beschwerdeführer als Antragsteller der Instanz (§ 22 Abs. 1 GNotKG, § 21 Abs. 1 FamGKG). Wird die Sache an das Gericht des unteren Rechtszugs zurückverwiesen, bildet das weitere Verfahren mit dem früheren Verfahren vor diesem Gericht einen Rechtszug (§ 57 Abs. 1 GNotKG, § 31 Abs. 1 FamGKG) mit der Folge, dass Gebühren nur einmal entstehen. **RA:** Für Beschwerden gegen Endentscheidungen wegen des Hauptgegenstands erhält der RA Gebühren nach Teil 3 Abschnitt 2 Unterabschnitt 1 VV RVG (Vorbem. 3.2.1 Nr. 2 Buchst. b VV RVG). Der Wert bestimmt sich nach § 23 Abs. 1 Satz 1 RVG, § 62 Abs. 1 und 2 GNotKG, § 40 Abs. 1 und 2 FamGKG. Soweit die Sache an ein untergeordnetes Gericht zurückverwiesen wird, ist das weitere Verfahren vor diesem Gericht ein neuer Rechtszug (§ 21 Abs. 1 RVG) mit der Folge, dass dem RA die Gebühren für die erste Instanz nochmals zustehen.

Unterabschnitt 2
Rechtsbeschwerde

70 *Statthaftigkeit der Rechtsbeschwerde*
(1) Die Rechtsbeschwerde eines Beteiligten ist statthaft, wenn sie das Beschwerdegericht oder das Oberlandesgericht im ersten Rechtszug in dem Beschluss zugelassen hat.

---

1 Keidel/*Schmidt*, 15. Aufl., § 18 FGG Rz. 8; *Bumiller*/Winkler, 8. Aufl., § 30 FGG Rz. 17; aA *Bassenge*/Roth, 11. Aufl., § 18 FGG Rz. 12.
2 KG v. 22.9.1966 – 1 W 1721/66, OLGZ 1966, 608f.
3 Ebenso *Rackl*, Rechtsmittelrecht, S. 187f.
4 Vgl. hierzu Zöller/*Greger*, § 584 ZPO Rz. 2.
5 *Rackl*, Rechtsmittelrecht, S. 188.

(2) Die Rechtsbeschwerde ist zuzulassen, wenn
1. die Rechtssache grundsätzliche Bedeutung hat oder
2. die Fortbildung des Rechts oder die Sicherung einer einheitlichen Rechtsprechung eine Entscheidung des Rechtsbeschwerdegerichts erfordert.

Das Rechtsbeschwerdegericht ist an die Zulassung gebunden.

(3) Die Rechtsbeschwerde gegen einen Beschluss des Beschwerdegerichts ist ohne Zulassung statthaft in
1. Betreuungssachen zur Bestellung eines Betreuers, zur Aufhebung einer Betreuung, zur Anordnung oder Aufhebung eines Einwilligungsvorbehalts,
2. Unterbringungssachen und Verfahren nach § 151 Nr. 6 und 7 sowie
3. Freiheitsentziehungssachen.

In den Fällen des Satzes 1 Nr. 2 und 3 gilt dies nur, wenn sich die Rechtsbeschwerde gegen den Beschluss richtet, der die Unterbringung oder die freiheitsentziehende Maßnahme anordnet.

(4) Gegen einen Beschluss im Verfahren über die Anordnung, Abänderung oder Aufhebung einer einstweiligen Anordnung oder eines Arrests findet die Rechtsbeschwerde nicht statt.

A. Entstehungsgeschichte und Normzweck 1	4. Korrektur fehlerhafter (Nicht)Zulassungen
B. Inhalt der Vorschrift	a) Korrektur inhaltlich fehlerhafter Entscheidungen über die Zulassung
I. Gegenstand der Rechtsbeschwerde	aa) Keine Nichtzulassungsbeschwerde 11
1. Entscheidungen der Beschwerdegerichte in der Hauptsache 2	bb) Entscheidung durch den Einzelrichter 12
2. Entscheidungen des Oberlandesgerichts im ersten Rechtszug 3	b) Korrektur versehentlich unterlassener Entscheidungen über die Zulassung
II. Zulassung durch das Beschwerdegericht	aa) Berichtigung nach § 42 13
1. Voraussetzungen der Zulassung	bb) Ergänzung nach § 43 14
a) Über den Fall hinausgehende Bedeutung	5. Bindung des Rechtsbeschwerdegerichts 15
aa) Grundsätzliche Bedeutung . 4	III. Statthaftigkeit kraft Gesetzes
bb) Fortbildung des Rechts und Sicherung einer einheitlichen Rechtsprechung 5	1. Unbegrenzte Zulassung der Rechtsbeschwerde 16
b) Beschwer und Mindestbeschwerdewert 6	2. Von Absatz 3 erfasste Angelegenheiten
2. Zuständigkeit 7	a) Unterbringungs- und Freiheitsentziehungssachen 17
3. Entscheidung	b) Betreuungssachen 18
a) Zulassung in Tenor oder Gründen 8	IV. Keine Rechtsbeschwerde in Verfahren des einstweiligen Rechtsschutzes . . . 19
b) Beurteilungsspielraum und Ermessen des Gerichts 9	
c) Beschränkung der Zulassung . . 10	

A. Entstehungsgeschichte und Normzweck

1   Die Einführung der Rechtsbeschwerde in den §§ 70 ff. gehört zu den einschneidenden Änderungen des FamFG. An die Stelle der früheren weiteren Beschwerde tritt nunmehr die Rechtsbeschwerde.[1] Hierdurch wird der früher mit der weiteren Beschwerde regelmäßig eröffnete dritte Rechtszug, für den noch nicht einmal Rechtsanwaltszwang herrschte, für die große Mehrheit der nicht in § 70 Abs. 3 genannten Sachen praktisch abgeschafft. Er soll nach dem erklärten Willen des Gesetzgebers nur noch für Fälle offenstehen, deren **Bedeutung über den entschiedenen Fall hinausreicht**.[2] Deshalb ist die Rechtsbeschwerde in bewusster Anlehnung an die Regelungen der zivilprozessualen Beschwerde[3] in § 70 Abs. 2 als **Zulassungsrechtsmittel**

---

1 BT-Drucks. 16/6308, S. 209.
2 BT-Drucks. 16/6308, S. 209.
3 Hierzu s. BT-Drucks. 16/6308, S. 209.

ausgestaltet. Dieser Grundsatz wird freilich in § 70 Abs. 3 für Betreuungs-, Unterbringungs- und Freiheitsentziehungssachen durchbrochen, ohne dass dies wie in § 574 Abs. 2 Nr. 1 ZPO an das Vorliegen grundsätzlicher Bedeutung geknüpft wird. Die revisionsähnliche Ausgestaltung der Rechtsbeschwerde findet ihre Fortsetzung in § 72 Abs. 1, wonach auch sie nur der Rechtskontrolle dient. Verfahrensfehlerfrei festgestellte Tatsachen bleiben für das Rechtsbeschwerdegericht bindend. Die Vorschrift findet gem. § 113 Abs. 1 Satz 1 auf alle Verfahren nach dem FamFG Anwendung, auch auf Ehesachen und Familienstreitsachen.

B. Inhalt der Vorschrift

I. Gegenstand der Rechtsbeschwerde

1. Entscheidungen der Beschwerdegerichte in der Hauptsache

Gegenstand der Rechtsbeschwerde sind vorrangig die Beschwerdeentscheidungen der Landgerichte und Oberlandesgerichte in der Hauptsache. Das gilt auch für Kostenentscheidungen (vgl. § 58 Rz. 2 u. 7).[1] Wie im Fall der Beschwerde sind aber nur die Entscheidungen in der Hauptsache erfasst (vgl. § 58 Rz. 2). **Zwischenentscheidungen** sind grundsätzlich nicht mit der Beschwerde nach §§ 58 ff. angreifbar, weshalb auch eine Rechtsbeschwerde nicht in Betracht kommt.[2] Sie sind aber nach dem Rechtsgedanken des § 58 Abs. 2[3] durch das Rechtsbeschwerdegericht (hierzu s. § 58 Rz. 16) im Rahmen eines Rechtsmittels in der Hauptsache implizit überprüfbar. Sofern Zwischenentscheidungen selbständig überprüfbar sind, erfolgt dies regelmäßig durch eine sofortige Beschwerde nach den §§ 567 ff. ZPO zum LG oder OLG, je nach Instanzenzug in der Hauptsache (s. § 58 Rz. 18). Gegen die Beschwerdeentscheidung ist bei Vorliegen der Voraussetzungen des § 574 ZPO die Rechtsbeschwerde nach den Vorschriften der ZPO zulässig (vgl. § 59 Rz. 18a), wofür nach § 133 GVG ebenfalls der BGH zuständig ist.[4]

2

2. Entscheidungen des Oberlandesgerichts im ersten Rechtszug

Einigermaßen kryptisch ist die Regelung, dass die Rechtsbeschwerde auch statthaft sein soll, wenn sie das **OLG „im ersten Rechtszug"** zugelassen hat. Denn die Zuständigkeitsregelungen in § 119 Abs. 1 GVG sehen nach wie vor nur die zweitinstanzliche Zuständigkeit des OLG vor. Das FamFG sieht in § 107 Abs. 7 eine erstinstanzliche Zuständigkeit der OLG für die Anerkennung ausländischer Entscheidungen in Ehesachen vor.[5] Auch spezialgesetzlich ist seine erstinstanzliche Zuständigkeit eine extreme Ausnahme (s. etwa § 23b Abs. 4 Satz 5 iVm. Abs. 3 Satz 3 ZFdG).[6] Die Materialien beschränken sich insoweit auf eine bloße Wiederholung des Gesetzestextes.[7] Will man dem Gesetzestext gleichwohl einen Sinn abgewinnen, wird man bei Entscheidungen des OLG wohl von einem Fortleben der „Erstbeschwerde" ausgehen müssen, die zum alten Recht entwickelt wurde. Danach war zwischen (so-

3

---

1 Zöller/*Feskorn*, § 70 FamFG Rz. 4; Bork/Jacoby/Schwab/*Müther*, 1. Aufl., § 70 FamFG Rz. 5; *Rackl*, Rechtsmittelrecht, S. 221.
2 BGH v. 15.2.2012 – XII ZB 451/11, FamRZ 2012, 619; Zöller/*Feskorn*, § 70 FamFG Rz. 2; Bork/Jacoby/Schwab/*Müther*, 1. Aufl., § 70 FamFG Rz. 5; *Rackl*, Rechtsmittelrecht, S. 221.
3 *Rackl*, Rechtsmittelrecht, S. 222; eine direkte Anwendung von § 58 Abs. 2 FamFG kommt nicht in Betracht, da § 74 Abs. 4 FamFG nur die Vorschriften über den ersten Rechtszug für anwendbar erklärt.
4 BGH v. 15.2.2012 – XII ZB 451/11, FamRZ 2012, 619; ebenso *Bumiller*/Harders, § 70 FamFG Rz. 8; aA für die Rechtsbeschwerde nach §§ 70ff. FamFG Keidel/*Meyer-Holz*, § 70 FamFG Rz. 19; *Rackl*, Rechtsmittelrecht, S. 223; wieder anders eine dritte Auffassung (s. etwa Bork/Jacoby/Schwab/*Müther*, 1. Aufl., Vor § 58 FamFG Rz. 2 und § 70 FamFG Rz. 6), wonach mangels Verweis auf die §§ 574ff. ZPO überhaupt kein Rechtsmittel gegen Beschwerdeentscheidungen gegeben sein soll; zu Recht kritsch zur unklaren Gesetzeslage *Rackl*, Rechtsmittelrecht, S. 24f.
5 KG v. 10.6.2010 – 1 VA 8/10, FamRZ 2010, 1589f.; Bork/Jacoby/Schwab/*Müther*, 1. Aufl., § 70 FamFG Rz. 7.
6 Den Hinweis verdanke ich Mitautor *Jennissen*; vgl. Keidel/*Meyer-Holz*, § 70 FamFG Rz. 19, der allerdings ZPO-Beschwerden einbezieht.
7 BT-Drucks. 16/6308, S. 209.

§ 70

fortigen) weiteren Beschwerden und „Erstbeschwerden" gegen Entscheidungen der LG zu unterscheiden, je nachdem, ob diese in ihrer Tätigkeit als Rechtsmittelgericht oder wie ein erstinstanzliches Gericht entschieden hatten (s. § 58 Rz. 4). Diese Differenzierung hat freilich für die Praxis nur geringe Bedeutung, da auch die „Erstbeschwerde" gegen Entscheidungen des OLG eine Rechtsbeschwerde bleibt, deren Statthaftigkeit vom Vorliegen der Voraussetzungen des § 70 Abs. 1 und 2 zulässig ist.

II. Zulassung durch das Beschwerdegericht

1. Voraussetzungen der Zulassung

a) Über den Fall hinausgehende Bedeutung

aa) Grundsätzliche Bedeutung

4   Im Gegensatz zum früheren Recht ist die Anrufung der dritten Instanz nicht mehr, wie nach altem Recht, mehr oder minder voraussetzungslos möglich. Sofern die Rechtsbeschwerde nicht kraft Gesetzes zulässig ist, bedarf sie zwingend der Zulassung. Nur dann ist eine Rechtsbeschwerde gem. § 70 Abs. 1 statthaft.[1] Abgesehen von Ehe- und Familienstreitsachen (s. § 117 Abs. 2 Satz 1) zieht auch die **Verwerfung der Beschwerde als unzulässig** im Gegensatz zum Berufungsrecht (§ 522 Abs. 1 Satz 4 ZPO) nicht automatisch die Zulässigkeit eines weiteren Rechtsmittels – nun also der Rechtsbeschwerde – nach sich.[2] Die sich teilweise überschneidenden Zulassungsgründe entsprechen wörtlich § 574 Abs. 2 ZPO[3] und somit den **Zulassungsvoraussetzungen für die Revision** im Zivilprozess.[4] Ihre Handhabung soll sich an den **Voraussetzungen der Revision** orientieren, da eine Harmonisierung der Verfahrensordnungen ausdrücklich erwünscht ist. Grundsätzliche Bedeutung ist daher anzunehmen, wenn eine in Schrifttum und Rechtsprechung kontrovers diskutierte Frage[5] Frage noch nicht höchstrichterlich geklärt ist,[6] die sich in einer unbestimmten Vielzahl von Fällen stellen wird.[7] Gleiches gilt, wenn die Übereinstimmung einer Auffassung mit europäischem Recht in Frage steht.[8] Dies setzt selbstverständlich voraus, dass die Frage **entscheidungserheblich** ist, da es ansonsten auf sie nicht ankommt.[9] Sie muss auch der Überprüfung durch das Rechtsbeschwerdegericht gem. § 72 zugänglich sein.[10] **Fragen nur zur Statthaftigkeit** des Rechtsmittels genügen frei-

---

1   *Schürmann*, FuR 2010, 425 (426); Bassenge/Roth/*Gottwald*, § 70 FamFG Rz. 5; Bork/Jacoby/Schwab/*Müther*, 1. Aufl., § 70 FamFG Rz. 2.
2   OLG München v. 19.12.2011 – 12 UF 2120/11, FamRZ 2012, 654 (LS); Zöller/*Feskorn*, § 70 FamFG Rz. 15f., auch zur abweichenden Rechtslage in Ehe- und Familienstreitsachen; vgl. BGH v. 11.5.2005 – XII ZB 189/03, NJW-RR 2005, 1009.
3   Zur Übernahme der dortigen Regelung s. auch BT-Drucks. 16/6308, S. 204.
4   Keidel/*Meyer-Holz*, § 70 FamFG Rz. 20; *Rackl*, Rechtsmittelrecht, S. 229; zur Identität der Zulassungsvoraussetzungen für Revision und Rechtsbeschwerde im Zivilprozess s. Baumbach/*Hartmann*, § 574 ZPO Rz. 5; Musielak/*Ball*, § 574 ZPO Rz. 6.
5   Hierzu s. OLG Düsseldorf v. 10.12.2009 – II-8 WF 211/09, FGPrax 2010, 55 (56); OLG Hamburg v. 12.7.2010 – 11 W 51/10, GmbHR 2011, 32 (33); *Rackl*, Rechtsmittelrecht, S. 231; Bassenge/Roth/*Gottwald*, § 70 FamFG Rz. 7; Bork/Jacoby/Schwab/*Müther*, 1. Aufl., § 70 FamFG Rz. 13.
6   OLG Köln v. 7.5.2010 – 2 Wx 20/10, FGPrax 2010, 202 (203); OLG Hamburg v. 12.7.2010 – 11 W 51/10, GmbHR 2011, 32 (33); *Rackl*, Rechtsmittelrecht, S. 231; vgl. zum Zivilprozess BGH v. 4.7.2002 – V ZB 16/02, NJW 2002, 3029; BGH v. 4.7.2002 – V ZR 75/02, NJW 2002, 2957; Bassenge/Roth/*Gottwald*, § 70 FamFG Rz. 7.
7   BT-Drucks. 16/6308, S. 209; Bork/Jacoby/Schwab/*Müther*, 1. Aufl., § 70 FamFG Rz. 13; *Rackl*, Rechtsmittelrecht, S. 231; vgl. zum Zivilprozess BGH v. 4.7.2002 – V ZB 16/02, NJW 2002, 3029; BGH v. 1.10.2002 – XI ZR 71/02, NJW 2003, 65 (67) = MDR 2003, 104 (106); Baumbach/*Hartmann*, § 574 ZPO Rz. 5.
8   OLG Stuttgart v. 24.11.2009 – 8 W 462/09, FamRZ 2010, 674 (675).
9   BGH v. 4.7.2002 – V ZB 16/02, NJW 2002, 3029; BGH v. 4.7.2002 – V ZR 75/02, NJW 2002, 2957; BGH v. 1.10.2002 – XI ZR 71/02, NJW 2003, 65 (67) = MDR 2003, 104 (106); Bassenge/Roth/*Gottwald*, § 70 FamFG Rz. 12; Bork/Jacoby/Schwab/*Müther*, 1. Aufl., § 70 FamFG Rz. 9; vgl. Zöller/*Heßler*, § 574 ZPO Rz. 13a.
10 *Rackl*, Rechtsmittelrecht, S. 231.

lich nicht,[1] ebensowenig zur Zuständigkeit des Beschwerdegerichts.[2] Die unbestimmte Vielzahl von Fällen liegt stets bei einem „Musterprozess" vor, dessen Entscheidung sich mehr oder minder insgesamt auf eine Vielzahl gleich gelagerter Fälle übertragen lässt.[3] Es genügt aber bereits, wenn sich eine einzelne Rechtsfrage in einer unbestimmten Vielzahl von Fällen stellen wird. Allerdings sind die Anforderungen höher als beim Ausschluss der Übertragung auf den Einzelrichter wegen grundsätzlicher Bedeutung nach § 68 Abs. 4 FamFG iVm. § 526 Abs. 1 Nr. 3 ZPO (vgl. hierzu § 68 Rz. 35). Denn dort geht es nur um die Bestimmung der Zuständigkeit innerhalb des Beschwerdegerichts. § 70 Abs. 2 dient aber ausdrücklich auch der Entlastung des BGH. Äußerste Grenze ist in jedem Fall die bloße Korrektur einer **Einzelfallentscheidung**:[4] Stellt sich eine Frage nur in dem konkreten Verfahren, so kann niemals grundsätzliche Bedeutung vorliegen, selbst wenn die Entscheidung für die dort Beteiligten von existentieller Bedeutung ist. **Maßgeblicher Zeitpunkt** für die Beurteilung der Grundsatzbedeutung ist nicht die Einlegung der Rechtsbeschwerde, sondern die Entscheidung durch den BGH.[5] Entfällt aber die grundsätzliche Bedeutung aufgrund einer Entscheidung des BGH nach Einlegung der Rechtsbeschwerde, liegt ggf. Divergenz von der höchstrichterlichen Rechtsprechung nach § 70 Abs. 2 Nr. 2 vor, weswegen eine hiervon abweichende Beschwerdeentscheidung gleichwohl aufzuheben ist.[6]

bb) Fortbildung des Rechts und Sicherung einer einheitlichen Rechtsprechung

Die weiteren Zulassungsvoraussetzungen des § 70 Abs. 2 Nr. 2 stellen wie im Zivilprozess konkretisierte **Unterfälle der grundsätzlichen Bedeutung** dar.[7] Die Fortbildung des Rechts und die Sicherung einer einheitlichen Rechtsprechung werden gerade in der Zeit unmittelbar nach Inkrafttreten des FamFG von einiger Bedeutung sein, da das neue Gesetz Anlass zur Klärung von Auslegungsfragen und zur Schließung von Gesetzeslücken geben wird.[8] Insbesondere rechtfertigt die **Divergenz**, also die Abweichung von der Rechtsprechung anderer LG und OLG bzw. des BGH die Zulassung der Rechtsbeschwerde.[9] Auch hier muss die zu klärende Rechtsfrage aber über die Einzelfallentscheidung hinaus die Interessen der Allgemeinheit berühren.[10] Hingegen wird der Begriff der Sicherung einer einheitlichen Rechtsprechung anders als im Revisionsrecht **kein Einfallstor zur Korrektur von Einzelfallentscheidungen**, die aus Sicht des Rechtsbeschwerdegerichts grob fehlerhaft sind, insbesondere Verfahrensgrundrechte verletzen[11] oder das Vertrauen in die Rechtsprechung als Ganzes

---

1 BGH v. 29.5.2002 – V ZB 11/02, MDR 2002, 1266 (1267); Baumbach/*Hartmann*, § 574 ZPO Rz. 5; Zöller/*Heßler*, § 574 ZPO Rz. 10.
2 OLG Schleswig v. 20.1.2010 – 2 W 173/09, FGPrax 2010, 109 (111).
3 OLG Düsseldorf v. 10.12.2009 – II-8 WF 211/09, FGPrax 2010, 55 (56); vgl. zum Zivilprozess BGH v. 1.10.2002 – XI ZR 71/02, NJW 2003, 65 (68) = MDR 2003, 104 (106).
4 BGH v. 1.10.2002 – XI ZR 71/02, NJW 2003, 65 (68) = MDR 2003, 104 (107); *Rackl*, Rechtsmittelrecht, S. 231.
5 BGH v. 12.9.2012 – XII ZB 225/12, FamRZ 2013, 121 f.; vgl. BGH v. 23.9.2003 – VI ZA 16/03, NJW 2003, 3781 f.; BGH v. 8.9.2004 – V ZR 260/03, NJW 2005, 154 (155); Zöller/*Heßler*, § 574 ZPO Rz. 13b; aA *Rackl*, Rechtsmittelrecht, S. 230 f., wonach die Entscheidung des Beschwerdegerichts der maßgebliche Zeitpunkt sein soll.
6 Zur Rechtsbeschwerde s. BGH v. 23.3.2006 – IX ZB 124/05, MDR 2006, 1305 = NZI 2006, 608; vgl. zur Revision BGH v. 8.9.2004 – V ZR 260/03, NJW 2005, 154 (155 f.); Musielak/*Ball*, § 574 ZPO Rz. 6; Zöller/*Heßler*, § 574 ZPO Rz. 13.
7 *Rackl*, Rechtsmittelrecht, S. 229; ähnlich Bork/Jacoby/Schwab/*Müther*, 1. Aufl., § 70 FamFG Rz. 11 u. 15; vgl. Zöller/*Heßler*, § 511 ZPO Rz. 38.
8 BT-Drucks. 16/6308, S. 209; Bassenge/Roth/*Gottwald*, § 70 FamFG Rz. 8; *Rackl*, Rechtsmittelrecht, S. 231.
9 OLG Köln v. 7.5.2010 – 2 Wx 20/10, FGPrax 2010, 202 (203); *Rackl*, Rechtsmittelrecht, S. 232; gl. zum Zivilprozess BGH v. 4.7.2002 – V ZB 16/02, NJW 2002, 3029 (3030); BGH v. 1.10.2002 – XI ZR 71/02, NJW 2003, 65 (66) = MDR 2003, 104 (105); BGH v. 23.9.2003 – VI ZA 16/03, NJW 2003, 3781 f.; Bassenge/Roth/*Gottwald*, § 70 FamFG Rz. 9; Bork/Jacoby/Schwab/*Müther*, 1. Aufl., § 70 FamFG Rz. 13.
10 BGH v. 29.5.2002 – V ZB 11/02, MDR 2002, 1266 (1267); BGH v. 4.7.2002 – V ZB 16/02, NJW 2002, 3029 (3030); *Rackl*, Rechtsmittelrecht, S. 232.
11 BGH v. 4.7.2002 – V ZB 16/02, NJW 2002, 3029 (3030); ähnlich BGH v. 1.10.2002 – XI ZR 71/02, NJW 2003, 65 (68) = MDR 2003, 104 (106); Bassenge/Roth/*Gottwald*, § 70 FamFG Rz. 10.

erschüttern.[1] Denn von dieser Möglichkeit konnte der BGH nur auf Nichtzulassungsbeschwerde einer Partei Gebrauch machen, die in den §§ 70 ff. gerade nicht vorgesehen ist.[2] Hingegen wird kaum ein OLG selbst die Rechtsbeschwerde zulassen, weil es seinen eigenen Beschluss als so fehlerhaft ansieht, dass es zur Sicherung einer einheitlichen Rechtsprechung die Rechtsbeschwerde für geboten hält.[3]

b) Beschwer und Mindestbeschwerdewert

6   Der Rechtsbeschwerdeführer muss in irgendeiner Weise durch die von ihm angegriffene Beschwerdeentscheidung beschwert sein.[4] Allerdings unterliegt die Rechtsbeschwerde anders als die Beschwerde nach § 61 **keinem Mindestbeschwerdewert**.[5] Ein solcher folgt entgegen bisweilen in der zivilprozessualen Literatur vertretenen Auffassung[6] auch nicht daraus, dass bereits die Beschwerde nach § 61 eine Mindestbeschwer voraussetzt. Denn es ist beispielsweise möglich, dass die den Mindestbeschwerdewert überschreitende Beschwerde bis auf wenige Euro Erfolg hat. Sind die Zulassungsvoraussetzungen hierfür erfüllt, muss die Rechtsbeschwerde unabhängig vom (geringen) Wert zugelassen werden.

2. Zuständigkeit

7   Die **Zulassung** kann nur **durch das Beschwerdegericht**, nicht aber durch das Gericht erster Instanz erfolgen. Letztere erzeugt keine Bindungswirkung.[7] Der Rechtszug vom erstinstanzlichen Gericht zum BGH ist nur im Wege der Sprungrechtsbeschwerde möglich, über die aber nach § 75 Abs. 1 Nr. 2 das Rechtsbeschwerdegericht selbst zu befinden hat. Lässt das Gericht erster Instanz gleichwohl die Rechtsbeschwerde zu, ist diese Zulassung wie im zivilprozessualen Beschwerdeverfahren unwirksam.[8] Das Beschwerdegericht entscheidet in voller Besetzung; wenn die Sache nicht dem Einzelrichter übertragen wurde, ist also der gesamte Spruchkörper zuständig.[9]

3. Entscheidung

a) Zulassung in Tenor oder Gründen

8   Die Zulassung der Rechtsbeschwerde setzt nach § 70 keinen Antrag voraus. Wie im Zivilprozess[10] hat sie **von Amts wegen** zu erfolgen.[11] Im Gegensatz zu § 61 Abs. 3 ist schon im Wortlaut des § 70 Abs. 1 bestimmt, dass die Zulassung „in dem Beschluss" zu erfolgen hat. Sie ist also **in der Entscheidung zur Hauptsache** auszusprechen, nicht in einem separaten Beschluss.[12] Sofern letzteres geschieht, dürfte allerdings eine offenbare Unrichtigkeit vorliegen, die ausnahmsweise eine Berichtigung der

---

1   BGH v. 4.7.2002 – V ZR 75/02, NJW 2002, 2957; zurückhaltender BGH v. 1.10.2002 – XI ZR 71/02, NJW 2003, 65 (67) = MDR 2003, 104 (106).
2   *Rackl*, Rechtsmittelrecht, S. 233.
3   Zu Recht kritisch zu dieser gesetzlichen Regelung *Rackl*, Rechtsmittelrecht, S. 234.
4   *Rackl*, Rechtsmittelrecht, S. 262; Zöller/*Feskorn*, § 70 FamFG Rz. 14; vgl. Zöller/*Heßler*, § 574 ZPO Rz. 6.
5   Keidel/*Meyer-Holz*, § 70 FamFG Rz. 10; *Rackl*, Rechtsmittelrecht, S. 225; Zöller/*Feskorn*, § 70 FamFG Rz. 14.
6   MüKo.ZPO/*Lipp*, § 574 ZPO Rz. 4; anders und richtig dagegen Zöller/*Heßler*, § 574 ZPO Rz. 6; ähnlich Zöller/*Feskorn*, § 70 FamFG Rz. 14.
7   Keidel/*Meyer-Holz*, § 70 FamFG Rz. 44; Bork/Jacoby/Schwab/*Müther*, 1. Aufl., § 70 FamFG Rz. 28.
8   BGH v. 10.10.2006 – X ZB 6/06, NJW-RR 2007, 285 = BB 2006, 2552; Baumbach/Hartmann, § 574 ZPO Rz. 4; Zöller/*Heßler*, § 574 ZPO Rz. 9.
9   *Rackl*, Rechtsmittelrecht, S. 228; zur Zulassung durch den Einzelrichter s. unten Rz. 12.
10 MüKo.ZPO/*Lipp*, § 574 ZPO Rz. 10; Zöller/*Heßler*, § 574 ZPO Rz. 14.
11 BT-Drucks. 16/6308, S. 209; Keidel/*Meyer-Holz*, § 70 FamFG Rz. 32; Bassenge/Roth/*Gottwald*, § 70 FamFG Rz. 3; Bork/Jacoby/Schwab/*Müther*, 1. Aufl., § 70 FamFG Rz. 17; Zöller/*Feskorn*, § 70 FamFG Rz. 7; *Rackl*, Rechtsmittelrecht, S. 225.
12 Keidel/*Meyer-Holz*, § 70 FamFG Rz. 36; *Rackl*, Rechtsmittelrecht, S. 225; vgl. zum Zivilprozess Musielak/*Ball*, § 574 ZPO Rz. 7a; Zöller/*Heßler*, § 574 ZPO Rz. 14.

Hauptsacheentscheidung nach § 42 Abs. 1 erlaubt (vgl. Rz. 13). Zu den näheren Modalitäten der Zulassung, insbesondere dazu, ob sie im Tenor zu erfolgen hat, trifft § 70 Abs. 1 keine Aussage. Eine Zulassung im Tenor ist in jedem Fall ausreichend.[1] Angesichts der engen Anlehnung an § 574 wird man die Zulassung nur in den Gründen für ausreichend halten dürfen.[2] Erscheint sie im Tenor, so ist diese Entscheidung nach § 69 Abs. 2 ohnehin zu begründen. Eine **irrige Bezeichnung des zugelassenen Rechtsmittels** etwa als „weitere Beschwerde" ist wohl schon im Wege der Auslegung zu korrigieren, jedenfalls nach dem Grundsatz der Meistbegünstigung unschädlich.[3] Allein die (unrichtige) Rechtsbehelfsbelehrung, dass gegen die Entscheidung die Rechtsbeschwerde eröffnet sei, ersetzt die Zulassung in Tenor oder Gründen nicht.[4] Äußert sich das Beschwerdegericht überhaupt nicht zur Zulassung der Rechtsbeschwerde, so ist diese nicht zugelassen.[5]

b) Beurteilungsspielraum und Ermessen des Gerichts

In der Frage, ob überhaupt ein Zulassungsgrund vorliegt, dürfte dem Beschwerdegericht ein Beurteilungsspielraum zukommen. Gerade die Frage, ob einer Sache grundsätzliche Bedeutung beizumessen ist, lässt sich oftmals nicht eindeutig beantworten.[6] Hingegen ist dem Beschwerdegericht dann, wenn es grundsätzliche Bedeutung annimmt, wie im zivilprozessualen Beschwerdeverfahren[7] kein Ermessensspielraum hinsichtlich der Rechtsfolgen eröffnet. **Bejaht es die Voraussetzungen des § 70 Abs. 2, muss es die Beschwerde zulassen.**[8] Anderenfalls wäre die Entscheidung willkürlich und mit der Anhörungsrüge nach §§ 69 Abs. 3, 44 angreifbar. In der Folge hat das Beschwerdegericht das Verfahren unter Berücksichtigung des übergangenen Vortrags fortzuführen, was hier nur die Zulassung der Rechtsbeschwerde bedeuten kann. Ähnliches gilt auch dann, wenn das Beschwerdegericht **vor dem Vorliegen der Zulassungsvoraussetzungen förmlich die Augen verschließt**, etwa diesbezüglichen Vortrag nicht zur Kenntnis nimmt.[9] Denn dann verletzt es den Anspruch auf rechtliches Gehör iSd. § 44 Abs. 1 Nr. 2. Eine **Ergänzung** der Beschwerdeentscheidung um die Zulassung der Rechtsbeschwerde auf Gehörsrüge nach § 321a ZPO wird auch im zivilprozessualen Beschwerdeverfahren für zulässig befunden (s. Rz. 11),[10] was auf vorliegenden Zusammenhang übertragbar ist. Bleibt die Anhörungsrüge erfolglos, kommt die Verfassungsbeschwerde in Betracht.

9

---

1 BGH v. 20.7.2011 – XII ZB 445/10, NJW-RR 2011, 1569 (1570) = FGPrax 2011, 320 (321).
2 So jetzt auch BGH v. 20.7.2011 – XII ZB 445/10, NJW-RR 2011, 1569 (1570); BGH v. 14.2.2012 – II ZB 15/11, Rpfleger 2012, 390; vgl. *Schürmann*, FuR 2010, 493 (497); Bassenge/Roth/*Gottwald*, § 70 FamFG Rz. 3; Zöller/*Feskorn*, § 70 FamFG Rz. 7; *Rackl*, Rechtsmittelrecht, S. 225; BGH v. 19.5.2004 – IXa ZB 182/03, NJW 2004, 2529; implizit auch MüKo.ZPO/*Lipp*, § 574 ZPO Rz. 10; Zöller/*Heßler*, § 574 ZPO Rz. 14; aA *Griesche*, FamRB 2010, 340 (343) und Bork/Jacoby/Schwab/*Müther*, 1. Aufl., § 70 FamFG Rz. 18: Zulassung muss im Tenor erfolgen.
3 Vgl. zur zivilprozessualen Rechtsbeschwerde Baumbach/*Hartmann*, § 574 ZPO Rz. 4.
4 BGH v. 20.7.2011 – XII ZB 445/10, NJW-RR 2011, 1569f. = FGPrax 2011, 320 (321); Keidel/*Meyer-Holz*, § 70 FamFG Rz. 39.
5 *Maurer*, FamRZ 2009, 465 (481); *Schürmann*, FuR 2010, 493 (497); Keidel/*Meyer-Holz*, § 70 FamFG Rz. 37; Bassenge/Roth/*Gottwald*, § 70 FamFG Rz. 3; Bork/Jacoby/Schwab/*Müther*, 1. Aufl., § 70 FamFG Rz. 18; *Rackl*, Rechtsmittelrecht, S. 226; vgl. zum Zivilprozess MüKo.ZPO/*Lipp*, § 574 ZPO Rz. 10; Baumbach/*Hartmann*, § 574 ZPO Rz. 4; Zöller/*Heßler*, § 574 ZPO Rz. 14.
6 AA *Rackl*, Rechtsmittelrecht, S. 227; hier handelt es sich aber im Hinblick auf die Unanfechtbarkeit der Entscheidung wohl um eine theoretische Frage.
7 MüKo.ZPO/*Lipp*, § 574 ZPO Rz. 12.
8 BT-Drucks. 16/6308, S. 209; *Bumiller*/Harders, § 70 FamFG Rz. 12; Keidel/*Meyer-Holz*, § 70 FamFG Rz. 32.
9 BGH v. 19.5.2004 – IXa ZB 182/03, NJW 2004, 2529 (2530).
10 BGH v. 19.5.2004 – IXa ZB 182/03, NJW 2004, 2529; Baumbach/*Hartmann*, § 574 ZPO Rz. 4; Musielak/*Ball*, § 574 ZPO Rz. 7a; Zöller/*Heßler*, § 574 ZPO Rz. 14.

c) Beschränkung der Zulassung

10 Im Zivilprozess wird eine Zulassung der Rechtsbeschwerde, die sich auf einen Teil der Beschwerdeentscheidung beschränkt, grundsätzlich für **zulässig** erachtet.[1] Für das Verfahren nach dem FamFG, das sich ausdrücklich hieran anschließt, kann daher nichts anderes gelten.[2] Zudem wäre es schon dem erstinstanzlichen Gericht möglich, abtrennbare Einzelkomplexe durch Teil-Beschluss zu entscheiden, wogegen dann auch die Beschwerde zulässig wäre. Die Zusammenfassung mehrerer abtrennbarer Entscheidungsgegenstände in einem Beschluss darf aber die rechtliche Überprüfbarkeit nicht beeinträchtigen. Wenn nur für einen von ihnen ein Zulassungsgrund nach § 70 Abs. 2 vorliegt, muss auch die Zulassung auf ihn begrenzbar sein können. Die Beschränkung darf sich aber **nicht auf einzelne Rechtsfragen, Vorfragen oÄ** beziehen. Sie muss einen **abtrennbaren Gegenstand** betreffen, über den auch eigenständig durch Teil-Beschluss hätte befunden werden können.[3] Befolgt das Beschwerdegericht diese Grundsätze nicht, so ist eine unzulässige Beschränkung etwa auf bestimmte Rechtsfragen unwirksam. Dies führt aber nicht zur Unwirksamkeit der Zulassung, sondern der Beschränkung: Das Rechtsbeschwerdegericht kann und muss die angegriffene Entscheidung dann insgesamt überprüfen.[4]

4. Korrektur fehlerhafter (Nicht)Zulassungen

a) Korrektur inhaltlich fehlerhafter Entscheidungen über die Zulassung

aa) Keine Nichtzulassungsbeschwerde

11 Die Entscheidung über die Zulassung ist im Rahmen der zivilprozessualen Beschwerde grundsätzlich nicht mit Rechtsmitteln angreifbar.[5] Da weiter gehende Regelungen fehlen, findet eine Nichtzulassungsbeschwerde auch gegen Beschwerdeentscheidungen in Verfahren nach dem FamFG nicht statt.[6] Die ganz hM zur zivilprozessualen Beschwerde verneint selbst bei **Verletzung des Anspruchs auf rechtliches Gehör** oder ähnlich gravierenden Verletzungen von Verfahrensgrundrechten ein außerordentliches Rechtsmittel.[7] Der in diesen Rechten Verletzte wird auf die **Nichtanhörungsrüge** nach § 321a ZPO und die **Verfassungsbeschwerde** verwiesen.[8] Da sich die Regelungen der §§ 70ff. ausdrücklich an die zivilprozessuale Rechtsbeschwerde anlehnen, ist mit einer Übernahme dieser Praxis in die freiwillige Gerichtsbarkeit zu rechnen, so dass auch hier nur die Anhörungsrüge nach § 44 und die

---

[1] Bassenge/Roth/*Gottwald*, § 70 FamFG Rz. 4 und 13; BGH v. 30.1.2007 – XI ZB 43/05, NJW-RR 2007, 932 (933); Baumbach/*Hartmann*, § 574 ZPO Rz. 4; Musielak/*Ball*, § 574 ZPO Rz. 7a.

[2] So auch Keidel/*Meyer-Holz*, § 70 FamFG Rz. 38; Bork/Jacoby/Schwab/*Müther*, 1. Aufl., § 70 FamFG Rz. 19; Zöller/*Feskorn*, § 70 FamFG Rz. 7; *Rackl*, Rechtsmittelrecht, S. 227.

[3] Keidel/*Meyer-Holz*, § 70 FamFG Rz. 38; BGH v. 3.6.1987 – IVa ZR 292/85, BGHZ 101, 276 (278); BGH v. 30.1.2007 – XI ZB 43/05, NJW-RR 2007, 932 (933); Zöller/*Heßler*, § 511 ZPO Rz. 40; Korintenberg/Lappe/*Bengel*, § 14 KostO Rz. 146.

[4] Keidel/*Meyer-Holz*, § 70 FamFG Rz. 38; Bork/Jacoby/Schwab/*Müther*, 1. Aufl., § 70 FamFG Rz. 19.

[5] *Maurer*, FamRZ 2009, 465 (481); Keidel/*Meyer-Holz*, § 70 FamFG Rz. 4 und 41; Bassenge/Roth/*Gottwald*, § 70 FamFG Rz. 4; Bork/Jacoby/Schwab/*Müther*, 1. Aufl., § 70 FamFG Rz. 2; *Rackl*, Rechtsmittelrecht, S. 243; *Jänig/Leißring*, ZIP 2010, 110 (118); *Roth*, JZ 2009, 585 (590); vgl. zum Zivilprozess BGH v. 19.11.2003 – IV ZB 20/03, MDR 2004, 466; BGH v. 21.4.2004 – XII ZB 279/03, NJW 2004, 2224; MüKo.ZPO/*Lipp*, § 574 ZPO Rz. 3; Baumbach/*Hartmann*, § 574 ZPO Rz. 3; Musielak/*Ball*, § 574 ZPO Rz. 9; Zöller/*Heßler*, § 574 ZPO Rz. 16.

[6] *Netzer*, ZNotP 2009, 303 (308); *Preuß*, DNotZ 2010, 265 (285); Zöller/*Feskorn*, § 70 FamFG Rz. 5.

[7] BGH v. 19.11.2003 – IV ZB 20/03, MDR 2004, 466; BGH v. 19.5.2004 – IXa ZB 182/03, NJW 2004, 2529; MüKo.ZPO/*Lipp*, § 574 ZPO Rz. 9 u. 13; Baumbach/*Hartmann*, § 574 ZPO Rz. 3 u. 4; ebenso Bork/Jacoby/Schwab/*Müther*, 1. Aufl., § 70 FamFG Rz. 2 bei absoluten Revisionsgründen.

[8] BGH v. 19.5.2004 – IXa ZB 182/03, NJW 2004, 2529; Baumbach/*Hartmann*, § 574 ZPO Rz. 4; Musielak/*Ball*, § 574 ZPO Rz. 7a; Zöller/*Heßler*, § 574 ZPO Rz. 14; Bork/Jacoby/Schwab/*Müther*, 1. Aufl., § 70 FamFG Rz. 2; insoweit aA MüKo.ZPO/*Lipp*, § 574 ZPO Rz. 9; *Abramenko*, Rpfleger 2003, 375 (375f.) und jetzt Bumiller/Harders, § 70 FamFG Rz. 6, die die Statthaftigkeit der Rechtsbeschwerde bejahen.

Verfassungsbeschwerde bleiben.[1] Bei erfolgter Zulassung hat auch der Rechtsbeschwerdegegner keine Möglichkeit, diese Entscheidung isoliert anzugreifen.

bb) Entscheidung durch den Einzelrichter

Anders als bei der zivilprozessualen Beschwerde wird die Zulassung der Rechtsbeschwerde durch den Einzelrichter ähnlich wie bei der Berufung kein Grund zur Aufhebung und Zurückverweisung sein.[2] Insoweit wird auf die Kommentierung zu § 68 Abs. 4 (Rz. 43) Bezug genommen.

b) Korrektur versehentlich unterlassener Entscheidungen über die Zulassung

aa) Berichtigung nach § 42

Die restriktive Handhabung der Unanfechtbarkeit lässt auch bei versehentlicher Unterlassung einer Zulassung nach § 70 Abs. 2 wenig Spielraum. Im Rahmen der zivilprozessualen Beschwerde wird nur eine **Berichtigung** wegen offenbarer Unrichtigkeit nach § 319 ZPO für zulässig gehalten.[3] Angesichts des erklärten Vorbildcharakters der §§ 574ff. ZPO wird sich diese Handhabung bei der zivilprozessualen Rechtsbeschwerde auch in vorliegendem Zusammenhang durchsetzen.[4] Die Berichtigung nach § 42 Abs. 1 setzt allerdings eine gewisse **Evidenz des Fehlers** voraus. Die Divergenz zwischen Äußerung und Bildung des Willens muss entweder aus der Entscheidung selbst oder aus anderen Umständen außerhalb der Entscheidung für jeden neutralen Dritten offenkundig sein.[5] In Betracht kommt etwa eine entsprechende Kundgabe des Gerichts im Protokoll. Auch dann, wenn die Zulassung fälschlicherweise in einer separaten Entscheidung erfolgt, wird man von einer offenkundigen Unrichtigkeit ausgehen können.

bb) Ergänzung nach § 43

Hingegen wird bei der Parallelregelung des § 574 Abs. 1 Nr. 2 ZPO eine Selbstkorrektur im Wege der Ergänzung nach § 321 ZPO allgemein abgelehnt, selbst wenn eine Entscheidung hierüber nur einfach vergessen wurde.[6] Begründet wird dies damit, dass ein Beschluss des Beschwerdegerichts, der keine Entscheidung über die Zulassung enthält, **keine Lücke** aufweise, sondern eben durch sein Schweigen über die Zulassung befunden habe. Deshalb werde keine unterbliebene Entscheidung nachgeholt, sondern eine getroffene abgeändert.[7] Dies überzeugt zwar in keiner Weise: Vergisst das Gericht einen Anspruch und weist es die Klage (im Übrigen) ab, so ist damit gleichfalls eine der Rechtskraft fähige Entscheidung über diesen Teilanspruch getroffen; dies ändert aber nichts daran, dass er ebenso vergessen wurde, wie dies bei der Zulassung der Rechtsbeschwerde der Fall sein kann.[8] Gleichwohl steht zu befürchten, dass sich diese Argumentation angesichts der bewussten Anlehnung von

---

1 *Schürmann*, FuR 2010, 493 (497); *Rackl*, Rechtsmittelrecht, S. 242 mit anschließender deutlicher Kritik an dieser Entscheidung des Gesetzgebers (S. 244).
2 Keidel/*Meyer-Holz*, § 70 FamFG Rz. 34; *Rackl*, Rechtsmittelrecht, S. 228; Zöller/*Feskorn*, § 70 FamFG Rz. 6; beschränkt auf den Fall grundsätzlicher Bedeutung auch Bumiller/Harders, § 70 FamFG Rz. 3.
3 BGH v. 24.11.2003 – II ZB 37/02, NJW 2004, 779; Bork/Jacoby/Schwab/*Müther*, 1. Aufl., § 70 FamFG Rz. 21; MüKo.ZPO/*Lipp*, § 574 ZPO Rz. 10; Baumbach/*Hartmann*, § 574 ZPO Rz. 7; Musielak/*Ball*, § 574 ZPO Rz. 7a.
4 Bassenge/Roth/*Gottwald*, § 70 FamFG Rz. 4; *Rackl*, Rechtsmittelrecht, S. 226; im Ergebnis ebenso mit erkennbarer Absicht, die Rechtsbeschwerde zuzulassen, Bumiller/Harders, § 70 FamFG Rz. 5, die aber die Anhörungsrüge nach § 44 für den richtigen verfahrensrechtlichen Ansatz halten.
5 BGH v. 24.11.2003 – II ZB 37/02, NJW 2004, 779.
6 BGH v. 24.11.2003 – II ZB 37/02, NJW 2004, 779; BGH v. 19.5.2004 – IXa ZB 182/03, NJW 2004, 2529; Bork/Jacoby/Schwab/*Müther*, 1. Aufl., § 70 FamFG Rz. 18; MüKo.ZPO/*Lipp*, § 574 ZPO Rz. 10; Musielak/*Ball*, § 574 ZPO Rz. 7a.
7 BGH v. 24.11.2003 – II ZB 37/02, NJW 2004, 779.
8 Für die Möglichkeit einer Ergänzung nach § 321 ZPO im Zivilprozess auch Baumbach/*Hartmann*, § 574 ZPO Rz. 7.

§ 70

§ 70 an die zivilprozessualen Vorschrift im Verfahren nach dem FamFG durchsetzen wird. Eine Ergänzung nach § 43 kommt demnach, folgt man der Praxis des BGH, nicht in Betracht.[1] Dem Betroffenen bleibt dann nur die Anhörungsrüge nach § 69 Abs. 3, 44 und anschließend die Verfassungsbeschwerde.[2]

5. Bindung des Rechtsbeschwerdegerichts

15 Entgegen der ursprünglich vorgesehenen Fassung des Gesetzes und gegen den nachdrücklichen Widerstand der Bundesregierung[3] untersteht die Entscheidung des Beschwerdegerichts **nicht der Kontrolle durch das Rechtsbeschwerdegericht**. Sie ist nach § 70 Abs. 2 Satz 2 bindend.[4] Das Rechtsbeschwerdegericht kann also weder isoliert die Zulassung aufheben noch die Beschwerde gegen die Entscheidung in der Hauptsache als unzulässig verwerfen, weil seiner Auffassung nach die Voraussetzungen des § 70 Abs. 2 Satz 1 nicht vorliegen.[5] Allerdings wird im Rahmen der zivilprozessualen Beschwerde die Bindung auf die Entscheidung über das Vorliegen grundsätzlicher Bedeutung bzw. über die Notwendigkeit der Fortbildung des Rechts oder der Sicherung einer einheitlichen Rechtsprechung begrenzt. Angesichts der Parallelität der Regelungen ist diese Praxis auf den vorliegenden Zusammenhang zu übertragen. Das Beschwerdegericht kann also durch die Zulassung nach § 70 Abs. 2 nicht über das **Fehlen anderer Zulässigkeitsvoraussetzungen**, etwa über die Versäumung von Einlege- bzw. Begründungsfrist des Rechtsmittels[6] oder die fehlende Beschwerdeberechtigung hinweghelfen oder gar die gesetzlich normierte **Unstatthaftigkeit** der Rechtsbeschwerde etwa für Verfahren des einstweiligen Rechtsschutzes (§ 70 Abs. 4) außer Kraft setzen. Eine gleichwohl erfolgte **Zulassung ist unwirksam**.[7] Auch die Zulassung einer kraft Gesetzes statthaften Rechtsbeschwerde entfaltet keine Wirkung,[8] wobei dies im vorliegenden Zusammenhang, anders als bei der zivilprozessualen Rechtsbeschwerde, theoretischer Natur bleiben dürfte. Denn anders als dort bedarf es nach § 70 Abs. 3 nicht des Vorliegens weiterer Zulassungsgründe wie grundsätzlicher Bedeutung (s. Rz. 16), so dass eine Rechtsbeschwerde unabhängig von diesbezüglichen Darlegungen[9] zulässig ist. Denn der gesetzliche Ausschluss eines Rechtsmittels steht nicht zur Disposition des entscheidenden Gerichts. Diese Rechtsprechung wurde für die zivilprozessuale Rechtsbeschwerde auf die Fälle erweitert, in denen **bereits die sofortige Beschwerde unzulässig** war.[10] Die Begründung hierfür, dass dann der Instanzenzug ebenfalls nicht eröffnet ist und auch nicht kraft Zulas-

---

1 *Schürmann*, FuR 2010, 493 (496); *Bumiller*/Harders, § 70 FamFG Rz. 4; Bassenge/Roth/*Gottwald*, § 70 FamFG Rz. 4; *Rackl*, Rechtsmittelrecht, S. 226.
2 *Rackl*, Rechtsmittelrecht, S. 227.
3 BT-Drucks. 16/6308, S. 209 u. 410; hiergegen die letztlich erfolgreiche Opposition des BR (BT-Drucks. 16/6308, S. 369).
4 *Bumiller*/Harders, § 70 FamFG Rz. 16; Bassenge/Roth/*Gottwald*, § 70 FamFG Rz. 14; Bork/Jacoby/Schwab/*Müther*, 1. Aufl., § 70 FamFG Rz. 22; Zöller/*Feskorn*, § 70 FamFG Rz. 9; *Rackl*, Rechtsmittelrecht, S. 234.
5 AA hinsichtlich der Verwerfung als unzulässig *Bumiller*/Harders, § 70 FamFG Rz. 16.
6 BGH v. 23.6.2010 – XII ZB 82/10, FamRZ 2010, 1425; Bork/Jacoby/Schwab/*Müther*, 1. Aufl., § 70 FamFG Rz. 23; Zöller/*Feskorn*, § 70 FamFG Rz. 9.
7 BGH v. 1.12.2010 – XII ZB 227/10, NJW-RR 2011, 577 = FGPrax 2011, 101 (102); BGH v. 23.5.2012 – XII ZB 417/11, NJW-RR 2012, 1156 = FGPrax 2012, 183 (184); *Keske*, FPR 2010, 339 (341); *Bumiller*/Harders, § 70 FamFG Rz. 6; Keidel/*Meyer-Holz*, § 70 FamFG Rz. 42; Bassenge/Roth/*Gottwald*, § 70 FamFG Rz. 14; *Rackl*, Rechtsmittelrecht, S. 235; vgl. zum Zivilprozess BGH v. 1.10.2002 – IX ZB 271/02, MDR 2003, 229; BGH v. 8.10.2002 – VI ZB 27/02, NJW 2003, 211 (212); BGH v. 27.2.2003 – I ZB 22/02, NJW 2003, 1531; BGH v. 21.4.2004 – XII ZB 279/03, NJW 2004, 2224 f.
8 BGH v. 20.2.2003 – V ZB 59/02, MDR 2003, 645 = NJW-RR 2003, 784 (785); BGH v. 7.4.2004 – XII ZB 51/02, FamRZ 2004, 1023 (1024); BGH v. 23.2.2005 – XII ZB 110/03, MDR 2005, 948.
9 Dies war die Problematik der kraft Gesetzes statthaften ZPO-Beschwerden, die aber entgegen der Meinung des zulassenden Gerichts nicht die Voraussetzungen von § 574 Abs. 2 ZPO erfüllten, s. BGH v. 20.2.2003 – V ZB 59/02, MDR 2003, 645 = NJW-RR 2003, 784 (785); BGH v. 7.4.2004 – XII ZB 51/02, FamRZ 2004, 1023 (1024); BGH v. 23.2.2005 – XII ZB 110/03, MDR 2005, 948 (949).
10 BGH v. 11.5.2005 – XII ZB 189/03, NJW-RR 2005, 1009; BGH v. 17.10.2005 – II ZB 4/05, MDR 2006, 466 (467) = NJW-RR 2006, 286.

sung durch das Beschwerdegericht eröffnet werden kann, lässt sich auf die Rechtsbeschwerde nach §§ 70 ff. übertragen.

III. Statthaftigkeit kraft Gesetzes

1. Unbegrenzte Zulassung der Rechtsbeschwerde

Kraft Gesetzes zulässig ist die Rechtsbeschwerde nach § 70 Abs. 3 gegen bestimmte Entscheidungen in **Betreuungssachen, in Unterbringungs- und in Freiheitsentziehungssachen**. Die gesetzliche Statthaftigkeit umfasst auch die **Feststellung der Erledigung** analog § 62 nach Erledigung des Rechtsmittels,[1] allerdings wegen § 70 Abs. 4 nicht gegen einstweilige Anordnungen.[2] Im Gegensatz zur entsprechenden Regelung des § 574 Abs. 2 ZPO verlangt § 70 Abs. 3 keine grundsätzliche Bedeutung der Sache oder sonstige Voraussetzungen der Zulässigkeit.[3] Deshalb bedarf es insoweit, anders als in der zivilprozessualen Rechtsbeschwerde,[4] auch keiner Darlegungen. In der Konsequenz besteht bei bestimmten Entscheidungen in Betreuungssachen, in Unterbringungs- und in Freiheitsentziehungssachen stets ein dritter Rechtszug. Angesichts der Tatsache, dass es sich gerade bei Betreuungs- und Unterbringungssachen um besonders häufige Verfahren handelt, erscheint diese Regelung im Hinblick auf die Bemühungen um eine Entlastung des BGH zu weitgehend. Dies um so mehr, als es sich in diesen Angelegenheiten oftmals um wenig einsichtige Betroffene handelt. Eine zulässige Beschwerde setzt ferner die Einhaltung der weiteren Formalien, etwa der Frist und Form nach § 71 voraus. Einziger praktisch wirksamer Filter dürfte aber das Erfordernis einer Vertretung durch einen am BGH zugelassenen Rechtsanwalt nach § 10 Abs. 4 sein. Allerdings versagt auch er, wenn der Rechtsbeschwerdeführer zunächst Verfahrenskostenhilfe beantragt, da es für diesen Antrag keines Anwalts bedarf.[5] Werden diese Zulässigkeitserfordernisse eingehalten, bietet auch der **Zurückverweisungsbeschluss nach § 74a** keine Handhabe, sich in diesen Rechtsgebieten auf Fälle grundsätzlicher Bedeutung zu beschränken (s. § 74a Rz. 2 f.). Einzige Abhilfe schafft hier möglicherweise die Möglichkeit einer **Entscheidung ohne Begründung** nach § 74 Abs. 7.

2. Von Absatz 3 erfasste Angelegenheiten

a) Unterbringungs- und Freiheitsentziehungssachen

Verfahren in Unterbringungssachen (§§ 151 Nr. 6, 312 ff.) und in Freiheitsentziehungssachen (§§ 415 ff.) sind insgesamt von der gesetzlichen Zulassung der Rechtsbeschwerde erfasst. Eine Ausnahme ist nach dem Gesetzeswortlaut der Ausschluss der Rechtsbeschwerde gegen einstweilige Anordnungen (§ 70 Abs. 4). Einstweilige Anordnungen etwa nach §§ 331 f., 427 können somit auch in Unterbringungs- und Freiheitsentziehungssachen nicht mit der Rechtsbeschwerde überprüft werden.[6] Im Übrigen sieht § 70 Abs. 3 Satz 2[7] nunmehr eine Beschränkung der Statthaftigkeit von Rechtsbeschwerden auf die Anordnung der Unterbringung bzw. der Freiheitsentziehung vor. Damit wird die nach der ursprünglichen Entwurfsfassung zu weite Möglich-

---

1 BGH v. 25.2.2010 – V ZB 172/09, FGPrax 2010, 150 (151); BGH v. 16.9.2010 – V ZB 120/10, FGPrax 2010, 290; BGH v. 24.2.2011 – V ZB 202/10, FGPrax 2011, 146; BGH v. 12.5.2011 – V ZB 135/10, FGPrax 2011, 253; BGH v. 6.10.2011 – V ZB 314/10, FamRZ 2012, 211.
2 BGH v. 20.1.2011 – V ZB 116/10, FGPrax 2011, 143 f.; BGH v. 3.2.2011 – V ZB 128/10, FGPrax 2011, 148; BGH v. 12.5.2011 – V ZB 135/10, FGPrax 2011, 253.
3 Keidel/*Meyer-Holz*, § 70 FamFG Rz. 5 und 45; Zöller/*Feskorn*, § 70 FamFG Rz. 11; aA ohne Begr. Bassenge/Roth/*Gottwald*, § 70 FamFG Rz. 17.
4 BGH v. 29.5.2002 – V ZB 11/02, MDR 2002, 1266 (1267) = NJW 2002, 2473 f.
5 BGH v. 23.6.2010 – XII ZB 82/10, FamRZ 2010, 1425; vgl. *Jennissen*, FGPrax 2009, 93 (98), der dies allerdings deswegen positiv beurteilt, weil der Betroffene hierdurch die Möglichkeit hat, „auch ohne Einschaltung eines beim BGH zugelassenen Anwalts (...) die Erfolgsaussicht einer Rechtsbeschwerde überprüfen zu lassen."
6 Zur Vorrangigkeit dieses speziellen Ausschlusses der Rechtsbeschwerde für Verfahren des einstweiligen Rechtsschutzes vor den allgemeinen Zulassungsregeln s. BGH v. 27.2.2003 – I ZB 22/02, NJW 2003, 1531.
7 Nachträglich eingefügt durch das sog. FamFGReparaturgesetz v. 30.7.2009, BGBl. I, S. 2449.

keit der Rechtsbeschwerde eingeschränkt. In der Konsequenz kann nur der hiervon Betroffene die Entscheidung über Unterbringung und Freiheitsentziehung grundsätzlich von zwei Rechtsmittelinstanzen überprüfen lassen. Hingegen kann etwa der Verfahrenspfleger die Beschwerdeentscheidung über Vergütung und Aufwendungsersatz nach §§ 318, 277 nur auf Zulassung nach § 70 Abs. 2 vom BGH überprüfen lassen.[1] Ebenso wenig kann die beteiligte Behörde etwa gegen die Verkürzung der Sicherungshaft ohne Zulassung Rechtsbeschwerde einlegen.[2]

b) Betreuungssachen

18 Kraft Gesetzes statthaft ist die Rechtsbeschwerde gem. § 70 Abs. 3 Nr. 1 ferner in Betreuungssachen. Auch hier hat der Gesetzgeber die Statthaftigkeit der Rechtsbeschwerde auf bestimmte Angelegenheiten, namentlich die Bestellung eines Betreuers, die Aufhebung einer Betreuung und die Anordnung oder Aufhebung eines Einwilligungsvorbehalts beschränkt. Dies umfasst auch die Verlängerung einer Betreuung[3] und die Ablehnung eines Betreuerwechsels, da es sich hierbei nur um eine Teilanfechtung handelt,[4] nicht aber die Entlassung des Betreuers bei fortbestehender Betreuung, da hiermit kein der Erstbestellung vergleichbarer Eingriff in höchstpersönliche Rechte des Beteiligten verbunden ist.[5] Gleiches gilt für die Teilentlassung,[6] den Wechsel des Betreuers bei fortbestehender Betreuung[7] und die Bestellung eines Ergänzungsbetreuers.[8] Auch Entscheidungen etwa über Vergütung und Aufwendungsersatz des Betreuers fehlt die in § 70 Abs. 3 vorausgesetzte Eingriffsintensität, weshalb sie nur nach Zulassung des Beschwerdegerichts mit der Rechtsbeschwerde überprüfbar sind.

IV. Keine Rechtsbeschwerde in Verfahren des einstweiligen Rechtsschutzes

19 § 70 Abs. 4 übernimmt in Anlehnung an §§ 574 Abs. 1 Satz 2, 542 Abs. 2 ZPO[9] den Ausschluss der Rechtsbeschwerde im Verfahren über die Anordnung, Abänderung oder Aufhebung einer einstweiligen Anordnung. Dies umfasst zum einen das **Verfahren nach §§ 49 ff.**, sofern dort nach § 57 Satz 2 Rechtsmittel überhaupt möglich sind. Zum anderen stellt § 70 Abs. 4 klar, dass auch gegen **einstweilige Anordnungen nach § 64 Abs. 3** die Rechtsbeschwerde nicht statthaft ist, was schon bislang allgemeiner Auffassung entsprach (vgl. § 64 Rz. 37 f.). Eine Zulassung der Rechtsbeschwerde entgegen § 70 Abs. 4 ist unwirksam, da sich das Beschwerdegericht nicht über den gesetzlichen Ausschluss der Rechtsbeschwerde hinwegsetzen kann (allgemein zur fehlenden Bindung bei kraft Gesetzes unstatthaften Rechtsbeschwerden s. Rz. 15).[10] Der Ausschluss ist umfassend und betrifft nicht nur die Anordnung, Abänderung oder Aufhebung einer einstweiligen Anordnung selbst, wie der Wortlaut „*im Verfahren* über die Anordnung, Abänderung oder Aufhebung einer einstweiligen Anordnung" zeigt. Betroffen ist also **jeglicher Beschluss in der Hauptsache**, etwa auch der-

---

1 *Rackl*, Rechtsmittelrecht, S. 237; weitergehend, auch für Verfahren, in denen es um die Person des Betreuers oder seine Abberufung aus wichtigem Grund geht, Bork/Jacoby/Schwab/*Müther*, 1. Aufl., § 70 FamFG Rz. 25.
2 BGH v. 10.2.2010 – V ZB 35/10, FGPrax 2010, 98.
3 BGH v. 15.9.2010 – XII ZB 166/10, FGPrax 2010, 288 = Rpfleger 2011, 30 (31); BGH v. 25.5.2011 – XII ZB 283/10, FamRZ 2011, 1219 f.; BGH v. 29.6.2011 – XII ZB 65/11, FamRZ 2011, 1393 (1394).
4 BGH v. 15.9.2010 – XII ZB 166/10, FGPrax 2010, 288 (289) = Rpfleger 2011, 30 (31).
5 BGH v. 9.2.2011 – XII ZB 364/10, FGPrax 2011, 118 = NJW-RR 2011, 580 = Rpfleger 2011, 371 (372); BGH v. 18.5.2011 – XII ZB 671/10, FamRZ 2011, 1143 f.; BGH v. 8.6.2011 – XII ZB 43/11, FamRZ 2011, 1289 (1290); Zöller/*Feskorn*, § 70 FamFG Rz. 11.
6 BGH v. 29.6.2011 – XII ZB 65/11, FamRZ 2011, 1393 f.
7 BGH v. 25.5.2011 – XII ZB 283/10, FamRZ 2011, 1219 f.; BGH v. 13.6.2012 – XII ZB 102/12, FamRZ 2012, 1290 (LS).
8 BGH v. 25.5.2011 – XII ZB 283/10, FamRZ 2011, 1219 f.
9 BT-Drucks. 16/6308, S. 209; *Rackl*, Rechtsmittelrecht, S. 240.
10 Speziell zu Rechtsbeschwerden im einstweiligen Rechtsschutz s. BGH v. 27.2.2003 – I ZB 22/02, NJW 2003, 1531.

jenige über die Kosten[1] nach Erledigung oder Vergleich gem. § 83 (dazu, dass § 83 auch auf Kosten im Verfahren über die Anordnung einer einstweiligen Anordnung anwendbar ist, s. § 83 Rz. 14 s. v. „Einstweilige Anordnung"). Da Abschnitt 5 (§§ 58 ff.) nur die Rechtsmittel in der Hauptsache betrifft, sind sonstige Entscheidungen von § 70 Abs. 4 nicht erfasst. Sofern sie überhaupt kraft spezialgesetzlicher Regelung nach den §§ 567 ff. ZPO mit der sofortigen Beschwerde anfechtbar sind, finden aber die zivilprozessualen Beschränkungen (etwa § 66 Abs. 3 Satz 3 GKG) Anwendung.[2] Nicht erfasst sind aber wie im Zivilprozess[3] **Folgesachen, etwa auf Schadensersatz aus § 945 ZPO** gerichtete, sofern diese Möglichkeit über den Verweis in § 119 überhaupt eröffnet ist.[4]

71 Frist und Form der Rechtsbeschwerde

(1) Die Rechtsbeschwerde ist binnen einer Frist von einem Monat nach der schriftlichen Bekanntgabe des Beschlusses durch Einreichen einer Beschwerdeschrift bei dem Rechtsbeschwerdegericht einzulegen. Die Rechtsbeschwerdeschrift muss enthalten:
1. die Bezeichnung des Beschlusses, gegen den die Rechtsbeschwerde gerichtet wird, und
2. die Erklärung, dass gegen diesen Beschluss Rechtsbeschwerde eingelegt werde.

Die Rechtsbeschwerdeschrift ist zu unterschreiben. Mit der Rechtsbeschwerdeschrift soll eine Ausfertigung oder beglaubigte Abschrift des angefochtenen Beschlusses vorgelegt werden.

(2) Die Rechtsbeschwerde ist, sofern die Beschwerdeschrift keine Begründung enthält, binnen einer Frist von einem Monat zu begründen. Die Frist beginnt mit der schriftlichen Bekanntgabe des angefochtenen Beschlusses. § 551 Abs. 2 Satz 5 und 6 der Zivilprozessordnung gilt entsprechend.

(3) Die Begründung der Rechtsbeschwerde muss enthalten:
1. die Erklärung, inwieweit der Beschluss angefochten und dessen Aufhebung beantragt werde (Rechtsbeschwerdeanträge);
2. die Angabe der Rechtsbeschwerdegründe, und zwar
    a) die bestimmte Bezeichnung der Umstände, aus denen sich die Rechtsverletzung ergibt;
    b) soweit die Rechtsbeschwerde darauf gestützt wird, dass das Gesetz in Bezug auf das Verfahren verletzt sei, die Bezeichnung der Tatsachen, die den Mangel ergeben.

(4) Die Rechtsbeschwerde- und die Begründungsschrift sind den anderen Beteiligten bekannt zu geben.

A. Entstehungsgeschichte und Normzweck 1	b) Fristbeginn: Bekanntgabe der Beschwerdeentscheidung 5
B. Inhalt der Vorschrift	2. Fünfmonatsfrist ab Erlass? 6
I. Ort der Einlegung	III. Form und Inhalt der Rechtsbeschwerdeschrift
1. Rechtsbeschwerdegericht 2	1. Formerfordernisse
2. Empfangsmöglichkeiten 3	a) Schriftform und Unterschrift .. 7
II. Frist für die Einlegung der Rechtsbeschwerde	b) Rechtsanwaltszwang 8
1. Monatsfrist	c) Vorlage einer Ausfertigung oder Abschrift des angefochtenen Beschlusses 9
a) Rechtsnatur der Frist 4	

---
1 KG v. 7.10.2010 – 19 UF 55/10, FamRZ 2011, 576; KG v. 6.12.2010 – 16 UF 151/10, FamRZ 2011, 577; Keidel/*Meyer-Holz*, § 70 FamFG Rz. 48; Zöller/*Feskorn*, § 70 FamFG Rz. 12; *Rackl*, Rechtsmittelrecht, S. 241.
2 S. MüKo.ZPO/*Lipp*, § 574 ZPO Rz. 3.
3 Hierzu Zöller/*Heßler*, § 543 ZPO Rz. 9.
4 Vgl. hierzu *Schürmann*, FamRB 2008, 375 (381).

2. Inhalt
　a) Bezeichnung der angegriffenen Entscheidung 10
　b) Begehren einer Überprüfung und Anträge 11
　c) Bezeichnung des Beschwerdeführers 12
　d) Beschränkungen und Bedingungen der Rechtsbeschwerde 13
IV. Form und Frist der Rechtsbeschwerdebegründung
　1. Formerfordernisse
　　a) Teil der Rechtsbeschwerdeschrift oder separater Schriftsatz 14
　　b) Frist
　　　aa) Monatsfrist 15
　　　bb) Fristbeginn 16
　　c) Verlängerung
　　　aa) Verlängerung ohne Einwilligung des Gegners 17
　　　bb) Verlängerung wegen Nichtvorliegens der Akten 19
　　　cc) Verlängerung nach Einwilligung des Gegners 20
　　　dd) Entscheidung über den Antrag 21

2. Inhalt
　a) Anträge 22
　b) Rechtsbeschwerdegründe
　　aa) Umfassende Begründung ... 23
　　bb) Sachrügen 24
　　cc) Verfahrensrügen 25
3. Bekanntgabe der Rechtsbeschwerdeschrift und -begründung
　a) Gewährung rechtlichen Gehörs und Beteiligung am Rechtsbeschwerdeverfahren 26
　b) Beschränkungen für weitere Beteiligte 27
C. Einstweilige Anordnungen
　I. Rechtsgrundlage
　　1. Kein Verweis auf § 64 Abs. 3 28
　　2. Rückgriff auf §§ 49ff. 29
　II. Voraussetzungen, Verfahren und Inhalt der einstweiligen Anordnung des Rechtsbeschwerdegerichts
　　1. Voraussetzungen: Dringlichkeit und Anordnungsanspruch 30
　　2. Verfahren 31
　　3. Form und Inhalt der Entscheidung 32

A. Entstehungsgeschichte und Normzweck

1 § 71 regelt Frist, Form und – über die amtliche Überschrift hinaus – Begründung der Rechtsbeschwerde. Die Vorschrift übernimmt mit spezifischen Modifikationen für das Verfahren nach dem FamFG die Regelungen des § 575 ZPO. Dies bringt erhebliche Neuerungen mit sich, die die Voraussetzungen für eine Überprüfung durch die dritte Instanz erheblich verschärfen. Dies betrifft zunächst die **Einlegung** des Rechtsmittels, die künftig nur noch beim Rechtsbeschwerdegericht erfolgen kann. Ferner führt Abs. 1 Satz 2 einen obligatorischen **Mindestinhalt der Rechtsbeschwerdeschrift** ein. Schließlich fordert Abs. 2 im Gegensatz zum bisherigen Recht innerhalb einer allerdings verlängerungsfähigen Frist von einem Monat eine **Begründung der Rechtsbeschwerde**, deren Inhalt den Mindestanforderungen des Abs. 3 genügen muss. Im Zusammenspiel mit der Ordnungsvorschrift des Abs. 1 Satz 4, die die frühzeitige Vorlage einer Ausfertigung oder Abschrift des angegriffenen Beschlusses verlangt, sollen diese Neuerungen nicht zuletzt der Verfahrensbeschleunigung dienen. Die Vorschrift gilt auch in Ehe- und Familienstreitsachen.

B. Inhalt der Vorschrift

I. Ort der Einlegung

1. Rechtsbeschwerdegericht

2 Die Rechtsbeschwerde kann nunmehr gem. § 71 Abs. 1 Satz 1 nur noch beim Rechtsbeschwerdegericht eingelegt werden. Dies korrespondiert mit dessen vom Gericht erster Instanz abweichenden Rolle im Rechtsmittelverfahren. Die Regelung des § 305 ist nicht auf die Rechtsbeschwerde auszudehnen.[1] Wie nach altem Recht (§ 29 Abs. 3 FGG aF)[2] darf das Beschwerdegericht der Rechtsbeschwerde in Ermangelung einer § 68 Abs. 1 entsprechenden Befugnis im Gesetz **nicht abhelfen**. Die Einlegung der Rechtsbeschwerde beim Beschwerdegericht würde also nur zu Zeitverlusten

---

1 S. § 305 Rz. 7; aA *Bumiller*/Harders, § 71 FamFG Rz. 4.
2 Hierzu BayObLG v. 24.7.1981 – BReg. 3 Z 118/78, BayObLGZ 1981, 264.

durch die Übermittlung führen.¹ Für den Rechtsmittelführer führt dies dagegen zu keinen nennenswerten Unannehmlichkeiten, da das Rechtsmittel ohnehin nach § 10 Abs. 4 durch einem am BGH zugelassenen Rechtsanwalt eingelegt werden muss.² Die gleichwohl vorgenommene Einlegung der Rechtsbeschwerde beim Beschwerdegericht wahrt die Frist des § 71 Abs. 1 Satz 1 nur, wenn die Rechtsbeschwerdeschrift innerhalb dieser Frist beim BGH eingeht.³ Das Beschwerdegericht ist zwar zur **Weiterleitung** verpflichtet (§§ 74 Abs. 4, 25 Abs. 3 Satz 1), muss aber keine besonderen Maßnahmen zur Wahrung der Beschwerdefrist (etwa die beschleunigte Weiterleitung durch besonderen Wachtmeister) ergreifen (vgl. § 64 Rz. 3).⁴ Eine Wiedereinsetzung bei Fristversäumung wird bei korrekter Rechtsbehelfsbelehrung regelmäßig ausscheiden. Das Beschwerdegericht hat die Akte analog § 68 Abs. 1 Satz 1 unverzüglich vorzulegen.⁵

2. Empfangsmöglichkeiten

Der Rechtsbeschwerdeführer hat grundsätzlich die freie Wahl zwischen den verschiedenen Empfangsmöglichkeiten des Rechtsbeschwerdegerichts. Er kann die Rechtsbeschwerdeschrift in den normalen **Briefkasten** und in den **Fristbriefkasten** dieses Gerichts einlegen, sie auch per **Fax, Telegramm oder Fernschreiber** einlegen. Insoweit gilt das zum Beschwerdegericht Ausgeführte (§ 64 Rz. 4 f.). Über die Verweisung in § 74 Abs. 4 können die Beteiligten ihre „Anträge und Erklärungen" nach § 14 Abs. 2 auch als **elektronisches Dokument** übermitteln, wofür §§ 130a Abs. 1 und 3, 298 ZPO entsprechend gelten.⁶ Dies muss in erweiternder Auslegung auch auf die Rechtsbeschwerde angewendet werden. Mangels entsprechender gesetzlicher Regelung ist aber die **Erklärung zur Niederschrift der Geschäftsstelle** ausgeschlossen,⁷ wofür angesichts der Notwendigkeit einer Vertretung durch einen beim BGH zugelassenen Rechtsanwalt auch kein Bedarf besteht.

II. Frist für die Einlegung der Rechtsbeschwerde

1. Monatsfrist

a) Rechtsnatur der Frist

§ 71 Abs. 1 Satz 1 hat erstaunlicherweise – möglicherweise der oberflächlichen sprachlichen Modernisierung wegen – den Begriff der „Notfrist" nicht aus § 575 Abs. 1 Satz 1 ZPO übernommen. Gleichwohl ergibt sich wie bei der Beschwerdefrist (§ 63 Abs. 1 und 2) aus § 16 Abs. 2 FamFG iVm. § 224 Abs. 2 ZPO, dass es sich um **Notfristen** handelt. Denn sie können mangels besonderer Bestimmung, wie sie § 71 Abs. 2 Satz 3 für die Begründung vorsieht, gem. § 16 Abs. 2 FamFG iVm. § 224 Abs. 2 ZPO weder durch Verfügung des Gerichts noch durch Vereinbarung der Beteiligten verkürzt oder verlängert werden.⁸ Für die Fristberechnung gelten über die Verweisungen des § 16 Abs. 2 FamFG iVm. § 222 Abs. 1 ZPO die Vorschriften des BGB, also §§ 186 ff. BGB.⁹

---

1 Zum Aspekt der Beschleunigung s. BT-Drucks. 16/6308, S. 209; *Rackl*, Rechtsmittelrecht, S. 248.
2 *Rackl*, Rechtsmittelrecht, S. 249.
3 *Schürmann*, FamRB 2009, 24 (25) m. Fn. 12; *Bumiller*/Harders, § 71 FamFG Rz. 3; Keidel/*Meyer-Holz*, § 71 FamFG Rz. 2; Bork/Jacoby/Schwab/*Müther*, 1. Aufl., § 71 FamFG Rz. 6; *Rackl*, Rechtsmittelrecht, S. 249; vgl. BayObLG v. 10.12.1985 – BReg. 3 Z 159/85, BayObLGZ 1985, 403 (405).
4 Ebenso Keidel/*Meyer-Holz*, § 71 FamFG Rz. 3; Bork/Jacoby/Schwab/*Müther*, 1. Aufl., § 71 FamFG Rz. 6.
5 Im Ergebnis ebenso, aber für eine Analogie zu §§ 575 Abs. 5, 541 ZPO *Rackl*, Rechtsmittelrecht, S. 248.
6 Zu § 14 FamFG im Einzelnen, insbesondere zur qualifizierten elektronischen Signatur und dem Format des Dokuments s. die Kommentierung dort.
7 Ebenso Keidel/*Meyer-Holz*, § 71 FamFG Rz. 4; *Rackl*, Rechtsmittelrecht, S. 250.
8 Keidel/*Meyer-Holz*, § 71 FamFG Rz. 5; *Rackl*, Rechtsmittelrecht, S. 252.
9 Bassenge/Roth/*Gottwald*, § 71 FamFG Rz. 4; Bork/Jacoby/Schwab/*Müther*, 1. Aufl., § 71 FamFG Rz. 4; *Rackl*, Rechtsmittelrecht, S. 252.

b) Fristbeginn: Bekanntgabe der Beschwerdeentscheidung

5 Die Rechtsbeschwerde ist nach § 71 Abs. 1 Satz 1 binnen einer Frist von einem Monat einzulegen, die mit der schriftlichen Bekanntgabe der Beschwerdeentscheidung zu laufen beginnt. Damit lehnt sich die Vorschrift an § 63 Abs. 3 Satz 1 an. Der förmlichen Zustellung bedarf es somit zur Ingangsetzung der Frist ebenso wenig wie bei der Beschwerde. Es genügt jede schriftliche Bekanntgabe der Beschwerdeentscheidung. Insoweit kann auf die zur Beschwerde dargelegten Grundsätze verwiesen werden (vgl. § 41 Rz. 23 ff.).

2. Fünfmonatsfrist ab Erlass?

6 Ebenso wenig wie sein Vorbild, § 575 Abs. 1 Satz 1 ZPO, auf § 569 Abs. 1 Satz 2 ZPO verweist, nimmt § 71 Abs. 1 Satz 1 auf § 63 Abs. 3 Satz 2 Bezug. Dies wirft wie dort die Frage auf, ob die Rechtsmittelfrist des § 71 Abs. 1 Satz 1 unabhängig vom regelmäßigen Fristbeginn jedenfalls fünf Monate nach Erlass der Beschwerdeentscheidung in Gang gesetzt wird. Für die ZPO-Rechtsbeschwerde wird dies teilweise bejaht, wobei damit argumentiert wird, dass für eine abweichende Regelung kein Grund ersichtlich sei.[1] Eine solche Ergänzung wird schon für § 575 Abs. 1 Satz 1 ZPO von der Gegenmeinung zu Recht abgelehnt,[2] da es nicht angeht, Gesetze schon dann nach Gutdünken zu ergänzen, wenn die Abweichung von andernorts getroffenen Regelungen nicht sinnvoll erscheint.[3] Im Zusammenhang mit § 71 Abs. 1 Satz 1 scheidet auch eine Analogie aus, da **keine regelungswidrige Lücke** vorliegt. Denn ohne Spezialregelung in den §§ 70 ff. ist zunächst auf die allgemeinen Vorschriften der §§ 1 ff. zurückzugreifen. Hier bestimmt **§ 15 Abs. 1** aber, dass „Dokumente, deren Inhalt eine Termins- oder Fristbestimmung enthalten oder den Lauf einer Frist auslösen,... den Beteiligten bekannt zu geben" sind. Erst hiermit beginnt nach § 16 Abs. 1 der Lauf der Frist. § 63 Abs. 3 Satz 2 ist demgegenüber eine auf das Beschwerdeverfahren beschränkte Spezialvorschrift. Diese kann ohne entsprechende Verweisung nicht herangezogen werden, wenn die betroffenen Fälle durch die mangels Spezialvorschrift anwendbaren allgemeinen Vorschriften geregelt sind.[4]

III. Form und Inhalt der Rechtsbeschwerdeschrift

1. Formerfordernisse

a) Schriftform und Unterschrift

7 Die Rechtsbeschwerdeschrift bedarf der schriftlichen Form.[5] Hier gelten keine anderen Anforderungen als bei der Beschwerde. Sofern die Einlegung der Beschwerde als elektronisches Dokument zulässig ist, genügt auch hier die schriftliche Reproduzierbarkeit. Die Rechtsbeschwerdeschrift muss nach § 71 Abs. 1 Satz 3 vom Bevollmächtigten des Rechtsmittelführers unterschrieben sein.[6] Eine **Paraphe** genügt nicht.[7] Der Unterzeichnende muss die volle Verantwortung für die Rechtsbeschwer-

---

1 Musielak/*Ball*, § 575 ZPO Rz. 2; MüKo.ZPO/*Lipp*, § 575 ZPO Rz. 5.
2 Baumbach/*Hartmann*, § 575 ZPO Rz. 4; Zöller/*Heßler*, § 575 ZPO Rz. 2; offengelassen von BGH v. 11.4.2012 – XII ZB 531/11, FGPrax 2012, 182.
3 Speziell dazu, dass die zeitliche Beschränkung der Anfechtbarkeit gesetzlicher Entscheidungen einer ausdrücklichen Regelung bedarf, s. BayObLG v. 29.9.1988 – BReg. 3 Z 99/88, NJW-RR 1989, 136 (137) zu § 516 aF ZPO.
4 Jedenfalls im Ergebnis ebenso Keidel/*Meyer-Holz*, § 71 FamFG Rz. 6; Zöller/*Feskorn*, § 71 FamFG Rz. 2; de lege lata auch *Rackl*, Rechtsmittelrecht, S. 252 f., der aber eine Neuregelung mit absoluter Fünfmonatsfrist für sinnvoll hält; aA *Bumiller*/Harders, § 71 FamFG Rz. 1.
5 *Rackl*, Rechtsmittelrecht, S. 250; zum Zweck, der Gewissheit über die Identität des Beschwerdeführers und der Beweissicherungsfunktion s. OLG Frankfurt v. 4.12.2000 – 20 W 509/2000, FGPrax 2001, 46.
6 Hierzu BT-Drucks. 16/6308, S. 209; Keidel/*Meyer-Holz*, § 71 FamFG Rz. 20; Bassenge/Roth/*Gottwald*, § 71 FamFG Rz. 9.
7 Keidel/*Meyer-Holz*, § 71 FamFG Rz. 21; Bork/Jacoby/Schwab/*Müther*, 1. Aufl., § 71 FamFG Rz. 12.

deschrift übernehmen, weshalb die Unterzeichnung „**im Auftrag**" nicht genügt.[1] Hinsichtlich der weiteren Anforderungen an die Unterschrift kann auf die diesbezüglichen Ausführungen zur Beschwerde Bezug genommen werden (s. § 64 Rz. 11 ff.). Genügt die Rechtsbeschwerdeschrift diesen Anforderungen nicht, ist die Rechtsbeschwerde nicht wirksam eingelegt.[2] Eine Ausnahme für Behörden dürfte nicht mehr anzuerkennen sein, da § 71 Abs. 1 Satz 3 keine Ausnahme vom Erfordernis der Unterschrift zulässt.[3]

b) Rechtsanwaltszwang

Die Rechtsbeschwerde kann nach § 10 Abs. 4, wonach es vor dem BGH der Vertretung durch einen dort zugelassenen Rechtsanwalt bedarf, nur von diesem Personenkreis eingelegt werden.[4] Dies gilt auch für das **gesamte weitere Verfahren**. Sonstiger Vortrag kann ansonsten noch nicht einmal zur Ergänzung oder Auslegung von Rechtsbeschwerdeschrift und Begründung herangezogen werden. Wird er nicht durch einen beim BGH zugelassenen Rechtsanwalt zu den Akten gereicht, soll er schlechterdings unbeachtlich sein.[5] Auch der Notar kann die Rechtsbeschwerde nicht wirksam einlegen, da die Spezialregelung des § 10 Abs. 4 Satz 1 der Vertretungsbefugnis des § 24 Abs. 1 Satz 2 BNotO vorgeht. Eine Ausnahme gilt nach § 10 Abs. 4 Satz 2 für **Behörden** und **juristische Personen des öffentlichen Rechts**,[6] wozu auch Sparkassen gehören.[7] Dies gilt allerdings nicht, wenn die Behörde bzw. juristische Person des öffentlichen Rechts für Dritte handeln will, ohne für diese vertretungsberechtigt zu sein.[8] Die für die Behörde handelnde Person muss in jedem Fall über die Befähigung zum Richteramt verfügen.[9] Der Bezirksrevisor ist daher im Gegensatz zum früheren Recht im Rechtsbeschwerdeverfahren nur noch postulationsfähig, wenn er über diese Qualifikation verfügt.[10] Ferner darf sich der Notar nach § 156 Abs. 4 Satz 2 KostO in Notarkostensachen selbst vor dem Beschwerdegericht vertreten.[11]

c) Vorlage einer Ausfertigung oder Abschrift des angefochtenen Beschlusses

Nach § 71 Abs. 1 Satz 4 soll der Rechtsbeschwerdeführer mit der Rechtsbeschwerdeschrift eine Ausfertigung oder eine beglaubigte Abschrift des angefochtenen Beschlusses vorlegen. Dabei handelt es sich ebenso wie im Rechtsbeschwerdeverfahren nach der ZPO nur um eine **Soll-Vorschrift**.[12] Ihre Nichtbefolgung führt nicht zu prozessualen Nachteilen.[13]

---

1 BGH v. 5.11.1987 – V ZR 139/87, NJW 1988, 210 f.
2 Vgl. zur ZPO Zöller/*Greger*, § 130 ZPO Rz. 7 mwN.
3 Die frühere Rspr., etwa BayObLG v. 27.7.2001 – 3 Z BR 182/01, NJW-RR 2001, 1515 (zur fehlenden Unterschrift des Bezirksrevisors) und BGH-GS v. 30.4.1979 – GmS-OGB 1/78, Rpfleger 1980, 12 f. (zur maschinenschriftlichen Wiedergabe des Namens mit Beglaubigungsvermerk) dürfte durch § 71 Abs. 1 Satz 3 überholt sein.
4 *Bumiller*/Harders, § 71 FamFG Rz. 9; Keidel/*Meyer-Holz*, § 71 FamFG Rz. 8; Bassenge/Roth/*Gottwald*, § 71 FamFG Rz. 5; *Rackl*, Rechtsmittelrecht, S. 250.
5 BGH v. 19.5.2004 – IXa ZB 182/03, NJW 2004, 2529.
6 *Rackl*, Rechtsmittelrecht, S. 250.
7 BayObLG v. 19.7.2000 – 3 Z BR 170/00, NJW-RR 2001, 29.
8 Keidel/*Meyer-Holz*, § 71 FamFG Rz. 11.
9 BGH v. 7.7.2010 – XII ZB 149/10, FGPrax 2010, 264 (265); BGH v. 17.2.2010 – XII ZB 46/10, ZKJ 2010, 205; Keidel/*Meyer-Holz*, § 71 FamFG Rz. 11.
10 BGH v. 7.7.2010 – XII ZB 149/10, FGPrax 2010, 264 (265); BGH v. 17.2.2010 – XII ZB 46/10, ZKJ 2010, 205.
11 *Tiedtke*/Diehn, ZNotP 2009, 385 (388); Zöller/*Feskorn*, § 71 FamFG Rz. 5.
12 Keidel/*Meyer-Holz*, § 71 FamFG Rz. 10; Bassenge/Roth/*Gottwald*, § 71 FamFG Rz. 10; MüKo.ZPO/*Lipp*, § 575 ZPO Rz. 8.
13 BT-Drucks. 16/6308, S. 209; Bassenge/Roth/*Gottwald*, § 71 FamFG Rz. 10; *Rackl*, Rechtsmittelrecht, S. 250.

§ 71

2. Inhalt

a) Bezeichnung der angegriffenen Entscheidung

10 Das FamFG stellt dieselben inhaltlichen Anforderungen an eine Rechtsbeschwerdeschrift wie die ZPO.[1] Nach § 71 Abs. 1 Satz 2 Nr. 1 muss sie zunächst die angefochtene Entscheidung bezeichnen.[2] Dies wird wie bei der Beschwerde idR durch Angabe von **Gericht, Datum und Aktenzeichen** erfolgen.[3] Da § 71 Abs. 1 Satz 4 unabhängig von den Erfordernissen des § 71 Abs. 1 Satz 2 Nr. 1 ohnehin die Vorlage einer beglaubigten Ablichtung oder einer Ausfertigung verlangt, wird die Beifügung einer Ablichtung allein, anders als im Fall der Beschwerde nach § 64 Abs. 2 Satz 3, den Formerfordernissen des § 71 Abs. 1 nicht gerecht. Die Angaben müssen in der Beschwerdeschrift selbst gemacht werden. Da hierauf in der Rechtsbehelfsbelehrung hinzuweisen und zudem die Vertretung durch einen am BGH zugelassenen Rechtsanwalt vorgeschrieben ist, bedarf es auch aus rechtsstaatlichen Grundsätzen keiner vom Wortlaut des § 71 Abs. 1 Satz 2 Nr. 1 abweichenden Erleichterungen.[4] Fehlt es an diesen Angaben, ist die Beschwerde unzulässig.[5] Eine **Klarstellung innerhalb der Beschwerdefrist** heilt aber den Zulässigkeitsmangel.

b) Begehren einer Überprüfung und Anträge

11 Nach § 71 Abs. 1 Satz 2 Nr. 2 muss die Rechtsbeschwerdeschrift die Erklärung enthalten, „dass gegen diesen Beschluss Rechtsbeschwerde eingelegt werde".[6] Wie bei der Beschwerde ist dies nicht dahingehend zu verstehen, dass der Begriff „Rechtsbeschwerde" verwendet werden muss. Die Wahl einer **falschen Bezeichnung** (zB „weitere Beschwerde", „Revision" oÄ) ist nach allgemeinen Grundsätzen ebenso unschädlich wie die Verwendung eines unbestimmten Begriffs (zB „Rechtsmittel").[7] Die Beschwerdeschrift muss aber erkennen lassen, dass eine **Überprüfung der Entscheidung durch das Rechtsbeschwerdegericht gewünscht** ist[8] und unterscheidet sich insoweit vom Begehren einer „Berichtigung" nach § 42 oder einer Dienstaufsichtsbeschwerde.[9] Die **nachträgliche Erklärung**, eine frühere Eingabe, die das Begehren einer Überprüfung nicht erkennen lässt, möge als Rechtsbeschwerde gewertet werden, genügt nicht.[10] Die Rechtsbeschwerdeschrift muss noch **keine Anträge** enthalten.[11] Dies geht aus § 71 Abs. 3 Nr. 1 hervor, wonach erst die Begründung des Rechtsmittels Rechtsbeschwerdeanträge enthalten muss. In der Rechtsbeschwerdeschrift genügt es also, wenn erkennbar wird, dass die Beschwerdeentscheidung durch das Rechtsbeschwerdegericht überprüft werden soll. Der Umfang der gewünschten Überprüfung muss noch nicht erkennbar sein.[12]

---

1 Vgl. hierzu BT-Drucks. 16/6308, S. 206.
2 BT-Drucks. 16/6308, S. 209; BGH v. 23.10.2003 – IX ZB 369/02, NJW 2004, 1112 (1113); Keidel/*Meyer-Holz*, § 71 FamFG Rz. 17; Bassenge/Roth/*Gottwald*, § 71 FamFG Rz. 7; Bork/Jacoby/Schwab/*Müther*, 1. Aufl., § 71 FamFG Rz. 10.
3 Bassenge/Roth/*Gottwald*, § 71 FamFG Rz. 7; *Rackl*, Rechtsmittelrecht, S. 251.
4 AA *Rackl*, Rechtsmittelrecht, S. 251; Bork/Jacoby/Schwab/*Müther*, 1. Aufl., § 71 FamFG Rz. 10.
5 Bassenge/Roth/*Gottwald*, § 71 FamFG Rz. 6; Bork/Jacoby/Schwab/*Müther*, 1. Aufl., § 71 FamFG Rz. 10; großzügiger Keidel/*Meyer-Holz*, § 71 FamFG Rz. 17, wonach es genügen soll, wenn erkennbar bleibt, welche Entscheidung angefochten werden soll.
6 Hierzu BT-Drucks. 16/6308, S. 209.
7 OLG Zweibrücken v. 20.11.1997 – 5 UF 53/97, FamRZ 1998, 960 (961); OLG Zweibrücken v. 18.9.2003 – 3 W 151/03, FGPrax 2004, 42; *Schürmann*, FamRB 2009, 24 (26); Bork/Jacoby/Schwab/*Müther*, 1. Aufl., § 71 FamFG Rz. 11; *Rackl*, Rechtsmittelrecht, S. 251.
8 BGH v. 23.10.2003 – IX ZB 369/02, NJW 2004, 1112 (1113); BayObLG v. 13.11.1980 – 3 Z 99/80, BayObLGZ 1980, 344 (345); Bassenge/Roth/*Gottwald*, § 71 FamFG Rz. 8; *Rackl*, Rechtsmittelrecht, S. 251.
9 BayObLG v. 18.7.1985 – BReg. 3 Z 62/85, BayObLGZ 1985, 272 (275); BayObLG v. 13.10.1986 – BReg. 3 Z 68/86, BayObLGZ 1986, 412 (416f.).
10 Vgl. BGH v. 23.10.2003 – IX ZB 369/02, NJW 2004, 1112 (1113).
11 Ebenso Bassenge/Roth/*Gottwald*, § 71 FamFG Rz. 8; *Rackl*, Rechtsmittelrecht, S. 251.
12 Keidel/*Meyer-Holz*, § 71 FamFG Rz. 18.

c) Bezeichnung des Beschwerdeführers

Wie im Fall der Beschwerde muss auch die Rechtsbeschwerdeschrift den Rechtsmittelführer erkennen lassen.[1] Die dortigen Grundsätze bei der Auslegung, wer als solcher anzusehen ist, gelten aber auch im vorliegenden Zusammenhang (vgl. § 64 Rz. 17).[2] Lässt sich der Rechtsbeschwerdeführer auch im Wege der Auslegung nicht ermitteln, ist die Rechtsbeschwerde unzulässig.[3]

12

d) Beschränkungen und Bedingungen der Rechtsbeschwerde

Die Rechtsbeschwerde kann wie die Beschwerde beschränkt werden.[4] Dabei muss es sich aber um abtrennbare Teile der Beschwerdeentscheidung handeln.[5] Insoweit kann auf die Erläuterungen zur Beschwerde verwiesen werden. Bedingungen sind ebenfalls wie bei der Beschwerde grundsätzlich nicht zulässig. Eine Ausnahme gilt für **innerprozessuale Bedingungen** und **Rechtsbedingungen** (vgl. § 64 Rz. 19).

13

IV. Form und Frist der Rechtsbeschwerdebegründung

1. Formerfordernisse

a) Teil der Rechtsbeschwerdeschrift oder separater Schriftsatz

Im Gegensatz zum früheren Recht verlangt § 71 Abs. 2 eine Begründung der Rechtsbeschwerde.[6] Diese kann bereits in der Rechtsbeschwerdeschrift vorgenommen werden, muss es aber, wie § 71 Abs. 1 Satz 1 zeigt, nicht.[7] In diesem Fall hat dies mit separatem Schriftsatz zu geschehen. Dieser unterliegt denselben **Formanforderungen** wie die Rechtsbeschwerdeschrift.[8] Die Begründung muss also in einem Schriftsatz erfolgen, der von einem am BGH zugelassenen Rechtsanwalt unterzeichnet ist. Alternative hierzu ist wiederum das schriftlich reproduzierbare elektronische Dokument.

14

b) Frist

aa) Monatsfrist

Wie § 575 Abs. 2 Satz 1 ZPO sieht § 71 Abs. 2 Satz 1 eine Frist von einem Monat zur Begründung der Rechtsbeschwerde vor. Diese Halbierung der Frist gegenüber Berufung (§ 520 Abs. 2 Satz 1 ZPO) und Revision (§ 551 Abs. 2 Satz 2 ZPO) begründen die Materialien mit „dem besonderen **Beschleunigungsinteresse**".[9] Während dies bei der zivilprozessualen Rechtsbeschwerde noch mit der gegenüber der Hauptsache regelmäßig geringeren Bedeutung des Beschwerdeverfahrens zu rechtfertigen sein mag,[10] gilt Entsprechendes im vorliegenden Zusammenhang nicht mehr. Denn hier geht es stets um die Hauptsache, in der uU – wie im Erbscheinsverfahren – hohe Vermögenswerte oder – wie in Unterbringungsverfahren – fundamentale Grundrechte betroffen sind. Immerhin hat der Gesetzgeber den Einzelrichtereinsatz gerade im Hinblick auf

15

---

1 Instruktiv aufgrund nachvollziehbaren Geheimhaltungsinteresses BayObLG v. 27.7.1978 – BReg. 3 Z 100/76, BayObLGZ 1978, 235 (237); *Rackl*, Rechtsmittelrecht, S. 251; vgl. zur sofortigen Beschwerde BGH v. 23.10.2003 – IX ZB 369/02, NJW 2004, 1112 (1113).
2 Zur Rechtsbeschwerde von Notaren s. etwa BayObLG v. 16.2.2000 – 3 Z BR 389/98, NJW-RR 2000, 990.
3 BayObLG v. 18.7.1985 – BReg. 3 Z 62/85, BayObLGZ 1985, 272 (275); KG v. 18.11.2003 – 1 W 444/02, NJW-RR 2004, 331 (332); *Rackl*, Rechtsmittelrecht, S. 251.
4 BT-Drucks. 16/6308, S. 210 f.
5 BT-Drucks. 16/6308, S. 211; vgl. BayObLG v. 10.1.1975 – BReg. 1 Z 30/74, BayObLGZ 1975, 34; *Rackl*, Rechtsmittelrecht, S. 251; Zöller/*Feskorn*, § 71 FamFG Rz. 5.
6 Zur Neuerung und ihren Zielen s. BT-Drucks. 16/6308, S. 209.
7 *Rackl*, Rechtsmittelrecht, S. 255.
8 *Rackl*, Rechtsmittelrecht, S. 255.
9 BT-Drucks. 16/6308, S. 209.
10 So MüKo.ZPO/*Lipp*, § 575 ZPO Rz. 10.

diese Bedeutung stärker als in anderen Verfahren begrenzt (vgl. § 68 Rz. 31).[1] Allerdings ist die Frist für Sachrügen (s. Rz. 24) von geringerer Bedeutung, als § 71 selbst zu entnehmen ist. Denn das Rechtsbeschwerdegericht ist nach § 74 Abs. 3 Satz 2 nicht an die Rügen des Rechtsbeschwerdeführers gebunden. Es hat die angegriffene Entscheidung somit uneingeschränkt auf ihre inhaltliche Richtigkeit zu prüfen, so dass auch nachgeschobene Sachrügen noch zum Erfolg der Rechtsbeschwerde führen können.[2] Anders steht es dagegen bei Verfahrensrügen (s. Rz. 25). Diesbezügliche Rügen sind nur dann noch von Bedeutung, wenn die verletzte Verfahrensvorschrift von Amts wegen zu berücksichtigen ist.[3] Für die Fristberechnung gelten über die Verweisungen des § 16 Abs. 2 FamFG iVm. § 222 Abs. 1 ZPO die Vorschriften des BGB, also §§ 186 ff. BGB.[4]

bb) Fristbeginn

16 Die Frist beginnt gem. § 71 Abs. 2 Satz 2 wie bei der zivilprozessualen Rechtsbeschwerde (§ 575 Abs. 2 Satz 2 ZPO) mit der Zustellung bzw. schriftlichen Bekanntgabe der angefochtenen Entscheidung, also gleichzeitig mit der Einlegungsfrist.[5] Gleichwohl laufen beide Fristen unabhängig voneinander. Ein Antrag auf Wiedereinsetzung wegen der Einlegungsfrist soll daher nicht zugleich auch die Begründungsfrist betreffen.[6] Ähnliches gilt für einen Verfahrenskostenhilfeantrag: Da er den Fristlauf nicht automatisch hemmt, bedarf es insoweit eines Fristverlängerungsantrags.[7] Die Frist läuft für jeden Beteiligten separat.[8] Eine absolute Frist wie nach § 63 Abs. 3 Satz 2 ist auch bei der Begründung nicht vorgesehen.[9]

c) Verlängerung

aa) Verlängerung ohne Einwilligung des Gegners

17 Die Frist zur Begründung der Rechtsbeschwerde ist keine Notfrist.[10] Die Möglichkeit ihrer Verlängerung richtet sich gem. § 71 Abs. 2 Satz 3 nach den Regelungen zur Revision im Zivilprozess (§ 551 Abs. 2 Satz 5 und 6 ZPO). Danach kann die Begründungsfrist ohne Einwilligung des Gegners um **zwei Monate** verlängert werden (§ 551 Abs. 2 Satz 6 ZPO). Voraussetzung ist, dass der Rechtsstreit nach Überzeugung des Vorsitzenden durch die Verlängerung nicht verzögert wird und dass der Rechtsbeschwerdeführer **erhebliche Gründe** darlegt. Diese werden großzügig gehandhabt.[11] Die Arbeitsüberlastung des Verfahrensbevollmächtigten genügt[12] ebenso wie Urlaub oder Krankheit des Antragstellers[13] und die Notwendigkeit weiterer Rücksprache mit ihm. Vergleichsverhandlungen sind ebenfalls als erhebliche Gründe für eine Fristverlängerung anerkannt, ebenso die ausstehende Entscheidung über ein Verfahrenskostenhilfegesuch des Antragstellers. Ohne Vorliegen oder jedenfalls Darlegung erheblicher Gründe kann die Fristverlängerung gleichwohl gewährt werden, wenn es

---

1 BT-Drucks. 16/6308, S. 208, kritisch auch *Rackl*, Rechtsmittelrecht, S. 254; Zöller/*Feskorn*, § 71 FamFG Rz. 6.
2 Keidel/*Meyer-Holz*, § 71 FamFG Rz. 42.
3 Keidel/*Meyer-Holz*, § 71 FamFG Rz. 42.
4 Bassenge/Roth/*Gottwald*, § 71 FamFG Rz. 12.
5 Bork/Jacoby/Schwab/*Müther*, 1. Aufl., § 71 FamFG Rz. 13; Zöller/*Feskorn*, § 71 FamFG Rz. 6.
6 BGH v. 29.6.2006 – III ZA 7/06, NJW 2006, 2857f.; *Rackl*, Rechtsmittelrecht, S. 254; Zöller/*Feskorn*, § 71 FamFG Rz. 6; vgl. MüKo.ZPO/*Wenzel*, § 551 ZPO Rz. 10; Musielak/*Ball*, § 551 ZPO Rz. 3 iVm. § 520 ZPO Rz. 4.
7 MüKo.ZPO/*Wenzel*, § 551 ZPO Rz. 10; Musielak/*Ball*, § 551 ZPO Rz. 3 iVm. § 520 ZPO Rz. 5; aA für eine Wiedereinsetzungslösung Keidel/*Meyer-Holz*, § 71 FamFG Rz. 30. Hier dürfte aber regelmäßig Verschulden vorliegen, da die Begründungsfrist verlängert werden kann.
8 BGH v. 11.4.2012 – XII ZB 531/11, FGPrax 2012, 182.
9 So richtig unter Auseinandersetzung mit der vereinzelt vertretenen Gegenposition *Rackl*, Rechtsmittelrecht, S. 255.
10 Keidel/*Meyer-Holz*, § 71 FamFG Rz. 26.
11 Für eine entsprechende Handhabung im Verfahren nach dem FamFG auch *Rackl*, Rechtsmittelrecht, S. 256.
12 Keidel/*Meyer-Holz*, § 71 FamFG Rz. 29; BGH v. 9.11.2004 – XI ZB 6/04, NJW 2005, 72 (73).
13 Keidel/*Meyer-Holz*, § 71 FamFG Rz. 29.

nach freier Überzeugung des Vorsitzenden nicht zu einer **Verzögerung** des Verfahrens kommt. Dieses Ermessen soll nicht nachprüfbar sein.[1] Der Vorsitzende kann auch eine kürzere als die beantragte Fristverlängerung gewähren.

Die Fristverlängerung erfolgt nur auf **Antrag**. Dieser muss vom Rechtsbeschwerdeführer gestellt sein und bedarf der **Schriftform**.[2] Ein Antrag des Gegners genügt nicht, auch wenn er an einer zulässigen Rechtsbeschwerde ein eigenes Interesse hat, da er Anschlussrechtsbeschwerde einlegen will.[3] Der Antrag muss nach § 10 Abs. 4 von einem beim BGH zugelassenen Anwalt vor Ablauf der Frist gestellt werden.[4] Er muss noch **vor Ablauf der Frist** vorliegen,[5] kann aber auch danach noch (positiv) beschieden werden.[6] Der Antrag hat zwar nicht den gewünschten Zeitraum der Fristverlängerung anzugeben, muss aber erkennen lassen, dass eine solche gewünscht wird.[7]

18

bb) Verlängerung wegen Nichtvorliegens der Akten

In der Frist soll auf jeden Fall eine effektive Rechtsverfolgung gewährleistet sein. Deshalb ist dem Rechtsbeschwerdeführer, wenn ihm innerhalb der Frist des § 551 Abs. 2 Satz 6, 1. Halbs. ZPO nicht für einen angemessenen Zeitraum Einsicht in die Prozessakten gewährt werden kann, nach deren Übersendung **ohne weitere Voraussetzungen** eine Fristverlängerung zu gewähren. Da § 71 Abs. 2 Satz 3 ohne Einschränkung auf § 551 Abs. 2 Satz 6 ZPO verweist, gilt auch im Rechtsbeschwerdeverfahren eine Fristverlängerung „um bis zu zwei Monate", obwohl die Begründungsfrist selbst nach § 71 Abs. 2 Satz 1 nur einen Monat beträgt.[8] § 551 Abs. 2 Satz 6, letzter Halbs. ZPO spricht zwar davon, dass der Vorsitzende die Frist wegen Unmöglichkeit einer angemessenen Einsichtnahme in die Prozessakten gewähren „kann". Hieraus dürfte sich jedoch nur ein Ermessen hinsichtlich der Dauer der Fristverlängerung ergeben.[9] Anders als nach § 551 Abs. 2 Satz 6, 1. Halbs. ZPO steht diese Entscheidung aber nach dem Sinn und Zweck der Vorschrift, die eine effektive Rechtsverfolgung gewährleisten soll, **nicht im freien Ermessen** des Vorsitzenden. Liegen die Voraussetzungen der Vorschrift vor, muss er eine angemessene Fristverlängerung gewähren.

19

cc) Verlängerung nach Einwilligung des Gegners

Weiter gehende Möglichkeiten zur Fristverlängerung ergeben sich, wenn gem. § 71 Abs. 2 Satz 3 FamFG iVm. § 551 Abs. 2 Satz 5 ZPO der „Gegner" einwilligt. Dies dürfte auf den Rechtsbeschwerdegegner, nicht aber auf alle Beteiligten zu beziehen sein,[10] da sich der Rechtsbeschwerdegegner zu ihnen ja gar nicht in einer dem Zivilprozess entsprechenden Gegnerstellung befindet. Willigt der Rechtsbeschwerdegegner in eine Fristverlängerung ein, bedarf ihre Gewährung keiner weiteren Voraussetzungen. Die Beschränkung auf zwei Monate des § 551 Abs. 2 Satz 6 ZPO findet nach § 551 Abs. 2 Satz 5 ZPO keine Anwendung. Die Einwilligung kann auch **beschränkt** werden, etwa für eine kürzere als die beantragte Dauer. Für eine darüber hinausgehende Dauer hat der Vorsitzende dann wieder das Vorliegen der oben erläuterten Voraussetzungen zu prüfen. Die Einwilligung ist eine **Prozesshandlung**, die unwiderruflich

20

---

1 MüKo.ZPO/*Wenzel*, § 551 ZPO Rz. 16; Musielak/*Ball*, § 551 ZPO Rz. 3 iVm. § 520 ZPO Rz. 9; zur Möglichkeit der Einbeziehung der Gründe einer späten Antragstellung in die Ermessensausübung vgl. BGH v. 18.3.1982 – GSZ 1/81, NJW 1982, 1651 (1652).
2 BGH v. 23.1.1985 – VIII ZB 18/84, BGHZ 93, 300 (303); BGH v. 9.11.2004 – XI ZB 6/04, BGHZ 161, 86 (89).
3 MüKo.ZPO/*Wenzel*, § 551 ZPO Rz. 12.
4 Keidel/*Meyer-Holz*, § 71 FamFG Rz. 26; *Rackl*, Rechtsmittelrecht, S. 256.
5 Keidel/*Meyer-Holz*, § 71 FamFG Rz. 27.
6 BGH v. 18.3.1982 – GSZ 1/81, NJW 1982, 1651 (1652).
7 BGH v. 10.7.1990 – XI ZB 5/90, NJW 1990, 2628 (2629); Musielak/*Ball*, § 551 ZPO Rz. 3 iVm. § 520 ZPO Rz. 7.
8 BT-Drucks. 16/6308, S. 210.
9 Ebenso *Rackl*, Rechtsmittelrecht, S. 256.
10 So aber *Rackl*, Rechtsmittelrecht, S. 256.

ist.¹ Sie bedarf keiner Form, kann also auch durch den Bevollmächtigten des Rechtsbeschwerdeführers unter anwaltlicher Versicherung mitgeteilt werden.²

dd) Entscheidung über den Antrag

21   Vor einer Entscheidung über den Antrag ist dem Rechtsbeschwerdegegner **rechtliches Gehör** zu gewähren. Die Verlängerung muss ausdrücklich erfolgen, eine bloß **stillschweigende Verlängerung** genügt nicht.³ Es genügt eine Verfügung. Bereits im Revisionsverfahren wurde aber mangels entsprechender Regelung die **Schriftform nicht als zwingend** angesehen.⁴ Dies gilt erst recht im Verfahren nach dem FamFG, wo eine formlose Übermittlung nach § 15 Abs. 3 genügen kann.⁵ Allerdings hat der Rechtsbeschwerdeführer bei Übermittlung einer schriftlichen Verfügung, die von der mündlich bewilligten zu seinem Nachteil abweicht, Anlass zu einer Nachfrage beim Rechtsbeschwerdegericht, um ein Verschulden bei der Nichteinhaltung der Frist auszuschließen.⁶ Weicht die dem Antragsteller bekannt gegebene Fristverlängerung von der verfügten ab, so ist erstere aus Gründen des Vertrauensschutzes maßgeblich.⁷ Die **verfahrensfehlerhafte Fristverlängerung**, die etwa durch den Vorsitzenden eines unzuständigen Spruchkörpers⁸ oder ohne wirksamen Antrag gewährt wurde, ist gleichwohl wirksam,⁹ ebenso die über den Antrag hinausgehende Fristverlängerung.¹⁰ Gleiches gilt, wenn die Voraussetzungen für eine Verlängerung¹¹ oder die Einwilligung des Gegners in Wirklichkeit nicht vorliegen.¹² Auch die Fristverlängerung auf **Antrag eines nicht postulationsfähigen Anwalts** ist wirksam.¹³ Anderes wird angenommen, wenn der Antrag erst nach Ablauf der Frist gestellt wurde,¹⁴ was nicht recht konsequent anmutet, da nicht einzusehen ist, weshalb ein verspäteter Antrag besser zu behandeln ist als ein überhaupt nicht gestellter.

---

1   MüKo.ZPO/*Wenzel*, § 551 ZPO Rz. 13.
2   Keidel/*Meyer-Holz*, § 71 FamFG Rz. 28; *Rackl*, Rechtsmittelrecht, S. 255; vgl. zum Zivilprozess BGH v. 9.11.2004 – XI ZB 6/04, BGHZ 161, 86 (89); MüKo.ZPO/*Wenzel*, § 551 ZPO Rz. 13; Musielak/*Ball*, § 551 ZPO Rz. 3 iVm. § 520 ZPO Rz. 8.
3   BGH v. 26.10.1989 – IVb 135/88, NJW-RR 1990, 67; MüKo.ZPO/*Wenzel*, § 551 ZPO Rz. 16; Musielak/*Ball*, § 551 ZPO Rz. 3 iVm. § 520 ZPO Rz. 11.
4   BGH v. 23.1.1985 – VIII ZB 18/84, BGHZ 93, 300 (305); BGH v. 14.2.1990 – XII ZB 126/89, NJW 1990, 1797; BGH v. 22.10.1997 – VIII ZB 32/97, NJW 1998, 1155 (1156); BGH v. 18.11.2003 – VIII ZB 37/03, NJW 2004, 1460; MüKo.ZPO/*Wenzel*, § 551 ZPO Rz. 16; aA Musielak/*Ball*, § 551 ZPO Rz. 3 iVm. § 520 ZPO Rz. 11.
5   Keidel/*Meyer-Holz*, § 71 FamFG Rz. 27; *Rackl*, Rechtsmittelrecht, S. 256; dazu, dass die Gewährung der Fristverlängerung selbst im Revisionsverfahren keiner förmlichen Zustellung bedarf, s. MüKo.ZPO/*Wenzel*, § 551 ZPO Rz. 16; Musielak/*Ball*, § 551 ZPO Rz. 3 iVm. § 520 ZPO Rz. 11.
6   Das Fehlen des Vertrauensschutzes nimmt BGH v. 26.10.1989 – IVb 135/88, NJW-RR 1990, 67 bei angeblich unbefristeter Verlängerung an; generell für telefonische Antragstellung BGH v. 23.1.1985 – VIII ZB 18/84, BGHZ 93, 300 (307); großzügiger für den Fall, dass die bewilligte über die beantragte Fristverlängerung hinausgeht BGH v. 21.1.1999 – V ZB 31/98, NJW 1999, 1036, wonach nur bei offenkundigen Fehlern Anlass zur Nachfrage besteht. Aber dies ist bei einem Hinausgehen über den Antrag der Fall.
7   Keidel/*Meyer-Holz*, § 71 FamFG Rz. 27; vgl. zum Zivilprozess BGH v. 21.1.1999 – V ZB 31/98, NJW 1999, 1036.
8   BGH v. 16.5.1962 – V ZR 155/60, BGHZ 37, 125 (126f.); BGH v. 18.11.2003 – VIII ZB 37/03, NJW 2004, 1460; MüKo.ZPO/*Wenzel*, § 551 ZPO Rz. 16; Musielak/*Ball*, § 551 ZPO Rz. 3 iVm. § 520 ZPO Rz. 12.
9   BGH v. 23.1.1985 – VIII ZB 18/84, BGHZ 93, 300 (304); BGH v. 26.10.1989 – IVb 135/88, NJW-RR 1990, 67 (68); BGH v. 27.4.1994 – XII ZB 154/93, NJW 1994, 2364 (2365).
10 BGH v. 22.10.1997 – VIII ZB 32/97, NJW 1998, 1155 (1156); BGH v. 21.1.1999 – V ZB 31/98, NJW 1999, 1036.
11 Musielak/*Ball*, § 551 ZPO Rz. 3 iVm. § 520 ZPO Rz. 12.
12 BGH v. 18.11.2003 – VIII ZB 37/03, NJW 2004, 1460 (1461); MüKo.ZPO/*Wenzel*, § 551 ZPO Rz. 16; Musielak/*Ball*, § 551 ZPO Rz. 3 iVm. § 520 ZPO Rz. 12.
13 BGH v. 22.10.1997 – VIII ZB 32/97, NJW 1998, 1155 (1156); BGH v. 8.10.1998 – VII ZB 21/98, NJW-RR 1999, 286 (287).
14 BGH v. 17.12.1991 – VI ZB 26/91, NJW 1992, 842; BGH v. 24.1.1996 – XII ZB 184/95, NJW-RR 1996, 513 (514); MüKo.ZPO/*Wenzel*, § 551 ZPO Rz. 16; Musielak/*Ball*, § 551 ZPO Rz. 3 iVm. § 520 ZPO Rz. 12.

2. Inhalt

a) Anträge

Im Gegensatz zum alten Recht[1] muss der Rechtsbeschwerdeführer nach § 71 Abs. 3 Nr. 1 konkrete Anträge stellen, sofern sie nicht bereits in der Rechtsbeschwerdeschrift gestellt wurden. Sie bestimmen den **Umfang der Nachprüfung** durch das Rechtsbeschwerdegericht.[2] Insbesondere geben sie Auskunft darüber, ob die angegriffene Entscheidung ganz oder nur teilweise angefochten werden soll.[3] Eine **Beschränkung** ist jederzeit zulässig, wobei sie die Entscheidung sowohl wegen abtrennbarer Gegenstände als auch in quantitativer Hinsicht, etwa wegen eines Teils des ursprünglich geltend gemachten Anspruchs, vom Angriff des Rechtsmittels ausnehmen kann.[4] Der verbleibende Gegenstand muss nicht in dem Sinne abtrennbar sein, dass er Gegenstand eines Teilurteils sein könnte.[5] Die Anträge müssen selbst in der Revision **nicht zwingend ausformuliert** sein, wenn das Rechtsschutzziel eindeutig zu erkennen ist, etwa die völlige Abweisung des vom Rechtsbeschwerdegegner zuletzt gestellten Antrags.[6] Fehlen die Anträge aber, ohne dass sie der Rechtsbeschwerdebegründung wenigstens im Wege der Auslegung eindeutig zu entnehmen sind, ist das Rechtsmittel unzulässig.[7] Bei Widersprüchen zwischen Antrag und Begründung ist zu unterscheiden: Geht der Antrag weiter als die Begründung, so fehlt letztere für den überschießenden Teil, so dass die Rechtsbeschwerde insoweit unzulässig ist (s. Rz. 23). Fordert der Rechtsbeschwerdeführer in der Begründung mehr als in den Anträgen, so fehlt es an einer wirksamen Antragstellung, wenn es sich nicht um abtrennbare und somit wenigstens teilweise begründete Gegenstände handelt. Die Rechtsbeschwerde ist dann aus diesem Grund unzulässig ist. Etwas anderes kann allerdings in dem Ausnahmefall gelten, dass von einem nicht ausformulierten zusätzlichen Antrag auszugehen ist, was etwa bei Hilfsanträgen oder Zug-um-Zug-Verpflichtungen der Fall sein kann.

b) Rechtsbeschwerdegründe

aa) Umfassende Begründung

Der Rechtsbeschwerdeführer muss sein Rechtsmittel nach § 71 Abs. 3 Nr. 2 begründen. Soweit er dies nicht tut, ist die Rechtsbeschwerde (teilweise) unzulässig.[8] Auch insoweit kann auf die zur Revision entwickelten Grundsätze zurückgegriffen werden, an die § 575 Abs. 3 ZPO und somit mittelbar auch § 71 Abs. 3 anknüpfen. Danach muss die Rechtsbeschwerde umfassend begründet werden. Stützt sich die Beschwerdeentscheidung auf **mehrere selbständige Gründe**, so muss die Rechtsbeschwerde alle angreifen.[9] Legt sie dies nur für eine Begründung des Beschwerde-

---

1 Zu den Neuerungen und ihrem Zweck s. BT-Drucks. 16/6308, S. 210; *Rackl*, Rechtsmittelrecht, S. 254.
2 Keidel/*Meyer-Holz*, § 71 FamFG Rz. 33; Bassenge/Roth/*Gottwald*, § 71 FamFG Rz. 14; Bork/Jacoby/Schwab/*Müther*, 1. Aufl., § 71 FamFG Rz. 15; *Rackl*, Rechtsmittelrecht, S. 260; vgl. zum Zivilprozess Musielak/*Ball*, § 551 ZPO Rz. 3 iVm. § 520 ZPO Rz. 19; MüKo.ZPO/*Wenzel*, § 551 ZPO Rz. 17.
3 Vgl. BT-Drucks. 16/6308, S. 210; *Rackl*, Rechtsmittelrecht, S. 259; ähnlich Bassenge/Roth/*Gottwald*, § 71 FamFG Rz. 14.
4 BGH v. 28.2.1991 – I ZR 94/89, NJW-RR 1991, 1136 (mit der Einschränkung, dass damit keine Änderung des tatsächlichen Vorbringens verbunden sein darf); BGH v. 14.2.2012 – II ZB 15/11, Rpfleger 2012, 390; Keidel/*Meyer-Holz*, § 71 FamFG Rz. 35.
5 Musielak/*Ball*, § 551 ZPO Rz. 3 iVm. § 520 ZPO Rz. 22.
6 Keidel/*Meyer-Holz*, § 71 FamFG Rz. 34; ähnlich Bork/Jacoby/Schwab/*Müther*, 1. Aufl., § 71 FamFG Rz. 15; Baumbach/*Hartmann*, § 551 ZPO Rz. 8; Musielak/*Ball*, § 551 ZPO Rz. 3 iVm. § 520 ZPO Rz. 20.
7 Keidel/*Meyer-Holz*, § 71 FamFG Rz. 33; vgl. Baumbach/*Hartmann*, § 551 ZPO Rz. 8.
8 BGH v. 17.2.2010 – XII ZB 46/10, ZkJ 2010, 205; Bassenge/Roth/*Gottwald*, § 71 FamFG Rz. 14; BGH v. 11.11.1999 – III ZR 98/99, NJW 2000, 947; BGH v. 18.9.2003 – IX ZB 40/03, NJW 2004, 71; MüKo.ZPO/*Wenzel*, § 551 ZPO Rz. 20; Musielak/*Ball*, § 551 ZPO Rz. 3 iVm. § 520 ZPO Rz. 8.
9 BGH v. 29.9.2005 – IX ZB 430/02, NJW-RR 2006, 142; Keidel/*Meyer-Holz*, § 71 FamFG Rz. 37.

gerichts nicht dar, so ist das Rechtsmittel insoweit gänzlich unzulässig.[1] Erst recht muss bei Anspruchshäufung eine unbeschränkte Rechtsbeschwerde die Unrichtigkeit der angegriffenen Entscheidung hinsichtlich sämtlicher Teilgegenstände darlegen.[2]

bb) Sachrügen

24 Die Rechtsbeschwerde muss wie die Revision darlegen, ob sie die angegriffene Entscheidung aus verfahrensrechtlichen oder aus materiellrechtlichen Gründen beanstandet.[3] Für letztere (Sachrügen) fordert § 71 Abs. 3 Nr. 2a „die bestimmte Bezeichnung der Umstände, aus denen sich die Rechtsverletzung ergibt". Dies schließt in der Praxis allerdings lediglich **pauschale Rügen**, wonach die angegriffene Entscheidung „unzutreffend"[4] bzw. das materielle Recht nicht richtig angewendet sei,[5] oder die **bloße Bezugnahme auf früheres Vorbringen** aus,[6] ebenso die bloße Wiederholung der Zulassungsgründe.[7] In jedem Falle genügt die Darlegung, dass der festgestellte Lebenssachverhalt aus bestimmten Gründen anders unter die dort herangezogenen Normen zu subsumieren ist, oder dass die Anwendung weiterer Normen zu Unrecht unterlassen wurde. Allerdings soll die fehlerhafte Bezeichnung der angeblich verletzten Rechtsvorschriften,[8] ja sogar der völlige Verzicht auf deren Nennung unschädlich sein.[9] Die Beurteilung der materiellrechtlichen Richtigkeit einer Beschwerdeentscheidung setzt deren hinreichende Begründung mit den zur Subsumtion erforderlichen Tatsachenfeststellungen voraus, so dass diesbezügliche Mängel von Amts wegen zur Aufhebung führen.[10] Ist eine Sachrüge korrekt erhoben, so prüft das Rechtsbeschwerdegericht die sachliche Richtigkeit der Beschwerdeentscheidung im Übrigen von sich aus und ohne Bindung an die vorgebrachten Rügen nach.[11] Auf eine Beschwer des Rechtsmittelführers kommt es dann nicht an.[12]

cc) Verfahrensrügen

25 An Verfahrensrügen stellt § 71 Abs. 3 Nr. 2b ebenso wie § 575 Abs. 3 Nr. 3b ZPO strengere Voraussetzungen als an Sachrügen. Anders als materiellrechtliche Fehler werden Verfahrensmängel vom Rechtsbeschwerdegericht **nur auf diesbezügliche Rüge** berücksichtigt.[13] Eine Ausnahme soll bei einem Verstoß gegen den Amtsermittlungsgrundsatz gelten.[14] Eine korrekte Rüge setzt zunächst voraus, dass der Rechts-

---

1 BGH v. 29.11.1990 – I ZR 45/89, NJW 1991, 1683 (1684); BGH v. 11.11.1999 – III ZR 98/99, NJW 2000, 947; BGH v. 30.3.2006 – IX ZB 171/04, NJW-RR 2006, 1346 f.; Baumbach/*Hartmann*, § 551 ZPO Rz. 10; MüKo.ZPO/*Wenzel*, § 551 ZPO Rz. 20.
2 Bork/Jacoby/Schwab/*Müther*, 1. Aufl., § 71 FamFG Rz. 21; Baumbach/*Hartmann*, § 551 ZPO Rz. 10; MüKo.ZPO/*Wenzel*, § 551 ZPO Rz. 20.
3 BT-Drucks. 16/6308, S. 210.
4 *Rackl*, Rechtsmittelrecht, S. 260; Baumbach/*Hartmann*, § 551 ZPO Rz. 10; MüKo.ZPO/*Wenzel*, § 551 ZPO Rz. 20.
5 Keidel/*Meyer-Holz*, § 71 FamFG Rz. 36; MüKo.ZPO/*Wenzel*, § 551 ZPO Rz. 21.
6 BGH v. 17.2.2010 – XII ZB 46/10, ZKJ 2010, 205 (insoweit nicht abgedruckt); Keidel/*Meyer-Holz*, § 71 FamFG Rz. 36; Bork/Jacoby/Schwab/*Müther*, 1. Aufl., § 71 FamFG Rz. 20; BGH v. 13.3.1996 – VIII ZR 99/94, NJW-RR 1996, 949 (950); Baumbach/*Hartmann*, § 551 ZPO Rz. 13; MüKo.ZPO/*Wenzel*, § 551 ZPO Rz. 20.
7 MüKo.ZPO/*Wenzel*, § 551 ZPO Rz. 20.
8 Keidel/*Meyer-Holz*, § 71 FamFG Rz. 38; vgl. zum Zivilprozess Baumbach/*Hartmann*, § 551 ZPO Rz. 9; Musielak/*Ball*, § 551 ZPO Rz. 9.
9 Baumbach/*Hartmann*, § 551 ZPO Rz. 9; MüKo.ZPO/*Wenzel*, § 551 ZPO Rz. 21.
10 BGH v. 20.9.1995 – XII ZB 87/94, NJW-RR 1996, 130; BGH v. 17.5.2000 – VIII ZR 216/99, NJW 2000, 3007; BGH v. 20.6.2002 – IX ZB 56/01, NJW 2002, 2648 (2649); BGH v. 7.4.2005 – IX ZB 63/03, NJW-RR 2005, 916.
11 BayObLG v. 16.12.1994 – 3 Z BR 308/94, FamRZ 1995, 695; BayObLG v. 3.12.1998 – 1 Z BR 164/97, FamRZ 1999, 817; BayObLG v. 16.12.1998 – 1 Z BR 206/97, NJWE-FER 1999, 91; MüKo.ZPO/*Wenzel*, § 551 ZPO Rz. 20; *Rackl*, Rechtsmittelrecht, S. 260.
12 OLG Saarbrücken v. 18.7.1991 – 5 W 16/91, FamRZ 1992, 109 (112).
13 BGH v. 8.12.1989 – V ZR 53/88, WM 1990, 423 (424); BGH v. 17.5.2000 – VIII ZR 216/99, NJW 2000, 3007; *Rackl*, Rechtsmittelrecht, S. 260.
14 BGH v. 20.9.1995 – XII ZB 87/94, NJW-RR 1996, 130; BayObLG v. 21.4.1999 – 1 Z BR 124/98, NJWE-FER 2000, 17.

beschwerdeführer die Tatsachen bezeichnet,[1] aus denen sich der Mangel ergeben soll, etwa die falsche Besetzung des Gerichts, die unterlassene Berücksichtigung oder Ermittlung bestimmter Tatsachen oder die Nichterteilung eines Hinweises. Die Rüge, erhebliches Vorbringen sei übergangen worden, setzt die **Angabe des Schriftsatzes, der Fundstelle und des Inhalts des Vortrags** voraus.[2] Sofern das Beschwerdegericht das Unterlassen einer Verfahrenshandlung begründet, muss sich die Begründung der Rechtsbeschwerde hiermit beschäftigen.[3] Die Darlegung des Verfahrensmangels ist auch bei **absoluten Rechtsbeschwerdegründen** erforderlich.[4] Sofern die Ursächlichkeit des Mangels für die Entscheidung nicht gesetzlich vermutet wird, muss der Rechtsbeschwerdeführer des Weiteren den **Einfluss des Verfahrensfehlers auf die angegriffene Entscheidung** darlegen.[5] Dies erfordert bei der Rüge, es sei kein rechtliches Gehör gewährt bzw. ein gebotener Hinweis sei nicht erteilt worden, die Darlegung, was denn in diesem Falle vorgetragen worden wäre.[6] Trotz Amtsermittlungsgrundsatzes in den Tatsacheninstanzen bedarf es auch im Rechtsbeschwerdeverfahren nach dem FamFG bei unterlassener Tatsachenermittlung des Vortrags, was ein übergangener Zeuge ausgesagt bzw. was ein Gutachten voraussichtlich erbracht hätte.[7] Entsprechendes gilt für die unterlassene Vernehmung eines Beteiligten.[8] Denn es geht bei der Rechtskontrolle im Verfahren nach §§ 70 ff. nicht mehr um die Ermittlung des Sachverhalts, sondern um die hinreichende Darlegung der Entscheidungserheblichkeit eines angeblichen Verfahrensmangels. Die Angabe der konkreten Vorschrift soll aber auch hier nicht erforderlich sein.[9] Das Rügeerfordernis ist rein formaler Natur und setzt nicht voraus, dass der Mangel tatsächlich vorliegt.[10] Wurde mindestens eine Rüge korrekt erhoben, ist die Rechtsbeschwerde zulässig und das Rechtsbeschwerdegericht hat die Richtigkeit der Rechtsanwendung von sich aus zu prüfen.[11]

3. Bekanntgabe der Rechtsbeschwerdeschrift und -begründung

a) Gewährung rechtlichen Gehörs und Beteiligung am Rechtsbeschwerdeverfahren

§ 71 Abs. 4 fordert die Bekanntgabe der Rechtsbeschwerdeschrift und -begründung an die anderen Beteiligten. Damit wird zum einen klar, dass die Rechtsbeschwerde, anders als die ZPO-Beschwerde in der Beschwerdeinstanz **nicht sogleich verworfen oder zurückgewiesen werden kann**, auch wenn sie sich von vornherein als unzulässig oder nach ihrer Begründung als unbegründet erweist.[12] Dies entspricht ihrer Bedeutung als Entscheidung über die Hauptsache. Allerdings steht zu erwarten, dass der BGH § 71 Abs. 4 wie schon § 575 Abs. 4 Satz 2 ZPO dadurch umgeht, dass er die Rechtsbeschwerdeführer etwa bei nicht von einem postu- 26

---

1 BT-Drucks. 16/6308, S. 210; vgl. BGH v. 8.7.1954 – IV ZR 67/54, BGHZ 14, 205 (209); BAG v. 8.2.1983 – 3 AZR 10/81, ZIP 1983, 605 (606); Bassenge/Roth/*Gottwald*, § 71 FamFG Rz. 14; Bork/Jacoby/Schwab/*Müther*, 1. Aufl., § 71 FamFG Rz. 17; vgl. zum Zivilprozess Baumbach/*Hartmann*, § 551 ZPO Rz. 11; Musielak/*Ball*, § 551 ZPO Rz. 11.
2 BGH v. 8.7.1954 – IV ZR 67/54, BGHZ 14, 205 (210); BAG v. 8.2.1983 – 3 AZR 10/81, ZIP 1983, 605 (606); Baumbach/*Hartmann*, § 551 ZPO Rz. 13; Musielak/*Ball*, § 551 ZPO Rz. 11; MüKo.ZPO/*Wenzel*, § 551 ZPO Rz. 22.
3 MüKo.ZPO/*Wenzel*, § 551 ZPO Rz. 20.
4 Vgl. zum Zivilprozess BGH v. 15.11.2006 – XII ZR 97/04, FamRZ 2007, 124 (125); Baumbach/*Hartmann*, § 551 ZPO Rz. 13; MüKo.ZPO/*Wenzel*, § 551 ZPO Rz. 22; Bork/Jacoby/Schwab/*Müther*, 1. Aufl., § 71 FamFG Rz. 18.
5 BGH v. 1.10.2002 – XI ZR 71/02, NJW 2003, 65 (68); *Rackl*, Rechtsmittelrecht, S. 260; MüKo.ZPO/*Wenzel*, § 551 ZPO Rz. 22.
6 Keidel/*Meyer-Holz*, § 71 FamFG Rz. 40; Musielak/*Ball*, § 551 ZPO Rz. 11.
7 Vgl. zur Revision MüKo.ZPO/*Wenzel*, § 551 ZPO Rz. 22; Baumbach/*Hartmann*, § 551 ZPO Rz. 13.
8 BGH v. 9.4.1986 – IVb ZR 27/85, NJW 1986, 2371 (2372).
9 Musielak/*Ball*, § 551 ZPO Rz. 3 iVm. § 520 ZPO Rz. 9.
10 Musielak/*Ball*, § 551 ZPO Rz. 13.
11 *Rackl*, Rechtsmittelrecht, S. 260; Baumbach/*Hartmann*, § 551 ZPO Rz. 10; Musielak/*Ball*, § 551 ZPO Rz. 13.
12 *Rackl*, Rechtsmittelrecht, S. 261.

lationsfähigen Anwalt eingelegtem Rechtsmittel durch einfaches Schreiben über die Unzulässigkeit informiert und mitteilt, dass er das Rechtsmittel als zurückgenommen betrachte.[1] § 71 Abs. 4 stellt zum anderen klar, dass Rechtsbeschwerdeschrift und -begründung nicht nur dem Rechtsbeschwerdegegner, sondern **allen Beteiligten** bekannt gegeben werden müssen. In der Theorie soll dies wohl die Gewährung rechtlichen Gehörs ermöglichen.[2] Dies dürfte in der Praxis aber häufig schon daran scheitern, dass auch ihr Vortrag nach § 10 Abs. 4 Satz 1 jenseits der Ausnahmen des § 10 Abs. 4 Satz 2 nur beachtlich ist, wenn er von einem beim BGH zugelassenen Rechtsanwalt zur Akte gereicht wird.[3] Die zusätzliche Mandatierung zu den erhöhten Sätzen kann etwa in einer Erbengemeinschaft wirtschaftlich kaum mehr sinnvolle Kosten produzieren, so dass eine „informelle" Beteiligung auf Seite, die die eigenen Interessen vertritt, häufig sinnvoller sein wird. Immerhin wird aber auch in diesen Fällen durch § 71 Abs. 4 eine zuverlässige Mitteilung über den Verfahrensstand erreicht, was eine Beteiligung auch im Rechtsbeschwerdeverfahren sicherstellt. Die Bekanntgabe bedarf nicht der förmlichen Zustellung.[4] Mit der Bekanntgabe der Begründungsschrift läuft die Frist für die **Anschlussrechtsbeschwerde** (§ 73 Satz 1).[5]

b) Beschränkungen für weitere Beteiligte

27 Beschränkungen für weitere Beteiligte ergeben sich einerseits daraus, dass **neue Tatsachen** im Rechtsbeschwerdeverfahren grundsätzlich nicht mehr vorgetragen werden können. Sie können also wie der Rechtsbeschwerdegegner die Tatsachenfeststellungen des Beschwerdegerichts nur angreifen, wenn sie verfahrensfehlerhaft zustandegekommen sind. Dies schreibt allerdings nur den bestehenden Rechtszustand fort. Gravierender erscheint, dass die kaum modifizierte Übernahme der Regelungen zur Rechtsbeschwerde für die weiteren Beteiligten nicht recht passend erscheint, da diese sich noch stärker an die Zwei-Parteien-Systematik der ZPO anlehnen als die Vorschriften zur Beschwerde. Soweit etwa der Vortrag eines Miterben in den Vorinstanzen verfahrensfehlerhaft nicht berücksichtigt wurde, kann er diese Rüge nicht mehr ohne Weiteres im Rechtsbeschwerdeverfahren anbringen. Er muss sich insoweit der **Anschlussrechtsbeschwerde** bedienen. Da diese aber nach allgemeinen Grundsätzen nur gegen den Rechtsmittelführer, nicht gegen Dritte gerichtet werden kann,[6] bleibt Vortrag endgültig unberücksichtigt, der etwa nicht die Erbquote des Rechtsbeschwerdeführers, sondern die der anderen Beteiligten betrifft. Diese fehlende Einwirkungsmöglichkeit wird allerdings dadurch kompensiert, dass die Antragstellung in erster Instanz unbefristet ist. Da die Beteiligten in Ermangelung einer Spezialregelung wie § 48 Abs. 3 WEG nicht vorbehaltlos an die Rechtskraft eines von einem Dritten betriebenen Verfahrens gebunden werden, bleibt ihnen in jedem Fall die Möglichkeit eines erneuten erstinstanzlichen Antrags (vgl. § 59 Rz. 21).

C. Einstweilige Anordnungen

I. Rechtsgrundlage

1. Kein Verweis auf § 64 Abs. 3

28 Im Gegensatz zur Vorbildnorm des § 575 ZPO, der in Abs. 5 auf § 570 Abs. 3 ZPO verweist, enthält § 71 keine Regelung, die den Erlass einstweiliger Anordnungen durch das Rechtsbeschwerdegericht erlaubt. Da die §§ 70 ff. auch keine allgemeine Vorschrift enthalten, die die subsidiäre Anwendbarkeit der Beschwerdevorschriften vorsieht (vgl. § 74 Rz. 12 ff.), ist die Anwendbarkeit der Spezialnorm des Beschwerde-

---

[1] Kritisch zu dieser Praxis auch Bork/Jacoby/Schwab/*Müther*, 1. Aufl., § 71 FamFG Rz. 22, der sie in fG-Verfahren für ausgeschlossen hält.
[2] S. *Rackl*, Rechtsmittelrecht, S. 261, ähnlich Zöller/*Feskorn*, § 71 FamFG Rz. 9.
[3] Zöller/*Feskorn*, § 71 FamFG Rz. 9.
[4] Zöller/*Feskorn*, § 71 FamFG Rz. 9.
[5] BT-Drucks. 16/6308, S. 210; Keidel/*Meyer-Holz*, § 71 FamFG Rz. 50; *Rackl*, Rechtsmittelrecht, S. 261.
[6] S. etwa OLG Hamburg v. 14.7.2008 – 2 Wx 31/02, ZMR 2008, 899 (902); Musielak/*Ball*, § 524 ZPO Rz. 7; Zöller/*Heßler*, § 524 ZPO Rz. 18.

rechts (§ 64 Abs. 3) allenfalls mit dogmatisch kaum tragfähigen Notwendigkeitserwägungen begründbar.[1]

2. Rückgriff auf §§ 49 ff.

Näher liegt daher der Rückgriff auf die Verfahrensvorschriften des ersten Rechtszuges (§§ 49 ff.) über § 74 Abs. 4. Dies ist nicht schon deswegen bedenklich, weil die §§ 49 ff. in erster Instanz ein eigenständiges Verfahren darstellen, in dem nach § 70 Abs. 4 gerade keine Rechtsbeschwerde statthaft ist. Denn die Vorschriften zum Verfahren erster Instanz enthalten ihrerseits keine Spezialregelung für einstweilige Anordnungen, die das Verfahren flankieren, wie eben § 64 Abs. 3.[2] Deshalb müssen auch diese auf §§ 49 ff. gestützt werden. Es erscheint daher eher vertretbar, einstweilige Anordnungen im Rechtsbeschwerdeverfahren auf §§ 74 Abs. 4, 49 ff. zu stützen. In jedem Falle können auf diesem Wege nur flankierende Maßnahmen, etwa die Aussetzung der Vollziehung eines in der Beschwerdeinstanz erlassenen Beschlusses angeordnet werden. Ein selbständiges Verfahren nach §§ 49 ff. kann im Rechtsbeschwerdeverfahren nicht durchgeführt werden.

29

II. Voraussetzungen, Verfahren und Inhalt der einstweiligen Anordnung des Rechtsbeschwerdegerichts

1. Voraussetzungen: Dringlichkeit und Anordnungsanspruch

Wie im Beschwerdeverfahren setzt auch die einstweilige Anordnung des Rechtsbeschwerdegerichts zum einen eine gewisse **Erfolgsaussicht**, zum anderen eine gewisse **Dringlichkeit** für die Regelung durch eine einstweilige Anordnung voraus. Eine einstweilige Anordnung erfordert daher eine hinreichende Wahrscheinlichkeit, dass derjenige, zu dessen Gunsten sie ergehen soll, in der Hauptsache obsiegen wird.[3] Zudem muss eine gewisse Dringlichkeit bestehen. Dies bedeutet, dass Regelungsbedarf noch vor Ergehen der Entscheidung in der Hauptsache besteht und dass dem von der einstweiligen Anordnung Begünstigten jedenfalls größere Nachteile drohen als seinem Gegner. Schon die Beurteilung von Dringlichkeit und Erfolgsaussichten erfordert eine Begründung,[4] die nunmehr aber auch nach §§ 74 Abs. 4, § 51 Abs. 1 Satz 2 zu fordern ist.

30

2. Verfahren

Wie im Beschwerdeverfahren bedarf es eines Antrags nach § 51 Abs. 1 Satz 1 nur in **Antragsverfahren**. Dieser muss gem. § 10 Abs. 4 von einem beim BGH zugelassenen Anwalt gestellt werden. Hingegen ist ein Antrag in **Amtsverfahren** nur als Anregung aufzufassen. Nach § 74 Abs. 4 iVm. § 51 Abs. 1 Satz 2 ist der Antrag auf Erlass einer einstweiligen Anordnung in Antragsverfahren zu begründen. Ansonsten ist er unzulässig. Dem Gegner ist rechtliches Gehör zu gewähren.

31

3. Form und Inhalt der Entscheidung

Wie im Beschwerderechtszug ergeht die Entscheidung auch über die einstweilige Anordnung durch Beschluss. Im Grundsatz kann das Rechtsbeschwerdegericht ebenso wie das Gericht zweiter Instanz sämtliche flankierenden Maßnahmen anordnen, die der Regelung der Rechts- und Sachlage bis zu seiner Entscheidung dienlich sind, sofern sich keine Beschränkungen aus dem materiellen Recht ergeben. Es muss

32

---

1 Hierfür ohne Begr. BGH v. 21.1.2010 – V ZB 14/10, FGPrax 2010, 97 und BGH v. 18.7.2012 – XII ZB 661/11, FamRZ 2012, 1556 (1559); differenzierter BGH v. 1.3.2010 – II ZB 1/10, FamRZ 2010, 639 (640).
2 Zur Unterscheidung zwischen einstweiligen Anordnungen im Verfahren und einstweiligen Verfügungen s. BGH v. 1.12.2005 – IX ZB 208/05, NJW-RR 2006, 332 (333); dazu dass die einstweiligen Anordnungen erster Instanz sowohl selbständige Regelungsgegenstände als auch das Verfahren flankierende Maßnahmen umfassen können, s. § 64 Rz. 22.
3 Vgl. BGH v. 11.5.2005 – XII ZB 63/05, FamRZ 2005, 1064 (1065) zur zivilprozessualen Rechtsbeschwerde, wonach die Erfolgsaussichten und die Nachteile gegeneinander abzuwägen sind.
4 BGH v. 11.5.2005 – XII ZB 63/05, FamRZ 2005, 1064 (1065).

sich lediglich im Rahmen des Verfahrensgegenstandes halten und darf die Hauptsache nicht vorwegnehmen. Im Gegensatz zum Beschwerdegericht kann das Rechtsbeschwerdegericht aber auch im Rahmen des einstweiligen Rechtsschutzes keine neuen Tatsachen berücksichtigen. Die Entscheidung wird mit ihrem Erlass wirksam und tritt automatisch außer Kraft, sobald die Hauptsache entschieden ist. Eine Vollstreckung erfolgt nach §§ 74 Abs. 4, 53.

72 Gründe der Rechtsbeschwerde

(1) Die Rechtsbeschwerde kann nur darauf gestützt werden, dass die angefochtene Entscheidung auf einer Verletzung des Rechts beruht. Das Recht ist verletzt, wenn eine Rechtsnorm nicht oder nicht richtig angewendet worden ist.
(2) Die Rechtsbeschwerde kann nicht darauf gestützt werden, dass das Gericht des ersten Rechtszugs seine Zuständigkeit zu Unrecht angenommen hat.
(3) Die §§ 547, 556 und 560 der Zivilprozessordnung gelten entsprechend.

A. Entstehungsgeschichte und Normzweck 1
B. Inhalt der Vorschrift
  I. Das Recht als einziger Kontrollmaßstab
    1. Abgrenzung von der Tatsachenfeststellung
      a) Keine Überprüfung verfahrensfehlerfrei festgestellter Tatsachen . . 2
      b) Keine Einführung neuer Tatsachen oder Anträge 3
      c) Ausnahmen
        aa) Verfahrensvoraussetzungen und Verfahrensmängel 4
        bb) Offenkundige Tatsachen . . 5
        cc) Entscheidungsreife nach fehlerhafter Tatsachenwürdigung der Vorinstanz 6
        dd) Weitere Ausnahmen, insbesondere Tatsachen, die ein Restitutionsverfahren rechtfertigen 7
    2. Normen, deren Anwendbarkeit in der Rechtsbeschwerde überprüfbar ist
      a) Vom Bundesgesetzgeber normiertes Recht
        aa) Formelle Gesetze und untergesetzliches Recht 8
        bb) Anwendbare Normen bei Gesetzesänderungen 9
      b) Ausländisches und lokales Recht
        aa) Überprüfbarkeit der Anwendung ausländischen und lokalen Rechts 10
        bb) Bindung an die Feststellung der Vorinstanz nach § 72 Abs. 3 FamFG iVm. § 560 ZPO? 11
      c) Normenähnliche Regelungen und Registerpublikationen 12
      d) Verfahrenshandlungen und Behördenakte 13
      e) Denkgesetze und Erfahrungssätze 14
  II. Verletzung des Rechts
    1. Fehlanwendung materiellen Rechts
      a) Subsumtionsfehler 15
      b) Unbestimmte Rechtsbegriffe . . 16
      c) Überprüfung der Ermessensausübung 17
    2. Verfahrensfehler
      a) Im Rechtsbeschwerdeverfahren beachtliche Fehler 18
      b) Beispiele verfahrensfehlerhafter Tatsachenfeststellungen 19
  III. Beruhen der Entscheidung auf der Rechtsverletzung
    1. Verletzung materiellen Rechts . . . 24
    2. Verletzung von Verfahrensrecht
      a) Möglichkeit des Beruhens auf der Rechtsverletzung 25
      b) Absolute Rechtsbeschwerdegründe 26

A. Entstehungsgeschichte und Normzweck

1 Die Vorschrift steckt den Rahmen ab, innerhalb dessen das Rechtsbeschwerdegericht die Vorinstanz überprüfen kann. Im Gegensatz zu den neuen Bestimmungen über Statthaftigkeit, Form und Frist der Rechtsbeschwerde ergeben sich praktisch **keine Änderungen zum früheren Recht**. Die Rechtsbeschwerde dient wie die frühere (sofortige) weitere Beschwerde nach § 27 Abs. 1 FGG aF allein der **Rechtskontrolle**.[1]

---

1 BT-Drucks. 16/6308, S. 210; BGH v. 28.4.2010 – XII ZB 81/09, FGPrax 2010, 184 (186); vgl. OLG Frankfurt v. 18.8.2008 – 20 W 426/05, ZMR 2009, 133 (135).

Maßgeblich ist allein die Rechtsverletzung durch das Beschwerdegericht, unabhängig von einer Beschwerdeberechtigung gegen die Entscheidung erster Instanz.[1] Dabei wurde der in § 27 FGG aF enthaltene Verweis auf § 546 ZPO durch eine wortgleiche Übernahme in § 72 Abs. 1 Satz 2 ersetzt.[2] § 72 Abs. 2 wiederholt fast wörtlich die entsprechende Vorschrift für die Beschwerde (§ 65 Abs. 4, s. § 65 Rz. 19 ff.). Es gelten dieselben Ausnahmen, insbesondere zur **internationalen Zuständigkeit**.[3] § 72 Abs. 3 übernimmt die schon in § 27 Abs. 1 Satz 2 FGG aF enthaltene Verweisung auf § 547 ZPO und erklärt darüber hinaus noch § 556 ZPO und – gesetzestechnisch etwas unglücklich – § 560 ZPO für anwendbar.

B. Inhalt der Vorschrift

I. Das Recht als einziger Kontrollmaßstab

1. Abgrenzung von der Tatsachenfeststellung

a) Keine Überprüfung verfahrensfehlerfrei festgestellter Tatsachen

Die Beschränkung der Rechtsbeschwerde auf die Rechtskontrolle schließt grundsätzlich die Überprüfung der verfahrensfehlerfrei getroffenen bzw. nicht mit einer Verfahrensrüge angegriffenen Tatsachenfeststellungen in der angegriffenen Entscheidung aus (zur verfahrensfehlerhaften Tatsachenfeststellung im Einzelnen s. Rz. 18 ff.).[4] Das Rechtsbeschwerdegericht hat seine Rechtskontrolle auf der Grundlage der dort verfahrensfehlerfrei festgestellten Tatsachen vorzunehmen.[5] Die Auslegung von **Willenserklärungen**[6] wie Testamenten[7] oder Verträgen[8] hat das Rechtsbeschwerdegericht hinzunehmen, wenn sie alle wesentlichen Umstände berücksichtigt und nicht dem klaren Sinn und Wortlaut widerspricht.[9] Die von der letzten Tatsacheninstanz vorgenommene **Auslegung** muss nicht zwingend sein, es genügt, wenn sie möglich ist[10] und nicht anerkannten Auslegungsgrundsätzen (§§ 133, 157 BGB) widerspricht.[11] Entsprechendes gilt, wenn bestimmte Tatsachen streitig

2

---

1 *Bumiller*/Harders, § 72 FamFG Rz. 23.
2 BT-Drucks. 16/6308, S. 210.
3 BGH v. 15.8.2012 – XII ZR 80/11, FamRZ 2012, 1785.
4 BGH v. 16.12.2009 – V ZB 148/09, FGPrax 2010, 50; BayObLG v. 21.4.1999 – 1 Z BR 124/98, NJWE-FER 2000, 17; OLG Köln v. 16.12.1999 – 2 Wx 35/99, NJWE-FER 2000, 187; OLG Stuttgart v. 14.12.2004 – 8 W 313/04, FamRZ 2005, 542; OLG München v. 20.1.2006 – 33 Wx 9/06, FGPrax 2006, 87, 88; Keidel/*Meyer-Holz*, § 72 FamFG Rz. 5; Bork/Jacoby/Schwab/*Müther*, 1. Aufl., § 72 FamFG Rz. 8; *Rackl*, Rechtsmittelrecht, S. 279.
5 BGH v. 17.10.2001 – XII ZB 161/97, NJW 2002, 220; BGH v. 20.6.2002 – IX ZB 56/01, NJW 2002, 2648 (2649); BGH v. 7.4.2005 – IX ZB 63/03, NJW-RR 2005, 916; BGH v. 9.6.2011 – V ZB 230/10, NJW 2011, 3450; KG v. 18.8.1983 – 1 W XX B 4044/82, OLGZ 1983, 428 (430f.); OLG Karlsruhe v. 26.5.2000 – 11 Wx 48/00, FGPrax 2000, 194 (196).
6 OLG Stuttgart v. 14.12.2004 – 8 W 313/04, FamRZ 2005, 542; Keidel/*Meyer-Holz*, § 74 FamFG Rz. 43; *Bumiller*/Harders, § 72 FamFG Rz. 7; Bassenge/Roth/*Gottwald*, § 72 FamFG Rz. 7; Bork/Jacoby/Schwab/*Müther*, 1. Aufl., § 72 FamFG Rz. 12.
7 BayObLG v. 14.3.1988 – BReg. 1 Z 63/87, NJW-RR 1988, 968; BayObLG v. 21.4.1988 – 1 Z 31/87, NJW-RR 1988, 969; BayObLG v. 7.4.1989 – BReg. 1a Z 9/88, NJW-RR 1989, 1092; BayObLG v. 17.1.1996 – 1 Z 84/95, NJW-RR 1996, 1478; Keidel/*Meyer-Holz*, § 74 FamFG Rz. 46.
8 BGH v. 11.11.1985 – II ZB 5/85, NJW 1986, 1033 (1034) = Rpfleger 1986, 184 (185); BGH v. 8.12.1989 – V ZR 53/88, WM 1990, 423 (424); OLG Köln v. 14.7.1982 – 2 Wx 19/82, Rpfleger 1982, 424; Keidel/*Meyer-Holz*, § 74 FamFG Rz. 46.
9 BGH v. 5.4.2006 – IX ZB 50/05, NJW-RR 2006, 1138 (1141f.); BayObLG v. 14.3.1988 – BReg. 1 Z 63/87, NJW-RR 1988, 968; BayObLG v. 21.4.1988 – 1 Z 31/87, NJW-RR 1988, 969; BayObLG v. 7.4.1989 – BReg. 1a Z 9/88, NJW-RR 1989, 1092; BayObLG v. 17.1.1996 – 1 Z 84/95, NJW-RR 1996, 1478; OLG München v. 20.1.2006 – 33 Wx 9/06, FGPrax 2006, 87 (88); die überprüfbaren Grundsätze der Auslegung sind nicht immer von den Denkgesetzen zu trennen, deren Einhaltung als Rechtskontrolle anzusehen ist, vgl. Rz. 14.
10 BGH v. 10.2.2000 – V ZB 5/00, FGPrax 2000, 130; OLG Köln v. 14.7.1982 – 2 Wx 19/82, Rpfleger 1982, 424; OLG Köln v. 3.9.1993 – 2 Wx 23/93, NJW-RR 1994, 74f.; OLG Stuttgart v. 14.12.2004 – 8 W 313/04, FamRZ 2005, 542; BayObLG v. 14.10.1993 – 3 Z BR 191/93, DNotZ 1994, 652 (653); Keidel/*Meyer-Holz*, § 74 FamFG Rz. 30; Bassenge/Roth/*Gottwald*, § 72 FamFG Rz. 8.
11 BGH v. 8.12.1989 – V ZR 53/88, WM 1990, 423 (424); BGH v. 7.2.2006 – KZR 24/04, NJW-RR 2006, 1139 (1141); BayObLG v. 6.11.1995 – 1 Z BR 56/95, FamRZ 1996, 566 (568).

waren. Auch dann hat das Rechtsbeschwerdegericht die **Beweiswürdigung** der Vorinstanz hinzunehmen, soweit sie möglich ist. Sie muss nicht zwingend sein. Dass andere Schlussfolgerungen möglich sind oder sogar näher liegen, ermöglicht allein keine abweichende Beweiswürdigung des Rechtsbeschwerdegerichts.[1] Der nicht kontrollierbaren Tatsachenfeststellung gehört neben der Würdigung von Beweisen und Gutachten[2] und der Augenscheinseinnahme[3] auch die Beurteilung der Glaubwürdigkeit von Zeugen[4] an. Das Rechtsbeschwerdegericht kann die Tatsachenfeststellung nur daraufhin kontrollieren, ob sie Beweisanforderungen vernachlässigt oder überspannt,[5] alle wesentlichen Umstände berücksichtigt[6] und auf einer ausreichenden Ermittlung des Sachverhalts beruht.[7] Leidet die Tatsachenfeststellung nicht unter derartigen Mängeln, muss die dritte Instanz sie hinnehmen.[8]

b) Keine Einführung neuer Tatsachen oder Anträge

3   Die Beschränkung der dritten Instanz auf die Rechtskontrolle schließt es ferner für alle Beteiligten grundsätzlich aus, neue Tatsachen in das Verfahren einzuführen.[9] Dies verhindert zum einen die Berücksichtigung von Tatsachen, die bereits in den Tatsacheninstanzen hätten vorgetragen werden können, aber nicht vorgetragen wurden.[10] Aber auch Tatsachen, die erst nach Abschluss der Tatsacheninstanzen bekannt wurden, können im Rechtsbeschwerdeverfahren nicht mehr berücksichtigt werden.[11] Allerdings können entsprechende Rügen ua. auf **ungenügende Ermittlungen** oder Hinweise der Vorinstanzen hindeuten, die wiederum eine noch im Rechtsbeschwerdeverfahren zu beachtende Gesetzesverletzung darstellen.[12] Da der **Verfahrensgegenstand** mit demjenigen, über den die Vorinstanz entschieden hat, identisch ist, sind auch darüber hinausgehende Anträge unzulässig.[13] Das betrifft sowohl **neue Anträge**,[14] selbst hilfsweise gestellte,[15] als auch Antragserweiterungen oder -änderungen. Ebenso wenig darf der Beschwerdeführer mit der Rechtsbeschwerde erst-

---

1   *Bassenge*/Roth, 11. Aufl., § 27 FGG Rz. 23; Bork/Jacoby/Schwab/*Müther*, 1. Aufl., § 72 FamFG Rz. 11.
2   BayObLG v. 8.10.1987 – BReg. 3 Z 111/87, NJW-RR 1988, 454 (455); OLG Stuttgart v. 14.12.2004 – 8 W 313/04, FamRZ 2005, 542.
3   BayObLG v. 19.1.1988 – BReg. 2 Z 20/87, NJW-RR 1988, 588 (589).
4   BGH v. 30.3.1983 – IVb ZB 760/81, NJW 1983, 1908 (1909); BayObLG v. 3.12.1998 – 1 Z BR 164/97, FamRZ 1999, 817 (818); Bassenge/Roth/*Gottwald*, § 72 FamFG Rz. 8.
5   BayObLG v. 8.10.1987 – BReg. 3 Z 111/87, NJW-RR 1988, 454 (455); BayObLG v. 7.4.1989 – BReg. 1a Z 9/88, NJW-RR 1989, 1092; BayObLG v. 10.4.1995 – 3Z BR 88/95, FamRZ 1995, 1235 (1236); Bassenge/Roth/*Gottwald*, § 72 FamFG Rz. 8.
6   BGH v. 5.4.2006 – IX ZB 50/05, NJW-RR 2006, 1138 (1141); BayObLG v. 8.10.1987 – BReg. 3 Z 111/87, NJW-RR 1988, 454 (455); BayObLG v. 6.11.1995 – 1 Z BR 56/95, FamRZ 1996, 566 (568); OLG Schleswig v. 18.3.1988 – 3 W 23/88, NJW-RR 1988, 1225; OLG Schleswig v. 7.4.1989 – BReg. 1a Z 9/88, NJW-RR 1989, 1092; OLG München v. 20.1.2006 – 33 Wx 9/06, FGPrax 2006, 87 (88); Bassenge/Roth/*Gottwald*, § 72 FamFG Rz. 8.
7   BayObLG v. 5.7.1960 – BReg. 1 Z 79/59, BayObLGZ 1960, 267 (273); BayObLG v. 8.10.1987 – BReg. 3 Z 111/87, NJW-RR 1988, 454 (455); BayObLG v. 20.12.1996 – 1 Z BR 186/96, FGPrax 1997, 63; OLG Schleswig v. 18.3.1988 – 3 W 23/88, NJW-RR 1988, 1225; OLG Schleswig v. 7.4.1989 – BReg. 1a Z 9/88, NJW-RR 1989, 1092; OLG Stuttgart v. 14.12.2004 – 8 W 313/04, FamRZ 2005, 542; OLG München v. 20.1.2006 – 33 Wx 9/06, FGPrax 2006, 87 (88).
8   BayObLG v. 19.1.1988 – BReg. 2 Z 20/87, NJW-RR 1988, 588 (589); BayObLG v. 7.2.2001 – 3 Z BR 258/00, NJW-RR 2001, 1047; OLG Schleswig v. 18.3.1988 – 3 W 23/88, NJW-RR 1988, 1225.
9   BT-Drucks. 16/6308, S. 210; vgl. BGH v. 18.9.2003 – IX ZB 40/03, NJW 2004, 71; BGH v. 7.11.2012 – XII ZB 17/12, FamRZ 2013, 214 (213); KG v. 22.9.1998 – 1 W 2161/97, FGPrax 1999, 33; BayObLG v. 25.3.1999 – 1 Z BR 49/99, FamRZ 2000, 322 (323); Keidel/*Meyer-Holz*, § 74 FamFG Rz. 36; Bassenge/Roth/*Gottwald*, § 72 FamFG Rz. 2 und 6; *Rackl*, Rechtsmittelrecht, S. 279.
10 BayObLG v. 22.6.1989 – BReg. 3 Z 66/89, NJW 1990, 775 (776); BayObLG v. 17.1.1996 – 1 Z 84/95, NJW-RR 1996, 1478.
11 KG v. 22.9.1998 – 1 W 2161/97, Rpfleger 1999, 186; BayObLG v. 18.3.2002 – 1 Z BR 48/01, NJW-RR 2002, 1159 (1160).
12 Keidel/*Meyer-Holz*, 15. Aufl. § 27 FGG Rz. 46.
13 BGH v. 29.11.1990 – I ZR 45/89, NJW 1991, 1683 (1684); BayObLG v. 7.2.1996 – 1 Z BR 72/95, FamRZ 1996, 1436 (1437); BayObLG v. 25.9.1997 – 3 Z BR 143/97, NJW-RR 1998, 470 (471).
14 BGH v. 8.6.2011 – XII ZB 43/11, FamRZ 2011, 1289 (1290).
15 BGH v. 21.12.2006 – IX ZB 81/06, BB 2007, 630.

mals Teile der erstinstanzlichen Entscheidung angreifen, die er in der zweiten Instanz unangegriffen gelassen hat.[1]

c) Ausnahmen

aa) Verfahrensvoraussetzungen und Verfahrensmängel

Die oben genannten Beschränkungen gelten nicht für Tatsachen, die die allgemeinen Verfahrensvoraussetzungen betreffen (vgl. § 68 Rz. 15).[2] So hat auch das Rechtsbeschwerdegericht Unklarheiten etwa über die internationale **Zuständigkeit der deutschen Gerichtsbarkeit**,[3] über die funktionelle Zuständigkeit[4] und die korrekte **Besetzung** des Gerichts,[5] über die **Geschäftsfähigkeit**[6] oder wirksame **Vertretung** eines Beteiligten[7] oder über das Erreichen des Beschwerdewerts in der zweiten Instanz durch eine Beweisaufnahme zu klären. Auch eine Änderung der Sachlage ist zu berücksichtigen.[8] Selbst der Wegfall eines in zweiter Instanz ausdrücklich erklärten Einverständnisses etwa zur Betreuung soll im Rechtsbeschwerdeverfahren beachtlich sein.[9] Das Vorliegen der Zulässigkeitsvoraussetzungen für die Durchführung des Verfahrens zweiter Instanz ist in tatsächlicher Hinsicht vom Rechtsbeschwerdegericht zu prüfen, etwa die Einhaltung der **Beschwerdefrist**.[10] Ist die Zulässigkeit der Beschwerde, etwa die Frage, ob ein Rechtsmittel rechtzeitig eingelegt wurde, Gegenstand der Nachprüfung durch das Rechtsbeschwerdegericht, kann der Rechtsmittelführer insoweit neue Tatsachen einführen.[11] So ist noch im Rechtsbeschwerdeverfahren der Nachweis möglich, dass die **Vollmacht** der Verfahrensbevollmächtigten zweiter Instanz vor Erlass der Beschwerdeentscheidung vorlag.[12] Es bedarf allerdings einer **Rüge** dieses Fehlers in der Rechtsbeschwerdeschrift.[13] Erweist sich das Verfahren des Beschwerdegerichts in jedem Fall als fehlerhaft, kann das Rechtsbeschwerdegericht die Beschwerdeentscheidung aber aufheben und zur weiteren Aufklärung an das Beschwerdegericht **zurückverweisen**.[14] Entsprechendes gilt für einen Verfahrensmangel,[15] etwa die Behauptung, die Amtsermittlungspflicht oder der Anspruch auf rechtliches Gehör seien verletzt worden, und seine Heilung.[16]

---

1 BGH v. 16.3.1983 – IVb ZB 807/80, NJW 1983, 1858 (für die Anschlussrechtsbeschwerde); BGH v. 21.6.1999 – II ZR 47/98, NJW 1999, 2817 (2818).
2 BGH v. 24.3.1993 – XII ZB 12/92, FamRZ 1993, 1310; BGH v. 13.7.1995 – V ZB 6/94, NJW 1995, 2791 (2792); BGH v. 24.4.2001 – VI ZR 258/00, NJW 2001, 1722 (2723); BGH v. 18.6.2002 – VI ZR 448/01, NJW 2002, 3027 (3028); BayObLG v. 8.10.1987 – BReg. 3 Z 111/87, NJW-RR 1988, 454 (456); BGH v. 8.5.2012 – II ZB 17/11, NJW-RR 2012, 997 (998); Keidel/*Meyer-Holz*, § 74 FamFG Rz. 39; *Bumiller*/Harders, § 72 FamFG Rz. 8f; *Rackl*, Rechtsmittelrecht, S. 280.
3 *Bumiller*/Harders, § 72 FamFG Rz. 9.
4 BGH v. 2.6.2005 – IX ZB 287/03, NJW-RR 2005, 1299.
5 BGH v. 13.7.1995 – V ZB 6/94, NJW 1995, 2791 (2792).
6 BayObLG v. 8.10.1987 – BReg. 3 Z 111/87, NJW-RR 1988, 454 (456); *Bumiller*/Harders, § 72 FamFG Rz. 9.
7 *Bumiller*/Harders, § 72 FamFG Rz. 9.
8 Keidel/*Meyer-Holz*, § 74 FamFG Rz. 23.
9 BayObLG v. 8.3.2001 – 3 Z BR 62/01, FamRZ 2001, 1245.
10 BGH v. 22.10.1997 – VIII ZB 32/97, NJW 1998, 1155 (1156); BGH v. 14.3.2001 – XII ZR 51/99, NJW 2001, 1581 (1582); BGH v. 18.9.2003 – IX ZB 40/03, NJW 2004, 71; BGH v. 7.4.2005 – IX ZB 63/03, NJW-RR 2005, 916; BGH v. 8.5.2012 – II ZB 17/11, NJW-RR 2012, 997 (998).
11 BGH v. 22.10.1997 – VIII ZB 32/97, NJW 1998, 1155 (1156); BGH v. 7.3.2002 – VII ZR 193/01, NJW 2002, 1957f.; BGH v. 8.5.2012 – II ZB 17/11, NJW-RR 2012, 997 (998).
12 Vgl. BGH v. 7.3.2002 – VII ZR 193/01, NJW 2002, 1957f. (zur Berufung).
13 BGH v. 18.9.2003 – IX ZB 40/03, NJW 2004, 71.
14 BGH v. 14.3.2001 – XII ZR 51/99, NJW 2001, 1581 (1582).
15 Keidel/*Meyer-Holz*, 15. Aufl., § 27 FGG Rz. 46; Bork/Jacoby/Schwab/*Müther*, 1. Aufl., § 72 FamFG Rz. 9.
16 Keidel/*Meyer-Holz*, 15. Aufl., § 27 FGG Rz. 46 u. 48; *Bumiller*/Harders, § 72 FamFG Rz. 8.

§ 72

bb) Offenkundige Tatsachen

5 Vom Ausschluss neuer Tatsachen sind ferner solche Umstände nicht betroffen, die für das Rechtsbeschwerdegericht offenkundig sind.[1] Aus Gründen der Verfahrensökonomie dürfen diese berücksichtigt werden, damit ein neues Verfahren vermieden wird. Dies ist zum einen bei Tatsachen der Fall, die auf einer (rechtskräftigen) **Gerichtsentscheidung**,[2] einem bestandskräftigen **Verwaltungsakt**[3] oder **sonstigem Behördenhandeln** wie staatsanwaltlichen Ermittlungen[4] oder einer **Registereintragung** beruhen.[5] Zum anderen können neue Tatsachen berücksichtigt werden, die ohne weitere Ermittlungen feststehen, weil sie etwa **gerichtsbekannt oder unstreitig** sind.[6] Auch unzweideutig **aus den Akten ersichtliche Tatsachen**, die auf eine verfahrensfehlerhafte Nichtberücksichtigung erheblicher Tatsachen schließen lassen, sollen zu berücksichtigen sein.[7] Die im Hinblick auf derartige Tatsachen früher für möglich befundene **Aussetzung** des Rechtsbeschwerdeverfahrens[8] wird allerdings nunmehr ausgeschlossen sein, da das neue Recht derartige Möglichkeiten in Kenntnis der früheren Diskussion nicht mehr eröffnet. In keinem Fall besteht eine Pflicht zur Ermittlung von Amts wegen, ob irgendein Gericht oder eine Verwaltungsbehörde relevante Entscheidungen getroffen hat; es sind nur aktenkundige Vorgänge zu berücksichtigen.[9]

cc) Entscheidungsreife nach fehlerhafter Tatsachenwürdigung der Vorinstanz

6 Ausnahmsweise kann das Rechtsbeschwerdegericht dann, wenn die Auslegung durch die Vorinstanz verfahrensfehlerhaft und somit nicht bindend vorgenommen wurde, den Sachverhalt auch abweichend von den Tatsacheninstanzen würdigen, also etwa Willenserklärungen und Verträge selbst auslegen, sofern der Sachverhalt keiner weiteren Klärung mehr bedarf.[10] In diesem Fall darf es auch neue Tatsachen berücksichtigen, da es anstelle der Tatsacheninstanz entscheidet.[11]

dd) Weitere Ausnahmen, insbesondere Tatsachen, die ein Restitutionsverfahren rechtfertigen

7 Eine weitere Ausnahme gilt für solche Tatsachen, die ein Restitutionsverfahren rechtfertigen würden.[12] Denn diese würden ohnehin die Durchführung eines neuen

---

1 BGH v. 27.10.1993 – XII ZB 158/91, NJW 1994, 579; BayObLG v. 17.7.2003 – 2 Z BR 121/03, FGPrax 2003, 199 (200); *Bumiller*/Harders, § 72 FamFG Rz. 10; Keidel/*Meyer-Holz*, § 74 FamFG Rz. 37.
2 KG v. 18.8.1983 – 1 W XX B 4044/82, OLGZ 1983, 428 (430f.); KG v. 22.9.1998 – 1 W 2161/97, Rpfleger 1999, 186 = FGPrax 1999, 33; BayObLG v. 18.3.2002 – 1 Z BR 48/01, NJW-RR 2002, 1159 (1160); Keidel/*Meyer-Holz*, § 74 FamFG Rz. 37.
3 KG v. 22.9.1998 – 1 W 2161/97, FGPrax 1999, 33; Keidel/*Meyer-Holz*, § 74 FamFG Rz. 37.
4 KG v. 22.9.1998 – 1 W 2161/97, Rpfleger 1999, 186; BayObLG v. 18.3.2002 – 1 Z BR 48/01, FamRZ 2002, 1349 (1350).
5 BayObLG v. 7.2.2001 – 3 Z BR 258/00, NJW-RR 2001, 1047; Keidel/*Meyer-Holz*, § 74 FamFG Rz. 37.
6 BGH v. 17.10.2001 – XII ZB 161/97, NJW 2002, 220; OLG Frankfurt v. 18.8.2008 – 20 W 426/05, ZMR 2009, 133 (135); Keidel/*Meyer-Holz*, § 74 FamFG Rz. 37.
7 KG v. 18.8.1983 – 1 W XX B 4044/82, OLGZ 1983, 428 (431); KG v. 22.9.1998 – 1 W 2161/97, Rpfleger 1999, 186 = FGPrax 1999, 33; BayObLG v. 7.4.1989 – BReg. 1a Z 9/88, NJW-RR 1989, 1092; OLG Köln v. 16.12.1999 – 2 Wx 35/99, NJWE-FER 2000, 187; Keidel/*Meyer-Holz*, § 74 FamFG Rz. 37; noch darüber hinausgehend BayObLG v. 12.3.1992 – BReg. 1 Z 65/91, NJW-RR 1992, 968 in Vorwegnahme einer möglichen Abänderung nach § 18 Abs. 1 FGG aF bzw. nunmehr § 48 Abs. 1 FamFG.
8 BayObLG v. 12.3.1992 – BReg. 1 Z 65/91, NJW-RR 1992, 968.
9 KG v. 18.8.1983 – 1 W XX B 4044/82, OLGZ 1983, 428 (432f.).
10 BGH v. 8.12.1989 – V ZR 53/88, WM 1990, 423 (424); BGH v. 7.2.2006 – KZR 24/04, NJW-RR 2006, 1139 (1141); BayObLG v. 14.3.1988 – BReg. 1 Z 63/87, NJW-RR 1988, 968; BayObLG v. 7.4.1989 – BReg. 1a Z 9/88, NJW-RR 1989, 1092; BayObLG v. 13.3.1997 – 1 Z 33/97, Rpfleger 1997, 436; OLG Frankfurt v. 26.10.1993 – 20 W 408/93, NJW-RR 1994, 75 (76); OLG Saarbrücken v. 18.7.1991 – 5 W 16/91, FamRZ 1992, 109 (113).
11 BayObLG v. 14.3.1988 – BReg. 1 Z 63/87, NJW-RR 1988, 968 (969).
12 BGH v. 13.2.1997 – III ZR 285/95, NJW 1997, 1309 (1310); KG v. 18.8.1983 – 1 W XX B 4044/82, OLGZ 1983, 428 (431); KG v. 22.9.1998 – 1 W 2161/97, Rpfleger 1999, 186; KG v. 22.9.1998 – 1 W

Verfahrens rechtfertigen. Aus verfahrensökonomischen Gründen lässt man daher ihre Berücksichtigung auch in der Rechtsbeschwerdeinstanz zu. Darüber hinausgehend werden auch die Einrede der **beschränkten Erbenhaftung** und die Tatsachen, auf die sie gestützt wird, berücksichtigt, wenn sie nach dem Erbfall erstmals nach Abschluss der Tatsacheninstanzen geltend gemacht werden kann.[1] Noch weiter geht der BGH, wenn er die Einführung neuer Tatsachen aus Gründen der Verfahrensökonomie im Interesse einer möglichst schnellen und kostensparenden Erledigung zulässt, wenn ihre Berücksichtigung keine nennenswerte Mehrarbeit verursacht.[2] Da es aber um die Einstellung des Insolvenzverfahrens ging, dürfte im konkreten Fall eine gerichtsbekannte oder unstreitige Tatsache vorgelegen haben. Streitige Tatsachen, die nicht gerichtsbekannt oder aus einem der vorgenannten Gründe ausnahmsweise berücksichtigungsfähig sind, können auch dann nicht in das Rechtsbeschwerdeverfahren eingeführt werden, wenn dies keine nennenswerte Mehrarbeit verursacht.

2. Normen, deren Anwendbarkeit in der Rechtsbeschwerde überprüfbar ist

a) Vom Bundesgesetzgeber normiertes Recht

aa) Formelle Gesetze und untergesetzliches Recht

Das Rechtsbeschwerdegericht kann zunächst die Anwendung des vom Bundesgesetzgeber normierten Rechts überprüfen. Hierunter fallen nicht nur **formelle Gesetze**,[3] sondern sämtliche Normen mit Wirkung nach außen, also auch **Verordnungen**, aber keine Verwaltungsanordnungen, die nur staatliche Organe intern binden sollen.[4] Dem Gesetzesrecht gleichgestellt sind nach § 31 Abs. 2 BVerfGG die mit Gesetzeskraft versehenen **Entscheidungen des BVerfG**.

8

bb) Anwendbare Normen bei Gesetzesänderungen

Das Rechtsbeschwerdegericht hat das zurzeit der Entscheidung geltende Recht anzuwenden. Nach einem Gesetzeswechsel ist somit grundsätzlich **neues Recht** anzuwenden,[5] sofern nicht Übergangsvorschriften etwas anderes vorsehen. Lediglich nach früherem Recht bereits entstandene Rechte bleiben unberührt.[6] Im Ergebnis kann also eine Entscheidung der Vorinstanzen abzuändern sein, obwohl sie zurzeit ihres Erlasses fehlerfrei war.[7] Die Anwendbarkeit neuen Rechts bezieht sich sowohl auf das materielle Recht als auch auf das Verfahrensrecht. Auf rechtskräftige Entscheidungen hat es aber keinen Einfluss mehr, wenn das neue Recht nach Eintritt der Rechtskraft eine weitere Instanz eröffnet. Ebenso wenig wird die einmal begründete Zuständigkeit des angerufenen Gerichts durch eine Gesetzesänderung berührt.[8]

9

2161/97, FGPrax 1999, 33; *Bumiller*/Harders, § 72 FamFG Rz. 10; Keidel/*Meyer-Holz*, § 74 FamFG Rz. 38.
1 BGH v. 26.6.1970 – V ZR 156/69, BGHZ 54, 204 (205 f.).
2 BGH v. 7.11.2012 – XII ZB 17/12, FamRZ 2013, 214 (213).
3 Keidel/*Meyer-Holz*, § 72 FamFG Rz. 2 und § 74 FamFG Rz. 53; Bork/Jacoby/Schwab/*Müther*, 1. Aufl., § 72 FamFG Rz. 3.
4 Keidel/*Meyer-Holz*, § 72 FamFG Rz. 2; Bork/Jacoby/Schwab/*Müther*, 1. Aufl., § 72 FamFG Rz. 3; *Rackl*, Rechtsmittelrecht, S. 280.
5 BGH v. 8.7.1954 – IV ZR 67/54, BGHZ 14, 205 (206); BGH v. 17.10.2001 – XII ZB 161/97, NJW 2002, 220; BayObLG v. 5.11.1987 – BReg. 3 Z 41/87, NJW 1988, 916 (917); OLG Jena v. 1.9.1999 – 6 W 505/99, FGPrax 1999, 224; *Bumiller*/Harders, § 72 FamFG Rz. 6.
6 BGH v. 8.7.1954 – IV ZR 67/54, BGHZ 14, 205 (208).
7 BGH v. 6.7.1983 – IVb ZB 842/81, FamRZ 1983, 1003 (1004); BGH v. 17.2.1993 – XII ZB 134/92, NJW 1993, 2241 (2243); OLG Frankfurt v. 30.8.1994 – 20 W 308/90, FGPrax 1995, 58; Keidel/*Meyer-Holz*, § 74 FamFG Rz. 53; Bork/Jacoby/Schwab/*Müther*, 1. Aufl., § 72 FamFG Rz. 6.
8 Keidel/*Meyer-Holz*, 15. Aufl., § 27 FGG Rz. 16; *Bassenge*/Roth, 11. Aufl., § 27 FGG Rz. 19.

b) Ausländisches und lokales Recht

aa) Überprüfbarkeit der Anwendung ausländischen und lokalen Rechts

10   Wie bisher hat das Rechtsbeschwerdegericht auch die richtige Anwendung ausländischen Rechts zu überprüfen,[1] was das **Völkerrecht** und **Staatsverträge** umfasst.[2] Die Beschwerdeentscheidung muss die Grundlage erkennen lassen, also auch aufgrund welchen zwischenstaatlichen Vertrags entschieden worden ist.[3] Im Gegensatz zur Revision ist die Überprüfung im Rechtsbeschwerdeverfahren auch nicht auf Bundesrecht oder Normen beschränkt, deren Geltungsbereich sich über den Bereich eines OLG hinaus erstreckt.[4] Denn § 72 verweist gerade nicht auf diese in § 545 ZPO enthaltene Einschränkung. Darin ist auch keine Gesetzeslücke zu erblicken, da der Gesetzgeber dem Rechtsbeschwerdegericht die Möglichkeit, die Anwendung von Landesrecht zu überprüfen, nach seinem ausdrücklichen Bekunden eröffnen wollte.[5]

bb) Bindung an die Feststellung der Vorinstanz nach § 72 Abs. 3 FamFG iVm. § 560 ZPO?

11   In diesem Zusammenhang will der Gesetzgeber auch den nicht sonderlich geglückten Verweis auf § 560 ZPO[6] in § 72 Abs. 3 verstanden wissen. Dieser ist von vornherein kaum verständlich, nimmt § 560 ZPO doch auf nicht revisibles Recht nach § 545 ZPO Bezug, also eine Vorschrift, die nach dem ausdrücklichen Bekunden des Gesetzgebers in Verfahren nach dem FamFG gerade keine Anwendung finden soll.[7] Nach Vorstellung des Gesetzgebers soll der Verweis des § 72 Abs. 3 auf § 560 ZPO bewirken, „dass das Rechtsbeschwerdegericht an die tatsächlichen Feststellungen des Beschwerdegerichts über das Bestehen und den Inhalt lokalen und ausländischen Rechts gebunden ist".[8] Beabsichtigt ist also offenbar eine partielle Geltung, wonach das Rechtsbeschwerdegericht nicht an die Feststellungen über das Bestehen und den Inhalt irreversibler Gesetze nach § 545 ZPO, sondern über das Bestehen und den Inhalt lokalen und ausländischen Rechts gebunden sein soll.[9] Auch das ist aber unverständlich. Denn an der Überprüfbarkeit der Anwendung ausländischen Rechts sowie entscheidungserheblicher Normen unterhalb der Bundesebene soll doch gerade nichts ändern. Daher kann das Rechtsbeschwerdegericht an die Feststellungen der Vorinstanz zu seinem Bestehen und Inhalt gerade nicht gebunden sein. Im Ergebnis wird der Verweis auf § 560 ZPO wegen offenkundigen Widerspruchs zu den ansonsten geäußerten Vorstellungen des Gesetzgebers und insbesondere zum ausdrücklichen Verzicht auf die Geltung von § 545 ZPO, auf den sich § 560 ZPO bezieht, ohne Anwendungsbereich bleiben.[10]

c) Normenähnliche Regelungen und Registerpublikationen

12   Der Überprüfung durch das Rechtsbeschwerdegericht unterliegt ferner aufgrund ihres Normcharakters die Anwendung privat- oder öffentlich-rechtlicher Regelungs-

---

1 OLG Hamburg v. 26.7.1989 – 2 W 49/85, NJW-RR 1990, 76; aA Keidel/*Meyer-Holz*, § 72 FamFG Rz. 4; *Bumiller*/Harders, § 72 FamFG Rz. 4; Bork/Jacoby/Schwab/*Müther*, 1. Aufl., § 72 FamFG Rz. 24.
2 *Bumiller*/Harders, § 72 FamFG Rz. 3; Keidel/*Meyer-Holz*, § 72 FamFG Rz. 2.
3 BGH v. 20.6.2002 – IX ZB 56/01, NJW 2002, 2648 (2649).
4 BT-Drucks. 16/6308, S. 210; auch zur Übereinstimmung dieser Praxis mit der Verfassung; hierzu auch Zöller/*Feskorn*, § 72 FamFG Rz. 2.
5 BT-Drucks. 16/6308, S. 210, auch zur Verfassungsmäßigkeit dieser Regelung; Keidel/*Meyer-Holz*, § 72 FamFG Rz. 4; Bassenge/Roth/*Gottwald*, § 72 FamFG Rz. 3; Bork/Jacoby/Schwab/*Müther*, 1. Aufl., § 72 FamFG Rz. 7; *Rackl*, Rechtsmittelrecht, S. 280.
6 Kritisch auch *Roth*, JZ 2009, 585 (590).
7 BT-Drucks. 16/6308, S. 210; vgl. Bassenge/Roth/*Gottwald*, § 72 FamFG Rz. 3.
8 BT-Drucks. 16/6308, S. 210.
9 So wohl auch *Roth*, JZ 2009, 585 (590); *Sturm*, JZ 2011, 74 ff.
10 AA Keidel/*Meyer-Holz*, § 72 FamFG Rz. 53 ff.; Rackl, Rechtsmittelrecht, S. 284.

werke. Darunter fallen etwa **Satzungen** von Vereinen,[1] **Gesellschaftsverträge** von Kapitalgesellschaften,[2] **Formularverträge**[3] und **Teilungserklärungen** von Wohnungseigentümergemeinschaften.[4] Auch **Gewohnheitsrecht** kann vom Rechtsbeschwerdegericht anders als von den Vorinstanzen ausgelegt werden.[5] Da sie in ähnlicher Weise objektiv-normativ auszulegen sind, können auch Eintragungen in **öffentlichen Registern**, insbesondere im Grundbuch[6] und im Handelsregister, vom Rechtsbeschwerdegericht selbständig ausgelegt werden.[7]

d) Verfahrenshandlungen und Behördenakte

Die Möglichkeit einer eigenen Auslegung dehnt die Rechtsprechung schließlich auch auf Verfahrenshandlungen aus.[8] Dies gilt auch dann, wenn ihnen neben der verfahrensrechtlichen Bedeutung auch materiellrechtliche Wirkung zukommt.[9] Der Kontrolle durch das Rechtsbeschwerdegericht unterliegen somit auch gerichtliche Vergleiche, prozessuale Erklärungen etc. Prozesshandlungen sind dabei so auszulegen, dass im Zweifel gewollt ist, was nach Maßgabe der Gesetze vernünftig ist und dem Interesse des Beteiligten entspricht, der eine Erklärung im Verfahren abgegeben hat.[10] Entsprechendes gilt für behördliche Handlungen wie Gerichtsentscheidungen[11] und Verwaltungsakte.[12]

13

e) Denkgesetze und Erfahrungssätze

Der Rechtsanwendung gleich stehen Denkgesetze,[13] also insbesondere die Regeln der formalen Logik. So können etwa **Rechenfehler**, **logische Brüche** oder eine dem allgemeinen Sprachgebrauch zuwiderlaufende Interpretation feststehender Begriffe in der Entscheidung der Vorinstanzen noch im Rechtbeschwerdeverfahren korrigiert werden.[14] Gleiches gilt für Erfahrungssätze, die allgemein und ohne Ausnahme gelten.[15] Dazu gehören insbesondere **Naturgesetze**.

14

---

1 BGH v. 11.11.1985 – II ZB 5/85, NJW 1986, 1033 (1034) = Rpfleger 1986, 184 (185); BGH v. 24.4. 2012 – II ZB 8/10, FGPrax 2012, 169 (170); OLG Zweibrücken v. 18.9.2003 – 3 W 151/03, NJW-RR 2004, 34 (35); Keidel/*Meyer-Holz*, § 72 FamFG Rz. 2 und § 74 FamFG Rz. 50; *Bumiller*/Harders, § 72 FamFG Rz. 12; Bork/Jacoby/Schwab/*Müther*, 1. Aufl., § 72 FamFG Rz. 12.
2 BayObLG v. 7.2.2001 – 3Z BR 258/00, NJW-RR 2001, 1047; Keidel/*Meyer-Holz*, § 72 FamFG Rz. 3 und § 74 Rz. 50.
3 Keidel/*Meyer-Holz*, 15. Aufl., § 27 FGG Rz. 50; *Bassenge*/Roth, 11. Aufl., § 27 FGG Rz. 22; Bork/Jacoby/Schwab/*Müther*, 1. Aufl., § 72 FamFG Rz. 12.
4 BGH v. 3.7.1997 – V ZB 2/97, NJW 1997, 2956; BayObLG v. 10.9.1998 – V ZB 11/98, NJW 1998, 3713 (3714); *Bumiller*/Harders, § 72 FamFG Rz. 12.
5 OLG Hamburg v. 26.7.1989 – 2 W 49/85, NJW-RR 1990, 76; Keidel/*Meyer-Holz*, § 72 FamFG Rz. 2; *Bumiller*/Harders, § 72 FamFG Rz. 3.
6 BGH v. 29.1.1993 – V ZB 24/92, NJW 1993, 1329 (1330); BayObLG v. 10.9.1998 – V ZB 11/98, NJW 1998, 3713 (3714).
7 *Bassenge*/Roth, 11. Aufl., § 27 FGG Rz. 22.
8 BGH v. 24.11.1980 – VII ZR 208/79, NJW 1981, 1453 (1454); BGH v. 10.7.1985 – VIII ZR 285/84, NJW 1986, 198; BGH v. 12.3.1991 – XI ZR 85/90, NJW 1991, 1683; BGH v. 31.5.1995 – VIII ZR 267/94, NJW 1995, 2563 (2564); BGH v. 24.4.1997 – III ZB 8/97, NJW 1997, 2387 = MDR 1997, 776; BayObLG v. 16.2.2000 – 3 Z BR 389/98, NJW-RR 2000, 990 (991); Keidel/*Meyer-Holz*, § 74 FamFG Rz. 48; Bork/Jacoby/Schwab/*Müther*, 1. Aufl., § 72 FamFG Rz. 13.
9 OLG Saarbrücken v. 18.7.1991 – 5 W 16/91, FamRZ 1992, 109 (110).
10 BGH v. 18.6.1996 – VI ZR 325/95, NJW-RR 1996, 1210 (1211); ähnlich OLG Saarbrücken v. 18.7. 1991 – 5 W 16/91, FamRZ 1992, 109 (111 f.); Keidel/*Meyer-Holz*, § 74 FamFG Rz. 48.
11 Keidel/*Meyer-Holz*, § 74 FamFG Rz. 49.
12 *Bumiller*/Harders, § 72 FamFG Rz. 3; Bork/Jacoby/Schwab/*Müther*, 1. Aufl., § 72 FamFG Rz. 12.
13 BGH v. 8.12.1989 – V ZR 53/88, WM 1990, 423 (424); BayObLG v. 8.10.1987 – BReg. 3 Z 111/87, NJW-RR 1988, 454 (455); BayObLG v. 14.3.1988 – BReg. 1 Z 63/87, NJW-RR 1988, 968; BayObLG v. 7.4.1989 – BReg. 1a Z 9/88, NJW 1989, 1092; BayObLG v. 6.11.1995 – 1 Z BR 56/95, FamRZ 1996, 566 (568); BayObLG v. 17.1.1996 – 1 Z 84/95, NJW-RR 1996, 1478; Keidel/*Meyer-Holz*, § 72 FamFG Rz. 22; Bork/Jacoby/Schwab/*Müther*, 1. Aufl., § 72 FamFG Rz. 4.
14 Keidel/*Meyer-Holz*, § 72 FamFG Rz. 22; *Bumiller*/Harders, § 72 FamFG Rz. 12.
15 Keidel/*Meyer-Holz*, § 72 FamFG Rz. 22.

II. Verletzung des Rechts

1. Fehlanwendung materiellen Rechts

a) Subsumtionsfehler

15 Das Rechtsbeschwerdegericht hat auf materiellrechtlicher Ebene zu prüfen, ob die einschlägigen Rechtsnormen richtig angewendet wurden. Eine Rechtsverletzung liegt dann vor, wenn die Vorinstanz eine Norm falsch interpretiert und deshalb entweder nicht oder nicht richtig auf den Lebenssachverhalt angewendet hat.[1] Dies ist zum einen der Fall, wenn die Norm angewendet wird, obwohl der festgestellte Sachverhalt deren Tatbestandsmerkmale entgegen der Auffassung der angegriffenen Entscheidung nicht erfüllt.[2] Der umgekehrte Fehler besteht in der Nichtanwendung einer Norm, obwohl nach dem festgestellten Sachverhalt ihre Tatbestandsmerkmale erfüllt sind, weil der Vorderrichter etwa ihre Reichweite verkannt oder nicht von ihrer Gültigkeit ausgegangen ist.[3] Derartige Fehler sind mit der **Sachrüge** anzugreifen.

b) Unbestimmte Rechtsbegriffe

16 Insbesondere im Familienrecht erschöpfen sich die gesetzlichen Bestimmungen oftmals nicht in einer Regelung, die bei Vorliegen mehr oder weniger eindeutiger Voraussetzungen eine bestimmte Rechtsfolge anordnet. Häufig wird die Rechtsfolge vom Vorliegen nur pauschal beschriebener Tatbestandsmerkmale, eben unbestimmter Rechtsbegriffe wie Kindeswohl (§§ 1666 Abs. 1, 1671 Abs. 2 Nr. 2),[4] angemessener Unterhalt (§ 1360a BGB), Mittellosigkeit (§§ 1835 Abs. 4 Satz 1; 1908i Abs. 1 Satz 1 BGB),[5] grobe Unbilligkeit (zB § 1381 Abs. 1 BGB), unverhältnismäßiger Nachteil (§ 1748 Abs. 4 BGB)[6] oder wichtiger Grund (etwa §§ 626 Abs. 1, 1908b Abs. 1 Satz 1, 2227 Abs. 1 BGB)[7] abhängig gemacht. Naturgemäß kann eine Rechtsverletzung auch in der unrichtigen Anwendung solcher unbestimmten Rechtsbegriffe liegen. Dies kann in vollem Umfang durch das Rechtsbeschwerdegericht überprüft werden.[8] Dabei ist zu fragen, ob die Vorinstanz den unbestimmten Rechtsbegriff richtig erfasst[9] und die zu seiner Ausfüllung erforderlichen Wertungsmaßstäbe insbesondere des Grundgesetzes herangezogen hat.[10] An die von der Vorinstanz festgestellten Tatsachen ist das Rechtsbeschwerdegericht dabei gebunden, nicht aber an ihre Bewertung und Subsumtion unter den unbestimmten Rechtsbegriff.[11] In diesem Zusammenhang kann auch überprüft werden, ob die zur Ausfüllung des unbestimmten Rechtsbegriffs erforderliche Tatsachengrundlage richtig ermittelt wurde. Hat das Beschwerdegericht einen unbestimmten Rechtsbegriff nicht geprüft, weil es ihn etwa nicht für entscheidungserheblich hielt, kann das Rechtsbeschwerdegericht die Subsumtion anhand der verfahrensfehlerfrei zustandegekommenen Tatsachenfeststellungen nachholen.[12]

---

1 Bork/Jacoby/Schwab/*Müther*, 1. Aufl., § 72 FamFG Rz. 2; *Rackl*, Rechtsmittelrecht, S. 280.
2 Keidel/*Meyer-Holz*, § 72 FamFG Rz. 5; *Bumiller*/Harders, § 72 FamFG Rz. 5.
3 Keidel/*Meyer-Holz*, § 72 FamFG Rz. 6; Bork/Jacoby/Schwab/*Müther*, 1. Aufl., § 72 FamFG Rz. 2.
4 BayObLG v. 10.1.1975 – BReg. 1 Z 30/74, BayObLGZ 1975, 34 (38); OLG Schleswig v. 18.3.1988 – 3 W 23/88, NJW-RR 1988, 1225.
5 BayObLG v. 27.7.2001 – 3 Z BR 182/01, NJW-RR 2001, 1515f.
6 OLG Stuttgart v. 14.12.2004 – 8 W 313/04, FamRZ 2005, 542 (545); OLG Karlsruhe v. 26.5.2000 – 11 Wx 48/00, FGPrax 2000, 194 (195).
7 BayObLG v. 10.4.1995 – 3 Z BR 88/95, FamRZ 1995, 1235 (1236); BayObLG v. 25.9.1997 – 3 Z BR 143/97, NJW-RR 1998, 470 (471); OLG Köln v. 27.10.2004 – 2 Wx 29/04, NJW-RR 2005, 94.
8 BayObLG v. 30.6.1981 – BReg. 1 Z 37/81, FamRZ 1981, 999 (1000); BayObLG v. 12.8.1982 – BReg. 2 Z 63/82, BayObLGZ 1982, 278 (283); Keidel/*Meyer-Holz*, § 72 FamFG Rz. 17; *Bumiller*/Harders, § 72 FamFG Rz. 14.
9 Keidel/*Meyer-Holz*, 15. Aufl., § 27 FGG Rz. 27.
10 Keidel/*Meyer-Holz*, 15. Aufl., § 27 FGG Rz. 27.
11 BayObLG v. 30.6.1981 – BReg. 1 Z 37/81, FamRZ 1981, 999 (1000).
12 Keidel/*Meyer-Holz*, § 72 FamFG Rz. 20.

c) Überprüfung der Ermessensausübung

Das Gesetz kann auch auf der Rechtsfolgenseite von zwingenden Anordnungen absehen. Es kann die Verhängung einer Rechtsfolge in das Ermessen des Gerichts stellen oder verschiedene Möglichkeiten eröffnen, etwa bei der Genehmigung von Rechtsgeschäften.[1] Hier hat das Rechtsbeschwerdegericht zunächst zu prüfen, ob die angewendete Norm tatsächlich eine Ermessensausübung ermöglicht.[2] Allein daraus, dass das Gericht nach ihrem Wortlaut eine Entscheidung treffen „kann", folgt nicht zwingend ein Ermessen. Es kann auch zum Ausdruck gebracht werden, dass nur das Gericht (keine Verwaltungsbehörde oÄ) handeln kann, ohne dass hinsichtlich der Rechtsfolge ein Ermessensspielraum eröffnet werden soll.[3] Ebenso kann bei einer Mehrzahl von Entscheidungsmöglichkeiten nur zur Wahl gestellt sein, wie, aber nicht, ob das Gericht tätig wird. Dann ist das Ermessen auf die Auswahl einer Möglichkeit beschränkt. Sofern eine Norm bei richtiger Auslegung auf der Rechtsfolgenseite einen Spielraum lässt, ist die Ausübung dieses Ermessens vom Rechtsbeschwerdegericht nur begrenzt überprüfbar. Es kann nur kontrollieren, ob der Ermessensspielraum überhaupt erkannt[4] und nicht entgegen dem gesetzgeberischen Zweck genutzt wurde.[5] Ferner ist wiederum zu prüfen, ob die **Tatsachenfeststellungen** zur Ausübung des Ermessens ausreichen.[6] Sofern die Entscheidung der Vorinstanz insoweit nicht zu beanstanden ist, kann sie mit der Rechtsbeschwerde nicht erfolgreich angegriffen werden. Die Wahl zwischen einer Mehrzahl von Rechtsfolgen, die sämtlich im Rahmen der zulässigen Ermessensausübung liegen, unterliegt nicht der Kontrolle durch das Rechtsbeschwerdegericht.[7] Die Frage, welche der zulässigen Rechtsfolgen als die zweckmäßigere anzusehen ist, haben die Tatsacheninstanzen in eigener Verantwortung zu klären.[8] Sind der letzten Tatsacheninstanz bei der Ermessensausübung noch in der Rechtsbeschwerdeinstanz beachtliche Fehler unterlaufen, so kann diese ähnlich wie bei der Würdigung der festgestellten Tatsachen das gebotene Ermessen selbst ausüben.[9]

17

2. Verfahrensfehler

a) Im Rechtsbeschwerdeverfahren beachtliche Fehler

Neben der unrichtigen Anwendung des materiellen Rechts kann die Rechtsverletzung auch in einem Fehler des Verfahrens liegen. Dies betrifft etwa die **unrichtige Besetzung** des Spruchkörpers.[10] Auch die **Unterlassung einer gebotenen Beteiligung** ist

18

---

1 BayObLG v. 4.7.1989 – BReg. 1a Z 7/89, FamRZ 1990, 208 (209).
2 Bassenge/Roth/*Gottwald*, § 72 FamFG Rz. 9.
3 BayObLG v. 26.4.1963 – BReg. 1 Z 161/62, BayObLGZ 1963, 116 (118).
4 BGH v. 23.5.1990 – XII ZB 117/89, NJW-RR 1990, 1157; OLG Zweibrücken v. 15.8.2000 – 3 W 76/00, NJWE-FER 2000, 315; OLG Zweibrücken v. 18.9.2003 – 3 W 151/03, NJW-RR 2004, 34 (35); BayObLG v. 29.9.1988 – BReg. 3 Z 99/88, NJW-RR 1989, 136 (137); OLG Köln v. 21.6.1999 – 2 Wx 17/99, DB 1999, 2153 (2154); Keidel/*Meyer-Holz*, § 72 FamFG Rz. 8; *Bumiller*/Harders, § 72 FamFG Rz. 13; Bassenge/Roth/*Gottwald*, § 72 FamFG Rz. 9.
5 BGH v. 23.5.1990 – XII ZB 117/89, NJW-RR 1990, 1157; BayObLG v. 26.4.1963 – BReg. 1 Z 161/62, BayObLGZ 1963, 116 (118); BayObLG v. 4.7.1989 – BReg. 1a Z 7/89, FamRZ 1990, 208 (209); BayObLG v. 22.4.1999 – 2 Z BR 9/99, NZM 1999, 852 (853); OLG Zweibrücken v. 15.8. 2000 – 3 W 76/00, NJWE-FER 2000, 315; OLG Zweibrücken v. 18.9.2003 – 3 W 151/03, NJW-RR 2004, 34 (35); Keidel/*Meyer-Holz*, § 72 FamFG Rz. 8; *Bumiller*/Harders, § 72 FamFG Rz. 13; Bassenge/Roth/*Gottwald*, § 72 FamFG Rz. 9.
6 BayObLG v. 26.4.1963 – BReg. 1 Z 161/62, BayObLGZ 1963, 116 (118); BayObLG v. 29.9.1988 – BReg. 3 Z 99/88, NJW-RR 1989, 136 (137); BayObLG v. 4.7.1989 – BReg. 1a Z 7/89, FamRZ 1990, 208 (209); OLG Zweibrücken v. 15.8.2000 – 3 W 76/00, NJWE-FER 2000, 315; OLG Zweibrücken v. 18.9.2003 – 3 W 151/03, NJW-RR 2004, 34 (35); OLG Frankfurt v. 3.8.2005 – 20 W 111/05, NJW-RR 2006, 44; Bassenge/Roth/*Gottwald*, § 72 FamFG Rz. 9.
7 OLG Zweibrücken v. 15.8.2000 – 3 W 76/00, NJWE-FER 2000, 315; ähnlich Bassenge/Roth/*Gottwald*, § 72 FamFG Rz. 9.
8 BayObLG v. 29.9.1988 – BReg. 3 Z 99/88, NJW-RR 1989, 136 (137).
9 BayObLG v. 22.4.1999 – 2 Z BR 9/99, NZM 1999, 852 (853); OLG Frankfurt v. 3.8.2005 – 20 W 111/05, NJW-RR 2006, 44 (45); aA OLG Köln v. 21.6.1999 – 2 Wx 17/99, DB 1999, 2153 (2154).
10 BGH v. 13.7.1995 – V ZB 6/94, NJW 1995, 2791 (2792).

ein Verfahrensfehler, der allerdings nur von dem zu Unrecht nicht Beteiligten gerügt werden kann.[1] Von besonderer Bedeutung ist die **verfahrensfehlerhafte Tatsachenfeststellung**, also der Fall, dass die Vorinstanz etwa entscheidungserhebliche Umstände nicht oder fehlerhaft ermittelt hat. Das Rechtsbeschwerdegericht ist an verfahrensfehlerhafte Tatsachenfeststellungen nicht gebunden. Denn dann liegt wiederum eine Verletzung des Rechts vor, die die dritte Instanz gerade korrigieren soll.[2] Derartige Fehler sind mit einer **Verfahrensrüge** anzugreifen. Allerdings ist nicht jeder von den Tatsacheninstanzen begangene Verfahrensfehler für die Nachprüfung im Rechtsbeschwerdeverfahren erheblich. Wie für die Beschwerdeinstanz nach § 65 Abs. 4 (vgl. § 65 Rz. 20) ist die fehlerhafte Annahme des erstinstanzlichen Gerichts, es sei für eine Sache zuständig, nach § 72 Abs. 2 auch für das Rechtsbeschwerdegericht von vornherein unbeachtlich.[3] Sofern nicht die internationale Zuständigkeit betroffen ist, kann dieser Fehler somit nicht mehr gerügt werden, selbst wenn das erstinstanzliche Gericht eine ausschließliche oder vereinbarte Zuständigkeit nicht berücksichtigt (zur Reichweite des Rügeausschlusses s. § 65 Rz. 20 ff.). Viele Fehler, wie von der ersten Instanz unterlassene Ermittlungen oder die unterlassene Gewährung rechtlichen Gehörs, können durch Nachholung geheilt werden.[4] In eng umrissenen Grenzen kann eine **Heilung von Verfahrensfehlern** noch in der Rechtsbeschwerdeinstanz erfolgen.[5] Das ist dann der Fall, wenn eine Verfahrenshandlung unterlassen wurde, die nur der Gewährung rechtlichen Gehörs dient, und ihre Nachholung in der Rechtsbeschwerdeinstanz nicht zu neuen Erkenntnissen oder Ermittlungsansätzen führt.[6] Ausgeschlossen ist eine Heilung in der Rechtsbeschwerdeinstanz, wenn weitere Ermittlungen erforderlich sind.[7] Unbeachtlich sind ferner Fehler, die in der zweiten Tatsacheninstanz nicht (rechtzeitig) gerügt werden. Sie sollen auch in der nachfolgenden Instanz nicht mehr berücksichtigt werden, wie § 72 Abs. 3 unter Verweis auf § 556 ZPO klarstellt.[8] Erst recht schließt die ausdrückliche Zustimmung eines Beteiligten zur Verwertung verfahrensfehlerhaft gewonnener Tatsachenfeststellungen die spätere Rüge dieses Mangels aus.

b) **Beispiele verfahrensfehlerhafter Tatsachenfeststellungen**

19 Einer der häufigsten Fehler bei der Tatsachenfeststellung ist der **Verstoß gegen die Verpflichtung zur Ermittlung** der entscheidungserheblichen Tatsachen von Amts wegen (§ 26).[9] Dies ist dann der Fall, wenn entscheidungserhebliche Tatsachen in echten Streitverfahren zu Unrecht als unstreitig behandelt wurden,[10] die Vorinstanz vorhandenen Ermittlungsansätzen[11] oder gar Beweisangeboten nicht nachgegangen

---

1 BayObLG v. 16.12.1998 – 1 Z BR 206/97, NJWE-FER 1999, 91 f.
2 *Bumiller*/Winkler, 11. Aufl., § 27 FGG Rz. 17.
3 BT-Drucks. 16/6308, S. 210; Bassenge/Roth/*Gottwald*, § 72 FamFG Rz. 11; *Rackl*, Rechtsmittelrecht, S. 280.
4 BVerfG v. 7.12.2010 – 1 BvR 2157/10, FamRZ 2011, 272 (273) – im konkreten Fall aber verneint; OLG Düsseldorf v. 22.4.1994 – 3 Wx 258/94 u. 269/94, NJW-RR 1994, 1288; BayObLG v. 16.12.1994 – 3 Z BR 308/94, FamRZ 1995, 695; BayObLG v. 4.6.1998 – 2 Z BR 19/98, ZMR 1998, 790 (791) = NJW-RR 1999, 452; BayObLG v. 4.11.1999 – 2 Z BR 140/99, ZMR 2000, 188 (189); BayObLG v. 12.10.2004 – 1 Z BR 71/04, FamRZ 2005, 541; OLG Hamm v. 29.6.1995 – 15 W 52/95, FGPrax 1995, 237; OLG Frankfurt v. 23.1.2003 – 20 W 479/02, FGPrax 2003, 81 (82); OLG Frankfurt v. 16.8.2012 – 5 UF 221/12, FamRZ 2013, 316 (317); Bassenge/Roth/*Gottwald*, § 68 FamFG Rz. 13; Keidel/*Meyer-Holz*, § 72 FamFG Rz. 28.
5 *Bumiller*/Harders, § 72 FamFG Rz. 1; Zöller/*Feskorn*, § 72 FamFG Rz. 3.
6 BGH v. 9.10.1997 – V ZB 3/97, ZMR 1998, 171 (172); BayObLG v. 27.4.2000 – 2 Z BR 187/99, ZMR 2000, 624 (626); BayObLG v. 15.1.2004 – 2 Z BR 225/03, ZMR 2004, 445; OLG Köln v. 21.11.2001 – 16 Wx 185/01, ZMR 2002, 972 (973).
7 OLG Köln v. 27.10.2004 – 2 Wx 29/04, NJW-RR 2005, 94 (95).
8 BT-Drucks. 16/6308, S. 210; *Rackl*, Rechtsmittelrecht, S. 282.
9 BGH v. 20.9.1995 – XII ZB 87/94, NJW-RR 1996, 130; BGH v. 28.4.2010-XII ZB 81/09, FGPrax 2010, 184 (186); BGH v. 16.9.2010 – V ZB 120/10, FGPrax 2010, 290 (291); BayObLG v. 18.5.2004 – 1 Z BR 7/04, FGPrax 2004, 243; *Bumiller*/Harders, § 72 FamFG Rz. 7; Bassenge/Roth/*Gottwald*, § 72 FamFG Rz. 8; Zöller/*Feskorn*, § 72 FamFG Rz. 3.
10 Keidel/*Meyer-Holz*, § 74 FamFG Rz. 34.
11 BGH v. 20.9.1995 – XII ZB 87/94, NJW-RR 1996, 130; BGH v. 20.9.1995 – XII ZB 87/94, NJW-RR 1996, 130.

ist[1] und dadurch ihre Pflicht zur Amtsermittlung aus § 26 verletzt hat. Ebenso ist es verfahrensfehlerhaft, wenn gebotene Hinweise zu ergänzendem Vortrag nicht erteilt wurden und die Tatsachenfeststellung deshalb unvollständig blieb. Gleiches gilt, wenn erkannten Umständen, die eine andere Tatsachenfeststellung nahe legen, nicht nachgegangen wurde.[2] Selbstverständlich müssen die ermittelten Tatsachen, sofern sie entscheidungserheblich sind, in der Entscheidung der Vorinstanz auch berücksichtigt worden sein.[3] Allerdings ist die bloße Aktenwidrigkeit einer Feststellung allein kein Revisions- bzw. Rechtsbeschwerdegrund.[4]

Aber auch die **Durchführung der Ermittlungen** kann fehlerhaft sein. Dies ist etwa dann anzunehmen, wenn die Tatsacheninstanz einen Beweis zu früh als geführt ansieht, ebenso bei einer fehlerhaften Anwendung oder Verkennung von Anscheinsbeweisen[5] oder gesetzlichen Auslegungsregeln[6] oder der Beweislast bzw. des richtigen Beweismaßes.[7] Ähnlich ist die unrichtige Behandlung eines Beteiligten als Zeugen[8] oder umgekehrt die Verkennung der Zeugeneigenschaft zu werten. Auch die unterlassene Anhörung stellt eine Verletzung des Amtsermittlungsgrundsatzes dar.[9] Dasselbe gilt bei einer Überspannung der Beweisanforderungen oder umgekehrt dann, wenn die angegriffene Entscheidung die Feststellungslast falsch verteilt und deshalb bestimmte Tatsachen als nicht erwiesen ansieht.[10] Hierin liegt eine Fehlanwendung von subjektiven Beweislastregeln,[11] also eine Verletzung des Rechts. 20

Ferner kann auch die **Art und Weise der Tatsachenfeststellung** fehlerhaft sein. So kann es an der Nachvollziehbarkeit fehlen, wie die Tatsacheninstanzen an ihre Erkenntnisse gelangt sind. Sofern die Ermittlungen nicht aktenkundig sind, muss das Beschwerdegericht in seiner Entscheidung nachvollziehbar darlegen, wie es zu seinen Feststellungen gelangt ist.[12] Ebenso ist, wie § 37 Abs. 2 jetzt ausdrücklich klarstellt, die Verwertung von Erkenntnisquellen unzulässig, die allen oder einzelnen Beteiligten entweder gar nicht bekannt oder nicht Gegenstand ihres Vorbringens waren, da damit der Anspruch auf rechtliches Gehör verletzt wird.[13] Wenn dem Beteiligten aber die Existenz derartiger Tatsachen bekannt gemacht wird, kann von ihm uU zu verlangen sein, sich selbst durch Akteneinsicht oder Erteilung einer Abschrift Kenntnis zu verschaffen.[14] Die Wahl der Beweismittel kann gleichfalls fehlerhaft sein. So bedarf es in Abstammungssachen grundsätzlich der Einholung eines medizinischen 21

---

1 BGH v. 20.9.1995 – XII ZB 87/94, NJW-RR 1996, 130; Keidel/*Meyer-Holz*, § 74 FamFG Rz. 34; *Bumiller*/Harders, § 72 FamFG Rz. 11.
2 BGH v. 8.12.1989 – V ZR 53/88, WM 1990, 423 (424) zum Anlass einer Übersicherung; BayObLG v. 3.12.1998 – 1 Z BR 164/97, FamRZ 1999, 817 (818) zu Manipulationen an einem Testament.
3 BGH v. 28.4.2010 – XII ZB 81/09, FGPrax 2010, 184 (186); Keidel/*Meyer-Holz*, § 74 FamFG Rz. 30.
4 BGH v. 5.2.1981 – IVa ZR 42/80, VersR 1981, 621 (622).
5 Bassenge/Roth/*Gottwald*, § 72 FamFG Rz. 8; Keidel/*Meyer-Holz*, § 74 FamFG Rz. 30.
6 BayObLG v. 17.1.1996 – 1 Z 84/95, NJW-RR 1996, 1478; Keidel/*Meyer-Holz*, § 74 FamFG Rz. 30.
7 BGH v. 26.10.1993 – VI ZR 155/92, NJW 1994, 801 (802); Keidel/*Meyer-Holz*, § 74 FamFG Rz. 30; Bassenge/Roth/*Gottwald*, § 72 FamFG Rz. 8.
8 BGH v. 26.4.1989 – I ZR 220/87, NJW 1990, 121 (122); BayObLG v. 5.7.1960 – BReg. 1 Z 79/59, BayObLGZ 1960, 267 (272); Keidel/*Meyer-Holz*, § 74 FamFG Rz. 31.
9 OLG Oldenburg v. 3.11.1995 – 5 W 187/95, FGPrax 1996, 59.
10 Keidel/*Meyer-Holz*, 15. Aufl., § 27 FGG, Rz. 42; Zöller/*Feskorn*, § 72 FamFG Rz. 3.
11 *Bumiller*/Winkler, 8. Aufl., § 27 FGG Rz. 17; Bassenge/Roth, 11. Aufl., § 27 FGG Rz. 23.
12 BGH v. 20.9.1995 – XII ZB 87/94, NJW-RR 1996, 130; BGH v. 17.5.2000 – VIII ZR 216/99, NJW 2000, 3007; BGH v. 20.6.2002 – IX ZB 56/01, NJW 2002, 2648 (2649); BGH v. 7.4.2005 – IX ZB 63/03, NJW-RR 2005, 916; BayObLG v. 16.12.1994 – 3 Z BR 308/94, FamRZ 1995, 695; BayObLG v. 3.12.1998 – 1 Z BR 164/97, FamRZ 1999, 817; BGH v. 9.6.2011 – V ZB 230/10, NJW 2011, 3450; BayObLG v. 16.12.1998 – 1 Z BR 206/97, NJWE-FER 1999, 91; Keidel/*Meyer-Holz*, § 74 FamFG Rz. 34.
13 BGH v. 26.4.1989 – I ZR 220/87, NJW 1990, 121 (122); BayObLG v. 30.6.1981 – BReg. 1 Z 37/81, FamRZ 1981, 999 (1001); BayObLG v. 16.12.1994 – 3 Z BR 308/94, FamRZ 1995, 695; BayObLG v. 17.1.1996 – 1 Z 84/95, NJW-RR 1996, 1478; OLG Köln v. 27.10.2004 – 2 Wx 29/04, NJW-RR 2005, 94 (95); Keidel/*Meyer-Holz*, § 74 FamFG Rz. 31.
14 BayObLG v. 30.6.1981 – BReg. 1 Z 37/81, FamRZ 1981, 999 (1002): ähnlich BayObLG v. 16.12. 1994 – 3 Z BR 308/94, FamRZ 1995, 695.

Gutachtens.[1] Gleiches kann in Kindschaftssachen für psychologische Sachverständigengutachten gelten.[2]

22 Schließlich kann auch die **Beweiswürdigung** selbst verfahrensfehlerhaft sein, wenn sie widersprüchlich oder unklar ist,[3] gegen Denkgesetze verstößt[4] oder Erfahrungssätze allgemein gültigen Inhalts nicht hinreichend berücksichtigt.[5] Allerdings kann die Glaubwürdigkeit eines Zeugen vom Rechtsbeschwerdegericht nicht abweichend gewürdigt werden.[6] Überprüfbar ist aber, ob Sachverständigengutachten trotz erkennbarer oder gerügter Mängel ohne eigene Plausibilitätsprüfung kritiklos übernommen werden.[7] Umgekehrt ist die Würdigung komplexer Vorgänge ohne sachverständige Hilfe ein Fehler, wenn das Gericht seine Sachkunde nicht nachvollziehbar darlegt.[8] Erst recht ist das nicht näher begründete Abweichen von einer sachverständigen Beurteilung ein Mangel der Beweiswürdigung.

23 Fehlerhaft ist in echten Streitverfahren letztlich, unabhängig vom materiellen Recht, ein Abweichen von den gestellten Anträgen. Hierunter fällt auch die Zurückweisung eines nicht gestellten Antrags.[9]

III. Beruhen der Entscheidung auf der Rechtsverletzung

1. Verletzung materiellen Rechts

24 Die Rechtsbeschwerde kann nach § 72 Abs. 1 Satz 1 nur erfolgreich sein, wenn die Entscheidung auf der Rechtsverletzung beruht. Bei Fehlern in der Anwendung materiellen Rechts bedeutet dies, dass der Fehler für das Ergebnis der angegriffenen Entscheidung, ursächlich sein muss.[10] Hierbei ist maßgeblich, ob der Ausspruch im Tenor anders ausgefallen wäre.[11] Ist die Entscheidung trotz des Fehlers aus anderen Gründen richtig, so muss die Rechtsbeschwerde zurückgewiesen werden (§ 74 Abs. 2).

2. Verletzung von Verfahrensrecht

a) Möglichkeit des Beruhens auf der Rechtsverletzung

25 Bei Verfahrensfehlern sind geringere Anforderungen an den Einfluss des Mangels auf das Ergebnis der angegriffenen Entscheidung zu stellen. Hier muss der Rechtsbeschwerdeführer nicht nachweisen, dass die Verletzung von Verfahrensrecht für den Ausspruch im Beschluss der Vorinstanz ursächlich war. Vielmehr genügt die **Möglichkeit**, dass die Vorinstanz bei verfahrensfehlerfreiem Vorgehen zu einem anderen Er-

---

1 BayObLG v. 21.4.1999 – 1 Z BR 124/98, NJWE-FER 2000, 17 (18).
2 BGH v. 17.2.2010 – XII ZB 68/09, FGPrax 2010, 129; BGH v. 28.4.2010 – XII ZB 81/09, FGPrax 2010, 184 (187).
3 Keidel/*Meyer-Holz*, 15. Aufl., § 27 FGG Rz. 44; Bork/Jacoby/Schwab/*Müther*, 1. Aufl., § 72 FamFG Rz. 11.
4 BGH v. 8.12.1989 – V ZR 53/88, WM 1990, 423 (424); BayObLG v. 8.10.1987 – BReg. 3 Z 111/87, NJW-RR 1988, 454 (455); BayObLG v. 14.3.1988 – BReg. 1 Z 63/87, NJW-RR 1988, 968; BayObLG v. 7.4.1989 – BReg. 1a Z 9/88, NJW-RR 1989, 1092; BayObLG v. 6.11.1995 – 1 Z BR 56/95, FamRZ 1996, 566 (568); BayObLG v. 17.1.1996 – 1 Z 84/95, NJW-RR 1996, 1478; Keidel/*Meyer-Holz*, § 74 FamFG Rz. 30; Bork/Jacoby/Schwab/*Müther*, 1. Aufl., § 72 FamFG Rz. 11.
5 BayObLG v. 6.11.1995 – 1 Z BR 56/95, FamRZ 1996, 566 (568); BayObLG v. 17.1.1996 – 1 Z 84/95, NJW-RR 1996, 1478.
6 Keidel/*Meyer-Holz*, § 74 FamFG Rz. 31.
7 BayObLG v. 3.12.1998 – 1 Z BR 164/97, FamRZ 1999, 817 (818); Keidel/*Meyer-Holz*, § 74 FamFG Rz. 33.
8 BayObLG v. 16.12.1994 – 3 Z BR 308/94, FamRZ 1995, 695; Keidel/*Meyer-Holz*, § 74 FamFG Rz. 33; Bork/Jacoby/Schwab/*Müther*, 1. Aufl., § 72 FamFG Rz. 11.
9 Vgl. BGH v. 29.11.1990 – I ZR 45/89, NJW 1991, 1683 (1684).
10 BayObLG v. 2.4.1982 – BReg. 1 Z 1/82, FamRZ 1982, 958 (960); Keidel/*Meyer-Holz*, § 72 FamFG Rz. 25; *Bumiller*/Harders, § 72 FamFG Rz. 1; Bassenge/Roth/*Gottwald*, § 72 FamFG Rz. 4.
11 *Rackl*, Rechtsmittelrecht, S. 280.

gebnis gelangt wäre.[1] Dies soll beim Verstoß gegen die **Amtsermittlungspflicht** stets anzunehmen sein,[2] nicht aber bei der Verletzung des Anspruchs auf **rechtliches Gehör**.[3] Eine verfahrensfehlerhaft zu Stande gekommene Entscheidung kann also nur dann aufrechterhalten werden, wenn feststeht, dass der Mangel ohne Einfluss auf sie blieb. Gleiches gilt in Antragsverfahren nach § 72 Abs. 3 FamFG iVm. § 556 ZPO, wenn der Rechtsmittelführer sein Rügerecht infolge **rügeloser Einlassung** verloren hat. Hingegen kann in Amtsverfahren auf die Einhaltung von Verfahrensvorschriften, die im öffentlichen Interesse liegen, nicht verzichtet werden.[4]

b) Absolute Rechtsbeschwerdegründe

Eine weitere Erleichterung für den Nachweis, dass die angegriffene Entscheidung auf einem Verfahrensmangel beruht, sieht § 72 Abs. 3 unter Verweis auf die entsprechende Regelung im Revisionsrecht (§ 547 ZPO) vor. So sollen bestimmte, als besonders schwer angesehene Gründe stets als ursächlich für die angegriffene Entscheidung angesehen werden.[5] Hierbei handelt es sich um die nicht vorschriftsmäßige Besetzung des Gerichts (§ 547 Nr. 1 ZPO), die Mitwirkung eines kraft Gesetzes oder begründeter Ablehnung ausgeschlossenen Richters an der Entscheidung (§ 547 Nr. 2, 3 ZPO), die unzureichende Vertretung eines Beteiligten (§ 547 Nr. 4 ZPO), die Verletzung der Vorschriften über die Öffentlichkeit des Verfahrens bei mündlicher Verhandlung (§ 547 Nr. 5 ZPO) und das Fehlen einer Begründung der Entscheidung (§ 547 Nr. 6 ZPO). Für die Öffentlichkeit ist die Sonderregelung in § 170 GVG zu berücksichtigen. Im Übrigen wird insoweit, da sich bei der Anwendung im Verfahren nach dem FamFG keine Besonderheiten ergeben, auf die Kommentierungen zu § 547 ZPO verwiesen. 26

73 Anschlussrechtsbeschwerde

Ein Beteiligter kann sich bis zum Ablauf einer Frist von einem Monat nach der Bekanntgabe der Begründungsschrift der Rechtsbeschwerde durch Einreichen einer Anschlussschrift beim Rechtsbeschwerdegericht anschließen, auch wenn er auf die Rechtsbeschwerde verzichtet hat, die Rechtsbeschwerdefrist verstrichen oder die Rechtsbeschwerde nicht zugelassen worden ist. Die Anschlussrechtsbeschwerde ist in der Anschlussschrift zu begründen und zu unterschreiben. Die Anschließung verliert ihre Wirkung, wenn die Rechtsbeschwerde zurückgenommen, als unzulässig verworfen oder nach § 74a Abs. 1 zurückgewiesen wird.

A. Entstehungsgeschichte und Normzweck 1	a) Verfahrensgegenstand und Beschwerdeberechtigung 3
B. Inhalt der Vorschrift	b) Verfahrensgegner 4
I. Anwendbarkeit	3. Überwundene Zulässigkeitsmängel der Rechtsbeschwerde 5
1. Keine selbständige Rechtsbeschwerde 2	II. Form, Zeitpunkt und Inhalt der Anschließungsschrift
2. Voraussetzungen der Anschlussrechtsbeschwerde	1. Rechtsbeschwerdeanschlussschrift
	a) Formale Anforderungen 6

---
1 BGH v. 26.4.1989 – I ZR 220/87, NJW 1990, 121 (122); BGH v. 30.10.2002 – XII ZR 345/00, NJW 2003, 585; BayObLG v. 5.7.1960 – BReg. 1 Z 79/59, BayObLGZ 1960, 267 (272); OLG Hamburg v. 12.2.1982 – 2 W 4/82, Rpfleger 1982, 293; OLG Köln v. 27.10.2004 – 2 Wx 29/04, NJW-RR 2005, 94 (95); Keidel/*Meyer-Holz*, § 72 FamFG Rz. 26; *Bumiller*/Harders, § 72 FamFG Rz. 1; Bassenge/Roth/*Gottwald*, § 72 FamFG Rz. 4; Bork/Jacoby/Schwab/*Müther*, 1. Aufl., § 72 FamFG Rz. 16; *Rackl*, Rechtsmittelrecht, S. 280.
2 BayObLG v. 21.4.1999 – 1 Z BR 124/98, NJWE-FER 2000, 17; aA OLG Oldenburg v. 3.11.1995 – 5 W 187/95, FGPrax 1996, 59.
3 BayObLG v. 30.6.1981 – BReg. 1 Z 37/81, FamRZ 1981, 999 (1001 f.); vgl. § 71 Rz. 25.
4 Keidel/*Meyer-Holz*, § 72 FamFG Rz. 51; Bassenge/Roth/*Gottwald*, § 72 FamFG Rz. 13; ähnlich Zöller/*Feskorn*, § 72 FamFG Rz. 5.
5 BT-Drucks. 16/6308, S. 210; *Bumiller*/Harders, § 72 FamFG Rz. 16.

b) Einlegung beim Rechtsbeschwerdegericht 7
c) Unterzeichnung durch den Bevollmächtigten 8
2. Zeitpunkt der Anschließung
   a) Frühester Zeitpunkt 9
   b) Monatsfrist
      aa) Rechtsnatur der Einlegungsfrist 10
      bb) Fristbeginn 11
3. Inhalt der Anschließungsschrift
   a) Bezeichnung der angegriffenen Entscheidung und des Gegners . 12
   b) Beschränkungen und Bedingungen der Rechtsbeschwerde 13

III. Begründung und weiteres Verfahren
  1. Frist 14
  2. Form 15
  3. Inhalt
     a) Anträge 16
     b) Gründe
        aa) Umfassende Begründung .. 17
        bb) Sach- und Verfahrensrügen . 18
IV. Anschließung an eine Anschlussrechtsbeschwerde 19
V. Erledigung der Hauptrechtsbeschwerde 20

A. Entstehungsgeschichte und Normzweck

1   Ein Anschlussrechtsmittel wird auch für das Rechtsbeschwerdeverfahren zugelassen, wobei die Formulierung von § 73 an § 574 Abs. 4 ZPO angelehnt ist.[1] Damit soll insbesondere demjenigen, der mangels Zulassung keine eigenständige Rechtsbeschwerde einlegen kann, bei einer gegen ihn gerichteten Rechtsbeschwerde auch die Überprüfung zu seinen Gunsten eröffnet werden.[2] Diese Möglichkeit ist freilich akzessorisch zum Hauptrechtsmittel und fällt weg, sobald dieses nicht mehr anhängig ist.

B. Inhalt der Vorschrift

I. Anwendbarkeit

1. Keine selbständige Rechtsbeschwerde

2   Anders als die Anschlussbeschwerde wird die Anschlussrechtsbeschwerde außerhalb der kraft Gesetzes statthaften Rechtsbeschwerde regelmäßig das einzige Rechtsmittel bleiben, das dem Rechtsbeschwerdegegner bleibt. Denn die selbständige Rechtsbeschwerde scheitert dann an der **fehlenden Zulassung**.[3] Ist dies nicht der Fall, so ist ein selbständiges Rechtsmittel ebenso vorzugswürdig wie in zweiter Instanz, da auch die Anschlussrechtsbeschwerde vom Hauptrechtsmittel abhängig ist. Die Anschließung setzt ein wirksames Hauptrechtsmittel voraus;[4] ist die Rechtsbeschwerde bereits zurückgenommen, so ist die Anschlussrechtsbeschwerde unabhängig von der Kenntnis des Rechtsbeschwerdegegners hiervon unzulässig.[5] Die Anschließung ist auch an eine nur beschränkt zugelassene Rechtsbeschwerde unbegrenzt möglich.[6] In **Amtsverfahren** besteht auch im Rechtsbeschwerdeverfahren kein Bedarf nach einem Anschlussrechtsmittel, da dort das Verbot der reformatio in peius nicht gilt und das Rechtsbeschwerdegericht ohnehin eine Entscheidung zulasten des Rechtsbeschwerdeführers treffen kann (vgl. § 66 Rz. 2).[7]

---

[1] Zur bewussten Anlehnung an beide Vorschriften s. BT-Drucks. 16/6308, S. 210.
[2] BGH v. 14.11.1981 – IVb ZB 593/80, NJW 1982, 224 (226).
[3] Zur Zulässigkeit des Anschlussrechtsmittels in diesem Fall vgl. BGH v. 23.2.2005 – II ZR 147/03, MDR 2005, 823.
[4] *Bumiller*/Harders, § 73 FamFG Rz. 1; Zöller/*Feskorn*, § 73 FamFG Rz. 2.
[5] BGH v. 23.6.1955 – II ZR 18/55, BGHZ 17, 398 (399 f.).
[6] *Bumiller*/Harders, § 73 FamFG Rz. 1; Bork/Jacoby/Schwab/*Müther*, 1. Aufl., § 73 FamFG Rz. 7; Zöller/*Feskorn*, § 73 FamFG Rz. 2; *Rackl*, Rechtsmittelrecht, S. 266; MüKo.ZPO/*Wenzel*, § 554 ZPO Rz. 6; Zöller/*Heßler*, § 554 ZPO Rz. 3a.
[7] Ebenso *Netzer*, ZNotP 2009, 303 (310).

2. Voraussetzungen der Anschlussrechtsbeschwerde

a) Verfahrensgegenstand und Beschwerdeberechtigung

Wie die Anschlussbeschwerde muss sich auch die Anschlussrechtsbeschwerde im Rahmen des bisherigen Verfahrensgegenstandes halten (vgl. § 66 Rz. 3),[1] zumal neuer Tatsachenvortrag oder neue Anträge im revisionsartigen Rechtsbeschwerdeverfahren von vornherein unzulässig sind. Ein in erster Instanz unangefochten zulasten des Rechtsbeschwerdegegners entschiedener Verfahrensgegenstand kann somit nicht mit der Anschlussrechtsbeschwerde wieder in das Verfahren eingeführt werden.[2] Die Anschlussrechtsbeschwerde muss aber auch bei beschränkter Zulassung des Rechtsmittels nicht den Streitstoff betreffen, auf den jenes sich bezieht.[3] Aus denselben Gründen wie die Anschlussbeschwerde setzt auch die Anschlussrechtsbeschwerde eine **Beschwerdeberechtigung** nach §§ 59, 60 voraus.[4] Der Anschlussrechtsbeschwerdeführer muss also durch die Entscheidung in seinen Rechten beeinträchtigt sein (hierzu s. § 59 Rz. 2 f.),[5] wobei es allerdings **keines Mindestbeschwerdewerts** bedarf. Er kann also auch die **Kostenentscheidung** isoliert angreifen.[6] Hingegen genügt es nicht, wenn er sich auf die Zurückweisung der Rechtsbeschwerde beschränkt, da er insoweit nicht beschwert ist.[7] Deshalb ist ein solcher Antrag auch nie als Anschließung zu werten.[8]

b) Verfahrensgegner

Nach allgemeinen Grundsätzen kann ein Anschlussrechtsmittel **nur gegen den Rechtsmittelführer**, nicht aber gegen Dritte gerichtet werden.[9] Deswegen darf das Ziel der Anschlussrechtsbeschwerde nicht lediglich darauf gerichtet sein, dasselbe Ziel wie die Hauptrechtsbeschwerde zu erreichen.[10] Dies ist in Verfahren nach dem FamFG besonders zu beachten, da hier häufig **mehr als nur zwei Beteiligte mit entgegengesetzten Interessen** am Verfahren beteiligt sind. Hält etwa ein Miterbe den Erbschein nicht deswegen für unrichtig, weil die Erbquote des Rechtsbeschwerdeführers, sondern eines anderen Beteiligten falsch ermittelt wurde, kann er keine Anschlussrechtsbeschwerde einlegen. Denn diese würde sich gegen einen anderen als den Rechtsbeschwerdeführer richten.

3. Überwundene Zulässigkeitsmängel der Rechtsbeschwerde

Wie die Anschlussbeschwerde überwindet die Anschlussrechtsbeschwerde einen **Verzicht** auf dieses Rechtsmittel und die Versäumung der **Monatsfrist** nach § 71 Abs. 1 (vgl. § 66 Rz. 5, 6).[11] Allerdings hat der Rechtsbeschwerdegegner die Frist des

---

1 Keidel/*Meyer-Holz*, § 73 FamFG Rz. 2; BGH v. 16.3.1983 – IVb ZB 807/80, NJW 1983, 1858; Baumbach/*Hartmann*, § 554 ZPO Rz. 5.
2 BGH v. 16.3.1983 – IVb ZB 807/80, NJW 1983, 1858; Baumbach/*Hartmann*, § 554 ZPO Rz. 5; MüKo.ZPO/*Wenzel*, § 554 ZPO Rz. 5.
3 BGH v. 14.6.2006 – VIII ZR 261/04, NJW-RR 2006, 1542 (1543); BGH v. 18.4.2007 – VIII ZR 117/06, NJW-RR 2007, 1286 (1289).
4 Bassenge/Roth/*Gottwald*, § 73 FamFG Rz. 3; Bork/Jacoby/Schwab/*Müther*, 1. Aufl., § 73 FamFG Rz. 8; *Rackl*, Rechtsmittelrecht, S. 266.
5 BGH v. 24.6.2003 – KZR 32/02, NJW 2003, 2525; allgemein s. BGH v. 29.6.2004 – X ZB 11/04, NJW-RR 2004, 1365; *Rackl*, Rechtsmittelrecht, S. 266; Zöller/*Feskorn*, § 73 FamFG Rz. 3; Baumbach/*Hartmann*, § 554 ZPO Rz. 5; MüKo.ZPO/*Wenzel*, § 554 ZPO Rz. 5; Musielak/*Ball*, § 554 ZPO Rz. 5.
6 BGH v. 21.2.1992 – V ZR 273/90, NJW 1992, 1897 (1898); MüKo.ZPO/*Wenzel*, § 554 ZPO Rz. 5.
7 Keidel/*Meyer-Holz*, § 73 FamFG Rz. 2; Bassenge/Roth/*Gottwald*, § 73 FamFG Rz. 4; vgl. zur Anschlussberufung BGH v. 2.10.1987 – V ZR 42/86, NJW-RR 1988, 185.
8 BGH v. 3.11.1989 – V ZR 143/87, BGHZ 109, 179 (187).
9 S. etwa OLG Hamburg v. 14.7.2008 – 2 Wx 31/02, ZMR 2008, 899 (902); *Netzer*, ZNotP 2009, 303 (310); Keidel/*Meyer-Holz*, § 73 FamFG Rz. 2; zum Zivilprozess vgl. Musielak/*Ball*, § 524 ZPO Rz. 7; Zöller/*Heßler*, § 524 ZPO Rz. 18.
10 BGH v. 14.11.1981 – IVb ZB 593/80, NJW 1982, 224 (226), dort allerdings zu Unrecht mit fehlendem Rechtsschutzbedürfnis begründet; *Netzer*, ZNotP 2009, 303 (310).
11 *Bumiller*/Harders, § 73 FamFG Rz. 1.

§ 73 Satz 1 zu beachten, die keine Entsprechung im Beschwerdeverfahren kennt. Die größte Bedeutung dürfte der Anschlussrechtsbeschwerde jedoch dadurch zukommen, dass sie die ansonsten ohne gesetzliche Anordnung oder beschwerdegerichtliche **Zulassung** unstatthafte Rechtsbeschwerde auch dem Rechtsbeschwerdegegner ermöglicht.[1] Anders als in der Beschwerdeinstanz ist das Fehlen eines **Mindestbeschwerdewerts** ohne Bedeutung, da ein solcher im Rechtsbeschwerdeverfahren ohnehin nicht erreicht werden muss (§ 70 Rz. 6).

II. Form, Zeitpunkt und Inhalt der Anschließungsschrift

1. Rechtsbeschwerdeanschlussschrift

a) Formale Anforderungen

6   Die Anschließung an die Rechtsbeschwerde erfolgt nach § 73 Satz 1 durch eine **Anschlussschrift**. Diese muss die Voraussetzungen einer Rechtsbeschwerdeschrift erfüllen.[2] Sie muss demnach gem. § 71 Abs. 1 den angefochtenen Beschluss bezeichnen und die Erklärung enthalten, dass hiergegen Anschlussrechtsbeschwerde eingelegt wird. Insoweit kann auf die Ausführungen zu § 71 Abs. 1 Bezug genommen werden (s. § 71 Rz. 10 ff.). Der Beifügung einer **Ausfertigung oder beglaubigten Abschrift** der angefochtenen Entscheidung bedarf es allerdings nicht, da diese schon vom Rechtsbeschwerdeführer vorgelegt wurde.[3]

b) Einlegung beim Rechtsbeschwerdegericht

7   Wie bei der Anschlussbeschwerde hat der Rechtsbeschwerdegegner keine Wahl, bei welchem Gericht er sein Anschlussrechtsmittel einlegt. Dies muss nach § 73 Satz 1 beim Rechtsbeschwerdegericht erfolgen. Im Hinblick auf die fehlende Abhilfemöglichkeit des Beschwerdegerichts und die Notwendigkeit der Mandatierung eines beim BGH zugelassenen Anwalts dient dies der Verfahrensbeschleunigung, ohne die Interessen der Beteiligten zu beeinträchtigen.

c) Unterzeichnung durch den Bevollmächtigten

8   Nach § 73 Satz 2 ist die Anschlussschrift zu unterzeichnen. Da es nach § 10 Abs. 4 der Vertretung durch einen am BGH zugelassenen Rechtsanwalt bedarf,[4] genügt die Einreichung einer vom Anschlussrechtsbeschwerdeführer selbst unterzeichneten Anschlussschrift, anders als im Beschwerdeverfahren, nicht. Sie muss von seinem Bevollmächtigten unterschrieben sein. Da ohnehin Anwaltszwang herrscht, bedarf es, anders als im Beschwerdeverfahren, der Möglichkeit einer Einlegung durch **Erklärung zur Niederschrift der Geschäftsstelle** für die Rechtsbeschwerde nicht. Diese sieht § 73 daher ebenso wenig vor wie § 71 Abs. 1 Satz 1.

2. Zeitpunkt der Anschließung

a) Frühester Zeitpunkt

9   Wie die Anschlussbeschwerde kann auch die Anschlussrechtsbeschwerde frühestens mit **Einlegung der Hauptrechtsbeschwerde** erfolgen. Der früheren Einlegung dürfte anders als dort kaum praktische Relevanz zukommen, da es der Einschaltung eines am BGH zugelassenen Anwalts bedarf und die Kosten hierfür kaum auf Verdacht aufgewendet werden. Sollte dieser Fall ausnahmsweise doch einmal vorkom-

---

1 *Bumiller*/*Harders*, § 73 FamFG Rz. 1; Bassenge/Roth/*Gottwald*, § 73 FamFG Rz. 6; Bork/Jacoby/Schwab/*Müther*, 1. Aufl., § 73 FamFG Rz. 7; vgl. zum Zivilprozess MüKo.ZPO/*Wenzel*, § 554 ZPO Rz. 1; Zöller/*Heßler*, § 554 ZPO Rz. 3a.
2 Bork/Jacoby/Schwab/*Müther*, 1. Aufl., § 73 FamFG Rz. 4; *Rackl*, Rechtsmittelrecht, S. 263; in der Sache auch Bassenge/Roth/*Gottwald*, § 73 FamFG Rz. 4.
3 *Rackl*, Rechtsmittelrecht, S. 266; vgl. zum Zivilprozess Baumbach/*Hartmann*, § 554 ZPO Rz. 8; MüKo.ZPO/*Wenzel*, § 554 ZPO Rz. 10.
4 *Rackl*, Rechtsmittelrecht, S. 264; Zöller/*Feskorn*, § 73 FamFG Rz. 4.

men, gilt wie bei der Anschlussbeschwerde, dass das Rechtsmittel wiederholt werden kann (vgl. § 66 Rz. 11).

b) Monatsfrist

aa) Rechtsnatur der Einlegungsfrist

Anders als die Anschlussbeschwerde, die nicht an die Fristen des § 63 gebunden ist, kann die Anschlussrechtsbeschwerde nicht bis zum Erlass der Rechtsbeschwerdeentscheidung eingelegt werden. Denn hier sieht § 73 Satz 1 eine eigene Frist von einem Monat vor. Hierbei handelt es sich wie bei den Fristen des § 63 um **Notfristen**. Die Monatsfrist des § 73 Satz 1 kann somit wie jene weder durch Verfügung des Gerichts noch durch Vereinbarung der Beteiligten verkürzt oder verlängert werden.[1]

10

bb) Fristbeginn

Die Frist des § 73 Satz 1 beginnt mit der **Bekanntgabe der Begründungsschrift** für die Rechtsbeschwerde zu laufen.[2] Der Rechtsbeschwerdegegner muss also nicht schon mit Einlegung der Rechtsbeschwerde tätig werden, sondern kann deren Begründung abwarten. Allerdings dürfte sich das im Hinblick auf die kurze Begründungsfrist nicht empfehlen. Mit dem Fristbeginn der „Bekanntgabe" knüpft § 73 Satz 1 an § 63 Abs. 3 Satz 1 an. Es bedarf also keiner förmlichen Zustellung; die Frist beginnt bereits ab dem Zeitpunkt zu laufen, da der Rechtsbeschwerdegegner die Beschwerdeentscheidung auf Veranlassung des Beschwerdegerichts in schriftlicher Form übermittelt erhält. Die Frist wird gem. § 16 Abs. 2 FamFG iVm. § 222 Abs. 1 ZPO nach den Vorschriften des BGB, also §§ 186 ff. BGB, berechnet (s. § 63 Rz. 14). Sofern der Rechtsbeschwerdeführer seine Begründung innerhalb der Frist des § 71 Abs. 2 ergänzt, verlängert sich auch die Frist zur Anschließung entsprechend.[3]

11

3. Inhalt der Anschließungsschrift

a) Bezeichnung der angegriffenen Entscheidung und des Gegners

An die Anschließungsschrift sind grundsätzlich dieselben inhaltlichen Anforderungen zu stellen wie an die Rechtsbeschwerdeschrift (vgl. § 66 Rz. 8). Sie muss die angefochtene Entscheidung bezeichnen und die Erklärung enthalten, dass gegen die Entscheidung der Vorinstanz Anschlussrechtsbeschwerde eingelegt wird. Dies muss zwar nicht wörtlich geschehen, es muss aber erkennbar sein, dass die Abänderung der Beschwerdeentscheidung begehrt wird.[4] Ferner muss der Anschlussrechtsmittelführer erkennbar sein.

12

b) Beschränkungen und Bedingungen der Rechtsbeschwerde

Die Anschlussrechtsbeschwerde kann wie die Rechtsbeschwerde beschränkt werden. Bedingungen sind ebenfalls wie bei der Rechtsbeschwerde grundsätzlich nicht zulässig, wobei innerprozessuale Bedingungen und Rechtsbedingungen ausgenommen sind. Daher ist auch eine **Hilfsanschlussrechtsbeschwerde** unter der innerprozessualen Bedingung zulässig, dass die Rechtsbeschwerde Erfolg hat.[5]

13

---

[1] Baumbach/*Hartmann*, § 554 ZPO Rz. 6; MüKo.ZPO/*Wenzel*, § 554 ZPO Rz. 11; Musielak/*Ball*, § 554 ZPO Rz. 7.
[2] Vgl. zur Anschlussrevision BGH v. 7.7.2004 – IV ZR 140/03, NJW 2004, 2981.
[3] BGH v. 7.7.2004 – IV ZR 140/03, NJW 2004, 2981.
[4] BGH v. 3.11.1989 – V ZR 143/87, BGHZ 109, 179 (187); Bassenge/Roth/*Gottwald*, § 73 FamFG Rz. 4; Zöller/*Feskorn*, § 73 FamFG Rz. 4.
[5] BGH v. 21.2.1992 – V ZR 273/90, NJW 1992, 1897 (1898); BGH v. 31.5.1995 – VIII ZR 267/94, NJW 1995, 2563 (2564) (jeweils zur Anschlussrevision); Baumbach/*Hartmann*, § 554 ZPO Rz. 5; MüKo.ZPO/*Wenzel*, § 554 ZPO Rz. 4 und 10; Musielak/*Ball*, § 554 ZPO Rz. 8; vgl. BGH v. 10.11.1983 – VII ZR 72/83, NJW 1984, 1240 (1241) (zur Anschlussberufung).

III. Begründung und weiteres Verfahren

1. Frist

14 Gegenüber der Anschlussbeschwerde hat der Gesetzgeber für die Anschlussrechtsbeschwerde strengere Anforderungen aufgestellt. Sie muss nach § 73 Satz 2 binnen eines Monats **bereits in der Anschlussschrift begründet** werden.[1] Anders als der Rechtsbeschwerdeführer kann der Rechtsbeschwerdegegner angesichts des Gesetzeswortlauts auch keine Fristverlängerung erhalten. Denn die Begründung muss in der Anschlussschrift erfolgen. Da es sich bei der Monatsfrist des § 73 Satz 1 für ihre Einreichung um eine Notfrist handelt, kann folglich auch die Frist für die Begründung der Anschlussrechtsbeschwerde nicht verlängert werden.[2] Es besteht somit dieselbe unbefriedigende Ungleichbehandlung von Rechtsmittelführer und Anschlussberechtigtem wie bei der Revision.[3] Der Rechtsbeschwerdegegner sollte, um nicht in Zeitnot zu geraten, die Möglichkeit einer Anschlussrechtsbeschwerde schon nach Eingang der Rechtsbeschwerdeschrift, nicht erst nach Übermittlung ihrer Begründung prüfen.

2. Form

15 § 73 Satz 2 gibt nicht nur den zeitlichen Rahmen für die Einlegung der Anschlussrechtsbeschwerde, sondern auch für die Form ihrer Begründung vor. Diese muss noch „**in der Anschlussschrift**" enthalten sein. Es ist also nicht ausreichend, Anschlussschrift und Begründung gleichermaßen innerhalb der Monatsfrist, aber getrennt einzureichen.[4] Sofern die Begründung nicht nochmals den Anforderungen an die Form der Rechtsbeschwerde (§ 71 Abs. 1) genügt und daher als **Neuvornahme** anzusehen ist,[5] wäre sie dann nicht in der gebotenen Form, nämlich nach § 73 Satz 2 „in der Anschlussschrift" erfolgt.

3. Inhalt

a) Anträge

16 § 73 Satz 2 schreibt nur vor, dass die Anschlussrechtsbeschwerde „zu begründen und zu unterschreiben" ist, fordert aber nicht ausdrücklich auch **Anschlussrechtsbeschwerdeanträge**. Gleichwohl wird man davon ausgehen müssen, dass das Erfordernis einer Begründung auf § 71 Abs. 3 verweist, wonach die Begründung auch die Anträge enthalten muss.[6] Davon gehen auch die Gesetzesmaterialien aus, die zu § 74 Abs. 1 Satz 1 ausführen, „dass die Rechtsbeschwerde- und Anschließungsanträge die Begründetheitsprüfung begrenzen".[7] Die Anträge sind im Falle der Anschlussrechtsbeschwerde eher noch wichtiger als bei der Rechtsbeschwerde selbst, da der Rechtsbeschwerdegegner ja zum Teil erfolgreich war und eher Unklarheiten zu befürchten sind, ob er die Hauptsacheentscheidung oder die Kostenentscheidung angreifen will und in welchem Umfang dies geschehen soll.[8] Für die Anforderungen an die Anträge

---

1 *Bumiller*/Harders, § 73 Rz. 2; *Rackl*, Rechtsmittelrecht, S. 264; Zöller/*Feskorn*, § 73 FamFG Rz. 5.
2 *Rackl*, Rechtsmittelrecht, S. 264; Zöller/*Feskorn*, § 73 FamFG Rz. 5; vgl. zum Zivilprozess Baumbach/*Hartmann*, § 554 ZPO Rz. 7.
3 Hierzu s. Zöller/*Heßler*, § 554 Rz. 6.
4 MüKo.ZPO/*Wenzel*, § 554 ZPO Rz. 12; Zöller/*Heßler*, § 554 ZPO Rz. 6; aA MüKo.ZPO/*Lipp*, § 554 ZPO Rz. 20, der aber zugesteht, dass dies dem Wortlaut widerspricht; ähnlich Musielak/*Ball*, § 554 ZPO Rz. 9 und für das Verfahren nach dem FamFG *Bumiller*/Harders, § 73 FamFG Rz. 2; *Rackl*, Rechtsmittelrecht, S. 264.
5 *Rackl*, Rechtsmittelrecht, S. 265; Musielak/*Ball*, § 554 ZPO Rz. 9; vgl. zur Einwilligung bei der Sprungrevision BGH v. 31.1.1955 – III ZR 77/54, BGHZ 16, 192 (195). UU wird auch hier der zu strenge Wortlaut dahingehend „berichtigt", dass die Nachreichung innerhalb der Frist als genügend angesehen wird.
6 Zöller/*Feskorn*, § 73 FamFG Rz. 5; so für die Anschlussrevision auch Baumbach/*Hartmann*, § 554 ZPO Rz. 7 iVm. § 551 ZPO Rz. 8.
7 BT-Drucks. 16/6308, S. 210; ebenso *Rackl*, Rechtsmittelrecht, S. 265.
8 Ebenso *Rackl*, Rechtsmittelrecht, S. 265.

kann auf die Ausführungen zur Rechtsbeschwerde verwiesen werden: Sie müssen Auskunft darüber geben, ob die angegriffene Entscheidung zulasten des Rechtsbeschwerdegegners ganz oder nur teilweise, uU nur hinsichtlich der Kosten angefochten werden soll. Ausformulierte Anträge sind auch hier nicht zwingend. Allerdings wird es angesichts der komplizierteren Ausgangslage – Haupt- und Kostenentscheidung können ganz oder teilweise angefochten sein – schwieriger, das Rechtsschutzziel ohne Anträge eindeutig zu erkennen. Fehlen die Anträge und können sie der Anschlussrechtsbeschwerdebegründung auch im Wege der Auslegung nicht eindeutig entnommen werden, ist das Anschlussrechtsmittel unzulässig.

b) Gründe

aa) Umfassende Begründung

Auch der Anschlussrechtsbeschwerdeführer muss sein Rechtsmittel nach § 73 Satz 2 begründen. Die Anforderungen an die Begründung ergeben sich aus § 71 Abs. 3 Nr. 2.[1] Soweit er dies nicht tut, ist seine Anschlussrechtsbeschwerde unzulässig. Zu den Anforderungen an die Begründung der Anschlussrechtsbeschwerde kann auf die Ausführungen zur Rechtsbeschwerde verwiesen werden. Danach muss auch das Anschlussrechtsmittel umfassend begründet werden. Bei einer Mehrzahl selbständiger Gründe für die Entscheidung zulasten des Rechtsbeschwerdegegners muss der Anschlussrechtsbeschwerdeführer also alle angreifen und bei Anspruchshäufung die Unrichtigkeit der angegriffenen Entscheidung hinsichtlich sämtlicher Teilgegenstände darlegen (vgl. § 71 Rz. 23). 17

bb) Sach- und Verfahrensrügen

Wie die Rechtsbeschwerde muss die Anschlussrechtsbeschwerde darlegen, ob sie die angegriffene Entscheidung aus verfahrensrechtlichen oder aus materiellrechtlichen Gründen beanstandet. Für Sachrügen bedarf es näherer Darlegungen, weshalb der festgestellte Lebenssachverhalt anders unter die dort herangezogenen Normen zu subsumieren ist als von der angegriffenen Entscheidung, wobei im Ergebnis wie bei der Rechtsbeschwerde eher geringe Anforderungen zu stellen sind. Im Rahmen von Verfahrensrügen muss der Anschlussrechtsbeschwerdeführer die Tatsachen bezeichnen, aus denen sich der Fehler ergeben soll, und dessen Einfluss auf die angegriffene Entscheidung darlegen. Auch insoweit gilt das zur Rechtsbeschwerde Ausgeführte entsprechend. Die Verfahrensrüge muss selbst dann erhoben werden, wenn dies schon der Rechtsbeschwerdeführer getan hat und die angefochtene Entscheidung insgesamt auf diesem Mangel beruht.[2] 18

IV. Anschließung an eine Anschlussrechtsbeschwerde

Eine Anschließung des Rechtsmittelführers an das Anschlussrechtsmittel wird für die Revision von der hM für unzulässig gehalten.[3] Dass der Gesetzgeber in Kenntnis dieser Praxis eine Gegenanschließung in ausdrücklicher Anlehnung an § 554 ZPO nicht zugelassen hat, spricht dafür, auch im Verfahren nach dem FamFG von ihrer Unzulässigkeit auszugehen.[4] Denn hierdurch würde die Entlastung des Rechtsbeschwerdegerichts, die mit der Begrenzung der Rechtsbeschwerde auf Fälle allgemeiner Bedeutung bezweckt ist, unterlaufen. 19

---

1 *Rackl*, Rechtsmittelrecht, S. 266.
2 BGH v. 26.10.1993 – VI ZR 155/92, MDR 1994, 303 f., MüKo.ZPO/*Wenzel*, § 554 ZPO Rz. 12; Zöller/*Heßler*, § 554 ZPO Rz. 7.
3 BGH v. 27.10.1983 – VII ZR 41/83, BGHZ 88, 360 (362); Baumbach/*Hartmann*, § 554 ZPO Rz. 5; Zöller/*Heßler*, § 554 ZPO Rz. 8; Musielak/*Ball*, § 554 ZPO Rz. 8; aA MüKo.ZPO/*Wenzel*, § 554 ZPO Rz. 9.
4 *Rackl*, Rechtsmittelrecht, S. 266 f.

V. Erledigung der Hauptrechtsbeschwerde

20 Wie die Anschlussbeschwerde ist die Anschlussrechtsbeschwerde von der Existenz eines zulässigen Hauptrechtsmittels abhängig.[1] Deshalb kann über das Anschlussrechtsmittel selbst bei unheilbarer Unzulässigkeit **nie vorab entschieden** werden, da es mit der Erledigung der Rechtsbeschwerde unwirksam wird.[2] Nach deren Rücknahme, Verwerfung oder Zurückweisung nach § 74a verliert auch die Anschlussrechtsbeschwerde nach § 73 Satz 3 ihre Wirkung.[3] Der Rechtsbeschwerdeführer trägt dann die **Kosten** auch der Anschlussrechtsbeschwerde.[4] Die Anschlussrechtsbeschwerde erhöht in diesem Fall den Gegenstandswert nicht.[5] Hingegen trägt der Anschlussrechtsbeschwerdeführer die Kosten des Rechtsstreits nach dem Verhältnis seines Unterliegens, wenn sein Anschlussrechtsmittel von vornherein unzulässig[6] oder sachlich erfolglos war.[7] Wie bei der Anschlussbeschwerde stellen die gesetzlich normierten Tatbestände der Rücknahme oder Verwerfung keine abschließende Aufzählung dar; es genügt wie bei der Anschlussbeschwerde jeder Vorgang, der ihre Anhängigkeit beendet.[8] Auch die beiderseitige Erledigungserklärung des Hauptrechtsmittels,[9] die Antragsrücknahme oder der Vergleich[10] schließen eine sachliche Bescheidung der Rechtsbeschwerde aus, so dass die Anschlussrechtsbeschwerde entweder in direkter oder in entsprechender Anwendung von § 73 Satz 3 gleichfalls ihre Wirkung verliert.

21 **Kosten/Gebühren:** Der Wert der Rechtsbeschwerde und der Wert der Anschlussrechtsbeschwerde werden für die Berechnung der Gebühren zusammengerechnet (§ 35 Abs. 1 GNotKG, § 39 Abs. 2 FamGKG). Dies gilt auch für die RA-Gebühren.

74 Entscheidung über die Rechtsbeschwerde

(1) Das Rechtsbeschwerdegericht hat zu prüfen, ob die Rechtsbeschwerde an sich statthaft ist und ob sie in der gesetzlichen Form und Frist eingelegt und begründet ist. Mangelt es an einem dieser Erfordernisse, ist die Rechtsbeschwerde als unzulässig zu verwerfen.
(2) Ergibt die Begründung des angefochtenen Beschlusses zwar eine Rechtsverletzung, stellt sich die Entscheidung aber aus anderen Gründen als richtig dar, ist die Rechtsbeschwerde zurückzuweisen.
(3) Der Prüfung des Rechtsbeschwerdegerichts unterliegen nur die von den Beteiligten gestellten Anträge. Das Rechtsbeschwerdegericht ist an die geltend gemachten Rechtsbeschwerdegründe nicht gebunden. Auf Verfahrensmängel, die nicht von Amts wegen zu berücksichtigen sind, darf die angefochtene Entscheidung nur ge-

---

1 *Netzer*, ZNotP 2009, 303 (310 f.); Bork/Jacoby/Schwab/*Müther*, 1. Aufl., § 73 FamFG Rz. 6; *Rackl*, Rechtsmittelrecht, S. 267.
2 BGH v. 10.5.1994 – XI ZB 2/94, NJW 1994, 2235 (2236).
3 *Bumiller*/Harders, § 73 FamFG Rz. 3; Bork/Jacoby/Schwab/*Müther*, 1. Aufl., § 73 FamFG Rz. 9; Zöller/*Feskorn*, § 73 FamFG Rz. 6.
4 BGH v. 17.12.1951 – GSZ 2/51, BGHZ 4, 229 (235 ff.); BGH v. 9.11.1976 – III ZR 168/75, BGHZ 67, 305 (309 f.); BGH v. 11.3.1981 – GSZ 1/80, BGHZ 80, 146 (150); Baumbach/*Hartmann*, § 554 ZPO Rz. 9; MüKo.ZPO/*Wenzel*, § 554 ZPO Rz. 17; Zöller/*Heßler*, § 554 ZPO Rz. 9; aA Bork/Jacoby/Schwab/*Müther*, 1. Aufl., § 73 FamFG Rz. 10; Zöller/*Feskorn*, § 73 FamFG Rz. 6.
5 BGH v. 9.11.1976 – III ZR 168/75, BGHZ 67, 305 (311 f.).
6 BGH v. 17.12.1951 – GSZ 2/51, BGHZ 4, 229 (241); BGH v. 23.6.1955 – II ZR 18/55, BGHZ 17, 398 (400); BGH v. 9.11.1976 – III ZR 168/75, BGHZ 67, 305 (307); BGH v. 11.3.1981 – GSZ 1/80, BGHZ 80, 146 (149).
7 BGH v. 17.12.1951 – GSZ 2/51, BGHZ 4, 229 (241); BGH v. 11.3.1981 – GSZ 1/80, BGHZ 80, 146 (149).
8 *Rackl*, Rechtsmittelrecht, S. 267; vgl. zum Zivilprozess Baumbach/*Hartmann*, § 554 ZPO Rz. 5.
9 Anders BGH v. 22.5.1984 – III ZB 9/84, NJW 1986, 852; MüKo.ZPO/*Wenzel*, § 554 ZPO Rz. 15, aber inkonsequent, da auch durch die beiderseitige Erledigungserklärung die Anhängigkeit des Hauptrechtsmittels beendet wird.
10 MüKo.ZPO/*Wenzel*, § 554 ZPO Rz. 15.

prüft werden, wenn die Mängel nach § 71 Abs. 3 und § 73 Satz 2 gerügt worden sind. Die §§ 559, 564 der Zivilprozessordnung gelten entsprechend.
(4) Auf das weitere Verfahren sind, soweit sich nicht Abweichungen aus den Vorschriften dieses Unterabschnitts ergeben, die im ersten Rechtszug geltenden Vorschriften entsprechend anzuwenden.
(5) Soweit die Rechtsbeschwerde begründet ist, ist der angefochtene Beschluss aufzuheben.
(6) Das Rechtsbeschwerdegericht entscheidet in der Sache selbst, wenn diese zur Endentscheidung reif ist. Andernfalls verweist es die Sache unter Aufhebung des angefochtenen Beschlusses und des Verfahrens zur anderweitigen Behandlung und Entscheidung an das Beschwerdegericht oder, wenn dies aus besonderen Gründen geboten erscheint, an das Gericht des ersten Rechtszugs zurück. Die Zurückverweisung kann an einen anderen Spruchkörper des Gerichts erfolgen, das die angefochtene Entscheidung erlassen hat. Das Gericht, an das die Sache zurückverwiesen ist, hat die rechtliche Beurteilung, die der Aufhebung zugrunde liegt, auch seiner Entscheidung zugrunde zu legen.
(7) Von einer Begründung der Entscheidung kann abgesehen werden, wenn sie nicht geeignet wäre, zur Klärung von Rechtsfragen grundsätzlicher Bedeutung, zur Fortbildung des Rechts oder zur Sicherung einer einheitlichen Rechtsprechung beizutragen.

A. Entstehungsgeschichte und Normzweck 1
B. Inhalt der Vorschrift
  I. Prüfung der Zulässigkeitsvoraussetzungen (Absatz 1)
    1. Zuständigkeit 3
    2. Prüfung durch das Rechtsbeschwerdegericht 4
    3. Voraussetzungen der Zulässigkeit . 5
  II. Weiteres Verfahren
    1. Prüfungsumfang
      a) Bindung an die Anträge, Abs. 3 Satz 1 6
      b) Materielle Rechtsprüfung ohne Bindung an das Vorbringen der Beteiligten 7
      c) Einschränkung der Überprüfung bei Verfahrensmängeln 8
    2. Verfahren bis zur Entscheidung
      a) Erwiderung des Rechtsbeschwerdegegners
        aa) Bedeutung 9
        bb) Keine Erwiderungsfristen . . 10
      b) Termin zur mündlichen Verhandlung 11
      c) Anwendbarkeit der Vorschriften des ersten Rechtszuges, Absatz 4
        aa) Unzulänglichkeit bei spezifisch das Rechtsmittelverfahren betreffenden Fragen . . 12
        bb) Eingeschränkte Anwendbarkeit der Vorschriften zum ersten Rechtszug 13

  III. Entscheidung über zulässige Rechtsbeschwerden
    1. Entscheidung über unbegründete Rechtsbeschwerden 15
    2. Entscheidung über begründete Rechtsbeschwerden
      a) Aufhebung und eigene Entscheidung des Rechtsbeschwerdegerichts 16
      b) Feststellung der Rechtswidrigkeit 16a
      c) Aufhebung und Zurückverweisung 17
      d) Gericht der Zurückverweisung
        aa) Zuvor befasster Spruchkörper des Beschwerdegerichts . . . 18
        bb) Zurückverweisung an einen anderen Spruchkörper 19
        cc) Zurückverweisung an das Gericht erster Instanz 20
      e) Folgen der Aufhebung und Zurückverweisung 21
  IV. Begründung der Entscheidung
    1. Begründungspflicht 23
    2. Ausnahmen von der Begründungspflicht
      a) Absehen von der Begründung nach den Regeln zum erstinstanzlichen Verfahren 24
      b) Unbegründete Verfahrensrügen 25
      c) Keine Klärung von Zulassungsvoraussetzungen, Absatz 7
        aa) Bedeutung der Vorschrift . . 26
        bb) Voraussetzungen des Absehens von einer Begründung . 27
        cc) Möglichkeiten des Vorgehens 31
C. Kostenentscheidung 32

A. Entstehungsgeschichte und Normzweck

1 § 74 regelt die **Entscheidung** über die Rechtsbeschwerde und über die amtliche Überschrift hinaus auch das **Verfahren bis dorthin**, wenn auch nur rudimentär. Abs. 1 betrifft die Prüfung der **Zulässigkeit** und Abs. 3 den **Prüfungsumfang** durch das Rechtsbeschwerdegericht. Die abweichend von der Vorbildnorm (§ 577 Abs. 3 ZPO) systematisch falsch, da vor dem Prüfungsumfang eingeordnete Vorschrift des Abs. 2, sowie Abs. 5 bis 7 regeln den **Maßstab der Prüfung** und den Umfang der Begründung. Abs. 4 ordnet die subsidiäre Geltung der Bestimmungen zum erstinstanzlichen Verfahren an.

2 § 74 ist eng an § 577 ZPO angelehnt. So entspricht Abs. 1, der wie § 68 Abs. 2[1] im Beschwerdeverfahren die Prüfung der Zulässigkeit zum Gegenstand hat, weitgehend § 577 Abs. 1 ZPO. Abs. 2, der in der Sache über die Verweisung auf 561 ZPO bereits im alten Recht (§ 27 Abs. 1 Satz 2 FGG aF) enthalten war, ist fast wörtlich mit § 577 Abs. 3 identisch. Danach führen Fehler des angegriffenen Beschlusses nicht zum Erfolg der Rechtsbeschwerde, wenn sich die Entscheidung **aus anderen Gründen als richtig** erweist. Abs. 3 umreißt den Umfang der Prüfung durch das Rechtsbeschwerdegericht und entspricht weitgehend § 577 Abs. 2 ZPO, enthält aber einen zusätzlichen Verweis auf § 564 ZPO. Die in Abs. 4 angeordnete **subsidiäre Geltung der Vorschriften zum erstinstanzlichen Verfahren** entspricht § 68 Abs. 3 Satz 1, ist aber für das Rechtsbeschwerdeverfahren weit restriktiver zu handhaben. Abs. 5 bestimmt, dass der angefochtene Beschluss bei begründeter Rechtsbeschwerde aufzuheben ist, und ist eine gewissermaßen aus § 577 Abs. 4, 5 ZPO abstrahierte Regelung.[2] Abs. 6 regelt die Entscheidung des Rechtsbeschwerdegerichts über begründete Rechtsbeschwerden; der erste Satz von Abs. 6 entspricht § 577 Abs. 5 Satz 1 ZPO, Abs. 6 Satz 2 bis 4 mit einigen Modifikationen § 577 Abs. 4. Die Erleichterung für das Rechtsbeschwerdegericht in Abs. 7, wonach es bei fehlendem Interesse der Entscheidung für die Allgemeinheit von einer Begründung absehen kann, ist an § 577 Abs. 6 Satz 3 ZPO angelehnt.

B. Inhalt der Vorschrift

I. Prüfung der Zulässigkeitsvoraussetzungen (Absatz 1)

1. Zuständigkeit

3 Die Entscheidung über die Rechtsbeschwerde kommt nach § 133 GVG dem **BGH** zu. Wenn § 74 Abs. 1 Satz 1 die Prüfung durch „das Rechtsbeschwerdegericht" vorschreibt, ist diese dem ganzen Spruchkörper überantwortet. Eine Übertragung auf den Einzelrichter scheidet mangels Eröffnung dieser Möglichkeit in den §§ 70 ff. aus, so dass der gesamte Senat auch einfache Sachen – etwa verfristete Rechtsbeschwerden – zu entscheiden hat.[3]

2. Prüfung durch das Rechtsbeschwerdegericht

4 Wie § 68 Abs. 2 bestimmt auch § 74 Abs. 1 im Gegensatz zur zivilprozessualen Vorbildnorm (§ 577 Abs. 1 Satz 1 ZPO) nicht, dass die **Zulässigkeit der Rechtsbeschwerde** von Amts wegen zu prüfen ist. Da die Tatsachen, die die Zulässigkeit des Rechtsmittels begründen, auch in der dritten Instanz noch der gerichtlichen Ermittlungspflicht unterliegen, gilt insoweit aber auch im Rechtsbeschwerdeverfahren über § 74 Abs. 4 der Amtsermittlungsgrundsatz des § 26.[4] Das Fehlen der Zulässigkeitsvoraussetzungen ist daher auch dann zu berücksichtigen, wenn sich der Rechts-

---

[1] Zur bewussten Anlehnung an § 68 Abs. 2 s. BT-Drucks. 16/6308, S. 210.
[2] Zur Anlehnung an § 577 ZPO s. BT-Drucks. 16/6308, S. 211, wo allerdings unzutreffend auf Abs. 1, erster Halbs. Bezug genommen wird.
[3] Vgl. Baumbach/*Hartmann*, § 577 ZPO Rz. 3.
[4] *Bumiller*/Harders, § 74 FamFG Rz. 1 und 41; Keidel/*Meyer-Holz*, § 74 FamFG Rz. 2; *Rackl*, Rechtsmittelrecht, S. 277.

beschwerdegegner nicht darauf beruft.[1] Die Zulässigkeitsvoraussetzungen müssen bis zur Entscheidung über die Rechtsbeschwerde vorliegen, wobei das zu dieser Zeit geltende Recht maßgeblich ist. Auch nachträglich eingetretene, neue Tatsachen, die zur Zulässigkeit der Rechtsbeschwerde führen, etwa die Genehmigung von Verfahrenshandlungen, sind von Amts wegen zu berücksichtigen.[2]

3. Voraussetzungen der Zulässigkeit

Nach § 74 Abs. 1 Satz 1 hat das Rechtsbeschwerdegericht zunächst die **Statthaftigkeit** der Rechtsbeschwerde zu prüfen. Das setzt voraus, dass die Rechtsbeschwerde entweder kraft Gesetzes statthaft (vgl. § 70 Abs. 3) ist oder aufgrund einer im Gesetz vorgesehenen Möglichkeit von der Vorinstanz zugelassen wurde (vgl. § 70 Abs. 2). An die Zulassung einer kraft Gesetzes unstatthaften Rechtsbeschwerde ist das Rechtsbeschwerdegericht ebenso wenig gebunden (s. § 70 Rz. 15) wie an die Zulassung durch das Gericht erster Instanz (s. § 70 Rz. 7) und an die Zulassung in der Entscheidung über eine unzulässige Beschwerde (s. § 70 Rz. 15). § 74 Abs. 1 fordert ferner eine Prüfung der **form- und fristgerechten Einlegung** (hierzu s. § 71 Rz. 4ff.) und der **Begründung** der Rechtsbeschwerde (hierzu s. § 71 Rz. 23ff.). Auch ohne ausdrückliche Anordnung in § 74 Abs. 1 hat das Rechtsbeschwerdegericht wie schon das Beschwerdegericht (s. § 68 Rz. 18f.) darüber hinaus die weiteren Zulässigkeitsvoraussetzungen zu prüfen, also insbesondere die **Beschwer** des Rechtsbeschwerdeführers, seine **Verfahrensfähigkeit** und das Vorliegen eines **Rechtsschutzbedürfnisses**.[3] Abweichend vom Beschwerderechtszug müssen ferner nach § 10 Abs. 4 alle Verfahrenshandlungen von einem beim BGH **postulationsfähigen Rechtsanwalt** vorgenommen sein, sofern der Rechtsmittelführer keine Behörde oder juristische Person des öffentlichen Rechts ist. Für Zulässigkeitsvoraussetzungen bedarf es nicht des Strengbeweises, sie können im Wege des Freibeweises nachgewiesen werden, so dass auch eidesstattliche Versicherungen verwertet werden können.[4] Nur in Ehe- und Familienstreitsachen ist nach § 574 Abs. 2 ZPO zu prüfen, ob ein Zulassungsgrund vorliegt.[5] Fehlt es an einer dieser Voraussetzungen, so ist die Rechtsbeschwerde nach § 74 Abs. 1 Satz 2 ohne sachliche Prüfung als unzulässig zu verwerfen.[6] Dem Rechtsbeschwerdeführer ist zuvor rechtliches Gehör zu gewähren.[7]

II. Weiteres Verfahren

1. Prüfungsumfang

a) Bindung an die Anträge, Abs. 3 Satz 1

Die Anträge in Rechtsbeschwerde und Anschlussrechtsbeschwerde bestimmen den Verfahrensgegenstand (s. § 71 Rz. 22 und § 73 Rz. 16).[8] Daher hat das Rechtsbeschwerdegericht die angegriffene Entscheidung auch nur in diesem Umfang nachzuprüfen. Es darf dem Rechtsbeschwerdeführer nach dem Rechtsgedanken von § 308 Abs. 1 ZPO weder mehr noch etwas anderes zusprechen als von ihm beantragt.[9] Es hat sich zudem in dem Rahmen des Verfahrensgegenstandes zu halten, der bereits

---

1 BayObLG v. 13.12.2004 – 1 Z BR 94/03, BayObLGZ 2004, 37 (40); *Bumiller*/Harders, § 74 FamFG Rz. 1; Keidel/*Meyer-Holz*, § 74 FamFG Rz. 2.
2 Keidel/*Meyer-Holz*, § 74 FamFG Rz. 42.
3 BayObLG v. 7.11.1989 – BReg. 1a Z 57/89, FamRZ 1990, 551; Keidel/*Meyer-Holz*, § 74 FamFG Rz. 8f.
4 BGH v. 24.4.2001 – VI ZR 258/00, NJW 2001, 1722 (2723); BGH v. 18.6.2002 – VI ZR 448/01, NJW 2002, 3027 (3028).
5 S. ausführlich nachstehend Feskorn, § 117 FamFG Rz. 73; ebenso Keidel/*Meyer-Holz*, § 74 FamFG Rz. 10.
6 BT-Drucks. 16/6308, S. 210.
7 BGH v. 13.7.2005 – XII ZB 80/05, NJW-RR 2006, 142 (143); BGH v. 15.8.2007 – XII ZB 101/07, NJW-RR 2007, 1718; BGH v. 18.7.2007 – XII ZB 162/06, NJW-RR 2008, 78; Keidel/*Meyer-Holz*, § 74 FamFG Rz. 13.
8 BT-Drucks. 16/6308, S. 210f.; *Bumiller*/Harders, § 74 FamFG Rz. 2; Keidel/*Meyer-Holz*, § 74 FamFG Rz. 14; Zöller/*Feskorn*, § 74 FamFG Rz. 3; *Rackl*, Rechtsmittelrecht, S. 278.
9 BGH v. 29.11.1990 – I ZR 45/89, NJW 1991, 1683 (1684); *Rackl*, Rechtsmittelrecht, S. 278.

dem Beschwerdegericht angefallen ist (s. § 65 Rz. 15 und § 69 Rz. 3).[1] Neue Anträge oder gar Angriffs- oder Verteidigungsmittel sind im Rechtsbeschwerdeverfahren nicht zulässig.[2] Anderes gilt für bereits gestellte, aber nicht beschiedene Anträge, insbesondere Hilfsanträge. Hatte der Hilfsantrag Erfolg, so fallen bei einer Beschwerde des Antragsgegners Haupt- und Hilfsantrag beim Rechtsbeschwerdegericht an.[3] Zulässig ist eine Beschränkung des ursprünglichen Antrags (vgl. § 71 Rz. 22). Das Verbot der Verschlechterung gilt zugunsten des Rechtsmittelführers im gleichen Umfang wie im Beschwerdeverfahren (vgl. § 65 Rz. 18).[4]

b) Materielle Rechtsprüfung ohne Bindung an das Vorbringen der Beteiligten

7 Innerhalb dieses Rahmens ist das Rechtsbeschwerdegericht bei der Prüfung, ob die angegriffene Entscheidung materiellem Recht widerspricht, allerdings nicht an das Vorbringen der Beteiligten gebunden.[5] Es hat die materielle Richtigkeit des angefochtenen Beschlusses von sich aus zu prüfen, ohne an die Rechtsbeschwerdebegründung oder die Erwiderung hierauf beschränkt zu sein.[6] Hierzu gehört auch die Zulässigkeit der Beschwerde (s. § 68 Rz. 20). Nach § 74 Abs. 3 Satz 4 FamFG iVm. § 559 ZPO ist das Rechtsbeschwerdegericht an **verfahrensfehlerfreie Tatsachenfeststellungen** der Vorinstanz gebunden (vgl. auch § 72 Rz. 2 ff.),[7] so dass allein diese der Prüfung zugrunde liegen. Fehlt eine hinreichende Darstellung des Sachverhalts, so muss das Rechtsbeschwerdegericht, dem eigene Tatsachenfeststellungen grundsätzlich nicht möglich sind, die Sache zurückverweisen.[8]

c) Einschränkung der Überprüfung bei Verfahrensmängeln

8 Hingegen ist die Möglichkeit der Überprüfung bei Verfahrensmängeln eingeschränkt. Diese prüft das Gericht nur ausnahmsweise ohne **Rüge**, wenn sie von Amts wegen zu beachten sind.[9] Das ist etwa dann der Fall, wenn die Vorinstanz die Zulässigkeitsvoraussetzungen einer Beschwerde (s. § 68 Rz. 15) oder die Zuständigkeit der deutschen Gerichte[10] zu Unrecht angenommen hat. Auch der Rechtsbeschwerdegegner kann ohne Einlegung einer Anschlussbeschwerde verfahrensfehler zu seinen Lasten mit der so genannten **Gegenrüge** geltend machen.[11] Im Übrigen sind Verfahrensmängel nach § 74 Abs. 3 Satz 3 iVm. §§ 71 Abs. 3, 73 Satz 2 nur zu prüfen, wenn sie in der Begründung der Rechtsbeschwerde bzw. der Anschließung gerügt wurden.[12]

---

1 Keidel/*Meyer-Holz*, § 74 FamFG Rz. 14.
2 Keidel/*Meyer-Holz*, § 74 FamFG Rz. 14 u. 16.
3 Keidel/*Meyer-Holz*, § 74 FamFG Rz. 15.
4 Keidel/*Meyer-Holz*, § 74 FamFG Rz. 79; Bork/Jacoby/Schwab/*Müther*, 1. Aufl., § 74 FamFG Rz. 8; Zöller/*Feskorn*, § 74 FamFG Rz. 3; *Rackl*, Rechtsmittelrecht, S. 278; BGH v. 6.5.2004 – IX ZB 349/02, NJW-RR 2004, 1422; Baumbach/*Hartmann*, § 577 ZPO Rz. 4; MüKo.ZPO/*Lipp*, § 577 ZPO Rz. 8.
5 BT-Drucks. 16/6308, S. 211; Keidel/*Meyer-Holz*, § 74 FamFG Rz. 17; Bork/Jacoby/Schwab/*Müther*, 1. Aufl., § 74 FamFG Rz. 7; Zöller/*Feskorn*, § 74 FamFG Rz. 4; *Rackl*, Rechtsmittelrecht, S. 278.
6 *Bumiller*/Harders, § 74 FamFG Rz. 2; Bassenge/Roth/*Gottwald*, § 74 Rz. 5; BayObLG v. 16.12.1994 – 3 Z BR 308/94, FamRZ 1995, 695; BayObLG v. 3.12.1998 – 1 Z BR 164/97, FamRZ 1999, 817; BayObLG v. 16.12.1998 – 1 Z BR 206/97, NJWE-FER 1999, 91; Baumbach/*Hartmann*, § 577 ZPO Rz. 4; MüKo.ZPO/*Lipp*, § 577 ZPO Rz. 9.
7 BGH v. 17.10.2001 – XII ZB 161/97, NJW 2002, 220; BGH v. 20.6.2002 – IX ZB 56/01, NJW 2002, 2648 (2649); BGH v. 7.4.2005 – IX ZB 63/03, NJW-RR 2005, 916; KG v. 18.8.1983 – 1 W XX B 4044/82, OLGZ 1983, 428 (430 f.); OLG Karlsruhe v. 26.5.2000 – 11 Wx 48/00, FGPrax 2000, 194 (196); zur Anknüpfung an das frühere Recht s. BT-Drucks. 16/6308, S. 211.
8 BGH v. 20.9.1995 – XII ZB 87/94, NJW-RR 1996, 130; BGH v. 17.5.2000 – VIII ZR 216/99, NJW 2000, 3007; BGH v. 20.6.2002 – IX ZB 56/01, NJW 2002, 2648 (2649); BGH v. 7.4.2005 – IX ZB 63/03, NJW-RR 2005, 916; Baumbach/*Hartmann*, § 577 ZPO Rz. 3.
9 *Bumiller*/Harders, § 74 FamFG Rz. 3; Bassenge/Roth/*Gottwald*, § 74 FamFG Rz. 6; *Rackl*, Rechtsmittelrecht, S. 278; Zöller/*Feskorn*, § 74 FamFG Rz. 5.
10 *Bumiller*/Harders, § 74 FamFG Rz. 4; vgl. zum Zivilprozess Musielak/*Ball*, § 557 ZPO Rz. 14.
11 Keidel/*Meyer-Holz*, § 74 FamFG Rz. 25; *Rackl*, Rechtsmittelrecht, S. 278.
12 BT-Drucks. 16/6308, S. 211; Keidel/*Meyer-Holz*, § 74 FamFG Rz. 18; Bassenge/Roth/*Gottwald*, § 74 FamFG Rz. 6; vgl. BGH v. 8.12.1989 – V ZR 53/88, WM 1990, 423 (424); BGH v. 17.5.2000 –

2. Verfahren bis zur Entscheidung

a) Erwiderung des Rechtsbeschwerdegegners

aa) Bedeutung

Im Gegensatz zu den Tatsacheninstanzen ist Vorbringen des Rechtsbeschwerdegegners und der weiteren Beteiligten von geringerer Bedeutung, da die Tatsachenfeststellungen der Vorinstanz bindend sind und lediglich die Richtigkeit der Rechtsanwendung überprüft wird. In den §§ 70 ff. schlägt sich dies dadurch nieder, dass seine Beteiligung im Rechtsbeschwerdeverfahren mit Ausnahme der Vorschriften zur Zustellung von Rechtsbeschwerdeschrift und -begründung schlechterdings (§ 71 Abs. 4) nicht geregelt ist, sofern er nicht Anschlussrechtsbeschwerde einlegt (§ 73). Selbstverständlich muss ihm aber schon zur Gewährung rechtlichen Gehörs die Möglichkeit zur Erwiderung gegeben werden.[1]

9

bb) Keine Erwiderungsfristen

Die §§ 70 ff. sehen für den Rechtsbeschwerdegegner, sofern er keine Anschlussrechtsbeschwerde einlegt, **keine Fristen** vor. Dies entspricht der Natur des Rechtsbeschwerdeverfahrens als reiner Rechtskontrolle. Denn zur rechtlichen Beurteilung der Sache kann sich der Rechtsbeschwerdegegner bis zum Erlass einer Entscheidung äußern, da das Gericht rechtliche Aspekte ohnehin stets zu beachten hat.[2] Auch **Gegenrügen** kann er, wie für die parallelen Vorschriften der ZPO-Rechtsbeschwerde anerkannt ist,[3] ohne Frist erheben.

10

b) Termin zur mündlichen Verhandlung

Das Rechtsbeschwerdegericht kann nach § 74 Abs. 4 iVm. § 32 einen Termin zur Erörterung der Sache mit den Beteiligten anberaumen. In der Praxis des BGH zur ZPO-Rechtsbeschwerde, wo dieselbe Möglichkeit besteht,[4] geschieht dies so gut wie nie. Dies wird voraussichtlich auch in Verfahren nach dem FamFG so sein, da es in der dritten Instanz nur noch um Rechtsfragen geht. Die der mündlichen Verhandlung in Verfahren nach dem FamFG zugedachte Funktion, der Aufklärung des Sachverhalts und der Gewährung rechtlichen Gehörs zu dienen, kann sie vor dem Rechtsbeschwerdegericht idR ohnehin nicht erfüllen, weshalb ein Absehen hiervon im Rahmen des gesetzlichen Ermessens liegt und darüber hinaus der Verfahrensbeschleunigung dient.[5]

11

c) Anwendbarkeit der Vorschriften des ersten Rechtszuges, Absatz 4

aa) Unzulänglichkeit bei spezifisch das Rechtsmittelverfahren betreffenden Fragen

In Anlehnung an § 555 Abs. 1 Satz 1 ZPO[6] ordnet § 74 Abs. 4 subsidiär die Anwendbarkeit der Vorschriften zum Verfahren im ersten Rechtszug an. Dies erscheint schon deshalb unglücklich, da spezifisch das Rechtsmittelverfahren betreffende Verfahrensfragen so nicht oder weniger sachnah geregelt sind, als dies bei einem Verweis auf die §§ 58 ff. der Fall wäre.[7] So finden sich zur Berechtigung Minderjähriger, Rechtsbeschwerde einzulegen, in den Vorschriften zum erstinstanzlichen Verfahren naturgemäß keine Regelungen, sondern nur in den Vorschriften zur Beschwerde (§ 60). Gleiches gilt für die Statthaftigkeit der Rechtsbeschwerde nach Erledigung in der Hauptsache gem. § 62 und insbesondere für den Verzicht auf das Rechtsmittel (vgl.

12

VIII ZR 216/99, NJW 2000, 3007; MüKo.ZPO/*Lipp*, § 577 ZPO Rz. 10; Musielak/*Ball*, § 577 ZPO Rz. 4.
1 *Rackl*, Rechtsmittelrecht, S. 285.
2 *Rackl*, Rechtsmittelrecht, S. 285.
3 MüKo.ZPO/*Lipp*, § 577 ZPO Rz. 10.
4 MüKo.ZPO/*Lipp*, § 577 ZPO Rz. 3.
5 Ähnlich Keidel/*Meyer-Holz*, § 74 FamFG Rz. 13; Zöller/*Feskorn*, § 74 FamFG Rz. 6.
6 Hierzu BT-Drucks. 16/6308, S. 211.
7 Ähnlich *Rackl*, Rechtsmittelrecht, S. 286 ff.

§ 67). In all diesen Fällen bleibt nunmehr nur die Annahme einer unbewussten **Regelungslücke**, die durch Analogie zu schließen ist.[1] Anerkannt ist dies mittlerweile für die Möglichkeit, im Rechtsbeschwerdeverfahren nach Erledigung die Rechtswidrigkeit der Beschwerdeentscheidung analog § 62 festzustellen[2] und für die Möglichkeit einstweiliger Anordnungen.[3] Noch schwieriger wird die Beurteilung der Rechtslage, wenn die **Vorschriften zum Verfahren erster Instanz oder die allgemeinen Vorschriften** der §§ 1 bis 22a zwar eine Regelung enthalten, diese aber weniger sachnah ist. Dies ist etwa bei der Rücknahme der Rechtsbeschwerde der Fall, wo sich in der Konsequenz sowohl die entsprechende Anwendung von § 22 als auch eine Analogie zu § 67 Abs. 4 vertreten lassen.[4] Auf die gleich gelagerte Problematik einstweiliger Anordnungen durch das Rechtsbeschwerdegericht wurde bereits in anderem Zusammenhang hingewiesen (s. § 71 Rz. 28 f.).[5] Diese Probleme hätten unschwer durch einen Verweis auf die §§ 58 ff. vermieden werden können, zumal dann, wenn sich auch dort keine Regelung findet, über § 68 Abs. 3 Satz 1 ohnehin auf die Vorschriften zum erstinstanzlichen Verfahren hätte zurückgegriffen werden können.[6]

bb) Eingeschränkte Anwendbarkeit der Vorschriften zum ersten Rechtszug

13 Darüber hinaus sind die §§ 23 ff. aufgrund der spezifischen Aufgabe der Rechtsbeschwerde als reine Rechtskontrolle in nur weit eingeschränkterem Maße anwendbar als dies im Beschwerdeverfahren der Fall ist. Sämtliche Vorschriften, die die **Tatsachenfeststellung** betreffen, also § 23 Abs. 1 Satz 2 (der Begründung dienende Tatsachen und Benennung von Beweismitteln), § 26 (Amtsermittlung), § 27 (Mitwirkung der Beteiligten bei der Tatsachenfeststellung) sowie §§ 29 bis 31 (Beweiserhebung und Glaubhaftmachung) sind im Rechtsbeschwerdeverfahren von vornherein weitgehend unanwendbar. Eine Ausnahme gilt nur in den wenigen Fällen wie der Überprüfung von Zulässigkeitsvoraussetzungen und Verfahrensmängeln, in denen das Rechtsbeschwerdegericht Tatsachenfeststellungen treffen darf (vgl. § 72 Rz. 4). Entsprechendes gilt für § 37 (Grundlagen der Entscheidung), soweit Tatsachenfeststellungen betroffen sind.

14 Ansonsten besteht für die §§ 23 bis 27 oftmals kein Anwendungsbereich, da insoweit spezielle Regelungen für das Rechtsbeschwerdeverfahren existieren. Das gilt für den verfahrensleitenden Antrag und seine Unterzeichnung nach § 23 Abs. 1 Satz 1 und 4 bzw. seine Übermittlung nach § 23 Abs. 2 (s. § 71 Abs. 1 Satz 2, Abs. 3 und 4). Lediglich die Vorlage von Urkunden nach § 23 Abs. 1 Satz 3 kann für das Rechtsbeschwerdeverfahren von Bedeutung sein, soweit sie von diesem ausgelegt werden können (vgl. § 72 Rz. 12 f.). § 24 hat im Rechtsbeschwerdeverfahren keinen Anwendungsbereich, da die Einleitung des Rechtsbeschwerdeverfahrens alleine von der Einlegung des Rechtsmittels abhängt. Ohne Bedeutung für das Verfahren vor dem BGH ist auch § 25, da alle Verfahrenshandlungen von dort postulationsfähigen Anwälten vorgenommen werden müssen, weshalb eigene Anträge und Erklärungen der Beteiligten keine Rolle spielen. Auch § 28 verliert im Rechtsbeschwerdeverfahren den größten Teil seines Anwendungsbereichs, soweit nämlich das Hinwirken darauf betroffen ist, „dass die Beteiligten sich rechtzeitig über alle erheblichen Tatsachen erklären und ungenügende tatsächliche Angaben ergänzen". Bedeutung hat diese Vorschrift nur bei rechtlichen Gesichtspunkten, die das Rechtsbeschwerdegericht anders beurteilt als die Beteiligten. Auch § 28 Abs. 4 spielt in der dritten Instanz

---

1 Ähnlich Keidel/*Meyer-Holz*, § 74 FamFG Rz. 61.
2 BGH v. 25.2.2010 – V ZB 172/09, FGPrax 2010, 150 (151); BGH v. 4.3.2010 – V ZB 184/09, FGPrax 2010, 153 (153); BGH v. 4.3.2010 – V ZB 222/09, FGPrax 2010, 154 (155); BGH v. 29.4.2010 – V ZB 218/09, FGPrax 2010, 210 (211); BGH v. 16.9.2010 – V ZB 120/10; FGPrax 2010, 290; BGH v. 8.6.2011 – XII ZB 245/11, NJW-RR 2011, 1303; BGH v. 6.10.2011 – V ZB 314/10, FamRZ 2012, 211; *Rackl*, Rechtsmittelrecht, S. 288 f.
3 BGH v. 18.7.2012 – XII ZB 661/11, FamRZ 2012, 1556 (1559).
4 Zur Problematik s. auch *Rackl*, Rechtsmittelrecht, S. 289.
5 Die gesetzliche Verweisung auf die Vorschriften des ersten Rechtszuges lehnt *Rackl*, Rechtsmittelrecht, S. 288 sogar gänzlich als nicht überzeugend ab.
6 Ebenso *Rackl*, Rechtsmittelrecht, S. 290.

keine Rolle, da dort keine persönlichen Anhörungen durchgeführt werden und Termine zur mündlichen Verhandlung die große Ausnahme sind. In diesem Fall ist allerdings auch von diesem Gericht ein Vermerk zu fertigen. Zur Durchführung eines Termins nach § 32 gilt das soeben Gesagte. In diesem Fall sind die Vorschriften zu den Ladungsfristen und der Erörterung im Wege der Bild- und Tonübertragung (Abs. 2 und 3) anwendbar. Die Anordnung des persönlichen Erscheinens eines Beteiligten nach § 33 kommt im Rechtsbeschwerdeverfahren nicht in Betracht, da eine Sachaufklärung, der diese Anordnung dienlich sein soll, dort nicht mehr durchgeführt werden kann. Eine persönliche Anhörung zur Gewährung rechtlichen Gehörs nach § 34 ist allenfalls in den Ausnahmefällen in Erwägung zu ziehen, in denen Verfahrensfehler noch im Rechtsbeschwerdeverfahren geheilt werden können. Auch Zwangsmittel nach § 35 können typischerweise nur in den Tatsacheninstanzen verhängt werden, da der BGH nur über die Rechtmäßigkeit einer Entscheidung befindet, nicht aber die Vornahme oder Unterlassung von Handlungen im Verfahren durchsetzt. Die Vorschriften zum Vergleich einschließlich des Verweises auf § 278 Abs. 6 ZPO (§ 36) finden auch im Rechtsbeschwerdeverfahren Anwendung, sofern ein Termin zur mündlichen Verhandlung durchgeführt wird, auch diejenigen zur Protokollierung.

III. Entscheidung über zulässige Rechtsbeschwerden

1. Entscheidung über unbegründete Rechtsbeschwerden

Ist die Rechtsbeschwerde zulässig, aber in der Sache nicht begründet, so ist sie zurückzuweisen. Darunter fällt auch der Fall, dass ein nur auf Rüge zu berücksichtigender Verfahrensfehler des Beschwerdegerichts nicht form- und fristgerecht beanstandet wurde.[1] Sofern die Entscheidung nur in einem abtrennbaren Teil unrichtig ist, muss die Zurückweisung der Rechtsbeschwerde hierauf beschränkt werden.[2] Wie § 74 Abs. 2 klarstellt, ist dies wie in der Beschwerdeinstanz auch dann der Fall, wenn das Rechtsmittelgericht aus anderen Gründen zum selben Ergebnis kommt wie die Vorinstanz. Im Gegensatz zu den Tatsacheninstanzen kann es sich im Rechtsbeschwerdeverfahren aber nur um Rechtsgründe handeln. Das Rechtsbeschwerdegericht muss also zum Ergebnis kommen, dass ein materiell- oder verfahrensrechtlicher Fehler aus Rechtsgründen unerheblich ist, weil etwa die korrekte Anwendung der verletzten Rechtsvorschrift bzw. die richtige Durchführung des Beschwerdeverfahrens zu demselben Ergebnis geführt hätte. Dabei ist es zulässig, eine vom Beschwerdegericht fälschlich in der Sache beschiedene Beschwerde als unzulässig zu verwerfen.[3] Auch der BGH hat dem Rechtsbeschwerdeführer nach §§ 74 Abs. 4, 28 Abs. 1 Satz 2 rechtliches Gehör zu dieser neuen Begründung zu gewähren, sofern die Beteiligten sie erkennbar noch nicht in Erwägung gezogen haben.

15

2. Entscheidung über begründete Rechtsbeschwerden

a) Aufhebung und eigene Entscheidung des Rechtsbeschwerdegerichts

Erweist sich die Rechtsbeschwerde als begründet, ist die angegriffene Entscheidung, wie § 74 Abs. 5 klarstellt, stets aufzuheben.[4] Anders als das Beschwerdegericht kann das Rechtsbeschwerdegericht aber nicht immer eine eigene Entscheidung treffen. Dies ist nur dann der Fall, wenn die Sache trotz der fehlerhaften Behandlung durch die Vorinstanz nach § 74 Abs. 6 Satz 1 „zur Endentscheidung reif ist".[5] Dies ist nur bei materiellrechtlichen Fehlern möglich.[6] Dann kann die unzutreffende rechtliche Würdigung durch die richtige ersetzt werden, wenn es keiner weiteren tatsächlichen Aufklärung mehr bedarf. Sofern das Beschwerdegericht die erstinstanzliche

16

---

1 Keidel/*Meyer-Holz*, § 74 FamFG Rz. 63.
2 Keidel/*Meyer-Holz*, § 74 FamFG Rz. 63; Zöller/*Feskorn*, § 74 FamFG Rz. 8.
3 Keidel/*Meyer-Holz*, § 74 FamFG Rz. 64; vgl. zum Zivilprozess Baumbach/*Hartmann*, § 577 ZPO Rz. 3.
4 Vgl. MüKo.ZPO/*Lipp*, § 577 ZPO Rz. 16; ähnlich Keidel/*Meyer-Holz*, § 74 FamFG Rz. 66; Zöller/*Feskorn*, § 74 FamFG Rz. 8.
5 Hierzu BT-Drucks. 16/6308, S. 211; *Rackl*, Rechtsmittelrecht, S. 298.
6 MüKo.ZPO/*Lipp*, § 577 ZPO Rz. 17.

Entscheidung fehlerhaft aufgehoben und die Sache zurückverwiesen hat, kommt ausnahmsweise auch eine bloße Aufhebung ohne eigene Sachentscheidung in Betracht. Ausführungshandlungen hat das Rechtsbeschwerdegericht wie das Beschwerdegericht (vgl. § 69 Rz. 4) dem Gericht erster Instanz zu überlassen.[1]

b) Feststellung der Rechtswidrigkeit

16a Tritt im Laufe des Rechtsbeschwerdeverfahrens Erledigung ein, so kann auch das Rechtsbeschwerdegericht auf entsprechenden Antrag hin die Rechtswidrigkeit der erst- bzw. zweitinstanzlichen Entscheidung aussprechen. Denn § 62 ist im Rechtsbeschwerdeverfahren entsprechend anzuwenden.[2]

c) Aufhebung und Zurückverweisung

17 Macht die neue materiellrechtliche Würdigung dagegen **weitere Tatsachenfeststellungen** nötig, so hat das Rechtsbeschwerdegericht die Entscheidung der Vorinstanz aufzuheben und die Sache zurückzuverweisen, da es die Ermittlungen als reine Rechtskontrollinstanz nicht durchführen kann.[3] Dasselbe gilt, wenn das Verfahren der Vorinstanz unter einem **Verfahrensfehler** leidet.[4] Eines schweren Fehlers bedarf es, anders als in der Beschwerdeinstanz, nicht.[5] Denn es besteht unabhängig von der Schwere des Fehlers immer die Möglichkeit, dass sich bei korrekter Verfahrensgestaltung eine andere tatsächliche Entscheidungsgrundlage ergibt. Auch eines Antrags eines Beteiligten bedarf es, wie sich bereits aus dem Wortlaut des § 74 Abs. 6 Satz 2 ergibt, im Gegensatz zu § 69 Abs. 1 Satz 3 nicht. Das Rechtsbeschwerdegericht muss auch ohne Antrag zurückverweisen, da es die erforderlichen weiteren Ermittlungen nicht selbst anstellen kann. Aus diesem Grunde hat es, anders als das Beschwerdegericht, auch kein Ermessen, ob es zurückverweist oder selbst entscheidet. Die Aufhebung erfolgt nur soweit, wie Entscheidung und Verfahren der Vorinstanz fehlerhaft waren, verfahrensfehlerfreie Verfahrenshandlungen müssen nicht wiederholt werden.[6] Hat das Beschwerdegericht die Beschwerde zu Unrecht als unzulässig verworfen, kann das Rechtsbeschwerdegericht allerdings selbst entscheiden, wenn die notwendigen Feststellungen bereits in erster Instanz getroffen wurden.[7]

d) Gericht der Zurückverweisung

aa) Zuvor befasster Spruchkörper des Beschwerdegerichts

18 Die Zurückverweisung erfolgt gem. § 74 Abs. 6 Satz 2 ohne Vorliegen besonderer Umstände an das **Gericht der Vorinstanz**, und zwar an **denselben Spruchkörper**, der die Vorentscheidung getroffen hat. War dies der Einzelrichter, bleibt er auch nach der Zurückverweisung zuständig.[8] Dies geht daraus hervor, dass die Zurückverweisung an das Gericht des ersten Rechtszuges nach § 74 Abs. 6 Satz 2 „besondere Gründe" voraussetzt und auch die Zurückverweisung an einen anderen Spruchkörper des Beschwerdegerichts in § 74 Abs. 6 Satz 3 einer Ermessensausübung bedarf. Das entspricht auch dem ausdrücklich bekundeten Willen des Gesetzgebers, wonach „die Zurückverweisung regelmäßig an das Beschwerdegericht zu erfolgen hat".[9] Die Zu-

---

1 *Bumiller*/Harders, § 74 FamFG Rz. 8; Keidel/*Meyer-Holz*, § 74 FamFG Rz. 74; *Rackl*, Rechtsmittelrecht, S. 297.
2 BGH v. 25.2.2010 – V ZB 172/09, FGPrax 2010, 150 (151); BGH v. 4.3.2010 – V ZB 184/09, FGPrax 2010, 152 (153); BGH v. 4.3.2010 – V ZB 222/09, FGPrax 2010, 154 (155); BGH v. 29.4.2010 – V ZB 218/09, FGPrax 2010, 210 (211); BGH v. 14.12.2011 – XII ZB 488/11, FamRZ 2012, 442; BGH v. 15.2.2012 – XII ZB 389/11, FamRZ 2012, 619 (620); *Rackl*, Rechtsmittelrecht, S. 288 f.
3 BGH v. 17.10.2012 – XII ZB 181/12, FamRZ 2013, 31 (32); Keidel/*Meyer-Holz*, § 74 FamFG Rz. 82; *Rackl*, Rechtsmittelrecht, S. 298; Zöller/*Feskorn*, § 74 FamFG Rz. 10.
4 Keidel/*Meyer-Holz*, § 74 FamFG Rz. 83; Bassenge/Roth/*Gottwald*, § 74 FamFG Rz. 15.
5 Unklar insoweit BT-Drucks. 16/6308, S. 211.
6 *Rackl*, Rechtsmittelrecht, S. 298 f.; Bork/Jacoby/Schwab/*Müther*, 1. Aufl., § 74 FamFG Rz. 17; Zöller/*Feskorn*, § 74 FamFG Rz. 10.
7 *Bumiller*/Harders, § 74 FamFG Rz. 9; Keidel/*Meyer-Holz*, § 74 FamFG Rz. 71 u. 83.
8 Keidel/*Meyer-Holz*, § 74 FamFG Rz. 87.
9 BT-Drucks. 16/6308, S. 211.

rückverweisung an den Spruchkörper des Beschwerdegerichts, der die aufgehobene Entscheidung getroffen hat, ist also die Regel.

bb) Zurückverweisung an einen anderen Spruchkörper

Das Rechtsbeschwerdegericht kann die Sache nach § 74 Abs. 6 Satz 3 auch an einen anderen Spruchkörper des Gerichts zurückverweisen, das die angefochtene Entscheidung erlassen hat. Dieses ist idR das Beschwerdegericht. Der Wortlaut lässt es aber in Fällen der Sprungrechtsbeschwerde auch zu, die Sache an einen anderen Richter am AG zurückzuverweisen (vgl. § 75 Rz. 13). Sofern dem neuen Spruchkörper nunmehr etwa kraft geänderter Geschäftsverteilung ein Richter des alten angehört, ist er nicht automatisch an der erneuten Mitwirkung ausgeschlossen; er kann aber nach § 6 Abs. 1 abgelehnt werden.[1] Die Zurückverweisung an einen anderen Spruchkörper setzt, wie sich bereits aus dem Wortlaut ergibt („kann an einen anderen Spruchkörper ... erfolgen"), eine **Ermessensausübung** voraus. Die Materialien lassen erkennen, dass hierbei gewichtige Gründe dafür sprechen müssen, nicht mehr den früheren Spruchkörper mit der neuen Entscheidung zu befassen.[2] Denn dort wird die Zurückverweisung an einen anderen Spruchkörper dann für sachgerecht gehalten, „wenn sich aus der Entscheidung der Eindruck ergibt, das Beschwerdegericht sei in der Beurteilung des Verfahrens bereits so festgelegt, dass die Gefahr einer Voreingenommenheit bestehen kann."[3] Gerade in Fällen, in denen der Spruchkörper die Rechtsbeschwerde zugelassen und sich somit gerade nicht als unbelehrbar gezeigt hat, wird dies von vornherein eine seltene Ausnahme sein. In jedem Fall ist aber zu berücksichtigen, dass die Zurückverweisung der Sache an einen anderen Spruchkörper für die Beteiligten erhebliche **Nachteile** mit sich bringen kann. Denn idR handelt es sich bei den Verfahren nach dem FamFG um Spezialzuweisungen, in denen (nur) der Spruchkörper, der die angefochtene Entscheidung erlassen hat, langjährige Erfahrungen hat. Ein anderer Spruchkörper, der nur aufgrund der Zurückverweisung einen einzelnen Fall aus diesem Spezialgebiet zu erledigen hat, wird dies nicht immer mit derselben Kompetenz erledigen können wie der ursprünglich damit befasste. In jedem Fall sind aber erhebliche zeitliche Verzögerungen zu erwarten. Diese Nachteile für die Beteiligten sind zu berücksichtigen, darüber hinaus die Möglichkeit, dem ursprünglichen Spruchkörper **Hinweise für die weitere Behandlung der Sache** zu erteilen. Die Zurückverweisung an einen anderen Spruchkörper sollte also im Interesse der Beteiligten eine seltene Ausnahme sein.[4] Diese bedarf der **Begründung** in den Entscheidungsgründen.[5] Die „Zurückverweisung" an ein **anderes Tatsachengericht** zweiter Instanz ist wie nach bisherigem Recht ausgeschlossen.[6] Betrifft die Zurückverweisung nur einen Teil des Verfahrensgegenstandes, weil etwa nur eine Teil- oder Grundentscheidung zur Überprüfung des Rechtsbeschwerdegerichts stand, so erfasst die Zuständigkeit des neuen Spruchkörpers auch den noch in der Beschwerdeinstanz anhängigen Teil des Verfahrens.[7]

19

cc) Zurückverweisung an das Gericht erster Instanz

Schon nach früherem Recht wurde die Zurückverweisung an das Gericht erster Instanz unter Übergehung der Beschwerdeinstanz für zulässig erachtet.[8] Diese Rechtsprechung kodifiziert nunmehr § 74 Abs. 6 Satz 2.[9] Danach kann das Rechtsbeschwerdegericht an das Gericht erster Instanz zurückverweisen, „wenn dies aus

20

---

1 Keidel/*Meyer-Holz*, § 74 FamFG Rz. 86.
2 *Rackl*, Rechtsmittelrecht, S. 299.
3 BT-Drucks. 16/6308, S. 211; Keidel/*Meyer-Holz*, § 74 FamFG Rz. 86; Bassenge/Roth/*Gottwald*, § 74 FamFG Rz. 17.
4 Ähnlich Keidel/*Meyer-Holz*, § 74 FamFG Rz. 86.
5 Ebenso *Rackl*, Rechtsmittelrecht, S. 299.
6 OLG München v. 20.12.2005 – 33 Wx 4/05, NJW-RR 2006, 588 (589).
7 Keidel/*Meyer-Holz*, § 74 FamFG Rz. 86.
8 BayObLG v. 13.1.1994 – 3 Z BR 311/93, NJW-RR 1994, 617 (618); BayObLG v. 25.9.1997 – 3 Z BR 143/97, NJW-RR 1998, 470 (471 f.); *Bumiller*/Harders, § 74 FamFG Rz. 10.
9 BT-Drucks. 16/6308, S. 211.

besonderen Gründen geboten erscheint". Diesem Wortlaut ist zu entnehmen, dass die Zurückverweisung an das Gericht erster Instanz ebenfalls restriktiv zu handhaben ist. Es ist erforderlich, dass gerade die erneute Befassung der ersten Instanz mit der Sache den berechtigten Interessen der Beteiligten entspricht. Das ist insbesondere dann anzunehmen, wenn **beide Entscheidungen an demselben Fehler leiden**[1] oder wenn bereits das **Beschwerdegericht die Sache bei richtiger Würdigung an das erstinstanzliche Gericht hätte zurückverweisen müssen**.[2] In jedem Fall müssen auch die Gründe für die Zurückverweisung an das Gericht erster Instanz in den Entscheidungsgründen dargelegt werden.[3] Die Zurückverweisung an einen anderen Spruchkörper des Gerichts erster Instanz ist wohl nicht möglich.[4] Die früher diskutierte Frage, ob die Zurückverweisung an das Gericht erster Instanz voraussetzt, dass schon das Beschwerdegericht hätte zurückverweisen müssen,[5] stellt sich nach dem Wortlaut von § 74 Abs. 6 Satz 2 nicht mehr. Denn die Vorschrift sieht eine solche Einschränkung gerade nicht vor.[6]

e) Folgen der Aufhebung und Zurückverweisung

21 Die Zurückverweisung eröffnet die Instanz neu, so dass neue Tatsachen zu berücksichtigen sind.[7] Das Beschwerdegericht kann die Sache nicht seinerseits an das Gericht erster Instanz zurückverweisen.[8] Wie bei der Aufhebung und Zurückverweisung durch das Beschwerdegericht (§ 69 Abs. 1 Satz 4) ist die Vorinstanz nach § 74 Abs. 6 Satz 4 an die Entscheidung des Rechtsbeschwerdegerichts gebunden.[9] Im Gegensatz zur Zurückverweisung durch das Beschwerdegericht ist die Formulierung, wonach es an „die *rechtliche* Beurteilung, die der Aufhebung zugrunde liegt" wörtlich zu nehmen, da das Rechtsbeschwerdegericht nur hierüber befinden kann.[10] Allerdings erfasst die Bindungswirkung auch der Zurückverweisung durch das Rechtsbeschwerdegericht nur die Gründe, die der Aufhebung zugrunde liegen. **Obiter dicta** wie Hinweise zur weiteren rechtlichen Behandlung der Sache entfalten also keine Bindungswirkung.[11] In diesem Rahmen geht die Bindung nach § 74 Abs. 6 Satz 4 aber wie bei der Zurückverweisung durch das Beschwerdegericht über die Rechtskraft hinaus. Für die Vorinstanz ist nicht nur die Beschlussformel maßgeblich. Sie ist auch an **rechtliche Vorfragen** gebunden, die das Rechtsbeschwerdegericht seiner Aufhebung zugrunde legt.[12] Die Bindung des Beschwerdegerichts tritt über den Wortlaut des § 74 Abs. 6 Satz 4 auch nach einer Aufhebung ohne Zurückverweisung ein, wenn etwa die Aufhebung und Zurückverweisung durch das Beschwerdegericht kassiert wurde (vgl. hierzu Rz. 16 und § 69 Rz. 17). Der förmlichen Zurückverweisung bedarf es nicht. Im Gegensatz zur Aufhebung und Zurückverweisung durch das Be-

---

1 BayObLG v. 13.1.1994 – 3 Z BR 311/93, NJW-RR 1994, 617 (618); BayObLG v. 21.4.1999 – 1 Z BR 124/98, NJWE-FER 2000, 17 (18); BayObLG v. 25.9.1997 – 3 Z BR 143/97, NJW-RR 1998, 470 (471); BayObLG v. 28.7.1999 – 3 Z BR 204/98, FGPrax 1999, 246; Keidel/*Meyer-Holz*, § 74 FamFG Rz. 88; *Rackl*, Rechtsmittelrecht, S. 299.
2 BT-Drucks. 16/6308, S. 211; Bassenge/Roth/*Gottwald*, § 74 FamFG Rz. 16; *Rackl*, Rechtsmittelrecht, S. 299; vgl. BGH v. 2.6.2005 – IX ZB 287/03, NJW-RR 2005, 1299; BGH v. 22.7.2004 – IX ZB 161/03, NJW 2004, 2976 (2979); MüKo.ZPO/*Lipp*, § 577 ZPO Rz. 18.
3 *Rackl*, Rechtsmittelrecht, S. 300.
4 *Rackl*, Rechtsmittelrecht, S. 300.
5 *Bumiller*/Harders, § 74 FamFG Rz. 10.
6 *Bumiller*/Harders, § 74 FamFG Rz. 10.
7 Keidel/*Meyer-Holz*, § 74 FamFG Rz. 91.
8 BayObLG v. 4.6.1998 – 2 Z BR 19/98, NJW-RR 1999, 452; Keidel/*Meyer-Holz*, § 74 FamFG Rz. 91; Zöller/*Feskorn*, § 74 FamFG Rz. 11.
9 *Bumiller*/Harders, § 74 FamFG Rz. 12; zur Anknüpfung an § 69 Abs. 1 Satz 4 s. BT-Drucks. 16/6308, S. 211, wo allerdings fälschlich auf Satz 2 Bezug genommen wird.
10 Ebenso *Bumiller*/Harders, § 74 FamFG Rz. 12; *Rackl*, Rechtsmittelrecht, S. 300; sofern das Rechtsbeschwerdegericht ausnahmsweise, etwa in Zulässigkeitsfragen, Tatsachenfeststellungen traf, binden sie allerdings auch das Gericht, an das zurückverwiesen wird, s. Keidel/*Meyer-Holz*, § 74 FamFG Rz. 93; *Rackl*, Rechtsmittelrecht, S. 300 f.
11 Keidel/*Meyer-Holz*, § 74 FamFG Rz. 93; Bork/Jacoby/Schwab/*Müther*, 1. Aufl., § 74 FamFG Rz. 17.
12 Keidel/*Meyer-Holz*, § 74 FamFG Rz. 93.

schwerdegericht soll das Rechtsbeschwerdegericht in zivilprozessualen Beschwerdeverfahren bei einer erneuten Befassung mit der Sache durch seine frühere Entscheidung nicht gebunden sein,[1] was dann auch für die Rechtsbeschwerde nach dem FamFG gelten muss.[2] Das **Verbot der Verschlechterung** gilt auch nach einer Aufhebung und Zurückverweisung.[3]

Wie bei der Aufhebung und Zurückverweisung durch das Beschwerdegericht tritt die **Bindung** an die rechtliche Beurteilung durch das Rechtsbeschwerdegericht nur dann ein, wenn **dieselbe Sache** erneut Gegenstand der Beschwerde ist. Liegt lediglich eine übereinstimmende Sach- und Rechtslage vor, ist das Beschwerdegericht an die Beurteilung des Rechtsbeschwerdegerichts in der Parallelsache nicht gebunden, selbst wenn Identität der Beteiligten besteht (vgl. § 69 Rz. 18). Zudem darf keine Änderung der Sachlage und keine Gesetzesänderung eingetreten sein (vgl. § 69 Rz. 18). 22

IV. Begründung der Entscheidung

1. Begründungspflicht

Das Rechtsbeschwerdegericht hat seine Entscheidung wie die Vorinstanzen zu begründen, was aus § 74 Abs. 7 im Umkehrschluss hervorgeht.[4] Dies umfasst alle gestellten Anträge. Da das Rechtsbeschwerdegericht an die Tatsachenfeststellungen der Vorinstanz gebunden ist, kann es sich insoweit freilich kurz fassen bzw. mit einer Bezugnahme begnügen. Seine Entscheidung kann sich weitgehend auf die Anwendung des Rechts auf den festgestellten Sachverhalt beschränken. Hierbei kommt ihm allerdings eine weiter gehende Begründungspflicht zu, als sie die hM dem Beschwerdegericht zuweist (vgl. hierzu § 69 Rz. 25). Ein Eingehen auf abweichende **Rechtsansichten** der Beteiligten ist jedenfalls dann unerlässlich, wenn sie sich auf Stellungnahmen in Literatur und Rechtsprechung stützen können. Auch die Zurückverweisung an ein anderes Gericht bzw. einen anderen Spruchkörper nach § 74 Abs. 6 Satz 2 und 3 muss begründet werden (s. Rz. 19/20). 23

2. Ausnahmen von der Begründungspflicht

a) Absehen von der Begründung nach den Regeln zum erstinstanzlichen Verfahren

Wie im Beschwerdeverfahren können sich Ausnahmen von der Begründungspflicht zunächst aus §§ 74 Abs. 4, 38 Abs. 4 ergeben.[5] Wie im Zivilprozess findet aber auch nach § 74 Abs. 3 Satz 4 FamFG iVm. § 559 ZPO im **Säumnisverfahren** gegen den Revisionsbeklagten eine umfassende Prüfung anhand der Feststellungen des Beschwerdegerichts statt, die sich nicht von einem streitigen Urteil unterscheidet.[6] Denn die Geständnisfiktion ist im Rahmen der reinen Rechtskontrolle weitgehend bedeutungslos, so dass § 38 Abs. 4 Nr. 1 insoweit keine Bedeutung erlangen wird. § 38 Abs. 4 Nr. 2 ist wie im Beschwerdeverfahren von geringer Relevanz, da es eben an gleichgerichteten Anträgen fehlt (vgl. § 69 Rz. 33). 24

b) Unbegründete Verfahrensrügen

Von größerer Relevanz ist die Möglichkeit, von einer Begründung der Entscheidung über **Verfahrensrügen**, die das Rechtsbeschwerdegericht nicht für durchgreifend erachtet, nach § 74 Abs. 3 Satz 4 FamFG iVm. § 564 ZPO abzusehen. Dabei ist 25

---

1 GS v. 6.2.1973 – GmS-OGB 1/72, BGHZ 60, 392 (398); MüKo.ZPO/*Lipp*, § 577 ZPO Rz. 20.
2 *Rackl*, Rechtsmittelrecht, S. 301; Bork/Jacoby/Schwab/*Müther*, 1. Aufl., § 74 FamFG Rz. 17; aA Keidel/*Meyer-Holz*, § 74 FamFG Rz. 95.
3 BGH v. 6.5.2004 – IX ZB 349/02, NJW-RR 2004, 1422.
4 *Rackl*, Rechtsmittelrecht, S. 301.
5 *Rackl*, Rechtsmittelrecht, S. 301; dazu, dass die weiteren Möglichkeiten des § 74 Abs. 3 Satz 4 FamFG iVm. 564 ZPO und § 74 Abs. 7 FamFG zu denen des § 38 Abs. 4 FamFG treten s. BT-Drucks. 16/6308, S. 211.
6 *Rackl*, Rechtsmittelrecht, S. 301; Vgl. zur Revision BGH v. 4.4.1962 – V ZR 110/60, BGHZ 37, 79 (81f.); MüKo.ZPO/*Wenzel*, § 555 ZPO Rz. 16; Musielak/*Ball*, § 555 ZPO Rz. 6; Zöller/*Heßler*, § 555 ZPO Rz. 4.

unerheblich, ob sie nicht hinreichend nach § 71 Abs. 3 dargelegt oder in der Sache nicht berechtigt sind.[1] Dies betrifft auch Gegenrügen (vgl. Rz. 8).[2] Der Wegfall der Begründungspflicht umfasst wie im zivilprozessualen Rechtsbeschwerdeverfahren auch die gegen diese Entscheidung gerichtete **Anhörungsrüge** nach § 44.[3] Eine Ausnahme vom Wegfall der Begründungspflicht gilt bei absoluten Rechtsbeschwerdegründen (§ 74 Abs. 3 Satz 4 FamFG iVm. § 564 Satz 2 ZPO).

c) Keine Klärung von Zulassungsvoraussetzungen, Absatz 7

aa) Bedeutung der Vorschrift

26 Darüber hinaus muss das Rechtsbeschwerdegericht seine Entscheidung nach § 74 Abs. 7 nicht begründen, wenn diese „nicht geeignet wäre, zur Klärung von Rechtsfragen grundsätzlicher Bedeutung, zur Fortbildung des Rechts oder zur Sicherung einer einheitlichen Rechtsprechung beizutragen". Diese an § 544 Abs. 4 Satz 2 ZPO angelehnte Regelung ist aus § 577 Abs. 6 Satz 3 ZPO übernommen.[4] Die Norm wird voraussichtlich das Herzstück zur Entlastung des BGH von Rechtsbeschwerden, denen keine über den Einzelfall hinausgehende Bedeutung zukommt, und insoweit den nachträglich (überflüssigerweise) in den Gesetzentwurf eingefügten § 74a verdrängen. Denn § 74 Abs. 7 ist an **weniger strenge Voraussetzungen** geknüpft als jener, erspart aber das dort vorgesehene Vorgehen, wonach das Rechtsbeschwerdegericht ua. vorab auf die beabsichtigte Zurückweisung der Rechtsbeschwerde hinweisen muss. Da die Voraussetzungen von § 74 Abs. 7 immer vorliegen, wenn auch diejenigen des Zurückweisungsbeschlusses nach § 74a gegeben sind, bietet letzterer für die Praxis keinerlei Vorteile.[5]

bb) Voraussetzungen des Absehens von einer Begründung

27 § 74 Abs. 7 setzt voraus, dass eine Entscheidung „nicht geeignet wäre, zur Klärung von Rechtsfragen grundsätzlicher Bedeutung, zur Fortbildung des Rechts oder zur Sicherung einer einheitlichen Rechtsprechung beizutragen." Die Voraussetzungen für den Wegfall der Begründungspflicht liegen also in jedem Fall vor, wenn die Rechtsbeschwerde zugelassen wurde, ohne dass die Sache eines der Zulassungskriterien des § 70 Abs. 2 erfüllt.[6] § 74 Abs. 7 ist aber auch anwendbar, wenn die Rechtsfrage, derentwegen die Rechtsbeschwerde berechtigterweise zugelassen wurde, mittlerweile in einer anderen Entscheidung beantwortet wurde.[7] Allerdings muss die Entscheidung insgesamt ohne Erkenntnisgewinn für die Zulassungskriterien nach § 70 Abs. 2 sein. Von einer Begründung kann schon dann nicht mehr nach § 74 Abs. 7 abgesehen werden, wenn auch nur ein Teilgegenstand der angegriffenen Entscheidung eine Begründung erfordert, die zur Klärung der Zulassungskriterien nach § 70 Abs. 2 beiträgt. Dann muss die Entscheidung des Rechtsbeschwerdegerichts insgesamt begründet werden.[8]

28 Die **Zulassung** nach § 70 Abs. 2 ist im Gegensatz zu § 74a keine notwendige Voraussetzung für ein Absehen von der Begründung nach § 74 Abs. 7. Diese Vorschrift setzt nur voraus, dass die Begründung nicht zur Klärung einer nach § 70 Abs. 2 relevanten Frage beitragen würde. Damit ist § 74 Abs. 7 einziges Gegengewicht zur unbegrenz-

---

1 Keidel/*Meyer-Holz*, § 74 FamFG Rz. 98; Bassenge/Roth/*Gottwald*, § 74 FamFG Rz. 9; *Rackl*, Rechtsmittelrecht, S. 301; vgl. zum Zivilprozess MüKo.ZPO/*Wenzel*, § 564 ZPO Rz. 2; Musielak/*Ball*, § 564 ZPO Rz. 2.
2 Keidel/*Meyer-Holz*, § 74 FamFG Rz. 98.
3 Bassenge/Roth/*Gottwald*, § 74 FamFG Rz. 9; *Rackl*, Rechtsmittelrecht, S. 302; Baumbach/*Hartmann*, § 74 FamFG Rz. 3; Musielak/*Ball*, § 564 ZPO Rz. 2.
4 Hierzu MüKo.ZPO/*Lipp*, § 577 ZPO Rz. 21; Baumbach/*Hartmann*, § 577 ZPO Rz. 8.
5 Ähnlich Zöller/*Feskorn*, § 74 FamFG Rz. 12; ohne Stütze im Gesetz ist die Auffassung von *Netzer*, ZNotP 2009, 303 (310), wonach § 74 Abs. 7 FamFG der Entlastung des BGH dient, wenn ein Zurückweisungsbeschluss nach § 74a FamFG nicht in Betracht kommt.
6 Bumiller/*Harders*, § 74 FamFG Rz. 13; *Rackl*, Rechtsmittelrecht, S. 302; Zöller/*Feskorn*, § 74 FamFG Rz. 12.
7 *Rackl*, Rechtsmittelrecht, S. 302; Zöller/*Feskorn*, § 74 FamFG Rz. 12.
8 Zöller/*Feskorn*, § 74 FamFG Rz. 13.

ten Statthaftigkeit der Rechtsbeschwerde nach § 70 Abs. 3, da § 74a die Zulassung der Rechtsbeschwerde voraussetzt.[1]

Ebenso wenig ist nach dem Wortlaut von § 74 Abs. 7 – wiederum im Gegensatz zu § 74a Abs. 1 – zu fordern, dass das Rechtsmittel keine **Aussicht auf Erfolg** hat. Auch die Begründung einer erfolgreichen Rechtsbeschwerde kann für die weitere Klärung der in § 70 Abs. 2 normierten Zulassungskriterien ohne Bedeutung bleiben.[2] Dies kann etwa dann der Fall sein, wenn die Rechtsbeschwerde in Unkenntnis einer schon ergangenen Entscheidung des BGH zugelassen wurde, die die zur Zulassung führende Rechtsfrage bereits beantwortete. 29

Schließlich setzt die Vorgehensweise nach § 74 Abs. 7, anders als § 74a Abs. 1, keine **einstimmige Willensbildung** innerhalb des Senats voraus. Das Absehen von einer Begründung nach § 74 Abs. 7 ist eine Rechtsfrage, die mangels entgegenstehender Regelung mit einfacher Mehrheit des Spruchkörpers entschieden werden kann. 30

cc) Möglichkeiten des Vorgehens

Liegen die Voraussetzungen des § 74 Abs. 7 vor, so kann das Rechtsbeschwerdegericht insgesamt auf eine Begründung der Entscheidung verzichten. Hieraus folgt, dass es erst recht auf **Teile der Begründung** verzichten kann, obwohl die Voraussetzungen des § 74 Abs. 7 für die gesamte Entscheidung vorlägen.[3] Dies kommt insbesondere dann in Betracht, wenn die Vorinstanz übersehen hat, dass die zur Zulassung führende Frage bereits durch den BGH geklärt wurde. In diesen Fällen kann sich das Rechtsbeschwerdegericht auch mit einer **Bezugnahme** auf seine frühere Entscheidung begnügen. 31

C. Kostenentscheidung

Das Rechtsbeschwerdegericht hat nur dann eine Kostenentscheidung zu treffen, wenn es abschließend in der Sache entscheidet (hierzu im Einzelnen § 84 Rz. 1 ff.).[4] Ansonsten hat das Beschwerdegericht bzw. das Gericht erster Instanz nach der Aufhebung und Zurückverweisung auch über die Kosten der Rechtsbeschwerde zu entscheiden.[5] Blieb der Rechtsbeschwerdeführer dort im Ergebnis erfolglos, brachte dies wie im Beschwerdeverfahren nach früherem Recht einen Konflikt der Kostentragungsgrundsätze nach § 13a Abs. 1 Satz 1 FGG, wonach grundsätzlich jeder Beteiligte seine außergerichtlichen Kosten selbst trägt, und der Kostentragung des unterlegenen Rechtsmittelführers nach § 13a Abs. 1 Satz 2 FGG mit sich. Wie dort hatte man von einer Kostenentscheidung nach § 13a Abs. 1 Satz 2 FGG zulasten des Rechtsbeschwerdeführers regelmäßig abzusehen (vgl. § 69 Rz. 20). Das erneute Unterliegen in der Vorinstanz ist nicht als so schwerwiegend anzusehen, dass es die Kostenerstattung nach § 84 auch für die Rechtsbeschwerdeinstanz rechtfertigen könnte.[6] 32

Kosten/Gebühren: Gericht: Für Rechtsbeschwerden in der Hauptsache sind für Familiensachen im FamGKG verschiedene Gebühren vorgesehen. Regelungen enthalten die Nrn. 1130 bis 1132, 1213 bis 1215, 1225 bis 1227, 1316 bis 1318 und 1322 bis 1327 KV FamGKG. Der Wert bestimmt sich nach § 40 Abs. 1 und 2 FamGKG. Als Kostenschuldner kommen der Entscheidungs- oder Übernahmeschuldner in Frage (§ 24 Nr. 1 und 2 FamGKG), zusätzlich der Rechtsbeschwerdeführer als Antragsteller der Instanz (§ 21 Abs. 1 FamGKG). Wird die Sache an ein Gericht eines unteren Rechtszugs zurückverwiesen, bildet das weitere Verfahren mit dem früheren Verfahren vor diesem Gericht einen Rechtszug (§ 31 Abs. 1 FamGKG) mit der Folge, dass Gebühren nur einmal entstehen. Im Bereich der Kostenordnung bestimmen sich die Gebühren für Rechtsbeschwerdeverfahren nach §§ 130 bis 131c KostO. **RA:** Für Rechtsbeschwerden in der Hauptsache erhält der RA nach Teil 3 Abschnitt 2 Unterabschnitt 2 VV RVG (Nrn. 3206ff.), soweit die Verfahren in Vorbem. 3.2.2 VV RVG aufgelistet sind. Im Übrigen entstehen Gebühren nach den Nrn. 3502 und 3516 VV RVG. Soweit die Sache an ein untergeordnetes Gericht zurückverwiesen wird, ist das weitere Verfahren vor diesem Gericht ein neuer Rechtszug (§ 21 Abs. 1 RVG) mit der Folge, dass dem RA die Gebühren für diese Instanz nochmals zustehen. 33

---

1 Vgl. auch Bassenge/Roth/*Gottwald*, § 74 FamFG Rz. 19; *Rackl*, Rechtsmittelrecht, S. 302 f.
2 Wie hier Bassenge/Roth/*Gottwald*, § 74 FamFG Rz. 19; Zöller/*Feskorn*, § 74 FamFG Rz. 12.
3 Ebenso *Rackl*, Rechtsmittelrecht, S. 302.
4 Hierzu ausführlich *Rackl*, Rechtsmittelrecht, S. 303 ff.
5 *Rackl*, Rechtsmittelrecht, S. 307.
6 *Rackl*, Rechtsmittelrecht, S. 307.

74a Zurückweisungsbeschluss

74a (1) Das Rechtsbeschwerdegericht weist die vom Beschwerdegericht zugelassene Rechtsbeschwerde durch einstimmigen Beschluss ohne mündliche Verhandlung oder Erörterung im Termin zurück, wenn es davon überzeugt ist, dass die Voraussetzungen für die Zulassung der Rechtsbeschwerde nicht vorliegen und die Rechtsbeschwerde keine Aussicht auf Erfolg hat.
(2) Das Rechtsbeschwerdegericht oder der Vorsitzende hat zuvor die Beteiligten auf die beabsichtigte Zurückweisung der Rechtsbeschwerde und die Gründe hierfür hinzuweisen und dem Rechtsbeschwerdeführer binnen einer zu bestimmenden Frist Gelegenheit zur Stellungnahme zu geben.
(3) Der Beschluss nach Absatz 1 ist zu begründen, soweit die Gründe für die Zurückweisung nicht bereits in dem Hinweis nach Absatz 2 enthalten sind.

A. Entstehungsgeschichte und Normzweck ... 1	4. Einstimmige Willensbildung des Senats ... 5
B. Inhalt der Vorschrift	II. Vorgehen
I. Voraussetzungen des Zurückweisungsbeschlusses, Absatz 1	1. Kein Ermessensspielraum ... 6
1. Zulassung der Rechtsbeschwerde durch das Beschwerdegericht ... 2	2. Hinweis an den Rechtsbeschwerdeführer ... 7
2. Fehlen eines Zulassungsgrundes ... 3	3. Begründung des Zurückweisungsbeschlusses ... 8
3. Fehlende Erfolgsaussicht ... 4	III. Teilzurückweisung ... 9

A. Entstehungsgeschichte und Normzweck

1 § 74a wurde nachträglich in den Entwurf des FGG-Reformgesetzes eingefügt, um einer Belastung des BGH mit Rechtsbeschwerden entgegenzuwirken, die keine über den Einzelfall hinausgehende Bedeutung entfalten.[1] Der Gesetzgeber orientierte sich dabei an § 552a ZPO. Dessen Verweis auf § 522 Abs. 2 Satz 2 und 3 ZPO wurde allerdings durch eine nahezu wörtliche Übernahme des Textes in § 74a Abs. 2 und 3 ersetzt. Dass die Norm den ihr zugedachten Zweck erfüllen wird, bleibt zu bezweifeln. Denn mit § 74 Abs. 7 hat der Gesetzgeber bereits ein an geringere Voraussetzungen geknüpftes und für eine größere Zahl von Fällen anwendbares Werkzeug geschaffen, um den BGH vor einer Überlastung mit Rechtsbeschwerden zu schützen, an deren Entscheidung kein allgemeines Interesse besteht.[2] Die Vorschrift gilt in allen Verfahren nach dem FamFG, auch in Ehe- und Familienstreitsachen.

B. Inhalt der Vorschrift

I. Voraussetzungen des Zurückweisungsbeschlusses, Absatz 1

1. Zulassung der Rechtsbeschwerde durch das Beschwerdegericht

2 Im Gegensatz zur Vereinfachung nach § 74 Abs. 7 kann nach dem eindeutigen Wortlaut des § 74a Abs. 1 nur eine vom Beschwerdegericht **zugelassene Rechtsbeschwerde** nach dieser Vorschrift zurückgewiesen werden (vgl. § 74 Rz. 28).[3] Dies erfasst nur die Beschwerdeentscheidungen, in denen die Vorinstanz die Frage des Vorliegens einer über den Einzelfall hinausgehenden Bedeutung bereits geprüft hat. Gerade im Falle der nach **§ 70 Abs. 3** stets statthaften Rechtsbeschwerde ist die Möglichkeit einer vereinfachten Bescheidung nach § 74a nicht gegeben.[4] Bereits dies lässt die Entlastungsfunktion der Vorschrift zweifelhaft erscheinen. Von § 74a Abs. 1 nicht

---

1 Vgl. zur Zielsetzung des fast wörtlich übereinstimmenden § 552a ZPO Baumbach/*Hartmann*, § 552a ZPO Rz. 2.; MüKo.ZPO/*Wenzel*, § 552a ZPO Rz. 1; Zöller/*Heßler*, § 552a ZPO Rz. 1.
2 Ähnlich Zöller/*Feskorn*, § 74a FamFG Rz. 1.
3 Keidel/*Meyer-Holz*, § 74a FamFG Rz. 2; vgl. zum Zivilprozess MüKo.ZPO/*Wenzel*, § 552a ZPO Rz. 2.
4 Wie hier Keidel/*Meyer-Holz*, § 74a FamFG Rz. 2; Zöller/*Feskorn*, § 74a FamFG Rz. 2; *Rackl*, Rechtsmittelrecht, S. 293.

erfasst sind auch zugelassene, aber kraft Gesetzes unstatthafte Rechtsbeschwerden. Denn ihre Zulassung ist wirkungslos (§ 70 Rz. 15).[1] Sie sind zu verwerfen.[2] Hingegen ist § 74a auch auf die Fälle anzuwenden, in denen das OLG als erste Instanz entscheidet (vgl. § 70 Rz. 3).[3]

2. Fehlen eines Zulassungsgrundes

Des Weiteren verlangt § 74a Abs. 1, dass nach Auffassung des Rechtsbeschwerdegerichts kein Zulassungsgrund vorliegt. Da die kraft Gesetzes statthaften Rechtsbeschwerden nach § 70 Abs. 3 von § 74a Abs. 1 nicht erfasst sind und obendrein keiner weiteren Zulassungsgründe bedürfen (§ 70 Rz. 16), setzt das Vorgehen nach § 74a also eine unzutreffende Bejahung von Zulassungsgründen durch das Beschwerdegericht voraus. Der Zulassungsgrund kann aber auch **nachträglich wegfallen**, etwa durch Bescheidung der zur Zulassung führenden Rechtsfrage durch den BGH in einem Parallelfall. Maßgeblich ist nämlich wie bei § 552a ZPO der Zeitpunkt der Beschlussfassung durch das Rechtsbeschwerdegericht.[4] Daraus folgt, dass umgekehrt bei **nachträglichem Entstehen eines Zulassungsgrundes** § 74a nicht anwendbar ist, wenn etwa die vom Beschwerdegericht irrig angenommene Divergenz durch eine neue obergerichtliche Entscheidung tatsächlich entsteht.[5]

3. Fehlende Erfolgsaussicht

Wiederum im Gegensatz zu § 74 Abs. 7 setzt § 74a Abs. 1 zusätzlich zum Fehlen eines Zulassungsgrundes voraus, dass das Rechtsmittel nach Auffassung des Rechtsbeschwerdegerichts keine Aussicht auf Erfolg hat. Maßgeblich ist wiederum der **Zeitpunkt der Beschlussfassung** durch das Rechtsbeschwerdegericht.[6] Demnach berechtigt nicht nur die bereits bei Einlegung der Rechtsbeschwerde absehbare Aussichtslosigkeit des Rechtsmittels, sondern auch die **nachträglich** eingetretene die Zurückweisung nach § 74a. Dies ist insbesondere dann der Fall, wenn der BGH die zur Zulassung führende Rechtsfrage nach Einlegung der Rechtsbeschwerde mittlerweile in einer Parallelsache nicht iSd. Rechtsbeschwerdeführers entschieden hat.[7]

4. Einstimmige Willensbildung des Senats

Die Zurückweisung einer Rechtsbeschwerde setzt nach § 74a eine einstimmige Willensbildung des Senats voraus. Dies betrifft beide Voraussetzungen, also sowohl das Fehlen der Voraussetzungen für eine Zulassung als auch die mangelnde Erfolgsaussicht.[8] Auch insoweit sind die Anforderungen höher als bei einem Absehen von einer Begründung nach § 74 Abs. 7 (vgl. § 74 Rz. 30). Die Einstimmigkeit muss angesichts möglicher Gegenargumente des Rechtsbeschwerdeführers **noch bei der Beschlussfassung** über den Zurückweisungsbeschluss vorliegen, wobei ein Richterwechsel seit dem Hinweis unschädlich ist.[9] Einer mündlichen Verhandlung bedarf es, wie § 74a Abs. 1 klarstellt, nicht.[10]

---

1 MüKo.ZPO/*Wenzel*, § 552a ZPO Rz. 2.
2 So wohl auch Keidel/*Meyer-Holz*, § 74a FamFG Rz. 3.
3 *Rackl*, Rechtsmittelrecht, S. 294.
4 BGH v. 12.9.2012 – XII ZB 225/12, FamRZ 2013, 121 f.; Keidel/*Meyer-Holz*, § 74a FamFG Rz. 4; *Bumiller*/Harders, § 74a FamFG Rz. 2; Bassenge/Roth/*Gottwald*, § 74 FamFG Rz. 2; Bork/Jacoby/Schwab/*Müther*, 1. Aufl., § 74a FamFG Rz. 2; *Rackl*, Rechtsmittelrecht, S. 294; Baumbach/*Hartmann*, § 552a ZPO 4; MüKo.ZPO/*Wenzel*, § 552a ZPO Rz. 2; Zöller/*Heßler*, § 552a ZPO Rz. 3.
5 MüKo.ZPO/*Wenzel*, § 552a ZPO Rz. 2.
6 *Bumiller*/Harders, § 74a FamFG Rz. 2; *Rackl*, Rechtsmittelrecht, S. 294; vgl. zu § 552a ZPO BGH v. 20.1.2005 – I ZR 255/02, NJW-RR 2005, 650; Baumbach/*Hartmann*, § 552a ZPO Rz. 4.
7 BGH v. 20.1.2005 – I ZR 255/02, NJW-RR 2005, 650 f.
8 Baumbach/*Hartmann*, § 552a ZPO Rz. 5; Zöller/*Heßler*, § 552a ZPO Rz. 3.
9 Vgl. zu § 522 Abs. 2 ZPO BVerfG v. 27.7.2004 – 1 BvR 801/04, NJW 2004, 3696; Musielak/*Ball*, § 522 ZPO Rz. 24 Fn. 59.
10 *Rackl*, Rechtsmittelrecht, S. 296.

II. Vorgehen

1. Kein Ermessensspielraum

6   In der Frage, ob das Verfahren durch Zurückweisungsbeschluss oder durch Entscheidung in der Sache zu beenden ist, kommt dem Rechtsmittelgericht nach hM zum insoweit wortgleichen § 522 Abs. 2 Satz 1 ZPO **kein Ermessen** zu.[1] Danach muss auch das Rechtsbeschwerdegericht durch Beschluss nach § 74a entscheiden, wenn die Voraussetzungen der Norm vorliegen. Allerdings wird man dies durch **fehlende Einstimmigkeit** verhindern können, was im Hinblick auf die dann eröffnete Möglichkeit, auf die Begründung der Entscheidung nach § 74 Abs. 7 zu verzichten, eine erhebliche Entlastung darstellen kann.

2. Hinweis an den Rechtsbeschwerdeführer

7   Das Rechtsbeschwerdegericht kann das Rechtsmittel auch bei Vorliegen der Voraussetzungen des Abs. 1 nicht sogleich zurückweisen. Es muss den Rechtsbeschwerdeführer nach Abs. 2 auf die beabsichtigte Zurückweisung hinweisen und ihm binnen einer zu bestimmenden Frist **Gelegenheit zur Stellungnahme** geben. Hierbei muss nicht der ganze Spruchkörper handeln. Eine Verfügung des Vorsitzenden genügt nach Abs. 2, nicht aber eine solche des Beisitzers, der Berichterstatter ist.[2] Die Frist kann verlängert werden.[3] Der Hinweis muss **sowohl die fehlenden Zulassungsgründe als auch die mangelnde Erfolgsaussicht** in der Sache aufzeigen. Dies ist zur Gewährung rechtlichen Gehörs unabdingbar.[4]

3. Begründung des Zurückweisungsbeschlusses

8   Das Rechtsbeschwerdegericht hat den Zurückweisungsbeschluss nach Abs. 3 zu **begründen**. Dabei kann es allerdings, wie Abs. 3, letzter Halbs. klarstellt, regelmäßig auf den Hinweis nach Abs. 2 **Bezug nehmen**, in dem es bereits die Gründe der Zurückweisung anführen muss. Dies gilt nicht für neue Gründe, die nicht in dem Hinweis behandelt wurden.[5] Im Ergebnis bedarf es also regelmäßig der Erörterung, weshalb der Vortrag des Rechtsbeschwerdeführers auf den Hinweis gem. Abs. 2 die bislang mitgeteilten Gründe nicht entkräftet. Trägt der Rechtsbeschwerdeführer **neue Gesichtspunkte** vor, mit denen sich das Rechtsbeschwerdegericht selbstverständlich auseinander setzen muss, so bedarf es einer Entscheidung in der Hauptsache, da § 74a die Wiederholung des Hinweises mit Fristsetzung nicht vorsieht.[6] Auch insoweit geht der Aufwand über die nicht zu begründende Entscheidung nach § 74 Abs. 7 hinaus. Dass der Beschluss ohne mündliche Verhandlung oder Erörterung im Termin ergehen kann, wie in § 74a Abs. 1 überflüssigerweise nochmals geregelt ist, stellt, anders als im Revisionsverfahren,[7] keine Erleichterung dar, da über die Rechtsbeschwerde ohnehin nicht mündlich verhandelt werden muss (vgl. § 74 Rz. 11). Der Beschluss ist nur noch mit der Anhörungsrüge gem. §§ 74 Abs. 4, 44 anfechtbar.

---

1   Keidel/*Meyer-Holz*, § 74a FamFG Rz. 9; *Rackl*, Rechtsmittelrecht, S. 296; vgl. zu § 522 Abs. 2 ZPO BGH v. 15.3.2007 – V ZB 170/06, MDR 2007, 1103 = NJW 2007, 2644; Musielak/*Ball*, § 522 ZPO Rz. 20; Zöller/*Heßler*, § 522 ZPO Rz. 31.
2   Vgl. zu § 522 Abs. 2 ZPO BVerfG v. 27.7.2004 – 1 BvR 801/04, NJW 2004, 3696.
3   Keidel/*Meyer-Holz*, § 74a FamFG Rz. 6; vgl. zu § 522 Abs. 2 ZPO Musielak/*Ball*, § 522 ZPO Rz. 27.
4   Bassenge/Roth/*Gottwald*, § 74 FamFG Rz. 4; zum Zivilprozess s. MüKo.ZPO/*Wenzel*, § 552a ZPO Rz. 3; ähnlich Zöller/*Heßler*, § 522 ZPO Rz. 34.
5   Keidel/*Meyer-Holz*, § 74a FamFG Rz. 10; Bassenge/Roth/*Gottwald*, § 74 FamFG Rz. 5; vgl. zu § 522 Abs. 2 ZPO Musielak/*Ball*, § 522 ZPO Rz. 28; Zöller/*Heßler*, § 522 ZPO Rz. 40.
6   Ähnlich wie hier wohl Keidel/*Meyer-Holz*, § 74a FamFG Rz. 7 (einschränkend aber Rz. 8 bei im Ergebnis fortbestehender Aussichtslosigkeit); aA *Rackl*, Rechtsmittelrecht, S. 296 und zu § 522 Abs. 2 ZPO Zöller/*Heßler*, § 522 ZPO Rz. 34.
7   Hierzu Zöller/*Heßler*, § 552a ZPO Rz. 2.

III. Teilzurückweisung

Im Berufungsverfahren wird eine Teilzurückweisung nach § 522 Abs. 2 ZPO für zulässig befunden.[1] Dies erscheint für § 74a jedenfalls zweifelhaft. Denn diese Möglichkeit ist nicht nur gesetzlich gerade nicht vorgesehen, sondern widerspricht der Vereinfachungsabsicht.[2] Abgesehen davon, dass ohnehin das reguläre Verfahren durchzuführen wäre, würde durch dessen Aufteilung die Gefahr neuer Fehlerquellen geschaffen. Eine Vereinfachung ergäbe sich nicht, da im Rechtsbeschwerdeverfahren ohnehin keine mündliche Verhandlung erforderlich ist (s. § 74 Rz. 11). Das Problem der Klageerweiterung, mit der ein Zurückweisungsbeschluss verhindert werden könnte,[3] stellt sich im Rechtsbeschwerdeverfahren von vornherein nicht (zur Unzulässigkeit neuer Anträge im Rechtsbeschwerdeverfahren s. § 72 Rz. 3). 9

Kosten/Gebühren: Gericht: Für Rechtsbeschwerden gegen Endentscheidungen sind im GNotKG und im FamFGKG in den entsprechenden Abschnitten für das Ausgangsverfahren jeweils Gebühren vorgesehen. Der Wert bestimmt sich nach § 62 Abs. 1 und 2 GNotKG, § 40 Abs. 1 und 2 FamGKG. Als Kostenschuldner kommen der Entscheidungs- oder Übernahmeschuldner in Frage (§ 27 Nr. 1 und 2 GNotKG, § 24 Nr. 1 und 2 FamGKG), zusätzlich der Rechtsbeschwerdeführer als Antragsteller der Instanz (§§ 22 Abs. 1, 25 GNotKG, § 21 Abs. 1 FamGKG). Wird die Sache an ein Gericht des unteren Rechtszugs zurückverwiesen, bildet das weitere Verfahren mit dem früheren Verfahren vor diesem Gericht einen Rechtszug (§ 57 GNotKG, § 31 Abs. 1 FamGKG) mit der Folge, dass Gebühren nur einmal entstehen. **RA:** Für Rechtsbeschwerden gegen Endentscheidungen wegen des Hauptgegenstands erhält der RA Gebühren nach Teil 3 Abschnitt 2 Unterabschnitt 2 VV RVG (Vorbem. 3.2.2 Nr. 1 Buchst. a iVm. Vorbem. 3.2.1 Nr. 2 Buchst. b VV RVG). Der Wert bestimmt sich nach § 23 Abs. 1 Satz 1 RVG, § 62 Abs. 1 und 2 GNotKG, § 40 Abs. 1 und 2 FamGKG. Soweit die Sache an ein untergeordnetes Gericht zurückverwiesen wird, ist das weitere Verfahren vor diesem Gericht ein neuer Rechtszug (§ 21 Abs. 1 RVG) mit der Folge, dass dem RA die Gebühren für diese Instanz nochmals zustehen. 10

§ 75 Sprungrechtsbeschwerde

(1) Gegen die im ersten Rechtszug erlassenen Beschlüsse, die ohne Zulassung der Beschwerde unterliegen, findet auf Antrag unter Übergehung der Beschwerdeinstanz unmittelbar die Rechtsbeschwerde (Sprungrechtsbeschwerde) statt, wenn
1. die Beteiligten in die Übergehung der Beschwerdeinstanz einwilligen und
2. das Rechtsbeschwerdegericht die Sprungrechtsbeschwerde zulässt.

Der Antrag auf Zulassung der Sprungrechtsbeschwerde und die Erklärung der Einwilligung gelten als Verzicht auf das Rechtsmittel der Beschwerde.

(2) Die Sprungrechtsbeschwerde ist in der in § 63 bestimmten Frist einzulegen. Für das weitere Verfahren gilt § 566 Abs. 2 bis 8 der Zivilprozessordnung entsprechend.

A. Entstehungsgeschichte und Normzweck 1	b) Inhalt 7
B. Inhalt der Vorschrift	4. Wirkung von Antrag und Einwilligung
I. Voraussetzungen	a) Hemmung der Rechtskraft 8
1. Beschwerdefähige Entscheidung erster Instanz 2	b) Verzicht auf die Beschwerde . . . 9
2. Antrag	5. Zulassung
a) Form und Frist	a) Verfahren 10
aa) Antragsfrist 3	b) Die Entscheidung 11
bb) Form des Antrags 4	II. Weiteres Verfahren
b) Begründung des Antrags 5	1. Begründung und Prüfung der Rechtsbeschwerde 12
3. Einwilligung	2. Entscheidung 13
a) Frist und Form 6	

---

1 Musielak/*Ball*, § 522 ZPO Rz. 28a; krit. Zöller/*Heßler*, § 522 ZPO Rz. 42.
2 Wie hier Keidel/*Meyer-Holz*, § 74a FamFG Rz. 5; *Rackl*, Rechtsmittelrecht, S. 295.
3 Zöller/*Heßler*, § 522 ZPO Rz. 37.

§ 75

A. Entstehungsgeschichte und Normzweck

1   Die Sprungrechtsbeschwerde gehört zu den Neuerungen des FamFG[1] und übernimmt § 566 Abs. 1 ZPO ohne wesentliche Veränderungen in das Verfahren nach dem FamFG.[2] Abs. 1 entspricht überwiegend wörtlich § 566 Abs. 1 ZPO; für das weitere Verfahren verweist Abs. 2 zur Gänze auf die diesbezüglichen Vorschriften in § 566 Abs. 2 bis 8 ZPO.[3] Die Sprungrechtsbeschwerde soll den Beteiligten ermöglichen, möglichst rasch eine höchstrichterliche Entscheidung zu ungeklärten Rechtsfragen einzuholen.[4] Dass sie dieses Ziel erreicht, darf bezweifelt werden. Dem steht insbesondere entgegen, dass die Beteiligten mit dem Antrag auf Zulassung der Sprungrechtsbeschwerde bzw. mit der Einwilligung hierzu auf die ansonsten statthafte Beschwerde verzichten. Es steht vielmehr zu erwarten, dass die Sprungrechtsbeschwerde ähnlich wie die Sprungrevision in der Praxis ohne Bedeutung bleiben wird.[5]

B. Inhalt der Vorschrift

I. Voraussetzungen

1. Beschwerdefähige Entscheidung erster Instanz

2   Die Sprungrechtsbeschwerde findet nach § 75 Abs. 1 Satz 1 nur gegen erstinstanzliche Entscheidungen statt, die ohne Zulassung der Beschwerde unterliegen. In vermögensrechtlichen Angelegenheiten muss folglich der **Mindestbeschwerdewert von 600 Euro** gem. § 61 Abs. 1 überschritten sein.[6] Soll bei teilbaren Verfahrensgegenständen nur gegen einen abtrennbaren Teil der erstinstanzlichen Entscheidung Sprungrechtsbeschwerde eingelegt werden, muss dieser allein die Mindestbeschwer erreichen.[7] Denn die Sprungrechtsbeschwerde tritt an die Stelle der Beschwerde und stellt kein alternatives Rechtsmittel bei deren Unstatthaftigkeit dar. Unerheblich ist, ob die Entscheidung erster Instanz von einem AG oder von einem LG erlassen wurde.[8] Die Sprungrechtsbeschwerde ist auch in Notarkostensachen möglich.[9] Wie im Zivilprozess ist allerdings eine Sprungrechtsbeschwerde dann **ausgeschlossen, wenn eine Rechtsbeschwerde für das spezielle Verfahren unstatthaft ist**, namentlich also in Verfahren über die Anordnung, Abänderung oder Aufhebung einer einstweiligen Anordnung oder eines Arrests (§ 70 Abs. 4).[10]

2. Antrag

a) Form und Frist

aa) Antragsfrist

3   Die Sprungrechtsbeschwerde ist, anders als die Beschwerde, nicht ohne Weiteres eröffnet. Sie erfordert ein **Zulassungsverfahren** beim Rechtsbeschwerdegericht. Das

---

1 BT-Drucks. 16/6308, S. 211.
2 BT-Drucks. 16/6308, S. 211.
3 Hierzu BT-Drucks. 16/6308, S. 211.
4 BT-Drucks. 16/6308, S. 211; vgl. zu § 566 ZPO Baumbach/*Hartmann*, § 566 ZPO Rz. 1; Musielak/*Ball*, § 566 ZPO Rz. 1; Zöller/*Heßler*, § 566 ZPO Rz. 1.
5 Ähnlich Bassenge/Roth/*Gottwald*, § 74 FamFG Rz. 4; Zöller/*Feskorn*, § 75 FamFG Rz. 1; *Rackl*, Rechtsmittelrecht, S. 276.
6 *Netzer*, ZNotP 2009, 303 (310); Bumiller/Harders, § 75 FamFG Rz. 1; Keidel/*Meyer-Holz*, § 75 FamFG Rz. 2; Bork/Jacoby/Schwab/*Müther*, 1. Aufl., § 75 FamFG Rz. 3; Zöller/*Feskorn*, § 75 FamFG Rz. 2; *Rackl*, Rechtsmittelrecht, S. 268; vgl. BGH v. 1.10.2002 – IX ZR 125/02, NJW 2003, 143 = MDR 2003, 169; Baumbach/*Hartmann*, § 566 ZPO Rz. 4; Musielak/*Ball*, § 566 ZPO Rz. 2; MüKo.ZPO/*Wenzel*, § 566 ZPO Rz. 2; Zöller/*Heßler*, § 566 ZPO Rz. 2.
7 Keidel/*Meyer-Holz*, § 75 FamFG Rz. 2.
8 Baumbach/*Hartmann*, § 566 ZPO Rz. 4.
9 *Tiedtke*/Diehn, ZNotP 2009, 385 (3 86 f.); *Maass*, ZNotP 2010, 333 f. unter ausführlicher Auseinandersetzung mit der Gegenposition.
10 Keidel/*Meyer-Holz*, § 75 FamFG Rz. 3; Zöller/*Feskorn*, § 75 FamFG Rz. 3; *Rackl*, Rechtsmittelrecht, S. 268 f.; vgl. zum Zivilprozess Baumbach/*Hartmann*, § 566 ZPO Rz. 4; MüKo.ZPO/*Wenzel*, § 566 ZPO Rz. 4.

setzt zunächst einen Antrag des Sprungrechtsbeschwerdeführers bei dem Rechtsbeschwerdegericht voraus.[1] Der Antrag war nach der ursprünglichen Fassung von § 75 Abs. 2 FamFG iVm. §§ 566 Abs. 2 Satz 2, 548 ZPO stets binnen eines Monats einzulegen. Dies führte zu Verzögerungen bei der Erteilung eines Rechtskraftzeugnisses in Verfahren mit kürzerer Beschwerdefrist (vgl. § 63 Rz. 4a).[2] Diese Unstimmigkeiten hat der Gesetzgeber durch den neu eingefügten § 75 Abs. 2 Satz 1[3] und damit durch die Harmonisierung der Vorschrift mit § 63 beseitigt. Für die Sprungrechtsbeschwerde gilt nun stets dieselbe Frist wie für die Beschwerde. Insoweit sind §§ 566 Abs. 2 Satz 2, 548 ZPO nicht mehr anwendbar. Der Beginn der Frist läuft nicht, obwohl § 75 Abs. 2 insoweit unbeschränkt auf §§ 566 Abs. 2 Satz 2, 548 ZPO verweist, erst ab Zustellung der erstinstanzlichen Entscheidung. Insoweit geht die Verweisung zu weit, was auch daran ersichtlich ist, dass § 548 ZPO von einem Urteil spricht. Vielmehr ist hier zu berücksichtigen, dass § 63 Abs. 3 Satz 1 im Verfahren nach dem FamFG geringere Anforderungen stellt, so dass auch in diesem Zusammenhang die **schriftliche Bekanntgabe** der erstinstanzlichen Entscheidung genügt.[4]

bb) Form des Antrags

Form und Inhalt des Antrags richten sich nach § 75 Abs. 2 FamFG iVm. §§ 566 Abs. 2 Satz 2, 549 ZPO. Es bedarf somit einer **Antragsschrift**, die den angegriffenen Beschluss bezeichnen und die Erklärung enthalten muss, dass hiergegen Sprungrechtsbeschwerde eingelegt werden soll.[5] Sie muss gem. § 10 Abs. 4 von einem beim BGH zugelassenen Rechtsanwalt unterzeichnet sein.[6] Nach § 75 Abs. 2 FamFG iVm. §§ 566 Abs. 2 Satz 2, 550 Abs. 1 ZPO soll der Antragsschrift eine Ausfertigung oder beglaubigte Ablichtung des angefochtenen Beschlusses beigefügt werden.

b) Begründung des Antrags

Nach § 75 Abs. 2 FamFG iVm. § 566 Abs. 2 Satz 3, Abs. 4 ZPO muss der Antrag die Voraussetzungen der Sprungrechtsbeschwerde darlegen.[7] Diese Voraussetzungen entsprechen § 70 Abs. 2 Nr. 1 und 2. Der Sprungrechtsbeschwerdeführer muss also eine **über den Einzelfall hinausgehende Bedeutung nach § 70 Abs. 2 Nr. 1 oder 2 darlegen**, so dass auf die dortige Kommentierung Bezug genommen werden kann (s. § 70 Rz. 4 ff.). Zusätzlich muss er darlegen, dass die Beschwerde gegen die angefochtene Entscheidung statthaft wäre, also der **Mindestbeschwerdewert** von 600 Euro in vermögensrechtlichen Angelegenheiten überschritten ist.[8] Da die Sprungrechtsbeschwerde selbst nach § 75 Abs. 2 FamFG iVm. § 566 Abs. 4 Satz 2 ZPO nicht auf einen Verfahrensmangel gestützt werden kann, scheidet ein solcher auch als Zulassungsgrund aus.[9]

---

1 *Bumiller*/Harders, § 75 FamFG Rz. 1; Bork/Jacoby/Schwab/*Müther*, 1. Aufl., § 75 FamFG Rz. 6; *Rackl*, Rechtsmittelrecht, S. 270; vgl. zum Zivilprozess Baumbach/*Hartmann*, § 566 ZPO Rz. 6; Zöller/*Heßler*, § 566 ZPO Rz. 7.
2 *Borth*, DNotZ 2011, 53 (56); *Milzer*, MittBayNot 2011, 112 (113).
3 Eingefügt durch Art. 6 Nr. 9 des Gesetzes zur Einführung einer Rechtsbehelfsbelehrung im Zivilprozess und zur Änderung anderer Vorschriften v. 5.12.2012, BGBl. I, S. 2418.
4 Zöller/*Feskorn*, § 75 FamFG Rz. 7; aA für eine Anwendung von § 71 Abs. 1 *Rackl*, Rechtsmittelrecht, S. 270.
5 Bork/Jacoby/Schwab/*Müther*, 1. Aufl., § 75 FamFG Rz. 7. Im Ergebnis ebenso, aber auf § 71 Abs. 1 gestützt, *Rackl*, Rechtsmittelrecht, S. 271.
6 Bork/Jacoby/Schwab/*Müther*, 1. Aufl., § 75 FamFG Rz. 6; *Rackl*, Rechtsmittelrecht, S. 271.
7 Bork/Jacoby/Schwab/*Müther*, 1. Aufl., § 75 FamFG Rz. 7; vgl. Musielak/*Ball*, § 566 ZPO Rz. 6; MüKo.ZPO/*Wenzel*, § 566 ZPO Rz. 7.
8 *Sonnenfeld*, BtPrax 2009, 167 (171); *Rackl*, Rechtsmittelrecht, S. 271; vgl. Musielak/*Ball*, § 566 ZPO Rz. 4; MüKo.ZPO/*Wenzel*, § 566 ZPO Rz. 9.
9 *Bumiller*/Harders, § 75 FamFG Rz. 2; vgl. zum Zivilprozess BGH v. 4.7.1996 – III ZR 145/95, NJW-RR 1996, 1150; Musielak/*Ball*, § 566 ZPO Rz. 7; MüKo.ZPO/*Wenzel*, § 566 ZPO Rz. 9.

3. Einwilligung

a) Frist und Form

6 Der Sprungrechtsbeschwerdeführer hat dem Antrag nach § 75 Abs. 1 Nr. 1, Abs. 2 FamFG iVm. § 566 Abs. 2 Satz 4 ZPO die schriftliche **Einwilligung** „der Beteiligten" beizufügen.[1] Dies ist dahingehend zu verstehen, dass er die Einwilligung der anderen Beteiligten[2] **im Original** beizufügen hat.[3] Die Einwilligung selbst kann aber als Telefax an den Sprungrechtsbeschwerdeführer übermittelt werden.[4] Nach § 75 Abs. 2 FamFG iVm. § 566 Abs. 2 Satz 4 ZPO ist die Einwilligung „dem Zulassungsantrag beizufügen". Die hM im Zivilprozessrecht legt dies sehr großzügig dahingehend aus, dass sie nicht zwangsläufig zugleich mit der Antragsschrift, sondern nur innerhalb der Monatsfrist des § 75 Abs. 2 FamFG iVm. §§ 566 Abs. 2 Satz 2, 548 ZPO eingereicht werden muss.[5] Da es sich bei dieser Frist um eine **Notfrist** handelt, kann sie aber jedenfalls nicht verlängert werden.[6] Umgekehrt bleibt eine kürzere Beschwerdefrist etwa nach § 63 Abs. 2 Nr. 2 ohne Einfluss auf die Frist nach § 75 Abs. 2 FamFG iVm. §§ 566 Abs. 2 Satz 2, 548 ZPO.[7] Dies ergibt sich nicht nur aus dem Wortlaut der Norm, sondern auch aus ihrem Sinn. Denn im Gegensatz zur Beschwerde muss der Rechtsbeschwerdeführer die Einwilligung der anderen Beteiligten einholen, wofür die zweiwöchige Frist zu knapp sein kann. Die Einwilligung muss in Ausnahme von § 10 Abs. 4 nicht zwangsläufig von einem beim BGH zugelassenen Anwalt unterzeichnet sein. Es genügt nach § 75 Abs. 2 FamFG iVm. §§ 566 Abs. 2 Satz 4 ZPO eine Erklärung des **erstinstanzlichen Bevollmächtigten**.[8] Diese muss aber im Original vorliegen; eine vom Anwalt des Antragstellers beigefügte beglaubigte Ablichtung reicht nicht aus.[9] Eine notariell beglaubigte Abschrift ist aber ausreichend.[10] Da es sich bei erstinstanzlichen Verfahren nach dem FamFG regelmäßig nicht um Anwaltsprozesse handelt, kann die Erklärung der Beteiligten nach § 75 Abs. 2 FamFG iVm. §§ 566 Abs. 2 Satz 4 ZPO auch zu Protokoll der Geschäftsstelle erfolgen.[11] Diese kann nach § 25 Abs. 2 vor der Geschäftsstelle jedes AG abgegeben werden. Für die Einreichung per Fax, Computerfax etc. gelten hinsichtlich der Unterschrift dieselben Erleichterungen wie für das Rechtsmittel selbst (vgl. § 71 Rz. 3).[12]

---

1 Zur Schriftform vgl. Musielak/*Ball*, § 566 ZPO Rz. 3.
2 Wie hier Bork/Jacoby/Schwab/*Müther*, 1. Aufl., § 75 FamFG Rz. 4; Zöller/*Feskorn*, § 75 FamFG Rz. 4; einschränkend, nur die Einwilligung der Beschwerdeberechtigten fordert *Rackl*, Rechtsmittelrecht, S. 272 f.
3 BGH v. 6.3.2007 – VIII ZR 330/06, NJW-RR 2007, 1075 f. (auch zur Möglichkeit der Wiedereinsetzung bei Vorlage einer Kopie); BVerwG v. 25.8.2005 – 6 C 20/04, NJW 2005, 3367; Zöller/*Feskorn*, § 75 FamFG Rz. 4.
4 BVerwG v. 25.8.2005 – 6 C 20/04, NJW 2005, 3367 (3368); Bork/Jacoby/Schwab/*Müther*, 1. Aufl., § 75 FamFG Rz. 6.
5 BGH v. 31.1.1955 – III ZR 77/54, BGHZ 16, 192 (195); Baumbach/*Hartmann*, § 566 ZPO Rz. 7; Musielak/*Ball*, § 566 ZPO Rz. 3; MüKo.ZPO/*Wenzel*, § 566 ZPO Rz. 7; strenger wohl BVerwG v. 25.8.2005 – 6 C 20/04, NJW 2005, 3367; so jetzt auch für Verfahren nach dem FamFG Bumiller/Harders, § 75 FamFG Rz. 1; Keidel/*Meyer-Holz*, § 75 FamFG Rz. 8; *Rackl*, Rechtsmittelrecht, S. 272.
6 Keidel/*Meyer-Holz*, § 75 FamFG Rz. 8; vgl. zum Zivilprozess Baumbach/*Hartmann*, § 566 ZPO Rz. 7.
7 AA ohne Begr. Keidel/*Meyer-Holz*, § 75 FamFG Rz. 6.
8 Keidel/*Meyer-Holz*, § 75 FamFG Rz. 9; *Rackl*, Rechtsmittelrecht, S. 272; vgl. zum Zivilprozess BGH 6.3.2007 – VIII ZR 330/06, NJW-RR 2007, 1075 (1076).
9 BGH v. 5.7.1984 – I ZR 102/83, BGHZ 92, 76 (77); BGH v. 10.7.1985 – VIII ZR 285/84, NJW 1986, 198; BGH v. 6.3.2007 – VIII ZR 330/06, NJW-RR 2007, 1075 (1076); Zöller/*Feskorn*, § 75 FamFG Rz. 4; Musielak/*Ball*, § 566 ZPO Rz. 3; MüKo.ZPO/*Wenzel*, § 566 ZPO Rz. 5.
10 BVerwG v. 25.8.2005 – 6 C 20/04, NJW 2005, 3367 (3368).
11 *Bumiller*/Harders, § 75 FamFG Rz. 1; Bork/Jacoby/Schwab/*Müther*, 1. Aufl., § 75 FamFG Rz. 4; vgl. für den Zivilprozess Baumbach/*Hartmann*, § 566 ZPO Rz. 7; MüKo.ZPO/*Wenzel*, § 566 ZPO Rz. 6; Zöller/*Heßler*, § 566 ZPO Rz. 4.
12 BGH v. 5.7.1984 – I ZR 102/83, BGHZ 92, 76 (77 f.); Musielak/*Ball*, § 566 ZPO Rz. 3; MüKo.ZPO/*Wenzel*, § 566 ZPO Rz. 5.

b) Inhalt

In der Erklärung ihrer Einwilligung müssen **alle anderen Beteiligten** der Durchführung des Sprungrechtsbeschwerdeverfahrens zustimmen. Trotz des Verweises auf § 566 Abs. 2 Satz 4 ZPO, wo von der „Einwilligung des Antragsgegners" die Rede ist, müssen alle Beteiligten zustimmen. Die Verweisung auf die zivilprozessualen Vorschriften muss hinter den speziellen Regelungen in § 75 zurückstehen. § 75 Abs. 1 Nr. 1 verlangt aber ohne Einschränkung, dass „die Beteiligten" in die Übergehung der Beschwerdeinstanz einwilligen.[1] Dies muss nicht unbedingt ausdrücklich, aber schon im Hinblick auf den Verlust der Beschwerdeinstanz nach § 75 Abs. 1 Satz 2 **eindeutig** geschehen. Stellt derjenige, der einzuwilligen hat, gleichfalls einen Antrag auf Zulassung der Sprungrechtsbeschwerde, soll dieser noch nicht genügen.[2] Die Einwilligung ist eine **Prozesshandlung**,[3] die nach Eingang bei Gericht weder widerrufen noch durch Anfechtung beseitigt werden kann.[4] Die Beteiligten können sich auch schon **vor der Entscheidung**, ja noch vor Einleitung des Verfahrens auf die Sprungrechtsbeschwerde als Rechtsmittel einigen, sogar formlos.[5] Die Erklärenden sind dann zur Abgabe der Einwilligung in der gebotenen Form verpflichtet, wenn ein Antrag nach § 75 Abs. 1 Satz 2 gestellt wird.[6] Für den Fall, dass die Einwilligung verweigert wird, könnte noch Beschwerde eingelegt werden, da die Berufung auf den Beschwerdeverzicht arglistig wäre.[7] Bei Fristversäumung wäre die abredewidrige Verweigerung der Einwilligung ein Wiedereinsetzungsgrund. Unaufgefordert muss der Sprungrechtsbeschwerdegegner die Einwilligung aber nicht vorlegen.[8] Allerdings handelt es sich bei solchen außergerichtlichen Abreden nur um **verfahrensrechtliche Vereinbarungen**, die den allgemeinen Regeln über die Anfechtung von Willenserklärungen folgen, mithin bei Irrtum oder Täuschung angefochten werden können.

4. Wirkung von Antrag und Einwilligung

a) Hemmung der Rechtskraft

Ein Antrag nach § 75 Abs. 1 Satz 2 hemmt die Rechtskraft der erstinstanzlichen Entscheidung.[9] Dies gilt auch bei unzulässigen Anträgen, etwa solchen, die ohne Einwilligung der anderen Beteiligten gestellt werden. Dies folgt jedenfalls aus § 75 Abs. 2 FamFG iVm. §§ 566 Abs. 6 ZPO, wonach Rechtskraft erst eintritt, wenn der Antrag „abgelehnt" wird. Das umfasst sowohl die Verwerfung als unzulässig als auch die Zurückweisung.[10] Deswegen hat die Geschäftsstelle des Rechtsbeschwerdegerichts nach § 75 Abs. 2 FamFG iVm. § 566 Abs. 3 Satz 3 ZPO unverzüglich nach Eingang der Antragsschrift die **Prozessakten beim Gericht erster Instanz anzufordern**, damit dieses im Hinblick auf das Rechtskraftzeugnis Kenntnis von dem Antrag erhält.[11] Die erstinstanzliche Entscheidung ist aber gleichwohl nach § 40 Abs. 1 mit der Bekannt-

---

1 Ebenso *Rackl*, Rechtsmittelrecht, S. 271.
2 Keidel/*Meyer-Holz*, § 75 FamFG Rz. 9; vgl. BVerwG v. 25.8.2005 – 6 C 20/04, NJW 2005, 3367; MüKo.ZPO/*Wenzel*, § 566 ZPO Rz. 6.
3 Keidel/*Meyer-Holz*, § 75 FamFG Rz. 9; vgl. zum Zivilprozess BGH v. 5.7.1984 – I ZR 102/83, BGHZ 92, 76 (78); BGH v. 10.7.1985 – VIII ZR 285/84, NJW 1986, 198; Baumbach/*Hartmann*, § 566 ZPO Rz. 7; Musielak/*Ball*, § 566 ZPO Rz. 3; MüKo.ZPO/*Wenzel*, § 566 ZPO Rz. 6.
4 Keidel/*Meyer-Holz*, § 75 FamFG Rz. 9; BGH v. 5.7.1984 – I ZR 102/83, BGHZ 92, 76 (78).
5 Keidel/*Meyer-Holz*, § 75 FamFG Rz. 19; vgl. zum Zivilprozess BGH v. 10.7.1985 – VIII ZR 285/84, NJW 1986, 198 zur Sprungrevision; Baumbach/*Hartmann*, § 566 ZPO Rz. 1; Zöller/*Heßler*, § 566 ZPO Rz. 4.
6 So für den Zivilprozess auch MüKo.ZPO/*Wenzel*, § 566 ZPO Rz. 13; weiter gehend, für eine unmittelbare Wirkung Musielak/*Ball*, § 566 ZPO Rz. 5, der der verfahrensrechtlichen Vereinbarung „dieselbe Wirkung" wie der Einwilligung gegenüber dem Beschwerdegericht zubilligt.
7 Keidel/*Meyer-Holz*, § 75 FamFG Rz. 19; vgl. BGH v. 10.7.1985 – VIII ZR 285/84, NJW 1986, 198 zur Sprungrevision.
8 BGH v. 10.7.1985 – VIII ZR 285/84, NJW 1986, 198.
9 Keidel/*Meyer-Holz*, § 75 FamFG Rz. 6; *Rackl*, Rechtsmittelrecht, S. 273.
10 Vgl. zum identischen Wortlaut des § 544 Abs. 5 Satz 1 ZPO Baumbach/*Hartmann*, § 544 ZPO Rz. 11; Musielak/*Ball*, § 544 ZPO Rz. 25; MüKo.ZPO/*Wenzel*, § 544 ZPO Rz. 23.
11 *Rackl*, Rechtsmittelrecht, S. 273; Baumbach/*Hartmann*, § 566 ZPO Rz. 8; MüKo.ZPO/*Wenzel*, § 566 ZPO Rz. 15.

gabe wirksam geworden, weshalb aus ihr im Regelfall gem. § 86 Abs. 2 vollstreckt werden kann. Deswegen kann nach § 75 Abs. 2 FamFG iVm. § 566 Abs. 3 Satz 2 ZPO auf Antrag des Sprungrechtsbeschwerdeführers die einstweilige Einstellung der Zwangsvollstreckung nach § 719 Abs. 2 und 3 ZPO angeordnet werden.

b) Verzicht auf die Beschwerde

9   Nach § 75 Abs. 1 Satz 2 gilt der Antrag wie im Zivilprozess[1] als Verzicht auf das Rechtsmittel der Beschwerde.[2] Die gleiche Wirkung trifft die anderen Beteiligten, die in die Durchführung des Sprungrechtsbeschwerdeverfahrens eingewilligt haben. Nach dem Wortlaut der Vorschrift gilt dies schon bei Einlegung des Antrags bzw. der Erklärung der Einwilligung. Um die anderen Beteiligten gegenüber dem Antragsteller nicht zu benachteiligen, verlegt man diese Wirkung der Einwilligung im Sprungrevisionsverfahren auf den **Zeitpunkt, da der Antrag beim Revisionsgericht gestellt wird**.[3] Wird die Zulassung der Sprungrechtsbeschwerde also nicht beantragt, können die Beteiligten ungeachtet ihrer diesbezüglichen Einwilligung noch Beschwerde einlegen. Die Wirkung des Verzichts tritt auch bei Ablehnung des Antrags durch das Rechtsbeschwerdegericht ein. Mit Stellung dieses Antrags und der Einwilligung der übrigen Beteiligten ist die Möglichkeit der Beschwerde für alle Beteiligten verloren,[4] selbst wenn der Antrag zurückgenommen wird. Eine gleichwohl eingelegte Beschwerde wäre unzulässig[5] bzw. wird es nachträglich durch den Antrag auf Zulassung der Sprungrechtsbeschwerde.[6]

5. Zulassung

a) Verfahren

10   Die Sprungrechtsbeschwerde bedarf in jedem Falle der Zulassung.[7] Für stets statthafte Rechtsbeschwerden nach § 70 Abs. 3 ist dies ein zusätzliches Hindernis,[8] das sich im normalen Instanzenzug nicht ergibt (s. § 70 Rz. 16).[9] Die Zulassung fällt gem. § 75 Abs. 2 FamFG iVm. § 566 Abs. 5 Satz 1 ZPO in die alleinige **Zuständigkeit des Rechtsbeschwerdegerichts**.[10] Das erstinstanzliche Gericht kann die Sprungrechtsbeschwerde nicht zulassen;[11] eine entsprechende Entscheidung wäre unwirksam (s. § 70 Rz. 7).[12] Das Rechtsbeschwerdegericht hat in diesem Zusammenhang

---

1   Zur Anlehnung an § 566 Abs. 1 Satz 2 ZPO s. BT-Drucks. 16/6308, S. 211.
2   BGH v. 5.7.1984 – I ZR 102/83, BGHZ 92, 76 (77); BGH v. 24.4.1997 – III ZB 8/97, NJW 1997, 1387; Bork/Jacoby/Schwab/*Müther*, 1. Aufl., § 75 FamFG Rz. 4.
3   BGH v. 24.4.1997 – III ZB 8/97, NJW 1997, 1387 = MDR 1997, 776; Musielak/*Ball*, § 566 ZPO Rz. 5; Zöller/*Heßler*, § 566 ZPO Rz. 4; im Ergebnis ebenso MüKo.ZPO/*Wenzel*, § 566 ZPO Rz. 12; ähnlich Keidel/*Meyer-Holz*, § 75 FamFG Rz. 18; *Rackl*, Rechtsmittelrecht, S. 271; aA für Verfahren nach dem FamFG Bumiller/Harders, § 75 FamFG Rz. 5.
4   BT-Drucks. 16/6308, S. 211; Keidel/*Meyer-Holz*, § 75 FamFG Rz. 18; vgl. zum Zivilprozess Zöller/*Heßler*, § 566 ZPO Rz. 6.
5   Vgl. BGH v. 10.7.1985 – VIII ZR 285/84, NJW 1986, 198; Musielak/*Ball*, § 566 ZPO Rz. 5; Zöller/*Heßler*, § 566 ZPO Rz. 6.
6   OLG Celle v. 20.6.2011 – 10 UF 145/11, FamRZ 2011, 1617; Keidel/*Meyer-Holz*, § 75 FamFG Rz. 6.
7   BT-Drucks. 16/6308, S. 211; *Bumiller*/Harders, § 75 FamFG Rz. 2; Bork/Jacoby/Schwab/*Müther*, 1. Aufl., § 75 FamFG Rz. 5; vgl. Baumbach/*Hartmann*, § 566 ZPO Rz. 5.
8   Dies übersehen die Materialien, wenn sie davon sprechen (BT-Drucks. 16/6308, S. 211), dass dieses „Erfordernis ... mit dem eingeführten Erfordernis der Zulassung der Rechtsbeschwerde (korrespondiert)."
9   AA *Rackl*, Rechtsmittelrecht, S. 274.
10 *Rackl*, Rechtsmittelrecht, S. 273; Zöller/*Feskorn*, § 75 FamFG Rz. 5; unverständlich *Maurer*, FamRZ 2009, 465 (483), der auf eine Zulassung durch das Beschwerdegericht abstellt und hieraus auf die Bedeutungslosigkeit der Sprungrechtsbeschwerde in Familiensachen schließt.
11 BT-Drucks. 16/6308, S. 211; *Bumiller*/Harders, § 75 FamFG Rz. 2; Zöller/*Feskorn*, § 75 FamFG Rz. 2; vgl. zum Zivilprozess Musielak/*Ball*, § 566 ZPO Rz. 4; MüKo.ZPO/*Wenzel*, § 566 ZPO Rz. 8.
12 Vgl. zum Zivilprozess Zöller/*Heßler*, § 566 ZPO Rz. 5.

wie bei der Nichtzulassungsbeschwerde im Zivilprozess zu verfahren.[1] Die Antragsschrift ist entsprechend §§ 566 Abs. 2 Satz 2, 550 Abs. 2 ZPO der „Gegenpartei" zuzustellen.[2] Dies ist im Verfahren nach dem FamFG dahingehend zu verstehen, dass sie nach § 71 Abs. 4 den anderen Beteiligten bekannt zu geben ist. Denn das Erfordernis der Zustellung hat im Rechtsbeschwerdeverfahren nach dem FamFG in § 71 Abs. 4 eine eigenständige Regelung gefunden, die im Rahmen der entsprechenden Anwendung von §§ 566 Abs. 2 Satz 2, 550 Abs. 2 ZPO zu berücksichtigen ist. Dass die Antragsschrift nicht nur dem Sprungrechtsbeschwerdegegner, sondern **allen Beteiligten bekannt zu geben** ist, ergibt sich ebenfalls aus dem Gebot der entsprechenden Anwendung von §§ 566 Abs. 2 Satz 2, 550 Abs. 2 ZPO. Wie § 75 Abs. 1 Nr. 1 im Vergleich zu § 566 Abs. 1 Nr. 1 ZPO zeigt, treten die anderen Beteiligten nämlich an die Stelle des „Gegners". Das Rechtsbeschwerdegericht hat also den Antrag den anderen Beteiligten bekannt zu geben und entsprechend § 544 Abs. 3 ZPO **Gelegenheit zur Stellungnahme** zu gewähren. Die Zulässigkeit, also insbesondere die Statthaftigkeit des Antrags und seine fristgerechte Einlegung und Begründung, hat das Rechtsbeschwerdegericht von Amts wegen zu prüfen. Für die Entscheidung über die Zulassung werden nur die Zulassungsgründe geprüft, die in der Antragsschrift dargelegt werden.[3] Einer mündlichen Verhandlung über den Zulassungsantrag bedarf es nicht.[4]

b) Die Entscheidung

Das Rechtsbeschwerdegericht entscheidet über Zulassung oder Nichtzulassung der Sprungrechtsbeschwerde gem. § 75 Abs. 2 FamFG iVm. § 566 Abs. 5 Satz 1 ZPO durch Beschluss.[5] Dieser ist den Beteiligten gem. § 75 Abs. 2 FamFG iVm. § 566 Abs. 5 Satz 2 ZPO zuzustellen.[6] Hält das Rechtsbeschwerdegericht den Antrag für unzulässig, verwirft es ihn als unzulässig, hält es ihn mangels Zulassungsgründen für unbegründet, weist es ihn zurück.[7] Dieser Beschluss ist den Beteiligten in entsprechender Anwendung von § 566 Abs. 5 Satz 2 bekannt zu geben. Er ist unanfechtbar;[8] mit der Ablehnung wird der erstinstanzliche Beschluss gem. § 75 Abs. 2 FamFG iVm. § 566 Abs. 6 ZPO rechtskräftig.[9]

II. Weiteres Verfahren

1. Begründung und Prüfung der Rechtsbeschwerde

Mit Zulassung der Sprungrechtsbeschwerde wird das Verfahren gem. § 75 Abs. 2 FamFG iVm. § 566 Abs. 7 Satz 1 ZPO als Rechtsbeschwerdeverfahren fortgesetzt.[10] Der Antrag auf Zulassung gilt entsprechend § 566 Abs. 7 Satz 2 ZPO als Einlegung der Rechtsbeschwerde. In Abweichung von § 71 Abs. 2 Satz 2 beginnt die **Frist für ihre Begründung** jedoch gem. § 75 Abs. 2 FamFG iVm. § 566 Abs. 7 Satz 3 ZPO erst mit der schriftlichen Bekanntgabe des Beschlusses über die Zulassung (vgl. § 71 Abs. 1 Satz 1).[11] Mangels abweichender Regelung gilt für die Dauer der Frist § 71 Abs. 2 Satz 1, nicht § 551 Abs. 2 Satz 2 ZPO. Sie beträgt somit nur **einen Monat**, kann

---

1 *Rackl*, Rechtsmittelrecht, S. 274; vgl. Baumbach/*Hartmann*, § 566 Rz. 10; ähnlich Musielak/*Ball*, § 566 ZPO Rz. 7; Zöller/*Heßler*, § 566 ZPO Rz. 9.
2 Im Ergebnis ebenso, aber unter Analogie zu § 71 Abs. 4 FamFG, *Rackl*, Rechtsmittelrecht, S. 270.
3 Vgl. MüKo.ZPO/*Wenzel*, § 544 ZPO Rz. 19; Zöller/*Heßler*, § 544 ZPO Rz. 12.
4 Keidel/*Meyer-Holz*, § 75 FamFG Rz. 15; vgl. zum Zivilprozess Baumbach/*Hartmann*, § 566 ZPO Rz. 10; MüKo.ZPO/*Wenzel*, § 566 ZPO Rz. 16; Zöller/*Heßler*, § 566 ZPO Rz. 10.
5 Bork/Jacoby/Schwab/*Müther*, 1. Aufl., § 75 FamFG Rz. 5; *Rackl*, Rechtsmittelrecht, S. 274.
6 Bork/Jacoby/Schwab/*Müther*, 1. Aufl., § 75 FamFG Rz. 5; *Rackl*, Rechtsmittelrecht, S. 274.
7 BGH v. 9.5.2012 – XII ZB 545/11, FamRZ 2012, 1213 (LS), wo kein Klärungsbedarf gesehen wurde, ob der Abschluss als „Diplomierter Bankbetriebswirt ADG" einem Hochschulabschluss gleichsteht.
8 Keidel/*Meyer-Holz*, § 75 FamFG Rz. 15; vgl. zum Zivilprozess Baumbach/*Hartmann*, § 566 ZPO Rz. 10; MüKo.ZPO/*Wenzel*, § 566 ZPO Rz. 16.
9 Keidel/*Meyer-Holz*, § 75 FamFG Rz. 16; *Rackl*, Rechtsmittelrecht, S. 273.
10 *Rackl*, Rechtsmittelrecht, S. 275; Zöller/*Feskorn*, § 75 FamFG Rz. 7.
11 *Bumiller*/Harders, § 75 FamFG Rz. 3; *Rackl*, Rechtsmittelrecht, S. 275.

aber unter den allgemeinen Voraussetzungen verlängert werden.[1] Das weitere Verfahren richtet sich gem. § 75 Abs. 2 FamFG iVm. § 566 Abs. 8 Satz 1 ZPO nach den Vorschriften für die Rechtsbeschwerde.[2] Die Sprungrechtsbeschwerde kann gem. § 75 Abs. 2 FamFG iVm. § 566 Abs. 4 Satz 2 ZPO nicht auf **Verfahrensfehler** gestützt werden.[3] Von Amts wegen zu beachtende Verfahrensmängel, etwa die unzutreffende Bejahung der Zulässigkeit, sind aber auch im Sprungrechtsbeschwerdeverfahren zu prüfen.[4] Die materielle Rechtslage ist von Amts wegen, unabhängig von den vorgetragenen Sachrügen, zu prüfen.[5]

2. Entscheidung

13   Die Entscheidung folgt den allgemeinen Regeln. Lediglich für die Aufhebung und Zurückverweisung wird § 563 ZPO und somit in entsprechender Anwendung auch § 74 Abs. 6 Satz 2 bis 4 durch § 75 Abs. 2 FamFG iVm. § 566 Abs. 8 Satz 2 dahingehend modifiziert, dass nur an das erstinstanzliche Gericht zurückverwiesen werden kann.[6] Die Zurückverweisung an einen anderen Spruchkörper ist dabei möglich (s.o. § 74 Rz. 19).[7] Das erstinstanzliche Gericht ist dann nach § 75 Abs. 2 FamFG iVm. § 566 Abs. 8 Satz 3 ZPO in demselben Umfang gebunden wie bei jeder Zurückverweisung, ebenso bei einer Beschwerde gegen dessen zweite Entscheidung das Beschwerdegericht.[8]

14   **Kosten/Gebühren: Gericht:** Im GNotKG sind für das Verfahren über die Zulassung der Sprungrechtsbeschwerde in den entsprechenden Abschnitten für das Ausgangsverfahren jeweils Gebühren für den Fall der (Teil-)Ablehnung des Antrags vorgesehen, da durch die Zulassung der Sprungrechtsbeschwerde das Verfahren als Rechtsbeschwerde fortgesetzt wird (Abs. 2, 566 Abs. 7 Satz 1 ZPO) und damit die Gebühren für die Rechtsbeschwerde anfallen. Gleiches ist in Nr. 1140 VV FamGKG bestimmt. Im Zulassungsverfahren ist Verfahrenswert der für das Rechtsmittelverfahren maßgebende Wert (§ 62 Abs. 3 GNotKG, § 40 Abs. 3 FamGKG). Als Kostenschuldner kommen der Entscheidungs- oder Übernahmeschuldner in Frage (§ 27 Nr. 1 und 2 GNotKG, § 24 Nr. 1 und 2 FamGKG), zusätzlich der Antragsteller (§§ 22 Abs. 1, 25 GNotKG, § 21 Abs. 1 FamGKG). **RA:** Für das Zulassungsverfahren entstehen die gleichen Gebühren wie für das Rechtsbeschwerdeverfahren (Vorbem. 3.2 Abs. 1 VV RVG). Das Verfahren über die Zulassung des Rechtsmittels und das Rechtsmittelverfahren sind aber dieselbe Angelegenheit (§ 16 Nr. 11 RVG), so dass der RA nach Zulassung der Sprungrechtsbeschwerde und Fortsetzung als Rechtsbeschwerdeverfahren die Gebühren nur einmal erhält. Die Einwilligung zur Einlegung der Sprungrechtsbeschwerde durch den erstinstanzlichen RA löst für diesen keine Gebühr aus, da diese Tätigkeit nach § 19 Abs. 1 Satz 2 Nr. 9 noch zum Rechtszug gehört. Beschränkt sich die Tätigkeit des RA auf die Einwilligungserklärung, erhält er eine Gebühr nach Nr. 3403, unter Umständen auch nach Nr. 3404 VV RVG.

Abschnitt 6
Verfahrenskostenhilfe

76 *Voraussetzungen*
(1) Auf die Bewilligung von Verfahrenskostenhilfe finden die Vorschriften der Zivilprozessordnung über die Prozesskostenhilfe entsprechende Anwendung, soweit nachfolgend nichts Abweichendes bestimmt ist.

---

1 *Rackl*, Rechtsmittelrecht, S. 275.
2 *Rackl*, Rechtsmittelrecht, S. 275; Zöller/*Feskorn*, § 75 FamFG Rz. 7.
3 *Rackl*, Rechtsmittelrecht, S. 275; vgl. zum Zivilprozess RG v. 25.3.1936 – I 280/35, RGZ 151, 65 (66); BGH v. 5.7.1984 – I ZR 102/83, BGHZ 92, 76 (78).
4 RG v. 25.3.1936 – I 280/35, RGZ 151, 65 (66); BGH v. 4.7.1996 – III ZR 145/95, NJW-RR 1996, 1150; Baumbach/*Hartmann*, § 566 ZPO Rz. 9; Musielak/*Ball*, § 566 ZPO Rz. 12; MüKo.ZPO/*Wenzel*, § 566 ZPO Rz. 19.
5 Musielak/*Ball*, § 566 ZPO Rz. 12.
6 Bumiller/Harders, § 75 FamFG Rz. 4; Keidel/*Meyer-Holz*, § 75 FamFG Rz. 23; *Rackl*, Rechtsmittelrecht, S. 276.
7 *Rackl*, Rechtsmittelrecht, S. 276; ebenso für den Zivilprozess Baumbach/*Hartmann*, § 566 ZPO Rz. 13; Musielak/*Ball*, § 566 ZPO Rz. 11.
8 Vgl. für den Zivilprozess Baumbach/*Hartmann*, § 566 ZPO Rz. 13; Musielak/*Ball*, § 566 ZPO Rz. 11; MüKo.ZPO/*Wenzel*, § 566 ZPO Rz. 24; Zöller/*Heßler*, § 566 ZPO Rz. 13.

(2) Ein Beschluss, der im Verfahrenskostenhilfeverfahren ergeht, ist mit der sofortigen Beschwerde in entsprechender Anwendung der §§ 567 bis 572, 127 Abs. 2 bis 4 der Zivilprozessordnung anfechtbar.

A. Allgemeines 1
B. Inhalt der Vorschrift
   I. Anwendung der ZPO (Absatz 1) 8
  II. Rechtsmittel (Absatz 2) 11
 III. Folgen der Verweisung auf die ZPO .. 16a
   1. Erfolgsaussicht 17
   2. Bedürftigkeit 18
      a) Einzusetzendes Einkommen ... 19
      b) Einsatz des Vermögens 30
   3. Keine Mutwilligkeit 37
   4. Ausschluss wegen Geringfügigkeit . 39
   5. Umfang der Bewilligung 40
   6. Besondere Verfahrensarten 41
   7. Form und Inhalt des Antrags; Bewilligungsverfahren 47
   8. Ablehnung wegen Nichterfüllung einer Auflage 51
   9. Beschränkung auf den Rechtszug . 52
  10. VKH für die zweite Instanz 53
  11. Festsetzung der Zahlungen; Wirkung der Bewilligung 55
  12. Aufhebung der Bewilligung 57

Literatur: *Büte*, Verfahrenskostenhilfe, Anwaltszwang und Ausnahmen, FPR 2009, 14; *Götsche*, Die neue Verfahrenskostenhilfe nach dem FamFG, FamRZ 2009, 383; *Schürmann*, Die Verfahrenskostenhilfe nach dem FamFG, FamRB 2009, 58.

A. Allgemeines

§§ 76 bis 78 regeln die **Bewilligung von Verfahrenskostenhilfe** (VKH) in Familiensachen und in den Angelegenheiten der freiwilligen Gerichtsbarkeit (fG). Das Recht der fG enthielt schon bisher keine eigenständigen Regelungen über das Recht der VKH (bisher: Prozesskostenhilfe). Vielmehr wurde für fG-Verfahren in § 14 FGG aF auf die entsprechende Anwendung der Vorschriften der ZPO über die Prozesskostenhilfe (PKH) verwiesen. Für die bisherigen ZPO-Familiensachen (insbesondere Ehesachen, Unterhalt und Güterrecht) galten §§ 114 ff. ZPO unmittelbar. 1

Auch nach neuem Recht wird in § 76 Abs. 1 wegen der Bewilligung von VKH weiterhin **auf die Vorschriften der ZPO (§§ 114 ff. ZPO) verwiesen**, soweit §§ 76 Abs. 2, 77, 78 keine abweichenden Bestimmungen enthalten. Die persönlichen Voraussetzungen für die Gewährung von VKH in FamFG-Verfahren (die sog. **Bedürftigkeit**) bestimmen sich danach abschließend nach den in der ZPO geregelten Grundsätzen. Besonderheiten sind insoweit nicht gegeben. Insbesondere kann hierzu auf die früher ergangene Rechtsprechung und Literatur zurückgegriffen werden. 2

Auch zu den sachlichen Voraussetzungen der VKH (**Erfolgsaussicht, keine Mutwilligkeit**) verzichtet das FamFG abweichend von dem RegE[1] auf Vorschlag des Rechtsausschusses[2] auf eine eigenständige Regelung. Auch insoweit verbleibt es daher bei den bisherigen Grundsätzen. VKH soll danach insbesondere auch in Amtsverfahren grundsätzlich weiterhin nur dann gewährt werden, wenn die Rechtsverfolgung oder die Rechtsverteidigung des Beteiligten hinreichende Aussicht auf Erfolg hat. 3

Allerdings kann sich in **Amtsverfahren** die Notwendigkeit der Bewilligung von VKH auch allein aus dem möglichen Eingriff in Grundrechte der Beteiligten ergeben.[3] In Verfahren zur Abwendung einer Kindeswohlgefährdung nach § 1666 BGB kann deshalb den Eltern oder einem Elternteil auch dann VKH bewilligt werden, wenn sie der von dem Jugendamt angeregten Maßnahme zustimmen[4] oder wenn sie sogar selbst der Kindesmisshandlung verdächtig sind.[5] Ebenso bedarf es keiner Prüfung der Erfolgsaussicht der Rechtsverteidigung, wenn ein Elternteil im Rahmen eines Scheidungsverfahrens die Übertragung der elterlichen Sorge für die gemein- 4

---
1 BT-Drucks. 16/6308, S. 27, S. 212 f.
2 BT-Drucks. 16/9733, S. 291.
3 *Borth*, FamRZ 2007, 1925 (1930).
4 OLG Karlsruhe v. 23.9.2003 – 16 WF 91/03, FamRZ 2004, 706.
5 OLG Karlsruhe v. 2.3.2012 – 2 WF 20/12, FamRZ 2012, 1576.

samen Kinder auf sich allein begehrt. Dem Gegner ist selbst bei fehlender Erfolgsaussicht seiner Rechtsverteidigung VKH zu bewilligen.[1] Gesondert zu prüfen ist allerdings, ob die Beiordnung eines Rechtsanwalts nach § 78 Abs. 2 erforderlich ist (dazu § 78 Rz. 4ff.). Auch in Amtsverfahren wird VKH allerdings nur auf Antrag gewährt.

5   Für **Antragsverfahren** verbleibt es dabei, dass der jeweilige Sachantrag des Beteiligten hinreichende Aussicht auf Erfolg versprechen muss. Ebenso bleibt es bei der Prüfung, ob ein Beteiligter, der die Verfahrenskosten selbst bezahlen muss, in gleicher Weise vorgehen würde (keine Mutwilligkeit, vgl. § 114 Abs. 2 ZPO).

6   Die Regelungen über die VKH in §§ 76 bis 78 sind nach § 113 Abs. 1 Satz 1 in **Ehesachen** (insbes. Scheidung und Aufhebung der Ehe) und in **Familienstreitsachen** (Unterhalt, Güterrecht, Lebenspartnerschaftssachen, sonstige Familiensachen nach § 266 Abs. 1) **nicht anzuwenden**. Für diese Verfahren wird in § 113 Abs. 1 Satz 2 auf die (direkte) Anwendung der §§ 114 bis 127 ZPO über die PKH verwiesen. Ein praktischer Unterschied ergibt sich dadurch wegen § 76 Abs. 1 regelmäßig nicht (Ausnahme: Anwaltsbeiordnung in Familienstreitsachen, vgl. § 78 Rz. 5). Wegen § 113 Abs. 5 Nr. 1 FamFG ist aber auch in Ehe- und Familienstreitsachen VKH (und nicht PKH) zu bewilligen.

7   Weitere Vorschriften über die VKH finden sich in § 114 Abs. 4 Nr. 5 (kein Anwaltszwang im VKH-Verfahren) und in § 149 (Erstreckung auf den Versorgungsausgleich).

B. Inhalt der Vorschrift

I. Anwendung der ZPO (Absatz 1)

8   Nach Abs. 1 finden auf die Bewilligung von VKH die **Vorschriften der ZPO** über die PKH entsprechende Anwendung. Ein Beteiligter erhält danach VKH, wenn er **bedürftig** ist und die von ihm beabsichtigte Rechtsverfolgung oder Rechtsverteidigung hinreichende **Aussicht auf Erfolg** iSv. § 114 ZPO bietet. Außerdem darf die Rechtsverfolgung oder Rechtsverteidigung **nicht mutwillig** iSd. § 114 ZPO erscheinen. Es muss also feststehen, dass ein verständiger nicht bedürftiger Antragsteller auch ohne Gewährung von VKH sein Recht in gleicher Weise verfolgen würde.

9   Die Bewilligung von VKH kann für den Antragsteller, den Antragsgegner und die vom Gericht hinzugezogenen weiteren Beteiligten, die sich im Verfahren äußern, erfolgen. Für Parteien kraft Amts und juristische Personen vgl. Rz. 46. Zur VKH für ausländische Staatsangehörige und für Antragsteller auf VKH, die im Ausland wohnen, vgl. Rz. 61–65 vor §§ 98–106.

10 Die Bewilligung von VKH kommt allerdings nur dann in Betracht, wenn sich der Beteiligte zur **Verbesserung** oder Verteidigung **seiner eigenen Rechtsposition** am Verfahren beteiligt. Wer sich dagegen nur aufgrund besonderer persönlicher Nähe im Interesse eines anderen Beteiligten am Verfahren beteiligt (§§ 274 Abs. 4, 315 Abs. 4), kann keine VKH erhalten, zumal Verfahren der fG dem Amtsermittlungsgrundsatz unterliegen. Wer durch eine Anzeige an das Gericht ein (amtswegiges) Sorgerechtsverfahren nach § 1666 BGB auslöst, kann für eine Mitwirkung an dem Verfahren ebenfalls keine VKH erhalten.[2] Zur bloß verfahrensbegleitenden Rechtswahrnehmung eines Ehegatten bei einer Beschwerde eines Versorgungsträgers (Versorgungsausgleich) vgl. Rz. 54 (keine VKH).

II. Rechtsmittel (Absatz 2)

11 1. Über Anträge auf Bewilligung von VKH wird durch **Beschluss** entschieden. Eine VKH-Bewilligung muss nicht begründet werden. Einer **Begründung** bedürfen nur eine Ablehnung, eine eingeschränkte Bewilligung (Teilablehnung) oder die Anordnung von Ratenzahlung. Fehlt die Begründung, kann sie auf Gegenvorstellung oder nach Einlegung der sofortigen Beschwerde (§ 76 Abs. 2) im Vorlagebeschluss nach-

---

1 OLG Rostock v. 31.3.2005 – 10 WF 60/05, FamRZ 2005, 1913.
2 OLG Celle v. 6.5.2004 – 10 WF 131/04, FamRZ 2004, 1879.

geholt werden. Soweit die Gründe der Entscheidung Angaben über die persönlichen und wirtschaftlichen Verhältnisse des Beteiligten enthalten, dürfen sie anderen Beteiligten nur mit Zustimmung des Beteiligten (Antragstellers auf VKH) mitgeteilt werden (§ 127 Abs. 1 Satz 3 ZPO).

2. Nach Abs. 2 finden für die Beschwerde in VKH-Sachen die Vorschriften der ZPO entsprechende Anwendung. In Ehe- und Familienstreitsachen gilt § 76 nicht. Das Rechtsmittel gegen eine (teilweise) Zurückweisung eines VKH-Antrags bestimmt sich in diesen Verfahren direkt nach den §§ 127 Abs. 2 und Abs. 3, 567 bis 572 ZPO.[1] Die sofortige Beschwerde ist danach (in fG-Verfahren, Ehe- und Familienstreitsachen) statthaft in den in § 127 Abs. 2 und 3 ZPO geregelten Fällen. Statthaft ist eine sofortige Beschwerde des Antragstellers gegen alle ihm ungünstigen Beschlüsse in erster Instanz (insbesondere Zurückweisung des Antrags, eingeschränkte Bewilligung, Anordnung von Ratenzahlung, Ablehnung der Beiordnung eines Anwalts, nachträgliche Aufhebung). Unzulässig ist die sofortige Beschwerde, wenn die Ablehnung auf fehlende Erfolgsaussicht gestützt wird und in der Hauptsache eine Beschwerdesumme von mehr als 600 Euro nicht erreicht ist.[2] Für das Verfahren über die VKH steht kein weitergehender Instanzenzug zur Verfügung als in der Hauptsache, um die Gefahr widersprüchlicher Entscheidungen zu vermeiden. Die Beschwerde kann in diesem Fall nur darauf gestützt werden, das Gericht habe zu Unrecht die persönlichen und wirtschaftlichen Voraussetzungen für die VKH verneint (§ 127 Abs. 2 Satz 2, Halbs. 2 ZPO), VKH sei zu Unrecht wegen Mutwilligkeit versagt oder es sei zu Unrecht die Beiordnung eines Rechtsanwalts versagt worden.[3] Eine Beschwerde gegen die Versagung von VKH durch einen Rechtsanwalt im eigenen Namen ist unzulässig.[4] Zulässig ist aber die sofortige Beschwerde des beigeordneten Rechtsanwalts (im eigenen Namen), mit der er geltend macht, sein Vergütungsanspruch sei ohne sein Einverständnis durch das Gericht beschränkt. Hierunter fällt vor allem eine Beiordnung zu den Bedingungen eines im Bezirk des Gerichts ansässigen Rechtsanwalts oder eine Anrechnung bereits entstandener Kosten eines früheren Rechtsanwalts. Solche Beschränkungen beschweren den Rechtsanwalt und nicht den Antragsteller.[5] Ist der Anwalt mit der Einschränkung seiner Vergütung einverstanden, ist er nicht beschwert.

Auflagen nach § 118 Abs. 2 ZPO sind nicht isoliert anfechtbar.

Eine Bewilligung der VKH ist für die anderen Beteiligten (den Gegner) unanfechtbar. Statthaft ist in diesem Fall (Bewilligung der VKH) nur eine sofortige Beschwerde der Staatskasse gegen die unterbliebene Festsetzung von Monatsraten oder von Zahlungen aus dem Vermögen (§ 127 Abs. 3 ZPO). Eine von der Staatskasse mit dem Ziel eingelegte Beschwerde, die Verweigerung von Verfahrenskostenhilfe oder eine Heraufsetzung angeordneter Raten zu erreichen, ist unstatthaft. Zulässiges Ziel ist nur eine Zahlungsanordnung.[6]

Die Frist zur Einlegung der sofortigen Beschwerde in VKH-Sachen beträgt **einen Monat**.[7] Die Fristbestimmungen der §§ 127 Abs. 2 Satz 3, Abs. 3 Satz 3 ZPO sind in FamFG-Verfahren entsprechend anzuwenden.[8] Dies schreibt die ausdrückliche Regelung des Abs. 2 fort. Anwaltszwang besteht nicht (§ 114 Abs. 4 Nr. 5).

---

1 BGH v. 18.5.2011 – XII ZB 265/10, FamRZ 2011, 1138; BGH v. 28.9.2011 – XII ZB 2/11, FamRZ 2011, 1933.
2 *Götsche*, FamRZ 2009, 383 (388).
3 BGH v. 18.5.2011 – XII ZB 265/10, FamRZ 2011, 1138.
4 OLG Frankfurt v. 10.6.2010 – 3 WF 72/10, FamRZ 2011, 385; Zöller/*Geimer*, § 127 ZPO Rz. 13.
5 KG v. 23.2.2011 – 19 WF 14/11, FamRZ 2012, 468; OLG Schleswig v. 18.2.2009 – 8 WF 27/09, FamRZ 2009, 1613; OLG Stuttgart v. 2.3.2007 – 16 WF 40/07, FamRZ 2007, 1111; OLG Karlsruhe v. 21.7.2005 – 17 W 30/05, NJW 2005, 2718; für Beschwerderecht auch des Beteiligten Zöller/*Geimer*, § 127 ZPO Rz. 19.
6 BGH v. 26.9.2012 – XII ZB 664/10, FamRZ 2013, 213; BGH v. 19.9.2012 – XII ZB 587/11, FamRZ 2013, 123; BGH v. 17.11.2009 – VIII ZB 44/09, FamRZ 2010, 288.
7 RegE BT-Drucks. 16/6308, S. 215; *Schürmann*, FamRB 2009, 24 (29); *Götsche*, FamRZ 2009, 383 (387).
8 Vgl. so schon BGH v. 12.4.2006 – XII ZB 102/04, FamRZ 2006, 939.

14 Sachlich **zuständig** zur Entscheidung über die Beschwerde ist das OLG, mit Ausnahme der Freiheitsentziehungssachen und der von den Betreuungsgerichten entschiedenen Sachen (§ 119 Abs. 1a und b GVG). In den zuletzt genannten Fällen ist Beschwerdegericht das LG (§ 72 Abs. 1 Satz 2 GVG). Eine (auch teilweise) Abhilfe durch das Erstgericht ist entsprechend § 572 Abs. 1 Satz 1 ZPO möglich und zu prüfen. Für das Beschwerdegericht gilt das **Verschlechterungsverbot**.[1] Es kann also zB bei einer Beschwerde des Antragstellers auf VKH gegen die Anordnung einer Ratenzahlung die monatliche Rate nicht erhöhen. Es ist aber möglich, die Begründung für eine Versagung der VKH auszuwechseln: ist im ersten Rechtszug die Bedürftigkeit des Antragstellers verneint worden, darf das Beschwerdegericht die Versagung von VKH mit fehlender Erfolgsaussicht begründen (und umgekehrt).[2] Bei der Beurteilung der Erfolgsaussicht von Rechtsverfolgung oder -verteidigung ist das Beschwerdegericht grundsätzlich an eine inzwischen eingetretene Rechtskraft der Hauptsacheentscheidung gebunden. Eine Ausnahme gilt dann, wenn eine zweifelhafte Rechtsfrage verfahrensfehlerhaft in das VKH-Prüfungsverfahren verlagert worden ist, oder wenn die Entscheidung über die VKH vom Gericht verzögert wurde und sich dadurch die Grundlage für die Beurteilung der Erfolgsaussicht zum Nachteil des Antragstellers verändert hat.[3]

15 Der Ausschluss der Kostenerstattung im Beschwerdeverfahren gem. § 127 Abs. 4 ZPO gilt auch in FamFG-Verfahren uneingeschränkt. Zur VKH für das Verfahrenskostenhilfebeschwerdeverfahren Rz. 41. Unter den Voraussetzungen des § 574 ZPO ist (nach Zulassung) die Rechtsbeschwerde statthaft.[4] Die Rechtsbeschwerde kann im Verfahren über die Bewilligung von VKH nur wegen solcher Fragen zugelassen werden, die das Verfahren oder die persönlichen Voraussetzungen der Bewilligung betreffen. Eine Zulassung kommt dagegen nicht in Betracht, wenn die Bewilligung von der Frage abhängt, ob die beabsichtigte Rechtsverfolgung oder -verteidigung Aussicht auf Erfolg hat. Denn zweifelhafte Rechtsfragen sind in der Hauptsache zu entscheiden.[5]

16 3. Beschlüsse, die VKH-Anträge zurückweisen, erwachsen im Übrigen nicht in Rechtskraft. Der Antrag kann damit **wiederholt** werden. Ein neuerlicher VKH-Antrag, der nicht auf neue Tatsachen oder neue Beweismittel gestützt ist oder durch den nicht formale Versäumnisse behoben worden sind, kann allerdings wegen Rechtsmissbrauchs zurückzuweisen sein.[6]

III. Folgen der Verweisung auf die ZPO

16a Die entsprechende Geltung der Vorschriften der ZPO über die PKH für FamFG-Verfahren nach Abs. 1 bedeutet im Einzelnen:

1. Erfolgsaussicht

17 §§ 114, 115 ZPO gelten ohne Einschränkungen. Sachliche Voraussetzung für die Bewilligung ist nach § 114 ZPO die **Erfolgsaussicht**. Ihre Prüfung darf nicht dazu dienen, die Rechtsverfolgung oder Rechtsverteidigung selbst in das VKH-Prüfungsverfahren vorzuverlagern und dieses an die Stelle des Hauptsacheverfahrens treten zu lassen. Denn das Hauptsacheverfahren eröffnet erheblich bessere Möglichkeiten der Entwicklung und Darstellung des eigenen Rechtsstandpunkts. Bei zweifelhaften

---

1 Zöller/*Geimer*, § 127 ZPO Rz. 37; *Götsche*, FamRZ 2009, 383; OLG Bremen v. 3.9.2008 – 5 WF 37/08, FamRZ 2009, 366.
2 Zöller/*Geimer*, § 127 ZPO Rz. 36 f.
3 BGH v. 7.3.2012 – XII ZB 391/10, FamRZ 2012, 964.
4 BGH v. 4.3.2010 – V ZB 222/09, FamRZ 2010, 809; *Fölsch*, FamRZ 2011, 260; BGH v. 17.8.2011 – XII ZB 621/10, FamRZ 2011, 1729; aA noch BGH v. 23.6.2010 – XII ZB 82/10, FamRZ 2010, 1425: Anwendbarkeit der §§ 70 ff. FamFG.
5 BGH v. 13.6.2012 – XII ZB 658/11, MDR 2012, 930; BGH v. 22.11.2011 – VIII ZB 81/11, NJW-RR 2012, 125.
6 OLG Hamm v. 20.11.2003 – 3 WF 570/03, FamRZ 2004, 1218; BGH v. 16.12.2008 – VIII ZB 78/06, FamRZ 2009, 496; OLG Celle v. 31.1.2011 – 10 WF 17/11, FamRZ 2011, 914.

Rechtsfragen muss demnach die Erfolgsaussicht bejaht werden. VKH darf nur verweigert werden, wenn die Erfolgschance nur eine entfernte ist.[1] VKH darf nicht versagt werden, wenn die Entscheidung in der Hauptsache von der Beantwortung einer schwierigen, bislang ungeklärten Rechtsfrage abhängt. Sie darf erst recht nicht versagt werden, wenn die Rechtsfrage höchstrichterlich geklärt ist, das Gericht aber von dieser Auffassung abweichen will.[2] Eine schwierige Rechtsfrage, die in vertretbarer Weise nach höchstrichterlicher Rechtsprechung auch anders beantwortet werden kann, darf nicht abschließend im VKH-Verfahren entschieden werden.[3] Bei zweifelhaften Rechtsfragen muss das Gericht deshalb VKH bewilligen, auch wenn es der Auffassung ist, dass die Rechtsfrage zum Nachteil des Antragstellers zu entscheiden ist.[4] Kommt es in der Sache auf eine Beweisaufnahme an, ist es im Bewilligungsverfahren statthaft, deren Erfolgsaussichten (vorsichtig) zu prognostizieren.

2. Bedürftigkeit

Weitere Voraussetzung für die Bewilligung ist die **Bedürftigkeit**. Der Beteiligte hat zunächst sein Einkommen (§ 115 Abs. 1 ZPO) und sein Vermögen (§ 115 Abs. 3 ZPO) einzusetzen, um die Kosten des Verfahrens aufzubringen. 18

a) Einzusetzendes Einkommen

Das **einzusetzende Einkommen** ermittelt sich nach § 115 Abs. 1 ZPO, unter Abzug der dort genannten Positionen. Maßgeblich ist das Einkommen des Beteiligten, der die Bewilligung beantragt und nicht das Familieneinkommen. Der Einkommensbegriff des § 115 Abs. 1 ZPO knüpft an denjenigen des Sozialhilferechts an. Denn die Verfahrenskostenhilfe ist eine Form der Sozialhilfe im Bereich der Rechtspflege. Maßgebend sind die **gegenwärtigen** finanziellen Verhältnisse des VKH-Antragstellers. In Aussicht stehende Verbesserungen bleiben außer Betracht, insoweit ist nur eine spätere Abänderung nach § 120a ZPO möglich. 19

Kindergeld, das der VKH-Antragsteller bezieht, ist in vollem Umfang als sein Einkommen zu berücksichtigen, soweit es nicht zur Bestreitung des notwendigen Lebensunterhalts eines minderjährigen Kindes zu verwenden ist.[5] Dies gilt nicht bei einem volljährigen Kind.[6] 20

Der **Bezug von Leistungen nach dem SGB II** (Arbeitslosengeld II) führt zur Bewilligung von VKH ohne Ratenzahlung, weil die Bedarfsberechnung keinen Prozesskostenratenbedarf vorsieht.[7] Auch Leistungen der **Grundsicherung** im Alter und bei Erwerbsminderung nach §§ 41f. SGB XII sind kein Einkommen iSv. § 115 Abs. 1 Satz 2 ZPO und daher nicht zur Finanzierung der Verfahrenskosten einzusetzen.[8] Arbeitslosengeld II ist aber dann als Einkommen iSd. § 115 Abs. 1 Satz 2 ZPO zu berücksichtigen, wenn die antragstellende Partei neben dem Arbeitslosengeld II weitere Einkünfte hat (zB Kindergeld), die ihrerseits einzusetzendes Einkommen sind und die zusammen mit dem Arbeitslosengeld II die nach § 115 Abs. 1 Satz 3 ZPO vorzunehmenden Abzüge übersteigen.[9] Einkommen iSd. § 115 Abs. 1 Satz 2 ZPO sind auch 21

---

1 BGH v. 7.3.2012 – XII ZB 391/10, FamRZ 2012, 964; BVerfG v. 13.7.2005 – 1 BvR 175/05, FamRZ 2005, 1893.
2 BVerfG v. 29.5.2006 – 1 BvR 430/03, FamRZ 2007, 1876f.
3 BVerfG v. 5.2.2003 – 1 BvR 1526/02, FamRZ 2003, 833; BGH v. 12.12.2012 – XII ZB 190/12, FamRB 2013, 109.
4 BGH v. 12.12.2012 – XII ZB 190/12, FamRB 2013, 109.
5 BGH v. 26.1.2005 – XII ZB 234/03, FamRZ 2005, 605: wenn der notwendige Lebensunterhalt des Kindes, der mit dem jeweils geltenden Freibetrag zu bemessen ist, durch Unterhaltsleistungen gewährleistet ist; ebenso OLG Karlsruhe v. 7.5.2008 – 2 WF 55/08, FamRZ 2008, FamRZ 2008, 1960 für die Rechtslage nach dem UÄndG 2007.
6 OLG Naumburg v. 18.2.2009 – 3 WF 35/09, FamRZ 2009, 1849.
7 OLG Karlsruhe v. 22.8.2006 – 20 WF 106/06, FamRZ 2007, 155; OLG München v. 18.5.1995 – 2 WF 764/95, FamRZ 1996, 42 zum früheren BSHG.
8 OLG Koblenz v. 15.10.2007 – 7 WF 888/07, FamRZ 2008, 421.
9 BGH v. 8.1.2008 – VIII ZB 18/06 FamRZ 2008, 781; OLG Stuttgart v. 18.2.2008 – 11 WF 243/07, FamRZ 2008, 1261.

§ 76

Leistungen für Mehrbedarfe nach § 21 SGB II und nach § 30 SGB XII. Sie können künftig aber wieder pauschal als Freibetrag nach § 115 Abs. 1 Satz 3 Nr. 4 ZPO abgezogen werden.

22 Vom Einkommen abzusetzen sind die in § 115 Abs. 1 Satz 3 Nr. 1a bis Nr. 5 ZPO genannten Beträge.

§ 82 Abs. 2 SGB XII (vgl. § 115 Abs. 1 Satz 3 Nr. 1a ZPO) hat folgenden Wortlaut:

Von dem Einkommen sind abzusetzen
1. auf das Einkommen entrichtete Steuern,
2. Pflichtbeiträge zur Sozialversicherung einschließlich der Beiträge zur Arbeitsförderung,
3. Beiträge zu öffentlichen oder privaten Versicherungen oder ähnlichen Einrichtungen, soweit diese Beiträge gesetzlich vorgeschrieben oder nach Grund und Höhe angemessen sind, sowie geförderte Altersvorsorgebeiträge nach § 82 des Einkommensteuergesetzes, soweit sie den Mindesteigenbeitrag nach § 86 des Einkommensteuergesetzes nicht überschreiten,
4. die mit der Erzielung des Einkommens verbundenen notwendigen Ausgaben,
5. das Arbeitsförderungsgeld und Erhöhungsbeträge des Arbeitsentgelts im Sinne von § 43 Satz 4 des Neunten Buches.

Vom Einkommen abzusetzen sind danach also Steuern, Sozialversicherungsbeiträge, angemessene Versicherungsbeiträge (Berufsunfähigkeit, Gebäudehaftpflicht, Hausrat, KFZ-Haftpflicht, Privathaftpflicht, Unfallversicherung), geförderte Altersvorsorgebeiträge und Werbungskosten. Der Abzug der Prämie für eine Kapitallebensversicherung ist nur dann gerechtfertigt, wenn es sich um eine staatlich geförderte zusätzliche Altersversorgung handelt.[1]

23 **Fahrtkosten** zur Arbeit können als Werbungskosten bei der Ermittlung des einzusetzenden Einkommens berücksichtigt werden, für die Benutzung eines PKW nach dem maßgeblichen Sozialrecht (VKH als Sozialhilfe im Bereich der Rechtspflege) monatlich 5,20 Euro je Entfernungskilometer, ohne Begrenzung auf Fahrtstrecken bis maximal 40 km.[2] Die notwendigen Fahrtkosten sind neben dem Freibetrag für Erwerbstätige (zusätzlich) abzusetzen.[3]

24 Weiter abzusetzen nach § 115 Abs. 1 Satz 3 Nr. 1b ZPO sind (ggf.) der **Freibetrag für Erwerbstätige** und nach § 115 Abs. 1 Satz 3 Nr. 2a ZPO **Grundfreibeträge** für den Beteiligten, seinen Ehegatten oder Lebenspartner und nach § 115 Abs. 1 Satz 3 Nr. 2b ZPO (ggf.) Freibeträge für weitere Unterhaltsberechtigte. Zu Leistungen nach § 21 SGB II und nach § 30 SGB XII vgl. Rz. 21 und § 115 Abs. 1 Satz 3 Nr. 4 ZPO.

25 Abzusetzen nach § 115 Abs. 1 Satz 3 Nr. 3 ZPO sind die Kosten des Beteiligten für Unterkunft und Heizung. Zu den **Kosten für Unterkunft und Heizung** nach § 115 Abs. 1 Nr. 3 ZPO gehören der tatsächlich gezahlte Mietzins und die Betriebskosten, aber nicht Verbrauchskosten für allgemeinen Strom und Wasser[4] sowie für Gas, Abwasser, Telefon, Radio und Fernsehen. Leben weitere Personen mit eigenem Einkommen im Haushalt des Antragstellers auf VKH, sind die Wohnkosten in der Regel nach Kopfteilen aufzuteilen.[5]

---

1 OLG Celle v. 20.1.2009 – 6 W 184/08, NJW-RR 2009, 1520.
2 BGH v. 8.8.2012 – XII ZB 291/11, MDR 2012, 1182; BGH v. 13.6.2012 – XII ZB 658/11, MDR 2012, 930 (mit zusätzlicher Berücksichtigung der KFZ-Versicherung und gegebenenfalls auch der notwendigen Anschaffungskosten eines für den Weg zur Arbeit erforderlichen Fahrzeugs als besondere Belastung im Sinne des § 115 Abs. 1 Satz 3 Nr. 4 ZPO); OLG Zweibrücken v. 30.1.2006 – 6 WF 12/06, FamRZ 2006, 799; OLG Bamberg v. 21.2.2008 – 2 WF 278/07, FamRZ 2008, 1541; OLG Brandenburg v. 7.4.2008 – 9 UF 77/08, FamRZ 2008, 1962; Für die Bemessung der Fahrtkosten nach § 5 Abs. 2 Nr. 2 JVEG (nach den unterhaltsrechtlichen Leitlinien) dagegen OLG Celle v. 9.7.2009 – 12 WF 132/09, FamRZ 2010, 54; OLG Karlsruhe v. 26.7.2007 – 5 WF 63/07, FamRZ 2008, 69; OLG Karlsruhe v. 7.5.2008 – 16 WF 65/08, FamRZ 2008, 2288 und OLG Nürnberg v. 19.5.2008 – 9 WF 491/08, FamRZ 2008, 1961.
3 Kein Alternativverhältnis dieser Abzüge, OLG Jena v. 11.6.2009 – 1 WF 126/09, FamRZ 2009, 1848; OLG Karlsruhe v. 26.7.2007 – 5 WF 63/07, FamRZ 2008, 69 und *Götsche*, FamRB 2009, 11.
4 BGH v. 8.1.2008 – VIII ZB 18/06 FamRZ 2008, 781; OLG Celle v. 2.12.2010 – 10 WF 362/10, FamRZ 2011, 911.
5 Zöller/*Geimer*, § 115 ZPO Rz. 35.

§ 115 Abs. 1 Satz 3 Nr. 5 ZPO erlaubt weitere Abzüge für **besondere Belastungen**. Dazu gehören zB Unterhaltsrenten (also bezahlter Barunterhalt) oder Verbindlichkeiten, die eingegangen wurden, bevor die Notwendigkeit erkennbar wurde, ein Verfahren zu führen. Verbindlichkeiten können aber nur dann berücksichtigt werden, wenn sie tatsächlich bezahlt werden. Allein das Bestehen einer Verbindlichkeit genügt nicht. Zu den berücksichtigungsfähigen Belastungen gehört grundsätzlich nicht die auf eine Geldstrafe zu zahlende Rate.[1] Die Freibeträge für Unterhaltsleistungen nach § 115 Abs. 1 Satz 3 Nr. 2a ZPO für Ehegatten oder Lebenspartner und nach § 115 Abs. 1 Satz 3 Nr. 2b ZPO für weitere Unterhaltsberechtigte werden gewährt für Unterhalt, der durch Betreuung tatsächlich geleistet wird (durch Aufnahme in den Haushalt des Antragstellers). Sie vermindern sich ggf. durch eigenes Einkommen der Unterhaltsberechtigten. Die Höhe der derzeitigen **Freibeträge** ergibt sich aus der Prozesskostenhilfebekanntmachung 2013 vom 9.1.2013 (BGBl. I, S. 81): Freibetrag für Erwerbstätige (§ 115 Abs. 1 Satz 3 Nr. 1b ZPO) 201 Euro, für die Partei und ihren Ehegatten oder Lebenspartner (§ 115 Abs. 1 Satz 3 Nr. 2a ZPO) 442 Euro und für jede weitere Person, der die Partei aufgrund gesetzlicher Unterhaltspflicht Unterhalt leistet (§ 115 Abs. 1 Satz 3 Nr. 2b ZPO), 354 Euro [Erwachsene], 338 Euro [Jugendliche vom Beginn des 15. bis zum vollendeten 18. Lebensjahr], 296 Euro [Kinder vom Beginn des siebten bis zum vollendeten 14. Lebensjahr] und 257 Euro [Kinder bis zum vollendeten sechsten Lebensjahr]). Wird dagegen der Unterhalt als Unterhaltsrente bezahlt, ist diese anstelle des Freibetrages als besondere Belastung iSd. Nr. 4 abzusetzen, sofern der Unterhalt tatsächlich bezahlt wird. Bei mehreren Verfahren sind die nach § 115 Abs. 2 ZPO geschuldeten Raten für jedes Verfahren zu bezahlen. Bei der Bewilligung der späteren (oder gleichzeitigen) VKH sind jedoch die Ratenzahlung aus der vorhergehenden (oder anderen) Bewilligung als besondere Belastung zu berücksichtigen.[2]

Das einzusetzende Einkommen (das nach den Abzügen verbleibende Einkommen) ist entscheidend dafür, ob und in welcher Höhe Raten auf die Verfahrenskosten zu entrichten sind (höchstens 48 Monatsraten). Es sind nach § 115 Abs. 2 ZPO Monatsraten in Höhe der Hälfte des einzusetzenden Einkommens festzusetzen, abgerundet auf volle Euro. Unter zehn Euro entfällt eine Ratenzahlung. Die Tabelle zu § 115 Abs. 2 ZPO entfällt ab 1.1.2014, Art. 1 Nr. 3b des Gesetzes zur Änderung des Prozesskostenhilfe- und Beratungshilferechts.[3]

Im Rahmen einer in gesetzlicher **Verfahrensstandschaft** erhobenen Klage auf Kindesunterhalt (auch außerhalb des Scheidungsverbunds) ist für die Bewilligung von VKH auf die Einkommens- und Vermögensverhältnisse des klagenden Elternteils (der Partei) und nicht auf diejenigen des Kindes abzustellen.[4]

Ein **fiktives Einkommen** des Antragstellers (Wert der eigenen Arbeitskraft) kann nur dann angesetzt werden, wenn es sonst zu einer missbräuchlichen Inanspruchnahme von VKH durch arbeitsunwillige Personen käme.[5] Das ist dann der Fall, wenn es ein Beteiligter offenkundig leichtfertig unterlässt, eine tatsächlich bestehende und zumutbare Erwerbsmöglichkeit zu nutzen.[6] Für den Verbleib eines früher vorhandenen Geldvermögens muss eine plausible Erklärung abgegeben werden.[7]

b) Einsatz des Vermögens

Nach § 115 Abs. 3 ZPO hat ein Beteiligter vorrangig sein **Vermögen** einzusetzen, um die Kosten der Prozessführung aufzubringen. Vom Einsatz des Vermögens ausgenommen sind die Werte, die in § 90 SGB XII genannt sind (§ 115 Abs. 3 Satz 2 ZPO).

---

1 BGH v. 12.1.2011 – XII ZB 181/10, FamRZ 2011, 554.
2 OLG Stuttgart v. 11.2.2009 – 8 WF 17/09, FamRZ 2009, 1163.
3 Bei Drucklegung am 19.8.2013 verabschiedet, aber noch nicht verkündet (s. Einl. Rz. 45a).
4 BGH v. 11.5.2005 – XII ZB 242/03, NJW-RR 2005, 1237.
5 OLG Brandenburg v. 31.8.2009 – 15 WF 245/08, FamRZ 2010, 827 (Leistungsunfähigkeit bewusst und verfahrensbezogen herbeigeführt); OLG Brandenburg v. 9.8.2007 – 13 WF 18/07 NJW-RR 2008, 734.
6 BGH v. 30.9.2009 – XII ZB 135/07, FamRZ 2009, 1994: Rechtsfolge ggf. Ratenzahlung.
7 BGH v. 2.4.2008 – XII ZB 184/05, NJW-RR 2008, 953.

§ 90 SGB XII hat folgenden Wortlaut:

(1) Einzusetzen ist das gesamte verwertbare Vermögen.
(2) Die Sozialhilfe darf nicht abhängig gemacht werden vom Einsatz oder von der Verwertung
1. eines Vermögens, das aus öffentlichen Mitteln zum Aufbau oder zur Sicherung einer Lebensgrundlage oder zur Gründung eines Hausstandes erbracht wird,
2. eines Kapitals einschließlich seiner Erträge, das der zusätzlichen Altersvorsorge im Sinne des § 10a oder des Abschnitts XI des Einkommensteuergesetzes dient und dessen Ansammlung staatlich gefördert wurde,
3. eines sonstigen Vermögens, solange es nachweislich zur baldigen Beschaffung oder Erhaltung eines Hausgrundstücks im Sinne der Nr. 8 bestimmt ist, soweit dieses Wohnzwecken behinderter (§ 53 Abs. 1 Satz 1 und § 72) oder pflegebedürftiger Menschen (§ 61) dient oder dienen soll und dieser Zweck durch den Einsatz oder die Verwertung des Vermögens gefährdet würde,
4. eines angemessenen Hausrats; dabei sind die bisherigen Lebensverhältnisse der nachfragenden Person zu berücksichtigen,
5. von Gegenständen, die zur Aufnahme oder Fortsetzung der Berufsausbildung oder der Erwerbstätigkeit unentbehrlich sind,
6. von Familien- und Erbstücken, deren Veräußerung für die nachfragende Person oder ihre Familie eine besondere Härte bedeuten würde,
7. von Gegenständen, die zur Befriedigung geistiger, insbesondere wissenschaftlicher oder künstlerischer Bedürfnisse dienen und deren Besitz nicht Luxus ist,
8. eines angemessenen Hausgrundstücks, das von der nachfragenden Person oder einer anderen in den § 19 Abs. 1 bis 3 genannten Person allein oder zusammen mit Angehörigen ganz oder teilweise bewohnt wird und nach ihrem Tod von ihren Angehörigen bewohnt werden soll. Die Angemessenheit bestimmt sich nach der Zahl der Bewohner, dem Wohnbedarf (zB behinderter, blinder oder pflegebedürftiger Menschen), der Grundstücksgröße, der Hausgröße, dem Zuschnitt und der Ausstattung des Wohngebäudes sowie dem Wert des Grundstücks einschließlich des Wohngebäudes,
9. kleinerer Barbeträge oder sonstiger Geldwerte; dabei ist eine besondere Notlage der nachfragenden Person zu berücksichtigen.
(3) Die Sozialhilfe darf ferner nicht vom Einsatz oder von der Verwertung eines Vermögens abhängig gemacht werden, soweit dies für den, der das Vermögen einzusetzen hat, und für seine unterhaltsberechtigten Angehörigen eine Härte bedeuten würde. Dies ist bei der Leistung nach dem Fünften bis Neunten Kapitel insbesondere der Fall, soweit eine angemessene Lebensführung oder die Aufrechterhaltung einer angemessenen Alterssicherung wesentlich erschwert würde.

30a Das **Schonvermögen** iSd. §§ 115 Abs. 3 ZPO, 90 Abs. 2 Nr. 9 SGB XII beträgt 2 600 Euro zuzüglich eines Betrags von 256 Euro für jede unterhaltsberechtigte Person.[1]

31 Eine **Kapitallebensversicherung** ist grundsätzlich vor Inanspruchnahme von VKH zum Bestreiten der Verfahrenskosten einzusetzen, soweit ihr durch Kündigung, Verkauf oder Beleihung erzielbarer Wert das Schonvermögen übersteigt.[2] Im Einzelfall kann allerdings eine Härte vorliegen, die vom Antragsteller darzulegen ist.[3] Lebensversicherungen, die der Altersvorsorge eines Selbständigen dienen, können vom Vermögenseinsatz auszunehmen sein.[4]

---

1 BGH v. 10.6.2008 – VI ZB 56/07, FamRZ 2009, 497; OLG Nürnberg v. 19.4.2006 – 7 WF 266/06, FamRZ 2006, 1398; OLG Köln v. 13.11.2006 – 14 WF 220/06, FamRZ 2007, 488.
2 BGH v. 9.6.2010 – XII ZB 120/08, FamRZ 2010, 1643; OLG Brandenburg v. 1.12.2009 – 9 WF 367/09, FamRZ 2010, 1361; zur Zumutbarkeit der Aufnahme eines sog. Policendarlehens auch OLG Stuttgart v. 31.7.2012 – 17 WF 156/12, NJW 2013, 398 und OLG Stuttgart v. 18.2.2008 – 10 W 46/07, FamRZ 2009, 136.
3 BGH v. 9.6.2010 – XII ZB 55/08, juris und BGH v. 9.6.2010 – XII ZB 120/08, FamRZ 2010, 1643: der Antragsteller wäre im Rentenalter voraussichtlich sozialleistungsbedürftig.
4 OLG Stuttgart v. 30.6.2009 – 17 WF 137/09, FamRZ 2009, 1850; OLG Stuttgart v. 22.12.2006 – 16 WF 289/06, FamRZ 2007, 914; restriktiv OLG Düsseldorf v. 12.6.2012 – II-3 WF 96/12, MDR 2012, 1249: 33 Jahre alter Antragsteller, der noch genügend Zeit zum Aufbau einer Altersvorsorge habe.

Auch ein zuteilungsreifes **Bauspargutbaben**, das die Grenze des Schonvermögens nicht unerheblich übersteigt, gehört zu dem einzusetzenden Vermögen.[1] **Auslandsvermögen** kann nur dann berücksichtigt werden, wenn es sofort verwertbar ist. Dies ist insbesondere bei Grundvermögen regelmäßig zweifelhaft.[2] Auch ein (höherwertiger) **Pkw** ist als einzusetzendes Vermögen anzusehen.[3] Zum einzusetzenden Vermögen gehören auch realisierbare Ansprüche mit Vermögenswert (**Rückforderung einer Schenkung**), wenn eine zeitnahe Realisierung des Anspruchs möglich ist.[4]

32

Zum gem. § 115 Abs. 2 ZPO einzusetzenden Vermögen eines Beteiligten gehört auch ein durchsetzbarer **Anspruch auf Verfahrenskostenvorschuss**. Er ist vorrangig vor der sozialstaatlichen VKH einzusetzen, um die Verfahrenskosten zu bestreiten.[5] Der Verfahrenskostenvorschuss muss alsbald realisierbar sein.[6] Er wird vom Verpflichteten auch dann geschuldet, wenn er nicht in einer Summe bezahlt werden kann, sondern nur in Raten. Dem Vorschussberechtigten kann dann VKH auch nur gegen entsprechende Ratenzahlung bewilligt werden.[7] Eltern schulden auch ihren **volljährigen Kindern** einen Vorschuss für die Kosten eines Rechtsstreits in persönlichen Angelegenheiten.[8] Gegenüber einem unterhaltsberechtigten Kind ist nicht nur der barunterhaltspflichtige Elternteil verfahrenskostenvorschusspflichtig, sondern, wenn ein Vorschuss vom barunterhaltspflichtigen Elternteil nicht zu erlangen ist, **im Wege der Ersatzhaftung auch der betreuende Elternteil**.[9] Auch ein getrennt lebender Ehegatte schuldet dem Grunde nach einen Verfahrenskostenvorschuss,[10] nicht aber ein geschiedener Ehegatte. Nach Abschluss des Verfahrens kann der Antragsteller auf VKH nicht mehr auf einen Verfahrenskostenvorschuss verwiesen werden.[11]

33

Die Heranziehung zu einem Verfahrenskostenvorschuss setzt grundsätzlich unterhaltsrechtliche **Leistungsfähigkeit** voraus. Diese ist insbesondere in Unterhaltsverfahren nicht gegeben, wenn schon das gesamte über dem Selbstbehalt liegende Einkommen des Verpflichteten im Rahmen der Berechnung des Elementarunterhalts verteilt wird. Die (zusätzliche) Leistung eines Verfahrenskostenvorschusses für ein Verfahren auf Ehegattentrennungsunterhalt durch den Unterhaltspflichtigen entspricht auch dann nicht der Billigkeit (§§ 1361 Abs. 4 Satz 4, 1360a Abs. 4 Satz 1 BGB), wenn im Rahmen der Unterhaltsberechnung das gesamte vorhandene Einkommen der Beteiligten nach Quoten verteilt werden soll.[12] Beantragt ein Kind VKH für ein Verfahren auf Feststellung der nichtehelichen Vaterschaft, so kann es nicht auf einen etwaigen Verfahrenskostenvorschuss gegen den Putativ-Vater verwiesen werden.[13]

34

Für die gerichtliche **Geltendmachung** der von einem Sozialhilfeträger **rückübertragenen Unterhaltsansprüche** ist der Unterhaltsberechtigte grundsätzlich nicht bedürftig iSv. § 114 ZPO, da ihm ein Anspruch auf Verfahrenskostenvorschuss gegen den Sozialhilfeträger zusteht (§ 9 Abs. 4 Satz 3 UVG; § 94 Abs. 5 Satz 2 SGB XII). Für die Geltendmachung laufenden Unterhalts ab Rechtshängigkeit ist dem Leistungs-

35

---

1 BGH v. 18.7.2007 – XII ZA 11/07, FamRZ 2007, 1720; OLG Brandenburg v. 3.5.2010 – 9 WF 129/10, FamRZ 2011, 52; OLG Stuttgart v. 15.7.2009 – 8 WF 105/09, FamRZ 2010, 311.
2 OLG Frankfurt v. 3.5.1999 – 24 W 21/99, FamRZ 1999, 1671; VG Frankfurt v. 5.3.1991 – V/2 H 2029/90, NJW 1992, 647.
3 OLG Stuttgart v. 9.4.2010 – 13 W 17/10, FamRZ 2010,1685; KG v. 27.2.2006 – 12 W 5/06, FamRZ 2007, 158; OLG Brandenburg v. 5.1.2006 – 9 WF 358/05, FamRZ 2006, 1045.
4 OLG Hamm v. 16.5.2012 – II-2 WF 93/11, FamRZ 2013, 144: verschenkter wertvoller PKW.
5 BGH v. 10.7.2008 – VII ZB 25/08, FamRZ 2008, 1842.
6 BGH v. 10.7.2008 – VII ZB 25/08, FamRZ 2008, 1842.
7 OLG Saarbrücken v. 20.8.2009 – 6 WF 84/09, NJW-RR 2010, 870; BGH v. 4.8.2004 – XII ZA 6/04, FamRZ 2004, 1633, OLG Koblenz v. 15.8.1990 – 14 W 382/90, FamRZ 1991, 346.
8 BGH v. 23.3.2005 – XII ZB 13/05, NJW 2005, 1722.
9 OLG Karlsruhe v. 31.10.1994 – 16 WF 116/94, FamRZ 1996, 1100; OLG Jena v. 19.3.1998 – WF 18/98, FamRZ 1998, 1302.
10 OLG Saarbrücken v. 20.8.2009 – 6 WF 84/09, NJW-RR 2010, 870.
11 OLG Stuttgart v. 29.9.2011 – 18 WF 191/11, Die Justiz 2012, 63.
12 OLG München v. 13.9.2005 – 16 WF 1542/05, FamRZ 2006, 791.
13 OLG Karlsruhe v. 3.6.2008 – 2 WF 128/07, NJW-RR 2008, 1103; FA-FamR/*Schwarzer*, 3. Kap. Rz. 226.

berechtigten indessen stets VKH zu bewilligen, soweit Erfolgsaussicht besteht und er selbst bedürftig ist. Allein der Gesichtspunkt der Prozessökonomie rechtfertigt kein schutzwürdiges Interesse des Unterhaltsgläubigers an einer VKH für das gesamte Verfahren. Anders ist dies nur dann, wenn sich die Geltendmachung rückübertragener Ansprüche neben den beim Unterhaltsgläubiger verbliebenen Unterhaltsansprüchen kostenrechtlich nicht auswirkt, zB Zeitraum zwischen Eingang des VKH-Antrags und Rechtshängigkeit.[1]

36 Der Einsatz eines aus einer **Schmerzensgeld**zahlung entstandenen Vermögens ist unzumutbar.[2] Die Möglichkeit einer **Kreditaufnahme** spielt keine Rolle, wenn kein Vermögen vorhanden ist.[3]

3. Keine Mutwilligkeit

37 Negative Voraussetzung ist das **Fehlen von Mutwilligkeit**. Dieser Begriff ist ab 1.1.2014 in § 114 Abs. 2 ZPO definiert (mutmaßliches Verhalten eines Selbstzahlers).[4] Erklärt ein Beteiligter, zum VKH-Gesuch der Gegenseite keine Erklärung abzugeben, oder hält er Einwendungen zurück, so kann sich die spätere Rechtsverteidigung als mutwillig darstellen.[5] Dies gilt für das Zurückhalten von Einwendungen, die den geltend gemachten Anspruch schon im VKH-Prüfungsverfahren zu Fall gebracht hätten, jedenfalls für solche Einwendungen, die sich ohne weiteres aufdrängen. Der Gegner hat zwar keine Obliegenheit zur Abgabe einer Stellungnahme. Ein nicht bedürftiger Beteiligter wäre aber aus Zeit- und Kostengründen darum bemüht, es schon gar nicht zu einem anschließenden Hauptsacheverfahren kommen zu lassen, zumal im Falle des Obsiegens ein Kostenerstattungsanspruch möglicherweise gar nicht realisierbar ist. Ein Verfahren gegen einen im Ausland lebenden Unterhaltspflichtigen wegen **Unterhalts** ist mutwillig, wenn eine erstrittene Entscheidung voraussichtlich dauerhaft nicht vollstreckbar wäre.[6] Es ist mutwillig, mit der gerichtlichen Geltendmachung rückständigen Unterhalts oder mit der rückwirkenden Abänderung eines Unterhaltstitels ohne nachvollziehbaren Grund abzuwarten, so dass verfahrenskostenerhöhende Unterhaltsrückstände entstehen.[7] Ein **Umgangsverfahren** ist idR mutwillig eingeleitet, wenn nicht vorher mit Hilfe des Jugendamts versucht worden ist, eine gütliche Einigung zwischen den Eltern des Kindes zu erzielen,[8] jedenfalls dann, wenn eine solche Vorgehensweise auch erfolgversprechend gewesen wäre (nicht, wenn der andere Elternteil bereits die Aussetzung des persönlichen Umgangs beantragt hat und auch nicht dann, wenn das örtliche Jugendamt zu einer effektiven Hilfestellung nicht bereit oder personell nicht in der Lage ist). Der Antrag eines Kindes auf Umgang mit einem unwilligen Elternteil ist nicht mutwillig, obwohl er regelmäßig nicht zwangsweise durchgesetzt werden kann.[9] Die Geltendmachung einer Familienstreitsache (Scheidungsfolgensache) **außerhalb des Verbundverfahrens**

---

1 BGH v. 2.4.2008 – XII ZB 266/03, FamRZ 2008, 1159.
2 OLG Stuttgart v. 18.6.2007 – 18 WF 112/07, FamRZ 2007, 1661.
3 OLG Karlsruhe v. 30.10.2003 – 15 W 3/03, FamRZ 2004, 1499; anders für Gewerbetreibende für einen Rechtsstreit über eine betriebliche Forderung, BGH v. 7.12.2006 – VII ZB 50/06, FamRZ 2007, 460.
4 S. Art. 1 Nr. 2b des Gesetzes zur Änderung des Prozesskostenhilfe- und Beratungshilferechts, bei Drucklegung am 19.8.2013 verabschiedet, aber noch nicht verkündet (s. Einl. Rz. 45a).
5 OLG Oldenburg v. 13.5.2002 – 12 WF 81/02, FamRZ 2002, 1712; OLG Brandenburg v. 5.4.2005 – 9 WF 79/05, FamRZ 2006, 349 m. abl. Anm. *Benkelberg*, FamRZ 2006, 869 ff.; aA OLG Oldenburg v. 25.4.2012 – 3 WF 98/12, FamRZ 2013, 59; OLG Brandenburg v. 9.9.2009 – 15 WF 98/09, FamRZ 2010, 142; OLG Oldenburg v. 17.2.2009 – 13 WF 24/09, FamRZ 2009, 895.
6 OLG Oldenburg v. 29.6.2010 – 13 WF 92/10, FamRZ 2010, 2095.
7 OLG Celle v. 5.7.2010 – 10 WF 209/10, FamRZ 2011, 50.
8 OLG Koblenz v. 16.2.2009 – 11 WF 135/09, FamRZ 2009, 1230; OLG Stuttgart v. 7.8.2008 – 16 WF 194/08, OLGReport 2008, 765; OLG Koblenz v. 16.8.2004 – 9 WF 791/04, FamRZ 2005, 1915; OLG Brandenburg v. 25.2.2003 – 9 WF 23/03, FamRZ 2003, 1760; *Keuter*, FamRZ 2009, 1891; *Schmid*, FPR 2011, 5; aA OLG München v. 26.11.2007 – 26 WF 1792/07, FamRZ 2008, 1089; vgl. auch OLG Celle v. 27.4.2012 – 10 WF 323/11, FamRZ 2013, 141: Mutwilligkeit nur im Ausnahmefall.
9 OLG Stuttgart v. 7.8.2008 – 16 WF 194/08, OLGReport 2008, 765.

ist grundsätzlich nicht mutwillig. Es besteht die freie Wahl zwischen Verbundverfahren und isoliertem Verfahren.[1]

Einem Beteiligten, der ein Verfahren auf Kosten der Allgemeinheit durchführt, muss zugemutet werden, zulässige Maßnahmen erst dann vorzunehmen, wenn diese im Einzelfall wirklich notwendig werden.[2] Es kann daher mutwillig sein, gleichzeitig **inhaltsgleiche Verfahren** im Wege der eA und der Hauptsache einzuleiten.[3] Verfahren in Kindschaftssachen sind ohnehin zu beschleunigen. Für eine parallele eA besteht daher kurz zuvor ein Scheidungsantrag nach längerem Verfahren ohne Versöhnung der Eheleute zurückgenommen worden ist.[6] Wer VKH für die Scheidung oder Aufhebung einer rechtsmissbräuchlich eingegangenen Ehe beantragt, handelt nicht rechtsmissbräuchlich oder mutwillig. Wer sich zum Eingehen einer **Scheinehe** entschließt, hat aber grundsätzlich die Pflicht, im Rahmen des wirtschaftlich Zumutbaren Rücklagen für das (von vornherein vorhersehbare) Eheaufhebungsverfahren zu bilden (verschärfe Prüfung der Bedürftigkeit[7]). Verfahrenskostenhilfe für ein inländisches Scheidungsverfahren darf nicht mit der Begründung versagt werden, ein Scheidungsverfahren könne im Ausland einfacher durchgeführt werden.[8] Es kann mutwillig sein, ein Vaterschaftsanfechtungsverfahren zu beantragen, wenn das Verfahren nach § 1599 Abs. 2 BGB (scheidungsabhängige Vaterschaftsanerkennung) unschwer zur Verfügung steht.[9]

37a

VKH für einen neuen **Scheidungsantrag** ist wegen Mutwilligkeit zu versagen, wenn zuvor wiederholt frühere Scheidungsanträge zurückgenommen worden sind[5] oder

38

4. Ausschluss wegen Geringfügigkeit

Keine VKH wird trotz Vorliegens der Voraussetzungen bewilligt, wenn die eigenen Kosten der Prozessführung für den Antragsteller voraussichtlich **vier Monatsraten** nicht übersteigen (§ 115 Abs. 4 ZPO). Es kommt dabei nur auf die eigenen Gerichts- und Anwaltskosten an, nicht auf die dem Gegner im Falle des Unterliegens zu erstattenden Kosten. Wurde die VKH gestützt auf § 115 Abs. 4 ZPO abgelehnt, kann sie erneut beantragt werden, wenn sich nachträglich herausstellt, dass die Kosten vier Monatsraten doch übersteigen.[10]

39

5. Umfang der Bewilligung

Mit der Bewilligung hat das Gericht grundsätzlich klarzustellen, in welchem **Umfang** VKH bewilligt wird. Enthält der Beschluss keine Einschränkung, ist in vollem Umfang bewilligt. Für Folgesachen oder eA muss VKH jedoch jeweils (rechtzeitig) gesondert beantragt und bewilligt werden. In Ausnahme davon erstreckt sich nach

40

---

1 BGH v. 10.3.2005 – XII ZB 20/04, FamRZ 2005, 786.
2 BGH v. 28.4.2010 – XII ZB 180/06, FamRZ 2010, 1147.
3 OLG Frankfurt v. 7.7.2011 – 3 WF 150/11, FamRZ 2012, 144 (Gewaltschutz); OLG Zweibrücken v. 18.11.2009 – 2 WF 215/09, FamRZ 2010, 666 (Gewaltschutz); OLG Celle v. 10.5.2010 – 10 WF 147/10, FamRZ 2010, 1586 (Gewaltschutz); OLG Köln v. 13.12.2010 – 4 WF 230/10, FamRZ 2011, 1157 (Aufenthaltsbestimmung); aA OLG München v. 14.2.2012 – 26 WF 128/12, FamRZ 2012, 1234 (Gewaltschutz); OLG Hamm v. 9.12.2009 – 10 WF 274/09, FamRZ 2010, 825 m. abl. Anm. *van Els* S. 2093 und OLG Frankfurt v. 20.12.2010 – 5 WF 329/10, FamRZ 2011, 661 (persönlicher Umgang).
4 *Rüntz/Viefhues*, FamRZ 2010, 1285; *Schmid*, FPR 2011, 5.
5 OLG Köln v. 25.9.1987 – 4 WF 158/87, FamRZ 1988, 92.
6 OLG Karlsruhe v. 1.9.1997 – 16 WF 118/96, FamRZ 1998, 485.
7 BGH v. 30.3.2011 – XII ZB 212/09, FamRZ 2011, 872; BGH v. 22.6.2005 – XII ZB 247/03, FamRZ 2005, 1477; für Mutwilligkeit der Rechtsverfolgung OLG Koblenz v. 20.4.2009 – 11 WF 274/09, NJW-RR 2009, 1308.
8 OLG Karlsruhe v. 18.8.2010 – 5 WF 122/10, FamRZ 2010, 2095 für einen deutschen Antragsteller.
9 AA OLG Brandenburg v. 21.11.2006 – 10 WF 218/06, FamRZ 2008, 68, weil die auf der Anerkennung durch den Dritten beruhende Vaterschaft ihrerseits wieder angefochten werden könne.
10 Zöller/*Geimer*, § 115 ZPO Rz. 77.

§ 149 die Bewilligung von PKH (richtig wegen § 113 Abs. 5 Nr. 1: VKH) für die Ehesache auch auf den Versorgungsausgleich.

6. Besondere Verfahrensarten

41 Grundsätzlich kann VKH für **alle Verfahrensarten** bewilligt werden. Solange ein Antrag noch nicht zugestellt ist, darf einem Antragsgegner allerdings im Allgemeinen keine VKH bewilligt werden.[1] Für das VKH-Verfahren wird grundsätzlich VKH nicht gewährt,[2] auch dann nicht, wenn das Gericht die Beteiligten gem. § 118 Abs. 1 Satz 3 ZPO zur mündlichen Erörterung lädt. Kommt es dabei zu einer Einigung der Beteiligten, darf aus Zweckmäßigkeitsgründen VKH gewährt werden, aber nur für den Abschluss des Vergleichs im Erörterungstermin und nicht für das gesamte VKH-Verfahren.[3] Auch für das **VKH-Beschwerdeverfahren** kann keine VKH gewährt werden.[4]

42 **Nach Abschluss der Instanz** darf VKH nur noch bewilligt werden, wenn der Beteiligte alles ihm Zumutbare getan hat, um eine Bewilligungsentscheidung noch während der Instanz herbeizuführen (Bewilligungsantrag mit den erforderlichen Unterlagen).[5] Im Rahmen der prozessualen Fürsorgepflicht ist das Gericht im Allgemeinen verpflichtet, auf Unklarheiten und/oder das Fehlen erforderlicher Unterlagen hinzuweisen und eine Frist zur Vorlage der gewünschten Unterlagen zu setzen. Ein solcher Hinweis ist aber dann nicht erforderlich, wenn der Antragsteller von sich aus den Beleg (oder das VKH-Formblatt) nachzureichen verspricht, dies aber bis zum Ende der Instanz unterlässt.[6] Auch nach Antragsrücknahme ist dem Antragsgegner noch VKH zu bewilligen, wenn Rechtsverteidigung und VKH-Antragstellung bereits zuvor erfolgt waren.[7] Ein möglicher prozessualer Kostenerstattungsanspruch gegen den Antragsteller steht dem nicht entgegen. Ein bloßer VKH-Antrag ohne Verteidigung in der Sache genügt aber nicht.[8] VKH kann nicht mehr bewilligt werden, wenn sich das Verfahren in der Hauptsache erledigt hat, bevor über den VKH-Antrag bei ordnungsgemäßem Geschäftsgang entschieden werden konnte.[9] Nach einer Versöhnung der Eheleute im VKH-Prüfungsverfahren kann deshalb auch nicht mehr VKH für ein Scheidungsverfahren bewilligt werden. VKH kann auch einem **verstorbenen Beteiligten** nicht mehr nachträglich bewilligt werden.[10]

43 Auch für ein **Vermittlungsverfahren** nach § 165 kann VKH bewilligt und jedenfalls bei komplizierter Sach- und Rechtslage auch ein Anwalt beigeordnet werden, vgl. dazu § 165 Rz. 8.[11] Zur VKH für die **Mediation** vgl. § 36a Rz. 16.

44 Eine **Abstammungsuntersuchung nach § 1598a BGB** muss vom Anspruchsberechtigten privat auf eigene Rechnung in Auftrag gegeben werden. Für das Abstammungsgutachten kann damit keine VKH bewilligt werden.[12]

---

1 OLG Rostock v. 10.9.2007 – 10 WF 162/07, FamRZ 2008, 67.
2 BGH v. 30.5.1984 – VIII 298/83, NJW 1984, 2106; OLG Naumburg v.11.9.2007 – 3 WF 260/07, FamRZ 2008, 1088.
3 BGH v. 8.6.2004 – VI ZB 49/03, NJW 2004, 2595; OLG Hamm v. 3.7.2008 – 10 WF 77/08, FamRZ 2009, 136.
4 OLG Nürnberg v. 14.6.2010 – 7 WF 686/10, FamRZ 2010,1679; Zöller/*Geimer*, § 114 ZPO Rz. 3.
5 BGH v. 7.3.2012 – XII ZB 391/10, FamRZ 2012, 964; BGH v. 30.9.1981 – IVb 694/80, NJW 1982, 446.
6 OLG Bamberg v. 7.4.2000 – 7 WF 54/00, FamRZ 2001, 628.
7 BGH v. 18.11.2009 – XII ZB 152/09, FamRZ 2010, 197.
8 BGH v. 18.11.2009 – XII ZB 152/09, FamRZ 2010, 197.
9 OLG Köln v. 28.6.2010 – 4 WF 79/10, FamRZ 2011, 124; OLG Düsseldorf v. 27.6.1988 – 4 WF 178/88, JurBüro 1989, 114; OLG Frankfurt v. 17.10.1983 – 3 WF 81/83, FamRZ 1984, 305; Zöller/*Geimer*, § 119 ZPO Rz. 45.
10 OLG Oldenburg v. 27.1.2010 – 8 W 4/10, FamRZ 2010, 1587; OLG Frankfurt v. 10.6.2010 – 3 WF 72/10, FamRZ 2011, 385.
11 OLG Frankfurt v. 12.9.2006 – 3 WF 234/06, FamRZ 2007, 566; OLG Brandenburg v. 21.4.2008 – 10 WF 73/08, FamRZ 2008, 2218 (jedenfalls wenn der andere Elternteil anwaltlich vertreten ist); nach *Maier*, FPR 2007, 301 und OLG Karlsruhe v. 8.7.2010 – 2 WF 77/10, FamRZ 2010, 2010 kommt die Beiordnung eines Rechtsanwalts nicht in Betracht.
12 *Helms*, FamRZ 2008, 1033 (1035).

Bei einem **Stufenantrag** ist die VKH von Stufe zu Stufe zu bewilligen, zunächst 45
also nur für die Auskunftsstufe, weil die Prüfung, ob die Rechtsverfolgung hinreichende Aussicht auf Erfolg bietet, nur abschnittsweise vorgenommen werden kann.[1]
In **Vaterschaftsfeststellungsverfahren** sind wegen der Bedeutung der Statusfeststellung und der regelmäßig veranlassten Einholung eines Abstammungsgutachtens an die Erfolgsaussichten der Rechtsverteidigung des als Vater in Anspruch genommenen Mannes keine hohen Anforderungen zu stellen. Eine antizipierte Beweiswürdigung ist im VKH-Prüfungsverfahren regelmäßig nicht zulässig.[2]

Die entsprechende Anwendung der ZPO bedeutet weiter: Nach § 116 ZPO kann 46
auch einer **Partei kraft Amts**, einer juristischen Person oder einer parteifähigen Vereinigung VKH bewilligt werden. Diese Vorschrift gilt ohne Einschränkungen.

7. Form und Inhalt des Antrags; Bewilligungsverfahren

§ 117 ZPO regelt Form und Inhalt des **Antrags** auf Bewilligung von VKH und die 47
Verpflichtung zur Vorlage einer Erklärung über die persönlichen und wirtschaftlichen Verhältnisse (Formblatt). Auch diese Vorschrift gilt entsprechend. Lücken bei der Ausfüllung des Vordrucks gem. § 117 Abs. 2 ZPO berechtigen nicht zur Versagung von VKH, wenn die fehlenden Angaben den beigefügten Unterlagen oder der Begründung des VKH-Gesuchs unschwer entnommen werden können.[3]

§ 118 Abs. 1 Satz 1 ZPO (Anhörung des Gegners) wird außer in Ehe- und Familien- 48
streitsachen durch § 77 Abs. 1 verdrängt. Das Verfahren (Art und Weise) einer etwaigen **Anhörung anderer Beteiligter** richtet sich entsprechend § 118 Abs. 1 Satz 2 bis 5 ZPO, die ohne Einschränkungen gelten (§ 76 Abs. 1; vgl. die Kommentierung zu § 77 Abs. 1).

Entsprechend § 118 Abs. 2 Satz 1 ZPO kann das Gericht auch in FamFG-Verfahren 49
verlangen, dass der Antragsteller seine tatsächlichen Angaben **glaubhaft macht**. Ab 1.1.2014 kann auch die Abgabe einer eidesstattlichen Versicherung gefordert werden. In Verfahren, die von Amts wegen eingeleitet werden können, kann sich dies nur auf die Angaben zu den persönlichen und wirtschaftlichen Verhältnisse beziehen, in Antragsverfahren dagegen auch auf das Streitverhältnis. Das Gericht kann entsprechend § 118 Abs. 2 Satz 2 ZPO Erhebungen anstellen (Anordnung der Vorlage von Urkunden, Einholung von Auskünften). Entsprechend § 118 Abs. 2 Satz 3 ZPO ist die Vernehmung von Zeugen und Sachverständigen im Bewilligungsverfahren regelmäßig ausgeschlossen. Zuständig für die Maßnahmen des § 118 ZPO ist der Vorsitzende oder ein von ihm beauftragtes Mitglied des Spruchkörpers (entsprechend § 118 Abs. 3 ZPO).

Im Verfahren über die VKH besteht gem. § 114 Abs. 4 Nr. 5 **kein Anwaltszwang**, 50
auch nicht für einen Termin entsprechend § 118 Abs. 1 Satz 3 ZPO und auch nicht für die sofortige Beschwerde.

8. Ablehnung wegen Nichterfüllung einer Auflage

Entsprechend anwendbar ist auch § 118 Abs. 2 Satz 4 ZPO. Danach kann das Ge- 51
richt die Bewilligung von VKH (erst) ablehnen, wenn der antragstellende Beteiligte trotz **Auflage zur Beseitigung** und Fristsetzung keine oder nur unvollständige Angaben zu seinen persönlichen und wirtschaftlichen Verhältnissen gemacht oder diese

---

1 OLG Naumburg v. 30.8.2011 – 8 WF 208/11, FamRZ 2012, 466 mit weiteren Nachweisen; OLG Naumburg v. 11.5.2009 – 3 WF 75/09, FamRZ 2009, 1848; aA OLG Brandenburg v. 25.2.2008 – 9 WF 39/08, FamRZ 2008, 1354 (Bewilligung hinsichtlich der Leistungsstufe immanent beschränkt auf einen solchen Zahlungsantrag, der von der Auskunft gedeckt ist) und OLG Stuttgart v. 19.10.2010 – 11 WF 208/10, FamRZ 2011, 387 (VKH sei von vornherein einheitlich für sämtliche Anträge zu bewilligen).
2 AA OLG Naumburg v. 16.9.2005 – 8 WF 187/05, FamRZ 2006, 960: VKH nur dann, wenn der Beklagte ernsthafte Zweifel an seiner Vaterschaft darlegt.
3 BGH v. 20.2.2008 – XII ZB 83/07, FamRZ 2008, 868; BGH v. 13.2.2008 – XII ZB 151/07, FamRZ 2008, 871.

nicht glaubhaft gemacht hat. Ob und wie weit Glaubhaftmachung verlangt wird, steht im Ermessen des Gerichts.[1] In Antragsverfahren kann Glaubhaftmachung auch zu Tatsachen verlangt werden, die sich auf das Streitverhältnis beziehen, soweit der Beteiligte hierfür die Vortrags- und Beweislast hat.[2]

9. Beschränkung auf den Rechtszug

52 Entsprechend § 119 Abs. 1 Satz 1 ZPO wird die VKH auch in FamFG-Verfahren **für jeden Rechtszug gesondert** bewilligt. Sie muss insbesondere in höherer Instanz erneut beantragt werden. Im Beschwerdeverfahren darf nicht zugleich auch VKH für die erste Instanz bewilligt werden, es sei denn, das Beschwerdegericht ist durch Einlegung einer Beschwerde gegen die Ablehnung der Bewilligung auch mit diesem Streitgegenstand befasst.

10. VKH für die zweite Instanz

53 Ein bedürftiger Beteiligter, der ein Rechtsmittel einlegen will, muss bis zum Ablauf der Rechtsmittelfrist ein VKH-Gesuch für ein beabsichtigtes Rechtsmittel einreichen. Das setzt voraus, dass dem Antrag auf VKH zur Durchführung des **Rechtsmittelverfahrens** innerhalb der Rechtsmittelfrist neben der ausgefüllten Erklärung über die persönlichen und wirtschaftlichen Verhältnisse auch die insoweit nötigen Belege beigefügt werden.[3] Eine sachliche Begründung des VKH-Gesuchs ist zwar zweckmäßig und erwünscht. Ein Zwang hierzu besteht aber nicht. Wird ohne nähere Begründung VKH beantragt, wird die erstinstanzliche Entscheidung auf der Grundlage des bisherigen Streitstands zur Überprüfung gestellt.[4] Nach Bewilligung der VKH kann und muss dann Rechtsmittel eingelegt und Wiedereinsetzung beantragt werden. Ein unter der Bedingung der Gewährung von VKH eingelegtes Rechtsmittel ist unzulässig.[5] Wirksam eingelegt ist das Rechtsmittel, wenn die „Durchführung" von der Gewährung der VKH abhängig gemacht wird. Die Deutung, dass ein Schriftsatz zunächst nur als Antrag auf Gewährung von VKH gemeint war, kommt nur dann in Betracht, wenn sich das aus dem Schriftsatz selbst oder aus den Begleitumständen mit einer jeden vernünftigen Zweifel ausschließenden Deutlichkeit ergibt. Im Zweifel ist zugunsten des Rechtsmittelführers anzunehmen, dass er unbedingt Rechtsmittel eingelegt ist und er sich lediglich für den Fall der Versagung von VKH die Zurücknahme des Rechtsmittels vorbehält[6].

53a Durch den zum 1.1.2013[7] neu eingefügten § 64 Abs. 1 Satz 2 ist klargestellt, dass ein Antrag auf Bewilligung von VKH für eine beabsichtigte Beschwerde bei dem Gericht zu stellen ist, dessen Beschluss angefochten werden soll. Wird VKH bewilligt, muss nach dem klaren Wortlaut des Gesetzes die Beschwerde allerdings innerhalb von zwei Wochen nach Zugang der VKH-Entscheidung erneut beim **erstinstanzlichen Gericht** eingelegt (§ 64 Abs. 1) und beim **Beschwerdegericht** Wiedereinsetzung in den vorigen Stand beantragt werden (§ 19 Abs. 1, in Ehesachen und Familienstreitsachen § 237 ZPO[8]). Ein Wiedereinsetzungsantrag ist allerdings entbehrlich, weil diese auch ohne ausdrücklichen Antrag gewährt werden kann (§ 18 Abs. 3 Satz 3). Diese Rechtslage ist für die spätere Einlegung der Beschwerde nicht sinnvoll, weil sich die Akten wegen der Entscheidung über das VKH-Gesuch bereits beim Beschwerdegericht be-

---

1 Zöller/*Geimer*, § 118 ZPO Rz. 16.
2 Zöller/*Geimer*, § 118 ZPO Rz. 16.
3 BGH v. 13.2.2008 – XII ZB 151/07, FamRZ 2008, 871.
4 BGH v. 11.11.1992 – XII ZB 118/92, NJW 1993, 732.
5 BGH v. 27.10.2010 – XII ZB 113/10, FamRZ 2011, 29; BGH v. 20.7.2005 – XII ZB 31/05, FamRZ 2005, 1537.
6 Vgl. BGH v. 7.3.2012 – XII ZB 421/11, FamRZ 2012, 962; BGH v. 18.7.2007 – XII ZB 31/07, FamRZ 2007, 1726.
7 Durch Art. 6 Nr. 7 des Gesetzes zur Einführung einer Rechtsbehelfsbelehrung im Zivilprozess und zur Änderung anderer Vorschriften v. 5.12.2012, BGBl. I, S. 2418.
8 BGH v. 17.8.2011 – XII ZB 50/11, FamRZ 2011, 1649.

finden. Gleichwohl sollte aus Gründen der Vorsicht der dargestellte Weg eingehalten werden.[1]

In höherer Instanz ist dem **Rechtsmittelgegner** im Allgemeinen VKH zur Rechtsverteidigung erst dann zu bewilligen, wenn nach Eingang der Rechtsmittelbegründung feststeht, dass das Rechtsmittel durchgeführt wird und nicht als unzulässig zu verwerfen ist.[2] Die VKH zur Verteidigung gegen das Rechtsmittel kann allerdings nach Eingang der Rechtsmittelbegründung nicht mit der Begründung versagt werden, dass infolge der noch ausstehenden Entscheidung über die Zurückweisung des Rechtsmittels ohne mündliche Verhandlung eine Rechtsverteidigung noch nicht notwendig sei.[3] Für den Rechtsmittelgegner ist nach § 119 Abs. 1 Satz 2 ZPO nicht zu prüfen, ob die Verteidigung gegen das Rechtsmittel Aussicht auf Erfolg verspricht. Eine Ausnahme besteht vor allem dann, wenn das Obsiegen im ersten Rechtszug auf einer vorsätzlichen unrichtigen Sachdarstellung durch den Antragsteller auf VKH beruht. VKH ist auch im Beschwerdeverfahren **nur für eine Rechtsverfolgung** oder Rechtsverteidigung zu gewähren. Für eine bloß verfahrensbegleitende Rechtswahrnehmung, die sich einer Beschwerde eines Versorgungsträgers zum Versorgungsausgleich weder widersetzt noch sonst das Beschwerdeverfahren fördert, kann nach verbreiteter Auffassung keine VKH bewilligt werden.[4] Dies setzt allerdings voraus, dass die Beteiligten selbst ohne weiteres erkennen können, dass die Beanstandungen des Versorgungsträgers berechtigt sind (Übertragungsfehler, Zahlendreher oder Ähnliches), und dass für das Beschwerdeverfahren keine Kosten erhoben werden.

11. Festsetzung der Zahlungen; Wirkung der Bewilligung

§§ 120, 120a ZPO (**Anordnung von Ratenzahlung**, vorläufige Einstellung der Zahlungen, Überprüfung der persönlichen und wirtschaftlichen Verhältnisse) gelten entsprechend, während § 121 ZPO (Beiordnung eines Rechtsanwalts) in fG-Familiensachen durch die eigenständige Regelung in § 78 verdrängt wird. Im Verfahren der Überprüfung nach § 120a ZPO kann das Gericht ab dem 1.1.2014 die vollständige Ausfüllung des amtlichen Vordrucks über die persönlichen und wirtschaftlichen Verhältnisse verlangen (§ 120a Abs. 4 ZPO in der ab 1.1.2014 geltenden Fassung).[5] Ein Beteiligter muss ab dann dem Gericht von sich aus mitteilen, wenn sich seine wirtschaftlichen Verhältnisse innerhalb von vier Jahren seit der rechtskräftigen Entscheidung oder der sonstigen Beendigung des Verfahrens wesentlich verbessern (§ 120a Abs. 2 Satz 1 ZPO). Im Rahmen einer Änderungsentscheidung nach § 120a ZPO kann dem Beteiligten Vermögen zugerechnet werden, das er inzwischen erworben, aber in Kenntnis der Abänderungsmöglichkeit wieder ausgegeben hat. Das gilt auch schon vor Einleitung eines Verfahrens nach § 120a ZPO.[6] Zustellungen im Überprüfungsverfahren (§§ 120a ZPO, 124 ZPO) haben auch nach dem formellen Abschluss des Verfahrens jedenfalls dann **an den Verfahrensbevollmächtigten** (und nicht an den Beteiligten persönlich) zu erfolgen, wenn dieser den Beteiligten im VKH-Bewilligungsverfahren vertreten hat.[7]

§ 122 Abs. 1 ZPO (**Wirkung der Bewilligung** für den Antragsteller) gilt in FamFG-Verfahren ebenfalls entsprechend, § 122 Abs. 2 ZPO (Wirkung der Bewilligung für die Gegenpartei) gilt ebenfalls entsprechend, soweit im Verfahren ein Antragsgegner vorhanden ist. § 123 ZPO (keine Auswirkung auf den Kostenerstattungsanspruch des Gegners) ist dann anwendbar, wenn ein Antragsgegner vorhanden ist und im Verfah-

---

1 Für Beschwerdeeinlegung beim OLG nach vorangegangener VKH-Bewilligung allerdings FA-FamR/*Geißler*, 1. Kap. Rz. 597, wie hier *Nickel*, FamRB 2013, 129.
2 BGH v. 24.10.2012 – XII ZB 460/11, FamRZ 2013, 122; BGH v. 7.2.2001 – XII ZR 26/99, NJW-RR 2001, 1009.
3 BGH v. 28.4.2010 – XII ZB 180/06, FamRZ 2010, 1147 zu § 522 Abs. 2 ZPO.
4 OLG Karlsruhe v. 16.10.2012 – 2 UF 85/12, juris.
5 Art. 1 Nr. 8 des Gesetzes zur Änderung des Prozesskostenhilfe- und Beratungshilferechts, bei Drucklegung am 19.8.2013 verabschiedet, aber noch nicht verkündet (s. Einl. Rz. 45a).
6 BGH v. 18.7.2007 – XII ZA 11/07, FamRZ 2007, 1720.
7 BGH v. 8.9.2011 – VII ZB 63/10, MDR 2011, 1314; BGH v. 8.12.2010 – XII ZB 38/09, FamRZ 2011, 463.

ren Kostenerstattung angeordnet worden ist. Der bedürftige Beteiligte hat einen durchsetzbaren Kostenerstattungsanspruch gegen den unterlegenen Antragsgegner auch dann, wenn ihm (dem bedürftigen Beteiligten) ratenzahlungsfreie Prozesskostenhilfe bewilligt wurde.[1]

12. Aufhebung der Bewilligung

57 Nach § 124 ZPO[2] soll die Bewilligung der VKH in den dort bestimmten Fällen (Nr. 1 unrichtige Darstellung des Streitverhältnisses; Nr. 2 schuldhaft unrichtige Angaben über die persönlichen oder wirtschaftlichen Verhältnisse; Nr. 3 Nichtvorliegen der persönlichen oder wirtschaftlichen Verhältnisse für die VKH [nicht anwendbar, wenn die der Bewilligung zugrunde gelegten Verhältnisse jetzt nur anders beurteilt werden];[3] Nr. 4 Rückstand mit Zahlungen) **nachträglich wieder aufgehoben werden**. Diese Vorschrift gilt ohne Einschränkungen. Die Aufhebung nach § 124 Nr. 2 Alt. 1 ZPO wegen absichtlich oder aus grober Nachlässigkeit gemachter falscher Angaben über die persönlichen oder wirtschaftlichen Verhältnisse setzt nicht voraus, dass die falschen Angaben des Antragstellers zu einer objektiv unrichtigen VKH-Bewilligung geführt haben (Sanktionscharakter der Norm).[4] Zuständig für die Aufhebung nach § 124 Nr. 1 ZPO ist der Richter.[5] Im Übrigen (Nrn. 2 bis 4) obliegt die Aufhebung nach § 124 ZPO dem Rechtspfleger (§ 20 Nr. 4c RpflG). Die Aufhebung der Bewilligung steht trotz Vorliegens der Voraussetzungen im Ermessen des Gerichts. Dadurch kann besonderen Härtefällen Rechnung getragen werden. Zur Zustellung des Aufhebungsbeschlusses an den Verfahrensbevollmächtigten Rz. 55. Die Aufhebung bewirkt, dass die Vergünstigungen des § 122 ZPO entfallen. Bereits entstandene Honoraransprüche eines beigeordneten Anwalts gegen die Staatskasse bleiben unberührt.[6]

58 § 125 ZPO (Einziehung der Kosten vom Gegner) und § 126 ZPO (Beitreibung der Rechtsanwaltskosten vom Gegner) finden auch in FamFG-Verfahren auf den Antragsgegner Anwendung, sofern ein solcher vorhanden ist. § 127 Abs. 1 ZPO (Entscheidung ohne mündliche Verhandlung) gilt ohne Einschränkungen.

59 **Kosten/Gebühren: Gericht:** Für das VKH-Bewilligungsverfahren entstehen Gebühren nur für die Rechtsmittelverfahren. Für das Beschwerdeverfahren fällt eine Gebühr in Höhe von 60 Euro an (Nr. 19116 KV GNotKG; Nr. 1912 KV FamGKG), für das Rechtsbeschwerdeverfahren eine solche in Höhe von 120 Euro (Nr. 19126 KV GNotKG, Nr. 1923, 1924 KV FamGKG). Diese Gebühren entstehen nur für den Fall, dass das Rechtsmittel verworfen oder zurückgewiesen wird. Wird das Rechtsmittel nur teilweise verworfen oder zurückgewiesen, kann das Gericht die Gebühr nach billigem Ermessen auf die Hälfte ermäßigen oder bestimmen, dass eine Gebühr nicht zu erheben ist. Die im VKH-Bewilligungsverfahren entstandenen Auslagen sind Teil der Kosten des Hauptsacheverfahrens. **RA:** Nach § 16 Nr. 2 sind das Verfahren über die Prozesskostenhilfe und das Verfahren, für das die Prozesskostenhilfe beantragt worden ist, dieselbe Angelegenheit. Dies gilt auch für das Verfahren über die Aufhebung oder Änderung der Bewilligung (§§ 76 Abs. 1 FamFG, 120a Abs. 4, 124 ZPO), sofern nicht die Zwei-Jahres-Frist nach § 15 Abs. 5 Satz 2 RVG verstrichen ist. Der RA, der Verfahrensbevollmächtigter ist, erhält keine besonderen Gebühren. Beschränkt sich die Tätigkeit des RA auf das Bewilligungsverfahren oder Aufhebungsverfahren oder ist für den Verfahrensbevollmächtigten die Zwei-Jahres Frist abgelaufen, erhält der RA eine Verfahrensgebühr nach Nr. 3335 VV RVG, zusätzlich kann eine Terminsgebühr anfallen. Diese bestimmt sich nach für dasjenige Verfahren geltenden Vorschriften, für das die Prozesskostenhilfe beantragt wird (Vorbem. 3. 3. 6 S. 2 VV RVG). Kommt es im Bewilligungsverfahren zu einer Einigung, erhält der RA die Einigungsgebühr nach Nr. 1003 VV RVG. Für das Beschwerdeverfahren entstehen Gebühren nach Nrn. 3500, 3513 VV RVG, im Rechtsbeschwerdeverfahren nach Nrn. 3502, 3516 VV RVG. Im Verfahren über die Bewilligung der Verfahrenskostenhilfe oder die Aufhebung der Bewilligung bestimmt sich der Gegenstandswert nach dem für die Hauptsache maßgebenden Wert, im Übrigen ist er nach dem Kosteninteresse nach billigem Ermessen zu bestimmen (§ 23a Abs. 1 und 2 RVG).

---

1 BGH v. 9.7.2009 – VII ZB 56/08, FamRZ 2009, 1577.
2 IdF vom Art. 1 Nr. 9 des Gesetzes zur Änderung des Prozesskostenhilfe- und Beratungshilferechts, bei Drucklegung am 19.8.2013 verabschiedet, aber noch nicht verkündet (s. Einl. Rz. 45a).
3 OLG Saarbrücken v. 9.4.2009 – 6 WF 37/09, FamRZ 2009, 1851.
4 Vgl. BGH v. 10.10.2012 – IV ZB 16/12, FamRZ 2013, 124; aA zB Zöller/*Geimer*, § 124 ZPO Rz. 5 f.
5 Zöller/*Geimer*, § 124 ZPO Rz. 20.
6 Zöller/*Geimer*, § 124 ZPO Rz. 25.

§ 77 Bewilligung

(1) Vor der Bewilligung der Verfahrenskostenhilfe kann das Gericht den übrigen Beteiligten Gelegenheit zur Stellungnahme geben. In Antragsverfahren ist dem Antragsgegner vor der Bewilligung Gelegenheit zur Stellungnahme zu geben, wenn dies nicht aus besonderen Gründen unzweckmäßig erscheint.
(2) Die Bewilligung von Verfahrenskostenhilfe für die Vollstreckung in das bewegliche Vermögen umfasst alle Vollstreckungshandlungen im Bezirk des Vollstreckungsgerichts einschließlich des Verfahrens auf Abgabe der Versicherung an Eides statt.

Abs. 1 Satz 2 wird zum 1.1.2014 wie folgt gefasst:[1]
In Antragsverfahren ist dem Antragsgegner Gelegenheit zur Stellungnahme zu geben, ob er die Voraussetzungen für die Bewilligung von Verfahrenskostenhilfe für gegeben hält, soweit dies aus besonderen Gründen nicht unzweckmäßig erscheint.

A. Allgemeines

§ 77 regelt die Gewährung des **rechtlichen Gehörs** für weitere Beteiligte (als den, der VKH beantragt hat) im Bewilligungsverfahren und den Umfang der Bewilligung von **VKH für die Vollstreckung** in das bewegliche Vermögen. Abs. 2 entspricht wörtlich § 119 Abs. 2 ZPO. 1

B. Inhalt der Vorschrift

I. Anhörung anderer Beteiligter (Absatz 1)

Abs. 1 S. 1 stellt es grundsätzlich in das freie Ermessen des Gerichts, ob es vor der Bewilligung anderen Beteiligten **Gelegenheit zur Stellungnahme** gibt. Das Gesetz überlässt es dem Gericht, im Einzelfall zu bestimmen, ob und welche Beteiligten vor der Bewilligung von VKH gehört werden sollen. Durch die Gewährung von VKH wird die verfahrensrechtliche Stellung anderer Beteiligter nicht berührt. Es handelt sich um ein Verfahren zwischen dem Antragsteller und dem Gericht, das sich auf die Prüfung beschränkt, ob die Voraussetzungen für die Bewilligung vorliegen.[2] Die anderen Beteiligten haben in diesem Verfahren eine der Beiladung ähnliche Stellung. Gelegenheit zur Stellungnahme erhalten sie ggf. nur deshalb, um dem Gericht die Prüfung der Bewilligungsvoraussetzungen zu ermöglichen.[3] Eine Bewilligung der VKH ist für sie unanfechtbar. 2

In **Antragsverfahren**, die mit einem zu begründenden Sachantrag eingeleitet werden, ist dem Antragsgegner jedoch gem. Satz 2 regelmäßig Gelegenheit zur Stellungnahme zu geben, wenn dies nicht aus besonderen Gründen unzweckmäßig ist. Dies entspricht § 118 Abs. 1 Satz 1 ZPO. Unzweckmäßig ist die Anhörung, wenn das Vorbringen des Antragstellers von vornherein unschlüssig ist,[4] wenn nur eine fiktive Anhörung (durch öffentliche Zustellung des VKH-Antrags) erfolgen könnte[5] oder bei besonderer Eilbedürftigkeit des Verfahrens. 3

Aus der ab 1.1.2014 geltenden **Neufassung** des Abs. 1 Satz 2 ergibt sich, dass dem Antragsgegner grundsätzlich Gelegenheit zu geben ist, zu den Angaben des Antragstellers zu seinen persönlichen und wirtschaftlichen Verhältnissen Stellung zu nehmen (ebenso § 118 Abs. 1 Satz 1 nF ZPO). Dieser kann also Einwendungen zur Bedürftigkeit des Antragstellers geltend machen. Die Erklärung des Antragstellers über seine persönlichen und wirtschaftlichen Verhältnisse mit den zugehörigen Belegen darf anderen Beteiligten aber nur mit Zustimmung des Antragstellers zugänglich gemacht werden. Die Zustimmung des Antragstellers ist nicht erforderlich, wenn der andere Beteiligte einen materiell-rechtlichen Anspruch auf Auskunft über Einkünfte 4

---
1 Art. 9 Nr. 1 des Gesetzes zur Änderung des Prozesskostenhilfe- und Beratungshilferechts, bei Drucklegung am 19.8.2013 verabschiedet, aber noch nicht verkündet (s. Einl. Rz. 45a).
2 Zöller/*Geimer*, § 118 ZPO Rz. 1f.; BGH v. 15.7.2009 – 1 ZB 118/08, FamRZ 2009, 1663.
3 Zöller/*Geimer*, § 118 ZPO Rz. 1f.
4 Zöller/*Geimer*, § 118 ZPO Rz. 3.
5 Zöller/*Geimer*, § 118 ZPO Rz. 3.

und Vermögen des Antragstellers hat (vgl. §§ 1605, 1361 Abs. 4 Satz 4, 1580, 1615l Abs. 3 Satz 1 BGB). Einem solchen Beteiligten kann auch das VKH-Formblatt zur Stellungnahme zugeleitet werden (nach vorherigem Hinweis an den Antragsteller und Gewährung einer Gelegenheit zur Stellungnahme, vgl. § 117 Abs. 2 Satz 3 ZPO). Unklar ist, ob der Auskunftsanspruch einen Bezug zum Hauptsacheverfahren (Unterhalt) haben muss oder ob das Einsichtsrecht in die VKH-Unterlagen zB auch in einem Verfahren wegen Zuweisung der Ehewohnung besteht. Nach dem Wortlaut des § 117 Abs. 2 Satz 2 ZPO ist ein Bezug zum konkreten Verfahren nicht erforderlich.[1]

5   Wird anderen Beteiligten Gelegenheit zur Stellungnahme gegeben, richtet sich das weitere **Verfahren** gem. § 76 Abs. 1 in entsprechender Anwendung der Vorschriften des § 118 Abs. 1 Satz 2 bis 4 ZPO. Danach kann die Stellungnahme vor der Geschäftsstelle zu Protokoll erklärt werden. Das Gericht kann die Beteiligten zu einem Termin laden, wenn eine Einigung zu erwarten ist; die Anwendung von Zwangsmitteln ist jedoch ausgeschlossen. Anwaltszwang besteht im Verfahren über die VKH nach § 114 Abs. 4 Nr. 5 nicht, auch nicht im höheren Rechtszug.

6   **Gerichtsgebühren** entstehen im Bewilligungsverfahren nicht. Eine Erstattung von Kosten, die den anderen Beteiligten entstanden sind, findet entsprechend § 118 Abs. 1 Satz 4 ZPO nicht statt.

II. Bewilligung für die Zwangsvollstreckung (Absatz 2)

7   Nach Abs. 2 umfasst die Bewilligung von **VKH für die Vollstreckung** in das bewegliche Vermögen alle Vollstreckungshandlungen im Bezirk des Vollstreckungsgerichts einschließlich des Verfahrens auf Abgabe der Versicherung an Eides statt (pauschale Bewilligung statt isolierter Antrag für jede Vollstreckungsmaßnahme). Bei der Immobiliarvollstreckung muss dagegen die VKH für jede Vollstreckungsmaßnahme gesondert beantragt werden.[2]

Im Übrigen ergibt sich aus Abs. 2, dass die Bewilligung für die Vollstreckung gesondert beantragt werden muss. Auch insoweit ist Erfolgsaussicht (§ 114 ZPO) erforderlich.[3] Die Notwendigkeit der Beiordnung eines Rechtsanwalts ist in Anwendung des § 78 Abs. 2 für die jeweilige Maßnahme der Zwangsvollstreckung gesondert zu prüfen.[4] Für das Verfahren zur Vollstreckung eines Unterhaltstitels ist die Beiordnung eines Anwalts grundsätzlich erforderlich.[5]

78 Beiordnung eines Rechtsanwalts

(1) Ist eine Vertretung durch einen Rechtsanwalt vorgeschrieben, wird dem Beteiligten ein zur Vertretung bereiter Rechtsanwalt seiner Wahl beigeordnet.
(2) Ist eine Vertretung durch einen Rechtsanwalt nicht vorgeschrieben, wird dem Beteiligten auf seinen Antrag ein zur Vertretung bereiter Rechtsanwalt seiner Wahl beigeordnet, wenn wegen der Schwierigkeit der Sach- und Rechtslage die Vertretung durch einen Rechtsanwalt erforderlich erscheint.
(3) Ein nicht in dem Bezirk des Verfahrensgerichts niedergelassener Rechtsanwalt kann nur beigeordnet werden, wenn hierdurch besondere Kosten nicht entstehen.
(4) Wenn besondere Umstände dies erfordern, kann dem Beteiligten auf seinen Antrag ein zur Vertretung bereiter Rechtsanwalt seiner Wahl zur Wahrnehmung eines Termins zur Beweisaufnahme vor dem ersuchten Richter oder zur Vermittlung des Verkehrs mit dem Verfahrensbevollmächtigten beigeordnet werden.

---

1 Vgl. OLG Koblenz v. 4.11.2010 – 7 WF 872/10, FamRZ 2011, 389.
2 BGH v. 31.10.2003 – IXa ZB 197/03, NJW-RR 2004, 787.
3 BGH v. 31.10.2003 – IXa ZB 197/03, NJW-RR 2004, 787.
4 BGH v. 10.12.2009 – VII ZB 31/09, FamRZ 2010, 288.
5 BGH v. 9.8.2012 – VII ZB 84/11, FamRZ 2012, 1637 betr. den Antrag auf Erlass eines Pfändungs- und Überweisungsbeschlusses; OLG Stuttgart v. 30.8.2010 – 8 W 354/10, FamRZ 2011, 128 betr. die Eintragung einer Sicherungszwangshypothek.

§ 78 Verfahrenskostenhilfe

(5) Findet der Beteiligte keinen zur Vertretung bereiten Anwalt, ordnet der Vorsitzende ihm auf Antrag einen Rechtsanwalt bei.

A. Allgemeines 1	III. Beiordnung eines auswärtigen Anwalts (Absatz 3) 7
B. Inhalt der Vorschrift	IV. Beweisaufnahme vor dem ersuchten Richter, Verkehrsanwalt (Absatz 4) .. 8
I. Verfahren mit Anwaltszwang (Absatz 1) 2	V. Kein vertretungsbereiter Rechtsanwalt (Absatz 5) 9
II. Verfahren ohne Anwaltszwang (Absatz 2) 3	VI. Aufhebung der Beiordnung 10

A. Allgemeines

§ 78 regelt die **Beiordnung eines Rechtsanwalts** im Rahmen der VKH, also die Frage, wann dem Beteiligten, dem VKH zu bewilligen ist, zusätzlich ein Rechtsanwalt beizuordnen ist. Abs. 1 entspricht § 121 Abs. 1 ZPO. Die Abs. 3 bis 5 entsprechen inhaltlich § 121 Abs. 3 bis 5 ZPO.

B. Inhalt der Vorschrift

I. Verfahren mit Anwaltszwang (Absatz 1)

In **Verfahren mit Anwaltszwang** wird nach Abs. 1 dem Beteiligten ein zur Vertretung bereiter Rechtsanwalt seiner Wahl beigeordnet. Es ist grundsätzlich zunächst Aufgabe des Beteiligten (Antragsteller für VKH), einen zur Vertretung bereiten Anwalt zu suchen und ihn dem Gericht gegenüber zu benennen (vgl. dazu Abs. 5).

Beigeordnet werden kann nicht nur ein einzelner Anwalt, sondern auch eine Rechtsanwaltsgesellschaft (§ 59c Abs. 1 BRAO) oder eine Rechtsanwaltssozietät (GbR).[1] Die Beiordnung einer überörtlich tätigen Sozietät kann von der Zusage abhängig gemacht werden, dass auf die Erstattung von Reisekosten für Sozien aus entfernt gelegenen Niederlassungen verzichtet wird (wenn nicht bereits der Beiordnungsantrag dahin ausgelegt wird, dass er einen solchen Verzicht enthält).[2]

II. Verfahren ohne Anwaltszwang (Absatz 2)

Abs. 2 regelt die Voraussetzungen für eine Anwaltsbeiordnung in **Verfahren ohne Anwaltszwang**. In solchen Verfahren wird dem Beteiligten auf Antrag ein zur Vertretung bereiter Rechtsanwalt seiner Wahl beigeordnet, wenn wegen der Schwierigkeit der Sach- und Rechtslage die Vertretung durch einen Rechtsanwalt erforderlich erscheint. Ausschlaggebend sein soll dabei nach dem Gesetzeswortlaut ausschließlich die Schwierigkeit der Sach- und Rechtslage. In Betreuungs- und Unterbringungssachen erfüllt die Schwere des Eingriffs in die Rechte des Betroffenen die Voraussetzungen für die Beiordnung eines Rechtsanwalts regelmäßig nicht. Hier sind die Interessen des Beteiligten vielmehr regelmäßig in hinreichendem Umfang durch die Bestellung eines Verfahrenspflegers (§§ 276, 317) gewahrt.

Gem. Abs. 2 wird dem Beteiligten ein Rechtsanwalt beigeordnet, wenn dies aufgrund der **Schwierigkeit der Sach- und Rechtslage** geboten ist. Damit ist die frühere Streitfrage (zu § 14 FGG aF), ob § 121 Abs. 2 ZPO auch in Verfahren der fG Anwendung findet, gesetzlich geklärt. Die Beiordnung eines Anwalts ist damit nach dem FamFG außer in Ehe- und Familienstreitsachen nicht bereits deshalb geboten, weil ein anderer Beteiligter anwaltlich vertreten ist (Grundsatz der Waffengleichheit).[3] Wegen der erforderlichen weitgehenden Gleichstellung Bemittelter und Unbemittelter bei der Gewährung effektiven Rechtsschutzes sind aber **auch die subjektiven Um-**

---
1 BGH v. 17.9.2008 – IV ZR 343/07, FamRZ 2009, 37.
2 BGH v. 17.9.2008 – IV ZR 343/07, FamRZ 2009, 37.
3 *Götsche*, FamRZ 2009, 383; OLG Celle v. 18.11.2010 – 10 WF 358/10, FamRZ 2011, 388.

stände des konkreten Einzelfalles einzubeziehen.[1] Maßgebend sind Umfang und Schwierigkeit der konkreten Sache, ferner die Fähigkeit des betroffenen Beteiligten, sich mündlich oder schriftlich auszudrücken.[2] Es genügt, wenn entweder die Sach- oder die Rechtslage schwierig ist. Der Umstand der anwaltlichen Vertretung eines anderen Beteiligten (des „Gegners") kann ein Kriterium für die Erforderlichkeit der Beiordnung eines Rechtsanwalts wegen der Schwierigkeit der Sach- oder Rechtslage sein.[3] Auch die existenzielle Bedeutung der Sache oder eine besondere, vom allgemeinen Verfahrensrecht stark abweichende Verfahrensart kann die Beiordnung eines Anwalts nahelegen.[4] Die Beiordnung eines Anwalts darf nicht durch die pauschale Bezugnahme auf den Amtsermittlungsgrundsatz versagt werden.[5]

5   Keine Anwendung findet dieser Rechtsgedanke auf Familienstreitsachen und Ehesachen, auf die gem. § 113 Abs. 1 die Vorschriften der ZPO über die PKH direkt anzuwenden sind. In diesen Verfahren ist ein Rechtsanwalt immer schon dann beizuordnen, wenn der Gegner anwaltlich vertreten ist (§ 121 Abs. 2 2. Alt. ZPO). Es gilt hier also das Gebot der Waffengleichheit.[6]

6   Auch bei einer einverständlichen **Scheidung** hat der Antragsgegner Anspruch auf Beiordnung eines Rechtsanwalts. Für die Frage der Beiordnung ist unerheblich, ob und wie sich der Antragsgegner auf den Scheidungsantrag einlässt.[7] Im **Vaterschaftsfeststellungsverfahren** ist dem als Vater in Anspruch genommenen Mann und auch der zwingend zu beteiligenden Mutter wegen der Bedeutung der Statusfeststellung auf ihren Antrag trotz Amtsermittlung regelmäßig ein Rechtsanwalt beizuordnen,[8] ebenso bei der **Vaterschaftsanfechtung**.[9] Auch nach Auffassung des BGH[10] ist in einem Vaterschaftsanfechtungsverfahren dem antragstellenden Beteiligten im Rahmen der VKH grundsätzlich ein Rechtsanwalt beizuordnen, weil die Rechtslage schwierig sei („pauschal anzunehmende Erforderlichkeit der Beiordnung"). An den Vortrag des Antragstellers würden durch § 171 Abs. 2 besondere Anforderungen gestellt. Der Umstand, dass Beteiligte im konkreten Einzelfall keine widerstreitenden Interessen wahrnehmen, ändere daran nichts. Auch auf etwaige subjektive Defizite des Antragstellers (auf VKH) komme es nicht an. Für die weiteren Beteiligten des Anfechtungsverfahrens nach § 172 bleibt es nach dieser Entscheidung bei den allgemeinen Grundsätzen (Schwierigkeit der Sachlage, schwierige Rechtslage oder subjektive Defizite des betroffenen Beteiligten). Die Entscheidung des BGH schließt es nicht aus, in Ausnahmefällen die Beiordnung eines Anwalts auch für den antragstellenden Beteiligten abzulehnen, wenn es zB zu gar keiner Beweisaufnahme über die Abstammung kommt (vgl. § 177 Rz. 26).

Bei einem Verfahren auf **Regelung des persönlichen Umgangs** gibt es keine Regel, dass es sich im Allgemeinen um ein rechtlich und tatsächlich schwieriges Verfahren handelt, das die Beiordnung eines Rechtsanwalts gebietet. Es ist eine einzelfallbezogene Prüfung vorzunehmen.[11]

Grundsätzlich ist auch im **vereinfachten Verfahren über den Unterhalt** Minderjähriger im Rahmen der Bewilligung von VKH ein Rechtsanwalt beizuordnen.[12] Zum

---

1 Verfassungskonforme Auslegung, vgl. BGH v. 23.6.2010 – XII ZB 232/09, FamRZ 2010, 1427 m. Anm. *Stößer*.
2 BGH v. 23.6.2010 – XII ZB 232/09, FamRZ 2010, 1427 m. Anm. *Stößer*.
3 BGH v. 23.6.2010 – XII ZB 232/09, FamRZ 2010, 1427 m. Anm. *Stößer*.
4 BGH v. 18.2.2009 – XII ZB 137/08, NJW-RR 2009, 794 mwN.
5 BVerfG v. 18.12.2001 – 1 BvR 391/01, FamRZ 2002, 531; BVerfG v. 22.6.2007 – 1 BvR 681/07, NJW-RR 2007, 1713.
6 BGH v. 18.5.2011 – XII ZB 265/10, FamRZ 2011, 1138 (eA Unterhalt).
7 OLG Bremen v. 24.4.2008 – 4 WF 38/08, FamRZ 2008, 1544; Zöller/*Philippi*, 27. Aufl., § 114 ZPO Rz. 42f.
8 BGH v. 11.9.2007 – XII ZB 27/07, NJW 2007, 3644 (Mann); OLG Celle v. 17.11.2011 – 15 WF 230/11, FamRZ 2012, 467 (Mutter).
9 OLG Hamburg v. 2.7.2010 – 12 WF 137/10, FamRZ 2011, 129.
10 BGH v. 13.6.2012 – XII ZB 218/11, FamRZ 2012, 1290.
11 BGH v. 18.2.2009 – XII ZB 137/08, NJW-RR 2009, 794 mwN.
12 OLG Zweibrücken v. 7.3.2005 – 6 WF 175/04, FamRZ 2006, 212.

Umgangsvermittlungsverfahren vgl. § 165 Rz. 8, zur Anwaltsbeiordnung bei der Zwangsvollstreckung aus einem Unterhaltstitel vgl. § 77 Rz. 7.

III. Beiordnung eines auswärtigen Anwalts (Absatz 3)

Nach Abs. 3 kann ein nicht in dem Bezirk des Verfahrensgerichts niedergelassener Rechtsanwalt nur dann beigeordnet werden, wenn hierdurch besondere Kosten nicht entstehen. Die auf § 121 Abs. 3 ZPO gestützte Beiordnung zu den Bedingungen eines ortsansässigen Rechtsanwalts ist durch § 46 RVG nicht geändert worden.[1] Allerdings ist dem Antragsteller bei der Bewilligung von VKH idR der von ihm gewählte Rechtsanwalt an seinem Wohn- oder Geschäftsort beizuordnen. Denn regelmäßig ist im Falle der Bevollmächtigung eines Rechtsanwalts am Sitz des Gerichts auch die Zuziehung eines am Wohnsitz des auswärtigen Beteiligten ansässigen Verkehrsanwalts als zur zweckentsprechenden Rechtsverfolgung notwendig anzusehen. Verursacht die Beiordnung des auswärtigen Anwalts nach einem Kostenvergleich (auswärtiger Anwalt einschließlich Reisekosten gegenüber den Kosten eines Anwalts im Bezirk des Gerichts zuzüglich Verkehrsanwalt am Wohnsitz des Beteiligten) keine höheren Kosten, ist seine uneingeschränkte Beiordnung gerechtfertigt.[2]

Die Sicherstellung der Einhaltung von § 121 Abs. 3 ZPO erfordert aber die Begrenzung der abrechenbaren Mehrkosten auf die Höhe der Vergütung eines Verkehrsanwalts bereits bei der Entscheidung über die Beiordnung. Der Rechtsanwalt ist mit der Maßgabe beizuordnen, dass die Mehrkosten, die dadurch entstehen, dass er seine Kanzlei nicht im Gerichtsbezirk hat, nur bis zur Höhe der Vergütung eines Verkehrsanwalts am Wohnort des Antragstellers erstattungsfähig sind.[3] Wählt der Antragsteller, der im Bezirk des Gerichts wohnt, einen nicht im Bezirk des Verfahrensgerichts niedergelassenen Anwalt (Beispiel: für die in München wohnende Beteiligte legitimiert sich beim zuständigen AG München ein Anwalt aus Stuttgart), erteilt der nicht im Bezirk des Verfahrensgerichts niedergelassene Rechtsanwalt mit dem Beiordnungsantrag stillschweigend sein Einverständnis zur Beiordnung zu den Bedingungen eines am Gerichtssitz niedergelassenen Rechtsanwalts.[4] An eine uneingeschränkte Beiordnung eines Rechtsanwalts ist das Gericht allerdings gebunden, sie darf nicht nachträglich eingeschränkt werden.[5] Auch im Vergütungsfestsetzungsverfahren ist der Beiordnungsbeschluss bindend und einer materiell-rechtlichen Überprüfung grundsätzlich entzogen. Wird ein auswärtiger Rechtsanwalt ohne ausdrückliche Beschränkung im Sinne des Abs. 3 beigeordnet, sind also dessen Terminsreisekosten aus der Staatskasse zu vergüten.[6] Ein in dem Bezirk des Verfahrensgerichts niedergelassener Rechtsanwalt ist uneingeschränkt und nicht lediglich zu den Bedingungen eines ortsansässigen Rechtsanwalts beizuordnen, auch wenn wegen der Entfernung zwischen Gericht und Kanzleisitz Reisekosten entstehen.[7] Zur Beiordnung einer überörtlich tätigen Sozietät vgl. Rz. 2.

IV. Beweisaufnahme vor dem ersuchten Richter, Verkehrsanwalt (Absatz 4)

Nach Abs. 4 kann dem Beteiligten, wenn besondere Umstände es erfordern, **außerhalb des Prozessgerichts** ein Rechtsanwalt für einen Beweistermin vor einem ersuchten Richter oder ein Verkehrsanwalt beigeordnet werden. Die Vorschrift gilt auch, wenn dem Beteiligten sonst kein Rechtsanwalt beigeordnet ist, also im Anwaltsprozess und im Parteiprozess. Besondere Umstände iSd. Abs. 4 sind die rechtlichen oder

---

1 OLG Hamm v. 8.4.2005 – 11 WF 121/05, FamRZ 2006, 350; aA OLG Oldenburg v. 6.1.2006 – 3 UF 45/05, NJW 2006, 851.
2 KG v. 5.8.2009 – 3 WF 193/08, NJW-RR 2010, 1362; OLG Karlsruhe v. 21.7.2005 – 17 W 30/05, NJW 2005, 2718; vgl. dazu auch OLG Jena v. 9.5.2011 – 9 W 211/11, juris.
3 OLG Karlsruhe v. 21.7.2005 – 17 W 30/05, NJW 2005, 2718; aA OLG Stuttgart v. 28.2.2005 – 15 WF 21/05, FamRZ 2005, 2007: über die Erforderlichkeit der Reisekosten des beigeordneten Anwalts wird erst durch den Kostenbeamten im Wege einer Vergleichsberechnung entschieden.
4 OLG Rostock v. 24.11.2008 – 10 WF 196/08, FamRZ 2009, 535.
5 OLG Düsseldorf v. 19.12.2007 – II-4 WF 219/07, FamRZ 2008, 1358.
6 OLG Celle v. 20.3.2007 – 23 W 31/07, FamRZ 2008, 162.
7 OLG Brandenburg v. 6.10.2008 – 10 WF 205/08, FamRZ 2009, 1236.

tatsächlichen Schwierigkeiten des Verfahrens und/oder die subjektiven Fähigkeiten des Beteiligten.

V. Kein vertretungsbereiter Rechtsanwalt (Absatz 5)

9 Nach Abs. 5 hat das **Gericht** (Zuständigkeit des Vorsitzenden) auf Antrag einen Rechtsanwalt **auszuwählen**, wenn ein Beteiligter trotz entsprechender Bemühungen, die er darlegen muss, keinen zur Vertretung bereiten Anwalt benennen kann.

Zur Beiordnung eines Rechtsanwalts für einen nicht anwaltlich vertretenen Antragsgegner im Scheidungsverfahren vgl. § 138.

VI. Aufhebung der Beiordnung

10 Sieht sich der beigeordnete Rechtsanwalt zu einer weiteren Vertretung des Beteiligten nicht in der Lage, muss er die Entpflichtung (**Aufhebung der Beiordnung**) aus wichtigem Grund beantragen. Eine schlichte Niederlegung des Mandats ist nicht möglich. Der Beteiligte hat dagegen ohne weiteres Anspruch auf Aufhebung der Beiordnung, weil ihm ein Rechtsanwalt nicht gegen seinen Willen aufgezwungen werden kann.[1] Anspruch auf Beiordnung eines anderen Anwalts hat der Beteiligte aber nur dann, wenn der Staatskasse dadurch keine höheren Kosten entstehen (der neue Anwalt muss bereit sein, sich die bisher entstandene Vergütung auf die eigene Vergütung aus der Staatskasse anrechnen zu lassen) oder wenn der Beteiligte das Mandat aus wichtigem Grund gekündigt hat (Störung des Vertrauensverhältnisses).[2] Ohne Einverständnis des neuen Anwalts darf dessen Vergütung nicht beschränkt werden.[3]

79 *(entfallen)*

Abschnitt 7
Kosten

Vorbemerkung

1 Die §§ 80 bis 85 regeln die zu treffende Kostengrundentscheidung und die Kostenerstattung. Diese Vorschriften treten an die Stelle von § 13a FGG. Sie kodifizieren weitgehend die Praxis, die sich zu der weniger ausdifferenzierten Regelung in § 13a FGG entwickelt hatte. Ihr **Anwendungsbereich** erfasst aber nicht das gesamte FamFG. Vielmehr ist im Sachzusammenhang mit einzelnen Verfahrensarten eine Reihe von **Spezialbestimmungen** getroffen worden:

2 In **Ehesachen** (§ 121) und selbständigen **Familienstreitsachen** (§ 112) bestimmt sich die Kostenpflicht über die Verweisung in § 113 Abs. 1 grundsätzlich nach den Kostenvorschriften der ZPO, insbesondere den §§ 91 ff. ZPO;[4] eine isolierte Anfechtung der

---

1 Thomas/Putzo/*Seiler*, § 121 ZPO Rz. 3.
2 OLG Köln v. 2.10.2009 – 4 WF 148/09, FamRZ 2010, 747.
3 Zöller/*Geimer*, § 121 ZPO Rz. 35.
4 BGH v. 28.9.2011 – XII ZB 2/11, FamRZ 2011, 1933 = MDR 2011, 1439; KG v. 29.6.2010 – 19 UF 28/10, NJW 2010, 3588; OLG Bamberg v. 10.1.2011 – 2 WF 320/10, MDR 2011, 543; OLG Stuttgart v. 10.1.2011 – 15 WF 2/11, FamRZ 2011, 751; OLG Stuttgart v. 1.12.2010 – 17 UF 242/10, AGS 2011, 41 = FamRZ 2011, 581; OLG Oldenburg v. 8.10.2010 – 4 WF 226/10, NJW-RR 2011, 367; aA OLG Oldenburg v. 1.6.2010 – 14 UF 45/10, FamRZ 2010, 1831; OLG Oldenburg v. 1.6. 2010 – 13 UF 36/10, FamRZ 2010, 1693: §§ 58 ff FamFG anwendbar.

Kostenentscheidung ist – anders als in fG-Verfahren (s. § 81 Rz. 32) – gem. § 99 ZPO nicht zulässig.[1] Zu beachten sind aber die im FamFG enthaltenen vorrangigen Vorschriften für die einzelnen Verfahren. In **Ehesachen** ist eine Kostenentscheidung nach § 132 (bei Aufhebung der Ehe) oder § 150 (in Scheidungssachen und Folgesachen) zu treffen. In **Unterhaltssachen** ist über die Kosten nach § 243 zu entscheiden. In **Lebenspartnerschaftssachen** gilt über die Verweisung in § 270 Entsprechendes. Der Vorrang dieser Vorschriften gegenüber der Verweisung auf die ZPO gilt auch in der Beschwerdeinstanz.[2] Soweit es hinsichtlich dieser Verfahren an einer Sondervorschrift im FamFG fehlt, sind gem. § 113 Abs. 1 ergänzend die Kostenvorschriften der ZPO anzuwenden. Wenn ein Verfahren **Folgesache** eines Scheidungsverfahrens ist, geht die Regelung für die Kosten in Folgesachen (§ 150) den allgemeinen Bestimmungen sowie den auf die jeweilige Folgesache sonst anwendbaren Vorschriften (zB § 243 in Unterhaltssachen) vor.[3] In Ehesachen und selbständigen Familienstreitsachen ist über die Kosten nach **Rücknahme der Beschwerde** nach § 516 Abs. 3 ZPO zu entscheiden, § 117 Abs. 2 Satz 1 FamFG. Wenn in einem **Scheidungsverbundverfahren** nur eine fG-Folgesache angegriffen ist, bestimmt sich die Kostenentscheidung bei einer erfolglosen Beschwerde nach § 84.[4]

Im Übrigen trifft das **FamFG** hinsichtlich bestimmter fG-Verfahren einzelne Spezialregelungen, die den allgemeinen Bestimmungen in den §§ 80 ff. vorgehen. Spezialvorschriften enthalten §§ 183 (Kosten bei **Anfechtung der Vaterschaft**), 307 (Kosten in **Betreuungssachen**), 337 (Kosten in **Unterbringungssachen**), 393 Abs. 4 (**Löschung einer Firma**), 399 Abs. 2 Satz 3 (**Auflösungsverfahren** in Registersachen) und 430 (Auslagenersatz in **Freiheitsentziehungssachen**). Außerhalb des Anwendungsbereichs dieser Spezialvorschriften verbleibt es bei der Anwendbarkeit der §§ 80 ff. – Auch außerhalb des FamFG bestehen die §§ 80 ff. verdrängende Spezialregelungen, zB in § 15 **SpruchG**.[5]

3

Die §§ 80 ff. regeln also die Kostengrundentscheidung abschließend in selbständigen fG-Verfahren, deren Verfahren früher weitgehend im FGG geregelt war, sofern keine Spezialvorschriften (Rz. 3) eingreifen. Das sind v. a. **Kindschaftssachen** (§§ 151 ff.), **Adoptionssachen** (§§ 186 ff.), **Ehewohnungs- und Haushaltssachen** (§§ 200 ff.), **Gewaltschutzsachen** (§§ 210 ff.), **Versorgungsausgleichsverfahren** (§§ 217 ff.), **Nachlass- und Teilungssachen** (§§ 342 ff.), **Registersachen** (§§ 374 ff.), **Freiheitsentziehungssachen** (§§ 415 ff.), **Aufgebotssachen** (§§ 433 ff.).

4

80 Umfang der Kostenpflicht

Kosten sind die Gerichtskosten (Gebühren und Auslagen) und die zur Durchführung des Verfahrens notwendigen Aufwendungen der Beteiligten. § 91 Abs. 1 Satz 2 der Zivilprozessordnung gilt entsprechend.

A. Allgemeines

Für die Verfahren der **freiwilligen Gerichtsbarkeit** gab es vor dem 1.9.2009 hinsichtlich der Kosten eine Zweiteilung: Während in der Kostenordnung geregelt war, in welcher Höhe die Gerichtskosten (Gebühren und Auslagen) zu erheben und von wem sie zu tragen waren (§§ 2 ff. KostO), konnte nach § 13a FGG die Erstattung der Kosten der Beteiligten angeordnet werden, die zur zweckentsprechenden Erledigung der Angelegenheit notwendig waren. Diese Zweiteilung ist durch das FamFG auf-

1

---

1 BGH v. 28.9.2011 – XII ZB 2/11, FamRZ 2011, 1933 = MDR 2011, 1439.
2 KG v. 29.6.2010 – 19 UF 28/10, NJW 2010, 3588 = FamRZ 2011, 497 (LS); OLG Köln v. 27.9.2010 – 27 UF 163/10, NJW-RR 2011, 509.
3 Begr. RegE, BT-Drucks. 16/6308, S. 233.
4 OLG Celle v. 13.9.2010 – 10 UF 198/10, FamRZ 2011, 379 = FamRB 2010, 332 (*Wagner*); Zöller/*Herget*, § 150 FamFG Rz. 10; aA Keidel/*Weber*, § 150 FamFG Rz. 12: § 113 Abs. 1 S. 1 FamFG iVm. § 97 Abs. 1 ZPO.
5 BGH v. 13.12.2011 – II ZB 12/11, NZG 2012, 191 = MDR 2012, 293.

gegeben. Nach § 80 erfasst die Kostengrundentscheidung des Gerichts sowohl die Gerichtskosten als auch die zur Durchführung des Verfahrens notwendigen Aufwendungen der Beteiligten. In **Ehesachen und selbständigen Familienstreitsachen** ist wegen der Verweisung auf die Vorschriften der ZPO (§ 113 Abs. 1 FamFG) § 91 ZPO anzuwenden.

B. Einzelheiten

I. Gerichtskosten

2   Welche Gerichtskosten (**Gebühren und Auslagen**) seitens der Justizkasse zu erheben sind, bestimmt sich in allen Familiensachen, auch den Ehe- und Familienstreitsachen (§§ 112, 121), nach dem Gesetz über Gerichtskosten in Familiensachen (FamGKG). Für die (anderen) fG-Verfahren ist dies in dem am 1.8.2013 in Kraft getretenen Gesetz über Kosten der freiwilligen Gerichtsbarkeit für Gerichte und Notare (GNotKG)[1] geregelt; auf Altfälle (vgl. § 136 GNotKG) ist noch die Kostenordnung (KostO) anwendbar. Soweit die Gerichtskosten noch nicht durch einen Vorschuss gedeckt sind, hat sie vorrangig der Beteiligte zu tragen, dem sie durch die gerichtliche Entscheidung auferlegt worden sind (§§ 24 Nr. 1, 26 Abs. 2 FamGKG, § 27 Nr. 1 GNotKG bzw. § 3 Nr. 1 KostO iVm. § 8 Abs. 3 KostenVfg). Sofern die Gerichtskosten bereits von einem Beteiligten gezahlt worden sind, der sie nach der gerichtlichen Entscheidung nicht zu tragen hat, können sie zulasten des vom Gericht als zahlungspflichtig Bestimmten im Rahmen der Kostenfestsetzung (§ 85 FamFG iVm. §§ 103 bis 107 ZPO) festgesetzt werden.

II. Notwendige Aufwendungen

3   § 80 übernimmt bewusst[2] den in § 162 Abs. 1 VwGO verwendeten Begriff der „notwendigen Aufwendungen". Ein grundlegender Systemwechsel gegenüber § 13a Abs. 1 Satz 1 FGG („Kosten, die zur zweckentsprechenden Erledigung der Angelegenheit notwendig waren") liegt in der Neuformulierung aber nicht.

3a   Zur Durchführung des Verfahrens sind Aufwendungen als notwendig anzuerkennen, wenn sie in dem Zeitpunkt, in dem sie aufgewendet wurden, **objektiv aufzuwenden waren**, also ein verständiger und wirtschaftlich vernünftiger Beteiligter die Kosten auslösende Maßnahme damals als sachdienlich ansehen durfte.[3] Auch in den Verfahren nach dem FamFG gilt[4] der allgemeine kostenrechtliche Grundsatz der **Kosten sparenden Verfahrensführung**,[5] dass also jeder Beteiligte die von ihm getätigten Aufwendungen, sofern er sie von einem anderen Beteiligten erstattet verlangen möchte, so niedrig zu halten hat, wie sich dies mit der vollen Wahrung seiner berechtigten prozessualen Belange vereinbaren lässt. Es darf aber im Rahmen der Festsetzung der von einem anderen Beteiligten zu erstattenden Beträge kein kleinlicher Maßstab angelegt werden.[6] Über die Frage, welche Aufwendungen notwendig waren, wird im Kostenfestsetzungsverfahren (§ 85) entschieden.

III. Einzelfälle (alphabetisch geordnet)

4   **Behörde:** Sofern sich eine Behörde in Verfahren selbst vertreten hat, ist ihr allgemeiner Verwaltungs- und Personalaufwand nicht erstattungsfähig.[7] Die Kosten für den einen Termin wahrnehmenden Mitarbeiter sind zu erstatten, auch wenn es an

---

1 Art. 1 des 2. KostRMoG v. 23.7.2013, BGBl. I, S. 2586.
2 Begr. RegE, BT-Drucks. 16/6308, S. 215.
3 Keidel/*Zimmermann*, § 80 FamFG Rz. 5; BGH v. 17.12.2002 – VI ZB 56/02, MDR 2003, 413 für § 91 ZPO.
4 OLG Nürnberg v. 3.11.2011 – 14 W 1974/11, FamRZ 2012, 735.
5 BGH v. 13.10.2011 – V ZB 290/10, NJW 2012, 319 = FamRZ 2012, 214; BGH v. 3.7.2007 – VI ZB 21/06, NJW 2007, 3723 = MDR 2007, 1397; BGH v. 3.6.2003 – VIII ZB 19/03, FamRZ 2003, 1461 = MDR 2003, 1140; vgl. auch BVerfG v. 30.1.1990 – 2 BvR 1085/89, NJW 1990, 3072.
6 BGH v. 26.4.2005 – X ZB 17/04, NJW 2005, 2317 = MDR 2005, 956.
7 OLG Köln v. 28.10.2011 – 25 WF 234/11, MDR 2012, 314 = FamRZ 2012, 1323.

dem Nachweis einer konkreten finanziellen Einbuße fehlt.[1] Da nicht davon ausgegangen werden kann, dass die Abwesenheit des Mitarbeiters ohne Auswirkungen auf die Behörde bleibt, ist ihr ein Ausgleich entsprechend § 22 JVEG (Bruttoverdienst, höchstens 17 Euro je Stunde, 21 Euro ab 1.8.2013[2]) zu gewähren.[3] Ggf. entstehende Reisekosten sind nach den allgemeinen Grundsätzen (s. Stichwort „Reisekosten des Beteiligten" Rz. 12) zu erstatten.[4]

Beschwerde: Auch im Beschwerdeverfahren sind die Kosten für die Beauftragung eines **Rechtsanwalts** nicht generell, sondern nur dann zu erstatten, wenn sie zur Wahrung der Interessen des Beteiligten geboten waren[5] (s. Stichwort „Rechtsanwaltskosten" Rz. 10). Davon kann im Regelfall ausgegangen werden, wenn in erster Instanz die Vertretung durch einen Rechtsanwalt geboten war. In diesem Fall sind die Kosten für einen Rechtsanwalt im Beschwerdeverfahren dem Grunde nach auch dann erstattungsfähig, wenn der Beschwerdeführer das Rechtsmittel ausdrücklich **nur „vorsorglich"** eingelegt hat, ohne einen Antrag zu stellen, und das Rechtsmittel vor einer Stellungnahme zur Sache wieder zurückgenommen hat. Zwar fehlt es für das FamFG an einer § 91 Abs. 2 Satz 1 ZPO entsprechenden Vorschrift. Die Hinzuziehung eines Rechtsanwalts ist aber grundsätzlich notwendig iSv. § 80 Abs. 1 Satz 1, da der Beteiligte, dem ein Rechtsmittel zugestellt wird, regelmäßig nicht selbst beurteilen kann, was auf dieses hin sachgerecht zu veranlassen ist. Ihm kann daher nicht zugemutet werden, zunächst die weiteren Entschließungen des anwaltlich vertretenen Beschwerdeführers abzuwarten. Insoweit ist daher der Rechtsprechung des BGH zu § 91 ZPO[6] auch für § 80 zu folgen. Auch wenn die Beauftragung eines Rechtsanwalts berechtigt war, ist aber ein Sachantrag oder Sachvortrag vor einer Begründung der Beschwerde nicht erforderlich. Erstattungsfähig ist daher in diesem Fall in Familien- und Landwirtschaftssachen (vgl. Vorbem. 3.2.1 Abs. 1 Nr. 2b, c VV-RVG) – unabhängig davon, ob das Rechtsmittel als „vorsorglich" eingelegt bezeichnet wird[7] – nur die nach Nr. 3201 VV-RVG auf 1,1 **reduzierte Gebühr**.[8] Wird der Antrag auf Zurückweisung eines Rechtsmittels zwar vor Zustellung der Rechtsmittelbegründung gestellt, das Rechtsmittel aber **später begründet** und in der Sache entschieden, ist eine 1,6 fache Verfahrensgebühr nach Nr. 3200 VV RVG erstattungsfähig.[9] Weist das Beschwerdegericht auf eine **Unzulässigkeit** des Rechtsmittels hin, hat der Beschwerdegegner grundsätzlich keine Veranlassung, kostenauslösende Maßnahmen zu ergreifen.[10]

Detektivkosten/Ermittlungskosten können erstattungsfähig sein, wenn sie zur Führung des Verfahrens erforderlich sind oder der Vorbereitung eines konkret bevorstehenden Verfahrens dienen.[11] Erforderlich ist, dass zum Zeitpunkt der Beauftragung aus vernünftiger Sicht des Beteiligten ein konkreter Anlass oder Verdacht besteht, es für die Durchsetzung seiner Rechtsposition auf die Bestätigung der Verdachtsmomente durch Einzeltatsachen ankommt und diese nur durch entsprechende Ermittlungen (also nicht einfacher und billiger) sachgerecht in Erfahrung ge-

---

1 BGH v. 2.12.2008 – VI ZB 63/07, MDR 2009, 230; OLG Stuttgart v. 3.4.2001 – 8 W 494/00, Jur-Büro 2001, 484; OLG Karlsruhe v. 26.7.1993 – 11 W 44/93, Rpfleger 1993, 484.
2 Art. 7 des 2. KostRMoG v. 23.7.2013, BGBl. I, S. 2586.
3 BGH v. 2.12.2008 – VI ZB 63/07, MDR 2009, 230; KG v. 13.3.2007 – 1 W 257/06, MDR 2007, 920; aA für das Verwaltungsgerichtsverfahren BVerwG v. 29.12.2004 – 9 KSt 6/04, JurBüro 2005, 314: kein Ausgleich, da Terminswahrnehmung zu den öffentlichen Aufgaben der Behörde gehört; Zöller/*Herget*, § 91 ZPO Rz. 13 „Behörde".
4 OLG Köln v. 28.10.2011 – 25 WF 234/11, MDR 2012, 314.
5 OLG Nürnberg v. 3.11.2011 – 14 W 1974/11, FamRZ 2012, 735.
6 BGH v. 17.12.2002 – X ZB 9/02, NJW 2003, 756.
7 BGH v. 3.7.2007 – VI ZB 21/06, NJW 2007, 3723 = MDR 2007, 1397.
8 BGH v. 3.7.2007 – VI ZB 21/06, NJW 2007, 3723 = MDR 2007, 1397; BGH v. 3.6.2003 – VIII ZB 19/03, NJW 2003, 2992.
9 BGH v. 25.11.2010 – III ZB 83/09, AGS 2011, 44; BGH v. 1.4.2009 – XII ZB 12/07, NJW 2009, 2220 = FamRZ 2009, 1047; BGH v. 13.7.2010 – VI ZB 61/09, MDR 2010, 1157; aA OLG München v. 18.7.2005 – 11 W 1911/05, FamRZ 2006, 221.
10 BGH v. 10.11.2009 – VIII ZB 60/09, NJW-RR 2010, 1224.
11 BGH v. 20.10.2005 – I ZB 21/05, NJW-RR 2006, 501 = MDR 2006, 776.

bracht werden können.[1] Auch dürfen die entstehenden Aufwendungen nicht außer Verhältnis zum Streitgegenstand stehen. Die Erstattungsfähigkeit setzt nicht voraus, dass die Ermittlungen den Verfahrensausgang tatsächlich beeinflusst haben, da maßgeblich eine Betrachtung ex ante ist.[2] Sie müssen aber in das Verfahren eingeführt worden sein,[3] da es sonst an der Verfahrensbezogenheit fehlt. Wenn das Ermittlungsergebnis vom Gericht verwertet worden ist oder sonst die prozessuale Stellung des Beteiligten vorteilhaft verändert hat, indiziert dies die Erstattungsfähigkeit.[4] Zur **Glaubhaftmachung** der Notwendigkeit und Höhe von Detektivkosten sind regelmäßig die Vorlage eines Berichts über die einzelnen Ermittlungshandlungen und die Vorlage einer danach aufgegliederten Kostenberechnung erforderlich.[5] Im Rahmen eines ggf. bestehenden materiellen **Schadenersatz**anspruchs können im Einzelfall weiter gehende Forderungen als nach kostenerstattungsrechtlichen Kriterien geltend gemacht werden.[6]

7   **Gutachten:** Eine Erstattung der Kosten eines Privatgutachtens kommt dann in Betracht, wenn der Beteiligte ohne ein solches wegen fehlender Sachkenntnisse nicht zu einer sachgerechten Vertretung seiner Interessen in dem Verfahren in der Lage ist.[7] Die Kosten für **vorgerichtlich** eingeholte Privatgutachten können nur ausnahmsweise als Kosten des Verfahrens angesehen werden, wenn das Gutachten bereits konkret auf das Verfahren bezogen war.[8] Wenn **während des Verfahrens** von einem Beteiligten ein Gutachten eingeholt wird, kommt es darauf an, ob dies ein verständig und wirtschaftlich denkender Beteiligter als sachdienlich ansehen durfte.[9] Maßgebend ist nach Ansicht des BGH[10] die **ex-ante-Betrachtung** bei Beauftragung des Sachverständigen. Die in der Rechtsprechung der Oberlandesgerichte verbreitete Ansicht, dass Aufwendungen nur als notwendig anzuerkennen seien, wenn sie das Verfahren zugunsten des Beteiligten beeinflusst haben;[11] hat der BGH abgelehnt. Auch eine Vorlage des Gutachtens im Verfahren sieht der BGH nicht als erforderlich an.[12] Eine Erstattung kann gerechtfertigt sein, wenn durch das Privatgutachten der fachunkundige Beteiligte erst in die Lage versetzt wird, die bei der Gegenseite bestehende Sachkenntnis ausgleichen zu können[13] oder ohne es ein nachteiliges Gerichtsgutachten nicht zu erschüttern vermag,[14] nicht aber, wenn der Beteiligte selbst sachkundig ist.[15] In einer Kindschaftssache ist ein Privatgutachten grundsätzlich nicht erstattungsfähig.[16] **Rechtsgutachten** sind nur ausnahmsweise erstattungsfähig, da sich der Verfahrensbevollmächtigte die erforderlichen Rechtskenntnisse grund-

---

1 OLG Zweibrücken v. 14.2.2001 – 6 WF 177/00, OLGReport 2002, 131; KG v. 6.5.2003 – 1 W 35/01, KGReport 2004, 29; OLG Koblenz v. 15.3.2006 – 9 WF 81/06, FamRZ 2006, 1217 (LS).
2 OLG Koblenz v. 9.4.2002 – 11 WF 70/02, OLGReport 2002, 342; KG v. 13.12.2001 – 19 WF 306/01, KGReport 2002, 291; OLG Karlsruhe v. 22.1.1998 – 2 WF 159/97, OLGReport 1999, 40; aA OLG München v. 18.6.1993 – 11 W 1592/93, JurBüro 1994, 226: Ermittlungsergebnis darf für den Fortgang und das Ergebnis des Verfahrens nicht ganz ohne Bedeutung gewesen sein.
3 OLG Koblenz v. 9.4.2002 – 11 WF 70/02, OLGReport 2002, 342; aA v. Eicken/*Hellstab*/Lappe/ Madert/Dörndorfer, Kostenfestsetzung, Rz. B 417.
4 OLG Koblenz v. 9.4.2002 – 11 WF 70/02, OLGReport 2002, 342; KG v. 9.8.2007 – 19 WF 132/07, FamRZ 2009, 1699.
5 OLG Schleswig v. 10.2.1992 – 15 WF 218/91, JurBüro 1992, 471.
6 BGH v. 24.4.1990 – VI ZR 110/89, NJW 1990, 2060: Kosten eines Detektivs bei der Entführung eines Kindes.
7 BGH v. 17.12.2002 – VI ZB 56/02, MDR 2003, 413 für § 91 ZPO.
8 BGH v. 17.12.2002 – VI ZB 56/02, MDR 2003, 413.
9 BGH v. 20.12.2011 – VI ZB 17/11, MDR 2012, 464 = RVGreport 2012, 229 (*Hansens*).
10 BGH v. 20.12.2011 – VI ZB 17/11, MDR 2012, 464 = RVGreport 2012, 229 (*Hansens*).
11 So OLG Bamberg v. 10.1.2008 – 4 W 148/07, BauR 2008, 1033; OLG Bamberg v. 10.6.1987 – 5 W 33/87, JurBüro 1987, 1403 m. Anm. *Mümmler*; Voraufl. Rz. 7.
12 BGH v. 26.2.2013 – VI ZB 59/12, MDR 2013, 559.
13 KG v. 14.4.2010 – 27 W 128/09, OLGReport Ost 24/2010 Anm. 7; OLG Karlsruhe v. 26.3.2007 – 15 W 7/07, BauR 2007, 1450.
14 BGH v. 20.12.2011 – VI ZB 17/11, MDR 2012, 464 = RVGreport 2012, 229 (*Hansens*).
15 BGH v. 24.4.2012 – VIII ZB 27/11, GuT 2012, 271 = RVGreport 2012, 303 (*Hansens*).
16 OLG Köln v. 16.2.2012 – II-4 WF 11/12, FamRZ 2013, 319 (LS).

sätzlich selbst verschaffen muss.[1] Eine Erstattungsfähigkeit kann im Einzelfall in Betracht kommen, wenn es sich um nicht allgemein zugängliches ausländisches Recht handelt.[2] Die Kosten eines erstattungsfähigen Privatgutachtens sind unabhängig von den Sätzen des JVEG nach der **üblichen Vergütung** (§ 612 Abs. 2 BGB) zu bemessen.[3]

Kopien (Ablichtungen, Abschriften, Ausdrucke): Die von einem **Beteiligten** für ein von ihm selbst betriebenes Verfahren gefertigten Kopien sind idR erstattbar.[4] Von einem **Rechtsanwalt** als Verfahrensbevollmächtigtem gefertigte Kopien sind erstattungsfähig, wenn die Beauftragung eines Rechtsanwalts notwendig iSv. § 80 war (s. Stichwort „Rechtsanwaltskosten" Rz. 10) und dieser gegenüber seinem Auftraggeber für die Anfertigung notwendiger Kopien einen Anspruch auf Auslagenersatz hat.[5] Letzteres bestimmt sich nach Nr. 7000 VV-RVG. Anderweitige Kopien usw. sind mit der Verfahrensgebühr abgegolten und daher nicht gesondert erstattungsfähig.[6]   8

Die Pauschale nach Nr. 7000 VV-RVG kann in folgenden Fällen geltend gemacht werden: Nach **Nr. 1a)** für Abschriften und Ablichtungen aus **Behörden- und Gerichtsakten** ohne das Erfordernis einer Mindestanzahl, soweit deren Herstellung zur sachgemäßen Bearbeitung der Rechtssache geboten war. Die Anfertigung von Kopien ist regelmäßig nicht durch die Möglichkeit der Akteneinsicht überflüssig.[7] Grundsätzlich ist bei umfangreichen und komplexen Verfahren eine großzügige Betrachtungsweise angezeigt[8] mit der Folge, dass auch die Kopierkosten für solche Unterlagen als erstattungsfähig festzusetzen sind, die sich zwar letztlich als für die Entscheidung bedeutungslos erwiesen haben, die aber aus der Sicht eines verständigen und durchschnittlich erfahrenen Verfahrensbevollmächtigten im Zeitpunkt der Akteneinsicht nicht von vornherein als irrelevant auszuscheiden waren.[9] Eine kursorische Prüfung der zu kopierenden Teile auf Relevanz ist aber regelmäßig notwendig.[10] Kopien sind grundsätzlich nicht erforderlich, wenn sie bereits in den Handakten eines früheren Bevollmächtigten vorhanden sind.[11] Gem. **Nr. 1b) und c)** entsteht die Pauschale für die aufgrund Gesetzes oder gerichtlicher Aufforderung, ferner für die zur notwendigen Unterrichtung des Auftraggebers gefertigten Ablichtungen und Ausdrucke, soweit jeweils mehr als 100 Seiten zu fertigen waren. Vergütet werden nur die Kopien ab der 101. Seite.[12] Dies ergibt sich sowohl aus der Verwendung des Wortes „soweit" als auch aus der Begründung des Gesetzesentwurfs,[13] wonach die Anfertigung von bis zu 100 Ablichtungen mit den Gebühren abgegolten sein soll; daran ändert sich nichts, wenn diese Anzahl überschritten wird. Von der Vorschrift sind v. a. **Schriftsatzabschriften und Anlagen** für weitere Beteiligte erfasst. Sofern keine gerichtliche Aufforderung ergangen ist, kommt es auf die Notwendigkeit der Anfertigung an.[14]   8a

---

1 BVerfG v. 15.7.1997 – 1 BvR 1174/90, MDR 1997, 1065; OLG München v. 11.4.2000 – 11 W 1298/00, OLGReport 2000, 360; OLG Bamberg v. 3.2.1982 – 1 W 4/82, JurBüro 1982, 918.
2 OLG München v. 11.4.2000 – 11 W 1298/00, OLGReport 2000, 360.
3 BGH v. 25.1.2007 – VII ZB 74/06, NJW 2007, 1532.
4 VerfGH Berlin v. 1.11.2011 – VerfGH 185/10 und 186/10, FamRZ 2012, 1074 mwN; v. Eicken/Hellstab/Lappe/Madert/Dörndorfer, Rz. B 430.
5 BGH v. 5.12.2002 – I ZB 25/02, FamRZ 2003, 666 = MDR 2003, 476; BGH v. 30.6.2004 – XII ZB 227/02, WuM 2004, 493.
6 BGH v. 5.12.2002 – I ZB 25/02, FamRZ 2003, 666 = MDR 2003, 476; BGH v. 30.6.2004 – XII ZB 227/02, WuM 2004, 493.
7 BGH v. 26.4.2005 – X ZB 19/04, AGS 2005, 573.
8 BGH v. 26.4.2005 – X ZB 19/04, AGS 2005, 573.
9 OVG Münster v. 6.8.2001 – 10a D 180/98, BauR 2002, 530 (LS).
10 OLG Köln v. 16.7.2012 – 2 Ws 499/12, NStZ-RR 2012, 392 = RVGreport 2012, 427 (Hansens); LSG Thüringen v. 23.2.2004 – L 6 B 54/03 SF, JurBüro 2004, 430; OVG Münster v. 6.8.2001 – 10a D 180/98, BauR 2002, 530 (LS).
11 BGH v. 26.4.2005 – X ZB 17/04, NJW 2005, 2317 = MDR 2005, 956.
12 OLG Karlsruhe v. 27.1.2011 – 15 W 8/10, AGS 2011, 308; LG Berlin v. 10.8.2005 – 82 AR 109/05, AGS 2006, 72; Zöller/Herget, § 91 ZPO Rz. 13 „Ablichtungen" aE; Gerold/Schmidt/Müller-Rabe, RVG, Nr. 7000 VV Rz. 62; aA OLG Hamburg v. 7.8.2006 – 8 W 130/06, MDR 2007, 244 = RVGReport 2007, 36 (LS) m. abl. Anm. Hansens.
13 BT-Drucks. 15/1971, S. 232.
14 Gerold/Schmidt/Müller-Rabe, RVG, Nr. 7000 VV Rz. 52.

Dabei ist nicht kleinlich zu verfahren, dem Beteiligten und seinem Bevollmächtigten steht insoweit ein gewisser Ermessensspielraum zur Verfügung.[1] Überflüssig ist aber zB die Einreichung der Kopie einer Urkunde, die sich bereits bei den Akten befindet.[2] Nicht erstattungsfähig sind auch Kopien von Schriftstücken, die der Ersetzung schriftsätzlichen Sachvortrages dienen.[3] Wenn nicht mehr als 100 Seiten anzufertigen waren, ist eine Pauschale nicht entstanden, die Frage einer Erstattungsfähigkeit stellt sich daher nicht. Nach **Nr. 1d)** entsteht die Pauschale auch dann, wenn zusätzliche Exemplare im Einverständnis mit dem Auftraggeber angefertigt werden. In diesem Fall wird es aber regelmäßig an der Notwendigkeit iSv. § 80 fehlen.

9 **Post- und Telekommunikationsdienstleistungen:** Deren Kosten können nach der Pauschale der Nr. 7002 VV-RVG verlangt werden, die für jede Angelegenheit iSd. §§ 17, 18 RVG (also zB für eA und Hauptsache) gesondert berechnet werden kann. Wenn nach Nr. 7001 VV-RVG die tatsächlich entstandenen Kosten begehrt werden, muss bei entsprechendem Bestreiten des Erstattungspflichtigen sowohl die Entstehung als auch die Notwendigkeit der Kosten glaubhaft (§ 85 FamFG iVm. 104 Abs. 2 Satz 2 ZPO) gemacht werden. Unbestrittene Auslagen sind ohne weitere Nachprüfung anzusetzen.[4]

10 **Rechtsanwaltskosten** sind nicht in jedem Fall erstattungsfähig. Da eine Bezugnahme auf § 91 Abs. 2 Satz 1 ZPO fehlt, kommt es darauf an, ob die Hinzuziehung eines Anwalts **zur Wahrung der Interessen** des Beteiligten **geboten** war.[5] Das ist der Fall, wenn der Erstattungsberechtigte das konkrete Verfahren nach seinen Kenntnissen und Fähigkeiten ohne Gefahr eines Rechtsnachteils nicht ohne anwaltliche Beratung führen konnte.[6] Ein Indiz dafür ist, wenn der Erstattungspflichtige seinerseits einen Rechtsanwalt beauftragt hat. In den sog. echten Streitverfahren der freiwilligen Gerichtsbarkeit (dazu § 22 Rz. 8) sind in nicht völlig einfach gelagerten Fällen die Kosten eines Rechtsanwalts erstattungsfähig,[7] ebenso grundsätzlich bei einer besonderen Bedeutung des Verfahrens für den Betroffenen.[8] Unerheblich ist, wenn sich erst nachträglich im Laufe des Verfahrens, dh. nach Beauftragung des Rechtsanwalts, herausstellt, dass die Sache keine besonderen rechtlichen Schwierigkeiten aufweist.[9] **Erstattungsfähigkeit** wird zB angenommen in Verfahren nach § 132 Abs. 1 AktG,[10] der Notarkostenbeschwerde,[11] nicht völlig einfach gelagertem Nachlassbeschwerdeverfahren[12] und in Betreuungsverfahren.[13] Nicht notwendig hingegen ist die Zuziehung eines Anwalts zB für die Einholung einer vormundschaftsgerichtlichen Genehmigung[14] oder der Bestellung eines Ergänzungspflegers.[15] Grundsätzlich kann **jeder obsiegende Streitgenosse** die Kosten eines eigenen Anwalts erstattet verlangen. Etwas anderes gilt nach Auffassung des BGH nur in besonderen – atypischen – Konstellationen, da es sich bei dem Kostenfestsetzungsverfahren um ein Massenver-

---

1 OLG Oldenburg v. 28.12.2006 – 1 W 88/06, JurBüro 2007, 208; Gerold/Schmidt/*Müller-Rabe*, RVG, Nr. 7000 VV Rz. 53.
2 OLG Braunschweig v. 21.1.1999 – 2 W 230/98, JurBüro 1999, 300 = OLGReport 1999, 146.
3 BVerfG v. 17.2.1995 – 1 BvR 697/93, NJW 1996, 382; OLG Braunschweig v. 21.1.1999 – 2 W 230/98, JurBüro 1999, 300 = OLGReport 1999, 146.
4 Gerold/Schmidt/*Müller-Rabe*, RVG, Nr. 7001, 7002 VV Rz. 43.
5 OLG Nürnberg v. 3.11.2011 – 14 W 1974/11, FamRZ 2012, 735.
6 v. Eicken/Hellstab/Lappe/Madert/*Dörndorfer*, Rz. E 16.
7 OLG Nürnberg v. 3.11.2011 – 14 W 1974/11, FamRZ 2012, 735 = AGS 2012, 154 für Nachlassbeschwerdeverfahren; v. Eicken/Hellstab/Lappe/Madert/*Dörndorfer*, Rz. E 16.
8 OLG Zweibrücken v. 4.4.2003 – 3 W 56/03, FGPrax 2003, 220 = OLGReport 2003, 349: Anordnung eines Einwilligungsvorbehalts.
9 OLG Koblenz v. 18.12.1995 – 14 W 743/95, NJW-RR 1996, 1256.
10 OLG Karlsruhe v. 23.4.1997 – 3 W 30/97, JurBüro 1997, 598 = OLGReport 1998, 131; OLG München v. 7.12.1995 – 11 W 2379/95, MDR 1996, 861.
11 KG v. 6.2.2001 – 1 W 3891/00, BRAGOReport 2001, 92; BayObLG v. 4.1.1999 – 3 Z BR 267/98, FGPrax 1999, 77.
12 OLG Nürnberg v. 3.11.2011 – 14 W 1974/11, FamRZ 2012, 735.
13 OLG Zweibrücken v. 4.4.2003 – 3 W 56/03, FGPrax 2003, 220 = OLGReport 2003, 349.
14 KG v. 14.2.1989 – 1 W 7134/88, MDR 1989, 744.
15 OLG München v. 16.3.1992 – 11 W 922/92, Rpfleger 1992, 347.

fahren handelt, das einer zügigen und möglichst unkomplizierten Abwicklung bedarf.[1] Keine Erstattungspflicht besteht etwa dann, wenn für die Beauftragung eines eigenen Verfahrensbevollmächtigten kein sachlicher Grund bestand.[2]

Ist ein **Rechtsanwalt selbst Beteiligter** des Verfahrens, kann er nicht zu seinen Gunsten nach dem RVG abrechnen,[3] sondern nur die ihm tatsächlich entstandenen Auslagen (zB Reisekosten, Porti) erstattet verlangen.[4] Denn da eine ausdrückliche Regelung wie in § 91 Abs. 2 Satz 3 ZPO fehlt, kommt es auf die Frage der Notwendigkeit an. Wer über entsprechende rechtliche Kenntnisse kraft seiner Ausbildung und Berufstätigkeit verfügt, bedarf anwaltlicher Unterstützung nicht. Auch für Streitverfahren der freiwilligen Gerichtsbarkeit ist eine Ausnahme von diesem Grundsatz nicht gerechtfertigt.[5]

10a

Rechtsbeschwerde: Da die Beteiligten sich im Verfahren der Rechtsbeschwerde vor dem BGH gem. § 10 Abs. 4 – von den dort angeführten Ausnahmen abgesehen – durch einen beim BGH zugelassenen Rechtsanwalt vertreten lassen müssen, sind die dadurch entstehenden Kosten dieses **Anwalts** erstattungsfähig. Die Beauftragung eines eigenen Anwalts durch den Beschwerdegegner ist bereits vor Begründung der Rechtsbeschwerde durch den Beschwerdeführer gerechtfertigt. Wenn die Rechtsbeschwerde vor ihrer Begründung zurückgenommen wird, ist nur die reduzierte Gebühr nach Nr. 3209 VV-RVG erstattungsfähig. Insoweit gelten dieselben Grundsätze wie im Beschwerdeverfahren (s. Stichwort „Beschwerde" Rz. 5). Die Kosten eines Verkehrsanwaltes sind grundsätzlich nicht erstattungsfähig, weil allein Rechtsfragen zu klären sind, für die eine Korrespondenz mit dem Beteiligten von untergeordneter Bedeutung ist.[6] Die Kosten der Überprüfung der Schriftsätze des BGH-Anwalts durch den im Beschwerdeverfahren beauftragten Rechtsanwalt sind grundsätzlich nicht zu erstatten.[7]

11

Reisekosten des Beteiligten: Eine „Reise" liegt vor, wenn der Beteiligte die Grenzen der politischen Gemeinde überschreitet, in der er wohnt.[8] Wenn der Beteiligte keinen an seinem Wohnsitz ansässigen Rechtsanwalt als Verfahrensbevollmächtigten oder Verkehrsanwalt mandatiert, sind die Reisekosten zur grundsätzlich einmaligen **Information** des am Gerichtsort ansässigen Verfahrensbevollmächtigten erstattungsfähig.[9] Durch die Teilnahme an einem **gerichtlichen Termin** veranlasste Reisekosten eines Beteiligten sind grundsätzlich erstattungsfähig, auch wenn er anwaltlich vertreten und sein persönliches Erscheinen nicht angeordnet war.[10] Dies gilt zumindest in einem für den Beteiligten bedeutsamen Verfahren auch, wenn er von seinem Wohnsitz im **Ausland** anreist.[11] Eine Erstattung kommt aber nicht in Betracht, wenn von vornherein erkennbar ist, dass eine gütliche Einigung ausscheidet und der Beteiligte

12

---

1 BGH v. 13.10.2011 – V ZB 290/10, NJW 2012, 319 = FamRZ 2012, 214 = RVGreport 2012, 68 mit krit. Anm. *Hansens*.
2 BGH v. 13.10.2011 – V ZB 290/10, NJW 2012, 319 = FamRZ 2012, 214; BGH v. 3.2.2009 – VIII ZB 114/07, AGS 2009, 306.
3 OLG Köln v. 12.12.1990 – 2 VA (Not) 1/86, MDR 1991, 547.
4 KG v. 11.11.2003 – 1 W 611/01, FamRZ 2004, 1385 = MDR 2004, 717.
5 BayObLG v. 17.5.2006 – 3 Z BR 71/00, OLGReport 2006, 601; OLG München v. 30.11.2006 – 31 Wx 059/06, MDR 2007, 746; OLG Köln v. 12.12.1990 – 2 VA (Not) 1/86, MDR 1991, 547.
6 BGH v. 4.8.2004 – XII ZA 6/04, FamRZ 2004, 1633 = MDR 2005, 94 für PKH-Beiordnung in Revisionsverfahren.
7 OLG Nürnberg v. 22.9.2010 – 4 W 1854/10, MDR 2011, 264 = FamRZ 2011, 498 (LS).
8 OLG Düsseldorf v. 8.7.1997 – 10 W 77/97, MDR 1997, 1070; OLG Stuttgart v. 4.1.1984 – 8 W 501/83, JurBüro 1984, 762; Zöller/*Herget*, § 91 ZPO Rz. 13 „Reisekosten"; aA Schneider, AGS 2010, 568: Reise auch innerhalb der Gemeinde; OLG Koblenz v. 21.12.1989 – 14 W 877/89, JurBüro 1990, 1472: Keine Reise bei Fahrten innerhalb verkehrsmäßig zusammengehöriger Orte.
9 BGH v. 28.1.2010 – III ZB 64/09, JurBüro 2010, 369; OLG Düsseldorf v. 4.1.1996 – 10 W 251/95, NJW-RR 1997, 128 = OLGReport 1996, 187; Zöller/*Herget*, § 91 ZPO Rz. 13 „Reisekosten".
10 BGH v. 13.12.2007 – IX ZB 112/05, NJW-RR 2008, 654; OLG Koblenz v. 3.7.2009 – 14 W 442/09, AGS 2010, 102 m. zust. Anm. *Schneider*.
11 OLG Braunschweig v. 21.2.2012 – 2 WF 246/11, FamRZ 2012, 1514 = RVGreport 2012, 271 (*Hansens*) für Umgangsverfahren.

zur Klärung des Sachverhalts aus persönlicher Kenntnis nichts beitragen kann.[1] Im Fall der Anordnung des persönlichen Erscheinens sind Reisekosten stets zu erstatten. Hinsichtlich der Höhe der zu erstattenden Kosten wird über § 80 Satz 2 FamFG iVm. § 91 Abs. 1 Satz 2, 2. Halbs. ZPO auf die Vorschriften für die Entschädigung von Zeugen verwiesen, somit auf § 19 JVEG. Gem. § 5 Abs. 1 JVEG sind die **Fahrtkosten** öffentlicher Verkehrsmittel regelmäßig auf die Kosten einer Bahnfahrt erster Klasse beschränkt, es sei denn, es werden zB durch einen teureren Flug anderweitige Mehrkosten (v. a. für Verdienstausfall und Übernachtung) in entsprechender Höhe erspart, § 5 Abs. 3 JVEG. Ansonsten sind höhere Fahrtkosten nur bei Vorliegen besonderer Umstände erstattungsfähig (§ 5 Abs. 3 JVEG), zB bei Krankheit, Gebrechlichkeit, notwendiger Anreise aus dem Ausland.[2] Bei Benutzung eines eigenen Fahrzeugs erhält der Beteiligte entsprechend § 5 Abs. 2 Nr. 1 JVEG 0,25 Euro je Kilometer zuzüglich Barauslagen wie Parkgebühren erstattet. Der Beteiligte kann grundsätzlich wählen, ob er mit öffentlichem Verkehrsmittel oder privatem Fahrzeug reist,[3] muss aber unter mehreren gleich geeigneten das kostengünstigere auswählen.[4] Zur Verwendung einer Bahncard s. Stichwort „Reisekosten des Rechtsanwalts" (Rz. 13). Bei der Verbindung privater oder beruflicher Reisen mit der Terminswahrnehmung sind nur die Mehrkosten für einen Umweg erstattungsfähig.[5] Dauert die Reise mindestens acht Stunden, erhält der Beteiligte entsprechend § 6 JVEG ein Tagegeld in der in § 4 Abs. 1 Nr. 5 Satz 2 EStG bestimmten Höhe (Abwesenheit acht bis unter 14 Stunden 6 Euro, 14 bis unter 24 Stunden 12 Euro, 24 Stunden 24 Euro) sowie ggf. ein Übernachtungsgeld nach § 7 BRKG (pauschal 20 Euro, höhere Kosten bei Notwendigkeit).[6]

13   **Reisekosten des Rechtsanwalts:**[7] Ein nicht am Gerichtsort ansässiger Beteiligter darf grundsätzlich auch erstattungsrechtlich einen an seinem Wohnort residierenden Verfahrensbevollmächtigten mit seiner Vertretung beauftragen und die Mehrkosten erstattet verlangen, die dadurch entstehen, dass dieser am Gerichtsort nicht ansässig ist.[8] Damit wird dem Bedarf an persönlichem Kontakt zwischen Partei und Anwalt sowie dem Vertrauensverhältnis zwischen beiden Rechnung getragen.[9] Diese Grundsätze gelten gleichermaßen für die erste wie für die zweite Instanz.[10] Erstattungsfähig sind daher neben den anwaltlichen Gebühren die dem Verfahrensbevollmächtigten durch die Reise zum Gerichtssitz entstehenden Kosten, also v. a. die Fahrtkosten gem. Nr. 7003f. VV-RVG, es sei denn, er unterhält dort eine Zweigstelle.[11] Der Rechtsanwalt darf Geschäftsreisen grundsätzlich mit dem **eigenen Fahrzeug** unternehmen, er muss sich nicht auf ein ggf. günstigeres Verkehrsmittel verweisen lassen.[12] Die Kosten werden pauschal mit 0,30 Euro je gefahrenen Kilometer erstattet, zusätzlich kann der Rechtsanwalt gem. Nr. 7006 VV-RVG eventuelle Park- oder Mautgebühren verlangen. Wenn er ein anderes Verkehrsmittel nimmt, kann er die tatsächlichen Kosten verlangen, soweit sie angemessen sind. Die Angemessenheit von **Flugreisekosten** wird heute im Gegensatz zu früher häufiger angenommen.[13] Mit Recht wird nicht allein auf den Vergleich mit den Kosten einer Reise mit Pkw, die nach Nr. 7003 VV-RVG zu erstatten wären, oder Bahn (je einschl. Abwesenheitsgeld

---

1   BGH v. 13.12.2007 – IX ZB 112/05, NJW-RR 2008, 654.
2   BGH v. 13.12.2007 – IX ZB 112/05, NJW-RR 2008, 654.
3   *Hartmann*, Kostengesetze, § 5 JVEG Rz. 10.
4   BGH v. 13.12.2007 – IX ZB 112/05, NJW-RR 2008, 654.
5   LG Karlsruhe v. 26.1.2000 – 9 T 8/00, JurBüro 2000, 480.
6   Vorschriften abgedruckt bei *Hartmann*, § 6 JVEG Rz. 4, 6.
7   *Hansens*, Eigene Terminsreise oder Terminsvertreter?, RVGreport 2012, 122.
8   St. Rspr. des BGH, zB v. 28.1.2010 – III ZB 64/09, JurBüro 2010, 369; BGH v. 14.9.2004 – VI ZB 37/04, MDR 2005, 177; BGH v. 16.10.2002 – VIII ZB 30/02, NJW 2003, 898.
9   BGH v. 14.9.2004 – VI ZB 37/04, MDR 2005, 177.
10 BGH v. 6.5.2004 – I ZB 27/03, MDR 2004, 1136.
11 OLG Dresden v. 7.6.2010 – 2 Ws 93/10, NJW 2011, 869 = RVGreport 2011, 145 (*Burhoff*).
12 LAG Niedersachsen v. 17.6.2011 – 17 Ta 520/10, AGS 2011, 553 = RVGreport 2011, 565 (*Hansens*); OLG Stuttgart v. 15.4.2005 – 8 W 142/05, JurBüro 2005, 367 = OLGReport 2005, 687; Gerold/Schmidt/*Madert*/*Müller-Rabe*, Nr. 7003 – 7006 VV Rz. 27.
13 Gerold/Schmidt/*Madert*/*Müller-Rabe*, Nr. 7003 – 7006 VV Rz. 48.

und ggf. Übernachtungskosten) abgestellt, sondern auch ein erheblicher Zeitgewinn als Kriterium für die Angemessenheit herangezogen.[1] Erstattungsfähig ist der Preis der economy class.[2] Auf sog. Billigflüge kann der Rechtsanwalt wegen der fehlenden Umbuchungsmöglichkeit und der häufigen Unwägbarkeit der Dauer von Gerichtsterminen nicht verwiesen werden.[3] Bei einer **Bahnfahrt** kann der Verfahrensbevollmächtigte entsprechend § 5 Abs. 1 JVEG die Kosten der 1. Klasse[4] zzgl. Reservierungskosten verlangen. Die Kosten einer Bahncard sind allgemeine Geschäftskosten, denen ein konkreter Bezug zum Rechtsstreit und den in diesem entstandenen Kosten fehlt. Sie sind auch nicht anteilig zu erstatten; zu berücksichtigen sind die tatsächlich gezahlten (reduzierten) Fahrtkosten.[5] Der Rechtsanwalt darf auch erstattungsrechtlich grundsätzlich die Strecke zwischen Bahnhof/Flughafen und Gericht mit dem **Taxi** zurücklegen.[6] Das Tage- und **Abwesenheitsgeld** ergibt sich gestaffelt nach Dauer der Reise aus Nr. 7005 VV-RVG. **Übernachtungskosten** erhält der Rechtsanwalt ohne Bindung an bestimmte Sätze als sonstige Auslage nach Nr. 7006 VV-RVG, soweit sie angemessen sind (Einzelzimmer mit Dusche und WC in einem guten Mittelklassehotel[7]). Die Kosten für das Frühstück sind mit dem Tagegeld abgegolten und daher nicht gesondert zu erstatten;[8] sie können mit 10 % der Übernachtungskosten geschätzt werden.[9]

Die Reisekosten des Verfahrensbevollmächtigten sind auch zu ersetzen, wenn sie die **Kosten eines Unterbevollmächtigten** zur Terminswahrnehmung erheblich übersteigen.[10] Sie sind nach Auffassung des BGH[11] – entgegen der früheren Rechtsprechung der Oberlandesgerichte[12] – auch erstattungsfähig, wenn sich der Beteiligte an ein an seinem Wohnsitz ansässiges Mitglied einer **überörtlichen Sozietät** wendet, die auch am Gerichtssitz ansässig ist, und dieser Rechtsanwalt zum Gericht reist. Dem steht entgegen, dass das Mandat grundsätzlich der gesamten Sozietät erteilt wird[13] und die interne Aufteilung, welcher Rechtsanwalt an welchem Standort tätig ist, nicht zulasten des Mandanten gehen kann. Erst wenn diesem Kosten entstehen,

13a

---

1 OLG Naumburg v. 30.5.2005 – 12 W 61/05, OLGReport 2006, 162; enger OLG Köln v. 28.4.2010 – 17 W 60/10, AGS 2010, 566.
2 HM: OLG Köln v. 28.4.2010 – 17 W 60/10, AGS 2010, 566; OLG Stuttgart v. 10.3.2010 – 8 W 121/10, MDR 2010, 898 = FamRZ 2011, 498; OLG Frankfurt v. 11.2.2008 – 6 W 207/07, OLGReport 2008, 444; aA – Business Class – OLG Hamburg v. 23.4.2008 – 8 W 43/08, MDR 2008, 1428.
3 OLG Köln v. 28.4.2010 – 17 W 60/10, AGS 2010, 566; OLG Stuttgart v. 10.3.2010 – 8 W 121/10, MDR 2010, 898 = FamRZ 2011, 498; OLG Stuttgart v. 15.4.2005 – 8 W 142/05, JurBüro 2005, 367.
4 OLG Stuttgart v. 10.3.2010 – 8 W 121/10, MDR 2010, 898 = FamRZ 2011, 498; OLG Stuttgart v. 15.4.2005 – 8 W 142/05, JurBüro 2005, 367; Gerold/Schmidt/*Madert/Müller-Rabe*, Nr. 7003 - 7006 VV Rz. 40; *Hartmann*, Kostengesetze Nr. 7003–7006 VV-RVG Rz. 23.
5 OLG Celle v. 31.8.2004 – 8 W 271/04, MDR 2004, 1445; OLG Karlsruhe v. 19.10.1999 – 6 W 48/99, OLGReport 2000, 186; aA OLG Frankfurt v. 3.5.2006 – 18 W 24/06, NJW 2006, 2337; Gerold/Schmidt/*Madert/Müller-Rabe*, Nr. 7003–7006 VV Rz. 43: anteilige Umlage der Kosten der Bahncard auf Basis des Vorjahres.
6 LAG Niedersachsen v. 17.6.2011 – 17 Ta 520/10, AGS 2011, 553 = RVGreport 2011, 565 (*Hansens*); LG Berlin v. 14.6.1999 – 510 Qs 43/99, JurBüro 1999, 526; Gerold/Schmidt/*Madert/Müller-Rabe*, Nr. 7003, 7004 VV Rz. 25.
7 KG v. 25.4.1994 – 4 Ws 63/94, Rpfleger 1994, 430; OLG Karlsruhe v. 10.12.1985 – 4 Ws 266/85, JurBüro 1986, 390; für Begrenzung auf 80 Euro OLG Koblenz v. 21.9.2010 – 14 W 528/10, AGS 2012, 50.
8 OLG Düsseldorf v. 28.5.2012 – I-10 W 5/12, NJW-RR 2012, 1470; KG v. 25.4.1994 – 4 Ws 63/94, Rpfleger 1994, 430.
9 OLG Düsseldorf v. 28.5.2012 – I-10 W 5/12, NJW-RR 2012, 1470.
10 BGH v. 28.1.2010 – III ZB 64/09, JurBüro 2010, 369; BGH v. 11.12.2007 – X ZB 21/07, FamRZ 2008, 507 = MDR 2008, 350.
11 BGH v. 16.4.2008 – XII ZB 214/04, NJW 2008, 2122 = FamRZ 2008, 1241.
12 OLG Köln 20.7.2006 – 17 W 96/06, OLGReport 2007, 66; OLG Brandenburg v. 8.6.2006 – 6 W 147/05, MDR 2007, 245; OLG Nürnberg v. 12.6.2006 – 5 W 998/06, MDR 2007, 56; OLG Bamberg 30.6.2004 – 1 W 35/04, OLGReport 2005, 127; KG v. 5.8.2004 – 19 WF 166/04, NJW-RR 2005, 655; OLG Hamburg v. 3.7.2002 – 8 W 143/02, OLGReport 2003, 152.
13 Vgl. zB BGH v. 19.1.1995 – III ZR 107/94, NJW 1995, 1841.

stellt sich aber die Frage der Erstattungsfähigkeit im Rahmen der Kostenfestsetzung.[1] Die Mehrkosten, die dadurch entstehen, dass ein an einem **dritten Ort**, also weder am Wohnsitz des Beteiligten noch am Gerichtssitz ansässiger Rechtsanwalt beauftragt wird, können hingegen im Regelfall nicht erstattet verlangt werden.[2] Die von dem BGH erörterten Ausnahmen (Spezialisierung auf besonderes Rechtsgebiet,[3] Auslagerung der Prozessbearbeitung eines Unternehmens[4]) dürften in Verfahren nach dem FamFG nur selten einschlägig sein. Der Erstattungspflichtige muss grundsätzlich nur die Kosten tragen, die aus dem Auseinanderfallen von Gerichtsort einerseits und Geschäfts- oder Wohnort eines Beteiligten andererseits entstehen.[5] Die Mehrkosten, die dadurch entstehen, dass der von ihm beauftragte Bevollmächtigte nicht zumindest in unmittelbarer Nähe seines Wohnsitzes residiert, sondern seine Kanzlei weiter entfernt hat, muss der Beteiligte selbst tragen.[6] Die Reisekosten eines an einem dritten Ort ansässigen Verfahrensbevollmächtigten sind aber insoweit zu erstatten, als sie sich im Rahmen der Reisekosten halten, die angefallen wären, wenn die Partei einen Verfahrensbevollmächtigten entweder am Gerichtsort oder an ihrem Geschäfts- oder Wohnort beauftragt hätte.[7] Wohnt der Beteiligte am Gerichtsort, sind die Kosten eines auswärtigen Anwalts grundsätzlich nicht erstattungsfähig, auch wenn zu diesem ein besonderes Vertrauensverhältnis besteht und er die Sache bereits bearbeitet hat.[8] – Der **sich selbst vertretende Rechtsanwalt** kann seine Reisekosten erstattet verlangen, auch wenn sie die Kosten eines Terminsvertreters deutlich übersteigen.[9]

14   **Übersetzung:** Die Kosten der Übersetzung verfahrenserheblicher Schriftstücke sind grundsätzlich erstattungsfähig,[10] sowohl wenn ein fremdsprachliches Schriftstück für das Gericht, den Beteiligten oder den Verfahrensbevollmächtigten oder umgekehrt ein in deutscher Sprache abgefasstes Schriftstück für einen ausländischen Beteiligten[11] übersetzt wird. Mit einer mündlichen Übersetzung muss sich der Beteiligte nur begnügen, wenn die schriftliche Übersetzung für das prozessuale Vorgehen ohne besondere Bedeutung ist und ihre Kosten außer Verhältnis zum Verfahrensgegenstand stehen.[12] Die Übersetzungskosten sind auch neben den Kosten für einen ausländischen Verkehrsanwalt erstattungsfähig.[13] Übersetzungen durch den Verfahrensbevollmächtigten sind gesondert entsprechend § 11 JVEG zu vergüten.[14]

15   **Umsatzsteuer** auf die Anwaltsvergütung ist erstattungsfähig, wenn die Erklärung abgegeben wird, dass der Beteiligte sie nicht von der Vorsteuer abziehen kann, § 104 Abs. 2 Satz 3 ZPO iVm. § 85 FamFG. Eine Überprüfung der Richtigkeit dieser Erklärung findet nicht statt, es sei denn, die Richtigkeit der Erklärung wäre durch entsprechenden, vom Erstattungspflichtigen zu erbringenden Beweis bereits entkräftet oder

---

1 So zutreffend BGH v. 5.12.2002 – I ZB 25/02, FamRZ 2003, 666 = MDR 2003, 476.
2 BGH v. 20.12.2011 – XI ZB 13/11, MDR 2012, 312; OLG Koblenz v. 14.4.2004 – 5 W 262/04, MDR 2004, 966; OLG Hamburg v. 20.6.2003 – 8 W 112/03, OLGReport 2004, 104; OLG Köln v. 26.11. 2001 – 17 W 107/01, JurBüro 2002, 425.
3 BGH v. 20.12.2011 – XI ZB 13/11, MDR 2012, 312; BGH v. 22.2.2007 – VII ZB 93/06, FamRZ 2007, 718.
4 BGH v. 12.11.2009 – I ZB 101/08, NJW 2010, 1882; BGH v. 20.5.2008 – VIII ZB 92/07, MDR 2008, 946.
5 BGH v. 22.2.2007 – VII ZB 93/06, MDR 2007, 984 = FamRZ 2007, 718.
6 OLG Köln v. 26.11.2001 – 17 W 107/01, JurBüro 2002, 425.
7 BGH v. 11.3.2004 – VII ZB 27/03, FamRZ 2004, 939 = MDR 2004, 838.
8 BGH v. 22.2.2007 – VII ZB 93/06, MDR 2007, 984; BGH v. 12.12.2002 – I ZB 29/02, NJW 2003, 901.
9 OLG München v. 24.4.2012 – 11 W 627/12, MDR 2012, 939 = RVGreport 2012, 306 (*Hansens*).
10 v. Eicken/*Hellstab*/Lappe/Madert/Mathias, Rz. B 421.
11 OLG Köln v. 15.7.2002 – 17 W 6/02, JurBüro 2002, 591; OLG Karlsruhe v. 13.3.1978 – 12 W 11/78, Justiz 1978, 315 = MDR 1978, 674 (LS).
12 OLG Köln v. 15.7.2002 – 17 W 6/02, JurBüro 2002, 591; OLG Hamburg v. 27.2.1996 – 8 W 23/96, OLGReport 1996, 207.
13 OLG Hamburg v. 27.2.1996 – 8 W 23/96, OLGReport 1996, 207; OLG Karlsruhe v. 21.12.1987 – 13 W 150/87, Justiz 1989, 157.
14 OLG Düsseldorf v. 22.7.2009 – I-2 W 24/09, juris; OLG Köln v. 15.7.2002 – 17 W 6/02, JurBüro 2002, 591; OLG Karlsruhe v. 13.3.1978 – 12 W 11/78, Justiz 1978, 315 = MDR 1978, 674 (LS).

eine offensichtliche Unrichtigkeit der Erklärung ergibt sich zweifelsfrei aus anderen dem Gericht bekannten Umständen, etwa dem Inhalt der Akten.[1]

Unterbevollmächtigter:[2] Kosten eines Unterbevollmächtigten sind als notwendig zu erstatten, soweit durch dessen Tätigkeit **Reisekosten des Hauptbevollmächtigten erspart** werden, die ansonsten bei der Wahrnehmung des Termins durch den Hauptbevollmächtigten entstanden und als solche erstattungsfähig wären.[3] Notwendige Voraussetzung für die Erstattung von Kosten des Unterbevollmächtigten ist daher, dass die dem Hauptbevollmächtigten im Falle eigener Terminswahrnehmung zustehenden Reisekosten dem Grunde nach zu erstatten wären. Dies ist regelmäßig der Fall, da der Beteiligte wegen des Bedarfs an persönlichem Kontakt zu seinem Anwalt grundsätzlich einen an seinem Wohnsitz ansässigen Verfahrensbevollmächtigten beauftragen darf.[4] Der Ausnahmetatbestand, dass ein eingehendes Mandantengespräch für die Rechtsverfolgung oder -verteidigung (zB wegen eigener Rechtsabteilung oder unstreitiger Forderung) nicht erforderlich ist,[5] wird in Verfahren nach dem FamFG kaum gegeben sein. Eine geringfügige Überschreitung der ersparten Reisekosten (zu deren Ermittlung s. Stichwort „Reisekosten des Rechtsanwalts" Rz. 13) steht der Erstattung der Kosten des Unterbevollmächtigten wegen der Schwierigkeit einer Prognose der Kosten nicht entgegen. Eine **wesentliche Überschreitung** ist im Regelfall anzunehmen, wenn die Kosten des Unterbevollmächtigten die ersparten Reisekosten um mehr als 10 % überschreiten.[6] Ist dieser Betrag überschritten, kann der Beteiligte nicht nur 100 %, sondern 110 % der Reisekosten verlangen, da die Überschreitungstoleranz von 10 % Bestandteil der fiktiven, aber erstattungsfähigen Kosten ist.[7] Ob die Kosten eines Terminsvertreters erheblich höher als die Reisekosten des Verfahrensbevollmächtigten sein werden, ist ex ante zu beurteilen.[8] Wegen der erheblichen Unsicherheit für den Beteiligten in Verfahren mit mündlicher Verhandlung, wie viele Termine erforderlich sein werden, ist eine kleinliche Betrachtungsweise im Kostenfestsetzungsverfahren zu vermeiden.[9] Zur Glaubhaftmachung, dass Kosten für einen Terminsvertreter in Höhe der gesetzlichen Vergütung entstanden sind, ist in der Regel die Vorlage seiner Rechnung erforderlich.[10]

Verdienstausfall: Entgegen dem Wortlaut der in § 80 Satz 2 in Bezug genommenen Verweisung in § 91 Abs. 1 Satz 2 ZPO kann der Beteiligte nicht nur einen Ausgleich für Zeitversäumnis (§ 20 JVEG), sondern auch einen Verdienstausfall nach § 22 JVEG erstattet verlangen.[11] Dieser bemisst sich nach dem **Bruttoverdienst** zuzüglich der Arbeitgeberbeiträge zur Sozialversicherung, begrenzt auf einen Höchstbetrag von 17 Euro je Stunde, 21 Euro ab 1.8.2013[12]. Wer als Angestellter oder Beamter die versäumte Zeit **nacharbeiten** muss oder bezahlten Urlaub oder Freizeitausgleich für Überstunden nimmt, wendet **Freizeit** auf, hat also keinen konkreten Verdienstausfall, so dass er nur Entschädigung für Zeitversäumnis (§ 20 JVEG: 3 Euro je Stunde, 3,50 Euro

---

1 BGH v. 11.2.2003 – VIII ZB 92/02, NJW 2003, 1534.
2 *Enders*, Die Kosten des Terminsvertreters in der Kostenfestsetzung, JurBüro 2012, 1, 57, 113, 169; *Hansens*, Eigene Terminsreise oder Terminsvertreter? RVGreport 2012, 122.
3 BGH v. 10.7.2012 – VIII ZB 106/11, MDR 2012, 1128; BGH v. 13.5.2004 – I ZB 3/04, NJW-RR 2004, 1212; BGH v. 16.10.2002 – VIII ZB 30/02, NJW 2003, 898.
4 St. Rspr. zB BGH, v. 14.9.2004 – VI ZB 37/04, MDR 2005, 177; s. auch Rz. 13.
5 BGH v. 13.5.2004 – I ZB 3/04, NJW-RR 2004, 1212; BGH v. 16.10.2002 – VIII ZB 30/02, NJW 2003, 898.
6 BGH v. 16.10.2002 – VIII ZB 30/02, NJW 2003, 898.
7 So zutreffend Zöller/*Herget*, § 91 ZPO Rz. 13 „Unterbevollmächtigter"; KG v. 24.10.2007 – 2 W 114/07, KGReport 2008, 314; OLG Frankfurt v. 12.9.2004 – 12 W 152/04, OLGReport 2005, 33; aA OLG Oldenburg v. 18.2.2008 – 5 W 8/08, MDR 2008, 532; *Schneider*, AGS 2011, 521, 522.
8 BGH v. 10.7.2012 – VIII ZB 106/11, MDR 2012, 1128 = RVGreport 2012, 423 (*Hansens*); OLG Düsseldorf v. 3.8.2006 – 10 W 49/06, OLGReport 2006, 627; *Müller-Rabe*, NJW 2007, 1920, 1928f.; aA OLG Hamburg v. 2.11.2011 – 8 W 71/11, AGS 2012, 202 = RVGreport 2012, 115 (*Hansens*), von BGH abgeändert.
9 So zutreffend *Schütt*, MDR 2003, 1020; OLG Hamm v. 12.2.2001 – 23 W 8/01, MDR 2001, 959.
10 BGH v. 13.7.2011 – IV ZB 8/11, AGS 2011, 568 = RVGreport 2011, 389 (*Hansens*).
11 BGH v. 26.1.2012 – VII ZB 60/09, MDR 2012, 374 = RVGreport 2012, 159 (*Hansens*); BGH v. 2.12.2008 – VI ZB 63/07, MDR 2009, 230; *Lappe*, NJW 2006, 270, 275.
12 Art. 7 des 2. KostRMoG v. 23.7.2013, BGBl. I, S. 2586.

§ 80 Allgemeiner Teil

ab 1.8.2013[1]) verlangen kann.[2] Einer juristischen Person kann wegen der Teilnahme ihres Geschäftsführers an einem Gerichtstermin ein Anspruch auf Verdienstausfall zustehen.[3]

18 **Verkehrsanwalt:** Wohnt ein Beteiligter nicht in der Nähe des Gerichts, kann er mit seiner Vertretung einen an seinem Wohnsitz ansässigen Rechtsanwalt beauftragen, der dann zur Wahrnehmung eines Termins zum Gerichtsort reisen (s. Stichwort „Reisekosten des Rechtsanwalts" Rz. 13) oder einen anderen Rechtsanwalt beauftragen (s. Stichwort „Unterbevollmächtigter" Rz. 16) kann. Dies stellt seit der umfassenden Postulationsfähigkeit den Regelfall dar. Möglich ist aber auch weiterhin, dass der Beteiligte einen an seinem Wohnsitz residierenden Rechtsanwalt nur damit betraut, den Verfahrensstoff zu sichten und den in der Nähe des Gerichts ansässigen Hauptbevollmächtigten zu informieren. Letzterer hat die Verfahrensführung und die damit verbundene Beratung in eigener Verantwortung wahrzunehmen, der am Wohnort des Beteiligten ansässige Rechtsanwalt ist dann der Verkehrsanwalt, der nach Nr. 3400 VV-RVG vergütet wird. Die dadurch entstehenden Mehrkosten sind **nur ausnahmsweise erstattungsfähig**, wenn es dem Beteiligten etwa wegen Krankheit oder sonstiger persönlicher Unfähigkeit unmöglich oder unzumutbar ist, seinen Verfahrensbevollmächtigten am entfernten Gerichtsort persönlich, schriftlich oder telefonisch zu informieren.[4] Auch wenn diese Voraussetzungen nicht vorliegen, sind die durch die Beauftragung von Verkehrsanwälten entstehenden Kosten iHd. dadurch **ersparten Kosten für Informationsreisen** des Beteiligten erstattungsfähig, wenn solche Reisen zweckmäßig gewesen wären.[5] Das ist in der **ersten Instanz** regelmäßig der Fall, da jeder Beteiligte grundsätzlich ein schützenswertes Interesse daran hat, seinen Verfahrensbevollmächtigten persönlich kennen zu lernen und über komplexere Sachverhalte im persönlichen Gespräch zu informieren.[6] Im **Rechtsbeschwerdeverfahren** kommt die Erstattung der Kosten eines Verkehrsanwalt grundsätzlich nicht in Betracht, weil allein Rechtsfragen zu klären sind, für die eine Korrespondenz mit dem Beteiligten von untergeordneter Bedeutung ist.[7] Auch im **Beschwerdeverfahren** sind die Kosten eines Verkehrsanwalts nur eingeschränkt erstattungsfähig.[8] Die Beauftragung ist gerechtfertigt, wenn ein neuer, tatsächlich oder rechtlich besonders schwieriger Sachverhalt in das Verfahren eingeführt wird.[9] Die Notwendigkeit eines Verkehrsanwalts ist unabhängig von einer Beiordnung im Rahmen der **Verfahrenskostenhilfe** nach § 78 Abs. 4 FamFG zu prüfen.[10] Bei einem **ausländischen Beteiligten** gelten grundsätzlich keine anderen Grundsätze; bei ihm liegt das Erfordernis der Hinzuziehung zB wegen sprachlicher Barrieren oder Fremdheit des Rechts zwar näher, eine generelle Erstattungsfähigkeit ergibt sich daraus aber nicht.[11]

19 **Versorgungsausgleich:** Die Kosten eines zur Nachprüfung der vom Familiengericht ohne Sachverständigengutachten angestellten Berechnung hinzugezogenen **Rentenberaters** sind nicht erstattungsfähig, da dies Aufgabe des Verfahrensbevollmächtigten ist.[12]

20 **Vorbereitungskosten:** Die Kosten zur Vorbereitung des Verfahrens können grundsätzlich von einem anderen Beteiligten nicht erstattet verlangt werden. Ausnahmsweise sind sie erstattungsfähig, wenn sie konkret zur Durchführung eines bestimm-

---

1 Art. 7 des 2. KostRMoG v. 23.7.2013, BGBl. I, S. 2586.
2 BGH v. 26.1.2012 – VII ZB 60/09, MDR 2012, 374 = RVGreport 2012, 159 (Hansens); OLG Stuttgart v. 15.11.1991 – 8 W 422/91, JurBüro 1992, 123; OLG Hamm v. 8.1.1991 – 23 W 440/90, Rpfleger 1991, 266; KG v. 17.12.1982 – 1 W 3919/82, Rpfleger 1983, 172.
3 BGH v. 2.12.2008 – VI ZB 63/07, MDR 2009, 230.
4 BGH v. 7.6.2006 – XII ZB 245/04, MDR 2006, 1434.
5 BGH v. 21.9.2005 – IV ZB 11/04, NJW 2006, 301.
6 BGH v. 21.9.2005 – IV ZB 11/04, NJW 2006, 301.
7 BGH v. 4.8.2004 – XII ZA 6/04, FamRZ 2004, 1633 = MDR 2005, 94 für Revision.
8 BGH v. 21.9.2005 – IV ZB 11/04, NJW 2006, 301; BGH v. 7.6.2006 – XII ZB 245/04, MDR 2006, 1434 je für Berufung.
9 BGH v. 7.6.2006 – XII ZB 245/04, MDR 2006, 1434.
10 OLG Koblenz v. 19.4.1989 – 14 W 232/89, JurBüro 1990, 733; OLG Hamm v. 9.2.1983 – 6 WF 609/82, JurBüro 1983, 1262.
11 BGH v. 28.9.2011 – I ZB 97/09, NJW 2012, 938 = RVGreport 2012, 231 (Hansens).
12 OLG Stuttgart v. 4.6.1980 – 8 W 601/79, JurBüro 1981, 274.

ten Rechtsstreits entstanden sind. Sie müssen sich auf ein konkretes Verfahren beziehen und gerade mit Rücksicht auf dieses ausgelöst worden sein,[1] zB auf das konkrete Verfahren bezogene Gutachterkosten (s. Rz. 7). Nicht ausreichend ist, dass die Kosten entstanden sind, um die Erfolgsaussichten besser einschätzen zu können.[2]

Zeitversäumnis für die notwendige Wahrnehmung von Terminen ist nach der in § 80 Satz 2 in Bezug genommenen Regelung von § 91 Abs. 1 Satz 2 ZPO zu erstatten. Hinsichtlich der Höhe der zu erstattenden Kosten wird auf die Vorschriften für die Entschädigung von Zeugen verwiesen, somit auf § 20 JVEG. Danach beträgt die Entschädigung 3 Euro je Stunde, 3,50 Euro ab 1.8.2013[3], es sei denn, dem Beteiligten ist ersichtlich kein Nachteil entstanden. Vorrangig gegenüber dieser Entschädigung ist aber der Ausgleich eines Verdienstausfalls (s. Stichwort „Verdienstausfall" Rz. 17) und eines Nachteils bei der Haushaltsführung (§ 21 JVEG). Der Ausgleich für Letzteren beträgt 12 Euro pro Stunde, 14 Euro ab 1.8.2013[4], wenn der Beteiligte einen Haushalt für mehrere Personen führt und nicht erwerbstätig oder teilzeitbeschäftigt ist. 21

81 *Grundsatz der Kostenpflicht*

(1) Das Gericht kann die Kosten des Verfahrens nach billigem Ermessen den Beteiligten ganz oder zum Teil auferlegen. Es kann auch anordnen, dass von der Erhebung der Kosten abzusehen ist. In Familiensachen ist stets über die Kosten zu entscheiden.
(2) Das Gericht soll die Kosten des Verfahrens ganz oder teilweise einem Beteiligten auferlegen, wenn
1. der Beteiligte durch grobes Verschulden Anlass für das Verfahren gegeben hat;
2. der Antrag des Beteiligten von vornherein keine Aussicht auf Erfolg hatte und der Beteiligte dies erkennen musste;
3. der Beteiligte zu einer wesentlichen Tatsache schuldhaft unwahre Angaben gemacht hat;
4. der Beteiligte durch schuldhaftes Verletzen seiner Mitwirkungspflichten das Verfahren erheblich verzögert hat;
5. der Beteiligte einer richterlichen Anordnung zur Teilnahme an einem kostenfreien Informationsgespräch über Mediation oder über eine sonstige Möglichkeit der außergerichtlichen Konfliktbeilegung nach § 156 Abs. 1 Satz 3 oder einer richterlichen Anordnung zur Teilnahme an einer Beratung nach § 156 Abs. 1 Satz 4 nicht nachgekommen ist, sofern der Beteiligte dies nicht genügend entschuldigt hat.
(3) Einem minderjährigen Beteiligten können Kosten in Kindschaftssachen, die seine Person betreffen, nicht auferlegt werden.
(4) Einem Dritten können Kosten des Verfahrens nur auferlegt werden, soweit die Tätigkeit des Gerichts durch ihn veranlasst wurde und ihn ein grobes Verschulden trifft.
(5) Bundesrechtliche Vorschriften, die die Kostenpflicht abweichend regeln, bleiben unberührt.

A. Allgemeines 1	4. Einzelfälle 14
B. Einzelheiten	5. Absehen von einer Kostenentscheidung 15
I. Kostenentscheidung nach billigem Ermessen (Absatz 1) 2	II. Grundsätzliche Kostenpflicht eines Beteiligten (Absatz 2)
1. Beteiligtenbegriff 3	1. Allgemeines 19
2. Grundsätze der Kostenentscheidung 6	2. Die einzelnen Tatbestände 22
3. Gesichtspunkte der Ermessensausübung 11	

---

1 BGH v. 4.3.2008 – VI ZB 72/06, NJW 2008, 1597 – Gutachterkosten – für § 91 ZPO; BayObLG v. 4.1.1999 – 3 Z BR 267/98, FGPrax 1999, 77 – Rechtsanwaltskosten – für § 13a FGG.
2 OLG Hamburg v. 14.1.1988 – 8 W 6/88, JurBüro 1988, 1022 m. zust. Anm. *Mümmler*.
3 Art. 7 des 2. KostRMoG v. 23.7.2013, BGBl. I, S. 2586.
4 S. Fn. 3.

III. Keine Kostenpflicht des Minderjährigen (Absatz 3) 27
IV. Kostenpflicht Dritter (Absatz 4) 28
V. Abweichende Vorschriften (Absatz 5) 30
VI. Rechtsmittel gegen die Kostenentscheidung 32

A. Allgemeines

1 Abs. 2 Nr. 5 wurde durch das Gesetz zur Förderung der Mediation und anderer Verfahren der außergerichtlichen Konfliktbeilegung[1] (s. auch Erl. zu § 36a) mit Wirkung ab 26.7.2012 geändert. Abs. 3 wurde durch das Gesetz zur Einführung einer Rechtsbehelfsbelehrung im Zivilprozess und zur Änderung anderer Verfahren[2] mit Wirkung ab 1.1.2013 dahin geändert, dass es statt „in Verfahren" heißt: „in Kindschaftssachen".

Mit § 81 Vorschrift wird dem Gericht ein **Ermessen** eingeräumt, die Kosten auch unabhängig vom Ausgang des Verfahrens unter Würdigung des Verhaltens der Beteiligten im Rahmen des Verfahrens zu verteilen. Zum **Anwendungsbereich** von § 81 vgl. Vorbem. vor § 80. Sofern ein Verfahren **Folgesache** eines Scheidungsverfahrens ist, geht die Regelung für die Kosten in Folgesachen (§ 150) den allgemeinen Bestimmungen, somit auch § 81, vor.[3]

B. Einzelheiten

I. Kostenentscheidung nach billigem Ermessen (Absatz 1)

2 § 81 Abs. 1 ermöglicht dem Gericht eine Entscheidung über die Kosten des Verfahrens, begründet aber grundsätzlich keine entsprechende Verpflichtung.[4] Eine solche besteht gem. § 81 Abs. 1 Satz 3 nur für **Familiensachen** (§ 111). Diese Regelung betrifft nur diejenigen Familiensachen, auf die die §§ 80 ff. Anwendung finden (s. Vorbem. vor § 80). In Ehesachen und Familienstreitsachen iSv. § 112 ist kraft der Verweisung in § 113 Abs. 1 über die Kosten gem. § 308 Abs. 2 ZPO von Amts wegen zu entscheiden.

1. Beteiligtenbegriff

3 Beteiligter (zur Beteiligtenstellung allgemein s. Erläuterung zu § 7) iSv. § 81 kann nur sein, wer nach § 7 **formell** am Verfahren beteiligt ist.[5] Wer zwar von der zu treffenden Entscheidung betroffen ist (sog. materiell Beteiligter), ohne sich aber selbst an dem Verfahren beteiligt zu haben oder seitens des Gerichts hinzugezogen worden zu sein, kann durch eine Kostenentscheidung weder begünstigt noch (außer nach Abs. 4) belastet werden. Zu beachten ist, dass in den Streitverfahren über § 7 Abs. 2 Nr. 2 auch der Antragsgegner beteiligt ist, der sich auf das Verfahren nicht einlässt; ihm können daher auch bei Passivität Kosten auferlegt werden.[6] **Erstattungsgläubiger** kann aber nur sein, wer sich als materiell Beteiligter oder aufgrund sonstiger (Beschwerde-)Berechtigung rechtmäßig am Verfahren beteiligt hat.[7] Wer für einen Beteiligten auftritt, ist nicht selbst Beteiligter, es sei denn er wird in eigener Sache tätig (zB hinsichtlich seiner Vergütung oder Entlassung). Der **Verfahrensbeistand** ist zwar Beteiligter (§ 158 Abs. 3 Satz 2), ihm können aber gem. § 158 Abs. 8 keine Kosten auferlegt werden, da er allein im Interesse des Kindes tätig wird.[8] Wenn er hingegen in

---

1 Art. 3 Nr. 6 des Gesetzes v. 21.7.2012, BGBl. I, S. 1577.
2 Art. 6 Nr. 10 des Gesetzes v. 5.12.2012, BGBl. I, S. 2418.
3 Begr. RegE, BT-Drucks. 16/6308, S. 233.
4 Begr. RegE, BT-Drucks. 16/6308, S. 215.
5 OLG Stuttgart v. 1.3.2011 – 11 UF 286/10, FamRB 2011, 213 (*Schwonberg*) = AGS 2011, 253; Keidel/*Zimmermann*, § 81 FamFG Rz. 30; zu § 13a FGG: BGH v. 23.10.1959 – IV ZB 105/59, BGHZ 31, 92; BayObLG v. 16.11.1972 – 2 Z 64/72, BayObLGZ 1972, 354; KG v. 1.4.1968 – 1 W 497/68, FamRZ 1968, 472.
6 AA *Keidel*/Zimmermann, § 81 FamFG Rz. 30.
7 MüKo.ZPO/*Schindler*, § 81 FamFG Rz. 9; zum früheren Recht: BayObLG v. 27.7.2000 – 1 Z BR 64/99, NJWE-FER 2000, 320; BayObLG v. 16.11.1972 – 2 Z 64/72, BayObLGZ 1972, 354; KG v. 1.4. 1968 – 1 W 497/68, FamRZ 1968, 472; aA Schulte-Bunert/Weinreich/*Keske*, § 81 FamFG Rz. 16.
8 Begr. RegE, BT-Drucks. 16/6308, S. 240.

eigener Sache tätig wird (zB hinsichtlich seiner Vergütung), besteht für diese Einschränkung keine Rechtfertigung, so dass ihm insoweit Kosten auferlegt werden können.[1] Parteien kraft Amtes (zB Testamentsvollstrecker, Insolvenzverwalter) sind als solche Beteiligte iSv. § 81, haften aber nur mit dem von ihnen verwalteten Vermögen.

Der **Landeskasse** können die Kosten nach § 81 (anders nach §§ 307, 337, 430 in Freiheitsentziehungs-, Betreuungs- und Unterbringungsverfahren) nicht auferlegt werden, da sie kein Beteiligter des Verfahrens ist.[2] Das Gericht kann nur anordnen, dass von der Erhebung der Gerichtskosten abgesehen wird. Eine **Behörde** kann kostenpflichtig und erstattungsberechtigt sein, wenn sie Beteiligte des Verfahrens iSv. § 7 geworden ist (s. § 7 Rz. 37, § 8 Rz. 19 ff.). Dies ist nicht der Fall (vgl. § 7 Abs. 6), wenn sie nur in Erfüllung ihr allgemein obliegender öffentlicher Aufgaben tätig wird,[3] zB das Finanzamt bei Anregung einer Pflegschaft,[4] das Jugendamt nach § 162 Abs. 1 oder die Industrie- und Handelskammer im Registerverfahren (§ 380 Abs. 1 bis 3). Die Auferlegung von Kosten kommt dann allenfalls in außergewöhnlichen Ausnahmefällen nach Abs. 4 (s. Rz. 28 f.) in Betracht. Nimmt die Behörde aber ein ihr – tatsächlich oder vermeintlich – zustehendes Antrags- oder **Beschwerde**recht wahr, wird sie Beteiligter iSv. § 81.[5] Das ist zB der Fall, wenn das **Jugendamt** gem. § 162 Abs. 3 Satz 2[6] oder im eigenen Namen[7] oder die Aufsichtsbehörde des Standesbeamten gem. § 51 Abs. 2 PStG[8] Beschwerde einlegt. Dem Jugendamt können auch Kosten auferlegt werden, wenn es nach **§ 162 Abs. 2** als Beteiligter hinzugezogen worden ist.[9] Denn dann ist es wie jeder andere Beteiligte zu behandeln. Wenn das Jugendamt aber keine eigenen Interessen (zB wegen seiner Bestellung zum Pfleger) wahrnimmt, sondern im Interesse des Kindeswohls tätig wird, ist es nur im Ausnahmefall, vor allem bei den Fallgruppen von Abs. 2, gerechtfertigt ihm Kosten aufzuerlegen.[10]

Unter der Geltung von § 13a FGG war anerkannt, dass die Anordnung einer Kostenerstattung voraussetzte, dass an der Angelegenheit mehrere Personen im **entgegengesetzten Sinn** beteiligt sind.[11] Dies ist auch nach § 81 gerechtfertigt, soweit es um die Erstattung der notwendigen **Aufwendungen** eines Beteiligten geht.[12] Nur wenn die Beteiligten unterschiedliche Entscheidungen anstreben, kann es Aufgabe des Gerichts sein, über einen Ausgleich der ihnen jeweils entstandenen Aufwendungen zu entscheiden. Hinsichtlich der **Gerichtskosten** ist eine solche Voraussetzung nicht geboten. Auch bei gleichlaufenden Interessen verschiedener Beteiligter (zB Eltern, denen gem. § 1666 BGB die Sorge entzogen werden soll) ist es denkbar, dass eine unterschiedliche Beteiligung an den Gerichtskosten der Billigkeit entspricht, zB weil nur ein Elternteil leistungsfähig ist oder bestimmte Auslagen (Sachverständigenkosten) nur einem Elternteil zuzurechnen sind.

2. Grundsätze der Kostenentscheidung

Abs. 1 Satz 1 räumt dem Gericht ein **Ermessen** ein, ob es eine Kostenentscheidung trifft – außer in Familiensachen, Satz 3 – und welchem Beteiligten es Kosten in wel-

---

1 OLG Celle v. 7.8.2012 – 10 UF 158/12, FamRZ 2013, 573.
2 So bereits für § 13a FGG BayObLG v. 22.2.1990 – 3 Z 171/89, BayObLGZ 1990, 37.
3 Keidel/*Zimmermann*, § 81 FamFG Rz. 37.
4 BayObLG v. 11.11.1985 – 1 Z 84/85, Rpfleger 1986, 293.
5 OLG Celle v. 4.5.2012 – 10 UF 69/12, FamRZ 2012, 1896, im konkret entschiedenen Fall ist aber fraglich, ob das Jugendamt tatsächlich einen förmlichen Antrag gestellt hat; Keidel/*Zimmermann* § 81 FamFG Rz. 39; zum früheren Recht: BGH v. 23.10.1959 – IV ZB 105/59, BGHZ 31, 92.
6 KG v. 25.1.1985 – 1 W 6117/84, FamRZ 1985, 526; BayObLG v. 24.10.1988 – 1a Z 63/88, FamRZ 1989, 652 für § 57 FGG.1 Nr. 9 FGG.
7 KG v. 15.6.2010 – 17 UF 65/10, FamRZ 2010, 1998.
8 BayObLG v. 23.8.1984 – 1 Z 5/84, FamRZ 1985, 201; OLG Hamm v. 14.3.1983 – 15 W 20/83, Das Standesamt 1983, 200; zur Beteiligtenstellung des Standesbeamten s. a. Sachse, Das Standesamt 2010, 74.
9 *Katzenstein*, FPR 2011, 20, 22.
10 OLG Celle v. 4.5.2012 – 10 UF 69/12, FamRZ 2012, 1896.
11 KG v. 14.6.1988 – 1 W 2613/88, FamRZ 1988, 1207; BayObLG v. 9.12.1992 – 2 Z BR 106/92, NJW-RR 1993, 530; Keidel/*Zimmermann*, 15. Aufl., § 13a FGG Rz. 6a.
12 Keidel/*Zimmermann*, § 81 FamFG Rz. 40.

chem Umfang auferlegt. Es trifft seine Entscheidung von Amts wegen, ohne dass es des Antrags eines Beteiligten bedarf. Soweit das Gericht einem Beteiligten einen **Teil der Kosten** auferlegen will, kann es dies in Form einer Quote tun oder ihm konkrete ausscheidbare Kosten auferlegen. In Betracht kommen insoweit zB die Rechtsanwaltskosten eines Beteiligten oder entsprechend dem Rechtsgedanken des § 96 ZPO die Kosten einer Beweisaufnahme.[1] Das Gericht kann auch lediglich über die Verteilung der Gerichtskosten entscheiden und von der Anordnung der Erstattung notwendiger Aufwendungen der Beteiligten absehen.[2]

7 Bei der Kostenentscheidung ist das Gebot der **Einheitlichkeit** zu beachten: Da die Verfahrenskosten nach einem einheitlichen Wert entstehen, können nicht zB die Kosten des Antrags dem einen und die des Gegenantrags einem anderen Beteiligten auferlegt werden. Vielmehr ist die beabsichtigte Kostenlast in einer die Kostenfestsetzung ermöglichenden Form auszudrücken, regelmäßig durch eine Quote der Gesamtkosten. Nur soweit sie ausnahmsweise getrennt anfallen (zB hinsichtlich der Kosten einer Beweisaufnahme oder eines Rechtsmittels entsprechend § 97 Abs. 2 ZPO), kann über die Kosten einzelner Verfahrensabschnitte entschieden werden.

Formulierungsvorschlag:
„Die durch die Beweisaufnahme entstandenen Kosten hat der Beteiligte zu 1 zu tragen. Im Übrigen haben die Beteiligten die Gerichtskosten zu gleichen Teilen und ihre notwendigen Aufwendungen selbst zu tragen".

8 Soweit das Gericht **keine Entscheidung** über die Kosten des Verfahrens trifft, hat jeder Beteiligte seine Aufwendungen selbst zu tragen, hinsichtlich der Gerichtskosten verbleibt es bei den Regelungen in §§ 21 ff. FamGKG und außerhalb der Familiensachen bei den Bestimmungen der §§ 22 GNotKG bzw. in Altverfahren (insbesondere vor dem 1.8.2013 eingeleitete Verfahren, vgl. § 136 GNotKG) der §§ 2 ff. KostO. In einer Grundbuchsache ist die Entscheidung des Rechtspflegers, dass der Antrag „**kostenpflichtig zurückgewiesen**" werde, ohne anderweitige Anhaltspunkte nicht dahin zu verstehen, dass dem Antragsteller die Erstattung von außergerichtlichen Kosten eines anderen Beteiligten auferlegt wird.[3]

9 Bei der Anordnung, dass **notwendige Aufwendungen** zu erstatten seien, ist Zurückhaltung geboten. § 81 bestimmt keine grundlegende Abkehr von dem nach dem früheren Recht anerkannten Grundsatz,[4] dass in fG-Verfahren jeder Beteiligte im Regelfall seine außergerichtlichen Kosten **selbst zu tragen** hat.[5] Zwar hat sich der Wortlaut der Vorschrift gegenüber dem früheren § 13a FGG („... kann das Gericht anordnen, dass die Kosten ... zu erstatten sind, wenn dies der Billigkeit entspricht") geändert. In der Sache bleibt es aber dabei, dass die Auferlegung von Kosten voraussetzt, dass dies der Billigkeit entspricht. Fehlt es an entsprechenden Billigkeitskriterien, fehlt es an einer Rechtfertigung für die Auferlegung außergerichtlicher Kosten, diese hat also jeder Beteiligte selbst zu tragen. Das Gesetz ordnet – anders als bei einem erfolglosen Rechtsmittel, § 84 – für den Fall des Unterliegens auch in kontradiktorisch geführten Verfahren keine generelle Kostenpflicht des Unterliegenden an, sondern belässt es bei dem Grundsatz des § 81 Abs. 1 Satz 1. Nach § 81 Abs. 2 Nr. 2

---

1 OLG München v. 30.4.2012 – 31 Wx 68/12, MDR 2012, 855 = FamRZ 2012, 1895.
2 OLG Celle v. 26.4.2010 – 15 UF 40/10, FamRZ 2010, 1840.
3 OLG Köln v. 21.8.2012 – 2 Wx 181/12, FGPrax 2012, 282 = RVGReport 2012, 468 (*Hansens*).
4 KG v. 1.9.1992 – 1 W 4144/92, FamRZ 1993, 84; BayObLG v. 9.2.2001 – 1 Z BR 1/01, FamRZ 2001, 1311; Keidel/*Zimmermann*, 15. Aufl., § 13a FGG Rz. 21; Jansen/*v. König*, 13a FGG Rz. 9.
5 OLG Bamberg v. 7.11.2012 – 2 UF 281/12, juris; OLG Frankfurt v. 27.11.2012 – 4 WF 259/12, MDR 2013, 530; OLG Köln v. 12.12.2011 – 4 UF 256/11, MDR 2012, 289; OLG München v. 9.8.2010 – 31 Wx 2/10, FGPrax 2010, 307; aA OLG Schleswig v. 17.8.2012 – 3 Wx 137/11, FamRZ 2013, 719; OLG Düsseldorf v. 28.3.2011 – 3 Wx 13/11, FGPrax 2011, 207; Keidel/*Zimmermann*, § 81 FamFG Rz. 44; MüKo.ZPO/*Schindler*, § 81 FamFG Rz. 7.

besteht eine regelmäßige Kostenpflicht des Unterliegenden nur dann, wenn sein Antrag von vornherein für ihn erkennbar keine Aussicht auf Erfolg hatte. Die **Anordnung der Erstattung** notwendiger Aufwendungen eines anderen Beteiligter bedarf daher besonderer Rechtfertigung im Einzelfall.[1]

Hinsichtlich der **Gerichtskosten** liegt eine von den Regelungen in den §§ 22 GNotKG bzw. 2ff. KostO und 21ff. FamGKG abweichende Entscheidung des Gerichts näher als hinsichtlich der Erstattung von Aufwendungen der Beteiligten. Insbesondere eine anteilige Haftung der Beteiligten kann nur über eine gerichtliche Entscheidung begründet werden. Auch wenn einzelne Kosten nur einem Beteiligten zuzurechnen sind und daher diesem allein auferlegt werden sollen, ist eine gerichtliche Entscheidung erforderlich. Sofern das Gericht keine Kostenentscheidung trifft, haften mehrere Kostenschuldner als **Gesamtschuldner** (§§ 32 Abs. 1 GKNotK bzw. 5 KostO, 26 Abs. 1 FamGKG) für alle Gerichtskosten. Soweit das Gericht einen Kostenschuldner bestimmt, haftet dieser vorrangig. Für die Familiensachen ist dies in § 26 Abs. 2 FamGKG bestimmt.[2] Im Anwendungsbereich der KostO fehlte es an einer entsprechenden gesetzlichen Regelung; § 8 Abs. 3 Nr. 1 der bundeseinheitlichen KostVfg enthielt aber mit der Anweisung an den Kostenbeamten, grundsätzlich zunächst den Entscheidungsschuldner in Anspruch zu nehmen, eine ähnliche Bestimmung. Durch das am 1.8.2013 in Kraft getretene Gesetz über Kosten der freiwilligen Gerichtsbarkeit für Gerichte und Notare (GNotKG)[3] ist nunmehr auch für diese Verfahren in § 33 Abs. 1 GNotKG die vorrangige Haftung des Entscheidungsschuldners bestimmt.

3. Gesichtspunkte der Ermessensausübung

Ob und in welchem Umfang eine Kostenentscheidung der Billigkeit entspricht, ist im jeweiligen **Einzelfall** zu entscheiden. Bei der hiernach vorzunehmenden Ermessensausübung sind sämtliche relevanten Gesichtspunkte zu berücksichtigen. Dazu gehören auch die Verfahrensart, die Beteiligtenrolle, die jeweiligen wirtschaftlichen Verhältnisse, die Bedeutung der Sachentscheidung für einen Beteiligten und das Verhalten im Verfahren.[4] Von Bedeutung kann nach dem Rechtsgedanken der §§ 93 ZPO, 243 Satz 2 Nr. 4 FamFG auch sein – zB in einer nach einem Vergleich zu treffenden Kostenentscheidung (s. § 83 Rz. 3) –, ob ein Beteiligter keine Veranlassung zu dem Verfahren gegeben hat. Die tragenden Erwägungen sind in dem Beschluss anzuführen, um den Beteiligten und dem Rechtsmittelgericht die Grundlagen der Ermessensausübung aufzuzeigen; allein die Nennung von Vorschriften reicht nicht aus.[5] Die in der Praxis zum früheren § 13a FGG entwickelten Tendenzen können auch im Rahmen von § 81 Abs. 1 weiterhin Anwendung finden:

In **echten Streitverfahren** (s. § 22 Rz. 8) entspricht regelmäßig eine Orientierung der Kostenentscheidung am Erfolg der Beteiligten der Billigkeit,[6] da diese Verfahren eine gewisse Nähe zu dem Zivilprozess mit den dortigen Kostengrundsätzen der §§ 91ff. ZPO aufweisen. Dies gilt auch in Handelsregistersachen.[7] Auch in rein vermögensrechtlichen Streitigkeiten unter sich nicht nahestehenden Beteiligten ist regelmäßig die Anordnung der Erstattung außergerichtlicher Aufwendungen gerecht-

---

1 OLG München v. 9.8.2010 – 31 Wx 2/10, FGPrax 2010, 307; OLG Celle v. 26.4.2010 – 15 UF 40/10, FamRZ 2010, 1840.
2 Zur Kostenhaftung in Familiensachen ausführlich *Feskorn* in Rahm/Künkel, Handbuch Familien- und Familienverfahrensrecht I 14 C Rz. 181ff.
3 Art. 1 des 2. KostRMoG v. 23.7.2013, BGBl. I, S. 2586.
4 OLG Schleswig v. 17.8.2012 – 3 Wx 137/11, FamRZ 2013, 719; OLG Saarbrücken v. 7.6.2010 – 9 UF 49/10, FGPrax 2010, 270; MüKo.ZPO/*Schindler*, § 81 FamFG Rz. 11.
5 OLG Saarbrücken v. 19.7.2012 – 6 WF 360/12, juris.
6 KG v. 9.2.2012 – 19 UF 125/11, FamRZ 2012, 1323 für Gewaltschutzsache; OLG München v. 30.4. 2012 – 31 Wx 68/12, MDR 2012, 855 für Erbscheinsverfahren; OLG Saarbrücken v. 7.6.2010 – 9 UF 49/10, FGPrax 2010, 270.
7 KG v. 20.3.2012 – 25 W 102/11, FGPrax 2012, 207.

fertigt.¹ In **von Amts wegen** einzuleitenden Verfahren ist hingegen mit der Auferlegung außergerichtlicher Kosten eher Zurückhaltung geboten.²

13 Bei Streitigkeiten zwischen **Familienangehörigen** ist bei der Anordnung einer Kostenerstattung Zurückhaltung geboten.³ Im Regelfall sind daher in Umgangs- und Sorgerechtsverfahren außergerichtliche Kosten erster Instanz nicht zu erstatten.⁴ Vergleichbares gilt in Ehewohnungs- und Haushaltssachen⁵ sowie auch außerhalb der Familiensachen, sofern nahe Verwandte beteiligt sind.⁶ Die Anordnung einer Kostenerstattung ist regelmäßig **nicht geboten**, wenn ein Beteiligter bei fehlender anwaltlicher Vertretung allenfalls geringfügige Aufwendungen hatte.⁷ Wer im Verfahren überhaupt nicht hervorgetreten ist, obwohl er beteiligt wurde, hat grundsätzlich kein Rechtsschutzbedürfnis an einer Kostenentscheidung zu seinen Gunsten.⁸ Der Umstand, dass ein Beteiligter bestimmte Aufwendungen notwendigerweise tätigen musste, ist für sich kein Billigkeitsgesichtspunkt iSv. § 81.⁹

4. Einzelfälle

14 Einem **Testamentsvollstrecker** können die Kosten des wegen seiner Entlassung geführten Verfahrens auferlegt werden, wenn er zu entlassen war.¹⁰ In einem Erbscheinsverfahren kann berücksichtigt werden, ob ein Beteiligter mit seinen Einwendungen Erfolg gehabt hat.¹¹ Hat die Beweisaufnahme die behauptete Testierunfähigkeit nicht bestätigt, können ihm die Sachverständigenkosten zumindest teilweise auferlegt werden.¹² Die „strukturelle Unterlegenheit" des einzelnen **Aktionärs** gegenüber der Aktiengesellschaft kann es rechtfertigen, die Erstattung ihm im Spruchstellenverfahren entstandener Kosten anzuordnen.¹³ Ein Anspruch auf Schadenersatz nach Art. 5 Abs. 5 EMRK rechtfertigt es in der Regel, die Behörde in **Freiheitsentziehungssachen** zur Erstattung der außergerichtlichen Kosten des Betroffenen zu verpflichten.¹⁴

14a In **Sorge- und Umgangssachen** entspricht es regelmäßig der Billigkeit, die Gerichtskosten – einschließlich eventueller Auslagen zB für Gutachten – zwischen den Eltern (das Kind ist gem. Abs. 3 nicht zu belasten) hälftig zu teilen und die Erstattung außergerichtlicher Kosten nicht anzuordnen.¹⁵ Im Verfahren über eine **Verbleibensanordnung** nach § 1632 Abs. 4 BGB ist es im Regelfall nicht gerechtfertigt, den

---

1 Keidel/*Zimmermann*, § 81 FamFG Rz. 48.
2 BayObLG v. 10.9.1999 – 1 Z BR 21/99, FamRZ 2000, 971 für vormundschaftsgerichtliches Verfahren.
3 OLG Frankfurt v. 27.11.2012 – 4 WF 259/12, MDR 2013, 530; OLG Celle v. 26.4.2010 – 15 UF 40/10, FamRZ 2010, 1840; zum früheren Recht: BayObLG v. 9.2.2001 – 1 Z BR 1/01, FamRZ 2001, 1311; BayObLG v. 21.2.1991 – 3 Z 17/91, FamRZ 1991, 846.
4 KG v. 8.11.2010 – 19 WF 112/10, FamRZ 2011, 588; OLG Karlsruhe v. 23.6.1987 – 16 UF 339/87, FamRZ 1988, 1303; OLG Hamm v. 21.9.1983 – 3 UF 452/83, FamRZ 1983, 1264.
5 OLG Köln v. 8.8.2006 – 4 UF 118/06, OLGReport 2007, 129; OLG Schleswig v. 11.4.2003 – 13 WF 193/02, OLGReport 2003, 325; OLG Brandenburg v. 26.7.2001 – 10 WF 53/01, FamRZ 2002, 1356.
6 BayObLG v. 11.4.2001 – 3 Z BR 117/01, FamRZ 2001, 1405 für ein Betreuungsverfahren, an dem zwei Brüder in gegensätzlichem Sinn beteiligt waren.
7 BayObLG v. 13.7.1989 – 2 Z 20/89, WE 1990, 178.
8 BGH v. 23.10.1959 – IV ZB 105/59, BGHZ 31, 92; OLG Bamberg v. 8.11.1984 – 7 UF 77/84, FamRZ 1985, 524.
9 BayObLG v. 25.1.1991 – 1a Z 62/90, FamRZ 1991, 1084 für § 13a FGG.
10 OLG Naumburg v. 19.12.2005 – 10 Wx 10/05, FamRZ 2006, 971.
11 OLG Schleswig v. 17.8.2012 – 3 Wx 137/11, FamRZ 2013, 719.
12 OLG Schleswig v. 17.8.2012 – 3 Wx 137/11, FamRZ 2013, 719.
13 OLG Stuttgart v. 11.7.2000 – 8 W 468/97, AG 2001, 314.
14 BGH v. 6.5.2010 – V ZB 223/09, FGPrax 2010, 212 = InfAuslR 2010, 364.
15 OLG Köln v. 12.12.2011 – 4 UF 256/11, MDR 2012, 289; KG v. 8.12.2011 – 19 UF 128/11, MDR 2012, 473; KG v. 8.11.2010 – 19 WF 112/10, FamRZ 2011, 588; OLG Nürnberg v. 17.12.2009 – 7 WF 1483/09, FamRZ 2010, 998; zum früheren Recht: OLG Karlsruhe v. 17.2.2005 – 2 WF 233/04, OLGReport 2005, 216; OLG Frankfurt v. 10.3.1993 – 6 WF 32/93, FamRZ 1994, 253.

Pflegeeltern Kosten aufzuerlegen.[1] In Verfahren, in denen die **Vaterschaft** des Antragsgegners **festgestellt** wurde, hat sich seit dem Inkrafttreten des FamFG eine einheitliche Praxis noch nicht gebildet. Nach dem vor dem 1.9.2009 geltenden Recht galt für Abstammungsverfahren grundsätzlich die ZPO, die Kostenfolge bestimmte sich also gemäß den §§ 91 ff. ZPO nach dem Obsiegen und Unterliegen. Zu einem vergleichbaren Ergebnis kommt nach dem neuen Recht die wohl überwiegende Meinung. Nach dieser werden dem Antragsgegner nach § 81 Abs. 1 Satz 1 zumindest die Gerichtskosten, die insbesondere aus den Sachverständigenkosten bestehen, unter Hinweis darauf auferlegt, dass er die Vaterschaft vorgerichtlich hätte anerkennen können.[2] Teilweise wird dies aber mit der Begründung abgelehnt, dass der Antragsgegner vor Kenntnis des Ergebnisses des im Verfahren eingeholten Abstammungsgutachtens nicht sicher sein konnte, der Vater des beteiligten Kindes zu sein. Eine vermittelnde Ansicht[3] hält es für sachgerecht, von der Anordnung der Erstattung außergerichtlicher Kosten abzusehen, die Gerichtskosten aber dem Vater aufzuerlegen, weil eine Beteiligung der Mutter an ihnen nicht der Billigkeit entsprechen würde. Im postmortalen Abstammungsverfahren ist eine Kostenlast der Mutter grundsätzlich nicht gerechtfertigt.[4] Ebenfalls nicht geklärt ist die Kostenfolge, wenn der **Feststellungsantrag keinen Erfolg** hat. Nach Ansicht des OLG Oldenburg[5] kann es auch dann der Billigkeit entsprechen, die Gerichtskosten zwischen der Mutter und dem Putativvater zu teilen, wenn dieser durch die Beiwohnung die Möglichkeit einer Vaterschaft eröffnet hat. In einer isolierten **Ehewohnungssache** kann es der Billigkeit entsprechen, dass die Eheleute dem Vermieter die diesem entstandenen außergerichtlichen Kosten zu erstatten haben.[6] In einer **Folgesache** trägt ein Drittbeteiligter seine außergerichtlichen Kosten gem. § 150 Abs. 3 grundsätzlich selbst, sofern das Gericht nicht nach § 150 Abs. 4 ausnahmsweise eine abweichende Entscheidung trifft; im Einzelnen vgl. die Kommentierung zu § 150.

5. Absehen von einer Kostenentscheidung

Gem. Satz 2 kann das Gericht in der Kostengrundentscheidung anordnen, dass von der **Erhebung von Kosten abgesehen** wird. Diese Entscheidung kann sich trotz des missverständlichen Wortlauts (nach der Definition in § 80 sind „Kosten" neben den Gerichtskosten auch die notwendigen Aufwendungen der Beteiligten) nur auf die **Gerichtskosten** (Gebühren und Auslagen) beziehen, nicht aber auf die Aufwendungen der Beteiligten. Hinsichtlich dieser steht es nicht in der Macht des Gerichts, sie zu erheben oder nicht zu erheben. Eine entsprechende Regelung enthielt auch früher § 94 Abs. 3 Satz 2, 2. Halbs. KostO für Verfahren des Vormundschafts- und Familiengerichts. In diesen nunmehr dem Familiengericht zugewiesenen Verfahren dürfte auch künftig vornehmlich der Anwendungsbereich dieser Vorschrift liegen.

Eine Entscheidung, von der Erhebung der Kosten abzusehen, kommt in Betracht, wenn es nach dem Verlauf oder dem Ausgang des Verfahrens unbillig erscheint, einen der Beteiligten mit den Gerichtskosten zu belasten. Dies kann ferner der Fall sein, wenn der Beteiligte **keine eigenen Interessen** verfolgt, sondern zB die des Kindes,[7]

---

1 OLG Stuttgart v. 4.4.2012 – 17 UF 395/11, FamRZ 2012, 1401; zum früheren Recht: OLG Hamm v. 8.8.2007 – 3 WF 256/06, FamRZ 2008, 1098; OLG Celle v. 21.11.2002 – 18 WF 53/02, FamRZ 2004, 390; OLG Stuttgart v. 15.6.2005 – 18 WF 269/04, OLGReport 2005, 619.
2 So OLG München v. 29.11.2010 – 16 UF 1411/10, FamRZ 2011, 923; OLG Oldenburg v. 18.11.2011 – 13 UF 148/11, FamRZ 2012, 733; OLG Naumburg v. 27.9.2011 – 8 WF 217/11, FamRZ 2012, 734 (LS); OLG Celle v. 26.4.2010 – 15 UF 40/10, FamRZ 2010, 1840.
3 OLG Frankfurt v. 27.11.2012 – 4 WF 259/12, MDR 2013, 530; OLG Oldenburg v. 18.11.2011 – 13 UF 148/11, FamRZ 2012, 734; aA OLG Bamberg v. 7.11.2012 – 2 UF 281/12, juris.
4 OLG Stuttgart v. 1.3.2011 – 11 UF 286/10, AGS 2011, 253 = FamRB 2011, 213 (*Schwonberg*).
5 OLG Oldenburg v. 15.1.2013 – 13 UF 135/12, MDR 2013, 601.
6 OLG Hamburg v. 17.1.1994 – 2 WF 136/93, FamRZ 1994, 716.
7 OLG Frankfurt v. 16.1.2012 – 5 WF 6/12, FamRZ 2012, 1163; OLG Stuttgart v. 1.3.2011 – 11 UF 286/10, AGS 2011, 253 = FamRB 2011, 213 (*Schwonberg*); zum früheren Recht: OLG Hamm v. 8.8.2007 – 3 WF 256/06, FamRZ 2008, 1098; OLG Celle v. 21.11.2002 – 18 WF 53/02, FamRZ 2004, 390; OLG Stuttgart v. 15.6.2005 – 18 WF 269/04, OLGReport 2005, 619.

zB in einem Vaterschaftsfeststellungsverfahren.[1] Eine Nichterhebung kann auch geboten sein, wenn es an einer – sei es auch mittelbaren – **Verursachung fehlt**, so im Einzelfall bei einem Eingriff nach § 1666 BGB bei unverschuldetem Versagen der Eltern oder einer Maßnahme gem. § 1693 BGB bei Verhinderung der Eltern.[2] Es entspricht regelmäßig nicht der Billigkeit, die Kosten eines von Amts wegen eingeleiteten (zB vom Jugendamt angeregten) Verfahrens dem Beteiligten aufzuerlegen, wenn sich herausstellt, dass eine Maßnahme nicht erforderlich ist.[3]

17 Auch von der Erhebung **einzelner Gerichtskosten**, insbesondere Auslagen (Gutachtenkosten oder Kosten des Umgangspflegers nach Nr. 2014 FamGKG-KV), kann abgesehen werden.[4] In **Freiheitsentziehungsverfahren** entspricht es in aller Regel billigem Ermessen, von der Erhebung der **Dolmetscherkosten** nach § 81 Abs. 1 Satz 2 FamFG abzusehen.[5] Soweit Gerichtskosten unberechtigt entstanden sind, ist eine Entscheidung aber nicht gem. § 81 Abs. 1 Satz 2, sondern nach §§ 21 GNotKG bzw. 16 KostO, 20 FamGKG (**Niederschlagung** wegen unrichtiger Sachbehandlung) zu treffen, da dies insoweit die vorrangigen Regelungen sind.[6] Die überhöhte Rechnung eines Sachverständigen zB ist vom Kostenbeamten nur in der gerechtfertigten Höhe zu bezahlen, so dass Kosten gegenüber den Beteiligten auch nur in dieser Höhe angesetzt werden können. Sollte die überhöhte Rechnung ausgeglichen worden sein, liegt eine unrichtige Sachbehandlung vor, so dass der überhöhte Betrag von den Beteiligten gem. §§ 20 Abs. 1 FamGKG, 21 GNotKG bzw. 16 Abs. 1 KostO nicht zu erheben ist. Dies ist bei dennoch vorgenommenem Ansatz der Kosten im Wege der Erinnerung geltend zu machen (§§ 57 FamGKG, 81 GNotKG bzw. 14 Abs. 2 KostO).

18 Sofern es allein um die **finanzielle Belastung** des oder der Beteiligten geht, ist zu berücksichtigen, dass insoweit die demselben Zweck dienende Verfahrenskostenhilfe (§§ 76 ff.) vorrangig ist,[7] die die Leistungsfähigkeit der Beteiligten durch die Anordnung von Ratenzahlungen flexibel berücksichtigen kann. Die Voraussetzungen für die Bewilligung von Verfahrenskostenhilfe dürfen nicht durch eine Entscheidung nach § 81 Abs. 1 Satz 2 umgangen werden. Die finanziellen Verhältnisse eines Beteiligten können daher nur im Ausnahmefall eine solche Entscheidung rechtfertigen, zB wenn ein offensichtlich nicht leistungsfähiger Beteiligter, der mangels rechtlicher Beratung keinen Antrag auf Verfahrenskostenhilfe gestellt hat, mit hohen, für ihn nicht absehbaren Kosten (Sachverständigengutachten) belastet werden würde.

II. Grundsätzliche Kostenpflicht eines Beteiligten (Absatz 2)

1. Allgemeines

19 Abs. 2 schränkt das dem Gericht nach Abs. 1 eingeräumte Ermessen dahingehend ein, dass in den aufgeführten Fällen die Kosten des Verfahrens einem Beteiligten ganz oder teilweise auferlegt werden sollen. Entsprechend dem allgemeinen juristischen Sprachgebrauch bedeutet die Verwendung des Begriffs „soll", dass **im Regelfall** eine solche Kostenbelastung auszusprechen ist.[8] Es handelt sich aber um keine abschließende Aufzählung der die alleinige Kostenpflicht rechtfertigenden Gesichtspunkte.[9] Wird die Anwendung von § 81 Abs. 2 bei der Kostengrundentscheidung **übersehen**, kann dies im Kostenfestsetzungsverfahren nicht korrigiert werden.[10]

---

1 OLG Stuttgart v. 1.3.2011 – 11 UF 286/10, AGS 2011, 253 = FamRB 2011, 213 (*Schwonberg*).
2 Korintenberg/Lappe/Bengel/Reimann, § 94 KostO Rz. 36.
3 OLG Celle v. 14.5.2012 – 10 UF 69/12, FamRZ 2012, 1896.
4 OLG Frankfurt v. 16.1.2012 – 5 WF 6/12, FamRZ 2012, 1163.
5 BGH v. 4.3.2010 – V ZB 222/09, BGHZ 184, 323 = FGPrax 2010, 154; BGH v. 6.5.2010 – V ZB 223/09, FGPrax 2010, 212.
6 AA OLG Köln v. 27.3.2006 – 14 UF 30/06, FamRZ 2006, 1057 für nicht vergütungsfähige Leistungen eines Verfahrenspflegers nach früherem Recht.
7 OLG Celle v. 18.8.2011 – 10 UF 179/11, FamRZ 2011, 1894 (LS); KG v. 8.12.2011 – 19 UF 128/11, MDR 2012, 473.
8 OLG Celle v. 18.8.2011 – 10 UF 179/11, FamRZ 2011, 1894.
9 OLG Schleswig v. 8.11.2010 – 3 Wx 123/10, NJW-RR 2011, 576.
10 BGH v. 9.2.2006 – VII ZB 59/05, NJW-RR 2006, 810 = BGHReport 2006, 687 zu § 96 ZPO.

Für alle Alternativen verzichtet das Gesetz bewusst darauf, das Gericht auf die Überbürdung solcher zusätzlichen Kosten zu beschränken, die durch das Verhalten des Beteiligten entstanden sind.[1] Es bedarf daher keiner exakten Ermittlung der **Verursachung**sbeiträge. Nach der Begründung des RegE[2] soll nicht einmal erforderlich sein, dass durch das Verhalten des Beteiligten zusätzliche Kosten überhaupt entstanden sind. Eine solch erhebliche Sanktionierung verfahrenswidrigen Verhaltens dürfte aber allenfalls im Ausnahmefall gerechtfertigt sein. IdR wird es sachgerechter Ermessensausübung entsprechen, wenn sich die aufzuerlegenden Kosten an den **Mehrkosten** orientieren, die durch das Verhalten des Beteiligten entstanden sind. Einer exakten Ermittlung der Verursachungsbeiträge ist das Gericht aber enthoben, weil das Gesetz eine solche strikte Kausalverknüpfung nicht voraussetzt. In den unter Nr. 1 und 2 erfassten Konstellationen kommt eher eine Auferlegung der gesamten Kosten in Betracht, während im Anwendungsbereich der Nr. 3 bis 5 eine Orientierung an den Mehrkosten näher liegt. Werden mehrere Verfahrensgegenstände in einem Verfahren zusammengefasst, so erstreckt sich die Auferlegung der Kosten regelmäßig nur auf den Verfahrensgegenstand, auf den sich die Pflichtwidrigkeit des Beteiligten bezieht.[3]

20

Soweit die Vorschrift auf ein **Verschulden** des Beteiligten abstellt, ist ihm dasjenige seines Verfahrensbevollmächtigten zuzurechnen.[4] Dies war bereits nach § 13a FGG anerkannt[5] und ergibt sich nunmehr aus der Verweisung in § 11 Satz 5 iVm. § 85 Abs. 2 ZPO. Ein Verschulden ist vom Gericht aufgrund seiner Pflicht zur Amtsermittlung (§ 26) festzustellen. Im Rahmen seiner Mitwirkungspflicht (§ 27) obliegt es dem Beteiligten aber, ihn entlastende Gesichtspunkte vorzubringen, sofern **Indizien** für ein Verschulden sprechen.[6] Ein solches Indiz ist etwas die Nichtteilnahme an einer Beratung nach Nr. 5 oder eine ersichtlich unwahre Angabe iSv. Nr. 3.

21

2. Die einzelnen Tatbestände

Nr. 1: Der Beteiligte hat durch grobes Verschulden Anlass für das Verfahren gegeben.

22

Diese Bestimmung knüpft an die frühere Regelung in § 13a Abs. 1 Satz 2, 2. Halbs. FGG an.[7] Wie für diese Vorschrift anerkannt, verlangt grobes Verschulden Vorsatz oder eine Außerachtlassung der nach den Umständen erforderlichen Sorgfalt in ungewöhnlich großem Maße unter Nichtbeachtung dessen, was jedem einleuchten muss.[8] In Betracht kommt auch eine Anwendung bei einer pflichtwidrigen Unterlassung, sofern eine Pflicht zum Handeln besteht.[9]

Nr. 2: Der Antrag des Beteiligten hatte von vornherein keine Aussicht auf Erfolg und der Beteiligte musste dies erkennen.

23

Dies rechtfertigte bereits nach dem früheren § 13a Abs. 1 Satz 1 FGG aus Billigkeitsgesichtspunkten die Auferlegung der notwendigen Aufwendungen weiterer Beteiligter[10] und wäre auch ohne ausdrückliche Regelung ein Fall, in dem die Kosten gem. § 81 Abs. 1 Satz 1 dem Antragsteller aufzuerlegen wären. Maßgebend ist die Beurteilung **bei Antragstellung**. Sofern der Beteiligte bereits zu diesem Zeitpunkt anwaltlich vertreten war, ist es gerechtfertigt, hinsichtlich der Erkennbarkeit der Erfolglosigkeit – wie beim Verschulden (s. Rz. 21) – auf die Kenntnis des anwaltlichen

---

1 Begr. RegE, BT-Drucks. 16/6308, S. 215.
2 BT-Drucks. 16/6308, S. 215.
3 Begr. RegE, BT-Drucks. 16/6308, S. 216.
4 Keidel/*Zimmermann*, § 81 FamFG Rz. 53.
5 OLG Brandenburg v. 22.1.2008 – 9 UF 80/07, FamRZ 2008, 1267.
6 AA wohl MüKo.ZPO/*Schindler*, § 81 FamFG Rz. 47: keine Obliegenheit zur Entlastung.
7 Begr. RegE, BT-Drucks. 16/6308, S. 215.
8 OLG Saarbrücken v. 7.4.2011 – 6 UF 17/11, FamRZ 2011, 1805; Keidel/*Zimmermann*, § 81 FamFG Rz. 53; Jansen/*v. König*, § 13a FGG Rz. 18.
9 MüKo.ZPO/*Schindler*, § 81 FamFG Rz. 34.
10 OLG Brandenburg v. 22.1.2008 – 9 UF 80/07, FamRZ 2008, 1267.

Vertreters abzustellen;[1] Anwendungsbereich dieser Vorschrift sind nur die **Antragsverfahren** (s. *Ahn/Roth*, vor §§ 23, 24 FamFG Rz. 3), in Amtsverfahren kommt nur eine Anwendung von Nr. 1 in Betracht.[2]

24 Nr. 3: Der Beteiligte hat zu einer wesentlichen Tatsache schuldhaft unwahre Angaben gemacht.

„Unwahre Angaben" sind nicht nur Falschangaben, sondern auch das Verschweigen erforderlicher Angaben.[3] Ein grobes Verschulden ist nicht erforderlich. Der Beteiligte hätte die Unwahrheit also zumindest im Sinne eines **Fahrlässigkeits**vorwurfs bei sorgfältiger Vorgehensweise erkennen müssen.[4] Die Auferlegung von Kosten aus diesem Grund ist gerechtfertigt, wenn es sich um eine „wesentliche" Tatsache gehandelt hat. Das ist der Fall, wenn durch sie der **Verfahrensverlauf beeinflusst** worden,[5] insbesondere die Anberaumung eines Termins oder eine Beweisaufnahme erforderlich geworden ist. Wenn dies bei rechtzeitig richtigem Sachvortrag entbehrlich gewesen wäre, sollte der Beteiligte mit den dadurch entstandenen Mehrkosten belastet werden.[6] Sofern es sich um ausscheidbare Kosten handelt, können sie ihm isoliert auferlegt werden (Formulierungsvorschlag Rz. 7).

25 Nr. 4: Der Beteiligte hat durch schuldhaftes Verletzen seiner Mitwirkungspflichten das Verfahren erheblich verzögert.

Diese Vorschrift regelt ebenfalls einen Fall, der bereits früher nach § 13a FGG aus dem Gesichtspunkt des groben Verschuldens eine Kostenpflicht begründet hat.[7] Sie erhält aber eine größere Bedeutung dadurch, dass § 27 eine **Mitwirkungspflicht** der Beteiligten nunmehr ausdrücklich bestimmt. Danach sollen die Beteiligten bei der Ermittlung des Sachverhalts mitwirken und ihre Erklärungen über tatsächliche Umstände vollständig und der Wahrheit gem. abgeben. Ein Verstoß gegen diese Obliegenheit hat im Regelfall nicht nur verfahrensrechtliche, sondern auch kostenrechtliche Konsequenzen. Wenn ein Beteiligter den Sachverhalt unvollständig schildert, notwendige Urkunden nicht vorlegt oder einen Termin trotz Anordnung des persönlichen Erscheinens (§ 33) ohne zureichende Entschuldigung versäumt, sollen ihm die Kosten auferlegt werden, die durch die dann erforderlichen weiter gehenden Ermittlungen des Gerichts entstanden sind. Wenn hingegen das Gericht wegen der unzureichenden Mitwirkung eines Beteiligten von weiteren Ermittlungen absieht und zu seinen Lasten entscheidet, wird eine Kostenentscheidung zu seinem Nachteil im Regelfall nicht auf diesen Gesichtspunkt gestützt werden können, da es an dem Tatbestandsmerkmal der erheblichen Verzögerung fehlt.[8] An einer **relevanten Verzögerung** fehlt es, wenn das Gericht durch eigenes Handeln die Verzögerung hätte verhindern können.[9] Wann eine Verzögerung erheblich ist, hängt von dem Einzelfall ab. Die tatsächliche, durch die Verzögerung eingetretene Verfahrensdauer ist in Relation zu setzen zu der bei einer rechtzeitigen Erfüllung der Mitwirkungspflicht.[10] Ob die Verzögerung „erheblich" ist, ist neben der absoluten Zeitdauer nach der Relation zu der gesamten Verfahrensdauer und unter Berücksichtigung eines eventuellen Eilbedürfnisses zu beurteilen. Wenn eine kurzfristige Entscheidung erforderlich ist, wirkt sich eine Verzögerung von zB einem Monat deutlich stärker aus als in Verfahren, in denen kein besonderes Eilbedürfnis besteht.

---

1 Schulte-Bunert/Weinreich/*Keske*, § 81 FamFG Rz 26; OLG Brandenburg v. 22.1.2008 – 9 UF 80/07, FamRZ 2008, 1267.
2 MüKo.ZPO/*Schindler*, § 81 FamFG Rz. 39.
3 Keidel/*Zimmermann*, § 81 FamFG Rz. 62.
4 MüKo.ZPO/*Schindler*, § 81 FamFG Rz. 44.
5 OLG Jena v. 30.3.2012 – 1 WF 144/12, FamRZ 2012, 1898.
6 OLG Jena v. 30.3.2012 – 1 WF 144/12, FamRZ 2012, 1898; Schulte-Bunert/Weinreich/*Keske*, § 81 FamFG Rz 28.
7 Keidel/*Zimmermann*, 15. Aufl., § 13a FGG Rz. 25.
8 Ähnlich Schulte-Bunert/Weinreich/*Keske*, § 81 FamFG Rz. 29.
9 Zöller/*Herget*, § 81 FamFG Rz. 11.
10 Zöller/*Herget*, § 81 FamFG Rz. 11.

Nr. 5: Der Beteiligte ist ohne genügende Entschuldigung einer richterlichen Anordnung zur **Teilnahme an einer Beratung** nach § 156 Abs. 1 Satz 4 nicht nachgekommen.

26

Die Bestimmung knüpft an die erstmals eingeführte Pflicht zur Teilnahme an einer **Beratung in Kindschaftssachen** an und flankiert damit das Ziel des Gesetzes, in diesen Verfahren vornehmlich auf eine Einigung hinzuwirken. Diese Kostenfolge war **im Gesetzgebungsverfahren umstritten.** Im Kern wurde eingewendet, dass sie zwar das äußere Wohlverhalten der Eltern fördern dürfte, aber wohl kaum die notwendige innere Bereitschaft, sich auf eine Beratung durch die Träger der Kinder- und Jugendhilfe einzulassen. Diese Bedenken betreffen aber primär die Frage, ob das Familiengericht von der Möglichkeit einer Anordnung nach § 156 Abs. 1 Satz 4 Gebrauch macht. Wenn es dies getan hat, ist von den Beteiligten zu erwarten, dass sie einer solchen Anordnung auch nachkommen. Es ist nicht sachwidrig, bei einem Verstoß dagegen eine negative Kostenfolge vorzusehen, zumal andere Zwangsmittel ausdrücklich ausgeschlossen sind (§ 156 Abs. 1 Satz 5).

Durch Art. 3 Nr. 6 des Gesetzes zur Förderung der Mediation und anderer Verfahren der außergerichtlichen Konfliktbeilegung[1] wurde Nr. 5 geändert. Im Hinblick auf die durch dieses Gesetz vorgenommene Änderung des § 156 Abs. 1 Satz 3, wonach das Gericht auch eine **Teilnahme an** einem kostenfreien **Informationsgespräch über Mediation** oder über eine sonstige Möglichkeit der außergerichtlichen Konfliktbeilegung anordnen kann, wurde Nr. 5 entsprechend der bereits für § 156 Abs. 1 Satz 4 FamFG bestehenden Kostenregelung ergänzt. Danach „soll" eine Kostenlast auch desjenigen eintreten, der trotz entsprechender Anordnung an einer Beratung über Mediation oder eine andere Art der außergerichtlichen Konfliktregelung nicht teilnimmt. Damit wurde der **Anwendungsbereich** von Nr. 5 auf die von § 156 Abs. 1 Satz 3 erfassten Möglichkeiten der gütlichen Streitbeilegung erweitert. Es handelte sich aber weiterhin um eine Regelung allein für die **Kindschaftssachen** nach § 156 Abs. 1 Satz 1. Zwar wurde der Anwendungsbereich der Mediationsgesetzes im Rahmen des FamFG bewusst nicht auf den Bereich der Kindschaftssachen oder auch nur der Familiensachen beschränkt,[2] auch wenn dort der Hauptanwendungsfall liegen dürfte. Die Kostenregelung in Nr. 5 bezieht sich aber auch in ihrer Neufassung weiterhin nur auf die Anordnungen des Familiengerichts nach § 156 Abs. 1. In den übrigen Verfahren kann das Gericht gem. § 36a eine Mediation oder eine andere Art der außergerichtlichen Konfliktbeilegung nur vorschlagen, nicht aber eine Beratung darüber anordnen.

26a

Voraussetzung für die Auferlegung von Kosten ist in allen Fällen der Nr. 5, dass der Beteiligte an der Beratung bzw. dem Informationsgespräch über Mediation usw. trotz Anordnung des Familiengerichts schuldhaft (s. Rz. 21) **nicht teilgenommen** hat. Nur diese Verweigerung der Beratung bzw. der Teilnahme an dem Informationsgespräch kann durch Auferlegung von Kosten sanktioniert werden, nicht aber das Verhalten in einem danach aufgenommenen Einigungsverfahren. Problematisch ist, in welchem **Umfang** demjenigen, der an der Beratung unentschuldigt nicht teilnimmt, Kosten aufzuerlegen sind (dazu auch Rz. 20). Hinsichtlich der gesamten Kosten des Verfahrens dürfte dies nicht gerechtfertigt sein, da ein Teil der Kosten ohnehin entstanden wäre. In Betracht kommen daher vornehmlich die nach der nicht durchführbaren Beratung bzw. dem nicht durchführbaren Informationsgespräch entstandenen Kosten.[3]

26b

III. Keine Kostenpflicht des Minderjährigen (Absatz 3)

Dieses Verbot einer Kostenentscheidung zu Lasten des Minderjährigen umfasst entsprechend dem Kostenbegriff von § 80 (s. § 80 Rz. 1) auch die notwendigen Aufwendungen anderer Beteiligter. Der **Begriff der Minderjährigkeit** ist ein solcher des

27

---

[1] V. 21.7.2012, BGBl. I, S. 1577.
[2] RegE BT-Drucks. 17/5335, S. 22.
[3] Ebenso Schulte-Bunert/Weinreich/*Keske*, § 81 FamFG Rz. 30.

bürgerlichen Rechts, anzuknüpfen ist daher an die Definition von § 2 BGB.[1] Bei Auslandsberührung ist das anzuwendende Sachrecht maßgebend, wobei entsprechend dem Rechtsgedanken der §§ 9 Abs. 5 FamFG, 55 ZPO von einer Volljährigkeit auszugehen sein dürfte, wenn das Kind 18 Jahre alt, nach dem anzuwendenden ausländischen Sachrecht aber noch minderjährig ist.[2] Die Regelung beschränkt sich auf Verfahren, die die **Person des Minderjährigen** betreffen. Das sind zB Entscheidungen zum Umgang (§ 1684 BGB), zur Personensorge (vor allem Aufenthaltsbestimmungsrecht, Gesundheitsfürsorge), Verbleibensanordnungen (§ 1632 Abs. 4 BGB). Gegenüber dem ursprünglichen Anwendungsbereich hat die Regelung mit Wirkung **ab 1. Januar 2013** eine Änderung erfahren: Abs. 3 ist durch Art. 6 Nr. 10 des Gesetzes vom 5.12.2012[3] dahin geändert, dass es statt „in Verfahren" heißt: „in Kindschaftssachen". Damit sollen – anders als nach der ursprünglichen Fassung[4] – die **Abstammungssachen** (§ 169) nicht mehr erfasst werden,[5] so dass in diesen Verfahren eine Belastung des Kindes mit Kosten möglich ist. Dies entspricht nach Ansicht des OLG Oldenburg[6] auch bei einer Erfolglosigkeit des Feststellungsantrags nicht der Billigkeit, wenn das Kind ein berechtigtes Interesse an der Einleitung des Verfahrens hatte. Zulässig ist die Auferlegung von Kosten auch in Verfahren, die allein das **Vermögen** des Kindes betreffen. Das sind v. a. Entscheidungen zur Vermögenssorge, auch nach § 1667 BGB, aber auch andere vermögensrechtliche Angelegenheiten, zB Genehmigungen nach §§ 1821 f. BGB. Wenn sowohl die Person wie das Vermögen betroffen sind, kann das Kind nach dem Zweck der Regelung mit Kosten nicht belastet werden.

IV. Kostenpflicht Dritter (Absatz 4)

28   Abs. 4 ist missverständlich formuliert. Während die Verwendung des Wortes „nur" auf eine Einschränkung hindeutet, wird durch diese Regelung der **Anwendungsbereich** von § 81 **erweitert**. Abs. 1 und Abs. 2 gehen mit Recht von dem allgemeinen Grundsatz (Rz. 3) aus, dass Kosten nur einem Beteiligten auferlegt werden können. Abs. 4 eröffnet darüber hinaus die Möglichkeit, einem nicht am Verfahren beteiligten Dritten die Kosten (ganz oder teilweise) aufzuerlegen. Nicht am Verfahren beteiligt in diesem Sinne ist auch ein Bevollmächtigter eines Beteiligten, wenn er im eigenen Namen tätig wird.

29   Nach der Begründung des RegE[7] soll mit dieser Regelung die früher für **Betreuungs- und Unterbringungsverfahren** vorgesehene Möglichkeit aufgegriffen und für alle FamFG-Verfahren verallgemeinert werden. Für die vorgenannten Verfahren sah der frühere § 13a Abs. 2 FGG vor, dass notwendige Auslagen des Betroffenen ganz oder teilweise der Staatskasse auferlegt werden konnten, wenn eine Betreuungs- oder Unterbringungsmaßnahme als ungerechtfertigt aufgehoben, eingeschränkt oder das Verfahren ohne Entscheidung über eine Maßnahme beendet wurde. Für diese Verfahren hat das FamFG in §§ 307 und 337 entsprechende Regelungen getroffen. In Betreuungs- oder Unterbringungssachen ist daher § 81 Abs. 4 nur anzuwenden, soweit diese Spezialvorschriften nicht eingreifen, die Kosten also nicht den dort genannten Körperschaften aufzuerlegen sind. In den übrigen fG-Verfahren ist eine Kostenentscheidung zulasten eines Dritten nunmehr auch eröffnet. Erforderlich ist ein für ein Tätigwerden des Gerichts kausales Verhalten. Eine Auferlegung von Kosten kommt vor allem in Betracht, wenn ein Dritter im eigenen Interesse und in Kenntnis der tatsächlichen Lage das Gericht **zu unberechtigten Maßnahmen veranlasst** oder

---

1 MüKo.ZPO/*Schindler*, § 81 FamFG Rz. 51.
2 MüKo.ZPO/*Schindler*, § 81 FamFG Rz. 52.
3 BGBl. I, 2012, 2418.
4 Vgl. OLG Hamm v. 5.12.2011 – 6 WF 418/11, FamRZ 2012, 811; OLG Stuttgart v. 13.4.2011 – 17 UF 82/11, FamRZ 2011, 1751 = FamRB 2011, 307 (*Schwonberg*); OLG Celle v. 26.4.2010 – 15 UF 40/10, FamRZ 2010, 1840; aA Keidel/*Zimmermann*, 17. Aufl., § 81 FamFG Rz. 66.
5 BT-Drucks. 17/10490, S. 19.
6 OLG Oldenburg v. 15.1.2013 – 13 UF 135/12, FamRZ 2013, 971 = MDR 2013, 601; s.a. *Keuter*, FamRZ 2013, 923.
7 BT-Drucks. 16/6308, S. 216.

zu veranlassen versucht. Es reicht aus, dass der Dritte durch falsche Angaben einen Teil des gerichtlichen Verfahrens beeinflusst, zB eine Beweisaufnahme erforderlich wird.[1] Erforderlich ist ein grobes Verschulden, das vom Gericht gem. § 26 FamFG festgestellt werden muss. Das Verschulden eines Bevollmächtigten ist zuzurechnen (wie Rz. 21). Vor einer ihn belastenden Entscheidung ist dem Dritten rechtliches Gehör zu gewähren. Dem Gericht steht ein Ermessen zu, ob es bei Vorliegen der tatbestandlichen Voraussetzungen die Kosten oder einen Teil von diesen (zB die Gerichtskosten oder allein die außergerichtlichen Kosten eines Beteiligten) dem Dritten auferlegt.[2]

V. Abweichende Vorschriften (Absatz 5)

Diese Bestimmung entspricht dem früheren § 13a Abs. 4 FGG. Ihr **Anwendungsbereich** hat sich aber reduziert, da eine Reihe von Verfahren, die eine eigenständige Kostenregelung enthielten (zB § 20 HausratVO aF, § 16 FrhEntzG), durch ihre Aufnahme in das FamFG nun dessen (Kosten-)Bestimmungen unterliegen. Soweit das materielle Recht Kostenregelungen (zB nach §§ 261 Abs. 3, 1667 Abs. 4, 1835 ff., 2314 Abs. 2 BGB) trifft, besteht ein Konkurrenzverhältnis zu der verfahrensrechtlichen Vorschrift des § 81 nicht.

30

Gegenüber § 81 vorrangige Sondervorschriften sind zum einen die Spezialbestimmungen, die das **FamFG** für die in ihm geregelten Verfahren getroffen hat; auf die Vorbem. vor § 80 wird Bezug genommen. Außerhalb dieses Gesetzes enthalten beispielsweise folgende **bundesrechtliche** Vorschriften eigene verfahrensrechtliche **Sondervorschriften:** §§ 99 Abs. 6 AktG (Gerichtliche Entscheidung über die Zusammensetzung des Aufsichtsrats), 30 Abs. 2 EGGVG (Anfechtung von Justizverwaltungsakten), 127 GNotKG bzw. 156 Abs. 6 KostO (Einwendungen gegen Kostenrechnung des Notars), 45 LwVG (Landwirtschaftsverfahren), 15 SpruchG (anwendbar auf die Verfahren nach §§ 304, 305, 320b, 327a bis 327f. AktG, 15, 34, 122h, 122i, 176 bis 181, 184, 186, 196, 212 UmwG, 6, 7, 9, 11, 12 SE-AusführungsG, 7 SCE-AusführungsG), 34 VerschG (Todeserklärung).

31

VI. Rechtsmittel gegen die Kostenentscheidung

Sofern die Entscheidung in der Hauptsache angegriffen wird, ist vom Beschwerdegericht auch die Kostenentscheidung von Amts wegen zu überprüfen.[3] Das Verbot der Schlechterstellung des Beschwerdeführers erfasst die neben der Hauptsacheentscheidung von Amts wegen zu treffende Kostenentscheidung nicht.[4] Nach dem früheren § 20a FGG war die **isolierte Anfechtung** der Kostenentscheidung nicht zulässig. Von diesem auch in § 99 Abs. 1 ZPO bestimmten Grundsatz, dass bei Erlass einer Entscheidung in der Hauptsache die Kostenentscheidung nur mit dieser zusammen angefochten werden kann, weicht das FamFG bewusst ab.[5] Die in erster Instanz gem. § 81 getroffene Kostenentscheidung kann daher mit der **Beschwerde nach § 58** auch dann angegriffen werden, wenn gegen die Entscheidung in der Hauptsache keine Beschwerde eingelegt wird;[6] zur Anfechtung einer isolierten Kostenentscheidung nach § 83 s. § 83 Rz. 15. Die Beschwerde ist gem. § 63 Abs. 1 binnen eines Monats bei dem erstinstanzlichen Gericht (§ 64 Abs. 1) einzulegen. Dieses kann der Beschwerde abhelfen, sofern es sich nicht um die Endentscheidung in einer Familiensache handelt, § 68 Abs. 1. Das Beschwerdegericht entscheidet auch dann, wenn nur die Kostenentscheidung angegriffen wird, gem. § 68 Abs. 4 durch den gesamten

32

---

1 Keidel/*Zimmermann*, § 81 FamFG Rz. 70f.
2 MüKo.ZPO/*Schindler*, § 81 FamFG Rz. 63; Keidel/*Zimmermann* § 81 FamFG Rz. 76.
3 BayObLG v. 27.7.2000 – 1 Z BR 64/99, NJWE-FER 2000, 320; Zöller/*Herget*, § 97 ZPO Rz. 6 für ZPO.
4 KG v. 1.4.1968 – 1 W 497/68, FamRZ 1968, 472 für § 13a FGG; BGH v. 9.2.1993 – XI ZR 88/92, NJW 1993, 1260 für § 308 ZPO.
5 Begr. RegE, BT-Drucks. 16/6308, S. 168.
6 BGH v. 8.12.2011 – V ZB 170/11, MDR 2012, 243; BGH v. 28.9.2011 – XII ZB 2/11, FamRZ 2011, 1933; OLG München v. 8.12.2009 – 33 WF 1737/09, FamRZ 2010, 1465; OLG Stuttgart v. 3.11.2009 – 18 UF 243/09, FamRZ 2010, 664; OLG Celle v. 26.4.2010 – 15 UF 40/10, FamRZ 2010, 1840.

Spruchkörper, kann aber die Entscheidung auf eines seiner Mitglieder als Einzelrichter übertragen, sofern dieser nicht Richter auf Probe ist.

33 Gem. § 65 Abs. 3 kann die Beschwerde auf **neue Tatsachen und Beweismittel** gestützt werden. Da das Gesetz für die Beschwerde gegen Kostenentscheidungen keine abweichende Regelung trifft, gilt auch für dieses Rechtsmittel kein Novenverbot. Soweit eine Kostenentscheidung nach Erledigung der Hauptsache angegriffen ist, verbleibt es aber bei dem Grundsatz, dass eine weitere Sachaufklärung nicht geboten ist (s. § 83 Rz. 11). Die Beschwerde gegen die Kostengrundentscheidung ist gem. § 61 Abs. 1 in **vermögensrechtlichen Angelegenheiten** nur zulässig, wenn der **Wert des Beschwerdegegenstandes** 600 Euro übersteigt oder das Erstgericht die Beschwerde aus den Gründen des § 61 Abs. 3 Nr. 1 zulässt. Auf eine besondere Vorschrift hinsichtlich der Anfechtung von Kostenentscheidungen wie in § 567 Abs. 2 ZPO hat der Gesetzgeber verzichtet, da es für die Beschwer eines Beteiligten keinen wesentlichen Unterschied ausmache, ob er sich gegen eine Kosten- oder Auslagenentscheidung oder aber gegen eine ihn wirtschaftlich belastende Entscheidung in der Hauptsache wendet.[1] Der Wert des Beschwerdegegenstandes ist nach den Kosten zu ermitteln, die der Beschwerdeführer nach der angegriffenen Entscheidung zu tragen hat.

34 In **nicht-vermögensrechtlichen Angelegenheiten** ist eine Beschwerde auch gegen die Kostenentscheidung nach dem wohl eindeutigen Wortlaut von § 61 Abs. 1 ohne Mindestbeschwer zulässig[2] (aA *Abramenko* § 61 Rz. 3). Denn mit dem Begriff „Angelegenheit" ist auf den Gegenstand des erstinstanzlichen Verfahrens Bezug genommen. Wenn es für die Zulässigkeit eines Rechtsmittels auf die mit diesem zu beseitigende Beschwer ankommen soll, hat der Gesetzgeber dies auch so formuliert (zB §§ 57 Abs. 2, 59 Abs. 1 FamGKG, 511 Abs. 2 ZPO: Wert des Beschwerdegegenstands). Diese Auslegung entspricht auch der Absicht des Gesetzgebers,[3] eine Anfechtung von Hauptsache- und Kostenentscheidung in gleicher Weise zu eröffnen. Die wohl **überwiegende Rechtsprechung**[4] geht abweichend davon aber davon aus, dass auch in nicht-vermögensrechtlichen Angelegenheiten eine Beschwerde gegen die Kostenentscheidung nur zulässig ist, wenn der Wert von 600 Euro überschritten (oder die Beschwerde zugelassen) ist. Zur Anfechtung einer isolierten Kostenentscheidung nach § 83 s. § 83 Rz. 15.

35 Sofern die Entscheidung in der **Hauptsache nicht anfechtbar** wäre, ist auch die mit dieser ergangene Kostenentscheidung nicht anfechtbar.[5] Dies betrifft insbesondere die nach § 57 Satz 1 unanfechtbaren Entscheidungen in Verfahren der eA.[6]

36 Das Beschwerdegericht hat die nach billigem Ermessen ergangene Kostenentscheidung nur **eingeschränkt zu überprüfen**.[7] Wenn die Kostenentscheidung in das Ermessen des erstinstanzlichen Gerichts gestellt ist, beschränkt sich die Überprüfungsmöglichkeit durch das Beschwerdegericht auf die Frage, ob das erstinstanzliche

---

1 Begr. RegE, BT-Drucks. 16/6308, S. 204.
2 So zutreffend OLG Düsseldorf v. 10.4.2012 – II-1 WF 307/11, FamRZ 2012, 1827 mit ausf. Begr.; OLG Düsseldorf v. 11.10.2010 – 1 WF 133/10, JAmt 2010, 497 = AGS 2011, 395; OLG Nürnberg v. 17.12.2009 – 7 WF 1483/09, FamRZ 2010, 998 = MDR 2010, 40; *Maurer*, FamRZ 2010, 1143.
3 Begr. RegE, BT-Drucks. 16/6308, S. 204.
4 OLG Frankfurt v. 4.2.2010 – 5 UF 208/10, FamRZ 2011, 752; OLG Hamburg v. 26.11.2010 – 7 UF 154/10, MDR 2011, 104; OLG Brandenburg v. 15.2.2010 – 15 UF 12/10, FamRZ 2010, 1464; OLG München v. 8.12.2009 – 33 WF 1737/09, FamRZ 2010, 1465; OLG Stuttgart v. 3.11.2009 – 18 UF 243/09, FamRZ 2010, 664; OLG Oldenburg v. 26.2.2010 – 14 UF 175/09, FamRZ 2010, 1466.
5 OLG Hamburg v. 26.11.2010 – 7 UF 154/10, MDR 2011, 104; KG v. 6.12.2010 – 16 UF 151/10, FamRZ 2011, 232 = FamRZ 2011, 577; für § 91a ZPO: BGH v. 8.5.2003 – I ZB 40/02, NJW-RR 2003, 1075 = MDR 2003, 1195.
6 OLG Frankfurt v. 27.11.2012 – 4 WF 259/12, FamRZ 2013, 900 = MDR 2013, 539; OLG Zweibrücken v. 15.6.2011 – 2 WF 25/11, FamRZ 2012, 50; OLG Hamburg v. 26.11.2010 – 7 UF 154/10, MDR 2011, 104; KG v. 6.12.2010 – 16 UF 151/10, FamRZ 2011, 232 = FamRZ 2011, 577.
7 OLG Hamm v. 9.1.2013 – 2 UF 207/12, MDR 2013, 469; OLG Celle v. 4.5.2012 – 10 UF 69/12, FamRZ 2012, 1896; OLG Celle v. 18.8.2011 – 10 UF 179/11, FamRZ 2011, 1894 (LS); OLG Düsseldorf v. 28.3.2011 – 3 Wx 13/11, FGPrax 2011, 207; für § 143 FamFG ebenso OLG Saarbrücken v. 27.7.2011 – 6 UF 94/11, FamRZ 2012, 472.

Gericht von dem ihm eingeräumten Ermessen fehlerfrei Gebrauch gemacht hat. Denn der Sinn des eingeräumten Ermessens würde verfehlt, wenn das Beschwerdegericht berechtigt und verpflichtet wäre, ein vom erstinstanzlichen Gericht fehlerfrei ausgeübtes Ermessen durch eine eigene Ermessensentscheidung zu ersetzen. Dies hat der BGH[1] für die Ermessensentscheidung gem. § 93a Abs. 1Satz 2 aF ZPO entschieden. Für die nach § 81 zu treffende Ermessensentscheidung ist eine andere Beurteilung nicht gerechtfertigt.[2] Zwar hat die in Abs. 2 vorgesehene Orientierung der Kostenentscheidung am Verfahrensverhalten der Beteiligten den Gesetzgeber veranlasst, eine isolierte Anfechtung der Kostenentscheidung zuzulassen.[3] Dies steht aber einer Überprüfung nur auf Ermessensfehler nicht entgegen. Das Beschwerdegericht kann die Entscheidung daher nur auf **Ermessensfehler** in Form des Ermessensfehlgebrauchs oder der Ermessensüberschreitung überprüfen.[4] Das ist etwa dann der Fall sein, wenn es für die Ermessensentscheidung maßgebliche Tatsachen verfahrensfehlerhaft nicht ermittelt oder sonst nicht berücksichtigt hat.[5] Wenn ein solcher Ermessensfehler des Amtsgerichts vorliegt, hat das Beschwerdegericht eine **eigene Ermessensentscheidung** zu treffen.[6]

82 *Zeitpunkt der Kostenentscheidung*

Ergeht eine Entscheidung über die Kosten, hat das Gericht hierüber in der Endentscheidung zu entscheiden.

A. Maßgeblicher Zeitpunkt

Die Vorschrift bestimmt, dass, sofern das Gericht eine ausdrückliche Entscheidung über die Kosten treffen will, dies gleichzeitig mit der Endentscheidung zu geschehen hat, so dass die Beteiligten mit deren Bekanntgabe auch Gewissheit über die Verteilung der Kosten haben. Diese Endentscheidung ist grundsätzlich der nach § 38 zu erlassende **Beschluss**. Wenn also zB durch Beschluss über einen Erbscheinsantrag entschieden wird (§ 352), ist eine ggf. beabsichtigte Kostenentscheidung in diesen aufzunehmen, nicht etwa in den Erbschein, der nur ein Zeugnis über die Erbfolge ist (§ 2353 BGB). Allein der Umstand, dass das Gericht die Akten intern **weglegt**, rechtfertigt nicht den Erlass einer Kostenentscheidung.[7] 1

Das Verfahren der **eA** ist nunmehr ein selbständiges Verfahren (§ 51 Abs. 3 Satz 1), so dass in der dieses Verfahren abschließenden Entscheidung auch über die insoweit entstandenen Kosten zu befinden ist, sofern das Gericht nicht – außerhalb der Familiensachen (§ 81 Abs. 1 Satz 3) – von einer Kostenentscheidung absieht. Gem. § 51 Abs. 4 gelten für diese Entscheidung die allgemeinen Vorschriften, also die §§ 80 ff. Vergleichbares gilt für das **Vollstreckungsverfahren** gem. § 87 Abs. 5. 2

B. Ergänzung und Berichtigung

Sofern das Gericht versehentlich über die Kosten **nicht entschieden** hat, ist der Beschluss gem. § 43 zu ergänzen. Nach dem eindeutigen Wortlaut von § 43 Abs. 1 setzt dies den Antrag eines Beteiligten voraus:[8] Die Rechtslage, dass für die Ergän- 3

---

1 BGH v. 28.2.2007 – XII ZB 165/06, FamRZ 2007, 893 = MDR 2007, 915.
2 OLG Frankfurt v. 27.11.2012 – 4 WF 259/12, FamRZ 2013, 900 = MDR 2013, 539; OLG Hamm v. 9.1.2013 – 2 UF 207/12, MDR 2013, 469; OLG Celle v. 4.5.2012 – 10 UF 69/12, FamRZ 2012, 1896; OLG Düsseldorf v. 28.3.2011 – 3 Wx 13/11, FGPrax 2011, 207.
3 Begr. RegE, BT-Drucks. 16/6308, S. 216.
4 OLG Hamm v. 9.1.2013 – 2 UF 207/12, MDR 2013, 469; OLG Celle v. 4.5.2012 – 10 UF 69/12, FamRZ 2012, 1896; OLG Celle v. 18.8.2011 – 10 UF 179/11, FamRZ 2011, 1894 (LS).
5 BGH v. 28.2.2007 – XII ZB 165/06, FamRZ 2007, 893 = MDR 2007, 915.
6 OLG Frankfurt v. 27.11.2012 – 4 WF 259/12, FamRZ 2013, 900 = MDR 2013, 539; OLG Celle v. 20.2.2012 – 10 UF 23/12, FamRZ 2012, 1324 (LS);. OLG Düsseldorf v. 28.3.2011 – 3 Wx 13/11, FGPrax 2011, 207; für § 91a ZPO: OLG Rostock v. 28.12.2009 – 3 W 66/09, JurBüro 2010, 377.
7 OLG Zweibrücken v. 8.4.2011 – 6 WF 27/11, FamRZ 2011, 1750.
8 AA Thomas/Putzo/*Hüßtege*, § 82 Rn 3; Zimmermann, FamRZ 2009, 377.

zung ein Antrag erforderlich ist, auch wenn die Kostenentscheidung von Amts wegen zu treffen ist, entspricht auch der Rechtslage nach der ZPO: Kostenentscheidung ohne Antrag nach § 308 Abs. 2 ZPO, Ergänzung nur auf Antrag gem. § 321 Abs. 1 ZPO.[1] Der Antrag ist binnen einer Frist von zwei Wochen ab schriftlicher Bekanntgabe des Beschlusses zu stellen (§ 43 Abs. 2). Sofern das Gericht die zu treffende Kostenentscheidung zwar in den Entscheidungsgründen behandelt, versehentlich aber nicht in den Tenor aufgenommen hat, handelt es sich um eine offenbare Unrichtigkeit, die gem. § 42 zu berichtigen ist; eines Antrags oder der Einhaltung einer Frist bedarf es dafür nicht. Wenn das Gericht aber bewusst, und sei es konkludent,[2] eine Entscheidung über die Kosten nicht getroffen hat, kann diese nicht im Wege der Ergänzung nachgeholt werden, vielmehr ist in diesem Fall nur ein Rechtsmittel zulässig.[3] In Ehesachen (§ 121) und Familienstreitsachen (§ 112) sind gem. § 113 Abs. 1 nicht die §§ 42, 43 FamFG, sondern die §§ 319 ff. ZPO anwendbar.

C. Rechtsmittelkosten bei Zurückverweisung

4   Wird die Sache vom **Rechtsmittelgericht** zur erneuten Behandlung und Entscheidung an die Vorinstanz zurückverwiesen, ist in diesem Beschluss eine Entscheidung über die Kosten des Rechtsmittelverfahrens grundsätzlich nicht zu treffen.[4] Eine eigene Entscheidung ist aber dann möglich, wenn die Kostenfrage von dem Rechtsmittelgericht bereits abschließend geklärt werden kann, das weitere Verfahren also auf die Ermessensentscheidung keinen Einfluss mehr haben kann.[5] Dies ist insbesondere dann der Fall, wenn der (vorläufige) Erfolg des Rechtsmittels auf neuem Vorbringen beruht, das bereits in erster Instanz hätte vorgebracht werden können (s. § 84 Rz. 6).

5   Von der **Vorinstanz** ist nach der Zurückverweisung mit der (erneuten) Endentscheidung über die Kosten des Rechtsmittelverfahrens nach den Grundsätzen des § 81 zu entscheiden.[6] Eine Anwendung von § 84 scheidet aus, da das Rechtsmittel nicht erfolglos gewesen ist. Selbst wenn der Rechtsmittelführer nach der Zurückverweisung unterliegt, rechtfertigt dies allein – anders als in dem hinsichtlich der Kostenentscheidung vom Erfolgsprinzip beherrschten Zivilprozess – nicht die Auferlegung der Kosten des Beschwerdeverfahrens, da dies dem Grundsatz (s. § 81 Rz. 9) widersprechen würde, dass im Verfahren der freiwilligen Gerichtsbarkeit im Regelfall jeder Beteiligte seine außergerichtliche Kosten selbst zu tragen hat.[7]

83 *Kostenpflicht bei Vergleich, Erledigung und Rücknahme*
(1) Wird das Verfahren durch Vergleich erledigt und haben die Beteiligten keine Bestimmung über die Kosten getroffen, fallen die Gerichtskosten jedem Teil zu gleichen Teilen zur Last. Die außergerichtlichen Kosten trägt jeder Beteiligte selbst.
(2) Ist das Verfahren auf sonstige Weise erledigt oder wird der Antrag zurückgenommen, gilt § 81 entsprechend.

---

1 Zöller/*Vollkommer*, § 321 Rz. 1 f.; OLG Hamm v. 26.6.2000 – 22 W 30/00, NJW-RR 2000, 1524.
2 OLG München v. 20.2.2012 – 31 Wx 565/11, FamRZ 2012, 1405.
3 OLG München v. 20.2.2012 – 31 Wx 565/11, FamRZ 2012, 1405; für § 321 ZPO: BGH v. 16.12.2005 – V ZR 230/04, NJW 2006, 1351.
4 OLG Hamburg v. 9.6.2005 – 11 W 30/05, Der Konzern 2005, 758; OLG Zweibrücken v. 4.4.2003 – 3 W 56/03, FGPrax 2003, 220; OLG Hamm v. 8.12.1992 – 15 W 205/92, FamRZ 1993, 823.
5 OLG Naumburg v. 19.3.2009 – 8 UF 24/09, FamRZ 2009, 2019; OLG Hamburg v. 9.6.2005 – 11 W 30/05, Der Konzern 2005, 758; ohne Begr. ebenso BayObLG v. 17.6.1999 – 1 Z BR 140/98, FamRZ 2000, 485.
6 OLG Zweibrücken v. 4.4.2003 – 3 W 56/03, FGPrax 2003, 220; OLG Hamm v. 8.12.1992 – 15 W 205/92, FamRZ 1993, 82; je für § 13a Abs. 1 Satz 1 FGG.
7 OLG Hamm v. 8.12.1992 – 15 W 205/92, FamRZ 1993, 823; Keidel/*Zimmermann* § 84 FamFG Rz. 9.

§ 83

A. Allgemeines 1
B. Einzelheiten
  I. Vergleich (Absatz 1)
    1. Gerichtlicher Vergleich 2
    2. Außergerichtlicher Vergleich 4
  II. Antragsrücknahme (Absatz 2, 2. Alt.) .. 5
  III. Erledigung der Hauptsache (Absatz 2, 1. Alt.)
    1. Begriff der Erledigung 6
    2. Feststellung der Erledigung 7
      a) Antragsverfahren, Streitverfahren 8
      b) Amtsverfahren 10
    3. Rechtsfolgen
      a) Erledigung in erster Instanz ... 11
      b) Erledigung vor Beschwerdeeinlegung 12
      c) Erledigung nach Rechtsmitteleinlegung 13
    4. Einzelfälle einer Hauptsachenerledigung 14
  IV. Rechtsmittel gegen die Kostenentscheidung 15

A. Allgemeines

Diese Vorschrift trifft für die Verfahren der freiwilligen Gerichtsbarkeit (zum Anwendungsbereich s. Vorbem. vor § 80) erstmals eine allgemeine Kostenregelung für den Fall eines Vergleichs (Abs. 1), einer Hauptsachenerledigung (Abs. 2) sowie der Rücknahme eines Antrags (Abs. 2). Nach der Begründung des RegE[1] ist Abs. 1 den Regelungen in § 160 VwGO nachgebildet.   **1**

B. Einzelheiten

I. Vergleich (Abs. 1)

1. Gerichtlicher Vergleich

Sofern die Beteiligten sich über die Verteilung der Kosten **geeinigt** haben, ist diese Einigung maßgebend. Da der Vergleich und damit die in ihm enthaltene Kostenregelung Vollstreckungstitel ist (s. § 85 Rz. 2), bedarf es bei einer Vereinbarung der Beteiligten keiner gerichtlichen Kostenentscheidung. Sofern es an einer solchen **Einigung fehlt**, haben nach der Regelung in Abs. 1 alle Beteiligten die Gerichtskosten zu gleichen Teilen zu tragen, außergerichtliche Kosten sind nicht zu erstatten.   **2**

Wenn der Vergleich die Kostenentscheidung bewusst dem Gericht überlässt – sog. **negative Kostenregelung** –, ist ein gerichtlicher Kostenbeschluss erforderlich. Dieser richtet sich nicht nach § 83 Abs. 1, vielmehr ist, da nur die Hauptsache erledigt ist, über die Kosten aufgrund der Verweisung in Abs. 2 nach den Grundsätzen des § 81 zu entscheiden.[2] Ebenso ist eine Kostenentscheidung grundsätzlich bei einer **Einigung zum Umgang** oder zur **Kindesherausgabe** erforderlich. Denn nicht diese, sondern erst die gerichtliche Billigung nach § 156 Abs. 2 beendet das gerichtliche Verfahren (s. § 156 Rz. 68). Zwar können die Beteiligten sich auch über die Kosten einigen. Dies ist auch wirksam, da sie insoweit – anders als in der Hauptsache – dispositionsbefugt sind. Wenn sie aber keine Vereinbarung treffen, greift nicht die Regelung von Abs. 1. Denn das Verfahren wird gerade nicht durch den Vergleich, sondern durch den Beschluss nach § 156 Abs. 2 erledigt.[3] Dieser muss daher gem. § 82 die Kostenentscheidung enthalten, die nach den Kriterien des § 81 ergeht.   **3**

2. Außergerichtlicher Vergleich

Eine entsprechende Anwendung auf einen außergerichtlichen Vergleich ist nicht ohne weiteres gerechtfertigt.[4] Denn regelmäßig führt der außergerichtliche Vergleich   **4**

---

[1] BT-Drucks. 16/6308, S. 216.
[2] Für den entsprechenden Fall des § 98 ZPO: BGH v. 6.10.1964 – Ia ZR 74/63, NJW 1965, 103; Zöller/*Herget*, § 98 ZPO Rz. 3 mwN.
[3] KG v. 8.11.2010 – 19 WF 112/10, FamRZ 2011, 588; OLG Frankfurt v. 2.11.2011 – 5 WF 151/11 FamRZ 2012, 573; *Borth*, FamRZ 2011, 958; Zöller/*Feskorn*, § 86 FamFG Rz. 3 mwN; aA OLG Nürnberg v. 28.4.2011 – 7 UF 487/11, FamRZ 2011, 1533.
[4] Str., aA BVerwG v. 9.10.1990 – 1 WB 108/90, KostRspr VwGO § 160 Nr. 4 für § 160 Satz 1 VwGO: generell analoge Anwendung; ebenso OLG Saarbrücken v. 29.5.1995 – 4 U 179/95, NJW-RR 1996, 320 für § 98 ZPO.

zur **Erledigung** des Verfahrens **in der Hauptsache**,[1] so dass über die Kosten nach §§ 83 Abs. 2, 81 zu entscheiden ist. Nur wenn der Einigung und dem Verhalten der Beteiligten im gerichtlichen Verfahren zu entnehmen ist, dass eine von dem Grundsatz des § 83 Abs. 1 abweichende Kostenentscheidung nicht begehrt wird, bedarf es keiner anderweitigen gerichtlichen Entscheidung. Wenn hingegen das Verfahren unter Hinweis auf den außergerichtlichen Vergleich in der Hauptsache für erledigt erklärt und ein streitiger Kostenantrag gestellt wird, ist vom Gericht über die Kosten des Verfahrens nach § 83 Abs. 2 zu entscheiden.[2] Sofern sich aus dem abgeschlossenen Vergleich keine Anhaltspunkte dafür ergeben, dass die Parteien eine Kostenregelung nach anderen Gesichtspunkten im Auge hatten, kann aber der Grundsatz des § 83 Abs. 1 auch im Rahmen dieser Kostenentscheidung herangezogen werden.[3] Wenn hingegen die Auslegung des Vergleichs und der Erklärungen der Beteiligten im Verfahren ergibt, dass eine Verteilung der Kosten nach sachbezogenen Kriterien gewollt ist, spricht dies für eine Entscheidung nach den Maßstäben des § 81,[4] die aber angesichts des Grundsatzes (s. § 81 Rz. 9), dass im Verfahren der freiwilligen Gerichtsbarkeit die Anordnung der Erstattung von Aufwendungen einer Rechtfertigung bedarf, häufig zu einer § 83 Abs. 1 entsprechenden Entscheidung führen wird.

II. Antragsrücknahme (Absatz 2, 2. Alt.)

5   In Abs. 2 ist allein die Rücknahme eines das Verfahren einleitenden Antrags iSv. § 23 FamFG geregelt; in Amtsverfahren endet das Verfahren nicht allein durch die Rücknahme eines als Anregung zu qualifizierenden (vgl. § 24 Abs. 1) „Antrags". Die Antragsrücknahme führt nicht notwendig dazu, dass dem Antragsteller die Kosten, insbesondere die notwendigen Aufwendungen anderer Beteiligter aufzuerlegen sind.[5] Denn für diesen Fall verweist § 83 Abs. 2 auf die allgemeinen Regeln in § 81. Im Rahmen der zu treffenden **Billigkeitsentscheidung** kann das Gericht berücksichtigen, ob es im Einzelfall aufgrund der Rücknahme des Antrags und seiner Umstände billigem Ermessen entspricht, dem Antragsteller die Kosten aufzuerlegen. Es kann insbesondere berücksichtigen, ob der Antrag erkennbar von vornherein keine Aussicht auf Erfolg hatte[6] (§ 81 Abs. 2 Nr. 2) oder die Rücknahme eine für alle Beteiligten sachgerechte Beendigung des Verfahrens darstellt[7] (zB nach einer Änderung der Sachlage oder einer Einigung). Daneben können die im Rahmen der Entscheidung nach § 81 für und gegen eine Auferlegung von außergerichtlichen Kosten und Gerichtskosten sprechenden Gesichtspunkte (in Streitverfahren Orientierung eher am Verfahrenserfolg, tendenziell eher keine Kostenerstattung zwischen Familienangehörigen, s. § 81 Rz. 11 ff.) herangezogen werden. Hinsichtlich der **Gerichtskosten** ist der Antragsteller grundsätzlich unabhängig von einer Kostenentscheidung des Gerichts gem. §§ 22 GNotKG bzw. 2 Nr. 1 KostO, 21 Abs. 1 FamGKG (mit den dort aufgeführten Ausnahmen) Kostenschuldner.[8] Darüber hinaus enthalten die §§ 23 ff. GNotKG für eine Reihe von fG-Verfahren weitergehende Bestimmungen über eine Haftung für Gerichtskosten auch ohne gerichtliche Entscheidung.

---

1 Zöller/*Herget*, § 98 ZPO Rz. 5.
2 BGH v. 27.11.1996 – XII ZR 249/95, NJW-RR 1997, 510 für § 98 ZPO.
3 BGH v. 27.11.1996 – XII ZR 249/95, NJW-RR 1997, 510; BGH v. 25.5.1988 – VIII ZR 148/87, NJW 1989, 39; je für § 98 ZPO.
4 Zöller/*Herget*, § 98 ZPO Rz. 5.
5 OLG Nürnberg v. 22.3.2011 – 10 WF 302/11, AGS 2011, 242; OLG Schleswig v. 8.11.2010 – 3 Wx 123/10, NJW-RR 2011, 576; OLG Saarbrücken v. 7.4.2011 – 6 UF 17/11, FamRZ 2011, 1805.
6 OLG Schleswig v. 8.11.2010 – 3 Wx 123/10, NJW-RR 2011, 576.
7 OLG Hamm v. 5.12.2011 – 6 UF 197/11, NJW 2012, 790; OLG Saarbrücken v. 7.4.2011 – 6 UF 17/11, FamRZ 2011, 1805.
8 Zur Haftung des Antragstellers nach dem FamGKG s. ausführlich *Feskorn* in Rahm/Künkel Handbuch Familien- und Familiengerichtsverfahren, I 14 C Rz. 183 ff.

III. Erledigung der Hauptsache (Absatz 2, 1. Alt.)

1. Begriff der Erledigung

In einem Verfahren der Freiwilligen Gerichtsbarkeit hat sich die **Hauptsache erledigt**, wenn nach seinem Beginn ein Umstand eingetreten ist, der den Verfahrensgegenstand hat wegfallen lassen, so dass die Weiterführung des Verfahrens keinen Sinn mehr hätte, da eine Sachentscheidung nicht mehr ergehen kann.[1] Das ist insbesondere der Fall, wenn die gerichtliche Entscheidung aufgrund veränderter Umstände keine Wirkung mehr entfalten könnte. Bei einem teilbaren Verfahrensgegenstand kann sich die Hauptsache auch nur hinsichtlich eines Teils des Gegenstands erledigen. Anders als im Zivilprozess ist **nicht erforderlich**, dass sich die Hauptsache **erst nach Eintritt der Rechtshängigkeit erledigt** hat und der Antrag zuvor zulässig und begründet war.[2] Dies kann aber bei der Kostenentscheidung berücksichtigt werden.

6

2. Feststellung der Erledigung

Die Erledigung der Hauptsache ist als Wegfall einer wesentlichen Verfahrensvoraussetzung im Verfahren der freiwilligen Gerichtsbarkeit **von Amts** wegen in jedem Verfahrensabschnitt zu beachten.[3] Das Gericht muss den Beteiligten gegenüber **feststellen**, dass es die Hauptsache für erledigt ansieht, eine Sachentscheidung also nicht mehr treffen wird.[4] Sofern das Gericht eine Kostenentscheidung trifft, ergibt sich dies aus dem Beschluss. Anderenfalls ist eine formlose Feststellung ausreichend.[5]

7

a) Antragsverfahren, Streitverfahren

In Antragsverfahren (vgl. § 23), zu denen auch die sog. echten Streitverfahren der freiwilligen Gerichtsbarkeit gehören, ist das Gericht an die **übereinstimmende Erledigungserklärung** der Beteiligten gebunden. Die sog. echten Streitverfahren sind dadurch gekennzeichnet, dass die Beteiligten über den Gegenstand verfügen können, sich mindestens zwei Beteiligte mit entgegengesetzten Interessen gegenüberstehen und das Gericht rechtsgestaltend und verbindlich über behauptete subjektive Rechte zu entscheiden hat.[6] Für diese Verfahren war bereits unter Geltung des FGG anerkannt, dass eine Überprüfung, ob die Hauptsache tatsächlich erledigt ist, bei übereinstimmender Erledigungserklärung nicht stattfindet.[7] Dies hat § 22 Abs. 3 für alle Antragsverfahren nunmehr ausdrücklich bestimmt (vgl. § 22 Rz. 19). Ein Schweigen des Antragsgegners auf die Erledigungserklärung des Antragstellers kann als Zustimmung verstanden werden.[8] Mit der übereinstimmenden Erledigungserklärung werden zuvor ergangene gerichtliche Entscheidungen wirkungslos, ohne dass es einer Aufhebung bedarf.[9]

8

---

1 BGH v. 24.10.2012 – XII ZB 404/12, MDR 2012, 1464; BGH v. 8.5.2012 – II ZB 17/11, MDR 2012, 860; Keidel/*Sternal*, § 22 FamFG Rz. 24; zum früheren Recht: BGH v. 25.11.1982 – IVb ZB 756/81, FamRZ 1982, 156; BayObLG v. 1.2.1999 – 3 Z BR 29/99, FamRZ 1999, 1306; BayObLG 21.2.1991 – BReg. 3 Z 17/91, BReg. 3 Z 18/91, FamRZ 1991, 846; Jansen/*Briesemeister*, § 19 FGG Rz. 32.
2 MüKo.ZPO/*Schindler*, § 83 FamFG Rz. 16; zum früheren Recht: BayObLG v. 25.3.1998 – 2 Z BR 165/97, ZMR 1998, 506; BayObLG v. 18.3.1993 – 2 Z BR 5/93, WuM 1993, 487; *Demharter*, ZMR 1987, 201, 202 f.; aA *Jennissen*, NZM 2002, 594, 598.
3 BayObLG v. 3.2.1983 – 1 Z 137/81, FamRZ 1983, 839.
4 BayObLG 21.2.1991 – BReg. 3 Z 17/91, BReg. 3 Z 18/91, FamRZ 1991, 846.
5 Keidel/*Kahl*, 15. Aufl., § 19 FGG Rz. 89.
6 BayObLG v. 20.3.1989 – BReg. 1a Z 59/88, FamRZ 1989, 886 = MDR 1989, 749; vgl. auch § 22 Rz. 8.
7 BayObLG v. 20.3.1989 – 1a Z 59/88, FamRZ 1989, 886 = MDR 1989, 749; OLG Stuttgart v. 28.5.1985 – 8 W 601/84, OLGZ 1985, 395; BayObLG v. 13.7.1989 – 2 Z 20/89, WE 1990, 178.
8 BayObLG v. 20.3.1989 – 1a Z 59/88, FamRZ 1989, 886.
9 BayObLG v. 13.7.1989 – 2 Z 20/89, WE 1990, 178.

9 Erklärt der Antragsteller **einseitig** die Hauptsache für erledigt und bejaht das Gericht diese von Amts wegen zu prüfende Frage, so hat es, wenn ein anderer Beteiligter der Erledigungserklärung widerspricht, durch Beschluss die Hauptsachenerledigung festzustellen.[1] Sofern die Hauptsache nicht erledigt ist, ist der entsprechende Feststellungsantrag zurückzuweisen, wenn der Antragsteller nicht hilfsweise seinen ursprünglichen Antrag aufrechterhält.[2] Diese Beschlüsse sind Hauptsachenentscheidungen und daher als solche mit der **Beschwerde** nach § 58 anfechtbar. In einer nicht vermögensrechtlichen Angelegenheit ist daher die Beschwerde unabhängig von der **Wertgrenze** des § 61 Abs. 1 zulässig. Auf die Frage (vgl. Rz. 15), ob für eine Anfechtung der Kostenentscheidung eine Beschwer von über 600 Euro erforderlich ist, kommt es nicht an. Denn wenn die Erledigung streitig ist, ist auch ein nicht vermögensrechtlicher Teil des Verfahrens Gegenstand der Beschwerde. In einer vermögensrechtlichen Angelegenheit ist die Beschwerde gem. § 61 nur zulässig, wenn sie zugelassen oder der Betrag von 600 Euro überschritten ist. Eine Ausnahme besteht gem. § 228 in Versorgungsausgleichssachen, in denen diese Voraussetzung nur bei alleiniger Anfechtung der Kostenentscheidung gilt. – Sofern der Antragsteller trotz der Erledigung der Hauptsache an seinem **Antrag festhält**, ist dieser zurückzuweisen, da es an einer Voraussetzung für eine positive Sachentscheidung fehlt.[3]

b) Amtsverfahren

10 In Amtsverfahren – zB das Kind betreffende Verfahren nach § 1666 BGB (Entziehung des Sorgerechts), § 1684 BGB (Umgang), Verfahren zur Einziehung eines Erbscheins,[4] Amtslöschungsverfahren des Registerrechts[5] – ist das Gericht weder an übereinstimmende Erledigungserklärungen der Beteiligten gebunden noch bedarf es einer solchen Erklärung, da die Beteiligten über den Verfahrensgegenstand nicht disponieren können.[6] Es stellt eine Erledigung also ggf. von Amts wegen fest und das Verfahren ein.

3. Rechtsfolgen

a) Erledigung in erster Instanz

11 Tritt die Erledigung der Hauptsache während des Verfahrens **erster Instanz** ein, sind **Maßstab** der Kostenentscheidung kraft der Verweisung in § 83 Abs. 2 die Grundsätze des § 81. Wegen der zu berücksichtigenden Gesichtspunkte wird auf die Erläuterung zu § 81 verwiesen. In Streitverfahren liegt eine Orientierung am Verfahrenserfolg nahe (s. § 81 Rz. 12), so dass im Regelfall derjenige die Kosten zu tragen hat, der voraussichtlich unterlegen wäre.[7] Auch wenn es an einer § 91a ZPO entsprechenden Regelung („unter Berücksichtigung des bisherigen Sach- und Streitstandes") fehlt, ist eine Abweichung von dem für das frühere FGG anerkannten Grundsatz[8] nicht gerechtfertigt, dass zur Klärung der Kostenfrage durch das Gericht **keine weitere Sachaufklärung** zu betreiben ist.[9] Soweit es für die Frage einer Kostenentscheidung auf die Erfolgsaussichten ankommt, kann sich das Gericht auf eine summari-

---

1 BayObLG v. 1.7.1993 – 3 Z BR 96/93, WM 1993, 1793; OLG Stuttgart v. 28.5.1985 – 8 W 601/84, JurBüro 1985, 1700.
2 MüKo.ZPO/*Schindler*, § 83 FamFG Rz. 17; zum früheren Recht: OLG Hamm v. 5.12.1998 – 15 W 364/98, FGPrax 1999, 48; *Demharter*, ZMR 1987, 201, 202.
3 BayObLG v. 1.7.1993 – 3 Z BR 96/93, WM 1993, 1793; KG v. 4.4.1975 – 1 W 476/72, OLGZ 1973, 143; Keidel/*Sternal*, § 22 FamFG Rz. 30; *Demharter*, ZMR 1987, 201, 202; aA OLG Braunschweig v. 5.3.1975 – 2 Wx 19/74, OLGZ 1975, 434: Feststellung der Erledigung.
4 BayObLG v. 9.2.2001 – 1 Z BR 1/01, FamRZ 2001, 1311.
5 OLG Köln v. 12.12.2001 – 2 Wx 62/01, ZIP 2002, 573 = OLGReport 2002, 317.
6 BGH v. 25.11.1982 – IVb ZB 756/81, FamRZ 1982, 156; BayObLG v. 9.2.2001 – 1 Z BR 1/01, FamRZ 2001, 1311.
7 OLG Saarbrücken v. 7.6.2010 – 9 UF 49/10, FGPrax 2010, 270.
8 KG v. 1.9.1992 – 1 W 4144/92, FamRZ 1993, 84; KG v. 8.4.2003 – 1 W 67/01, KGReport 2003, 258 = FGPrax 2003, 188; BayObLG v. 21.2.1991 – BReg. 3 Z 17/91, BReg. 3 Z 18/91, FamRZ 1991, 846; Keidel/*Zimmermann*, § 13a FGG Rz. 44.
9 Schulte-Bunert/Weinreich/*Keske*, § 84 Rz. 7; MüKo.ZPO/*Schindler*, § 83 FamFG Rz. 21.

Kosten § 83

sche Prüfung beschränken und insbesondere darauf verzichten, alle für den Ausgang des Verfahrens bedeutsamen **Rechtsfragen** abschließend zu beantworten.[1] Lassen sich die Erfolgsaussichten bei der gebotenen summarischen Prüfung nicht verlässlich beurteilen und rechtfertigen auch andere Billigkeitskriterien keine abweichende Entscheidung, entspricht es im Zweifelsfall billigem Ermessen, dass alle Beteiligten ihre notwendigen Aufwendungen selbst sowie die Gerichtskosten in Streitverfahren anteilig und in Amtsverfahren nach der gesetzlichen Regelung in §§ 22 ff. GNotKG bzw. 2 ff. KostO, 21 ff. FamGKG tragen.

b) Erledigung vor Beschwerdeeinlegung

Tritt die Erledigung der Hauptsache nach der erstinstanzlichen Entscheidung, aber vor Einlegung der Beschwerde ein, ist eine dennoch eingelegte Beschwerde hinsichtlich der Hauptsache grundsätzlich (Ausnahme: Feststellungsinteresse nach § 62) unzulässig.[2] Da (nunmehr, s. § 81 Rz. 32) eine isolierte **Anfechtung der Kostenentscheidung** zulässig ist, kann das Rechtsmittel mit diesem Angriff aufrechterhalten werden. Zur Frage, ob dafür Zulässigkeitsvoraussetzung ist, dass hinsichtlich der Kostenentscheidung der Beschwerdewert nach § 61 Abs. 1 erreicht ist, s. § 81 Rz. 33. Wenn aber das Gericht **keine Kostenentscheidung getroffen** hat, die Kostenfolge sich also allein aus dem Gesetz ergibt, kann das Rechtsmittel nicht auf diese Kostenfolge beschränkt werden.[3]

12

c) Erledigung nach Rechtsmitteleinlegung

Wenn sich die Hauptsache nach zulässiger Einlegung eines Rechtsmittels erledigt, wird das Rechtsmittel mangels Rechtsschutzbedürfnisses grundsätzlich (Ausnahme: Feststellungsinteresse nach § 62) unzulässig.[4] Der Beschwerdeführer kann aber seinen Beschwerdeantrag **auf die Kosten beschränken**[5] mit der Folge, dass die Kostenentscheidung der ersten Instanz alleiniger Gegenstand der Beschwerde wird. Auf das Erreichen des Beschwerdewerts von § 61 Abs. 1 kommt es nicht an, da das Rechtsmittel ursprünglich zulässig gewesen ist.

13

4. Einzelfälle einer Hauptsachenerledigung

Auskunft: Erteilung der begehrten Auskunft.[6]

14

Betreuungsverfahren: Im Verfahren auf Bestellung eines Betreuers Aufhebung der Betreuung nach § 1908d Abs. 1 Satz 1 BGB;[7] Tod des Betroffenen;[8] Verfahren über vorläufige Betreuung durch Fristablauf,[9] endgültige Betreuerbestellung[10] sowie Verlängerung der vorläufigen Betreuung.[11] Im Verfahren der Auswahl des Betreuers Tod des Betreuten;[12] durch die Bestellung eines neuen Ergänzungsbetreuers das Verfah-

---

1 BGH v. 8.6.2005 – XII ZR 177/03, NJW 2005, 2385 für § 91a ZPO; KG v. 8.4.2003 – 1 W 67/01, KG-Report 2003, 258 = FGPrax 2003, 188 für § 13a FGG.
2 BGH v. 8.12.2011 – V ZB 170/11, MDR 2012, 243; Keidel/*Sternal*, § 22 FamFG Rz. 33.
3 BGH v. 8.12.2011 – V ZB 170/11, MDR 2012, 243.
4 BGH v. 8.5.2012 – II ZB 17/11, MDR 2012, 860 = FGPrax 2012, 228; zum früheren Recht: BGH v. 3.12.1986 – IVb ZB 35/84, FamRZ 1987, 469; BGH v. 25.11.1981 – IVb ZB 756/81, NJW 1982, 2505 = MDR 1982, 473; BayObLG v. 5.10.1987 – BReg. 3 Z 120/87, FamRZ 1988, 321; KG v. 31.1.2006 – 1 W 450/05, KGReport 2006, 465.
5 BGH v. 8.5.2012 – II ZB 17/11, MDR 2012, 860 = FGPrax 2012, 228; KG v. 9.2.2012 – 19 UF 125/11, FamRZ 2012, 1323; zum früheren Recht: BGH v. 3.12.1986 – IVb ZB 35/84, FamRZ 1987, 469; BGH v. 25.11.1981 – IVb ZB 756/81, NJW 1982, 2505 = MDR 1982, 473; BayObLG v. 5.10.1987 – BReg. 3 Z 120/87, FamRZ 1988, 321.
6 OLG Bamberg v. 20.1.1982 – 2 UF 246/81, FamRZ 1982, 398 für Versorgungsausgleich.
7 BayObLG v. 6.10.2004 – 3 Z BR 199/04 ua., BtPrax 2005, 30.
8 BGH v. 24.10.2012 – XII ZB 404/12, MDR 2012, 1464; BayObLG v. 29.4.1993 – 3 Z BR 47/93; BayObLG v. 30.9.1965 – 1b Z 69/65, BayObLGZ 1965, 348 für Pflegschaft/Vormundschaft.
9 BayObLG v. 29.10.1997 – 3 Z BR 196/97, FamRZ 1998, 1325.
10 BayObLG v. 23.12.1993 – 3 Z BR 282/93, BtPrax 1994, 61.
11 BayObLG v. 3.3.2004 – 3 Z BR 210/03, FamRZ 2004, 1602.
12 BayObLG v. 29.12.1999 – 3 Z BR 400/99.

ren über die Entlassung des früheren Ergänzungsbetreuers.[1] Tod des Betreuten führt im Verfahren der Entlassung des Betreuers nicht zur Erledigung.[2]

Einstweilige Anordnung: Vollziehung der Anordnung;[3] Wirksamkeit einer endgültigen Entscheidung (§ 56), nicht aber durch Erlass einer die eA nur vorläufig bestätigenden weiteren Entscheidung.[4]

Elterliche Sorge (§§ 1666 ff. BGB): Tod oder Volljährigkeit des Kindes.[5]

Erbscheinverfahren: Rechtskräftige Feststellung in einem Rechtsstreit, dass der Antragsteller nicht Erbe ist.[6] Keine Erledigung des Rechtsmittelverfahrens gegen die Anordnung der Erbscheinserteilung durch Aushändigung des Erbscheins, wenn das Rechtsmittel mit dem Ziel der Einziehung fortgeführt wird.[7]

Freiheitsentziehung/Unterbringung: Ablauf des Zeitraums der Freiheitsentziehung (s. aber auch § 62); Entlassung des Untergebrachten;[8] Verlegung des Betroffenen auf eine offene Station;[9] Abschiebung des Betroffenen; weitere Einzelfälle s. § 429 Rz. 4. Tod des Untergebrachten führt nicht zur Hauptsachenerledigung, sondern zur Beendigung des Verfahrens;[10] Strafhaft erledigt nicht die Genehmigung der Unterbringung nach § 1906 BGB.[11]

Gesellschaftsstreitsachen: Im aktienrechtlichen Spruchstellenverfahren eine rechtskräftige Nichtigerklärung des zugrundeliegenden Hauptversammlungsbeschlusses;[12] im Informationserzwingungsverfahren Verlust der Gesellschafterstellung seitens des Auskunft begehrenden Gesellschafters.[13] Das Verfahren auf gerichtliche Bestellung eines anderen Abschlussprüfers ist in der Hauptsache erledigt, wenn der von der Hauptversammlung gewählte Abschlussprüfer die Jahresabschlussprüfung und den Bestätigungsvermerk vorgenommen hat.[14] Im Verfahren auf Ermächtigung zur Einberufung der Hauptversammlung einer AG tritt Hauptsacheerledigung ein, wenn die Hauptversammlung entsprechend dem Verlangen ordnungsgemäß einberufen und durchgeführt worden ist.[15]

Haushaltssachen: Tod eines Ehegatten;[16] Herausgabe der begehrten Gegenstände.

Notarkostenbeschwerde (§ 27 GNotKG bzw. § 156 KostO): Der Notar hebt seine angegriffene Kostenrechnung auf.[17]

PStG: Ein Verlobter nimmt den Antrag auf Bestellung des Aufgebots zurück;[18] die nach § 49 Abs. 2 PStG zu klärende Zweifelsfrage ist für die Entscheidung im Einzelfall bedeutungslos geworden.[19]

Registersachen: Das wegen eines täuschenden Namens eingeleitete Amtslöschungsverfahren ist in der Hauptsache erledigt, wenn der gewählte neue Name in

---

1 BayObLG v. 17.11.1999 – 3 Z BR 347/99.
2 BayObLG v. 15.10.1999 – 3 Z BR 224/99, EzFamR aktuell 1999, 395 = FamRZ 2000, 1183 (LS).
3 BayObLG v. 22.5.1990 – 1a Z 16/90, FamRZ 1990, 1379 – Herausgabe eines Kindes.
4 BayObLG v. 3.11.1998 – 1 Z BR 106/98, FamRZ 1999, 1457.
5 BGH v. 14.10.1992 – XII ZB 150/91, NJW 1993, 126; BayObLG v. 10.9.1999 – 1 Z BR 21/99, FamRZ 2000, 971.
6 BayObLG v. 3.2.1983 – 1 Z 137/81, FamRZ 1983, 839 für Vorbescheid.
7 BayObLG v. 2.6.1982 – 1 Z 45/81, BayObLGZ 1982, 236.
8 KG v. 6.8.1982 – 1 Wxx B 2280/82, OLGZ 1982, 423.
9 OLG München v. 23.1.2008 – 33 Wx 196/07, FamRZ 2008, 917.
10 BayObLG v. 1.6.2001 – 3 Z BR 29/01, FamRZ 2001, 1645.
11 BayObLG v. 1.2.1999 – 3 Z BR 29/99, FamRZ 1999, 1306.
12 OLG Zweibrücken v. 2.3.2004 – 3 W 167/03, OLGReport 2004, 278.
13 BayObLG v. 1.7.1993 – 3 Z BR 96/93, WM 1993, 1793.
14 BayObLG v. 12.12.2001 – 3 Z BR 397/00, FGPrax 2002, 79.
15 BGH v. 8.5.2012 – II ZB 17/11, MDR 2012, 860 = FGPrax 2012, 228.
16 OLG Hamm v. 25.1.1965 – 15 W 385/64, FamRZ 1965, 220.
17 KG v. 8.4.2003 – 1 W 67/01, KGReport 2003, 258 = FGPrax 2003, 188; OLG Frankfurt v. 2.12. 2004 – 20 W 330/2003, OLGReport 2005, 562.
18 BayObLG v. 7.10.1996 – 1 Z BR 184/96, StAZ 1997, 34; BayObLG v. 4.2.1982 – 1 Z 80/81, FamRZ 1982, 601.
19 BayObLG v. 25.5.1999 – 1 Z BR 208/98, FamRZ 2000, 252.

das Register eingetragen wird.[1] Die Hauptsache eines auf die Herbeiführung einer Eintragung gerichteten Verfahrens erledigt sich, wenn diese Eintragung vom Registergericht aufgrund einer weiteren Anmeldung vorgenommen wird.[2] Die gegen eine Zwischenverfügung gerichtete Beschwerde erledigt sich, wenn das angenommene Eintragungshindernis behoben ist.[3]

Testamentsvollstreckung: Im Verfahren um seine Entlassung die Kündigung des Testamentsvollstreckers nach § 2226 BGB,[4] sein Tod[5] sowie Beendigung seines Amts durch Erledigung seiner Aufgaben;[6] Rückgabe des Testamentsvollstreckerzeugnisses im Einziehungsverfahren (aber ggf. Umdeutung in Antrag auf Erteilung eines neuen inhaltsgleichen Testamentsvollstreckerzeugnisses).[7]

Umgang: Tod oder Volljährigkeit des Kindes; Tod des Umgangsberechtigten.

Unterbringung: s. Freiheitsentziehung

Verein: Verfahren über die Bestellung eines Notvorstandes ist mit der Neuwahl eines ordentlichen Vorstandes und dessen Eintragung im Vereinsregister[8] sowie des Verlustes der Mitgliedschaft des Antragstellers[9] erledigt.

Versorgungsausgleichsverfahren: Tod eines Ehegatten vor Rechtskraft des Scheidungsausspruchs im Verbundverfahren.[10]

Wohnungszuweisungssache: Tod eines Ehegatten;[11] Herausgabe.

Zeitablauf einer angefochtenen oder begehrten Regelung, zB zum Umgang, Ablauf des Zeitraums der Unterbringung oder Freiheitsentziehung.

IV. Rechtsmittel gegen die Kostenentscheidung

Bei der isolierten Kostenentscheidung nach § 83 handelt es sich um eine **Endentscheidung** iSv. § 38 Abs. 1 Satz 1,[12] da mit ihr über den letzten noch anhängigen Verfahrensgegenstand entschieden wird. Gegen sie ist also wie gegen jede Endentscheidung die **Beschwerde nach § 58 Abs. 1** eröffnet, soweit durch Gesetz nichts anderes bestimmt ist.[13] Letzteres ist in **einstweiligen Anordnungsverfahren** der Fall, soweit die Beschwerde nach § 57 ausgeschlossen ist. Dieser Ausschluss erfasst auch die Anfechtung einer Kostenentscheidung im Fall von Erledigung, Rücknahme oder Vergleich.[14] Aber auch, wenn die Kostenentscheidung in einem in § 57 Satz 2 genannten Verfahren ergeht, ist sie nicht anfechtbar. Denn dies ist nur hinsichtlich der dort aufgeführten Regelungen bestimmt; Kostenentscheidungen gehören dazu nicht. – Die Anfechtung der isolierten Kostenentscheidung setzt voraus, dass der Beschwerdeführer mit **mehr als 600 Euro** beschwert oder die Beschwerde zugelassen worden ist. Wenn das Verfahren ursprünglich eine **vermögensrechtliche Angelegenheit** betraf, ergibt sich dies bereits aus diesem Charakter. Im Fall der Anfechtung einer Kostenentscheidung nach Vergleich, Rücknahme oder Erledigung der Hauptsache gilt dies aber auch, wenn Gegenstand des Verfahrens ursprünglich eine **nicht-vermögensrechtliche Angelegenheit** war.[15] Denn bereits vor Abschluss der Instanz beschränkte

15

---

1 OLG Hamm v. 18.1.1978 – 15 W 352/77, Rpfleger 1978, 132 = OLGZ 1978, 428.
2 BayObLG v. 10.7.2002 – 3 Z BR 96/01, NJW-RR 2002, 1557.
3 BGH v. 8.12.2011 – V ZB 170/11, MDR 2012, 243.
4 KG v. 13.4.1959 – 1 W 585/59.
5 BayObLG v. 28.3.1994 – 1 Z BR 102/93.
6 BayObLG v. 29.6.1995 – 1 Z BR 158/94, ZEV 1995, 370.
7 OLG Köln v. 3.3.1986 – 2 Wx 47/85, Rpfleger 1986, 261.
8 BayObLG v. 12.12.2001 – 3 Z BR 200/00, NZG 2002, 433.
9 BayObLG v. 21.10.1993 – 3 Z BR 174/93, NJW-RR 1994, 832.
10 BGH v. 12.11.1980 – IVb ZB 601/80, NJW 1981, 686 = FamRZ 1981, 245.
11 OLG Hamm v. 25.1.1965 – 15 W 385/64, FamRZ 1965, 220.
12 So auch Beschlussempfehlung des BT-Rechtsausschusses, BT-Drucks. 16/12717, S. 60.
13 OLG Naumburg v. 26.2.2010 – 3 WF 40/10, FamRZ 2011, 577; OLG Saarbrücken v. 7.6.2010 – 9 UF 49/10, FGPrax 2010, 270; OLG Düsseldorf v. 27.5.2010 – II-7 WF 63/10, FamRZ 2010, 1835; OLG Brandenburg v. 15.2.2010 – 15 UF 12/10, FamRZ 2010, 1464.
14 OLG Hamburg v. 26.11.2010 – 7 UF 154/10, MDR 2011, 104; KG v. 6.12.2010 – 16 UF 151/10, FamRZ 2011, 577.
15 OLG München v. 4.10.2011 – 2 WF 1551/11, FamRZ 2012, 391; OLG Düsseldorf v.15.6.2010 – II-7 WF 63/10, FamRZ 2010, 1835; *Maurer*, FamRZ 2010, 1143.

sich in diesem Fall – anders als bei der isolierten Anfechtung einer mit der Hauptsache ergangenen Kostenentscheidung (s. § 81 Rz. 33) – der Verfahrensgegenstand nur noch auf die Kosten, diese bestimmten also den Charakter der erstinstanzlichen „Angelegenheit" iSd. § 61. Sofern nur noch die Kostenentscheidung zu treffen ist, ist der ursprüngliche Verfahrensgegenstand nicht mehr Gegenstand der Entscheidung.[1] Der Wert des Beschwerdegegenstandes ist nach den Kosten zu ermitteln, die der Beschwerdeführer nach der angegriffenen Entscheidung zu tragen hat. Zur Anfechtung der Entscheidung nach einseitiger Erklärung der Hauptsacheerledigung vgl. Rz. 9. Zum **Prüfungsumfang** des Beschwerdegerichts s. § 81 Rz. 34.

16 Eine anderweitige Regelung über die Anfechtung iSv. § 58 Abs. 1 ist für **Ehe- und Familienstreitsachen** getroffen. § 113 Abs. 1 ordnet an, dass in diesen Verfahren nicht die Kostenvorschriften des FamFG (§§ 80ff.), sondern die der ZPO Anwendung finden. Das sind ua. die §§ 91, 269 Abs. 3 ZPO. In diesen Vorschriften wird als Rechtsmittel die sofortige Beschwerde nach §§ 567ff. ZPO bestimmt, die somit in Ehe- und Familienstreitsachen anzuwenden sind.[2] Dies entspricht auch dem Willen des Gesetzgebers, der diese Frage nicht für regelungsbedürftig hielt, da sich die Anfechtbarkeit mit der sofortigen Beschwerde nach §§ 567ff. ZPO unmittelbar aus dem Gesetz ergebe.[3]

84 Rechtsmittelkosten
Das Gericht soll die Kosten eines ohne Erfolg eingelegten Rechtsmittels dem Beteiligten auferlegen, der es eingelegt hat.

A. Allgemeines 1
B. Einzelheiten
  I. Begriff der Erfolglosigkeit 2
  II. Rücknahme des Rechtsmittels 3
III. Zurückweisung/Verwerfung des Rechtsmittels 5
IV. Erfolg des Rechtsmittels 6

A. Allgemeines

1 Die Vorschrift sieht nicht notwendig eine Kostenfolge bei unbegründetem Rechtsmittel vor. Vielmehr „soll" das Gericht die Kosten eines ohne Erfolg eingelegten Rechtsmittels dem Beteiligten auferlegen, der es eingelegt hat. Damit ist dem Gericht in besonders gelagerten Fällen die Möglichkeit eröffnet, die Kosten nicht dem im Ergebnis erfolglosen Rechtsmittelführer aufzuerlegen.[4] Hinsichtlich der **Rücknahme** eines Rechtsmittels entsprach es auch früher in Anwendung von § 13a Abs. 1 Satz 1 FGG allgemeiner Praxis, im Regelfall die (außergerichtlichen) Kosten des Beschwerdeverfahrens dem Beschwerdeführer aufzuerlegen, aber bei besonderen Gegebenheiten des Einzelfalls davon abzuweichen.[5] So ist auch im Rahmen von § 84 zu verfahren, was auch den Motiven des Gesetzgebers entspricht.[6] Für **Ehesachen und Familienstreitsachen**, auf die die §§ 80ff. gem. § 113 Abs. 1 nicht anwendbar sind, verweist § 117 Abs. 2 Satz 1 für die Kostenentscheidung nach Beschwerderücknahme auf § 516 Abs. 3 ZPO, im Übrigen in § 113 Abs. 1 auf § 97 ZPO. Auch einem **Minderjährigen** können die Kosten eines erfolglosen Rechtsmittels auferlegt werden. Eine § 81 Abs. 3

---
1 BGH v. 8.5.2003 – I ZB 40/02, NJW-RR 2003, 1075 = MDR 2003, 1195 für § 91a ZPO.
2 BGH v. 28.9.2011 – XII ZB 2/11, FamRZ 2011, 1933; OLG Düsseldorf v. 18.10.2010 – 2 WF 123/10, FamRZ 2011, 496; OLG Jena v. 27.9.2010 – 1 WF 327/10, FamRZ 2011, 491; OLG Hamm v. 2.2.2011 – 8 WF 262/10, juris; OLG Oldenburg v. 8.10.2010 – 4 WF 226/10, FuR 2011, 112 = FamRZ 2011, 578; KG v. 29.6.2010 – 19 UF 28/10, NJW 2010, 3588; aA OLG Oldenburg v. 1.6.2010 – 14 UF 45/10, FamRZ 2010, 1831: Beschwerde nach § 58.
3 BT-Drucks. 16/12717, S. 60.
4 Begr. RegE, BT-Drucks. 16/6308, S. 216.
5 Vgl. Keidel/*Zimmermann*, 15. Aufl., § 13a FGG Rz. 42.
6 Die Begr. RegE, BT-Drucks. 16/6308, S. 216 stellt ausdrücklich fest, dass eine Rücknahme des Rechtsmittels für sich genommen die Auferlegung der Kosten nicht zwingend nach sich ziehe.

entsprechende Regelung enthält § 84 für die Rechtsmittelinstanz nicht, auf sie ist auch nicht verwiesen. Eine unmittelbare Anwendung[1] ist daher nicht möglich. Für eine Analogie fehlt es an einer Rechtsähnlichkeit der Konstellationen. Wenn der Minderjährige ein Rechtsmittel einlegt, ergreift er selbst die Initiative, die ggf. eine Kostenlast rechtfertigt. Sofern dies im Einzelfall nicht gerechtfertigt sein sollte, kann dem über die „Soll-Regelung" Rechnung getragen werden. Auch die frühere Regelung in § 94 Abs. 3 Satz 3 KostO, an die sich § 81 Abs. 3 anlehnt,[2] war nur auf die erste Instanz anwendbar.

B. Einzelheiten

I. Begriff der Erfolglosigkeit

„Ohne Erfolg" ist ein Rechtsmittel eingelegt, wenn es zurückgenommen,[3] als unzulässig verworfen oder als unbegründet zurückgewiesen wird. Die Regelung erfasst – wie bereits der frühere § 13a Abs. 1 Satz 2 FGG[4] – nur den Fall, dass das Rechtsmittel **in vollem Umfang** unbegründet oder unzulässig ist. Ist das Rechtsmittel teilweise begründet, ist § 81 anzuwenden,[5] wobei eine anteilige Kostenhaftung des Beschwerdeführers – je nach dem Umfang seines Unterliegens – in Betracht kommt. § 81 ist auch anzuwenden, wenn mehrere Beteiligte mit ihren im entgegengesetzten Sinn eingelegten Rechtsmitteln keinen Erfolg haben; es können nicht jedem Beteiligten die Kosten seines Rechtsmittels auferlegt werden, da dies mit der Einheitlichkeit der Kostenentscheidung unvereinbar wäre.

II. Rücknahme des Rechtsmittels

Bei der Rücknahme eines Rechtsmittels entspricht es regelmäßig der Billigkeit, dass der **Beschwerdeführer**, der das Rechtsmittelverfahren in Gang gebracht hat, die dadurch entstandenen Kosten zu tragen hat, es sei denn, dass besondere Umstände für eine andere Beurteilung sprechen.[6] Dabei können im Einzelfall auch die **Erfolgsaussichten** des Rechtsmittels berücksichtigt werden[7] sowie die Frage, in welchem Maße die Einlegung des Rechtsmittels bei objektiver Betrachtungsweise veranlasst war.[8] Für eine von diesem Grundsatz abweichende Entscheidung kann sprechen, dass es sich um Verfahren zwischen **Familienangehörigen** handelt (s. § 81 Rz. 13, str.).[9] Daher ist in Verfahren zur Regelung der elterlichen Sorge und zum Umgang auch nach einer Rücknahme des Rechtsmittels bei der Auferlegung von außergerichtlichen Kosten Zurückhaltung geboten.[10] Dieser Gesichtspunkt kann auch außerhalb der Familiensachen herangezogen werden,[11] wobei ihm bei eher vermögensrechtlichen Auseinandersetzungen geringeres Gewicht zukommt.[12]

---

1 So aber MüKo.ZPO/*Schindler*, § 84 FamFG Rz. 13; Schulte-Bunert/Weinreich/*Keske*, § 84 Rz. 3, 5.
2 Begr. RegE, BT-Drucks. 16/6308, S. 216.
3 Schulte-Bunert/Weinreich/*Keske*, § 84 Rz. 6; Keidel/*Zimmermann*, § 84 FamFG Rz. 19; Bahrenfuss/*Wittenstein*, § 84 FamFG Rz. 7; aA Bork/Jacoby/Schwab/*Müther*, § 84 FamFG Rz. 9.
4 BayObLG v. 14.1.1994 – 1 Z BR 106/93, BayObLGReport 1994, 21.
5 OLG Brandenburg v. 10.12.2009 – 10 WF 208/09, FamRZ 2010, 662; Zöller/*Herget*, § 84 FamFG Rz. 5.
6 KG v. 31.5.2011 – 1 W 278/11, FamRZ 2011, 1750; Schulte-Bunert/Weinreich/*Keske*, § 84 Rz. 6; zum früheren Recht: BGH v. 11.7.1958 – V ZB 13/58, BGHZ 28, 117/123; BayObLG v. 22.8.1997 – 1 Z BR 167/95, FamRZ 1998, 436; KG v. 24.8.1992 – 1 W 2765/92, NJW-RR 1993, 831.
7 OLG Nürnberg v. 16.3.2010 – 7 WF 237/10, FamRZ 2010, 1463.
8 KG v. 24.8.1992 – 1 W 2765/92, NJW-RR 1993, 831; BayObLG v. 22.12.1982 – 1 Z 92/82, JurBüro 1983, 748; Keidel/*Zimmermann*, § 84 FamFG Rz. 20.
9 AA Keidel/*Zimmermann*, § 84 FamFG Rz. 20.
10 OLG Karlsruhe v. 23.6.1988 – 16 UF 339/87, FamRZ 1988, 1303; OLG Hamm v. 21.9.1983 – 3 UF 452/83, FamRZ 1983, 1264.
11 BayObLG v. 11.4.2001 – 3 Z BR 117/01, FamRZ 2001, 1405 für ein Betreuungsverfahren, an dem zwei Brüder in gegensätzlichem Sinn beteiligt waren.
12 BayObLG v. 16.2.2001 – 1 Z BR 143/00 – Nachlassauseinandersetzung zwischen Vater und Sohn.

4 Von der Auferlegung zumindest der notwendigen Aufwendungen der übrigen Beteiligten kann **abgesehen** werden, wenn der Beschwerdeführer die Erfolglosigkeit seines Rechtsmittels nicht ohne weiteres erkennen konnte und es nach anwaltlicher Beratung alsbald zurückgenommen hat,[1] wenn er das Rechtsmittel bei schwieriger Rechtslage aufgrund eines gerichtlichen Hinweises zurückgenommen hat[2] oder wenn die Rechtsmittelrücknahme auf einer außergerichtlichen Einigung beruht.[3] Dasselbe kann im Einzelfall gelten, wenn der Beschwerdeführer das Rechtsmittel ausdrücklich nur vorsorglich eingelegt und alsbald zurückgenommen hat und es dem Beschwerdegegner zugemutet werden konnte, eigene Aufwendungen (Anwaltskosten) zunächst zurückzustellen.[4]

4a **Zuständig** für die Entscheidung ist grundsätzlich das Beschwerdegericht. Das erstinstanzliche Gericht ist zur Entscheidung berufen, wenn die Sache einschließlich der Kostenentscheidung zurückverwiesen wird (s. Rz. 7). Sofern die Beschwerde vor Abschluss des Abhilfeverfahrens zurückgenommen wird, hat das Ausgangsgericht über die Kosten zu entscheiden.[5] Dasselbe gilt, wenn sich die Beschwerde durch vollständige Abhilfe des Erstgerichts erledigt.[6]

III. Zurückweisung/Verwerfung des Rechtsmittels

5 Wenn das Rechtsmittel verworfen oder zurückgewiesen wird, sind die Kosten des Beschwerdeverfahrens in aller Regel dem erfolglosen **Beschwerdeführer** aufzuerlegen.[7] Eine Entscheidung über die notwendigen Aufwendungen anderer Beteiligter ist aber nicht veranlasst, wenn diese im Beschwerdeverfahren nicht angehört worden sind.[8]

IV. Erfolg des Rechtsmittels

6 Bei einem erfolgreichen Rechtsmittel ist eine Kostenentscheidung sowohl für die Beschwerdeinstanz[9] als auch für die Vorinstanz **nach § 81** zu treffen. Auf die Erläuterungen zu dieser Vorschrift wird verwiesen. Wenn ein anderer Beteiligter der Beschwerde nicht entgegengetreten ist, kann es auch in einer vermögensrechtlichen Angelegenheit gerechtfertigt sein, ihm nicht die außergerichtlichen Kosten des obsiegenden Beteiligten aufzuerlegen.[10] Sofern die Beschwerde nur aufgrund **neuen Vorbringens** Erfolg hat, das auch bereits in erster Instanz hätte vorgebracht werden können, entspricht es – wie nach § 97 Abs. 2 ZPO – grundsätzlich billigem Ermessen iSv. § 81 Abs. 1 Satz 1, dem Beschwerdeführer die Kosten des Beschwerdeverfahrens aufzuerlegen.[11] Regelmäßig dürfte dies auch ein Fall von § 81 Abs. 2 Nr. 4 sein.

7 Sofern das Rechtsmittelgericht den Beschluss der Vorinstanz aufhebt und die Sache **zurückverweist**, ist von ihm grundsätzlich eine Entscheidung über die Kosten des Rechtsmittelverfahrens nicht zu treffen, es sei denn, diese Kostenfrage ist von der noch zu treffenden Entscheidung über die Hauptsache unabhängig. Wegen der Einzelheiten s. § 82 Rz. 4 f.

---

1 BayObLG v. 12.3.1996 – 1 Z BR 122/95, FamRZ 1996, 1560.
2 BayObLG v. 22.8.1997 – 1 Z BR 167/95, FamRZ 1998, 436.
3 BayObLG v. 28.12.1994 – 1 Z BR 165/94.
4 KG v. 25.2.2003 – 1 W 472/02, FamRZ 2004, 710 = KGReport 2004, 117; Keidel/*Zimmermann*, § 84 FamFG Rz. 22.
5 KG v. 31.5.2011 – 1 W 278/11, FamRZ 2011, 1750.
6 KG v. 31.5.2011 – 1 W 278/11, FamRZ 2011, 1750.
7 KG v. 29.6.2010 – 19 UF 28/10, NJW 2010, 3588; Schulte-Bunert/Weinreich/*Keske*, § 84 Rz. 4f.
8 KG v. 29.11.2005 – 1 W 17/05, KGReport 2006, 131 – Erbscheinsverfahren.
9 OLG Brandenburg v. 10.12.2009 – 10 WF 208/09, FamRZ 2010, 662; OLG Nürnberg v. 17.12.2009 – 7 WF 1483/09, FamRZ 2010, 998.
10 OLG Düsseldorf v. 28.3.2011 – 3 Wx 13/11, FGPrax 2011, 207.
11 OLG Karlsruhe v. 24.5.2012 – 18 UF 335/11, FamRZ 2013, 314; OLG Hamburg v. 9.6.2005 – 11 W 30/05, Der Konzern 2005, 758; Schulte-Bunert/Weinreich/*Keske*, § 84 Rz. 9.

§ 85 Kostenfestsetzung

Die §§ 103 bis 107 der Zivilprozessordnung über die Festsetzung des zu erstattenden Betrags sind entsprechend anzuwenden.

A. Allgemeines 1
B. Einzelheiten
 I. Voraussetzung der Kostenfestsetzung 2
 II. Festsetzungsverfahren 3
III. Festsetzungsentscheidung 6
IV. Änderung der Kostengrundentscheidung 8
V. Rechtsmittel gegen den Kostenfestsetzungsbeschluss 9

A. Allgemeines

Die Vorschrift entspricht inhaltlich dem früheren § 13a Abs. 3, 2. Halbs. FGG. Die in Bezug genommenen Vorschriften der ZPO lauten: **1**

§ 103
Kostenfestsetzungsgrundlage; Kostenfestsetzungsantrag

(1) Der Anspruch auf Erstattung der Prozesskosten kann nur auf Grund eines zur Zwangsvollstreckung geeigneten Titels geltend gemacht werden.

(2) Der Antrag auf Festsetzung des zu erstattenden Betrages ist bei dem Gericht des ersten Rechtszuges anzubringen. Die Kostenberechnung, ihre zur Mitteilung an den Gegner bestimmte Abschrift und die zur Rechtfertigung der einzelnen Ansätze dienenden Belege sind beizufügen.

§ 104
Kostenfestsetzungsverfahren

(1) Über den Festsetzungsantrag entscheidet das Gericht des ersten Rechtszuges. Auf Antrag ist auszusprechen, dass die festgesetzten Kosten vom Eingang des Festsetzungsantrags, im Falle des § 105 Abs. 3 von der Verkündung des Urteils ab mit fünf Prozentpunkten über dem Basiszinssatz nach § 247 des Bürgerlichen Gesetzbuchs zu verzinsen sind. Die Entscheidung ist, sofern dem Antrag ganz oder teilweise entsprochen wird, dem Gegner des Antragstellers unter Beifügung einer Abschrift der Kostenrechnung von Amts wegen zuzustellen. Dem Antragsteller ist die Entscheidung nur dann von Amts wegen zuzustellen, wenn der Antrag ganz oder teilweise zurückgewiesen wird; im Übrigen ergeht die Mitteilung formlos.

(2) Zur Berücksichtigung eines Ansatzes genügt, dass er glaubhaft gemacht ist. Hinsichtlich der einem Rechtsanwalt erwachsenden Auslagen für Post- und Telekommunikationsdienstleistungen genügt die Versicherung des Rechtsanwalts, dass diese Auslagen entstanden sind. Zur Berücksichtigung von Umsatzsteuerbeträgen genügt die Erklärung des Antragstellers, dass er die Beträge nicht als Vorsteuer abziehen kann.

(3) Gegen die Entscheidung findet sofortige Beschwerde statt. Das Beschwerdegericht kann das Verfahren aussetzen, bis die Entscheidung, auf die der Festsetzungsantrag gestützt wird, rechtskräftig ist.

§ 105
Vereinfachter Kostenfestsetzungsbeschluss

(1) Der Festsetzungsbeschluss kann auf das Urteil und die Ausfertigungen gesetzt werden, sofern bei Eingang des Antrags eine Ausfertigung des Urteils noch nicht erteilt ist und eine Verzögerung der Ausfertigung nicht eintritt. Erfolgt der Festsetzungsbeschluss in der Form des § 130b, ist er in einem gesonderten elektronischen Dokument festzuhalten. Das Dokument ist mit dem Urteil untrennbar zu verbinden.

(2) Eine besondere Ausfertigung und Zustellung des Festsetzungsbeschlusses findet in den Fällen des Absatzes 1 nicht statt. Den Parteien ist der festgesetzte Betrag mitzuteilen, dem Gegner des Antragstellers unter Beifügung der Abschrift der Kostenberechnung. Die Verbindung des Festsetzungsbeschlusses mit dem Urteil soll unterbleiben, sofern dem Festsetzungsantrag auch nur teilweise nicht entsprochen wird.

(3) Eines Festsetzungsantrags bedarf es nicht, wenn die Partei vor der Verkündung des Urteils die Berechnung ihrer Kosten eingereicht hat; in diesem Fall ist die dem Gegner mitzuteilende Abschrift der Kostenberechnung von Amts wegen anzufertigen.

§ 106
Verteilung nach Quoten

(1) Sind die Prozesskosten ganz oder teilweise nach Quoten verteilt, so hat nach Eingang des Festsetzungsantrags das Gericht den Gegner aufzufordern, die Berechnung seiner Kosten binnen einer Woche bei Gericht einzureichen. Die Vorschriften des § 105 sind nicht anzuwenden.

(2) Nach fruchtlosem Ablauf der einwöchigen Frist ergeht die Entscheidung ohne Rücksicht auf die Kosten des Gegners, unbeschadet des Rechts des letzteren, den Anspruch auf Erstattung nachträglich geltend zu machen. Der Gegner haftet für die Mehrkosten, die durch das nachträgliche Verfahren entstehen.

§ 107
Änderung nach Streitwertfestsetzung

(1) Ergeht nach der Kostenfestsetzung eine Entscheidung, durch die der Wert des Streitgegenstandes festgesetzt wird, so ist, falls diese Entscheidung von der Wertberechnung abweicht, die der Kostenfestsetzung zugrunde liegt, auf Antrag die Kostenfestsetzung entsprechend abzuändern. Über den Antrag entscheidet das Gericht des ersten Rechtszuges.

(2) Der Antrag ist binnen der Frist von einem Monat bei der Geschäftsstelle anzubringen. Die Frist beginnt mit der Zustellung und, wenn es einer solchen nicht bedarf, mit der Verkündung des den Wert des Streitgegenstandes festsetzenden Beschlusses.

(3) Die Vorschriften des § 104 Abs. 3 sind anzuwenden.

B. Einzelheiten

I. Voraussetzung der Kostenfestsetzung

2   Der Anspruch auf Erstattung der Kosten (verauslagte Gerichtskosten sowie eigene notwendige Aufwendungen) kann nur aufgrund eines zur Zwangsvollstreckung geeigneten **Titels** geltend gemacht werden. Dies sind die in § 86 genannten Vollstreckungstitel, also insbesondere Beschlüsse und gerichtliche Vergleiche. Beschlüsse müssen **wirksam** geworden sein (§ 86 Abs. 2). Wirksamkeit tritt gem. § 40 Abs. 1 im Regelfall mit Bekanntgabe an denjenigen ein, für den er seinem wesentlichen Inhalt nach bestimmt ist.[1] In besonders geregelten Fällen (zB §§ 40 Abs. 2 und 3, 116 Abs. 2 und 3, 184 Abs. 1 Satz 1, 198, 209 Abs. 2, 216 Abs. 1, 224 Abs. 1, 324 Abs. 1, 422 Abs. 1) wird der Beschluss erst mit Rechtskraft wirksam. In diesem Fall ist erst ab Rechtskraft die Kostenentscheidung ein tauglicher Vollstreckungstitel. Wenn hingegen die sofortige Wirksamkeit angeordnet worden ist (zB nach §§ 40 Abs. 3 Satz 2, 116 Abs. 3 Satz 2, 198 Abs. 1 Satz 1, 209 Abs. 2 Satz 2, 216 Abs. 1 Satz 2, 324 Abs. 2 Satz 1) erstreckt sich dies auch auf die Kostenentscheidung, so dass die Kosten festgesetzt werden können.[2] Die Rechtskraft ist ggf. durch Vorlage eines Rechtskraftzeugnisses (§ 46) nachzuweisen.[3] Auch wenn das Erstgericht (zB nach § 352 Abs. 2 Satz 2) die sofortige Wirksamkeit oder das Beschwerdegericht die Vollziehung (§ 64 Abs. 3) des Beschlusses aussetzt, bildet die darin enthaltene Kostengrundentscheidung keinen zur Vollstreckung geeigneten Titel (mehr).[4] Als **Vergleich** angeführt ist in § 86 Abs. 1 Nr. 2 nur der gerichtlich gebilligte Vergleich über eine Umgangsregelung (§ 156 Abs. 2), nicht aber der Vergleich nach § 36. Über die Verweisung in § 86 Abs. 1 Nr. 3 ua. auf § 794 Abs. 1 Nr. 1 ZPO ist aber auch ein nach § 36 geschlossener Vergleich ein Vollstreckungstitel, somit auch eine darin enthaltene Kostenregelung.

II. Festsetzungsverfahren

3   Der **Antrag** ist bei dem Gericht erster Instanz zu stellen, auch wenn die Kosten der Beschwerdeinstanz festgesetzt werden sollen. Eine Antragsfrist ist nicht vorgesehen, zunächst nicht angemeldete Kosten können nachträglich liquidiert werden. Eine Verwirkung kommt nur in kaum praktischen Ausnahmefällen in Betracht. Der dafür erforderliche Vertrauenstatbestand liegt jedenfalls noch nicht vor, wenn der Er-

---

1 Dazu § 40 Rz. 6 f.; Zöller/*Feskorn*, § 40 FamFG Rz. 3 ff.
2 MüKo.ZPO/*Schindler*, § 85 FamFG Rz. 4.
3 Zöller/*Herget*, § 104 ZPO Rz. 4.
4 Keidel/*Zimmermann*, § 85 FamFG Rz. 4; v. Eicken/Hellstab/Lappe/Madert/*Dörndorfer*, Rz. E 17.

stattungsberechtigte den Abschluss des Verfahrens abwartet, mag dieser auch erst nach Jahren erfolgen.[1] Sollen Kosten für oder gegen in dem Titel noch nicht bezeichnete **Rechtsnachfolger** festgesetzt werden, bedarf der Titel einer ergänzenden Klausel entsprechend § 727 ZPO;[2] Die in § 103 Abs. 2 Satz 2 ZPO angeführten Unterlagen sind dem Festsetzungsantrag beizufügen. Die Kostenfestsetzung obliegt dem Rechtspfleger (§ 21 Nr. 1 RPflG), der an die **Kostengrundentscheidung gebunden**[3] ist. Dogmatisch kaum zu begründen ist die teilweise[4] vertretene Ansicht, dass eine offenkundig gesetzwidrige Kostengrundentscheidung keine Bindungswirkung entfalte. Die Bindung besteht auch, wenn in ihr ausnahmsweise bereits über die Notwendigkeit der Beauftragung eines Rechtsanwalts (vgl. § 80 Rz. 10) entschieden wurde.[5] Sofern die Kostengrundentscheidung nicht eindeutig und eine vorrangige Klarstellung im Wege der Berichtigung (§ 42 Abs. 1) nicht zu erreichen ist, muss sie vom Rechtspfleger entsprechend dem Willen des Gerichts ausgelegt werden.[6] Sofern eine „Kostenaufhebung" angeordnet wird, die in §§ 80 ff. nicht vorgesehen ist, ist eine solche Regelung entsprechend § 92 Abs. 1 ZPO dahin auszulegen, dass jeder Beteiligte anteilig die Gerichtskosten und seine außergerichtlichen Auslagen zu tragen hat.[7] In einer Grundbuchsache ist die Entscheidung des Rechtspflegers, dass der Antrag „**kostenpflichtig zurückgewiesen**" werde, ohne anderweitige Anhaltspunkte nicht dahin zu verstehen, dass dem Antragsteller die Erstattung außergerichtliche Kosten eines anderen Beteiligten auferlegt werden.[8] In kontradiktorisch geführten Verfahren ist in der Regel das gegenteilige Verständnis gerechtfertigt.

Der Rechtspfleger prüft, ob die Entstehung der Kosten glaubhaft gemacht ist (§§ 104 Abs. 2, 294 ZPO) und die Aufwendungen dem Grunde nach erstattungsfähig (s. Erläuterung zu § 80) sind. Der Erstattungsberechtigte trägt die Darlegungs- und **Glaubhaftmachungslast** für die angemeldeten Kosten. Der Gegenseite ist – trotz der Formulierung in § 104 Abs. 1 Satz 3 ZPO – vor einer sie beschwerenden Entscheidung **rechtliches Gehör** zu gewähren.[9] Es darf nicht mehr als beantragt festgesetzt werden.[10] Sofern einzelne Gebührenpositionen nicht oder nicht in der angemeldeten Höhe entstanden sind, kann statt dieser eine andere, sich aus demselben Sachverhalt ergebende Gebühr auch ohne diesbezüglichen Antrag festgesetzt werden, sofern der beantragte Gesamtbetrag nicht überschritten wird.[11] Wenn es sich um einen anderen Sachverhalt handelt (zB Terminsreisekosten des Beteiligten als Auslagen statt Anwaltsgebühren), ist ein solcher Austausch hingegen nicht zulässig.[12] – Das Kostenfestsetzungsverfahren wird durch die **Insolvenz** eines Beteiligten unterbrochen, auch wenn zum Zeitpunkt der Eröffnung des Insolvenzverfahrens die Kostengrundentscheidung bereits rechtskräftig ist.[13]

4

---

1 v. Eicken/Hellstab/Lappe/Madert/*Dörndorfer* Rz. B 103.
2 OLG Köln v. 21.8.2012 – 2 Wx 181/12, FGPrax 2012, 282 = RVGreport 2012, 468; für Festsetzung in ZPO-Verfahren BGH v. 13.4.2010 – VIII ZB 69/09, FamRZ 2010, 1160.
3 OLG Köln v. 21.8.2012 – 2 Wx 181/12, FGPrax 2012, 282 = RVGreport 2012, 468; BGH v. 9.2.2006 – VII ZB 59/05, NJW-RR 2006, 810.
4 KG v. 12.1.2011 – 5 W 50/10, AGS 2012, 45 mit abl. Anm. *Schneider*.
5 OLG Zweibrücken v. 4.4.2003 – 3 W 56/03, FGPrax 2003, 220.
6 KG v. 18.12.2001 – 1 W 445/01, KGReport 2002, 92 = MDR 2002, 722.
7 OLG Nürnberg v. 17.11.2004 – 7 WF 3739/04, FamRZ 2005 = OLGReport 2005, 155, 1000; OLG Brandenburg v. 12.4.2005 – 9 UF 58/05, OLGReport 2005, 931.
8 OLG Köln v. 21.8.2012 – 2 Wx 181/12, FGPrax 2012, 282 = RVGreport 2012, 468 (*Hansens*).
9 BVerfG v. 29.11.1989 – 1 BvR 1011/88, NJW 1990, 1104; BVerfG v. 7.12.1982 – 2 BvR 1118/82, NJW 1983, 2187; OLG Düsseldorf v. 26.4.2011 – 24 W 29/11, MDR 2011, 1500; OLG Dresden v. 2.11.2000 – 5 W 1773/00, NJW-RR 2001, 861; OLG Brandenburg v. 7.1.1999 – 8 W 542/98, NJW 1999, 1268.
10 OLG Hamburg v. 17.3.2005 – 8 W 22/05, MDR 2005, 1138.
11 OLG Karlsruhe v. 14.8.2004 – 5 WF 134/03, FamRZ 2004, 966; v. Eicken/Hellstab/Lappe/Madert/*Dörndorfer*, Rz. B 71.
12 KG v. 13.12.1977 – 1 W 2912/77, KostRspr. ZPO § 104 (B) Nr. 12 (LS) mit zust. Anm. v. Eicken; v. Eicken/Hellstab/Lappe/Madert/*Dörndorfer*, Rz. B 72.
13 BGH v. 15.5.2012 – VIII ZB 79/11, MDR 2012, 990 = RVGreport 2012, 309 (*Hansens*).

5 **Einwendungen** gegen die angemeldeten Kosten sind nur eingeschränkt zulässig. Das Kostenfestsetzungsverfahren ist ein reines Betragsverfahren, Einwendungen gegen die Kostengrundentscheidung können daher nicht mehr erhoben werden. Unzulässig sind grundsätzlich auch **materiell-rechtliche** Einwendungen gegen den Erstattungsanspruch, wie Erfüllung, Verzicht,[1] Aufrechnung.[2] Von diesem Grundsatz wird aus prozessökonomischen Gründen eine Ausnahme gemacht, wenn die tatsächlichen Voraussetzungen und die materiell-rechtlichen Wirkungen **unstreitig** oder rechtskräftig festgestellt sind[3] oder vom Rechtspfleger im Festsetzungsverfahren ohne Schwierigkeiten aus den Akten ermittelt werden können.[4] Unerheblich ist, wenn sich der Kostengläubiger in einem solchen Fall allein darauf beruft, im Kostenfestsetzungsverfahren sei eine Aufrechnung unzulässig.[5] Die Geständnisfiktion des § 138 Abs. 3 ZPO reicht für sich genommen für eine Berücksichtigung der Einwendung nicht aus (str.),[6] denn der Erstattungsgläubiger hat grundsätzlich keinen Anlass, sich zu in dem Festsetzungsverfahren unzulässigen Einwendungen zu äußern. Eine Geständniswirkung kann dem Schweigen daher nur beigemessen werden, wenn der Erstattungsberechtigte sich trotz entsprechender Aufforderung des Gerichts zu der Einwendung nicht äußert.[7] Zulässig sind Einwendungen **zur Höhe** der angemeldeten Kosten, dass zB bestimmte anwaltliche Gebühren nicht oder nicht in der geltend gemachten Höhe entstanden oder die zur Erstattung angemeldeten Gerichtskosten zu Unrecht angesetzt seien.[8] Im Kostenfestsetzungsverfahren nicht zulässige Einwendungen führen dazu, dass die Kosten ohne ihre Berücksichtigung festgesetzt werden. Die Einwendungen sind durch **Vollstreckungsabwehrantrag** (§ 767 ZPO iVm. § 95 Abs. 1) geltend zu machen, die Beschränkung von § 767 Abs. 2 ZPO besteht insoweit nicht.[9]

III. Festsetzungsentscheidung

6 Da der Kostenfestsetzungsbeschluss ein eigenständiger Vollstreckungstitel ist (§ 86 Abs. 1 Nr. 1), muss er ein volles Rubrum enthalten, ebenso eine Begründung, sofern in ihm streitig entschieden wird, also der Antrag teilweise zurückgewiesen oder trotz Widerspruchs des Schuldners eine Position festgesetzt wird.[10] Im Kostenfestsetzungsverfahren erster Instanz ergeht grundsätzlich keine **Kostenentscheidung**. Denn Gerichtsgebühren werden nicht erhoben, der Anwalt erhält keine zusätzliche Gebühr (§ 16 Nr. 10 RVG). Sind die Kosten ganz oder teilweise nach Quoten verteilt, ergeht gem. § 106 ZPO ein einheitlicher Beschluss, mit dem die **Kosten ausgeglichen** werden. Sofern hinsichtlich einzelner Kosten (zB einer Beweisaufnahme) differenziert wird, liegt kein Fall des § 106 ZPO vor. Die Kosten sind dann nicht auszugleichen, sondern getrennt festzusetzen.[11] Wenn die nach § 106 Abs. 1 Satz 1 ZPO gesetzte Frist abgelaufen ist, ergeht eine Entscheidung ohne Berücksichtigung der nicht angemeldeten Kosten, sofern sie nicht bis zum tatsächlichen Erlass des Beschlusses noch nachgereicht werden. Auch mit der Beschwerde kann die Einbeziehung nicht mehr geltend gemacht werden,[12] eine nachträgliche Anmeldung und Fest-

---

1 OLG Nürnberg v. 3.5.2000 – 13 W 1306/00, MDR 2000, 908.
2 BGH v. 15.11.1951 – IV ZR 72/51, BGHZ 3, 381.
3 OLG Hamburg v. 22.11.2002 – 8 W 203/02, MDR 2003, 294; OLG München v. 26.10.1998 – 11 W 2387/98, OLGReport 2000, 30.
4 BGH v. 22.12.2006 – IV ZB 18/06, NJW-RR 2007, 422.
5 KG v. 25.1.1993 – 1 W 5846/82, MDR 1984, 150.
6 AA Zöller/*Herget*, § 104 ZPO Rz. 21 „materiell-rechtliche Einwendungen".
7 v. Eicken/Hellstab/Lappe/Madert/*Dörndorfer*, Rz. B 93; KG v. 4.7.1975 – 1 W 498/75, MDR 1976, 406; aA OLG Hamm v. 1.12.1976 – 23 W 766/76, MDR 1977, 408: ausdrückliches Zugestehen erforderlich.
8 OLG Celle v. 12.1.2010 – 2 W 2/10, AGS 2010, 359 = RVGreport 2010, 154 (*Hansens*); OLG Dresden v. 2.11.2000 – 5 W 1773/00, MDR 2001, 476.
9 BGH v. 15.11.1951 – IV ZR 72/51, BGHZ 3, 381.
10 OLG Frankfurt v. 28.8.2009 – 11 W 55/09, Rpfleger 2010, 111 = RVGreport 2010, 73 (*Hansens*).
11 OLG Köln v. 27.1.1992 – 17 W 499/90, OLGReport 1992, 268; KG v. 10.8.1976 – 1 W 2714/76, Rpfleger 1977, 10; aA OLG Bremen v. 12.9.1981 – 2 W 52/81, JurBüro 1981, 1734.
12 OLG Hamburg v. 17.3.2005 – 8 W 22/05, MDR 2005, 1138; OLG Koblenz v. 3.9.1999 – 14 W 593/99, OLGReport 2000, 200.

setzung ist aber gem. § 106 Abs. 2 ZPO möglich. Unbenommen bleibt die Möglichkeit der Aufrechnung der nachträglich festgesetzten Kosten, die ggf. durch Vollstreckungsabwehrantrag (§ 767 ZPO iVm. § 95 Abs. 1) geltend gemacht werden kann.

Die Ablehnung einer Kostenposition im Kostenfestsetzungsverfahren ist der materiellen **Rechtskraft** fähig.[1] Die materielle Rechtskraft der früheren Entscheidung steht einer erneuten Kostenfestsetzung entgegen, soweit derselbe Streitgegenstand betroffen ist. Dies erstreckt sich auf den ganzen geltend gemachten Gebührentatbestand, auch wenn der Antragsteller irrtümlich bei seinem ersten Kostenfestsetzungsantrag einen zu niedrigen Gegenstandswert zugrunde gelegt hat, sofern mit ihm erkennbar der gesamte Anspruch auf Erstattung der Verfahrensgebühr geltend gemacht wurde.[2] Die Rechtskraft erstreckt sich aber nur auf die im Antrag begehrten und im Beschluss beschiedenen Kostenpositionen. Sie steht einer Nachfestsetzung noch nicht beantragter Gebühren daher nicht entgegen.[3] Die Rechtskraft betrifft aber allein die Erstattungsfähigkeit als Folge der gerichtlichen Kostenentscheidung. Die rechtskräftige Verneinung der Erstattungsfähigkeit im Kostenfestsetzungsverfahren schließt deshalb die auf eine sachlich-rechtliche Erstattungspflicht gestützte Geltendmachung derselben Aufwendungen im Prozesswege unter dem Gesichtspunkt der Rechtskraft nicht aus,[4] es sei denn, der der Entscheidung zugrunde zu legende Sachverhalt ist in beiden Verfahren identisch.[5] Ebenso steht die Rechtskraft der Versagung eines materiell-rechtlichen Erstattungsanspruchs der auf denselben Sachverhalt gestützten Geltendmachung im Festsetzungsverfahren entgegen.[6] – § **107 ZPO** ermöglicht eine Durchbrechung der Rechtskraft der Festsetzungsentscheidung. Auf innerhalb einer Monatsfrist (§ 107 Abs. 2 ZPO) ab Verkündung oder Zustellung (formlose Mitteilung setzt die Frist nicht in Lauf[7]) der Wertänderung zu stellenden Antrag, nicht von Amts wegen, ist die Kostenfestsetzung an einen geänderten Verfahrenswert anzupassen. Nur insoweit wird eine Durchbrechung der Rechtskraft ermöglicht. Sofern im ursprünglichen Beschluss bestimmte Positionen aus verfahrenswertunabhängigen Gründen zuerkannt oder aberkannt wurden, verbleibt es dabei auch bei der Anpassungsentscheidung nach § 107 ZPO.[8] Eine Verzinsung beginnt mit dem Eingang des ursprünglichen Festsetzungsantrags, denn die Änderung des Gebührenwerts enthält keine Änderung des Festsetzungstitels.[9]

IV. Änderung der Kostengrundentscheidung

Der Kostenfestsetzungsbeschluss wird ohne weiteres **gegenstandslos**, wenn die ihm zugrunde liegende Kostengrundentscheidung aufgehoben oder – auch nur geringfügig – geändert wird.[10] Die Kosten des dadurch erledigten Festsetzungsverfahrens einschließlich eines Erinnerungsverfahrens und Beschwerdeverfahrens hat der Beteiligte zu tragen, der die Kostenfestsetzung betrieben hat.[11]

V. Rechtsmittel gegen den Kostenfestsetzungsbeschluss

Gem. §§ 11 Abs. 1 RPflG, 104 Abs. 3 Satz 1 ZPO findet gegen die Kostenfestsetzungsentscheidung die sofortige Beschwerde statt. Dieses Rechtsmittel ist zulässig, wenn

---

1 BGH v. 16.1.2003 – V ZB 51/02, NJW 2003, 1462 = MDR 2003, 476.
2 BGH v. 10.3.2011 – IX ZB 104/09, AGS 2011, 566 = RVGreport 2011, 309 (*Hansens*); aA OLG Hamm v. 18.2.1981 – 23 W 51/81, JurBüro 1982, 450.
3 BGH v. 1.6.2011 – XII ZB 363/10, FamRZ 2011, 1222.
4 BGH v. 24.4.1990 – VI ZR 110/89, NJW 1990, 2060 – Detektivkosten.
5 BGH v. 9.2.2012 – VII ZB 95/09, MDR 2012, 493.
6 BGH v. 9.2.2012 – VII ZB 95/09, MDR 2012, 493 = RVGreport 2012, 227 mit abl. Anm *Hansens*.
7 OLG München v. 1.3.1991 – 11 W 973/91, Rpfleger 1991, 340.
8 OLG Koblenz v. 19.11.1998 – 14 W 809/98, AGS 2000, 36; OLG Hamm v. 20.5.1983 – 23 W 689/82, Rpfleger 1983, 456.
9 v. Eicken/Hellstab/Lappe/Madert/*Dörndorfer*, Rz. B 139.
10 BGH v. 21.3.2013 – VII ZB 13/12, MDR 2013, 669; KG v. 9.3.1993 – 1 W 645/93, Rpfleger 1993, 462; OLG Düsseldorf v. 18.11.1980 – 6 WF 84/80, JurBüro 1981, 1097; v. Eicken/Hellstab/Lappe/Madert/*Dörndorfer*, Rz. E 18, B 140.
11 OLG Hamburg v. 25.10.1988 – 8 W 165/88, JurBüro 1989, 502 m. zust. Anm. *Mümmler*; OLG Düsseldorf v. 18.11.1980 – 6 WF 84/80, JurBüro 1981, 1097 m. zust. Anm. *Mümmler*.

§ 85

der Wert des Beschwerdegegenstandes **200 Euro** übersteigt. Für die Verweisung in dem früheren § 13a Abs. 3 FGG war anerkannt, dass der **Beschwerdewert** von § 567 Abs. 2 ZPO analog anwendbar sein sollte, da es an einer entsprechenden Regelung im FGG fehlte.[1] Nunmehr bestimmt § 61 Abs. 1, dass in vermögensrechtlichen Angelegenheiten eine Beschwerde nur zulässig ist, wenn der Wert des Beschwerdegegenstandes 600 Euro übersteigt. Damit ist aber nur der – sich am Wert von § 511 Abs. 2 Nr. 1 ZPO orientierende[2] – Wert für die Beschwerde nach § 58 geregelt. Für die gem. § 104 Abs. 3 Satz 1 ZPO eröffnete sofortige Beschwerde enthält das FamFG keine eigenständigen Vorschriften. Sofern in Einzelfällen die sofortige Beschwerde statthaft ist (zB nach §§ 42 Abs. 3 Satz 2, 79 Satz 2), wird auf die §§ 567 ff. ZPO verwiesen. Daher ist es gerechtfertigt, auch für die sofortige Beschwerde gegen den Kostenfestsetzungsbeschluss in Verfahren der freiwilligen Gerichtsbarkeit (weiterhin) § 567 Abs. 2 ZPO entsprechend anzuwenden.[3] Die §§ 567 ff. ZPO gestalten das Verfahren der nach § 85 FamFG iVm. § 104 Abs. 3 ZPO eröffneten sofortigen Beschwerde näher aus, werden also von der Verweisung in § 85 mit umfasst.[4] Dies entspricht auch dem Willen des Gesetzgebers. In der Begründung des RegE[5] wird festgestellt, dass sich das Gesetz an den Verhältnissen im Zivilprozess orientiert, soweit es ausnahmsweise die Anfechtung von Zwischen- und Nebenentscheidungen zulässt. Die §§ 567 bis 572 ZPO sähen ein für solche Entscheidungen angemessenes Verfahren mit kurzer, 14-tägiger Beschwerdefrist, originärem Einzelrichter sowie im Übrigen ein weitgehend entformalisiertes Rechtsmittelverfahren vor, in dem neue Tatsachen und Beweismittel zu berücksichtigen seien. Da nicht anzunehmen ist, dass der Gesetzgeber dieses Verfahren zB auf die Beschwerde gegen Entscheidungen zur Verfahrenskostenhilfe angewendet wissen wollte, nicht aber hinsichtlich des Kostenfestsetzungsverfahrens, ist davon auszugehen, dass er mit der Verweisung auf § 104 Abs. 3 ZPO auch die §§ 567 bis 572 ZPO einbeziehen wollte. Für eine entsprechende Anwendung von § 567 Abs. 2 Satz 2 ZPO spricht ebenfalls, dass diese Wertgrenze auch für Kostenbeschwerden nach §§ 66 Abs. 2 Satz 1, 68 Abs. 1 Satz 1 GKG, 4 Abs. 3 JVEG, 33 Abs. 3 Satz 1, 56 Abs. 2 Satz 1 RVG gilt. Sofern der Wert von 200 Euro nicht überstiegen wird, ist gegen den Kostenfestsetzungsbeschluss die **Rechtspflegererinnerung** gem. § 11 Abs. 2 RPflG eröffnet, die innerhalb der für die sofortige Beschwerde geltenden Zwei-Wochen-Frist einzulegen ist.[6] Maßgebend ist der Beschwerdewert nach einer eventuellen **teilweisen Abhilfe** durch den Rechtspfleger.[7]

10 Auch die anderen Vorschriften der §§ 567 bis 572 ZPO sind aus den vorgenannten Gründen nunmehr auf das **Beschwerdeverfahren** im Übrigen gegen einen Kostenfestsetzungsbeschluss entsprechend anzuwenden.[8] Unter Geltung des FGG wurde dies weitgehend abgelehnt, da das Kostenfestsetzungsverfahren ein fG-Verfahren bleibe.[9] Dieser systematische Gedanke ist für die Verweisung in § 85 nicht mehr tragfähig.

---

1 Jansen/*v. König* § 13a FGG Rz. 58 mwN; Keidel/*Zimmermann*, 15. Aufl., § 13a FGG Rz. 68.
2 BT-Drucks. 16/6308, S. 204.
3 v. Eicken/Hellstab/Lappe/Madert/*Dörndorfer*, Rz. E 18; Schulte-Bunert/Weinrich/*Keske*, § 85 FamFG Rz. 16; Keidel/*Zimmermann*, § 85 FamFG Rz. 16; MüKo.ZPO/*Schindler*, § 85 FamFG Rz. 37.
4 So bereits für § 13a FGG BGH v. 6.10.1960 – VII ZB 14/60, BGHZ 33, 205; OLG München v. 5.12.2006 – 32 Wx 158/06, MDR 2007, 620; Keidel/*Zimmermann*, 15. Aufl., § 13a FGG Rz. 68 für die inzwischen überholte Frage einer Abhilfemöglichkeit; aA Jansen/*v. König* § 13a FGG Rz. 60.
5 BT-Drucks. 16/6308, S. 203.
6 MüKo.ZPO/*Schindler*, § 85 FamFG Rz. 42;.
7 OLG Celle v. 19.3.2010 – 2 W 89/10, NdsRpfl 2010, 247 = RVGreport 2010, 468 (*Hansens*); KG v. 17.8.2006 – 5 W 21/06, MDR 2007, 235.
8 KG v. 8.11.2010 – 19 WF 183/10, RVGreport 2011, 60 (*Hansens*) = FamRZ 2011, 591; OLG Zweibrücken v. 3.5.2010 – 4 WLw 45/10, RdL 2010, 249; OLG Köln v. 15.7.2010 – 2 Wx 101/10, FGPrax 2010, 267; Schulte-Bunert/Weinrich/*Keske*, § 85 FamFG Rz. 16; Keidel/*Zimmermann*, § 85 FamFG Rz. 16;v. Eicken/Hellstab/Lappe/Madert/*Dörndorfer*, Rz. E 18.
9 Für generelle Anwendung des Verfahrensrechts des FGG: OLG Köln v. 10.4.2007 – 2 Wx 17/07, OLGReport 2008, 27; OLG Hamm v. 16.10.2004 – 23 W 180/03, JurBüro 2005, 87; Jansen/*v. König*, FGG § 13a Rz. 57; als obiter dictum auch BGH v. 28.9.2006 – V ZB 105/06, NJW 2007, 158; nicht eindeutig BGH v. 30.9.2004 – V ZB 16/04, FamRZ 2004, 1964; aA BGH v. 6.10.1960 – VII ZB 14/60, BGHZ 33, 205; OLG München v. 25.10.2006 – 32 Wx 145/06, OLGReport 2007, 363 für die Anwendung von § 568 ZPO.

Der Gesetzgeber hat dadurch, dass er für (andere) Zwischen- und Nebenentscheidungen die entsprechende Anwendbarkeit der zivilprozessualen Vorschriften über das Beschwerdeverfahren ausdrücklich angeordnet hat, die Entscheidung getroffen, dass Nebenverfahren der freiwilligen Gerichtsbarkeit auch nach den Regeln des Zivilprozesses durchzuführen sind. Der Sache nach ist eine unterschiedliche Verfahrensgestaltung danach, ob Kosten aus einem Verfahren des Zivilprozesses oder der freiwilligen Gerichtsbarkeit festgesetzt werden, ebenfalls nicht gerechtfertigt, da die zu entscheidenden prozessualen Fragen vergleichbar sind.

Für das Beschwerdeverfahren gelten daher folgende Grundsätze: Die Beschwerde kann sowohl bei dem Amtsgericht wie bei dem Beschwerdegericht eingelegt werden (§ 569 Abs. 1 Satz 1 ZPO). Sie hat **keine aufschiebende Wirkung** (§ 570 Abs. 1 ZPO), das Ausgangs- oder Beschwerdegericht kann aber die Vollziehung der angefochtenen Entscheidung aussetzen (§ 570 Abs. 2 und 3 ZPO).[1] Die Beschwerde soll begründet und kann auf neue Angriffs- und Verteidigungsmittel gestützt werden, § 571 Abs. 1 und 2 ZPO (s. auch Rz. 12). Das Beschwerdegericht entscheidet – vorbehaltlich der Übertragung auf den vollständig besetzten Spruchkörper – gem. § 568 ZPO durch den **Einzelrichter**, da die angefochtene Entscheidung von einem Rechtspfleger erlassen wurde. Das **Verschlechterungsverbot** gilt auch im Kostenfestsetzungsverfahren. Die einzelnen Posten der Kostenfestsetzung können aber ggf. durch andere ersetzt werden, wenn nur das Endergebnis sich nicht zum Nachteil des Rechtsmittelführers ändert.[2] Die **Kostenentscheidung** im Erinnerungs- und Beschwerdeverfahren ist in den fG-Verfahren nicht nach §§ 91 ff. ZPO zu treffen (str.). Da weder die §§ 104 ff. ZPO noch die §§ 567 ff. ZPO eine eigenständige Kostenregelung enthalten, sind – wie früher unter Geltung des FGG[3] – mangels anderweitiger Regelung die Kostenbestimmungen des FamFG anzuwenden, somit die §§ 80 ff.[4] Wie aus § 87 Abs. 4 und 5 ersichtlich, widersprechen sich die Anwendung der Kostenbestimmungen des FamFG und im Übrigen der Verfahrensvorschriften der ZPO nicht. In **Ehe- und Familienstreitsachen** (§§ 112, 121) bestimmt sich über die Verweisung in § 113 Abs. 1 das Kostenfestsetzungsverfahren unmittelbar nach §§ 104 ff. ZPO, eine Kostenentscheidung ergeht nach §§ 91 ff. ZPO. – Auch das Beschwerdeverfahren zur Kostenfestsetzung kann in der Hauptsache übereinstimmend für **erledigt erklärt** werden, die Kostenentscheidung ergeht nach § 91a ZPO[5] bzw. in fG-Verfahren nach § 83 (s.o.).

Die Beschwerde setzt voraus, dass der Beschwerdeführer durch die Entscheidung **beschwert** ist. Daran fehlt es, wenn der Rechtspfleger nach dem Festsetzungsantrag des Beschwerdeführers entschieden hat. Dementsprechend können nicht Gegenstand eines Kostenfestsetzungsantrags bildende Kosten mit der sofortigen Beschwerde nur dann geltend gemacht werden, wenn das Rechtsmittel unabhängig von der Anspruchserweiterung zulässig ist.[6] Andernfalls sind sie zur nachträglichen Festsetzung anzumelden. – **Beschwerdegericht** ist in Freiheitsentziehungssachen und in Sachen, die von den Betreuungsgerichten entschieden wurden (Betreuungssachen gem. §§ 271 ff., Unterbringungssachen gem. §§ 312 ff. sowie betreuungsgerichtliche Zuweisungssachen gem. §§ 340 f.), gem. § 72 Abs. 1 Satz 2 GVG das Landgericht. In den übrigen Angelegenheit der freiwilligen Gerichtsbarkeit und in den von den Familiengerichten entschiedenen Sachen ist das Oberlandesgericht gem. § 119 Abs. 1 Nr. 1 GVG auch für die sofortige Beschwerde in Kostenfestsetzungssachen zuständig.[7]

---

1 KG v. 8.11.2010 – 19 WF 183/10, RVGreport 2011, 60 (*Hansens*) = FamRZ 2011, 591.
2 BGH v. 9.2.2006 – VII ZB 59/05, BGHReport 2006, 687 = NJW-RR 2006, 810.
3 BGH v. 30.9.2004 – V ZB 16/04, NJW 2004, 3412; v. Eicken/Hellstab/Lappe/Madert/*Mathias*, 19. Aufl., Rz. E 25.
4 Wie hier OLG Köln v. 15.7.2010 – 2 Wx 101/10, FGPrax 2010, 267 (anders aber OLG Köln v. 21.8. 2012 – 2 Wx 181/12, FGPrax 2012, 282 = RVGReport 2012, 468 [*Hansens*]); Schulte-Bunert/ Weinrich/*Keske*, § 85 FamFG Rz. 18; MüKo.ZPO/*Schindler*, § 80 FamFG Rz. 34; aA Zöller/*Herget*, § 85 FamFG Rz. 3; Keidel/*Zimmermann*, § 85 FamFG Rz. 21.
5 KG v. 7.4.2009 – 2 W 116/08, AGS 2010, 205 = RVGreport 2010, 74 (*Hansens*).
6 BGH v. 16.11.2010 – VI ZB 79/09, MDR 2011, 199 = RVGreport 2011, 111 (*Hansens*); OLG Hamm v. 6.12.1995 – 23 W 468/95, JurBüro 1996, 262; KG v. 13.11.1990 – 1 W 6522/89, MDR 1991, 356; Zöller/*Herget*, ZPO, § 104 Rz. 21 „Beschwer".
7 Zöller/*Lückemann*, § 119 GVG Rz. 8.

13 Gegen die Entscheidung des Beschwerdegerichts ist die **Rechtsbeschwerde** zulässig, wenn sie durch das Oberlandesgericht zugelassen worden ist, § 574 ZPO. Eine Nichtzulassungsbeschwerde gibt es nicht. Die Rechtsbeschwerde ist zuzulassen, wenn die Rechtssache grundsätzliche Bedeutung hat oder die Fortbildung des Rechts oder die Sicherung einer einheitlichen Rechtsprechung eine Entscheidung des **Bundesgerichtshofs** erfordert. Dieser ist nunmehr einheitlich für die Entscheidung über die Rechtsbeschwerde zuständig, unabhängig davon, ob Beschwerdegericht das Landgericht oder das Oberlandesgericht ist.[1] Der Bundesgerichtshof ist an die Zulassung gebunden. Eine Rechtsbeschwerde ist aber trotz Zulassung unzulässig, wenn bereits die Beschwerde mangels Erreichens des erforderlichen **Beschwerdewerts** von 200 Euro (§ 567 Abs. 2 ZPO) unzulässig war.[2] Die Rechtsbeschwerde selbst setzt keine Mindestbeschwer voraus.[3]

14 **Kosten/Gebühren: Gericht:** Das Kostenfestsetzungsverfahren ist gebührenfrei. Auslagen sind aber zu erheben. Für das Beschwerdeverfahren fällt in Familiensachen eine Gebühr in Höhe von 50 Euro an (Nr. 1912 KV FamGKG). Diese Gebühr entsteht nur für den Fall, dass das Rechtsmittel verworfen oder zurückgewiesen wird. Wird das Rechtsmittel nur teilweise verworfen oder zurückgewiesen, kann das Gericht die Gebühr nach billigem Ermessen auf die Hälfte ermäßigen oder bestimmen, dass eine Gebühr nicht zu erheben ist. Im Bereich der Kostenordnung entsteht für das Beschwerdeverfahren eine Gebühr nach § 131 KostO. **RA:** Das Kostenfestsetzungsverfahren gehört zum Rechtszug (§ 19 Abs. 1 Satz 2 Nr. 14 RVG). Der RA, der Verfahrensbevollmächtigter ist, erhält keine besonderen Gebühren. Beschränkt sich die Tätigkeit des RA auf das Kostenfestsetzungsverfahren, erhält der RA eine Verfahrensgebühr nach Nr. 3403 VV RVG. Für das Erinnerungs- und das Beschwerdeverfahren entstehen Gebühren nach Nrn. 3500, 3513 VV RVG. Nach § 18 Abs. 1 Nr. 3 RVG sind jedes Erinnerungs- und jedes Beschwerdeverfahren eine besondere Angelegenheit, jedoch mit der Einschränkung, dass jeweils mehrere Verfahren über die Erinnerung und mehrere Verfahren über die Beschwerde in demselben Beschwerderechtszug dieselbe Angelegenheit sind (§ 16 Nr. 10 RVG).

Abschnitt 8
Vollstreckung

Unterabschnitt 1
Allgemeine Vorschriften

Literatur: *Cirullies*, FamFG und Vollstreckung, ZKJ 2010, 174; *Cirullies*, Vollstreckung aus Titel nach § 86 FamFG, FPR 2012, 473; *Dörndörfer*, Voraussetzungen der Vollstreckung, FPR 2012, 478; *Vogel*, Vollstreckung von Endentscheidungen nach dem FamFG, FPR 2011, 526.

§ 86 Vollstreckungstitel
(1) Die Vollstreckung findet statt aus
1. gerichtlichen Beschlüssen;
2. gerichtlich gebilligten Vergleichen (§ 156 Abs. 2);
3. weiteren Vollstreckungstiteln im Sinne des § 794 der Zivilprozessordnung, soweit die Beteiligten über den Gegenstand des Verfahrens verfügen können.

(2) Beschlüsse sind mit Wirksamwerden vollstreckbar.
(3) Vollstreckungstitel bedürfen der Vollstreckungsklausel nur, wenn die Vollstreckung nicht durch das Gericht erfolgt, das den Titel erlassen hat.

---

1 Die Entscheidung BGH v. 30.9.2004 – V ZB 16/04, NJW 2004, 3412, ist durch die neue Rechtslage überholt.
2 BGH v. 22.6.2010 – VI ZB 10/10, MDR 2010, 944.
3 BGH v. 28.10.2004 – III ZB 41/04, MDR 2005, 237; inzident BGH v. 5.12.2002 – I ZB 25/02, NJW 2003, 1127.

Vollstreckung § 86

A. Allgemeines
I. Entstehung 1
II. Systematik der Vollstreckung nach dem FamFG 2b
III. Allgemeine Vollstreckungsvoraussetzungen
  1. Überblick 6
  2. Inhaltliche Bestimmtheit des Titels 7
  3. Bezeichnung der Beteiligten 12
B. Inhalt der Vorschrift
I. Vollstreckungstitel (Absatz 1) 13
  1. Gerichtliche Beschlüsse (Nr. 1) ... 14
  2. Gerichtlich gebilligte Vergleiche iSd. § 156 Abs. 2 (Nr. 2) 15
  3. Weitere Vollstreckungstitel iSd § 794 ZPO (Nr. 3) 17
II. Vollstreckbarkeit (Absatz 2) 18
III. Vollstreckungsklausel (Absatz 3)
  1. Erforderlichkeit einer Vollstreckungsklausel 20
  2. Verfahren der Klauselerteilung ... 23
  3. Rechtsmittel 24
  4. Zweite vollstreckbare Ausfertigung; vollstreckbare Ausfertigung für und gegen den Rechtsnachfolger 25

A. Allgemeines

I. Entstehung

Abschnitt 8 (§§ 86 bis 96) regelt die Vollstreckung in Familiensachen und in Angelegenheiten der freiwilligen Gerichtsbarkeit (fG). **1**

Die Vollstreckung **in fG-Angelegenheiten** richtete sich früher nach § 33 FGG und ist nunmehr in §§ 86 ff. neu geregelt. Die Vollstreckung in den ZPO-Familiensachen erfolgte früher nach §§ 704–915h ZPO, dabei verbleibt es nach § 113 Abs. 1 Satz 1 und § 120 Abs. 1 für Ehesachen und Familienstreitsachen. **2**

Ausdrücklich geregelt ist nunmehr, aufgrund welcher Titel eine Vollstreckung stattfinden kann (§ 86 Abs. 1), wann Vollstreckungsreife eintritt (§ 86 Abs. 2), welche Titel einer Vollstreckungsklausel bedürfen (§ 86 Abs. 3), welches Gericht die Vollstreckung in Umgangs- und Kindesherausgabesachen betreibt (§ 88 Abs. 1), wann die Vollstreckung von Amts wegen oder auf Antrag erfolgt (§ 87 Abs. 1) und welches Rechtsmittel im Vollstreckungsverfahren statthaft ist (§ 87 Abs. 4). Die möglichen Vollstreckungsmaßnahmen sind gegenüber dem bisherigen Recht geändert und erweitert worden. **2a**

II. Systematik der Vollstreckung nach dem FamFG

§§ 86 ff. regeln die Vollstreckung in Familiensachen der freiwilligen Gerichtsbarkeit (§ 111 Nr. 2–7) und sonstigen Sachen der freiwilligen Gerichtsbarkeit. Die §§ 86 ff. gelten für alle ab dem 1.9.2009 eingeleiteten Vollstreckungsverfahren. Dies gilt auch dann, wenn der Vollstreckungstitel vor dem 1.9.2009 entstanden ist, da das Vollstreckungsverfahren ein selbständiges Verfahren iSv. Art. 111 Abs. 1 und 2 FGG-RG ist.[1] Zum Problem der Verhängung von Ordnungsmitteln nach § 89 bei Entscheidungen vor dem 1.9.2009 über den Umgang, in denen für den Fall der Zuwiderhandlung Zwangsmittel gem. § 33 FGG angedroht wurden, s. § 89 Rz. 11. **2b**

Die **§§ 86 und 87** enthalten allgemeine Vorschriften für die Vollstreckung und das Vollstreckungsverfahren. Die **§§ 88 bis 94** enthalten besondere Vorschriften für die Vollstreckung von Entscheidungen und gerichtlich gebilligten Vergleichen über die Herausgabe von Personen und die Regelung des Umgangs. Für sonstige Titel gelten die §§ 95 bis 96a. **2c**

Ergänzende Vorschriften über die Vollstreckung finden sich in § 53 für die Vollstreckung einer eA (regelmäßig keine Vollstreckungsklausel erforderlich, bei Bedarf Zulässigkeit der Vollstreckung vor der Zustellung an den Gegner), in § 209 Abs. 3 (Ehewohnungs- und Haushaltssachen) und in den §§ 214 Abs. 2, 216 (Gewaltschutz- **3**

---

1 BGH v. 1.2.2012 – XII ZB 188/11, FamRZ 2012, 533; BGH v. 17.8.2011 – XII ZB 621/10, FamRZ 2011, 1729; KG v. 27.1.2011 – 19 WF 220/10, FamRZ 2011, 1318; OLG Koblenz v. 10.6.2010 – 13 WF 326/10, FamRZ 2010, 1930; OLG Stuttgart v. 17.3.2010 – 16 WF 41/10, FamRZ 2010, 1594; OLG Karlsruhe v. 19.2.2010 – 5 WF 28/10, FamRZ 2010, 1103.

sachen). **Besondere Regelungen** enthalten auch die §§ 326 ff. (Vollziehung von Unterbringungsentscheidungen, insbesondere Zuführung in die Unterbringung, gem. § 167 Abs. 1 Satz 1 entsprechend anwendbar für Minderjährige) und §§ 422 Abs. 3, 4 und 424 (Vollziehung einer Freiheitsentziehung). Die Anerkennung und Vollstreckbarkeit ausländischer Entscheidungen ist in den §§ 107 bis 110 geregelt.

4   **Nicht anzuwenden** sind die Regelungen über die Vollstreckung in den §§ 86–96 gem. § 113 Abs. 1 Satz 1 **in Ehesachen** iSd. § 121 (insbesondere Scheidung und Aufhebung der Ehe) und **in Familienstreitsachen** iSd. § 112 (Unterhalt, Güterrecht, sonstige Familiensachen nach § 266 Abs. 1); gleiches gilt gem. § 270 für die entsprechenden **Lebenspartnerschaftssachen**. Die Vollstreckung in Ehesachen und Familienstreitsachen erfolgt nach § 120 Abs. 1 entsprechend §§ 704–915h ZPO. Zur Vollstreckung in Ehesachen und Familienstreitsachen s. die Kommentierung zu § 120.

5   Abschnitt 8 betrifft nur die Vollstreckung verfahrensabschließender Entscheidungen. **Nicht erfasst** ist daher die Durchsetzung von gerichtlichen Anordnungen mit vollstreckbarem Inhalt, die verfahrensleitenden Charakter haben (**Zwischenentscheidungen**), zB nach § 220 Abs. 3 (Mitwirkung bei der Klärung von Versorgungsanwartschaften), § 285 (Ablieferung der Betreuungsverfügung), § 358 (Ablieferung eines Testaments), § 404 Abs. 1 (Aushändigung von Schriftstücken an den Dispacheur), § 405 Abs. 2 (Einziehung der Dispache), § 1640 Abs. 3 BGB (Vorlage eines Vermögensverzeichnisses durch die Eltern), §§ 1892, 1893 Abs. 2 BGB (Einreichung einer Schlussrechnung und Rückgabe der Bestallungsurkunde durch den Vormund, Pfleger oder Betreuer), § 82 GBO (gerichtliche Anordnungen im Grundbuchberichtigungsverfahren). Diese werden (vorbehaltlich von Spezialregelungen) gem. **§ 35 durch Erlass von Zwangsmitteln** vollstreckt. Zur Abgrenzung von End- und Zwischenentscheidungen s. § 35 Rz. 1a.

III. Allgemeine Vollstreckungsvoraussetzungen

1. Überblick

6   Allgemeine Voraussetzungen für die Vollstreckung in fG-Verfahren sind
- das Vorliegen eines **Titels** iSd. § 86 Abs. 1 (Rz. 13),
- **Vollstreckbarkeit** des Titels gem. § 86 Abs. 2 (Rz. 18),
- **Zustellung** des Titels gem. § 87 Abs. 2 (dazu § 87 Rz. 8),
- sowie ggf. die Erteilung der **Vollstreckungsklausel** gem. § 86 Abs. 3 (Rz. 20).

Zudem muss der Titel inhaltlich **hinreichend bestimmt** sein (Rz. 7) und **die an der Vollstreckung Beteiligten bezeichnen** (Rz. 12).

2. Inhaltliche Bestimmtheit des Titels

7   Der Vollstreckungstitel muss den vollstreckbaren Anspruch **inhaltlich bestimmt** ausweisen. Dem Verpflichteten muss in dem Vollstreckungstitel ein aus dem Titel heraus ohne weiteres verständliches Verhalten aufgegeben sein. Jedes Vollstreckungsorgan hat von Amts wegen zu prüfen, ob der zur Zwangsvollstreckung vorgelegte Titel zur Durchführung der Zwangsvollstreckung geeignet ist. Gegenstand der Verpflichtung muss eine Handlung sein, die in der Entscheidungsformel genau bestimmt sein muss und sich nicht nur aus den Gründen oder Schlussfolgerungen ergeben darf.[1] Nur notfalls kann der Inhalt des Titels durch **Auslegung** festgestellt werden, wenn der Titel aus sich heraus für eine Auslegung genügend bestimmt ist oder jedenfalls sämtliche Kriterien für seine Bestimmbarkeit eindeutig festlegt.[2] Es genügt nicht, wenn lediglich auf Urkunden Bezug genommen wird, die nicht Bestandteil des

---

1 OLG München v. 26.10.2005 – 33 Wx 171/05, Rpfleger 2006, 73.
2 BGH v. 7.12.2005 – XII ZR 94/03, FamRZ 2006, 261; KG v. 8.11.2010 – 19 WF 112/10, FamRZ 2011, 588 betr. eine Umgangsregelung.

Titels sind, oder wenn sonst die Verpflichtung nur aus dem Inhalt anderer Schriftstücke ermittelt werden kann.[1]

Bei einem **Zahlungstitel** muss der zu vollstreckende Zahlungsanspruch betragsmäßig festgelegt sein oder sich zumindest aus dem Titel ohne weiteres errechnen lassen. Diesen Anforderungen genügt zB die Bestimmung „unter Anrechnung bereits gezahlter Beträge" nicht.[2] 8

In **Gewaltschutzsachen** (§§ 210 ff.) müssen Schutzanordnungen über ein Betretens- und Näherungsverbot genau festgelegt sein. Wird dem Schuldner zB nur allgemein verboten, die Gläubigerin „zu bedrohen" oder „zu belästigen", so stellen Telefonanrufe keine Zuwiderhandlung gegen die Gewaltschutzanordnung dar.[3] 9

Probleme wegen mangelnder Bestimmtheit treten besonders häufig bei der zwangsweisen Durchsetzung von **Umgangsregelungen** auf. Zu den diesbezüglichen Bestimmtheitsanforderungen s. ausf. § 89 Rz. 7. 10

Titel über die **Erteilung einer Auskunft** müssen die zu erteilenden Informationen eindeutig erkennen lassen und den Zeitraum enthalten, für den Auskunft erteilt werden soll. Die Titulierung, eine Auskunft „in geeigneter Weise zu belegen", ist zu unbestimmt und daher der Vollstreckung nicht fähig.[4] Die Belege, die vorgelegt werden sollen, müssen vielmehr im Einzelnen bezeichnet sein. 11

3. Bezeichnung der Beteiligten

Allgemeine Voraussetzung für die Vollstreckung ist auch, dass sie **zwischen den Beteiligten** erfolgt, die **in dem Vollstreckungstitel bezeichnet** sind. Die Beteiligten, für und gegen die vollstreckt werden soll, müssen namentlich so bezeichnet sein, dass ihre Identität eindeutig festgestellt werden kann (vgl. § 750 Abs. 1 Satz 1 ZPO). Nur entsprechend §§ 727 bis 729 ZPO kann ggf. für und gegen einen anderen Beteiligten vollstreckt werden. 12

B. Inhalt der Vorschrift

I. Vollstreckungstitel (Absatz 1)

Abs. 1 bestimmt, **aus welchen Titeln** die Vollstreckung betrieben werden kann. 13

1. Gerichtliche Beschlüsse (Nr. 1)

Gem. Nr. 1 stellen gerichtliche Beschlüsse einen Vollstreckungstitel dar. Die Regelung umfasst sowohl **Endentscheidungen** iSv. § 38 Abs. 1 Satz 1 als auch solche anderweitigen Beschlüsse, die verfahrensabschließende Entscheidungen enthalten, wie etwa Beschlüsse gem. den §§ 887, 888, 890 ZPO,[5] Einziehung eines unrichtigen Erbscheins nach § 2361 BGB,[6] Festsetzungsbeschlüsse betreffend Aufwendungsersatz, Aufwandsentschädigung oder Vergütung des Vormunds, Pflegers oder Betreuers nach den §§ 168, 292 oder Kostenfestsetzungsbeschlüsse gem. § 85 (vgl. § 85 Rz. 6).[7] Gerichtliche Beschlüsse iSd. Nr. 1 sind nicht eA nach §§ 49 ff. Keine Beschlüsse iSd. Nr. 1 sind dagegen verfahrensleitende Verfügungen und Anordnungen, auch wenn sie in Form eines Beschlusses ergehen (vgl. Rz. 5). **Urteile** können nur als Alttitel nach Art. 111 FGG-RG Vollstreckungstitel sein (Rz. 2b). 14

---

1 BGH v. 7.12.2005 – XII ZR 94/03, FamRZ 2006, 261.
2 BGH v. 7.12.2005 – XII ZR 94/03, FamRZ 2006, 261.
3 OLG Karlsruhe v. 19.9.2007 – 20 WF 104/07, NJW 2008, 450 f.
4 OLG Zweibrücken v. 24.7.2002 – 6 WF 25/02, FamRZ 2004, 1224.
5 BT-Drucks. 16/6308, S. 216; MüKo.ZPO/*Zimmermann*, § 86 FamFG Rz. 15; aA Keidel/*Giers*, § 86 FamFG Rz. 9 (nur Beschlüsse nach § 887 Abs. 2 ZPO); *Cirullies*, FPR 2012, 473 (nur Beschlüsse nach § 887 Abs. 2 ZPO und Zwangsmittelbeschlüsse nach § 888 ZPO).
6 Str.; wie hier Palandt/*Weidlich*, § 2361 BGB Rz. 9; Keidel/*Zimmermann*, § 35 FamFG Rz. 3, 9; Schulte-Bunert/*Weinreich*, § 35 FamFG Rz. 2; aA (Vollstreckung nach § 35) Staudinger/*Herzog*, § 2361 BGB Rz. 33 mwN; s. auch § 353 Rz. 15.
7 BT-Drucks. 16/6308, S. 216.

14a Beschlüsse sind nur nach §§ 86 ff. durchsetzbar, wenn sie einen **vollstreckbaren Inhalt** haben. Daran fehlt es zB bei Entscheidungen, durch die einem Elternteil die elterliche Sorge übertragen wird (etwa nach § 1671 Abs. 1 oder 2 BGB). Begehrt ein Elternteil, dem die Alleinsorge oder das Aufenthaltsbestimmungsrecht übertragen wurde, die Herausgabe des Kindes, so bedarf es zusätzlich einer ausdrücklichen gerichtlichen Herausgabeanordnung nach § 1632 Abs. 1, 3 BGB.[1] Gleiches gilt für die Herausgabe an den Vormund, wenn den Eltern die elterliche Sorge nach §§ 1666 f. BGB entzogen wurde.

2. Gerichtlich gebilligte Vergleiche iSd. § 156 Abs. 2 (Nr. 2)

15 Nr. 2 bestimmt, dass die Vollstreckung in Kindschaftssachen neben Titeln gem. Nr. 1 auch aus gerichtlich gebilligten Vergleichen iSd. § 156 Abs. 2 möglich ist. Diese sind nur in Umgangsverfahren (§§ 1684 Abs. 3, 1685 Abs. 3, 1686a Abs. 1 Nr. 1, Abs. 2 BGB) einschließlich des Vermittlungsverfahrens nach § 165 sowie in Verfahren betreffend die Herausgabe des Kindes (§ 1632 BGB) zulässig (ausf. zum Anwendungsbereich § 156 Rz. 47 ff.). Erforderlich ist eine ausdrückliche Billigung durch das Gericht, eine **bloße gerichtliche Protokollierung genügt nicht**.[2] Sonstige private Vereinbarungen der Eltern sind wie unter Geltung des § 33 FGG aF mangels Verfügungsbefugnis der Eltern über den Verfahrensgegenstand[3] nicht vollstreckbar,[4] auch wenn sie notariell beurkundet sind[5] oder im Rahmen einer Mediation bzw. mit Hilfe des Jugendamts (zB im Rahmen eines begleiteten Umgangs) getroffen wurden.

16 Die gerichtliche Billigung erfolgt **durch Beschluss**, der die als Vergleich aufgenommene Vereinbarung zum Vollstreckungstitel erhebt und Gegenstand der Vollstreckung ist (str., dazu ausf. § 156 Rz. 67 f.). Im Vollstreckungsverfahren sind daher die Voraussetzungen eines gerichtlichen Vergleichs nicht mehr zu prüfen, ein fehlerhafter gerichtlich gebilligter Vergleich ist regelmäßig nicht unwirksam, sondern gem. § 58 anfechtbar (str., ausf. zur Behandlung eines fehlerhaften gerichtlich gebilligten Vergleichs § 156 Rz. 72 f.). Zu weiteren Problemen der Vollstreckung gerichtlich gebilligter Vergleiche s. ferner § 87 Rz. 8 (Erforderlichkeit der Zustellung) und § 89 Rz. 10a (Hinweis auf die Möglichkeit der Vollstreckung durch Ordnungsmittel).

3. Weitere Vollstreckungstitel iSd. § 794 ZPO (Nr. 3)

17 Gem. Nr. 3 kann die Vollstreckung auch aus weiteren Titeln iSd. § 794 ZPO erfolgen. Soweit diese Titel auf Vereinbarungen zwischen den Beteiligten beruhen, wie etwa § 794 Abs. 1 Nr. 1 ZPO (gerichtlicher Vergleich) oder § 794 Abs. 1 Nr. 5 ZPO (vollstreckbare Urkunde), kommen diese gleichwohl nur als Vollstreckungstitel in Betracht, **soweit die Beteiligten über den Verfahrensgegenstand verfügen können** (dazu § 36 Rz. 8), zB in Ehewohnungs- und Haushaltssachen sowie in Gewaltschutzsachen (dazu § 95 Rz. 14 und § 96 Rz. 2a). In Umgangsverfahren und Verfahren über die Herausgabe einer Person sind mangels Verfügungsbefugnis der Eltern nur gerichtlich gebilligte Vergleiche iSv. Nr. 2 vollstreckbar (vgl. Rz. 15). Vergleiche über die elterliche Sorge oder (nur) über das Aufenthaltsbestimmungsrecht sind wegen fehlender Dispositionsbefugnis ebenfalls unzulässig (auch ein Vergleich über den Lebensmittelpunkt des Kindes[6]) und haben im Übrigen keinen vollstreckbaren Inhalt (vgl. Rz. 14).

---

1 OLG Hamm v. 9.6.2010 – 10 WF 92/10, FamRZ 2011, 234 (LS).
2 OLG Frankfurt v. 3.12.2012 – 1 WF 327/12, ZKJ 2013, 127; OLG Naumburg v. 10.8.2011 – 3 UF 170/11, FamFR 2012, 44.
3 BGH v. 11.5.2005 – XII ZB 120/04, FamRZ 2005, 1471 m. Anm. *Hammer* S. 1474.
4 BGH v. 1.2.2012 – XII ZB 188/11, FamRZ 2012, 533; BT-Drucks. 16/6308, S. 217, wonach die Rechtslage vor Inkrafttreten des FamFG insoweit fortgeschrieben werden sollte.
5 OLG Karlsruhe v. 13.10.1998 – 16 WF 98/98, FamRZ 1999, 325 zu § 33 FGG aF.
6 OLG Köln v. 31.1.2013 – 4 UF 233/12, FamFR 2013, 214.

II. Vollstreckbarkeit (Absatz 2)

Abs. 2 bestimmt, dass Beschlüsse in fG-Sachen **mit Wirksamwerden iSv. § 40** bereits kraft Gesetzes vollstreckbar sind, ohne dass es hierzu einer Vollstreckbarerklärung des Gerichts bedarf. Die Einlegung eines Rechtsmittels oder die Anhängigkeit eines Abänderungsverfahrens ändern an der Vollstreckbarkeit nichts, sie haben **keine aufschiebende Wirkung**. Es kommen aber eine Einstellung oder Beschränkung der Vollstreckung bei Abänderungsverfahren (§ 93 Abs. 2) sowie die Aussetzung oder Beschränkung der Vollstreckung bei einer Beschwerde (§ 64 Abs. 3) oder der Abänderung einer eA (§ 55) in Betracht. **18**

Grundsätzlich werden Beschlüsse nach § 40 Abs. 1 **mit der Bekanntgabe nach § 41** wirksam, dh. entweder durch Bekanntgabe nach § 41 Abs. 1 iVm. § 15 Abs. 2 durch Aufgabe zur Post oder Zustellung (die dann zugleich Zustellung nach § 87 Abs. 2 ist) oder durch mündliche Bekanntgabe nach § 41 Abs. 2 (ausf. § 41 Rz. 15). **19**

Nur ausnahmsweise werden vollstreckbare Beschlüsse erst **mit Eintritt der formellen Rechtskraft** wirksam, zB gem. § 96a Abs. 1 (Vollstreckung eines Anspruchs nach § 1598a BGB auf Duldung der Entnahme einer genetischen Probe), § 209 Abs. 2 Satz 1 (Endentscheidungen in Ehewohnungs- und Haushaltssachen), gem. § 216 (Endentscheidungen in Gewaltschutzsachen), gem. § 324 Abs. 1 (Genehmigung oder Anordnung einer Unterbringungsmaßnahme, gilt gem. § 167 Abs. 1 Satz 1 entsprechend für Minderjährige) und gem. § 422 Abs. 1 (Freiheitsentziehung). In diesen Fällen kann das Gericht aber die sofortige Wirksamkeit anordnen (§ 209 Abs. 2, § 216 Abs. 1 Satz 2, § 324 Abs. 2, § 422 Abs. 2). Dann sind diese Titel ebenfalls vor Eintritt der formellen Rechtskraft vollstreckbar. **19a**

EA sind bereits **mit Erlass** iSv. § 38 Abs. 3 Satz 3 (Übergabe an die Geschäftsstelle oder Bekanntgabe durch Verlesen der Beschlussformel) wirksam, wenn gem. § 53 Abs. 2 angeordnet wird, dass die Vollstreckung vor der Zustellung an den Verpflichteten zulässig ist (vgl. § 53 Rz. 6). Auch Hauptsacheentscheidungen in Ehewohnungssachen und Gewaltschutzsachen sind bereits mit Übergabe an die Geschäftsstelle wirksam, wenn die Zulässigkeit der Vollstreckung vor der Zustellung angeordnet wird (§§ 209 Abs. 3, 216 Abs. 2). **19b**

III. Vollstreckungsklausel (Absatz 3)

1. Erforderlichkeit einer Vollstreckungsklausel

Abs. 3 regelt die Erforderlichkeit einer Vollstreckungsklausel. Diese bescheinigt die Vollstreckungsreife des Vollstreckungstitels, also dessen Bestand und Vollstreckbarkeit. Sie ist für die Organe der Zwangsvollstreckung eine formelle Vollstreckungsvoraussetzung. Die Vollstreckung wird aufgrund einer mit der Vollstreckungsklausel versehenen Ausfertigung des Vollstreckungstitels (sog. vollstreckbare Ausfertigung) durchgeführt (entsprechend § 724 Abs. 1 ZPO[1]). Nach Abs. 3 ist eine Vollstreckungsklausel grundsätzlich **nicht erforderlich**, wenn die Vollstreckung durch das Gericht erfolgt, das den Titel in der Hauptsache erlassen hat. **20**

Erforderlich ist die Klausel dagegen, wenn die **Vollstreckung durch ein anderes Gericht** erfolgt, wie etwa bei der Herausgabe eines Kindes nach dessen Umzug (§ 88 Abs. 1), bei der Vollstreckung **durch den Gerichtsvollzieher** sowie bei der Vollstreckung **durch das Vollstreckungsgericht** (zB bei Pfändung einer Forderung gem. § 95 Abs. 1 FamFG iVm. §§ 828 ff. ZPO).[2] **21**

Für die Vollstreckung einer **eA** bedarf es dagegen nach § 53 Abs. 1 auch in den in Rz. 21 genannten Fällen keiner Vollstreckungsklausel, sondern nur, wenn die Vollstreckung für oder gegen eine nicht in dem Beschluss bezeichnete Person erfolgen soll (dazu § 53 Rz. 2). **22**

---

1 Keidel/*Giers*, § 86 FamFG Rz. 18.
2 Zöller/*Feskorn*, § 86 FamFG Rz. 13.

2. Verfahren der Klauselerteilung

23 Für das Verfahren der Erteilung der Vollstreckungsklausel gelten **§§ 724 bis 730 ZPO entsprechend**.[1] Zuständig für die Erteilung ist der Urkundsbeamte der Geschäftsstelle des Gerichts des ersten Rechtszugs; wenn das Verfahren bei einem höheren Gericht anhängig ist, der Urkundsbeamte der Geschäftsstelle dieses Gerichts (entsprechend § 724 Abs. 2 ZPO). Der Wortlaut der Klausel ergibt sich aus § 725 ZPO („Vorstehende Ausfertigung wird dem usw. [*Bezeichnung des Beteiligten*] zum Zwecke der Zwangsvollstreckung erteilt").

3. Rechtsmittel

24 Gegen die Erteilung der Vollstreckungsklausel kann der Verpflichtete entsprechend § 732 Abs. 1 ZPO **Erinnerung** einlegen. Wird die Erteilung verweigert, steht dem aus dem Titel Berechtigten die Erinnerung zu (entsprechend § 573 Abs. 1 Satz 1 ZPO). Gegen die Entscheidung über die Erinnerung findet die sofortige Beschwerde statt (§ 87 Abs. 4). Im Verfahren nach § 732 ZPO kann der Schuldner grundsätzlich nur Einwendungen erheben, die Fehler formeller Art zum Gegenstand haben. Materiell-rechtliche Einwendungen bleiben grundsätzlich unberücksichtigt.[2]

4. Zweite vollstreckbare Ausfertigung; vollstreckbare Ausfertigung für und gegen den Rechtsnachfolger

25 Besteht ein schutzwürdiger Grund dafür, kann entsprechend § 733 ZPO eine **zweite vollstreckbare Ausfertigung** erteilt werden. Unter den Voraussetzungen der §§ 727–729 ZPO kann auch eine vollstreckbare Ausfertigung für und gegen den **Rechtsnachfolger** erteilt werden (vgl. dazu auch § 53 Abs. 1, der die Möglichkeit der Vollstreckung einer eA für oder gegen einen anderen Beteiligten grundsätzlich voraussetzt; dazu auch § 929 Abs. 1 ZPO). Für die Erteilung einer zweiten vollstreckbaren Ausfertigung und für die Erteilung in den Fällen der §§ 727–729 ZPO ist der Rechtspfleger zuständig (§ 20 Nr. 13 und Nr. 12 RPflG). Gegen die Entscheidung des Rechtspflegers ist nach § 11 Abs. 1 RPflG mit § 87 Abs. 4 die sofortige Beschwerde statthaft.

87 *Verfahren; Beschwerde*

(1) Das Gericht wird in Verfahren, die von Amts wegen eingeleitet werden können, von Amts wegen tätig und bestimmt die im Fall der Zuwiderhandlung vorzunehmenden Vollstreckungsmaßnahmen. Der Berechtigte kann die Vornahme von Vollstreckungshandlungen beantragen; entspricht das Gericht dem Antrag nicht, entscheidet es durch Beschluss.
(2) Die Vollstreckung darf nur beginnen, wenn der Beschluss bereits zugestellt ist oder gleichzeitig zugestellt wird.
(3) Der Gerichtsvollzieher ist befugt, erforderlichenfalls die Unterstützung der polizeilichen Vollzugsorgane nachzusuchen. § 758 Abs. 1 und 2 sowie die §§ 759 bis 763 der Zivilprozessordnung gelten entsprechend.
(4) Ein Beschluss, der im Vollstreckungsverfahren ergeht, ist mit der sofortigen Beschwerde in entsprechender Anwendung der §§ 567 bis 572 der Zivilprozessordnung anfechtbar.
(5) Für die Kostenentscheidung gelten die §§ 80 bis 82 und 84 entsprechend.

A. Allgemeines 1	1. Einleitung von Amts wegen oder auf Antrag 2
B. Inhalt der Vorschrift	2. Örtliche Zuständigkeit 6
I. Einleitung des Verfahrens und Verfahrensabschluss (Absatz 1)	

---

1 Keidel/*Giers*, § 86 FamFG Rz. 18. Für die Vollstreckung nach § 95 folgt dies bereits aus dem Verweis auf die ZPO in § 95 Abs. 1.
2 BGH v. 16.4.2009 – VII ZB 62/08, Rpfleger 2009, 465.

3. Verfahrensabschließende Entscheidung ... 7
II. Zustellung des Vollstreckungstitels (Absatz 2) ... 8
III. Befugnisse des Gerichtsvollziehers (Absatz 3) ... 10
IV. Rechtsmittel (Absatz 4) ... 12
V. Kostenentscheidung (Absatz 5) ... 16

A. Allgemeines

§ 87 enthält **allgemeine Regelungen über das Vollstreckungsverfahren** und über Rechtsmittel gegen Vollstreckungsentscheidungen, die sowohl für die Vollstreckung der Herausgabe von Personen und von Umgangsregelungen (§§ 88 ff.) als auch für die Vollstreckung nach der ZPO gelten (§§ 95 ff.). Dabei entspricht Abs. 2 der Regelung in § 750 Abs. 1 Satz 1 ZPO, Abs. 4 entspricht § 793 ZPO und Abs. 5 entspricht § 891 Satz 3 ZPO. Ergänzend gelten die allgemeinen Vorschriften nach §§ 2 ff. sowie die Vorschriften über das Verfahren im ersten Rechtszug nach §§ 23 ff. 1

Das Vollstreckungsverfahren ist ein **selbständiges Verfahren**,[1] weil es sich nach besonderen Verfahrensvorschriften richtet und mit einer Endentscheidung abgeschlossen wird. Daher ist die örtliche Zuständigkeit gesondert zu prüfen (Rz. 6) und muss Verfahrenskostenhilfe nach §§ 76 ff. gesondert beantragt und bewilligt werden. 1a

B. Inhalt der Vorschrift

I. Einleitung des Verfahrens und Verfahrensabschluss (Absatz 1)

1. Einleitung von Amts wegen oder auf Antrag

Durch Satz 1 soll klargestellt werden, dass für die Einleitung und Durchführung des Vollstreckungsverfahrens auf die Art des fG-Verfahrens abzustellen ist.[2] Wenn das Erkenntnisverfahren von Amts wegen eingeleitet werden kann, wird auch die Vollstreckung **von Amts wegen** vom Gericht veranlasst und durchgeführt, zB in Verfahren wegen Gefährdung des Kindeswohls nach §§ 1666, 1666a BGB. Findet das Erkenntnisverfahren dagegen ausschließlich auf Antrag statt (zB in Ehewohnungs- und Haushaltssachen gem. § 203 Abs. 1 oder in Gewaltschutzsachen nach §§ 1, 2 GewSchG iVm. §§ 210 ff., bei Herausgabe eines Kindes nach § 1632 Abs. 1, 3 BGB), so ist auch für die Vollstreckung ein **Antrag erforderlich**. In **unechten Amtsverfahren**, die alternativ von Amts wegen oder auf Antrag eingeleitet werden können, zB Umgangsverfahren nach § 1684 Abs. 3, 4 oder § 1685 Abs. 3 BGB (nicht dagegen solche nach § 1686a Abs. 1 Nr. 1, Abs. 2 BGB, vgl. § 167a Rz. 6), kann das Verfahren sowohl von Amts wegen als auch auf Antrag eingeleitet werden. S. zur Abgrenzung von Amtsverfahren und Antragsverfahren die Kommentierung vor §§ 23, 24 Rz. 3 ff.; speziell zu Kindschaftssachen § 151 Rz. 35 ff. 2

Soweit für die Einleitung der Vollstreckung ein **Antrag** erforderlich ist, muss darin ein bestimmtes Ordnungs- oder Zwangsmittel nicht bezeichnet sein.[3] Aus dem Antragserfordernis folgt, dass der Antragsteller über das Vollstreckungsverfahren disponieren und es durch Antragsrücknahme gem. § 22 Abs. 1 beenden kann.[4] 3

Satz 2 enthält darüber hinaus ein ausdrückliches **Antragsrecht des Berechtigten auch in Amtsverfahren**. Berechtigter ist, wer durch eine Entscheidung eine verbesserte Rechtsposition erlangt und deshalb ein Interesse an ihrer Durchsetzung hat.[5] Entspricht das Gericht einem solchen Antrag nicht, hat es den Antrag durch Beschluss zurückzuweisen, der nach Abs. 4 mit der Beschwerde angefochten werden 4

---

1 BGH v. 1.2.2012 – XII ZB 188/11, FamRZ 2012, 533; BGH v. 17.8.2011 – XII ZB 621/10, FamRZ 2011, 1729.
2 BT-Drucks. 16/6308, S. 217.
3 Keidel/*Giers*, § 87 FamFG Rz. 9.
4 Zöller/*Feskorn*, § 87 FamFG Rz. 2.
5 Zöller/*Feskorn*, § 87 FamFG Rz. 3.

kann. Ohne einen Antrag nach Abs. 1 Satz 2 liegt die Durchsetzung eines Vollstreckungstitels auch in Amtsverfahren im pflichtgemäßen Ermessen des Gerichts.[1]

5   Das Gericht muss im Übrigen nicht von Amts wegen überwachen, ob eine vollstreckbare **Umgangsregelung** von den Beteiligten eingehalten wird, sondern tut dies regelmäßig nur auf Antrag des Berechtigten. Ein erzwungener persönlicher Umgang entspricht auch nicht immer dem Wunsch des umgangsberechtigten Beteiligten.

2. Örtliche Zuständigkeit

6   Die **örtliche Zuständigkeit** für die Vollstreckung ist in §§ 87 ff. nicht allgemein geregelt. Eine Regelung findet sich nur für die Vollstreckung der Herausgabe von Personen und von Umgangsregelungen in § 88 Abs. 1. In den übrigen Fällen ist die Zuständigkeit daher nach den allgemeinen Vorschriften unabhängig von derjenigen für das Ausgangsverfahren neu zu bestimmen.[2] Soweit wegen der Vollstreckung allerdings auf die Vorschriften der ZPO verwiesen wird (§ 95 Abs. 1) und dort die Zuständigkeit des Prozessgerichts des ersten Rechtszugs vorgesehen ist (§§ 887 Abs. 1, 888 Abs. 1, 890 Abs. 1 ZPO), muss es bei dessen Zuständigkeit auch für die Vollstreckung nach dem FamFG verbleiben.

3. Verfahrensabschließende Entscheidung

7   Auch im Vollstreckungsverfahren ergeht die abschließende Entscheidung des Gerichts durch **Beschluss** (§ 38 Abs. 1). Dies gilt gem. Satz 3 – anders als nach § 24 Abs. 2 – auch dann, wenn ein Antrag nach Satz 2 auf Vollstreckung eines von Amts wegen ergangenen Titels zurückgewiesen wird. Der Beschluss ist zu begründen (§ 38 Abs. 3 Satz 1) und hat eine Rechtsbehelfsbelehrung (§ 39) sowie nach Abs. 5 eine gesonderte Kostenentscheidung zu enthalten. Der Beschluss ist gem. Abs. 4 anfechtbar.

II. Zustellung des Vollstreckungstitels (Absatz 2)

8   Nach Abs. 2 ist weitere Voraussetzung der Vollstreckung die Zustellung des zu vollstreckenden **Beschlusses**. Nach einhelliger Auffassung gilt dies auch für **gerichtlich gebilligte Vergleiche** iSd. § 86 Abs. 1 Nr. 2, selbst wenn entgegen der hM nicht der Billigungsbeschluss, sondern der Vergleich als Vollstreckungsgrundlage angesehen wird (vgl. § 86 Rz. 16).[3] Dies gilt auch für **sonstige Titel nach § 86 Abs. 1 Nr. 3 iVm. § 794 ZPO**, die iÜ auch gem. § 95 Abs. 1 FamFG iVm. §§ 795, 750 Abs. 1 ZPO zuzustellen sind.[4] Die gleichzeitige Zustellung des Titels genügt (wie bei § 750 Abs. 1 Satz 1 ZPO). Die Zustellung erfolgt nach § 15 Abs. 2 Satz 1 Alt. 1 iVm. §§ 166 bis 195 ZPO von Amts wegen oder auf Betreiben der Beteiligten (dazu § 15 Rz. 28 ff., 54).

9   Abweichend davon kann bei der Vollstreckung einer eA (§ 53 Abs. 2), bei Endentscheidungen in Ehewohnungs- und Haushaltssachen (§ 209 Abs. 3 Satz 1) und in Gewaltschutzsachen (§ 216 Abs. 2 Satz 1) angeordnet werden, dass die **Vollstreckung vor Zustellung an den Verpflichteten** zulässig ist. Zur Vollstreckung eines Vergleichs in einer Gewaltschutzsache § 95 Rz. 14 und 96 Rz. 2a.

III. Befugnisse des Gerichtsvollziehers (Absatz 3)

10   Satz 1 regelt die **Befugnisse des Gerichtsvollziehers** bei der Vollstreckung. Dieser ist befugt, bei der Vollstreckung erforderlichenfalls die Unterstützung der polizeilichen Vollzugsorgane nachzusuchen. Satz 2 verweist auf § 758 Abs. 1 und 2, §§ 759 bis 763 ZPO. Der Gerichtsvollzieher ist damit befugt, zum Zwecke der Vollstreckung mit Einwilligung des Verpflichteten dessen Wohnung und Behältnisse zu durchsuchen (§ 758 Abs. 1 ZPO) und im Rahmen einer erlaubten Durchsuchung auch verschlos-

---

1 So für die Androhung eines Zwangsgeldes nach § 33 Abs. 3 FGG aF zB OLG Köln v. 18.2.2005 – 4 WF 24/05, FamRZ 2005, 2080.
2 Vgl. BGH v. 14.5.1986 – IVb ARZ 19/86 NJW RR 1986, 1007; BGH v. 4.10.1989 – IVb ARZ 26/89, FamRZ 1990, 35.
3 OLG Frankfurt v. 2.11.2011 – 5 WF 151/11, FamRZ 2012, 573.
4 Zöller/*Feskorn*, § 87 FamFG Rz. 4; Keidel/*Giers*, § 87 FamFG Rz. 12.

sene Türen und Behältnisse öffnen zu lassen (§ 758 Abs. 2 ZPO). Ohne Einwilligung des Verpflichteten bedarf es für die Wohnungsdurchsuchung eines richterlichen Durchsuchungsbeschlusses (nach § 91 oder nach § 95 Abs. 1 FamFG iVm. § 758a ZPO).

Der Gerichtsvollzieher hat bei Vollstreckungshandlungen in den Fällen des § 759 ZPO Zeugen zuzuziehen. Die Beteiligten des Vollstreckungsverfahrens haben Anspruch auf Einsicht in die Akten des Gerichtsvollziehers und auf Abschrift einzelner Aktenstücke (§ 760 ZPO). Der Gerichtsvollzieher muss nach Maßgabe des § 762 ZPO ein Protokoll über jede Vollstreckungshandlung aufnehmen, hat Aufforderungen nach der GVGA und Mitteilungen grundsätzlich mündlich zu erlassen und diese in das Protokoll aufzunehmen (§ 763 ZPO).

IV. Rechtsmittel (Absatz 4)

Abs. 4 bestimmt, dass gegen Entscheidungen im Vollstreckungsverfahren die **sofortige Beschwerde** nach §§ 567 bis 572 ZPO statthaft ist, unabhängig davon, oder der Richter oder der Rechtspfleger entschieden hat. Die sofortige Beschwerde findet auch dann statt, wenn das Gericht einem Antrag nach Abs. 1 Satz 2 auf Vornahme von Vollstreckungshandlungen nicht entspricht. Mit der sofortigen Beschwerde kann auch isoliert die Kostenentscheidung nach Abs. 5 angefochten werden.[1] Hat sich die Vollstreckung erledigt, kann die Beschwerde dennoch als Fortsetzungsfeststellungsantrag zulässig sein, um die Rechtswidrigkeit der Vollstreckungsentscheidung als schwerwiegenden Grundrechtseingriff feststellen zu lassen.[2]

Die sofortige Beschwerde ist entsprechend § 569 Abs. 1 Satz 1 ZPO innerhalb von **zwei Wochen** einzulegen. Aus der entsprechenden Anwendung der Beschwerdevorschriften (§ 570 Abs. 1 ZPO) ergibt sich weiter, dass sie sowohl hinsichtlich der Festsetzung von Zwangsmitteln[3] als auch von Ordnungsmitteln[4] **aufschiebende Wirkung** hat. Das erstinstanzliche Gericht hat gem. § 572 Abs. 1 ZPO zunächst zu entscheiden, ob es der Beschwerde abhilft, bevor es die Beschwerde dem Beschwerdegericht vorlegt.

Sachlich zuständig zur Entscheidung über die Beschwerde ist das OLG, mit Ausnahme der Freiheitsentziehungssachen und der von den Betreuungsgerichten entschiedenen Sachen (§ 119 Abs. 1a und b GVG). In den zuletzt genannten Fällen ist Beschwerdegericht das LG (§ 72 Abs. 1 Satz 2 GVG). Es ist auch zuständig für Entscheidungen des Vollstreckungsgerichts nach § 95 Abs. 1 FamFG iVm. § 828 ff. ZPO, zB bei Forderungspfändung.[5]

Gegen die Art und Weise der Vollstreckung durch den Gerichtsvollzieher ist die **Erinnerung** analog § 766 ZPO statthaft, gegen die Entscheidung über die Erinnerung findet die sofortige Beschwerde nach Abs. 4 statt.[6] Bei der ZPO-Vollstreckung nach § 95 sind neben der sofortigen Beschwerde nach Abs. 4 u.a. auch ein **Vollstreckungsgegenantrag** (§ 767 ZPO) und ein **Drittwiderspruchsantrag** (§ 771 ZPO) möglich (ausf. hierzu und zu den hiergegen statthaften Rechtsmitteln § 95 Rz. 22).

V. Kostenentscheidung (Absatz 5)

Nach Abs. 5 hat eine gesonderte **Kostenentscheidung** im Vollstreckungsverfahren zu ergehen, die sich nach den Grundsätzen richtet, die auch im Hauptsacheverfahren Anwendung finden (§§ 80 bis 82 und 84). Eine Sondervorschrift für die Vollstreckung nach §§ 88 ff. enthält § 92 Abs. 2.

---

1 OLG Hamm v. 13.4.2010 – 13 WF 55/10, FamRZ 2010, 1838.
2 OLG Brandenburg v. 27.8.2012 – 3 UF 41/12, FamRZ 2013, 802 in entsprechender Anwendung von § 62.
3 BT-Drucks. 16/6308, S. 217.
4 So zu §§ 888, 890 ZPO nunmehr BGH v. 17.8.2011 – I ZB 20/11, NJW 2011, 3791.
5 Zöller/*Feskorn*, § 87 FamFG Rz. 8.
6 MüKo.ZPO/*Zimmermann*, § 87 FamFG Rz. 10.

Unterabschnitt 2
Vollstreckung von Entscheidungen über die Herausgabe von Personen und die Regelung des Umgangs

88 Grundsätze
(1) Die Vollstreckung erfolgt durch das Gericht, in dessen Bezirk die Person zum Zeitpunkt der Einleitung der Vollstreckung ihren gewöhnlichen Aufenthalt hat.
(2) Das Jugendamt leistet dem Gericht in geeigneten Fällen Unterstützung.

A. Allgemeines	**B. Inhalt der Vorschrift**
I. Normzweck und Systematik der §§ 88 ff. ... 1	I. Örtliche Zuständigkeit (Absatz 1) ... 2
II. Anwendungsbereich der §§ 88 ff. ... 1a	II. Unterstützung durch das Jugendamt (Absatz 2) ... 5

Literatur: *Altrogge,* Das Urteil des BVerfG zur zwangsweisen Durchsetzung der Umgangspflicht und die Ordnungsmittel des FamFG, FPR 2009, 34; *Hammer,* Was ist Gewalt im Rahmen der Zwangsvollstreckung nach § 33 II FGG, FPR 2008, 413; *Harnacke,* Die Kindesherausnahmevollstreckung, DGVZ 2006, 17; *Salgo,* Wie man aus einer ungünstigen Situation eine das Wohl des Kindes gefährdende machen kann, FPR 2008, 401; *Völker,* Vollstreckung einer Entscheidung zur Herausgabe von Personen und zur Regelung des Umgangs, §§ 88 ff. FamFG, FPR 2012, 485.

A. Allgemeines

I. Normzweck und Systematik der §§ 88 ff.

1 § 88 regelt entgegen der amtlichen Überschrift keine Grundsätze für die Vollstreckung von Umgangs- und Herausgabetiteln, sondern zwei spezielle Fragen der Vollstreckung, nämlich in Abs. 1 die **örtliche Zuständigkeit** und in Abs. 2 die **Unterstützungspflicht des Jugendamts** bei Vollstreckungsmaßnahmen. Die allgemeinen Vollstreckungsvoraussetzungen ergeben sich aus §§ 86, 87 Abs. 2 (dazu § 86 Rz. 6 ff.). Für die Einleitung des Vollstreckungsverfahrens (von Amts wegen oder auf Antrag) gilt § 87 Abs. 1. Die zulässigen Vollstreckungsmaßnahmen ergeben sich aus §§ 89 bis 91 (Ordnungsmittel, unmittelbarer Zwang, Wohnungsdurchsuchung). Besondere Regelungen für das Vollstreckungsverfahren enthält § 92.

II. Anwendungsbereich der §§ 88 ff.

1a Nach §§ 88 ff. vollstreckbar sind entsprechend der amtlichen Überschrift des Unterabschnitts nur Titel, die den **Umgang mit dem Kind** regeln bzw. ausschließen[1] (§§ 1684 Abs. 3 und 4, 1685 Abs. 3, 1686a Abs. 1 Nr. 1, Abs. 2 BGB) oder aus denen sich die **Verpflichtung zur Herausgabe einer Person** ergibt. Dabei geht es hauptsächlich um die Herausgabe des Kindes an den Sorgeberechtigten, Pfleger oder Vormund (§§ 1632 Abs. 1 und 3, 1800, 1915 BGB), möglich ist aber auch die Herausgabe eines Betreuten an den Betreuer (§ 1908i iVm. § 1632 Abs. 1 und 3 BGB). Die Vollstreckung von Titeln über die Herausgabe des Kindes oder den Umgang nach dem Haager Kindesentführungsübereinkommen (HKEntfÜ), der Brüssel-IIa-VO (Verordnung [EG] Nr. 2201/2003), dem Haager Kindesschutzübereinkommen (KSÜ) bzw. dem Europäischen Sorgerechtsübereinkommen (SorgeRÜ) erfolgt nach § 44 IntFamRVG (s. Anh. 1 zu § 97 sowie § 110 Rz. 10).[2]

---

[1] OLG Celle v. 17.6.2011 – 10 UF 125/11, ZKJ 2011, 393: §§ 88 ff. seien insoweit eine „abweichende" Bestimmung" iSd. § 95 FamFG, ebenso OLG Saarbrücken v. 12.7.2010 – 6 UF 32/10, FamRZ 2011, 122 (LS.) = JAmt 2011, 167; Keidel/*Giers*, § 89 FamFG Rz. 4; aA (Vollstreckung nach § 95 Abs. 1 Nr. 4 iVm. § 890 ZPO) MüKo.ZPO/*Zimmermann*, § 95 FamFG Rz. 11.
[2] Vgl. etwa OLG Celle v. 21.5.2012 – 18 UF 171/11, FamRZ 2013, 391; OLG Karlsruhe v. 14.8.2008 – 2 UF 4/08, FamRZ 2008, 2223.

Als **vollstreckbare Titel** kommen Beschlüsse (§ 86 Abs. 1 Nr. 1) oder gerichtlich ge- **1b**
billigte Vergleiche (§ 86 Abs. 1 Nr. 2) in Betracht.[1]

Nicht erfasst ist die Herausgabe von persönlichen Gegenständen des Kindes, die **1c**
gem. § 95 Abs. 1 Nr. 2 nach den Vorschriften der ZPO (§§ 883 ff. ZPO) erfolgt. Sollen
gleichzeitig mit der Herausgabe des Kindes bzw. des Betreuten auch dessen persönliche Gegenstände herausgegeben werden, ist jedoch zur Vermeidung unterschiedlicher Zuständigkeiten von einer **Annexkompetenz** des nach § 88 Abs. 1 zuständigen
Gerichts zur Vollstreckung auch der persönlichen Gegenstände auszugehen.[2] Nach
§ 213a Nr. 6 Satz 2 GVGA dürfen allerdings Sachen, die das Kind sofort benötigt, wie
zB angemessen Kleidung für die Reise, Schulsachen usw. auch ohne gesonderten Titel anlässlich der Vollstreckung der Kindesherausgabe weggenommen werden.[3] **Auskunftsansprüche** nach §§ 1686, 1686a Abs. 1 Nr. 2 BGB werden (obwohl sie in § 151
Nr. 2 zusammen mit der Regelung des Umgangs genannt sind) nicht nach §§ 88 ff.
durch Ordnungsmittel vollstreckt, sondern als nicht vertretbare Handlung durch
Zwangsmittel nach § 95 Abs. 1 Nr. 3 iVm. § 888 ZPO.[4]

B. Inhalt der Vorschrift

I. Örtliche Zuständigkeit (Absatz 1)

Die Vollstreckung einer Umgangsregelung oder einer Herausgabeanordnung mit **2**
Ordnungsmitteln stellt gegenüber dem Ausgangsverfahren ein selbständiges Verfahren dar[5] mit der Folge, dass die örtliche Zuständigkeit neu zu prüfen ist.[6] Hierfür bestimmt Abs. 1, dass für die Vollstreckung das Gericht örtlich zuständig ist, in dessen
Bezirk die betroffene Person (das Kind, der Betreute) ihren **gewöhnlichen Aufenthalt**
hat. Diese Regelung deckt sich mit § 152 Abs. 2, wonach in Kindschaftssachen grundsätzlich das Gericht zuständig ist, in dessen Bezirk das Kind seinen gewöhnlichen
Aufenthalt hat, s. daher zum Begriff des gewöhnlichen Aufenthalts eines Kindes ausf.
§ 152 Rz. 13 ff. Dadurch soll der Tatsache Rechnung getragen werden, dass vor der
Festsetzung von Vollstreckungsmaßnahmen nicht selten ergänzende Ermittlungen
(zB zum Verschulden des Verpflichteten nach § 89 Abs. 4) durchgeführt werden müssen, was ggf. die Einschaltung der örtlichen Behörden (insbesondere des Jugendamts) erforderlich macht.[7] Zudem wird dadurch sichergestellt, dass das vollstreckende Gericht auch zuständig ist für eventuelle Abänderungsverfahren gem. § 166
Abs. 1, die im Zusammenhang mit der Durchsetzung der Umgangsregelung oder des
Herausgabeantrags eingeleitet werden, oder für ein Vermittlungsverfahren nach
§ 165. Eine einheitliche Zuständigkeit ist deshalb von Bedeutung, weil die Vollstreckung im Hinblick auf diese Verfahren möglicherweise nach § 93 Abs. 1 Nr. 4 oder 5
einzustellen ist.

Zuständigkeitsbegründend ist der gewöhnliche Aufenthalt des Kindes zum **Zeit-** **3**
punkt der Einleitung der Vollstreckung. Das bedeutet, dass die Vollstreckung nicht
notwendigerweise durch das Gericht erfolgt, das den zu vollstreckenden Titel erlassen hat. Wird der gewöhnliche Aufenthalt der betroffenen Person dagegen nach Einleitung des Vollstreckungsverfahrens (durch Umzug) verändert, lässt dies die örtliche
Zuständigkeit des ursprünglich zu Recht angerufenen Gerichts unberührt (Grundsatz der perpetuatio fori).

---

1 Soweit vertreten wird, Vollstreckungsgrundlage sei der Vergleich und nicht der gerichtliche
Billigungsbeschluss (vgl. § 86 Rz. 16), werden §§ 88 ff. dennoch für anwendbar erachtet, auch
wenn in der Überschrift des Unterabschnitts nur die Vollstreckbarkeit von „Entscheidungen"
genannt ist, vgl. § 156 Rz. 67.
2 Keidel/*Giers*, § 88 FamFG Rz. 3; MüKo.ZPO/*Zimmermann*, § 88 FamFG Rz. 7.
3 *Cirullies*, ZKJ 2010, 174, 178.
4 Musielak/*Borth*, § 95 FamFG Rz. 4; MüKo. BGB/*Hennemann*, § 1686 BGB Rz. 14.
5 BGH v. 1.2.2012 – XII ZB 188/11, FamRZ 2012, 533; BGH v. 17.8.2011 – XII ZB 621/10, FamRZ
2011, 1729.
6 OLG Frankfurt v. 27.9.2002 – 1 WF 157/02, FamRZ 2003, 321; BGH v. 4.10.1989 – IVb ARZ 26/89,
FamRZ 1990, 35; BGH v. 14.5.1986 – IVb ARZ 19/86, FamRZ 1986, 789.
7 BT-Drucks. 16/6308, S. 217.

4 Sachlich zuständig ist das Amtsgericht, dh. bei der Vollstreckung in Kindschaftssachen das Familiengericht, in Betreuungssachen das Betreuungsgericht. **Funktionell zuständig** für die Anordnung von Vollstreckungsmaßnahmen ist der Richter (§ 14 Abs. 1 Nr. 6 und 7 RPflG).

II. Unterstützung durch das Jugendamt (Absatz 2)

5 Abs. 2 normiert eine **Unterstützungspflicht des Jugendamts** gegenüber dem Gericht bei der Durchsetzung gerichtlicher Entscheidungen, die die Herausgabe oder das Umgangsrecht zum Gegenstand haben. Damit wurde die entsprechende Regelung in § 9 Abs. 1 Satz 2 Nr. 4 IntFamRVG auch für Fälle mit ausschließlich nationalem Bezug aufgegriffen.[1] Das Jugendamt hat dem Gericht Unterstützung zu leisten, wenn dies geeignet und erforderlich ist. Durch die Hinzuziehung eines Mitarbeiters des Jugendamts soll die Anwendung unmittelbaren Zwangs gem. § 90 möglichst entbehrlich gemacht bzw. durch Unterstützung des Gerichtsvollziehers in ihrer Wirkung möglichst gering gehalten werden.[2]

89 *Ordnungsmittel*

(1) Bei der Zuwiderhandlung gegen einen Vollstreckungstitel zur Herausgabe von Personen und zur Regelung des Umgangs kann das Gericht gegenüber dem Verpflichteten Ordnungsgeld und für den Fall, dass dieses nicht beigetrieben werden kann, Ordnungshaft anordnen. Verspricht die Anordnung eines Ordnungsgelds keinen Erfolg, kann das Gericht Ordnungshaft anordnen. Die Anordnungen ergehen durch Beschluss.
(2) Der Beschluss, der die Herausgabe der Person oder die Regelung des Umgangs anordnet, hat auf die Folgen einer Zuwiderhandlung gegen den Vollstreckungstitel hinzuweisen.
(3) Das einzelne Ordnungsgeld darf den Betrag von 25 000 Euro nicht übersteigen. Für den Vollzug der Haft gelten § 802g Abs. 1 Satz 2 und Abs. 2, die §§ 802h und 802j Abs. 1 der Zivilprozessordnung entsprechend.
(4) Die Festsetzung eines Ordnungsmittels unterbleibt, wenn der Verpflichtete Gründe vorträgt, aus denen sich ergibt, dass er die Zuwiderhandlung nicht zu vertreten hat. Werden Gründe, aus denen sich das fehlende Vertretenmüssen ergibt, nachträglich vorgetragen, wird die Festsetzung aufgehoben.

A. Allgemeines 1	III. Höhe des Ordnungsgeldes, Vollzug der Haft (Absatz 3) 12
B. Inhalt der Vorschrift	IV. Verschulden des Verpflichteten (Absatz 4)
I. Ordnungsmittel (Absatz 1)	1. Verschuldensvermutung 14
1. System der Ordnungsmittel 3	2. Keine inhaltliche Überprüfung des Titels 19
2. Verfahren 6	V. Wiederholte Festsetzung 20
3. Bestimmtheit des Titels 7	VI. Rechtsmittel 21
4. Zuwiderhandlung des Verpflichteten 7b	
5. Ermessen 8	
II. Hinweispflicht (Absatz 2) 10	

Literatur: S. § 88.

A. Allgemeines

1 § 89 regelt die Art und Weise der Vollstreckung eines Titels über die **Herausgabe von Personen** (insbesondere § 1632 Abs. 1, 3 BGB) und über die **Regelung** oder den **Ausschluss des persönlichen Umgangs** (§§ 1684 Abs. 3 und 4, 1685 Abs. 3, 1686a Abs. 1 Nr. 1, Abs. 2 BGB). Ausf. zum Anwendungsbereich § 88 Rz. 1a.

2 Zu den weiteren **Vollstreckungsvoraussetzungen** s. § 86 Rz. 6.

---

1 BT-Drucks. 16/6308, S. 217.
2 *Hammer*, FPR 2008, 413 (415).

B. Inhalt der Vorschrift

I. Ordnungsmittel (Absatz 1)

1. System der Ordnungsmittel

Nach Satz 1 sind zur zwangsweisen Durchsetzung von Herausgabe- und Umgangsanordnungen im Regelfall **Ordnungsgeld, ersatzweise Ordnungshaft** anzuordnen, falls das Ordnungsgeld nicht beigetrieben werden kann. Wenn der Verpflichtete trotz Beitreibung des Ordnungsgeldes den Umgang nicht gewährt bzw. das Kind nicht herausgibt, kann die Ordnungshaft auch nachträglich angeordnet werden.[1]

Anders als die früheren Zwangsmittel nach §§ 33 FGG aF dienen Ordnungsmittel nicht ausschließlich der Einwirkung auf den Willen der pflichtigen Person, um ein bestimmtes Verhalten in der Zukunft zu erreichen, sondern haben daneben **Sanktionscharakter**.[2] Die Ordnungsmittel sanktionieren einen in der Vergangenheit erfolgten Verstoß gegen einen gerichtlichen Beschluss. Deshalb können sie auch dann noch festgesetzt und vollstreckt werden, wenn die zu vollstreckende Handlung, Duldung oder Unterlassung wegen Zeitablaufs nicht mehr vorgenommen werden kann. Ordnungsmittel können auch dann festgesetzt werden, wenn der Verpflichtete zwischenzeitlich seinen Verpflichtungen im Zusammenhang mit einer Umgangsregelung nachkommt,[3] allerdings kann dies im Rahmen der Ermessensentscheidung bei der Höhe des Ordnungsgeldes Berücksichtigung finden (dazu Rz. 8).

Verspricht die Anordnung eines Ordnungsgeldes keinen Erfolg, kann das Gericht nach Satz 2 **sogleich Ordnungshaft** anordnen, dh. wenn im Hinblick auf die wirtschaftliche Situation des Verpflichteten davon auszugehen ist, dass dieses nicht betreibbar und daher wirkungslos sein wird.[4] Gerade durch die Möglichkeit der Ordnungshaft wollte der Gesetzgeber – entsprechend einer Empfehlung des Deutschen Familiengerichtstages[5] – die Effektivität der Vollstreckung von Umgangs- und Herausgabeentscheidungen erhöhen und dadurch die Sanktionsmöglichkeiten verschärfen.[6] Die Praxis zeigt sich bei der Anordnung von Ordnungshaft – wie schon bei der Verhängung von Zwangshaft nach § 33 FGG aF[7] – sehr zurückhaltend, wenn es um die **Durchsetzung des Umgangs** geht.[8] Unsicherheiten resultieren insbesondere daraus, dass es bisher kaum rechtstatsächliche Forschung und fachliche Diskussion dazu gibt, wie sich ein mittels Haft oder unmittelbarem Zwang gegen den betreuenden Elternteil erzwungener Umgang auf das Kind auswirkt und ob dieser tatsächlich noch mit dem Kindeswohl vereinbar ist.[9] Zudem müssen organisatorische Fragen geklärt werden, etwa von wem das Kind während der Haft betreut wird (Umgangselternteil, Großeltern o.ä.). Die Anordnung von Ordnungshaft sollte jedoch zumindest in den Fällen ernsthaft in Betracht gezogen werden, in denen das Kind trotz nachhaltiger und nicht nachvollziehbarer Verweigerung des betreuenden Elternteils den Umgang nicht ablehnt oder sogar ausdrücklich möchte. Bei der **Vollstreckung von Herausgabetiteln** ist die Ordnungshaft generell ein notwendiges und effektives Mittel, zB wenn der zur Herausgabe Verpflichtete den Aufenthaltsort des Kindes nicht nennen möchte oder im Falle eines Aufenthalts des Kindes im Ausland (ins-

---

1 Zöller/*Feskorn*, § 89 FamFG Rz. 2.
2 BT-Drucks. 16/6308, S. 218; BGH v. 17.8.2011 – XII ZB 621/10, FamRZ 2011, 1729.
3 BGH v. 23.10.2003 – I ZB 45/02, NJW 2004, 506 zu § 890 ZPO.
4 OLG Stuttgart v. 6.4.2006 – 17 UF 318/05, FamRBint 2007, 60.
5 Empfehlung des 16. Deutschen Familiengerichtstags, AK 20 (Europäisches Umgangsübereinkommen), FamRZ 2005, 1962 (1964) unter Hinweis auf ausländische Rechtsordnungen, welche die Ordnungshaft als „drastischere Maßnahme" vorsehen.
6 BT-Drucks. 16/6308, S. 2 und 218.
7 Ausdrückliche Androhung (nicht Festsetzung oder Vollzug) von Zwangshaft nach § 33 FGG aF in OLG Frankfurt v. 3.9.2002 – 1 UF 103/00, FamRZ 2002, 1585; OLG Dresden v. 25.4.2002 – 10 UF 260/01, FamRZ 2002, 1588.
8 *Gottschalk*, FPR 2007, 308; *Salgo*, FPR 2008, 401 (405); *Kölch/Fegert*, FamRZ 2008, 1573; Zöller/*Feskorn*, § 89 FamFG Rz. 11; anders vor allem *Völker/Clausius*, Sorge- und Umgangsrecht in der Praxis, § 6 Rz. 28 und Rz. 53ff. sowie *Völker*, FPR 2012, 485 (488).
9 *Salgo*, FPR 2008, 401 (405).

besondere eines Landes, in dem das HKEntfÜ nicht gilt) nicht die für eine Rückführung des Kindes nach Deutschland erforderlichen Voraussetzungen schaffen will.[1]

5a Sind sowohl Ordnungsgeld als auch Ordnungshaft erfolglos oder nicht Erfolg versprechend, kann nach § 90 auch die **Anwendung unmittelbaren Zwangs** angeordnet werden.

5b In der Praxis erweist sich die Vollstreckung von Umgangsregelungen oft als wenig effektiv, da Ordnungsgeld wegen schlechter finanzieller Verhältnisse des betreuenden Elternteils oft nicht beizutreiben ist und die Anordnung von Ordnungshaft oder die Anwendung unmittelbaren Zwangs gegenüber dem betreuenden Elternteil nur selten verhältnismäßig erscheint bzw. oft nicht als mit dem Kindeswohl vereinbare Umsetzung der Umgangsregelung anzusehen ist. Als **Alternativen zur Vollstreckung** kommen bei Umgangsverweigerung im Einzelfall in Betracht:[2]
- die Einsetzung eines Umgangspflegers gem. § 1684 Abs. 3 Satz 3 BGB in einem neuen Umgangs(abänderungs)verfahren (nicht im Vollstreckungsverfahren),
- die Beantragung eines gerichtlichen Vermittlungsverfahrens nach § 165 FamFG (seine Durchführung ist gem. § 92 Abs. 3 allerdings nicht Voraussetzung der Vollstreckung und hindert die parallele Vollstreckung grundsätzlich nicht),
- die Beantragung der Übertragung des Aufenthaltsbestimmungsrechts auf den bisherigen Umgangselternteil (§ 1671 Abs. 1 oder Abs. 2, 1696 BGB), nicht dagegen die Fremdunterbringung des Kindes nach §§ 1666, 1666a BGB,[3]
- die Beantragung der Kürzung des Unterhalts des betreuenden Elternteils in einem Unterhalts(abänderungs)verfahren wegen schwerwiegenden Fehlverhaltens (§ 1579 Nr. 7 BGB[4] bzw. § 1615l Abs. 3 Satz 1 iVm. § 1611 BGB[5]).

5c Hat der Umgangsberechtigte wegen vereitelten Umgangs **finanzielle Schäden** erlitten (insbesondere Kosten der Anreise, Kosten einer Urlaubsreise mit dem Kind) kann ein entsprechender Schadensersatzanspruch gem. § 280 Abs. 1 BGB bzw. § 823 BGB in einem Verfahren nach § 266 Abs. 1 Nr. 5 FamFG geltend gemacht werden (vgl. § 151 Rz. 11). Gleiches gilt für den betreuenden Elternteil, dem zB deshalb Betreuungskosten entstehen, weil der Umgangsberechtigte (und -verpflichtete) einen titulierten mehrwöchigen Ferienumgang nicht wahrnimmt. Das nach § 89 beigetriebene Ordnungsgeld steht nicht dem jeweils Vollstreckenden zu, sondern fließt in die Staatskasse (Rz. 12).

2. Verfahren

6 Die **Verfahrenseinleitung** erfolgt gem. § 87 Abs. 1 in Umgangsverfahren von Amts wegen oder auf Antrag (bei Umgangstiteln nach § 1686a Abs. 1 Nr. 1 BGB nur auf Antrag), die Vollstreckung eines Herausgabetitels nur auf Antrag (Ausnahme: § 1666, 1666a BGB), s. dazu § 87 Rz. 2 ff. Zur örtlichen Zuständigkeit s. § 88 Abs. 1, zum Verfahren § 92. Die Entscheidung über Ordnungsmittel nach § 89 ergeht nach Abs. 1 Satz 3 durch **Beschluss**.

3. Bestimmtheit des Titels

7 Unabdingbare Voraussetzung für die zwangsweise Durchsetzung einer Umgangsregelung ist deren hinreichende Bestimmtheit. Allerdings muss der Titel – anders als nach § 33 FGG aF – keine konkreten Handlungs- und Duldungspflichten vorsehen, da

---

1 Vgl. OLG Hamm v. 29.6.1993 – 2 WF 164/93, FamRZ 1993, 1479; ebensoMüKo.ZPO/*Zimmermann*, § 89 FamFG Rz. 29; Zöller/*Feskorn*, § 89 FamFG Rz. 11.
2 Ausf. Überblick bei *Gottschalk*, FPR 2007, 308 (309 ff.); MüKo. BGB/*Hennemann*, § 1684 BGB Rz. 73 ff.
3 BVerfG v. 28.2.2012 – 1 BvR 3116/11, FamRZ 2012, 1127; BGH v. 26.10.2011 – XII ZB 247/11, FamRZ 2012, 99; eingehend Staudinger/*Coester*, § 1666 Rz. 142 ff.
4 BGH v. 14.1.1987 – IVb ZR 65/85, FamRZ 1987, 567; BGH v. 14.3.2007 – XII ZR 158/04, FamRZ 2007, 882; OLG München v. 14.2.2006 – 4 UF 193/05, FamRZ 2006, 1605.
5 MüKo. BGB/*Born*, § 1615l BGB Rz. 64.

4. Zuwiderhandlung des Verpflichteten

7b Die Anordnung von Ordnungsmitteln erfordert die gerichtliche Feststellung, dass eine **Zuwiderhandlung** gegen den Titel durch den Verpflichteten erfolgt ist. Nicht ausreichend ist die bloße Ankündigung einer Zuwiderhandlung, da dies mit dem Sanktionscharakter der Ordnungsmittel nicht vereinbar wäre.[1] Zum Vertretenmüssen der Zuwiderhandlung s. Rz. 14 ff.

7c **Verpflichtete** eines Titels können nur Verfahrensbeteiligte des Erkenntnisverfahrens iSd. § 7 sein (dazu § 151 Rz. 54 ff.). Im Rahmen des Umgangs kommt zunächst eine Zuwiderhandlung des zur Gewährung des Umgangs Verpflichteten in Betracht, dh. des **betreuenden Elternteils**, der Pflegeeltern bzw. des Aufenthaltsbestimmungsberechtigten (zB neben einem sorgeberechtigten Elternteil auch ein Vormund oder Ergänzungspfleger mit entsprechendem Aufgabenkreis), der die Pflicht zur Gewährung des Umgangs einschließlich der hierzu ggf. erforderlichen Einwirkung auf das Kind hat.[2] Eine Zuwiderhandlung gegen einen Umgangstitel kann jedoch auch **durch den Umgangsberechtigten** erfolgen, der zur Wahrnehmung des Umgangs zugleich verpflichtet ist (§ 1684 Abs. 1 BGB). Dies betrifft nicht nur den Spezialfall, dass sich der Umgangselternteil grundsätzlich weigert, den Umgang wahrzunehmen (dazu Rz. 8), sondern auch den weitaus häufigeren Fall, dass der Umgangselternteil die im Titel festgelegten Umgangstermine immer wieder grundlos absagt, das Kind erst nach Ende der Umgangszeit abholt[3] oder es erst einen Tag später zurückbringt.

7d Ist in dem Umgangstitel ein begleiteter Umgang iSd. § 1684 Abs. 4 Satz 3 BGB vorgesehen, so ist dieser **weder gegen den Umgangsbegleiter noch das Jugendamt**, das den begleiteten Umgang nach § 18 Abs. 3 SGB VIII finanziert soll, **vollstreckbar**, selbst wenn diese im Erkenntnisverfahren Beteiligte waren.[4] Aus der einmal erklärten Bereitschaft, den Umgang zu begleiten, erwächst für den Umgangsbegleiter wie für das Jugendamt keine entsprechende dauerhafte Verpflichtung.[5] Denn ausweislich § 1684 Abs. 4 Satz 3 BGB ist Gegenstand eines Titels zum begleiteten Umgang allein die Regelung, dass der Umgang nur stattfinden darf, wenn ein mitwirkungsbereiter Dritter anwesend ist. Ist ein solcher Dritter nicht anwesend, ist der Umgang nicht durchführbar, und der Umgangstitel muss ggf. nach § 166 Abs. 1 abgeändert werden. Auch wenn die Mitwirkungsbereitschaft in einem gerichtlich gebilligten Vergleich erklärt wird, folgt daraus keine mit Ordnungsmitteln nach § 89 vollstreckbare (Selbst-)Verpflichtung.[6] Seitens des Jugendamts liegt vielmehr gem. § 34 SGB X eine Zusicherung der Bewilligung eines begleiteten Umgangs nach § 18 Abs. 3 SGB VIII vor, die im verwaltungsgerichtlichen Verfahren geltend zu machen ist.[7]

5. Ermessen

8 § 89 ist als Kann-Vorschrift ausgestaltet (statt wie noch im RegE als Soll-Vorschrift[8]). Die Festsetzung von Ordnungsmitteln wird daher in das **pflichtgemäße Ermessen des Gerichts** gestellt.[9] Damit soll der Rechtsprechung des BVerfG zur zwangsweisen Durchsetzung der Umgangspflicht eines den Umgang mit seinem Kind

---

1 Zöller/*Feskorn*, § 89 FamFG Rz. 4.
2 Vgl. OLG Hamm v. 12.7.2011 – 2 WF 156/11, FamRZ 2011, 1889; unzutreffend OLG Frankfurt v. 28.11.2012 – 1 WF 294/12, ZKJ 2013, 167 mit krit. Anm. *Finke*, FamFR 2013, 142, in dessen Fall der Ergänzungspfleger aber dem Titel nicht zuwider gehandelt hatte bzw. den kein Verschulden nach § 89 Abs. 4 traf. Zu diskutieren ist auch, ob im Falle einer Ergänzungspflegschaft oder Vormundschaft die Regelung in § 1837 Abs. 3 BGB eine Vollstreckung nach § 89 FamFG ausschließt; m.E. ist dies nicht der Fall, da § 1837 BGB lediglich die Aufsicht durch den Rechtspfleger betrifft, ebenso DIJuF-Rechtsgutachten, JAmt 2013, 208.
3 OLG Saarbrücken v. 10.1.2011 – 6 UF 126/10, FamRZ 2011, 826.
4 *Finke*, FamFR 2013, 142; **aA** OLG Frankfurt v. 28.11.2012 – 1 WF 294/12, FamRZ 2013, 809.
5 So zutreffend *Finke*, FamFR 2013, 142.
6 *Finke*, FamFR 2013, 142; **aA** OLG Frankfurt v. 28.11.2012 – 1 WF 294/12, FamRZ 2013, 809.
7 Dazu ausf. DIJuF-Rechtsgutachten, JAmt 2012, 648 (649).
8 BT-Drucks. 16/6308, S. 29.
9 BGH v. 17.8.2011 – XII ZB 621/10, FamRZ 2011, 1729 (1731).

§ 89 Abs. 1 lediglich die Zuwiderhandlung gegen eine Umgangsregelung erfordert.[1] Die Umgangsregelung muss genaue und erschöpfende Bestimmungen über Art, Ort und Zeit des Umgangs mit dem Kind enthalten,[2] wobei im Falle des **unbegleiteten Umgangs** regelmäßig die Festlegung der genauen Umgangszeiten ausreichend ist.[3] Entgegen der zu § 33 FGG aF noch überwiegend vertretenen Auffassung[4] sind darüber hinaus detailliert bezeichnete Verpflichtungen über das Holen und Bringen grundsätzlich nicht erforderlich.[5] Maßgeblich ist vielmehr, ob bei verständiger und objektiver Betrachtung hinreichend deutlich ist, was mit der Regelung von dem Betroffenen verlangt wird.[6] Soweit nichts anderes bestimmt ist, hat der Umgangselternteil das Kind bei dem betreuenden Elternteil abzuholen und dorthin wieder zurückzubringen; der betreuende Elternteil hat das Kind zur Abholung samt geeigneter Kleidung bereitzuhalten und zum Rückgabezeitpunkt wieder entgegenzunehmen. Bei Anordnung eines **begleiteten Umgangs** nach § 1684 Abs. 4 Satz 3 BGB müssen Ort und Zeit eindeutig festgelegt sein und dürfen nicht dem Jugendamt oder dem Umgangsbegleiter überlassen werden.[7] Dies bereitet in der Praxis wegen der organisatorischen Möglichkeiten der damit betrauten Organisationen (Kinderschutzbund, Jugendamt usw.) nicht unerhebliche Schwierigkeiten, weil mögliche Umgangstermine regelmäßig erst durch das Jugendamt bei dem Umgangsträger erfragt und dann mit den Eltern abgesprochen werden müssen. Schließlich muss das Gericht auch bei Anordnung einer **Umgangspflegschaft** nach § 1684 Abs. 3 Satz 3 BGB zumindest die Häufigkeit und Dauer des Umgangs regeln und darf dies nicht der Entscheidung des Umgangspflegers überlassen.[8] Allerdings sind die Anforderungen insoweit weniger streng als bei anderen Umgangsregelungen, weil dem Umgangspfleger in § 1684 Abs. 3 Satz 4 BGB die eigenständige Befugnis eingeräumt ist, bei Meinungsverschiedenheiten der Eltern über die Umgangsmodalitäten, insbesondere über den Ort des Umgangs, den Ort der Übergabe und erforderliche Nachholtermine zu entscheiden.[9]

Eine hinreichend bestimmte Regelung ist schließlich auch bei einer Umgangsaussetzung oder einem **Umgangsausschluss** nach § 1684 Abs. 4 Satz 1 BGB zu verlangen. Vollstreckbar ist der Ausschluss nur, wenn er ein im Einzelnen konkretisiertes Kontaktverbot ähnlich wie bei einer Gewaltschutzanordnung enthält (dazu § 86 Rz. 9), dh. wenn festgelegt ist, welcher Abstand zum Kind, dessen Wohnort, Kita, Schule usw. einzuhalten ist.[10] Richtet sich das Kontaktverbot nicht gegen einen Elternteil oder eine Bezugsperson iSd. § 1685 Abs. 1 BGB, sondern gem. § 1666 Abs. 3 Nr. 4 BGB gegen sonstige Personen, so gelten dieselben Maßstäbe. Die Vollstreckung erfolgt in diesen Fällen jedoch gem. § 95 Abs. 1 Nr. 4 FamFG iVm. § 890 ZPO.

7a

---

1 BGH v. 1.2.2012 – XII ZB 188/11, FamRZ 2012, 533; generell krit. zum Bestimmtheitserfordernis *Spangenberg*, FamRZ 2011, 1704.
2 BGH v. 1.2.2012 – XII ZB 188/11, FamRZ 2012, 533.
3 Zutreffend Staudinger/*Rauscher* § 1684 BGB Rz. 183, 230.
4 OLG Bamberg v. 25.4.1994 – 2 WF 59/94, FamRZ 1995, 428; OLG Koblenz v. 25.9.2006 – 11 WF 490/06, FamRZ 2007, 1682; OLG Saarbrücken v. 27.7.2007 – 9 WF 97/07, FamRZ 2007, 2095, nach Inkrafttreten des FamFG etwa auch *Cirullies*, ZKJ 2012, 448 mN und *Stößer* in der 2. Aufl.
5 BGH v. 1.2.2012 – XII ZB 188/11, FamRZ 2012, 533 m. Anm. *Hammer* S. 535; OLG Koblenz v. 5.10.1995 – 15 WF 968/95, FamRZ 1996, 560; Zöller/*Feskorn*, § 86 FamFG Rz. 9; *Spangenberg*, ZKJ 2012, 221; Keidel/*Giers*, § 89 FamFG Rz. 4.
6 Zöller/*Feskorn*, § 86 FamFG Rz. 9.
7 OLG Saarbrücken v. 25.3.2010 – 6 UF 136/09, FamRZ 2010, 2085 und OLG Saarbrücken v. 12.3.2010 – 6 UF 128/09, FamRZ 2010, 1922; OLG Köln v. 18.1.2011 – 21 UF 190/10, FamRZ 2011, 827.
8 KG v. 21.9.2012 – 17 UF 118/12, FamRZ 2013, 308; OLG Hamm v. 13.7.2010 – 2 UF 277/09, FamRZ 2010, 1926 (LS) = NJW-RR 2011, 150.
9 BT-Drucks. 16/6308, S. 345.
10 OLG Celle v. 17.6.2011 – 10 UF 125/11, ZKJ 2011, 393; **aA** OLG Saarbrücken v. 12.7.2010 – 6 UF 32/10, FamRZ 2011, 122 (LS) = JAmt 2011, 167 mit dem unzutreffenden Hinweis, dass anderenfalls ein Umgangsausschluss nicht vollstreckbar wäre.

beharrlich verweigernden Elternteils Rechnung getragen werden. In diesem Fall hat eine Vollstreckung zu unterbleiben, es sei denn, es bestehen im konkreten Einzelfall hinreichende Anhaltspunkte dafür, dass ein erzwungener Umgang ausnahmsweise dem Wohl des Kindes dienlich ist.[1]

Von dieser Fallgestaltung abgesehen ist das gerichtliche Ermessen, ob der Umgangstitel vollstreckt wird („**Entschließungsermessen**"), jedoch **regelmäßig zu einer Anordnungspflicht verdichtet**, da das Vollstreckungsverfahren der effektiven Durchsetzung von Umgangstiteln dient.[2] Nur bei ganz geringfügigen Verstößen (zB kurzen Verspätungen von wenigen Minuten) wird das Gericht von der Verhängung von Ordnungsmitteln völlig absehen können. Eine erneute Kindeswohlprüfung findet außer in den Fällen der Durchsetzung der Umgangspflicht nicht statt (dazu Rz. 19). 9

Weites Ermessen steht dem Gericht jedoch bei Auswahl und Bemessung des Ordnungsmittels („**Auswahlermessen**") zu.[3] Maßgeblich sind dabei Art, Umfang und Dauer des Verstoßes, der Grad des Verschuldens des Verpflichteten und seine wirtschaftlichen Verhältnisse[4] sowie ein eventuelles Mitverschulden des Berechtigten. Auch hier ist das Gebot einer effektiven und zügigen Vollstreckung zu beachten. Berücksichtigt werden kann auch im Hinblick auf den Sanktionscharakter des Ordnungsmittels, ob der Verpflichtete seinen Pflichten aus dem Titel wieder nachkommt, zB den Umgang gewährt bzw. pünktlich wahrnimmt, oder wenn die Vollstreckung später nach § 93 Abs. 1 Nr. 4 eingestellt wird.[5] 9a

II. Hinweispflicht (Absatz 2)

Abs. 2 bestimmt, dass der Verpflichtete bereits **im Erkenntnisverfahren** in der Endentscheidung vom Gericht auf die Folgen einer Zuwiderhandlung gegen den Titel **hinzuweisen** ist. Die Bezeichnung als „Androhung" schadet nicht.[6] Wie sich aus der systematischen Stellung der Vorschrift ergibt, ist nur über die möglichen Ordnungsmittel nach § 89 zu belehren, nicht dagegen über die Möglichkeit der Anordnung unmittelbaren Zwangs nach § 90, da es sich hierbei nicht um ein Ordnungsmittel handelt.[7] Der Hinweis ersetzt die nach § 33 Abs. 3 FGG aF erforderliche **Androhung**, die **nicht mehr erforderlich** ist. Wie diese hat er eine Warnfunktion für den Verpflichteten. Der Hinweis nach Abs. 2 steht nicht im Ermessen des Gerichts, sondern ist zwingend zu erteilen,[8] die Gefahr einer Zuwiderhandlung ist nicht erforderlich. Er ist auch an einen umgangsberechtigten Beteiligten zu richten, da Ordnungsmittel auch gegen ihn verhängt werden können (vgl. Rz. 7c).[9] Der Hinweis muss selbst dann erfolgen, wenn die zu vollstreckende Entscheidung nicht das Umgangsrecht, sondern die Umgangspflicht eines Elternteils betrifft, auch wenn sie nur im Ausnahmefall nach § 89 vollstreckt werden kann (vgl. Rz. 8).[10] 10

Der Hinweis ist auch bei einem **gerichtlich gebilligten Vergleich** nach § 156 Abs. 2 erforderlich.[11] Er hat im Rahmen des Billigungsbeschlusses nach § 156 Abs. 2 Satz 2 10a

---

1 BVerfG v. 1.4.2008 – 1 BvR 1620/04, NJW 2008, 1287 zu § 33 FGG aF; zur Umsetzung des Urteils nach § 89 FamFG eingehend *Altrogge*, FPR 2009, 34, 37.
2 Vgl. Beschlussempfehlung und Bericht des Rechtsausschusses BT-Drucks. 16/9733, S. 292; OLG Frankfurt v. 28.6.2012 – 4 WF 122/12, FamRZ 2013, 475; OLG Celle v. 12.8.2011 – 10 WF 246/11, ZKJ 2011, 433; OLG Karlsruhe v. 5.5.2011 – 5 WF 51/11, FamRZ 2011, 1669.
3 OLG Frankfurt v. 11.9.2012 – 4 WF 196/12, FamRZ 2013, 812 (LS) = FamFR 2013, 113; OLG Celle v. 12.8.2011 – 10 WF 246/11, ZKJ 2011, 433.
4 OLG Saarbrücken v. 26.11.2010 – 6 WF 118/10, FamRZ 2011, 589 (LS) = ZKJ 2011, 104.
5 OLG Frankfurt v. 11.9.2012 – 4 WF 196/12, FamRZ 2013, 812 (LS) = FamFR 2013, 113.
6 BGH v. 1.2.2012 – XII ZB 188/11, FamRZ 2012, 533.
7 Zöller/*Feskorn*, § 89 FamFG Rz. 8; Keidel/*Giers*, § 89 FamFG Rz. 11; aA *Stößer* in der 2. Aufl.
8 BGH v. 17.8.2011 – XII ZB 621/10, FamRZ 2011, 1729 (1730).
9 OLG Saarbrücken v. 10.1.2011 – 6 UF 126/10, FamRZ 2011, 826.
10 BGH v. 17.8.2011 – XII ZB 621/10, FamRZ 2011, 1729, 1731; *Altrogge*, FPR 2009, 34, 38.
11 BVerfG v. 9.3.2011 – 1 BvR 752/10, FamRZ 2011, 957; BGH v. 1.2.2012 – XII ZB 188/11, FamRZ 2012, 533; OLG Schleswig v. 30.12.2011 – 10 UF 230/11, FamRZ 2012, 895; OLG Naumburg v. 10.8.2011 – 3 UF 170/11, FamFR 2012, 44; MüKo.ZPO/*Zimmermann*, § 89 FamFG Rz. 8; *Schlünder*, FamRZ 2012, 9, 14f.; Musielak/*Borth*, § 89 FamFG Rz. 6; Zöller/*Feskorn*, § 89 FamFG Rz. 7.

zu erfolgen, der Grundlage der Vollstreckung ist (vgl. § 86 Rz. 16). Soweit ein Billigungsbeschluss nicht für erforderlich erachtet und der Vergleich als Vollstreckungsgrundlage angesehen wird (vgl. § 156 Rz. 67f.), ist § 89 Abs. 2 nach dem Normzweck analog anzuwenden, auch wenn Abs. 2 (wie die Überschrift der §§ 88ff.) nur von Beschlüssen bzw. Entscheidungen spricht.[1]

11 Der Hinweis nach Abs. 2 ist grundsätzlich bereits **in den vollstreckbaren Titel aufzunehmen**. Dadurch soll die Warnfunktion vom Vollstreckungsverfahren in das Erkenntnisverfahren verlagert werden, um das Vollstreckungsverfahren zu beschleunigen.[2] Ist dies unterblieben, ist er durch einen gesonderten Beschluss **nachzuholen**.[3] Sanktioniert werden wegen der Warnfunktion nur solche Zuwiderhandlungen, die nach Erteilung des Hinweises erfolgt sind.[4] Eine bereits erfolgte Androhung von Zwangsmitteln nach altem Recht (§ 33 FGG aF) ist für eine Vollstreckung nach § 89 nicht ausreichend, weil Ordnungsmittel wegen ihres Sanktionscharakters in ihrer Wirkung deutlich über die von Zwangsmitteln hinausgehen.[5] Auch in diesem Fall ist der Hinweis nach § 89 Abs. 2 durch gesonderten Beschluss nachzuholen.[6] Der Hinweis selbst ist nicht isoliert anfechtbar.[7] Wird er dagegen trotz Gegenvorstellung unterlassen, ist dies wegen der damit verbundenen Einschränkung der Vollstreckung mit der sofortigen Beschwerde anfechtbar.[8]

III. Höhe des Ordnungsgeldes, Vollzug der Haft (Absatz 3)

12 Satz 1 regelt die maximale **Höhe des Ordnungsgeldes**. Es darf den Betrag von 25 000 Euro nicht übersteigen. Das Mindestmaß beträgt fünf Euro (Art. 6 Abs. 1 EGStGB). Das Ordnungsgeld wird von Amts wegen nach § 1 Abs. 1 Nr. 3, Abs. 2 JBeitrO durch den Rechtspfleger zugunsten der Staatskasse vollstreckt. Zum gerichtlichen Ermessen bei Auswahl und Bemessung des Ordnungsmittels s. Rz. 9a.

13 Nach Satz 2 gelten für den **Vollzug der Haft** die § 802g Abs. 1 Satz 2 und Abs. 2 ZPO sowie die §§ 802h und 802j Abs. 1 ZPO entsprechend[9] (Inhalt des Haftbefehls § 802g Abs. 1 Satz 2 ZPO, Verhaftung durch den Gerichtsvollzieher nach § 802g Abs. 2 Satz 1 ZPO, Unzulässigkeit der Haftvollstreckung unter den Voraussetzungen von § 802h ZPO, höchstens sechs Monate Haft nach § 802j Abs. 1 Satz 1 ZPO). Das Mindestmaß der Haft beträgt einen Tag (§ 6 Abs. 2 EGStGB). Für den Erlass eines Haftbefehls ist nur der Richter zuständig (§ 4 Abs. 2 Nr. 2 RPflG). Der Verhaftungsauftrag ist durch das Gericht (durch den Rechtspfleger), nicht durch den Herausgabe- oder Umgangsberechtigten zu erteilen.[10] Der Gerichtsvollzieher kann gem. § 87 Abs. 3 Satz 1 um Unterstützung der polizeilichen Vollzugsorgane nachsuchen, soweit dies erforderlich ist.

---

1 OLG Frankfurt v. 2.11.2011 – 5 WF 151/11, FamRZ 2012, 573; *Schael*, FamRZ 2011, 866 (867).
2 BT-Drucks. 16/6308, S. 218.
3 BGH v. 17.8.2011 – XII ZB 621/10, FamRZ 2011, 1729 (1731); OLG Stuttgart v. 17.3.2010 – 16 WF 41/10, FamRZ 2010, 1594; OLG Karlsruhe v. 19.2.2010 – 5 WF 28/10, FamRZ 2010, 1103; OLG Brandenburg v. 18.11.2010 – 9 WF 319/10, FamRZ 2011, 830.
4 OLG Hamm v. 13.4.2010 – 13 WF 55/10, FamRZ 2010, 1838.
5 BGH v. 17.8.2011 – XII ZB 621/10, FamRZ 2011, 1729; KG v. 27.1.2011 – 19 WF 220/10, FamRZ 2011, 1318; OLG Koblenz v. 10.6.2010 – 13 WF 326/10, FamRZ 2010, 1930; OLG Brandenburg v. 18.11.2010 – 9 WF 319/10, FamRZ 2011, 830); aA OLG Köln v. 9.9.2010 – 21 WF 231/10, FamRZ 2011, 663 und *Stößer* in der 2. Aufl. Rz. 11.
6 BGH v. 17.8.2011 – XII ZB 621/10, FamRZ 2011, 1729.
7 OLG Köln v. 9.11.2010 – 4 WF 189/10 u. 4 WF 190/10, FamRZ 2011, 574; OLG Frankfurt v. 9.2.2010 – 1 UF 327/09, FamRZ 2010, 917.
8 BVerfG v. 9.3.2011 – 1 BvR 752/10, FamRZ 2011, 957; *Schmid*, FPR 2011, 5; *Borth*, FamRZ 2010, 918; aA OLG Frankfurt v. 9.2.2010 – 1 UF 327/09, FamRZ 2010, 917.
9 Die Verweisung auf die Vorschriften der ZPO wurde durch Art. 4 Abs. 8 Nr. 2 des Gesetzes zur Reform der Sachaufklärung in der Zwangsvollstreckung vom 29.7.2009, BGBl. I, S. 2259, mit Wirkung vom 1.1.2013 an die Neuregelung der Haftvorschriften angepasst.
10 Keidel/*Giers*, § 89 FamFG Rz. 19; MüKo.ZPO/*Zimmermann*, § 89 FamFG Rz. 31.

IV. Verschulden des Verpflichteten (Absatz 4)

1. Verschuldensvermutung

Die Festsetzung eines Ordnungsmittels setzt voraus, dass der Verpflichtete die Zuwiderhandlung zu vertreten hat, dh. vorsätzlich oder fahrlässig gegen den Titel verstoßen hat. Satz 1 weist die Darlegungs- und Beweislast für fehlendes Vertretenmüssen dem Verpflichteten zu (**vermutetes Verschulden des Verpflichteten**).[1]

Daher unterbleibt die Festsetzung eines Ordnungsmittels nur dann, wenn der **Verpflichtete Gründe vorträgt**, aus denen sich ergibt, dass er die Zuwiderhandlung nicht zu vertreten hat. Er hat die Umstände, die den Grund für das Scheitern der Vollstreckung der Entscheidung darstellen, im Einzelnen darzutun, weil sie regelmäßig in seiner Sphäre liegen.[2] Dies kann zB vorliegen bei einer falschen Rechtsauskunft des Verfahrensbevollmächtigten, weil dann ein unvermeidbarer Verbotsirrtum vorliegt.[3]

Der betreuende Elternteil muss darlegen, dass und in welcher Weise er zur Verwirklichung einer Umgangsregelung **auf das Kind eingewirkt** hat.[4] Ordnungsmittel sind insbesondere veranlasst, wenn ein Elternteil keinerlei Anstrengungen unternimmt, damit das Kind eine Umgangsregelung befolgt[5] bzw. wenn er die Wahrnehmung des Umgangs in das Belieben des Kindes stellt.[6] Gelingt es dem Verpflichteten nicht, nachvollziehbar darzulegen, warum er an der Befolgung der gerichtlichen Anordnung gehindert war, kommt ein Absehen von der Festsetzung eines Ordnungsmittels oder die nachträgliche Aufhebung des Ordnungsmittels nicht in Betracht.

Allerdings dürfen insoweit auch keine übertriebenen Anforderungen an den betreuenden Elternteil gestellt werden.[7] Zwar kann der Widerstand kleinerer Kinder gegen Umgangskontakte bis zum Schulalter regelmäßig mit erzieherischen Mitteln überwunden werden, danach ist über die Einwirkungsmöglichkeit jedoch im Einzelfall zu entscheiden.[8] Ab einem Alter von **neun bis elf Jahren** ist von einer Einwirkungsmöglichkeit nicht mehr auszugehen.[9] Zu berücksichtigen ist jeweils auch, inwieweit sich das Gericht im Erkenntnisverfahren bereits eingehend mit dem entgegenstehenden Willen des Kindes auseinandergesetzt hat.

Satz 2 regelt, dass die Gründe, aus denen sich das fehlende Vertretenmüssen ergibt, **auch nachträglich** dargetan werden können und dann die Aufhebung des festgesetzten Ordnungsmittels nach sich ziehen.

2. Keine inhaltliche Überprüfung des Titels

Gründe, die sich gegen den Fortbestand einer Umgangsregelung richten, sind im Verfahren zur Vollstreckung der Umgangsregelung grundsätzlich unbeachtlich. Insbesondere ist **nicht zu prüfen**, ob die im Erkenntnisverfahren getroffene Umgangsregelung mit dem **Kindeswohl** vereinbar ist.[10] Auch wenn Umgangs- und Herausgabetitel wegen der jederzeitigen Abänderbarkeit nicht in materielle Rechtskraft

---

1 BGH v. 1.2.2012 – XII ZB 188/11, FamRZ 2012, 533.
2 BT-Drucks. 16/6308, S. 218; BGH v. 1.2.2012 – XII ZB 188/11, FamRZ 2012, 533.
3 KG v. 8.11.2010 – 19 WF 112/10, FamRZ 2011, 588.
4 BT-Drucks. 16/6308, S. 218.
5 OLG Karlsruhe v. 16.12.2003 – 20 WF 14/03, FamRZ 2005, 919.
6 OLG Frankfurt v. 11.9.2012 – 4 WF 196/12, FamRZ 2013, 812 (LS) = FamFR 2013, 113; OLG Saarbrücken v. 2.4.2012 – 6 WF 130/11, FamRZ 2013, 48 (LS) = ZKJ 2012, 398.
7 So zu Recht *Salgo*, FPR 2008, 401; Keidel/*Giers*, § 89 FamFG Rz. 10; Zöller/*Feskorn*, § 89 FamFG Rz. 14.
8 Ähnlich differenzierend *Balloff*, FPR 2013, 303, 307. Vgl. auch OLG Frankfurt v. 28.6.2012 – 4 WF 122/12, FamRZ 2013, 475: Der Vortrag der Mutter, sie wisse nicht, mit welchen erzieherischen Mitteln sie die Blockadehaltung des vierjährigen Kindes überwinden solle, sei „hanebüchen".
9 OLG Hamm v. 12.12.2007 – 10 WF 196/07, FamRZ 2008, 1371; OLG Karlsruhe v. 26.10.2004 – 2 WF 176/04, JAmt 2005, 310: Altersgrenze ca. neun bis zehn Jahre; OLG Karlsruhe v. 5.2.2001 – 2 WF 129/00, FamRZ 2002, 624: zehn Jahre altes Kind; *Balloff*, FPR 2013, 303, 307.
10 BT-Drucks. 16/6308, S. 218 und 16/9733, S. 292.

erwachsen, bedarf es einer effektiven Durchsetzungsmöglichkeit des Titels, der im Erkenntnisverfahren unter Prüfung des Kindeswohls geschaffen wurde. Der umgangsverpflichtete Elternteil kann daher nicht einwenden, die Umgangsregelung sei nicht rechtens bzw. widerspreche dem Kindeswohl und müsse deshalb nicht beachtet werden.[1] Eine Ausnahme gilt lediglich für den Fall der zwangsweisen Durchsetzung der Umgangspflicht eines Elternteils, die von einer nochmaligen Kindeswohlprüfung abhängig ist (vgl. Rz. 8).[2] Neu hinzutretende Umstände sind daher im Vollstreckungsverfahren nur dann beachtlich, wenn sich daraus triftige, das Kindeswohl nachhaltig berührende Gründe ergeben und deshalb auf Antrag oder von Amts wegen gem. § 166 Abs. 1 FamFG iVm. § 1696 BGB ein Abänderungsverfahren eingeleitet und die Vollstreckung gem. § 93 Abs. 1 Nr. 4 eingestellt wird.[3] Dies ist dann im Rahmen der Ermessensausübung bei der Auswahl und Bemessung des zu verhängenden Ordnungsmittels zu berücksichtigen (vgl. Rz. 9a).[4] Im gegenseitigen Einvernehmen sind selbstverständlich Abweichungen von einer Umgangsregelung möglich.

V. Wiederholte Festsetzung

20   Eine **Wiederholung** der Festsetzung eines Ordnungsmittels nach § 89 ist zulässig, wenn nach Anordnung eines Ordnungsmittels erneut einem Titel zuwidergehandelt wird. Dagegen ist eine erneute Festsetzung von Ordnungsmitteln wegen des gleichen Sachverhalts – anders als bei Zwangsmitteln nach § 33 FGG aF[5] – nicht zulässig.[6]

VI. Rechtsmittel

21   Gegen die Anordnung von Ordnungsmitteln findet nach § 87 Abs. 4 die **sofortige Beschwerde** statt, ferner gegen solche Beschlüsse, durch die das Gericht einem Antrag auf Vornahme von Vollstreckungshandlungen nicht entspricht (§ 87 Abs. 1 Satz 2). Zur Anfechtbarkeit des Warnhinweises nach § 89 Abs. 2 oder dessen Ablehnung s. Rz. 11.

22   **Kosten/Gebühren: Gericht:** Für die Anordnung der Ordnungsmittel wird eine Gebühr nach Nr. 18003 KV GNotKG und in Familiensachen nach Nr. 1602 KV FamGKG in Höhe von 20,- Euro je Anordnung erhoben. Mehrere Anordnungen lösen die Gebühr nur einmal aus, sofern sie dieselbe Verpflichtung betreffen. Hat der Verpflichtete eine Handlung wiederholt vorzunehmen oder zu unterlassen, lässt die Anordnung eines Ordnungsmittels gegen jeden Verstoß eine besondere Gebühr entstehen. Verstößt z.B. ein Elternteil gegen eine gerichtlich festgelegte Umgangsregelung und wird deshalb ein Ordnungsgeld festgelegt, fällt hierfür eine Gebühr an. Verstößt der Elternteil beim nächsten Umgangstermin in gleicher Weise gegen die Regelung und wird erneut eine Ordnungsgeld festgesetzt, fällt die Gebühr nochmals an. Die Gebühren schulden der Entscheidungsschuldner (§ 27 Nr. 1 GNotKG, § 24 Nr. 1 FamGKG) und der Verpflichtete (§ 27 Nr. 4 GNotKG, § 24 Nr. 4 FamGKG). Wird die sofortige Beschwerde verworfen oder zurückgewiesen, fällt eine Gebühr nach Nr. 19116 KV GNotKG; Nr. 1912 KV FamGKG an. Wird die Beschwerde nur teilweise verworfen oder zurückgewiesen, kann das Gericht die Gebühr nach billigem Ermessen auf die Hälfte ermäßigen oder bestimmen, dass eine Gebühr nicht zu erheben ist. **RA:** Der RA erhält in der Vollstreckung die Gebühren nach Nrn. 3309 und 3310 VV RVG. Androhung und Festsetzung des Ordnungsmittels bilden eine Angelegenheit (vgl. § 19 Abs. 2 Nr. 5 RVG). Der Gegenstandswert bestimmt sich nach § 25 Abs. 1 Nr. 3 RVG. Für das Beschwerdeverfahren entstehen immer zusätzlich Gebühren nach Nr. 3500 und 3513 VV RVG.

90 *Anwendung unmittelbaren Zwangs*
(1) Das Gericht kann durch ausdrücklichen Beschluss zur Vollstreckung unmittelbaren Zwang anordnen, wenn

---

1 BGH v. 1.2.2012 – XII ZB 188/11, FamRZ 2012, 533; OLG Schleswig v. 3.3.2011 – 15 UF 2/11, FamRZ 2012, 151.
2 BGH v. 1.2.2012 – XII ZB 188/11, FamRZ 2012, 533; BVerfG v. 1.4.2008 – 1 BvR 1620/04, NJW 2008, 1287.
3 BGH v. 1.2.2012 – XII ZB 188/11, FamRZ 2012, 533; OLG Celle v. 12.8.2011 – 10 WF 246/11, FamRZ 2012, 798 (LS) = ZKJ 2011, 433; OLG Karlsruhe v. 5.5.2011 – 5 WF 51/11, FamRZ 2011, 1669.
4 OLG Frankfurt v. 11.9.2012 – 4 WF 196/12, FamRZ 2013, 812 (LS) = FamFR 2013, 113 und OLG Frankfurt v. 28.6.2012 – 4 WF 122/12, FamRZ 2013, 475.
5 OLG Celle v. 25.2.2005 – 10 WF 58/05, FamRZ 2005, 1575.
6 Keidel/*Giers*, § 89 FamFG Rz. 15; aA *Stößer* in der 2. Aufl.

1. die Festsetzung von Ordnungsmitteln erfolglos geblieben ist;
2. die Festsetzung von Ordnungsmitteln keinen Erfolg verspricht;
3. eine alsbaldige Vollstreckung der Entscheidung unbedingt geboten ist.

(2) Anwendung unmittelbaren Zwanges gegen ein Kind darf nicht zugelassen werden, wenn das Kind herausgegeben werden soll, um das Umgangsrecht auszuüben. Im Übrigen darf unmittelbarer Zwang gegen ein Kind nur zugelassen werden, wenn dies unter Berücksichtigung des Kindeswohls gerechtfertigt ist und eine Durchsetzung der Verpflichtung mit milderen Mitteln nicht möglich ist.

A. Allgemeines 1
B. Inhalt der Vorschrift
  I. Unmittelbarer Zwang 1b
  II. Voraussetzungen der Anordnung (Absatz 1) 2
  III. Unmittelbarer Zwang gegen ein Kind (Absatz 2) 4a
  IV. Rechtsmittel 6

Literatur: S. § 88.

A. Allgemeines

§ 90 regelt die Voraussetzungen für die Anwendung unmittelbaren Zwangs bei der Vollstreckung eines Titels zur **Herausgabe von Personen** und zur **Regelung des persönlichen Umgangs**. 1

Nicht erfasst ist die zwangsweise Zuführung von Minderjährigen in eine geschlossene Einrichtung der Kinder- und Jugendpsychiatrie oder Jugendhilfe; diese richtet sich nach § 167 Abs. 1 Satz 1 iVm. § 326 und § 167 Abs. 5 (dazu § 167 Rz. 46 ff.). S. zum Anwendungsbereich der Vorschrift im Übrigen § 88 Rz. 1 aff. 1a

B. Inhalt der Vorschrift

I. Unmittelbarer Zwang

Der Begriff „unmittelbarer Zwang" ersetzt den in § 33 Abs. 2 FGG aF noch gebrauchten Begriff der „Gewalt". Dadurch wird dem Umstand Rechnung getragen, dass es sich bei der Zwangsanwendung durch den Gerichtsvollzieher bzw. durch die gem. § 87 Abs. 3 hinzugezogenen Polizeivollzugbeamten um eine hoheitliche Tätigkeit handelt, für die in der heute üblichen Rechtsterminologie in den Polizeigesetzen des Bundes und der Länder wie auch in § 42 Abs. 6 SGB VIII (Inobhutnahme eines Kindes durch das Jugendamt) der Begriff „unmittelbarer Zwang" gebräuchlich ist.[1] Danach ist gem. der **Legaldefinition in § 2 UZwG (Bund)** unter unmittelbarem Zwang zu verstehen „die Einwirkung auf Personen oder Sachen durch körperliche Gewalt, durch Hilfsmittel der körperlichen Gewalt und durch Waffen", wobei körperliche Gewalt „jede unmittelbare körperliche Einwirkung auf Personen oder Sachen" ist. **Typische Zwangshandlungen** sind insbesondere das Festhalten (auch mittels Polizeigriffs), dass körperliche Versperren des Weges und das Fixieren an der Wand oder auf dem Boden. Zwangshandlungen gegenüber dem Kind sind auch ein Versperren des Weges, ein kurzzeitiges Festhalten bzw. ein Wegtragen, soweit damit ein geleisteter oder erwarteter Widerstand des Kindes überwunden werden soll. Eine Unterscheidung nach dem Entwicklungsstand des Kindes ist dabei nicht sachgerecht, denn dieser lässt sich im Rahmen der Vollstreckung nicht hinreichend sicher feststellen und wird der auch von kleinen Kindern empfundenen Zwangswirkung nicht gerecht.[2] 1b

---

[1] Ausf. hierzu *Hammer*, FPR 2008, 413. In § 283 Abs. 2 und § 326 Abs. 2 wird der Begriff „Gewalt" jedoch noch verwendet, er wird dort jedoch ebenfalls iSv. unmittelbarem Zwang verstanden, vgl. § 283 Rz. 14 und § 326 Rz. 4.

[2] Ausf. *Hammer*, FPR 2008, 413, 414 f.

II. Voraussetzungen der Anordnung (Absatz 1)

2 Die Anordnung unmittelbaren Zwangs erfordert eine **strenge Verhältnismäßigkeitsprüfung**[1] und ist auf seltene Ausnahmefälle zu beschränken.[2] Wie sich bereits aus Nr. 1 und 2 ergibt, muss daher regelmäßig zunächst die Verhängung von Ordnungsmitteln (§ 89 Abs. 1) erfolgen, bevor die Anwendung unmittelbaren Zwangs angeordnet wird. Gerade die Vollziehung eines Anspruchs auf Herausgabe einer Person erfordert, wenn nicht Gefahr im Verzug ist, ein behutsames Vorgehen. Insbesondere ist auch auf die Belange des herauszugebenden Kindes und dessen Persönlichkeit die gebührende Rücksicht zu nehmen. Daher sollten – sofern keine besondere Dringlichkeit vorliegt – der Berechtigte, der Verpflichtete und das Kind nochmals persönlich gehört werden, um so auf die Befolgung der richterlichen Anordnung hinzuwirken[3] und die Folgen der Zwangseinwirkung auf das Kind abzuschätzen, das durch die Zwangsmaßnahme oft unmittelbar oder zumindest mittelbar betroffen ist.[4] Schließlich sollte auch die frühzeitige Einbeziehung des Jugendamts gem. § 88 Abs. 2 erwogen werden, zumal die Jugendämter durch die Inobhutnahme nach § 42 SGB VIII regelmäßig mehr Erfahrung mit der Durchsetzung von Kindesherausnahmen und der Vermeidung von unmittelbarem Zwang haben.

3 Unmittelbarer Zwang kann daher nach Abs. 1 nur (alternativ) unter den in den Nr. 1 bis 3 genannten Voraussetzungen[5] eingesetzt werden. Dies ist gem. Nr. 1 der Fall, wenn die Festsetzung von Ordnungsmitteln nach § 89 Abs. 1 (Ordnungsgeld, Ordnungshaft) **keinen Erfolg gebracht** haben. Nach Nr. 2 kann im Einzelfall auch unmittelbarer Zwang angeordnet werden, wenn andere Maßnahmen nach der Prognose des Gerichts bereits von vornherein **keinen Erfolg versprechen**. Nr. 3 ermöglicht die Anwendung unmittelbaren Zwangs, wenn eine alsbaldige Vollstreckung (zB wegen einer unmittelbaren Lebens- oder Gesundheitsgefahr für das Kind) **unbedingt geboten** ist. Die Anordnung erfolgt nach § 87 Abs. 1 auf Antrag des Berechtigten (wobei der allgemeine Antrag auf Vollstreckung ausreicht, vgl. § 87 Rz. 3), in Umgangsverfahren oder Verfahren nach §§ 1666, 1666a BGB auch von Amts wegen (§ 87 Rz. 2 ff.). Zu den weiteren Vollstreckungsvoraussetzungen s. § 86 Rz. 6, zur örtlichen Zuständigkeit § 88 Abs. 1, zum Verfahren der Anordnung § 92.

3a Die Anordnung unmittelbaren Zwangs steht nach Abs. 1 im **pflichtgemäßen Ermessen** des Gerichts. Sie wird zur Durchsetzung eines periodisch stattfindenden Umgangs jedoch nur in Ausnahmefällen sachgerecht und dem Kindeswohl dienlich sein.[6] Dagegen ist die Anwendung unmittelbaren Zwangs zur Durchsetzung der Kindesherausgabe regelmäßig im Sinne einer Ermessensreduzierung geboten, wenn die Anordnungsvoraussetzungen vorliegen.[7] Wie bei der Anordnung von Ordnungsmitteln ist die Rechtmäßigkeit des Titels grundsätzlich nicht zu prüfen (vgl. § 89 Rz. 19).

---

1 BGH v. 25.10.1976 – IV ZB 38/76, FamRZ 1977, 126; OLG Brandenburg v. 11.10.2000 – 9 WF 178/00, FamRZ 2001, 1315.
2 Vgl. Zöller/*Feskorn*, § 90 Rz. 3 („letztes Mittel"). Die Anwendung unmittelbaren Zwangs ist denn auch in der Praxis der Gerichtsvollzieher äußerst selten, vgl. *Carl/Veitland/Gallo*, DGVZ 2005, 145 (146); *Harnacke*, DGVZ 2006, 17.
3 Vgl. BGH v. 25.10.1976 – IV ZB 38/76, FamRZ 1977, 126 und – dem folgend – BT-Drucks. 16/6308, S. 218.
4 OLG Celle v. 27.5.1993 – 15 WF 84/93, FamRZ 1994, 1129.
5 Die Voraussetzung beruhen auf den Maßstäben der Entscheidung BGH v. 25.10.1976 – IV ZB 38/76, FamRZ 1977, 126.
6 Keidel/*Giers*, § 90 FamFG Rz. 3, 5; *Völker*, FPR 2012, 485 (489).
7 Keidel/*Giers*, § 90 FamFG Rz. 5. Beispiele aus der Rechtsprechungspraxis: BGH v. 15.12.2004 – XII ZB 166/03, FamRZ 2005, 672: Verhinderung der Beschneidung der Tochter durch die Mutter in Gambia; OLG Hamm v. 1.9.2005 – 6 WF 298/05, juris: Herausnahme der Kinder, weil die Eltern aus religiösen Gründen den Schulbesuch nicht gewährleisten wollen, als mildere Maßnahme gegenüber dem Einsatz eines Pflegers der die Kinder täglich – ggf. mit Gewalt gegen die Eltern – zur Schule bringen soll; OLG Zweibrücken v. 11.6.2004 – 6 WF 75/04, FamRZ 2005, 745: Herausgabe des Kindes durch die Kindesmutter an den Kindesvater, dem die elterliche Sorge allein übertragen wurde, weil die Kindesmutter den Schulbesuch der Kinder nicht gewährleistet; AG Bremen v. 14.10.2003 – 61 F 2745/03, juris: Herausgabe von neun Kindern an einen Vormund, weil Mutter und Kinder dem gewalttätigen und sadistischen Verhalten des Kin-

Nach Abs. 1 ist die Anwendung unmittelbaren Zwangs stets durch **ausdrücklichen Beschluss** anzuordnen. Dies erfolgt regelmäßig durch einen gesonderten Beschluss. In dringenden Fällen der Herausgabeanordnung nach § 1632 BGB oder § 1666 BGB gem. § 90 Abs. 1 Nr. 2 oder 3 kann die Anordnung aber auch sogleich mit der Sachentscheidung verbunden und in die Beschlussformel aufgenommen werden.[1] In dem Beschluss ist der Gerichtsvollzieher ausdrücklich zur Anwendung von unmittelbarem Zwang zu ermächtigen. Die Person, gegen die vollstreckt werden darf, muss in dem Beschluss nicht bezeichnet werden.[2] Etwas anderes gilt nur bei unmittelbarem Zwang gegen das Kind, der nach Abs. 2 der gesonderten Anordnung bedarf. Ist zur Vollstreckung voraussichtlich die zwangsweise Öffnung einer Wohnung bzw. deren Betreten gegen den Willen des Verpflichteten erforderlich, ist zusätzlich ein Durchsuchungsbeschluss nach § 91 erforderlich.

Zur **Durchführung der zwangsweisen Herausgabe** hat das Gericht (nicht der Berechtigte) dem Gerichtsvollzieher einen Vollstreckungsauftrag zu erteilen.[3] Für den Gerichtsvollzieher gelten die in § 213a GVGA[4] geregelten Dienstvorschriften. Der Gerichtsvollzieher kann die polizeilichen Vollzugsorgane um Unterstützung ersuchen (§ 87 Abs. 3 FamFG, § 213a Abs. 3 Satz 1 GVGA), anderenfalls soll er nach § 87 Abs. 3 FamFG iVm. § 759 Zeugen hinzuziehen. Das Gericht sollte nach § 88 Abs. 2 zur behutsamen Durchsetzung auch das Jugendamt um Unterstützung bitten. Der Herausgabeberechtigte hat das Kind vor Ort zu übernehmen (§ 213a Abs. 4 GVGA). Bei der Vorbereitung sollte versucht werden, die Herausgabe in Abwesenheit der Betreuungsperson durchzuführen, zB im Kindergarten oder in der Schule.[5] In unvorhergesehenen Ausnahmesituationen vor Ort (zB ernstzunehmende Suiziddrohung des betreuenden Elternteils) ist der Gerichtsvollzieher analog § 765a Abs. 2 ZPO berechtigt, die Vollstreckung aufzuschieben (§ 213a Abs. 1 Satz 2 iVm § 113 GVGA).[6] Ggf. kann das Gericht erwägen, bei der Vollstreckung zugegen zu sein, um durch seine Präsenz und Autorität die Durchsetzung zu fördern und zugleich deeskalierend zu wirken[7] sowie notfalls selbst über die Einstellung der Vollstreckung nach § 93 entscheiden zu können.

III. Unmittelbarer Zwang gegen ein Kind (Absatz 2)

Die Anwendung unmittelbaren Zwangs gegen ein Kind ist gem. Satz 1 **nicht zulässig, um eine Umgangsregelung zu vollstrecken**. Dies gilt auch für die Herausgabe des Kindes an den Umgangspfleger.

Aus Satz 1 folgt im Umkehrschluss, dass unmittelbarer Zwang zur **Vollstreckung der Kindesherausgabe** (nach § 1632 Abs. 1, 3 BGB oder nach §§ 1666, 1666a BGB) notfalls auch gegen ein sich weigerndes Kind zulässig ist. Gem. Abs. 2 Satz 2 ist dabei zusätzlich zu den Voraussetzungen nach Abs. 1 die Notwendigkeit der Vollstreckung mit dem Kindeswohl **abzuwägen** und die Verhältnismäßigkeit besonders zu prüfen, insbesondere ob nicht mildere Mittel in Betracht kommen.[8] Gegenstand der gesonderten Kindeswohlprüfung ist dabei nicht die Angemessenheit der zu vollstrecken-

---

desvaters ausgesetzt sind; BayObLG v. 23.4.1999 – 1 Z BR 5/99, FamRZ 1999, 1154: Kindesherausgabe wegen fehlender Einsicht der Kindeseltern in die Notwendigkeit heilpädagogischer Maßnahmen.
1 Ebenso Keidel/*Giers*, § 90 FamFG Rz. 6; ohne Beschränkung auf Eilfälle Zöller/*Feskorn*, § 90 FamFG Rz. 2; MüKo.ZPO/*Zimmermann*, § 90 FamFG Rz. 5.
2 MüKo.ZPO. *Zimmermann*, § 90 FamFG Rz. 6; Zöller/*Feskorn*, § 90 FamFG Rz. 4.
3 OLG Hamburg v. 23.3.1994 – 12 UF 19/94, FamRZ 1994, 1128; KG v. 21.2.1992 – 19 WF 947/92, DGVZ 1992, 89; vgl. auch § 213a Abs. 1 Satz 1 GVGA.
4 § 213a GVGA wurde durch die seit dem 1.8.2012 geltende Neuregelung an §§ 88ff. FamFG angepasst.
5 *Völker*, FPR 2012, 485 (489).
6 Keidel/*Giers*, § 90 FamFG Rz. 8; aA Zöller/*Feskorn*, § 90 Rz. 10 mit dem Hinweis, der Richter solle für eine ggf. notwendige Einstellung nach § 93 telefonisch für den Gerichtsvollzieher erreichbar sein.
7 *Völker/Clausius*, Sorge- und Umgangsrecht in der Praxis, § 6 Rz. 64.
8 BayObLG v. 18.4.1985 – BReg. 1 Z 9/85, FamRZ 1985, 737.

den Grundentscheidung, sondern die konkrete Auswirkung der Zwangsanwendung auf das Kind im Verhältnis zu dem mit der Vollstreckung verfolgten Zweck.[1] Erweist sich die Ausgangsentscheidung wegen neu aufgetretenen, erheblichen Gründen des Kindeswohls als nicht gerechtfertigt, ist gem. § 166 Abs. 1 auf Antrag oder von Amts wegen ein Abänderungsverfahren einzuleiten und die Vollstreckung ggf. nach § 93 Abs. 1 Nr. 4 einzustellen.[2] Wesentliches Kriterium für die gerichtliche Abwägung ist das **Alter des sich der Herausgabe widersetzenden Kindes**, auch wenn dies entgegen der Intention des Gesetzgebers[3] im Wortlaut nicht zum Ausdruck gekommen ist. Während bei Kleinkindern bis zum Schulalter der Wille nur geringe Bedeutung hat und auch die erforderlichen Zwangsmaßnahmen nur relativ geringe Intensität aufweisen werden, ist mit zunehmendem Alter (zwischen sechs und 13 Jahren) im Einzelfall abzuwägen.[4] Bei einem Kind ab 14 Jahren kommt die Wegnahme gegen den erklärten Willen des Kindes im Hinblick auf Art. 2 Abs. 1 GG und sein Selbstbestimmungsrecht[5] (vgl. § 159 Rz. 5) nur in Betracht, wenn eine akute Gefährdung besteht;[6] häufig wird die Weigerung allerdings schon der materiellen Herausgabeanordnung entgegenstehen.[7]

5a Abs. 2 gilt nicht für die Anwendung unmittelbaren Zwangs gegen den Betreuten, wenn dieser nach § 1908i iVm. § 1632 BGB an den Betreuer herauszugeben ist. Allerdings sind auch hier im Rahmen der Ermessensausübung nach Abs. 1 und der dabei erforderlichen Verhältnismäßigkeitsprüfung das Selbstbestimmungsrecht (vgl. insbesondere § 1901 Abs. 3 BGB) und die Würde des Betreuten zu berücksichtigen und mit dem Zweck der Herausgabe abzuwägen.[8]

IV. Rechtsmittel

6 Gegen Beschlüsse nach § 90 findet nach § 87 Abs. 4 die **sofortige Beschwerde** statt (vgl. § 89 Rz. 21).

7 **Kosten/Gebühren: Gericht:** Für die Anordnung des unmittelbaren Zwangs wird eine Gebühr nach Nr. 18003 KV GNotKG und in Familiensachen nach Nr. 1602 KV FamGKG in Höhe von 20,– Euro je Anordnung erhoben. Mehrere Anordnungen lösen die Gebühr nur einmal aus, sofern sie dieselbe Verpflichtung betreffen. Die Gebühren schulden der Entscheidungsschuldner (§ 27 Nr. 1 GNotKG, § 24 Nr. 1 FamGKG) und der Verpflichtete (§ 27 Nr. 4 GNotKG, § 24 Nr. 4 FamGKG). Wird die sofortige Beschwerde verworfen oder zurückgewiesen, fällt eine Gebühr nach Nr. 19116 KV GNotKG; Nr. 1912 KV FamGKG an. Wird die Beschwerde nur teilweise verworfen oder zurückgewiesen, kann das Gericht die Gebühr nach billigem Ermessen auf die Hälfte ermäßigen oder bestimmen, dass eine Gebühr nicht zu erheben ist. **RA:** Der RA erhält in der Vollstreckung die Gebühren nach Nrn. 3309 und 3310 VV RVG. Der Gegenstandswert bestimmt sich nach § 25 Abs. 1 Nr. 3 RVG. Für das Beschwerdeverfahren entstehen immer zusätzlich Gebühren nach Nr. 3500 und 3513 VV RVG.

91 *Richterlicher Durchsuchungsbeschluss*
(1) **Die Wohnung des Verpflichteten darf ohne dessen Einwilligung nur aufgrund eines richterlichen Beschlusses durchsucht werden. Dies gilt nicht, wenn der Erlass des Beschlusses den Erfolg der Durchsuchung gefährden würde.**
(2) **Auf die Vollstreckung eines Haftbefehls nach § 94 in Verbindung mit § 802g der Zivilprozessordnung ist Absatz 1 nicht anzuwenden.**
(3) **Willigt der Verpflichtete in die Durchsuchung ein oder ist ein Beschluss gegen ihn nach Absatz 1 Satz 1 ergangen oder nach Absatz 1 Satz 2 entbehrlich, haben Personen, die Mitgewahrsam an der Wohnung des Verpflichteten haben, die Durch-**

---

1 Ähnlich Zöller/*Feskorn*, § 90 FamFG Rz. 9.
2 So BGH v. 1.2.2012 – XII ZB 188/11, FamRZ 2012, 533 zu § 89, vgl. ausf. § 89 Rz. 19.
3 BT-Drucks. 16/6308, S. 218.
4 *Cirullies*, ZKJ 2010, 174 (178).
5 BGH v. 5.2.1975 – IV ZR 90/73, FamRZ 1975, 273 (276).
6 Keidel/*Giers*, § 90 FamFG Rz. 10.
7 *Harnacke*, DGVZ 2006, 17 (19).
8 MüKo.ZPO/*Zimmermann*, § 90 FamFG Rz. 24.

suchung zu dulden. Unbillige Härten gegenüber Mitgewahrsamsinhabern sind zu vermeiden.
(4) Der Beschluss nach Absatz 1 ist bei der Vollstreckung vorzulegen.

A. Allgemeines	1	III. Mitbewohner (Absatz 3)	7
B. Inhalt der Vorschrift		IV. Vorlagepflicht (Absatz 4)	8
I. Wohnungsdurchsuchung (Absatz 1)	2	V. Rechtsmittel	9
II. Vollstreckung eines Haftbefehls (Absatz 2)	6		

A. Allgemeines

§ 91 regelt die Voraussetzungen für eine **Wohnungsdurchsuchung** bei der Vollstreckung eines Titels zur Herausgabe von Personen und zur Regelung des persönlichen Umgangs gem. §§ 88 ff. in Anlehnung an § 758a Abs. 1 bis 3 und Abs. 5 ZPO. Für die Vollstreckung nach § 95 f. gilt § 758a ZPO über § 95 Abs. 1 unmittelbar. Verfassungsrechtlich nicht unbedenklich ist, dass dem für Einschränkungen des Grundrechts auf Unverletzlichkeit der Wohnung (Art. 13 GG) geltenden Zitiergebot (Art. 19 Abs. 1 Satz 2 GG) nicht entsprochen wurde,[1] anders als in den neu eingefügten §§ 278 Abs. 7 Satz 3, 283 Abs. 3 Satz 3 und 326 Abs. 3 Satz 3.[2] Dies lässt sich lediglich mit der fast wortgleichen Übernahme des § 758a ZPO rechtfertigen, für den das Zitiergebot nicht gilt.[3] 1

B. Inhalt der Vorschrift

I. Wohnungsdurchsuchung (Absatz 1)

Nach Satz 1 darf die Wohnung eines Verpflichteten (entsprechend der Regelung in § 758a Abs. 1 Satz 1 ZPO) grundsätzlich nur mit dessen Einwilligung und ohne dessen Einwilligung nur aufgrund eines gesonderten **richterlichen Beschlusses** durchsucht werden. Der Begriff der Wohnung ist weit auszulegen, er umfasst auch Garten, Hausboden, Keller, Stall, Scheune, Schuppen, Wohnwagen, Wohnschiff und Geschäftsräume.[4] Durchsuchung ist jedes ziel- und zweckgerichtete Suchen staatlicher Organe nach Personen, um etwas aufzuspüren, was der Inhaber der Wohnung von sich aus nicht offenlegen oder herausgeben will.[5] Verweigert der Wohnungsinhaber die Herausgabe des Kindes, so stellt bereits das Betreten der Wohnung durch den Gerichtsvollzieher eine Durchsuchung dar.[6] Bei der Anordnung unmittelbaren Zwangs nach § 90 ist daher regelmäßig auch ein Durchsuchungsbeschluss erforderlich.[7] Es ist nicht erforderlich, dass der Verpflichtete den Zutritt zur Wohnung zuvor bereits verweigert hat, vielmehr kann die Durchsuchungsanordnung mit der Anordnung unmittelbaren Zwangs nach § 90 und wie dieser unmittelbar mit der zu vollstreckenden Herausgabeentscheidung erlassen werden, wenn dies in dringenden Fällen erforderlich erscheint und der Verpflichtete mit der Herausgabe des Kindes nicht einverstanden ist (vgl. § 90 Rz. 3b).[8] 2

Satz 2 entspricht § 758a Abs. 1 Satz 2 ZPO. Danach bedarf es ausnahmsweise keines richterlichen Beschlusses, wenn der Erlass des Beschlusses den Erfolg der Durchsuchung gefährden würde. **Gefahr im Verzug** in diesem Sinne liegt nur dann vor, 3

---

1 Ausf. *Hammer*, FPR 2008, 413 (417).
2 Eingefügt durch Art 6 Nr. 19, 20 und 24b) des Gesetzes zur Einführung einer Rechtsbehelfsbelehrung im Zivilprozess und zur Änderung anderer Vorschriften v. 5.12.2012, BGBl. I, S. 2418, in Kraft seit 1.1.2013.
3 Str., dazu Zöller/*Feskorn*, § 91 FamFG Rz. 2.
4 Zöller/*Stöber*, § 758a ZPO Rz. 4.
5 BVerfG v. 19.11.1999 – 1 BvR 2017/97, FamRZ 2000, 411.
6 BVerfG v. 19.11.1999 – 1 BvR 2017/97, FamRZ 2000, 411.
7 *Harnacke*, DGVZ 2006, 17, 20.
8 Keidel/*Giers*, § 90 FamFG Rz. 5; MüKo.ZPO/*Zimmermann*, § 91 Rz. 6; **aA** *Stößer* in der 2. Aufl.

wenn die mit der vorherigen Einholung einer richterlichen Entscheidung verbundene Verzögerung den Erfolg der Durchsuchung gefährden würde.[1]

4 Die **Zuständigkeit** für den Erlass des richterlichen Durchsuchungsbeschlusses ergibt sich aus § 88 Abs. 1. Die Entscheidung über die Durchsuchung erfolgt **von Amts wegen**. Eines gesonderten Antrags des Berechtigten bedarf es auch in Antragsverfahren nicht, wenn er nur allgemein die Vollstreckung nach § 87 Abs. 1 beantragt hat, denn die Vollstreckungsmaßnahmen müssen im Antrag nicht im Einzelnen bezeichnet werden (vgl. § 87 Rz. 3).[2] Der Betroffene ist nach Maßgabe von § 92 Abs. 1 vor der Durchsuchungsanordnung anzuhören (vgl. § 92 Rz. 3a).

5 Die Durchsuchungsanordnung muss für den Betroffenen erkennbar die gesetzliche Grundlage benennen, das Ziel und den konkreten Ort der Durchsuchung definieren und erkennen lassen, dass eine fallbezogene Prüfung der Zulässigkeit der Durchsuchung erfolgt ist (**Bestimmtheitsgrundsatz**).[3] Der Durchsuchungsbeschluss muss daher Angaben darüber enthalten, zu welchem Zweck die Durchsuchung erfolgt und welche Wohnung durchsucht werden soll, dh. die Wohnung durch Anschrift und Lage bzw. Bezeichnung des Wohnungsinhabers konkret bezeichnen. Er muss zudem erkennen lassen, wozu die Vollstreckungsorgane befugt sind und was der Wohnungsinhaber dulden muss.

II. Vollstreckung eines Haftbefehls (Absatz 2)

6 Abs. 2 entspricht § 758a Abs. 2 ZPO. Danach bedarf es keines richterlichen Beschlusses für die Vollstreckung eines Haftbefehls nach § 94 FamFG iVm. § 802g ZPO[4] (**Erzwingung der Abgabe einer eidesstattlichen** Versicherung über den Verbleib einer herauszugebenden Person) in der Wohnung des Verpflichteten, weil es sich dabei nicht um eine Durchsuchung handelt. Der Haftbefehl beinhaltet zugleich die Gestattung der Verhaftung des Verpflichteten in seiner Wohnung. Die Vorschrift ist **entsprechend anzuwenden** auf die Vollstreckung eines Haftbefehls **bei Anordnung von Ordnungshaft** nach § 89 Abs. 1 und Abs. 3 Satz 2 FamFG iVm. § 802g ZPO.[5]

III. Mitbewohner (Absatz 3)

7 Abs. 3 entspricht § 758a Abs. 3 ZPO. **Mitbewohner** haben eine erlaubte Durchsuchung der Wohnung des Verpflichteten zu dulden.

IV. Vorlagepflicht (Absatz 4)

8 Abs. 4 entspricht § 758a Abs. 5 ZPO. Danach ist der Durchsuchungsbeschluss jeder duldungspflichtigen Person (Verpflichteter und Mitbewohner) unaufgefordert **vorzulegen**. Dies erlaubt die Durchsuchung vor Bekanntgabe des Durchsuchungsbeschlusses gem. § 41 Abs. 1 Satz 2 (Zustellung).

V. Rechtsmittel

9 Gegen einen richterlichen Durchsuchungsbeschluss oder gegen dessen Ablehnung findet nach § 87 Abs. 4 die **sofortige Beschwerde** statt. Hat die Durchsuchung bereits stattgefunden, kann entsprechend § 62 Abs. 1 und Abs. 2 Nr. 1 gleichwohl auf Antrag

---

1 BVerfG v. 19.11.1999 – 1 BvR 2017/97, FamRZ 2000, 411 und v. 20.2.2001 – 2 BvR 1444/00, NJW 2001, 1121.
2 Keidel/*Giers*, § 91 FamFG Rz. 4; im Ergebnis auch MüKo.ZPO/*Zimmermann*, § 91 FamFG Rz. 5 aE; **aA** Völker/*Clausius*, Sorge- und Umgangsrecht in der Praxis, § 6 Rz. 40 und *Stößer* in der 2. Aufl.
3 BVerfG v. 19.11.1999 – 1 BvR 2017/97, FamRZ 2000, 411.
4 Die Verweisung auf die ZPO wurde mit Wirkung vom 1.1.2013 angepasst an die Neuregelung durch Art. 4 Abs. 8 Nr. 3 des Gesetzes zur Reform der Sachaufklärung in der Zwangsvollstreckung vom 29.7.2009, BGBl. I, S. 2259.
5 Keidel/*Giers*, § 91 Rz. 3.

festgestellt werden, ob der Durchsuchungsbeschluss den Wohnungsinhaber in seinen Rechten verletzt hat.[1]

Kosten/Gebühren: Gericht: Durch den richterlichen Durchsuchungsbeschluss entstehen keine Gerichtskosten. Wird die sofortige Beschwerde verworfen oder zurückgewiesen, fällt eine Gebühr nach Nr. 19116 KV GNotKG; Nr. 1912 KV FamGKG an. Wird die Beschwerde nur teilweise verworfen oder zurückgewiesen, kann das Gericht die Gebühr nach billigem Ermessen auf die Hälfte ermäßigen oder bestimmen, dass eine Gebühr nicht zu erheben ist. **RA:** Der RA erhält in der Vollstreckung die Gebühren nach Nrn. 3309 und 3310 VV RVG. Bei dem Durchsuchungsbeschluss handelt es sich um eine die Vollstreckung vorbereitende Handlung, die zusammen mit sich anschließenden Vollstreckungsmaßnahmen eine Angelegenheit bildet (§ 19 Abs. 2 Nr. 1 RVG). Der Gegenstandswert bestimmt sich nach § 25 RVG. Für das Beschwerdeverfahren entstehen immer zusätzlich Gebühren nach Nr. 3500 und 3513 VV RVG. 10

92 Vollstreckungsverfahren

(1) Vor der Festsetzung von Ordnungsmitteln ist der Verpflichtete zu hören. Dies gilt auch für die Anordnung von unmittelbarem Zwang, es sei denn, dass hierdurch die Vollstreckung vereitelt oder wesentlich erschwert würde.
(2) Dem Verpflichteten sind mit der Festsetzung von Ordnungsmitteln oder der Anordnung von unmittelbarem Zwang die Kosten des Verfahrens aufzuerlegen.
(3) Die vorherige Durchführung eines Verfahrens nach § 165 ist nicht Voraussetzung für die Festsetzung von Ordnungsmitteln oder die Anordnung von unmittelbarem Zwang. Die Durchführung eines solchen Verfahrens steht der Festsetzung von Ordnungsmitteln oder der Anordnung von unmittelbarem Zwang nicht entgegen.

A. Allgemeines 1	III. Verhältnis zum Vermittlungsverfahren (Absatz 3) 6
B. Inhalt der Vorschrift	IV. Rechtsmittel 8
I. Rechtliches Gehör (Absatz 1) 2	
II. Kostenentscheidung (Absatz 2) 4	

A. Allgemeines

§ 92 enthält besondere Vorschriften über das **Vollstreckungsverfahren** bei der Vollstreckung eines Titels zur Herausgabe von Personen und zur Regelung des persönlichen Umgangs. Ergänzend sind zu beachten § 87 Abs. 1 (Verfahrenseinleitung) und § 88 Abs. 1 (örtliche Zuständigkeit). Abs. 2 ist eine Sonderregelung zu § 87 Abs. 5 (vgl. Rz. 4). 1

B. Inhalt der Vorschrift

I. Rechtliches Gehör (Absatz 1)

Nach Satz 1 ist **der Verpflichtete** vor der Anordnung von Ordnungsmitteln auch in FamFG-Verfahren **zu hören**. Eine persönliche Anhörung ist nicht erforderlich. Vielmehr genügt wie in § 891 Satz 2 ZPO, dem die Vorschrift nachgebildet ist,[2] eine schriftliche Anhörung. Die Anhörungsvorschriften des Erkenntnisverfahrens (§§ 159, 160: persönliche Anhörung des Kindes und der Eltern, § 158: Bestellung eines Verfahrensbeistandes, § 162 Abs. 1: Anhörung des Jugendamts) sind im Vollstreckungsverfahren nicht anwendbar.[3] Denn anders als nach § 33 FGG aF findet im Vollstreckungsverfahren im Sinne einer effektiven Durchsetzung des Titels keine Kindeswohlprüfung mehr statt, sondern ist bei Vorliegen triftiger Gründe des Kin- 2

---

1 Vgl. OLG Brandenburg v. 27.8.2012 – 3 UF 41/12, ZKJ 2012, 495 und allgemein BVerfG v. 21.8. 2009 – 1 BvR 2104/06, FamRZ 2009, 1814.
2 BT-Drucks. 16/6308, S. 219.
3 OLG Köln v. 18.7.2011 – 4 WF 140/11, juris; OLG Karlsruhe v. 5.5.2011 – 5 WF 51/11, FamRZ 2011, 1669; OLG Schleswig v. 3.3.2011 – 15 UF 2/11, FamRZ 2012, 151; Zöller/*Feskorn*, § 92 FamFG Rz. 2; *Völker*, FPR 2012, 485 (490); aA Keidel/*Giers*, § 92 FamFG Rz. 2; MüKo.ZPO/*Zimmermann*, § 92 Rz. 2; *Cirullies*, ZKJ 2010, 174 (177) und *Stößer* in der 2. Aufl.

deswohls ein Abänderungsverfahren nach § 166 Abs. 1 FamFG einzuleiten, in dem die §§ 158ff. Anwendung finden (vgl. § 89 Rz. 19). Es kann allerdings zur Sachaufklärung gem. § 26 sinnvoll und im Einzelfall geboten sein, die Eltern und das Kind persönlich zu hören,[1] insbesondere bei der Anordnung unmittelbaren Zwangs und der Wohnungsdurchsuchung, zur Feststellung, ob es bei konkreten Anhaltspunkten an einem Vertretenmüssen nach § 89 Abs. 4 fehlt, oder wenn nach § 88 Abs. 1 ein anderes Gericht als im Erkenntnisverfahren für die Vollstreckung zuständig ist und daher keinen persönlichen Eindruck von den Beteiligten hat. Auch die Anhörung des im Erkenntnisverfahren bestellten Verfahrensbeistands kann im Einzelfall sinnvoll sein. Das Jugendamt ist im Vollstreckungsverfahren nach § 88 Abs. 2 einzubinden.

3 Nach Satz 2 hat die Anhörung grundsätzlich auch vor der **Anordnung unmittelbaren Zwangs** nach § 90 zu erfolgen. Sie kann aber unterbleiben, wenn hierdurch der Vollstreckungserfolg gefährdet würde, insbesondere bei einer akuten Gefährdung des Kindes. Wird die Anwendung unmittelbaren Zwangs gemeinsam mit der zu vollstreckenden Herausgabeentscheidung angeordnet, genügt die im Erkenntnisverfahren erfolgte Anhörung.

3a Satz 2 gilt entsprechend für den **Erlass eines Durchsuchungsbeschlusses** nach § 91, vor dessen Erlass der Betroffene aus Verfassungsgründen ebenfalls anzuhören ist, soweit nicht Gefahr im Verzug vorliegt oder die Vollstreckung vereitelt oder wesentlich erschwert würde.[2]

II. Kostenentscheidung (Absatz 2)

4 Die Anordnung von Ordnungsmitteln oder von unmittelbarem Zwang erfolgt durch Beschluss, durch den nach Abs. 2 dem Verpflichteten zugleich die **Kosten des Verfahrens** aufzuerlegen sind. Diese Entscheidung umfasst auch die notwendigen Auslagen der Beteiligten (zB Anwaltskosten).

5 Wird ein Vollstreckungsantrag zurückgewiesen, verbleibt es bei der Kostenentscheidung nach § 87 Abs. 5.

III. Verhältnis zum Vermittlungsverfahren (Absatz 3)

6 Nach Satz 1 muss vor der Anordnung von Ordnungsmitteln oder von unmittelbarem Zwang zur Durchsetzung des Umgangs kein Vermittlungsverfahren nach § 165 durchgeführt werden. Damit ist ausdrücklich klargestellt, dass das Vermittlungsverfahren und das Vollstreckungsverfahren zwei voneinander unabhängige Verfahrensarten sind. Es steht daher im freien **Ermessen des Elternteils**, das Verfahren zu wählen, das am ehesten geeignet ist, eine Umgangsregelung effektiv zu vollziehen.[3]

7 Nach Satz 2 hindert auch die Tatsache, dass ein Vermittlungsverfahren durchgeführt wird, das Gericht nicht daran, gleichzeitig Vollstreckungsmaßnahmen zu ergreifen. Die Vorschrift stellt vielmehr in das Ermessen des Gerichts. Das Gericht dürfte sich durch Vollstreckungsmaßnahmen während der Anhängigkeit eines Vermittlungsverfahrens jedoch regelmäßig jeder Vermittlungschance begeben. § 93 Abs. 1 Nr. 5 bestimmt deshalb, dass das Gericht die einstweilige Einstellung der Vollstreckung anordnen kann, wenn ein Vermittlungsverfahren beantragt ist.

IV. Rechtsmittel

8 Jede Entscheidung im Vollstreckungsverfahren nach § 92 (Anordnung von Ordnungsmitteln, Anordnung unmittelbaren Zwangs, ablehnende Entscheidungen) ist nach § 87 Abs. 4 mit der **sofortigen Beschwerde** anfechtbar (ausf. § 87 Rz. 12ff.).

---

1 Zöller/*Feskorn*, § 92 FamFG Rz. 2.
2 BVerfG v. 21.8.2009 – 1 BvR 2104/06, FamRZ 2009, 1814.
3 BT-Drucks. 16/6308, S. 219.

§ 93 *Einstellung der Vollstreckung*

(1) Das Gericht kann durch Beschluss die Vollstreckung einstweilen einstellen oder beschränken und Vollstreckungsmaßregeln aufheben, wenn
1. **Wiedereinsetzung in den vorigen Stand beantragt wird;**
2. **Wiederaufnahme des Verfahrens beantragt wird;**
3. **gegen eine Entscheidung Beschwerde eingelegt wird;**
4. **die Abänderung einer Entscheidung beantragt wird;**
5. **die Durchführung eines Vermittlungsverfahrens (§ 165) beantragt wird.**

In der Beschwerdeinstanz ist über die einstweilige Einstellung der Vollstreckung vorab zu entscheiden. Der Beschluss ist nicht anfechtbar.

(2) Für die Einstellung oder Beschränkung der Vollstreckung und die Aufhebung von Vollstreckungsmaßregeln gelten die §§ 775 Nr. 1 und 2 und § 776 der Zivilprozessordnung entsprechend.

A. Allgemeines

§ 93 regelt nach seiner systematischen Stellung in Unterabschnitt 2, unter welchen Voraussetzungen die Vollstreckung einer Entscheidung über die Herausgabe von Personen und einer Umgangsregelung eingestellt werden kann. Die Vorschrift ist §§ 707, 719 Abs. 1 ZPO nachgebildet, die um typische Fallkonstellationen des FamFG ergänzt wurden.[1] Eine entsprechende Anwendung auf die Vollstreckung nach §§ 95f. ist nicht erforderlich, weil die entsprechenden Einstellungsvorschriften der ZPO über § 95 Abs. 1 anwendbar sind.[2] Für die Aussetzung der Vollstreckung einer eA ist § 55 vorrangig.   **1**

B. Inhalt der Vorschrift

I. Einstweilige Einstellung der Vollstreckung (Absatz 1)

Nach Satz 1 kann die Vollstreckung in folgenden Fällen einstweilen ganz oder teilweise eingestellt (beschränkt) werden: **2**

- Nr. 1: **Antrag auf Wiedereinsetzung** in den vorigen Stand nach §§ 17ff. bei Versäumung der Beschwerdefrist (entsprechend § 707 Abs. 1 Satz 1 1. Alt. ZPO).
- Nr. 2: **Antrag auf Wiederaufnahme** des Erkenntnisverfahrens nach § 48 Abs. 2 (entsprechend § 707 Abs. 1 Satz 1 2. Alt ZPO).
- Nr. 3: **Einlegung einer Beschwerde** gegen den Vollstreckungstitel nach § 58ff. (entsprechend § 719 Abs. 1 Satz 1 ZPO). Die Beschwerde gegen ein Ordnungsmittel hat gem. § 87 Abs. 4 iVm. § 570 Abs. 1 ZPO aufschiebende Wirkung, so dass eine Einstellung nicht erforderlich ist (vgl. § 87 Rz. 13).
- Nr. 4: Antrag auf **Abänderung des Vollstreckungstitels** gem. § 166 Abs. 1 (bzw. bei Herausgabe eines Betreuten gem. § 48 Abs. 1). Da Verfahren nach § 166 Abs. 1 auch (nach hM sogar ausschließlich) von Amts wegen eingeleitet werden können (ausf. § 166 Rz. 10f.), ist in diesen ein Antrag nicht erforderlich, sondern es genügt die Einleitung eines Abänderungsverfahrens von Amts wegen.[3]
- Nr. 5: Antrag auf **Durchführung eines Vermittlungsverfahrens** über den Umgang gem. § 165 (vgl. dazu § 92 Rz. 7).

Das Gericht entscheidet über die Einstellung entsprechend § 87 Abs. 1 auf Antrag oder von Amts wegen. Die Einstellung steht im **pflichtgemäßen Ermessen** des Gerichts („kann"). Maßgeblich sind die Erfolgsaussicht der in Nr. 1 bis 5 genannten Verfahren sowie eine Abwägung des Vollstreckungsinteresses mit Beeinträchtigungen und Belastungen des Betroffenen durch die Vollstreckung.[4] Die Entscheidung ergeht durch zu begründenden **Beschluss**.   **2a**

---

1 BT-Drucks. 16/6308, S. 219.
2 Zöller/*Feskorn*, § 93 FamFG Rz. 1; aA *Stößer* in der 2. Aufl.
3 OLG Celle v. 12.8.2011 – 10 WF 246/11, FamRZ 2012, 798 (LS) = ZKJ 2011, 433.
4 Zöller/*Feskorn*, § 93 FamFG Rz. 5.

3 Die **Zuständigkeit** für die Entscheidung über die Einstellung der Vollstreckung ist nicht geregelt. Zuständig ist (wie bei §§ 707, 719 ZPO) das Gericht, das für das Verfahren nach Nr. 1 bis 5 zuständig ist, dh. das Beschwerdegericht (Nr. 1 und 3), das für die Wiederaufnahme zuständige Gericht (Nr. 2) bzw. das gem. § 152 ff. für das Abänderungsverfahren oder das Vermittlungsverfahren zuständige Gericht (Nr. 4 und 5). Anders als das für die Vollstreckung gem. § 88 Abs. 1 zuständige Gericht hat es früher Kenntnis von dem Verfahren, das zur einstweiligen Einstellung führt, und ist auch besser in der Lage, die erforderliche Abschätzung der Erfolgsaussichten (Rz. 2a) vorzunehmen.[1]

3a Nach Satz 2 ist in der Beschwerdeinstanz **über die einstweilige Einstellung der Vollstreckung vorab zu entscheiden**. Voraussetzung dafür ist, dass die Beschwerde zulässig ist. Ein Antragserfordernis sieht das Gesetz nicht vor. Gleichwohl wird eine Vorab-Entscheidung über die einstweilige Einstellung der Zwangsvollstreckung nur dann ergehen können, wenn dies ein Beteiligter anregt.

3b Nach Satz 3 ist ein Beschluss über die einstweilige Einstellung der Vollstreckung oder deren Ablehnung **nicht anfechtbar** (wie in § 718 Abs. 2 ZPO). Bei Änderung der Sachlage kann jedoch ein neuer Einstellungsantrag gestellt werden.[2]

II. Dauerhafte Einstellung der Vollstreckung; Folgen der Einstellung (Absatz 2)

4 Nach Abs. 2 iVm. § 775 Nr. 1 ZPO ist die Vollstreckung **dauerhaft einzustellen**, wenn ein in Abs. 1 Satz 1 Nr. 1 bis 5 aufgeführtes Verfahren zur Aufhebung oder Abänderung des Vollstreckungstitels geführt hat und eine Ausfertigung der entsprechenden Entscheidung vorgelegt wird. Gem. Abs. 2 iVm. § 776 Satz 1 ZPO sind bereits getroffene Vollstreckungsmaßregeln aufzuheben, dh. ein beigetriebenes Ordnungsgeld ist zurückzuzahlen und eine vollzogene Herausgabe des Kindes ist rückgängig zu machen.

4a Dagegen bleiben bereits getroffene Vollstreckungsmaßregeln nach Abs. 2 iVm. §§ 775 Nr. 2 und 766 Satz 2 Halbs. 2 ZPO **im Falle der einstweiligen Einstellung** der Zwangsvollstreckung nach Abs. 1 bestehen, sofern nicht in der Einstellungsentscheidung gem. § 93 Abs. 1 Satz 1 ausdrücklich auch die Aufhebung der Vollstreckungsmaßregeln angeordnet wird.

5 Kosten/Gebühren: Gericht: Für die Einstellung der Vollstreckung entstehen keine Gerichtskosten. **RA:** Das Verfahren über die Einstellung der Vollstreckung gehört nach § 19 Abs. 1 Satz 2 Nr. 11 RVG zum Erkenntnisverfahren, wenn nicht eine abgesondert mündliche Verhandlung hierüber stattfindet. Findet eine solche Verhandlung statt, erhält der Verfahrensbevollmächtigte zusätzlich eine Verfahrensgebühr nach Nr. 3328 und eine Terminsgebühr nach Nr. 3104 VV RVG (Vorbemerkung 3.3.6 S. 1 VV RVG). Für den RA, der nicht Verfahrensbevollmächtigter ist, fehlt es an einer Gebührenregelung im RVG. Dieser erhält in analoger Anwendung die Gebühren nach Nrn. 3328 und 3104 VV RVG.

94 *Eidesstattliche Versicherung*
Wird eine herauszugebende Person nicht vorgefunden, kann das Gericht anordnen, dass der Verpflichtete eine eidesstattliche Versicherung über ihren Verbleib abzugeben hat. § 883 Abs. 2 und 3 der Zivilprozessordnung gilt entsprechend.

A. Allgemeines

1 § 94 betrifft die Vollstreckung einer Entscheidung über die **Herausgabe einer Person** (§ 1632 Abs. 1 BGB oder §§ 1666, 1666a BGB). Die Verweisung auf die ZPO wurde mit Wirkung vom 1.1.2013 angepasst an die Neuregelung durch Art. 4 Abs. 8 Nr. 4 des Gesetzes zur Reform der Sachaufklärung in der Zwangsvollstreckung vom 29.7.2009, BGBl. I, S. 2258.

---
1 Zöller/*Feskorn*, § 93 FamFG Rz. 4; Keidel/*Giers*, § 93 FamFG Rz. 2 bis 6; MüKo.ZPO/*Zimmermann*, § 93 FamFG Rz. 3–5, 9 f.; aA *Stößer* in der 2. Aufl.: zuständig sei das nach § 88 Abs. 1 zuständige Vollstreckungsgericht, im Fall der Nr. 3 auch das Beschwerdegericht gem. § 64 Abs. 3.
2 MüKo.ZPO/*Zimmermann*, § 93 FamFG Rz. 15.

B. Inhalt der Vorschrift

Wird eine herauszugebende Person bei der Anwendung unmittelbaren Zwangs nach § 90 nicht vorgefunden, kann das Gericht nach Satz 1 von dem zur Herausgabe Verpflichteten die Abgabe einer **eidesstattlichen Versicherung** über ihren Verbleib anordnen. Die Anordnung erfolgt von Amts wegen durch den Richter, ein Antrag des Berechtigten ist gem. § 87 Abs. 1 Satz 2 zu bescheiden. Die Entscheidung steht im pflichtgemäßen Ermessen des Gerichts und erfolgt durch Beschluss.

Nach Satz 2 erfolgt die **Abnahme der eidesstattlichen Versicherung** in entsprechender Anwendung von § 883 Abs. 2 und 3 ZPO. Sie wird gem. § 883 Abs. 2 Satz 2 ZPO durch den nach § 802e ZPO für den Wohnsitz des Verpflichteten zuständigen Gerichtsvollzieher vorgenommen, der den Verpflichteten zu einem Termin zu laden hat. Inhalt der eidesstattlichen Versicherung ist gem. § 883 Abs. 2 Satz 1 ZPO die Erklärung des Verpflichteten, dass sich das Kind nicht bei ihm befindet und er auch nicht weiß, wo es sich aufhält. Für die Leistung des Eides gelten gem. § 883 Abs. 2 Satz 3 ZPO die §§ 478 bis 480, 483 ZPO entsprechend. Gem. § 883 Abs. 2 Satz 3 ZPO kann unter den Voraussetzungen des § 802g Abs. 1 ZPO (Nichterscheinen im Termin oder grundlose Verweigerung der Abgabe) ein **Haftbefehl** erlassen werden, um die Abgabe der eidesstattlichen Versicherung zu erzwingen. Für das Verfahren der Verhaftung gelten gem. § 883 Abs. 2 Satz 3 ZPO die §§ 802g bis 802j ZPO entsprechend. Die Höchstdauer der Haft beträgt nach § 802j Abs. 1 Satz 1 ZPO sechs Monate.

Kosten/Gebühren: Gericht: Für das Verfahren zur Abnahme einer eidesstattlichen Versicherung entsteht eine Gebühr in Höhe von 35,– Euro nach Nr. 18004 KV GNotKG, Nr. 1603 KV FamGKG. Die Gebühr entsteht mit der Anordnung des Gerichts, dass der Verpflichtete eine eidesstattliche Versicherung abzugeben hat, oder mit dem Eingang des Antrags des Berechtigten. Die Gebühren schulden der Entscheidungsschuldner (§ 27 Nr. 4 GNotKG, § 24 Nr. 1 FamGKG,), der Verpflichtete (§ 27 Nr. 4 GNotKG, § 24 Nr. 4 FamGKG) und ggf. der Antragsteller (§ 22 Abs. 1 GNotKG, § 21 Abs. 1 FamGKG). **RA:** Der RA erhält in der Vollstreckung die Gebühren nach Nrn. 3309 und 3310 VV RVG. Das Verfahren zur Abnahme der eidesstattlichen Versicherung ist nach § 18 Abs. 1 Nr. 1 i.V.m. Abs. 2 RVG eine besondere Angelegenheit. Die gerichtliche Anordnung zur Abgabe der eidesstattlichen Versicherung gehört zum Verfahren zur Abnahme einer eidesstattlichen Versicherung (§ 19 Abs. 1 Satz 1 und Abs. 2 RVG).

Unterabschnitt 3
Vollstreckung nach der Zivilprozessordnung

95 *Anwendung der Zivilprozessordnung*
(1) Soweit in den vorstehenden Unterabschnitten nichts Abweichendes bestimmt ist, sind auf die Vollstreckung
1. wegen einer Geldforderung,
2. zur Herausgabe einer beweglichen oder unbeweglichen Sache,
3. zur Vornahme einer vertretbaren oder nicht vertretbaren Handlung,
4. zur Erzwingung von Duldungen und Unterlassungen oder
5. zur Abgabe einer Willenserklärung
die Vorschriften der Zivilprozessordnung über die Zwangsvollstreckung entsprechend anzuwenden.
(2) An die Stelle des Urteils tritt der Beschluss nach den Vorschriften dieses Gesetzes.
(3) Macht der aus einem Titel wegen einer Geldforderung Verpflichtete glaubhaft, dass die Vollstreckung ihm einen nicht zu ersetzenden Nachteil bringen würde, hat das Gericht auf seinen Antrag die Vollstreckung vor Eintritt der Rechtskraft in der Entscheidung auszuschließen. In den Fällen des § 707 Abs. 1 und des § 719 Abs. 1 der Zivilprozessordnung kann die Vollstreckung nur unter derselben Voraussetzung eingestellt werden.

(4) Ist die Verpflichtung zur Herausgabe oder Vorlage einer Sache oder zur Vornahme einer vertretbaren Handlung zu vollstrecken, so kann das Gericht durch Beschluss neben oder anstelle einer Maßnahme nach den §§ 883, 885 bis 887 der Zivilprozessordnung die in § 888 der Zivilprozessordnung vorgesehenen Maßnahmen anordnen, soweit ein Gesetz nicht etwas anderes bestimmt.

A. Allgemeines	3. Vornahme einer vertretbaren oder nicht vertretbaren Handlung (Nr. 3) ... 5
I. Anwendungsbereich der §§ 95 ff. 1	4. Erzwingung von Duldungen und Unterlassungen (Nr. 4) ... 14
II. Allgemeine Vollstreckungsvoraussetzungen ... 2a	5. Abgabe einer Willenserklärung (Nr. 5) ... 19
B. Inhalt der Vorschrift	II. Rechtsbehelfe, Entscheidung durch Beschluss (Absatz 2) ... 21
I. Entsprechende Anwendung der ZPO (Absatz 1) ... 2c	III. Ausschluss und Einstellung der Vollstreckung vor Rechtskraft (Absatz 3) ... 23
1. Vollstreckung wegen einer Geldforderung (Nr. 1) ... 3	IV. Ergänzende Vollstreckung nach § 888 ZPO (Absatz 4) ... 26
2. Herausgabe einer beweglichen oder unbeweglichen Sache (Nr. 2) 4	

Literatur: *Cirullies*, Die Vollstreckung von Zwangs- und Ordnungsmitteln, insbesondere in Familiensachen, Rpfleger 2011, 573; *Cirullies*, Zwangsmittel und Haftbefehl – Die Anordnung von Ersatzzwangshaft, NJW 2013, 203; *Giers*, Vollstreckung in Ehewohnungs- und Haushaltssachen nach dem FamFG, FPR 2010, 564; *Schulte-Bunert*, Die Vollstreckung nach der ZPO gem. §§ 95 f. FamFG, FPR 2012, 491.

A. Allgemeines

I. Anwendungsbereich der §§ 95 ff.

1   Die §§ 95 ff. regeln die Vollstreckung von Titeln wegen einer Geldforderung, zur Herausgabe von Sachen, zur Vornahme von Handlungen, zur Erzwingung von Duldungen und Unterlassungen und zur Abgabe einer Willenserklärung, die nach den Verfahrensvorschriften des FamFG zustande gekommen sind.

2   **Nicht erfasst** von §§ 95 ff. sind
- die Vollstreckung von Titeln des 2. Unterabschnitts über die **Herausgabe von Personen und die Regelung des Umgangs** (§§ 88 bis 94, zur Abgrenzung s. § 88 Rz. 1 a f.);
- die Vollstreckung von Entscheidungen in **Ehesachen** (§ 121) und in **Familienstreitsachen** (§ 112, vor allem Unterhalts- und Güterrechtssachen und die sonstigen Familiensachen nach § 266 Abs. 1); diese werden über die Verweisung in § 120 Abs. 1 (direkt) nach §§ 704 ff. ZPO vollstreckt;
- die Durchsetzung von **gerichtlichen Zwischenentscheidungen**, die nach § 35 erfolgt (zur Abgrenzung § 35 Rz. 1 ff. und § 86 Rz. 5).

S. allgemein zur Systematik der Vollstreckung in FamFG-Sachen § 88 Rz. 2b ff.

II. Allgemeine Vollstreckungsvoraussetzungen

2a   Die Vollstreckungsvoraussetzungen richten sich nicht nach der ZPO, sondern nach den §§ 86 f. (Unterabschnitt 1). Danach sind erforderlich
- das Vorliegen eines **Titels** iSd. § 86 Abs. 1 (dazu § 86 Rz. 13),
- **Vollstreckbarkeit** des Titels gem. § 86 Abs. 2 (dazu § 86 Rz. 18),
- **Zustellung** des Titels gem. § 87 Abs. 2 (dazu § 87 Rz. 8),
- sowie ggf. die Erteilung der **Vollstreckungsklausel** gem. § 86 Abs. 3 (dazu § 86 Rz. 20).

Zudem muss der Titel inhaltlich hinreichend bestimmt sein (dazu § 86 Rz. 7) und die an der Vollstreckung Beteiligten bezeichnen (dazu § 86 Rz. 12).

Die **Einleitung des Vollstreckungsverfahrens** gem. § 87 Abs. 1 Satz 1 erfolgt nur auf **2b**
Antrag, wenn der Titel in einem Antragsverfahren erwirkt wurde (zB in Ehewohnungs- und Haushaltssachen gem. § 203 Abs. 1 oder in Gewaltschutzsachen nach §§ 1, 2 GewSchG). Wurde der Titel in einem Amtsverfahren erwirkt, wird das Vollstreckungsverfahren gem. § 87 Abs. 1 Satz 1 **von Amts wegen** oder gem. § 87 Abs. 1 Satz 2 auf Antrag des Berechtigten eingeleitet. Ausf. dazu § 87 Rz. 2 ff.

B. Inhalt der Vorschrift

I. Entsprechende Anwendung der ZPO (Absatz 1)

Für die Vollstreckung der in § 95 Abs. 1 genannten Titel wird auf die Vorschriften **2c**
der ZPO über die Zwangsvollstreckung verwiesen, dh. auf §§ 704 bis 915h ZPO. Die Verweisung erfasst nicht nur die Art der Vollstreckung, sondern sämtliche Vorschriften der ZPO einschließlich der dort vorgesehenen Rechtsbehelfe nach den §§ 765a, 766, 767, 771 ZPO, soweit in §§ 86, 87 keine speziellere Regelung getroffen ist (vgl. Rz. 21).

1. Vollstreckung wegen einer Geldforderung (Nr. 1)

Die Vollstreckung von Titeln wegen einer Geldforderung betrifft im Anwendungs- **3**
bereich des § 95 insbesondere die Vollstreckung
- einer Ausgleichszahlung oder der angeordneten Erstattung von Umzugskosten in **Ehewohnungs- und Haushaltssachen sowie Gewaltschutzsachen** (zB nach §§ 1361a Abs. 3 Satz 2, 1361b Abs. 3 Satz 2, 1568b Abs. 3 BGB, § 2 Abs. 5 GewSchG, §§ 209 Abs. 1, 215 FamFG, vgl. § 209 Rz. 4);
- von Zahlungsansprüchen in **Versorgungsausgleichssachen** (zB Zahlung einer schuldrechtlichen Versorgungsausgleichsrente nach § 20 VersAusglG, Ausgleich von Kapitalzahlungen nach § 22 VersAusglG; Zahlung einer Abfindung nach § 23 VersAusglG; Zahlungsanspruch gegen den Versorgungsträger nach § 25 VersAusglG);
- von **gem. §§ 168, 292 festgesetzten Ansprüchen** des Vormunds, Pflegers oder Betreuers gegen den Mündel, Pflegling oder Betreuten auf Zahlung eines Vorschusses oder Aufwendungsersatzes, bzw. einer Aufwandsentschädigung oder Vergütung (nicht dagegen festgesetzte Ansprüche der Staatskasse gegen den Mündel, Pflegling oder Betreuten, die nach § 1 Nr. 4b JBeitrO beigetrieben werden);[1]
- von **Kostenfestsetzungsbeschlüssen**, die gem. § 85 in fG-Verfahren ergangen sind;[2]
- von **Zwangsgeldbeschlüssen** nach § 95 Abs. 1 Nr. 3 FamFG iVm. § 888 ZPO (vgl. Rz. 8).

Die Zwangsvollstreckung wegen Geldforderungen erfolgt nach §§ 803 bis 882a ZPO **3a**
in das bewegliche Vermögen durch Pfändung (§§ 803 ff. ZPO, insbesondere Sach- oder Forderungspfändung) oder in das unbewegliche Vermögen durch Eintragung einer Sicherungshypothek, Zwangsversteigerung und Zwangsverwaltung (§§ 864 ff. ZPO). **Zuständig** für die Vollstreckung der Sachpfändung der Gerichtsvollzieher (§ 808 ZPO), im Übrigen das Vollstreckungsgericht (§ 828 ZPO). Gem. § 86 Abs. 3 ist daher die Erteilung einer Vollstreckungsklausel erforderlich.

2. Herausgabe einer beweglichen oder unbeweglichen Sache (Nr. 2)

Nach Nr. 2 werden insbesondere vollstreckt **4**
- in **Ehewohnungssachen und Gewaltschutzsachen** die Räumung der Wohnung einschließlich der Herausgabe der Wohnungsschlüssel (§§ 1361b Abs. 1, 1568a Abs. 1 BGB iVm. § 209 Abs. 1 FamFG, § 2 Abs. 1 GewSchG iVm. § 215 FamFG, vgl. § 209

---

1 Keidel/*Giers*, § 95 FamFG Rz. 5.
2 BT-Drucks. 16/6308, S. 216; Keidel/*Giers*, § 95 FamFG Rz. 4.

Rz. 4);[1] die bloße Zuweisung der Wohnung genügt nicht, der Titel muss auf Räumung, Herausgabe oder Überlassung der hinreichend bestimmt bezeichneten Wohnung lauten;[2]
- in **Haushaltssachen** die Herausgabe von Haushaltsgegenständen (§§ 1361b Abs. 3, 1568b BGB iVm. § 209 Abs. 1 FamFG, vgl. § 209 Rz. 7), auch hier ist auf eine hinreichende Bestimmtheit der herauszugebenden Gegenstände zu achten;
- in **Kindschaftssachen** die Herausgabe der zum persönlichen Gebrauch eines Kindes bestimmten Sachen (zur Vollstreckung bei gleichzeitiger Vollstreckung der Herausgabe des Kindes s. § 88 Rz. 1b);
- in **Nachlasssachen** die Herausgabe von Nachlassgegenständen aufgrund einer bestätigten Auseinandersetzungsvereinbarung (§ 371 Abs. 2).[3]

4a Die Vollstreckung eines Titels auf Herausgabe einer beweglichen oder unbeweglichen Sache erfolgt entsprechend **§§ 883 bis 886 ZPO** durch Wegnahme (§ 883 ZPO) oder Räumung (§ 885 ZPO) durch den Gerichtsvollzieher. Gem. § 86 Abs. 3 ist daher für die Vollstreckung eine Vollstreckungsklausel erforderlich. Den Vollstreckungsauftrag muss der aus dem Titel Berechtigte erteilen (§§ 753 f. ZPO).[4] Nach § 214 Abs. 2 gilt in Gewaltschutzsachen der Antrag auf Erlass einer eA im Fall des Erlasses ohne mündliche Verhandlung zugleich als Auftrag zur Zustellung unter Vermittlung der Geschäftsstelle des Gerichts und als Auftrag an den Gerichtsvollzieher zur Vollstreckung. Bei der Vollstreckung von eA ist gem. § 96 Abs. 2 auch die wiederholte Einweisung in die Wohnung möglich (vgl. § 96 Rz. 6 ff.). Alternativ oder zusätzlich zur Vollstreckung nach §§ 883 ff. ZPO können durch das Gericht gem. Abs. 4 **auch Zwangsmittel nach § 888 ZPO** angeordnet werden (vgl. Rz. 26).

3. Vornahme einer vertretbaren oder nicht vertretbaren Handlung (Nr. 3)

5 **Vertretbare Handlungen** sind solche, die von einem Dritten anstelle des Verpflichteten vorgenommen werden können, aber nicht unter Nr. 1, Nr. 2, Nr. 4 oder Nr. 5 fallen; insbesondere fällt die Herausgabe von Sachen gem. § 887 Abs. 3 ZPO unter Nr. 2 iVm. §§ 883 ff. ZPO (vgl. Rz. 4). Entsprechende Titel kommen daher im Anwendungsbereich des § 95 selten vor, zB
- in **Ehewohnungssachen** die mit der Wohnungszuweisung gem. § 209 Abs. 1 verbundene Verpflichtung, neu eingebaute Schlösser wieder zu entfernen (dazu § 209 Rz. 8) oder
- in **Haushaltssachen** die Verpflichtung, eigenmächtig entfernte Hausratsgegenstände wieder zurückzuschaffen (dazu § 209 Rz. 7).

Die Vollstreckung erfolgt gem. **§ 887 ZPO durch Ersatzvornahme**. Alternativ oder zusätzlich zur Vollstreckung nach §§ 887 ZPO können durch das Gericht gem. Abs. 4 **auch Zwangsmittel nach § 888 ZPO** angeordnet werden (vgl. Rz. 26).

6 **Nicht vertretbare Handlungen** enthalten zB Titel über
- die **Erteilung einer Auskunft** (Auskunft über die persönlichen Verhältnisse des Kindes gem. § 1686, 1686a Abs. 1 Nr. 2 BGB, Auskunft im Versorgungsausgleichsverfahren gem. § 4 VersAusglG, Auskunft des Vorstands einer Aktiengesellschaft nach § 132 AktG);
- die Verpflichtung der Kommanditgesellschaft zur **Information** eines Kommanditisten nach § 166 Abs. 3 HGB;[5]
- **Auflagen zur Abwendung einer Kindeswohlgefährdung** nach § 1666 Abs. 1 bzw. Abs. 3 Nr. 1 und 2 BGB (zB Gebot, öffentliche Hilfen der Kinder- und Jugendhilfe

---
1 Keidel/*Giers*, § 95 FamFG Rz. 9; Zöller/*Feskorn*, § 95 FamFG Rz. 4; *Schulte-Bunert*, FPR 2012, 491 (493); *Ehinger*, FPR 2010, 567 (570); unzutreffend BT-Drucks. 16/6308, S. 219: Vollstreckung nach § 95 Abs. 1 Nr. 3 FamFG iVm. § 887 ZPO.
2 OLG Stuttgart v. 20.9.2001 – 16 WF 140/01, FamRZ 2002, 559; *Ehinger*, FPR 2010, 567 (570).
3 BT-Drucks. 16/6308, S. 219.
4 Keidel/*Giers*, § 95 FamFG Rz. 10.
5 OLG München v. 9.8.2010 – 31 Wx 2/10, FGPrax 2010, 307.

oder der Gesundheitsfürsorge in Anspruch zu nehmen, Gebot, für die Einhaltung der Schulpflicht zu sorgen), soweit die Auflagen hinreichend genau bestimmt sind.[1]

Die Vollstreckung erfolgt entsprechend **§ 888 ZPO** durch Anordnung von Zwangsgeld oder ersatzweise Zwangshaft bzw. durch unmittelbare Anordnung von Zwangshaft, falls die Zwangsgeldfestsetzung keinen Erfolg verspricht. Die Wahl zwischen Zwangsgeld und Zwangshaft steht dem Gericht zu, nicht dem Gläubiger.[2]

Zuständig für die Anordnung der Zwangsmittel ist entsprechend §§ 887 Abs. 1, 888 Abs. 1 Satz 1 das **Gericht des ersten Rechtszugs**, das den Titel erlassen hat. Eine Vollstreckungsklausel ist damit nicht erforderlich (§ 86 Abs. 3). Funktionell zuständig ist der Richter (vgl. § 20 Nr. 17 RPflG).

Die **Vollstreckung eines Zwangsgeldes** nach § 888 ZPO erfolgt in Antragsverfahren durch den Begünstigten zugunsten der Staatskasse nach den Bestimmungen über die Zwangsvollstreckung wegen Geldforderungen gem. § 95 Abs. 1 Nr. 1, nicht von Amts wegen nach der JBeitrO.[3] Bei der Vollstreckung einer Auflage nach § 1666 BGB muss die Vollstreckung dagegen von Amts wegen nach § 1 Abs. 1 Nr. 3 JBeitrO erfolgen. Der Verpflichtete kann die Vollstreckung jederzeit durch Vornahme der Handlung abwenden. Ist das Zwangsgeld nicht beizutreiben, kann der Berechtigte wählen, ob er die Vermögensauskunft (früher: Abgabe der eidesstattlichen Versicherung) nach §§ 802c, 802f ZPO betreibt und zur Abgabe der Auskunft ggf. einen Haftbefehl nach § 802g ZPO beantragt (zuständig ist das Vollstreckungsgericht) oder ob er (was regelmäßig effektiver ist) sogleich die ersatzweise festgesetzte Zwangshaft durch das Prozessgericht vollstrecken lassen will.[4]

Für die **Vollstreckung der (Ersatz-)Zwangshaft** gelten die in den §§ 802a ff. ZPO enthaltenen Vorschriften über die Haft entsprechend (§ 888 Abs. 1 Satz 3 ZPO). Die Vollstreckung der Haft setzt demzufolge die endgültige Anordnung der Haft oder einen Haftbefehl voraus (vgl. § 802g ZPO),[5] für dessen Erlass das Prozessgericht zuständig ist.[6] Die Zwangsmittel können auch wiederholt angeordnet werden, wenn das zuvor festgesetzte Zwangsmittel vollstreckt wurde.

Entsprechend § 888 Abs. 2 ZPO ist bei der Vollstreckung zur Vornahme einer nicht vertretbaren Handlung eine **vorherige Androhung der Zwangsmittel nicht erforderlich**.

Im Zwangsvollstreckungsverfahren nach § 887 ZPO ist der Schuldner mit seinem **Einwand** zu hören, der vollstreckbare Anspruch **sei erfüllt**.[7] Hat er die geschuldete Handlung bereits ordnungsgemäß vorgenommen, ist die Ermächtigung zur Ersatzvornahme damit ausgeschlossen. Der zur Vornahme einer vertretbaren Handlung verpflichtete Schuldner kann im Vollstreckungsverfahren nach § 887 ZPO aber nicht geltend machen, die Vornahme der Handlung sei für ihn unzumutbar (geworden) oder führe nicht zum Erfolg.[8] Insoweit muss er gem. § 95 Abs. 1 FamFG iVm. § 767 ZPO Vollstreckungsgegenklage erheben, wenn seine Einwendungen nach dem nach § 767 Abs. 2 ZPO maßgeblichen Zeitpunkt entstanden sind.

Auch im Verfahren nach § 888 Abs. 1 ZPO ist der Schuldner mit dem **Einwand** zu hören, der vollstreckbare Anspruch **sei erfüllt**, denn Zwangsmittel sind reine Beugemittel.[9] Ist erfüllt, kommen Zwangsmittel daher nicht mehr in Betracht. Voraussetzung für die Festsetzung von Zwangsmitteln entsprechend § 888 ZPO ist es, dass die

---

1 Dazu etwa OLG Bremen v. 2.11.2009 – 4 UF 83/09, FamRZ 2010, 821.
2 Zöller/*Stöber*, § 888 ZPO Rz. 8.
3 *Cirullies*, Rpfleger 2011, 573, 575; Zöller/*Stöber*, § 888 ZPO Rz. 13.
4 *Cirullies*, NJW 2013, 203 (204).
5 Ausf. *Cirullies*, NJW 2013, 203 (204).
6 BGH v. 3.7.2008 – 1 ZB 87/06, FamRZ 2008, 1751; *Cirullies*, NJW 2013, 203.
7 BGH v. 5.11.2004 – IXa ZB 32/04, FamRZ 2005, 199.
8 BGH v. 7.4.2005 – I ZB 2/05, NJW-RR 2006, 203.
9 Zöller/*Stöber*, § 888 ZPO Rz. 11; KG v. 6.12.2007 – 2 W 185/07, FamRZ 2008, 1094.

Handlung vom Schuldner noch vorgenommen werden kann.[1] Steht die Unmöglichkeit der Erfüllung fest, darf eine Zwangsmaßnahme nicht mehr angeordnet werden.[2]

13 Ist erfüllt, kann vom Schuldner in Ergänzung zur Vollstreckungsgegenklage gem. § 371 BGB analog auch ein **Antrag auf Herausgabe** der vollstreckbaren Ausfertigung **des Titels gestellt** werden, wenn die Vollstreckbarkeit des Titels bereits gem. § 767 ZPO beseitigt ist, wenn dieses Ziel gleichzeitig im Wege der Vollstreckungsabwehrklage verfolgt wird oder wenn der Gläubiger die Herausgabe des Titels verweigert, obwohl das Erlöschen des titulierten Anspruchs unstreitig ist.[3]

4. Erzwingung von Duldungen und Unterlassungen (Nr. 4)

14 Die Verpflichtung zur **Unterlassung** iSv. Nr. 4 ergibt sich insbesondere aus Titeln, die ein (hinreichend bestimmtes, vgl. § 86 Rz. 9) **Betretungs- und Näherungsverbot** enthalten. In Betracht kommen hierfür

- Beschlüsse (§ 86 Abs. 1 Nr. 1) und Vergleiche (§ 86 Abs. 1 Nr. 3) in **Gewaltschutzsachen** nach § 1 GewSchG;[4]
- Schutzanordnungen in **Ehewohnungssachen** nach § 209 Abs. 1 FamFG (vgl. § 209 Rz. 4) oder ein entsprechender Vergleich;
- Beschlüsse in **Kindschaftssachen** wegen Gefährdung des Kindeswohls nach § 1666 Abs. 3 Nr. 3 und 4 BGB, soweit das Kontaktverbot nicht im Rahmen eines Umgangsausschlusses nach § 1684 Abs. 4 BGB (ggf. iVm. §§ 1685 Abs. 3 Satz 1, 1686a Abs. 2 BGB) erfolgt, das nach §§ 88 ff. vollstreckt wird (vgl. § 88 Rz. 1a, § 89 Rz. 7a).

Eine Unterlassungspflicht kann sich auch in **Haushaltssachen** aus dem gem. § 209 Abs. 1 erteilten Verbot, Hausratsgegenstände wegzuschaffen, ergeben (vgl. § 209 Rz. 8).

14a Eine Verpflichtung zur **Duldung** kann sich zB aus einem Beschluss oder Vergleich nach § 1598a Abs. 2 iVm. 1 Satz 1 BGB ergeben, nach dem die Entnahme einer genetischen Probe zu dulden ist (vgl. § 96a).

15 Die Vollstreckung erfolgt entsprechend **§ 890 bis 892 ZPO** durch Anordnung von Ordnungsgeld oder Ordnungshaft. Ergänzend kann der Berechtigte zur Beseitigung einer andauernden Zuwiderhandlung gegen ein Kontaktverbot gem. **§ 96 Abs. 1** den Gerichtsvollzieher hinzuziehen bzw. bei einer wiederholten Verweigerung der Probenentnahme gem. § 96a Abs. 2 zwangsweise vorgeführt werden.

15a Nach § 890 Abs. 2 ZPO ist eine vorherige **Androhung** der Ordnungsmittel erforderlich. Diese muss auch dann durch gerichtlichen Beschluss erfolgen, wenn sich die Duldungs- oder Unterlassungspflicht aus einem Vergleich ergibt.[5] Wird fälschlich Zwangsgeld angedroht, reicht dies nicht aus, weil Ordnungsmittel wegen ihres Sanktionscharakters in ihrer Wirkung deutlich über die Wirkung von Zwangsmitteln hinausgehen.[6]

15b Nach § 890 Abs. 1 Satz 1 ZPO wird dem Verpflichteten wegen jeder einzelnen Zuwiderhandlung ein Ordnungsgeld, hilfsweise Ordnungshaft oder sogleich Ordnungshaft auferlegt. Ist die **Zuwiderhandlung** streitig, muss hierüber gem. § 30 Abs. 1 und 3 Beweis erhoben werden. Eine Glaubhaftmachung genügt im Vollstreckungsverfahren nicht, auch wenn der Titel im einstweiligen Anordnungsverfahren ergangen ist.[7]

---

1 Zöller/*Stöber*, § 888 ZPO Rz. 11.
2 Zöller/*Stöber*, § 888 ZPO Rz. 11.
3 OLG Hamm v. 13.6.2008 – 10 WF 79/08, FamRZ 2008, 2225; BGH v. 14.7.2008 – II ZR 132/07, FamRZ 2008, 2196.
4 OLG Celle v. 18.5.2010 – 10 WF 152/10, FamRZ 2010, 1593; OLG Zweibrücken v. 16.3.2010 – 6 WF 55/10, FamRZ 2010, 1369.
5 BGH v. 2.2.2012 – I ZB 95/10, FamRZ 2012, 1563 (LS); OLG Saarbrücken v. 4.3.2013 – 6 WF 27/13, NJW 2013, 1612 = FamRB 2013, 213 (*Schlünder*).
6 OLG Celle v. 18.5.2010 – 10 WF 152/10, FamRZ 2010, 1593; zu § 89 auch BGH v. 17.8.2011 – XII ZB 621/10, FamRZ 2011, 1729; wN § 89 Rz. 11.
7 OLG Saarbrücken v. 8.6.2011 – 6 WF 60/11, FamRZ 2012, 998; OLG Hamm v. 6.1.2011 – 8 WF 322/10, FPR 2011, 232.

Ordnungsmittel enthalten neben der Maßnahme zur Beugung des Willens auch strafrechtliche (repressive) Elemente. Ihre Anordnung setzt daher ein **Verschulden** des Schuldners voraus, also Vorsatz oder Fahrlässigkeit, wobei der Verpflichtete die Feststellungslast trägt.[1] Vor der Zustellung des Vollstreckungstitels an den Schuldner kommt regelmäßig ein Verschulden nicht in Betracht.[2] Auch wenn gegen den Schuldner wegen derselben Handlung bereits eine Kriminalstrafe (zB nach § 4 GewSchG) verhängt wurde, ist die Festsetzung von Ordnungsmitteln nach § 890 ZPO zulässig. Bei der Höhe des Ordnungsgeldes ist aber die strafgerichtliche Verurteilung zu berücksichtigen.[3] 16

Die Wahl zwischen Ordnungsgeld und Ordnungshaft und die **Bemessung der Höhe des Ordnungsmittels** steht dem Gericht zu.[4] Ein beantragtes Höchstmaß darf nicht überschritten werden. Das Mindestmaß des Ordnungsgeldes beträgt fünf Euro, das der Ordnungshaft einen Tag (§ 6 EGStGB). Das Höchstmaß des Ordnungsgeldes beträgt 250 000 Euro, das der Ordnungshaft sechs Monate (§ 890 Abs. 1 Satz 2 ZPO). Bei wiederholten Verstößen gegen ein Kontaktverbot nach dem GewSchG können Ordnungsmittel mehrfach verhängt werden, Ordnungshaft bis maximal zwei Jahre. Mehrere räumlich-zeitlich zusammenhängende Verstöße können zu einer natürlichen Handlungseinheit zusammengefasst werden.[5] 16a

Zuständig für Anordnung von Ordnungsmitteln ist entsprechend § 890 Abs. 1 Satz 1 das Gericht des ersten Rechtszugs, das den Titel erlassen hat. Eine Vollstreckungsklausel ist daher nicht erforderlich (§ 86 Abs. 3). Zuständig ist der Richter (nicht der Rechtspfleger, vgl. § 20 Nr. 17 RPflG). Der Betroffene ist gem. § 891 Satz 2 **anzuhören**. 17

Ordnungsgeld wird (anders als Zwangsgeld nach § 888 ZPO) von Amts wegen nach §§ 1 Abs. 1 Nr. 3, Abs. 2 JBeitrO zugunsten der Staatskasse durch den Rechtspfleger beigetrieben.[6] Auch die Beauftragung des Gerichtsvollziehers zur **Vollstreckung der Ordnungshaft** erfolgt von Amts wegen durch den Rechtspfleger (vgl. §§ 31 Abs. 3, 4 Abs. 2 Nr. 2a RPflG), für den Vollzug der Haft gelten §§ 802g ff. ZPO. 18

5. Abgabe einer Willenserklärung (Nr. 5)

Titel, die zur Abgabe einer Willenserklärung verpflichten, betreffen zB 19
- in **Ehewohnungssachen** die Verpflichtung zum Abschluss eines Mietvertrags zu ortsüblichen Bedingungen nach § 1568a Abs. 5 BGB;[7] die Überlassung der Mietwohnung nach § 1568a Abs. 3 Nr. 2 BGB bedarf nicht der Vollstreckung, da der Eintritt in das Mietverhältnis ex lege eintritt;
- in **Teilungssachen** bestätigte Teilungsvereinbarungen nach § 366 Abs. 1 und Auseinandersetzungen nach § 368; dazu § 371 Rz. 18 ff.

Die titulierte Willenserklärung gilt gem. **§ 894 ZPO** als – in der erforderlichen Form – abgegeben, sobald die Entscheidung im Erkenntnisverfahren **rechtskräftig** ist. Weitere Vollstreckungsmaßnahmen sind weder nötig noch zulässig. Nicht ersetzt werden die etwa erforderliche rechtsgeschäftliche Genehmigung eines Dritten oder der Zugang der Erklärung an einen Dritten oder an eine Behörde.[8] Die Fiktion der Abgabe einer Willenserklärung nach § 894 ZPO kann nur eintreten, wenn der Tenor der Entscheidung eine Erklärung mit einem festbestimmten Inhalt zum Gegenstand hat. Genügt eine Entscheidung diesem Bestimmtheitserfordernis nicht, so richtet sich die Zwangsvollstreckung nach § 888 ZPO, wonach eine eindeutige Bestimmbarkeit des Inhalts der abzugebenden Erklärung genügt.[9] 20

---

1 KG v. 27.2.2012 – 19 WF 254/11, juris; Zöller/*Stöber*, § 890 ZPO Rz. 5.
2 OLG Hamm v. 6.1.2011 – 8 WF 322/10, FPR 2011, 232.
3 OLG Schleswig v. 17.7.2006 – 13 WF 118/06, FamRZ 2007, 300.
4 Zöller/*Stöber*, § 890 ZPO Rz. 17.
5 BGH v. 18.12.2008 – I ZB 32/06, NJW 2009, 921; OLG Hamm v. 28.2.2013 – 1 WF 47/13, juris.
6 *Cirullies*, Rpfleger 2011, 573 (574).
7 *Giers*, FamRB 2010, 564 (566).
8 Zöller/*Stöber*, § 894 ZPO Rz. 7.
9 OLG Karlsruhe v. 8.10.2004 – 19 W 61/04, Rpfleger 2005, 95.

II. Rechtsbehelfe, Entscheidung durch Beschluss (Absatz 2)

21 **Allgemeiner Rechtsbehelf** gegen Beschlüsse im Vollstreckungsverfahren ist gem. § 87 Abs. 4 die sofortige Beschwerde nach §§ 567 bis 572 ZPO (dazu ausf. § 87 Rz. 12 ff.). Darüber hinaus sind die **Rechtsbehelfe nach der ZPO** möglich, zB
- die Erinnerung gegen die Erteilung der Vollstreckungsklausel nach § 732 ZPO;
- der Vollstreckungsschutzantrag nach § 765a ZPO;[1]
- die **Erinnerung** gem. § 766 ZPO gegen die Art und Weise der Zwangsvollstreckung durch den Gerichtsvollzieher;
- der **Vollstreckungsgegenantrag** nach § 767 ZPO (zB für den Einwand der Erfüllung, falls er nicht schon im Vollstreckungsverfahren berücksichtigt werden kann; Einwand der treuwidrigen Führung der Betreuung gegen den gem. § 168 festgesetzten Vergütungsanspruch des Betreuers[2]); bei der Statthaftigkeit ist ggf. zum Abänderungsantrag nach § 48 Abs. 1 FamFG abzugrenzen: der Vollstreckungsgegenantrag betrifft Einwendungen gegen die Vollstreckbarkeit des Titels, die diesen rückwirkend unvollstreckbar machen, als solchen aber unberührt lassen, während eine Abänderungsentscheidung den Titel selbst für die Zukunft an gewandelte Verhältnisse anpassen soll;[3] ist der Titel in einem einstweiligen Anordnungsverfahren ergangen, ist ggf. auch zur (jederzeit möglichen) Abänderung nach § 54 FamFG abzugrenzen (vgl. etwa § 96 Rz. 9);
- der Drittwiderspruchsantrag nach § 771 ZPO.

22 Nach Abs. 2 tritt für die Anwendung der vollstreckungsrechtlichen Vorschriften der ZPO an die Stelle eines Urteils iSd. §§ 704 ff. ZPO der **Beschluss**. Im Interesse der Einheitlichkeit des FamFG-Verfahrens haben deshalb alle Entscheidungen im Vollstreckungsverfahren durch Beschluss zu ergehen. Für den notwendigen Inhalt, die Bekanntgabe, die Berichtigung, die Ergänzung und die Rechtskraft des Beschlusses sowie für die Anhörungsrüge gelten die Vorschriften des Abschnitts 3 (§§ 38 ff.). Diese Vorschriften verdrängen die entsprechenden Regelungen der ZPO.[4] Dementsprechend richten sich auch die Rechtsmittel gegen Entscheidungen über ZPO-Rechtsbehelfe nach dem FamFG: **sofortige Beschwerde** gem. § 87 Abs. 4 (nicht § 793 ZPO) gegen Entscheidungen über die Erinnerung gegen die Erteilung der Vollstreckungsklausel nach § 732 ZPO, über einen Vollstreckungsschutzantrag nach § 765a ZPO und über die Erinnerung gem. § 766 ZPO; **befristete** Beschwerde gem. § 58 (statt Berufung nach § 511 ZPO) gegen Entscheidungen über Vollstreckungsschutzanträge nach § 767 ZPO oder Drittwiderspruchsanträge nach § 771 ZPO.[5]

III. Ausschluss und Einstellung der Vollstreckung vor Rechtskraft (Absatz 3)

23 Nach Satz 1 kann das Gericht bei einem **Titel wegen einer Geldforderung** in der Entscheidung im Erkenntnisverfahren die **Vollstreckung** vor Eintritt der Rechtskraft **ausschließen**, wenn der Verpflichtete dies beantragt und glaubhaft macht, dass die Vollstreckung für ihn einen nicht zu ersetzenden Nachteil bringen würde. Erforderlich ist dies, weil Beschlüsse in FamFG-Verfahren regelmäßig schon mit der Bekanntgabe wirksam und damit auch vollstreckbar werden (§§ 40 Abs. 1, 86 Abs. 2) und nicht erst mit der formellen Rechtskraft (dazu und zu den Ausnahmen § 86 Rz. 18 ff.)

24 Durch einen **Antrag** nach Abs. 3 kann vermieden werden, dass durch die Vollstreckung vor Eintritt der Rechtskraft ein Schaden entsteht, der auch im Fall des Erfolgs eines Rechtsmittels nicht mehr rückgängig gemacht werden kann. Der Antrag muss,

---

1 OLG Frankfurt v. 22.2.2013 – 4 WF 48/13, FamRB 2013, 109 (*Schlünder*).
2 BGH v. 11.4.2012 – XII ZB 459/10, FamRZ 2012, 1051.
3 Vgl. etwa zur parallelen Problematik der Abgrenzung von Abänderungsklage (§ 323 ZPO) und Vollstreckungsgegenklage nach § 767 ZPO BGH v. 8.6.2005 – XII ZR 294/02, NJW 2005, 2313.
4 BT-Drucks. 16/6308, S. 220.
5 Keidel/*Giers*, § 95 FamFG Rz. 19; Zöller/*Feskorn*, § 95 FamFG Rz. 10; **aA** (auch hier sofortige Beschwerde nach § 87 Abs. 4) MüKo.ZPO/*Zimmermann*, § 95 FamFG Rz. 28.

damit er in der Entscheidung berücksichtigt werden kann, **vor Abschluss des erstinstanzlichen Verfahrens**[1] gestellt werden.

In den Fällen des § 707 Abs. 1 ZPO (Wiedereinsetzungsantrag, Wiederaufnahmeantrag, Gehörsrüge, Fortsetzung des Rechtsstreits nach Vorbehaltsurteil) und des § 719 Abs. 1 ZPO (Einspruch, Beschwerde) kann das Gericht die **Zwangsvollstreckung einstweilen einstellen**. Satz 2 modifiziert die Voraussetzungen des § 707 Abs. 1 ZPO für eine einstweilige Einstellung der Zwangsvollstreckung dahingehend, dass der Verpflichtete glaubhaft machen muss, dass die Vollstreckung ihm einen nicht zu ersetzenden Nachteil bringen würde. Nur dann kann die Vollstreckung einstweilen eingestellt werden (entsprechend der Regelung für Ehesachen und Familienstreitsachen in § 120 Abs. 2 Satz 2 und 3, vgl. daher ergänzend § 120 Rz. 11).

IV. Ergänzende Vollstreckung nach § 888 ZPO (Absatz 4)

Nach Abs. 4 hat das Gericht die Möglichkeit, bei der Vollstreckung zur Herausgabe oder Vorlage einer Sache (Abs. 1 Nr. 2) sowie zur Vornahme einer vertretbaren Handlung (Abs. 1 Nr. 3) statt Maßnahmen nach §§ 883, 885, 886, 887 ZPO **auch** die Zwangsmittel nach § 888 ZPO (**Zwangsgeld und Zwangshaft**) zu ergreifen, um eine möglichst effektive Vollstreckung zu ermöglichen. Das Gericht entscheidet nach pflichtgemäßem Ermessen, ob es die Vollstreckung nur nach § 888 ZPO oder die möglichen Vollstreckungsarten nebeneinander durchführt. Wegen Einzelheiten der Vollstreckung nach § 888 ZPO s. Rz. 7 ff.

Kosten/Gebühren: Gericht: Das FamGKG ist nach § 1 Satz 1 FamGKG nur auf die Vollstreckung durch das Familiengericht anwendbar. Nach Vorbem. 1.8 KV GNotKG und nach Vorbem. 1.6 KV FamGKG werden für Handlungen durch das Vollstreckungs- oder Arrestgericht Gebühren nach dem GKG erhoben. Es entstehen die Gebühren nach den Nrn. 2110 bis 2124 KV GKG. Soweit für die Vollstreckung nicht das Vollstreckungs- oder Arrestgericht zuständig ist (Abs. 1 Nr. 3 – Vollstreckung nicht vertretbarer Handlungen –, Abs. 1 Nr. 4 – Ordnungsmittel nach § 890 ZPO –, Abs. 4 – Zwangsmittel –) wird für die Anordnung der Zwangs- oder Ordnungsmittel eine Gebühr nach Nr. 18003 KV GNotKG und in Familiensachen nach Nr. 1602 KV FamGKG in Höhe von 20,– Euro je Anordnung erhoben. Mehrere Anordnungen in Folge lassen die Gebühr mehrfach entstehen. Die Gebühren schulden der Entscheidungsschuldner (§ 27 Nr. 1 GNotKG, § 24 Nr. 1 FamGKG) und der Verpflichtete (§ 27 Nr. 4 GNotKG, 24 Nr. 4 FamGKG). Wird eine sofortige Beschwerde verworfen oder zurückgewiesen, fällt eine Gebühr nach Nr. 19116 KV GNotKG bzw. nach Nr. 1912 KV FamGKG an. **RA:** Der RA erhält in der Vollstreckung die Gebühren nach Nrn. 3309 und 3310 VV RVG. Der Wert bestimmt sich nach § 25 RVG. **Gerichtsvollzieher:** Der Gerichtsvollzieher berechnet für seine Tätigkeit Kosten nach dem Gerichtsvollzieherkostengesetz.

96 *Vollstreckung in Verfahren nach dem Gewaltschutzgesetz und in Ehewohnungssachen*

(1) Handelt der Verpflichtete einer Anordnung nach § 1 des Gewaltschutzgesetzes zuwider, eine Handlung zu unterlassen, kann der Berechtigte zur Beseitigung einer jeden andauernden Zuwiderhandlung einen Gerichtsvollzieher zuziehen. Der Gerichtsvollzieher hat nach § 758 Abs. 3 und § 759 der Zivilprozessordnung zu verfahren. Die §§ 890 und 891 der Zivilprozessordnung bleiben daneben anwendbar.

(2) Bei einer einstweiligen Anordnung in Gewaltschutzsachen, soweit Gegenstand des Verfahrens Regelungen aus dem Bereich der Ehewohnungssachen sind, und in Ehewohnungssachen ist die mehrfache Einweisung des Besitzes im Sinne des § 885 Abs. 1 der Zivilprozessordnung während der Geltungsdauer möglich. Einer erneuten Zustellung an den Verpflichteten bedarf es nicht.

---

1 OLG Hamm v. 1.3.2011 – 8 UF 40/11, FamRZ 2011, 1678 (zu § 120 Abs. 2 FamFG); Zöller/*Feskorn* § 95 FamFG Rz. 13; Thomas/Putzo/*Hüßtege*, § 95 FamFG Rz. 9; unten *Helms*, § 120 Rz. 10; aA (Antrag bis zur Rechtskraft der Entscheidung möglich) Keidel/*Giers*, § 95 FamFG Rz. 21; MüKo.ZPO/*Zimmermann*, § 95 FamFG Rz. 18.

A. Allgemeines 1	2. Voraussetzungen der Hinzuziehung 3
B. Inhalt der Vorschrift	3. Durchführung 5
I. Zuziehung eines Gerichtsvollziehers (Absatz 1)	II. Mehrfache Vollstreckung (Absatz 2) . 6
1. Anwendungsbereich 2	

Literatur: S. § 95.

A. Allgemeines

1 § 96 enthält entgegen der amtlichen Überschrift lediglich **ergänzende Vorschriften zu § 95** für die Vollstreckung in Verfahren nach dem Gewaltschutzgesetz und in Ehewohnungssachen.

B. Inhalt der Vorschrift

I. Zuziehung eines Gerichtsvollziehers (Absatz 1)

1. Anwendungsbereich

2 Abs. 1 betrifft **Betretens- und Näherungsverbote nach § 1 GewSchG**. Diese werden grundsätzlich nach § 95 Abs. 1 Nr. 4 FamFG iVm. §§ 890 f. ZPO durch Ordnungsgeld oder Ordnungshaft vollstreckt (vgl. § 95 Rz. 14 ff.). Abs. 1 Satz 3 stellt insoweit klar, dass der aus dem Titel Berechtigte daneben – also **alternativ oder zusätzlich**[1] – auch nach Abs. 1 Satz 1 den Gerichtsvollzieher zur Beseitigung einer andauernden Zuwiderhandlung hinzuziehen kann. Die Vollstreckung einer Wohnungszuweisung nach § 2 GewSchG erfolgt nach § 95 Abs. 1 Nr. 2 FamFG iVm. § 885 ZPO durch Räumungsvollstreckung oder gem. § 95 Abs. 4 FamFG iVm. § 888 ZPO durch Anordnung von Zwangsgeld oder Zwangshaft (vgl. § 95 Rz. 4 ff.).

2a Nach zutreffender Auffassung ist **§ 96 Abs. 1 auch anwendbar** (zumindest analog), wenn sich das Kontaktverbot nach § 1 GewSchG aus einem **Vergleich** ergibt.[2] Zwar spricht Abs. 1 Satz 1 von einer „Anordnung", jedoch ist kein sachlicher Grund ersichtlich, warum Vergleiche in Gewaltschutzsachen nur nach § 95 Abs. 1 Nr. 4 FamFG iVm. §§ 890 f. ZPO vollstreckbar sein sollen, während die ergänzende Vollstreckungsmöglichkeit nach § 96 Abs. 1 Beschlüssen vorbehalten ist. Auch aus den Gesetzgebungsmaterialen ergibt sich nicht, dass insoweit eine Differenzierung beabsichtigt war, vielmehr soll § 96 Abs. 1 dem früheren § 892a ZPO entsprechen,[3] der iVm. § 64b Abs. 4 FGG aF auch Vergleiche umfasste. Es ist davon auszugehen, dass der Gesetzgeber bei Abfassung der Norm nicht an Vergleiche, die gem. § 86 Abs. 1 Nr. 3 FamFG iVm. § 794 ZPO Vollstreckungstitel sind, gedacht hat. Entsprechendes nimmt die ganz hM auch im Fall des § 87 Abs. 2 an, wenn sie (zumindest in analoger Anwendung der Vorschrift) vor der Vollstreckung auch die Zustellung von Vergleichen iSd. § 86 Abs. 1 Nr. 3 verlangt, auch wenn die Vorschrift nur von „Beschlüssen" spricht (vgl. § 87 Rz. 8).

2. Voraussetzungen der Hinzuziehung

3 Es gelten zunächst die **allgemeinen Vollstreckungsvoraussetzungen**. Neben dem Vorliegen eines Titels iSd. § 86 Abs. 1 (vgl. Rz. 2a) sind dessen Vollstreckbarkeit (§ 86 Abs. 2) und Zustellung (§ 87 Abs. 2) erforderlich. Insofern sind bei Gewaltschutztiteln die §§ 216 und 53 Abs. 2 zu beachten (Anordnung der sofortigen Wirksamkeit und der Zulässigkeit der Vollstreckung vor Zustellung, dazu § 86 Rz. 19a f.). Grundsätzlich ist eine Vollstreckungsklausel gem. § 86 Abs. 3 erforderlich, dieses Erfordernis entfällt jedoch gem. § 53 Abs. 1, wenn, wie häufig bei Gewaltschutzanordnungen, eine eA vollstreckt wird (dazu § 86 Rz. 20 ff.). Zudem muss der Titel inhaltlich hinreichend be-

---

[1] Zöller/*Feskorn*, § 95 FamFG Rz. 2.
[2] Johannsen/Henrich/*Büte*, § 96 FamFG Rz. 2; Keidel/*Giers*, § 96 FamFG Rz. 2; **aA** Zöller/*Feskorn*, § 96 FamFG Rz. 3; *Schulte-Bunert*, FPR 2012, 491 (494).
[3] BT-Drucks. 16/6308, S. 220.

stimmt sein (dazu § 86 Rz. 9) und die an der Vollstreckung Beteiligten bezeichnen (dazu § 86 Rz. 12).

Weitere Voraussetzung ist, dass eine **andauernde Zuwiderhandlung** durch den Verpflichteten vorliegt, also nicht nur ein ganz kurzzeitiger bzw. einmaliger Verstoß. Nicht erforderlich ist, dass die Zuwiderhandlung schuldhaft erfolgt,[1] da es sich um eine bloße Zwangsmaßnahme zur Herstellung des rechtmäßigen Zustands handelt, nicht wie im Falle des Ordnungsmittels um eine Sanktion. 4

3. Durchführung

Nach Abs. 1 Satz 1 erfolgt die Beauftragung des Gerichtsvollziehers durch den Berechtigten. Der Gerichtsvollzieher kann gem. Abs. 1 Satz 2 bei Widerstand des Verpflichteten unmittelbaren Zwang anwenden und sich dazu auch der Hilfe der Polizei bedienen (§ 758 Abs. 3 ZPO; ebenso im Übrigen § 87 Abs. 3 FamFG). Sofern der Gerichtsvollzieher hierzu die Wohnung des Verpflichteten betreten muss, ist ein gerichtlicher Durchsuchungsbeschluss gem. § 95 Abs. 1 FamFG iVm. § 758a ZPO erforderlich.[2] In den Fällen des § 759 ZPO hat der Gerichtsvollzieher Zeugen hinzuzuziehen. 5

II. Mehrfache Vollstreckung (Absatz 2)

Abs. 2 betrifft die Vollstreckung von eA nach § 2 GewSchG oder §§ 1361b, 1568a BGB, welche die **Zuweisung einer Ehewohnung** beinhalten. Nicht erfasst sind Hauptsacheentscheidungen in diesen Verfahren.[3] Der Wortlaut der Vorschrift ist insoweit hinsichtlich Entscheidungen in Ehewohnungssachen zwar mehrdeutig, jedoch wollte der Gesetzgeber inhaltlich § 885 Abs. 1 Satz 3 ZPO aF übernehmen, der ausschließlich eA betraf.[4] 6

Die Vollstreckung einer Wohnungszuweisung erfolgt nach § 95 Abs. 1 Nr. 2 FamFG iVm. § 885 ZPO durch **Räumungsvollstreckung** (vgl. § 95 Rz. 4 f.). 7

Abs. 2 Satz 1 bestimmt, dass eine eA auf Wohnungszuweisung während ihrer Geltungsdauer **mehrfach vollzogen** werden kann, wenn der Verpflichtete eigenmächtig wieder in die Wohnung zurückkehrt. Es muss kein neuer Titel erwirkt werden, sondern es kann erneut nach § 95 Abs. 1 Nr. 2 FamFG iVm. § 885 ZPO vollstreckt werden. Einer erneuten Zustellung der Entscheidung bedarf es nach Satz 2 nicht. 8

Nach einer **Versöhnung** der Beteiligten und einvernehmlicher Rückkehr des Verpflichteten in eine gemeinsame Wohnung hat der Berechtigte dagegen einen Titel nach dem GewSchG gem. § 371 BGB analog herauszugeben. Der Titel darf nicht „auf Vorrat" für eine künftig etwa neu erforderlich werdende Wohnungszuweisung zurückgehalten werden.[5] Solange der Titel nicht herausgegeben ist, bleibt er jedoch vollstreckbar.[6] Der Einwand gegen die Vollstreckung des Titels muss gem. § 95 Abs. 1 FamFG iVm. § 767 ZPO durch Vollstreckungsgegenantrag geltend gemacht und ggf. muss gem. § 769 ZPO die einstweilige Einstellung der Vollstreckung beantragt werden oder es kann gem. § 54 FamFG die Aufhebung des Beschlusses und die Einstellung der Vollstreckung nach § 55 beantragt werden. 9

Kosten/Gebühren: Gerichtsvollzieher: Die Zuziehung eines Gerichtsvollziehers zur Beseitigung einer andauernden Zuwiderhandlung gegen eine Anordnung nach § 1 GewSchG löst nach Nr. 250 KV GvKostG eine Gebühr in Höhe von 52,– Euro aus. Für die Vollstreckung einer Wohnungszuweisung erhält der GV nach Nr. 240 KV GvKostG eine Gebühr in Höhe von 98,– Euro. Neben den vorgenannten Gebühren fällt ggf. ein Zeitzuschlag nach Nr. 500 KV GvKostG in Höhe von 20,– Euro je angefangene Stunde an, wenn die Amtshandlung mehr als 3 Stunden in Anspruch nimmt. **RA:** Der RA erhält in der Vollstreckung die Gebühren nach Nrn. 3309 und 3310 VV RVG. Der Wert bestimmt sich nach § 25 RVG. 10

---

1 *Schulte-Bunert*, FPR 2012, 491 (494).
2 Zöller/*Feskorn*, § 96 FamFG Rz. 5.
3 Zöller/*Feskorn*, § 96 FamFG Rz. 6; Keidel/*Giers*, § 96 FamFG Rz. 5; aA *Stößer* in der 2. Aufl., Rz. 8.
4 BT-Drucks. 16/6308, S. 220.
5 KG v. 2.5.2005 – 16 UF 53/05, FamRZ 2006, 49.
6 MüKo.ZPO/*Zimmermann*, § 96 FamFG Rz. 7; Keidel/*Giers*, § 96 FamFG Rz. 6; Zöller/*Feskorn*, § 96 FamFG Rz. 7; aA *Stößer* in der 2. Aufl.

§ 96a Vollstreckung in Abstammungssachen

(1) Die Vollstreckung eines durch rechtskräftigen Beschluss oder gerichtlichen Vergleich titulierten Anspruchs nach § 1598a des Bürgerlichen Gesetzbuchs auf Duldung einer nach den anerkannten Grundsätzen der Wissenschaft durchgeführten Probeentnahme, insbesondere die Entnahme einer Speichel- oder Blutprobe, ist ausgeschlossen, wenn die Art der Probeentnahme der zu untersuchenden Person nicht zugemutet werden kann.

(2) Bei wiederholter unberechtigter Verweigerung der Untersuchung kann auch unmittelbarer Zwang angewendet, insbesondere die zwangsweise Vorführung zur Untersuchung angeordnet werden.

A. Allgemeines	II. Unmittelbarer Zwang, zwangsweise Vorführung (Absatz 2) 5
I. Anwendungsbereich 1	
II. Allgemeine Vollstreckungsvoraussetzungen 2	C. Vollstreckung eines titulierten Anspruchs auf Einwilligung in eine genetische Abstammungsuntersuchung nach § 1598a Abs. 2 iVm. Abs. 1 Satz 1 BGB 7
B. Inhalt der Vorschrift	
I. Unzumutbarkeit (Absatz 1) 3	

A. Allgemeines

I. Anwendungsbereich

1 § 96a entspricht § 56 Abs. 4 Satz 1 und 3 FGG aF idF des Gesetzes zur Klärung der Vaterschaft unabhängig vom Anfechtungsverfahren v. 26.3.2008 (BGBl. I S. 441). Die Vorschrift enthält ergänzende Regelungen über die **Vollstreckung eines titulierten Anspruchs auf Duldung der Entnahme einer genetischen Probe nach § 1598a Abs. 2 iVm. Abs. 1 Satz 1 BGB**. Soweit ein Abstammungsgutachten im Rahmen eines Abstammungsverfahrens oder eines Umgangsverfahrens nach § 1686a BGB eingeholt werden soll, richtet sich die Durchsetzung der Pflicht zur Duldung der Probenentnahme nach § 178 Abs. 2 bzw. § 167a Abs. 2 und 3 iVm. § 178 Abs. 2, die insoweit auf §§ 386 bis 390 ZPO verweisen.

II. Allgemeine Vollstreckungsvoraussetzungen

2 Die **Vollstreckung erfolgt nach § 95 Abs. 1 Nr. 4** in entsprechender Anwendung von §§ 890f. ZPO (Ordnungsgeld oder Ordnungshaft, dazu § 95 Rz. 15ff.). Die Vollstreckung muss gem. § 87 Abs. 1 Satz 1 beantragt werden, da das Verfahren nach § 1598a Abs. 2 BGB iVm. § 169 Nr. 2 FamFG ein Antragsverfahren ist. Zulässige Vollstreckungstitel sind Beschlüsse oder **gerichtliche Vergleiche**. Gem. Abs. 1 sind **Beschlüsse** aus Gründen der Rechtssicherheit[1] nur nach Eintritt der formellen Rechtskraft vollstreckbar iSd. § 86 Abs. 2. Eine Vollstreckungsklausel ist nach § 86 Abs. 3 nicht erforderlich, soweit die gerichtliche Zuständigkeit nicht gewechselt hat. Der Titel ist nach § 87 Abs. 2 zuzustellen.

B. Inhalt der Vorschrift

I. Unzumutbarkeit (Absatz 1)

3 Eine Vollstreckung entsprechend § 890 ZPO ist nach Abs. 1 ausgeschlossen, wenn die **Art der Probeentnahme** der zu untersuchenden Person **nicht zugemutet werden kann**. Die Vorschrift betrifft in erster Linie die Entnahme einer Blutprobe, die bei Einführung der Vorschrift noch der Regelfall war.[2] Eine Unzumutbarkeit kann in Ausnahmefällen vorliegen aus religiösen Gründen (zB bei Zeugen Jehovas) oder weil

---

[1] BT-Drucks. 16/6561, S. 16.
[2] Vgl. BT-Drucks. 16/6561, S. 12, 16 unter Bezugnahme auf die Richtlinien der Bundesärztekammer von 2002 (FamRZ 2002, 1159), wonach regelmäßig eine Blutprobe untersucht werden sollte, weil nur diese optimale Analysemöglichkeiten biete.

durch die Blutabnahme gesundheitliche Schäden zu befürchten sind.[1] Nach den aktuellen Richtlinien für Abstammungsgutachten sind Speichelproben, die durch einen Abstrich der Mundschleimhaut entnommen werden, zwischenzeitlich jedoch ebenso zur Untersuchung geeignet wie Blutproben[2] und in der Praxis inzwischen der Regelfall.[3] Gründe für eine Unzumutbarkeit sind bei Entnahme einer Mundspeichelprobe kaum denkbar.[4]

Materiellrechtliche Einwendungen gegen den Anspruch auf Klärung der Abstammung (zB Rechtsmissbrauch, Kinderschutzklausel nach § 1598a Abs. 3 BGB, grundsätzliche Geeignetheit der genetischen Abstammungsuntersuchung bei eineiigen Zwillingen[5]) sind im Vollstreckungsverfahren grundsätzlich **unbeachtlich**, sie müssen bereits im Erkenntnisverfahren erhoben werden. 4

Die **Geltendmachung** der Unzumutbarkeit kann im Vollstreckungsverfahren im Rahmen der nach § 95 Abs. 1 FamFG iVm. § 891 Satz 2 ZPO gebotenen Anhörung erfolgen oder im Rahmen der sofortigen Beschwerde gegen die Anordnung von Ordnungsmitteln nach § 87 Abs. 4 FamFG iVm. §§ 569 ff. ZPO. 4a

II. Unmittelbarer Zwang, zwangsweise Vorführung (Absatz 2)

Nach Abs. 2 kann bei wiederholter unberechtigter Verweigerung der Untersuchung auch unmittelbarer Zwang, insbesondere die zwangsweise Vorführung zur Untersuchung durch gerichtlichen Beschluss nach § 38 angeordnet werden. Angewendet wird der unmittelbare Zwang durch den **Gerichtsvollzieher**, der wiederum die Polizei um Unterstützung ersuchen kann (§ 87 Abs. 3). 5

Eine **wiederholte unberechtigte Weigerung** der Untersuchung liegt vor, wenn die Probenentnahme gegenüber dem Sachverständigen ausdrücklich verweigert wird oder dessen Ladungen wiederholt unbeachtet geblieben sind, ohne dass ein ausreichender Entschuldigungsgrund vorlag. Eine gerichtliche Ladung ist – anders als bei einem durch das Gericht im Rahmen der Beweiserhebung nach § 30 Abs. 1 iVm. § 177 Abs. 2 Satz 1 in Auftrag gegebenen Abstammungsgutachten – nicht erforderlich, da das Gutachten privat durch den Berechtigten eingeholt wird.[6] 6

Das bei der Anordnung der zwangsweisen Vorführung zu beachtende **Verfahren** ist in § 96a Abs. 2 nicht geregelt. Generell ist bei der Anordnung unmittelbaren Zwangs der **Verhältnismäßigkeitsgrundsatz** besonders streng zu beachten. Er kommt nur als ultima ratio in Betracht,[7] wenn die Anwendung von Ordnungsmitteln – zumindest von Ordnungsgeld – nach § 890 ZPO erfolglos war, von vornherein keinen Erfolg verspricht oder den Erfolg der Vollstreckung verhindern würde (vgl. auch § 90 Abs. 1).[8] Ferner ist dem Betroffenen vor der Anordnung unmittelbaren Zwangs **rechtliches Gehör** zu gewähren (§ 37 Abs. 2, vgl. auch § 92 Abs. 1). **Zuständig** für die Anordnung ist entsprechend § 890 Abs. 1 Satz 1 ZPO das Gericht des ersten Rechtszugs, das den Titel erlassen hat und auch für die Anordnung der Ordnungsmittel zuständig ist.[9] 6a

---

1 BT-Drucks. 16/6561, S. 16.
2 Vgl. hierzu die Richtlinie der Gendiagnostik-Kommission (GEKO) für die Anforderungen an die Durchführung genetischer Analysen zur Klärung der Abstammung und an die Qualifikation von ärztlichen und nichtärztlichen Sachverständigen gem. § 23 Abs. 2 Nr. 4 und Nr. 2b GenDG vom 17.7.2012, in Kraft seit 26.7.2012, Bundesgesundheitsblatt 2013, 169 (170).
3 OLG München v. 14.6.2011 – 33 UF 772/11, FamRZ 2011, 1878.
4 Ebenso MüKo.ZPO/*Zimmermann*, § 96a FamFG Rz. 5; *Schulte-Bunert*, FPR 2012, 491, 495.
5 Dazu OLG Celle v. 30.1.2013 – 15 UF 51/06, juris.
6 Zöller/*Feskorn*, § 96a FamFG Rz. 4; aA *Stößer* in der 2. Aufl.
7 BT-Drucks. 16/6561, S. 17.
8 Keidel/*Giers*, § 96a FamFG Rz. 4; MüKo.ZPO/*Zimmermann*, § 96a FamFG Rz. 8; ebenso BGH v. 25.10.1976 – IV ZB 38/76, FamRZ 1977, 126 zur Anwendung unmittelbaren Zwangs nach § 33 FGG aF; **aA** Zöller/*Feskorn*, § 96a FamFG Rz. 4.
9 Zöller/*Feskorn*, § 96a FamFG Rz. 5: Annexkompetenz.

C. Vollstreckung eines titulierten Anspruchs auf Einwilligung in eine genetische Abstammungsuntersuchung nach § 1598a Abs. 2 iVm. Abs. 1 Satz 1 BGB

7 Insoweit ist eine **Vollstreckung nicht erforderlich**. Ein entsprechender Beschluss vollstreckt sich mit Rechtskraft von selbst (§ 95 Abs. 1 Nr. 5 FamFG iVm. § 894 ZPO). Bei einem gerichtlichen Vergleich sollte die Einwilligung im Vergleich selbst erklärt werden.

8 **Kosten/Gebühren: Gericht:** Für die Vollstreckung eines titulierten Anspruchs nach § 1598a BGB durch Ordnungsgeld und Ordnungshaft (§§ 95 Abs. 1 Nr. 4 FamGKG, 890 ZPO) durch das Familiengericht entsteht eine Gebühr nach Nr. 1602 KV FamGKG. Die gleiche Gebühr entsteht für die Anordnung unmittelbaren Zwangs. **Gerichtsvollzieher:** Für die zwangsweise Vorführung zur Untersuchung erhält der GV eine Gebühr nach Nr. 270 KV GvKostG in Höhe von 39,– Euro. **RA:** Der RA erhält in der Vollstreckung die Gebühren nach Nrn. 3309 und 3310 VV RVG. Der Wert bestimmt sich nach § 25 RVG.

Abschnitt 9
Verfahren mit Auslandsbezug

Vorbemerkung

Literatur (aus Raumgründen wird grundsätzlich auf den Nachweis älterer sowie fremdsprachiger Literatur verzichtet): Grundlagen und Gebietsübergreifendes: *Adolphsen*, Europäisches Zivilverfahrensrecht, 2011; *Althammer*, Verfahren mit Auslandsbezug nach dem neuen FamFG, IPRax 2009, 381; *Andrae*, Internationales Familienrecht, 2. Aufl. 2006 (zit.: *Andrae*); *Andrae*, Familiensachen mit Auslandsberührung, in Garbe/Ullrich, Prozesse in Familiensachen, 3. Aufl. 2012; *Armbrüster*, Fremdsprachen in Gerichtsverfahren, NJW 2011, 812; *Armbrüster*, Englischsprachige Zivilprozesse vor deutschen Gerichten?, ZRP 2011, 102; *Arnold*, Lex fori als versteckte Anknüpfung, 2009; *Bach*, Grenzüberschreitende Vollstreckung in Europa, 2008; *Baetge*, Auf dem Weg zu einem gemeinsamen europäischen Verständnis des gewöhnlichen Aufenthalts – Ein Beitrag zur Europäisierung des Internationalen Privat- und Verfahrensrechts, in Festschrift Kropholler 2008, 77; *von Bar/Mankowski*, Internationales Privatrecht, Band I – Allgemeine Lehren, 2. Aufl. 2003; *Basedow*, Das Staatsangehörigkeitsprinzip in der Europäischen Union, IPRax 2011, 109; *Beller*, Die Vorschriften des FamFG zur internationalen Zuständigkeit, ZFE 2010, 52; *Bergmann/Ferid/Henrich*, Internationales Ehe- und Kindschaftsrecht mit Staatsangehörigkeitsrecht (Loseblatt); *Bock*, Der Islam in der Entscheidungspraxis der Familiengerichte, NJW 2012, 122; *Boele-Woelki*, Zwischen Konvergenz und Divergenz – Die CEFL-Prinzipien zum europäischen Familienrecht, RabelsZ 2009, 241; *Brand*, Formularbuch zum Europäischen und Internationalen Zivilprozessrecht, 2011; *Breuer*, Ehe- und Familiensachen in Europa – Das internationale Mandat mit Länderberichten, 2008 (zit.: *Breuer*); *Britz*, Grundrechtsschutz in der justiziellen Zusammenarbeit – zur Titelfreizügigkeit in Familiensachen, JZ 2013, 105; *Burgstaller/Neumayr*, Internationales Zivilverfahrensrecht (Loseblatt); *Burgstaller/Neumayr*, Beobachtungen zu Grenzfragen der internationalen Zuständigkeit, in Festschrift Schlosser 2005, 119; *Carl/Menne*, Verbindungsrichter und direkte richterliche Kommunikation im Familienrecht, NJW 2009, 3537; *Cieslar*, Internationale Abkommen und Europäische Rechtsakte zum Familien- und Staatsangehörigkeitsrecht, 2. Aufl. 2009 (Sonderveröffentlichung aus Bergmann/Ferid/Henrich, Internationales Ehe- und Kindschaftsrecht); *Coester-Waltjen*, Multa non multum im internationalen Familienverfahrensrecht, in Festschrift Geimer 2002, 139; *Coester-Waltjen*, Aktuelle Entwicklungen im Europäischen internationalen Familienverfahrensrecht, Jura 2004, 839; *Coester-Waltjen*, Parteiautonomie in der internationalen Zuständigkeit, in Festschrift Heldrich 2005, 549; *Coester-Waltjen*, Die Europäisierung des Zivilprozessrechts, Jura 2006, 914; *Coester-Waltjen*, Anerkennung im Internationalen Personen-, Familien- und Erbrecht und das Europäische Kollisionsrecht, IPRax 2006, 392; *Czernich/Tiefenthaler/Kodek*, Europäisches Gerichtsstands- und Vollstreckungsrecht, 3. Aufl. 2009; *Damrau*, Fortdauer der internationalen Zuständigkeit trotz Wegfalls ihrer Voraussetzungen?, in Festschrift Bosch 1976, 103; *Dasser/Oberhammer*, Kommentar zum Lugano-Übereinkommen, 2. Aufl. 2011; *Dethloff/Hausschild*, Familienrecht im Rahmen der justiziellen Zusammenarbeit in Zivilsachen – Das besondere Gesetzgebungsverfahren, FPR 2010, 489; *Dimter/Wendenburg*, Die Europäische Schutzanordnung – Strafrechtlicher Schutz vor deutschen Zivilgerichten?, DRiZ 2012, 311; *Dornblüth*, Die europäische Regelung der Anerkennung und Vollstreckbarerklärung von Ehe- und Kindschaftsentscheidungen, 2003; *Dötsch*, Internationale Zuständigkeit in Familiensachen, NJW-Spezial 2005, 247; *Dötsch*, Verfahren mit Auslandsbezug nach dem neuen FamFG, NJW-Spezial 2009, 724; *Dutta*, Die Entscheidungsbescheinigungen nach der Brüssel-IIa-Verordnung – ein Erfolgsmodell?, StAZ 2011, 33; *Eichel*, Die Revisibilität ausländischen Rechts nach der Neufassung von § 545 Abs. 1 ZPO, IPRax 2009, 389; *Finger*, Rechtsakt des Rates der Europäischen Union über die Zuständigkeit und die Anerkennung und Vollstreckung von Entscheidungen in Ehesachen (und damit zusammenhängenden Kindschaftssachen) v. 30.4.1998, FuR 1998, 346; *Finger*, Neue Entwicklungen im internationalen Familienrecht: FamFG – Europäisches Verfahrensrecht, FuR 2009, 601; *Finger*, Familienrechtliche Verfahren mit Auslandsbezug – §§ 98 ff. (internationale Zuständigkeit) und 107 ff. FamFG (Anerkennung und Vollstreckung ausländischer Entscheidungen), FuR 2010, 3; *Finger*, Internationale Zuständigkeit (versteckte Rückverweisung) – Nachträge und Ergänzungen, FuR 2010, 68; *Finger*, Verstärkte Zusammenarbeit einzelner Mitgliedstaaten der europ. Gesetzgebung für das Kollisionsrecht der Ehescheidung, FuR 2011, 61; *Finger*, Familienrechtliche Rechtsverhältnisse mit Auslandsbezug, internationale Zuständigkeiten und Rechtsanwendung, FuR 2012, 66; *Funken*, Das Anerkennungsprinzip im Internationalen Privatrecht, 2009; *Gampp*, Perpetuatio fori internationalis im Zivilprozeß und im Verfahren der freiwilligen Gerichtsbarkeit, 2009; *Ganz*, Internationales Familienrecht (IPR), in Gerhardt/v. Heintschel-Heinegg, Handbuch des Fachanwalts Familienrecht, 8. Aufl. 2011; *Gebauer/Wiedmann*, Zivilrecht unter europäischem Einfluss, 2. Aufl. 2010; *Geimer*, Anerkennung ausländischer Entscheidungen auf dem Gebiet der freiwilligen Gerichtsbarkeit, in Festschrift Ferid 1988, 89; *Geimer*, Internationale Freiwillige Gerichtsbarkeit, in Festschrift Jayme 2004, 241; *Geimer*, Internationales Zivilprozessrecht, 6. Aufl. 2009 (zit. *Geimer*); *Geimer/Schütze*, Europäisches Zivilverfahrensrecht, 3. Aufl. 2010 (zit.: *Geimer/Schütze*); *Geimer/Schütze*, Internationaler Rechtsverkehr in Zivil- und Handelssachen (Loseblatt; zit.: *Geimer/Schütze*, Int. Rechtsverkehr); *Gottwald*, Deutsche Probleme Internationaler Familienverfahren, in Festschrift Nakamura 1996, 189; *Gottwald*, Münchener Prozessformularhandbuch Familienrecht, 4. Aufl. 2013; *Gruber*, Die neue EheVO und die deutschen Ausführungsgesetze, IPRax 2005, 293; *Gruber*, Das neue Internationale Familienrechtsverfahrensgesetz, FamRZ 2005, 1603; *Hau*, Positive Kompetenzkonflikte im Internationalen Zivilprozessrecht, 1996; *Hau*, Forum shopping, in AG Familien- und Erbrecht im DAV, Der internationale Familien- und Erbrechtsfall, 2006, 103; *Hau*, Das Internationale Zivilverfahrensrecht im FamFG, FamRZ 2009, 821; *Hau*, Prozesskostenhilfe für Ausländer und Auslandsansässige im deutschen Zivilprozess, in Gedächtnisschrift Konuralp 2009, Bd. I, 411; *Hau*, Zur Entwicklung des Internationalen Zivilverfahrensrechts in der Europäischen Union seit 2008, GPR 2010, 246; *Hau*, Die Verortung natürlicher Personen – Ein Beitrag zum Allgemeinen Teil des Europäischen Zivilverfahrensrechts, in Gedächtnisschrift Wolf 2011, 409; *Hau*, Fremdsprachengebrauch durch deutsche Zivilgerichte, in Liber Amicorum Schurig 2012, 49; *Hau*, Grundlagen der internationalen Notzuständigkeit im Europäischen Zivilverfahrensrecht, in Festschrift Kaissis 2012, 355; *Hau/Eichel*, Zur Entwicklung des Internationalen Zivilverfahrensrechts in der Europäischen Union seit 2010, GPR 2012, 94; *Heiderhoff*, Ist das Anerkennungsprinzip schon geltendes internationales Familienrecht in der EU?, in Festschrift von Hoffmann 2011, 127; *Helms*, Internationales Verfahrensrecht für Familiensachen in der Europäischen Union, FamRZ 2002, 1593; *Helms*, Auswirkungen des FamFG auf die personenstandsrechtliche Praxis, StAZ 2009, 325; *Henrich*, Anerkennung statt IPR – Eine Grundsatzfrage, IPRax 2005, 422; *Henrich*, Europäisierungsbestrebungen im internationalen Familien- und Erbrecht, in Roth (Hrsg.), Europäisierung des Rechts, 2010, S. 77; *Hepting*, Deutsches und Internationales Familienrecht im Personenstandsrecht, 2010; *Hess*, Europäisches Zivilprozessrecht, 2010; *Hess*, Europäisches Zwangsvollstreckungsrecht – Herausforderungen und rechtspolitische Perspektiven, DGVZ 2010, 45; von *Hoffmann/Thorn*, Internationales Privatrecht, 9. Aufl. 2007; *Hohloch*, Internationales Verfahrensrecht in Ehe- und Familiensachen, FF 2001, 45; *Hohloch*, Zur Bedeutung des Ordre public-Arguments im Vollstreckbarerklärungsverfahren, in Festschrift Kropholler 2008, 809; *Hohloch*, Internationale Vollstreckung familienrechtlicher Titel, FPR 2012, 495; *Jayme/Hausmann*, Internationales Privat- und Verfahrensrecht, 16. Aufl. 2012; *Jud/Rechberger/Reichelt*, Kollisionsrecht in der Europäischen Union – Neue Fragen des Internationalen Privat- und Zivilverfahrensrechts, 2008; *Junker*, Internationales Zivilprozessrecht, 2012; *Kallweit*, Anerkennung und Vollstreckung ausländischer Urteile in Deutschland, Jura 2009, 585; *Kegel/Schurig*, Internationales Privatrecht, 9. Aufl. 2004; *Kindl/Meller-Hannich/Wolf*, Gesamtes Recht der Zwangsvollstreckung, 2. Aufl. 2013 (zit.: HK-ZV); *Klinck*, Das neue Verfahren zur Anerkennung ausländischer Entscheidungen nach § 108 II S. 1 FamFG, FamRZ 2009, 741; *Kohler/Pintens*, Entwicklungen im europäischen Familien- und Erbrecht, FamRZ 2009, 1529; FamRZ 2010, 1481; FamRZ 2011, 1433; FamRZ 2012, 1425; *Krömer*, Neue Regelungen für die Anerkennung ausländischer Entscheidungen nach dem Inkrafttreten des FamFG, StAZ 2010, 375; *Kropholler/von Hein*, Europäisches Zivilprozessrecht, 9. Aufl. 2011 (zit. *Kropholler/von Hein*, EuZPR); *Kropholler*, Internationales Privatrecht, 6. Aufl. 2006 (zit. *Kropholler*, IPR); *Lakkis*, Gestaltungsakte im internationalen Rechtsverkehr, 2007; *Leible/Freitag*, Forderungsbeitreibung in der EU, 2008; *Linke*, Die Europäisierung des Internationalen Privat- und Verfahrensrechts – Traum oder Trauma?, in Festschrift Geimer 2002, 529;

Linke/Hau, Internationales Zivilverfahrensrecht, 5. Aufl. 2011 (zit. *Linke/Hau*); *Lipp*, Namensrecht und Europarecht, StAZ 2009, 1; *Lippke*, Der Status im Europäischen Zivilverfahrensrecht – Scheidung und Scheidungsfolgen im Anerkennungsrecht, 2008; *Looschelders*, Internationales Privatrecht, 2004; *Mankowski*, Internationale Zuständigkeit und anwendbares Recht – Parallelen und Divergenzen, in Festschrift Heldrich 2005, 867; *Mansel*, Anerkennung als Grundprinzip des Europäischen Rechtsraums, RabelsZ 2006, 651; *Mansel/Thorn/Wagner*, Europäisches Kollisionsrecht, IPRax 2009, 1; IPRax 2010, 1; IPRax 2011, 1; IPRax 2012, 1; IPRax 2013, 1; *Martiny*, Die Entwicklung des Europäischen Internationalen Familienrechts – ein juristischer Hürdenlauf, FPR 2008, 187; *Mayr*, Europäisches Zivilprozessrecht, 2011; *Menne*, Europäisches Netzwerk spezialisierter Familienrichter, Die Tätigkeit deutscher Verbindungsrichterinnen und -richter im Europäischen Justiziellen Netz für Zivil- und Handelssachen, Betrifft Justiz 2011, 121; *Motzer*, Prozesskostenhilfe in Familiensachen mit Auslandsbezug, FamRBint 2008, 16; *Nademleinsky/Neumayr*, Internationales Familienrecht, 2007; *Nagel/Gottwald*, Internationales Zivilprozessrecht, 6. Aufl. 2007; *Niethammer-Jürgens*, Die Verfahren mit Auslandsbezug nach dem FamFG, FamRBint 2009, 80; *Niklas*, Die europäische Zuständigkeitsordnung in Ehe- und Kindschaftsverfahren, 2003; *Nordmeier*, Stand, Perspektiven und Grenzen der Rechtslagenanerkennung im europäischen Rechtsraum anhand Entscheidungen mitgliedstaatlicher Gerichte, IPRax 2012, 31; *Pasche*, Familiensachen mit Auslandsbezug, 2. Aufl. 2010; *Paul/Kiesewetter*, Mediation bei internationalen Kindschaftskonflikten, 2009; *Pfeiffer*, Internationales Zivilverfahrensrecht, in Festschrift Paul Kirchhof, 2013, 1315; *Pintens*, Harmonisierung im europäischen Familien- und Erbrecht – Ein Dokumentationsaufsatz, FamRZ 2005, 1597; *Pirrung*, Auf dem Weg nach Europa?, FPR 2010, 516; *Pirrung*, Vorrangige, beschleunigte und Eilverfahren vor dem Europäischen Gerichtshof in Ehe- und Sorgerechtssachen, in Festschrift von Hoffmann 2011, 698; *Prütting*, Internationale Zuständigkeit und Revisionsinstanz, in Gedächtnisschrift Blomeyer 2004, 803; *Puszkajler*, Das internationale Scheidungs- und Sorgerecht nach Inkrafttreten der Brüssel II-Verordnung, IPRax 2001, 81; *Rathjen*, Die Fortdauer der internationalen Zuständigkeit (perpetuatio fori internationalis) im Familienrecht – Überlegungen aus Anlass einer Ergänzung des FamFG-E, FF 2007, 29; *Rausch*, Ehesachen mit Auslandsbezug vor und nach „Brüssel IIa", FuR 2004, 154; *Rausch*, Familiensachen mit Auslandsbezug vor und nach dem FamFG, FPR 2006, 441; *Rauscher*, Europäisches Zivilprozess- und Kollisionsrecht, Bearb. 2010/2011 (zit.: *Rauscher*); *Rauscher*, Vollstreckung von Zivilentscheidungen aus Europa und Drittstaaten in Deutschland – Ein Versuch der Systematisierung, IJPL 2011, 265; *Reinmüller*, Internationale Rechtsverfolgung in Zivil- und Handelssachen in der EU, 2009; *Reuß*, Internationale Rechtshängigkeit im Zivilprozess, Jura 2009, 1; *Richardi*, Die Anerkennung und Vollstreckung der ausländischen Gerichtsbarkeit unter besonderer Berücksichtigung des autonomen Rechts, 1991; *Richter*, Schnell und effektiv – Zwei Jahre Eilvorlageverfahren vor dem Europäischen Gerichtshof, ZfRV 2010, 148; *Rieck*, Internationales Familien- und Verfahrensrecht, in Rieck, Ausländisches Familienrecht – Eine Auswahl von Länderdarstellungen (Loseblatt); *Riegel*, Der Auslieferungs- und Rechtshilfeverkehr mit den USA und Kanada, FPR 2010, 502; *Roth*, Zwangsvollstreckung aus ausländischen Entscheidungen der Freiwilligen Gerichtsbarkeit, IPRax 1988, 75; *Roth*, Zur verbleibenden Bedeutung des deutsch-österreichischen Anerkennungs- und Vollstreckungsvertrags 1959, IPRax 2013, 188; *Schack*, Internationales Zivilverfahrensrecht, 5. Aufl. 2010 (zit.: *Schack*); *Schilling*, Das Exequatur und die EMRK, IPRax 2011, 31; *Schlauß*, Das neue Gesetz zum internationalen Familienrecht – Das Internationale Familienrechtsverfahrensgesetz (IntFamRVG), 2005; *Schlosser*, EU-Zivilprozessrecht, 3. Aufl. 2009; *Schnyder*, Lugano-Übereinkommen zum internationalen Zivilverfahrensrecht, 2011; *Schulz*, Die Verordnung (EG) Nr. 2201/2003 (Brüssel IIa) – eine Einführung, NJW 2004, Beil zu Heft 18, 4; *Schulz*, Das Internationale Familienrechtsverfahrensgesetz, FamRZ 2011, 1273; *Schulze*, Der engere gewöhnliche Aufenthalt?, IPRax 2012, 526; *Schütze*, Die Notzuständigkeit im deutschen Recht, in Festschrift Rechberger 2005, 567; *Schütze*, Die Doppelexequierung ausländischer Zivilurteile, in Festschrift Spellenberg 2010, 511; *Schwander*, Das revidierte Lugano-Übereinkommen, EuZ 2010, 130; *Seidl*, Ausländische Vollstreckungstitel und inländischer Bestimmtheitsgrundsatz, 2010; *Sickerling*, Kooperationsverhältnis zwischen EuGH und nationalen Zivilgerichten aus der Sicht eines erstinstanzlichen Zivil-(Familien-)Richters, in: *Gsell/Hau*, Zivilgerichtsbarkeit und Europäisches Justizsystem, 2012, 63; *Siehr*, Kollisionen des Kollisionsrechts, in Festschrift Kropholler 2008, 211; *Sonnenberger*, Anerkennung statt Verweisung? Eine neue internationalprivatrechtliche Methode?, in Festschrift Spellenberg 2010, 371; *Spellenberg*, Internationale Zuständigkeit kraft Wohnsitzes oder gewöhnlichen Aufenthalts, in Festschrift Kerameus 2009, 1307; *Streicher/Köblitz*, Familiensachen mit Auslandsberührung, 2008 (zit.: *Streicher/Köblitz*); *Sturm*, Wegen Verletzung fremden Rechts sind weder Revision noch Rechtsbeschwerde zulässig, JZ 2011, 74; *Vogel*, Internationales Familienrecht – Änderungen und Auswirkungen durch die neue EU-Verordnung, MDR 2000, 1045; *Völker*, Europäisierung des Familienrechts – Haftungsfalle forum shopping!, FF 2009, 443; *Wagner*, Die Anerkennung und Vollstreckung von Entscheidungen nach der Brüssel II-Verordnung, IPRax 2001, 73; *Wagner*, Anerkennung und Wirksamkeit ausländischer familienrechtlicher Rechtsakte nach autonomem deutschen Recht, FamRZ 2006, 744; *Wagner*, Zu den Chancen der Rechtsvereinheitlichung im internationalen Familienrecht, StAZ 2007, 101; *Wagner,* Zur Kompetenz der Europäischen Gemeinschaft in der justiziellen Zusammenarbeit in Zivilsachen, IPRax 2007, 290; *Wagner,* Die Vereinheitlichung des Internationalen Privat- und Zivilverfahrensrechts zehn Jahre nach Inkrafttreten des Amsterdamer Vertrags, NJW 2009, 1911; *Wagner,* Die Haager Konferenz für Internationales Privatrecht zehn Jahre nach der Vergemeinschaftung der Gesetzgebungskompetenz in der justiziellen Zusammenarbeit in Zivilsachen, RabelsZ 73 (2009), 215; *Wagner,* Inhaltliche Anerkennung von Personenstandsurkunden – ein Patentrezept?, FamRZ 2011, 609; *Wagner,* Anerkennung von Personenstandsurkunden – was heißt das?, DNotZ 2011, 176; *Wagner,* Die Bedeutung der Haager Konferenz für Internationales Privatrecht für die internationale Zusammenarbeit in Zivilsachen, Jura 2011, 891; *Wagner,* Aktuelle Entwicklungen in der justiziellen Zusammenarbeit in Zivilsachen, NJW 2011, 1404; NJW 2012, 1333; *Wagner,* Anerkennung im Ausland begründeter Statusverhältnisse – neue Wege?, StAZ 2012, 133; *Wieczorek/Schütze,* ZPO, Bd. 12: §§ 1067–1109; Internationales Zivilprozessrecht; Rechtsquellen und Materialien, 4. Aufl. 2013.

Internationale Ehe- und Lebenspartnerschaftssachen, Folgesachen (außer Kindschaftssachen und Unterhalt): *Andrae/Abbas,* Personenstandsrechtliche Behandlung einer gleichgeschlechtlichen Eheschließung, StAZ 2011, 97; *Andrae/Heidrich,* Anerkennung ausländischer Entscheidungen in Ehe- und Lebenspartnerschaftssachen, FPR 2004, 292; *Andrae/Heidrich,* Aktuelle Fragen zum Anwendungsbereich des Verfahrens nach Art. 7 § 1 FamRÄndG, FamRZ 2004, 1622; *Andrae/ Heidrich,* Zur Zukunft des förmlichen Anerkennungsverfahrens gem. Art. 7 FamRÄndG nach der Großen Justizreform, FPR 2006, 222; *Andrae/Schreiber,* Zum Ausschluss der Restzuständigkeit nach Art. 7 EuEheVO über Art. 6 EuEheVO, IPRax 2010, 79; *Becker,* Ein Europäischer Güterstand? Der deutsch-französische Wahlgüterstand, ERA Forum (2011), 103; *Becker,* Die Vereinheitlichung von Kollisionsnormen im europäischen Familienrecht – Rom III, NJW 2011, 1543; *Bergner,* Aktuelle Fragen zum Versorgungsausgleich mit Auslandsberührung, FamFR 2011, 3; *Buschbaum/Simon,* Die Vorschläge der EU-Kommission zur Harmonisierung des Güterkollisionsrechts für Ehen und eingetragene Partnerschaften – eine erste kritische Analyse, GPR 2011, 262 und 305; *Coester-Waltjen,* Neues aus dem Bereich des europäischen internationalen Ehegüterrechts, ZEuP 2012, 225; *Dethloff,* Der deutsch-französische Wahlgüterstand, Wegbereiter für eine Angleichung des Familienrechts?, RabelsZ 2012, 509; *Dilger,* Die Regelungen zur internationalen Zuständigkeit in Ehesachen in der Verordnung (EG) Nr. 2201/2003, 2004; *Dilger,* EuEheVO: Identische Doppelstaater und forum patriae, IPRax 2010, 54; *Döbereiner,* Der Kommissionsvorschlag für das internationale Ehegüterrecht, MittBayNot 2011, 463; *Dutta/Wedemann,* Die Europäisierung des internationalen Zuständigkeitsrechts in Gütersachen, in Festschrift Kaissis 2012, 133; *Finger,* Grünbuch der Europäischen Kommission über das anzuwendende Recht und die gerichtliche Zuständigkeit in Scheidungssachen, FF 2007, 35; *Finger,* Internationale Zuständigkeiten nach der Brüssel IIa-VO – Eine Übersicht anhand von Fallbeispielen, FamRBint 2008, 90; *Finger,* Ehescheidung türkischer Staatsangehöriger in Deutschland – verfahrensrechtliche Einzelheiten, FamRBint 2010, 61; *Ganz,* Internationales Scheidungsrecht – Eine praktische Einführung, FuR 2011, 69 und 369; *Garber,* Zum Begriff der Ehe iSd. Art 1 Abs 1 lit a EuEheKindVO, in Festschrift Simotta 2012, 145; *Gärtner,* Internationale Zuständigkeit deutscher Gerichte bei isoliertem Versorgungsausgleichsverfahren, IPRax 2010, 520; *Gewaltig,* Von der nationalen zur europäischen Zuständigkeitsregelung im Familienrecht – Die internationale Zuständigkeit nach den europäischen Verordnungen (EG) Nr. 1347/2000 und Nr. 2201/2003 (EuEheVO) in Deutschland und in den Niederlanden, 2008; *Gottwald,* Scheidungen im neuen „Raum der Freiheit, der Sicherheit und des Rechts", in Festschrift Simotta 2012, 187; *Gottwald,* Die Anerkennung ausländischer Ehescheidungen – verfahrensrechtliche und kollisionsrechtliche Fragen, in Festschrift Rüßmann 2013, 771; *Gruber,* Die neue „europäische Rechtshängigkeit" bei Scheidungsverfahren, FamRZ 2000, 1129; *Haecker,* Die Anerkennung ausländischer Entscheidungen in Ehesachen, 3. Aufl. 2009; *Hau,* Internationales Eheverfahrensrecht in der Europäischen Union, FamRZ 1999, 484; *Hau,* Das System der internationalen Entscheidungszuständigkeit im europäischen Eheverfahrensrecht, FamRZ 2000, 1333; *Hau,* Europäische und autonome Zuständigkeitsgründe in Ehesachen mit Auslandsbezug, FPR 2002, 616; *Hau,* Zum Anwendungsbereich des obligatorischen Anerkennungsverfahrens für ausländische Ehestatusentscheidungen, in Festschrift Spellenberg 2010, 445; *Hau,* Zur internationalen Entscheidungszuständigkeit im künftigen Europäischen Güterrecht, in Festschrift Simotta 2012, 215; *Hausmann,* Überlegungen zum Kollisionsrecht registrierter Partnerschaften, in Festschrift Henrich 2000, 241; *Hausmann,* Internationales und Europäisches Ehescheidungsrecht, 2013; *Heiderhoff,* Gerichtliche Aufforderung zur Wiederaufnahme des ehelichen Lebens nach türkischem Recht durch deutsche Gerichte, IPRax 2007, 118; *Heiderhoff,* Die Anerkennung ausländischer Entscheidungen in Ehesachen, StAZ 2009, 328; *Heiderhoff,* Scheidung „türkischer" Ehen durch deutsche Gerichte, in Gedächtnisschrift Konuralp 2009, 579; *Helms,* Die Anerkennung ausländischer Entscheidungen im Europäischen Eheverfahrensrecht, FamRZ 2001, 257; *Henrich,* Internationales Scheidungsrecht (einschließlich Scheidungsfolgen), 3. Aufl. 2012; *Höbbel/Möller,* Formularbuch Scheidungen internationaler Ehen, 2008; *Hohloch,* Eheschließung bei unterschiedlicher Staatsangehörigkeit, Grundzüge und Probleme, FPR 2011, 422; *Kaiser,* Zwangsheirat, FamRZ 2013, 77; *Kampe,* Eheschließung eines Niederländers und einer

Deutschen nach Auflösung der registrierten Partnerschaft des Mannes durch einvernehmliche Erklärung in den Niederlanden, StAZ 2008, 250; *Klippstein*, Der deutsch-französische Wahlgüterstand der Wahl-Zugewinngemeinschaft, FPR 2010, 510; *Kohler*, Einheitliche Kollisionsnormen für Ehesachen in der Europäischen Union: Vorschläge und Vorbehalte, FPR 2008, 193; *Koritz*, Internationale Zuständigkeit und Anknüpfungsregeln nach Internationalem Privatrecht für Haushalts- und Ehewohnungssachen, FPR 2010, 572; *Krömer*, Geltung der Brüssel IIa-Verordnung für Entscheidungen, deren Verfahren vor Inkrafttreten der Brüssel II-Verordnung eingeleitet wurden, StAZ 2006, 301; *Lerch/Lerch/Junkov*, Die Wahlzugewinngemeinschaft im deutsch-französischen Rechtsvergleich, FuR 2012, 639; *Lipp*, Inhalte und Probleme einer „Brüssel III-Verordnung" im Familienvermögensrecht, in Gottwald, Perspektiven der justiziellen Zusammenarbeit in Zivilsachen in der Europäischen Union, 2004, 21; *Looschelders*, Scheidungsfreiheit und Schutz des Antragsgegners im internationalen Privat- und Prozessrecht, in Festschrift Kropholler 2008, 329; *Mankowski/Höffmann*, Scheidung ausländischer gleichgeschlechtlicher Ehen in Deutschland?, IPRax 2011, 247; *Martiny*, Internationales Privatrecht, in Hausmann/Hohloch, Das Recht der nichtehelichen Lebensgemeinschaft, 2. Aufl. 2004; *Martiny*, Die Kommissionsvorschläge für das internationale Ehegüterrecht sowie für das internationale Güterrecht eingetragener Partnerschaften, IPRax 2011, 437; *Meyer-Götz/Noltemeier*, Internationale Scheidungszuständigkeit im europäischen Eheverfahrensrecht, FPR 2004, 282; *Pabst*, Kollisionsrechtliche Absicherung der Umwandlung einer Ehetrennung in eine Ehescheidung?, FPR 2008, 230; *Pabst*, Entscheidungszuständigkeit und Beachtung ausländischer Rechtshängigkeit in Ehesachen mit Europabezug, 2009; *Pfeiffer*, Änderungen des Ehegüterstatuts durch die geplante EuGüterVO, FamRBint 2012, 45; *Pietsch*, Die Anerkennung von ausländischen Ehescheidungen in Deutschland, FF 2011, 237; *Rauscher*, Leidet der Schutz der Ehescheidungsfreiheit unter der VO Brüssel II?, in Festschrift Geimer 2002, 883; *Rauscher*, Iranischrechtliche Scheidung auf Antrag der Ehefrau vor deutschen Gerichten, IPRax 2005, 313; *Rieck*, Ehescheidung bei ausländischen Ehepartnern, FPR 2007, 251; *Rieck*, Die Umwandlungskompetenz nach Art. 5 EheEuGVVO 2003 und ihre Bedeutung im Verhältnis zu den weiteren Zuständigkeiten für Ehesachen, FPR 2007, 427; *Rieck*, Einbeziehung ausländischer Anrechte in den Versorgungsausgleich, FPR 2011, 498; *Röthel*, Anerkennung gleichgeschlechtlicher Ehen nach deutschem und europäischem Recht, IPRax 2006, 250; *Röthel*, Gleichgeschlechtliche Ehe und ordre public, IPRax 2002, 496; *Samtleben*, Ehetrennung als Ehescheidung – ein Fall der Substitution?, in Festschrift Kropholler 2008, 413; *Schaal*, International-Privatrechtliche Probleme der nichtehelichen Lebensgemeinschaft in der notariellen Praxis, ZNotP 2009, 290; *Schack*, Das neue Internationale Eheverfahrensrecht in Europa, RabelsZ 65 (2001), 615; *Schack*, Das Anerkennungsverfahren in Ehesachen nach § 107 FamFG – Vorbild für Europa?, in Festschrift Spellenberg 2010, 497; *Scholz/Krause*, Später Sieg der Freiheit: Die Kehrtwende der Rechtsprechung zu unscheidbaren ausländischen Ehen, FuR 2009, 1 und 67; *Simotta*, Wann kommt in Ehesachen die EuEheKindVO, wann autonomes Recht zur Anwendung?, Festschrift Kaissis 2012, 897; *Spellenberg*, Der Anwendungsbereich der EheGVO („Brüssel II") in Statussachen, in Festschrift Schumann 2001, 423; *Spellenberg*, Die Zuständigkeiten für Eheklagen nach der EheGVO, in Festschrift Geimer 2002, 1257; *Spellenberg*, Die Annexzuständigkeit nach Art. 3 EheGVO, in Festschrift Sonnenberger 2004, 677; *Spickhoff*, Zur Qualifikation der nichtehelichen Lebensgemeinschaft im Europäischen Zivilprozess- und Kollisionsrecht, in Liber Amicorum Schurig 2012, 285; *Süß/Ring*, Eherecht in Europa, 2. Aufl. 2012; *Thiel*, Die Kosten in Verfahren, die die Anerkennung ausländischer Entscheidungen in Ehesachen betreffen, nach neuem Recht, AGS 2009, 366; *Toscano*, Ehescheidungen mit grenzüberschreitendem Bezug, 2011; *Traar*, Verstärkte Zusammenarbeit in der EU beim Kollisionsrecht für Ehescheidungen: die geplante Verordnung Rom III im Überblick, iFamZ 2010, 351; *Unberath*, Scheidung durch talaq vor einem deutschen Gericht und Recht auf rechtliches Gehör, IPRax 2004, 515; *Wagner*, Versorgungsausgleich mit Auslandsberührung, 1996; *Wagner*, Das neue Internationale Privat- und Verfahrensrecht zur eingetragenen Lebenspartnerschaft, IPRax 2001, 281; *Wagner*, Ausländische Rechtshängigkeit in Ehesachen unter besonderer Berücksichtigung der EG-Verordnungen Brüssel II und Brüssel IIa, FPR 2004, 286; *Wagner*, Konturen eines Gemeinschaftsinstruments zum internationalen Güterrecht, FamRZ 2009, 269; *Wall*, Sind die Artt. 3 ff. EuEheVO nach § 109 Abs. 1 Nr. 1 FamFG zu spiegeln? – Zur Relevanz der EuEheVO in Scheidungsfällen mit Drittstaatenbezug, FamRBint 2011, 15; *Wall*, Fallen EU-Entscheidungen über die Anerkennung von Drittstaaten-Scheidungen in den Anwendungsbereich der EuEheVO?, StAZ 2012, 27; *Wiggerich*, Bis dass der Tod sie scheidet? – Probleme der Scheidung ausländischer gleichgeschlechtlicher Ehen am Beispiel Kanadas, FamRZ 2012, 1116; *Winkler v. Mohrenfels*, Die gleichgeschlechtliche Ehe im deutschen IPR und im europäischen Verfahrensrecht, in Festschrift Ansay 2006, 527.

Internationale Kindschaftssachen: *Andrae*, Zur Abgrenzung des räumlichen Anwendungsbereichs von EheVO, MSA, KSÜ und autonomen IZPR/IPR, IPRax 2006, 82; *Baetge*, Kontinuierlicher, mehrfacher oder alternierender gewöhnlicher Aufenthalt bei Kindesentführungen, IPRax 2005, 335; *Baetge*, Zwischen Rom und Los Angeles – Zur Ermittlung des gewöhnlichen Aufenthalts von Kleinkindern bei Kindesentführungen, IPRax 2006, 313; *Bauer*, Neues internationales Verfahrensrecht im Licht der Kindesentführungsfälle, IPRax 2002, 179; *Bauer*, Wechsel des gewöhnlichen Aufenthalts und perpetuatio fori in Sorgerechtsverfahren, IPRax 2003, 135; *Benicke*, Haager Kinderschutzübereinkommen, IPRax 2013, 44; *Block*, Internationale Verweisung eines Umgangsverfahrens nach der Brüssel IIa-VO, FamRBint 2008, 55; *Breuer*, Gemeinsame elterliche Sorge – Geltung für ausländische Staatsangehörige in Deutschland, FPR 2005, 74; *Bucher*, Das Kindeswohl im Haager Entführungsabkommen, in Festschrift Kropholler 2008, 263; *Busch*, Schutzmaßnahmen für Kinder und der Begriff der „elterlichen Verantwortung" im internationalen und europäischen Recht – Anmerkung zur Ausweitung der Brüssel II-Verordnung, IPRax 2003, 218; *Coester-Waltjen*, Die Berücksichtigung der Kindesinteressen in der neuen EU-Verordnung „Brüssel IIa", FamRZ 2005, 241; *Dutta*, Europäische Zuständigkeiten mit Kindeswohlvorbehalt, in Festschrift Kropholler 2008, 281; *Dutta*, Staatliches Wächteramt und europäisches Kindschaftsrecht, FamRZ 2008, 835; *Dutta*, Die Inzidentprüfung der elterlichen Sorge bei Fällen mit Auslandsbezug, StAZ 2010, 193; *Dutta/Scherpe*, Die Durchsetzung von Rückführungsansprüchen nach dem Haager Kindesentführungsübereinkommen durch deutsche Gerichte, FamRZ 2006, 901; *Dutta/Schulz*, Erste Meilensteine im europäischen Kindschaftsverfahrensrecht – Die Rechtsprechung des Europäischen Gerichtshofs zur Brüssel-IIa-Verordnung von C bis Mercredi, ZEuP 2012, 526; *Eberhard/Eschweiler*, Kindesanhörung – Chancen und Risiken, NJW 2005, 1681; *Finger*, Internationale gerichtliche Zuständigkeit in Kindschaftsrechtlichen Streitverfahren nach Brüssel IIa – ein Überblick mit Beispielen, FamRBint 2005, 13 und 36; *Finger*, Internationale Kindesentführung, FuR 2005, 443; *Finger*, Internationale Kindesentführung – HKindEntÜ, ESorgeÜ und (europ.) VO Nr. 2201/2003, JR 2009, 441; *Finger*, Das Haager Kinderschutzübereinkommen (KSÜ) vom 15.10.1996, FamRBint 2010, 95; *Finger*, Haager Übereinkommen zur internationalen Kindesentführung – Nachträge und Ergänzungen, FamRBint 2011, 80; *Finger*, Praktische Folgen des Kinderschutzübereinkommens vom 15.10.1996, MDR 2011, 1395; *Fleige*, Die Zuständigkeit für Sorgerechtsentscheidungen und die Rückführung von Kindern nach Entführungen nach Europäischem IZVR, 2006; *Gruber*, Zur Konkurrenz zwischen einem selbständigen Sorgerechtsverfahren und einem Verbundverfahren nach der EheVO, IPRax 2004, 507; *Gruber*, Das HKÜ, die Brüssel IIa-Verordnung und das Internationale Familienrechtsverfahrensgesetz, FPR 2008, 214; *Gruber*, Die Brüssel IIa-VO und öffentlich-rechtliche Schutzmaßnahmen, IPRax 2008, 490; *Gruber*, Effektive Antworten des EuGH auf Fragen zur Kindesentführung, IPRax 2009, 413; *Heiderhoff*, Der gewöhnliche Aufenthalt von Säuglingen, IPRax 2012, 523; *Heß*, Der Verordnungsvorschlag der französischen Ratspräsidentschaft vom 26.6.2000 über einen „Europäischen Besuchstitel", IPRax 2000, 361; *Hohloch*, Feststellungsentscheidungen im Eltern-Kind-Verhältnis – Zur Anwendbarkeit von MSA, KSÜ und EuEheVO, IPRax 2010, 567; *Holzmann*, Brüssel IIa VO: Elterliche Verantwortung und internationale Kindesentführungen, 2008; *Holzmann*, Verfahren betreffend die elterliche Verantwortung nach der Brüssel IIa-VO, FPR 2010, 497; *Janzen/Gärtner*, Kindschaftsrechtliche Spannungsverhältnisse im Rahmen der EuEheVO, IPRax 2011, 158; *Klinkhammer*, Internationale Verweisung von Kindschaftsverfahren nach der Brüssel IIa-VO, FamRBint 2006, 88; *Kress*, Internationale Zuständigkeit für elterliche Verantwortung in der Europäischen Union, 2006; *Looschelders*, Die Europäisierung des internationalen Verfahrensrechts für Entscheidungen über die elterliche Verantwortung, JR 2006, 45; *Mankowski*, Der gewöhnliche Aufenthalt eines verbrachten Kindes unter der Brüssel IIa-VO, GPR 2011, 209; *Martiny*, Kindesführung, vorläufige Sorgerechtsregelung und einstweilige Maßnahmen nach der Brüssel II a-VO, FPR 2010, 493; *Martiny*, Elterliche Verantwortung und Sorgerecht im ausländischen Recht, insbesondere beim Streit um den Kindesaufenthalt, FamRZ 2012, 1765; *Motzer*, Neuere Tendenzen beim Umgangsrecht, FPR 2007, 275; *Motzer/Kugler/Grabow*, Kinder aus Migrationsfamilien in der Rechtspraxis, 2. Aufl. 2012; *Niethammer-Jürgens*, Vollstreckungsprobleme im HKÜ-Verfahren, FPR 2004, 306; *Oelkers/Kraeft*, Die Herausgabe des Kindes nach dem Haager Kindesentführungsübereinkommen (HKiEntÜ), FuR 2002, 299 und 355; *Pirrung*, Auslegung der Brüssel IIa-Verordnung in Sorgerechtssachen, in Festschrift Kropholler 2008, 399; *Pirrung*, Zur perpetuatio fori in europäischen grenzüberschreitenden Sorgerechtssachen, in Festschrift Kerameus 2009, 1037; *Pirrung*, Der gewöhnliche Aufenthalt des Kindes in internationalen Sorgerechtssachen, in Festschrift Kühne 2009, 843; *Pirrung*, Erste Erfahrungen mit dem Eilverfahren des EuGH in Sorgerechtssachen, in Festschrift Spellenberg 2010, 467; *Pirrung*, Gewöhnlicher Aufenthalt des Kindes bei internationalem Wanderleben und Voraussetzungen für die Zulässigkeit einstweiliger Maßnahmen in Sorgerechtssachen nach der EuEheVO, IPRax 2011, 50; *Rausch*, Elterliche Verantwortung – Verfahren mit Auslandsbezug vor und nach „Brüssel IIa", FuR 2005, 53 und 112; *Rieck*, Kindesentführung und die Konkurrenz zwischen dem HKÜ und der Ehe-EuGVVO 2003 (Brüssel IIa), NJW 2008, 182; *Rieck*, Neues Eilvorlageverfahren vom EuGH – Kindesrückgabe nach Art. 11 VIII, 42 EheVO, NJW 2008, 2958; *Roth*, Zur Anfechtbarkeit von Zwischenentscheidungen nach Art. 15 Abs. 1 lit. b EuEheVO, IPRax 2009, 56; *Schlauß*, Fehlende persönliche Anhörung des Kindes durch den ausländischen Richter – ein Anerkennungshindernis?, FPR 2006, 228; *Schulz*, Internationale Regelungen zum Sorge- und Umgangsrecht, FamRZ 2003, 336; *Schulz*, Die Zeichnung des Haager Kinderschutz-Übereinkommens von 1996 und der Kompromiss zur Brüssel IIa-Verordnung, FamRZ 2003, 1351; *Schulz*, Internationale Regelungen zum Sorge- und Umgangsrecht, FPR 2004, 299; *Schulz*, Haager Kinderschutzübereinkommen von 1996 – Im Westen nichts Neues, FamRZ 2006, 1309; *Schulz*, Das Haager Kindesentführungsübereinkommen und die Brüssel IIa-Verordnung – Notizen aus der Praxis, in Festschrift Kropholler 2008, 345; *Schulz*, Inkrafttreten des Haager Kinderschutzübereinkommens v. 19.10.1996 für Deutschland am 1.1.2011, FamRZ 2011, 156; *Schwarz*, Das Haager Kinderschutzübereinkommen – ein Überblick für die Jugendhilfe, JAmt 2011, 438; *Solomon*, „Brüssel IIa" – Die neuen europarechtlichen Regeln zum internationalen Verfahrensrecht in Fragen der elterlichen Verantwortung, FamRZ 2004, 1409; *Teixeira de Sousa*, Ausgewählte Probleme aus dem Anwendungsbereich der Verordnung (EG) Nr. 2201/2003 und des Haager Übereinkommens vom 19.10.1996 über den Schutz von Kindern, FamRZ 2005, 1612; *Traar*, Das Haager Kinderschutzübereinkommen: Auslegung – Anwendungsbereich – internationale Zuständigkeit, iFamZ 2011, 44; *Traar*, Bevorstehende Neuordnung des internationalen Kinderschutzes durch das KSÜ, iFamZ 2011, 97; *Völker*, Die wesentlichen Aussagen des Bundesverfassungsgerichts zum Haager Kindesentführungsübereinkommen – zugleich ein Überblick über die Neuerungen im HKÜ-Verfahren aufgrund der Brüssel IIa-Verordnung, FamRZ 2010, 157; *Völker/Steinfatt*, Die Kindesanhörung als Fallstrick bei der Anwendung der Brüssel IIa-Verordnung, FPR 2005, 415; *Vomberg/Nehls*, Rechtsfragen der internationalen Kindesentführung, 2002; *Wagner*, Die Haager Übereinkommen zum Schutz von Kindern, ZKJ 2008, 353; *Wagner/Janzen*, Die Anwendung des Haager Kinderschutzübereinkommens in Deutschland, FPR 2011, 110; *Wall*, Maßgeblicher Zeitpunkt für das Vorliegen einer „Heimatstaatsentscheidung" iSv. § 107 Abs. 1 Satz 2 FamFG, StAZ 2013, 146; *Weber*, Das Gesetz zur Änderung von Zuständigkeiten nach dem Sorgerechtsübereinkommens-Ausführungsgesetz, NJW 2000, 267; *Winkel*, Grenzüberschreitendes Sorge- und Umgangsrecht und dessen Vollstreckung, 2001; *Winkler von Mohrenfels*, Der Kindeswille im Rahmen des Haager Kindesentführungsübereinkommens, in Festschrift Geimer 2002, 1527; *Witteborg*, Zur Rückführung des Kindes im Rahmen des Haager Kindesentführungsübereinkommens, IPRax 2005, 330.

Internationale Abstammungs- und Adoptionssachen: *Benicke*, Ordre-public-Verstoß ausländischer Adoptionsentscheidungen bei ungenügender Prüfung des Kindeswohls, in Festschrift von Hoffmann 2011, 545; *Benicke*, Kollisionsrechtliche Fragen der Leihmutterschaft, StAZ 2013, 101; *Beyer*, Zur Frage der ordre public-Widrigkeit ausländischer Adoptionsentscheidungen wegen unzureichender Elterneignungs- und Kindeswohlprüfung, JAmt 2006, 329; *Bienentreu*, Grenzüberschreitende Adoptionen, JAmt 2008, 57; *Botthof*, Der Schutz des Familienlebens nach Art. 8 EMRK und sein Einfluss auf die Anerkennung ausländischer Adoptionsentscheidungen, StAZ 2013, 77; *Busch*, Ausländische Adoptionsbeschlüsse und die Anerkennungspraxis der Vormundschaftsgerichte, JAmt 2004, 378; *Emmerling de Oliviera*, Adoptionen mit Auslandsberührung, MittBayNot 2010, 429; *Fuchs*, Auslandsadoption und Fachlichkeitsgrundsatz, IPRax 2006, 316; *Fuchs*, Auslandsadoptionen vor inländischen Gerichten, IPRax 2001, 116; *Geimer*, Anerkennung und Vollstreckung polnischer Vaterschaftsurteile mit Annexentscheidung über Unterhalt etc., IPRax 2004, 419; *Helms*, Aktuelle Fragen des internationalen Abstammungsrechts, StAZ 2009, 293; *Helms*, Leihmutterschaft – ein rechtsvergleichender Überblick, StAZ 2013, 114; *Henrich*, Ausländische Entscheidungen in Kindschaftssachen und ihre Eintragung in deutsche Personenstandsbücher, StAZ 1994, 173; *Looschelders*, Schutz des Adoptivkindes vor Änderung seines Geburtsdatums, IPRax 2005, 28; *Lurger*, Das österreichische IPR bei Leihmutterschaft im Ausland – das Kindeswohl zwischen Anerkennung, europäischen Grundrechten und inländischem Leihmutterschaftsverbot, IPRax 2013, 282; *Maurer*, Das Gesetz zur Regelung von Rechtsfragen auf dem Gebiet der internationalen Adoption und zur Weiterentwicklung des Adoptionsvermittlungsrechts, FamRZ 2003, 1337; *Maurer*, Zur Rechtsnatur der Verfahren nach dem Adoptionswirkungsgesetz, FamRZ 2013, 90; *Maywald*, Internationale Adoptionen – Stärkung oder Schwächung von Kinderrechten?, FPR 2008, 499; *Reinhardt*, Die Praxis der Anerkennung ausländischer Adoptionsentscheidungen aus der Sicht der Adoptionsvermittlung, JAmt 2006, 325; *Reinhardt/Otto*, Die Zusammenarbeit von Adoptionsvermittlungsstellen und Ausländerbehörden bei Auslandsadoptionen, JAmt 2011, 443; *Schlauß*, Die Anerkennung von Auslandsadoptionen in der vormundschaftsgerichtlichen Praxis, FamRZ 2007, 1699; *Staudinger*, Der ordre public-Vorbehalt bei der Anerkennung ausländischer Adoptionen, FamRBint 2007, 42; *Steiger*, Das neue Recht der internationalen Adoption und Adoptionsvermittlung, 2002; *Steiger*, Im alten Fahrwasser zu neuen Ufern – Neuregelungen im Recht der internationalen Adoption mit Erläuterungen für die notarielle Praxis, DNotZ 2002, 184; *Wagner*, Abstammungsfragen bei Leihmutterschaft in internationalen Sachverhalten – Bemühungen der Haager Konferenz für Internationales Privatrecht, StAZ 2012, 294; *Weitzel*, Zur Anerkennung ausländischer Adoptionsentscheidungen, IPRax 2007, 308; *Weitzel*, Das Haager Adoptionsübereinkommen vom 29.5.1993 – Zur Interaktion der zentralen Behörden, NJW 2008, 186; *Weitzel*, Zum ordre public-Verstoß nach § 16a Nr. 4 FGG in einer ausländischen Adoptionsentscheidung, JAmt 2008, 105; *Winkelsträter*, Anerkennung und Durchführung internationaler Adoptionen in Deutschland, 2007.

Internationale Unterhaltssachen: *Andrae*, Zum Verhältnis der Haager Unterhaltskonvention 2007 und des Haager Protokolls zur geplanten EU-Unterhaltsverordnung, FPR 2008, 196; *Andrae*, Der Unterhaltsregress öffentlicher Einrichtungen nach der EuUntVO, dem HUÜ 2007 und dem

HUP, FPR 2013, 38; *Arnold*, Entscheidungseinklang und Harmonisierung im internationalen Unterhaltsrecht, IPRax 2012, 311; *Binder*, Der Schutz des Kindes im Internationalen Zivilverfahrensrecht und Internationalen Privatrecht am Beispiel der Europäischen Unterhaltsverordnung, in Clavora/Garber, Die Rechtsstellung von wirtschaftlich, sozial und gesellschaftlich benachteiligten Personen im Zivilverfahren, 2012, 205; *Boele-Woelki/Mom*, Vereinheitlichung des internationalen Unterhaltsrechts in der Europäischen Union – ein historischer Schritt, FPR 2010, 485; *Botur*, Besonderheiten bei der Vollstreckbarerklärung englischer Unterhaltsentscheidungen in Deutschland, FPR 2010, 519; *Botur*, Aktuelle Probleme der grenzüberschreitenden Vollstreckung europäischer Unterhaltstitel nach der Brüssel I-VO, FamRZ 2010, 1860; *Coester-Waltjen*, Die Abänderung von Unterhaltstiteln – Intertemporale Fallen und Anknüpfungsumfang, IPRax 2012, 528; *Conti*, Grenzüberschreitende Durchsetzung von Unterhaltsansprüchen in Europa – Eine Untersuchung der neuen EG-Unterhaltsverordnung, 2011; *Conti/Bißmaier*, Das neue Haager Unterhaltsprotokoll von 2007, FamRBint 2011, 62; *Dimmler/Bißmaier*, Die Anwendung materiellen Rechts bei Trennungs- und Nacheheunterhaltsverfahren mit Auslandsbezug, FPR 2013, 11; *Dörner*, Internationales Unterhaltsverfahrensrecht, in Eschenbruch/Klinkhammer, Der Unterhaltsprozess, 5. Aufl. 2009; *Dörner*, Vorschlag für eine Unterhaltspflichtenverordnung – Vorsicht bei Gebrauch der deutschen Fassung!, IPRax 2006, 550; *Dörner*, Der Vorschlag für eine europäische Verordnung zum Internationalen Unterhalts- und Unterhaltsverfahrensrecht, in Festschrift Yamauchi 2006, 81; *Dose*, Das deutsche Unterhaltsrecht unter dem Einfluss der Unterhalts-VO und der Haager Unterhaltsübereinkommen: Vollstreckbarkeit ausländischer Unterhaltstitel, in Coester-Waltjen/Lipp/Schumann/Veit, Europäisches Unterhaltsrecht, 2010, 81; *Dose*, Auslandsberührung, in Wendl/Dose, Das Unterhaltsrecht in der familienrichterlichen Praxis, 8. Aufl. 2011; *Eichel*, Neuer Schwung für das Mahnverfahren als Option der grenzüberschreitenden Anspruchsverfolgung, FamRZ 2011, 1441; *Eichel*, Europarechtliche Fallstricke im Vollstreckbarerklärungsverfahren nach dem AVAG und dem neuen Auslandsunterhaltsgesetz, GPR 2011, 193; *Elden*, Unterhaltszahlungen ins Ausland, NJW-Spezial 2011, 324; *Faetan*, Internationale Rechtsgrundlagen im Unterhaltsrecht sowie europäische und internationale Vollstreckungsübereinkommen, JAmt 2007, 181; *Faetan/Schmidt*, Internationale Geltendmachung von Kindesunterhalt im Auftrag deutscher Jugendämter, FPR 2006, 258; *Finger*, Vollstreckung ausländischer Unterhaltstitel in Deutschland, FamRBint 2006, 38; *Finger*, Verordnung EG Nr. 4/2009 des Rates (EuUnterhaltsVO) – mit Haager Protokoll vom 30.11.2009, FuR 2011, 254; *Finger*, Neue kollisionsrechtliche Regeln für Unterhaltsforderungen, JR 2012, 51; *Fornasier*, Der nacheheliche Unterhalt im italienischen Recht und seine Durchsetzung in Deutschland, FPR 2010, 524; *Fucik*, Die neue Unterhaltsverordnung, in König/Mayr, Europäisches Zivilverfahrensrecht in Österreich II, 2009, 105; *Fucik*, Die neue Europäische Unterhaltsverordnung – gemeinschaftsrechtliche Zuständigkeits- und Kooperationsmechanismen, iFamRZ 2009, 245; *Fucik*, Die Europäische Unterhaltsverordnung – gemeinschaftsrechtliche Anerkennungs- und Vollstreckungsmechanismen, iFamRZ 2009, 305; *Fucik*, Auf dem Weg zur Implementierung der Haager Unterhaltsinstrumente – Schlussfolgerungen und Empfehlungen der Spezialkonferenz, iFamZ 2010, 112; *Fucik*, Neues zur Unterhaltsdurchsetzung im Ausland, iFamZ 2011, 170; *Gebauer*, Vollstreckung von Unterhaltstiteln nach der EuVTVO und der geplanten Unterhaltsverordnung, FPR 2006, 252; *Geimer*, Anerkennung und Vollstreckung polnischer Vaterschaftsurteile mit Annexentscheidung über den Unterhalt etc., IPRax 2004, 419; *Gottwald*, Prozessuale Zweifelsfragen der geplanten EU-Verordnung in Unterhaltssachen, in Festschrift Lindacher 2007, 14; *Gruber*, Das Haager Protokoll zum internationalen Unterhaltsrecht, in Festschrift Spellenberg 2010, 177; *Gruber*, Die neue EG-Unterhaltsverordnung, IPRax 2010, 128; *Gruber*, Unterhaltsvereinbarung und Statutenwechsel, IPRax 2011, 559; *Gsell/Netzer*, Vom grenzüberschreitenden zum potenziell grenzüberschreitenden Sachverhalt – Art. 19 EuUnterhVO als Paradigmenwechsel im Europäischen Zivilverfahrensrecht, IPRax 2010, 403; *Harten/Jäger-Maillet*, Wenn Kindesunterhaltsansprüche übergegangen sind: Durchsetzung im Ausland, JAmt 2008, 413; *Hau*, Das Zuständigkeitssystem der Europäischen Unterhaltsverordnung – Überlegungen aus der Perspektive des deutschen Rechts, in Coester-Waltjen/Lipp/Schumann/Veit, Europäisches Unterhaltsrecht, 2010, 57; *Hau*, Die Zuständigkeitsgründe der Europäischen Unterhaltsverordnung, FamRZ 2010, 516; *Hau*, Fallstudie zur internationalen Durchsetzung von Unterhaltsforderungen, FamRBint 2012, 19; *Heger*, Die europäische Unterhaltsverordnung, ZKJ 2010, 52; *Heger*, Haager Unterhaltsübereinkommen und UnterhaltsVO der Europäischen Union, in Coester-Waltjen/Lipp/Schumann/Veit, Europäisches Unterhaltsrecht, 2010, 5; *Heger*, Gerichtliche Zuständigkeiten nach der EuUntVO für die Geltendmachung von Kindes-, Trennungs- und Nacheheunterhalt, FPR 2013, 1; *Heger/Selg*, Die europäische Unterhaltsverordnung und das neue Auslandsunterhaltsgesetz – Die erleichterte Durchsetzung von Unterhaltsansprüchen im Ausland, FamRZ 2011, 1101; *Heiderhoff*, Vollstreckbarerklärung von Titeln auf Kindesunterhalt im Verhältnis zwischen Deutschland und Österreich, IPRax 2004, 99; *Heiderhoff*, Wann ist ein „Clean Break" unterhaltsrechtlich zu qualifizieren?, IPRax 2011, 156; *Hess/Mack*, Der Verordnungsvorschlag der EG-Kommission zum Unterhaltsrecht, JAmt 2007, 229; *Hess/Spancken*, Die Durchsetzung von Unterhaltstiteln mit Auslandsbezug nach dem AUG, FPR 2013, 27; *Hilbig*, Der Begriff des Familienverhältnisses in Art. 1 HPUnt 2007 und Art. 1

EuUntVO, GPR 2011, 310; *Hilbig-Lugani*, Forderungsübergang als materielle Einwendung im Exequatur- und Vollstreckungsgegenantragsverfahren, IPRax 2012, 333; *Hirsch*, Neues Haager Unterhaltsübereinkommen – Erleichterte Geltendmachung und Durchsetzung von Unterhaltsansprüchen über Ländergrenzen hinweg, FamRBint 2008, 70; *Hirsch*, Das neue Haager Unterhaltsübereinkommen und das Haager Protokoll über das auf Unterhaltspflichten anzuwendende Recht, in Coester-Waltjen/Lipp/Schumann/Veit, Europäisches Unterhaltsrecht, 2010, 17; *Hoff/ Schmidt*, Die Verordnung (EG) Nr. 4/2009 oder „Viele Wege führen zum Unterhalt", JAmt 2011, 433; *Hohloch*, Die Abänderung ausländischer Unterhaltstitel im Inland, DEuFamR 2000, 193; *Hohloch*, Grenzüberschreitende Unterhaltsvollstreckung, FF 2001, 147; *Hohloch*, Grenzüberschreitende Unterhaltsvollstreckung, FPR 2004, 315; *Hohloch*, Vollstreckung deutscher Unterhaltstitel im Ausland, FPR 2006, 244; *Hohloch*, Grenzüberschreitende Unterhaltsdurchsetzung und ordre public – Zur Verjährung und Verwirkung im internationalen Unterhaltsrecht, in Festschrift Frank 2008, 141; *Hohloch*, Durchsetzung ausländischer Unterhaltstitel im Inland – Zur Rechtslage nach Inkrafttreten des FamFG, in Gedächtnisschrift Wolf 2011, 429; *Janzen*, Die neuen Haager Übereinkünfte zum Unterhaltsrecht und die Arbeiten an einer EG-Unterhaltsverordnung, FPR 2008, 218; *Junker*, Das Internationale Zivilverfahrensrecht der Europäischen Unterhaltsverordnung, in Festschrift Simotta 2012, 263; *Katsanou*, Übereinkommen über die Geltendmachung von Unterhaltsansprüchen im Ausland – „New Yorker-Unterhaltsübereinkommen", FPR 2006, 255; *Kropholler/Blobel*, Unübersichtliche Gemengelagen im IPR durch EG-Verordnungen und Staatsverträge – Dargestellt am Beispiel des Internationalen Unterhaltsvollstreckungsrechts, in Festschrift Sonnenberger 2004, 453; *Kuntze*, Unterhaltsrückgriff nach dem SGB II mit Auslandsbezug durch die Jobcenter und Optionskommunen, FPR 2011, 166; *Levante*, Die Reform des internationalen Unterhaltsrechts: Das Haager Unterhaltsübereinkommen und das Protokoll über das auf Unterhaltspflichten anwendbare Recht von 2007, in Festschrift Schwander 2011, 729; *Linke*, Internationales Verfahrensrecht, in Göppinger/Wax, Unterhaltsrecht, 9. Aufl. 2008; *Lohse*, Geltendmachung und Vollstreckung übergeleiteter Unterhaltsansprüche durch die Sozialämter im Ausland, ZKJ 2007, 142; *Looschelders/Boos*, Das grenzüberschreitende Unterhaltsrecht in der internationalen Entwicklung, FamRZ 2006, 374; *Mankowski*, Im Dschungel der für die Vollstreckbarerklärung ausländischer Unterhaltsentscheidungen einschlägigen Abkommen und ihrer Ausführungsgesetze, IPRax 2000, 188; *Mankowski*, Hängepartie dank Kodifikationspolitik – Oder: die neuen Leiden des Internationalen Unterhaltsrechts, FamRZ 2010, 1487; *Martiny*, Der Unterhaltsrückgriff durch öffentliche Träger im europäischen internationalen Privat- und Verfahrensrecht, IPRax 2004, 195; *Martiny*, Grenzüberschreitende Unterhaltsdurchsetzung nach europäischem und internationalem Recht, FamRZ 2008, 1681; *Motzer*, Anwendungsbeginn der EU-Unterhaltsverordnung, FamRBint 2011, 56; *Niethammer-Jürgens*, Gesetz zur Durchführung der VO (EG) Nr. 4/2009 und zur Neuordnung bestehender Aus- und Durchführungsbestimmungen auf dem Gebiet des internationalen Unterhaltsverfahrensrechts, FamRBint 2011, 60; *Nimmerrichter*, Handbuch Internationales Unterhaltsrecht, 2011; *Nohe*, Unterhaltsrealisierung im Ausland, FPR 2013, 31; *Prinz*, Das neue Internationale Unterhaltsrecht unter europäischem Einfluss, 2013; *Ratzel*, Die Präklusion isolierter Unterhaltsverfahren durch den ausländischen Scheidungsverbund, 2007; *Rausch*, Der Europäische Vollstreckungstitel – Erleichterungen bei grenzüberschreitender Unterhaltsvollstreckung, FamRBint 2005, 79; *Rausch*, Vereinfachte Unterhaltsvollstreckung in der EU mit dem neuen Europäischen Vollstreckungstitel, FuR 2005, 437; *Reuß*, Unterhaltsregress revisited – Die internationale gerichtliche Zuständigkeit für Unterhaltsregressklagen nach der EuUntVO, in Festschrift Simotta 2012, 483; *Riegner*, Probleme der internationalen Zuständigkeit und des anwendbaren Rechts bei der Abänderung deutscher Unterhaltstitel nach dem Wegzug des Unterhaltsberechtigten ins EU-Ausland, FamRZ 2005, 1799; *Riegner*, Die verfahrensrechtliche Behandlung von Unterhaltsstreitverfahren mit Auslandsbezug nach dem FamFG, FPR 2013, 4; *Schmidt*, Der Europäische Vollstreckungstitel für unbestrittene Geldforderungen – Hinweise für die Beistände in den Jugendämtern, JAmt 2005, 445; *Schmidt*, Internationale Unterhaltsrealisierung, 2011; *Schneider*, Die Abänderung von Unterhaltsentscheidungen, JBl 2012, 774; *Schneider*, Kosten- und verfahrensrechtliche Aspekte des Gesetzes zur Durchführung der EG-Unterhaltsverordnung, AGS 2011, 313; *Sich*, Die zwischenstaatliche Durchsetzung von Unterhaltsansprüchen im deutsch/US-amerikanischen Verhältnis nach den Normen des Auslandsunterhaltsgesetzes und des Uniform Interstate Family Support Act, 2004; *Strasser*, Abänderung und Vollstreckung von Unterhaltstiteln aus dem EU-Ausland in Deutschland, FPR 2007, 451; *Strothmann*, Die Verfolgung Unterhaltspflichtiger ins EU-Ausland und in die Türkei, 2003; *Trenk-Hinterberger*, Der Unterhaltsregress im Europäischen Zivilprozessrecht, ELF 2003, 87; *Uecker*, Zur Frage der Zulässigkeit von einstweiligen Anordnungsverfahren zur Regelung des Trennungsunterhaltes für Auslandsdeutsche vor deutschen Gerichten, FPR 2013, 35; *Veith*, Die Rolle der Zentralen Behörde und des Jugendamts bei der Geltendmachung und Durchsetzung von Unterhaltsforderungen, FPR 2013, 46; *Wagner*, Zur Vollstreckung deutscher dynamisierter Unterhaltstitel im Ausland, in Festschrift Sonnenberger 2004, 727; *Wagner*, Ein neues internationalprivatrechtliches Übereinkommen aus Den Haag, FamRZ 2005, 410; *Wagner*, Der Wettstreit um neue kollisionsrechtliche Vorschriften im Unterhaltsrecht, FamRZ

2006, 979; *Weber,* Der sachliche Anwendungsbereich der EU-Unterhaltsverordnung, ÖJZ 2011, 945; *Weber,* Die Grundlage der Unterhaltspflicht nach dem Haager Unterhaltsprotokoll, ZfRV 2012, 170; *Weber,* Die Zuständigkeitstatbestände des Art 3 EU-Unterhaltsverordnung, EF-Z 2012, 13; *Weber,* Der europäische Unterhaltsstreit, EF-Z 2012, 88; *Wicke,* Der Gang des Verfahrens nach dem Auslandsunterhaltsgesetz, FPR 2006, 240.

Internationale Erwachsenenschutzsachen: *Guttenberger,* Das Haager Übereinkommen über den internationalen Schutz von Erwachsenen, 2004; *Guttenberger,* Das Haager Übereinkommen über den internationalen Schutz von Erwachsenen, BtPrax 2006, 83; *Helms,* Reform des internationalen Betreuungsrechts durch das Haager Erwachsenenschutzabkommen, FamRZ 2008, 1995; *Ludwig,* Der Erwachsenenschutz im Internationalen Privatrecht nach Inkrafttreten des Haager Erwachsenenschutzübereinkommens, DNotZ 2009, 251; *Ramser,* Grenzüberschreitende Vorsorgevollmachten im Licht des Haager Übereinkommens über den internationalen Schutz von Erwachsenen vom 13. Januar 2000, 2010; *Röthel/Woitge,* Das ESÜ-Ausführungsgesetz – effiziente Kooperation im internationalen Erwachsenenschutz, IPRax 2010, 409; *Siehr,* Das Haager Übereinkommen über den internationalen Schutz von Erwachsenen, RabelsZ 64 (2000), 715; *Wagner,* Die Regierungsentwürfe zur Ratifikation des Haager Übereinkommens vom 13.1.2000 zum internationalen Schutz Erwachsener, IPRax 2007, 11; *Wagner/Beyer,* Das Haager Übereinkommen vom 13.1.2000 zum internationalen Schutz Erwachsener, BtPrax 2007, 231.

Internationale Nachlassverfahren: *Altmeyer,* Vereinheitlichung des Erbrechts in Europa – Der Entwurf einer „EU-Erbrechts-Verordnung" durch die EU-Kommission, ZEuS 2010, 475; *Bachmayer,* Ausgewählte Problemfelder bei Nachlasssachen mit Auslandsberührung, BWNotZ 2010, 146; *Bajons,* Internationale Zuständigkeit und anwendbares Recht in grenzüberschreitenden Erbrechtsfällen innerhalb des europäischen Justizraums, in Festschrift Heldrich 2005, 495; *Brand,* Erbrechtsverordnung – Realität nicht vor 2011, DRiZ 2010, 131; *Bungert,* Rechtskrafterstreckung eines österreichischen Einantwortungsbeschlusses, IPRax 1992, 225; *Buschbaum/Kohler,* Vereinheitlichung des Erbkollisionsrechts in Europa, GPR 2010, 106 und 162; *Buschbaum/Kohler,* Die „Anerkennung" öffentlicher Urkunden?, IPRax 2010, 313; *Buschbaum/Simon,* EuErbVO: Das Europäische Nachlasszeugnis, ZEV 2012, 525; *Decker,* Grenzüberschreitende Exhumierungsanordnungen und Beweisvereitelung – Zur Vaterschaftsfeststellung bei deutschem Vaterschaftsstatut und verstorbenem italienischem Putativvater, IPRax 2004, 229; *Dörner,* Internationales Pflichtteilsrecht: Herabsetzungsklage und gesellschaftsvertragliche Fortsetzungsklausel, IPRax 2004, 519; *Dörner,* Der Entwurf einer europäischen Verordnung zum Internationalen Erb- und Erbverfahrensrecht – Überblick und ausgewählte Probleme, ZEV 2010, 221; *Dörner,* EuErbVO: Die Verordnung zum Internationalen Erb- und Erbverfahrensrecht ist in Kraft!, ZEV 2012, 505; *Dörner/Hertel/Lagarde/Riering,* Auf dem Weg zu einem europäischen Internationalen Erb- und Erbverfahrensrecht, IPRax 2005, 1; *Dutta,* Das neue internationale Erbrecht der Europäischen Union – Eine erste Lektüre der Erbrechtsverordnung, FamRZ 2013, 4; *Ferid/Firsching/Dörner/Hausmann,* Internationales Erbrecht (Loseblatt); *Fetsch,* Die Erbausschlagung bei Auslandsberührung, MittBayNot 2007, 285; *Gotthardt,* Anerkennung und Rechtsscheinswirkungen von Erbfolgezeugnissen französischen Rechts in Deutschland, ZfRV 1991, 2; *Gronle,* Nachweis nach § 35 GBO bei ausländischen Erbzeugnisse, 2001; *Gruber,* Ausländische Nachlassabwickler vor deutschen Gerichten, Rpfleger 2000, 250; *Hausmann,* Zur Anerkennung der Befugnisse eines englischen *administrator* in Verfahren vor deutschen Gerichten, in Festschrift Heldrich 2005, 649; *Heinemann,* Erbschaftsausschlagung: neue Zuständigkeiten durch das FamFG, ZErb 2008, 293; *Heinze,* Zweckmäßigkeitserwägungen für die Beschleunigung des Erbscheinsverfahrens bei Auslandsbezügen, ErbR 2009, 382; *Hohloch,* Internationales Erbrecht und Ordre public – Stand, Bedeutung und Perspektiven, in Festschrift Leipold 2009, 997; *Janzen,* Die EU-Erbrechtsverordnung, DNotZ 2012, 484; *Kaufhold,* Zur Anerkennung ausländischer öffentlicher Testamente und Erbnachweise im Grundbuchverfahren, ZEV 1997, 399; *Kindler,* Vom Staatsangehörigkeits- zum Domizilprinzip: das künftige internationale Erbrecht der Europäischen Union, IPRax 2010, 44; *Kousoula,* Europäischer Erbschein, 2008; *Kroiß,* Internationales Erbrecht, in Bonefeld/Kroiß/Tanck, Der Erbprozess mit Erbscheinsverfahren und Teilungsversteigerung, 3. Aufl. 2009; *Kroiß,* Die Internationale Zuständigkeit im Nachlassverfahren nach dem FamFG, ZEV 2009, 493; *Lehmann,* Ernüchternde Entwicklung beim Europäischen Erbrecht?, FPR 2008, 203; *Lehmann,* EuErbVO – Die Verordnung im Kurzüberblick, ZEV 2012, 533; *Lukoschek,* Neuerungen im Erbrecht und Nachlassverfahrensrecht, NotBZ 2010, 324; *Majer,* Das deutsch-türkische Nachlassabkommen: ein Anachronismus, ZEV 2012, 182; *Müller-Bromley,* Die Abwicklung deutsch-portugiesischer Erbfälle unter Berücksichtigung des Entwurfs der Eu-ErbVO, ZEV 2011, 120; *Osterloh-Konrad,* Zum internationalen Nachlassverfahrensrecht, ErbR 2008, 191; *Richters,* Anwendungsprobleme der EuErbVO im deutsch-britischen Rechtsverkehr, ZEV 2012, 576; *Riering,* Internationales Nachlassverfahrensrecht, MittBayNot 1999, 519; *Schaal,* Internationale Zuständigkeit deutscher Nachlassgerichte nach der geplanten FGG-Reform, BWNotZ 2007, 154; *Schack,* Die verfahrensmäßige Behandlung von Nachlässen im anglo-amerikanischen und internationalen Zivilverfahrensrecht, in Schlosser, Die Informationsbeschaffung für den Zivilprozess – Die verfahrensmäßige Behandlung von Nachlässen, ausländisches Recht und Internationales Zivilprozessrecht, 1996, 241; *Schäuble*, Die Erbscheinserteilung in internationalen Erbfällen nach neuer Rechtslage, ZErb 2009, 200; *Schäuble*, Die Einweisung der Erben in die Erbschaft nach österreichischem Recht durch deutsche Nachlassgerichte – Eine Untersuchung auf Grundlage des FamFG und der Erbrechtsverordnung, 2011; *Schauer*, Europäisches Nachlasszeugnis, EF-Z 2012, 245; *Schroer*, Europäischer Erbschein, 2010; *Schurig*, Das internationale Erbrecht wird europäisch – Bemerkungen zur kommenden Europäischen Verordnung, in Festschrift Spellenberg 2010, 343; *Simon/Buschbaum*, Die neue EU-Erbrechtsverordnung, NJW 2012, 2393; *Steinmetz/Löber/Garcia Alcázar*, Eu-Erbrechtsverordnung – Voraussichtliche Rechtsänderungen für den Erbfall von in Spanien ansässigen deutschen Staatsangehörigen, ZEV 2010, 234; *Strübing*, Der amerikanische Erblasser mit Nachlass in Deutschland – Erbscheinserteilung, ZErb 2008, 178; *Süß*, Erbrecht in Europa, 2. Aufl. 2008; *Süß*, Der Vorschlag der EG-Kommission zu einer Erbrechtsverordnung (Rom IV-Verordnung) vom 14. Oktober 2009, ZErb 2009, 342; *Wagner*, Der Kommissionsvorschlag vom 14.10.2009 zum internationalen Erbrecht: Stand und Perspektiven des Gesetzgebungsverfahrens, DNotZ 2010, 506; *Weber*, Das Internationale Zivilprozessrecht erbrechtlicher Streitigkeiten, 2012; *Wilsch*, EuErbVO – Die Verordnung in der deutschen Grundbuchpraxis, ZEV 2012, 530; *Wittkowski*, Die Beantragung und Erteilung von Erbscheinen in Erbfällen mit Auslandsberührung nach dem FamFG, RNotZ 2010, 102.

Unterabschnitt 1
Verhältnis zu völkerrechtlichen Vereinbarungen und Rechtsakten der Europäischen Gemeinschaft

97 *Vorrang und Unberührtheit*
(1) Regelungen in völkerrechtlichen Vereinbarungen gehen, soweit sie unmittelbar anwendbares innerstaatliches Recht geworden sind, den Vorschriften dieses Gesetzes vor. Regelungen in Rechtsakten der Europäischen Gemeinschaft bleiben unberührt.
(2) Die zur Umsetzung und Ausführung von Vereinbarungen und Rechtsakten im Sinn des Absatzes 1 erlassenen Bestimmungen bleiben unberührt.

A. Überblick 1	VIII. Nachlasssachen 26
B. Regelungsgehalt von § 97	IX. Bilaterale Anerkennungs- und Vollstreckungsverträge 27
I. Vorrang des Konventionsrechts 2	
II. Vorrang des Europarechts 8	X. Sonstige internationalverfahrensrechtliche Rechtsinstrumente
III. Normkollisionen im Konventions- und Europarecht 14	1. Immunität 29
C. Sonstige deutsche Spezialregelungen 16	2. Rechtshilfe 30
D. Übersicht: Europa- und Konventionsrecht in FamFG-relevanten Angelegenheiten 17	3. Zustellung 31
	4. Beweis 32
	5. Urkundenverkehr 33
I. Ehesachen 19	6. Verfahrenskosten 34
II. Kindschaftssachen 20	7. Mediation 35
III. Abstammungssachen 21	E. Ausblick
IV. Adoptionssachen 22	I. Ehe- und Lebenspartnerschaftssachen 36
V. Gewaltschutzsachen 23	II. Kindschaftssachen 38
VI. Unterhaltssachen 24	III. Personenstandssachen 39
VII. Betreuungs- und Unterbringungssachen, Pflegschaft für Erwachsene . . 25	IV. Schutzmaßnahmen 40

A. Überblick

Das Internationale Zivilverfahrensrecht befasst sich – sowohl in Angelegenheiten der streitigen wie der freiwilligen Gerichtsbarkeit – vornehmlich damit, unter welchen Voraussetzungen zum einen deutsche Gerichte in Fällen mit Auslandsbezug international zuständig sind (dazu §§ 98 bis 106) und zum anderen Entscheidungen, die bereits im Ausland ergangen sind, auch im Inland Wirkungen entfalten (dazu §§ 107 bis 110).[1] Zudem regelt das Internationale Zivilverfahrensrecht ua. die Besonderheiten der Durchführung von Verfahren mit ausländischen Beteiligten sowie die Behandlung eingehender oder ausgehender Rechtshilfeersuchen. Der gängige Begriff Internationales Zivilverfahrensrecht ist dabei ebenso missverständlich wie „Internationales Privatrecht": International sind zwar die erfassten Sachverhalte (eben: „Verfahren mit Auslandsbezug"), aber nicht zwingend die Rechtsquellen; denn diese finden sich nicht nur im Europa- und Konventionsrecht (dazu sogleich), sondern auch im autonomen deutschen Recht (wie §§ 98 ff. FamFG). 1

B. Regelungsgehalt von § 97

I. Vorrang des Konventionsrechts

Die (streitigen wie freiwilligen) Angelegenheiten, die in den Anwendungsbereich des FamFG fallen, sind seit langem Gegenstand völkerrechtlicher Konventionen. Heute sind neben dem Europarecht (dazu Rz. 8 ff.) vor allem internationale Übereinkommen von Bedeutung, die im Rahmen der Haager Konferenz für Internationales Privatrecht ausgearbeitet werden.[2] Weitere einschlägige Übereinkommen haben die Vereinten Nationen, der Europarat[3] sowie die Internationale Kommission für das Zivilstandswesen (Commission Internationale de l'Etat Civil – CIEC)[4] vorgelegt.[5] Hinzukommen einige bilaterale Abkommen, die Deutschland abgeschlossen hat. Beachte die Zusammenstellung Rz. 17 ff. 2

Gem. dem RegE zum FamFG entfaltet § 97 „in erster Linie **Hinweis- und Warnfunktion** für die Rechtspraxis", und zwar dadurch, dass das Verhältnis des autonomen deutschen Rechts (namentlich also §§ 98 ff.) zu völkerrechtlichen Vereinbarungen – genauer: deren Vorrang – klargestellt wird.[6] Der RegE verweist auf den funktional entsprechenden Art. 3 Abs. 2 EGBGB im Bereich des Kollisionsrechts – also auf eine Norm, die noch vor Inkrafttreten des FamFG geändert wurde, um dadurch noch größere Rechtsklarheit sicherzustellen (s. Rz. 10). 3

Vorrang vor §§ 98 ff. FamFG kommt nur solchen völkerrechtlichen Vereinbarungen zu, die „unmittelbar anwendbares innerstaatliches Recht" geworden sind. Dies setzt eine **Ratifikation** der betreffenden Verträge im Wege eines Bundesgesetzes voraus (Art. 59 Abs. 2 Satz 1 GG), das die Verträge in innerstaatliches Recht transformiert. Erst durch das Zustimmungsgesetz iSd. Art. 59 Abs. 2 Satz 1 GG erlangen die Regelungen in völkerrechtlichen Verträgen innerstaatliche Geltung, und zwar auf der Ebene einfachen Bundesgesetzesrechts. Als selbstverständlich vorausgesetzt wird von § 97 Abs. 1 Satz 1, dass einer völkerrechtlichen Vereinbarung – also einem (multilateralen) Übereinkommen oder einem (bilateralen) Abkommen – nur dann Vorrang zukommen kann, sofern ihr **Anwendungsbereich** in sachlicher, räumlich-persönlicher sowie zeitlicher Hinsicht eröffnet ist und sofern sie verfassungskonform ist.[7] 4

---

1 Näher etwa *Linke/Hau*, Rz. 1 ff.; Haußleiter/*Gomille*, § 97 Rz. 2. Beachte speziell für FG-Sachen *Geimer*, FS Jayme, S. 241 (242, 248, 250); Jansen/*v. Schuckmann*/Sonnenfeld, § 1 FGG Rz. 178.
2 Vgl. etwa die Übersichten über die Haager Konventionen bei *von Bar/Mankowski*, § 5 Rz. 16 ff., und *Wagner*, ZKJ 2008, 353; zum weiteren Arbeitsprogramm vgl. *Mansel/Thorn/Wagner*, IPRax 2013, 1 (35 f.), sowie die Homepage der Konferenz (www.hcch.net).
3 Übersicht über dessen Konventionen unter http://conventions.coe.int.
4 Übersicht über deren Konventionen unter www.ciec-deutschland.de.
5 Dazu etwa *von Bar/Mankowski*, § 5 Rz. 32 ff.; *Schack*, Rz. 70 ff.
6 BT-Drucks. 16/6308, 220.
7 Näher zu diesen Prüfungsschritten etwa Staudinger/*Hausmann*, Art. 3 EGBGB Rz. 23 ff.

5 Man mag zweifeln, ob § 97 Abs. 1 Satz 1, wie im RegE behauptet, wirklich nur deklaratorische Bedeutung hat oder ob dort der Vorrang älteren transformierten Konventionsrechts im Verhältnis zum FamFG – entgegen der Regel **lex posterior derogat lege anteriori** – überhaupt erst begründet wird. Geht man hingegen, nicht zuletzt unter Hinweis auf die gebotene völkerrechtsfreundliche Auslegung des nationalen Rechts, davon aus, dass Konventionsrecht im Zweifel ohnehin als spezieller zu betrachten ist,[1] so liegt der deklaratorische, lediglich die Regel „lex specialis derogat lege generali" bestätigende Charakter von § 97 Abs. 1 Satz 1 näher. Die Frage nach der Normqualität des § 97 Abs. 1 Satz 1 FamFG (wie auch des Art. 3 EGBGB[2]) hat letztlich aber keine praktische Bedeutung.

6 Die Anlehnung des RegE an Art. 3 EGBGB darf nicht darüber hinwegtäuschen, dass ein wesentlicher Unterschied zwischen Internationalem Privat- und Verfahrensrecht darin besteht, dass Letzteres vom **Günstigkeitsprinzip** geprägt ist (s. § 109 Rz. 3):[3] Soweit nach diesem Prinzip das konventionsrechtlich geregelte Anerkennungsrecht den Rückgriff auf anerkennungsfreundlicheres nationales Recht zulässt, soll auch § 97 Abs. 1 Satz 1 diesen Rückgriff nicht ausschließen.[4] Dabei handelt es sich der Sache nach aber nicht um eine Ausnahme vom Vorrangprinzip, sondern um eine immanente Begrenzung des Anwendungswillens der jeweiligen völkerrechtlichen Vereinbarung.

7 Gem. § 97 Abs. 2 betrifft die Vorrangregelung auch die **deutschen Ausführungsbestimmungen** zu dem in Abs. 1 Satz 1 angesprochenen Konventionsrecht. Gebündelte Umsetzungsbestimmungen zu mehreren Übereinkommen enthalten namentlich das AVAG (Rz. 23), das AUG (Rz. 24 – Kommentierung: Anhang 2 zu § 110) sowie das IntFamRVG (Rz. 19 – Text: Anhang 1 zu § 97). Zu einer Reihe von internationalen Überein- bzw. Abkommen hat Deutschland jeweils eigenständige Ausführungsgesetze erlassen.

II. Vorrang des Europarechts

8 Wenn es in § 97 Abs. 1 Satz 2 FamFG heißt, dass Regelungen in Rechtsakten der Europäischen Gemeinschaft (EG) „unberührt bleiben", so hat dies nur klarstellenden Charakter: Der deutsche Gesetzgeber ordnet den **(Anwendungs-)Vorrang** nicht an, weil sich dieser ohne weiteres schon aus dem unmittelbar geltenden Europarecht ergibt (vgl. 17. Erklärung v. 13.12.2007 zum Vertrag von Lissabon).[5] Die Bezugnahme in § 97 auf die EG ist ungenau, seit mit Inkrafttreten des Vertrags von Lissabon zum 1.12.2009 die Europäische Union an die Stelle der EG getreten (Art. 1 Abs. 3 Satz 2 EUV) und der EGV durch den AEUV abgelöst worden ist.[6]

9 Mit den in § 97 Abs. 1 Satz 2 angesprochenen „Regelungen in Rechtsakten der Europäischen Gemeinschaft" sind in erster Linie **Verordnungen** iSv. Art. 288 Abs. 2 AEUV gemeint.[7] Die Rechtssetzungskompetenz der EU (bislang: der EG) im Bereich des Internationalen Zivilverfahrensrechts ergibt sich nunmehr aus Artt. 67, 81 AEUV (zuvor: Artt. 61, 65 EGV).[8] Die Agenda für die weitere Entwicklung im Zeitraum bis

---

1 Vgl. BGH v. 11.1.1984 – IVb ZR 41/82, BGHZ 89, 325 (336) = NJW 1984, 1302 (1304).
2 Beachte zur dazu geführten Diskussion nur Erman/*Hohloch*, Art. 3 EGBGB Rz. 12; Palandt/*Thorn*, Art. 3 EGBGB Rz. 11; Staudinger/*Hausmann*, Art. 3 EGBGB Rz. 14ff.
3 Diesen Unterschied betonen zutreffend etwa *von Bar/Mankowski*, § 5 Rz. 57.
4 Zustimmend Haußleiter/*Gomille*, § 97 Rz. 11.
5 ABl. EU 2007 Nr. C 306/256. Näher zum Grundsatz (und den Grenzen) der unmittelbaren Geltung und des Anwendungsvorrangs des Europarechts etwa Gebauer/*Wiedmann*, Kap. 2; Schulze/Zuleeg/Kadelbach/*Ehlers*, § 11.
6 Konsolidierte Fassung des AEUV in ABl. EU 2010 Nr. C 83/47.
7 Eine Übersicht über einschlägige Rechtsakte ist online zugänglich im Europäischen Justiziellen Netz für Zivil- und Handelssachen unter http://ec.europa.eu/civiljustice/index_de.htm (dessen Inhalt derzeit in das Europäische Justizportal überführt wird, https://e-justice.europa.eu).
8 Näher zu den Rechtssetzungsmöglichkeiten im Internationalen Familienrecht nach Inkrafttreten des Lissaboner Vertrags *Dethloff/Hauschild*, FPR 2010, 489; *Kohler/Pintens*, FamRZ 2010, 1481f.

zum Jahr 2014 haben der Rat im sog. Stockholmer Programm[1] und die Kommission in einem darauf aufbauenden Aktionsplan abgesteckt.[2] Besonders bedeutsam ist hinsichtlich der Angelegenheiten, die in den Anwendungsbereich des FamFG fallen,[3] derzeit die Brüssel IIa-VO, die das Internationale Ehe- und Kindschaftsverfahrensrecht umfassend regelt. Weitere Europarechtsakte sind namentlich für das Internationale Unterhaltsverfahrensrecht maßgeblich (näher im Anhang 1 zu § 110 Rz. 2 ff.). Relevant wird der Anwendungsvorrang des Europarechts dabei vor allem für die Bestimmung der internationalen Entscheidungszuständigkeit deutscher Gerichte sowie in den Bereichen Rechtshilfe und grenzüberschreitende Vollstreck(barerklär)ung. Soweit das europarechtlich geregelte Anerkennungsrecht nach dem sog. **Günstigkeitsprinzip** ausnahmsweise den Rückgriff auf anerkennungsfreundlicheres Recht zulässt, soll auch § 97 Abs. 1 Satz 2 diesen Rückgriff nicht ausschließen (zur im Einzelnen umstrittenen Geltung des Günstigkeitsprinzips s. § 109 Rz. 3).

Im Ergebnis reicht die Maßgeblichkeit des Verordnungsrechts so weit, dass den FamFG-Regelungen zum Internationalen Ehe-, Kindschafts- und Unterhaltsverfahrensrecht heute nur noch ein eher geringer **Restanwendungsbereich** bleibt. Dies wird dem Rechtsanwender bei unbefangener Gesetzeslektüre allerdings kaum ersichtlich.[4] Abhilfe verspräche ein benutzerfreundliches Fußnotensystem amtlicher Hinweise zu den einzelnen Vorschriften, wie es im BGB zur Kennzeichnung von Richtlinienumsetzungsrecht eingesetzt wird. Alternativ wäre zu erwägen gewesen, vorab in § 97 die bedeutsamsten internationalen Rechtsinstrumente zusammenzustellen. Diesen Schritt hat man inzwischen im Kollisionsrecht mit der Neufassung von Art. 3 EGBGB getan.[5] Eine solche Regelung hätte den zusätzlichen Vorteil, dass der erstrangige Hinweis auf Europarechtsakte auch deren Anwendungsvorrang gegenüber dem Konventionsrecht betont. **10**

Wenngleich dies in § 97 Abs. 1 Satz 2 nicht zum Ausdruck kommt, genießen nicht nur Sekundärrechtsakte Vorrang, sondern auch die Vorgaben des **Primärrechts**, namentlich der EUV[6] und der AEUV.[7] Bedeutsam ist dies wegen der darin enthaltenen Diskriminierungsverbote (Art. 18 AEUV; zuvor: Art. 12 EGV)[8] sowie des Gleichwertigkeits- und Effektivitätsgrundsatzes.[9] Beachtung verdient zudem die inzwischen gem. Art. 6 Abs. 1 Halbs. 2 EUV rechtsverbindliche EU-Grundrechtecharta.[10] Hingegen meint § 97 Abs. 1 Satz 2 FamFG nicht Richtlinien iSv. Art. 288 Abs. 3 AEUV; denn diese gelten, anders als die jeweiligen nationalen Umsetzungsbestimmungen (s. Rz. 13), im Zivilrechtsverkehr grundsätzlich nur mittelbar.[11] **11**

Im Bereich des europäischen Primär- und Sekundärrechts steht dem EuGH die Interpretationsprärogative zu. Dem dient das **Vorabentscheidungsverfahren** gem. **12**

---

1 ABl. EU 2010 Nr. C 115/1; vgl. dazu *Wagner*, IPRax 2010, 97.
2 KOM (2010) 171, vgl. dort insbes. S. 20–29.
3 Vgl. zu den europarechtlichen Implikationen des – hier nicht näher behandelten – Registerrechts etwa *Krafka*, Einführung in das Registerrecht, Rz. 32 ff.
4 Kritisch etwa auch *Althammer*, IPRax 2009, 381 (382); *Finger*, FuR 2010, 3.
5 Art. 1 Nr. 2 IPR-AnpassungsG v. 10.12.2008, BGBl. I 2008, 2401; in Kraft ab 11.1.2009. Dazu *Wagner*, IPRax 2008, 314 (317).
6 ABl. EU 2010 Nr. C 83/13.
7 ABl. EU 2010 Nr. C 83/47.
8 Vgl. etwa die auf Vorlage des AG Flensburg ergangene Entscheidung des EuGH v. 14.10.2008 – Rs. C-353/06 (Grunkin-Paul), NJW 2009, 135; dort zum Einfluss von Art. 18 EGV auf das mitgliedstaatliche Namens(register)recht. Zu den Konsequenzen für Deutschland s. Art. 48 EGBGB idF des G. v. 23.1.2013, BGBl. I 2013, 101; dazu BT-Drucks. 17/11049, S. 12 (Begr. Bundesreg.), 15 (Stellungnahme Bundesrat) und 17 (Gegenäußerung Bundesreg.).
9 Vgl. dazu etwa *Coester-Waltjen*, Jura 2006, 914 ff.; *Hau*, GPR 2007, 93 (99).
10 ABl. EU 2010 Nr. C 83/389; beachte die amtlichen Erläuterungen in ABl. EU 2007 Nr. C 303/17. Vgl. zur Relevanz von Art. 24 Abs. 3 Grundrechte-Charta, jeweils im Zusammenhang mit grenzüberschreitenden Kindschaftssachen, nur EuGH v. 23.12.2009 – Rs. C-403/09 PPU (Detiěek/Sgueglia), FamRZ 2010, 525 m. Anm. *Henrich*, und EuGH v. 22.12.2010 – Rs. C-491/10 PPU (Aguirre Zarraga/Pelz), FamRZ 2011, 355 m. Anm. *Schulz*.
11 Näher zu Grundsatz und Ausnahmen etwa Gebauer/*Wiedmann*, Kap. 2 Rz. 18 ff.; Schulze/Zuleeg/Kadelbach/*Magiera*, § 13 Rz. 62 ff.

Art. 267 AEUV (bislang: Art. 234 EGV). Das auf der Grundlage von Art. 23a Satzung EuGH[1] zum 1.3.2008 eingeführte **Eilvorlageverfahren** (Art. 104b § 1 VerfO EuGH;[2] nunmehr: Eilvorabentscheidungsverfahren gem. Art. 107ff. VerfO EuGH 2012[3]) soll eine zügige Beantwortung von Vorlagefragen sicherstellen;[4] diesem Anliegen wird das Verfahren nach den bisherigen Erfahrungen gerecht, was im Grundsatz vor allem in Kindschaftssachen begrüßenswert erscheint – wenngleich gerade in solchen Fällen besondere Sorge dafür zu tragen ist, dass die Beschleunigung nicht zu Qualitätseinbußen führt.[5] Die Durchführung des Vorlageverfahrens im Eilmodus ordnet der EuGH normalerweise auf Verlangen des vorlegenden Gerichts, ausnahmsweise aber auch amtswegig an.[6] Entfallen ist mit Inkrafttreten des AEUV der frühere Art. 68 EGV, der im Bereich der justiziellen Zusammenarbeit sachwidrig die Vorlagekompetenz nicht-letztinstanzlich entscheidender nationaler Gerichte ausgeschlossen hatte. Im Grundsatz kommt eine Vorlage gem. Art. 267 AEUV unabhängig davon in Betracht, ob es um eine Angelegenheit der streitigen oder der freiwilligen Gerichtsbarkeit geht.[7] Der EuGH betont jedoch, dass die Vorlagemöglichkeit nur eröffnet ist, wenn das Ausgangsverfahren „auf eine Entscheidung mit Rechtsprechungscharakter abzielt". Verneint hat er dies nach Lage der Dinge für ein deutsches Verfahren, in dem es um die Zuweisung des Bestimmungsrechts hinsichtlich der Wahl des Kindesnamens nach § 1617 Abs. 2 BGB ging.[8]

13 Unberührt von den Regelungen des FamFG bleiben gem. § 97 Abs. 2 auch die Umsetzungs- und Ausführungsbestimmungen zu einschlägigen Europarechtsakten. Die deutschen **Ausführungsbestimmungen** zur Brüssel I-VO sind im AVAG,[9] zur Brüssel IIa-VO im IntFamRVG[10] und zur EuUntVO im AUG[11] geregelt. Zu beachten sind außerdem die Regelungen zur Justiziellen Zusammenarbeit in der EU in §§ 1067–1075, 1079ff. ZPO. Im Bereich des FamFG relevante **Umsetzungsbestimmungen** enthalten §§ 1076–1078 ZPO, die der Umsetzung der PKH-RL dienen (Rz. 34; s. auch vor §§ 98–106 Rz. 63).[12]

III. Normkollisionen im Konventions- und Europarecht

14 In Fällen mit Auslandsbezug sind nicht selten die Anwendungsbereiche verschiedener internationaler Rechtsinstrumente eröffnet. Solche **Normkollisionen** ergeben sich zum einen, wenn völkerrechtliche Vereinbarungen unterschiedlicher Provenienz (vgl. Rz. 2) miteinander konkurrieren, und zum anderen deshalb, weil die EU (wie bislang schon die EG) zunehmend Rechtsakte auch auf Gebieten erlässt, mit denen sich bereits Übereinkommen der Haager Konferenz befassen.[13] Beispiele dafür sind aus neuerer Zeit vor allem das Internationale Kindschafts- und das Unterhaltsrecht.[14]

15 Zur Lösung solcher Normkollisionen trägt § 97 FamFG nichts bei. Als Faustregel kann gelten, dass im Falle einer Konkurrenz von Konventionsrecht und einem Europarechtsakt diesem eine für den deutschen Rechtsanwender verbindliche Regelung der **Vorrangfrage** zu entnehmen ist (vgl. etwa Art. 68ff. Brüssel I-VO, Art. 68f. Eu-

---

1 ABl. EU 2008 Nr. L 24/42.
2 ABl. EU 2008 Nr. L 24/39.
3 ABl. EU 2012 Nr. L 265/1.
4 Näher *Pirrung*, FS von Hoffmann, S. 698; *Richter*, ZfRV 2010, 148; *Rieck*, NJW 2008, 2958; *Sickerling* in Gsell/Hau, Zivilgerichtsbarkeit und Europäisches Justizsystem, S. 63.
5 Nachdrücklich und bedenkenswert *Janzen/Gärtner*, IPRax 2011, 158 (165f.).
6 So im Fall EuGH v. 22.12.2010 – Rs. C-491/10 PPU (Aguirre Zarraga/Pelz), FamRZ 2011, 355 m. Anm. *Schulz*.
7 Vgl. wiederum etwa EuGH v. 14.10.2008 – Rs. C-353/06 (Grunkin-Paul), NJW 2009, 135.
8 EuGH v. 27.4.2006 – Rs. C-96/04 (Standesamt Niebüll), EuGHE 2006, I-3576 = FamRZ 2006, 1349 (ebenfalls ergangen im Zusammenhang mit dem Fall Grunkin-Paul).
9 BGBl. I 2009, 3831.
10 BGBl. I 2005, 162.
11 BGBl. I 2011, 898.
12 ABl. EG 2003 Nr. L 26/41, berichtigt ABl. EU 2003 Nr. L 32/15.
13 Vgl. *Coester-Waltjen*, FS Geimer, S. 139ff.
14 Vgl. etwa die – wohl unfreiwillig eher karikierende denn illustrierende – „Übersicht" zur Abgrenzung von Brüssel IIa-VO, KSÜ und MSA bei *Breuer*, Rz. 227.

UntVO und Art. 59 ff. Brüssel IIa-VO). Konkurrenzen zwischen verschiedenen völkerrechtlichen Vereinbarungen sind häufig in diesen selbst geregelt (vgl. etwa Art. 29 HUntVÜ 1973 – Text: Anhang 5 zu § 110). Im Übrigen ist auf die lex-specialis- bzw. die lex-posterior-Regel zurückzugreifen (vgl. auch Art. 30 Wiener Vertragsrechtskonvention[1]).

C. Sonstige deutsche Spezialregelungen

Prima facie scheint aus § 97 zu folgen, dass hinsichtlich der Angelegenheiten, die in den sachlichen Anwendungsbereich des FamFG fallen, alle einschlägigen Regelungen entweder ebendort zu finden sind oder in dem Konventions- bzw. Europarecht (samt deutschem Umsetzungs- und Ausführungsrecht), auf das § 97 eigens verweist. Dies wäre indes ein Trugschluss; denn neben dem FamFG gibt es weitere deutsche internationalverfahrensrechtliche Regelungen zu FamFG-relevanten Angelegenheiten, die nicht auf Konventions- bzw. Europarecht beruhen, im Rahmen des FGG-RG aber auch nicht in das FamFG integriert worden sind. Dies gilt insbesondere für das Adoptionswirkungsgesetz v. 5.11.2001 (AdWirkG – Text: § 199 Rz. 3),[2] auf das in § 108 Abs. 2 Satz 3 und § 199 FamFG hingewiesen wird.[3] Hingegen werden etwa § 12 VerschG und das Gesetz zur Geltendmachung von Unterhaltsansprüchen im Verkehr mit ausländischen Staaten v. 19.12.1986 (AUG – Text: Anhang 2 zu § 110)[4] weder im FamFG noch in den Gesetzesmaterialien erwähnt. Es ist daher absehbar, dass solche Sonderregelungen bei der Rechtsanwendung (auch weiterhin) schlicht übersehen werden.[5]

16

D. Übersicht: Europa- und Konventionsrecht in FamFG-relevanten Angelegenheiten

Die nachfolgende Übersicht stellt, gegliedert nach Sachgebieten entsprechend der Systematik des FamFG, die wichtigsten Rechtsinstrumente zum Internationalen Zivilverfahrensrecht zusammen. Nicht berücksichtigt sind Regelungen zur Sachrechtsvereinheitlichung,[6] zum Kollisionsrecht,[7] zum Staatsangehörigkeits- und Flüchtlingsrecht[8] sowie solche, die zwar verfahrensrechtlicher Natur sind, aber nicht speziell den grenzüberschreitenden Rechtsverkehr betreffen.[9] Ausgeklammert bleiben ferner Rechtsinstrumente zu solchen Angelegenheiten der freiwilligen Gerichtsbarkeit, die nicht im FamFG geregelt sind.[10]

17

Nähere Informationen dazu, im Verhältnis zu welchen Staaten und ab wann die nachfolgend aufgeführten Vereinbarungen für Deutschland gelten, sind zusammengestellt im Fundstellennachweis B zum BGBl. II. Beachte zudem die Angaben in den Sammlungen von *Cieslar*, *Geimer/Schütze*, Int. Rechtsverkehr, sowie *Jayme/Hausmann*. Die meisten Rechtsinstrumente sind zudem **online** verfügbar: Beachte vor allem die Informationen im Europäischen Justiziellen Netz für Zivil- und Handels-

18

---

1 Wiener UN-Konvention über das Recht der Verträge v. 23.5.1969, BGBl. II 1985, 926.
2 BGBl. I 2001, 2950; geändert durch Art. 68 FGG-RG.
3 Vgl. BT-Drucks. 16/6308, S. 222, 247 und 248.
4 BGBl. I 1986, 2563.
5 Kritisch daher auch *Finger*, FuR 2010, 3 f.; *Hohloch*, GS Wolf, S. 429 (437).
6 Erwähnt sei das deutsch-französische Abkommen v. 4.2.2010 über den Güterstand der Wahl-Zugewinngemeinschaft, BGBl. II 2012, 178; in Kraft getreten am 1.5.2013. Dazu *Delerue*, FamRBint 2010, 70; *Dethloff*, RabelsZ 2012, 509; *Finger*, FuR 2010, 481; *Jäger*, DNotZ 2010, 804; *Klippstein*, FPR 2010, 510; *Lerch/Lerch/Junkov*, FuR 2012, 639; *Stürner*, JZ 2011, 545.
7 Erwähnt sei die sog. Rom III-VO Nr. 1259/2010 v. 20.12.2010 zur Durchführung einer Verstärkten Zusammenarbeit im Bereich des auf die Ehescheidung und Trennung ohne Auflösung des Ehebandes anzuwendenden Rechts, ABl. EU 2010 Nr. L 343/10. Dazu unten Rz. 36.
8 Für Sammlungen einschlägiger Übereinkommen vgl. *Cieslar*, II, und *Jayme/Hausmann*, Nr. 10 ff., 270 ff.
9 Letzteres gilt etwa für das Straßburger Europäische Übereinkommen v. 25.1.1996 über die Ausübung von Kinderrechten, BGBl. II 2001, 1075. Für Deutschland in Kraft seit 1.8.2002. Text: *Cieslar*, IV E.
10 Beachte die Zusammenstellung von Übereinkommen zum Personenstandswesen und zum Namensrecht etwa bei *Cieslar*, VII, und *Jayme/Hausmann*, vor Nr. 20.

§ 97

sachen[1] bzw. im Europäischen Justizportal[2] sowie die Internetangebote der Deutschen Sektion der Internationalen Kommission für das Zivilstandswesen,[3] des Europarats[4] sowie der Haager Konferenz für Internationales Privatrecht.[5]

I. Ehesachen

19 – **Brüssel IIa-VO:** Verordnung Nr. 2201/2003 v. 27.11.2003 über die Zuständigkeit und die Anerkennung und Vollstreckung von Entscheidungen in Ehesachen und in Verfahren betreffend die elterliche Verantwortung und zur Aufhebung der Verordnung Nr. 1347/2000[6] (Text: Anhang 2 zu § 97).[7] Weitere gängige Abkürzungen: EuEheVO, EheVO II oder EheGVVO; ferner etwa ESGVO[8] und EuFamVO 2005.[9] Vollständige Geltung seit 1.3.2005 (Art. 72 Brüssel IIa-VO). – Durchführungsgesetz: Gesetz zur Aus- und Durchführung bestimmter Rechtsinstrumente auf dem Gebiet des internationalen Familienrechts v. 26.1.2005 (**IntFamRVG**; Text: Anhang 1 zu § 97).[10]

– **Verordnung Nr. 664/2009** v. 7.7.2009 zur Einführung eines Verfahrens für die Aushandlung und den Abschluss von Abkommen zwischen Mitgliedstaaten und Drittstaaten, die die Zuständigkeit und die Anerkennung und Vollstreckung von Urteilen und Entscheidungen in Ehesachen, in Fragen der elterlichen Verantwortung und in Unterhaltssachen sowie das anwendbare Recht in Unterhaltssachen betreffen.[11]

II. Kindschaftssachen

20 – Brüssel IIa-VO (Rz. 19).

– Verordnung Nr. 664/2009 (Rz. 19)

– **MSA:** Haager Übereinkommen v. 5.10.1961 über die Zuständigkeit der Behörden und das anzuwendende Recht auf dem Gebiet des Schutzes von Minderjährigen (Text: 1. Auflage, Anhang 3 zu § 97).[12] Für Deutschland in Kraft seit 17.9.1971. – Ausführungsgesetz v. 30.4.1971.[13]

– **KSÜ:** Haager Übereinkommen v. 19.10.1996 über die Zuständigkeit, das anzuwendende Recht, die Anerkennung, Vollstreckung und Zusammenarbeit auf dem Gebiet der elterlichen Verantwortung und der Maßnahmen zum Schutz von Kindern (Text: Anhang 3 zu § 97).[14] Für Deutschland in Kraft seit 1.1.2011.[15] – Ausführungsgesetz: **IntFamRVG** (Rz. 19).

– **SorgeRÜ:** Luxemburger Europäisches Übereinkommen v. 20.5.1980 über die Anerkennung und Vollstreckung von Entscheidungen über das Sorgerecht für Kinder

---

1 http://ec.europa.eu/civiljustice/index_de.htm.
2 https://e-justice.europa.eu.
3 www.ciec-deutschland.de.
4 http://conventions.coe.int.
5 www.hcch.net.
6 ABl. EU 2003 Nr. L 338/1, geändert durch Verordnung Nr. 2116/2004 v. 2.12.2004 zur Änderung der Verordnung Nr. 2201/2003 in Bezug auf Verträge mit dem Heiligen Stuhl, ABl. EU 2004 Nr. L 367/1.
7 Das CIEC-Übereinkommen v. 8.9.1967 über die Anerkennung von Entscheidungen in Ehesachen ist von Deutschland gezeichnet, aber nicht ratifiziert worden. Das Haager Übereinkommen v. 1.6.1970 über die Anerkennung von Ehescheidungen und Ehetrennungen ist von Deutschland nicht gezeichnet worden.
8 Dafür Staudinger/*Pirrung*, Vorbem zu Art. 19 EGBGB Rz. C 1 ff.
9 Dafür neuerdings *Breuer*, Rz. 9, der damit freilich das von ihm selbst treffend beklagte Abkürzungswirrwarr eher verstärkt.
10 BGBl. I 2005, 162.
11 ABl. EU 2009 Nr. L 200/46.
12 BGBl. II 1971, 219. – Das Haager Abkommen v. 12.6.1902 zur Regelung der Vormundschaft über Minderjährige (RGBl. 1904, 240) hat Deutschland zum 31.5.2009 gekündigt (BGBl. II 2009, 290).
13 BGBl. II 1971, 217.
14 BGBl. II 2009, 603. Beachte dazu die Denkschrift sowie den Erläuternden Bericht in BT-Drucks. 16/12068, S. 28 ff., 35 ff.
15 BGBl. II 2010, 1527.

und die Wiederherstellung des Sorgeverhältnisses.[1] Weitere gängige Abkürzung: **ESÜ**. Für Deutschland in Kraft seit 1.2.1991. – Ausführungsgesetz: **IntFamRVG** (Rz. 19).
– **HKEntfÜ**: Haager Übereinkommen v. 25.10.1980 über die zivilrechtlichen Aspekte internationaler Kindesentführung (Text: Anhang 4 zu § 97).[2] Für Deutschland in Kraft seit 1.12.1990. – Ausführungsgesetz: **IntFamRVG** (Rz. 19).

III. Abstammungssachen

– Römisches CIEC-Übereinkommen v. 14.9.1961 über die Erweiterung der Zuständigkeit der Behörden, vor denen nichteheliche Kinder anerkannt werden können.[3] Für Deutschland in Kraft seit 24.7.1965. **21**
– Brüsseler CIEC-Übereinkommen v. 12.9.1962 über die Feststellung der mütterlichen Abstammung nichtehelicher Kinder.[4] Für Deutschland in Kraft seit 24.7.1965.

IV. Adoptionssachen

– **HAdoptÜ**: Haager Übereinkommen v. 29.5.1993 über den Schutz von Kindern und die Zusammenarbeit auf dem Gebiet der internationalen Adoption.[5] Weitere gängige Abkürzung: HAÜ. Für Deutschland in Kraft seit 1.3.2002. – Adoptionsübereinkommens-Ausführungsgesetz v. 5.11.2001 (**HAdoptÜAG**).[6] **22**

V. Gewaltschutzsachen

– **Brüssel I-VO**: Verordnung Nr. 44/2001 v. 22.12.2000 über die gerichtliche Zuständigkeit und die Anerkennung und Vollstreckung von Entscheidungen in Zivil- und Handelssachen.[7] Weitere gängige Abkürzungen: EuGVO, EuGVVO. In Kraft getreten am 1.3.2002 (Art. 76 Brüssel I-VO). Die Neufassung der Brüssel I-VO vom 12.12.2012 wird gem. ihrem Art. 81 erst ab 10.1.2015 gelten.[8] – Durchführungsgesetz: Gesetz zur Ausführung zwischenstaatlicher Verträge und zur Durchführung von Verordnungen und Abkommen der Europäischen Gemeinschaft auf dem Gebiet der Anerkennung und Vollstreckung in Zivil- und Handelssachen v. 19.2.2001 (**AVAG**).[9] **23**
– **LugÜ**: Luganer Europäisches Übereinkommen v. 16.9.1988 über die gerichtliche Zuständigkeit und die Vollstreckung gerichtlicher Entscheidungen in Zivil- und Handelssachen;[10] für Deutschland in Kraft seit 1.3.1995. Am 30.10.2007 wurde in Lugano eine revidierte Fassung unterzeichnet (sog. **LugÜ 2007** – Text: Anhang 4 zu

---

1 BGBl. II 1990, 220. Text: *Cieslar*, IV D 3; *Jayme/Hausmann*, Nr. 183.
2 BGBl. II 1990, 207. Streitig ist, ob die EU oder ihre Mitgliedstaaten dafür zuständig sind, die Annahme des Beitritts weiterer Vertragsstaaten zu erklären; dazu *Mansel/Thorn/Wagner*, IPRax 2013, 1 (11).
3 BGBl. II 1965, 19. Text: *Cieslar*, IV A 1; *Jayme/Hausmann*, Nr. 50; Staudinger/*Henrich*, vor Art. 19 EGBGB Rz. 2. – Das Römische CIEC-Übereinkommen v. 10.9.1970 über die Legitimation durch nachfolgende Ehe (Text: *Cieslar*, IV B) ist von Deutschland zwar gezeichnet, aber nicht ratifiziert worden. Das Münchener CIEC-Übereinkommen v. 5.9.1980 über die freiwillige Anerkennung nichtehelicher Kinder ist von Deutschland zwar gezeichnet, aber noch nicht ratifiziert worden und ist auch im Übrigen noch nicht in Kraft getreten.
4 BGBl. II 1965, 23. Text: *Cieslar*, IV A 2; *Jayme/Hausmann*, Nr. 51; Staudinger/*Henrich*, vor Art. 19 EGBGB Rz. 16.
5 BGBl. II 2001, 1035. Text: *Cieslar*, IV C 1; *Jayme/Hausmann*, Nr. 223; Staudinger/*Henrich*, vor Art. 22 EGBGB Rz. 18; *Steiger*, S. 183. Deutsche Denkschrift: BT-Drucks. 14/5437, S. 22 (auch abgedruckt bei *Steiger*, S. 228). Das 2008 zum HAdoptÜ von der Haager Konferenz vorgelegte offizielle Handbuch (*Guide to Good Practice*) ist zugänglich unter www.hcch.net/upload/ado guide_e.pdf.
6 BGBl. I 2001, 2950; geändert durch Art. 4 Abs. 17 G. v. 17.12.2006, BGBl. I 2006, 3171. Text: *Jayme/Hausmann*, Nr. 223a.
7 ABl. EG 2001 Nr. L 12/1; berichtigt in ABl. EG 2001 Nr. L 307/28. Text: *Cieslar*, VI A 1; *Geimer/Schütze*, Int. Rechtsverkehr Nr. 540; *Jayme/Hausmann*, Nr. 160.
8 ABl. EU 2012 Nr. L 351/1. Zur Erstreckung auf Dänemark s. ABl. EU 2013 Nr. L 79/4.
9 BGBl. I 2009, 3831. Text: *Jayme/Hausmann*, Nr. 160a, 181a, 189a.
10 BGBl. II 1994, 2660, berichtigt 3772.

§ 110),[1] die am 1.1.2010 zwischen der EU sowie Norwegen und Dänemark in Kraft getreten ist.[2] Im Verhältnis zur Schweiz gilt das LugÜ 2007 seit 1.1.2011, im Verhältnis zu Island seit 1.5.2011.[3] Inhaltlich ist das LugÜ 2007 weitestgehend der Brüssel I-VO nachgebildet. – Ausführungsgesetz: **AVAG**.

VI. Unterhaltssachen

24
- **Brüssel I-VO** (Rz. 23); zu ihrer Bedeutung für Altfälle s. Anhang 3 zu § 110 Art. 68 Rz. 175.
- **EuUntVO:** Verordnung Nr. 4/2009 v. 18.12.2008 über die Zuständigkeit, das anwendbare Recht, die Anerkennung und Vollstreckung von Entscheidungen und die Zusammenarbeit in Unterhaltssachen[4] (Kommentierung: Anhang 3 zu § 110). Gem. Art. 76 anwendbar seit 18.6.2011. Dazu Durchführungsverordnung Nr. 1142/2011 vom 10.11.2011 zur Festlegung der Anhänge X und XI der Verordnung Nr. 4/2009.[5] – Deutsches Durchführungsgesetz: Gesetz zur Geltendmachung von Unterhaltsansprüchen im Verkehr mit ausländischen Staaten v. 23.5.2011 (Auslandsunterhaltsgesetz bzw. **AUG** – Text: Anhang 2 zu § 110).[6]
- Verordnung Nr. 664/2009 (Rz. 19)[7]
- **EuVTVO:** Verordnung Nr. 805/2004 v. 21.4.2004 zur Einführung eines europäischen Vollstreckungstitels für unbestrittene Forderungen.[8] Vollständige Geltung seit 21.10.2005 (Art. 33 Abs. 2 EuVTVO). – Durchführungsbestimmungen: §§ 1079–1086 ZPO.
- **EuMahnVO:** Verordnung Nr. 1896/2006 v. 12.12.2006 zur Einführung eines Europäischen Mahnverfahrens.[9] Weitere gängige Abkürzungen: Zahlungsbefehl-VO und EuMVVO. Vollständige Geltung seit 12.12.2008 (Art. 33 Abs. 2 EuMahnVO). – Durchführungsbestimmungen: §§ 1087–1096 ZPO.
- **UNUntÜ:** New Yorker UN-Übereinkommen v. 20.6.1956 über die Geltendmachung von Unterhaltsansprüchen im Ausland[10] (Text: Anhang 7 zu § 110). Für Deutschland in Kraft seit 19.8.1959. – Ausführungsgesetz: ursprünglich das Gesetz v. 26.2.1959,[11] seit 18.6.2011 das AUG.
- **HUntVÜ 1958:** Haager Übereinkommen v. 15.4.1958 über die Anerkennung und Vollstreckung von Entscheidungen auf dem Gebiet der Unterhaltspflicht gegenüber Kindern.[12] Für Deutschland in Kraft seit 1.1.1962. – Dazu Gesetz v. 18.7.1961.[13]
- **HUntVÜ 1973:** Haager Übereinkommen v. 2.10.1973 über die Anerkennung und Vollstreckung von Unterhaltsentscheidungen[14] (Text: Anhang 5 zu § 110). Für Deutschland in Kraft seit 1.4.1987. – Ausführungsgesetz: ursprünglich das AVAG (Rz. 23), seit 18.6.2011 das AUG.

---

1 ABl. EU 2007 Nr. L 339/3 und ABl. EU 2009 Nr. L 147/5. Erläuternder Bericht: ABl. EU 2009 Nr. C 319/1. Text: *Jayme/Hausmann*, Nr. 152. Einführend *Wagner/Janzen*, IPRax 2010, 298.
2 ABl. EU 2010 Nr. L 140/1.
3 ABl. EU 2011 Nr. L 138/1.
4 ABl. EU 2009 Nr. L 7/1, berichtigt ABl. EU 2011 Nr. L 131/26 und 2013 Nr. L 8/19.
5 ABl. EU 2011 Nr. L 293/24.
6 BGBl. I 2011, 898. Vgl. die Erläuterungen im RegE (BT-Drucks. 17/4887) sowie den Bericht des Rechtsausschusses (BT-Drucks. 17/5240).
7 Beachte dazu speziell für Unterhaltssachen auch ABl. EU 2009 Nr. L 149/80.
8 ABl. EU 2004 Nr. L 143/15; geändert durch Verordnung Nr. 1869/2005 v. 16.11.2005, ABl. EU 2005 Nr. L 300/6. Text: *Cieslar*, VI A 4; *Geimer/Schütze*, Int. Rechtsverkehr Nr. 541; *Jayme/Hausmann*, Nr. 184.
9 ABl. EU 2006 Nr. L 399/1. Text: *Geimer/Schütze*, Int. Rechtsverkehr Nr. 570; *Jayme/Hausmann*, Nr. 185.
10 BGBl. II 1959, 150.
11 BGBl. II 1959, 149 idF v. 4.3.1971, BGBl. II 1971, 105.
12 BGBl. II 1961, 1006. Text: *Cieslar*, V C 1; *Geimer/Schütze*, Int. Rechtsverkehr Nr. 795; *Jayme/Hausmann*, Nr. 180.
13 BGBl. I 1961, 1033; geändert durch G. v. 27.7.2001, BGBl. I 2001, 1887.
14 BGBl. II 1986, 826.

- **HUntVÜ 2007:** Haager Übereinkommen v. 23.11.2007 über die internationale Geltendmachung der Unterhaltsansprüche von Kindern und anderen Familienangehörigen[1] (Text: Anhang 6 zu § 110). Von der EU für alle EU-Staaten (mit Ausnahme Dänemarks) gezeichnet[2] und genehmigt.[3] Das derzeit (31.7.2013 noch ausstehende Inkrafttreten für die EU erfordert die Hinterlegung der Beitrittsurkunde bei der Haager Konferenz. – Durchführungsgesetz: AUG, wobei gem. Art. 4 Abs. 3 Satz 1 des Änderungsgesetzes v. 20.2.2013[4] die für das HUntVÜ 2007 einschlägigen AUG-Änderungen erst mit dessen Inkrafttreten (gemeint ist: für die EU bzw. Deutschland[5]) in Kraft treten werden; dieses Datum wird im BGBl. bekanntgegeben (Art. 4 Abs. 1 Satz 2 G. v. 20.2.2013).
- **LugÜ** (Rz. 23). Durchführungsgesetz ist nach wie vor zwar grundsätzlich das AVAG (Rz. 23), in Unterhaltssachen seit 18.6.2011 aber das AUG (s. Anhang 2 zu § 110, dort § 1 Abs. 1 Satz 1 Nr. 1 Buchst. c AUG).

VII. Betreuungs- und Unterbringungssachen, Pflegschaft für Erwachsene

- **HErwSÜ:** Haager Übereinkommen v. 13.1.2000 über den internationalen Schutz von Erwachsenen (Text: Anhang 5 zu § 97).[6] Für Deutschland in Kraft seit 1.1.2009. Weitere gängige Abkürzung: ESÜ (problematisch wegen Verwechslungsgefahr mit dem SorgeRÜ, s. Rz. 20). – Erwachsenenschutzübereinkommens-Ausführungsgesetz v. 17.3.2007 (**HErwSÜAG**; Text: Anhang 5 zu § 97).[7]

25

VIII. Nachlasssachen

- **EuErbVO:** Verordnung Nr. 650/2012 v. 4.7.2012 über die Zuständigkeit, das anzuwendende Recht, die Anerkennung und Vollstreckung von Entscheidungen und die Annahme und Vollstreckung öffentlicher Urkunden in Erbsachen sowie zur Einführung eines Europäischen Nachlasszeugnisses (Text: auszugsweise Anhang zu § 343).[8] Geltungsbeginn: im Wesentlichen ab 17.8.2015 (Art. 84).
- Deutsch-türkisches Nachlassabkommen (Anlage zu Art. 20 des Konsularvertrags v. 28.5.1929).[9] Wieder anwendbar seit 1.3.1952.
- Deutsch-sowjetischer Konsularvertrag v. 25.4.1958.[10] Nach Auflösung der Sowjetunion wurde mit einer Reihe von Nachfolgestaaten die Weiteranwendung vereinbart.[11]

26

---

1 Text: ABl. EU 2011 Nr. L 192/51.
2 Ratsbeschluss 2011/220/EU v. 31.3.2011, ABl. EU 2011 Nr. L 93/9.
3 Ratsbeschluss 2011/432/EU v. 9.6.2011, ABl. EU 2011 Nr. L 192/39, dort in Anhängen I-IV sind die einschlägigen Vorbehalte und Erklärungen seitens der EU bzw. ihrer Mitgliedstaaten zusammengestellt. Beachte den Kommissionsvorschlag für eine Änderung der Anhänge, COM (2013) 35.
4 Gesetz v. 20.2.2013 zur Durchführung des Haager Übereinkommens v. 23.11.2007 über die internationale Geltendmachung der Unterhaltsansprüche von Kindern und anderen Familienangehörigen sowie zur Änderung von Vorschriften auf dem Gebiet des internationalen Unterhaltsverfahrensrechts und des materiellen Unterhaltsrechts, BGBl. I 2013, 273. Vgl. zu den Vorarbeiten BT-Drucks. 17/10492 (GesetzE der BReg.) und 17/11885 (Beschlussempfehlung und Bericht des Rechtsausschusses).
5 Vgl. BT-Drucks. 17/10492, S. 13.
6 BGBl. II 2007, 324. Beachte den offiziellen Bericht von *Lagarde*, deutsche Übersetzung in BT-Drucks. 16/3250, S. 28 ff.
7 BGBl. I 2007, 314; geändert durch Art. 46 FGG-RG.
8 ABl. EU 2012 Nr. L 201/107; berichtigt ABl. EU 2012 Nr. L 344/3, 2013 Nr. L 41/16 und Nr. L 60/140. Text: Jayme/Hausmann, Nr. 61.
9 RGBl. II 1930, 748. Text: *Jayme/Hausmann*, Nr. 62; Staudinger/*Dörner*, vor Art. 25 f. EGBGB Rz. 160 ff.
10 BGBl. II 1959, 233. Text: *Jayme/Hausmann*, Nr. 63; Staudinger/*Dörner*, vor Art. 25 f. EGBGB Rz. 201.
11 Fundstellen bei *Jayme/Hausmann*, Nr. 34 Fn. 1; Staudinger/*Dörner*, vor Art. 25 f. EGBGB Rz. 194 f.

– Deutschland unterhält mit weiteren Staaten Freundschafts-, Handels-, Schifffahrts- und Konsularverträge, in denen die Mitwirkung von Konsuln bei der Abwicklung von Nachlassverfahren geregelt ist.[1]

IX. Bilaterale Anerkennungs- und Vollstreckungsverträge

27   Bilaterale Anerkennungs- und Vollstreckungsverträge, die Deutschland mit heutigen **EU-Staaten** geschlossen hat, sind abgelöst worden durch die Brüssel I-VO (vgl. Art. 69), die Brüssel IIa-VO (vgl. Art. 59) und die EuUntVO (vgl. Art. 69) für solche Angelegenheiten, die von diesen Verordnungen erfasst werden. Ein nicht ganz unerheblicher Restanwendungsbereich, der allerdings mit Geltungsbeginn der EuErbVO entfallen wird (Art. 75 Abs. 2; vgl. oben Rz. 26), ergibt sich bislang im Hinblick auf Entscheidungen in erbrechtlichen Streitigkeiten (nicht aber in nachlassverfahrensrechtlichen Angelegenheiten[2]). Weiterhin anwendbar bleiben die Verträge vorerst in güterrechtlichen Angelegenheiten[3] und die Abkommen mit Belgien, Griechenland, Italien und Spanien grundsätzlich für Entscheidungen in Abstammungssachen.[4]

– Deutsch-belgisches Abkommen v. 30.6.1958 über die gegenseitige Anerkennung und Vollstreckung von gerichtlichen Entscheidungen, Schiedssprüchen und öffentlichen Urkunden in Zivil- und Handelssachen.[5] – Ausführungsgesetz v. 26.6.1959.[6]

– Deutsch-britisches Abkommen v. 14.7.1960 über die gegenseitige Anerkennung und Vollstreckung von gerichtlichen Entscheidungen in Zivil- und Handelssachen.[7] – Ausführungsgesetz v. 28.3.1961.[8]

– Deutsch-griechischer Vertrag v. 4.11.1961 über die gegenseitige Anerkennung und Vollstreckung von gerichtlichen Entscheidungen und Vergleichen und öffentlichen Urkunden in Zivil- und Handelssachen.[9] – Ausführungsgesetz v. 5.2.1963.[10]

– Deutsch-italienisches Abkommen v. 9.3.1936 über die gegenseitige Anerkennung und Vollstreckung von gerichtlichen Entscheidungen in Zivil- und Handelssachen.[11] – Ausführungsverordnung v. 18.5.1937, neu gefasst 12.9.1950.[12]

– Deutsch-niederländischer Vertrag v. 30.8.1962 über die gegenseitige Anerkennung und Vollstreckung gerichtlicher Entscheidungen und anderer Schuldtitel in Zivil- und Handelssachen.[13] – Ausführungsgesetz v. 15.1.1965.[14]

– Deutsch-österreichischer Vertrag v. 6.6.1959 über die gegenseitige Anerkennung und Vollstreckung von gerichtlichen Entscheidungen und Vergleichen und öffentlichen Urkunden in Zivil- und Handelssachen.[15] – Ausführungsgesetz v. 8.3.1960.[16]

– Deutsch-spanischer Vertrag v. 14.11.1983 über die gegenseitige Anerkennung und Vollstreckung von gerichtlichen Entscheidungen und Vergleichen sowie vollstreckbaren öffentlichen Urkunden in Zivil- und Handelssachen.[17] – Ausführungsgesetz: AVAG (Rz. 23).

---

1   Texte bei Staudinger/*Dörner*, vor Art. 25 f. EGBGB Rz. 202 ff.; Übersicht bei Jansen/v. Schuckmann/Sonnenfeld/*Müller-Lukoschek*, § 72 FGG Rz. 46 ff.
2   Staudinger/*Dörner*, Art. 25 EGBGB Rz. 821 ff., 908.
3   Dazu *Roth*, IPRax 2013, 188, dort zum deutsch-österreichischen Anerkennungs- und Vollstreckungsvertrag von 1959 hinsichtlich eines Aufteilungsverfahrens nach § 81 Abs. 1 österr. EheG.
4   Staudinger/*Henrich*, Art. 19 EGBGB Rz. 115 ff.
5   BGBl. II 1959, 765.
6   BGBl. I 1959, 425.
7   BGBl. II 1961, 301.
8   BGBl. I 1961, 301.
9   BGBl. II 1963, 109.
10 BGBl. I 1963, 129.
11 RGBl. II 1937, 145, BGBl. II 1952, 986.
12 RGBl. II 1937, 143, BGBl. I 1950, 455, 533.
13 BGBl. II 1965, 26.
14 BGBl. I 1965, 17.
15 BGBl. II 1960, 1245.
16 BGBl. I 1960, 169.
17 BGBl. II 1987, 35.

Bedeutsamer sind, vorbehaltlich der Einschlägigkeit multilateraler Übereinkommen (namentlich des LugÜ), die folgenden Verträge mit **Nicht-EU-Staaten:** 28
- Deutsch-israelischer Vertrag v. 20.7.1977 über die gegenseitige Anerkennung und Vollstreckung gerichtlicher Entscheidungen in Zivil- und Handelssachen.[1] In Kraft seit 1.1.1981. – Ausführungsgesetz: AVAG (Rz. 23).
- Deutsch-norwegischer Vertrag v. 17.6.1977 über die gegenseitige Anerkennung und Vollstreckung gerichtlicher Entscheidungen und anderer Schuldtitel in Zivil- und Handelssachen.[2] In Kraft seit 3.10.1981. – Ausführungsgesetz: AVAG (Rz. 23).
- Deutsch-schweizerisches Abkommen v. 2.11.1929 über die gegenseitige Anerkennung und Vollstreckung von gerichtlichen Entscheidungen und Schiedssprüchen.[3] In Kraft seit 1.12.1930. – Ausführungsverordnung v. 23.8.1930.[4]
- Deutsch-tunesischer Vertrag v. 19.7.1966 über Rechtsschutz und Rechtshilfe, die Anerkennung und Vollstreckung gerichtlicher Entscheidungen in Zivil- und Handelssachen sowie über die Handelsschiedsgerichtsbarkeit.[5] In Kraft seit 13.3.1970. – Ausführungsgesetz v. 29.4.1969.[6]

X. Sonstige internationalverfahrensrechtliche Rechtsinstrumente

1. Immunität

- **WÜD:** Wiener UN-Übereinkommen v. 18.4.1961 über diplomatische Beziehungen.[7] 29 Für Deutschland in Kraft seit 11.12.1964. – (Erweiternde) Umsetzung: §§ 18, 20 GVG.
- **WÜK:** Wiener UN-Übereinkommen v. 24.4.1963 über konsularische Beziehungen.[8] Für Deutschland in Kraft seit 7.10.1971. – Umsetzung: § 19 GVG.

2. Rechtshilfe

- **HZPÜ:** Haager Übereinkommen v. 1.3.1954 über den Zivilprozess.[9] Für Deutschland in Kraft seit 1.1.1960. – Ausführungsgesetz v. 18.12.1958.[10] 30
- Bilaterale Zusatzvereinbarungen zur weiteren Vereinfachung des Rechtsverkehrs nach dem HZPÜ bestehen für Deutschland im Verhältnis zu Belgien, Dänemark, Frankreich, Luxemburg, den Niederlanden, Norwegen, Österreich, Polen, Schweden, der Schweiz und Tschechien.[11]
- Zudem hat Deutschland einige selbständige Rechtshilfeabkommen vereinbart, und zwar mit Griechenland, Liechtenstein, Marokko, Tunesien, der Türkei, den USA sowie dem Vereinigten Königreich.[12] Das letztgenannte Abkommen gilt heute für eine Reihe weiterer Staaten, die früher britische Kolonien waren.[13]

---

1 BGBl. II 1980, 926. Text: *Jayme/Hausmann*, Nr. 189.
2 BGBl. II 1981, 342.
3 RGBl. II 1930, 1066. Text: *Jayme/Hausmann*, Nr. 188.
4 RGBl. II 1930, 1209; geändert durch G. v. 22.12.1997, BGBl. I 1997, 3224.
5 BGBl. II 1969, 890.
6 BGBl. I 1969, 333 und BGBl. I 1970, 307.
7 BGBl. II 1964, 958. Text: *Jayme/Hausmann*, Nr. 140.
8 BGBl. II 1969, 1587. Text: *Jayme/Hausmann*, Nr. 141.
9 BGBl. II 1958, 577. Text: *Geimer/Schütze*, Int. Rechtsverkehr Nr. 101; *Jayme/Hausmann*, Nr. 210. – Die Vorgängerregelung, das Haager Abkommen v. 17.7.1905 über den Zivilprozess (RGBl. 1909, 409; Text: *Geimer/Schütze*, Int. Rechtsverkehr Nr. 200), gilt nur noch im Verhältnis zu Estland.
10 BGBl. I 1958, 939 idF des Art. 21 des Gesetzes v. 27.7.2001, BGBl. I 2001, 1887. Text: *Jayme/Hausmann*, Nr. 210a.
11 Texte bei *Geimer/Schütze*, Int. Rechtsverkehr Nr. 102ff. Text des deutsch-französischen Vertrags v. 6.5.1961 (BGBl. II 1961, 1041) auch bei *Jayme/Hausmann*, Nr. 227; Nachweise zu den weiteren Abkommen ebenda vor Nr. 227 Fn. 1.
12 Texte bei *Geimer/Schütze*, Int. Rechtsverkehr Nr. 405ff., sowie *Jayme/Hausmann*, vor Nr. 228 Fn. 1, 2, Nr. 228ff.
13 Näher *Geimer/Schütze*, Int. Rechtsverkehr Nr. 405ff.

3. Zustellung

31 – **EuZVO (2007):** Verordnung Nr. 1393/2007 v. 13.11.2007 über die Zustellung gerichtlicher und außergerichtlicher Schriftstücke in Zivil- oder Handelssachen in den Mitgliedstaaten („Zustellung von Schriftstücken") und zur Aufhebung der Verordnung Nr. 1348/2000.[1] Vollständige Geltung seit 13.11.2008 (Art. 26 EuZVO). – Durchführungsbestimmungen: §§ 1067–1071 ZPO.

– **HZÜ:** Haager Übereinkommen v. 15.11.1965 über die Zustellung gerichtlicher und außergerichtlicher Schriftstücke im Ausland in Zivil- oder Handelssachen.[2] Für Deutschland in Kraft seit 26.6.1979. – Ausführungsgesetz v. 22.12.1977.[3]

4. Beweis

32 – **EuBVO:** Verordnung Nr. 1206/2001 v. 28.5.2001 über die Zusammenarbeit zwischen den Gerichten der Mitgliedstaaten auf dem Gebiet der Beweisaufnahme in Zivil- oder Handelssachen.[4] Vollständige Geltung seit 1.1.2004 (Art. 24 Abs. 2 EuBVO). – Durchführungsbestimmungen: §§ 1072–1075 ZPO.

– **HBÜ:** Haager Übereinkommen v. 18.3.1970 über die Beweisaufnahme im Ausland in Zivil- oder Handelssachen.[5] Für Deutschland in Kraft seit 26.6.1979. – Ausführungsgesetz v. 22.12.1977.[6]

5. Urkundenverkehr

33 – Haager Übereinkommen v. 5.10.1961 zur Befreiung ausländischer öffentlicher Urkunden von der Legalisation.[7] Für Deutschland in Kraft seit 13.2.1966.

– Londoner Europäisches Übereinkommen v. 7.6.1968 zur Befreiung der von diplomatischen oder konsularischen Vertretern errichteten Urkunden von der Legalisation.[8] Für Deutschland in Kraft seit 19.9.1971.

– Mit einigen Staaten hat Deutschland bilaterale Abkommen über die Befreiung öffentlicher Urkunden von der Legalisation abgeschlossen oder entsprechende Bestimmungen in bilaterale Anerkennungs- und Vollstreckungsverträge aufgenommen. Dies gilt im Verhältnis zu Belgien, Dänemark, Frankreich, Griechenland, Israel, Italien, Norwegen, Österreich, der Schweiz, Spanien, Tunesien und dem Vereinigten Königreich.[9] Im Übrigen bestehen entsprechende bilaterale Abkommen über die Befreiung ausländischer Urkunden von der Legalisation auch speziell auf dem Gebiet des Personenstandswesens, nämlich mit Luxemburg, Österreich und der Schweiz.[10]

---

1 ABl. EU 2007 Nr. L 324/79. Text: *Geimer/Schütze*, Int. Rechtsverkehr Nr. 554; *Jayme/Hausmann*, Nr. 224.
2 BGBl. II 1977, 1453. Text: *Geimer/Schütze*, Int. Rechtsverkehr Nr. 351; *Jayme/Hausmann*, Nr. 211.
3 BGBl. I 1977, 3105; geändert durch G. v. 10.12.2008, BGBl. I 2008, 2399. Text: *Geimer/Schütze*, Int. Rechtsverkehr Nr. 354; *Jayme/Hausmann*, Nr. 212a.
4 ABl. EG 2001 Nr. L 174/1. Text: *Geimer/Schütze*, Int. Rechtsverkehr Nr. 560; *Jayme/Hausmann*, Nr. 225.
5 BGBl. II 1977, 1472. Text: *Geimer/Schütze*, Int. Rechtsverkehr Nr. 371; *Jayme/Hausmann*, Nr. 212.
6 BGBl. I 1977, 3105; geändert durch G. v. 10.12.2008, BGBl. I 2008, 2399. Text: *Geimer/Schütze*, Int. Rechtsverkehr Nr. 374; *Jayme/Hausmann*, Nr. 212a.
7 BGBl. II 1965, 876. Text: *Cieslar*, VII C 1; *Geimer/Schütze*, Int. Rechtsverkehr Nr. 762; *Jayme/Hausmann*, Nr. 250.
8 BGBl. II 1971, 86. Text: *Cieslar*, VII C 2; *Geimer/Schütze*, Int. Rechtsverkehr Nr. 768; *Jayme/Hausmann*, Nr. 251.
9 Texte bei *Geimer/Schütze*, Int. Rechtsverkehr Nr. 770 ff.; Fundstellen bei *Jayme/Hausmann*, vor Nr. 253 Fn. 1, Nr. 253.
10 Fundstellen bei *Jayme/Hausmann*, vor Nr. 253 Fn. 2.

6. Verfahrenskosten

- **PKH-RL:** RL 2003/8/EG v. 27.1.2003 zur Verbesserung des Zugangs zum Recht bei Streitsachen mit grenzüberschreitendem Bezug durch Festlegung gemeinsamer Mindestvorschriften für die Prozesskostenhilfe in derartigen Streitsachen.[1] – Umsetzung: §§ 1076–1078 ZPO.

34

7. Mediation

- **Mediations-RL:** RL 2008/52/EG v. 21.5.2008 über bestimmte Aspekte der Mediation in Zivil- und Handelssachen.[2] – Deutsche Umsetzung: Gesetz zur Förderung der Mediation und anderer Verfahren der außergerichtlichen Konfliktbeilegung v. 21.7.2012.[3] Das damit (Art. 1) geschaffene deutsche Mediationsgesetz gilt sowohl für innerstaatliche als auch grenzüberschreitende Fälle (während die Mediations-RL nur letztere erfasst).

35

E. Ausblick

I. Ehe- und Lebenspartnerschaftssachen

Schon 2006 hatte die Kommission einen Vorschlag für eine Verordnung zur Änderung der Brüssel IIa-VO im Hinblick auf die Zuständigkeit in Ehesachen und zur Einführung von Vorschriften betreffend das anwendbare Recht in diesem Bereich vorgelegt.[4] Was die geplanten verfahrensrechtlichen Änderungen der Brüssel IIa-VO betrifft, sollte eine gemäßigte Möglichkeit der Gerichtsstandswahl für Eheauflösungsverfahren geschaffen und der räumlich-persönliche Restanwendungsbereich der nationalen Zuständigkeitsregeln (s. § 98 Rz. 29 ff.) noch weiter zurückgedrängt werden. Wegen erheblicher Meinungsunstimmigkeiten der Mitgliedstaaten hinsichtlich der kollisionsrechtlichen Aspekte ist dieses Projekt schließlich gescheitert.[5] Stattdessen hat man beschränkt auf das Kollisionsrecht den Weg eines „Europas der unterschiedlichen Geschwindigkeiten" beschritten:[6] Daraus hervorgegangen ist die sog. **Rom III-VO** Nr. 1259/2010 v. 20.12.2010 zur Durchführung einer Verstärkten Zusammenarbeit im Bereich des auf die Ehescheidung und Trennung ohne Auflösung des Ehebandes anzuwendenden Rechts,[7] die seit 21.6.2012 anwendbar ist (deutsches Durchführungsrecht: G v. 23.1.2013[8]). Demgegenüber steht eine Reform der Brüssel IIa-VO ebenso wie der an sich gem. Art. 65 bereits am 1.1.2012 vorzulegende Bericht noch aus.[9]

36

Wie bereits im Grünbuch v. 17.7.2006 in Aussicht gestellt,[10] soll das Güterrecht europäisiert werden (sog. Projekt **Rom IV**), und zwar sowohl hinsichtlich des Kollisionsrechts als auch, insoweit ergänzend zur Brüssel IIa-VO, hinsichtlich der internatio-

37

---

1 ABl. EG 2003 Nr. L 26/41, berichtigt ABl. EU 2003 Nr. L 32/15. Text: *Jayme/Hausmann*, Nr. 226. – Von Deutschland zwar gezeichnet, aber noch nicht ratifiziert wurden das Haager Übereinkommen v. 25.10.1980 über die Erleichterung des internationalen Zugangs zu den Gerichten sowie das Straßburger Europäische Übereinkommen v. 27.1.1977 über die Übermittlung von Anträgen auf Verfahrenshilfe.
2 ABl. EU 2008 Nr. L 136/3.
3 BGBl. I 2012, 1577.
4 KOM (2006) 399 endg.
5 Vgl. Ratsdokument 11984/08, JUSTCIV 150, sowie *Mansel/Thorn/Wagner*, IPRax 2009, 1 (2, 9, 16 f.).
6 Zu den diesbezüglichen Änderungen nach Inkrafttreten des AEUV vgl. *Wagner*, NJW 2010, 1707 (1709).
7 ABl. EU 2010 Nr. L 343/10. Einführend aus dem deutschsprachigen Schrifttum etwa *Becker*, NJW 2011, 1543; *Dimmler/Bißmaier*, FamRBint 2012, 66; *Finger*, FamFR 2011, 433; *Gärtner*, StAZ 2012, 357; *Gottwald*, FS Simotta, S. 187; *Gruber*, IPRax 2012, 381; *Helms*, FamRZ 2011, 1765; *Henrich*, Internationales Scheidungsrecht, Rz. 70 ff.; *Kemper*, FamRBint 2012, 63; *Kohler/Pintens*, FamRZ 2011, 1433; *Makowsky*, GPR 2012, 266; *Pietsch*, NJW 2012, 1768; *Stürner*, Jura 2012, 708.
8 BGBl. I 2013, 101. Dazu *Hau*, FamRZ 2013, 249.
9 Vgl. die sog. Halbzeitüberprüfung des Stockholmer Programms, Ratsdokument 15921/12.
10 KOM (2006) 400 endg.

nalverfahrensrechtlichen Aspekte.[1] Darauf folgten zwei Vorschläge der Kommission, jeweils datierend vom 16.3.2011:[2] zum einen für eine Verordnung über die Zuständigkeit, das anzuwendende Recht, die Anerkennung und die Vollstreckung von Entscheidungen im Bereich des Ehegüterrechts,[3] zum anderen für eine Verordnung über die Zuständigkeit, das anzuwendende Recht, die Anerkennung und die Vollstreckung von Entscheidungen im Bereich des Güterrechts eingetragener Partnerschaften.[4] Die beiden Vorschläge werden nach wie vor verhandelt.[5]

II. Kindschaftssachen

38   Auch nachdem das KSÜ inzwischen für eine ganze Reihe von EU-Mitgliedstaaten – einschließlich Deutschland – in Kraft getreten ist (s. Rz. 20; zur Vorgeschichte vgl. 1. Auflage, § 97 Rz. 38),[6] sieht die Kommission weiteren Bedarf für internationalverfahrensrechtliche Maßnahmen im Bereich des Kindesschutzes.[7] Regelungen zur internationalen Zusammenarbeit sowie zur Anerkennung und Vollstreckung von Entscheidungen sieht ferner das **Straßburger Europäische Übereinkommen v. 15.5.2003 über den Umgang von und mit Kindern** vor;[8] nach wie vor ist nicht geklärt, ob Deutschland dieses Übereinkommen in Geltung setzen wird.[9]

III. Personenstandssachen

39   Mit einem Grünbuch, das den programmatischen Titel „Weniger Verwaltungsaufwand für EU-Bürger – Den freien Verkehr öffentlicher Urkunden und die Anerkennung der Rechtswirkungen von Personenstandsurkunden erleichtern" trägt,[10] will die Kommission die Möglichkeit ausloten, die Mobilität von EU-Bürgern weiter zu erhöhen.[11] Erwogen werden verschiedene Maßnahmen zur Förderung des freien Verkehrs öffentlicher Urkunden: Verzicht auf Legalisation und Apostille, Lockerung von Übersetzungserfordernissen, Kooperation von Behörden, Schaffung einer Europäischen Personenstandsurkunde, europaweite Anerkennung diesbezüglicher Rechtswirkungen. Am 24.4.2013 hat die Kommission einen Vorschlag für eine „Verordnung zur Förderung der Freizügigkeit von Bürgern und Unternehmen durch die Vereinfachung der Annahme bestimmter öffentlicher Urkunden innerhalb der Europäischen Union und zur Änderung der Verordnung (EU) Nr. 1024/2012" vorgelegt:[12] Hauptanliegen ist (nur noch) die Bestätigung der Echtheit öffentlicher Urkunden, um diese im Hinblick auf die formelle Beweiskraft nationalen Urkunden gleichzustellen; die weitergehenden Überlegungen zu einer Anerkennung der Rechtswirkungen von Personenstandsurkunden werden ausdrücklich aufgegeben.[13]

---

1 Dazu *Wagner*, FamRZ 2009, 269; *Martiny*, FPR 2008, 206 (210 f.).
2 Dazu *Brand*, DRiZ 2011, 160; *Buschbaum/Simon*, GPR 2011, 262 und 305; *Coester-Waltjen*, ZEuP 2012, 225; *Döbereiner*, MittBayNot 2011, 463; *Dutta/Wedemann*, FS Kaissis, S. 133; *Hau*, FS Simotta, S. 215; *Kohler/Pintens*, FamRZ 2011, 1433 (1435 f.); *Martiny*, IPRax 2011, 437; *Pfeiffer*, FamRBint 2012, 45.
3 KOM (2011) 126/2.
4 KOM (2011) 127/2.
5 Vgl. Ratsdokument 16878/12.
6 Vgl. zu dem nach wie vor schleppenden Ratifizierungsprozess in den einzelnen EU-Staaten *Mansel/Thorn/Wagner*, IPRax 2011, 1 (12), sowie die Übersicht in IPRax 2011, 213.
7 Vgl. die Mitteilung der Kommission „Eine EU-Agenda für die Rechte des Kindes", KOM (2011) 60 endg.
8 Zum Ratifikationsstand s. *Jayme/Hausmann*, vor Nr. 50 Fn. 4.
9 Vgl. *Mansel/Thorn/Wagner*, IPRax 2010, 1 (13), und 2013, 1 (12).
10 KOM (2010) 747 endg.
11 Dazu *Wagner*, FamRZ 2011, 609; *Wagner*, DNotZ 2011, 176; vgl. zum Hintergrund auch *Mansel/Thorn/Wagner*, IPRax 2011, 1 (3 f.).
12 KOM (2013) 228. Beachte auch das Commission Staff Working Document – Impact Assessment, SWD (2013) 144, und die Executive Summary of the Impact Assessment, SWD (2013) 145.
13 Zum Gang der Arbeiten vgl. *Kohler/Pintens*, FamRZ 2012, 1425 (1430).

IV. Schutzmaßnahmen

Bezug zum Regelungsbereich des FamFG, namentlich den Gewaltschutzsachen iSv. §§ 210 ff., hat der Vorschlag der Kommission vom 18.5.2011 für eine Verordnung über die gegenseitige Anerkennung von Schutzmaßnahmen in Zivilsachen.[1] Die daraus hervorgegangene Verordnung soll ab dem 11. Januar 2015 anwendbar sein (Art. 22 Abs 2).[2] **40**

Anhang 1 zu § 97: IntFamRVG

Schnellübersicht:
Überblick: s. § 97 Rz. 7, 13, 19, 20.
Anwendungsbereich:
- Ausgeführte Rechtsakte: s. § 97 Rz. 19 f.;
- Verhältnis zum FamFG: s. § 97 Rz. 13.

Anerkennungsverfahren:
- Anerkennungshindernisse nach SorgeRÜ (§ 19 IntFamRVG): s. § 109 Rz. 11;
- Verfahren (§§ 14, 16 ff., 32 IntFamRVG): s. § 107 Rz. 13; § 108 Rz. 49;
- Zuständigkeit (§§ 10, 12 IntFamRVG): s. § 107 Rz. 13; § 108 Rz. 49.

Aufhebung oder Änderung von Beschlüssen (§ 34 IntFamRVG): s. § 108 Rz. 10a, § 110 Rz. 23.
Bescheinigung für die Vollstreckung im Ausland (§ 48 IntFamRVG): s. § 98 Rz. 57; § 99 Rz. 47; § 110 Rz. 4 (jeweils zur Zuständigkeit).
Kindesherausgabe (§ 33 IntFamRVG): § 108 Rz. 11; § 110 Rz. 10.
Rückführung bei Kindesentführung:
- Einstweilige Anordnungen (§ 15 IntFamRVG): s. § 99 Rz. 28;
- Verfahren (§§ 14 Nr. 2, 38 ff. IntFamRVG): s. § 99 Rz. 28 ff.;
- Verhältnis HKEntfÜ zu SorgeRÜ (§ 37 IntFamRVG): s. § 99 Rz. 25;
- Vollstreckung (§ 44 IntFamRVG): s. § 99 Rz. 30;
- Zuständigkeit (§§ 11, 12 IntFamRVG): s. § 99 Rz. 28.

Schadensersatz wegen ungerechtfertigter Vollstreckung (§ 35 IntFamRVG): s. § 108 Rz. 10a, § 110 Rz. 23.
Unterbringungsersuchen (§§ 45 ff. IntFamRVG): s. § 99 Rz. 45.
Verfahrensabgabe (§ 13a IntFamRVG):
- Beschwerde: s. § 99 Rz. 17;
- Verfahren: s. vor §§ 98–106 Rz. 58.

Verfahrensübernahme (§ 13a Abs. 2 IntFamRVG): s. vor §§ 98–106 Rz. 58.
Vollstreckbarerklärungsverfahren:
- Einstweilige Anordnungen (§ 15 IntFamRVG): s. § 110 Rz. 9;
- Verfahren (§§ 14, 16 ff., 18, 24 ff. IntFamRVG): s. § 110 Rz. 9, 11 f.;
- Zuständigkeit (§§ 10, 12, 13 IntFamRVG): s. § 110 Rz. 9.

Vollstreckung (§ 44 IntFamRVG): s. § 110 Rz. 10.
Zentrale Behörde (§ 3 IntFamRVG): s. § 99 Rz. 46.

---

1 KOM (2011) 276 endg. Beachte dazu *Dimter/Wendenburg*, DRiZ 2012, 311; *Kohler/Pintens*, FamRZ 2012, 1425 (1429 f.); *Mansel/Thorn/Wagner*, IPRax 2013, 1 (10).
2 ABl. EU 2013 Nr. L 181/4.

Gesetz vom 26.1.2005 zur Aus- und Durchführung bestimmter Rechtsinstrumente auf dem Gebiet des internationalen Familienrechts (Internationales Familienrechtsverfahrensgesetz – IntFamRVG)[1]

Abschnitt 1
Anwendungsbereich; Begriffsbestimmungen

§ 1
Anwendungsbereich

Dieses Gesetz dient

1. der Durchführung der Verordnung (EG) Nr. 2201/2003 des Rates vom 27. November 2003 über die Zuständigkeit und die Anerkennung und Vollstreckung von Entscheidungen in Ehesachen und in Verfahren betreffend die elterliche Verantwortung und zur Aufhebung der Verordnung (EG) 1347/2000 (ABl. EU Nr. L 338 S. 1);
2. der Ausführung des Haager Übereinkommens vom 19. Oktober 1996 über die Zuständigkeit, das anzuwendende Recht, die Anerkennung, Vollstreckung und Zusammenarbeit auf dem Gebiet der elterlichen Verantwortung und der Maßnahme zum Schutz von Kindern (BGBl. II 2009 S. 602, 603) – im Folgenden: Haager Kinderschutzübereinkommen;
3. der Ausführung des Haager Übereinkommens vom 25. Oktober 1980 über die zivilrechtlichen Aspekte internationaler Kindesentführung (BGBl. 1990 II S. 207) – im Folgenden: Haager Kindesentführungsübereinkommen;
4. der Ausführung des Luxemburger Europäischen Übereinkommens vom 20. Mai 1980 über die Anerkennung und Vollstreckung von Entscheidungen über das Sorgerecht für Kinder und die Wiederherstellung des Sorgeverhältnisses (BGBl. 1990 II S. 220) – im Folgenden: Europäisches Sorgerechtsübereinkommen.

§ 2
Begriffsbestimmungen

Im Sinne dieses Gesetzes sind „Titel" Entscheidungen, Vereinbarungen und öffentliche Urkunden, auf welche die durchzuführende EG-Verordnung oder das jeweils auszuführende Übereinkommen Anwendung findet.

Abschnitt 2
Zentrale Behörde; Jugendamt

§ 3
Bestimmung der Zentralen Behörde

(1) Zentrale Behörde nach

1. Artikel 53 der Verordnung (EG) Nr. 2201/2003,
2. Artikel 29 des Haager Kinderschutzübereinkommens,
3. Artikel 6 des Haager Kindesentführungsübereinkommens,
4. Artikel 2 des Europäischen Sorgerechtsübereinkommens

ist das Bundesamt für Justiz.

(2) Das Verfahren der Zentralen Behörde gilt als Justizverwaltungsverfahren.

§ 4
Übersetzungen bei eingehenden Ersuchen

(1) Die Zentrale Behörde, bei der ein Antrag aus einem anderen Staat nach Artikel 54 des Haager Kinderschutzübereinkommens oder nach der Verordnung (EG) Nr. 2201/2003 oder nach dem Europäischen Sorgerechtsübereinkommen eingeht, kann es ablehnen, tätig zu werden, solange Mitteilungen oder beizufügende Schriftstücke nicht in deutscher Sprache abgefasst oder von einer Übersetzung in diese Sprache begleitet sind.

(2) Ist ein Schriftstück nach Artikel 24 Abs. 1 des Haager Kindesentführungsübereinkommens ausnahmsweise nicht von einer deutschen Übersetzung begleitet, so veranlasst die Zentrale Behörde die Übersetzung.

---

[1] BGBl. I 2005, 162; zuletzt geändert durch Art. 7 des Gesetzes zur Durchführung der Verordnung (EG) Nr. 4/2009 und zur Neuordnung bestehender Aus- und Durchführungsbestimmungen auf dem Gebiet des internationalen Unterhaltsverfahrensrechts v. 23.5.2011 (BGBl. I 2011, 898 [916]).

§ 5
Übersetzungen bei ausgehenden Ersuchen

(1) Beschafft die antragstellende Person erforderliche Übersetzungen für Anträge, die in einem anderen Staat zu erledigen sind, nicht selbst, veranlasst die Zentrale Behörde die Übersetzungen auf Kosten der antragstellenden Person.

(2) Das Amtsgericht befreit eine antragstellende natürliche Person, die ihren gewöhnlichen Aufenthalt oder bei Fehlen eines gewöhnlichen Aufenthalts im Inland ihren tatsächlichen Aufenthalt im Gerichtsbezirk hat, auf Antrag von der Erstattungspflicht nach Absatz 1, wenn sie die persönlichen und wirtschaftlichen Voraussetzungen für die Gewährung von Verfahrenskostenhilfe ohne einen eigenen Beitrag zu den Kosten nach den Vorschriften des Gesetzes über das Verfahren in Familiensachen und in Angelegenheiten der freiwilligen Gerichtsbarkeit erfüllt.

§ 6
Aufgabenerfüllung durch die Zentrale Behörde

(1) [1]Zur Erfüllung der ihr obliegenden Aufgaben veranlasst die Zentrale Behörde mit Hilfe der zuständigen Stellen alle erforderlichen Maßnahmen. [2]Sie verkehrt unmittelbar mit allen zuständigen Stellen im In- und Ausland. [3]Mitteilungen leitet sie unverzüglich an die zuständigen Stellen weiter.

(2) [1]Zum Zweck der Ausführung des Haager Kindesentführungsübereinkommens und des Europäischen Sorgerechtsübereinkommens leitet die Zentrale Behörde erforderlichenfalls gerichtliche Verfahren ein. [2]Im Rahmen dieser Übereinkommen gilt sie zum Zweck der Rückgabe des Kindes als bevollmächtigt, im Namen der antragstellenden Person selbst oder im Weg der Untervollmacht durch Vertreter gerichtlich oder außergerichtlich tätig zu werden. [3]Ihre Befugnis, zur Sicherung der Einhaltung der Übereinkommen im eigenen Namen entsprechend zu handeln, bleibt unberührt.

§ 7
Aufenthaltsermittlung

(1) Die Zentrale Behörde trifft alle erforderlichen Maßnahmen einschließlich der Einschaltung von Polizeivollzugsbehörden, um den Aufenthaltsort des Kindes zu ermitteln, wenn dieser unbekannt ist und Anhaltspunkte dafür vorliegen, dass sich das Kind im Inland befindet.

(2) Soweit zur Ermittlung des Aufenthalts des Kindes erforderlich, darf die Zentrale Behörde bei dem Kraftfahrt-Bundesamt erforderliche Halterdaten nach § 33 Abs. 1 Satz 1 Nr. 2 des Straßenverkehrsgesetzes erheben und die Leistungsträger im Sinne der §§ 18 bis 29 des Ersten Buches Sozialgesetzbuch um Mitteilung des derzeitigen Aufenthalts einer Person ersuchen.

(3) [1]Unter den Voraussetzungen des Absatzes 1 kann die Zentrale Behörde die Ausschreibung zur Aufenthaltsermittlung durch das Bundeskriminalamt veranlassen. [2]Sie kann auch die Speicherung eines Suchvermerks im Zentralregister veranlassen.

(4) Soweit andere Stellen eingeschaltet werden, übermittelt sie ihnen die zur Durchführung der Maßnahmen erforderlichen personenbezogenen Daten; diese dürfen nur für den Zweck verwendet werden, für den sie übermittelt worden sind.

§ 8
Anrufung des Oberlandesgerichts

(1) Nimmt die Zentrale Behörde einen Antrag nicht an oder lehnt sie es ab, tätig zu werden, so kann die Entscheidung des Oberlandesgerichts beantragt werden.

(2) Zuständig ist das Oberlandesgericht, in dessen Bezirk die Zentrale Behörde ihren Sitz hat.

(3) [1]Das Oberlandesgericht entscheidet im Verfahren der freiwilligen Gerichtsbarkeit. [2]§ 14 Abs. 1 und 2 sowie die Abschnitte 4 und 5 des Buches 1 des Gesetzes über das Verfahren in Familiensachen und in den Angelegenheiten der freiwilligen Gerichtsbarkeit gelten entsprechend.

§ 9
Mitwirkung des Jugendamts an Verfahren

(1) [1]Unbeschadet der Aufgaben des Jugendamts bei der grenzüberschreitenden Zusammenarbeit unterstützt das Jugendamt die Gerichte und die Zentrale Behörde bei allen Maßnahmen nach diesem Gesetz. [2]Insbesondere
1. gibt es auf Anfrage Auskunft über die soziale Lage des Kindes und seines Umfelds,
2. unterstützt es in jeder Lage eine gütliche Einigung,

3. leistet es in geeigneten Fällen Unterstützung bei der Durchführung des Verfahrens, auch bei der Sicherung des Aufenthalts des Kindes,
4. leistet es in geeigneten Fällen Unterstützung bei der Ausübung des Rechts zum persönlichen Umgang, der Heraus- oder Rückgabe des Kindes sowie der Vollstreckung gerichtlicher Entscheidungen.

(2) ¹Zuständig ist das Jugendamt, in dessen Bereich sich das Kind gewöhnlich aufhält. ²Solange die Zentrale Behörde oder ein Gericht mit einem Heraugabe- oder Rückgabeantrag oder dessen Vollstreckung befasst ist, oder wenn das Kind keinen gewöhnlichen Aufenthalt im Inland hat, oder das zuständige Jugendamt nicht tätig wird, ist das Jugendamt zuständig, in dessen Bereich sich das Kind tatsächlich aufhält. In den Fällen des Artikels 35 Absatz 2 Satz 1 des Haager Kinderschutzübereinkommens ist das Jugendamt örtlich zuständig, in dessen Bezirk der antragstellende Elternteil seinen gewöhnlichen Aufenthalt hat.

(3) Das Gericht unterrichtet das zuständige Jugendamt über Entscheidungen nach diesem Gesetz auch dann, wenn das Jugendamt am Verfahren nicht beteiligt war.

Abschnitt 3
Gerichtliche Zuständigkeit und Zuständigkeitskonzentration

§ 10
Örtliche Zuständigkeit für die Anerkennung und Vollstreckung

Örtlich ausschließlich zuständig für Verfahren nach
- Artikel 21 Abs. 3 und Artikel 48 Abs. 1 der Verordnung (EG) Nr. 2201/2003 sowie für die Zwangsvollstreckung nach den Artikeln 41 und 42 der Verordnung (EG) Nr. 2201/2003,
- den Artikeln 24 und 26 des Haager Kinderschutzübereinkommens,
- dem Europäischen Sorgerechtsübereinkommen

ist das Familiengericht, in dessen Zuständigkeitsbereich zum Zeitpunkt der Antragstellung
1. die Person, gegen die sich der Antrag richtet, oder das Kind, auf das sich die Entscheidung bezieht, sich gewöhnlich aufhält oder
2. bei Fehlen einer Zuständigkeit nach Nummer 1 das Interesse an der Feststellung hervortritt oder das Bedürfnis der Fürsorge besteht,
3. sonst das im Bezirk des Kammergerichts zur Entscheidung berufene Gericht.

§ 11
Örtliche Zuständigkeit nach dem Haager Kindesentführungsübereinkommen

Örtlich zuständig für Verfahren nach dem Haager Kindesentführungsübereinkommen ist das Familiengericht, in dessen Zuständigkeitsbereich
1. sich das Kind beim Eingang des Antrags bei der Zentralen Behörde aufgehalten hat oder
2. bei Fehlen einer Zuständigkeit nach Nummer 1 das Bedürfnis der Fürsorge besteht.

§ 12
Zuständigkeitskonzentration

(1) In Verfahren über eine in den §§ 10 und 11 bezeichnete Sache sowie in Verfahren über die Vollstreckbarerklärung nach Artikel 28 der Verordnung (EG) Nr. 2201/2003 entscheidet das Familiengericht, in dessen Bezirk ein Oberlandesgericht seinen Sitz hat, für den Bezirk dieses Oberlandesgerichts.

(2) Im Bezirk des Kammergerichts entscheidet das Familiengericht Pankow/Weißensee.

(3) ¹Die Landesregierungen werden ermächtigt, diese Zuständigkeit durch Rechtsverordnung einem anderen Familiengericht des Oberlandesgerichtsbezirks oder, wenn in einem Land mehrere Oberlandesgerichte errichtet sind, einem Familiengericht für die Bezirke aller oder mehrerer Oberlandesgerichte zuzuweisen. ²Sie können die Ermächtigung auf die Landesjustizverwaltungen übertragen.

§ 13
Zuständigkeitskonzentration für andere Familiensachen

(1) ¹Das Familiengericht, bei dem eine in den §§ 10 bis 12 bezeichnete Sache anhängig wird, ist von diesem Zeitpunkt an ungeachtet des § 137 Abs. 1 und 3 des Gesetzes über das Verfahren in Familiensachen und in den Angelegenheiten der freiwilligen Gerichtsbarkeit für alle dasselbe Kind betreffenden Familiensachen nach § 151 Nr. 1 bis 3 des Gesetzes über das Verfahren in Familiensachen und in den Angelegenheiten der freiwilligen Gerichtsbarkeit einschließlich der Verfügungen nach § 44 und den §§ 35 und 89 bis 94 des Gesetzes über das Verfahren in Familien-

sachen und in den Angelegenheiten der freiwilligen Gerichtsbarkeit zuständig. ²Die Zuständigkeit nach [Absatz 1] Satz 1 tritt nicht ein, wenn der Antrag offensichtlich unzulässig ist. ³Sie entfällt, sobald das angegangene Gericht aufgrund unanfechtbarer Entscheidung unzuständig ist; Verfahren, für die dieses Gericht hiernach seine Zuständigkeit verliert, sind nach näherer Maßgabe des § 281 Abs. 2 und 3 Satz 1 der Zivilprozessordnung von Amts wegen an das zuständige Gericht abzugeben.

(2) Bei dem Familiengericht, das in dem Oberlandesgerichtsbezirk, in dem sich das Kind gewöhnlich aufhält, für Anträge der in Absatz 1 Satz 1 genannten Art zuständig ist, kann auch eine andere Familiensache nach § 151 Nr. 1 bis 3 des Gesetzes über das Verfahren in Familiensachen und in den Angelegenheiten der freiwilligen Gerichtsbarkeit anhängig gemacht werden, wenn ein Elternteil seinen gewöhnlichen Aufenthalt in einem anderen Mitgliedstaat der Europäischen Union oder in einem anderen Vertragsstaat des Haager Kinderschutzübereinkommens, des Haager Kindesentführungsübereinkommens oder des Europäischen Sorgerechtsübereinkommens hat.

(3) ¹Im Falle des Absatzes 1 Satz 1 hat ein anderes Familiengericht, bei dem eine dasselbe Kind betreffende Familiensache nach § 151 Nr. 1 bis 3 des Gesetzes über das Verfahren in Familiensachen und in den Angelegenheiten der freiwilligen Gerichtsbarkeit im ersten Rechtszug anhängig ist oder anhängig wird, dieses Verfahren von Amts wegen an das nach Absatz 1 Satz 1 zuständige Gericht abzugeben. ²Auf übereinstimmenden Antrag beider Elternteile sind andere Familiensachen, an denen diese beteiligt sind, an das nach Absatz 1 oder Absatz 2 zuständige Gericht abzugeben. ³§ 281 Abs. 2 Satz 1 bis 3 und Abs. 3 Satz 1 der Zivilprozessordnung gilt entsprechend.

(4) ¹Das Familiengericht, das gemäß Absatz 1 oder Absatz 2 zuständig oder an das die Sache gemäß Absatz 3 abgegeben worden ist, kann diese aus wichtigen Gründen an das nach den allgemeinen Vorschriften zuständige Familiengericht abgeben oder zurückgeben, soweit dies nicht zu einer erheblichen Verzögerung des Verfahrens führt. ²Als wichtiger Grund ist es idR anzusehen, wenn die besondere Sachkunde des erstgenannten Gerichts für das Verfahren nicht oder nicht mehr benötigt wird. ³§ 281 Abs. 2 und 3 Satz 1 der Zivilprozessordnung gilt entsprechend. ⁴Die Ablehnung einer Abgabe nach Satz 1 ist unanfechtbar.

(5) §§ 4 und 5 Abs. 1 Nr. 5, Abs. 2 und 3 des Gesetzes über das Verfahren in Familiensachen und in den Angelegenheiten der freiwilligen Gerichtsbarkeit bleibt unberührt.

§ 13a
Verfahren bei grenzüberschreitender Abgabe

(1) Ersucht das Familiengericht das Gericht eines anderen Vertragsstaats nach Artikel 8 des Haager Kinderschutzübereinkommens um Übernahme der Zuständigkeit, so setzt es eine Frist, innerhalb derer das ausländische Gericht die Übernahme der Zuständigkeit mitteilen kann. Setzt das Familiengericht das Verfahren nach Artikel 8 des Haager Kinderschutzübereinkommens aus, setzt es den Parteien eine Frist, innerhalb derer das ausländische Gericht anzurufen ist. Ist die Frist nach Satz 1 abgelaufen, ohne dass das ausländische Gericht die Übernahme der Zuständigkeit mitgeteilt hat, so ist idR davon auszugehen, dass das ersuchte Gericht die Übernahme der Zuständigkeit ablehnt. Ist die Frist nach Satz 2 abgelaufen, ohne dass eine Partei das ausländische Gericht angerufen hat, bleibt es bei der Zuständigkeit des Familiengerichts. Das Gericht des ersuchten Staates und die Parteien sind auf diese Rechtsfolgen hinzuweisen.

(2) Ersucht das Gericht eines anderen Vertragsstaats das Familiengericht nach Artikel 8 des Haager Kinderschutzübereinkommens um Übernahme der Zuständigkeit oder ruft eine Partei das Familiengericht nach dieser Vorschrift an, so kann das Familiengericht die Zuständigkeit innerhalb von sechs Wochen übernehmen.

(3) Die Absätze 1 und 2 sind auf Anträge, Ersuchen und Entscheidungen nach Artikel 9 des Haager Kinderschutzübereinkommens entsprechend anzuwenden.

(4) Der Beschluss des Familiengerichts,
1. das ausländische Gericht nach Absatz 1 Satz 1 oder nach Artikel 15 Absatz 1 Buchstabe b der Verordnung (EG) Nr. 2201/2003 um Übernahme der Zuständigkeit zu ersuchen,
2. das Verfahren nach Absatz 1 Satz 2 oder nach Artikel 15 Absatz 1 Buchstabe a der Verordnung (EG) Nr. 2201/2003 auszusetzen,
3. das zuständige ausländische Gericht nach Artikel 9 des Kinderschutzübereinkommens oder nach Artikel 15 Absatz 2 Buchstabe c der Verordnung (EG) Nr. 2201/2003 um Abgabe der Zuständigkeit zu ersuchen,
4. die Parteien einzuladen, bei dem zuständigen ausländischen Gericht nach Artikel 9 des Haager Kinderschutzübereinkommens die Abgabe der Zuständigkeit an das Familiengericht zu beantragen, oder

5. die Zuständigkeit auf Ersuchen eines ausländischen Gerichts oder auf Antrag der Parteien nach Artikel 9 des Haager Kinderschutzübereinkommens an das ausländische Gericht abzugeben,

ist mit der sofortigen Beschwerde in entsprechender Anwendung der §§ 567 bis 572 der Zivilprozessordnung anfechtbar. Die Rechtsbeschwerde ist ausgeschlossen. Die in Satz 1 genannten Beschlüsse werden erst mit ihrer Rechtskraft wirksam. Hierauf ist in dem Beschluss hinzuweisen.

(5) Im Übrigen sind Beschlüsse nach den Artikeln 8 und 9 des Haager Kinderschutzübereinkommens und nach Artikel 15 der Verordnung (EG) Nr. 2201/2003 unanfechtbar.

(6) Parteien im Sinne dieser Vorschrift sowie der Artikel 8 und 9 des Haager Kinderschutzübereinkommens und des Artikels 15 der Verordnung (EG) Nr. 2201/2003 sind die in § 7 Absatz 1 und 2 Nummer 1 des Gesetzes über das Verfahren in Familiensachen und in den Angelegenheiten der freiwilligen Gerichtsbarkeit genannten Beteiligten. Die Vorschriften über die Hinzuziehung weiterer Beteiligter bleiben unberührt.

Abschnitt 4
Allgemeine gerichtliche Verfahrensvorschriften

§ 14
Familiengerichtliches Verfahren

Soweit nicht anders bestimmt, entscheidet das Familiengericht
1. über eine in den §§ 10 und 12 bezeichnete Ehesache nach den hierfür geltenden Vorschriften des Gesetzes über das Verfahren in Familiensachen und in den Angelegenheiten der freiwilligen Gerichtsbarkeit,
2. über die übrigen in den §§ 10, 11, 12 und 47 bezeichneten Angelegenheiten als Familiensachen im Verfahren der freiwilligen Gerichtsbarkeit.

§ 15
Einstweilige Anordnungen

Das Gericht kann auf Antrag oder von Amts wegen einstweilige Anordnungen treffen, um Gefahren von dem Kind abzuwenden oder eine Beeinträchtigung der Interessen der Beteiligten zu vermeiden, insbesondere um den Aufenthaltsort des Kindes während des Verfahrens zu sichern oder eine Vereitelung oder Erschwerung der Rückgabe zu verhindern; Abschnitt 4 des Buches 1 des Gesetzes über das Verfahren in Familiensachen und in den Angelegenheiten der freiwilligen Gerichtsbarkeit gilt entsprechend.

Abschnitt 5
Zulassung der Zwangsvollstreckung, Anerkennungsfeststellung und Wiederherstellung des Sorgeverhältnisses

Unterabschnitt 1
Zulassung der Zwangsvollstreckung im ersten Rechtszug

§ 16
Antragstellung

(1) Mit Ausnahme der in den Artikeln 41 und 42 der Verordnung (EG) Nr. 2201/2003 aufgeführten Titel wird der in einem anderen Staat vollstreckbare Titel dadurch zur Zwangsvollstreckung zugelassen, dass er auf Antrag mit der Vollstreckungsklausel versehen wird.

(2) Der Antrag auf Erteilung der Vollstreckungsklausel kann bei dem zuständigen Familiengericht schriftlich eingereicht oder mündlich zu Protokoll der Geschäftsstelle erklärt werden.

(3) Ist der Antrag entgegen § 184 des Gerichtsverfassungsgesetzes nicht in deutscher Sprache abgefasst, so kann das Gericht der antragstellenden Person aufgeben, eine Übersetzung des Antrags beizubringen, deren Richtigkeit von einer
1. in einem Mitgliedstaat der Europäischen Union oder
2. in einem anderen Vertragsstaat eines auszuführenden Übereinkommens

hierzu befugten Person bestätigt worden ist.

§ 17
Zustellungsbevollmächtigter

(1) Hat die antragstellende Person in dem Antrag keinen Zustellungsbevollmächtigten iSd. § 184 Abs. 1 Satz 1 der Zivilprozessordnung benannt, so können bis zur nachträglichen Benennung alle

Zustellungen an sie durch Aufgabe zur Post (§ 184 Abs. 1 Satz 2, Abs. 2 der Zivilprozessordnung) bewirkt werden.

(2) Absatz 1 gilt nicht, wenn die antragstellende Person einen Verfahrensbevollmächtigten für das Verfahren bestellt hat, an den im Inland zugestellt werden kann.

§ 18
Einseitiges Verfahren

(1) [1]Im Anwendungsbereich der Verordnung (EG) Nr. 2201/2003 und des Haager Kinderschutzübereinkommens erhält im erstinstanzlichen Verfahren auf Zulassung der Zwangsvollstreckung nur die antragstellende Person Gelegenheit, sich zu äußern. [2]Die Entscheidung ergeht ohne mündliche Verhandlung. [3]Jedoch kann eine mündliche Erörterung mit der antragstellenden oder einer von ihr bevollmächtigten Person stattfinden, wenn diese hiermit einverstanden ist und die Erörterung der Beschleunigung dient.

(2) Abweichend von § 114 Abs. 1 des Gesetzes über das Verfahren in Familiensachen und in den Angelegenheiten der freiwilligen Gerichtsbarkeit ist in Ehesachen im ersten Rechtszug eine anwaltliche Vertretung nicht erforderlich.[1]

§ 19
Besondere Regelungen zum Europäischen Sorgerechtsübereinkommen

Die Vollstreckbarerklärung eines Titels aus einem anderen Vertragsstaat des Europäischen Sorgerechtsübereinkommens ist auch in den Fällen der Artikel 8 und 9 des Übereinkommens ausgeschlossen, wenn die Voraussetzungen des Artikels 10 Abs. 1 Buchstabe a oder b des Übereinkommens vorliegen, insbesondere wenn die Wirkungen des Titels mit den Grundrechten des Kindes oder eines Sorgeberechtigten unvereinbar wären.

§ 20
Entscheidung

(1) [1]Ist die Zwangsvollstreckung aus dem Titel zuzulassen, so beschließt das Gericht, dass der Titel mit der Vollstreckungsklausel zu versehen ist. [2]In dem Beschluss ist die zu vollstreckende Verpflichtung in deutscher Sprache wiederzugeben. [3]Zur Begründung des Beschlusses genügt idR die Bezugnahme auf die Verordnung (EG) Nr. 2201/2003 oder den auszuführenden Anerkennungs- und Vollstreckungsvertrag sowie auf die von der antragstellenden Person vorgelegten Urkunden.

(2) Auf die Kosten des Verfahrens ist § 81 des Gesetzes über das Verfahren in Familiensachen und in den Angelegenheiten der freiwilligen Gerichtsbarkeit entsprechend anzuwenden; in Ehesachen gilt § 788 der Zivilprozessordnung entsprechend.

(3) [1]Ist der Antrag nicht zulässig oder nicht begründet, so lehnt ihn das Gericht durch mit Gründen versehenen Beschluss ab. [2]Für die Kosten gilt Absatz 2; in Ehesachen sind die Kosten dem Antragsteller aufzuerlegen.

§ 21
Bekanntmachung der Entscheidung

(1) [1]Im Falle des § 20 Abs. 1 sind der verpflichteten Person eine beglaubigte Abschrift des Beschlusses, eine beglaubigte Abschrift des noch nicht mit der Vollstreckungsklausel versehenen Titels und gegebenenfalls seiner Übersetzung sowie der gemäß § 20 Abs. 1 Satz 3 in Bezug genommenen Urkunden von Amts wegen zuzustellen. [2]Ein Beschluss nach § 20 Abs. 3 ist der verpflichteten Person formlos mitzuteilen.

(2) [1]Der antragstellenden Person sind eine beglaubigte Abschrift des Beschlusses nach § 20, im Falle des § 20 Abs. 1 ferner eine Bescheinigung über die bewirkte Zustellung zu übersenden. [2]Die mit der Vollstreckungsklausel versehene Ausfertigung des Titels ist der antragstellenden Person erst dann zu übersenden, wenn der Beschluss nach § 20 Abs. 1 wirksam geworden und die Vollstreckungsklausel erteilt ist.

(3) In einem Verfahren, das die Vollstreckbarerklärung einer die elterliche Verantwortung betreffenden Entscheidung zum Gegenstand hat, sind Zustellungen auch an den gesetzlichen Vertreter des Kindes, an den Vertreter des Kindes im Verfahren, an das Kind selbst, soweit es das 14. Lebensjahr vollendet hat, an einen Elternteil, der nicht am Verfahren beteiligt war, sowie an das Jugendamt zu bewirken.

---

1 Geändert durch Art. 7 G. v. 23.5.2011, BGBl. I 2011, 898 (916).

(4) Handelt es sich bei der für vollstreckbar erklärten Maßnahme um eine Unterbringung, so ist der Beschluss auch dem Leiter der Einrichtung oder der Pflegefamilie bekannt zu machen, in der das Kind untergebracht werden soll.

§ 22
Wirksamwerden der Entscheidung

[1]Der Beschluss nach § 20 wird erst mit seiner Rechtskraft wirksam. [2]Hierauf ist in dem Beschluss hinzuweisen.

§ 23
Vollstreckungsklausel

(1) Auf Grund eines wirksamen Beschlusses nach § 20 Abs. 1 erteilt der Urkundsbeamte der Geschäftsstelle die Vollstreckungsklausel in folgender Form: „Vollstreckungsklausel nach § 23 des Internationalen Familienrechtsverfahrensgesetzes vom 26. Januar 2005 (BGBl. I S. 162). Gemäß dem Beschluss des ... (Bezeichnung des Gerichts und des Beschlusses) ist die Zwangsvollstreckung aus ... (Bezeichnung des Titels) zugunsten ... (Bezeichnung der berechtigten Person) gegen ... (Bezeichnung der verpflichteten Person) zulässig. Die zu vollstreckende Verpflichtung lautet: ... (Angabe der aus dem ausländischen Titel der verpflichteten Person obliegenden Verpflichtung in deutscher Sprache; aus dem Beschluss nach § 20 Abs. 1 zu übernehmen)."

(2) Wird die Zwangsvollstreckung nur für einen oder mehrere der durch den ausländischen Titel zuerkannten oder in einem anderen ausländischen Titel niedergelegten Ansprüche oder nur für einen Teil des Gegenstands der Verpflichtung zugelassen, so ist die Vollstreckungsklausel als „Teil-Vollstreckungsklausel nach § 23 des Internationalen Familienrechtsverfahrensgesetzes vom 26. Januar 2005 (BGBl. I S. 162)" zu bezeichnen.

(3) [1]Die Vollstreckungsklausel ist von dem Urkundsbeamten der Geschäftsstelle zu unterschreiben und mit dem Gerichtssiegel zu versehen. [2]Sie ist entweder auf die Ausfertigung des Titels oder auf ein damit zu verbindendes Blatt zu setzen. [3]Falls eine Übersetzung des Titels vorliegt, ist sie mit der Ausfertigung zu verbinden.

Unterabschnitt 2
Beschwerde

§ 24
Einlegung der Beschwerde; Beschwerdefrist

(1) [1]Gegen die im ersten Rechtszug ergangene Entscheidung findet die Beschwerde zum Oberlandesgericht statt. [2]Die Beschwerde wird bei dem Oberlandesgericht durch Einreichen einer Beschwerdeschrift oder durch Erklärung zu Protokoll der Geschäftsstelle eingelegt.

(2) Die Zulässigkeit der Beschwerde wird nicht dadurch berührt, dass sie statt bei dem Oberlandesgericht bei dem Gericht des ersten Rechtszugs eingelegt wird; die Beschwerde ist unverzüglich von Amts wegen an das Oberlandesgericht abzugeben.

(3) Die Beschwerde gegen die Zulassung der Zwangsvollstreckung ist einzulegen
1. innerhalb eines Monats nach Zustellung, wenn die beschwerdeberechtigte Person ihren gewöhnlichen Aufenthalt im Inland hat;
2. innerhalb von zwei Monaten nach Zustellung, wenn die beschwerdeberechtigte Person ihren gewöhnlichen Aufenthalt im Ausland hat. Die Frist beginnt mit dem Tag, an dem die Vollstreckbarerklärung der beschwerdeberechtigten Person entweder persönlich oder in ihrer Wohnung zugestellt worden ist. Eine Verlängerung dieser Frist wegen weiter Entfernung ist ausgeschlossen.

(4) Die Beschwerdefrist ist eine Notfrist.

(5) Die Beschwerde ist dem Beschwerdegegner von Amts wegen zuzustellen.

§ 25
Einwendungen gegen den zu vollstreckenden Anspruch

Die verpflichtete Person kann mit der Beschwerde gegen die Zulassung der Zwangsvollstreckung aus einem Titel über die Erstattung von Verfahrenskosten auch Einwendungen gegen den Anspruch selbst insoweit geltend machen, als die Gründe, auf denen sie beruhen, erst nach Erlass des Titels entstanden sind.

§ 26
Verfahren und Entscheidung über die Beschwerde

(1) Der Senat des Oberlandesgerichts entscheidet durch Beschluss, der mit Gründen zu versehen ist und ohne mündliche Verhandlung ergehen kann.

(2) ¹Solange eine mündliche Verhandlung nicht angeordnet ist, können zu Protokoll der Geschäftsstelle Anträge gestellt und Erklärungen abgegeben werden. ²Wird in einer Ehesache die mündliche Verhandlung angeordnet, so gilt für die Ladung § 215 der Zivilprozessordnung.
(3) Eine vollständige Ausfertigung des Beschlusses ist den Beteiligten auch dann von Amts wegen zuzustellen, wenn der Beschluss verkündet worden ist.
(4) § 20 Abs. 1 Satz 2, Abs. 2 und 3, § 21 Abs. 1, 2 und 4 sowie § 23 gelten entsprechend.

§ 27
Anordnung der sofortigen Wirksamkeit

(1) ¹Der Beschluss des Oberlandesgerichts nach § 26 wird erst mit seiner Rechtskraft wirksam. ²Hierauf ist in dem Beschluss hinzuweisen.
(2) Das Oberlandesgericht kann iVm. der Entscheidung über die Beschwerde die sofortige Wirksamkeit eines Beschlusses anordnen.

Unterabschnitt 3
Rechtsbeschwerde

§ 28
Statthaftigkeit der Rechtsbeschwerde

Gegen den Beschluss des Oberlandesgerichts findet die Rechtsbeschwerde zum Bundesgerichtshof nach Maßgabe des § 574 Abs. 1 Nr. 1, Abs. 2 der Zivilprozessordnung statt.

§ 29
Einlegung und Begründung der Rechtsbeschwerde

¹§ 575 Abs. 1 bis 4 der Zivilprozessordnung ist entsprechend anzuwenden. ²Soweit die Rechtsbeschwerde darauf gestützt wird, dass das Oberlandesgericht von einer Entscheidung des Gerichtshofs der Europäischen Gemeinschaften abgewichen sei, muss die Entscheidung, von der der angefochtene Beschluss abweicht, bezeichnet werden.

§ 30
Verfahren und Entscheidung über die Rechtsbeschwerde

(1) ¹Der Bundesgerichtshof kann nur überprüfen, ob der Beschluss auf einer Verletzung des Rechts der Europäischen Gemeinschaft, eines Anerkennungs- und Vollstreckungsvertrags, sonstigen Bundesrechts oder einer anderen Vorschrift beruht, deren Geltungsbereich sich über den Bezirk eines Oberlandesgerichts hinaus erstreckt. ²Er darf nicht prüfen, ob das Gericht seine örtliche Zuständigkeit zu Unrecht angenommen hat.
(2) ¹Der Bundesgerichtshof kann über die Rechtsbeschwerde ohne mündliche Verhandlung entscheiden. ²§ 574 Abs. 4, § 576 Abs. 3 und § 577 der Zivilprozessordnung sind entsprechend anzuwenden; in Angelegenheiten der freiwilligen Gerichtsbarkeit bleiben § 574 Abs. 4 und § 577 Abs. 2 Satz 1 bis 3 der Zivilprozessordnung sowie die Verweisung auf § 556 in § 576 Abs. 3 der Zivilprozessordnung außer Betracht.
(3) § 20 Abs. 1 Satz 2, Abs. 2 und 3, § 21 Abs. 1, 2 und 4 sowie § 23 gelten entsprechend.

§ 31
Anordnung der sofortigen Wirksamkeit

Der Bundesgerichtshof kann auf Antrag der verpflichteten Person eine Anordnung nach § 27 Abs. 2 aufheben oder auf Antrag der berechtigten Person erstmals eine Anordnung nach § 27 Abs. 2 treffen.

Unterabschnitt 4
Feststellung der Anerkennung

§ 32
Anerkennungsfeststellung

Auf das Verfahren über einen gesonderten Feststellungsantrag nach Artikel 21 Absatz 3 der Verordnung (EG) Nr. 2201/2003, nach Artikel 24 des Haager Kinderschutzübereinkommens oder nach dem Europäischen Sorgerechtsübereinkommen, einen Titel aus einem anderen Staat anzuerkennen oder nicht anzuerkennen, sind die Unterabschnitte 1 bis 3 entsprechend anzuwenden. § 18 Absatz 1 Satz 1 ist nicht anzuwenden, wenn die antragstellende Person die Feststellung begehrt, dass ein Titel aus einem anderen Staat nicht anzuerkennen ist. § 18 Absatz 1 Satz 3 ist in diesem Falle mit der Maßgabe anzuwenden, dass die mündliche Erörterung auch mit weiteren Beteiligten stattfinden kann.

Unterabschnitt 5
Wiederherstellung des Sorgeverhältnisses

§ 33 Anordnung auf Herausgabe des Kindes

(1) Umfasst ein vollstreckungsfähiger Titel im Anwendungsbereich der Verordnung (EG) Nr. 2201/2003, des Haager Kinderschutzübereinkommens oder des Europäischen Sorgerechtsübereinkommens nach dem Recht des Staates, in dem er geschaffen wurde, das Recht auf Herausgabe des Kindes, so kann das Familiengericht die Herausgabeanordnung in der Vollstreckungsklausel oder in einer nach § 44 getroffenen Anordnung klarstellend aufnehmen.

(2) Liegt im Anwendungsbereich des Europäischen Sorgerechtsübereinkommens ein vollstreckungsfähiger Titel auf Herausgabe des Kindes nicht vor, so stellt das Gericht nach § 32 fest, dass die Sorgerechtsentscheidung oder die von der zuständigen Behörde genehmigte Sorgerechtsvereinbarung aus dem anderen Vertragsstaat anzuerkennen ist, und ordnet zur Wiederherstellung des Sorgeverhältnisses auf Antrag an, dass die verpflichtete Person das Kind herauszugeben hat.

Unterabschnitt 6
Aufhebung oder Änderung von Beschlüssen

§ 34
Verfahren auf Aufhebung oder Änderung

(1) ¹Wird der Titel in dem Staat, in dem er errichtet worden ist, aufgehoben oder abgeändert und kann die verpflichtete Person diese Tatsache in dem Verfahren der Zulassung der Zwangsvollstreckung nicht mehr geltend machen, so kann sie die Aufhebung oder Änderung der Zulassung in einem besonderen Verfahren beantragen. ²Das Gleiche gilt für den Fall der Aufhebung oder Änderung von Entscheidungen, Vereinbarungen oder öffentlichen Urkunden, deren Anerkennung festgestellt ist.

(2) Für die Entscheidung über den Antrag ist das Familiengericht ausschließlich zuständig, das im ersten Rechtszug über den Antrag auf Erteilung der Vollstreckungsklausel oder auf Feststellung der Anerkennung entschieden hat.

(3) ¹Der Antrag kann bei dem Gericht schriftlich oder durch Erklärung zu Protokoll der Geschäftsstelle gestellt werden. ²Die Entscheidung ergeht durch Beschluss.

(4) Auf die Beschwerde finden die Unterabschnitte 2 und 3 entsprechend Anwendung.

(5) ¹Im Falle eines Titels über die Erstattung von Verfahrenskosten sind für die Einstellung der Zwangsvollstreckung und die Aufhebung bereits getroffener Vollstreckungsmaßregeln die §§ 769 und 770 der Zivilprozessordnung entsprechend anzuwenden. ²Die Aufhebung einer Vollstreckungsmaßregel ist auch ohne Sicherheitsleistung zulässig.

§ 35
Schadensersatz wegen ungerechtfertigter Vollstreckung

(1) ¹Wird die Zulassung der Zwangsvollstreckung aus einem Titel über die Erstattung von Verfahrenskosten auf die Rechtsbeschwerde aufgehoben oder abgeändert, so ist die berechtigte Person zum Ersatz des Schadens verpflichtet, welcher der verpflichteten Person durch die Vollstreckung des Titels oder durch eine Leistung zur Abwendung der Vollstreckung entstanden ist. ²Das Gleiche gilt, wenn die Zulassung der Zwangsvollstreckung nach § 34 aufgehoben oder abgeändert wird, sofern der zur Zwangsvollstreckung zugelassene Titel zum Zeitpunkt der Zulassung nach dem Recht des Staates, in dem er ergangen ist, noch mit einem ordentlichen Rechtsbehelf angefochten werden konnte.

(2) Für die Geltendmachung des Anspruchs ist das Gericht ausschließlich zuständig, das im ersten Rechtszug über den Antrag, den Titel mit der Vollstreckungsklausel zu versehen, entschieden hat.

Unterabschnitt 7
Vollstreckungsgegenklage

§ 36
Vollstreckungsgegenklage bei Titeln über Verfahrenskosten

(1) Ist die Zwangsvollstreckung aus einem Titel über die Erstattung von Verfahrenskosten zugelassen, so kann die verpflichtete Person Einwendungen gegen den Anspruch selbst in einem Verfahren nach § 767 der Zivilprozessordnung nur geltend machen, wenn die Gründe, auf denen ihre Einwendungen beruhen, erst

1. nach Ablauf der Frist, innerhalb deren sie die Beschwerde hätte einlegen können, oder

2. falls die Beschwerde eingelegt worden ist, nach Beendigung dieses Verfahrens entstanden sind.

(2) Die Klage nach § 767 der Zivilprozessordnung ist bei dem Gericht zu erheben, das über den Antrag auf Erteilung der Vollstreckungsklausel entschieden hat.

Abschnitt 6
Verfahren nach dem Haager Kindesentführungsübereinkommen

§ 37
Anwendbarkeit

Kommt im Einzelfall die Rückgabe des Kindes nach dem Haager Kindesentführungsübereinkommen und dem Europäischen Sorgerechtsübereinkommen in Betracht, so sind zunächst die Bestimmungen des Haager Kindesentführungsübereinkommens anzuwenden, sofern die antragstellende Person nicht ausdrücklich die Anwendung des Europäischen Sorgerechtsübereinkommen begehrt.

§ 38
Beschleunigtes Verfahren

(1) [1]Das Gericht hat das Verfahren auf Rückgabe eines Kindes in allen Rechtszügen vorrangig zu behandeln. [2]Mit Ausnahme von Artikel 12 Abs. 3 des Haager Kindesentführungsübereinkommens findet eine Aussetzung des Verfahrens nicht statt. [3]Das Gericht hat alle erforderlichen Maßnahmen zur Beschleunigung des Verfahrens zu treffen, insbesondere auch damit die Entscheidung in der Hauptsache binnen der in Artikel 11 Abs. 3 der Verordnung (EG) Nr. 2201/2003 genannten Frist ergehen kann.

(2) Das Gericht prüft in jeder Lage des Verfahrens, ob das Recht zum persönlichen Umgang mit dem Kind gewährleistet werden kann.

(3) Die Beteiligten haben an der Aufklärung des Sachverhalts mitzuwirken, wie es einem auf Förderung und Beschleunigung des Verfahrens bedachten Vorgehen entspricht.

§ 39
Übermittlung von Entscheidungen

Wird eine inländische Entscheidung nach Artikel 11 Abs. 6 der Verordnung (EG) Nr. 2201/2003 unmittelbar dem zuständigen Gericht oder der Zentralen Behörde im Ausland übermittelt, ist der Zentralen Behörde zur Erfüllung ihrer Aufgaben nach Artikel 7 des Haager Kindesentführungsübereinkommens eine Abschrift zu übersenden.

§ 40
Wirksamkeit der Entscheidung; Rechtsmittel

(1) Eine Entscheidung, die zur Rückgabe des Kindes in einen anderen Vertragsstaat verpflichtet, wird erst mit deren Rechtskraft wirksam.

(2) [1]Gegen eine im ersten Rechtszug ergangene Entscheidung findet die Beschwerde zum Oberlandesgericht nach Unterabschnitt 5 des Abschnitts 1 des Buches 1 des Gesetzes über das Verfahren in Familiensachen und in den Angelegenheiten der freiwilligen Gerichtsbarkeit statt; § 65 Abs. 2, § 68 Abs. 4 sowie § 69 Abs. 1 Satz 2 bis 4 jenes Gesetzes sind nicht anzuwenden. [2]Die Beschwerde ist innerhalb von zwei Wochen einzulegen und zu begründen. [3]Die Beschwerde gegen eine Entscheidung, die zur Rückgabe des Kindes verpflichtet, steht nur dem Antragsgegner, dem Kind, soweit es das 14. Lebensjahr vollendet hat, und dem beteiligten Jugendamt zu. [4]Eine Rechtsbeschwerde findet nicht statt.

(3) [1]Das Beschwerdegericht hat nach Eingang der Beschwerdeschrift unverzüglich zu prüfen, ob die sofortige Wirksamkeit der angefochtenen Entscheidung über die Rückgabe des Kindes anzuordnen ist. [2]Die sofortige Wirksamkeit soll angeordnet werden, wenn die Beschwerde offensichtlich unbegründet ist oder die Rückgabe des Kindes vor der Entscheidung über die Beschwerde unter Berücksichtigung der berechtigten Interessen der Beteiligten mit dem Wohl des Kindes zu vereinbaren ist. [3]Die Entscheidung über die sofortige Wirksamkeit kann während des Beschwerdeverfahrens abgeändert werden.

§ 41
Bescheinigung über Widerrechtlichkeit

[1]Über einen Antrag, die Widerrechtlichkeit des Verbringens oder des Zurückhaltens eines Kindes nach Artikel 15 Satz 1 des Haager Kindesentführungsübereinkommens festzustellen, entscheidet das Familiengericht,

1. bei dem die Sorgerechtsangelegenheit oder Ehesache im ersten Rechtszug anhängig ist oder war, sonst
2. in dessen Bezirk das Kind seinen letzten gewöhnlichen Aufenthalt im Geltungsbereich dieses Gesetzes hatte, hilfsweise
3. in dessen Bezirk das Bedürfnis der Fürsorge auftritt.

²Die Entscheidung ist zu begründen.

§ 42
Einreichung von Anträgen bei dem Amtsgericht

(1) ¹Ein Antrag, der in einem anderen Vertragsstaat zu erledigen ist, kann auch bei dem Amtsgericht als Justizverwaltungsbehörde eingereicht werden, in dessen Bezirk die antragstellende Person ihren gewöhnlichen Aufenthalt oder, mangels eines solchen im Geltungsbereich dieses Gesetzes, ihren tatsächlichen Aufenthalt hat. ²Das Gericht übermittelt den Antrag nach Prüfung der förmlichen Voraussetzungen unverzüglich der Zentralen Behörde, die ihn an den anderen Vertragsstaat weiterleitet.

(2) Für die Tätigkeit des Amtsgerichts und der Zentralen Behörde bei der Entgegennahme und Weiterleitung von Anträgen werden mit Ausnahme der Fälle nach § 5 Abs. 1 Kosten nicht erhoben.

§ 43
Verfahrenskosten- und Beratungshilfe

Abweichend von Artikel 26 Abs. 2 des Haager Kindesentführungsübereinkommens findet eine Befreiung von gerichtlichen und außergerichtlichen Kosten bei Verfahren nach diesem Übereinkommen nur nach Maßgabe der Vorschriften über die Beratungshilfe und Verfahrenskostenhilfe statt.

Abschnitt 7
Vollstreckung

§ 44
Ordnungsmittel; Vollstreckung von Amts wegen

(1) ¹Bei Zuwiderhandlung gegen einen im Inland zu vollstreckenden Titel nach Kapitel III der Verordnung (EG) Nr. 2201/2003, nach dem Haager Kinderschutzübereinkommen, dem Haager Kindesentführungsübereinkommen oder dem Europäischen Sorgerechtsübereinkommen, der auf Herausgabe von Personen oder die Regelung des Umgangs gerichtet ist, soll das Gericht Ordnungsgeld und für den Fall, dass dieses nicht beigetrieben werden kann, Ordnungshaft anordnen. ²Verspricht die Anordnung eines Ordnungsgeldes keinen Erfolg, soll das Gericht Ordnungshaft anordnen.

(2) Für die Vollstreckung eines in Absatz 1 genannten Titels ist das Oberlandesgericht zuständig, sofern es die Anordnung für vollstreckbar erklärt, erlassen oder bestätigt hat.

(3) ¹Ist ein Kind heraus- oder zurückzugeben, so hat das Gericht die Vollstreckung von Amts wegen durchzuführen, es sei denn, die Anordnung ist auf Herausgabe des Kindes zum Zweck des Umgangs gerichtet. ²Auf Antrag der berechtigten Person soll das Gericht hiervon absehen.

Abschnitt 8
Grenzüberschreitende Unterbringung

§ 45
Zuständigkeit für die Zustimmung zu einer Unterbringung

¹Zuständig für die Erteilung der Zustimmung zu einer Unterbringung eines Kindes nach Artikel 56 der Verordnung (EG) Nr. 2201/2003 oder nach Artikel 33 des Haager Kinderschutzübereinkommens im Inland ist der überörtliche Träger der öffentlichen Jugendhilfe, in dessen Bereich das Kind nach dem Vorschlag der ersuchenden Stelle untergebracht werden soll, andernfalls der überörtliche Träger, zu dessen Bereich die Zentrale Behörde den engsten Bezug festgestellt hat. ²Hilfsweise ist das Land Berlin zuständig.

§ 46
Konsultationsverfahren

(1) Dem Ersuchen soll idR zugestimmt werden, wenn
1. die Durchführung der beabsichtigten Unterbringung im Inland dem Wohl des Kindes entspricht, insbesondere weil es eine besondere Bindung zum Inland hat,

2. die ausländische Stelle einen Bericht und, soweit erforderlich, ärztliche Zeugnisse oder Gutachten vorgelegt hat, aus denen sich die Gründe der beabsichtigten Unterbringung ergeben,
3. das Kind im ausländischen Verfahren angehört wurde, sofern eine Anhörung nicht aufgrund des Alters oder des Reifegrades des Kindes unangebracht erschien,
4. die Zustimmung der geeigneten Einrichtung oder Pflegefamilie vorliegt und der Vermittlung des Kindes dorthin keine Gründe entgegenstehen,
5. eine erforderliche ausländerrechtliche Genehmigung erteilt oder zugesagt wurde,
6. die Übernahme der Kosten geregelt ist.

(2) Im Falle einer Unterbringung, die mit Freiheitsentziehung verbunden ist, ist das Ersuchen ungeachtet der Voraussetzungen des Absatzes 1 abzulehnen, wenn
1. im ersuchenden Staat über die Unterbringung kein Gericht entscheidet oder
2. bei Zugrundelegung des mitgeteilten Sachverhalts nach innerstaatlichem Recht eine Unterbringung, die mit Freiheitsentziehung verbunden ist, nicht zulässig wäre.

(3) Die ausländische Stelle kann um ergänzende Informationen ersucht werden.

(4) Wird um die Unterbringung eines ausländischen Kindes ersucht, ist die Stellungnahme der Ausländerbehörde einzuholen.

(5) [1]Die zu begründende Entscheidung ist auch der Zentralen Behörde und der Einrichtung oder der Pflegefamilie, in der das Kind untergebracht werden soll, mitzuteilen. [2]Sie ist unanfechtbar.

§ 47
Genehmigung des Familiengerichts

(1) [1]Die Zustimmung des überörtlichen Trägers der öffentlichen Jugendhilfe nach den §§ 45 und 46 ist nur mit Genehmigung des Familiengerichts zulässig. [2]Das Gericht soll die Genehmigung idR erteilen, wenn
1. die in § 46 Abs. 1 Nr. 1 bis 3 bezeichneten Voraussetzungen vorliegen und
2. kein Hindernis für die Anerkennung der beabsichtigten Unterbringung erkennbar ist.
[3]§ 46 Abs. 2 und 3 gilt entsprechend.

(2) [1]Örtlich zuständig ist das Familiengericht am Sitz des Oberlandesgerichts, in dessen Zuständigkeitsbereich das Kind untergebracht werden soll, für den Bezirk dieses Oberlandesgerichts. [2]§ 12 Abs. 2 und 3 gilt entsprechend.

(3) Der zu begründende Beschluss ist unanfechtbar.

Abschnitt 9
Bescheinigungen zu inländischen Entscheidungen nach der Verordnung (EG) Nr. 2201/2003

§ 48
Ausstellung von Bescheinigungen

(1) Die Bescheinigung nach Artikel 39 der Verordnung (EG) Nr. 2201/2003 wird von dem Urkundsbeamten der Geschäftsstelle des Gerichts des ersten Rechtszugs und, wenn das Verfahren bei einem höheren Gericht anhängig ist, von dem Urkundsbeamten der Geschäftsstelle dieses Gerichts ausgestellt.

(2) Die Bescheinigung nach den Artikeln 41 und 42 der Verordnung (EG) Nr. 2201/2003 wird beim Gericht des ersten Rechtszugs von dem Familienrichter, in Verfahren vor dem Oberlandesgericht oder dem Bundesgerichtshof von dem Vorsitzenden des Senats für Familiensachen ausgestellt.

§ 49
Berichtigung von Bescheinigungen

Für die Berichtigung der Bescheinigung nach Artikel 43 Abs. 1 der Verordnung (EG) Nr. 2201/2003 gilt § 319 der Zivilprozessordnung entsprechend.

Abschnitt 10
Kosten

§§ 50–53
(aufgehoben)

§ 54
Übersetzungen

Die Höhe der Vergütung für die von der Zentralen Behörde veranlassten Übersetzungen richtet sich nach dem Justizvergütungs- und -entschädigungsgesetz.

Abschnitt 11
Übergangsvorschriften

§ 55
Übergangsvorschriften zu der Verordnung (EG) Nr. 2201/2003

Dieses Gesetz findet sinngemäß auch auf Verfahren nach der Verordnung (EG) Nr. 1347/2000 des Rates vom 29. Mai 2000 über die Zuständigkeit und die Anerkennung und Vollstreckung von Entscheidungen in Ehesachen und in Verfahren betreffend die elterliche Verantwortung für die gemeinsamen Kinder der Ehegatten (ABl. EG Nr. L 160 S. 19) mit folgender Maßgabe Anwendung: Ist ein Beschluss nach § 21 an die verpflichtete Person in einem weder der Europäischen Union noch dem Übereinkommen vom 16. September 1988 über die gerichtliche Zuständigkeit und die Vollstreckung gerichtlicher Entscheidungen in Zivil- und Handelssachen (BGBl. 1994 II S. 2658) angehörenden Staat zuzustellen und hat das Familiengericht eine Beschwerdefrist nach § 10 Abs. 2 und § 50 Abs. 2 Satz 4 und 5 des Anerkennungs- und Vollstreckungsausführungsgesetzes bestimmt, so ist die Beschwerde der verpflichteten Person gegen die Zulassung der Zwangsvollstreckung innerhalb der vom Gericht bestimmten Frist einzulegen.

§ 56
Übergangsvorschriften zum Sorgerechtsübereinkommens-Ausführungsgesetz

¹Für Verfahren nach dem Haager Kindesentführungsübereinkommen und dem Europäischen Sorgerechtsübereinkommen, die vor Inkrafttreten dieses Gesetzes eingeleitet wurden, finden die Vorschriften des Sorgerechtsübereinkommens-Ausführungsgesetzes vom 5. April 1990 (BGBl. I S. 701), zuletzt geändert durch Artikel 2 Abs. 6 des Gesetzes vom 19. Februar 2001 (BGBl. I S. 288, 436), weiter Anwendung. ²Für die Zwangsvollstreckung sind jedoch die Vorschriften dieses Gesetzes anzuwenden. ³Hat ein Gericht die Zwangsvollstreckung bereits eingeleitet, so bleibt seine funktionelle Zuständigkeit unberührt.

Anhang 2 zu § 97: Brüssel IIa-VO

Schnellübersicht:
Anwendungsbereich:
- Überblick: s. § 97 Rz. 9, 19 f.;
- Anerkennung: s. § 107 Rz. 9;
- Ehesachen (Art. 1 Brüssel IIa-VO): s. § 98 Rz. 4 ff., § 102 Rz. 4, § 107 Rz. 6 ff.;
- Kindschaftssachen (Art. 1 Brüssel IIa-VO): s. § 99 Rz. 4 ff., § 101 Rz. 3 f., § 104 Rz. 22;
- insb. Kindesentführung: s. § 99 Rz. 23 ff.;
- Verhältnis zum FamFG: s. § 98 Rz. 3, 9, 20 ff., § 99 Rz. 18 f.; § 107 Rz. 6, 14; § 109 Rz. 4;
- Verhältnis zu völkerrechtlichen Konventionen (Art. 59 ff. Brüssel IIa-VO): s. § 97 Rz. 15, 27, § 99 Rz. 20, 22, 25, § 104 Rz. 10, § 108 Rz. 27;
- zeitlicher A. (Art. 64, Art. 72 Brüssel IIa-VO): s. § 98 Rz. 10, § 99 Rz. 9;
- Zuständigkeit: s. § 98 Rz. 11 ff., § 99 Rz. 10 ff.

Anerkennung:
- Anerkennung ipso iure (Art. 21 Brüssel IIa-VO): s. § 107 Rz. 11, § 108 Rz. 39, 41;
- Anerkennungsversagungsgründe (Art. 22 f. Brüssel IIa-VO): s. § 109 Rz. 9;
- Anerkennungszuständigkeit (Art. 24 Brüssel IIa-VO): s. § 109 Rz. 10;
- besonderes Anerkennungsverfahren (Art. 21 Abs. 3 Brüssel IIa-VO): s. § 107 Rz. 13, § 108 Rz. 47;
- Ehestatusentscheidungen (Art. 21 ff. Brüssel IIa-VO): s. § 107 Rz. 5 ff.;
- Eilentscheidungen (Art. 20 Brüssel IIa-VO): s. § 108 Rz. 4;
- Teilanerkennung: s. § 108 Rz. 11a;
- Urkunden (Art. 46 Brüssel IIa-VO): s. § 108 Rz. 6 f.;
- Verhältnis zum Kollisionsrecht (Art. 25 Brüssel IIa-VO): s. § 108 Rz. 22, § 109 Rz. 10.

Bescheinigung für die Vollstreckung im Ausland (Art. 39 Brüssel IIa-VO): s. § 98 Rz. 57, § 99 Rz. 47, § 110 Rz. 3 f.

Inkrafttreten und Durchführungsgesetz: s. § 97 Rz. 19.

Internationale Zuständigkeit:
- Abänderung einer Entscheidung (Art. 5, 9 Brüssel IIa-VO): s. vor §§ 98–106 Rz. 15;

- Ehesachen (Art. 3 Brüssel IIa-VO): s. § 98 Rz. 14ff.;
- einstweiliger Rechtsschutz (Art. 20 Brüssel IIa-VO): s. vor §§ 98–106 Rz. 17, § 98 Rz. 31, § 99 Rz. 19;
- Ermessenszuständigkeit – forum non conveniens (Art. 15 Brüssel IIa-VO): s. vor §§ 98–106 Rz. 8, § 99 Rz. 17;
- gewöhnlicher Aufenthalt: s. vor §§ 98–106 Rz. 22f., § 98 Rz. 16, § 99 Rz. 13;
- Kindschaftssachen (Art. 8ff. Brüssel IIa-VO): s. § 99 Rz. 13ff.;
- insb. Kindesentführung: s. § 99 Rz. 23ff.;
- maßgeblicher Zeitpunkt (Art. 8 Abs. 1 Brüssel IIa-VO): s. vor §§ 98–106 Rz. 10f., § 98 Rz. 19;
- Prorogation: s. § 98 Rz. 17, § 99 Rz. 14f.;
- Prüfung: s. vor §§ 98–106 Rz. 4ff., § 98 Rz. 20ff.;
- Staatsangehörigkeit: s. vor §§ 98–106 Rz. 26ff., § 98 Rz. 18;
- Verbundzuständigkeit: s. § 98 Rz. 39ff., § 99 Rz. 32, § 103 Rz. 20.

Örtliche Zuständigkeit: s. § 98 Rz. 9.

Parallelverfahren (Art. 19 Brüssel IIa-VO): s. vor §§ 98–106 Rz. 48ff., § 98 Rz. 7.

Verfahren:
- grenzüberschreitende Verfahrensabgabe (Art. 15 Brüssel IIa-VO): s. vor §§ 98–106 Rz. 58;
- Kooperation mit ausländischen Behörden (Art. 53ff. Brüssel IIa-VO): s. vor §§ 98–106 Rz. 57, § 99 Rz. 46.

Vollstreckbarerklärung:
- Kindesrückführung: s. § 110 Rz. 4;
- Ordre-public-Kontrolle: s. § 110 Rz. 4;
- Verfahren (Art. 28ff. Brüssel IIa-VO): s. § 110 Rz. 3ff., 8ff.

Vollstreckung: (Art. 47 Brüssel IIa-VO): s. § 110 Rz. 4, 10.

Verordnung Nr. 2201/2003 vom 27.11.2003 über die Zuständigkeit und die Anerkennung und Vollstreckung von Entscheidungen in Ehesachen und in Verfahren betreffend die elterliche Verantwortung und zur Aufhebung der Verordnung Nr. 1347/2000[1]

DER RAT DER EUROPÄISCHEN UNION –

gestützt auf den Vertrag zur Gründung der Europäischen Gemeinschaft, insbesondere auf Art. 61 Buchstabe c) und Art. 67 Abs. 1,
- auf Vorschlag der Kommission,[2]
- nach Stellungnahme des Europäischen Parlaments,[3]
- nach Stellungnahme des Europäischen Wirtschafts- und Sozialausschusses,[4]
- in Erwägung nachstehender Gründe:

(1) Die Europäische Gemeinschaft hat sich die Schaffung eines Raums der Freiheit, der Sicherheit und des Rechts zum Ziel gesetzt, in dem der freie Personenverkehr gewährleistet ist. Hierzu erlässt die Gemeinschaft unter anderem die Maßnahmen, die im Bereich der justiziellen Zusammenarbeit in Zivilsachen für das reibungslose Funktionieren des Binnenmarkts erforderlich sind.

(2) Auf seiner Tagung in Tampere hat der Europäische Rat den Grundsatz der gegenseitigen Anerkennung gerichtlicher Entscheidungen, der für die Schaffung eines echten europäischen Rechtsraums unabdingbar ist, anerkannt und die Besuchsrechte als Priorität eingestuft.

(3) Die Verordnung (EG) Nr. 1347/2000 des Rates vom 29.5.2000[5] enthält Vorschriften für die Zuständigkeit und die Anerkennung und Vollstreckung von Entscheidungen in Ehesachen sowie von aus Anlass von Ehesachen ergangenen Entscheidungen über die elterliche Verantwortung für die gemeinsamen Kinder der Ehegatten. Der Inhalt dieser Verordnung wurde weitgehend aus dem diesbezüglichen Übereinkommen vom 28.5.1998 übernommen.[6]

---

1 ABl. EU 2003 Nr. L 338/1.
2 ABl. EG 2002 Nr. C 203 E/155.
3 Stellungnahme v. 20.11.2002, ABl. EU 2004 Nr. C 25 E/171.
4 ABl. EG 2003 Nr. C 61/76.
5 ABl. EG 2000 Nr. L 160/19.
6 Bei der Annahme der Verordnung (EG) Nr. 1347/2000 hatte der Rat den von Frau Professorin Alegria Borras erstellten erläuternden Bericht zu dem Übereinkommen zur Kenntnis genommen (ABl. EG 1998 Nr. C 221/27).

(4) Am 3.7.2000 hat Frankreich eine Initiative im Hinblick auf den Erlass einer Verordnung des Rates über die gegenseitige Vollstreckung von Entscheidungen über das Umgangsrecht vorgelegt.[1]

(5) Um die Gleichbehandlung aller Kinder sicherzustellen, gilt diese Verordnung für alle Entscheidungen über die elterliche Verantwortung, einschließlich der Maßnahmen zum Schutz des Kindes, ohne Rücksicht darauf, ob eine Verbindung zu einem Verfahren in Ehesachen besteht.

(6) Da die Vorschriften über die elterliche Verantwortung häufig in Ehesachen herangezogen werden, empfiehlt es sich, Ehesachen und die elterliche Verantwortung in einem einzigen Rechtsakt zu regeln.

(7) Diese Verordnung gilt für Zivilsachen, unabhängig von der Art der Gerichtsbarkeit.

(8) Bezüglich Entscheidungen über die Ehescheidung, die Trennung ohne Auflösung des Ehebandes oder die Ungültigerklärung einer Ehe sollte diese Verordnung nur für die Auflösung einer Ehe und nicht für Fragen wie die Scheidungsgründe, das Ehegüterrecht oder sonstige mögliche Nebenaspekte gelten.

(9) Bezüglich des Vermögens des Kindes sollte diese Verordnung nur für Maßnahmen zum Schutz des Kindes gelten, das heißt i) für die Bestimmung und den Aufgabenbereich einer Person oder Stelle, die damit betraut ist, das Vermögen des Kindes zu verwalten, das Kind zu vertreten und ihm beizustehen, und ii) für Maßnahmen bezüglich der Verwaltung und Erhaltung des Vermögens des Kindes oder der Verfügung darüber. In diesem Zusammenhang sollte diese Verordnung beispielsweise für die Fälle gelten, in denen die Eltern über die Verwaltung des Vermögens des Kindes im Streit liegen. Das Vermögen des Kindes betreffende Maßnahmen, die nicht den Schutz des Kindes betreffen, sollten weiterhin unter die Verordnung (EG) Nr. 44/2001 des Rates vom 22.12.2000 über die gerichtliche Zuständigkeit und die Anerkennung und Vollstreckung von Entscheidungen in Zivil- und Handelssachen[2] fallen.

(10) Diese Verordnung soll weder für Bereiche wie die soziale Sicherheit oder Maßnahmen allgemeiner Art des öffentlichen Rechts in Angelegenheiten der Erziehung und Gesundheit noch für Entscheidungen über Asylrecht und Einwanderung gelten. Außerdem gilt sie weder für die Feststellung des Eltern-Kind-Verhältnisses, bei der es sich um eine von der Übertragung der elterlichen Verantwortung gesonderte Frage handelt, noch für sonstige Fragen im Zusammenhang mit dem Personenstand. Sie gilt ferner nicht für Maßnahmen, die im Anschluss an von Kindern begangenen Straftaten ergriffen werden.

(11) Unterhaltspflichten sind vom Anwendungsbereich dieser Verordnung ausgenommen, da sie bereits durch die Verordnung (EG) Nr. 44/2001 geregelt werden. Die nach dieser Verordnung zuständigen Gerichte werden in Anwendung des Art. 5 Abs. 2 der Verordnung (EG) Nr. 44/2001 idR für Entscheidungen in Unterhaltssachen zuständig sein.

(12) Die in dieser Verordnung für die elterliche Verantwortung festgelegten Zuständigkeitsvorschriften wurden dem Wohle des Kindes entsprechend und insbesondere nach dem Kriterium der räumlichen Nähe ausgestaltet. Die Zuständigkeit sollte vorzugsweise dem Mitgliedstaat des gewöhnlichen Aufenthalts des Kindes vorbehalten sein außer in bestimmten Fällen, in denen sich der Aufenthaltsort des Kindes geändert hat oder in denen die Träger der elterlichen Verantwortung etwas anderes vereinbart haben.

(13) Nach dieser Verordnung kann das zuständige Gericht den Fall im Interesse des Kindes ausnahmsweise und unter bestimmten Umständen an das Gericht eines anderen Mitgliedstaats verweisen, wenn dieses den Fall besser beurteilen kann. Allerdings sollte das später angerufene Gericht nicht befugt sein, die Sache an ein drittes Gericht weiter zu verweisen.

(14) Die Anwendung des Völkerrechts im Bereich diplomatischer Immunitäten sollte durch die Wirkungen dieser Verordnung nicht berührt werden. Kann das nach dieser Verordnung zuständige Gericht seine Zuständigkeit aufgrund einer diplomatischen Immunität nach dem Völkerrecht nicht wahrnehmen, so sollte die Zuständigkeit in dem Mitgliedstaat, in dem die betreffende Person keine Immunität genießt, nach den Rechtsvorschriften dieses Staates bestimmt werden.

(15) Für die Zustellung von Schriftstücken in Verfahren, die auf der Grundlage der vorliegenden Verordnung eingeleitet wurden, gilt die Verordnung (EG) Nr. 1348/2000 des Rates vom 29.5.2000 über die Zustellung gerichtlicher und außergerichtlicher Schriftstücke in Zivil- oder Handelssachen in den Mitgliedstaaten.[3]

(16) Die vorliegende Verordnung hindert die Gerichte eines Mitgliedstaats nicht daran, in dringenden Fällen einstweilige Maßnahmen einschließlich Schutzmaßnahmen in Bezug auf Personen oder Vermögensgegenstände, die sich in diesem Staat befinden, anzuordnen.

---

1 ABl. EG 2000 Nr. C 234/7.
2 ABl. EG 2001 Nr. L 12/1. Zuletzt geändert durch die Verordnung (EG) Nr. 1496/2002 der Kommission (ABl. EG 2002 Nr. L 225/13).
3 ABl. EG 2000 Nr. L 160/37.

(17) Bei widerrechtlichem Verbringen oder Zurückhalten eines Kindes sollte dessen Rückgabe unverzüglich erwirkt werden; zu diesem Zweck sollte das Haager Übereinkommen vom 24.10. 1980, das durch die Bestimmungen dieser Verordnung und insbesondere des Art. 11 ergänzt wird, weiterhin Anwendung finden. Die Gerichte des Mitgliedstaats, in den das Kind widerrechtlich verbracht wurde oder in dem es widerrechtlich zurückgehalten wird, sollten dessen Rückgabe in besonderen, ordnungsgemäß begründeten Fällen ablehnen können. Jedoch sollte eine solche Entscheidung durch eine spätere Entscheidung des Gerichts des Mitgliedstaats ersetzt werden können, in dem das Kind vor dem widerrechtlichen Verbringen oder Zurückhalten seinen gewöhnlichen Aufenthalt hatte. Sollte in dieser Entscheidung die Rückgabe des Kindes angeordnet werden, so sollte die Rückgabe erfolgen, ohne dass es in dem Mitgliedstaat, in den das Kind widerrechtlich verbracht wurde, eines besonderen Verfahrens zur Anerkennung und Vollstreckung dieser Entscheidung bedarf.

(18) Entscheidet das Gericht gemäß Art. 13 des Haager Übereinkommens von 1980, die Rückgabe abzulehnen, so sollte es das zuständige Gericht oder die Zentrale Behörde des Mitgliedstaats, in dem das Kind vor dem widerrechtlichen Verbringen oder Zurückhalten seinen gewöhnlichen Aufenthalt hatte, hiervon unterrichten. Wurde dieses Gericht noch nicht angerufen, so sollte dieses oder die Zentrale Behörde die Parteien entsprechend unterrichten. Diese Verpflichtung sollte die Zentrale Behörde nicht daran hindern, auch die betroffenen Behörden nach nationalem Recht zu unterrichten.

(19) Die Anhörung des Kindes spielt bei der Anwendung dieser Verordnung eine wichtige Rolle, wobei diese jedoch nicht zum Ziel hat, die diesbezüglich geltenden nationalen Verfahren zu ändern.

(20) Die Anhörung eines Kindes in einem anderen Mitgliedstaat kann nach den Modalitäten der Verordnung (EG) Nr. 1206/2001 des Rates vom 28.5.2001 über die Zusammenarbeit zwischen den Gerichten der Mitgliedstaaten auf dem Gebiet der Beweisaufnahme in Zivil- oder Handelssachen[1] erfolgen.

(21) Die Anerkennung und Vollstreckung der in einem Mitgliedstaat ergangenen Entscheidungen sollten auf dem Grundsatz des gegenseitigen Vertrauens beruhen und die Gründe für die Nichtanerkennung auf das notwendige Minimum beschränkt sein.

(22) Zum Zwecke der Anwendung der Anerkennungs- und Vollstreckungsregeln sollten die in einem Mitgliedstaat vollstreckbaren öffentlichen Urkunden und Vereinbarungen zwischen den Parteien „Entscheidungen" gleichgestellt werden.

(23) Der Europäische Rat von Tampere hat in seinen Schlussfolgerungen (Nummer 34) die Ansicht vertreten, dass Entscheidungen in familienrechtlichen Verfahren „automatisch unionsweit anerkannt" werden sollten, „ohne dass es irgendwelche Zwischenverfahren oder Gründe für die Verweigerung der Vollstreckung geben" sollte. Deshalb sollten Entscheidungen über das Umgangsrecht und über die Rückgabe des Kindes, für die im Ursprungsmitgliedstaat nach Maßgabe dieser Verordnung eine Bescheinigung ausgestellt wurde, in allen anderen Mitgliedstaaten anerkannt und vollstreckt werden, ohne dass es eines weiteren Verfahrens bedarf. Die Modalitäten der Vollstreckung dieser Entscheidungen unterliegen weiterhin dem nationalen Recht.

(24) Gegen die Bescheinigung, die ausgestellt wird, um die Vollstreckung der Entscheidung zu erleichtern, sollte kein Rechtsbehelf möglich sein. Sie sollte nur Gegenstand einer Klage auf Berichtigung sein, wenn ein materieller Fehler vorliegt, dh., wenn in der Bescheinigung der Inhalt der Entscheidung nicht korrekt wiedergegeben ist.

(25) Die Zentralen Behörden sollten sowohl allgemein als auch in besonderen Fällen, einschließlich zur Förderung der gütlichen Beilegung von die elterliche Verantwortung betreffenden Familienstreitigkeiten, zusammenarbeiten. Zu diesem Zweck beteiligen sich die Zentralen Behörden an dem Europäischen Justiziellen Netz für Zivil- und Handelssachen, das mit der Entscheidung des Rates vom 28. Mai 2001 zur Einrichtung eines Europäischen Justiziellen Netzes für Zivil- und Handelssachen[2] eingerichtet wurde.

(26) Die Kommission sollte die von den Mitgliedstaaten übermittelten Listen mit den zuständigen Gerichten und den Rechtsbehelfen veröffentlichen und aktualisieren.

(27) Die zur Durchführung dieser Verordnung erforderlichen Maßnahmen sollten gemäß dem Beschluss 1999/468/EG des Rates vom 28.6.1999 zur Festlegung der Modalitäten für die Ausübung der der Kommission übertragenen Durchführungsbefugnisse[3] erlassen werden.

(28) Diese Verordnung tritt an die Stelle der Verordnung (EG) Nr. 1347/2000, die somit aufgehoben wird.

---

1 ABl. EG 2001 Nr. L 174/1.
2 ABl. EG 2001 Nr. L 174/25.
3 ABl. EG 1999 Nr. L 184/23.

(29) Um eine ordnungsgemäße Anwendung dieser Verordnung sicherzustellen, sollte die Kommission deren Durchführung prüfen und gegebenenfalls die notwendigen Änderungen vorschlagen.

(30) Gemäß Art. 3 des dem Vertrag über die Europäische Union und dem Vertrag zur Gründung der Europäischen Gemeinschaft beigefügten Protokolls über die Position des Vereinigten Königreichs und Irlands haben diese Mitgliedstaaten mitgeteilt, dass sie sich an der Annahme und Anwendung dieser Verordnung beteiligen möchten.

(31) Gemäß den Art. 1 und 2 des dem Vertrag über die Europäische Union und dem Vertrag zur Gründung der Europäischen Gemeinschaft beigefügten Protokolls über die Position Dänemarks beteiligt sich Dänemark nicht an der Annahme dieser Verordnung, die für Dänemark nicht bindend oder anwendbar ist.

(32) Da die Ziele dieser Verordnung auf Ebene der Mitgliedstaaten nicht ausreichend erreicht werden können und daher besser auf Gemeinschaftsebene zu erreichen sind, kann die Gemeinschaft im Einklang mit dem in Art. 5 des Vertrags niedergelegten Subsidiaritätsprinzip tätig werden. Entsprechend dem in demselben Art. genannten Verhältnismäßigkeitsprinzip geht diese Verordnung nicht über das für die Erreichung dieser Ziele erforderliche Maß hinaus.

(33) Diese Verordnung steht im Einklang mit den Grundrechten und Grundsätzen, die mit der Charta der Grundrechte der Europäischen Union anerkannt wurden. Sie zielt insbesondere darauf ab, die Wahrung der Grundrechte des Kindes iSd. Art. 24 der Grundrechtscharta der Europäischen Union zu gewährleisten –

Hat folgende Verordnung erlassen:

Kapitel I
Anwendungsbereich und Begriffsbestimmungen

Art. 1
Anwendungsbereich

(1) Diese Verordnung gilt, ungeachtet der Art der Gerichtsbarkeit, für Zivilsachen mit folgendem Gegenstand:

a) die Ehescheidung, die Trennung ohne Auflösung des Ehebandes und die Ungültigerklärung einer Ehe,

b) die Zuweisung, die Ausübung, die Übertragung sowie die vollständige oder teilweise Entziehung der elterlichen Verantwortung.

(2) Die in Abs. 1 Buchst. b) genannten Zivilsachen betreffen insbesondere:

a) das Sorgerecht und das Umgangsrecht,

b) die Vormundschaft, die Pflegschaft und entsprechende Rechtsinstitute,

c) die Bestimmung und den Aufgabenbereich jeder Person oder Stelle, die für die Person oder das Vermögen des Kindes verantwortlich ist, es vertritt oder ihm beisteht,

d) die Unterbringung des Kindes in einer Pflegefamilie oder einem Heim,

e) die Maßnahmen zum Schutz des Kindes im Zusammenhang mit der Verwaltung und Erhaltung seines Vermögens oder der Verfügung darüber.

(3) Diese Verordnung gilt nicht für

a) die Feststellung und die Anfechtung des Eltern-Kind-Verhältnisses,

b) Adoptionsentscheidungen und Maßnahmen zur Vorbereitung einer Adoption sowie die Ungültigerklärung und den Widerruf der Adoption,

c) Namen und Vornamen des Kindes,

d) die Volljährigkeitserklärung,

e) Unterhaltspflichten,

f) Trusts und Erbschaften,

g) Maßnahmen infolge von Straftaten, die von Kindern begangen wurden.

Art. 2
Begriffsbestimmungen

Für die Zwecke dieser Verordnung bezeichnet der Ausdruck

1. „Gericht" alle Behörden der Mitgliedstaaten, die für Rechtssachen zuständig sind, die gemäß Art. 1 in den Anwendungsbereich dieser Verordnung fallen;

2. „Richter" einen Richter oder Amtsträger, dessen Zuständigkeiten denen eines Richters in Rechtssachen entsprechen, die in den Anwendungsbereich dieser Verordnung fallen;

3. „Mitgliedstaat" jeden Mitgliedstaat mit Ausnahme Dänemarks;

4. „Entscheidung" jede von einem Gericht eines Mitgliedstaats erlassene Entscheidung über die Ehescheidung, die Trennung ohne Auflösung des Ehebandes oder die Ungültigerklärung einer Ehe sowie jede Entscheidung über die elterliche Verantwortung, ohne Rücksicht auf die Bezeichnung der jeweiligen Entscheidung, wie Urteil oder Beschluss;
5. „Ursprungsmitgliedstaat" den Mitgliedstaat, in dem die zu vollstreckende Entscheidung ergangen ist;
6. „Vollstreckungsmitgliedstaat" den Mitgliedstaat, in dem die Entscheidung vollstreckt werden soll;
7. „elterliche Verantwortung" die gesamten Rechte und Pflichten, die einer natürlichen oder juristischen Person durch Entscheidung oder kraft Gesetzes oder durch eine rechtlich verbindliche Vereinbarung betreffend die Person oder das Vermögen eines Kindes übertragen wurden. Elterliche Verantwortung umfasst insbesondere das Sorge- und das Umgangsrecht;
8. „Träger der elterlichen Verantwortung" jede Person, die die elterliche Verantwortung für ein Kind ausübt;
9. „Sorgerecht" die Rechte und Pflichten, die mit der Sorge für die Person eines Kindes verbunden sind, insbesondere das Recht auf die Bestimmung des Aufenthaltsortes des Kindes;
10. „Umgangsrecht" insbesondere auch das Recht, das Kind für eine begrenzte Zeit an einen anderen Ort als seinen gewöhnlichen Aufenthaltsort zu bringen;
11. „widerrechtliches Verbringen oder Zurückhalten eines Kindes" das Verbringen oder Zurückhalten eines Kindes, wenn
    a) dadurch das Sorgerecht verletzt wird, das aufgrund einer Entscheidung oder kraft Gesetzes oder aufgrund einer rechtlich verbindlichen Vereinbarung nach dem Recht des Mitgliedstaats besteht, in dem das Kind unmittelbar vor dem Verbringen oder Zurückhalten seinen gewöhnlichen Aufenthalt hatte, und
    b) das Sorgerecht zum Zeitpunkt des Verbringens oder Zurückhaltens allein oder gemeinsam tatsächlich ausgeübt wurde oder ausgeübt worden wäre, wenn das Verbringen oder Zurückhalten nicht stattgefunden hätte. Von einer gemeinsamen Ausübung des Sorgerechts ist auszugehen, wenn einer der Träger der elterlichen Verantwortung aufgrund einer Entscheidung oder kraft Gesetzes nicht ohne die Zustimmung des anderen Trägers der elterlichen Verantwortung über den Aufenthaltsort des Kindes bestimmen kann.

Kapitel II
Zuständigkeit

Abschnitt 1
Ehescheidung, Trennung ohne Auflösung des Ehebandes und Ungültigerklärung der Ehe

Art. 3
Allgemeine Zuständigkeit

(1) Für Entscheidungen über die Ehescheidung, die Trennung ohne Auflösung des Ehebandes oder die Ungültigerklärung einer Ehe, sind die Gerichte des Mitgliedstaats zuständig,
a) in dessen Hoheitsgebiet
   - beide Ehegatten ihren gewöhnlichen Aufenthalt haben oder
   - die Ehegatten zuletzt beide ihren gewöhnlichen Aufenthalt hatten, sofern einer von ihnen dort noch seinen gewöhnlichen Aufenthalt hat, oder
   - der Antragsgegner seinen gewöhnlichen Aufenthalt hat oder
   - im Fall eines gemeinsamen Antrags einer der Ehegatten seinen gewöhnlichen Aufenthalt hat oder
   - der Antragsteller seinen gewöhnlichen Aufenthalt hat, wenn er sich dort seit mindestens einem Jahr unmittelbar vor der Antragstellung aufgehalten hat, oder
   - der Antragsteller seinen gewöhnlichen Aufenthalt hat, wenn er sich dort seit mindestens sechs Monaten unmittelbar vor der Antragstellung aufgehalten hat und entweder Staatsangehöriger des betreffenden Mitgliedstaats ist oder, im Fall des Vereinigten Königreichs und Irlands, dort sein „domicile" hat;
b) dessen Staatsangehörigkeit beide Ehegatten besitzen, oder, im Fall des Vereinigten Königreichs und Irlands, in dem sie ihr gemeinsames „domicile" haben.

(2) Der Begriff „domicile" im Sinne dieser Verordnung bestimmt sich nach dem Recht des Vereinigten Königreichs und Irlands.

Art. 4
Gegenantrag

Das Gericht, bei dem ein Antrag gemäß Art. 3 anhängig ist, ist auch für einen Gegenantrag zuständig, sofern dieser in den Anwendungsbereich dieser Verordnung fällt.

Art. 5
Umwandlung einer Trennung ohne Auflösung des Ehebandes in eine Ehescheidung

Unbeschadet des Art. 3 ist das Gericht eines Mitgliedstaats, das eine Entscheidung über eine Trennung ohne Auflösung des Ehebandes erlassen hat, auch für die Umwandlung dieser Entscheidung in eine Ehescheidung zuständig, sofern dies im Recht dieses Mitgliedstaats vorgesehen ist.

Art. 6
Ausschließliche Zuständigkeit nach den Art. 3, 4 und 5

Gegen einen Ehegatten, der
a) seinen gewöhnlichen Aufenthalt im Hoheitsgebiet eines Mitgliedstaats hat oder
b) Staatsangehöriger eines Mitgliedstaats ist oder im Fall des Vereinigten Königreichs und Irlands sein „domicile" im Hoheitsgebiet eines dieser Mitgliedstaaten hat,

darf ein Verfahren vor den Gerichten eines anderen Mitgliedstaats nur nach Maßgabe der Art. 3, 4 und 5 geführt werden.

Art. 7
Restzuständigkeit

(1) Soweit sich aus den Art. 3, 4 und 5 keine Zuständigkeit eines Gerichts eines Mitgliedstaats ergibt, bestimmt sich die Zuständigkeit in jedem Mitgliedstaat nach dem Recht dieses Staates.

(2) Jeder Staatsangehörige eines Mitgliedstaats, der seinen gewöhnlichen Aufenthalt im Hoheitsgebiet eines anderen Mitgliedstaats hat, kann die in diesem Staat geltenden Zuständigkeitsvorschriften wie ein Inländer gegenüber einem Antragsgegner geltend machen, der seinen gewöhnlichen Aufenthalt nicht im Hoheitsgebiet eines Mitgliedstaats hat oder die Staatsangehörigkeit eines Mitgliedstaats besitzt oder im Fall des Vereinigten Königreichs und Irlands sein „domicile" nicht im Hoheitsgebiet eines dieser Mitgliedstaaten hat.

Abschnitt 2
Elterliche Verantwortung

Art. 8
Allgemeine Zuständigkeit

(1) Für Entscheidungen, die die elterliche Verantwortung betreffen, sind die Gerichte des Mitgliedstaats zuständig, in dem das Kind zum Zeitpunkt der Antragstellung seinen gewöhnlichen Aufenthalt hat.

(2) Abs. 1 findet vorbehaltlich der Art. 9, 10 und 12 Anwendung.

Art. 9
Aufrechterhaltung der Zuständigkeit des früheren gewöhnlichen Aufenthaltsortes des Kindes

(1) Beim rechtmäßigen Umzug eines Kindes von einem Mitgliedstaat in einen anderen, durch den es dort einen neuen gewöhnlichen Aufenthalt erlangt, verbleibt abweichend von Art. 8 die Zuständigkeit für eine Änderung einer vor dem Umzug des Kindes in diesem Mitgliedstaat ergangenen Entscheidung über das Umgangsrecht während einer Dauer von drei Monaten nach dem Umzug bei den Gerichten des früheren gewöhnlichen Aufenthalts des Kindes, wenn sich der laut der Entscheidung über das Umgangsrecht umgangsberechtigte Elternteil weiterhin gewöhnlich in dem Mitgliedstaat des früheren gewöhnlichen Aufenthalts des Kindes aufhält.

(2) Abs. 1 findet keine Anwendung, wenn der umgangsberechtigte Elternteil iSd. Abs. 1 die Zuständigkeit der Gerichte des Mitgliedstaats des neuen gewöhnlichen Aufenthalts des Kindes dadurch anerkannt hat, dass er sich an Verfahren vor diesen Gerichten beteiligt, ohne ihre Zuständigkeit anzufechten.

Art. 10
Zuständigkeit in Fällen von Kindesentführung

Bei widerrechtlichem Verbringen oder Zurückhalten eines Kindes bleiben die Gerichte des Mitgliedstaats, in dem das Kind unmittelbar vor dem widerrechtlichen Verbringen oder Zurückhal-

ten seinen gewöhnlichen Aufenthalt hatte, so lange zuständig, bis das Kind einen gewöhnlichen Aufenthalt in einem anderen Mitgliedstaat erlangt hat und
a) jede sorgeberechtigte Person, Behörde oder sonstige Stelle dem Verbringen oder Zurückhalten zugestimmt hat oder
b) das Kind sich in diesem anderen Mitgliedstaat mindestens ein Jahr aufgehalten hat, nachdem die sorgeberechtigte Person, Behörde oder sonstige Stelle seinen Aufenthaltsort kannte oder hätte kennen müssen und sich das Kind in seiner neuen Umgebung eingelebt hat, sofern eine der folgenden Bedingungen erfüllt ist:
   i) Innerhalb eines Jahres, nachdem der Sorgeberechtigte den Aufenthaltsort des Kindes kannte oder hätte kennen müssen, wurde kein Antrag auf Rückgabe des Kindes bei den zuständigen Behörden des Mitgliedstaats gestellt, in den das Kind verbracht wurde oder in dem es zurückgehalten wird;
   ii) ein von dem Sorgeberechtigten gestellter Antrag auf Rückgabe wurde zurückgezogen, und innerhalb der in Ziffer i) genannten Frist wurde kein neuer Antrag gestellt;
   iii) ein Verfahren vor dem Gericht des Mitgliedstaats, in dem das Kind unmittelbar vor dem widerrechtlichen Verbringen oder Zurückhalten seinen gewöhnlichen Aufenthalt hatte, wurde gemäß Art. 11 Abs. 7 abgeschlossen;
   iv) von den Gerichten des Mitgliedstaats, in dem das Kind unmittelbar vor dem widerrechtlichen Verbringen oder Zurückhalten seinen gewöhnlichen Aufenthalt hatte, wurde eine Sorgerechtsentscheidung erlassen, in der die Rückgabe des Kindes nicht angeordnet wird.

Art. 11
Rückgabe des Kindes

(1) Beantragt eine sorgeberechtigte Person, Behörde oder sonstige Stelle bei den zuständigen Behörden eines Mitgliedstaats eine Entscheidung auf der Grundlage des Haager Übereinkommens vom 25. Oktober 1980 über die zivilrechtlichen Aspekte internationaler Kindesentführung (nachstehend „Haager Übereinkommen von 1980" genannt), um die Rückgabe eines Kindes zu erwirken, das widerrechtlich in einen anderen als den Mitgliedstaat verbracht wurde oder dort zurückgehalten wird, in dem das Kind unmittelbar vor dem widerrechtlichen Verbringen oder Zurückhalten seinen gewöhnlichen Aufenthalt hatte, so gelten die Absätze 2 bis 8.
(2) Bei Anwendung der Art. 12 und 13 des Haager Übereinkommens von 1980 ist sicherzustellen, dass das Kind die Möglichkeit hat, während des Verfahrens gehört zu werden, sofern dies nicht aufgrund seines Alters oder seines Reifegrads unangebracht erscheint.
(3) Das Gericht, bei dem die Rückgabe eines Kindes nach Abs. 1 beantragt wird, befasst sich mit gebotener Eile mit dem Antrag und bedient sich dabei der zügigsten Verfahren des nationalen Rechts.
Unbeschadet des Unterabsatzes 1 erlässt das Gericht seine Anordnung spätestens sechs Wochen nach seiner Befassung mit dem Antrag, es sei denn, dass dies aufgrund außergewöhnlicher Umstände nicht möglich ist.
(4) Ein Gericht kann die Rückgabe eines Kindes aufgrund des Art. 13 Buchst. b) des Haager Übereinkommens von 1980 nicht verweigern, wenn nachgewiesen ist, dass angemessene Vorkehrungen getroffen wurden, um den Schutz des Kindes nach seiner Rückkehr zu gewährleisten.
(5) Ein Gericht kann die Rückgabe eines Kindes nicht verweigern, wenn der Person, die die Rückgabe des Kindes beantragt hat, nicht die Gelegenheit gegeben wurde, gehört zu werden.
(6) Hat ein Gericht entschieden, die Rückgabe des Kindes gemäß Art. 13 des Haager Übereinkommens von 1980 abzulehnen, so muss es nach dem nationalen Recht dem zuständigen Gericht oder der Zentralen Behörde des Mitgliedstaats, in dem das Kind unmittelbar vor dem widerrechtlichen Verbringen oder Zurückhalten seinen gewöhnlichen Aufenthalt hatte, unverzüglich entweder direkt oder über seine Zentrale Behörde eine Abschrift der gerichtlichen Entscheidung, die Rückgabe abzulehnen, und die entsprechenden Unterlagen, insbesondere eine Niederschrift der Anhörung, übermitteln. Alle genannten Unterlagen müssen dem Gericht binnen einem Monat ab dem Datum der Entscheidung, die Rückgabe abzulehnen, vorgelegt werden.
(7) Sofern die Gerichte des Mitgliedstaats, in dem das Kind unmittelbar vor dem widerrechtlichen Verbringen oder Zurückhalten seinen gewöhnlichen Aufenthalt hatte, nicht bereits von einer der Parteien befasst wurden, muss das Gericht oder die Zentrale Behörde, das/die die Mitteilung gemäß Abs. 6 erhält, die Parteien hiervon unterrichten und sie einladen, binnen drei Monaten ab Zustellung der Mitteilung Anträge gemäß dem nationalen Recht beim Gericht einzureichen, damit das Gericht die Frage des Sorgerechts prüfen kann.
Unbeschadet der in dieser Verordnung festgelegten Zuständigkeitsregeln schließt das Gericht den Fall ab, wenn innerhalb dieser Frist keine Anträge bei dem Gericht eingegangen sind.

(8) Ungeachtet einer nach Art. 13 des Haager Übereinkommens von 1980 ergangenen Entscheidung, mit der die Rückgabe des Kindes verweigert wird, ist eine spätere Entscheidung, mit der die Rückgabe des Kindes angeordnet wird und die von einem nach dieser Verordnung zuständigen Gericht erlassen wird, im Einklang mit Kapitel III Abschnitt 4 vollstreckbar, um die Rückgabe des Kindes sicherzustellen.

Art. 12
Vereinbarung über die Zuständigkeit

(1) Die Gerichte des Mitgliedstaats, in dem nach Art. 3 über einen Antrag auf Ehescheidung, Trennung ohne Auflösung des Ehebandes oder Ungültigerklärung einer Ehe zu entscheiden ist, sind für alle Entscheidungen zuständig, die die mit diesem Antrag verbundene elterliche Verantwortung betreffen, wenn

a) zumindest einer der Ehegatten die elterliche Verantwortung für das Kind hat und
b) die Zuständigkeit der betreffenden Gerichte von den Ehegatten oder von den Trägern der elterlichen Verantwortung zum Zeitpunkt der Anrufung des Gerichts ausdrücklich oder auf andere eindeutige Weise anerkannt wurde und im Einklang mit dem Wohl des Kindes steht.

(2) Die Zuständigkeit gemäß Abs. 1 endet,

a) sobald die stattgebende oder abweisende Entscheidung über den Antrag auf Ehescheidung, Trennung ohne Auflösung des Ehebandes oder Ungültigerklärung einer Ehe rechtskräftig geworden ist,
b) oder in den Fällen, in denen zu dem unter Buchst. a) genannten Zeitpunkt noch ein Verfahren betreffend die elterliche Verantwortung anhängig ist, sobald die Entscheidung in diesem Verfahren rechtskräftig geworden ist,
c) oder sobald die unter den Buchst. n a) und b) genannten Verfahren aus einem anderen Grund beendet worden sind.

(3) Die Gerichte eines Mitgliedstaats sind ebenfalls zuständig in Bezug auf die elterliche Verantwortung in anderen als den in Abs. 1 genannten Verfahren, wenn

a) eine wesentliche Bindung des Kindes zu diesem Mitgliedstaat besteht, insbesondere weil einer der Träger der elterlichen Verantwortung in diesem Mitgliedstaat seinen gewöhnlichen Aufenthalt hat oder das Kind die Staatsangehörigkeit dieses Mitgliedstaats besitzt, und
b) alle Parteien des Verfahrens zum Zeitpunkt der Anrufung des Gerichts die Zuständigkeit ausdrücklich oder auf andere eindeutige Weise anerkannt haben und die Zuständigkeit in Einklang mit dem Wohl des Kindes steht.

(4) Hat das Kind seinen gewöhnlichen Aufenthalt in einem Drittstaat, der nicht Vertragspartei des Haager Übereinkommens vom 19. Oktober 1996 über die Zuständigkeit, das anzuwendende Recht, die Anerkennung, Vollstreckung und Zusammenarbeit auf dem Gebiet der elterlichen Verantwortung und der Maßnahmen zum Schutz von Kindern ist, so ist davon auszugehen, dass die auf diesen Artikel gestützte Zuständigkeit insbesondere dann in Einklang mit dem Wohl des Kindes steht, wenn sich ein Verfahren in dem betreffenden Drittstaat als unmöglich erweist.

Art. 13
Zuständigkeit aufgrund der Anwesenheit des Kindes

(1) Kann der gewöhnliche Aufenthalt des Kindes nicht festgestellt werden und kann die Zuständigkeit nicht gemäß Art. 12 bestimmt werden, so sind die Gerichte des Mitgliedstaats zuständig, in dem sich das Kind befindet.

(2) Abs. 1 gilt auch für Kinder, die Flüchtlinge oder, aufgrund von Unruhen in ihrem Land, ihres Landes Vertriebene sind.

Art. 14
Restzuständigkeit

Soweit sich aus den Art. 8 bis 13 keine Zuständigkeit eines Gerichts eines Mitgliedstaats ergibt, bestimmt sich die Zuständigkeit in jedem Mitgliedstaat nach dem Recht dieses Staates.

Art. 15
Verweisung an ein Gericht, das den Fall besser beurteilen kann

(1) In Ausnahmefällen und sofern dies dem Wohl des Kindes entspricht, kann das Gericht eines Mitgliedstaats, das für die Entscheidung in der Hauptsache zuständig ist, in dem Fall, dass seines Erachtens ein Gericht eines anderen Mitgliedstaats, zu dem das Kind eine besondere Bindung hat, den Fall einer bestimmten Teil des Falles besser beurteilen kann,

a) die Prüfung des Falls oder des betreffenden Teils des Falls aussetzen und die Parteien einladen, beim Gericht dieses anderen Mitgliedstaats einen Antrag gemäß Abs. 4 zu stellen, oder

b) ein Gericht eines anderen Mitgliedstaats ersuchen, sich gemäß Abs. 5 für zuständig zu erklären.

(2) Abs. 1 findet Anwendung
a) auf Antrag einer der Parteien oder
b) von Amts wegen oder
c) auf Antrag des Gerichts eines anderen Mitgliedstaats, zu dem das Kind eine besondere Bindung gemäß Abs. 3 hat.

Die Verweisung von Amts wegen oder auf Antrag des Gerichts eines anderen Mitgliedstaats erfolgt jedoch nur, wenn mindestens eine der Parteien ihr zustimmt.

(3) Es wird davon ausgegangen, dass das Kind eine besondere Bindung iSd. Abs. 1 zu dem Mitgliedstaat hat, wenn
a) nach Anrufung des Gerichts iSd. Abs. 1 das Kind seinen gewöhnlichen Aufenthalt in diesem Mitgliedstaat erworben hat oder
b) das Kind seinen gewöhnlichen Aufenthalt in diesem Mitgliedstaat hatte oder
c) das Kind die Staatsangehörigkeit dieses Mitgliedstaats besitzt oder
d) ein Träger der elterlichen Verantwortung seinen gewöhnlichen Aufenthalt in diesem Mitgliedstaat hat oder
e) die Streitsache Maßnahmen zum Schutz des Kindes im Zusammenhang mit der Verwaltung oder der Erhaltung des Vermögens des Kindes oder der Verfügung über dieses Vermögen betrifft und sich dieses Vermögen im Hoheitsgebiet dieses Mitgliedstaats befindet.

(4) Das Gericht des Mitgliedstaats, das für die Entscheidung in der Hauptsache zuständig ist, setzt eine Frist, innerhalb deren die Gerichte des anderen Mitgliedstaats gemäß Abs. 1 angerufen werden müssen. Werden die Gerichte innerhalb dieser Frist nicht angerufen, so ist das befasste Gericht weiterhin nach den Art. 8 bis 14 zuständig.

(5) Diese Gerichte dieses anderen Mitgliedstaats können sich, wenn dies aufgrund der besonderen Umstände des Falls dem Wohl des Kindes entspricht, innerhalb von sechs Wochen nach ihrer Anrufung gemäß Abs. 1 Buchst. a) oder b) für zuständig erklären. In diesem Fall erklärt sich das zuerst angerufene Gericht für unzuständig. Anderenfalls ist das zuerst angerufene Gericht weiterhin nach den Art. 8 bis 14 zuständig.

(6) Die Gerichte arbeiten für die Zwecke dieses Artikels entweder direkt oder über die nach Art. 53 bestimmten Zentralen Behörden zusammen.

Abschnitt 3
Gemeinsame Bestimmungen

Art. 16
Anrufung eines Gerichts

(1) Ein Gericht gilt als angerufen
a) zu dem Zeitpunkt, zu dem das verfahrenseinleitende Schriftstück oder ein gleichwertiges Schriftstück bei Gericht eingereicht wurde, vorausgesetzt, dass der Antragsteller es in der Folge nicht versäumt hat, die ihm obliegenden Maßnahmen zu treffen, um die Zustellung des Schriftstücks an den Antragsgegner zu bewirken, oder
b) falls die Zustellung an den Antragsgegner vor Einreichung des Schriftstücks bei Gericht zu bewirken ist, zu dem Zeitpunkt, zu dem die für die Zustellung verantwortliche Stelle das Schriftstück erhalten hat, vorausgesetzt, dass der Antragsteller es in der Folge nicht versäumt hat, die ihm obliegenden Maßnahmen zu treffen, um das Schriftstück bei Gericht einzureichen.

Art. 17
Prüfung der Zuständigkeit

Das Gericht eines Mitgliedstaats hat sich von Amts wegen für unzuständig zu erklären, wenn es in einer Sache angerufen wird, für die es nach dieser Verordnung keine Zuständigkeit hat und für die das Gericht eines anderen Mitgliedstaats aufgrund dieser Verordnung zuständig ist.

Art. 18
Prüfung der Zulässigkeit

(1) Lässt sich ein Antragsgegner, der seinen gewöhnlichen Aufenthalt nicht in dem Mitgliedstaat hat, in dem das Verfahren eingeleitet wurde, auf das Verfahren nicht ein, so hat das zuständige Gericht das Verfahren so lange auszusetzen, bis festgestellt ist, dass es dem Antragsgegner möglich war, das verfahrenseinleitende Schriftstück oder ein gleichwertiges Schriftstück so rechtzei-

tig zu empfangen, dass er sich verteidigen konnte, oder dass alle hierzu erforderlichen Maßnahmen getroffen wurden.

(2) Art. 19 der Verordnung (EG) Nr. 1348/2000 findet statt Abs. 1 Anwendung, wenn das verfahrenseinleitende Schriftstück oder ein gleichwertiges Schriftstück nach Maßgabe jener Verordnung von einem Mitgliedstaat in einen anderen zu übermitteln war.

(3) Sind die Bestimmungen der Verordnung (EG) Nr. 1348/2000 nicht anwendbar, so gilt Art. 15 des Haager Übereinkommens vom 15. November 1965 über die Zustellung gerichtlicher und außergerichtlicher Schriftstücke im Ausland in Zivil- und Handelssachen, wenn das verfahrenseinleitende Schriftstück oder ein gleichwertiges Schriftstück nach Maßgabe des genannten Übereinkommens ins Ausland zu übermitteln war.

Art. 19
Rechtshängigkeit und abhängige Verfahren

(1) Werden bei Gerichten verschiedener Mitgliedstaaten Anträge auf Ehescheidung, Trennung ohne Auflösung des Ehebandes oder Ungültigerklärung einer Ehe zwischen denselben Parteien gestellt, so setzt das später angerufene Gericht das Verfahren von Amts wegen aus, bis die Zuständigkeit des zuerst angerufenen Gerichts geklärt ist.

(2) Werden bei Gerichten verschiedener Mitgliedstaaten Verfahren bezüglich der elterlichen Verantwortung für ein Kind wegen desselben Anspruchs anhängig gemacht, so setzt das später angerufene Gericht das Verfahren von Amts wegen aus, bis die Zuständigkeit des zuerst angerufenen Gerichts geklärt ist.

(3) Sobald die Zuständigkeit des zuerst angerufenen Gerichts feststeht, erklärt sich das später angerufene Gericht zugunsten dieses Gerichts für unzuständig. In diesem Fall kann der Antragsteller, der den Antrag bei dem später angerufenen Gericht gestellt hat, diesen Antrag dem zuerst angerufenen Gericht vorlegen.

Art. 20
Einstweilige Maßnahmen einschließlich Schutzmaßnahmen

(1) Die Gerichte eines Mitgliedstaats können in dringenden Fällen ungeachtet der Bestimmungen dieser Verordnung die nach dem Recht dieses Mitgliedstaats vorgesehenen einstweiligen Maßnahmen einschließlich Schutzmaßnahmen in Bezug auf in diesem Staat befindliche Personen oder Vermögensgegenstände auch dann anordnen, wenn für die Entscheidung in der Hauptsache gemäß dieser Verordnung ein Gericht eines anderen Mitgliedstaats zuständig ist.

(2) Die zur Durchführung des Abs. 1 ergriffenen Maßnahmen treten außer Kraft, wenn das Gericht des Mitgliedstaats, das gemäß dieser Verordnung für die Entscheidung in der Hauptsache zuständig ist, die Maßnahmen getroffen hat, die es für angemessen hält.

Kapitel III
Anerkennung und Vollstreckung

Abschnitt 1
Anerkennung

Art. 21
Anerkennung einer Entscheidung

(1) Die in einem Mitgliedstaat ergangenen Entscheidungen werden in den anderen Mitgliedstaaten anerkannt, ohne dass es hierfür eines besonderen Verfahrens bedarf.

(2) Unbeschadet des Abs. 3 bedarf es insbesondere keines besonderen Verfahrens für die Beschreibung in den Personenstandsbüchern eines Mitgliedstaats auf der Grundlage einer in einem anderen Mitgliedstaat ergangenen Entscheidung über Ehescheidung, Trennung ohne Auflösung des Ehebandes oder Ungültigerklärung einer Ehe, gegen die nach dem Recht dieses Mitgliedstaats keine weiteren Rechtsbehelfe eingelegt werden können.

(3) Unbeschadet des Abschnitts 4 kann jede Partei, die ein Interesse hat, gemäß den Verfahren des Abschnitts 2 eine Entscheidung über die Anerkennung oder Nichtanerkennung der Entscheidung beantragen.

Das örtlich zuständige Gericht, das in der Liste aufgeführt ist, die jeder Mitgliedstaat der Kommission gemäß Art. 68 mitteilt, wird durch das nationale Recht des Mitgliedstaats bestimmt, in dem der Antrag auf Anerkennung oder Nichtanerkennung gestellt wird.

(4) Ist in einem Rechtsstreit vor einem Gericht eines Mitgliedstaats die Frage der Anerkennung einer Entscheidung als Vorfrage zu klären, so kann dieses Gericht hierüber befinden.

Art. 22
Gründe für die Nichtanerkennung einer Entscheidung über eine Ehescheidung, Trennung ohne Auflösung des Ehebandes oder Ungültigerklärung einer Ehe

Eine Entscheidung, die die Ehescheidung, die Trennung ohne Auflösung des Ehebandes oder die Ungültigerklärung einer Ehe betrifft, wird nicht anerkannt,
a) wenn die Anerkennung der öffentlichen Ordnung des Mitgliedstaats, in dem sie beantragt wird, offensichtlich widerspricht;
b) wenn dem Antragsgegner, der sich auf das Verfahren nicht eingelassen hat, das verfahrenseinleitende Schriftstück oder ein gleichwertiges Schriftstück nicht so rechtzeitig und in einer Weise zugestellt wurde, dass er sich verteidigen konnte, es sei denn, es wird festgestellt, dass er mit der Entscheidung eindeutig einverstanden ist;
c) wenn die Entscheidung mit einer Entscheidung unvereinbar ist, die in einem Verfahren zwischen denselben Parteien in dem Mitgliedstaat, in dem die Anerkennung beantragt wird, ergangen ist; oder
d) wenn die Entscheidung mit einer früheren Entscheidung unvereinbar ist, die in einem anderen Mitgliedstaat oder in einem Drittstaat zwischen denselben Parteien ergangen ist, sofern die frühere Entscheidung die notwendigen Voraussetzungen für ihre Anerkennung in dem Mitgliedstaat erfüllt, in dem die Anerkennung beantragt wird.

Art. 23
Gründe für die Nichtanerkennung einer Entscheidung über die elterliche Verantwortung

Eine Entscheidung über die elterliche Verantwortung wird nicht anerkannt,
a) wenn die Anerkennung der öffentlichen Ordnung des Mitgliedstaats, in dem sie beantragt wird, offensichtlich widerspricht, wobei das Wohl des Kindes zu berücksichtigen ist;
b) wenn die Entscheidung – ausgenommen in dringenden Fällen – ergangen ist, ohne dass das Kind die Möglichkeit hatte, gehört zu werden, und damit wesentliche verfahrensrechtliche Grundsätze des Mitgliedstaats, in dem die Anerkennung beantragt wird, verletzt werden;
c) wenn der betreffenden Person, die sich auf das Verfahren nicht eingelassen hat, das verfahrenseinleitende Schriftstück oder ein gleichwertiges Schriftstück nicht so rechtzeitig und in einer Weise zugestellt wurde, dass sie sich verteidigen konnte, es sei denn, es wird festgestellt, dass sie mit der Entscheidung eindeutig einverstanden ist;
d) wenn eine Person dies mit der Begründung beantragt, dass die Entscheidung in ihre elterliche Verantwortung eingreift, falls die Entscheidung ergangen ist, ohne dass diese Person die Möglichkeit hatte, gehört zu werden;
e) wenn die Entscheidung mit einer späteren Entscheidung über die elterliche Verantwortung unvereinbar ist, die in dem Mitgliedstaat, in dem die Anerkennung beantragt wird, ergangen ist;
f) wenn die Entscheidung mit einer späteren Entscheidung über die elterliche Verantwortung unvereinbar ist, die in einem anderen Mitgliedstaat oder in dem Drittstaat, in dem das Kind seinen gewöhnlichen Aufenthalt hat, ergangen ist, sofern die spätere Entscheidung die notwendigen Voraussetzungen für ihre Anerkennung in dem Mitgliedstaat erfüllt, in dem die Anerkennung beantragt wird; oder
g) wenn das Verfahren des Art. 56 nicht eingehalten wurde.

Art. 24
Verbot der Nachprüfung der Zuständigkeit des Gerichts des Ursprungsmitgliedstats

Die Zuständigkeit des Gerichts des Ursprungsmitgliedstaats darf nicht überprüft werden. Die Überprüfung der Vereinbarkeit mit der öffentlichen Ordnung gemäß Art. 22 Buchst. a) und Art. 23 Buchst. a) darf sich nicht auf die Zuständigkeitsvorschriften der Art. 3 bis 14 erstrecken.

Art. 25
Unterschiede beim anzuwendenden Recht

Die Anerkennung einer Entscheidung darf nicht deshalb abgelehnt werden, weil eine Ehescheidung, Trennung ohne Auflösung des Ehebandes oder Ungültigerklärung einer Ehe nach dem Recht des Mitgliedstaats, in dem die Anerkennung beantragt wird, unter Zugrundelegung desselben Sachverhalts nicht zulässig wäre.

Art. 26
Ausschluss einer Nachprüfung in der Sache

Die Entscheidung darf keinesfalls in der Sache selbst nachgeprüft werden.

Art. 27
Aussetzung des Verfahrens

(1) Das Gericht eines Mitgliedstaats, vor dem die Anerkennung einer in einem anderen Mitgliedstaat ergangenen Entscheidung beantragt wird, kann das Verfahren aussetzen, wenn gegen die Entscheidung ein ordentlicher Rechtsbehelf eingelegt wurde.

(2) Das Gericht eines Mitgliedstaats, bei dem die Anerkennung einer in Irland oder im Vereinigten Königreich ergangenen Entscheidung beantragt wird, kann das Verfahren aussetzen, wenn die Vollstreckung der Entscheidung im Ursprungsmitgliedstaat wegen der Einlegung eines Rechtsbehelfs einstweilen eingestellt ist.

Abschnitt 2
Antrag auf Vollstreckbarerklärung

Art. 28
Vollstreckbare Entscheidungen

(1) Die in einem Mitgliedstaat ergangenen Entscheidungen über die elterliche Verantwortung für ein Kind, die in diesem Mitgliedstaat vollstreckbar sind und die zugestellt worden sind, werden in einem anderen Mitgliedstaat vollstreckt, wenn sie dort auf Antrag einer berechtigten Partei für vollstreckbar erklärt wurden.

(2) Im Vereinigten Königreich wird eine derartige Entscheidung jedoch in England und Wales, in Schottland oder in Nordirland erst vollstreckt, wenn sie auf Antrag einer berechtigten Partei zur Vollstreckung in dem betreffenden Teil des Vereinigten Königreichs registriert worden ist.

Art. 29
Örtlich zuständiges Gericht

(1) Ein Antrag auf Vollstreckbarerklärung ist bei dem Gericht zu stellen, das in der Liste aufgeführt ist, die jeder Mitgliedstaat der Kommission gemäß Art. 68 mitteilt.

(2) Das örtlich zuständige Gericht wird durch den gewöhnlichen Aufenthalt der Person, gegen die die Vollstreckung erwirkt werden soll, oder durch den gewöhnlichen Aufenthalt eines Kindes, auf das sich der Antrag bezieht, bestimmt. Befindet sich keiner der in Unterabs. 1 angegebenen Orte im Vollstreckungsmitgliedstaat, so wird das örtlich zuständige Gericht durch den Ort der Vollstreckung bestimmt.

Art. 30
Verfahren

(1) Für die Stellung des Antrags ist das Recht des Vollstreckungsmitgliedstaats maßgebend.

(2) Der Antragsteller hat für die Zustellung im Bezirk des angerufenen Gerichts ein Wahldomizil zu begründen. Ist das Wahldomizil im Recht des Vollstreckungsmitgliedstaats nicht vorgesehen, so hat der Antragsteller einen Zustellungsbevollmächtigten zu benennen.

(3) Dem Antrag sind die in den Art. 37 und 39 aufgeführten Urkunden beizufügen.

Art. 31
Entscheidung des Gerichts

(1) Das mit dem Antrag befasste Gericht erlässt seine Entscheidung ohne Verzug und ohne dass die Person, gegen die die Vollstreckung erwirkt werden soll, noch das Kind in diesem Abschnitt des Verfahrens Gelegenheit erhalten, eine Erklärung abzugeben.

(2) Der Antrag darf nur aus einem der in den Art. 22, 23 und 24 aufgeführten Gründe abgelehnt werden.

(3) Die Entscheidung darf keinesfalls in der Sache selbst nachgeprüft werden.

Art. 32
Mitteilung der Entscheidung

Die über den Antrag ergangene Entscheidung wird dem Antragsteller vom Urkundsbeamten der Geschäftsstelle unverzüglich in der Form mitgeteilt, die das Recht des Vollstreckungsmitgliedstaats vorsieht.

Art. 33
Rechtsbehelf

(1) Gegen die Entscheidung über den Antrag auf Vollstreckbarerklärung kann jede Partei einen Rechtsbehelf einlegen.

(2) Der Rechtsbehelf wird bei dem Gericht eingelegt, das in der Liste aufgeführt ist, die jeder Mitgliedstaat der Kommission gemäß Art. 68 mitteilt.

(3) Über den Rechtsbehelf wird nach den Vorschriften entschieden, die für Verfahren mit beiderseitigem rechtlichen Gehör maßgebend sind.

(4) Wird der Rechtsbehelf von der Person eingelegt, die den Antrag auf Vollstreckbarerklärung gestellt hat, so wird die Partei, gegen die die Vollstreckung erwirkt werden soll, aufgefordert, sich auf das Verfahren einzulassen, das bei dem mit dem Rechtsbehelf befassten Gericht anhängig ist. Lässt sich die betreffende Person auf das Verfahren nicht ein, so gelten die Bestimmungen des Art. 18.

(5) Der Rechtsbehelf gegen die Vollstreckbarerklärung ist innerhalb eines Monats nach ihrer Zustellung einzulegen. Hat die Partei, gegen die die Vollstreckung erwirkt werden soll, ihren gewöhnlichen Aufenthalt in einem anderen Mitgliedstaat als dem, in dem die Vollstreckbarerklärung erteilt worden ist, so beträgt die Frist für den Rechtsbehelf zwei Monate und beginnt mit dem Tag, an dem die Vollstreckbarerklärung ihr entweder persönlich oder in ihrer Wohnung zugestellt worden ist. Eine Verlängerung dieser Frist wegen weiter Entfernung ist ausgeschlossen.

Art. 34
Für den Rechtsbehelf zuständiges Gericht und Anfechtung der Entscheidung über den Rechtsbehelf

Die Entscheidung, die über den Rechtsbehelf ergangen ist, kann nur im Wege der Verfahren angefochten werden, die in der Liste genannt sind, die jeder Mitgliedstaat der Kommission gemäß Art. 68 mitteilt.

Art. 35
Aussetzung des Verfahrens

(1) Das nach Art. 33 oder Art. 34 mit dem Rechtsbehelf befasste Gericht kann auf Antrag der Partei, gegen die die Vollstreckung erwirkt werden soll, das Verfahren aussetzen, wenn im Ursprungsmitgliedstaat ein ordentlicher Rechtsbehelf gegen die Entscheidung eingelegt wurde oder die Frist für einen solchen Rechtsbehelf noch nicht verstrichen ist. In letzterem Fall kann das Gericht eine Frist bestimmen, innerhalb deren der Rechtsbehelf einzulegen ist.

(2) Ist die Entscheidung in Irland oder im Vereinigten Königreich ergangen, so gilt jeder im Ursprungsmitgliedstaat statthafte Rechtsbehelf als ordentlicher Rechtsbehelf iSd. Abs. 1.

Art. 36
Teilvollstreckung

(1) Ist mit der Entscheidung über mehrere geltend gemachte Ansprüche entschieden worden und kann die Entscheidung nicht in vollem Umfang zur Vollstreckung zugelassen werden, so lässt das Gericht sie für einen oder mehrere Ansprüche zu.

(2) Der Antragsteller kann eine teilweise Vollstreckung beantragen.

Abschnitt 3
Gemeinsame Bestimmungen für die Abschnitte 1 und 2

Art. 37
Urkunden

(1) Die Partei, die die Anerkennung oder Nichtanerkennung einer Entscheidung oder deren Vollstreckbarerklärung erwirken will, hat Folgendes vorzulegen:
a) eine Ausfertigung der Entscheidung, die die für ihre Beweiskraft erforderlichen Voraussetzungen erfüllt, und
b) die Bescheinigung nach Art. 39.

(2) Bei einer im Versäumnisverfahren ergangenen Entscheidung hat die Partei, die die Anerkennung einer Entscheidung oder deren Vollstreckbarerklärung erwirken will, ferner Folgendes vorzulegen:
a) die Urschrift oder eine beglaubigte Abschrift der Urkunde, aus der sich ergibt, dass das verfahrenseinleitende Schriftstück oder ein gleichwertiges Schriftstück der Partei, die sich nicht auf das Verfahren eingelassen hat, zugestellt wurde, oder
b) eine Urkunde, aus der hervorgeht, dass der Antragsgegner mit der Entscheidung eindeutig einverstanden ist.

Art. 38
Fehlen von Urkunden

(1) Werden die in Art. 37 Abs. 1 Buchst. b) oder Abs. 2 aufgeführten Urkunden nicht vorgelegt, so kann das Gericht eine Frist setzen, innerhalb deren die Urkunden vorzulegen sind, oder sich mit gleichwertigen Urkunden begnügen oder von der Vorlage der Urkunden befreien, wenn es eine weitere Klärung nicht für erforderlich hält.

(2) Auf Verlangen des Gerichts ist eine Übersetzung der Urkunden vorzulegen. Die Übersetzung ist von einer hierzu in einem der Mitgliedstaaten befugten Person zu beglaubigen.

Art. 39
Bescheinigung bei Entscheidungen in Ehesachen und bei Entscheidungen über die elterliche Verantwortung

Das zuständige Gericht oder die zuständige Behörde des Ursprungsmitgliedstaats stellt auf Antrag einer berechtigten Partei eine Bescheinigung unter Verwendung des Formblatts in Anhang I (Entscheidungen in Ehesachen) oder Anhang II (Entscheidungen über die elterliche Verantwortung) aus.

Abschnitt 4
Vollstreckbarkeit bestimmter Entscheidungen über das Umgangsrecht und bestimmter Entscheidungen, mit denen die Rückgabe des Kindes angeordnet wird

Art. 40
Anwendungsbereich

(1) Dieser Abschnitt gilt für
a) das Umgangsrecht und
b) die Rückgabe eines Kindes infolge einer die Rückgabe des Kindes anordnenden Entscheidung gemäß Art. 11 Abs. 8.

(2) Der Träger der elterlichen Verantwortung kann ungeachtet der Bestimmungen dieses Abschnitts die Anerkennung und Vollstreckung nach Maßgabe der Abschnitte 1 und 2 dieses Kapitels beantragen.

Art. 41
Umgangsrecht

(1) Eine in einem Mitgliedstaat ergangene vollstreckbare Entscheidung über das Umgangsrecht iSd. Art. 40 Abs. 1 Buchst. a), für die eine Bescheinigung nach Abs. 2 im Ursprungsmitgliedstaat ausgestellt wurde, wird in einem anderen Mitgliedstaat anerkannt und kann dort vollstreckt werden, ohne dass es einer Vollstreckbarerklärung bedarf und ohne dass die Anerkennung angefochten werden kann.

Auch wenn das nationale Recht nicht vorsieht, dass eine Entscheidung über das Umgangsrecht ungeachtet der Einlegung eines Rechtsbehelfs von Rechts wegen vollstreckbar ist, kann das Gericht des Ursprungsmitgliedstaats die Entscheidung für vollstreckbar erklären.

(2) Der Richter des Ursprungsmitgliedstaats stellt die Bescheinigung nach Abs. 1 unter Verwendung des Formblatts in Anhang III (Bescheinigung über das Umgangsrecht) nur aus, wenn

a) im Fall eines Versäumnisverfahrens das verfahrenseinleitende Schriftstück oder ein gleichwertiges Schriftstück der Partei, die sich nicht auf das Verfahren eingelassen hat, so rechtzeitig und in einer Weise zugestellt wurde, dass sie sich verteidigen konnte, oder wenn in Fällen, in denen bei der Zustellung des betreffenden Schriftstücks diese Bedingungen nicht eingehalten wurden, dennoch festgestellt wird, dass sie mit der Entscheidung eindeutig einverstanden ist;

b) alle betroffenen Parteien Gelegenheit hatten, gehört zu werden, und

c) das Kind die Möglichkeit hatte, gehört zu werden, sofern eine Anhörung nicht aufgrund seines Alters oder seines Reifegrads unangebracht erschien.

Das Formblatt wird in der Sprache ausgefüllt, in der die Entscheidung abgefasst ist.

(3) Betrifft das Umgangsrecht einen Fall, der bei der Verkündung der Entscheidung einen grenzüberschreitenden Bezug aufweist, so wird die Bescheinigung von Amts wegen ausgestellt, sobald die Entscheidung vollstreckbar oder vorläufig vollstreckbar wird. Wird der Fall erst später zu einem Fall mit grenzüberschreitendem Bezug, so wird die Bescheinigung auf Antrag einer der Parteien ausgestellt.

Art. 42
Rückgabe des Kindes

(1) Eine in einem Mitgliedstaat ergangene vollstreckbare Entscheidung über die Rückgabe des Kindes iSd. Art. 40 Abs. 1 Buchst. b), für die eine Bescheinigung nach Abs. 2 im Ursprungsmitgliedstaat ausgestellt wurde, wird in einem anderen Mitgliedstaat anerkannt und kann dort vollstreckt werden, ohne dass es einer Vollstreckbarerklärung bedarf und ohne dass die Anerkennung angefochten werden kann.

Auch wenn das nationale Recht nicht vorsieht, dass eine in Art. 11 Abs. 8 genannte Entscheidung über die Rückgabe des Kindes ungeachtet der Einlegung eines Rechtsbehelfs von Rechts wegen vollstreckbar ist, kann das Gericht des Ursprungsmitgliedstaats die Entscheidung für vollstreckbar erklären.

(2) Der Richter des Ursprungsmitgliedstaats, der die Entscheidung nach Art. 40 Abs. 1 Buchst. b) erlassen hat, stellt die Bescheinigung nach Abs. 1 nur aus, wenn

a) das Kind die Möglichkeit hatte, gehört zu werden, sofern eine Anhörung nicht aufgrund seines Alters oder seines Reifegrads unangebracht erschien,
b) die Parteien die Gelegenheit hatten, gehört zu werden, und
c) das Gericht beim Erlass seiner Entscheidung die Gründe und Beweismittel berücksichtigt hat, die der nach Art. 13 des Haager Übereinkommens von 1980 ergangenen Entscheidung zugrunde liegen.

Ergreift das Gericht oder eine andere Behörde Maßnahmen, um den Schutz des Kindes nach seiner Rückkehr in den Staat des gewöhnlichen Aufenthalts sicherzustellen, so sind diese Maßnahmen in der Bescheinigung anzugeben.

Der Richter des Ursprungsmitgliedstaats stellt die Bescheinigung von Amts wegen unter Verwendung des Formblatts in Anhang IV (Bescheinigung über die Rückgabe des Kindes) aus.

Das Formblatt wird in der Sprache ausgefüllt, in der die Entscheidung abgefasst ist.

Art. 43
Klage auf Berichtigung

(1) Für Berichtigungen der Bescheinigung ist das Recht des Ursprungsmitgliedstaats maßgebend.

(2) Gegen die Ausstellung einer Bescheinigung gemäß Art. 41 Abs. 1 oder Art. 42 Abs. 1 sind keine Rechtsbehelfe möglich.

Art. 44
Wirksamkeit der Bescheinigung

Die Bescheinigung ist nur im Rahmen der Vollstreckbarkeit des Urteils wirksam.

Art. 45
Urkunden

(1) Die Partei, die die Vollstreckung einer Entscheidung erwirken will, hat Folgendes vorzulegen:
a) eine Ausfertigung der Entscheidung, die die für ihre Beweiskraft erforderlichen Voraussetzungen erfüllt, und
b) die Bescheinigung nach Art. 41 Abs. 1 oder Art. 42 Abs. 1.

(2) Für die Zwecke dieses Artikels
- wird der Bescheinigung gemäß Art. 41 Abs. 1 eine Übersetzung der Nummer 12 betreffend die Modalitäten der Ausübung des Umgangsrechts beigefügt;
- wird der Bescheinigung gemäß Art. 42 Abs. 1 eine Übersetzung der Nummer 14 betreffend die Einzelheiten der Maßnahmen, die ergriffen wurden, um die Rückgabe des Kindes sicherzustellen, beigefügt.

Die Übersetzung erfolgt in die oder in eine der Amtssprachen des Vollstreckungsmitgliedstaats oder in eine andere von ihm ausdrücklich zugelassene Sprache. Die Übersetzung ist von einer hierzu in einem der Mitgliedstaaten befugten Person zu beglaubigen.

Abschnitt 5
Öffentliche Urkunden und Vereinbarungen

Art. 46

Öffentliche Urkunden, die in einem Mitgliedstaat aufgenommen und vollstreckbar sind, sowie Vereinbarungen zwischen den Parteien, die in dem Ursprungsmitgliedstaat vollstreckbar sind, werden unter denselben Bedingungen wie Entscheidungen anerkannt und für vollstreckbar erklärt.

Abschnitt 6
Sonstige Bestimmungen

Art. 47
Vollstreckungsverfahren

(1) Für das Vollstreckungsverfahren ist das Recht des Vollstreckungsmitgliedstaats maßgebend.

(2) Die Vollstreckung einer von einem Gericht eines anderen Mitgliedstaats erlassenen Entscheidung, die gemäß Abschnitt 2 für vollstreckbar erklärt wurde oder für die eine Bescheinigung nach Art. 41 Abs. 1 oder Art. 42 Abs. 1 ausgestellt wurde, erfolgt im Vollstreckungsmitgliedstaat unter denselben Bedingungen, die für in diesem Mitgliedstaat ergangene Entscheidungen gelten. Insbesondere darf eine Entscheidung, für die eine Bescheinigung nach Art. 41 Abs. 1 oder Art. 42 Abs. 1 ausgestellt wurde, nicht vollstreckt werden, wenn sie mit einer später ergangenen vollstreckbaren Entscheidung unvereinbar ist.

Art. 48
Praktische Modalitäten der Ausübung des Umgangsrechts

(1) Die Gerichte des Vollstreckungsmitgliedstaats können die praktischen Modalitäten der Ausübung des Umgangsrechts regeln, wenn die notwendigen Vorkehrungen nicht oder nicht in ausreichendem Maße bereits in der Entscheidung der für die Entscheidung der in der Hauptsache zuständigen Gerichte des Mitgliedstaats getroffen wurden und sofern der Wesensgehalt der Entscheidung unberührt bleibt.

(2) Die nach Abs. 1 festgelegten praktischen Modalitäten treten außer Kraft, nachdem die für die Entscheidung in der Hauptsache zuständigen Gerichte des Mitgliedstaats eine Entscheidung erlassen haben.

Art. 49
Kosten

Die Bestimmungen dieses Kapitels mit Ausnahme der Bestimmungen des Abschnitts 4 gelten auch für die Festsetzung der Kosten für die nach dieser Verordnung eingeleiteten Verfahren und die Vollstreckung eines Kostenfestsetzungsbeschlusses.

Art. 50
Prozesskostenhilfe

Wurde dem Antragsteller im Ursprungsmitgliedstaat ganz oder teilweise Prozesskostenhilfe oder Kostenbefreiung gewährt, so genießt er in dem Verfahren nach den Art. 21, 28, 41, 42 und 48 hinsichtlich der Prozesskostenhilfe oder der Kostenbefreiung die günstigste Behandlung, die das Recht des Vollstreckungsmitgliedstaats vorsieht.

Art. 51
Sicherheitsleistung, Hinterlegung

Der Partei, die in einem Mitgliedstaat die Vollstreckung einer in einem anderen Mitgliedstaat ergangenen Entscheidung beantragt, darf eine Sicherheitsleistung oder Hinterlegung, unter welcher Bezeichnung es auch sei, nicht aus einem der folgenden Gründe auferlegt werden:
a) weil sie in dem Mitgliedstaat, in dem die Vollstreckung erwirkt werden soll, nicht ihren gewöhnlichen Aufenthalt hat oder
b) weil sie nicht die Staatsangehörigkeit dieses Staates besitzt oder, wenn die Vollstreckung im Vereinigten Königreich oder in Irland erwirkt werden soll, ihr „domicile" nicht in einem dieser Mitgliedstaaten hat.

Art. 52
Legalisation oder ähnliche Förmlichkeit

Die in den Art. 37, 38 und 45 aufgeführten Urkunden sowie die Urkunde über die Prozessvollmacht, falls eine solche erteilt wird, bedürfen weder der Legalisation noch einer ähnlichen Förmlichkeit.

Kapitel IV
Zusammenarbeit zwischen den Zentralen Behörden bei Verfahren betreffend die elterliche Verantwortung

Art. 53
Bestimmung der Zentralen Behörden

Jeder Mitgliedstaat bestimmt eine oder mehrere Zentrale Behörden, die ihn bei der Anwendung dieser Verordnung unterstützen, und legt ihre räumliche oder sachliche Zuständigkeit fest. Hat ein Mitgliedstaat mehrere Zentrale Behörden bestimmt, so sind die Mitteilungen grundsätzlich direkt an die zuständige Zentrale Behörde zu richten. Wurde eine Mitteilung an eine nicht zuständige Zentrale Behörde gerichtet, so hat diese die Mitteilung an die zuständige Zentrale Behörde weiterzuleiten und den Absender davon in Kenntnis zu setzen.

Art. 54
Allgemeine Aufgaben

Die Zentralen Behörden stellen Informationen über nationale Rechtsvorschriften und Verfahren zur Verfügung und ergeifen Maßnahmen, um die Durchführung dieser Verordnung zu verbessern und die Zusammenarbeit untereinander zu stärken. Hierzu wird das mit der Entscheidung 2001/470/EG eingerichtete Europäische Justizielle Netz für Zivil- und Handelssachen genutzt.

Art. 55
Zusammenarbeit in Fällen, die speziell die elterliche Verantwortung betreffen

Die Zentralen Behörden arbeiten in bestimmten Fällen auf Antrag der Zentralen Behörde eines anderen Mitgliedstaats oder des Trägers der elterlichen Verantwortung zusammen, um die Ziele dieser Verordnung zu verwirklichen. Hierzu treffen sie folgende Maßnahmen im Einklang mit den Rechtsvorschriften dieses Mitgliedstaats, die den Schutz personenbezogener Daten regeln, direkt oder durch Einschaltung anderer Behörden oder Einrichtungen:

a) Sie holen Informationen ein und tauschen sie aus über
   i) die Situation des Kindes,
   ii) laufende Verfahren oder
   iii) das Kind betreffende Entscheidungen.
b) Sie informieren und unterstützen die Träger der elterlichen Verantwortung, die die Anerkennung und Vollstreckung einer Entscheidung, insbesondere über das Umgangsrecht und die Rückgabe des Kindes, in ihrem Gebiet erwirken wollen.
c) Sie erleichtern die Verständigung zwischen den Gerichten, insbesondere zur Anwendung des Art. 11 Absätze 6 und 7 und des Art. 15.
d) Sie stellen alle Informationen und Hilfen zur Verfügung, die für die Gerichte für die Anwendung des Art. 56 von Nutzen sind.
e) Sie erleichtern eine gütliche Einigung zwischen den Trägern der elterlichen Verantwortung durch Mediation oder auf ähnlichem Wege und fördern hierzu die grenzüberschreitende Zusammenarbeit.

Art. 56
Unterbringung des Kindes in einem anderen Mitgliedstaat

(1) Erwägt das nach den Art. 8 bis 15 zuständige Gericht die Unterbringung des Kindes in einem Heim oder in einer Pflegefamilie und soll das Kind in einem anderen Mitgliedstaat untergebracht werden, so zieht das Gericht vorher die Zentrale Behörde oder eine andere zuständige Behörde dieses Mitgliedstaats zurate, sofern in diesem Mitgliedstaat für die innerstaatlichen Fälle der Unterbringung von Kindern die Einschaltung einer Behörde vorgesehen ist.

(2) Die Entscheidung über die Unterbringung nach Abs. 1 kann im ersuchenden Mitgliedstaat nur getroffen werden, wenn die zuständige Behörde des ersuchten Staates dieser Unterbringung zugestimmt hat.

(3) Für die Einzelheiten der Konsultation bzw. der Zustimmung nach den Absätzen 1 und 2 gelten das nationale Recht des ersuchten Staates.

(4) Beschließt das nach den Art. 8 bis 15 zuständige Gericht die Unterbringung des Kindes in einer Pflegefamilie und soll das Kind in einem anderen Mitgliedstaat untergebracht werden und ist in diesem Mitgliedstaat für die innerstaatlichen Fälle der Unterbringung von Kindern die Einschaltung einer Behörde nicht vorgesehen, so setzt das Gericht die Zentrale Behörde oder eine zuständige Behörde dieses Mitgliedstaats davon in Kenntnis.

Art. 57
Arbeitsweise

(1) Jeder Träger der elterlichen Verantwortung kann bei der Zentralen Behörde des Mitgliedstaats, in dem er seinen gewöhnlichen Aufenthalt hat, oder bei der Zentralen Behörde des Mitgliedstaats, in dem das Kind seinen gewöhnlichen Aufenthalt hat oder in dem es sich befindet, einen Antrag auf Unterstützung gemäß Art. 55 stellen. Dem Antrag werden grundsätzlich alle verfügbaren Informationen beigefügt, die die Ausführung des Antrags erleichtern können. Betrifft dieser Antrag die Anerkennung oder Vollstreckung einer Entscheidung über die elterliche Verantwortung, die in den Anwendungsbereich dieser Verordnung fällt, so muss der Träger der

elterlichen Verantwortung dem Antrag die betreffenden Bescheinigungen nach Art. 39, Art. 41 Abs. 1 oder Art. 42 Abs. 1 beifügen.

(2) Jeder Mitgliedstaat teilt der Kommission die Amtssprache(n) der Organe der Gemeinschaft mit, die er außer seiner/seinen eigenen Sprache(n) für Mitteilungen an die Zentralen Behörden zulässt.

(3) Die Unterstützung der Zentralen Behörden gemäß Art. 55 erfolgt unentgeltlich.

(4) Jede Zentrale Behörde trägt ihre eigenen Kosten.

Art. 58
Zusammenkünfte

(1) Zur leichteren Anwendung dieser Verordnung werden regelmäßig Zusammenkünfte der Zentralen Behörden einberufen.

(2) Die Einberufung dieser Zusammenkünfte erfolgt im Einklang mit der Entscheidung 2001/470/EG über die Einrichtung eines Europäischen Justiziellen Netzes für Zivil- und Handelssachen.

Kapitel V
Verhältnis zu anderen Rechtsinstrumenten

Art. 59
Verhältnis zu anderen Rechtsinstrumenten

(1) Unbeschadet der Art. 60, 61, 62 und des Abs. 2 des vorliegenden Artikels ersetzt diese Verordnung die zum Zeitpunkt des Inkrafttretens dieser Verordnung bestehenden, zwischen zwei oder mehr Mitgliedstaaten geschlossenen Übereinkünfte, die in dieser Verordnung geregelte Bereiche betreffen.

(2)

a) Finnland und Schweden können erklären, dass das Übereinkommen vom 6. Februar 1931 zwischen Dänemark, Finnland, Island, Norwegen und Schweden mit Bestimmungen des internationalen Verfahrensrechts über Ehe, Adoption und Vormundschaft einschließlich des Schlussprotokolls anstelle dieser Verordnung ganz oder teilweise auf ihre gegenseitigen Beziehungen anwendbar ist. Diese Erklärungen werden dieser Verordnung als Anhang beigefügt und im Amtsblatt der Europäischen Union veröffentlicht. Die betreffenden Mitgliedstaaten können ihre Erklärung jederzeit ganz oder teilweise widerrufen.

b) Der Grundsatz der Nichtdiskriminierung von Bürgern der Union aus Gründen der Staatsangehörigkeit wird eingehalten.

c) Die Zuständigkeitskriterien in künftigen Übereinkünften zwischen den in Buchst. a) genannten Mitgliedstaaten, die in dieser Verordnung geregelte Bereiche betreffen, müssen mit den Kriterien dieser Verordnung im Einklang stehen.

d) Entscheidungen, die in einem der nordischen Staaten, der eine Erklärung nach Buchst. a) abgegeben hat, aufgrund eines Zuständigkeitskriteriums erlassen werden, das einem der in Kapitel II vorgesehenen Zuständigkeitskriterien entspricht, werden in den anderen Mitgliedstaaten gemäß den Bestimmungen des Kapitels III anerkannt und vollstreckt.

(3) Die Mitgliedstaaten übermitteln der Kommission

a) eine Abschrift der Übereinkünfte sowie der einheitlichen Gesetze zur Durchführung dieser Übereinkünfte gemäß Abs. 2 Buchst. n a) und c),

b) jede Kündigung oder Änderung dieser Übereinkünfte oder dieser einheitlichen Gesetze.

Art. 60
Verhältnis zu bestimmten multilateralen Übereinkommen

Im Verhältnis zwischen den Mitgliedstaaten hat diese Verordnung vor den nachstehenden Übereinkommen insoweit Vorrang, als diese Bereiche betreffen, die in dieser Verordnung geregelt sind:

a) Haager Übereinkommen vom 5. Oktober 1961 über die Zuständigkeit der Behörden und das anzuwendende Recht auf dem Gebiet des Schutzes von Minderjährigen,

b) Luxemburger Übereinkommen vom 8. September 1967 über die Anerkennung von Entscheidungen in Ehesachen,

c) Haager Übereinkommen vom 1. Juni 1970 über die Anerkennung von Ehescheidungen und der Trennung von Tisch und Bett,

d) Europäisches Übereinkommen vom 20. Mai 1980 über die Anerkennung und Vollstreckung von Entscheidungen über das Sorgerecht für Kinder und die Wiederherstellung des Sorgeverhältnisses und

e) Haager Übereinkommen vom 25. Oktober 1980 über die zivilrechtlichen Aspekte internationaler Kindesentführung.

Art. 61
Verhältnis zum Haager Übereinkommen vom 19. Oktober 1996 über die Zuständigkeit, das anzuwendende Recht, die Anerkennung, Vollstreckung und Zusammenarbeit auf dem Gebiet der elterlichen Verantwortung und der Maßnahmen zum Schutz von Kindern

Im Verhältnis zum Haager Übereinkommen vom 19. Oktober 1996 über die Zuständigkeit, das anzuwendende Recht, die Anerkennung, Vollstreckung und Zusammenarbeit auf dem Gebiet der elterlichen Verantwortung und der Maßnahmen zum Schutz von Kindern ist diese Verordnung anwendbar,

a) wenn das betreffende Kind seinen gewöhnlichen Aufenthalt im Hoheitsgebiet eines Mitgliedstaats hat;

b) in Fragen der Anerkennung und der Vollstreckung einer von dem zuständigen Gericht eines Mitgliedstaats ergangenen Entscheidung im Hoheitsgebiet eines anderen Mitgliedstaats, auch wenn das betreffende Kind seinen gewöhnlichen Aufenthalt im Hoheitsgebiet eines Drittstaats hat, der Vertragspartei des genannten Übereinkommens ist.

Art. 62
Fortbestand der Wirksamkeit

(1) Die in Art. 59 Abs. 1 und den Art. 60 und 61 genannten Übereinkünfte behalten ihre Wirksamkeit für die Rechtsgebiete, die durch diese Verordnung nicht geregelt werden.

(2) Die in Art. 60 genannten Übereinkommen, insbesondere das Haager Übereinkommen von 1980, behalten vorbehaltlich des Art. 60 ihre Wirksamkeit zwischen den ihnen angehörenden Mitgliedstaaten.

Art. 63
Verträge mit dem Heiligen Stuhl

(1) Diese Verordnung gilt unbeschadet des am 7. Mai 1940 in der Vatikanstadt zwischen dem Heiligen Stuhl und Portugal unterzeichneten Internationalen Vertrags (Konkordat).

(2) Eine Entscheidung über die Ungültigkeit der Ehe gemäß dem in Abs. 1 genannten Vertrag wird in den Mitgliedstaaten unter den in Kapitel III Abschnitt 1 vorgesehenen Bedingungen anerkannt.

(3) Die Absätze 1 und 2 gelten auch für folgende internationalen Verträge (Konkordate) mit dem Heiligen Stuhl:

a) Lateranvertrag vom 11. Februar 1929 zwischen Italien und dem Heiligen Stuhl, geändert durch die am 18. Februar 1984 in Rom unterzeichnete Vereinbarung mit Zusatzprotokoll,

b) Vereinbarung vom 3. Januar 1979 über Rechtsangelegenheiten zwischen dem Heiligen Stuhl und Spanien,

c) Vereinbarungen zwischen dem Heiligen Stuhl und Malta über die Anerkennung der zivilrechtlichen Wirkungen der Ehen, die nach kanonischem Recht geschlossen wurden, sowie von diesen Ehen betreffenden Entscheidungen der Kirchenbehörden und -gerichte, einschließlich des Anwendungsprotokolls vom selben Tag, zusammen mit dem zweiten Zusatzprotokoll vom 6. Januar 1995.

(4) Für die Anerkennung der Entscheidungen iSd. Abs. 2 können in Spanien, Italien oder Malta dieselben Verfahren und Nachprüfungen vorgegeben werden, die auch für Entscheidungen der Kirchengerichte gemäß den in Abs. 3 genannten internationalen Verträgen mit dem Heiligen Stuhl gelten.

(5) Die Mitgliedstaaten übermitteln der Kommission

a) eine Abschrift der in den Absätzen 1 und 3 genannten Verträge,

b) jede Kündigung oder Änderung dieser Verträge.

Kapitel VI
Übergangsvorschriften

Art. 64

(1) Diese Verordnung gilt nur für gerichtliche Verfahren, öffentliche Urkunden und Vereinbarungen zwischen den Parteien, die nach Beginn der Anwendung dieser Verordnung gemäß Art. 72 eingeleitet, aufgenommen oder getroffen wurden.

(2) Entscheidungen, die nach Beginn der Anwendung dieser Verordnung in Verfahren ergangen sind, die vor Beginn der Anwendung dieser Verordnung, aber nach Inkrafttreten der Verordnung

(EG) Nr. 1347/2000 eingeleitet wurden, werden nach Maßgabe des Kapitels III der vorliegenden Verordnung anerkannt und vollstreckt, sofern das Gericht aufgrund von Vorschriften zuständig war, die mit den Zuständigkeitsvorschriften des Kapitels II der vorliegenden Verordnung oder der Verordnung (EG) Nr. 1347/2000 oder eines Abkommens übereinstimmen, das zum Zeitpunkt der Einleitung des Verfahrens zwischen dem Ursprungsmitgliedstaat und dem ersuchten Mitgliedstaat in Kraft war.

(3) Entscheidungen, die vor Beginn der Anwendung dieser Verordnung in Verfahren ergangen sind, die nach Inkrafttreten der Verordnung (EG) Nr. 1347/2000 eingeleitet wurden, werden nach Maßgabe des Kapitels III der vorliegenden Verordnung anerkannt und vollstreckt, sofern sie eine Ehescheidung, Trennung ohne Auflösung des Ehebandes oder Ungültigerklärung einer Ehe oder eine aus Anlass eines solchen Verfahrens in Ehesachen ergangene Entscheidung über die elterliche Verantwortung für die gemeinsamen Kinder zum Gegenstand haben.

(4) Entscheidungen, die vor Beginn der Anwendung dieser Verordnung, aber nach Inkrafttreten der Verordnung (EG) Nr. 1347/2000 in Verfahren ergangen sind, die vor Inkrafttreten der Verordnung (EG) Nr. 1347/2000 eingeleitet wurden, werden nach Maßgabe des Kapitels III der vorliegenden Verordnung anerkannt und vollstreckt, sofern sie eine Ehescheidung, Trennung ohne Auflösung des Ehebandes oder Ungültigerklärung einer Ehe oder eine aus Anlass eines solchen Verfahrens in Ehesachen ergangene Entscheidung über die elterliche Verantwortung für die gemeinsamen Kinder zum Gegenstand haben und Zuständigkeitsvorschriften angewandt wurden, die mit denen des Kapitels II der vorliegenden Verordnung oder der Verordnung (EG) Nr. 1347/2000 oder eines Abkommens übereinstimmen, das zum Zeitpunkt der Einleitung des Verfahrens zwischen dem Ursprungsmitgliedstaat und dem ersuchten Mitgliedstaat in Kraft war.

Kapitel VII
Schlussbestimmungen

Art. 65 Überprüfung

Die Kommission unterbreitet dem Europäischen Parlament, dem Rat und dem Europäischen Wirtschafts- und Sozialausschuss spätestens am 1. Januar 2012 und anschließend alle fünf Jahre auf der Grundlage der von den Mitgliedstaaten vorgelegten Informationen einen Bericht über die Anwendung dieser Verordnung, dem sie ggf. Vorschläge zu deren Anpassung beifügt.

Art. 66
Mitgliedstaaten mit zwei oder mehr Rechtssystemen

Für einen Mitgliedstaat, in dem die in dieser Verordnung behandelten Fragen in verschiedenen Gebietseinheiten durch zwei oder mehr Rechtssysteme oder Regelwerke geregelt werden, gilt Folgendes:

a) Jede Bezugnahme auf den gewöhnlichen Aufenthalt in diesem Mitgliedstaat betrifft den gewöhnlichen Aufenthalt in einer Gebietseinheit.

b) Jede Bezugnahme auf die Staatsangehörigkeit oder, im Fall des Vereinigten Königreichs, auf das „domicile" betrifft die durch die Rechtsvorschriften dieses Staates bezeichnete Gebietseinheit.

c) Jede Bezugnahme auf die Behörde eines Mitgliedstaats betrifft die zuständige Behörde der Gebietseinheit innerhalb dieses Staates.

d) Jede Bezugnahme auf die Vorschriften des ersuchten Mitgliedstaats betrifft die Vorschriften der Gebietseinheit, in der die Zuständigkeit geltend gemacht oder die Anerkennung oder Vollstreckung beantragt wird.

Art. 67
Angaben zu den Zentralen Behörden und zugelassenen Sprachen

Die Mitgliedstaaten teilen der Kommission binnen drei Monaten nach Inkrafttreten dieser Verordnung Folgendes mit:

a) die Namen und Anschriften der Zentralen Behörden gemäß Art. 53 sowie die technischen Kommunikationsmittel,

b) die Sprachen, die gemäß Art. 57 Abs. 2 für Mitteilungen an die Zentralen Behörden zugelassen sind, und

c) die Sprachen, die gemäß Art. 45 Abs. 2 für die Bescheinigung über das Umgangsrecht zugelassen sind.

Die Mitgliedstaaten teilen der Kommission jede Änderung dieser Angaben mit.

Die Angaben werden von der Kommission veröffentlicht.

Art. 68
Angaben zu den Gerichten und den Rechtsbehelfen

Die Mitgliedstaaten teilen der Kommission die in den Art. 21, 29, 33 und 34 genannten Listen mit den zuständigen Gerichten und den Rechtsbehelfen sowie die Änderungen dieser Listen mit.
Die Kommission aktualisiert diese Angaben und gibt sie durch Veröffentlichung im Amtsblatt der Europäischen Union und auf andere geeignete Weise bekannt.

Art. 69
Änderungen der Anhänge

Änderungen der in den Anhängen I bis IV wiedergegebenen Formblätter werden nach dem in Art. 70 Abs. 2 genannten Verfahren beschlossen.

Art. 70
Ausschuss

(1) Die Kommission wird von einem Ausschuss (nachstehend „Ausschuss" genannt) unterstützt.
(2) Wird auf diesen Abs. Bezug genommen, so gelten die Art. 3 und 7 des Beschlusses 1999/468/EG.
(3) Der Ausschuss gibt sich eine Geschäftsordnung.

Art. 71
Aufhebung der Verordnung (EG) Nr. 1347/2000

(1) Die Verordnung (EG) Nr. 1347/2000 wird mit Beginn der Geltung dieser Verordnung aufgehoben.
(2) Jede Bezugnahme auf die Verordnung (EG) Nr. 1347/2000 gilt als Bezugnahme auf diese Verordnung nach Maßgabe der Entsprechungstabelle in Anhang VI.

Art. 72
In-Kraft-Treten

Diese Verordnung tritt am 1. August 2004 in Kraft.
Sie gilt ab 1. März 2005 mit Ausnahme der Art. 67, 68, 69 und 70, die ab dem 1. August 2004 gelten.
[Die hier nicht abgedruckten Anhänge zur Brüssel IIa-VO enthalten Formulare für die Bescheinigungen gem. Art. 39, 41 und 42 Brüssel IIa-VO, eine Konkordanztabelle zur Brüssel II-VO Nr. 1347/2000 sowie Erklärungen Schwedens und Finnlands nach Art. 59 Abs. 2 Buchst. a Brüssel II-VO Nr. 1347/2000.]

Anhang 3 zu § 97: KSÜ

Schnellübersicht:
Überblick: s. § 99 Rz. 21.
Anwendungsbereich:
– persönlicher A. (Art. 2 KSÜ): s. § 99 Rz. 34;
– Restanwendungsbereich des Vorgängerübereinkommens MSA (Art. 51 KSÜ): s. § 99 Rz. 20, § 108 Rz. 29;
– sachlicher A. (Art. 3 f. KSÜ): s. § 99 Rz. 21, § 101 Rz. 3, § 108 Rz. 29;
– Verhältnis zur Brüssel IIa-VO (Art. 61 Brüssel IIa-VO): s. § 99 Rz. 15, 18, 19, 22;
– Verhältnis zum FamFG: s. § 99 Rz. 18;
– Verhältnis zum HErwSÜ: s. § 104 Rz. 10, 22;
– Verhältnis zum HKEntfÜ (Art. 50 KSÜ): s. § 99 Rz. 25.
Anerkennung:
– Anerkennung ipso iure (Art. 23 KSÜ): s. § 108 Rz. 39;
– Anerkennungshindernisse (Art. 23 KSÜ): s. § 109 Rz. 9, 11 f.;
– Anerkennungsverfahren (Art. 24 KSÜ): § 108 Rz. 49;
– Anwendungsbereich (Art. 23 ff. KSÜ): s. § 108 Rz. 29, 35, § 109 Rz. 12;
– Bindung an Feststellungen des Erstgerichts (Art. 25 KSÜ): s. § 109 Rz. 16.
Inkrafttreten und Ausführungsgesetz s. § 97 Rz. 20.
Internationale Zuständigkeit:
– einstweiliger Rechtsschutz (Art. 11 f. KSÜ): s. vor §§ 98–106 Rz. 17, § 99 Rz. 19;

- Ermessenszuständigkeit – forum non conveniens (Art. 8f. KSÜ): s. vor §§ 98–106 Rz. 8;
- Fortdauer der Zuständigkeit – perpetuatio fori (Art. 5ff. KSÜ): s. vor §§ 98–106 Rz. 12;
- gewöhnlicher Aufenthalt (Art. 5ff. KSÜ): s. vor §§ 98–106 Rz. 22;
- Notzuständigkeit – forum necessitatis (Art. 11 KSÜ): s. vor §§ 98–106 Rz. 18.

Kollisionsrecht (Art. 15ff. KSÜ): s. § 99 Rz. 15.

Verfahren:
- grenzüberschreitende Verfahrensabgabe (Art. 8f. KSÜ): s. vor §§ 98–106 Rz. 58;
- Kooperation mit ausländischen Behörden (Art. 29ff. KSÜ): s. vor §§ 98–106 Rz. 57, § 99 Rz. 46;
- Parallelverfahren (Art. 13 KSÜ): s. vor §§ 98–106 Rz. 48;
- Vertretung verfahrensunfähiger Personen: s. Vor §§ 98–106 Rz. 46, § 101 Rz. 3;

Vollstreckbarerklärung (Art. 26 KSÜ): s. § 110 Rz. 11.

Übereinkommen vom 19.10.1996 über die Zuständigkeit, das anzuwendende Recht, die Anerkennung, Vollstreckung und Zusammenarbeit auf dem Gebiet der elterlichen Verantwortung und der Maßnahmen zum Schutz von Kindern (KSÜ)[1]

Kapitel I
Anwendungsbereich des Übereinkommens

Art. 1

(1) Ziel dieses Übereinkommens ist es,
a) den Staat zu bestimmen, dessen Behörden zuständig sind, Maßnahmen zum Schutz der Person oder des Vermögens des Kindes zu treffen;
b) das von diesen Behörden bei der Ausübung ihrer Zuständigkeit anzuwendende Recht zu bestimmen;
c) das auf die elterliche Verantwortung anzuwendende Recht zu bestimmen;
d) die Anerkennung und Vollstreckung der Schutzmaßnahmen in allen Vertragsstaaten sicherzustellen;
e) die zur Verwirklichung der Ziele dieses Übereinkommens notwendige Zusammenarbeit zwischen den Behörden der Vertragsstaaten einzurichten.

(2) Im Sinn dieses Übereinkommens umfasst der Begriff „elterliche Verantwortung" die elterliche Sorge und jedes andere entsprechende Sorgeverhältnis, das die Rechte, Befugnisse und Pflichten der Eltern, des Vormunds oder eines anderen gesetzlichen Vertreters in Bezug auf die Person oder das Vermögen des Kindes bestimmt.

Art. 2

Dieses Übereinkommen ist auf Kinder von ihrer Geburt bis zur Vollendung des 18. Lebensjahrs anzuwenden.

Art. 3

Die Maßnahmen, auf die in Artikel 1 Bezug genommen wird, können insbesondere Folgendes umfassen:
a) die Zuweisung, die Ausübung und die vollständige oder teilweise Entziehung der elterlichen Verantwortung sowie deren Übertragung;
b) das Sorgerecht einschließlich der Sorge für die Person des Kindes und insbesondere des Rechts, den Aufenthalt des Kindes zu bestimmen, sowie das Recht zum persönlichen Umgang einschließlich des Rechts, das Kind für eine begrenzte Zeit an einen anderen Ort als den seines gewöhnlichen Aufenthalts zu bringen;
c) die Vormundschaft, die Pflegschaft und entsprechende Einrichtungen;
d) die Bestimmung und den Aufgabenbereich jeder Person oder Stelle, die für die Person oder das Vermögen des Kindes verantwortlich ist, das Kind vertritt oder ihm beisteht;
e) die Unterbringung des Kindes in einer Pflegefamilie oder einem Heim oder seine Betreuung durch Kafala oder eine entsprechende Einrichtung;
f) die behördliche Aufsicht über die Betreuung eines Kindes durch jede Person, die für das Kind verantwortlich ist;
g) die Verwaltung und Erhaltung des Vermögens des Kindes oder die Verfügung darüber.

---

1 BGBl. II 2009, 603. In Kraft getreten am 1.1.2011, BGBl. II 2010, 1527.

Art. 4

Dieses Übereinkommen ist nicht anzuwenden
a) auf die Feststellung und Anfechtung des Eltern-Kind-Verhältnisses;
b) auf Adoptionsentscheidungen und Maßnahmen zur Vorbereitung einer Adoption sowie auf die Ungültigerklärung und den Widerruf der Adoption;
c) auf Namen und Vornamen des Kindes;
d) auf die Volljährigerklärung;
e) auf Unterhaltspflichten;
f) auf trusts und Erbschaften;
g) auf die soziale Sicherheit;
h) auf öffentliche Maßnahmen allgemeiner Art in Angelegenheiten der Erziehung und Gesundheit;
i) auf Maßnahmen infolge von Straftaten, die von Kindern begangen wurden;
j) auf Entscheidungen über Asylrecht und Einwanderung.

Kapitel II
Zuständigkeit

Art. 5

(1) Die Behörden, seien es Gerichte oder Verwaltungsbehörden, des Vertragsstaats, in dem das Kind seinen gewöhnlichen Aufenthalt hat, sind zuständig, Maßnahmen zum Schutz der Person oder des Vermögens des Kindes zu treffen.

(2) Vorbehaltlich des Artikels 7 sind bei einem Wechsel des gewöhnlichen Aufenthalts des Kindes in einen anderen Vertragsstaat die Behörden des Staates des neuen gewöhnlichen Aufenthalts zuständig.

Art. 6

(1) Über Flüchtlingskinder und Kinder, die infolge von Unruhen in ihrem Land in ein anderes Land gelangt sind, üben die Behörden des Vertragsstaats, in dessen Hoheitsgebiet sich die Kinder demzufolge befinden, die in Artikel 5 Absatz 1 vorgesehene Zuständigkeit aus.

(2) Absatz 1 ist auch auf Kinder anzuwenden, deren gewöhnlicher Aufenthalt nicht festgestellt werden kann.

Art. 7

(1) Bei widerrechtlichem Verbringen oder Zurückhalten des Kindes bleiben die Behörden des Vertragsstaats, in dem das Kind unmittelbar vor dem Verbringen oder Zurückhalten seinen gewöhnlichen Aufenthalt hatte, so lange zuständig, bis das Kind einen gewöhnlichen Aufenthalt in einem anderen Staat erlangt hat und
a) jede sorgeberechtigte Person, Behörde oder sonstige Stelle das Verbringen oder Zurückhalten genehmigt hat, oder
b) das Kind sich in diesem anderen Staat mindestens ein Jahr aufgehalten hat, nachdem die sorgeberechtigte Person, Behörde oder sonstige Stelle seinen Aufenthaltsort kannte oder hätte kennen müssen, kein während dieses Zeitraums gestellter Antrag auf Rückgabe mehr anhängig ist und das Kind sich in seinem neuen Umfeld eingelebt hat.

(2) Das Verbringen oder Zurückhalten eines Kindes gilt als widerrechtlich, wenn
a) dadurch das Sorgerecht verletzt wird, das einer Person, Behörde oder sonstigen Stelle allein oder gemeinsam nach dem Recht des Staates zusteht, in dem das Kind unmittelbar vor dem Verbringen oder Zurückhalten seinen gewöhnlichen Aufenthalt hatte, und
b) dieses Recht im Zeitpunkt des Verbringens oder Zurückhaltens allein oder gemeinsam tatsächlich ausgeübt wurde oder ausgeübt worden wäre, falls das Verbringen oder Zurückhalten nicht stattgefunden hätte.

Das unter Buchst. a genannte Sorgerecht kann insbesondere kraft Gesetzes, aufgrund einer gerichtlichen oder behördlichen Entscheidung oder aufgrund einer nach dem Recht des betreffenden Staates wirksamen Vereinbarung bestehen.

(3) Solange die in Absatz 1 genannten Behörden zuständig bleiben, können die Behörden des Vertragsstaats, in den das Kind verbracht oder in dem es zurückgehalten wurde, nur die nach Artikel 11 zum Schutz der Person oder des Vermögens des Kindes erforderlichen dringenden Maßnahmen treffen.

Art. 8

(1) Ausnahmsweise kann die nach Artikel 5 oder 6 zuständige Behörde eines Vertragsstaats, wenn sie der Auffassung ist, dass die Behörde eines anderen Vertragsstaats besser in der Lage wäre, das Wohl des Kindes im Einzelfall zu beurteilen,
- entweder diese Behörde unmittelbar oder mit Unterstützung der Zentralen Behörde dieses Staates ersuchen, die Zuständigkeit zu übernehmen, um die Schutzmaßnahmen zu treffen, die sie für erforderlich hält,
- oder das Verfahren aussetzen und die Parteien einladen, bei der Behörde dieses anderen Staates einen solchen Antrag zu stellen.

(2) Die Vertragsstaaten, deren Behörden nach Absatz 1 ersucht werden können, sind
a) ein Staat, dem das Kind angehört,
b) ein Staat, in dem sich Vermögen des Kindes befindet,
c) ein Staat, bei dessen Behörden ein Antrag der Eltern des Kindes auf Scheidung, Trennung, Aufhebung oder Nichtigerklärung der Ehe anhängig ist,
d) ein Staat, zu dem das Kind eine enge Verbindung hat.

(3) Die betreffenden Behörden können einen Meinungsaustausch aufnehmen.

(4) Die nach Absatz 1 ersuchte Behörde kann die Zuständigkeit anstelle der nach Artikel 5 oder 6 zuständigen Behörde übernehmen, wenn sie der Auffassung ist, dass dies dem Wohl des Kindes dient.

Art. 9

(1) Sind die in Artikel 8 Absatz 2 genannten Behörden eines Vertragsstaats der Auffassung, dass sie besser in der Lage sind, das Wohl des Kindes im Einzelfall zu beurteilen, so können sie
- entweder die zuständige Behörde des Vertragsstaats des gewöhnlichen Aufenthalts des Kindes unmittelbar oder mit Unterstützung der Zentralen Behörde dieses Staates ersuchen, ihnen zu gestatten, die Zuständigkeit auszuüben, um die von ihnen für erforderlich gehaltenen Schutzmaßnahmen zu treffen,
- oder die Parteien einladen, bei der Behörde des Vertragsstaats des gewöhnlichen Aufenthalts des Kindes einen solchen Antrag zu stellen.

(2) Die betreffenden Behörden können einen Meinungsaustausch aufnehmen.

(3) Die Behörde, von welcher der Antrag ausgeht, darf die Zuständigkeit anstelle der Behörde des Vertragsstaats des gewöhnlichen Aufenthalts des Kindes nur ausüben, wenn diese den Antrag angenommen hat.

Art. 10

(1) Unbeschadet der Artikel 5 bis 9 können die Behörden eines Vertragsstaats in Ausübung ihrer Zuständigkeit für die Entscheidung über einen Antrag auf Scheidung, Trennung, Aufhebung oder Nichtigerklärung der Ehe der Eltern eines Kindes, das seinen gewöhnlichen Aufenthalt in einem anderen Vertragsstaat hat, sofern das Recht ihres Staates dies zulässt, Maßnahmen zum Schutz der Person oder des Vermögens des Kindes treffen, wenn
a) einer der Eltern zu Beginn des Verfahrens seinen gewöhnlichen Aufenthalt in diesem Staat und ein Elternteil die elterliche Verantwortung für das Kind hat und
b) die Eltern und jede andere Person, welche die elterliche Verantwortung für das Kind hat, die Zuständigkeit dieser Behörden für das Ergreifen solcher Maßnahmen anerkannt haben und diese Zuständigkeit dem Wohl des Kindes entspricht.

(2) Die in Absatz 1 vorgesehene Zuständigkeit für das Ergreifen von Maßnahmen zum Schutz des Kindes endet, sobald die stattgebende oder abweisende Entscheidung über den Antrag auf Scheidung, Trennung, Aufhebung oder Nichtigerklärung der Ehe endgültig geworden ist oder das Verfahren aus einem anderen Grund beendet wurde.

Art. 11

(1) In allen dringenden Fällen sind die Behörden jedes Vertragsstaats, in dessen Hoheitsgebiet sich das Kind oder ihm gehörendes Vermögen befindet, zuständig, die erforderlichen Schutzmaßnahmen zu treffen.

(2) Maßnahmen nach Absatz 1, die in Bezug auf ein Kind mit gewöhnlichem Aufenthalt in einem Vertragsstaat getroffen wurden, treten außer Kraft, sobald die nach den Artikeln 5 bis 10 zuständigen Behörden die durch die Umstände gebotenen Maßnahmen getroffen haben.

(3) Maßnahmen nach Absatz 1, die in Bezug auf ein Kind mit gewöhnlichem Aufenthalt in einem Nichtvertragsstaat getroffen wurden, treten in jedem Vertragsstaat außer Kraft, sobald dort die

durch die Umstände gebotenen und von den Behörden eines anderen Staates getroffenen Maßnahmen anerkannt werden.

Art. 12
(1) Vorbehaltlich des Artikels 7 sind die Behörden eines Vertragsstaats, in dessen Hoheitsgebiet sich das Kind oder ihm gehörendes Vermögen befindet, zuständig, vorläufige und auf das Hoheitsgebiet dieses Staates beschränkte Maßnahmen zum Schutz der Person oder des Vermögens des Kindes zu treffen, soweit solche Maßnahmen nicht mit den Maßnahmen unvereinbar sind, welche die nach den Artikeln 5 bis 10 zuständigen Behörden bereits getroffen haben.

(2) Maßnahmen nach Absatz 1, die in Bezug auf ein Kind mit gewöhnlichem Aufenthalt in einem Vertragsstaat getroffen wurden, treten außer Kraft, sobald die nach den Artikeln 5 bis 10 zuständigen Behörden eine Entscheidung über die Schutzmaßnahmen getroffen haben, die durch die Umstände geboten sein könnten.

(3) Maßnahmen nach Absatz 1, die in Bezug auf ein Kind mit gewöhnlichem Aufenthalt in einem Nichtvertragsstaat getroffen wurden, treten in dem Vertragsstaat außer Kraft, in dem sie getroffen worden sind, sobald dort die durch die Umstände gebotenen und von den Behörden eines anderen Staates getroffenen Maßnahmen anerkannt werden.

Art. 13
(1) Die Behörden eines Vertragsstaats, die nach den Artikeln 5 bis 10 zuständig sind, Maßnahmen zum Schutz der Person oder des Vermögens des Kindes zu treffen, dürfen diese Zuständigkeit nicht ausüben, wenn bei Einleitung des Verfahrens entsprechende Maßnahmen bei den Behörden eines anderen Vertragsstaats beantragt worden sind, die in jenem Zeitpunkt nach den Artikeln 5 bis 10 zuständig waren, und diese Maßnahmen noch geprüft werden.

(2) Absatz 1 ist nicht anzuwenden, wenn die Behörden, bei denen Maßnahmen zuerst beantragt wurden, auf ihre Zuständigkeit verzichtet haben.

Art. 14
Selbst wenn durch eine Änderung der Umstände die Grundlage der Zuständigkeit wegfällt, bleiben die nach den Artikeln 5 bis 10 getroffenen Maßnahmen innerhalb ihrer Reichweite so lange in Kraft, bis die nach diesem Übereinkommen zuständigen Behörden sie ändern, ersetzen oder aufheben.

Kapitel III
Anzuwendendes Recht

Art. 15
(1) Bei der Ausübung ihrer Zuständigkeit nach Kapitel II wenden die Behörden der Vertragsstaaten ihr eigenes Recht an.

(2) Soweit es der Schutz der Person oder des Vermögens des Kindes erfordert, können sie jedoch ausnahmsweise das Recht eines anderen Staates anwenden oder berücksichtigen, zu dem der Sachverhalt eine enge Verbindung hat.

(3) Wechselt der gewöhnliche Aufenthalt des Kindes in einen anderen Vertragsstaat, so bestimmt das Recht dieses anderen Staates vom Zeitpunkt des Wechsels an die Bedingungen, unter denen die im Staat des früheren gewöhnlichen Aufenthalts getroffenen Maßnahmen angewendet werden.

Art. 16
(1) Die Zuweisung oder das Erlöschen der elterlichen Verantwortung kraft Gesetzes ohne Einschreiten eines Gerichts oder einer Verwaltungsbehörde bestimmt sich nach dem Recht des Staates des gewöhnlichen Aufenthalts des Kindes.

(2) Die Zuweisung oder das Erlöschen der elterlichen Verantwortung durch eine Vereinbarung oder ein einseitiges Rechtsgeschäft ohne Einschreiten eines Gerichts oder einer Verwaltungsbehörde bestimmt sich nach dem Recht des Staates des gewöhnlichen Aufenthalts des Kindes in dem Zeitpunkt, in dem die Vereinbarung oder das einseitige Rechtsgeschäft wirksam wird.

(3) Die elterliche Verantwortung nach dem Recht des Staates des gewöhnlichen Aufenthalts des Kindes besteht nach dem Wechsel dieses gewöhnlichen Aufenthalts in einen anderen Staat fort.

(4) Wechselt der gewöhnliche Aufenthalt des Kindes, so bestimmt sich die Zuweisung der elterlichen Verantwortung kraft Gesetzes an eine Person, die diese Verantwortung nicht bereits hat, nach dem Recht des Staates des neuen gewöhnlichen Aufenthalts.

Art. 17
Die Ausübung der elterlichen Verantwortung bestimmt sich nach dem Recht des Staates des gewöhnlichen Aufenthalts des Kindes. Wechselt der gewöhnliche Aufenthalt des Kindes, so bestimmt sie sich nach dem Recht des Staates des neuen gewöhnlichen Aufenthalts.

Art. 18
Durch Maßnahmen nach diesem Übereinkommen kann die in Artikel 16 genannte elterliche Verantwortung entzogen oder können die Bedingungen ihrer Ausübung geändert werden.

Art. 19
(1) Die Gültigkeit eines Rechtsgeschäfts zwischen einem Dritten und einer anderen Person, die nach dem Recht des Staates, in dem das Rechtsgeschäft abgeschlossen wurde, als gesetzlicher Vertreter zu handeln befugt wäre, kann nicht allein deswegen bestritten und der Dritte nicht nur deswegen verantwortlich gemacht werden, weil die andere Person nach dem in diesem Kapitel bestimmten Recht nicht als gesetzlicher Vertreter zu handeln befugt war, es sei denn, der Dritte wusste oder hätte wissen müssen, dass sich die elterliche Verantwortung nach diesem Recht bestimmte.

(2) Absatz 1 ist nur anzuwenden, wenn das Rechtsgeschäft unter Anwesenden im Hoheitsgebiet desselben Staates geschlossen wurde.

Art. 20
Dieses Kapitel ist anzuwenden, selbst wenn das darin bestimmte Recht das eines Nichtvertragsstaats ist.

Art. 21
(1) Der Begriff „Recht" im Sinne dieses Kapitels bedeutet das in einem Staat geltende Recht mit Ausnahme des Kollisionsrechts.

(2) Ist jedoch das nach Artikel 16 anzuwendende Recht das eines Nichtvertragsstaats und verweist das Kollisionsrecht dieses Staates auf das Recht eines anderen Nichtvertragsstaats, der sein eigenes Recht anwenden würde, so ist das Recht dieses anderen Staates anzuwenden. Betrachtet sich das Recht dieses anderen Nichtvertragsstaats als nicht anwendbar, so ist das nach Artikel 16 bestimmte Recht anzuwenden.

Art. 22
Die Anwendung des in diesem Kapitel bestimmten Rechts darf nur versagt werden, wenn sie der öffentlichen Ordnung (ordre public) offensichtlich widerspricht, wobei das Wohl des Kindes zu berücksichtigen ist.

Kapitel IV
Anerkennung und Vollstreckung

Art. 23
(1) Die von den Behörden eines Vertragsstaats getroffenen Maßnahmen werden kraft Gesetzes in den anderen Vertragsstaaten anerkannt.

(2) Die Anerkennung kann jedoch versagt werden,

a) wenn die Maßnahme von einer Behörde getroffen wurde, die nicht nach Kapitel II zuständig war;

b) wenn die Maßnahme, außer in dringenden Fällen, im Rahmen eines Gerichts oder Verwaltungsverfahrens getroffen wurde, ohne dass dem Kind die Möglichkeit eingeräumt worden war, gehört zu werden, und dadurch gegen wesentliche Verfahrensgrundsätze des ersuchten Staates verstoßen wurde;

c) auf Antrag jeder Person, die geltend macht, dass die Maßnahme ihre elterliche Verantwortung beeinträchtigt, wenn diese Maßnahme, außer in dringenden Fällen, getroffen wurde, ohne dass dieser Person die Möglichkeit eingeräumt worden war, gehört zu werden;

d) wenn die Anerkennung der öffentlichen Ordnung (ordre public) des ersuchten Staates offensichtlich widerspricht, wobei das Wohl des Kindes zu berücksichtigen ist;

e) wenn die Maßnahme mit einer später im Nichtvertragsstaat des gewöhnlichen Aufenthalts des Kindes getroffenen Maßnahme unvereinbar ist, sofern die spätere Maßnahme die für ihre Anerkennung im ersuchten Staat erforderlichen Voraussetzungen erfüllt;

f) wenn das Verfahren nach Artikel 33 nicht eingehalten wurde.

Art. 24
Unbeschadet des Artikels 23 Absatz 1 kann jede betroffene Person bei den zuständigen Behörden eines Vertragsstaats beantragen, dass über die Anerkennung oder Nichtanerkennung einer in einem anderen Vertragsstaat getroffenen Maßnahme entschieden wird. Das Verfahren bestimmt sich nach dem Recht des ersuchten Staates.

Art. 25
Die Behörde des ersuchten Staates ist an die Tatsachenfeststellungen gebunden, auf welche die Behörde des Staates, in dem die Maßnahme getroffen wurde, ihre Zuständigkeit gestützt hat.

Art. 26
(1) Erfordern die in einem Vertragsstaat getroffenen und dort vollstreckbaren Maßnahmen in einem anderen Vertragsstaat Vollstreckungshandlungen, so werden sie in diesem anderen Staat auf Antrag jeder betroffenen Partei nach dem im Recht dieses Staates vorgesehenen Verfahren für vollstreckbar erklärt oder zur Vollstreckung registriert.
(2) Jeder Vertragsstaat wendet auf die Vollstreckbarerklärung oder die Registrierung ein einfaches und schnelles Verfahren an.
(3) Die Vollstreckbarerklärung oder die Registrierung darf nur aus einem der in Artikel 23 Absatz 2 vorgesehenen Gründe versagt werden.

Art. 27
Vorbehaltlich der für die Anwendung der vorstehenden Artikel erforderlichen Überprüfung darf die getroffene Maßnahme in der Sache selbst nicht nachgeprüft werden.

Art. 28
Die in einem Vertragsstaat getroffenen und in einem anderen Vertragsstaat für vollstreckbar erklärten oder zur Vollstreckung registrierten Maßnahmen werden dort vollstreckt, als seien sie von den Behörden dieses anderen Staates getroffen worden. Die Vollstreckung richtet sich nach dem Recht des ersuchten Staates unter Beachtung der darin vorgesehenen Grenzen, wobei das Wohl des Kindes zu berücksichtigen ist.

Kapitel V
Zusammenarbeit

Art. 29
(1) Jeder Vertragsstaat bestimmt eine Zentrale Behörde, welche die ihr durch dieses Übereinkommen übertragenen Aufgaben wahrnimmt.
(2) Einem Bundesstaat, einem Staat mit mehreren Rechtssystemen oder einem Staat, der aus autonomen Gebietseinheiten besteht, steht es frei, mehrere Zentrale Behörden zu bestimmen und deren räumliche und persönliche Zuständigkeit festzulegen. Macht ein Staat von dieser Möglichkeit Gebrauch, so bestimmt er die Zentrale Behörde, an welche Mitteilungen zur Übermittlung an die zuständige Zentrale Behörde in diesem Staat gerichtet werden können.

Art. 30
(1) Die Zentralen Behörden arbeiten zusammen und fördern die Zusammenarbeit der zuständigen Behörden ihrer Staaten, um die Ziele dieses Übereinkommens zu verwirklichen.
(2) Im Zusammenhang mit der Anwendung dieses Übereinkommens treffen sie die geeigneten Maßnahmen, um Auskünfte über das Recht ihrer Staaten sowie die in ihren Staaten für den Schutz von Kindern verfügbaren Dienste zu erteilen.

Art. 31
Die Zentrale Behörde eines Vertragsstaats trifft unmittelbar oder mit Hilfe staatlicher Behörden oder sonstiger Stellen alle geeigneten Vorkehrungen, um
a) die Mitteilungen zu erleichtern und die Unterstützung anzubieten, die in den Artikeln 8 und 9 und in diesem Kapitel vorgesehen sind;
b) durch Vermittlung, Schlichtung oder ähnliche Mittel gütliche Einigungen zum Schutz der Person oder des Vermögens des Kindes bei Sachverhalten zu erleichtern, auf die dieses Übereinkommen anzuwenden ist;
c) auf Ersuchen der zuständigen Behörde eines anderen Vertragsstaats bei der Ermittlung des Aufenthaltsorts des Kindes Unterstützung zu leisten, wenn der Anschein besteht, dass das Kind sich im Hoheitsgebiet des ersuchten Staates befindet und Schutz benötigt.

Art. 32

Auf begründetes Ersuchen der Zentralen Behörde oder einer anderen zuständigen Behörde eines Vertragsstaats, zu dem das Kind eine enge Verbindung hat, kann die Zentrale Behörde des Vertragsstaats, in dem das Kind seinen gewöhnlichen Aufenthalt hat und in dem es sich befindet, unmittelbar oder mit Hilfe staatlicher Behörden oder sonstiger Stellen

a) einen Bericht über die Lage des Kindes erstatten;
b) die zuständige Behörde ihres Staates ersuchen zu prüfen, ob Maßnahmen zum Schutz der Person oder des Vermögens des Kindes erforderlich sind.

Art. 33

(1) Erwägt die nach den Artikeln 5 bis 10 zuständige Behörde die Unterbringung des Kindes in einer Pflegefamilie oder einem Heim oder seine Betreuung durch Kafala oder eine entsprechende Einrichtung und soll es in einem anderen Vertragsstaat untergebracht oder betreut werden, so zieht sie vorher die Zentrale Behörde oder eine andere zuständige Behörde dieses Staates zu Rate. Zu diesem Zweck übermittelt sie ihr einen Bericht über das Kind und die Gründe ihres Vorschlags zur Unterbringung oder Betreuung.

(2) Die Entscheidung über die Unterbringung oder Betreuung kann im ersuchenden Staat nur getroffen werden, wenn die Zentrale Behörde oder eine andere zuständige Behörde des ersuchten Staates dieser Unterbringung oder Betreuung zugestimmt hat, wobei das Wohl des Kindes zu berücksichtigen ist.

Art. 34

(1) Wird eine Schutzmaßnahme erwogen, so können die nach diesem Übereinkommen zuständigen Behörden, sofern die Lage des Kindes dies erfordert, jede Behörde eines anderen Vertragsstaats, die über sachdienliche Informationen für den Schutz des Kindes verfügt, ersuchen, sie ihnen mitzuteilen.

(2) Jeder Vertragsstaat kann erklären, dass Ersuchen nach Absatz 1 seinen Behörden nur über seine Zentrale Behörde zu übermitteln sind.

Art. 35

(1) Die zuständigen Behörden eines Vertragsstaats können die Behörden eines anderen Vertragsstaats ersuchen, ihnen bei der Durchführung der nach diesem Übereinkommen getroffenen Schutzmaßnahmen Hilfe zu leisten, insbesondere um die wirksame Ausübung des Rechts zum persönlichen Umgang sowie des Rechts sicherzustellen, regelmäßige unmittelbare Kontakte aufrechtzuerhalten.

(2) Die Behörden eines Vertragsstaats, in dem das Kind keinen gewöhnlichen Aufenthalt hat, können auf Antrag eines Elternteils, der sich in diesem Staat aufhält und der ein Recht zum persönlichen Umgang zu erhalten oder beizubehalten wünscht, Auskünfte oder Beweise einholen und Feststellungen über die Eignung dieses Elternteils zur Ausübung des Rechts zum persönlichen Umgang und die Bedingungen seiner Ausübung treffen. Eine Behörde, die nach den Artikeln 5 bis 10 für die Entscheidung über das Recht zum persönlichen Umgang zuständig ist, hat vor ihrer Entscheidung diese Auskünfte, Beweise und Feststellungen zuzulassen und zu berücksichtigen.

(3) Eine Behörde, die nach den Artikeln 5 bis 10 für die Entscheidung über das Recht zum persönlichen Umgang zuständig ist, kann das Verfahren bis zum Vorliegen des Ergebnisses des in Absatz 2 vorgesehenen Verfahrens aussetzen, insbesondere wenn bei ihr ein Antrag auf Änderung oder Aufhebung des Rechts zum persönlichen Umgang anhängig ist, das die Behörden des Staates des früheren gewöhnlichen Aufenthalts des Kindes eingeräumt haben.

(4) Dieser Artikel hindert eine nach den Artikeln 5 bis 10 zuständige Behörde nicht, bis zum Vorliegen des Ergebnisses des in Absatz 2 vorgesehenen Verfahrens vorläufige Maßnahmen zu treffen.

Art. 36

Ist das Kind einer schweren Gefahr ausgesetzt, so benachrichtigen die zuständigen Behörden des Vertragsstaats, in dem Maßnahmen zum Schutz dieses Kindes getroffen wurden oder in Betracht gezogen werden, sofern sie über den Wechsel des Aufenthaltsorts in einen anderen Staat oder die dortige Anwesenheit des Kindes unterrichtet sind, die Behörden dieses Staates von der Gefahr und den getroffenen oder in Betracht gezogenen Maßnahmen.

Art. 37

Eine Behörde darf nach diesem Kapitel weder um Informationen ersuchen noch solche erteilen, wenn dadurch nach ihrer Auffassung die Person oder das Vermögen des Kindes in Gefahr geraten könnte oder die Freiheit oder das Leben eines Familienangehörigen des Kindes ernsthaft bedroht würde.

Art. 38

(1) Unbeschadet der Möglichkeit, für die erbrachten Dienstleistungen angemessene Kosten zu verlangen, tragen die Zentralen Behörden und die anderen staatlichen Behörden der Vertragsstaaten die Kosten, die ihnen durch die Anwendung dieses Kapitels entstehen.

(2) Jeder Vertragsstaat kann mit einem oder mehreren anderen Vertragsstaaten Vereinbarungen über die Kostenaufteilung treffen.

Art. 39

Jeder Vertragsstaat kann mit einem oder mehreren anderen Vertragsstaaten Vereinbarungen treffen, um die Anwendung dieses Kapitels in ihren gegenseitigen Beziehungen zu erleichtern. Die Staaten, die solche Vereinbarungen getroffen haben, übermitteln dem Verwahrer dieses Übereinkommens eine Abschrift.

Kapitel VI
Allgemeine Bestimmungen

Art. 40

(1) Die Behörden des Vertragsstaats, in dem das Kind seinen gewöhnlichen Aufenthalt hat oder in dem eine Schutzmaßnahme getroffen wurde, können dem Träger der elterlichen Verantwortung oder jedem, dem der Schutz der Person oder des Vermögens des Kindes anvertraut wurde, auf dessen Antrag eine Bescheinigung über seine Berechtigung zum Handeln und die ihm übertragenen Befugnisse ausstellen.

(2) Die Richtigkeit der Berechtigung zum Handeln und der Befugnisse, die bescheinigt sind, wird bis zum Beweis des Gegenteils vermutet.

(3) Jeder Vertragsstaat bestimmt die für die Ausstellung der Bescheinigung zuständigen Behörden.

Art. 41

Die nach diesem Übereinkommen gesammelten oder übermittelten personenbezogenen Daten dürfen nur für die Zwecke verwendet werden, zu denen sie gesammelt oder übermittelt wurden.

Art. 42

Behörden, denen Informationen übermittelt werden, stellen nach dem Recht ihres Staates deren vertrauliche Behandlung sicher.

Art. 43

Die nach diesem Übereinkommen übermittelten oder ausgestellten Schriftstücke sind von jeder Legalisation oder entsprechenden Förmlichkeit befreit.

Art. 44

Jeder Vertragsstaat kann die Behörden bestimmen, an die Ersuchen nach den Artikeln 8, 9 und 33 zu richten sind.

Art. 45

(1) Die nach den Artikeln 29 und 44 bestimmten Behörden werden dem Ständigen Büro der Haager Konferenz für Internationales Privatrecht mitgeteilt.

(2) Die Erklärung nach Artikel 34 Absatz 2 wird gegenüber dem Verwahrer dieses Übereinkommens abgegeben.

Art. 46

Ein Vertragsstaat, in dem verschiedene Rechtssysteme oder Gesamtheiten von Regeln für den Schutz der Person und des Vermögens des Kindes gelten, muss die Regeln dieses Übereinkommens nicht auf Kollisionen anwenden, die allein zwischen diesen verschiedenen Rechtssystemen oder Gesamtheiten von Regeln bestehen.

Art. 47

Gelten in einem Staat in Bezug auf die in diesem Übereinkommen geregelten Angelegenheiten zwei oder mehr Rechtssysteme oder Gesamtheiten von Regeln in verschiedenen Gebietseinheiten, so ist jede Verweisung

1. auf den gewöhnlichen Aufenthalt in diesem Staat als Verweisung auf den gewöhnlichen Aufenthalt in einer Gebietseinheit zu verstehen;
2. auf die Anwesenheit des Kindes in diesem Staat als Verweisung auf die Anwesenheit des Kindes in einer Gebietseinheit zu verstehen;
3. auf die Belegenheit des Vermögens des Kindes in diesem Staat als Verweisung auf die Belegenheit des Vermögens des Kindes in einer Gebietseinheit zu verstehen;
4. auf den Staat, dem das Kind angehört, als Verweisung auf die von dem Recht dieses Staates bestimmte Gebietseinheit oder, wenn solche Regeln fehlen, als Verweisung auf die Gebietseinheit zu verstehen, mit der das Kind die engste Verbindung hat;
5. auf den Staat, bei dessen Behörden ein Antrag auf Scheidung, Trennung, Aufhebung oder Nichtigerklärung der Ehe der Eltern des Kindes anhängig ist, als Verweisung auf die Gebietseinheit zu verstehen, bei deren Behörden ein solcher Antrag anhängig ist;
6. auf den Staat, mit dem das Kind eine enge Verbindung hat, als Verweisung auf die Gebietseinheit zu verstehen, mit der das Kind eine solche Verbindung hat;
7. auf den Staat, in den das Kind verbracht oder in dem es zurückgehalten wurde, als Verweisung auf die Gebietseinheit zu verstehen, in die das Kind verbracht oder in der es zurückgehalten wurde;
8. auf Stellen oder Behörden dieses Staates, die nicht Zentrale Behörden sind, als Verweisung auf die Stellen oder Behörden zu verstehen, die in der betreffenden Gebietseinheit handlungsbefugt sind;
9. auf das Recht, das Verfahren oder die Behörde des Staates, in dem eine Maßnahme getroffen wurde, als Verweisung auf das Recht, das Verfahren oder die Behörde der Gebietseinheit zu verstehen, in der diese Maßnahme getroffen wurde;
10. auf das Recht, das Verfahren oder die Behörde des ersuchten Staates als Verweisung auf das Recht, das Verfahren oder die Behörde der Gebietseinheit zu verstehen, in der die Anerkennung oder Vollstreckung geltend gemacht wird.

Art. 48

Hat ein Staat zwei oder mehr Gebietseinheiten mit eigenen Rechtssystemen oder Gesamtheiten von Regeln für die in diesem Übereinkommen geregelten Angelegenheiten, so gilt zur Bestimmung des nach Kapitel III anzuwendenden Rechts Folgendes:

a) Sind in diesem Staat Regeln in Kraft, die das Recht einer bestimmten Gebietseinheit für anwendbar erklären, so ist das Recht dieser Einheit anzuwenden;
b) fehlen solche Regeln, so ist das Recht der in Artikel 47 bestimmten Gebietseinheit anzuwenden.

Art. 49

Hat ein Staat zwei oder mehr Rechtssysteme oder Gesamtheiten von Regeln, die auf verschiedene Personengruppen hinsichtlich der in diesem Übereinkommen geregelten Angelegenheiten anzuwenden sind, so gilt zur Bestimmung des nach Kapitel III anzuwendenden Rechts Folgendes:

a) Sind in diesem Staat Regeln in Kraft, die bestimmen, welches dieser Rechte anzuwenden ist, so ist dieses anzuwenden;
b) fehlen solche Regeln, so ist das Rechtssystem oder die Gesamtheit von Regeln anzuwenden, mit denen das Kind die engste Verbindung hat.

Art. 50

Dieses Übereinkommen lässt das Übereinkommen vom 25. Oktober 1980 über die zivilrechtlichen Aspekte internationaler Kindesentführung im Verhältnis zwischen den Vertragsparteien beider Übereinkommen unberührt. Einer Berufung auf Bestimmungen dieses Übereinkommens zu dem Zweck, die Rückkehr eines widerrechtlich verbrachten oder zurückgehaltenen Kindes zu erwirken oder das Recht zum persönlichen Umgang durchzuführen, steht jedoch nichts entgegen.

Art. 51

Im Verhältnis zwischen den Vertragsstaaten ersetzt dieses Übereinkommen das Übereinkommen vom 5. Oktober 1961 über die Zuständigkeit der Behörden und das anzuwendende Recht auf dem Gebiet des Schutzes von Minderjährigen und das am 12. Juni 1902 in Den Haag unterzeichnete Abkommen zur Regelung der Vormundschaft über Minderjährige, unbeschadet der Anerkennung von Maßnahmen, die nach dem genannten Übereinkommen vom 5. Oktober 1961 getroffen wurden.

Art. 52

(1) Dieses Übereinkommen lässt internationale Übereinkünfte unberührt, denen Vertragsstaaten als Vertragsparteien angehören und die Bestimmungen über die im vorliegenden Übereinkommen geregelten Angelegenheiten enthalten, sofern die durch eine solche Übereinkunft gebundenen Staaten keine gegenteilige Erklärung abgeben.

(2) Dieses Übereinkommen lässt die Möglichkeit unberührt, dass ein oder mehrere Vertragsstaaten Vereinbarungen treffen, die in Bezug auf Kinder mit gewöhnlichem Aufenthalt in einem der Staaten, die Vertragsparteien solcher Vereinbarungen sind, Bestimmungen über die in diesem Übereinkommen geregelten Angelegenheiten enthalten.

(3) Künftige Vereinbarungen eines oder mehrerer Vertragsstaaten über Angelegenheiten im Anwendungsbereich dieses Übereinkommens lassen im Verhältnis zwischen solchen Staaten und anderen Vertragsstaaten die Anwendung der Bestimmungen des Übereinkommens unberührt.

(4) Die Absätze 1 bis 3 gelten auch für Einheitsrecht, das auf besonderen Verbindungen insbesondere regionaler Art zwischen den betroffenen Staaten beruht.

Art. 53

(1) Dieses Übereinkommen ist nur auf Maßnahmen anzuwenden, die in einem Staat getroffen werden, nachdem das Übereinkommen für diesen Staat in Kraft getreten ist.

(2) Dieses Übereinkommen ist auf die Anerkennung und Vollstreckung von Maßnahmen anzuwenden, die getroffen wurden, nachdem es im Verhältnis zwischen dem Staat, in dem die Maßnahmen getroffen wurden, und dem ersuchten Staat in Kraft getreten ist.

Art. 54

(1) Mitteilungen an die Zentrale Behörde oder eine andere Behörde eines Vertragsstaats werden in der Originalsprache zugesandt; sie müssen von einer Übersetzung in die Amtssprache oder eine der Amtssprachen des anderen Staates oder, wenn eine solche Übersetzung nur schwer erhältlich ist, von einer Übersetzung ins Französische oder Englische begleitet sein.

(2) Ein Vertragsstaat kann jedoch einen Vorbehalt nach Artikel 60 anbringen und darin gegen die Verwendung des Französischen oder Englischen, jedoch nicht beider Sprachen, Einspruch erheben.

Art. 55

(1) Ein Vertragsstaat kann sich nach Artikel 60
a) die Zuständigkeit seiner Behörden vorbehalten, Maßnahmen zum Schutz des in seinem Hoheitsgebiet befindlichen Vermögens eines Kindes zu treffen;
b) vorbehalten, die elterliche Verantwortung oder eine Maßnahme nicht anzuerkennen, soweit sie mit einer von seinen Behörden in Bezug auf dieses Vermögen getroffenen Maßnahme unvereinbar ist.

(2) Der Vorbehalt kann auf bestimmte Vermögensarten beschränkt werden.

Art. 56

Der Generalsekretär der Haager Konferenz für Internationales Privatrecht beruft in regelmäßigen Abständen eine Spezialkommission zur Prüfung der praktischen Durchführung dieses Übereinkommens ein.

Kapitel VII
Schlussbestimmungen

Art. 57–58

(Vom Abdruck wurde abgesehen).

Art. 59

(1) Ein Staat, der aus zwei oder mehr Gebietseinheiten besteht, in denen für die in diesem Übereinkommen behandelten Angelegenheiten unterschiedliche Rechtssysteme gelten, kann bei der Unterzeichnung, der Ratifikation, der Annahme, der Genehmigung oder dem Beitritt erklären, dass das Übereinkommen auf alle seine Gebietseinheiten oder nur auf eine oder mehrere davon erstreckt wird; er kann diese Erklärung durch Abgabe einer neuen Erklärung jederzeit ändern.

(2) Jede derartige Erklärung wird dem Verwahrer unter ausdrücklicher Bezeichnung der Gebietseinheiten notifiziert, auf die dieses Übereinkommen angewendet wird.

(3) Gibt ein Staat keine Erklärung nach diesem Artikel ab, so ist dieses Übereinkommen auf sein gesamtes Hoheitsgebiet anzuwenden.

Art. 60–63

(Vom Abdruck wurde abgesehen).

Anhang 4 zu § 97: HKEntfÜ

Schnellübersicht:
Überblick: s. § 99 Rz. 23 f.
Anerkennung- und Vollstreckbarerklärung: § 108 Rz. 29.
Anwendungsbereich:
- persönlicher A. (Art. 4 HKEntfÜ): s. § 99 Rz. 24;
- Verhältnis zur Brüssel IIa-VO (Art. 60, 62 Brüssel IIa-VO): s. § 99 Rz. 25, 27;
- Verhältnis zum KSÜ (Art. 50 KSÜ): s. § 99 Rz. 25;
- Verhältnis zum MSA (Art. 34 HKEntfÜ): s. § 99 Rz. 25;
- Verhältnis zum SorgeRÜ: s. § 108 Rz. 29.

Inkrafttreten und Ausführungsgesetz: s. § 97 Rz. 20.
Kindesrückführung (Art. 8 ff. HKEntfÜ): s. § 99 Rz. 27 ff.
Verfahren: Kooperation mit ausländischen Behörden (Art. 6 ff. HKEntfÜ): s. vor §§ 98–106 Rz. 57.
Zuständigkeit:
- gewöhnlicher Aufenthalt (Art. 8 HKEntfÜ): s. vor §§ 98–106 Rz. 22;
- Kindesrückführung (Art. 12 HKEntfÜ): s. § 99 Rz. 27.

Haager Übereinkommen vom 25.10.1980 über die zivilrechtlichen Aspekte internationaler Kindesentführung (HKEntfÜ)[1]

Kapitel I
Anwendungsbereich des Übereinkommens

Art. 1

Ziel dieses Übereinkommens ist es,
a) die sofortige Rückgabe widerrechtlich in einen Vertragsstaat verbrachter oder dort zurückgehaltener Kinder sicherzustellen und
b) zu gewährleisten, dass das in einem Vertragsstaat bestehende Sorgerecht und Recht zum persönlichen Umgang in den anderen Vertragsstaaten tatsächlich beachtet wird.

Art. 2

Die Vertragsstaaten treffen alle geeigneten Maßnahmen, um in ihrem Hoheitsgebiet die Ziele des Übereinkommens zu verwirklichen. Zu diesem Zweck wenden sie ihre schnellstmöglichen Verfahren an.

Art. 3

(1) Das Verbringen oder Zurückhalten eines Kindes gilt als widerrechtlich, wenn
a) dadurch das Sorgerecht verletzt wird, das einer Person, Behörde oder sonstigen Stelle allein oder gemeinsam nach dem Recht des Staates zusteht, in dem das Kind unmittelbar vor dem Verbringen oder Zurückhalten seinen gewöhnlichen Aufenthalt hatte, und
b) dieses Recht im Zeitpunkt des Verbringens oder Zurückhaltens allein oder gemeinsam tatsächlich ausgeübt wurde oder ausgeübt worden wäre, falls das Verbringen oder Zurückhalten nicht stattgefunden hätte.

(2) Das unter Buchst. a genannte Sorgerecht kann insbesondere kraft Gesetzes, aufgrund einer gerichtlichen oder behördlichen Entscheidung oder aufgrund einer nach dem Recht des betreffenden Staates wirksamen Vereinbarung bestehen.

Art. 4

Das Übereinkommen wird auf jedes Kind angewendet, das unmittelbar vor einer Verletzung des Sorgerechts oder des Rechts zum persönlichen Umgang seinen gewöhnlichen Aufenthalt in einem Vertragsstaat hatte. Das Übereinkommen wird nicht mehr angewendet, sobald das Kind das 16. Lebensjahr vollendet hat.

---

[1] BGBl. II 1990, 207.

Art. 5
Im Sinn dieses Übereinkommens umfasst
a) das „Sorgerecht" die Sorge für die Person des Kindes und insbesondere das Recht, den Aufenthalt des Kindes zu bestimmen;
b) das Recht „Recht zum persönlichen Umgang" das Recht, das Kind für eine begrenzte Zeit an einen anderen Ort als seinen gewöhnlichen Aufenthaltsort zu bringen.

Kapitel II
Zentrale Behörden

Art. 6
(1) Jeder Vertragsstaat bestimmt eine zentrale Behörde, welche die ihr durch dieses Übereinkommen übertragenen Aufgaben wahrnimmt.
(2) Einem Bundesstaat, einem Staat mit mehreren Rechtssystemen oder einem Staat, der aus autonomen Gebietskörperschaften besteht, steht es frei, mehrere zentrale Behörden zu bestimmen und deren räumliche Zuständigkeit festzulegen. Macht ein Staat von dieser Möglichkeit Gebrauch, so bestimmt er die zentrale Behörde, an welche die Anträge zur Übermittlung an die zuständige zentrale Behörde in diesem Staat gerichtet werden können.

Art. 7
(1) Die zentralen Behörden arbeiten zusammen und fördern die Zusammenarbeit der zuständigen Behörden ihrer Staaten, um die sofortige Rückgabe von Kindern sicherzustellen und auch die anderen Ziele dieses Übereinkommens zu verwirklichen.
(2) Insbesondere treffen sie unmittelbar oder mit Hilfe anderer alle geeigneten Maßnahmen, um
a) den Aufenthaltsort eines widerrechtlich verbrachten oder zurückgehaltenen Kindes ausfindig zu machen;
b) weitere Gefahren von dem Kind oder Nachteile von den betroffenen Parteien abzuwenden, indem sie vorläufige Maßnahmen treffen oder veranlassen;
c) die freiwillige Rückgabe des Kindes sicherzustellen oder eine gütliche Regelung der Angelegenheit herbeizuführen;
d) soweit zweckdienlich Auskünfte über die soziale Lage des Kindes auszutauschen;
e) im Zusammenhang mit der Anwendung des Übereinkommens allgemeine Auskünfte über das Recht ihrer Staaten zu erteilen;
f) ein gerichtliches oder behördliches Verfahren einzuleiten oder die Einleitung eines solchen Verfahrens zu erleichtern, um die Rückgabe des Kindes zu erwirken sowie ggf. die Durchführung oder die wirksame Ausübung des Rechts zum persönlichen Umgang zu gewährleisten;
g) soweit erforderlich die Bewilligung von Prozesskosten- und Beratungshilfe einschließlich der Beiordnung eines Rechtsanwalts, zu veranlassen oder zu erleichtern;
h) durch etwa notwendige und geeignete behördliche Vorkehrungen die sichere Rückgabe des Kindes zu gewährleisten;
i) einander über die Wirkungsweise des Übereinkommens zu unterrichten und Hindernisse, die seiner Anwendung entgegenstehen, soweit wie möglich auszuräumen.

Kapitel III
Rückgabe von Kindern

Art. 8
(1) Macht eine Person, Behörde oder sonstige Stelle geltend, ein Kind sei unter Verletzung des Sorgerechts verbracht oder zurückgehalten worden, so kann sie sich entweder an die für den gewöhnlichen Aufenthalt des Kindes zuständige zentrale Behörde oder an die zentrale Behörde eines anderen Vertragsstaats wenden, um mit deren Unterstützung die Rückgabe des Kindes sicherzustellen.
(2) Der Antrag muss enthalten
a) Angaben über die Identität des Antragstellers, des Kindes und der Person, die das Kind angeblich verbracht oder zurückgehalten hat;
b) das Geburtsdatum des Kindes, soweit es festgestellt werden kann;
c) die Gründe, die der Antragsteller für seinen Anspruch auf Rückgabe des Kindes geltend macht;
d) alle verfügbaren Angaben über den Aufenthaltsort des Kindes und die Identität der Person, bei der sich das Kind vermutlich befindet.

Der Antrag kann wie folgt ergänzt oder es können ihm folgende Anlagen beigefügt werden:
e) eine beglaubigte Ausfertigung einer für die Sache erheblichen Entscheidung oder Vereinbarung;
f) eine Bescheinigung oder eidesstattliche Erklärung (Affidavit) über die einschlägigen Rechtsvorschriften des betreffenden Staates; sie muss von der zentralen Behörde oder einer sonstigen zuständigen Behörde des Staates, in dem sich das Kind gewöhnlich aufhält, oder von einer dazu befugten Person ausgehen;
g) jedes sonstige für die Sache erhebliche Schriftstück.

Art. 9
Hat die zentrale Behörde, bei der ein Antrag nach Artikel 8 eingeht, Grund zu der Annahme, dass sich das Kind in einem anderen Vertragsstaat befindet, so übermittelt sie den Antrag unmittelbar und unverzüglich der zentralen Behörde dieses Staates; sie unterrichtet davon die ersuchende zentrale Behörde oder ggf. den Antragsteller.

Art. 10
Die zentrale Behörde des Staates, in dem sich das Kind befindet, trifft oder veranlasst alle geeigneten Maßnahmen, um die freiwillige Rückgabe des Kindes zu bewirken.

Art. 11
(1) In Verfahren auf Rückgabe von Kindern haben die Gerichte oder Verwaltungsbehörden eines jeden Vertragsstaats mit der gebotenen Eile zu handeln.
(2) Hat das Gericht oder die Verwaltungsbehörde, die mit der Sache befasst sind, nicht innerhalb von sechs Wochen nach Eingang des Antrags eine Entscheidung getroffen, so kann der Antragsteller oder die zentrale Behörde des ersuchten Staates von sich aus oder auf Begehren der zentralen Behörde des ersuchenden Staates eine Darstellung der Gründe für die Verzögerung verlangen. Hat die zentrale Behörde des ersuchten Staates die Antwort erhalten, so übermittelt sie diese der zentralen Behörde des ersuchenden Staates oder ggf. dem Antragsteller.

Art. 12
(1) Ist ein Kind im Sinn des Artikels 3 widerrechtlich verbracht oder zurückgehalten worden und ist bei Eingang des Antrags bei dem Gericht oder der Verwaltungsbehörde des Vertragsstaats, in dem sich das Kind befindet, eine Frist von weniger als einem Jahr seit dem Verbringen oder Zurückhalten verstrichen, so ordnet das zuständige Gericht oder die zuständige Verwaltungsbehörde die sofortige Rückgabe des Kindes an.
(2) Ist der Antrag erst nach Ablauf der in Absatz 1 bezeichneten Jahresfrist eingegangen, so ordnet das Gericht oder die Verwaltungsbehörde die Rückgabe des Kindes ebenfalls an, sofern nicht erwiesen ist, dass das Kind sich in seine neue Umgebung eingelebt hat.
(3) Hat das Gericht oder die Verwaltungsbehörde des ersuchten Staates Grund zu der Annahme, dass das Kind in einen anderen Staat verbracht worden ist, so kann das Verfahren ausgesetzt oder der Antrag auf Rückgabe des Kindes abgelehnt werden.

Art. 13
(1) Ungeachtet des Artikels 12 ist das Gericht oder die Verwaltungsbehörde des ersuchten Staates nicht verpflichtet, die Rückgabe des Kindes anzuordnen, wenn die Person, Behörde oder sonstige Stelle, die sich der Rückgabe des Kindes widersetzt, nachweist,
a) dass die Person, Behörde oder sonstige Stelle, der die Sorge für die Person des Kindes zustand, das Sorgerecht zurzeit des Verbringens oder Zurückhaltens tatsächlich nicht ausgeübt, dem Verbringen oder Zurückhalten zugestimmt oder dieses nachträglich genehmigt hat oder
b) dass die Rückgabe mit der schwerwiegenden Gefahr eines körperlichen oder seelischen Schadens für das Kind verbunden ist oder das Kind auf andere Weise in eine unzumutbare Lage bringt.
(2) Das Gericht oder die Verwaltungsbehörde kann es ferner ablehnen, die Rückgabe des Kindes anzuordnen, wenn festgestellt wird, dass sich das Kind der Rückgabe widersetzt und dass es ein Alter und eine Reife erreicht hat, angesichts deren es angebracht erscheint, seine Meinung zu berücksichtigen.
(3) Bei Würdigung der in diesem Artikel genannten Umstände hat das Gericht oder die Verwaltungsbehörde die Auskünfte über die soziale Lage des Kindes zu berücksichtigen, die von der zentralen Behörde oder einer anderen zuständigen Behörde des Staates des gewöhnlichen Aufenthalts des Kindes erteilt worden sind.

Art. 14

Haben die Gerichte oder Verwaltungsbehörden des ersuchten Staates festzustellen, ob ein widerrechtliches Verbringen oder Zurückhalten im Sinn des Artikels 3 vorliegt, so können sie das im Staat des gewöhnlichen Aufenthalts des Kindes geltende Recht und die gerichtlichen oder behördlichen Entscheidungen, gleichviel ob sie dort förmlich anerkannt sind oder nicht, unmittelbar berücksichtigen; dabei brauchen sie die besonderen Verfahren zum Nachweis dieses Rechts oder zur Anerkennung ausländischer Entscheidungen, die sonst einzuhalten wären, nicht zu beachten.

Art. 15

Bevor die Gerichte oder Verwaltungsbehörden eines Vertragsstaats die Rückgabe des Kindes anordnen, können sie vom Antragsteller die Vorlage einer Entscheidung oder sonstigen Bescheinigung der Behörden des Staates des gewöhnlichen Aufenthalts des Kindes verlangen, aus der hervorgeht, dass das Verbringen oder Zurückhalten widerrechtlich im Sinn des Artikels 3 war, sofern in dem betreffenden Staat eine derartige Entscheidung oder Bescheinigung erwirkt werden kann. Die zentralen Behörden der Vertragsstaaten haben den Antragsteller beim Erwirken einer derartigen Entscheidung oder Bescheinigung soweit wie möglich zu unterstützen.

Art. 16

Ist den Gerichten oder Verwaltungsbehörden des Vertragsstaats, in den das Kind verbracht oder in dem es zurückgehalten wurde, das widerrechtliche Verbringen oder Zurückhalten des Kindes im Sinn des Artikels 3 mitgeteilt worden, so dürfen sie eine Sachentscheidung über das Sorgerecht erst treffen, wenn entschieden ist, dass das Kind aufgrund dieses Übereinkommens nicht zurückzugeben ist, oder wenn innerhalb angemessener Frist nach der Mitteilung kein Antrag nach dem Übereinkommen gestellt wird.

Art. 17

Der Umstand, dass eine Entscheidung über das Sorgerecht im ersuchten Staat ergangen oder dort anerkennbar ist, stellt für sich genommen keinen Grund dar, die Rückgabe eines Kindes nach Maßgabe dieses Übereinkommens abzulehnen; die Gerichte oder Verwaltungsbehörden des ersuchten Staates können jedoch bei der Anwendung des Übereinkommens die Entscheidungsgründe berücksichtigen.

Art. 18

Die Gerichte oder Verwaltungsbehörden werden durch die Bestimmungen dieses Kapitels nicht daran gehindert, jederzeit die Rückgabe des Kindes anzuordnen.

Art. 19

Eine aufgrund dieses Übereinkommens getroffene Entscheidung über die Rückgabe des Kindes ist nicht als Entscheidung über das Sorgerecht anzusehen.

Art. 20

Die Rückgabe des Kindes nach Artikel 12 kann abgelehnt werden, wenn sie nach den im ersuchten Staat geltenden Grundwerten über den Schutz der Menschenrechte und Grundfreiheiten unzulässig ist.

Kapitel IV
Recht zum persönlichen Umgang

Art. 21

(1) Der Antrag auf Durchführung oder wirksame Ausübung des Rechts zum persönlichen Umgang kann in derselben Weise an die zentrale Behörde eines Vertragsstaats gerichtet werden wie ein Antrag auf Rückgabe des Kindes.

(2) Die zentralen Behörden haben aufgrund der in Artikel 7 genannten Verpflichtung zur Zusammenarbeit die ungestörte Ausübung des Rechts zum persönlichen Umgang sowie die Erfüllung aller Bedingungen zu fördern, denen die Ausübung dieses Rechts unterliegt. Die zentralen Behörden unternehmen Schritte, um soweit wie möglich alle Hindernisse auszuräumen, die der Ausübung dieses Rechts entgegenstehen.

(3) Die zentralen Behörden können unmittelbar oder mit Hilfe anderer die Einleitung eines Verfahrens vorbereiten oder unterstützen mit dem Ziel, das Recht zum persönlichen Umgang durchzuführen oder zu schützen und zu gewährleisten, dass die Bedingungen, von denen die Ausübung dieses Rechts abhängen kann, beachtet werden.

Kapitel V
Allgemeine Bestimmungen

Art. 22
In gerichtlichen oder behördlichen Verfahren, die unter dieses Übereinkommen fallen, darf für die Zahlung von Kosten und Auslagen eine Sicherheitsleistung oder Hinterlegung gleich welcher Bezeichnung nicht auferlegt werden.

Art. 23
Im Rahmen dieses Übereinkommens darf keine Legalisation oder ähnliche Förmlichkeit verlangt werden.

Art. 24
(1) Anträge, Mitteilungen oder sonstige Schriftstücke werden der zentralen Behörde des ersuchten Staates in der Originalsprache zugesandt; sie müssen von einer Übersetzung in die Amtssprache oder eine der Amtssprachen des ersuchten Staates oder, wenn eine solche Übersetzung nur schwer erhältlich ist, von einer Übersetzung ins Französische oder Englische begleitet sein.

(2) Ein Vertragsstaat kann jedoch einen Vorbehalt nach Artikel 42 anbringen und darin gegen die Verwendung des Französischen oder Englischen, jedoch nicht beider Sprachen, in den seiner zentralen Behörde übersandten Anträgen, Mitteilungen oder sonstigen Schriftstücken Einspruch erheben.

Art. 25
Angehörigen eines Vertragsstaats und Personen, die ihren gewöhnlichen Aufenthalt in einem solchen Staat haben, wird in allen mit der Anwendung dieses Übereinkommens zusammenhängenden Angelegenheiten Prozesskosten- und Beratungshilfe in jedem anderen Vertragsstaat zu denselben Bedingungen bewilligt wie Angehörigen des betreffenden Staates, die dort ihren gewöhnlichen Aufenthalt haben.

Art. 26
(1) Jede zentrale Behörde trägt ihre eigenen Kosten, die bei der Anwendung dieses Übereinkommens entstehen.

(2) Für die nach diesem Übereinkommen gestellten Anträge erheben die zentralen Behörden und andere Behörden der Vertragsstaaten keine Gebühren. Insbesondere dürfen sie vom Antragsteller weder die Bezahlung von Verfahrenskosten noch der Kosten verlangen, die ggf. durch die Beiordnung eines Rechtsanwalts entstehen. Sie können jedoch die Erstattung der Auslagen verlangen, die durch die Rückgabe des Kindes entstanden sind oder entstehen.

(3) Ein Vertragsstaat kann jedoch einen Vorbehalt nach Artikel 42 anbringen und darin erklären, dass er nur insoweit gebunden ist, die sich aus der Beiordnung eines Rechtsanwalts oder aus einem Gerichtsverfahren ergebenden Kosten im Sinn des Absatzes 2 zu übernehmen, als diese Kosten durch sein System der Prozesskosten- und Beratungshilfe gedeckt sind.[1]

(4) Wenn die Gerichte oder Verwaltungsbehörden aufgrund dieses Übereinkommens die Rückgabe des Kindes anordnen oder Anordnungen über das Recht zum persönlichen Umgang treffen, können sie, soweit angezeigt, der Person, die das Kind verbracht oder zurückgehalten oder die Ausübung des Rechts zum persönlichen Umgang vereitelt hat, die Erstattung der vom Antragsteller selbst oder für seine Rechnung entstandenen notwendigen Kosten auferlegen; dazu gehören insbesondere die Reisekosten, alle Kosten oder Auslagen für das Auffinden des Kindes, Kosten der Rechtsvertretung des Antragstellers und Kosten für die Rückgabe des Kindes.

Art. 27
Ist offenkundig, dass die Voraussetzungen dieses Übereinkommens nicht erfüllt sind oder dass der Antrag sonstwie unbegründet ist, so ist eine zentrale Behörde nicht verpflichtet, den Antrag anzunehmen. In diesem Fall teilt die zentrale Behörde dem Antragsteller oder ggf. der zentralen Behörde, die ihr den Antrag übermittelt hat, umgehend ihre Gründe mit.

Art. 28
Eine zentrale Behörde kann verlangen, dass dem Antrag eine schriftliche Vollmacht beigefügt wird, durch die sie ermächtigt wird, für den Antragsteller tätig zu werden oder einen Vertreter zu bestellen, der für ihn tätig wird.

---
1 Diesen Vorbehalt hat ua. Deutschland eingelegt.

Art. 29
Dieses Übereinkommen hindert Personen, Behörden oder sonstige Stellen, die eine Verletzung des Sorgerechts oder des Rechts zum persönlichen Umgang im Sinn des Artikels 3 oder 21 geltend machen, nicht daran, sich unmittelbar an die Gerichte oder Verwaltungsbehörden eines Vertragsstaats zu wenden, gleichviel ob dies in Anwendung des Übereinkommens oder unabhängig davon erfolgt.

Art. 30
Jeder Antrag, der nach diesem Übereinkommen an die zentralen Behörden oder unmittelbar an die Gerichte oder Verwaltungsbehörden eines Vertragsstaats gerichtet wird, sowie alle dem Antrag beigefügten oder von einer zentralen Behörde beschafften Schriftstücke und sonstigen Mitteilungen sind von den Gerichten oder Verwaltungsbehörden der Vertragsstaaten ohne weiteres entgegenzunehmen.

Art. 31
Bestehen in einem Staat auf dem Gebiet des Sorgerechts für Kinder zwei oder mehr Rechtssysteme, die in verschiedenen Gebietseinheiten gelten, so ist
a) eine Verweisung auf den gewöhnlichen Aufenthalt in diesem Staat als Verweisung auf den gewöhnlichen Aufenthalt in einer Gebietseinheit dieses Staates zu verstehen;
b) eine Verweisung auf das Recht des Staates des gewöhnlichen Aufenthalts als Verweisung auf das Recht der Gebietseinheit dieses Staates zu verstehen, in der das Kind seinen gewöhnlichen Aufenthalt hat.

Art. 32
Bestehen in einem Staat auf dem Gebiet des Sorgerechts für Kinder zwei oder mehr Rechtssysteme, die für verschiedene Personenkreise gelten, so ist eine Verweisung auf das Recht dieses Staates als Verweisung auf das Rechtssystem zu verstehen, das sich aus der Rechtsordnung dieses Staates ergibt.

Art. 33
Ein Staat, in dem verschiedene Gebietseinheiten ihre eigenen Rechtsvorschriften auf dem Gebiet des Sorgerechts für Kinder haben, ist nicht verpflichtet, dieses Übereinkommen anzuwenden, wenn ein Staat mit einheitlichem Rechtssystem dazu nicht verpflichtet wäre.

Art. 34
Dieses Übereinkommen geht im Rahmen seines sachlichen Anwendungsbereichs dem Übereinkommen vom 5. Oktober 1961 über die Zuständigkeit der Behörden und das anzuwendende Recht auf dem Gebiet des Schutzes von Minderjährigen vor, soweit die Staaten Vertragsparteien beider Übereinkommen sind. Im Übrigen beschränkt dieses Übereinkommen weder die Anwendung anderer internationaler Übereinkünfte, die zwischen dem Ursprungsstaat und dem ersuchten Staat in Kraft sind, noch die Anwendung des nichtvertraglichen Rechts des ersuchten Staates, wenn dadurch die Rückgabe eines widerrechtlich verbrachten oder zurückgehaltenen Kindes erwirkt oder die Durchführung des Rechts zum persönlichen Umgang bezweckt werden soll.

Art. 35
(1) Dieses Übereinkommen findet zwischen den Vertragsstaaten nur auf ein widerrechtliches Verbringen oder Zurückhalten Anwendung, das sich nach seinem Inkrafttreten in diesen Staaten ereignet hat.
(2) Ist eine Erklärung nach Artikel 39 oder 40 abgegeben worden, so ist die in Absatz 1 des vorliegenden Artikels enthaltene Verweisung auf einen Vertragsstaat als Verweisung auf die Gebietseinheit oder die Gebietseinheiten zu verstehen, auf die das Übereinkommen angewendet wird.

Art. 36
Dieses Übereinkommen hindert zwei oder mehr Vertragsstaaten nicht daran, Einschränkungen, denen die Rückgabe eines Kindes unterliegen kann, dadurch zu begrenzen, dass sie untereinander vereinbaren, von solchen Bestimmungen des Übereinkommens abzuweichen, die eine derartige Einschränkung darstellen könnten.

Kapitel VI
Schlussbestimmungen
Art. 37–45
(Vom Abdruck wurde abgesehen).

Anhang 5 zu § 97: HErwSÜ und HErwSÜAG

Schnellübersicht:
Überblick: s. § 104 Rz. 8 f.
Anerkennung (s. § 108 Rz. 36):
- Anerkennung ipso iure (Art. 22 HErwSÜ): s. § 108 Rz. 39;
- Anerkennungsversagungsgründe (Art. 22 HErwSÜ): s. § 109 Rz. 14;
- besonderes Anerkennungsverfahren (Art. 23 HErwSÜ, §§ 8 f. HErwSÜAG): s. § 108 Rz. 50.

Anwendungsbereich:
- räumlich-persönlicher A. (Art. 1, 2 HErwSÜ): s. § 104 Rz. 10, 12;
- sachlicher A. (Art. 3, 4 HErwSÜ): s. § 104 Rz. 11, s. § 108 Rz. 36;
- Verhältnis zum FamFG: s. § 104 Rz. 2, 16 ff.;
- Verhältnis zum KSÜ: s. § 104 Rz. 22.

Inkrafttreten und Ausführungsgesetz: s. § 97 Rz. 25.

Internationale Zuständigkeit:
- Allgemeines s. vor §§ 98–106 Rz. 47;
- einstweiliger Rechtsschutz (Art. 10 f. HErwSÜ): s. § 104 Rz. 19;
- Ermessenszuständigkeit – forum non conveniens (Art. 8 HErwSÜ): s. vor §§ 98–106 Rz. 8;
- Fortdauer der Zuständigkeit – perpetuatio fori (Art. 5 HErwSÜ): s. vor §§ 98–106 Rz. 12;
- Gerichtsstände (Art. 5 ff. HErwSÜ): s. § 104 Rz. 13 ff.;
- gewöhnlicher Aufenthalt (Art. 5 HErwSÜ): s. vor §§ 98–106 Rz. 22;
- Notzuständigkeit – forum necessitatis (Art. 9–11 HErwSÜ): s. vor §§ 98–106 Rz. 18;
- schlichter Aufenthalt (Art. 6 HErwSÜ): s. vor §§ 98–106 Rz. 24.

Verfahren:
- grenzüberschreitende Verfahrensabgabe (Art. 8 HErwSÜ): s. vor §§ 98–106 Rz. 58, § 104 Rz. 21;
- Kooperation mit ausländischen Behörden (Art. 28 ff. HErwSÜ): s. vor §§ 98–106 Rz. 57, § 104 Rz. 29.

Vollstreckbarerklärung (Art. 25 HErwSÜ, §§ 8 ff. HErwSÜAG): s. § 110 Rz. 11.

Haager Übereinkommen vom 13.1.2000 über den internationalen Schutz von Erwachsenen (HErwSÜ)[1]

Kapitel I
Anwendungsbereich des Übereinkommens

Art. 1

(1) Dieses Übereinkommen ist bei internationalen Sachverhalten auf den Schutz von Erwachsenen anzuwenden, die aufgrund einer Beeinträchtigung oder der Unzulänglichkeit ihrer persönlichen Fähigkeiten nicht in der Lage sind, ihre Interessen zu schützen.

(2) Sein Ziel ist es,

a) den Staat zu bestimmen, dessen Behörden zuständig sind, Maßnahmen zum Schutz der Person oder des Vermögens des Erwachsenen zu treffen;

b) das von diesen Behörden bei der Ausübung ihrer Zuständigkeit anzuwendende Recht zu bestimmen;

c) das auf die Vertretung des Erwachsenen anzuwendende Recht zu bestimmen;

d) die Anerkennung und Vollstreckung der Schutzmaßnahmen in allen Vertragsstaaten sicherzustellen;

e) die zur Verwirklichung der Ziele dieses Übereinkommens notwendige Zusammenarbeit zwischen den Behörden der Vertragsstaaten einzurichten.

---

[1] BGBl. II 2007, 323.

Art. 2

(1) Im Sinn dieses Übereinkommens ist ein Erwachsener eine Person, die das 18. Lebensjahr vollendet hat.

(2) Dieses Übereinkommen ist auch auf Maßnahmen anzuwenden, die hinsichtlich eines Erwachsenen zu einem Zeitpunkt getroffen worden sind, in dem er das 18. Lebensjahr noch nicht vollendet hatte.

Art. 3

Die Maßnahmen, auf die in Artikel 1 Bezug genommen wird, können insbesondere Folgendes umfassen:
a) die Entscheidung über die Handlungsunfähigkeit und die Einrichtung einer Schutzordnung;
b) die Unterstellung des Erwachsenen unter den Schutz eines Gerichts oder einer Verwaltungsbehörde;
c) die Vormundschaft, die Pflegschaft und entsprechende Einrichtungen;
d) die Bestimmung und den Aufgabenbereich jeder Person oder Stelle, die für die Person oder das Vermögen des Erwachsenen verantwortlich ist, den Erwachsenen vertritt oder ihm beisteht;
e) die Unterbringung des Erwachsenen in einer Einrichtung oder an einem anderen Ort, an dem Schutz gewährt werden kann;
f) die Verwaltung und Erhaltung des Vermögens des Erwachsenen oder die Verfügung darüber;
g) die Erlaubnis eines bestimmten Einschreitens zum Schutz der Person oder des Vermögens des Erwachsenen.

Art. 4

(1) Dieses Übereinkommen ist nicht anzuwenden
a) auf Unterhaltspflichten;
b) auf das Eingehen, die Ungültigerklärung und die Auflösung einer Ehe oder einer ähnlichen Beziehung sowie die Trennung;
c) auf den Güterstand einer Ehe oder vergleichbare Regelungen für ähnliche Beziehungen;
d) auf Trusts und Erbschaften;
e) auf die soziale Sicherheit;
f) auf öffentliche Maßnahmen allgemeiner Art in Angelegenheiten der Gesundheit;
g) auf Maßnahmen, die hinsichtlich einer Person infolge ihrer Straftaten ergriffen wurden;
h) auf Entscheidungen über Asylrecht und Einwanderung;
i) auf Maßnahmen, die allein auf die Wahrung der öffentlichen Sicherheit gerichtet sind.

(2) Absatz 1 berührt in den dort erwähnten Bereichen nicht die Berechtigung einer Person, als Vertreter des Erwachsenen zu handeln.

Kapitel II
Zuständigkeit

Art. 5

(1) Die Behörden, seien es Gerichte oder Verwaltungsbehörden, des Vertragsstaats, in dem der Erwachsene seinen gewöhnlichen Aufenthalt hat, sind zuständig, Maßnahmen zum Schutz der Person oder des Vermögens des Erwachsenen zu treffen.

(2) Bei einem Wechsel des gewöhnlichen Aufenthalts des Erwachsenen in einen anderen Vertragsstaat sind die Behörden des Staates des neuen gewöhnlichen Aufenthalts zuständig.

Art. 6

(1) Über Erwachsene, die Flüchtlinge sind oder die infolge von Unruhen in ihrem Land in ein anderes Land gelangt sind, üben die Behörden des Vertragsstaats, in dessen Hoheitsgebiet sich die Erwachsenen demzufolge befinden, die in Artikel 5 Absatz 1 vorgesehene Zuständigkeit aus.

(2) Absatz 1 ist auch auf Erwachsene anzuwenden, deren gewöhnlicher Aufenthalt nicht festgestellt werden kann.

Art. 7

(1) Die Behörden eines Vertragsstaats, dem der Erwachsene angehört, sind zuständig, Maßnahmen zum Schutz der Person oder des Vermögens des Erwachsenen zu treffen, wenn sie der Auffassung sind, dass sie besser in der Lage sind, das Wohl des Erwachsenen zu beurteilen, und nachdem sie die nach Artikel 5 oder Artikel 6 Absatz 2 zuständigen Behörden verständigt haben; dies gilt nicht für Erwachsene, die Flüchtlinge sind oder die infolge von Unruhen in dem Staat, dem sie angehören, in einen anderen Staat gelangt sind.

(2) Diese Zuständigkeit darf nicht ausgeübt werden, wenn die nach Artikel 5, Artikel 6 Absatz 2 oder Artikel 8 zuständigen Behörden die Behörden des Staates, dem der Erwachsene angehört, unterrichtet haben, dass sie die durch die Umstände gebotenen Maßnahmen getroffen oder entschieden haben, dass keine Maßnahmen zu treffen sind, oder ein Verfahren bei ihnen anhängig ist.

(3) Die Maßnahmen nach Absatz 1 treten außer Kraft, sobald die nach Artikel 5, Artikel 6 Absatz 2 oder Artikel 8 zuständigen Behörden die durch die Umstände gebotenen Maßnahmen getroffen oder entschieden haben, dass keine Maßnahmen zu treffen sind. Diese Behörden haben die Behörden, die in Übereinstimmung mit Absatz 1 Maßnahmen getroffen haben, entsprechend zu unterrichten.

Art. 8

(1) Die nach Artikel 5 oder 6 zuständigen Behörden eines Vertragsstaats können, wenn sie der Auffassung sind, dass es dem Wohl des Erwachsenen dient, von Amts wegen oder auf Antrag der Behörden eines anderen Vertragsstaats die Behörden eines der in Absatz 2 genannten Staaten ersuchen, Maßnahmen zum Schutz der Person oder des Vermögens des Erwachsenen zu treffen. Das Ersuchen kann sich auf den gesamten Schutz oder einen Teilbereich davon beziehen.

(2) Die Vertragsstaaten, deren Behörden nach Absatz 1 ersucht werden können, sind

a) ein Staat, dem der Erwachsene angehört;
b) der Staat, in dem der Erwachsene seinen vorherigen gewöhnlichen Aufenthalt hatte;
c) ein Staat, in dem sich Vermögen des Erwachsenen befindet;
d) der Staat, dessen Behörden schriftlich vom Erwachsenen gewählt worden sind, um Maßnahmen zu seinem Schutz zu treffen;
e) der Staat, in dem eine Person, die dem Erwachsenen nahe steht und bereit ist, seinen Schutz zu übernehmen, ihren gewöhnlichen Aufenthalt hat;
f) hinsichtlich des Schutzes der Person des Erwachsenen der Staat, in dessen Hoheitsgebiet sich der Erwachsene befindet.

(3) Nimmt die nach den Absätzen 1 und 2 bezeichnete Behörde die Zuständigkeit nicht an, so behalten die Behörden des nach Artikel 5 oder 6 zuständigen Vertragsstaats die Zuständigkeit.

Art. 9

Die Behörden eines Vertragsstaats, in dem sich Vermögen des Erwachsenen befindet, sind zuständig, Maßnahmen zum Schutz dieses Vermögens zu treffen, soweit sie mit den Maßnahmen vereinbar sind, die von den nach den Artikeln 5 bis 8 zuständigen Behörden getroffen wurden.

Art. 10

(1) In allen dringenden Fällen sind die Behörden jedes Vertragsstaats, in dessen Hoheitsgebiet sich der Erwachsene oder ihm gehörendes Vermögen befindet, zuständig, die erforderlichen Schutzmaßnahmen zu treffen.

(2) Maßnahmen nach Absatz 1, die in Bezug auf einen Erwachsenen mit gewöhnlichem Aufenthalt in einem Vertragsstaat getroffen wurden, treten außer Kraft, sobald die nach den Artikeln 5 bis 9 zuständigen Behörden die durch die Umstände gebotenen Maßnahmen getroffen haben.

(3) Maßnahmen nach Absatz 1, die in Bezug auf einen Erwachsenen mit gewöhnlichem Aufenthalt in einem Nichtvertragsstaat getroffen wurden, treten in jedem Vertragsstaat außer Kraft, sobald dort die durch die Umstände gebotenen und von den Behörden eines anderen Staates getroffenen Maßnahmen anerkannt werden.

(4) Die Behörden, die nach Absatz 1 Maßnahmen getroffen haben, haben nach Möglichkeit die Behörden des Vertragsstaats des gewöhnlichen Aufenthalts des Erwachsenen von den getroffenen Maßnahmen zu unterrichten.

Art. 11

(1) Ausnahmsweise sind die Behörden des Vertragsstaats, in dessen Hoheitsgebiet sich der Erwachsene befindet, nach Verständigung der nach Artikel 5 zuständigen Behörden zuständig,

zum Schutz der Person des Erwachsenen auf das Hoheitsgebiet dieses Staates beschränkte Maßnahmen vorübergehender Art zu treffen, soweit sie mit den Maßnahmen vereinbar sind, die von den nach den Artikeln 5 bis 8 zuständigen Behörden bereits getroffen wurden.

(2) Maßnahmen nach Absatz 1, die in Bezug auf einen Erwachsenen mit gewöhnlichem Aufenthalt in einem Vertragsstaat getroffen wurden, treten außer Kraft, sobald die nach den Artikeln 5 bis 8 zuständigen Behörden eine Entscheidung über die Schutzmaßnahmen getroffen haben, die durch die Umstände geboten sein könnten.

Art. 12

Selbst wenn durch eine Änderung der Umstände die Grundlage der Zuständigkeit wegfällt, bleiben vorbehaltlich des Artikels 7 Absatz 3 die nach den Artikeln 5 bis 9 getroffenen Maßnahmen innerhalb ihrer Reichweite so lange in Kraft, bis die nach diesem Übereinkommen zuständigen Behörden sie ändern, ersetzen oder aufheben.

Kapitel III
Anzuwendendes Recht

Art. 13

(1) Bei der Ausübung ihrer Zuständigkeit nach Kapitel II wenden die Behörden der Vertragsstaaten ihr eigenes Recht an.

(2) Soweit es der Schutz der Person oder des Vermögens des Erwachsenen erfordert, können sie jedoch ausnahmsweise das Recht eines anderen Staates anwenden oder berücksichtigen, zu dem der Sachverhalt eine enge Verbindung hat.

Art. 14

Wird eine in einem Vertragsstaat getroffene Maßnahme in einem anderen Vertragsstaat durchgeführt, so bestimmt das Recht dieses anderen Staates die Bedingungen, unter denen sie durchgeführt wird.

Art. 15

(1) Das Bestehen, der Umfang, die Änderung und die Beendigung der von einem Erwachsenen entweder durch eine Vereinbarung oder ein einseitiges Rechtsgeschäft eingeräumten Vertretungsmacht, die ausgeübt werden soll, wenn dieser Erwachsene nicht in der Lage ist, seine Interessen zu schützen, werden vom Recht des Staates bestimmt, in dem der Erwachsene im Zeitpunkt der Vereinbarung oder des Rechtsgeschäfts seinen gewöhnlichen Aufenthalt hatte, es sei denn, eines der in Absatz 2 genannten Rechte wurde ausdrücklich schriftlich gewählt.

(2) Die Staaten, deren Recht gewählt werden kann, sind

a) ein Staat, dem der Erwachsene angehört;

b) der Staat eines früheren gewöhnlichen Aufenthalts des Erwachsenen;

c) ein Staat, in dem sich Vermögen des Erwachsenen befindet, hinsichtlich dieses Vermögens.

(3) Die Art und Weise der Ausübung einer solchen Vertretungsmacht wird vom Recht des Staates bestimmt, in dem sie ausgeübt wird.

Art. 16

Wird eine Vertretungsmacht nach Artikel 15 nicht in einer Weise ausgeübt, die den Schutz der Person oder des Vermögens des Erwachsenen ausreichend sicherstellt, so kann sie durch Maßnahmen einer nach diesem Übereinkommen zuständigen Behörde aufgehoben oder geändert werden. Bei der Aufhebung oder Änderung dieser Vertretungsmacht ist das nach Artikel 15 maßgebliche Recht so weit wie möglich zu berücksichtigen.

Art. 17

(1) Die Gültigkeit eines Rechtsgeschäfts zwischen einem Dritten und einer anderen Person, die nach dem Recht des Staates, in dem das Rechtsgeschäft abgeschlossen wurde, als Vertreter des Erwachsenen zu handeln befugt wäre, kann nicht allein deswegen bestritten und der Dritte nicht nur deswegen verantwortlich gemacht werden, weil die andere Person nach dem in diesem Kapitel bestimmten Recht nicht als Vertreter des Erwachsenen zu handeln befugt war, es sei denn, der Dritte wusste oder hätte wissen müssen, dass sich diese Vertretungsmacht nach diesem Recht bestimmte.

(2) Absatz 1 ist nur anzuwenden, wenn das Rechtsgeschäft unter Anwesenden im Hoheitsgebiet desselben Staates geschlossen wurde.

Art. 18
Dieses Kapitel ist anzuwenden, selbst wenn das darin bestimmte Recht das eines Nichtvertragsstaats ist.

Art. 19
Der Begriff „Recht" im Sinn dieses Kapitels bedeutet das in einem Staat geltende Recht mit Ausnahme des Kollisionsrechts.

Art. 20
Dieses Kapitel steht den Bestimmungen des Rechts des Staates, in dem der Erwachsene zu schützen ist, nicht entgegen, deren Anwendung unabhängig vom sonst maßgebenden Recht zwingend ist.

Art. 21
Die Anwendung des in diesem Kapitel bestimmten Rechts darf nur versagt werden, wenn sie der öffentlichen Ordnung (ordre public) offensichtlich widerspricht.

Kapitel IV
Anerkennung und Vollstreckung

Art. 22
(1) Die von den Behörden eines Vertragsstaats getroffenen Maßnahmen werden kraft Gesetzes in den anderen Vertragsstaaten anerkannt.

(2) Die Anerkennung kann jedoch versagt werden,
a) wenn die Maßnahme von einer Behörde getroffen wurde, die nicht aufgrund oder in Übereinstimmung mit Kapitel II zuständig war;
b) wenn die Maßnahme, außer in dringenden Fällen, im Rahmen eines Gerichts- oder Verwaltungsverfahrens getroffen wurde, ohne dass dem Erwachsenen die Möglichkeit eingeräumt worden war, gehört zu werden, und dadurch gegen wesentliche Verfahrensgrundsätze des ersuchten Staates verstoßen wurde;
c) wenn die Anerkennung der öffentlichen Ordnung (ordre public) des ersuchten Staates offensichtlich widerspricht, oder ihr eine Bestimmung des Rechts dieses Staates entgegensteht, die unabhängig vom sonst maßgebenden Recht zwingend ist;
d) wenn die Maßnahme mit einer später in einem Nichtvertragsstaat, der nach den Artikeln 5 bis 9 zuständig gewesen wäre, getroffenen Maßnahme unvereinbar ist, sofern die spätere Maßnahme die für ihre Anerkennung im ersuchten Staat erforderlichen Voraussetzungen erfüllt;
e) wenn das Verfahren nach Artikel 33 nicht eingehalten wurde.

Art. 23
Unbeschadet des Artikels 22 Absatz 1 kann jede betroffene Person bei den zuständigen Behörden eines Vertragsstaats beantragen, dass über die Anerkennung oder Nichtanerkennung einer in einem anderen Vertragsstaat getroffenen Maßnahme entschieden wird. Das Verfahren bestimmt sich nach dem Recht des ersuchten Staates.

Art. 24
Die Behörde des ersuchten Staates ist an die Tatsachenfeststellungen gebunden, auf welche die Behörde des Staates, in dem die Maßnahme getroffen wurde, ihre Zuständigkeit gestützt hat.

Art. 25
(1) Erfordern die in einem Vertragsstaat getroffenen und dort vollstreckbaren Maßnahmen in einem anderen Vertragsstaat Vollstreckungshandlungen, so werden sie in diesem anderen Staat auf Antrag jeder betroffenen Partei nach dem im Recht dieses Staates vorgesehenen Verfahren für vollstreckbar erklärt oder zur Vollstreckung registriert.

(2) Jeder Vertragsstaat wendet auf die Vollstreckbarerklärung oder die Registrierung ein einfaches und schnelles Verfahren an.

(3) Die Vollstreckbarerklärung oder die Registrierung darf nur aus einem der in Artikel 22 Absatz 2 vorgesehenen Gründe versagt werden.

Art. 26
Vorbehaltlich der für die Anwendung der vorstehenden Artikel erforderlichen Überprüfung darf die getroffene Maßnahme in der Sache selbst nicht nachgeprüft werden.

Art. 27
Die in einem Vertragsstaat getroffenen und in einem anderen Vertragsstaat für vollstreckbar erklärten oder zur Vollstreckung registrierten Maßnahmen werden dort vollstreckt, als seien sie von den Behörden dieses anderen Staates getroffen worden. Die Vollstreckung richtet sich nach dem Recht des ersuchten Staates unter Beachtung der darin vorgesehenen Grenzen.

Kapitel V
Zusammenarbeit

Art. 28
(1) Jeder Vertragsstaat bestimmt eine Zentrale Behörde, welche die ihr durch dieses Übereinkommen übertragenen Aufgaben wahrnimmt.

(2) Einem Bundesstaat, einem Staat mit mehreren Rechtssystemen oder einem Staat, der aus autonomen Gebietseinheiten besteht, steht es frei, mehrere Zentrale Behörden zu bestimmen und deren räumliche und persönliche Zuständigkeit festzulegen. Macht ein Staat von dieser Möglichkeit Gebrauch, so bestimmt er die Zentrale Behörde, an welche Mitteilungen zur Übermittlung an die zuständige Zentrale Behörde in diesem Staat gerichtet werden können.

Art. 29
(1) Die Zentralen Behörden arbeiten zusammen und fördern die Zusammenarbeit der zuständigen Behörden ihrer Staaten, um die Ziele dieses Übereinkommens zu verwirklichen.

(2) Im Zusammenhang mit der Anwendung dieses Übereinkommens treffen sie die geeigneten Maßnahmen, um Auskünfte über das Recht ihrer Staaten sowie die in ihren Staaten für den Schutz von Erwachsenen verfügbaren Dienste zu erteilen.

Art. 30
Die Zentrale Behörde eines Vertragsstaats trifft unmittelbar oder mithilfe staatlicher Behörden oder sonstiger Stellen alle geeigneten Vorkehrungen, um
a) auf jedem Weg die Mitteilungen zwischen den zuständigen Behörden bei Sachverhalten, auf die dieses Übereinkommen anzuwenden ist, zu erleichtern;
b) auf Ersuchen der zuständigen Behörde eines anderen Vertragsstaats bei der Ermittlung des Aufenthaltsorts des Erwachsenen Unterstützung zu leisten, wenn der Anschein besteht, dass sich der Erwachsene im Hoheitsgebiet des ersuchten Staates befindet und Schutz benötigt.

Art. 31
Die zuständigen Behörden eines Vertragsstaats können unmittelbar oder durch andere Stellen die Anwendung eines Vermittlungs- oder Schlichtungsverfahrens oder den Einsatz ähnlicher Mittel zur Erzielung gütlicher Einigungen zum Schutz der Person oder des Vermögens des Erwachsenen bei Sachverhalten anregen, auf die dieses Übereinkommen anzuwenden ist.

Art. 32
(1) Wird eine Schutzmaßnahme erwogen, so können die nach diesem Übereinkommen zuständigen Behörden, sofern die Lage des Erwachsenen dies erfordert, jede Behörde eines anderen Vertragsstaats, die über sachdienliche Informationen für den Schutz des Erwachsenen verfügt, ersuchen, sie ihnen mitzuteilen.

(2) Jeder Vertragsstaat kann erklären, dass Ersuchen nach Absatz 1 seinen Behörden nur über seine Zentrale Behörde zu übermitteln sind.

(3) Die zuständigen Behörden eines Vertragsstaats können die Behörden eines anderen Vertragsstaats ersuchen, ihnen bei der Durchführung der nach diesem Übereinkommen getroffenen Schutzmaßnahmen Hilfe zu leisten.

Art. 33
(1) Erwägt die nach den Artikeln 5 bis 8 zuständige Behörde die Unterbringung des Erwachsenen in einer Einrichtung oder an einem anderen Ort, an dem Schutz gewährt werden kann, und soll er in einem anderen Vertragsstaat untergebracht werden, so zieht sie vorher die Zentrale Behörde oder eine andere zuständige Behörde dieses Staates zurate. Zu diesem Zweck übermittelt sie ihr einen Bericht über den Erwachsenen und die Gründe ihres Vorschlags zur Unterbringung.

(2) Die Entscheidung über die Unterbringung kann im ersuchenden Staat nicht getroffen werden, wenn sich die Zentrale Behörde oder eine andere zuständige Behörde des ersuchten Staates innerhalb einer angemessenen Frist dagegen ausspricht.

Art. 34

Ist der Erwachsene einer schweren Gefahr ausgesetzt, so benachrigen die zuständigen Behörden des Vertragsstaats, in dem Maßnahmen zum Schutz dieses Erwachsenen getroffen wurden oder in Betracht gezogen werden, sofern sie über den Wechsel des Aufenthaltsorts in einen anderen Staat oder die dortige Anwesenheit des Erwachsenen unterrichtet sind, die Behörden dieses Staates von der Gefahr und den getroffenen oder in Betracht gezogenen Maßnahmen.

Art. 35

Eine Behörde darf nach diesem Kapitel weder um Informationen ersuchen noch solche erteilen, wenn dadurch nach ihrer Auffassung die Person oder das Vermögen des Erwachsenen in Gefahr geraten könnte oder die Freiheit oder das Leben eines Familienangehörigen des Erwachsenen ernsthaft bedroht würde.

Art. 36

(1) Unbeschadet der Möglichkeit, für die erbrachten Dienstleistungen angemessene Kosten zu verlangen, tragen die Zentralen Behörden und die anderen staatlichen Behörden der Vertragsstaaten die Kosten, die ihnen durch die Anwendung dieses Kapitels entstehen.

(2) Jeder Vertragsstaat kann mit einem oder mehreren anderen Vertragsstaaten Vereinbarungen über die Kostenaufteilung treffen.

Art. 37

Jeder Vertragsstaat kann mit einem oder mehreren anderen Vertragsstaaten Vereinbarungen treffen, um die Anwendung dieses Kapitels in ihren gegenseitigen Beziehungen zu erleichtern. Die Staaten, die solche Vereinbarungen getroffen haben, übermitteln dem Verwahrer dieses Übereinkommens eine Abschrift.

Kapitel VI
Allgemeine Bestimmungen

Art. 38

(1) Die Behörden des Vertragsstaats, in dem eine Schutzmaßnahme getroffen oder eine Vertretungsmacht bestätigt wurde, können jedem, dem der Schutz der Person oder des Vermögens des Erwachsenen anvertraut wurde, auf dessen Antrag eine Bescheinigung über seine Berechtigung zum Handeln und die ihm übertragenen Befugnisse ausstellen.

(2) Bis zum Beweis des Gegenteils wird vermutet, dass die bescheinigte Berechtigung zum Handeln und die bescheinigten Befugnisse vom Ausstellungsdatum der Bescheinigung an bestehen.

(3) Jeder Vertragsstaat bestimmt die für die Ausstellung der Bescheinigung zuständigen Behörden.

Art. 39

Die nach diesem Übereinkommen gesammelten oder übermittelten personenbezogenen Daten dürfen nur für die Zwecke verwendet werden, zu denen sie gesammelt oder übermittelt wurden.

Art. 40

Behörden, denen Informationen übermittelt werden, stellen nach dem Recht ihres Staates deren vertrauliche Behandlung sicher.

Art. 41

Die nach diesem Übereinkommen übermittelten oder ausgestellten Schriftstücke sind von jeder Legalisation oder entsprechenden Förmlichkeit befreit.

Art. 42

Jeder Vertragsstaat kann die Behörden bestimmen, an die Ersuchen nach den Artikeln 8 und 33 zu richten sind.

Art. 43

(1) Die nach den Artikeln 28 und 42 bestimmten Behörden werden dem Ständigen Büro der Haager Konferenz für Internationales Privatrecht spätestens bei der Hinterlegung der Ratifikations-,

Annahme-, Genehmigungs- oder Beitrittsurkunde mitgeteilt. Jede Änderung wird dem Ständigen Büro ebenfalls mitgeteilt.

(2) Die Erklärung nach Artikel 32 Absatz 2 wird gegenüber dem Verwahrer dieses Übereinkommens abgegeben.

Art. 44

Ein Vertragsstaat, in dem verschiedene Rechtssysteme oder Gesamtheiten von Regeln für den Schutz der Person und des Vermögens des Erwachsenen gelten, muss die Regeln dieses Übereinkommens nicht auf Kollisionen anwenden, die allein zwischen den verschiedenen Rechtssystemen oder Gesamtheiten von Regeln bestehen.

Art. 45

Gelten in einem Staat in Bezug auf die in diesem Übereinkommen geregelten Angelegenheiten zwei oder mehr Rechtssysteme oder Gesamtheiten von Regeln in verschiedenen Gebietseinheiten, so ist jede Verweisung

a) auf den gewöhnlichen Aufenthalt in diesem Staat als Verweisung auf den gewöhnlichen Aufenthalt in einer Gebietseinheit zu verstehen;

b) auf die Anwesenheit des Erwachsenen in diesem Staat als Verweisung auf die Anwesenheit des Erwachsenen in einer Gebietseinheit zu verstehen;

c) auf die Belegenheit des Vermögens des Erwachsenen in diesem Staat als Verweisung auf die Belegenheit des Vermögens des Erwachsenen in einer Gebietseinheit zu verstehen;

d) auf den Staat, dem der Erwachsene angehört, als Verweisung auf die von dem Recht dieses Staates bestimmte Gebietseinheit oder, wenn solche Regeln fehlen, als Verweisung auf die Gebietseinheit zu verstehen, mit welcher der Erwachsene die engste Verbindung hat;

e) auf den Staat, dessen Behörden vom Erwachsenen gewählt worden sind, als Verweisung
 – auf die Gebietseinheit zu verstehen, wenn der Erwachsene die Behörden dieser Gebietseinheit gewählt hat;
 – auf die Gebietseinheit, mit welcher der Erwachsene die engste Verbindung hat, zu verstehen, wenn der Erwachsene die Behörden des Staates gewählt hat, ohne eine bestimmte Gebietseinheit innerhalb des Staates anzugeben;

f) auf das Recht eines Staates, mit dem der Sachverhalt eine enge Verbindung hat, als Verweisung auf das Recht der Gebietseinheit zu verstehen, mit welcher der Sachverhalt eine enge Verbindung hat;

g) auf das Recht, das Verfahren oder die Behörde des Staates, in dem eine Maßnahme getroffen wurde, als Verweisung auf das Recht, das Verfahren oder die Behörde der Gebietseinheit zu verstehen, in der diese Maßnahme getroffen wurde;

h) auf das Recht, das Verfahren oder die Behörde des ersuchten Staates als Verweisung auf das Recht, das Verfahren oder die Behörde der Gebietseinheit zu verstehen, in der die Anerkennung oder Vollstreckung geltend gemacht wird;

i) auf den Staat, in dem eine Schutzmaßnahme durchzuführen ist, als Verweisung auf die Gebietseinheit zu verstehen, in der die Maßnahme durchzuführen ist;

j) auf Stellen oder Behörden dieses Staates, die nicht Zentrale Behörden sind, als Verweisung auf die Stellen oder Behörden zu verstehen, die in der betreffenden Gebietseinheit handlungsbefugt sind.

Art. 46

Hat ein Staat zwei oder mehr Gebietseinheiten mit eigenen Rechtssystemen oder Gesamtheiten von Regeln für die in diesem Übereinkommen geregelten Angelegenheiten, so gilt zur Bestimmung des nach Kapitel III anzuwendenden Rechts Folgendes:

a) Sind in diesem Staat Regeln in Kraft, die das Recht einer bestimmten Gebietseinheit für anwendbar erklären, so ist das Recht dieser Einheit anzuwenden;

b) fehlen solche Regeln, so ist das Recht der in Artikel 45 bestimmten Gebietseinheit anzuwenden.

Art. 47

Hat ein Staat zwei oder mehr Rechtssysteme oder Gesamtheiten von Regeln, die auf verschiedene Personengruppen hinsichtlich der in diesem Übereinkommen geregelten Angelegenheiten anzuwenden sind, so gilt zur Bestimmung des nach Kapitel III anzuwendenden Rechts Folgendes:

a) Sind in diesem Staat Regeln in Kraft, die bestimmen, welches dieser Rechte anzuwenden ist, so ist dieses anzuwenden;
b) fehlen solche Regeln, so ist das Rechtssystem oder die Gesamtheit von Regeln anzuwenden, mit denen der Erwachsene die engste Verbindung hat.

Art. 48
Im Verhältnis zwischen den Vertragsstaaten ersetzt dieses Übereinkommen das am 17. Juli 1905 in Den Haag unterzeichnete Abkommen über die Entmündigung und gleichartige Fürsorgemaßregeln.

Art. 49
(1) Dieses Übereinkommen lässt andere internationale Übereinkünfte unberührt, denen Vertragsstaaten als Vertragsparteien angehören und die Bestimmungen über die in diesem Übereinkommen geregelten Angelegenheiten enthalten, sofern die durch eine solche Übereinkunft gebundenen Staaten keine gegenteilige Erklärung abgeben.

(2) Dieses Übereinkommen lässt die Möglichkeit unberührt, dass ein oder mehrere Vertragsstaaten Vereinbarungen treffen, die in Bezug auf Erwachsene mit gewöhnlichem Aufenthalt in einem der Staaten, die Vertragsparteien solcher Vereinbarungen sind, Bestimmungen über in diesem Übereinkommen geregelte Angelegenheiten enthalten.

(3) Künftige Vereinbarungen eines oder mehrerer Vertragsstaaten über Angelegenheiten im Anwendungsbereich dieses Übereinkommens lassen im Verhältnis zwischen solchen Staaten und anderen Vertragsstaaten die Anwendung der Bestimmungen dieses Übereinkommens unberührt.

(4) Die Absätze 1 bis 3 gelten auch für Einheitsrecht, das auf besonderen Verbindungen insbesondere regionaler Art zwischen den betroffenen Staaten beruht.

Art. 50
(1) Dieses Übereinkommen ist nur auf Maßnahmen anzuwenden, die in einem Staat getroffen werden, nachdem das Übereinkommen für diesen Staat in Kraft getreten ist.

(2) Dieses Übereinkommen ist auf die Anerkennung und Vollstreckung von Maßnahmen anzuwenden, die getroffen wurden, nachdem es im Verhältnis zwischen dem Staat, in dem die Maßnahmen getroffen wurden, und dem ersuchten Staat in Kraft getreten ist.

(3) Dieses Übereinkommen ist ab dem Zeitpunkt seines Inkrafttretens in einem Vertragsstaat auf die Vertretungsmacht anzuwenden, die zuvor unter Bedingungen erteilt wurde, die denen des Artikels 15 entsprechen.

Art. 51
(1) Mitteilungen an die Zentrale Behörde oder eine andere Behörde eines Vertragsstaats werden in der Originalsprache zugesandt; sie müssen von einer Übersetzung in die Amtssprache oder eine der Amtssprachen des anderen Staates oder, wenn eine solche Übersetzung nur schwer erhältlich ist, von einer Übersetzung ins Französische oder Englische begleitet sein.

(2) Ein Vertragsstaat kann jedoch einen Vorbehalt nach Artikel 56 anbringen und darin gegen die Verwendung des Französischen oder Englischen, jedoch nicht beider Sprachen, Einspruch erheben.[1]

Art. 52
Der Generalsekretär der Haager Konferenz für Internationales Privatrecht beruft in regelmäßigen Abständen eine Spezialkommission zur Prüfung der praktischen Durchführung dieses Übereinkommens ein.

Kapitel VII
Schlussbestimmungen
Art. 53–59
(Vom Abdruck wurde abgesehen).

---

[1] Deutschland hat der Verwendung der französischen Sprache widersprochen (BGBl. II 2009, 39).

Gesetz vom 17.3.2007 zur Ausführung des Haager Übereinkommens vom 13.1.2000 über den internationalen Schutz von Erwachsenen (HErwSÜAG)[1]

Abschnitt 1
Zentrale Behörde

§ 1
Bestimmung der Zentralen Behörde

Zentrale Behörde nach Artikel 28 des Haager Übereinkommens vom 13.1.2000 über den internationalen Schutz von Erwachsenen (BGBl. 2007 II, 323 – Übereinkommen) ist das Bundesamt für Justiz.

§ 2
Übersetzungen bei eingehenden Ersuchen

(1) Die Zentrale Behörde kann es ablehnen tätig zu werden, wenn eine Mitteilung aus einem anderen Vertragsstaat nicht in deutscher Sprache abgefasst oder von einer Übersetzung in die deutsche Sprache oder, falls eine solche Übersetzung nur schwer erhältlich ist, nicht von einer Übersetzung in die englische Sprache begleitet ist.

(2) Die Zentrale Behörde kann erforderliche Übersetzungen selbst in Auftrag geben.

§ 3
Übersetzungen bei ausgehenden Ersuchen

Beschafft ein Antragsteller erforderliche Übersetzungen für Anträge, die in einem anderen Vertragsstaat zu erledigen sind, nicht selbst, veranlasst die Zentrale Behörde die Übersetzungen.

§ 4
Maßnahmen der Zentralen Behörde

(1) Die Zentrale Behörde verkehrt unmittelbar mit allen zuständigen Stellen im In- und Ausland.

(2) Die Zentrale Behörde leitet Mitteilungen, die an die Zentrale Behörde oder eine andere Behörde in einem anderen Vertragsstaat gerichtet sind, dorthin weiter. Mitteilungen aus einem anderen Vertragsstaat leitet sie unverzüglich an die zuständige deutsche Stelle weiter und unterrichtet sie über bereits veranlasste Maßnahmen.

(3) Die Zentrale Behörde trifft alle erforderlichen Maßnahmen einschließlich der Einschaltung von Polizeivollzugsbehörden, um den Aufenthaltsort des schutzbedürftigen Erwachsenen zu ermitteln, wenn dieser unbekannt ist und Anhaltspunkte dafür vorliegen, dass sich der Erwachsene im Inland befindet. Soweit zur Ermittlung des Aufenthaltsorts des Erwachsenen erforderlich, darf die Zentrale Behörde beim Kraftfahrt-Bundesamt Halterdaten nach § 33 Abs. 1 Satz 1 Nr. 2 des Straßenverkehrsgesetzes erheben. Unter den Voraussetzungen des Satzes 1 kann die Zentrale Behörde die Ausschreibung zur Aufenthaltsermittlung durch das Bundeskriminalamt und die Speicherung eines Suchvermerks im Zentralregister veranlassen. Soweit die Zentrale Behörde andere Stellen zur Aufenthaltsermittlung einschaltet, übermittelt sie ihnen die zur Durchführung der Maßnahmen erforderlichen personenbezogenen Daten; diese dürfen nur für den Zweck verwendet werden, für den sie übermittelt worden sind.

§ 5
Justizverwaltungsverfahren; Vergütung für Übersetzungen

Die Tätigkeit der Zentralen Behörde gilt als Justizverwaltungsverfahren. Die Höhe der Vergütung für die von der Zentralen Behörde veranlassten Übersetzungen richtet sich nach dem Justizvergütungs- und -entschädigungsgesetz.

Abschnitt 2
Gerichtliche Zuständigkeit und Zuständigkeitskonzentration

§ 6
Sachliche und örtliche Zuständigkeit; Zuständigkeitskonzentration

(1) Das Betreuungsgericht, in dessen Bezirk ein Oberlandesgericht seinen Sitz hat, ist für den Bezirk dieses Oberlandesgerichts zuständig für

1. die Feststellung der Anerkennung oder Nichtanerkennung einer in einem anderen Vertragsstaat getroffenen Maßnahme nach Artikel 23 des Übereinkommens,
2. die Vollstreckbarerklärung einer in einem anderen Vertragsstaat getroffenen Maßnahme nach Artikel 25 des Übereinkommens sowie
3. das Konsultationsverfahren nach Artikel 33 des Übereinkommens.

---

[1] BGBl. I 2007, 314; geändert durch Art. 46 FGG-RG.

Für den Bezirk des Kammergerichts ist das Amtsgericht Schöneberg in Berlin zuständig.

(2) Die Landesregierungen werden ermächtigt, die Zuständigkeit nach Absatz 1 durch Rechtsverordnung einem anderen Betreuungsgericht des Oberlandesgerichtsbezirks oder, wenn in einem Land mehrere Oberlandesgerichte errichtet sind, einem Betreuungsgericht für die Bezirke aller oder mehrerer Oberlandesgerichte zuzuweisen. Sie können die Ermächtigung auf die Landesjustizverwaltungen übertragen.

(3) Örtlich zuständig für die Verfahren nach Absatz 1 Satz 1 Nr. 1 und 2 ist das Betreuungsgericht, in dessen Zuständigkeitsbereich der Betroffene bei Antragstellung seinen gewöhnlichen Aufenthalt hat. Hat der Betroffene im Inland keinen gewöhnlichen Aufenthalt oder ist ein solcher nicht feststellbar, ist das Betreuungsgericht zuständig, in dessen Zuständigkeitsbereich das Bedürfnis der Fürsorge hervortritt. Ergibt sich keine Zuständigkeit nach den Sätzen 1 und 2, ist das zuständige Betreuungsgericht im Bezirk des Kammergerichts örtlich zuständig. Im Fall des Absatzes 1 Satz 1 Nr. 3 ist das Betreuungsgericht örtlich zuständig, in dessen Zuständigkeitsbereich der Betroffene nach dem Vorschlag der ersuchenden Behörde untergebracht werden soll.

(4) Artikel 147 des Einführungsgesetzes zum Bürgerlichen Gesetzbuche gilt entsprechend.

§ 7
Zuständigkeitskonzentration für andere Betreuungssachen

(1) Das Betreuungsgericht, bei dem ein in § 6 Abs. 1 Satz 1 genanntes Verfahren anhängig ist, ist von diesem Zeitpunkt an für alle denselben Betroffenen betreffenden Betreuungssachen einschließlich der Verfügungen nach § 35 des Gesetzes über das Verfahren in Familiensachen und in den Angelegenheiten der freiwilligen Gerichtsbarkeit sowie Abschnitt 9 des Buches 1 des Gesetzes über das Verfahren in Familiensachen und in den Angelegenheiten der freiwilligen Gerichtsbarkeit zuständig. Die Wirkung des Satzes 1 tritt nicht ein, wenn der Antrag auf Anerkennungsfeststellung oder Vollstreckbarerklärung offensichtlich unzulässig ist. Sie entfällt, sobald das angegangene Gericht infolge einer unanfechtbaren Entscheidung unzuständig ist; Verfahren, für die dieses Gericht hiernach seine Zuständigkeit verliert, sind von Amts wegen an das zuständige Gericht abzugeben. Die Abgabeentscheidung ist unanfechtbar und für das für zuständig erklärte Gericht bindend.

(2) Ein anderes Betreuungsgericht, bei dem eine denselben Betroffenen betreffende Betreuungssache im ersten Rechtszug anhängig ist oder anhängig wird, hat dieses Verfahren von Amts wegen an das nach Absatz 1 Satz 1 zuständige Betreuungsgericht abzugeben. Die Abgabeentscheidung ist unanfechtbar.

(3) Das Betreuungsgericht, das für eine Sache nach Absatz 1 oder Absatz 2 zuständig ist, kann diese aus wichtigen Gründen an das nach den allgemeinen Vorschriften zuständige Betreuungsgericht abgeben oder zurückgeben, soweit dies nicht zu einer unverhältnismäßigen Verzögerung des Verfahrens führt. Als wichtiger Grund ist es idR anzusehen, wenn die besondere Sachkunde des erstgenannten Gerichts für das Verfahren nicht oder nicht mehr benötigt wird. Die Entscheidung über die Abgabe ist unanfechtbar und für das für zuständig erklärte Gericht bindend.

(4) § 273 des Gesetzes über das Verfahren in Familiensachen und in den Angelegenheiten der freiwilligen Gerichtsbarkeit bleibt unberührt.

(5) Artikel 147 des Einführungsgesetzes zum Bürgerlichen Gesetzbuche gilt entsprechend.

Abschnitt 3
Anerkennungsfeststellung, Vollstreckbarerklärung, Konsultationsverfahren und Bescheinigungen

§ 8
Allgemeine Verfahrensvorschriften für die Anerkennungsfeststellung und Vollstreckbarerklärung

(1) Das Verfahren nach den Artikeln 23 und 25 des Übereinkommens richtet sich nach dem Buch 1 des Gesetzes über das Verfahren in Familiensachen und in den Angelegenheiten der freiwilligen Gerichtsbarkeit. Die §§ 275, 276, 297 Abs. 5, §§ 308, 309 und 311 des Gesetzes über das Verfahren in Familiensachen und in den Angelegenheiten der freiwilligen Gerichtsbarkeit sind entsprechend anzuwenden.

(2) Das Gericht hat den Betroffenen persönlich anzuhören, wenn die anzuerkennende oder für vollstreckbar zu erklärende Maßnahme eine im Inland vorzunehmende Unterbringung im Sinn des § 312 des Gesetzes über das Verfahren in Familiensachen und in den Angelegenheiten der freiwilligen Gerichtsbarkeit, eine Untersuchung des Gesundheitszustands, eine Heilbehandlung oder einen ärztlichen Eingriff im Sinn des § 1904 des Bürgerlichen Gesetzbuchs oder eine im Inland vorzunehmende Sterilisation beinhaltet. Im Übrigen soll das Gericht den Betroffenen persönlich anhören. 3§ 278 Abs. 3 bis 5 des Gesetzes über das Verfahren in Familiensachen und in den Angelegenheiten der freiwilligen Gerichtsbarkeit gilt entsprechend.

(3) Das Gericht kann die im Inland zuständige Betreuungsbehörde anhören, wenn es der Betroffene verlangt oder wenn es der Sachaufklärung dient. Die Anhörung anderer Personen liegt im Ermessen des Gerichts.

(4) Der Beschluss des Gerichts ist zu begründen.

(5) Der Beschluss ist dem Betroffenen und, falls ein solcher bestellt ist, dem Betreuer oder einer Person mit vergleichbaren Aufgaben bekannt zu machen. Handelt es sich bei der anerkannten oder für vollstreckbar erklärten Maßnahme um eine Unterbringung im Inland, ist der Beschluss auch dem Leiter der Einrichtung bekannt zu machen, in welcher der Betroffene untergebracht werden soll. Die §§ 288 und 326 des Gesetzes über das Verfahren in Familiensachen und in den Angelegenheiten der freiwilligen Gerichtsbarkeit gelten entsprechend.

(6) Der Beschluss unterliegt der Beschwerde. Die §§ 303 und 305 des Gesetzes über das Verfahren in Familiensachen und in den Angelegenheiten der freiwilligen Gerichtsbarkeit gelten entsprechend.

(7) Der Beschluss wird erst mit seiner Rechtskraft wirksam. Bei Gefahr im Verzug kann das Gericht die sofortige Wirksamkeit des Beschlusses anordnen.

§ 9
Bindungswirkung der Anerkennungsfeststellung

Die Feststellung nach Artikel 23 des Übereinkommens, dass die Voraussetzungen für die Anerkennung vorliegen oder nicht vorliegen, ist für Gerichte und Verwaltungsbehörden bindend.

§ 10
Vollstreckungsklausel

(1) Ein Titel aus einem anderen Vertragsstaat, der dort vollstreckbar ist und im Inland Vollstreckungshandlungen erfordert, wird dadurch nach Artikel 25 des Übereinkommens für vollstreckbar erklärt, dass er auf Antrag mit einer Vollstreckungsklausel versehen wird.

(2) § 20 Abs. 1 Satz 1 und 2 sowie § 23 des Internationalen Familienrechtsverfahrensgesetzes gelten entsprechend.

§ 11
Aufhebung oder Änderung von Entscheidungen über die Anerkennungsfeststellung oder Vollstreckbarerklärung

(1) Wird eine in einem anderen Vertragsstaat getroffene Maßnahme in diesem Staat aufgehoben oder abgeändert und kann die betroffene Person diese Tatsache nicht mehr in dem Verfahren nach § 6 Abs. 1 Nr. 1 oder Nr. 2 geltend machen, kann sie die Aufhebung oder Änderung der Entscheidung über die Anerkennungsfeststellung oder Vollstreckbarerklärung in einem besonderen Verfahren beantragen. Die §§ 8 und 9 gelten entsprechend.

(2) Für die Entscheidung über den Antrag ist das Betreuungsgericht ausschließlich zuständig, das im ersten Rechtszug über die Anerkennungsfeststellung oder Vollstreckbarerklärung entschieden hat.

§ 12
Widerspruch im Konsultationsverfahren

(1) Das Gericht soll insbesondere dann nach Artikel 33 Abs. 2 des Übereinkommens einer Unterbringung im Inland widersprechen, wenn

1. die Durchführung der beabsichtigten Unterbringung dem Wohl des Betroffenen widerspricht, insbesondere weil er keine besondere Bindung zum Inland hat,
2. die ausländische Behörde kein Gutachten eines Sachverständigen vorlegt, aus dem sich die Notwendigkeit der beabsichtigten Unterbringung ergibt,
3. ein Grund für eine Versagung der Anerkennung nach Artikel 22 Abs. 2 des Übereinkommens erkennbar ist,
4. dem Betroffenen im ausländischen Verfahren kein rechtliches Gehör gewährt wurde,
5. einer erforderlichen Genehmigung der Ausländerbehörde Gründe entgegenstehen oder
6. die Übernahme der Kosten für die Unterbringung nicht geregelt ist.

(2) Im Fall einer Unterbringung, die mit Freiheitsentzug verbunden ist, oder einer Maßnahme im Sinn des § 1906 Abs. 4 des Bürgerlichen Gesetzbuchs spricht sich das Gericht unbeschadet des Absatzes 1 nach Artikel 33 Abs. 2 des Übereinkommens gegen das Ersuchen aus, wenn

1. im ersuchenden Staat über die ersuchte Maßnahme kein Gericht entscheidet oder
2. bei Zugrundelegung des mitgeteilten Sachverhalts nach innerstaatlichem Recht die Anordnung der ersuchten Maßnahme nicht zulässig wäre.

(3) Das Gericht kann den Betroffenen persönlich anhören.

(4) Das Gericht kann einen Meinungsaustausch mit der ersuchenden Behörde aufnehmen und diese um ergänzende Informationen bitten.

(5) Der Widerspruch nach Artikel 33 Abs. 2 des Übereinkommens ist der ersuchenden Behörde unverzüglich bekannt zu machen. Die Entscheidung, von einem Widerspruch abzusehen, ist dem Betroffenen selbst und, falls ein solcher bestellt ist, dem Betreuer oder einer Person mit vergleichbaren Aufgaben sowie dem Leiter der Einrichtung bekannt zu machen, in welcher der Betroffene untergebracht werden soll. Der Beschluss ist unanfechtbar.

(6) Im Übrigen sind auf das Verfahren die §§ 316, 317 Abs. 1 Satz 1, Abs. 4, 5, §§ 318, 325 Abs. 1 und § 338 des Gesetzes über das Verfahren in Familiensachen und in den Angelegenheiten der freiwilligen Gerichtsbarkeit sowie § 8 Abs. 1 Satz 1, Abs. 3 und 4 entsprechend anzuwenden.

§ 13
Bescheinigungen über inländische Schutzmaßnahmen

(1) Die Bescheinigung über eine inländische Schutzmaßnahme nach Artikel 38 des Übereinkommens wird von dem Urkundsbeamten der Geschäftsstelle des Gerichts des ersten Rechtszugs und, wenn das Verfahren bei einem höheren Gericht anhängig ist, von dem Urkundsbeamten der Geschäftsstelle dieses Gerichts ausgestellt.

(2) § 319 der Zivilprozessordnung gilt entsprechend.

Unterabschnitt 2
Internationale Zuständigkeit

Vor §§ 98–106

A. Internationale Entscheidungszuständigkeit
  I. Begriff
    1. Internationale und örtliche Zuständigkeit 1
    2. Entscheidungs- und Anerkennungszuständigkeit 2
  II. Prüfung im Verfahren 4
  III. Maßgeblicher Zeitpunkt; perpetuatio fori 9
  IV. Forum shopping; Zuständigkeitserschleichung 13
  V. Abänderung und Wiederaufnahme . . 15
  VI. Einstweiliger Rechtsschutz 17
  VII. Notzuständigkeit 18
  VIII. Vergleiche und Urkunden 19a

B. Wichtige Anknüpfungsmomente für die internationale Zuständigkeit . . . 20
  I. Aufenthalt
    1. Gewöhnlicher Aufenthalt 21
    2. Schlichter Aufenthalt 24
    3. Exkurs: Wohnsitz 25
  II. Staatsangehörigkeit
    1. Deutsche Staatsangehörige und ihnen gleichgestellte Personen . . . 26
    2. Ausländische Staatsangehörige . . 30
    3. Staatenlose 31
  III. Parteiautonomie 31a

C. Grenzen der deutschen Gerichtsbarkeit
  I. Völkerrechtliche Grenzen 32
  II. Wesenseigene Unzuständigkeit bzw. wesensfremde Zuständigkeit 34

D. Verhältnis zum Internationalen Privatrecht; Relevanz ausländischen Rechts
  I. Trennung von Kollisions- und Zuständigkeitsrecht 35
  II. Lex-fori-Prinzip 37
  III. Relevanz ausländischen Rechts; Anpassung 40
  IV. Ermittlung und Überprüfung ausländischen Rechts 43

E. Sonstige Besonderheiten von Verfahren mit Auslandsbezug
  I. Beteiligten- und Verfahrensfähigkeit; Vertretung 45
  II. Parallelverfahren im Ausland 47
    1. Europa- und Konventionsrecht . . . 48
    2. Autonomes deutsches Recht 51
    3. Abwehrmaßnahmen gegen ausländische Verfahren 55
  III. Kooperation von Gerichten; Abgabe von Verfahren 57
  IV. Internationales Zustellungs- und Beweisrecht 60
  V. Verfahrenskostenhilfe und Verfahrenskostensicherheit 61
  VI. Sprachenfrage 66

Literatur: s. § 97 vor Rz. 1.

A. Internationale Entscheidungszuständigkeit

I. Begriff

1. Internationale und örtliche Zuständigkeit

Wie die örtliche, dient auch die **internationale Zuständigkeit** der Ermittlung eines mit der Rechtssache räumlich hinreichend verbundenen Gerichts. Während die internationale Zuständigkeit die Kompetenzen zwischen den Gerichten verschiedener Staaten abgrenzt, ohne bereits das konkret zuständige Gericht zu bestimmen, regelt die **örtliche Zuständigkeit** die innerstaatliche Aufgabenteilung.[1] Fehlt die internationale Zuständigkeit, so ist überhaupt kein deutsches Gericht zuständig. Zum Schluss von der örtlichen auf die internationale Zuständigkeit sowie zu verbleibenden Unterschieden s. § 105. Das Verordnungsrecht regelt bisweilen sowohl die örtliche als auch die internationale Zuständigkeit (deutlich Art. 3 EuUntVO: „Gericht des Ortes"; s. Anh. 3 zu § 110, Art. 3 EuUntVO Rz. 44), bisweilen nur letztere (ausdrücklich Art. 2 EuErbVO; zur Brüssel IIa-VO s. § 98 FamFG Rz. 9 und § 99 FamFG Rz. 8).

1

2. Entscheidungs- und Anerkennungszuständigkeit

Die internationale Zuständigkeit hat zwei Funktionen: Einerseits bestimmt sie, hinsichtlich welcher Angelegenheiten der deutsche Staat seine Gerichtsgewalt ausüben will, andererseits setzt sie Maßstäbe für die Anerkennung ausländischer Entscheidungen. Unmittelbar kann ein Staat nur regeln, wann die eigenen Gerichte entscheiden dürfen bzw. müssen. Dieser Aspekt, um den es in §§ 98–106 geht, wird als **Entscheidungszuständigkeit** (compétence directe) bezeichnet. Die internationale Zuständigkeit wird aber auch relevant, wenn es um die Anerkennung ausländischer Entscheidungen im Inland geht: Sofern vorrangiges Europa- oder Konventionsrecht nichts anderes bestimmt (vgl. etwa Art. 35 Brüssel I-VO, Art. 24 Brüssel IIa-VO, Art. 24 und 34 EuUntVO), ist eine ausländische Entscheidung gem. § 109 Abs. 1 Nr. 1 nur anzuerkennen, wenn das ausländische Gericht aus deutscher Sicht zur Entscheidung berufen war (sog. **Anerkennungszuständigkeit** bzw. compétence indirecte). Dabei entnimmt man den Maßstab für die Anerkennungszuständigkeit grundsätzlich einer entsprechenden bzw. gewissermaßen spiegelbildlichen Anwendung der inländischen Vorschriften zur Entscheidungszuständigkeit deutscher Gerichte (§ 109 Abs. 1 Nr. 1: „nach deutschem Recht"); in Ehe- und Lebenspartnerschaftssachen werden im Interesse des internationalen Entscheidungseinklangs sogar noch großzügigere Maßstäbe angelegt (vgl. § 109 Abs. 2 und 3). Im Folgenden wird zunächst die Entscheidungszuständigkeit behandelt (zur Anerkennungszuständigkeit s. § 109 Rz. 19 ff.).

2

Von der Anerkennungszuständigkeit wiederum zu unterscheiden ist die Anerkennungsfähigkeit der zu erwartenden inländischen Entscheidung im Ausland: Diese spielt für die Frage, ob deutsche Gerichte international zuständig sind, grundsätzlich keine Rolle.[2] Bestätigt wird diese Regel durch punktuelle Ausnahmevorschriften wie § 98 Abs. 1 Nr. 4 und Art. 12 EuErbVO.[3] Gleichwohl sollte derjenige, der die Einleitung eines Verfahrens erst erwägt, von vornherein mitberücksichtigen, ob die im vorgesehenen Gerichtsstaat ergehende Entscheidungen in einem anderen Staat, der für den Antragsteller relevant ist, der Anerkennung bzw. Vollstreckung zugänglich ist.[4]

3

---

1 Ähnlich speziell für FG-Sachen etwa Jansen/*v. Schuckmann*/Sonnenfeld, § 1 FGG Rz. 179.
2 Klarstellend BGH v. 6.10.2004 – XII ZR 225/01, BGHZ 160, 332 (334) = NJW-RR 2005, 81; vgl. zudem etwa *Brehm*, § 4 Rz. 74; *Linke*/*Hau*, Rz. 120.
3 Beachte aber auch BGH v. 18.9.2012 – 3 BGs 262/12, FamRZ 2012, 1873 (1874 f.).
4 Vgl. etwa *Heger*, FPR 2013, 1 (2), dort zum forum shopping in Unterhaltssachen.

II. Prüfung im Verfahren

4 Die internationale Zuständigkeit ist in jeder Lage des Verfahrens **von Amts wegen** zu prüfen. Dies gilt sowohl in streitigen als auch in freiwilligen Angelegenheiten.[1] Die Prüfungspflicht sowie die Folgen im Falle der Unzuständigkeit sind bisweilen im Europa- oder Konventionsrecht eigens geregelt; vgl. etwa Art. 17, 18 Brüssel IIa-VO.

5 Regelmäßig überschätzt wird die Frage der **Prüfungsreihenfolge**, ob also zunächst die internationale oder die örtliche Zuständigkeit zu klären ist. Eine nicht etwa sachlogisch zwingende, sondern eher pragmatische Antwort lautet: Wer erst die Möglichkeit einer Verfahrenseinleitung erwägt, wird sich zunächst Gedanken über die Wahl des Gerichtsstaats und damit die internationale Zuständigkeit machen; hingegen tut ein bereits angerufenes, aber örtlich unzuständiges deutsches Gericht im Zweifel gut daran, die noch im Einzelnen klärungsbedürftige Entscheidung über die internationale Zuständigkeit dem örtlich zuständigen Gericht zu überlassen.[2]

6 Wird die **internationale Zuständigkeit zu Unrecht** bejaht, so ist die daraufhin ergangene Entscheidung gleichwohl wirksam. Dies mag man aus einer (eventuell durch § 105 indizierten) entsprechenden Anwendung von § 2 Abs. 3 ableiten (vgl. § 2 Rz. 39).[3] Für Ehe- und Familienstreitsachen ergibt sich das Ergebnis wegen § 113 Abs. 1 schon aus den allgemeinen Rechtskraftregeln.[4]

7 Allerdings ist die Prüfung der internationalen Zuständigkeit auch noch in der **Rechtsmittelinstanz** geboten (§ 65 Rz. 22).[5] Daran ändert der insoweit ungenaue Wortlaut von §§ 65 Abs. 4, 72 Abs. 2 nichts; vielmehr sind auch im FamFG die zu §§ 513 Abs. 2, 545 Abs. 2, 571 Abs. 2 Satz 2 ZPO anerkannten Grundsätze[6] heranzuziehen. Ein dahingehender, die schon bislang vorherrschende Meinung[7] klarstellender Hinweis im Normtext oder wenigstens in der Begründung des RegE wäre freilich wünschenswert gewesen. Gebietet das Europa- oder Konventionsrecht, wie etwa in Art. 17 Brüssel IIa-VO, eine Zuständigkeitsprüfung auch in der Rechtsmittelinstanz, so darf das deutsche Recht dies ohnehin nicht ausschließen.[8]

8 Ergibt die Prüfung, dass die deutschen Gerichte international zuständig sind, so ist von dieser Zuständigkeit auch Gebrauch zu machen. Eine **Rechtsschutzverweigerung** unter Hinweis darauf, das angerufene deutsche Gericht sei nicht hinreichend sachnah oder es sei nach Lage der Dinge angemessener, das Verfahren in einem anderen Staat auszutragen, kommt daher grundsätzlich nicht in Betracht (zur davon zu trennenden Frage nach der Beachtlichkeit ausländischer Parallelverfahren s. Rz. 47 ff.).[9] Ist beispielsweise gem. §§ 105, 343 die internationale Zuständigkeit der

---

1 Zur streitigen Gerichtsbarkeit – statt vieler – etwa *Nagel/Gottwald*, § 3 Rz. 307; *Schack*, Rz. 444. – Zur freiwilligen Gerichtsbarkeit: *Brehm*, § 4 Rz. 55; Keidel/*Engelhardt*, § 97 Rz. 6; Jansen/v. Schuckmann/Sonnenfeld/*Müther*, vor §§ 3–5 FGG Rz. 33.
2 Ebenso etwa Jansen/v. Schuckmann/Sonnenfeld, § 1 FGG Rz. 179; ähnlich Keidel/*Engelhardt*, § 97 Rz. 6. Anders *Schack*, Rz. 449; *Brehm*, § 4 Rz. 55.
3 Wie hier Bassenge/Roth/*Althammer*, vor §§ 97 ff. Rz. 1; MüKo.ZPO/*Pabst*, § 2 FamFG Rz. 57; im Ergebnis ebenso, aber ohne Bezugnahme auf § 2 etwa Keidel/*Sternal*, § 3 Rz. 29.
4 S. etwa BGH v. 3.2.1999 – VIII ZB 35/98, NJW 1999, 1871 (1872); *Kropholler*, IPR, § 58 VIII 5; *Schack*, Rz. 448.
5 Vgl. statt mancher etwa *Brehm*, § 4 Rz. 75; Bassenge/Roth/*Althammer*, vor §§ 97 ff. Rz. 3; Rahm/Künkel/*Breuer*, II 1 C Rz. 48; MüKo.ZPO/*Rauscher*, § 98 FamFG Rz. 27; *Riegner*, FPR 2013, 4 (6). Beachte auch OLG Oldenburg v. 26.7.2012 – 4 WF 82/12, FamRZ 2013, 481, dort zur selbständigen Anfechtbarkeit einer Zwischenentscheidung, mit der sich ein deutsches Gericht für international zuständig erklärt, gem. § 113 Abs. 1 Satz 2 FamFG, § 280 ZPO.
6 Grundlegend BGH v. 14.6.1965 – GSZ 1/65, BGHZ 44, 46. Nachweise zur entsprechenden Rechtslage nach der ZPO-Reform 2001 etwa bei BGH v. 16.12.2003 – XI ZR 474/02, BGHZ 157, 224 (227 f.) = NJW 2004, 1456 (1456 f.); *Schack*, Rz. 444; Zöller/*Heßler*, § 513 ZPO Rz. 8. Für de lege lata ausgeschlossen, aber de lege ferenda wünschenswert hält die Überprüfbarkeit *Prütting*, GS W. Blomeyer 2004, 803.
7 Vgl. etwa Jansen/v. Schuckmann/Sonnenfeld, § 1 FGG Rz. 181; Jansen/v. Schuckmann/Sonnenfeld/*Müther*, vor §§ 3–5 FGG Rz. 33.
8 Richtig *Rauscher*, Art. 17 Brüssel IIa-VO Rz. 18; *Bauer*, IPRax 2003, 135 (140).
9 Zutreffend Rahm/Künkel/*Breuer*, II 1 C Rz. 64.

deutschen Nachlassgerichte eröffnet, so darf ein solches, wenn es den Inlandsbezug des Falls als gering erachtet, ein Tätigwerden nicht kurzerhand unter Berufung auf mangelndes Rechtsschutzbedürfnis des Antragstellers verweigern (beachte künftig aber Art. 6 Buchst. a EuErbVO, dazu § 343 Rz. 158).[1] Gleichermaßen ernst zu nehmen ist eine Zuständigkeit, die das Gesetz, ohne Rücksicht auf den Aufenthaltsstaat, an die deutsche Staatsangehörigkeit einer Person knüpft (beachte dazu auch Rz. 26 ff.).[2] Allemal ist irrelevant, ob sich die ausländischen Gerichte nach ihrem Verfahrensrecht für ausschließlich zuständig halten.[3] Die anglo-amerikanische Lehre von der unangemessenen Zuständigkeit (**forum non conveniens**) ist dem deutschen Recht fremd, zumal sie in Antragsverfahren unvereinbar mit dem grundgesetzlich verbürgten Justizgewährungsanspruch ist. Ausnahmen bedürfen daher einer gesetzlichen Grundlage. Eine solche zu schaffen kann sich durchaus als sinnvoll erweisen, und zwar namentlich in Fürsorgeangelegenheiten. Um einen negativen Kompetenzkonflikt zu vermeiden, muss dann freilich sichergestellt sein, dass ausländische Gerichte tatsächlich zur Sachentscheidung bereit sind. Solchen Überlegungen trägt das FamFG in Vormundschafts-, Pflegschafts-, Betreuungs- und Unterbringungssachen mit §§ 99 Abs. 2–4, 104 Abs. 2 Rechnung, und zwar mit „einer elastischen Regel, die den Gerichten Ermessensspielraum gibt".[4] Entsprechende Bestimmungen sind im Europa- und Konventionsrecht vorgesehen; vgl. insbesondere Art. 15 Brüssel IIa-VO, Art. 8 f. KSÜ, Art. 8 HErwSÜ.

III. Maßgeblicher Zeitpunkt; perpetuatio fori

Im Grundsatz ist es sowohl notwendig als auch hinreichend, dass Sachentscheidungsvoraussetzungen wie die internationale Zuständigkeit im **Zeitpunkt der gerichtlichen Entscheidung** (bzw. der letzten mündlichen Verhandlung) gegeben sind.[5] Allerdings gilt dieser Grundsatz nicht ohne Ausnahmen: 9

Zum einen kann der maßgebliche **Zeitpunkt vorverlegt**, insbesondere also gesetzlich angeordnet sein, dass die zuständigkeitsbegründenden Umstände bereits bei Einleitung des Verfahrens gegeben sein müssen. Unzureichend ist dann ihr Vorliegen erst im Zeitpunkt der Entscheidung. So verhält es sich etwa bei Art. 3 Abs. 1 Buchst. a Strich 5 und 6 Brüssel IIa-VO: Die dort geforderte Aufenthaltsfrist des Antragstellers von zwölf bzw. sechs Monaten muss ausweislich des Normtextes schon „unmittelbar vor der Antragstellung" verstrichen sein. Mithin wird die Zuständigkeit nicht dadurch begründet, dass die Frist erst im Entscheidungszeitpunkt abgelaufen ist (s. Rz. 50 sowie § 98 Rz. 19).[6] Für Art. 8 Abs. 1 Brüssel IIa-VO bleibt es hingegen bei dem eingangs dargelegten Grundsatz.[7] 10

Zum anderen kann es genügen, dass die zuständigkeitsbegründenden Umstände zu einem bestimmten Zeitpunkt im Verfahren gegeben waren, so dass ihr späterer Wegfall unschädlich ist. Eine solche **perpetuatio fori** lässt sich für Ehe- und Familienstreitsachen aus § 113 Abs. 1 FamFG, § 261 Abs. 3 Nr. 2 ZPO ableiten;[8] denn die letztgenannte Vorschrift gilt richtigerweise (in doppelfunktionaler Anwendung) auch für die internationale Zuständigkeit.[9] Dafür streitet nicht zuletzt der gebotene Schutz des Antragstellers. Bisweilen ist die Maßgeblichkeit des Zeitpunkts der Antragstel- 11

---

1 Dazu *Wittkowski*, RNotZ 2010, 102 (108 f.).
2 Klarstellend Staudinger/*Henrich*, Art. 21 EGBGB Rz. 143.
3 Klarstellend etwa Jansen/v. Schuckmann/Sonnenfeld/*Müller-Lukoschek*, vor § 35b FGG Rz. 3.
4 So BT-Drucks. 10/504, S. 95, dort zu § 47 FGG.
5 Vgl. etwa BGH v. 26.5.1982 – IVb ZR 675/80, NJW 1982, 1940 (deutsche Staatsangehörigkeit erst während des Scheidungsverfahrens erworben).
6 Richtig etwa Thomas/Putzo/*Hüßtege*, Art. 3 EuEheVO Rz. 10; *Ganz*, FuR 2011, 69 (72). Anders Garbe/Ullrich/*Andrae*, § 13 Rz. 115.
7 BGH v. 17.2.2010 – XII ZB 68/09, NJW 2010, 1351. So auch *Holzmann*, S. 122 f.; *Solomon*, FamRZ 2004, 1409 (1411); *Rauscher*, Art. 8 Brüssel IIa-VO Rz. 10.
8 Generell auf §§ 2 Abs. 2, 105 verweist Rahm/Künkel/*Breuer*, II 1 C Rz. 45.
9 Näher etwa *Geimer*, Rz. 1830 ff.; *Nagel/Gottwald*, § 5 Rz. 230; *Schack*, Rz. 451 ff. Vgl. aus der Rspr. etwa OLG Nürnberg v. 10.11.2000 – 10 WF 3870/00, FamRZ 2001, 837.

lung eigens geregelt, so in Art. 8 Abs. 1 Brüssel IIa-VO.[1] Entsprechendes gilt anerkanntermaßen aber etwa auch für die von Art. 3 Brüssel IIa-VO erfassten Ehesachen[2] sowie im Anwendungsbereich der Brüssel I-VO.[3]

12 Problematisch ist, unter welchen Voraussetzungen eine solche Perpetuierung auch in sonstigen, insbesondere in **Fürsorgeangelegenheiten** eingreift. Bisweilen ist sie ausdrücklich ausgeschlossen, so in Art. 5 Abs. 2 HErwSÜ. Auch im Anwendungsbereich des MSA soll kein Raum für eine perpetuatio fori internationalis sein (arg. Art. 5 MSA),[4] und Entsprechendes dürfte im Anwendungsbereich des KSÜ gelten.[5] Fraglich bleibt die Rechtslage im autonomen deutschen Zuständigkeitsrecht. Zu warnen ist jedenfalls vor einer unbesehenen Berufung auf § 2 Abs. 2 FamFG (vgl. aber § 2 Rz. 31), wobei wegen § 105 weniger die ausdrückliche Beschränkung auf die örtliche Zuständigkeit als vielmehr die unterschiedliche Interessengewichtung bei örtlicher und internationaler Zuständigkeit eine differenzierte Betrachtung nahe legt.[6] Unter systematischen Gesichtspunkten fragwürdig,[7] letztlich aber wohl unumgänglich dürfte es sein, die perpetuatio fori internationalis von einer Interessenabwägung im Einzelfall abhängig zu machen.[8]

IV. Forum shopping; Zuständigkeitserschleichung

13 Der Antragsteller orientiert sich bei der Auswahl des Gerichtsstaates zunächst an seinen eigenen Interessen:[9] Er prüft, in welchem Forum er sein Begehren am einfachsten und effektivsten durchsetzen kann; dabei wird er verfahrensrechtliche, materiell- bzw. kollisionsrechtliche,[10] anerkennungsrechtliche und faktische Aspekte berücksichtigen. Die bei diesem sog. **forum shopping** verfolgten Interessen decken sich dabei regelmäßig nicht mit denen des Antragsgegners; vielmehr kann der Antragstel-

---

1 Dazu BGH v. 17.2.2010 – XII ZB 68/09, NJW 2010, 1351 (1351 f.); OLG Stuttgart v. 12.4.2012 – 17 UF 22/12, FamFG 2013, 49 (die internationale Zuständigkeit deutscher Gerichte gem. Art. 8 Abs. 1 Brüssel IIa-VO verneinend, nachdem das Kind während der Anhängigkeit des Umgangsverfahrens in einen Drittstaat verzogen war und dort einen neuen gewöhnlichen Aufenthalt begründet hatte); *Solomon*, FamRZ 2004, 1409 (1411); *Pirrung*, FS Kerameus, S. 1037 (1045 f.); *Rauscher*, Art. 8 Brüssel IIa-VO Rz. 9. Gleichwohl gegen eine perpetuatio fori indes *Holzmann*, S. 117 ff.
2 BGH v. 11.10.2006 – XII ZR 79/04, FamRZ 2007, 109; *Hau*, FamRZ 2000, 1333 (1340); *Rauscher*, Art. 3 Brüssel IIa-VO Rz. 17. Skeptisch hinsichtlich der Perpetuierung einer (vermeintlichen) ungeschriebenen, mittels Fortbildung von Art. 3 Brüssel IIa-VO zu konstruierenden Notzuständigkeit BGH v. 20.2.2013 – XII ZR 8/11, FamRZ 2013, 687 m. insoweit zust. Anm. *Hau*.
3 Statt vieler: BGH v. 1.3.2011 – XI ZR 48/10, ZIP 2011, 833 (835); OLG Frankfurt v. 23.2.2012 – 1 UF 365/10, FamRZ 2012, 1506 (1507) m. Anm. *Mayer*; *Kropholler/von Hein*, EuZPR, vor Art. 2 EuGVO Rz. 14 f.; Rauscher/*Mankowski*, Art. 2 Brüssel I-VO Rz. 4. Zu weitgehend allerdings BGH v. 1.3.2011 – XI ZR 48/10, NJW 2011, 2515: Bejahung der internationalen Zuständigkeit, wenn der zuständigkeitsbegründende Wohnsitz erst nach Rechtshängigkeit ins Inland und vor dem Schluss der letzten mündlichen Verhandlung wieder ins Ausland verlegt wird; krit. *Hau*, LMK 2011, 324601.
4 Dazu BGH v. 5.6.2002 – XII ZB 74/00, BGHZ 151, 63 (69) = NJW 2002, 2955 (2956); OLG Stuttgart v. 12.4.2012 – 17 UF 22/12, FamFG 2013, 49 (50 f.); OLG Frankfurt v. 21.2.2005 – 1 UF 218/04, NJW-RR 2005, 1674. Näher *Bauer*, IPRax 2003, 135 (137 f.); *Pirrung*, FS Kerameus, S. 1037 (1044).
5 *Benicke*, IPRax 2013, 44 (48); Staudinger/*Henrich*, Art. 21 EGBGB Rz. 160a; *Pirrung*, FS Kerameus, S. 1037 (1044 f.); *Schulz*, FamRZ 2011, 156 (158 f.).
6 Zur Regelungsbedürftigkeit der Frage vgl. *Rathjen*, FF 2007, 27 ff.
7 Vgl. aus der Sicht der „reinen Lehre" *Geimer*, FS Jayme, S. 241 (250 f.).
8 Vgl. KG v. 5.11.1997 – 3 UF 5133/97, NJW 1998, 1565; Staudinger/*Henrich*, Art. 21 EGBGB Rz. 163 f.; Bassenge/Roth/*Althammer*, vor §§ 97 ff. Rz. 4; Keidel/*Engelhardt*, § 97 Rz. 8; Jansen/*v. Schuckmann*/Sonnenfeld, § 1 FGG Rz. 190. Nicht hierher gehören etwa OLG Nürnberg v. 28.12.2005 – 10 UF 1260/05, FamRZ 2006, 878, und OLG Schleswig v. 19.10.2005 – 12 UF 225/04, OLGReport 2005, 744 (Wegfall des inländischen gewöhnlichen Aufenthalts bei Fortbestand der deutschen Staatsangehörigkeit).
9 Näher zum Folgenden etwa *Hau*, Forum shopping, S. 103 ff.; *Völker*, FF 2009, 443 ff. Vgl. zu verfahrenstaktischen Aspekten der Forumswahl aus Anwaltssicht auch *Breuer*, Rz. 162 ff., 190 ff.
10 Beachte etwa das erwägenswerte Beispiel aus dem Internationalen Unterhaltsrecht bei *Arnold*, IPRax 2012, 311 (313 ff.).

ler in seine Überlegungen sogar einbeziehen, in welchem Staat es dem Gegner besonders schwer fallen dürfte, seine Interessen zu vertreten. So kann sich erweisen, dass ein Verfahren in einem Staat mehr, in einem anderen weniger Erfolg verspricht, in einem dritten womöglich sinnlos sein mag.

Forum shopping gilt vielen als verpönt. Es erscheint jedoch nur bedenklich, wenn ein Gerichtsstand durch **Simulation** oder **arglistige Herbeiführung der Zuständigkeitsvoraussetzungen** erschlichen wird.[1] Davon kann aber beispielsweise nicht schon die Rede sein, wenn der Aufenthalt in einen Staat verlegt wird, um sich dort einen besonders günstigen Gerichtsstand zu schaffen. Ohnehin kann dem Antragsteller kaum vorgeworfen werden, von ihm vorteilhaften Zuständigkeitsregeln Gebrauch zu machen. Eröffnen mehrere Staaten den Rechtsweg zu ihren Gerichten, so hat der Antragsteller das Recht, zwischen diesen auszuwählen; damit korrespondiert eine Pflicht seiner Anwälte, das günstigste Forum zu ermitteln. Forum shopping ist somit nur die natürliche Konsequenz aus dem Bestehen konkurrierender internationaler Zuständigkeiten. Richtige Adressaten der Kritik sind also eher die Staaten, soweit sie die internationale Zuständigkeit ihrer Gerichte aufgrund exorbitanter Anknüpfungsmomente eröffnen. 14

V. Abänderung und Wiederaufnahme

Auf Grund von **Spezialregelungen** kann eine Annexkompetenz zur Abänderung einer Entscheidung auch dann bestehen, wenn die Gerichte dieses Staates an sich inzwischen nicht mehr international zuständig wären. Zu nennen sind etwa Art. 5 Brüssel IIa-VO (Umwandlung einer Trennung ohne Auflösung des Ehebandes in eine Ehescheidung), Art. 9 Brüssel IIa-VO (zeitlich begrenzte Abänderungskompetenz der Gerichte im früheren Aufenthaltsstaat nach rechtmäßigem Kindesumzug) oder § 102 Nr. 3 FamFG (Annexzuständigkeit für den isolierten Versorgungsausgleich nach Inlandsscheidung). 15

Allgemein regelt § 48 die Abänderung deutscher Endentscheidungen sowie die Wiederaufnahme im Inland abgeschlossener Verfahren. Fraglich ist, ob in solchen Fällen eine **ungeschriebene Annexkompetenz** zur Abänderung bzw. Wiederaufnahme besteht, wenn die deutschen Gerichte nach Maßgabe der allgemeinen Regeln inzwischen nicht mehr international zuständig sind. Im Grundsatz dürfte eine solche Annexkompetenz eher zu verneinen sein.[2] Mithin ist die internationale Zuständigkeit für das Abänderungs- bzw. Wiederaufnahmeverfahren grundsätzlich neu zu bestimmen. Besonderheiten gelten allerdings in Unterhaltssachen (s. Anhang 3 zu § 110 Art. 8 EuUntVO Rz. 65 ff.). In extremen Ausnahmefällen mag dem Abänderungsinteressenten mit einer **Notzuständigkeit** helfen,[3] und im Übrigen bestehen keine völkerrechtlichen Bedenken dagegen, dass ausländische Gerichte deutsche Entscheidungen abändern oder aufheben.[4] 16

VI. Einstweiliger Rechtsschutz

Die internationale Zuständigkeit für eA bestimmt sich nach Europa- und Konventionsrecht üblicherweise nach den allgemeinen Regeln. Häufig wird zudem die Möglichkeit eröffnet, dass danach unzuständige Gerichte ausnahmsweise auf die Zuständigkeitsregeln der lex fori zurückgreifen dürfen, um Rechtsschutzlücken zu vermeiden. Vgl. etwa Art. 31 Brüssel I-VO/LugÜ 2007, Art. 20 Brüssel IIa-VO (dazu § 99 Rz. 19), Art. 9 MSA und nunmehr Art. 12 KSÜ (Besonderheiten gelten für Art. 14 EuUntVO, s. dort im Anhang 3 zu § 110, und Art. 19 EuErbVO, s. § 343 Rz. 156b). Ist der Anwendungsbereich des FamFG originär oder kraft einer der soeben genannten Vorschriften eröffnet, so folgt die Zuständigkeit für eA gem. § 50 derjenigen zur 17

---

1 Dazu etwa *Geimer*, Rz. 1015 f.; *Schack*, Rz. 555 ff.
2 Anders aber *Geimer*, Rz. 1545.
3 Ebenso etwa *Schack*, Rz. 394. Ablehnend Rahm/Künkel/*Breuer*, II 1 C Rz. 36.
4 Statt vieler: *Schack*, Rz. 1108.

Hauptsache; dies gilt, wie schon nach früherem Recht,[1] auch für die aus der örtlichen abgeleitete internationale Zuständigkeit (arg. § 105).[2] Die Anerkennungsfähigkeit der zu erwartenden inländischen Entscheidung im Ausland spielt auch im einstweiligen Rechtsschutz grundsätzlich keine Rolle für die Frage, ob deutsche Gerichte international zuständig sind (s. schon Rz. 3).[3]

VII. Notzuständigkeit

18   Das Gesetz knüpft die internationale Zuständigkeit bisweilen ausdrücklich, über die allgemeinen Anknüpfungsmomente wie gewöhnlicher Aufenthalt oder Staatsangehörigkeit hinaus, daran an, dass im Einzelfall ein besonderes **Fürsorgebedürfnis** bzw. berechtigtes (Regelungs-)Interesse besteht; vgl. etwa §§ 99 Abs. 1 Satz 2, 104 Abs. 1 Satz 2 FamFG oder § 12 Abs. 2 VerschG.[4] Ähnliche Regelungen zum **Forum necessitatis** finden sich im Europa- und Konventionsrecht; vgl. etwa Art. 7 EuUntVO, Art. 11 EuErbVO, Art. 8 Abs. 1, 9 MSA, Art. 11 KSÜ, Art. 9–11 HErwSÜ.

19   Diskutiert wird, ob sich praeter legem, über solche Sonderregeln hinaus, eine **allgemeine Notzuständigkeit** deutscher Gerichte begründen lässt, um negative Kompetenzkonflikte zu vermeiden, wenn Rechtsschutz in anderen Staaten nicht eröffnet oder unzumutbar ist.[5] Dies mag, nicht zuletzt im Lichte von Art. 6 EMRK,[6] unter Berücksichtigung der besonderen Umstände des Einzelfalls statthaft sein, sofern ein hinreichendes Rechtsschutzbedürfnis im Inland verortet wird und sonstigen Beteiligten durch das hier durchzuführende Verfahren keine unzumutbaren Nachteile erwachsen.[7] Man muss sich dabei allerdings stets darüber im Klaren sein, dass das Begründen einer Notzuständigkeit in streitigen Angelegenheiten – anders als womöglich in Fürsorgesachen – nicht auf eine „Win-win-Situation" hinausläuft, wenn im Interesse des Antragstellers die Gerichtspflichtigkeit des nach allgemeinen Regeln eben „gerichtsfreien" Gegners gegen dessen Willen, also jenseits der Fälle einer rügelosen Einlassung, begründet wird. Praktische Fälle, in denen eine Notzuständigkeit tatsächlich bejaht wurde, sind äußerst selten.[8] Nicht mit ihr zu verwechseln ist die Frage der sog. **Zuständigkeitsverweisung** durch ausländische Gerichte (s. Rz. 59).

VIII. Vergleiche und Urkunden

19a   Nach bislang hM setzt das Beurkunden eines Prozessvergleichs durch ein deutsches Gericht die internationale Entscheidungszuständigkeit deutscher Gerichte nicht voraus.[9] Ebenso wenig wird das Errichten einer vollstreckbaren Urkunde durch einen deutschen Notar (oder eines Anwaltsvergleichs) in Fällen mit Auslandsbezug anhand der Regeln über die internationale Entscheidungszuständigkeit überprüft.[10]

---

1 Näher etwa Garbe/Ullrich/*Andrae*, § 13 Rz. 266 f.; Staudinger/*Spellenberg*, Anh. zu § 606a ZPO Rz. 190 ff.
2 Rahm/Künkel/*Breuer*, II 1 C Rz. 39.
3 Zumindest missverständlich *Gießler/Soyka*, Vorläufiger Rechtsschutz in Familiensachen, Rz. 60 und 815: „Bei Zweifeln an der internationalen Zuständigkeit im Hinblick auf die Anerkennungsfähigkeit der Entscheidung im Ausland können eAOen solange erlassen werden, solange nicht die Unzuständigkeit des deutschen Gerichts positiv feststeht."
4 Vgl. zur Fürsorgezuständigkeit auch schon *Geimer*, FS Jayme, S. 241 (260); BT-Drucks. 10/504, S. 87, 92, 94.
5 Näher *Hau*, FS Kaissis, S. 355 (362 ff.).
6 Neufassung der EMRK: BGBl. II 2010, 1198.
7 Näher *Schack*, Rz. 457 ff.; *Burgstaller/Neumayr*, FS Schlosser, S. 119 (128 ff.); *Schütze*, FS Rechberger, S. 567 (570 ff.); ferner Jansen/*v. Schuckmann*/Sonnenfeld, § 1 FGG Rz. 187. Beachte zum erforderlichen Inlandsbezug schon BT-Drucks. 10/504, S. 92.
8 Vgl. aber AG Groß-Gerau v. 11.6.1980 – 7 F 468/79, FamRZ 1981, 51; offenlassend KG v. 4.4.2007 – 3 UF 129/06, EuLF 2007, II-120. In casu zutreffend verneint durch BGH v. 20.2.2013 – XII ZR 8/11, FamRZ 2013, 687 m. insoweit zust. Anm. *Hau*: keine Konstruktion einer Notzuständigkeit in Ergänzung zu Art. 3 Brüssel IIa-VO in sog. Malta-Fällen nach Einführung der Ehescheidung in Malta.
9 Statt vieler: *Geimer*, Rz. 1215, 1854b. Abweichend – mit bedenkenswerten Argumenten – *Renna*, Jura 2009, 119; Rauscher/*Staudinger*, Art. 58 Brüssel I-VO Rz. 5.
10 *Geimer*, Rz. 1216, 1854c.

B. Wichtige Anknüpfungsmomente für die internationale Zuständigkeit

Zentrale Anknüpfungsmomente für die internationale Zuständigkeit sind zum einen der gewöhnliche Aufenthalt und zum anderen die Staatsangehörigkeit. Diese sollen im Folgenden vorab erläutert werden, weitere Anknüpfungsmomente (vgl. §§ 99 Abs. 1 Satz 2, 102 Nr. 2 und 3, 103 Abs. 1 Nr. 3, 104 Abs. 1 Satz 2) hingegen erst im Zusammenhang mit der jeweiligen Vorschrift. 20

I. Aufenthalt

1. Gewöhnlicher Aufenthalt

Für die vom FamFG erfassten Angelegenheiten ist der gewöhnliche Aufenthalt das bei weitem wichtigste Anknüpfungsmoment für die internationale Zuständigkeit. Dies gilt zum einen im **FamFG**, und zwar dort sowohl für die ausdrücklichen Regelungen der internationalen Zuständigkeit (vgl. §§ 98 Abs. 1 Nr. 2–4, 99 Abs. 1 Satz 1 Nr. 2, 100 Nr. 2, 101 Nr. 2, 102 Nr. 1, 103 Abs. 1 Nr. 2, 104 Abs. 1 Satz 1 Nr. 2) als auch für die Fälle, in denen die internationale Zuständigkeit gem. § 105 aus der örtlichen abgeleitet wird (vgl. §§ 201 Nr. 3 und 4, 211 Nr. 3, 232 Abs. 1 Nr. 2, Abs. 3 Satz 2 Nr. 3, 377 Abs. 3, 416 Satz 1). Bisweilen wird, wenn auf die Gerichtsstandsregeln der ZPO verwiesen wird, ausdrücklich angeordnet, dass es dabei auf den gewöhnlichen Aufenthalt statt auf den Wohnsitz ankommen soll (vgl. §§ 232 Abs. 3 Satz 1, 262 Abs. 2, 267 Abs. 2). Eine Legaldefinition sieht das FamFG, anders als das SGB,[1] nicht vor. Vielmehr heißt es in der Begründung des RegE nur, der gewöhnliche Aufenthalt sei „von einer auf längere Dauer angelegten sozialen Eingliederung gekennzeichnet und [–] allein von der tatsächlichen – ggf. vom Willen unabhängigen – Situation gekennzeichnet, die den Aufenthaltsort als Mittelpunkt der Lebensführung ausweist".[2] 21

Zum anderen wird der gewöhnliche Aufenthalt auch im **Europa- und im Konventionsrecht** immer häufiger als zentrales Anknüpfungsmoment verwendet.[3] Dies gilt für die Brüssel IIa-VO, die EuUntVO und die EuErbVO, aber auch für die Übereinkommen der Haager Konferenz (MSA, KSÜ, HKEntfÜ,[4] HAdoptÜ, HErwSÜ). Der Begriff ist dabei jeweils autonom auszufüllen. Insbesondere fehlt in der Brüssel IIa-VO eine Art. 59 Brüssel I-VO vergleichbare Verweisungsnorm – was sich im Interesse des internationalen Entscheidungseinklangs als durchaus sachgerecht erweist. Gleichwohl verzichten auch die internationalen Regelungen darauf, eine Legaldefinition des gewöhnlichen Aufenthalts zu versuchen.[5] Letztlich wird es im Bereich des Europarechts also darauf ankommen, welche Konturen der EuGH dem Begriff verleihen wird. 22

Solange man beherzigt, dass im Zweifel eine autonome Begriffsbildung den Ausschlag geben muss, dürfte es für die Zwecke der konkreten Rechtsanwendung unschädlich sein, mit einigen **verallgemeinerungsfähigen Grundsätzen** sowohl im nationalen als auch im Europa- und Konventionsrecht zu operieren (ähnlich § 122 Rz. 4). Als Ausgangspunkt bietet sich, schon wegen der überragenden praktischen Bedeutung, die Begrifflichkeit der Brüssel IIa-VO an.[6] Für diese verweist der *Borrás*-Bericht auf die Definition, die der EuGH in st. Rspr. zum Wohnsitzstaat verwendet:[7] Entscheidend ist danach der Ort, „den der Betroffene als ständigen und gewöhnlichen Mittelpunkt seiner Lebensinteressen in der Absicht gewählt hat, ihm Dauerhaftigkeit 23

---

1 § 30 Abs. 3 Satz 2 SGB I: Den gewöhnlichen Aufenthalt hat jemand dort, wo er sich uU aufhält, die erkennen lassen, dass er an diesem Ort oder in diesem Gebiet nicht nur vorübergehend verweilt.
2 BT-Drucks. 16/6308, S. 226.
3 Vgl. die Bestandsaufnahme bei *Spellenberg*, FS Kerameus, S. 1307 ff.
4 Hierzu etwa OLG Stuttgart v. 25.4.2012 – 17 UF 35/12, FamRZ 2013, 51.
5 Näher zu den damit einhergehenden Problemen *Hau*, GS Wolf, S. 409 (421 ff.).
6 Für ein „gesamteuropäisches Verständnis des gewöhnlichen Aufenthalts" wirbt auch *Baetge*, FS Kropholler, S. 77 ff. Vgl. aber auch OLG München v. 30.6.2005 – 4 UF 233/05, IPRspr 2005, Nr. 198, 543: Was unter gewöhnlichem Aufenthalt iS von Art. 8 Brüssel IIa-VO zu verstehen sei, beurteile sich nach dem inhaltsgleichen Begriff des MSA.
7 Bericht *Borrás*, ABl. EG 1998 Nr. C 221/27, Rz. 28, 32 aE.

zu verleihen, wobei für die Feststellung dieses Wohnsitzes alle hierfür wesentlichen tatsächlichen Gesichtspunkte zu berücksichtigen sind".[1] Besonderheiten gelten allerdings für den gewöhnlichen Aufenthalt von **Kindern**. Dazu hat der EuGH inzwischen einige sinnvolle Präzisierungen formuliert: Maßgebend soll der Ort sein, der Ausdruck einer gewissen sozialen und familiären Integration des Kindes ist, wobei „hierfür insbesondere die Dauer, die Regelmäßigkeit und die Umstände des Aufenthalts in einem Mitgliedstaat sowie die Gründe für diesen Aufenthalt und den Umzug der Familie in diesen Staat, die Staatsangehörigkeit des Kindes, Ort und Umstände der Einschulung, die Sprachkenntnisse sowie die familiären und sozialen Bindungen des Kindes in dem betreffenden Staat zu berücksichtigen" sind.[2] Besonderheiten sollen wiederum für sehr kleine Kinder bzw. Säuglinge gelten, weil hierbei die Verortung des betreuenden Elternteils eine größere Rolle spielt.[3] Dass sich eine (minderjährige oder erwachsene) Person **gleichzeitig in mehreren Staaten** gewöhnlich aufhält, ist zwar im Interesse der Zuständigkeitsklarheit kaum wünschenswert, aber zumindest begrifflich nicht von vornherein ausgeschlossen.[4] Zu den Einzelheiten s. Kommentierung zu § 122 Rz. 4 ff.

2. Schlichter Aufenthalt

24 Ein schlichter – also nicht zum gewöhnlichen verfestigter – Aufenthalt im Inland genügt im FamFG nur ausnahmsweise, um die internationale Zuständigkeit deutscher Gerichte zu begründen. Zu nennen sind aber immerhin § 343 Abs. 1[5] sowie § 411 Abs. 1 Satz 2 Var. 2, jeweils iVm. § 105. Ferner kann der schlichte Aufenthalt im Inland von Bedeutung sein, wenn das Gesetz die internationale Zuständigkeit an ein besonderes Fürsorgebedürfnis bzw. berechtigtes (Regelungs-)Interesse im Einzelfall knüpft (§§ 99 Abs. 1 Satz 2, 104 Abs. 1 Satz 2).[6] Eine ähnlich geringe Rolle spielt der schlichte Aufenthalt als Anknüpfungsmoment für die internationale Zuständigkeit im **Europa- und Konventionsrecht** (vgl. aber etwa Art. 13 Brüssel IIa-VO oder Art. 6 HErwSÜ).

3. Exkurs: Wohnsitz

25 Im **FamFG** hat der gewöhnliche Aufenthalt, anders als in der ZPO, den Wohnsitz weitgehend abgelöst, und zwar selbst dann, wenn auf die ZPO-Gerichtsstandsregeln verwiesen wird (vgl. §§ 232 Abs. 3 Satz 1, 262 Abs. 2, 267 Abs. 2). Geblieben ist es bei der Anknüpfung an den Wohnsitz aber in Nachlass- und Teilungssachen (§§ 343, 105), in bestimmten weiteren FG-Sachen (§§ 411 Abs. 1 Satz 2 Var. 1, 105) und in bestimmten Aufgebotssachen (§§ 466 Abs. 1 Satz 2, 105 FamFG iVm. §§ 12 ff. ZPO). Maßgeblich sind dann jeweils §§ 7 ff. BGB. Danach beschreibt der Wohnsitz den räumlichen Mittelpunkt des gesamten Lebens einer Person, mithin den räumlichen Schwerpunkt ihrer Lebensverhältnisse, was die zumindest aus den Umständen ersichtliche subjektive Absicht voraussetzt, sich an dem betreffenden Ort niederzulassen und diese Nie-

---

[1] Vgl. etwa EuGH v. 15.9.1994 – Rs. C-452/93 (Pedro Magdalena Fernandez/Kommission), EuGHE 1994, I-4295, Rz. 22; EuGH v. 25.2.1999 – Rs. C-90/97 (Swaddling/Adjudication Officer), EuGHE 1999, I-1075.
[2] EuGH v. 2.4.2009 – Rs. C-523/07 (Fall „A"), FamRZ 2009, 843. Dazu *Pirrung*, FS Kühne, S. 843, und in IPRax 2011, 50 (dort 53 insbesondere zutreffend relativierend zur Bedeutung der Staatsangehörigkeit des Kindes). Vgl. auch OLG Stuttgart v. 30.3.2012 – 17 UF 338/11, NJW 2012, 2043 (2044), das bei einem fast sechsjährigen Kind einen gewöhnlichen Aufenthalt schon nach drei Monaten annimmt; krit. *Mansel/Thorn/Wagner*, IPRax 2013, 1 (26).
[3] EuGH v. 22.12.2010 – Rs. C-497/10 PPU (Mercredi/Chaffe), FamRZ 2011, 617 (619) m. Anm. *Henrich*; dazu *Mankowski*, GPR 2011, 209. Beachte auch *Heiderhoff*, IPRax 2012, 523 (525).
[4] Näher *Baetge*, IPRax 2005, 335 (336 f.); *Gottwald*, FS Simotta, S. 187 (189 f.); *Schulze*, IPRax 2012, 526; offengelassen von OLG Nürnberg v. 17.7.2007 – 7 UF 681/07, FamRZ 2007, 1588; jeweils mN zum Diskussionsstand. Gegen die Möglichkeit eines mehrfachen Aufenthaltsorts etwa *Holzmann*, FPR 2010, 497 (498); *Uecker*, FPR 2013, 35 (36).
[5] Zur Vorgängernorm s. Jansen/v. Schuckmann/Sonnenfeld/*Müller-Lukoschek*, § 73 FGG Rz. 8.
[6] Vgl. Staudinger/*v. Hein*, Art. 24 EGBGB Rz. 118.

derlassung auch dauerhaft beizubehalten.[1] Zudem ist der Wohnsitz, was früher vor allem für Unterhaltsverfahren bedeutsam war, nach wie vor zentrales Anknüpfungsmoment im Anwendungsbereich der **Brüssel I-VO** (während die **EuUntVO** an den gewöhnlichen Aufenthalt anknüpft). Dabei kommt es gem. Art. 59 Brüssel I-VO auf die nationalen Definitionen des Wohnsitzes an. Die **EuErbVO** stellt im Recht der internationalen Entscheidungszuständigkeit zwar auf die gewöhnliche Zuständigkeit ab (Art. 4 und 10), hinsichtlich der örtlichen Zuständigkeit für die Vollstreckbarerklärung merkwürdigerweise aber wieder auf den Wohnsitz (Art. 44, Art. 45 Abs. 2).

II. Staatsangehörigkeit

1. Deutsche Staatsangehörige und ihnen gleichgestellte Personen

In Fällen der sog. **Heimatzuständigkeit** beruht die internationale Zuständigkeit deutscher Gerichte ohne weiteres auf der deutschen Staatsangehörigkeit eines Beteiligten (so etwa §§ 98 Abs. 1 Nr. 1, 99 Abs. 1 Satz 1 Nr. 1, 100 Nr. 1, 101 Nr. 1, 103 Abs. 1 Nr. 1, 104 Abs. 1 Satz 1 Nr. 1); bisweilen müssen weitere Umstände hinzutreten (so in Art. 3 Abs. 1 Buchst. a Strich 6 Brüssel IIa-VO: Aufenthalt) oder es kommt auf die Staatsangehörigkeit beider Ehegatten an (so in Art. 3 Abs. 1 Buchst. b Brüssel IIa-VO). In Ehe- und Lebenspartnerschaftsstatussachen genügt es grundsätzlich, wenn der Antragsteller oder der Antragsgegner Deutscher ist (Ausnahme: Art. 3 Abs. 1 Buchst. a Strich 6 Brüssel IIa-VO). Soweit das Gesetz bereits die Staatsangehörigkeit, insbesondere ohne Rücksicht auf den Aufenthaltsstaat, als zuständigkeitsbegründend genügen lässt (vgl. etwa § 99 Abs. 1 Satz 1 Nr. 1) und dem kein vorrangiges Europa- oder Konventionsrecht entgegensteht, haben die Gerichte diese Zuständigkeit anzunehmen; sie dürfen sich der Sachentscheidung also nicht kurzerhand unter Hinweis auf ein im Inland fehlendes Rechtsschutzbedürfnis entziehen.[2]

26

Der **Erwerb und Verlust** der deutschen Staatsangehörigkeit bestimmt sich nach den allgemeinen Regeln, namentlich also dem StAG.[3] Maßgeblich ist grundsätzlich die aktuelle Staatsangehörigkeit (Ausnahme: §§ 98 Abs. 1 Nr. 1 Var. 2, 103 Abs. 1 Nr. 1 Var. 2; sog. **Antrittszuständigkeit**). Ein Erwerb der Staatsangehörigkeit erst nach Verfahrenseinleitung kann genügen;[4] bei ihrem Verlust nach Verfahrenseinleitung kommt eine perpetuatio fori in Betracht (s. Rz. 11).

27

Probleme bereitet die Behandlung von **Mehrstaatern:** Hat eine Person sowohl die deutsche als auch eine ausländische Staatsangehörigkeit, so stellt sich die Frage, unter welchen Voraussetzungen die de facto „nicht gelebte" deutsche Staatsangehörigkeit de jure als ineffektiv zu gelten hat und damit kompetenzrechtlich unbeachtlich bleiben kann. Art. 5 Abs. 1 Satz 2 EGBGB gilt nur für das Kollisionsrecht; eine entsprechende internationalverfahrensrechtliche Vorschrift gibt es nicht.[5] Nach zutreffender Ansicht ist aber gleichwohl eine formale, schlicht auf den deutschen „Pass" abstellende Betrachtungsweise geboten.[6] Dies lässt sich am ehesten mit dem Gesetzeswortlaut vereinbaren und trägt zudem der Überlegung Rechnung, dass das deutsche und das europäische Zivilverfahrensrecht der Rechtssicherheit in Zuständigkeitsfragen besondere Bedeutung beimessen,[7] abstrakt-generelle Regeln also einem

28

---

1 Vgl. etwa OLG Hamm v. 2.5.2001 – 8 WF 27/01, FamRZ 2002, 54, dort zur Beibehaltung des Wohnsitzes trotz mehrjährigen Studienaufenthalts im Ausland und zur Abgrenzung zum Begriff des gewöhnlichen Aufenthalts.
2 Klarstellend Staudinger/*Henrich*, Art. 21 EGBGB Rz. 143; richtig daher auch OLG Schleswig v. 19.10.2005 – 12 UF 225/04, OLGReport 2005, 744.
3 BGBl. I 1999, 1618; abgedruckt bei *Jayme/Hausmann*, Nr. 275. Einführend etwa *v. Hoffmann/Thorn*, § 5 Rz. 39 ff.
4 BGH v. 26.5.1982 – IVb ZR 675/80, NJW 1982, 1940.
5 Auf Art. 5 Abs. 1 Satz 2 EGBGB verweist aber etwa *Nagel/Gottwald*, § 3 Rz. 405.
6 Wie hier etwa BGH v. 18.6.1997 – XII ZB 156/95, NJW 1997, 3024; OLG Köln v. 9.4.2010 – 4 UF 56/10, NJW-RR 2010, 1225; *Geimer*, Rz. 1086, 1327; *Schack*, Rz. 427; Rahm/Künkel/*Breuer*, II 1 C Rz. 93. Zu FG-Sachen vgl. etwa *Geimer*, FS Jayme, S. 241 (259); im Ergebnis auch OLG Köln v. 8.5.2007 – 16 Wx 116/07, FamRZ 2008, 427. Anders aber noch KG v. 5.11.1997 – 3 UF 5133-97, NJW 1998, 1565.
7 Näher *Hau*, IPRax 2010, 50.

einzelfallorientierten Ansatz nach Vorbild der doctrine of forum non conveniens vorzieht (s. Rz. 8).

29 Gem. Art. 9 II. Nr. 5 FamRÄndG[1] stehen, soweit im deutschen Verfahrensrecht die Staatsangehörigkeit maßgebend ist, den deutschen Staatsangehörigen diejenigen gleich, die Deutsche iSv. **Art. 116 Abs. 1 GG** sind, ohne die deutsche Staatsangehörigkeit zu besitzen. Eine Gleichbehandlung von EU-Bürgern kann auch europarechtlich geboten sein. Im Internationalen Verfahrensrecht ergibt sich dies speziell aus Art. 4 Abs. 2 Brüssel I-VO sowie Art. 7 Abs. 2 Brüssel IIa-VO. Zudem besteht eine Reihe von Sonderbestimmungen, die den Inländern bestimmte **Flüchtlinge, Verschleppte, Vertriebene und Asylbewerber** gleichstellen.[2]

2. Ausländische Staatsangehörige

30 Für das autonome deutsche Zuständigkeitsrecht ist es nur ausnahmsweise bedeutsam, dass ein Beteiligter Ausländer ist. Eine Rolle spielt dies aber gem. § 98 Abs. 1 Nr. 4 sowie §§ 343 Abs. 3, 105. Das Europa- und das Konventionsrecht kennen besondere **Diskriminierungsverbote**, die eine zuständigkeitsrechtliche Schlechterstellung der Angehörigen ausländischer Staaten verhindern sollen. Hierher gehört etwa Art. 6 Buchst. b Brüssel IIa-VO, der zugunsten der Angehörigen anderer EU-Staaten einen Rückgriff auf nationales Zuständigkeitsrecht untersagt (s. § 98 Rz. 23). Dies gilt auch, wenn die fragliche Person zugleich die deutsche oder die Staatsangehörigkeit eines Drittstaats hat: Eine formale, auf den „EU-Pass" abstellende Betrachtungsweise erscheint geboten, weil das Europarecht es verbietet, sich darüber hinwegzusetzen, dass ein anderer Mitgliedstaat einer Person seine Staatsangehörigkeit verliehen hat.[3]

3. Staatenlose

31 Staatenlose können kraft besonderer Vorschriften den Inländern gleichgestellt sein (s. Rz. 29). Vgl. im Übrigen § 98 Abs. 1 Nr. 3.

III. Parteiautonomie

31a In den FamFG-relevanten Bereichen, namentlich in Statussachen, lässt das deutsche Recht der Privatautonomie in Zuständigkeitsfragen kaum Raum, misst also weder einer Gerichtsstandsvereinbarung noch einer rügelosen Einlassung zuständigkeitsbegründende Wirkung zu. Entsprechendes gilt für die Brüssel IIa-VO in Ehesachen (vgl. aber immerhin Art. 3 Abs. 1 Buchst. a Strich 4; dazu § 98 Rz. 17), während sie sich in Kindschaftssachen etwas aufgeschlossener zeigt (s. Art. 9 Abs. 2 und 12 Brüssel IIa-VO; dazu § 99 Rz. 14). Demgegenüber sieht das Verordnungsrecht in vermögensrechtlichen Fragen im Grundsatz sowohl Gerichtsstandsvereinbarungen als auch rügelose Einlassungen vor; vgl. Art. 4 f. EuUntVO sowie Art. 5, 9 EuErbVO.

C. Grenzen der deutschen Gerichtsbarkeit

I. Völkerrechtliche Grenzen

32 Das Völkerrecht verbietet den Staaten, hoheitliche Handlungen außerhalb ihres Staatsgebietes vorzunehmen. Die Gerichtsbarkeit ist als hoheitliche Handlung auf das eigene Staatsgebiet beschränkt (Territorialitätsprinzip). Daher dürfen **im Ausland** grundsätzlich keine Verfahrenshandlungen, namentlich Zustellungen oder Be-

---

1 BGBl. I 1961, 1221; abgedruckt bei *Jayme/Hausmann*, Nr. 16.
2 Einzelheiten etwa bei Erman/*Hohloch*, Art. 5 EGBGB Rz. 66 ff.; Palandt/*Thorn*, Anh. II zu Art. 5 EGBGB.
3 Näher *Hau*, IPRax 2010, 50 (52 f.), dort im Anschluss an die verallgemeinerungsfähigen Ausführungen des EuGH v. 16.7.2010 – Rs. C-168/08 (Hadadi), IPRax 2010, 66. Vgl. auch *Basedow*, IPRax 2011, 109 (114).

weisaufnahmen, vorgenommen werden; vielmehr sind die Gerichte auf **internationale Rechtshilfe** angewiesen.[1] Vgl. §§ 183, 363 ZPO (dazu Rz. 60).

Das Völkerrecht zieht der Ausübung von Gerichtsgewalt aber auch **im Inland** gewisse Grenzen. Unter dem (irreführenden) Begriff der Exterritorialität regeln §§ 18–20 GVG – teilweise in Umsetzung völkerrechtlicher Verträge (s. § 97 Rz. 29) – die Befreiung von der inländischen Gerichtsbarkeit. Besonderen Schutz im Sinne weitreichender persönlicher **Immunität** genießen die Mitglieder diplomatischer Missionen (§ 18 GVG). Dies gilt gleichermaßen für streitige wie für freiwillige Angelegenheiten (einschließlich Personenstandssachen).[2] Demgegenüber sind Mitglieder konsularischer Vertretungen (§ 19 GVG) nur hinsichtlich solcher Handlungen befreit, die in Wahrnehmung konsularischer Aufgaben vorgenommen worden sind (sog. Amtsexemtion). Ob sich der Schutz von Staatsgästen (§ 20 GVG) auch auf familienrechtliche Angelegenheiten erstreckt, ist umstritten und zweifelhaft.[3] Zur Frage, ob eine im Ausland unter Verstoß gegen Immunitätsregeln ergangene Entscheidung im Inland anzuerkennen ist, s. § 109 Rz. 30. 33

II. Wesenseigene Unzuständigkeit bzw. wesensfremde Zuständigkeit

Verweist das deutsche Kollisionsrecht auf ausländisches Sachrecht, so ist dieses der Entscheidung zugrunde zu legen. Gleichwohl muss das deutsche Gericht nach überkommener Vorstellung ein von der lex causae vorgesehenes Tätigwerden verweigern, wenn dieses mit seiner verfassungsrechtlich vorgegebenen Rolle als Rechtsprechungsorgan völlig unvereinbar wäre. Dies kann daran liegen, dass die fragliche Tätigkeit entweder vom Gericht nicht zu bewältigen oder ihm nicht zuzumuten ist. Die Rede ist dann üblicherweise von einer dem deutschen Recht wesensfremden Zuständigkeit bzw. von der wesenseigenen (oder „sachlich internationalen") Unzuständigkeit des deutschen Gerichts.[4] So wenig man gegen diesen Grundsatz auch einwenden mag, so unklar ist, wann genau die Schwelle überschritten ist, ab der er zur Anwendung kommen soll. Der kollisionsrechtliche Ordre-public-Vorbehalt (Art. 6 EGBGB) taugt jedenfalls nicht zur Grenzziehung.[5] Auch wenn Gerichte gelegentlich mit angeblicher Wesensfremdheit argumentieren,[6] finden sich in neuerer Zeit kaum überzeugende Beispiele. Erwägen könnte man Wesensfremdheit, wenn einem deutschen Familiengericht angesonnen würde, eine Ehe durch Umwandlung in eine registrierte Partnerschaft nach niederländischem Recht aufzulösen.[7] Im Übrigen gelangt man regelmäßig schon mit Hilfe gewisser Modifikationen des deutschen Verfahrensrechts zu akzeptablen Ergebnissen. Zu Einzelfragen dieser sog. Anpassung s. Rz. 40 ff. 34

D. Verhältnis zum Internationalen Privatrecht; Relevanz ausländischen Rechts

I. Trennung von Kollisions- und Zuständigkeitsrecht

Der gut beratene Rechtsuchende wird, wenn Gerichtsstände in mehreren Staaten eröffnet sind, seine Wahl nicht zuletzt von dem im jeweiligen Forum maßgeblichen Kollisionsrecht abhängig machen („law shopping through forum shopping"). Für solche Überlegungen bleibt indes kein Raum, wenn ein Verfahren im Inland bereits eingeleitet ist: Gilt es dann zu bestimmen, ob die deutschen Gerichte international zur Entscheidung berufen sind, so ist dabei die kollisionsrechtliche Frage ohne Belang, 35

---

1 Vgl. speziell zur internationalen Rechtshilfe in FG-Sachen auch *Geimer*, FS Jayme, S. 241 (251 f.); Jansen/v. Schuckmann/Sonnenfeld/*Müther*, § 2 FGG Rz. 40 ff.
2 Vgl. BGH v. 30.3.2011 – XII ZB 300/10, FamRZ 2011, 788 (789 f.); *Kissel/Mayer*, § 18 GVG Rz. 22.
3 Verneinend etwa *Schack*, Rz. 170.
4 Zur bereits uneinheitlichen Terminologie etwa *Kropholler*, IPR, § 57 II 1; *Linke/Hau*, Rz. 57; *Schack*, Rz. 571.
5 Richtig *Kropholler*, IPR, § 57 II 2.
6 Vgl. etwa KG v. 27.11.1998 – 3 UF 9545/97, IPRax 2000, 126 m. krit. Anm. *Herfarth*, 101 (revidiert durch BGH v. 6.10.2004 – XII ZR 225/01, BGHZ 160, 332 = NJW-RR 2005, 81).
7 Zum niederländischen Recht vgl. *Kampe*, StAZ 2008, 250 ff. Beachte auch OLG Celle v. 6.7.2005 – 10 VA 2/04, OLGReport 2006, 13.

welches Recht in der Sache anzuwenden ist.[1] Im Anwendungsbereich des autonomen deutschen Rechts sind die Kollisionsnormen im EGBGB und die Zuständigkeitsgründe im FamFG geregelt; hybride Vorschriften wie Art. 23 EGBGB idF bis zur IPR-Reform 1986 vermeidet der heutige Gesetzgeber mit gutem Grund. Ohnehin ist es sinnvoll, die gerichtliche Zuständigkeitsprüfung nach Möglichkeit nicht mit bisweilen recht schwierigen kollisionsrechtlichen Fragen zu belasten.

36 Es gibt auch **keinen automatischen Gleichlauf:** Von der internationalen Zuständigkeit deutscher Gerichte darf nicht ohne weiteres auf die Anwendbarkeit deutschen Sachrechts geschlossen werden. Ebenso wenig zieht die Berufung deutschen Sachrechts durch das deutsche IPR die internationale Zuständigkeit deutscher Gerichte nach sich[2] bzw. umgekehrt die Maßgeblichkeit ausländischen Sachrechts die internationale Unzuständigkeit deutscher Gerichte.[3] Eine Absage hat das FamFG insbesondere der früher vorherrschenden Meinung erteilt, deutsche Nachlassgerichte seien grundsätzlich nur international zuständig, wenn deutsches Sachrecht anwendbar ist (s. § 105 Rz. 25). Allerdings schwenkt die EuErbVO ausweislich ihrer Art. 6 und 7 aber wieder in die gegenteilige Richtung (vgl. Erwägungsgrund Nr. 27).

II. Lex-fori-Prinzip

37 In Fällen mit Auslandsbezug entnimmt das Gericht die verfahrensrechtlichen Regelungen (Rechtssätze ad ordinem litis) grundsätzlich dem im Gerichtsstaat geltenden Verfahrensrecht (also der sog. lex fori); demgegenüber muss es die in der Sache anzuwendenden materiellrechtlichen Regelungen (Rechtssätze ad decisionem) erst kollisionsrechtlich ermitteln. Dieses sog. Lex-fori-Prinzip (forum regit processum) ist im Grundsatz sowohl in streitigen wie in freiwilligen Angelegenheiten anerkannt.[4] Im Übrigen wird daraus auch abgeleitet, dass sich die Abgrenzung von streitiger und freiwilliger Gerichtsbarkeit nach deutschen Vorstellungen (also nicht etwa nach der lex causae) bestimmt.[5] Daraus wiederum folgt beispielsweise, dass das Scheidungsverfahren ungeachtet der lex causae im Inland nicht durch Klage, sondern durch Antrag eingeleitet wird.[6]

38 Für das Lex-fori-Prinzip streitet seine Praktikabilität; denn die Gerichte sind mit der Anwendung des heimischen Rechts vertraut, und es entsprechen sich Gerichtsaufbau und Verfahrensregeln. Das Praktikabilitätsargument vermag das Prinzip aber nicht allein zu tragen (sonst wäre auch im materiellen Recht die Anwendung ausländischen Rechts zu vermeiden), sondern nur iVm. dem Neutralitätsargument: Weil das Verfahrensrecht zwar Verhaltensnormen für das Gericht und die Parteien aufstellt, aber nicht das Ergebnis der Sachentscheidung vorgibt, wird der internationale Entscheidungseinklang nicht dadurch beeinträchtigt, dass jedes Gericht sein eigenes Verfahrensrecht anwendet.

39 Vor diesem Hintergrund zeigt sich: Es muss gewährleistet sein, dass sachentscheidende Normen nicht ohne weiteres der lex fori unterstellt bzw. als ausländisches Verfahrensrecht außer Betracht bleiben. Für die gebotene **Abgrenzung zwischen materiellem Recht und Verfahrensrecht** können nicht etwa äußere Kriterien (wie der Standort einer Vorschrift im FamFG oder im BGB) den Ausschlag geben, sondern nur funktionelle Kriterien. Beispielsweise wird das in einer internationalen Un-

---

1 Richtig etwa OLG Nürnberg v. 11.1.2005 – 7 WF 3827/04, NJW 2005, 1054; Jansen/v. Schuckmann/Sonnenfeld/*Müther*, vor §§ 3–5 FGG Rz. 29. Ausführlich zu Wertungsparallelen und -divergenzen *Mankowski*, FS Heldrich, S. 867 ff.
2 So für Statussachen aber noch Jansen/*v. Schuckmann*/Sonnenfeld, § 1 FGG Rz. 184.
3 Für einen solchen Gleichlauf, wiederum insbesondere in Statussachen, aber noch Jansen/*v. Schuckmann*/Sonnenfeld, § 1 FGG Rz. 185 f.
4 Allgemein zum Diskussionsstand etwa *Geimer*, Rz. 319 ff.; *Schack*, Rz. 45 ff. Vgl. speziell zu FG-Sachen etwa Keidel/*Engelhardt*, § 97 Rz. 7; Jansen/v. Schuckmann/Sonnenfeld, § 1 FGG Rz. 191.
5 Richtig etwa *Geimer*, FS Jayme, S. 241 (252); *v. Hoffmann/Thorn*, § 3 Rz. 296; Jansen/v. Schuckmann/Sonnenfeld, § 1 FGG Rz. 191.
6 *Henrich*, Rz. 97.

terhaltssache zur Entscheidung berufene deutsche Gericht ohne weiteres die FamFG-Regeln zur Vertretung (§ 234), zu den Rechtsmitteln (§§ 58 ff.), Kosten (§§ 150, 243) und eA (§§ 246 ff.) zugrunde legen. Zudem kann das vereinfachte Verfahren über den Unterhalt Minderjähriger (§§ 249 ff.) auch durchgeführt werden, um einen auf ausländischem Sachrecht beruhenden Unterhaltsanspruch durchzusetzen.[1] Nur nach Maßgabe des Unterhaltsstatuts anzuwenden sind hingegen materiellrechtliche Auskunftspflichten, die in § 241 vorgesehene Haftungsverschärfung, zudem die Klagbarkeit und Verjährung von Ansprüchen, Prozessführungsbefugnis und Klagefristen, Aufrechnung sowie Währungsfragen.[2]

Als problematisch erweist sich die Abgrenzung von **materiellem Recht und Verfahrensrecht** (sowie die These von der Entscheidungsneutralität des Verfahrensrechts) vor allem im Bereich des Beweisrechts:[3] Wer beispielsweise im deutschen Abstammungsverfahren unter Berufung auf die Lex-fori-Regel außer Betracht lassen möchte, dass das Heimatrecht des Betroffenen den Nachweis der nichtehelichen Vaterschaft nur unter besonderen Voraussetzungen zulässt, nimmt damit in Kauf,[4] dass deutsche Gerichte zu einem anderen Ergebnis gelangen als die Gerichte im Heimatstaat.

III. Relevanz ausländischen Rechts; Anpassung

Gerade in den vom FamFG erfassten Angelegenheiten ist augenfällig, dass materielles und Verfahrensrecht oft eng verzahnt sind.[5] Dies zeigt sich besonders deutlich bei Gestaltungsentscheidungen, aber auch bei Feststellungs- und Leistungsentscheidungen. Bisweilen beeinflusst das Sachrecht die Ausgestaltung des Verfahrens so stark, dass es geboten erscheint, das deutsche Verfahrensrecht (zu dessen grundsätzlicher Geltung s. Rz. 37 ff.) an das anwendbare ausländische Sachrecht anzupassen: Einzelne sog. **sachrechtsergänzende Verfahrensvorschriften** des fremden Rechts können also auch vom deutschen Richter anzuwenden sein, bzw. umgekehrt können einzelne Ordnungsvorschriften des deutschen Verfahrensrechts, die dem ausländischen Sachrecht fremd sind, angepasst werden oder womöglich sogar völlig außer Betracht bleiben. Dahinter steht das Ziel, einerseits den Anspruch auf Rechtsschutz im Inland zu erfüllen, andererseits die Anerkennung der deutschen Entscheidung im Ausland auch dann zu sichern, wenn dies nach dortigem Recht die Wahrung bestimmter Verfahrensregeln erfordert.[6] Letzteres bedeutet freilich nicht, dass man alle Rücksicht auf das ausländische Recht fahren lassen sollte, nur weil der betreffende Staat beispielsweise nach Maßgabe der Brüssel IIa-VO ohnehin zur Anerkennung der deutschen Entscheidung verpflichtet ist.[7]

Für diese sog. Anpassung gibt es eine Reihe praktisch relevanter **Beispiele**: So kann das deutsche Gericht eine Trennung von Tisch und Bett (als Vorstufe oder als wesensgleiches Minus zur Eheauflösung) aussprechen.[8] Sofern im ausländischen Recht zwingend vorgesehen, kann das deutsche Gericht einen besonderen Sühneversuch unternehmen[9] bzw. das Verfahren aussetzen, um Gelegenheit zur Versöhnung

---

[1] Näher OLG Karlsruhe v. 2.5.2006 – 20 WF 45/06, NJW-RR 2006, 1587; dem zustimmend Bamberger/Roth/*Heiderhoff*, Art. 18 EGBGB Rz. 74.
[2] Dazu *Streicher/Köblitz*, § 4 Rz. 138; ausführlich *Geimer*, Rz. 333 ff.
[3] Näher etwa *Linke/Hau*, Rz. 337 ff.
[4] Vgl. die Beispiele bei *Nagel/Gottwald*, § 5 Rz. 96.
[5] Richtig schon *Geimer*, FS Jayme, S. 241 (242 ff.).
[6] Vgl. Garbe/Ullrich/*Andrae*, § 13 Rz. 302 ff.; *Henrich*, Rz. 99 ff.; *Nagel/Gottwald*, § 5 Rz. 75 ff.; *Finger*, FamRBint 2010, 61 (68 f.); alle mit weiteren Beispielen.
[7] So im Ergebnis aber AG Leverkusen v. 25.9.2008 – 33 F 53/08, FamRZ 2009, 1330.
[8] Grundlegend BGH v. 22.3.1967 – IV ZR 148/65, NJW 1967, 2109. Vgl. auch die Klarstellung in BT-Drucks. 16/6308, S. 226, dass die für Ehesachen maßgeblichen Verfahrensregeln einschlägig seien.
[9] Vgl. OLG Bremen v. 14.1.1983 – 5 UF 102/82a, IPRax 1985, 47. AG Leverkusen v. 25.9.2008 – 33 F 53/08, FamRZ 2009, 1330, hält indes die nach griechischem Recht gebotene Durchführung eines zweiten Anhörungstermins für entbehrlich.

zu geben, einen Staatsanwalt beiziehen,[1] zur Wiederaufnahme des ehelichen Lebens auffordern[2] oder den Scheidungsgrund (Schuldausspruch) in den Tenor aufnehmen.[3] Dem deutschen Recht dürfte es aber wesensfremd sein, dem deutschen Familiengericht die Beendigung einer Ehe durch Umwandlung in eine registrierte Partnerschaft nach niederländischem Recht abzuverlangen.[4] Im Abstammungsverfahren ist § 172 erweiternd anzupassen, wenn das ausländische Anfechtungsstatut den Kreis der materiell Anfechtungsberechtigten weiter steckt als das deutsche Recht den Kreis der Beteiligten (s. § 100 Rz. 8). Weitere Beispiele finden sich etwa im Bereich des Erbrechts.[5] So steht der Durchführung eines Verfahrens auf Einantwortung und Erteilung eines Erbscheins nach dem gem. Art. 25 Abs. 1 EGBGB berufenen österreichischen Recht keine „wesenseigene Unzuständigkeit" deutscher Gerichte entgegen, wenn der österreichische Erblasser seinen letzten gewöhnlichen Aufenthalt in Deutschland hatte und sich die Einantwortung (nur) auf in Deutschland belegene Nachlassgegenstände beschränkt (vgl. schon Rz. 34);[6] denn die Tatsache, dass in Österreich die Erben erst ex nunc mit Rechtskraft des Einantwortungsbeschlusses in die Stellung als Erben einrücken und dass einem Feststellungsbeschluss gem. § 352 FamFG aufgrund des deutschen Prinzips der Universalsukzession an sich nicht die gleiche Rechtskraftwirkung zukommt, macht es für ein deutsches Nachlassgericht nicht etwa unzumutbar, ein Einantwortungsverfahren nach österreichischem Vorbild vorzunehmen.[7]

42 Solange der deutsche ordre public (Art. 6 EGBGB) nicht tangiert ist, kann eine Anpassung des deutschen Erkenntnisverfahrens an die ausländischen Verfahrensvorschriften selbst dann erfolgen, wenn es sich um **religiös geprägte Normen** handelt (wie zB in islamischen Rechtsordnungen).[8] Demnach ist das deutsche Gericht nicht gehindert, den Antragsgegner zum Ausspruch der Scheidungsformel zu verurteilen; dies wäre weder eine den deutschen Gerichten wesensfremde Tätigkeit (s. Rz. 34) noch eine nach deutschem Recht unzulässige Verurteilung zur Vornahme einer religiösen Handlung. Nichts anderes folgt in solchen Fällen aus dem Umstand, dass für eine entsprechende Entscheidung im Ausland ein religiöses Gericht zuständig wäre.

IV. Ermittlung und Überprüfung ausländischen Rechts

43 Soweit das FamFG auf die Vorschriften der ZPO verweist (vgl. § 113 Abs. 1 Satz 2), richtet sich die **Ermittlung ausländischen Rechts** nach § 293 ZPO. Diese Vorschrift setzt die Möglichkeit des Strengbeweises, insbesondere durch das Einholen von Sachverständigengutachten, voraus (obwohl auch ausländisches Recht Rechtssatzqualität hat), gestattet aber eben auch den Freibeweis (Satz 2). In FG-Sachen soll § 293 ZPO weder direkt noch entsprechend heranzuziehen sein (anders indes *Prütting*, § 26 Rz. 18).[9] Dies bedeutet freilich nur, dass kein Strengbeweis in Betracht

---

1 Vgl. OLG Bremen v. 14.1.1983 – 5 UF 102/82a, IPRax 1985, 47; OLG Frankfurt v. 7.11.1983 – 1 WF 168/83, NJW 1984, 572.
2 Ablehnend aber OLG Stuttgart v. 28.6.2005 – 17 UF 280/04, IPRax 2007, 131 m. krit. Anm. *Heiderhoff*, 118 f.
3 BGH v. 1.4.1987 – IVb ZR 40/86, NJW 1988, 636 (638); OLG Karlsruhe v. 22.9.1994 – 2 UF 147/93, FamRZ 1995, 738; OLG Zweibrücken v. 30.8.1996 – 2 UF 78/95, FamRZ 1997, 430.
4 Zum niederländischen Recht vgl. *Kampe*, StAZ 2008, 250 ff. Beachte auch OLG Celle v. 6.7.2005 – 10 VA 2/04, OLGReport 2006, 13.
5 Vgl. etwa Staudinger/*Dörner*, Art. 25 EGBGB Rz. 817 (zur sog. Herabsetzungsklage übergangener Erben) und Rz. 852 (mit Beispielen aus dem Nachlassverfahrensrecht).
6 So Notariat II Villingen v. 12.9.2012 – II NG 801, ZEV 2013, 150 m. nicht überzeugender abl. Anm. Ludwig.
7 AA *Ludwig*, ZEV 2013, 151.
8 Vgl. BGH v. 6.10.2004 – XII ZR 225/01, BGHZ 160, 332 = NJW-RR 2005, 81 (dazu *Henrich*, FamRZ 2004, 1958; *Rauscher*, IPRax 2005, 313), dort zum Verfahren und zu den Voraussetzungen der Inlandsscheidung iranischer Staatsangehöriger schiitischen Glaubens auf Antrag der Ehefrau. Beachte zu diesem Problemkreis auch OLG Koblenz v. 26.11.2008 – 9 UF 653/06, NJW-RR 2009, 1014 (1017). Aus dem Schrifttum Garbe/Ullrich/*Andrae*, § 13 Rz. 302; *Unberath*, IPRax 2004, 515.
9 Jansen/v. Schuckmann/Sonnenfeld/*Briesemeister*, § 12 FGG Rz. 36 f.

kommt (arg.: § 30 FamFG, vgl. dort Rz. 10); vielmehr bleibt es bei §§ 26, 29 Abs. 1 FamFG.

Eine § 545 Abs. 1 aF ZPO vergleichbare Eingrenzung des „revisiblen" Rechts enthält § 72 Abs. 1 FamFG nicht. Daher kann die neu konzipierte **Rechtsbeschwerde** in sämtlichen vom FamFG erfassten Angelegenheiten auch auf die Verletzung ausländischen Kollisions- und Sachrechts gestützt werden (enger aber § 30 Abs. 1 IntFamRVG und § 48 Abs. 1 AUG).[1] Dies entspricht der früheren Rechtslage zur weiteren Beschwerde gem. § 27 FGG,[2] während bislang namentlich in Ehesachen in der Revisionsinstanz häufig nur mit einer Verletzung von § 293 ZPO argumentiert werden konnte.[3] 44

E. Sonstige Besonderheiten von Verfahren mit Auslandsbezug

I. Beteiligten- und Verfahrensfähigkeit; Vertretung

Ausgehend von der Lex-fori-Regel ergibt sich die **Beteiligtenfähigkeit** aus § 8, die **Verfahrensfähigkeit** aus § 9 FamFG. Wäre ein Ausländer nach Maßgabe des deutschen Rechts verfahrensfähig, so ist es wegen § 9 Abs. 5 FamFG, § 55 ZPO unschädlich, wenn ihm sein Heimatrecht die Verfahrensfähigkeit abspricht. Umgekehrt lässt sich aus § 9 Abs. 5 FamFG, § 55 ZPO die Grundregel ableiten, dass allemal als verfahrensfähig anzusehen ist, wer dies nach seinem Heimatrecht ist.[4] Für die Beteiligtenfähigkeit von Ausländern dürften die zu § 50 ZPO entwickelten Grundsätze[5] entsprechend gelten. 45

Die **Vertretung** einer verfahrensunfähigen Person bestimmt sich nicht etwa ohne weiteres nach deutschem Recht, sondern nach dem anwendbaren Sachrecht (Art. 21, 24 EGBGB). Vorrang genießt einschlägiges Konventionsrecht, namentlich also das MSA bzw. nunmehr das KSÜ.[6] 46

II. Parallelverfahren im Ausland

Auch und gerade in grenzüberschreitenden Angelegenheiten, die in den sachlichen Anwendungsbereich des FamFG fallen, kommt es nicht selten zu **positiven Kompetenzkonflikten:**[7] Dies gilt sowohl in Amtsverfahren (wenn sich die Gerichte mehrerer Staaten für zuständig erachten und darauf gestützt tätig werden) als auch in Antragsverfahren (wenn entweder ein Antragsteller in mehreren Staaten um Rechtsschutz nachsucht oder wenn sich die Beteiligten mit Anträgen in verschiedenen Staaten regelrecht bekämpfen). Unerwünscht ist dies nicht nur unter verfahrensökonomischen Gesichtspunkten, sondern auch deshalb, weil einander widersprechende Entscheidungen insbesondere in Statusangelegenheiten den internationalen Entscheidungseinklang empfindlich stören und deshalb nach Möglichkeit zu vermeiden sind. Abhilfe verspricht ein System, das eine einzige Primärzuständigkeit und ergänzend nur subsidiäre Hilfszuständigkeiten vorsieht; auf diesem Modell basiert das HErwSÜ (s. § 104 Rz. 13 ff.). Normalerweise sind hingegen, nicht zuletzt um Rechtsschutzlücken (negative Kompetenzkonflikte) sicher zu vermeiden, konkurrierende Zuständigkeiten eröffnet. Zur Bewältigung der dann drohenden „multi-fora disputes" bedarf es besonderer Instrumente, die sowohl im Europa- und Konventionsrecht als auch im autonomen deutschen Recht vorgesehen sind. 47

---

1 Darauf geht BT-Drucks. 16/6308, S. 210, nicht ein. Zu § 545 Abs. 1 ZPO nF vgl. BT-Drucks. 16/9733, S. 301. Für Überprüfbarkeit nunmehr etwa Rahm/Künkel/*Breuer*, II 1 C Rz. 292; *Eichel*, IPRax 2009, 389; *Geimer*, Rz. 2601; Zöller/*Geimer*, § 293 ZPO Rz. 28; *Hau*, FamRZ 2009, 821 (824); *Hess*, § 1 Rz. 11, § 12 Rz. 19; *Hess/Hübner*, NJW 2009, 3132 f. Dagegen aber *Althammer*, IPRax 2009, 381 (389); *Roth*, JZ 2009, 585 (590); *Schack*, Rz. 724; *Sturm*, JZ 2011, 74.
2 S. Jansen/v. Schuckmann/Sonnenfeld/*Briesemeister*, § 27 FGG Rz. 32.
3 Vgl. zum Unterschied etwa *Geimer*, FS Jayme, S. 241 (252 f.).
4 Vgl. etwa MüKo.ZPO/*Lindacher*, § 55 ZPO Rz. 1; *Schack*, Rz. 603 (zur Prozessfähigkeit).
5 Einzelheiten bei MüKo.ZPO/*Lindacher*, § 50 ZPO Rz. 55 ff.; *Schack*, Rz. 598 ff. (zur Parteifähigkeit).
6 Näher etwa Staudinger/*Henrich*, Art. 20 EGBGB Rz. 79 ff., dort zum Abstammungsverfahren.
7 Dazu *Hau*, Positive Kompetenzkonflikte, passim.

1. Europa- und Konventionsrecht

48 Werden **Unterhaltsstreitigkeiten** in mehreren EU- oder LugÜ-Staaten ausgetragen, greifen Art. 12 ff. EuUntVO (bislang: Art. 27 ff. Brüssel I-VO) bzw. Art. 27 LugÜ 2007 ein (näher Anhänge 2 und 3 zu § 110). In Nachlasssachen gelten künftig Art. 17 und 18 EuErbVO. Im Anwendungsbereich der Brüssel IIa-VO regelt Art. 19, was zu tun ist, wenn in zwei Mitgliedstaaten parallele **Eheauflösungs- oder Kindschaftsverfahren** eingeleitet worden sind.[1] Der Vorrang zwischen mehreren zuständigen Gerichten wird dabei jeweils nach dem Prioritätsprinzip ermittelt (vgl. Art. 27 Abs. 1 Brüssel I-VO/LugÜ 2007; Art. 19 Abs. 3 Brüssel IIa-VO; Art. 12 Abs. 1 EuUntVO; Art. 17 Abs. 1 EuErbVO),[2] wobei die vorgesehenen verordnungsautonomen Bestimmungen des maßgeblichen Zeitpunkts (vgl. Art. 30 Brüssel I-VO/LugÜ 2007; Art. 16 Brüssel IIa-VO; Art. 9 EuUntVO; Art. 14 EuErbVO) dafür sorgen, dass das „race to the courthouse" nicht durch unterschiedliche nationale Verfahrensvorschriften verzerrt wird.[3] Im Ergebnis wird damit der Wettlauf der Parteien um die frühere Verfahrenseinleitung von den Zufälligkeiten des internationalen Rechtshilfeverkehrs in Zustellungssachen abgekoppelt. Für Kompetenzkonflikte in Kindschaftssachen im Verhältnis zu einem KSÜ-Staat, der nicht Mitgliedstaat der Brüssel IIa-VO ist, s. Art. 13 KSÜ.

49 Der augenfälligste Unterschied zum deutschen autonomen Recht besteht darin, dass die genannten Vorschriften die Beachtung ausländischer Parallelverfahren nicht davon abhängig machen, ob das inländische Gericht eine positive Prognose hinsichtlich der **Anerkennungsfähigkeit** der zu erwartenden ausländischen Entscheidung erstellen kann.[4] Bemerkenswert ist außerdem, dass – wiederum abweichend vom autonomen deutschen Recht – das früher eingeleitete Verfahren ein späteres auch dann sperren kann, wenn keine **Streitgegenstandsidentität** besteht: Sofern beide Verfahren dieselbe Ehe betreffen, ist es für den Eintritt der Sperre gem. Art. 19 Abs. 1 Brüssel IIa-VO unerheblich, ob die konkurrierenden Anträge auf Scheidung, Ungültigerklärung oder bloße Trennung lauten.[5] Dabei erhellt die in Art. 19 Abs. 3 Satz 2 Brüssel IIa-VO eigens eröffnete Möglichkeit, den später angebrachten Antrag im vorrangigen Verfahren weiterzuverfolgen, dass Rechtshängigkeits- und Rechtskraftsperre nicht notwendig deckungsgleich sind, vielmehr ein sachlich engeres Verfahren ein weiter gehendes, aber eben nachrangiges zu blockieren vermag.[6]

50 Zum **weiteren Verfahren** ist zu beachten: Sobald die Zuständigkeit des zuerst angerufenen Gerichts feststeht, erklären sich die später angerufenen Gerichte – die das Verfahren bis dahin bereits ausgesetzt hatten (Art. 19 Abs. 1 Brüssel IIa-VO) – endgültig für unzuständig (Abs. 3). Über den Wortlaut des Art. 16 Brüssel IIa-VO hinaus, dürfte der dort bestimmte Zeitpunkt indes nicht nur zur Ermittlung des zuerst angerufenen Gerichts entscheidend sein, sondern allgemeiner für die Frage, wann im Falle von Verfahrenskonkurrenzen die Zuständigkeit vorzuliegen hat: Art. 19 Brüssel IIa-VO gibt dem zuerst angerufenen Gericht nur Gelegenheit, seine Kompetenz zu „klären", nicht aber, sie erst „herbeizuführen". Angenommen also, der Mann macht ein Scheidungsverfahren in Deutschland anhängig, obwohl die Frist des Art. 3 Abs. 1 Buchst. a Strich 5 oder 6 Brüssel IIa-VO noch läuft, und seine Frau leitet währenddessen ein Verfahren in Frankreich ein, wobei sich das dortige Gericht beispielsweise schon auf Art. 3 Abs. 1 Buchst. a Strich 2 Brüssel IIa-VO stützen kann: Zwar müsste

---

1 Näher etwa *Breuer*, Rz. 285 ff.; *Henrich*, Rz. 15 ff. Zur Unanwendbarkeit des LugÜ (gem. Art. 1) etwa OLG München v. 14.7.2009 – 12 WF 1296/09, FamRZ 2009, 2104.
2 Vgl. für eine Kindschaftssache etwa EuGH v. 22.12.2010 – Rs. C-497/10 PPU (Mercredi/Chaffe), FamRZ 2011, 617 (620) m. Anm. *Henrich*; dazu *Mankowski*, GPR 2011, 209.
3 Vgl. etwa KG v. 17.1.2005 – 16 WF 206/04, NJW-RR 2005, 881 = FamRZ 2005, 1685, dort noch zur Vorgängerregelung in Art. 11 Abs. 4 Buchst. a Brüssel II-VO.
4 Statt vieler: Staudinger/*Spellenberg*, Art. 19 EheGVO Rz. 17 f.; *Rauscher*, Art. 19 Brüssel IIa-VO Rz. 6.
5 Vgl. etwa OLG Zweibrücken v. 10.3.2006 – 6 WF 41/06, FamRZ 2006, 1043 (polnisches Verfahren auf Trennung von Tisch und Bett sperrt späteres deutsches Scheidungsverfahren). Zur Unanwendbarkeit im Falle früherer Rechtshängigkeit des Trennungsverfahrens in einem Drittstaat vgl. AG Seligenstadt v. 17.1.2008 – 32 F 695/5 S, IPRax 2008, 443 m. Anm. *Jayme*.
6 Rechtspolitische Kritik übt daran *Rauscher*, Art. 19 Brüssel IIa-VO Rz. 12 und 27 ff.

das französische Gericht, da später angerufen, sein Verfahren zunächst aussetzen; dennoch führt die Zuständigkeitsprüfung des deutschen Gerichts, auch wenn die Frist inzwischen verstrichen ist, zu einem negativen Ergebnis, so dass letztlich doch das französische Verfahren fortgeführt wird.

Besondere Probleme kann in **Kindschaftssachen** die Konkurrenz eines einstweiligen Verfahrens iSv. Art. 20 Brüssel IIa-VO mit dem später in einem anderen Mitgliedstaat ausgetragenen Hauptsacheverfahren bereiten. Der EuGH gelangt letztlich zu dem (zutreffenden) Ergebnis, dass das auf eine lediglich einstweilige Maßnahme abzielende Verfahren selbst im Falle seiner früheren Einleitung keine Rechtshängigkeitssperre gem. Art. 19 Brüssel IIa-VO auslösen könne.[1] Zur Begründung verweist er allerdings nicht etwa, was nahegelegen hätte, auf das geringere Rechtsschutzziel, sondern darauf, dass das Verfahren gem. Art. 20 Brüssel IIa-VO begriffsnotwendig bei einem in der Hauptsache unzuständigen Gericht geführt werde. Werde hingegen ein Gericht in der Hauptsache angerufen, nachdem in einem anderen Mitgliedstaat bereits eine einstweilige Maßnahme beantragt wurde, und ist nach Lage der Dinge nicht auszuschließen, dass die dortigen Gerichte zum Erlass einer Hauptsacheentscheidung zuständig sind, so sei das spätere Verfahren auszusetzen, bis die Zuständigkeitsfrage im Erststaat geklärt ist. 50a

2. Autonomes deutsches Recht

Auch ausländische Parallelverfahren, die vom sachlichen und/oder räumlich-persönlichen Anwendungsbereich des Europa- oder Konventionsrechts nicht erfasst werden, können im Inland beachtlich sein. 51

Für **Ehe- und Familienstreitsachen** gelten § 113 Abs. 1 Satz 2 FamFG, § 261 Abs. 3 Nr. 1 ZPO entsprechend für bereits im Ausland eingeleitete Verfahren, die denselben Streitgegenstand wie das inländische betreffen.[2] Die weit reichende Sperrwirkung des Art. 19 Brüssel IIa-VO (s. Rz. 49) vermag ein drittstaatliches Verfahren selbst dann nicht zu entfalten, wenn sich die internationale Zuständigkeit der deutschen Gerichte aus ebendieser Verordnung ergibt; mithin wird ein deutsches Scheidungsverfahren mangels Streitgegenstandsidentität nicht durch ein früher eingeleitetes brasilianisches Trennungsverfahren blockiert.[3] 52

Im Falle früherer ausländischer Rechtshängigkeit[4] sind für die entsprechende Anwendung von § 261 Abs. 3 Nr. 1 ZPO zwei wichtige Besonderheiten zu beachten, die dem **Justizgewährungsanspruch** Rechnung tragen:[5] Zum einen soll das inländische Verfahren nicht eingestellt, sondern (analog § 148 ZPO) vorerst nur ausgesetzt werden, bis im ausländischen Parallelverfahren eine Entscheidung ergangen ist, die im Inland anerkennungsfähig ist.[6] Zum anderen wird bereits die Aussetzung des inländischen Verfahrens von einer **positiven Anerkennungsprognose** abhängig gemacht, dieses Verfahren also fortgeführt, sofern absehbar ist, dass die im Ausland zu erwartende Entscheidung in Deutschland voraussichtlich nicht anerkennungsfähig sein 53

---

1 EuGH v. 9.11.2010 – Rs. C-296/10 (Purrucker/Vallés Pérez Teil II), NJW 2011, 363. Dazu *Mansel/Thorn/Wagner*, IPRax 2011, 1 (24 ff.).
2 Zu diesem Erfordernis im Falle unterschiedlicher Scheidungsgründe sowie bei Konkurrenz von staatlicher und Privatscheidung vgl. BGH v. 28.5.2008 – XII ZR 61/06, BGHZ 176, 365 = FamRZ 2008, 1409 m. Anm. *Henrich*, 1413. Streitgegenstandsidentität wurde etwa verneint bei OLG Koblenz v. 19.10.2005 – 11 WF 498/05, OLGReport 2006, 972 (im Inland als Folgesache anhängig gemachte Stufenklage auf Auseinandersetzung der gesetzlichen Güterstandes der Errungenschaftsbeteiligung; in der Türkei Zahlungsklage wegen missbräuchlicher Verfügungen des Ehegatten über gemeinsam erwirtschaftete Vermögensgegenstände im unmittelbaren zeitlichen Zusammenhang mit der Trennung der Parteien); OLG Koblenz v. 26.11.2008 – 9 UF 653/06, NJW-RR 2009, 1014 (iranische Klage wegen ehelichen Ungehorsams und auf Kindesherausgabe).
3 Lehrreich AG Seligenstadt v. 17.1.2008 – 32 F 695/5 S, IPRax 2008, 443 m. Anm. *Jayme*.
4 Missverständlich Haußleiter/*Gomille*, § 98 Rz. 20: „Anhängigkeit".
5 Vgl. zu den Einzelheiten etwa *Geimer*, Rz. 2685 ff.; *Nagel/Gottwald*, § 5 Rz. 212 ff.; *Schack*, Rz. 833 ff.; *Reuß*, Jura 2009, 1 (3 ff.).
6 Vgl. etwa Johannsen/*Henrich*, § 98 FamFG Rz. 36.

wird.¹ Die Anerkennungsfähigkeit (bzw. die diesbezügliche Prognose) ist anhand des jeweils maßgeblichen Anerkennungsregimes zu beurteilen, also anhand von § 109 oder vorrangiger internationaler Bestimmungen.² § 107 monopolisiert zugunsten der Landesjustizverwaltung nur die Anerkennung im Ausland bereits erlassener Entscheidungen, betrifft hingegen nicht die hier diskutierte Anerkennungsprognose (s. § 107 Rz. 67).

53a   Im autonomen Recht fehlt eine Art. 30 Brüssel I-VO/LugÜ 2007, Art. 9 EuUntVO bzw. Art. 16 Brüssel IIa-VO vergleichbare Bestimmung des für den Prioritätstest **maßgeblichen Zeitpunkts**. Überlässt man die Feststellung, wann im Ausland Rechtshängigkeit eintritt, der dortigen lex fori, so kann dies in den keineswegs seltenen Fällen, in denen schon die Klageeinreichung (Anhängigkeit) genügt, dazu führen, dass das ausländische Verfahren ein in Deutschland zuerst anhängiges, aber zB wegen der Dauer der Auslandszustellung noch nicht iSv. §§ 253 Abs. 1, 261 Abs. 1 ZPO rechtshängiges Verfahren überholt. Der BGH hält dieses Ergebnis für hinnehmbar.³ Korrekter und nach den allgemeinen Grundsätzen des IZVR auch zulässig wäre es, auf einen vergleichbaren Entwicklungsstand beider Verfahren abzustellen⁴ bzw. die genannten Verordnungsregeln entsprechend anzuwenden.

54   Besonders geregelt ist in §§ 99 Abs. 2–4, 104 Abs. 2 die Beachtlichkeit von Verfahren in **Vormundschafts-, Betreuungs-, Unterbringungs- und Pflegschaftssachen**, die im Ausland anhängig sind (bislang: §§ 47, 69e Abs. 1 Satz 1, 70 Abs. 4 FGG). Dem Gesetzgeber ging es dabei um eine nicht starr am Prioritätsprinzip orientierte, sondern „elastische Regel, die den Gerichten Ermessensspielraum gibt".⁵ Fraglich ist die **Verallgemeinerungsfähigkeit** solcher Regeln: Hat ein deutsches Gericht grundsätzlich von einer Sachentscheidung abzusehen, wenn ein ausländisches Gericht mit derselben Angelegenheit befasst ist? Kommt es dabei auf zeitliche Priorität an, und falls ja: wonach beurteilt sich diese? Weder dem FamFG noch den Materialien ist eine klare Antwort zu entnehmen. Insbesondere ließe sich der Hinweis, dass in § 2 Abs. 1 nur von der örtlichen Zuständigkeit die Rede ist,⁶ unter Berufung auf den Rechtsgedanken des § 105 entkräften.⁷ Wie schon nach früherem Recht liegt es im Interesse des internationalen Entscheidungseinklangs idR näher, dass das später mit der Angelegenheit befasste deutsche Gericht mit Rücksicht auf das ausländische Parallelverfahren zunächst nicht zur Sache entscheidet.⁸ Entsprechend den Überlegungen zu § 261 Abs. 3 Nr. 1 ZPO setzt dies allerdings voraus, dass eine positive Anerkennungsprognose möglich ist (s. Rz. 53).⁹ Im Übrigen schließt die Anhängigkeit eines ausländischen Hauptsacheverfahrens es nicht aus, im Inland eA zu erlassen.¹⁰

3. Abwehrmaßnahmen gegen ausländische Verfahren

55   Ist ein ausländisches Parallelverfahren nach den soeben dargelegten Grundsätzen im Inland **unbeachtlich**, so hat das deutsche Gericht zur Sache zu entscheiden. Ins-

---

1 Zum Grundsatz etwa BGH v. 28.5.2008 – XII ZR 61/06, BGHZ 176, 365 = FamRZ 2008, 1409 m. Anm. *Henrich*, 1413.
2 Vgl. beispielsweise zum deutsch-schweizerischen Rechtsverkehr OLG München v. 14.7.2009 – 12 WF 1296/09, FamRZ 2009, 2104.
3 BGH v. 9.10.1985 – IVb ZR 36/84, NJW 1986, 662; BGH v. 18.3.1987 – IVb ZR 24/86, NJW 1987, 3083; BGH v. 12.2.1992 – XII ZR 25/91, NJW-RR 1992, 642; OLG München v. 14.7.2009 – 12 WF 1296/09, FamRZ 2009, 2104 (2105). Ebenso aus dem Schrifttum etwa Johannsen/*Henrich*, § 98 FamFG Rz. 32 f.; Stein/Jonas/*Roth*, § 261 ZPO Rz. 60; Musielak/*Foerste*, § 261 ZPO Rz. 5.
4 OLG Hamm v. 6.7.1988 – 8 WF 352/88, NJW 1988, 3103; OLG Karlsruhe v. 21.12.1990 – 5 UF 161/89, IPRax 1992, 171; *Geimer*, Rz. 2701; *Schack*, Rz. 844.
5 So BT-Drucks. 10/504, S. 95, dort zu § 47 FGG.
6 Vgl. Staudinger/*v. Hein*, Art. 24 EGBGB Rz. 125.
7 Offen gelassen in BT-Drucks. 10/504, S. 95, dort zum Vorrang von § 47 FGG vor einer entsprechenden Anwendung von § 4 FGG.
8 Anders wohl MüKo.ZPO/*Pabst*, § 2 FamFG Rz. 25.
9 Wie hier etwa Keidel/*Engelhardt*, § 97 Rz. 10. Vgl. zum früheren Recht etwa Kegel/*Schurig*, § 22 VII; Jansen/v. Schuckmann/Sonnenfeld/*Müller-Lukoschek*, § 35b FGG Rz. 19.
10 Keidel/*Engelhardt*, § 97 Rz. 10.

besondere ist ohne Belang, ob die ausländischen Gerichte sich nach dortigem Recht als ausschließlich zuständig erachten.

Nur in extremen Ausnahmefällen kann im Inland eine gerichtliche Entscheidung (bzw. eA) erwirkt werden, die einer Partei das Einleiten oder Fortsetzen eines Verfahrens im Ausland untersagt.[1] Im innereuropäischen Rechtsverkehr bleibt für solche sog. **antisuit injunctions** ohnehin kein Raum.[2]

III. Kooperation von Gerichten; Abgabe von Verfahren

Grenzüberschreitende Kommunikation oder gar Kooperation von Gerichten über die Grenzen hinweg erweist sich, ausgehend vom überkommenen völkerrechtlichen **Territorialitätsprinzip** (s. Rz. 32), zunächst als bedenklich. Gleichwohl ist sie insbesondere in Fürsorgeverfahren, aber etwa auch in Unterhaltssachen häufig sinnvoll oder sogar unabdingbar, um in Fällen mit Bezügen zu mehreren Staaten sachgerechte Lösungen erzielen zu können. Probate Mittel sind das Benennen von Verbindungsrichtern sowie die Ermöglichung direkter richterlicher Kommunikation.[3] Rechnung trägt dem der deutsche Gesetzgeber (etwa mit dem AUG), vor allem aber das Europarecht (vgl. Art. 49 ff. EuUntVO, Art. 53 ff. Brüssel IIa-VO) und das Konventionsrecht (vgl. Art. 10 f. MSA, Art. 29 ff. KSÜ, Art. 6 ff. HKEntfÜ, Art. 6 ff. HAdoptÜ, Art. 28 ff. HErwSÜ, UNUntÜ).

Aus denselben Erwägungen eröffnet der Gesetzgeber immer häufiger die Möglichkeit einer **grenzüberschreitenden Verfahrensabgabe** (vgl. §§ 99 Abs. 3, 104 Abs. 2 FamFG; Art. 15 Brüssel IIa-VO und dazu § 13a Abs. 4–6 IntFamRVG;[4] Art. 6 MSA; Art. 8 f. KSÜ und dazu § 13a Abs. 1–6 IntFamRVG;[5] Art. 8 HErwSÜ): Das Gericht darf dann, auch wenn es an sich international zuständig ist, von einer eigenen Sachentscheidung absehen und stattdessen das Verfahren an ein ausländisches Gericht abgeben bzw. ein solches um Übernahme ersuchen. Greift keine dieser Spezialvorschriften ein, so kann eine Verweisung ins Ausland nicht ohne weiteres auf § 3 gestützt werden (vgl. dort Rz. 4).[6] Entsprechend der aufgeführten Spezialvorschriften kommt umgekehrt auch die **Übernahme eines ausländischen Verfahrens** durch ein deutsches Gericht in Betracht (klarstellend § 13a Abs. 2 IntFamRVG),[7] wobei dieses allerdings seine internationale Zuständigkeit eigenständig zu prüfen hat.

Davon zu unterscheiden ist die Lehre von der sog. **Zuständigkeitsverweisung** (bzw. Renvoi-Zuständigkeit): Danach sollen die deutschen Gerichte, obwohl das deutsche Verfahrensrecht keine Zuständigkeit eröffnet, auch dann zur Entscheidung berufen sein, wenn ein ausländisches Gericht Rechtsschutz mit der Begründung verweigert, die deutschen Gerichten sollten entscheiden. Diese Lehre ist weder mit dem deutschen Zuständigkeitsrecht vereinbar noch sachgerecht.[8] Droht im Einzelfall ein negativer Kompetenzkonflikt, bleibt allenfalls an eine Notzuständigkeit zu denken (s. Rz. 19).

IV. Internationales Zustellungs- und Beweisrecht

Das Territorialitätsprinzip begrenzt die Möglichkeit grenzüberschreitender richterlicher Tätigkeit und begründet damit die Notwendigkeit **internationaler Rechtshilfe**. Soweit das FamFG hinsichtlich Zustellungs- und Beweisfragen auf die Vor-

---

1 Näher etwa *Linke/Hau*, Rz. 263 ff.; *Nagel/Gottwald*, § 5 Rz. 300 ff.; *Schack*, Rz. 860 ff.
2 Vgl. EuGH v. 27.4.2004 – Rs. C-159/02 (Turner/Grovit), EuGHE 2004, 3565; dazu etwa *Hau*, ZZPInt 9 (2004), 186.
3 Dazu *Carl/Menne*, NJW 2009, 3537; *Menne*, Betrifft Justiz 2011, 121.
4 Vgl. BT-Drucks. 16/12063, S. 10 ff. Dazu *Schulz*, FamRZ 2011, 1273 (1280).
5 Dazu *Benicke*, IPRax 2013, 44 (47).
6 Vgl. Keidel/*Engelhardt*, § 97 Rz. 12; zu pauschal indes MüKo.ZPO/*Pabst*, vor §§ 2–5 FamFG Rz. 12. Umgekehrt zu weitgehend für eine allgemeine Verweisungsmöglichkeit hingegen Rahm/Künkel/*Breuer*, II 1 C Rz. 49.
7 Jansen/v. Schuckmann/Sonnenfeld/*Müller-Lukoschek*, § 47 FGG Rz. 27; Staudinger/*v. Hein*, Art. 24 EGBGB Rz. 127.
8 Wie hier etwa *Geimer*, Rz. 1018; *Schack*, Rz. 459; jeweils mN zum Streitstand.

schriften der ZPO verweist (vgl. §§ 15 Abs. 2, 30 Abs. 1, 113 Abs. 1 Satz 2 FamFG), bezieht sich dies auch auf die internationalverfahrensrechtlichen Regelungen zur Zustellung (§§ 183 ff., 1067 ff. ZPO)[1] und zur Beweisaufnahme (§§ 363, 1072 ff. ZPO), und zwar jeweils einschließlich der mit diesen Vorschriften ausgeführten EU-Verordnungen (s. § 97 Rz. 31 f.).[2] Festzuhalten bleibt allerdings, dass der FamFG-Gesetzgeber nicht über die Maßgeblichkeit der EuZVO und der EuBVO disponieren kann: Soweit deren sachlicher Anwendungsbereich neben streitigen auch Angelegenheiten der freiwilligen Gerichtsbarkeit umfasst,[3] sind die Verordnungen selbst dann heranzuziehen, wenn das FamFG nicht auf die genannten ZPO-Regeln verweist.

V. Verfahrenskostenhilfe und Verfahrenskostensicherheit

61 Fragen der Prozess- bzw. Verfahrenskostenhilfe sind in Familiensachen mit Auslandsbezug von großer praktischer Bedeutung.[4] Sonderregelungen speziell zur grenzüberschreitenden Unterhaltsdurchsetzung sehen §§ 20 ff. AUG sowie Art. 44 ff. EuUntVO vor.

62 Seit der PKH-Novelle 1980[5] können **inlandsansässige natürliche Personen** unabhängig von ihrer Staatsangehörigkeit PKH nach Maßgabe von §§ 114 ff. ZPO für ein im Inland durchzuführendes Verfahren erhalten. Das lässt sich gem. § 76 Abs. 1 FamFG auf die Verfahrenskostenhilfe (VKH) übertragen. Was die Bewilligungsvoraussetzungen angeht, gelten kaum Besonderheiten. Insbesondere ist die Rechtsverfolgung im Inland nicht vorschnell als mutwillig zu qualifizieren: Wenn deutsche Gerichte zur Entscheidung berufen sind, darf PKH/VKH nicht ohne weiteres mit der Begründung versagt werden, der Antragsteller könne sein Recht kostengünstiger im Ausland verfolgen.[6]

63 Im Falle von Bedürftigen, die **in anderen EU-Staaten ansässig** sind, ist die PKH-RL 2003/8/EG v. 27.1.2003 zu beachten.[7] Die Bezugnahme auf „Streitsachen" (Art. 1 Abs. 2 PKH-RL) dürfte keineswegs dahingehend zu verstehen sein, dass Angelegenheiten der freiwilligen Gerichtsbarkeit ausgeschlossen sein sollen.[8] Die PKH-RL wurde in Deutschland in §§ 1076 bis 1078 ZPO umgesetzt,[9] die wegen § 76 Abs. 1 FamFG auch im Anwendungsbereich des FamFG gelten. § 1078 ZPO regelt eingehende Ersuchen, mithin den Fall, dass eine in einem anderen EU-Staat ansässige natürliche Person in Deutschland einen Prozess führen oder die Zwangsvollstreckung betreiben möchte und sich deshalb an die Übermittlungsstelle ihres Wohnsitz- oder Aufenthaltsstaats wendet; die Staatsangehörigkeit des Antragstellers spielt dabei keine Rolle. Die ausländische Übermittlungsstelle leitet das Ersuchen an die deutsche Empfangsbehörde weiter. Freilich bleibt es dem Antragsteller, wie Art. 13 Abs. 1 PKH-RL klarstellt, unbenommen, sich unmittelbar an das deutsche Gericht zu wenden und bei diesem nach allgemeinen Regeln um PKH/VKH nachzusuchen. Gem. § 1078 Abs. 3 ZPO ist grenzüberschreitende PKH/VKH in Deutschland auch dann zu gewähren, wenn der auslandsansässige Antragsteller nachweist, dass er die Kosten der Prozessführung gerade deshalb nicht aufbringen kann, weil die Lebenshaltungskosten in seinem Wohnsitz- oder Aufenthaltsstaat höher sind als die inländischen.

---

1 Vgl. etwa OLG Hamm v. 22.11.2012 - II-2 WF 157/12, MDR 2013, 97, dort zu den strengen Anforderungen an die Bewilligung der öffentlichen Zustellung eines Scheidungsantrags.
2 Vgl. zu den Einzelheiten etwa *Linke/Hau*, Rz. 286 ff., 337 ff.; Rahm/Künkel/*Breuer*, II 1 C Rz. 220 ff.
3 Näher dazu Rauscher/*v. Hein*, Art. 1 EG-BewVO Rz. 4, 6 f.
4 Vgl. dazu und zum Folgenden etwa *Breuer*, Rz. 180 ff.
5 BGBl. I 1980, 677.
6 Zutreffend Rahm/Künkel/*Breuer*, II 1 C Rz. 192; *Nagel/Gottwald*, § 4 Rz. 96; *Mankowski*, IPRax 1999, 155 ff.; ausführlich dargelegt bei OLG Karlsruhe v. 18.8.2010 – 5 WF 122/10, FamRZ 2010, 2095 (2096 f.). Näher zu den streitigen Einzelfragen *Motzer*, FamRBint 2008, 16 (20). Vgl. auch BGH v. 30.3.2011 – XII ZB 212/09, MDR 2011, 621: PKH für Verfahren auf Aufhebung der mit einem Ausländer eingegangenen Scheinehe.
7 ABl. EG 2003 Nr. L 26/41, berichtigt ABl. EU 2003 Nr. L 32/15.
8 Ebenso etwa *Schoibl*, JBl. 2006, 142 (148).
9 EG-Prozesskostenhilfegesetz, BGBl. I 2004, 3392.

Weder in der PKH-RL noch in § 1078 Abs. 3 ZPO wird ausdrücklich geregelt, wie umgekehrt zu verfahren ist, wenn die ausländischen Lebenshaltungskosten niedriger als die inländischen sind. Die Auffassung, in diesem Fall seien die nach § 115 Abs. 2 und 3 ZPO maßgeblichen Sätze zulasten des Antragstellers zu modifizieren, hat der BGH zutreffend zurückgewiesen.[1]

Auch Bedürftige, die **in einem Drittstaat ansässig** sind, werden in Deutschland seit der PKH-Novelle 1980 unterstützt. Von Bedeutung sind dabei die in Art. 21 bis 23 HZPÜ (s. § 97 Rz. 30) vorgesehenen Verfahrens- und Übermittlungsregeln. Für die Entgegennahme von Bewilligungsanträgen, die gem. Art. 23 Abs. 1 HZPÜ von einem ausländischen Konsul innerhalb Deutschlands übermittelt werden, ist der Präsident des LG oder AG zuständig, in dessen Bezirk PKH/VKH gewährt werden soll (§ 9 AusfG zum HZPÜ).   64

Gem. § 110 Abs. 1 ZPO, § 113 Abs. 1 Satz 2 FamFG können Antragsteller, die weder in der EU noch im EWR ansässig sind, in Ehe- und Familienstreitsachen auf Verlangen des Antragsgegners zur **Sicherheitsleistung wegen der Verfahrenskosten** gehalten sein. Allerdings bestehen weit reichende Ausnahmeregelungen kraft Konventionsrechts (§ 110 Abs. 2 Nr. 1 ZPO); dies gilt etwa gem. Art. 9 Abs. 2 UNUntÜ und Art. 17 ff. HZPÜ.[2] Beachte zudem § 110 Abs. 2 Nr. 2 ZPO.   65

VI. Sprachenfrage

Deutsch ist gem. § 184 GVG die Gerichtssprache, und zwar grundsätzlich für alle Verfahrensarten und für alle Verfahrensbeteiligten.[3] § 185 Abs. 1 Satz 1 GVG gebietet für die mündliche Verhandlung im Bedarfsfall die **Zuziehung eines Dolmetschers**. Bei hinreichender Sprachkenntnis aller Beteiligten darf aber auch in fremder Sprache verhandelt werden (§ 185 Abs. 2 GVG), und selbst bei Hinzuziehung eines Dolmetschers können wichtige Aussagen und Erklärungen in der fremden Sprache, in der sie abgegeben worden sind, protokolliert werden (§ 185 Abs. 1 Satz 2 GVG). Noch weitergehend ist gem. § 185 Abs. 3 GVG in Familien- und FG-Sachen ein Dolmetscher selbst dann entbehrlich, wenn nur der Richter die fremdsprachige Erklärung eines Beteiligten (im weiten Sinne von § 185 Abs. 1 GVG FamFG) zu verstehen vermag. Die Vorschrift gilt nicht für Ehe- und Familienstreitsachen (§ 113 Abs. 1 Satz 1 FamFG) und sollte wegen des Anspruchs auf rechtliches Gehör auch im Übrigen in kontroversen Angelegenheiten – beispielsweise Abstammungs- oder Gewaltschutzsachen – nicht herangezogen werden, wenn wenigstens ein Beteiligter (im engeren Sinne von § 7 FamFG) nicht in der Lage ist, die fragliche Erklärung nachzuvollziehen. Wird ein Dolmetscher eingesetzt, so sind **Parteierklärungen in fremder Sprache** nicht etwa wirkungslos, weil sie übersetzt worden sind; vielmehr dient die Übersetzung lediglich dem Verständnis des Gerichts und der übrigen Verfahrensbeteiligten.[4] Ferner ist es denkbar und zulässig, dass ein Ausländer ein Rechtsmittel in fremder Sprache zu Protokoll eines hinreichend sprachkundigen Geschäftsstellenbeamten einlegt.   66

Im Hinblick auf **fremdsprachige Schriftsätze** und Anlagen dazu gelten nach herrschender Auffassung strengere Regeln: Im Prinzip sollen – soweit keine Ausnahme vorgeschrieben ist (vgl. Art. 55 Abs. 2 Brüssel I-VO, § 4 Abs. 3 AVAG) – nur deutschsprachige Schriftstücke beachtlich sein. Eine bemerkenswerte Einschränkung der Möglichkeit, einer Partei Übersetzungen abzuverlangen, sieht Art. 66 EuUntVO vor (s. Anhang 3 zu § 110), der auch schon für das unterhaltsrechtliche Erkenntnisverfahren gilt. Im Übrigen gebietet Art. 103 Abs. 1 GG, ausnahmsweise eine Übersetzung von Amts wegen zu veranlassen, wenn dies zur Gewährung rechtlichen Gehörs erfor-   67

---

1 BGH v. 10.6.2008 – VI ZB 56/07, NJW-RR 2008, 1453; dazu *Motzer*, FamRBint 2009, 6.
2 BGBl. II 1958, 577. Beachte die Länderübersicht zu § 110 Abs. 2 ZPO bei Zöller/*Geimer*, Anhang V.
3 Näher zum Folgenden *Linke/Hau*, Rz. 313 ff.; *Hau*, Liber Amicorum Schurig, S. 49 (51). Beachte zudem etwa *Armbrüster*, NJW 2011, 812; *Armbrüster*, ZRP 2011, 102.
4 Vgl. OLG München v. 19.9.1988 – 2 UF 1696/86, IPRax 1989, 238, dort zur fremdsprachigen Verstoßung durch talaq vor dem deutschen Familiengericht.

derlich ist und die Partei eine Übersetzung nicht selbst beibringen kann.[1] Die prinzipielle Beachtlichkeit fremdsprachiger Urkunden folgt bereits aus § 142 Abs. 3 ZPO.[2]

68 Die **schriftliche Kommunikation seitens des Gerichts** mit den Verfahrensbeteiligten erfolgt ungeachtet ihrer Nationalität grundsätzlich in deutscher Sprache. Das betrifft sowohl gerichtliche Verfügungen (Ladungen, Aufforderungen zur Stellungnahme, Hinweise und Auflagen) als auch Entscheidungen.[3] Im Falle der Auslandszustellung sind aber häufig **Übersetzungen** beizufügen (vgl. Art. 5 und 8 EuZustVO 2007; Art. 5 Abs. 3 HZÜ mit § 3 AusfG; §§ 25 f. ZRHO).

98 Ehesachen; Verbund von Scheidungs- und Folgesachen

(1) Die deutschen Gerichte sind für Ehesachen zuständig, wenn
1. ein Ehegatte Deutscher ist oder bei der Eheschließung war;
2. beide Ehegatten ihren gewöhnlichen Aufenthalt im Inland haben;
3. ein Ehegatte Staatenloser mit gewöhnlichem Aufenthalt im Inland ist;
4. ein Ehegatte seinen gewöhnlichen Aufenthalt im Inland hat, es sei denn, dass die zu fällende Entscheidung offensichtlich nach dem Recht keines der Staaten anerkannt würde, denen einer der Ehegatten angehört.

(2) Die Zuständigkeit der deutschen Gerichte nach Absatz 1 erstreckt sich im Fall des Verbunds von Scheidungs- und Folgesachen auf die Folgesachen.

A. Überblick 1	c) Einstweilige Maßnahmen 31
B. Vorrang der Brüssel IIa-VO in Ehesachen 3	C. Inhalt der Vorschrift
I. Sachlicher Anwendungsbereich 4	I. Internationale Zuständigkeit (Absatz 1)
II. Zeitlicher Anwendungsbereich 10	1. Anwendungsbereich 32
III. Räumlich-persönlicher Anwendungsbereich 11	2. Anknüpfungsmomente 34
1. Brüssel IIa-Gerichtsstände 14	II. Scheidungsverbund (Absatz 2)
2. Vorrang der Brüssel IIa-VO 20	1. Grundlagen 39
a) Brüssel IIa-Zuständigkeit des Forumstaats 21	2. Versorgungsausgleich 44
b) Brüssel IIa-Zuständigkeit eines anderen Mitgliedstaats 23	3. Unterhalt 46
c) Brüssel IIa-Zuständigkeit keines Mitgliedstaats 27	4. Ehewohnungs- und Haushaltssachen 48
3. Restanwendungsbereich des nationalen Zuständigkeitsrechts	5. Güterrechtssachen 50
a) Grundsatz 29	6. Sorgerecht, Umgangsrecht, Kindesherausgabe 52
b) Personenbezogene Erweiterung der Restzuständigkeit 30	D. Weitere Hinweise zu internationalen Ehesachen 54

Literatur: s. § 97 vor Rz. 1.

A. Überblick

1 Beachte vorab zu Begriff und Prüfung der internationalen Zuständigkeit sowie zu den Besonderheiten von Verfahren mit Auslandsbezug die Ausführungen vor §§ 98–106. Zur spiegelbildlichen Anwendung von § 98 bei der Prüfung der Anerkennungszuständigkeit ausländischer Gerichte gem. § 109 Abs. 1 Nr. 1 und Abs. 2 s. dort Rz. 19 ff.

---

1 Klarstellend MüKo.ZPO/*Zimmermann*, § 184 GVG Rz. 7.
2 BGH v. 2.3.1988 – IVb ZB 10/88, NJW 1989, 1432 (1433); OLG München v. 30.6.2004 – 16 WF 1157/04, FamRZ 2005, 381.
3 *Kissel/Mayer*, § 184 GVG Rz. 11 mN; OLG Karlsruhe v. 27.5.1997 – 20 UF 46/97, IPRspr. 1997 Nr. 132.

§ 98 Abs. 1 regelt die internationale Zuständigkeit für Ehesachen iSv. § 121; § 98 Abs. 2 erstreckt diese Zuständigkeit für den Fall des Verbunds (§ 137 Abs. 1) auf die Folgesachen (§ 137 Abs. 2 und 3). § 106 stellt klar, dass es sich nicht um ausschließliche Zuständigkeiten handelt. Im **früheren Recht** ergab sich eine §§ 98 Abs. 1, 106 FamFG entsprechende Regelung aus § 606a Abs. 1 ZPO, während eine ausdrückliche gesetzliche Regelung zur internationalen Verbundzuständigkeit fehlte. **2**

B. Vorrang der Brüssel IIa-VO in Ehesachen

Als Bestimmung des nationalen Rechts wird § 98 Abs. 1 in erheblichem Maße durch die Brüssel IIa-VO (Text: Anhang 2 zu § 97; s. auch § 97 Rz. 8 ff.) verdrängt.[1] Diese ist in allen Mitgliedstaaten einheitlich anzuwenden (zum Vorabentscheidungsverfahren s. § 97 Rz. 12). Nach Möglichkeit soll eine verordnungsautonome Auslegung erfolgen; nur ausnahmsweise ist demnach auf das im Forum geltende Recht (lex fori) oder das in der Sache anwendbare Recht (lex causae) zurückzugreifen. **3**

I. Sachlicher Anwendungsbereich

Die Brüssel IIa-VO regelt nur **Ehestatussachen** (Art. 1 Abs. 1 Buchst. a), nicht jedoch, mit Ausnahme von Kindschaftsangelegenheiten (s. Rz. 40), die Folgesachen. Allerdings sind weitere vorrangige europa- und konventionsrechtliche Regelungen hinsichtlich der von § 98 Abs. 2 thematisierten Folgesachen zu beachten (s. Rz. 46). **4**

Die bislang weit überwiegende Auffassung beharrt auf einem autonomen und traditionellen Verständnis des in der Brüssel IIa-VO zugrunde gelegten **Ehebegriffs**. Sie lehnt es daher de lege lata ab, als Ehe iSd. Brüssel IIa-VO auch gleichgeschlechtliche Lebenspartnerschaften oder zumindest die nach einigen Rechtsordnungen (Niederlande, Belgien, Spanien) möglichen gleichgeschlechtlichen Ehen zu qualifizieren.[2] Ausgeklammert bleiben aber auch sonstige rechtlich verfestigte Lebensformen von Partnern verschiedenen Geschlechts, die das ausländische (etwa das französische oder niederländische) Recht ausdrücklich als Minus gegenüber der Ehe ausgestaltet.[3] Schon methodisch kaum überzeugend erscheint die These, dass mit dem Inkrafttreten der kollisionsrechtlichen Rom III-VO (dazu § 97 Rz. 36) ein erweiterter Ehebegriff für die Brüssel IIa-VO verbindlich geworden sei,[4] zumal auch für die Rom III-VO alles andere als klar erscheint, was diese unter einer Ehe versteht.[5] Zum Ehebegriff in § 98 s. Rz. 33. **5**

Art. 1 Abs. 1 Buchst. a Brüssel IIa-VO benennt die erfassten **Ehesachen**, nämlich die Ehescheidung sowie die Ungültigerklärung; als solche ist auch die Eheaufhebung des deutschen Rechts (§ 1314 BGB) zu qualifizieren.[6] Ferner erfasst die Brüssel IIa-VO die – dem deutschen Eherecht unbekannte – Trennung ohne Auflösung des Ehebandes (sowie die Umwandlung in eine Ehescheidung, arg. Art. 5 Brüssel **6**

---

1 Deutlich etwa *Henrich*, Rz. 1 („nur noch marginale Bedeutung"); *Schack*, Rz. 426 („in der Praxis verschwindend gering"); *Streicher/Köblitz*, § 2 Rz. 39.
2 Statt vieler: AG Münster v. 20.1.2010 – 56 F 79/09, IPRax 2011, 269 = FamRBint 2010, 79 (*Finger*); *Andrae*, § 10 Rz. 5; *Dilger*, Rz. 98 ff. (aber für Einbeziehung der Mehrehe); HK-ZPO/*Dörner*, Art. 1 EheGVVO Rz. 7; MüKo.ZPO/*Gottwald*, Art. 1 EheGVO Rz. 5; Hausmann/Hohloch/*Martiny*, Kap. 12 Rz. 116; *Rauscher*, Art. 1 Brüssel IIa-VO Rz. 8; Staudinger/*Spellenberg*, Art. 1 EheGVO Rz. 11; *Garber*, FS Simotta, S. 145 (159 ff.). Für eine „tolerante Auslegung iS. einer verfahrensrechtlichen Anerkennung der gleichgeschlechtlichen Ehe" wirbt indes *Winkler v. Mohrenfels*, FS Ansay, S. 527 (538 f.); vgl. auch MüKo.BGB/*Winkler v. Mohrenfels*, Art. 17 EGBGB Rz. 299 (dort unter Berufung auf die im IZVR angeblich gebotene „weite Auslegung").
3 *Dilger*, Rz. 102 ff.; Hausmann/Hohloch/*Martiny*, Kap. 12 Rz. 52; *Rauscher*, Art. 1 Brüssel IIa-VO Rz. 8. AA *Garber*, FS Simotta, S. 145 (153 ff.), der eingetragene Partnerschaften schon dann vom Anwendungsbereich der Brüssel IIa-VO erfasst sieht, wenn sie strukturell einer Ehe entsprechen und *weitgehend* dieselben Wirkungen wie die Ehe aufweisen (bejaht für die niederländische registrierte Partnerschaft).
4 So aber *Gruber*, IPRax 2012, 381 (382); Thomas/Putzo/*Hüßtege*, vor Art. 1 EuEheVO Rz. 5.
5 Dazu *Hau*, FamRZ 2013, 249 (250 f.).
6 Richtig etwa Johannsen/*Henrich*, § 98 FamFG Rz. 3.

IIa-VO).¹ Nach vorzugswürdiger, aber umstrittener Auffassung dürften trotz des auf Gestaltungsanträge zugeschnittenen Wortlauts auch **Feststellungsanträge** – und zwar sowohl positive wie negative (vgl. § 121 Nr. 3 FamFG) – in den Anwendungsbereich fallen. Dafür spricht entscheidend der Normzweck der Verordnung, eine europaweite Klärung des Ehestatus zu ermöglichen.² Konsequenterweise können dann aber Verfahren betreffend die **Herstellung des ehelichen Lebens**, insoweit im Einklang mit dem Wortlaut der Verordnung, ausgeklammert bleiben (zur internationalen Zuständigkeit nach deutschem Recht s. Rz. 32).³

7   Ausweislich Art. 2 Nr. 1 und 2 Brüssel IIa-VO muss nicht unbedingt ein **Gericht** zur Entscheidung berufen sein; vielmehr werden auch die in einigen Mitgliedstaaten vorgesehenen Eheauflösungsverfahren vor **Verwaltungsbehörden** bzw. Standesämtern erfasst. Für die internationale Zuständigkeit spielt dies aus deutscher Sicht wegen Art. 17 Abs. 2 EGBGB zwar keine Rolle, womöglich aber für die Frage, ob ein ausländisches Parallelverfahren nach Maßgabe von Art. 19 Brüssel IIa-VO beachtlich sein kann (dazu vor §§ 98–106 Rz. 48 ff.). Für die Anwendbarkeit der Brüssel IIa-VO ist nicht etwa ausschlaggebend, ob der Behörde ein Entscheidungsspielraum zusteht,⁴ sondern nur, dass ihre Mitwirkung nach der lex causae – sei es konstitutiv oder deklaratorisch⁵ – vorgeschrieben ist. Fehlt hingegen jegliche behördliche Mitwirkung, handelt es sich um eine reine **Privatscheidung**, die nicht in den Anwendungsbereich der Brüssel IIa-VO fällt (s. auch Rz. 55).⁶

8   Streitig ist die Behandlung von Verfahren vor **kirchlichen Gerichten**. Manche wollen diese einbeziehen, wenn ein Fall der Beleihung vorliegt, der Forumstaat die kirchlichen Instanzen also mit Rechtsprechungskompetenz versehen hat.⁷ Nach anderer Auffassung fallen in den Anwendungsbereich hingegen nur staatsgerichtliche Verfahren, in denen es darum geht, den kirchlichgerichtlichen Entscheidungen staatliche Wirkung beizumessen.⁸ Demnach wäre beispielsweise ein in Angelegenheiten zwischen griechischen Muslimen vor dem Mufti in Griechenland geführtes Scheidungsverfahren trotz der dort gesetzlich anerkannten Gerichtsbarkeit des Mufti als solches kein staatliches Verfahren iSd. Verordnung; nichts anderes folgte daraus, dass die Entscheidung des Mufti vom griechischen Gericht (ohne inhaltliche Überprüfung) für vollstreckbar erklärt werden kann.⁹

9   Art. 3 ff. Brüssel IIa-VO regeln nur die internationale Zuständigkeit („Gerichte des Mitgliedstaats"), nicht die **örtliche Zuständigkeit**; für diese bleibt es beim nationalen Recht (§ 122 FamFG).

II. Zeitlicher Anwendungsbereich

10 Die Zuständigkeitsregeln der Brüssel IIa-VO betreffen gem. Art. 64 Abs. 1, Art. 72 Abs. 2 nur Verfahren, die nach dem 1.3.2005 iSv. Art. 16 eingeleitet wurden.

---

1 Dazu *Rieck*, FPR 2007, 427; *Pabst*, FPR 2008, 230.
2 Wie hier etwa *Breuer*, Rz. 201; Thomas/Putzo/*Hüßtege*, Art. 1 EuEheVO Rz. 2; *Rauscher*, Art. 1 Brüssel IIa-VO Rz. 13 ff.; *Schack*, RabelsZ 65 (2001), 615 (620). Zumindest für negative Feststellungsanträge *Rausch*, FuR 2001, 151 (153). Ablehnend indes HK-ZPO/*Dörner*, Art. 1 EheGVVO Rz. 8; *Garber*, FS Simotta, S. 145 (147); *Helms*, FamRZ 2001, 257 (259); Johannsen/*Henrich*, § 98 FamFG Rz. 3; Staudinger/*Spellenberg*, Vor §§ 606a, 328 ZPO Rz. 6, 8; ausführlich *Dilger*, Rz. 131 ff.
3 Ebenso *Dilger*, Rz. 188.
4 Wie hier etwa *Rauscher*, Art. 1 Brüssel IIa-VO Rz. 10. Anders *Kampe*, StAZ 2008, 250 (251), dort zur Beendigung einer Ehe durch Umwandlung in eine registrierte Partnerschaft nach niederländischem Recht.
5 *Hau*, FamRZ 1999, 484 (485); *Dornblüth*, S. 56 f.; *Niklas*, S. 54 f.; *Dilger*, Rz. 97 Fn. 11; Thomas/Putzo/*Hüßtege*, Art. 1 EuEheVO Rz. 8. Eine konstitutive Mitwirkung verlangt hingegen etwa *Rauscher*, Art. 1 Brüssel IIa-VO Rz. 10.
6 Statt mancher: Thomas/Putzo/*Hüßtege*, Art. 1 EuEheVO Rz. 3; *Rauscher*, Art. 1 Brüssel IIa-VO Rz. 12; *Dilger*, Rz. 97.
7 *Helms*, FamRZ 2001, 257 (259); *Breuer*, Rz. 202.
8 So *Rauscher*, Art. 1 Brüssel IIa-VO Rz. 11, Art. 2 Brüssel IIa-VO Rz. 7 f.
9 OLG Frankfurt v. 16.1.2006 – 1 UF 40/04, IPRspr 2006, Nr. 146, 318.

III. Räumlich-persönlicher Anwendungsbereich

Die Brüssel IIa-VO gilt für alle EU-Staaten (vgl. im Einzelnen Art. 52 EUV, Art. 349, 355 AEUV), allerdings mit Ausnahme **Dänemarks** (Art. 2 Nr. 3; vgl. Erwägungsgrund Nr. 31).

Die **Staatsangehörigkeit** der Ehegatten ist für die Anwendbarkeit der Brüssel IIa-VO irrelevant. Daher können auch Scheidungsverfahren drittstaatenangehöriger Eheleute erfasst sein.[1] Allerdings kann die Staatsangehörigkeit eine Rolle für die internationale Zuständigkeit spielen (s. Art. 3 Abs. 1 Buchst. a Strich 6 und Buchst. b, Art. 6 Buchst. b Brüssel IIa-VO).

Der räumlich-persönliche Anwendungsbereich der Zuständigkeitsregeln – und damit der Restanwendungsbereich des mitgliedstaatlichen Rechts (dazu 3) – ist in der Verordnung nicht abstrakt festgelegt, sondern lässt sich nur durch eine Analyse ihrer Gerichtsstände (dazu 1) und ihres Vorranganspruchs (dazu 2) bestimmen.

1. Brüssel IIa-Gerichtsstände

Ob die Gerichte eines Mitgliedstaats zur Entscheidung in der Ehesache international zuständig sind, bestimmt sich für Antrag und Gegenantrag (Art. 4 Brüssel IIa-VO) nach dem abschließenden Katalog des Art. 3 Abs. 1 Brüssel IIa-VO. Die dort vorgesehenen **Zuständigkeitsgründe** sind in normativer Hinsicht untereinander **gleichrangig**, freilich nicht in systematischer; insbesondere ist die Anknüpfung an den gewöhnlichen Aufenthalt beider Parteien (Buchst. a Strich 1) wegen der ohne weiteres eröffneten Zuständigkeit am gewöhnlichen Aufenthaltsort des Antragsgegners (Buchst. a Strich 3) schlicht redundant.

Angeknüpft wird an den gewöhnlichen Aufenthalt des Antragsgegners (Buchst. a Strich 3), an den kraft Zeitablaufs verfestigten (Buchst. a Strich 5) und/oder durch andere Faktoren verstärkten (Buchst. a Strich 2, 4 und 6) **gewöhnlichen Aufenthalt** des Antragstellers und schließlich an die **gemeinsame Staatsangehörigkeit** – bzw. für das Vereinigte Königreich und Irland an das gemeinsame domicile[2] – der Parteien (Buchst. b).[3] Während der Begriff des gewöhnlichen Aufenthalts europarechtlich autonom auszulegen ist (s. vor §§ 98–106 Rz. 22), bestimmt sich die Staatsangehörigkeit bzw. das domicile nach dem jeweils in Betracht kommenden Heimatstaat. Allerdings darf im Falle eines Mehrstaaters kein Gericht die von einem anderen Mitgliedstaat verliehene Staatsangehörigkeit als ineffektiv außer Betracht lassen (s. vor §§ 98–106 Rz. 28).[4]

Besonderes Gewicht räumt Art. 3 Abs. 1 Brüssel IIa-VO dem gewöhnlichen Aufenthaltsort allein des Antragsgegners (Buchst. a Strich 3), aber auch – in den qualifizierten Fällen von Buchst. a Strich 2, 4, 5 sowie 6 – dem gewöhnlichen Aufenthaltsort allein des Antragstellers ein. Damit geht die Brüssel IIa-VO etwa über das deutsche Recht hinaus, das dem inländischen Aufenthalt einer Partei nur eingeschränkt Bedeutung zugesteht (§ 98 Abs. 1 Nr. 3 und 4 FamFG). Ob die „**Klägergerichtsstände**" der Brüssel IIa-VO rechtspolitisch angemessen sind oder dem Schutz des Antragsgegners zu wenig gerecht werden, wird kontrovers diskutiert.[5]

Einer Gerichtsstandsvereinbarung oder einer rügelosen Einlassung im technischen Sinne misst Art. 3 Abs. 1 Brüssel IIa-VO keine zuständigkeitsbegründende

---

1 Vgl. OLG Koblenz v. 26.11.2008 – 9 UF 653/06, NJW-RR 2009, 1014f.; OLG Düsseldorf v. 27.5.2009 – 8 UF 11/09, NJW-RR 2009, 1515; OLG Hamm v. 14.6.2012 – 4 UF 136/10, FamRZ 2012, 1498 (1499).
2 Zu diesem Begriff KG v. 4.4.2007 – 3 UF 129/06, EuLF 2007, II-120.
3 Zur Frage nach der (zweifelhaften) Europarechtskonformität von Art. 3 Abs. 1 Brüssel IIa-VO vgl. *Hau*, FamRZ 2000, 1333 (1335ff.); diese bejaht etwa *Looschelders*, FS Kropholler, S. 329 (338, 340f.).
4 Zur Irrelevanz mehrfacher Staatsangehörigkeit im Brüssel IIa-System vgl. EuGH v. 16.7.2009 – Rs. C-168/08 (Hadadi), FamRZ 2009, 1571 m. Anm. *Kohler* = IPRax 2010, 66 (dazu *Hau*, 50, und *Dilger*, 54).
5 Dazu *Hau*, FamRZ 2000, 1333 (1334); *Looschelders*, FS Kropholler, S. 329 (335ff.).

Funktion bei (beachte für Kindschaftssachen jedoch Art. 9 Abs. 2 und 12 Brüssel IIa-VO). Allerdings knüpft Buchst. a Strich 4 zugunsten des Aufenthaltsstaats nur einer Partei (genauer: des Antragstellers; ansonsten greift bereits Strich 3) die Entscheidungszuständigkeit an den **gemeinsamen Antrag** der Ehegatten. Dies korrespondiert etwa mit dem französischen Scheidungsrecht, bereitet dem deutschen Recht aber Schwierigkeiten, das zwar die einverständliche Scheidung (vgl. § 134 FamFG), jedoch keine gemeinsame Antragsschrift der Ehegatten kennt. Dennoch läuft dieser Zuständigkeitsgrund auch in Deutschland nicht leer, sofern man – was der Wortlaut zulassen dürfte – auf sachliches Einvernehmen innerhalb desselben Verfahrens statt auf die gemeinsame Verfahrenseinleitung abstellt. Demnach wirkte es zuständigkeitsbegründend, wenn der Antragsgegner seinerseits die Scheidung beantragt, wohl aber auch, wenn er dem Scheidungsantrag lediglich iSv. § 1566 Abs. 1 Var. 2 BGB zustimmt.[1]

18 Anders als beispielsweise § 98 Abs. 1 Nr. 1 FamFG knüpft Art. 3 Brüssel IIa-VO keinen Gerichtsstand an die **Staatsangehörigkeit** nur eines Ehegatten.[2] Vielmehr werden Staatsangehörigkeit (bzw. das domicile) nur in zwei Fällen relevant: zum einen, wenn beide Parteien darüber verfügen (Abs. 1 Buchst. b), zum anderen, um eine Verkürzung der zuständigkeitsbegründenden gewöhnlichen Aufenthaltsdauer des Antragstellers zu rechtfertigen (Abs. 1 Buchst. a Strich 6). Bedenklich sind beide Regeln wegen des europarechtlichen Verbots der Diskriminierung anhand der Staatsangehörigkeit (Art. 18 Abs. 1 AEUV).[3]

19 Eng gefasst ist Art. 3 Abs. 1 Brüssel IIa-VO auch, was den maßgeblichen **Zeitpunkt** angeht: Abweichend von § 98 Abs. 1 Nr. 1 Var. 2 FamFG (Antrittszuständigkeit) genügt es nicht, dass zuständigkeitsrelevante Umstände nur in der Vergangenheit vorgelegen haben. Eine Ausnahme ergibt sich lediglich aus Buchst. a Strich 2, wonach der letzte gewöhnliche Aufenthalt beider Parteien in einem Mitgliedstaat die Zuständigkeit begründet, sofern dort noch immer eine der Parteien (will sagen: der Antragsteller; ansonsten: Buchst. a Strich 3) ansässig ist. Zu beachten ist auch, dass die in Buchst. a Strich 5 und 6 geforderte **Aufenthaltsfrist** des Antragstellers von zwölf bzw. sechs Monaten ausweislich des Normtextes schon „unmittelbar vor der Antragstellung" verstrichen sein muss; mithin wird die Zuständigkeit nicht dadurch begründet, dass die Frist erst im Entscheidungszeitpunkt abgelaufen ist.[4] Wer meint, darüber unter Hinweis auf die Verfahrensökonomie hinweg gehen zu können,[5] verkennt völlig, dass es der Vorschrift auch und gerade um den Schutz des Antragsgegners vor zu weitreichender Gerichtspflichtigkeit geht.

2. Vorrang der Brüssel IIa-VO

20 Muss das in einer Ehesache angerufene deutsche Gericht den räumlich-persönlichen Geltungsanspruch der vorrangigen Brüssel IIa-VO hinsichtlich der internationalen Entscheidungszuständigkeit ausloten, so empfiehlt sich folgender **Prüfungsablauf:** Es ist nacheinander zu klären, ob Art. 3 Brüssel IIa-VO im Zeitpunkt der Verfahrenseinleitung (Art. 16 Brüssel IIa-VO) eine Zuständigkeit im Forumstaat (dazu a) oder zwar nicht dort, jedoch in einem anderen Mitgliedstaat (dazu b) oder aber in keinem Mitgliedstaat (dazu c) eröffnet.[6]

---

1 Zustimmend *Ganz*, FuR 2011, 69 (71 f.).
2 Insoweit zutreffend BGH v. 20.2.2013 - XII ZR 8/11, FamRZ 2013, 687 m. insoweit zust. Anm. *Hau*: keine Konstruktion einer Notzuständigkeit in Ergänzung zu Art. 3 Brüssel IIa-VO in sog. Malta-Fällen nach Einführung der Ehescheidung in Malta.
3 Dazu *Hau*, FamRZ 2000, 1333 (1335 ff.); vgl. zudem etwa Thomas/Putzo/*Hüßtege*, Art. 3 EuEheVO Rz. 9; *Schack*, Rz. 424; ausführlich *Dilger*, Rz. 404 ff. Für Europarechtskonformität aber *Looschelders*, FS Kropholler, S. 329 (338, 340); *Basedow*, IPRax 2011, 109 (114). Zu unkrit. BGH v. 20.2.2013 - XII ZR 8/11, FamRZ 2013, 687 m. insoweit abl. Anm. *Hau*.
4 Richtig etwa Thomas/Putzo/*Hüßtege*, Art. 3 EuEheVO Rz. 10; *Ganz*, FuR 2011, 69 (72). Anders Garbe/Ullrich/*Andrae*, § 13 Rz. 115.
5 Deutlich etwa *Andrae/Schreiber*, IPRax 2010, 79 (82).
6 Näher bereits *Hau*, FPR 2002, 617 ff.

a) Brüssel IIa-Zuständigkeit des Forumstaats

Die Möglichkeit, zugleich freilich auch die Notwendigkeit für einen Rückgriff auf autonomes Kompetenzrecht ist dem angerufenen Gericht genommen, wenn seine Zuständigkeit bereits nach Maßgabe von Art. 3 Brüssel IIa-VO besteht. Ohne Belang ist dabei, ob der zu entscheidende Sachverhalt irgendeinen weiteren „Europabezug" aufweist.[1] Begehrt beispielsweise in Deutschland eine hier (oder in der Türkei) ansässige Türkin die Scheidung von ihrem inlandsansässigen deutschen Mann, so ergibt sich die internationale Zuständigkeit deutscher Gerichte bereits aus Art. 3 Abs. 1 Buchst. a Strich 3 Brüssel IIa-VO, der somit § 98 Abs. 1 Nr. 1 FamFG verdrängt.[2] Der Vorrang der Brüssel IIa-VO folgt in einem solchen Fall nicht aus Art. 6 Brüssel IIa-VO, denn dieses Gerichtsstandsprivileg bewahrt ausdrücklich nur vor einem auf autonomes Kompetenzrecht gestützten Verfahren in einem anderen Mitgliedstaat als demjenigen, zu dem die privilegbegründende Beziehung des Antragsgegners besteht. Ausschlaggebend ist vielmehr Art. 7 Abs. 1 Brüssel IIa-VO, dessen eindeutiger Wortlaut in einem solchen Fall keinen Rückgriff auf autonomes Recht vorsieht.

21

Eröffnet Art. 3 Brüssel IIa-VO einen Gerichtsstand im Forumstaat, so korrespondiert damit ein europarechtlich begründeter Justizgewährungsanspruch des Antragstellers. Das angerufene Gericht darf sein Tätigwerden daher nicht unter Berufung darauf verweigern, der fragliche Zuständigkeitsgrund sei der lex fori unbekannt. Ebenso wenig darf es sich zum „forum non conveniens" erklären, also darauf verweisen, dass die Inanspruchnahme der Zuständigkeit angesichts der konkreten Umstände des Einzelfalls unangemessen erscheine (arg.: Umkehrschluss aus Art. 15 Brüssel IIa-VO, dazu § 99 Rz. 17; s. auch vor §§ 98–106 Rz. 8).

22

b) Brüssel IIa-Zuständigkeit eines anderen Mitgliedstaats

Ergibt sich aus dem Katalog des Art. 3 Abs. 1 Brüssel IIa-VO kein Gerichtsstand in dem vom Antragsteller gewählten Forum, wohl aber in (wenigstens) einem anderen Mitgliedstaat, so folgt die Unanwendbarkeit des autonomen Kompetenzrechts regelmäßig bereits aus einem der beiden in Art. 6 Brüssel IIa-VO vorgesehenen **Gerichtsstandsprivilegien**. Dies gilt, wenn im Forum zwar kein von Art. 3 Brüssel IIa-VO rezipierter Zuständigkeitsgrund verwirklicht ist, der Antragsgegner aber seinen gewöhnlichen Aufenthalt in einem anderen Mitgliedstaat hat (Art. 6 Buchst. a Brüssel IIa-VO; dortige Zuständigkeit gem. Art. 3 Abs. 1 Buchst. a Strich 3 Brüssel IIa-VO) oder beide Parteien über die Staatsangehörigkeit eines anderen Mitgliedstaats verfügen (Art. 6 Buchst. b Brüssel IIa-VO; dortige Zuständigkeit gem. Art. 3 Abs. 1 Buchst. b Brüssel IIa-VO). Ferner gilt Entsprechendes, wenn beide Parteien ihr domicile im Vereinigten Königreich bzw. in Irland haben.

23

Das Heranziehen eines Zuständigkeitsgrunds des autonomen Rechts kann mit Rücksicht auf die Zuständigkeit eines anderen Mitgliedstaats allerdings auch ausgeschlossen sein, obwohl kein Fall des Art. 6 Brüssel IIa-VO vorliegt. Dies hat inzwischen auch der EuGH klargestellt.[3] So verhält es sich beispielsweise, wenn eine deutsche Frau, die sich seit einem Jahr gewöhnlich in Frankreich aufhält, in Deutschland von ihrem in der Schweiz lebenden schweizerischen Mann geschieden werden möchte: Weil Art. 3 Abs. 1 Buchst. a Strich 5 Brüssel IIa-VO den französischen Gerichten die Zuständigkeit zuweist, kommt ein auf § 98 Abs. 1 Nr. 1 FamFG (hier: Staatsangehörigkeit allein der Antragstellerin) gestütztes Verfahren in Deutschland nicht in Betracht; wegen der Brüssel IIa-eigenen Zuständigkeit (irgend-)eines Mitgliedstaats sind die Voraussetzungen nicht erfüllt, unter denen Art. 7 Abs. 1 Brüssel IIa-VO den Rückgriff auf autonomes deutsches Recht gestattet.

24

---

1 Klarstellend OLG Koblenz v. 29.5.2008 – 7 UF 812/07, NJW 2008, 2929; vgl. etwa auch OLG Hamm v. 23.8.2010 – 8 UF 39/10, FamRZ 2011, 220.
2 Verkannt etwa von AG Prüm v. 17.5.2002 – 2 F 22/02, FamRZ 2002, 1561.
3 EuGH v. 29.11.2007 – C-68/07 (Sundelind Lopez/Lopez Lizazo), NJW 2008, 207 = FamRZ 2008, 128; dazu *Borras*, IPRax 2008, 233; *Spellenberg*, ZZPInt 12 (2007), 233. Beachte auch den Fall KG v. 4.4.2007 – 3 UF 129/06, EuLF 2007, II-120.

25 Eine solche Sperre kann also nicht nur, wie in den Fällen des Art. 6 Brüssel IIa-VO, mit Rücksicht auf die Person des Antragsgegners ausgelöst werden, sondern auch mit dem Ziel, weitergehend ein als angemessen empfundenes einheitliches Zuständigkeitsregime in den Mitgliedstaaten zu begründen. Legitim erscheint dieses Regelungsziel deshalb, weil auf diese Weise die Basis für die Freizügigkeit von Entscheidungen gelegt ist, die gem. Art. 24 Brüssel IIa-VO nicht unter dem Vorbehalt einer Überprüfung der Anerkennungszuständigkeit steht.

26 Eröffnet die Brüssel IIa-VO nicht in dem vom Antragsteller gewählten Forum, wohl aber in einem anderen Mitgliedstaat einen Gerichtsstand, so hat sich das angerufene Gericht gem. Art. 17 Brüssel IIa-VO von Amts wegen für unzuständig zu erklären.

c) Brüssel IIa-Zuständigkeit keines Mitgliedstaats

27 Schließlich kann der Rückgriff auf autonomes Kompetenzrecht versperrt sein, obwohl Art. 3 Brüssel IIa-VO keine Zuständigkeit irgendeines Mitgliedstaats vorsieht. Man denke an den Fall, dass der Antragsgegner zwar die Staatsangehörigkeit eines Mitgliedstaats, seinen gewöhnlichen Aufenthalt aber in einem Drittstaat hat (Art. 3 Abs. 1 Buchst. a Strich 3 Brüssel IIa-VO also nicht einschlägig ist), der Antragsteller (noch) nicht die Anforderungen für einen „Klägergerichtsstand" nach Art. 3 Abs. 1 Buchst. a Strich 5 bzw. 6 Brüssel IIa-VO erfüllt und auch Art. 3 Abs. 1 Buchst. b Brüssel IIa-VO nicht greift. Dann kann die Gerichtspflichtigkeit des Antragsgegners nicht auf vereinheitlichtes Kompetenzrecht gestützt werden, doch erlaubt Art. 6 Brüssel IIa-VO den Rückgriff auf autonomes Kompetenzrecht immerhin im Heimatstaat des Antragsgegners. Die Durchführung des Eheauflösungsverfahrens im Heimatstaat hängt also davon ab, ob dieser eine Zuständigkeit zulasten seines eigenen Staatsangehörigen eröffnet. Dies ist nach einigen mitgliedstaatlichen Rechtsordnungen der Fall. Leben beispielsweise ein Franzose und seine deutsche Frau in der Schweiz, bewahrt Art. 6 Buchst. b Brüssel IIa-VO die Frau davor, dass der Mann die Scheidung gestützt auf seine französische Staatsangehörigkeit in Frankreich betreibt, während es ihm offen steht, das Verfahren in Deutschland gestützt auf § 98 Abs. 1 Nr. 1 FamFG einzuleiten.

28 Begründet Art. 3 Brüssel IIa-VO im Falle eines durch Art. 6 Buchst. b Brüssel IIa-VO privilegierten Antragsgegners keinen Gerichtsstand in wenigstens einem Mitgliedstaat, bietet aber auch der Heimatstaat des Antragsgegners nach dortigem autonomen Recht kein Forum, so hat es damit sein Bewenden:[1] Sämtliche mitgliedstaatlichen Gerichte sind international unzuständig; de lege lata kommt weder eine Prorogation noch rügelose Einlassung als zuständigkeitsbegründender Umstand in Betracht. Ebenso wenig bleibt in diesem Fall ohne weiteres Raum für eine Notzuständigkeit nach Maßgabe der lex fori, etwa gestützt auf die Staatsangehörigkeit des Antragstellers.[2] Festzuhalten bleibt daher, dass die Brüssel IIa-VO der beispielsweise im deutschen Recht ausweislich § 98 Abs. 1 Nr. 1 FamFG verbreiteten Vorstellung, der Justizgewährungsanspruch garantiere stets eine Zuständigkeit im Heimatstaat des Antragstellers, eine klare Absage erteilt.

3. Restanwendungsbereich des nationalen Zuständigkeitsrechts

a) Grundsatz

29 Ergibt sich aus Art. 3 Brüssel IIa-VO die Zuständigkeit keines Mitgliedstaats und greift zudem keines der beiden Gerichtsstandsprivilegien des Art. 6 Brüssel IIa-VO ein, darf sich das angerufene Gericht auf die oben erörterten weiter gehenden Zuständigkeitsgründe nach der jeweiligen lex fori stützen. Hält sich beispielsweise die deutsche Antragstellerin ebenso wie ihr schweizerischer Ehemann gewöhnlich in der

---

1 Wie hier etwa etwa *Gottwald*, FS Simotta, S. 187 (192).
2 Insoweit zutreffend BGH v. 20.2.2013 – XII ZR 8/11, FamRZ 2013, 687 m. insoweit zust. Anm. *Hau*: keine Konstruktion einer Notzuständigkeit in Ergänzung zu Art. 3 Brüssel IIa-VO in sog. Malta-Fällen nach Einführung der Ehescheidung in Malta.

Schweiz auf, eröffnet ihr Art. 7 Abs. 1 Brüssel IIa-VO die Möglichkeit, das Scheidungsverfahren gestützt auf § 98 Abs. 1 Nr. 1 FamFG vor deutschen Gerichten zu betreiben. In diesem Fall gestattet Art. 7 Abs. 1 Brüssel IIa-VO den Rückgriff auf Restzuständigkeiten zugunsten der Antragstellerin selbst dann, wenn sie sich zwar gewöhnlich in einem anderen Mitgliedstaat aufhält, in zeitlicher Hinsicht aber den Anforderungen an einen „Klägergerichtsstand" nach Maßgabe von Art. 3 Abs. 1 Buchst. a Strich 5 bzw. 6 Brüssel IIa-VO noch nicht genügt.[1] Dafür spricht de lege lata zum einen der Hinweis, dass Art. 7 Abs. 2 Brüssel IIa-VO ansonsten weitgehend leer liefe, zum anderen der *Borrás*-Bericht;[2] dagegen spricht – allerdings nur de lege ferenda[3] – der Umstand, dass diese Interpretation von Art. 7 Abs. 1 Brüssel IIa-VO die Mindestfristen des Art. 3 Brüssel IIa-VO aus den Angeln hebt und Art. 7 Abs. 2 Brüssel IIa-VO ohnehin rechtspolitisch fragwürdig ist (s. Rz. 30).

b) Personenbezogene Erweiterung der Restzuständigkeit

Ist dem angerufenen mitgliedstaatlichen Gericht nach Maßgabe von Art. 6 und 7 Abs. 1 Brüssel IIa-VO der Rückgriff auf die etwaig über Art. 3 Brüssel IIa-VO hinausgehenden Zuständigkeitsgründe der lex fori freigestellt, kann kraft Europarechts die Bedeutung des autonomen Rechts sogar noch erweitert sein: Gem. Art. 7 Abs. 2 Brüssel IIa-VO darf sich jeder Mitgliedstaatsangehörige zulasten eines Antragsgegners, der den Schutz des Art. 6 Brüssel IIa-VO nicht genießt, auf die im Mitgliedstaat seines gewöhnlichen Aufenthalts geltenden Inländerprivilegien stützen. Der Verordnungsgeber war also nicht bereit, solche Privilegien insgesamt zu beseitigen, sondern begnügte sich damit, wenigstens ihren Ausbau zugunsten bestimmter Antragsteller anzuordnen. Damit wird zwar der Unterschied zwischen Art. 3 Abs. 1 Buchst. a Strich 5 und Strich 6 Brüssel IIa-VO teilweise eingeebnet, doch wird dieser Fortschritt auf Kosten von Antragsgegnern aus Drittstaaten erzielt. Diese „Wagenburg-Mentalität" des Art. 7 Abs. 2 Brüssel IIa-VO ist in Statusangelegenheiten rechtspolitisch verfehlt.[4]

c) Einstweilige Maßnahmen

Als Freibrief für den Rückgriff auf einzelstaatliche Zuständigkeitsregeln lässt sich schließlich Art. 20 Brüssel IIa-VO lesen: Das Ergreifen einstweiliger Maßnahmen kraft autonomen Rechts ist von den Voraussetzungen der Art. 3, 6 und 7 Brüssel IIa-VO abgekoppelt, vielmehr europarechtlich lediglich auf „dringende Fälle" und auf Personen oder Güter, die sich im Forum befinden, beschränkt. Freilich wird diese Befugnis hinsichtlich der hier interessierenden Ehestatussachen allenfalls dann relevant, wenn man davon ausgeht, dass Art. 20 Brüssel IIa-VO auch Maßnahmen thematisiert, die zwar nicht in den sachlichen Anwendungsbereich der Brüssel IIa-VO fallen, aber aus Anlass eines erfassten Verfahrens ergriffen werden.[5]

C. Inhalt der Vorschrift

I. Internationale Zuständigkeit (Absatz 1)

1. Anwendungsbereich

Beachte zum weit reichenden Vorrang der Brüssel IIa-VO Rz. 3 ff. Im Restanwendungsbereich des deutschen Rechts regelt § 98 Abs. 1 die – konkurrierende (§ 106) – internationale Zuständigkeit deutscher Gerichte für **Ehesachen** iSv. § 121. Abweichend vom früheren Recht (§ 606 Abs. 1 Satz 1 ZPO), sind Verfahren betreffend die Herstellung des ehelichen Lebens – nach deutschem oder ausländischem Eherecht – nicht mehr Ehe-, sondern sonstige Familiensachen iSv. § 266 Abs. 1 Nr. 2 FamFG;[6]

---

1 Wie hier AnwK-BGB/*Gruber*, Anh. I zum III. Abschnitt EGBGB, Art. 7 EheVO 2003 Rz. 2; *Rauscher*, Art. 7 Brüssel IIa-VO Rz. 8.
2 ABl. EG 1998 Nr. C 221/27 (Rz. 47).
3 Anders *Schack*, RabelsZ 65 (2001), 615 (632).
4 Kritisch etwa *Hau*, FamRZ 2000, 1333 (1341); *Schack*, RabelsZ 65 (2001), 615 (632).
5 Näher *Hau*, FPR 2002, 617 (620).
6 BT-Drucks. 16/6308, S. 226.

die internationale Entscheidungszuständigkeit bestimmt sich demgemäß nach §§ 267, 105.[1] Hingegen gilt § 98 entsprechend für bloße Trennungsverfahren nach ausländischem Recht (s. vor §§ 98–106 Rz. 41),[2] dies allerdings wiederum vorbehaltlich der Brüssel IIa-VO (s. Rz. 6). Einen etwas weiteren Restanwendungsbereich sichert für § 98, wer – fragwürdigerweise – davon ausgeht, dass die Brüssel IIa-VO Feststellungsanträge nicht erfasst (s. Rz. 6).

33   Der **Begriff der Ehe** ist grundsätzlich iSd. deutschen Familienrechts – sowie entsprechender ausländischer Rechtsordnungen – zu verstehen. Erwägenswert erscheint eine analoge Anwendung von § 98 auf Verfahren betreffend sonstige rechtlich verfestigte Lebensformen von Partnern verschiedenen Geschlechts, die das ausländische (etwa das französische oder niederländische) Recht ausdrücklich als Minus gegenüber der Ehe ausgestaltet.[3] Hingegen unterliegen Statusverfahren im Hinblick auf **homosexuelle Paare** nicht § 98, sondern § 103, und zwar selbst dann, wenn das ausländische Recht das in Rede stehende Rechtsinstitut als „Ehe" bezeichnet.[4] Dazu, dass Deutschland den Zugang zu seinen Gerichten in Lebenspartnerschaftssachen deutlich großzügiger als in Ehesachen eröffnet, s. § 103 Rz. 7.

2. Anknüpfungsmomente

34   § 98 Abs. 1 Nr. 1 knüpft die internationale Zuständigkeit an die deutsche **Staatsangehörigkeit** eines Ehegatten, und zwar unabhängig von dessen Rolle als Antragsteller oder Antragsgegner im Verfahren. Hinreichend ist auch, wenn einer der Ehegatten im Zeitpunkt der Eheschließung Deutscher war (sog. **Antrittszuständigkeit**). Zur deutschen Staatsangehörigkeit s. vor §§ 98–106 Rz. 26 ff.; dort auch zu Doppelstaatern und Deutschen gleichgestellte Personen. Zu Staatenlosen vgl. § 98 Abs. 1 Nr. 3. Sind beide Ehegatten (auch) Deutsche, gilt vorrangig Art. 3 Abs. 1 Buchst. b Brüssel IIa-VO; ist nur der Antragsteller deutscher Staatsangehöriger und im Inland nicht gewöhnlich ansässig, kann die Brüssel IIa-VO gleichwohl den Rückgriff auf § 98 Abs. 1 Nr. 1 ausschließen (s. Rz. 27).

35   Die Zuständigkeit ist gem. § 98 Abs. 1 Nr. 2 auch begründet, wenn **beide Ehegatten** ihren aktuellen **gewöhnlichen Aufenthalt** im Inland haben (s. dazu vor §§ 98–106 Rz. 21 ff.). Nicht erforderlich ist, dass die Ehegatten hier gemeinsam leben oder jemals hier gemeinsam gelebt haben. § 98 Abs. 1 Nr. 2 hat keinen Anwendungsbereich, weil in diesen Fällen stets ein Gerichtsstand gem. Art. 3 Abs. 1 Buchst. a Strich 3 Brüssel IIa-VO eröffnet ist.[5]

36   Der **gewöhnliche Aufenthalt allein eines Ehegatten** genügt nur unter den zusätzlichen Voraussetzungen von § 98 Abs. 1 Nr. 3 (Staatenlosigkeit des Inlandsansässigen) und Nr. 4 (keine negative Anerkennungsprognose). Irrelevant ist, ob der Inlandsansässige Antragsteller oder Antragsgegner ist. In vielen Fällen läuft § 98 Abs. 1 Nr. 3 und 4 allerdings leer, weil entweder Art. 3 Brüssel IIa-VO einen Gerichtsstand in Deutschland eröffnet oder Art. 6 Brüssel IIa-VO mit Rücksicht auf den Antragsgegner nur die Gerichte eines anderen Mitgliedstaats für zuständig erklärt (s. Rz. 20 ff.). § 98 Abs. 1 Nr. 4 soll hinkende Scheidungen und damit hinkende Ehen vermeiden.[6] Nach dem Wortlaut genügt die Anerkennung durch wenigstens einen Staat (nicht: das Scheidungsstatut),[7] dem einer der Ehegatten angehört; dies gilt im Falle eines Mehrstaaters auch dann, wenn nur einer seiner Heimatstaaten anerkennt.[8] Weil eine

---

1 Ebenso wohl MüKo.ZPO/*Rauscher*, § 98 FamFG Rz. 20.
2 Staudinger/*Spellenberg*, Vor §§ 606a, 328 ZPO Rz. 56; AG Lüdenscheid v. 24.4.2002 – 5 F 621/00, FamRZ 2002, 1486 (1487).
3 Offen Hausmann/Hohloch/*Martiny*, Kap. 12 Rz. 52; *Wagner*, IPRax 2001, 281 (292). Für Anwendbarkeit von § 103 aber MüKo.ZPO/*Rauscher*, § 103 FamFG Rz. 7.
4 Anders offenbar AG Münster v. 20.1.2010 – 56 F 79/09, IPRax 2011, 269 = FamRBint 2010, 79 (*Finger*); dazu krit. *Mankowski/Höffmann*, IPRax 2011, 247 (252 f.).
5 Verkannt wird dies etwa von OLG Hamm v. 27.1.2010 – 2 WF 259/09, NJW-RR 2010, 1090; OLG Stuttgart v. 30.8.2010 – 17 UF 195/10, FamRZ 211, 217 (krit. *Henrich*, IPRax 2011, 91).
6 BT-Drucks. 10/5632, S. 47, dort zu § 606a Abs. 1 Nr. 4 ZPO.
7 Richtig *Schack*, Rz. 429.
8 Anders AG Kaiserslautern v. 28.2.1990 – 3 F 526/89, IPRax 1994, 223.

Anerkennung mit den inländischen Wirkungen erforderlich ist, muss die deutsche Scheidung im Heimatstaat als solche, also nicht etwa nur als Trennung von Tisch und Bett akzeptiert werden.[1] „Offensichtlich" ist die Nichtanerkennung nur, wenn sich dies ohne „intensive Nachforschung" feststellen lässt.[2] Freilich kann das Einholen von Rechtsauskünften und Gutachten geboten sein.[3] Das Anerkennungserfordernis entfällt, wenn nach dem Recht eines Heimatstaates ohnehin eine Nichtehe vorliegt oder die Ehe bereits als aufgelöst gilt.[4] Zur Anerkennungszuständigkeit, wenn sich nur ein Ehegatte gewöhnlich im ausländischen Entscheidungsstaat aufhält, s. § 109 Abs. 2.

Eine § 103 Abs. 1 Nr. 3 entsprechende sog. **Zelebrationskompetenz** eröffnet Deutschland in Ehesachen nicht.[5] Auch an eine ungeschriebene **Notzuständigkeit** (s. vor §§ 98–106 Rz. 18 f.) wird in Ehesachen allenfalls in extremen Ausnahmefällen zu denken sein.[6]

37

Die Inanspruchnahme ausschließlicher internationaler Zuständigkeit durch einen anderen Staat (auch den Heimatstaat) ist für § 98 irrelevant. Ein Wegfall des Anknüpfungsmoments nach Verfahrenseinleitung ist grundsätzlich unschädlich (**perpetuatio fori**, s. vor §§ 98–106 Rz. 11).

38

II. Scheidungsverbund (Absatz 2)

1. Grundlagen

Entsprechend der schon zum früheren Recht (in doppelfunktionaler Anwendung von § 623 ZPO[7]) vertretenen **Verbundzuständigkeit** erstreckt § 98 Abs. 2 die Zuständigkeit für die Scheidungssache im Falle des Verbunds auf die Folgesachen. Auch für die Folgesachen beansprucht Deutschland lediglich eine konkurrierende internationale Zuständigkeit (§ 106). Aus dem Normtext („im Falle des Verbundes") folgt, dass **keine isolierte Verbundzuständigkeit** begründet werden soll.[8]

39

Die **Brüssel IIa-VO** regelt außer den Ehestatussachen (Art. 1 Abs. 1 Buchst. a) nur bestimmte Kindschaftssachen (s. § 99 Rz. 5 ff.), nicht jedoch sonstige Folgesachen. Anerkanntermaßen will es die Verordnung dem nationalen Gesetzgeber allerdings nicht verwehren, durch die Erstreckung der Brüssel IIa-Zuständigkeitsgründe auf Folgesachen einen internationalen Verbund zu schaffen.[9] Probleme bereitet eher die Formulierung von § 98 Abs. 2, wonach die „Zuständigkeit der deutschen Gerichte nach Absatz 1" erstreckt wird: Soll die Verbundzuständigkeit zwar bestehen, soweit die internationale Zuständigkeit deutscher Gerichte für die Scheidungssache nach Maßgabe von Art. 6 f. Brüssel IIa-VO ausnahmsweise noch aus § 98 Abs. 1 herrührt, hingegen in den weitaus häufigeren Fällen ausgeschlossen bleiben, wenn sich diese direkt aus Art. 3 Brüssel IIa-VO ergibt? Dies ist kaum anzunehmen; denn für beide Konstellationen war nach früherem Recht die internationale Verbundzuständigkeit anerkannt, und es hätte schon klarer Worte in den Gesetzgebungsmaterialien bedurft, um davon – zweckwidrig – wieder abzurücken.[10] Mithin kann nach wie vor auch

40

---

1 Staudinger/*Spellenberg*, § 606a ZPO Rz. 164.
2 BT-Drucks. 10/5632, S. 47, dort zu § 606a Abs. 1 Nr. 4 ZPO; OLG Nürnberg v. 10.11.2000 – 10 WF 3870/00, FamRZ 2001, 837.
3 OLG Celle v. 21.10.1992 – 18 WF 130/92, FamRZ 1993, 439; OLG Stuttgart v. 18.3.1997 – 17 UF 104/96, FamRZ 1997, 1161. Anders OLG Nürnberg v. 10.11.2000 – 10 WF 3870/00, FamRZ 2001, 837.
4 BGH v. 14.10.1981 – IVb ZB 718/80, NJW 1982, 517.
5 Vgl. ferner die Übersicht zu weiteren dem deutschen Recht fremden Zuständigkeitsgründen bei Staudinger/*Spellenberg*, § 606a ZPO Rz. 313 ff.
6 Staudinger/*Spellenberg*, § 606a ZPO Rz. 283 ff.
7 Zum Streitstand etwa Staudinger/*Spellenberg*, § 606a ZPO Rz. 242 ff.
8 Klarstellend *Beller*, ZFE 2010, 52 (53); Haußleiter/*Gomille*, § 98 Rz. 8.
9 Dazu *Hau*, FamRZ 2000, 1333 (1337); Erman/*Hohloch*, Art. 17 EGBGB Rz. 65b; *Rauscher*, Einl. Brüssel IIa-VO Rz. 15.
10 Vgl. die unergiebige Begr. des RegE zu § 98 Abs. 2 in BT-Drucks. 16/6308, S. 220.

Art. 3 Brüssel IIa-VO die Verbundzuständigkeit auslösen,[1] und zwar auch dann, wenn diese Vorschrift ausnahmsweise eine internationale Zuständigkeit deutscher Gerichte eröffnet, die sich aus § 98 Abs. 1 nicht herleiten ließe.

41 Im Übrigen sollte es, wiederum ungeachtet der Formulierung von § 98 Abs. 2 und in Übereinstimmung mit der bislang bereits ganz hM, dabei bleiben, dass nicht nur Scheidungsverfahren, sondern auch nach Maßgabe ausländischen Eherechts durchzuführende **Trennungsverfahren** geeignet sind, den Verbund im Inland herbeizuführen.[2]

42 Festzuhalten ist, abermals in Fortführung der früheren Rechtslage, auch daran, dass es **keine internationale Verbund*un*zuständigkeit** deutscher Gerichte gibt: Ist für die Folgesache ein Gerichtsstand im Inland eröffnet, so steht dem nicht entgegen, dass die Statussache Gegenstand eines ausländischen Verfahrens ist.[3] Auch eine Abgabe gem. § 233 an das ausländische Gericht kommt nicht in Betracht. Damit nicht zu verwechseln ist die Frage, ob sich die frühere ausländische Rechtshängigkeit der Folgesache als Verfahrenshindernis im Inland erweist (s. vor §§ 98–106 Rz. 47 ff.).

43 Wird eine bereits im Ausland erfolgte Scheidung gem. § 107 anerkannt und deshalb ein im Inland anhängig gemachter Scheidungsantrag gegenstandslos, so gilt für die Fortführung der Folgesachen § 141 Satz 2 entsprechend. Lässt sich die internationale Zuständigkeit deutscher Gerichte nur aus § 98 Abs. 2 ableiten (beispielsweise weil § 102 keine Zuständigkeit eröffnet), bleibt die Verbundzuständigkeit gem. § 113 Abs. 1 FamFG, § 261 Abs. 3 Nr. 2 ZPO erhalten.[4]

2. Versorgungsausgleich

44 Der Versorgungsausgleich ist Folgesache gem. § 137 Abs. 2 Satz 1 Nr. 1. Der in § 98 Abs. 2 vorgesehene internationale Entscheidungsverbund wird nicht durch vorrangiges Europa- bzw. Konventionsrecht durchbrochen, und zwar auch dann nicht, wenn sich die Zuständigkeit für die Ehesache aus der Brüssel IIa-VO ergibt (s. Rz. 4). Zur Unanwendbarkeit der Brüssel I-VO und des LugÜ 2007 (jeweils Art. 1 Abs. 2 Buchst. a) s. § 102 Rz. 4.

45 Außerhalb des Verbunds folgt die internationale Zuständigkeit für **isolierte Versorgungsausgleichssachen** aus § 102.

3. Unterhalt

46 Zu den Folgesachen zählen die in § 137 Abs. 2 Satz 1 Nr. 2 aufgezählten Unterhaltssachen. Der in § 98 Abs. 2 vorgesehene internationale Entscheidungsverbund wird allerdings durch vorrangiges Europa- bzw. Konventionsrecht durchbrochen; denn die **EuUntVO** (bislang: die Brüssel I-VO) und das **LugÜ** 2007 erfassen Unterhaltsansprüche (s. Anhang 3 zu § 110 Art. 1 EuUntVO Rz. 2 ff. und Anhang 4 zu § 110 Art. 1 LugÜ 2007 Rz. 4 ff.). Es bleibt bei den in den Anhängen 3 und 4 zu § 110 erläuterten Zuständigkeitsregeln. Auch diese tragen allerdings ausweislich Art. 3 Buchst. c EuUntVO bzw. Art. 5 Nr. 2 Buchst. b LugÜ 2007 dem Verbundgedanken Rechnung, sofern sich die Zuständigkeit für die Statussache nicht allein aus der Staatsangehörigkeit eines Beteiligten ergibt.

47 Auch für außerhalb des Verbunds ausgetragene **isolierte Unterhaltssachen** bestimmt sich die internationale Zuständigkeit nicht etwa nach § 98 Abs. 2 oder §§ 105, 232, sondern nach der EuUntVO bzw. dem LugÜ 2007.

---

[1] Zustimmend *Althammer*, IPRax 2009, 381 (383); Rahm/Künkel/*Breuer*, II 1 C Rz. 67; *Finger*, FuR 2010, 3 (5); Haußleiter/*Gomille*, § 98 Rz. 7; Johannsen/*Henrich*, § 98 FamFG Rz. 27.

[2] Ebenso Staudinger/*Henrich*, Art. 21 EGBGB Rz. 148.

[3] Richtig etwa OLG Köln v. 17.10.2002 – 14 UF 78/02, FamRZ 2003, 544; Staudinger/*Henrich*, Art. 21 EGBGB Rz. 151; Staudinger/*Spellenberg*, Anh. zu § 606a ZPO Rz. 34 ff.; *Hau*, FamRZ 2000, 1333 (1337).

[4] Vgl. OLG Hamm v. 24.3.2005 – 10 WF 26/05, NJW-RR 2005, 1023 (1024).

4. Ehewohnungs- und Haushaltssachen

Ehewohnungs- und Haushaltssachen (bislang: Wohnungszuweisungs- und Hausratssachen) sind Folgesachen gem. § 137 Abs. 2 Satz 1 Nr. 3. Der in § 98 Abs. 2 vorgesehene internationale Entscheidungsverbund wird nicht durch vorrangiges Europa- bzw. Konventionsrecht durchbrochen, und zwar auch dann nicht, wenn sich die Zuständigkeit für die Ehesache aus der Brüssel IIa-VO ergibt (s. Rz. 4). Zur Unanwendbarkeit der Brüssel I-VO und des LugÜ 2007 (jeweils gem. Art. 1 Abs. 2 Buchst. a) s. § 105 Rz. 11. **48**

Außerhalb des Verbunds lässt sich die internationale Zuständigkeit für **isolierte Ehewohnungs- und Haushaltssachen** aus §§ 201 Nr. 2–4, 105 ableiten.[1] **49**

5. Güterrechtssachen

Güterrechtssachen sind Folgesachen gem. § 137 Abs. 2 Satz 1 Nr. 4. Der in § 98 Abs. 2 vorgesehene internationale Entscheidungsverbund wird idR nicht durch vorrangiges Europa- bzw. Konventionsrecht durchbrochen, und zwar auch dann nicht, wenn sich die Zuständigkeit für die Ehesache aus der Brüssel IIa-VO ergibt (s. Rz. 4). Namentlich die Brüssel I-VO und das LugÜ 2007 sind grundsätzlich nicht einschlägig (vgl. jeweils Art. 1 Abs. 2 Buchst. a). Zu bedenken ist aber, dass die EuUntVO und das LugÜ 2007 immerhin Unterhaltssachen erfassen (s. Rz. 46) und dass dieser Begriff weit zu verstehen ist: Er kann auch Fragen betreffen, die zwar auf das familienrechtliche Band gestützt sind, aus deutscher Sicht aber eher dem ehelichen Güterrecht zuzuordnen wären (s. Anhang 3 zu § 110 Art. 1 EuUntVO Rz. 3 und Anhang 4 zu § 110 Art. 1 LugÜ 2007 Rz. 5). **50**

Außerhalb des sachlichen Anwendungsbereichs der EuUntVO bzw. des LugÜ 2007 und außerhalb des Verbunds lässt sich die internationale Zuständigkeit für **isolierte** Güterrechtssachen aus §§ 262 Abs. 2, 105 ableiten;[2] beachte § 106. **51**

6. Sorgerecht, Umgangsrecht, Kindesherausgabe

Zu den Folgesachen zählen die in § 137 Abs. 3 aufgezählten Kindschaftssachen. Der in § 98 Abs. 2 vorgesehene internationale Entscheidungsverbund wird allerdings sehr weit reichend durch Europa- bzw. Konventionsrecht, namentlich die vorrangigen Zuständigkeitsregeln der Brüssel IIa-VO durchbrochen (s. § 99 Rz. 4 ff.). **52**

Außerhalb des Verbunds folgt die internationale Zuständigkeit für **isolierte Kindschaftssachen** aus § 99 Abs. 1, wobei jedoch wiederum der Vorrang des Europa- und Konventionsrechts zu beachten ist. **53**

D. Weitere Hinweise zu internationalen Ehesachen

Auf Grund der **Lex-fori-Regel** (vor §§ 98–106 Rz. 37 ff.) bestimmt sich das Verfahren auch in Fällen mit Auslandsbezug grundsätzlich nach deutschem Recht, also §§ 122 ff. Daher wird das Verfahren ungeachtet der lex causae im Inland nicht durch Klage, sondern stets durch Antrag eingeleitet (§ 124). Zu der im Anwendungsbereich ausländischen Sachrechts bisweilen gebotenen **Anpassung** s. vor §§ 98–106 Rz. 40 ff. Erfordert das ausländische Eherecht beispielsweise einen Ausspruch zum Verschulden, so obliegt dies auch dem deutschen Gericht; dies wäre noch kein Fall einer wesensfremden Zuständigkeit (vor §§ 98–106 Rz. 34).[3] **54**

§ 98 gilt weder für reine **Privatscheidungen** noch für kirchliche Verfahren. Diesbezüglich ist das staatliche Scheidungsmonopol zu beachten (§ 1564 Satz 1 BGB, Art. 17 Abs. 2 EGBGB). Allerdings kann im Einzelfall fraglich sein, unter welchen Voraussetzungen eine „Inlandsscheidung" vorliegt; maßgeblich sollte sein, wo der nach **55**

---

1 Ebenso etwa Johannsen/*Henrich*, § 105 FamFG Rz. 2; *Koritz*, FPR 2010, 572 (573); MüKo.BGB/*Winkler v. Mohrenfels*, Art. 17a EGBGB Rz. 20.
2 Ebenso etwa Johannsen/*Henrich*, § 105 FamFG Rz. 13.
3 Ebenso etwa Garbe/Ullrich/*Andrae*, § 13 Rz. 302, 307 ff.

der lex causae konstitutive Akt (Abgabe der Verstoßungserklärung; Abschluss des Aufhebungsvertrags) erfolgt (vgl. zur Parallelfrage bei § 107 dort Rz. 30).[1]

56 Zur Beachtung **ausländischer Parallelverfahren** gem. Art. 19 Brüssel IIa-VO bzw. autonomem Recht s. vor §§ 98–106 Rz. 47 ff.

57 Um die Anerkennung von Ehestatusentscheidungen in der EU zu erleichtern, sieht Anhang I zur Brüssel IIa-VO Vordrucke vor, mit denen die wesentlichen Angaben in allen Amtssprachen bescheinigt werden können. Diese **Bescheinigungen** sind gem. Art. 39 Brüssel IIa-VO auf Antrag auszufüllen;[2] zuständig ist in Deutschland der Urkundsbeamte der Geschäftsstelle (§ 48 Abs. 1 IntFamRVG). Dies gilt auch, wenn die Zuständigkeit des deutschen Gerichts zum Erlass der Ehestatusentscheidung nicht auf die Brüssel IIa-VO, sondern auf § 98 FamFG gestützt wurde; denn auch solche Entscheidungen sind in den anderen Brüssel IIa-Staaten anzuerkennen.

99 Kindschaftssachen

(1) Die deutschen Gerichte sind außer in Verfahren nach § 151 Nr. 7 zuständig, wenn das Kind
1. Deutscher ist oder
2. seinen gewöhnlichen Aufenthalt im Inland hat.

Die deutschen Gerichte sind ferner zuständig, soweit das Kind der Fürsorge durch ein deutsches Gericht bedarf.

(2) Sind für die Anordnung einer Vormundschaft sowohl die deutschen Gerichte als auch die Gerichte eines anderen Staates zuständig und ist die Vormundschaft in dem anderen Staat anhängig, kann die Anordnung der Vormundschaft im Inland unterbleiben, wenn dies im Interesse des Mündels liegt.

(3) Sind für die Anordnung einer Vormundschaft sowohl die deutschen Gerichte als auch die Gerichte eines anderen Staates zuständig und besteht die Vormundschaft im Inland, kann das Gericht, bei dem die Vormundschaft anhängig ist, sie an den Staat, dessen Gerichte für die Anordnung der Vormundschaft zuständig sind, abgeben, wenn dies im Interesse des Mündels liegt, der Vormund seine Zustimmung erteilt und dieser Staat sich zur Übernahme bereit erklärt. Verweigert der Vormund oder, wenn mehrere Vormünder die Vormundschaft gemeinschaftlich führen, einer von ihnen seine Zustimmung, so entscheidet anstelle des Gerichts, bei dem die Vormundschaft anhängig ist, das im Rechtszug übergeordnete Gericht. Der Beschluss ist nicht anfechtbar.

(4) Die Absätze 2 und 3 gelten entsprechend für Verfahren nach § 151 Nr. 5 und 6.

A. Überblick	1	2. KSÜ	21
B. Vorrangige Regelungen		III. Sonderproblem: Kindesentführung	23
I. Brüssel IIa-VO	4	IV. Scheidungs- und Aufhebungsverbund	32
1. Sachlicher Anwendungsbereich	5	C. Inhalt der Vorschrift	
2. Zeitlicher Anwendungsbereich	9	I. Begriff der Kindschaftssache	33
3. Räumlich-persönlicher Anwendungsbereich	10	II. Internationale Zuständigkeit (Absatz 1)	35
a) Brüssel IIa-Gerichtsstände	13	III. Grenzüberschreitende Verfahrenskoordination (Absätze 2 bis 4)	40
b) Restzuständigkeit	18	D. Weitere Hinweise zu internationalen Kindschaftssachen	44
II. Konventionsrecht			
1. MSA	20		

Literatur: s. § 97 vor Rz. 1.

---

1 Näher etwa Garbe/Ullrich/*Andrae*, § 13 Rz. 302; *Henrich*, Rz. 43 ff.
2 Näher *Dutta*, StAZ 2011, 33.

A. Überblick

Beachte vorab zu Begriff und Prüfung der internationalen Zuständigkeit sowie zu den Besonderheiten von Verfahren mit Auslandsbezug die Ausführungen vor §§ 98–106. Zur spiegelbildlichen Anwendung bei der Prüfung der Anerkennungszuständigkeit ausländischer Gerichte gem. § 109 Abs. 1 Nr. 1 s. dort Rz. 19 ff.

§ 99 Abs. 1 begründet die internationale Zuständigkeit für Kindschaftssachen iSv. § 151 Nr. 1–6 und 8. Der Wortlaut von Abs. 1 wurde durch Art. 8 Nr. 1 Buchst. h des sog. FGG-RG-Reparaturgesetzes[1] geringfügig modifiziert (Satz 2 entspricht der ursprünglichen Nr. 3); dabei soll es sich um eine „sprachliche Korrektur" handeln.[2] § 106 stellt klar, dass es sich nicht um eine ausschließliche Zuständigkeit handelt. § 99 Abs. 2 bis 4 eröffnen Möglichkeiten der grenzüberschreitenden Verfahrenskoordination.

Im **früheren Recht** war eine §§ 99 Abs. 1, 106 FamFG entsprechende Regelung für die Vormundschaft und die Pflegschaft in § 35b FGG vorgesehen; darauf wurde verwiesen für sonstige vormundschaftsgerichtliche Verrichtungen (§ 43 Abs. 1 FGG) und für Unterbringungssachen (§ 70 Abs. 4 FGG). § 99 Abs. 2–4 FamFG entsprechende Regelungen fanden sich für die Vormundschaft in § 47 Abs. 1 und 2 FGG; diese galten auch für die Pflegschaft (§ 47 Abs. 3 FGG) und für Unterbringungssachen (§ 70 Abs. 4 FGG).

B. Vorrangige Regelungen

I. Brüssel IIa-VO

Als Bestimmung des nationalen Rechts wird § 99 in erheblichem Maße durch die Brüssel IIa-VO (Text: Anhang 2 zu § 97) verdrängt, die in allen Mitgliedstaaten einheitlich anzuwenden ist (s. § 98 Rz. 3).

1. Sachlicher Anwendungsbereich

Art. 1 Abs. 1 Buchst. b Brüssel IIa-VO benennt die erfassten **Kindschaftssachen**, nämlich die Zuweisung, Ausübung, Übertragung sowie vollständige oder teilweise Entziehung der elterlichen Verantwortung. Der weiteren Konkretisierung dienen – jeweils nicht abschließend[3] – ein Positivkatalog (Abs. 2) sowie ein Negativkatalog (Abs. 3); beachte dazu auch die Legaldefinitionen in Art. 2 Nr. 7–10 Brüssel IIa-VO sowie die Erwägungsgründe 9 und 10. Dabei verwendete Begriffe wie beispielsweise des Sorgerechts (Art. 2 Nr. 9 Brüssel IIa-VO) sind verordnungsautonom zu interpretieren, während die Frage, welcher Person im Einzelfall das Sorgerecht zusteht, anhand der jeweiligen lex causae zu klären ist.[4] Ein der Vormundschaft und Pflegschaft iSv. Art. 1 Abs. 2 Buchst. b Brüssel IIa-VO entsprechendes Rechtsinstitut ist im deutschen Recht die Beistandschaft (§§ 1712 ff. BGB). Einzubeziehen sind richtigerweise auch Anträge gerichtet auf deklaratorische Feststellung etwa des Sorge- oder Umgangsrechts.[5]

Anerkanntermaßen ist die Bezugnahme auf die „elterliche" Verantwortung in Art. 1 Abs. 1 Buchst. b Brüssel IIa-VO zu eng; denn als Träger der Verantwortung kommen auch Dritte in Betracht (arg. Art. 1 Abs. 2 Buchst. b und Art. 2 Nr. 7 und 8 Brüssel IIa-VO). Der EuGH neigt in Kindschaftssachen tendenziell zu einer großzügigen Interpretation des Anwendungsbereichs: Obwohl Art. 1 Abs. 1 Brüssel IIa-VO diesen ausdrücklich auf **Zivilsachen** beschränkt, soll eine als Maßnahme des öffentlich-rechtlichen Kindesschutzes ergangene sofortige Inobhutnahme des Kindes erfasst werden, also nicht erst die in Art. 1 Abs. 2 Buchst. d Brüssel IIa-VO eigens ange-

---
1 G. v. 30.7.2009, BGBl. I 2009, 2449.
2 Vgl. BT-Drucks. 16/12717 (eVF), S. 57 und 70.
3 Klarstellend EuGH v. 27.11.2007 – Rs. C-435/06 (Fall „C"), FamRZ 2008, 125.
4 Klarstellend EuGH v. 5.10.2010 – Rs. C-400/10 (J. McB./L. E.), JZ 2011, 145 m. Anm. *Thym*; *Martiny*, FamRZ 2012, 1765 (1766 f.).
5 Anders aber *Hohloch*, IPRax 2010, 567 (568 f.) mN zum Diskussionsstand.

§ 99 Allgemeiner Teil

sprochene Unterbringung in einer Pflegefamilie oder einem Heim.[1] Weil überdies ausweislich Art. 2 Nr. 1 Brüssel IIa-VO der Begriff des Gerichts weit zu verstehen ist, zeigt sich, dass die Zuständigkeitsregeln bereits im Vorfeld von Gerichtsverfahren, namentlich also von den Jugendämtern, zu beachten sind.

7 Die Zuständigkeitsregeln der Brüssel IIa-VO zur elterlichen Verantwortung erfassen nach überwiegend vertretener Auffassung kraft verordnungsautonomer Interpretation nur **Minderjährige** iSv. Personen unter 18 Jahren.[2] Dem Wortlaut lässt sich dies freilich nicht sicher entnehmen, weshalb manches dafür spricht, das jeweilige Heimatrecht des Betroffenen entscheiden zu lassen, wann die Minderjährigkeit endet.[3] Für die verordnungsautonome Auslegung streitet aber immerhin ein systematisches Argument: Der Verordnungsgeber hat ausweislich Art. 59 ff. Brüssel IIa-VO offenbar keinen Bedarf für Koordinierungsregeln hinsichtlich des HErwSÜ gesehen, das erst Personen ab 18 Jahren betrifft (s. § 104 Rz. 10). Auf Schutzmaßnahmen zugunsten eines **Ungeborenen** soll die Brüssel IIa-VO unanwendbar sein.[4]

8 Art. 8 ff. Brüssel IIa-VO regeln nur die internationale Zuständigkeit („Gerichte des Mitgliedstaats"), nicht die **örtliche Zuständigkeit**; für diese bleibt es beim nationalen Recht (§ 152 FamFG).

2. Zeitlicher Anwendungsbereich

9 Die Zuständigkeitsregeln der Brüssel IIa-VO betreffen gem. Art. 64 Abs. 1, Art. 72 Abs. 2 nur Verfahren, die nach dem 1.3.2005 iSv. Art. 16 eingeleitet wurden.

3. Räumlich-persönlicher Anwendungsbereich

10 Die Brüssel IIa-VO gilt für alle EU-Staaten (vgl. im Einzelnen Art. 52 EUV, Art. 349, 355 AEUV), allerdings mit Ausnahme **Dänemarks** (Art. 2 Nr. 3; vgl. Erwägungsgrund Nr. 31).

11 Die **Staatsangehörigkeit** des Kindes (und erst recht der Eltern) ist für die Anwendbarkeit der Brüssel IIa-VO irrelevant,[5] kann aber ausnahmsweise für die internationale Zuständigkeit Bedeutung gewinnen (vgl. Art. 12 Abs. 3 Buchst. a, Art. 15 Abs. 3 Buchst. c Brüssel IIa-VO). Die Zuständigkeitsregeln der Brüssel IIa-VO setzen ausweislich Art. 10, 12 und 13 auch nicht zwingend voraus, dass das Kind wenigstens seinen **gewöhnlichen Aufenthalt** in einem Mitgliedstaat hat. Ferner muss kein Bezug zu einer Ehesache bestehen (Ausnahme: Art. 12 Brüssel IIa-VO, s. Rz. 15).

12 Der räumlich-persönliche Anwendungsbereich der Zuständigkeitsregeln – und damit der Restanwendungsbereich des mitgliedstaatlichen Rechts – ist in der Verordnung nicht abstrakt festgelegt, sondern lässt sich nur durch eine Analyse ihrer Gerichtsstände bestimmen. Die im Folgenden darzulegenden Regeln gelten auch für einstweilige Maßnahmen (arg. Art. 20 Brüssel IIa-VO; dazu Rz. 19).

a) Brüssel IIa-Gerichtsstände

13 Zentrales Anknüpfungsmoment für die internationale Zuständigkeit deutscher Gerichte ist gem. Art. 8 Abs. 1 Brüssel IIa-VO der **gewöhnliche Aufenthalt** des Kin-

---

1 EuGH v. 27.11.2007 – Rs. C-435/06 (Fall „C"), FamRZ 2008, 125; dazu *Dutta*, FamRZ 2008, 835; *Gruber*, IPRax 2008, 490; *Pirrung*, FS Kropholler, S. 399. Bestätigend EuGH v. 2.4.2009 – C-523/07 (Fall „A"), FamRZ 2009, 843; dazu *Pirrung*, FS Kühne, S. 843, und in IPRax 2011, 50. Beachte auch EuGH v. 26.4.2012 – Rs. C-92/12 PPU (Health Service Executive/S.C., A.C.), FamRZ 2012, 1466, dort zur grenzüberschreitenden Unterbringungsanordnung iSv. Art. 56 Brüssel IIa-VO. Dazu *Kohler/Pintens*, FamRZ 2012, 1425 (1431 f.); *Mansel/Thorn/Wagner*, IPRax 2013, 1 (25); *Kroll-Ludwigs*, GPR 2013, 46.
2 So etwa HK-ZPO/*Dörner*, Art. 1 EheGVVO Rz. 11; MüKo.ZPO/*Gottwald*, Art. 1 EheGVO Rz. 14; *Rauscher*, Art. 1 Brüssel IIa-VO Rz. 24; Staudinger/*Spellenberg*, Art. 1 EheGVO Rz. 29; Staudinger/*v. Hein*, vor Art. 24 EGBGB Rz. 5. Ausführlich *Holzmann*, S. 87 ff.
3 Dafür *Solomon*, FamRZ 2004, 1409 (1410 f.); Thomas/Putzo/*Hüßtege*, Art. 1 EuEheVO Rz. 7.
4 *Holzmann*, S. 89 f.; *Rauscher*, Art. 1 Brüssel IIa-VO Rz. 25.
5 Vgl. etwa den Fall OLG Koblenz v. 26.11.2008 – 9 UF 653/06, NJW-RR 2009, 1014 (1015).

des. Wo sich dieser befindet, ist verordnungsautonom zu bestimmen (s. vor §§ 98–106 Rz. 22).[1] Zum maßgeblichen Zeitpunkt s. vor §§ 98–106 Rz. 9 ff. Für **Abänderungsverfahren** bleibt die Zuständigkeit der Gerichte des Aufenthaltsstaats im Falle eines rechtmäßigen Umzugs des Kindes in einen anderen Mitgliedstaat nach Maßgabe von Art. 9 Brüssel IIa-VO zeitlich begrenzt erhalten.[2] Im Übrigen gehen der Zuständigkeit des Aufenthaltsstaats zum einen Art. 10 Brüssel IIa-VO (widerrechtliches Verbringen; dazu Rz. 23 ff.) und zum anderen abweichende Vereinbarungen iSv. Art. 12 Brüssel IIa-VO vor.

Die Zuständigkeit hinsichtlich eines Kindes kann unabhängig von dessen gewöhnlichem Aufenthalt (in einem anderen oder überhaupt in einem Mitgliedstaat) in den Fällen von Art. 12 Abs. 1 und 3 Brüssel IIa-VO gegeben sein. Wenngleich dort nur davon die Rede ist, dass die Zuständigkeit „ausdrücklich oder auf andere Weise anerkannt" wird, geht es der Sache nach um eine **Zuständigkeit kraft Vereinbarung**, also nicht etwa kraft rügeloser Einlassung.[3] Dafür spricht zum einen, dass die Anerkennung „zum Zeitpunkt der Anrufung des Gerichts" (vgl. Art. 16 Brüssel IIa-VO) bereits erfolgt sein – und dann noch bindend vorliegen – muss,[4] und zum anderen ein Umkehrschluss aus Art. 9 Abs. 2 Brüssel IIa-VO. Als Voraussetzung wird in Art. 12 Abs. 1 Buchst. b, Abs. 3 Buchst. b Brüssel IIa-VO jeweils eigens hervorgehoben, dass die Zuständigkeit mit dem Kindeswohl in Einklang steht.[5] Dabei ist die Vermutung des Abs. 4 zu beachten (fehlende Justizgewährung im Drittstaat). 14

Eine vereinbarungsgestützte **Annexkompetenz** zu einer im Gerichtsstand des Art. 3 Brüssel IIa-VO anhängigen Ehesache (nicht: Lebenspartnerschaftssache; s. § 98 Rz. 5) sieht Art. 12 Abs. 1 Brüssel IIa-VO vor; sie endet in den Fällen von Abs. 3. Voraussetzung ist, dass zumindest einer der Ehegatten die elterliche Verantwortung über das Kind „hat". Dies ist eine sog. Erstfrage, die nach der lex causae zu beurteilen ist; um diese zu ermitteln, muss mangels Kollisionsnormen in der Brüssel IIa-VO auf sonstiges Kollisionsrecht (einschließlich MSA und nunmehr KSÜ; vgl. Art. 62 Abs. 1 Brüssel IIa-VO sowie Art. 3 EGBGB) zurückgegriffen werden.[6] Die Annexkompetenz gem. Art. 12 Abs. 1 Brüssel IIa-VO steht zudem unter dem Vorbehalt, dass die Anträge betreffend die Ehesache und die Kindschaftssache miteinander verbunden sind. Dies ist nicht der Fall, wenn die Kindschaftssache zunächst selbständig eingeleitet worden ist. Vereinbarungen im Hinblick auf **isolierte Kindschaftssachen** sind aber gem. Art. 12 Abs. 3 Brüssel IIa-VO beachtlich; die dort in Buchst. a vorgesehene Liste von Kriterien, aus denen sich eine wesentliche Verbindung des Kindes zum Forumstaat ergeben kann, ist nicht abschließend („insbesondere"). 15

Die bloße Anwesenheit eines Kindes (**schlichter Aufenthalt**) in einem Mitgliedstaat begründet gem. Art. 13 Brüssel IIa-VO nur eine Auffangzuständigkeit,[7] die zurücktritt, wenn der gewöhnliche Aufenthalt in einem anderen Mitgliedstaat festgestellt werden kann. Zu einstweiligen Maßnahmen s. Rz. 19. 16

Alle genannten Zuständigkeitsvorschriften stehen unter dem Vorbehalt von Art. 15 Brüssel IIa-VO, der – nach Vorbild von Art. 8 f. KSÜ und orientiert am Gedanken des **forum non conveniens** – die Zuständigkeitsklarheit mit Rücksicht auf das 17

---

1 Ausführlich *Holzmann*, S. 107 ff.
2 Dazu *Solomon*, FamRZ 2004, 1409 (1412).
3 Gegen eine Parallele zu Art. 24 Satz 1 Brüssel I-VO auch BGH v. 22.6.2005 – XII ZB 186/03, BGHZ 163, 248 = NJW 2005, 3424. Wie hier zudem etwa *Looschelders*, JR 2006, 45 (47); *Gruber*, IPRax 2005, 293 (298). Ausführlich *Holzmann*, S. 134 ff.
4 Für Irrelevanz einer erst nach Antragstellung erfolgten Zustimmung etwa Thomas/Putzo/*Hüßtege*, Art. 12 EuEheVO Rz. 12; Staudinger/*Pirrung*, Vorbem zu Art. 19 EGBGB Rz. C 75. Anders aber OLG Düsseldorf v. 8.12.2009 – II-3 UF 198/09, FamRZ 2010, 915 (krit. *Motzer*, FamRBint 2010, 54); *Rauscher*, Art. 12 Brüssel IIa-VO Rz. 24.
5 Näher *Dutta*, FS Kropholler, S. 281; *Looschelders*, JR 2006, 45 (47); *Spellenberg*, FS Sonnenberger, S. 677 (685).
6 Näher *v. Hoffmann/Thorn*, § 8 Rz. 63a.
7 Vgl. etwa den Fall EuGH v. 22.12.2010 – Rs. C-497/10 PPU (Mercredi/Chaffe), FamRZ 2011, 617 (619) m. Anm. *Henrich*; dazu *Mankowski*, GPR 2011, 209.

Kindeswohl zugunsten der Einzelfallgerechtigkeit zurücktreten lässt (s. vor §§ 98–106 Rz. 8 und 28).[1] Vorausgesetzt wird, dass sowohl das verweisende Gericht international zuständig ist (ansonsten gilt Art. 17 Brüssel IIa-VO[2]) als auch das Gericht, an das verwiesen werden soll. Ausweislich seines Wortlauts handelt es sich bei Art. 15 Brüssel IIa-VO um eine Ausnahmevorschrift, die zum einen nur zurückhaltend anzuwenden und zum anderen nicht verallgemeinerungsfähig ist. Im Gegensatz zu Art. 12 Abs. 3 Buchst. a Brüssel IIa-VO dürfte daher die Aufzählung in Art. 15 Abs. 3 Brüssel IIa-VO abschließend gemeint sein.[3] Zudem müssen die für die Verweisung sprechenden Gesichtspunkte deutlich überwiegen. Das zunächst mit der Sache befasste Gericht darf sich erst dann für unzuständig erklären und das vor ihm geführte Verfahren beenden, wenn innerhalb von sechs Wochen eine Zuständigkeitserklärung des ersuchten ausländischen Gerichts erfolgt (Abs. 5 Satz 2). In der Brüssel IIa-VO ist nicht geregelt, ob bzw. wie eine Anordnung nach Art. 15 Brüssel IIa-VO angefochten werden kann.[4] Seit 1.1.2011 gilt hierfür § 13a Abs. 4 und 5 IntFamRVG.[5]

b) Restzuständigkeit

18 Für den Fall, dass sich aus Art. 8–13 Brüssel IIa-VO keine Zuständigkeit (irgend-)eines Mitgliedstaats ergibt, verweist Art. 14 Brüssel IIa-VO auf die Zuständigkeitsgründe der lex fori des angerufenen Gerichts. Dabei ist freilich zu beachten, dass zu diesem mitgliedstaatlichen Recht auch das dort geltende Konventionsrecht zählt (vgl. § 97 FamFG). Daher bleibt zunächst zu klären, ob solches – namentlich das MSA und nunmehr das KSÜ – anzuwenden ist (s. Rz. 20 f.). Auf das unvereinheitlichte nationale Recht ist also nur letztrangig zurückzugreifen. Das kommt in Betracht, wenn sich das Kind in einem „echten" Drittstaat, der weder EU-Mitgliedstaat noch Vertragsstaat des KSÜ oder des MSA ist, befindet und weder eine Vereinbarung nach Art. 12 Brüssel IIa-VO noch Art. 13 Brüssel IIa-VO eingreift.[6]

19 Als weitere Einbruchstelle für das nationale Zuständigkeitsrecht wird Art. 20 Abs. 1 Brüssel IIa-VO verstanden:[7] Diese Vorschrift gestattet in dringenden Fällen eine von Art. 8 ff. Brüssel IIa-VO unabhängige – und gegenüber Art. 11 KSÜ vorrangige[8] – Zuständigkeit zum Erlass **einstweiliger Maßnahmen** im Anwesenheitsstaat des Kindes (zum deutschen Recht s. vor §§ 98–106 Rz. 17; zur Anerkennungs- und Vollstreckungsfähigkeit einstweiliger Maßnahmen in anderen Mitgliedstaaten s. § 108 Rz. 4); Art. 20 Abs. 2 Brüssel IIa-VO hebt den Vorrang der Hauptsacheentscheidung hervor (zur Konkurrenz von einstweiligem und Hauptsacheverfahren s. vor §§ 98–106 Rz. 50a). Zu den Voraussetzungen für den Erlass einer einstweiligen Maßnahme hat der EuGH bereits bedeutsame Klarstellungen getroffen:[9] Dringlichkeit ist gegeben, wenn das sofortige Tätigwerden zur Wahrung des Kindeswohls erforderlich ist. Den Ausschlag gibt die Sicht des befassten Gerichts, und es ist dessen Sache, zu bestimmen, welche Maßnahmen nach nationalem Recht ergriffen werden können. Die Brüssel IIa-VO sieht nicht vor, dass das Gericht, das eine einstweilige Maßnahme erlassen hat, die Rechtssache an das Gericht der Hauptsache eines anderen Mitgliedstaats

---

1 Zur Konkretisierung der Kindeswohlklausel s. *Dutta*, FS Kropholler, S. 281.
2 Zum gebotenen Vorgehen in diesem Fall EuGH v. 2.4.2009 – C-523/07 (Fall „A"), FamRZ 2009, 843, insbesondere zur Information des zuständigen Gerichts im anderen Mitgliedstaat.
3 Ebenso etwa *Rauscher*, Art. 15 Brüssel IIa-VO Rz. 8. Anders etwa *Klinkhammer*, FamRBint 2006, 88 (89).
4 Für Unanfechtbarkeit BGH v. 2.4.2008 – XII ZB 134/06, FamRZ 2008, 1168 = IPRax 2009, 77 m. Anm. *Roth*, 56; beachtliche Kritik bei *Gebauer*, LMK 2008, 265950.
5 Eingefügt durch Art. 1 G. v. 25.6.2009 (BGBl. I 2009, 1594). Vgl. hierzu BT-Drucks. 16/12063, S. 10 ff.
6 Näher *Andrae*, IPRax 2006, 82 (84).
7 So die vorherrschende Lesart; vgl. *Rauscher*, Art. 20 Brüssel IIa-VO Rz. 17; *Martiny*, FPR 2010, 493 (495, 496). Anders aber etwa Staudinger/*Pirrung*, Vorbem. zu Art. 19 EGBGB Rz. C 113: Art. 20 Brüssel IIa-VO als eigenständige, vom Rückgriff auf nationales Recht unabhängige Zuständigkeitsvorschrift.
8 *Martiny*, FPR 2010, 493 (494 f.).
9 Beachte zum Folgenden EuGH v. 2.4.2009 – Rs. C-523/07 (Fall „A"), FamRZ 2009, 843. Dazu *Pirrung*, FS Kühne, S. 843, und in IPRax 2011, 50 (54).

verweist; allerdings kann es dieses direkt oder unter Einschaltung der Zentralen Behörden über die ergriffenen Maßnahmen unterrichten. In einer weiteren Entscheidung hat der EuGH klargestellt, dass die Existenz einer einstweiligen Zuweisung der elterlichen Verantwortung, die in dem Mitgliedstaat erlassen wird, dessen Gerichte in der Hauptsache zuständig sind, grundsätzlich die Möglichkeit einer gegenläufigen Maßnahme im neuen Aufenthaltsstaat des Kindes versperrt;[1] insbesondere könne eine Veränderung der Sachlage, die sich nur aus dem „Einleben" des (widerrechtlich verbrachten) Kindes in seinem neuen Aufenthaltsstaat ergebe, nicht die Dringlichkeit einer neuen einstweiligen Maßnahme begründen.[2] Allemal fragwürdig erscheint, dass der EuGH die Einschränkung des Art. 20 Abs. 1 Brüssel IIa-VO, wonach sich die Schutzmaßnahme auf in diesem Staat befindliche Personen beziehen muss, nicht nur auf das Kind bezieht, sondern so versteht, dass schon der Aufenthalt eines Elternteils in einem anderen Staat ein Hinderungsgrund sei.[3]

II. Konventionsrecht

1. MSA

Gem. ihren Art. 60 Buchst. a und 62 beansprucht die Brüssel IIa-VO im Verhältnis zwischen ihren Mitgliedstaaten den Vorrang vor dem Haager Übereinkommen v. 5.10. 1961 über die Zuständigkeit der Behörden und das anzuwendende Recht auf dem Gebiet des Schutzes von Minderjährigen (**MSA** – Text: 1. Auflage, Anhang 3 zu § 97).[4] Nachdem inzwischen das KSÜ auch für Deutschland in Kraft getreten ist (s. Rz. 21), haben die Zuständigkeitsvorschriften des MSA im Wesentlichen nur noch Bedeutung für den Rechtsverkehr mit der Türkei sowie Macau[5] (heute: chinesische Sonderverwaltungsregion). Hält sich das Kind gewöhnlich in Deutschland auf, so ergibt sich die internationale Zuständigkeit deutscher Gerichte allerdings selbst dann aus Art. 8 Brüssel IIa-VO (statt aus Art. 1 MSA), wenn das Kind die türkische Staatsangehörigkeit hat.[6] Hält sich das Kind hingegen gewöhnlich in der Türkei auf, gelangen gleichwohl die Brüssel IIa-Zuständigkeitsregeln zur Anwendung, soweit diese unabhängig vom Aufenthaltsstaat eingreifen; bedeutsam ist dies in den Fällen von Art. 12 Brüssel IIa-VO.[7]

2. KSÜ

Am 1.1.2011 ist für Deutschland – endlich – das Haager Übereinkommen v. 19.10. 1996 über die Zuständigkeit, das anzuwendende Recht, die Anerkennung, Vollstreckung und Zusammenarbeit auf dem Gebiet der elterlichen Verantwortung und der Maßnahmen zum Schutz von Kindern in Kraft getreten (**KSÜ** – Text: Anhang 3 zu § 97; Ausführungsgesetz: IntFamRVG[8] – Text: Anhang 1 zu § 97) und seither anzuwenden (vgl. Art. 53 Abs. 1 KSÜ).[9] Umfassender als im MSA werden alle bedeut-

---

1 EuGH v. 23.12.2009 – Rs. C-403/09 PPU (Detiček/Sgueglia), FamRZ 2010, 525 m. Anm. *Henrich*; dazu *Janzen/Gärtner*, IPRax 2011, 158; *Martiny*, FPR 2010, 493; *Pirrung*, FS Spellenberg, S. 467 (471 ff.).
2 Kritisch *Janzen/Gärtner*, IPRax 2011, 158 (162 ff. und 166, dort bei und in Fn. 66): die Situation des Kindes sei auch dann zu berücksichtigen, wenn diese durch ein rechtswidriges Verhalten eines Elternteils herbeigeführt worden ist.
3 Dagegen *Janzen/Gärtner*, IPRax 2011, 158 (164 f.); *Martiny*, FPR 2010, 493 (496 f.); *Pirrung*, FS Spellenberg, S. 467 (474): das Argument sei „so fernliegend, daß es wohl nur durch die Eile bei der Abfassung der Entscheidung erklärt werden kann".
4 Das Haager Abkommen v. 12.6.1902 zur Regelung der Vormundschaft über Minderjährige war durch den Vorrang der Brüssel IIa-VO bedeutungslos geworden und wurde von Deutschland zum 31.5.2009 gekündigt, BGBl. II 2009, 290. Dazu *Mansel/Thorn/Wagner*, IPRax 2010, 1 (27).
5 Vgl. *Jayme/Hausmann*, Nr. 52 (MSA), Fn. 14.
6 Wie hier etwa *Breuer*, Rz. 224. Abweichendes lässt sich auch nicht „letztlich auf Art. 60 Brüssel IIa-VO stützen"; so aber *Andrae*, IPRax 2006, 82 (84). Ihr zustimmend *Benicke*, IPRax 2013, 44 (51); Staudinger/*Henrich*, Art. 21 EGBGB Rz. 141.
7 Anders wiederum *Andrae*, IPRax 2006, 82 (84).
8 Dazu *Schulz*, FamRZ 2011, 1273.
9 Zum zeitlichen Anwendungsbereich BGH v. 16.3.2011 – XII ZB 407/10, FamRZ 2011, 796; dazu *Benicke*, IPRax 2013, 44 (45 f.).

samen internationalverfahrensrechtlichen Fragen geregelt, also die internationale Zuständigkeit (Art. 5 ff.), die Bewältigung von Parallelverfahren (Art. 13), die Anerkennung und Vollstreckbarerklärung von Entscheidungen (Art. 23 ff.) sowie die grenzüberschreitende Kooperation der zuständigen Behörden (Art. 29 ff.), aber auch das Kollisionsrecht (Art. 15 ff.).[1] Es geht um den Schutz von Kindern, und zwar „von ihrer Geburt bis zur Vollendung des 18. Lebensjahrs" (Art. 2) und durch die in Art. 3 näher umschriebenen Maßnahmen, wobei nicht zwischen privat- und öffentlich-rechtlichen Maßnahmen unterschieden wird.[2] Einen den sachlichen Anwendungsbereich absteckenden Negativkatalog enthält Art. 4.

22 Was die Regeln über die internationale Entscheidungszuständigkeit angeht, reicht der von der Brüssel IIa-VO beanspruchte Vorrang ausweislich ihres Art. 61 gegenüber dem KSÜ weniger weit als gegenüber dem MSA: Das KSÜ ist anzuwenden, wenn sich das Kind gewöhnlich in einem Vertragsstaat aufhält, der nicht zugleich Mitgliedstaat der Brüssel IIa-VO ist; dies gilt derzeit für Albanien, Armenien, Australien, die Dominikanische Republik, Ecuador, Kroatien, Marokko, Monaco, Montenegro, Russland, die Schweiz, die Ukraine und Uruguay.[3] Hält sich das Kind gewöhnlich in Deutschland auf, so folgt die internationale Zuständigkeit deutscher Gerichte selbst dann aus Art. 8 Brüssel IIa-VO (statt aus Art. 5 KSÜ), wenn das Kind die Staatsangehörigkeit eines KSÜ-Staats hat, der nicht Mitgliedstaat der Brüssel IIa-VO ist.[4] Zur Möglichkeit einer perpetuatio fori s. vor §§ 98–106 Rz. 12. Zur grenzüberschreitenden Verfahrensabgabe bzw. -übernahme im Rechtsverkehr mit einem KSÜ-Vertragsstaat s. Art. 8 f. KSÜ und § 13a IntFamRVG (beachte dazu vor §§ 98–106 Rz. 57 ff.). Zum Verhältnis zwischen KSÜ und HKEntfÜ s. Rz. 25.

III. Sonderproblem: Kindesentführung

23 Erhebliche Probleme bereitet im internationalen Kindschaftsrecht ein Phänomen, das häufig unter dem – missverständlichen – Stichwort „legal kidnapping" diskutiert wird: das widerrechtliche Verbringen oder Zurückhalten eines Kindes (vgl. die Legaldefinition in Art. 2 Nr. 11 Brüssel IIa-VO).[5] Leider werden solche Konflikte häufig rücksichtslos auf dem Rücken der betroffenen Kinder ausgetragen, was eine einvernehmliche Streitbeilegung zwar besonders wünschenswert, wegen der emotionalen Blockade der Beteiligten aber nicht selten eher aussichtslos erscheinen lässt.[6]

24 Der angemessenen Lösung solcher Fälle sollen, neben der auch insoweit einschlägigen Brüssel IIa-VO, weitere Spezialübereinkommen dienen, nämlich das Haager Übereinkommen v. 25.10.1980 über die zivilrechtlichen Aspekte internationaler Kindesentführung (**HKEntfÜ** – Text: Anhang 4 zu § 97) und das Luxemburger Europäische Übereinkommen v. 20.5.1980 über die Anerkennung und Vollstreckung von Entscheidungen über das Sorgerecht für Kinder und die Wiederherstellung des Sorgeverhältnisses (**SorgeRÜ** – s. § 97 Rz. 20). Beide Konventionen sind für Deutschland verbindlich (Ausführungsgesetz: **IntFamRVG**[7] – Text: Anhang 1 zu § 97). Sie gelten nur für Kinder bis zur Vollendung des 16. Lebensjahrs (Art. 1 Buchst. a SorgeRÜ; Art. 4 Abs. 1 Satz 2 HKEntfÜ).

---

1 Einführend etwa *Benicke*, IPRax 2013, 44; *Finger*, MDR 2011, 1395; *Schulz*, FamRZ 2011, 156; *Schwarz*, JAmt 2011, 438; *Wagner/Janzen*, FPR 2011, 110; ferner *Finger*, FamRBint 2010, 95 und 2011, 80. Beachte die ausführliche Kommentierung bei Staudinger/*Pirrung*, Vorbem zu Art. 19 EGBGB Rz. G 1 ff. Wichtige Arbeitshilfen sind die Denkschrift sowie der Erläuternde Bericht, abgedruckt in BT-Drucks. 16/12068, S. 28 ff. bzw. 35 ff.
2 *Benicke*, IPRax 2013, 44 (45); *Schulz*, FamRZ 2011, 156.
3 Zum aktuellen Ratifikationsstand beachte IPRax 2013, 213, sowie www.hcch.net.
4 Vgl. BGH v. 16.3.2011 – XII ZB 407/10, FamRZ 2011, 796 (797). Ebenso *Benicke*, IPRax 2013, 44 (46, 52 f.); Staudinger/*Pirrung*, Vorbem zu Art. 19 EGBGB Rz. G 194; *Wagner/Janzen*, FPR 2011, 110 (111); wohl auch *Rauscher*, Art. 8 Brüssel IIa-VO Rz. 5. Anders – unter Berufung auf Art. 61 Brüssel IIa-VO – aber Staudinger/*Henrich*, Art. 21 EGBGB Rz. 141.
5 Ausführlich *Holzmann*, S. 167 ff.; vgl. zudem etwa die Übersichten bei *Finger*, JR 2009, 441; *Völker*, FamRZ 2010, 157.
6 Vgl. zur Mediation bei internationalen Kindschaftskonflikten die Beiträge und Arbeitshilfen bei *Paul/Kiesewetter*; zudem etwa *Greger/Unberath*, MediationsG Teil 5, insbes. 65 ff.
7 Dazu *Schulz*, FamRZ 2011, 1273 (1275 f.).

Durch die unübersichtliche Rechtsquellenlage wird die Rechtsanwendung erheblich verkompliziert. Immerhin gibt es einige gesetzliche **Konkurrenzregeln:** Das HKEntfÜ geht in seinem sachlichen Anwendungsbereich dem bisherigen MSA vor (Art. 34 HKEntfÜ); aber auch das KSÜ tritt gegenüber dem HKEntfÜ zurück (Art. 50 KSÜ). Zwischen dem HKEntfÜ und dem SorgeRÜ sind Überschneidungen möglich. Kommen Rückgabeersuchen nach beiden Übereinkommen in Betracht, so ist das HKEntfÜ anzuwenden, sofern der Antragsteller nicht ausdrücklich die Anwendung des SorgeRÜ begehrt (§ 37 IntFamRVG). Der Vorrang der Brüssel IIa-VO gegenüber sowohl dem SorgeRÜ als auch dem HKEntfÜ wiederum ergibt sich aus Art. 60, 62 Brüssel IIa-VO. Allzu nahe liegt trotz alledem die Gefahr, dass ein Gericht „das fein gesponnene Netz europäischer Verordnungen und internationaler Übereinkommen nach seinen jeweiligen Wünschen neu knüpft oder gar mit dem schweren Säbel des nationalen Rechts ganz zerschlägt".[1] Besonders kompliziert wird die Situation, wenn die Eltern bzw. Gerichte nicht auf die speziell für Entführungsfälle konzipierten Regeln zurückgreifen, sondern versuchen, den Konflikt nach Maßgabe der allgemeinen Regeln zu bewältigen.[2]

25

Die vorrangig anzuwendende Brüssel IIa-VO stellt in Art. 10 Brüssel IIa-VO klar, dass die **internationale Zuständigkeit** der Gerichte im bisherigen Aufenthaltsstaat zunächst erhalten bleibt, wenn das Kind widerrechtlich verbracht oder zurückgehalten wird.[3] Angeknüpft wird dabei an eine Verletzung des Sorgerechts iSv. Art. 2 Nr. 9 und 11 Brüssel IIa-VO, wobei die Frage, welcher Person dieses im Einzelfall zusteht, anhand der jeweiligen lex causae zu klären ist.[4] Die Zuständigkeitsfortdauer ist bedeutsam, weil der gewöhnliche Aufenthalt als faktischer Lebensmittelpunkt auch infolge eines rechtswidrigen Verbringens oder Zurückhaltens verändert werden kann.[5] Die Zuständigkeit geht nur unter den dort genannten Voraussetzungen auf die Gerichte des Mitgliedstaats über, in dem sich das Kind infolge des Verbringens oder Zurückhaltens nunmehr gewöhnlich aufhält: Dabei kommt es, sofern kein Einvernehmen über den Verbleib des Kindes herbeigeführt werden kann (Buchst. a), auf eine Verfestigung des neuen Aufenthaltsstatus durch Zeitablauf an, wobei weitere Umstände hinzutreten müssen (Buchst. b).[6] Es handelt sich aber nicht um eine Präklusionsfrist: Auch nach Ablauf der Jahresfrist gem. Art. 10 Buchst. b Brüssel IIa-VO kann ein Rückführungsantrag erfolgreich sein, wenn sich das Kind noch nicht in seine neue Umgebung eingelebt hat.

26

Unberührt von Art. 10 Brüssel IIa-VO bleibt die Zuständigkeit der Gerichte des neuen Aufenthaltsstaates für die Entscheidung über einen **Antrag auf Kindesrückführung** nach Art. 12 HKEntfÜ (zum SorgeRÜ s. Rz. 24f.). Allerdings ist dabei Art. 11 Brüssel IIa-VO zu beachten: Diese Vorschrift ergänzt und modifiziert im Verhältnis zwischen den Mitgliedstaaten die in Art. 12f. HKEntfÜ vorgesehenen Regeln (vgl. Erwägungsgrund 17; zur Zulässigkeit solcher Zusatzregeln s. Art. 36 HKEntfÜ). Überwiegend – und zutreffend – wird die Brüssel IIa-VO dabei als „Ergänzung und Modifizierung" des HKEntfÜ verstanden,[7] dieses wird also nicht etwa „verdrängt".[8]

27

---

1 Treffend *Martiny*, FPR 2010, 493 (494).
2 Vgl. etwa *Janzen/Gärtner*, IPRax 2011, 158 (160f.), dort illustriert anhand des Ausgangsfalls bei EuGH v. 23.12.2009 – Rs. C-403/09 PPU (Detiěek/Sgueglia), FamRZ 2010, 525 m. Anm. *Henrich*.
3 Dazu etwa *Rieck*, NJW 2008, 182 (183f.).
4 Vgl. zur Relevanz der Grundrechte-Charta bei der Klärung dieser Frage EuGH v. 5.10.2010 – Rs. C-400/10 (J. McB./L. E.), JZ 2011, 145 m. Anm. *Thym*. Beachte zu den Voraussetzungen einer Sorgerechtsverletzung und zu Sonderfragen der Sorgerechtsinhaberschaft auch *Martiny*, FamRZ 2012, 1765 (1767ff.).
5 BGH v. 22.6.2005 – XII ZB 186/03, BGHZ 163, 248 = NJW 2005, 3424. Zu den Anforderungen an den gewöhnlichen Aufenthalt in Entführungsfällen vgl. OLG Saarbrücken v. 5.11.2010 – 9 UF 112/10, ZKJ 2010, 67.
6 Näher dazu EuGH v. 1.7.2010 – Rs. C-211/10 PPU (Povse/Alpago), FamRZ 2010, 1229. Dazu *Schulz*, FamRZ 2010, 1307; *Mansel/Thorn/Wagner*, IPRax 2011, 1 (22ff.).
7 So *Solomon*, FamRZ 2004, 1409 (1416, 1417); Thomas/Putzo/*Hüßtege*, Art. 11 EuEheVO Rz. 1; HK-ZPO/*Dörner*, Vorb. EheGVVO Rz. 7, Art. 11 EheGVVO Rz. 1; *Andrae*, § 6 Rz. 198.
8 So aber Staudinger/*Spellenberger*, Art. 11 EheGVO Rz. 4. Wiederum anders *Rieck*, NJW 2008, 182 (183): die Regeln der Brüssel IIa-VO seien Maßnahmen nach Art. 2 und 36 HKEntfÜ, das lex specialis sei.

28 Ist das Kind nach Deutschland entführt worden oder wird es hier zurückgehalten, so bestimmen sich die Zuständigkeit für die Entscheidung über den Rückführungsantrag nach §§ 11, 12 IntFamRVG und das weitere Verfahren nach §§ 14 Nr. 2, 38 ff. IntFamRVG. Für das **Rückführungsverfahren** hat das BVerfG gewisse Mindestanforderungen aufgestellt; insbesondere kann es geboten sein, zur Vertretung des Kindes einen Verfahrensbeistand (vgl. § 158 FamFG) zu bestellen.[1] Anders als das HKEntfÜ, sieht Art. 11 Abs. 2 Brüssel IIa-VO im Regelfall die Anhörung des Kindes vor. Dem besonders relevanten Beschleunigungsgebot tragen Art. 11 Abs. 3 Brüssel IIa-VO und § 38 Abs. 1 IntFamRVG Rechnung.[2] Das zuständige Gericht kann gem. § 15 IntFamRVG Maßnahmen treffen, um den momentanen Aufenthaltsort des Kindes zu sichern: Es kann also etwa untersagen, den Aufenthaltsort zu verändern; zudem können Meldepflichten oder die Hinterlegung der Pässe angeordnet oder die Grenzschutzbehörden um Überwachung der örtlichen Beschränkungen ersucht werden.[3]

29 Ist das Kind widerrechtlich iSv. Art. 3 HKEntfÜ (bzw. Art. 2 Nr. 11 Brüssel IIa-VO) verbracht oder zurückgehalten[4] worden und wird der Antrag auf Rückführung fristgerecht gestellt, so ist diesem im Regelfall zu entsprechen (Art. 12 Abs. 1 HKEntfÜ; wird die Frist versäumt, gilt Abs. 2).[5] Allerdings kann die Rückführung des Kindes nicht als automatische und mechanische Folge der Anwendbarkeit des HKEntfÜ angeordnet werden, sondern es ist stets anhand der Einzelfallumstände zu prüfen, ob eine Ausnahme von der Verpflichtung zur Rückführung einschlägig ist.[6] Art. 13 HKEntfÜ benennt die Gründe, aus denen der Erlass einer **Rückführungsanordnung** ausnahmsweise verweigert werden darf.[7] Anlass zu Konflikten gibt immer wieder die Frage, ob das Verbringen oder Zurückhalten des Kindes womöglich konkludent iSv. Art. 13 Abs. 1 Buchst. a HKEntfÜ genehmigt worden ist.[8] Die Weigerungsgründe werden bei innereuropäischen Entführungsfällen allerdings durch Art. 11 Abs. 4 und 5 Brüssel IIa-VO eingegrenzt;[9] insbesondere darf abweichend von Art. 13 Abs. 1 Buchst. b HKEntfÜ[10] die Rückführung in einen anderen Mitgliedstaat nicht verweigert werden, wenn nachgewiesen ist, dass dort angemessene Vorkehrungen zum Schutz des Kindes nach seiner Rückkehr (sog. „undertakings", „mirror orders" und/oder „safe harbour orders") getroffen wurden.[11] Auch Art. 16 Abs. 2 GG schließt die Rückführung eines deutschen Kindes nicht aus.[12]

30 Weder die Brüssel IIa-VO noch das HKEntfÜ regeln die **Vollstreckung der Rückführungsanordnung**. Einschlägig ist vielmehr das IntFamRVG, wonach eine wirksame (§ 40 Abs. 1 IntFamRVG) Anordnung auf drei Arten vollstreckt werden kann: Durch Ordnungsgeld oder Ordnungshaft (§ 44 Abs. 1 und 2 IntFamRVG) oder durch

---

1 BVerfG v. 18.7.2006 – 1 BvR 1465/05, FamRZ 2006, 1261: Dazu *Schulz*, FamRBint 2007, 10; *Völker*, FamRZ 2010, 157 (164).
2 Vgl. OLG Saarbrücken. v. 5.11.2010 – 9 UF 112/10, ZKJ 2010, 67.
3 Dazu *Dutta/Scherpe*, FamRZ 2006, 901 (905); *Gruber*, FamRZ 2005, 1603 (1605).
4 Zu den Voraussetzungen des widerrechtlichen Zurückhaltens OLG Stuttgart v. 25.4.2012 – 17 UF 35/12, FamRZ 2013, 51 f.
5 OLG Stuttgart v. 25.4.2012 – 17 UF 35/12, FamRZ 2013, 52; OLG Naumburg v. 28.11.2006 – 8 WF 153/06, FamRZ 2007, 1586.
6 EGMR v. 12.7.2011 – Beschwerde Nr. 14737/09 (Šneersone und Kampanella/Italien), FamRZ 2011, 1482 (1483) m. Anm. *Henrich*.
7 Näher dazu in einem deutsch-australischen Fall etwa OLG Karlsruhe v. 18.3.2010 – 2 UF 179/09, FamRZ 2010, 1577 (bestätigend BVerfG v. 8.4.2010 – 1 BvR 862/10, juris).
8 Dazu OLG Stuttgart v. 1.7.2009 – 17 UF 105/09, FamRZ 2009, 2017; OLG Nürnberg v. 26.2.2010 – 7 UF 20/10, FamRZ 2010, 1575; OLG Karlsruhe v. 18.3.2010 – 2 UF 179/09, FamRZ 2010, 1577; OLG Saarbrücken. v. 5.11.2010 – 9 UF 112/10, ZKJ 2010, 67.
9 Offenbar übersehen, jeweils in deutsch-polnischen Fällen, von OLG Nürnberg v. 26.2.2010 – 7 UF 20/10, FamRZ 2010, 1575, und OLG Stuttgart v. 1.7.2009 – 17 UF 105/09, FamRZ 2009, 2017 (2018).
10 Hierzu OLG Hamm v. 28.6.2012 – 11 UF 85/12, NJW-RR 2013, 69 (70): die schwerwiegende Gefahr iSv. Art. 13 Abs. 1 Buchst. b HKEntfÜ muss sich als besonders erheblich, konkret und aktuell darstellen (in casu: Suizidgefahr des Kindes).
11 Zu solchen Vorkehrungen etwa *Holzmann*, FPR 2010, 497 (499 f.); *Völker*, FamRZ 2010, 157 (158 f.).
12 BVerfG v. 15.8.1996 – 2 BvR 1075/96, NJW 1996, 3145. Näher *Völker*, FamRZ 2010, 157 (160 ff.).

Anwendung unmittelbaren Zwangs (§ 44 Abs. 3 IntFamRVG).[1] Unter ganz besonderen Umständen, etwa politischen Unruhen im Zielstaat, ist im Falle einer rechtskräftigen Rückführungsanordnung eine Wiederaufnahme des Verfahrens in Betracht zu ziehen (§ 14 Nr. 2 IntFamRVG, § 48 Abs. 2 FamFG).[2]

Wenn das Gericht des gegenwärtigen Aufenthaltsstaats nach Lage der Dinge die **Rückführung ablehnt**, hat es Art. 11 Abs. 6 Brüssel IIa-VO und § 39 IntFamRVG zu beachten. Die Rückführung kann dann gleichwohl noch vom zuständigen Gericht des Ursprungsstaats angeordnet werden; diese Entscheidung ist gem. Art. 11 Abs. 8, Art. 40 Abs. 1 Buchst. b und Art. 42 Brüssel IIa-VO im gegenwärtigen Aufenthaltsstaat vollstreckbar.[3] Eine im Ursprungsstaat ergangene Sorgerechtsentscheidung kann sich also gegenüber der Nichtrückgabeentscheidung durchsetzen. Dies rechtfertigt sich daraus, dass die Ablehnung der Rückgabe nach Art. 13 HKEntfÜ nur auf einer summarischen Prüfung beruht, die nicht letztverbindlich klären soll, welcher Elternteil am besten für das Kind sorgen kann.[4] Der Erlass einer Rückführungsanordnung gem. Art. 11 Abs. 8 Brüssel IIa-VO soll allerdings nicht voraussetzen, dass im Ursprungsstaat über das Sorgerecht bereits endgültig entschieden ist.[5] Zur Vollstreckung beachte Art. 47 Abs. 2 Brüssel IIa-VO und dazu § 110 Rz. 4.

31

IV. Scheidungs- und Aufhebungsverbund

Entsprechend der schon zum früheren Recht hM erstrecken § 98 Abs. 2 und § 103 Abs. 2 die Zuständigkeit für die Scheidungs- bzw. Aufhebungssache auf die Folgesachen, wenn ein Verbund durchgeführt wird. Dies betrifft gem. § 137 Abs. 3 bzw. §§ 269 Abs. 1 Nr. 3, 270 Abs. 1 Satz 2, 111 Nr. 2, 137 Abs. 3 die dort genannten Kindschaftssachen (s. § 98 Rz. 52 f. und § 103 Rz. 20 f.). Jedoch gilt auch die Verbundzuständigkeit nur vorbehaltlich vorrangigen Europa- und Konventionsrechts. Insbesondere geht Art. 12 Brüssel IIa-VO vor, wenn die Zuständigkeit für die Ehesache aus Art. 3 Brüssel IIa-VO folgt.

32

C. Inhalt der Vorschrift

I. Begriff der Kindschaftssache

§ 99 Abs. 1 regelt **Kindschaftssachen** iSv. § 151 mit Ausnahme der dort in Nr. 7 genannten Unterbringungssachen (dazu Rz. 38). Die Koordinierungsregeln in § 99 Abs. 2–4 betreffen die Anordnung einer Vormundschaft, die Pflegschaft bzw. sonstige Vertretung sowie die Unterbringung. Für Abstammungssachen gilt § 100 und für Adoptionssachen § 101.

33

Kind iSv. § 99 ist nur, wer nach Maßgabe von § 2 BGB minderjährig ist; den Schutz von Erwachsenen regelt § 104 (s. dort Rz. 5). Ferner erfasst § 99 auch Maßnahmen zum Schutz der Leibesfrucht (arg. § 151 Nr. 5; abweichend Art. 2 KSÜ: „von ihrer Geburt")[6] sowie Verfahren betreffend die Beistandschaft iSv. §§ 1712 ff. BGB.[7] Hingegen ist nicht § 99, sondern § 104 einschlägig, wenn das (ausländische) Personalstatut eine Vormundschaft für Volljährige vorsieht. Dass § 104 statt § 99 für die vorsorgliche Be-

34

---

1 Dazu OLG Karlsruhe v. 14.8.2008 – 2 UF 4/08, FamRBint 2008, 80 (*Niethammer-Jürgens*); OLG Koblenz v. 28.2.2007 – 13 UF 765/06, FamRZ 2007, 1034; OLG Brandenburg v. 22.9.2006 – 15 UF 189/06; OLG Stuttgart v. 6.4.2006 – 17 UF 318/05, Justiz 2007, 164.
2 Vgl. zum früheren Recht anhand eines deutsch-thailändischen Falls OLG Stuttgart v. 13.1.2009 – 17 UF 234/08, FamRZ 2009, 2015.
3 Dazu EuGH v. 11.7.2008 – C-195/08 PPU (Inga Rinau), NJW 2008, 2973 = FamRZ 2008, 1729; dazu *Gruber*, IPRax 2009, 413. Beachte speziell zu der dem Kind gem. Art. 42 Abs. 2 Unterabs. 1 Buchst. a zu eröffnenden Anhörungsmöglichkeit sowie zur Relevanz von Art. 24 der Grundrechte-Charta EuGH v. 22.12.2010 – Rs. C-491/10 PPU (Aguirre Zarraga/Pelz), FamRZ 2011, 355 m. Anm. *Schulz* = FamRBint 2011, 29 (*Becker/Niethammer-Jürgens*).
4 Näher *Rieck*, NJW 2008, 182 (185 Fn. 42); *Solomon*, FamRZ 2004, 1409 (1417); *Gruber*, FamRZ 2005, 1603 (1607).
5 EuGH v. 1.7.2010 – Rs. C-211/10 PPU (Povse/Alpago), FamRZ 2010, 1229. Dazu *Schulz*, FamRZ 2010, 1307; *Mansel/Thorn/Wagner*, IPRax 2011, 1 (22 ff.).
6 Zustimmend Haußleiter/*Gomille*, § 99 Rz. 2.
7 Anders Staudinger/*v. Hein*, Art. 24 EGBGB Rz. 101.

treuerbestellung gem. § 1908a BGB gelten soll, ergibt sich aus §§ 271 Nr. 3, 279 Abs. 4. § 99 gilt auch für Verfahren betreffend Sorgerecht, Umgangsrecht und Kindesherausgabe iSv. § 269 Abs. 1 Nr. 3; dies folgt aus §§ 270 Abs. 1 Satz 2, 111 Nr. 2 bzw. aus § 103 Abs. 3.

II. Internationale Zuständigkeit (Absatz 1)

35 Anknüpfungsmomente für die – konkurrierende (§ 106) – internationale Zuständigkeit deutscher Gerichte sind gem. Satz 1 alternativ die deutsche **Staatsangehörigkeit** des Kindes (Nr. 1; s. vor §§ 98–106 Rz. 26 ff.; dort auch zu Doppelstaatern und Deutschen gleichgestellte Personen) oder dessen **gewöhnlicher Aufenthalt** im Inland (Nr. 2; s. vor §§ 98–106 Rz. 21 ff.). Ohne Belang sind der gewöhnliche Aufenthalt und die Staatsangehörigkeit des Vormunds oder Pflegers. Die Aufenthaltszuständigkeit (Nr. 2) ist freilich schon wegen des in diesen Fällen vorrangigen Art. 8 Abs. 1 Brüssel IIa-VO bedeutungslos, und auch für die Heimatzuständigkeit (Nr. 1) bleibt nur ganz ausnahmsweise Raum, sofern Art. 14 Brüssel IIa-VO diesen belässt und überdies kein Konventionsrecht einschlägig ist (näher zu alledem Rz. 4 ff.).

36 Als weiteres Anknüpfungsmoment nennt Satz 2 das **Bedürfnis nach Fürsorge** durch ein deutsches Gericht. Auch hier ist wiederum der Vorrang des Europa- und Konventionsrechts zu beachten (s. Rz. 4 ff.). Dass die Fürsorgezuständigkeit den beiden erstgenannten gleichrangig ist, war zu § 35b Abs. 2 FGG anerkannt,[1] obwohl dort der Wortlaut („ferner zuständig") eher für Subsidiarität sprach. Derselbe Wortlaut findet sich aufgrund des sog. FGG-RG-Reparaturgesetzes[2] nunmehr auch in Satz 2 (anders noch die ursprüngliche Fassung des FamFG im FGG-RG). Obwohl diese Reparatur nur eine „sprachliche Korrektur" darstellen soll,[3] ist fortan wohl von Subsidiarität auszugehen.[4] Zu beherzigen ist allemal die Entscheidung des Gesetzgebers, keine Zuständigkeit kraft schlichten Aufenthalts eröffnen zu wollen.[5] Es bedarf also weiterer Umstände, die im Einzelfall zu ermitteln und zu würdigen sind. Ein gewichtiger Faktor ist dabei aber durchaus der Aufenthalt im Inland, ferner womöglich auch Vermögensbelegenheit. Bisweilen wird vertreten, dass anhand der lex causae (dem Personalstatut) zu beurteilen sei, ob ein Fürsorgebedürfnis besteht.[6] Dies ist zweifelhaft: Zuständigkeitsnormen des deutschen Rechts sind grundsätzlich nach der lex fori zu interpretieren. Dafür spricht hier nicht nur das gerade in Fürsorgefällen relevante Ziel schleuniger Zuständigkeitsprüfung, sondern zudem, dass üblicherweise auch der Arrest- bzw. Verfügungsgrund (im Gegensatz zum Arrest- bzw. Verfügungsanspruch) ohne weiteres anhand des deutschen Rechts bestimmt wird. Weil die internationale Zuständigkeit an das Fürsorgebedürfnis gekoppelt ist, haben die darauf gestützten Entscheidungen grundsätzlich provisorischen Charakter und sollten sich auf das unbedingt Notwendige beschränken.[7]

37 Zum Schutz eines **Ungeborenen** bleibt Raum für § 99, weil die Brüssel IIa-VO insoweit unanwendbar sein soll (s. Rz. 7). Es kommt sowohl eine Anknüpfung an die voraussichtliche Staatsangehörigkeit (Satz 1 Nr. 1)[8] als auch eine Anknüpfung an den gewöhnlichen Aufenthalt der Mutter in Betracht (entsprechend Satz 1 Nr. 2).[9] Ist das eine oder das andere der Fall, liegt es freilich nahe, dies als Aspekt der Fürsorgezuständigkeit (Satz 2) zu würdigen.[10]

---

1 BT-Drucks. 10/504, S. 94.
2 G. v. 30.7.2009, BGBl. I 2009, 2449.
3 BT-Drucks. 16/12717, S. 57 und 70.
4 Zumindest im Ergebnis ähnlich MüKo.ZPO/*Rauscher*, § 99 FamFG Rz. 54. Anders Haußleiter/*Gomille*, § 99 Rz. 7.
5 BT-Drucks. 10/504, S. 94.
6 Vgl. Jansen/v. Schuckmann/Sonnenfeld/*Müller-Lukoschek*, § 35b FGG Rz. 15; Staudinger/*v. Hein*, Art. 24 EGBGB Rz. 119; Haußleiter/*Gomille*, § 99 Rz. 10.
7 Staudinger/*Henrich*, Art. 21 EGBGB Rz. 155.
8 Dafür Haußleiter/*Gomille*, § 99 Rz. 5.
9 Vgl. Jansen/v. Schuckmann/Sonnenfeld/*Müller-Lukoschek*, § 35b FGG Rz. 10, 13.
10 Teilweise anders Staudinger/*v. Hein*, Art. 24 EGBGB Rz. 112 (vermutliche Staatsangehörigkeit für Nr. 1 relevant), 117 (Aufenthaltsstaat der Mutter nur mittels Fürsorgezuständigkeit relevant).

Für die von § 99 Abs. 1 Satz 1 ausgeklammerten **Unterbringungsverfahren nach § 151 Nr. 7** gilt, wiederum unbeschadet vorrangigen Europa- und Konventionsrechts (Rz. 4 ff.), gem. § 167 Abs. 1 dasselbe wie für Verfahren nach § 312 Nr. 3: Die – konkurrierende (§ 106) – internationale Zuständigkeit deutscher Gerichte folgt aus § 313 Abs. 3, der laut § 105 doppelfunktional anzuwenden ist. Zur Unterbringung in einem anderen Brüssel IIa-Mitgliedstaat s. Rz. 45.

38

Fällt das Anknüpfungsmoment nach Verfahrenseinleitung in Deutschland weg, so soll, abweichend von den allgemeinen Regeln, nicht ohne weiteres von einer **Perpetuierung** der internationalen Zuständigkeit gem. § 99 Abs. 1 auszugehen, sondern die Angemessenheit der Verfahrensfortführung im Einzelfall entscheidend sein (s. vor §§ 98–106 Rz. 12).[1]

39

III. Grenzüberschreitende Verfahrenskoordination (Absätze 2 bis 4)

Die Abs. 2 und 3 gelten nur, wenn sich die internationale Zuständigkeit nicht aus dem Europa- oder Konventionsrecht ergibt (dann gingen Art. 15 Brüssel IIa-VO bzw. Art. 8 f. KSÜ vor; dazu vor §§ 98–106 Rz. 58), sondern aus § 99 Abs. 1. Sie haben aber einen engeren **Anwendungsbereich** als dieser: Unmittelbar betroffen sind nicht sämtliche Kindschaftssachen, sondern nur die Vormundschaft. Entsprechend anzuwenden sind § 99 Abs. 2 und 3 jedoch gem. Abs. 4 für Verfahren betreffend die Pflegschaft (oder sonstige Vertretung) für einen bzw. die Unterbringung eines Minderjährigen (§ 151 Nr. 5 und 6), zudem gem. § 104 Abs. 2 in Erwachsenenschutzsachen. Für die Nachlasspflegschaft (§ 342 Abs. 1 Nr. 2) verweist das Gesetz nicht auf § 99 Abs. 2 und 3. Ferner gelten diese weder direkt noch entsprechend für Statussachen der Lebenspartner iSv. § 103 Abs. 1 (s. dort Rz. 23). Zur Verallgemeinerungsfähigkeit von §§ 99 Abs. 2–4, 104 Abs. 2 in sonstigen Fällen ausländischer Parallelverfahren s. vor §§ 98–106 Rz. 54.

40

§ 99 Abs. 2 erlaubt es dem an sich nach Abs. 1 zuständigen deutschen Gericht, mit Rücksicht auf die Anhängigkeit eines ausländischen Parallelverfahrens von einer Sachentscheidung abzusehen bzw. das Verfahren ins Ausland abzugeben (Abs. 3). Beides soll internationalen Entscheidungseinklang sichern. Die weite Formulierung stellt klar, dass auch Amtsvormundschaften, die kraft Gesetzes eintreten, einbezogen werden können. Dem Gesetzgeber ging es um eine nicht starr am Prioritätsprinzip orientierte, sondern „**elastische Regel**, die den Gerichten Ermessensspielraum gibt".[2] Unter diesen Voraussetzungen kann es sich insbesondere anbieten, dass Deutschland als Heimatstaat (Abs. 1 Satz 1 Nr. 1) den Gerichten im Aufenthaltsstaat den Vortritt lässt. Die Beurteilung der Frage, ob das deutsche Verfahren fortzuführen und im Inland ein Vormund zu bestellen ist, soll sich nach der lex causae bestimmen (zweifelhaft, vgl. Rz. 36); bei der gebotenen Prüfung darf sich das deutsche Gericht nicht allein auf die Einschätzung Dritter bzw. der ausländischen Gerichte stützen, sondern es muss die erforderlichen Feststellungen von Amts wegen treffen (§ 26).[3]

41

Wenn von einer im Inland eröffneten Zuständigkeit kein Gebrauch gemacht werden soll, muss gleichwohl dem **Rechtsschutzanspruch** genügt werden. Dieser kann sowohl durch eigene Sachentscheidung (plus Vollstreckung) als auch durch Anerkennung (plus Vollstreckung) verwirklicht werden. Deshalb ist vorab zu klären, ob die ausländischen Gerichte international zuständig sind (sog. Anerkennungszuständigkeit), und zwar in spiegelbildlicher Anwendung der deutschen Zuständigkeitsregeln.[4] Aber auch darüber hinaus gilt, dass das deutsche Gericht nicht von einer eigenen Sachentscheidung absehen darf, sofern bereits ersichtlich ist, dass die im Ausland zu erwartende Entscheidung in Deutschland aus anderen Gründen voraussichtlich nicht anerkennungsfähig sein wird.[5]

42

---

1 Ebenso Staudinger/*v. Hein*, Art. 24 EGBGB Rz. 106.
2 So BT-Drucks. 10/504, S. 95, dort zu § 47 FGG.
3 Anschaulich OLG Hamm v. 8.10.2002 – 15 W 322/02, FamRZ 2003, 253 (254).
4 Zustimmend Haußleiter/*Gomille*, § 99 Rz. 9.
5 Zustimmend Haußleiter/*Gomille*, § 99 Rz. 9. Anders Staudinger/*v. Hein*, Art. 24 EGBGB Rz. 126; differenzierend Jansen/v. Schuckmann/Sonnenfeld/*Müller-Lukoschek*, § 47 FGG Rz. 13.

43 In gewissermaßen spiegelbildlicher Anwendung von § 99 Abs. 3 kommt auch die **Übernahme** eines ausländischen Verfahrens durch ein deutsches Gericht in Betracht,[1] wobei dieses allerdings die internationale Zuständigkeit eigenständig zu prüfen hat.

D. Weitere Hinweise zu internationalen Kindschaftssachen

44 Auf Grund der **Lex-fori-Regel** (vor §§ 98–106 Rz. 37 ff.) bestimmt sich das Verfahren auch in Fällen mit Auslandsbezug und unabhängig von dem in der Sache anwendbaren Recht grundsätzlich nach deutschem Recht, also §§ 152 ff.

45 Das deutsche Gericht darf eine auslandsansässige und/oder ausländische Person zum Vormund oder Pfleger bestellen.[2] Zur **Unterbringung des Kindes** in einem anderen Brüssel IIa-Mitgliedstaat s. Art. 56 Brüssel IIa-VO[3] (und dazu Art. 23 Buchst. g Brüssel IIa-VO) und zur Behandlung entsprechender ausländischer Ersuchen §§ 45 ff. IntFamRVG.[4]

46 Vorgaben für die **grenzüberschreitende Zusammenarbeit** in Angelegenheiten des Kinderschutzes ergeben sich aus Art. 53 ff. Brüssel IIa-VO sowie aus Art. 29 ff. KSÜ. Die Aufgaben der Zentralen Behörde nimmt in Deutschland das Bundesamt für Justiz wahr (§ 3 IntFamRVG), auf dessen Internetseiten wichtige Informationen zum Thema internationale Sorgerechtsverfahren zusammengestellt sind.[5]

47 Um die europaweite Anerkennung und Vollstreckung von Entscheidungen in Kindschaftssachen zu erleichtern, sieht Anhang II zur Brüssel IIa-VO Vordrucke vor, mit denen die wesentlichen Angaben in allen Amtssprachen bescheinigt werden können. Diese **Bescheinigungen** sind gem. Art. 39 Brüssel IIa-VO auf Antrag auszufüllen; zuständig ist in Deutschland der Urkundsbeamte der Geschäftsstelle (§ 48 Abs. 1 IntFamRVG). Dies gilt auch, wenn die Zuständigkeit des deutschen Gerichts zum Erlass der Entscheidung nicht auf die Brüssel IIa-VO, sondern auf § 99 FamFG gestützt wurde; denn auch solche Entscheidungen sind in den anderen Brüssel IIa-Staaten anzuerkennen und zu vollstrecken.

100 Abstammungssachen

Die deutschen Gerichte sind zuständig, wenn das Kind, die Mutter, der Vater oder der Mann, der an Eides statt versichert, der Mutter während der Empfängniszeit beigewohnt zu haben,
1. Deutscher ist oder
2. seinen gewöhnlichen Aufenthalt im Inland hat.

Literatur: s. § 97 vor Rz. 1.

A. Überblick

1 Beachte vorab zu Begriff und Prüfung der internationalen Zuständigkeit sowie zu den Besonderheiten von Verfahren mit Auslandsbezug die Ausführungen vor §§ 98–106. Zur spiegelbildlichen Anwendung bei der Prüfung der Anerkennungszuständigkeit ausländischer Gerichte gem. § 109 Abs. 1 Nr. 1 s. dort Rz. 19 ff.

---

1 Jansen/v. Schuckmann/Sonnenfeld/*Müller-Lukoschek*, § 47 FGG Rz. 27; Staudinger/*v. Hein*, Art. 24 EGBGB Rz. 127.
2 Vgl. KG v. 25.10.1994 – 1 AR 37/94, Rpfleger 1995, 159 (Bestellung eines Angehörigen einer deutschen Botschaft). Beachte auch Staudinger/*v. Hein*, Art. 24 EGBGB Rz. 123.
3 Dazu EuGH v. 26.4.2012 – Rs. C-92/12 PPU (Health Service Executive/S.C., A.C.), FamRZ 2012, 1466. Dazu *Kohler/Pintens*, FamRZ 2012, 1425 (1431 f.); *Mansel/Thorn/Wagner*, IPRax 2013, 1 (25); *Kroll-Ludwigs*, GPR 2013, 46.
4 Zum abweichenden Art. 33 KSÜ vgl. *Schulz*, FamRZ 2011, 156 (161 f.).
5 Kontaktdaten unter www.bundesjustizamt.de, dort unter „Int. Sorgerecht".

§ 100 regelt nunmehr einheitlich die internationale Zuständigkeit für sämtliche Abstammungssachen iSv. § 169; § 106 stellt klar, dass es sich nicht um eine ausschließliche Zuständigkeit handelt. Dies entspricht im **früheren Recht** der Regelung für (streitige) Kindschaftssachen in § 640a Abs. 2 Satz 1 und 2 ZPO. Allerdings waren bislang (wegen des nunmehr aufgehobenen § 1600e Abs. 2 BGB) §§ 35b, 43 FGG und damit das FG-Verfahren einschlägig, wenn der zu Verklagende verstorben war.[1]

B. Vorrangiges Europa- und Konventionsrecht

Die internationale Zuständigkeit für Abstammungsverfahren ergibt sich weder aus der Brüssel IIa-VO (Art. 1 Abs. 3 Buchst. a[2]) noch dem MSA (wegen der Begrenzung auf Schutzmaßnahmen[3]) oder dem KSÜ (Art. 4 Buchst. a). Bedeutsam können diese aber für die Frage sein, ob zur Vertretung des Kindes ein Verfahrensbeistand (vgl. § 158 FamFG) zu bestellen ist.[4] Wird verbunden mit der Abstammungssache Unterhalt geltend gemacht (vgl. Art. 3 Buchst. c EuUntVO), so sind (nur) diesbezüglich die Zuständigkeitsregeln der EuUntVO zu beachten (s. Anhang 3 zu § 110 Art. 3 ff. EuUntVO; vgl. aber auch unten Rz. 10). Die beiden CIEC-Übereinkommen v. 14.9.1961 und v. 12.9.1962 (s. § 97 Rz. 21) betreffen nicht das gerichtliche Abstammungsverfahren, sondern die personenstandsrechtliche Zuständigkeit zur Entgegennahme von Abstammungserklärungen.[5]

C. Inhalt der Vorschrift

Anknüpfungsmomente für die – konkurrierende (§ 106) – internationale Zuständigkeit deutscher Gerichte sind alternativ die deutsche Staatsangehörigkeit (s. vor §§ 98–106 Rz. 26 ff.; dort auch zu Doppelstaatern und Deutschen gleichgestellte Personen) oder der inländische gewöhnliche Aufenthalt (s. vor §§ 98–106 Rz. 21 ff.), und zwar jeweils entweder des Kindes, der Mutter, des Vaters oder desjenigen Mannes, der an Eides statt versichert, der Mutter während der Empfängniszeit beigewohnt zu haben. Der inländische Aufenthalt bzw. die deutsche Staatsangehörigkeit dieses Mannes sind aber, wie sich aus den Gesetzesmaterialien ergibt, nur dann zuständigkeitsrelevant, wenn er als Antragsteller das Anfechtungsverfahren betreibt: Zum einen soll § 100 FamFG die Regelung des § 640a Abs. 2 ZPO übernehmen, der auf die „Parteien" des Anfechtungsprozesses abstellt;[6] zum anderen korrespondiert die Formulierung in § 100 mit § 172 Nr. 4 idF des RegE, und diese Nr. 4 wurde sodann unter Hinweis auf § 7 Abs. 1 als selbstverständlich gestrichen.[7]

Ist ein Antrag auf Einbürgerung gestellt, kann das Verfahren bis zur erfolgten Einbürgerung ausgesetzt werden.[8] Ein Wegfall des Anknüpfungsmoments nach Verfahrenseinleitung ist grundsätzlich unschädlich (**perpetuatio fori**, s. vor §§ 98–106 Rz. 9 ff.).[9] Nicht zuständigkeitsbegründend ist die Staatsangehörigkeit einer Person, die im Zeitpunkt der Verfahrenseinleitung bereits verstorben ist;[10] irrelevant ist dann auch, dass die Person sich zuletzt im Inland gewöhnlich aufgehalten hat oder hier bestattet ist.

Eine § 99 Abs. 1 Satz 2 entsprechende **Fürsorgezuständigkeit** ist in § 100 nicht vorgesehen (anders früher in den Fällen von §§ 35b Abs. 2, 43 FGG); auch an eine unge-

---

1 Näher BT-Drucks. 16/6308, S. 243 f.; Staudinger/*Henrich*, Art. 19 EGBGB Rz. 113, Art. 20 EGBGB Rz. 64.
2 Insoweit ungenau AG Leverkusen v. 14.6.2007 – 33 F 229/06, FamRZ 2007, 2087 m. Anm. *Henrich*, 2088.
3 AG Leverkusen v. 14.6.2007 – 33 F 229/06, FamRZ 2007, 2087 m. Anm. *Henrich*, 2088.
4 MüKo.ZPO/*Rauscher*, § 100 FamFG Rz. 7; Staudinger/*Henrich*, Art. 20 EGBGB Rz. 80 ff.
5 Dazu Staudinger/*Henrich*, Art. 19 EGBGB Rz. 132, 136.
6 Vgl. BT-Drucks. 16/6308, S. 221.
7 Vgl. BT-Drucks. 16/6308, S. 245, und 16/9733, S. 295.
8 MüKo.ZPO/*Rauscher*, § 100 FamFG Rz. 13, § 98 FamFG Rz. 42.
9 Ebenso Haußleiter/*Gomille*, § 100 Rz. 2; MüKo.ZPO/*Rauscher*, § 100 FamFG Rz. 22; Staudinger/*Henrich*, Art. 19 EGBGB Rz. 111.
10 Ebenso Staudinger/*Henrich*, Art. 20 EGBGB Rz. 76.

schriebene Notzuständigkeit (s. vor §§ 98–106 Rz. 18f.) wird demnach allenfalls in extremen Ausnahmefällen zu denken sein.[1] Hinfällig ist die zum alten Recht diskutierte Frage, ob § 640a Abs. 2 Satz 2 ZPO auch den Rückgriff auf § 16 ZPO eröffnen sollte.[2]

D. Weitere Hinweise zu internationalen Abstammungsverfahren

7 Auf Grund der **Lex-fori-Regel** (vor §§ 98–106 Rz. 37ff.) bestimmt sich das Verfahren auch in Fällen mit Auslandsbezug grundsätzlich nach deutschem Recht.[3] Weil die lex fori auch über die Abgrenzung zwischen freiwilliger und streitiger Gerichtsbarkeit befindet,[4] gilt nunmehr einheitlich: Alle Abstammungssachen werden durch Antrag eingeleitet und als FG-Verfahren (mit den in §§ 170ff. vorgesehenen Besonderheiten) durchgeführt, und zwar selbst dann, wenn das Abstammungs- bzw. das Anfechtungsstatut ein kontradiktorisches Verfahren vorsieht.[5] Das deutsche Verfahrensrecht definiert zudem die Wirkungen der im deutschen Abstammungsverfahren ergehenden Entscheidung.

8 Nach diesen Grundsätzen regelt das deutsche Recht (als lex fori), wer Beteiligter des Abstammungsverfahrens bzw. daran zu beteiligen (§ 172) und wer verfahrensfähig ist (§ 9). Ausländische Behörden werden selbst dann nicht beteiligt, wenn das Abstammungsstatut dies vorschreibt (denkbar ist aber ersatzweise die Mitwirkung einer inländischen Behörde bzw. Staatsanwaltschaft; vgl. vor §§ 98–106 Rz. 41). Hingegen ist es eine Frage des materiellen Rechts und damit des Anfechtungsstatuts, wer anfechtungsberechtigt ist.[6] Zieht das ausländische Sachrecht den Kreis der Anfechtungsberechtigten weiter als § 172, so muss diese Vorschrift entsprechend angepasst, also erweitert werden (vgl. vor §§ 98–106 Rz. 41).

9 Die verfahrensrechtliche Pflicht zur **Duldung einer Untersuchung** gem. § 178 gilt auch für Ausländer.[7] Hält sich die fragliche Person im Ausland auf (oder ist sie dort bestattet[8]), so kommt ein Rechtshilfeersuchen an die ausländischen Behörden in Betracht; die EuBVO (s. § 97 Rz. 32) ist anwendbar.[9] Die Frage, ob eine unberechtigt verweigerte Untersuchung im Ausland zwangsweise durchgeführt werden kann, richtet sich nicht nach deutschem Recht, sondern nach dem Recht des Rechtshilfestaats.[10] Wenn die Untersuchung im Ausland unberechtigt verweigert oder keine Rechtshilfe gewährt wird, kann dies im Rahmen der Beweiswürdigung als Beweisvereitelung gewertet werden.[11]

10 Bemerkenswert ist **Art. 56 Abs. 1 Buchst. c EuUntVO** (s. Anhang 3 zu § 110), wonach die Zentralen Behörden einem Unterhaltsberechtigten – über den sachlichen Anwendungsbereich der EuUntVO hinausgehend – auch Hilfestellung bei Anträgen hinsichtlich der Feststellung der Abstammung leisten.

---

1 Strikt ablehnend Staudinger/*Henrich*, Art. 20 EGBGB Rz. 77. Deutlich aufgeschlossener Mü-Ko.ZPO/*Rauscher*, § 100 FamFG Rz. 19.
2 Dazu MüKo.ZPO/*Coester-Waltjen*, 3. Aufl. 2007, § 640a ZPO Rz. 4.
3 *Motzer/Kugler/Grabow*, Rz. 23; zu weiteren verfahrensrechtlichen Besonderheiten in Abstammungssachen mit Auslandsbezug, vgl. dort Rz. 24 (Beweisaufnahme) und Rz. 25 (Entscheidung des Gerichts).
4 BT-Drucks. 16/6308, S. 243 f.
5 Staudinger/*Henrich*, Art. 20 EGBGB Rz. 66.
6 Zu alldem und zum Folgenden Staudinger/*Henrich*, Art. 20 EGBGB Rz. 67ff., dort auch zu früheren Streitfragen, die sich durch die einheitliche Neuregelung erledigt haben dürften.
7 Grundlegend zum früheren Recht BGH v. 9.4.1986 – IVb ZR 27/85, JZ 1987, 42 m. Anm. *Stürner* = IPRax 1987, 176 m. Anm. *Schlosser*, 153; OLG Bremen v. 20.1.2009 – 4 UF 99/08, FamRZ 2009, 802; *Schack*, Rz. 792f.
8 Zu grenzüberschreitenden Exhumierungsanordnungen vgl. KG v. 22.11.2002 – 3 WF 5611/99, IPRax 2004, 255, und ausführlich *Decker*, IPRax 2004, 229.
9 Näher speziell zur Vaterschaftsfeststellung Rauscher/*v. Hein*, Art. 1 EG-BewVO Rz. 29f.; *Knöfel*, FamRZ 2009, 1339 (1340).
10 OLG Bremen v. 20.1.2009 – 4 UF 99/08, FamRZ 2009, 802; dazu *Knöfel*, FamRZ 2009, 1339f.
11 Dazu BGH v. 9.4.1986 – IVb ZR 27/85, JZ 1987, 42 m. Anm. *Stürner* = IPRax 1987, 176 m. Anm. *Schlosser*, 153; OLG Bremen v. 20.1.2009 – 4 UF 99/08, FamRZ 2009, 802. Zu den Grenzen bei sog. Mehrverkehr vgl. OLG Karlsruhe v. 26.10.2000 – 2 UF 256/99, FamRZ 2001, 931.

101 *Adoptionssachen*
Die deutschen Gerichte sind zuständig, wenn der Annehmende, einer der annehmenden Ehegatten oder das Kind
1. Deutscher ist oder
2. seinen gewöhnlichen Aufenthalt im Inland hat.

A. Überblick	1	C. Inhalt der Vorschrift	
B. Vorrangige Regelungen		I. Anwendungsbereich	8
I. Europa- und Konventionsrecht	3	II. Internationale Zuständigkeit	11
II. Deutsches Recht	6	D. Weitere Hinweise zu internationalen Adoptionsverfahren	14

Literatur: s. § 97 vor Rz. 1.

A. Überblick

Beachte vorab zu Begriff und Prüfung der internationalen Zuständigkeit sowie zu den Besonderheiten von Verfahren mit Auslandsbezug die Ausführungen vor §§ 98–106. Zur spiegelbildlichen Anwendung bei der Prüfung der Anerkennungszuständigkeit ausländischer Gerichte gem. § 109 Abs. 1 Nr. 1 s. dort Rz. 19 ff. 1

§ 101 regelt die internationale Zuständigkeit für Adoptionssachen iSv. § 186; § 106 stellt klar, dass es sich nicht um eine ausschließliche Zuständigkeit handelt. Dies entspricht der früheren Regelung in § 43b Abs. 1 Satz 1 und 2 FGG. 2

B. Vorrangige Regelungen

I. Europa- und Konventionsrecht

Die **Brüssel IIa-VO** gilt gem. Art. 1 Abs. 3 Buchst. b nicht für „Adoptionsentscheidungen und Maßnahmen zur Vorbereitung einer Adoption sowie die Ungültigerklärung und den Widerruf der Adoption". Ausgeklammert dürfte damit auch die Rückübertragung der elterlichen Sorge auf die leiblichen Eltern im Falle des Scheiterns bzw. der Aufhebung der Adoption sein.[1] Für die gem. Art. 1 Abs. 2 Brüssel IIa-VO erfassten Kindschaftssachen ist es hingegen unerheblich, ob es um leibliche oder adoptierte Kinder geht. Die internationale Zuständigkeit für das Adoptionsverfahren ergibt sich auch weder aus dem **MSA** (wegen der Begrenzung auf Schutzmaßnahmen[2]) noch aus dem **KSÜ** (Art. 4 Buchst. b). Bedeutsam können das MSA bzw. KSÜ aber für die Frage sein, ob zur Vertretung des Kindes ein Verfahrensbeistand (§ 158 FamFG) zu bestellen ist. 3

Allerdings wird die Unanwendbarkeit der Brüssel IIa-VO bzw. des KSÜ im Falle von Ersuchen um grenzüberschreitende Unterbringung eines Kindes (Art. 56 Brüssel IIa-VO, Art. 33 KSÜ) bisweilen verkannt, weil das Ersuchen nicht klarstellt, dass es um eine Adoptionsunterbringung geht.[3] 4

Das Haager Übereinkommen v. 29.5.1993 über den Schutz von Kindern und die Zusammenarbeit auf dem Gebiet der internationalen Adoption (**HAdoptÜ** bzw. HAÜ; s. § 97 Rz. 22) und das dazu ergangene deutsche Ausführungsgesetz v. 5.11.2001 (HAdoptÜAG) regeln nicht die internationale Zuständigkeit, wohl aber materiell- und verfahrensrechtliche Voraussetzungen der Adoption sowie Fragen der internationalen Adoptionsvermittlung.[4] Das Haager Übereinkommen v. 15.11.1965 über die behördliche Zuständigkeit, das anzuwendende Recht und die Anerkennung von Ent- 5

---

1 Näher *Winkelsträter*, S. 44 f.
2 AG Leverkusen v. 14.6.2007 – 33 F 229/06, FamRZ 2007, 2087 m. Anm. *Henrich*, 2088.
3 Dazu *Schulz*, FamRZ 2011, 156 (157).
4 Dazu *Weitzel*, NJW 2008, 186.

scheidungen auf dem Gebiet der Annahme an Kindes Statt[1] hat Deutschland nicht gezeichnet.

II. Deutsches Recht

6 Gem. § 199 FamFG bleibt das **Adoptionswirkungsgesetz** v. 5.11.2001 (AdWirkG – Text: § 199 Rz. 3)[2] unberührt. Das AdWirkG betrifft zum einen die – im vorliegenden Zusammenhang nicht interessierende – Anerkennung ausländischer Adoptionsentscheidungen (dazu § 108 Rz. 52), zum anderen aber auch Inlandsadoptionen, sofern die deutsche Entscheidung nach Maßgabe von Art. 22 EGBGB auf ausländischen Sachvorschriften beruht (oder wenn sich bei Anwendbarkeit deutschen Rechts das Zustimmungserfordernis gem. Art. 23 EGBGB aus ausländischem Heimatrecht ergibt).[3] Der Anwendungsbereich des AdWirkG erfasst nur die Annahme von Minderjährigen (§ 1 Satz 2), ist im Übrigen aber weit gezogen: Das AdWirkG gilt für Volladoptionen ebenso wie für schwache Adoptionen, für Dekret- ebenso wie für Vertragsadoptionen. Im Hinblick auf Inlandsadoptionen regelt das AdWirkG zum einen die gerichtliche Feststellung der Wirksamkeit (§ 2) und zum anderen die Umwandlung einer schwachen in eine Volladoption (§ 3).[4] Die diesbezügliche internationale Zuständigkeit deutscher Gerichte bestimmt sich gem. § 5 Abs. 1 Satz 2 AdWirkG entsprechend § 101 FamFG.

7 Das **Adoptionsvermittlungsgesetz**[5] enthält in § 2a Vorgaben zur internationalen Adoptionsvermittlung; diese gelten sowohl für das autonome deutsche Recht als auch ergänzend zum HAdoptÜ/HAdoptÜAG.[6]

C. Inhalt der Vorschrift

I. Anwendungsbereich

8 Der Begriff der **Adoptionssache** wird, orientiert am deutschen Sachrecht, in § 186 bestimmt, und zwar in einem weiten Sinne (zu den Einzelheiten s. Kommentierung zu § 186). § 101 FamFG erfasst, anders als § 1 Satz 2 AdWirkG, auch die Annahme von Volljährigen (sog. **Erwachsenenadoption**).[7] Beachte zudem § 5 Abs. 1 Satz 2 AdWirkG. Verfahren auf Rückübertragung der elterlichen Sorge bei Scheitern der Adoption sind jedoch Kindschaftssachen iSv. § 99.[8]

9 Gerade in Adoptionsfragen weichen die nationalen Rechtsordnungen erheblich voneinander ab.[9] Im Anwendungsbereich ausländischen Sachrechts ist für die Anwendbarkeit von § 101 entscheidend, dass das in Frage stehende **ausländische Rechtsinstitut** im Kern dem Zweck und den Wirkungen einer Adoption deutschen Rechts entspricht. Charakteristisch ist mithin das Begründen eines Eltern-Kind-Verhältnisses zu dem Annehmenden,[10] nicht aber das Erlöschen der Rechtsbeziehungen zu den leiblichen Eltern und deren Angehörigen. Erfasst werden daher auch schwache Adoptionen, nicht hingegen die Begründung einer bloßen Pflegekindschaft oder einer sog. *kafala* islamischen Rechts.[11]

10 Zur Frage, inwieweit § 101 wegen § 103 Abs. 3 auch für annehmende Lebenspartner gilt, s. § 103 Rz. 24.

---

1 Text bei Staudinger/*Henrich*, vor Art. 22 EGBGB Rz. 9.
2 BGBl. I 2001, 2950; geändert durch Art. 68 FGG-RG.
3 Str.; wie hier etwa *Andrae*, § 7 Rz. 20; Staudinger/*Henrich*, Art. 22 EGBGB Rz. 73; *Süß*, MittBayNot 2008, 183 (186); jeweils mN zum Streitstand.
4 Dazu *Emmerling de Oliviera*, MittBayNot 2010, 429 (434).
5 IdF v. 22.12.2001: BGBl. I 2002, 355.
6 Dazu *Motzer/Kugler/Grabow*, Rz. 38; *Steiger*, Rz. 108 ff.; *Reinhardt/Otto*, JAmt 2011, 443 ff.
7 Klarstellend BT-Drucks. 16/6308, S. 247.
8 BT-Drucks. 16/6308, S. 247.
9 Beachte die ausführliche Übersicht mit Länderberichten bei Staudinger/*Henrich*, vor Art. 22 EGBGB Rz. 1 ff.
10 Zustimmend Haußleiter/*Gomille*, § 101 Rz. 2.
11 Ausführlich *Winkelsträter*, S. 30 ff.

II. Internationale Zuständigkeit

Anknüpfungsmomente für die – konkurrierende (§ 106) – internationale Zuständigkeit deutscher Gerichte sind gem. § 101 alternativ die deutsche Staatsangehörigkeit (s. vor §§ 98–106 Rz. 26 ff.; dort auch zu Doppelstaatern und Deutschen gleichgestellte Personen) oder der inländische gewöhnliche Aufenthalt (s. vor §§ 98–106 Rz. 21 ff.), und zwar jeweils entweder des Annehmenden, eines der annehmenden Ehegatten oder des Kindes.

Die Widerrechtlichkeit des Verbringens des Kindes ins Inland lässt nicht schon die internationale Zuständigkeit entfallen. Ist die internationale Zuständigkeit deutscher Gerichte gegeben, so darf nicht vorschnell das **Rechtsschutzbedürfnis** für ein deutsches Verfahren geleugnet werden. Dies gilt auch dann, wenn das Kind im Ausland lebt und die deutsche Adoptionsentscheidung dort (voraussichtlich) nicht anerkannt wird; eine § 99 Abs. 2 und 3 entsprechende Regelung ist für Adoptionsverfahren nicht vorgesehen. Die Inanspruchnahme ausschließlicher internationaler Zuständigkeit durch einen anderen Staat ist aus deutscher Sicht allemal irrelevant.[1] Fällt das Anknüpfungsmoment nach Verfahrenseinleitung in Deutschland weg, so soll, abweichend von den allgemeinen Regeln, nicht ohne weiteres von einer **perpetuatio fori** auszugehen, sondern die Angemessenheit der Verfahrensfortführung im Einzelfall entscheidend sein (s. vor §§ 98–106 Rz. 12).[2]

Eine § 99 Abs. 1 Satz 2 entsprechende **Fürsorgezuständigkeit** sieht § 101 nicht vor (ebenso schon § 43b Abs. 1 FGG);[3] an eine ungeschriebene Notzuständigkeit (s. vor §§ 98–106 Rz. 18 f.) wird allenfalls in extremen Ausnahmefällen zu denken sein.

D. Weitere Hinweise zu internationalen Adoptionsverfahren

Auf Grund der **Lex-fori-Regel** (vor §§ 98–106 Rz. 37 ff.) bestimmt sich das Verfahren auch in Fällen mit Auslandsbezug und unabhängig vom Adoptionsstatut grundsätzlich nach deutschem Recht, also §§ 187 ff.[4] Das dort vorgesehene Verfahren ist, orientiert am deutschen Recht, auf den Fall der sog. Dekretadoption – also durch richterlichen Ausspruch – zugeschnitten. Beruht das in der Sache anwendbare ausländische Recht auf dem System der **Vertragsadoption**, erfordert also nur einen gerichtlich zu bewilligenden oder zu bestätigenden Vertrag, so liegt eine Anpassung des deutschen Verfahrensrechts nahe (allgemein: vor §§ 98–106 Rz. 40 ff.): Das deutsche Gericht hat nicht etwa die Adoption, sondern die Bewilligung bzw. Bestätigung auszusprechen.[5]

Im Anwendungsbereich des **AdWirkG** (s. Rz. 6) hat das Gericht, wenn es die Annahme auf der Grundlage ausländischen Sachrechts ausspricht, gem. § 2 Abs. 3 AdWirkG die dort in Abs. 1 und 2 vorgesehenen **Feststellungen** von Amts wegen zu treffen.[6]

§ 5 Abs. 1 Satz 1, Abs. 2 AdWirkG konzentriert die **örtliche Zuständigkeit**. Darauf wurde für sonstige Fremdrechtsadoptionen in § 43b Abs. 2 Satz 2 FGG verwiesen, was vor allem deshalb bedeutsam war, weil das AdWirkG – anders als § 43b FGG und nunmehr § 101 FamFG – nur Minderjährigenadoptionen erfasst.[7] Im FamFG fehlte zunächst eine Nachfolgeregelung für § 43b Abs. 2 Satz 2 FGG und damit eine Bünde-

---

1 Zutreffend Erman/*Hohloch*, Art. 22 EGBGB Rz. 20.
2 S. MüKo.BGB/*Klinkhardt*, Art. 22 EGBGB Rz. 74; näher *Winkelsträter*, S. 49 ff.
3 Ein dahingehendes Bedürfnis wird bereits geleugnet in BT-Drucks. 10/504, S. 95.
4 MüKo.BGB/*Klinkhardt*, Art. 22 EGBGB Rz. 80 f. Näher zu internationalen Adoptionsverfahren und zur grenzüberschreitenden Adoptionsvermittlung etwa *Maurer*, FamRZ 2003, 1337; *Steiger*, Rz. 108 ff. Beachte auch die Informationsseiten des Bundesamtes für Justiz: www.bundesjustizamt.de (dort unter „Auslandsadoption").
5 Näher Staudinger/*Henrich*, Art. 22 EGBGB Rz. 78; Erman/*Hohloch*, Art. 22 EGBGB Rz. 21; dort jeweils auch zu weiteren Anpassungsfragen.
6 Dazu *Emmerling de Oliviera*, MittBayNot 2010, 429 (432); MüKo.BGB/*Klinkhardt*, Art. 22 EGBGB Rz. 79.
7 Einzelheiten bei *Henrich*, IPRax 2007, 338; *Süß*, MittBayNot 2008, 183.

lungsnorm hinsichtlich der örtlichen Zuständigkeit (dazu 1. Auflage, Rz. 16). Dieses Problem hat der Gesetzgeber nachträglich erkannt und mit der Einfügung von § 187 Abs. 4 beseitigt.[1] Wegen der uneingeschränkten Bezugnahme auf § 186 und im Interesse einer sachgerechten Zuständigkeitskonzentration erscheint es zwar nach wie vor sinnvoll, § 187 Abs. 4 als Rechtsfolgenverweisung zu verstehen und deshalb über den Anwendungsbereich des AdWirkG hinaus auch auf Erwachsenenadoptionen zu beziehen.[2] Nach inzwischen herrschender Auffassung ist § 187 Abs. 4 indes eng auszulegen, sodass der Anwendungsbereich der Zuständigkeitskonzentration in § 5 AdWirkG wegen der Kettenverweisung auf § 2 AdwirkG, der wiederum § 1 AdWirkG in Bezug nimmt, auf Minderjährigenadoptionen beschränkt wäre.[3]

17 Umstritten ist, unter welchen Voraussetzungen im Falle einer im Ausland bereits erfolgten Adoption noch ein Rechtsschutzbedürfnis für eine sog. **Nachadoption** im Inland bestehen kann.[4] Dies sollte im Zweifel restriktiv gehandhabt werden, wenn die ausländische Entscheidung hier anerkennungsfähig ist (s. aber § 109 Rz. 64 ff.).

102 Versorgungsausgleichssachen
Die deutschen Gerichte sind zuständig, wenn
1. **der Antragsteller oder der Antragsgegner seinen gewöhnlichen Aufenthalt im Inland hat,**
2. **über inländische Anrechte zu entscheiden ist oder**
3. **ein deutsches Gericht die Ehe zwischen Antragsteller und Antragsgegner geschieden hat.**

A. Überblick 1	II. Scheidungs- und Aufhebungsverbund 6
B. Vorrangige Regelungen	C. Inhalt der Vorschrift 7
I. Europa- und Konventionsrecht 4	D. Weitere Hinweise zu internationalen Versorgungsausgleichsverfahren . . . 9

Literatur: s. § 97 vor Rz. 1.

A. Überblick

1 Beachte vorab zu Begriff und Prüfung der internationalen Zuständigkeit sowie zu den Besonderheiten von Verfahren mit Auslandsbezug die Ausführungen vor §§ 98–106. Zur spiegelbildlichen Anwendung bei der Prüfung der Anerkennungszuständigkeit ausländischer Gerichte gem. § 109 Abs. 1 Nr. 1 s. dort Rz. 19 ff.

2 § 102 regelt die internationale Zuständigkeit für **isolierte Versorgungsausgleichssachen** iSv. § 217, und zwar zwischen (früheren) Ehegatten oder Lebenspartnern (s. Rz. 8). § 106 stellt klar, dass es sich nicht um eine ausschließliche Zuständigkeit handelt.

3 Das **vormalige Recht** sah keine entsprechende Regelung der internationalen Zuständigkeit vor. Im Scheidungs- bzw. Aufhebungsverbund nahm man eine Annexzuständigkeit zur Ehe- bzw. Lebenspartnerschaftssache an (nunmehr: § 98 Abs. 2,

---

1 BGBl. I 2009, 2449.
2 Ebenso *Emmerling de Oliviera*, MittBayNot 2010, 429 (432). Anders aber *Althammer*, IPRax 2009, 381 (384).
3 OLG Stuttgart v. 23.11.2011 – 17 AR 9/11, FamRZ 2012, 658; OLG Köln v. 30.8.2010 – 4 WF 144/10, FamRZ 2011, 311 (312) unter Aufgabe seiner bisherigen Rspr.; OLG Düsseldorf v. 2.6.2010 – 25 Sa 1/10, FamRZ 2011, 59 (60). Aus dem Schrifttum ebenso Keidel/*Engelhardt*, § 199 Rz. 4; Musielak/*Borth*, § 187 Rz. 4; *Bumiller/Harders*, § 187 Rz. 10; Thomas/Putzo/*Hüßtege*, § 187 FamFG Rz. 6.
4 Ausführlich *Fuchs*, IPRax 2001, 116; *Steiger*, DNotZ 2002, 184 (206); Staudinger/*Henrich*, Art. 22 EGBGB Rz. 99 ff.

§ 103 Abs. 2 FamFG);[1] herangezogen wurden mithin Art. 3 Brüssel IIa-VO bzw. § 606a ZPO oder § 661 Abs. 3 ZPO. Umstritten war die Behandlung isolierter Versorgungsausgleichssachen, also von Fällen, in denen der Versorgungsausgleich aus dem deutschen Scheidungsverbund abgetrennt oder die Scheidung im Ausland erfolgt war. Wohl überwiegend behalf man sich auch dann mit § 606a ZPO;[2] andere plädierten für eine doppelfunktionale Anwendung von § 45 FGG[3] oder wandten sich gegen jede Anknüpfung an die Staatsangehörigkeit und stattdessen für eine Anlehnung an §§ 23, 23a und 13 ZPO.[4] Der letztgenannten Auffassung hat sich der FamFG-Gesetzgeber der Sache nach angeschlossen.[5]

B. Vorrangige Regelungen

I. Europa- und Konventionsrecht

Die **Brüssel IIa-VO** regelt Ehestatussachen (Art. 1 Abs. 1 Buchst. a), nicht jedoch, mit Ausnahme bestimmter Kindschaftssachen, Folgesachen wie den Versorgungsausgleich.[6] Die **Brüssel I-VO** und das LugÜ 2007 klammern jeweils in Art. 1 Abs. 2 Buchst. a zwar die ehelichen Güterstände aus, erwähnen aber den Versorgungsausgleich nicht. Gleichwohl ist anerkannt, dass auch dieser für diese Zwecke als güterrechtlich zu qualifizieren ist und damit aus dem Anwendungsbereich fällt.[7] Demgegenüber ist der Anwendungsbereich der Brüssel I-VO und des LugÜ 2007 eröffnet hinsichtlich des Versorgungsausgleichs der **Lebenspartner**; denn die soeben erwähnten Ausschlussgründe beziehen sich nur auf die Ehe, und es ist nicht ersichtlich, warum dieser Begriff dort anders als in der Brüssel IIa-VO zu verstehen sein sollte (s. § 103 Rz. 4).[8] Dieses Ergebnis mag rechtspolitisch wenig überzeugen, ist aber de lege lata kaum zu vermeiden.[9] Raum für § 102 bleibt auch für Lebenspartner aber außerhalb des räumlich-persönlichen Anwendungsbereichs der Brüssel I-VO und dem LugÜ 2007, also dann, wenn der Antragsgegner seinen Wohnsitz weder in einem EU- noch in einem LugÜ-Staat hat.

4

Zu den beiden Vorschlägen der Kommission für Verordnungen über die Zuständigkeit, das anzuwendende Recht, die Anerkennung und die Vollstreckung von Entscheidungen, und zwar zum einen im Bereich des Ehegüterrechts und zum anderen im Bereich des Güterrechts eingetragener Partnerschaften, s. § 97 Rz. 37.

5

II. Scheidungs- und Aufhebungsverbund

Entsprechend der schon zum früheren Recht hM erstrecken § 98 Abs. 2 und § 103 Abs. 2, wenn ein Verbund durchgeführt wird, die Zuständigkeit für die Scheidungs- bzw. Aufhebungssache auf die Folgesachen. Dies betrifft gem. § 137 Abs. 2 Satz 1 Nr. 1 bzw. §§ 269 Abs. 1 Nr. 7, 270 Abs. 1 Satz 2, 111 Nr. 7, 137 Abs. 2 Satz 1 Nr. 1 auch Versorgungsausgleichssachen (s. § 98 Rz. 44 und § 103 Rz. 12).

6

---

1 BGH v. 11.2.2009 – XII ZB 101/05, FamRZ 2009, 677 (678); OLG Koblenz v. 26.11.2008 – 9 UF 653/06, NJW-RR 2009, 1014 (1015).
2 Grundlegend BGH v. 7.11.1979 – IV ZB 159/78, BGHZ 75, 241 (244); BGH v. 3.2.1993 – XII ZB 93/90, NJW 1993, 2047; BGH v. 11.2.2009 – XII ZB 184/04, FamRZ 2009, 681 (682); *Wagner*, Versorgungsausgleich, Rz. 17 f.
3 Dafür *Gärtner*, IPRax 2010, 520 (521 f.). Differenzierend Jansen/v. Schuckmann/Sonnenfeld/ *Müller-Lukoschek*, § 45 FGG Rz. 11 f.
4 So Staudinger/*Spellenberg*, § 606a ZPO Rz. 278.
5 Vgl. BT-Drucks. 16/6308, S. 221.
6 Klarstellend etwa BGH v. 11.2.2009 – XII ZB 101/05, FamRZ 2009, 677 (678).
7 Näher etwa *Andrae*, § 3 Rz. 7 f.; MüKo.ZPO/*Gottwald*, Art. 1 EuGVO Rz. 13; *Kropholler/von Hein*, EuZPR, Art. 1 EuGVO Rz. 27; Rauscher/*Mankowski*, Art. 1 Brüssel I-VO Rz. 12.
8 Wie hier Haußleiter/*Gomille*, § 102 Rz. 4; MüKo.ZPO/*Gottwald*, Art. 1 EuGVO Rz. 15; *Geimer/ Schütze*, Art. 1 EuGVVO Rz. 114 f.
9 Anders offenbar *Andrae*, § 10 Rz. 10 f.; Rauscher/*Mankowski*, Art. 1 Brüssel I-VO Rz. 14a; *Kropholler/von Hein*, EuZPR, Art. 1 EuGVO Rz. 27a.

C. Inhalt der Vorschrift

7 Außerhalb des Verbunds genügt für die – konkurrierende (§ 106) – internationale Zuständigkeit deutscher Gerichte gem. **§ 102 Nr. 1** ein gewöhnlicher Aufenthalt im Inland (s. vor §§ 98–106 Rz. 21 ff.), und zwar entweder des Antragstellers oder des Antragsgegners. Hinreichend ist auch, dass über inländische Anrechte zu entscheiden ist (**Nr. 2**); die Inlandsbelegenheit dürfte entsprechend § 23 Satz 2 ZPO zu bestimmen sein.[1] Schließlich genügt es, wenn ein deutsches Gericht die Ehe geschieden hat (**Nr. 3**). Dahinter steht die Erwägung, dass einerseits gerade in Fällen mit Auslandsbezug im Verbund häufig nicht über den Versorgungsausgleich mitentschieden wird, andererseits der Versorgungsausgleich vor einem ausländischen Gericht möglicherweise nicht durchgeführt werden kann.[2] Im Umkehrschluss zu Nr. 2 werden in den Fällen von Nr. 1 und 3 auch ausländische Anrechte erfasst.[3] Ein Wegfall des jeweils relevanten Anknüpfungsmoments nach Verfahrenseinleitung ist analog § 2 Abs. 2 FamFG bzw. § 261 Abs. 3 Nr. 2 ZPO grundsätzlich unschädlich (**perpetuatio fori**, s. vor §§ 98–106 Rz. 9 ff.).[4]

8 § 102 gilt auch für den Versorgungsausgleich der **Lebenspartner**. Dies lässt sich hinsichtlich Nr. 1 und 2 bereits aus dem neutralen Normtext und hinsichtlich Nr. 3 sowohl aus § 103 Abs. 3 als auch aus §§ 269 Abs. 1 Nr. 7, 270 Abs. 1 Satz 2, 111 Nr. 7 ableiten.

D. Weitere Hinweise zu internationalen Versorgungsausgleichsverfahren

9 Auf Grund der **Lex-fori-Regel** (vor §§ 98–106 Rz. 37 ff.) bestimmt sich das Verfahren auch in Fällen mit Auslandsbezug und unabhängig vom Versorgungsausgleichsstatut (dazu Art. 17 Abs. 3 EGBGB[5]) grundsätzlich nach deutschem Recht, also §§ 218 ff.

10 Die verfahrensrechtliche **Auskunftspflicht** gem. § 220 gilt auch für Ausländer. Hält sich die Auskunftsperson im Ausland auf, kommt ein Rechtshilfeersuchen an die ausländischen Behörden in Betracht; die EuBVO (s. § 97 Rz. 32) ist anwendbar. Eine **Verfahrensaussetzung** gem. § 221 kommt auch in Betracht, wenn ein Verfahren im Ausland anhängig ist bzw. um Gelegenheit zur Verfahrenseinleitung im Ausland zu geben. Dies kann – entsprechend den Regeln zur Beachtung ausländischer Rechtshängigkeit (s. vor §§ 98–106 Rz. 53) – aber nicht gelten, sofern bereits ersichtlich ist, dass die im Ausland zu erwartende Entscheidung in Deutschland voraussichtlich nicht anerkennungsfähig sein wird.

11 Die **Abänderung** deutscher Entscheidungen setzt die internationale Zuständigkeit deutscher Gerichte nach Maßgabe von § 102 voraus; eine Annexkompetenz zur Abänderung besteht grundsätzlich nicht (s. vor §§ 98–106 Rz. 16). Freilich mag man erwägen, eine frühere deutsche Entscheidung zum Versorgungsausgleich analog § 102 Nr. 3 genügen zu lassen; denn dafür sprechen letztlich dieselben Erwägungen wie bereits für diesen Zuständigkeitsgrund (s. Rz. 7).

12 Wenn nach im Ausland erfolgter Scheidung der Versorgungsausgleich im Inland durchgeführt werden soll, setzt dies die **Anerkennungsfähigkeit** der ausländischen Statusentscheidung voraus.[6]

---

1 Zustimmend Haußleiter/*Gomille*, § 102 Rz. 6.
2 BT-Drucks. 16/6308, S. 221. Beachte zum Versorgungsausgleich vor ausländischen Gerichten *Rieck*, FPR 2011, 498 (503).
3 Dazu *Rieck*, FPR 2011, 498 (499), der allerdings auch in den Fällen von Nr. 2 die Einbeziehung ausländischer Anrechte fordert.
4 Ebenso MüKo.ZPO/*Rauscher*, § 102 FamFG Rz. 13; Staudinger/*Henrich*, Art. 19 EGBGB Rz. 111.
5 Neugefasst durch G. v. 23.1.2013, BGBl. I 2013, 101; dazu *Hau*, FamRZ 2013, 249 (251).
6 Ebenso etwa Erman/*Hohloch*, Art. 17 EGBGB Rz. 63.

103 Lebenspartnerschaftssachen

(1) Die deutschen Gerichte sind in Lebenspartnerschaftssachen, die die Aufhebung der Lebenspartnerschaft aufgrund des Lebenspartnerschaftsgesetzes oder die Feststellung des Bestehens oder Nichtbestehens einer Lebenspartnerschaft zum Gegenstand haben, zuständig, wenn
1. ein Lebenspartner Deutscher ist oder bei Begründung der Lebenspartnerschaft war,
2. einer der Lebenspartner seinen gewöhnlichen Aufenthalt im Inland hat oder
3. die Lebenspartnerschaft vor einer zuständigen deutschen Stelle begründet worden ist.

(2) Die Zuständigkeit der deutschen Gerichte nach Absatz 1 erstreckt sich im Falle des Verbundes von Aufhebungs- und Folgesachen auf die Folgesachen.
(3) Die §§ 99, 101, 102 und 105 gelten entsprechend.

A. Überblick 1	3. Unterhalt 14
B. Vorrangige Regelungen 4	4. Wohnungszuweisungs- und Haushaltssachen 16
C. Inhalt der Vorschrift	5. Güterrechtssachen 18
I. Internationale Zuständigkeit (Absatz 1) 5	6. Sorgerecht, Umgangsrecht, Kindesherausgabe 20
II. Aufhebungsverbund (Absatz 2)	III. Entsprechend anwendbare Regelungen (Absatz 3) 22
1. Grundlagen 11	
2. Versorgungsausgleich 12	

Literatur: s. § 97 vor Rz. 1.

A. Überblick

Beachte vorab zu Begriff und Prüfung der internationalen Zuständigkeit sowie zu den Besonderheiten von Verfahren mit Auslandsbezug die Ausführungen vor §§ 98–106. Zur spiegelbildlichen Anwendung von § 103 bei der Prüfung der Anerkennungszuständigkeit ausländischer Gerichte gem. § 109 Abs. 1 Nr. 1 und Abs. 3 s. dort Rz. 19 ff.   **1**

§ 103 Abs. 1 regelt die internationale Zuständigkeit für Lebenspartnerschaftssachen iSv. § 269 Abs. 1 Nr. 1 und 2; § 103 Abs. 2 erstreckt diese Zuständigkeit für den Fall des Verbunds auf die Folgesachen. § 106 stellt klar, dass es sich nicht um eine ausschließliche Zuständigkeit handelt.   **2**

Im **vormaligen Recht** ergab sich eine §§ 103 Abs. 1, 106 FamFG entsprechende Regelung aus §§ 661 Abs. 3, 606a ZPO, während eine ausdrückliche gesetzliche Regelung zur internationalen Verbundzuständigkeit fehlte. Vergleicht man § 103 Abs. 1 FamFG mit §§ 661 Abs. 3, 606a ZPO, so zeigt sich, dass sich manches durchaus einfach statt unnötig kompliziert regeln lässt.[1] Eher missglückt ist allerdings § 103 Abs. 3 FamFG (s. Rz. 22 ff.).   **3**

B. Vorrangige Regelungen

Weder das Europa- noch das für Deutschland verbindliche Konventionsrecht enthalten derzeit Vorgaben zur internationalen Entscheidungszuständigkeit hinsichtlich der von § 103 Abs. 1 erfassten Statussachen der Lebenspartner. Unanwendbar soll namentlich die **Brüssel IIa-VO** sein (s. § 98 Rz. 5). Zu beachten gilt es jedoch vorrangige europa- und konventionsrechtliche Regelungen im Hinblick auf die von § 103 Abs. 2 thematisierten Folgesachen. Zu den Einzelheiten s. Rz. 11 ff.; zum Verordnungsvorschlag zum Güterrecht s. § 97 Rz. 37.   **4**

---

[1] Vgl. bereits den – nunmehr im Ergebnis umgesetzten – Regelungsvorschlag bei MüKo.ZPO/Coester-Waltjen, 3. Aufl. 2007, § 661 ZPO Rz. 36.

C. Inhalt der Vorschrift

I. Internationale Zuständigkeit (Absatz 1)

5 Die internationale Zuständigkeit wird in § 103 Abs. 1 nur für die beiden Lebenspartnerschaftssachen iSv. § 269 Abs. 1 Nr. 1 und 2, also die **Statussachen** geregelt. Die weitere, sämtliche Lebenspartnerschaftssachen erfassende Formulierung im RegE wurde auf Initiative des Rechtsausschusses eingeschränkt.[1] Die dabei zugleich eingefügte Bezugnahme im Normtext auf das LPartG schließt es nicht aus, dass im Inland Lebenspartnerschaftssachen nach ausländischem Recht verhandelt werden;[2] auch in solchen Fällen bestimmt sich die internationale Zuständigkeit nach § 103 Abs. 1. Zu fordern ist allerdings, dass sich das fragliche **ausländische Rechtsinstitut** als Funktionsäquivalent zur deutschen Lebenspartnerschaft qualifizieren lässt, also nicht etwa als lediglich schuldrechtlich organisierte (im Gegensatz zu: personenstandsrelevante) homosexuelle Lebensgemeinschaft. Allemal anzuwenden ist § 103 daher auf die nach einigen Rechtsordnungen (Niederlande, Belgien) möglichen gleichgeschlechtlichen Ehen.[3] Hingegen gilt für Verfahren betreffend sonstige rechtlich verfestigte Lebensformen von Partnern verschiedenen Geschlechts nicht § 103,[4] sondern allenfalls § 98 analog (s. dort Rz. 33).

6 § 103 Abs. 1 Nr. 1 knüpft die internationale Zuständigkeit an die deutsche **Staatsangehörigkeit** eines Lebenspartners, und zwar unabhängig von dessen Rolle als Antragsteller oder Antragsgegner im Verfahren. Hinreichend ist auch, wenn einer der Lebenspartner im Zeitpunkt der Begründung der Lebenspartnerschaft Deutscher war (sog. Antrittszuständigkeit). Zur deutschen Staatsangehörigkeit s. vor §§ 98–106 Rz. 26 ff.; dort auch zu Doppelstaatern und Deutschen gleichgestellte Personen.

7 Während § 103 Abs. 1 Nr. 1 mithin § 98 Abs. 1 Nr. 1 entspricht, weist der weitere Zuständigkeitskatalog einige Besonderheiten gegenüber § 98 Abs. 1 auf: Insgesamt eröffnet Deutschland den Zugang zu seinen Gerichten in Lebenspartnerschaftssachen deutlich großzügiger als in Ehesachen. Dahinter steht die Erwägung, dass man bei einem Rechtsinstitut, das noch längst nicht von allen Rechtsordnungen akzeptiert wird, tendenziell weite Zuständigkeiten zur Verfügung stellen muss, um dem **Justizgewährungsanspruch** gerecht zu werden. Wegen dieses Unterschieds zur Ehe dürften auch verfassungsrechtliche Bedenken gegen eine zuständigkeitsrechtliche Ungleichbehandlung[5] letztlich nicht durchgreifen.

8 So begründet gem. § 103 Abs. 1 Nr. 2 bereits der **gewöhnliche Aufenthalt** eines Lebenspartners im Inland (s. dazu vor §§ 98–106 Rz. 21 ff.) die internationale Entscheidungszuständigkeit, und zwar wiederum ohne Rücksicht auf die Rolle im Verfahren. § 98 Abs. 1 Nr. 3 und 4 entsprechende Einschränkungen dieser Aufenthaltszuständigkeit sind nicht vorgesehen und auch nicht analog heranzuziehen.

9 Gem. § 103 Abs. 1 Nr. 3 genügt für die internationale Zuständigkeit auch die Begründung der Lebenspartnerschaft vor einer zuständigen Behörde im Inland (sog. **Zelebrationskompetenz**). Anders als in § 661 Abs. 1 Nr. 1 Buchst. b ZPO kommt es nicht mehr darauf an, dass die Lebenspartnerschaft vor dem Standesbeamten begründet worden ist. § 103 Abs. 1 Nr. 3 hat für Ehegatten keine Parallele in § 98 Abs. 1 oder in der Brüssel IIa-VO und lässt sich wiederum nur mit der Rücksicht auf den Justizgewährungsanspruch erklären (s. Rz. 7). Rechtspolitisch ist allerdings fraglich, ob es wirklich einer derart weit reichenden konkurrierenden Zuständigkeit bedurft oder ob nicht auch eine subsidiäre (Not-)Zuständigkeit genügt hätte, nämlich be-

---

1 Dazu BT-Drucks. 16/9733, S. 56, 292.
2 Klarstellend Hausmann/Hohloch/*Martiny*, Kap. 12 Rz. 117; *Beller*, ZFE 2010, 52 (56).
3 Für Anwendung von § 98 aber offenbar *Finger*, FamRBint 2010, 79.
4 Gegen die Anwendung von § 661 ZPO schon *Wagner*, IPrax 2001, 281 (292). Für die Anwendung von § 103 FamFG aber MüKo.BGB/*Coester*, Art. 17b EGBGB Rz. 133. Unentschieden Hausmann/Hohloch/*Martiny*, Kap. 12 Rz. 52.
5 S. Zöller/*Geimer*, § 98 FamFG Rz. 10 und § 103 FamFG Rz. 14 (der die Privilegierung für verfassungsrechtlich bedenklich hält).

schränkt auf den Fall, dass die Gerichte im Heimat- bzw. Aufenthaltsstaat Rechtsschutz verweigern.[1]

Die Inanspruchnahme ausschließlicher internationaler Zuständigkeit durch einen anderen Staat (auch den Heimatstaat) ist für § 103 irrelevant. Ein Wegfall des Anknüpfungsmoments nach Verfahrenseinleitung ist grundsätzlich unschädlich (**perpetuatio fori**, s. vor §§ 98–106 Rz. 9 ff.).

II. Aufhebungsverbund (Absatz 2)

1. Grundlagen

Im Falle der Aufhebung einer Lebenspartnerschaft (§ 269 Abs. 1 Nr. 1) – sei es nach deutschem oder nach funktional entsprechendem ausländischen Sachrecht – eröffnet § 103 Abs. 2 eine **internationale Verbundzuständigkeit** für die verbundenen Folgesachen. Ein solcher Verbund war anerkanntermaßen auch nach früherem Recht möglich, konnte aber nur auf eine doppelfunktionale Anwendung von § 661 Abs. 2 ZPO gestützt werden. Während die Regelung für den Scheidungsverbund (§ 98 Abs. 2) schon im RegE zum FamFG vorgesehen war, wurde § 103 Abs. 2 erst auf Initiative des Rechtsausschusses eingefügt[2] (und dabei wurde vergessen, auch die Überschrift von § 103, korrespondierend mit § 98, zu modifizieren). Die in § 103 Abs. 2 enthaltene Bezugnahme auf Abs. 1 bereitet (anders als bei § 98; s. dort Rz. 40) keine Probleme, solange die internationale Entscheidungszuständigkeit für Statussachen der Lebenspartner weder europa- noch konventionsrechtlich geregelt ist (zur Unanwendbarkeit der Brüssel IIa-VO s. Rz. 4). Aus dem Normtext („im Falle des Verbundes") folgt, dass **keine isolierte Verbundzuständigkeit** begründet werden soll.[3]

2. Versorgungsausgleich

Der Versorgungsausgleich iSv. § 269 Abs. 1 Nr. 7 ist Folgesache gem. §§ 270 Abs. 1 Satz 2, 111 Nr. 7, 137 Abs. 2 Satz 1 Nr. 1. Der in § 103 Abs. 2 vorgesehene **internationale Entscheidungsverbund** kann allerdings durch vorrangiges Europa- bzw. Konventionsrecht durchbrochen werden: Der Versorgungsausgleich zwischen Lebenspartnern wird als allgemeine Zivilsache von der **Brüssel I-VO** und dem **LugÜ 2007** erfasst (s. § 102 Rz. 5). Raum für § 103 Abs. 2 bleibt aber außerhalb des räumlich-persönlichen Anwendungsbereichs der Brüssel I-VO und dem LugÜ 2007, also dann, wenn der Antragsgegner seinen Wohnsitz weder in einem EU- noch in einem LugÜ-Staat hat.

Außerhalb des Verbunds folgt die internationale Zuständigkeit für **isolierte Versorgungsausgleichssachen** aus § 102, und zwar auch zwischen Lebenspartnern (s. Rz. 25), wobei jedoch wiederum der Vorrang der Brüssel I-VO und des LugÜ 2007 zu beachten ist.

3. Unterhalt

Unterhaltssachen iSv. § 269 Abs. 1 Nr. 8 und 9 sind Folgesachen gem. §§ 270 Abs. 1 Satz 2, 111 Nr. 8, 137 Abs. 2 Satz 1 Nr. 2. Der in § 103 Abs. 2 vorgesehene **internationale Entscheidungsverbund** wird allerdings durch vorrangiges Europa- bzw. Konventionsrecht verdrängt: Die **EuUntVO** (bislang: die **Brüssel I-VO**) und das **LugÜ 2007** erfassen Unterhaltsansprüche, und zwar auch dann, wenn diese auf einer Lebenspartnerschaft oder auf entsprechenden ausländischen Rechtsinstituten beruhen (s. Anhang 3 zu § 110 Art. 1 EuUntVO Rz. 6 und Anhang 4 zu § 110 Art. 1 LugÜ 2007 Rz. 4). Es bleibt bei den in den Anhängen 3 und 4 zu § 110 dargestellten Zuständigkeitsregeln. Diese tragen ausweislich Art. 3 Buchst. c EuUntVO bzw. Art. 5 Nr. 2 Buchst. b LugÜ 2007 allerdings auch dem Verbundgedanken Rechnung, sofern sich

---

1 Vgl. auch MüKo.ZPO/*Rauscher*, § 103 FamFG Rz. 13.
2 Dazu BT-Drucks. 16/9733, S. 56, 292.
3 Klarstellend *Beller*, ZFE 2010, 52 (56); Haußleiter/*Gomille*, § 103 Rz. 7.

die Zuständigkeit für die Statussache nicht allein aus der Staatsangehörigkeit eines Beteiligten ergibt.

15   Auch für **isolierte Unterhaltssachen** ist der Vorrang der EuUntVO und des LugÜ 2007 zu beachten.

4. Wohnungszuweisungs- und Haushaltssachen

16   Auch Wohnungszuweisungssachen iSv. § 269 Abs. 1 Nr. 5 und Haushaltssachen (früher: Hausratssachen) iSv. § 269 Abs. 1 Nr. 6 sind Folgesachen gem. §§ 270 Abs. 1 Satz 2, 111 Nr. 5, 137 Abs. 2 Satz 1 Nr. 3. Der in § 103 Abs. 2 vorgesehene **internationale Entscheidungsverbund** kann allerdings durch vorrangiges Europa- bzw. Konventionsrecht durchbrochen werden: Wohnungs- und Haushaltssachen zwischen Lebenspartnern dürften von der **Brüssel I-VO** und dem **LugÜ** 2007 erfasst sein; denn die jeweils in Art. 1 Abs. 2 Buchst. a vorgesehenen Ausschlussgründe beziehen sich nur auf die Ehe und es ist nicht ersichtlich, warum dieser Begriff dort anders als in der Brüssel IIa-VO zu verstehen sein sollte (s. Rz. 4).[1] Dieses Ergebnis mag rechtspolitisch wenig überzeugen, ist aber de lege lata kaum zu vermeiden.[2] Raum für den Verbund gem. § 103 Abs. 2 bleibt aber außerhalb des räumlich-persönlichen Anwendungsbereichs der Brüssel I-VO und dem LugÜ 2007, also dann, wenn der Antragsgegner seinen Wohnsitz weder in einem EU- noch in einem LugÜ-Staat hat.

17   Außerhalb des Verbunds lässt sich die internationale Zuständigkeit für **isolierte Wohnungs- und Haushaltssachen** aus §§ 269 Abs. 1 Nr. 5 und 6, 270 Abs. 1 Satz 2, 111 Nr. 5, 201 Nr. 2–4, 105 ableiten (s. § 105 Rz. 12). Auch dabei ist jedoch der Vorrang der Brüssel I-VO und des LugÜ 2007 zu beachten.

5. Güterrechtssachen

18   Güterrechtssachen iSv. § 269 Abs. 1 Nr. 10 sind Folgesachen gem. §§ 270 Abs. 1 Satz 2, 111 Nr. 9, 137 Abs. 2 Satz 1 Nr. 4. Der in § 103 Abs. 2 vorgesehene **internationale Entscheidungsverbund** wird aber durchbrochen, wenn der Antragsgegner seinen Wohnsitz in einem EU- oder LugÜ-Staat hat: Denn Güterrechtssachen zwischen Lebenspartnern werden derzeit nach richtiger Ansicht von der **Brüssel I-VO** und dem **LugÜ** 2007 erfasst (beachte aber den Verordnungsvorschlag zum Güterrecht, s. § 97 Rz. 37); hier gilt dasselbe wie für Wohnungs- und Haushaltssachen (s. Rz. 16). Zu bedenken ist aber auch, dass die EuUntVO und das LugÜ 2007 Unterhaltssachen erfassen (s. Rz. 14) und dass dieser Begriff weit zu verstehen ist: Er kann auch Fragen betreffen, die zwar auf das familienrechtliche Band gestützt sind, aus deutscher Sicht aber eher güterrechtlich zu qualifizieren wären (s. Anhang 3 zu § 110 Art. 1 EuUntVO Rz. 3 und Anhang 4 zu § 110 Art. 1 LugÜ 2007 Rz. 5).

19   Außerhalb des Verbunds lässt sich die internationale Zuständigkeit für **isolierte Güterrechtssachen** aus §§ 269 Abs. 1 Nr. 10, 270 Abs. 1 Satz 2, 111 Nr. 9, 262 Abs. 2, 105 ableiten. Auch dabei ist der Vorrang der Brüssel I-VO bzw. der EuUntVO sowie des LugÜ 2007 zu beachten.

6. Sorgerecht, Umgangsrecht, Kindesherausgabe

20   Die in § 269 Abs. 1 Nr. 3 aufgeführten kindbezogenen Verfahren sind Folgesachen gem. §§ 270 Abs. 1 Satz 2, 111 Nr. 2, 137 Abs. 3. Der in § 103 Abs. 2 vorgesehene **internationale Entscheidungsverbund** wird allerdings durch vorrangiges Europa- bzw. Konventionsrecht durchbrochen. Insbesondere ist zu beachten, dass die Zuständigkeitsregeln der **Brüssel IIa-VO** (mit Ausnahme von Art. 12 Abs. 1) auch für die Verfahren nach § 269 Abs. 1 Nr. 3 gelten; denn die Verordnung setzt, anders als ihre Vorgängerin, nicht voraus, dass die Kindschaftssache irgendeinen Bezug zu einer

---

1 Wie hier MüKo.ZPO/*Gottwald*, Art. 1 EuGVO Rz. 15; *Geimer/Schütze*, Art. 1 EuGVVO Rz. 114 f.
2 Anders offenbar *Andrae*, § 10 Rz. 10 f.; Rauscher/*Mankowski*, Art. 1 Brüssel I-VO Rz. 14 a; *Kropholler/von Hein*, EuZPR, Art. 1 EuGVO Rz. 27 a.

Ehesache aufweist (klarstellend Erwägungsgrund Nr. 5 zur Brüssel IIa-VO). S. § 99 Rz. 11.

Außerhalb des Verbunds folgt die internationale Zuständigkeit für **isolierte Kindschaftssachen** aus § 99 Abs. 1, und zwar auch zwischen Lebenspartnern (s. Rz. 23), wobei jedoch wiederum der Vorrang des Europa- und Konventionsrechts zu beachten ist.

III. Entsprechend anwendbare Regelungen (Absatz 3)

Der erst auf Initiative des Rechtsausschusses[1] eingefügte Abs. 3 gibt manches Rätsel auf.

So war es entbehrlich, in § 103 einen besonderen **Verweis auf § 99** aufzunehmen; denn dessen Geltung folgt für die Verfahren nach § 269 Abs. 1 Nr. 3 bereits aus §§ 270 Abs. 1 Satz 2, 111 Nr. 2. § 103 Abs. 3 ist aber nicht nur überflüssig, sondern auch irreführend: Verfehlt wäre es, den Verweis hinsichtlich der in §§ 269 Abs. 1 Nr. 1 und 2, 103 Abs. 1 geregelten Statussachen der Lebenspartner auf § 99 Abs. 2 und 3 zu beziehen; denn dann würde sich die Beachtung ausländischer Parallelverfahren nach den auf Fürsorgesachen zugeschnittenen Regeln richten statt nach §§ 270 Abs. 1 Satz 1, 121 Nr. 1 und 2, 113 Abs. 1 Satz 2 FamFG, § 261 Abs. 3 Nr. 1 ZPO, die auch für Ehesachen gelten (s. vor §§ 98–106 Rz. 52).

Der **Verweis auf § 101** ist wegen §§ 269 Abs. 1 Nr. 4, 270 Abs. 1 Satz 2 entbehrlich, sofern er sich auf die Anknüpfung an die Staatsangehörigkeit bzw. den gewöhnlichen Aufenthalt des Annehmenden oder des Kindes bezieht. Aber § 103 Abs. 3 erweist sich wiederum nicht nur als überflüssig, sondern als irreführend: Denn man könnte annehmen, dass es wegen § 103 Abs. 3 auch genügt, wenn einer der „annehmenden Lebenspartner" Deutscher oder inlandsansässig ist. Soll also die Bezugnahme auf § 101 bedeuten, dass Deutschland einem gleichgeschlechtlichen Paar ein Forum bietet, wenn keine sog. Stiefkindadoption (vgl. § 9 Abs. 7 LPartG), sondern, sofern vom ausländischen Recht (abweichend von § 9 Abs. 6 LPartG) vorgesehen, die gemeinsame Adoption eines fremden Kindes begehrt wird?[2] Diese Möglichkeit wird im Kollisionsrecht bislang kontrovers diskutiert, wobei sich die nach wie vor überwiegende Auffassung dagegen ausspricht.[3] Ob der Gesetzgeber, als er § 103 Abs. 3 geschaffen hat, diesen Streit vor Augen hatte oder gar iSd. Mindermeinung entscheiden wollte, muss bezweifelt werden; in den Materialien ist jedenfalls nur von einer „verfahrensrechtlichen Folgeregelung aufgrund der materiellrechtlichen Regelungen zur Adoption gem. § 9 Abs. 6 LPartG" die Rede.[4]

Der **Verweis auf § 102** ist unschädlich, aber entbehrlich: Dass diese Bestimmung auch für den isolierten Versorgungsausgleich zwischen Lebenspartnern gilt, lässt sich aus §§ 269 Abs. 1 Nr. 7, 270 Abs. 1 Satz 2, 111 Nr. 7 ableiten.

Als überflüssig erweist sich schließlich der **Verweis auf § 105**; denn dieser steht ausweislich seines Zwecks und seiner systematischen Stellung ohnehin im gesamten FamFG als Auffangregel zur Verfügung.

§ 104 *Betreuungs- und Unterbringungssachen; Pflegschaft für Erwachsene*

(1) Die deutschen Gerichte sind zuständig, wenn der Betroffene oder der volljährige Pflegling
1. Deutscher ist oder
2. seinen gewöhnlichen Aufenthalt im Inland hat.

---

1 Vgl. BT-Drucks. 16/9733, S. 56, 292.
2 Verneinend *Althammer*, IPRax 2009, 381 (385).
3 Näher zum Streitstand etwa NK-BGB/*Benicke*, Art. 22 EGBGB Rz. 55; Staudinger/*Henrich*, Art. 22 EGBGB Rz. 6f.
4 BT-Drucks. 16/9733, S. 292.

Die deutschen Gerichte sind ferner zuständig, soweit der Betroffene oder der volljährige Pflegling der Fürsorge durch ein deutsches Gericht bedarf.
(2) § 99 Abs. 2 und 3 gilt entsprechend.
(3) Die Absätze 1 und 2 sind im Fall einer Unterbringung nach § 312 Nr. 3 nicht anzuwenden.

A. Überblick 1	D. Inhalt der Vorschrift
B. Sachlicher Anwendungsbereich der Vorschrift 4	I. Internationale Zuständigkeit (Absatz 1) 23
C. Vorrangiges Europa- und Konventionsrecht	II. Grenzüberschreitende Verfahrenskoordination (Absatz 2) 25
I. Erwachsenenschutz	III. Unterbringung nach § 312 Nr. 3 (Absatz 3) 26
1. HErwSÜ 8	
2. Restanwendungsbereich von § 104 . 16	E. Weitere Hinweise zu internationalen Erwachsenenschutzsachen 27
II. Kindesschutz 22	

Literatur: s. § 97 vor Rz. 1.

A. Überblick

1   Beachte vorab zu Begriff und Prüfung der internationalen Zuständigkeit sowie zu den Besonderheiten von Verfahren mit Auslandsbezug die Ausführungen vor §§ 98–106. Zur spiegelbildlichen Anwendung bei der Prüfung der Anerkennungszuständigkeit ausländischer Gerichte gem. § 109 Abs. 1 Nr. 1 s. dort Rz. 19 ff.

2   § 104 regelt die internationale Zuständigkeit (Abs. 1) sowie die grenzüberschreitende Verfahrenskoordination (Abs. 2) im Hinblick auf Verfahren betreffend Betreuung, Unterbringung sowie Pflegschaft, und zwar jeweils beschränkt auf volljährige Betroffene (s. Rz. 5). Der Wortlaut von Abs. 1 wurde, ebenso wie § 99 Abs. 1, durch das sog. FGG-RG-Reparaturgesetz[1] geringfügig modifiziert (Satz 2 entspricht der ursprünglichen Nr. 3); dabei soll es sich um eine „sprachliche Korrektur" handeln.[2] § 106 stellt klar, dass Deutschland keine ausschließliche Zuständigkeit beansprucht. Zu beachten ist, dass § 104 weitgehend verdrängt wird durch das HErwSÜ (s. Rz. 8 ff.).

3   Im **früheren Recht** war eine §§ 104 Abs. 1, 106 FamFG entsprechende Regelung für die Vormundschaft und die Pflegschaft in § 35b FGG vorgesehen; darauf wurde verwiesen für die Betreuung (§ 69e Abs. 1 Satz 1 FGG) und für Unterbringungssachen (§ 70 Abs. 4 FGG). § 104 Abs. 2, § 99 Abs. 2 FamFG entsprechende Regelungen fanden sich für die Vormundschaft in § 47 Abs. 1 und 2 FGG; diese galten auch für die Pflegschaft (§ 47 Abs. 3 FGG), für die Betreuung (§ 69e Abs. 1 Satz 1 FGG) und für Unterbringungssachen (§ 70 Abs. 4 FGG).

B. Sachlicher Anwendungsbereich der Vorschrift

4   Die amtliche Überschrift zu § 104 dürfte sich auf den Titel des 3. Buchs des FamFG beziehen. Erfasst werden demnach Betreuungssachen (§ 271), Unterbringungssachen (§ 312 Nr. 1 und 2; zu § 312 Nr. 3 vgl. § 104 Abs. 3 und dazu Rz. 26) sowie Pflegschaftssachen (§ 340 Nr. 1), aber eben auch die sonstigen betreuungsgerichtlichen Zuweisungssachen iSv. § 340 Nr. 2 und 3.[3] Für die Nachlasspflegschaft (§ 342 Abs. 1 Nr. 2) gilt § 104 nicht.

5   Während Art. 24 EGBGB sowohl Voll- als auch Minderjährige betrifft, geht es in § 104 nur um **Volljährige**.[4] Klargestellt wird dies im Normtext allerdings nur für die Pflegschaft, nicht hingegen für Betreuung und Unterbringung (in der Überschrift be-

---
1 G. v. 30.7.2009, BGBl. I 2009, 2449.
2 Vgl. BT-Drucks. 16/12717, S. 57 und 70.
3 Zustimmend Haußleiter/*Gomille*, § 104 Rz. 3.
4 So im Ergebnis auch Staudinger/*v. Hein*, Art. 24 EGBGB Rz. 102.

zieht sich „für Erwachsene" wegen des Semikolons allein auf die Pflegschaft; Abs. 1 spricht zwar vom „volljährigen Pflegling", ansonsten aber einschränkungslos vom „Betroffenen"). Dass Minderjährige nicht erfasst sein sollen, folgt aber aus der Gesetzessystematik: Das deutsche Recht kennt grundsätzlich nur die Betreuung von Erwachsenen (vgl. § 1896 Abs. 1 BGB; Ausnahme: § 1908a BGB), und die Unterbringung Minderjähriger ist Kindschaftssache iSv. § 151 Nr. 6 und 7 FamFG. Nach alledem ist also weithin eine klare Abgrenzung zwischen § 99 und § 104 möglich, nämlich danach, ob es im Verfahren um einen Minder- oder um einen Volljährigen geht. Im Übrigen folgt aus §§ 271 Nr. 3, 279 Abs. 4, dass nicht § 99, sondern § 104 auch für die vorsorgliche Betreuerbestellung für einen Siebzehnjährigen gem. § 1908a BGB gelten soll.

Wer Erwachsener bzw. volljährig iSv. § 104 ist, bestimmt sich nicht etwa nach dem jeweiligen Heimatrecht, sondern nach der deutschen lex fori, also § 2 BGB. 6

§ 104 ist auch einschlägig, wenn das anwendbare **ausländische Sachrecht** Rechtsinstitute wie die Verlängerung der Minderjährigkeit oder die Vormundschaft für Volljährige vorsieht. Anwendbar ist § 104 ferner auf ausländische Rechtsinstitute, die funktional der Beistandschaft iSv. §§ 1712 ff. BGB entsprechen, aber Erwachsene betreffen und ein gerichtliches Verfahren erfordern.[1] 7

C. Vorrangiges Europa- und Konventionsrecht

I. Erwachsenenschutz

1. HErwSÜ

Das Haager Übereinkommen v. 13.1.2000 über den internationalen Schutz von Erwachsenen (**HErwSÜ** – Text: Anhang 5 zu § 97)[2] regelt umfassend die internationale (nicht die örtliche[3]) Zuständigkeit zum Erlass von Schutzmaßnahmen, die Anerkennung und Vollstreck(barerklär)ung solcher Maßnahmen sowie die grenzüberschreitende Behördenkooperation, aber auch das in der Sache anwendbare Recht. Es ist für Deutschland zum 1.1.2009 in Kraft getreten, zeitgleich mit dem deutschen Ausführungsgesetz (HErwSÜAG – Text: Anhang 5 zu § 97).[4] 8

Weitere Vertragsstaaten des HErwSÜ sind derzeit Estland, Finnland, Frankreich, die Schweiz und das Vereinigte Königreich (beschränkt auf Schottland); weitere Staaten haben das HErwSÜ bereits gezeichnet.[5] 9

Das HErwSÜ betrifft **Erwachsene**, die aufgrund einer Beeinträchtigung oder der Unzulänglichkeit ihrer persönlichen Fähigkeiten nicht in der Lage sind, ihre Interessen zu schützen (Art. 1).[6] Erwachsen in diesem Sinne sind nur Personen ab Vollendung des 18. Lebensjahrs (Art. 2 Abs. 1 HErwSÜ). Nach Art. 2 Abs. 2 ist das HErwSÜ zwar auch auf Maßnahmen anzuwenden, die bereits zuvor für den Fall der Volljährigkeit getroffen werden (vgl. etwa § 1908a BGB). Bedeutsam ist dies aber nur für die spätere Anerkennung einer solchen Maßnahme, während sich die internationale Entscheidungszuständigkeit nicht nach dem HErwSÜ, sondern beispielsweise nach der Brüssel IIa-VO oder dem KSÜ richtet.[7] 10

Zur Bestimmung der **erfassten Maßnahmen** dienen ein – nicht abschließender – Positivkatalog (Art. 3 HErwSÜ) sowie ein Negativkatalog (Art. 4 Abs. 1 HErwSÜ; beachte aber auch Abs. 2). Im Ergebnis besteht weitestgehend Deckungsgleichheit mit den von § 104 erfassten Verrichtungen. Ausdrücklich genannt werden ua. die Pfleg- 11

---

1 Ebenso Haußleiter/*Gomille*, § 104 Rz. 4.
2 BGBl. II 2007, 324. Beachte den offiziellen Bericht von *Lagarde*, deutsche Übersetzung in BT-Drucks. 16/3250, S. 28 ff. Die bisweilen verwendete Abkürzung ESÜ wird hier wegen Verwechslungsgefahr mit dem SorgeRÜ vermieden.
3 Klarstellend Staudinger/*v. Hein*, vor Art. 24 EGBGB Rz. 72.
4 Erwachsenenschutzübereinkommens-Ausführungsgesetz v. 17.3.2007, BGBl. I 2007, 314; geändert durch Art. 46 FGG-RG.
5 Der aktuelle Stand ist ersichtlich unter www.hcch.net (dort unter „Conventions").
6 Näher Staudinger/*v. Hein*, vor Art. 24 EGBGB Rz. 22.
7 Ebenso Staudinger/*v. Hein*, vor Art. 24 EGBGB Rz. 35.

schaft und die Unterbringung (Art. 3 Buchst. c und e HErwSÜ), aber auch die Betreuung des deutschen Rechts ist als „entsprechende Einrichtung" (vgl. Buchst. c) umfasst.[1]

12 Der **räumlich-persönliche Anwendungsbereich** des HErwSÜ reicht deutlich weiter, als die bislang geringe Zahl von Vertragsstaaten prima facie vermuten lässt. Zunächst betont Art. 1 HErwSÜ, dass nur „internationale Sachverhalte" erfasst werden. Dies ist im hier interessierenden Zusammenhang freilich nicht weiter von Bedeutung,[2] denn in Fällen, die keinerlei Bezug zum Ausland aufweisen, wird sich die Frage nach der internationalen Zuständigkeit ohnehin kaum ernsthaft stellen. Allemal sollte auch Vermögensbelegenheit im Ausland als internationales Element genügen.[3] Weitaus wichtiger erscheint: Art. 1 HErwSÜ fordert zwar, dass der Sachverhalt grenzüberschreitende Bezüge aufweist, aber gerade nicht, dass diese Bezüge zu weiteren Vertragsstaaten bestehen. Das HErwSÜ verzichtet darauf, abstrakt seinen räumlich-persönlichen Anwendungsbereich festzulegen; dieser ist vielmehr für jede einzelne Vorschrift zu ermitteln – was es erschwert, den Restanwendungsbereich des nationalen Rechts (wie § 104 FamFG) zu definieren (s. Rz. 16 ff.).

13 Eine Primär- bzw. Hauptzuständigkeit eröffnet das HErwSÜ gem. Art. 5 Abs. 1 in demjenigen Vertragsstaat, in dem sich der Erwachsene gewöhnlich aufhält. Der gewöhnliche Aufenthalt ist übereinkommensautonom zu bestimmen; eine Legaldefinition ist nicht vorgesehen (s. vor §§ 98–106 Rz. 22). Die Zuständigkeit endet, wenn der gewöhnliche Aufenthalt in einen anderen Vertragsstaat (!) verlegt wird (Art. 5 Abs. 2 HErwSÜ). Ausnahmsweise genügt auch der schlichte Aufenthalt, nämlich im Falle von Flüchtlingen und Vertriebenen (Art. 6 Abs. 1 HErwSÜ) sowie bei Personen, deren gewöhnlicher Aufenthaltsstaat nicht feststellbar ist (Art. 6 Abs. 2 HErwSÜ). Art. 8 Abs. 1 HErwSÜ ermöglicht es, die gem. Art. 5 und 6 HErwSÜ eröffnete Zuständigkeit von Amts wegen oder auf Antrag der Behörden eines anderen Vertragsstaats den (kooperationswilligen) Behörden eines anderen Vertragsstaats zu übertragen. Welche Staaten dafür in Betracht kommen, bestimmt Art. 8 Abs. 2 HErwSÜ, während Abs. 3 negative Kompetenzkonflikte verhindern soll.

14 Die Behörden des Vertragsstaats, dem der Erwachsene angehört, sind nach Maßgabe von Art. 7 HErwSÜ zuständig (sog. **Heimatzuständigkeit**). Im Falle eines Mehrstaaters kommt es nicht darauf an, dass die Staatsangehörigkeit des Forumstaats die effektive ist (vgl. vor §§ 98–106 Rz. 28). Die Zuständigkeit im Heimatstaat ist gegenüber derjenigen des Aufenthaltsstaats iSv. Art. 5 und 6 Abs. 2 HErwSÜ subsidiär; denn gem. Art. 7 Abs. 2 HErwSÜ können die Behörden des Aufenthaltsstaats (bzw. die gem. Art. 8 eingeschalteten Behörden eines anderen Staats) ein Verfahren im Heimatstaat blockieren.

15 Ein kompliziertes System weiterer, an den schlichten Aufenthalt und/oder an die Vermögensbelegenheit anknüpfender **subsidiärer Zuständigkeitsgründe** ist in Art. 9–11 HErwSÜ vorgesehen. Die in Art. 9 HErwSÜ eröffnete Zuständigkeit allein kraft inländischer Vermögensbelegenheit ist im Verhältnis zu sämtlichen vorgenannten Zuständigkeiten nachrangig. Art. 10 HErwSÜ gestattet jedem Vertragsstaat den Erlass unaufschiebbarer, Art. 11 HErwSÜ hingegen den Erlass zwar aufschiebbarer, dafür aber nur vorübergehend bedeutsamer Maßnahmen.

2. Restanwendungsbereich von § 104

16 Weil Deutschland Vertragsstaat des ausweislich § 97 vorrangig anzuwendenden HErwSÜ ist, bleibt § 104 nur ein eher geringer Restanwendungsbereich.

17 Ist der Betroffene **deutscher Staatsangehöriger**, wird § 104 Abs. 1 Satz 1 Nr. 1 durch Art. 7 HErwSÜ verdrängt. Dies gilt allemal, wenn sich der Betroffene gewöhnlich in einem anderen Vertragsstaat aufhält oder wenn er sich dort unter den Voraus-

---

1 Näher *Helms*, FamRZ 2008, 1995 f.; *Wagner*, IPRax 2007, 11 (12).
2 Ähnlich Staudinger/*v. Hein*, vor Art. 24 EGBGB Rz. 28 f.
3 Richtig Staudinger/*v. Hein*, vor Art. 24 EGBGB Rz. 28. Anders *Wagner*, IPRax 2007, 11 (13).

setzungen des Art. 6 Abs. 2 HErwSÜ befindet: In diesen Fällen ist die deutsche Heimatzuständigkeit nur nach Maßgabe von Art. 7 HErwSÜ eröffnet; eine unbesehene Anwendung von § 104 Abs. 1 Satz 1 Nr. 1 wäre konventionswidrig. Hingegen soll § 104 Abs. 1 Satz 1 Nr. 1 weiterhin anzuwenden sein, wenn sich der Betroffene in einem Drittstaat gewöhnlich aufhält.[1] Dann, so wird argumentiert, wolle das HErwSÜ keine Sperrwirkung entfalten, was sich daran zeige, dass Art. 7 HErwSÜ eben nur den Nachrang der Heimatzuständigkeit gegenüber Art. 5, 6 und 8 HErwSÜ sicherstelle.

Stets verdrängt wird § 104 Abs. 1 Satz 1 Nr. 2, wenn der Betroffene seinen **gewöhnlichen Aufenthalt** im Inland hat; denn in den dort geregelten Fällen ergibt sich die Zuständigkeit ohne weiteres aus Art. 5 Abs. 1 HErwSÜ. Das gilt auch, wenn der Sachverhalt keinerlei Bezüge zu einem weiteren Vertragsstaat aufweist (s. Rz. 12), der in Deutschland ansässige Betroffene also ein Drittstaatenangehöriger ist und/oder allenfalls in Drittstaaten über weiteres Vermögen verfügt. 18

Die **Fürsorgezuständigkeit** gem. § 104 Abs. 1 Satz 2 betrifft Ausländer, die sich nicht gewöhnlich in Deutschland aufhalten. Sie wird verdrängt durch Art. 6 HErwSÜ, wenn die dort vorgesehenen Anknüpfungsmomente im Inland verwirklicht sind. Vorrang hat außerdem Art. 9 HErwSÜ, wenn sich Vermögen im Inland befindet, aber ein anderer Vertragsstaat nach Maßgabe von Art. 5–8 HErwSÜ zuständig ist. Hingegen kommt eine Fürsorgezuständigkeit gem. § 104 Abs. 1 Satz 2 kraft Vermögensbelegenheit in Betracht, wenn kein Fall von Art. 5–8 HErwSÜ vorliegt, grundsätzlich also, wenn es um einen Drittstaatenangehörigen mit gewöhnlichem Aufenthalt in einem Drittstaat geht. Die Eilzuständigkeit gem. Art. 10 HErwSÜ soll hingegen unabhängig davon eröffnet sein, ob sich der gewöhnliche Aufenthalt in einem Vertrags- oder Drittstaat befindet.[2] Strittig ist, ob Entsprechendes für Art. 11 HErwSÜ gilt oder ob stattdessen § 104 Abs. 1 Satz 2 anwendbar ist, wenn eine Person, die sich gewöhnlich in einem Drittstaat aufhält, sich im Inland befindet und hier der Fürsorge bedarf.[3] 19

Dementsprechend ist hinsichtlich der **Unterbringung** in den Fällen von §§ 104 Abs. 3, 312 Nr. 3 zu entscheiden: Für die internationale Zuständigkeit deutscher Gerichte nach §§ 313 Abs. 3, 105 bleibt kein Raum, wenn sich der Betroffene im Inland oder in einem anderen Vertragsstaat gewöhnlich aufhält. Anwendbar sind dann vielmehr Art. 5 ff. HErwSÜ. 20

Art. 8 HErwSÜ ist das vorrangige Funktionsäquivalent zu §§ 104 Abs. 2, 99 Abs. 2 und 3. Weil die in Art. 8 HErwSÜ vorgesehene **Abgabemöglichkeit** an die Gerichte eines anderen Vertragsstaats nur den gem. Art. 5 oder 6 HErwSÜ zuständigen Gerichten zustehen soll,[4] darf das nach Art. 7 oder 9 HErwSÜ zuständige deutsche Gericht auch nicht auf §§ 104 Abs. 2, 99 Abs. 2 und 3 zurückgreifen. Diese Regelungen sollten aber anwendbar bleiben, um die gebotene Kooperation mit Drittstaaten zu ermöglichen. Und dies dürfte auch dann gelten, wenn sich die Zuständigkeit der deutschen Gerichte aus Art. 5 oder 6 HErwSÜ ergibt. 21

II. Kindesschutz

Weil § 104 nur Volljährige betrifft (Rz. 5), ergeben sich von vornherein keine Regelungskonflikte mit der **Brüssel IIa-VO**, sofern man davon ausgeht, dass deren Zuständigkeitsregeln zur elterlichen Verantwortung (Art. 1 Abs. 1 Buchst. b, Abs. 2–3, Art. 8 ff.) nur Minderjährige iSv. Personen unter 18 Jahren erfassen sollen (s. § 99 Rz. 7).[5] Unproblematisch ist auch das Verhältnis von § 104 bzw. des HErwSÜ zum 22

---

1 Staudinger/v. Hein, vor Art. 24 EGBGB Rz. 85; Althammer, IPRax 2009, 381 (385); Beller, ZFE 2010, 52 (57).
2 Helms, FamRZ 2008, 1995 (1998); Siehr, RabelsZ 64 (2000), 715 (734).
3 Für eine Gleichbehandlung von Art. 10 und 11 HErwSÜ Helms, FamRZ 2008, 1995 (1998); dagegen Siehr, RabelsZ 64 (2000), 715 (735).
4 Staudinger/v. Hein, vor Art. 24 EGBGB Rz. 96.
5 So etwa – statt mancher – HK-ZPO/Dörner, Art. 1 EheGVVO Rz. 11; MüKo.ZPO/Gottwald, Art. 1 EheGVVO Rz. 14; Rauscher, Art. 1 Brüssel IIa-VO Rz. 24; Staudinger/Spellenberg, Art. 1 EheGVVO Rz. 29; Staudinger/v. Hein, vor Art. 24 EGBGB Rz. 5.

KSÜ; denn dieses gilt gem. Art. 2 nur für Kinder bis zur Vollendung des 18. Lebensjahrs. Keine Probleme bereitet ferner das **MSA**: Danach wird nur als minderjährig behandelt, wer dies sowohl nach seinem Heimatrecht als auch nach dem Recht im gewöhnlichen Aufenthaltsstaat ist (Art. 12 MSA).

D. Inhalt der Vorschrift

I. Internationale Zuständigkeit (Absatz 1)

23 Beachte zum Vorrang des HErwSÜ Rz. 8 ff. Der **Zuständigkeitskatalog** des § 104 Abs. 1 entspricht demjenigen des § 99 Abs. 1. Anknüpfungsmomente für die – konkurrierende (§ 106) – internationale Zuständigkeit deutscher Gerichte sind gem. Satz 1 alternativ die deutsche Staatsangehörigkeit des Betroffenen (Nr. 1; s. vor §§ 98–106 Rz. 26 ff.; dort auch zu Doppelstaatern und Deutschen gleichgestellte Personen) oder dessen gewöhnlicher Aufenthalt im Inland (Nr. 2; s. vor §§ 98–106 Rz. 21 ff.); „ferner" ist eine Fürsorgezuständigkeit vorgesehen (Satz 2; s. § 99 Rz. 36). Ohne Belang sind der gewöhnliche Aufenthalt und die Staatsangehörigkeit des Betreuers oder Pflegers.

24 Die Inanspruchnahme ausschließlicher internationaler Zuständigkeit durch einen anderen Staat (auch den Heimatstaat) ist aus deutscher Sicht irrelevant.[1] Fällt das Anknüpfungsmoment nach Verfahrenseinleitung in Deutschland weg, so soll, abweichend von den allgemeinen Regeln, nicht ohne weiteres von einer **perpetuatio fori** auszugehen, sondern die Angemessenheit der Verfahrensfortführung im Einzelfall entscheidend sein (s. vor §§ 98–106 Rz. 12).[2] Ausgeschlossen ist eine Perpetuierung der Zuständigkeit gem. Art. 5 Abs. 1 HErwSÜ (s. dort Abs. 2).

II. Grenzüberschreitende Verfahrenskoordination (Absatz 2)

25 Beachte zum Vorrang des HErwSÜ Rz. 8 ff. § 104 Abs. 2 erlaubt es dem an sich nach Abs. 1 zuständigen deutschen Gericht, mit Rücksicht auf die Anhängigkeit eines ausländischen Parallelverfahrens von einer Sachentscheidung abzusehen (entsprechend § 99 Abs. 2; s. dort Rz. 41) bzw. das Verfahren ins Ausland abzugeben (entsprechend § 99 Abs. 3; s. dort Rz. 41). Die Beurteilung der Frage, ob das deutsche Verfahren fortzuführen und im Inland ein Betreuer zu bestellen ist, soll sich nach der lex causae bestimmen (zweifelhaft, s. § 99 Rz. 36). Bei der gebotenen Prüfung darf sich das deutsche Gericht nicht allein auf die Einschätzung Dritter bzw. der ausländischen Gerichte stützen, sondern es muss die erforderlichen Feststellungen von Amts wegen treffen (§ 26).[3] Entsprechend §§ 104 Abs. 2, 99 Abs. 3 kommt auch die **Übernahme** eines ausländischen Verfahrens durch ein deutsches Gericht in Betracht,[4] wobei dieses allerdings die internationale Zuständigkeit eigenständig zu prüfen hat.

III. Unterbringung nach § 312 Nr. 3 (Absatz 3)

26 Beachte zum Vorrang des HErwSÜ Rz. 8 ff. Besonderheiten gelten für die landesgesetzlich geregelte Unterbringung iSv. § 312 Nr. 3: Diesbezüglich schließt § 104 Abs. 3 die Anwendung der Abs. 1 und 2 aus. Mithin folgt die (konkurrierende, § 106) internationale Zuständigkeit aus § 313 Abs. 3, der gem. § 105 doppelfunktional anzuwenden ist. In solchen Fällen ist also insbesondere die Staatsangehörigkeit des Betroffenen irrelevant, und eine § 104 Abs. 2, § 99 Abs. 2 und 3 entsprechende Regelung dürfte ohnehin entbehrlich sein.

---

[1] Ebenso Staudinger/*v. Hein*, Art. 24 EGBGB Rz. 107.
[2] Ebenso Staudinger/*v. Hein*, Art. 24 EGBGB Rz. 106; Haußleiter/*Gomille*, § 104 Rz. 7.
[3] Anschaulich OLG Hamm v. 8.10.2002 – 15 W 322/02, FamRZ 2003, 253 (254).
[4] Jansen/v. Schuckmann/Sonnenfeld/*Müller-Lukoschek*, § 47 FGG Rz. 27; Staudinger/*v. Hein*, Art. 24 EGBGB Rz. 127.

E. Weitere Hinweise zu internationalen Erwachsenenschutzsachen

Auf Grund der **Lex-fori-Regel** (vor §§ 98–106 Rz. 37 ff.) bestimmt sich das Verfahren auch in Fällen mit Auslandsbezug und unabhängig von dem in der Sache anwendbaren Recht grundsätzlich nach deutschem Recht, also §§ 272 ff. **27**

Das deutsche Gericht darf auch eine auslandsansässige und/oder ausländische Person zum Betreuer oder Pfleger bestellen.[1] Schreibt das Gesetz Mündlichkeit vor (vgl. etwa § 289), genügt grundsätzlich auch Fernmündlichkeit. **28**

Vorgaben für die grenzüberschreitende Zusammenarbeit in Angelegenheiten des Erwachsenenschutzes ergeben sich aus Art. 28 ff. HErwSÜ und dem HErwSÜAG.[2] Die Aufgaben der Zentralen Behörde nimmt in Deutschland das Bundesamt für Justiz wahr (§ 1 HErwSÜAG).[3] **29**

105 *Andere Verfahren*
In anderen Verfahren nach diesem Gesetz sind die deutschen Gerichte zuständig, wenn ein deutsches Gericht örtlich zuständig ist.

I. Grundsatz der Doppelfunktionalität . . 1	11. Lebenspartnerschaftssachen 21
II. Anwendungsbereich 2	12. Betreuungs- und Unterbringungssachen; Pflegschaft für Erwachsene . . 23
III. Zur Anwendung im Einzelnen 5	13. Nachlass- und Teilungssachen 24
1. Ehesachen 6	14. Registersachen und unternehmensrechtliche Verfahren 26
2. Kindschaftssachen 7	
3. Abstammungssachen 9	15. Weitere Angelegenheiten der freiwilligen Gerichtsbarkeit 28
4. Adoptionssachen 10	
5. Ehewohnungs- und Haushaltssachen 11	16. Freiheitsentziehungssachen 29
6. Gewaltschutzsachen 13	17. Aufgebotssachen 30
7. Versorgungsausgleichssachen 15	IV. Verbleibende Unterschiede zwischen internationaler und örtlicher Zuständigkeit 31
8. Unterhaltssachen 16	
9. Güterrechtssachen 17	
10. Sonstige Familiensachen 19	

Literatur: s. § 97 vor Rz. 1.

I. Grundsatz der Doppelfunktionalität

Soweit kein vorrangiges Europa- oder Konventionsrecht einschlägig ist und auch §§ 98 ff. keine Sonderregelung treffen, bleibt es bei der sog. Doppelfunktionalität der Regeln zur örtlichen Zuständigkeit: Wenn das Gesetz einen örtlichen Gerichtsstand vorsieht, dessen Tatbestandsvoraussetzungen im Inland erfüllt sind, sollen die deutschen Gerichte auch international zuständig sein. Diese zum früheren Recht entwickelte Auffassung[4] hat der Gesetzgeber mit § 105 als **allgemeine Auffangregel** bestätigt. Hinfällig geworden ist damit die Streitfrage, ob sich die Doppelfunktionalität methodisch aus einer analogen Anwendung der Regelungen zur örtlichen Zuständigkeit ergab oder – was näher lag – aus einer darin zugleich enthaltenen, vom Gesetzgeber stillschweigend vorausgesetzten Regelung der internationalen Zuständigkeit.[5] **1**

---

1 Vgl. KG v. 25.10.1994 – 1 AR 37/94, Rpfleger 1995, 159 (Bestellung eines Angehörigen einer deutschen Botschaft). Beachte auch Staudinger/*v. Hein*, Art. 24 EGBGB Rz. 123.
2 Näher *Röthel/Woitge*, IPRax 2010, 409 (411 f.).
3 Kontaktdaten unter www.bundesjustizamt.de.
4 Vgl. etwa BGH v. 28.9.2005 – XII ZR 17/03, NJW-RR 2005, 1593; *Geimer*, FS Jayme, S. 241 (259); zurückhaltender für FG-Sachen aber *v. Hoffmann/Thorn*, § 3 Rz. 279.
5 Wie hier etwa *Kropholler*, IPR, § 58 II 1a; *Schack*, Rz. 266; für Analogie hingegen *v. Hoffmann/Thorn*, § 3 Rz. 38.

Im Übrigen wäre es verfehlt, aus der Existenz von § 105 FamFG im Umkehrschluss herzuleiten, dass etwa §§ 12 ff. ZPO fortan nicht mehr doppelfunktional wären.

II. Anwendungsbereich

2 Verdrängt wird § 105 durch vorrangiges **Europa- oder Konventionsrecht** (vgl. § 97) sowie durch verbleibende **deutsche Sonderregeln** zur internationalen Zuständigkeit außerhalb des FamFG (namentlich § 12 VerschG).

3 Im Übrigen erfasst § 105 sowohl streitige wie freiwillige Angelegenheiten,[1] also beispielsweise Unterhaltssachen (doppelfunktionale Anwendung von § 232) und Nachlasssachen (doppelfunktionale Anwendung von §§ 343, 344). Wenn § 105 auf die Hauptsachezuständigkeit anzuwenden ist, gilt dies auch für die daran angekoppelte Zuständigkeit zum Erlass eA (§ 50).

4 Soweit **Spezialgesetze** die internationale Zuständigkeit nicht regeln und auf das Verfahren nach dem FamFG verweisen, aber zur örtlichen Zuständigkeit weiterhin Sonderregeln vorsehen (vgl. etwa §§ 50 Abs. 2, 51 Abs. 1 Satz 1 PStG), gilt auch dafür grundsätzlich § 105 FamFG.

III. Zur Anwendung im Einzelnen

5 Die nachfolgende Übersicht orientiert sich an der Systematik der Bücher 2–8 des FamFG. Vermerkt sind jeweils auch Hinweise auf vorrangiges Europa- und Konventionsrecht. Beachte vorab zu Begriff und Prüfung der internationalen Zuständigkeit sowie zu den Besonderheiten von Verfahren mit Auslandsbezug die Ausführungen vor §§ 98–106. Zur spiegelbildlichen Anwendung bei der Prüfung der Anerkennungszuständigkeit ausländischer Gerichte gem. § 109 Abs. 1 Nr. 1 s. dort Rz. 19 ff.

1. Ehesachen

6 § 105 gilt nicht. Vgl. stattdessen die Kommentierung zu § 98; dort auch zu vorrangigen internationalen Regelungen. § 98 gilt entsprechend für bloße Trennungsverfahren nach ausländischem Recht (s. § 98 Rz. 32). Verfahren betreffend die Herstellung des ehelichen Lebens nach deutschem oder ausländischem Eherecht sind hingegen, abweichend vom früheren Recht (§ 606 Abs. 1 Satz 1 ZPO), nicht mehr Ehesachen iSv. § 121, sondern sonstige Familiensachen (§ 266 Abs. 1 Nr. 2 FamFG).[2] Die internationale Entscheidungszuständigkeit bestimmt sich nach § 267, der laut § 105 doppelfunktional anzuwenden ist; beachte § 106.

2. Kindschaftssachen

7 Vgl. die Kommentierung zu § 99 sowie zum Scheidungs- bzw. Aufhebungsverbund § 98 Rz. 52 f. und § 103 Rz. 20 f., dort jeweils auch zu vorrangigen internationalen Regelungen.

8 Für die von § 99 Abs. 1 ausgeklammerten **Verfahren nach § 151 Nr. 7** gilt, wiederum unbeschadet vorrangigen Europa- und Konventionsrechts (§ 99 Rz. 4 ff.), gem. § 167 Abs. 1 dasselbe wie für Verfahren nach § 312 Nr. 3: Die internationale Zuständigkeit dafür folgt nicht aus § 104 Abs. 1 (vgl. § 104 Abs. 3), sondern aus § 313 Abs. 3, der laut § 105 doppelfunktional anzuwenden ist; beachte § 106.

3. Abstammungssachen

9 § 105 gilt nicht. Vgl. stattdessen die Kommentierung zu § 100; dort auch zu vorrangigen internationalen Regelungen.

---

1 Richtig *Althammer*, IPRax 2009, 381 (385). Falsch Baumbach/*Hartmann*, § 105 FamFG Rz. 1: die Norm regele nur frühere FGG-Sachen.
2 BT-Drucks. 16/6308, S. 226.

4. Adoptionssachen

§ 105 gilt nicht. Vgl. stattdessen die Kommentierung zu § 101; dort auch zu vorrangigen internationalen Regelungen.

5. Ehewohnungs- und Haushaltssachen

Verfahren betreffend die Zuweisung von Ehewohnung und Haushalt im Falle von Getrenntleben und Scheidung der **Ehegatten** sind als güterrechtlich iSv. Art. 1 Abs. 2 Buchst. a Brüssel I-VO/LugÜ 2007 zu qualifizieren und werden daher von diesen Regelungen nicht erfasst.[1] Zum Scheidungsverbund nach autonomem deutschen Recht s. § 98 Rz. 48 f. Außerhalb des Verbunds lässt sich die internationale Zuständigkeit für isolierte Ehewohnungs- und Haushaltssachen aus §§ 201 Nr. 2–4, 105 ableiten;[2] beachte § 106.

Besonderheiten gelten für Wohnungs- und Haushaltssachen zwischen **Lebenspartnern** (§ 269 Abs. 1 Nr. 5 und 6): Diesbezüglich sind die Brüssel I-VO und das LugÜ 2007 anwendbar und damit vorrangig (s. § 103 Rz. 16). Ist deren räumlich-persönlicher Anwendungsbereich nicht eröffnet, weil der Antragsgegner seinen Wohnsitz in keinem EU- oder LugÜ-Staat hat, bleibt es bei der Aufhebungsverbundzuständigkeit gem. § 103 Abs. 2 bzw. für isolierte Wohnungs- und Haushaltssachen bei §§ 269 Abs. 1 Nr. 5 und 6, 270 Abs. 1 Satz 2, 111 Nr. 5, 201 Nr. 2–4, 105.

6. Gewaltschutzsachen

Gewaltschutzsachen sind als Zivilsache iSv. Art. 1 Brüssel I-VO bzw. LugÜ 2007 zu qualifizieren,[3] und zwar auch im Verhältnis zwischen Ehegatten[4] und zwischen Lebenspartnern. Hat der Antragsgegner seinen Wohnsitz in einem EU- bzw. LugÜ-Staat, so richtet sich die internationale Zuständigkeit nach Art. 2 ff. Brüssel I-VO/LugÜ 2007. Gerichtsstände sind demnach namentlich im Wohnsitzstaat des Antragsgegners (Art. 2, 59 Brüssel I-VO; Art. 2, 52 LugÜ 2007) sowie dort eröffnet, wo das schädigende Ereignis eingetreten ist oder einzutreten droht (Art. 5 Nr. 3 Brüssel I-VO/LugÜ 2007); letzteres meint sowohl den Handlungs- als auch den Erfolgsort.[5]

Hat der Antragsgegner keinen Wohnsitz in einem EU- bzw. LugÜ-Staat, lässt sich die internationale Zuständigkeit aus §§ 211, 105 ableiten;[6] beachte § 106. Für § 211 Nr. 1 genügt es, dass der Handlungs- oder der Erfolgsort im Inland liegt.[7]

7. Versorgungsausgleichssachen

§ 105 gilt nicht. Vgl. stattdessen die Kommentierung zu § 102; dort auch zum Scheidungs- bzw. Aufhebungsverbund sowie zu vorrangigen internationalen Regelungen.

8. Unterhaltssachen

Dazu ausführlich im Anhang 1 zu § 110 Rz. 2 ff.

---

[1] Ebenso etwa *Andrae*, § 3 Rz. 7; *Koritz*, FPR 2010, 572 (573); MüKo. ZPO/*Gottwald*, Art. 1 EuGVO Rz. 13; MüKo.BGB/*Winkler v. Mohrenfels*, Art. 17a EGBGB Rz. 17; Rauscher/*Mankowski*, Art. 1 Brüssel I-VO Rz. 12.

[2] Ebenso etwa Johannsen/*Henrich*, § 105 FamFG Rz. 2; *Koritz*, FPR 2010, 572 (573); MüKo.BGB/ *Winkler v. Mohrenfels*, Art. 17a EGBGB Rz. 20.

[3] Ebenso *Andrae*, § 3 Rz. 11; Garbe/Ullrich/*Andrae*, § 13 Rz. 268 f.; Jansen/v. Schuckmann/Sonnenfeld/*Wick*, § 16a Rz. 67 (und in § 64 FGG Rz. 44, dort noch zum insoweit übereinstimmenden EuGVÜ); wohl auch Bamberger/Roth/*Heiderhoff*, Art. 17a EGBGB Rz. 27. Anders Johannsen/*Henrich*, § 105 FamFG Rz. 3.

[4] Insoweit abweichend AnwK-BGB/*Gruber*, Art. 17a EGBGB Rz. 25. Für Einbeziehung von Maßnahmen nach GewaltschutzG in die Brüssel I-VO Staudinger/*Mankowski*, Art. 17a EGBGB Rz. 31; MüKo.BGB/*Winkler v. Mohrenfels*, Art. 17a EGBGB Rz. 22.

[5] Zu den Einzelheiten etwa Rauscher/*Leible*, Art. 5 Brüssel I-VO Rz. 73 ff.; *Kropholler/von Hein*, EuZPR, Art. 5 EuGVO Rz. 81 ff.

[6] Ebenso etwa MüKo.BGB/*Winkler v. Mohrenfels*, Art. 17a EGBGB Rz. 23.

[7] Vgl. BT-Drucks. 16/6308, S. 251.

9. Güterrechtssachen

17 Verfahren betreffend die **ehelichen Güterstände** fallen nicht in den Anwendungsbereich der Brüssel I-VO bzw. des LugÜ 2007 (jeweils Art. 1 Abs. 2 Buchst. a) oder der Brüssel IIa-VO (vgl. Erwägungsgrund Nr. 8). Zu bedenken ist aber, dass die EuUntVO (bislang: die Brüssel I-VO) und das LugÜ 2007 immerhin Unterhaltssachen erfassen und dass dieser Begriff weit zu verstehen ist: Er kann auch Fragen betreffen, die zwar auf das familienrechtliche Band gestützt sind, aus deutscher Sicht aber eher dem ehelichen Güterrecht zuzuordnen wären (s. Anhang 3 zu § 110 Art. 1 EuUntVO Rz. 3 und Anhang 4 zu § 110 Art. 1 LugÜ 2007 Rz. 5). Im Übrigen werden Güterrechtssachen zwischen **Lebenspartnern** ohne weiteres von der Brüssel I-VO (bzw. der EuUntVO) und dem LugÜ 2007 erfasst (s. § 103 Rz. 18).[1] Beachte de lege ferenda die beiden Verordnungsvorschläge zum Güterrecht, s. § 97 Rz. 36 f.

18 Außerhalb des sachlichen Anwendungsbereichs der EuUntVO (bzw. der Brüssel I-VO) sowie des LugÜ 2007 kommt eine Verbundzuständigkeit gem. § 98 Abs. 2 bzw. § 103 Abs. 2 in Betracht (s. § 98 Rz. 50 f. und § 103 Rz. 18 f.). Außerhalb des Verbunds lässt sich die internationale Zuständigkeit aus §§ 262 Abs. 2, 105 ableiten;[2] beachte § 106.

10. Sonstige Familiensachen

19 Hinsichtlich Verfahren gem. § 266 Abs. 1 Nr. 1 kann vorrangig die Brüssel I-VO oder das LugÜ 2007 einschlägig sein: Diese erfassen gem. ihrem Art. 1 Abs. 1 „Zivilsachen". Dabei ergibt ein Umkehrschluss zu dem im Zweifel eng zu fassenden Ausnahmenkatalog in Art. 1 Abs. 2, dass die Brüssel I-VO bzw. das LugÜ 2007 auch dann gelten sollen, wenn Ansprüche anlässlich der Beendigung eines **Verlöbnisses** in Rede stehen;[3] denn insoweit geht es weder um den Personenstand noch um eheliches Güterrecht. Hat der Antragsgegner seinen Wohnsitz in einem EU- bzw. LugÜ-Staat, so richtet sich die internationale Zuständigkeit nach Art. 2 ff. Brüssel I-VO/LugÜ 2007.

20 Im Übrigen lässt sich die internationale Zuständigkeit aus §§ 267, 105 ableiten;[4] dies gilt beispielsweise für einen Rechtsstreit betreffend den Anspruch auf Zustimmung zur Aufteilung eines in der Ehe angelegten Kontos.[5] Beachte § 106.

11. Lebenspartnerschaftssachen

21 Zu den Lebenspartnerschafts(status)sachen iSv. § 269 Abs. 1 Nr. 1 und 2 sowie zu den Folgesachen gem. § 269 Abs. 1 Nr. 3 und 5–10 (Sorgerecht, Umgang und Kindesherausgabe; Wohnungs- und Haushaltssachen; Versorgungsausgleich; Unterhalt; Güterrecht) vgl. die Kommentierung zu § 103. Zu § 269 Abs. 1 Nr. 4 s. § 103 Rz. 24.

22 Für die sonstigen Lebenspartnerschaftssachen iSv. § 269 Abs. 2 und 3 (und wohl auch für diejenigen gem. § 269 Abs. 1 Nr. 11 und 12) richtet sich gem. § 270 Abs. 2 die örtliche Zuständigkeit nach § 267, und daraus lässt sich wegen § 105 die internationale Zuständigkeit ableiten (der Verweis in § 103 Abs. 3 auf § 105 ist überflüssig; s. § 103 Rz. 26). Was den Vorrang der Brüssel I-VO und des LugÜ 2007 angeht, gilt hierbei dasselbe wie für die sonstigen Familiensachen iSv. § 266 (s. Rz. 19).

---

1 Wie hier MüKo. ZPO/*Gottwald*, Art. 1 EuGVO Rz. 15; *Geimer/Schütze*, Art. 1 EuGVVO Rz. 114 f.; Thomas/Putzo/*Hüßtege*, § 270 FamFG Rz. 8. Anders Rauscher/*Mankowski*, Art. 1 Brüssel I-VO Rz. 14a.
2 Ebenso etwa Johannsen/*Henrich*, § 105 FamFG Rz. 13.
3 Ebenso etwa MüKo. ZPO/*Gottwald*, Art. 1 EuGVO Rz. 15; Rauscher/*Mankowski*, Art. 1 Brüssel I-VO Rz. 13. Unzutreffend BGH v. 28.2.1996 – XII ZR 181/93, BGHZ 132, 105 (108). Die Einschlägigkeit internationaler Vorgaben übersieht gänzlich BGH v. 13.4.2005 – XII ZR 296/00, NJW-RR 2005, 1089; zutreffend krit. *Lorenz/Unberath*, IPRax 2005, 516 (517 f.).
4 Johannsen/*Henrich*, § 105 FamFG Rz. 14.
5 OLG München v. 20.12.2011 – 2 UF 1740/11, FamRZ 2012, 1643 (1644), dort zu einem Konto als Teil eines US-Trustvermögens.

12. Betreuungs- und Unterbringungssachen; Pflegschaft für Erwachsene

Vgl. die Kommentierung zu § 104; dort auch zu vorrangigen internationalen Regelungen. 23

13. Nachlass- und Teilungssachen

Im Bereich des Erbrechts sind die Brüssel I-VO und das LugÜ 2007 unanwendbar (vgl. jeweils Art. 1 Abs. 2 Buchst. a). Ab 17.8.2015 wird allerdings die vorrangige **EuErbVO** einschlägig sein (s. dazu bei § 343 Rz. 154 ff.). Zu beachten sind ferner bilaterale Abkommen (Nachweise: § 97 Rz. 26): Regelungen zur Zuständigkeit deutscher Gerichte in Nachlasssachen, namentlich zur Feststellung, Verwaltung und Siegelung des Nachlasses, finden sich in § 2 des Deutsch-türkischen Nachlassabkommens (beachte dort auch §§ 8, 15 zur Zuständigkeit in streitigen Erbsachen) und in Art. 26 des Deutsch-sowjetischen Konsularvertrags, der nach Auflösung der Sowjetunion im Verhältnis zu mehreren Nachfolgestaaten weiter anzuwenden ist. Weitere Freundschafts-, Handels-, Schifffahrts- und Konsularverträge regeln die Befugnisse von Konsuln sowie die Verpflichtung, diese zu informieren. 24

Im Übrigen bleibt es gem. § 105 bei einer doppelfunktionalen Anwendung von §§ 343, 344.[1] Dies wird in der Begründung des RegE eigens hervorgehoben und ist bedeutsam, weil damit eine – in der Sache höchst sinnvolle – Absage an die bislang vorherrschend vertretene Gleichlauftheorie einhergeht (vgl. vor §§ 98–106 Rz. 36).[2] Die einzelnen Absätze von § 343 regeln zwar ihrem Wortlaut nach auch Fälle mit Auslandsbezug, beziehen sich unmittelbar aber nur auf die örtliche Zuständigkeit; die internationale Zuständigkeit ergibt sich also erst im Zusammenspiel mit § 105. Ist demnach die internationale Zuständigkeit der deutschen Nachlassgerichte eröffnet, so darf ein solches, wenn es den Inlandsbezug des Falls als gering erachtet, ein Tätigwerden nicht kurzerhand unter Berufung auf mangelndes Rechtsschutzbedürfnis des Antragstellers verweigern.[3] Zu den Einzelheiten internationaler Nachlass- und Teilungssachen s. § 343 Rz. 152 ff.[4] 25

14. Registersachen und unternehmensrechtliche Verfahren

Zwar können auch Angelegenheiten der freiwilligen Gerichtsbarkeit in den Anwendungsbereich der **Brüssel I-VO** bzw. des **LugÜ 2007** fallen.[5] Allerdings setzen deren Zuständigkeitsvorschriften ausweislich ihrer Systematik voraus, dass eine Rechtsstreitigkeit zwischen zwei Parteien in Rede steht und dass das Verfahren auf eine gerichtliche Entscheidung abzielt, der Rechtsprechungscharakter zukommt.[6] Ausgeklammert bleiben damit namentlich Register(eintragungs)verfahren. 26

Die internationale Zuständigkeit lässt sich daher aus §§ 377, 105 ableiten; beachte § 106. Bei der Bestimmung des Sitzes iSv. § 377 Abs. 1 FamFG gelten dieselben Grundsätze wie bei § 17 ZPO.[7] 27

---

1 Richtig OLG Hamm v. 2.9.2010 – 15 W 448/10, NJW-RR 2011, 666.
2 Dazu BT-Drucks. 16/6308, S. 221 f. (dort zu § 105 FamFG) und 348 f. (dort zur konsequenten Neufassung von § 2369 Abs. 1 BGB). Unentschlossen war der Gesetzgeber noch anlässlich der IPR-Reform 1986; vgl. BT-Drucks. 10/504, S. 92.
3 Dazu *Wittkowski*, RNotZ 2010, 102 (108 f.); ähnlich *Bachmayer*, BWNotZ 2010, 146 (152 f.). Anders *Schäuble*, ZErb 2009, 200 (205 ff.): die Anknüpfung an den Aufenthalt und die Nachlassbelegenheit setze einen hinreichenden Inlandsbezug voraus.
4 Vgl. auch *Bachmayer*, BWNotZ 2010, 146 (147 f., 150 ff.); *Kroiß*, ZEV 2009, 493; *Schäuble*, ZErb 2009, 200 (202 ff.); *Wittkowski*, RNotZ 2010, 102.
5 Dazu und zum Folgenden *Geimer*, FS Jayme, S. 241 (257 f.); *Geimer/Schütze*, Art. 2 EuGVVO Rz. 90 ff.
6 Vgl. zu den Anforderungen daran EuGH v. 27.4.2006 – Rs. C-96/04 (Standesamt Niebüll), EuGHE 2006, I-3576 = FamRZ 2006, 1349, dort zur Vorlageberechtigung gem. Art. 267 AEUV (Art. 234 EGV).
7 Näher etwa Zöller/*Vollkommer*, § 17 ZPO Rz. 8 f.

15. Weitere Angelegenheiten der freiwilligen Gerichtsbarkeit

28 Die internationale Zuständigkeit lässt sich aus §§ 411, 105 ableiten. Allerdings erscheint es nicht ausgeschlossen, die dort geregelten Verfahren als Zivil- und Handelssachen iSd. dann vorrangigen **Brüssel I-VO** bzw. des **LugÜ 2007** zu qualifizieren.[1] Ausgeschlossen ist dies aber allemal, soweit es um Erbrecht iSv. Art. 1 Abs. 2 Buchst. a Brüssel I-VO/LugÜ 2007 geht.

16. Freiheitsentziehungssachen

29 Die internationale Zuständigkeit lässt sich aus §§ 416, 105 ableiten.

17. Aufgebotssachen

30 Aufgebotssachen sind zwar Zivil- bzw. Handelssachen iSv. Art. 1 Brüssel I-VO bzw. LugÜ 2007; die dort vorgesehenen, auf Zweiparteienstreitigkeiten zugeschnittenen Zuständigkeitsvorschriften sind aber nicht anwendbar.[2] Die internationale Zuständigkeit lässt sich aus §§ 442 Abs. 2, 454 Abs. 2, 465 Abs. 2, 466 – jeweils iVm. § 105 – ableiten. § 466 Abs. 1 Satz 2 FamFG verweist auf den allgemeinen Gerichtsstand und damit auf §§ 12 ff. ZPO. Eine §§ 232 Abs. 3 Satz 1, 262 Abs. 2, 267 Abs. 2 FamFG entsprechende, auf den gewöhnlichen Aufenthalt statt auf den Wohnsitz abstellende Regelung fehlt.

IV. Verbleibende Unterschiede zwischen internationaler und örtlicher Zuständigkeit

31 Trotz § 105 bleibt es dabei, dass gewisse Unterschiede zwischen örtlicher und internationaler Zuständigkeit bestehen können; denn die Interessenlage ist nicht völlig deckungsgleich.[3] Abweichungen ergeben sich bereits daraus, dass sich eine angeordnete **Ausschließlichkeit**, soweit zur örtlichen Zuständigkeit vorgesehen, wegen § 106 nicht auf die internationale Zuständigkeit bezieht. Zudem darf aus § 2 Abs. 2 zumindest nicht unbesehen auf eine **perpetuatio fori** internationalis geschlossen werden (s. vor §§ 98–106 Rz. 12). Ferner ist nach richtiger Auffassung die internationale – anders als die örtliche – Zuständigkeit ungeachtet §§ 65 Abs. 4, 72 Abs. 2 noch in der **Rechtsmittelinstanz** zu überprüfen (s. vor §§ 98–106 Rz. 7).

106 *Keine ausschließliche Zuständigkeit*
Die Zuständigkeiten in diesem Unterabschnitt sind nicht ausschließlich.

1 Die Inanspruchnahme ausschließlicher internationaler Zuständigkeit würde die Möglichkeit, ausländische Entscheidungen im Inland anzuerkennen, von vornherein zunichtemachen (vgl. § 109 Abs. 1 Nr. 1) und damit eine höchst unerwünschte Gefährdung des **internationalen Entscheidungseinklangs** provozieren.[4] Daher war, soweit das frühere Recht Sonderregeln zur internationalen Zuständigkeit vorsah, jeweils eigens klargestellt, dass diese nicht ausschließlich sein sollen (vgl. §§ 606a Abs. 1 Satz 2, 640a Abs. 2 Satz 2 und der Sache nach auch § 621 Abs. 2 S. 1 ZPO [„unter den deutschen Gerichten"]; §§ 35b Abs. 3, 43b Abs. 1 Satz 2 FGG).[5] Entsprechendes wird nunmehr einheitlich in § 106 FamFG angeordnet.

---

1 Ausdrücklich ablehnend allerdings *Geimer/Schütze*, Art. 2 EuGVVO Rz. 92, dort zu § 410 Nr. 2 FamFG.
2 Dazu *Geimer/Schütze*, Art. 2 EuGVVO Rz. 92; Zöller/*Geimer*, vor § 433 FamFG Rz. 9.
3 Richtig, statt vieler, etwa BGH v. 16.12.2003 – XI ZR 474/02, BGHZ 157, 224 (228) = NJW 2004, 1456 (1457); für FG-Sachen etwa Jansen/*v. Schuckmann*/Sonnenfeld, § 1 FGG Rz. 179. Beachte auch schon BT-Drucks. 10/504, S. 89.
4 Skeptisch gegenüber jedwedem Exklusivitätsanspruch *Geimer*, Rz. 878 ff.; vgl. auch *Hau*, Positive Kompetenzkonflikte, S. 169 ff.
5 Dazu BT-Drucks. 10/504, S. 89.

§ 106 hat einen weiten **Anwendungsbereich:** Er erfasst, schon ausweislich seiner systematischen Stellung, auch den Fall, dass die internationale Zuständigkeit gem. § 105 aus der örtlichen abgeleitet wird. Und gerade hier ist der Verzicht auf Ausschließlichkeit bedeutsam, weil die Regelungen zur örtlichen Zuständigkeit häufig ausschließlich ausgestaltet sind. Unanwendbar ist § 106 im Hinblick auf die Zuständigkeitsregeln des Europa- und Konventionsrechts.

Unterabschnitt 3
Anerkennung und Vollstreckbarkeit ausländischer Entscheidungen

107 *Anerkennung ausländischer Entscheidungen in Ehesachen*
(1) Entscheidungen, durch die im Ausland eine Ehe für nichtig erklärt, aufgehoben, dem Ehebande nach oder unter Aufrechterhaltung des Ehebandes geschieden oder durch die das Bestehen oder Nichtbestehen einer Ehe zwischen den Beteiligten festgestellt worden ist, werden nur anerkannt, wenn die Landesjustizverwaltung festgestellt hat, dass die Voraussetzungen für die Anerkennung vorliegen. Hat ein Gericht oder eine Behörde des Staates entschieden, dem beide Ehegatten zur Zeit der Entscheidung angehört haben, hängt die Anerkennung nicht von einer Feststellung der Landesjustizverwaltung ab.
(2) Zuständig ist die Justizverwaltung des Landes, in dem ein Ehegatte seinen gewöhnlichen Aufenthalt hat. Hat keiner der Ehegatten seinen gewöhnlichen Aufenthalt im Inland, ist die Justizverwaltung des Landes zuständig, in dem eine neue Ehe geschlossen oder eine Lebenspartnerschaft begründet werden soll; die Landesjustizverwaltung kann den Nachweis verlangen, dass die Eheschließung oder die Begründung der Lebenspartnerschaft angemeldet ist. Wenn eine andere Zuständigkeit nicht gegeben ist, ist die Justizverwaltung des Landes Berlin zuständig.
(3) Die Landesregierungen können die den Landesjustizverwaltungen nach dieser Vorschrift zustehenden Befugnisse durch Rechtsverordnung auf einen oder mehrere Präsidenten der Oberlandesgerichte übertragen. Die Landesregierungen können die Ermächtigung nach Satz 1 durch Rechtsverordnung auf die Landesjustizverwaltungen übertragen.
(4) Die Entscheidung ergeht auf Antrag. Den Antrag kann stellen, wer ein rechtliches Interesse an der Anerkennung glaubhaft macht.
(5) Lehnt die Landesjustizverwaltung den Antrag ab, kann der Antragsteller beim Oberlandesgericht die Entscheidung beantragen.
(6) Stellt die Landesjustizverwaltung fest, dass die Voraussetzungen für die Anerkennung vorliegen, kann ein Ehegatte, der den Antrag nicht gestellt hat, beim Oberlandesgericht die Entscheidung beantragen. Die Entscheidung der Landesjustizverwaltung wird mit der Bekanntgabe an den Antragsteller wirksam. Die Landesjustizverwaltung kann jedoch in ihrer Entscheidung bestimmen, dass die Entscheidung erst nach Ablauf einer von ihr bestimmten Frist wirksam wird.
(7) Zuständig ist ein Zivilsenat des Oberlandesgerichts, in dessen Bezirk die Landesjustizverwaltung ihren Sitz hat. Der Antrag auf gerichtliche Entscheidung hat keine aufschiebende Wirkung. Für das Verfahren gelten die Abschnitte 4 und 5 sowie § 14 Abs. 1 und 2 und § 48 Abs. 2 entsprechend.
(8) Die vorstehenden Vorschriften sind entsprechend anzuwenden, wenn die Feststellung begehrt wird, dass die Voraussetzungen für die Anerkennung einer Entscheidung nicht vorliegen.
(9) Die Feststellung, dass die Voraussetzungen für die Anerkennung vorliegen oder nicht vorliegen, ist für Gerichte und Verwaltungsbehörden bindend.
(10) War am 1. November 1941 in einem deutschen Familienbuch (Heiratsregister) aufgrund einer ausländischen Entscheidung die Nichtigerklärung, Aufhebung, Scheidung oder Trennung oder das Bestehen oder Nichtbestehen einer Ehe vermerkt, steht der Vermerk einer Anerkennung nach dieser Vorschrift gleich.

§ 107

A. Überblick 1	2. Wirksamkeit 28
B. Vorrangiges Europa- und Konventionsrecht	III. Im Ausland ergangen 30
I. Ehestatusentscheidungen aus Brüssel IIa-Mitgliedstaaten 5	IV. Privilegierung von Heimatstaatsentscheidungen (Abs. 1 Satz 2) 31
1. Anwendungsbereich 6	D. Anerkennungsverfahren vor der Landesjustizverwaltung
2. Anerkennungsverfahren 11	I. Zuständigkeit 35
3. Anerkennungsvoraussetzungen und -hindernisse 15	II. Antrag 38
II. Ehestatusentscheidungen aus Drittstaaten 17	III. Antragsbefugnis 39
	IV. Verfahrensgrundsätze 40
III. Sonstige Grenzen des Anerkennungsmonopols 18	V. Prüfungsmaßstab 43
	VI. Entscheidung 44
C. Anwendungsbereich des Anerkennungs- und Feststellungsmonopols	VII. Wirkung der Entscheidung 47
	VIII. Verfahrenskosten 55
I. Ehestatusentscheidungen	E. Anrufung des OLG
1. Begrenzung auf Statusentscheidungen 19	I. Antragsbefugnis 56
2. Begrenzung auf Ehesachen 21	II. Verfahren 59
II. Entscheidung	III. Entscheidung und Rechtsmittel 62
1. Begriff 24	F. Konsequenzen des Anerkennungs- und Feststellungsmonopols 64

Literatur: s. § 97 vor Rz. 1.

A. Überblick

1 Grundsätzlich erstrecken sich die Wirkungen anerkennungsfähiger ausländischer Entscheidungen ipso iure auf das Inland (näher dazu und zum Begriff der Anerkennung bei § 108). Demgegenüber statuiert § 107 ein sog. **Anerkennungs- bzw. Feststellungsmonopol:**[1] In Ehesachen soll die Anerkennung nicht den damit jeweils als Vorfrage befassten Gerichten oder Verwaltungsbehörden vorbehalten bleiben, sondern in einem besonderen Verfahren festgestellt werden, und zwar verbindlich für alle deutschen Gerichte und Behörden (vgl. Abs. 9). Regelungsziel sind also vor allem der interne Entscheidungseinklang (zum internationalen Entscheidungseinklang als Anerkennungsziel s. § 108 Rz. 3) sowie Rechtssicherheit in Fragen des ehelichen Status (zu Lebenspartnerschaftssachen s. Rz. 21): Zu vermeiden gilt es wenigstens für das Inland sog. **hinkende Ehen**, also solche, die im einen Fall als geschieden, in einem anderen als fortbestehend betrachtet werden. Zugleich soll die Konzentration des Verfahrens bei den Landesjustizverwaltungen bzw. OLG-Präsidenten die besondere Sachkunde der betrauten Stellen sicherstellen.

2 Der systematisch fragwürdig platzierte[2] § 107 übernimmt weitgehend den Regelungsgehalt von **Art. 7 § 1 FamRÄndG** (aufgehoben durch Art. 51 FGG-RG).[3] Wie Art. 7 § 1 FamRÄndG regelt § 107 das Verfahren, nicht hingegen die Voraussetzungen der Anerkennung. Insoweit gelten nunmehr § 109 FamFG (bislang: § 328 ZPO) bzw., soweit auch Privatscheidungen erfasst werden, die Kollisionsregeln der Rom III-VO (früher: Art. 17 EGBGB);[4] s. dazu noch Rz. 26 und 43. Nach wie vor hängt die Anerkennung nicht von der Verbürgung der Gegenseitigkeit ab. Dies war bislang in Art. 7 § 1 Abs. 1 Satz 2 FamRÄndG geregelt und folgt jetzt (systematisch korrekt) aus einem Umkehrschluss aus § 109 Abs. 4. Neu ist, dass das Anrufen des OLG fristgebunden ist (§§ 107 Abs. 7 Satz 3, 63; s. Rz. 59) und dass gegen dessen Entscheidung die Rechtsbeschwerde statthaft ist (§§ 107 Abs. 7 Satz 3, 70 ff.; s. Rz. 63). § 107 Abs. 10 entspricht dem nunmehr ebenfalls aufgehobenen **Art. 9 II. Nr. 4 FamRÄndG.**

---

1 Vgl. zu den Vor- und Nachteilen *Schack*, FS Spellenberg, S. 497 (498 f., 501 f.).
2 Zutreffend Zöller/*Geimer*, § 107 FamFG Rz. 1: die Vorschrift gehöre hinter §§ 108, 109 FamFG.
3 Gegen diese Kontinuität war im Vorfeld rechtspolitische Kritik gerichtet worden; s. *Andrae/ Heidrich*, FPR 2006, 222 ff., und Jansen/v. Schuckmann/Sonnenfeld/*Wick*, § 16a FGG Rz. 102.
4 *Hau*, FamRZ 2013, 249 (250).

Mit Hinweis auf Art. 92 GG wurde immer wieder die **Verfassungskonformität** von Art. 7 § 1 FamRÄndG bezweifelt.[1] Der FamFG-Gesetzgeber hat sich diese Bedenken, die konsequenterweise auch gegen § 107 zu richten wären, richtigerweise nicht zueigen gemacht.[2]

Ähnliche Ziele wie mit § 107 verfolgt der Gesetzgeber, wenn er **weitere besondere Anerkennungsverfahren** für sonstige Entscheidungen vorsieht. Hierzu zählen das Adoptionswirkungsgesetz (AdWirkG, s. § 199) sowie das neu konzipierte Procedere gem. § 108 Abs. 2 und 3 FamFG. Auch diese zielen, entsprechend § 107 Abs. 9, auf eine Klärung mit Wirkung erga omnes ab (vgl. § 4 Abs. 2 AdWirkG; § 108 Abs. 2 Satz 2 FamFG). Es handelt sich aber jeweils, anders als bei § 107, nur um fakultative Verfahren; sie einzuleiten steht denjenigen frei, die ein Interesse an der Feststellung der gegebenen bzw. fehlenden Anerkennungsfähigkeit haben.

B. Vorrangiges Europa- und Konventionsrecht

I. Ehestatusentscheidungen aus Brüssel IIa-Mitgliedstaaten

Entscheidungen in Ehesachen, die in einem **Mitgliedstaat der EU** (mit Ausnahme Dänemarks, vgl. Art. 2 Nr. 3 Brüssel IIa-VO) ergangen sind, werden in den anderen Mitgliedstaaten gem. Art. 21 ff. Brüssel IIa-VO anerkannt, ohne dass es hierfür eines besonderen Verfahrens bedarf.

1. Anwendungsbereich

Vorrang beansprucht die Brüssel IIa-VO nur für mitgliedstaatliche[3] Entscheidungen im weiten Sinne ihres Art. 2 Nr. 4, die in ihren **sachlichen Anwendungsbereich** fallen (s. § 98 Rz. 4 ff.). Erfasst ist, was die eheauflösende Wirkung angeht, auch die Beendigung einer Ehe in den Niederlanden durch Umwandlung in eine registrierte Partnerschaft.[4]

Weil die Brüssel IIa-VO für **Privatscheidungen** nur dann gilt, wenn eine wenigstens deklaratorische Behördenmitwirkung erfolgt (s. § 98 Rz. 7), schließt die Brüssel IIa-VO es nicht aus, dass Privatscheidungen, bei denen es zu keinerlei Mitwirkung einer Behörde gekommen ist, dem Verfahren nach § 107 unterworfen werden (zur Anwendbarkeit von § 107 s. Rz. 26). Auch wenn eine Behörde in einem Mitgliedstaat mitgewirkt hat, handelt es sich indes nur dann um eine Entscheidung iSv. Art. 21 Brüssel IIa-VO, wenn die Behörde dabei für den Mitgliedstaat – also nicht nur auf dessen Staatsgebiet – gehandelt hat (Gegenbeispiel: Registrierung einer Privatscheidung in der Pariser Botschaft eines Drittstaats).[5]

Die Anerkennungspflicht gem. Art. 21 ff. Brüssel IIa-VO bezieht sich nicht auf die Entscheidung eines Gerichts in einem Mitgliedstaat, das die Anerkennung einer drittstaatlichen (Scheidungs-)Entscheidung ausspricht (s. auch Rz. 19).[6] Umstritten ist die Einbeziehung von **Feststellungsentscheidungen**. Nach hier vertretener Auffassung fallen positive wie negative Feststellungsanträge in den Anwendungsbereich der Brüssel IIa-VO (s. § 98 Rz. 6), und für daraufhin ergehende Entscheidungen sollte de lege lata nichts anderes gelten; denn nur wenn auch diese erfasst werden, wird der europaweite Entscheidungseinklang in Statussachen gesichert, auf dem die Existenzberechtigung der gesamten Verordnung beruht. Eigentlich wäre es sinnvoll, auch Entscheidungen einzubeziehen, die **Eheauflösungsanträge abweisen**, wenn damit nach dem Recht des Ursprungsstaats die Feststellung einhergeht, dass die Ehe (der-

---

1 Näher zu dieser Diskussion etwa Staudinger/*Spellenberg*, Art. 7 § 1 FamRÄndG Rz. 8 ff.
2 Näher *Hau*, FS Spellenberg, S. 435 (436).
3 Klarstellend zur Unanwendbarkeit auf türkische Entscheidungen etwa OLG Celle v. 4.6.2007 – 15 WF 109/07, FamRZ 2008, 430.
4 Unklar *Kampe*, StAZ 2008, 250 ff. (dort für Anwendung von Art. 7 § 1 FamRÄndG); offenlassend OLG Celle v. 6.7.2005 – 10 VA 2/04, OLGReport 2006, 13.
5 Klarstellend *Helms*, FamRZ 2001, 257 (260); Staudinger/*Spellenberg*, Art. 21 EheGVO Rz. 10.
6 Zutreffend *Wall*, StAZ 2012, 27 ff.

zeit) besteht.¹ Diese Auffassung hat sich allerdings nicht durchsetzen können.² Zur Folge hat dies einen unübersichtlichen Restanwendungsbereich für bilaterale Anerkennungsverträge, die in Europa eigentlich der Vergangenheit angehören sollten (vgl. Art. 59 Brüssel IIa-VO).³

9 Für die **räumliche Anwendung** der Brüssel IIa-Anerkennungsregeln ist irrelevant, ob die **Zuständigkeit** zum Erlass der Ehestatusentscheidung auf die Brüssel IIa-VO oder auf nationales Recht gestützt wurde. Selbst eine Fehlentscheidung in dieser Hinsicht befreit die anderen Mitgliedstaaten ausweislich Art. 24 Brüssel IIa-VO nicht von ihrer Anerkennungspflicht.

10 Zum **zeitlichen Anwendungsbereich** der Anerkennungsregeln s. Art. 64, 72 Brüssel IIa-VO.

2. Anerkennungsverfahren

11 Die Anerkennung von Ehestatusentscheidungen, die in den Anwendungsbereich der Brüssel IIa-Regeln fallen, erfolgt gem. Art. 21 Abs. 1 Brüssel IIa-VO ipso iure. Beizubringen sind die in Art. 37 Brüssel IIa-VO genannten Urkunden (zur Bescheinigung gem. Art. 39 Brüssel IIa-VO s. § 98 Rz. 57). Einer Legalisation oder ähnlicher Förmlichkeiten bedarf es nicht (Art. 52 Brüssel IIa-VO).

12 Ist in einem Rechtsstreit vor einem Gericht eines Mitgliedstaats die Frage der Anerkennungsfähigkeit als Vorfrage zu klären, so kann dieses Gericht ohne weiteres hierüber befinden (Art. 21 Abs. 4 Brüssel IIa-VO); im Falle eines dahingehenden Zwischenfeststellungsantrags kann die Anerkennungsfrage auf diesem Wege rechtskräftig geklärt werden.

13 Im Übrigen dient dem Interesse an Rechtsklarheit im Anwendungsbereich der Brüssel IIa-VO das dort in Art. 21 Abs. 3 geregelte **besondere Anerkennungsverfahren:**[4] Dieses eröffnet die Möglichkeit, eigens eine gerichtliche Feststellungsentscheidung hinsichtlich der Anerkennung oder Nichtanerkennung herbeizuführen. Die Zuständigkeit regeln in Deutschland §§ 10, 12 IntFamRVG.[5] Das Verfahren bestimmt sich gem. Art. 21 Abs. 3 Brüssel IIa-VO und §§ 14, 32 Satz 1 IntFamRVG entsprechend Art. 28 ff. Brüssel IIa-VO, §§ 16 ff. IntFamRVG; rechtliches Gehör ist nach Maßgabe von § 32 Satz 2 und 3 IntFamRVG zu gewähren.[6] Das mit dem Feststellungsverfahren befasste Gericht kann das Verfahren aussetzen, wenn gegen die Entscheidung in ihrem Ursprungsstaat ein ordentlicher Rechtsbehelf eingelegt wurde (Art. 27 Brüssel IIa-VO). Wird die Feststellung der Anerkennungsunfähigkeit beantragt, darf der Antragsgegner, der die Anerkennung begehrt, eine Erklärung abgeben; Art. 31 Abs. 1 Brüssel IIa-VO steht dem nicht entgegen.[7] Die gem. Art. 21 Abs. 3 Brüssel IIa-VO ergehende Entscheidung soll – abweichend von § 107 Abs. 9 FamFG – nach herrschender Meinung nur inter partes wirken.[8] Wenig überzeugend erscheint es, die Frage der subjektiven Bindung dem nationalen Gesetzgeber anheimzustellen.[9]

---

1 *Hau*, FamRZ 1999, 484 (487).
2 *Helms*, FamRZ 2001, 257 (258); *Rauscher*, Art. 2 Brüssel IIa-VO Rz. 10; Staudinger/*Spellenberg*, Art. 21 EheGVO Rz. 20 ff. (der dies wenigstens rechtspolitisch treffend kritisiert).
3 Dazu Staudinger/*Spellenberg*, § 328 ZPO Rz. 14 ff.
4 Ungenau *Pietsch*, FF 2011, 237 (240): „Exequaturverfahren".
5 Dazu *Schulz*, FamRZ 2011, 1273 (1274).
6 Eingefügt durch Gesetz v. 25.6.2009 (BGBl. I 2009, 1594); in Kraft seit 1.1.2011 (BGBl. I 2010, 1498). Vgl. hierzu BT-Drucks. 16/12063, S. 12 f.; *Wagner*, Nomos-Erläuterungen zum Deutschen Bundesrecht. Zur Kritik an der früheren Regelung vgl. *Schack*, FS Spellenberg, S. 497 (502). Zur Statthaftigkeit der Rechtsbeschwerde BGH v. 25.7.2012 – XII ZB 170/11, FamRZ 2012, 1561.
7 Klarstellend EuGH v. 11.7.2008 – C-195/08 PPU (Inga Rinau), NJW 2008, 2973 = FamRZ 2008, 1729; dazu *Gruber*, IPRax 2009, 413.
8 *Helms*, FamRZ 2001, 257 (258); Thomas/Putzo/*Hüßtege*, Art. 21 EuEheVO Rz. 7; *Schack*, Rz. 994. Anders *Hau*, FS Spellenberg, S. 435 (449); *Rauscher*, Art. 21 Brüssel IIa-VO Rz. 33; tendenziell auch *Dutta*, StAZ 2010, 193 (197 Fn. 40).
9 So aber *Schack*, FS Spellenberg, S. 497 (503; 506 f.); Bahrenfuss/*v. Milczewski*, § 107 Rz. 15. Dagegen *Hau*, FS Spellenberg, S. 435 (449).

Aus Art. 21 Abs. 1 Brüssel IIa-VO lässt sich ableiten, dass Ehestatusentscheidungen, die in den Anwendungsbereich der Brüssel IIa-Anerkennungsregeln fallen, nicht dem **Anerkennungs-** bzw. **Feststellungsmonopol** gem. § 107 FamFG unterworfen sind.[1] Gefolgert wird daraus aber auch, dass ein gleichwohl nach § 107 Abs. 4 Satz 1 FamFG gestellter Antrag unzulässig wäre.[2] Dies erscheint nicht zwingend (s. zur Möglichkeit eines **fakultativen Anerkennungsverfahrens** auch noch Rz. 32),[3] zumal das Verfahren nach § 107 kostengünstiger als dasjenige gem. Art. 21 Abs. 3 Brüssel IIa-VO ist.[4]

3. Anerkennungsvoraussetzungen und -hindernisse

Die anzuerkennende Entscheidung muss in ihrem Ursprungsstaat wirksam, aber nicht formell rechtskräftig sein (arg. Art. 27 Brüssel IIa-VO). Gestaltungswirkung wird das Recht des Ursprungsstaats aber in aller Regel nur rechtskräftigen Entscheidungen beimessen.[5] Die Beischreibung in den Personenstandsbüchern des Anerkennungsstaats darf vom Eintritt der Rechtskraft abhängig gemacht werden (Art. 21 Abs. 2 Brüssel IIa-VO).

Die statthaften Anerkennungshindernisse nennt Art. 22 Brüssel IIa-VO (s. dazu § 109 Rz. 9f.). Art. 24 Brüssel IIa-VO untersagt die Kontrolle der Anerkennungszuständigkeit, Art. 25 Brüssel IIa-VO eine kollisionsrechtliche Kontrolle und Art. 26 Brüssel IIa-VO eine révision au fond.

II. Ehestatusentscheidungen aus Drittstaaten

Das deutsch-schweizerische Abkommen v. 2.11.1929 und der deutsch-tunesische Vertrag v. 19.7.1966 (s. § 97 Rz. 28) erfassen auch Entscheidungen in Ehestatussachen.[6] Sie regeln die einschlägigen Anerkennungshindernisse (s. § 109 Rz. 15), sollen aber dem Anerkennungs- und Feststellungsmonopol nach § 107 nicht entgegenstehen.[7]

III. Sonstige Grenzen des Anerkennungsmonopols

Probleme ergeben sich, wenn im Ausland über den Ehestatus und zugleich über **Folgesachen** entschieden worden ist.[8] § 107 betrifft zwar keine Folgesachen (s. Rz. 20); doch fraglich kann immerhin sein, ob die diesbezügliche Entscheidung im Inland nur in Abhängigkeit von der Anerkennung der Statusentscheidung anzuerkennen und zu vollstrecken ist. Das in § 107 vorgesehene Anerkennungsmonopol kann allerdings kein Anerkennungshindernis hinsichtlich einer Folgeentscheidung auslösen, sofern Deutschland kraft Europa- oder Konventionsrechts zur Anerkennung und Vollstreckbarerklärung verpflichtet ist, ohne dass die entsprechenden Regelungen Rücksicht auf die Statusfrage nehmen. Dies gilt namentlich für die EuUntVO (Unter-

---

1 Statt vieler: *Helms*, FamRZ 2001, 257 (261); MüKo. ZPO/*Rauscher*, § 107 FamFG Rz. 8; *Rauscher*, Art. 21 Brüssel IIa-VO Rz. 11. Zur Fortgeltung in Altfällen vgl. KG v. 22.7.2003 – 1 VA 27/02, FamRZ 2004, 275.
2 OLG Celle v. 6.7.2005 – 10 VA 2/04, OLGReport 2006, 13; *Helms*, FamRZ 2001, 257 (261); wohl auch *Rauscher*, Art. 21 Brüssel IIa-VO Rz. 18. Für einen Vorrang von Art. 21 Abs. 3 Brüssel IIa-VO kraft Spezialität etwa Schulte-Bunert/Weinreich/*Baetge*, § 107 Rz. 3; auf den „generellen Anwendungsvorrang des Gemeinschaftsrechts" verweist *Heiderhoff*, StAZ 2009, 328 (330).
3 Für die Möglichkeit einer freiwilligen Delibation denn auch *Hau*, FS Spellenberg, S. 435 (447ff.), und zum früheren Recht bereits Staudinger/*Spellenberg*, Art. 21 EheGVO Rz. 92. Anders *Schack*, FS Spellenberg, S. 497 (506f.).
4 Dies räumt auch *Rauscher*, Art. 21 Brüssel IIa-VO Rz. 18, ein.
5 *Helms*, FamRZ 2001, 257 (260).
6 Vgl. zum deutsch-schweizerischen Abkommen etwa OLG München v. 14.7.2009 – 12 WF 1296/09, FamRZ 2009, 2104 (2105); zweifelnd Johannsen/*Henrich*, § 107 FamFG Rz. 3.
7 Staudinger/*Spellenberg*, § 328 ZPO Rz. 47. Zum deutsch-tunesischen Vertrag vgl. OLG Düsseldorf v. 9.6.2011 – I-13 VA 1/11, FamRZ 2011, 1965 (1966f.).
8 Ausführlich zu solchen Fragen *Lippke*, Der Status im Europäischen Zivilverfahrensrecht, passim.

halt) und die Brüssel IIa-VO (Kindschaftssachen). Einzelheiten: Anhang 1 zu § 110 Rz. 27 ff.

C. Anwendungsbereich des Anerkennungs- und Feststellungsmonopols

I. Ehestatusentscheidungen

1. Begrenzung auf Statusentscheidungen

19   Das Anerkennungsverfahren betrifft gem. § 107 Abs. 1 Satz 1 nur ausländische Entscheidungen, durch die eine Ehe für nichtig erklärt, aufgehoben, dem Ehebande nach oder unter Aufrechterhaltung des Ehebandes geschieden oder durch die das Bestehen oder Nichtbestehen einer Ehe zwischen den Beteiligten festgestellt worden ist. Scheidung unter Aufrechterhaltung des Ehebandes meint dabei die (statusändernde) **Trennung von Tisch und Bett**, nicht hingegen die bloße Feststellung eines Rechts zum Getrenntleben.[1] Eine Entscheidung, die das Bestehen einer Ehe feststellt, soll § 107 nur dann unterfallen, wenn sie zwischen den Ehegatten ergangen ist;[2] näher dürfte es freilich liegen, auch in einem solchen Fall das Delibationsverfahren durchzuführen und die unterbliebene Beteiligung eines Ehegatten eher unter dem Gesichtspunkt der Anerkennungsfähigkeit (§ 109 Abs. 1 Nr. 2 bzw. 4) einzuordnen.[3] Den Antrag auf Eheauflösung **abweisende Sachentscheidungen** werden erfasst, sofern die lex fori im Entscheidungsstaat damit die Feststellung des Bestehens der Ehe verbindet.[4] Eine Entscheidung, mit der in Staat A (sei es ein EU- oder ein Drittstaat) eine in Staat B ergangene Statusentscheidung für anerkennungsfähig erklärt wird, ist in Deutschland nicht anerkennungsfähig.[5]

20   Die Prüfung im Verfahren nach § 107 beschränkt sich auf die Statusentscheidung, erstreckt sich also nicht auf **Neben- oder Folgeentscheidungen**.[6] Davon zu unterscheiden ist die Frage, ob eine solche im Falle fehlender Anerkennungsfähigkeit der Statusentscheidung isoliert anzuerkennen ist (s. Rz. 18 und Rz. 44).

2. Begrenzung auf Ehesachen

21   Nach seinem Wortlaut gilt § 107, entsprechend der früher zu Art. 7 § 1 FamRÄndG vorherrschenden Auffassung,[7] nicht für Statusentscheidungen hinsichtlich **Lebenspartnerschaften**.[8] Eine Erstreckung der Vorschrift auf diese ließe sich allenfalls mit § 270 Abs. 1 Satz 1 begründen. Dies dürfte aber kaum überzeugen: Zum einen ist § 107, anders als in § 270 Abs. 1 Satz 1 vorausgesetzt, im engeren Sinne kein „Verfahren auf Feststellung des Bestehens oder Nichtbestehens einer Ehe" (und erst recht

---

1 Näher Staudinger/*Spellenberg*, Art. 7 § 1 FamRÄndG Rz. 42 f.
2 OVG Lüneburg v. 13.12.2007 – 8 LB 14/07, FamRZ 2008, 1785 (1786).
3 *Hau*, FS Spellenberg, S. 435 (440 f.).
4 *Pietsch*, FF 2011, 237 (241); MüKo. ZPO/*Rauscher*, § 107 FamFG Rz. 23; Staudinger/*Spellenberg*, Art. 7 § 1 FamRÄndG Rz. 50. Anders, aber nicht überzeugend *Andrae/Heidrich*, FamRZ 2004, 1622 (1627 f.).
5 Staudinger/*Spellenberg*, Art. 7 § 1 FamRÄndG Rz. 48; *Geimer*, FS Ferid, S. 89 (94); *Wall*, StAZ 2012, 27. Beachte aber auch KG v. 22.7.2003 – 1 VA 27/02, FamRZ 2004, 275 (276), dort zu einem österreichischen Urt., mit dem aufgrund eines italienischen Trennungsurteils die Scheidung ausgesprochen wird.
6 Klarstellend BGH v. 14.2.2007 – XII ZR 163/05, NJW-RR 2007, 722 = FamRBint 2007, 62 (*Finger*). Beachte auch Staudinger/*Spellenberg*, Art. 7 § 1 FamRÄndG Rz. 52 f.
7 MüKo. ZPO/*Gottwald*, 3. Aufl., § 328 Rz. 183; Bamberger/Roth/*Heiderhoff*, Art. 17b EGBGB Rz. 58; Hausmann/Hohloch/*Martiny*, Kap. 12 Rz. 122; Staudinger/*Spellenberg*, Art. 7 § 1 FamRÄndG Rz. 30; *Wagner*, IPRax 2001, 281 (288). Anders aber *Andrae/Heidrich*, FPR 2004, 292 f., und FamRZ 2004, 1622 (1624 f.); *Hausmann*, FS Henrich, S. 241 (265); Jansen/v. Schuckmann/Sonnenfeld/*Wick*, § 16a FGG Rz. 13.
8 Wie hier *Althammer*, IPRax 2009, 381 (386); MüKo. BGB/*Coester*, Art. 17b EGBGB Rz. 124; *Finger*, FuR 2010, 3 (8); Zöller/*Geimer*, § 107 FamFG Rz. 21; *Haecker*, Die Anerkennung ausländischer Entscheidungen in Ehesachen, S. 20; *Hau*, FamRZ 2009, 821 (825); *Heiderhoff*, StAZ 2009, 328 (330 f.); Helms/*Krämer*, StAZ 2009, 325 (326 f.); MüKo. ZPO/*Rauscher*, § 107 FamFG Rz. 4; Keidel/*Zimmermann*, § 107 FamFG Rz. 10. Anders für Lebenspartnerschaften aber Musielak/*Borth*, § 107 FamFG Rz. 1. Unklar Lauterbach/*Hartmann*, § 107 FamFG Rz. 3.

kein „Verfahren auf Scheidung der Ehe"). Zum anderen wurde § 107 Abs. 2 im Gesetzgebungsverfahren noch eigens geändert, um den Fall zu erfassen, dass die Anerkennung einer ausländischen Eheauflösung betrieben wird, weil ein Ehegatte im Inland eine Lebenspartnerschaft eingehen möchte.[1] Es kann kaum angenommen werden, dass der Gesetzgeber ausgerechnet diese Sondersituation ausdrücklich regeln wollte, aber im Übrigen – entgegen der bislang herrschenden Meinung – davon ausgegangen ist, dass sich die allgemeine Anwendbarkeit der Vorschrift auf Lebenspartnerschaftssachen schon von selbst verstehe.[2]

Erfasst § 107 demnach nur Ehesachen iSd. deutschen Rechts, sollten neben der Lebenspartnerschaft auch die in einigen Rechtsordnungen vorgesehenen **gleichgeschlechtlichen Ehen** sowie sonstige rechtlich verfestigte **Lebensformen gleich- oder verschiedengeschlechtlicher Paare**, die das ausländische Recht als Minus gegenüber der Ehe ausgestaltet, ausgeklammert bleiben.[3] Für diesbezügliche Statusentscheidungen gilt mithin nicht § 107, sondern das fakultative Anerkennungsfeststellungsverfahren gem. § 108 Abs. 2 (s. dort Rz. 45 ff.; zur Unanwendbarkeit der Brüssel IIa-VO s. § 103 Rz. 4; beachte zudem Rz. 6 zur Beendigung einer Ehe in den Niederlanden durch Umwandlung in eine registrierte Partnerschaft). 22

Die Sonderbehandlung der Ehe in § 107, die keineswegs auf eine Besserstellung hinausläuft, ist de lege lata – auch unter Berücksichtigung von Art. 3 und 6 GG – wohl noch hinnehmbar, aber allemal rechtspolitisch fragwürdig.[4] 23

II. Entscheidung

1. Begriff

In § 107 Abs. 1 Satz 1 ist nur von „Entscheidungen" die Rede, aus Satz 2 erhellt, dass diese von Gerichten oder Behörden stammen können.[5] Weil § 107 den Entscheidungseinklang in Ehestatussachen sichern soll, wird der Begriff der Entscheidung weit gefasst. Wesentlich ist die Ableitung von einem **staatlichen Hoheitsakt**. Neben gerichtlichen Entscheidungen der streitigen oder freiwilligen Gerichtsbarkeit werden auch Eheauflösungen durch Verwaltungsbehörden oder im Wege des Gnadenakts erfasst. Zwar evident ehestatusrelevant, aber keine Entscheidung iSv. § 107 ist die Eheschließung.[6] 24

Eine **Eheauflösung kraft Gesetzes** (etwa wegen Todes, Todeserklärung, Verschollenheit, Freiheitsstrafe, Religionswechsels) ist zwar als solche kein tauglicher Gegenstand des Anerkennungsverfahrens,[7] wohl aber eine darauf gestützte ausländische behördliche oder gerichtliche Feststellungsentscheidung.[8] 25

Ausländischen Entscheidungen stellt § 107, abweichend von § 1 Satz 1 AdWirkG, nicht solche funktionsäquivalente Rechtsgeschäfte gleich, die auf ausländischen Sachvorschriften beruhen. Gleichwohl können **Privatscheidungen** anerkanntermaßen dem Anwendungsbereich von § 107 unterfallen: Findet eine behördliche Mitwirkung statt, so vermittelt diese den erforderlichen Bezug zu staatlicher Hoheitsgewalt und damit den Entscheidungscharakter iSv. § 107. Unerheblich ist dabei, ob eine auslän- 26

---

1 Dazu BT-Drucks. 16/6308, S. 371 f. und 411; BT-Drucks. 16/9733, S. 57, 292. Nachvollzogen wurde damit für § 107 die Änderung von Art. 7 § 1 Abs. 2 FamRÄndG durch das Personenstandsreformgesetz v. 19.2.2007, BGBl. I 2007, 122.
2 Auch *Andrae/Heidrich*, FPR 2006, 222 (228), selbst Befürworter der Einbeziehung, hatten eine Klarstellung für erforderlich gehalten.
3 Dazu *Hau*, FS Spellenberg, S. 435 (438 f.); *Schack*, FS Spellenberg, S. 497 (505); *Andrae/Abbas*, StAZ 2011, 97 (102); *Wiggerich*, FamRZ 2012, 1116 (1118).
4 *Hau*, FS Spellenberg, S. 435 (439).
5 Ebenso *Gottwald*, FS Rüßmann, S. 771 f.
6 Klarstellend etwa *Hohloch*, FPR 2011, 422 (426).
7 *Staudinger/Spellenberg*, Art. 7 § 1 FamRÄndG Rz. 41. Anders wohl *Zöller/Geimer*, § 107 FamFG Rz. 22 (unter „Entscheidungen" fielen auch Maßnahmegesetze [Scheidung durch Parlamentsakt]).
8 Näher *Hau*, FS Spellenberg, S. 435 (441).

dische Behörde konstitutiv oder nur deklaratorisch, etwa beurkundend oder registrierend, mitgewirkt hat (zur Anwendbarkeit der Brüssel IIa-VO in solchen Fällen s. Rz. 7).[1] Ist eine solche behördliche Mitwirkung nach dem ausländischen Recht zwar keine Wirksamkeitsvoraussetzung, aber wenigstens möglich, so sollte § 107 auch dann angewendet werden, wenn auf die behördliche Mitwirkung verzichtet wurde; denn es wäre unsinnig, wäre die Scheidung vor der Mitwirkung ohne weiteres beachtlich, danach aber dem Anerkennungsmonopol unterworfen.[2] Zu weit dürfte es jedoch gehen, § 107 auch auf solche (reinen) Privatscheidungen zu erstrecken, für die das ausländische Recht keinerlei behördliche Beteiligung vorsieht.[3] Wenn § 107 auf Privatscheidungen anwendbar ist, bedeutet dies noch nicht, dass die Anerkennungsfähigkeit nur verfahrensrechtlich, also anhand § 109, zu prüfen wäre. Einschlägig sind vielmehr die Kollisionsnormen der Rom III-VO (früher: Art. 17 EGBGB); dazu Rz. 43.[4]

27   Ausreichend ist für § 107 auch die Mitwirkung (etwa eine Bestätigung) durch **religiöse Gerichte**, wenn der Staat, auf dessen Gebiet sie tätig werden, diese Gerichtsbarkeit billigt und ihnen Autorität zuerkennt.[5] Unanwendbar ist § 107 aber auf Entscheidungen kirchlicher Ehegerichte, denen eine rein geistliche Funktion zukommt.[6] Dies kann von Land zu Land verschieden sein: So sind Scheidungen durch Rabbinatsgerichte in Israel staatlich autorisiert, während sie in Ermangelung dessen in den USA reine Privatscheidungen darstellen.[7]

2. Wirksamkeit

28   Die ausländische Entscheidung muss nach dem Recht des Erststaats bereits wirksam und – soweit vorgesehen – registriert, aber nicht notwendig formell rechtskräftig sein.[8] Im Falle einer dem Anerkennungsverfahren unterworfenen Privatscheidung ist maßgeblich, dass ihre rechtsgestaltende Wirkung unwiderruflich eingetreten ist.[9] Allemal missverständlich ist die These, dass kein Anerkennungsverfahren gemäß § 107 durchzuführen sei, wenn aus deutscher Sicht ohnehin eine Nichtehe vorliegt.[10] In solchen Fällen mag zwar das Rechtsschutzbedürfnis für das Anerkennungsverfahren zweifelhaft erscheinen, es sollte aber keine Rede davon sein, dass dessen Anwen-

---

1   Grundlegend BGH v. 21.2.1990 – XII ZB 203/87, NJW 1990, 2194 (2195); ebenso KG v. 3.1.2013 – 1 VA 9/12, BeckRS 2013, 01485; OLG München v. 31.1.2012 – 34 Wx 80/10, MittBayNot 2012, 306 (307) m. Anm. *Süß*; OLG Frankfurt v. 26.10.2004 – 4 WF 97/04, FamRZ 2005, 989; Präs. OLG Celle v. 11.8.1997 – 3465 I 212/97, FamRZ 1998, 757; BayObLG v. 13.1.1994 – 3Z BR 66/93, NJW-RR 1994, 771; KG v. 6.11.2001 – 1 VA 11/00, FamRZ 2002, 840 (841); Staudinger/*Spellenberg*, Art. 7 § 1 FamRÄndG Rz. 31. Zu eng Jansen/v. Schuckmann/Sonnenfeld/*Wick*, § 16a FGG Rz. 14 („mindestens registriert").
2   Staudinger/*Spellenberg*, Art. 7 § 1 FamRÄndG Rz. 39 f.
3   Wie hier: Justizverwaltung OLG Celle v. 10.11.1997 – 3465 I 301/97, FamRZ 1998, 686; OLG Celle v. 6.7.2005 – 10 VA 2/04, OLGReport 2006, 13 (14); Zöller/*Geimer*, § 107 FamFG Rz. 22, 23, 24; Haußleiter/*Gomille*, § 107 Rz. 6. Anders Präs. OLG Frankfurt v. 19.11.2001 – 346/3-I/4–89/99, StAZ 2003, 137; *Gottwald*, FS Rüßmann, S. 771 (773); *Nishitani*, IPRax 2002, 49 (53); *Hohloch*, FF 2001, 45 (50); tendenziell auch *Andrae/Heidrich*, FPR 2004, 292 (293) und FamRZ 2004, 1622 (1626).
4   Klarstellend etwa MüKo. ZPO/*Rauscher*, § 107 FamFG Rz. 15.
5   *Kissner*, StAZ 2004, 116; Justizministerium Baden-Württemberg v. 27.12.2000 – 346 E 633/99, FamRZ 2001, 1018; OLG Braunschweig v. 19.10.2000 – 2 W 148/00, FamRZ 2001, 561, und OLG Düsseldorf v. 28.8.2002 – 3 Va 3/02, FPR 2003, 468 (469): Bestätigung einer Talaq-Ehescheidung durch ein Sharia-Gericht und anschließende standesamtliche Registrierung eröffnet Anwendungsbereich des Art. 7 § 1 FamRÄndG.
6   Zöller/*Geimer*, § 107 FamFG Rz. 23; wohl auch Staudinger/*Spellenberg*, Art. 7 § 1 FamRÄndG Rz. 38.
7   Vgl. Staudinger/*Spellenberg*, Art. 7 § 1 FamRÄndG Rz. 32.
8   *Hau*, FS Spellenberg, S. 435 (441 f.). Rechtskraft verlangen etwa *Pietsch*, FF 2011, 237 (241); Staudinger/*Spellenberg*, Art. 7 § 1 FamRÄndG Rz. 42.
9   Jansen/v. Schuckmann/Sonnenfeld/*Wick*, § 16a FGG Rz. 14.
10 Vgl. Zöller/*Geimer*, § 107 FamFG Rz. 11; MüKo. ZPO/*Rauscher*, § 107 FamFG Rz. 18; Keidel/*Zimmermann*, § 107 FamFG Rz. 8.

dungsbereich im Falle einer Nichtehe von vornherein – schon begrifflich – nicht eröffnet sein könne.[1]

Wird die im Ausland ergangene Entscheidung dort aufgehoben, so entfällt die 29 Grundlage des Anerkennungsverfahrens und dieses wird unzulässig.[2] Eine bereits ergangene Anerkennungsentscheidung der Landesjustizverwaltung kann das OLG aufheben und die fehlende Anerkennungsfähigkeit feststellen.[3]

III. Im Ausland ergangen

Ob eine Entscheidung vorliegt, durch die eine Ehe „im Ausland" aufgelöst worden 30 ist, hat schon die zu Art. 7 § 1 FamRÄndG herrschende Meinung danach beurteilt, ob eine Behörde in Ausübung ausländischer Hoheitsgewalt tätig geworden ist. Daran ist fest zu halten, obwohl der Normtext nach wie vor suggeriert, es sei auf den Entscheidungsort abzustellen.[4] Das Verfahren nach § 107 ist also auch statthaft, wenn eine ausländische Botschaft oder konsularische Vertretung die Scheidung im Inland erlassen oder hier an ihr mitgewirkt hat. Der Antrag auf Anerkennung ist dann zulässig,[5] aber (wegen Art. 17 Abs. 2 EGBGB) unbegründet.[6]

IV. Privilegierung von Heimatstaatsentscheidungen (Abs. 1 Satz 2)

Gerichtliche oder auch – was der Normtext heute klarstellt[7] – behördliche Entscheidungen des gemeinsamen Heimatstaats beider Ehegatten sind laut § 107 Abs. 1 31 Satz 2 von dem zwingenden Anerkennungsverfahren befreit. Es kommt also eine Inzidentanerkennung durch jede mit der Frage befasste Behörde bzw. jedes damit befasste Gericht in Betracht.[8] Nicht recht einsichtig ist die rechtspolitische Begründung dieses Privilegs.[9]

Der Normtext („hängt nicht davon ab") schließt es nicht aus, auch im Falle einer 32 Heimatstaatsentscheidung ein **fakultatives Anerkennungsverfahren** nach § 107 durchzuführen.[10] Allerdings soll dann ein konkretes Rechtsschutzbedürfnis darzulegen sein.[11] Für die Anwendung von § 107 (statt des neuen Verfahrens gem. § 108 Abs. 2[12]) spricht vor allem die Überlegung, dass sich nur so die Sachkunde erschließt,

---

1 Dazu *Henrich*, IPRax 1982, 250; *Hau*, FS Spellenberg, S. 435 (439).
2 KG v. 27.2.2007 – 1 VA 5/06, FamRZ 2007, 1828 (1829); *Gottwald*, FS Rüßmann, S. 771 (772).
3 BayObLG v. 20.2.1998 – 1Z BR 15/98, FamRZ 1998, 1305.
4 Näher *Hau*, FS Spellenberg, S. 435 (442 ff.). Ebenso Haußleiter/*Gomille*, § 107 Rz. 4.
5 BGH v. 14.10.1981 – IVb ZB 718/80, BGHZ 82, 34 = NJW 1982, 517; Präs. OLG Frankfurt v. 10.7. 2000 – 346/3-I/4–617/99, StAZ 2001, 37 (38); *Andrae/Heidrich*, FamRZ 2004, 1622 (1626); Staudinger/*Spellenberg*, § 328 ZPO Rz. 584.
6 Staudinger/*Spellenberg*, § 328 ZPO Rz. 581, 584; BGH v. 14.10.1981 – IVb ZB 718/80, StAZ 1982, 7 (9 f.); BayObLG v. 30.8.1984 – BReg. 1 Z 57/84, FamRZ 1985, 75 (76).
7 Zur früheren Diskussion vgl. Staudinger/*Spellenberg*, Art. 7 § 1 FamRÄndG Rz. 67 ff.
8 OLG Zweibrücken v. 10.3.2005 – 5 WF 36/05, NJOZ 2005, 3309 (3311); kritisch *Andrae/Heidrich*, FPR 2006, 222 (223 f.).
9 Dazu Zöller/*Geimer*, § 107 FamFG Rz. 39; *Hau*, FS Spellenberg, S. 435 (445 f.); Staudinger/ *Spellenberg*, Art. 7 § 1 FamRÄndG Rz. 55.
10 Vgl. BGH v. 11.7.1990 – XII ZB 113/87, NJW 1990, 3081 (3082); *Gottwald*, FS Rüßmann, S. 771 (775 f.); MüKo. BGB/*Winkler v. Mohrenfels*, Art. 17 EGBGB Rz. 351; Staudinger/*Spellenberg*, Art. 7 § 1 FamRÄndG Rz. 70; *Pietsch*, FF 2011, 237. Ablehnend etwa Zöller/*Geimer*, § 107 FamFG Rz. 38; *Andrae/Heidrich*, FPR 2004, 292 (293); *Schack*, FS Spellenberg, S. 497 (506).
11 So BayObLG v. 8.5.2002 – 3 Z BR 303/01, FamRZ 2002, 1637 (1638): Rechtsschutzbedürfnis, wenn durch das Verfahren nach Art. 7 § 1 FamRÄndG der Stillstand eines amtsgerichtlichen Verfahrens beendet werden kann; ferner OLG Celle v. 6.7.2005 – 10 VA 2/04, OLGReport 2006, 13 (14): Kein Rechtsschutzbedürfnis, wenn das Verfahren nach Art. 7 § 1 FamRÄndG wegen einer dann notwendigen Vorlage zum EuGH besonders aufwendig wäre. Gegen besondere Anforderungen an das Rechtsschutzbedürfnis aber Staudinger/*Spellenberg*, Art. 7 § 1 FamRÄndG Rz. 127.
12 Dafür Zöller/*Geimer*, § 107 FamFG Rz. 38; Bahrenfuss/*von Milczewski*, § 107 Rz. 24. Das Problem verkennt, wer meint, als Alternative zur entsprechenden Anwendung von § 107 komme nur eine (inter partes wirkende) Feststellung gemäß § 121 Nr. 3 in Betracht; so Friederici/ Kemper/*Kemper*, § 107 FamFG Rz. 13, und im Ergebnis auch Musielak/*Borth*, § 107 FamFG Rz. 8.

die bei den Landesjustizverwaltungen bzw. OLG-Präsidenten speziell hinsichtlich internationaler Ehesachen vorhanden ist.[1]

33 Umstritten ist die Behandlung von **Mehrstaatern:** § 107 Abs. 1 Satz 2 sollte auch dann eingreifen, wenn ein Ehegatte – oder sogar beide – zusätzlich zu der gemeinsamen Staatsangehörigkeit des Entscheidungsstaats noch über (eine) weitere Staatsangehörigkeit(en) verfügt bzw. verfügen; denn das Gesetz sieht weder vor, dass es dabei auf Effektivitätsüberlegungen ankommt (welche Staatsangehörigkeit wird tatsächlich „gelebt"?), noch trifft es eine Regelung wie Art. 5 Abs. 1 Satz 2 EGBGB, wonach die deutsche Staatsangehörigkeit den Ausschlag gibt (was hier hieße, dass das förmliche Anerkennungsverfahren zwingend durchzuführen wäre[2]).[3] Nach herrschender Meinung liegt gleichwohl, wenn auch nur ein Ehegatte Mehrstaater ist, nie eine Heimatstaatsentscheidung iSv. § 107 Abs. 1 Satz 2 vor.[4]

34 Probleme bereiten wiederum **Privatscheidungen:** Einschlägig ist das förmliche Anerkennungsverfahren nach hier vertretener Auffassung ohnehin nur, wenn das ausländische Recht eine behördliche Mitwirkung wenigstens vorsieht (s. Rz. 26); ist eine solche tatsächlich erfolgt, und zwar durch eine Behörde des gemeinsamen Heimatstaats, sollte konsequenterweise auch die Befreiung gem. § 107 Abs. 1 Satz 2 eingreifen.[5]

D. Anerkennungsverfahren vor der Landesjustizverwaltung

I. Zuständigkeit

35 **Sachlich zuständig** sind zunächst die Landesjustizverwaltungen (§ 107 Abs. 1 Satz 1). Die Landesregierung (oder die dazu von dieser mittels Weiterübertragungsverordnung ermächtigte Landesjustizverwaltung, vgl. § 107 Abs. 3 Satz 2) kann die Zuständigkeit gem. § 107 Abs. 3 auf einen oder mehrere OLG-Präsidenten übertragen. Beides hat sein Für und Wider: Die Zuständigkeit der Landesjustizverwaltung erscheint manchen wegen Art. 92 GG bedenklich, die Übertragung auf den OLG-Präsidenten hingegen deswegen, weil dessen Entscheidung sodann ein OLG-Senat kontrollieren soll (§ 107 Abs. 7).[6]

36 Soweit ersichtlich, gelten in den Bundesländern derzeit (Stand Februar 2011) die folgenden Regeln:[7]
- **Baden-Württemberg:** Oberlandesgerichte als Justizverwaltungsbehörden (§ 3 Abs. 3 Zuständigkeitsverordnung Justiz v. 20.11.1998, GBl. 1998, 680, ÄnderungsVO v. 15.6.2000, GBl. 2000, 499);
- **Bayern:** Präsident des OLG München für alle OLG-Bezirke in Bayern (§ 5 Gerichtliche Zuständigkeitsverordnung Justiz v. 16.11.2004, GVBl. 2004, 471);
- **Berlin:** Senatsverwaltung für Justiz;
- **Brandenburg:** Brandenburgisches OLG als Justizverwaltungsbehörde (§ 1 VO v. 9.1.2009 zur Übertragung der Befugnisse nach dem FamRÄndG, GVBl. II/03, 18);
- **Bremen:** Präsident des Hanseatischen OLG (§ 1 VO v. 3.2.2004 zur Übertragung der Befugnisse nach dem FamRÄndG, GBl. 2004, 37);

---

1 Für § 107 statt § 108 Abs. 2 auch *Althammer*, IPRax 2009, 381 (387); *Hau*, FS Spellenberg, S. 435 (447); *Heiderhoff*, StAZ 2009, 328 (332); Thomas/Putzo/*Hüßtege*, § 107 FamFG Rz. 10; *Klinck*, FamRZ 2009, 741 (743); MüKo. ZPO/*Rauscher*, § 107 FamFG Rz. 33; Keidel/*Zimmermann*, § 107 FamFG Rz. 20.
2 Dafür *Gottwald*, FS Rüßmann, S. 771 (776).
3 *Hau*, FS Spellenberg, S. 435 (445 f.).
4 Zöller/*Geimer*, § 107 FamFG Rz. 42; *Schack*, Rz. 986; MüKo. BGB/*Winkler v. Mohrenfels*, Art. 17 EGBGB Rz. 350. Für Effektivitätsprüfung hingegen Staudinger/*Spellenberg*, Art. 7 § 1 FamRÄndG Rz. 62 f.
5 Strenger OLG Frankfurt v. 26.10.2004 – 4 WF 97/04, FamRZ 2005, 989.
6 *Andrae/Heidrich*, FPR 2006, 222 (225).
7 Zu den Adressen vgl. www.berlin.de/sen/justiz/struktur/a2_ausl_scheidg_hinw.html.

- **Hamburg:** Justizbehörde; diese hat von der Weiterübertragungsverordnung v. 20.8. 2002 (GVBl. 2002, 233) bislang keinen Gebrauch gemacht;
- **Hessen:** Präsident des OLG Frankfurt/Main (§ 37 Gerichtliche Zuständigkeitsverordnung Justiz v. 16.9.2008, GVBl. I 2008, 822);
- **Mecklenburg-Vorpommern:** Justizministerium;
- **Niedersachsen:** Präsidenten der Oberlandesgerichte (§ 26 ZustVO-Justiz v. 18.12.2009, GVBl. 2009, 506);
- **Nordrhein-Westfalen:** Präsident des OLG Düsseldorf (§ 118 JustG NRW v. 26.1.2010, GVBl. NRW 2010, 30);
- **Rheinland-Pfalz:** Präsident des OLG Koblenz (§ 1 LandesVO über die Zuständigkeit für die Anerkennung ausländischer Entscheidungen in Ehesachen v. 23.10.2008, GVBl. 2008, 288);
- **Saarland:** Präsident des saarländischen OLG (§ 1 VO v. 18.11.2003 zur Übertragung der Befugnisse nach dem FamRÄndG, ABl. 2003, 2995);
- **Sachsen:** Präsident des OLG Dresden (§ 27 Sächsische Justizorganisationsverordnung v. 14.12.2007, GVBl. 2007, 600);
- **Sachsen-Anhalt:** Präsident des OLG Naumburg (§ 1 VO v. 7.12.2000 zur Übertragung der Befugnisse nach dem FamRÄndG, GVBl. 2000, 672);
- **Schleswig-Holstein:** Ministerium für Justiz, Gleichstellung und Integration;
- **Thüringen:** Präsident des OLG (§ 1 VO v. 12.9.2006 zur Übertragung der Befugnis für die Anerkennung ausländischer Entscheidungen in Ehesachen nach dem FamRÄndG, GVBl. 2006, 521).

Die **örtliche Zuständigkeit** bestimmt sich gem. § 107 Abs. 2. Maßgeblich ist in erster Linie der gewöhnliche Aufenthalt (s. § 122 Rz. 4 ff.) eines Ehegatten, nicht zwingend des Antragstellers. Haben die Ehegatten ihren gewöhnlichen Aufenthalt in verschiedenen Bundesländern, hat der Antragsteller die Wahl. Ist jedoch bereits eine zuständige Stelle mit dem Verfahren befasst, so ist jede andere Zuständigkeit ausgeschlossen (analog § 2 Abs. 1). Maßgeblich ist der **Zeitpunkt** der Antragstellung; eine spätere Änderung schadet nicht (analog § 2 Abs. 2). **Parteivereinbarungen** betreffend die Zuständigkeit sind unbeachtlich. 37

II. Antrag

Die Entscheidung der Landesjustizverwaltung bzw. des OLG-Präsidenten ergeht nur auf Antrag (§ 107 Abs. 4 Satz 1). Dieser kann **formlos** gestellt werden.[1] Anwaltszwang besteht nicht. Werden Standesämter mit der Frage der Eheschließung befasst, leiten sie den Antrag an die zuständige Behörde weiter (A.6.2.7 PStG-VwV). Der Antrag muss die in Rede stehende ausländische Entscheidung benennen und kann diesbezüglich auf Feststellung entweder der gegebenen oder der fehlenden Anerkennungsfähigkeit (vgl. Abs. 8) lauten. Der Antrag unterliegt keiner **Frist**. Ob das Antragsrecht ausnahmsweise verwirkt werden kann, ist streitig und zweifelhaft.[2] Bis zur Entscheidung der Landesjustizverwaltung kann der Antragsteller den Antrag frei zurücknehmen (§ 22; zur Rücknahme im Verfahren vor dem OLG s. Rz. 60). 38

III. Antragsbefugnis

Den Antrag kann stellen, wer ein **rechtliches Interesse** an der Anerkennung glaubhaft macht (§ 107 Abs. 4 Satz 2).[3] Das Interesse ist ein rechtliches, wenn es auf einem Rechtsverhältnis des Antragstellers zu einer anderen Person beruht, welches durch die Anerkennung oder Nichtanerkennung beeinflusst wird. Das haben allemal die früheren Ehegatten, auch der Partner der beabsichtigten Zweitehe, nicht jedoch der Verlobte des im Ausland Geschiedenen. Auch der aufgelösten oder der zweiten Ehe 39

---

1 MüKo. ZPO/*Rauscher*, § 107 FamFG Rz. 40. Anders Baumbach/*Hartmann*, § 107 FamFG Rz. 18.
2 Näher Staudinger/*Spellenberg*, Art. 7 § 1 FamRÄndG Rz. 142; MüKo. BGB/*Winkler v. Mohrenfels*, Art. 17 EGBGB Rz. 354.
3 Ausführlich zum Folgenden Staudinger/*Spellenberg*, Art. 7 § 1 FamRÄndG Rz. 124 ff.

entstammende Kinder können wegen ihres Unterhaltsanspruchs und des Sorgerechts Interesse an einem Anerkennungsverfahren haben. Künftige Erben eines noch lebenden Ehegatten sind regelmäßig nicht antragsbefugt; anders beim Tode des Ehegatten, wenn das Erbrecht von der Anerkennung der Entscheidung abhängt. Auch Sozialversicherungsträger und die nach § 1316 BGB zuständige Behörde sind mögliche Antragsbefugte, nicht hingegen Gerichte, Notare, Standesbeamte und Staatsanwaltschaften, für deren Arbeit die Anerkennungsfrage präjudiziell ist.[1] Beachte aber auch Rz. 66 (kein Anerkennungsmonopol bei Evidenz).

IV. Verfahrensgrundsätze

40 Obwohl es sich bei dem Verfahren vor der Landesjustizverwaltung bzw. vor dem OLG-Präsidenten um ein **besonderes Justizverwaltungsverfahren** handelt,[2] sind die Landesverwaltungsverfahrensgesetze unanwendbar (§ 2 Abs. 3 Nr. 1 VwVfG).[3] Mangels besonderer Regelungen ist das Verfahren daher zweckmäßig und formlos unter Berücksichtigung hergebrachter Grundsätze zu gestalten;[4] manche plädieren im Zweifel für eine analoge Anwendung der FamFG-Regeln.[5] Weil es sich nicht um ein gerichtliches Verfahren handelt, kann nach hM keine Verfahrenskostenhilfe gewährt werden[6] – was rechtspolitisch zweifelhaft erscheint.[7]

41 Es gilt der **Amtsermittlungsgrundsatz**.[8] Die Behörde kann den Beteiligten die Beibringung von Unterlagen aufgeben, und zwar grundsätzlich samt Übersetzung.[9] Häufig wird die Legalisation der Unterlagen verlangt; rechtmäßig ist dies nur, soweit bi- oder multilaterale Verträge keine Befreiungen anordnen (s. § 97 Rz. 33). Ohne Legalisation unterliegen die Urkunden der freien Beweiswürdigung der Behörde.[10] Die Landesjustizverwaltung darf zwar Zeugen vernehmen, aber nicht vereidigen oder eidesstattliche Versicherungen entgegennehmen; sie darf auch weder Zwang ausüben noch andere Stellen darum im Wege der Rechtshilfe ersuchen.[11]

42 Im Verfahren ist jedem **rechtliches Gehör** zu gewähren, dessen Rechtsstellung durch die Entscheidung unmittelbar betroffen ist.[12] Dieser Personenkreis kann sehr weit sein:[13] Dazu gehören jedenfalls alle Antragsbefugten, insbesondere die Ehegatten, deren Ehe durch die ausländische Entscheidung geschieden wurde. Kinder sind zu Lebzeiten der Eltern nicht schon im Hinblick auf ihr künftiges Pflichtteilsrecht zu hören; im Erbfall sind jedoch alle Erben zu beteiligen. Die Verwaltungsbehörde des § 1316 BGB ist dann zu hören, wenn sie eine Nichtigkeitsklage erhoben hat, die durch eine Anerkennung der Scheidung der Vorehe unbegründet würde. Sozialversicherungsträger und andere Behörden müssen beteiligt werden, wenn die Anerkennung Leistungspflichten für sie zur Folge hat. Anhörung bedeutet, Gelegenheit zur Stellungnahme zu geben.[14] Es müssen alle Möglichkeiten ausgeschöpft werden, den Auf-

---

1 Statt mancher: *Gottwald*, FS Rüßmann, S. 771 (781).
2 Vgl. Jansen/v. Schuckmann/Sonnenfeld/*Wick*, § 16a FGG Rz. 13.
3 Richtig Keidel/*Zimmermann*, § 107 FamFG Rz. 33. Falsch Jansen/v. Schuckmann/Sonnenfeld/ *Wick*, § 16a FGG Rz. 17.
4 Staudinger/*Spellenberg*, Art. 7 § 1 FamRÄndG Rz. 145f.
5 Vgl. *Gottwald*, FS Rüßmann, S. 771 (778f.), der eine gesetzliche Regelung fordert.
6 Keidel/*Zimmermann*, § 107 FamFG Rz. 33; OLG Stuttgart v. 4.10.2010 – 17 VA 1/10, FamRZ 2011, 384 = FamRBint 2011, 12 (*Block*).
7 Krit. schon *Gottwald*, FS Rüßmann, S. 771 (780f.), dort auch zur denkbaren Inanspruchnahme von Beratungskostenhilfe.
8 MüKo. ZPO/*Rauscher*, § 107 FamFG Rz. 43; *Gottwald*, FS Rüßmann, S. 771 (782).
9 Staudinger/*Spellenberg*, Art. 7 § 1 FamRÄndG Rz. 147.
10 KG v. 27.2.2007 – 1 VA 5/06, FamRZ 2007, 1828 (1829); Staudinger/*Spellenberg*, Art. 7 § 1 FamRÄndG Rz. 147.
11 Staudinger/*Spellenberg*, Art. 7 § 1 FamRÄndG Rz. 148.
12 BayObLG v. 17.6.1999 – 1 Z BR 140/98, FamRZ 2000, 485.
13 Näher zum Folgenden Staudinger/*Spellenberg*, Art. 7 § 1 FamRÄndG Rz. 151ff.; *Gottwald*, FS Rüßmann, S. 771 (781f.).
14 Staudinger/*Spellenberg*, Art. 7 § 1 FamRÄndG Rz. 156.

enthalt des Anhörungsberechtigten zu ermitteln.[1] Mängel können durch Nachholung der Anhörung noch im Verfahren vor dem OLG geheilt werden.[2]

V. Prüfungsmaßstab

§ 107 regelt nur das Verfahren, nicht hingegen die Voraussetzungen der Anerkennung. Insoweit ist, soweit kein völkerrechtlicher Vertrag vorgeht (s. Rz. 17 zum deutsch-schweizerischen Abkommen und zum deutsch-tunesischen Vertrag), für gerichtliche und behördliche Entscheidungen § 109 einschlägig (s. dort).[3] Dieser Maßstab gilt auch für **Privatscheidungen**, die erst aufgrund eines konstitutiven Hoheitsakts Wirkung erlangen. Sonstige Privatscheidungen werden hingegen, sofern sie überhaupt dem Anerkennungsverfahren unterliegen (s. Rz. 26), anhand des kollisionsrechtlich – nunmehr also gem. Art. 5 ff. Rom III-VO[4] – zu ermittelnden Eheauflösungsstatuts überprüft.[5] Ist deutsches Eherecht anwendbar, soll die Anerkennung einer im Ausland vorgenommenen Privatscheidung stets scheitern; denn aus § 1564 BGB wird geschlossen, dass über die Scheidung einer Ehe im Anwendungsbereich des deutschen Rechts ein Gericht zu entscheiden hat (vgl. auch § 109 Rz. 56).[6] Eine im Ausland vollzogene Privatscheidung ist demnach in allen Fällen, in denen für die Scheidung der Ehe (auch) deutsches Recht maßgeblich ist, für das Inland nicht anerkennungsfähig.[7]

43

VI. Entscheidung

Die Anerkennung betrifft nur die Entscheidungswirkungen, die durch das ausländische Verfahren herbeigeführt werden sollen, etwa die Gestaltungswirkung bei Nichtigkeits-, Aufhebungs- und Scheidungsentscheidungen oder die materielle Rechtskraftwirkung bei positiven oder negativen Feststellungsentscheidungen (s. § 108 Rz. 13 ff.). Sie bezieht sich nur auf die Ehestatusentscheidung, nicht auf zugleich ausgesprochene weitere Regelungen etwa hinsichtlich des Sorgerechts oder des Unterhalts.[8] S. dazu oben Rz. 20.

44

Ausgesprochen wird nur, was beantragt wurde: Ist der Antrag auf Feststellung der Anerkennungsfähigkeit unbegründet, wird nicht etwa die Anerkennungsunfähigkeit ausgesprochen, und umgekehrt im Falle eines unbegründeten Antrags auf Feststellung der Anerkennungsunfähigkeit (vgl. Abs. 8) nicht etwa die Anerkennungsfähigkeit.[9]

45

---

1 Staudinger/*Spellenberg*, Art. 7 § 1 FamRÄndG Rz. 153.
2 BayObLG v. 17.6.1999 – 1 Z BR 140/98, FamRZ 2000, 485; Staudinger/*Spellenberg*, Art. 7 § 1 FamRÄndG Rz. 150.
3 Beachte auch *Gottwald*, FS Rüßmann, S. 771 (776 ff.).
4 Zur Maßgeblichkeit für Privatscheidungen s. *Hau*, FamRZ 2013, 249 (250).
5 BGH v. 21.2.1990 – XII ZB 203/87, NJW 1990, 2194 (2195); BayObLG v. 30.11.1981 – 1 Z 41/81, IPRax 1982, 104 (105); BayObLG v. 13.1.1994 – 3Z BR 66/93, NJW-RR 1994, 771; KG v. 6.11.2001 – 1 VA 11/00, FamRZ 2002, 840 (841); OLG Düsseldorf v. 28.8.2002 – 3 Va 3/02, FPR 2003, 468 (469); Präs. OLG Celle v. 11.8.1997 – 3465 I 212/97, FamRZ 1998, 757; Justizministerium Baden-Württemberg v. 27.12.2000 – 346 E 633/99, FamRZ 2001, 1018; *Unberath*, IPRax 2004, 515 (518). Vgl. auch *Nishitani*, IPRax 2002, 49 (53): verfahrensrechtliche Anerkennung im Falle einer japanischen Schlichtungsscheidung, die aufgrund der Übereinkunft der Ehegatten vor dem Familiengericht erfolgt.
6 BGH v. 28.5.2008 – XII ZR 61/06, BGHZ 176, 365 = FamRZ 2008, 1409 (1412) m. Anm. *Henrich*, 1413; BGH v. 21.2.1990 – XII ZB 203/87, NJW 1990, 2194 (2196); Präs. OLG Celle v. 11.8.1997 – 3465 I 212/97, FamRZ 1998, 757 (758); BayObLG v. 13.1.1994 – 3Z BR 66/93, NJW-RR 1994, 771; KG v. 6.11.2001 – 1 VA 11/00, FamRZ 2002, 840 (841); *Gottwald*, FS Rüßmann, S. 771 (773 ff.); Jansen/v. Schuckmann/Sonnenfeld/*Wick*, § 16a FGG Rz. 18; für eine teleologische Reduktion des § 1564 Satz 1 BGB im Falle der Get-Scheidung aber *Henrich*, zuletzt FamRZ 2008, 1413 (1414).
7 Auf Art. 17 Abs. 2 EGBGB abstellend OLG Braunschweig v. 19.10.2000 – 2 W 148/00, FamRZ 2001, 561 f.
8 BayObLG v. 7.2.2001 – 3Z BR 177/00, FGPrax 2001, 112.
9 *Geimer*, Rz. 3039; Stein/Jonas/*Roth*, § 328 ZPO Rz. 179, 180; Staudinger/*Spellenberg*, Art. 7 § 1 FamRÄndG Rz. 166.

46 Die Anerkennungsentscheidung wird mit Bekanntgabe an den Antragsteller **wirksam** (§ 107 Abs. 6 Satz 2). Die Wirksamkeit kann hinausgeschoben werden (§ 107 Abs. 6 Satz 3), was sich anbietet, wenn eine neue Eheschließung geplant, aber die Anrufung des OLG zu erwarten ist.

VII. Wirkung der Entscheidung

47 Die Sachentscheidung der Landesjustizverwaltung bzw. des OLG-Präsidenten entfaltet, dem Zweck des Verfahrens entsprechend, **Feststellungswirkung erga omnes** (§ 107 Abs. 9). Andere deutsche Gerichte und Behörden dürfen die Anerkennungsfähigkeit der ausländischen Entscheidung – und damit den Bestand der Ehe – also nicht abweichend beurteilen, wenn dem Antrag auf Feststellung der gegebenen (oder der fehlenden, vgl. Abs. 8) Anerkennungsfähigkeit stattgegeben worden ist. Im Übrigen folgt der Umfang der Bindung den allgemeinen Rechtskraftregeln.

48 Da es sich der Sache nach um einen (Justiz-)Verwaltungsakt handelt, tritt die Wirkung nur dann nicht ein, wenn dieser **nichtig** ist. Dies kann nur in extremen Ausnahmefällen der Fall sein;[1] die Feststellung der Anerkennungsfähigkeit trotz Ordre-public-Widrigkeit der ausländischen Entscheidung iSv. § 109 Abs. 1 Nr. 4 genügt für sich genommen nicht.[2]

49 Die Feststellung gegebener Anerkennungsfähigkeit **wirkt zurück** auf den Zeitpunkt, in dem die ausländische Entscheidung nach dem Recht des Entscheidungsstaats wirksam geworden ist.[3] Mit der Feststellung steht dann fest, dass die ausländische Statusentscheidung ihre nach dem Recht des Ursprungsstaats vorgesehenen Wirkungen auch im Inland entfaltet (zur Wirkungserstreckung s. § 108 Rz. 9 ff.). Auch die subjektiven Grenzen der Rechtskraft der ausländischen Entscheidung bestimmen sich nach dem ausländischen Recht; § 107 Abs. 9 bezieht sich nur auf den deutschen Anerkennungsbescheid.

50 Wird der **Feststellungsantrag** als unbegründet **zurückgewiesen**, so steht damit zwar nicht etwa allgemeinverbindlich das Gegenteil des Beantragten fest (s. Rz. 45). Wohl aber entfaltet die Zurückweisung insoweit Bestandskraft und Bindungswirkung, als der Antragsteller den Antrag nicht beliebig wiederholen darf.[4]

51 Die stattgebende oder zurückweisende Entscheidung der Landesjustizverwaltung bzw. des OLG-Präsidenten wird **bestandskräftig**,[5] wenn die Antragsfrist nach §§ 107 Abs. 7 Satz 3, 63 abgelaufen ist. Eine Wiederaufnahme ist hinsichtlich des Verfahrens vor der Landesjustizverwaltung bzw. dem OLG-Präsidenten nicht vorgesehen (§ 107 Abs. 7 Satz 3, 48 Abs. 2 betreffen nur Verfahren vor dem OLG). Allerdings kommt nach allgemeinen Regeln noch eine Wiedereinsetzung in die versäumte Beschwerdefrist in Betracht (§§ 17 ff.).[6]

52 Zu Art. 7 § 1 FamRÄndG war umstritten, inwieweit die Landesjustizverwaltung bzw. der OLG-Präsident an die eigene Feststellung gebunden sein kann, wenn beispielsweise erst nachträglich Anerkennungshindernisse bekannt geworden sind. Eine **Selbstkorrektur** analog § 48 VwVfG oder § 18 FGG wurde früher vor allem unter Hinweis darauf befürwortet, dass ohnehin jederzeit das OLG angerufen werden könne.[7] Und gerade deshalb dürfte die Selbstkorrektur nunmehr ausgeschlossen sein, seit die Möglichkeit, das OLG anzurufen, fristgebunden ist (§§ 107 Abs. 7 Satz 3, 63).[8]

---

1 Zöller/*Geimer*, § 107 FamFG Rz. 20.
2 Staudinger/*Spellenberg*, Art. 7 § 1 FamRÄndG Rz. 173.
3 MüKo. BGB/*Winkler v. Mohrenfels*, Art. 17 EGBGB Rz. 348; Staudinger/*Spellenberg*, Art. 7 § 1 FamRÄndG Rz. 75 und 104 ff.; Jansen/v. Schuckmann/Sonnenfeld/*Wick*, § 16a FGG Rz. 13.
4 Zöller/*Geimer*, § 107 FamFG Rz. 18; Staudinger/*Spellenberg*, Art. 7 § 1 FamRÄndG Rz. 95 f.
5 In BT-Drucks. 16/6308, S. 222, heißt es – untechnisch – „rkr.".
6 *Zimmermann*, Das neue FamFG, Rz. 288.
7 BayObLG v. 28.7.1999 – 3 Z BR 142/99, NJW-RR 2000, 885 (886); vgl. auch Staudinger/*Spellenberg*, Art. 7 § 1 FamRÄndG Rz. 83 ff.
8 *Gottwald*, FS Rüßmann, S. 771 (783). Anders *Schack*, FS Spellenberg, S. 497 (500); Baumbach/*Hartmann*, § 107 FamFG Rz. 23.

Wird die ausländische Statusentscheidung im Ausland, etwa mittels **Wiederaufnahme**, aufgehoben, nachdem ihre Anerkennungsfähigkeit im Inland bereits bestandskräftig festgestellt worden ist, so bleibt es solange bei dieser Entscheidung der Landesjustizverwaltung bzw. des OLG-Präsidenten, bis die Anerkennungsfähigkeit der Aufhebungsentscheidung ihrerseits förmlich festgestellt wird.[1]

53

Wird eine ausländische Scheidung anerkannt und deshalb ein im Inland anhängiger Scheidungsantrag gegenstandslos, ist § 141 Satz 2 für die Fortführung von **Scheidungsfolgesachen** entsprechend anwendbar. Lässt sich die internationale Zuständigkeit deutscher Gerichte nur aus § 98 Abs. 2 ableiten (beispielsweise weil § 102 keine isolierte Zuständigkeit eröffnet), bleibt diese Verbundzuständigkeit analog § 2 Abs. 2 bzw. (bei Familienstreitsachen) analog § 113 Abs. 1 FamFG, § 261 Abs. 3 Nr. 2 ZPO erhalten (s. § 98 Rz. 43).[2]

54

VIII. Verfahrenskosten

S. Rz. 68. Nach hM kann keine Verfahrenskostenhilfe gewährt werden (s. Rz. 40).

55

E. Anrufung des OLG

I. Antragsbefugnis

Gibt die Landesjustizverwaltung bzw. der OLG-Präsident dem Antrag nicht statt, kann der **Antragsteller** nach Maßgabe von § 107 Abs. 5 und 7 die Entscheidung des OLG beantragen.

56

Ist hingegen eine stattgebende Entscheidung ergangen, kann sich laut § 107 Abs. 6 Satz 1 der **Ehegatte**, der den Antrag nicht gestellt hat, an das OLG wenden. Zur Frist s. Rz. 59. Hat die Landesjustizverwaltung bzw. der OLG-Präsident antragsgemäß die Anerkennung einer Ehescheidung abgelehnt, besteht alternativ zur Anrufung des OLG die Möglichkeit, einen **neuen Scheidungsantrag** bei dem zuständigen deutschen Gericht zu stellen; denn wegen der verbindlichen (§ 107 Abs. 9) Nichtanerkennung steht die Rechtskraft der ausländischen Entscheidung einem neuen Scheidungsverfahren nicht entgegen.

57

Zum ebenso eng wie § 107 formulierten Art. 7 § 1 FamRÄndG war allerdings verbreitet angenommen worden, dass über den Normtext hinaus jeder **Dritte**, dessen Rechtsverhältnisse von der fraglichen Anerkennung abhängen und der deshalb nach Art. 7 § 1 Abs. 3 Satz 2 FamRÄndG (nunmehr: § 107 Abs. 4 Satz 2) antragsbefugt gewesen wäre, auch zur Anrufung des OLG befugt sein soll.[3] Weil diese Erweiterung, soweit es um die Anfechtung einer stattgebenden Entscheidung geht, den Anspruch auf rechtliches Gehör wahrt, dürfte daran praeter legem auch weiterhin fest zu halten sein. Ein Argument dafür mag man aus §§ 107 Abs. 7 Satz 3, 59 ableiten. Im Falle eines ablehnenden Bescheids darf man den Dritten hingegen darauf verweisen, zunächst selbst einen Bescheid der Landesjustizverwaltung bzw. des OLG-Präsidenten zu erwirken.

58

II. Verfahren

Der Antrag ist gem. § 107 Abs. 6 Satz 1 bei dem OLG einzureichen (§ 64 Abs. 1 gilt nicht).[4] Für das Verfahren vor dem OLG verweist § 107 Abs. 7 Satz 3 auf § 14 Abs. 1 und 2 (elektronische Akte und Dokumente), § 48 Abs. 2 (Wiederaufnahme), §§ 49 ff. (eA) und §§ 58 ff. (Beschwerdeverfahren). Hinsichtlich Form und Frist des Antrags gelten §§ 63 ff. entsprechend; Anwaltszwang besteht nicht (arg. § 10 Abs. 1; § 114 Abs. 1 gilt weder direkt noch analog). Die **örtliche Zuständigkeit** bestimmt § 107

59

---

1 Staudinger/*Spellenberg*, Art. 7 § 1 FamRÄndG Rz. 109 f.
2 Vgl. OLG Hamm v. 24.3.2005 – 10 WF 26/05, NJW-RR 2005, 1023 (1024).
3 KG v. 22.7.2003 – 1 VA 27/02, FamRZ 2004, 275 (276); MüKo. ZPO/*Gottwald*, 3. Aufl., § 328 Rz. 222; Staudinger/*Spellenberg*, Art. 7 § 1 FamRÄndG Rz. 189, 192.
4 KG v. 10.6.2010 – 1 VA 8/10, FamRZ 2010, 1589.

Abs. 7 Satz 1. Das OLG entscheidet als Tatsacheninstanz, so dass es den Parteien unbenommen bleibt, **neue Tatsachen und Beweismittel** vorzubringen.[1]

60   Der Antrag auf Entscheidung des OLG hat keine **aufschiebende Wirkung** (§ 107 Abs. 7 Satz 2); allerdings kann das OLG eA treffen (§§ 107 Abs. 7 Satz 3, 49 ff.). Der Antrag kann nach §§ 107 Abs. 7 Satz 3, 67 Abs. 4 zurückgenommen werden. Hingegen ist die **Rücknahme des Antrags** auf Anerkennung oder Nichtanerkennung überhaupt – auch im Verfahren vor dem OLG – entsprechend § 22 zu beurteilen.[2]

61   S. Rz. 68.[3]

III. Entscheidung und Rechtsmittel

62   Auch die Entscheidung des OLG entfaltet die in § 107 Abs. 9 vorgesehene **Bindungswirkung**. Die Möglichkeit einer **Wiederaufnahme** besteht gem. §§ 107 Abs. 7 Satz 3, 48 Abs. 2.

63   Die bislang in Art. 7 § 1 Abs. 6 Satz 4 FamRÄndG, § 28 Abs. 2 FGG vorgesehene Vorlage zum BGH wird durch die Möglichkeit der **Rechtsbeschwerde** ersetzt (§§ 107 Abs. 7 Satz 3, 70 ff.).

F. Konsequenzen des Anerkennungs- und Feststellungsmonopols

64   Das Anerkennungs- und Feststellungsmonopol gem. § 107 begründet für jedes deutsche Gericht und für jede sonstige deutsche Behörde, für welche die Anerkennung oder Nichtanerkennung der ausländischen Entscheidung von Bedeutung ist, ein **Verfahrenshindernis**.[4] Solche nachrangigen Verfahren – etwa ein Scheidungsantrag im Inland[5] oder ein darauf gerichteter Antrag auf Verfahrenskostenhilfe[6] – sind grundsätzlich auszusetzen und die Entscheidung der Landesjustizverwaltung bzw. des OLG-Präsidenten abzuwarten.[7] Möglich bleiben vorerst also nur eA. Ist der Anwendungsbereich von § 107 eröffnet, stehen dessen Vorgaben nicht zur Disposition der Beteiligten. Ein beim Familiengericht eingereichter Antrag auf Feststellung der Wirksamkeit der ausländischen Entscheidung wäre zurückzuweisen, da die Landesjustizverwaltung ausschließlich zuständig ist.[8] Hat die Landesjustizverwaltung bereits entschieden, so kann die Fortsetzung nachrangiger Verfahren nicht mit der Begründung verweigert werden, dass noch ein Antrag nach § 107 Abs. 5 oder 6 möglich bleibt.[9] Wird ein solcher Antrag jedoch gestellt, ist das Verfahren auch weiterhin auszusetzen.

65   Das Feststellungsmonopol nach § 107 greift auch dann, wenn es auf die Wirksamkeit einer ausländischen Ehescheidung nur als **Vorfrage** ankommt: So etwa, wenn sich die von einem deutschen Gericht zu entscheidende Frage, ob die Parteien nach anwendbarem türkischen Recht wirksam verheiratet sind, danach beantwortet, ob

---

1   MüKo. ZPO/*Rauscher*, § 107 FamFG Rz. 56.
2   Für erforderlich hielt eine Einwilligung bislang Staudinger/*Spellenberg*, Art. 7 § 1 FamRÄndG Rz. 122; offengelassen bei BayObLG v. 2.2.1999 – 1 Z BR 11/98, FamRZ 1999, 1588.
3   Näher *Thiel*, AGS 2009, 366.
4   Zöller/*Geimer*, § 107 FamFG Rz. 8; Staudinger/*Spellenberg*, Art. 7 § 1 FamRÄndG Rz. 18; OLG Köln v. 18.3.1998 – 26 UF 151/97, NJW-RR 1999, 81 (82); OLG Koblenz v. 2.3.2004 – 11 UF 250/03, FamRZ 2005, 1692 (1694).
5   Vgl. *Gottwald*, FS Rüßmann, S. 771 (772).
6   OLG Saarbrücken v. 8.9.2003 – 2 WF 22/03, BeckRS 2003, 30327518.
7   OLG Celle v. 7.5.1990 – 10 WF 199/90, FamRZ 1990, 1390 (1391), folgert fälschlich aus der fehlenden Entscheidung nach Art. 7 § 1 FamRÄndG, dass eine förmliche Anerkennung nicht erfolgt sei und daher ihre Rechtskraft einer erneuten Klage nicht entgegenstünde. Unzutreffend auch OLG Stuttgart v. 30.8.2010 – 17 UF 195/10, FamRZ 2011, 217 (krit. *Henrich*, IPRax 2011, 91).
8   Zöller/*Geimer*, § 107 FamFG Rz. 6; Jansen/v. Schuckmann/Sonnenfeld/*Wick*, § 16a FGG Rz. 15; Staudinger/*Spellenberg*, Art. 7 § 1 FamRÄndG Rz. 12.
9   Zöller/*Geimer*, § 107 FamFG Rz. 13.

die Vorehe eines der Ehepartner im Ausland wirksam geschieden worden war.[1] Ob die Anerkennung der Scheidung notwendige Voraussetzung für die Anerkennung und Vollstreckbarerklärung von **Folgeentscheidungen** ist, hat das Gericht bei der Entscheidung, ob es zugunsten eines Verfahrens nach § 107 aussetzt, genau zu prüfen. Dem ist nämlich – ungeachtet eines eventuellen Verbunds mit der Statusentscheidung – nur so, wenn die Folgeentscheidung gerade auf der Statusentscheidung beruht, ohne diese also keinen Bestand haben kann.[2] Beachte dazu auch Rz. 20 sowie Anhang 1 zu § 110 Rz. 27 ff.

Nach verbreiteter (wenngleich kritikwürdiger[3]) Meinung soll in Fällen, in denen die **Anerkennungs(un)fähigkeit evident** ist, das Feststellungsmonopol außer Betracht bleiben, wenn zu erwarten steht, dass keine der Parteien einen Antrag nach § 107 stellen wird.[4] Andernfalls drohte ein Verfahrensstillstand, da die Gerichte nicht selbst befugt sind, einen Antrag nach § 107 zu stellen (s. Rz. 39). 66

Ist in einem Drittstaat ein **Scheidungsverfahren erst rechtshängig** gemacht, hat das sodann in Deutschland mit demselben Streitgegenstand befasste Gericht, wenn es die Beachtlichkeit der früheren ausländischen Rechtshängigkeit klärt, die erforderliche **Anerkennungsprognose** ohne Rücksicht auf § 107 selbst zu erstellen (s. vor §§ 98–106 Rz. 53).[5] 67

Kosten/Gebühren: Justizverwaltung: Für die Feststellung der Landesjustizverwaltung, dass die Voraussetzungen für die Anerkennung einer ausländischen Entscheidung vorliegen oder nicht vorliegen, wird nach Nr. 1331 KV JVKostG eine Gebühr mit einem Rahmen von 15 bis 305 Euro erhoben. Die Gebühr wird auch erhoben, wenn die Entscheidung der Landesjustizverwaltung von dem Oberlandesgericht oder in der Rechtsbeschwerdeinstanz aufgehoben wird und das Gericht in der Sache selbst entscheidet. Die Landesjustizverwaltung entscheidet in diesem Fall über die Höhe der Gebühr erneut. Sie ist in diesem Fall so zu bemessen, als hätte die Landesjustizverwaltung die Feststellung selbst getroffen. Bei der Bestimmung der konkreten Gebühr aus dem Rahmen hat die Justizverwaltung nach § 4 Abs. 2 JVKostG insbesondere die Bedeutung der Angelegenheit für die Beteiligten, Umfang und Schwierigkeit der Amtshandlung und die wirtschaftlichen Verhältnisse des Kostenschuldners zu berücksichtigen. Nach § 10 JVKostG kann die Behörde ausnahmsweise, wenn dies mit Rücksicht auf die wirtschaftlichen Verhältnisse des Zahlungspflichtigen oder sonst aus Billigkeitsgründen geboten erscheint, die Gebühren unter die Sätze des Gebührenverzeichnisses ermäßigen oder von der Erhebung der Kosten absehen. Die Kosten schuldet nach § 14 Abs. 1 JVKostG der Antragsteller. **Gericht:** Für das Verfahren vor dem Oberlandesgericht entsteht eine Gebühr in Höhe von 240,– Euro nach Nr. 1714 KV FamGKG, wenn der Antrag zurückgewiesen wird. Die Gebühr ermäßigt sich nach Nr. 1715 KV FamGKG auf 90,– Euro bei Beendigung des gesamten Verfahrens durch Zurücknahme des Antrags vor Ablauf des Tages, an dem die Endentscheidung der Geschäftsstelle übermittelt wird, wenn die Entscheidung nicht bereits durch Vorlesen der Entscheidungsformel bekannt gegeben worden ist. **RA:** Für das Verfahren vor dem Oberlandesgericht erhält der RA Gebühren nach Nr. 3100, 3104 VV RVG. 68

---

1 BGH v. 10.1.2001 – XII ZR 41/00, FamRZ 2001, 991 (992); *Kissner* (Berichterstatter), StAZ 2004, 116; vgl. auch VG Bayreuth v. 14.9.2011 – B 1 S 11 527, juris, Rz. 22.
2 Verneint von BGH v. 14.2.2007 – XII ZR 163/05, NJW-RR 2007, 722 (723 f.), für das im Scheidungsverbund ergangene Urt. über Kindesunterhalt, wenn die Unterhaltspflicht unabhängig von der Scheidung besteht; in diese Richtung auch OLG Zweibrücken v. 10.3.2005 – 5 WF 36/05, NJOZ 2005, 3309 (3311). Insoweit noch weiter gehend *Hohloch*, FF 2001, 147 (155): Kindesunterhaltstitel seien stets unabhängig von einer Statusfeststellung nach Art. 7 § 1 FamRÄndG einer Vollstreckbarerklärung zugänglich.
3 *Hau*, FS Spellenberg, S. 435 (446) mN.
4 BGH v. 6.10.1982 – IVb ZR 729/80, NJW 1983, 514 (515); OLG Köln v. 18.3.1998 – 26 UF 151/97, NJW-RR 1999, 81 (82); nach Lage der Dinge in casu abgelehnt von OLG Celle v. 4.6.2007 – 15 WF 109/07, FamRZ 2008, 430. Viel zu weit gehend OLG Nürnberg v. 30.10.2008 – 11 UF 116/08, FamRZ 2009, 637; gleichwohl zustimmend *Gottwald*, FS Rüßmann, S. 771 (772).
5 Zöller/*Geimer*, § 107 FamFG Rz. 35; in der Sache auch BGH v. 28.5.2008 – XII ZR 61/06, BGHZ 176, 365 = FamRZ 2008, 1409 (1411 f.) m. Anm. *Henrich*, 1413; OLG Bamberg v. 5.11.1999 – 2 WF 192/99, NJWE-FER 2000, 160; OLG München v. 14.7.2009 – 12 WF 1296/09, FamRZ 2009, 2104 (2105).

§ 108 *Anerkennung anderer ausländischer Entscheidungen*

(1) Abgesehen von Entscheidungen in Ehesachen werden ausländische Entscheidungen anerkannt, ohne dass es hierfür eines besonderen Verfahrens bedarf.

(2) Beteiligte, die ein rechtliches Interesse haben, können eine Entscheidung über die Anerkennung oder Nichtanerkennung einer ausländischen Entscheidung nicht vermögensrechtlichen Inhalts beantragen. § 107 Absatz 9 gilt entsprechend. Für die Anerkennung oder Nichtanerkennung einer Annahme als Kind gelten jedoch die §§ 2, 4 und 5 des Adoptionswirkungsgesetzes, wenn der Angenommene zur Zeit der Annahme das 18. Lebensjahr nicht vollendet hatte.

(3) Für die Entscheidung über den Antrag nach Absatz 2 Satz 1 ist das Gericht örtlich zuständig, in dessen Bezirk zum Zeitpunkt der Antragstellung
1. der Antragsgegner oder die Person, auf die sich die Entscheidung bezieht, sich gewöhnlich aufhält oder
2. bei Fehlen einer Zuständigkeit nach Nummer 1 das Interesse an der Feststellung bekannt wird oder das Bedürfnis der Fürsorge besteht.

Diese Zuständigkeiten sind ausschließlich.

A. Überblick 1	g) Sonstige Familiensachen 34
B. Entscheidungsanerkennung (Absatz 1)	h) Lebenspartnerschaftssachen . . 35
I. Grundfragen der Anerkennung	i) Betreuungs- und Unterbringungssachen, Pflegschaft für Erwachsene 36
1. Interessen 3	
2. Gegenstand 4	j) Nachlasssachen 37
3. Anerkennung als Wirkungserstreckung 9	k) Registersachen und unternehmensrechtliche Verfahren 38
4. Anerkennungsfähige Entscheidungswirkungen 13	III. Anerkennung ipso iure
a) Erbfolgezeugnisse 16	1. Grundsatz 39
b) Anordnung der Vormundschaft, Pflegschaft oder Testamentsvollstreckung 19	2. Ausnahmen 43
	C. Besonderes Anerkennungsverfahren (Absätze 2 und 3)
c) Gerichtliche Genehmigungen . . 21	I. Überblick 45
5. Anerkennung und Kollisionsrecht . 22	II. Vorrangige Regelungen
6. Anerkennung und inländisches Zweitverfahren 24	1. Europarecht 46
	2. Konventionsrecht 48
7. Abänderung anerkannter Entscheidungen 26	3. Deutsches Recht
	a) § 107 51
II. Verpflichtung zur Anerkennung	b) Adoptionswirkungsgesetz 52
1. Überblick 27	III. Inhalt der Vorschrift
2. Rechtsgrundlagen	1. Anwendungsbereich 53
a) Ehesachen 28	2. Verfahren
b) Kindschaftssachen 29	a) Zuständigkeit 56
c) Abstammungssachen 30	b) Antrag und Antragsbefugnis . . 59
d) Adoptionssachen 31	c) Verfahrensgrundsätze 60
e) Gewaltschutzsachen 32	d) Prüfungsmaßstab 61
f) Unterhalts- und Güterrechtssachen 33	e) Entscheidung und Rechtsmittel 62

Literatur: s. § 97 vor Rz. 1.

A. Überblick

1 § 108 hat keine Vorgängernorm. Die mit Anerkennungsfragen in der streitigen und in der freiwilligen Gerichtsbarkeit befassten Vorschriften (§ 328 ZPO und § 16a FGG) regelten ausdrücklich nur die Anerkennungshindernisse (s. nunmehr § 109). Gleichwohl war der jetzt ausdrücklich in Abs. 1 normierte Grundsatz der **Ipso-iure-Anerkennung** auch bislang schon Gemeingut.[1]

---

[1] Beachte bereits BT-Drucks. 10/504, S. 93, dort zu § 16a FGG.

Hingegen ist das in Abs. 2 und 3 vorgesehene **besondere Anerkennungsverfahren** 2
für sämtliche ausländischen Entscheidungen nicht vermögensrechtlichen Inhalts ein
Novum,[1] allerdings angelehnt an das Anerkennungsverfahren für Ehesachen gem.
§ 107 (bislang: Art. 7 § 1 FamRÄndG) und das AdWirkG (s. § 199). Früher konnte die
Anerkennungsfähigkeit einer dem FGG bzw. der ZPO unterfallenden Entscheidung
zwar auch in einem FG- bzw. streitigen Verfahren festgestellt werden,[2] dies aber nur
mit Wirkung inter partes (vgl. nunmehr §§ 108 Abs. 2 Satz 2, 107 Abs. 9).

B. Entscheidungsanerkennung (Absatz 1)

I. Grundfragen der Anerkennung

1. Interessen

Vornehmliches Ziel des Anerkennungsrechts ist die Wahrung des **internationalen** 3
Entscheidungseinklangs. Die empfindlichste Störung des internationalen Rechtsverkehrs sind hingegen „hinkende Rechtsverhältnisse". Davon ist die Rede, wenn
Rechtsverhältnisse oder Rechtsakte in einem Staat als gültig, in einem anderen als
ungültig angesehen werden. Beispiele sind Eltern-Kind-Verhältnisse, die – etwa infolge Adoption oder Vaterschaftsfeststellung – im Ausland als gegeben, im Inland als
nicht gegeben betrachtet werden (zum Parallelproblem hinkender Ehen s. § 107
Rz. 1). Anerkennung ist aber auch bei Leistungsentscheidungen (Bsp.: Unterhalt) geboten, soll nicht im einen Land ein Verhalten aufgegeben, im anderen dasselbe nicht
geschuldet oder sogar untersagt sein. Allerdings müssen jedenfalls solche ausländischen Entscheidungen unbeachtlich bleiben, die mit grundlegenden inländischen
Gerechtigkeitsvorstellungen unvereinbar sind (vgl. § 109 Abs. 1). Das Anerkennungsrecht hat die Aufgabe, einerseits die Wirkungserstreckung großzügig zu gestatten,
um internationalen Entscheidungseinklang und Verfahrensökonomie zu sichern, andererseits festzulegen, wann diese Ziele zurücktreten müssen.

2. Gegenstand

Im Regelfall geht es um die Anerkennung der **Entscheidung** (genauer: um die An- 4
erkennung der Wirkungen einer Entscheidung[3]) **eines ausländischen staatlichen Gerichts**. Auf die vom ausländischen Verfahrensrecht vorgesehene Bezeichnung kommt
es dabei nicht an (deutlich Art. 32 Brüssel I-VO: „Urteil, Beschluss, Zahlungsbefehl
oder Vollstreckungsbescheid, einschließlich des Kostenfestsetzungsbeschlusses eines
Gerichtsbediensteten"). Rechtskraft ist keine notwendige Voraussetzung der Anerkennung (arg.: § 110 Abs. 3 Satz 2).[4] Allerdings ist stets zu klären, ob eine im Ursprungsstaat noch nicht unanfechtbar gewordene Entscheidung nach dem dortigen
Verfahrensrecht überhaupt schon Wirkungen entfaltet, die sich auf das Inland erstrecken können. Wie bereits zu § 16a FGG vertreten wurde, sind grundsätzlich auch
(Eil-)Entscheidungen anerkennungsfähig, die in einem summarischen Verfahren ergangen sind (einen Sonderfall regelt § 15 AUG; s. dort in Anhang 2 zu § 110 Rz. 24).[5]
Dies gilt im Grundsatz auch für einstweilige Maßnahmen im Bereich des Europa-
und Konventionsrechts, namentlich gem. Art. 31 Brüssel I-VO und Art. 20 Brüssel
IIa-VO.[6] Allerdings vertritt der EuGH inzwischen die Auffassung, dass Art. 21 ff. Brüssel IIa-VO nicht auf einstweilige Maßnahmen hinsichtlich des Sorgerechts nach
Art. 20 Brüssel IIa-VO anwendbar seien, sofern das gem. Art. 8 ff. Brüssel IIa-VO in

---

1 BT-Drucks. 16/6308, S. 222.
2 Dazu *Geimer*, FS Ferid, S. 89 (109 f.).
3 Vgl. *Schack*, Rz. 866.
4 Dazu *Linke/Hau*, Rz. 438; ebenso Rahm/Künkel/*Breuer*, II 1 C Rz. 319; Haußleiter/*Gomille*,
 § 108 Rz. 11. Anders etwa *Schack*, Rz. 910.
5 BGH v. 13.7.1983 – IVb ZB 31/83, IPRax 1984, 323 (326); *Roth*, IPRax 1988, 75 (81 f.); Jansen/v.
 Schuckmann/Sonnenfeld/*Wick*, § 16a FGG Rz. 9. Restriktiver zu § 328 ZPO aber etwa MüKo.
 ZPO/*Gottwald*, § 328 Rz. 66 (nur bei „gewisser Endgültigkeit und Bestandskraft"); *Schack*,
 Rz. 914 ff.; *Lipp*, Perspektiven, S. 21 (28).
6 Beachte zur Gehörsgewährung als Anerkennungsvoraussetzung BGH v. 21.12.2006 – IX ZB
 150/05, NJW-RR 2007, 1573 mwN.

der Hauptsache unzuständige Gericht entschieden hat.[1] Diese These dürfte freilich darauf zurückzuführen sein, dass das Vorgehen des die Maßnahme in casu erlassenden spanischen Richters, schon beginnend mit der evident fehlerhaften Inanspruchnahme internationaler Entscheidungszuständigkeit, haarsträubend war und dass der EuGH dieser Maßnahme ersichtlich nicht die Privilegierung des Art. 24 Brüssel IIa-VO zugutekommen lassen wollte („hard cases make bad law!"). Nicht anerkennungsfähig ist eine ausländische Entscheidung, welche die Anerkennungsfähigkeit oder Vollstreckbarerklärung einer drittstaatlichen Entscheidung ausspricht.[2]

5   Tauglicher Gegenstand einer zivilverfahrensrechtlichen Anerkennung sind zudem **Entscheidungen ausländischer Behörden**, wenn diese mit staatlicher Autorität ausgestattet sind und funktional deutschen Gerichten entsprechen. Dies kommt sowohl in Angelegenheiten der streitigen als auch der freiwilligen Gerichtsbarkeit in Betracht.[3] Anerkennungsfähig ist beispielsweise ein vom schwedischen Amt für Beitreibung erlassener Unterhaltstitel (Art. 2 Abs. 2 EuUntVO), eine Ehescheidung durch den norwegischen Fylkesmann (einschlägig ist dann § 107)[4] oder ein Adoptionsausspruch durch ein kasachisches Exekutivkomitee[5] oder einen guatemaltekischen Notar.[6] Für vollstreckbar erklärt – und damit inzident anerkannt – wurde auch ein dynamisiertes Unterhaltsurteil samt der Benachrichtigung der Sozialbehörde, wonach die festgelegten Unterhaltsbeträge entsprechend der Wandlung der Lebenshaltungskosten und der persönlichen Einkommen angepasst werden.[7]

6   Bisweilen ist im Europa- und Konventionsrecht vorgesehen, dass auch **öffentliche Urkunden** und **Prozessvergleiche** für vollstreckbar erklärt werden können (vgl. etwa Art. 57 und 58 Brüssel I-VO/LugÜ 2007; Art. 48 EuUntVO; Art. 60 f. EuErbVO; zum autonomen deutschen Recht s. § 110 Rz. 17). Einer verfahrensrechtlichen Anerkennung im eigentlichen Wortsinn sind sie aber gleichwohl – ebenso wie private Rechtsgeschäfte – nicht zugänglich.[8] Unterstrichen wird dies etwa durch Wortlaut und Regelungssystematik der Brüssel I-VO. Demgegenüber verlangen Art. 46 Brüssel IIa-VO und Art. 48 Abs. 1 EuUntVO (s. dort, Rz. 158) ausdrücklich, dass die genannten Urkunden nicht nur für vollstreckbar erklärt, sondern auch anerkannt werden. Dies mag man zwar dahingehend einschränkend interpretieren, dass es nur um die Übernahme der formellen Beweiskraftwirkung der Urkunde, nicht etwa des materiellrechtlichen Subsumtionsergebnisses gehe.[9] Es ist aber unverkennbar, dass die Kommission die Konstruktion einer Anerkennung von Personenstands- und erbrechtlichen Urkunden für tragfähig hält und bestrebt ist, diesen Ansatz weiter auszubauen.[10] Neue Fragen werfen künftig (s. § 108 Rz. 37) die sog. Annahme öffentlicher Urkunden gem. Art. 59 EuErbVO sowie das Europäische Nachlasszeugnis iSv. Art. 62 ff. EuErbVO auf.[11]

7   **Rechtsgeschäfte** sind im verfahrensrechtlichen Sinne nicht anerkennungsfähig. So wird eine im Ausland vorgenommene **Vertragsadoption** (außerhalb des Anwendungs-

---

1 EuGH v. 15.7.2010 – Rs. C-256/09 (Purrucker/Vallés Pérez I), NJW 2010, 2861; dazu *Mansel/Thorn/Wagner*, IPRax 2011, 1 (24 ff.). Abschlussentscheidung: BGH v. 9.2.2011 – XII ZB 182/08, FamRZ 2011, 542 (*Helms*) = FamRBint 2011, 30 (*Schulz*).
2 Ganz hM. Einschränkend aber *Schütze*, FS Spellenberg, S. 511.
3 Vgl. zu § 16a FGG: BT-Drucks. 10/504, S. 93; Jansen/v. Schuckmann/Sonnenfeld/*Wick*, § 16a FGG Rz. 10; *Ludwig*, RNotZ 2002, 353 (357); weiter aber offenbar *Geimer*, FS Ferid, S. 89 (97). – Zu § 328 ZPO vgl. etwa *Wagner*, FamRZ 2006, 744 (746); MüKo. ZPO/*Gottwald*, § 328 Rz. 57.
4 OLG Schleswig v. 5.5.2008 – 12 Va 5/07, NJW-RR 2008, 1390.
5 OLG Zweibrücken v. 16.3.2004 – 5 UF 123/03, NJW-RR 2005, 159 (160); zum sowjetischen Vorgänger ebenso BayObLG v. 11.11.1999 – 1Z BR 155/98, NJWE-FER 2000, 114 (115). Ausführlich und kritisch *Wohlgemuth*, StAZ 2002, 225 (226 ff.).
6 KG v. 2.12.2008 – 1 W 100/08, NJW-RR 2009, 588 (590).
7 BGH v. 14.2.2007 – XII ZR 163/05, NJW-RR 2007, 722 = FamRBint 2007, 62 (*Finger*).
8 Richtig etwa *Schack*, Rz. 912; Jansen/v. Schuckmann/Sonnenfeld/*Wick*, § 16a FGG Rz. 10.
9 So *Mansel/Thorn/Wagner*, IPRax 2011, 1 (5); kritisch auch *Geimer*, Rz. 2865a ff.
10 Näher *Mansel/Thorn/Wagner*, IPRax 2011, 1 (2 ff.); *Wagner*, FamRZ 2011, 609; *Wagner*, DNotZ 2011, 176.
11 Einführend etwa *Dutta*, IPRax 2013, 4 (13 ff.).

bereichs des HAdoptÜ) nicht etwa nach §§ 108, 109 FamFG anerkannt, vielmehr wird ihre Wirksamkeit nach Maßgabe des von der einschlägigen Kollisionsnorm berufenen Sachrechts ermittelt.[1] Entsprechendes gilt für eine Eheschließung,[2] das Vaterschaftsanerkenntnis[3] bzw. Erklärungen eines Elternteils zum Sorgerecht.[4] Zum Parallelproblem reiner **Privatscheidungen** s. § 107 Rz. 43. Eine Ausnahme bildet wiederum Art. 46 Brüssel IIa-VO, wonach auch bestimmte Parteivereinbarungen nicht nur für vollstreckbar erklärt, sondern auch anerkannt werden müssen.[5]

Nicht im internationalverfahrensrechtlichen Sinne anerkennungsfähig sind ferner **tatsächliche Handlungen**, namentlich Sicherungsmaßnahmen, die Entgegennahme von Inventaren oder Erklärungen, Beurkundungen äußerer Vorgänge oder von Rechtsgeschäften, Ladungen sowie Registereintragungen.[6] Beachte speziell zur Problematik einer europarechtlich womöglich gebotenen „kollisionsrechtlichen Anerkennung" von Registereintragungen innerhalb der EU unten Rz. 23. 8

3. Anerkennung als Wirkungserstreckung

Entscheidungen ausländischer Gerichte sind Hoheitsakte, deren Wirkungen sich nach dem völkerrechtlichen **Territorialitätsgrundsatz** zunächst auf den Ursprungsstaat beschränken. Sollen sie darüber hinaus wirken, so bedarf es der Anerkennung durch andere Staaten. 9

Anerkennung bedeutet nach zutreffender Auffassung – und zwar im Bereich der streitigen wie der freiwilligen Gerichtsbarkeit[7] – nicht etwa Gleichstellung mit einer vergleichbaren inländischen Entscheidung, sondern Erstreckung derjenigen Wirkungen, die der Entscheidung im ausländischen Gerichtsstaat zukommt, auf das Inland (**Wirkungserstreckung**).[8] In diesem Sinne kommt es gem. § 110 Abs. 3 Satz 2 darauf an, ob die Entscheidung des ausländischen Gerichts „nach dem für dieses Gericht geltenden Recht die Rechtskraft erlangt hat". 10

Eine Entscheidung, die aus Sicht des Ursprungsstaats **bereits aufgehoben** worden ist, kann auch in Deutschland keine Wirkung entfalten.[9] Geltend zu machen ist dieser Umstand im Vollstreckbarerklärungs- bzw. im Anerkennungsfeststellungsverfahren (s. § 110 Rz. 23); für den Fall, dass diese Verfahren bereits abgeschlossen sind, gelten §§ 27–29 AVAG, §§ 34, 35 IntFamRVG (s. Anhang 1 zu § 97) und in Unterhaltssachen §§ 67–69 AUG (s. Anhang 2 zu § 110). 10a

Bedeutsam ist die Deutung der Anerkennung als Wirkungserstreckung (Rz. 10) zum einen, wenn die ausländischen Entscheidungswirkungen über das entsprechende deutsche Verfahrensrecht hinausgehen (**starke Wirkungen**). Dies ist hinzunehmen, und zwar richtigerweise soweit, wie der deutsche ordre public nicht entgegensteht.[10] Beispielsweise kann eine ausländische Entscheidung, die einen Mann als Vater zu Unterhaltszahlungen verurteilt, zugleich eine Vaterschaftsfeststellung 11

---

1 Vgl. etwa Staudinger/*Henrich*, Art. 22 EGBGB Rz. 85; beachte auch *Winkelsträter*, S. 180 f.
2 Klarstellend *Hohloch*, FPR 2011, 422 (426).
3 Vgl. AG Nürnberg v. 14.12.2009 – UR III 264/09, FamRZ 2010, 1579.
4 Vgl. *Dutta*, StAZ 2010, 193 (196).
5 Kritisch *Rauscher*, Art. 46 Brüssel IIa-VO Rz. 2.
6 *Geimer*, FS Ferid, S. 89 (96); Jansen/v. Schuckmann/Sonnenfeld/*Wick*, § 16a FGG Rz. 9. Beachte auch BayObLG v. 11.11.1999 – 1 Z BR 155/98, NJWE-FER 2000, 114 (115), dort zur Ausfertigung und Registrierung einer Adoptionsurkunde durch ein kasachisches Standesamt nach konstitutiver Entscheidung durch das Exekutivkomitee.
7 Vgl. BT-Drucks. 10/504, S. 93.
8 Näher dazu etwa MüKo. ZPO/*Gottwald*, § 328 Rz. 3 ff.; *Hau*, Positive Kompetenzkonflikte, S. 84; Staudinger/*Henrich*, Art. 20 EGBGB Rz. 107; Rauscher/*Leible*, Art. 33 Brüssel I-VO Rz. 3; *Kropholler/von Hein*, EuZPR, vor Art. 33 EuGVO Rz. 9 f.; alle mN zum Streitstand.
9 Vgl. BGH v. 7.4.2004 – XII ZB 51/02, FamRZ 2004, 1023; KG v. 27.2.2007 – 1 VA 5/06, FamRZ 2007, 1828 (1829); auch EuGH v. 28.4.2009 – Rs. C-420/07 (Apostolides), EuGRZ 2009, 210.
10 MüKo. ZPO/*Gottwald*, § 328 Rz. 5; Staudinger/*Spellenberg*, § 328 ZPO Rz. 125; *Winkelsträter*, S. 184 ff. Ebenso zur Brüssel I-VO etwa Rauscher/*Leible*, Art. 33 Brüssel I-VO Rz. 3; MüKo. ZPO/*Gottwald*, Art. 33 EuGVO Rz. 2; *Kropholler/von Hein*, EuZPR, vor Art. 33 EuGVO Rz. 9. Zu eng *Schack*, Rz. 885 f.

mit in Deutschland anerkennungsfähiger Wirkung erga omnes enthalten.[1] Relevant wird das Bedürfnis, die Entscheidungswirkungen nach Maßgabe des im Entscheidungsstaat geltenden Rechts zu ermitteln, auch im Hinblick auf ausländische Entscheidungen über die Zuweisung oder Entziehung des Sorgerechts: Dann bleibt stets zu klären, ob darin nach dem Verständnis des ausländischen Gerichts – abweichend vom deutschen Recht – zugleich die vollstreckbare Verpflichtung enthalten sein soll, das Kind an den Sorgeberechtigten herauszugeben. Um diese Prüfung nicht dem Gerichtsvollzieher aufzubürden, hat der deutsche Gesetzgeber § 33 Abs. 1 IntFamRVG geschaffen.[2]

11a   Während die Möglichkeit teilweiser Vollstreckbarerklärung meist eigens hervorgehoben wird (vgl. Art. 48 Brüssel I-VO, Art. 36 Brüssel IIa-VO, Art. 37 EuUntVO, Art. 55 EuErbVO), finden sich entsprechende Regelungen für die Anerkennung eher selten (vgl. aber Art. 14 HUntVÜ 1973 und künftig Art. 21 HUntVÜ 2007, s. Anhänge 5 und 6 zu § 110). Gleichwohl kommt auch eine **Teilanerkennung** in Betracht, wenn die ausländische Entscheidung nur hinsichtlich eines Teils oder nur hinsichtlich einzelner Entscheidungswirkungen anerkennungsfähig ist.[3] Demnach kann, wenn eine vollständige Anerkennung namentlich am deutschen ordre public scheiterte, beispielsweise eine nach dem Recht des Ursprungsstaats erga omnes wirkende Entscheidung wenigstens mit Wirkung inter partes anerkannt oder ein Unterhaltsurteil wenigstens bezüglich des Unterhalts, wenn auch nicht bezüglich einer zugleich zugesprochenen Strafleistung anerkannt werden.

12   Zum anderen können die ausländischen Wirkungen hinter denjenigen des deutschen Rechts zurückbleiben (**schwache Wirkungen**).[4] Dann wäre es schon mit dem rechtlichen Gehör unvereinbar, eine „Gleichstellung" anzustreben und auf diese Weise im Inland Wirkungen zu unterstellen, mit denen die Beteiligten im ausländischen Verfahren nicht gerechnet haben. Beispielsweise darf eine ausländische „schwache" Adoption in Deutschland nicht etwa kraft Anerkennung (also ohne Umwandlung gem. § 3 AdWirkG[5]) als eine „Volladoption" behandelt werden[6] und eine im Ausland gerichtlich ausgesprochene Trennung von Tisch und Bett nicht als Ehescheidung. Ferner folgt aus dem Prinzip der Wirkungserstreckung, dass es überhaupt nur dann anerkennungsfähige Wirkungen gibt, wenn die Entscheidung nach dem Recht des Ursprungsstaats internationale Geltung beansprucht.[7] Darauf kommt es beispielsweise an, wenn in den USA ein Nachlassabwickler eingesetzt wird.[8]

4. Anerkennungsfähige Entscheidungswirkungen

13   Im verfahrensrechtlichen Sinne anerkennungsfähige Entscheidungswirkungen sind die materielle Rechtskraft und die Vollstreckbarkeit (dazu § 110), zudem Interventions- und Streitverkündungswirkung, vor allem in Statussachen aber auch die Gestaltungswirkung.[9] Zum Verhältnis zum Kollisionsrecht s. Rz. 22 f.

---

1   Vgl. Staudinger/*Henrich*, Art. 19 EGBGB Rz. 130.
2   Eingefügt durch G. v. 25.6.2009 (BGBl. I 2009, 1594). Vgl. dazu BT-Drucks. 16/12063, S. 13, *Schulz*, FamRZ 2011, 156 (160); *Wagner*, Nomos-Erläuterungen zum Deutschen Bundesrecht.
3   *Nagel/Gottwald*, § 11 Rz. 133; Jansen/v. Schuckmann/Sonnenfeld/*Wick*, § 16a FGG Rz. 8.
4   OVG Berlin-Brandenburg v. 13.12.2011 – 12 B 35.11, FamRZ 2012, 1911 (1912).
5   Dazu *Emmerling de Oliviera*, MittBayNot 2010, 429 (433 f.).
6   Dazu *Winkelsträter*, S. 182 ff.
7   Vgl. OLG Düsseldorf v. 9.5.1997 – 3 Wx 261/96, FamRZ 1997, 1480; Jansen/v. Schuckmann/Sonnenfeld/*Wick*, § 16a FGG Rz. 8.
8   Dazu *Gruber*, Rpfleger 2000, 250 (251 f.). Anders Zöller/*Geimer*, § 328 ZPO Rz. 25 („kraft Anerkennungsbefehl" des deutschen Rechts sei Wirkungserstreckung auch dann möglich, wenn das Recht des Erststaats die Wirkungen auf sein Territorium begrenzt").
9   *Geimer*, FS Ferid, S. 89 (91); *Wagner*, FamRZ 2006, 744 (750).

14 Nicht hierher gehört die sog. **Tatbestandswirkung:**[1] Dabei geht es nicht um die verfahrensrechtliche Anerkennung,[2] sondern um die Auslegung der lex causae. So ist zu prüfen, ob auch eine ausländische Entscheidung den Tatbestand einer (deutschen oder vom deutschen IPR berufenen ausländischen) Vorschrift erfüllt, der eine Entscheidung voraussetzt (sog. **Substitution**). Genügt also beispielsweise eine „schwache" Adoption für den Erwerb der deutschen Staatsangehörigkeit nach § 6 StAG?[3] Reicht eine nach der lex fori des Ursprungsstaats nur mit Inter-partes-Wirkung versehene Statusentscheidung für § 27 PStG aus?[4] Erfüllt ein ausländisches Erbfolgezeugnis die Anforderungen des § 35 GBO (dazu Rz. 16 ff.)? Kann einem Ehegatten nach einer „divorcio perpetuo" chilenischen Rechts noch ein Erbrecht gem. § 1931 BGB zustehen?[5]

15 Insbesondere in FG-Sachen kann fraglich sein, ob eine ausländische Entscheidung nach dem Recht des Ursprungsstaats überhaupt verfahrensrechtlich anerkennungsfähige Wirkungen entfalten soll. Hervorzuheben sind die folgenden Fallgruppen:

a) Erbfolgezeugnisse

16 Ein „Zeugnis über ein erbrechtliches Verhältnis, insbesondere über das Recht des Erben" ist gem. § 17 des deutsch-türkischen Nachlassabkommens (s. § 97 Rz. 26) anzuerkennen.[6] Ein türkischer Erbschein entfaltet jedoch nur diejenigen Wirkungen, die er im Erlassstaat hatte, kann also nicht unbesehen einem deutschen Erbschein gleichgestellt werden; insbesondere kann ein türkischer Erbschein nicht ohne weiteres eine befreiende Leistung an den ausgewiesenen Erben iSd. § 2367 BGB garantieren.[7] Völlig neue Fragen wirft künftig (s. § 108 Rz. 37) die **EuErbVO** auf, die zum einen zur Anerkennung von mitgliedstaatlichen Entscheidungen und öffentlichen Urkunden – womöglich auch von Erbscheinen – verpflichtet und zum anderen ein sog. Europäisches Nachlasszeugnis schafft (Art. 62 ff. EuErbVO), das gem. Art. 69 EuErbVO auf europaweite Beachtung angelegt ist.[8]

17 Nach autonomem deutschen Recht ist ein dem deutschen Erbschein entsprechendes ausländisches Erbfolgezeugnis hingegen kein tauglicher Gegenstand eines Anerkennungsverfahrens:[9] Der Erbschein entfaltet weder Gestaltungswirkung (er bestimmt nicht konstitutiv über die Erbfolge) noch Rechtskraft (er kann gem. § 2361 BGB jederzeit wegen Unrichtigkeit eingezogen werden). Erwächst das ausländische „Zeugnis" hingegen, funktional vergleichbar einem deutschen Feststellungsurteil, nach dem Recht des Ursprungsstaats in Rechtskraft, so bestimmt sich die Anerkennung dieser verfahrensrechtlichen Wirkung nach §§ 108, 109.[10]

18 Davon zu unterscheiden ist die Frage der (materiell-rechtlichen) Tatbestandswirkung, ob einem ausländischen Erbfolgezeugnis für die Zwecke der §§ 2365 ff. BGB oder § 35 Abs. 1 Satz 1 GBO die Wirkung eines Erbscheins deutschen Rechts zu-

---

1 Näher *Schack*, Rz. 870 ff.; vgl. auch Jansen/v. Schuckmann/Sonnenfeld/*Wick*, § 16a FGG Rz. 6; *Bachmayer*, BWNotZ 2010, 146 (156).
2 Entsprechend zu § 16a FGG etwa *Gronle*, S. 128; *Geimer*, FS Ferid, S. 89 (91 Fn. 23); Staudinger/*Dörner*, Art. 25 EGBGB Rz. 914; *Kaufhold*, ZEV 1997, 399 (402).
3 Dazu BVerwG v. 10.7.2007 – 5 B 4.07, FamRZ 2007, 1550 f.; OVG Hamburg v. 19.10.2006 – 3 Bf 275/04, IPRax 2008, 261 (266 f.) m. krit. Anm. v. *Henrich*, 237 ff.; *Busch*, StAZ 2003, 297 ff.
4 Verneinend Staudinger/*Henrich*, Art. 20 EGBGB Rz. 107.
5 Dazu *Samtleben*, FS Kropholler, S. 413 (416 ff.).
6 Dazu Staudinger/*Dörner*, vor Art. 25 f. EGBGB Rz. 189 f.
7 Verkannt von LG München v. 25.10.2011 – 28 O 243/10, IPRax 2013, 270; richtig *Siehr*, IPRax 2013, 241.
8 Einführend etwa *Buschbaum/Simon*, ZEV 2012, 525; *Dutta*, IPRax 2013, 4 (14 f.); *Schauer*, EF-Z 2012, 245.
9 OLG Bremen v. 19.5.2011 – 3 W 6/11, ZEV 2011, 481 = FGPrax 2011, 217 (218) m. Anm. *Hertel*, DNotZ 2012, 688; KG v. 25.9.2012 – 1 W 270–271/12, NJW-RR 2013, 79 (80); Jansen/v. Schuckmann/Sonnenfeld/*Wick*, § 16a FGG Rz. 36; Staudinger/*Dörner*, Art. 25 EGBGB Rz. 914; *Bachmayer*, BWNotZ 2010, 146 (156 f.).
10 *Klinck*, FamRZ 2009, 741 (746). Anders *Geimer*, Rz. 2884.

kommt.[1] Eine solche Substitution (s. Rz. 14) lehnt die zum autonomen Recht wohl vorherrschende Meinung in beiden Fällen ab.[2]

b) Anordnung der Vormundschaft, Pflegschaft oder Testamentsvollstreckung

19 Für den deutsch-türkischen Rechtsverkehr ist wiederum § 17 des deutsch-türkischen Nachlassabkommens (s. § 97 Rz. 26) einschlägig; dieser betrifft Zeugnisse „über ein erbrechtliches Verhältnis, insbesondere über das Recht – eines Testamentsvollstreckers".[3]

20 Auch im Übrigen sind die Anordnung von Testamentsvollstreckung, Vormundschaft oder Pflegschaft oder die Entscheidung über eine Einsetzung als Testamentsvollstrecker etc. durchaus anerkennungsfähig.[4] Wird die ausländische Entscheidung nach § 108 Abs. 2 Satz 1 FamFG anerkannt, so steht die wirksame Anordnung bzw. Einsetzung für alle Gerichte und Behörden fest. Dies ist etwa von Bedeutung, wenn der Testamentsvollstrecker in Deutschland die Erteilung eines Zeugnisses nach § 2368 Abs. 1 Satz 1 BGB beantragt. Ob ausländische Zeugnisse über die Stellung als Testamentsvollstrecker etc. dieselben Wirkungen äußern wie das von einer deutschen Sachnorm vorausgesetzte inländische Zeugnis, ist hingegen keine Frage der verfahrensrechtlichen Anerkennung, sondern der Tatbestandswirkung (s. Rz. 14).[5] Ohnehin ist tauglicher Gegenstand der Anerkennung nicht ein ausländisches Zeugnis als solches, sondern allenfalls die diesem zugrunde liegende Sachentscheidung (s. Rz. 4).

c) Gerichtliche Genehmigungen

21 Nach herrschender Ansicht sollen auch gerichtliche Genehmigungen anerkennungsfähig sein.[6] Dem ist zuzustimmen, soweit solchen Genehmigungen Gestaltungswirkung zukommt: Bereits die Genehmigung (nicht erst die Vornahme des genehmigten Rechtsgeschäfts) verändert die Rechtslage insoweit, als sie die Vertretungsbefugnisse des Vormunds, Pflegers oder Testamentsvollstreckers erweitert.[7]

5. Anerkennung und Kollisionsrecht

22 Dem Internationalen Zivilverfahrensrecht gebührt Vorrang vor dem Internationalen Privatrecht.[8] Demgemäß gilt nach zutreffender und herrschender Meinung auch im Falle ausländischer Gestaltungsentscheidungen der freiwilligen oder streitigen Gerichtsbarkeit: Die Anerkennung von Entscheidungen ist verfahrensrechtlich zu deuten und deshalb nicht von der Einschätzung desjenigen Sachstatuts abhängig,

---

1 Staudinger/*Dörner*, Art. 25 EGBGB Rz. 914.
2 Zu § 35 Abs. 1 Nr. 1 GBO: KG v. 25.3.1997 – 1 W 6538/96, NJW-RR 1997, 1094 f.; *Bachmayer*, BWNotZ 2010, 146 (157); *Kroiß*, ErbR 2006, 2 (5); *Riering*, MittBayNot 1999, 519 (528); Soergel/*Zimmermann*, § 2369 BGB Rz. 5; *Hohloch*, FS Schlechtriem, S. 377 (394). Anders *Gronle*, S. 135 ff., 153 f.; *Kaufhold*, ZEV 1997, 399 (402 f.). – Zu § 2365 BGB: Staudinger/*Schilken*, § 2369 BGB Rz. 12; für Substitution aber Staudinger/*Dörner*, Art. 25 EGBGB Rz. 915.
3 Dazu Staudinger/*Dörner*, vor Art. 25 f. EGBGB Rz. 189 f.
4 Ebenso *Geimer*, FS Jayme, S. 241 (254 Fn. 76); *Klinck*, FamRZ 2009, 741 (747); Jansen/v. Schuckmann/Sonnenfeld/*Wick*, § 16a FGG Rz. 24, 26, 35; Keidel/*Zimmermann*, § 108 Rz. 28 ff.; Staudinger/*Henrich*, Art. 24 EGBGB Rz. 131 (Vormundschaft und Pflegschaft); *Gruber*, Rpfleger 2000, 250 (251); Palandt/*Thorn*, Art. 25 EGBGB Rz. 19. Ablehnend zur Anerkennungsfähigkeit der Bestellung eines administrator nach common law aber *Hausmann*, FS Heldrich, S. 649 (659); Staudinger/*Dörner*, Art. 25 EGBGB Rz. 911.
5 *Geimer*, FS Ferid, S. 89 (91 Fn. 23); Staudinger/*Dörner*, Art. 25 EGBGB Rz. 914.
6 So für vormundschaftsgerichtliche Genehmigungen BGH v. 14.12.1988 – IVa ZR 231/87, FamRZ 1989, 378 (380); Keidel/*Zimmermann*, § 108 Rz. 30; Jansen/v. Schuckmann/Sonnenfeld/*Wick*, § 16a FGG Rz. 25. Differenzierend *Geimer*, FS Ferid, S. 89 (93 f.), und FS Jayme, S. 241 (254 ff.): solche Entscheidungen seien grundsätzlich (Ausnahme: familiengerichtliche Genehmigungen von Eheverträgen) der verfahrensrechtlichen Anerkennung zu entziehen und als Hilfsgeschäfte der lex causae zu unterstellen. Dagegen *Richardi*, S. 76 f.
7 *Klinck*, FamRZ 2009, 741 (747); Staudinger/*Engler*, § 1828 BGB Rz. 9; aus anderer Perspektive auch BayObLG v. 10.7.2002 – 3Z BR 82/02, NJW-RR 2003, 649 (651).
8 Plakativ, aber treffend *Schack*, Rz. 962; *Dutta*, StAZ 2010, 193 (200).

das die im Anerkennungsstaat geltenden Kollisionsregeln berufen (anders die sog. Lex-causae-Lehre).[1] Ebenso abzulehnen ist eine „kollisionsrechtliche Relativierung" der Rechtskraftwirkung ausländischer Entscheidungen.[2] Die Anerkennung ist vielmehr unabhängig davon möglich, ob das ausländische Gericht das aus Sicht des deutschen IPR „richtige" Sachrecht zugrunde gelegt hat. Die früher in § 328 ZPO vorgesehene **kollisionsrechtliche Kontrolle** durch den Anerkennungsrichter wurde bereits anlässlich der IPR-Reform 1986 gestrichen.[3] Auch Art. 25 Brüssel IIa-VO schließt für Ehesachen eine solche Kontrolle ausdrücklich aus. Im Übrigen ist zu beachten, dass Art. 27 Nr. 4 EuGVÜ/LugÜ 1988 nicht in Art. 34 Brüssel I-VO/LugÜ 2007 übernommen wurde. In Betracht kommt freilich eine Überprüfung des Ergebnisses der ausländischen Rechtsanwendung nach Maßgabe des anerkennungsrechtlichen ordre public (§ 109 Abs. 1 Nr. 4; nicht: Art. 6 EGBGB), wobei aber das Verbot der révision au fond zu berücksichtigen ist (§ 109 Abs. 5).

In neuerer Zeit wird das Verhältnis von Anerkennungs- und Kollisionsrecht vor allem unter einem anderen Aspekt problematisiert: Es geht um die sog. **kollisionsrechtliche Anerkennung** im Hinblick auf „Rechtslagen" bzw. „Rechtsvorgänge" wie Registereintragungen, die mangels Entscheidung keiner verfahrensrechtlichen Anerkennung iSv. §§ 107 ff. zugänglich sind (s. oben Rz. 8).[4] Diskutiert wird, ob die herkömmliche kollisionsrechtliche Prüfung solcher Vorgänge auf dem Gebiet des Personen-, Familien- und Erbrechts weitgehend durch ein „Anerkennungsprinzip" abzulösen ist.[5] Im Vordergrund steht die Frage, inwieweit ein solcher Paradigmenwechsel europarechtlich geboten erscheint. Illustriert wird die Problematik durch den Fall Grunkin-Paul: Nach Auffassung des EuGH kann ein deutsches Standesamt, das um Eintragung eines in einem anderen Mitgliedstaat (in casu: in Dänemark als dem früheren Aufenthaltsstaat) registrierten Namens eines deutschen Kindes ersucht wird, dazu wegen Art. 18 EGV (nunmehr: Art. 21 AEUV) verpflichtet sein, obwohl der gewünschte (Doppel-)Name nicht in Einklang mit dem nach Art. 10 EGBGB berufenen deutschen Namensrecht steht.[6] In der Entscheidung Sayn-Wittgenstein hat der EuGH seine Rechtsprechung bestätigt, aber auch anerkannt, dass Art. 21 AEUV zurücktreten kann, wenn das nationale Verfassungsrecht (in casu: der Gleichheitssatz) die Nichtanerkennung von Adelstiteln gebietet.[7] Inzwischen liegen zur Problematik der Rechtslagenanerkennung deutsche Entscheidungen vor,[8] die kollisionsrechtlich weitreichende Konsequenzen aus der Judikatur des EuGH ziehen, ohne diesen, wie es geboten wäre, um präzisierende Vorabentscheidungen zu ersuchen.[9]

6. Anerkennung und inländisches Zweitverfahren

Eine ausländische Entscheidung, die nach den jeweils einschlägigen Regeln **nicht anerkennungsfähig** ist, entfaltet im Inland keine Rechtskraftwirkung und kann hier daher einem neuen Erkenntnisverfahren von vornherein nicht entgegenstehen.

---

1 Dazu *Geimer*, FS Jayme, S. 241 (250); *Nagel/Gottwald*, § 11 Rz. 126; *Schack*, Rz. 24 und 1020; Jansen/v. Schuckmann/Sonnenfeld/*Wick*, § 16a FGG Rz. 6.
2 *Nagel/Gottwald*, § 11 Rz. 125; *Schack*, Rz. 869.
3 Dazu BT-Drucks. 10/504, S. 88.
4 Zur unterschiedlichen Verwendung des Begriffs „Anerkennung" im IPR und IZVR vgl. *Coester-Waltjen*, IPRax 2006, 392; *Wagner*, FamRZ 2006, 744 (747).
5 Dazu *Coester-Waltjen*, IPRax 2006, 392 (397); *Heiderhoff*, FS v. Hoffmann, S. 127; *Henrich*, IPRax 2005, 422; *Lipp*, StAZ 2009, 1; *Mansel*, RabelsZ 2006, 651; *Nordmeier*, IPRax 2012, 31; *Sonnenberger*, FS Spellenberg, S. 371; *Wagner*, StAZ 2012, 133.
6 EuGH v. 14.10.2008 – Rs. C-353/06 (Grunkin-Paul), NJW 2009, 135. Dazu *Funken*, FamRZ 2008, 2091; *Koritz*, FPR 2008, 629; *Mansel/Thorn/Wagner*, IPRax 2009, 1 (2f.); *Rieck*, NJW 2009, 125. Anders noch (trotz irreführender Nennung von § 16a FGG im LS) etwa OLG Stuttgart v. 7.9.2004 – 8 W 260/03, IPRspr 2004, Nr. 210.
7 EuGH v. 22.12.2010 – Rs. C-208/09 (Sayn-Wittgenstein), FamRZ 2011, 1486.
8 OLG München v. 19.1.2010 – 31 Wx 152/09, IPRax 2010, 452 (Registrierung eines Doppelnamens als Kindsnamen im Vereinigten Königreich); dazu *Wall*, IPRax 2010, 433; KG v. 23.9.2010 – 1 W 70/08, IPRax 2011, 70 („Anerkennung" eines nach französischem Recht wirksamen Vaterschaftsanerkenntnisses).
9 Beachte im Einzelnen die Kritik bei *Mansel/Thorn/Wagner*, IPRax 2011, 1 (5 ff.).

25   Davon zu unterscheiden ist die Frage, inwieweit eine **anerkennungsfähige ausländische Entscheidung** ein weiteres Erkenntnisverfahren im Inland sperrt. Der BGH verneint dies: Auch eine rechtskräftige ausländische Entscheidung führe nur dazu, dass eine neue inländische der ausländischen Sachentscheidung entsprechen müsse.[1] Damit bestünde letztlich ein Wahlrecht zwischen Anerkennung und erneutem Erkenntnisverfahren.[2] Dies ist abzulehnen; denn es ist nicht einsichtig, warum die anerkennungsfähige Rechtskraftwirkung einer ausländischen Entscheidung nur als Inhaltsbindung, nicht als Wiederholungsverbot (ne bis in idem) gedeutet werden sollte.[3] Näher dazu bei § 110 Rz. 30.

7. Abänderung anerkannter Entscheidungen

26   Nach heute wohl einhelliger Auffassung bestehen im Grundsatz keine völkerrechtlichen Bedenken dagegen, dass inländische Gerichte im Ausland erwirkte Entscheidungen abändern.[4] Abänderbar sind aber nur solche ausländischen Entscheidungen, (Prozess-)Vergleiche und Urkunden, die hier überhaupt anerkennungsfähig sind. Unerheblich ist hingegen, ob die lex fori des ausländischen Entscheidungsstaats die Abänderung zulässt.[5] Die internationale Zuständigkeit deutscher Gerichte für das Abänderungsverfahren ist nach Maßgabe der allgemeinen Regeln zu bestimmen; Einzelheiten vor §§ 98–106 Rz. 15 f. Beachte speziell zur praxisrelevanten Abänderung ausländischer Unterhaltstitel noch Anhang 3 zu § 110 Art. 8 EuUntVO Rz. 65 ff. Eine ausländische Entscheidung, die eine dort erlassene, eine deutsche oder eine drittstaatliche Entscheidung abändert, ist nach allgemeinen Regeln anerkennungsfähig.

II. Verpflichtung zur Anerkennung

1. Überblick

27   Im Grundsatz steht es jedem Staat frei, in seinem **autonomen Recht** festzulegen, ob und unter welchen Voraussetzungen auf seinem Staatsgebiet auch ausländischen Hoheitsakten Wirkungen zukommen sollen. Die allgemeinen Regeln des **Völkerrechts** gebieten nach vorherrschender Auffassung die Anerkennung nicht. Die Frage, ob Abweichendes für Statusentscheidungen gilt,[6] ist wegen der ohnehin anerkennungsfreundlichen Position des deutschen Gesetzgebers (§§ 108 f.) aus deutscher Sicht weitestgehend ohne Belang. Zudem werden vielfach Verpflichtungen zur Anerkennung (und zur Vollstreckbarerklärung bzw. Bestimmungen über die Entbehrlichkeit einer solchen) eingegangen. Entsprechende Regelungen sind im **Europarecht** vorgesehen, zudem im multi- und bilateralen **Konventionsrecht**. Im Interesse größtmöglicher internationaler Entscheidungsfreizügigkeit orientiert sich das Verhältnis dieser Anerkennungsregeln zueinander, anders als im Recht der internationalen Entscheidungszuständigkeit, grundsätzlich nicht am Vorrang-, sondern am **Günstigkeitsprinzip** (s. § 109 Rz. 3). Infolge der EU-internen Kompetenzverteilung ist es Deutschland an sich verwehrt, künftig Abkommen mit Drittstaaten auf Gebieten abzuschließen, auf de-

---

1 Vgl. BGH v. 28.5.1986 – IVb ZR 36/84, NJW-RR 1986, 1130, dort allerdings zu dem wegen beschränkter materieller Rechtskraft besonderen Fall einer Sorgerechtsentscheidung; OLG Saarbrücken v. 9.3.2004 – 2 UF 23/03, OLGReport 2004, 467 (468). In Unterhaltssachen ebenso OLG Zweibrücken v. 10.3.2005 – 5 WF 36/05, NJOZ 2005, 3309 (3312), und OLG Oldenburg v. 11.11.1992 – 4 U 23/92, FamRZ 1993, 1486.
2 Vgl. auch OLG Bamberg v. 30.9.1998 – 2 UF 286/97, NJW-RR 1999, 515 f. (Elternteil kann wählen, ob er eine im Ausland ergangene Umgangsentscheidung im Inland anerkennen und vollstrecken lassen oder eine inländische Umgangsregelung anstreben will).
3 Näher Rahm/Künkel/*Breuer*, II 1 C Rz. 143; *Linke*/*Hau*, Rz. 447; Staudinger/*Spellenberg*, § 328 ZPO Rz. 142.
4 S. etwa BGH v. 1.6.1983 – IVb ZR 386/81, NJW 1983, 1976; OLG Köln v. 20.7.2004 – 25 UF 24/04, NJW-RR 2005, 876; *Hohloch*, DEuFamR 2000, 193 (196); *Schack*, Rz. 1108.
5 Wie hier etwa Bamberger/Roth/*Heiderhoff*, Art. 18 EGBGB Rz. 91; *Schack*, Rz. 1113. Offengelassen von BGH v. 1.6.1983 – IVb ZR 386/81, NJW 1983, 1976; OLG Köln v. 20.7.2004 – 25 UF 24/04, NJW-RR 2005, 876.
6 Bejahend Jansen/v. Schuckmann/Sonnenfeld/*Wick*, § 16a FGG Rz. 1. Verneinend *Schack*, Rz. 865.

nen die EU bereits tätig geworden ist. Bedeutung gewinnen könnte in diesem Zusammenhang aber die **Verordnung Nr. 664/2009** vom 7.7.2009 (§ 97 Rz. 19), die unter bestimmten Voraussetzungen jedem Mitgliedstaat den Abschluss von Abkommen mit Drittstaaten in den Bereichen der Brüssel IIa-VO und der EuUntVO erlaubt.[1]

2. Rechtsgrundlagen

a) Ehesachen

- Art. 21 ff. Brüssel IIa-VO (§ 97 Rz. 19 – Text: Anhang 2 zu § 97). Dazu Rz. 47 sowie § 107 Rz. 5 ff., § 109 Rz. 9 f. und § 110 Rz. 8 ff.
- Art. 3 Deutsch-schweizerisches Abkommen v. 2.11.1929 (§ 97 Rz. 28).
- Art. 28 Abs. 1 Deutsch-tunesischer Vertrag v. 19.7.1966 (§ 97 Rz. 28).

28

b) Kindschaftssachen

- Art. 21 ff. Brüssel IIa-VO (§ 97 Rz. 19 – Text: Anhang 2 zu § 97). Dazu Rz. 47 sowie § 109 Rz. 9 f. und § 110 Rz. 8 ff.[2] Zur fraglichen Anerkennungsfähigkeit einstweiliger Maßnahmen hinsichtlich des Sorgerechts nach Art. 20 Brüssel IIa-VO s. Rz. 4.
- Art. 7 MSA (§ 97 Rz. 20 – Text: 1. Auflage, Anhang 3 zu § 97). Wegen des Vorrangs der Brüssel IIa-VO (s. dort Art. 59 Buchst. a) und des KSÜ (dazu sogleich) sind die sachlich ohnehin eng gefassten MSA-Anerkennungsregeln[3] nur noch bedeutsam für Schutzanordnungen, die in der Türkei erwirkt werden. Dazu § 109 Rz. 11 f. und § 110 Rz. 11.
- Art. 23 ff. KSÜ (§ 97 Rz. 20 – Text: Anhang 3 zu § 97). Das KSÜ ersetzt für Deutschland im Verhältnis zu den anderen Vertragsstaaten seit 1.1.2011 das MSA (Art. 51 KSÜ); zum zeitlichen Anwendungsbereich der Anerkennungsregeln s. Art. 53 Abs. 2 KSÜ. Es gilt bereits für eine Reihe von Brüssel IIa-Staaten und außerdem für: Albanien, Armenien, Australien, die Dominikanische Republik, Ecuador, Kroatien, Marokko, Monaco, Montenegro, Russland, die Schweiz, die Ukraine und Uruguay.[4] Zum sachlichen Anwendungsbereich s. Art. 3 KSÜ (Positivkatalog) und Art. 4 KSÜ (Negativkatalog) sowie § 99 Rz. 21. Zum Vorrang der Brüssel IIa-Anerkennungsregeln s. Art. 61 Buchst. b Brüssel IIa-VO.
- Art. 7 ff. SorgeRÜ (§ 97 Rz. 20). Die Bedeutung des SorgeRÜ ist gering: Zum einen gehen die Brüssel IIa-Anerkennungsregeln vor (s. Art. 59 Buchst. d Brüssel IIa-VO); zum anderen ist es nach einem unberechtigten Verbringen oder Zurückhalten eines Kindes in aller Regel ohnehin sinnvoller, die Rückführung nach Maßgabe der Brüssel IIa-VO oder des HKEntfÜ zu betreiben (s. § 99 Rz. 23 ff.), statt eine Entscheidung zu erwirken, die dann nach Maßgabe des SorgeRÜ anzuerkennen und zu vollstrecken wäre.[5] Zum SorgeRÜ s. Rz. 49 sowie § 109 Rz. 11 f. und § 110 Rz. 12.
- Nicht einschlägig sind die von Deutschland abgeschlossenen bilateralen Anerkennungs- und Vollstreckungsverträge.[6]

29

c) Abstammungssachen

- Deutsch-belgisches Abkommen v. 30.6.1958 (§ 97 Rz. 27).
- Deutsch-griechischer Vertrag v. 4.11.1961 (§ 97 Rz. 27).
- Deutsch-italienisches Abkommen v. 9.3.1936 (§ 97 Rz. 27).
- Deutsch-schweizerisches Abkommen v. 2.11.1929 (§ 97 Rz. 28).
- Deutsch-spanischer Vertrag v. 14.11.1983 (§ 97 Rz. 27).

30

---

1 Vgl. *Linke/Hau*, Rz. 153.
2 Überblick bei *Dutta*, StAZ 2010, 193 (194 f.).
3 Vgl. etwa *Benicke*, IPRax 2013, 44 (50).
4 Zum aktuellen Ratifikationsstand beachte IPRax 2011, 213, sowie www.hcch.net.
5 Zum aktuellen Ratifikationsstand vgl. www.bundesjustizamt.de (dort unter „Int. Sorgerecht").
6 Einzelheiten bei Staudinger/*Henrich*, Art. 21 EGBGB Rz. 184 ff.

Die europa- und konventionsrechtlichen Instrumente zum Internationalen Unterhaltsrecht stellen bisweilen ausdrücklich klar, dass sie sich nicht auf statusrechtliche Entscheidungen beziehen (vgl. Art. 22 EuUntVO und Art. 3 HUntVÜ 1973);[1] zum Sonderproblem der sog. Anerkennungsunterhaltsentscheidung s. Anhang 1 zu § 110 Rz. 27 ff.

d) Adoptionssachen

31 – Art. 23 ff. HAdoptÜ (§ 97 Rz. 22). Erfasst werden Minderjährigenadoptionen, die in einem der bereits über siebzig Vertragsstaaten[2] zu Stande gekommen sind, sofern die zuständige Behörde des Ursprungsstaats bescheinigt, dass die Adoption gemäß den Vorgaben des HAdoptÜ zu Stande gekommen ist. Auf Antrag prüft und bestätigt das Bundesamt für Justiz (§ 1 Abs. 1 HAdoptÜAG) gem. § 9 HAdoptÜAG die Ordnungsmäßigkeit der ausländischen Bescheinigung. Unberührt bleibt auch im Anwendungsbereich des HAdoptÜ die Möglichkeit, das fakultative Anerkennungsverfahren nach dem AdWirkG durchzuführen (s. Rz. 52).

e) Gewaltschutzsachen

32 – Art. 32 ff. Brüssel I-VO/LugÜ 2007 (§ 97 Rz. 23). Zur Eröffnung des sachlichen Anwendungsbereichs s. § 105 Rz. 13.

f) Unterhalts- und Güterrechtssachen

33 Zum Unterhaltsrecht s. den ausführlichen Überblick in Anhang 1 zu § 110 Rz. 10 ff. In Güterrechtssachen können die von Deutschland abgeschlossenen bilateralen Anerkennungs- und Vollstreckungsverträge bedeutsam sein.[3]

g) Sonstige Familiensachen

34 – Art. 32 ff. Brüssel I-VO/LugÜ 2007 (§ 97 Rz. 23). Zur Eröffnung des sachlichen Anwendungsbereichs s. § 105 Rz. 19.

h) Lebenspartnerschaftssachen

35 – § 269 Abs. 1 Nr. 1 und 2 (Statussachen): Zur Unanwendbarkeit der Brüssel IIa-VO s. § 103 Rz. 4.
– § 269 Abs. 1 Nr. 3 (Sorgerecht, Umgang und Kindesherausgabe): Art. 21 ff. Brüssel IIa-VO (§ 97 Rz. 19 – Text: Anhang 2 zu § 97); Art. 7 MSA (§ 97 Rz. 20 – Text: 1. Auflage, Anhang 3 zu § 97) bzw. Art. 23 ff. KSÜ (§ 97 Rz. 20 – Text: Anhang 3 zu § 97); Art. 7 ff. SorgeRÜ (§ 97 Rz. 20).
– § 269 Abs. 1 Nr. 4 (Adoption): Art. 23 ff. HAdoptÜ (§ 97 Rz. 22).
– § 269 Abs. 1 Nr. 5–10 (Wohnungs- und Haushaltssachen; Versorgungsausgleich; Unterhalt; Güterrecht): Art. 32 ff. Brüssel I-VO (§ 97 Rz. 23) bzw. Art. 17 ff. EuUntVO (§ 97 Rz. 24); Art. 32 ff. LugÜ 2007 (§ 97 Rz. 23). Zur Eröffnung des sachlichen Anwendungsbereichs s. § 103 Rz. 12 ff.
– Nicht einschlägig sind die von Deutschland abgeschlossenen bilateralen Anerkennungs- und Vollstreckungsverträge (§ 97 Rz. 27 f.).[4]

i) Betreuungs- und Unterbringungssachen, Pflegschaft für Erwachsene

36 – Art. 22 ff. HErwSÜ (§ 97 Rz. 25 – Text: Anhang 5 zu § 97). Zum Anwendungsbereich s. § 104 Rz. 8 ff., zu den Anerkennungsvoraussetzungen s. § 109 Rz. 14.

---

[1] Vgl. auch BGH v. 26.8.2009 – XII ZB 169/07, FamRZ 2009, 1816 (1817 f.) m. Anm. *Henrich*.
[2] Zum aktuellen Ratifikationsstand vgl. www.bundesjustizamt.de (dort unter „Auslandsadoption") oder www.hcch.net (dort unter „Conventions").
[3] Vgl. *Roth*, IPRax 2013, 188, dort zur Anwendbarkeit des deutsch-österreichischen Anerkennungs- und Vollstreckungsvertrags von 1959 hinsichtlich eines Aufteilungsverfahrens nach § 81 Abs. 1 österr. EheG.
[4] Vgl. *Henrich*, FamRZ 2002, 137 (141).

j) Nachlasssachen

- Die Brüssel I-VO und das LugÜ 2007 klammern erbrechtliche Angelegenheiten insgesamt aus (jeweils gem. Art. 1 Abs. 2 Buchst. a).[1]
- Art. 39 ff. EuErbVO (§ 97 Rz. 26) werden im Wesentlichen erst für Erbfälle ab 17.8.2015 anzuwenden sein (Art. 83 Abs. 1, 84).
- § 17 Deutsch-türkisches Nachlassabkommen (§ 97 Rz. 26).
- Einige bilaterale Anerkennungs- und Vollstreckungsverträge betreffen Entscheidungen in erbrechtlichen Streitsachen.[2] Dies gilt für die Abkommen mit Belgien, Griechenland, Italien, den Niederlanden, Norwegen, Österreich, der Schweiz, Spanien, Tunesien und dem Vereinigten Königreich, nicht hingegen für das Abkommen mit Israel (s. dort Art. 4 Abs. 1 Nr. 2). S. dazu § 97 Rz. 27 f.

37

k) Registersachen und unternehmensrechtliche Verfahren

- Art. 32 ff. Brüssel I-VO/LugÜ 2007 (§ 97 Rz. 23). Zur Eröffnung des sachlichen Anwendungsbereichs (trotz Unanwendbarkeit der Zuständigkeitsregeln) s. § 105 Rz. 26.

38

III. Anerkennung ipso iure

1. Grundsatz

Gem. § 108 Abs. 1 werden die Wirkungen ausländischer Entscheidungen im Grundsatz ohne ein besonderes Anerkennungsverfahren – also automatisch bzw. **ipso iure** – anerkannt und damit auf das Inland erstreckt (s. Rz. 10). Gleichsinnige Programmsätze finden sich im Europarecht (Art. 33 Abs. 1 Brüssel I-VO; Art. 17 Abs. 1 und Art. 23 Abs. 1 EuUntVO; Art. 21 Abs. 1 Brüssel IIa-VO, dazu § 107 Rz. 5 ff.; Art. 39 Abs. 1 EuErbVO) sowie im Konventionsrecht (Art. 33 Abs. 1 LugÜ 2007; Art. 23 Abs. 1 KSÜ; Art. 23 Abs. 1 HAdoptÜ; Art. 22 Abs. 1 HErwSÜ). Demgegenüber schreibt Art. 14 SorgeRÜ nur vor, dass jeder Vertragsstaat für die Anerkennung „ein einfaches und beschleunigtes Verfahren" anwendet.

39

Unbeschadet des Ipso-iure-Prinzips werden im Interesse der Rechtssicherheit vielfach **fakultative Anerkennungsverfahren** eröffnet. Beachte für das deutsche Recht § 108 Abs. 2 (dazu Rz. 53 ff.) und das AdWirkG (dazu § 199). Ähnliche Regelungen sind im Europa- und im Konventionsrecht vorgesehen (s. Rz. 46 ff.).

40

Wird kein besonderes Anerkennungsverfahren durchgeführt, hat ein Gericht (oder eine Behörde), wenn sich in einem inländischen Verfahren die Frage der Anerkennungsfähigkeit stellt, diese inzident zu klären.[3] Eigens klargestellt wird die gerichtliche Befugnis zur **Inzidentanerkennung** – und damit die Zulässigkeit entsprechender Zwischenfeststellungsanträge – im Europarecht (Art. 33 Abs. 3 Brüssel I-VO; Art. 23 Abs. 3 EuUntVO; Art. 21 Abs. 4 Brüssel IIa-VO, dazu § 107 Rz. 11 ff.) sowie im Konventionsrecht (Art. 33 Abs. 3 LugÜ 2007). Beispielsweise erfolgt die inzidente Anerkennung einer Entscheidung im Rahmen des Vollstreckbarerklärungsverfahrens, wenn die Vollstreckung einer ausländischen Entscheidung beantragt wird (vgl. § 110 Abs. 1). Maßstab für die Inzidentprüfung sind § 109 bzw. die Regeln des Europa- oder Konventionsrechts.

41

Ein Sonderfall der Inzidentanerkennung ist die sog. **Anerkennungsprognose**, von der nach autonomem Recht die Beachtung ausländischer Rechtshängigkeit abhängt (s. vor §§ 98–106 Rz. 53, dort auch zur Freistellung von § 107).[4]

42

---

1 Klarstellend OLG Stuttgart v. 9.6.2010 – 5 W 15/10, FamRZ 2011, 832.
2 Näher Staudinger/*Dörner*, Art. 25 EGBGB Rz. 821 ff.; Jansen/v. Schuckmann/Sonnenfeld/*Wick*, § 16a FGG Rz. 89 ff.
3 Richtig etwa OLG Köln v. 9.4.2010 – 4 UF 56/10, NJW-RR 2010, 1225 (1226).
4 OLG Zweibrücken v. 24.4.2007 – 5 UF 74/05, NJW-RR 2007, 1232; OLG Koblenz v. 19.10.2005 – 11 WF 498/05, OLGReport 2006, 972.

2. Ausnahmen

43 Für ausländische **Ehestatusentscheidungen** gilt (außerhalb des Anwendungsbereichs der Brüssel IIa-VO) nicht das Ipso-iure-Prinzip, sondern das in § 107 geregelte Anerkennungs- und Feststellungsmonopol der Landesjustizverwaltung.

44 Eine weitere Ausnahme betrifft die **Vollstreckbarkeit**, die in bestimmten Fällen für das Inland durch einen besonderen Akt – die sog. Vollstreckbarerklärung bzw. das Exequatur (vgl. die Legaldefinition in § 3 Nr. 7 AUG) – verliehen wird (s. § 110).

C. Besonderes Anerkennungsverfahren (Absätze 2 und 3)

I. Überblick

45 § 108 Abs. 2 eröffnet ein besonderes bzw. isoliertes[1] Feststellungsverfahren. Dadurch soll ausgeschlossen werden, dass die Anerkennungsfähigkeit von den damit befassten inländischen Stellen unterschiedlich beurteilt wird.[2]

II. Vorrangige Regelungen

1. Europarecht

46 Ein fakultatives Anerkennungsverfahren ist für die von Art. 1 Brüssel I-VO erfassten Angelegenheiten (s. Rz. 32 ff.) in **Art. 33 Abs. 2 Brüssel I-VO** vorgesehen. Dieses soll nach dem Wortlaut (abweichend von §§ 107 Abs. 4 und 5, 108 Abs. 2 Satz 1 sowie Art. 21 Abs. 3 Brüssel IIa-VO) nur demjenigen eröffnet sein, der die Anerkennungsfähigkeit (also nicht: ihr Fehlen) geltend macht.[3] Das Verfahren bestimmt sich nach Art. 33 Abs. 2, 38 ff. Brüssel I-VO, den in § 25 AVAG genannten Vorschriften sowie §§ 29, 27 AVAG. Das Gericht kann das Verfahren aussetzen, wenn gegen die Entscheidung in ihrem Ursprungsstaat ein ordentlicher Rechtsbehelf eingelegt wurde (Art. 37 Brüssel I-VO). Die gem. Art. 33 Abs. 2 Brüssel I-VO ergehende Entscheidung wirkt – abweichend von §§ 107 Abs. 9, 108 Abs. 2 Satz 2 FamFG – nur inter partes. Zu den Rechtsmitteln s. Art. 43 f. Brüssel I-VO. Den Brüssel I-Regeln nachempfunden sind **Art. 39 Abs. 2, 42 EuErbVO**.

46a Im Anwendungsbereich der **EuUntVO** ist ein – Art. 33 Abs. 2 Brüssel I-VO nachgebildetes – fakultatives Anerkennungsverfahren nur in Art. 23 Abs. 2 EuUntVO vorgesehen, also beschränkt auf diejenigen Fälle, in denen es, abweichend von Art. 17 EuUntVO, ausnahmsweise noch einer Vollstreckbarerklärung bedarf (s. Anhang 3 zu § 110 Art. 23 Rz. 114).[4] Zum Verfahren vgl. §§ 55 f. AUG (s. Anhang 2 zu § 110).

47 Das fakultative Anerkennungsverfahren gem. **Art. 21 Abs. 3 Brüssel IIa-VO** gilt für Ehe- und Kindschaftssachen iSv. Art. 1 Brüssel IIa-VO (zum sachlichen Anwendungsbereich s. § 98 Rz. 4 ff. und § 99 Rz. 5 ff.). Zum Verfahren s. § 107 Rz. 13. Unanwendbar ist Art. 21 Abs. 3 Brüssel IIa-VO auf mitgliedstaatliche Entscheidungen zum Umgangsrecht und zur Kindsrückgabe, die aufgrund einer Bescheinigung nach Art. 41 und Art. 42 Brüssel IIa-VO ohne weiteres anzuerkennen und zu vollstrecken sind.[5]

2. Konventionsrecht

48 Das fakultative Anerkennungsverfahren gem. **Art. 33 Abs. 2 LugÜ 2007** entspricht demjenigen nach Art. 33 Abs. 2 Brüssel I-VO (s. Rz. 46). Zum Verfahren vgl. § 25 AVAG bzw. in Unterhaltssachen § 55 AUG (s. Anhang 2 zu § 110).

---

1 BT-Drucks. 16/6308, S. 222.
2 BT-Drucks. 16/6308, S. 222. Grundlegend und ausführlich dazu *Klinck*, FamRZ 2009, 741.
3 Näher *Kropholler/von Hein*, EuZPR, Art. 33 EuGVO Rz. 7; *Rauscher/Leible*, Art. 33 Brüssel I-VO Rz. 3.
4 Näher Rauscher/*Andrae/Schimrick*, Art. 17 EG-UntVO Rz. 2.
5 EuGH v. 11.7.2008 – C-195/08 PPU (Inga Rinau), NJW 2008, 2973 = FamRZ 2008, 1729; MüKo. ZPO/*Gottwald*, Art. 21 EheGVO Rz. 12.

Art. 14 SorgeRÜ schreibt vor, dass jeder Vertragsstaat für die Anerkennung ein einfaches und beschleunigtes Verfahren anwendet. Die Einzelheiten sind, entsprechend dem Verfahren nach Art. 21 Abs. 3 Brüssel IIa-VO (s. § 107 Rz. 13), in §§ 10, 12, 14f., 32, 16ff. IntFamRVG geregelt. Dasselbe gilt nunmehr für das Anerkennungsverfahren nach **Art. 24 KSÜ**.[1] 49

Art. 23 Satz 1 HErwSÜ schreibt zwar vor, dass den betroffenen Personen ein fakultatives Anerkennungsverfahren eröffnet werden muss, regelt dieses aber nicht näher, sondern verweist auf das Recht des Anerkennungsstaats (Satz 2). Für Deutschland sieht § 8 HErwSÜAG (idF von Art. 46 FGG-RG) eine gesonderte Regelung vor[2] und verweist nur im Übrigen auf „Buch 1" des FamFG. Damit dürften nicht § 108, sondern §§ 2ff. FamFG gemeint sein.[3] Die Bindungswirkung der Anerkennungsfeststellung ergibt sich aus § 9 HErwSÜAG. 50

3. Deutsches Recht

a) § 107

Für die Anerkennung ausländischer Entscheidungen in Ehesachen gilt § 107 als lex specialis. Dieser, nicht § 108 Abs. 2, ist nach hier vertretener Ansicht auch dann einschlägig, wenn im Falle einer Heimatstaatentscheidung (§ 107 Abs. 1 Satz 2) ein fakultatives Anerkennungsverfahren durchgeführt werden soll (s. § 107 Rz. 32). Soweit § 107 auf eine Privatscheidung nicht anzuwenden ist, weil es an jeglicher Mitwirkung einer ausländischen Behörde fehlt (s. § 107 Rz. 26), greift mangels einer „Entscheidung" auch § 108 Abs. 2 nicht ein. 51

b) Adoptionswirkungsgesetz

§ 108 Abs. 2 Satz 3 FamFG stellt den Vorrang der spezielleren §§ 2, 4 und 5 AdWirkG klar (s. dazu § 199).[4] Die Anerkennungsvoraussetzungen bestimmen sich, wenn die Auslandsadoption in den Anwendungsbereich des HAdoptÜ (s. Rz. 31) fällt, nach dessen Art. 23ff., ansonsten für Dekretadoptionen nach § 109 FamFG.[5] Die Anerkennung ausländischer Erwachsenenadoptionen unterfällt nicht dem AdWirkG (s. dort § 1 Satz 2). Daher bleibt es insoweit bei § 108 Abs. 2 Satz 1. 52

III. Inhalt der Vorschrift

1. Anwendungsbereich

Ein Anerkennungsverfahren gem. § 108 Abs. 2 kommt nur hinsichtlich ausländischer Entscheidungen (s. Rz. 4) in Frage, die nach dem Recht des Ursprungsstaats anerkennungsfähige Wirkungen entfalten (s. Rz. 13ff.). Im Übrigen geht es von vornherein nur um solche ausländischen Entscheidungen, die in den sachlichen Anwendungsbereich des FamFG fallen, wobei über die Abgrenzung zu den ZPO-Sachen die deutsche lex fori, nicht etwa die lex causae bestimmt.[6] 53

§ 108 Abs. 2 Satz 1 grenzt den Anwendungsbereich weiter ein, und zwar auf **Entscheidungen nicht vermögensrechtlichen Inhalts**. Erfasst werden also etwa Kindesherausgabeentscheidungen. Zudem kann das Verfahren nach § 108 Abs. 2 Satz 1 namentlich im Hinblick auf Abstammungs-, Sorge- und Umgangsrechtsentscheidungen, aber auch auf Erwachsenenadoptionen (s. Rz. 52) sowie Statussachen der Lebenspartner (s. § 107 Rz. 22) statthaft sein. 54

Für Entscheidungen über **vermögensrechtliche Ansprüche** soll kein entsprechendes Verfahren erforderlich sein, weil ihre Vollstreckung eine gerichtliche Vollstreckbarerklärung voraussetze und dann – auch seitens des Schuldners – regelmäßig kein 55

---
1 Vgl. BT-Drucks. 16/12063, S. 12f. Dazu *Wagner/Janzen*, FPR 2011, 110 (114).
2 Näher *Röthel/Woitge*, IPRax 2010, 409 (412f.).
3 *Klinck*, FamRZ 2009, 741 (742).
4 Dazu *Maurer*, FamRZ 2013, 90.
5 *Emmerling de Oliviera*, MittBayNot 2010, 429 (434).
6 Ebenso Haußleiter/*Gomille*, § 108 Rz. 14.

weiteres Bedürfnis für einen isolierten Beschluss über die Anerkennung oder Nichtanerkennung bestehe.[1] „Entscheidung nicht vermögensrechtlichen Inhalts" lässt sich also auch als Gegenbegriff zu solchen Entscheidungen verstehen, die der Vollstreckbarerklärung nach §§ 110 Abs. 2, 95 Abs. 1 bedürfen. § 108 Abs. 2 gilt daher nicht für Unterhalts-, Wohnungszuweisungs- und Haushaltsentscheidungen (und es dürfte nur ein Lapsus sein, dass die Begründung zu § 110 Abs. 2 Entscheidungen über die Hausratsverteilung als Gegenbeispiel zu vermögensrechtlichen Entscheidungen nennt).[2]

2. Verfahren

a) Zuständigkeit

56 § 108 Abs. 3 Satz 1 regelt die **örtliche Zuständigkeit**, und zwar ausschließlich (Satz 2). Zum Begriff des gewöhnlichen Aufenthalts s. § 122 Rz. 4ff. Antragsgegner iSv. § 108 Abs. 3 Satz 1 Nr. 1 ist, wer an dem kontradiktorischen ausländischen Verfahren, in dem die Entscheidung ergangen ist, beteiligt war.[3]

57 Die **sachliche Zuständigkeit** der Amtsgerichte ergibt sich aus § 23a GVG. Die **funktionelle Zuständigkeit** bestimmt sich nach §§ 23b, 23c GVG, und zwar abhängig vom Inhalt der ausländischen Entscheidung: Maßgeblich ist, welche Abteilung nach deutschem Recht für den Erlass der Entscheidung zuständig gewesen wäre.

58 Im RegE heißt es, die **internationale Zuständigkeit** für die Durchführung des Anerkennungsverfahrens richte sich nach §§ 98ff.[4] Das ist irreführend: Deutsche Gerichte können ohne weiteres darüber befinden, ob ausländische Entscheidungen in Deutschland anerkennungsfähig sind.[5] Stellt sich im Inland, aus welchen Gründen auch immer, beispielsweise die Frage, ob eine im Ausland erfolgte Vaterschaftsfeststellung hier anzuerkennen ist, so haben dies die deutschen Gerichte zu klären, und zwar auch dann, wenn sie nach Maßgabe von § 100 nicht zu einer eigenen Sachentscheidung berufen wären. Eine andere Frage lautet, ob es kraft Europa- oder Konventionsrechts ausgeschlossen ist, die Anerkennungsfähigkeit einer ausländischen Entscheidung in Deutschland überprüfen zu lassen (so Art. 41 Abs. 1 Satz 1, 42 Abs. 1 Satz 1 Brüssel IIa-VO).

b) Antrag und Antragsbefugnis

59 Die isolierte Anerkennungsfeststellung ergeht nur auf Antrag. Befugt, einen solchen zu stellen, ist jeder Beteiligte, der ein rechtliches Interesse an einer entsprechenden Feststellung hat (§ 108 Abs. 2 Satz 1). Hierfür wird erforderlich, aber auch ausreichend sein, dass der Antragsteller im Inland von anerkennungsfähigen Wirkungen der Entscheidung betroffen werden kann.[6] Es bietet sich an, die zu § 107 Abs. 4 Satz 2 entwickelten Grundsätze heranzuziehen (s. dort Rz. 39).[7]

c) Verfahrensgrundsätze

60 Anzuwenden sind grundsätzlich die allgemeinen Verfahrensvorschriften (§§ 2ff.). Nach der zum früheren Recht vorherrschenden Auffassung wurde das Anerkennungsverfahren allerdings denjenigen Regeln unterworfen, die aus Sicht der lex fori das zur ausländischen Entscheidung führende Verfahren bestimmt hätten. Demgemäß wurde die Frage, ob die begehrte Feststellung der Anerkennungsfähigkeit dem FGG oder der ZPO unterfiel, danach beantwortet, ob die ausländische Sachentschei-

---

[1] BT-Drucks. 16/6308, S. 222.
[2] Vgl. BT-Drucks. 16/6308, S. 222.
[3] Näher *Klinck*, FamRZ 2009, 741 (748); zustimmend Haußleiter/*Gomille*, § 108 Rz. 20. Anders Keidel/*Zimmermann*, § 108 Rz. 72: Antragsgegner ist, wer aus der Anerkennung Vorteile für sich ableitet.
[4] BT-Drucks. 16/6308, S. 222.
[5] Vgl. *Schack*, Rz. 902; Haußleiter/*Gomille*, § 108 Rz. 19; ebenso zum Parallelproblem der Vollstreckbarerklärung *Solomon*, AG 2006, 832ff.
[6] *Klinck*, FamRZ 2009, 741 (748).
[7] Vgl. *Krömer*, StAZ 2010, 375 (377).

dung aus deutscher Sicht nach dem FGG oder der ZPO ergangen wäre.[1] Daran ist, weil nichts auf einen gegenteiligen Willen des Gesetzgebers hindeutet, auch für das FamFG fest zu halten.[2] Bedeutung gewinnt dies mit Blick auf § 113 allerdings nur, soweit eine Familienstreitsache ausnahmsweise einmal in den Anwendungsbereich von § 108 Abs. 2 fällt.

d) Prüfungsmaßstab

Maßstab für die Anerkennungsprüfung sind § 109 bzw. die Regeln des Konventionsrechts, soweit dieses zwar einschlägig ist, die Anwendung von § 108 Abs. 2 aber nicht ausschließt. **61**

e) Entscheidung und Rechtsmittel

Die Entscheidung hinsichtlich der Anerkennungsfähigkeit ist feststellender Natur; sie ergeht gem. § 38 durch Beschluss. Wie bei § 107 (s. dort Rz. 45) gilt auch hier, dass nur ausgesprochen wird, was beantragt wurde: Ist der Antrag auf Feststellung der Anerkennungsfähigkeit unbegründet, wird nicht etwa die Anerkennungsunfähigkeit ausgesprochen, und umgekehrt im Falle eines unbegründeten Antrags auf Feststellung der Anerkennungsunfähigkeit nicht etwa die Anerkennungsfähigkeit.[3] Die Entscheidung wirkt **erga omnes** und bindet alle anderen Gerichte und Behörden (§§ 108 Abs. 2 Satz 2, 107 Abs. 9). **62**

Für die **Kostenentscheidung** gelten §§ 80 ff. **63**

Rechtsmittel ist die Beschwerde nach §§ 58 ff., gegen die Beschwerdeentscheidung ist uU die Rechtsbeschwerde nach §§ 70 ff. statthaft. **64**

Kosten/Gebühren: Justizverwaltung: Für die Tätigkeiten des Bundesamtes für Justiz werden folgende Gebühren erhoben: Nach Nr. 1332 KV JVKostG für die Mitwirkung als Bundeszentralstelle für Auslandsadoptionen (§ 1 Abs. 1 AdÜbAG), bei Übermittlungen an die zentrale Behörde des Heimatstaates (§ 4 Abs. 6 AdÜbAG) eine Gebühr in Höhe von 15 bis 155 Euro. Nach Nr. 1333 KV JVKostG für eine Bestätigung nach § 9 AdÜbAG eine Gebühr in Höhe von 40 bis 100 Euro. Nach Nr. 1334 KV JVKostG für eine Bescheinigung nach § 7 Abs. 4 AdVermiG eine Gebühr in Höhe von 40 bis 100 Euro. Bei der Bestimmung der konkreten Gebühr aus dem Rahmen hat die Justizverwaltung nach § 4 Abs. 2 JVKostG insbesondere die Bedeutung der Angelegenheit für die Beteiligten, Umfang und Schwierigkeit der Amtshandlung und die wirtschaftlichen Verhältnisse des Kostenschuldners zu berücksichtigen. Nach § 10 JVKostG kann die Behörde ausnahmsweise, wenn dies mit Rücksicht auf die wirtschaftlichen Verhältnisse des Zahlungspflichtigen oder sonst aus Billigkeitsgründen geboten erscheint, die Gebühren unter der Sätze des Gebührenverzeichnisses ermäßigen oder von der Erhebung der Kosten absehen. Die Kosten schuldet nach § 14 Abs. 1 JVKostG der Antragsteller. **Gericht:** Für das Verfahren über den Antrag entsteht eine Gebühr in Höhe von 240 Euro nach Nr. 1714 KV FamGKG, wenn der Antrag zurückgewiesen wird. Die Gebühr ermäßigt sich nach Nr. 1715 KV FamGKG auf 90 Euro bei Beendigung des gesamten Verfahrens durch Zurücknahme des Antrags vor Ablauf des Tages, an dem die Endentscheidung der Geschäftsstelle übermittelt wird, wenn die Entscheidung nicht bereits durch Vorlesen der Entscheidungsformel bekannt gegeben worden ist. **RA:** Für das gerichtliche Verfahren erhält der RA Gebühren nach Nr. 3100, 3104 VV RVG. **65**

109 *Anerkennungshindernisse*

(1) Die Anerkennung einer ausländischen Entscheidung ist ausgeschlossen,
1. wenn die Gerichte des anderen Staates nach deutschem Recht nicht zuständig sind;
2. wenn einem Beteiligten, der sich zur Hauptsache nicht geäußert hat und sich hierauf beruft, das verfahrenseinleitende Dokument nicht ordnungsgemäß oder

---

[1] *Geimer*, FS Ferid, S. 89 (109 f.); Jansen/v. Schuckmann/Sonnenfeld/*Wick*, § 16a FGG Rz. 12. Entsprechendes galt für das Verfahren der Vollstreckbarerklärung: BGH v. 13.7.1983 – IVb ZB 31/83, FamRZ 1983, 1008 (1009); OLG Bamberg v. 24.11.1999 – 2 UF 206/99, OLGReport 2000, 96; *Roth*, IPRax 1988, 75 (79); Staudinger/*Henrich*, Art. 21 EGBGB Rz. 266 f.
[2] *Klinck*, FamRZ 2009, 741 (748).
[3] *Klinck*, FamRZ 2009, 741 (748 f.).

nicht so rechtzeitig mitgeteilt worden ist, dass er seine Rechte wahrnehmen konnte;
3. wenn die Entscheidung mit einer hier erlassenen oder anzuerkennenden früheren ausländischen Entscheidung oder wenn das ihr zugrunde liegende Verfahren mit einem früher hier rechtshängig gewordenen Verfahren unvereinbar ist;
4. wenn die Anerkennung der Entscheidung zu einem Ergebnis führt, das mit wesentlichen Grundsätzen des deutschen Rechts offensichtlich unvereinbar ist, insbesondere wenn die Anerkennung mit den Grundrechten unvereinbar ist.

(2) Der Anerkennung einer ausländischen Entscheidung in einer Ehesache steht § 98 Abs. 1 Nr. 4 nicht entgegen, wenn ein Ehegatte seinen gewöhnlichen Aufenthalt in dem Staat hatte, dessen Gerichte entschieden haben. Wird eine ausländische Entscheidung in einer Ehesache von den Staaten anerkannt, denen die Ehegatten angehören, steht § 98 der Anerkennung der Entscheidung nicht entgegen.

(3) § 103 steht der Anerkennung einer ausländischen Entscheidung in einer Lebenspartnerschaftssache nicht entgegen, wenn der Register führende Staat die Entscheidung anerkennt.

(4) Die Anerkennung einer ausländischen Entscheidung, die
1. Familienstreitsachen,
2. die Verpflichtung zur Fürsorge und Unterstützung in der partnerschaftlichen Lebensgemeinschaft,
3. die Regelung der Rechtsverhältnisse an der gemeinsamen Wohnung und an den Haushaltsgegenständen der Lebenspartner,
4. Entscheidungen nach § 6 Satz 2 des Lebenspartnerschaftsgesetzes in Verbindung mit den §§ 1382 und 1383 des Bürgerlichen Gesetzbuchs oder
5. Entscheidungen nach § 7 Satz 2 des Lebenspartnerschaftsgesetzes in Verbindung mit den §§ 1426, 1430 und 1452 des Bürgerlichen Gesetzbuchs

betrifft, ist auch dann ausgeschlossen, wenn die Gegenseitigkeit nicht verbürgt ist.

(5) Eine Überprüfung der Gesetzmäßigkeit der ausländischen Entscheidung findet nicht statt.

A. Überblick 1	2. Ausnahmen 25
B. Vorrangige Regelungen	a) Ehesachen (Absatz 2) 26
I. Günstigkeitsprinzip 3	b) Lebenspartnerschaftssachen (Absatz 3) 29
II. Europa- und Konventionsrecht 5	3. Gerichtsbarkeit 30
1. Brüssel I-VO 6	III. Rechtliches Gehör (Abs. 1 Nr. 2) ... 31
2. EuUntVO 6a	1. Gehörsverletzung im ausländischen Verfahren 32
3. LugÜ 2007 7	2. Einlassung im ausländischen Verfahren 36
4. Weitere Sonderregeln für Unterhaltstitel 8	3. Beachtung auf der Anerkennungsebene 37
5. Brüssel IIa-VO 9	IV. Entscheidungs- und Verfahrenskollisionen (Abs. 1 Nr. 3) 40
6. MSA, KSÜ und SorgeRÜ 11	V. Ordre public (Abs. 1 Nr. 4)
7. HAdoptÜ 13	1. Grundlagen 43
8. HErwSÜ 14	2. Materiell-rechtlicher ordre public . 48
9. EuErbVO 14a	3. Verfahrensrechtlicher ordre public . 50
10. Bilaterale Anerkennungs- und Vollstreckungsverträge 15	4. Fallgruppen
C. Inhalt der Vorschrift	a) Ehesachen 54
I. Prüfung von Anerkennungshindernissen	b) Abstammungssachen 60
1. Grundlagen 16	c) Adoptionen 64
2. Verbot der révision au fond (Absatz 5) 18	d) Unterhaltssachen 66a
II. Anerkennungszuständigkeit (Abs. 1 Nr. 1, Absätze 2 und 3)	VI. Gegenseitigkeit (Absatz 4) 67
1. Grundsatz 19	

Literatur: s. § 97 vor Rz. 1.

A. Überblick

§ 109 regelt die Gründe, aus denen die Anerkennung (s. § 108 Rz. 9 ff.) und damit auch die Vollstreckung (§ 110 Abs. 1) einer ausländischen Entscheidung (s. § 108 Rz. 4) versagt werden darf. Ausweislich der Begründung des RegE soll der Regelungsgehalt von § 328 ZPO und § 16a FGG ohne inhaltliche Änderungen in das FamFG übernommen werden.[1]

Der in § 109 Abs. 1 vorgesehene Katalog entspricht wörtlich dem bisherigen § 16a FGG und der Sache nach auch § 328 Abs. 1 Nr. 1–4 ZPO. Sodann sehen Abs. 2 und 3 für Ehe- und Lebenspartnerschaftssachen einige Ausnahmen vom sog. Spiegelbildprinzip (Abs. 1 Nr. 1) vor; diese folgten bislang aus § 606a Abs. 2 und (um einiges komplizierter formuliert) aus § 661 Abs. 3 ZPO. In den Fällen von § 109 Abs. 4 hängt die Anerkennungsfähigkeit zusätzlich von der Verbürgung der Gegenseitigkeit mit dem Entscheidungsstaat ab. Der Katalog in Abs. 4 erklärt sich dadurch, dass früher in bestimmten streitigen Angelegenheiten, die nunmehr im FamFG geregelt sind, die Gegenseitigkeit verbürgt sein musste (§ 328 Abs. 1 Nr. 5 ZPO), bestimmte Angelegenheiten aber gem. § 328 Abs. 2 ZPO, Art. 7 § 1 Abs. 1 Satz 2 FamRÄndG davon befreit waren. Das in § 109 Abs. 5 geregelte Verbot einer sog. révision au fond galt früher (unausgesprochen) auch für § 16a FGG[2] und findet sich in der ZPO – systematisch nicht sonderlich überzeugend – erst in § 723 Abs. 1.

B. Vorrangige Regelungen

I. Günstigkeitsprinzip

Das Europa- und das Konventionsrecht wollen die internationale Freizügigkeit von Entscheidungen grundsätzlich nicht etwa erschweren, sondern möglichst erhöhen. Bedeutung hat dies, wenn in casu der Anwendungsbereich mehrerer Instrumente eröffnet ist: Dann gilt für die Anerkennung und Vollstreckbarerklärung ausländischer Entscheidungen, anders als im Recht der internationalen Zuständigkeit, keine strikte Rangordnung der Instrumente (Vorrangprinzip), sondern im Grundsatz das **Günstigkeitsprinzip**. Bedeutsam ist dies insbesondere im Unterhaltsrecht, s. Anhang 1 zu § 110 Rz. 23 ff.

Um die Unübersichtlichkeit nicht überhand nehmen zu lassen, gibt es aber auch, vor allem im Europarecht, verschiedene **Konkurrenzregeln**. Weitgehenden Vorrang beanspruchen die Brüssel I-VO (Art. 67 ff.) und die Brüssel IIa-VO (Art. 59 ff.), und zwar auch im Verhältnis zum autonomen nationalen Anerkennungsrecht,[3] das sich freilich ohnehin kaum einmal als anerkennungsfreundlicher erweist.

II. Europa- und Konventionsrecht

Zur Frage, welche Europa- bzw. Konventionsrechtsakte in FamFG-relevanten Angelegenheiten anwendbar sein können, vgl. vorab die Hinweise bei § 108 Rz. 27 ff.

1. Brüssel I-VO

Die Anerkennungshindernisse sind in Art. 34 Brüssel I-VO aufgeführt. Sie dürfen im erstinstanzlichen Exequaturverfahren nicht überprüft werden (Art. 41 Satz 1 Brüssel I-VO). Eine Prüfung der Anerkennungszuständigkeit ist, auch in der Rechtsmittelinstanz, nur ausnahmsweise nach Maßgabe von Art. 35 Brüssel I-VO statthaft. Näheres zu den Brüssel I-Regeln s. 1. Auflage, Anhang zu § 245 Rz. 119 ff., bzw. nunmehr die Erläuterungen der Parallelvorschriften des LugÜ 2007, Anhang 4 zu § 110.

---

1 BT-Drucks. 16/6308, S. 222.
2 Vgl. etwa Jansen/v. Schuckmann/Sonnenfeld/*Wick*, § 16a FGG Rz. 41.
3 Wie hier etwa *Kropholler/von Hein*, EuZPR, Art. 32 EuGVO Rz. 6; Rauscher/*Leible*, Art. 32 Brüssel I-VO Rz. 3; *Rauscher*, Art. 21 Brüssel IIa-VO Rz. 11; *Schack*, Rz. 898. Für Geltung des Günstigkeitsprinzips aber etwa MüKo.ZPO/*Gottwald*, Art. 32 EuGVO Rz. 6.

2. EuUntVO

6a Besondere Anerkennungsversagungsgründe sieht die EuUntVO in Art. 24 vor, der allerdings nur für Entscheidungen aus Dänemark oder dem Vereinigten Königreich gilt (s. Anhang 3 zu § 110, Art. 23 EuUntVO Rz. 111). Im Hinblick auf Entscheidungen aus den anderen Mitgliedstaaten benennt die EuUntVO in Art. 21 zwar Gründe für die Verweigerung oder Aussetzung der Vollstreckung, aber keine Anerkennungshindernisse.

3. LugÜ 2007

7 Die in Art. 34 LugÜ 2007 aufgezählten Anerkennungshindernisse entsprechen denen der Art. 34 Brüssel I-VO. Das Verfahren der Vollstreckbarerklärung ist in Art. 38 ff. LugÜ 2007 geregelt. Näheres im Anhang 4 zu § 110.

4. Weitere Sonderregeln für Unterhaltstitel

8 Für die Anerkennung ausländischer Unterhaltstitel gelten, abgesehen von der EuUntVO und dem LugÜ 2007, noch einige weitere, praktisch bedeutsame Sonderregeln. Diese ergeben sich aus multilateralen Übereinkommen (HUntVÜ 1958 und HUntVÜ 1973 – s. Anhang 5 zu § 110; künftig: HUntVÜ 2007, Anhang 6 zu § 110), aus den bilateralen Abkommen mit Israel und Tunesien sowie aus dem AUG (Anhang 2 zu § 110). Zu den Einzelheiten vgl. zunächst den Überblick in Anhang 1 zu § 110 Rz. 10 ff.

5. Brüssel IIa-VO

9 Die Anerkennungsversagungsgründe in **Ehesachen** sind in Art. 22 Brüssel IIa-VO aufgeführt: ordre public (Buchst. a), Gehörsverletzung infolge Zustellungsmängeln (Buchst. b), Entscheidungskollisionen (Buchst. c und d). Für Entscheidungen in **Kindschaftssachen** gilt der umfangreichere Katalog in Art. 23 Brüssel IIa-VO. Bedeutsam ist der Art. 23 Abs. 2 Buchst. b KSÜ nachgebildete Art. 23 Buchst. b Brüssel IIa-VO, ein Spezialfall des verfahrensrechtlichen ordre public. Danach wird eine Entscheidung grundsätzlich nicht anerkannt, wenn das Kind keine Möglichkeit hatte, gehört zu werden, und der Anerkennungsstaat dies als Verletzung eines wesentlichen Verfahrensgrundsatzes wertet. Inwieweit sich dies für Deutschland sagen lässt, ist im Einzelnen streitig.[1]

10 Art. 24 Brüssel IIa-VO stellt klar, dass die **Anerkennungszuständigkeit** nicht nachgeprüft werden darf (beachte aber Art. 64 Abs. 4 Brüssel IIa-VO), und zwar auch nicht unter Berufung auf den ordre public. Darüber hinaus darf die Anerkennung gem. Art. 25 Brüssel IIa-VO nicht deshalb abgelehnt werden, weil die fragliche Ehestatusentscheidung nach dem Recht des Mitgliedstaats, in dem die Anerkennung beantragt wird, nicht zulässig wäre (keine **kollisionsrechtliche Kontrolle**). In der Sache selbst darf die anzuerkennende Entscheidung nie nachgeprüft werden, Art. 26 Brüssel IIa-VO (Verbot der **révision au fond**). Nicht ausgeschlossen wird dadurch jedoch, dass im Anerkennungsstaat aufgrund veränderter Tatsachen später eine neue Sorgerechtsentscheidung erlassen wird oder sonstige Maßnahmen in Bezug auf die elterliche Verantwortung neu angeordnet werden.[2]

6. MSA, KSÜ und SorgeRÜ

11 Als Anerkennungshindernisse benennt das **MSA** die fehlende Anerkennungszuständigkeit (vgl. Art. 7 Satz 1 MSA: zuständige Behörden) sowie die Unvereinbarkeit mit dem ordre public (Art. 16 MSA). Die in Art. 23 Abs. 2 **KSÜ** ausführlicher geregelten Anerkennungsversagungsgründe ähneln denjenigen von Art. 23 Brüssel IIa-VO. Im Unterschied dazu ist allerdings auch die Anerkennungszuständigkeit

---

[1] Dazu OLG Frankfurt v. 16.1.2006 – 1 UF 40/04, IPRspr 2006, Nr. 146; OLG Schleswig v. 19.5.2008 – 12 UF 203/07, FamRZ 2008, 1761. Vgl. aus dem Schrifttum *Völker/Steinfatt*, FPR 2005, 415; *Schlauß*, FPR 2006, 228.

[2] MüKo.ZPO/*Gottwald*, Art. 26 EheGVO Rz. 2.

nach Maßgabe von Art. 23 Abs. 2 Buchst. a, Art. 5 ff. KSÜ zu prüfen (beachte aber auch Art. 25 KSÜ). Art. 27 KSÜ verbietet eine révision au fond. Das **SorgeRÜ** regelt Anerkennungsversagungsgründe in Art. 9 Abs. 1 und 10 Abs. 1 (beachte dazu § 19 Int-FamRVG). Eine révision au fond ist wiederum ausgeschlossen (Art. 9 Abs. 3 SorgeRÜ).

Es bleibt jeweils beim **Günstigkeitsprinzip**: Anerkennungsfreundlicheres nationales Recht wird nicht verdrängt (deutlich etwa Art. 23 Abs. 2 KSÜ: „kann – versagt werden").[1]

7. HAdoptÜ

Das HAdoptÜ legt nach wohl vorherrschender Auffassung das Vorrang-, nicht das Günstigkeitsprinzip zugrunde:[2] Die hinsichtlich einer Auslandsadoption geltenden Anerkennungsvoraussetzungen und -hindernisse bestimmen sich, wenn diese in den Anwendungsbereich des HAdoptÜ (s. § 108 Rz. 31) fällt, allein nach dessen Art. 23 ff. Anderenfalls richtet sich die Anerkennung nach § 109 FamFG (bzw. die Wirksamkeit im Falle einer Vertragsadoption nach Maßgabe des kollisionsrechtlich ermittelten Sachrechts).[3] Zu dem für Dekret- und Vertragsadoptionen eröffneten Anerkennungsverfahren nach dem AdWirkG s. § 108 Rz. 52.

8. HErwSÜ

Das HErwSÜ führt die statthaften Anerkennungsversagungsgründe in Art. 22 Abs. 2 auf. Diese ähneln den Regeln in Art. 23 Abs. 2 KSÜ. Art. 26 HErwSÜ verbietet eine révision au fond. Anerkennungsfreundlicheres nationales Recht wird nicht verdrängt (vgl. Art. 22 Abs. 2 HErwSÜ: „kann – versagt werden"). Unbenommen bleibt die Möglichkeit, im Anerkennungsstaat wegen veränderter Umstände eine abweichende neue Maßnahme zu treffen, sofern die dortigen Gerichte international entscheidungszuständig sind.[4]

9. EuErbVO

Die Anerkennungshindernisse in Nachlasssachen bestimmen sich künftig (s. § 108 Rz. 37) nach Art. 40 EuErbVO, der Art. 34 Brüssel I-VO entspricht.

10. Bilaterale Anerkennungs- und Vollstreckungsverträge

Für die Anerkennung in Abstammungs- und in erbrechtlichen Streitsachen sind noch die in § 108 Rz. 30 und 37 aufgeführten Abkommen einschlägig. Diese regeln die Anerkennungshindernisse höchst uneinheitlich.[5]

C. Inhalt der Vorschrift

I. Prüfung von Anerkennungshindernissen

1. Grundlagen

Ausweislich der negativen Fassung von § 109 geht das Gesetz im Grundsatz von der Anerkennungsfähigkeit ausländischer Entscheidungen aus; das Vorliegen von Anerkennungshindernissen und damit die Nichtanerkennung bilden demgegenüber die begründungsbedürftige Ausnahme.[6] Das Vorliegen der Anerkennungshindernisse

---

1 Vgl. *Wagner/Janzen*, FPR 2011, 110 (114).
2 Klarstellend etwa MüKo.BGB/*Klinkhardt*, Art. 22 EGBGB Rz. 86. Anders aber etwa *Botthof*, StAZ 2013, 77 (78).
3 Deutlich etwa Staudinger/*Henrich*, Art. 22 EGBGB Rz. 85.
4 Womöglich irreführend verkürzend *Röthel/Woitge*, IPRax 2010, 409 (410): „[d]as anerkennende Gericht als zuständige Entscheidungsinstanz".
5 Näher Staudinger/*Henrich*, Art. 19 EGBGB Rz. 115 ff.; Staudinger/*Dörner*, Art. 25 EGBGB Rz. 821 ff.; Jansen/v. Schuckmann/Sonnenfeld/*Wick*, § 16a FGG Rz. 89 ff. Zum deutsch-tunesischen Vertrag beachte OLG Düsseldorf v. 9.6.2011 – I-13 VA 1/11, FamRZ 2011, 1965 (1966).
6 Widersprüchlich Jansen/v. Schuckmann/Sonnenfeld/*Wick*, § 16a FGG Rz. 40.

§ 109

ist grundsätzlich **von Amts wegen** zu prüfen und beachtlich (Ausnahme: § 109 Abs. 1 Nr. 2, s. Rz. 37). Die Feststellungen des ausländischen Gerichts wird der deutsche Anerkennungsrichter im Zweifel zugrunde legen.[1] Er ist daran aber nicht gebunden; Ausnahmen sind allerdings im Europa- und Konventionsrecht vorgesehen (vgl. Art. 35 Abs. 2 Brüssel I-VO/LugÜ 2007; Art. 25 KSÜ). Liegt ein amtswegig zu prüfendes Anerkennungshindernis vor, so muss die Anerkennung zwingend versagt werden; die Frage steht nicht zur Disposition der Beteiligten.

17 Zur grundsätzlichen Unstatthaftigkeit einer **kollisionsrechtlichen Kontrolle** ausländischer Entscheidungen s. § 108 Rz. 22 f. Zur kollisionsrechtlichen Wirksamkeitsprüfung von Rechtsgeschäften s. § 107 Rz. 43 (reine Privatscheidungen) und § 108 Rz. 7 (Vertragsadoptionen).

2. Verbot der révision au fond (Absatz 5)

18 Das Anerkennungsrecht ist geprägt von der Vorstellung, dass die Freizügigkeit von Entscheidungen zu einem geordneten internationalen Rechtsverkehr beiträgt und dass alle Rechts- und Gerichtssysteme im Ausgangspunkt zunächst als gleichwertig – aber eben auch als gleichermaßen fehleranfällig – zu denken sind. Daher sollen ausländische Entscheidungen im Regelfall anzuerkennen sein, und zwar selbst auf die Gefahr hin, dass sie sich aus deutscher Sicht im Einzelfall als unrichtig erweisen könnten. Dadurch erklärt sich § 109 Abs. 5, wonach dem Anerkennungsrichter eine Überprüfung der ausländischen Entscheidung in der Sache – eine sog. révision au fond – verwehrt ist. So ist auf der Anerkennungsebene beispielsweise der Vortrag unbeachtlich, das ausländische Gericht habe bei der Ehescheidung einen unzutreffenden Trennungszeitpunkt zugrunde gelegt.[2] Die als wirklich unabdingbar erachteten Mindestanforderungen ergeben sich im Einzelnen aus § 109 Abs. 1, wobei insbesondere Nr. 2 und 4 sicherstellen, dass Entscheidungen, die in einem inakzeptablen Verfahren zu Stande gekommen sind, ohnehin – ungeachtet ihrer inhaltlichen Richtigkeit – nicht anerkannt werden.

II. Anerkennungszuständigkeit (Abs. 1 Nr. 1, Absätze 2 und 3)

1. Grundsatz

19 Zum Begriff der Anerkennungszuständigkeit s. vor §§ 98–106 Rz. 2. Anders als die sonstigen in § 109 Abs. 1 genannten Anerkennungshindernisse hat Nr. 1 keine Entsprechung in der **Brüssel IIa-VO** (s. Art. 24; beachte aber Art. 64 Abs. 4) und eine nur sehr eingeschränkte Entsprechung in der **Brüssel I-VO** (s. Art. 35).

20 In Deutschland entnimmt man den Maßstab für die Anerkennungszuständigkeit einer entsprechenden bzw. gewissermaßen spiegelbildlichen Anwendung der deutschen Vorschriften über die internationale Entscheidungszuständigkeit deutscher Gerichte (sog. **Spiegelbildprinzip**): Wird ein nach §§ 98 ff. zuständigkeitsbegründender Umstand im Ausland verwirklicht, so ist die Anerkennungszuständigkeit des ausländischen Gerichts gegeben, und zwar selbst dann, wenn das Gericht seine Zuständigkeit im konkreten Fall auf einen anderen, aus deutscher Sicht irrelevanten Umstand gestützt hat.[3] Eröffnet das Europa- oder Konventionsrecht ausnahmsweise auch dann die Entscheidungszuständigkeit deutscher Gerichte, wenn dies nach §§ 98 ff. nicht der Fall wäre, so sollte man auch diese weiter gehenden Zuständigkeitsgründe im Interesse des internationalen Entscheidungseinklangs den Gerichten eines Drittstaats für die Zwecke des § 109 Abs. 1 Nr. 1 spiegelbildlich zubilligen.[4] Nicht zu folgen ist schon wegen des Normtextes („nach deutschem Recht") hingegen der

---

1 Jansen/v. Schuckmann/Sonnenfeld/*Wick*, § 16a FGG Rz. 40.
2 BayObLG v. 9.6.1993 – 3 Z BR 45/93, FamRZ 1993, 1469.
3 Vgl. etwa Staudinger/*Henrich*, Art. 19 EGBGB Rz. 120 und Art. 20 EGBGB Rz. 101.
4 Ebenso Rahm/Künkel/*Breuer*, II 1 C Rz. 24; MüKo.ZPO/*Rauscher*, § 109 FamFG Rz. 12. In Ehesachen mag dies in der Tat kaum einmal relevant werden; dazu *Wall*, FamRBint 2011, 15 (17). Für ausschließliche Prüfung anhand des autonomen Rechts *Riegner*, FPR 2013, 4 (8).

weitergehenden Auffassung, dass auf Art. 3 ff. Brüssel IIa-VO exklusiv, also anstelle von § 98 Abs. 1 FamFG, abzustellen sei.[1]

Das Spiegelbildprinzip findet seine Grenze, soweit das Inland von einer **ausschließlichen Zuständigkeit** der eigenen Gerichte ausgeht. Dies wird wegen § 106 im FamFG aber nicht relevant. Angesichts der tendenziell weiten Zuständigkeitsgründe des deutschen Rechts wird ohnehin nur selten die Anerkennungszuständigkeit fehlen. 21

Das Spiegelbildprinzip hat auch Bedeutung für den **maßgeblichen Zeitpunkt** (vgl. vor §§ 98–106 Rz. 9 ff.): Eine Änderung der die Zuständigkeit begründenden Tatsachen während des ausländischen Erstverfahrens hat keinen Einfluss auf die Anerkennungszuständigkeit, wenn wir auch in Deutschland von einer perpetuatio fori ausgehen würden.[2] Umgekehrt genügt es grundsätzlich, wenn die Zuständigkeit des ausländischen Gerichts aus Sicht des deutschen Rechts bis zum Erlass der Entscheidung eingetreten ist.[3] Allemal ginge es zu weit, wollte man das Vorliegen der die Anerkennungszuständigkeit begründenden Umstände noch für den Zeitpunkt fordern, in dem die Anerkennungsfähigkeit in Deutschland relevant wird. 22

Ist die ausländische Entscheidung in einem **Mehrrechtsstaat** ergangen, so genügt es für § 109 Abs. 1 Nr. 1, wenn der zuständigkeitsbegründende Bezug zum Territorium des Gesamtstaats (also des Völkerrechtssubjekts) besteht;[4] denn geboten ist nur eine Kontrolle der internationalen, nicht der innerstaatlichen oder gar örtlichen Anerkennungszuständigkeit. Dies gilt speziell im Hinblick auf die USA auch dann, wenn kein Bundes-, sondern ein einzelstaatliches Gericht entschieden hat.[5] Zur davon zu unterscheidenden Frage der Gegenseitigkeitsverbürgung iSv. § 1 Abs. 1 Satz 1 Nr. 3 und Satz 2 AUG (s. dort im Anhang 2 zu § 110). 23

Obwohl § 109 Abs. 1 Nr. 1 in Antragsverfahren vornehmlich dem Schutz desjenigen dient, gegen den das Verfahren im Ausland betrieben wurde, ist die fehlende Anerkennungszuständigkeit nach wohl vorherrschender, aber zweifelhafter Meinung **von Amts wegen**, nicht nur auf Rüge zu beachten.[6] 24

2. Ausnahmen

Anerkennungsfreundliche Abweichungen von § 109 Abs. 1 Nr. 1 schreiben Abs. 2 und 3 vor. Dort wird mit Rücksicht auf den internationalen Entscheidungseinklang von einer strengen Durchführung des Spiegelbildprinzips abgesehen, um auf diese Weise hinkende Ehen bzw. Lebenspartnerschaften zu vermeiden.[7] 25

a) Ehesachen (Absatz 2)

§ 109 Abs. 2 entspricht dem bisherigen § 606a Abs. 2 ZPO. Ausweislich des eindeutigen Wortlauts und eines Umkehrschlusses zu Abs. 3 bezieht sich die Privilegierung gem. Abs. 2 nur auf **Ehesachen** iSv. § 121 (bzw. ausländische Funktionsäquivalente), nicht hingegen auf Entscheidungen in Folgesachen. 26

Satz 1 erweitert die Anerkennungszuständigkeit über §§ 109 Abs. 1 Nr. 1, 98 Abs. 1 Nr. 4 hinaus auf Fälle, in denen mit einer Anerkennung der Entscheidung durch die Heimatstaaten nicht zu rechnen ist. Stattdessen genügt es, wenn sich ein Ehegatte gewöhnlich im Ursprungsstaat aufhält (bzw. im maßgeblichen Zeitpunkt aufgehalten hat).[8] Wird also eine Ehesache in einem Staat entschieden, dem keiner der Ehegatten 27

---

1 Nicht überzeugend *Wall*, FamRBint 2011, 15 (17 ff.).
2 BayObLG v. 9.6.1993 – 3Z BR 45/93, FamRZ 1993, 1469.
3 Jansen/v. Schuckmann/Sonnenfeld/*Wick*, § 16a FGG Rz. 44.
4 BGH v. 29.4.1999 – IX ZR 263/97, BGHZ 141, 286 = NJW 1999, 3198.
5 Wie hier etwa MüKo.ZPO/*Gottwald*, § 328 Rz. 86; ausführlich *von Hoffmann/Hau*, RIW 1998, 344 ff.
6 Vgl. Thomas/Putzo/*Hüßtege*, § 109 FamFG Rz. 3; *Schack*, Rz. 974. Einschränkend *Geimer*, Rz. 2903; Jansen/v. Schuckmann/Sonnenfeld/*Wick*, § 16a FGG Rz. 40.
7 Dazu bereits BT-Drucks. 10/504, S. 90, dort zu § 606a Abs. 2 und 3 aF ZPO.
8 BT-Drucks. 10/504, S. 90.

angehört, in dem aber einer von ihnen seinen gewöhnlichen Aufenthalt hatte, so kann diese Entscheidung in Deutschland (unbeschadet § 109 Abs. 1 Nr. 2–4) anerkannt werden. Ergibt sich die Anerkennungszuständigkeit nicht erst aus § 98 Abs. 1 Nr. 4, sondern – wie häufig[1] – bereits aus einer spiegelbildlichen Anwendung von § 98 Abs. 1 Nr. 1–3, so kommt es auf die Anerkennung seitens des Heimatstaats und damit auf die Privilegierung gem. § 109 Abs. 2 Satz 1 ohnehin nicht an.[2]

28   Noch weitergehend verzichtet **Satz 2** auf die Prüfung der Anerkennungszuständigkeit, wenn die Heimatstaaten der Ehegatten die Entscheidung des Erststaats anerkennen.[3] Maßgeblich ist, dass mindestens ein Heimatstaat jedes Ehegatten die Entscheidung anerkennt; es muss nicht der gemeinsame Heimatstaat sein und im Falle mehrfacher Staatsangehörigkeiten kommt es auch nicht darauf an, ob die Staatsangehörigkeit des anerkennenden Heimatstaats die effektive iSv. Art. 5 Abs. 1 Satz 1 EGBGB ist.

b) Lebenspartnerschaftssachen (Absatz 3)

29   § 109 Abs. 3 ersetzt die schwer lesbare Regelung des § 661 Abs. 3 Nr. 2 und 3 ZPO: Abweichend von § 109 Abs. 1 Nr. 1 müssen die Gerichte des Entscheidungsstaats nicht in spiegelbildlicher Anwendung von § 103 Abs. 1 international zuständig gewesen sein, sofern der „Register führende Staat" die ausländische Entscheidung anerkennt. Register führend ist derjenige Staat, in dem die Lebenspartnerschaft begründet wurde. Anders als Abs. 2 erstreckt sich die Privilegierung gem. Abs. 3 nicht nur auf die Statussache, sondern auf sämtliche Lebenspartnerschaftssachen iSv. § 269.

3. Gerichtsbarkeit

30   Soweit in FamFG-Sachen ausnahmsweise völkerrechtliche Fragen der **Gerichtsbarkeit** eine Rolle spielen (s. vor §§ 98–106 Rz. 32 f.), wird eine ausländische Entscheidung nicht anerkannt, die aus deutscher Sicht unter Verstoß gegen diese Regeln ergangen ist (etwa gegen einen deutschen Botschafter, vgl. § 18 GVG).[4] Dies mag man auf eine analoge Anwendung von § 109 Abs. 1 Nr. 1 stützen.[5]

III. Rechtliches Gehör (Abs. 1 Nr. 2)

31   § 109 Abs. 1 Nr. 2 sichert – als Spezialausprägung des verfahrensrechtlichen ordre public (s. Rz. 50 ff.) – den Grundsatz des rechtlichen Gehörs im internationalen Rechtsverkehr.

1. Gehörsverletzung im ausländischen Verfahren

32   Als **Beteiligte** iSv. Nr. 2 kommen alle Personen (sowie deren Rechtsnachfolger) und alle Behörden in Betracht, die zum ausländischen Verfahren hinzuzuziehen waren, weil sie – aus Sicht des deutschen Verfahrensrechts – durch die Entscheidung in ihren Rechten hätten betroffen werden können.[6]

33   Welches das **verfahrenseinleitende Dokument** ist, richtet sich nach dem Verfahrensrecht des Ursprungsstaats.[7] Dabei wird man, dem Zweck von Nr. 2 entsprechend, aber gewisse Mindeststandards verlangen müssen: Das ausländische Verfahrensrecht

---

1 Vgl. *Gottwald*, FS Rüßmann, S. 771 (776), dort insbes. zur spiegelbildlichen Anwendung der sog. Antrittszuständigkeit gem. § 98 Abs. 1 Nr. 1 Var. 2 FamFG, also bei Scheidung in einem früheren Heimatstaat eines Ehegatten.
2 Klarstellend OLG Celle v. 4.6.2007 – 15 WF 109/07, FamRZ 2008, 430.
3 BT-Drucks. 10/504, S. 90.
4 In casu verneint bei BGH v. 30.3.2011 – XII ZB 300/10, FamRZ 2011, 788: deutscher Diplomat hat im Ausland Scheidung beantragt.
5 KG v. 10.6.2010 – 1 VA 8/10, FamRZ 2010, 1589. S. zu § 328 ZPO etwa *Nagel/Gottwald*, § 11 Rz. 151; *Schack*, Rz. 919. Ebenso zu § 16a FGG auch Jansen/v. Schuckmann/Sonnenfeld/*Wick*, § 16a FGG Rz. 41 (obwohl § 16a FGG in Rz. 40 als abschließend gedeutet wird).
6 Jansen/v. Schuckmann/Sonnenfeld/*Wick*, § 16a FGG Rz. 47.
7 OLG München v. 26.1.2012 – 34 Wx 519/11, FamRZ 2012, 1512 (1513). Zu § 328 ZPO: MüKo.ZPO/ *Gottwald*, § 328 Rz. 98; BayObLG v. 11.10.1999 – 1Z BR 44/99, FamRZ 2000, 1170.

muss so ausgestaltet sein, dass die materiell Beteiligten so weit über Ziel und Gegenstand des Verfahrens informiert werden, dass sie sich zweckentsprechend äußern, ihr Risiko einschätzen und sich verteidigen können.[1]

Das ausländische Verfahrensrecht bestimmt auch, was es zur **ordnungsgemäßen** **Mitteilung** des verfahrenseinleitenden Dokuments bzw. zur Heilung von Mitteilungsmängeln bedarf.[2] Die Anforderungen hieran können sich jedoch auch aus vorrangigen zwischenstaatlichen Regelungen ergeben, wie etwa dem HZÜ oder der EuZVO (s. § 97 Rz. 31).[3]

34

Die **Rechtzeitigkeit** der Verfahrenseinbeziehung bemisst sich nicht nach dem ausländischen Verfahrensrecht,[4] sondern ist vom deutschen Anerkennungsrichter eigenverantwortlich und ohne Bindung an die Feststellungen des Erstgerichts zu prüfen. Maßgeblich ist, ob dem Beteiligten in der konkreten Situation unter Gesamtwürdigung aller Umstände des Einzelfalls (Prozesslage, Verfahrensart, Zeitaufwand für eine angemessene Übersetzung, finanzielle Situation, Aufenthaltsort im Zeitpunkt der Kenntnisnahme, Kooperation der Beteiligten etc.) eine Wahrnehmung seiner Rechte noch möglich war.[5] In streitigen Angelegenheiten ist unter Berücksichtigung der Einzelumstände eine Orientierung an § 274 Abs. 3 Satz 1 ZPO und § 339 Abs. 1 ZPO möglich.[6] Ausgangspunkt für diese Beurteilung ist der Zeitpunkt, zu dem der Adressat von dem zugestellten Schriftstück Kenntnis nehmen konnte.[7]

35

2. Einlassung im ausländischen Verfahren

Kein Anerkennungshindernis besteht, wenn sich der Beteiligte im ausländischen Verfahren **zur Hauptsache geäußert** hat. Dies entspricht § 16a Nr. 2 FGG, weicht aber von § 328 Abs. 1 Nr. 2 ZPO ab („auf das Verfahren nicht eingelassen"). Weil § 109 Abs. 1 Nr. 2 nicht zwischen streitigen und freiwilligen Angelegenheiten unterscheidet, sollte es im FamFG künftig einheitlich auf dessen Fassung ankommen.[8] Demnach schadet es dem Betroffenen nicht, wenn er im ausländischen Verfahren nur Erklärungen zur Zulässigkeit, zur internationalen Zuständigkeit bzw. anderen Verfahrensfragen oder zur Kostenhilfe abgegeben hat.[9] Wendet der Beteiligte allein den Zustellungsmangel ein, so schließt das die Anwendung von § 109 Abs. 1 Nr. 2 keinesfalls aus.[10] Legt der Beteiligte gegen die ihm zugestellte, mit dem Makel des § 109 Abs. 1 Nr. 2 behaftete Entscheidung kein Rechtsmittel ein, so verliert er dadurch noch nicht die Möglichkeit, sich auf § 109 Abs. 1 Nr. 2 zu berufen (strenger Art. 34 Nr. 2 Brüssel I-VO).[11]

36

---

1 OLG München v. 26.1.2012 – 34 Wx 519/11, FamRZ 2012, 1512 (1513); Jansen/v. Schuckmann/Sonnenfeld/*Wick*, § 16a FGG Rz. 49.
2 Jansen/v. Schuckmann/Sonnenfeld/*Wick*, § 16a FGG Rz. 50; Haußleiter/*Gomille*, § 109 Rz. 10. Für eine Interessenabwägung im Falle einer (fiktiven) Ersatzzustellung OLG Bremen v. 15.10.2012 – 4 VA 2/12, FamRZ 2013, 808.
3 Zu den Zustellungsanforderungen nach dem deutsch-tunesischen Vertrag und dessen Vorrang gegenüber § 189 ZPO vgl. OLG Düsseldorf v. 9.6.2011 – I-13 VA 1/11, FamRZ 2011, 1965 (1966 f.).
4 BayObLG v. 11.10.1999 – 1Z BR 44/99, FamRZ 2000, 1170 (1171); Haußleiter/*Gomille*, § 109 Rz. 12.
5 BayObLG v. 11.10.1999 – 1Z BR 44/99, FamRZ 2000, 1170 (1171); BayObLG v. 13.3.2002 – 3Z BR 371/01, NJOZ 2003, 3097 (3098); BayObLG v. 8.9.2004 – 3Z BR 69/04, FamRZ 2005, 638 (639); BayObLG v. 22.9.2004 – 3Z BR 49/04, FamRZ 2005, 923 (924).
6 Jansen/v. Schuckmann/Sonnenfeld/*Wick*, § 16a FGG Rz. 51.
7 BayObLG v. 13.3.2002 – 3Z BR 371/01, NJOZ 2003, 3097 (3098); BayObLG v. 22.9.2004 – 3Z BR 49/04, FamRZ 2005, 923 (924).
8 So auch Staudinger/*Henrich*, Art. 21 EGBGB Rz. 240; wohl auch Haußleiter/*Gomille*, § 109 Rz. 7.
9 Jansen/v. Schuckmann/Sonnenfeld/*Wick*, § 16a FGG Rz. 48.
10 Zöller/*Geimer*, § 328 ZPO Rz. 176; MüKo.ZPO/*Gottwald*, § 328 Rz. 108.
11 OLG München v. 26.1.2012 – 34 Wx 519/11, FGPrax 2012, 66 (67); BayObLG v. 11.10.1999 – 1Z BR 44/99, FamRZ 2000, 1170; BayObLG v. 7.5.2003 – 3Z BR 177/02, FamRZ 2004, 274 (275); *Schack*, Rz. 941; Staudinger/*Henrich*, Art. 21 EGBGB Rz. 239; Jansen/v. Schuckmann/Sonnenfeld/*Wick*, § 16a FGG Rz. 52. Anders Zöller/*Geimer*, § 328 ZPO Rz. 163.

3. Beachtung auf der Anerkennungsebene

37 Gehörsverletzungen werden nach § 109 Abs. 1 Nr. 2 nur auf **Rüge** des Betroffenen berücksichtigt („und sich hierauf beruft"). Dieser kann also auf den Einwand verzichten mit der Folge, dass Nr. 2 die Anerkennung nicht hindert.[1] Im Anerkennungs- bzw. Vollstreckbarerklärungsverfahren (§§ 107, 108 Abs. 2, 110 Abs. 2) ist somit stets ein möglicher Verzicht zu prüfen. In Ehesachen kann ein **Verzicht** auch noch im OLG-Verfahren (§ 107 Abs. 5–7) erklärt werden;[2] umgekehrt darf sich der Antragsgegner aber nicht erst vor dem OLG auf § 109 Abs. 1 Nr. 2 berufen, wenn er dies nicht bereits im Verfahren vor der Landesjustizverwaltung bzw. dem OLG-Präsidenten getan hat.[3] Ein konkludenter Verzicht kann auch einem Verhalten außerhalb des Anerkennungs- bzw. Vollstreckbarerklärungsverfahrens entnommen werden, etwa dem Antrag auf Durchführung des isolierten Versorgungsausgleichs gem. Art. 17 Abs. 3 Satz 2 EGBGB.[4] Gleiches gilt für denjenigen, der schon im erststaatlichen Verfahren erklärtermaßen auf seine Anhörung verzichtet hatte.[5]

38 Wurde die Ehe im Ausland geschieden, ist es im Hinblick auf möglicherweise unterschiedliche Scheidungsfolgen kein Widerspruch und damit auch nicht **rechtsmissbräuchlich**, wenn sich derjenige auf § 109 Abs. 1 Nr. 2 beruft, der im Inland selbst die Scheidung betreibt.[6] Wer hingegen die Zustellung rechtsmissbräuchlich vereitelt hat, kann sich nicht auf § 109 Abs. 1 Nr. 2 stützen.[7]

39 Handelt derjenige, der die Anerkennungsfähigkeit behauptet, arglistig, so soll der von § 109 Abs. 1 Nr. 2 intendierte Schutz, wenn sich der Betroffene nicht darauf beruft, notfalls **von Amts wegen** über § 109 Abs. 1 Nr. 4 erreicht werden.[8] Im Übrigen kann im Einzelfall eine amtswegige Prüfung erfolgen, wenn sich die Frage der Anerkennungsfähigkeit in einem Verfahren stellt, an dem derjenige, dem das verfahrenseinleitende Schriftstück ersichtlich nicht zugestellt wurde, nicht beteiligt ist.[9]

IV. Entscheidungs- und Verfahrenskollisionen (Abs. 1 Nr. 3)

40 Folgende Konfliktsituationen kommen in Betracht: Zum einen kann eine ausländische Entscheidung im Widerspruch zu einer inländischen Entscheidung stehen oder unter Nichtbeachtung früherer inländischer Rechtshängigkeit ergangen sein; zum anderen ist denkbar, dass die ausländische Entscheidung mit einer in einem Drittstaat ergangenen Entscheidung, die im Inland anzuerkennen ist, oder mit einer dortigen früheren Rechtshängigkeit konkurriert.

41 Die Konkurrenzfrage löst § 109 Abs. 1 Nr. 3 klar (aber ungerecht):[10] Einer inländischen Entscheidung wird stets Vorrang vor der Anerkennung einer ausländischen eingeräumt, und zwar unabhängig vom Erlasszeitpunkt. Das gilt auch, wenn die inländische Entscheidung unter Missachtung der ausländischen Rechtshängigkeit bzw. Rechtskraft erlassen worden ist. Ist es umgekehrt zu der ausländischen Entscheidung trotz eines in Deutschland früher rechtshängig gemachten und noch nicht abgeschlossenen Verfahrens gekommen, so löst die inländische Rechtshängigkeit ein Anerkennungshindernis aus. In FG-Sachen dürfte mangels Rechtshängigkeit, auf die der Normtext abstellt, die frühere Befassung mit einer Angelegenheit den Ausschlag geben (vgl. § 2 Abs. 1). Konkurrieren mehrere miteinander unvereinbare ausländische Entscheidungen, so wird der jüngeren die Anerkennung versagt. Auf den Zeitpunkt der Verfahrenseinleitung kommt es dabei nicht an.

---

1 BT-Drucks. 10/504, S. 88, dort zu § 328 ZPO.
2 OLG Stuttgart v. 30.1.2002 – 17 VA 4/01, IPRspr 2002, Nr. 202b.
3 Zöller/*Geimer*, § 328 ZPO Rz. 153.
4 OLG Bremen v. 18.6.2004 – 4 UF 10/04, FamRZ 2004, 1975.
5 AG Mönchengladbach v. 26.11.2004 – 40 F 300/04, IPRspr 2004, Nr. 216; Staudinger/*Henrich*, Art. 21 EGBGB Rz. 233.
6 Justizministerium Baden-Württemberg v. 4.12.2000 – 346 E-346/99, FamRZ 2001, 1015 (1017).
7 OLG Zweibrücken v. 4.8.2004 – 2 WF 48/04, FamRZ 2005, 997 (998), dort zum HUntVÜ 1973.
8 BT-Drucks. 10/504, S. 88; *Riegner*, FPR 2013, 4 (8).
9 Vgl. *Kissner*, StAZ 2004, 117.
10 Näher etwa *Hau*, Positive Kompetenzkonflikte, S. 100 ff.

Für die Beurteilung der Unvereinbarkeit sollte, wie bei § 328 ZPO[1] und bei § 16a FGG,[2] nicht auf den engen Streit- bzw. Verfahrensgegenstandsbegriff abgestellt werden, sondern auf die Kernpunkte der konkurrierenden Verfahren bzw. Entscheidungen.[3] Insofern soll schon ein wesentlicher Widerspruch zu den Grundlagen einer inländischen Entscheidung genügen.[4] Kollisionen hinsichtlich Vorfragen sollen genügen. Zu beachten ist aber auch die Natur der Entscheidung. So können namentlich Schutzmaßnahmen jederzeit abgeändert werden, wenn das Interesse des Kindes dies verlangt. Daher ist eine spätere ausländische Entscheidung nicht mit einer früheren inländischen unvereinbar, wenn sie sich eben auf veränderte Verhältnisse stützt.[5]

V. Ordre public (Abs. 1 Nr. 4)

1. Grundlagen

Der Ordre-public-Vorbehalt wird von denjenigen, die sich in casu gegen die Anerkennung wenden, häufig bemüht, führt in der Praxis aber nur selten zum Erfolg.

Es besteht Einigkeit, dass der ordre public nur in **extremen Fällen** als „Notbremse" eingreift, in denen zudem eine hinreichende Inlandsbeziehung des Sachverhalts besteht. Nicht von ungefähr nennt § 109 Abs. 1 Nr. 4 die Grundrechte und hebt damit hervor, dass nicht jede – uns durchaus wichtige – Vorschrift des deutschen Sach- oder Verfahrensrechts mit dem ordre public verteidigt werden darf. Rechnung zu tragen ist dabei auch dem **Verbot einer révision au fond** (§ 109 Abs. 5; s. Rz. 18): Vermeintliche Fehler der ausländischen Entscheidung sollen eben grundsätzlich im Ausland, nicht erst im deutschen Anerkennungs- oder Vollstreckungsverfahren beseitigt werden.[6]

Zu beachten ist, dass der **anerkennungsrechtliche ordre public** nicht deckungsgleich ist mit dem **kollisionsrechtlichen ordre public** iSv. Art. 6 EGBGB, Art. 22 KSÜ oder Art. 13 HUntP 2007 (s. dazu Anhang 3 zu § 110, Art. 15 EuUntVO Rz. 79 ff.): Denn es besteht ein Unterschied, ob ein deutsches Gericht eine ausländische Vorschrift nicht anwenden soll oder ob bereits eine ausländische Entscheidung ergangen ist, die diese Vorschrift angewendet hat. Im letztgenannten Fall kann die ausländische Entscheidung im Hinblick auf § 109 Abs. 1 Nr. 4 womöglich noch hinnehmbar sein, weil die Nichtanerkennung nunmehr den internationalen Entscheidungseinklang störte.[7]

Eine Anwendung von § 109 Abs. 1 Nr. 4 kommt nach alledem nur in Betracht, wenn das Ergebnis der Anerkennung bzw. Vollstreckung – also nicht die ausländische Entscheidung an sich – im konkreten Fall **schlechterdings untragbar** erscheint, weil sich ein eklatanter Widerspruch zu den Grundgedanken der deutschen Regelungen und den in ihnen enthaltenen Gerechtigkeitsvorstellungen abzeichnet.[8] Dies vorausgesetzt, kann der ordre public sowohl dem Schutz Einzelner als auch dem Schutz deutscher Hoheitsinteressen oder des Rechtsverkehrs dienen.

---

1 OLG Hamm v. 30.10.2000 – 1 U 1/00, FamRZ 2001, 1015; MüKo.ZPO/*Gottwald*, § 328 Rz. 115; Thomas/Putzo/*Hüßtege*, § 328 ZPO Rz. 14. Näher zu Abstammungssachen Staudinger/*Henrich*, Art. 20 EGBGB Rz. 104.
2 Jansen/v. Schuckmann/Sonnenfeld/*Wick*, § 16a FGG Rz. 53.
3 Zustimmend Haußleiter/*Gomille*, § 109 Rz. 14.
4 OLG Düsseldorf v. 20.7.2012 – II-1 UF 70/12, FamRZ 2013, 484.
5 Staudinger/*Henrich*, Art. 21 EGBGB Rz. 243 f.
6 MüKo.ZPO/*Gottwald*, § 328 Rz. 116; Jansen/v. Schuckmann/Sonnenfeld/*Wick*, § 16a FGG Rz. 58.
7 Vgl. etwa *Geimer*, Rz. 27.
8 BGH v. 21.4.1998 – XI ZR 377/97, NJW 1998, 2358; OLG Köln v. 9.4.2010 – 4 UF 56/10, NJW-RR 2010, 1225 (1226).

47 Maßgeblich für die Beurteilung ist nach herrschender Meinung der **Zeitpunkt** der Anerkennungsentscheidung.[1] Dies leuchtet ein, wenn sich die deutschen Standards seit Erlass der ausländischen Entscheidung dahingehend verändert haben, dass nunmehr eine Anerkennung in Betracht kommt.[2] So kann es sein, dass es das Kindeswohl bzw. die Familiensituation im Anerkennungszeitpunkt gebietet, eine ursprünglich fragwürdig erscheinende Adoptionsentscheidung anzuerkennen.[3] Denkbar ist aber auch der umgekehrte Fall, dass im Inland inzwischen etwas als anstößig empfunden wird, was in dem Zeitpunkt, in dem die ausländische Entscheidung erlassen wurde und damit ipso iure anzuerkennen war (§ 108 Abs. 1), noch toleriert worden wäre: Dann ist nicht einzusehen, wie die einmal eingetretene Anerkennungsfähigkeit nachträglich wieder entfallen kann;[4] und dies gilt trotz § 107 auch in Ehesachen.[5]

2. Materiell-rechtlicher ordre public

48 § 109 Abs. 1 Nr. 4 stellt klar, dass der ordre public namentlich im Falle eines Verstoßes gegen Grundrechte (des GG, der Länderverfassungen oder der EMRK[6]) **gegen die Anerkennung** zu mobilisieren ist.[7] Wird einem Elternteil das Sorgerecht abgesprochen, weil er einer bestimmten Religion nicht angehört, so widerspricht dies Art. 3 Abs. 2 Satz 1, Art. 4 Abs. 1 und 2, Art. 6 Abs. 2 und 3 GG und ist deshalb nicht anzuerkennen.[8] Ähnliche Fragen ergeben sich aus religiös motivierten Scheidungsverboten; dann geht es um die Freiheit zur (neuen) Eheschließung nach Art. 6 Abs. 1 GG und um die Religionsfreiheit nach Art. 4 Abs. 1 und 2 GG.[9] Bei Schutzmaßnahmen für Kinder gehört es zum ordre public, dass das **Kindeswohl** Richtmaß der Entscheidung sein muss.[10]

49 Grundrechtliche Vorgaben können umgekehrt aber auch **für die Anerkennung** streiten und so bewirken, dass sich einfachgesetzliche Bestimmungen des Anerkennungsstaats nicht durchsetzen. Dies belegt die Rechtsprechung des EGMR, wonach die Nichtanerkennung einer Adoptionsentscheidung gegen Art. 8 EMRK verstößt, wenn der angebliche Ordre-public-Verstoß darauf gestützt wird, dass nach dem Sachrecht des Anerkennungsstaats eine Volladoption durch eine unverheiratete Frau ausgeschlossen sei.[11] Allgemein kann im Hinblick auf ausländische Statusentscheidungen im Rahmen von § 109 Abs. 1 Nr. 4 berücksichtigt werden, dass die Versagung der Anerkennung zu einem unerwünschten „hinkenden Rechtsverhältnis" führte.[12]

3. Verfahrensrechtlicher ordre public

50 Ist die ausländische Entscheidung in einem Verfahren zu Stande gekommen, das von zwingenden Bestimmungen des deutschen Gerichtsverfassungs- und Verfahrensrechts abweicht, so schließt dies die Anerkennung noch nicht aus; selbst erhebliche Unterschiede sind hinzunehmen. Der deutsche ordre public wird erst dann berührt, wenn das ausländische Verfahren derart von **wesentlichen Grundprinzipien des deutschen Verfahrensrechts** abweicht, dass die ausländische Entscheidung nicht mehr

---

1 BGH v. 21.4.1998 – XI ZR 377/97, NJW 1998, 2358 (Differenzeinwand); OLG Stuttgart v. 12.10. 2004 – 8 W 507/03, FamRZ 2005, 636 (637); LG Dresden v. 26.1.2006 – 2 T 1208/04, JAmt 2006, 360; Staudinger/*Henrich*, Art. 21 EGBGB Rz. 249.
2 *Schack*, Rz. 973. Anders Staudinger/*Spellenberg*, § 328 ZPO Rz. 485 (auch das Vertrauen auf die Nichtanerkennung sei schutzwürdig).
3 Näher zur umstrittenen Bestimmung des relevanten Zeitpunkts hinsichtlich der Anerkennung ausländischer Adoptionsentscheidungen *Botthof*, StAZ 2013, 77 (78 ff.).
4 *Schack*, Rz. 973; Staudinger/*Spellenberg*, § 328 ZPO Rz. 483.
5 Staudinger/*Spellenberg*, § 328 ZPO Rz. 484.
6 Neufassung der EMRK: BGBl. II 2010, 1198.
7 *Looschelders*, IPRax 2005, 28 (29).
8 OLG Koblenz v. 4.8.2004 – 11 UF 771/03, OLGReport 2005, 50 (52).
9 *Scholz/Krause*, FuR 2009, 1 (5), dort zur Unscheidbarkeit einer Ehe.
10 Staudinger/*Henrich*, Art. 21 EGBGB Rz. 248.
11 EGMR v. 28.6.2007 – 76240/01, FamRZ 2007, 1529 f.
12 BayObLG v. 21.6.2000 – 1Z BR 186/99, StAZ 2000, 300 (303); *Looschelders*, IPRax 2005, 28 (29); *Staudinger*, FamRBint 2007, 42 (46).

als Ergebnis eines geordneten, rechtsstaatlichen Verfahrens angesehen werden kann.[1] Ein Verstoß gegen das Verfahrensrecht des Erststaats ist weder hinreichend noch notwendig.

Wichtiger Teil des ordre public ist der Anspruch auf **rechtliches Gehör** (Art. 103 Abs. 1 GG). Diesbezüglich ergänzt § 109 Abs. 1 Nr. 4 die Sonderregelung in Nr. 2 (Rz. 31 ff.). Der Gehörsanspruch gilt auch in freiwilligen Angelegenheiten, und zwar unabhängig davon, ob eine Anhörung gesetzlich vorgesehen ist: Anspruch auf rechtliches Gehör hat jeder, dem gegenüber die gerichtliche Entscheidung materiell-rechtlich wirkt und der deshalb von dem Verfahren rechtlich unmittelbar betroffen wird.[2] Daher ist eine ausländische Adoptionsentscheidung nicht anzuerkennen, wenn das Kind nicht persönlich angehört wurde (beachte § 192 Abs. 1 FamFG).[3] Entsprechendes gilt in Verfahren betreffend die Personensorge.[4] Die Anerkennung ist auch zu versagen, wenn in einem Unterhaltsverfahren per Versäumnisurteil gegen den angeblichen Vater inzident dessen Vaterschaft festgestellt wird, obwohl die Mutter in ihrer Klageschrift angegeben hatte, dass der Beklagte die Vaterschaft bestreite, und das Gericht über keine weiteren Erkenntnismittel in dieser Frage verfügte.[5] Ebenso kann die Toleranzschwelle überschritten sein, wenn der Beklagte im erststaatlichen Verfahren wegen einer angeblichen Missachtung des Gerichts vom Verfahren ausgeschlossen und seine Beschwerde gegen den Ausschluss deshalb als unzulässig zurückgewiesen worden war[6] oder wenn die Ausschlussfrist für die Einzahlung eines Kostenvorschusses für das Rechtsmittelverfahren zu knapp bemessen ist.[7]

51

Der Einwand des verfahrensrechtlichen ordre public soll im Grundsatz **unbeachtlich** bleiben, wenn der Beteiligte, der den Verstoß geltend macht, im Entscheidungsstaat nicht alles ihm Zumutbare unternommen hat, um angebliche Verfahrensfehler zu beseitigen.[8] Dabei kann er durchaus gehalten sein, seine Einwendungen im ausländischen Verfahren rechtzeitig vorzubringen[9] und erforderlichenfalls Rechtsmittel einzulegen.[10] Die dagegen vorgebrachte Erwägung, die Gerichtspflichtigkeit im Ausland sei als solche unzumutbar, ist in erster Linie für § 109 Abs. 1 Nr. 1, nicht für Nr. 4 relevant.

52

Wenig hilfreich ist die These, eine **betrügerisch erlangte Entscheidung** verstoße per se gegen den deutschen ordre public.[11] Vielmehr erscheint die Anerkennung einer Entscheidung, deren Erschleichung erst auf der Anerkennungsebene geltend gemacht wird, noch hinnehmbar, wenn die Möglichkeit zur Klärung dieses Vorwurfs bereits im Ausland bestand oder noch besteht, aber nicht genutzt wurde bzw. genutzt wird. Berührt ist der ordre public hingegen, wenn das ausländische Rechtssystem de

53

---

1 BGH v. 18.10.1967 – VIII ZR 145/66, BGHZ 48, 327 (331) = NJW 1968, 354 (355); BGH v. 24.3. 2010 – XII ZB 193/07, FamRZ 2010, 966 m. Anm. *Heiderhoff*, 1060; OLG Stuttgart v. 22.12.2011 – 17 UF 276/11, FamRZ 2012, 999 (1000); BayObLG v. 8.5.2002 – 3Z BR 303/01, FamRZ 2002, 1637 (1639); OLG Naumburg v. 9.10.2000 – 14 WF 101/00, FamRZ 2001, 1013 (1015).
2 BVerfG v. 20.10.2008 – 1 BvR 291/06, NJW 2009, 138 f.
3 VG Berlin v. 23.2.2005 – 2 A 165.01, juris Rz. 15; LG Dresden v. 26.1.2006 – 2 T 1208/04, JAmt 2006, 360.
4 Dazu OLG Schleswig v. 19.5.2008 – 12 UF 203/07, FamRZ 2008, 1761, dort zu Art. 23 Buchst. b Brüssel IIa-VO; ebenso OLG Frankfurt v. 16.1.2006 – 1 UF 40/04, IPRspr 2006, Nr. 146.
5 OLG Hamm v. 26.4.2005 – 29 W 18/04, FamRZ 2006, 968 (969). Beachte auch BGH v. 26.8.2009 – XII ZB 169/07, FamRZ 2009, 1816 (1817 f.) m. Anm. *Henrich*.
6 Beachte zum HUntVÜ 1973 BGH v. 2.9.2009 – XII ZB 50/06, FamRZ 2009, 2069 m. Anm. *Gottwald*. Ähnlich zur Brüssel I-VO zuvor EuGH v. 2.4.2009 – Rs. C-394/07 (Gambazzi/Daimler-Chrysler Canada), NJW 2009, 1938.
7 BGH v. 20.5.2010 – IX ZB 121/07, EuZW 2010, 960.
8 Zu Grundsatz und denkbaren Ausnahmen vgl. BGH v. 26.8.2009 – XII ZB 169/07, FamRZ 2009, 1816 (1817 f.) m. Anm. *Henrich*.
9 Vgl. OLG Stuttgart v. 22.12.2011 - 17 UF 276/11, FamRZ 2012, 999 (1000).
10 BGH v. 22.1.1997 – XII ZR 207/95, NJW 1997, 2051 (2052); OLG Karlsruhe v. 6.12.2011 – 8 W 34/11, FamRZ 2012, 660; KG v. 22.7.2003 – 1 VA 27/02, FamRZ 2004, 275 (277); BayObLG v. 8.5. 2002 – 3Z BR 303/01, FamRZ 2002, 1637 (1639); Staudinger/*Henrich*, Art. 19 EGBGB Rz. 126; Jansen/v. Schuckmann/Sonnenfeld/*Wick*, § 16a FGG Rz. 61. Anders *Schack*, Rz. 957.
11 Näher *Hau*, IPRax 2006, 20.

jure oder de facto nicht in der Lage ist, während oder nötigenfalls nach Abschluss des Verfahrens angemessen auf den Verdacht betrügerischer Machenschaften zu reagieren. Ferner wurde es als **unzulässige Rechtsausübung** gewertet, dass eine Partei, die sich in mehreren Folgesachen auf die Wirksamkeit der ausländischen Ehescheidung berufen hatte, sodann geltend macht, diese sei als solche wegen angeblicher Verfahrensfehler unwirksam.[1]

4. Fallgruppen

a) Ehesachen

54 Auch bei der Anerkennung ausländischer Ehescheidungen ist zunächst fest zu halten, dass **unterschiedliche verfahrensrechtliche Anforderungen** hinzunehmen sind. So steht die ausländische Ausgestaltung als Verfahren der freiwilligen Gerichtsbarkeit, das durch einen formlosen Antrag eingeleitet werden kann, der Anerkennung nicht zwingend entgegen.[2]

55 Weitaus bedeutsamer ist die Frage, ob die Scheidung durch konstitutiven Hoheitsakt ausgesprochen wurde oder ob eine **Privatscheidung** vorliegt, die auf einem (ein- oder mehrseitigen) Rechtsgeschäft beruht. Privatscheidungen sind der verfahrensrechtlichen Anerkennung zugänglich und deshalb an § 109 Abs. 1 Nr. 4 zu messen, wenn ein vom ausländischen Sachrecht als konstitutiv betrachteter Hoheitsakt hinzutreten muss. Demgegenüber sind Privatscheidungen, an denen ein Hoheitsträger allenfalls deklaratorisch mitgewirkt hat, nicht im verfahrensrechtlichen Sinne anerkennungsfähig. Vielmehr wird ihre Wirksamkeit anhand des nach deutschem IPR zu ermittelnden Eheauflösungsstatuts überprüft (s. § 107 Rz. 43); der ordre public kommt dann nicht über § 109 Abs. 1 Nr. 4, sondern eingriffsintensiver bereits über Art. 6 EGBGB ins Spiel.

56 Dies hat Konsequenzen: Bei Geltung deutschen Scheidungsrechts verstößt eine im Ausland vollzogene (rechtsgeschäftliche) Privatscheidung stets gegen **§ 1564 Satz 1 BGB** und ist deshalb aus deutscher Sicht unwirksam (zur inländischen Privatscheidung s. § 107 Rz. 43).[3] Demgegenüber kann eine gleichfalls § 1564 Satz 1 BGB nicht genügende Scheidung, an der eine ausländische Verwaltungsbehörde konstitutiv mitgewirkt hat, anerkennungsfähig sein.[4] Der anerkennungsrechtliche ordre public reicht nämlich nicht etwa so weit, dass eine Ehe nur durch ein Gericht geschieden werden kann; unverzichtbar ist vielmehr nur die Aussage von § 1564 Satz 1 BGB, dass der Hoheitsträger, der die Scheidung ausspricht, eine materiell-rechtliche Kontrolle der Scheidungsvoraussetzungen vornehmen muss.

57 Berücksichtigt man, dass auch das deutsche Recht die Scheidung gegen den Willen eines Ehegatten erlaubt, so verstößt die Scheidung durch **Verstoßung** im islamischen Recht (talaq) als solche nicht ohne weiteres gegen den deutschen ordre public.[5] Ein Verstoß kann jedoch im Hinblick auf die verfahrensmäßige Durchführung der Scheidung vorliegen, wenn die Ehefrau am Scheidungsverfahren nicht beteiligt wurde und sich auch im Nachhinein weder mit dem Verfahren noch mit dessen Ausgang einverstanden erklärt hat.[6]

---

1 BayObLG v. 8.5.2002 – 3Z BR 303/01, FamRZ 2002, 1637 (1638).
2 KG v. 22.7.2003 – 1 VA 27/02, FamRZ 2004, 275 (277).
3 BGH v. 21.2.1990 – XII ZB 203/87, FamRZ 1990, 607 (609f.); BGH v. 28.5.2008 – XII ZR 61/06, BGHZ 176, 365 = FamRZ 2008, 1409 (1412) m. Anm. *Henrich*, 1413; MüKo.BGB/*Winkler v. Mohrenfels*, Art. 17 EGBGB Rz. 378. Zu Problemen der Verortung mehraktiger Scheidungen vgl. etwa Staudinger/*Spellenberg*, § 328 ZPO Rz. 585ff.
4 OLG Schleswig v. 5.5.2008 – 12 Va 5/07, NJW-RR 2008, 1390 (1392) = FamRBint 2009, 8 (*Finger*).
5 Zöller/*Geimer*, § 107 FamFG Rz. 26.
6 OLG Stuttgart v. 3.12.1998 – 17 VA 6/98, FamRZ 2000, 171; Präs. OLG Frankfurt v. 22.3.2004 – 346/3-I/4–153/03, StAZ 2004, 367; jeweils zu Art. 6 EGBGB. Ausländische Privatscheidung durch Verstoßung bei ausländischem Scheidungsstatut wurde auch anerkannt etwa von OLG Düsseldorf v. 28.8.2002 – 3 Va 3/02, FPR 2003, 468 (469). Näher Staudinger/*Mankowski*, Art. 17 EGBGB Rz. 118ff.; *Bock*, NJW 2012, 122 (125).

Die **Verurteilung** zur Vollziehung einer (Privat-)Scheidung ist wegen Verstoßes gegen den ordre public nicht anerkennungsfähig.[1] **58**

Ebenso kann es dem ordre public widersprechen, wenn auf die Eheleute politischer oder staatlicher Druck ausgeübt worden ist mit dem Ziel, sie zur Durchführung der Scheidung zu zwingen; unzureichend ist es demgegenüber, wenn sich ein selbst scheidungswilliger Ehegatte von dem anderen unzulässig gedrängt fühlt.[2] **59**

b) Abstammungssachen

Im Falle von ausländischen Entscheidungen betreffend die Feststellung von Vater- oder Mutterschaft ist entsprechend der allgemeinen Grundsätze nicht erforderlich, dass das vom ausländischen Gericht angewendete Verfahren in jeder Hinsicht den Regeln des deutschen Verfahrensrechts entspricht; ein Verstoß liegt erst vor, wenn nicht mehr von einem geordneten rechtsstaatlichen Verfahren gesprochen werden kann.[3] Freilich stellen sich auch Fragen des materiell-rechtlichen ordre public: So erscheint fraglich, ob eine Entscheidung anzuerkennen wäre, die als Eltern des von einer Leihmutter zur Welt gebrachten Kindes die genetischen (Wunsch-)Eltern festlegt.[4] **60**

Häufig begegnen **Vaterschaftsfeststellungen**, die ohne medizinisches Gutachten, etwa allein aufgrund von Aussagen der Mutter und etwaiger Zeugen ergangen sind. Dies verstößt nach herrschender Meinung nicht gegen die deutschen Mindeststandards, selbst wenn ein deutsches Gericht in ähnlich gelagerten Fällen gehalten wäre, ein medizinisches Gutachten einzuholen.[5] Die Anerkennung ist aber zu verweigern, wenn das ausländische Gericht die Vaterschaft ohne Einholung eines Sachverständigengutachtens und nur gestützt auf die Aussage einer Zeugin vom Hörensagen feststellt, obwohl der Antragsgegner jeden geschlechtlichen Verkehr mit der Mutter geleugnet und angeboten hat, an der Erstellung eines von ihm angeregten Vaterschaftsgutachtens mitzuwirken.[6] Einer Vaterschaftsfeststellung wird auch dann die Anerkennung versagt, wenn der vermeintliche Vater, dessen Name und Anschrift dem ausländischen Gericht nicht bekannt sind, im gesamten Verfahren nicht beteiligt worden ist und damit in keiner Weise rechtliches Gehör hatte.[7] Als nicht mehr akzeptabel wird es auch erachtet, wenn eine Vaterschaftsfeststellungsklage allein deshalb abgewiesen wird, weil sich ein eheähnliches Zusammenleben des angeblichen Vaters mit der Kindesmutter nicht beweisen lässt.[8] **61**

Der deutsche ordre public verlangt, dass es bei entsprechender Inlandsbeziehung einem Kind möglich sein muss, ein als unrichtig erachtetes Abstammungsverhältnis **62**

---

1 Erwogen für die rabbinatsgerichtliche Anordnung, eine Get-Scheidung nach mosaischem Recht zu vollziehen, bei BGH v. 28.5.2008 – XII ZR 61/06, BGHZ 176, 365 = FamRZ 2008, 1409 (1412) m. Anm. *Henrich*, 1413.
2 BayObLG v. 7.2.2001 – 3Z BR 177/00, FamRZ 2001, 1622.
3 MüKo.BGB/*Klinkhardt*, Art. 19 EGBGB Rz. 56. Beachte auch OLG Karlsruhe v. 6.12.2011 – 8 W 34/11, FamRZ 2012, 660; OLG Stuttgart v. 13.2.2012 – 17 UF 331/11, FamRZ 2012, 1510 (1511).
4 Für Anerkennungsfähigkeit Österr. VfGH v. 14.12.2011 – B 13/11–10, StAZ 2013, 62; dazu *Lurger*, IPRax 2013, 282. Einen Ordre-public-Verstoß bejaht hingegen VG Berlin v. 5.9.2012 – 23 L 283.12, StAZ 2012, 382 (Ablehnung eines Passantrags für ein Kind, das von einer ukrainischen Leihmutter ausgetragen wurde); ebenso *Benicke*, StAZ 2013, 101 (110 ff.). Offen *Wagner*, StAZ 2012, 294 (295 f.). Zur begrenzt vergleichbaren (s. Rz. 45) Parallelproblematik des kollisionsrechtlichen ordre public vgl. OLG Stuttgart v. 7.2.2012 – 8 W 46/12, FamRZ 2012, 1740 (Verfassungsbeschwerde unzulässig; BVerfG v. 22.8.2012 – 1 BvR 573/12, NJW-RR 2013, 1); dazu *Rieck*, FamFR 2012, 166.
5 BGH v. 22.1.1997 – XII ZR 207/95, NJW 1997, 2051 (2052 f.); BSG v. 3.12.1996 – 10 RKg 12/94, NJW-RR 1997, 1433 (1434); OLG Hamm v. 21.2.2003 – 11 UF 335/01, FamRZ 2003, 1855; OLG Hamm v. 8.7.2003 – 29 W 34/02, IPRax 2004, 437 (438); OLG München v. 1.7.2002 – 25 W 1526/02, FamRZ 2003, 462 (463); OLG Stuttgart v. 12.10.2004 – 8 W 507/03, FamRZ 2005, 636 (637 f.); OLG Naumburg v. 9.10.2000 – 14 WF 101/00, FamRZ 2001, 1013 (1014 f.); OLG Dresden v. 9.11.2005 – 21 UF 670/05, FamRZ 2006, 563 (564). Abweichend *Zimmermann*, § 328 ZPO Rz. 18.
6 BGH v. 26.8.2009 – XII ZB 169/07, FamRZ 2009, 1816 (1817 f.) m. Anm. *Henrich*.
7 OLG Naumburg v. 15.7.2008 – 3 WF 168/08, JAmt 2008, 550.
8 OLG Oldenburg v. 11.11.1992 – 4 U 23/92, FamRZ 1993, 1486 (1487).

zu beenden. Daher steht es einem dahingehenden **Antrag eines Kindes** wegen § 109 Abs. 1 Nr. 4 nicht entgegen, wenn ein entsprechender Antrag im Ausland rechtskräftig mit der Begründung abgewiesen wurde, dass nur dem Scheinvater ein Anfechtungsrecht zustehe.[1]

63 Wird einer ausländischen Statusentscheidung die Anerkennung versagt, so bleibt zu prüfen, ob wenigstens eine damit verbundene **Unterhaltsentscheidung** anzuerkennen ist. Dazu Rz. 66a sowie Anhang 1 zu § 110 Rz. 27 ff.

c) **Adoptionen**

64 Das im **AdWirkG** vorgesehene fakultative Anerkennungsverfahren für ausländische Adoptionen (s. Kommentierung zu § 199) regelt nicht die statthaften Anerkennungshindernisse. Einschlägig ist insoweit für ausländische Dekretadoptionen vielmehr § 109 Abs. 1, der allerdings durch Art. 23 ff. **HAdoptÜ** verdrängt wird (s. Rz. 13, dort auch zur kollisionsrechtlichen Wirksamkeitsprüfung ausländischer Vertragsadoptionen). Bei der Vereinbarkeitsprüfung mit dem anerkennungsrechtlichen ordre public (§ 109 Abs. 1 Nr. 4; Art. 24 HAdoptÜ) ist insbesondere zu untersuchen, ob eine ausreichende Kindeswohlprüfung vorgenommen worden ist und ob die Anhörungs- und Zustimmungsrechte des Kindes und seiner leiblichen Eltern gewahrt sind.[2] Zu dem für die Prüfung relevanten Zeitpunkt s. Rz. 47.

65 Das aufgrund Art. 6 GG zwingend zu beachtende **Kindeswohl** stellt eine elementare Wertentscheidung dar.[3] Daher ist eine Adoptionsentscheidung nicht anzuerkennen, wenn die Adoption allein zu dem Zweck erfolgen sollte, dem Kind ein Bleiberecht in Deutschland zu verschaffen, ohne dass ein Eltern-Kind-Verhältnis zu erwarten wäre.[4] Lässt die Entscheidungsbegründung jegliche Erwägungen zum Kindeswohl vermissen, so wird die Anerkennung als materiell ordre-public-widrig versagt.[5] Umstritten ist, ob eine lediglich unzureichende Kindeswohlprüfung den Versagungsgrund des verfahrensrechtlichen ordre public auslöst.[6] Bei Verkennung des Auslandsbezugs wird ein Verstoß angenommen, da das Kindeswohl nicht in Hinblick auf ein zukünftiges Leben in Deutschland untersucht wurde.[7] Allemal kann die unterlassene Einschaltung jeglicher (auch ausländischer) Fachbehörden in das ausländische Adoptionsverfahren als ordre-public-widrig angesehen werden,[8] und nicht an-

---

1 Staudinger/*Henrich*, Art. 20 EGBGB Rz. 105.
2 *Benicke*, FS v. Hoffmann, S. 545; *Steiger*, DNotZ 2002, 184 (198).
3 Vgl. etwa BayObLG v. 21.6.2000 – 1Z BR 186/99, StAZ 2000, 300 (302); KG v. 4.4.2006 – 1 W 369/05, FamRZ 2006, 1405 (1408).
4 VG Berlin v. 23.2.2005 – 2 A 165.01, juris Rz. 15; LG Potsdam v. 4.10.2007 – 5 T 133/07, FamRZ 2008, 1108 (1109).
5 OLG Frankfurt v. 22.12.2011 – 1 UF 262/11, StAZ 2012, 268; OLG Celle v. 12.10.2011 – 17 UF 98/11, FamRZ 2012, 1226 (1227); OLG Hamm v. 12.8.2010 – 15 Wx 20/10, FamRZ 2011, 310 (311) mN; OVG Berlin v. 27.5.2004 – 2 N 100.04, IPRspr 2004, Nr. 207; VG Berlin v. 21.4.2004 – 25 A 188.02, juris Rz. 18; LG Potsdam v. 4.10.2007 – 5 T 133/07, FamRZ 2008, 1108 (1109); LG Stuttgart v. 26.9.2007 – 2 T 516/06, JAmt 2008, 102 (104). Vgl. auch AG Karlsruhe v. 29.11.2007 – XVI 159/2004, JAmt 2008, 106; LG Stuttgart v. 26.9.2007 – 2 T 516/06, JAmt 2008, 102 (104). Speziell zur unzureichenden Prüfung des Adoptionsbedürfnisses s. OLG Karlsruhe v. 8.7.2010 – 11 Wx 113/09, JAmt 2011, 40 m. Anm. *Busch*.
6 Vgl. dazu *Beyer*, JAmt 2006, 329; *Busch*, JAmt 2004, 378; *Reinhardt*, JAmt 2006, 325; *Schlauss*, FamRZ 2007, 1699; *Staudinger*, FamRBint 2007, 42; *Weitzel*, IPRax 2007, 308. Beachte aus der Judikatur etwa KG v. 4.4.2006 – 1 W 369/05, FamRZ 2006, 1405 (1408); OLG Düsseldorf v. 19.8.2008 – 25 Wx 114/07, FamRZ 2009, 1078; LG Potsdam v. 4.10.2007 – 5 T 133/07, FamRZ 2008, 1108 (1109); AG Köln v. 14.1.2008 – 60 XVI 205/06, FamRZ 2008, 1111.
7 OLG Düsseldorf v. 27.7.2012 – II-1 UF 82/11, FamRZ 2013, 714; OLG Celle v. 12.10.2011 – 17 UF 98/11, FamRZ 2012, 1226 (1228); OLG Düsseldorf v. 23.12.2011 – II-1 UF 169/10, FamRZ 2012, 1229; OLG Düsseldorf v. 2.3.2012 – II-1 UF 120/10, FamRZ 2012, 1233. Ebenso, in casu aber wegen nachträglicher Feststellungen ablehnend, OLG Köln v. 24.4.2012 – 4 UF 185/10, StAZ 2012, 339 (343); *Benicke*, FS von Hoffmann, S. 545 (553).
8 LG Stuttgart v. 26.9.2007 – 2 T 516/06, JAmt 2008, 102 (103). Nicht ausreichend für einen Ordre-public-Verstoß soll die entgegen dem HAdoptÜ unterbliebene Beteiligung einer deutschen Adoptionsvermittlungsstelle sein: OLG Celle v. 12.10.2011 – 17 UF 98/11, FamRZ 2012, 1226 (1227); ausführlich *Benicke*, FS von Hoffmann, S. 545 (554–559).

ders ist zu entscheiden, wenn im Ausland eine rein formale Prüfung erfolgt ist.[1] Eine andere Frage ist, ob die unzureichende Elterneignungs- oder Kindeswohlprüfung im Anerkennungsverfahren nachgeholt werden darf bzw. muss. Eine solche Nachbesserung durch Nachholung der vermissten Verfahrensschritte scheitert nicht schon am Verbot der révision au fond;[2] denn hier geht es im Gegenteil darum, die Anerkennungsfähigkeit herzustellen, um eine sog. Nachadoption (s. § 101 Rz. 17) zu vermeiden und damit nicht zuletzt dem Kindeswohl zu dienen.[3]

Im Übrigen liegt ein Verstoß gegen den ordre public vor, wenn eine der folgenden Voraussetzungen der Adoption fehlt: (persönlicher) Antrag des/der Annehmenden; Zustimmung des Kindes; Zustimmung der Eltern, nichtehelichen Mutter oder sonst sorgeberechtigten Person, wenn kein plausibler Grund bestand, auf die Zustimmung zu verzichten.[4] Keine Anerkennungsversagungsgründe sind hingegen das Fehlen der Zustimmung des Ehegatten nach § 1749 Abs. 1 BGB bei einer Einzeladoption durch den anderen Ehegatten[5] oder die Anhörung des Kindes durch einen Gutachter statt durch den Richter persönlich.[6] Der Umstand, dass Annehmende gleichgeschlechtliche Partner sind, löst den anerkennungsrechtlichen ordre public nicht ohne weiteres aus.[7] Eine „schwache" Adoption soll ordre-public-widrig sein, wenn aus deutscher Sicht eine Volladoption hätte begründet werden müssen.[8] Eine Adoption durch Bewerber, die das Kind bei seinen leiblichen Eltern „bestellt" hatten, die dieses nur zum Zwecke der Adoption gezeugt und geboren hatten, verstößt gegen den ordre public.[9] Eine Mehrfachadoption soll mit dem ordre public jedenfalls dann vereinbar sein, wenn der Adoptierte volljährig ist.[10] Die Verlegung des Geburtsdatums des Kindes um sechs Monate soll der Anerkennung einer Adoptionsentscheidung nicht entgegenstehen;[11] ebenso wenig, wenn der Geburtsort des Adoptierten (unzutreffend) abgeändert wird.[12]

66

d) **Unterhaltssachen**

Der BGH hatte in neuerer Zeit mehrmals Gelegenheit, speziell in Unterhaltssachen auf die gebotene **Zurückhaltung** bei der Anwendung des ordre-public-Vorbehalts hinzuwirken.[13] So wiegen weder das rückwirkende Zusprechen von Unterhalt noch die Gleichbewertung von Betreuungs- und Barunterhalt nach Eintritt der Voll-

66a

---

1 OLG Köln v. 29.5.2009 – 16 Wx 251/08, NJW-RR 2009, 1374 (1376).
2 Deutlich LG Potsdam v. 4.10.2007 – 5 T 133/07, FamRZ 2008, 1108 (1109).
3 Ähnlich *Staudinger*, FamRBint 2007, 42 (46). Für eine eingeschränkte Möglichkeit von Nachermittlungen im Anerkennungsverfahren etwa OLG Karlsruhe v. 6.12.2012 – 2 UF 190/12, FamRZ 2013, 715; OLG Köln v. 29.5.2009 – 16 Wx 251/08, NJW-RR 2009, 1374 (1375); OLG Köln v. 24.4.2012 – 4 UF 185/10, StAZ 2012, 339 (342). Noch enger OLG Düsseldorf v. 19.8.2008 – 25 Wx 114/07, FamRZ 2009, 1078; OLG Düsseldorf v. 22.6.2010 – 25 Wx 15/10, FamRBint 2010, 85 (*Krause*); OLG Hamm v. 12.8.2010 – I-15Wx 20/10, FamRZ 2011, 310 (311) mN; *Weitzel*, IPRax 2007, 308 (309 f.). Gegen Nachholbarkeit der Prüfung des Adoptionsbedürfnisses OLG Karlsruhe v. 8.7.2010 – 11 Wx 113/09, JAmt 2011, 40 m. Anm. *Busch*; wohl auch OLG Celle v. 12.10.2011 – 17 UF 98/11, FamRZ 2012, 1226 (1228); gegen Nachholbarkeit der Eignungsprüfung der Adoptionsbewerber *Benicke*, FS von Hoffmann, S. 545 (556).
4 OLG Düsseldorf v. 2.3.2012 – II-1 UF 120/10, FamRZ 2012, 1233; DNotI-Report 2003, 53 (54); *Fuchs*, IPRax 2001, 116; *Steiger*, DNotZ 2002, 184 (198).
5 OLG Nürnberg v. 15.10.2001 – 10 UF 1714/01, FPR 2002, 457 (458).
6 OLG Oldenburg v. 30.4.2012 – 4 UF 14/12, FamRZ 2012, 1887 (1888).
7 KG v. 11.12.2012 – 1 W 404/12, FamRZ 2013, 717; NK-BGB/*Benicke*, Art. 22 EGBGB Rz. 94.
8 DNotI-Report 2003, 53 (54).
9 AG Hamm v. 19.3.2007 – XVI 23/06, KJZ 2007, 369 (370).
10 LG Stuttgart v. 29.7.1999 – 2 T 65/99, StAZ 2000, 47 (48).
11 OLG Karlsruhe v. 28.10.2003 – 11 Wx 8/03, NJW 2004, 516 (517 f.); anders *Looschelders*, IPRax 2003, 28 (30 f.), der die Grundrechte des Kindes verletzt sieht.
12 KG v. 20.3.2007 – 1 W 165/05, KGReport 2007, 779 f.
13 Das Eingreifen des verfahrensrechtlichen ordre public verneint BGH v. 24.3.2010 – XII ZB 193/07, FamRZ 2010, 966 m. Anm. *Heiderhoff*, 1060. Einen Verstoß bejahend, allerdings für einen Extremfall, hingegen BGH v. 2.9.2009 – XII ZB 50/06, FamRZ 2009, 2069 m. Anm. *Gottwald*; beachte dazu auch *Dose*, in Coester-Waltjen/Lipp/Schumann/Veit, Europäisches Unterhaltsrecht, S. 81 (904 f.); *Rauscher*, JR 2010, 437.

§ 110 Allgemeiner Teil

jährigkeit derart schwer, dass dagegen der ordre public zu mobilisieren wäre.[1] Ausländische Unterhaltsentscheidungen können im **Kostenpunkt** selbst dann anzuerkennen sein, wenn der fragliche Betrag deutlich oberhalb der vergleichbaren deutschen Sätze liegt.[2] Besondere Schwierigkeiten bereitet die Anerkennung einer sog. **Annexunterhaltsentscheidung**, soweit diese in Zusammenhang mit einer nicht anerkennungsfähigen Statusentscheidung ergangen ist;[3] s. dazu Anhang 1 zu § 110 Rz. 27 ff. Zu den Anforderungen an die **Bestimmtheit des ausländischen Unterhaltstitels**, die bisweilen ebenfalls im Hinblick auf den ordre public diskutiert wird, s. § 110 Rz. 32 f.; zur Beachtlichkeit materiell-rechtlicher Einwendungen im Exequaturverfahren s. § 110 Rz. 23a.

VI. Gegenseitigkeit (Absatz 4)

67   Gem. § 109 Abs. 4 dürfen Entscheidungen betreffend Familienstreitsachen iSv. § 112 und solche betreffend die in Nr. 2–5 aufgezählten Lebenspartnerschaftssachen nur dann anerkannt werden, wenn der Ursprungsstaat umgekehrt auch deutsche Entscheidungen anerkennt. Diese Aufzählung ist abschließend. § 109 Abs. 4 dient, anders als Abs. 1, nicht etwa dem unabdingbaren Schutz bestimmter Interessen, sondern will die Gleichheit zwischen den Staaten verwirklichen und andere Staaten dazu bewegen, ihre zu restriktive Anerkennungspraxis zu überdenken. Weil sich solche Staaten darauf aber kaum einlassen werden, solange wir nicht den ersten Schritt tun, trifft § 109 Abs. 4 (wie auch § 328 Abs. 1 Nr. 5 ZPO) den Falschen – nämlich denjenigen, der im Ausland eine Entscheidung (etwa in einer Unterhaltssache) erwirkt hat, die sodann in Deutschland weder anerkannt noch vollstreckt wird.[4]

68   Die Anerkennungsbereitschaft drückt sich in dem einschlägigen ausländischen Gesetzes- oder Richterrecht aus; die Verbürgung der Gegenseitigkeit setzt also keine förmlichen Erklärungen voraus. Es genügt, wenn im Ausland im Wesentlichen gleichwertige Anerkennungsvoraussetzungen gelten; eine völlige Deckung der dortigen Anerkennungsvoraussetzungen mit denen des § 109 ist nicht erforderlich.[5] Auch eine partielle Verbürgung, etwa beschränkt auf Unterhaltsentscheidungen, genügt, wenn eine solche in Deutschland zur Anerkennung ansteht.[6] Keine Rolle spielt § 109 Abs. 4 im Hinblick auf Staaten, mit denen die Gegenseitigkeit iSv. § 1 Abs. 1 Satz 1 Nr. 3 und Satz 2 AUG verbürgt ist (s. dort im Anhang 2 zu § 110).

69   Erhebliche Probleme bereitet die Prüfung der Anerkennungsvoraussetzungen im Einzelfall. Aktuelle ausländische gesetzliche Bestimmungen oder Referenzentscheidungen sind, sofern überhaupt vorhanden, häufig nicht ohne weiteres zugänglich. Länderlisten[7] erlauben eine erste Einschätzung, müssen jedoch teilweise auf sehr alte Nachweise oder bloße Mutmaßungen zurückgreifen. Die gutachterliche Feststellung der Gegenseitigkeit verursacht Kosten, Mühe und Zeitverlust.[8]

110 *Vollstreckbarkeit ausländischer Entscheidungen*
(1) Eine ausländische Entscheidung ist nicht vollstreckbar, wenn sie nicht anzuerkennen ist.
(2) Soweit die ausländische Entscheidung eine in § 95 Abs. 1 genannte Verpflichtung zum Inhalt hat, ist die Vollstreckbarkeit durch Beschluss auszusprechen. Der Beschluss ist zu begründen.

---

1 Vgl. BGH v. 17.6.2009 – XII ZB 82/09, FamRZ 2009, 1402 m. insoweit zust. Anm. *Hau* (1404).
2 Vgl. BGH v. 12.8.2009 – XII ZB 12/05, FamRZ 2009, 1659 (1662), dort zu einer Abschlagszahlung iHv. 40 000 Brit. Pfund; *Dose*, in Coester-Waltjen/Lipp/Schumann/Veit, Europäisches Unterhaltsrecht, S. 81 (90 f.).
3 Vgl. den Extremfall BGH v. 26.8.2009 – XII ZB 169/07, FamRZ 2009, 1816 (1817 f.) m. Anm. *Henrich*.
4 Kritisch auch *Althammer*, IPRax 2009, 381 (388); *Haußleiter/Gomille*, § 109 Rz. 26.
5 *Geimer*, Rz. 2879; *Schack*, Rz. 967.
6 *Martiny*, FamRZ 2008, 1681 (1686); *Schack*, Rz. 967.
7 S. etwa Zöller/*Geimer*, Anh. V.
8 Vgl. bereits BT-Drucks. 10/504, S. 88, dort zu § 328 ZPO.

(3) Zuständig für den Beschluss nach Absatz 2 ist das Amtsgericht, bei dem der Schuldner seinen allgemeinen Gerichtsstand hat, und sonst das Amtsgericht, bei dem nach § 23 der Zivilprozessordnung gegen den Schuldner Klage erhoben werden kann. Der Beschluss ist erst zu erlassen, wenn die Entscheidung des ausländischen Gerichts nach dem für dieses Gericht geltenden Recht die Rechtskraft erlangt hat.

A. Überblick 1	6. EuErbVO 12a
B. Vorrangige Regelungen	C. Inhalt der Vorschrift
I. Vollstreckbarkeit ohne Vollstreckbarerklärung	I. Vollstreckbarkeit ohne Vollstreckbarerklärung (Absatz 1) 13
1. EuVTVO, EuMahnVO, EuUntVO .. 2	II. Vollstreckbarerklärungsverfahren (Absätze 2 und 3)
2. Brüssel IIa-VO 3	1. Anwendungsbereich 16
II. Besondere Vollstreckbarerklärungsverfahren	2. Zuständigkeit 18
1. EuUntVO, Brüssel I-VO, LugÜ 2007 6	3. Verfahren 20
2. Weitere Sonderregeln für Unterhaltstitel 7	4. Prüfung 22
	5. Entscheidung 26
3. Brüssel IIa-VO 8	6. Verhältnis zu anderen Rechtsbehelfen 28
4. MSA, KSÜ und HErwSÜ 11	
5. SorgeRÜ 12	D. Unbestimmte Vollstreckungstitel ... 31

Literatur: s. § 97 vor Rz. 1.

A. Überblick

Im FGG hatte § 110, dessen Bedeutungsgehalt sich nicht ohne weiteres erschließt,[1] keine Entsprechung. Zunächst normiert § 110 Abs. 1 die Anerkennungsfähigkeit als eine (dem bisherigen Recht selbstverständliche) Voraussetzung der **Vollstreckbarkeit** ausländischer Titel im Inland und nimmt damit Bezug auf § 109. Im Übrigen zeigt das Zusammenspiel von § 110 Abs. 1 und Abs. 2, dass eine besondere Vollstreckbarerklärung (das sog. Exequatur; vgl. die Legaldefinition in § 3 Nr. 7 AUG) grundsätzlich entbehrlich ist. Soweit ein Exequaturverfahren doch gefordert ist, soll das in Abs. 2 und 3 vorgesehene Beschlussverfahren Erleichterungen gegenüber §§ 722, 723 ZPO bringen. Zu beachten ist, dass § 110 nur die besonderen Voraussetzungen der Vollstreckbarkeit eines ausländischen Titels im Inland regelt, nicht hingegen dessen **eigentliche Vollstreckung**; diese bestimmt sich vielmehr nach den allgemeinen Regeln (namentlich also §§ 86 ff. bzw. § 120). 1

Für den Rechtsverkehr mit Staaten, mit denen die Gegenseitigkeit förmlich iSv. § 1 Abs. 1 Satz 1 Nr. 3, Satz 2 AUG verbürgt ist, verweist § 64 Abs. 1 Satz 1 AUG auf § 110 Abs. 1 und 2 FamFG (s. Anhang 2 zu § 110, § 1 AUG Rz. 4). 1a

B. Vorrangige Regelungen

I. Vollstreckbarkeit ohne Vollstreckbarerklärung

1. EuVTVO, EuMahnVO, EuUntVO

Europäische Vollstreckungstitel nach der EuVTVO und Europäische Zahlungsbefehle nach der EuMahnVO sind zu vollstrecken, ohne dass ein Exequaturverfahren vorzuschalten wäre. Bedeutung hat dies, was die Anwendungsbereiche des FamFG angeht, vor allem im Unterhaltsrecht erlangt.[2] Diesbezüglich gilt nunmehr als Spezialrechtsakt die EuUntVO, die für mitgliedstaatliche Unterhaltstitel gem. Art. 17 Abs. 2 grundsätzlich, aber nicht ausnahmslos (vgl. Art. 26 EuUntVO) auf ein Exequaturverfahren verzichtet. S. dazu die Kommentierung in Anhang 3 zu § 110. 2

---

1 Vgl. die Kritik von *Hohloch*, GS Wolf, S. 429 (435).
2 Vgl. hingegen zur Unanwendbarkeit der EuVTVO wegen ihres Art. 2 Abs. 2 lit. a auf ein Versäumnisurteil über (vertraglich vereinbarten) Zugewinnausgleich KG v. 16.4.2010 – 3 WF 49/10, FamRBint 2010, 87 (*Mörsdorf-Schulte*).

2. Brüssel IIa-VO

3 Das nach Art. 28 ff. Brüssel IIa-VO grundsätzlich erforderliche Exequaturverfahren (s. Rz. 8 ff.) ist nach Maßgabe von Art. 40 ff. Brüssel IIa-VO entbehrlich: Danach sind Entscheidungen über das Umgangsrecht (Art. 40 Abs. 1 Buchst. a, Art. 41 Brüssel IIa-VO) sowie Kindesrückgabeanordnungen iSv. Art. 11 Abs. 8 Brüssel IIa-VO (Art. 40 Abs. 1 Buchst. b, Art. 42 Brüssel IIa-VO) ohne Vollstreckbarerklärung in anderen Mitgliedstaaten zu vollstrecken, wenn der Richter des Ursprungsstaats eine besondere Bescheinigung (gem. Anhang III bzw. IV zur Brüssel IIa-VO) ausgestellt hat.[1] Für grenzüberschreitende Unterbringungsanordnung iSv. Art. 56 Brüssel IIa-VO bleibt es hingegen beim Erfordernis der Vollstreckbarerklärung.[2]

4 Die Bescheinigung nach Art. 40 ff. Brüssel IIa-VO gibt vor allem darüber Auskunft, dass während des Verfahrens im Ursprungsmitgliedstaat bestimmte verfahrenstechnische Mindeststandards eingehalten wurden. Das Ausstellen der Bescheinigung (für die Zuständigkeit vgl. § 48 Abs. 2 IntFamRVG) ist **nicht anfechtbar** (Art. 43 Abs. 2 Brüssel IIa-VO). Laut Art. 41 Abs. 1 Satz 1 und Art. 42 Abs. 1 Satz 1 Brüssel IIa-VO kann aber auch die Anerkennung nicht angefochten werden.[3] Ob damit jegliche Kontrollbefugnis im Vollstreckungsstaat ausgeräumt sein soll, wird indes bezweifelt. So wird daraus, dass das Vollstreckungsverfahren weiterhin dem Recht des Vollstreckungsstaates unterliegt (Art. 47 Abs. 2 Brüssel IIa-VO), abgeleitet, dass die Überprüfung des **ordre public** letztlich nur vom Exequatur- in das Vollstreckungsverfahren verlagert sei.[4] Allerdings hat der EuGH bei Kindesentführungsfälle inzwischen klargestellt, dass Art. 47 Abs. 2 Brüssel IIa-VO eng zu interpretieren sei und einer Kindesrückführung nur ganz ausnahmsweise entgegengehalten werden könne: Insbesondere komme als gegenläufige „später ergangene vollstreckbare Entscheidung" iSv. Art. 47 Abs. 2 Satz 2 Brüssel IIa-VO nur eine solche des Ursprungsstaats (also nicht eine des Vollstreckungsstaats) in Betracht; auch die Veränderung von Umständen, die das Wohl des Kindes betreffen, sei grundsätzlich im Ursprungsstaat geltend zu machen.[5] In einem weiteren Verfahren hat der EuGH sogar den Einwand nicht durchgreifen lassen, dass eine Prüfungsmöglichkeit im Vollstreckungsstaat jedenfalls aus Art. 24 Grundrechte-Charta und einer grundrechtskonformen Auslegung von Art. 42 Brüssel IIa-VO abzuleiten sei.[6]

5 Zur eigentlichen Vollstreckung des ausländischen Titels s. § 44 IntFamRVG (dazu Rz. 10).

II. Besondere Vollstreckbarerklärungsverfahren

1. EuUntVO, Brüssel I-VO, LugÜ 2007

6 Die EuUntVO (Art. 23 ff.) sowie die Brüssel I-VO und das LugÜ 2007 (jeweils in Art. 38 ff.) sehen höchst effizient ausgestaltete Exequaturverfahren vor. Bedeutung erlangt dies, was die Anwendungsfelder des FamFG angeht, für Unterhaltstitel (s. die Kommentierungen in den Anhängen 3 und 4 zu § 110; beachte aber auch schon oben Rz. 2, dort zur grundsätzlichen Entbehrlichkeit des Exequaturs nach Maßgabe von Art. 17 EuUntVO), ferner für Entscheidungen in Gewaltschutzsachen, sonstigen Familiensachen und Lebenspartnerschaftssachen (iSv. § 111 Nr. 6, 10, 11), Registersachen sowie unternehmensrechtlichen Verfahren; vgl. dazu die Hinweise in § 108 Rz. 32 ff.

---

1 Dazu *Schulz*, FamRZ 2011, 1273 (1277 f.).
2 EuGH v. 26.4.2012 – Rs. C-92/12 PPU (Health Service Executive/S. C., A. C.), FamRZ 2012, 1466. Dazu *Kohler/Pintens*, FamRZ 2012, 1425 (1431 f.); *Mansel/Thorn/Wagner*, IPRax 2013, 1 (25); *Kroll-Ludwigs*, GPR 2013, 46.
3 Dazu EuGH v. 11.7.2008 – C-195/08 PPU (Inga Rinau), NJW 2008, 2973 = FamRZ 2008, 1729.
4 *Helms*, FamRZ 2002, 1592 (1602); *Solomon*, FamRZ 2004, 1409 (1419); *Rauscher*, Art. 40 Brüssel IIa-VO Rz. 9; vgl. auch *Britz*, JZ 2013, 105 (110).
5 EuGH v. 1.7.2010 – Rs. C-211/10 PPU (Povse/Alpago), FamRZ 2010, 1229. Dazu *Schulz*, FamRZ 2010, 1307; *Mansel/Thorn/Wagner*, IPRax 2011, 1 (22 ff.).
6 EuGH v. 22.12.2010 – Rs. C-491/10 PPU (Aguirre Zarraga/Pelz), FamRZ 2011, 355 m. Anm. *Schulz*; dazu auch *Britz*, JZ 2013, 105 (109 f.).

2. Weitere Sonderregeln für Unterhaltstitel

Für die Vollstreckbarerklärung ausländischer Unterhaltstitel gelten zusätzlich zu den soeben genannten noch einige weitere, praktisch teilweise recht bedeutsame Sonderregeln. Diese ergeben sich aus multilateralen Übereinkommen (HUntVÜ 1958 und HUntVÜ 1973 – s. Anhang 5 zu § 110; künftig: HUntVÜ 2007, Anhang 6 zu § 110), aus den bilateralen Abkommen mit Israel und Tunesien sowie aus dem AUG (Anhang 2 zu § 110). Zu den Einzelheiten vgl. zunächst den Überblick in Anhang 1 zu § 110 Rz. 10 ff.

3. Brüssel IIa-VO

Das Verfahren nach Art. 28 ff. Brüssel IIa-VO gilt für vollstreckungsbedürftige Entscheidungen (Art. 2 Nr. 4 Brüssel IIa-VO) betreffend die elterliche Verantwortung, also Umgangsregelungen und Kindesherausgabeanordnungen, aber auch für die Kostenentscheidung iSv. Art. 49 Brüssel IIa-VO.[1] Zur Befreiung vom Erfordernis einer Vollstreckbarerklärung gem. Art. 40 ff. Brüssel IIa-VO s. Rz. 3. Für feststellende und gestaltende Entscheidungen – einschließlich der Zuweisung der elterlichen Sorge – kommt keine Vollstreckbarerklärung, sondern allenfalls ein fakultatives Anerkennungsverfahren nach Art. 21 Abs. 3 Brüssel IIa-VO in Betracht.[2] Auch öffentliche Urkunden und Parteivereinbarungen sind nach Maßgabe von Art. 46 Brüssel IIa-VO für vollstreckbar zu erklären. Voraussetzung der Vollstreckbarerklärung ist neben einem entsprechenden Antrag einer berechtigten Partei, dass die zu vollstreckende Entscheidung im Ursprungsmitgliedstaat vollstreckbar ist und bereits zugestellt wurde (Art. 28 Abs. 1 Brüssel IIa-VO).

Das weitere **Exequaturverfahren** ist in Art. 29 ff. Brüssel IIa-VO geregelt und bestimmt sich im Übrigen nach dem Recht des Vollstreckungsmitgliedstaats. Maßgeblich sind in Deutschland die Vorschriften des IntFamRVG (insbesondere §§ 16 ff. im ersten Rechtszug und §§ 24 ff. im Rechtsbehelfsverfahren), wobei § 14 Nr. 2 ergänzend auf das FamFG verweist.[3] Zu beachten ist die Zuständigkeitskonzentration gem. §§ 10, 12, 13 IntFamRVG.[4] Das erstinstanzliche Verfahren ist nicht kontradiktorisch ausgestaltet (Art. 31 Abs. 1 Brüssel IIa-VO, § 18 IntFamRVG). Es umfasst aber ausweislich Art. 31 Abs. 2 Brüssel IIa-VO (abweichend von Art. 41 Brüssel I-VO) eine gerichtliche Anerkennungsprüfung anhand Art. 22 ff. Brüssel IIa-VO. Um Gefahren von dem Kind abzuwenden oder eine Beeinträchtigung der Interessen der Beteiligten zu vermeiden, kann das über die Vollstreckbarerklärung entscheidende Gericht gem. § 15 IntFamRVG eA treffen. Zur Gewährung von Prozesskostenhilfe und zur Befreiung von Sicherheitsleistungen und Förmlichkeiten vgl. Art. 50–52 Brüssel IIa-VO.

Die **eigentliche Vollstreckung** richtet sich gem. Art. 47 Abs. 1 Brüssel IIa-VO nach dem Recht des Vollstreckungsstaats, in Deutschland also grundsätzlich nach §§ 86 ff. FamFG. Allerdings ist auf Initiative des Rechtsausschusses, entgegen dem ursprünglichen RegE,[5] in § 44 IntFamRVG ein Restbestand an Sonderregeln für die Vollstreckung ausländischer Umgangs- und Herausgabetitel erhalten geblieben.[6] Danach „soll" das Gericht Ordnungsmittel verhängen, wenn eine Zuwiderhandlung vorliegt (vgl. demgegenüber den gem. § 97 Abs. 2 zurücktretenden § 89 Abs. 1 Satz 1 und 2 FamFG: „kann"). Zum anderen hat das Gericht, wenn der Titel auf Herausgabe oder Rückgabe des Kindes lautet, das Vollstreckungsverfahren grundsätzlich von Amts wegen zu betreiben (vgl. demgegenüber § 87 Abs. 1 FamFG). Das Gericht spielt also eine aktivere Rolle als in reinen Inlandsfällen und soll nachdrücklicher vorgehen. Damit will man den Besonderheiten des grenzüberschreitenden Rechtsverkehrs Rechnung tragen, eine gewisse „Besserstellung" auslandsansässiger Elternteile wird als

---

1 Dazu BGH v. 22.6.2005 – XII ZB 186/03, BGHZ 163, 248 = NJW 2005, 3424.
2 Klarstellend BGH v. 22.6.2005 – XII ZB 186/03, BGHZ 163, 248 = NJW 2005, 3424.
3 Dazu *Schulz*, FamRZ 2011, 1273 (1276f.).
4 Vgl. *Wagner/Janzen*, FPR 2011, 110 (114); *Wagner*, Nomos-Erläuterungen zum Deutschen Bundesrecht.
5 BT-Drucks. 16/6308, S. 333.
6 Dazu *Schulz*, FamRZ 2011, 1273 (1278f.).

§ 110 Allgemeiner Teil

durchaus sinnvoll erachtet.[1] Zu beachten sind außerdem § 33 Abs. 1 IntFamRVG (s. dazu § 108 Rz. 11) sowie die Sonderzuständigkeit der Oberlandesgerichte gemäß § 44 Abs. 2 IntFamRVG.[2]

4. MSA, KSÜ und HErwSÜ

11 Für den Fall, dass eine vom MSA erfasste Schutzhandlung der Vollstreckung in einem anderen Vertragsstaat (s. § 108 Rz. 29) bedarf, verweist Art. 7 Satz 2 MSA auf dessen Recht und auf zwischenstaatliche Übereinkünfte. Eine etwas ausführlichere Regelung enthält nunmehr Art. 26 KSÜ (s. § 108 Rz. 29):[3] Gefordert ist ein einfaches und schnelles Exequaturverfahren (Abs. 2) nach Maßgabe der lex fori des Vollstreckungsstaats (Abs. 1). Die Einzelheiten sind im IntFamRVG geregelt, und zwar entsprechend dem Verfahren zur Ausführung der Brüssel IIa-VO (s. Rz. 8 ff.). Die Vorgaben des HErwSÜ (Art. 25; s. § 108 Rz. 36) entsprechen wortgleich denen des KSÜ; die deutschen Ausführungsregeln finden sich in §§ 8 ff. HErwSÜAG.

5. SorgeRÜ

12 Art. 14 SorgeRÜ schreibt vor, dass jeder Vertragsstaat für die Vollstreckung von Sorgerechtsentscheidungen ein einfaches und beschleunigtes Verfahren anwendet und dass die Vollstreckbarerklärung in Form eines einfachen Antrags begehrt werden kann. Die Einzelheiten sind im IntFamRVG geregelt, und zwar wiederum entsprechend dem Verfahren zur Ausführung der Brüssel IIa-VO (s. Rz. 8 ff.). Allerdings ist das erstinstanzliche Verfahren kontradiktorisch durchzuführen (§ 18 IntFamRVG gilt nicht); beachte zudem §§ 19 und 33 IntFamRVG.

6. EuErbVO

12a Die Vollstreckbarerklärung erbrechtlicher Entscheidungen bestimmt sich künftig (s. § 108 Rz. 37) nach Art. 43 ff. EuErbVO, die den Brüssel I-Regeln entsprechen.

C. Inhalt der Vorschrift

I. Vollstreckbarkeit ohne Vollstreckbarerklärung (Absatz 1)

13 Ohne Exequatur erfolgt die Vollstreckung ausländischer Titel in denjenigen Fällen, für die § 110 Abs. 2 nicht einschlägig ist (s. Rz. 16 f.). Dabei dürfte es sich vor allem um Kindesherausgabe- und Umgangsrechtsentscheidungen[4] handeln, die nicht in den Anwendungsbereich der Brüssel IIa-VO bzw. des SorgeRÜ – und damit des IntFamRVG – fallen (s. Rz. 8 ff. und 12). Nach autonomem deutschen Recht sind im Ausland errichtete Urkunden und ausländische (Prozess-)Vergleiche weder vollstreckbar noch für vollstreckbar zu erklären (s. Rz. 17).

14 Im alten Recht war nach herrschender Meinung in FG-Sachen, zumindest gedanklich, zu unterscheiden: einerseits die **Vollstreckbarerklärung** (das Exequatur), wodurch der ausländische Titel nach positiver Prüfung der Vollstreckbarkeitsvoraussetzungen (Vorliegen von Anerkennungsvoraussetzungen und Rechtskraft, Fehlen von Anerkennungshindernissen) für im Inland vollstreckbar erklärt wird;[5] andererseits

---

1 Lesenswert BT-Drucks. 16/9733, S. 303 f.
2 Eingefügt durch G. v. 30.6.2009 (BGBl. I 2009, 2474). Vgl. *Schulz*, FamRBint 2009, 86.
3 Dazu *Benicke*, IPRax 2013, 44 (51).
4 Vgl. aber auch BT-Drucks. 16/6308, S. 220: Die Unterlassung des Umgangs mit dem Kind außerhalb der vereinbarten Besuchszeiten soll § 95 Abs. 1 Nr. 4 unterfallen.
5 Für das Erfordernis einer Vollstreckbarerklärung: BGH v. 13.7.1983 – IVb ZB 31/83, BGHZ 88, 113 (116) = IPRax 1984, 323 (324); BayObLG v. 20.7.1981 – 1 Z 6/81, IPRax 1982, 106 (110); *Roth*, IPRax 1988, 75 (76); Jansen/v. Schuckmann/Sonnenfeld/*Wick*, § 16a FGG Rz. 63. Gleichsinnig bereits BGH v. 25.10.1976 – IV ZB 38/76, BGHZ 67, 255 (257 f.), der häufig missverstanden wird, obwohl sich klar ergibt, dass über die Vollstreckbarerklärung eigens zu entscheiden, die Anerkennung hingegen als bloße Vorfrage zu prüfen sein soll. Dies verkennt etwa OLG Düsseldorf v. 4.12.1981 – 5 UF 67/81, FamRZ 1982, 53 f.; richtig hingegen Staudinger/*Henrich*, Art. 21 EGBGB, Rz. 264 und 266 f. Gegen das Erfordernis einer Vollstreckbarerklärung: *Geimer*, FS Ferid, S. 89 (111 f.); wohl auch MüKo. ZPO/*Gottwald*, § 722 Rz. 12.

die **Vollziehungsverfügung** (früher § 33 FGG: heute **Vollziehungsbeschluss** gem. §§ 87 Abs. 1, 89 FamFG), mit der ein Gericht konkrete Vollstreckungsmaßnahmen zur Vollziehung des für vollstreckbar erklärten Titels anordnet, also etwa die Verhängung eines Ordnungsgeldes. Beides konnte jedoch verbunden werden und in einer Entscheidung ergehen.[1]

Für das neue Recht soll laut Begründung des RegE gelten: Eine Vollstreckbarerklärung ist für die nicht von § 110 Abs. 2 erfassten Sachbereiche entbehrlich.[2] Das bedeutet ausweislich § 110 Abs. 1 jedoch nicht, dass die **Prüfung der Vollstreckbarkeit** (Vorliegen von Vollstreckungsvoraussetzungen und Rechtskraft, Fehlen von Anerkennungshindernissen) obsolet geworden wäre. Vielmehr fordert das mit der Vollziehung eines ausländischen Titels befasste Gericht, wenn es sich im Rahmen einer Vorfragenprüfung von der Vollstreckbarkeit überzeugt hat, den Verpflichteten, erforderlichenfalls unter Hinweis auf die Folgen der Zuwiderhandlung (vgl. § 89 Abs. 2), zunächst zur Leistung auf. Bleibt diese aus, so ergreift das Gericht die Vollstreckungsmaßnahme nach den allgemeinen innerstaatlichen Regeln.[3] Die Vollstreckbarkeit muss weder bei der Leistungsaufforderung noch im Beschluss betreffend die Anordnung der Vollstreckungsmaßnahme ausdrücklich in der Entscheidungsformel ausgesprochen werden. Freilich sind die zugrunde liegenden Erwägungen, insbesondere zur Anerkennungsfähigkeit, wegen § 38 Abs. 3 Satz 1 in die Gründe aufzunehmen. 15

II. Vollstreckbarerklärungsverfahren (Absätze 2 und 3)

1. Anwendungsbereich

Das Erfordernis einer Vollstreckbarerklärung betrifft nach § 110 Abs. 2 alle ausländischen Entscheidungen, die eine der in § 95 Abs. 1 genannten Verpflichtungen (Einzelheiten s. dort) zum Inhalt haben. Die Begründung des RegE nennt als **Beispiele** sowohl „vermögensrechtliche Entscheidungen – wie zB eine Entscheidung über Unterhalt –, die im nationalen Recht als Familienstreitsachen (§ 112) geregelt sind, als auch [–] Entscheidungen über die Verteilung des Hausrats".[4] **Unterhaltssachen** werden also von § 110 Abs. 2 durchaus erfasst,[5] obwohl § 95 Abs. 1 für sie wegen §§ 112 Nr. 1, 113 Abs. 1 Satz 1, 120 Abs. 1 gerade nicht gilt. Ferner ist etwa zu denken an etwaige Schmerzensgeldansprüche nach ausländischem Scheidungsrecht (sofern ihnen nicht ohnehin Unterhaltsfunktion zukommt),[6] titulierte Ansprüche auf Räumung einer Wohnung in Gewaltschutz- oder Wohnungszuweisungssachen sowie an die Verpflichtung, den Umgang mit dem Kind außerhalb der vereinbarten Besuchszeiten zu unterlassen.[7] Nicht hierher gehören Titel gerichtet auf Kindesherausgabe.[8] 16

§ 110 Abs. 2 erfasst, entsprechend der bereits zu §§ 328, 722f. ZPO herrschenden Meinung,[9] weder **(Prozess-)Vergleiche** noch vollstreckbare **Urkunden** (anders etwa 17

---

1 Jansen/v. Schuckmann/Sonnenfeld/*Wick*, § 16a FGG Rz. 64.
2 BT-Drucks. 16/6308, S. 222.
3 Beachte zu den Grenzen der Verhängung von Ordnungsgeld nach Kindesentführung ins Ausland OLG Nürnberg v. 12.7.2010 – 11 WF 522/10, FamRBint 2011, 7 (*Bißmaier*).
4 BT-Drucks. 16/6308, S. 222.
5 Dazu *Hohloch*, GS Wolf, S. 429 (432 ff.), der allerdings meint, dass auf ausländische Unterhaltsentscheidungen §§ 722, 723 ZPO vermittelt durch § 95 Abs. 1 FamFG entsprechend anzuwenden seien. Richtig hingegen *Botur*, FamRZ 2010, 1860 (1863, bei und in Fn. 35); *Riegner*, FPR 2013, 4 (7).
6 Zutreffend *Odendahl*, FamRBint 2012, 61, sowie der redaktionelle Hinweis in FamRZ 2012, 1001, jeweils gegen OLG Stuttgart v. 22.12.2011 – 17 UF 276/11, FamRZ 2012, 999 (dort zu Art. 174 Abs. 2 türk. ZGB).
7 BT-Drucks. 16/6308, S. 220.
8 Klarstellend *Zimmermann*, Das neue FamFG, Rz. 297.
9 Statt vieler: Eschenbruch/Klinkhammer/*Dörner*, Kap. 8 Rz. 122; MüKo. ZPO/*Gottwald*, § 328 Rz. 74 und § 722 Rz. 21; *Hohloch*, FPR 2006, 315 (321); Schuschke/Walker/*Jennissen*, § 722 ZPO Rz. 1; Göppinger/Wax/*Linke*, Rz. 3302; *Schack*, Rz. 912. Für Vollstreckbarerklärung hingegen Zöller/*Geimer*, § 328 ZPO Rz. 79. Nicht hierher gehört BGH v. 14.2.2007 – XII ZR 163/05, NJW-RR 2007, 722 = FamRBint 2007, 62 (*Finger*): Vollstreckbarerklärung eines dynamisierten

Art. 57, 58 Brüssel I-VO/LugÜ 2007, Art. 48 EuUntVO und Art. 46 Brüssel IIa-VO).[1] Dies erscheint rechtspolitisch eher fragwürdig, ist aber mangels gegenteiliger Anhaltspunkte im Gesetz und in den Materialien wohl hinzunehmen. Keiner Vollstreckbarerklärung zugänglich sind ferner ausländische Exequaturentscheidungen (sog. Verbot des **Doppelexequatur**).[2]

2. Zuständigkeit

18 Die **örtliche Zuständigkeit** ergibt sich aus § 110 Abs. 3 Satz 1, der auf den allgemeinen Gerichtsstand des Schuldners (§§ 12 ff. ZPO) und – fehlt ein solcher – auf § 23 ZPO verweist. Diese Zuständigkeit wird, anders als in § 108 Abs. 3 Satz 2 FamFG (und §§ 722 Abs. 2, 802 ZPO), nicht als ausschließlich bezeichnet; freilich wären Gerichtsstandsvereinbarungen oder eine rügelose Einlassung ohnehin unbeachtlich.[3] Die **internationale Zuständigkeit** bedarf keiner Regelung, da von vornherein nur deutsche Gerichte über die Vollstreckbarerklärung von ausländischen Gerichten zu befinden haben (vgl. auch § 108 Rz. 58).[4]

19 **Sachlich zuständig** sind gem. § 110 Abs. 3 Satz 1 die Amtsgerichte. Hinsichtlich der **funktionellen Zuständigkeit** dürfte es dabei bleiben, dass die Vollstreckbarerklärung den Familiengerichten zugewiesen ist, wenn die Entscheidung eine Angelegenheit betrifft, die nach inländischem Verfahrensrecht als Familiensache (sei es der streitigen oder der freiwilligen Gerichtsbarkeit) einzuordnen wäre.[5]

3. Verfahren

20 Der Gesetzgeber wollte das Verfahren nach § 110 Abs. 2 an den anderen (kontradiktorischen) Hauptsacheverfahren des FamFG orientieren.[6] **Antragsbefugt** ist, wer als Gläubiger oder Rechtsnachfolger Rechte aus der zu vollstreckenden Entscheidung ableitet, richtiger Antragsgegner ist, gegen wen als Schuldner oder Rechtsnachfolger daraus Rechte abgeleitet werden.[7] Anwaltszwang besteht nicht (arg. § 10 Abs. 1).[8]

21 Für den Antrag gelten die allgemeinen Vorschriften (§§ 23 ff.). **Verfahrensgegenstand** ist nicht der dem Titel zugrunde liegende materiell-rechtliche Anspruch, sondern der Anspruch des Gläubigers auf den rechtsgestaltenden Ausspruch der Vollstreckbarkeit;[9] der Antrag ist dementsprechend zu fassen. Der Antrag hemmt analog § 204 Abs. 1 Nr. 1 BGB die **Verjährung** des materiellen Anspruchs.[10] Eine Beschränkung des Antrags auf Vollstreckbarerklärung in bestimmter Höhe oder auf einen von mehreren Verfahrensgegenständen ist möglich; es ergeht dann ein **Teilexequatur**.[11] Das **Rechtsschutzbedürfnis** für den Antrag nach § 110 Abs. 2 besteht auch, wenn der Schuldner derzeit kein Vermögen im Inland besitzt oder in einem anderen Staat leichter vollstreckt werden könnte.[12]

---

slowenischen Urt. s samt der Benachrichtigung des slowenischen Zentrums für Sozialarbeit, wonach die festgelegten Unterhaltsbeträge entsprechend der Wandlung der Lebenshaltungskosten und der persönlichen Einkommen angepasst werden.

1 Ebenso Garbe/Ullrich/*Andrae*, § 13 Rz. 557; *Botur*, FamRZ 2010, 1860 (1863 f.); Haußleiter/*Gomille*, § 110 Rz. 4; *Riegner*, FPR 2013, 4 (7).
2 MüKo. ZPO/*Gottwald*, § 722 Rz. 28; *Schack*, Rz. 1029.
3 Vgl. allgemein *Zimmermann*, Das neue FamFG, Rz. 9.
4 Näher *Solomon*, AG 2006, 832 ff.
5 Vgl. BT-Drucks. 17/4887, S. 48. Beachte auch *Hohloch*, GS Wolf, S. 429 (439); *Riegner*, FPR 2013, 4 (8). Zum früheren Recht BGH v. 13.7.1983 – IVb ZB 31/83, FamRZ 1983, 1008 (1009); OLG Bamberg v. 24.11.1999 – 2 UF 206/99, OLGReport 2000, 96.
6 BT-Drucks. 16/6308, S. 223. Vgl. auch *Hohloch*, GS Wolf, S. 429 (438 ff.).
7 Ebenso Haußleiter/*Gomille*, § 110 Rz. 6.
8 Ebenso Keidel/*Zimmermann*, § 110 Rz. 23; im Ergebnis auch *Hohloch*, GS Wolf, S. 429 (439 f.). Anders unter Berufung auf § 114 FamFG Thomas/Putzo/*Hüßtege*, § 110 FamFG Rz. 5.
9 BGH v. 17.7.2008 – IX ZR 150/05, FamRZ 2008, 1749.
10 MüKo. ZPO/*Gottwald*, § 722 Rz. 30.
11 MüKo. ZPO/*Gottwald*, § 722 Rz. 30.
12 MüKo. ZPO/*Gottwald*, § 722 Rz. 36.

4. Prüfung

Das mit der Vollstreckbarerklärung befasste Gericht prüft die **Anerkennungsfähigkeit** (§ 110 Abs. 1) sowie die **formelle Rechtskraft** der ausländischen Entscheidung, und zwar nach Maßgabe des Verfahrensrechts des Ursprungsstaats (§ 110 Abs. 3 Satz 2; Ausnahme: § 64 Abs. 2 Satz 2 AUG).[1]

22

Ein Vollstreckungstitel, der aus Sicht des Ursprungsstaats (etwa mangels hinreichender Bestimmtheit) **nicht vollstreckungsfähig** oder dort **bereits aufgehoben** worden ist, kann auch in Deutschland keine Wirkung entfalten.[2] Der Vortrag, der Vollstreckungstitel habe seine Vollstreckbarkeit vor dem Abschluss des Exequaturverfahrens verloren oder sei weggefallen, ist von dem damit befassten Gericht zu beachten,[3] muss vom Titelschuldner also nicht etwa gesondert (mittels § 767 ZPO) geltend gemacht werden. Den Fall, dass die Vollstreckbarerklärung bereits erfolgt ist, regeln Sondervorschriften wie §§ 27–29 AVAG, §§ 34, 35 IntFamRVG (s. Anhang 1 zu § 97) und in Unterhaltssachen §§ 67–69 AUG (s. Anhang 2 zu § 110); dort werden besondere Aufhebungsverfahren vorgesehen und Schadensersatzansprüche begründet. Außerhalb des Anwendungsbereichs dieser Sondervorschriften bleibt es, wenn der Vollstreckungstitel im Erststaat aufgehoben oder geändert wird und dies nicht mehr im Rahmen des Verfahrens gem. § 110 Abs. 2 geltend gemacht werden kann, vermittelt durch § 95 bzw. § 120 bei den allgemeinen ZPO-Regeln.

23

Einwendungen können sich auch auf den im Ausland titulierten Anspruch beziehen (etwa Erfüllung und Erfüllungssurrogate, Vergleich, Erlass und Stundung, Gläubigerwechsel etc.). Während zum autonomen deutschen Recht anerkannt ist, dass solche **materiell-rechtlichen Einwendungen** nötigenfalls im Rahmen des Exequaturverfahrens zu klären sind,[4] ist dies umstritten im Anwendungsbereich der europa- bzw. konventionsrechtlichen Regeln (vgl. zu den vor allem im Unterhaltsrecht relevanten Einzelheiten Anhang 3 zu § 110, Art. 21 EuUntVO Rz. 107, sowie Anhang 4 zu § 110, Art. 38 LugÜ 2007 Rz. 49). Allemal relevant bleibt das Verbot einer révision au fond (§ 109 Abs. 5).

23a

Ausländische Vollstreckungstitel, die nach deutschen Maßstäben einen zu **unbestimmten Inhalt** haben oder von einer Bedingung mit unbestimmtem Inhalt abhängen, können zwar nicht ohne weiteres für vollstreckbar erklärt, womöglich aber im Rahmen des Exequaturverfahrens konkretisiert werden. S. dazu Rz. 32 f.

24

Wenn im Ausland über eine Statusfrage (Ehescheidung oder Abstammung) und zugleich über Unterhaltsansprüche entschieden worden und die Statusentscheidung in Deutschland nicht anerkennungsfähig ist, kann fraglich sein, ob die **Annexunterhaltsentscheidung** isoliert anzuerkennen und deshalb für vollstreckbar zu erklären ist. S. dazu Anhang 1 zu § 110 Rz. 27 ff.

25

5. Entscheidung

Das Gericht entscheidet durch Beschluss, und zwar nicht nur, wie § 110 Abs. 2 suggeriert, im Falle der Stattgabe. Der Beschluss ist zu begründen, wobei es in den Gesetzesmaterialien heißt, dass dabei insbesondere auf das (Nicht-)Vorliegen von Anerkennungshindernissen einzugehen sei.[5]

26

Im Fall der Stattgabe ist die zu vollstreckende Verpflichtung entsprechend dem ausländischen Tenor in deutscher Sprache wiederzugeben.[6] Eine **Umrechnung** frem-

27

---

[1] Zustimmend *Riegner*, FPR 2013, 4 (8).
[2] Vgl. etwa BGH v. 7.4.2004 – XII ZB 51/02, FamRZ 2004, 1023; KG v. 27.2.2007 – 1 VA 5/06, FamRZ 2007, 1828 (1829); auch EuGH v. 28.4.2009 – Rs. C-420/07 (Apostolides), EuGRZ 2009, 210.
[3] Klarstellend – und insoweit unproblematisch – BGH v. 14.3.2007 – XII ZB 174/04, BGHZ 171, 310 = NJW 2007, 3433.
[4] Statt mancher: *Dose*, in Coester-Waltjen/Lipp/Schumann/Veit, Europäisches Unterhaltsrecht, S. 81 (91); *Riegner*, FPR 2013, 4 (9); Keidel/*Zimmermann*, § 110 Rz. 25.
[5] BT-Drucks. 16/6308, S. 223.
[6] MüKo. ZPO/*Gottwald*, § 722 Rz. 41.

der Währungen findet nicht statt; diese obliegt vielmehr den Vollstreckungsorganen.[1] Jedoch kann im Vollstreckbarerklärungsbeschluss angegeben werden, welcher Zeitpunkt für die Umrechnung maßgeblich ist.

6. Verhältnis zu anderen Rechtsbehelfen

28 In den von § 110 Abs. 2 erfassten Fällen ist das **isolierte Anerkennungsverfahren nach § 108 Abs. 2** nicht statthaft (s. § 108 Rz. 55). Dahinter steht laut Begründung des RegE die Erwägung, dass bereits § 110 Abs. 2 eine hinreichende Möglichkeit zur (inzidenten) Klärung der Anerkennungsmöglichkeit biete.[2] Konsequenterweise dürfte, anders als im Anwendungsbereich von §§ 722, 723 ZPO,[3] auch nur ausnahmsweise eine **Feststellungsklage** hinsichtlich der Anerkennungsfähigkeit in Betracht kommen.[4] Zu denken bleibt daran aber immerhin, um sich mittels eines negativen Feststellungsantrags gegen eine vermeintlich unberechtigte Anspruchsberühmung zur Wehr setzen zu können.

29 Wie im Anwendungsbereich von §§ 722, 723 ZPO wird auch für § 110 ein Wahlrecht des Titelgläubigers zwischen Vollstreckungsklage und einem **neuen Titulierungsverfahren** vertreten.[5] Hiernach soll im Inland ein neues Titulierungsverfahren eingeleitet werden können; stellt sich in diesem heraus, dass die ausländische Entscheidung anerkennungsfähig ist, so soll den deutschen Gerichten nur eine davon abweichende Sachentscheidung verwehrt sein.[6] Diese Auffassung ist abzulehnen (s. § 108 Rz. 25 und Anhang 1 zu § 110 Rz. 26).

30 Vor der Vollstreckbarerklärung kann ein **Vollstreckungsabwehrantrag** nach § 767 ZPO (iVm. § 95 Abs. 1 oder §§ 112, 113 Abs. 1, 120 Abs. 1 FamFG) nicht erhoben werden, da sie die Vollstreckbarkeit des ausländischen Titels im Inland voraussetzt.[7]

D. Unbestimmte Vollstreckungstitel

31 Ausländische Vollstreckungstitel, die einen **unbestimmten Inhalt** haben oder von einer Bedingung mit unbestimmtem Inhalt abhängen, können im Inland nicht ohne weiteres für vollstreckbar erklärt bzw. – soweit ein Exequaturverfahren entbehrlich ist – vollstreckt werden.[8] Begründet wird dies entweder unter Berufung auf den deutschen ordre public[9] oder auf ein ungeschriebenes, auch im Anwendungsbereich des Europa- und Konventionsrechts beachtliches Vollstreckungserfordernis.[10]

32 Unbestimmte (namentlich indexierte) ausländische Titel können allerdings im Inland noch nachträglich konkretisiert werden, sofern sich die Kriterien, nach denen sich die titulierte Leistungspflicht bestimmt, entweder aus den dazu zugrunde liegenden ausländischen Vorschriften ergibt oder aus im Inland zugänglichen und sicher feststellbaren Umständen (wie Lebenshaltungsindices oder Diskontsätzen ausländischer Notenbanken).[11] Unter ebendiesen Voraussetzungen soll sich auch noch

---

1 MüKo. ZPO/*Gottwald*, § 722 Rz. 44.
2 BT-Drucks. 16/6308, S. 222.
3 Zöller/*Geimer*, § 722 ZPO Rz. 99; MüKo. ZPO/*Gottwald*, § 722 Rz. 51.
4 Ebenso wohl Rahm/Künkel/*Breuer*, II 1 C Rz. 343.
5 Garbe/Ullrich/*Andrae*, § 13 Rz. 561 f. Zu §§ 722, 723 ZPO statt vieler: BGH v. 26.11.1986 – IVb ZR 90/85, NJW 1987, 1146; OLG Zweibrücken v. 10.3.2005 – 5 WF 36/05, NJOZ 2005, 3309 (3312 f.); MüKo. ZPO/*Gottwald*, § 722 Rz. 47 und 49; *Schack*, Rz. 980.
6 Zöller/*Geimer*, § 722 ZPO Rz. 96; OLG Zweibrücken v. 10.3.2005 – 5 WF 36/05, NJOZ 2005, 3309 (3312).
7 Zöller/*Geimer*, § 722 ZPO Rz. 101; *Schack*, Rz. 1038.
8 Grundlegend und ausführlich zu diesem Problemkreis *Seidl*, Ausländische Vollstreckungstitel und inländischer Bestimmtheitsgrundsatz, passim.
9 Deutlich etwa OLG Karlsruhe v. 8.1.2002 – 9 W 51/01, FamRZ 2002, 1420.
10 So *Wagner*, FS Sonnenberger, S. 727 (736 f.).
11 Grundlegend BGH v. 6.11.1985 – IVb ZR 73/84, FamRZ 1986, 45; seither etwa OLG Düsseldorf v. 23.11.2007 – 3 W 125/07, FamRZ 2008, 904 (französische Wertsicherungsklausel). Nach Lage der Dinge wurde die Konkretisierungsmöglichkeit noch bejaht von OLG Zweibrücken v. 10.3. 2005 – 5 WF 36/05, OLGReport 2005, 534, dazu *Block*, FamRBint 2005, 76 (Verurteilung zur Zahlung von 25 % des monatlichen Nettoeinkommens). – Verneint wurde die Konkretisierbar-

die Bezeichnung der Parteien nachträglich konkretisieren lassen.¹ Die gebotene **Konkretisierung** hat grundsätzlich im Exequaturverfahren zu erfolgen, ist also nicht etwa erst den deutschen Vollstreckungsorganen zu überantworten.² Letzteres mag allenfalls in Betracht kommen, wenn es allein darum geht, einfache Fremdwährungsverbindlichkeiten in inländische Währung umzurechnen.³ In Unterhaltssachen eröffnet § 34 AUG (s. Anhang 2 zu § 110) ein besonderes Konkretisierungsverfahren für unzureichend bestimmte ausländische Vollstreckungstitel, die nach Maßgabe von Art. 17 ff. EuUntVO im Inland ohne Vollstreckbarerklärung oder Vollstreckungsklausel zu vollstrecken sind.⁴

Zur Konkretisierung bzw. sonstigen Ergänzung **inländischer Titel** zur Verwendung im Ausland beachte in Unterhaltssachen § 245 FamFG sowie §§ 72 ff. AUG (s. Anhang 2 zu § 110) und im Übrigen § 38 Abs. 6 FamFG, §§ 30 ff. AVAG. 33

Kosten/Gebühren: Gericht: Für die Vollstreckbarerklärung ausländischer Titel entsteht in Familiensachen nach Nr. 1710 KV FamGKG eine Gebühr in Höhe von 240 Euro. **RA:** Der RA erhält Gebühren nach Nr. 3309, 3310 VV RVG. Der Wert bestimmt sich nach § 25 RVG. 34

Anhang 1 zu § 110:
Grundlagen und Rechtsquellen des Internationalen Zivilverfahrensrechts in Unterhaltssachen

Literatur: s. § 97 vor Rz. 1.

A. Internationale Zuständigkeit

Zu den Grundzügen des Rechts der internationalen Entscheidungszuständigkeit, den völkerrechtlichen Grenzen der deutschen Gerichtsbarkeit sowie sonstigen Besonderheiten deutscher Zivilverfahren mit Auslandsbezug vgl. zunächst vor §§ 98–106 Rz. 1 ff. 1

Nach Inkrafttreten des FamFG kamen zur Ermittlung der internationalen Entscheidungszuständigkeit deutscher Gerichte in Unterhaltssachen zunächst noch drei verschiedene Rechtsquellen in Betracht, und zwar in folgender Rangfolge: Maßgeblich war in erster Linie – sofern der Beklagte seinen Wohnsitz in Deutschland oder einem anderen EU-Staat hat – die **Brüssel I-VO** (s. § 97 Rz. 23), in zweiter Linie – sofern der Beklagte seinen Wohnsitz in Island, Norwegen oder der Schweiz hat – das **LugÜ 1988/2007** (s. § 97 Rz. 23 und Anhang 4 zu § 110), im Übrigen und letztrangig das **FamFG**. Letzteres führte zu einer gem. § 105 doppelfunktionalen Anwendung von § 232 als Regelung der internationalen Entscheidungszuständigkeit (zu den Einzelheiten s. 1. Aufl., Anhang zu § 245 Rz. 37 ff.). 2

Die Rechtsquellenlage hat sich grundlegend geändert, nachdem die **EuUntVO** am 18.6.2011 in Kraft getreten ist und ihre Zuständigkeitsregeln Geltungsvorrang beanspruchen (vgl. zum Folgenden Anhang 3 zu § 110, Art. 3 EuUntVO Rz. 25): Die EuUntVO lässt zwar das LugÜ 2007 unberührt (s. Art. 69 EuUntVO Rz. 181), ersetzt innerhalb ihres sachlichen und zeitlichen Anwendungsbereichs aber die Brüssel I-VO 3

---

keit hingegen von OLG Köln v. 27.6.2011 – 16 W 3/11, FamRZ 2012, 384 (ukrainischer Titel über Unterhalt „in Höhe eines Viertels von allen Arten des Arbeitslohns"); AG Wiesbaden v. 2.5.2005 – 536 F 147/04, FamRZ 2006, 562 (Verurteilung zur Zahlung eines Viertels der „Gesamteinkünfte"); OLG Karlsruhe v. 8.1.2002 – 9 W 51/01, FamRZ 2002, 1420 (Schweizer Urt. über Unterhalt abhängig von „ernsthaftem zielstrebigen Studium").
1 OLG Hamburg v. 18.6.1993 – 6 W 21/93, 6 W 57/92, RIW 1994, 424.
2 Wie hier etwa BT-Drucks. 17/4887, S. 45; *Schack*, Rz. 1038. Anders Bamberger/Roth/*Heiderhoff*, Art. 18 EGBGB Rz. 89.
3 *Geimer/Schütze*, Art. 38 EuGVVO Rz. 14 ff.; Rauscher/*Mankowski*, Art. 38 Brüssel I-VO Rz. 27a.
4 Dazu BT-Drucks. 17/4887, S. 44 f.

(Art. 68 Abs. 1 EuUntVO) und schließt den Rückgriff auf nationale Zuständigkeitsregeln – wie §§ 105, 232 FamFG – aus (vgl. Art. 10 EuUntVO sowie Erwägungsgrund Nr. 15). Daher bliebe heute für §§ 105, 232 FamFG nur noch Raum, sofern ein Verfahren ausnahmsweise als Unterhaltssache iSd. FamFG, nicht aber der EuUntVO zu qualifizieren wäre (vgl. zum weiten sachlichen Anwendungsbereich der EuUntVO Anhang 3 zu § 110, Art. 1 EuUntVO Rz. 2 ff.).[1]

4 Als bloßes Aus- und Durchführungsgesetz im Bereich des internationalen Unterhaltsverfahrensrechts begründet das **AUG** (s. Anhang 2 zu § 110) keine internationale Entscheidungszuständigkeit; gleichwohl soll das AUG die Zuständigkeitsregeln der EuUntVO erläutern (§ 25 AUG) und die EuUntVO sowie die EuMahnVO um Regelungen zur örtlichen Zuständigkeit ergänzen (§§ 26 ff. AUG). Die **EuErbVO** bezieht sich nur auf Unterhaltspflichten, „die mit dem Tod entstehen" (Art. 1 Abs. 2 Buchst. e). Die Zuständigkeitsvorschriften der **Brüssel IIa-VO** betreffen Unterhaltssachen nicht (Art. 1 Abs. 3 Buchst. e; Anhang 2 zu § 97); Entsprechendes gilt für das **KSÜ** (Art. 4 Buchst. e; Anhang 3 zu § 97) und das **HErwSÜ** (Art. 4 Abs. 1 Buchst. a; Anhang 5 zu § 97). Das **UNUntÜ** (s. Anhang 7 zu § 110) soll die Geltendmachung und internationale Durchsetzung von gesetzlichen Unterhaltsansprüchen erleichtern, regelt aber nicht die internationale Entscheidungszuständigkeit für deren Titulierung. Art. 3 **HUntVÜ 1958** (s. Rz. 18) und Art. 7 **HUntVÜ 1973** (s. Anhang 5 zu § 110) enthalten zwar Vorgaben zur sog. internationalen Anerkennungszuständigkeit, nicht aber zur hier interessierenden internationalen Entscheidungszuständigkeit (zum Unterschied s. vor §§ 98–106 Rz. 2).[2] Entsprechendes gilt für das bislang für die EU noch nicht in Kraft getretene **HUntVÜ 2007** (s. Anhang 6 zu § 110),[3] allerdings mit einer Ausnahme, der „negativen Zuständigkeitsregel" in Art. 18 HUntVÜ 2007 (s. Anhang 3 zu § 110, Art. 8 EuUntVO Rz. 65). Die für Deutschland verbindlichen bilateralen Abkommen mit Israel und Tunesien (s. Rz. 19) regeln die internationale Entscheidungszuständigkeit nicht.[4]

5 Zuständigkeitsrechtliche Besonderheiten sind zu beachten, wenn es darum geht, im In- oder Ausland erlassene **Vollstreckungstitel abzuändern**. S. dazu unten Rz. 32 ff. sowie Art. 8 EuUntVO Rz. 66 ff. und Art. 5 LugÜ 2007 Rz. 25 f.

B. Parallelverfahren im Ausland

6 Was die Beachtlichkeit eines im Ausland geführten unterhaltsrechtlichen Parallelverfahrens angeht, ist danach zu unterscheiden, ob der Kompetenzkonflikt mit einem **Mitgliedstaat der EuUntVO** besteht (im Ergebnis alle EU-Staaten; s. Anhang 3 zu § 110, dort Art. 1 EuUntVO Rz. 9 und die Erläuterung zu Art. 12 f. EuUntVO), mit einem sonstigen **Vertragsstaat des LugÜ 2007** (Island, Norwegen oder der Schweiz; s. Anhang 4 zu § 110, dort Art. 27–30 LugÜ 2007 und die Erläuterung zu Art. 27 ff. LugÜ 2007) oder mit einem **Drittstaat**, für den weder die EuUntVO noch das LugÜ 2007 gilt. Ein Parallelverfahren, das früher in einem Drittstaat eingeleitet ist und denselben Streitgegenstand wie ein inländisches Unterhaltsverfahren betrifft,[5] ist im Inland nach Maßgabe von §§ 112 Nr. 1, 113 Abs. 1 Satz 2 FamFG, § 261 Abs. 3 Nr. 1 ZPO beachtlich (zu den Besonderheiten s. vor §§ 98–106 Rz. 53).

C. Mahn- und Bagatellverfahren

7 Die Verordnung Nr. 1896/2006 v. 12.12.2006 zur Einführung eines **Europäischen Mahnverfahrens**[6] (sog. EuMahnVO; deutsche Ausführungsbestimmungen: §§ 1087 ff.

---

1 Zustimmend *Riegner*, FPR 2013, 4 (5 f.).
2 Richtig etwa *Henrich*, Rz. 179; Staudinger/*Kropholler*, Anh. III zu Art. 18 EGBGB Rz. 98 und 177. Verkannt etwa von BGH v. 27.6.1984 – IVb ZR 2/83, NJW 1985, 552.
3 Zu den Gründen vgl. *Janzen*, FPR 2008, 218 (220).
4 Missverständlich Thomas/Putzo/*Hüßtege*, Vor Art. 1 EuUnterhaltVO Rz. 9a.
5 Daran fehlte es etwa im Fall OLG Köln v. 17.10.2002 – 14 UF 78/02, FamRZ 2003, 544: keine Identität von Auskunftsanspruch und Unterhaltsanspruch. Beachte auch *Nagel/Gottwald*, § 5 Rz. 95; *Henrich*, Rz. 121 (Rechtshängigkeit des ausländischen Scheidungsverfahrens hindert kein inländisches Verfahren über andere, im Ausland nicht verfahrensgegenständliche Familiensachen); Staudinger/*Spellenberg*, Anh. zu § 606a ZPO Rz. 34 ff.
6 ABl. EU 2006 Nr. L 399/1.

ZPO) erfasst gem. ihrem Art. 2 Abs. 2 Buchst. d außervertragliche Schuldverhältnisse, also auch Unterhaltsansprüche, nur ausnahmsweise, nämlich dann, wenn sie „Gegenstand einer Vereinbarung zwischen den Parteien oder eines Schuldanerkenntnisses sind".[1] Das Europäische Mahnverfahren[2] wird von der EuUntVO nicht verdrängt (arg. e Art. 68 EuUntVO).[3] In Deutschland ist das AG Wedding in Berlin ausschließlich zuständig (§ 1087 ZPO), und zwar auch in Unterhaltssachen (§ 29 AUG). Die Vollstreckung des im Europäischen Mahnverfahren ergangenen **Zahlungsbefehls** erfolgt unter den gleichen Bedingungen wie diejenige eines inländischen Titels (Art. 21 Abs. 1 Satz 2 EuMahnVO); sie erfordert weder eine Vollstreckbarerklärung (Art. 19 EuMahnVO) noch eine Vollstreckungsklausel (§ 1093 ZPO). Die vom Gläubiger beizubringenden Unterlagen nennt Art. 21 Abs. 2 EuMahnVO; soweit dort vorgesehen, sind fremdsprachige Unterlagen in beglaubigter Übersetzung ins Deutsche vorzulegen (§ 1094 ZPO). Zur ausnahmsweise bestehenden Möglichkeit der Verweigerung, Aussetzung oder Beschränkung der Vollstreckung s. Art. 22, 23 EuMahnVO und § 1096 ZPO.

Unberührt lässt die EuMahnVO gem. ihrem Art. 1 Abs. 2 die Möglichkeit der Rechtsverfolgung aufgrund mitgliedstaatlicher Mahnverfahren. Für Deutschland betrifft dies das **deutsche Auslandsmahnverfahren** nach § 113 Abs. 2 FamFG, §§ 688ff. ZPO, § 75 AUG (als lex specialis zu § 32 AVAG). Dieses ist im grenzüberschreitenden Rechtsverkehr von praktisch untergeordneter Bedeutung.[4] Zu beachten bleibt allerdings, dass § 39 AVAG, der bislang die Anwendung von § 32 AVAG unterbunden hat, nunmehr ersatzlos gestrichen, also nicht in das AUG übernommen worden ist. Daraus folgt, dass das deutsche Auslandsmahnverfahren nunmehr gem. § 75 AUG auch dann stattfinden kann, wenn der Mahnbescheid in einen Vertragsstaat des HUntVÜ 1973 zuzustellen ist;[5] bedeutsam ist das für den Rechtsverkehr mit Australien, der Türkei und der Ukraine (s. Anhang 5 zu § 110).[6]

8

Das sog. **Europäische Bagatellverfahren** gem. der Verordnung Nr. 861/2007 v. 11.7. 2007 zur Einführung eines europäischen Verfahrens für geringfügige Forderungen[7] (deutsche Ausführungsbestimmungen: §§ 1097ff. ZPO) ist gem. Art. 2 Abs. 2 Buchst. b dieser Verordnung in Unterhaltssachen nicht eröffnet.[8]

9

D. Ausländische Entscheidungen und sonstige Vollstreckungstitel

I. Rechtsquellen

Die grenzüberschreitende Verfolgung von Unterhaltsansprüchen ist in der Praxis von erheblicher Bedeutung.[9] Allerdings wird oft und treffend beklagt, dass die Gemengelage womöglich einschlägiger Bestimmungen zur Anerkennung, Vollstreckbarerklärung und Vollstreckung auf national-, europa- und konventionsrechtlicher Ebene die Durchsetzung bereits titulierter Ansprüche nicht etwa erleichtere, sondern eher erschwere.[10]

10

---

1 Zumindest ungenau *Martiny*, FamRZ 2008, 1681 (1685).
2 Einführend etwa *Linke/Hau*, Rz. 384ff. mwN.
3 Klarstellend BT-Drucks. 17/4887, S. 42; Gebauer/Wiedmann/*Bittmann*, Kap. 36 Rz. 5; Hk-ZPO/ *Dörner*, vor EuUnthVO Rz. 6; HK-ZV/*Meller-Hannich*, Vor AUG Rz. 8. Zumindest missverständlich *Heger*, ZKJ 2010, 52 (53).
4 Näher etwa *Leible/Freitag*, Rz. 263ff.; *Schack*, Rz. 334ff.
5 Vgl. dazu die – allerdings rätselhaften – Ausführungen in BT-Drucks. 17/4887, S. 48.
6 Näher *Eichel*, FamRZ 2011, 1441.
7 ABl. EU 2007 Nr. L 199/1.
8 Verkannt von *Breuer*, Rz. 348.
9 Vgl. zur Tätigkeit des Bundesamts für Justiz die Zahlen bei *Heger*, ZKJ 2010, 52 (53); zum Engagement des Deutschen Instituts für Jugendhilfe und Familienrecht vgl. BT-Drucks. 17/5240, S. 6. Beachte auch die Einschätzung von *Hohloch*, GS Wolf, S. 429.
10 Vgl. zu dieser Kritik etwa *Botur*, FamRZ 2010, 1860; *Heger*, ZKJ 2010, 52 (53); *Hess*, § 7 Rz. 96; *Kropholler/Blobel*, FS Sonnenberger, S. 452ff.; *Mankowski*, IPRax 2000, 188 („Dschungel").

1. Europarecht

11 Das wichtigste Anerkennungsinstrument ist nunmehr die **EuUntVO** (Anhang 3 zu § 110, s. dort Art. 16 ff. EuUntVO). Deutsches Durchführungsgesetz ist das AUG (s. Anhang 2 zu § 110, dort § 1 Abs. 1 Satz 1 Nr. 1 Buchst. a AUG). Die EuUntVO erfasst nach Maßgabe ihres Art. 75 Abs. 2 Unterabs. 1 und 3 auch Titel, die schon vor dem 18.6.2011 ergangen sind, solange das Exequaturverfahren erst nach diesem Zeitpunkt eingeleitet wurde, bzw. Titel, die ab diesem Datum in bereits zuvor eingeleiteten Verfahren erlassen worden sind; allerdings bleibt es in diesen Fällen bei dem Erfordernis einer Vollstreckbarerklärung (Art. 75 Abs. 2 Unterabs. 1 EuUntVO verweist nicht auf Art. 16 ff. EuUntVO).

12 Die EuUntVO löst gem. ihrem Art. 68 Abs. 1 die **Brüssel I-VO** ab. Deren Vorschriften zur Anerkennung und Vollstreckbarerklärung sind in Unterhaltssachen nur noch für Altfälle iSv. Art. 75 Abs. 2 Unterabs. 2 und 3 EuUntVO heranzuziehen (zu den Brüssel I-Regeln s. 1. Aufl., Anhang zu § 245 Rz. 119 ff., bzw. nunmehr die Erläuterung der Parallelvorschriften des LugÜ 2007, Anhang 4 zu § 110). Das deutsche Durchführungsgesetz für solche Altfälle ist das AVAG (s. § 97 Rz. 23; beachte § 77 Abs. 1 Nr. 1 AUG).

13 Die EuUntVO verdrängt gem. ihrem Art. 68 Abs. 2 auch die **EuVTVO**, dies allerdings nicht im Hinblick auf Vollstreckungstitel, die im Vereinigten Königreich erlassen werden (deutsche Ausführungsregeln: §§ 1082 ff. ZPO); zu den Einzelheiten s. Anhang 3 zu § 110 Art. 68 EuUntVO Rz. 176 ff.

14 Zu den **Europäischen Mahn- und Bagatellverfahren** s. Rz. 7 ff. Die **Brüssel IIa-VO** betrifft Unterhaltssachen nicht (Art. 1 Abs. 3 Buchst. e; Anhang 2 zu § 97).

2. Konventionsrecht

15 Die Anerkennung und Vollstreckbarerklärung von Unterhaltstiteln, die in Island, der Schweiz oder Norwegen erlassen wurden, bestimmt sich nach dem **LugÜ 2007** (s. Anhang 4 zu § 110, Art. 32 ff. LugÜ 2007). Ausführungsgesetz ist in Unterhaltssachen das AUG (s. Anhang 2 zu § 110, § 1 Abs. 1 Satz 1 Nr. 1 Buchst. c AUG). Zu Altfällen beachte Art. 63 LugÜ 2007 sowie § 77 Abs. 1 Nr. 3 und 4 AUG.

16 Die Anerkennungsvorschriften des **KSÜ** (Art. 4 Buchst. e; Anhang 3 zu § 97) und des **HErwSÜ** (Art. 4 Abs. 1 Buchst. a; Anhang 5 zu § 97) gelten nicht für Unterhaltssachen. Das **UNUntÜ** regelt nicht die Anerkennung und Vollstreckbarerklärung ausländischer Unterhaltstitel, wohl aber die diesbezügliche Rechtshilfe (s. Anhang 7 zu § 110).[1]

17 Ein bedeutsames Rechtsinstrument in Unterhaltssachen ist derzeit noch das **HUntVÜ 1973** (s. Anhang 5 zu § 110); Ausführungsgesetz ist das AUG (s. Anhang 2 zu § 110, § 1 Abs. 1 Satz 1 Nr. 2 Buchst. a AUG; zu Altfällen beachte § 77 Abs. 1 Nr. 5 AUG). Das Nachfolgeinstrument zum HUntVÜ 1973 – das **HUntVÜ 2007** (s. Anhang 6 zu § 110) – ist inzwischen zwar in Kraft getreten, aber noch nicht für die EU.

18 Das Haager Übereinkommen über die Anerkennung und Vollstreckung von Entscheidungen auf dem Gebiet der Unterhaltspflicht gegenüber Kindern v. 15.4.1958[2] (**HUntVÜ 1958**[3]) war geschaffen worden, um das Haager Übereinkommen über das auf Unterhaltsverpflichtungen gegenüber Kindern anzuwendende Recht v. 24.10.1956[4] zu ergänzen. Von seinem einstigen Erfolg[5] ist nicht viel geblieben: Heute gilt es gem. Art. 29 HUntVÜ 1973 (s. Anhang 5 zu § 110) nur noch im Verhältnis zu solchen Vertragsstaaten, die diesem nicht beigetreten sind, nämlich Belgien, Liechtenstein,

---

1 Verkannt von AG Leverkusen v. 16.5.2002 – 34 F 150/01, FamRZ 2003, 627 m. krit. Anm. *Henrich*, 629.
2 BGBl. II 1961, 1006; beachte dazu die Dt. Denkschrift, BT-Drucks. 3/2583. AusfG v. 18.7.1961, BGBl. I 1961, 1033, zuletzt geändert durch Art. 25 des G. v. 27.7.2001, BGBl. I 2001, 1887 (1913).
3 Weitere gängige Abkürzungen: HUAVÜK, HUVÜ 1958, KiUVÜ, HKUVollstrÜ.
4 BGBl. II 1961, 1013.
5 Dazu *Kropholler/Blobel*, FS Sonnenberger, S. 452 (458 f.).

Österreich, Surinam und Ungarn, ferner für die französischen Departements und Überseegebiete.[1] Infolge des Vorrangs der Brüssel I-VO bzw. nunmehr der EuUntVO ergibt sich ein weiterer Bedeutungsverlust des HUntVÜ 1958 für Neufälle[2] im Verhältnis zu Belgien, Österreich und Ungarn.[3] Das HUntVÜ 2007 wird das HUntVÜ 1958 im Verhältnis zwischen den Vertragsstaaten ersetzen (Art. 48 HUntVÜ 2007). Auch der sachliche Anwendungsbereich des HUntVÜ 1958 ist eng begrenzt: Erfasst werden gem. Art. 1 Abs. 1 HUntVÜ 1958 zum einen nur Unterhaltsansprüche von Kindern, solange sie unverheiratet sind und das 21. Lebensjahr noch nicht vollendet haben, zum anderen nur gerichtliche Entscheidungen (also weder vollstreckbare Urkunden noch Vergleiche; arg. e Art. 1 Abs. 2 HUntVÜ 1973).[4] Auf einen Abdruck des HUntVÜ 1958 wird hier nach alledem verzichtet.[5] Die in Betracht kommenden Anerkennungsvoraussetzungen nennt Art. 2 HUntVÜ 1958 (wobei Nr. 4 etwas anerkennungsfreundlicher gefasst ist als Art. 5 Nr. 4 HUntVÜ 1973).[6] Art. 5 HUntVÜ 1958 verbietet sinngemäß eine révision au fond. Die Vollstreckbarerklärung gem. dem HUntVÜ 1958 erfolgt in Deutschland im sog. fakultativen Beschlussverfahren (§ 2 AusfG, §§ 1063 Abs. 1, 1064 Abs. 2 ZPO).[7] Zuständig ist das Amtsgericht (§ 1 Abs. 1 AusfG), und zwar als Familiengericht.[8]

Die von Deutschland abgeschlossenen **bilateralen Anerkennungs- und Vollstreckungsverträge** (s. § 97 Rz. 27 f.), früher ein wichtiges Instrument zur Erleichterung des grenzüberschreitenden Rechtsverkehrs, sind in den letzten Jahrzehnten zunehmend von multilateralen Übereinkommen und vor allem vom Europarecht verdrängt worden (vgl. Art. 69 Abs. 1 und 2 EuUntVO, Art. 65 LugÜ 2007 mit Anhang VII). Eine gewisse Bedeutung haben sie in Unterhaltssachen heute noch für Altfälle[9] sowie für den Rechtsverkehr mit Staaten, die weder der EU bzw. EFTA angehören noch den Haager Übereinkommen beigetreten sind.[10] Der Vertrag zwischen der Bundesrepublik Deutschland und der **tunesischen Republik** v. 19.7.1966 über Rechtsschutz und Rechtshilfe, die Anerkennung und Vollstreckung gerichtlicher Entscheidungen in Zivil- und Handelssachen sowie über die Handelsschiedsgerichtsbarkeit[11] erfasst in Unterhaltssachen rechtskräftige gerichtliche Entscheidungen (Art. 27, 28 Abs. 1), einschließlich eA, zudem gerichtliche Vergleiche und öffentliche Urkunden (Art. 42 f.). Die Vollstreckbarerklärung erfolgt in Deutschland im sog. fakultativen Beschlussverfahren (§ 5 Abs. 1 AusfG, §§ 1063 Abs. 1, 1064 Abs. 2 ZPO).[12] Zuständig ist das Landgericht am Wohnsitz des Schuldners bzw. am Ort der Vollstreckung (Art. 37 Abs. 1 Nr. 1, Abs. 2 des Vertrags). Der Vertrag zwischen der Bundesrepublik Deutschland und dem Staat **Israel** v. 20.7.1977 über die gegenseitige Anerkennung und Vollstreckung gerichtlicher Entscheidungen in Zivil- und Handelssachen[13] (deutsche Ausfüh-

---

1 Ausführliche Informationen zu Vertragsstaaten, Materialien, Rspr. s- und Literaturnachweisen unter www.hcch.net (dort unter „Conventions").
2 Zur Relevanz für Altfälle vgl. zu Österreich OLG Rostock v. 9.11.1998 – 1 W 142/98, IPRax 2000, 214 m. Anm. *Mankowski*, 188 (189 f.); zu Ungarn OLG Dresden v. 9.11.2005 – 21 UF 670/05, FamRZ 2006, 563.
3 Klarstellend BT-Drucks. 17/4887, S. 29.
4 Näher Staudinger/*Kropholler*, Anh. III zu Art. 18 EGBGB Rz. 42 f.
5 Abdruck ua. bei *Jayme/Hausmann*, Nr. 180, sowie *Wieczorek/Schütze*, 3)c)gg) (dort samt Denkschrift). Kommentierungen bei Staudinger/*Kropholler*, Anh. III zu Art. 18 EGBGB Rz. 31 ff., und MüKo.ZPO/*Gottwald*, HUVÜ 1958 (jeweils samt AusfG).
6 Dazu OLG München v. 1.7.2002 – 25 W 1526/02, IPRax 2004, 120 m. Anm. *Heiderhoff*, 99.
7 Vgl. MüKo.ZPO/*Gottwald*, § 722 Rz. 9.
8 OLG Rostock v. 9.11.1998 – 1 W 142/98, IPRax 2000, 214 m. Anm. *Mankowski*, 188 (190 ff.).
9 Vgl. etwa OLG Düsseldorf v. 22.12.2006 – I-3 W 196/06, FamRZ 2007, 841 = IPRax 2007, 463 m. Anm. *Henrich*, dort zum Dt.-österr. Vertrag v. 6.6.1959 (BGBl. II 1960, 1245).
10 Vgl. auch BT-Drucks. 17/4887, S. 30.
11 BGBl. II 1969, 889; beachte dazu die Dt. Denkschrift, BT-Drucks. 5/3167. AusfG v. 29.4.1969, BGBl. I 1969, 333 (geändert durch Art. 28 G. v. 27.7.2001, BGBl. I 2001, 1887 (1913 f.). Abgedruckt ist der Titel zur Anerkennung und Vollstreckung (Art. 27 ff.) ua. bei MüKo.ZPO/*Gottwald*, dt.-tun. Vertr., sowie *Wieczorek/Schütze*, 3)d)aa) (dort samt Denkschrift und AusfG).
12 Vgl. MüKo.ZPO/*Gottwald*, § 722 Rz. 9.
13 BGBl. II 1980, 925; in Kraft getreten am 1.1.1981, BGBl. II 1980, 1531; beachte dazu die Dt. Denkschrift, BT-Drucks. 8/3866. Abgedruckt ist der Vertrag in *Jayme/Hausmann*, Nr. 189,

rungsbestimmungen: §§ 45–49 AVAG) betrifft gerichtliche Entscheidungen und Vergleiche; in Unterhaltssachen wird Rechtskraft nicht vorausgesetzt (Art. 20). Zuständig für die Vollstreckbarerklärung ist das Landgericht am Wohnsitz des Schuldners bzw., mangels eines inländischen Wohnsitzes, am Ort der Vermögensbelegenheit oder der Vollstreckung (Art. 14 Abs. 1 Nr. 1, Abs. 2).

3. Autonomes deutsches Recht

20   Außerhalb des Europa- und Konventionsrechts steht es jedem Staat frei, in seinem **autonomen Recht** die Voraussetzungen festzulegen, unter denen ausländischen Hoheitsakten auf seinem Staatsgebiet Wirkungen zukommen sollen. Einschlägig ist, soweit es um Vollstreckungstitel aus Kanada, Südafrika oder den USA geht, das Gesetz zur Geltendmachung von Unterhaltsansprüchen im Verkehr mit ausländischen Staaten (**AUG** – s. Anhang 2 zu § 110, dort § 1 Abs. 1 Satz 1 Nr. 3, Satz 2 und § 64 AUG).

21   Im Übrigen gelten §§ 108–110 FamFG: Danach bestimmt sich in Unterhaltssachen die Anerkennung und Vollstreckbarerklärung von Entscheidungen, die nicht in den Anwendungsbereich einer der zuvor aufgeführten europa- oder konventionsrechtlichen Regelungen fallen und die nicht in einem Staat erlassen wurden, zu dem die Gegenseitigkeit iSv. § 1 Abs. 1 Satz 1 Nr. 3, Satz 2 AUG förmlich verbürgt ist. Zu den Einzelheiten s. die Kommentierung zu §§ 108–110 FamFG.[1] Festzuhalten bleibt, dass sich das autonome deutsche Recht nicht als sonderlich anerkennungsfreundlich erweist. So beharrt es ausweislich §§ 109 Abs. 4 Nr. 1, 112 Nr. 1 FamFG darauf, dass die Gegenseitigkeit im Verhältnis zum Ursprungsstaat verbürgt sein muss; diese rechtspolitisch ohnehin höchst fragwürdige und im Einzelfall kaum mit Gewissheit zu klärende Anerkennungsvoraussetzung erschwert die Arbeit der Exequaturgerichte und trifft gerade Unterhaltsgläubiger übermäßig hart.[2] Die in Unterhaltssachen erforderliche Vollstreckbarerklärung gem. § 110 Abs. 2 FamFG setzt die Rechtskraft der ausländischen Entscheidung voraus (Abs. 3 Satz 2). Zudem erfassen §§ 108 ff. FamFG, entsprechend der bereits zu §§ 328, 722 f. ZPO vorherrschenden Ansicht,[3] weder (Prozess-)Vergleiche noch vollstreckbare Urkunden (s. § 110 Rz. 17).[4]

4. Vollstreckung

22   Die vorstehend zusammengestellten europa- und konventionsrechtlichen Regelungen thematisieren die Anerkennung und Vollstreckbarerklärung (bzw. deren Entbehrlichkeit). Demgegenüber bleibt es für die **eigentliche Vollstreckung**, wie beispielsweise Art. 41 EuUntVO (s. Anhang 3 zu § 110) klarstellt, grundsätzlich bei der Maßgeblichkeit nationalen Rechts. In Deutschland gelten für vollstreckbare ausländische Vollstreckungstitel in Unterhaltssachen die ZPO-Regeln, und zwar gem. § 120 FamFG oder für die vom AUG erfassten Fälle gem. § 65 AUG (beachte dann auch die Sonderregeln in §§ 66–68 AUG[5]).

MüKo.ZPO/*Gottwald*, dt.-israel. Vertr., sowie *Wieczorek/Schütze*, 3) d) bb) (dort samt Denkschrift).

1   Beachte auch *Botur*, FamRZ 2010, 1860 (1863 f.); *Riegner*, FPR 2013, 4 (7); zudem *Hohloch*, GS Wolf, S. 429 (432 ff.), der allerdings meint, dass auf ausländische Unterhaltsentscheidungen §§ 722, 723 ZPO vermittelt über § 95 Abs. 1 FamFG entsprechend anzuwenden seien.

2   Berechtigte Kritik etwa bei *Kropholler/Blobel*, FS Sonnenberger, S. 452 (463); *Geimer*, Rz. 35a („Das Gegenseitigkeitsprinzip… trifft immer den Falschen").

3   Statt vieler: Garbe/Ullrich/*Andrae*, § 11 Rz. 500; Eschenbruch/Klinkhammer/*Dörner*, Kap. 8 Rz. 122; MüKo.ZPO/*Gottwald*, § 328 Rz. 59 und § 722 Rz. 13; *Hohloch*, FPR 2006, 315 (321); Schuschke/Walker/*Jennissen*, § 722 ZPO Rz. 1; Göppinger/Wax/*Linke*, Rz. 3302; *Schack*, Rz. 816. Für Vollstreckbarerklärung, aber gegen Anerkennung hingegen Zöller/*Geimer*, § 328 ZPO Rz. 79.

4   Beachte aber BGH v. 14.2.2007 – XII ZR 163/05, NJW-RR 2007, 722 = FamRBint 2007, 62 (*Finger*): Vollstreckbarerklärung eines dynamisierten slowenischen Urt. s samt der Benachrichtigung des slowenischen Zentrums für Sozialarbeit, wonach die festgelegten Unterhaltsbeträge entsprechend der Wandlung der Lebenshaltungskosten und der persönlichen Einkommen angepasst werden.

5   Dazu BT-Drucks. 17/4887, S. 48 f.; *Heger/Selg*, FamRZ 2011, 1101 (1111).

II. Günstigkeitsprinzip

Internationale Rechtsinstrumente wollen die Freizügigkeit unterhaltsrechtlicher Vollstreckungstitel nicht etwa erschweren, sondern möglichst erhöhen. Bedeutung hat dies, wenn in casu der Anwendungsbereich mehrerer Instrumente eröffnet ist: Dann gilt für die Anerkennung und Vollstreckbarerklärung ausländischer Unterhaltstitel, anders als im Recht der internationalen Entscheidungszuständigkeit, keine strikte Rangordnung der Instrumente (Vorrangprinzip), sondern im Grundsatz das **Günstigkeitsprinzip**. In diesem Sinne sind namentlich Art. 67 LugÜ 2007, Art. 11 HUntVÜ 1958 sowie Art. 23 HUntVÜ 1973 zu verstehen. Überwiegend wird dieses Prinzip dahingehend gedeutet, dass dem Anerkennungsinteressenten die Auswahl überlassen bleibt, auf welches Instrument er sich stützt;[1] weitergehend wird bisweilen behauptet, der Anerkennungsrichter habe, soweit er nach mehreren Instrumenten zuständig ist, von Amts wegen das günstigste zu ermitteln und zugrunde zu legen.[2]

23

In einigen Fällen wird ausnahmsweise sogar eine **Kombination** günstiger Anerkennungsvoraussetzungen und Verfahrensregeln aus verschiedenen Instrumenten ermöglicht.[3] So stellt es Art. 67 Abs. 5 Satz 2 LugÜ 2007 dem Titelgläubiger frei, einen Vollstreckungstitel, der nach den Bestimmungen eines Übereinkommens (namentlich des HUntVÜ 1958/1973) anerkennungsfähig ist, im vorteilhafter ausgestalteten LugÜ-Exequaturverfahren für vollstreckbar erklären zu lassen (s. Anhang 4 zu § 110, Art. 67 LugÜ 2007 Rz. 57).[4]

24

Um die mit dem Günstigkeitsprinzip einhergehende Unübersichtlichkeit der Rechtslage nicht überhand nehmen zu lassen, greifen allerdings verschiedene **Konkurrenzregeln**. So beansprucht namentlich die **EuUntVO** für den Anerkennungsverkehr zwischen ihren Mitgliedstaaten den Vorrang (Art. 69 Abs. 2 EuUntVO, s. dort), und erst recht ausgeschlossen ist damit der Rückgriff auf nationales Recht.[5] Das HUntVÜ 1973 verdrängt das HUntVÜ 1958 (Art. 29 HUntVÜ 1973), hält im Übrigen aber am Günstigkeitsprinzip fest (Art. 23 HUntVÜ 1973).[6]

25

III. Erkenntnisverfahren im Inland trotz Auslandstitels?

Eine ausländische Entscheidung, die nach den jeweils einschlägigen Regeln nicht anerkennungsfähig ist, entfaltet im Inland keine Rechtskraftwirkung und kann hier daher einem neuen Unterhaltsverfahren von vornherein nicht entgegenstehen. Davon zu unterscheiden ist die Frage, inwieweit eine anerkennungsfähige ausländische Entscheidung ein weiteres Erkenntnisverfahren im Inland sperrt (s. auch § 108 Rz. 25). Für die Brüssel I-VO und das LugÜ 2007 herrscht Einvernehmen, dass **vorrangig die Vollstreckbarerklärung** zu betreiben ist, der Titelgläubiger also nicht wahlweise im Anerkennungsstaat ein neues Titulierungsverfahren einleiten darf.[7] Entsprechendes dürfte für die EuUntVO gelten, sofern diese überhaupt gem. Art. 23 ff. noch eine Vollstreckbarerklärung erfordert.[8] Ob ein solcher Vorrang auch den Exequaturverfahren nach dem HUntVÜ 1958 bzw. HUntVÜ 1973 zukommt, wird unterschiedlich beurteilt.

26

---

1 *Wagner*, FS Sonnenberger, S. 727 (734 f.); BGH v. 25.2.2009 – XII ZB 224/06, FamRZ 2009, 858.
2 In diesem Sinne etwa Göppinger/Wax/*Linke*, Rz. 3266; OLG Hamm v. 8.7.2003 – 29 W 34/02, IPRax 2004, 437 f. m. Anm. *Geimer*, 419 (420).
3 Zum grundsätzlich geltenden „Vermischungsverbot" vgl. *Nagel/Gottwald*, § 11 Rz. 105; Göppinger/Wax/*Linke*, Rz. 3266; *Wagner*, FS Sonnenberger, S. 727 (735).
4 Vgl. *Botur*, FamRZ 2010, 1860 (1862 f.), dort zur Parallelproblematik in der Brüssel I-VO.
5 Zur Brüssel I-VO ist das streitig. Für Geltung des Günstigkeitsprinzips etwa MüKo.ZPO/*Gottwald*, Art. 32 EuGVO Rz. 6. Dagegen etwa *Kropholler/von Hein*, EuZPR, Art. 32 EuGVO Rz. 6; Rauscher/*Leible*, Art. 32 Brüssel I-VO Rz. 3; *Schlosser*, Art. 34–36 EuGVVO Rz. 1.
6 Zum Wahlrecht zwischen EuGVÜ und HUntVÜ 1973 in einem Altfall vgl. BGH v. 25.2.2009 – XII ZB 224/06, FamRZ 2009, 858 (859 f.).
7 Dazu und zum Folgenden etwa MüKo.ZPO/*Gottwald*, Art. 32 EuGVO Rz. 6; *Kropholler/von Hein*, EuZPR, Art. 32 EuGVO Rz. 7; Rauscher/*Leible*, Art. 32 Brüssel I-VO Rz. 4; Dasser/Oberhammer/*Walther*, Art. 26 LugÜ Rz. 8 f.
8 Tendenziell zu eng Wendl/*Dose*, § 9 Rz. 665: keine Neutitulierung in den Fällen von Art. 17–22 EuUntVO (vgl. aber auch ebenda, Rz. 707).

Nach verbreiteter – allerdings zweifelhafter – Ansicht soll im Inland ein neues Titulierungsverfahren eingeleitet werden können; stellt sich in diesem heraus, dass die ausländische Entscheidung anerkennungsfähig ist, so soll den deutschen Gerichten nur eine davon abweichende Sachentscheidung verwehrt sein.[1] Im Anwendungsbereich des autonomen Rechts wird ein solches **Wahlrecht des Titelgläubigers** zwischen Vollstreckbarerklärung und neuem Titulierungsverfahren sogar überwiegend vertreten.[2] Diese Auffassung ist abzulehnen, weil sie die Rechtskraftwirkung der ausländischen Entscheidung unzulässigerweise nur als Inhaltsbindung, nicht als Wiederholungsverbot (ne bis in idem) deutet und zu einer unerwünschten Titelverdoppelung führt.

IV. Annexunterhaltsentscheidungen

27 Gewisse Schwierigkeiten ergeben sich, wenn Unterhaltsansprüche im Ausland im Rahmen einer **Statusentscheidung** (namentlich einer Ehescheidung) tituliert worden sind.[3] Bedenken rühren dann daher, dass § 107 Abs. 1 FamFG (früher: Art. 7 § 1 Abs. 1 FamRÄndG) in Ehesachen ein **Anerkennungsmonopol der Landesjustizverwaltungen** verankert. Dieses Monopol erfasst zwar – was heute unstreitig sein dürfte – nicht den Ausspruch zur Unterhaltspflicht als solchen;[4] doch fraglich kann immerhin sein, ob dessen Anerkennung und Vollstreckbarerklärung im Inland nur in Abhängigkeit von der Anerkennung der Statusentscheidung erfolgen darf. Bei näherer Betrachtung stellt sich dieses Problem freilich nur selten.

28 Erstens ist bereits der **Anwendungsbereich von § 107 Abs. 1 FamFG** begrenzt: zum einen durch dessen Satz 2, zum anderen – und vor allem – dadurch, dass die Brüssel IIa-VO kein obligatorisches Anerkennungsverfahren hinsichtlich Ehesachen kennt und in ihrem Anwendungsbereich § 107 Abs. 1 FamFG verdrängt (s. § 107 Rz. 5 ff.).[5]

29 Zweitens kann das Anerkennungsmonopol der Landesjustizverwaltungen von vornherein kein Anerkennungshindernis hinsichtlich einer Unterhaltsentscheidung auslösen, sofern Deutschland kraft **Europa- oder Konventionsrechts** zur Anerkennung und Vollstreckbarerklärung verpflichtet ist, ohne dass die entsprechenden Regelungen Rücksicht auf die Statusfrage nehmen. Dies gilt für die EuUntVO (vgl. dort Art. 22)[6] und das LugÜ 2007, richtigerweise aber auch für das HUntVÜ 1973 und das HUntVÜ 1958.[7] Von Bedeutung ist dies auch im Hinblick auf andere Statusentscheidungen als Ehesachen: Eine Entscheidung, die Kindesunterhalt zuspricht, ist nach Maßgabe der genannten Instrumente für vollstreckbar zu erklären, ohne dass das deutsche Exequaturgericht dem entgegensetzen könnte, dass die ausländische Vaterschaftsfeststellung nicht anerkennungsfähig sei (sofern kein Fall der Fehleridentität vorliegt, dazu sogleich).[8]

---

1 So etwa Bamberger/Roth/*Heiderhoff*, Art. 18 EGBGB Rz. 93; Staudinger/*Kropholler*, Anh. III zu Art. 18 EGBGB Rz. 108. Für Vorrang etwa Göppinger/Wax/*Linke*, Rz. 3296. Im Ergebnis ebenso, das Rechtsschutzbedürfnis leugnend, Zöller/*Geimer*, § 722 ZPO Rz. 97; MüKo.ZPO/*Gottwald*, § 722 Rz. 43.
2 Statt vieler (jeweils zu §§ 722, 723 ZPO): BGH v. 26.11.1986 – IVb ZR 90/85, NJW 1987, 1146; OLG München v. 24.7.1996 – 7 U 2651/96, NJW-RR 1997, 571; MüKo.ZPO/*Gottwald*, § 722 Rz. 43.
3 Ausführlich zu solchen Fragen nunmehr *Lippke*, Der Status im Europäischen Zivilverfahrensrecht, passim.
4 Klarstellend BGH v. 14.2.2007 – XII ZR 163/05, NJW-RR 2007, 722 = FamRBint 2007, 62 (*Finger*).
5 Richtig etwa *Hohloch*, FPR 2004, 315 (322).
6 Zutreffend OLG Karlsruhe v. 6.12.2011 – 8 W 34/11, FamRZ 2012, 660; zustimmend *Riegner*, FPR 2013, 4 (9).
7 Wie hier etwa Eschenbruch/Klinkhammer/*Dörner*, Kap. 8 Rz. 61, 92; *Henrich*, Rz. 237 f.; Staudinger/*Kropholler*, Anh. III zu Art. 18 EGBGB Rz. 20, 156; *Martiny*, FamRZ 2008, 1681 (1686). Anders aber etwa noch Göppinger/Wax/*Linke*, Rz. 3286.
8 Anders – unter Berufung auf eine angebliche Kompetenz zur Inzidentprüfung – OLG Hamm v. 8.7.2003 – 29 W 34/02, IPRax 2004, 437 f. m. Anm. *Geimer*, 419 (420 f.); OLG Hamm v. 26.4.2005 – 29 W 18/04, NJW-RR 2006, 293; OLG Dresden v. 9.11.2005 – 21 UF 670/05, FamRZ 2006, 563 (unter Berufung auf den ordre public). Im Ergebnis wie hier hingegen OLG München v. 1.7.2002 – 25 W 1526/02, IPRax 2004, 120.

Drittens kommt selbst in den Restfällen, in denen einerseits § 107 Abs. 1 FamFG einschlägig ist und andererseits das Europa- oder Konventionsrecht nicht die vorbehaltlose Anerkennung und Vollstreckbarerklärung der Unterhaltsentscheidung gebietet, eine Abhängigkeit von der Anerkennung der Statusentscheidung dann nicht in Betracht, wenn die ausländische Unterhaltsentscheidung überhaupt nicht auf dieser beruht. So verhält es sich namentlich, wenn **Kindesunterhalt** anlässlich einer Ehescheidung tituliert wird; denn die Vollstreckbarkeit des Titels über den Kindesunterhalt berührt nicht das Anliegen von § 107, einander widersprechende Entscheidungen über die Wirksamkeit einer ausländischen Ehescheidung im Inland zu vermeiden.[1] Demgegenüber soll die Vollstreckung einer Entscheidung, die **Geschiedenenunterhalt** zuspricht und nicht in den Anwendungsbereich europa- oder konventionsrechtlicher Anerkennungsgebote fällt, im Inland erst erfolgen, sobald die Anerkennung der Ehescheidung feststeht.[2]   30

Von alledem zu trennen ist die Frage, ob sich diejenigen Bedenken, die gegen die Anerkennung einer Statusentscheidung ins Feld geführt werden (vgl. § 109), nach Lage der Dinge auch gegen die Unterhaltsentscheidung als solche wenden (**Fehleridentität**). In diesem Sinne lässt sich im Ergebnis die Entscheidung des BGH in einem Extremfall rechtfertigen, in dem der BGH die Anerkennung eines polnischen Unterhaltstitels verneint hat: Das ausländische Gericht hatte die Vaterschaft ohne Einholung eines Sachverständigengutachtens und nur gestützt auf die Aussage einer Zeugin vom Hörensagen festgestellt, obwohl der angebliche Vater jeden geschlechtlichen Verkehr mit der Mutter geleugnet und angeboten hatte, an der Erstellung eines von ihm angeregten Vaterschaftsgutachtens mitzuwirken.[3] Der damit zutage getretene Verstoß gegen den Anspruch auf rechtliches Gehör bezieht sich richtigerweise sowohl auf den Abstammungs- als auch auf den Unterhaltsaspekt der ausländischen Entscheidung und rechtfertigt somit, jeweils gestützt auf den Ordre-public-Vorbehalt, eine Anerkennungsverweigerung in toto.   31

V. Abänderung ausländischer Unterhaltstitel

Es bestehen im Grundsatz keine völkerrechtlichen Bedenken dagegen, dass inländische Gerichte in einem anderen Staat erwirkte Vollstreckungstitel abändern (zur bloßen Konkretisierung unbestimmter Titel s. § 110 Rz. 32 ff.).[4] Die **internationale Zuständigkeit** deutscher Gerichte für das Abänderungsverfahren ist nach Maßgabe der allgemeinen Regeln zu bestimmen (s. Anhang 3 zu § 110, Art. 8 EuUntVO Rz. 65 ff.). Ist die internationale Zuständigkeit deutscher Gerichte gegeben, so unterstehen das Abänderungsverfahren sowie die verfahrensrechtlichen Abänderungsvoraussetzungen (wie Abänderungszeitpunkt und -schwelle) der deutschen lex fori (§§ 238 ff. FamFG).[5] Unerheblich ist, ob auch die lex fori des Ursprungsstaats die Abänderung zulässt.[6] Abänderbar sind nur solche ausländischen Vollstreckungstitel, die im Inland überhaupt anerkennungsfähig sind. Diese Frage ist anhand der jeweils einschlägigen Anerkennungsregeln (Rz. 10 ff.), und zwar grundsätzlich inzident im Abänderungsverfahren zu klären.[7] Abänderbar sind auch im Ausland geschlossene **(Prozess-)Vergleiche** und errichtete **Urkunden**, sofern sie in Deutschland für vollstreckbar erklärt werden können (namentlich also im Anwendungsbereich der Eu-   32

---

1 Richtig BGH v. 14.2.2007 – XII ZR 163/05, NJW-RR 2007, 722 = FamRBint 2007, 62 (*Finger*).
2 Statt vieler: *Henrich*, Rz. 204; zweifelnd *Riegner*, FPR 2013, 4 (10).
3 BGH v. 26.8.2009 – XII ZB 169/07, FamRZ 2009, 1816 (1817 f.) m. Anm. *Henrich*.
4 S. etwa BGH v. 1.6.1983 – IVb ZR 386/81, NJW 1983, 1976; OLG Köln v. 20.7.2004 – 25 UF 24/04, NJW-RR 2005, 876; *Hohloch*, DEuFamR 2000, 193 (196); *Schneider*, JBl 2012, 774 (777 f.).
5 Sehr streitig ist, welches Recht die sachrechtlichen Voraussetzungen (Maßstäbe der Änderung und neuer Inhalt) beherrscht. Dazu aus neuerer Zeit etwa *Conti*, Grenzüberschreitende Durchsetzung von Unterhaltsansprüchen in Europa, S. 86 ff.; *Henrich*, Internationales Scheidungsrecht, Rz. 210 ff.; *Schneider*, JBl 2012, 774 (775 f.).
6 Wie hier etwa Bamberger/Roth/*Heiderhoff*, Art. 18 EGBGB Rz. 91. Offen gelassen von BGH v. 1.6.1983 – IVb ZR 386/81, NJW 1983, 1976; OLG Köln v. 20.7.2004 – 25 UF 24/04, NJW-RR 2005, 876. Für praktisch irrelevant hält die Frage etwa *Henrich*, Rz. 243.
7 Staudinger/*Kropholler*, Anh. III zu Art. 18 EGBGB Rz. 9.

UntVO und des LugÜ 2007, nicht hingegen im Anwendungsbereich des autonomen deutschen Rechts; s. § 110 Rz. 17).[1]

33 **Beteiligte des Abänderungsverfahrens** sind grundsätzlich diejenigen des Titulierungsverfahrens. Besonderheiten können sich ergeben, wenn ein Elternteil den abzuändernden Vollstreckungstitel im Wege gesetzlicher Prozessstandschaft für das Kind erstritten hat, das nunmehr selbständig am Abänderungsverfahren teilnimmt.[2]

34 **Sachliche Einwendungen** gegen einen titulierten Unterhaltsanspruch, die im Wege eines Abänderungsantrags geltend zu machen wären, können der Vollstreckbarerklärung (namentlich gem. Art. 32 EuUntVO oder gem. Art. 43 LugÜ 2007 oder widerklagend) nicht entgegengehalten werden; denn dies liefe zum einen auf eine nicht statthafte révision au fond durch den Exequaturrichter hinaus und zum anderen dem Erfordernis internationaler Zuständigkeit für die Abänderungsentscheidung entgegen.[3] Besonderheiten gelten aber für nicht rechtskräftige Entscheidungen ausländischer Gerichte, die in den Anwendungsbereich von § 64 Abs. 2 Satz 1 AUG fallen (s. Anhang 2 zu § 110).[4]

35 Wird ein deutscher Titel im Ausland abgeändert, so kann die **ausländische Abänderungsentscheidung** nach Maßgabe der allgemeinen Regeln im Inland anerkannt und – soweit erforderlich – für vollstreckbar erklärt werden (klarstellend Art. 2 Abs. 2 HUntVÜ 1973).[5]

E. Verfolgung von Unterhaltsansprüchen im Ausland

36 Die deutsche Unterhaltsentscheidung bedarf gem. § 38 Abs. 5 Nr. 4 FamFG, abweichend von § 38 Abs. 4 FamFG, einer Begründung, wenn von vornherein zu erwarten ist, dass sie im Ausland geltend gemacht werden muss. Zeigt sich die Begründungsbedürftigkeit erst im Nachhinein, so ergibt sich die Möglichkeit einer **nachträglichen Konkretisierung** bzw. sonstigen Ergänzung inländischer Titel zur Verwendung im Ausland; beachte in Unterhaltssachen § 245 FamFG sowie §§ 72 ff. AUG (s. Anhang 2 zu § 110). Zum Erfordernis einer Vollstreckungsklausel beachte § 74 AUG.

37 Nach Inkrafttreten der EuUntVO kommt in Unterhaltssachen eine Bestätigung eines im Inland bereits erwirkten Vollstreckungstitels nach Maßgabe der **EuVTVO** nicht mehr in Betracht (s. Anhang 3 zu § 110, Art. 68 EuUntVO Rz. 176). Im Übrigen erfolgt die Vollstreckung (bzw. die erforderlichenfalls vorgeschaltete Vollstreckbarerklärung) deutscher Titel im EU-Ausland sowie in den Staaten, die sich völkerrechtlich zur Vollstreckung deutscher Unterhaltstitel verpflichtet haben, spiegelbildlich nach den oben Rz. 10 ff. zusammengestellten Regeln des **sonstigen Europa- bzw. Konventionsrechts**.

38 Das **UNUntÜ** (s. Anhang 7 zu § 110) schreibt den Vertragsstaaten zwar nicht die Anerkennung und Vollstreckbarerklärung deutscher Titel vor, sichert dem Unterhaltsberechtigten aber Rechtshilfe bei der Geltendmachung von Ansprüchen sowie bei der Vollstreckbarerklärung und Vollstreckung im Ausland. Dies gilt allerdings nur für „gerichtliche Titel", also nicht etwa für vollstreckbare Urkunden.

39 Die Durchsetzung im Inland bereits erwirkter Titel (iSv. § 3 Nr. 5 AUG) in den **USA, Kanada und Südafrika** erleichtert § 12 AUG (s. Anhang 2 zu § 110), wonach das

---

1 Wie hier Eschenbruch/Klinkhammer/*Dörner*, Kap. 8 Rz. 123; Göppinger/Wax/*Linke*, Rz. 3305.
2 Zu solchen Fällen BGH v. 29.4.1992 – XII ZR 40/91, NJW-RR 1993, 5; *Hohloch*, DEuFamR 2000, 193 (205); Streicher/*Köblitz*, § 4 Rz. 94 mwN.
3 Näher BGH v. 14.3.2007 – XII ZB 174/04, BGHZ 171, 310 = FamRZ 2007, 989; BGH v. 2.9.2009 – XII ZA 8/07, FamRZ 2009, 1996 f.; BGH v. 12.8.2009 – XII ZB 12/05, FamRZ 2009, 1659 (1662) m. Anm. *Henrich*; BGH v. 2.3.2011 – XII ZB 156/09, FamRZ 2011, 802 (803) m. Anm. *Heiderhoff*, 804 = IPRax 2012, 360 m. Anm. *Hilbig-Lugani*, 333. Zustimmend etwa *Dose*, in Coester-Waltjen/Lipp/Schumann/Veit, Europäisches Unterhaltsrecht, S. 81 (91); MüKo.ZPO/*Gottwald*, Art. 43 EuGVO Rz. 8; Kropholler/*von Hein*, EuZPR, Art. 43 EuGVO Rz. 28; Göppinger/Wax/*Linke*, Rz. 3305. Ablehnend Zöller/*Geimer*, § 722 ZPO Rz. 107 f.
4 Richtig, jeweils noch zum AUG 1986, Göppinger/Wax/*Linke*, Rz. 3305; ausführlich *Sich*, S. 99 ff.
5 Näher Staudinger/*Kropholler*, Anh. III zu Art. 18 EGBGB Rz. 111 ff. und 152 f.

Bundesamt für Justiz Gesuche auf Registrierung im Vollstreckungsstaat an die dort zuständigen Stellen weiterleitet.

Unterstützung seitens der Zentralen Behörde bei der Herbeiführung eines Titels im Ausland kann ein im Inland ansässiger Unterhaltsberechtigter nach Maßgabe von Art. 56 Abs. 1 lit. c und d EuUntVO beanspruchen (vgl. auch Art. 51 Abs. 2 lit. b und c EuUntVO, dort zur Hilfe bei der Ermittlung des Aufenthaltsorts und des Einkommens des Verpflichteten).[1] Zur Zuständigkeit für die Entgegennahme und Vorprüfung dahingehender ausgehender Ersuchen vgl. in Deutschland § 7 AUG. 39a

F. Verfahrenskostenhilfe und Verfahrenskostensicherheit

Beachte dazu zunächst die Hinweise vor §§ 98–106 Rz. 61 ff. sowie zu §§ 20 ff. AUG und Art. 44 ff. EuUntVO. Für ein **im Ausland zu führendes Verfahren** kann ein deutsches Gericht keine Verfahrenskostenhilfe bewilligen.[2] 40

Im Konventionsrecht sind für die Anerkennung und Vollstreckbarerklärung sog. **Meistbegünstigungsklauseln** vorgesehen: Art. 50 LugÜ 2007, Art. 9 HUntVÜ 1958, Art. 15 HUntVÜ 1973 sowie Art. 12 dt.-israel. Vertrag stellen sicher, dass ein Titelgläubiger, dem bereits im (deutschen) Titulierungsverfahren Verfahrenskostenhilfe gewährt worden war, auch im ausländischen Vollstreckbarerklärungsverfahren unterstützt wird, und zwar ohne neues Bewilligungsverfahren.[3] 41

G. Mediation in grenzüberschreitenden Konflikten

Vorgaben für die Ausgestaltung von Mediationsverfahren in grenzüberschreitenden Streitigkeiten regelt die RL 2008/52/EG v. 21.5.2008 über bestimmte Aspekte der Mediation in Zivil- und Handelssachen.[4] Die RL erfasst ausweislich ihres Art. 1 Abs. 2 („Zivilsache") auch Unterhaltssachen. Der Umsetzung in Deutschland dient das Gesetz zur Förderung der Mediation und anderer Verfahren der außergerichtlichen Konfliktbeilegung v. 21.7.2012,[5] namentlich das damit (Art. 1) geschaffene Mediationsgesetz. Dieses gilt sowohl für innerstaatliche als auch grenzüberschreitende Fälle (während die Mediations-RL nur letztere erfasst). 42

Anhang 2 zu § 110:
AUG

Literatur: s. § 97 vor Rz. 1. – Weitere Kommentierung des AUG: HK-ZV (*Meller-Hannich*).

Gesetz vom 23.5.2011 zur Geltendmachung von Unterhaltsansprüchen im Verkehr mit ausländischen Staaten (Auslandsunterhaltsgesetz – AUG),[6] geändert durch Gesetz vom 20.2.2013 zur Durchführung des Haager Übereinkommens vom 23.11.2007 über die internationale Geltendmachung der Unterhaltsansprüche von Kindern und anderen Familienangehörigen sowie zur Änderung von Vorschriften auf dem Gebiet des internationalen Unterhaltsverfahrensrechts und des materiellen Unterhaltsrechts,[7] zuletzt geändert durch Art. 10 des Gesetzes zur Änderung des Prozesskostenhilfe- und Beratungshilferechts.[8]

---

1 Näher zu den damit verbundenen praktischen Fragen Nohe, FPR 2013, 31 (32 f.).
2 Klarstellend etwa KG v. 7.7.2005 – 16 VA 11/05, FamRZ 2006, 1210.
3 Vgl. etwa MüKo.ZPO/*Gottwald*, Art. 50 EuGVO Rz. 5; Staudinger/*Kropholler*, Anh. III zu Art. 18 EGBGB Rz. 198.
4 ABl. EU 2008 Nr. L 136/3.
5 BGBl. I 2012, 1577.
6 Art. 1 des Gesetzes zur Durchführung der Verordnung (EG) Nr. 4/2009 und zur Neuordnung bestehender Aus- und Durchführungsbestimmungen auf dem Gebiet des internationalen Unterhaltsverfahrensrechts, BGBl. I 2011, 898. Vgl. die Erläuterungen im RegE (BT-Drucks. 17/4887) sowie den Bericht des Rechtsausschusses (BT-Drucks. 17/5240).
7 BGBl. I 2013, 273. Vgl. die Erläuterungen im RegE (BT-Drucks. 17/10492) sowie den Bericht des Rechtsausschusses (BT-Drucks. 17/11885).
8 Bei Drucklegung am 19.8.2013 verabschiedet, aber noch nicht verkündet (s. Einl. Rz. 45a).

Kapitel 1
Allgemeiner Teil

Abschnitt 1
Anwendungsbereich; Begriffsbestimmungen

§ 1
Anwendungsbereich

(1) Dieses Gesetz dient

1. der Durchführung folgender Verordnung und folgender Abkommen der Europäischen Union:
    a) der Verordnung (EG) Nr. 4/2009 des Rates vom 18. Dezember 2008 über die Zuständigkeit, das anwendbare Recht, die Anerkennung und Vollstreckung von Entscheidungen und die Zusammenarbeit in Unterhaltssachen (ABl. L 7 vom 10.1.2009, S. 1);
    b) des Abkommens vom 19. Oktober 2005 zwischen der Europäischen Gemeinschaft und dem Königreich Dänemark über die gerichtliche Zuständigkeit und die Anerkennung und Vollstreckung von Entscheidungen in Zivil- und Handelssachen (ABl. L 299 vom 16.11.2005, S. 62), soweit dieses Abkommen auf Unterhaltssachen anzuwenden ist;
    c) des Übereinkommens vom 30. Oktober 2007 über die gerichtliche Zuständigkeit und die Anerkennung und Vollstreckung von Entscheidungen in Zivil- und Handelssachen (ABl. L 339 vom 21.12.2007, S. 3), soweit dieses Übereinkommen auf Unterhaltssachen anzuwenden ist;
2. der Ausführung folgender völkerrechtlicher Verträge:
    a) des Haager Übereinkommens vom 2. Oktober 1973 über die Anerkennung und Vollstreckung von Unterhaltsentscheidungen (BGBl. 1986 II S. 826);
    b) des Übereinkommens vom 16. September 1988 über die gerichtliche Zuständigkeit und die Vollstreckung gerichtlicher Entscheidungen in Zivil- und Handelssachen (BGBl. 1994 II S. 2658), soweit dieses Übereinkommen auf Unterhaltssachen anzuwenden ist;
    c) des New Yorker UN-Übereinkommens vom 20. Juni 1956 über die Geltendmachung von Unterhaltsansprüchen im Ausland (BGBl. 1959 II S. 150);
3. der Geltendmachung von gesetzlichen Unterhaltsansprüchen, wenn eine der Parteien im Geltungsbereich dieses Gesetzes und die andere Partei in einem anderen Staat, mit dem die Gegenseitigkeit verbürgt ist, ihren gewöhnlichen Aufenthalt hat.

Die Gegenseitigkeit nach Satz 1 Nummer 3 ist verbürgt, wenn das Bundesministerium der Justiz dies festgestellt und im Bundesgesetzblatt bekannt gemacht hat (förmliche Gegenseitigkeit). Staaten im Sinne des Satzes 1 Nummer 3 sind auch Teilstaaten und Provinzen eines Bundesstaates.

(2) Regelungen in völkerrechtlichen Vereinbarungen gehen, soweit sie unmittelbar anwendbares innerstaatliches Recht geworden sind, den Vorschriften dieses Gesetzes vor. Die Regelungen der in Absatz 1 Satz 1 Nummer 1 genannten Verordnung und Abkommen werden als unmittelbar geltendes Recht der Europäischen Union durch die Durchführungsbestimmungen dieses Gesetzes nicht berührt.

Mit Inkrafttreten des HUntVÜ 2007 für die EU wird in § 1 Abs. 1 Satz 1 Nr. 2 AUG folgender Buchst. a vorangestellt (die bisherigen Buchst. a bis c werden Buchst. b bis d):[1]

a) des Haager Übereinkommens vom 23. November 2007 über die internationale Geltendmachung der Unterhaltsansprüche von Kindern und anderen Familienangehörigen (ABl. L 192 vom 22.7.2011, S. 51) nach Maßgabe des Beschlusses des Rates der Europäischen Union vom 9. Juni 2011 (ABl. L 192 vom 22.7.2011, S. 39) über die Genehmigung dieses Übereinkommens;

1 Das ursprüngliche **AUG** v. 19.12.1986[2] (im Folgenden: **AUG 1986**) diente der Durchsetzung von Unterhaltsansprüchen, und zwar nur im Verhältnis zu solchen Staaten, mit denen in Deutschland die Verbürgung der Gegenseitigkeit förmlich festgestellt worden ist.[3] Das nunmehr vorliegende **AUG** v. 23.5.2011 (im Folgenden: **AUG**) geht darüber deutlich hinaus: Zwar behandelt es nach wie vor den Rechtsverkehr mit den genannten Staaten (s. § 1 Abs. 1 Satz 1 Nr. 3 AUG; dazu Rz. 4). Um eini-

---

[1] Art. 1 Nr. 2, Art. 4 Abs. 1 Satz 1 G. v. 20.2.2012, BGBl. I 2013, 273. Der Tag des Inkrafttretens des HUntVÜ 2007 wird im BGBl. bekannt gegeben (ebenda, Art. 4 Abs. 1 Satz 2).
[2] BGBl. I 1986, 2563.
[3] Das FamFG hatte diese Besonderheiten ignoriert, was zu einigen Unstimmigkeiten geführt hatte. Dazu *Hau*, FamRZ 2009, 821 (822, 826); *Hohloch*, GS Wolf, S. 429 (437f.).

ges bedeutsamer ist aber, dass es sich, insoweit als lex specialis und in Ergänzung zum AVAG (s. § 97 Rz. 23) sowie zum IntFamRVG (s. Anhang 1 zu § 97), um ein weiteres deutsches Aus- bzw. Durchführungsgesetz für die praktisch wichtigsten europa- und konventionsrechtlichen Rechtsakte im Bereich des internationalen Unterhaltsverfahrensrechts handelt (s. § 1 Abs. 1 Satz 1 Nr. 1 und 2 AUG).[1] § 1 Abs. 2 AUG entspricht § 97 FamFG; s. dort Rz. 3 ff. Zum Restanwendungsbereich von §§ 108–110 FamFG bei der Durchsetzung von Unterhaltsansprüchen s. Anhang 1 zu § 110 FamFG Rz. 21.

Gesetzgebungstechnisch ist das AUG sehr komplex und bisweilen schwer verständlich geraten.[2] Freilich befasst es sich eben auch mit komplexen und vielschichtigen Fragen: Als Durchführungsgesetz betrifft es die in Abs. 1 Satz 1 Nr. 1 genannte **EuUntVO** (s. Anhang 3 zu § 110), zudem das diesbezügliche **Erstreckungsabkommen mit Dänemark** (vgl. Art. 1 EuUntVO Rz. 9) sowie das **LugÜ 2007** (s. Anhang 4 zu § 110), soweit dieses Unterhaltssachen betrifft (vgl. § 1 Abs. 3 AVAG). Zugleich dient das AUG gem. Abs. 1 Satz 1 Nr. 2 der Ausführung des **HUntVÜ 1973** (s. Anhang 5 zu § 110), des nur noch für Altfälle relevanten **LugÜ 1988** (s. Art. 1 LugÜ 2007 Rz. 1) sowie des **UNUntÜ** (s. Anhang 7 zu § 110).

Auch die deutschen Durchführungsbestimmungen zum **HUntVÜ 2007** (Text: Anhang 6 zu § 110) werden in das AUG eingestellt. Gemäß Art. 4 Abs. 1 Satz 1 des Änderungsgesetzes v. 20.2.2013[3] werden die für das HUntVÜ 2007 einschlägigen AUG-Änderungen aber erst mit dessen Inkrafttreten (gemeint ist offenbar: für die EU) in Kraft treten. Dieses Datum wird im BGBl. bekanntgegeben (Art. 4 Abs. 1 Satz 2 G. v. 20.2.2013).- Nicht in das AUG einbezogen wurden hingegen das **HUntVÜ 1958** sowie die beiden Abkommen mit Israel und Tunesien (s. Anhang 1 zu § 110 Rz. 19).[4]

In der Tradition des bereits erwähnten AUG 1986 steht § 1 Abs. 1 Satz 1 Nr. 3 AUG: Das Gesetz soll die Durchsetzung von Unterhaltsansprüchen im Verhältnis zu solchen Staaten erleichtern, für die keines der soeben aufgezählten Rechtsinstrumente gilt, mit denen aber die **Verbürgung der Gegenseitigkeit** iSv. § 1 Abs. 1 Satz 2 AUG förmlich festgestellt ist. Aussagen zum AUG 1986 lassen sich weitgehend auf das neue AUG übertragen.[5] Aus Gründen der Rechtssicherheit und Vereinfachung ist eine Neubekanntmachung der Staaten erfolgt, mit denen die Gegenseitigkeit verbürgt ist.[6] § 1 Abs. 1 Satz 1 Nr. 3 AUG betrifft derzeit die **USA, Kanada und Südafrika**, wobei aber zu beachten ist, dass im Falle von Mehrrechtsstaaten wie den USA und Kanada der Bundesstaat (bzw. die Provinz) maßgeblich ist, in dem der Verfahrensgegner seinen gewöhnlichen Aufenthalt hat (§ 1 Abs. 1 Satz 3 AUG). Nicht verbürgt ist die Gegenseitigkeit im Verhältnis zu den US-Bundesstaaten Alabama, District of Columbia und Mississippi sowie zur kanadischen Provinz Québec; zu einigen weiteren US-Bundesstaaten besteht Gegenseitigkeit nur hinsichtlich des Kindesunterhalts.[7] Im Verhältnis zu den von § 1 Abs. 1 Satz 1 Nr. 3 AUG erfassten Staaten regelt das AUG in Anlehnung an das UNUntÜ die Zusammenarbeit mit ausländischen Gerichten und Behörden sowie – insoweit abweichend vom UNUntÜ – die Anerkennung und Vollstreckbarerklärung (vgl. § 64, aber auch § 15 AUG). Bei der Auslegung der

---

1 Vgl. BT-Drucks. 17/4887, S. 30 f. Einführend *Andrae*, NJW 2011, 2545; *Heger/Selg*, FamRZ 2011, 1101; HK-ZV/*Meller-Hannich*, Vor AUG Rz. 1 ff.; *Niethammer-Jürgens*, FamRBint 2011, 60; zu kostenrechtlichen Aspekten *Schneider*, AGS 2011, 313.
2 Kritisch *Hess/Spancken*, FPR 2013, 27 (31), dort insbesondere zu den „Verweisungskaskaden", aber auch dazu, ob der Vorrang des Europarechts hinreichend zum Ausdruck kommt.
3 Gesetz v. 20.2.2013 zur Durchführung des Haager Übereinkommens v. 23.11.2007 über die internationale Geltendmachung der Unterhaltsansprüche von Kindern und anderen Familienangehörigen sowie zur Änderung von Vorschriften auf dem Gebiet des internationalen Unterhaltsverfahrensrechts und des materiellen Unterhaltsrechts, BGBl. I 2013, 273. Vgl. zu den Vorarbeiten BT-Drucks. 17/10492 (GesetzE der BReg.) und 17/11885 (Beschlussempfehlung und Bericht des Rechtsausschusses).
4 Dazu BT-Drucks. 17/4887, S. 32.
5 Demgemäß verweist BT-Drucks. 17/4887, S. 33, auf BT-Drucks. 10/3662.
6 BGBl. I 2011, 1109.
7 Aktuelle Angaben unter www.bundesjustizamt.de (dort unter „Auslandsunterhalt").

diesbezüglichen AUG-Bestimmungen gelten, anders als bei der Auslegung des AUG als Aus- bzw. Durchführungsgesetz, keine besonderen europa- oder konventionsrechtlichen Vorgaben. Wohl aber ist stets zu beachten, dass die betroffenen Staaten die Überzeugung beibehalten sollen, dass Unterhaltsansprüche dort ansässiger Gläubiger in Deutschland effektiv durchgesetzt werden können.

§ 2
Allgemeine gerichtliche Verfahrensvorschriften

Soweit in diesem Gesetz nichts anderes geregelt ist, werden die Vorschriften des Gesetzes über das Verfahren in Familiensachen und in den Angelegenheiten der freiwilligen Gerichtsbarkeit angewendet.

5   Eine praktisch relevante Konsequenz der Anwendbarkeit des FamFG ist das Erfordernis von Rechtsbehelfsbelehrungen gem. § 39 FamFG. Für das Tätigwerden des Bundesamtes für Justiz als zentrale Behörde gilt nicht § 2, sondern § 4 Abs. 2 AUG.

§ 3
Begriffsbestimmungen

Im Sinne dieses Gesetzes
1. sind Mitgliedstaaten die Mitgliedstaaten der Europäischen Union,
2. sind völkerrechtliche Verträge multilaterale und bilaterale Anerkennungs- und Vollstreckungsverträge,
3. sind Berechtigte
   a) natürliche Personen, die einen Anspruch auf Unterhaltsleistungen haben oder geltend machen,
   b) öffentlich-rechtliche Leistungsträger, die Unterhaltsansprüche aus übergegangenem Recht geltend machen, soweit die Verordnung (EG) Nr. 4/2009 oder der auszuführende völkerrechtliche Vertrag auf solche Ansprüche anzuwenden ist,
4. sind Verpflichtete natürliche Personen, die Unterhalt schulden oder denen gegenüber Unterhaltsansprüche geltend gemacht werden,
5. sind Titel gerichtliche Entscheidungen, gerichtliche Vergleiche und öffentliche Urkunden, auf welche die durchzuführende Verordnung oder der jeweils auszuführende völkerrechtliche Vertrag anzuwenden ist,
6. ist Ursprungsstaat der Staat, in dem ein Titel errichtet worden ist, und
7. ist ein Exequaturverfahren das Verfahren, mit dem ein ausländischer Titel zur Zwangsvollstreckung im Inland zugelassen wird.

Abschnitt 2
Zentrale Behörde

§ 4
Zentrale Behörde

(1) Zentrale Behörde für die gerichtliche und außergerichtliche Geltendmachung von Ansprüchen in Unterhaltssachen nach diesem Gesetz ist das Bundesamt für Justiz. Die zentrale Behörde verkehrt unmittelbar mit allen zuständigen Stellen im In- und Ausland. Mitteilungen leitet sie unverzüglich an die zuständigen Stellen weiter.

(2) Das Verfahren der zentralen Behörde gilt als Justizverwaltungsverfahren.

(3) Das Bundesministerium der Justiz wird ermächtigt, Aufgaben der zentralen Behörde entsprechend Artikel 51 Absatz 3 der Verordnung (EG) Nr. 4/2009 auf eine andere öffentliche Stelle zu übertragen oder eine juristische Person des Privatrechts mit den entsprechenden Aufgaben zu beleihen. Die Beliehene muss grundlegende Erfahrungen bei der Durchsetzung von Unterhaltsansprüchen im Ausland nachweisen können. Den Umfang der Aufgabenübertragung legt das Bundesministerium der Justiz fest. Die Übertragung ist vom Bundesministerium der Justiz im Bundesanzeiger bekannt zu geben. Die Beliehene unterliegt der Fachaufsicht des Bundesministeriums der Justiz. § 5 Absatz 5 und die §§ 7 und 9 werden auf die Tätigkeit der Beliehenen nicht angewendet.

Mit Inkrafttreten des HUntVÜ 2007 für die EU wird § 4 Abs. 3 Satz 1 AUG lauten:[1]

---

1 Art. 1 Nr. 3, Art. 4 Abs. 1 Satz 1 G. v. 20.2.2012, BGBl. I 2013, 273. Der Tag des Inkrafttretens des HUntVÜ 2007 wird im BGBl. bekannt gegeben (ebenda, Art. 4 Abs. 1 Satz 2).

(3) Das Bundesministerium der Justiz wird ermächtigt, Aufgaben der zentralen Behörde entsprechend Artikel 51 Absatz 3 der Verordnung (EG) Nr. 4/2009 oder Artikel 6 Absatz 3 des Haager Übereinkommens vom 23. November 2007 über die internationale Geltendmachung der Unterhaltsansprüche von Kindern und anderen Familienangehörigen auf eine andere öffentliche Stelle zu übertragen oder eine juristische Person des Privatrechts mit den entsprechenden Aufgaben zu beleihen.

Schon vor Inkrafttreten des neuen AUG war das **Bundesamt für Justiz** in grenzüberschreitenden Unterhaltssachen als deutsche zentrale Behörde benannt.[1] Kontaktdaten: www.bundesjustizamt.de. Zur Unterstützung durch die Jugendämter s. § 6 AUG. 6

§ 4 Abs. 3 AUG wurde erst auf Initiative des Rechtsausschusses aufgenommen:[2] Im Anschluss an Art. 51 Abs. 3 EuUntVO wird die Möglichkeit geschaffen, Aufgaben der zentralen Behörde im Wege der Beleihung auf eine andere Stelle zu übertragen. Gedacht ist dabei erklärtermaßen an das **Deutsche Institut für Jugendhilfe und Familienrecht**,[3] eine nichtstaatliche Organisation mit Sitz in Heidelberg, die schon bislang in erheblichem Maße Unterstützung bei der Durchsetzung übergeleiteter Unterhaltsansprüche im Ausland leistet.[4] Die Benennung gem. Abs. 1 Satz 1 bliebe von einer solchen Aufgabenübertragung unberührt.[5] 7

Konsequenz der Einordnung als **Justizverwaltungsverfahren** gem. Abs. 2 ist, dass sich eventuelle Rechtsbehelfe nach §§ 23 ff. EGGVG richten (konkret: zum OLG Köln, weil das Bundesamt für Justiz in Bonn sitzt).[6] Im Übrigen kann für das Verfahren vor der zentralen Behörde keine Verfahrenskostenhilfe beansprucht werden.[7] 8

§ 5
Aufgaben und Befugnisse der zentralen Behörde
(1) Die gerichtliche und außergerichtliche Geltendmachung von Unterhaltsansprüchen nach diesem Gesetz erfolgt über die zentrale Behörde als Empfangs- und Übermittlungsstelle.
(2) Die zentrale Behörde unternimmt alle geeigneten Schritte, um den Unterhaltsanspruch des Berechtigten durchzusetzen. Sie hat hierbei die Interessen und den Willen des Berechtigten zu beachten.
(3) Im Anwendungsbereich der Verordnung (EG) Nr. 4/2009 richten sich die Aufgaben der zentralen Behörde nach den Artikeln 50, 51, 53 und 58 dieser Verordnung.
(4) Die zentrale Behörde gilt bei eingehenden Ersuchen als bevollmächtigt, im Namen des Antragstellers selbst oder im Wege der Untervollmacht durch Vertreter außergerichtlich oder gerichtlich tätig zu werden. Sie ist insbesondere befugt, den Unterhaltsanspruch im Wege eines Vergleichs oder eines Anerkenntnisses zu regeln. Falls erforderlich, darf sie auch einen Unterhaltsantrag stellen und die Vollstreckung eines Unterhaltstitels betreiben.
(5) Die zentrale Behörde übermittelt die von den Verpflichteten eingezogenen Unterhaltsgelder an die Berechtigten nach den für Haushaltsmittel des Bundes geltenden Regeln. Satz 1 gilt für die Rückübermittlung überzahlter Beträge oder für andere bei der Wahrnehmung der Aufgaben der zentralen Behörde erforderlich werdende Zahlungen entsprechend.
Mit Inkrafttreten des HUntVÜ 2007 für die EU wird in § 5 AUG nach Abs. 3 folgender Abs. 4 eingefügt (die bisherigen Abs. 4 und 5 werden Abs. 5 und 6 mit dementsprechend geänderten Verweisen):[8]
(4) Im Anwendungsbereich des Haager Übereinkommens vom 23. November 2007 über die internationale Geltendmachung der Unterhaltsansprüche von Kindern und anderen Familienangehörigen richten sich die Aufgaben der zentralen Behörde nach den Artikeln 5, 6, 7 und 12 dieses Übereinkommens.

---

1 BGBl. I 2006, 3171 (3173); BGBl. II 2008, 278. Vgl. auch BT-Drucks. 17/4887, S. 31 und 34.
2 Vgl. zur Begr. BT-Drucks. 17/5240.
3 Vgl. *Hoff/Schmidt*, JAmt 2011, 433 (435).
4 Dazu *Faetan/Schmidt*, FPR 2006, 258. Kontaktdaten unter www.dijuf.de.
5 Klarstellend *Heger/Selg*, FamRZ 2011, 1101 (1104).
6 BT-Drucks. 17/4887, S. 34.
7 Klarstellend BT-Drucks. 17/4887, S. 40.
8 Art. 1 Nr. 4, Art. 4 Abs. 1 Satz 1 G. v. 20.2.2012, BGBl. I 2013, 273. Der Tag des Inkrafttretens des HUntVÜ 2007 wird im BGBl. bekannt gegeben (ebenda, Art. 4 Abs. 1 Satz 2).

9 Die Einrichtung zentraler Behörden ist seit dem UNUntÜ (s. Anhang 7 nach § 110) ein bedeutsames, auch in den Haager Konventionen und in der EuUntVO verankertes Instrument zur grenzüberschreitenden Unterhaltsrealisierung.[1] Wenngleich in der Praxis die Unterstützung von (angeblichen) Unterhaltsgläubigern im Vordergrund steht, stellt der RegE zum AUG klar, dass die zentrale Behörde ungeachtet der Formulierung von Abs. 2 auch dann tätig werden kann, wenn sich ein angeblich Unterhaltspflichtiger an sie wendet.[2] Dem ist im Lichte der prozessualen **Waffengleichheit** beizupflichten (vgl. auch Art. 3 EuUntVO Rz. 36).

10 Die in Abs. 4 Satz 1 vorgesehene **Vollmachtsfiktion** soll Art. 52 EuUntVO Rechnung tragen.[3] Sie entbindet die zentrale Behörde nicht von der Pflicht, im Zweifel die Interessen des Antragstellers zu ermitteln und diesen gerecht zu werden.[4] Unberührt bleibt der Anwaltszwang gem. § 114 Abs. 1 FamFG im Falle der Vertretung vor dem Familiengericht.

11 Hinsichtlich des **Zahlungsverkehrs** soll § 5 Abs. 5 AUG insbesondere Art. 51 Abs. 2 Buchst. f EuUntVO entsprechen.[5] Die Einziehung von Unterhaltsgeldern durch eine gem. § 4 Abs. 3 AUG beliehene Stelle unterliegt nicht den Vorgaben von § 5 Abs. 5 AUG (§ 4 Abs. 3 Satz 6 AUG).

§ 6
Unterstützung durch das Jugendamt
Wird die zentrale Behörde tätig, um Unterhaltsansprüche Minderjähriger und junger Volljähriger, die das 21. Lebensjahr noch nicht vollendet haben, geltend zu machen und durchzusetzen, kann sie das Jugendamt um Unterstützung ersuchen.

12 Die Vorschrift ergänzt § 4 Abs. 1 Satz 2 AUG. Bedeutsam ist § 6 AUG etwa für die Beurkundung von Unterhaltspflichten gem. § 59 SGB VIII. In Betracht kommt zudem die Berechnung aufgelaufener Unterhaltsrückstände oder die Wahrnehmung von Terminen im gerichtlichen Verfahren.[6]

Abschnitt 3
Ersuchen um Unterstützung in Unterhaltssachen

Unterabschnitt 1
Ausgehende Ersuchen

§ 7
Vorprüfung durch das Amtsgericht; Zuständigkeitskonzentration
(1) Die Entgegennahme und Prüfung eines Antrags auf Unterstützung in Unterhaltssachen erfolgt durch das für den Sitz des Oberlandesgerichts, in dessen Bezirk der Antragsteller seinen gewöhnlichen Aufenthalt hat, zuständige Amtsgericht. Für den Bezirk des Kammergerichts entscheidet das Amtsgericht Pankow-Weißensee.
(2) Das Vorprüfungsverfahren ist ein Justizverwaltungsverfahren.
(3) Für das Vorprüfungsverfahren werden keine Kosten erhoben.

13 Eine **Vorprüfung** durch das AG, wie sie bislang nur in § 4 AUG 1986 und im Ausführungsrecht zum UNUntÜ vorgesehen war, soll gem. §§ 7 ff. AUG für alle Fälle der Geltendmachung von Unterhaltsansprüchen stattfinden,[7] und zwar im Rahmen eines Justizverwaltungsverfahrens (Abs. 2; dazu § 4 AUG Rz. 8). Die in Abs. 1 angeordnete Zuständigkeitskonzentration soll Sachkompetenz bündeln und kleinere Amtsgerichte entlasten. Der Rechtspfleger ist für die Entgegennahme des Ersuchens

---

1 Vgl. dazu etwa *Veith*, FPR 2013, 46 ff.
2 BT-Drucks. 17/4887, S. 34; ebenso Hk-ZV/*Meller-Hannich*, § 5 AUG Rz. 1. Beachte zu den gebotenen Vorkehrungen, um Interessenkollisionen bei der Bearbeitung von Ersuchen zu vermeiden, *Veith*, FPR 2013, 46 (49).
3 Dazu *Veith*, FPR 2013, 46 (48).
4 BT-Drucks. 17/4887, S. 35.
5 Näher BT-Drucks. 17/4887, S. 35, 56, 57; *Veith*, FPR 2013, 46 (48).
6 BT-Drucks. 17/4887, S. 35.
7 BT-Drucks. 17/4887, S. 36.

zuständig (§ 29 Nr. 2 RPflG), nicht hingegen für die Vorprüfung als solche (vgl. § 9 Abs. 1 Satz 1 AUG).

Wird Unterhalt durch eine gem. § 4 Abs. 3 AUG **beliehene Stelle** eingezogen, so gelten §§ 7 und 9 AUG nicht (§ 4 Abs. 3 Satz 6 AUG). Es findet also keine Vorprüfung durch die Familiengerichte statt; vielmehr obliegt der beliehenen Stelle die Prüfung, ob alle Voraussetzungen an einen vollständigen Antrag erfüllt sind, damit dieser ohne weiteres von den zuständigen ausländischen Stellen bearbeitet werden kann.[1]

14

Zur Gerichtskostenfreiheit s. Abs. 3, zur Frage der Gewährung von Verfahrenskostenhilfe s. § 24 AUG Rz. 32 f.

15

§ 8
Inhalt und Form des Antrags

(1) Der Inhalt eines an einen anderen Mitgliedstaat mit Ausnahme des Königreichs Dänemark gerichteten Antrags richtet sich nach Artikel 57 der Verordnung (EG) Nr. 4/2009.

(2) In den nicht von Absatz 1 erfassten Fällen soll der Antrag alle Angaben enthalten, die für die Geltendmachung des Anspruchs von Bedeutung sein können, insbesondere

1. den Familiennamen und die Vornamen des Berechtigten; ferner seine Anschrift, den Tag seiner Geburt, seine Staatsangehörigkeit, seinen Beruf oder seine Beschäftigung sowie gegebenenfalls den Namen und die Anschrift seines gesetzlichen Vertreters,
2. den Familiennamen und die Vornamen des Verpflichteten; ferner seine Anschrift, den Tag, den Ort und das Land seiner Geburt, seine Staatsangehörigkeit, seinen Beruf oder seine Beschäftigung, soweit der Berechtigte diese Angaben kennt, und
3. nähere Angaben
   a) über die Tatsachen, auf die der Anspruch gestützt wird;
   b) über die Art und Höhe des geforderten Unterhalts;
   c) über die finanziellen und familiären Verhältnisse des Berechtigten, sofern diese Angaben für die Entscheidung bedeutsam sein können;
   d) über die finanziellen und familiären Verhältnisse des Verpflichteten, soweit diese bekannt sind.

Ein Antrag eines Berechtigten im Sinne des § 3 Nummer 3 Buchstabe b soll die in den Nummern 1 und 3 Buchstabe c genannten Angaben der Person enthalten, deren Anspruch übergegangen ist.

(3) Einem Antrag nach Absatz 2 sollen die zugehörigen Personenstandsurkunden und andere sachdienliche Schriftstücke beigefügt sein. Das in § 7 benannte Gericht kann von Amts wegen alle erforderlichen Ermittlungen anstellen.

(4) In den Fällen des Absatzes 2 ist der Antrag vom Antragsteller, von dessen gesetzlichem Vertreter oder von einem bevollmächtigten Vertreter unter Beifügung einer Vollmacht zu unterschreiben. Soweit dies nach dem Recht des zu ersuchenden Staates erforderlich ist, ist die Richtigkeit der Angaben vom Antragsteller oder von dessen gesetzlichem Vertreter eidesstattlich zu versichern. Besonderen Anforderungen des zu ersuchenden Staates an Form und Inhalt des Ersuchens ist zu genügen, soweit dem keine zwingenden Vorschriften des deutschen Rechts entgegenstehen.

(5) In den Fällen des Absatzes 2 ist der Antrag an die Empfangsstelle des Staates zu richten, in dem der Anspruch geltend gemacht werden soll.

Mit Inkrafttreten des HUntVÜ 2007 für die EU wird in § 8 AUG nach Abs. 1 folgender Abs. 2 eingefügt (die bisherigen Abs. 2 bis 5 werden Abs. 3 bis 6 mit dementsprechend geänderten Verweisen):[2]

(2) Der Inhalt eines an einen anderen Vertragsstaat des Haager Übereinkommens vom 23. November 2007 über die internationale Geltendmachung der Unterhaltsansprüche von Kindern und anderen Familienangehörigen gerichteten Antrags richtet sich nach Artikel 11 dieses Übereinkommens.

Abs. 1 trägt dem Umstand Rechnung, dass Art. 57 EuUntVO Anwendungsvorrang zukommt und im Anwendungsbereich der EuUntVO die vorgesehenen Formblätter (Anhang VI oder VII zur EuUntVO) zu verwenden sind. Ungeachtet Abs. 5 bleibt es

16

---

1 S. BT-Drucks. 17/5240, S. 5 f.
2 Art. 1 Nr. 5, Art. 4 Abs. 1 Satz 1 G. v. 20.2.2012, BGBl. I 2013, 273. Der Tag des Inkrafttretens des HUntVÜ 2007 wird im BGBl. bekannt gegeben (ebenda, Art. 4 Abs. 1 Satz 2).

für solche Fälle bei der Empfangszuständigkeit des Amtsgerichts gem. § 7 Abs. 1 AUG.

§ 9
Umfang der Vorprüfung

(1) Der Vorstand des Amtsgerichts oder der im Rahmen der Verteilung der Justizverwaltungsgeschäfte bestimmte Richter prüft,

1. in Verfahren mit förmlicher Gegenseitigkeit (§ 1 Absatz 1 Satz 1 Nummer 3), ob nach dem deutschen Recht die beabsichtigte Rechtsverfolgung hinreichende Aussicht auf Erfolg haben würde,
2. in den übrigen Fällen, ob der Antrag mutwillig oder offensichtlich unbegründet ist.

Bejaht er in den Fällen des Satzes 1 Nummer 1 die Erfolgsaussicht, stellt er hierüber eine Bescheinigung aus, veranlasst deren Übersetzung in die Sprache des zu ersuchenden Staates und fügt diese Unterlagen dem Ersuchen bei.

(2) Hat die beabsichtigte Rechtsverfolgung keine hinreichende Aussicht auf Erfolg (Absatz 1 Nummer 1) oder ist der Antrag mutwillig oder offensichtlich unbegründet (Absatz 1 Nummer 2), lehnt der Richter die Weiterleitung des Antrags ab. Die ablehnende Entscheidung ist zu begründen und dem Antragsteller mit einer Rechtsmittelbelehrung zuzustellen. Sie ist nach § 23 des Einführungsgesetzes zum Gerichtsverfassungsgesetz anfechtbar.

(3) Liegen keine Ablehnungsgründe vor, übersendet das Gericht den Antrag nebst Anlagen und vorliegenden Übersetzungen mit je drei beglaubigten Abschriften unmittelbar an die zentrale Behörde.

(4) Im Anwendungsbereich des New Yorker UN-Übereinkommens vom 20. Juni 1956 über die Geltendmachung von Unterhaltsansprüchen im Ausland (BGBl. 1959 II S. 150) legt der Richter in den Fällen des Absatzes 2 Satz 1 den Antrag der zentralen Behörde zur Entscheidung über die Weiterleitung des Antrags vor.

17   Abs. 1 Satz 1 Nr. 1 unterwirft Ersuchen, die in den Anwendungsbereich von § 1 Abs. 1 Satz 1 Nr. 3 fallen, einerseits einer strengeren Prüfung hinsichtlich der **Erfolgsaussichten**,[1] verzichtet insoweit andererseits jedoch auf einen Ausschluss mutwillig erscheinender Anträge. Als fragwürdig erweist sich die Auffassung des deutschen Gesetzgebers (Abs. 1 Satz 1 Nr. 2), auch im Anwendungsbereich der EuUntVO und des LugÜ 2007 eine gerichtliche Vorabkontrolle anhand der Kriterien **Mutwilligkeit** und offensichtliche Unbegründetheit anordnen zu dürfen;[2] insbesondere erscheint Art. 4 Abs. 1 UNUntÜ (s. Anhang 7 zu § 110) nicht ohne weiteres verallgemeinerungsfähig.

18   Soweit eine Sachprüfung geboten ist, hat diese anhand der lex causae zu erfolgen; die einschlägigen **Kollisionsnormen** enthält nunmehr das gem. Art. 15 EuUntVO (s. Anhang 3 zu § 110) anwendbare HUntP 2007.

19   Wird Unterhalt durch eine gem. § 4 Abs. 3 AUG **beliehene Stelle** eingezogen, so gilt § 9 AUG nicht (§ 4 Abs. 3 Satz 6 AUG).

§ 10
Übersetzung des Antrags

(1) Der Antragsteller hat dem Antrag nebst Anlagen von einem beeidigten Übersetzer beglaubigte Übersetzungen in der Sprache des zu ersuchenden Staates beizufügen. Die Artikel 20, 28, 40, 59 und 66 der Verordnung (EG) Nr. 4/2009 bleiben hiervon unberührt. Ist im Anwendungsbereich des jeweils auszuführenden völkerrechtlichen Vertrags eine Übersetzung von Schriftstücken in eine Sprache erforderlich, die der zu ersuchende Staat für zulässig erklärt hat, so ist die Übersetzung von einer Person zu erstellen, die zur Anfertigung von Übersetzungen in einem der Vertragsstaaten befugt ist.

(2) Beschafft der Antragsteller trotz Aufforderung durch die zentrale Behörde die erforderliche Übersetzung nicht selbst, veranlasst die zentrale Behörde die Übersetzung auf seine Kosten.

(3) Das nach § 7 Absatz 1 zuständige Amtsgericht befreit den Antragsteller auf Antrag von der Erstattungspflicht für die Kosten der von der zentralen Behörde veranlassten Übersetzung, wenn der Antragsteller die persönlichen und wirtschaftlichen Voraussetzungen einer ratenfreien Verfahrenskostenhilfe nach § 113 des Gesetzes über das Verfahren in Familiensachen und

---

1 Zur Verwendung eines Formblatts im deutsch-amerikanischen Rechtsverkehr s. BT-Drucks. 17/4887, S. 36.
2 S. BT-Drucks. 17/4887, S. 36.

in den Angelegenheiten der freiwilligen Gerichtsbarkeit in Verbindung mit § 115 der Zivilprozessordnung erfüllt.

(4) § 1077 Absatz 4 der Zivilprozessordnung bleibt unberührt.

Abs. 1 Satz 2 trägt dem Umstand Rechnung, dass den dort genannten EuUntVO-Regelungen Anwendungsvorrang zukommt; Abs. 4 betont die Spezialität des deutschen Umsetzungsrechts zur PKH-RL 2003/8/EG.[1] Über Anträge gem. Abs. 3 entscheidet der Rechtspfleger (§ 29 Nr. 2 RPflG). Die Ersatzvornahme gem. Abs. 2 kommt nur in Betracht, wenn die zentrale Behörde in ihrer vorangegangenen Aufforderung auf die Kostenfolge hingewiesen hat.[2] Die Übersetzung der Bescheinigung gem. § 9 Abs. 1 Satz 2 AUG hat abweichend von § 10 AUG das Amtsgericht zu beschaffen, und zwar für den Antragsteller kostenfrei (§ 7 Abs. 3 AUG).

§ 11
Weiterleitung des Antrags durch die zentrale Behörde

(1) Die zentrale Behörde prüft, ob der Antrag den förmlichen Anforderungen des einzuleitenden ausländischen Verfahrens genügt. Sind diese erfüllt, so leitet sie den Antrag an die im Ausland zuständige Stelle weiter. Soweit erforderlich, fügt sie dem Ersuchen eine Übersetzung dieses Gesetzes bei.

(2) Die zentrale Behörde überwacht die ordnungsmäßige Erledigung des Ersuchens.

(3) Lehnt die zentrale Behörde die Weiterleitung des Antrags ab, ist § 9 Absatz 2 Satz 2 und 3 entsprechend anzuwenden.

§ 12
Registrierung eines bestehenden Titels im Ausland

Liegt über den Unterhaltsanspruch bereits eine inländische gerichtliche Entscheidung oder ein sonstiger Titel im Sinne des § 3 Nummer 5 vor, so kann der Berechtigte auch ein Ersuchen auf Registrierung der Entscheidung im Ausland stellen, soweit das dort geltende Recht dies vorsieht. Die §§ 7 bis 11 sind entsprechend anzuwenden; eine Prüfung der Gesetzmäßigkeit des vorgelegten inländischen Titels findet nicht statt.

Die Durchsetzung im Inland bereits erwirkter Titel in den **USA, Kanada und Südafrika** erleichtert § 12 AUG (entsprechend § 6 AUG 1986). Das Bundesamt für Justiz leitet Gesuche auf Registrierung an die im Vollstreckungsstaat zuständigen Stellen weiter; für das Verfahren verweist Satz 2 auf §§ 7 ff. AUG. Was die erfassten Titel angeht, verweist § 12 auf § 3 Nr. 5 AUG; die in § 6 AUG 1986 enthaltene Beschränkung auf sonstige *gerichtliche* Schuldtitel ist entfallen, so dass öffentliche Urkunden nunmehr einbezogen sind. So werden namentlich in den USA auch Jugendamtsurkunden und vollstreckbare Urkunden registriert.[3]

**Unterabschnitt 2
Eingehende Ersuchen**

§ 13
Übersetzung des Antrags

(1) Ist eine Übersetzung von Schriftstücken erforderlich, so ist diese in deutscher Sprache abzufassen.

(2) Die Richtigkeit der Übersetzung ist von einer Person zu beglaubigen, die in den nachfolgend genannten Staaten hierzu befugt ist:
1. in einem der Mitgliedstaaten oder in einem anderen Vertragsstaat des Abkommens über den Europäischen Wirtschaftsraum;
2. in einem Vertragsstaat des jeweils auszuführenden völkerrechtlichen Vertrags oder
3. in einem Staat, mit dem die Gegenseitigkeit förmlich verbürgt ist (§ 1 Absatz 1 Satz 1 Nummer 3).

(3) Die zentrale Behörde kann es ablehnen, tätig zu werden, solange Mitteilungen oder beizufügende Schriftstücke nicht in deutscher Sprache abgefasst oder in die deutsche Sprache über-

---

1 Erläuternd BT-Drucks. 17/4887, S. 37.
2 Zu vage BT-Drucks. 17/4887, S. 37.
3 Dazu *Wicke*, FPR 2006, 240 (242).

setzt sind. Im Anwendungsbereich der Verordnung (EG) Nr. 4/2009 ist sie hierzu jedoch nur befugt, wenn sie nach dieser Verordnung eine Übersetzung verlangen darf.

(4) Die zentrale Behörde kann in Verfahren mit förmlicher Gegenseitigkeit (§ 1 Absatz 1 Satz 1 Nummer 3) im Verkehr mit bestimmten Staaten oder im Einzelfall von dem Erfordernis einer Übersetzung absehen und die Übersetzung selbst besorgen.

22 Zur Sprachenfrage und den nur noch beschränkt bestehenden Übersetzungserfordernissen im innereuropäischen Rechtsverkehr beachte Art. 59 EuUntVO, zur Höhe eventueller Übersetzungskosten s. § 76 AUG.

§ 14
Inhalt und Form des Antrags

(1) Der Inhalt eines Antrags aus einem anderen Mitgliedstaat mit Ausnahme des Königreichs Dänemark richtet sich nach Artikel 57 der Verordnung (EG) Nr. 4/2009.

(2) In den nicht von Absatz 1 erfassten Fällen soll der Antrag alle Angaben enthalten, die für die Geltendmachung des Anspruchs von Bedeutung sein können, insbesondere
1. bei einer Indexierung einer titulierten Unterhaltsforderung die Modalitäten für die Berechnung dieser Indexierung und
2. bei einer Verpflichtung zur Zahlung von gesetzlichen Zinsen den gesetzlichen Zinssatz sowie den Beginn der Zinspflicht.

Im Übrigen gilt § 8 Absatz 2 entsprechend.

(3) In den Fällen des Absatzes 2 soll der Antrag vom Antragsteller, von dessen gesetzlichem Vertreter oder von einem bevollmächtigten Vertreter unter Beifügung einer Vollmacht unterschrieben und mit einer Stellungnahme der ausländischen Stelle versehen sein, die den Antrag entgegengenommen und geprüft hat. Diese Stellungnahme soll auch den am Wohnort des Berechtigten erforderlichen Unterhaltsbetrag nennen. Der Antrag und die Anlagen sollen zweifach übermittelt werden. Die zugehörigen Personenstandsurkunden und andere sachdienliche Schriftstücke sollen beigefügt und sonstige Beweismittel genau bezeichnet sein.

Mit Inkrafttreten des HUntVÜ 2007 für die EU wird in § 14 AUG nach Abs. 1 folgender Abs. 2 eingefügt (die bisherigen Abs. 2 und 3 werden Abs. 3 und 4 mit dementsprechend geänderten Verweisen):[1]

(2) Der Inhalt eines Antrags aus einem anderen Vertragsstaat des Haager Übereinkommens vom 23. November 2007 über die internationale Geltendmachung der Unterhaltsansprüche von Kindern und anderen Familienangehörigen richtet sich nach Artikel 11 dieses Übereinkommens.

23 Abs. 1 trägt dem Anwendungsvorrang von Art. 57 EuUntVO Rechnung, die dort genannte Unterausnahme hingegen dem Umstand, dass Kap. VII der EuUntVO im Rechtsverkehr mit Dänemark nicht anzuwenden ist (s. Art. 1 EuUntVO Rz. 9).

§ 15
Behandlung einer vorläufigen Entscheidung

In Verfahren mit förmlicher Gegenseitigkeit (§ 1 Absatz 1 Satz 1 Nummer 3) gilt eine ausländische Entscheidung, die ohne die Anhörung des Verpflichteten vorläufig und vorbehaltlich der Bestätigung durch das ersuchte Gericht ergangen ist, als eingehendes Ersuchen auf Erwirkung eines Unterhaltstitels. § 8 Absatz 2 und § 14 Absatz 2 Satz 1 gelten entsprechend.

Mit Inkrafttreten des HUntVÜ 2007 für die EU werden die Verweise in § 15 Satz 2 AUG entsprechend den Neufassungen von §§ 8 und 14 AUG geändert.[2]

24 Die Vorschrift entspricht § 11 AUG 1986. Die betroffenen Ex-parte-Entscheidungen werden nicht gem. § 64 AUG für vollstreckbar erklärt, sondern als normale Rechtshilfeersuchen – also wie im Falle eines untitulierten Anspruchs – behandelt; eine inhaltliche Bindung des deutschen Gerichts besteht dann nicht.[3]

---

1 Art. 1 Nr. 6, Art. 4 Abs. 1 Satz 1 G. v. 20.2.2012, BGBl. I 2013, 273. Der Tag des Inkrafttretens des HUntVÜ 2007 wird im BGBl. bekannt gegeben (ebenda, Art. 4 Abs. 1 Satz 2).
2 Art. 1 Nr. 7, Art. 4 Abs. 1 Satz 1 G. v. 20.2.2012, BGBl. I 2013, 273. Der Tag des Inkrafttretens des HUntVÜ 2007 wird im BGBl. bekannt gegeben (ebenda, Art. 4 Abs. 1 Satz 2).
3 Zustimmend Hk-ZV/*Meller-Hannich*, § 15 AUG Rz. 3.

Abschnitt 4
Datenerhebung durch die zentrale Behörde

Die in §§ 16–19 AUG vorgesehenen Vorschriften zur Datenerhebung durch die zentrale Behörde sollen diese gem. Art. 61–63 EuUntVO in die Lage versetzen, ihren in Art. 51 Abs. 2 Buchst. b und c EuUntVO statuierten Aufgaben nachzukommen. Ausweislich der systematischen Stellung von Abschnitt 4 sind §§ 16–19 AUG aber nicht auf den innereuropäischen Rechtsverkehr nach Maßgabe der EuUntVO beschränkt. In zeitlicher Hinsicht gelten §§ 16–19 AUG gem. § 77 Abs. 5 AUG, über die Vorgabe von Art. 75 Abs. 3 EuUntVO hinausgehend, auch für vor dem 18.6.2011 bereits anhängige Ersuchen.[1] Die mit der Auskunftsbefugnis gem. §§ 16 und 17 AUG korrespondierende sozialrechtliche Ermächtigungsnorm findet sich in § 74 Abs. 2 SGB X. Zu den Einzelheiten wird auf die Erläuterung im RegE zum AUG verwiesen.[2]

§ 16
Auskunftsrecht der zentralen Behörde zur Herbeiführung oder Änderung eines Titels

(1) Ist der gegenwärtige Aufenthaltsort des Berechtigten oder des Verpflichteten nicht bekannt, so darf die zentrale Behörde zur Erfüllung der ihr nach § 5 obliegenden Aufgaben bei einer zuständigen Meldebehörde Angaben zu dessen Anschriften sowie zu dessen Haupt- und Nebenwohnung erheben.

(2) Soweit der Aufenthaltsort nach Absatz 1 nicht zu ermitteln ist, darf die zentrale Behörde folgende Daten erheben:
1. von den Trägern der gesetzlichen Rentenversicherung die dort bekannte derzeitige Anschrift, den derzeitigen oder zukünftigen Aufenthaltsort des Betroffenen;
2. vom Kraftfahrt-Bundesamt die Halterdaten des Betroffenen nach § 33 Absatz 1 Satz 1 Nummer 2 des Straßenverkehrsgesetzes;
3. wenn der Betroffene ausländischen Streitkräften angehört, die in Deutschland stationiert sind, von der zuständigen Behörde der Truppe die ladungsfähige Anschrift des Betroffenen.

(3) Kann die zentrale Behörde den Aufenthaltsort des Verpflichteten nach den Absätzen 1 und 2 nicht ermitteln, darf sie einen Suchvermerk im Zentralregister veranlassen.

§ 17
Auskunftsrecht zum Zweck der Anerkennung, Vollstreckbarerklärung und Vollstreckung eines Titels

(1) Ist die Unterhaltsforderung tituliert und weigert sich der Schuldner, auf Verlangen der zentralen Behörde Auskunft über sein Einkommen und Vermögen zu erteilen, oder ist bei einer Vollstreckung in die vom Schuldner angegebenen Vermögensgegenstände eine vollständige Befriedigung des Gläubigers nicht zu erwarten, stehen der zentralen Behörde zum Zweck der Anerkennung, Vollstreckbarerklärung und Vollstreckung eines Titels die in § 16 geregelten Auskunftsrechte zu. Die zentrale Behörde darf nach vorheriger Androhung außerdem
1. von den Trägern der gesetzlichen Rentenversicherung den Namen, die Vornamen, die Firma sowie die Anschriften der derzeitigen Arbeitgeber der versicherungspflichtigen Beschäftigungsverhältnisse des Schuldners erheben;
2. bei dem zuständigen Träger der Grundsicherung für Arbeitsuchende einen Leistungsbezug nach dem Zweiten Buch Sozialgesetzbuch – Grundsicherung für Arbeitsuchende – abfragen;
3. das Bundeszentralamt für Steuern ersuchen, bei den Kreditinstituten die in § 93b Absatz 1 der Abgabenordnung bezeichneten Daten des Schuldners abzurufen (§ 93 Absatz 8 der Abgabenordnung);
4. vom Kraftfahrt-Bundesamt die Fahrzeug- und Halterdaten nach § 33 Absatz 1 des Straßenverkehrsgesetzes zu einem Fahrzeug, als dessen Halter der Schuldner eingetragen ist, erheben.

(2) Daten über das Vermögen des Schuldners darf die zentrale Behörde nur erheben, wenn dies für die Vollstreckung erforderlich ist.

---

1 Zur Begr. s. BT-Drucks. 17/4887, S. 50.
2 BT-Drucks. 17/4887, S. 37ff. Vgl. zudem etwa *Andrae*, NJW 2011, 2545 (2550); *Veith*, FPR 2013, 46 (50).

§ 18
Benachrichtigung über die Datenerhebung

(1) Die zentrale Behörde benachrichtigt den Antragsteller grundsätzlich nur darüber, ob ein Auskunftsersuchen nach den §§ 16 und 17 erfolgreich war.

(2) Die zentrale Behörde hat den Betroffenen unverzüglich über die Erhebung von Daten nach den §§ 16 und 17 zu benachrichtigen, es sei denn, die Vollstreckung des Titels würde dadurch vereitelt oder wesentlich erschwert werden. Ungeachtet des Satzes 1 hat die Benachrichtigung spätestens 90 Tage nach Erhalt der Auskunft zu erfolgen.

§ 19
Übermittlung und Löschung von Daten

(1) Die zentrale Behörde darf personenbezogene Daten an andere öffentliche und nichtöffentliche Stellen übermitteln, wenn dies zur Erfüllung der ihr nach § 5 obliegenden Aufgaben erforderlich ist. Die Daten dürfen nur für den Zweck verwendet werden, für den sie übermittelt worden sind.

(2) Daten, die zum Zweck der Anerkennung, Vollstreckbarerklärung oder Vollstreckung nicht oder nicht mehr erforderlich sind, hat die zentrale Behörde unverzüglich zu löschen. Die Löschung ist zu protokollieren. § 35 Absatz 3 des Bundesdatenschutzgesetzes bleibt unberührt.

Abschnitt 5
Verfahrenskostenhilfe

§ 20
Voraussetzungen für die Bewilligung von Verfahrenskostenhilfe

Auf die Bewilligung von Verfahrenskostenhilfe ist § 113 Absatz 1 des Gesetzes über das Verfahren in Familiensachen und in den Angelegenheiten der freiwilligen Gerichtsbarkeit in Verbindung mit den §§ 114 bis 127 der Zivilprozessordnung entsprechend anzuwenden, soweit in diesem Gesetz nichts anderes bestimmt ist.

26 Der Verweis auf die nach allgemeinen Regeln anwendbaren Vorschriften hat klarstellende Funktion.[1] Vgl. zu Fragen der Verfahrenskostenhilfe in Familiensachen mit Auslandsbezug auch vor §§ 98–106 FamFG Rz. 61 ff. Beachte die Parallelvorschrift in § 10a Abs. 1 BeratungshilfeG.

§ 21
Zuständigkeit für Anträge auf Verfahrenskostenhilfe nach der Richtlinie 2003/8/EG

(1) Abweichend von § 1077 Absatz 1 Satz 1 der Zivilprozessordnung erfolgt in Unterhaltssachen die Entgegennahme und Übermittlung von Anträgen natürlicher Personen auf grenzüberschreitende Verfahrenskostenhilfe nach § 1076 der Zivilprozessordnung durch das für den Sitz des Oberlandesgerichts, in dessen Bezirk der Antragsteller seinen gewöhnlichen Aufenthalt hat, zuständige Amtsgericht. Für den Bezirk des Kammergerichts entscheidet das Amtsgericht Pankow-Weißensee.

(2) Für eingehende Ersuchen gilt § 1078 Absatz 1 Satz 1 der Zivilprozessordnung.

27 Abs. 1 regelt von Deutschland ausgehende, Abs. 2 hier eingehende Ersuchen.

28 Für ein **im Ausland zu führendes Verfahren** kann ein deutsches Gericht keine Verfahrenskostenhilfe bewilligen.[2] Daran ändert auch § 21 Abs. 1 AUG nichts, wonach die deutschen Amtsgerichte als Übermittlungsbehörden iSv. Art. 14 Abs. 1 PKH-RL dazu berufen sind, die in den Anwendungsbereich der PKH-RL fallenden Anträge inlandsansässiger natürlicher Personen entgegenzunehmen und an die Empfangsstellen des jeweiligen EU-Verfahrensmitgliedstaats zu übermitteln. Das für den Antragsteller maßgebliche „Formular für Anträge auf Prozesskostenhilfe in einem anderen Mitgliedstaat der EU" ist in der EG-PKHVV v. 21.12.2004 enthalten;[3] es kann als Textdatei im Internet heruntergeladen werden.[4] Dem inlandsansässigen Recht-

---
[1] Vgl. BT-Drucks. 17/4887, S. 40.
[2] Klarstellend etwa KG v. 7.7.2005 – 16 VA 11/05, FamRZ 2006, 1210.
[3] BGBl. I 2004, 3538.
[4] S. http://www.justiz.nrw.de/Bibliothek/nrwe2/index.php, dort unter „Internationale Rechtshilfe-Online" – „ZRHO" – „Vordrucke Zivil". Abgedruckt bei Gebauer/Wiedmann/*Hau*, Kap. 33 Rz. 45.

suchenden bleibt es, wie Art. 13 Abs. 1 PKH-RL klarstellt, unbenommen, sich unmittelbar an das Gericht des anderen Mitgliedstaats zu wenden und bei diesem nach allgemeinen Regeln um PKH/VKH nachzusuchen – dies ist freilich kaum sinnvoll, weil sich ein Vorgehen gem. § 1077 ZPO als vorteilhafter erweist.[1]

Zu den **eingehenden Ersuchen** hat der Gesetzgeber bedauerlicherweise davon abgesehen, die Zuständigkeit zu konzentrieren und damit den grenzüberschreitenden Rechtsverkehr zu erleichtern.[2]

§ 22
Verfahrenskostenhilfe nach Artikel 46 der Verordnung (EG) Nr. 4/2009

(1) Für Anträge nach Artikel 56 der Verordnung (EG) Nr. 4/2009 erhält eine Person, die das 21. Lebensjahr noch nicht vollendet hat, gemäß Artikel 46 der Verordnung (EG) Nr. 4/2009 Verfahrenskostenhilfe unabhängig von ihren wirtschaftlichen Verhältnissen. Durch die Bewilligung von Verfahrenskostenhilfe wird sie endgültig von der Zahlung der in § 122 Absatz 1 der Zivilprozessordnung genannten Kosten befreit. Absatz 3 bleibt unberührt.

(2) Die Bewilligung von Verfahrenskostenhilfe kann nur abgelehnt werden, wenn der Antrag mutwillig oder offensichtlich unbegründet ist. In den Fällen des Artikels 56 Absatz 1 Buchstabe a und b der Verordnung (EG) Nr. 4/2009 werden die Erfolgsaussichten nicht geprüft.

(3) Unterliegt der Antragsteller in einem gerichtlichen Verfahren, kann das Gericht gemäß Artikel 67 der Verordnung (EG) Nr. 4/2009 eine Erstattung der im Wege der Verfahrenskostenhilfe verauslagten Kosten verlangen, wenn dies unter Berücksichtigung der finanziellen Verhältnisse des Antragstellers der Billigkeit entspricht.

Mit Inkrafttreten des HUntVÜ 2007 für die EU wird § 22 AUG lauten:[3]

§ 22 Verfahrenskostenhilfe nach Artikel 46 der Verordnung (EG) Nr. 4/2009 und den Artikeln 14 bis 17 des Haager Übereinkommens vom 23. November 2007 über die internationale Geltendmachung der Unterhaltsansprüche von Kindern und anderen Familienangehörigen

(1) Eine Person, die das 21. Lebensjahr noch nicht vollendet hat, erhält unabhängig von ihren wirtschaftlichen Verhältnissen Verfahrenskostenhilfe für Anträge

1. nach Artikel 56 der Verordnung (EG) Nr. 4/2009 gemäß Artikel 46 dieser Verordnung und

2. nach Kapitel III des Haager Übereinkommens vom 23. November 2007 über die internationale Geltendmachung der Unterhaltsansprüche von Kindern und anderen Familienangehörigen gemäß Artikel 15 dieses Übereinkommens. Durch die Bewilligung von Verfahrenskostenhilfe wird sie endgültig von der Zahlung der in § 122 Absatz 1 der Zivilprozessordnung genannten Kosten befreit. Absatz 3 bleibt unberührt.

(2) Die Bewilligung von Verfahrenskostenhilfe kann nur abgelehnt werden, wenn der Antrag mutwillig oder offensichtlich unbegründet ist. In den Fällen des Artikels 56 Absatz 1 Buchstabe a und b der Verordnung (EG) Nr. 4/2009 und des Artikels 10 Absatz 1 Buchstabe a und b des Haager Übereinkommens vom 23. November 2007 über die internationale Geltendmachung der Unterhaltsansprüche von Kindern und anderen Familienangehörigen und in Bezug auf die von Artikel 20 Absatz 4 dieses Übereinkommens erfassten Fälle werden die Erfolgsaussichten nicht geprüft.

(3) Unterliegt der Antragsteller in einem gerichtlichen Verfahren, kann das Gericht gemäß Artikel 67 der Verordnung (EG) Nr. 4/2009 und gemäß Artikel 43 des Haager Übereinkommens vom 23. November 2007 über die internationale Geltendmachung der Unterhaltsansprüche von Kindern und anderen Familienangehörigen eine Erstattung der im Wege der Verfahrenskostenhilfe verauslagten Kosten verlangen, wenn dies unter Berücksichtigung der finanziellen Verhältnisse des Antragstellers der Billigkeit entspricht.

S. dazu vor Art. 44ff. EuUntVO Rz. 156f. Zur Zuständigkeit des Rechtspflegers für die Entscheidung gem. Abs. 3 beachte § 20 Nr. 6a RPflG.

§ 23
Verfahrenskostenhilfe für die Anerkennung, Vollstreckbarerklärung und Vollstreckung von unterhaltsrechtlichen Titeln

Hat der Antragsteller im Ursprungsstaat für das Erkenntnisverfahren ganz oder teilweise Verfahrenskostenhilfe erhalten, ist ihm für das Verfahren der Anerkennung, Vollstreckbarerklärung

---

1 Gebauer/Wiedmann/*Hau*, Kap. 33 Rz. 26; *Nagel/Gottwald*, § 4 Rz. 114, 116.
2 Vgl. zu diesem Anliegen Gebauer/Wiedmann/*Hau*, Kap. 33 Rz. 32.
3 Art. 1 Nr. 8, Art. 4 Abs. 1 Satz 1 G. v. 20.2.2012, BGBl. I 2013, 273. Der Tag des Inkrafttretens des HUntVÜ 2007 wird im BGBl. bekannt gegeben (ebenda, Art. 4 Abs. 1 Satz 2).

und Vollstreckung der Entscheidung Verfahrenskostenhilfe zu bewilligen. Durch die Bewilligung von Verfahrenskostenhilfe wird der Antragsteller endgültig von der Zahlung der in § 122 Absatz 1 der Zivilprozessordnung genannten Kosten befreit. Dies gilt nicht, wenn die Bewilligung nach § 124 Absatz 1 Nummer 1 der Zivilprozessordnung aufgehoben wird.

31   Die Vorschrift bezieht sich auf die in §§ 30 ff. AUG geregelten Verfahren und trägt Art. 47 Abs. 2 EuUntVO und Art. 50 Abs. 1 LugÜ 2007 Rechnung.

§ 24
Verfahrenskostenhilfe für Verfahren mit förmlicher Gegenseitigkeit

Bietet in Verfahren gemäß § 1 Absatz 1 Satz 1 Nummer 3 die beabsichtigte Rechtsverfolgung eingehender Ersuchen hinreichende Aussicht auf Erfolg und erscheint sie nicht mutwillig, so ist dem Berechtigten auch ohne ausdrücklichen Antrag Verfahrenskostenhilfe zu bewilligen. In diesem Fall hat er weder Monatsraten noch aus dem Vermögen zu zahlende Beträge zu leisten. Durch die Bewilligung von Verfahrenskostenhilfe wird der Berechtigte endgültig von der Zahlung der in § 122 Absatz 1 der Zivilprozessordnung genannten Kosten befreit, sofern die Bewilligung nicht nach § 124 Absatz 1 Nummer 1 der Zivilprozessordnung aufgehoben wird.

32   Die Vorschrift betrifft – wie bislang § 9 AUG 1986 – Fälle iSv. § 1 Abs. 1 Satz 1 Nr. 3 AUG, in denen eine in Kanada, Südafrika oder den USA ansässige Person einen Unterhaltsanspruch in Deutschland durchzusetzen versucht.

33   Nicht geregelt ist der Fall, dass ein **Inlandsansässiger** seinen Anspruch in einem dieser Staaten verfolgen möchte. Ob für das vorbereitende Verfahren in Deutschland hinsichtlich etwaiger Anwaltskosten Verfahrenskostenhilfe oder nur Beratungshilfe gewährt werden kann, war schon bislang streitig.[1] Letzteres dürfte zutreffen, weil es sich bei der Vorprüfung nach wie vor um ein Justizverwaltungsverfahren handelt (s. § 7 Abs. 2 AUG; zuvor: § 3 Abs. 1 AUG 1986).

Abschnitt 6
Ergänzende Zuständigkeitsregelungen; Zuständigkeitskonzentration

34   Vgl. zum Anwendungsbereich und zum Regelungsgehalt der §§ 25 f., 28 AUG im Einzelnen Art. 3 EuUntVO Rz. 31, 44 f. Zu § 27 AUG s. Art. 6 EuUntVO Rz. 58 und Art. 7 EuUntVO Rz. 64. Zu dem in § 29 angesprochenen Europäischen Mahnverfahren s. Anhang 1 zu § 110 Rz. 7.

35   §§ 26 und 28 AUG beziehen sich nach ihrem Wortlaut nicht auf die Fälle des Art. 5 Nr. 2 **LugÜ 2007**. Geht man jedoch davon aus, dass die Zuständigkeitsregeln der EuUntVO diejenigen des LugÜ 2007 nicht völlig verdrängen, dass sich beide Systeme vielmehr ergänzen (s. Art. 2–4 LugÜ 2007, Rz. 8), so liegt es nahe, §§ 26 und 28 AUG entsprechend auf Art. 5 Nr. 2 LugÜ 2007 anzuwenden, wenn der Beklagte seinen Wohnsitz in Island, Norwegen oder der Schweiz hat und die internationale Zuständigkeit deutscher Gerichte deshalb nicht nach Art. 3 EuUntVO, sondern nach Art. 5 Nr. 2 LugÜ 2007 bestimmt.

§ 25
Internationale Zuständigkeit nach Artikel 3 Buchstabe c der Verordnung (EG) Nr. 4/2009

(1) Die deutschen Gerichte sind in Unterhaltssachen nach Artikel 3 Buchstabe c der Verordnung (EG) Nr. 4/2009 zuständig, wenn

1. Unterhalt im Scheidungs- oder Aufhebungsverbund geltend gemacht wird und die deutschen Gerichte für die Ehe- oder die Lebenspartnerschaftssache nach den folgenden Bestimmungen zuständig sind:

    a) im Anwendungsbereich der Verordnung (EG) Nr. 2201/2003 des Rates vom 27. November 2003 über die Zuständigkeit und die Anerkennung von Entscheidungen in Ehesachen und in Verfahren betreffend die elterliche Verantwortung und zur Aufhebung der Verordnung (EG) Nr. 1347/2000 (ABl. L 338 vom 23.12.2003, S. 1) nach Artikel 3 Absatz 1 dieser Verordnung,

---

1 Für Letzteres etwa *Streicher/Köblitz*, § 4 Rz. 108; zum AUG gegen die Möglichkeit der PKH-Bewilligung KG v. 7.7.2005 – 16 VA 11/05, FamRZ 2006, 1210. Befürwortend hingegen Göppinger/Wax/*Linke*, Rz. 3253.

    b) nach § 98 Absatz 1 des Gesetzes über das Verfahren in Familiensachen und in den Angelegenheiten der freiwilligen Gerichtsbarkeit oder

    c) nach § 103 Absatz 1 des Gesetzes über das Verfahren in Familiensachen und in den Angelegenheiten der freiwilligen Gerichtsbarkeit;

2. Unterhalt in einem Verfahren auf Feststellung der Vaterschaft eines Kindes geltend gemacht wird und die deutschen Gerichte für das Verfahren auf Feststellung der Vaterschaft international zuständig sind nach

    a) § 100 Nummer 1 des Gesetzes über das Verfahren in Familiensachen und in den Angelegenheiten der freiwilligen Gerichtsbarkeit und sowohl der Berechtigte als auch der Verpflichtete Deutsche sind,

    b) § 100 Nummer 2 des Gesetzes über das Verfahren in Familiensachen und in den Angelegenheiten der freiwilligen Gerichtsbarkeit.

(2) Absatz 1 Nummer 1 Buchstabe b und c ist nicht anzuwenden, wenn deutsche Gerichte aufgrund der deutschen Staatsangehörigkeit nur eines der Beteiligten zuständig sind.

§ 26
Örtliche Zuständigkeit

(1) Örtlich zuständig nach Artikel 3 Buchstabe c der Verordnung (EG) Nr. 4/2009 ist das Amtsgericht,

1. bei dem die Ehe- oder Lebenspartnerschaftssache im ersten Rechtszug anhängig ist oder war, solange die Ehe- oder Lebenspartnerschaftssache anhängig ist;

2. bei dem das Verfahren auf Feststellung der Vaterschaft im ersten Rechtszug anhängig ist, wenn Kindesunterhalt im Rahmen eines Abstammungsverfahrens geltend gemacht wird.

In den Fällen des Satzes 1 Nummer 2 gilt für den Erlass einer einstweiligen Anordnung § 248 Absatz 2 des Gesetzes über das Verfahren in Familiensachen und in den Angelegenheiten der freiwilligen Gerichtsbarkeit.

(2) § 233 des Gesetzes über das Verfahren in Familiensachen und in den Angelegenheiten der freiwilligen Gerichtsbarkeit bleibt unberührt.

§ 27
Örtliche Zuständigkeit für die Auffang- und Notzuständigkeit

Sind die deutschen Gerichte nach den Artikeln 6 oder 7 der Verordnung (EG) Nr. 4/2009 international zuständig, ist ausschließlich das Amtsgericht Pankow-Weißensee in Berlin örtlich zuständig.

§ 28
Zuständigkeitskonzentration; Verordnungsermächtigung

(1) Wenn ein Beteiligter seinen gewöhnlichen Aufenthalt nicht im Inland hat, entscheidet über Anträge in Unterhaltssachen in den Fällen des Artikels 3 Buchstabe a und b der Verordnung (EG) Nr. 4/2009 ausschließlich das für den Sitz des Oberlandesgerichts, in dessen Bezirk der Antragsgegner oder der Berechtigte seinen gewöhnlichen Aufenthalt hat, zuständige Amtsgericht. Für den Bezirk des Kammergerichts ist das Amtsgericht Pankow-Weißensee zuständig.

(2) Die Landesregierungen werden ermächtigt, diese Zuständigkeit durch Rechtsverordnung einem anderen Amtsgericht des Oberlandesgerichtsbezirks oder, wenn in einem Land mehrere Oberlandesgerichte errichtet sind, einem Amtsgericht für die Bezirke aller oder mehrerer Oberlandesgerichte zuzuweisen. Die Landesregierungen können diese Ermächtigung durch Rechtsverordnung auf die Landesjustizverwaltungen übertragen.

§ 29
Zuständigkeit im Anwendungsbereich der Verordnung (EG) Nr. 1896/2006

In Bezug auf die Zuständigkeit im Anwendungsbereich der Verordnung (EG) Nr. 1896/2006 des Europäischen Parlaments und des Rates vom 12. Dezember 2006 zur Einführung eines Europäischen Mahnverfahrens (ABl. L 399 vom 30.12.2006, S. 1) bleibt § 1087 der Zivilprozessordnung unberührt.

Kapitel 2
Anerkennung und Vollstreckung von Entscheidungen
Abschnitt 1
Verfahren ohne Exequatur nach der Verordnung (EG) Nr. 4/2009

§ 30
Verzicht auf Vollstreckungsklausel; Unterlagen

(1) Liegen die Voraussetzungen der Artikel 17 oder 48 der Verordnung (EG) Nr. 4/2009 vor, findet die Vollstreckung aus dem ausländischen Titel statt, ohne dass es einer Vollstreckungsklausel bedarf.

(2) Das Formblatt, das dem Vollstreckungsorgan nach Artikel 20 Absatz 1 Buchstabe b oder Artikel 48 Absatz 3 der Verordnung (EG) Nr. 4/2009 vorzulegen ist, soll mit dem zu vollstreckenden Titel untrennbar verbunden sein.

(3) Hat der Gläubiger nach Artikel 20 Absatz 1 Buchstabe d der Verordnung (EG) Nr. 4/2009 eine Übersetzung oder ein Transkript vorzulegen, so sind diese Unterlagen von einer Person, die in einem der Mitgliedstaaten hierzu befugt ist, in die deutsche Sprache zu übersetzen.

36 Vgl. zum Anwendungsbereich und zum Regelungsgehalt im Einzelnen Art. 17 EuUntVO Rz. 88 f. Zum zeitlichen Anwendungsbereich der §§ 30–34 AUG beachte § 77 Abs. 4 AUG. Zu § 30 Abs. 2 und 3 AUG s. Art. 20 EuUntVO Rz. 100 und 102.

§ 31
Anträge auf Verweigerung, Beschränkung oder Aussetzung der Vollstreckung nach Artikel 21 der Verordnung (EG) Nr. 4/2009

(1) Für Anträge auf Verweigerung, Beschränkung oder Aussetzung der Vollstreckung nach Artikel 21 der Verordnung (EG) Nr. 4/2009 ist das Amtsgericht als Vollstreckungsgericht zuständig. Örtlich zuständig ist das in § 764 Absatz 2 der Zivilprozessordnung benannte Gericht.

(2) Die Entscheidung über den Antrag auf Verweigerung der Vollstreckung (Artikel 21 Absatz 2 der Verordnung (EG) Nr. 4/2009) ergeht durch Beschluss. § 770 der Zivilprozessordnung ist entsprechend anzuwenden. Der Beschluss unterliegt der sofortigen Beschwerde nach § 793 der Zivilprozessordnung. Bis zur Entscheidung nach Satz 1 kann das Gericht Anordnungen nach § 769 Absatz 1 und 3 der Zivilprozessordnung treffen.

(3) Über den Antrag auf Aussetzung oder Beschränkung der Zwangsvollstreckung (Artikel 21 Absatz 3 der Verordnung (EG) Nr. 4/2009) entscheidet das Gericht durch einstweilige Anordnung. Die Entscheidung ist unanfechtbar.

§ 32
Einstellung der Zwangsvollstreckung

Die Zwangsvollstreckung ist entsprechend § 775 Nummer 1 und 2 und § 776 der Zivilprozessordnung auch dann einzustellen oder zu beschränken, wenn der Schuldner eine Entscheidung eines Gerichts des Ursprungsstaats über die Nichtvollstreckbarkeit oder über die Beschränkung der Vollstreckbarkeit vorlegt. Auf Verlangen ist eine Übersetzung der Entscheidung vorzulegen. In diesem Fall ist die Entscheidung von einer Person, die in einem Mitgliedstaat hierzu befugt ist, in die deutsche Sprache zu übersetzen.

§ 33
Einstweilige Einstellung bei Wiedereinsetzung, Rechtsmittel und Einspruch

(1) Hat der Schuldner im Ursprungsstaat Wiedereinsetzung beantragt oder gegen die zu vollstreckende Entscheidung einen Rechtsbehelf oder ein Rechtsmittel eingelegt, gelten die §§ 707, 719 Absatz 1 der Zivilprozessordnung und § 120 Absatz 2 Satz 2 und 3 des Gesetzes über das Verfahren in Familiensachen und in den Angelegenheiten der freiwilligen Gerichtsbarkeit.

(2) Zuständig ist das in § 35 Absatz 1 und 2 bestimmte Gericht.

37 §§ 31–33 AUG regeln für den Fall einer mitgliedstaatlichen Entscheidung, die gem. Art. 17 Abs. 2 EuUntVO ohne Vollstreckbarerklärung in Deutschland zu vollstrecken ist, die hierzulande bestehenden Rechtsschutzmöglichkeiten im Anschluss an die Vorgaben von Art. 21 EuUntVO (s. die Kommentierung dort). Ergänzend sind § 66 Abs. 1 AUG (Vollstreckungsabwehrantrag) und § 69 Abs. 2 Nr. 2 AUG (Schadensersatz wegen ungerechtfertigter Vollstreckung) zu beachten. Zu den Kosten vgl. Nr. 2119 KV GKG sowie § 18 Abs. 1 Nr. 6 RVG.[1]

---
1 Dazu *Schneider*, AGS 2011, 313 (314).

§ 34
Bestimmung des vollstreckungsfähigen Inhalts eines ausländischen Titels

(1) Lehnt das Vollstreckungsorgan die Zwangsvollstreckung aus einem ausländischen Titel, der keiner Vollstreckungsklausel bedarf, mangels hinreichender Bestimmtheit ab, kann der Gläubiger die Bestimmung des vollstreckungsfähigen Inhalts (Konkretisierung) des Titels beantragen. Zuständig ist das in § 35 Absatz 1 und 2 bestimmte Gericht.

(2) Der Antrag kann bei dem Gericht schriftlich gestellt oder zu Protokoll der Geschäftsstelle erklärt werden. Das Gericht kann über den Antrag ohne mündliche Verhandlung entscheiden. Vor der Entscheidung, die durch Beschluss ergeht, wird der Schuldner angehört. Der Beschluss ist zu begründen.

(3) Konkretisiert das Gericht den ausländischen Titel, findet die Vollstreckung aus diesem Beschluss statt, ohne dass es einer Vollstreckungsklausel bedarf. Der Beschluss ist untrennbar mit dem ausländischen Titel zu verbinden und dem Schuldner zuzustellen.

(4) Gegen die Entscheidung ist die Beschwerde nach dem Gesetz über das Verfahren in Familiensachen und in den Angelegenheiten der freiwilligen Gerichtsbarkeit statthaft. § 61 des Gesetzes über das Verfahren in Familiensachen und in den Angelegenheiten der freiwilligen Gerichtsbarkeit ist nicht anzuwenden.

Vgl. allgemein zur Problematik unbestimmter ausländischer Vollstreckungstitel § 110 FamFG Rz. 32 ff. Das AUG bietet erstmals ein besonderes Konkretisierungsverfahren für unzureichend bestimmte ausländische Vollstreckungstitel, die nach Maßgabe von Art. 17 ff. EuUntVO im Inland ohne Vollstreckbarerklärung oder Vollstreckungsklausel zu vollstrecken sind.[1] Für das Konkretisierungsverfahren wird eine Festgebühr gem. Nr. 1713 Nr. 2 KV FamGKG erhoben; zum Beschwerdeverfahren s. Nr. 1720–22 KV FamGKG. 38

Abschnitt 2
Gerichtliche Zuständigkeit für Verfahren zur Anerkennung und Vollstreckbarerklärung ausländischer Entscheidungen

§ 35
Gerichtliche Zuständigkeit; Zuständigkeitskonzentration; Verordnungsermächtigung[2]

(1) Über einen Antrag auf Feststellung der Anerkennung oder über einen Antrag auf Vollstreckbarerklärung eines ausländischen Titels nach den Abschnitten 3 bis 5 entscheidet ausschließlich das Amtsgericht, das für den Sitz des Oberlandesgerichts zuständig ist, in dessen Zuständigkeitsbezirk
1. sich die Person, gegen die sich der Titel richtet, gewöhnlich aufhält oder
2. die Vollstreckung durchgeführt werden soll. Für den Bezirk des Kammergerichts entscheidet das Amtsgericht Pankow-Weißensee.

(2) Die Landesregierungen werden ermächtigt, diese Zuständigkeit durch Rechtsverordnung einem anderen Amtsgericht des Oberlandesgerichtsbezirks oder, wenn in einem Land mehrere Oberlandesgerichte errichtet sind, einem Amtsgericht für die Bezirke aller oder mehrerer Oberlandesgerichte zuzuweisen. Die Landesregierungen können diese Ermächtigung durch Rechtsverordnung auf die Landesjustizverwaltungen übertragen.

(3) In einem Verfahren, das die Vollstreckbarerklärung einer notariellen Urkunde zum Gegenstand hat, kann diese Urkunde auch von einem Notar für vollstreckbar erklärt werden im Anwendungsbereich
1. der Verordnung (EG) Nr. 4/2009 oder
2. des Übereinkommens vom 30. Oktober 2007 über die gerichtliche Zuständigkeit und die Anerkennung und Vollstreckung von Entscheidungen in Zivil- und Handelssachen.

Die Vorschriften für das Verfahren der Vollstreckbarerklärung durch ein Gericht gelten sinngemäß.

Die Konzentration hinsichtlich der **örtlichen und sachlichen Zuständigkeit** und die Verordnungsermächtigung gem. Abs. 1 und 2 sollen Kompetenzen bündeln und 39

---

[1] Dazu BT-Drucks. 17/4887, S. 44. Näher *Heger/Selg*, FamRZ 2011, 1101 (1108); *Hess/Spancken*, FPR 2013, 27 (28).
[2] Abs. 1 Satz 1 geändert durch Art. 1 Nr. 9 G. v. 20.2.2013, BGBl. I 2013, 273. Vgl. die Erläuterung im RegE, BT-Drucks. 17/10492, S. 12.

insbesondere kleinere Amtsgerichte entlasten.[1] Das Amtsgericht entscheidet als Familiengericht, § 23b GVG.[2] § 35 Abs. 3 AUG knüpft an Art. 27 Abs. 1, 48 EuUntVO sowie Art. 39 Abs. 1, 57f. LugÜ 2007 an.

40 Ausweislich der Bezugnahme auf die **Abschnitte 3 und 4** gilt § 35 AUG grundsätzlich nicht in den Fällen von **Abschnitt 1**, in denen eine mitgliedstaatliche Entscheidung gem. Art. 17 Abs. 2 EuUntVO ohne Vollstreckbarerklärung in Deutschland zu vollstrecken ist. Diesbezüglich bleibt es vielmehr bei der Zuständigkeit der Vollstreckungsorgane bzw. gem. § 31 Abs. 1 AUG des Vollstreckungsgerichts. Allerdings verweisen § 33 Abs. 2 und § 34 Abs. 1 Satz 2 AUG auf § 35 Abs. 1 und 2 AUG.

Abschnitt 3
Verfahren mit Exequatur nach der Verordnung (EG) Nr. 4/2009 und den Abkommen der Europäischen Union

Unterabschnitt 1
Zulassung der Zwangsvollstreckung aus ausländischen Titeln

41 Unterabschnitt 1 regelt im Anwendungsbereich der **EuUntVO** nicht die Fälle von Art. 17ff. EuUntVO, sondern greift nur dann ein, wenn gem. Art. 26ff. EuUntVO ausnahmsweise eine Vollstreckbarerklärung erforderlich ist; dies gilt in Altfällen (Art. 75 Abs. 2 Unterabs. 1 EuUntVO) sowie für Entscheidungen aus Dänemark oder dem Vereinigten Königreich (s. im Einzelnen Art. 23 EuUntVO Rz. 111f.). Im Übrigen beziehen sich §§ 36ff. AUG auf die Fälle des **LugÜ 2007** sowie, nach Maßgabe von § 57 AUG, auch des **LugÜ 1988** (zu dessen Geltung in Altfällen s. Art. 1 LugÜ 2007 Rz. 1) sowie des **HUntVÜ 1973**. Weil die genannten europa- und konventionsrechtlichen Exequaturverfahren, ungeachtet ihrer teilweise speziellen Ausrichtung auf Unterhaltssachen, im Wesentlichen denjenigen ähneln, die für Deutschland nach Maßgabe des AVAG durch- bzw. auszuführen sind, sind auch §§ 36ff. AUG grundsätzlich parallel zum AVAG konzipiert.[3]

42 § 37 Abs. 3 AUG trägt klarstellend Art. 41 Abs. 2 EuUntVO Rechnung. Die in § 39 AUG geregelten Sonderfälle dürften in der Praxis allenfalls selten vorkommen.[4] Die als Beschluss ergehende Entscheidung über die Zulassung der Zwangsvollstreckung iSv. § 40 AUG wird, abweichend von § 116 Abs. 3 FamFG, bereits mit Bekanntgabe wirksam (§§ 40 Abs. 3, 42 AUG[5]). Zur Kostentragung s. § 40 Abs. 1 Satz 4 und Abs. 2 Satz 2; im Übrigen bleibt es wegen § 2 AUG bei §§ 80ff. FamFG. Zu den Gerichtskosten s. Nr. 1710, 1715 KV FamGKG.[6] Die in § 41 Abs. 2 AUG eröffnete Möglichkeit einer Teil-Vollstreckungsklausel entspricht Art. 37 EuUntVO.

§ 36
Antragstellung

(1) Der in einem anderen Staat vollstreckbare Titel wird dadurch zur Zwangsvollstreckung zugelassen, dass er auf Antrag mit der Vollstreckungsklausel versehen wird.

(2) Der Antrag auf Erteilung der Vollstreckungsklausel kann bei dem zuständigen Gericht schriftlich eingereicht oder mündlich zu Protokoll der Geschäftsstelle erklärt werden.

(3) Ist der Antrag entgegen § 184 des Gerichtsverfassungsgesetzes nicht in deutscher Sprache abgefasst, so kann das Gericht von dem Antragsteller eine Übersetzung verlangen, deren Richtigkeit von einer Person bestätigt worden ist, die in einem der folgenden Staaten hierzu befugt ist:

1. in einem Mitgliedstaat oder in einem anderen Vertragsstaat des Abkommens über den Europäischen Wirtschaftsraum oder

---

1 Vgl. BT-Drucks. 17/4887, S. 45.
2 *Heger/Selg*, FamRZ 2011, 1101 (1105f.).
3 Vgl. BT-Drucks. 17/4887, S. 42f., wo verwiesen wird auf BT-Drucks. 11/351, 11/1885 und 14/4591.
4 Vgl. BT-Drucks. 17/4887, S. 46. Die Verordnungskonformität von § 39 AUG bezweifelt *Eichel*, GPR 2011, 193 (195f.); zustimmend Hk-ZV/*Meller-Hannich*, § 39 AUG Rz. 2.
5 Zur verordnungskonformen Handhabung von § 42 AUG vgl. *Eichel*, GPR 2011, 193 (196); insoweit anders Hk-ZV/*Meller-Hannich*, § 42 AUG Rz. 1.
6 Dazu *Schneider*, AGS 2011, 313 (315), dort auch zur Anwaltsvergütung, zur Verfahrenskostenhilfe und zu etwaigen Notarkosten.

2. in einem Vertragsstaat des jeweils auszuführenden völkerrechtlichen Vertrags.

(4) Der Ausfertigung des Titels, der mit der Vollstreckungsklausel versehen werden soll, und seiner Übersetzung, soweit eine solche vorgelegt wird, sollen je zwei Abschriften beigefügt werden.

§ 37
Zustellungsempfänger

(1) Hat der Antragsteller in dem Antrag keinen Zustellungsbevollmächtigten im Sinne des § 184 Absatz 1 Satz 1 der Zivilprozessordnung benannt, so können bis zur nachträglichen Benennung alle Zustellungen an ihn durch Aufgabe zur Post (§ 184 Absatz 1 Satz 2 und Absatz 2 der Zivilprozessordnung) bewirkt werden.

(2) Absatz 1 gilt nicht, wenn der Antragsteller einen Verfahrensbevollmächtigten für das Verfahren benannt hat, an den im Inland zugestellt werden kann.

(3) Die Absätze 1 und 2 sind auf Verfahren nach der Verordnung (EG) Nr. 4/2009 nicht anzuwenden.

§ 38
Verfahren

(1) Die Entscheidung ergeht ohne mündliche Verhandlung. Jedoch kann eine mündliche Erörterung mit dem Antragsteller oder seinem Bevollmächtigten stattfinden, wenn der Antragsteller oder der Bevollmächtigte hiermit einverstanden ist und die Erörterung der Beschleunigung dient.

(2) Im ersten Rechtszug ist die Vertretung durch einen Rechtsanwalt nicht erforderlich.

§ 39
Vollstreckbarkeit ausländischer Titel in Sonderfällen

(1) Hängt die Zwangsvollstreckung nach dem Inhalt des Titels von einer dem Gläubiger obliegenden Sicherheitsleistung, dem Ablauf einer Frist oder dem Eintritt einer anderen Tatsache ab oder wird die Vollstreckungsklausel zugunsten eines anderen als des in dem Titel bezeichneten Gläubigers oder gegen einen anderen als den darin bezeichneten Schuldner beantragt, so ist die Frage, inwieweit die Zulassung der Zwangsvollstreckung von dem Nachweis besonderer Voraussetzungen abhängig oder ob der Titel für oder gegen den anderen vollstreckbar ist, nach dem Recht des Staates zu entscheiden, in dem der Titel errichtet ist. Der Nachweis ist durch Urkunden zu führen, es sei denn, dass die Tatsachen bei dem Gericht offenkundig sind.

(2) Kann der Nachweis durch Urkunden nicht geführt werden, so ist auf Antrag des Antragstellers der Antragsgegner zu hören. In diesem Fall sind alle Beweismittel zulässig. Das Gericht kann auch die mündliche Verhandlung anordnen.

§ 40
Entscheidung

(1) Ist die Zwangsvollstreckung aus dem Titel zuzulassen, so beschließt das Gericht, dass der Titel mit der Vollstreckungsklausel zu versehen ist. In dem Beschluss ist die zu vollstreckende Verpflichtung in deutscher Sprache wiederzugeben. Zur Begründung des Beschlusses genügt in der Regel die Bezugnahme auf die Verordnung (EG) Nr. 4/2009 oder auf den jeweils auszuführenden völkerrechtlichen Vertrag sowie auf von dem Antragsteller vorgelegte Urkunden. Auf die Kosten des Verfahrens ist § 788 der Zivilprozessordnung entsprechend anzuwenden.

(2) Ist der Antrag nicht zulässig oder nicht begründet, so lehnt ihn das Gericht durch mit Gründen versehenen Beschluss ab. Die Kosten sind dem Antragsteller aufzuerlegen.

(3) Der Beschluss wird mit Bekanntgabe an die Beteiligten wirksam.

§ 41
Vollstreckungsklausel

(1) Auf Grund des Beschlusses nach § 40 Absatz 1 erteilt der Urkundsbeamte der Geschäftsstelle die Vollstreckungsklausel in folgender Form:

„Vollstreckungsklausel nach § 36 des Auslandsunterhaltsgesetzes vom 23. Mai 2011 (BGBl. I S. 898). Gemäß dem Beschluss des ... (Bezeichnung des Gerichts und des Beschlusses) ist die Zwangsvollstreckung aus ... (Bezeichnung des Titels) zugunsten ... (Bezeichnung des Gläubigers) gegen ... (Bezeichnung des Schuldners) zulässig.

Die zu vollstreckende Verpflichtung lautet:

... (Angabe der dem Schuldner aus dem ausländischen Titel obliegenden Verpflichtung in deutscher Sprache; aus dem Beschluss nach § 40 Absatz 1 zu übernehmen).

Die Zwangsvollstreckung darf über Maßregeln zur Sicherung nicht hinausgehen, bis der Gläubiger eine gerichtliche Anordnung oder ein Zeugnis vorlegt, dass die Zwangsvollstreckung unbeschränkt stattfinden darf."

Lautet der Titel auf Leistung von Geld, so ist der Vollstreckungsklausel folgender Zusatz anzufügen:

„Solange die Zwangsvollstreckung über Maßregeln zur Sicherung nicht hinausgehen darf, kann der Schuldner die Zwangsvollstreckung durch Leistung einer Sicherheit in Höhe von ... (Angabe des Betrags, wegen dessen der Gläubiger vollstrecken darf) abwenden."

(2) Wird die Zwangsvollstreckung nur für einen oder mehrere der durch die ausländische Entscheidung zuerkannten oder in einem anderen ausländischen Titel niedergelegten Ansprüche oder nur für einen Teil des Gegenstands der Verpflichtung zugelassen, so ist die Vollstreckungsklausel als „Teil-Vollstreckungsklausel nach § 36 des Auslandsunterhaltsgesetzes vom – [einsetzen: Datum der Ausfertigung und Fundstelle]" zu bezeichnen.

(3) Die Vollstreckungsklausel ist von dem Urkundsbeamten der Geschäftsstelle zu unterschreiben und mit dem Gerichtssiegel zu versehen. Sie ist entweder auf die Ausfertigung des Titels oder auf ein damit zu verbindendes Blatt zu setzen. Falls eine Übersetzung des Titels vorliegt, ist sie mit der Ausfertigung zu verbinden.

§ 42
Bekanntgabe der Entscheidung

(1) Lässt das Gericht die Zwangsvollstreckung zu (§ 40 Absatz 1), sind dem Antragsgegner eine beglaubigte Abschrift des Beschlusses, eine beglaubigte Abschrift des mit der Vollstreckungsklausel versehenen Titels und gegebenenfalls seiner Übersetzung sowie der gemäß § 40 Absatz 1 Satz 3 in Bezug genommenen Urkunden von Amts wegen zuzustellen. Dem Antragsteller sind eine beglaubigte Abschrift des Beschlusses, die mit der Vollstreckungsklausel versehene Ausfertigung des Titels sowie eine Bescheinigung über die bewirkte Zustellung zu übersenden.

(2) Lehnt das Gericht den Antrag auf Erteilung der Vollstreckungsklausel ab (§ 40 Absatz 2), ist der Beschluss dem Antragsteller zuzustellen.

Unterabschnitt 2
Beschwerde, Rechtsbeschwerde

43   Unterabschnitt 2 gilt nicht in den Fällen von Art. 17 ff. EuUntVO, sondern knüpft an das in Art. 32 ff. EuUntVO bzw. Art. 43 ff. LugÜ 2007 vorgesehene Rechtsschutzsystem gegen die Vollstreckbarerklärung an. Die Vorschriften entsprechen im Wesentlichen §§ 11 ff. AVAG. Zum europarechtlichen Hintergrund der Aufhebung von § 44 AUG s. Art. 34 EuUntVO Rz. 146. Zu den Gerichtskosten im Beschwerdeverfahren s. Nr. 1720–22 KV FamGKG.

44   Übereinstimmend mit § 17 Abs. 1 AVAG, aber abweichend von § 72 Abs. 1 FamFG (vgl. vor §§ 98–106 Rz. 44), kann die Rechtsbeschwerde ausweislich § 48 Abs. 1 AUG nicht auf die Verletzung ausländischen Rechts gestützt werden.

§ 43
Beschwerdegericht; Einlegung der Beschwerde; Beschwerdefrist

(1) Beschwerdegericht ist das Oberlandesgericht.

(2) Die Beschwerde gegen die im ersten Rechtszug ergangene Entscheidung über den Antrag auf Erteilung der Vollstreckungsklausel wird bei dem Gericht, dessen Beschluss angefochten wird, durch Einreichen einer Beschwerdeschrift oder durch Erklärung zu Protokoll der Geschäftsstelle eingelegt. Der Beschwerdeschrift soll die für ihre Zustellung erforderliche Zahl von Abschriften beigefügt werden.

(3) § 61 des Gesetzes über das Verfahren in Familiensachen und in den Angelegenheiten der freiwilligen Gerichtsbarkeit ist nicht anzuwenden.

(4) Die Beschwerde des Antragsgegners gegen die Zulassung der Zwangsvollstreckung ist einzulegen

1. im Anwendungsbereich der Verordnung (EG) Nr. 4/2009 und des Abkommens vom 19. Oktober 2005 zwischen der Europäischen Gemeinschaft und dem Königreich Dänemark über die gerichtliche Zuständigkeit und die Anerkennung und Vollstreckung von Entscheidungen in Zivil- und Handelssachen innerhalb der Frist des Artikels 32 Absatz 5 der Verordnung (EG) Nr. 4/2009,

2. im Anwendungsbereich des Übereinkommens vom 30. Oktober 2007 über die gerichtliche Zuständigkeit und die Anerkennung und Vollstreckung von Entscheidungen in Zivil- und Handelssachen
   a) innerhalb eines Monats nach Zustellung, wenn der Antragsgegner seinen Wohnsitz im Inland hat, oder
   b) innerhalb von zwei Monaten nach Zustellung, wenn der Antragsgegner seinen Wohnsitz im Ausland hat.

Die Frist beginnt mit dem Tag, an dem die Vollstreckbarerklärung dem Antragsgegner entweder persönlich oder in seiner Wohnung zugestellt worden ist. Eine Verlängerung dieser Frist wegen weiter Entfernung ist ausgeschlossen.

(5) Die Beschwerde ist dem Beschwerdegegner von Amts wegen zuzustellen.

§ 44
Einwendungen gegen den zu vollstreckenden Anspruch im Beschwerdeverfahren
(aufgehoben)[1]

§ 45
Verfahren und Entscheidung über die Beschwerde

(1) Das Beschwerdegericht entscheidet durch Beschluss, der mit Gründen zu versehen ist und ohne mündliche Verhandlung ergehen kann. Der Beschwerdegegner ist vor der Entscheidung zu hören.

(2) Solange eine mündliche Verhandlung nicht angeordnet ist, können zu Protokoll der Geschäftsstelle Anträge gestellt und Erklärungen abgegeben werden. Wird die mündliche Verhandlung angeordnet, so gilt für die Ladung § 215 der Zivilprozessordnung.

(3) Eine vollständige Ausfertigung des Beschlusses ist dem Antragsteller und dem Antragsgegner auch dann von Amts wegen zuzustellen, wenn der Beschluss verkündet worden ist.

(4) Soweit nach dem Beschluss des Beschwerdegerichts die Zwangsvollstreckung aus dem Titel erstmals zuzulassen ist, erteilt der Urkundsbeamte der Geschäftsstelle des Beschwerdegerichts die Vollstreckungsklausel. § 40 Absatz 1 Satz 2 und 4, §§ 41 und 42 Absatz 1 sind entsprechend anzuwenden. Ein Zusatz, dass die Zwangsvollstreckung über Maßregeln zur Sicherung nicht hinausgehen darf, ist nur aufzunehmen, wenn das Beschwerdegericht eine Anordnung nach § 52 Absatz 2 erlassen hat. Der Inhalt des Zusatzes bestimmt sich nach dem Inhalt der Anordnung.

§ 46
Statthaftigkeit und Frist der Rechtsbeschwerde

(1) Gegen den Beschluss des Beschwerdegerichts findet die Rechtsbeschwerde statt.

(2) Die Rechtsbeschwerde ist innerhalb eines Monats einzulegen.

(3) Die Rechtsbeschwerdefrist beginnt mit der Zustellung des Beschlusses (§ 45 Absatz 3).

(4) § 75 des Gesetzes über das Verfahren in Familiensachen und in den Angelegenheiten der freiwilligen Gerichtsbarkeit ist nicht anzuwenden.

§ 47
Einlegung und Begründung der Rechtsbeschwerde

(1) Die Rechtsbeschwerde wird durch Einreichen der Beschwerdeschrift beim Bundesgerichtshof eingelegt.

(2) Die Rechtsbeschwerde ist zu begründen. § 71 Absatz 1 Satz 1 des Gesetzes über das Verfahren in Familiensachen und in den Angelegenheiten der freiwilligen Gerichtsbarkeit ist nicht anzuwenden. Soweit die Rechtsbeschwerde darauf gestützt wird, dass das Beschwerdegericht von einer Entscheidung des Gerichtshofs der Europäischen Union abgewichen sei, muss die Entscheidung, von der der angefochtene Beschluss abweicht, bezeichnet werden.

§ 48
Verfahren und Entscheidung über die Rechtsbeschwerde

(1) Der Bundesgerichtshof kann nur überprüfen, ob der Beschluss auf einer Verletzung des Rechts der Europäischen Union, eines einschlägigen völkerrechtlichen Vertrags oder sonstigen Bundesrechts oder einer anderen Vorschrift beruht, deren Geltungsbereich sich über den Bezirk eines Oberlandesgerichts hinaus erstreckt.

---

[1] Aufgehoben durch Art. 1 Nr. 10 G. v. 20.2.2013, und zwar zum 26.2.2013 (ebendort, Art. 4 Abs. 3), BGBl. I 2013, 273. Vgl. die Erläuterungen im RegE, BT-Drucks. 17/10492, S. 12.

§ 110 Anh   Allgemeiner Teil

(2) Der Bundesgerichtshof kann über die Rechtsbeschwerde ohne mündliche Verhandlung entscheiden. Auf das Verfahren über die Rechtsbeschwerde sind die §§ 73 und 74 des Gesetzes über das Verfahren in Familiensachen und in den Angelegenheiten der freiwilligen Gerichtsbarkeit entsprechend anzuwenden.

(3) Soweit die Zwangsvollstreckung aus dem Titel erstmals durch den Bundesgerichtshof zugelassen wird, erteilt der Urkundsbeamte der Geschäftsstelle dieses Gerichts die Vollstreckungsklausel. § 40 Absatz 1 Satz 2 und 4, §§ 41 und 42 Absatz 1 gelten entsprechend. Ein Zusatz über die Beschränkung der Zwangsvollstreckung entfällt.

Unterabschnitt 3
Beschränkung der Zwangsvollstreckung auf Sicherungsmaßregeln und unbeschränkte Fortsetzung der Zwangsvollstreckung

45 Unterabschnitt 3 gilt nicht in den Fällen von Art. 17ff. EuUntVO, sondern knüpft an die Vollstreckungsbeschränkung gem. Art. 36 Abs. 3 EuUntVO bzw. Art. 47 Abs. 3 LugÜ 2007 an. Die Vorschriften entsprechen im Wesentlichen §§ 19ff. AVAG. Zur Zuständigkeit des Rechtspflegers für die Anordnung gem. § 51 AUG beachte § 20 Nr. 16a RPflG.

§ 49
Prüfung der Beschränkung

Einwendungen des Schuldners, dass bei der Zwangsvollstreckung die Beschränkung auf Sicherungsmaßregeln nach der Verordnung (EG) Nr. 4/2009 oder dem auszuführenden völkerrechtlichen Vertrag oder aufgrund einer auf diesem Gesetz beruhenden Anordnung (§ 52 Absatz 2) nicht eingehalten werde, oder Einwendungen des Gläubigers, dass eine bestimmte Maßnahme der Zwangsvollstreckung mit dieser Beschränkung vereinbar sei, sind im Wege der Erinnerung nach § 766 der Zivilprozessordnung bei dem Vollstreckungsgericht (§ 764 der Zivilprozessordnung) geltend zu machen.

§ 50
Sicherheitsleistung durch den Schuldner

(1) Solange die Zwangsvollstreckung aus einem Titel, der auf Leistung von Geld lautet, nicht über Maßregeln der Sicherung hinausgehen darf, ist der Schuldner befugt, die Zwangsvollstreckung durch Leistung einer Sicherheit in Höhe des Betrags abzuwenden, wegen dessen der Gläubiger vollstrecken darf.

(2) Die Zwangsvollstreckung ist einzustellen und bereits getroffene Vollstreckungsmaßregeln sind aufzuheben, wenn der Schuldner durch eine öffentliche Urkunde die zur Abwendung der Zwangsvollstreckung erforderliche Sicherheitsleistung nachweist.

§ 51
Versteigerung beweglicher Sachen

Ist eine bewegliche Sache gepfändet und darf die Zwangsvollstreckung nicht über Maßregeln zur Sicherung hinausgehen, so kann das Vollstreckungsgericht auf Antrag anordnen, dass die Sache versteigert und der Erlös hinterlegt werde, wenn sie der Gefahr einer beträchtlichen Wertminderung ausgesetzt ist oder wenn ihre Aufbewahrung unverhältnismäßige Kosten verursachen würde.

§ 52
Unbeschränkte Fortsetzung der Zwangsvollstreckung; besondere gerichtliche Anordnungen

(1) Weist das Beschwerdegericht die Beschwerde des Schuldners gegen die Zulassung der Zwangsvollstreckung zurück oder lässt es auf die Beschwerde des Gläubigers die Zwangsvollstreckung aus dem Titel zu, so kann die Zwangsvollstreckung über Maßregeln zur Sicherung hinaus fortgesetzt werden.

(2) Auf Antrag des Schuldners kann das Beschwerdegericht anordnen, dass bis zum Ablauf der Frist zur Einlegung der Rechtsbeschwerde oder bis zur Entscheidung über diese Beschwerde die Zwangsvollstreckung nicht oder nur gegen Sicherheitsleistung über Maßregeln zur Sicherung hinausgehen darf. Die Anordnung darf nur erlassen werden, wenn glaubhaft gemacht wird, dass die weitergehende Vollstreckung dem Schuldner einen nicht zu ersetzenden Nachteil bringen würde. § 713 der Zivilprozessordnung ist entsprechend anzuwenden.

(3) Wird Rechtsbeschwerde eingelegt, so kann der Bundesgerichtshof auf Antrag des Schuldners eine Anordnung nach Absatz 2 erlassen. Der Bundesgerichtshof kann auf Antrag des Gläu-

bigers eine nach Absatz 2 erlassene Anordnung des Beschwerdegerichts abändern oder aufheben.

§ 53
Unbeschränkte Fortsetzung der durch das Gericht des ersten Rechtszuges zugelassenen Zwangsvollstreckung

(1) Die Zwangsvollstreckung aus dem Titel, den der Urkundsbeamte der Geschäftsstelle des Gerichts des ersten Rechtszuges mit der Vollstreckungsklausel versehen hat, ist auf Antrag des Gläubigers über Maßregeln zur Sicherung hinaus fortzusetzen, wenn das Zeugnis des Urkundsbeamten der Geschäftsstelle dieses Gerichts vorgelegt wird, dass die Zwangsvollstreckung unbeschränkt stattfinden darf.

(2) Das Zeugnis ist dem Gläubiger auf seinen Antrag zu erteilen,
1. wenn der Schuldner bis zum Ablauf der Beschwerdefrist keine Beschwerdeschrift eingereicht hat,
2. wenn das Beschwerdegericht die Beschwerde des Schuldners zurückgewiesen und keine Anordnung nach § 52 Absatz 2 erlassen hat,
3. wenn der Bundesgerichtshof die Anordnung des Beschwerdegerichts nach § 52 Absatz 2 aufgehoben hat (§ 52 Absatz 3 Satz 2) oder
4. wenn der Bundesgerichtshof den Titel zur Zwangsvollstreckung zugelassen hat.

(3) Aus dem Titel darf die Zwangsvollstreckung, selbst wenn sie auf Maßregeln der Sicherung beschränkt ist, nicht mehr stattfinden, sobald ein Beschluss des Beschwerdegerichts, dass der Titel zur Zwangsvollstreckung nicht zugelassen werde, verkündet oder zugestellt ist.

§ 54
Unbeschränkte Fortsetzung der durch das Beschwerdegericht zugelassenen Zwangsvollstreckung

(1) Die Zwangsvollstreckung aus dem Titel, zu dem der Urkundsbeamte der Geschäftsstelle des Beschwerdegerichts die Vollstreckungsklausel mit dem Zusatz erteilt hat, dass die Zwangsvollstreckung aufgrund der Anordnung des Gerichts nicht über Maßregeln zur Sicherung hinausgehen darf (§ 45 Absatz 4 Satz 3), ist auf Antrag des Gläubigers über Maßregeln zur Sicherung hinaus fortzusetzen, wenn das Zeugnis des Urkundsbeamten der Geschäftsstelle dieses Gerichts vorgelegt wird, dass die Zwangsvollstreckung unbeschränkt stattfinden darf.

(2) Das Zeugnis ist dem Gläubiger auf seinen Antrag zu erteilen,
1. wenn der Schuldner bis zum Ablauf der Frist zur Einlegung der Rechtsbeschwerde (§ 46 Absatz 2) keine Beschwerdeschrift eingereicht hat,
2. wenn der Bundesgerichtshof die Anordnung des Beschwerdegerichts nach § 52 Absatz 2 aufgehoben hat (§ 52 Absatz 3 Satz 2) oder
3. wenn der Bundesgerichtshof die Rechtsbeschwerde des Schuldners zurückgewiesen hat.

Unterabschnitt 4
Feststellung der Anerkennung einer ausländischen Entscheidung

Unterabschnitt 4 gilt nicht in den Fällen von Art. 17ff. EuUntVO, sondern knüpft an die besonderen Anerkennungsfeststellungsverfahren gem. Art. 23 Abs. 2 EuUntVO bzw. Art. 33 Abs. 2 LugÜ 2007 an. **46**

§ 55
Verfahren

(1) Auf das Verfahren, das die Feststellung zum Gegenstand hat, ob eine Entscheidung aus einem anderen Staat anzuerkennen ist, sind die §§ 36 bis 38, 40 Absatz 2, die §§ 42 bis 45 Absatz 1 bis 3, die §§ 46, 47 sowie 48 Absatz 1 und 2 entsprechend anzuwenden.

(2) Ist der Antrag auf Feststellung begründet, so beschließt das Gericht, die Entscheidung anzuerkennen.

§ 56
Kostenentscheidung

In den Fällen des § 55 Absatz 2 sind die Kosten dem Antragsgegner aufzuerlegen. Dieser kann die Beschwerde (§ 43) auf die Entscheidung über den Kostenpunkt beschränken. In diesem Fall sind die Kosten dem Antragsteller aufzuerlegen, wenn der Antragsgegner durch sein Verhalten keine Veranlassung zu dem Antrag auf Feststellung gegeben hat.

Abschnitt 4
Anerkennung und Vollstreckung von Unterhaltstiteln nach völkerrechtlichen Verträgen

47 Abschnitt 4 regelt für Neufälle (vgl. § 77 Abs. 1 AUG) einige Besonderheiten im Hinblick auf die Anerkennung und Vollstreckbarerklärung im Anwendungsbereich des HUntVÜ 1973 (s. § 1 Abs. 1 Satz 1 Nr. 2 Buchst. a AUG) und des LugÜ 1988 (s. § 1 Abs. 1 Satz 1 Nr. 2 Buchst. b AUG). Maßgeblich sind § 35 AUG (ohne Abs. 3) sowie, vermittelt durch § 57 AUG, grundsätzlich auch §§ 36–56 AUG.

48 Wegen des Vorrangs der EuUntVO bzw. dem attraktiveren Verfahren gemäß dem LugÜ 2007 sind §§ 61 f. AUG als Sondervorschriften zum **HUntVÜ 1973** nur für den Rechtsverkehr mit Australien, der Türkei und der Ukraine von Belang (s. Anhang 5 zu § 110). § 63 AUG als Sondervorschrift für das **LugÜ 1988** wird ebenso wie dieses nur im Rechtsverkehr mit Island, Norwegen und der Schweiz und auch nur für solche Alttitel relevant, die gem. Art. 63 LugÜ 2007 noch dem LugÜ 1988 unterfallen und deren Anerkennung bzw. Vollstreckbarerklärung ab dem 18.6.2011 eingeleitet wird (s. Anhang 4 zu § 110). Für die Anerkennung und Vollstreckbarerklärung nach Maßgabe des LugÜ 2007 (s. § 1 Abs. 1 Satz 1 Nr. 1 Buchst. c AUG) gelten hingegen §§ 35 ff. AUG.

49 Größere Bedeutung wird Abschnitt 4 nach alledem erst zukommen, sobald das **HUntVÜ 2007** (s. Anhang 6 zu § 110) für eine nennenswerte Zahl von Vertragsstaaten in Kraft getreten ist.

Unterabschnitt 1
Allgemeines

§ 57
Anwendung von Vorschriften

Auf die Anerkennung und Vollstreckbarerklärung von ausländischen Unterhaltstiteln nach den in § 1 Absatz 1 Nummer 2 bezeichneten völkerrechtlichen Verträgen sind die Vorschriften der §§ 36 bis 56 entsprechend anzuwenden, soweit in diesem Abschnitt nichts anderes bestimmt ist.

§ 58
Anhörung

Das Gericht entscheidet in dem Verfahren nach § 36 ohne Anhörung des Antragsgegners.

§ 59
Beschwerdefrist

(1) Die Beschwerde gegen die im ersten Rechtszug ergangene Entscheidung über den Antrag auf Erteilung der Vollstreckungsklausel ist innerhalb eines Monats nach Zustellung einzulegen.
(2) Muss die Zustellung an den Antragsgegner im Ausland oder durch öffentliche Bekanntmachung erfolgen und hält das Gericht die Beschwerdefrist nach Absatz 1 nicht für ausreichend, so bestimmt es in dem Beschluss nach § 40 oder nachträglich durch besonderen Beschluss, der ohne mündliche Verhandlung ergeht, eine längere Beschwerdefrist. Die nach Satz 1 festgesetzte Frist für die Einlegung der Beschwerde ist auf der Bescheinigung über die bewirkte Zustellung (§ 42 Absatz 1 Satz 2) zu vermerken. Die Bestimmungen über den Beginn der Beschwerdefrist bleiben auch im Fall der nachträglichen Festsetzung unberührt.

Mit Inkrafttreten des HUntVÜ 2007 für die EU wird nach § 59 AUG folgender § 59a AUG eingefügt:[1]

§ 59a
Einwendungen gegen den zu vollstreckenden Anspruch im Beschwerdeverfahren

(1) Der Schuldner kann mit der Beschwerde, die sich gegen die Zulassung der Zwangsvollstreckung aus einer Entscheidung richtet, auch Einwendungen gegen den Anspruch selbst insoweit geltend machen, als die Gründe, auf denen sie beruhen, erst nach dem Erlass der Entscheidung entstanden sind.
(2) Mit der Beschwerde, die sich gegen die Zulassung der Zwangsvollstreckung aus einem gerichtlichen Vergleich oder einer öffentlichen Urkunde richtet, kann der Schuldner die Einwendungen gegen den Anspruch selbst ungeachtet der in Absatz 1 enthaltenen Beschränkung geltend machen.

---

1 Art. 1 Nr. 11 Buchst. a, Art. 4 Abs. 1 Satz 1 G. v. 20.2.2012, BGBl. I 2013, 273. Der Tag des Inkrafttretens des HUntVÜ 2007 wird im BGBl. bekannt gegeben (ebenda, Art. 4 Abs. 1 Satz 2).

§ 60
Beschränkung der Zwangsvollstreckung kraft Gesetzes

Die Zwangsvollstreckung ist auf Sicherungsmaßregeln beschränkt, solange die Frist zur Einlegung der Beschwerde noch läuft und solange über die Beschwerde noch nicht entschieden ist.

Mit Inkrafttreten des HUntVÜ 2007 für die EU wird nach § 60 AUG folgender Unterabschnitt 2 eingefügt (mit dementsprechender Neunummerierung der nachfolgenden Unterabschnitte):[1]

Unterabschnitt 2
Anerkennung und Vollstreckung von Unterhaltstiteln nach dem Haager Übereinkommen vom 23. November 2007 über die internationale Geltendmachung der Unterhaltsansprüche von Kindern und anderen Familienangehörigen

§ 60a
Beschwerdeverfahren im Bereich des Haager Übereinkommens

Abweichend von § 59 gelten für das Beschwerdeverfahren die Fristen des Artikels 23 Absatz 6 des Haager Übereinkommens.

Unterabschnitt 2
Anerkennung und Vollstreckung von Unterhaltstiteln nach dem Haager Übereinkommen vom 2. Oktober 1973 über die Anerkennung und Vollstreckung von Unterhaltsentscheidungen

§ 61
Einschränkung der Anerkennung und Vollstreckung

(1) Öffentliche Urkunden aus einem anderen Vertragsstaat werden nur anerkannt und vollstreckt, wenn dieser Staat die Erklärung nach Artikel 25 des Übereinkommens abgegeben hat.

(2) Die Anerkennung und Vollstreckung von Entscheidungen aus einem anderen Vertragsstaat über Unterhaltsansprüche zwischen Verwandten in der Seitenlinie und zwischen Verschwägerten ist auf Verlangen des Antragsgegners zu versagen, wenn

1. nach den Sachvorschriften des Rechts desjenigen Staates, dem der Verpflichtete und der Berechtigte angehören, eine Unterhaltspflicht nicht besteht oder
2. der Verpflichtete und der Berechtigte nicht die gleiche Staatsangehörigkeit haben und keine Unterhaltspflicht nach dem am gewöhnlichen Aufenthaltsort des Verpflichteten geltenden Recht besteht.

§ 62
Beschwerdeverfahren im Anwendungsbereich des Haager Übereinkommens

(1) Abweichend von § 59 Absatz 2 Satz 1 beträgt die Frist für die Beschwerde des Schuldners gegen die Zulassung der Zwangsvollstreckung zwei Monate, wenn die Zustellung an den Schuldner im Ausland erfolgen muss.

(2) Das Oberlandesgericht kann seine Entscheidung über die Beschwerde gegen die Zulassung der Zwangsvollstreckung auf Antrag des Schuldners aussetzen, wenn gegen die Entscheidung im Ursprungsstaat ein ordentliches Rechtsmittel eingelegt wurde oder die Frist hierfür noch nicht verstrichen ist. Im letzteren Fall kann das Oberlandesgericht eine Frist bestimmen, innerhalb der das Rechtsmittel einzulegen ist. Das Gericht kann die Zwangsvollstreckung auch von einer Sicherheitsleistung abhängig machen.

(3) Absatz 2 ist in Verfahren auf Feststellung der Anerkennung einer Entscheidung entsprechend anwendbar.

Unterabschnitt 3
Übereinkommen über die gerichtliche Zuständigkeit und die Vollstreckung gerichtlicher Entscheidungen in Zivil- und Handelssachen vom 16. September 1988

§ 63
Sonderregelungen für das Beschwerdeverfahren

(1) Die Frist für die Beschwerde des Antragsgegners gegen die Entscheidung über die Zulassung der Zwangsvollstreckung beträgt zwei Monate und beginnt von dem Tage an zu laufen, an dem die Entscheidung dem Antragsgegner entweder in Person oder in seiner Wohnung zugestellt worden ist, wenn der Antragsgegner seinen Wohnsitz oder seinen Sitz in einem anderen Ver-

---

[1] Art. 1 Nr. 11 Buchst. b und c, Art. 4 Abs. 1 Satz 1 G. v. 20.2.2012, BGBl. I 2013, 273. Der Tag des Inkrafttretens des HUntVÜ 2007 wird im BGBl. bekannt gegeben (ebenda, Art. 4 Abs. 1 Satz 2).

tragsstaat dieser Übereinkommen hat. Eine Verlängerung dieser Frist wegen weiter Entfernung ist ausgeschlossen. § 59 Absatz 2 ist nicht anzuwenden.

(2) § 62 Absatz 2 und 3 ist entsprechend anzuwenden.

Abschnitt 5
Verfahren bei förmlicher Gegenseitigkeit

§ 64
Vollstreckbarkeit ausländischer Titel

(1) Die Vollstreckbarkeit ausländischer Titel in Verfahren mit förmlicher Gegenseitigkeit nach § 1 Absatz 1 Satz 1 Nummer 3 richtet sich nach § 110 Absatz 1 und 2 des Gesetzes über das Verfahren in Familiensachen und in den Angelegenheiten der freiwilligen Gerichtsbarkeit. Die Rechtskraft der Entscheidung ist für die Vollstreckbarerklärung nicht erforderlich.

(2) Ist der ausländische Titel für vollstreckbar zu erklären, so kann das Gericht auf Antrag einer Partei in seinem Vollstreckungsbeschluss den in dem ausländischen Titel festgesetzten Unterhaltsbetrag hinsichtlich Höhe und Dauer der zu leistenden Zahlungen abändern. Ist die ausländische Entscheidung rechtskräftig, so ist eine Abänderung nur nach Maßgabe des § 238 des Gesetzes über das Verfahren in Familiensachen und in den Angelegenheiten der freiwilligen Gerichtsbarkeit zulässig.

50 Auch nach Inkrafttreten des FamFG hatte das zunächst unverändert fortgeltende AUG 1986 für das **Vollstreckbarerklärungsverfahren** systemwidrig nur die ebenso schwerfällige wie kostenträchtige Vollstreckungsklage gem. §§ 722 Abs. 1, 723 Abs. 1 ZPO eröffnet.[1] Nunmehr nimmt § 64 Abs. 1 Satz 1 AUG – systemkonform – Bezug auf § 110 Abs. 1 und 2 FamFG.

51 Was die **Zuständigkeit** angeht, ist zu beachten, dass § 35 AUG nicht für Abschnitt 5 (also § 64 AUG) gilt. Andererseits verweist § 64 Abs. 1 Satz 1 AUG seltsamerweise nicht auf § 110 Abs. 3 Satz 1 FamFG (obwohl § 64 Abs. 1 Satz 2 AUG nur § 110 Abs. 3 Satz 2 FamFG ersetzt). Immerhin stellt der RegE zum AUG klar, dass es sich bei dem Vollstreckbarerklärungsverfahren um eine Familienstreitsache iSd. FamFG handelt.[2]

52 Hinsichtlich etwaiger **Anerkennungshindernisse** verweist § 64 Abs. 1 Satz 1 AUG auf § 110 Abs. 1 FamFG und dieser auf § 109 FamFG; dessen Abs. 4 spielt keine Rolle, weil die Verbürgung der Gegenseitigkeit förmlich festgestellt ist (§ 1 Abs. 1 Satz 2 AUG). Gem. § 64 Abs. 1 Satz 2 AUG muss die ausländische Entscheidung nicht bereits in Rechtskraft erwachsen sein. Allerdings kommt im Falle rechtskräftiger Entscheidungen eine vereinfachte **Abänderung** im Rahmen der Vollstreckbarerklärung nur nach Maßgabe von § 238 FamFG in Betracht (§ 64 Abs. 2 Satz 2 AUG).[3]

53 Besonderheiten gelten für die von § 15 AUG erfassten **Ex-parte-Entscheidungen:** Diese werden nicht gem. § 64 AUG für vollstreckbar erklärt, sondern als Rechtshilfeersuchen behandelt.

Kapitel 3
Vollstreckung, Vollstreckungsabwehrantrag, besonderes Verfahren; Schadensersatz

Abschnitt 1
Vollstreckung, Vollstreckungsabwehrantrag, besonderes Verfahren

§ 65
Vollstreckung

Für die Vollstreckung von ausländischen Unterhaltstiteln gilt § 120 Absatz 1 des Gesetzes über das Verfahren in Familiensachen und in den Angelegenheiten der freiwilligen Gerichtsbarkeit, soweit in der Verordnung (EG) Nr. 4/2009 und in diesem Gesetz nichts anderes bestimmt ist.

54 Vgl. Anhang 1 zu § 110 Rz. 22.

---

1 Krit. *Hau*, FamRZ 2009, 821 (822, 826); *Hohloch*, GS Wolf, S. 429 (437f.).
2 BT-Drucks. 17/4887, S. 48.
3 Zu den strittigen Einzelheiten vgl. *Wicke*, FPR 2006, 240 (243f.).

§ 66
Vollstreckungsabwehrantrag[1]

(1) Ist ein ausländischer Titel nach der Verordnung (EG) Nr. 4/2009 ohne Exequaturverfahren vollstreckbar oder nach dieser Verordnung oder einem der in § 1 Absatz 1 Satz 1 Nummer 1 genannten Abkommen für vollstreckbar erklärt, so kann der Schuldner Einwendungen, die sich gegen den Anspruch selbst richten, in einem Verfahren nach § 120 Absatz 1 des Gesetzes über das Verfahren in Familiensachen und in den Angelegenheiten der freiwilligen Gerichtsbarkeit in Verbindung mit § 767 der Zivilprozessordnung geltend machen. Handelt es sich bei dem Titel um eine gerichtliche Entscheidung, so gilt dies nur, soweit die Gründe, auf denen die Einwendungen beruhen, erst nach dem Erlass der Entscheidung entstanden sind.

(2) Ist die Zwangsvollstreckung aus einem Titel nach einem der in § 1 Absatz 1 Satz 1 Nummer 2 genannten Übereinkommen zugelassen, so kann der Schuldner Einwendungen gegen den Anspruch selbst in einem Verfahren nach § 120 Absatz 1 des Gesetzes über das Verfahren in Familiensachen und in den Angelegenheiten der freiwilligen Gerichtsbarkeit in Verbindung mit § 767 der Zivilprozessordnung nur geltend machen, wenn die Gründe, auf denen seine Einwendungen beruhen, erst entstanden sind:
1. nach Ablauf der Frist, innerhalb derer er die Beschwerde hätte einlegen können, oder
2. falls die Beschwerde eingelegt worden ist, nach Beendigung dieses Verfahrens.

(3) Der Antrag nach § 120 Absatz 1 des Gesetzes über das Verfahren in Familiensachen und in den Angelegenheiten der freiwilligen Gerichtsbarkeit in Verbindung mit § 767 der Zivilprozessordnung ist bei dem Gericht zu stellen, das über den Antrag auf Erteilung der Vollstreckungsklausel entschieden hat. In den Fällen des Absatzes 1 richtet sich die Zuständigkeit nach § 35 Absatz 1 und 2.

Die Vorschrift wurde durch Art. 1 Nr. 12 G. v. 20.2.2013, in Konsequenz der gleichzeitig erfolgten Aufhebung von § 44 AUG (dazu Art. 34 EuUntVO Rz. 146) und parallel zur Änderung des AVAG, erheblich umgestaltet, und zwar mit Wirkung zum 26.2.2013 (Art. 4 Abs. 3 G. v. 20.2.2013).[2] **Abs. 1** bezieht sich nicht mehr nur auf Art. 17ff. EuUntVO, sondern auch auf die Fälle mit Vollstreckbarerklärung im Anwendungsbereich der in § 1 Abs. 1 Satz 1 Nr. 1 AUG genannten Rechtsakte (vgl. insbesondere Art. 26ff. EuUntVO sowie Art. 38ff. LugÜ 2007). Dahinter steht die Einsicht, dass in diesen Exequaturverfahren keine materiell-rechtlichen Einwendungen statthaft sind, woraus der deutsche Gesetzgeber folgert, insoweit die Möglichkeit des Vollstreckungsabwehrantrags ausbauen zu dürfen und zu sollen. Näher zum Rechtsschutzsystem der EuUntVO nach dem im Vollstreckungsmitgliedstaat geltenden Recht Art. 21 EuUntVO Rz. 107 sowie Art. 34 EuUntVO Rz. 146; beachte auch Art. 8 EuUntVO Rz. 68, dort zur Frage der internationalen Zuständigkeit deutscher Gerichte für die Entscheidung über den Vollstreckungsabwehrantrag. 55

In den Fällen von **Abs. 2**, also bezogen auf die in § 1 Abs. 1 Satz 1 Nr. 2 AUG aufgeführten Konventionen, hält der Gesetzgeber hingegen daran fest, dass materiell-rechtliche Einwendungen im Exequaturverfahren (dazu §§ 57ff. AUG) statthaft sind. Dies erklärt die im Vergleich zu Abs. 1 weiterreichende Präklusion solcher Einwendungen im Vollstreckungsabwehrverfahren. 55a

Für die Kostenentscheidung hinsichtlich des Vollstreckungsabwehrantrags gelten §§ 91ff. ZPO (§ 113 Abs. 1 Satz 2 FamFG); zu den Gerichtskosten s. Nr. 1220ff. KV FamGKG.[3] 55b

§ 67
Verfahren nach Aufhebung oder Änderung eines für vollstreckbar erklärten ausländischen Titels im Ursprungsstaat

(1) Wird der Titel in dem Staat, in dem er errichtet worden ist, aufgehoben oder geändert und kann der Schuldner diese Tatsache in dem Verfahren zur Zulassung der Zwangsvollstreckung nicht mehr geltend machen, so kann er die Aufhebung oder Änderung der Zulassung in einem besonderen Verfahren beantragen.

---
1 Geändert durch Art. 1 Nr. 12 G. v. 20.2.2013, BGBl. I 2013, 273.
2 Vgl. die Erläuterungen im RegE, in der Stellungnahme des Bundesrats sowie in der Gegenäußerung der BReg., BT-Drucks. 17/10492, S. 13, 15 und 16.
3 Näher *Schneider*, AGS 2011, 313 (316).

(2) Für die Entscheidung über den Antrag ist das Gericht ausschließlich zuständig, das im ersten Rechtszug über den Antrag auf Erteilung der Vollstreckungsklausel entschieden hat.

(3) Der Antrag kann bei dem Gericht schriftlich oder zu Protokoll der Geschäftsstelle gestellt werden. Über den Antrag kann ohne mündliche Verhandlung entschieden werden. Vor der Entscheidung, die durch Beschluss ergeht, ist der Gläubiger zu hören. § 45 Absatz 2 und 3 gilt entsprechend.

(4) Der Beschluss unterliegt der Beschwerde. Die Frist für die Einlegung der Beschwerde beträgt einen Monat. Im Übrigen sind die §§ 58 bis 60, 62, 63 Absatz 3 und die §§ 65 bis 74 des Gesetzes über das Verfahren in Familiensachen und in den Angelegenheiten der freiwilligen Gerichtsbarkeit entsprechend anzuwenden.

(5) Für die Einstellung der Zwangsvollstreckung und die Aufhebung bereits getroffener Vollstreckungsmaßregeln sind die §§ 769 und 770 der Zivilprozessordnung entsprechend anzuwenden. Die Aufhebung einer Vollstreckungsmaßregel ist auch ohne Sicherheitsleistung zulässig.

56 Die Vorschrift bezieht sich nicht auf die Fälle von Art. 17 ff. EuUntVO, sondern auf diejenigen von Art. 26 ff. EuUntVO sowie der sonstigen gem. §§ 36 ff. AUG durchzuführenden Exequaturverfahren.

§ 68
Aufhebung oder Änderung ausländischer Entscheidungen, deren Anerkennung festgestellt ist

Wird die Entscheidung in dem Staat, in dem sie ergangen ist, aufgehoben oder abgeändert und kann die davon begünstigte Partei diese Tatsache nicht mehr in dem Verfahren über den Antrag auf Feststellung der Anerkennung geltend machen, so ist § 67 Absatz 1 bis 4 entsprechend anzuwenden.

57 Die Vorschrift knüpft an die besonderen Anerkennungsfeststellungsverfahren gem. Art. 23 Abs. 2 EuUntVO bzw. Art. 33 Abs. 2 LugÜ 2007 an.

Abschnitt 2
Schadensersatz wegen ungerechtfertigter Vollstreckung

§ 69
Schadensersatz wegen ungerechtfertigter Vollstreckung

(1) Wird die Zulassung der Zwangsvollstreckung auf die Beschwerde (§ 43) oder die Rechtsbeschwerde (§ 46) aufgehoben oder abgeändert, so ist der Gläubiger zum Ersatz des Schadens verpflichtet, der dem Schuldner durch die Vollstreckung des Titels oder durch eine Leistung zur Abwendung der Vollstreckung entstanden ist.

(2) Das Gleiche gilt, wenn

1. die Zulassung der Zwangsvollstreckung nach § 67 aufgehoben oder abgeändert wird, sofern die zur Zwangsvollstreckung zugelassene Entscheidung zum Zeitpunkt der Zulassung nach dem Recht des Staats, in dem sie ergangen ist, noch mit einem ordentlichen Rechtsmittel angefochten werden konnte oder
2. ein nach Artikel 17 der Verordnung (EG) Nr. 4/2009 ohne Exequaturverfahren vollstreckbarer Titel im Ursprungsstaat aufgehoben wurde und der Titel zum Zeitpunkt der Zwangsvollstreckungsmaßnahme noch mit einem ordentlichen Rechtsmittel hätte angefochten werden können.

(3) Für die Geltendmachung des Anspruchs ist das Gericht ausschließlich zuständig, das im ersten Rechtszug über den Antrag, den Titel mit der Vollstreckungsklausel zu versehen, entschieden hat. In den Fällen des Absatzes 2 Nummer 2 richtet sich die Zuständigkeit nach § 35 Absatz 1 und 2.

58 Die Vorschrift sieht einen verschuldensunabhängigen Schadensersatzanspruch vor. Es handelt sich um eine **Sachnorm**, die kollisionsrechtlich die Anwendbarkeit des deutschen Rechts nicht etwa begründet, sondern voraussetzt. Regelungstechnisch entspricht § 69 AUG, abgestimmt auf die Besonderheiten der EuUntVO, im Wesentlichen § 28 AVAG. Beachte speziell zum Rechtsschutzsystem der EuUntVO nach dem im Vollstreckungsmitgliedstaat geltenden Recht Art. 19 EuUntVO Rz. 96 ff., Art. 21 EuUntVO Rz. 104 ff. sowie Art. 8 EuUntVO Rz. 68, dort zur Frage der internationalen Entscheidungszuständigkeit deutscher Gerichte.

Kapitel 4
Entscheidungen deutscher Gerichte; Mahnverfahren

§ 70
Antrag des Schuldners nach Artikel 19 der Verordnung (EG) Nr. 4/2009

(1) Der Antrag des Schuldners auf Nachprüfung der Entscheidung gemäß Artikel 19 der Verordnung (EG) Nr. 4/2009 ist bei dem Gericht zu stellen, das die Entscheidung erlassen hat. § 719 Absatz 1 der Zivilprozessordnung ist entsprechend anwendbar.

(2) Hat der Schuldner den Antrag nicht innerhalb der Frist des Artikels 19 Absatz 2 der Verordnung (EG) Nr. 4/2009 eingereicht oder liegen die Voraussetzungen des Artikels 19 Absatz 1 der Verordnung (EG) Nr. 4/2009 nicht vor, weist das Gericht den Antrag durch Beschluss zurück. Der Beschluss kann ohne mündliche Verhandlung ergehen.

(3) Liegen die Voraussetzungen des Artikels 19 der Verordnung (EG) Nr. 4/2009 vor, so wird das Verfahren fortgeführt. Es wird in die Lage zurückversetzt, in der es sich vor Eintritt der Versäumnis befand. Die §§ 343 bis 346 der Zivilprozessordnung werden entsprechend angewendet. Auf Antrag des Schuldners ist die Zwangsvollstreckung auch ohne Sicherheitsleistung einzustellen.

S. die Kommentierung zu Art. 19 EuUntVO. Das Verfahren ist gerichtsgebührenfrei (vgl. § 1 Satz 1 FamGKG) und es fällt auch keine besondere Anwaltsvergütung an.[1]

§ 71
Bescheinigungen zu inländischen Titeln

(1) Die Gerichte, Behörden oder Notare, denen die Erteilung einer vollstreckbaren Ausfertigung obliegt, sind zuständig für die Ausstellung
1. des Formblatts nach Artikel 20 Absatz 1 Buchstabe b, Artikel 28 Absatz 1 Buchstabe b, Artikel 40 Absatz 2 und Artikel 48 Absatz 3 der Verordnung (EG) Nr. 4/2009,
2. der Bescheinigungen nach den Artikeln 54, 57 und 58 des Übereinkommens vom 30. Oktober 2007 über die gerichtliche Zuständigkeit und die Anerkennung und Vollstreckung von Entscheidungen in Zivil- und Handelssachen.

(2) Soweit nach Absatz 1 die Gerichte für die Ausstellung des Formblatts oder der Bescheinigungen zuständig sind, werden diese Unterlagen von dem Gericht des ersten Rechtszuges ausgestellt oder, wenn das Verfahren bei einem höheren Gericht anhängig ist, von diesem. Funktionell zuständig ist die Stelle, der die Erteilung einer vollstreckbaren Ausfertigung obliegt. Für die Anfechtbarkeit der Entscheidung über die Ausstellung des Formblatts oder der Bescheinigung gelten die Vorschriften über die Anfechtbarkeit der Entscheidung über die Erteilung der Vollstreckungsklausel entsprechend.

(3) Die Ausstellung des Formblatts nach Artikel 20 Absatz 1 Buchstabe b und Artikel 48 Absatz 3 der Verordnung (EG) Nr. 4/2009 schließt das Recht auf Erteilung einer Klausel nach § 724 der Zivilprozessordnung nicht aus.

Vgl. die Hinweise bei den angeführten EuUntVO-Bestimmungen. Zu den Gerichtskosten beachte Nr. 1711 KV FamGKG.

§ 72
Bezifferung dynamisierter Unterhaltstitel zur Zwangsvollstreckung im Ausland

Soll ein Unterhaltstitel, der den Unterhalt nach § 1612a des Bürgerlichen Gesetzbuchs als Prozentsatz des Mindestunterhalts festsetzt, im Ausland vollstreckt werden, gilt § 245 des Gesetzes über das Verfahren in Familiensachen und in den Angelegenheiten der freiwilligen Gerichtsbarkeit.

Die EuUntVO eröffnet zwar, abweichend von der EuVTVO, die Möglichkeit der Vollstreckung bzw. Vollstreckbarerklärung unbezifferter Titel, doch kann sich auch in diesen Fällen die Bezifferung gem. § 245 FamFG empfehlen, um die Beitreibung im Ausland zu vereinfachen.[2]

---

1 *Schneider*, AGS 2011, 313 (316).
2 BT-Drucks. 17/4887, S. 50.

§ 73
Vervollständigung inländischer Entscheidungen zur Verwendung im Ausland

(1) Will ein Beteiligter einen Versäumnis- oder Anerkenntnisbeschluss, der nach § 38 Absatz 4 des Gesetzes über das Verfahren in Familiensachen und in den Angelegenheiten der freiwilligen Gerichtsbarkeit in verkürzter Form abgefasst worden ist, in einem anderen Vertrags- oder Mitgliedstaat geltend machen, so ist der Beschluss auf Antrag dieses Beteiligten zu vervollständigen. Der Antrag kann bei dem Gericht, das den Beschluss erlassen hat, schriftlich gestellt oder zu Protokoll der Geschäftsstelle erklärt werden. Über den Antrag wird ohne mündliche Verhandlung entschieden.

(2) Zur Vervollständigung des Beschlusses sind die Gründe nachträglich abzufassen, von den Richtern gesondert zu unterschreiben und der Geschäftsstelle zu übergeben; die Gründe können auch von Richtern unterschrieben werden, die bei dem Beschluss nicht mitgewirkt haben.

(3) Für die Berichtigung der Sachverhaltsdarstellung in den nachträglich abgefassten Gründen gelten § 113 Absatz 1 Satz 2 des Gesetzes über das Verfahren in Familiensachen und in den Angelegenheiten der freiwilligen Gerichtsbarkeit und § 320 der Zivilprozessordnung. Jedoch können bei der Entscheidung über einen Antrag auf Berichtigung auch solche Richter mitwirken, die bei dem Beschluss oder der nachträglichen Abfassung der Gründe nicht mitgewirkt haben.

(4) Die vorstehenden Absätze gelten entsprechend für die Vervollständigung von Arrestbefehlen und einstweiligen Anordnungen, die in einem anderen Vertrags- oder Mitgliedstaat geltend gemacht werden sollen und nicht mit einer Begründung versehen sind.

§ 74
Vollstreckungsklausel zur Verwendung im Ausland

Vollstreckungsbescheide, Arrestbefehle und einstweilige Anordnungen, deren Zwangsvollstreckung in einem anderen Vertrags- oder Mitgliedstaat betrieben werden soll, sind auch dann mit der Vollstreckungsklausel zu versehen, wenn dies für eine Zwangsvollstreckung im Inland nach § 796 Absatz 1, § 929 Absatz 1 der Zivilprozessordnung und nach den §§ 53 Absatz 1 und 119 des Gesetzes über das Verfahren in Familiensachen und in den Angelegenheiten der freiwilligen Gerichtsbarkeit nicht erforderlich wäre.

62 Wie § 72 AUG sollen auch §§ 73 und 74 AUG die Durchsetzung inländischer Unterhaltsentscheidungen im Ausland erleichtern. S. Anhang 1 zu § 110 Rz. 36 ff.

§ 75
Mahnverfahren mit Zustellung im Ausland

(1) Das Mahnverfahren findet auch statt, wenn die Zustellung des Mahnbescheids in einem anderen Vertrags- oder Mitgliedstaat erfolgen muss. In diesem Fall kann der Anspruch auch die Zahlung einer bestimmten Geldsumme in ausländischer Währung zum Gegenstand haben.

(2) Macht der Antragsteller geltend, dass das angerufene Gericht aufgrund einer Gerichtsstandsvereinbarung zuständig sei, so hat er dem Mahnantrag die erforderlichen Schriftstücke über die Vereinbarung beizufügen.

(3) Die Widerspruchsfrist (§ 692 Absatz 1 Nummer 3 der Zivilprozessordnung) beträgt einen Monat.

63 Vgl. Anhang 1 zu § 110 Rz. 8.

Kapitel 5
Kosten; Übergangsvorschriften

Abschnitt 1
Kosten

§ 76
Übersetzungen

Die Höhe der Vergütung für die von der zentralen Behörde veranlassten Übersetzungen richtet sich nach dem Justizvergütungs- und Entschädigungsgesetz.

64 Die Höhe der Vergütung bestimmt sich nach § 11 JVEG.[1] Weil das Bundesamt für Justiz als Justizverwaltungsbehörde tätig wird (s. § 4 Abs. 2 AUG), richten sich eventuelle Rechtsbehelfe nach §§ 23 ff. EGGVG.[2]

---

[1] Dazu *Schneider*, AGS 2011, 313.
[2] BT-Drucks. 17/4887, S. 50.

kehr in Zivil- und Handelssachen (*Hilbig/Picht/Reuß*); HK-ZPO (*Dörner*); HK-ZV (*Garber/Neumayr*); Rauscher, Europäisches Zivilprozess- und Kollisionsrecht (*Andrae*).

Verordnung Nr. 4/2009 vom 18.12.2008 über die Zuständigkeit, das anwendbare Recht, die Anerkennung und Vollstreckung von Entscheidungen und die Zusammenarbeit in Unterhaltssachen (EuUntVO)[1]

DER RAT DER EUROPÄISCHEN UNION –

gestützt auf den Vertrag zur Gründung der Europäischen Gemeinschaft, insbesondere auf Artikel 61 Buchstabe c und Artikel 67 Absatz 2,

auf Vorschlag der Kommission,

nach Stellungnahme des Europäischen Parlaments,[2]

nach Stellungnahme des Europäischen Wirtschafts- und Sozialausschusses,[3]

in Erwägung nachstehender Gründe:

(1) Die Gemeinschaft hat sich zum Ziel gesetzt, einen Raum der Freiheit, der Sicherheit und des Rechts, in dem der freie Personenverkehr gewährleistet ist, zu erhalten und weiterzuentwickeln. Zur schrittweisen Schaffung eines solchen Raums erlässt die Gemeinschaft unter anderem Maßnahmen im Bereich der justiziellen Zusammenarbeit in Zivilsachen mit grenzüberschreitenden Bezügen, soweit dies für das reibungslose Funktionieren des Binnenmarkts erforderlich ist.

(2) Nach Artikel 65 Buchstabe b des Vertrags betreffen solche Maßnahmen unter anderem die Förderung der Vereinbarkeit der in den Mitgliedstaaten geltenden Kollisionsnormen und der Vorschriften zur Vermeidung von Kompetenzkonflikten.

(3) Die Gemeinschaft hat hierzu unter anderem bereits folgende Maßnahmen erlassen: die Verordnung (EG) Nr. 44/2001 des Rates vom 22. Dezember 2000 über die gerichtliche Zuständigkeit und die Anerkennung und Vollstreckung von Entscheidungen in Zivil- und Handelssachen,[4] die Entscheidung 2001/470/EG des Rates vom 28. Mai 2001 über die Einrichtung eines Europäischen Justiziellen Netzes für Zivil- und Handelssachen,[5] die Verordnung (EG) Nr. 1206/2001 des Rates vom 28. Mai 2001 über die Zusammenarbeit zwischen den Gerichten der Mitgliedstaaten auf dem Gebiet der Beweisaufnahme in Zivil- oder Handelssachen,[6] die Richtlinie 2003/8/EG des Rates vom 27. Januar 2003 zur Verbesserung des Zugangs zum Recht bei Streitsachen mit grenzüberschreitendem Bezug durch Festlegung gemeinsamer Mindestvorschriften für die Prozesskostenhilfe in derartigen Streitsachen,[7] die Verordnung (EG) Nr. 2201/2003 des Rates vom 27. November 2003 über die Zuständigkeit und die Anerkennung und Vollstreckung von Entscheidungen in Ehesachen und in Verfahren betreffend die elterliche Verantwortung,[8] die Verordnung (EG) Nr. 805/2004 des Europäischen Parlaments und des Rates vom 21. April 2004 zur Einführung eines europäischen Vollstreckungstitels für unbestrittene Forderungen[9] sowie die Verordnung (EG) Nr. 1393/2007 des Europäischen Parlaments und des Rates vom 13. November 2007 über die Zustellung gerichtlicher und außergerichtlicher Schriftstücke in Zivil- oder Handelssachen in den Mitgliedstaaten (Zustellung von Schriftstücken).[10]

(4) Der Europäische Rat hat auf seiner Tagung vom 15. und 16. Oktober 1999 in Tampere den Rat und die Kommission aufgefordert, besondere gemeinsame Verfahrensregeln für die Vereinfachung und Beschleunigung der Beilegung grenzüberschreitender Rechtsstreitigkeiten unter anderem bei Unterhaltsansprüchen festzulegen. Er hat ferner die Abschaffung der Zwischenmaßnahmen gefordert, die notwendig sind, um die Anerkennung und Vollstreckung einer in einem anderen Mitgliedstaat ergangenen Entscheidung, insbesondere einer Entscheidung über einen Unterhaltsanspruch, im ersuchten Staat zu ermöglichen.

---

1 ABl. EU 2008 Nr. L 7/1, berichtigt durch ABl. EU 2011 Nr. L 131/26. Dazu Durchführungsverordnung Nr. 1142/2011 v. 10.11.2011 zur Festlegung der Anhänge X und XI der Verordnung Nr. 4/2009, ABl. EU 2011 Nr. L 293/24.
2 Stellungnahme des Europäischen Parlaments v. 13.12.2007 (ABl. EU 2008 Nr. C 323 E/470) und Stellungnahme des Europäischen Parlaments v. 4.12.2008 infolge erneuter Anhörung (ABl. EU 2010 Nr. C 21 E/21).
3 Stellungnahme des Europäischen Wirtschafts- und Sozialausschusses nach nicht obligatorischer Anhörung (ABl. EU 2006 Nr. C 185/35).
4 ABl. EG 2001 Nr. L 12/1.
5 ABl. EG 2001 Nr. L 174/25.
6 ABl. EG 2001 Nr. L 174/1.
7 ABl. EU 2003 Nr. L 26/41.
8 ABl. EU 2003 Nr. L 338/1.
9 ABl. EU 2004 Nr. L 143/15.
10 ABl. EU 2007 Nr. L 324/79.

Abschnitt 2
Übergangsvorschriften

§ 77
Übergangsvorschriften

(1) Die Anerkennung und Vollstreckbarerklärung eines ausländischen Unterhaltstitels richtet sich für die am 18. Juni 2011 bereits eingeleiteten Verfahren nach dem Anerkennungs- und Vollstreckungsausführungsgesetz in der Fassung vom 3. Dezember 2009 (BGBl. I S. 3830) im Anwendungsbereich

1. der Verordnung (EG) Nr. 44/2001 des Rates vom 22. Dezember 2000 über die gerichtliche Zuständigkeit und die Anerkennung und Vollstreckung von Entscheidungen in Zivil- und Handelssachen (ABl. L 12 vom 16.1.2001, S. 1),
2. des Abkommens vom 19. Oktober 2005 zwischen der Europäischen Gemeinschaft und dem Königreich Dänemark über die gerichtliche Zuständigkeit und die Anerkennung und Vollstreckung von Entscheidungen in Zivil- und Handelssachen (ABl. L 299 vom 16.11.2005, S. 62),
3. des Übereinkommens vom 30. Oktober 2007 über die gerichtliche Zuständigkeit und die Anerkennung und Vollstreckung von Entscheidungen in Zivil- und Handelssachen (ABl. L 339 vom 21.12.2007, S. 3),
4. des Übereinkommens vom 16. September 1988 über die gerichtliche Zuständigkeit und die Vollstreckung gerichtlicher Entscheidungen in Zivil- und Handelssachen (BGBl. 1994 II S. 2658) und
5. des Haager Übereinkommens vom 2. Oktober 1973 über die Anerkennung und Vollstreckung von Unterhaltsentscheidungen (BGBl. 1986 II S. 826).

(2) Die Anerkennung und Vollstreckbarerklärung eines ausländischen Titels richtet sich für Verfahren mit förmlicher Gegenseitigkeit (§ 1 Absatz 1 Satz 1 Nummer 3), die am 18. Juni 2011 bereits eingeleitet sind, nach dem Auslandsunterhaltsgesetz vom 19. Dezember 1986 (BGBl. I S. 2563), das zuletzt durch Artikel 4 Absatz 10 des Gesetzes vom 17. Dezember 2006 (BGBl. I S. 3171) geändert worden ist.

(3) Die gerichtliche Zuständigkeit für am 18. Juni 2011 noch nicht abgeschlossene Unterhaltssachen und anhängige Verfahren auf Gewährung von Verfahrenskostenhilfe bleibt unberührt.

(4) Die §§ 30 bis 34 sind nur auf Titel anwendbar, die auf der Grundlage des Haager Protokolls vom 23. November 2007 über das anwendbare Recht (ABl. L 331 vom 16.12. 2009, S. 19) ergangen sind.

(5) Die §§ 16 bis 19 sind auch auf Ersuchen anzuwenden, die bei der zentralen Behörde am 18. Juni 2011 bereits anhängig sind.

Weil Unterhaltstitel erfahrungsgemäß ein langes Leben führen können,[1] bedarf das Übergangsrecht einer klaren Regelung. Entsprechend Art. 75 und 76 EuUntVO stellt § 77 AUG übergangsrechtlich auf den 18.6.2011 ab. Missverständnisse löst womöglich § 77 Abs. 4 AUG aus, soweit dort für die Anwendbarkeit der in Durchführung von Art. 17 ff. EuUntVO erlassenen §§ 30–34 AUG verlangt wird, dass die ausländische Entscheidung „auf der Grundlage des [HUntP 2007] ergangen" ist. Davon ist indes weder in Art. 75 noch in Art. 17 ff. EuUntVO die Rede. Es kommt daher auch für §§ 30 ff. AUG nicht etwa auf die kollisionsrechtliche Richtigkeit der ausländischen Entscheidung an, sondern nur darauf, dass sie ab dem 18.6.2011 ergangen ist.

65

Anhang 3 zu § 110:
EuUntVO

Deutschsprachige Literatur: s. § 97 vor Rz. 1.[2] – Weitere Kommentierungen der EuUntVO: Fasching, Kommentar zu den [österr.] Zivilprozeßgesetzen, Bd. 5/2 (*Fucik*); *Gebauer/Wiedmann*, Zivilrecht unter europäischem Einfluss (*Bittmann*); Geimer/Schütze, Internationaler Rechtsver-

---

1 Treffend *Botur*, FamRZ 2010, 1860 (1861).
2 Beachte zudem aus dem fremdsprachigen Schrifttum etwa *Ancel/Muir Watt*, Rev. crit. DIP (Revue critique de droit international privé) 99 (2010), 457; *Curry-Sumner*, NiPR (Netherlands Internationaal Privatrecht) 2010, 611.

(5) Am 30. November 2000 wurde ein gemeinsames Maßnahmenprogramm der Kommission und des Rates zur Umsetzung des Grundsatzes der gegenseitigen Anerkennung gerichtlicher Entscheidungen in Zivil- und Handelssachen[1] verabschiedet. Dieses Programm sieht die Abschaffung des Exequaturverfahrens bei Unterhaltsansprüchen vor, um die Wirksamkeit der Mittel, die den Anspruchsberechtigten zur Durchsetzung ihrer Ansprüche zur Verfügung stehen, zu erhöhen.

(6) Am 4. und 5. November 2004 hat der Europäische Rat auf seiner Tagung in Brüssel ein neues Programm mit dem Titel „Haager Programm zur Stärkung von Freiheit, Sicherheit und Recht in der Europäischen Union" (nachstehend das „Haager Programm" genannt)[2] angenommen.

(7) Der Rat hat auf seiner Tagung vom 2. und 3. Juni 2005 einen Aktionsplan des Rates und der Kommission[3] angenommen, mit dem das Haager Programm in konkrete Maßnahmen umgesetzt wird und in dem die Annahme von Vorschlägen zur Unterhaltspflicht als notwendig erachtet wird.

(8) Im Rahmen der Haager Konferenz für Internationales Privatrecht haben die Gemeinschaft und ihre Mitgliedstaaten an Verhandlungen teilgenommen, die am 23. November 2007 mit der Annahme des Übereinkommens über die internationale Geltendmachung der Unterhaltsansprüche von Kindern und anderen Familienangehörigen (nachstehend das „Haager Übereinkommen von 2007" genannt) und des Protokolls über das auf Unterhaltspflichten anzuwendende Recht (nachstehend das „Haager Protokoll von 2007" genannt) abgeschlossen wurden. Daher ist diesen beiden Instrumenten im Rahmen der vorliegenden Verordnung Rechnung zu tragen.

(9) Es sollte einem Unterhaltsberechtigten ohne Umstände möglich sein, in einem Mitgliedstaat eine Entscheidung zu erwirken, die automatisch in einem anderen Mitgliedstaat ohne weitere Formalitäten vollstreckbar ist.

(10) Um dieses Ziel zu erreichen, sollte ein gemeinschaftliches Rechtsinstrument betreffend Unterhaltssachen geschaffen werden, in dem die Bestimmungen über Kompetenzkonflikte, Kollisionsnormen, die Anerkennung, Vollstreckbarkeit und die Vollstreckung von Entscheidungen sowie über Prozesskostenhilfe und die Zusammenarbeit zwischen den Zentralen Behörden zusammengeführt werden.

(11) Der Anwendungsbereich dieser Verordnung sollte sich auf sämtliche Unterhaltspflichten erstrecken, die auf einem Familien-, Verwandtschafts-, oder eherechtlichen Verhältnis oder auf Schwägerschaft beruhen; hierdurch soll die Gleichbehandlung aller Unterhaltsberechtigten gewährleistet werden. Für die Zwecke dieser Verordnung sollte der Begriff „Unterhaltspflicht" autonom ausgelegt werden.

(12) Um den verschiedenen Verfahrensweisen zur Regelung von Unterhaltsfragen in den Mitgliedstaaten Rechnung zu tragen, sollte diese Verordnung sowohl für gerichtliche Entscheidungen als auch für von Verwaltungsbehörden ergangene Entscheidungen gelten, sofern jene Behörden Garantien insbesondere hinsichtlich ihrer Unparteilichkeit und des Anspruchs der Parteien auf rechtliches Gehör bieten. Diese Behörden sollten daher sämtliche Vorschriften dieser Verordnung anwenden.

(13) Aus den genannten Gründen sollte in dieser Verordnung auch die Anerkennung und Vollstreckung gerichtlicher Vergleiche und öffentlicher Urkunden sichergestellt werden, ohne dass dies das Recht einer der Parteien eines solchen Vergleichs oder einer solchen Urkunde berührt, solche Instrumente vor einem Gericht des Ursprungsmitgliedstaats anzufechten.

(14) In dieser Verordnung sollte vorgesehen werden, dass der Begriff „berechtigte Person" für die Zwecke eines Antrags auf Anerkennung und Vollstreckung einer Unterhaltsentscheidung auch öffentliche Aufgaben wahrnehmende Einrichtungen umfasst, die das Recht haben, für eine unterhaltsberechtigte Person zu handeln oder die Erstattung von Leistungen zu fordern, die der berechtigten Person anstelle von Unterhalt erbracht wurden. Handelt eine öffentliche Aufgaben wahrnehmende Einrichtung in dieser Eigenschaft, so sollte sie Anspruch auf die gleichen Dienste und die gleiche Prozesskostenhilfe wie eine berechtigte Person haben.

(15) Um die Interessen der Unterhaltsberechtigten zu wahren und eine ordnungsgemäße Rechtspflege innerhalb der Europäischen Union zu fördern, sollten die Vorschriften über die Zuständigkeit, die sich aus der Verordnung (EG) Nr. 44/2001 ergeben, angepasst werden. So sollte der Umstand, dass ein Antragsgegner seinen gewöhnlichen Aufenthalt in einem Drittstaat hat, nicht mehr die Anwendung der gemeinschaftlichen Vorschriften über die Zuständigkeit ausschließen, und auch eine Rückverweisung auf die innerstaatlichen Vorschriften über die Zuständigkeit sollte nicht mehr möglich sein. Daher sollte in dieser Verordnung festgelegt werden, in welchen Fällen ein Gericht eines Mitgliedstaats eine subsidiäre Zuständigkeit ausüben kann.

---

1 ABl. EG 2001 Nr. C 12/1.
2 ABl. EU 2005 Nr. C 53/1.
3 ABl. EU 2005 Nr. C 198/1.

(16) Um insbesondere Fällen von Rechtsverweigerung begegnen zu können, sollte in dieser Verordnung auch eine Notzuständigkeit (forum necessitatis) vorgesehen werden, wonach ein Gericht eines Mitgliedstaats in Ausnahmefällen über einen Rechtsstreit entscheiden kann, der einen engen Bezug zu einem Drittstaat aufweist. Ein solcher Ausnahmefall könnte gegeben sein, wenn ein Verfahren sich in dem betreffenden Drittstaat als unmöglich erweist, beispielsweise aufgrund eines Bürgerkriegs, oder wenn vom Kläger vernünftigerweise nicht erwartet werden kann, dass er ein Verfahren in diesem Staat einleitet oder führt. Die Notzuständigkeit kann jedoch nur ausgeübt werden, wenn der Rechtsstreit einen ausreichenden Bezug zu dem Mitgliedstaat des angerufenen Gerichts aufweist, wie beispielsweise die Staatsangehörigkeit einer der Parteien.

(17) In einer zusätzlichen Zuständigkeitsvorschrift sollte vorgesehen werden, dass – außer unter besonderen Umständen – ein Verfahren zur Änderung einer bestehenden Unterhaltsentscheidung oder zur Herbeiführung einer neuen Entscheidung von der verpflichteten Person nur in dem Staat eingeleitet werden kann, in dem die berechtigte Person zu dem Zeitpunkt, zu dem die Entscheidung ergangen ist, ihren gewöhnlichen Aufenthalt hatte und in dem sie weiterhin ihren gewöhnlichen Aufenthalt hat. Um eine gute Verknüpfung zwischen dem Haager Übereinkommen von 2007 und dieser Verordnung zu gewährleisten, sollte diese Bestimmung auch für Entscheidungen eines Drittstaats, der Vertragspartei jenes Übereinkommens ist, gelten, sofern das Übereinkommen zwischen dem betreffenden Staat und der Gemeinschaft in Kraft ist, und in dem betreffenden Staat und in der Gemeinschaft die gleichen Unterhaltspflichten abdeckt.

(18) Für die Zwecke der Anwendung dieser Verordnung sollte vorgesehen werden, dass der Begriff „Staatsangehörigkeit" in Irland durch den Begriff „Wohnsitz" ersetzt wird; gleiches gilt für das Vereinigte Königreich, sofern diese Verordnung in diesem Mitgliedstaat nach Artikel 4 des Protokolls über die Position des Vereinigten Königreichs und Irlands, das dem Vertrag über die Europäische Union und dem Vertrag zur Gründung der Europäischen Gemeinschaft beigefügt ist, anwendbar ist.

(19) Im Hinblick auf eine größere Rechtssicherheit, Vorhersehbarkeit und Eigenständigkeit der Vertragsparteien sollte diese Verordnung es den Parteien ermöglichen, den Gerichtsstand anhand bestimmter Anknüpfungspunkte einvernehmlich zu bestimmen. Um den Schutz der schwächeren Partei zu gewährleisten, sollte eine solche Wahl des Gerichtsstands bei Unterhaltspflichten gegenüber einem Kind, das das 18. Lebensjahr noch nicht vollendet hat, ausgeschlossen sein.

(20) In dieser Verordnung sollte vorgesehen werden, dass für die Mitgliedstaaten, die durch das Haager Protokoll von 2007 gebunden sind, die in jenem Protokoll enthaltenen Bestimmungen über Kollisionsnormen gelten. Hierzu sollte eine Bestimmung aufgenommen werden, die auf das genannte Protokoll verweist. Die Gemeinschaft wird das Haager Protokoll von 2007 rechtzeitig abschließen, um die Anwendung dieser Verordnung zu ermöglichen. Um der Möglichkeit Rechnung zu tragen, dass das Haager Protokoll von 2007 nicht für alle Mitgliedstaaten gilt, sollte hinsichtlich der Anerkennung, der Vollstreckbarkeit und der Vollstreckung von Entscheidungen zwischen den Mitgliedstaaten, die durch das Haager Protokoll von 2007 gebunden sind und jenen, die es nicht sind, unterschieden werden.

(21) Es sollte im Rahmen dieser Verordnung präzisiert werden, dass diese Kollisionsnormen nur das auf die Unterhaltspflichten anzuwendende Recht bestimmen; sie bestimmen nicht, nach welchem Recht festgestellt wird, ob ein Familienverhältnis besteht, das Unterhaltspflichten begründet. Die Feststellung eines Familienverhältnisses unterliegt weiterhin dem einzelstaatlichen Recht der Mitgliedstaaten, einschließlich ihrer Vorschriften des internationalen Privatrechts.

(22) Um die rasche und wirksame Durchsetzung einer Unterhaltsforderung zu gewährleisten und missbräuchlichen Rechtsmitteln vorzubeugen, sollten in einem Mitgliedstaat ergangene Unterhaltsentscheidungen grundsätzlich vorläufig vollstreckbar sein. Daher sollte in dieser Verordnung vorgesehen werden, dass das Ursprungsgericht die Entscheidung für vorläufig vollstreckbar erklären können sollte, und zwar auch dann, wenn das einzelstaatliche Recht die Vollstreckbarkeit von Rechts wegen nicht vorsieht und auch wenn nach einzelstaatlichem Recht ein Rechtsbehelf gegen die Entscheidung eingelegt wurde oder noch eingelegt werden könnte.

(23) Um die mit den Verfahren gemäß dieser Verordnung verbundenen Kosten zu begrenzen, wäre es zweckdienlich, so umfassend wie möglich auf die modernen Kommunikationstechnologien zurückzugreifen, insbesondere bei der Anhörung der Parteien.

(24) Die durch die Anwendung der Kollisionsnormen gebotenen Garantien sollten es rechtfertigen, dass Entscheidungen in Unterhaltssachen, die in einem durch das Haager Protokoll von 2007 gebundenen Mitgliedstaat ergangen sind, ohne weiteres Verfahren und ohne jegliche inhaltliche Prüfung im Vollstreckungsmitgliedstaat in den anderen Mitgliedstaaten anerkannt werden und vollstreckbar sind.

(25) Alleiniger Zweck der Anerkennung einer Unterhaltsentscheidung in einem Mitgliedstaat ist es, die Durchsetzung der in der Entscheidung festgelegten Unterhaltsforderung zu ermöglichen.

Sie bewirkt nicht, dass dieser Mitgliedstaat das Familien-, Verwandtschafts-, eherechtliche oder auf Schwägerschaft beruhende Verhältnis anerkennt, auf der die Unterhaltspflichten, die Anlass zu der Entscheidung gegeben haben, gründen.

(26) Für Entscheidungen, die in einem nicht durch das Haager Protokoll von 2007 gebundenen Mitgliedstaat ergangen sind, sollte in dieser Verordnung ein Verfahren zur Anerkennung und Vollstreckbarerklärung vorgesehen werden. Dieses Verfahren sollte sich an das Verfahren und die Gründe für die Verweigerung der Anerkennung anlehnen, die in der Verordnung (EG) Nr. 44/2001 vorgesehen sind. Zur Beschleunigung des Verfahrens und damit die berechtigte Person ihre Forderung rasch durchsetzen kann, sollte vorgesehen werden, dass die Entscheidung des angerufenen Gerichts außer unter außergewöhnlichen Umständen innerhalb bestimmter Fristen ergehen muss.

(27) Ferner sollten die Formalitäten für die Vollstreckung, die Kosten zulasten des Unterhaltsberechtigten verursachen, so weit wie möglich reduziert werden. Hierzu sollte in dieser Verordnung vorgesehen werden, dass der Unterhaltsberechtigte nicht verpflichtet ist, über eine Postanschrift oder einen bevollmächtigten Vertreter im Vollstreckungsmitgliedstaat zu verfügen, ohne damit im Übrigen die interne Organisation der Mitgliedstaaten im Bereich der Vollstreckungsverfahren zu beeinträchtigen.

(28) Zur Begrenzung der mit den Vollstreckungsverfahren verbundenen Kosten sollte keine Übersetzung verlangt werden, außer wenn die Vollstreckung angefochten wird, und unbeschadet der Vorschriften für die Zustellung der Schriftstücke.

(29) Um die Achtung der Grundsätze eines fairen Verfahrens zu gewährleisten, sollte in dieser Verordnung vorgesehen werden, dass ein Antragsgegner, der nicht vor dem Ursprungsgericht eines durch das Haager Protokoll von 2007 gebundenen Mitgliedstaats erschienen ist, in der Phase der Vollstreckung der gegen ihn ergangenen Entscheidung die erneute Prüfung dieser Entscheidung beantragen kann. Der Antragsgegner sollte diese erneute Prüfung allerdings innerhalb einer bestimmten Frist beantragen, die spätestens ab dem Tag laufen sollte, an dem in der Phase des Vollstreckungsverfahrens seine Vermögensgegenstände zum ersten Mal ganz oder teilweise seiner Verfügung entzogen wurden. Dieses Recht auf erneute Prüfung sollte ein außerordentliches Rechtsbehelf darstellen, das dem Antragsgegner, der sich in dem Verfahren nicht eingelassen hat, gewährt wird, und das nicht die Anwendung anderer außerordentlicher Rechtsbehelfe berührt, die nach dem Recht des Ursprungsmitgliedstaats bestehen, sofern diese Rechtsbehelfe nicht mit dem Recht auf erneute Prüfung nach dieser Verordnung unvereinbar sind.

(30) Um die Vollstreckung einer Entscheidung eines durch das Haager Protokoll von 2007 gebundenen Mitgliedstaats in einem anderen Mitgliedstaat zu beschleunigen, sollten die Gründe für eine Verweigerung oder Aussetzung der Vollstreckung, die die verpflichtete Person aufgrund des grenzüberschreitenden Charakters der Unterhaltspflicht geltend machen könnte, begrenzt werden. Diese Begrenzung sollte nicht die nach einzelstaatlichem Recht vorgesehenen Gründe für die Verweigerung oder Aussetzung beeinträchtigen, die mit den in dieser Verordnung angeführten Gründen nicht unvereinbar sind, wie beispielsweise die Begleichung der Forderung durch die verpflichtete Person zum Zeitpunkt der Vollstreckung oder die Unpfändbarkeit bestimmter Güter.

(31) Um die grenzüberschreitende Durchsetzung von Unterhaltsforderungen zu erleichtern, sollte ein System der Zusammenarbeit zwischen den von den Mitgliedstaaten benannten Zentralen Behörden eingerichtet werden. Diese Behörden sollten die berechtigten und die verpflichteten Personen darin unterstützen, ihre Rechte in einem anderen Mitgliedstaat geltend zu machen, indem sie die Anerkennung, Vollstreckbarerklärung und Vollstreckung bestehender Entscheidungen, die Änderung solcher Entscheidungen oder die Herbeiführung einer Entscheidung beantragen. Sie sollten ferner erforderlichenfalls Informationen austauschen, um die verpflichteten und die berechtigten Personen ausfindig zu machen und soweit erforderlich deren Einkünfte und Vermögen festzustellen. Sie sollten schließlich zusammenarbeiten und allgemeine Informationen auszutauschen sowie die Zusammenarbeit zwischen den zuständigen Behörden ihres Mitgliedstaats fördern.

(32) Eine nach dieser Verordnung benannte Zentrale Behörde sollte ihre eigenen Kosten tragen, abgesehen von speziell festgelegten Ausnahmen, und jeden Antragsteller unterstützen, der seinen Aufenthalt in ihrem Mitgliedstaat hat. Das Kriterium für das Recht einer Person auf Unterstützung durch eine Zentrale Behörde sollte weniger streng sein als das Anknüpfungskriterium des „gewöhnlichen Aufenthalts", das sonst in dieser Verordnung verwendet wird. Das Kriterium des „Aufenthalts" sollte jedoch die bloße Anwesenheit ausschließen.

(33) Damit sie die unterhaltsberechtigten und -verpflichteten Personen umfassend unterstützen und die grenzüberschreitende Durchsetzung von Unterhaltsforderungen optimal fördern können, sollten die Zentralen Behörden gewisse personenbezogene Daten einholen können. Diese Verordnung sollte daher die Mitgliedstaaten verpflichten sicherzustellen, dass ihre Zentralen Behörden Zugang zu solchen Angaben bei den öffentlichen Behörden oder Stellen, die im Rah-

men ihrer üblichen Tätigkeiten über die betreffenden Angaben verfügen, erhalten. Es sollte jedoch jedem Mitgliedstaat überlassen bleiben, die Modalitäten für diesen Zugang festzulegen. So sollte ein Mitgliedstaat befugt sein, die öffentlichen Behörden oder Verwaltungen zu bezeichnen, die gehalten sind, der Zentralen Behörde die Angaben im Einklang mit dieser Verordnung zur Verfügung zu stellen, gegebenenfalls einschließlich der bereits im Rahmen anderer Regelungen über den Zugang zu Informationen benannten öffentlichen Behörden oder Verwaltungen. Bezeichnet ein Mitgliedstaat öffentliche Behörden oder Verwaltungen, sollte er sicherstellen, dass seine Zentrale Behörde in der Lage ist, Zugang zu den gemäß dieser Verordnung erforderlichen Angaben, die im Besitz jener Behörden oder Verwaltungen sind, zu erhalten. Die Mitgliedstaaten sollten ferner befugt sein, ihrer Zentralen Behörde den Zugang zu den erforderlichen Angaben bei jeder anderen juristischen Person zu ermöglichen, die diese besitzt und für deren Verarbeitung verantwortlich ist.

(34) Im Rahmen des Zugangs zu personenbezogenen Daten sowie deren Verwendung und Weiterleitung ist es angebracht, die Anforderungen der Richtlinie 95/46/EG des Europäischen Parlaments und des Rates vom 24. Oktober 1995 zum Schutz natürlicher Personen bei der Verarbeitung personenbezogener Daten und zum freien Datenverkehr,[1] wie sie in das einzelstaatliche Recht der Mitgliedstaaten umgesetzt ist, zu beachten.

(35) Es ist angebracht, die spezifischen Bedingungen für den Zugang zu personenbezogenen Daten, deren Verwendung und Weiterleitung für die Anwendung dieser Verordnung festzulegen. In diesem Zusammenhang wurde die Stellungnahme des Europäischen Datenschutzbeauftragten[2] berücksichtigt. Die Benachrichtigung der von der Datenerhebung betroffenen Person sollte im Einklang mit dem einzelstaatlichen Recht erfolgen. Es sollte jedoch die Möglichkeit vorgesehen werden, diese Benachrichtigung zu verzögern, um zu verhindern, dass die verpflichtete Person ihre Vermögensgegenstände transferiert und so die Durchsetzung der Unterhaltsforderung gefährdet.

(36) Angesichts der Verfahrenskosten sollte eine sehr günstige Regelung der Prozesskostenhilfe vorgesehen werden, nämlich die uneingeschränkte Übernahme der Kosten in Verbindung mit Verfahren betreffend Unterhaltspflichten gegenüber Kindern, die das 21. Lebensjahr noch nicht vollendet haben, die über die Zentralen Behörden eingeleitet wurden. Folglich sollten die aufgrund der Richtlinie 2003/8/EG bestehenden Vorschriften über die Prozesskostenhilfe in der Europäischen Union durch spezifische Vorschriften ergänzt werden, mit denen ein besonderes System der Prozesskostenhilfe in Unterhaltssachen geschaffen wird. Dabei sollte die zuständige Behörde des ersuchten Mitgliedstaats befugt sein, in Ausnahmefällen die Kosten bei einem unterlegenen Antragsteller, der eine unentgeltliche Prozesskostenhilfe bezieht, beizutreiben, sofern seine finanziellen Verhältnisse dies zulassen. Dies wäre insbesondere bei einer vermögenden Person, die wider Treu und Glauben gehandelt hat, der Fall.

(37) Darüber hinaus sollte für andere als die im vorstehenden Erwägungsgrund genannten Unterhaltspflichten allen Parteien die gleiche Behandlung hinsichtlich der Prozesskostenhilfe bei der Vollstreckung einer Entscheidung in einem anderen Mitgliedstaat garantiert werden. So sollten die Bestimmungen dieser Verordnung über die Weitergewährung der Prozesskostenhilfe so ausgelegt werden, dass sie eine solche Hilfe auch einer Partei gewähren, die beim Verfahren zur Herbeiführung oder Änderung einer Entscheidung im Ursprungsmitgliedstaat keine Prozesskostenhilfe erhalten hat, die aber später im selben Mitgliedstaat im Rahmen eines Antrags auf Vollstreckung der Entscheidung in den Genuss der Prozesskostenhilfe gekommen ist. Gleichermaßen sollte eine Partei, die berechtigterweise ein unentgeltliches Verfahren vor einer der in Anhang X aufgeführten Verwaltungsbehörden in Anspruch genommen hat, im Vollstreckungsmitgliedstaat in den Genuss der günstigsten Prozesskostenhilfe oder umfassendsten Kosten- und Gebührenbefreiung kommen, sofern sie nachweisen kann, dass sie diese Vergünstigungen auch im Ursprungsmitgliedstaat erhalten hätte.

(38) Um die Kosten für die Übersetzung von Beweisunterlagen zu reduzieren, sollte das angerufene Gericht unbeschadet der Verteidigungsrechte und der für die Zustellung der Schriftstücke geltenden Vorschriften die Übersetzung dieser Unterlagen nur verlangen, wenn sie tatsächlich notwendig ist.

(39) Um die Anwendung dieser Verordnung zu erleichtern, sollte eine Verpflichtung für die Mitgliedstaaten vorgesehen werden, der Kommission die Namen und Kontaktdaten ihrer Zentralen Behörden sowie sonstige Informationen mitzuteilen. Diese Informationen sollten Praktikern und der Öffentlichkeit durch eine Veröffentlichung im Amtsblatt der Europäischen Union oder durch Ermöglichung des elektronischen Zugangs über das mit der Entscheidung 2001/470/EG eingerichtete Europäische Justizielle Netz für Zivil- und Handelssachen bereitgestellt werden. Darüber hinaus sollte die Verwendung der in dieser Verordnung vorgesehenen Formblätter die

---

1 ABl. EG 1995 Nr. L 281/31.
2 ABl. EU 2006 Nr. C 242/20.

Kommunikation zwischen den Zentralen Behörden erleichtern und beschleunigen und die elektronische Vorlage von Ersuchen ermöglichen.

(40) Die Beziehung zwischen dieser Verordnung und den bilateralen Abkommen oder multilateralen Übereinkünften in Unterhaltssachen, denen die Mitgliedstaaten angehören, sollte geregelt werden. Dabei sollte vorgesehen werden, dass die Mitgliedstaaten, die Vertragspartei des Übereinkommens vom 23. März 1962 zwischen Schweden, Dänemark, Finnland, Island und Norwegen über die Geltendmachung von Unterhaltsansprüchen sind, dieses Übereinkommen weiterhin anwenden können, da es günstigere Bestimmungen über die Anerkennung und die Vollstreckung enthält als diese Verordnung. Was künftige bilaterale Abkommen in Unterhaltssachen mit Drittstaaten betrifft, sollten die Verfahren und Bedingungen, unter denen die Mitgliedstaaten ermächtigt wären, in ihrem eigenen Namen solche Abkommen auszuhandeln und zu schließen, im Rahmen der Erörterung eines von der Kommission vorzulegenden Vorschlags zu diesem Thema festgelegt werden.

(41) Die Berechnung der in dieser Verordnung vorgesehenen Fristen und Termine sollte nach Maßgabe der Verordnung (EWG, Euratom) Nr. 1182/71 des Rates vom 3. Juni 1971 zur Festlegung der Regeln für die Fristen, Daten und Termine[1] erfolgen.

(42) Die zur Durchführung dieser Verordnung erforderlichen Maßnahmen sollten nach Maßgabe des Beschlusses 1999/468/EG des Rates vom 28. Juni 1999 zur Festlegung der Modalitäten für die Ausübung der der Kommission übertragenen Durchführungsbefugnisse erlassen[2] werden.

(43) Insbesondere sollte die Kommission die Befugnis erhalten, alle nderungen der in dieser Verordnung vorgesehenen Formblätter nach dem in Artikels 3 des Beschlusses 1999/468/EG genannten Beratungsverfahren des zu erlassen. Für die Erstellung der Liste der Verwaltungsbehörden, die in den Anwendungsbereich dieser Verordnung fallen, sowie der Liste der zuständigen Behörden für die Bescheinigung von Prozesskostenhilfe sollte die Kommission die Befugnis erhalten, das Verwaltungsverfahren nach Artikel 4 jenes Beschlusses anzuwenden.

(44) Diese Verordnung sollte die Verordnung (EG) Nr. 44/2001 ändern, indem sie deren auf Unterhaltssachen anwendbare Bestimmungen ersetzt. Vorbehaltlich der Übergangsbestimmungen dieser Verordnung sollten die Mitgliedstaaten bei Unterhaltssachen, ab dem Zeitpunkt der Anwendbarkeit dieser Verordnung die Bestimmungen dieser Verordnung über die Zuständigkeit, die Anerkennung, die Vollstreckbarkeit und die Vollstreckung von Entscheidungen und über die Prozesskostenhilfe anstelle der entsprechenden Bestimmungen der Verordnung (EG) Nr. 44/2001 anwenden.

(45) Da die Ziele dieser Verordnung, nämlich die Schaffung eines Instrumentariums zur effektiven Durchsetzung von Unterhaltsforderungen in grenzüberschreitenden Situationen und somit zur Erleichterung der Freizügigkeit der Personen innerhalb der Europäischen Union, auf Ebene der Mitgliedstaaten nicht hinreichend verwirklicht und daher aufgrund des Umfangs und der Wirkungen dieser Verordnung besser auf Gemeinschaftsebene erreicht werden können, kann die Gemeinschaft im Einklang mit dem in Artikel 5 des Vertrags niedergelegten Subsidiaritätsprinzip tätig werden. Entsprechend dem in demselben Artikel genannten Grundsatz der Verhältnismäßigkeit geht diese Verordnung nicht über das für die Erreichung dieser Ziele erforderliche Maß hinaus.

(46) Gemäß Artikel 3 des dem Vertrag über die Europäische Union und dem Vertrag zur Gründung der Europäischen Gemeinschaft beigefügten Protokolls über die Position des Vereinigten Königreichs und Irlands hat Irland mitgeteilt, dass es sich an der Annahme und Anwendung dieser Verordnung beteiligen möchte.

(47) Gemäß den Artikeln 1 und 2 des dem Vertrag über die Europäische Union und dem Vertrag zur Gründung der Europäischen Gemeinschaft beigefügten Protokolls über die Position des Vereinigten Königreichs und Irlands beteiligt sich das Vereinigte Königreich nicht an der Annahme dieser Verordnung, und ist weder durch diese gebunden noch zu ihrer Anwendung verpflichtet. Dies berührt jedoch nicht die Möglichkeit für das Vereinigte Königreich, gemäß Artikel 4 des genannten Protokolls nach der Annahme dieser Verordnung mitzuteilen, dass es die Verordnung anzunehmen wünscht.

(48) Gemäß den Artikeln 1 und 2 des dem Vertrag über die Europäische Union und dem Vertrag zur Gründung der Europäischen Gemeinschaft beigefügten Protokolls über die Position Dänemarks beteiligt sich Dänemark nicht an der Annahme dieser Verordnung und ist weder durch diese gebunden noch zu ihrer Anwendung verpflichtet, unbeschadet der Möglichkeit für Dänemark, den Inhalt der an der Verordnung (EG) Nr. 44/2001 vorgenommenen Änderungen gemäß Artikel 3 des Abkommens vom 19. Oktober 2005 zwischen der Europäischen Gemeinschaft und

---

1 ABl. EG 1971 Nr. L 124/1.
2 ABl. EG 1999 Nr. L 184/23.

dem Königreich Dänemark über die gerichtliche Zuständigkeit und die Anerkennung und Vollstreckung von Entscheidungen in Zivil- und Handelssachen[1] anzuwenden.

HAT FOLGENDE VERORDNUNG ERLASSEN:

Kapitel I
Anwendungsbereich und Begriffsbestimmungen

Art. 1
Anwendungsbereich

(1) Diese Verordnung findet Anwendung auf Unterhaltspflichten, die auf einem Familien-, Verwandtschafts-, oder eherechtlichen Verhältnis oder auf Schwägerschaft beruhen.

(2) In dieser Verordnung bezeichnet der Begriff „Mitgliedstaat" alle Mitgliedstaaten, auf die diese Verordnung anwendbar ist.

A. Auslegung

1   Oberstes **Auslegungsziel** ist die einheitliche Anwendung der EuUntVO in allen Mitgliedstaaten: Die Rechtsanwendung muss sich am Grundsatz der Einheitlichkeit der Rechte und Pflichten der betroffenen Personen orientieren. Der EuGH, dem nach Maßgabe von Art. 267 AEUV die Interpretationsprärogative zusteht (zum Vorabentscheidungsverfahren s. § 97 Rz. 12), plädiert hinsichtlich der Rechtsakte zum Europäischen Zivilverfahrensrecht in st. Rspr. nach Möglichkeit für eine verordnungsautonome Auslegung; nur ausnahmsweise ist demnach auf das im Forum geltende Recht (die lex fori) oder das in der Sache anwendbare Recht (die lex causae) zurückzugreifen. Die bereits zu den beiden Vorgängerregelungen, der Brüssel I-VO (s. § 97 Rz. 23) und dem EuGVÜ,[2] ergangene Rechtsprechung kann grundsätzlich auf die EuUntVO übertragen werden.[3] Besonders betont wird in Erwägungsgrund Nr. 8 zur EuUntVO das Anliegen, dem unterhaltsrechtlichen Haager Konventionsrecht Rechnung zu tragen. Als weitere Interpretationshilfen können zudem, soweit nicht durch abweichende Regelungen der EuUntVO überholt, das Grünbuch Unterhaltspflichten v. 15.4.2004[4] sowie der Kommissionsvorschlag v. 15.12.2005[5] dienen. Aufschlussreich sind ferner der Vermerk des damaligen deutschen und künftigen portugiesischen Vorsitzes für den Ausschuss für Zivilrecht vom 28.6.2007[6] sowie die Legislative Entschließung des Europäischen Parlaments v. 13.12.2007.[7] Nicht unproblematisch erscheint die These, bei der Auslegung der EuUntVO sei besonders zu berücksichtigen, dass diese primär den Schutz des Unterhaltsberechtigten bezwecke;[8] Jedenfalls hinsichtlich des Erkenntnisverfahrens ist zu bedenken, dass es die Frage der Unterhaltsberechtigung erst verbindlich zu klären gilt.[9]

B. Anwendungsbereich

I. Sachlich

2   Die EuUntVO erfasst gemäß ihrem Art. 1 Abs. 1 Unterhaltspflichten, die auf einem Familien-, Verwandtschafts- oder eherechtlichen Verhältnis oder auf Schwägerschaft

---

1 ABl. EU 2005 Nr. L 299/62.
2 Brüsseler Übereinkommen v. 27.9.1968 über die gerichtliche Zuständigkeit und die Vollstreckung gerichtlicher Entscheidungen in Zivil- und Handelssachen (konsolidierte Fassung in ABl. EG 1998 Nr. C 27/1).
3 Richtig etwa Hk-ZPO/*Dörner*, vor EuUnthVO Rz. 13.
4 KOM (2004), 254 endg.
5 KOM (2005), 649 endg., samt Erläuterndem Bericht, KOM (2006), 206 endg.
6 Ratsdokument 11281/07 JUSTCIV 180.
7 ABl. EU 2008 Nr. C 323 E/470.
8 So aber Hk-ZPO/*Dörner*, vor EuUnthVO Rz. 12; Thomas/Putzo/*Hüßtege*, Vor Art. 1 EuUnterhaltVO Rz. 34.
9 Vgl. auch Gebauer/Wiedmann/*Bittmann*, Kap. 36 Rz. 15, der zutreffend betont, dass die Privilegierung des Unterhaltsberechtigten keineswegs das einzige Ziel der EuUntVO sei; ähnlich Hk-ZV/*Garber*, Vor EuUntVO Rz. 5. Beachte zur Bedeutung des „Schuldnerschutzes" auch *Heger*, ZKJ 2010, 52 (55).

beruhen. Diese Termini sind **autonom** zu bestimmen;[1] nichts anderes folgt daraus, dass Erwägungsgrund Nr. 11 nur für den Begriff „Unterhaltspflicht" das Gebot autonomer Auslegung eigens betont. Der Definitionskatalog in Art. 2 EuUntVO bietet keine Hilfe.

Im Grundsatz ist, wie schon bislang im Rahmen der Brüssel I-VO, von einem **weiten Unterhaltsbegriff** auszugehen.[2] Aufschlussreich sind die Anhänge zur EuUntVO (vgl. etwa Anhang I zu Art. 20 Abs. 1 Buchst. b EuUntVO), die vorsehen, dass eine Unterhaltsforderung durch die Varianten Einmalzahlung, Ratenzahlung, Zahlung in regelmäßigen (etwa wöchentlichen oder monatlichen) Abständen, rückwirkend zu zahlender Betrag, Zinsen, Sachleistungen sowie sonstige Zahlungsarten bestimmt werden kann. Demgemäß muss der Unterhaltsanspruch weder auf laufende Zahlungen gerichtet noch in Geld beziffert sein. Als Unterhaltssachen erfasst werden zudem der Anspruch auf Prozesskostenvorschuss (§§ 1360a Abs. 4, 1361 Abs. 4 Satz 4 BGB)[3] oder die Klage des Unterhaltsberechtigten gegen seinen geschiedenen oder dauernd getrennt lebenden Ehegatten auf Erstattung der ihm durch das begrenzte Realsplitting entstandenen Nachteile.[4] In den Anwendungsbereich können auch solche Fragen einbezogen sein, die zwar auf das familienrechtliche Band gestützt sind, aus deutscher Sicht aber eher dem ehelichen Güterrecht zuzuordnen wären.[5] Demgemäß kann eine im Rahmen eines Scheidungsverfahrens ergangene Entscheidung, welche die Zahlung eines Pauschalbetrages und die Übertragung des Eigentums an bestimmten Gegenständen von einem ehemaligen Ehegatten auf den anderen anordnet, Unterhaltspflichten betreffen und daher in den Anwendungsbereich fallen.[6] Für die Abgrenzung zur güterrechtlichen Auseinandersetzung oder zu Schadensersatzansprüchen ist im Zweifel auf den überwiegenden Zweck der Verpflichtung abzustellen: Die Unterhaltsfunktion tritt zurück, wenn Vermögensauseinandersetzung oder Schadensersatz im Vordergrund stehen.[7] Besondere Aufmerksamkeit hat die Abgrenzungsproblematik im Hinblick auf das englische Familienrecht erfahren.[8]

Als güterrechtlich zu qualifizieren (und damit aus dem Anwendungsbereich der EuUntVO ausgeklammert) sind Streitigkeiten über die Zuweisung von **Ehewohnung** und **Hausrat** im Falle von Getrenntleben und Scheidung sowie der **Versorgungsausgleich**.[9] Ungeachtet eines etwaigen Versorgungszwecks bleiben **erbrechtliche Ansprüche**, etwa gerichtet auf den Dreißigsten (§ 1969 BGB), ausgeklammert.[10]

Auch der Begriff des **familienrechtlichen Verhältnisses** ist autonom und weit zu fassen,[11] kann sinnvoll freilich nicht ohne jede Rücksicht auf die lex causae gehandhabt werden.[12] Dies zeigt sich daran, dass richtigerweise selbst nichteheliche Lebensgemeinschaften einbezogen sein können, sofern sie nach dem in der Sache maßgeb-

---

1 HK-ZPO/*Dörner*, Art. 1 EuUnthVO Rz. 1. Insoweit anders *Hilbig*, GPR 2011, 310 (312).
2 Statt mancher: BT-Drucks. 17/4887, S. 33; Gebauer/Wiedmann/*Bittmann*, Kap. 36 Rz. 12; *Hilbig*, GPR 2011, 310 (312 f.).
3 Str.; wie hier etwa *Geimer/Schütze*, Art. 5 EuGVVO Rz. 184.
4 BGH v. 17.10.2007 – XII ZR 146/05, FamRZ 2008, 40.
5 Näher BGH v. 17.10.2007 – XII ZR 146/05, FamRZ 2008, 40.
6 EuGH v. 27.2.1997 – Rs. C-220/95 (van den Boogaard/Laumen), IPRax 1999, 35.
7 MüKo.ZPO/*Gottwald*, Art. 5 EuGVO Rz. 42; Rauscher/*Leible*, Art. 5 Brüssel I-VO Rz. 62; *Botur*, FamRZ 2010, 1860 (1861).
8 Näher BGH v. 12.8.2009 – XII ZB 12/05, FamRZ 2009, 1659 (1662) m. Anm. *Henrich*; dazu *Botur*, FPR 2010, 519 f.; *Heiderhoff*, IPRax 2011, 156; *Dose*, in Coester-Waltjen/Lipp/Schumann/Veit, Europäisches Unterhaltsrecht, S. 81 (88 ff.). Beachte auch OLG Celle v. 14.10.2008 – 17 WF 130/08, FamRZ 2009, 359 = FamRBint 2009, 52 (*Motzer*).
9 Näher etwa *Andrae*, § 3 Rz. 7 f.; Bamberger/Roth/*Heiderhoff*, Art. 17a EGBGB Rz. 26; Rauscher/*Mankowski*, Art. 1 Brüssel I-VO Rz. 12.
10 *Conti*, Grenzüberschreitende Durchsetzung von Unterhaltsansprüchen in Europa, S. 52 f.
11 Gebauer/Wiedmann/*Bittmann*, Kap. 36 Rz. 17; *Conti*, Grenzüberschreitende Durchsetzung von Unterhaltsansprüchen in Europa, S. 35 f.; Hk-ZV/*Garber*, Art. 1 EuUntVO Rz. 31 f.
12 In diesem Sinne wohl auch Rauscher/*Andrae*, Art. 1 EG-UntVO Rz. 16; *Hilbig*, GPR 2011, 310 (312 f.).

lichen ausländischen Familienrecht normativ hinreichend verfestigt sind.[1] Einzubeziehen sind zudem Beziehungen zwischen Stiefkindern und -eltern bzw. zwischen Pflegekindern und -eltern ebenso wie Unterhaltsansprüche der werdenden Mutter gegen den nichtehelichen Erzeuger.[2]

6 Bereits zu Art. 5 Nr. 2 Brüssel I-VO war anerkannt, dass dieser auch für Unterhaltspflichten kraft **gleichgeschlechtlicher Ehe oder Lebenspartnerschaft** gilt.[3] Daran ist festzuhalten, zumal Erwägungsgrund Nr. 11 eigens die „Gleichbehandlung aller Unterhaltsberechtigten" als Regelungsziel betont.[4] Im Übrigen hat die EuUntVO nicht den Vorschlag aus der Entschließung des Parlaments übernommen, die Beschränkung auf Ehestatussachen im traditionellen Sinne der Brüssel IIa-VO klarzustellen. Auch der deutsche Gesetzgeber geht ausweislich § 25 Abs. 1 Nr. 1 Buchst. c AUG ersichtlich von der Einbeziehung aus.

7 Wegen der Bezugnahme auf familienrechtliche Verhältnisse in Art. 1 Abs. 1 EuUntVO soll es für originär **vertraglich begründete Unterhaltsansprüche** bei der Maßgeblichkeit der Brüssel I-VO bleiben.[5] So war für Fälle der freiwilligen Stiefkind- oder Geschwisterversorgung ohne jede gesetzliche Grundlage in der lex causae schon bislang anerkannt, dass nicht etwa Art. 5 Nr. 2, sondern Art. 5 Nr. 1 Brüssel I-VO heranzuziehen ist.[6] Allerdings erfasst die EuUntVO durchaus auch Ansprüche aus **Vergleichen oder sonstigen Feststellungsverträgen**, soweit diese im Hinblick auf eine dem Grunde nach in der lex causae vorgesehene gesetzliche Unterhaltsverpflichtung kraft eines Familien-, Verwandtschafts- oder eherechtlichen Verhältnisses oder kraft Schwägerschaft vereinbart werden.[7] Freilich erscheint es zumindest rechtspolitisch sinnvoll, wohl aber auch schon de lege lata vertretbar, sämtliche vertraglich begründeten Unterhaltsansprüche in den Anwendungsbereich einzubeziehen,[8] weil sonst die Gefahr droht, dass prima facie einheitliche Lebenssachverhalte unterschiedlichen Zuständigkeits- und Anerkennungsregeln unterfallen (man denke etwa an Verträge, die den Unterhalt gleichermaßen für den ehemaligen Ehegatten, für die gemeinschaftlichen und für die Stiefkinder einheitlich regeln). Allemal ausgeklammert bleiben **deliktsrechtliche Ansprüche** auf Zahlung einer Unterhaltsrente.[9]

8 Erfasst werden **gerichtliche Verfahren**, nach Maßgabe von Art. 2 Abs. 2 EuUntVO und Anhang X aber auch gewisse Verwaltungsverfahren. Zur Einbeziehung von **negativen Feststellungsanträgen** s. Art. 3 EuUntVO Rz. 36 ff., von **Abänderungsbegehren** s. Art. 8 EuUntVO Rz. 65 ff. Zum **Unterhaltsregress** und sonstigen Rückforderungsbegehren s. Art. 3 EuUntVO Rz. 39 ff.

---

1 Ähnlich HK-ZPO/*Dörner*, Art. 1 EuUnthVO Rz. 1. Vorschnell ablehnend hingegen Gebauer/Wiedmann/*Bittmann*, Kap. 36 Rz. 17.
2 HK-ZPO/*Dörner*, Art. 1 EuUnthVO Rz. 1. Zu Ansprüchen gem. § 1615l BGB vgl. BGH v. 10.11.2010 – XII ZR 37/09, FamRZ 2011, 97 (98) m. insoweit zust. Anm. *Eichel* (100).
3 Vgl. etwa Garbe/Ullrich/*Andrae*, § 11 Rz. 131; *Kropholler/von Hein*, EuZPR, Art. 5 EuGVO Rz. 56.
4 Ebenso etwa Gebauer/Wiedmann/*Bittmann*, Kap. 36 Rz. 17; *Conti*, Grenzüberschreitende Durchsetzung von Unterhaltsansprüchen in Europa, S. 39 ff.; *Gruber*, IPRax 2010, 128 (130); *Hilbig*, GPR 2011, 310 (313 ff.); Thomas/Putzo/*Hüßtege*, Vor Art. 1 EuUnterhaltVO Rz. 13b; *Schaal*, ZNotP 2009, 290 (294, 300); *Weber*, ZfRV 2012, 170 (173).
5 Wie hier Gebauer/Wiedmann/*Bittmann*, Kap. 36 Rz. 13; Hk-ZPO/*Dörner*, Art. 1 EuUnthVO Rz. 3.
6 Vgl. MüKo.ZPO/*Gottwald*, Art. 5 EuGVO Rz. 42; Hoppenz/*Hohloch*, Art. 5 EuGVO Rz. 3; Rauscher/*Leible*, Art. 5 Brüssel I-VO Rz. 63. Anders aber Geimer/*Schütze*, Art. 5 EuGVVO Rz. 171.
7 Klarstellend etwa Hk-ZV/*Garber*, Art. 1 EuUntVO Rz. 35.
8 So bereits de lege lata auch *Conti*, Grenzüberschreitende Durchsetzung von Unterhaltsansprüchen in Europa, S. 48 ff. Anders Hk-ZV/*Garber*, Vor EuUntVO Rz. 35.
9 *Conti*, Grenzüberschreitende Durchsetzung von Unterhaltsansprüchen in Europa, S. 51 f.; Hk-ZV/*Garber*, Art. 1 EuUntVO Rz. 36.

II. Räumlich-persönlich

1. Mitgliedstaaten

Zu den Mitgliedstaaten der EuUntVO iSv. Art. 1 Abs. 2 EuUntVO zählen grundsätzlich alle EU-Staaten nach Maßgabe von Art. 52 EUV sowie Art. 355 AEUV. Allerdings gelten gewisse Besonderheiten für Irland, das Vereinigte Königreich und Dänemark (vgl. Protokolle Nr. 21 und 22[1]). **Irland** hat von vornherein erklärt, sich an der EuUntVO zu beteiligen (vgl. Erwägungsgrund Nr. 46), das **Vereinigte Königreich** hatte dies zunächst nur in Aussicht gestellt (vgl. Erwägungsgrund Nr. 47), inzwischen aber ebenfalls erklärt.[2] Im Ergebnis gilt die EuUntVO schließlich auch für **Dänemark**, soweit die EuUntVO für Unterhaltssachen als Nachfolgeregelung zur Brüssel I-VO verstanden werden kann (vgl. Erwägungsgrund Nr. 48); unverbindlich für Dänemark bleiben daher namentlich Kap. III (Art. 15 EuUntVO: Anwendbares Recht) sowie Kap. VII (Art. 49–63 EuUntVO: Zusammenarbeit der zentralen Behörden).[3]

9

Zu unterscheiden von den Mitgliedstaaten der EuUntVO sind diejenigen Staaten, die Vertragsstaaten des **HUntVÜ 2007** (s. Art. 2 Abs. 1 Nr. 8 EuUntVO sowie Anhang 6 zu § 110; relevant ist dies für Art. 8 EuUntVO) bzw. an das **HUntP 2007** gebunden sind (s. Art. 15 EuUntVO); beachte auch Erwägungsgrund Nr. 8. Am HUntP 2007, das für die EU am 1.8.2013 in Kraft getreten ist (vgl. Art. 15 EuUntVO Rz. 79 ff.), beteiligen sich alle EU-Staaten einschließlich Irlands, aber mit Ausnahme von Dänemark und dem Vereinigten Königreich (vgl. Art. 3 sowie Erwägungsgründe Nr. 10–12 des Ratsbeschlusses 2009/941/EG v. 30.11.2009[4]); relevant ist dies für Art. 16 ff. EuUntVO (s. dort).

10

2. Zuständigkeitsregeln

Die Regeln der EuUntVO zur internationalen Entscheidungszuständigkeit (Art. 3 ff.) greifen grundsätzlich unabhängig von Wohnsitz- bzw. Aufenthaltsstaat sowie Staatsangehörigkeit der Beteiligten ein. Besonderheiten gelten nur insoweit, als das LugÜ 2007 nach hier vertretener Ansicht anzuwenden ist, sofern der Antragsgegner seinen Wohnsitz in Island, Norwegen oder der Schweiz hat; s. Art. 3 EuUntVO Rz. 24.

11

3. Anerkennungsregeln

S. Art. 16 EuUntVO Rz. 82 ff.

12

III. Zeitlich

Zur Anwendbarkeit der EuUntVO seit 18.6.2011 s. Art. 76 EuUntVO, zum Übergangsrecht s. Art. 75 EuUntVO und für das deutsche Durchführungsrecht § 77 AUG.

13

IV. Zivilsachen mit grenzüberschreitendem Bezug

Ausweislich Art. 65 EG, auf den der Erlass der EuUntVO gestützt wurde, bestand eine Regelungskompetenz nur für „Zivilsachen mit grenzüberschreitendem Bezug" (ebenso nunmehr Art. 81 AEUV; s. § 97 Rz. 9).[5] Liegt ein **reiner Inlandssachverhalt** vor, so sind die Regelungen der EuUntVO zur internationalen Entscheidungszuständigkeit ohnehin nicht entscheidungserheblich; davon ist auszugehen, wenn wirklich sämtliche zuständigkeitsrelevanten Tatsachen (namentlich also Aufenthalt und Statusverfahren sowie weitere Umstände wie Staatsangehörigkeit[6] und Vermögen aller

14

---

1 ABl. EU 2010 Nr. C 83/295 ff. Näher *Hess*, § 2 Rz. 26 ff.
2 Kommissionsentscheidung 2009/451/EG v. 8.6.2009, ABl. EU 2009 Nr. L 149/73.
3 Vgl. im Einzelnen ABl. EU 2009 Nr. L 149/80; zusammenfassend BT-Drucks. 17/4887, S. 29.
4 ABl. EU 2009 Nr. L 331/17.
5 Näher etwa *Conti*, Grenzüberschreitende Durchsetzung von Unterhaltsansprüchen in Europa, S. 24 ff.
6 Ebenso Hk-ZPO/*Dörner*, Art. 3 EuUnthVO Rz. 2. Vgl. auch *Andrae*, NJW 2011, 2545 (2547).

Beteiligten) zum Recht eines einzigen Mitgliedstaats führen.[1] Keineswegs lässt sich aber etwa fordern, dass die EuUntVO von vornherein nur gelten soll, wenn die Beteiligten in verschiedenen Staaten ansässig sind[2] oder verschiedenen Staaten angehören. Dies folgt schon daraus, dass Kap. II der EuUntVO eben keine formalisierten Mindestanforderungen an eine grenzüberschreitende Rechtssache stellt, wie dies in anderen Rechtsakten neueren Datums der Fall ist, namentlich den Verordnungen zum Europäischen Mahnverfahren (vgl. Art. 3 Abs. 1 EuMahnVO Nr. 1896/2006[3]) und zum Europäischen Bagatellverfahren (vgl. Art. 3 Abs. 1 EuBagatellVO Nr. 861/2007[4]).

15 Für das Zuständigkeitssystem der Brüssel I-VO hat der EuGH[5] im Übrigen überzeugend klargestellt, dass zwar ein internationaler Bezug, aber **kein besonderer Binnenmarktbezug erforderlich** ist: Grenzüberschreitenden Bezug haben also auch Sachverhalte, die Beziehungen nur zu einem Mitgliedstaat und darüber hinaus zu einem oder mehreren Drittstaaten aufweisen. Es ist nicht ersichtlich, was aus primärrechtlicher Sicht dagegen spräche, dies auf die EuUntVO zu übertragen.[6] Und allemal bestehen im Lichte von Art. 81 AEUV (früher: Art. 65 EG) keine Bedenken dagegen, dass Art. 3 EuUntVO zugleich die örtliche Zuständigkeit regelt, sofern eben – im weitesten Sinne – ein internationaler Sachverhalt in Rede steht (s. Art. 3 EuUntVO Rz. 44 ff.).

C. Verhältnis zum autonomen Recht sowie zum sonstigen Europa- und zum Konventionsrecht

16 Als europarechtlicher Sekundärrechtsakt beansprucht die EuUntVO innerhalb ihres Anwendungsbereichs Vorrang vor dem **autonomen Recht der Mitgliedstaaten** (s. im Einzelnen § 97 Rz. 8 ff., aber auch Art. 3 EuUntVO Rz. 25), und zwar gem. Art. 288 Abs. 2 AEUV ohne weiteren Umsetzungsakt. Auch das AUG als Durchführungsgesetz darf nur ergänzend den Raum ausfüllen, den die EuUntVO für mitgliedstaatliche Regelungen belässt. Zum **Europäischen Mahnverfahren** s. Anhang 1 zu § 110 Rz. 7. Das Verhältnis zum **übrigen Europarecht**, namentlich zur Brüssel I-VO sowie zur EuVTVO, regelt Art. 68 EuUntVO (s. dort und in zeitlicher Hinsicht Art. 75 EuUntVO), das Verhältnis zum **Konventionsrecht** regelt Art. 69 EuUntVO (s. dort, aber auch Art. 3 EuUntVO Rz. 24).

Art. 2
Begriffsbestimmungen

(1) Im Sinne dieser Verordnung bezeichnet der Begriff

1. „Entscheidung" eine von einem Gericht eines Mitgliedstaats in Unterhaltssachen erlassene Entscheidung ungeachtet ihrer Bezeichnung wie Urteil, Beschluss, Zahlungsbefehl oder Vollstreckungsbescheid, einschließlich des Kostenfestsetzungsbeschlusses eines Gerichtsbediensteten. Für die Zwecke der Kapitel VII und VIII bezeichnet der Begriff „Entscheidung" auch eine in einem Drittstaat erlassene Entscheidung in Unterhaltssachen;
2. „gerichtlicher Vergleich" einen von einem Gericht gebilligten oder vor einem Gericht im Laufe eines Verfahrens geschlossenen Vergleich in Unterhaltssachen;
3. „öffentliche Urkunde"
   a) ein Schriftstück in Unterhaltssachen, das als öffentliche Urkunde im Ursprungsmitgliedstaat förmlich errichtet oder eingetragen worden ist und dessen Beweiskraft

---

1 Zustimmend *Conti*, Grenzüberschreitende Durchsetzung von Unterhaltsansprüchen in Europa, S. 91. Für Einbeziehung sogar von Fällen, in denen sich ein internationaler Bezug erst in der Vollstreckungsphase infolge des Umzugs des Schuldners ergibt, Gebauer/Wiedmann/*Bittmann*, Kap. 36 Rz. 18 (dann aber in Rz. 27 dahingehend einschränkend, dass Art. 3 EuUntVO in Erkenntnisverfahren ohne Auslandsbezug nicht die örtliche Zuständigkeit vorgebe). Vgl. auch den Beispielsfall bei *Heger*, ZKJ 2010, 52 (55).
2 Wie hier *Conti*, Grenzüberschreitende Durchsetzung von Unterhaltsansprüchen in Europa, S. 92 ff. Anders *Gruber*, IPRax 2010, 128 (133). Zu eng auch *Heger/Selg*, FamRZ 2011, 1101 (1103): ein von der EuUntVO nicht erfasstes (rein) innerstaatliches Verfahren liege vor, wenn sich beide Verfahrensbeteiligte und das Gericht in Deutschland befinden.
3 ABl. EU 2006 Nr. L 399/1.
4 ABl. EU 2007 Nr. L 199/1.
5 EuGH v. 1.3.2005 – Rs. C-281/02 (Owusu/Jackson), IPRax 2005, 244.
6 Ebenso Thomas/Putzo/*Hüßtege*, Vor Art. 1 EuUnterhaltVO Rz. 17 f.

    i) sich auf die Unterschrift und den Inhalt der öffentlichen Urkunde bezieht und
    ii) durch eine Behörde oder eine andere hierzu ermächtigte Stelle festgestellt worden ist; oder
  b) eine mit einer Verwaltungsbehörde des Ursprungsmitgliedstaats geschlossene oder von ihr beglaubigte Unterhaltsvereinbarung;
4. „Ursprungsmitgliedstaat" den Mitgliedstaat, in dem die Entscheidung ergangen, der gerichtliche Vergleich gebilligt oder geschlossen oder die öffentliche Urkunde ausgestellt worden ist;
5. „Vollstreckungsmitgliedstaat" den Mitgliedstaat, in dem die Vollstreckung der Entscheidung, des gerichtlichen Vergleichs oder der öffentlichen Urkunde betrieben wird;
6. „ersuchender Mitgliedstaat" den Mitgliedstaat, dessen Zentrale Behörde einen Antrag nach Kapitel VII übermittelt;
7. „ersuchter Mitgliedstaat" den Mitgliedstaat, dessen Zentrale Behörde einen Antrag nach Kapitel VII erhält;
8. „Vertragsstaat des Haager Übereinkommens von 2007" einen Vertragsstaat des Haager Übereinkommens vom 23. November 2007 über die internationale Geltendmachung der Unterhaltsansprüche von Kindern und anderen Familienangehörigen (nachstehend „Haager Übereinkommen von 2007" genannt), soweit dieses Übereinkommen zwischen der Gemeinschaft und dem betreffenden Staat anwendbar ist;
9. „Ursprungsgericht" das Gericht, das die zu vollstreckende Entscheidung erlassen hat;
10. „berechtigte Person" jede natürliche Person, der Unterhalt zusteht oder angeblich zusteht;
11. „verpflichtete Person" jede natürliche Person, die Unterhalt leisten muss oder angeblich leisten muss.
(2) Im Sinne dieser Verordnung schließt der Begriff „Gericht" auch die Verwaltungsbehörden der Mitgliedstaaten mit Zuständigkeit in Unterhaltssachen ein, sofern diese Behörden ihre Unparteilichkeit und das Recht der Parteien auf rechtliches Gehör garantieren und ihre Entscheidungen nach dem Recht des Mitgliedstaats, in dem sie ihren Sitz hat,
i) vor Gericht angefochten oder von einem Gericht nachgeprüft werden können und
ii) eine mit einer Entscheidung eines Gerichts zu der gleichen Angelegenheit vergleichbare Rechtskraft und Wirksamkeit haben.
Die betreffenden Verwaltungsbehörden sind in Anhang X aufgelistet. Dieser Anhang wird auf Antrag des Mitgliedstaats, in dem die betreffende Verwaltungsbehörde ihren Sitz hat, nach dem Verwaltungsverfahren des Artikels 73 Absatz 2 erstellt und geändert.
(3) Im Sinne der Artikel 3, 4 und 6 tritt der Begriff „Wohnsitz" in den Mitgliedstaaten, die diesen Begriff als Anknüpfungspunkt in Familiensachen verwenden, an die Stelle des Begriffs „Staatsangehörigkeit".
Im Sinne des Artikels 6 gilt, dass Parteien, die ihren „Wohnsitz" in verschiedenen Gebietseinheiten desselben Mitgliedstaats haben, ihren gemeinsamen „Wohnsitz" in diesem Mitgliedstaat haben.

Die Vorschrift stellt, wie es in neueren Sekundärrechtsakten üblich geworden ist (vgl. etwa auch Art. 2 Brüssel IIa-VO), einige mehr oder weniger wichtige Definitionen zusammen, und zwar erkennbar ohne jeden Anspruch auf Vollständigkeit. Vergeblich sucht man beispielsweise Erläuterungen der in Art. 1 Abs. 1 EuUntVO verwendeten Termini. 17

Leider wird der Zentralbegriff des **gewöhnlichen Aufenthalts** in Art. 2 EuUntVO ebenso wenig wie im übrigen sekundärrechtlichen Zivilverfahrensrecht oder im Haager Konventionsrecht definiert, und auch Erwägungsgrund Nr. 32 (dort zu Art. 55 EuUntVO) bietet kaum brauchbare Hilfestellung. Immerhin dürfte feststehen, dass der Begriff (abweichend von der kollisionsrechtlichen Lösung gem. Art. 59 Brüssel I-VO für den Wohnsitz) anhand verordnungsautonomer Kriterien zu interpretieren ist. Die zu Art. 5 Nr. 2 Brüssel I-VO vorherrschende Meinung wollte sich dabei an die Grundsätze anlehnen, die für die Haager Unterhaltsübereinkommen entwickelt wurden.[1] Für die EuUntVO liegt es im Zweifel freilich näher, den Begriff vorrangig in Übereinstimmung mit der Brüssel IIa-VO auszufüllen (dazu vor §§ 98–106 Rz. 21 ff.). Anders 18

---
1 Vgl. etwa Hoppenz/*Hohloch*, Art. 5 EuGVO Rz. 10; Göppinger/Wax/*Linke*, Rz. 3214; MüKo.ZPO/ *Gottwald*, Art. 5 EuGVO Rz. 44.

als Art. 3 Abs. 1 Buchst. a Spiegelstr. 5 und 6 Brüssel IIa-VO ist für Art. 3 Buchst. a und b EuUntVO allerdings nicht erforderlich, dass seit dem Zeitpunkt der Begründung des gewöhnlichen Aufenthalts eine gewisse Zeitspanne verstrichen ist.[1]

19 Missverständlich ist die deutsche Fassung von Art. 2 Abs. 3 EuUntVO: **Wohnsitz** ist hier nicht etwa wie in Art. 2 Abs. 1 Brüssel I-VO zu verstehen, sondern iSv. „domicile" (vgl. Art. 3 Abs. 2 Brüssel IIa-VO).[2] Im Übrigen bezieht sich der Wortlaut von Art. 2 Abs. 3 EuUntVO fälschlicherweise auch auf Art. 3 (also Buchst. c und d EuUntVO); dort geht es indes nur darum, unstatthafte Diskriminierungen anhand der Staatsangehörigkeit zu unterbinden (so denn auch Art. 5 Nr. 2 Brüssel I-VO), nicht hingegen darum, es Irland oder dem Vereinigten Königreich zu untersagen, die internationale Zuständigkeit für Statusangelegenheiten im Anwendungsbereich ihres autonomen Rechts an das „domicile" anzuknüpfen.

Kapitel II
Zuständigkeit

Art. 3
Allgemeine Bestimmungen

Zuständig für Entscheidungen in Unterhaltssachen in den Mitgliedstaaten ist

a) das Gericht des Ortes, an dem der Beklagte seinen gewöhnlichen Aufenthalt hat, oder

b) das Gericht des Ortes, an dem die berechtigte Person ihren gewöhnlichen Aufenthalt hat, oder

c) das Gericht, das nach seinem Recht für ein Verfahren in Bezug auf den Personenstand zuständig ist, wenn in der Nebensache zu diesem Verfahren über eine Unterhaltssache zu entscheiden ist, es sei denn, diese Zuständigkeit begründet sich einzig auf der Staatsangehörigkeit einer der Parteien, oder

d) das Gericht, das nach seinem Recht für ein Verfahren in Bezug auf die elterliche Verantwortung zuständig ist, wenn in der Nebensache zu diesem Verfahren über eine Unterhaltssache zu entscheiden ist, es sei denn, diese Zuständigkeit beruht einzig auf der Staatsangehörigkeit einer der Parteien.

A. Überblick

20 Für Unterhaltssachen iSv. Art. 1 EuUntVO bilden Art. 3 ff. EuUntVO ein geschlossenes Zuständigkeitssystem, das sowohl die bislang bedeutsamen Zuständigkeitsregeln der Brüssel I-VO verdrängt (Art. 68 EuUntVO Rz. 175) als auch den Rückgriff auf nationales Zuständigkeitsrecht sperrt (s. Rz. 25).[3] Zu beachten bleibt indes der Restanwendungsbereich des LugÜ 2007 (s. Rz. 24).

21 Art. 3 EuUntVO benennt vier **Zuständigkeitsgründe**, die ausweislich der Oder-Verknüpfungen untereinander gleichrangig sein sollen. Maßgeblich sind der gewöhnliche Aufenthalt, und zwar entweder des Beklagten (Buchst. a) oder der iSv. Art. 2 Abs. 1 Nr. 10 EuUntVO „berechtigten Person" (Buchst. b), oder die Verknüpfung mit einem Verfahren in einer Statussache (Buchst. c) oder Kindschaftssache (Buchst. d). Im Wesentlichen entspricht Art. 3 Buchst. a-c EuUntVO dem bisherigen Zusammenspiel von Art. 2 und Art. 5 Nr. 2 Brüssel I-VO, freilich mit der Besonderheit, dass als zentrales Anknüpfungsmoment nicht mehr der Wohnsitz dient, sondern – wie ansatzweise schon in Art. 5 Nr. 2 Brüssel I-VO und durchgängig in der Brüssel IIa-VO – der gewöhnliche Aufenthalt.[4] Sind Gerichtsstände in mehreren Mitgliedstaaten eröffnet, so hat der Antragsteller ein **Wahlrecht**.[5] Bevor die Wahl – was prima facie nahe liegen mag – auf den Gläubigergerichtsstand iSv. Art. 3 Buchst. b EuUntVO fällt, sollte al-

---

1 Klarstellend etwa *Uecker*, FPR 2013, 35 f.
2 Ebenso *Gruber*, IPRax 2010, 128 (134).
3 Näher zum Zuständigkeitssystem der EuUntVO schon *Hau*, in Coester-Waltjen/Lipp/Schumann/Veit, S. 57, und in FamRZ 2010, 516.
4 Kritisch *Gottwald*, FS Lindacher, S. 13 (14 f.); verteidigend jedoch *Hess/Mack*, JAmt 2007, 229 (230, Fn. 14).
5 Klarstellend Gebauer/Wiedmann/*Bittmann*, Kap. 36 Rz. 29; *Boele-Woelki/Mom*, FPR 2010, 485 (486).

lerdings bedacht werden, dass dort ergangene Entscheidungen in vielen Drittstaaten kaum auf Anerkennung hoffen können.[1]

Die in Art. 10 EuUntVO vorgeschriebene **amtswegige Zuständigkeitsprüfung** schützt den Antragsgegner, der sich nicht auf ein Verfahren vor einem unzuständigen Gericht einlässt. Im Übrigen ist eine an sich nach Maßgabe der EuUntVO eröffnete Zuständigkeit dann nicht auszuüben, wenn sie wirksam derogiert wurde (Art. 4 EuUntVO) oder ein ausländisches Verfahren Sperrwirkung entfaltet (Art. 12 EuUntVO). Für ein richterliches Ermessen hinsichtlich der Ausübung einer eröffneten Zuständigkeit lässt die EuUntVO keinen Raum (s. vor §§ 98–106 Rz. 8 sowie Art. 7 EuUntVO Rz. 63). 22

B. Verhältnis zum Konventionsrecht und zum autonomen Recht

S. vorab Anhang 1 zu § 110 Rz. 10 ff. 23

I. LugÜ 2007

Die EuUntVO lässt das **LugÜ 2007** unberührt, geht diesem aber für den Rechtsverkehr zwischen ihren Mitgliedstaaten vor (s. Anhang 4 zu § 110, Art. 2–4 LugÜ 2007 Rz. 8. Als Faustregel kann gelten, dass die Zuständigkeitsregeln der EuUntVO das LugÜ 2007 nicht verdrängen, wenn der Antragsgegner seinen Wohnsitz in Island, Norwegen oder der Schweiz hat. Im Übrigen können beide Zuständigkeitssysteme ineinandergreifen, wie Art. 4 Abs. 4 und Art. 6 EuUntVO belegen. 24

II. Autonomes Recht

Aus Art. 10 EuUntVO sowie ihrem Erwägungsgrund Nr. 15 ergibt sich, dass die EuUntVO ein geschlossenes Zuständigkeitssystem errichtet, innerhalb ihres sachlichen und zeitlichen Anwendungsbereichs also den Rückgriff auf nationale Zuständigkeitsregeln – wie §§ 105, 232 FamFG – ausschließt.[2] Dies begegnet auch aus primärrechtlicher Sicht keinen Bedenken. Festzuhalten bleibt, dass die EuUntVO die Bedeutung der nationalen Regeln erheblich reduziert: Heranzuziehen sind sie nur noch in Status- und Kindschaftssachen als Anknüpfungsbasis für die Annexzuständigkeiten gemäß Art. 3 Buchst. c und d EuUntVO, und selbst darauf kommt es nur an, sofern diesbezüglich nicht vorrangig die Brüssel IIa-VO gilt. Dieses geschlossene System der EuUntVO hat regelungstechnisch einige Konsequenzen: Einerseits fehlen Öffnungsnormen, wie sie die Brüssel I-VO (dort Art. 4) und die Brüssel IIa-VO (dort Art. 7 und 14; s. § 98 Rz. 29 f. und § 99 Rz. 18) vorsehen; andererseits muss die EuUntVO mit Art. 6 und 7 eigene Auffang- bzw. Notzuständigkeiten bereitstellen (s. jeweils dort). 25

C. Zuständigkeitsgründe

I. Aufenthaltszuständigkeiten (Buchst. a und b)

Bei dem **Beklagten** iSv. Art. 3 Buchst. a EuUntVO kommt es auf die Rolle im Verfahren, nicht auf die (angebliche) Leistungspflicht iSv. Art. 2 Abs. 1 Nr. 11 EuUntVO an. Zum Begriff **der berechtigten Person** iSv. Buchst. b beachte Art. 2 Abs. 1 Nr. 10 EuUntVO. Stellt sich heraus, dass dem Antragsteller kein Unterhalt zusteht, so erweist sich sein Antrag nicht etwa als mangels internationaler Zuständigkeit unzulässig, sondern als unbegründet.[3] Nicht erfasst werden von Art. 3 lit. b EuUntVO ein Unterhaltsverpflichteter, der eine herabsetzende Abänderung begehrt,[4] oder ein vermeintlicher Scheinschuldner, der Rückzahlung begehrt (zur Einbeziehung dieses Falls in den sachlichen Anwendungsbereich s. Rz. 42). Zu Klagen öffentlicher Einrichtungen s. Rz. 39 ff. 26

---

1 Vgl. *Heger*, FPR 2013, 1 (2).
2 Klarstellend BT-Drucks. 17/4887, S. 41; OLG Düsseldorf v. 24.4.2012 – II-8 UF 59/12, FamRZ 2013, 55.
3 Richtig etwa *Geimer/Schütze*, Art. 5 EuGVVO Rz. 155.
4 Richtig Hk-ZPO/*Dörner*, Art. 3 EuUnthVO Rz. 5.

27 Zur Bestimmung des **gewöhnlichen Aufenthalts** s. Art. 2 EuUntVO Rz. 18. Verlegt der Berechtigte seinen gewöhnlichen Aufenthalt tatsächlich (nicht nur angeblich) in einen Mitgliedstaat, um sich einen besonders günstigen Gerichtsstand zu schaffen, so erweist sich dies nicht etwa als unbeachtliche Zuständigkeitserschleichung, sondern als zulässiges *forum shopping*.[1] Das probate Mittel, diesem Verhalten den Wind aus den Segeln zu nehmen, ist die nunmehr mit Art. 15 EuUntVO herbeigeführte Kollisionsrechtsangleichung.

28 Abweichend von der bisherigen Rechtslage (Art. 2 und Art. 5 Nr. 2 Brüssel I-VO) eröffnet die EuUntVO keine Zuständigkeit in dem Staat, in dem entweder der Antragsgegner oder der Antragsteller seinen **Wohnsitz** hat.[2] Dies ist durchaus von Belang: Eine natürliche Person kann einen Wohnsitz in einem Staat erlangen bzw. beibehalten, in dem sie sich nicht (mehr) gewöhnlich aufhält, und auch das sonstige sekundärrechtliche Zivilverfahrensrecht geht offenkundig davon aus, dass Wohnsitz und gewöhnlicher Aufenthalt nicht deckungsgleich sind (vgl. Art. 3 Abs. 1 EuMahnVO Nr. 1896/2006; Art. 3 Abs. 1 EuBagatellVO Nr. 861/2007; Art. 2 Abs. 1 Mediations-RL 2008/52/EG).

29 Die EuUntVO unterscheidet sich auch darin von der Brüssel I-VO, dass sie keine **Erstreckung des Beklagtengerichtsstands** (Art. 3 Buchst. a EuUntVO) auf eine weitere Person ermöglicht (vgl. demgegenüber Art. 6 Nr. 1 Brüssel I-VO).[3]

II. Annexzuständigkeiten

1. Statusverfahren (Buchst. c)

30 Wie schon in Art. 5 Nr. 2 Brüssel I-VO, eröffnet Buchst. c eine Annexzuständigkeit zu Verfahren betreffend den **Personenstand**. Solche sind jedenfalls Ehestatusverfahren sowie Abstammungsverfahren. Richtigerweise einzubeziehen sind aber auch Verfahren zur Trennung ohne Auflösung des Ehebandes iSv. Art. 1 Abs. 1 Buchst. a Brüssel IIa-VO sowie Statussachen homosexueller Verbindungen.[4] Letzteres unterstellt ausweislich § 25 Abs. 1 Nr. 1 Buchst. c AUG auch der deutsche Gesetzgeber. Ungeklärt ist hingegen, ob im Falle einer Ehescheidung auch der Trennungsunterhalt erfasst wird, obwohl beispielsweise die englische Sprachfassung deutlicher als die deutsche das Erfordernis zum Ausdruck bringt, dass die Unterhaltsentscheidung nicht nur gelegentlich, sondern abhängig von der Statusentscheidung ergeht („ancillary to those proceedings").[5]

31 Die von Buchst. c in Bezug genommene Zuständigkeit für die Statussache kann auch – und vorrangig – auf Europarecht, also der **Brüssel IIa-VO** beruhen (klarstellend § 25 Abs. 1 Nr. 1 Buchst. a AUG).[6] Im Übrigen kommt es auf die **nationalen Regeln** an. Die aus deutscher Sicht grundsätzlich in Betracht kommenden Zuständigkeitsgründe für die Statussache benennt § 25 Abs. 1 AUmlich §§ 98 Abs. 1, 103 Abs. 1 sowie 100 FamFG. Gewisse Probleme bereitet – wie schon bei Art. 5 Nr. 2 Brüssel I-VO – die Tragweite des auf Art. 18 AEUV (früher: Art. 12 EG) zurückzuführenden **Diskriminierungsverbots** am Ende von Buchst. c: Soll die Annexzuständigkeit eröffnet sein, wenn die maßgebliche Zuständigkeitsnorm des nationalen Rechts für die Statussache zwar die Staatsangehörigkeit nur eines der Beteiligten genügen lässt, *in casu* aber beide Beteiligten dem Forumstaat angehören?[7] Wenngleich der im Vergleich zu Art. 5 Nr. 2 Brüssel I-VO leicht modifizierte Wortlaut (nunmehr „begründet

---

1 Ähnlich *Geimer/Schütze*, Art. 5 EuGVVO Rz. 156.
2 Vgl. *Hau*, GS Wolf, S. 409 (414 ff.).
3 Ebenso Wendl/*Dose*, § 9 Rz. 647.
4 Hk-ZPO/*Dörner*, Art. 3 EuUnthVO Rz. 7 f.
5 Auf die Problematik verweist schon *Dörner*, IPRax 2006, 550 (551). Für Einbeziehung nunmehr Hk-ZPO/*Dörner*, Art. 3 EuUnthVO Rz. 8; ebenso Gebauer/Wiedmann/*Bittmann*, Kap. 36 Rz. 36. Dagegen aber *Conti*, Grenzüberschreitende Durchsetzung von Unterhaltsansprüchen in Europa, S. 80 f.
6 Dazu BT-Drucks. 17/4887, S. 41.
7 Bejahend zur Brüssel I-VO etwa Garbe/Ullrich/*Andrae*, § 11 Rz. 131; MüKo.ZPO/*Gottwald*, Art. 5 EuGVO Rz. 46; Hoppenz/*Hohloch*, Art. 5 EuGVO Rz. 11.

sich einzig auf" statt bislang „beruht lediglich auf") keinen sicheren Aufschluss gibt, sollte man die Frage nach Sinn und Zweck bejahen.[1] Dem hat sich auch der deutsche Gesetzgeber angeschlossen und eine entsprechende Klarstellung in § 25 Abs. 1 Nr. 2 Buchst. a und Abs. 2 AUG aufgenommen.[2] Für Ehesachen wird die Problematik ohnehin nicht relevant: Sind beide Ehegatten Deutsche, so folgt die Zuständigkeit für die Ehesache bereits aus Art. 3 Abs. 1 Buchst. b Brüssel IIa-VO, weshalb § 98 Abs. 1 Nr. 1 FamFG zurücktritt.

2. Kindschaftsverfahren (Buchst. d)

Im Vergleich zu Art. 5 Nr. 2 Brüssel I-VO ist in der EuUntVO neu, dass sie mit Art. 3 Buchst. d eine Annexzuständigkeit an ein **Verfahren über die elterliche Verantwortung** knüpft und damit Art. 1 Abs. 1 Buchst. b Brüssel IIa-VO ergänzt (nach deutscher Terminologie geht es um Kindschaftssachen iSv. § 151 FamFG). Eigenständige Bedeutung kann dem in der Praxis von vornherein nur ausnahmsweise zukommen, nämlich dann, wenn die Gerichte eines Mitgliedstaats zur Entscheidung einer Kindschaftssache berufen sind, obwohl sich dort weder der Antragsgegner noch das Kind gewöhnlich aufhält (ansonsten greift bereits Art. 3 Buchst. a oder b EuUntVO ein), und wenn die Zuständigkeit, anders als etwa in § 99 Abs. 1 Satz 1 Nr. 1 FamFG vorgesehen, nicht allein auf der Staatsangehörigkeit eines Beteiligten beruht (vgl. den letzten Halbsatz von Art. 3 Buchst. d EuUntVO). Speziell aus deutscher Sicht dürfte Art. 3 Buchst. d EuUntVO schon deshalb nicht heranzuziehen sein, weil nach dem FamFG eben kein zuständigkeitsrelevanter Zusammenhang zwischen einer Kindschafts- und einer Unterhaltssache besteht.[3] 32

III. Maßgeblicher Zeitpunkt

Im Grundsatz ist es sowohl notwendig als auch hinreichend, dass Sachentscheidungsvoraussetzungen wie die internationale Zuständigkeit im **Zeitpunkt der gerichtlichen Entscheidung** (bzw. der letzten mündlichen Verhandlung) gegeben sind. Daran kann für Art. 3 ff. EuUntVO festgehalten werden (vgl. bereits vor §§ 98–106 Rz. 9 ff.).[4] Dem steht nicht die Formulierung von Art. 20 Abs. 1 HUntVÜ 2007 (s. Anhang 6 zu § 110) entgegen, wonach der Zeitpunkt der Verfahrenseinleitung maßgeblich sein soll; dies ist vielmehr nur für die Anerkennungszuständigkeit und aus europäischer Sicht ohnehin nur im Verhältnis zu Drittstaaten von Bedeutung. 33

Umgekehrt kann es genügen, dass die zuständigkeitsbegründenden Umstände zu einem bestimmten Zeitpunkt im Verfahren gegeben waren, so dass ihr späterer Wegfall (etwa infolge eines Wegzugs des Antragstellers oder des Antragsgegners aus dem Forum) unschädlich ist. Eine solche **perpetuatio fori** ist auch im Anwendungsbereich der EuUntVO möglich,[5] wobei richtigerweise der in Art. 9 EuUntVO umschriebene Zeitpunkt für maßgeblich erachtet wird. Zweifeln mag man allerdings, ob es angemessen und sinnvoll ist, von einer solchen Perpetuierung auch für die Notzuständigkeit gemäß Art. 7 EuUntVO auszugehen (s. dort Rz. 62). 34

D. Besondere Rechtsschutzbegehren

Zur Zuständigkeit für Abänderungsbegehren, Vollstreckungsabwehranträge und Widerklagen s. die Kommentierung zu Art. 8 EuUntVO, zum einstweiligen Rechtsschutz s. Art. 14 EuUntVO.[6] 35

---

1 Ebenso Gebauer/Wiedmann/*Bittmann*, Kap. 36 Rz. 37; *Conti*, Grenzüberschreitende Durchsetzung von Unterhaltsansprüchen in Europa, S. 83 f.
2 Dazu BT-Drucks. 17/4887, S. 41 f.
3 Vgl. BT-Drucks. 17/4887, S. 41; Gebauer/Wiedmann/*Bittmann*, Kap. 36 Rz. 38.
4 Ebenso Wendl/*Dose*, § 9 Rz. 659; *Riegner*, FPR 2013, 4 (6). Im Ansatz, aber nicht im Ergebnis abweichend *Conti*, Grenzüberschreitende Durchsetzung von Unterhaltsansprüchen in Europa, S. 107 ff.
5 Ebenso Hk-ZPO/*Dörner*, Art. 3 EuUnthVO Rz. 1.
6 Beachte zum Nachfolgenden schon *Hau*, in Coester-Waltjen/Lipp/Schumann/Veit, S. 57 (73 ff.), sowie in FamRZ 2010, 516 (518 f.).

I. Negative Feststellungsanträge

36   Im Anwendungsbereich der **Brüssel I-VO** war umstritten, ob ihr Art. 5 Nr. 2 auch für negative Feststellungsanträge gilt. Weil die Vorschrift nicht nach Beteiligtenrollen differenziert, sollte der Unterhaltsgerichtsstand richtigerweise – entgegen verbreiteter Auffassung – auch dem (angeblich) Verpflichteten zugutekommen.[1] In dieser Hinsicht hat **Art. 3 EuUntVO** keine grundsätzliche Änderung gebracht: Negative Feststellungsanträge können im Anwendungsbereich der EuUntVO jedenfalls in dem Mitgliedstaat erhoben werden, in dem sich der Berechtigte (iSv. Art. 2 Abs. 1 Nr. 10 EuUntVO) gewöhnlich aufhält.[2] Dies lässt sich sowohl aus Buchst. a ableiten (arg.: der Berechtigte ist Beklagter bzw. Antragsgegner) als auch aus Buchst. b (arg.: Zuständigkeit im Aufenthaltsstaat des Berechtigten ungeachtet seiner Beteiligtenrolle). Für eine Zuständigkeit in dem Mitgliedstaat, in dem sich nur der das Verfahren einleitende Verpflichtete (iSv. Art. 2 Abs. 1 Nr. 11 EuUntVO) gewöhnlich aufhält, bleibt hingegen am ehesten aufgrund einer Annexkompetenz gemäß Buchst. c oder Buchst. d Raum;[3] zu denken ist ferner an Art. 4, 5, 6 und 7 EuUntVO.

37   Noch nicht beantwortet ist damit die an sich vorrangige Frage, ob der **Anwendungsbereich** der EuUntVO überhaupt negative Feststellungsanträge erfasst.[4] Dafür streiten zum einen der Wortlaut von Art. 3 Buchst. a EuUntVO,[5] zum anderen das in Art. 6 EMRK und nunmehr in Art. 47 Grundrechte-Charta verankerte Gebot prozessualer Waffengleichheit.[6] Zweifeln mag man allenfalls deshalb, weil von einem negativen Feststellungsantrag des Verpflichteten in Art. 56 Abs. 2 EuUntVO keine Rede ist. Diese Überlegung greift allerdings nicht durch; denn dort geht es nur um die Frage, inwieweit die Rechtsverfolgung von den Zentralen Behörden zu unterstützen ist. Dass diese Hilfestellung für negative Feststellungsanträge nicht geboten wird, ist im Lichte des Gebotes prozessualer Waffengleichheit schon bedenklich genug, schließt es aber keineswegs aus, dass sich der Verpflichtete unmittelbar an das zuständige Gericht wenden darf. Diese Möglichkeit wird in Art. 37 Abs. 1 HUntVÜ 2007 ausdrücklich klargestellt,[7] und Entsprechendes muss für die EuUntVO gelten, welche die Rechtsschutzmöglichkeiten im Vergleich zum HUntVÜ 2007 doch eher verbessern soll.

38   Geht man mit der hier vertretenen Ansicht davon aus, dass das Zuständigkeitsrecht der EuUntVO auch für negative Feststellungsanträge gilt, so bleibt es – wie in der Brüssel I-VO – dabei, dass sich die besonderen Zulässigkeitsvoraussetzungen, namentlich also das **Feststellungsinteresse** (vgl. §§ 112 Nr. 1, 113 Abs. 1 Satz 2 FamFG, § 256 Abs. 1 ZPO), nach der lex fori richten.

II. Unterhaltsregress und sonstige Rückforderungsbegehren

39   Gerade im internationalen Rechtsverkehr kommt es immer wieder vor, dass nicht der Berechtigte, sondern ein Rechtsnachfolger den Unterhaltsanspruch geltend macht; die Einschaltung staatlicher Behörden erscheint für die grenzüberschreitende

---

1 Wie hier etwa *Geimer/Schütze*, Art. 5 EuGVVO Rz. 193; MüKo.ZPO/*Gottwald*, Art. 5 EuGVO Rz. 49. Anders etwa *Andrae*, § 8 Rz. 14 (mit irreführender Berufung auf den EuGH); *Henrich*, Rz. 109; Hoppenz/*Hohloch*, Art. 5 EuGVO Rz. 6; Rauscher/*Leible*, Art. 5 Brüssel I-VO Rz. 65.
2 Zutreffend Gebauer/Wiedmann/*Bittmann*, Kap. 36 Rz. 32; *Junker*, FS Simotta, S. 263 (264f.). Entgegen *Hess/Mack*, JAmt 2007, 229 (230), ist nicht ersichtlich, warum dies Anlass zur Sorge vor unstatthaftem forum shopping des Unterhaltsschuldners geben sollte.
3 Dies erwägt auch *Gruber*, IPRax 2010, 128 (131, Fn. 33).
4 Bejahend *Arnold*, IPRax 2012, 311 (314f.); Gebauer/Wiedmann/*Bittmann*, Kap. 36 Rz. 14, 15; *Conti*, Grenzüberschreitende Durchsetzung von Unterhaltsansprüchen in Europa, S. 74f.; Hk-ZPO/*Dörner*, Art. 3 EuUnthVO Rz. 1; *Finger*, FuR 2011, 254 (260); Hk-ZV/*Garber*, Art. 1 EuUntVO Rz. 38; *Gruber*, IPRax 2010, 128 (130f.); Thomas/Putzo/*Hüßtege*, Vor Art. 1 EuUnterhaltVO Rz. 13b; *Junker*, FS Simotta, S. 263 (264f.).
5 Zutreffend *Hess/Mack*, JAmt 2007, 229 (230, Fn. 15); ohne weiteres vorausgesetzt von *Beaumont*, RabelsZ 73 (2009), 509 (541 und 543).
6 Der Deutsche Bundesrat hat ausdrücklich unter Hinweis auf die prozessuale Waffengleichheit eine Klarstellung in der EuUntVO gefordert; BR-Drucks. 30/06 (Beschl.), Nr. 6.
7 Dazu *Hirsch*, FamRBint 2008, 70 (73).

Unterhaltsbeitreibung geradezu charakteristisch.[1] Zum praktischen Hauptanwendungsfall, der **Regressklage öffentlicher Einrichtungen**, hat der EuGH für das Brüssel I-System klargestellt, dass ein solches Vorgehen gegen den Unterhaltsverpflichteten zwar Zivilsache iSv. Art. 1 Brüssel I-VO sein könne, dass sich die Einrichtung dabei aber nicht auf Art. 5 Nr. 2 Var. 1 Brüssel I-VO stützen dürfe:[2] Da die Notlage des Unterhaltsbedürftigen infolge der staatlichen Unterstützung bereits beseitigt sei, bestehe keine Rechtfertigung mehr für ein Forum actoris, das dem (angeblich) Unterhaltsverpflichteten den diesem durch Art. 2 Brüssel I-VO zukommenden Schutz nehme.

Dass diese Rechtsprechung auf die EuUntVO übertragbar ist, ergibt sich aus Erwägungsgrund Nr. 14 und aus Art. 64 Abs. 1 EuUntVO:[3] Dort wird der Begriff der berechtigten Person (Art. 2 Abs. 1 Nr. 10 EuUntVO) auf „öffentliche Aufgaben wahrnehmende Einrichtung(en)" als Antragsteller erstreckt, dies allerdings nur hinsichtlich der Anerkennung, Vollstreckbarerklärung und Vollstreckung, nicht hinsichtlich Art. 3 Buchst. b EuUntVO. Daraus folgt zum einen, dass der hier interessierende Regress überhaupt in den Anwendungsbereich der EuUntVO fällt,[4] und zum anderen, dass die beteiligten öffentlichen Einrichtungen zwar durchaus als Antragsteller auftreten können,[5] dies aber nur im Aufenthaltsstaat des Antragsgegners; denn Art. 3 Buchst. a EuUntVO stellt eben, anders als Buchst. b, nicht auf die (angebliche) Berechtigung, sondern auf die Beteiligtenrolle im Erkenntnisverfahren ab.[6] Nimmt man Art. 2 Abs. 1 Nr. 10 und Art. 64 Abs. 1 EuUntVO ernst, so erscheint es zweifelhaft, ob Art. 3 Buchst. b EuUntVO nach einem Unterhaltsregress schon dadurch wieder einschlägig wird, dass die Behörde den Anspruch an den Berechtigten zurück überträgt.[7] Die zu Art. 5 Nr. 2 Var. 1 Brüssel I-VO hM hatte dagegen keine Bedenken, und zwar selbst dann nicht, wenn die Behörde oder ein von ihr beauftragter Rechtsanwalt das Verfahren im Namen des Berechtigten in dessen Aufenthaltsstaat führt.[8] Für die Regressklagen öffentlicher Einrichtungen können neben Art. 3 Buchst. a auch Art. 4, 5 und 7 EuUntVO relevant werden.[9]

Regressklagen öffentlicher Einrichtungen sind allerdings nur ein Teilaspekt des Problemkreises, wie der Unterhaltsregress im Recht der internationalen Entscheidungszuständigkeit zu behandeln ist. Zu denken bleibt auch an unternehmerisch tätige **Inkassozessionare**, wobei sich aus Art. 64 Abs. 1 EuUntVO wohl erst recht schließen lässt, dass diese nicht von Art. 3 Buchst. b EuUntVO profitieren sollten.

Zu bedenken gilt es auch den Fall eines Privaten, der als **nachrangiger Verwandter** oder als **Scheinvater** Unterhalt geleistet hat und nunmehr im eigenen Namen den auf ihn übergegangenen Unterhaltsanspruch gegen den vorrangig Unterhaltsverpflichteten einklagt.[10] Das Schweigen der EuUntVO zu dieser Konstellation belegt nicht et-

---

1 So *Hess*, § 6 Rz. 64 und § 7 Rz. 96; *Reuß*, FS Simotta, S. 483.
2 EuGH v. 15.1.2004 – Rs. C-433/01 (Freistaat Bayern/Blijdenstein), FamRZ 2004, 513. Ebenso OLG Dresden v. 28.9.2006 – 21 UF 381/06, NJW 2007, 446. Kritisch *Martiny*, IPRax 2004, 195 (203 ff.).
3 Ebenso *Binder*, in Clavora/Garber, 205 (212 f.); Gebauer/Wiedmann/*Bittmann*, Kap. 36 Rz. 16; *Kuntze*, FPR 2011, 166 (170).
4 Näher *Andrae*, FPR 2013, 38 (40 f.).
5 Zutreffend BT-Drucks. 17/4887, S. 33. Unzutreffend *Gruber*, IPRax 2010, 128 (137): maßgeblich sei die Brüssel I-VO.
6 Wie hier etwa Wendl/*Dose*, § 9 Rz. 643. Auch für Anwendbarkeit von Art. 3 Buchst. b EuUntVO hingegen *Andrae*, FPR 2013, 38 (41 f.); *Reuß*, FS Simotta, S. 483 (489 f.). De lege ferenda für die Anwendbarkeit von Art. 3 Buchst. b EuUntVO auch *Conti*, Grenzüberschreitende Durchsetzung von Unterhaltsansprüchen in Europa, S. 192 ff.
7 Für Fortgeltung der Rückübertragungslösung auch im Anwendungsbereich der EuUntVO aber offenbar *Harten/Jäger-Maillet*, in Schmidt, Internationale Unterhaltsrealisierung, § 11 Rz. 10. Vor einer Umgehung warnt hingegen *Andrae*, FPR 2013, 38 (45 f.).
8 Vgl. *Hess*, § 6 Rz. 64 aE; *Streicher/Köblitz*, § 4 Rz. 11; *Harten/Jäger-Maillet*, JAmt 2008, 413 (415).
9 Näher *Reuß*, FS Simotta, S. 483 (491 f.).
10 Für Anwendbarkeit von Art. 5 Nr. 2 Var. 1 Brüssel I-VO in solchen Fällen etwa MüKo.ZPO/*Gottwald*, Art. 5 EuGVO Rz. 50; *Geimer/Schütze*, Art. 5 EuGVVO Rz. 162. Zu eng hingegen

wa, dass solche Verfahren überhaupt nicht in den sachlichen Anwendungsbereich fielen,[1] wohl aber, dass es insoweit, was die zur Verfügung stehenden Gerichtsstände angeht, mit Art. 3 Buchst. a EuUntVO (ferner: Art. 4, 5, 6 und 7 EuUntVO) sein Bewenden haben soll.[2] Und Entsprechendes dürfte auch für einen **Unterhaltsverpflichteten** gelten, der vom Berechtigten Rückzahlung angeblich zu viel geleisteten Unterhalts fordert. Für die genannten Fälle ist allerdings zu beachten, dass auf **Rückzahlung nicht geschuldeten Unterhalts** gerichtete gesetzliche (namentlich bereicherungsrechtliche) Ansprüche nach der – wenig überzeugenden – hM von vornherein aus dem Anwendungsbereich der EuUntVO ausgeklammert sein sollen.[3]

43 Den Fall, dass in Deutschland ein Schadensersatzanspruch wegen **ungerechtfertigter Vollstreckung** eines ausländischen Vollstreckungstitels oder nach rechtsgrundloser Abwendungsleistung geltend gemacht wird, regelt § 69 AUG.[4] Zur diesbezüglich erforderlichen internationalen Entscheidungszuständigkeit der deutschen Gerichte äußert sich der RegE zum AUG nicht. Womöglich hat man aber die dort zum Vollstreckungsabwehrantrag iSv. § 66 AUG beiläufig vertretene These zugrunde gelegt, für ein solches Verfahren ergebe sich die Zuständigkeit im Vollstreckungsstaat ohne weiteres schon aus Art. 22 Nr. 5 Brüssel I-VO (s. Art. 8 EuUntVO Rz. 68).[5] Nicht von vornherein auszuschließen ist allerdings, dass auch solche Schadensersatzansprüche in den Anwendungsbereich der EuUntVO-Zuständigkeitsvorschriften einzubeziehen sind; demzufolge wären die deutschen Gerichte nur nach Maßgabe von Art. 3 ff. EuUntVO zur Entscheidung über den Schadensersatzanspruch berufen. Allemal geboten erscheint, diese Problematik bei nächster Gelegenheit dem EuGH zur Vorabentscheidung vorzulegen.

E. Örtliche Zuständigkeit

44 Der Wortlaut von Art. 3 EuUntVO stellt für die beiden **Aufenthaltszuständigkeiten (Buchst. a und b)** klar, dass neben der internationalen jeweils auch die örtliche Zuständigkeit mitgeregelt ist;[6] denn die Rede ist dort – wie schon in Art. 5 Nr. 2 Brüssel I-VO/LugÜ 2007 und ersichtlich anders als in Art. 6 und 7 EuUntVO, Art. 2 Brüssel I-VO/LugÜ 2007 oder Art. 3 Brüssel IIa-VO – vom „Gericht des Ortes", also nicht nur von den Gerichten eines Mitgliedstaats. Soweit eine Unterhaltssache mit (irgend-)einem grenzüberschreitenden Bezug vorliegt (s. Art. 1 EuUntVO Rz. 14 f.),[7] wird demnach § 232 FamFG verdrängt.[8] Dies kann durchaus praktische Folgen haben, wenn etwa ein Ehegatte in Göttingen das Scheidungsverfahren einleitet und sich der andere einen Vorteil davon verspricht, die Unterhaltssache gestützt auf Art. 3 Buchst. b EuUntVO – ungeachtet §§ 137 Abs. 1, 2 Satz 1 Nr. 2, 232 Abs. 1 Nr. 1 FamFG – in Passau rechtshängig zu machen. Ob solche Fälle in der Praxis überhaupt relevant werden, bleibt abzuwarten; allzu große Probleme sollten sie nicht bereiten, zumal es schon bislang anerkanntermaßen Konstellationen gab, in denen der deutsche Verbund mit Rücksicht auf vorrangiges Recht zu durchbrechen war. Trotz des Wortlauts

---

Andrae, § 8 Rz. 14; Eschenbruch/Klinkhammer/*Dörner*, Kap. 8 Rz. 15; Rauscher/*Leible*, Art. 5 Brüssel I-VO Rz. 67a.

1 So indes Gebauer/Wiedmann/*Bittmann*, Kap. 36 Rz. 16 (freilich in fragwürdigem Kontrast zu den zutreffenden Ausführungen in Rz. 14 und 15).
2 Näher *Reuß*, FS Simotta, S. 483 (493 f.), der allerdings – nicht überzeugend – auch Art. 3 Buchst. b EuUntVO für anwendbar hält.
3 So Hk-ZV/*Garber*, Art. 1 EuUntVO Rz. 40; Thomas/Putzo/*Hüßtege*, Vor Art. 1 EuUnterhaltVO Rz. 13b; *Junker*, FS Simotta, S. 263 (265). Für Einbeziehung hingegen Gebauer/Wiedmann/*Bittmann*, Kap. 36 Rz. 14; auch *Gruber*, IPRax 2010, 128 (131), fragwürdigerweise aber nur für den Fall, dass die Rückforderung auf ein erfolgreiches Rechtsmittel gegen die Verurteilung zur Unterhaltszahlung oder ein Abänderungsurteil gestützt wird. So wohl auch BT-Drucks. 17/4887, S. 33.
4 Dazu BT-Drucks. 17/4887, S. 49.
5 BT-Drucks. 17/4887, S. 48.
6 Ebenso, statt mancher, etwa *Heger*, FPR 2013, 1 (2 und 3).
7 Allemal zu eng *Gruber*, IPRax 2010, 128 (133), wonach die Parteien in verschiedenen Staaten ansässig sein müssen. Dem gleichwohl zustimmend *Junker*, FS Simotta, S. 263 (267).
8 Vgl. BT-Drucks. 17/4887, S. 41. Im Ergebnis auch Gebauer/Wiedmann/*Bittmann*, Kap. 36 Rz. 27.

von Art. 3 Buchst. a und b EuUntVO meint der **deutsche Gesetzgeber**, mit § 28 Abs. 1 AUG eine örtliche **Zuständigkeitskonzentration** schaffen bzw. gem. § 28 Abs. 2 AUG die Landesregierungen zu weiteren Spezialzuweisungen ermächtigen zu dürfen.[1] Damit wird der Unterhaltsberechtigte der vom Verordnungsgeber gewährten Vergünstigung beraubt, am Ort seines gewöhnlichen Aufenthalts vorzugehen.[2] Dies erscheint ebenso zweifelhaft wie die vage rechtspolitische Begründung für die Zuständigkeitskonzentration.[3] Fragwürdig ist auch der Umstand, dass § 28 Abs. 1 AUG nur dann gelten soll, wenn ein Beteiligter nicht im Inland ansässig ist: Dies wird lediglich mit der vagen Überlegung begründet, dass in solchen Fällen häufiger ausländisches Sachrecht anzuwenden sei, was eine Zuständigkeitskonzentration nahelege.[4] Hält man § 28 Abs. 1 AUG mit der hier vertretenen Ansicht für sekundärrechtswidrig,[5] so bleibt es bei Art. 3 Buchst. b EuUntVO. Allemal erscheint es geboten, die Frage dem EuGH gemäß Art. 267 AEUV zur Vorabentscheidung vorzulegen.

Für die beiden **Annexzuständigkeiten (Buchst. c und d)** regelt Art. 3 EuUntVO auch die örtliche Zuständigkeit,[6] dies freilich im Anschluss an die nach der lex fori zu bestimmende örtliche Zuständigkeit für die Statussache (die Brüssel IIa-VO regelt grundsätzlich nur die internationale Zuständigkeit). Bezüglich Art. 3 Buchst. c EuUntVO gilt in Deutschland § 26 Abs. 1 AUG, der offenbar als lex specialis § 232 bzw. §§ 237 Abs. 2, 170 FamFG vorgehen soll.[7] Der Verweis in § 26 Abs. 2 AUG auf § 233 FamFG sichert in Ehesachen den Verbund im Falle einer bereits anhängigen Unterhaltssache.

Art. 4
Gerichtsstandsvereinbarungen

(1) Die Parteien können vereinbaren, dass das folgende Gericht oder die folgenden Gerichte eines Mitgliedstaats zur Beilegung von zwischen ihnen bereits entstandenen oder künftig entstehenden Streitigkeiten betreffend Unterhaltspflichten zuständig ist bzw. sind:

a) ein Gericht oder die Gerichte eines Mitgliedstaats, in dem eine der Parteien ihren gewöhnlichen Aufenthalt hat;

b) ein Gericht oder die Gerichte des Mitgliedstaats, dessen Staatsangehörigkeit eine der Parteien besitzt;

c) hinsichtlich Unterhaltspflichten zwischen Ehegatten oder früheren Ehegatten
   i) das Gericht, das für Streitigkeiten zwischen den Ehegatten oder früheren Ehegatten in Ehesachen zuständig ist, oder
   ii) ein Gericht oder die Gerichte des Mitgliedstaats, in dem die Ehegatten mindestens ein Jahr lang ihren letzten gemeinsamen gewöhnlichen Aufenthalt hatten.

Die in den Buchstaben a, b oder c genannten Voraussetzungen müssen zum Zeitpunkt des Abschlusses der Gerichtsstandsvereinbarung oder zum Zeitpunkt der Anrufung des Gerichts erfüllt sein.

Die durch Vereinbarung festgelegte Zuständigkeit ist ausschließlich, sofern die Parteien nichts anderes vereinbaren.

(2) Eine Gerichtsstandsvereinbarung bedarf der Schriftform. Elektronische Übermittlungen, die eine dauerhafte Aufzeichnung der Vereinbarung ermöglichen, erfüllen die Schriftform.

(3) Dieser Artikel gilt nicht bei einer Streitigkeit über eine Unterhaltspflicht gegenüber einem Kind, das noch nicht das 18. Lebensjahr vollendet hat.

(4) Haben die Parteien vereinbart, dass ein Gericht oder die Gerichte eines Staates, der dem am 30. Oktober 2007 in Lugano unterzeichneten Übereinkommen über die gerichtliche Zuständig-

---

1 Als bloße „gerichtsorganisatorische Maßnahme" kaschiert dies BT-Drucks. 17/4887, S. 42. Krit. *Andrae*, NJW 2011, 2545 (2546 f.).
2 Zutreffend OLG Frankfurt v. 11.1.2012 – 1 UFH 43/11, FamRZ 2012, 1508 (1509).
3 Unkritisch hingegen OLG Stuttgart v. 13.11.2012 – 17 UF 262/12, FamRZ 2013, 559; *Andrae*, NJW 2011, 2545 (2546), sowie – als Vertreter des BMJ kaum überraschend – *Heger/Selg*, FamRZ 2011, 1101 (1104 f.), und *Heger*, FPR 2013, 1 (3 f.). Zwar kritisch, im Ergebnis aber § 28 AUG anwendend, OLG Frankfurt v. 11.1.2012 – 1 UFH 43/11, FamRZ 2012, 1508 (1509).
4 Vgl. BT-Drucks. 17/4887, S. 42.
5 Zustimmend HK-ZV/*Meller-Hannich*, §§ 25–29 AUG Rz. 1.
6 So auch Gebauer/Wiedmann/*Bittmann*, Kap. 36 Rz. 28.
7 Vgl. BT-Drucks. 17/4887, S. 42.

§ 110 Anh   Allgemeiner Teil

keit und die Anerkennung und Vollstreckung von Entscheidungen in Zivil- und Handelssachen[1] (nachstehend „Übereinkommen von Lugano" genannt) angehört und bei dem es sich nicht um einen Mitgliedstaat handelt, ausschließlich zuständig sein soll bzw. sollen, so ist dieses Übereinkommen anwendbar, außer für Streitigkeiten nach Absatz 3.

46 Wie bereits im Anwendungsbereich der Brüssel I-VO und des LugÜ 2007, bekennt sich die EuUntVO wenigstens im Grundsatz zum Prinzip der **zuständigkeitsrechtlichen Privatautonomie:** Nach Maßgabe von Art. 4 EuUntVO kann die internationale (und zugleich die örtliche) Zuständigkeit in Unterhaltssachen von vornherein mittels Gerichtsstandsvereinbarung festgelegt werden (zur rügelosen Einlassung s. Art. 5 EuUntVO). Abs. 4 erweitert den Restanwendungsbereich von Art. 23 LugÜ 2007 insoweit, als dieser auch dann eröffnet sein kann, wenn der Beklagte keinen Wohnsitz in Island, Norwegen oder der Schweiz hat.

47 Im Vergleich zu Art. 23 Brüssel I-VO/LugÜ 2007 sind für Gerichtsstandsvereinbarungen die für eine **Prorogation** zur Auswahl stehenden Foren eingegrenzt (Art. 4 Abs. 1 Satz 1 EuUntVO)[2] sowie die formalen Anforderungen erhöht (Art. 4 Abs. 2 EuUntVO). Andererseits erfordert Art. 4 EuUntVO, anders als Art. 23 Brüssel I-VO, nicht, dass eine der Parteien innerhalb der EU ansässig ist. Erfasst wird also etwa auch der Fall, dass ein in New York lebendes Ehepaar die ausschließliche Zuständigkeit deutscher Gerichte vereinbart, wenn wenigstens ein Ehegatte von vornherein oder spätestens im Zeitpunkt der Verfahrenseinleitung iSv. Art. 9 EuUntVO über die deutsche Staatsangehörigkeit verfügt (vgl. Art. 4 Abs. 1 Satz 1 Buchst. b und Satz 2 EuUntVO). Gem. Art. 4 Abs. 1 Satz 3 EuUntVO begründet die Gerichtsstandswahl im Zweifel eine ausschließliche Zuständigkeit.

48 Die einzelnen Tatbestandsmerkmale von Art. 4 EuUntVO sind verordnungsautonom auszulegen, dürfen also nicht unter Berufung auf Vorschriften der lex fori oder der lex causae erschwert oder erleichtert werden. Demgemäß erfordert die **Schriftform** keine beiderseits handschriftlich unterzeichnete Urkunde iSv. § 126 Abs. 2 BGB; vielmehr genügen, wie bei Art. 23 Abs. 1 Satz 3 Buchst. a Brüssel I-VO, getrennte Schriftstücke, sofern die Übereinstimmung hinsichtlich der gewählten Gerichtsstands hinreichend deutlich wird, etwa im Falle des Austauschs von Briefen oder Telefaxen. Allerdings entscheidet die lex causae über sonstige Wirksamkeitsfragen wie Geschäftsfähigkeit, Fehlen von Willensmängeln und wirksame Stellvertretung.

49 Soweit Art. 4 Abs. 1 Satz 1 Buchst. b EuUntVO die Wahlmöglichkeit an die **Staatsangehörigkeit** eines Beteiligten knüpft, ergeben sich im Lichte von Art. 18 AEUV (früher: Art. 12 EG) primärrechtliche Bedenken.[3] Ist einer der Beteiligten oder sind beide Mehrstaater, so liegt es nahe, für die Zwecke von Art. 4 EuUntVO ohne Rücksicht auf eine Effektivitätsprüfung jede Staatsangehörigkeit genügen zu lassen (s. vor §§ 98–106 Rz. 28).[4]

50 Art. 4 Abs. 3 EuUntVO blendet die Privatautonomie vollständig aus, wenn es um **Unterhaltsansprüche Minderjähriger** geht – was rechtspolitisch in dieser Rigorosität nicht einleuchtet[5] und einige Probleme bereitet, wenn der Betroffene zwischen Vereinbarung und Verfahrenseinleitung volljährig wird.[6] Nicht angezeigt ist eine entsprechende Anwendung der Ausnahmeregel auf geschäftsunfähige Erwachsene.[7]

51 Aus Art. 4 Abs. 1 Satz 3 EuUntVO lässt sich schließen, dass eine Zuständigkeitsvereinbarung nicht nur prorogierende, sondern auch **derogierende Wirkung** entfalten kann. Bedeutung erlangt dies, ausgehend vom Wortlaut der Verordnung, aber nur

---

1 ABl. EU 2007 Nr. L 339/3.
2 Kritisch *Fucik*, in König/Mayr, Europäisches Zivilverfahrensrecht in Österreich II, 2009, S. 105 (115).
3 Vgl. *Hess*, § 7 Rz. 102 Fn. 365; *Junker*, FS Simotta, S. 263 (268).
4 Ebenso Hk-ZPO/*Dörner*, Art. 4 EuUnthVO Rz. 5; *Gruber*, IPRax 2010, 128 (133, Fn. 61).
5 Kritisch *Gottwald*, FS Lindacher, S. 13 (15); *Hess/Mack*, JAmt 2007, 229 (230).
6 Dazu *Fucik*, in König/Mayr, Europäisches Zivilverfahrensrecht in Österreich II, S. 105 (114f.).
7 Ebenso *Gruber*, IPRax 2010, 128 (133).

dann, wenn die Beteiligten nach Maßgabe von Art. 4 Abs. 1 EuUntVO die ausschließliche Zuständigkeit entweder der Gerichte eines Mitgliedstaats oder eines LugÜ-Staats (vgl. dazu Art. 4 Abs. 4 EuUntVO) vereinbart haben. Eine Derogation hindert, wenn gleichwohl ein Verfahren in einem derogierten Forum eingeleitet wird, weder die Möglichkeit einer zuständigkeitsbegründenden rügelosen Einlassung iSv. Art. 5 EuUntVO auf das abredewidrige Verfahren noch die Beachtlichkeit der dort eingetretenen Rechtshängigkeit nach Maßgabe von Art. 12 EuUntVO.[1]

Fraglich bleibt, wie zu verfahren ist, wenn sich die Beteiligten über die ausschließliche Zuständigkeit der **Gerichte eines Drittstaats** verständigen.[2] Der Wortlaut von Art. 4 EuUntVO und ein Umkehrschluss zu Abs. 4 legen es nahe, einer solchen Vereinbarung jede Wirkung zu versagen. Sachgerechter wäre es indes, die Derogation der mitgliedstaatlichen Zuständigkeit spiegelbildlich an den Voraussetzungen von Art. 4 EuUntVO zu messen und ggf. für beachtlich zu halten; dies entspräche der zum Parallelproblem bei Art. 23 Brüssel I-VO vorherrschenden Meinung.[3] Nimmt man das Ziel der EuUntVO ernst, ein abgeschlossenes Zuständigkeitssystem zu errichten, so dürfte es allemal ausgeschlossen sein, die Frage nach der Beachtlichkeit einer solchen Derogation dem autonomen mitgliedstaatlichen Recht zu überlassen. 52

Art. 5
Durch rügelose Einlassung begründete Zuständigkeit
Sofern das Gericht eines Mitgliedstaats nicht bereits nach anderen Vorschriften dieser Verordnung zuständig ist, wird es zuständig, wenn sich der Beklagte auf das Verfahren einlässt. Dies gilt nicht, wenn der Beklagte sich einlässt, um den Mangel der Zuständigkeit geltend zu machen.

Die in Art. 10 EuUntVO vorgeschriebene amtswegige Zuständigkeitsprüfung schützt den Antragsgegner, der sich nicht auf das Verfahren vor einem unzuständigen Gericht einlässt. Im Falle der **rügelosen Einlassung** kann hingegen die Zuständigkeit gem. Art. 5 EuUntVO, wie bereits im Anwendungsbereich der Brüssel I-VO und des LugÜ 2007, nachträglich begründet werden. Nicht in den Verordnungstext übernommen wurde die im Kommissionsvorschlag empfohlene Regel, wonach in den Fällen einer Gerichtsstandsvereinbarung iSv. Art. 4 EuUntVO keine rügelose Einlassung auf ein anderweitig eingeleitetes Verfahren in Betracht kommen sollte.[4] 53

Art. 5 EuUntVO erfordert eine Einlassung, dies freilich – anders als § 39 ZPO – weder in der mündlichen Verhandlung noch zur Hauptsache. Abweichend von §§ 39 Satz 2, 504 ZPO hängt die Zuständigkeitsbegründung auch nicht von einer **richterlichen Belehrung** des Beklagten ab[5] – was aber richtigerweise nicht etwa bedeutet, dass eine solche nicht erfolgen sollte.[6] Anerkanntermaßen nicht zuständigkeitsbegründend ist indes, über den engen Wortlaut von Art. 5 Satz 2 EuUntVO hinaus, die nur hilfsweise Einlassung zur Sache nach ausdrücklicher Zuständigkeitsrüge. Dabei soll in der Rüge der örtlichen Unzuständigkeit im Zweifel auch die Rüge der internationalen Unzuständigkeit enthalten sein.[7] 54

Art. 6
Auffangzuständigkeit
Ergibt sich weder eine Zuständigkeit eines Gerichts eines Mitgliedstaats gemäß der Artikel 3, 4 und 5 noch eine Zuständigkeit eines Gerichts eines Staates, der dem Übereinkommen von Lugano angehört und der kein Mitgliedstaat ist, gemäß der Bestimmungen dieses Übereinkommens, so sind die Gerichte des Mitgliedstaats der gemeinsamen Staatsangehörigkeit der Parteien zuständig.

---

1 Ebenso Gebauer/Wiedmann/*Bittmann*, Kap. 36 Rz. 43.
2 Offen gelassen von *Kohler/Pintens*, FamRZ 2009, 1529 (1530).
3 Vgl. etwa Rauscher/*Mankowski*, Art. 23 Brüssel I-VO Rz. 3b mwN.
4 Dazu *Conti*, Grenzüberschreitende Durchsetzung von Unterhaltsansprüchen in Europa, S. 110. Kritisch schon *Gottwald*, FS Lindacher, S. 13 (15 f.), und *Hess/Mack*, JAmt 2007, 229 (230).
5 Eine Hinweispflicht verneint *Gruber*, IPRax 2010, 128 (134, Fn. 72).
6 Anders, freilich nicht überzeugend, *Conti*, Grenzüberschreitende Durchsetzung von Unterhaltsansprüchen in Europa, S. 112 ff.
7 BGH v. 17.10.2007 – XII ZR 146/05, NJW-RR 2008, 156.

55 Dem erklärten Ziel, ein abgeschlossenes Zuständigkeitssystem für Unterhaltssachen zu errichten, zugleich aber dem Justizgewährungsanspruch zu genügen, kann der Verordnungsgeber nur genügen, wenn er ergänzend zu Art. 3 ff. EuUntVO wenigstens subsidiär noch weitere zur Verfügung stellt.[1] Dem dienen die sog. **Auffangzuständigkeit** gem. Art. 6 EuUntVO sowie die Notzuständigkeit gem. Art. 7 EuUntVO, wobei man Erstere als eine typisierende Ausprägung der Letzteren deuten kann: Der Kläger muss im Einzelfall zwar darlegen, dass zu seinen Gunsten kein Gerichtsstand gem. Art. 3–5 EuUntVO bzw. nach Maßgabe des LugÜ 2007 eröffnet ist, hingegen weder irgendwelche Rechtsverfolgungsschwierigkeiten in einem Drittstaat noch einen ausreichenden Inlandsbezug. Ein solcher wird vielmehr mit Rücksicht auf die gemeinsame Forumstaatsangehörigkeit (bzw. das gemeinsame *domicile*, vgl. Art. 2 Abs. 3 EuUntVO) ohne weiteres unterstellt. Auf die Möglichkeit der Rechtsverfolgung in einem Vertragsstaat des HUntVÜ 2007, für den weder die EuUntVO noch das LugÜ 2007 gilt, muss sich der Kläger nicht verweisen lassen.

56 Ist einer der Beteiligten oder sind beide **Mehrstaater**, so liegt es nahe, für die Zwecke von Art. 6 EuUntVO ohne Rücksicht auf eine Effektivitätsprüfung jede Staatsangehörigkeit genügen zu lassen;[2] dafür sprechen dieselben Erwägungen wie im Anwendungsbereich der Brüssel IIa-VO (s. vor §§ 98–106 Rz. 28).

57 **Rechtspolitisch** erweist sich die Anknüpfung an die gemeinsame Staatsangehörigkeit bei einem Unterhaltsstreit zwischen Beteiligten, von denen keiner in der EU ansässig ist, allerdings nicht als überzeugend, und es spricht manches dafür, dass es sich bei Art. 6 EuUntVO um einen exorbitanten Zuständigkeitsgrund handelt, der forum shopping und einem ungebührlichen Vergleichsdruck auf den Beklagten Vorschub leistet.[3] Dabei ist auch zu bedenken, dass die Auffangzuständigkeit nach dem Normtext nicht etwa nur dem (vermeintlich) Unterhaltsberechtigten zugutekommt, sondern auch demjenigen, der das Nichtbestehen seiner Unterhaltspflicht festgestellt oder einen bereits titulierten Unterhaltsanspruch herabgesetzt wissen will.

58 Die Regelung der **örtlichen Zuständigkeit** obliegt dem mitgliedstaatlichen Gesetzgeber; für Deutschland beruft § 27 AUG das Amtsgericht Pankow-Weißensee in Berlin.

Art. 7
Notzuständigkeit (forum necessitatis)

Ergibt sich keine Zuständigkeit eines Gerichts eines Mitgliedstaats gemäß der Artikel 3, 4, 5 und 6, so können die Gerichte eines Mitgliedstaats in Ausnahmefällen über den Rechtsstreit entscheiden, wenn es nicht zumutbar ist oder es sich als unmöglich erweist, ein Verfahren in einem Drittstaat, zu dem der Rechtsstreit einen engen Bezug aufweist, einzuleiten oder zu führen. Der Rechtsstreit muss einen ausreichenden Bezug zu dem Mitgliedstaat des angerufenen Gerichts aufweisen.

59 Einen Notgerichtsstand eröffnet schließlich Art. 7 EuUntVO (vgl. zu diesem Konzept bereits vor §§ 98–106 Rz. 18 f.). Der **Ausnahmecharakter** dieses sog. forum necessitatis wird im Normtext und in Erwägungsgrund Nr. 16 besonders betont.[4]

60 Vorausgesetzt wird ein besonderes **Zuständigkeitsbedürfnis**, das sich aus der Unmöglichkeit oder Unzumutbarkeit der Rechtsverfolgung in dem dafür an sich prädestinierten (Dritt-)Staat ergibt. Der um Sonderrechtsschutz nachsuchende Kläger muss darlegen, dass in den EuUntVO- und LugÜ-Staaten keine Zuständigkeit eröff-

---

1 Allemal unzureichend war in dieser Hinsicht die in Art. 6 des Kommissionsvorschlags empfohlene sog. Restzuständigkeit; dagegen *Gottwald*, FS Lindacher, S. 13 (16 f.).
2 Ebenso *Conti*, Grenzüberschreitende Durchsetzung von Unterhaltsansprüchen in Europa, S. 115 f.; Hk-ZPO/*Dörner*, Art. 6 EuUnthVO Rz. 2; *Gruber*, IPRax 2010, 128 (134).
3 Illustrativ *Beaumont*, RabelsZ 73 (2009), 509 (540 f.). Distanziert bis kritisch auch *Heger*, ZKJ 2010, 52 (54); *Gruber*, IPRax 2010, 128 (134). Unkritisch hingegen Rauscher/*Andrae*, Art. 6 EG-UntVO Rz. 2, freilich unter fragwürdiger Berufung auf das weithin als exorbitant geltende autonome französische Recht.
4 Noch strenger *Fucik*, in König/Mayr, Europäisches Zivilverfahrensrecht in Österreich II, 2009, S. 105 (116): „äußerst enge Auslegung wird geboten sein".

net ist und dass auch in denjenigen sonstigen Staaten, die einen engen Bezug zu dem Rechtsstreit aufweisen, kein Rechtsschutz in Betracht kommt. Als Beispiel für letzteres nennt Erwägungsgrund Nr. 16 einen Bürgerkrieg; erheblich wären aber etwa auch ein systemprägendes Justizversagen (extrem überlange Verfahrensdauer bzw. Korruption) oder die Gefahr strafrechtlicher Verfolgung.[1] Der Kläger muss nicht etwa darlegen, dass weltweit keine einzige Klagemöglichkeit besteht. Obwohl dies im Verordnungstext nicht eigens benannt wird, kann sich das Zuständigkeitsbedürfnis kraft Unzumutbarkeit der anderweitigen Rechtsverfolgung auch daraus ergeben, dass die im fraglichen Drittstaat ergehende Entscheidung einerseits dort nicht vollstreckt und andererseits innerhalb der EU nicht anerkannt werden könnte. Die Notzuständigkeit kommt nach dem Normtext allerdings nicht etwa nur dem (vermeintlich) Unterhaltsberechtigten, sondern auch demjenigen zugute, der das Nichtbestehen seiner Unterhaltspflicht festgestellt oder einen bereits titulierten Unterhaltsanspruch herabgesetzt wissen will.

Die in Art. 7 Satz 2 EuUntVO hervorgehobene Einschränkung, dass der Rechtsstreit einen hinreichenden **Bezug zum Forum** aufweisen müsse, erinnert an die vom BGH praeter legem entwickelte Restriktion des deutschen Vermögensgerichtsstands (§ 23 Satz 1 Var. 1 ZPO).[2] Wegen der gebotenen autonomen Auslegung kann diese deutsche Rechtsprechung aber nicht unbesehen auf Art. 7 Satz 2 EuUntVO übertragen werden.[3] Erwägungsgrund Nr. 16 indiziert, dass sich der erforderliche Inlandsbezug schon aus der Staatsangehörigkeit einer der Parteien ergeben könne (im Falle beiderseitiger Staatsangehörigkeit gilt Art. 6 EuUntVO). Geht man gemäß den allgemeinen Regeln gleichwohl davon aus, dass auch eine nicht effektive Staatsangehörigkeit genügt (s. vor §§ 98–106 Rz. 28),[4] so erscheint in solchen Fällen allemal eine besonders strenge Prüfung des Zuständigkeitsbedürfnisses geboten. Auch im Forum belegenes vollstreckbares Beklagtenvermögen dürfte geeignet sein, den hinreichenden Inlandsbezug zu vermitteln,[5] der schlichte Aufenthalt hingegen allenfalls unter ganz besonderen Umständen.[6]

61

Nimmt man es ernst, dass es bei der Notzuständigkeit nur darum geht, inakzeptable Rechtsschutzlücken zu überbrücken, so liegt es nahe, im Falle eines späteren Wegfalls dieser Lücke zumindest nicht unbesehen von einer **perpetuatio fori** auszugehen (vgl. zum Parallelproblem hinsichtlich der Fürsorgezuständigkeiten vor §§ 98–106 Rz. 12).[7]

62

Die **Prüfung** des Inlandsbezugs sowie die Auslegung der weiteren durch unbestimmte Rechtsbegriffe umschriebenen Tatbestandsvoraussetzungen obliegen dem angerufenen Gericht im konkreten Einzelfall. Liegen die Voraussetzungen für eine Notzuständigkeit ausnahmsweise vor, so ist zur Sache zu entscheiden. Dies folgt aus dem Justizgewährungsanspruch des um Rechtsschutz nachsuchenden Klägers sowie dem Recht auf den gesetzlichen Richter (vgl. Art. 6 EMRK und nunmehr Art. 47 Grundrechte-Charta). Ungeachtet des missverständlichen Wortlauts von Art. 7 EuUntVO („können... entscheiden") wird den Gerichten also nicht etwa auf der Rechtsfolgenseite ein Ermessensspielraum nach Vorbild der *doctrine of forum (non) conveniens* eröffnet:[8] Denn diese Doktrin hat der EuGH mit überzeugenden, auch im hier interessierenden Zusammenhang einschlägigen Gründen aus dem europäischen Zu-

63

---

1 Ebenso HK-ZPO/*Dörner*, Art. 7 EuUnthVO Rz. 2.
2 Grundlegend BGH v. 2.7.1991 – XI ZR 206/90, BGHZ 115, 90.
3 Insoweit missverständlich BT-Drucks. 17/4887, S. 42.
4 Dafür auch *Gruber*, IPRax 2010, 128 (134, Fn. 86).
5 Dafür auch BT-Drucks. 17/4887, S. 42; Gebauer/Wiedmann/*Bittmann*, Kap. 36 Rz. 53; widersprüchlich Rauscher/*Andrae*, Art. 7 EG-UntVO, einerseits Rz. 11, andererseits Rz. 12.
6 Zu großzügig *Gruber*, IPRax 2010, 128 (134f.).
7 Ohne Begr. für die Perpetuierungsmöglichkeit hingegen Rauscher/*Andrae*, Art. 7 EG-UntVO Rz. 14.
8 Vgl. *Hau*, FamRZ 2010, 516 (517). Zustimmend *Conti*, Grenzüberschreitende Durchsetzung von Unterhaltsansprüchen in Europa, S. 120; Hk-ZPO/*Dörner*, Art. 7 EuUnthVO Rz. 4; *Junker*, FS Simotta, S. 263 (269); im Ergebnis auch Rahm/Künkel/*Breuer*, II 1 C Rz. 33 (Ermessensreduzierung auf null). Nicht überzeugend hingegen Rauscher/*Andrae*, Art. 7 EG-UntVO Rz. 13.

ständigkeitsrecht verbannt (vgl. auch vor §§ 98–106 Rz. 8),[1] und es hätte klare Worte des Verordnungsgebers erfordert, wollte er davon abweichen.

64 Die Regelung der **örtlichen Zuständigkeit** obliegt dem mitgliedstaatlichen Gesetzgeber. Für Deutschland beruft § 27 AUG das Amtsgericht Pankow-Weißensee in Berlin; auf Vollstreckungsnähe wird also keine Rücksicht genommen.

Art. 8
Verfahrensbegrenzung

(1) Ist eine Entscheidung in einem Mitgliedstaat oder einem Vertragsstaat des Haager Übereinkommens von 2007 ergangen, in dem die berechtigte Person ihren gewöhnlichen Aufenthalt hat, so kann die verpflichtete Person kein Verfahren in einem anderen Mitgliedstaat einleiten, um eine Änderung der Entscheidung oder eine neue Entscheidung herbeizuführen, solange die berechtigte Person ihren gewöhnlichen Aufenthalt weiterhin in dem Staat hat, in dem die Entscheidung ergangen ist.

(2) Absatz 1 gilt nicht,
a) wenn die gerichtliche Zuständigkeit jenes anderen Mitgliedstaats auf der Grundlage einer Vereinbarung nach Artikel 4 zwischen den Parteien festgelegt wurde;
b) wenn die berechtigte Person sich aufgrund von Artikel 5 der gerichtlichen Zuständigkeit jenes anderen Mitgliedstaats unterworfen hat;
c) wenn die zuständige Behörde des Ursprungsstaats, der dem Haager Übereinkommen von 2007 angehört, ihre Zuständigkeit für die Änderung der Entscheidung oder für das Erlassen einer neuen Entscheidung nicht ausüben kann oder die Ausübung ablehnt; oder
d) wenn die im Ursprungsstaat, der dem Haager Übereinkommen von 2007 angehört, ergangene Entscheidung in dem Mitgliedstaat, in dem ein Verfahren zur Änderung der Entscheidung oder Herbeiführung einer neuen Entscheidung beabsichtigt ist, nicht anerkannt oder für vollstreckbar erklärt werden kann.

65 Art. 8 Abs. 1 EuUntVO bezieht sich auf Abänderungsverfahren und damit auf einen Teilaspekt des Internationalen Unterhaltsverfahrensrechts, der infolge der Neuregelung des Unterhaltsstatuts durch Art. 15 EuUntVO und das HUntP 2007 noch an Bedeutung gewinnen wird.[2] Die Vorschrift, die ausweislich Erwägungsgrund Nr. 17 bewusst in Anlehnung an Art. 18 HUntVÜ 2007 (s. Anhang 6 zu § 110) formuliert ist, erweist sich als eine Art **negative Zuständigkeitsregel**:[3] Geschützt wird der Unterhaltsberechtigte, der sich nach wie vor (nicht: wieder[4]) im Staat des Erstverfahrens gewöhnlich aufhält. Die Verfahrensbegrenzung betrifft sowohl die Abänderung der Erstentscheidung als auch das Herbeiführen einer neuen Entscheidung hinsichtlich des Unterhaltsanspruchs. Der Begriff der (Erst-)Entscheidung in Art. 8 EuUntVO erfasst, über Art. 2 Abs. 1 Nr. 1 EuUntVO hinaus, auch gerichtliche Vergleiche und öffentliche Urkunden, um den erklärtermaßen angestrebten Gleichklang mit dem HUntVÜ 2007 sicherzustellen (vgl. dort Art. 19 Abs. 1 Satz 2).[5] Der Anwendungsbereich der Verfahrensbegrenzung gem. Art. 8 Abs. 1 EuUntVO dürfte gering sein; denn die Vorschrift setzt voraus, dass die Gerichte des „anderen Mitgliedstaats" überhaupt zur Entscheidung über die Abänderung berufen sind, obwohl dies nicht der Aufenthaltsstaat des Berechtigten ist und die Zuständigkeit auch nicht auf Art. 4 oder 5 EuUntVO beruht (vgl. Art. 8 Abs. 2 Buchst. a und b EuUntVO).

66 Von der bislang erörterten Verfahrensbegrenzung zu unterscheiden ist die im Wortlaut von Art. 8 Abs. 1 EuUntVO nicht ausdrücklich angesprochene Frage nach der Möglichkeit einer **Abänderungsannexzuständigkeit**. Ausweislich Art. 8 Abs. 1 EuUntVO geht der Verordnungsgeber im Grundsatz offenbar von einer solchen Annexzuständigkeit aus, wonach die Zuständigkeit der Gerichte, die die Erstentscheidung

---

1 EuGH v. 1.3.2005 – Rs. C-281/02 (Owusu/Jackson), IPRax 2005, 244.
2 Vgl. *Gruber*, IPRax 2011, 559 (562); *Dimmler/Bißmaier*, FPR 2013, 11 (13).
3 So auch *Janzen*, FPR 2008, 218 (220 f.); OLG Düsseldorf v. 24.4.2012 – II-8 UF 59/12, FamRZ 2013, 55. Ähnlich *Beaumont*, RabelsZ 73 (2009), 509 (532): „prohibited basis of jurisdiction".
4 Vgl. *Gruber*, IPRax 2010, 128 (135, Fn. 92).
5 Klarstellend *Beaumont*, RabelsZ 73 (2009), 509 (532 f.). Ebenso OLG Düsseldorf v. 24.4.2012 – II-8 UF 59/12, FamRZ 2013, 55; Hk-ZPO/*Dörner*, Art. 8 EuUnthVO Rz. 2; *Gruber*, IPRax 2010, 128 (135).

erlassen haben, für deren Abänderung perpetuiert wird.[1] Dieser Schluss erscheint zwar, was die EuUntVO-Mitgliedstaaten angeht, nicht zwingend (denn in den Fällen des Art. 8 Abs. 1 EuUntVO bedarf es im Ursprungsstaat der Erstentscheidung keiner Annexzuständigkeit, weil die dortigen Gerichte nach wie vor schon gem. Art. 3 Buchst. b EuUntVO zuständig sind),[2] wohl aber, wenn man die Einbeziehung der Vertragsstaaten des HUntVÜ 2007 berücksichtigt, für die womöglich keine Art. 3 Buchst. b EuUntVO entsprechende Zuständigkeitsregelung gilt. Unterstellt man eine grundsätzliche Annexzuständigkeit, so rückt die EuUntVO in dieser Hinsicht von der Brüssel I-VO ab, der nach hM eine solche Perpetuierung fremd ist,[3] und genügt damit einer im Schrifttum schon seit langem vertretenen Forderung.[4] Die Annexzuständigkeit sollte ausweislich Art. 8 Abs. 1 EuUntVO auch dann greifen, wenn formal nicht die Änderung der Erstentscheidung in Rede steht, sondern das Herbeiführen einer neuen Entscheidung hinsichtlich des Unterhaltsanspruchs.

Ausgehend von diesen Überlegungen kann auch der Unterhaltsverpflichtete seinen Abänderungsantrag dort geltend machen, wo der Unterhaltsanspruch tituliert worden ist.[5] Art. 8 Abs. 1 EuUntVO steht dem gerade nicht entgegen, wenn der Berechtigte seinen gewöhnlichen Aufenthalt zwar im Erststaat hatte, inzwischen aber in einen anderen Staat verlegt hat. Allerdings dürfte die grundsätzliche Annexzuständigkeit **nur konkurrierend** eröffnen; der Abänderungsinteressent ist also nicht etwa auf die Gerichte des Erststaats angewiesen, sondern kann - vorbehaltlich Art. 8 Abs. 1 EuUntVO - auch auf einen nunmehr gem. Art. 3 ff. EuUntVO eröffneten Gerichtsstand zurückgreifen. So kann der Unterhaltsverpflichtete seinen Abänderungsantrag allemal im gegenwärtigen Aufenthaltsstaat des Berechtigten geltend machen (dies folgt in Art. 3 EuUntVO sowohl aus Buchst. a als auch b), und zwar auch dann, wenn das Erstverfahren in einem anderen Staat stattgefunden hat.[6] Eine Grenze der Annexzuständigkeit sollte ferner dann gelten, wenn der Abänderungsgegner nunmehr seinen Wohnsitz in Island, Norwegen oder der Schweiz hat: Dann ist die Zuständigkeit für das Abänderungsverfahren nach Maßgabe des **LugÜ 2007** zu ermitteln (s. Anhang 4 zu § 110, Art. 5 LugÜ 2007 Rz. 25). **67**

Weil die Begriffe „Änderung der Entscheidung oder eine neue Entscheidung" iSv. Art. 8 Abs. 1 EuUntVO autonom zu interpretieren sind, sollten die Verfahrensbegrenzung bzw. die Abänderungsannexzuständigkeit auch dann gelten, wenn nach nationalem Verfahrensrecht statt einer Abänderung (vgl. §§ 238 ff. FamFG) ein funktionsäquivalenter **Vollstreckungsabwehrantrag** statthaft ist.[7] Nicht zwingend erscheint demgegenüber die beiläufig im RegE zum AUG vertretene These, für ein solches Verfahren ergebe sich die Zuständigkeit im Vollstreckungsstaat ohne weiteres aus Art. 22 Nr. 5 Brüssel I-VO.[8] Das lässt sich nur vertreten, wenn man aus Art. 68 Abs. 1 EuUntVO ableitet, dass auf der eigentlichen Vollstreckungsebene nicht die EuUntVO, sondern die Brüssel I-VO gelten soll. Geht man demgegenüber von einer Ein- **68**

---

1 Ebenso *Hess*, § 7 Rz. 102; *Gruber*, IPRax 2010, 128 (135): „perpetuatio jurisdictionis"; wohl auch *Heger*, FPR 2013, 1 (3).
2 Insoweit verkürzend *Hau*, in Coester-Waltjen/Lipp/Schumann/Veit, S. 57 (75 f.), und in FamRZ 2010, 516 (518).
3 Vgl. etwa MüKo.ZPO/*Gottwald*, Art. 5 EuGVO Rz. 51; Rauscher/*Leible*, Art. 5 Brüssel I-VO Rz. 68; OLG Jena v. 20.5.1999 - 1 WF 241/98, FamRZ 2000, 681; OLG Nürnberg v. 11.1.2005 - 7 WF 3827/04, NJW 2005, 1054.
4 Für eine (ungeschriebene) Abänderungszuständigkeit plädiert *Geimer*, Rz. 956 ff., 1542 f., der aber einräumt, dass eine solche unter der Geltung der Brüssel I-VO nicht eröffnet ist.
5 Insoweit abweichend OLG Düsseldorf v. 24.4.2012 - II-8 UF 59/12, FamRZ 2013, 55, obwohl dort im Grundsatz eine Abänderungsannexzuständigkeit bejaht wird.
6 Zutreffend Gebauer/Wiedmann/*Bittmann*, Kap. 36 Rz. 32. Insoweit übereinstimmend OLG Düsseldorf v. 24.4.2012 - II-8 UF 59/12, FamRZ 2013, 55.
7 Im Ergebnis ebenso (für Österreich den Oppositionsprozess einbeziehend) *Fucik*, in König/Mayr, Europäisches Zivilverfahrensrecht in Österreich II, 2009, S. 105 (117). Offen gelassen von *Hess*, § 7 Rz. 102. Mit allzu formaler Begr. verneinend Gebauer/Wiedmann/*Bittmann*, Kap. 36 Rz. 55.
8 BT-Drucks. 17/4887, S. 48. Für Einschlägigkeit der Brüssel I-VO auch *Eichel*, GPR 2011, 193 (198 f.).

beziehung der Vollstreckungsabwehr in den Anwendungsbereich der EuUntVO-Zuständigkeitsvorschriften aus, so wären die Gerichte im Vollstreckungsstaat nur nach Maßgabe von Art. 3 ff. EuUntVO zur Entscheidung über einen Vollstreckungsabwehrantrag berufen, die Gerichte im Titulierungsstaat hingegen aufgrund der hier vertretenen Annexzuständigkeit. Diese Problematik sollte dem EuGH zur Vorabentscheidung vorgelegt werden. Zum Parallelproblem von Schadensersatzansprüchen wegen ungerechtfertigter Vollstreckung s. Art. 3 EuUntVO Rz. 43.

69 Vor allem bei Abänderungsverfahren kann bedeutsam werden, dass in der EuUntVO, abweichend von Art. 6 Nr. 3 Brüssel I-VO, ein Gerichtsstand der **Widerklage** fehlt: Begehrt der (angeblich) Berechtigte eine Erhöhung des titulierten Betrags im Aufenthaltsstaat des (angeblich) Verpflichteten, so kann dieser dort nicht etwa widerklagend eine Herabsetzung (oder die Feststellung, überhaupt keinen Unterhalt zu schulden) herbeiführen.[1] Beantragt umgekehrt der Verpflichtete im Aufenthaltsstaat des Berechtigten eine Herabsetzung, so bedarf es, wenn der Berechtigte in die Offensive gehen will, schon wegen Art. 3 Buchst. b EuUntVO keiner internationalen Widerklagezuständigkeit.

Art. 9
Anrufung eines Gerichts
Für die Zwecke dieses Kapitels gilt ein Gericht als angerufen

a) zu dem Zeitpunkt, zu dem das verfahrenseinleitende Schriftstück oder ein gleichwertiges Schriftstück bei Gericht eingereicht worden ist, vorausgesetzt, dass der Kläger es in der Folge nicht versäumt hat, die ihm obliegenden Maßnahmen zu treffen, um die Zustellung des Schriftstücks an den Beklagten zu bewirken, oder

b) falls die Zustellung an den Beklagten vor Einreichung des Schriftstücks bei Gericht zu bewirken ist, zu dem Zeitpunkt, zu dem die für die Zustellung verantwortliche Stelle das Schriftstück erhalten hat, vorausgesetzt, dass der Kläger es in der Folge nicht versäumt hat, die ihm obliegenden Maßnahmen zu treffen, um das Schriftstück bei Gericht einzureichen.

70 Die Vorschrift ermöglicht, wie Art. 30 Brüssel I-VO und Art. 16 Brüssel IIa-VO, die verordnungsautonome Bestimmung des für den Prioritätstest gem. Art. 12 und 13 EuUntVO maßgeblichen Zeitpunkts; dieser ist im Übrigen etwa im Zusammenhang mit Art. 4 Abs. 1 Satz 2 EuUntVO von Bedeutung. Die etwas kompliziert anmutende Ausgestaltung von Art. 9 EuUntVO erklärt sich durch das Ziel, den unterschiedlichen nationalen Verfahrensrechten zu entsprechen, ohne den Wettlauf der Parteien um die frühere Verfahrenseinleitung von den Zufälligkeiten des internationalen Rechtshilfeverkehrs in Zustellungssachen abhängig zu machen.

Art. 10
Prüfung der Zuständigkeit
Das Gericht eines Mitgliedstaats, das in einer Sache angerufen wird, für die es nach dieser Verordnung nicht zuständig ist, erklärt sich von Amts wegen für unzuständig.

71 Aus der Vorschrift ergibt sich, dass die EuUntVO keinen Raum für den Rückgriff auf nationales Zuständigkeitsrecht lässt (vgl. auch Erwägungsgrund Nr. 15; zum Restanwendungsbereich des LugÜ 2007 s. Art. 3 EuUntVO Rz. 24). Die gebotene amtswegige Prüfung erfordert richtigerweise, wie bei Art. 26 Brüssel I-VO, keine amtswegige Ermittlung aller zuständigkeitsrelevanten Umstände.

Art. 11
Prüfung der Zulässigkeit
(1) Lässt sich ein Beklagter, der seinen gewöhnlichen Aufenthalt im Hoheitsgebiet eines anderen Staates als des Mitgliedstaats hat, in dem das Verfahren eingeleitet wurde, auf das Verfahren nicht ein, so setzt das zuständige Gericht das Verfahren so lange aus, bis festgestellt ist, dass es dem Beklagten möglich war, das verfahrenseinleitende Schriftstück oder ein gleichwertiges Schriftstück so rechtzeitig zu empfangen, dass er sich verteidigen konnte oder dass alle hierzu erforderlichen Maßnahmen getroffen wurden.

---

1 Zustimmend *Conti*, Grenzüberschreitende Durchsetzung von Unterhaltsansprüchen in Europa, S. 79; Wendl/*Dose*, § 9 Rz. 645.

(2) Anstelle des Absatzes 1 dieses Artikels findet Artikel 19 der Verordnung (EG) Nr. 1393/2007 Anwendung, wenn das verfahrenseinleitende Schriftstück oder ein gleichwertiges Schriftstück nach Maßgabe jener Verordnung von einem Mitgliedstaat in einen anderen zuzustellen war.
(3) Sind die Bestimmungen der Verordnung (EG) Nr. 1393/2007 nicht anwendbar, so gilt Artikel 15 des Haager Übereinkommens vom 15. November 1965 über die Zustellung gerichtlicher und außergerichtlicher Schriftstücke im Ausland in Zivil- und Handelssachen, wenn das verfahrenseinleitende Schriftstück oder ein gleichwertiges Schriftstück nach Maßgabe dieses Übereinkommens ins Ausland zu übermitteln war.

Die Vorschrift entspricht im Wesentlichen Art. 26 Brüssel I-VO/LugÜ 2007 und Art. 18 Brüssel IIa-VO. Gesetzgeberisches Anliegen ist das Zurückdrängen fiktiver Auslandszustellungen insbesondere des romanischen Rechtskreises.[1] Über Art. 26 Abs. 1 Brüssel I-VO/LugÜ 2007 hinausgehend wird der Beklagte nach dem Wortlaut von Art. 11 Abs. 1 EuUntVO auch dann geschützt, wenn er nicht in einem Mitglied-, sondern in einem Drittstaat lebt (Abweichendes könnte freilich aus Art. 32 Abs. 4 EuUntVO abzuleiten sein). Zu den in Bezug genommenen Vorschriften zum internationalen Zustellungsrecht s. § 97 FamFG Rz. 31. 72

Art. 12
Rechtshängigkeit

(1) Werden bei Gerichten verschiedener Mitgliedstaaten Verfahren wegen desselben Anspruchs zwischen denselben Parteien anhängig gemacht, so setzt das später angerufene Gericht das Verfahren von Amts wegen aus, bis die Zuständigkeit des zuerst angerufenen Gerichts feststeht.
(2) Sobald die Zuständigkeit des zuerst angerufenen Gerichts feststeht, erklärt sich das später angerufene Gericht zugunsten dieses Gerichts für unzuständig.

Art. 13
Aussetzung wegen Sachzusammenhang

(1) Sind bei Gerichten verschiedener Mitgliedstaaten Verfahren, die im Zusammenhang stehen, anhängig, so kann jedes später angerufene Gericht das Verfahren aussetzen.
(2) Sind diese Verfahren in erster Instanz anhängig, so kann sich jedes später angerufene Gericht auf Antrag einer Partei auch für unzuständig erklären, wenn das zuerst angerufene Gericht für die betreffenden Verfahren zuständig ist und die Verbindung der Verfahren nach seinem Recht zulässig ist.
(3) Verfahren stehen im Sinne dieses Artikels im Zusammenhang, wenn zwischen ihnen eine so enge Beziehung gegeben ist, dass eine gemeinsame Verhandlung und Entscheidung geboten erscheint, um zu vermeiden, dass in getrennten Verfahren widersprechende Entscheidungen ergehen könnten.

Art. 12 und 13 EuUntVO übernehmen Art. 27f. Brüssel I-VO/LugÜ 2007 fast wortgleich in die EuUntVO. Dies erlaubt die Verfahrensaussetzung bzw. Unzuständigerklärung mit Rücksicht auf ein zeitlich nach Maßgabe von Art. 9 EuUntVO vorrangiges Unterhaltsverfahren in einem anderen Mitgliedstaat (**Prioritätsprinzip**). 73

Im Anschluss an die hM zu Art. 27f. Brüssel I-VO/LugÜ 2007[2] ist auch der **Rechtshängigkeitssperre** gem. Art. 12 EuUntVO ein weiter Anwendungsbereich zuzuweisen, der deutlich über die in § 261 Abs. 3 Nr. 1 ZPO geforderte Streitgegenstandsidentität hinausgeht. Zudem sollen Feststellungsklagen mit Rücksicht auf die zuständigkeitsrechtliche Waffengleichheit nicht schlechter als Leistungsklagen behandelt werden:[3] Klagt A gegen B in Frankreich auf Feststellung, diesem keinen Unterhalt zu schulden, so kann sich dieses Verfahren gegenüber dem später von B in Deutschland gegen A erhobenen Antrag auf Zahlung des fraglichen Unterhalts durchsetzen; letztlich wäre B also darauf verwiesen, den angeblichen Unterhaltsanspruch widerklagend in Frankreich zu verfolgen. Eine ergänzende, allerdings ermessensabhängige **Konnexitätssperre** sieht Art. 13 EuUntVO vor. Der dafür erforderliche Zusammenhang bestimmt sich gem. Abs. 3. 74

---

1 Vgl. *Schlosser*, Art. 19 EuZVO Rz. 1.
2 Näher etwa *Kropholler/von Hein*, EuZPR, Art. 21 EuGVO Rz. 6 ff.; MüKo.ZPO/*Gottwald*, Art. 27 EuGVO Rz. 6 ff.; Rauscher/*Leible*, Art. 27 Brüssel I-VO Rz. 8 ff. Beachte auch OLG Celle v. 14.10. 2008 – 17 WF 130/08, FamRZ 2009, 359 = FamRBint 2009, 52 (*Motzer*).
3 Ebenso *Gruber*, IPRax 2010, 128 (135).

75 Die in Art. 9 EuUntVO vorgesehene verordnungsautonome Bestimmung des für Art. 12 und 13 **maßgeblichen Zeitpunkts** der Anrufung eines Gerichts soll für eine faire und von den Zufälligkeiten des internationalen Zustellungsrechts losgelöste Anwendung des Prioritätsprinzips sorgen.

76 Art. 12 und 13 EuUntVO setzen **keine positive Anerkennungsprognose** voraus: Das später angerufene Gericht darf die Berücksichtigung des im Ausland früher eingeleiteten Verfahrens nicht von einer Kontrolle anhand der in Art. 24 EuUntVO genannten Anerkennungshindernisse abhängig machen.[1] Dies gilt unabhängig davon, ob die zu erwartende Entscheidung Art. 17 ff. EuUntVO oder Art. 23 ff. EuUntVO unterfällt. Wird entgegen einer gem. Art. 4 EuUntVO wirksamen **Gerichtsstandsvereinbarung** ein Verfahren in einem derogierten Forum eingeleitet, so kann die dort eingetretene Rechtshängigkeit gleichwohl nach Maßgabe von Art. 12 EuUntVO beachtlich sein.[2]

77 Für die Bewältigung eines positiven Kompetenzkonfliktes unter **Beteiligung eines LugÜ-Staats** gelten Art. 27 ff. LugÜ 2007 (s. Anhang 4 zu § 110). Demgegenüber findet sich in der EuUntVO keine Regelung zur Berücksichtigung **drittstaatlicher Verfahren**.[3] Diesbezüglich dürfte sich aus Art. 12 und 13 EuUntVO ebenso wenig ein Berücksichtigungsverbot ableiten lassen[4] wie umgekehrt ein Gebot, einem solchen Verfahren unter denselben Voraussetzungen eine Sperrwirkung beizumessen wie einem mitgliedstaatlichen Verfahren.[5] Bedenkt man, dass die Beachtung ausländischer Verfahren eine Vorstufe der Beachtung ausländischer Rechtskraft ist und dass dieser Problemkreis im Hinblick auf drittstaatliche Entscheidungen eindeutig nicht vom Anwendungsbereich der EuUntVO erfasst wird (vgl. Art. 16 Abs. 2 und 3 EuUntVO: „Entscheidungen, die in einem Mitgliedstaat ... ergangen sind"), so sollte man auch die Behandlung drittstaatlicher Parallelverfahren de lege lata dem autonomen mitgliedstaatlichen Recht anheimstellen. Aus deutscher Sicht bedeutet dies, dass eine positive Anerkennungsprognose vorausgesetzt wird (s. vor §§ 98–106 Rz. 53).

Art. 14
Einstweilige Maßnahmen einschließlich Sicherungsmaßnahmen

Die im Recht eines Mitgliedstaats vorgesehenen einstweiligen Maßnahmen einschließlich solcher, die auf eine Sicherung gerichtet sind, können bei den Gerichten dieses Staates auch dann beantragt werden, wenn für die Entscheidung in der Hauptsache das Gericht eines anderen Mitgliedstaats aufgrund dieser Verordnung zuständig ist.

78 Mit der internationalen Zuständigkeit zum Erlass einstweiliger Maßnahmen einschließlich Sicherungsmaßnahmen befasst sich Art. 14 EuUntVO, eine mit Art. 31 Brüssel I-VO/LugÜ 2007 (s. Anhang 4 zu § 110) wortidentische und Art. 20 Brüssel IIa-VO (s. § 99 Rz. 19) zumindest sehr ähnliche Vorschrift.[6] Solchen Bestimmungen wird gemeinhin ein doppelter Sinngehalt beigemessen: Es soll klargestellt werden, dass zum einen die **verordnungseigenen Zuständigkeitsvorschriften** auch für einstweilige Maßnahmen gelten, und dass zum anderen ausnahmsweise auch noch ein Rückgriff auf nationales Zuständigkeitsrecht möglich bleibt, sofern die verordnungsautonomen Gerichtsstände ungeachtet eines Regelungs- oder Sicherungsbedürfnisses im Einzelfall nicht eröffnet sind (vgl. vor §§ 98–106 Rz. 17).[7] Und in diesem doppel-

---

1 Vgl. zur Parallele im Brüssel I-System EuGH v. 9.12.2003 – Rs. C-116/02 (Gasser/MISAT), IPRax 2004, 243; dort auch zur Frage, ob Ausnahmen zu dem in Art. 27 Brüssel I-VO verankerten Prioritätsprinzip anzuerkennen sind, wenn das Verfahren im Erststaat über Gebühr verzögert wird. Dazu auch BGH v. 6.2.2002 – VIII ZR 106/01, NJW 2002, 2795. Zu den Einzelheiten vgl. Rauscher/*Leible*, Art. 27 Brüssel I-VO Rz. 15 ff.
2 Ebenso Gebauer/Wiedmann/*Bittmann*, Kap. 36 Rz. 43.
3 Vgl. zu den Hintergründen *Beaumont*, RabelsZ 73 (2009), 509 (541).
4 So aber offenbar *Beaumont*, RabelsZ 73 (2009), 509 (541).
5 Eine „Reflexwirkung" der europäischen Regelung erwägen Kohler/Pintens, FamRZ 2009, 1529 (1530).
6 Zur Unanwendbarkeit von Art. 20 Brüssel IIa-VO in Unterhaltssachen vgl. *Rauscher*, Art. 20 Brüssel IIa-VO Rz. 14.
7 Deutlich etwa Rauscher/*Leible*, Art. 31 Brüssel I-VO Rz. 2, und *Rauscher*, Art. 20 Brüssel IIa-VO Rz. 17.

ten Sinne wurde sodann auch Art. 10 des Kommissionsvorschlags zur EuUntVO interpretiert.[1] Im Hinblick auf Art. 14 EuUntVO ist dem ohne weiteres zu folgen, soweit es um die Klarstellung geht, dass Art. 3 ff. EuUntVO auch für einstweilige Maßnahmen gelten sollen.[2] Im Übrigen aber erscheint die Übernahme des bisherigen Verständnisses zumindest nicht mehr zwingend: Wenn Art. 7 EuUntVO, sehr viel weitgehender als noch Art. 6 des Kommissionsvorschlags, eine abschließend verstandene Restzuständigkeit eröffnet und wenn diese ausweislich Art. 14 EuUntVO auch für einstweilige Maßnahmen gelten soll, so bleibt womöglich **kein Raum mehr für einen Rückgriff auf nationales Zuständigkeitsrecht** (wie §§ 50 Abs. 2, 105 FamFG).[3] Die Regelungssystematik legt also den Schluss nahe, dass Art. 14 EuUntVO ein engerer Regelungsgehalt zukommt als dem gleichlautenden Art. 31 Brüssel I-VO/LugÜ 2007. Dieses Ergebnis hätte freilich auch manches für sich: Wenn man Art. 14 EuUntVO nicht als „Freibrief" für das nationale Zuständigkeitsrecht versteht, so erspart man sich die im Brüssel I-System nach wie vor anhaltende Diskussion, welche ungeschriebenen verordnungsautonomen Restriktionen gleichwohl dem nationalen Recht aufzuerlegen sind,[4] bzw. man verlagert diese Diskussion dorthin, wo sie hingehört, nämlich in die Auslegung von Art. 7 EuUntVO. – Zur **Anerkennungsfähigkeit** einstweiliger Maßnahmen s. Art. 16 EuUntVO Rz. 82.

Kapitel III
Anwendbares Recht

Art. 15
Bestimmung des anwendbaren Rechts

Das auf Unterhaltspflichten anwendbare Recht bestimmt sich für die Mitgliedstaaten, die durch das Haager Protokoll vom 23. November 2007 über das auf Unterhaltspflichten anzuwendende Recht (nachstehend „Haager Protokoll von 2007" genannt) gebunden sind, nach jenem Protokoll.

Die EuUntVO regelt zwar umfassend sämtliche verfahrensrechtlichen Aspekte des internationalen Unterhaltsrechts, verzichtet hingegen – anders als von der Kommission ursprünglich geplant[5] – weitestgehend auf die Aufnahme harmonisierter Kollisionsregeln in die EuUntVO. Eine punktuelle Ausnahme bildet nur Art. 64 Abs. 2 EuUntVO, dort zum Statut der Handlungsmöglichkeiten öffentlicher Einrichtungen für den Unterhaltsberechtigten. Im Übrigen verweist Art. 15 EuUntVO auf das Haager Protokoll über das auf Unterhaltspflichten anzuwendende Recht v. 23.11.2007[6] (**HUntP 2007**). Dieses kollisionsrechtliche HUntP 2007 ist nicht zu verwechseln mit dem verfahrensrechtlichen HUntVÜ 2007 (dazu Anhang 6 zu § 110).

Das HUntP 2007 ist nach der zweiten Ratifikation (durch Serbien) am 1.8.2013 für die EU in Kraft getreten, wobei eine Geltung für Dänemark und das Vereinigte Königreich[7] ausgeschlossen wurde (vgl. Art. 3 sowie Erwägungsgründe Nr. 11 und 12 des **Ratsbeschlusses 2009/941/EG** v. 30.11.2009[8]). Kraft Art. 4 des Ratsbeschlusses 2009/941/EG fanden die Regelungen des HUntP 2007 aber schon vor dessen Inkrafttreten für die EU-Staaten (ohne die beiden genannten Ausnahmen) vorläufig Anwen-

---

1 Vgl. Hess/Mack, JAmt 2007, 229 (230); Linke, FPR 2006, 237 (238); ebenso auch zu Art. 14 EuUntVO offenbar Hess, § 7 Rz. 103; Gruber, IPRax 2010, 128 (135).
2 Ebenso etwa Uecker, FPR 2013, 35 f.
3 Anders aber etwa Gebauer/Wiedmann/Bittmann, Kap. 36 Rz. 81 (Art. 14 EuUntVO verweise nur auf die nationalen Regeln); Motzer, FamRBint 2011, 56 (57); Uecker, FPR 2013, 35 (36).
4 Grundlegend EuGH v. 17.11.1998 – Rs. C-391/95 (van Uden), IPRax 1999, 240. Beachte zur seither anhaltenden Diskussion, ob der von Art. 31 Brüssel I-VO eröffnete Rückgriff auf nationales Zuständigkeitsrecht eine „reale Verknüpfung" voraussetzt und was darunter zu verstehen ist, etwa Hess, § 6 Rz. 247 f., und Rauscher/Leible, Art. 31 Brüssel I-VO Rz. 23 ff.
5 Zur Kritik an diesen Plänen Andrae, FPR 2008, 196 (198 ff.).
6 Abgedruckt in ABl. EU 2009 Nr. L 331/19 sowie bei Jayme/Hausmann, Nr. 42. Text, Ratifizierungsstand und Materialien: www.hcch.net (unter „Conventions").
7 Vgl. zu den Beweggründen für die britische Haltung Botur, FPR 2010, 519 (522).
8 ABl. EU 2009 Nr. L 331/17. Beachte dazu Mansel/Thorn/Wagner, IPRax 2011, 1 (12 f.); Mankowski, FamRZ 2010, 1487.

dung.[1] Die Zulässigkeit dieses Vorpreschens sei hier dahingestellt.[2] Auch die kollisionsrechtlichen Konsequenzen sollen hier nicht erörtert werden.[3] Allemal bemerkenswert ist aber, dass Art. 3 ff. EuUntVO kaum Rücksicht auf die Kollisionsregeln des HUntP 2007 nehmen, so dass kein Gleichlauf zwischen internationaler Zuständigkeit und anwendbarem Recht gesichert ist, solange die Beteiligten nicht für die ihnen gem. Art. 7 HUntP 2007 freigestellte Wahl der lex fori optieren.

81 Aus internationalverfahrensrechtlicher Perspektive ist die Frage, ob ein EuUntVO-Mitgliedstaat zugleich an das HUntP 2007 gebunden ist, vor allem deshalb bedeutsam, weil dies dafür maßgeblich ist, unter welchen Voraussetzungen Entscheidungen anzuerkennen und zu vollstrecken sind (vgl. Art. 16 Abs. 2 und 3 EuUntVO). Beachte zudem Art. 76 EuUntVO.

Kapitel IV
Anerkennung, Vollstreckbarkeit und Vollstreckung von Entscheidungen

Art. 16
Geltungsbereich dieses Kapitels

(1) Dieses Kapitel regelt die Anerkennung, die Vollstreckbarkeit und die Vollstreckung der unter diese Verordnung fallenden Entscheidungen.

(2) Abschnitt 1 gilt für Entscheidungen, die in einem Mitgliedstaat, der durch das Haager Protokoll von 2007 gebunden ist, ergangen sind.

(3) Abschnitt 2 gilt für Entscheidungen, die in einem Mitgliedstaat, der nicht durch das Haager Protokoll von 2007 gebunden ist, ergangen sind.

(4) Abschnitt 3 gilt für alle Entscheidungen.

82 Die Regelungen zur Anerkennung, zur (nur noch ausnahmsweise erforderlichen) Vollstreckbarerklärung sowie zur Vollstreckung von ausländischen **Entscheidungen** iSv. Art. 2 Abs. 1 Nr. 1 EuUntVO finden sich in Kap. IV (Art. 16–43 EuUntVO). Diese Bestimmungen gelten gem. Art. 48 EuUntVO entsprechend für vollstreckbare **gerichtliche Vergleiche** und **öffentliche Urkunden** (vgl. die Definitionen in Art. 2 Abs. 1 Nr. 2 und 3 EuUntVO). Von Art. 2 Abs. 1 Nr. 1 und damit von Art. 16 ff. EuUntVO erfasst sind auch **einstweilige Maßnahmen;**[4] zur Frage, inwieweit dies für Ex-parte-Verfahren gilt, s. Art. 24 EuUntVO Rz. 123.

83 In erster Linie geht es in Kap. IV um Vollstreckungstitel, die **Unterhaltsansprüche begründen.** Anzuerkennen und (im Kostenpunkt; vgl. Art. 2 Abs. 1 Nr. 1 EuUntVO: Kostenfestsetzungsbeschluss als Entscheidung) für vollstreckbar zu erklären bzw. zu vollstrecken sind aber auch Entscheidungen bzw. Urkunden und Vergleiche, die das Bestehen von **Unterhaltsansprüchen verneinen** bzw. zur Rückzahlung zu viel geleisteten Unterhalts verpflichten (vgl. auch Art. 3 EuUntVO Rz. 36 ff.).[5] Nichts anderes sollte aus der missverständlichen Formulierung in Satz 1 von Erwägungsgrund Nr. 25 abgeleitet werden, der ersichtlich nur der Abgrenzung zu Statusentscheidungen dient. Zur Einbeziehung von Anträgen öffentlicher Einrichtungen s. Art. 64 EuUntVO.

---

1 Zum zeitlichen Anwendungsbereich vgl. OLG Celle v. 13.4.2012 – 10 UF 22/12, FamRBint 2012, 55 (*Conti/Bißmaier*); OLG Nürnberg v. 11.1.2012 – 7 UF 747/11, IPRax 2012, 528 m. krit. Anm. *Coester-Waltjen*, 528 (529).
2 Treffend *Fucik*, iFamZ 2011, 170 (171): „staats-, völker- und unionsrechtlich pikant".
3 Einführend *Arnold*, IPRax 2012, 311; *Boele-Woelki/Mom*, FPR 2010, 485 (486 ff.); *Conti*, Grenzüberschreitende Durchsetzung von Unterhaltsansprüchen in Europa, S. 139 ff.; *Conti/Bißmaier*, FamRBint 2011, 62; *Dimmler/Bißmaier*, FPR 2013, 11; Hk-ZPO/*Dörner*, Art. 15 EuUntVO Rz. 3 ff.; *Finger*, FuR 2011, 254 (257 ff.); *Finger*, JR 2012, 51 (53 ff.); *Gruber*, FS Spellenberg, S. 177; *Henrich*, Internationales Scheidungsrecht, Rz. 123 ff.; *Hirsch*, in Coester-Waltjen/Lipp/Schumann/Veit, Europäisches Unterhaltsrecht, 2010, S. 17 (32 ff.). Ausführliche Kommentierung bei Rauscher/*Andrae*, HUntStProt.
4 Näher *Uecker*, FPR 2013, 35 (37 f.).
5 Ebenso BT-Drucks. 17/4887, S. 43; *Gruber*, IPRax 2010, 128 (136 f.); Hk-ZPO/*Dörner*, Art. 16 EuUnthVO Rz. 2; *Heger/Selg*, FamRZ 2011, 1101 (1106 Fn. 33); *Hohloch*, FPR 2012, 495 (498).

Zu Begriff und Wirkungsweise der **Anerkennung** ausländischer Entscheidungen s. 84
§ 108 Rz. 3 ff. In Unterhaltssachen bedeutsame anerkennungsfähige Entscheidungswirkungen sind die materielle Rechtskraft und eine etwaige Interventionswirkung. Die Anerkennung von Entscheidungswirkungen erfolgt grundsätzlich **ipso iure** (s. § 108 Rz. 39 ff.), und das gilt ausweislich ihrer Art. 17 Abs. 2 bzw. Art. 23 Abs. 1 auch im Anwendungsbereich der EuUntVO. Eine Ausnahme gilt herkömmlich für die Vollstreckbarkeit, die für das Inland erst durch einen besonderen Akt – die sog. **Vollstreckbarerklärung bzw. das Exequatur** – verliehen wird. Im Europarecht wird auf ein solches Verfahren freilich immer häufiger verzichtet (s. § 110 Rz. 2 ff.), und diese Position liegt im Grundsatz auch der EuUntVO zugrunde. Diesbezüglich stellt Art. 16 EuUntVO die Weichen, und zwar differenzierend danach, ob der Ursprungsmitgliedstaat durch das HUntP 2007 (vgl. Art. 15 EuUntVO) gebunden ist (dann: Abschnitt 1 resp. Art. 17 ff. EuUntVO – Vollstreckbarerklärung entfällt) oder nicht (dann: Abschnitt 2 resp. Art. 23 ff. EuUntVO – Vollstreckbarerklärung erforderlich).

Systematisch und **rechtspolitisch** erscheint es freilich alles andere als selbstverständlich, dass der Grad an Freizügigkeit, den eine Entscheidung innerhalb der EU genießt, bzw. umgekehrt das Ausmaß der im Vollstreckungsstaat verbleibenden Überprüfungsmöglichkeiten ausgerechnet davon abhängig sein sollen, welche Kollisionsregeln im Ursprungsstaat gelten:[1] Insbesondere haben die „durch die Anwendung der Kollisionsnormen gebotenen Garantien" (vgl. Erwägungsgrund Nr. 24) keinen Einfluss darauf, ob eine Überprüfung anhand des verfahrensrechtlichen Ordre-public-Vorbehalts sinnvoll erscheint oder nicht. 85

Art. 16 Abs. 4 EuUntVO ist insoweit womöglich missverständlich formuliert, als „alle Entscheidungen" dort nicht etwa auch **drittstaatliche Entscheidungen** einschließt, sondern nur die in Abs. 1–3 thematisierten mitgliedstaatlichen Entscheidungen meint (vgl. jeweils den Wortlaut von Art. 40–42 EuUntVO). Die EuUntVO enthält zwar durchaus gewisse Regelungen, die auch drittstaatliche Entscheidungen erfassen; dies gilt, wie Art. 2 Abs. 1 Nr. 1 Satz 2 EuUntVO besagt, für die Zwecke der Kap. VII und VIII, also gerade nicht im Hinblick auf die Thematik von Kap. IV. Für die Anerkennung und Vollstreckbarerklärung drittstaatlicher Entscheidungen gelten die in Anhang 1 zu § 110 Rz. 10 ff. zusammengestellten Regeln. 86

Ungeachtet des Titels von Kap. IV wird die eigentliche **Vollstreckung von Entscheidungen** in der EuUntVO grundsätzlich nicht geregelt, sondern bleibt zunächst Sache der Mitgliedstaaten (s. Art. 41 EuUntVO), dies freilich im Rahmen der allgemeingültigen primärrechtlichen Vorgaben (wie dem Diskriminierungsverbot sowie dem Gleichwertigkeits- und Effektivitätsgrundsatz; s. § 97 Rz. 11). Für Deutschland verweist § 65 AUG auf § 120 FamFG. Die von der Kommission ursprünglich vorgeschlagenen – und viel kritisierten[2] – harmonisierten Regeln zur **Lohn- und Kontenpfändung** wurden nicht in die EuUntVO übernommen. 87

Abschnitt 1
In einem Mitgliedstaat, der durch das Haager Protokoll von 2007 gebunden ist,
ergangene Entscheidungen

Art. 17
Abschaffung des Exequaturverfahrens
(1) Eine in einem Mitgliedstaat, der durch das Haager Protokoll von 2007 gebunden ist, ergangene Entscheidung wird in einem anderen Mitgliedstaat anerkannt, ohne dass es hierfür eines besonderen Verfahrens bedarf und ohne dass die Anerkennung angefochten werden kann.

---

1 Sehr kritisch *Kohler/Pintens*, FamRZ 2009, 1529 (1530 f.), die vermuten, man habe sich „eine Verstärkung des Mythos vom ‚gegenseitigen Vertrauen' erhofft" bzw. eine „politische Kompensation" für den Verzicht auf den Ordre-public-Vorbehalt geleistet. Beipflichtend Hk-ZPO/*Dörner*, Art. 16 EuUnthVO Rz. 1; aufgeschlossener Hk-ZV/*Garber*, Art. 16 EuUntVO Rz. 2. In dieser Hinsicht unkritisch aber etwa *Boele-Woelki/Mom*, FPR 2010, 485 (488); *Heger*, ZKJ 2010, 52 (54 f.).
2 S. etwa *Gottwald*, FS Lindacher, S. 13 (21 ff.).

(2) Eine in einem Mitgliedstaat, der durch das Haager Protokoll von 2007 gebunden ist, ergangene Entscheidung, die in diesem Staat vollstreckbar ist, ist in einem anderen Mitgliedstaat vollstreckbar, ohne dass es einer Vollstreckbarerklärung bedarf.

A. Anwendungsbereich

88 Beachte vorab die Hinweise zu Art. 16 EuUntVO. Art. 17 ff. EuUntVO erfassen Entscheidungen aus allen Mitgliedstaaten (s. Art. 1 EuUntVO Rz. 9 f.), allerdings mit Ausnahme von Entscheidungen aus **Dänemark** oder dem **Vereinigten Königreich**;[1] denn diese beiden Staaten wenden das HUntP 2007 nicht an (s. Art. 15 EuUntVO Rz. 80 und Art. 23 EuUntVO Rz. 111). Im Übrigen ist zu beachten, dass übergangsrechtlich gem. Art. 75 Abs. 2 Unterabs. 1 EuUntVO auch Entscheidungen aus „normalen" Mitgliedstaaten, soweit sie vor dem 18.6.2011 ergangen sind, nicht Art. 17 ff., sondern Art. 23 ff. EuUntVO unterfallen.[2] Eher missverständlich heißt es im RegE zum AUG, dass dessen §§ 36 ff. auch für solche Titel gelten, die an sich unter Art. 17 ff. EuUntVO fallen, aber „noch nicht auf der Grundlage des Haager Protokolls 2007 ergangen sind".[3] Davon ist indes in Art. 17 ff. EuUntVO keine Rede. Es kommt daher nicht etwa auf die kollisionsrechtliche Richtigkeit der ausländischen Entscheidung an,[4] sondern nur darauf, dass sie ab dem 18.6.2011 ergangen ist.

89 Zum **Rechtsschutz des Schuldners** im Hinblick auf die Frage, ob der Anwendungsbereich von Art. 17 EuUntVO eröffnet ist, s. Art. 21 EuUntVO Rz. 105. Innerhalb des Anwendungsbereichs der exequaturlosen Vollstreckung hat der Gläubiger **kein Wahlrecht** dahingehend, gleichwohl im Verfahren nach Maßgabe von Art. 26 ff. EuUntVO vorzugehen (s. auch Rz. 92).[5]

B. Anerkennung

90 Art. 17 Abs. 1 EuUntVO betont zum einen die Verpflichtung zur Anerkennung ipso iure (vgl. Art. 16 EuUntVO Rz. 84) und zum anderen, dass diese im Anerkennungsstaat nicht angefochten werden kann. Der Rechtsschutz gem. Art. 21 EuUntVO richtet sich nur gegen die Vollstreckung. Erwägenswert erscheint allenfalls eine analoge Anwendung von Art. 21 Abs. 2 Unterabs. 2 EuUntVO, um Entscheidungskollisionen aufzulösen.[6]

C. Vollstreckung ohne Vollstreckbarerklärung

91 Abweichend von Art. 38 ff. Brüssel I-VO/LugÜ, aber auch vom Konventionsrecht und von § 110 Abs. 2 FamFG, schafft Art. 17 Abs. 2 EuUntVO das Erfordernis der Vollstreckbarerklärung ab: Die Vollstreckbarkeit muss im Vollstreckungsstaat nicht mehr verliehen werden, sondern die im Erststaat bestehende Vollstreckbarkeit (auch: vorläufige Vollstreckbarkeit; arg. Art. 39 EuUntVO) wird auf den Vollstreckungsstaat erstreckt. Darin wird das Herzstück der EuUntVO bzw. ihr entscheidender Mehrwert gegenüber dem Haager Konventionsrecht gesehen.[7] Etwaige grundrechtliche Bedenken gegen die **Abschaffung des Exequaturs** dürften nicht durchgreifen. Zwar werden auch innerhalb Europas gelegentlich Extremfälle bekannt, in denen zumindest ein Ordre-public-Vorbehalt wünschenswert erscheint.[8] Es dürfte dann aber doch zumutbar sein, Rechtsschutz in dem fraglichen Ursprungsstaat zu suchen;[9] dabei handelt es sich gewissermaßen um die Kehrseite der vom Pri-

---

1 Beachte zu den Besonderheiten englischer Unterhaltstitel *Botur*, FPR 2010, 519.
2 Dazu BT-Drucks. 17/4887, S. 46.
3 BT-Drucks. 17/4887, S. 46.
4 Zumindest missverständlich daher auch *Heger/Selg*, FamRZ 2011, 1101 (1106).
5 HK-ZV/*Garber*, Art. 16 EuUntVO Rz. 5.
6 Befürwortend Hk-ZV/*Garber*, Art. 17 EuUntVO Rz. 5.
7 So *Botur*, FamRZ 2010, 1860 (1869); *Heger*, ZKJ 2010, 52 (54). Ähnlich etwa *Gruber*, IPRax 2010, 128 (135 f.).
8 Erschütternd etwa BGH v. 26.8.2009 – XII ZB 169/07, FamRZ 2009, 1816 (1817 f.) m. Anm. *Henrich*.
9 Näher *Schilling*, IPRax 2011, 31 (39 f.). Rechtspolitisch krit. *Conti*, Grenzüberschreitende Durchsetzung von Unterhaltsansprüchen in Europa, S. 160 ff.

märrecht vermittelten Freizügigkeitsrechte. Allemal verordnungswidrig wäre es, das von Art. 21 Abs. 1 EuUntVO berufene mitgliedstaatliche Vollstreckungsrecht zu einer Ordre-public-Kontrolle auszubauen (s. Art. 21 EuUntVO Rz. 105 und 107).

92 Für den innereuropäischen Rechtsverkehr hatte in Unterhaltssachen bislang auch die **EuVTVO** (dazu Art. 68 EuUntVO Rz. 176 ff.) schon auf das Exequatur verzichtet (vgl. auch § 110 Rz. 2 ff.). Die EuUntVO steht erklärtermaßen in dieser Tradition, geht aber noch darüber hinaus. So bedarf der Vollstreckungstitel, anders als nach der EuVTVO, in den Fällen des Art. 17 EuUntVO auch keiner besonderen Bestätigung im Ursprungsstaat mehr.[1] Zudem gelten Art. 17 ff. EuUntVO, anders als die EuVTVO, auch für Entscheidungen, die in streitig ausgetragenen Verfahren ergangen sind. Im Übrigen sieht die EuUntVO keine Art. 27 EuVTVO entsprechende Vorschrift vor. Demzufolge hat der Gläubiger, dessen Titel in den Anwendungsbereich von Art. 17 ff. EuUntVO fällt, nicht etwa die Möglichkeit, gleichwohl ein Exequaturverfahren im Vollstreckungsstaat zu betreiben.[2]

93 Konsequent verzichtet § 30 Abs. 1 AUG in den Fällen von Art. 17 (und 48) EuUntVO auf eine Vollstreckbarerklärung, darüber hinaus aber auch auf eine Vollstreckungsklausel iSv. §§ 724 f. ZPO.[3] Davon abgesehen bleibt es jedoch bei den Erfordernissen von § 750 ZPO, die das deutsche Vollstreckungsorgan zu prüfen hat, wobei das Formblatt gem. Art. 20 Abs. 1 Buchst. b EuUntVO die Aufgabe der Vollstreckungsklausel übernimmt.[4] S. dazu noch Art. 20 EuUntVO Rz. 100.

94 Probleme bereiten ausländische Vollstreckungstitel, die nach deutschen Maßstäben zu unbestimmt und daher an sich nicht vollstreckbar formuliert sind. Damit die gebotene **Konkretisierung** mangels eines Exequaturverfahrens nicht den Vollstreckungsorganen überantwortet werden muss, wurde mit § 34 AUG ein besonderes Verfahren geschaffen; vgl. dort und allgemein die Hinweise bei § 110 Rz. 32 f.

Art. 18
Sicherungsmaßnahmen

Eine vollstreckbare Entscheidung umfasst von Rechts wegen die Befugnis, alle auf eine Sicherung gerichteten Maßnahmen zu veranlassen, die im Recht des Vollstreckungsmitgliedstaats vorgesehen sind.

95 Die Vorschrift entspricht funktional Art. 36 Abs. 2 EuUntVO sowie Art. 47 Abs. 2 Brüssel I-VO/LugÜ 2007, knüpft aber nicht an die Vollstreckbarerklärung, sondern an die Vollstreckbarkeit nach Maßgabe des erststaatlichen Rechts an. Außerdem ist hier, anders als in Art. 36 Abs. 3 EuUntVO sowie Art. 47 Abs. 3 Brüssel I-VO/LugÜ 2007, kein Beschränkungsgebot vorgesehen; schon deshalb (und wegen ihrer systematischen Stellung) passen §§ 49 ff. AUG nicht. Welche auf Sicherung gerichtete Maßnahmen iSv. Art. 18 EuUntVO in Betracht kommen, regelt gem. Art. 41 EuUntVO das mitgliedstaatliche Recht.[5] Für Deutschland ist an eA und Arrest (§§ 112 Nr. 1, 119 FamFG), gem. §§ 112 Nr. 1, 120 Abs. 1 FamFG aber auch an §§ 720a Abs. 1 und 2, 845 ZPO zu denken.

Art. 19
Recht auf Nachprüfung

(1) Ein Antragsgegner, der sich im Ursprungsmitgliedstaat nicht auf das Verfahren eingelassen hat, hat das Recht, eine Nachprüfung der Entscheidung durch das zuständige Gericht dieses Mitgliedstaats zu beantragen, wenn

a) ihm das verfahrenseinleitende Schriftstück oder ein gleichwertiges Schriftstück nicht so rechtzeitig und in einer Weise zugestellt worden ist, dass er sich verteidigen konnte, oder

---

1 Klarstellend etwa *Gruber*, IPRax 2010, 128 (137); *Gsell/Netzer*, IPRax 2010, 403 f. Ungenau *Fornasier*, FPR 2010, 524 (529), demzufolge das Verfahren nach der EuVTVO ausgeweitet werde.
2 Darauf verweist auch BT-Drucks. 17/4887, S. 45.
3 Letzteres kritisieren *Hess/Spancken*, FPR 2013, 27 (28).
4 Dazu BT-Drucks. 17/4887, S. 43.
5 Hk-ZV/*Garber*, Art. 18 EuUntVO Rz. 3.

b) er aufgrund höherer Gewalt oder aufgrund außergewöhnlicher Umstände ohne eigenes Verschulden nicht in der Lage gewesen ist, Einspruch gegen die Unterhaltsforderung zu erheben,

es sei denn, er hat gegen die Entscheidung keinen Rechtsbehelf eingelegt, obwohl er die Möglichkeit dazu hatte.

(2) Die Frist für den Antrag auf Nachprüfung der Entscheidung beginnt mit dem Tag, an dem der Antragsgegner vom Inhalt der Entscheidung tatsächlich Kenntnis genommen hat und in der Lage war, entsprechend tätig zu werden, spätestens aber mit dem Tag der ersten Vollstreckungsmaßnahme, die zur Folge hatte, dass die Vermögensgegenstände des Antragsgegners ganz oder teilweise dessen Verfügung entzogen wurden. Der Antragsgegner wird unverzüglich tätig, in jedem Fall aber innerhalb einer Frist von 45 Tagen. Eine Verlängerung dieser Frist wegen weiter Entfernung ist ausgeschlossen.

(3) Weist das Gericht den Antrag auf Nachprüfung nach Absatz 1 mit der Begründung zurück, dass keine der Voraussetzungen für eine Nachprüfung nach jenem Absatz erfüllt ist, bleibt die Entscheidung in Kraft.

Entscheidet das Gericht, dass eine Nachprüfung aus einem der in Absatz 1 genannten Gründe gerechtfertigt ist, so wird die Entscheidung für nichtig erklärt. Die berechtigte Person verliert jedoch nicht die Vorteile, die sich aus der Unterbrechung der Verjährungs- oder Ausschlussfristen ergeben, noch das Recht, im ursprünglichen Verfahren möglicherweise zuerkannte Unterhaltsansprüche rückwirkend geltend zu machen.

96 Während Art. 19 EuUntVO etwaige Rechtsbehelfe **im Ursprungsmitgliedstaat** durch einen verordnungsautonomen **außerordentlichen Rechtsbehelf** ergänzt (nicht etwa verdrängt; vgl. Erwägungsgrund Nr. 29),[1] geht es in Art. 21 EuUntVO um die – begrenzten – Rechtsschutzmöglichkeiten im Vollstreckungsstaat. Eine Verknüpfung beider Verteidigungslinien ergibt sich aus Art. 21 Abs. 3 EuUntVO. Anders als Art. 21 EuUntVO kommt Art. 19 EuUntVO nicht nur dem Titelschuldner zugute, sondern beispielsweise auch demjenigen, gegen den ein negativer Feststellungsbeschluss ergangen ist.

97 Im Schrifttum wird die Überprüfungsmöglichkeit gem. Art. 19 EuUntVO unter verschiedenen Aspekten diskutiert. Zum einen wird betont, dass gerade diese Möglichkeit geeignet sei, etwaige grundrechtliche Bedenken gegen die Abschaffung des Exequatur im Anwendungsbereich der Art. 17 ff. EuUntVO auszuräumen.[2] Zum anderen wird Art. 19 EuUntVO unter kompetenzrechtlichen Gesichtspunkten als zu weitreichend kritisiert, weil der Verordnungsgeber es sich damit – abweichend von Art. 65 EGV bzw. Art. 81 AEUV – anmaße, Vorgaben auch für reine Binnenverfahren zu schaffen.[3]

98 Deutsche Durchführungsbestimmung zu Art. 19 EuUntVO ist § 70 AUG (zur Zuständigkeit für die Nachprüfung s. dort Abs. 1). Für **deutsche Entscheidungen** wird der in Art. 19 EuUntVO eröffnete Rechtsbehelf, wie auch der RegE zum AUG prognostiziert,[4] wegen der ohnehin in Betracht kommenden Rechtsschutzmöglichkeiten gem. §§ 112 Nr. 1, 113 Abs. 1 Satz 2 FamFG, §§ 338–345 ZPO (Einspruch gegen Versäumnisbeschluss) sowie §§ 112 Nr. 1, 113 Abs. 1 Satz 2 FamFG, §§ 233 ff. ZPO (Wiedereinsetzung in den vorigen Stand) keine größere Bedeutung gewinnen.[5] Sind die Voraussetzungen iSv. Art. 19 Abs. 1 EuUntVO nicht erfüllt, so wird der Antrag gem. Abs. 3 Unterabs. 1 zurückgewiesen. Entsprechendes sollte bei verspäteter Antragstellung nach Maßgabe von Abs. 2 gelten. § 70 Abs. 2 AUG behandelt beide Fälle sinnvollerweise einheitlich. Ein weiterer Rechtsbehelf wird nicht eröffnet.[6]

99 Ist der **Rechtsbehelf erfolgreich**, so gilt Art. 19 Abs. 3 Unterabs. 2 EuUntVO. Wenngleich die dort als Rechtsfolge vorgesehene Nichtigerklärung der Erstentschei-

---

[1] Vgl. *Fucik*, in König/Mayr, Europäisches Zivilverfahrensrecht in Österreich II, 2009, S. 105 (128 f.); *Gruber*, IPRax 2010, 128 (138); *Heger*, ZKJ 2010, 52 (55).
[2] Dazu *Schilling*, IPRax 2011, 31 (39 f.); vgl. zu diesem Zusammenhang auch *Gsell/Netzer*, IPRax 2010, 403 (409).
[3] Dazu *Gsell/Netzer*, IPRax 2010, 403 (405 ff.). Dagegen *Heger/Selg*, FamRZ 2011, 1101 (1111).
[4] S. dazu und zum Folgenden BT-Drucks. 17/4887, S. 49.
[5] *Heger/Selg*, FamRZ 2011, 1101 (1111), verweisen auf den Fall des § 234 Abs. 3 ZPO.
[6] Einen weiteren Rechtsbehelf fordert Gebauer/Wiedmann/*Bittmann*, Kap. 36 Rz. 100.

dung sicherlich nicht im technischen Sinne gemeint ist, der mitgliedstaatliche Gesetzgeber es also alternativ bei einer bloßen Aufhebung bewenden lassen kann,[1] meint der deutsche Durchführungsgesetzgeber, aus Gründen der Verfahrensökonomie und unter Berufung auf die Entstehungsgeschichte der EuUntVO noch weitergehenden Gestaltungsspielraum zu haben: Gem. § 70 Abs. 3 AUG soll das Erstverfahren entsprechend §§ 342 ff. ZPO fortgeführt werden.[2] Die Einstellung der Zwangsvollstreckung iSv. § 70 Abs. 1 Satz 2, Abs. 3 Satz 4 AUG ist wegen Art. 21 Abs. 3 Unterabs. 2 EuUntVO auch im Vollstreckungsstaat relevant.

Art. 20
Schriftstücke zum Zwecke der Vollstreckung

(1) Für die Vollstreckung einer Entscheidung in einem anderen Mitgliedstaat legt der Antragsteller den zuständigen Vollstreckungsbehörden folgende Schriftstücke vor:
a) eine Ausfertigung der Entscheidung, die die für ihre Beweiskraft erforderlichen Voraussetzungen erfüllt,
b) einen Auszug aus der Entscheidung, den die zuständige Behörde des Ursprungsmitgliedstaats unter Verwendung des in Anhang I vorgesehenen Formblatts erstellt hat;
c) gegebenenfalls ein Schriftstück, aus dem die Höhe der Zahlungsrückstände und das Datum der Berechnung hervorgehen;
d) gegebenenfalls eine Transskript oder eine Übersetzung des Inhalts des in Buchstabe b genannten Formblatts in die Amtssprache des Vollstreckungsmitgliedstaats oder – falls es in diesem Mitgliedstaat mehrere Amtssprachen gibt – nach Maßgabe des Rechts dieses Mitgliedstaats in die Verfahrenssprache oder eine der Verfahrenssprachen des Ortes, an dem die Vollstreckung betrieben wird, oder in eine sonstige Sprache, für die der Vollstreckungsmitgliedstaat erklärt hat, dass er sie zulässt. Jeder Mitgliedstaat kann angeben, welche Amtssprache oder Amtssprachen der Organe der Europäischen Union er neben seiner oder seinen eigenen für das Ausfüllen des Formblatts zulässt.

(2) Die zuständigen Behörden des Vollstreckungsmitgliedstaats können vom Antragsteller nicht verlangen, dass dieser eine Übersetzung der Entscheidung vorlegt. Eine Übersetzung kann jedoch verlangt werden, wenn die Vollstreckung der Entscheidung angefochten wird.

(3) Eine Übersetzung aufgrund dieses Artikels ist von einer Person zu erstellen, die zur Anfertigung von Übersetzungen in einem der Mitgliedstaaten befugt ist.

Das Formblatt gem. Art. 20 Abs. 1 Buchst. b EuUntVO hinsichtlich des **ausländischen Vollstreckungstitels** übernimmt aus deutscher Sicht die Aufgabe der Vollstreckungsklausel: **Vollstreckbare Ausfertigung** ist in den Fällen von Art. 17 ff. EuUntVO die ausländische Entscheidung iVm. diesem Formblatt.[3] Der Sache nach bestätigt das Formblatt dem Vollstreckungsorgan, dass der Anwendungsbereich der EuUntVO eröffnet ist; eine Bindung geht damit aber nicht einher (s. Art. 21 EuUntVO Rz. 105). Laut § 30 Abs. 2 AUG soll der ausländische Vollstreckungstitel untrennbar mit dem Formblatt verbunden werden. Weil sich dieses Erfordernis indes nicht aus der EuUntVO ableiten lässt,[4] berechtigt ein Verstoß dagegen, wie auch der RegE zum AUG einräumt, nicht zur Verweigerung der Vollstreckung.

Im Falle der **Rechtsnachfolge** auf Gläubiger- oder Schuldnerseite (etwa nach Übergang des Unterhaltsanspruchs auf einen Hoheitsträger[5]) muss eine Umschreibung des Vollstreckungstitels im Ursprungsstaat erfolgen und die Urkunde, aus sich die Rechtsnachfolge ergibt, entsprechend § 750 Abs. 2 ZPO zugestellt werden (der Auszug aus der zu vollstreckenden Entscheidung gem. Art. 20 Abs. 1 Buchst. b EuUntVO genügt in diesem Fall nicht als Nachweis der Rechtsnachfolge).[6]

Aus § 30 Abs. 3 AUG ergibt sich, dass Deutschland von Art. 20 Abs. 1 Buchst. d Satz 2 EuUntVO keinen Gebrauch macht, sondern nur die Verwendung der deut-

---
1 Vgl. *Fucik*, in König/Mayr, Europäisches Zivilverfahrensrecht in Österreich II, 2009, S. 105 (128).
2 Dazu BT-Drucks. 17/4887, S. 49.
3 BT-Drucks. 17/4887, S. 43. Skeptisch *Andrae*, NJW 2011, 2545 (2547).
4 Verordnungswidrigkeit erwägt *Andrae*, NJW 2011, 2545 (2547 Fn. 12).
5 Dazu *Andrae*, NJW 2011, 2545 (2548); *Heger/Selg*, FamRZ 2011, 1101 (1106).
6 BT-Drucks. 17/4887, S. 43.

schen Sprache zulässt. Laut RegE zum AUG soll eine Übersetzung idR erforderlich sein, wenn das Formblatt handschriftliche Eintragungen enthält.[1]

103 Für den **deutschen Unterhaltsbeschluss** ergeben sich die Voraussetzungen der Beweiskraft iSv. Art. 20 Abs. 1 Buchst. a EuUntVO aus § 113 Abs. 1 FamFG, § 317 Abs. 4 ZPO.[2] Die Zuständigkeit für die Anfertigung des Auszugs gem. Abs. 1 Buchst. b bestimmt sich nach § 71 Abs. 1 Nr. 1, Abs. 2 AUG, § 20 Nr. 10 RPflG. Die Ausstellung des Formblatts lässt das Recht auf Erteilung einer Klausel gem. § 724 ZPO unberührt (§ 71 Abs. 3 AUG), was dem Gläubiger die Möglichkeit eröffnet, die Vollstreckung parallel in Deutschland und in anderen Mitgliedstaaten zu betreiben.

Art. 21
Verweigerung oder Aussetzung der Vollstreckung

(1) Die im Recht des Vollstreckungsmitgliedstaats vorgesehenen Gründe für die Verweigerung oder Aussetzung der Vollstreckung gelten, sofern sie nicht mit der Anwendung der Absätze 2 und 3 unvereinbar sind.

(2) Die zuständige Behörde des Vollstreckungsmitgliedstaats verweigert auf Antrag der verpflichteten Person die Vollstreckung der Entscheidung des Ursprungsgerichts insgesamt oder teilweise, wenn das Recht auf Vollstreckung der Entscheidung des Ursprungsgerichts entweder nach dem Recht des Ursprungsmitgliedstaats oder nach dem Recht des Vollstreckungsmitgliedstaats verjährt ist, wobei die längere Verjährungsfrist gilt.

Darüber hinaus kann die zuständige Behörde des Vollstreckungsmitgliedstaats auf Antrag der verpflichteten Person die Vollstreckung der Entscheidung des Ursprungsgerichts insgesamt oder teilweise verweigern, wenn die Entscheidung mit einer im Vollstreckungsmitgliedstaat ergangenen Entscheidung oder einer in einem anderen Mitgliedstaat oder einem Drittstaat ergangenen Entscheidung, die die notwendigen Voraussetzungen für ihre Anerkennung im Vollstreckungsmitgliedstaat erfüllt, unvereinbar ist.

Eine Entscheidung, die bewirkt, dass eine frühere Unterhaltsentscheidung aufgrund geänderter Umstände geändert wird, gilt nicht als unvereinbare Entscheidung im Sinne des Unterabsatzes 2.

(3) Die zuständige Behörde des Vollstreckungsmitgliedstaats kann auf Antrag der verpflichteten Person die Vollstreckung der Entscheidung des Ursprungsgerichts insgesamt oder teilweise aussetzen, wenn das zuständige Gericht des Ursprungsmitgliedstaats mit einem Antrag auf Nachprüfung der Entscheidung des Ursprungsgerichts nach Artikel 19 befasst wurde.

Darüber hinaus setzt die zuständige Behörde des Vollstreckungsmitgliedstaats auf Antrag der verpflichteten Person die Vollstreckung der Entscheidung des Ursprungsgerichts aus, wenn die Vollstreckbarkeit im Ursprungsmitgliedstaat ausgesetzt ist.

104 Was den Rechtsschutz des Titelschuldners im **Vollstreckungsstaat** angeht, verweist Abs. 1 auf die lex fori executionis (s. auch Art. 41 EuUntVO), während Abs. 2 einige verordnungsautonome Weigerungsgründe benennt. Zum Zusammenhang zwischen Art. 21 EuUntVO und etwaigen Rechtsbehelfen im **Ursprungsmitgliedstaat** vgl. die in Abs. 3 vorgesehenen Aussetzungsgründe sowie die Hinweise zu Art. 19 EuUntVO.

105 Eine Kontrolle im Vollstreckungsstaat anhand eines **Ordre-public-Vorbehalts** ist für die Fälle von Art. 17 ff. EuUntVO bewusst nicht vorgesehen.[3] Stets zu beachten ist, dass Art. 42 EuUntVO eine **révision au fond** untersagt. Hingegen wird sich der Schuldner vermittelt durch Art. 21 Abs. 1 EuUntVO im Vollstreckungsstaat auf die dort statthaften Rechtsbehelfe stützen dürfen, um geltend zu machen, dass der **Anwendungsbereich** der EuUntVO bzw. der exequaturlosen Vollstreckung gem. Art. 17 EuUntVO (dazu Rz. 88 f.) nicht eröffnet ist;[4] in Deutschland wäre hierfür § 766 ZPO

---

[1] BT-Drucks. 17/4887, S. 43; *Heger/Selg*, FamRZ 2011, 1101 (1106).
[2] *Heger/Selg*, FamRZ 2011, 1101 (1106, Fn. 35).
[3] Dazu Rauscher/*Andrae*, Art. 21 EG-UntVO Rz. 37 ff. Unzutreffend *Heger/Selg*, FamRZ 2011, 1101 (1108).
[4] *Andrae*, NJW 2011, 2545 (2547 f.); *Heger/Selg*, FamRZ 2011, 1101 (1106), die allerdings – insoweit unzutreffend – auch die Anwendung des HUntP 2007 im Erststaat zu den Voraussetzungen der Anwendbarkeit von Art. 17 ff. EuUntVO zählen.

statthaft.[1] Eine Bindung daran, dass das erststaatliche Gericht die Anwendbarkeit bejaht hat, tritt nicht ein.[2]

Verordnungsautonome Gründe, die Vollstreckung zu verweigern, sind gem. Abs. 2 zum einen die Verjährung des „Rechts auf Vollstreckung" (Unterabs. 1),[3] zum anderen die Unvereinbarkeit mit einer im Vollstreckungsstaat ergangenen oder dort anzuerkennenden Entscheidung (Unterabs. 2 und 3). Beachte dazu § 31 Abs. 1 und 2 AUG für den Fall, dass die Vollstreckung in Deutschland erfolgen soll (Zuständigkeit des Vollstreckungsgerichts, und zwar des Richters). Abweichend vom sonstigen deutschen Recht kann die Verjährung gem. Art. 21 Abs. 2 **Unterabs. 1** EuUntVO geltend gemacht werden, ohne dass es eines Vollstreckungsabwehrantrags bedarf; gleichwohl bleibt es für Deutschland bei der Zuständigkeit des Richters.[4] Welche Entscheidung in den Fällen von **Unterabs.** 2 früher und welche später ergangen ist, soll nach dem Normtext, abweichend etwa von Art. 21 Abs. 1 EuVTVO, seltsamerweise keine Rolle spielen.[5] Bemerkenswert ist zudem, dass Unterabs. 2 („kann... verweigern"), insoweit abweichend sowohl von Unterabs. 1 als auch von Art. 21 Abs. 1 EuVTVO, auf ein Ermessen des Vollstreckungsgerichts hindeutet.[6] Zur Möglichkeit einer analogen Anwendung von Art. 21 Abs. 2 Unterabs. 2 EuUntVO im Falle der Entscheidungsanerkennung s. Art. 17 EuUntVO Rz. 90.

106

Besonders interessant erscheint die Reichweite der in **Abs.** 1 vorgesehenen **Öffnungsklausel** zugunsten der Rechtsschutzmöglichkeiten nach Maßgabe des im Vollstreckungsstaat geltenden Rechts. Aufschlussreich ist dabei Satz 2 in Erwägungsgrund Nr. 30, der „die Begleichung der Forderung durch die verpflichtete Person zum Zeitpunkt der Vollstreckung oder die Unpfändbarkeit bestimmter Güter" anführt, und zwar ausdrücklich nur als Beispiele. Die Öffnungsklausel ist deshalb bedeutsam, weil das deutsche Durchführungsrecht dem Titelschuldner die Möglichkeit bietet, in Deutschland als Vollstreckungsstaat gem. § 66 Abs. 1 AUG mittels **Vollstreckungsabwehrantrags** weitere materiell-rechtliche Einwendungen gegen den titulierten Anspruch zu richten und nötigenfalls nach Maßgabe von § 69 Abs. 2 Nr. 2 AUG einen Schadensersatzanspruch wegen ungerechtfertigter Vollstreckung geltend zu machen.[7] Das „allerletzte Wort" soll also doch den Gerichten im Vollstreckungsstaat zukommen.[8] Allemal verordnungswidrig wäre es aber, würde man es dem Titelschuldner zugestehen, der Vollstreckung – offen oder verdeckt – auch den Einwand der Ordre-public-Widrigkeit entgegenzusetzen.[9] Zur Zuständigkeit vgl. § 66 Abs. 3 Satz 2 bzw. § 69 Abs. 3 Satz 2 AUG, die jeweils auf § 35 Abs. 1 und 2 AUG verweisen; zum Problem der internationalen Entscheidungszuständigkeit s. Art. 3 EuUntVO Rz. 43 sowie Art. 8 EuUntVO Rz. 68.

107

Zu den in **Abs.** 3 vorgesehenen Gründen, die Vollstreckung wegen eines Rechtsbehelfs im Ursprungsmitgliedstaat auszusetzen bzw. zu beschränken, vgl. für Deutschland §§ 31 Abs. 1 und 3, 32 und 33 AUG. Auch die Anordnung einer Sicher-

108

---

1 *Heger/Selg*, FamRZ 2011, 1101 (1106). Für eine analoge Anwendung von § 768 ZPO hingegen *Andrae*, NJW 2011, 2545 (2547f.), die im Übrigen – allzu kategorisch – Vollstreckungsakte stets für nichtig hält, wenn die Anwendungsvoraussetzungen der Art. 17 EuUntVO nicht vorliegen.
2 Gegen eine Bindung Hk-ZV/*Garber*, Art. 16 EuUntVO Rz. 11; *Heger/Selg*, FamRZ 2011, 1101 (1106); *Hilbig* in Geimer/Schütze, Int. Rechtsverkehr, Art. 17 EuUntVO Rz. 43. Anders *Reuß* in Geimer/Schütze, Int. Rechtsverkehr, Art. 1 EuUntVO Rz. 51.
3 Vgl. allgemein zur Behandlung des Verjährungs- bzw. Verwirkungseinwands bei der internationalen Unterhaltsdurchsetzung, allerdings jeweils noch ausgehend vom Erfordernis eines Exequaturverfahrens, BGH v. 25.2.2009 – XII ZB 224/06, FamRZ 2009, 858 (860f.); *Hohloch*, FS Frank, S. 141ff.
4 Klarstellend BT-Drucks. 17/4887, S. 44.
5 Für die Privilegierung der früheren Entscheidung Gebauer/Wiedmann/*Bittmann*, Kap. 36 Rz. 125.
6 *Heger/Selg*, FamRZ 2011, 1101 (1107).
7 Für durch den EuGH klärungsbedürftig erachten dies *Hess/Spancken*, FPR 2013, 27 (29f.).
8 In diesem Sinne *Heger*, ZKJ 2010, 52 (55).
9 Zutreffend *Hess/Spancken*, FPR 2013, 27 (30). Unzutreffend *Heger/Selg*, FamRZ 2011, 1101 (1108).

heitsleistung soll (a maiore ad minus) in Betracht kommen.[1] § 33 Abs. 1 AUG geht über die in Art. 21 Abs. 3 EuUntVO geregelten Fälle hinaus; denn bereits das Einlegen eines Rechtsmittels bzw. Rechtsbehelfs oder ein Wiedereinsetzungsantrag im Ursprungsmitgliedstaat sollen die Aussetzungs- bzw. Beschränkungsmöglichkeit auslösen. Dies ist nach Ansicht des RegE zum AUG allerdings ebenfalls durch die in Art. 21 Abs. 1 EuUntVO vorgesehene Öffnungsklausel gedeckt.[2] Zu beachten ist, dass § 33 Abs. 2 AUG mit dem Verweis auf § 35 Abs. 1 und 2 AUG die Zuständigkeit abweichend von § 31 Abs. 1 AUG regelt.

109 Zur **Konkretisierung** ausländischer Vollstreckungstitel, die nach deutschen Maßstäben zu unbestimmt und daher an sich nicht vollstreckbar sind, s. § 34 AUG und allgemein die Hinweise bei § 110 Rz. 32 f.

Art. 22
Keine Auswirkung auf das Bestehen eines Familienverhältnisses

Die Anerkennung und Vollstreckung einer Unterhaltsentscheidung aufgrund dieser Verordnung bewirkt in keiner Weise die Anerkennung von Familien-, Verwandtschafts-, oder eherechtlichen Verhältnissen oder Schwägerschaft, die der Unterhaltspflicht zugrunde liegen, die zu der Entscheidung geführt hat.

110 Die Vorschrift stellt nur klar, was sich eigentlich von selbst verstehen sollte; denn die Entscheidung hinsichtlich der Statussache fällt schon gem. Art. 1 Abs. 1 EuUntVO nicht in den sachlichen Anwendungsbereich der EuUntVO (vgl. Erwägungsgrund Nr. 25). Im Übrigen gilt sie doch wohl in den Fällen von Art. 23 ff. EuUntVO nicht minder als in denen von Art. 17 ff. EuUntVO (vgl. Rz. 124).[3] Zur umgekehrten Problematik, inwieweit die mangelnde Anerkennung der Statusentscheidung auch der Anerkennung der Annexunterhaltsentscheidung entgegenstehen kann, s. Anhang 1 zu § 110 Rz. 27 ff.

Abschnitt 2
In einem Mitgliedstaat, der nicht durch das Haager Protokoll von 2007 gebunden ist, ergangene Entscheidungen

Art. 23
Anerkennung

(1) Die in einem Mitgliedstaat, der nicht durch das Haager Protokoll von 2007 gebunden ist, ergangenen Entscheidungen werden in den anderen Mitgliedstaaten anerkannt, ohne dass es hierfür eines besonderen Verfahrens bedarf.

(2) Bildet die Frage, ob eine Entscheidung anzuerkennen ist, als solche den Gegenstand eines Streites, so kann jede Partei, welche die Anerkennung geltend macht, in dem Verfahren nach diesem Abschnitt die Feststellung beantragen, dass die Entscheidung anzuerkennen ist.

(3) Wird die Anerkennung in einem Rechtsstreit vor dem Gericht eines Mitgliedstaats, dessen Entscheidung von der Anerkennung abhängt, verlangt, so kann dieses Gericht über die Anerkennung entscheiden.

A. Anwendungsbereich

111 Beachte vorab die Hinweise zu Art. 16 EuUntVO. Art. 23 ff. EuUntVO erfassen Entscheidungen aus **Dänemark** und dem **Vereinigten Königreich**;[4] denn diese beiden Staaten wenden das HUntP 2007 nicht an (s. Art. 15 EuUntVO Rz. 80). Obwohl die dort ergangenen Entscheidungen Art. 23 ff. EuUntVO unterfallen (s. Art. 23 EuUntVO Rz. 111), sind umgekehrt beispielsweise deutsche Entscheidungen in Dänemark und im Vereinigten Königreich nach Maßgabe von Art. 17 ff. EuUntVO ohne weiteres an-

---

1 *Heger/Selg*, FamRZ 2011, 1101 (1107).
2 BT-Drucks. 17/4887, S. 44. Ebenso *Heger/Selg*, FamRZ 2011, 1101 (1107 f.); *Hess/Spancken*, FPR 2013, 27 (29).
3 Ohne weiteres unterstellt wird dies von OLG Karlsruhe v. 6.12.2011 – 8 W 34/11, FamRZ 2012, 660.
4 Beachte zu den Besonderheiten englischer Unterhaltstitel *Botur*, FPR 2010, 519.

zuerkennen und zu vollstrecken.[1] Im Anwendungsbereich von Art. 17 ff. EuUntVO gehen diese vor; der Gläubiger hat kein Wahlrecht (s. Art. 17 EuUntVO Rz. 89).

Übergangsrechtlich relevant sind Art. 23 ff. EuUntVO gem. Art. 75 Abs. 2 Unterabs. 1 EuUntVO vorerst auch für Entscheidungen, die vor dem 18.6.2011 in **sonstigen Mitgliedstaaten** ergangen sind.[2] 112

B. Anerkennung

Zum **Begriff der Anerkennung** iSv. Wirkungserstreckung und zu den anerkennungsfähigen Entscheidungswirkungen vgl. Art. 16 EuUntVO Rz. 84 sowie § 108 Rz. 9 ff. 113

Gem. Art. 23 Abs. 1 EuUntVO werden die Wirkungen ausländischer Entscheidungen im Grundsatz ohne ein besonderes Anerkennungsverfahren – also automatisch bzw. **ipso iure** – anerkannt und damit auf das Inland erstreckt; Abs. 3 unterstreicht die Möglichkeit der Inzidentanerkennungsprüfung. Ein **fakultatives Anerkennungsverfahren** ist in Art. 23 Abs. 2 EuUntVO vorgesehen. Dieses soll nach dem Wortlaut (wie Art. 33 Abs. 2 Brüssel I-VO/LugÜ 2007, aber abweichend von § 108 Abs. 2 Satz 1 FamFG sowie Art. 21 Abs. 3 Brüssel IIa-VO) nur demjenigen eröffnet sein, der die Anerkennungsfähigkeit – also nicht: ihr Fehlen – geltend macht. Das Anerkennungsverfahren bestimmt sich nach Art. 27 ff. EuUntVO sowie §§ 35, 55 f., 68 AUG. Das Gericht setzt das Verfahren aus, wenn die Vollstreckung der Entscheidung im Ursprungsmitgliedstaat wegen der Einlegung eines Rechtsbehelfs einstweilen eingestellt ist (Art. 25 EuUntVO). Die gem. Art. 23 Abs. 2 EuUntVO ergehende Entscheidung wirkt nur inter partes. Zu den Rechtsmitteln s. Art. 32 f. EuUntVO. 114

Art. 24
Gründe für die Versagung der Anerkennung

Eine Entscheidung wird nicht anerkannt,
a) wenn die Anerkennung der öffentlichen Ordnung (ordre public) des Mitgliedstaats, in dem sie geltend gemacht wird, offensichtlich widersprechen würde. Die Vorschriften über die Zuständigkeit gehören nicht zur öffentlichen Ordnung (ordre public);
b) wenn dem Antragsgegner, der sich in dem Verfahren nicht eingelassen hat, das verfahrenseinleitende Schriftstück oder ein gleichwertiges Schriftstück nicht so rechtzeitig und in einer Weise zugestellt worden ist, dass er sich verteidigen konnte, es sei denn, der Antragsgegner hat gegen die Entscheidung keinen Rechtsbehelf eingelegt, obwohl er die Möglichkeit dazu hatte;
c) wenn sie mit einer Entscheidung unvereinbar ist, die zwischen denselben Parteien in dem Mitgliedstaat, in dem die Anerkennung geltend gemacht wird, ergangen ist;
d) wenn sie mit einer früheren Entscheidung unvereinbar ist, die in einem anderen Mitgliedstaat oder in einem Drittstaat zwischen denselben Parteien in einem Rechtsstreit wegen desselben Anspruchs ergangen ist, sofern die frühere Entscheidung die notwendigen Voraussetzungen für ihre Anerkennung in dem Mitgliedstaat erfüllt, in dem die Anerkennung geltend gemacht wird.

Eine Entscheidung, die bewirkt, dass eine frühere Unterhaltsentscheidung aufgrund geänderter Umstände geändert wird, gilt nicht als unvereinbare Entscheidung im Sinne der Buchstaben c oder d.

A. Grundlagen

Art. 24 EuUntVO entspricht fast wortgleich Art. 34 Brüssel I-VO/LugÜ 2007. Insbesondere in dieser Hinsicht ist von Bedeutung, dass die Judikatur zu diesen Rechtsinstrumenten grundsätzlich auf die EuUntVO übertragbar ist.[3] Die Vorschrift ist 115

---

1 Klarstellend *Botur*, FPR 2010, 519 (522); Hk-ZV/*Garber*, Art. 16 EuUntVO Rz. 6; *Gruber*, IPRax 2010, 128 (138).
2 Dazu BT-Drucks. 17/4887, S. 46. Beispiele: OLG Karlsruhe v. 6.12.2011 – 8 W 34/11, FamRZ 2012, 660; OLG Koblenz v. 27.8.2012 – 13 UF 431/12, FamRZ 2013, 574 m. Anm. *Eichel*; OLG München v. 12.1.2012 – 12 UF 48/12, FamRZ 2012, 1512; OLG Stuttgart v. 13.2.2012 – 17 UF 331/11, FamRZ 2012, 1510.
3 Statt mancher: OLG Karlsruhe v. 6.12.2011 – 8 W 34/11, FamRZ 2012, 660.

nicht von ungefähr negativ formuliert: Benannt werden also nicht etwa Anerkennungsvoraussetzungen, sondern **Anerkennungsversagungsgründe** (bzw. -hindernisse), woraus man ableiten kann, dass die EuUntVO im Grundsatz von der Anerkennungsfähigkeit ausländischer Entscheidungen ausgeht; die Nichtanerkennung bildet die im Zweifel begründungsbedürftige Ausnahme. Auch der EuGH legt die Parallelvorschrift in Art. 34 Brüssel I-VO erklärtermaßen eng aus, weil dieser ein Hindernis für die Verwirklichung eines der grundlegenden Ziele der Verordnung sei.[1]

116 Dem geschilderten Regel-Ausnahme-Verhältnis steht nicht entgegen, dass das Vorliegen der Anerkennungshindernisse grundsätzlich **von Amts wegen** zu prüfen und zu beachten ist.[2] Besteht nach Lage der Dinge ein solches Hindernis, so muss die Anerkennung zwingend versagt werden; die Frage steht mithin nicht zur Disposition der Beteiligten.[3] Das gilt, obwohl die Anerkennungshindernisse im Rahmen des Exequaturverfahrens nur dann zu prüfen sind, wenn sich der Schuldner mit einem Rechtsbehelf gegen die erfolgte Vollstreckbarerklärung zur Wehr setzt (vgl. Art. 34 EuUntVO).

117 Scheitert eine vollständige Anerkennung, kommt noch eine **Teilanerkennung** in Betracht, sofern die ausländische Entscheidung wenigstens hinsichtlich eines Teils oder hinsichtlich einzelner Entscheidungswirkungen anerkennungsfähig ist.[4] Die Möglichkeit einer nur teilweisen Vollstreckbarerklärung hebt Art. 37 EuUntVO eigens hervor.

B. Anerkennungshindernisse

I. Ordre-public-Vorbehalt

118 Der **Ordre-public-Vorbehalt** (Buchst. a) wird von Schuldnern häufig bemüht, führt in der Praxis – zumal in Unterhaltssachen – aber nur selten zum Erfolg.[5] Maßgeblich ist sowohl der materiell- als auch der verfahrensrechtliche ordre public. Ein Verstoß liegt allerdings nicht etwa schon dann vor, wenn deutsche Gerichte aufgrund zwingenden deutschen Rechts in der Sache zu einem anderen Ergebnis gelangt wären; vielmehr kommt es darauf an, ob die Anerkennung im Einzelfall in einem solchen Maße den Grundgedanken des deutschen Rechts und unseren Gerechtigkeitsvorstellungen widerspräche, dass sie schlechterdings untragbar erschiene. Dementsprechend stehen verfahrensrechtliche Unregelmäßigkeiten der Anerkennung erst dann entgegen, wenn das erststaatliche Verfahren mit grundlegenden Verfahrensmaximen des deutschen Prozessrechts unvereinbar erscheint[6] und alle nach dem Recht des Ursprungsstaats statthaften und zumutbaren Rechtsbehelfe ausgeschöpft wurden.[7] Besondere Beachtung ist dabei stets Art. 42 EuUntVO zu schenken, der eine **révision au fond** verbietet.

119 Näher zum **deutschen ordre public** bei § 109 Rz. 43 ff., insbes. Rz. 66a. Zur Frage der **Bestimmtheit** des ausländischen Titels s. § 110 Rz. 32 f., zur Problematik von **Annexunterhaltsentscheidungen** s. Anhang 1 zu § 110 Rz. 27 ff.

II. Gehörsverletzungen

120 Die praktisch häufigsten Anerkennungshindernisse dürften künftig, wie schon im Rahmen der Brüssel I-VO und des LugÜ 2007, **Gehörsverletzungen bei der Verfahrenseinleitung** iSv. Buchst. b bilden. Dabei handelt es sich um eine Spezialausprägung des verfahrensrechtlichen ordre public: Es gilt die Anerkennung von Entschei-

---

1 EuGH v. 28.4.2009 – Rs. C-420/07 (Apostolides), EuGRZ 2009, 210 (214 Rz. 55).
2 *Heger/Selg*, FamRZ 2011, 1101 (1110); Hk-ZV/*Neumayr*, Art. 24 EuUntVO Rz. 1.
3 Vgl. *Kropholler/von Hein*, EuZPR, vor Art. 33 EuGVO Rz. 6.
4 *Nagel/Gottwald*, § 11 Rz. 133. Vgl. auch BGH v. 12.8.2009 – XII ZB 12/05, NJW-RR 2010, 1 (2).
5 Näher dazu *Hohloch*, FS Kropholler, S. 809 ff.
6 Im Ausgangspunkt zutreffend etwa OLG Dresden v. 9.11.2005 – 21 UF 670/05, FamRZ 2006, 563 (dazu *Gottwald*, FamRZ 2006, 565, sowie *Klinkhammer*, FamRBint 2006, 26), das dann freilich vorschnell einen ordre-public-Verstoß bejaht.
7 OLG Karlsruhe v. 6.12.2011 – 8 W 34/11, FamRZ 2012, 660.

dungen zu verhindern, auf die der unterlegene Beklagte bzw. Antragsgegner mangels rechtzeitiger Information von der Verfahrenseinleitung keinen hinreichenden Einfluss nehmen konnte.

Der Beklagte wird idR durch förmliche Zustellung eines Schriftstücks von dem gegen ihn eingeleiteten Gerichtsverfahren informiert. Dieses Schriftstück, bei dem es sich um eine Klage- bzw. Antragsschrift mit Einlassungsaufforderung und Terminsladung oder auch um einen Mahnbescheid handeln kann,[1] muss so **rechtzeitig** und in einer Weise zugestellt worden sein, dass sich der Beklagte – wenn er es denn wollte – verteidigen konnte, also zB seine Einlassungsbereitschaft mitteilen oder zum angegebenen Termin vor Gericht erscheinen konnte. Abweichend von § 109 Abs. 1 Nr. 2 FamFG kommt es nicht darauf an, dass die Zustellung auch „ordnungsgemäß" erfolgt ist.[2] Rechtzeitig ist die Zustellung, wenn das Schriftstück dem Beklagten mit einem solchen zeitlichen Abstand zu dem durch Gesetz oder richterliche Anordnung bestimmten Einlassungszeitpunkt zugegangen ist, dass er nicht nur seine Verteidigungsbereitschaft erklären oder zum anberaumten Termin erscheinen konnte, sondern dass ihm auch eine angemessene Frist zur Vorbereitung einer effektiven Verteidigung zur Verfügung stand.[3] Die Bewertung dieser tatsächlichen Gegebenheiten ist Sache des Zweitrichters, der nicht an die Feststellungen des Erstgerichts gebunden ist.[4] Die im Zweitstaat geltenden Fristen können dabei eine Orientierungshilfe bieten, dürfen allerdings nicht als verbindlicher Mindeststandard herangezogen werden.[5]

Die den Versagungsgrund ausschließende **Einlassung** ist nicht identisch mit der zuständigkeitsbegründenden rügelosen Einlassung iSv. Art. 5 EuUntVO. Vielmehr genügt jedes Verhandeln, aus dem sich ergibt, dass der Beklagte Kenntnis vom Verfahren hat, sofern er nicht lediglich zum Ausdruck bringt, dass er sich wegen der unzulänglichen Benachrichtigung von der Verfahrenseinleitung nicht ausreichend am Verfahren beteiligen könne oder dass das angerufene Gericht unzuständig sei.[6] Das ist weniger schutzintensiv als § 109 Abs. 1 Nr. 2 FamFG, wonach dem Beteiligten eine Einlassung nur schadet, wenn er sich im ausländischen Verfahren „zur Hauptsache geäußert" hat. Dem Missbrauch des Anerkennungshindernisses schiebt Art. 24 Satz 1 Buchst. b EuUntVO einen weiteren Riegel vor für den Fall, dass der Beklagte gegen die Entscheidung keinen **Rechtsbehelf** eingelegt hat, obwohl er das hätte tun können.[7] Der Begriff des Rechtsbehelfs wird weit interpretiert; er erfasst namentlich auch Anträge auf Wiedereinsetzung.[8] Die Obliegenheit zur Einlegung eines solchen Rechtsbehelfs im Erststaat soll selbst dann gelten, wenn der Titelschuldner erstmals im Vollstreckbarerklärungsverfahren von dem Titel erfährt.[9]

Noch aus Art. 27 Nr. 2 EuGVÜ hatte der EuGH abgeleitet, dass nur Entscheidungen aus einem kontradiktorisch angelegten Verfahren (mag es infolge Säumnis des Beklagten auch einseitig geblieben sein) anerkannt und für vollstreckbar erklärt werden können, nicht aber Entscheidungen aus sog. **Ex-parte-Verfahren**, also etwa Ar-

---

1 Vgl. BGH v. 21.1.2010 – IX ZB 193/07, NJW-RR 2010, 1001 (1002), dort zu einem italienischen Mahnbescheid (*decreto ingiuntivo*).
2 Näher, auch zu Sprach- und Übersetzungsfragen, BGH v. 3.8.2011 – XII ZB 187/10, FamRZ 2011, 1568 (1569 f.) m. Anm. *Heiderhoff*, 1570; *Botur*, FamRZ 2010, 1860 (1864 f.).
3 BGH v. 6.10.2005 – IX ZB 360/02, NJW 2006, 701; *Kropholler/von Hein*, EuZPR, Art. 34 EuGVVO Rz. 34.
4 *Zöller/Geimer*, Art. 34 EuGVVO Rz. 31; Handbuch IZVR/*Martiny*, Bd. III/2, Kap. II, Rz. 124.
5 *Kropholler/von Hein*, EuZPR, Art. 34 EuGVVO Rz. 35 f.; *Geimer/Schütze*, EuZVR, Art. 34 EuGVVO Rz. 50.
6 Vgl. BGH v. 5.3.2009 – IX ZB 192/07, NJW-RR 2009, 1292; BGH v. 3.8.2011 – XII ZB 187/10, FamRZ 2011, 1568 (1570) m. Anm. *Heiderhoff*, 1570.
7 Dazu EuGH v. 28.4.2009 – Rs. C-420/07 (Apostolides), EuGRZ 2009, 210; BGH v. 17.12.2009 – IX ZB 124/08, NJW-RR 2010, 571; BGH v. 3.8.2011 - XII ZB 187/10, FamRZ 2011, 1568 (1570) m. Anm. *Heiderhoff*, 1570. Beachte auch *Botur*, FamRZ 2010, 1860 (1865 f.).
8 Näher BGH v. 21.1.2010 – IX ZB 193/07, NJW-RR 2010, 1001 (1003 mwN).
9 So BGH v. 21.1.2010 – IX ZB 193/07, NJW-RR 2010, 1001 (1003); BGH v. 3.8.2011 – XII ZB 187/10, FamRZ 2011, 1568 (1570 f.) m. Anm. *Heiderhoff*, 1570.

rest- und Verfügungsverfahren ohne mündliche Verhandlung.[1] Es erscheint sehr fraglich, ob diese Judikatur auf die EuUntVO übertragbar ist.[2]

III. Entscheidungskonflikte

124 Eine eher geringe Bedeutung werden voraussichtlich die Unvereinbarkeitsregeln gem. Buchst. c und d spielen, zumal Satz 2 klarstellt, dass Abänderungsentscheidungen nicht gemeint sind.[3] Eine inländische Vaterschaftsfeststellung kann nicht iSv. Buchst. c unvereinbar sein mit einer ausländischen Entscheidung über Kindesunterhalt (arg.: Art. 22 EuUntVO).[4] Die Missachtung der im Anerkennungsstaat früher eingetretenen Rechtshängigkeit löst kein Anerkennungshindernis aus.

IV. Anerkennungszuständigkeit

125 Wie im Grundsatz gem. Art. 35 Abs. 1 Brüssel I-VO/LugÜ 2007, aber abweichend vom HUntVÜ 1973 und von § 109 Abs. 1 Nr. 1 FamFG, hat der mit der Anerkennung befasste Richter nicht zu prüfen, ob die erststaatlichen Gerichte zum Erlass der fraglichen Entscheidung international zuständig waren. Buchst. a Satz 2 hebt eigens hervor, dass das Verbot einer Kontrolle der sog. **Anerkennungszuständigkeit** auch nicht unter Rückgriff auf den Ordre-public-Vorbehalt umgangen werden darf. Dies gilt selbst dann, wenn sich das Erstgericht zu Unrecht auf nationales Recht gestützt hat; auch eine dahingehende Kontrolle durch den Anerkennungsrichter scheidet folglich aus. Daraus folgt eine erhebliche Verteidigungslast im Urteilstaat, die eben auch dann besteht, wenn der Beklagte die dortigen Gerichte für unzuständig hält, sich aber nicht sicher sein kann, dass diese die Zuständigkeitsfrage ebenso beurteilen werden.

Art. 25
Aussetzung des Anerkennungsverfahrens

Das Gericht eines Mitgliedstaats, vor dem die Anerkennung einer Entscheidung geltend gemacht wird, die in einem Mitgliedstaat ergangen ist, der nicht durch das Haager Protokoll von 2007 gebunden ist, setzt das Verfahren aus, wenn die Vollstreckung der Entscheidung im Ursprungsmitgliedstaat wegen der Einlegung eines Rechtsbehelfs einstweilen eingestellt ist.

126 Die Vorschrift entspricht Art. 37 Abs. 2 Brüssel I-VO/LugÜ 2007, eröffnet aber, anders als dort geregelt, kein Ermessen hinsichtlich der Aussetzung. Anders als in Art. 37 Abs. 1 Brüssel I-VO/LugÜ 2007 ist eine Aussetzung nicht vorgesehen für den Fall, dass im Erststaat ein ordentlicher Rechtsbehelf gegen die Entscheidung eingelegt worden ist. Im Rahmen des Exequaturverfahrens gilt Art. 35 EuUntVO.

Art. 26
Vollstreckbarkeit

Eine Entscheidung, die in einem Mitgliedstaat ergangen ist, der nicht durch das Haager Protokoll von 2007 gebunden ist, die in diesem Staat vollstreckbar ist, wird in einem anderen Mitgliedstaat vollstreckt, wenn sie dort auf Antrag eines Berechtigten für vollstreckbar erklärt worden ist.

127 Beachte zum Anwendungsbereich vorab die Hinweise zu Art. 16 und zu Art. 23 EuUntVO.

128 Die ausländische Entscheidung muss nach Maßgabe des erststaatlichen Rechts **vollstreckbar** sein, wobei vorläufige Vollstreckbarkeit genügt (arg. Art. 39 EuUntVO).[5] Zur Irrelevanz materiell-rechtlicher Einwendungen gegen den titulierten Anspruch s. Art. 34 EuUntVO Rz. 146.

---

1 EuGH v. 21.5.1980 – Rs. C-125/79 (Denilauler/Couchet Frères), IPRax 1981, 95.
2 Zweifelnd auch *Uecker*, FPR 2013, 35 (37).
3 Vgl. zu einer solchen Konkurrenzlage schon den Fall BGH v. 17.6.2009 – XII ZB 82/09, FamRZ 2009, 1402 m. Anm. *Hau*.
4 Klarstellend OLG Karlsruhe v. 6.12.2011 – 8 W 34/11, FamRZ 2012, 660. Anders *Heger/Selg*, FamRZ 2011, 1101 (1106 Fn. 52); Hk-ZV/*Neumayr*, Art. 24 EuUntVO Rz. 6.
5 Zustimmend Hk-ZV/*Neumayr*, Art. 26 EuUntVO Rz. 2.

Das **Exequaturverfahren** gem. Art. 26 ff. EuUntVO wird eingeleitet, indem der Berechtigte (regelmäßig also der Titelgläubiger, beachte zu Rechtsnachfolgern § 39 Abs. 1 AUG[1]) die Vollstreckbarerklärung gem. Art. 26 EuUntVO beantragt. Das Verfahren ähnelt im Wesentlichen Art. 38 ff. Brüssel I-VO/LugÜ 2007,[2] wobei die EuUntVO aber erkennbar noch größeren Wert auf Verfahrensbeschleunigung legt (vgl. Art. 30 Satz 1, 34 Abs. 2 und 3 EuUntVO).

129

Zum Verhältnis von Vollstreckbarerklärung und **neuem Titulierungsverfahren** im Inland s. Anhang 1 zu § 110 Rz. 26. Dazu, dass das Exequaturverfahren in den von Art. 17 ff. EuUntVO erfassten Fällen auch nicht fakultativ durchgeführt werden kann, s. Art. 17 EuUntVO Rz. 92.

130

Ein besonderes **Konkretisierungsverfahren** für ausländische Vollstreckungstitel, die nach deutschen Maßstäben zu unbestimmt und daher an sich nicht vollstreckbar sind, eröffnet § 34 AUG nur für die Art. 17 ff., nicht für die Art. 23 ff. EuUntVO unterfallenden Vollstreckungstitel. Für diese hat die Konkretisierung jedoch nach allgemeinen Regeln im Rahmen des Exequaturverfahrens zu erfolgen (vgl. § 110 Rz. 32 f.).

131

Art. 27
Örtlich zuständiges Gericht

(1) Der Antrag auf Vollstreckbarerklärung ist an das Gericht oder an die zuständige Behörde des Vollstreckungsmitgliedstaats zu richten, das beziehungsweise die der Kommission von diesem Mitgliedstaat gemäß Artikel 71 notifiziert wurde.

(2) Die örtliche Zuständigkeit wird durch den Ort des gewöhnlichen Aufenthalts der Partei, gegen die die Vollstreckung erwirkt werden soll, oder durch den Ort, an dem die Vollstreckung durchgeführt werden soll, bestimmt.

An wen der Antrag zu richten ist, überlässt Art. 27 Abs. 1 EuUntVO dem nationalen Recht. In Deutschland bestimmt sich dies in Unterhaltssachen nach § 35 Abs. 1 und 3 AUG:[3] Zuständig ist das **Amtsgericht** (als Familiengericht, § 23b GVG[4]) bzw., sofern die Vollstreckbarerklärung einer öffentlichen Urkunde in Rede steht, der **Notar**. In erster Instanz besteht kein Anwaltszwang, § 38 Abs. 2 AUG.

132

An die verordnungseigene Regelung der **örtlichen Zuständigkeit** in Abs. 2 (Schuldnerwohnsitz bzw. Vollstreckungsort) knüpfen die auf Kompetenzbündelung abzielende Zuständigkeitskonzentration und die Verordnungsermächtigung gem. § 35 Abs. 1 und 2 AUG an.

133

Art. 28
Verfahren

(1) Dem Antrag auf Vollstreckbarerklärung sind folgende Schriftstücke beizufügen:
a) eine Ausfertigung der Entscheidung, die die für ihre Beweiskraft erforderlichen Voraussetzungen erfüllt,
b) einen durch das Ursprungsgericht unter Verwendung des Formblatts in Anhang II erstellten Auszug aus der Entscheidung, unbeschadet des Artikels 29;
c) gegebenenfalls eine Transskript oder eine Übersetzung des Inhalts des in Buchstabe b genannten Formblatts in die Amtssprache des Vollstreckungsmitgliedstaats oder – falls es in diesem Mitgliedstaat mehrere Amtssprachen gibt – nach Maßgabe des Rechts dieses Mitgliedstaats – in die oder eine der Verfahrenssprachen des Ortes, an dem der Antrag gestellt wird, oder in eine sonstige Sprache, die der Vollstreckungsmitgliedstaat für zulässig erklärt hat. Jeder Mitgliedstaat kann angeben, welche Amtssprache oder Amtssprachen der Organe der Europäischen Union er neben seiner oder seinen eigenen für das Ausfüllen des Formblatts zulässt.

(2) Das Gericht oder die zuständige Behörde, bei dem beziehungsweise bei der der Antrag gestellt wird, kann vom Antragsteller nicht verlangen, dass dieser eine Übersetzung der Entschei-

---
1 Zum Gläubigerwechsel vgl. *Botur*, FamRZ 2010, 1860 (1866 f.).
2 Zur demgemäß grundsätzlich parallelen Ausgestaltung des deutschen Durchführungsrechts (AUG und AVAG) vgl. BT-Drucks. 17/4887, S. 42 f., wo verwiesen wird auf BT-Drucks. 11/351, 11/1885 und 14/4591.
3 Dazu BT-Drucks. 17/4887, S. 45 f.; *Hess/Spancken*, FPR 2013, 27 (28 f.).
4 *Heger/Selg*, FamRZ 2011, 1101 (1105 f.).

dung vorlegt. Eine Übersetzung kann jedoch im Rahmen des Rechtsbehelfs nach Artikel 32 oder Artikel 33 verlangt werden.

(3) Eine Übersetzung aufgrund dieses Artikels ist von einer Person zu erstellen, die zur Anfertigung von Übersetzungen in einem der Mitgliedstaaten befugt ist.

134 Die Vorschrift entspricht im Wesentlichen Art. 40 Abs. 3, 53 f. Brüssel I-VO/LugÜ 2007. Bemerkenswert ist die grundsätzliche Entbehrlichkeit einer Übersetzung des Vollstreckungstitels (Abs. 2 Satz 1).

135 Im Hinblick auf **deutsche Entscheidungen** bestimmt sich die Zuständigkeit für die Anfertigung des Auszugs iSv. Abs. 1 Buchst. b nach § 71 Abs. 1 Nr. 1, Abs. 2 AUG.

Art. 29
Nichtvorlage des Auszugs

(1) Wird der Auszug nach Artikel 28 Absatz 1 Buchstabe b nicht vorgelegt, so kann das Gericht oder die zuständige Behörde eine Frist bestimmen, innerhalb deren er vorzulegen ist, oder sich mit einem gleichwertigen Schriftstück begnügen oder von der Vorlage des Auszugs befreien, wenn es eine weitere Klärung nicht für erforderlich hält.

(2) In dem Fall nach Absatz 1 ist auf Verlangen des Gerichts oder der zuständigen Behörde eine Übersetzung der Schriftstücke vorzulegen. Die Übersetzung ist von einer Person zu erstellen, die zur Anfertigung von Übersetzungen in einem der Mitgliedstaaten befugt ist.

136 Die Vorschrift entspricht Art. 55 Brüssel I-VO/LugÜ 2007. Beachte für Deutschland § 39 AUG.[1]

Art. 30
Vollstreckbarerklärung

Sobald die in Artikel 28 vorgesehenen Förmlichkeiten erfüllt sind, spätestens aber 30 Tage nachdem diese Förmlichkeiten erfüllt sind, es sei denn, dies erweist sich aufgrund außergewöhnlicher Umstände als nicht möglich, wird die Entscheidung für vollstreckbar erklärt, ohne dass eine Prüfung gemäß Artikel 24 erfolgt. Die Partei, gegen die die Vollstreckung erwirkt werden soll, erhält in diesem Abschnitt des Verfahrens keine Gelegenheit, eine Erklärung abzugeben.

137 In Deutschland erfolgt die Vollstreckbarerklärung dadurch, dass der ausländische Titel mit der **Vollstreckungsklausel** versehen wird (§§ 36 Abs. 1, 40, 41 AUG). Dies unterliegt im Interesse der Verfahrensbeschleunigung grundsätzlich der in Art. 30 Satz 1 EuUntVO vorgesehenen Dreißigtagefrist.

138 Sind die formellen Voraussetzungen erfüllt, so wird die ausländische Entscheidung nicht etwa anhand der in Art. 24 EuUntVO aufgeführten Versagungsgründe überprüft: Eine derartige Kontrolle ist ausweislich Art. 30 Satz 1 EuUntVO nicht Voraussetzung der Vollstreckbarerklärung; selbst der ordre public hat in diesem Verfahrensabschnitt außer Betracht zu bleiben. Vielmehr muss die Vollstreckbarkeit herbeigeführt werden, und zwar ohne Anhörung des Antragsgegners (Art. 30 Satz 2 EuUntVO; beachte aber § 39 Abs. 2 AUG). Zur Möglichkeit einer mündlichen Erörterung s. § 38 Abs. 1 Satz 2 AUG.

Art. 31
Mitteilung der Entscheidung über den Antrag auf Vollstreckbarerklärung

(1) Die Entscheidung über den Antrag auf Vollstreckbarerklärung wird dem Antragsteller unverzüglich in der Form mitgeteilt, die das Recht des Vollstreckungsmitgliedstaats vorsieht.

(2) Die Vollstreckbarerklärung und, soweit dies noch nicht geschehen ist, die Entscheidung werden der Partei, gegen die die Vollstreckung erwirkt werden soll, zugestellt.

139 Beachte §§ 40 Abs. 3, 42 AUG: Der Beschluss wird bereits mit Bekanntgabe wirksam.

Art. 32
Rechtsbehelf gegen die Entscheidung über den Antrag

(1) Gegen die Entscheidung über den Antrag auf Vollstreckbarerklärung kann jede Partei einen Rechtsbehelf einlegen.

---

1 Die Verordnungskonformität bezweifelt *Eichel*, GPR 2011, 193 (195 f.).

(2) Der Rechtsbehelf wird bei dem Gericht eingelegt, das der betreffende Mitgliedstaat der Kommission nach Artikel 71 notifiziert hat.

(3) Über den Rechtsbehelf wird nach den Vorschriften entschieden, die für Verfahren mit beiderseitigem rechtlichen Gehör maßgebend sind.

(4) Lässt sich die Partei, gegen die die Vollstreckung erwirkt werden soll, in dem Verfahren vor dem mit dem Rechtsbehelf des Antragstellers befassten Gericht nicht ein, so ist Artikel 11 auch dann anzuwenden, wenn die Partei, gegen die die Vollstreckung erwirkt werden soll, ihren gewöhnlichen Aufenthalt nicht im Hoheitsgebiet eines Mitgliedstaats hat.

(5) Der Rechtsbehelf gegen die Vollstreckbarerklärung ist innerhalb von 30 Tagen nach ihrer Zustellung einzulegen. Hat die Partei, gegen die die Vollstreckung erwirkt werden soll, ihren gewöhnlichen Aufenthalt im Hoheitsgebiet eines anderen Mitgliedstaats als dem, in dem die Vollstreckbarerklärung ergangen ist, so beträgt die Frist für den Rechtsbehelf 45 Tage und beginnt von dem Tage an zu laufen, an dem die Vollstreckbarerklärung ihr entweder in Person oder in ihrer Wohnung zugestellt worden ist. Eine Verlängerung dieser Frist wegen weiter Entfernung ist ausgeschlossen.

Für die beschwerte Partei ist in Deutschland die **Beschwerde zum OLG** gem. §§ 43 ff. AUG statthaft. Einem konkurrierenden Gläubiger des Schuldners steht diese Möglichkeit nicht zu.[1]

Zur **Verfahrensbeschleunigung** durch das Gericht beachte Art. 34 Abs. 2 EuUntVO. Die Frist für den Titelschuldner bestimmt sich nach Art. 32 Abs. 5 EuUntVO (vgl. auch § 43 Abs. 4 Satz 1 Nr. 1 und Satz 2 und 3 AUG).[2] Um die Rechtsbehelfsfrist auszulösen, muss die Entscheidung über die Zulassung der Zwangsvollstreckung ordnungsgemäß zugestellt sein.[3] Die Einschränkung des Zustellungsmodus durch Art. 32 Abs. 5 Satz 2 EuUntVO (Zustellung „in Person oder in seiner Wohnung") gilt nur, wenn der Schuldner seinen Sitz im Ausland hat; fragwürdigerweise meint der deutsche Gesetzgeber gleichwohl, diese schuldnergünstige – und damit gläubigerungünstige – Einschränkung auch auf Fälle der Inlandszustellung beziehen zu dürfen (§ 43 Abs. 4 Satz 2 AUG).

Im Beschwerdeverfahren kann eine **Übersetzung des Vollstreckungstitels** verlangt werden (vgl. Art. 28 Abs. 2 Satz 2 EuUntVO).

Art. 33
Rechtsmittel gegen die Entscheidung über den Rechtsbehelf

Die über den Rechtsbehelf ergangene Entscheidung kann nur im Wege des Verfahrens angefochten werden, das der betreffende Mitgliedstaat der Kommission nach Artikel 71 notifiziert hat.

In Deutschland ist die **Rechtsbeschwerde** gem. §§ 46 ff. AUG statthaft. Es steht dem Schuldner nicht frei, davon abzusehen und sich stattdessen mit einer Klage gem. § 826 BGB zur Wehr zu setzen.[4] Zur Verfahrensbeschleunigung durch das Gericht beachte Art. 34 Abs. 3 EuUntVO. Eine Übersetzung des Vollstreckungstitels kann verlangt werden (vgl. Art. 28 Abs. 2 Satz 2 EuUntVO).

Art. 34
Versagung oder Aufhebung einer Vollstreckbarerklärung

(1) Die Vollstreckbarerklärung darf von dem mit einem Rechtsbehelf nach Artikel 32 oder Artikel 33 befassten Gericht nur aus einem der in Artikel 24 aufgeführten Gründe versagt oder aufgehoben werden.

(2) Vorbehaltlich des Artikels 32 Absatz 4 erlässt das mit einem Rechtsbehelf nach Artikel 32 befasste Gericht seine Entscheidung innerhalb von 90 Tagen nach seiner Befassung, es sei denn, dies erweist sich aufgrund außergewöhnlicher Umstände als nicht möglich.

(3) Das mit einem Rechtsbehelf nach Artikel 33 befasste Gericht erlässt seine Entscheidung unverzüglich.

---

1 Vgl. EuGH v. 23.4.2009 – Rs. C-167/08 (Draka NK Cables), NJW 2009, 1937.
2 Zur Fristbestimmung für den Antragsteller nach den allgemeinen FamFG-Regeln bei Ablehnung seines Antrags vgl. BT-Drucks. 17/4887, S. 46.
3 Näher *Eichel*, GPR 2011, 193 (196 f.).
4 Richtig zur insoweit vergleichbaren Brüssel I-VO OLG Köln v. 17.11.2008 – 16 W 27/08, NJW-RR 2009, 1074 (1075).

144 Eine Kontrolle von Anerkennungsversagungsgründen iSv. Art. 24 EuUntVO findet, wie auch aus Art. 30 Satz 1 EuUntVO hervorgeht, erst und nur statt, wenn der Antragsgegner fristgerecht das gegen die Vollstreckbarerklärung vorgesehene **Rechtsbehelfsverfahren** einleitet.

145 Ein Vollstreckungstitel, der aus Sicht des Ursprungsstaats (etwa mangels hinreichender Bestimmtheit) **nicht vollstreckungsfähig** oder dort **bereits aufgehoben** worden ist, kann auch in anderen Staaten keine Wirkung entfalten.[1] Es dürfte Einvernehmen herrschen, dass der dahingehende Vortrag von der Exequaturstelle zu beachten ist,[2] vom Titelschuldner also nicht etwa gesondert (mittels § 767 ZPO) geltend gemacht werden muss.

146 Eine schon von der Brüssel I-VO gewissermaßen in die EuUntVO mitgeschleppte Streitfrage lautet, ob bzw. inwieweit im Beschwerdeverfahren auch **materiell-rechtliche Einwendungen** gegen den im Ausland titulierten Anspruch (etwa Erfüllung und Erfüllungssurrogate, Vergleich, Erlass und Stundung, Gläubigerwechsel etc.) beachtlich sein können.[3] Obwohl der Wortlaut von Art. 34 Abs. 1 EuUntVO („nur") dagegen spricht, hatte der AUG-Gesetzgeber mit § 44 (entsprechend der damaligen Fassung von §§ 12, 55 AVAG) diese Möglichkeit zunächst eröffnet; der Schuldner sollte mit solchen Einwendungen sogar präkludiert sein, wenn er davon keinen Gebrauch macht (so § 66 Abs. 2 AUG aF.).[4] Der BGH hatte sich zur Parallelproblematik in der Brüssel I-VO zu einer vermittelnden Ansicht bekannt, wonach der Schuldner bereits im Exequaturverfahren einwenden darf, dass die titulierte Forderung nachträglich ganz oder teilweise erfüllt worden sei, und zwar jedenfalls dann, wenn dieser Einwand unstreitig bleibt.[5] Die Gegenauffassung hielt Art. 34 Abs. 1 EuUntVO indes für abschließend; demzufolge dürfte das OLG die Vollstreckbarerklärung – entgegen § 44 AUG – auch nicht wegen solcher Umstände versagen, die im erstinstaatlichen Erkenntnisverfahren nicht mehr berücksichtigt werden konnten.[6] Vielmehr wäre der Schuldner auf einen gesonderten Vollstreckungsabwehrantrag verwiesen,[7] wobei wiederum fraglich ist, ob dieser in Deutschland als Vollstreckungsstaat (vgl. § 66 AUG[8]) oder im Erststaat zu erheben wäre.[9] Zur Brüssel I-VO hat inzwischen der EuGH entschieden, dass im Vollstreckbarerklärungsverfahren keine materiell-rechtlichen Einwendungen zu berücksichtigen seien.[10] Teilweise wurde vertreten, dass diese EuGH-Judikatur nur die Unstatthaftigkeit streitiger Einwendungen klarstelle.[11] Der deutsche Gesetzgeber hat § 44 AUG gleichwohl insgesamt aufgehoben[12] und stattdessen die Möglichkeit eines Vollstreckungsabwehrantrags eröffnet (§ 66 Abs. 1 AUG nF.).[13] Letzteres

---

1 Vgl. etwa BGH v. 7.4.2004 – XII ZB 51/02, FamRZ 2004, 1023. Beachte auch EuGH v. 28.4.2009 – Rs. C-420/07 (Apostolides), EuGRZ 2009, 210.
2 Klarstellend HK-ZV/*Neumayr*, Art. 34 EuUntVO Rz. 3. Beachte auch schon – und insoweit unproblematisch – BGH v. 14.3.2007 – XII ZB 174/04, BGHZ 171, 310 = NJW 2007, 3433, und zwar gleichermaßen gemünzt auf die Brüssel I-VO, das EuGVÜ und das HUntVÜ 1973.
3 Vgl. dazu *Eichel*, GPR 2011, 193 (194f.), sowie speziell aus unterhaltsrechtlicher Sicht noch zur Parallelproblematik in der Brüssel I-VO, *Botur*, FamRZ 2010, 1860 (1867f.).
4 Der RegE zum AUG verweist allzu knapp auf die Rspr. und Literatur zu § 12 AVAG: BT-Drucks. 17/4887, S. 47. Unkritisch *Heger/Selg*, FamRZ 2011, 1101 (1110).
5 BGH v. 14.3.2007 – XII ZB 174/04, BGHZ 171, 310 = FamRZ 2007, 989; BGH v. 25.2.2009 – XII ZB 224/06, FamRZ 2009, 858 (859f.); BGH v. 12.8.2009 – XII ZB 12/05, FamRZ 2009, 1659 (1662) m. Anm. *Henrich*. Zweifelnd allerdings BGH v. 2.9.2009 – XII ZA 8/07, FamRZ 2009, 1997, dort für den Fall des Gläubigerwechsels.
6 Ausführlich aus neuerer Zeit etwa *Bach*, S. 203 ff.
7 Statt mancher: Rauscher/*Mankowski*, Art. 45 Brüssel I-VO Rz. 4ff.
8 Dazu BT-Drucks. 17/4887, S. 48.
9 Dazu *Halfmeier*, IPRax 2007, 381 (385 f.); *Hess*, IPRax 2008, 25 (28 f.).
10 EuGH v. 13.10.2011 – C-139/10 (Prism Investments), NJW 2011, 3506. Gleichsinnig sodann BGH v. 12.7.2012 – IX ZB 267/11, NJW 2012, 2663.
11 So OLG Koblenz v. 27.8.2012 - 13 UF 431/12, FamRZ 2013, 574 m. Anm. *Eichel*.
12 Für Europarechtswidrigkeit und Unanwendbarkeit bereits Hk-ZV/*Neumayr*, Art. 44 EuUntVO Rz. 6; Hk-ZV/*Meller-Hannich*, § 44 AUG Rz. 1. Vgl. auch *Wagner*, IPRax 2012, 326 (333); *Hilbig-Lugani*, IPRax 2012, 333 (336).
13 BT-Drucks. 17/10492.

dürfte im Grundsatz verordnungskonform sein,[1] wobei die Frage nach der internationalen Zuständigkeit im Vollstreckungsstaat zur Entscheidung über den Vollstreckungsgegenantrag aber nach wie vor klärungsbedürftig erscheint (s. Art. 8 EuUntVO Rz. 68).

Art. 35
Aussetzung des Verfahrens

Das mit einem Rechtsbehelf nach Artikel 32 oder Artikel 33 befasste Gericht setzt auf Antrag der Partei, gegen die die Vollstreckung erwirkt werden soll, das Verfahren aus, wenn die Vollstreckung der Entscheidung im Ursprungsmitgliedstaat wegen der Einlegung eines Rechtsbehelfs einstweilen eingestellt ist.

Die Vorschrift ähnelt Art. 46 Brüssel I-VO/LugÜ 2007, eröffnet aber, anders als dort geregelt, kein Ermessen hinsichtlich der Aussetzung und unterscheidet nicht zwischen ordentlichen und sonstigen Rechtsbehelfen. Wiederum abweichend von Art. 46 Brüssel I-VO/LugÜ 2007 sieht Art. 35 EuUntVO nicht vor, dass die Zwangsvollstreckung von einer Sicherheitsleistung abhängig gemacht wird. 147

Art. 36
Einstweilige Maßnahmen einschließlich Sicherungsmaßnahmen

(1) Ist eine Entscheidung nach diesem Abschnitt anzuerkennen, so ist der Antragsteller nicht daran gehindert, einstweilige Maßnahmen einschließlich solcher, die auf eine Sicherung gerichtet sind, nach dem Recht des Vollstreckungsmitgliedstaats in Anspruch zu nehmen, ohne dass es einer Vollstreckbarerklärung nach Artikel 30 bedarf.

(2) Die Vollstreckbarerklärung umfasst von Rechts wegen die Befugnis, solche Maßnahmen zu veranlassen.

(3) Solange die in Artikel 32 Absatz 5 vorgesehene Frist für den Rechtsbehelf gegen die Vollstreckbarerklärung läuft und solange über den Rechtsbehelf nicht entschieden ist, darf die Zwangsvollstreckung in das Vermögen der Partei, gegen die die Vollstreckung erwirkt werden soll, nicht über Maßnahmen zur Sicherung hinausgehen.

Die Vorschrift entspricht Art. 47 Brüssel I-VO/LugÜ 2007. Zu unterscheiden ist zwischen dem Zeitraum bis zur Vollstreckbarerklärung (Abs. 1) und danach (Abs. 2 und 3). Auf Sicherung gerichtete Maßnahmen iSd. Vorschrift sind für Deutschland eA und Arrest (§§ 112 Nr. 1, 119 FamFG), beachte aber auch §§ 112 Nr. 1, 120 Abs. 1 FamFG, §§ 720a Abs. 1 und 2, 845 ZPO. Beachte §§ 49 ff. AUG. 148

Art. 37
Teilvollstreckbarkeit

(1) Ist durch die Entscheidung über mehrere mit dem Antrag geltend gemachte Ansprüche erkannt worden und kann die Vollstreckbarerklärung nicht für alle Ansprüche erteilt werden, so erteilt das Gericht oder die zuständige Behörde sie für einen oder mehrere dieser Ansprüche.

(2) Der Antragsteller kann beantragen, dass die Vollstreckbarerklärung nur für einen Teil des Gegenstands der Entscheidung erteilt wird.

Zur Möglichkeit einer Teil-Vollstreckungsklausel s. § 41 Abs. 2 AUG. 149

Art. 38
Keine Stempelabgaben oder Gebühren

Im Vollstreckungsmitgliedstaat dürfen im Vollstreckbarerklärungsverfahren keine nach dem Streitwert abgestuften Stempelabgaben oder Gebühren erhoben werden.

Abschnitt 3 Gemeinsame Bestimmungen

Art. 39 Vorläufige Vollstreckbarkeit

Das Ursprungsgericht kann die Entscheidung ungeachtet eines etwaigen Rechtsbehelfs für vorläufig vollstreckbar erklären, auch wenn das innerstaatliche Recht keine Vollstreckbarkeit von Rechts wegen vorsieht.

---

1 So wohl auch *Hess/Spancken*, FPR 2013, 27 (30).

150 Da die Vorschrift die Entscheidung über die Anordnung vorläufiger Vollstreckbarkeit in das Ermessen des Gerichts stellt,[1] darüber in Deutschland aber ohnehin von Amts wegen zu entscheiden ist, ergibt sich für das deutsche Recht kein Regelungsbedarf.[2] Wie Kap. IV im Allgemeinen (s. Art. 16 EuUntVO Rz. 83) unterscheidet auch Art. 39 EuUntVO nicht danach, ob die in Rede stehende ausländische Entscheidung den Unterhaltsanspruch tituliert oder verneint (und deshalb nur bzw. immerhin hinsichtlich der Kosten zu vollstrecken ist; vgl. Art. 2 Abs. 1 Nr. 1 EuUntVO).[3]

151 Zu **Schadensersatzansprüchen** nach ungerechtfertigter bzw. verfrühter Vollstreckung eines ausländischen Vollstreckungstitels oder nach rechtsgrundloser Abwendungsleistung s. § 69 AUG,[4] aber auch Art. 3 EuUntVO Rz. 43. Zur Möglichkeit der **Aussetzung** des Verfahrens s. Art. 35 EuUntVO.

Art. 40
Durchsetzung einer anerkannten Entscheidung

(1) Eine Partei, die in einem anderen Mitgliedstaat eine im Sinne des Artikel 17 Absatz 1 oder des Abschnitt 2 anerkannte Entscheidung geltend machen will, hat eine Ausfertigung der Entscheidung vorzulegen, die die für ihre Beweiskraft erforderlichen Voraussetzungen erfüllt.

(2) Das Gericht, bei dem die anerkannte Entscheidung geltend gemacht wird, kann die Partei, die die anerkannte Entscheidung geltend macht, gegebenenfalls auffordern, einen vom Ursprungsgericht erstellten Auszug unter Verwendung des Formblatts in Anhang I beziehungsweise in Anhang II vorzulegen.
Das Ursprungsgericht erstellt diesen Auszug auch auf Antrag jeder betroffenen Partei.

(3) Gegebenenfalls übermittelt die Partei, die die anerkannte Entscheidung geltend macht, eine Transskript oder eine Übersetzung des Inhalts des in Absatz 2 genannten Formblatts in die Amtssprache des betreffenden Mitgliedstaats oder – falls es in diesem Mitgliedstaat mehrere Amtssprachen gibt – nach Maßgabe der Rechtsvorschriften dieses Mitgliedstaats – in die oder eine der Verfahrenssprachen des Ortes, an dem die anerkannte Entscheidung geltend gemacht wird, oder in eine sonstige Sprache, die der betreffende Mitgliedstaat für zulässig erklärt hat. Jeder Mitgliedstaat kann angeben, welche Amtssprache oder Amtssprachen der Organe der Europäischen Union er neben seiner oder seinen eigenen für das Ausfüllen des Formblatts zulässt.

(4) Eine Übersetzung aufgrund dieses Artikels ist von einer Person zu erstellen, die zur Anfertigung von Übersetzungen in einem der Mitgliedstaaten befugt ist.

152 Hierbei geht es – entgegen dem Wortlaut der Überschrift („Durchsetzung") – nicht etwa um die Betreibung der Zwangsvollstreckung, sondern um die inzidente Beachtung der Unterhaltsentscheidungen in anderen (etwa: Abänderungs-)Verfahren.[5] Im Hinblick auf **deutsche Entscheidungen** bestimmt sich die Zuständigkeit für die Anfertigung des Auszugs iSv. Abs. 2 nach § 71 Abs. 1 Nr. 1, Abs. 2 AUG.

Art. 41
Vollstreckungsverfahren und Bedingungen für die Vollstreckung

(1) Vorbehaltlich der Bestimmungen dieser Verordnung gilt für das Verfahren zur Vollstreckung der in einem anderen Mitgliedstaat ergangenen Entscheidungen das Recht des Vollstreckungsmitgliedstaats. Eine in einem Mitgliedstaat ergangene Entscheidung, die im Vollstreckungsmitgliedstaat vollstreckbar ist, wird dort unter den gleichen Bedingungen vollstreckt wie eine im Vollstreckungsmitgliedstaat ergangene Entscheidung.

(2) Von der Partei, die die Vollstreckung einer Entscheidung beantragt, die in einem anderen Mitgliedstaat ergangen ist, kann nicht verlangt werden, dass sie im Vollstreckungsmitgliedstaat über eine Postanschrift oder einen bevollmächtigten Vertreter verfügt, außer bei den Personen, die im Bereich der Vollstreckungsverfahren zuständig sind.

153 Die Vorschrift betont in Abs. 1 die Maßgeblichkeit der **lex fori executionis** und betont zugleich die Geltung des primärrechtlichen Gleichwertigkeits- und Effektivitäts-

---

[1] *Gruber*, IPRax 2010, 128 (138).
[2] Ebenso Rauscher/*Andrae*, Art. 39 EG-UntVO Rz. 5 aE.
[3] Anders, jeweils unter Verweis auf Erwägungsgrund Nr. 22: *Gruber*, IPRax 2010, 128 (138); Hk-ZV/*Neumayr*, Art. 39 EuUntVO Rz. 5.
[4] Dazu BT-Drucks. 17/4887, S. 49.
[5] Hk-ZV/*Neumayr*, Art. 40 EuUntVO Rz. 1.

grundsatzes (s. Art. 16 EuUntVO Rz. 87). Zum Vollstreckungsabwehrantrag s. § 66 AUG, aber auch Art. 8 EuUntVO Rz. 68.

Die Entbehrlichkeit der Benennung eines **Zustellungsempfängers** (Abs. 2; vgl. für Deutschland § 37 Abs. 3 AUG) soll den Titelgläubiger entlasten. Die in Art. 41 Abs. 2 EuUntVO am Ende angesprochene Ausnahme hat für das deutsche Recht keine Bedeutung (vgl. die Parallelvorschrift in Art. 21 Abs. 3 EuBagatellVO Nr. 861/2007: „Vollstreckungsagenten").[1] 154

Art. 42
Verbot der sachlichen Nachprüfung

Eine in einem Mitgliedstaat ergangene Entscheidung darf in dem Mitgliedstaat, in dem die Anerkennung, die Vollstreckbarkeit oder die Vollstreckung beantragt wird, in der Sache selbst nicht nachgeprüft werden.

Das Verbot einer *révision au fond* bezieht sich gleichermaßen auf die Fälle von Art. 17 ff. wie auf die Fälle von Art. 23 ff. EuUntVO. Vgl. allgemein § 109 Rz. 18. 155

Art. 43
Kein Vorrang der Eintreibung von Kosten

Die Eintreibung von Kosten, die bei der Anwendung dieser Verordnung entstehen, hat keinen Vorrang vor der Geltendmachung von Unterhaltsansprüchen.

Kapitel V
Zugang zum Recht

Die sehr technischen Vorschriften versuchen einerseits, sich am Vorbild des HUntVÜ 2007 (s. Anhang 6 zu § 110) zu orientieren, andererseits einen Bruch mit der PKH-RL 2003/8/EG[2] zu vermeiden (vgl. Erwägungsgrund Nr. 36).[3] Geschützt werden ausweislich des Wortlauts von Art. 44 Abs. 1 EuUntVO die „beteiligten Parteien", grundsätzlich also sowohl der (vermeintliche) Unterhaltsschuldner als auch der (vermeintliche) Unterhaltsgläubiger, dies jeweils aber nur bei Verfahren „in einem anderen Mitgliedstaat". Letzteres meint offenbar, dass sich der Antragsteller in einem Mitgliedstaat, aber nicht im Forumstaat gewöhnlich aufhalten muss.[4] 156

Gründe dafür, Verfahrenskostenhilfe zu **versagen**, sind gem. Art. 47 Abs. 1 EuUntVO grundsätzlich mangelnde Bedürftigkeit und mangelnde Erfolgsaussichten. Dies gilt allerdings nur eingeschränkt für eingehende Ersuchen in den Fällen des Art. 46 EuUntVO (s. dort Abs. 2); s. dazu § 22 AUG.[5] Zu beachten ist, dass der deutsche Gesetzgeber meint, mit § 22 Abs. 2 Satz 1 AUG an einem allgemeingültigen Ausschlussgrund für mutwillige Anträge festhalten zu dürfen.[6] 157

Art. 44
Anspruch auf Prozesskostenhilfe

(1) Die an einem Rechtsstreit im Sinne dieser Verordnung beteiligten Parteien genießen nach Maßgabe der in diesem Kapitel niedergelegten Bedingungen effektiven Zugang zum Recht in einem anderen Mitgliedstaat, einschließlich im Rahmen von Vollstreckungsverfahren und Rechtsbehelfen.
In den Fällen gemäß Kapitel VII wird der effektive Zugang zum Recht durch den ersuchten Mitgliedstaat gegenüber jedem Antragsteller gewährleistet, der seinen Aufenthalt im ersuchenden Mitgliedstaat hat.
(2) Um einen solchen effektiven Zugang zu gewährleisten, leisten die Mitgliedstaaten Prozesskostenhilfe im Einklang mit diesem Kapitel, sofern nicht Absatz 3 gilt.
(3) In den Fällen gemäß Kapitel VII ist ein Mitgliedstaat nicht verpflichtet, Prozesskostenhilfe zu leisten, wenn und soweit die Verfahren in diesem Mitgliedstaat es den Parteien gestatten, die

---
1 Vgl. aus österreichischer Sicht *Fucik*, in König/Mayr, Europäisches Zivilverfahrensrecht in Österreich II, 2009, S. 105 (127).
2 Näher kommentiert bei Gebauer/Wiedmann/*Hau*, Kap. 33.
3 Vgl. *Heger*, ZKJ 2010, 52 (55); *Heger/Selg*, FamRZ 2011, 1101 (1104).
4 Ebenso wohl *Gruber*, IPRax 2010, 128 (138f.).
5 Vgl. BT-Drucks. 17/4887, S. 40 f.
6 Dazu BT-Drucks. 17/4887, S. 41.

Sache ohne Prozesskostenhilfe zu betreiben, und die Zentrale Behörde die nötigen Dienstleistungen unentgeltlich erbringt.

(4) Die Voraussetzungen für den Zugang zu Prozesskostenhilfe dürfen nicht enger als diejenigen, die für vergleichbare innerstaatliche Fälle gelten, sein.

(5) In Verfahren, die Unterhaltspflichten betreffen, wird für die Zahlung von Verfahrenskosten keine Sicherheitsleistung oder Hinterlegung gleich welcher Bezeichnung auferlegt.

Art. 45
Gegenstand der Prozesskostenhilfe

Nach diesem Kapitel gewährte Prozesskostenhilfe ist die Unterstützung, die erforderlich ist, damit die Parteien ihre Rechte in Erfahrung bringen und geltend machen können und damit sichergestellt werden kann, dass ihre Anträge, die über die Zentralen Behörden oder direkt an die zuständigen Behörden übermittelt werden, in umfassender und wirksamer Weise bearbeitet werden. Sie umfasst soweit erforderlich Folgendes:

a) eine vorprozessuale Rechtsberatung im Hinblick auf eine außergerichtliche Streitbeilegung;
b) den Rechtsbeistand bei Anrufung einer Behörde oder eines Gerichts und die rechtliche Vertretung vor Gericht;
c) eine Befreiung von den Gerichtskosten und den Kosten für Personen, die mit der Wahrnehmung von Aufgaben während des Prozesses beauftragt werden, oder eine Unterstützung bei solchen Kosten;
d) in Mitgliedstaaten, in denen die unterliegende Partei die Kosten der Gegenpartei übernehmen muss, im Falle einer Prozessniederlage des Empfängers der Prozesskostenhilfe auch die Kosten der Gegenpartei, sofern die Prozesskostenhilfe diese Kosten umfasst hätte, wenn der Empfänger seinen gewöhnlichen Aufenthalt im Mitgliedstaat des angerufenen Gerichts gehabt hätte;
e) Dolmetschleistungen;
f) Übersetzung der vom Gericht oder von der zuständigen Behörde verlangten und vom Empfänger der Prozesskostenhilfe vorgelegten Schriftstücke, die für die Entscheidung des Rechtsstreits erforderlich sind;
g) Reisekosten, die vom Empfänger der Prozesskostenhilfe zu tragen sind, wenn das Recht oder das Gericht des betreffenden Mitgliedstaats die Anwesenheit der mit der Darlegung des Falles des Empfängers befassten Personen bei Gericht verlangen und das Gericht entscheidet, dass die betreffenden Personen nicht auf andere Weise zur Zufriedenheit des Gerichts gehört werden können.

Art. 46
Unentgeltliche Prozesskostenhilfe bei Anträgen auf Unterhaltsleistungen für Kinder, die über die Zentralen Behörden gestellt werden

(1) Der ersuchte Mitgliedstaat leistet unentgeltliche Prozesskostenhilfe für alle von einer berechtigten Person nach Artikel 56 gestellten Anträge in Bezug auf Unterhaltspflichten aus einer Eltern-Kind-Beziehung gegenüber einer Person, die das 21. Lebensjahr noch nicht vollendet hat.

(2) Ungeachtet des Absatzes 1 kann die zuständige Behörde des ersuchten Mitgliedstaats in Bezug auf andere Anträge als solche nach Artikel 56 Absatz 1 Buchstaben a und b die Gewährung unentgeltlicher Prozesskostenhilfe ablehnen, wenn sie den Antrag oder einen Rechtsbehelf für offensichtlich unbegründet erachtet.

Art. 47
Fälle, die nicht unter Artikel 46 fallen

(1) In Fällen, die nicht unter Artikel 46 fallen, kann vorbehaltlich der Artikel 44 und 45 die Gewährung der Prozesskostenhilfe gemäß dem innerstaatlichen Recht insbesondere von den Voraussetzungen der Prüfung der Mittel des Antragstellers oder der Begründetheit des Antrags abhängig gemacht werden.

(2) Ist einer Partei im Ursprungsmitgliedstaat ganz oder teilweise Prozesskostenhilfe oder Kosten- und Gebührenbefreiung gewährt worden, so genießt sie ungeachtet des Absatzes 1 in jedem Anerkennungs-, Vollstreckbarerklärungs- oder Vollstreckungsverfahren hinsichtlich der Prozesskostenhilfe oder der Kosten- und Gebührenbefreiung die günstigste oder umfassendste Behandlung, die das Recht des Vollstreckungsmitgliedstaats vorsieht.

(3) Hat eine Partei im Ursprungsmitgliedstaat ein unentgeltliches Verfahren vor einer in Anhang X aufgeführten Verwaltungsbehörde in Anspruch nehmen können, so hat sie ungeachtet des Absatzes 1 in jedem Anerkennungs-, Vollstreckbarerklärungs- oder Vollstreckungsverfahren Anspruch auf Prozesskostenhilfe nach Absatz 2. Zu diesem Zweck muss sie ein von der zuständigen

Behörde des Ursprungsmitgliedstaats erstelltes Schriftstück vorgelegen, mit dem bescheinigt wird, dass sie die wirtschaftlichen Voraussetzungen erfüllt, um ganz oder teilweise Prozesskostenhilfe oder Kosten- und Gebührenbefreiung in Anspruch nehmen zu können.

Die für die Zwecke dieses Absatzes zuständigen Behörden sind in Anhang XI aufgelistet. Dieser Anhang wird nach dem Verwaltungsverfahren des Artikels 73 Absatz 2 erstellt und geändert.

Kapitel VI
Gerichtliche Vergleiche und öffentliche Urkunden

Art. 48
Anwendung dieser Verordnung auf gerichtliche Vergleiche und öffentliche Urkunden

(1) Die im Ursprungsmitgliedstaat vollstreckbaren gerichtlichen Vergleichen und öffentlichen Urkunden sind in einem anderen Mitgliedstaat ebenso wie Entscheidungen gemäß Kapitel IV anzuerkennen und in der gleichen Weise vollstreckbar.

(2) Die Bestimmungen dieser Verordnung gelten, soweit erforderlich, auch für gerichtliche Vergleiche und öffentliche Urkunden.

(3) Die zuständige Behörde des Ursprungsmitgliedstaats erstellt auf Antrag jeder betroffenen Partei einen Auszug des gerichtlichen Vergleichs oder der öffentlichen Urkunde unter Verwendung, je nach Fall, der in den Anhängen I und II oder in den Anhängen III und IV vorgesehenen Formblätter.

Beachte die Definitionen in Art. 2 Abs. 1 Nr. 2 und 3 EuUntVO. Jugendamtsurkunden sind keine Entscheidungen iSv. Art. 2 Abs. 1 Nr. 1, wohl aber öffentliche Urkunden iSv. Art. 2 Abs. 1 Nr. 3 EuUntVO.[1] Einzubeziehen sind richtigerweise auch Urkunden und Vergleiche, die zur Rückzahlung zuviel geleisteten Unterhalts verpflichten.[2] Zum problematischen Begriff der Anerkennung von Urkunden bzw. Vergleichen s. § 108 FamFG Rz. 6: Gemeint ist grundsätzlich nur die Übernahme der formellen Beweiskraftwirkung der Urkunde, nicht etwa des materiell-rechtlichen Subsumtionsergebnisses. Zumindest der Wortlaut von Art. 48 Abs. 1 EuUntVO legt es aber nahe, dass auch ein beurkundeter Unterhaltsverzicht bzw. ein beurkundetes Anerkenntnis, keinen Unterhalt zu schulden, der verfahrensrechtlichen Anerkennung zugänglich sein soll.[3] **158**

Das Formblatt soll untrennbar mit dem zu vollstreckenden **ausländischen Vollstreckungstitel** verbunden werden (§ 30 Abs. 2 AUG); s. dazu und zur Rechtsnachfolge auf Gläubiger- oder Schuldnerseite Art. 20 EuUntVO Rz. 100 f. **159**

Im Hinblick auf **deutsche Vollstreckungstitel** bestimmt sich die Zuständigkeit für die Anfertigung des Auszugs iSv. Abs. 3 nach § 71 Abs. 1 Nr. 1, Abs. 2 AUG. Die Ausstellung des Formblatts lässt das Recht auf Erteilung einer Klausel gem. § 724 ZPO unberührt (§ 71 Abs. 3 AUG). **160**

Kapitel VII
Zusammenarbeit der Zentralen Behörden

Ein zentrales Regelungsinstrument der EuUntVO bei der grenzüberschreitenden Durchsetzung von Unterhaltsansprüchen ist die enge Kooperation der mitgliedstaatlichen Zentralen Behörden nach Maßgabe von Art. 49 ff. EuUntVO.[4] Damit übernimmt die Verordnung die Funktion des Römischen EG-Übereinkommens v. 6.11. 1990 über die Vereinfachung der Verfahren zur Geltendmachung von Unterhaltsansprüchen, das als Rechtshilfeinstrument ergänzend zum EuGVÜ – bzw. später zur Brüssel I-VO – gedacht war,[5] aber nie in Kraft getreten ist. **161**

Kap. VII gilt nicht für den Rechtsverkehr mit **Dänemark** (s. Art. 1 EuUntVO Rz. 9). **162**

---

1 *Heger/Selg*, FamRZ 2011, 1101 (1103).
2 Ebenso *Gruber*, IPRax 2010, 128 (136 f.); Hk-ZV/*Neumayr*, Art. 48 EuUntVO Rz. 1.
3 Für Anerkennungsfähigkeit eines Unterhaltsverzichts auch Hk-ZV/*Neumayr*, Art. 48 EuUntVO Rz. 1 (womöglich inkonsequent dann aber ebenda, Rz. 9).
4 Ausführlich *Veith*, FPR 2013, 46; *Curry-Sumner*, NiPR 2010, 611, dort vor allem im Vergleich zu den Parallelvorschriften im HUntVÜ 2007.
5 Text und Einführung bei Staudinger/*Kropholler*, Anh. III zu Art. 18 EGBGB Rz. 278 ff.; *Strothmann*, S. 107 ff., 157 ff.

163 Der weiteren **Verfahrenserleichterung** und vor allem der **Überwindung von Sprachbarrieren** dienen in der EuUntVO, wie im Erwägungsgrund Nr. 39 betont wird, zum einen die in Art. 53, 57, 58 EuUntVO angesprochenen Formblätter (Anhänge V-IX) und zum anderen das Europäische Justizielle Netz für Zivil- und Handelssachen (vgl. Art. 50 Abs. 2 Satz 2 und Art. 70 EuUntVO).[1]

164 Bedenkt man, welchen Stellenwert in neuerer Zeit dem Datenschutz beigemessen wird, so erscheinen die Vorschriften der EuUntVO betreffend den **Zugang zu Informationen** und betreffend deren Weiterleitung und Verwendung bemerkenswert weitreichend (s. Art. 61 ff. EuUntVO sowie Erwägungsgründe Nr. 33–35).[2] Beachte zum deutschen Ausführungsrecht §§ 16 ff. AUG.[3] Die Weitergabe bestimmter Informationen (betreffend Anschrift, Einkommen oder Vermögen) an den Antragsteller bestimmt sich nach Art. 62 Abs. 2 Unterabs. 2 EuUntVO. Eine Art. 40 HUntVÜ 2007 entsprechende Vorschrift zur Nichtoffenlegung von Informationen bei Gefährdung von Gesundheit, Sicherheit oder Freiheit fehlt.[4] Immerhin betonen Erwägungsgrund Nr. 34 sowie Art. 68 Abs. 4 EuUntVO eigens die Maßgeblichkeit der RL 95/46/EG v. 24.10. 1995 zum Schutz natürlicher Personen bei der Verarbeitung personenbezogener Daten und zum freien Datenverkehr.[5]

165 Zur Erledigung der gem. Art. 50, 51, 53 und 58 EuUntVO der Zentralen Behörde obliegenden Aufgaben wird in Deutschland gem. § 4 Abs. 1 AUG das **Bundesamt für Justiz** tätig (Kontaktdaten unter www.bundesjustizamt.de). Diesem obliegt nach Maßgabe von § 5 AUG die gerichtliche und außergerichtliche Geltendmachung von Unterhaltsansprüchen; zur Vertretungsmacht s. § 5 Abs. 4 AUG. Die Durchführungsbestimmungen für die Aufgaben der Zentralen Behörde sind für Deutschland in §§ 7 ff. AUG näher geregelt. Mit § 4 Abs. 3 AUG wird, wie in Art. 51 Abs. 3 EuUntVO vorgesehen, die Möglichkeit geschaffen, Aufgaben der zentralen Behörde im Wege der Beleihung auf eine andere Stelle zu übertragen. Gedacht ist dabei erklärtermaßen an das **Deutsche Institut für Jugendhilfe und Familienrecht**,[6] eine nichtstaatliche Organisation mit Sitz in Heidelberg, die schon bislang in erheblichem Maße Unterstützung bei der Durchsetzung übergeleiteter Unterhaltsansprüche im Ausland leistet (Kontaktdaten unter www.dijuf.de).[7] Unterstützende Funktion kommt gem. § 6 AUG den Jugendämtern zu.

166 Welche Zentrale Behörde zuständig ist, bestimmt sich gem. Art. 55 EuUntVO danach, in welchem Mitgliedstaat sich der Antragsteller aufhält, wobei kein gewöhnlicher Aufenthalt iSv. Art. 3 EuUntVO gefordert wird (vgl. Erwägungsgrund Nr. 32). Eine Liste **statthafter Anträge**, die an die Zentralen Behörden gerichtet werden können, enthält Art. 56 EuUntVO. Weil die EuUntVO die Zusammenarbeit zentraler Behörden fördern, nicht eindämmen möchte, wird man die Liste nicht als abschließend erachten, sodass Raum für einen Rückgriff auf die Generalklausel in § 5 Abs. 2 AUG bleibt.[8] Bemerkenswert ist, dass gem. Art. 56 Abs. 1 Buchst. c EuUntVO – über den sachlichen Anwendungsbereich der EuUntVO hinausgehend – auch Anträge hinsichtlich der Feststellung der Abstammung unterstützt werden. Ausweislich Art. 56 Abs. 2 EuUntVO hat die Zentrale Behörde auch dem (angeblich) Unterhaltsverpflichteten Hilfe zu leisten.[9] Von einem negativen Feststellungsantrag des Verpflichteten hinsichtlich des angeblichen Unterhaltsanspruchs ist dort keine Rede, was es nahe-

---

1 Zugänglich unter http://ec. europa.eu/civiljustice/index-de.htm bzw. im Europäischen Justizportal unter https://e-justice.europa.eu.
2 Vgl. schon *Hess*, DGVZ 2010, 45 (51).
3 Dazu BT-Drucks. 17/4887, S. 37 ff.
4 Für Anwendbarkeit von Art. 40 HUntVÜ 2007 plädiert *Fucik*, in König/Mayr, Europäisches Zivilverfahrensrecht in Österreich II, 2009, S. 105 (133).
5 ABl. EG 1995 Nr. L 281/31. In Deutschland umgesetzt durch Gesetz zur Änderung des Bundesdatenschutzgesetzes und anderer Gesetze v. 18.5.2001, BGBl. I 2001, 904.
6 Vgl. *Hoff/Schmidt*, JAmt 2011, 433 (435).
7 Dazu *Faetan/Schmidt*, FPR 2006, 258.
8 So auch *Veith*, FPR 2013, 46 (49).
9 Beachte zu den gebotenen Vorkehrungen, um Interessenkollisionen bei der Bearbeitung von Ersuchen zu vermeiden, *Veith*, FPR 2013, 46 (49).

legt, dass insoweit die Rechtsverfolgung von den Zentralen Behörden nicht zu unterstützen ist. Das ist im Lichte des Gebotes prozessualer Waffengleichheit bedenklich (zur davon zu trennenden Frage, ob das Zuständigkeitsrecht der EuUntVO auch für negative Feststellungsanträge gilt, s. Art. 3 Rz. 36ff.). Allemal lässt Art. 56 EuUntVO aber Raum für eine **Rechtsverfolgung auf eigene Initiative**,[1] was sich bereits aus Art. 44 Abs. 3 EuUntVO ableiten lassen dürfte. Im Übrigen wird diese Möglichkeit in Art. 37 Abs. 1 HUntVÜ 2007 ausdrücklich klargestellt,[2] und Entsprechendes muss für die EuUntVO gelten, welche die Rechtsschutzmöglichkeiten im Vergleich zum HUntVÜ 2007 doch eher verbessern soll.

Zur **Kostentragung** durch die Zentralen Behörden s. Art. 54 EuUntVO, zur ausnahmsweise bestehenden Kostenerstattungspflicht der unterliegenden Partei s. Art. 67 EuUntVO und § 22 Abs. 3 AUG. 167

Zur **Sprachenfrage** und zu den nur noch beschränkt bestehenden Übersetzungserfordernissen beachte Art. 59 EuUntVO und für in Deutschland eingehende Ersuchen § 13 AUG; für von Deutschland ausgehende Ersuchen stellt § 10 Abs. 1 Satz 2 AUG den Anwendungsvorrang von Art. 59 EuUntVO klar. 168

Soweit in Kap. VII von „**Entscheidung**" die Rede ist (vgl. etwa Art. 56 Abs. 1 Buchst. a und f EuUntVO), sind gem. Art. 2 Abs. 1 Nr. 1 Satz 2 EuUntVO auch drittstaatliche Entscheidungen gemeint, soweit nichts anderes vermerkt ist (vgl. etwa Art. 56 Abs. 1 Buchst. b und e EuUntVO). 169

Art. 49
Bestimmung der Zentralen Behörden

(1) Jeder Mitgliedstaat bestimmt eine Zentrale Behörde, welche die ihr durch diese Verordnung übertragenen Aufgaben wahrnimmt.

(2) Einem Mitgliedstaat, der ein Bundesstaat ist, einem Mitgliedstaat mit mehreren Rechtssystemen oder einem Mitgliedstaat, der aus autonomen Gebietseinheiten besteht, steht es frei, mehrere Zentrale Behörden zu bestimmen, deren räumliche und persönliche Zuständigkeit er festlegt. Macht ein Mitgliedstaat von dieser Möglichkeit Gebrauch, so bestimmt er die Zentrale Behörde, an die Mitteilungen zur Übermittlung an die zuständige Zentrale Behörde in diesem Staat gerichtet werden können. Wurde eine Mitteilung an eine nicht zuständige Zentrale Behörde gerichtet, so hat diese die Mitteilung an die zuständige Zentrale Behörde weiterzuleiten und den Absender davon in Kenntnis zu setzen.

(3) Jeder Mitgliedstaat unterrichtet die Kommission im Einklang mit Artikel 71 über die Bestimmung der Zentralen Behörde oder der Zentralen Behörden sowie über deren Kontaktdaten und gegebenenfalls deren Zuständigkeit nach Absatz 2.

Art. 50
Allgemeine Aufgaben der Zentralen Behörden

(1) Die Zentralen Behörden

a) arbeiten zusammen, insbesondere durch den Austausch von Informationen, und fördern die Zusammenarbeit der zuständigen Behörden ihrer Mitgliedstaaten, um die Ziele dieser Verordnung zu verwirklichen;

b) suchen, soweit möglich, nach Lösungen für Schwierigkeiten, die bei der Anwendung dieser Verordnung auftreten.

(2) Die Zentralen Behörden ergreifen Maßnahmen, um die Anwendung dieser Verordnung zu erleichtern und die Zusammenarbeit untereinander zu stärken. Hierzu wird das mit der Entscheidung 2001/470/EG eingerichtete Europäische Justizielle Netz für Zivil- und Handelssachen genutzt.

Art. 51
Besondere Aufgaben der Zentralen Behörden

(1) Die Zentralen Behörden leisten bei Anträgen nach Artikel 56 Hilfe, indem sie insbesondere

a) diese Anträge übermitteln und entgegennehmen;

---

1 Treffend *Fucik*, in König/Mayr, Europäisches Zivilverfahrensrecht in Österreich II, 2009, S. 105 (132): „ein Angebot, kein Korsett". Im Ergebnis ebenso *Heger/Selg*, FamRZ 2011, 1101 (1103f.); *Hoff/Schmidt*, JAmt 2011, 433 (435).
2 Dazu *Hirsch*, FamRBint 2008, 70 (73).

b) Verfahren bezüglich dieser Anträge einleiten oder die Einleitung solcher Verfahren erleichtern.

(2) In Bezug auf diese Anträge treffen die Zentralen Behörden alle angemessenen Maßnahmen, um

a) Prozesskostenhilfe zu gewähren oder die Gewährung von Prozesskostenhilfe zu erleichtern, wenn die Umstände es erfordern;
b) dabei behilflich zu sein, den Aufenthaltsort der verpflichteten oder der berechtigten Person ausfindig zu machen, insbesondere in Anwendung der Artikel 61, 62 und 63;
c) die Erlangung einschlägiger Informationen über das Einkommen und, wenn nötig, das Vermögen der verpflichteten oder der berechtigten Person einschließlich der Belegenheit von Vermögensgegenständen zu erleichtern, insbesondere in Anwendung der Artikel 61, 62 und 63;
d) gütliche Regelungen zu fördern, um die freiwillige Zahlung von Unterhalt zu erreichen, wenn angebracht durch Mediation, Schlichtung oder ähnliche Mittel;
e) die fortlaufende Vollstreckung von Unterhaltsentscheidungen einschließlich der Zahlungsrückstände zu erleichtern;
f) die Eintreibung und zügige Überweisung von Unterhalt zu erleichtern;
g) unbeschadet der Verordnung (EG) Nr. 1206/2001 die Beweiserhebung, sei es durch Urkunden oder durch andere Beweismittel, zu erleichtern;
h) bei der Feststellung der Abstammung Hilfe zu leisten, wenn dies zur Geltendmachung von Unterhaltsansprüchen notwendig ist;
i) Verfahren zur Erwirkung notwendiger vorläufiger Maßnahmen, die auf das betreffende Hoheitsgebiet beschränkt sind und auf die Absicherung des Erfolgs eines anhängigen Unterhaltsantrags abzielen, einzuleiten oder die Einleitung solcher Verfahren zu erleichtern;
j) unbeschadet der Verordnung (EG) Nr. 1393/2007 die Zustellung von Schriftstücken zu erleichtern.

(3) Die Aufgaben, die nach diesem Artikel der Zentralen Behörde übertragen sind, können in dem vom Recht des betroffenen Mitgliedstaats vorgesehenen Umfang von öffentlichen Aufgaben wahrnehmenden Einrichtungen oder anderen der Aufsicht der zuständigen Behörden dieses Mitgliedstaats unterliegenden Stellen wahrgenommen werden. Der Mitgliedstaat teilt der Kommission gemäß Artikel 71 die Bestimmung solcher Einrichtungen oder anderen Stellen sowie deren Kontaktdaten und Zuständigkeit mit.

(4) Dieser Artikel und Artikel 53 verpflichten eine Zentrale Behörde nicht zur Ausübung von Befugnissen, die nach dem Recht des ersuchten Mitgliedstaats ausschließlich den Gerichten zustehen.

Art. 52
Vollmacht

Die Zentrale Behörde des ersuchten Mitgliedstaats kann vom Antragsteller eine Vollmacht nur verlangen, wenn sie in seinem Namen in Gerichtsverfahren oder in Verfahren vor anderen Behörden tätig wird, oder um einen Vertreter für diese Zwecke zu bestimmen.

Art. 53
Ersuchen um Durchführung besonderer Maßnahmen

(1) Eine Zentrale Behörde kann unter Angabe der Gründe eine andere Zentrale Behörde auch dann ersuchen, angemessene besondere Maßnahmen nach Artikel 51 Absatz 2 Buchstaben b, c, g, h, i und j zu treffen, wenn kein Antrag nach Artikel 56 anhängig ist. Die ersuchte Zentrale Behörde trifft, wenn sie es für notwendig erachtet, angemessene Maßnahmen, um einem potenziellen Antragsteller bei der Einreichung eines Antrags nach Artikel 56 oder bei der Feststellung behilflich zu sein, ob ein solcher Antrag gestellt werden soll.

(2) Im Falle eines Ersuchens hinsichtlich besonderer Maßnahmen im Sinne des Artikels 51 Absatz 2 Buchstaben b und c holt die ersuchte Zentrale Behörde die erbetenen Informationen ein, erforderlichenfalls in Anwendung von Artikel 61. Informationen nach Artikel 61 Absatz 2 Buchstaben b, c und d dürfen jedoch erst eingeholt werden, wenn die berechtigte Person eine Ausfertigung einer zu vollstreckenden Entscheidung, eines zu vollstreckenden gerichtlichen Vergleichs oder einer zu vollstreckenden öffentlichen Urkunde, gegebenenfalls zusammen mit dem Auszug nach den Artikeln 20, 28 oder 48, vorlegt.

Die ersuchte Zentrale Behörde übermittelt die eingeholten Informationen an die ersuchende Zentrale Behörde. Wurden diese Informationen in Anwendung von Artikel 61 eingeholt, wird dabei nur die Anschrift des potenziellen Antragsgegners im ersuchten Mitgliedstaat übermittelt. Im Rahmen eines Ersuchens im Hinblick auf die Anerkennung, die Vollstreckbarkeitserklärung oder die Vollstreckung wird dabei im Übrigen nur angegeben, ob überhaupt Einkommen oder Vermögen der verpflichteten Person in diesem Staat bestehen.

Ist die ersuchte Zentrale Behörde nicht in der Lage, die erbetenen Informationen zur Verfügung zu stellen, so teilt sie dies der ersuchenden Zentralen Behörde unverzüglich unter Angabe der Gründe mit.

(3) Eine Zentrale Behörde kann auf Ersuchen einer anderen Zentralen Behörde auch besondere Maßnahmen in einem Fall mit Auslandsbezug treffen, der die Geltendmachung von Unterhaltsansprüchen betrifft und im ersuchenden Mitgliedstaat anhängig ist.

(4) Die Zentralen Behörden verwenden für Ersuchen nach diesem Artikel das in Anhang V vorgesehene Formblatt.

Art. 54
Kosten der Zentralen Behörde

(1) Jede Zentrale Behörde trägt die Kosten, die ihr durch die Anwendung dieser Verordnung entstehen.

(2) Die Zentralen Behörden dürfen vom Antragsteller für ihre nach dieser Verordnung erbrachten Dienstleistungen keine Gebühren erheben, außer für außergewöhnliche Kosten, die sich aus einem Ersuchen um besondere Maßnahmen nach Artikel 53 ergeben.

Für die Zwecke dieses Absatzes gelten die Kosten im Zusammenhang mit der Feststellung des Aufenthaltsorts der verpflichteten Person nicht als außergewöhnlich.

(3) Die ersuchte Zentrale Behörde kann sich die außergewöhnlichen Kosten nach Absatz 2 nur erstatten lassen, wenn der Antragsteller im Voraus zugestimmt hat, dass die Dienstleistungen mit einem Kostenaufwand in der betreffenden Höhe erbracht werden.

Art. 55
Übermittlung von Anträgen über die Zentralen Behörden

Anträge nach diesem Kapitel sind über die Zentrale Behörde des Mitgliedstaats, in dem der Antragsteller seinen Aufenthalt hat, bei der Zentralen Behörde des ersuchten Mitgliedstaats zu stellen.

Art. 56
Zur Verfügung stehende Anträge

(1) Eine berechtigte Person, die Unterhaltsansprüche nach dieser Verordnung geltend machen will, kann Folgendes beantragen:

a) Anerkennung oder Anerkennung und Vollstreckbarerklärung einer Entscheidung;

b) Vollstreckung einer im ersuchten Mitgliedstaat ergangenen oder anerkannten Entscheidung;

c) Herbeiführen einer Entscheidung im ersuchten Mitgliedstaat, wenn keine Entscheidung vorliegt, einschließlich, soweit erforderlich, der Feststellung der Abstammung;

d) Herbeiführen einer Entscheidung im ersuchten Mitgliedstaat, wenn die Anerkennung und Vollstreckbarerklärung einer Entscheidung, die in einem anderen Staat als dem ersuchten Mitgliedstaat ergangen ist, nicht möglich ist;

e) Änderung einer im ersuchten Mitgliedstaat ergangenen Entscheidung;

f) Änderung einer Entscheidung, die in einem anderen Staat als dem ersuchten Mitgliedstaat ergangen ist.

(2) Eine verpflichtete Person, gegen die eine Unterhaltsentscheidung vorliegt, kann Folgendes beantragen:

a) Anerkennung einer Entscheidung, die die Aussetzung oder Einschränkung der Vollstreckung einer früheren Entscheidung im ersuchten Mitgliedstaat bewirkt;

b) Änderung einer im ersuchten Mitgliedstaat ergangenen Entscheidung;

c) Änderung einer Entscheidung, die in einem anderen Staat als dem ersuchten Mitgliedstaat ergangen ist.

(3) Bei Anträgen nach diesem Artikel werden der Beistand und die Vertretung nach Artikel 45 Buchstabe b durch die Zentrale Behörde des ersuchten Mitgliedstaats entweder unmittelbar oder über öffentliche Aufgaben wahrnehmende Einrichtungen oder andere Stellen oder Personen geleistet.

(4) Sofern in dieser Verordnung nichts anderes bestimmt ist, werden Anträge gemäß den Absätzen 1 und 2 nach dem Recht des ersuchten Mitgliedstaats behandelt und unterliegen den in diesem Mitgliedstaat geltenden Zuständigkeitsvorschriften.

Art. 57
Inhalt des Antrags

(1) Für Anträge nach Artikel 56 ist das in Anhang VI oder in Anhang VII vorgesehene Formblatt zu verwenden.

(2) Anträge nach Artikel 56 müssen mindestens folgende Angaben enthalten:
a) eine Erklärung in Bezug auf die Art des Antrags oder der Anträge;
b) den Namen und die Kontaktdaten des Antragstellers, einschließlich seiner Anschrift und seines Geburtsdatums;
c) den Namen und, sofern bekannt, die Anschrift sowie das Geburtsdatum des Antragsgegners;
d) den Namen und das Geburtsdatum jeder Person, für die Unterhalt verlangt wird;
e) die Gründe, auf die sich der Antrag stützt;
f) wenn die berechtigte Person den Antrag stellt, Angaben zu dem Ort, an dem die Unterhaltszahlungen geleistet oder an den sie elektronisch überwiesen werden sollen;
g) den Namen und die Kontaktdaten der Person oder Stelle in der Zentralen Behörde des ersuchenden Mitgliedstaats, die für die Bearbeitung des Antrags zuständig ist.

(3) Für die Zwecke des Absatzes 2 Buchstabe b kann die persönliche Anschrift des Antragstellers im Falle familiärer Gewalt durch eine andere Anschrift ersetzt werden, sofern das innerstaatliche Recht des ersuchten Mitgliedstaats nicht vorschreibt, dass der Antragsteller für die Zwecke des Verfahrens seine persönliche Anschrift angibt.

(4) Wenn angebracht und soweit bekannt, muss der Antrag außerdem Folgendes enthalten:
a) Angaben über die finanziellen Verhältnisse der berechtigten Person;
b) Angaben über die finanziellen Verhältnisse der verpflichteten Person, einschließlich des Namens und der Anschrift des Arbeitgebers der verpflichteten Person, sowie Art und Belegenheit der Vermögensgegenstände der verpflichteten Person;
c) alle anderen Angaben, die es gestatten, den Aufenthaltsort des Antragsgegners ausfindig zu machen.

(5) Dem Antrag sind alle erforderlichen Angaben oder schriftlichen Belege einschließlich gegebenenfalls Unterlagen zum Nachweis des Anspruchs des Antragstellers auf Prozesskostenhilfe beizufügen. Anträgen nach Artikel 56 Absatz 1 Buchstaben a und b und Absatz 2 Buchstabe a sind je nach Fall nur die in den Artikeln 20, 28 oder 48 oder die in Artikel 25 des Haager Übereinkommens von 2007 aufgeführten Schriftstücke beizufügen.

Art. 58
Übermittlung, Entgegennahme und Bearbeitung der Anträge und Fälle durch die Zentralen Behörden

(1) Die Zentrale Behörde des ersuchenden Mitgliedstaats ist dem Antragsteller behilflich, sicherzustellen, dass der Antrag alle Schriftstücke und Angaben umfasst, die nach Kenntnis dieser Behörde für seine Prüfung notwendig sind.

(2) Nachdem sich die Zentrale Behörde des ersuchenden Mitgliedstaats davon überzeugt hat, dass der Antrag den Erfordernissen dieser Verordnung entspricht, übermittelt sie ihn der Zentralen Behörde des ersuchten Mitgliedstaats.

(3) Innerhalb von 30 Tagen ab dem Tag des Eingangs des Antrags bestätigt die ersuchte Zentrale Behörde den Eingang des Antrags unter Verwendung des in Anhang VIII vorgesehenen Formblatts, benachrichtigt die Zentrale Behörde des ersuchenden Mitgliedstaats über die ersten Maßnahmen, die zur Bearbeitung des Antrags getroffen wurden oder werden, und fordert gegebenenfalls die von ihr für notwendig erachteten zusätzlichen Schriftstücke oder Angaben an. Innerhalb derselben Frist von 30 Tagen teilt die ersuchte Zentrale Behörde der ersuchenden Zentralen Behörde den Namen und die Kontaktdaten der Person oder Dienststelle mit, die damit beauftragt ist, Fragen im Hinblick auf den Stand des Antrags zu beantworten.

(4) Innerhalb von 60 Tagen nach der Empfangsbestätigung unterrichtet die ersuchte Zentrale Behörde die ersuchende Zentrale Behörde über den Stand des Antrags.

(5) Die ersuchende und die ersuchte Zentrale Behörde unterrichten einander
a) über die Person oder Dienststelle, die für einen bestimmten Fall zuständig ist;
b) über den Stand des Verfahrens

und beantworten Auskunftsersuchen rechtzeitig.

(6) Die Zentralen Behörden behandeln einen Fall so zügig, wie es eine sachgemäße Prüfung seines Gegenstands zulässt.

(7) Die Zentralen Behörden benutzen untereinander die schnellsten und effizientesten Kommunikationsmittel, die ihnen zur Verfügung stehen.

(8) Eine ersuchte Zentrale Behörde kann die Bearbeitung eines Antrags nur ablehnen, wenn offensichtlich ist, dass die Voraussetzungen dieser Verordnung nicht erfüllt sind. In diesem Fall unterrichtet die betreffende Zentrale Behörde die ersuchende Zentrale Behörde umgehend unter Verwendung des in Anhang IX vorgesehenen Formblatts über die Gründe für ihre Ablehnung.

(9) Die ersuchte Zentrale Behörde kann einen Antrag nicht allein deshalb ablehnen, weil zusätzliche Schriftstücke oder Angaben erforderlich sind. Die ersuchte Zentrale Behörde kann die ersuchende Zentrale Behörde jedoch auffordern, solche zusätzlichen Schriftstücke oder Angaben zu übermitteln. Geschieht dies nicht innerhalb von 90 Tagen oder einer von der ersuchten Zentralen Behörde gesetzten längeren Frist, so kann diese Behörde beschließen, die Bearbeitung des Antrags zu beenden. In diesem Fall unterrichtet sie die ersuchende Zentrale Behörde unter Verwendung des in Anhang IX vorgesehenen Formblatts.

Art. 59
Sprachenregelung

(1) Das Formblatt für das Ersuchen oder den Antrag ist in der Amtssprache des ersuchten Mitgliedstaats oder, wenn es in diesem Mitgliedstaat mehrere Amtssprachen gibt, der Amtssprache oder einer der Amtssprachen des Ortes, an dem sich die betreffende Zentrale Behörde befindet, oder in einer sonstigen Amtssprache der Organe der Europäischen Union, die der ersuchte Mitgliedstaat für zulässig erklärt hat, auszufüllen, es sei denn, die Zentrale Behörde dieses Mitgliedstaats verzichtet auf eine Übersetzung.

(2) Unbeschadet der Artikel 20, 28, 40 und 66 werden die dem Formblatt für das Ersuchen oder den Antrag beigefügten Schriftstücke nur dann in die gemäß Absatz 1 bestimmte Sprache übersetzt, wenn eine Übersetzung für die Gewährung der beantragten Hilfe erforderlich ist.

(3) Die sonstige Kommunikation zwischen den Zentralen Behörden erfolgt in der nach Absatz 1 bestimmten Sprache, sofern die Zentralen Behörden nichts anderes vereinbaren.

Art. 60
Zusammenkünfte

(1) Zur leichteren Anwendung dieser Verordnung finden regelmäßig Zusammenkünfte der Zentralen Behörden statt.

(2) Die Einberufung dieser Zusammenkünfte erfolgt im Einklang mit der Entscheidung 2001/470/EG.

Art. 61
Zugang der Zentralen Behörden zu Informationen

(1) Nach Maßgabe dieses Kapitels und abweichend von Artikel 51 Absatz 4 setzt die ersuchte Zentrale Behörde alle geeigneten und angemessenen Mittel ein, um die Informationen gemäß Absatz 2 einzuholen, die erforderlich sind, um in einem bestimmten Fall den Erlass, die Änderung, die Anerkennung, die Vollstreckbarerklärung oder die Vollstreckung einer Entscheidung zu erleichtern.

Die Behörden oder Verwaltungen, die im Rahmen ihrer gewöhnlichen Tätigkeit im ersuchten Mitgliedstaat über die Informationen nach Absatz 2 verfügen und für ihre Verarbeitung im Sinne der Richtlinie 95/46/EG verantwortlich sind, stellen diese Informationen vorbehaltlich der Beschränkungen, die aus Gründen der nationalen oder öffentlichen Sicherheit gerechtfertigt sind, der ersuchten Zentralen Behörde auf Anfrage in den Fällen, in denen die ersuchte Zentrale Behörde keinen direkten Zugang zu diesen Informationen hat, zur Verfügung.

Die Mitgliedstaaten können die Behörden oder Verwaltungen bestimmen, die geeignet sind, der ersuchten Zentralen Behörde die Informationen nach Absatz 2 zur Verfügung zu stellen. Nimmt ein Mitgliedstaat eine solche Bestimmung vor, so achtet er darauf, dass er die Behörden und Verwaltungen so auswählt, dass seine Zentrale Behörde Zugang zu den erforderlichen Informationen gemäß diesem Artikel erhält.

Andere juristische Personen, die im ersuchten Mitgliedstaat über die Informationen nach Absatz 2 verfügen und für ihre Verarbeitung im Sinne der Richtlinie 95/46/EG verantwortlich sind, stellen diese Informationen der ersuchten Zentralen Behörde auf Anfrage zur Verfügung, wenn sie nach dem Recht des ersuchten Mitgliedstaats dazu befugt sind.

Die ersuchte Zentrale Behörde leitet die so erlangten Informationen erforderlichenfalls an die ersuchende Zentrale Behörde weiter.

(2) Bei den Informationen im Sinne dieses Artikels muss es sich um solche handeln, über die die Behörden, Verwaltungen oder Personen nach Absatz 1 bereits verfügen. Diese Informationen sind angemessen und erheblich und gehen nicht über das Erforderliche hinaus; sie betreffen Folgendes:

a) Anschrift der verpflichteten oder der berechtigten Person,
b) Einkommen der verpflichteten Person,
c) Nennung des Arbeitgebers der verpflichteten Person und/oder der Bankverbindung(en) der verpflichteten Person und
d) Vermögen der verpflichteten Person.

Zur Herbeiführung oder Änderung einer Entscheidung kann die ersuchte Zentrale Behörde nur die Angaben nach Buchstabe a anfordern.

Für die Anerkennung, Vollstreckbarerklärung oder Vollstreckung einer Entscheidung kann die ersuchte Zentrale Behörde alle Angaben nach Unterabsatz 1 anfordern. Die Angaben nach Buchstabe d können jedoch nur dann angefordert werden, wenn die Angaben nach den Buchstaben b und c nicht ausreichen, um die Vollstreckung der Entscheidung zu ermöglichen.

Art. 62
Weiterleitung und Verwendung der Informationen

(1) Die Zentralen Behörden leiten die in Artikel 61 Absatz 2 genannten Informationen innerhalb ihres Mitgliedstaats je nach Fall an die zuständigen Gerichte, die für die Zustellung von Schriftstücken zuständigen Behörden und die mit der Vollstreckung einer Entscheidung betrauten zuständigen Behörden weiter.

(2) Jede Behörde oder jedes Gericht, der/dem Informationen aufgrund von Artikel 61 übermittelt wurden, darf diese nur zur Erleichterung der Durchsetzung von Unterhaltsforderungen verwenden.

Mit Ausnahme der Informationen, die sich einzig darauf beziehen, ob eine Anschrift, Einkommen oder Vermögen im ersuchten Mitgliedstaat bestehen, dürfen, vorbehaltlich der Anwendung von Verfahrensregeln vor einem Gericht, die Informationen nach Artikel 61 Absatz 2 nicht der Person gegenüber offen gelegt werden, die die ersuchende Zentrale Behörde angerufen hat.

(3) Jede Behörde, die eine ihr aufgrund von Artikel 61 übermittelte Information bearbeitet, bewahrt diese nur so lange auf, wie es für die Zwecke, für die die Information übermittelt wurde, erforderlich ist.

(4) Jede Behörde, die ihr aufgrund von Artikel 61 übermittelte Informationen bearbeitet, gewährleistet die Vertraulichkeit dieser Informationen nach Maßgabe des innerstaatlichen Rechts.

Art. 63
Benachrichtigung der von der Erhebung der Informationen betroffenen Person

(1) Die Benachrichtigung der von der Erhebung der Informationen betroffenen Person über die Übermittlung dieser Informationen in Teilen oder ihrer Gesamtheit erfolgt gemäß dem innerstaatlichen Recht des ersuchten Mitgliedstaats.

(2) Falls diese Benachrichtigung die Gefahr birgt, die wirksame Geltendmachung des Unterhaltsanspruchs zu beeinträchtigen, kann sie um höchstens 90 Tage ab dem Tag, an dem die Informationen der ersuchten Zentralen Behörde übermittelt wurden, aufgeschoben werden.

Kapitel VIII
Öffentliche Aufgaben wahrnehmende Einrichtungen

Art. 64
Öffentliche Aufgaben wahrnehmende Einrichtungen als Antragsteller

(1) Für die Zwecke eines Antrags auf Anerkennung und Vollstreckbarerklärung von Entscheidungen oder für die Zwecke der Vollstreckung von Entscheidungen schließt der Begriff „berechtigte Person" eine öffentliche Aufgaben wahrnehmende Einrichtung, die für eine unterhaltsberechtigte Person handelt, oder eine Einrichtung, der anstelle von Unterhalt erbrachte Leistungen zu erstatten sind, ein.

(2) Für das Recht einer öffentliche Aufgaben wahrnehmenden Einrichtung, für eine unterhaltsberechtigte Person zu handeln oder die Erstattung der berechtigten Person anstelle von Unterhalt erbrachten Leistung zu fordern, ist das Recht maßgebend, dem die Einrichtung untersteht.

(3) Eine öffentliche Aufgaben wahrnehmende Einrichtung kann die Anerkennung und Vollstreckbarerklärung oder Vollstreckung folgender Entscheidungen beantragen:

a) einer Entscheidung, die gegen eine verpflichtete Person auf Antrag einer öffentliche Aufgaben wahrnehmenden Einrichtung ergangen ist, welche die Bezahlung von Leistungen verlangt, die anstelle von Unterhalt erbracht wurden;

b) einer zwischen einer berechtigten und einer verpflichteten Person ergangenen Entscheidung, soweit der der berechtigten Person Leistungen anstelle von Unterhalt erbracht wurden.

(4) Die öffentliche Aufgaben wahrnehmende Einrichtung, welche die Anerkennung und Vollstreckbarerklärung einer Entscheidung geltend macht oder deren Vollstreckung beantragt, legt auf Verlangen alle Schriftstücke vor, aus denen sich ihr Recht nach Absatz 2 und die Erbringung von Leistungen an die berechtigte Person ergeben.

Zum **Unterhaltsregress** durch öffentliche Einrichtungen s. Art. 3 EuUntVO Rz. 39 ff. Zu beachten ist, dass der öffentlichen Einrichtung auch die **Kosten- und Gebührenbefreiung** gem. Art. 47 Abs. 2 EuUntVO zugutekommt,[1] nicht hingegen gem. Art. 46 EuUntVO (und zwar auch nicht im Falle nur treuhänderischer Rückübertragung des Anspruchs auf das Kind).[2] Auch in den Fällen des Art. 64 Abs. 3 Buchst. b EuUntVO dürfte eine Umschreibung des Titels auf die Einrichtung erforderlich sein (vgl. Art. 20 EuUntVO Rz. 101).[3]

170

Wenn in Art. 64 EuUntVO von „**Entscheidung**" die Rede ist, sind gem. Art. 2 Abs. 1 Nr. 1 Satz 2 EuUntVO auch drittstaatliche Entscheidungen gemeint.

171

Kapitel IX
Allgemeine Bestimmungen und Schlussbestimmungen

Art. 65
Legalisation oder ähnliche Förmlichkeiten

Im Rahmen dieser Verordnung bedarf es weder der Legalisation noch einer ähnlichen Förmlichkeit.

Die Vorschrift entspricht Art. 56 Brüssel I-VO/LugÜ 2007.

172

Art. 66
Übersetzung der Beweisunterlagen

Unbeschadet der Artikel 20, 28 und 40 kann das angerufene Gericht für Beweisunterlagen, die in einer anderen Sprache als der Verfahrenssprache vorliegen, nur dann eine Übersetzung von den Parteien verlangen, wenn es der Ansicht ist, dass dies für die von ihm zu erlassende Entscheidung oder für die Wahrung der Verteidigungsrechte notwendig ist.

Die Vorschrift zielt auf Kostenersparnis (vgl. Erwägungsgrund Nr. 38) und gilt gleichermaßen für Erkenntnis-, Vollstreckbarerklärungs- und Vollstreckungsverfahren. Vgl. zur Sprachenfrage vor §§ 98–106 Rz. 67.

173

Art. 67
Kostenerstattung

Unbeschadet des Artikels 54 kann die zuständige Behörde des ersuchten Mitgliedstaats von der unterliegenden Partei, die unentgeltliche Prozesskostenhilfe aufgrund von Artikel 46 erhält, in Ausnahmefällen und wenn deren finanzielle Verhältnisse es zulassen, die Erstattung der Kosten verlangen.

Beachte hierzu § 22 Abs. 3 AUG.[4]

174

Art. 68
Verhältnis zu anderen Rechtsinstrumenten der Gemeinschaft

(1) Vorbehaltlich des Artikels 75 Absatz 2 wird mit dieser Verordnung die Verordnung (EG) Nr. 44/2001 dahin gehend geändert, dass deren für Unterhaltssachen geltende Bestimmungen ersetzt werden.

(2) Diese Verordnung tritt hinsichtlich Unterhaltssachen an die Stelle der Verordnung (EG) Nr. 805/2004, außer in Bezug auf Europäische Vollstreckungstitel über Unterhaltspflichten, die in einem Mitgliedstaat, der nicht durch das Haager Protokoll von 2007 gebunden ist, ausgestellt wurden.

---

1 Klarstellend BT-Drucks. 17/4887, S. 40.
2 Dazu *Andrae*, FPR 2013, 38 (45 f.).
3 So *Heger/Selg*, FamRZ 2011, 1101 (1106).
4 Vgl. BT-Drucks. 17/4887, S. 41.

(3) Im Hinblick auf Unterhaltssachen bleibt die Anwendung der Richtlinie 2003/8/EG vorbehaltlich des Kapitels V von dieser Verordnung unberührt.
(4) Die Anwendung der Richtlinie 95/46/EG bleibt von dieser Verordnung unberührt.

A. Verhältnis zur Brüssel I-VO

175   Die EuUntVO soll für den Bereich des internationalen Unterhaltsverfahrensrechts erklärtermaßen die Brüssel I-VO ablösen. Zwar wurde Art. 5 Nr. 2 Brüssel I-VO bedauerlicherweise nicht schon zum Zeitpunkt des Inkrafttretens der EuUntVO förmlich außer Kraft gesetzt, in der Neufassung der Brüssel I-VO v. 12.12.2012 findet sich folgerichtig nunmehr aber kein Unterhaltsgerichtsstand mehr.[1] Nach Maßgabe von Art. 75 EuUntVO bleibt die Brüssel I-VO zunächst weiterhin für **Altfälle** relevant[2] (vgl. demgemäß für das deutsche Durchführungsrecht § 77 Abs. 1 Nr. 1 AUG). Uneingeschränkt gilt dies aber nur für die am 18.6.2011 bereits laufenden Anerkennungs- und Vollstreckungsverfahren (vgl. Art. 75 Abs. 2 Unterabs. 2 EuUntVO).

B. Verhältnis zur EuVTVO

176   Die Verordnung Nr. 805/2004 v. 21.4.2004 zur Einführung eines europäischen Vollstreckungstitels für unbestrittene Forderungen (**EuVTVO**, s. § 97 Rz. 24)[3] erlaubt eine besonders effiziente Vollstreckung aus Titeln, die in anderen EU-Staaten erwirkt wurden. Da ihr sachlicher Anwendungsbereich (Art. 2 EuVTVO) demjenigen der Brüssel I-VO entspricht, werden auch Unterhaltsansprüche erfasst. Allerdings verdrängt die EuUntVO gem. ihrem Art. 68 Abs. 2 innerhalb ihres sachlichen und zeitlichen Anwendungsbereichs (vgl. Art. 1 Abs. 1 und Art. 75 Abs. 2) grundsätzlich auch die EuVTVO.[4]

177   Wegen der in Art. 68 Abs. 2 EuUntVO umschriebenen Ausnahme (vgl. Art. 23 EuUntVO Rz. 111) gilt die EuVTVO indes weiterhin im Hinblick auf Vollstreckungstitel, die im **Vereinigten Königreich** erlassen und nach Maßgabe der EuVTVO bestätigt werden (deutsche Ausführungsregeln: §§ 1082 ff. ZPO).[5] Umgekehrt können deutsche Unterhaltsstitel gem. Art. 17 ff. EuVTVO ohne weiteres im Vereinigten Königreich vollstreckt werden. Steht ein im Vereinigten Königreich bestätigter Titel in Deutschland zur Vollstreckung an, so ist zu beachten, dass die EuVTVO im Vollstreckungsstaat nur eine höchst eingeschränkte Prüfung vorsieht, nämlich dahingehend, ob eine Entscheidungskollision iSv. Art. 21 Abs. 1 EuVTVO droht. Art. 21 Abs. 2 EuVTVO verbietet den Vollstreckungsorganen ausdrücklich eine révision au fond, und auf einen Ordre-public-Vorbehalt (wie ihn Art. 24 Satz 1 Buchst. a EuUntVO kennt) wurde bei Schaffung der EuVTVO bewusst verzichtet.[6] Entsprechend Art. 27 EuVTVO dürfte es dem Gläubiger gleichwohl unbenommen bleiben, das Exequaturverfahren nach Art. 23 ff. EuUntVO zu betreiben, statt nach der EuVTVO vorzugehen.[7] Fraglich erscheint, ob ein Europäischer Vollstreckungstitel im Vollstreckungsstaat abgeändert werden darf.[8]

---

1   ABl. EU 2012 Nr. L 351/1.
2   Dazu BGH v. 3.8.2011 – XII ZB 187/10, FamRZ 2011, 1568 (1569) m. Anm. *Heiderhoff*, 1570; OLG Frankfurt v. 23.2.2012 – 1 UF 365/10, FamRZ 2012, 1506 (1507) m. Anm. *Mayer*; *Botur*, FamRZ 2010, 1860 (1869).
3   Einführend dazu, jeweils speziell im Hinblick auf die Durchsetzung von Unterhaltsansprüchen, etwa *Gebauer*, FPR 2006, 252; *Hohloch*, FPR 2006, 244; *Rausch*, FuR 2005, 437; *Rausch*, FamRBint 2005, 79; *Schmidt*, JAmt 2005, 445.
4   Vgl. zur fortbestehenden Anwendbarkeit der EuVTVO für Alttitel *Heger/Selg*, FamRZ 2011, 1101 (1105).
5   Vgl. BT-Drucks. 17/4887, S. 28; *Heger/Selg*, FamRZ 2011, 1101 (1105).
6   Zur Verfassungs- und Primärrechtskonformität dieser Entscheidung MüKo.ZPO/*Adolphsen*, vor §§ 1079 ff. Rz. 13 ff.; *Bach*, S. 362 ff.
7   Ebenso Rauscher/*Andrae*, Art. 68 EG-UntVO Rz. 7.
8   Ohne Problembewusstsein *Strasser*, FPR 2007, 451 (454): „selbstverständlich".

Dänemark ist zwar ebenfalls, wie von Art. 68 Abs. 2 EuUntVO vorausgesetzt, nicht an das HUntP 2007 gebunden, allerdings auch nicht Mitgliedstaat der EuVTVO (s. dort Art. 2 Abs. 3). 178

C. Verhältnis zum Richtlinienrecht

Abs. 3 betont die Maßgeblichkeit der PKH-RL (s. vor Art. 44 Rz. 156), Abs. 4 die Maßgeblichkeit der RL 95/46/EG v. 24.10.1995 zum Schutz natürlicher Personen bei der Verarbeitung personenbezogener Daten und zum freien Datenverkehr (s. vor Art. 49 Rz. 164). 179

Art. 69
Verhältnis zu bestehenden internationalen Übereinkommen und Vereinbarungen

(1) Diese Verordnung berührt nicht die Anwendung der Übereinkommen und bilateralen oder multilateralen Vereinbarungen, denen ein oder mehrere Mitgliedstaaten zum Zeitpunkt der Annahme dieser Verordnung angehören und die die in dieser Verordnung geregelten Bereiche betreffen, unbeschadet der Verpflichtungen der Mitgliedstaaten gemäß Artikels 307 des Vertrags.

(2) Ungeachtet des Absatzes 1 und unbeschadet des Absatzes 3 hat diese Verordnung im Verhältnis der Mitgliedstaaten untereinander jedoch Vorrang vor Übereinkommen und Vereinbarungen, die sich auf Bereiche beziehen, die in dieser Verordnung geregelt sind, erstrecken und denen Mitgliedstaaten angehören.

(3) Diese Verordnung steht der Anwendung des Übereinkommens vom 23. März 1962 zwischen Schweden, Dänemark, Finnland, Island und Norwegen über die Geltendmachung von Unterhaltsforderungen durch die ihm angehörenden Mitgliedstaaten nicht entgegen, da dieses Übereinkommen in Bezug auf die Anerkennung, die Vollstreckbarkeit und die Vollstreckung von Entscheidungen Folgendes vorsieht:

a) vereinfachte und beschleunigte Verfahren für die Vollstreckung von Entscheidungen in Unterhaltssachen und

b) eine Prozesskostenhilfe, die günstiger ist als die Prozesskostenhilfe nach Kapitel V dieser Verordnung.

Die Anwendung des genannten Übereinkommens darf jedoch nicht bewirken, dass dem Antragsgegner der Schutz nach den Artikeln 19 und 21 dieser Verordnung entzogen wird.

Die Vorschrift ist in erster Linie bedeutsam im Hinblick auf das ältere **Haager Konventionsrecht** zum Internationalen Verfahrens- und Kollisionsrecht, also das Übereinkommen über die Anerkennung und Vollstreckung von Entscheidungen auf dem Gebiet der Unterhaltspflicht gegenüber Kindern v. 15.4.1958 (HUntVÜ 1958; s. dazu Anhang 1 zu § 110 Rz. 18), das Übereinkommen über die Anerkennung und Vollstreckung von Unterhaltsentscheidungen v. 2.10.1973 (HUntVÜ 1973, s. Anhang 5 zu § 110) und das Übereinkommen über das auf Unterhaltspflichten anzuwendende Recht v. 2.10.1973.[1] Während die EuUntVO gemäß ihrem Art. 69 Abs. 2 für den Rechtsverkehr zwischen ihren Mitgliedstaaten die genannten Konventionen verdrängt,[2] bleiben diese anwendbar im Verhältnis zu ihren sonstigen Vertragsstaaten (Abs. 1). Entsprechendes gilt für das Verhältnis der EuUntVO zum **UNUntÜ** (s. Anhang 7 zu § 110). 180

Art. 69 Abs. 1 und 2 EuUntVO gelten auch für das Verhältnis der EuUntVO zu dem – nur noch in Altfällen interessierenden – **LugÜ 1988**, nicht aber zum **LugÜ 2007** (s. Anhang 4 zu § 110, dort Art. 2–4 LugÜ 2007 Rz. 8); denn dieses Übereinkommen wurde von der EG selbst, nicht von ihren Mitgliedstaaten, vereinbart. Diesbezüglich kommt es vielmehr auf die Regelung in Art. 64 Abs. 1 und 2 LugÜ 2007 an, die für die EuUntVO als Nachfolgeinstrument zur Brüssel I-VO entsprechend gilt.[3] 181

Fortgelten können wegen Art. 69 Abs. 1 EuUntVO die bestehenden **bilateralen Abkommen** mit Drittstaaten, also auch die beiden Verträge, die Deutschland mit Israel 182

---

1 BGBl. II 1986, 837.
2 OLG München v. 12.1.2012 – 12 UF 48/12, FamRZ 2012, 1512; OLG Stuttgart v. 13.2.2012 – 17 UF 331/11, FamRZ 2012, 1510 (1511).
3 Zutreffend Rauscher/*Andrae*, Art. 69 EG-UntVO Rz. 17; im Ergebnis auch Hk-ZPO/*Dörner*, vor EuUnthVO Rz. 8. Zweifelnd *Kropholler/von Hein*, EuZPR, Einl. EuGVO Rz. 103.

und Tunesien vereinbart hat (s. Anhang 1 zu § 110 Rz. 19). Entsprechendes gilt für den **Deutsch-norwegischen Vertrag** und das **Deutsch-schweizerische Abkommen** (s. jeweils § 97 Rz. 28), die aber gem. Art. 65 LugÜ 2007 iVm. Anhang VII – in Bezug auf Unterhaltssachen – verdrängt werden. Infolge der EU-internen Kompetenzverteilung ist es Deutschland an sich verwehrt, künftig weitere Abkommen mit Drittstaaten im Bereich des internationalen Unterhaltsrechts abzuschließen. Bedeutung gewinnen könnte in diesem Zusammenhang aber die **Verordnung Nr. 664/2009** vom 7.7.2009 (§ 97 Rz. 19), die unter bestimmten Voraussetzungen jedem Mitgliedstaat die Möglichkeit zum Abschluss solcher Abkommen eröffnet.[1]

Art. 70
Der Öffentlichkeit zur Verfügung gestellte Informationen

Die Mitgliedstaaten übermitteln im Rahmen des durch die Entscheidung 2001/470/EG eingerichteten Europäischen Justiziellen Netzes für Zivil- und Handelssachen die folgenden Informationen im Hinblick auf ihre Bereitstellung für die Öffentlichkeit:

a) eine Beschreibung der nationalen Rechtsvorschriften und Verfahren, die Unterhaltspflichten betreffen,

b) eine Beschreibung der zur Erfüllung der Verpflichtungen aus Artikel 51 getroffenen Maßnahmen,

c) eine Beschreibung darüber, wie ein effektiver Zugang zum Recht gemäß Artikel 44 gewährleistet wird, und

d) eine Beschreibung der nationalen Vollstreckungsvorschriften und -verfahren, einschließlich Informationen über alle Vollstreckungsbeschränkungen, insbesondere über Vorschriften zum Schutz von verpflichteten Personen und zu Verjährungsfristen.

Die Mitgliedstaaten halten diese Informationen stets auf dem neuesten Stand.

Art. 71
Informationen zu Kontaktdaten und Sprachen

(1) Die Mitgliedstaaten teilen der Kommission spätestens bis zum 18. September 2010 Folgendes mit:

a) die Namen und Kontaktdaten der für Anträge auf Vollstreckbarerklärung gemäß Artikel 27 Absatz 1 und für Rechtsbehelfe gegen Entscheidungen über derartige Anträge gemäß Artikel 32 Absatz 2 zuständigen Gerichte oder Behörden;

b) die in Artikel 33 genannten Rechtsbehelfe;

c) das Nachprüfungsverfahren zum Zweck der Anwendung von Artikel 19 sowie die Namen und Kontaktdaten der zuständigen Gerichte;

d) die Namen und Kontaktdaten ihrer Zentralen Behörden sowie gegebenenfalls deren Zuständigkeitsbereiche gemäß Artikel 49 Absatz 3;

e) die Namen und Kontaktdaten der öffentlichen oder sonstigen Stellen sowie gegebenenfalls deren Zuständigkeitsbereiche gemäß Artikel 51 Absatz 3;

f) die Namen und Kontaktdaten der Behörden, die für Vollstreckungssachen im Sinne des Artikel 21 zuständig sind;

g) die Sprachen, die für Übersetzungen der in den Artikeln 20, 28 und 40 genannten Schriftstücke zugelassen sind;

h) die Sprache oder Sprachen, die von ihren Zentralen Behörden für die Kommunikation mit den anderen Zentralen Behörden gemäß Artikel 59 zugelassen sind.

Die Mitgliedstaaten unterrichten die Kommission über spätere Änderungen dieser Angaben.

(2) Die Kommission veröffentlicht die gemäß Absatz 1 mitgeteilten Angaben im Amtsblatt der Europäischen Union, mit Ausnahme der in den Buchstaben a, c und f genannten Anschriften und anderen Kontaktdaten der Gerichte und Behörden.

(3) Die Kommission hält alle gemäß Absatz 1 mitgeteilten Angaben auf andere geeignete Weise, insbesondere über das mit der Entscheidung 2001/470/EG eingerichtete Europäische Justizielle Netz für Zivil- und Handelssachen, für die Öffentlichkeit zugänglich.

---

[1] Vgl. *Linke/Hau*, Rz. 153.

Anhang 3 zu § 110: EuUntVO

Art. 72
Änderung der Formblätter

Änderungen der in dieser Verordnung vorgesehenen Formblätter werden nach dem Beratungsverfahren gemäß Artikel 73 Absatz 3 beschlossen.

Art. 73
Ausschuss

(1) Die Kommission wird von dem durch Artikel 70 der Verordnung (EG) Nr. 2201/2003 eingesetzten Ausschuss unterstützt.

(2) Wird auf diesen Absatz Bezug genommen, so gelten die Artikel 4 und 7 des Beschlusses 1999/468/EG.

Der Zeitraum nach Artikel 4 Absatz 3 des Beschlusses 1999/468/EG wird auf drei Monate festgesetzt.

(3) Wird auf diesen Absatz Bezug genommen, so gelten die Artikel 3 und 7 des Beschlusses 1999/468/EG.

Art. 74
Überprüfungsklausel

Die Kommission legt dem Europäischen Parlament, dem Rat und dem Europäischen Wirtschafts- und Sozialausschuss bis spätestens fünf Jahre nach dem Beginn der Anwendbarkeit gemäß Artikel 76, dritter Unterabsatz einen Bericht über die Anwendung dieser Verordnung vor; dazu gehört auch eine Bewertung der praktischen Erfahrungen im Bereich der Zusammenarbeit zwischen den Zentralen Behörden, insbesondere hinsichtlich ihres Zugangs zu den Informationen, über die Behörden und Verwaltungen verfügen, und eine Bewertung der Funktionsweise des Anerkennungs-, Vollstreckbarerklärungs- und Vollstreckungsverfahrens, das auf Entscheidungen anwendbar ist, die in einem Mitgliedstaat, der nicht durch das Haager Protokoll von 2007 gebunden ist, ergangen sind. Dem Bericht werden erforderlichenfalls Vorschläge zur Anpassung dieser Verordnung beigefügt.

Art. 75
Übergangsbestimmungen

(1) Diese Verordnung findet vorbehaltlich der Absätze 2 und 3 nur auf ab dem Datum ihrer Anwendbarkeit eingeleitete Verfahren, gebilligte oder geschlossene gerichtliche Vergleiche und ausgestellte öffentliche Urkunden Anwendung.[1]

(2) Kapitel IV Abschnitte 2 und 3 findet Anwendung auf

a) Entscheidungen, die in den Mitgliedstaaten vor dem Tag des Beginns der Anwendbarkeit dieser Verordnung ergangen sind und deren Anerkennung und Vollstreckbarerklärung ab diesem Zeitpunkt beantragt wird;

b) Entscheidungen, die ab dem Tag des Beginns der Anwendbarkeit dieser Verordnung in Verfahren, die vor diesem Zeitpunkt eingeleitet wurden, ergangen sind,

soweit diese Entscheidungen für die Zwecke der Anerkennung und Vollstreckung in den Anwendungsbereich der Verordnung (EG) Nr. 44/2001 fallen.[2]

Die Verordnung (EG) Nr. 44/2001 gilt weiterhin für die am Tag des Beginns der Anwendbarkeit dieser Verordnung laufenden Anerkennungs- und Vollstreckungsverfahren.

Die Unterabsätze 1 und 2 geltend sinngemäß auch für in den Mitgliedstaaten gebilligte oder geschlossene gerichtliche Vergleiche und ausgestellte öffentliche Urkunden.

(3) Kapitel VII über die Zusammenarbeit zwischen Zentralen Behörden findet auf Ersuchen und Anträge Anwendung, die ab dem Tag des Beginns der Anwendbarkeit dieser Verordnung bei der Zentralen Behörde eingehen.

Weil Unterhaltstitel erfahrungsgemäß ein langes Leben führen können,[3] bedarf das Übergangsrecht einer klaren Regelung. Art. 75 Abs. 1 EuUntVO verweist auf Art. 76 Unterabs. 3 EuUntVO, so dass der 18.6.2011 maßgeblich ist. Der Begriff der Verfahrenseinleitung iSv. Abs. 1 und Abs. 2 Unterabs. 1 Buchst. b sollte verordnungs-

183

---

1 Art. 75 Abs. 1 berichtigt gem. ABl. EU 2011 Nr. L 131/26.
2 Art. 75 Abs. 2 berichtigt gem. ABl. EU 2011 Nr. L 131/26 und 2013 Nr. L 8/19.
3 Treffend *Botur*, FamRZ 2010, 1860 (1861 f.), dort noch zur Parallelproblematik in der Brüssel I-VO.

autonom übereinstimmend mit Art. 9 EuUntVO ausgelegt werden;[1] Entsprechendes dürfte für den Zeitpunkt des Antrags iSv. Abs. 2 Unterabs. 1 Buchst. a gelten.[2]

184   Gem. Art. 75 Abs. 2 Unterabs. 1 EuUntVO sind Art. 23 ff. (statt Art. 17 ff.) EuUntVO übergangsrechtlich auch für Entscheidungen aus Mitgliedstaaten relevant, die durch das HUntP 2007 gebunden sind.[3] Zu den Konsequenzen von Art. 75 Abs. 2 Unterabs. 2 EuUntVO für den Restanwendungsbereich der Brüssel I-VO s. Art. 68 EuUntVO Rz. 175. Die deutsche Parallelvorschrift ist § 77 AUG (s. dort). Über die Vorgabe von Art. 75 Abs. 3 EuUntVO hinausgehend, gelten §§ 16–19 AUG gem. § 77 Abs. 5 AUG auch für ältere Ersuchen.[4]

Art. 76
Inkrafttreten

Diese Verordnung tritt am zwanzigsten Tag nach ihrer Veröffentlichung im Amtsblatt der Europäischen Union in Kraft.

Artikel 2 Absatz 2, Artikel 47 Absatz 3, Artikel 71, 72 und 73 gelten ab dem 18. September 2010.

Diese Verordnung findet, mit Ausnahme der in Unterabsatz 2 genannten Vorschriften, ab dem 18. Juni 2011 Anwendung, sofern das Haager Protokoll von 2007 zu diesem Zeitpunkt in der Gemeinschaft anwendbar ist. Anderenfalls findet diese Verordnung ab dem Tag des Beginns der Anwendbarkeit jenes Protokolls in der Gemeinschaft Anwendung.

185   Das in Unterabs. 3 in Bezug genommene HUntP 2007 (s. dazu Art. 15 EuUntVO Rz. 79 ff.) ist zwar noch nicht in Kraft getreten, wurde aber von der EU bereits ratifiziert (vgl. zu dieser Möglichkeit Art. 26 HUntP 2007). Gem. Art. 4 des Ratsbeschlusses 2009/941/EG v. 30.11.2009[5] finden die Regelungen des HUntP 2007 schon vor dessen Inkrafttreten für die EU-Staaten (ohne Dänemark und das Vereinigte Königreich) vorläufig Anwendung, damit die Anwendbarkeit der EuUntVO ab dem 18.6.2011 einsetzt.[6]

Anhänge I-XI
(vom Abdruck wird abgesehen)

186   Dazu Durchführungsverordnung Nr. 1142/2011 v. 10.11.2011 zur Festlegung der Anhänge X und XI.[7] Die Anhänge sind online zugänglich im Europäischen Justiziellen Netz für Zivil- und Handelssachen[8] bzw. im Europäischen Justizportal.[9]

---

1 Ebenso *Kropholler/von Hein*, EuZPR, Art. 5 EuGVO Rz. 55a. Der Sache nach ebenso OLG Düsseldorf v. 24.4.2012 – II-8 UF 59/12, FamRZ 2013, 55.
2 OLG Karlsruhe v. 6.12.2011 – 8 W 34/11, FamRZ 2012, 660.
3 Dazu BT-Drucks. 17/4887, S. 46. Beispiele: OLG Karlsruhe v. 6.12.2011 – 8 W 34/11, FamRZ 2012, 660; OLG Koblenz v. 27.8.2012 – 13 UF 431/12, FamRZ 2013, 574 m. Anm. *Eichel*; OLG München v. 12.1.2012 – 12 UF 48/12, FamRZ 2012, 1512; OLG Stuttgart v. 13.2.2012 – 17 UF 331/11, FamRZ 2012, 1510.
4 Zur Begr. s. BT-Drucks. 17/4887, S. 50.
5 ABl. EU 2009 Nr. L 331/17. Beachte dazu *Mansel/Thorn/Wagner*, IPRax 2011, 1 (12 f.); *Mankowski*, FamRZ 2010, 1487.
6 Dies hält *Fucik*, iFamZ 2011, 170 (171), treffend für „staats-, völker- und unionsrechtlich pikant".
7 ABl. EU 2011 Nr. L 293/24.
8 Unter http://ec.europa.eu/civiljustice/index-de.htm.
9 Unter https://e-justice.europa.eu.

Anhang 4 zu § 110:
LugÜ 2007

Literatur: s. § 97 vor Rz. 1. – Kommentierungen des LugÜ 2007: *Dasser/Oberhammer*, Kommentar zum Lugano-Übereinkommen, 2. Aufl. 2011; *Rauscher*, Europäisches Zivilprozess- und Kollisionsrecht, 2011 (*Staudinger*); *Schnyder*, Lugano-Übereinkommen zum internationalen Zivilverfahrensrecht, 2011.

Luganer Übereinkommen vom 30. Oktober 2007 über die gerichtliche Zuständigkeit und die Anerkennung und Vollstreckung von Entscheidungen in Zivil- und Handelssachen[1]

Präambel

DIE HOHEN VERTRAGSCHLIESSENDEN PARTEIEN,

ENTSCHLOSSEN, in ihren Hoheitsgebieten den Rechtsschutz der dort ansässigen Personen zu verstärken,

IN DER ERWÄGUNG, dass es zu diesem Zweck geboten ist, die internationale Zuständigkeit ihrer Gerichte festzulegen, die Anerkennung von Entscheidungen zu erleichtern und ein beschleunigtes Verfahren einzuführen, um die Vollstreckung von Entscheidungen, öffentlichen Urkunden und gerichtlichen Vergleichen sicherzustellen,

IM BEWUSSTSEIN der zwischen ihnen bestehenden Bindungen, die im wirtschaftlichen Bereich durch die Freihandelsabkommen zwischen der Europäischen Gemeinschaft und bestimmten Mitgliedstaaten der Europäischen Freihandelsassoziation bestätigt worden sind,

UNTER BERÜCKSICHTIGUNG:

- des Brüsseler Übereinkommens vom 27. September 1968 über die gerichtliche Zuständigkeit und die Vollstreckung gerichtlicher Entscheidungen in Zivil- und Handelssachen in der Fassung der infolge der verschiedenen Erweiterungen der Europäischen Union geschlossenen Beitrittsübereinkommen,
- des Luganer Übereinkommens vom 16. September 1988 über die gerichtliche Zuständigkeit und die Vollstreckung gerichtlicher Entscheidungen in Zivil- und Handelssachen, das die Anwendung der Bestimmungen des Brüsseler Übereinkommens von 1968 auf bestimmte Mitgliedstaaten der Europäischen Freihandelsassoziation erstreckt,
- der Verordnung (EG) Nr. 44/2001 des Rates vom 22. Dezember 2000 über die gerichtliche Zuständigkeit und die Anerkennung und Vollstreckung von Entscheidungen in Zivil- und Handelssachen,
- des Abkommens zwischen der Europäischen Gemeinschaft und dem Königreich Dänemark über die gerichtliche Zuständigkeit und die Anerkennung und Vollstreckung von Entscheidungen in Zivil- und Handelssachen, das am 19. Oktober 2005 in Brüssel unterzeichnet worden ist;

IN DER ÜBERZEUGUNG, dass die Ausdehnung der Grundsätze der Verordnung (EG) Nr. 44/2001 auf die Vertragsparteien des vorliegenden Übereinkommens die rechtliche und wirtschaftliche Zusammenarbeit verstärken wird,

IN DEM WUNSCH, eine möglichst einheitliche Auslegung des Übereinkommens sicherzustellen,

HABEN in diesem Sinne BESCHLOSSEN, dieses Übereinkommen zu schließen, und

SIND WIE FOLGT ÜBEREINGEKOMMEN:

Titel I:
Anwendungsbereich
Art. 1

(1) Dieses Übereinkommen ist in Zivil- und Handelssachen anzuwenden, ohne dass es auf die Art der Gerichtsbarkeit ankommt. Es erfasst insbesondere nicht Steuer- und Zollsachen sowie verwaltungsrechtliche Angelegenheiten.

(2) Dieses Übereinkommen ist nicht anzuwenden auf:

a) den Personenstand, die Rechts- und Handlungsfähigkeit sowie die gesetzliche Vertretung von natürlichen Personen, die ehelichen Güterstände, das Gebiet des Erbrechts einschließlich des Testamentsrechts;

b)–d) (vom Abdruck wurde abgesehen).

---

[1] ABl. EU 2009 Nr. L 147/5, zuletzt berichtigt durch ABl. EU 2011 Nr. L 115/31.

(3) In diesem Übereinkommen bezeichnet der Ausdruck „durch dieses Übereinkommen gebundener Staat" jeden Staat, der Vertragspartei dieses Übereinkommens oder ein Mitgliedstaat der Europäischen Gemeinschaft ist. Er kann auch die Europäische Gemeinschaft bezeichnen.

A. Grundlagen

1   Die Attraktivität des in der damaligen EG geltenden EuGVÜ[1] hatte zu Verhandlungen mit den EFTA-Staaten (damals: Finnland, Island, Norwegen, Österreich, Schweden, Schweiz) und am 16.9.1988 zum Abschluss des sog. Parallelübereinkommens von Lugano geführt.[2] Diese Fassung (**LugÜ 1988**), die am 1.3.1995 für zunächst 13 Vertragsstaaten in Kraft trat, stimmte inhaltlich im Wesentlichen mit dem EuGVÜ idF von 1989 überein. Um vor allem die Neuerungen der Brüssel I-VO berücksichtigen zu können, wurde eine Reform des LugÜ 1988 vereinbart, die sich aber lange hinzog:[3] Erst am 30.10.2007 wurde in Lugano eine revidierte Fassung des Übereinkommens unterzeichnet (**LugÜ 2007**),[4] das gemäß seinem Art. 69 Abs. 4 und 5 am 1.1.2010 zwischen der EU (als Nachfolgerin der EG, vgl. Art. 1 Abs. 3 Satz 3 EUV) sowie Norwegen und Dänemark in Kraft getreten ist.[5] Inzwischen gilt das LugÜ 2007 auch im Verhältnis zur Schweiz (seit 1.1.2011) sowie Island (seit 1.5.2011)[6] und löst damit – abgesehen von einer Restbedeutung für Altfälle (Art. 63 LugÜ 2007) – das LugÜ 1988 vollständig ab.

2   Zum LugÜ 2007 gibt es drei Protokolle (vgl. Art. 75 LugÜ 2007) zu bestimmten Zuständigkeits-, Verfahrens- und Vollstreckungsfragen (Protokoll Nr. 1), zur Sicherstellung der einheitlichen Auslegung (Protokoll Nr. 2) sowie zur Anwendung von Art. 67, der das Verhältnis zu anderen Übereinkünften regelt (Protokoll Nr. 3). Inhaltlich ist das LugÜ 2007 weitestgehend, bis hin zur übereinstimmenden Artikelnummerierung, an die Brüssel I-VO angeglichen.[7] Aus dem Abschluss des LugÜ 2007 ergibt sich auf EU-Seite die Möglichkeit von **Vorabentscheidungen** durch den EuGH. Zur Vorlage berechtigt und ggf. verpflichtet sind freilich nur die Gerichte der EU-Mitgliedstaaten (vgl. Art. 1 Abs. 2 Protokoll Nr. 2), wobei die „Nur-LugÜ-Vertragsstaaten" immerhin zur Einreichung von Schriftsätzen sowie zur Abgabe schriftlicher Erklärungen berechtigt sind.

3   Judikatur und Schrifttum zum LugÜ 1988, zur Brüssel I-VO bzw. zum EuGVÜ werden im Folgenden, soweit der Sache nach auf das LugÜ 2007 übertragbar, ohne besondere Hervorhebung angeführt.

B. Anwendungsbereich

4   Den **sachlichen Anwendungsbereich** umschreibt Art. 1 LugÜ 2007. Die hier interessierenden Unterhaltssachen werden, im Gegensatz zu anderen Familiensachen (Art. 1 Abs. 2 Buchst. a LugÜ 2007), erfasst (arg.: Art. 5 Nr. 2 LugÜ 2007).[8] Dem steht die Verbindung der Unterhaltsstreitigkeit mit einer Statusklage in Ehe- oder Kindschaftssachen nicht entgegen. Einbezogen werden namentlich Unterhaltsansprüche von Verwandten, (gegenwärtigen oder früheren) Ehegatten oder Lebenspartnern,[9] aber auch von unverheirateten Müttern.

---

1 Brüsseler Übereinkommen v. 27.9.1968 über die gerichtliche Zuständigkeit und die Vollstreckung gerichtlicher Entscheidungen in Zivil- und Handelssachen (konsolidierte Fassung in ABl. EG 1998 Nr. C 27/1).
2 BGBl. II 1994, 2660. Bericht von *Jenard/Möller* in ABl. EG 1990 Nr. C 189/57.
3 Zur wechselvollen Entstehungsgeschichte vgl. Dasser/Oberhammer/*Markus*, Vor Art. 1 Rz. 11 ff.; *Wagner/Janzen*, IPRax 2010, 298 (299 f.). Beachte zur lange umstrittenen Frage der Abschlusskompetenz das EuGH-Gutachten 1/03 v. 7.2.2006, Slg. 2006 I, 1145 Rz. 134 ff.
4 ABl. EU 2007 Nr. L 339/3 und ABl. EU 2009 Nr. L 147/5. Erläuternder Bericht: ABl. EU 2009 Nr. C 319/1. Deutsches Durchführungsgesetz v. 10.12.2008: BGBl. II 2008, 2399 f. Einführend *Wagner/Janzen*, IPRax 2010, 298.
5 ABl. EU 2010 Nr. L 140/1.
6 ABl. EU 2011 Nr. L 138/1.
7 Zu verbleibenden Unterschieden vgl. *Wagner/Janzen*, IPRax 2010, 298 (302 ff.).
8 Grundlegend EuGH v. 6.3.1980 – Rs. C-120/79 (Cavel), EuGHE 1980, 731; vgl. auch BGH v. 17.10.2007 – XII ZR 146/05, NJW-RR 2008, 156.
9 Klarstellend etwa Hausmann/Hohloch/*Martiny*, Kap. 12 Rz. 119.

Der **Begriff des Unterhalts** iSd. LugÜ 2007 ist weit zu verstehen (vgl. auch die 5
Kommentierung zu Art. 1 EuUntVO, Rz. 3).[1] Der Unterhaltsanspruch muss nicht auf
laufende Zahlungen gerichtet sein. Unterhaltssachen sind auch der Anspruch auf
Prozess- bzw. Verfahrenskostenvorschuss (§§ 1360a Abs. 4, 1361 Abs. 4 Satz 4 BGB)[2]
oder die Klage des Unterhaltsberechtigten gegen seinen geschiedenen oder dauernd
getrennt lebenden Ehegatten auf Erstattung der ihm durch das begrenzte Realsplitting entstandenen Nachteile.[3] Einbezogen können auch Fragen sein, die zwar auf das
familienrechtliche Band gestützt sind, aus deutscher Sicht aber eher dem ehelichen
Güterrecht zuzuordnen wären.[4] So kann eine im Rahmen eines Scheidungsverfahrens ergangene Entscheidung, welche die Zahlung eines Pauschalbetrages und die
Übertragung des Eigentums an bestimmten Gegenständen von einem ehemaligen
Ehegatten auf den anderen anordnet, Unterhaltspflichten betreffen und daher in den
Anwendungsbereich fallen.[5] Für die Abgrenzung zur güterrechtlichen Auseinandersetzung oder zu Schadensersatzansprüchen ist im Zweifel auf den überwiegenden
Zweck der Verpflichtung abzustellen: Die Unterhaltsfunktion tritt zurück, wenn Vermögensauseinandersetzung oder Schadensersatz im Vordergrund steht.[6] Als güterrechtlich iSv. Art. 1 Abs. 2 Buchst. a LugÜ 2007 zu qualifizieren und damit aus dem
Anwendungsbereich ausgeklammert sind Streitigkeiten über die Zuweisung von Ehewohnung und Hausrat im Falle des Getrenntlebens und der Scheidung sowie der Versorgungsausgleich.[7] Wegen Art. 1 Abs. 2 Buchst. a LugÜ 2007 werden außerdem erbrechtliche Ansprüche, namentlich auf den Dreißigsten (§ 1969 BGB), ungeachtet
ihres Versorgungszwecks nicht erfasst.

Als Zivilsache iSv. Art. 1 Abs. 1 LugÜ 2007 begreift die hM auch eine **Rückgriffskla-** 6
ge, mit der eine **öffentliche Stelle** gegenüber einer Privatperson die Rückzahlung von
Beträgen verfolgt, die sie als Sozialhilfe an den geschiedenen Ehegatten oder an ein
Kind dieser Person gezahlt hat; vorausgesetzt wird dabei allerdings, dass die allgemeinen Vorschriften über Unterhaltsverpflichtungen für die Grundlage der Rückgriffsklage und die Modalitäten ihrer Erhebung gelten.[8] Keine Zivilsache liegt demnach vor, wenn der Regress auf Bestimmungen gestützt ist, mit denen der nationale
Gesetzgeber der öffentlichen Stelle eine eigene, besondere Befugnis verleiht, namentlich also, wenn die betreffenden Bestimmungen es der öffentlichen Stelle ermöglichen, eine zwischen (ehemaligen) Ehegatten getroffene Vereinbarung unberücksichtigt zu lassen. Speziell zum Rechtsübergang gem. § 37 BAföG hat der EuGH die
Anwendbarkeit bejaht;[9] Entsprechendes dürfte für § 94 SGB XII gelten.[10]

Zu den Vertragsstaaten und zum **räumlich-persönlichen Anwendungsbereich** der 7
Zuständigkeitsvorschriften s. Art. 2–4 LugÜ 2007 Rz. 8f., zum Anerkennungsrecht s.
vor Art. 32 LugÜ 2007 Rz. 38. Zum **zeitlichen Anwendungsbereich** s. Art. 63 LugÜ
2007.

---

1 Vgl. auch BT-Drucks. 17/4887, S. 33.
2 Str.; wie hier etwa *Geimer/Schütze*, Art. 5 EuGVVO Rz. 184.
3 BGH v. 17.10.2007 – XII ZR 146/05, NJW-RR 2008, 156.
4 Näher BGH v. 17.10.2007 – XII ZR 146/05, NJW-RR 2008, 156; *Andrae*, § 3 Rz. 3ff.
5 EuGH v. 27.2.1997 – Rs. C-220/95 (van den Boogaard/Laumen), EuGHE 1997, I-01147 = IPRax 1999, 35.
6 MüKo.ZPO/*Gottwald*, Art. 5 EuGVO Rz. 42; *Rauscher/Leible*, Art. 5 Brüssel I-VO Rz. 62; *Botur*, FamRZ 2010, 1860 (1861).
7 Näher etwa *Andrae*, § 3 Rz. 7f.; Bamberger/Roth/*Heiderhoff*, Art. 17a EGBGB Rz. 26; Rauscher/*Mankowski*, Art. 1 Brüssel I-VO Rz. 12.
8 EuGH v. 14.11.2002 – Rs. C-271/00 (Steenbergen/Baten), EuGHE 2002, I-10489 = IPRax 2004, 237.
9 EuGH v. 15.1.2004 – Rs. C-433/01 (Freistaat Bayern/Blijdenstein), EuGHE 2004, I-981 = NJW 2004, 1439.
10 Ebenso etwa Thomas/Putzo/*Hüßtege*, Art. 1 EuGVVO Rz. 2.

Titel II:
Zuständigkeit

Abschnitt 1:
Allgemeine Vorschriften

Art. 2

(1) Vorbehaltlich der Vorschriften dieses Übereinkommens sind Personen, die ihren Wohnsitz im Hoheitsgebiet eines durch dieses Übereinkommen gebundenen Staates haben, ohne Rücksicht auf ihre Staatsangehörigkeit vor den Gerichten dieses Staates zu verklagen.

(2) Auf Personen, die nicht dem durch dieses Übereinkommen gebundenen Staat angehören, in dem sie ihren Wohnsitz haben, sind die für Inländer maßgebenden Zuständigkeitsvorschriften anzuwenden.

Art. 3

(1) Personen, die ihren Wohnsitz im Hoheitsgebiet eines durch dieses Übereinkommen gebundenen Staates haben, können vor den Gerichten eines anderen durch dieses Übereinkommen gebundenen Staates nur gemäß den Vorschriften der Abschnitte 2–7 dieses Titels verklagt werden.

(2) Gegen diese Personen können insbesondere nicht die in Anhang I aufgeführten innerstaatlichen Zuständigkeitsvorschriften geltend gemacht werden.

Art. 4

(1) Hat der Beklagte keinen Wohnsitz im Hoheitsgebiet eines durch dieses Übereinkommen gebundenen Staates, so bestimmt sich vorbehaltlich der Artikel 22 und 23 die Zuständigkeit der Gerichte eines jeden durch dieses Übereinkommen gebundenen Staates nach dessen eigenen Gesetzen.

(2) Gegenüber einem Beklagten, der keinen Wohnsitz im Hoheitsgebiet eines durch dieses Übereinkommen gebundenen Staates hat, kann sich jede Person, die ihren Wohnsitz im Hoheitsgebiet eines durch dieses Übereinkommen gebundenen Staates hat, in diesem Staat auf die dort geltenden Zuständigkeitsvorschriften, insbesondere auf die in Anhang I aufgeführten Vorschriften, wie ein Inländer berufen, ohne dass es auf ihre Staatsangehörigkeit ankommt.

8   Aus dem nicht unkomplizierten Zusammenspiel von Art. 2–4 sowie Art. 64 Abs. 2 lit. a LugÜ 2007 ergibt sich, dass dessen Zuständigkeitsregeln aus Sicht eines EU-Staates wie Deutschland in **räumlich-persönlicher Hinsicht** grundsätzlich dann heranzuziehen sind, wenn der Beklagte seinen Wohnsitz in Island, Norwegen oder der Schweiz hat. In diesen Fällen beansprucht die **EuUntVO** keinen Geltungsvorrang.[1] Dafür sprechen zum einen Art. 64 Abs. 1 und 2 LugÜ 2007 (denn diese Regeln gelten für die EuUntVO als Nachfolgeregelung zur Brüssel I-VO entsprechend, was auch der Haltung im Verhältnis zu Dänemark entspricht, vgl. Art. 1 EuUntVO Rz. 9), und zum anderen der Wortlaut von Art. 6 EuUntVO (woraus sich ableiten lässt, dass sich beide Zuständigkeitssysteme ergänzen). Nicht einschlägig sind hingegen Art. 69 EuUntVO (denn das LugÜ 2007 wurde von der EG vereinbart)[2] und wohl auch nicht Art. 67 LugÜ.[3] Gegen den Restanwendungsbereich der LugÜ-Zuständigkeitsregeln lässt sich auch nicht einwenden, dass der Wortlaut von § 25 AUG zwar die Zuständigkeitsgründe der EuUntVO, nicht aber diejenigen des LugÜ 2007 erwähnt: Der nationale Gesetzgeber kann die hier interessierende Frage nicht entscheiden (und im Übrigen könnte die Fassung von § 25 AUG auch auf einem Redaktionsversehen beruhen). Nachdem der Verordnungsgeber es versäumt hat, die Problematik zu klären, wird dies letztlich einem weiteren Protokoll zum LugÜ 2007 oder dem EuGH obliegen.

9   Unerheblich für den räumlich-persönlichen Anwendungsbereich des LugÜ 2007 sind der gewöhnliche Aufenthalt oder die Staatsangehörigkeit einer der Parteien oder der Wohnsitz des Klägers. Nichts anderes folgt daraus, dass Art. 5 Nr. 2 LugÜ 2007 in Unterhaltssachen einen Gerichtsstand im Aufenthalts- oder Wohnsitzstaat des Klägers vorsieht; denn auch diese Vorschrift setzt voraus, dass der räumlich-per-

---

1 Zutreffend Rauscher/*Andrae*, Art. 69 EG-UntVO Rz. 17. Im Ergebnis auch HK-ZPO/*Dörner*, vor EuUnthVO Rz. 8; *Henrich*, Internationales Scheidungsrecht, Rz. 104f.
2 Dies verkennt Thomas/Putzo/*Hüßtege*, Vorbem. Art. 1 EuUnterhaltVO Rz. 5.
3 Zweifelnd *Kropholler/von Hein*, EuZPR, Einl. EuGVO Rz. 103. Offenlassend *Wagner/Janzen*, IPRax 2010, 298 (308).

sönliche Anwendungsbereich des LugÜ 2007 kraft des Beklagtenwohnsitzes eröffnet ist.

Art. 2 Abs. 1 LugÜ 2007 begründet zugleich den **allgemeinen Gerichtsstand**, und zwar, im Einklang mit dem Grundsatz actor sequitur forum rei, am Wohnsitz des Beklagten. Für die deutschen Gerichte ist dieser Zuständigkeitsgrund freilich nicht von Bedeutung, weil das LugÜ 2007, wie dargelegt, aus Sicht eines EuUntVO-Staats von vornherein nur dann einschlägig ist, wenn sich der Beklagtenwohnsitz in Island, Norwegen oder der Schweiz befindet. 10

Der **Wohnsitz** natürlicher Personen ist nicht etwa konventionsautonom definiert; vielmehr verweist Art. 59 LugÜ 2007 auf das Recht des Staates, in dem sich der Wohnsitz befinden soll. Für das Vorhandensein des Wohnsitzes als zuständigkeitsbegründende (und zugleich den Anwendungsbereich eröffnende) Tatsache kommt es nach allgemeinen Regeln auf den Zeitpunkt der letzten mündlichen Verhandlung in der letzten Tatsacheninstanz an. Allerdings wird es überwiegend als ausreichend erachtet, wenn der Zuständigkeitsgrund in dem von Art. 30 LugÜ 2007 umschriebenen Zeitpunkt gegeben ist (**perpetuatio fori**; s. vor §§ 98–106 Rz. 9 ff.); denn ein späterer Wegzug des Beklagten aus dem Gerichtsstaat soll sich nicht zulasten des Klägers auswirken.[1] 11

Befindet sich der Beklagtenwohnsitz in Island, Norwegen oder der Schweiz, ist der räumlich-persönliche Anwendungsbereich des LugÜ 2007 also eröffnet, und sind die deutschen Gerichte nach Maßgabe von Art. 5 ff. LugÜ 2007 nicht zur Entscheidung berufen, so hat es damit sein Bewenden: Die EuUntVO ist nicht anzuwenden und Art. 3 Abs. 1 LugÜ 2007 schließt auch einen Rückgriff auf autonomes deutsches Zuständigkeitsrecht aus. Besonders betont wird in Art. 3 Abs. 2 LugÜ 2007 iVm. Anhang I, dass § 23 ZPO nicht zum Zuge kommt. 12

Abschnitt 2:
Besondere Zuständigkeiten
Art. 5

Eine Person, die ihren Wohnsitz im Hoheitsgebiet eines durch dieses Übereinkommen gebundenen Staates hat, kann in einem anderen durch dieses Übereinkommen gebundenen Staat verklagt werden:

1. (vom Abdruck wurde abgesehen);
2. wenn es sich um eine Unterhaltssache handelt,
   a) vor dem Gericht des Ortes, an dem der Unterhaltsberechtigte seinen Wohnsitz oder seinen gewöhnlichen Aufenthalt hat, oder
   b) im Falle einer Unterhaltssache, über die im Zusammenhang mit einem Verfahren in Bezug auf den Personenstand zu entscheiden ist, vor dem nach seinem Recht für dieses Verfahren zuständigen Gericht, es sei denn, diese Zuständigkeit beruht lediglich auf der Staatsangehörigkeit einer der Parteien,
   oder
   c) im Falle einer Unterhaltssache, über die im Zusammenhang mit einem Verfahren in Bezug auf die elterliche Verantwortung zu entscheiden ist, vor dem nach seinem Recht für dieses Verfahren zuständigen Gericht, es sei denn, diese Zuständigkeit beruht lediglich auf der Staatsangehörigkeit einer der Parteien;
3.–7. (vom Abdruck wurde abgesehen)

A. Unterhaltsgerichtsstand

Als praktisch bedeutsame Erleichterung der Rechtsverfolgung in Unterhaltssachen erweist sich der besondere Gerichtsstand des Art. 5 Nr. 2 LugÜ 2007.[2] Die Vor- 13

---

[1] Statt vieler: Thomas/Putzo/*Hüßtege*, Art. 2 EuGVVO Rz. 8; MüKo.ZPO/*Gottwald*, Art. 2 EuGVO Rz. 19 f.; Rauscher/*Mankowski*, Art. 2 Brüssel I-VO Rz. 4.
[2] Zum Gesetzeszweck beachte BGH v. 17.10.2007 – XII ZR 146/05, NJW-RR 2008, 156. Entgegen *Henrich*, Internationales Scheidungsrecht, Rz. 114, wurde Art. 5 Nr. 2 LugÜ auch idF von 2007 nicht etwa gestrichen.

schrift beruht im Wesentlichen auf Art. 5 Nr. 2 Brüssel I-VO, wurde aber zum einen mit dem Ziel besserer Lesbarkeit untergliedert und zum anderen um einen weiteren Zuständigkeitsgrund ergänzt (Buchst. c). Art. 5 Nr. 2 Buchst. a LugÜ 2007 entspricht der Sache nach nunmehr Art. 3 Buchst. b EuUntVO (wobei dort allerdings der Wohnsitz keine Rolle spielt), Art. 5 Nr. 2 Buchst. b LugÜ 2007 entspricht Art. 3 Buchst. c EuUntVO, und Art. 5 Nr. 2 Buchst. c LugÜ 2007 entspricht Art. 3 Buchst. d EuUntVO. Funktionsäquivalent zu Art. 3 Buchst. a EuUntVO ist hingegen der allgemeine Gerichtsstand gem. Art. 2 Abs. 1 LugÜ 2007, dies freilich mit dem Unterschied, dass es im LugÜ 2007 auf den Wohnsitz des Beklagten, in der EuUntVO hingegen auf dessen gewöhnlichen Aufenthalt ankommt.

14 Wie bei Art. 2 kommt auch bei Art. 5 Nr. 2 LugÜ 2007 eine **perpetuatio fori** in Betracht.

15 Ausweislich seines Wortlauts („Gericht des Ortes") regelt Art. 5 Nr. 2 (anders als Art. 2) LugÜ 2007 sowohl die **internationale** als auch die **örtliche Zuständigkeit**,[1] verdrängt also auch insoweit nationale Vorschriften wie § 232 und §§ 237 Abs. 2, 170 FamFG. §§ 26 und 28 AUG, die nach den Vorstellungen des deutschen Gesetzgebers die Parallelvorschrift in Art. 3 EuUntVO erläutern und ergänzen sollen (s. Anhang 3 zu § 110, Art. 3 EuUntVO Rz. 44 f.), beziehen sich nach ihrem Wortlaut nicht auf Art. 5 Nr. 2 LugÜ 2007. Unterstellt man indes, wie hier vertreten, dass sich die Zuständigkeitssysteme der EuUntVO und des LugÜ 2007 ergänzen (s. Art. 2–4 LugÜ 2007 Rz. 8), so liegt es nahe, §§ 26 und 28 AUG entsprechend auf Art. 5 Nr. 2 LugÜ 2007 anzuwenden.

16 Zum vertragsautonom auszufüllenden **Begriff der Unterhaltssache** vgl. Art. 1 LugÜ 2007 Rz. 5. Dem Unterhaltsgerichtsstand unterfallen auch **vertraglich konkretisierte Unterhaltsansprüche**, sofern sie dem Grunde nach auf dem familienrechtlichen Status beruhen (anderenfalls fällt die Klage regelmäßig in den Anwendungsbereich von Art. 5 Nr. 1 LugÜ 2007).[2] Ist demnach Art. 5 Nr. 2 LugÜ 2007 einschlägig, so ist diese Regelung spezieller und verdrängt die Erfüllungsortzuständigkeit gem. Art. 5 Nr. 1 LugÜ 2007.[3]

17 Bei Art. 5 Nr. 2 LugÜ 2007 handelt es sich um eine **konkurrierende Zuständigkeit**; dem Unterhaltsberechtigten bleibt die Klagemöglichkeit im allgemeinen Gerichtsstand (Art. 2 LugÜ 2007) also unbenommen. Begründen die Anknüpfungspunkte des Art. 5 Nr. 2 LugÜ 2007 die internationale Zuständigkeit der Gerichte verschiedener Vertragsstaaten, so hat der Kläger auch zwischen diesen die Wahl.

18 Das Abstellen auf die **Unterhaltsberechtigung** besagt nach allgemeiner Auffassung nicht, dass diese bereits geklärt sein müsste; vielmehr kann sich auch auf Art. 5 Nr. 2 LugÜ 2007 stützen, wer seinen vermeintlichen Unterhaltsanspruch erstmalig geltend macht.[4] Stellt sich heraus, dass dem Antragsteller kein Unterhalt zusteht, so erweist sich sein Antrag nicht etwa als mangels internationaler Zuständigkeit unzulässig, sondern als unbegründet.[5] Nicht als Unterhaltsberechtigter iSv. Art. 5 Nr. 2 LugÜ 2007 soll derjenige behandelt werden, der vom Unterhaltsberechtigten Rückzahlung angeblich zu viel geleisteten Unterhalts fordert.

19 Der EuGH hat klargestellt, dass der besondere Unterhaltsgerichtsstand nicht für die **Regressklage einer öffentlichen Einrichtung** gegen den Unterhaltsverpflichteten eröffnet ist (zur Einordnung als Zivilsache s. Art. 1 LugÜ 2007 Rz. 6). Da der Unterhaltsberechtigte im Falle einer solchen cessio legis von der nunmehr klagenden Be-

---

1 Unzutreffend OLG Hamm v. 2.5.2001 – 8 WF 27/01, FamRZ 2002, 54.
2 MüKo.ZPO/*Gottwald*, Art. 5 EuGVO Rz. 42; Rauscher/*Leible*, Art. 5 Brüssel I-VO Rz. 63. Noch weitergehend, namentlich also für Anwendbarkeit von Art. 5 Nr. 2 Brüssel I-VO auf Fälle der Stiefkind- oder Geschwisterversorgung ohne gesetzliche Grundlage, etwa *Geimer/Schütze*, Art. 5 EuGVVO Rz. 171.
3 Anders offenbar *Andrae*, § 8 Rz. 16.
4 Klarstellend EuGH v. 20.3.1997 – Rs. C-295/95 (Farrell/Long), EuGHE 1997, I-1683 = IPRax 1998, 354.
5 Richtig etwa *Geimer/Schütze*, Art. 5 EuGVVO Rz. 155.

hörde die beanspruchte Förderung bereits erhalten habe, bestehe kein Anlass mehr, dem Unterhaltsverpflichteten den ihm durch Art. 2 Abs. 1 LugÜ 2007 zukommenden Schutz zu nehmen, zumal das Gericht am Wohnsitz des Beklagten dessen finanzielle Mittel am besten beurteilen könne.[1] Im Einzelfall bleibt dann freilich zu klären, ob sich die Rückübertragung zur Geltendmachung auf den Unterhaltsberechtigten empfiehlt, um die Titulierung im Inland zu ermöglichen.[2] Erfasst wird von Art. 5 Nr. 2 Buchst. a LugÜ 2007 richtigerweise jedoch die **Regressklage eines Privaten**, namentlich eines nachrangigen Verwandten oder des Ehemanns der Mutter, der Unterhalt geleistet hat und nunmehr den nach Maßgabe der lex causae auf ihn übergegangenen Unterhaltsanspruch gegen den vorrangig Unterhaltsverpflichteten einklagt.[3] Für unternehmerisch tätige **Inkassozessionare** sollte aber wiederum dasselbe wie für öffentliche Einrichtungen gelten.

Der Unterhaltsgerichtsstand ist sowohl für Leistungs- als auch für (positive oder negativen) Feststellungsanträge eröffnet. Die Behandlung von **Verfahren gegen den (vermeintlich) Unterhaltsberechtigten** ist allerdings umstritten: Weil Art. 5 Nr. 2 LugÜ 2007 nicht nach Parteirollen differenziert, steht es entgegen verbreiteter Auffassung auch dem (vermeintlich) Unterhaltsverpflichteten frei, den (vermeintlich) Unterhaltsberechtigten, abweichend von Art. 2 Abs. 1 LugÜ 2007, in dem Vertragsstaat zu verklagen, in dem sich der Unterhaltsberechtigte (nur) gewöhnlich aufhält (Art. 5 Nr. 2 Buchst. a LugÜ 2007) oder in dem ein Statusverfahren ausgetragen wird (Buchst. b).[4] Zu Abänderungsverfahren s. Rz. 25 f. 20

Art. 5 Nr. 2 LugÜ 2007 eröffnet eine Klagemöglichkeit in dem Vertragsstaat, in dem der Unterhaltsberechtigte seinen **Wohnsitz** (Buchst. a Var. 1; zum Wohnsitzbegriff s. Art. 2–4 LugÜ 2007 Rz. 11) oder wenigstens seinen **gewöhnlichen Aufenthalt** (Buchst. a Var. 2) hat. Das Verlegen von Wohnsitz oder Aufenthalt in einen Vertragsstaat, um sich einen besonders günstigen Gerichtsstand zu schaffen, erweist sich nicht etwa als unbeachtliche Zuständigkeitserschleichung, sondern als zulässiges *forum shopping*.[5] Nach herkömmlicher Auffassung ist der gewöhnliche Aufenthalt (abweichend von Art. 59 LugÜ 2007) anhand verordnungsautonomer Kriterien zu bestimmen, und zwar in Anlehnung an die Grundsätze, die für die Haager Unterhaltsübereinkommen entwickelt wurden.[6] Im Lichte der Brüssel IIa-VO und der EuUntVO, die ebenfalls auf den gewöhnlichen Aufenthalt abstellen (dazu von §§ 98–106 Rz. 22 f.), liegt es heute freilich näher, diesen Begriff vorrangig in Übereinstimmung mit den dazu maßgeblichen Grundsätzen auszufüllen.[7] Da sich in den Fällen des Art. 3 Abs. 1 Buchst. a Brüssel IIa-VO zumindest eine der Parteien gewöhnlich im Forum aufhält, erlaubt das Zusammenspiel von LugÜ 2007 und Brüssel IIa-VO dem – wie meist – als Antragsteller auftretenden Unterhaltsberechtigten in den praktisch wichtigsten Konstellationen, hinsichtlich der internationalen Zuständigkeit einen (wünschenswerten) **Gleichlauf für Status- und Unterhaltssache** zu erzielen. 21

Allerdings helfen Art. 2 Abs. 1 und Art. 5 Nr. 2 Buchst. a LugÜ 2007 nicht weiter, wenn die Statussache unter den Voraussetzungen des Art. 3 Abs. 1 Buchst. b Brüssel 22

---

1 EuGH v. 15.1.2004 – Rs. C-433/01 (Freistaat Bayern/Blijdenstein), EuGHE 2004, I-981 = NJW 2004, 1439. Ebenso OLG Dresden v. 28.9.2006 – 21 UF 381/06, NJW 2007, 446. Kritisch *Martiny*, IPRax 2004, 195 (203 ff.).
2 Dies empfehlen etwa *Streicher/Köblitz*, § 4 Rz. 11; beachte auch *Harten/Jäger-Maillet*, JAmt 2008, 413 (415).
3 Wie hier MüKo.ZPO/*Gottwald*, Art. 5 EuGVO Rz. 50; *Geimer/Schütze*, Art. 5 EuGVVO Rz. 162. Zu eng *Andrae*, § 8 Rz. 14; *Eschenbruch/Klinkhammer/Dörner*, Kap. 8 Rz. 15; *Kropholler/von Hein*, EuZPR, Art. 5 EuGVO Rz. 65; *Rauscher/Leible*, Art. 5 Brüssel I-VO Rz. 67a.
4 Wie hier etwa *Geimer/Schütze*, Art. 5 EuGVVO Rz. 193; MüKo.ZPO/*Gottwald*, Art. 5 EuGVO Rz. 49. Anders etwa *Andrae*, § 8 Rz. 14 (mit irreführender Berufung auf den EuGH); *Henrich*, Rz. 109; *Kropholler/von Hein*, EuZPR, Art. 5 EuGVO Rz. 64; *Rauscher/Leible*, Art. 5 Brüssel I-VO Rz. 65.
5 Ähnlich *Geimer/Schütze*, Art. 5 EuGVVO Rz. 156.
6 So etwa Göppinger/Wax/*Linke*, Rz. 3214; MüKo.ZPO/*Gottwald*, Art. 5 EuGVO Rz. 44 (Schwerpunkt der Bindungen der betreffenden Person, ihr Daseinsmittelpunkt, Bestimmung anhand tatsächlicher Umstände; Faustregel: Aufenthalt von sechs Monaten).
7 Näher *Hau*, GS Wolf, S. 409 (417 f., 421 ff.).

IIa-VO in einem Vertragsstaat ausgetragen wird, in dem keine der Parteien lebt.[1] Zu denken ist dann an die **Annexzuständigkeit gem. Art. 5 Nr. 2 Buchst. b LugÜ 2007**. Dem steht nicht bereits das dort am Ende genannte Diskriminierungsverbot entgegen, da Art. 3 Abs. 1 Buchst. b Brüssel IIa-VO nicht ausschließlich auf der Staatsangehörigkeit nur *eines* Ehegatten beruht.[2] Die Annexzuständigkeit setzt aber voraus, dass das zur Statusentscheidung berufene Gericht „nach seinem Recht" auch über den Unterhaltsanspruch befinden kann. Die Brüssel IIa-VO, auf die sich die Zuständigkeit in der Ehesache gründet, trifft keine dahingehende Aussage. Geht man indes davon aus, dass Art. 3 Abs. 1 Buchst. b Brüssel IIa-VO die Zulässigkeit einer Verbundentscheidung, obwohl nicht selbst ausdrücklich gestattend, auch nicht unterbinden will, die Entscheidung darüber folglich dem nationalen Recht überlässt, wird man das Vorliegen dieser Voraussetzung zumindest aus Sicht des deutschen Rechts bejahen können. Über § 137 FamFG hinaus, sollte die Verbundmöglichkeit dann aber konsequent für alle in Art. 3 Brüssel IIa-VO geregelten Statussachen angenommen werden, also auch für die Trennung ohne Auflösung der Ehe, zumal sich diese – wie nicht zuletzt Art. 5 Brüssel IIa-VO belegt – im Regelfall als bloße Vorstufe zur Scheidung erweist. Teleologische Überlegungen erscheinen für die Zwecke der internationalen Entscheidungszuständigkeit eher ausschlaggebend als eine formale Anwendung des § 137 FamFG. Zu demselben Ergebnis gelangen diejenigen, die als „Unterhaltssache, über die im Zusammenhang mit einem Verfahren in Bezug auf den Personenstand zu entscheiden ist" nicht nur den Scheidungs-, sondern bereits den Trennungsunterhalt qualifizieren.[3]

23   Für die Annexzuständigkeit gem. Art. 5 Nr. 2 Buchst. b LugÜ 2007 bleibt wegen des dort am Ende genannten **Diskriminierungsverbots** kein Raum, wenn sich die internationale Zuständigkeit für die Statussache nach dem autonomen (deutschen) Recht bestimmt und dieses die Staatsangehörigkeit allein einer Partei als zuständigkeitsbegründend genügen lässt (so § 98 Abs. 1 Nr. 1, § 100 Nr. 1, § 103 Abs. 1 Nr. 1 FamFG). Der Verbund muss in diesen Fällen durchbrochen, die Unterhaltssache mithin herausgelöst werden. Überwiegend wird allerdings vertreten, dass die Annexzuständigkeit doch eröffnet sein soll, wenn in casu beide Beteiligten die Staatsangehörigkeit des Forumstaats haben.[4] Diese Lesart wird nunmehr bestätigt durch § 25 Abs. 1 Nr. 2 Buchst. a und Abs. 2 AUG, dort allerdings dem Wortlaut nach nur bezogen auf die Parallelproblematik in Art. 3 EuUntVO (s. Anhang 3 zu § 110).

24   Eine der wenigen inhaltlichen Abweichungen im Zuständigkeitsrecht, die bei Verabschiedung des LugÜ 2007 gegenüber der damaligen Brüssel I-VO vorgenommen wurde, ist Art. 5 Nr. 2 Buchst. c: Danach wird den Vertragsstaaten die Möglichkeit eröffnet, für Unterhaltssachen eine **Annexkompetenz zu einer Kindschaftssache** zu schaffen. Der Sache nach entspricht dies Art. 3 Buchst. d EuUntVO, und wie diese Vorschrift ist auch Art. 5 Nr. 2 Buchst. c LugÜ 2007 aus deutscher Sicht nicht von Bedeutung; denn ausgehend vom deutschen Verfahrensrecht ist über eine Unterhaltssache eben nicht in einem zuständigkeitsrelevanten Zusammenhang mit einer Kindschaftssache zu entscheiden.[5]

B. Abänderungsverfahren

25   Im Anwendungsbereich des LugÜ 2007 kann ein Vertragsstaat nach hM **keine Annexkompetenz** für die spätere Abänderung eines dort erlassenen Vollstreckungstitels

---

1 Zum Folgenden bereits *Hau*, FamRZ 2000, 1333 (1338).
2 Eschenbruch/Klinkhammer/*Dörner*, Kap. 8 Rz. 17. Falsch *Dötsch*, S. 55.
3 Dafür etwa *G. Schulze*, IPRax 1999, 21 (22f.); MüKo.ZPO/*Gottwald*, Art. 5 EuGVO Rz. 47; Eschenbruch/Klinkhammer/*Dörner*, Kap. 8 Rz. 19. Anders noch KG v. 17.11.1997 – 3 WF 8280/97, NJW-RR 1998, 579.
4 *Henrich*, Rz. 108; MüKo.ZPO/*Gottwald*, Art. 5 EuGVO Rz. 46; Eschenbruch/Klinkhammer/*Dörner*, Kap. 8 Rz. 20.
5 Vgl. BT-Drucks. 17/4887, S. 41, dort zur Parallelproblematik in Art. 3 Buchst. d EuUntVO.

beanspruchen (vgl. schon vor §§ 98–106 Rz. 16).[1] Vielmehr sind die allgemeinen Zuständigkeitsregeln anzuwenden, und anhand dessen ist die Zuständigkeit für das Abänderungsverfahren neu zu bestimmen. Ist beispielsweise in Deutschland als dem Aufenthaltsstaat des Berechtigten gestützt auf Art. 5 Nr. 2 LugÜ 2007 ein Unterhaltsanspruch gegen den in der Schweiz wohnhaften Schuldner tituliert worden, so kommt ein auf Erhöhung abzielender Antrag in Deutschland nur in Betracht, wenn die deutschen Gerichte nach wie vor international zuständig sind (was sich wiederum nach dem LugÜ 2007 bestimmt oder, sofern der Antragsgegner inzwischen nicht mehr in der Schweiz lebt, nach der EuUntVO). Denkbar ist allerdings, dass die Beteiligten bereits im Erstverfahren die Perpetuierung der Zuständigkeit mittels einer Gerichtsstandsvereinbarung für etwaige Folgeverfahren herbeiführen.[2]

Ist die internationale Zuständigkeit deutscher Gerichte für das Abänderungsverfahren gegeben, so sind die **verfahrensrechtlichen Voraussetzungen** (wie Abänderungszeitpunkt und -schwelle) anhand der deutschen lex fori (§§ 238 ff.) zu beurteilen,[3] nicht etwa nach Maßgabe der womöglich ausländischen lex causae.   26

Art. 6
Eine Person, die ihren Wohnsitz im Hoheitsgebiet eines durch dieses Übereinkommen gebundenen Staates hat, kann auch verklagt werden:
1. wenn mehrere Personen zusammen verklagt werden, vor dem Gericht des Ortes, an dem einer der Beklagten seinen Wohnsitz hat, sofern zwischen den Klagen eine so enge Beziehung gegeben ist, dass eine gemeinsame Verhandlung und Entscheidung geboten erscheint, um zu vermeiden, dass in getrennten Verfahren widersprechende Entscheidungen ergehen könnten;
2. (vom Abdruck wurde abgesehen);
3. wenn es sich um eine Widerklage handelt, die auf denselben Vertrag oder Sachverhalt wie die Klage selbst gestützt wird, vor dem Gericht, bei dem die Klage selbst anhängig ist;
4. (vom Abdruck wurde abgesehen).

Eine Erstreckung des allgemeinen Beklagtengerichtsstands auf eine weitere Person, die ihren Wohnsitz im Hoheitsgebiet eines anderen Vertragsstaats hat, erlaubt Art. 6 Nr. 1 LugÜ 2007 (**Gerichtsstand der Streitgenossenschaft**). Eine Erstreckung des Unterhaltsgerichtsstands gem. Art. 5 Nr. 2 LugÜ 2007 auf eine weitere Person ist hingegen nicht vorgesehen.   27

Ferner eröffnet Art. 6 Nr. 3 LugÜ 2007 die Möglichkeit einer **Widerklage** im Forum der Hauptklage. Die Vorschrift ist etwas enger gefasst als § 33 ZPO und verlangt, dass die Widerklage auf denselben Sachverhalt gestützt wird, der der Klage zugrunde liegt.[4] Zudem soll erforderlich sein, dass das Gericht gerade nach Maßgabe des LugÜ 2007 für die Hauptklage zuständig ist.[5] Ungeachtet des Einleitungssatzes von Art. 6 LugÜ 2007 kommt es aber nicht darauf an, dass der Widerbeklagte seinen Wohnsitz in einem Vertragsstaat hat.[6]   28

Ob die Zulässigkeit einer **Prozessaufrechnung** davon abhängig ist, dass für die Gegenforderung die internationale Zuständigkeit eigenständig begründet werden kann, ist streitig.[7]   29

---

1 Vgl. Dasser/Oberhammer/*Oberhammer*, Art. 5 LugÜ Rz. 122, sowie – jeweils zur Parallelproblematik in der Brüssel I-VO – etwa *Kropholler/von Hein*, EuZPR, Art. 5 EuGVO Rz. 66; MüKo.ZPO/*Gottwald*, Art. 5 EuGVO Rz. 51; Rauscher/*Leible*, Art. 5 Brüssel I-VO Rz. 68; OLG Jena v. 20.5.1999 – 1 WF 241/98, FamRZ 2000, 681; OLG Nürnberg v. 11.1.2005 – 7 WF 3827/04, NJW 2005, 1054.
2 Näher *Riegner*, FamRZ 2005, 1799 (1800).
3 Statt vieler: *Streicher/Köblitz*, § 4 Rz. 102.
4 Vgl. AG Trier v. 11.3.2005 – 32 C 641/04, NJW-RR 2005, 1013. Für großzügige Eröffnung der Widerklagemöglichkeit aber etwa *M. Stürner*, IPRax 2007, 23 (25).
5 So MüKo.ZPO/*Gottwald*, Art. 6 EuGVO Rz. 16; *Hess*, § 6 Rz. 91. Anders aber etwa Rauscher/*Leible*, Art. 6 Brüssel I-VO Rz. 24.
6 MüKo.ZPO/*Gottwald*, Art. 6 EuGVO Rz. 17.
7 Dazu etwa *Linke/Hau*, Rz. 214.

Art. 7–22
(vom Abdruck wurde abgesehen)

Abschnitt 7:
Vereinbarung über die Zuständigkeit

Art. 23

(1) Haben die Parteien, von denen mindestens eine ihren Wohnsitz im Hoheitsgebiet eines durch dieses Übereinkommen gebundenen Staates hat, vereinbart, dass ein Gericht oder die Gerichte eines durch dieses Übereinkommen gebundenen Staates über eine bereits entstandene Rechtsstreitigkeit oder über eine künftige aus einem bestimmten Rechtsverhältnis entspringende Rechtsstreitigkeit entscheiden sollen, so sind dieses Gericht oder die Gerichte dieses Staates zuständig. Dieses Gericht oder die Gerichte dieses Staates sind ausschließlich zuständig, sofern die Parteien nichts anderes vereinbart haben. Eine solche Gerichtsstandsvereinbarung muss geschlossen werden

a) schriftlich oder mündlich mit schriftlicher Bestätigung,
b) in einer Form, welche den Gepflogenheiten entspricht, die zwischen den Parteien entstanden sind, oder
c) im internationalen Handel in einer Form, die einem Handelsbrauch entspricht, den die Parteien kannten oder kennen mussten und den Parteien von Verträgen dieser Art in dem betreffenden Geschäftszweig allgemein kennen und regelmäßig beachten.

(2) Elektronische Übermittlungen, die eine dauerhafte Aufzeichnung der Vereinbarung ermöglichen, sind der Schriftform gleichgestellt.

(3) Wenn eine solche Vereinbarung von Parteien geschlossen wurde, die beide ihren Wohnsitz nicht im Hoheitsgebiet eines durch dieses Übereinkommen gebundenen Staates haben, so können die Gerichte der anderen durch dieses Übereinkommen gebundenen Staaten nicht entscheiden, es sei denn, das vereinbarte Gericht oder die vereinbarten Gerichte haben sich rechtskräftig für unzuständig erklärt.

(4)–(5) (vom Abdruck wurde abgesehen).

30   Die internationale Zuständigkeit kann mittels **Gerichtsstandsvereinbarung** festgelegt werden. Der räumlich-persönliche Geltungsbereich von Art. 23 LugÜ 2007 ist eröffnet, wenn zum einen die Prorogation auf ein Gericht (oder die Gerichte) eines Vertragsstaats erfolgt und zum anderen eine Partei ihren Wohnsitz in einem Vertragsstaat hat. Nicht erforderlich ist, dass der Beklagte seinen Wohnsitz in Island, Norwegen oder der Schweiz hat; dies folgt aus Art. 4 Abs. 4 EuUntVO, der somit den Restanwendungsbereich des LugÜ 2007 gegenüber den allgemeinen Regeln erweitert (s. Art. 2–4 LugÜ 2007 Rz. 8). Praktische Bedeutung kommt Art. 23 LugÜ 2007 in Unterhaltssachen jedoch – soweit ersichtlich – kaum zu.[1] Denkbar erscheint aber immerhin, im Titulierungsverfahren die Zuständigkeit des titulierenden Gerichts für spätere Abänderungsverfahren zu vereinbaren (s. Art. 5 LugÜ 2007 Rz. 25).[2]

Art. 24

Sofern das Gericht eines durch dieses Übereinkommen gebundenen Staates nicht bereits nach anderen Vorschriften dieses Übereinkommens zuständig ist, wird es zuständig, wenn sich der Beklagte vor ihm auf das Verfahren einlässt. Dies gilt nicht, wenn der Beklagte sich einlässt, um den Mangel der Zuständigkeit geltend zu machen oder wenn ein anderes Gericht aufgrund des Artikels 22 ausschließlich zuständig ist.

31   Nimmt der Beklagte an dem Verfahren teil, so stellt sich die Frage, unter welchen Voraussetzungen die internationale Zuständigkeit des angerufenen Gerichts kraft **rügeloser Einlassung** begründet werden kann. Art. 24 LugÜ 2007 erfordert eine Einlassung, dies freilich – anders als § 39 ZPO – weder in der mündlichen Verhandlung noch zur Hauptsache. Abweichend von §§ 39 Satz 2, 504 ZPO hängt die Zuständigkeitsbegründung auch nicht von einer richterlichen Belehrung des Beklagten ab (was aber richtigerweise nicht etwa bedeutet, dass eine solche nicht erfolgen sollte). Anerkanntermaßen nicht zuständigkeitsbegründend ist indes, über den engen Wortlaut des Art. 24 Satz 2 Var. 1 LugÜ 2007 hinaus, die nur hilfsweise Einlassung zur Sache

---

[1] So auch *Andrae*, § 8 Rz. 17; *Streicher/Köblitz*, § 4 Rz. 14.
[2] Näher *Riegner*, FamRZ 2005, 1799 (1800).

nach ausdrücklicher Zuständigkeitsrüge. Dabei soll in der Rüge der örtlichen Unzuständigkeit im Zweifel auch die Rüge der internationalen Unzuständigkeit enthalten sein.[1]

Abschnitt 8:
Prüfung der Zuständigkeit und der Zulässigkeit des Verfahrens

Art. 25

Das Gericht eines durch dieses Übereinkommen gebundenen Staates hat sich von Amts wegen für unzuständig zu erklären, wenn es wegen einer Streitigkeit angerufen wird, für die das Gericht eines anderen durch dieses Übereinkommen gebundenen Staates aufgrund des Artikels 22 ausschließlich zuständig ist.

Art. 26

(1) Lässt sich der Beklagte, der seinen Wohnsitz im Hoheitsgebiet eines durch dieses Übereinkommen gebundenen Staates hat und der vor den Gerichten eines anderen durch dieses Übereinkommen gebundenen Staates verklagt wird, auf das Verfahren nicht ein, so hat sich das Gericht von Amts wegen für unzuständig zu erklären, wenn seine Zuständigkeit nicht nach diesem Übereinkommen begründet ist.

(2) Das Gericht hat das Verfahren so lange auszusetzen, bis festgestellt ist, dass es dem Beklagten möglich war, das verfahrenseinleitende Schriftstück oder ein gleichwertiges Schriftstück so rechtzeitig zu empfangen, dass er sich verteidigen konnte oder dass alle hierzu erforderlichen Maßnahmen getroffen worden sind.

(3) An die Stelle von Absatz 2 tritt Artikel 15 des Haager Übereinkommens vom 15. November 1965 über die Zustellung gerichtlicher und außergerichtlicher Schriftstücke im Ausland in Zivil- oder Handelssachen, wenn das verfahrenseinleitende Schriftstück oder ein gleichwertiges Schriftstück nach dem genannten Übereinkommen zu übermitteln war.

(4) Die Mitgliedstaaten der Europäischen Gemeinschaft, die durch die Verordnung (EG) Nr. 1348/2000 des Rates vom 29. Mai 2000 oder durch das am 19. Oktober 2005 in Brüssel unterzeichnete Abkommen zwischen der Europäischen Gemeinschaft und dem Königreich Dänemark über die Zustellung gerichtlicher und außergerichtlicher Schriftstücke in Zivil- oder Handelssachen gebunden sind, wenden in ihrem Verhältnis untereinander Artikel 19 der genannten Verordnung an, wenn das verfahrenseinleitende Schriftstück oder ein gleichwertiges Schriftstück nach dieser Verordnung oder nach dem genannten Abkommen zu übermitteln war.

Bleibt der Beklagte dem Verfahren fern, so gilt Art. 26 LugÜ 2007: Die Notwendigkeit amtswegiger Prüfung der internationalen Entscheidungszuständigkeit reduziert die Last des Beklagten, sich vor einem unzuständigen Gericht zu verantworten. Entscheidet dieses allerdings gleichwohl – zu Unrecht – zur Sache, so begründet alleine dieser Umstand kein Anerkennungshindernis (s. Art. 35 LugÜ 2007). 32

Abschnitt 9:
Rechtshängigkeit und im Zusammenhang stehende Verfahren

Art. 27

(1) Werden bei Gerichten verschiedener durch dieses Übereinkommen gebundener Staaten Klagen wegen desselben Anspruchs zwischen denselben Parteien anhängig gemacht, so setzt das später angerufene Gericht das Verfahren von Amts wegen aus, bis die Zuständigkeit des zuerst angerufenen Gerichts feststeht.

(2) Sobald die Zuständigkeit des zuerst angerufenen Gerichts feststeht, erklärt sich das später angerufene Gericht zugunsten dieses Gerichts für unzuständig.

Art. 28

(1) Sind bei Gerichten verschiedener durch dieses Übereinkommen gebundener Staaten Klagen, die im Zusammenhang stehen, anhängig, so kann jedes später angerufene Gericht das Verfahren aussetzen.

(2) Sind diese Klagen in erster Instanz anhängig, so kann sich jedes später angerufene Gericht auf Antrag einer Partei auch für unzuständig erklären, wenn das zuerst angerufene Gericht für die betreffenden Klagen zuständig ist und die Verbindung der Klagen nach seinem Recht zulässig ist.

---

1 BGH v. 17.10.2007 – XII ZR 146/05, NJW-RR 2008, 156.

§ 110 Anh

(3) Klagen stehen im Sinne dieses Artikels im Zusammenhang, wenn zwischen ihnen eine so enge Beziehung gegeben ist, dass eine gemeinsame Verhandlung und Entscheidung geboten erscheint, um zu vermeiden, dass in getrennten Verfahren widersprechende Entscheidungen ergehen könnten.

Art. 29
Ist für die Klagen die ausschließliche Zuständigkeit mehrerer Gerichte gegeben, so hat sich das zuletzt angerufene Gericht zugunsten des zuerst angerufenen Gerichts für unzuständig zu erklären.

Art. 30
Für die Zwecke dieses Abschnitts gilt ein Gericht als angerufen:
1. zu dem Zeitpunkt, zu dem das verfahrenseinleitende Schriftstück oder ein gleichwertiges Schriftstück bei Gericht eingereicht worden ist, vorausgesetzt, dass der Kläger es in der Folge nicht versäumt hat, die ihm obliegenden Maßnahmen zu treffen, um die Zustellung des Schriftstücks an den Beklagten zu bewirken, oder
2. falls die Zustellung an den Beklagten vor Einreichung des Schriftstücks bei Gericht zu bewirken ist, zu dem Zeitpunkt, zu dem die für die Zustellung verantwortliche Stelle das Schriftstück erhalten hat, vorausgesetzt, dass der Kläger es in der Folge nicht versäumt hat, die ihm obliegenden Maßnahmen zu treffen, um das Schriftstück bei Gericht einzureichen.

33 Für den Fall, dass eine Unterhaltssache parallel einerseits in Deutschland und andererseits in Island, Norwegen oder der Schweiz ausgetragen wird, enthalten Art. 27 ff. LugÜ 2007 Regelungen, die Art. 27 ff. Brüssel I-VO entsprechen. Die EuUntVO steht nicht entgegen (s. Art. 12–13 EuUntVO Rz. 77).

34 Die hM weist der **Rechtshängigkeitssperre** gem. Art. 27 LugÜ 2007 einen recht weiten Anwendungsbereich zu, der deutlich über die in § 261 Abs. 3 Nr. 1 ZPO geforderte Streitgegenstandsidentität hinausgeht.[1] Zudem sollen Feststellungsklagen mit Rücksicht auf die zuständigkeitsrechtliche Waffengleichheit nicht schlechter als Leistungsklagen behandelt werden: Klagt A gegen B in der Schweiz auf Feststellung, diesem keinen Unterhalt zu schulden, so kann sich dieses Verfahren gegenüber dem später von B in Deutschland gegen A erhobenen Antrag auf Zahlung des fraglichen Unterhalts durchsetzen; letztlich wäre B also darauf verwiesen, den angeblichen Unterhaltsanspruch widerklagend in der Schweiz zu verfolgen. Eine ergänzende, allerdings ermessensabhängige **Konnexitätssperre** sieht Art. 28 Abs. 1 LugÜ 2007 vor. Der dafür erforderliche Zusammenhang bestimmt sich gem. Abs. 3.

35 Die in Art. 30 LugÜ 2007 vorgesehene verordnungsautonome Bestimmung des für Art. 27 und 28 **maßgeblichen Zeitpunkts** der Anrufung eines Gerichts soll für eine faire und von den Zufälligkeiten des internationalen Zustellungsrechts gelöste Anwendung des Prioritätsprinzips sorgen.

36 Art. 27 und 28 LugÜ 2007 setzen **keine positive Anerkennungsprognose** voraus: Das später angerufene Gericht darf die Berücksichtigung des im Ausland früher eingeleiteten Verfahrens nicht von einer Kontrolle anhand der in Art. 34 genannten Anerkennungshindernisse abhängig machen.[2]

Abschnitt 10:
Einstweilige Maßnahmen einschließlich solcher, die auf eine Sicherung gerichtet sind

Art. 31
Die im Recht eines durch dieses Übereinkommen gebundenen Staates vorgesehenen einstweiligen Maßnahmen einschließlich solcher, die auf eine Sicherung gerichtet sind, können bei den Gerichten dieses Staates auch dann beantragt werden, wenn für die Entscheidung in der Haupt-

---

1 Näher dazu und zum Folgenden etwa *Kropholler/von Hein*, EuZPR, Art. 27 EuGVO Rz. 6 ff.; MüKo.ZPO/*Gottwald*, Art. 27 EuGVO Rz. 6 ff.; Rauscher/*Leible*, Art. 27 Brüssel I-VO Rz. 8 ff.
2 EuGH v. 9.12.2003 – Rs. C-116/02 (Gasser/MISAT), IPRax 2004, 243; dort auch zur Frage, ob Ausnahmen zu dem in Art. 27 Brüssel I-VO verankerten Prioritätsprinzip anzuerkennen sind, wenn das Verfahren im Erststaat über Gebühr verzögert wird. Dazu auch BGH v. 6.2.2002 – VIII ZR 106/01, NJW 2002, 2795. Zu den Einzelheiten vgl. Rauscher/*Leible*, Art. 27 Brüssel I-VO Rz. 15 ff.

sache das Gericht eines anderen durch dieses Übereinkommen gebundenen Staates aufgrund dieses Übereinkommens zuständig ist.

Art. 2 ff. LugÜ 2007 regeln die internationale Zuständigkeit nicht nur für Hauptsacheverfahren, sondern auch für Maßnahmen des einstweiligen Rechtsschutzes (also etwa für eA in Unterhaltssachen iSv. §§ 49 ff., 246 ff. FamFG). Dies gilt unabhängig davon, ob die Hauptsache bereits anhängig ist oder nicht. Soweit sich im räumlich-persönlichen Anwendungsbereich des LugÜ 2007 aus dessen Art. 2 ff. kein Zuständigkeitsgrund ergibt, kann gem. Art. 31 LugÜ 2007 grundsätzlich auf nationales Zuständigkeitsrecht (wie §§ 50, 232, 105 FamFG) zurückgegriffen werden. Der EuGH beschränkt diese Möglichkeit aber weitgehend: Er verlangt zum einen eine „reale Verknüpfung" zwischen dem Gegenstand der Maßnahme und dem Gebiet des fraglichen Staats, zum anderen Vorsorge für den Fall, dass der Antragsteller in der Hauptsache unterliegt.[1] In Unterhaltssachen wird man den Rückgriff auf das nationale Zuständigkeitsrecht indes nicht von einer Sicherheitsleistung des Unterhaltsberechtigten abhängig machen dürfen.[2] Soll die Vollstreckbarkeit von eA in anderen Vertragsstaaten sichergestellt werden, muss der Gegenpartei nach hM vorheriges rechtliches Gehör gewährt werden.[3] Dies sieht § 246 Abs. 2 FamFG ohnehin als Regelfall vor.

37

Titel III:
Anerkennung und Vollstreckung

Zum **sachlichen Anwendungsbereich** in Unterhaltssachen s. Art. 1 LugÜ 2007 Rz. 4 ff. Titel III erfasst sowohl Entscheidungen iSv. Art. 32 LugÜ 2007 als auch öffentliche Urkunden und Prozessvergleiche (Art. 57 und 58 LugÜ 2007). In **räumlich-persönlicher Hinsicht** werden aus deutscher Sicht Entscheidungen einbezogen, die in Island, Norwegen oder der Schweiz erlassen wurden. Irrelevant ist der Beklagtenwohnsitz im Erkenntnisverfahren (abweichend vom Anwendungsbereich der Zuständigkeitsvorschriften; s. Art. 2–4 LugÜ 2007 Rz. 10 ff.). Ob das Erstgericht seine Entscheidungszuständigkeit auf die vereinheitlichte oder auf sein eigenes nationales Zuständigkeitsrecht gestützt hat, ist für die Anwendbarkeit der Art. 33 ff. LugÜ 2007 unerheblich, und zwar unabhängig davon, ob der Rückgriff auf nationales Recht in Einklang mit Art. 2 ff. LugÜ 2007 stand oder nicht. Zum **zeitlichen Anwendungsbereich** s. Art. 63 LugÜ 2007.

38

Art. 32

Unter „Entscheidung" im Sinne dieses Übereinkommens ist jede Entscheidung zu verstehen, die von einem Gericht eines durch dieses Übereinkommen gebundenen Staates erlassen worden ist, ohne Rücksicht auf ihre Bezeichnung wie Urteil, Beschluss, Zahlungsbefehl oder Vollstreckungsbescheid, einschließlich des Kosten-festsetzungsbeschlusses eines Gerichtsbediensteten.

Abschnitt 1:
Anerkennung

Art. 33

(1) Die in einem durch dieses Übereinkommen gebundenen Staat ergangenen Entscheidungen werden in den anderen durch dieses Übereinkommen gebundenen Staaten anerkannt, ohne dass es hierfür eines besonderen Verfahrens bedarf.

(2) Bildet die Frage, ob eine Entscheidung anzuerkennen ist, als solche den Gegenstand eines Streites, so kann jede Partei, welche die Anerkennung geltend macht, in dem Verfahren nach den Abschnitten 2 und 3 dieses Titels die Feststellung beantragen, dass die Entscheidung anzuerkennen ist.

---

1 EuGH v. 17.11.1998 – Rs. C-391/95 (Van Uden Maritime), IPRax 1999, 240; EuGH v. 27.4.1999 – Rs. C-99/96 (Mietz/Intership Yachting), IPRax 2000, 411.
2 Überzeugend etwa Rauscher/*Leible*, Art. 31 Brüssel I-VO Rz. 12; *Nademleinsky/Neumayr*, Rz. 10.25.
3 BGH v. 21.12.2006 – IX ZB 150/05, NJW-RR 2007, 1573 mwN.; ebenso schon zur alten Rechtslage (Art. 27 Nr. 2, 46 Nr. 2 EuGVÜ) EuGH v. 21.5.1980 – Rs. C-125/79 (Bernard Denilauler), EuGHE 1980, 1553. Vgl. dazu etwa *Linke/Hau*, Rz. 244.

(3) Wird die Anerkennung in einem Rechtsstreit vor dem Gericht eines durch dieses Übereinkommen gebundenen Staates, dessen Entscheidung von der Anerkennung abhängt, verlangt, so kann dieses Gericht über die Anerkennung entscheiden.

39 Zum **Begriff der Anerkennung** iSv. Wirkungserstreckung und zu den anerkennungsfähigen Entscheidungswirkungen vgl. § 108 Rz. 9 ff.

40 Gem. Art. 33 Abs. 1 LugÜ 2007 werden die Wirkungen ausländischer Entscheidungen im Grundsatz ohne ein besonderes Anerkennungsverfahren – also automatisch bzw. **ipso iure** – anerkannt und damit auf das Inland erstreckt; Abs. 3 unterstreicht die Möglichkeit der Inzidentanerkennungsprüfung. Ein **fakultatives Anerkennungsverfahren** ist in Art. 33 Abs. 2 LugÜ 2007 vorgesehen. Dieses soll nach dem Wortlaut (wie Art. 23 Abs. 2 EuUntVO, aber abweichend von § 108 Abs. 2 Satz 1 FamFG sowie Art. 21 Abs. 3 Brüssel IIa-VO) nur demjenigen eröffnet sein, der die Anerkennungsfähigkeit – also nicht: ihr Fehlen – geltend macht. Das Verfahren bestimmt sich nach Art. 33 Abs. 2, 38 ff. LugÜ 2007 sowie §§ 35, 55 f., 68 AUG. Das Gericht kann das Anerkennungsverfahren aussetzen, wenn gegen die Entscheidung in ihrem Ursprungsstaat ein ordentlicher Rechtsbehelf eingelegt wurde (Art. 37 LugÜ 2007). Die gem. Art. 33 Abs. 2 LugÜ 2007 ergehende Entscheidung wirkt nur inter partes. Zu den Rechtsmitteln s. Art. 43 f. LugÜ 2007.

Art. 34
Eine Entscheidung wird nicht anerkannt, wenn
1. die Anerkennung der öffentlichen Ordnung (ordre public) des Staates, in dem sie geltend gemacht wird, offensichtlich widersprechen würde;
2. dem Beklagten, der sich auf das Verfahren nicht eingelassen hat, das verfahrenseinleitende Schriftstück oder ein gleichwertiges Schriftstück nicht so rechtzeitig und in einer Weise zugestellt worden ist, dass er sich verteidigen konnte, es sei denn, der Beklagte hat gegen die Entscheidung keinen Rechtsbehelf eingelegt, obwohl er die Möglichkeit dazu hatte;
3. sie mit einer Entscheidung unvereinbar ist, die zwischen denselben Parteien in dem Staat, in dem die Anerkennung geltend gemacht wird, ergangen ist;
4. sie mit einer früheren Entscheidung unvereinbar ist, die in einem anderen durch dieses Übereinkommen gebundenen Staat oder in einem Drittstaat zwischen denselben Parteien in einem Rechtsstreit wegen desselben Anspruchs ergangen ist, sofern die frühere Entscheidung die notwendigen Voraussetzungen für ihre Anerkennung in dem Staat erfüllt, in dem die Anerkennung geltend gemacht wird.

Art. 35
(1) Eine Entscheidung wird ferner nicht anerkannt, wenn die Vorschriften der Abschnitte 3, 4 und 6 des Titels II verletzt worden sind oder wenn ein Fall des Artikels 68 vorliegt. Des Weiteren kann die Anerkennung einer Entscheidung versagt werden, wenn ein Fall des Artikels 64 Absatz 3 oder des Artikels 67 Absatz 4 vorliegt.

(2) Das Gericht oder die sonst befugte Stelle des Staates, in dem die Anerkennung geltend gemacht wird, ist bei der Prüfung, ob eine der in Absatz 1 angeführten Zuständigkeiten gegeben ist, an die tatsächlichen Feststellungen gebunden, aufgrund deren das Gericht des Ursprungsstaats seine Zuständigkeit angenommen hat.

(3) Die Zuständigkeit der Gerichte des Ursprungsstaats darf, unbeschadet der Bestimmungen des Absatzes 1, nicht nachgeprüft werden. Die Vorschriften über die Zuständigkeit gehören nicht zur öffentlichen Ordnung (ordre public) im Sinne des Artikels 34 Nummer 1.

Art. 36
Die ausländische Entscheidung darf keinesfalls in der Sache selbst nachgeprüft werden.

41 Zu den Grundlagen und Einzelheiten der **Anerkennungshindernisse** gem. Art. 34 LugÜ 2007 beachte die Hinweise zur Parallelvorschrift in Art. 24 EuUntVO, Anhang 3 zu § 110 Rz. 115 ff. Zur Prüfung im Exequaturrechtsbehelfsverfahren s. Art. 38 LugÜ 2007 Rz. 44. Sowohl Art. 36 als auch Art. 45 Abs. 2 LugÜ 2007 untersagen eine **révision au fond**. Zur Möglichkeit, wegen des Günstigkeitsprinzips im Exequaturverfahren des LugÜ 2007 nur die Anerkennungsvoraussetzungen des HUntVÜ 1973 anzuwenden, s. Art. 67 LugÜ 2007 Rz. 57.

Art. 37

(1) Das Gericht eines durch dieses Übereinkommen gebundenen Staates, vor dem die Anerkennung einer in einem anderen durch dieses Übereinkommen gebundenen Staat ergangenen Entscheidung geltend gemacht wird, kann das Verfahren aussetzen, wenn gegen die Entscheidung ein ordentlicher Rechtsbehelf eingelegt worden ist.

(2) Das Gericht eines durch dieses Übereinkommen gebundenen Staates, vor dem die Anerkennung einer in Irland oder im Vereinigten Königreich ergangenen Entscheidung geltend gemacht wird, kann das Verfahren aussetzen, wenn die Vollstreckung der Entscheidung im Ursprungsstaat wegen der Einlegung eines Rechtsbehelfs einstweilen eingestellt ist.

Abschnitt 2:
Vollstreckung

Art. 38

(1) Die in einem durch dieses Übereinkommen gebundenen Staat ergangenen Entscheidungen, die in diesem Staat vollstreckbar sind, werden in einem anderen durch dieses Übereinkommen gebundenen Staat vollstreckt, wenn sie dort auf Antrag eines Berechtigten für vollstreckbar erklärt worden sind.

(2) Im Vereinigten Königreich jedoch wird eine derartige Entscheidung in England und Wales, in Schottland oder in Nordirland vollstreckt, wenn sie auf Antrag eines Berechtigten zur Vollstreckung in dem betreffenden Teil des Vereinigten Königreichs registriert worden ist.

Das **Exequaturverfahren** gem. Art. 38 ff. LugÜ 2007 gilt für Entscheidungen iSv. Art. 32 LugÜ 2007 sowie für öffentliche Urkunden und Prozessvergleiche (Art. 57 und 58 LugÜ 2007). Es wird eingeleitet, indem der Berechtigte (regelmäßig also der Titelgläubiger, beachte zu Rechtsnachfolgern § 39 Abs. 1 AUG[1]) die Vollstreckbarerklärung gem. Art. 38 Abs. 1 LugÜ 2007 beantragt. Gem. Art. 40 Abs. 3 LugÜ 2007 sind dem Antrag die in Art. 53 LugÜ 2007 genannten Urkunden beizufügen; Einzelheiten sind in Art. 53–56 LugÜ 2007 und § 36 Abs. 2–4 AUG geregelt. 42

Welche Stelle **Adressat des Antrags** ist, überlässt Art. 39 Abs. 1 LugÜ 2007 dem nationalen Recht. In Deutschland bestimmt sich dies in Unterhaltssachen nach § 35 Abs. 1 und 3 AUG:[2] Zuständig sind das Amtsgericht bzw., sofern die Vollstreckbarerklärung einer öffentlichen Urkunde in Rede steht, der Notar (vgl. Art. 57 Abs. 1 Satz 1 LugÜ 2007). An die konventionseigene Regelung der **örtlichen Zuständigkeit** in Art. 39 Abs. 2 LugÜ 2007 (Schuldnerwohnsitz bzw. Vollstreckungsort) knüpfen die auf Kompetenzbündelung abzielende Zuständigkeitskonzentration und die Verordnungsermächtigung gem. § 35 Abs. 1 und 2 AUG an. 43

Sind die formellen Voraussetzungen erfüllt und ist der vom Gläubiger im Ursprungsstaat erstrittene Titel nach dortigen Regeln vollstreckbar, so wird die ausländische Entscheidung – abweichend von Art. 31, 34 Abs. 2 LugÜ 1988 – nicht etwa anhand der nunmehr in Art. 34, 35 LugÜ 2007 aufgeführten **Anerkennungsversagungsgründe** überprüft: Eine derartige Kontrolle ist ausweislich Art. 41 Satz 1 LugÜ 2007 nicht Voraussetzung der Vollstreckbarerklärung; selbst der ordre public des Anerkennungsstaats hat in diesem Verfahrensabschnitt außer Betracht zu bleiben. Vielmehr muss die Vollstreckbarkeit, wenn die genannten formellen Voraussetzungen erfüllt sind, herbeigeführt werden, und zwar ohne Anhörung des Antragsgegners (Art. 41 Satz 2 LugÜ 2007; beachte aber § 39 Abs. 2 AUG). Zur Möglichkeit einer mündlichen Erörterung s. § 38 Abs. 1 Satz 2 AUG. 44

In Deutschland erfolgt die Vollstreckbarerklärung dadurch, dass der ausländische Titel mit der **Vollstreckungsklausel** versehen wird (§§ 36 Abs. 1, 40, 41 AUG). Diese Entscheidung wird dem Gläubiger sowie dem Schuldner nach Maßgabe von Art. 42 LugÜ 2007 und §§ 40 Abs. 3, 42 AUG bekanntgegeben. 45

Eine Kontrolle von Anerkennungsversagungsgründen findet erst und nur statt, wenn der Schuldner daraufhin fristgerecht das gegen die Vollstreckbarerklärung vor- 46

---

1 Zum Gläubigerwechsel vgl. *Botur*, FamRZ 2010, 1860 (1866 f.).
2 Dazu BT-Drucks. 17/4887, S. 45 f.

gesehene **Rechtsbehelfsverfahren** einleitet.[1] Statthaft ist in Deutschland gem. Art. 43 Abs. 2 (mit Anhang III) und Abs. 3 LugÜ 2007 iVm. §§ 43 ff. AUG die Beschwerde zum OLG. Die Frist für den Antragsgegner bestimmt sich nach Art. 43 Abs. 5 LugÜ 2007 (vgl. auch § 43 Abs. 4 Satz 1 Nr. 2 und Satz 2 und 3 AUG).[2] Um die Rechtsbehelfsfrist auszulösen, muss die Entscheidung über die Zulassung der Zwangsvollstreckung ordnungsgemäß zugestellt sein. Dies richtet sich, wenn der Schuldner seinen Sitz im Ausland hat, vorrangig nach dem jeweiligen Europa- und Konventionsrecht, im Übrigen nach den Zustellungsvorschriften des Vollstreckungsstaats,[3] wobei jedoch die Einschränkung des Zustellungsmodus durch Art. 43 Abs. 5 Satz 2 LugÜ 2007 zu beachten ist (Zustellung „in Person oder in seiner Wohnung"); fragwürdigerweise meint der deutsche Gesetzgeber, diese schuldnerfreundliche Einschränkung auch auf die Inlandszustellung beziehen zu dürfen (§ 43 Abs. 4 Satz 2 AUG). Es steht dem Schuldner nicht frei, von den Rechtsbehelfen des LugÜ 2007 abzusehen und sich stattdessen mit einer Klage gem. § 826 BGB zur Wehr zu setzen.[4]

47 Bis zum Ablauf der dem Schuldner gesetzten Beschwerdefrist kann der Gläubiger die Vollstreckung beschränkt auf Sicherungsmaßnahmen betreiben (Art. 47 LugÜ 2007, §§ 49 ff. AUG). Legt der Schuldner fristgerecht **Beschwerde** ein, so darf das damit befasste OLG die vom Gläubiger erwirkte Vollstreckbarerklärung gem. Art. 45 LugÜ 2007 nur unter Berufung auf einen der in Art. 34 und 35 LugÜ 2007 genannten Anerkennungsversagungsgründe aufheben. Kann ein Anerkennungshindernis – namentlich eine Gehörsverletzung – im Erststaat noch ausgeräumt werden, so ist das Beschwerdeverfahren (unter Fristsetzung) auszusetzen.[5]

48 Ein Vollstreckungstitel, der aus Sicht des Ursprungsstaats **nicht vollstreckungsfähig** oder dort **bereits aufgehoben** worden ist, kann auch in anderen Staaten keine Wirkung entfalten.[6] Es dürfte Einvernehmen herrschen, dass der dahingehende Vortrag von der Exequaturstelle zu beachten ist,[7] vom Titelschuldner also nicht etwa gesondert (mittels § 767 ZPO) geltend gemacht werden muss.

49 Eingehend diskutiert wurde in der Vergangenheit, ob bzw. inwieweit im Beschwerdeverfahren auch **materiell-rechtliche Einwendungen** gegen den im Ausland titulierten Anspruch (etwa Erfüllung und Erfüllungssurrogate, Vergleich, Erlass und Stundung, Gläubigerwechsel etc.) beachtlich sein können.[8] Der deutsche Gesetzgeber hatte dies ausweislich § 44 AUG zunächst bejaht, hat diese Vorschrift inzwischen aber aufgehoben, um den Vorgaben von Art. 45 LugÜ 2007 („nur") zu entsprechen.[9] Beachte die Ausführungen zur Parallelproblematik bei Art. 34 EuUntVO Rz. 146.

50 Sachliche Einwendungen gegen einen titulierten Unterhaltsanspruch, die im Wege eines **Abänderungsantrags** geltend zu machen wären, können der Vollstreckbarerklärung nicht gem. Art. 43 LugÜ 2007 entgegengehalten werden (vgl. schon Anhang 1 zu § 110 Rz. 34).[10]

---

1 Einem konkurrierenden Gläubiger des Schuldners steht diese Möglichkeit nicht zu, vgl. EuGH v. 23.4.2009 – Rs. C-167/08 (Draka NK Cables), NJW 2009, 1937.
2 Zur Fristbestimmung für den Antragsteller nach den allgemeinen FamFG-Regeln bei Ablehnung seines Antrags vgl. BT-Drucks. 17/4887, S. 46.
3 *Kropholler/von Hein*, EuZPR, Art. 43 EuGVO Rz. 14 f.
4 Richtig OLG Köln v. 17.11.2008 – 16 W 27/08, NJW-RR 2009, 1074 (1075).
5 Dazu BGH v. 21.1.2010 – IX ZB 193/07, NJW-RR 2010, 1001.
6 Vgl. etwa BGH v. 7.4.2004 – XII ZB 51/02, FamRZ 2004, 1023. Beachte auch EuGH v. 28.4.2009 – Rs. 420/07 (Apostolides), EuGRZ 2009, 210.
7 Klarstellend – und insoweit unproblematisch – BGH v. 14.3.2007 – XII ZB 174/04, BGHZ 171, 310 = NJW 2007, 3433, und zwar gleichermaßen gemünzt auf die Brüssel I-VO, das EuGVÜ und das HUntVÜ 1973.
8 Vgl. BGH v. 14.3.2007 – XII ZB 174/04, NJW 2007, 3433; BGH v. 12.8.2009 – XII ZB 12/05, NJW-RR 2010, 1 (4); BGH v. 2.3.2011 – XII ZB 156/09, FamRZ 2011, 802 (803 f.) = IPRax 2012, 360 m. Anm. *Hilbig-Lugani*, 333.
9 Art. 1 Nr. 10 G. v. 20.2.2013, und zwar zum 26.2.2013 (ebendort, Art. 4 Abs. 3), BGBl. I 2013, 273. Vgl. die Erläuterungen im RegE, BT-Drucks. 17/10492, S. 12.
10 BGH v. 2.9.2009 – XII ZA 8/07, FamRZ 2009, 1996 f.

Gegen die Beschwerdeentscheidung findet gem. Art. 44 LugÜ 2007 mit Anhang IV, §§ 46 ff. AUG in Deutschland die **Rechtsbeschwerde** statt.[1] 51

Zum strittigen Verhältnis von Vollstreckbarerklärung und **neuem Titulierungsverfahren** im Inland s. Anhang 1 zu § 110 Rz. 26. 52

Art. 39
(1) Der Antrag ist an das Gericht oder die sonst befugte Stelle zu richten, die in Anhang II aufgeführt ist.

(2) Die örtliche Zuständigkeit wird durch den Wohnsitz des Schuldners oder durch den Ort, an dem die Zwangsvollstreckung durchgeführt werden soll, bestimmt.

Art. 40
(1) Für die Stellung des Antrags ist das Recht des Vollstreckungsstaats maßgebend.

(2) Der Antragsteller hat im Bezirk des angerufenen Gerichts ein Wahldomizil zu begründen. Ist das Wahldomizil im Recht des Vollstreckungsstaats nicht vorgesehen, so hat der Antragsteller einen Zustellungsbevollmächtigten zu benennen.

(3) Dem Antrag sind die in Artikel 53 angeführten Urkunden beizufügen.

Art. 41
Sobald die in Artikel 53 vorgesehenen Förmlichkeiten erfüllt sind, wird die Entscheidung unverzüglich für vollstreckbar erklärt, ohne dass eine Prüfung nach den Artikeln 34 und 35 erfolgt. Der Schuldner erhält in diesem Abschnitt des Verfahrens keine Gelegenheit, eine Erklärung abzugeben.

Art. 42
(1) Die Entscheidung über den Antrag auf Vollstreckbarerklärung wird dem Antragsteller unverzüglich in der Form mitgeteilt, die das Recht des Vollstreckungsstaats vorsieht.

(2) Die Vollstreckbarerklärung und, soweit dies noch nicht geschehen ist, die Entscheidung werden dem Schuldner zugestellt.

Art. 43
(1) Gegen die Entscheidung über den Antrag auf Vollstreckbarerklärung kann jede Partei einen Rechtsbehelf einlegen.

(2) Der Rechtsbehelf wird bei dem in Anhang III aufgeführten Gericht eingelegt.

(3) Über den Rechtsbehelf wird nach den Vorschriften entschieden, die für Verfahren mit beiderseitigem rechtlichen Gehör maßgebend sind.

(4) Lässt sich der Schuldner auf das Verfahren vor dem mit dem Rechtsbehelf des Antragstellers befassten Gericht nicht ein, so ist Artikel 26 Absätze 2-4 auch dann anzuwenden, wenn der Schuldner seinen Wohnsitz nicht im Hoheitsgebiet eines durch dieses Übereinkommen gebundenen Staates hat.

(5) Der Rechtsbehelf gegen die Vollstreckbarerklärung ist innerhalb eines Monats nach ihrer Zustellung einzulegen. Hat der Schuldner seinen Wohnsitz im Hoheitsgebiet eines anderen durch dieses Übereinkommen gebundenen Staates als dem, in dem die Vollstreckbarerklärung ergangen ist, beträgt die Frist für den Rechtsbehelf zwei Monate und beginnt von dem Tage an zu laufen, an dem die Vollstreckbarerklärung ihm entweder in Person oder in seiner Wohnung zugestellt worden ist. Eine Verlängerung dieser Frist wegen weiter Entfernung ist ausgeschlossen.

Art. 44
Gegen die Entscheidung, die über den Rechtsbehelf ergangen ist, kann nur ein Rechtsbehelf nach Anhang IV eingelegt werden.

Art. 45
(1) Die Vollstreckbarerklärung darf von dem mit einem Rechtsbehelf nach Artikel 43 oder Artikel 44 befassten Gericht nur aus einem der in den Artikeln 34 und 35 aufgeführten Gründe versagt oder aufgehoben werden. Das Gericht erlässt seine Entscheidung unverzüglich.

(2) Die ausländische Entscheidung darf keinesfalls in der Sache selbst nachgeprüft werden.

---

1 Zur Beschränkung auf Sicherungsmaßregeln im Rahmen des Rechtsbeschwerdeverfahrens vgl. BGH v. 17.6.2009 – XII ZB 82/09, FamRZ 2009, 1402 m. insoweit krit. Anm. *Hau* (1404).

Art. 46

(1) Das nach Artikel 43 oder Artikel 44 mit dem Rechtsbehelf befasste Gericht kann auf Antrag des Schuldners das Verfahren aussetzen, wenn gegen die Entscheidung im Ursprungsstaat ein ordentlicher Rechtsbehelf eingelegt oder die Frist für einen solchen Rechtsbehelf noch nicht verstrichen ist; in letzterem Fall kann das Gericht eine Frist bestimmen, innerhalb deren der Rechtsbehelf einzulegen ist.

(2) Ist die Entscheidung in Irland oder im Vereinigten Königreich ergangen, so gilt jeder im Ursprungsstaat statthafte Rechtsbehelf als ordentlicher Rechtsbehelf iSv. Absatz 1.

(3) Das Gericht kann auch die Zwangsvollstreckung von der Leistung einer Sicherheit, die es bestimmt, abhängig machen.

Art. 47

(1) Ist eine Entscheidung nach diesem Übereinkommen anzuerkennen, so ist der Antragsteller nicht daran gehindert, einstweilige Maßnahmen einschließlich solcher, die auf eine Sicherung gerichtet sind, nach dem Recht des Vollstreckungsstaats in Anspruch zu nehmen, ohne dass es einer Vollstreckbarerklärung nach Artikel 41 bedarf.

(2) Die Vollstreckbarerklärung gibt die Befugnis, Maßnahmen, die auf eine Sicherung gerichtet sind, zu veranlassen.

(3) Solange die in Artikel 43 Absatz 5 vorgesehene Frist für den Rechtsbehelf gegen die Vollstreckbarerklärung läuft und solange über den Rechtsbehelf nicht entschieden ist, darf die Zwangsvollstreckung in das Vermögen des Schuldners nicht über Maßnahmen zur Sicherung hinausgehen.

Art. 48

(1) Ist durch die ausländische Entscheidung über mehrere mit der Klage geltend gemachte Ansprüche erkannt und kann die Vollstreckbarerklärung nicht für alle Ansprüche erteilt werden, so erteilt das Gericht oder die sonst befugte Stelle sie für einen oder mehrere dieser Ansprüche.

(2) Der Antragsteller kann beantragen, dass die Vollstreckbarerklärung nur für einen Teil des Gegenstands der Verurteilung erteilt wird.

Art. 49

Ausländische Entscheidungen, die auf Zahlung eines Zwangsgelds lauten, sind im Vollstreckungsstaat nur vollstreckbar, wenn die Höhe des Zwangsgelds durch die Gerichte des Ursprungsstaats endgültig festgesetzt ist.

Art. 50

(1) Ist dem Antragsteller im Ursprungsstaat ganz oder teilweise Prozesskostenhilfe oder Kosten- und Gebührenbefreiung gewährt worden, so genießt er in dem Verfahren nach diesem Abschnitt hinsichtlich der Prozesskostenhilfe oder der Kosten- und Gebührenbefreiung die günstigste Behandlung, die das Recht des Vollstreckungsstaats vorsieht.

(2) Der Antragsteller, der die Vollstreckung einer Entscheidung einer Verwaltungsbehörde begehrt, die in Dänemark, Island oder Norwegen in Unterhaltssachen ergangen ist, kann im Vollstreckungsstaat Anspruch auf die in Absatz 1 genannten Vorteile erheben, wenn er eine Erklärung des dänischen, isländischen oder norwegischen Justizministeriums darüber vorlegt, dass er die wirtschaftlichen Voraussetzungen für die vollständige oder teilweise Bewilligung der Prozesskostenhilfe oder für die Kosten- und Gebührenbefreiung erfüllt.

Art. 51

Der Partei, die in einem durch dieses Übereinkommen gebundenen Staat eine in einem anderen durch dieses Übereinkommen gebundenen Staat ergangene Entscheidung vollstrecken will, darf wegen ihrer Eigenschaft als Ausländer oder wegen Fehlens eines inländischen Wohnsitzes oder Aufenthalts eine Sicherheitsleistung oder Hinterlegung, unter welcher Bezeichnung es auch sei, nicht auferlegt werden.

Art. 52

Im Vollstreckungsstaat dürfen im Vollstreckbarerklärungsverfahren keine nach dem Streitwert abgestuften Stempelabgaben oder Gebühren erhoben werden.

Abschnitt 3:
Gemeinsame Vorschriften

Art. 53

(1) Die Partei, die die Anerkennung einer Entscheidung geltend macht oder eine Vollstreckbarerklärung beantragt, hat eine Ausfertigung der Entscheidung vorzulegen, die die für ihre Beweiskraft erforderlichen Voraussetzungen erfüllt.

(2) Unbeschadet des Artikels 55 hat die Partei, die eine Vollstreckbarerklärung beantragt, ferner die Bescheinigung nach Artikel 54 vorzulegen.

Art. 54

Das Gericht oder die sonst befugte Stelle des durch dieses Übereinkommen gebundenen Staates, in dem die Entscheidung ergangen ist, stellt auf Antrag die Bescheinigung unter Verwendung des Formblatts in Anhang V dieses Übereinkommens aus.

Zur Zuständigkeit für die Ausstellung der Bescheinigung zu deutschen Titeln beachte § 71 Abs. 1 Nr. 2 und Abs. 2 AUG.[1] **53**

Art. 55

(1) Wird die Bescheinigung nach Artikel 54 nicht vorgelegt, so kann das Gericht oder die sonst befugte Stelle eine Frist bestimmen, innerhalb deren die Bescheinigung vorzulegen ist, oder sich mit einer gleichwertigen Urkunde begnügen oder von der Vorlage der Bescheinigung befreien, wenn es oder sie eine weitere Klärung nicht für erforderlich hält.

(2) Auf Verlangen des Gerichts oder der sonst befugten Stelle ist eine Übersetzung der Urkunden vorzulegen. Die Übersetzung ist von einer hierzu in einem der durch dieses Übereinkommen gebundenen Staaten befugten Person zu beglaubigen.

Art. 56

Die in Artikel 53 und in Artikel 55 Absatz 2 angeführten Urkunden sowie die Urkunde über die Prozessvollmacht, falls eine solche erteilt wird, bedürfen weder der Legalisation noch einer ähnlichen Förmlichkeit.

Titel IV:
Öffentliche Urkunden und Prozessvergleiche

Art. 57

(1) Öffentliche Urkunden, die in einem durch dieses Übereinkommen gebundenen Staat aufgenommen und vollstreckbar sind, werden in einem anderen durch dieses Übereinkommen gebundenen Staat auf Antrag in dem Verfahren nach den Artikeln 38 ff. für vollstreckbar erklärt. Die Vollstreckbarerklärung ist von dem mit einem Rechtsbehelf nach Artikel 43 oder Artikel 44 befassten Gericht nur zu versagen oder aufzuheben, wenn die Zwangsvollstreckung aus der Urkunde der öffentlichen Ordnung (ordre public) des Vollstreckungsstaats offensichtlich widersprechen würde.

(2) Als öffentliche Urkunden im Sinne von Absatz 1 werden auch vor Verwaltungsbehörden geschlossene oder von ihnen beurkundete Unterhaltsvereinbarungen oder -verpflichtungen angesehen.

(3) Die vorgelegte Urkunde muss die Voraussetzungen für ihre Beweiskraft erfüllen, die in dem Staat, in dem sie aufgenommen wurde, erforderlich sind.

(4) Die Vorschriften des Abschnitts 3 des Titels III sind sinngemäß anzuwenden. Die befugte Stelle des durch dieses Übereinkommen gebundenen Staates, in dem eine öffentliche Urkunde aufgenommen worden ist, stellt auf Antrag die Bescheinigung unter Verwendung des Formblatts in Anhang VI dieses Übereinkommens aus.

Art. 58

Vergleiche, die vor einem Gericht im Laufe eines Verfahrens geschlossen und in dem durch dieses Übereinkommen gebundenen Staat, in dem sie errichtet wurden, vollstreckbar sind, werden in dem Vollstreckungsstaat unter denselben Bedingungen wie öffentliche Urkunden vollstreckt. Das Gericht oder die sonst befugte Stelle des durch dieses Übereinkommen gebundenen Staates, in dem ein Prozessvergleich geschlossen worden ist, stellt auf Antrag die Bescheinigung unter Verwendung des Formblatts in Anhang V dieses Übereinkommens aus.

---

1 Vgl. BT-Drucks. 17/4887, S. 49.

§ 110 Anh — Allgemeiner Teil

54 Zur Vollstreckbarerklärung s. Art. 38 LugÜ 2007 Rz. 42 ff. Zur Zuständigkeit für die Ausstellung der Bescheinigungen gem. Art. 57 und 58 LugÜ 2007 s. § 71 Abs. 1 Nr. 2 und Abs. 2 AUG.[1]

Titel V:
Allgemeine Vorschriften

Art. 59

(1) Ist zu entscheiden, ob eine Partei im Hoheitsgebiet des durch dieses Übereinkommen gebundenen Staates, dessen Gerichte angerufen sind, einen Wohnsitz hat, so wendet das Gericht sein Recht an.

(2) Hat eine Partei keinen Wohnsitz in dem durch dieses Übereinkommen gebundenen Staat, dessen Gerichte angerufen sind, so wendet das Gericht, wenn es zu entscheiden hat, ob die Partei einen Wohnsitz in einem anderen durch dieses Übereinkommen gebundenen Staat hat, das Recht dieses Staates an.

Art. 60–61
(vom Abdruck wurde abgesehen)

Art. 62

Im Sinne dieses Übereinkommens umfasst die Bezeichnung „Gericht" jede Behörde, die von einem durch dieses Übereinkommen gebundenen Staat als für die in den Anwendungsbereich dieses Übereinkommens fallenden Rechtsgebiete zuständig bezeichnet worden ist.

Titel VI:
Übergangsvorschriften

Art. 63

(1) Die Vorschriften dieses Übereinkommens sind nur auf solche Klagen und öffentliche Urkunden anzuwenden, die erhoben oder aufgenommen worden sind, nachdem dieses Übereinkommen im Ursprungsstaat und, sofern die Anerkennung oder Vollstreckung einer Entscheidung oder einer öffentlichen Urkunde geltend gemacht wird, im ersuchten Staat in Kraft getreten ist.

(2) Ist die Klage im Ursprungsstaat vor dem Inkrafttreten dieses Übereinkommens erhoben worden, so werden nach diesem Zeitpunkt erlassene Entscheidungen nach Maßgabe des Titels III anerkannt und zur Vollstreckung zugelassen,

a) wenn die Klage im Ursprungsstaat erhoben wurde, nachdem das Übereinkommen von Lugano vom 16. September 1988 sowohl im Ursprungsstaat als auch in dem ersuchten Staat in Kraft getreten war;

b) in allen anderen Fällen, wenn das Gericht aufgrund von Vorschriften zuständig war, die mit den Zuständigkeitsvorschriften des Titels II oder eines Abkommens übereinstimmen, das im Zeitpunkt der Klageerhebung zwischen dem Ursprungsstaat und dem ersuchten Staat in Kraft war.

Titel VII:
Verhältnis zu der Verordnung (EG) Nr. 44/2001 des Rates und zu anderen Rechtsinstrumenten

Art. 64

(1) Dieses Übereinkommen lässt die Anwendung folgender Rechtsakte durch die Mitgliedstaaten der Europäischen Gemeinschaft unberührt: der Verordnung (EG) Nr. 44/2001 des Rates über die gerichtliche Zuständigkeit und die Anerkennung und Vollstreckung von Entscheidungen in Zivil- und Handelssachen einschließlich deren Änderungen, des am 27. September 1968 in Brüssel unterzeichneten Übereinkommens über die gerichtliche Zuständigkeit und die Vollstreckung gerichtlicher Entscheidungen in Zivil- und Handelssachen und des am 3. Juni 1971 in Luxemburg unterzeichneten Protokolls über die Auslegung des genannten Übereinkommens durch den Gerichtshof der Europäischen Gemeinschaften in der Fassung der Übereinkommen, mit denen die neuen Mitgliedstaaten der Europäischen Gemeinschaften jenem Übereinkommen und dessen Protokoll beigetreten sind, sowie des am 19. Oktober 2005 in Brüssel unterzeichneten Abkommens zwischen der Europäischen Gemeinschaft und dem Königreich Dänemark über die gerichtliche Zuständigkeit und die Anerkennung und Vollstreckung von Entscheidungen in Zivil- und Handelssachen.

(2) Dieses Übereinkommen wird jedoch in jedem Fall angewandt

---

1 Vgl. BT-Drucks. 17/4887, S. 49.

a) in Fragen der gerichtlichen Zuständigkeit, wenn der Beklagte seinen Wohnsitz im Hoheitsgebiet eines Staates hat, in dem dieses Übereinkommen, aber keines der in Absatz 1 aufgeführten Rechtsinstrumente gilt, oder wenn die Gerichte eines solchen Staates nach Artikel 22 oder 23 dieses Übereinkommens zuständig sind;
b) bei Rechtshängigkeit oder im Zusammenhang stehenden Verfahren im Sinne der Artikel 27 und 28, wenn Verfahren in einem Staat anhängig gemacht werden, in dem dieses Übereinkommen, aber keines der in Absatz 1 aufgeführten Rechtsinstrumente gilt, und in einem Staat, in dem sowohl dieses Übereinkommen als auch eines der in Absatz 1 aufgeführten Rechtsinstrumente gilt;
c) in Fragen der Anerkennung und Vollstreckung, wenn entweder der Ursprungsstaat oder der ersuchte Staat keines der in Absatz 1 aufgeführten Rechtsinstrumente anwendet.
(3) Außer aus den in Titel III vorgesehenen Gründen kann die Anerkennung oder Vollstreckung versagt werden, wenn sich der der Entscheidung zugrunde liegende Zuständigkeitsgrund von demjenigen unterscheidet, der sich aus diesem Übereinkommen ergibt, und wenn die Anerkennung oder Vollstreckung gegen eine Partei geltend gemacht wird, die ihren Wohnsitz in einem Staat hat, in dem dieses Übereinkommen, aber keines der in Absatz 1 aufgeführten Rechtsinstrumente gilt, es sei denn, dass die Entscheidung anderweitig nach dem Recht des ersuchten Staates anerkannt oder vollstreckt werden kann.

Zum Verhältnis zwischen LugÜ 2007 und EuUntVO im Zuständigkeitsrecht s. Art. 2–4 LugÜ 2007 Rz. 8.

Art. 65

Dieses Übereinkommen ersetzt unbeschadet des Artikels 63 Absatz 2 und der Artikel 66 und 67 im Verhältnis zwischen den durch dieses Übereinkommen gebundenen Staaten die zwischen zwei oder mehr dieser Staaten bestehenden Übereinkünfte, die sich auf dieselben Rechtsgebiete erstrecken wie dieses Übereinkommen. Durch dieses Übereinkommen werden insbesondere die in Anhang VII aufgeführten Übereinkünfte ersetzt.

Aus deutscher Sicht ist zu vermerken, dass gem. Art. 65 LugÜ 2007 iVm. Anhang VII sowohl der **Deutsch-norwegische Vertrag** v. 17.6.1977 als auch das **Deutsch-schweizerische Abkommen** v. 2.11.1929 (s. jeweils § 97 Rz. 28) verdrängt werden.

Art. 66

(1) Die in Artikel 65 angeführten Übereinkünfte behalten ihre Wirksamkeit für die Rechtsgebiete, auf die dieses Übereinkommen nicht anzuwenden ist.
(2) Sie bleiben auch weiterhin für die Entscheidungen und die öffentlichen Urkunden wirksam, die vor Inkrafttreten dieses Übereinkommens ergangen oder aufgenommen worden sind.

Art. 67

(1) Dieses Übereinkommen lässt Übereinkünfte unberührt, denen die Vertragsparteien und/oder die durch dieses Übereinkommen gebundenen Staaten angehören und die für besondere Rechtsgebiete die gerichtliche Zuständigkeit, die Anerkennung oder die Vollstreckung von Entscheidungen regeln. Unbeschadet der Verpflichtungen aus anderen Übereinkünften, denen manche Vertragsparteien angehören, schließt dieses Übereinkommen nicht aus, dass die Vertragsparteien solche Übereinkünfte schließen.
(2) Dieses Übereinkommen schließt nicht aus, dass ein Gericht eines durch dieses Übereinkommen gebundenen Staates, der Vertragspartei einer Übereinkunft über ein besonderes Rechtsgebiet ist, seine Zuständigkeit auf eine solche Übereinkunft stützt, und zwar auch dann, wenn der Beklagte seinen Wohnsitz in einem anderen durch dieses Übereinkommen gebundenen Staat hat, der nicht Vertragspartei der betreffenden Übereinkunft ist. In jedem Fall wendet dieses Gericht Artikel 26 dieses Übereinkommens an.
(3) Entscheidungen, die in einem durch dieses Übereinkommen gebundenen Staat von einem Gericht erlassen worden sind, das seine Zuständigkeit auf eine Übereinkunft über ein besonderes Rechtsgebiet gestützt hat, werden in den anderen durch dieses Übereinkommen gebundenen Staaten nach Titel III dieses Übereinkommens anerkannt und vollstreckt.
(4) Neben den in Titel III vorgesehenen Gründen kann die Anerkennung oder Vollstreckung versagt werden, wenn der ersuchte Staat nicht durch die Übereinkunft über ein besonderes Rechtsgebiet gebunden ist und die Person, gegen die die Anerkennung oder Vollstreckung geltend gemacht wird, ihren Wohnsitz in diesem Staat hat oder, wenn der ersuchte Staat ein Mitgliedstaat der Europäischen Gemeinschaft ist und die Übereinkunft von der Europäischen Gemeinschaft geschlossen werden müsste, in einem ihrer Mitgliedstaaten, es sei denn, die Entscheidung kann anderweitig nach dem Recht des ersuchten Staates anerkannt oder vollstreckt werden.

(5) Sind der Ursprungsstaat und der ersuchte Staat Vertragsparteien einer Übereinkunft über ein besonderes Rechtsgebiet, welche die Voraussetzungen für die Anerkennung und Vollstreckung von Entscheidungen regelt, so gelten diese Voraussetzungen. In jedem Fall können die Bestimmungen dieses Übereinkommens über das Verfahren zur Anerkennung und Vollstreckung von Entscheidungen angewandt werden.

57 Als Ausprägung des sog. **Günstigkeitsprinzips** stellt es Art. 67 Abs. 5 Satz 2 LugÜ 2007 dem Titelgläubiger frei, einen Vollstreckungstitel, der nach den Bestimmungen eines Übereinkommens (namentlich des HUntVÜ 1958/1973) anerkennungsfähig ist, im vorteilhafter ausgestalteten LugÜ-Exequaturverfahren für vollstreckbar erklären zu lassen. Die praktische Bedeutung dieser Kombinationsmöglichkeit, wie überhaupt des Günstigkeitsprinzips, ist nicht allzu groß.[1]

Art. 68–79, Protokolle und Anhänge
(vom Abdruck wurde abgesehen)

Anhang 5 zu § 110:
HUntVÜ 1973

Literatur: s. § 97 vor Rz. 1. – Kommentierungen des HUntVÜ 1973: Geimer/Schütze, Internationaler Rechtsverkehr, E 6 (*Baumann*); MüKo.ZPO (*Gottwald*); Staudinger Anh. III D zu Art. 18 EGBGB (*Kropholler*).

A. Grundlagen

1 Das Haager Übereinkommen über die Anerkennung und Vollstreckung von Unterhaltsentscheidungen v. 2.10.1973[2] (HUntVÜ 1973[3]) wurde geschaffen als Nachfolgerechtsakt für das Haager Übereinkommen über die Anerkennung und Vollstreckung von Entscheidungen auf dem Gebiet der Unterhaltspflicht gegenüber Kindern v. 15.4.1958 (HUntVÜ 1958; s. dazu Anhang 1 zu § 110 Rz. 18) und als Ergänzung des Haager Übereinkommens über das auf Unterhaltspflichten anzuwendende Recht v. 2.10.1973[4] (dessen Nachfolgerechtsakt ist wiederum das Haager Protokoll über das auf Unterhaltspflichten anzuwendende Recht v. 23.11.2007 – HUntP 2007;[5] s. dazu Anhang 3 zu § 110, Art. 15 EuUntVO Rz. 79 ff.). Gleichermaßen verbindlich sind die englische und die französische Sprachfassung des HUntVÜ 1973 (Art. 37).

2 Das HUntVÜ 1973 ist für Deutschland am 1.4.1987 in Kraft getreten. Die deutschen **Ausführungsbestimmungen** waren ursprünglich in § 1 Abs. 1 Nr. 1 Buchst. c, §§ 3 ff., §§ 37 ff. AVAG enthalten. An deren Stelle gilt das AUG (s. Anhang 2 zu § 110 und dort namentlich §§ 61 f. AUG), und zwar für Verfahren gerichtet auf Anerkennung und Vollstreckbarerklärung, die ab dem 18.6.2011 eingeleitet werden (§ 77 Abs. 1 Nr. 5 AUG). Nicht in das AUG übernommen wurde § 39 AVAG, was bedeutsam ist hinsichtlich der Möglichkeit, **Mahnverfahren** im Rechtsverkehr mit den Vertragsstaaten des HUntVÜ 1973 durchzuführen (s. Anhang 1 zu § 110 Rz. 8).[6]

B. Anwendungsbereich

3 Das HUntVÜ 1973 gilt heute für eine Reihe von Staaten, im Verhältnis zu denen ohnehin die EuUntVO bzw. das LugÜ 2007 Anwendung finden, nämlich: Dänemark,

---

1 Treffend *Kropholler/Blobel*, FS Sonnenberger, S. 452 (475 f.); *Looschelders/Boos*, FamRZ 2006, 374 (381). Zur Kombination von LugÜ und HUntVÜ 1973 vgl. BGH v. 28.11.2007 – XII ZB 217/05, NJW 2008, 1531; vgl. auch BGH v. 12.8.2009 – XII ZB 12/05, FamRZ 2009, 1659 (1660).
2 BGBl. II 1986, 826. Beachte dazu den offiziellen *Verwilghen*-Bericht, BT-Drucks. 10/258.
3 Weitere gängige Abkürzungen: HUAVÜ, HUVÜ 1973, UVÜ, HUVollstrÜ.
4 BGBl. II 1986, 837.
5 Abgedruckt in ABl. EU 2009 Nr. L 331/19 sowie bei *Jayme/Hausmann*, Nr. 42. Text, Ratifizierungsstand und Materialien: www.hcch.net (unter „Conventions").
6 Eingehend dazu *Eichel*, FamRZ 2011, 1441.

Estland, Finnland, Frankreich, Griechenland, Italien, Litauen, Luxemburg, Niederlande, Norwegen, Polen, Portugal, Schweden, Schweiz, Slowakei, Spanien, Tschechien, Vereinigtes Königreich (einschließlich Jersey). Zum Vorrang der EuUntVO beachte ihren Art. 69 Abs. 2, zum komplizierteren Verhältnis zwischen LugÜ 2007 und HUntVÜ 1973 s. Art. 67 LugÜ 2007 Rz. 57. Weitere **Vertragsstaaten** des HUntVÜ 1973 sind Australien, die Türkei und die Ukraine.[1] Das HUntVÜ 2007 (Text: Anhang 6 zu § 110) wird das HUntVÜ 1973 im Verhältnis zwischen den Vertragsstaaten ersetzen (Art. 48 HUntVÜ 2007).

Die Anwendbarkeit des HUntVÜ 1973 in zeitlicher Hinsicht ergibt sich aus dessen Art. 24, den sachlichen **Anwendungsbereich** definieren – denkbar weit gefasst[2] – Art. 1–3.[3] So soll auch der im türkischen Scheidungsrecht vorgesehene Schadensersatzanspruch (Art. 174 Abs. 1 türk. ZGB; nicht hingegen der Schmerzensgeldanspruch, Art. 174 Abs. 2 türk. ZGB) Unterhaltsfunktion haben und vom HUntVÜ 1973 erfasst sein.[4] Gegen die in Art. 1 HUntVÜ 1973 vorgesehene Erstreckung auf Entscheidungen in Unterhaltssachen zwischen Verwandten in der Seitenlinie und zwischen Verschwägerten hat Deutschland einen Vorbehalt eingelegt (Art. 26 Abs. 1 Nr. 2 HUntVÜ 1973; dazu § 61 Abs. 2 AUG). Vorläufig vollstreckbare Entscheidungen und einstweilige Maßnahmen werden nach Maßgabe von Art. 4 Abs. 2 HUntVÜ 1973 erfasst. Anerkanntermaßen erstreckt sich die Anerkennungs- und Vollstreckungspflicht auch auf die Kostenentscheidung.[5] Das HUntVÜ 1973 gilt ausweislich Art. 1 Abs. 2 und Art. 21 auch für **Vergleiche**, die vor „Behörden" (was neben Gerichten auch mit der Unterhaltsfestsetzung befasste Verwaltungsstellen einschließt[6]) geschlossen worden sind, nicht hingegen für reine Privatvergleiche.[7] In anderen Vertragsstaaten errichtete **öffentliche Urkunden** werden in Deutschland nur anerkannt und vollstreckt, wenn der Vertragsstaat eine entsprechende Erklärung nach Art. 25 HUntVÜ 1973 abgegeben hat (§ 61 Abs. 1 AUG); bedeutsam ist dies im Rechtsverkehr mit der Ukraine (für die EuUntVO/LugÜ-Staaten gelten ohnehin Art. 48 EuUntVO bzw. Art. 57 LugÜ 2007). Das HUntVÜ 1973 ist gem. seinem Art. 1 Abs. 1 Nr. 2 anwendbar auf **Regressansprüche öffentlicher Einrichtungen**; allerdings gelten dann strengere Anerkennungsvoraussetzungen (s. Art. 18–20 HUntVÜ 1973).

C. Anerkennungsvoraussetzungen

Die Voraussetzungen der Anerkennung ausländischer Unterhaltstitel sowie der Anerkennung entgegenstehende Hindernisse sind in Art. 4–12 HUntVÜ 1973 geregelt. Eine révision au fond verbietet Art. 12 HUntVÜ 1973.

Im Unterschied zur EuUntVO und zum LugÜ 2007 ist gem. Art. 4 Abs. 1 Nr. 1, Art. 7 f. HUntVÜ 1973 die Anerkennungszuständigkeit der ausländischen Behörde zu prüfen. Als bedenklich weitgehend erweist sich die Anknüpfung an die bloße Staatsangehörigkeit einer Partei in Art. 7 Nr. 2 HUntVÜ 1973 (nicht übernommen in Art. 20 HUntVÜ 2007); hinnehmbar dürfte dies nur sein, weil die Vorschrift eben keine Entscheidungszuständigkeit begründet, sondern lediglich regelt, was genügen soll, um einen im Ausland ohnehin bereits ergangenen Titel im Interesse der internationalen Entscheidungsfreizügigkeit anzuerkennen.

---

1 Ausführliche Informationen zu Vertragsstaaten, Materialien, Rspr. s- und Literaturnachweisen unter www.hcch.net (dort unter „Conventions").
2 Vgl. auch BT-Drucks. 17/4887, S. 33.
3 Zu den Besonderheiten australischer Unterhaltstitel vgl. BGH v. 2.9.2009 – XII ZB 50/06, FamRZ 2009, 2069 m. Anm. *Gottwald*; beachte dazu auch *Dose*, in Coester-Waltjen/Lipp/Schumann/Veit, Europäisches Unterhaltsrecht, S. 81 (904 f.); *Rauscher*, JR 2010, 437.
4 OLG Stuttgart v. 22.12.2011 - 17 UF 276/11, FamRZ 2012, 999 (1000 f.).
5 Vgl. etwa MüKo.ZPO/*Gottwald*, Art. 3 HUVÜ 1973 Rz. 2.
6 Klarstellend etwa *Kropholler/Blobel*, FS Sonnenberger, S. 452 (464 f.). Vgl. KG v. 29.5.2000 – 3 W 876/00, IPRspr 2000, 356 (anwendbar auf privatrechtlichen Unterhaltsvertrag nach finnischem Recht, den die Parteien zur Streitbeendigung geschlossen haben und der aufgrund seiner behördlichen Genehmigung nach finnischem Recht einen Vollstreckungstitel darstellt).
7 Anders offenbar Rauscher/*Andrae*, Art. 69 EG-UntVO Rz. 6.

7 Die weiteren in Art. 5 und 6 HUntVÜ 1973 aufgezählten Hindernisse ähneln Art. 34 LugÜ 2007 (s. Anhang 4 zu § 110).[1] Näher zum deutschen ordre public bei § 109 Rz. 43 ff.[2] Zur Frage der Bestimmtheit des ausländischen Titels s. § 110 Rz. 32 f., zur Problematik von Annexunterhaltsentscheidungen s. Anhang 1 zu § 110 Rz. 27 ff., zur Abänderung ausländischer Unterhaltstitel s. Anhang 1 zu § 110 Rz. 32 ff.

D. Vollstreckbarerklärungsverfahren

8 Anders als die EuUntVO und das LugÜ 2007 enthalten Art. 14 ff. HUntVÜ 1973 nur einige punktuelle Regelungen hinsichtlich des Anerkennungs- und Exequaturverfahrens. Im Übrigen überlässt Art. 13 HUntVÜ 1973 die Ausgestaltung des Verfahrens dem Recht des Vollstreckungsstaats. Für Deutschland sind nunmehr §§ 35, 57 ff., 65 ff. AUG maßgeblich (für Altfälle gelten nach Maßgabe von § 77 Abs. 1 Nr. 5 AUG noch §§ 3 ff., 37 ff. AVAG). Zur Beachtlichkeit materiell-rechtlicher Einwendungen vgl. die Ausführungen zur Parallelproblematik im LugÜ 2007 (Anhang 4 zu § 110, Art. 38 LugÜ 2007 Rz. 49).[3] Zur Möglichkeit, wegen des Günstigkeitsprinzips die Anerkennungsvoraussetzungen des HUntVÜ 1973 im Exequaturverfahren des LugÜ 2007 anzuwenden, s. Art. 67 LugÜ 2007 Rz. 57.

Haager Übereinkommen vom 2.10.1973 über die Anerkennung und Vollstreckung von Unterhaltsentscheidungen[4]

Die Unterzeichnerstaaten dieses Übereinkommens – in dem Wunsch, gemeinsame Bestimmungen zur Regelung der gegenseitigen Anerkennung und Vollstreckung von Entscheidungen über die Unterhaltspflicht gegenüber Erwachsenen aufzustellen, in dem Wunsch, diese Bestimmungen an die des Übereinkommens vom 15. April 1958 über die Anerkennung und Vollstreckung von Entscheidungen auf dem Gebiet der Unterhaltspflicht gegenüber Kindern anzupassen – haben beschlossen, zu diesem Zweck ein Übereinkommen zu schließen, und haben die folgenden Bestimmungen vereinbart:

Kapitel I
Anwendungsbereich des Übereinkommens
Art. 1

(1) Dieses Übereinkommen ist anzuwenden auf Entscheidungen über Unterhaltspflichten aus Beziehungen der Familie, Verwandtschaft, Ehe oder Schwägerschaft, einschließlich der Unterhaltspflicht gegenüber einem nichtehelichen Kind, die von Gerichten oder Verwaltungsbehörden eines Vertragsstaats erlassen worden sind entweder

1. zwischen einem Unterhaltsberechtigten und einem Unterhaltsverpflichteten oder
2. zwischen einem Unterhaltsverpflichteten und einer öffentliche Aufgaben wahrnehmenden Einrichtung, die die Erstattung der einem Unterhaltsberechtigten erbrachten Leistung verlangt.

(2) Es ist auch anzuwenden auf Vergleiche auf diesem Gebiet, die vor diesen Behörden und zwischen diesen Personen geschlossen worden sind.

Art. 2

(1) Das Übereinkommen ist auf Entscheidungen und Vergleiche ohne Rücksicht auf ihre Bezeichnung anzuwenden.

(2) Es ist auch auf Entscheidungen oder Vergleiche anzuwenden, durch die eine frühere Entscheidung oder ein früherer Vergleich geändert worden ist, selbst wenn diese Entscheidung oder dieser Vergleich aus einem Nichtvertragsstaat stammt.

---

1 Zur Gewährung rechtlichen Gehörs vgl. BGH v. 28.11.2007 – XII ZB 217/05, NJW 2008, 1531 (fiktive Zustellung); OLG Zweibrücken v. 4.8.2004 – 2 WF 48/04, FamRZ 2005, 997.
2 Beachte zu einem deutsch-australischen Fall auch BGH v. 2.9.2009 – XII ZB 50/06, FamRZ 2009, 2069 m. Anm. *Gottwald*. Dazu *Dose*, in Coester-Waltjen/Lipp/Schumann/Veit, Europäisches Unterhaltsrecht, S. 81 (904 f.); *Rauscher*, JR 2010, 437. Deutsch-türkische Fälle: BGH v. 24.3.2010 – XII ZB 193/07, FamRZ 2010, 966 m. Anm. *Heiderhoff*, 1060; OLG Stuttgart v. 22.12.2011 – 17 UF 276/11, FamRZ 2012, 999 (1000).
3 Beachte auch BGH v. 2.3.2011 – XII ZB 156/09, FamRZ 2011, 802 m. Anm. *Heiderhoff*, 804 = IPRax 2012, 360 m. Anm. *Hilbig-Lugani*, 333; BGH v. 24.3.2010 – XII ZB 193/07, FamRZ 2010, 966 m. Anm. *Heiderhoff*, 1060.
4 BGBl. II 1986, 825.

(3) Es ist ohne Rücksicht darauf, ob der Unterhaltsanspruch international oder innerstaatlich ist, und unabhängig von der Staatsangehörigkeit oder dem gewöhnlichen Aufenthalt der Parteien anzuwenden.

Art. 3
Betrifft die Entscheidung oder der Vergleich nicht nur die Unterhaltspflicht, so bleibt die Wirkung des Übereinkommens auf die Unterhaltspflicht beschränkt.

Kapitel II
Voraussetzungen der Anerkennung und Vollstreckung von Entscheidungen

Art. 4
(1) Die in einem Vertragsstaat ergangene Entscheidung ist in einem anderen Vertragsstaat anzuerkennen oder für vollstreckbar zu erklären/zu vollstrecken,
1. wenn sie von einer Behörde erlassen worden ist, die nach Artikel 7 oder 8 als zuständig anzusehen ist, und
2. wenn gegen sie im Ursprungsstaat kein ordentliches Rechtsmittel mehr zulässig ist.

(2) Vorläufig vollstreckbare Entscheidungen und einstweilige Maßnahmen sind, obwohl gegen sie ein ordentliches Rechtsmittel zulässig ist, im Vollstreckungsstaat anzuerkennen oder für vollstreckbar zu erklären/zu vollstrecken, wenn dort gleichartige Entscheidungen erlassen und vollstreckt werden können.

Art. 5
Die Anerkennung oder Vollstreckung der Entscheidung darf jedoch versagt werden,
1. wenn die Anerkennung oder Vollstreckung mit der öffentlichen Ordnung des Vollstreckungsstaates offensichtlich unvereinbar ist oder
2. wenn die Entscheidung das Ergebnis betrügerischer Machenschaften im Verfahren ist oder
3. wenn ein denselben Gegenstand betreffendes Verfahren zwischen denselben Parteien vor einer Behörde des Vollstreckungsstaats anhängig und als Erstes eingeleitet worden ist oder
4. wenn die Entscheidung unvereinbar ist mit einer Entscheidung, die zwischen denselben Parteien über denselben Gegenstand entweder in dem Vollstreckungsstaat oder in einem anderen Staat ergangen ist, im letztgenannten Fall jedoch nur, sofern diese Entscheidung die für die Anerkennung und Vollstreckung im Vollstreckungsstaat erforderlichen Voraussetzungen erfüllt.

Art. 6
Eine Versäumnisentscheidung wird nur anerkannt oder für vollstreckbar erklärt/vollstreckt, wenn das das Verfahren einleitende Schriftstück mit den wesentlichen Klagegründen der säumigen Partei nach dem Recht des Ursprungsstaates zugestellt worden ist und wenn diese Partei eine nach den Umständen ausreichende Frist zu ihrer Verteidigung hatte; Artikel 5 bleibt unberührt.

Art. 7
Eine Behörde des Ursprungsstaats ist als zuständig im Sinn des Übereinkommens anzusehen,
1. wenn der Unterhaltsverpflichtete oder der Unterhaltsberechtigte zurzeit der Einleitung des Verfahrens seinen gewöhnlichen Aufenthalt im Ursprungsstaat hatte oder
2. wenn der Unterhaltsverpflichtete und der Unterhaltsberechtigte zurzeit der Einleitung des Verfahrens Staatsangehörige des Ursprungsstaats waren oder
3. wenn sich der Beklagte der Zuständigkeit dieser Behörde entweder ausdrücklich oder dadurch unterworfen hat, dass er sich, ohne die Unzuständigkeit geltend zu machen, auf das Verfahren in der Sache selbst eingelassen hat.

Art. 8
Die Behörden eines Vertragsstaats, die über eine Unterhaltsklage entschieden haben, sind als zuständig im Sinn des Übereinkommens anzusehen, wenn der Unterhalt infolge einer von einer Behörde dieses Staates ausgesprochenen Scheidung, Trennung ohne Auflösung des Ehebandes, Nichtigkeit oder Ungültigkeit der Ehe geschuldet und wenn die diesbezügliche Zuständigkeit der Behörde nach dem Recht des Vollstreckungsstaats anerkannt wird, Artikel 7 bleibt unberührt.

Art. 9
Die Behörde des Vollstreckungsstaats ist an die tatsächlichen Feststellungen gebunden, auf die die Behörde des Ursprungsstaats ihre Zuständigkeit gestützt hat.

Art. 10
Betrifft die Entscheidung mehrere Ansprüche in einer Unterhaltsklage und kann die Anerkennung oder Vollstreckung nicht für alle Ansprüche bewilligt werden, so hat die Behörde des Vollstreckungsstaats das Übereinkommen auf denjenigen Teil der Entscheidung anzuwenden, der anerkannt oder für vollstreckbar erklärt/vollstreckt werden kann.

Art. 11
Ist in der Entscheidung die Unterhaltsleistung durch regelmäßig wiederkehrende Zahlungen angeordnet, so ist die Vollstreckung sowohl für die bereits fälligen als auch für die künftig fällig werdenden Zahlungen zu bewilligen.

Art. 12
Die Behörde des Vollstreckungsstaats darf die Entscheidung auf ihre Gesetzmäßigkeit nicht nachprüfen, sofern das Übereinkommen nicht etwas anderes bestimmt.

Kapitel III
Verfahren der Anerkennung und Vollstreckung von Entscheidungen

Art. 13
Das Verfahren der Anerkennung oder Vollstreckung der Entscheidung richtet sich nach dem Recht des Vollstreckungsstaats, sofern das Übereinkommen nicht etwas anderes bestimmt.

Art. 14
Es kann auch die teilweise Anerkennung oder Vollstreckung einer Entscheidung beantragt werden.

Art. 15
Der Unterhaltsberechtigte, der im Ursprungsstaat ganz oder teilweise Prozesskostenhilfe oder Befreiung von Verfahrenskosten genossen hat, genießt in jedem Anerkennungs- oder Vollstreckungsverfahren die günstigste Prozesskostenhilfe oder die weitestgehende Befreiung, die im Recht des Vollstreckungsstaats vorgesehen ist.

Art. 16
In den durch das Übereinkommen erfassten Verfahren braucht für die Zahlung der Verfahrenskosten keine Sicherheit oder Hinterlegung, unter welcher Bezeichnung auch immer, geleistet zu werden.

Art. 17
(1) Die Partei, die die Anerkennung einer Entscheidung geltend macht oder ihre Vollstreckung beantragt, hat folgende Unterlagen beizubringen:
1. eine vollständige, mit der Urschrift übereinstimmende Ausfertigung der Entscheidung;
2. die Urkunden, aus denen sich ergibt, dass gegen die Entscheidung im Ursprungsstaat kein ordentliches Rechtsmittel mehr zulässig ist und, gegebenenfalls, dass die Entscheidung dort vollstreckbar ist;
3. wenn es sich um eine Versäumnisentscheidung handelt, die Urschrift oder eine beglaubigte Abschrift der Urkunde, aus der sich ergibt, dass das das Verfahren einleitende Schriftstück mit den wesentlichen Klagegründen der säumigen Partei nach dem Recht des Ursprungsstaats ordnungsgemäß zugestellt worden ist;
4. gegebenenfalls jedes Schriftstück, aus dem sich ergibt, dass die Partei im Ursprungsstaat Prozesskostenhilfe oder Befreiung von Verfahrenskosten erhalten hat;
5. eine beglaubigte Übersetzung der genannten Urkunden, wenn die Behörde des Vollstreckungsstaates nicht darauf verzichtet.

(2) Werden die genannten Urkunden nicht vorgelegt oder ermöglicht es der Inhalt der Entscheidung der Behörde des Vollstreckungsstaats nicht, nachzuprüfen, ob die Voraussetzungen dieses Übereinkommens erfüllt sind, so setzt sie eine Frist für die Vorlegung aller erforderlichen Urkunden.

(3) Eine Legalisation oder ähnliche Förmlichkeit darf nicht verlangt werden.

Kapitel IV
Ergänzende Bestimmungen über öffentliche Aufgaben wahrnehmende Einrichtungen

Art. 18
Ist die Entscheidung gegen einen Unterhaltsverpflichteten auf Antrag einer öffentliche Aufgaben wahrnehmenden Einrichtung ergangen, welche die Erstattung der einem Unterhaltsberechtigten erbrachten Leistungen verlangt, so ist diese Entscheidung nach dem Übereinkommen anzuerkennen und für vollstreckbar zu erklären/zu vollstrecken,
1. wenn die Einrichtung nach dem Recht, dem sie untersteht, die Erstattung verlangen kann;
2. wenn das nach dem Internationalen Privatrecht des Vollstreckungsstaats anzuwendende innerstaatliche Recht eine Unterhaltspflicht zwischen dem Unterhaltsberechtigten und dem Unterhaltsverpflichteten vorsieht.

Art. 19
Eine öffentliche Aufgaben wahrnehmende Einrichtung darf, soweit sie dem Unterhaltsberechtigten Leistungen erbracht hat, die Anerkennung oder Vollstreckung einer zwischen dem Unterhaltsberechtigten und dem Unterhaltsverpflichteten ergangenen Entscheidung verlangen, wenn sie nach dem Recht, dem sie untersteht, kraft Gesetzes berechtigt ist, anstelle des Unterhaltsberechtigten die Anerkennung der Entscheidung geltend zu machen oder ihre Vollstreckung zu beantragen.

Art. 20
Die öffentliche Aufgaben wahrnehmende Einrichtung, welche die Anerkennung geltend macht oder die Vollstreckung beantragt, hat die Urkunden vorzulegen, aus denen sich ergibt, dass sie die in Artikel 18 Nummer 1 oder Artikel 19 genannten Voraussetzungen erfüllt und dass die Leistungen dem Unterhaltsberechtigten erbracht worden sind; Artikel 17 bleibt unberührt.

Kapitel V
Vergleiche

Art. 21
Die im Ursprungsstaat vollstreckbaren Vergleiche sind unter denselben Voraussetzungen wie Entscheidungen anzuerkennen und für vollstreckbar zu erklären/zu vollstrecken, soweit diese Voraussetzungen auf sie anwendbar sind.

Kapitel VI
Verschiedene Bestimmungen

Art. 22
Bestehen nach dem Recht eines Vertragsstaats Beschränkungen für die Überweisung von Geldbeträgen, so hat dieser Vertragsstaat der Überweisung von Geldbeträgen, die zur Erfüllung von Unterhaltsansprüchen oder zur Deckung von Kosten für Verfahren nach diesem Übereinkommen bestimmt sind, den größtmöglichen Vorrang zu gewähren.

Art. 23
Dieses Übereinkommen schließt nicht aus, dass eine andere internationale Übereinkunft zwischen dem Ursprungsstaat und dem Vollstreckungsstaat oder das nichtvertragliche Recht des Vollstreckungsstaats angewendet wird, um die Anerkennung oder Vollstreckung einer Entscheidung oder eines Vergleichs zu erwirken.

Art. 24
(1) Dieses Übereinkommen ist unabhängig von dem Zeitpunkt anzuwenden, in dem die Entscheidung ergangen ist.
(2) Ist die Entscheidung ergangen, bevor dieses Übereinkommen zwischen dem Ursprungsstaat und dem Vollstreckungsstaat in Kraft getreten ist, so ist im letztgenannten Staat nur hinsichtlich der nach diesem Inkrafttreten fällig werdenden Zahlungen für vollstreckbar zu erklären/zu vollstrecken.

Art. 25
Jeder Vertragsstaat kann jederzeit erklären, dass er in seinen Beziehungen zu den Staaten, die dieselbe Erklärung abgegeben haben, alle vor einer Behörde oder einer Urkundsperson errichteten öffentlichen Urkunden, die im Ursprungsstaat aufgenommen und vollstreckbar sind, in das

Übereinkommen einbezieht, soweit sich dessen Bestimmungen auf solche Urkunden anwenden lassen.

Art. 26

(1) Jeder Vertragsstaat kann sich nach Artikel 34 das Recht vorbehalten, weder anzuerkennen noch für vollstreckbar zu erklären/zu vollstrecken:
1. Entscheidungen und Vergleiche über Unterhaltsleistungen, die ein Unterhaltsverpflichteter, der nicht der Ehegatte oder der frühere Ehegatte des Unterhaltsberechtigten ist, für die Zeit nach der Eheschließung oder nach dem vollendeten einundzwanzigsten Lebensjahr des Unterhaltsberechtigten schuldet;
2. Entscheidungen und Vergleiche in Unterhaltssachen
    a) zwischen Verwandten in der Seitenlinie;
    b) zwischen Verschwägerten;
3. Entscheidungen und Vergleiche, die die Unterhaltsleistung nicht durch regelmäßig wiederkehrende Zahlungen vorsehen.

(2) Ein Vertragsstaat, der einen Vorbehalt gemacht hat, kann nicht verlangen, dass das Übereinkommen auf Entscheidungen und Vergleiche angewendet wird, die er durch seinen Vorbehalt ausgeschlossen hat.

Art. 27

Sieht das Recht eines Vertragsstaats in Unterhaltssachen zwei oder mehr Rechtsordnungen vor, die für verschiedene Personenkreise gelten, so ist eine Verweisung auf das Recht dieses Staates als Verweisung auf die Rechtsordnung zu verstehen, die nach dem Recht dieses Staates für einen bestimmten Personenkreis gilt.

Art. 28

(1) Besteht ein Vertragsstaat aus zwei oder mehr Gebietseinheiten, in denen verschiedene Rechtsordnungen für die Anerkennung und Vollstreckung von Unterhaltsentscheidungen gelten, so ist
1. eine Verweisung auf das Recht, das Verfahren oder die Behörde des Ursprungsstaats als Verweisung auf das Recht, das Verfahren oder die Behörde der Gebietseinheit zu verstehen, in der die Entscheidung ergangen ist;
2. eine Verweisung auf das Recht, das Verfahren oder die Behörde des Vollstreckungsstaats als Verweisung auf das Recht, das Verfahren oder die Behörde der Gebietseinheit zu verstehen, in der die Anerkennung oder Vollstreckung beantragt wird;
3. eine Verweisung nach den Nummern 1 und 2 auf das Recht oder das Verfahren des Ursprungsstaats oder des Vollstreckungsstaats in dem Sinn zu verstehen, dass auch auf die einschlägigen Rechtsvorschriften und Grundsätze des Vertragsstaats, die für dessen Gebietseinheiten gelten, verwiesen ist;
4. eine Verweisung auf den gewöhnlichen Aufenthalt des Unterhaltsberechtigten oder des Unterhaltsverpflichteten im Ursprungsstaat als Verweisung auf den gewöhnlichen Aufenthalt in der Gebietseinheit zu verstehen, in der die Entscheidung ergangen ist.

(2) Jeder Vertragsstaat kann jederzeit erklären, dass er eine oder mehrere dieser Vorschriften auf eine oder mehrere Bestimmungen dieses Übereinkommens nicht anwenden wird.

Art. 29

Dieses Übereinkommen ersetzt in den Beziehungen zwischen den Staaten, die Vertragsparteien sind, das Haager Übereinkommen vom 15. April 1958 über die Anerkennung und Vollstreckung von Entscheidungen auf dem Gebiet der Unterhaltspflicht gegenüber Kindern.

Kapitel VII
Schlussbestimmungen

Art. 30–37
(vom Abdruck wurde abgesehen)

Anhang 6 zu § 110: HUntVÜ 2007

Literatur: s. § 97 vor Rz. 1.

Das Haager Übereinkommen über die internationale Geltendmachung der Unterhaltsansprüche von Kindern und anderen Familienangehörigen v. 23.11.2007 (HUntVÜ 2007[1])[2] ist am 1.1.2013 in Kraft getreten, bislang allerdings nur für Albanien, Bosnien und Herzegowina sowie Norwegen.[3] Gezeichnet, aber noch nicht ratifiziert haben die Ukraine und die USA, ferner Burkina Faso, das aber kein Mitgliedstaat der Haager Konferenz ist. Von der **EU** wurde das HUntVÜ 2007 für alle EU-Staaten (mit Ausnahme Dänemarks) gezeichnet[4] und genehmigt.[5] In Kraft treten wird das Übereinkommen für die EU aber erst, wenn die Beitrittsurkunde bei der Haager Konferenz hinterlegt wird. Für Deutschland werden die Durchführungsregelungen in das AUG eingestellt, wobei gemäß Art. 4 Abs. 3 des Änderungsgesetzes v. 20.2.2013[6] die für das HUntVÜ 2007 einschlägigen AUG-Änderungen erst mit dessen Inkrafttreten (gemeint ist offenbar: für die EU) in Kraft treten werden. Bemerkenswert ist dabei § 59a AUG, mit dem der Gesetzgeber an dem Konzept des inzwischen aufgehobenen § 44 AUG wenigstens für die Vollstreckbarerklärung nach diesem Übereinkommen festhalten möchte und materiell-rechtliche Einwände auch im Exequaturverfahren zulässt; anders für die Vollstreckbarerklärung nach EuUntVO (s. Art. 34 Rz. 146) und LugÜ (s. Art. 38 Rz. 49).

Das HUntVÜ 2007 regelt verfahrensrechtliche Fragen des internationalen Unterhaltsrechts. Im Vordergrund stehen Fragen der Kooperation nationaler Behörden bei der Durchsetzung von Unterhaltsansprüchen (Kap. II, III) sowie der Anerkennung, Vollstreckbarerklärung und Vollstreckung von Unterhaltstiteln (Kap. V, VI).[7] Hinsichtlich der internationalen Entscheidungszuständigkeit konnte man sich nicht auf kompromissfähige Regeln einigen.[8] Im Rahmen seines Anwendungsbereichs ersetzt das HUntVÜ 2007 sowohl das HUntVÜ 1958 und das HUntVÜ 1973 als auch das UNUntÜ (Art. 48 f. HUntVÜ 2007).

Um die Akzeptanz des HUntVÜ 2007 zu erhöhen, wurde auf die Aufnahme von kollisionsrechtlichen Regelungen verzichtet. Stattdessen wurden diese in einem gesonderten Übereinkommen, dem Haager Protokoll über das auf Unterhaltspflichten anzuwendende Recht v. 23.11.2007 zusammengestellt (HUntP 2007; s. dazu Anhang 3 zu § 110, Art. 15 EuUntVO Rz. 79 ff.).[9] Die koordinierte Rechtsanwendung beider Konventionen dürfte in der Praxis dadurch erschwert werden, dass der sachliche Anwen-

---

1 Weitere gängige Abkürzungen: HUnthGÜ; HUÜ 2007.
2 Text: ABl. EU 2011 Nr. L 192/51.
3 Ratifizierungsstand und Materialien: www.hcch.net (unter „Conventions").
4 Ratsbeschluss 2011/220/EU v. 31.3.2011, ABl. EU 2011 Nr. L 93/9. Beachte dazu den Kommissionsvorschlag v. 28.7.2009, KOM (2009) 373 endg.
5 Ratsbeschluss 2011/432/EU v. 9.6.2011, ABl. EU 2011 Nr. L 192/39, dort in Anhängen I–IV sind die einschlägigen Vorbehalte und Erklärungen seitens der EU bzw. ihrer Mitgliedstaaten zusammengestellt.
6 Gesetz v. 20.2.2013 zur Durchführung des Haager Übereinkommens v. 23.11.2007 über die internationale Geltendmachung der Unterhaltsansprüche von Kindern und anderen Familienangehörigen sowie zur Änderung von Vorschriften auf dem Gebiet des internationalen Unterhaltsverfahrensrechts und des materiellen Unterhaltsrechts, BGBl. I 2013, 273. Vgl. zu den Vorarbeiten BT-Drucks. 17/10492 (GesetzE der BReg.) und 17/11885 (Beschl. empfehlung und Bericht des Rechtsausschusses).
7 Einführend *Hirsch*, in Coester-Waltjen/Lipp/Schumann/Veit, S. 17 (19 ff.); *Levante*, FS Schwander, S. 729 (732 ff.).
8 Vgl. zum Hintergrund *Heger*, FPR 2013, 1 f.; *Janzen*, FPR 2008, 218 (220); *Mansel/Thorn/Wagner*, IPRax 2009, 1 (8). Missverständlich Wendl/*Dose*, § 9 Rz. 604.
9 Text, Ratifizierungsstand und Materialien: www.hcch.net (unter „Conventions"). Abgedruckt auch bei *Jayme/Hausmann*, Nr. 42.

dungsbereich des HUntP 2007 (dort Art. 1) weiter ist als derjenige des HUntVÜ 2007 (dort Art. 2).[1]

Haager Übereinkommen vom 23. November 2007 über die internationale Geltendmachung der Unterhaltsansprüche von Kindern und anderen Familienangehörigen

Die Unterzeichnerstaaten dieses Übereinkommens

- in dem Wunsch, die Zusammenarbeit zwischen den Staaten bei der internationalen Geltendmachung der Unterhaltsansprüche von Kindern und anderen Familienangehörigen zu verbessern; eingedenk der Notwendigkeit ergebnisorientierter Verfahren, die zugänglich, zügig, wirksam, wirtschaftlich, fair und auf unterschiedliche Situationen abgestimmt sind; in dem Wunsch, sich von den besten Lösungen der bestehenden Haager Übereinkommen und von anderen internationalen Übereinkünften, insbesondere dem Übereinkommen der Vereinten Nationen vom 20. Juni 1956 über die Geltendmachung von Unterhaltsansprüchen im Ausland, leiten zu lassen; in dem Bestreben, Nutzen aus dem technologischen Fortschritt zu ziehen und ein flexibles System zu schaffen, das geeignet ist, sich den geänderten Bedürfnissen und den Möglichkeiten, welche die Technologien und ihre Entwicklungen bieten, anzupassen; unter Hinweis darauf, dass nach den Artikeln 3 und 27 des Übereinkommens der Vereinten Nationen vom 20. November 1989 über die Rechte des Kindes
- bei allen Maßnahmen, die Kinder betreffen, das Wohl des Kindes ein Gesichtspunkt ist, der vorrangig zu berücksichtigen ist;
- jedes Kind das Recht auf einen seiner körperlichen, geistigen, seelischen, sittlichen und sozialen Entwicklung angemessenen Lebensstandard hat;
- es in erster Linie Aufgabe der Eltern oder anderer für das Kind verantwortlicher Personen ist, im Rahmen ihrer Fähigkeiten und finanziellen Möglichkeiten die für die Entwicklung des Kindes notwendigen Lebensbedingungen sicherzustellen;
- die Vertragsstaaten alle geeigneten Maßnahmen, einschließlich des Abschlusses internationaler Übereinkünfte, treffen sollen, um die Geltendmachung von Unterhaltsansprüchen des Kindes gegenüber den Eltern oder gegenüber anderen für es verantwortlichen Personen sicherzustellen, insbesondere wenn die betreffenden Personen in einem anderen Staat leben als das Kind

haben beschlossen, dieses Übereinkommen zu schließen, und die folgenden Bestimmungen vereinbart:

Kapitel I:
Ziel, Anwendungsbereich und Begriffsbestimmungen

Art. 1
Ziel

Ziel dieses Übereinkommens ist es, die wirksame internationale Geltendmachung der Unterhaltsansprüche von Kindern und anderen Familienangehörigen sicherzustellen, insbesondere dadurch, dass

a) ein umfassendes System der Zusammenarbeit zwischen den Behörden der Vertragsstaaten geschaffen wird,
b) die Möglichkeit eingeführt wird, Anträge zu stellen, um Unterhaltsentscheidungen herbeizuführen,
c) die Anerkennung und Vollstreckung von Unterhaltsentscheidungen sichergestellt wird und
d) wirksame Maßnahmen im Hinblick auf die zügige Vollstreckung von

Unterhaltsentscheidungen gefordert werden.

Art. 2
Anwendungsbereich

(1) Dieses Übereinkommen ist anzuwenden

a) auf Unterhaltspflichten aus einer Eltern-Kind-Beziehung gegenüber einer Person, die das 21. Lebensjahr noch nicht vollendet hat,
b) auf die Anerkennung und Vollstreckung oder die Vollstreckung einer Entscheidung über die Unterhaltspflichten zwischen Ehegatten und früheren Ehegatten, wenn der Antrag zusammen mit einem in den Anwendungsbereich des Buchstabens a fallenden Anspruch gestellt wird, und

---

1 Dazu *Janzen*, FPR 2008, 218 f.

c) mit Ausnahme der Kapitel II und III auf Unterhaltspflichten zwischen Ehegatten und früheren Ehegatten.

(2) Jeder Vertragsstaat kann sich nach Artikel 62 das Recht vorbehalten, die Anwendung dieses Übereinkommens in Bezug auf Absatz 1 Buchstabe a auf Personen zu beschränken, die das 18. Lebensjahr noch nicht vollendet haben. Ein Vertragsstaat, der einen solchen Vorbehalt anbringt, ist nicht berechtigt, die Anwendung des Übereinkommens auf Personen der Altersgruppe zu verlangen, die durch seinen Vorbehalt ausgeschlossen wird.

(3) Jeder Vertragsstaat kann nach Artikel 63 erklären, dass er die Anwendung des gesamten Übereinkommens oder eines Teils davon auf andere Unterhaltspflichten aus Beziehungen der Familie, Verwandtschaft, Ehe oder Schwägerschaft, einschließlich insbesondere der Pflichten gegenüber schutzbedürftigen Personen, erstrecken wird. Durch eine solche Erklärung werden Verpflichtungen zwischen zwei Vertragsstaaten nur begründet, soweit ihre Erklärungen dieselben Unterhaltspflichten und dieselben Teile des Übereinkommens betreffen. Unterhaltsansprüche von Kindern und anderen Familienangehörigen. Übereinkommen

(4) Dieses Übereinkommen ist unabhängig vom Familienstand der Eltern auf die Kinder anzuwenden.

Art. 3
Begriffsbestimmungen

Im Sinne dieses Übereinkommens

a) bedeutet „berechtigte Person" eine Person, der Unterhalt zusteht oder angeblich zusteht;

b) bedeutet „verpflichtete Person" eine Person, die Unterhalt leisten muss oder angeblich leisten muss;

c) bedeutet „juristische Unterstützung" die Unterstützung, die erforderlich ist, damit die Antragsteller ihre Rechte in Erfahrung bringen und geltend machen können und damit sichergestellt werden kann, dass ihre Anträge im ersuchten Staat in umfassender und wirksamer Weise bearbeitet werden. Diese Unterstützung kann gegebenenfalls in Form von Rechtsberatung, Hilfe bei der Vorlage eines Falles bei einer Behörde, gerichtlicher Vertretung und Befreiung von den Verfahrenskosten geleistet werden;

d) bedeutet „schriftliche Vereinbarung" eine Vereinbarung, die auf einem Träger erfasst ist, dessen Inhalt für eine spätere Einsichtnahme zugänglich ist;

e) bedeutet „Unterhaltsvereinbarung" eine schriftliche Vereinbarung über Unterhaltszahlungen, die
  i) als öffentliche Urkunde von einer zuständigen Behörde förmlich errichtet oder eingetragen worden ist oder
  ii) von einer zuständigen Behörde beglaubigt oder eingetragen, mit ihr geschlossen oder bei ihr hinterlegt worden ist und von einer zuständigen Behörde überprüft und geändert werden kann;

f) bedeutet „schutzbedürftige Person" eine Person, die aufgrund einer Beeinträchtigung oder der Unzulänglichkeit ihrer persönlichen Fähigkeiten nicht

in der Lage ist, für sich zu sorgen.

Kapitel II:
Zusammenarbeit auf Verwaltungsebene

Art. 4
Bestimmung der Zentralen Behörden

(1) Jeder Vertragsstaat bestimmt eine Zentrale Behörde, welche die ihr durch dieses Übereinkommen übertragenen Aufgaben wahrnimmt.

(2) Einem Bundesstaat, einem Staat mit mehreren Rechtssystemen oder einem Staat, der aus autonomen Gebietseinheiten besteht, steht es frei, mehrere Zentrale Behörden zu bestimmen, deren räumliche und persönliche Zuständigkeit er festlegen muss. Macht ein Staat von dieser Möglichkeit Gebrauch, so bestimmt er die Zentrale Behörde, an die Mitteilungen zur Übermittlung an die zuständige Zentrale Behörde in diesem Staat gerichtet werden können.

(3) Bei der Hinterlegung der Ratifikations- oder Beitrittsurkunde oder einer Erklärung nach Artikel 61 unterrichtet jeder Vertragsstaat das Ständige Büro der Haager Konferenz für Internationales Privatrecht über die Bestimmung der Zentralen Behörde oder der Zentralen Behörden sowie über deren Kontaktdaten und gegebenenfalls deren Zuständigkeit nach Absatz 2. Die Vertragsstaaten teilen dem Ständigen Büro unverzüglich jede Änderung mit.

Art. 5
Allgemeine Aufgaben der Zentralen Behörden

Die Zentralen Behörden
a) arbeiten zusammen und fördern die Zusammenarbeit der zuständigen Behörden ihrer Staaten, um die Ziele dieses Übereinkommens zu verwirklichen;
b) suchen soweit möglich nach Lösungen für Schwierigkeiten, die bei der Anwendung des Übereinkommens auftreten.

Art. 6
Besondere Aufgaben der Zentralen Behörden

(1) Die Zentralen Behörden leisten bei Anträgen nach Kapitel III Hilfe, indem sie insbesondere
a) diese Anträge übermitteln und entgegennehmen;
b) Verfahren bezüglich dieser Anträge einleiten oder die Einleitung solcher Verfahren erleichtern.

(2) In Bezug auf diese Anträge treffen sie alle angemessenen Maßnahmen, um
a) juristische Unterstützung zu gewähren oder die Gewährung von juristischer Unterstützung zu erleichtern, wenn die Umstände es erfordern;
b) dabei behilflich zu sein, den Aufenthaltsort der verpflichteten oder der berechtigten Person ausfindig zu machen;
c) die Erlangung einschlägiger Informationen über das Einkommen und, wenn nötig, das Vermögen der verpflichteten oder der berechtigten Person, einschließlich der Belegenheit von Vermögensgegenständen, zu erleichtern;
d) gütliche Regelungen zu fördern, um die freiwillige Zahlung von Unterhalt zu erreichen, wenn angebracht durch Mediation, Schlichtung oder ähnliche Mittel;
e) die fortlaufende Vollstreckung von Unterhaltsentscheidungen einschließlich der Zahlungsrückstände zu erleichtern;
f) die Eintreibung und zügige Überweisung von Unterhalt zu erleichtern;
g) die Beweiserhebung, sei es durch Urkunden oder durch andere Beweismittel, zu erleichtern;
h) bei der Feststellung der Abstammung Hilfe zu leisten, wenn dies zur Geltendmachung von Unterhaltsansprüchen notwendig ist;
i) Verfahren zur Erwirkung notwendiger vorläufiger Maßnahmen, die auf das betreffende Hoheitsgebiet beschränkt sind und auf die Absicherung des Erfolgs eines anhängigen Unterhaltsantrags abzielen, einzuleiten oder die Einleitung solcher Verfahren zu erleichtern;
j) die Zustellung von Schriftstücken zu erleichtern.

(3) Die Aufgaben, die nach diesem Artikel der Zentralen Behörde übertragen sind, können in dem vom Recht des betroffenen Staates vorgesehenen Umfang von öffentliche Aufgaben wahrnehmenden Einrichtungen oder anderen der Aufsicht der zuständigen Behörden dieses Staates unterliegenden Stellen wahrgenommen werden. Der Vertragsstaat teilt dem Ständigen Büro der Haager Konferenz für Internationales Privatrecht die Bestimmung solcher Einrichtungen oder anderen Stellen sowie deren Kontaktdaten und Zuständigkeit mit. Die Vertragsstaaten teilen dem Ständigen Büro umgehend jede Änderung mit.

(4) Dieser Artikel und Artikel 7 sind nicht so auszulegen, als verpflichteten sie eine Zentrale Behörde zur Ausübung von Befugnissen, die nach dem Recht des ersuchten Staates ausschließlich den Gerichten zustehen.

Art. 7
Ersuchen um besondere Maßnahmen

(1) Eine Zentrale Behörde kann unter Angabe der Gründe eine andere Zentrale Behörde auch dann ersuchen, angemessene besondere Maßnahmen nach Artikel 6 Absatz 2 Buchstaben b, c, g, h, i und j zu treffen, wenn kein Antrag nach Artikel 10 anhängig ist. Die ersuchte Zentrale Behörde trifft, wenn sie es für notwendig erachtet, angemessene Maßnahmen, um einem potenziellen Antragsteller bei der Einreichung eines Antrags nach Artikel 10 oder bei der Feststellung behilflich zu sein, ob ein solcher Antrag gestellt werden soll.

(2) Eine Zentrale Behörde kann auf Ersuchen einer anderen Zentralen Behörde auch besondere Maßnahmen in einem Fall mit Auslandsbezug treffen, der die Geltendmachung von Unterhaltsansprüchen betrifft und im ersuchenden Staat anhängig ist.

Art. 8
Kosten der Zentralen Behörde

(1) Jede Zentrale Behörde trägt die Kosten, die ihr durch die Anwendung dieses Übereinkommens entstehen.

(2) Die Zentralen Behörden dürfen vom Antragsteller für ihre nach diesem Übereinkommen erbrachten Dienstleistungen keine Gebühren erheben, außer für außergewöhnliche Kosten, die sich aus einem Ersuchen um besondere Maßnahmen nach Artikel 7 ergeben.

(3) Die ersuchte Zentrale Behörde kann sich die außergewöhnlichen Kosten nach Absatz 2 nur erstatten lassen, wenn der Antragsteller im Voraus zugestimmt hat, dass die Dienstleistungen mit einem Kostenaufwand in der betreffenden Höhe erbracht werden.

Kapitel III:
Anträge über die Zentralen Behörden

Art. 9
Anträge über die Zentralen Behörden

Anträge nach diesem Kapitel sind über die Zentrale Behörde des Vertragsstaats, in dem der Antragsteller seinen Aufenthalt hat, bei der Zentralen Behörde des ersuchten Staates zu stellen. Bloße Anwesenheit gilt nicht als Aufenthalt im Sinne dieser Bestimmung.

Art. 10
Zur Verfügung stehende Anträge

(1) Einer berechtigten Person im ersuchenden Staat, die Unterhaltsansprüche nach diesem Übereinkommen geltend machen will, stehen folgende Kategorien von Anträgen zur Verfügung:
a) Anerkennung oder Anerkennung und Vollstreckung einer Entscheidung;
b) Vollstreckung einer im ersuchten Staat ergangenen oder anerkannten Entscheidung;
c) Herbeiführen einer Entscheidung im ersuchten Staat, wenn keine Entscheidung vorliegt, einschließlich, soweit erforderlich, der Feststellung der Abstammung;
d) Herbeiführen einer Entscheidung im ersuchten Staat, wenn die Anerkennung und Vollstreckung einer Entscheidung nicht möglich ist oder mangels Grundlage für eine Anerkennung und Vollstreckung nach Artikel 20 oder aus den in Artikel 22 Buchstabe b oder e genannten Gründen verweigert wird;
e) Änderung einer im ersuchten Staat ergangenen Entscheidung;
f) Änderung einer Entscheidung, die in einem anderen als dem ersuchten Staat ergangen ist.

(2) Einer verpflichteten Person im ersuchenden Staat, gegen die eine Unterhaltsentscheidung vorliegt, stehen folgende Kategorien von Anträgen zur Verfügung:
a) Anerkennung einer Entscheidung oder ein gleichwertiges Verfahren, die beziehungsweise das die Aussetzung oder Einschränkung der Vollstreckung einer früheren Entscheidung im ersuchten Staat bewirkt;
b) Änderung einer im ersuchten Staat ergangenen Entscheidung;
c) Änderung einer Entscheidung, die in einem anderen als dem ersuchten Staat ergangen ist.

(3) Sofern in diesem Übereinkommen nichts anderes bestimmt ist, werden Anträge gemäß den Absätzen 1 und 2 nach dem Recht des ersuchten Staates behandelt; Anträge nach Absatz 1 Buchstaben c bis f und Absatz 2 Buchstaben b und c unterliegen den in diesem Staat geltenden Zuständigkeitsvorschriften.

Art. 11
Inhalt des Antrags

(1) Anträge nach Artikel 10 müssen mindestens folgende Angaben enthalten:
a) eine Erklärung in Bezug auf die Art des Antrags oder der Anträge;
b) den Namen und die Kontaktdaten des Antragstellers, einschließlich seiner Adresse und seines Geburtsdatums;
c) den Namen und, sofern bekannt, die Adresse sowie das Geburtsdatum des Antragsgegners;
d) den Namen und das Geburtsdatum jeder Person, für die Unterhalt verlangt wird;
e) die Gründe, auf die sich der Antrag stützt;
f) wenn die berechtigte Person den Antrag stellt, Angaben zu dem Ort, an dem die Unterhaltszahlungen geleistet oder an den sie elektronisch überwiesen werden sollen;

§ 110 Anh

g) außer bei Anträgen nach Artikel 10 Absatz 1 Buchstabe a und Absatz 2 Buchstabe a alle Angaben oder Schriftstücke, die vom ersuchten Staat in einer Erklärung nach Artikel 63 verlangt worden sind;

h) den Namen und die Kontaktdaten der Person oder Dienststelle in der Zentralen Behörde des ersuchenden Staates, die für die Bearbeitung des Antrags zuständig ist.

(2) Wenn angebracht und soweit bekannt, muss der Antrag außerdem Folgendes enthalten:

a) Angaben über die finanziellen Verhältnisse der berechtigten Person;

b) Angaben über die finanziellen Verhältnisse der verpflichteten Person, einschließlich des Namens und der Adresse des Arbeitgebers der verpflichteten Person, sowie Art und Belegenheit der Vermögensgegenstände der verpflichteten Person;

c) alle anderen Angaben, die es gestatten, den Aufenthaltsort des Antragsgegners ausfindig zu machen.

(3) Dem Antrag sind alle erforderlichen Angaben oder schriftlichen Belege einschließlich Unterlagen zum Nachweis des Anspruchs des Antragstellers auf unentgeltliche juristische Unterstützung beizufügen. Anträgen nach Artikel 10 Absatz 1 Buchstabe a und Absatz 2 Buchstabe a sind nur die in Artikel 25 aufgeführten Schriftstücke beizufügen.

(4) Anträge nach Artikel 10 können anhand eines von der Haager Konferenz für Internationales Privatrecht empfohlenen und veröffentlichten Formblatts gestellt werden.

Art. 12
Übermittlung, Entgegennahme und Bearbeitung der Anträge und Fälle durch die Zentralen Behörden

(1) Die Zentrale Behörde des ersuchenden Staates ist dem Antragsteller behilflich, um sicherzustellen, dass der Antrag alle Schriftstücke und Angaben umfasst, die nach Kenntnis dieser Behörde für seine Prüfung notwendig sind.

(2) Nachdem sich die Zentrale Behörde des ersuchenden Staates davon überzeugt hat, dass der Antrag den Erfordernissen des Übereinkommens entspricht, übermittelt sie ihn im Namen des Antragstellers und mit seiner Zustimmung der Zentralen Behörde des ersuchten Staates. Dem Antrag ist das Übermittlungsformblatts nach Anlage 1 beizufügen. Auf Verlangen der Zentralen Behörde des ersuchten Staates legt die Zentrale Behörde des ersuchenden Staates eine von der zuständigen Behörde des Ursprungsstaats beglaubigte vollständige Kopie der in Artikel 16 Absatz 3, Artikel 25 Absatz 1 Buchstaben a, b und d, Artikel 25 Absatz 3 Buchstabe b und Artikel 30 Absatz 3 aufgeführten Schriftstücke vor.

(3) Innerhalb von sechs Wochen ab dem Tag des Eingangs des Antrags bestätigt die ersuchte Zentrale Behörde den Eingang anhand des Formblatts nach Anlage 2, benachrichtigt die Zentrale Behörde des ersuchenden Staates über die ersten Maßnahmen, die zur Bearbeitung des Antrags getroffen wurden oder werden, und fordert gegebenenfalls die von ihr für notwendig erachteten zusätzlichen Schriftstücke oder Angaben an. Innerhalb derselben sechswöchigen Frist teilt die ersuchte Zentrale Behörde der ersuchenden Zentralen Behörde den Namen und die Kontaktdaten der Person oder Dienststelle mit, die damit beauftragt ist, Fragen im Hinblick auf den Stand des Antrags zu beantworten.

(4) Innerhalb von drei Monaten nach der Empfangsbestätigung unterrichtet die ersuchte Zentrale Behörde die ersuchende Zentrale Behörde über den Stand des Antrags.

(5) Die ersuchende und die ersuchte Zentrale Behörde unterrichten einander

a) über die Identität der Person oder der Dienststelle, die für einen bestimmten Fall zuständig ist;

b) über den Stand des Falles und beantworten Auskunftsersuchen rechtzeitig.

(6) Die Zentralen Behörden behandeln einen Fall so zügig, wie es eine sachgemäße Prüfung seines Gegenstands zulässt.

(7) Die Zentralen Behörden benutzen untereinander die schnellsten und effizientesten Kommunikationsmittel, die ihnen zur Verfügung stehen.

(8) Eine ersuchte Zentrale Behörde kann die Bearbeitung eines Antrags nur ablehnen, wenn offensichtlich ist, dass die Voraussetzungen des Übereinkommens nicht erfüllt sind. In diesem Fall unterrichtet die betreffende Zentrale Behörde die ersuchende Zentrale Behörde umgehend über die Gründe für ihre Ablehnung.

(9) Die ersuchte Zentrale Behörde kann einen Antrag nicht allein deshalb ablehnen, weil zusätzliche Schriftstücke oder Angaben erforderlich sind. Die ersuchte Zentrale Behörde kann die ersuchende Zentrale Behörde jedoch auffordern, solche zusätzlichen Schriftstücke oder Angaben zu übermitteln. Geschieht dies nicht innerhalb von drei Monaten oder einer von der ersuchten Zentralen Behörde gesetzten längeren Frist, so kann diese Behörde beschließen, die Bearbei-

tung des Antrags zu beenden. In diesem Fall unterrichtet sie die ersuchende Zentrale Behörde von ihrer Entscheidung.

Art. 13
Kommunikationsmittel

Ein nach diesem Kapitel über die Zentralen Behörden der Vertragsstaaten gestellter Antrag und beigefügte oder von einer Zentralen Behörde beigebrachte Schriftstücke oder Angaben können vom Antragsgegner nicht allein aufgrund der zwischen den betroffenen Zentralen Behörden verwendeten Datenträger oder Kommunikations-mittel beanstandet werden.

Art. 14
Effektiver Zugang zu Verfahren

(1) Der ersuchte Staat gewährleistet für Antragsteller effektiven Zugang zu den Verfahren, die sich aus Anträgen nach diesem Kapitel ergeben, einschließlich Vollstreckungs- und Rechtsmittelverfahren.

(2) Um einen solchen effektiven Zugang zu gewährleisten, leistet der ersuchte Staat unentgeltliche juristische Unterstützung nach den Artikeln 14–17, sofern nicht Absatz 3 anzuwenden ist.

(3) Der ersuchte Staat ist nicht verpflichtet, unentgeltliche juristische Unterstützung zu leisten, wenn und soweit die Verfahren in diesem Staat es dem Antragsteller gestatten, die Sache ohne eine solche Hilfe zu betreiben, und die Zentrale Behörde die nötigen Dienstleistungen unentgeltlich erbringt.

(4) Die Voraussetzungen für den Zugang zu unentgeltlicher juristischer Unterstützung dürfen nicht enger als die für vergleichbare innerstaatliche Fälle geltenden sein.

(5) In den nach dem Übereinkommen eingeleiteten Verfahren darf für die Zahlung von Verfahrenskosten eine Sicherheitsleistung oder Hinterlegung gleich welcher Bezeichnung nicht auferlegt werden.

Art. 15
Unentgeltliche juristische Unterstützung bei Anträgen auf Unterhalt für Kinder

(1) Der ersuchte Staat leistet unentgeltliche juristische Unterstützung für alle von einer berechtigten Person nach diesem Kapitel gestellten Anträge in Bezug auf Unterhaltspflichten aus einer Eltern-Kind-Beziehung gegenüber einer Person, die das 21. Lebensjahr noch nicht vollendet hat.

(2) Ungeachtet des Absatzes 1 kann der ersuchte Staat in Bezug auf andere Anträge als solche nach Artikel 10 Absatz 1 Buchstaben a und b und in Bezug auf die von Artikel 20 Absatz 4 erfassten Fälle die Gewährung unentgeltlicher juristischer Unterstützung ablehnen, wenn er den Antrag oder ein Rechtsmittel für offensichtlich unbegründet erachtet.

Art. 16
Erklärung, die eine auf die Mittel des Kindes beschränkte Prüfung zulässt

(1) Ungeachtet des Artikels 15 Absatz 1 kann ein Staat nach Artikel 63 erklären, dass er in Bezug auf andere Anträge als solche nach Artikel 10 Absatz 1 Buchstaben a und b und in Bezug auf die von Artikel 20 Absatz 4 erfassten Fälle unentgeltliche juristische Unterstützung auf der Grundlage einer Prüfung der Mittel des Kindes leisten wird.

(2) Im Zeitpunkt der Abgabe einer solchen Erklärung unterrichtet der betreffende Staat das Ständige Büro der Haager Konferenz für Internationales Privatrecht über die Art und Weise der Durchführung der Prüfung der Mittel des Kindes sowie die finanziellen Voraussetzungen, die erfüllt sein müssen.

(3) Ein Antrag nach Absatz 1, der an einen Staat gerichtet wird, der eine Erklärung nach jenem Absatz abgegeben hat, muss eine förmliche Bestätigung des Antragstellers darüber enthalten, dass die Mittel des Kindes den in Absatz 2 erwähnten Voraussetzungen entsprechen. Der ersuchte Staat kann zusätzliche Nachweise über die Mittel des Kindes nur anfordern, wenn er begründeten Anlass zu der Vermutung hat, dass die Angaben des Antragstellers unzutreffend sind.

(4) Ist die günstigste juristische Unterstützung nach dem Recht des ersuchten Staates bei Anträgen nach diesem Kapitel in Bezug auf Unterhaltspflichten aus einer Eltern-Kind-Beziehung gegenüber einem Kind günstiger als die in den Absätzen 1 bis 3 vorgesehene, so ist die günstigste juristische Unterstützung zu leisten.

Art. 17
Nicht unter Artikel 15 oder 16 fallende Anträge

Bei Anträgen, die nach diesem Übereinkommen gestellt werden und nicht unter Artikel 15 oder 16 fallen,

a) kann die Gewährung unentgeltlicher juristischer Unterstützung von der Prüfung der Mittel des Antragstellers oder der Begründetheit des Antrags abhängig gemacht werden;
b) erhält ein Antragsteller, der im Ursprungsstaat unentgeltliche juristische Unterstützung erhalten hat, in jedem Anerkennungs- oder Vollstreckungsverfahren eine unentgeltliche juristische Unterstützung, die mindestens der unter denselben Umständen nach dem Recht des Vollstreckungsstaats vorgesehenen Unterstützung entspricht.

Kapitel IV:
Einschränkungen bei der Verfahrenseinleitung

Art. 18
Verfahrensbegrenzung

(1) Ist eine Entscheidung in einem Vertragsstaat ergangen, in dem die berechtigte Person ihren gewöhnlichen Aufenthalt hat, so kann die verpflichtete Person kein Verfahren in einem anderen Vertragsstaat einleiten, um eine Änderung der Entscheidung oder eine neue Entscheidung herbeizuführen, solange die berechtigte Person ihren gewöhnlichen Aufenthalt weiterhin in dem Staat hat, in dem die Entscheidung ergangen ist.

(2) Absatz 1 gilt nicht,
a) wenn in einem Rechtsstreit über eine Unterhaltspflicht gegenüber einer anderen Person als einem Kind die gerichtliche Zuständigkeit jenes anderen Vertragsstaats auf der Grundlage einer schriftlichen Vereinbarung zwischen den Parteien festgelegt wurde,
b) wenn die berechtigte Person sich der gerichtlichen Zuständigkeit jenes anderen Vertragsstaats entweder ausdrücklich oder dadurch unterworfen hat, dass sie sich, ohne bei der ersten sich dafür bietenden Gelegenheit die Unzuständigkeit geltend zu machen, in der Sache selbst eingelassen hat,
c) wenn die zuständige Behörde des Ursprungsstaats ihre Zuständigkeit für die Änderung der Entscheidung oder für das Erlassen einer neuen Entscheidung nicht ausüben kann oder die Ausübung ablehnt oder
d) wenn die im Ursprungsstaat ergangene Entscheidung in dem Vertragsstaat, in dem ein Verfahren zur Änderung der Entscheidung oder Herbeiführung einer neuen Entscheidung beabsichtigt ist, nicht anerkannt oder für vollstreckbar erklärt werden kann.

Kapitel V:
Anerkennung und Vollstreckung

Art. 19
Anwendungsbereich dieses Kapitels

(1) Dieses Kapitel ist auf Unterhaltsentscheidungen einer Behörde, sei es eines Gerichts oder einer Verwaltungsbehörde, anzuwenden. Der Begriff „Entscheidung" schließt auch Vergleiche oder Vereinbarungen ein, die vor einer solchen Behörde geschlossen oder von einer solchen genehmigt worden sind. Eine Entscheidung kann eine automatische Anpassung durch Indexierung und die Verpflichtung, Zahlungsrückstände, Unterhalt für die Vergangenheit oder Zinsen zu zahlen, sowie die Festsetzung der Verfahrenskosten umfassen.

(2) Betrifft die Entscheidung nicht nur die Unterhaltspflicht, so bleibt die Wirkung dieses Kapitels auf die Unterhaltspflicht beschränkt.

(3) Im Sinne des Absatzes 1 bedeutet „Verwaltungsbehörde" eine öffentliche Aufgaben wahrnehmende Einrichtung, deren Entscheidungen nach dem Recht des Staates, in dem sie begründet ist,
a) vor Gericht angefochten oder von einem Gericht nachgeprüft werden können und
b) vergleichbare Kraft und Wirkung haben wie eine Entscheidung eines Gerichts zu der gleichen Angelegenheit.

(4) Dieses Kapitel ist auch auf Unterhaltsvereinbarungen nach Artikel 30 anzuwenden.

(5) Dieses Kapitel ist auch auf Anträge auf Anerkennung und Vollstreckung anzuwenden, die nach Artikel 37 unmittelbar bei der zuständigen Behörde des Vollstreckungsstaats gestellt werden.

Art. 20
Grundlagen für die Anerkennung und Vollstreckung

(1) Eine in einem Vertragsstaat („Ursprungsstaat") ergangene Entscheidung wird in den anderen Vertragsstaaten anerkannt und vollstreckt, wenn
a) der Antragsgegner zur Zeit der Einleitung des Verfahrens seinen gewöhnlichen Aufenthalt im Ursprungsstaat hatte;

b) sich der Antragsgegner der Zuständigkeit der Behörde entweder ausdrücklich oder dadurch unterworfen hatte, dass er sich, ohne bei der ersten sich dafür bietenden Gelegenheit die Unzuständigkeit geltend zu machen, in der Sache selbst eingelassen hatte;
c) die berechtigte Person zur Zeit der Einleitung des Verfahrens ihren gewöhnlichen Aufenthalt im Ursprungsstaat hatte;
d) das Kind, für das Unterhalt zugesprochen wurde, zur Zeit der Einleitung des Verfahrens seinen gewöhnlichen Aufenthalt im Ursprungsstaat hatte, vorausgesetzt, dass der Antragsgegner mit dem Kind in diesem Staat zusammenlebte oder in diesem Staat seinen Aufenthalt hatte und für das Kind dort Unterhalt geleistet hat;
e) über die Zuständigkeit eine schriftliche Vereinbarung zwischen den Parteien getroffen worden war, sofern nicht der Rechtsstreit Unterhaltspflichten gegenüber einem Kind zum Gegenstand hatte; oder
f) die Entscheidung durch eine Behörde ergangen ist, die ihre Zuständigkeit in Bezug auf eine Frage des Personenstands oder der elterlichen Verantwortung ausübt, es sei denn, diese Zuständigkeit ist einzig auf die Staatsangehörigkeit einer der Parteien gestützt worden.

(2) Ein Vertragsstaat kann zu Absatz 1 Buchstabe c, e oder f einen Vorbehalt nach Artikel 62 anbringen.

(3) Ein Vertragsstaat, der einen Vorbehalt nach Absatz 2 angebracht hat, hat eine Entscheidung anzuerkennen und zu vollstrecken, wenn nach seinem Recht bei vergleichbarem Sachverhalt seine Behörden zuständig wären oder gewesen wären, eine solche Entscheidung zu treffen.

(4) Ist die Anerkennung einer Entscheidung aufgrund eines nach Absatz 2 angebrachten Vorbehalts in einem Vertragsstaat nicht möglich, so trifft dieser Staat alle angemessenen Maßnahmen, damit eine Entscheidung zugunsten der berechtigten Person ergeht, wenn die verpflichtete Person ihren gewöhnlichen Aufenthalt in diesem Staat hat. Satz 1 ist weder auf unmittelbare Anträge auf Anerkennung und Vollstreckung nach Artikel 19 Absatz 5 noch auf Unterhaltsklagen nach Artikel 2 Absatz 1 Buchstabe b anzuwenden.

(5) Eine Entscheidung zugunsten eines Kindes, welches das 18. Lebensjahr noch nicht vollendet hat, die einzig wegen eines Vorbehalts zu Absatz 1 Buchstabe c, e oder f nicht anerkannt werden kann, wird als die Unterhaltsberechtigung des betreffenden Kindes im Vollstreckungsstaat begründend akzeptiert.

(6) Eine Entscheidung wird nur dann anerkannt, wenn sie im Ursprungsstaat wirksam ist, und nur dann vollstreckt, wenn sie im Ursprungsstaat vollstreckbar ist.

Art. 21
Teilbarkeit und teilweise Anerkennung oder Vollstreckung

(1) Kann der Vollstreckungsstaat die Entscheidung nicht insgesamt anerkennen oder vollstrecken, so erkennt er jeden abtrennbaren Teil der Entscheidung, der anerkannt oder für vollstreckbar erklärt werden kann, an oder vollstreckt ihn.

(2) Die teilweise Anerkennung oder Vollstreckung einer Entscheidung kann stets beantragt werden.

Art. 22
Gründe für die Verweigerung der Anerkennung und Vollstreckung

Die Anerkennung und Vollstreckung der Entscheidung können verweigert werden, wenn
a) die Anerkennung und Vollstreckung der Entscheidung mit der öffentlichen Ordnung (ordre public) des Vollstreckungsstaats offensichtlich unvereinbar sind;
b) die Entscheidung das Ergebnis betrügerischer Machenschaften im Verfahren ist;
c) ein denselben Gegenstand betreffendes Verfahren zwischen denselben Parteien vor einer Behörde des Vollstreckungsstaats anhängig und als erstes eingeleitet worden ist;
d) die Entscheidung unvereinbar ist mit einer Entscheidung, die zwischen denselben Parteien über denselben Gegenstand entweder im Vollstreckungsstaat oder in einem anderen Staat ergangen ist, sofern diese letztgenannte Entscheidung die Voraussetzungen für die Anerkennung und Vollstreckung im Vollstreckungsstaat erfüllt;
e) in den Fällen, in denen der Antragsgegner im Verfahren im Ursprungsstaat weder erschienen noch vertreten worden ist,
  i) der Antragsgegner, sofern das Recht des Ursprungsstaats eine Benachrichtigung vom Verfahren vorsieht, nicht ordnungsgemäß vom Verfahren benachrichtigt worden ist und nicht Gelegenheit hatte, gehört zu werden, oder
  ii) der Antragsgegner, sofern das Recht des Ursprungsstaats keine Benachrichtigung vom Verfahren vorsieht, nicht ordnungsgemäß von der Entscheidung benachrichtigt worden

ist und nicht die Möglichkeit hatte, in tatsächlicher und rechtlicher Hinsicht diese anzufechten oder ein Rechtsmittel dagegen einzulegen; oder

f) die Entscheidung unter Verletzung des Artikels 18 ergangen ist.

Art. 23
Verfahren für Anträge auf Anerkennung und Vollstreckung

(1) Vorbehaltlich der Bestimmungen dieses Übereinkommens richten sich die Anerkennungs- und Vollstreckungsverfahren nach dem Recht des Vollstreckungsstaats.

(2) Ist ein Antrag auf Anerkennung und Vollstreckung einer Entscheidung nach Kapitel III über die Zentralen Behörden gestellt worden, so muss die ersuchte Zentrale Behörde umgehend

a) die Entscheidung an die zuständige Behörde weiterleiten, die unverzüglich die Entscheidung für vollstreckbar erklärt oder ihre Eintragung zwecks Vollstreckung bewirkt, oder

b) diese Maßnahmen selbst treffen, wenn sie dafür zuständig ist.

(3) Wird der Antrag nach Artikel 19 Absatz 5 unmittelbar bei der zuständigen Behörde im Vollstreckungsstaat gestellt, so erklärt diese unverzüglich die Entscheidung für vollstreckbar oder bewirkt ihre Eintragung zwecks Vollstreckung.

(4) Eine Erklärung oder Eintragung kann nur aus dem in Artikel 22 Buchstabe a genannten Grund verweigert werden. In diesem Stadium können weder der Antragsteller noch der Antragsgegner Einwendungen vorbringen.

(5) Die Erklärung oder Eintragung nach den Absätzen 2 und 3 oder ihre Verweigerung nach Absatz 4 wird dem Antragsteller und dem Antragsgegner umgehend bekannt gegeben; sie können in tatsächlicher und rechtlicher Hinsicht diese anfechten oder ein Rechtsmittel dagegen einlegen.

(6) Die Anfechtung oder das Rechtsmittel ist innerhalb von 30 Tagen nach der Bekanntgabe gemäß Absatz 5 einzulegen. Hat die anfechtende oder das Rechtsmittel einlegende Partei ihren Aufenthalt nicht in dem Vertragsstaat, in dem die Erklärung oder Eintragung erfolgt ist oder verweigert wurde, so ist die Anfechtung oder das Rechtsmittel innerhalb von 60 Tagen nach der Bekanntgabe einzulegen.

(7) Die Anfechtung oder das Rechtsmittel kann nur gestützt werden auf

a) die Gründe für die Verweigerung der Anerkennung und Vollstreckung nach Artikel 22;

b) die Grundlagen für die Anerkennung und Vollstreckung nach Artikel 20;

c) die Echtheit oder Unversehrtheit eines nach Artikel 25 Absatz 1 Buchstabe a, b oder d oder Artikel 25 Absatz 3 Buchstabe b übermittelten Schriftstücks.

(8) Die Anfechtung oder das Rechtsmittel des Antragsgegners kann auch auf die Erfüllung der Schuld gestützt werden, soweit sich die Anerkennung und Vollstreckung auf bereits fällige Zahlungen beziehen.

(9) Die Entscheidung über die Anfechtung oder das Rechtsmittel wird dem Antragsteller und dem Antragsgegner unverzüglich bekannt gegeben.

(10) Ein weiteres Rechtsmittel darf, wenn es nach dem Recht des Vollstreckungsstaats zulässig ist, nicht dazu führen, dass die Vollstreckung der Entscheidung ausgesetzt wird, es sei denn, dass außergewöhnliche Umstände vorliegen.

(11) Die zuständige Behörde hat über die Anerkennung und Vollstreckung, einschließlich eines etwaigen Rechtsmittels, zügig zu entscheiden.

Art. 24
Alternatives Verfahren für Anträge auf Anerkennung und Vollstreckung

(1) Ungeachtet des Artikels 23 Absätze 2–11 kann ein Staat nach Artikel 63 erklären, dass er das in diesem Artikel vorgesehene Anerkennungs- und Vollstreckungsverfahren anwenden wird.

(2) Ist ein Antrag auf Anerkennung und Vollstreckung einer Entscheidung nach Kapitel III über eine Zentrale Behörde gestellt worden, so muss die ersuchte Zentrale Behörde umgehend

a) den Antrag an die zuständige Behörde weiterleiten, die über den Antrag auf Anerkennung und Vollstreckung entscheidet, oder

b) eine solche Entscheidung selbst treffen, wenn sie dafür zuständig ist.

(3) Eine Entscheidung über die Anerkennung und Vollstreckung ergeht durch die zuständige Behörde, nachdem der Antragsgegner umgehend ordnungsgemäß vom Verfahren benachrichtigt und beiden Parteien angemessene Gelegenheit gegeben worden ist, gehört zu werden.

(4) Die zuständige Behörde kann die in Artikel 22 Buchstaben a, c und d genannten Gründe für die Verweigerung der Anerkennung und Vollstreckung von Amts wegen prüfen. Sie kann alle in den Artikeln 20, 22 und 23 Absatz 7 Buchstabe c genannten Gründe prüfen, wenn sie vom An-

tragsgegner geltend gemacht werden oder wenn sich aufgrund der äußeren Erscheinung der nach Artikel 25 vorgelegten Schriftstücke Zweifel in Bezug auf diese Gründe ergeben.

(5) Die Verweigerung der Anerkennung und Vollstreckung kann auch auf die Erfüllung der Schuld gestützt sein, soweit sich die Anerkennung und Vollstreckung auf bereits fällige Zahlungen beziehen.

(6) Ein Rechtsmittel darf, wenn es nach dem Recht des Vollstreckungsstaats zulässig ist, nicht dazu führen, dass die Vollstreckung der Entscheidung ausgesetzt wird, es sei denn, dass außergewöhnliche Umstände vorliegen.

(7) Die zuständige Behörde hat über die Anerkennung und Vollstreckung, einschließlich eines etwaigen Rechtsmittels, zügig zu entscheiden.

Art. 25
Schriftstücke

(1) Einem Antrag auf Anerkennung und Vollstreckung nach Artikel 23 oder 24 sind folgende Schriftstücke beizufügen:

a) der vollständige Wortlaut der Entscheidung;

b) ein Schriftstück mit dem Nachweis, dass die Entscheidung im Ursprungsstaat vollstreckbar ist, und im Fall der Entscheidung einer Verwaltungsbehörde ein Schriftstück mit dem Nachweis, dass die in Artikel 19 Absatz 3 genannten Voraussetzungen erfüllt sind, es sei denn, dieser Staat hat nach Artikel 57 angegeben, dass die Entscheidungen seiner Verwaltungsbehörden diese Voraussetzungen stets erfüllen;

c) wenn der Antragsgegner im Verfahren im Ursprungsstaat weder erschienen noch vertreten worden ist, ein Schriftstück oder Schriftstücke mit dem Nachweis, dass der Antragsgegner ordnungsgemäß vom Verfahren benachrichtigt worden ist und Gelegenheit hatte, gehört zu werden, beziehungsweise dass er ordnungsgemäß von der Entscheidung benachrichtigt worden ist und die Möglichkeit hatte, in tatsächlicher und rechtlicher Hinsicht diese anzufechten oder ein Rechtsmittel dagegen einzulegen;

d) bei Bedarf ein Schriftstück, aus dem die Höhe der Zahlungsrückstände und das Datum der Berechnung hervorgehen;

e) im Fall einer Entscheidung, in der eine automatische Anpassung durch Indexierung vorgesehen ist, bei Bedarf ein Schriftstück mit den Angaben, die für die entsprechenden Berechnungen erforderlich sind;

f) bei Bedarf ein Schriftstück, aus dem hervorgeht, in welchem Umfang der Antragsteller im Ursprungsstaat unentgeltliche juristische Unterstützung erhalten hat.

(2) Im Fall einer Anfechtung oder eines Rechtsmittels nach Artikel 23 Absatz 7 Buchstabe c oder auf Ersuchen der zuständigen Behörde im Vollstreckungsstaat ist eine von der zuständigen Behörde im Ursprungsstaat beglaubigte vollständige Kopie des entsprechenden Schriftstücks umgehend zu übermitteln

a) von der Zentralen Behörde des ersuchenden Staates, wenn der Antrag nach Kapitel III gestellt worden ist;

b) vom Antragsteller, wenn der Antrag unmittelbar bei der zuständigen Behörde des Vollstreckungsstaats gestellt worden ist.

(3) Ein Vertragsstaat kann nach Artikel 57 angeben,

a) dass dem Antrag eine von der zuständigen Behörde des Ursprungsstaats beglaubigte vollständige Kopie der Entscheidung beizufügen ist;

b) unter welchen Umständen er anstelle des vollständigen Wortlauts der Entscheidung eine von der zuständigen Behörde des Ursprungsstaats erstellte Zusammenfassung oder einen von ihr erstellten Auszug der Entscheidung akzeptiert, die oder der anhand des von der Haager Konferenz für Internationales Privatrecht empfohlenen und veröffentlichten Formblatts erstellt werden kann, oder

c) dass er ein Schriftstück mit dem Nachweis, dass die in Artikel 19 Absatz 3 genannten Voraussetzungen erfüllt sind, nicht verlangt.

Art. 26
Verfahren für Anträge auf Anerkennung

Auf Anträge auf Anerkennung einer Entscheidung findet dieses Kapitel mit Ausnahme des Erfordernisses der Vollstreckbarkeit, das durch das Erfordernis der Wirksamkeit der Entscheidung im Ursprungsstaat ersetzt wird, entsprechende Anwendung.

Art. 27
Tatsächliche Feststellungen

Die zuständige Behörde des Vollstreckungsstaats ist an die tatsächlichen Feststellungen gebunden, auf welche die Behörde des Ursprungsstaats ihre Zuständigkeit gestützt hat.

Art. 28
Verbot der Nachprüfung in der Sache

Die zuständige Behörde des Vollstreckungsstaats darf die Entscheidung in der Sache selbst nicht nachprüfen.

Art. 29
Anwesenheit des Kindes oder des Antragstellers nicht erforderlich

Die Anwesenheit des Kindes oder des Antragstellers ist bei Verfahren, die nach diesem Kapitel im Vollstreckungsstaat eingeleitet werden, nicht erforderlich.

Art. 30
Unterhaltsvereinbarungen

(1) Eine in einem Vertragsstaat getroffene Unterhaltsvereinbarung muss wie eine Entscheidung nach diesem Kapitel anerkannt und vollstreckt werden können, wenn sie im Ursprungsstaat wie eine Entscheidung vollstreckbar ist.

(2) Im Sinne des Artikels 10 Absatz 1 Buchstaben a und b und Absatz 2 Buchstabe a schließt der Begriff „Entscheidung" eine Unterhaltsvereinbarung ein.

(3) Dem Antrag auf Anerkennung und Vollstreckung einer Unterhaltsvereinbarung sind folgende Schriftstücke beizufügen:

a) der vollständige Wortlaut der Unterhaltsvereinbarung und
b) ein Schriftstück mit dem Nachweis, dass die betreffende Unterhaltsvereinbarung im Ursprungsstaat wie eine Entscheidung vollstreckbar ist.

(4) Die Anerkennung und Vollstreckung einer Unterhaltsvereinbarung können verweigert werden, wenn

a) die Anerkennung und Vollstreckung mit der öffentlichen Ordnung (ordre public) des Vollstreckungsstaats offensichtlich unvereinbar sind;
b) die Unterhaltsvereinbarung durch betrügerische Machenschaften oder Fälschung erlangt wurde;
c) die Unterhaltsvereinbarung unvereinbar ist mit einer Entscheidung, die zwischen denselben Parteien über denselben Gegenstand entweder im Vollstreckungsstaat oder in einem anderen Staat ergangen ist, sofern die betreffende Entscheidung die Voraussetzungen für die Anerkennung und Vollstreckung im Vollstreckungsstaat erfüllt.

(5) Dieses Kapitel, mit Ausnahme der Artikel 20, 22, 23 Absatz 7 und des Artikels 25 Absätze 1 und 3, findet auf die Anerkennung und Vollstreckung einer Unterhaltsvereinbarung entsprechend Anwendung; allerdings

a) kann eine Erklärung oder Eintragung nach Artikel 23 Absätze 2 und 3 nur aus dem in Absatz 4 Buchstabe a genannten Grund verweigert werden;
b) kann eine Anfechtung oder Beschwerde nach Artikel 23 Absatz 6 nur gestützt werden auf
   i) die Gründe für die Verweigerung der Anerkennung und Vollstreckung nach Absatz 4;
   ii) die Echtheit oder Unversehrtheit eines nach Absatz 3 übermittelten Schriftstücks;
c) kann die zuständige Behörde in Bezug auf das Verfahren nach Artikel 24 Absatz 4 den in Absatz 4 Buchstabe a des vorliegenden Artikels genannten Grund für die Verweigerung der Anerkennung und Vollstreckung von Amts wegen prüfen. Sie kann alle in Absatz 4 des vorliegenden Artikels aufgeführten Gründe sowie die Echtheit oder Unversehrtheit eines nach Absatz 3 übermittelten Schriftstücks prüfen, wenn dies vom Antragsgegner geltend gemacht wird oder wenn sich aufgrund der äußeren Erscheinung dieser Schriftstücke Zweifel in Bezug auf diese Gründe ergeben.

(6) Das Verfahren zur Anerkennung und Vollstreckung einer Unterhaltsvereinbarung wird ausgesetzt, wenn ein Anfechtungsverfahren in Bezug auf die Vereinbarung vor einer zuständigen Behörde eines Vertragsstaats anhängig ist.

(7) Ein Staat kann nach Artikel 63 erklären, dass Anträge auf Anerkennung und Vollstreckung von Unterhaltsvereinbarungen nur über die Zentralen Behörden gestellt werden können.

(8) Ein Vertragsstaat kann sich nach Artikel 62 das Recht vorbehalten, Unterhaltsvereinbarungen nicht anzuerkennen und zu vollstrecken.

Art. 31
Aus dem Zusammenwirken provisorischer und bestätigender Anordnungen hervorgegangene Entscheidungen

Ist eine Entscheidung aus dem Zusammenwirken einer in einem Staat erlassenen provisorischen Anordnung und einer von einer Behörde eines anderen Staates („Bestätigungsstaat") erlassenen Anordnung hervorgegangen, mit der diese provisorische Anordnung bestätigt wird, so

a) gilt jeder dieser Staaten im Sinne dieses Kapitels als Ursprungsstaat,
b) sind die Voraussetzungen des Artikels 22 Buchstabe e erfüllt, wenn der Antragsgegner vom Verfahren im Bestätigungsstaat ordnungsgemäß benachrichtigt wurde und die Möglichkeit hatte, die Bestätigung der provisorischen Anordnung anzufechten,
c) ist die Voraussetzung des Artikels 20 Absatz 6, dass die Entscheidung im Ursprungsstaat vollstreckbar sein muss, erfüllt, wenn die Entscheidung im Bestätigungsstaat vollstreckbar ist, und
d) verhindert Artikel 18 nicht, dass ein Verfahren zur Änderung der Entscheidung in einem der beiden Staaten eingeleitet wird.

Kapitel VI:
Vollstreckung durch den Vollstreckungsstaat

Art. 32
Vollstreckung nach dem innerstaatlichen Recht

(1) Vorbehaltlich dieses Kapitels erfolgen die Vollstreckungsmaßnahmen nach dem Recht des Vollstreckungsstaats.

(2) Die Vollstreckung erfolgt zügig.

(3) Bei Anträgen, die über die Zentralen Behörden gestellt werden, erfolgt die Vollstreckung, wenn eine Entscheidung nach Kapitel V für vollstreckbar erklärt oder zwecks Vollstreckung eingetragen wurde, ohne dass ein weiteres Handeln des Antragstellers erforderlich ist.

(4) Für die Dauer der Unterhaltspflicht sind die im Ursprungsstaat der Entscheidung geltenden Vorschriften maßgeblich.

(5) Die Verjährungsfrist für die Vollstreckung von Zahlungsrückständen wird nach dem Recht des Ursprungsstaats der Entscheidung oder dem Recht des Vollstreckungsstaats bestimmt, je nachdem, welches Recht die längere Frist vorsieht.

Art. 33
Nichtdiskriminierung

Für die von diesem Übereinkommen erfassten Fälle sieht der Vollstreckungsstaat Vollstreckungsmaßnahmen vor, die mit den auf innerstaatliche Fälle anzuwendenden Maßnahmen mindestens gleichwertig sind.

Art. 34
Vollstreckungsmaßnahmen

(1) Die Vertragsstaaten stellen in ihrem innerstaatlichen Recht wirksame Maßnahmen zur Vollstreckung von Entscheidungen nach diesem Übereinkommen zur Verfügung.

(2) Solche Maßnahmen können Folgendes umfassen:

a) Lohnpfändung;
b) Pfändung von Bankkonten und anderen Quellen;
c) Abzüge bei Sozialleistungen;
d) Pfändung oder Zwangsverkauf von Vermögenswerten;
e) Pfändung von Steuerrückerstattungen;
f) Einbehaltung oder Pfändung von Altersrentenguthaben;
g) Benachrichtigung von Kreditauskunftsstellen;
h) Verweigerung der Erteilung, vorläufige Entziehung oder Widerruf einer Bewilligung (zB des Führerscheins);
i) Anwendung von Mediation, Schlichtung oder sonstigen Methoden alternativer Streitbeilegung, um eine freiwillige Befolgung zu fördern.

Art. 35
Überweisung von Geldbeträgen

(1) Die Vertragsstaaten werden aufgefordert, auch durch internationale Übereinkünfte den Einsatz der kostengünstigsten und wirksamsten verfügbaren Mittel zur Überweisung von Geldbeträgen zu fördern, die zur Erfüllung von Unterhaltsansprüchen bestimmt sind.

(2) Bestehen nach dem Recht eines Vertragsstaats Beschränkungen für die Überweisung von Geldbeträgen, so gewährt dieser Vertragsstaat der Überweisung von Geldbeträgen, die zur Erfüllung von Ansprüchen nach diesem Übereinkommen bestimmt sind, den größtmöglichen Vorrang.

Kapitel VII:
Öffentliche Aufgaben wahrnehmende Einrichtungen

Art. 36
Öffentliche Aufgaben wahrnehmende Einrichtungen als Antragsteller

(1) Für die Zwecke eines Antrags auf Anerkennung und Vollstreckung nach Artikel 10 Absatz 1 Buchstaben a und b und der von Artikel 20 Absatz 4 erfassten Fälle schließt der Begriff „berechtigte Person" eine öffentliche Aufgaben wahrnehmende Einrichtung, die für eine unterhaltsberechtigte Person handelt, oder eine Einrichtung, der anstelle von Unterhalt erbrachte Leistungen zu erstatten sind, ein.

(2) Für das Recht einer öffentliche Aufgaben wahrnehmenden Einrichtung, für eine unterhaltsberechtigte Person zu handeln oder die Erstattung der der berechtigten Person anstelle von Unterhalt erbrachten Leistung zu fordern, ist das Recht maßgebend, dem die Einrichtung untersteht.

(3) Eine öffentliche Aufgaben wahrnehmende Einrichtung kann die Anerkennung oder Vollstreckung folgender Entscheidungen beantragen:

a) einer Entscheidung, die gegen eine verpflichtete Person auf Antrag einer öffentliche Aufgaben wahrnehmenden Einrichtung ergangen ist, welche die Bezahlung von Leistungen verlangt, die anstelle von Unterhalt erbracht wurden;

b) einer zwischen einer berechtigten und einer verpflichteten Person ergangenen Entscheidung, soweit der berechtigten Person Leistungen anstelle von Unterhalt erbracht wurden.

(4) Die öffentliche Aufgaben wahrnehmende Einrichtung, welche die Anerkennung einer Entscheidung geltend macht oder deren Vollstreckung beantragt, legt auf Verlangen alle Schriftstücke vor, aus denen sich ihr Recht nach Absatz 2 und die Erbringung von Leistungen an die berechtigte Person ergeben.

Kapitel VIII:
Allgemeine Bestimmungen

Art. 37
Unmittelbar bei den zuständigen Behörden gestellte Anträge

(1) Dieses Übereinkommen schließt die Möglichkeit nicht aus, die nach dem innerstaatlichen Recht eines Vertragsstaats zur Verfügung stehenden Verfahren in Anspruch zu nehmen, die es einer Person (dem Antragsteller) gestatten, sich in einer im Übereinkommen geregelten Angelegenheit unmittelbar an eine zuständige Behörde dieses Staates zu wenden, vorbehaltlich des Artikels 18 auch, um eine Unterhaltsentscheidung oder deren Änderung herbeizuführen.

(2) Artikel 14 Absatz 5 und Artikel 17 Buchstabe b, die Kapitel V, VI und VII sowie dieses Kapitel mit Ausnahme der Artikel 40 Absatz 2, 42, 43 Absatz 3, 44 Absatz 3, 45 und 55 sind auf Anträge auf Anerkennung und Vollstreckung anzuwenden, die unmittelbar bei einer zuständigen Behörde eines Vertragsstaats gestellt werden.

(3) Für die Zwecke des Absatzes 2 ist Artikel 2 Absatz 1 Buchstabe a auf eine Entscheidung anzuwenden, die einer schutzbedürftigen Person, deren Alter über dem unter jenem Buchstaben genannten Alter liegt, Unterhalt zubilligt, wenn die betreffende Entscheidung ergangen ist, bevor die Person dieses Alter erreicht hat, und der Person durch die Entscheidung aufgrund ihrer Beeinträchtigung über dieses Alter hinaus Unterhalt gewährt wurde.

Art. 38
Schutz personenbezogener Daten

Die nach diesem Übereinkommen gesammelten oder übermittelten personenbezogenen Daten dürfen nur für die Zwecke verwendet werden, zu denen sie gesammelt oder übermittelt worden sind.

Art. 39
Vertraulichkeit

Jede Behörde, die Informationen verarbeitet, stellt nach dem Recht ihres Staates deren Vertraulichkeit sicher.

Art. 40
Nichtoffenlegung von Informationen

(1) Eine Behörde darf keine nach diesem Übereinkommen gesammelten oder übermittelten Informationen offen legen oder bestätigen, wenn ihres Erachtens dadurch die Gesundheit, Sicherheit oder Freiheit einer Person gefährdet werden könnte.

(2) Eine von einer Zentralen Behörde in diesem Sinne getroffene Entscheidung ist von einer anderen Zentralen Behörde zu berücksichtigen, insbesondere in Fällen von Gewalt in der Familie.

(3) Dieser Artikel steht der Sammlung und Übermittlung von Informationen zwischen Behörden nicht entgegen, soweit dies für die Erfüllung der Verpflichtungen aus dem Übereinkommen erforderlich ist.

Art. 41
Keine Legalisation

Im Rahmen dieses Übereinkommens darf eine Legalisation oder ähnliche Förmlichkeit nicht verlangt werden.

Art. 42
Vollmacht

Die Zentrale Behörde des ersuchten Staates kann vom Antragsteller eine Vollmacht nur verlangen, wenn sie in seinem Namen in Gerichtsverfahren oder in Verfahren vor anderen Behörden tätig wird, oder um einen Vertreter für diese Zwecke zu bestimmen.

Art. 43
Eintreibung von Kosten

(1) Die Eintreibung von Kosten, die bei der Anwendung dieses Übereinkommens entstehen, hat keinen Vorrang vor der Geltendmachung von Unterhaltsansprüchen.

(2) Ein Staat kann die Kosten bei einer unterliegenden Partei eintreiben.

(3) Für die Zwecke eines Antrags nach Artikel 10 Absatz 1 Buchstabe b im Hinblick auf die Eintreibung der Kosten bei einer unterliegenden Partei nach Absatz 2 schließt der Begriff „berechtigte Person" in Artikel 10 Absatz 1 einen Staat ein.

(4) Dieser Artikel lässt Artikel 8 unberührt.

Art. 44
Sprachliche Erfordernisse

(1) Anträge und damit verbundene Schriftstücke müssen in der Originalsprache abgefasst und von einer Übersetzung in eine Amtssprache des ersuchten Staates oder in eine andere Sprache begleitet sein, die der ersuchte Staat in einer Erklärung nach Artikel 63 als von ihm akzeptierte Sprache genannt hat, es sei denn, die zuständige Behörde dieses Staates verzichtet auf eine Übersetzung.

(2) Jeder Vertragsstaat mit mehreren Amtssprachen, der aufgrund seines innerstaatlichen Rechts Schriftstücke in einer dieser Sprachen nicht für sein gesamtes Hoheitsgebiet akzeptieren kann, gibt in einer Erklärung nach Artikel 63 die Sprache an, in der die Schriftstücke abgefasst oder in die sie übersetzt sein müssen, damit sie im jeweils bezeichneten Teil seines Hoheitsgebiets eingereicht werden können.

(3) Sofern die Zentralen Behörden nichts anderes vereinbart haben, erfolgt der übrige Schriftwechsel zwischen diesen Behörden in einer Amtssprache des ersuchten Staates oder in französischer oder englischer Sprache. Ein Vertragsstaat kann jedoch einen Vorbehalt nach Artikel 62 anbringen und darin gegen die Verwendung entweder des Französischen oder des Englischen Einspruch erheben.

Art. 45
Art und Weise der Übersetzung und Übersetzungskosten

(1) Für nach Kapitel III gestellte Anträge können die Zentralen Behörden im Einzelfall oder generell vereinbaren, dass die Übersetzung in die Amtssprache des ersuchten Staates im ersuchten Staat aus der Originalsprache oder einer anderen vereinbarten Sprache angefertigt wird. Wird keine Vereinbarung getroffen und kann die ersuchende Zentrale Behörde die Erforder-

nisse nach Artikel 44 Absätze 1 und 2 nicht erfüllen, so können der Antrag und die damit verbundenen Schriftstücke zusammen mit einer Übersetzung ins Französische oder Englische zur Weiterübersetzung in eine der Amtssprachen des ersuchten Staates übermittelt werden.

(2) Die sich aus Absatz 1 ergebenden Übersetzungskosten trägt der ersuchende Staat, sofern die Zentralen Behörden der betroffenen Staaten keine andere Vereinbarung getroffen haben.

(3) Ungeachtet des Artikels 8 kann die ersuchende Zentrale Behörde dem Antragsteller die Kosten für die Übersetzung eines Antrags und der damit verbundenen Schriftstücke auferlegen, es sei denn, diese Kosten können durch ihr System der juristischen Unterstützung gedeckt werden.

Art. 46
Nicht einheitliche Rechtssysteme – Auslegung

(1) Gelten in einem Staat in verschiedenen Gebietseinheiten zwei oder mehr Rechtssysteme oder Regelwerke in Bezug auf in diesem Übereinkommen geregelte Angelegenheiten, so ist

a) jede Bezugnahme auf das Recht oder Verfahren eines Staates gegebenenfalls als Bezugnahme auf das in der betreffenden Gebietseinheit geltende Recht oder Verfahren zu verstehen;

b) jede Bezugnahme auf eine in diesem Staat erwirkte, anerkannte, anerkannte und vollstreckte, vollstreckte oder geänderte Entscheidung gegebenenfalls als Bezugnahme auf eine in der betreffenden Gebietseinheit erwirkte, anerkannte, anerkannte und vollstreckte, vollstreckte oder geänderte Entscheidung zu verstehen;

c) jede Bezugnahme auf eine Behörde, sei es ein Gericht oder eine Verwaltungsbehörde, dieses Staates gegebenenfalls als Bezugnahme auf ein Gericht oder eine Verwaltungsbehörde der betreffenden Gebietseinheit zu verstehen;

d) jede Bezugnahme auf die zuständigen Behörden, öffentliche Aufgaben wahrnehmenden Einrichtungen oder anderen Stellen dieses Staates mit Ausnahme der Zentralen Behörden gegebenenfalls als Bezugnahme auf die Behörden oder Stellen zu verstehen, die befugt sind, in der betreffenden Gebietseinheit tätig zu werden;

e) jede Bezugnahme auf den Aufenthalt oder den gewöhnlichen Aufenthalt in diesem Staat gegebenenfalls als Bezugnahme auf den Aufenthalt oder den gewöhnlichen Aufenthalt in der betreffenden Gebietseinheit zu verstehen;

f) jede Bezugnahme auf die Belegenheit von Vermögensgegenständen in diesem Staat gegebenenfalls als Bezugnahme auf die Belegenheit von Vermögensgegenständen in der betreffenden Gebietseinheit zu verstehen;

g) jede Bezugnahme auf eine in diesem Staat geltende Gegenseitigkeitsvereinbarung gegebenenfalls als Bezugnahme auf eine in der betreffenden Gebietseinheit geltende Gegenseitigkeitsvereinbarung zu verstehen;

h) jede Bezugnahme auf die unentgeltliche juristische Unterstützung in diesem Staat gegebenenfalls als Bezugnahme auf die unentgeltliche juristische Unterstützung in der betreffenden Gebietseinheit zu verstehen;

i) jede Bezugnahme auf eine in diesem Staat getroffene Unterhaltsvereinbarung gegebenenfalls als Bezugnahme auf eine in der betreffenden Gebietseinheit getroffene Unterhaltsvereinbarung zu verstehen;

j) jede Bezugnahme auf die Kosteneintreibung durch einen Staat gegebenenfalls als Bezugnahme auf die Kosteneintreibung durch die betreffende Gebietseinheit zu verstehen.

(2) Dieser Artikel ist nicht anzuwenden auf Organisationen der regionalen Wirtschaftsintegration.

Art. 47
Nicht einheitliche Rechtssysteme – materielle Regeln

(1) Ein Vertragsstaat mit zwei oder mehr Gebietseinheiten, in denen unterschiedliche Rechtssysteme gelten, ist nicht verpflichtet, dieses Übereinkommen auf Fälle anzuwenden, die allein diese verschiedenen Gebietseinheiten betreffen.

(2) Eine zuständige Behörde in einer Gebietseinheit eines Vertragsstaats mit zwei oder mehr Gebietseinheiten, in denen unterschiedliche Rechtssysteme gelten, ist nicht verpflichtet, eine Entscheidung aus einem anderen Vertragsstaat allein deshalb anzuerkennen oder zu vollstrecken, weil die Entscheidung in einer anderen Gebietseinheit desselben Vertragsstaats nach diesem Übereinkommen anerkannt oder vollstreckt worden ist.

(3) Dieser Artikel ist nicht anzuwenden auf Organisationen der regionalen Wirtschaftsintegration.

Art. 48
Koordinierung mit den früheren Haager Übereinkommen über Unterhaltspflichten

Im Verhältnis zwischen den Vertragsstaaten ersetzt dieses Übereinkommen vorbehaltlich des Artikels 56 Absatz 2 das Haager Übereinkommen vom 2. Oktober 1973 über die Anerkennung und Vollstreckung von Unterhaltsentscheidungen und das Haager Übereinkommen vom 15. April 1958 über die Anerkennung und Vollstreckung von Entscheidungen auf dem Gebiet der Unterhaltspflicht gegenüber Kindern, soweit ihr Anwendungsbereich zwischen diesen Staaten mit demjenigen dieses Übereinkommens übereinstimmt.

Art. 49
Koordinierung mit dem New Yorker Übereinkommen von 1956

Im Verhältnis zwischen den Vertragsstaaten ersetzt dieses Übereinkommen das Übereinkommen der Vereinten Nationen vom 20. Juni 1956 über die Geltendmachung von Unterhaltsansprüchen im Ausland, soweit sein Anwendungsbereich zwischen diesen Staaten dem Anwendungsbereich dieses Übereinkommens entspricht.

Art. 50
Verhältnis zu den früheren Haager Übereinkommen über die Zustellung von Schriftstücken und die Beweisaufnahme

Dieses Übereinkommen lässt das Haager Übereinkommen vom 1. März 1954 über den Zivilprozess, das Haager Übereinkommen vom 15. November 1965 über die Zustellung gerichtlicher und außergerichtlicher Schriftstücke im Ausland in Zivil- und Handelssachen und das Haager Übereinkommen vom 18. März 1970 über die Beweisaufnahme im Ausland in Zivil- und Handelssachen unberührt.

Art. 51
Koordinierung mit Übereinkünften und Zusatzvereinbarungen

(1) Dieses Übereinkommen lässt vor dem Übereinkommen geschlossene internationale Übereinkünfte unberührt, denen Vertragsstaaten als Vertragsparteien angehören und die Bestimmungen über im Übereinkommen geregelte Angelegenheiten enthalten.

(2) Jeder Vertragsstaat kann mit einem oder mehreren Vertragsstaaten Vereinbarungen, die Bestimmungen über in diesem Übereinkommen geregelte Angelegenheiten enthalten, schließen, um die Anwendung des Übereinkommens zwischen ihnen zu verbessern, vorausgesetzt, dass diese Vereinbarungen mit Ziel und Zweck des Übereinkommens in Einklang stehen und die Anwendung des Übereinkommens im Verhältnis zwischen diesen Staaten und anderen Vertragsstaaten unberührt lassen. Staaten, die solche Vereinbarungen geschlossen haben, übermitteln dem Verwahrer des Übereinkommens eine Kopie.

(3) Die Absätze 1 und 2 gelten auch für Gegenseitigkeitsvereinbarungen und Einheitsrecht, die auf besonderen Verbindungen zwischen den betroffenen Staaten beruhen.

(4) Dieses Übereinkommen lässt die Anwendung von nach dem Abschluss des Übereinkommens angenommenen Rechtsinstrumenten einer Organisation der regionalen Wirtschaftsintegration, die Vertragspartei des Übereinkommens ist, in Bezug auf im Übereinkommen geregelte Angelegenheiten unberührt, vorausgesetzt, dass diese Rechtsinstrumente die Anwendung des Übereinkommens im Verhältnis zwischen den Mitgliedstaaten der Organisation der regionalen Wirtschaftsintegration und anderen Vertragsstaaten unberührt lassen. In Bezug auf die Anerkennung oder Vollstreckung von Entscheidungen zwischen den Mitgliedstaaten der Organisation der regionalen Wirtschaftsintegration lässt das Übereinkommen die Vorschriften der Organisation der regionalen Wirtschaftsintegration unberührt, unabhängig davon, ob diese vor oder nach dem Abschluss des Übereinkommens angenommen worden sind.

Art. 52
Grundsatz der größten Wirksamkeit

(1) Dieses Übereinkommen steht der Anwendung von Abkommen, Vereinbarungen oder sonstigen internationalen Übereinkünften, die zwischen einem ersuchenden Staat und einem ersuchten Staat in Kraft sind, oder im ersuchten Staat in Kraft befindlichen Gegenseitigkeitsvereinbarungen nicht entgegen, in denen Folgendes vorgesehen ist:

a) weiter gehende Grundlagen für die Anerkennung von Unterhaltsentscheidungen, unbeschadet des Artikels 22 Buchstabe f,

b) vereinfachte und beschleunigte Verfahren in Bezug auf einen Antrag auf Anerkennung oder Anerkennung und Vollstreckung von Unterhaltsentscheidungen,

c) eine günstigere juristische Unterstützung als die in den Artikeln 14–17 vorgesehene oder

d) Verfahren, die es einem Antragsteller in einem ersuchenden Staat erlauben, einen Antrag unmittelbar bei der Zentralen Behörde des ersuchten Staates zu stellen.

(2) Dieses Übereinkommen steht der Anwendung eines im ersuchten Staat geltenden Gesetzes nicht entgegen, das wirksamere Vorschriften der Art, wie sie in Absatz 1 Buchstaben a–c genannt sind, vorsieht. Die in Absatz 1 Buchstabe b genannten vereinfachten und beschleunigten Verfahren müssen jedoch mit dem Schutz vereinbar sein, der den Parteien nach den Artikeln 23 und 24 gewährt wird, insbesondere, was die Rechte der Parteien auf ordnungsgemäße Benachrichtigung von den Verfahren und auf angemessene Gelegenheit, gehört zu werden, sowie die Wirkungen einer Anfechtung oder eines Rechtsmittels angeht.

Art. 53
Einheitliche Auslegung

Bei der Auslegung dieses Übereinkommens ist seinem internationalen Charakter und der Notwendigkeit, seine einheitliche Anwendung zu fördern, Rechnung zu tragen.

Art. 54
Prüfung der praktischen Durchführung des Übereinkommens

(1) Der Generalsekretär der Haager Konferenz für Internationales Privatrecht beruft in regelmäßigen Abständen eine Spezialkommission zur Prüfung der praktischen Durchführung des Übereinkommens und zur Förderung der Entwicklung bewährter Praktiken aufgrund des Übereinkommens ein.

(2) Zu diesem Zweck arbeiten die Vertragsstaaten mit dem Ständigen Büro der Haager Konferenz für Internationales Privatrecht bei der Sammlung von Informationen über die praktische Durchführung des Übereinkommens, einschließlich Statistiken und Rechtsprechung, zusammen.

Art. 55
Änderung der Formblätter

(1) Die Formblätter in der Anlage dieses Übereinkommens können durch Beschluss einer vom Generalsekretär der Haager Konferenz für Internationales Privatrecht einzuberufenden Spezialkommission geändert werden, zu der alle Vertragsstaaten und alle Mitglieder eingeladen werden. Der Vorschlag zur Änderung der Formblätter ist auf die Tagesordnung zu setzen, die der Einberufung beigefügt wird.

(2) Die Änderungen werden von den in der Spezialkommission anwesenden Vertragsstaaten angenommen. Sie treten für alle Vertragsstaaten am ersten Tag des siebten Monats nach dem Zeitpunkt in Kraft, in dem der Depositar12 diese Änderungen allen Vertragsstaaten mitgeteilt hat.

(3) Während der in Absatz 2 genannten Frist kann jeder Vertragsstaat dem Verwahrer schriftlich notifizieren, dass er nach Artikel 62 einen Vorbehalt zu dieser Änderung anbringt. Der Staat, der einen solchen Vorbehalt anbringt, wird in Bezug auf diese Änderung bis zur Rücknahme des Vorbehalts so behandelt, als wäre er nicht Vertragspartei dieses Übereinkommens.

Art. 56
Übergangsbestimmungen

(1) Dieses Übereinkommen ist in allen Fällen anzuwenden, in denen

a) ein Ersuchen gemäß Artikel 7 oder ein Antrag gemäß Kapitel III nach dem Inkrafttreten des Übereinkommens zwischen dem ersuchenden Staat und dem ersuchten Staat bei der Zentralen Behörde des ersuchten Staates eingegangen ist;

b) ein unmittelbar gestellter Antrag auf Anerkennung und Vollstreckung nach dem Inkrafttreten des Übereinkommens zwischen dem Ursprungsstaat und dem Vollstreckungsstaat bei der zuständigen Behörde des Vollstreckungsstaats eingegangen ist.

(2) In Bezug auf die Anerkennung und Vollstreckung von Entscheidungen zwischen den Vertragsstaaten dieses Übereinkommens, die auch Vertragsparteien der in Artikel 48 genannten Haager Übereinkommen sind, finden, wenn die nach diesem Übereinkommen für die Anerkennung und Vollstreckung geltenden Voraussetzungen der Anerkennung und Vollstreckung einer im Ursprungsstaat vor dem Inkrafttreten dieses Übereinkommens in diesem Staat ergangenen Entscheidung entgegenstehen, die andernfalls nach dem Übereinkommen, das in Kraft war, als die Entscheidung erging, anerkannt und vollstreckt worden wäre, die Voraussetzungen des letztgenannten Übereinkommens Anwendung.

(3) Der Vollstreckungsstaat ist nach diesem Übereinkommen nicht verpflichtet, eine Entscheidung oder Unterhaltsvereinbarung in Bezug auf Zahlungen zu vollstrecken, die vor dem Inkrafttreten des Übereinkommens zwischen dem Ursprungsstaat und dem Vollstreckungsstaat fällig

geworden sind, es sei denn, dass Unterhaltspflichten aus einer Eltern-Kind-Beziehung gegenüber einer Person betroffen sind, die das 21. Lebensjahr noch nicht vollendet hat.

Art. 57
Informationen zu den Rechtsvorschriften, Verfahren und Dienstleistungen

(1) Ein Vertragsstaat stellt dem Ständigen Büro der Haager Konferenz für Internationales Privatrecht bei der Hinterlegung seiner Ratifikations- oder Beitrittsurkunde oder bei der Abgabe einer Erklärung nach Artikel 61 Folgendes zur Verfügung:

a) eine Beschreibung seiner auf Unterhaltspflichten anzuwendenden Rechtsvorschriften und Verfahren;

b) eine Beschreibung der Maßnahmen, die er treffen wird, um seinen Verpflichtungen aus Artikel 6 nachzukommen;

c) eine Beschreibung der Art und Weise, in der er den Antragstellern nach Artikel 14 tatsächlichen Zugang zu Verfahren verschafft;

d) eine Beschreibung seiner Vollstreckungsvorschriften und -verfahren einschließlich der Einschränkungen bei der Vollstreckung, insbesondere im Hinblick auf die Vorschriften zum Schutz der verpflichteten Person und die Verjährungsfristen;

e) alle näheren Angaben, auf die in Artikel 25 Absatz 1 Buchstabe b und Absatz 3 Bezug genommen wird.

(2) Die Vertragsstaaten können, um ihren Verpflichtungen aus Absatz 1 nachzukommen, ein von der Haager Konferenz für Internationales Privatrecht empfohlenes und veröffentlichtes Formblatt „Landesprofil" verwenden.

(3) Die Informationen werden von den Vertragsstaaten auf dem aktuellen Stand gehalten.

Kapitel IX:
Schlussbestimmungen

Art. 58–59
(vom Abdruck wird abgesehen)

Art. 60
Inkrafttreten

(1) Dieses Übereinkommen tritt am ersten Tag des Monats in Kraft, der auf einen Zeitabschnitt von drei Monaten nach der Hinterlegung der zweiten Ratifikations-, Annahme- oder Genehmigungsurkunde nach Artikel 58 folgt.

(2) Danach tritt dieses Übereinkommen wie folgt in Kraft:

a) für jeden Staat oder jede Organisation der regionalen Wirtschaftsintegration nach Artikel 59 Absatz 1, der oder die es später ratifiziert, annimmt oder genehmigt, am ersten Tag des Monats, der auf einen Zeitabschnitt von drei Monaten nach Hinterlegung seiner oder ihrer Ratifikations-, Annahme- oder Genehmigungsurkunde folgt;

b) für jeden Staat oder jede Organisation der regionalen Wirtschaftsintegration nach Artikel 58 Absatz 3 am Tag nach Ablauf des Zeitraums, in dem Einspruch nach Artikel 58 Absatz 5 erhoben werden kann;

c) für die Gebietseinheiten, auf die das Übereinkommen nach Artikel 61 erstreckt worden ist, am ersten Tag des Monats, der auf einen Zeitabschnitt von drei Monaten nach der in jenem Artikel vorgesehenen Notifikation folgt.

Art. 61
(vom Abdruck wird abgesehen)

Art. 62 Vorbehalte

(1) Jeder Vertragsstaat kann spätestens bei der Ratifikation, der Annahme, der Genehmigung oder dem Beitritt oder bei Abgabe einer Erklärung nach Artikel 61 einen oder mehrere in den Artikel 2 Absatz 2, Artikel 20 Absatz 2, Artikel 30 Absatz 8, Artikel 44 Absatz 3 und Artikel 55 Absatz 3 vorgesehenen Vorbehalte anbringen. Weitere Vorbehalte sind nicht zulässig.

(2) Jeder Staat kann einen von ihm angebrachten Vorbehalt jederzeit zurücknehmen. Die Rücknahme wird dem Verwahrer notifiziert.

(3) Die Wirkung des Vorbehalts endet am ersten Tag des dritten Monats nach der in Absatz 2 genannten Notifikation.

(4) Die nach diesem Artikel angebrachten Vorbehalte mit Ausnahme des Vorbehalts nach Artikel 2 Absatz 2 bewirken nicht die Gegenseitigkeit.

Art. 63–65
(vom Abdruck wird abgesehen)

Anhang 7 zu § 110:
UNUntÜ

Literatur: s. § 97 vor Rz. 1. – Kommentierungen des UNUntÜ: Geimer/Schütze, Internationaler Rechtsverkehr, E 5 (*Mecke*); MüKo.ZPO (*Gottwald*); Staudinger Anh. III F zu Art. 18 EGBGB (*Kropholler*).

1 Unterhaltsberechtigte, die mangels Schuldnervermögens in ihrem Aufenthaltsstaat von vornherein vom Versuch einer dortigen Titulierung absehen und stattdessen versuchen, ihre Ansprüche im Ausland durchzusetzen, stehen vor erheblichen praktischen Problemen (nicht selten bereits beginnend mit der Ermittlung der Adresse des Verpflichteten[1]) und sind regelmäßig auf **Rechtshilfe** angewiesen. Um diese sicherzustellen, wurde das New Yorker UN-Übereinkommen v. 20.6.1956 über die Geltendmachung von Unterhaltsansprüchen[2] (UNUntÜ[3]) vereinbart. Dieses gilt derzeit für 65 **Vertragsstaaten**;[4] verbindlich sind die chinesische, englische, französische, russische und spanische Fassung (Art. 21 UNUntÜ). In der Praxis wird das Verfahren nach dem UNUntÜ als eher schwerfällig und ineffizient beschrieben.[5] Abhilfe schaffen für den innereuropäischen Rechtsverkehr die EuUntVO (s. Anhang 3 zu § 110, s. dort Art. 69 EuUntVO zum Vorrang gegenüber dem UNUntÜ) sowie darüber hinaus künftig das HUntVÜ 2007 (s. Anhang 6 zu § 110, s. dort Art. 49 HUntVÜ 2007 zum künftigen Vorrang gegenüber dem UNUntÜ).

2 Als deutsches **Ausführungsgesetz** zum UNUntÜ diente ursprünglich das Gesetz v. 26.2.1959,[6] das seit 18.6.2011 durch das AUG ersetzt ist (s. Anhang 2 zu § 110, dort § 1 Abs. 1 Satz 1 Nr. 2 Buchst. c AUG).[7] Die Aufgaben der Übermittlungs- und Empfangsstelle nach dem UNUntÜ übernimmt in Deutschland das **Bundesamt für Justiz** (§ 4 Abs. 1 AUG).

3 Das UNUntÜ soll die Geltendmachung und internationale Durchsetzung sowie die Abänderung (vgl. Art. 8) von gesetzlichen[8] Unterhaltsansprüchen erleichtern. Günstigere nationale oder internationale Regelungen werden nicht verdrängt (Art. 1 Abs. 2 UNUntÜ). Unterstützt werden **eingehende Ersuchen** zugunsten von Personen, die sich im Hoheitsgebiet eines anderen Vertragsstaats befinden (Art. 1 Abs. 1 UNUntÜ); dafür maßgeblich ist grundsätzlich der gewöhnliche Aufenthalt, nicht etwa die Staatsangehörigkeit. Ob das UNUntÜ auch Regressgläubigern zugutekommt, wird unterschiedlich beurteilt.[9] Der Verfahrensgegner muss sich ausweislich des Wortlauts von Art. 1 Abs. 1 UNUntÜ nicht gewöhnlich in einem Vertragsstaat aufhalten, sondern kann dort auch aus anderen Gründen (etwa infolge Vermögensbele-

---

1 Vgl. zu Suchstrategien in solchen Fällen *Lohse*, ZKJ 2007, 142 f.; *Nohe*, FPR 2013, 31 (32 f.).
2 BGBl. II 1959, 150.
3 Weitere gängige Abkürzungen: UhAnsprAuslÜbk., aber auch – völlig konturlos – UNUÜ oder UNÜ.
4 Aktuelle Übersicht unter www.bundesjustizamt.de (dort unter „Zivilrecht"/„Auslandsunterhalt").
5 Vgl. etwa *Katsanou*, FPR 2006, 255 (255 f., 258). Beachte aber auch EuGMR v. 2.3.2006 – 49935/99, BeckRS 2008, 06628 (trotz langer Verfahrensdauer nach Lage der Dinge kein Verstoß gegen Art. 6 EMRK).
6 BGBl. II 1959, 149 idF v. 4.3.1971; BGBl. II 1971, 105.
7 Art. 19 des Gesetzes zur Durchführung der Verordnung (EG) Nr. 4/2009 und zur Neuordnung bestehender Aus- und Durchführungsbestimmungen auf dem Gebiet des internationalen Unterhaltsverfahrensrechts, BGBl. I 2011, 898.
8 Staudinger/*Kropholler*, Anh. III zu Art. 18 EGBGB Rz. 235; *Katsanou*, FPR 2006, 255 (256).
9 Dazu *Harten/Jäger-Maillet*, JAmt 2008, 413 (414); *Katsanou*, FPR 2006, 255 (256). Verneinend OLG Stuttgart v. 29.10.2003 – 19 VA 6/03, FamRZ 2004, 894; *Veith*, FPR 2013, 46 (50).

genheit) gerichtspflichtig sein. Art. 5 und 6 UNUntÜ sichern Rechtshilfe bei der Vollstreckbarerklärung und Vollstreckung eines im Ausland bereits erwirkten Titels, aber auch bei der Titulierung im Rechtshilfestaat.[1]

Für von Deutschland **ausgehende Ersuchen** um Unterstützung bei der Durchsetzung von Unterhaltsansprüchen im Ausland hat zunächst eine Vorprüfung durch das Amtsgericht gem. §§ 7ff. AUG zu erfolgen. Gerichtsgebühren werden dafür nicht erhoben (Art. 7 Abs. 3 AUG). Für die Entgegennahme von Ersuchen ist der Rechtspfleger zuständig (§ 29 Nr. 2 RPflG). Hält das Amtsgericht den Antrag für mutwillig oder offensichtlich unbegründet iSv. § 9 Abs. 1 AUG, so kommt es gem. § 9 Abs. 4 AUG auf die Einschätzung des Bundesamtes für Justiz an. Einem inlandsansässigen Unterhaltsberechtigten, der seinen Anspruch in einem anderen Vertragsstaat des UNUntÜ verfolgt, kommen dort die kostenrechtlichen Erleichterungen gem. Art. 9 UNUntÜ zugute.

4

New Yorker UN-Übereinkommen über die Geltendmachung von Unterhaltsansprüchen im Ausland vom 20.6.1956[2]

Art. 1
Gegenstand des Übereinkommens

(1) Dieses Übereinkommen hat den Zweck, die Geltendmachung eines Unterhaltsanspruches zu erleichtern, den eine Person (im Folgenden als Berechtigter bezeichnet), die sich im Hoheitsgebiet einer Vertragspartei befindet, gegen eine andere Person (im Folgenden als Verpflichteter bezeichnet), die der Gerichtsbarkeit einer anderen Vertragspartei untersteht, erheben zu können glaubt. Dieser Zweck wird mit Hilfe von Stellen verwirklicht, die im Folgenden als Übermittlungs- und Empfangsstellen bezeichnet werden.

(2) Die in diesem Übereinkommen vorgesehenen Möglichkeiten des Rechtsschutzes treten zu den Möglichkeiten, die nach nationalem oder internationalem Recht bestehen, hinzu; sie treten nicht an deren Stelle.

Art. 2
Bestimmung der Stellen

(1) Jede Vertragspartei bestimmt in dem Zeitpunkt, an dem sie ihre Ratifikations- oder Beitrittsurkunde hinterlegt, eine oder mehrere Gerichts- oder Verwaltungsbehörden, die in ihrem Hoheitsgebiet als Übermittlungsstellen tätig werden.

(2) Jede Vertragspartei bestimmt in dem Zeitpunkt, an dem sie ihre Ratifikations- oder Beitrittsurkunde hinterlegt, eine öffentliche oder private Stelle, die in ihrem Hoheitsgebiet als Empfangsstelle tätig wird.

(3) Jede Vertragspartei unterrichtet den Generalsekretär der Vereinten Nationen unverzüglich über die Bestimmungen, die sie gemäß den Absätzen 1 und 2 getroffen hat, und über die Änderungen, die nachträglich in dieser Hinsicht eintreten.

(4) Die Übermittlungs- und Empfangsstellen dürfen mit den Übermittlungs- und Empfangsstellen anderer Vertragsparteien unmittelbar verkehren.

Art. 3
Einreichung von Gesuchen bei der Übermittlungsstelle

(1) Befindet sich ein Berechtigter in dem Hoheitsgebiet einer Vertragspartei (im Folgenden als Staat des Berechtigten bezeichnet) und untersteht der Verpflichtete der Gerichtsbarkeit einer anderen Vertragspartei (im Folgenden als Staat des Verpflichteten bezeichnet), so kann der Berechtigte bei einer Übermittlungsstelle des Staates, in dem er sich befindet, ein Gesuch einreichen, mit dem er den Anspruch auf Gewährung des Unterhalts gegen den Verpflichteten geltend macht.

(2) Jede Vertragspartei teilt dem Generalsekretär mit, welche Beweise nach dem Recht des Staates der Empfangsstelle für den Nachweis von Unterhaltsansprüchen in der Regel erforderlich sind, wie diese Beweise beigebracht und welche anderen Erfordernisse nach diesem Recht erfüllt werden müssen.

(3) Dem Gesuch sind alle erheblichen Urkunden beizufügen einschließlich einer etwa erforderlichen Vollmacht, welche die Empfangsstelle ermächtigt, in Vertretung des Berechtigten tätig zu

---

1 Vgl. *Veith*, FPR 2013, 46 (47): „wie ein Inkassobüro".
2 BGBl. II 1959, 150.

werden oder eine andere Person hierfür zu bestellen. Ferner ist ein Lichtbild des Berechtigten und, falls verfügbar, auch ein Lichtbild des Verpflichteten beizufügen.

(4) Die Übermittlungsstelle übernimmt alle geeigneten Schritte, um sicherzustellen, dass die Erfordernisse des in dem Staate der Empfangsstelle geltenden Rechts erfüllt werden; das Gesuch muss unter Berücksichtigung dieses Rechts mindestens Folgendes enthalten:

a) den Namen und die Vornamen, die Anschrift, das Geburtsdatum, die Staatsangehörigkeit und den Beruf oder die Beschäftigung des Berechtigten sowie gegebenenfalls den Namen und die Anschrift seines gesetzlichen Vertreters;

b) den Namen und die Vornamen des Verpflichteten; ferner, soweit der Berechtigte hiervon Kenntnis hat, die Anschriften des Verpflichteten in den letzten fünf Jahren, sein Geburtsdatum, seine Staatsangehörigkeit und seinen Beruf oder seine Beschäftigung;

c) nähere Angaben über die Gründe, auf die der Anspruch gestützt wird, und über Art und Höhe des geforderten Unterhalts und sonstige erhebliche Angaben, wie zB über die finanziellen und familiären Verhältnisse des Berechtigten und des Verpflichteten.

Art. 4
Übersendung der Vorgänge

(1) Die Übermittlungsstelle übersendet die Vorgänge der Empfangsstelle des Staates des Verpflichteten, es sei denn, dass sie zu der Überzeugung gelangt, das Gesuch sei mutwillig gestellt.

(2) Bevor die Übermittlungsstelle die Vorgänge übersendet, überzeugt sie sich davon, dass die Schriftstücke in der Form dem Recht des Staates des Berechtigten entsprechen.

(3) Die Übermittlungsstelle kann für die Empfangsstelle eine Äußerung darüber beifügen, ob sie den Anspruch sachlich für begründet hält; sie kann auch empfehlen, dem Berechtigten das Armenrecht und die Befreiung von Kosten zu gewähren.

Art. 5
Übersendung von Urteilen und anderen gerichtlichen Titeln

(1) Die Übermittlungsstelle übersendet gemäß Artikel 4 auf Antrag des Berechtigten endgültige oder vorläufige Entscheidungen und andere gerichtliche Titel, die der Berechtigte bei einem zuständigen Gericht einer Vertragspartei wegen der Leistung von Unterhalt erwirkt hat, und, falls notwendig und möglich, die Akten des Verfahrens, in dem die Entscheidung ergangen ist.

(2) Die in Absatz 1 erwähnten Entscheidungen und gerichtlichen Titel können anstelle oder in Ergänzung der in Artikel 3 genannten Urkunden übersandt werden.

(3) Die in Artikel 6 vorgesehenen Verfahren können entsprechend dem Recht des Staates des Verpflichteten entweder Verfahren zum Zwecke der Vollstreckbarerklärung (Exequatur oder Registrierung) oder eine Klage umfassen, die auf einen gemäß Absatz 1 übersandten Titel gestützt wird.

Art. 6
Aufgaben der Empfangsstelle

(1) Die Empfangsstelle unternimmt im Rahmen der ihr von dem Berechtigten erteilten Ermächtigung und in seiner Vertretung alle geeigneten Schritte, um die Leistung von Unterhalt herbeizuführen; dazu gehört insbesondere eine Regelung des Anspruchs im Wege des Vergleichs und, falls erforderlich, die Erhebung und Verfolgung einer Unterhaltsklage sowie die Vollstreckung einer Entscheidung oder eines anderen gerichtlichen Titels auf Zahlung von Unterhalt.

(2) Die Empfangsstelle unterrichtet laufend die Übermittlungsstelle. Kann sie nicht tätig werden, so teilt sie der Übermittlungsstelle die Gründe hierfür mit und sendet die Vorgänge zurück.

(3) Ungeachtet der Vorschriften dieses Übereinkommens ist bei der Entscheidung aller Fragen, die sich bei einer Klage oder in einem Verfahren wegen Gewährung von Unterhalt ergeben, das Recht des Staates des Verpflichteten einschließlich des internationalen Privatrechts dieses Staates anzuwenden.

Art. 7
Rechtshilfeersuchen

Kann nach dem Recht der beiden in Betracht kommenden Vertragsparteien um Rechtshilfe ersucht werden, so gilt Folgendes:

a) Ein Gericht, bei dem eine Unterhaltsklage anhängig ist, kann Ersuchen um Erhebung weiterer Beweise, sei es durch Urkunden oder durch andere Beweismittel, entweder an das zuständige Gericht der anderen Vertragspartei oder an jede andere Behörde oder Stelle richten, welche die andere Vertragspartei, in deren Hoheitsgebiet das Ersuchen erledigt werden soll, bestimmt hat.

b) Um den Parteien die Anwesenheit oder Vertretung in dem Beweistermin zu ermöglichen, teilt die ersuchte Behörde der beteiligten Empfangs- und Übermittlungsstelle sowie dem Verpflichteten den Zeitpunkt und den Ort der Durchführung des Rechtshilfeersuchens mit.
c) Rechtshilfeersuchen werden mit möglichster Beschleunigung erledigt; ist ein Ersuchen nicht innerhalb von vier Monaten nach Eingang bei der ersuchten Behörde erledigt, so werden der ersuchenden Behörde die Gründe für die Nichterledigung oder Verzögerung mitgeteilt.
d) Für die Erledigung von Rechtshilfeersuchen werden Gebühren oder Kosten irgendwelcher Art nicht erstattet.
e) Die Erledigung eines Rechtshilfeersuchens darf nur abgelehnt werden:
   1. wenn die Echtheit des Ersuchens nicht feststeht;
   2. wenn die Vertragspartei, in deren Hoheitsgebiet das Ersuchen erledigt werden soll, dessen Ausführung für geeignet hält, ihre Hoheitsrechte oder ihre Sicherheit zu gefährden.

Art. 8
Änderung von Entscheidungen

Dieses Übereinkommen gilt auch für Gesuche, mit denen eine Änderung von Unterhaltsentscheidungen begehrt wird.

Art. 9
Befreiungen und Erleichterungen

(1) In Verfahren, die aufgrund dieses Übereinkommens durchgeführt werden, genießen die Berechtigten die gleiche Behandlung und dieselben Befreiungen von der Zahlung von Gebühren und Auslagen wie die Bewohner oder Staatsangehörigen des Staates, in dem das Verfahren anhängig ist.

(2) Die Berechtigten sind nicht verpflichtet, wegen ihrer Eigenschaft als Ausländer oder wegen Fehlens eines inländischen Aufenthalts als Sicherheit für die Prozesskosten oder andere Zwecke eine Garantieerklärung beizubringen oder Zahlungen oder Hinterlegungen vorzunehmen.

(3) Die Übermittlungs- und Empfangsstellen erheben für ihre Tätigkeit, die sie aufgrund dieses Übereinkommens leisten, keine Gebühren.

Art. 10
Überweisung von Geldbeträgen

Bestehen nach dem Recht einer Vertragspartei Beschränkungen für die Überweisung von Geldbeträgen in das Ausland, so gewährt diese Vertragspartei der Überweisung von Geldbeträgen, die zur Erfüllung von Unterhaltsansprüchen oder zur Deckung von Ausgaben für Verfahren nach diesem Übereinkommen bestimmt sind, den größtmöglichen Vorrang.

Art. 11–21
(vom Abdruck wurde abgesehen)

# Buch 2
Verfahren in Familiensachen

Abschnitt 1
Allgemeine Vorschriften

111 Familiensachen
Familiensachen sind
1. Ehesachen,
2. Kindschaftssachen,
3. Abstammungssachen,
4. Adoptionssachen,
5. Ehewohnungs- und Haushaltssachen,
6. Gewaltschutzsachen,
7. Versorgungsausgleichssachen,
8. Unterhaltssachen,
9. Güterrechtssachen,
10. sonstige Familiensachen,
11. Lebenspartnerschaftssachen.

A. Überblick	
I. Normzweck 1	
II. Entstehung 2	
III. Systematik 3	
B. Definition der Familiensachen	
I. Allgemeine Grundsätze 9	
II. Katalog der Familiensachen 14	
1. Nr. 1 – Ehesachen 15	
2. Nr. 2 – Kindschaftssachen 16	
3. Nr. 3 – Abstammungssachen ... 17	
4. Nr. 4 – Adoptionssachen 18	
5. Nr. 5 – Ehewohnungs- und Haushaltssachen 19	
6. Nr. 6 – Gewaltschutzsachen ... 20	
7. Nr. 7 – Versorgungsausgleichssachen 21	
8. Nr. 8 – Unterhaltssachen 22	
9. Nr. 9 – Güterrechtssachen 23	
10. Nr. 10 – sonstige Familiensachen 24	
11. Nr. 11 – Lebenspartnerschaftssachen 25	
III. Familiensachen kraft Sachzusammenhangs 27	
1. Materiellrechtlicher Zusammenhang	
a) Vorbereitende Ansprüche 28	
b) Sekundäransprüche 29	
c) Honorarklage des Verfahrensvertreters 30	
d) Unselbständige vertragliche Ansprüche 31	
e) Allgemeine vermögensrechtliche Ansprüche 32	

    2. Verfahrensrechtlicher Zusammenhang
      a) Beratungs- und Verfahrenskostenhilfe 33
      b) Zwischen- und Nebenverfahren . 34
      c) Eil-, Hilfs- und Sicherungsverfahren 35
      d) Kostenfestsetzung 38
      e) Zwangsvollstreckung 39
      f) Abänderungs- und Wiederaufnahmeverfahren 44
C. Zuständigkeitsordnung in Familiensachen
  I. Zuständigkeit des Familiengerichts .. 45
  II. Abgabe, Verweisung und Zuständigkeitsstreit
    1. Überleitung innerhalb des Amtsgerichts
      a) Verhältnis FamG – Prozessabteilung 50
      b) Verhältnis FamG – fG-Abteilungen 56
    2. Überleitung zwischen verschiedenen Gerichten 57
      a) Verhältnis FamG – Landgericht . 58
      b) Örtliche Zuständigkeit 59
    3. Reichweite der Bindungswirkung und Lösung negativer Kompetenzkonflikte 61
D. Verfahrensverbindung und Aufrechnung 65

Literatur: *Fölsch*, Familienstreitsachen – Ehesachen – fG-Familiensachen, FF FamFG spezial 2009, 2; *Gambke*, Das neue Scheidungsverbundverfahren nach dem FamFG, Diss. Regensburg 2010; *Götz*, Das neue Familienverfahrensrecht – Erste Praxisprobleme, NJW 2010, 897; *Hartmann*, Neues Familienverfahren und ZPO, NJW 2009, 321; *Hütter/Kodal*, Die Grundlinien des Familienstreitverfahrens, insbesondere des Unterhaltsverfahrens, FamRZ 2009, 919; *Kranz*, Beschluss – „Im Namen des Volkes"?, FamRZ 2010, 85 mit Stellungnahmen von *Metzger, Vogel, Kranz* und *Borth*, FamRZ 2010, 703 ff.; *Lipp*, Öffentlichkeit der mündlichen Verhandlung und der Entscheidungsverkündung?, FPR 2011, 37; *Löhnig*, Das Scheidungsverfahren in erster Instanz nach dem FamFG, FamRZ 2009, 737; *Löhnig*, Sonstige Familiensachen als Verwirklichung des Großen Familiengerichts, FPR 2011, 65; *Meyer-Seitz/Kröger/Heiter*, Auf dem Weg zu einem modernen Familienverfahrensrecht – die familienverfahrensrechtlichen Regelungen im Entwurf eines FamFG, FamRZ 2005, 1430; *Philippi*, Das Verfahren in Scheidungssachen und Folgesachen nach neuem Recht, FPR 2006, 406; *Rasch*, Der Unterhaltsbeschluss, FPR 2010, 150; *Rüntz/Viefhues*, Erste Erfahrungen aus der Praxis mit dem FamFG, FamRZ 2010, 1285; *Schael*, Die Terminologie in Familienstreitsachen nach der bevorstehenden Reform des Familienverfahrensrechts, FamRZ 2009, 7; *Vogel*, Ehesachen (und Lebenspartnerschaftssachen) in erster Instanz nach dem FamFG, FF 2009, 396; *Wever*, Das Große Familiengericht, FF 2012, 427.

A. Überblick

I. Normzweck

1   § 111 ersetzt die früheren § 23b Abs. 1 Satz 2 GVG und § 621 Abs. 1 ZPO und **definiert abschließend**[1] **den Begriff der Familiensachen** nicht nur mit Wirkung für das FamFG, sondern für die gesamte Rechtsordnung (vgl. etwa §§ 23a Abs. 1 Satz 1 Nr. 1, 23b Abs. 1 GVG). Was unter den in Nr. 1 bis 11 aufgezählten „Familiensachen" im Einzelnen zu verstehen ist, ergibt sich aus den Begriffsbestimmungen, mit denen die Abschnitte 2 bis 12 des Buches jeweils eingeleitet werden. Damit stellt der in § 111 enthaltene Katalog gleichzeitig eine Art Inhaltsverzeichnis für das zweite Buch „Verfahren in Familiensachen" dar.

II. Entstehung

2   Seit ihrer Einführung durch das 1. EheRG zum 1.7.1977 wurden die Kompetenzen der Familiengerichte mehrfach ausgeweitet.[2] Indem § 111 im Vergleich zu § 23b Abs. 1 Satz 2 aF GVG den Kreis der Familiensachen erneut erweitert, kommt das FamFG der in der Reformdebatte wiederholt erhobenen Forderung nach einem weiteren **Ausbau der familiengerichtlichen Zuständigkeiten** („Großes Familiengericht") nach:[3] So wurden eine Reihe von Zuständigkeiten von den Vormundschaftsgerichten, die durch das FamFG auf die Funktion sog. Betreuungsgerichte (§ 23c Abs. 1 GVG) reduziert wurden, auf die Familiengerichte übertragen. Dazu gehören ua. Vormundschaften und Pflegschaften für Minderjährige (§ 111 Nr. 2 iVm. § 151 Nr. 4 und 5) sowie sämtliche Adoptionssachen (§ 111 Nr. 4). Für Gewaltschutzsachen (§ 111 Nr. 6) wurde die früher in § 23b Abs. 1 Satz 2 Nr. 8a aF GVG vorgesehene Differenzierung fallen gelassen; diese sind nunmehr unterschiedslos den Familiengerichten übertragen. Durch Zuweisung sog. sonstiger Familiensachen (§ 111 Nr. 10) wird die Zuständigkeit des Familiengerichts auf weitere Gegenstände erstreckt, für die früher die allgemeinen Zivilabteilungen der Amtsgerichte bzw. die Zivilkammern der Landgerichte zuständig waren.

III. Systematik

3   Die Verfahren, die in § 111 unter dem Begriff der Familiensachen zusammengefasst werden, lassen sich in **drei Untergruppen** aufteilen:
   – **Ehesachen** iSv. § 111 Nr. 1 iVm. § 121,

---

1 Vgl. etwa OLG Köln v. 6.2.1992 – 1 U 51/91, FamRZ 1992, 832 (833); OLG Oldenburg v. 1.12.1977 – 4 UF 164/77, FamRZ 1978, 130.
2 Vgl. den Überblick bei *Löhnig*, FPR 2011, 65 ff. und *Wever*, FF 2012, 427 f.
3 *Meyer-Seitz/Kröger/Heiter*, FamRZ 2005, 1430 (1432 f. mwN).

– **Familienstreitsachen** iSv. § 112, welche als Pendant zu den früheren ZPO-Familiensachen den Großteil der in § 111 Nr. 8 bis 11 erfassten Verfahrensgegenstände umfassen (vgl. im Einzelnen § 112 Rz. 3),
– die übrigen Familiensachen, welche man als Pendant zu den früheren FGG-Familiensachen als **Familiensachen der freiwilligen Gerichtsbarkeit** bezeichnen kann.

Das Gesetz über das Verfahren in Familiensachen und in Angelegenheiten der freiwilligen Gerichtsbarkeit (FamFG) löst die früher in der ZPO (vor allem §§ 606 bis 661 aF ZPO), dem FGG, der HausratsVO und weiteren Gesetzen enthaltenen Bestimmungen über das familiengerichtliche Verfahren ab und fasst sie in einem „Stammgesetz" zusammen.[1] Regelungstechnisch enthält das FamFG für Familiensachen einen **dreistufigen Gesetzesaufbau**: 4

Zunächst enthält das **erste Buch einen Allgemeinen Teil**, der grundsätzlich für das gesamte FamFG Geltung beansprucht. Da jedoch für Familienstreitsachen (§ 112) und Ehesachen (§ 121) in weitem Umfang auf die ZPO verwiesen wird (vgl. insbesondere §§ 113, 117 bis 120), ist der Kreis an Rechtsregeln, die tatsächlich für alle Familiensachen einheitlich gelten, nach wie vor recht eingeschränkt: Einheitliche Regeln gelten für den einstweiligen Rechtsschutz (§§ 49 bis 57), das Rechtsmittelrecht (§§ 58 bis 75) sowie für Verfahren mit Auslandsbezug (§§ 97 bis 110). Darüber hinaus ergehen Entscheidungen in Familiensachen einheitlich durch Beschluss (§§ 38, 39, 116 Abs. 1). Die übrigen Regeln des ersten Buches gelten demgegenüber nur für Familiensachen der freiwilligen Gerichtsbarkeit. 5

Eine zweite Regelungsebene enthält der durch § 111 eingeleitete erste Abschnitt des zweiten Buchs, der einen **allgemeinen Teil für die im zweiten Buch zusammengefassten Verfahren in Familiensachen** schafft. Die §§ 112 bis 120 sind indes regelmäßig nicht auf alle Familiensachen iSv. § 111 anwendbar, sondern gelten – mit Ausnahme der Regeln über die anwaltliche Vertretung (§ 114) und die Entscheidung durch Beschluss (§ 116 Abs. 1) – nur für die durch § 112 gebildete Untergruppe der „Familienstreitsachen" sowie für Ehesachen. Allerdings wurde für alle Familiensachen die Terminologie vereinheitlicht, indem nach § 113 Abs. 5 auch in Familienstreitsachen die in der freiwilligen Gerichtsbarkeit üblichen Begriffe verwendet werden sollen (Verfahren statt Prozess, Beteiligte statt Parteien etc.). 6

Die **besonderen Regeln für die einzelnen Verfahren** in Familiensachen sind sodann in den Abschnitten 2 bis 12 des zweiten Buches geregelt, während die besonderen Regelungen für die sonstigen FamFG-Verfahren, die nicht zu den Familiensachen gehören, in den Büchern 3–8 enthalten sind. 7

Trotz Schaffung einer in sich grundsätzlich abgeschlossenen Verfahrensordnung verweist das FamFG nach wie vor **vielfach auf die Vorschriften der ZPO** (in Abschnitt 1 des 2. Buchs: §§ 113 Abs. 1 Satz 2 und Abs. 2, 117 bis 120). Wichtige Ergänzungen enthält außerdem das **Gerichtsverfassungsgesetz**, welches durch die Neufassung der §§ 12, 13 GVG und § 2 EGGVG nunmehr auch auf alle Angelegenheiten der freiwilligen Gerichtsbarkeit sowie Familiensachen unmittelbar anwendbar ist. Nach § 170 Abs. 1 Satz 1 GVG sind Verhandlungen in Familiensachen grundsätzlich nichtöffentlich. Die Öffentlichkeit kann zugelassen werden, jedoch nicht gegen den Willen eines Beteiligten (§ 170 Abs. 1 Satz 2 GVG).[2] Zur Wiederherstellung der Öffentlichkeit bei Verkündung von Endentscheidungen in Ehesachen und Familienstreitsachen gem. § 173 Abs. 1 GVG s. § 116 Rz. 12. 8

---

1 BT-Drucks. 16/6308, S. 163.
2 Zur Einschränkung des Widerspruchsrechts im Lichte von Art. 6 Abs. 1 EMRK *Lipp*, FPR 2011, 37 (39).

B. Definition der Familiensachen

I. Allgemeine Grundsätze

9 Für die Frage, was im **Rahmen der Zuständigkeitsprüfung** die Beurteilungsgrundlage für die Qualifizierung als Familiensache sowie die Zuordnung zu den einzelnen Verfahrensgegenständen des § 111 ist, ist zu differenzieren: Bei sog. **doppelrelevanten Tatsachen**, die gleichzeitig notwendige Tatbestandsmerkmale des Anspruchs selbst sind, kommt es allein auf die Tatsachen an, die der Antragsteller zur Begründung seines Begehrens vorträgt. Wie der Antragsteller sein Begehren rechtlich einordnet, ob dieses in tatsächlicher und rechtlicher Hinsicht begründet ist und ob aufgrund des Verteidigungsvorbringens der Gegenseite familienrechtliche Aspekte in das Verfahren eingebracht werden, ist ohne Belang.[1] Sind die zuständigkeitsbegründenden Tatsachen nicht in diesem Sinne doppelrelevant, sind für die Zuständigkeitsprüfung demgegenüber nur **unstreitige oder bewiesene Tatsachen** heranzuziehen; über bestrittenen Vortrag ist Beweis zu erheben, die Beweislast trägt der Antragsteller.[2] Vgl. dazu auch ausführlich im Zusammenhang mit der Zuständigkeit für Güterrechtssachen § 261 Rz. 13 sowie für sonstige Familiensachen § 266 Rz. 17.

10 Wird ein **einheitlicher prozessualer Anspruch** auf verschiedene materiellrechtliche Anspruchsgrundlagen gestützt, von denen – für sich betrachtet – nur eine das Verfahren zur Familiensache machen würde, kommt nach Sinn und Zweck der familienrechtlichen Spezialzuständigkeit den Familiengerichten der Vorrang zu, soweit nicht der familienrechtliche Anspruch offensichtlich unbegründet ist.[3] Zur Verfahrensverbindung vgl. Rz. 65.

11 Auch bei Sachverhalten mit **Auslandsberührung** bestimmt sich die Frage, ob eine Familiensache vorliegt, nach der **lex fori**.[4] Soweit für ein fremdes Rechtsinstitut kein unmittelbares Pendant im deutschen Recht existiert, kann es gleichwohl als Familiensache eingeordnet werden, soweit es mit einem der in Nr. 1 bis 11 aufgeführten Gegenstände funktional vergleichbar ist.[5]

12 Für die Prüfung der **Rechtsmittelzuständigkeit** kann die erstinstanzliche Einordnung als Familien- oder Nichtfamiliensache nicht mehr in Frage gestellt werden. Denn für die Rechtsmittelzuständigkeit gilt nach §§ 72 Abs. 1, 119 Abs. 1 Nr. 1a GVG das Prinzip der formellen Anknüpfung: Ob das LG oder das OLG zuständig ist, hängt allein davon ab, ob in erster Instanz das Prozessgericht oder die familiengerichtliche Abteilung des AG entschieden hat, unabhängig davon, ob die Qualifizierung als Familien- oder Nichtfamiliensache zu Recht erfolgte.[6] Nach den gleichen formalen Regeln bestimmt sich auch, ob innerhalb des Oberlandesgerichts die allgemeinen Prozesssenate oder die Familiensenate zuständig sind.[7] In entsprechender Weise ist auch der BGH an eine vom OLG vorgenommene Qualifikation als Familiensache gebunden und prüft daher etwa im Rahmen der Statthaftigkeit einer Nichtzulassungs-

---

1 St. Rspr. vgl. nur BGH v. 6.12.2006 – XII ZR 97/04, FamRZ 2007, 368 (369); BGH v. 15.11.2006 – XII ZR 97/04, FamRZ 2007, 124; BGH v. 16.5.1990 – XII ZR 40/89, FamRZ 1990, 851; BGH v. 8.7.1981 – IVb ARZ 532/81, FamRZ 1981, 1047; BGH v. 9.7.1980 – IVb 527/80, FamRZ 1980, 988 (989).
2 BGH v. 27.10.2009 – VIII ZB 42/08, NJW 2010, 873 (875); BGH v. 5.12.2012 – XII ZB 652/11, FamRZ 2013, 281 f. m. Anm. *Heiter* (Zusammenhang iSv. § 266 Abs. 1 Nr. 1 und 3 FamFG).
3 BGH v. 10.11.1982 – IVb ARZ 44/82, FamRZ 1983, 155 (156); OLG Bamberg v. 4.1.1989 – SA 9/88, FamRZ 1989, 408 (409); OLG Zweibrücken v. 30.1.2002 – 2 AR 64/01, FamRZ 2002, 1043 (1044).
4 BGH v. 10.11.1982 – IVb ARZ 44/82, FamRZ 1983, 155 (156); BGH v. 17.9.1980 – IVb ARZ 543/80, FamRZ 1980, 1107 (1108); OLG Hamm v. 25.5.1992 – 8 WF 160/92, FamRZ 1993, 211 f.; OLG Frankfurt v. 14.3.1988 – 1 UFH 4/88, FamRZ 1989, 75 (76).
5 OLG Hamm v. 25.5.1992 – 8 WF 160/92, FamRZ 1993, 211 f.; *Nagel/Gottwald*, 6. Aufl. § 5 Rz. 88. Zur Einordnung dem deutschen Recht fremder vermögensrechtlicher Scheidungsfolgen s. § 261 Rz. 39 ff. (*Heiter*). Zum Antrag auf Trennung von Tisch und Bett s. § 121 Rz. 13.
6 BGH v. 14.7.1993 – XII ARZ 16/93, FamRZ 1994, 25 (26); BGH v. 4.10.1990 – XII ZB 89/90, FamRZ 1991, 682; BGH v. 26.10.1989 – IVb ZB 135/88, FamRZ 1990, 148; BayObLG v. 21.7.2000 – 1 Z BR 102/00, FamRZ 2001, 716.
7 Zöller/*Lückemann*, § 119 GVG Rz. 6 (soweit nicht Willkür vorliegt); Keidel/*Weber*, § 111 FamFG Rz. 47.

beschwerde nicht, ob diese Qualifikation zutrifft (vgl. § 117 Rz. 72).[1] Verweist das erstinstanzliche Gericht den Rechtsstreit nach § 17a Abs. 2 iVm. Abs. 6 GVG, weil es sich wegen der Einordnung des Verfahrens als (Nicht)Familiensache für unzuständig hält, ist hiergegen die sofortige Beschwerde statthaft (Rz. 50 f.).

Demgegenüber hängen die **verfahrensrechtlichen Bestimmungen**, nach denen der Rechtsstreit zu führen ist, von der wahren Rechtsnatur der Sache ab,[2] damit sind Familiensachen in der höheren Instanz auch dann nach den für sie geltenden Verfahrensvorschriften abzuwickeln, wenn sie in der Eingangsinstanz zu Unrecht als Nichtfamiliensachen behandelt wurden.[3]   13

II. Katalog der Familiensachen

§ 111 regelt **enumerativ und abschließend** den Begriff der Familiensachen. Weder sind alle Ansprüche zwischen Familienangehörigen Familiensachen (vgl. insbes. Rz. 24 und Rz. 32) noch ist stets Voraussetzung, dass zwischen den Beteiligten ein familienrechtliches Verhältnis besteht. Dies zeigen schon § 111 Nr. 8 iVm. § 261 Abs. 1, wonach auch güterrechtliche Ansprüche gegen „Dritte" zu den Familiensachen zählen. Auch durch einen **Gläubigerwechsel** im Wege eines gesetzlichen oder gewillkürten Forderungsübergangs geht die Qualifizierung des Anspruchs und damit die Zuordnung zu den Familiensachen nicht verloren.[4] Wo in den Randbereichen im Einzelnen die Grenze zwischen Familien- und Nichtfamiliensachen zu ziehen ist, wird vor allem unter dem Gesichtspunkt der „Familiensachen kraft Sachzusammenhangs" diskutiert (Rz. 27 ff.). Zu den allgemeinen Beurteilungsgrundlagen (Rz. 9).   14

1. Nr. 1 – Ehesachen

Der Begriff der Ehesachen wird in § 121 festgelegt und erfasst wie nach altem Recht (§ 606 Abs. 1 Satz 1 aF ZPO) Scheidungssachen, Verfahren auf Aufhebung der Ehe und auf Feststellung des Bestehens oder Nichtbestehens einer Ehe. Demgegenüber gehören Verfahren „auf Herstellung des ehelichen Lebens" nicht zu den Ehesachen, sondern sind als „sonstige Familiensachen" unter § 111 Nr. 10 einzuordnen.   15

2. Nr. 2 – Kindschaftssachen

Im Zuge der Erweiterung der familiengerichtlichen Zuständigkeit um Verfahrensgegenstände, die früher dem Vormundschaftsgericht zugewiesen waren, wurde die Kategorie der Kindschaftssachen in § 151 grundlegend neu definiert. Sie erfasst nunmehr im Wesentlichen alle Verfahren, welche „die Verantwortung für die Person oder das Vermögen eines Minderjährigen oder dessen Vertretung" betreffen.[5] Zu den „Kindschaftssachen" iSv. § 151 zählen unter Anlehnung an die frühere Regelung in § 23b Abs. 1 Satz 2 Nr. 2 bis 4 aF GVG (= § 621 Abs. 1 Nr. 1 bis 3 aF ZPO) alle Verfahren, die die elterliche Sorge (§ 151 Nr. 1), das Umgangsrecht (§ 151 Nr. 2) sowie die Kindesherausgabe (§ 151 Nr. 3) betreffen. Darüber hinaus wurden ein Teil der früher in § 23b Abs. 1 Satz 2 Nr. 14 aF GVG (= § 621 Abs. 1 Nr. 12 aF ZPO) geregelten Familiensachen sowie weitere früher überwiegend dem Vormundschaftsgericht zugewiesene Verfahren erfasst, welche die Vormundschaft (§ 151 Nr. 4), die Pflegschaft oder die gerichtliche Bestellung eines sonstigen Vertreters für einen Minderjährigen (§ 151 Nr. 5), die Unterbringung Minderjähriger (§ 151 Nr. 6 und 7) sowie Maßnahmen nach dem Jugendgerichtsgesetz (§ 151 Nr. 8) betreffen.[6]   16

---

1 BGH v. 5.11.2008 – XII ZR 103/07, FamRZ 2009, 219 f.
2 Johannsen/Henrich/*Althammer*, § 111 FamFG Rz. 33.
3 BGH v. 1.6.1988 – IVb ARZ 35/88, FamRZ 1988, 1035 (1036); OLG Brandenburg v. 29.6.2000 – 9 U 4/00, FamRZ 2001, 427 (429); *Bergerfurth*, FamRZ 2001, 1493 (1494).
4 Zu Unterhaltsansprüchen vgl. § 231 Rz. 9. Daher ist auch der Scheinvaterregress als Familiensache einzuordnen, OLG Brandenburg v. 1.2.2007 – 10 WF 279/06, FamRZ 2007, 1994; OLG Koblenz v. 8.1.1999 – 15 SmA 1/99, FamRZ 1999, 658; aA OLG Jena v. 22.11.2002 – 12 SA 1/02, FamRZ 2003, 1125 (1126), mittlerweile wohl überholt seit BGH v. 20.12.1978 – IV ARZ 106/78, FamRZ 1979, 218 (219).
5 BT-Drucks. 16/6308, S. 233.
6 BT-Drucks. 16/6308, S. 233.

3. Nr. 3 – Abstammungssachen

17 Der Begriff der Abstammungssachen wird in § 169 definiert. In der Sache umfasst er einerseits die Statusverfahren (§ 169 Nr. 1 und Nr. 4), die früher in § 640 Abs. 2 Nr. 1 und 4 aF ZPO als Kindschaftssachen bezeichnet wurden, und andererseits die Ansprüche auf isolierte Klärung der Abstammung (§ 169 Nr. 2 und 3), die durch das am 1.4.2008 in Kraft getretene Gesetz zur Klärung der Vaterschaft unabhängig vom Anfechtungsverfahren[1] geschaffen wurden.

4. Nr. 4 – Adoptionssachen

18 Im Zuge der Ersetzung der Vormundschaftsgerichte durch Betreuungsgerichte wurde die Zuständigkeit für alle Verfahren im Zusammenhang mit der Annahme als Kind unter dem in § 186 definierten Titel der Adoptionssachen auf die Familiengerichte übertragen. Wegen des Sachzusammenhangs werden auch Verfahren auf Befreiung vom Eheverbot der durch Annahme als Kind begründeten Verwandtschaft (§ 1308 Abs. 1 BGB) zu den Adoptionssachen gezählt (§ 186 Nr. 4).

5. Nr. 5 – Ehewohnungs- und Haushaltssachen

19 Die in § 200 enthaltene Definition umfasst alle Streitigkeiten nach §§ 1361a, 1361b BGB sowie §§ 1586a, 1586b BGB und entspricht damit der Sache nach der alten Regelung in § 23b Abs. 1 Satz 2 Nr. 8 aF GVG (= § 621 Abs. 1 Nr. 7 aF ZPO). Die vom früheren Recht in Bezug genommene HausrVO wurde durch Art. 2 des Gesetzes zur Änderung des Zugewinnausgleichs- und Vormundschaftsrechts zum 1.9.2009 aufgehoben. Das Verfahren in Ehewohnungs- und Haushaltssachen richtet sich nunmehr ausschließlich nach dem FamFG.[2]

6. Nr. 6 – Gewaltschutzsachen

20 Nach § 210 sind alle Verfahren nach §§ 1, 2 GewSchG dem Familiengericht als Gewaltschutzsachen zugewiesen. Entfallen ist die in § 23b Abs. 1 Satz 2 Nr. 8a aF GVG (= § 621 Abs. 1 Nr. 13 aF ZPO) enthaltene Einschränkung auf Verfahren, bei denen die Beteiligten einen auf Dauer angelegten gemeinsamen Haushalt führen oder innerhalb von sechs Monaten vor Antragstellung geführt haben.

7. Nr. 7 – Versorgungsausgleichssachen

21 Die in § 217 enthaltene Definition entspricht § 23b Abs. 1 Satz 2 Nr. 7 aF GVG (= § 621 Abs. 1 Nr. 6 aF ZPO).

8. Nr. 8 – Unterhaltssachen

22 § 231 fasst die früher in § 23b Abs. 1 Satz 2 Nr. 5, 6, 13 aF GVG (= § 621 Abs. 1 Nr. 4, 5, 11 aF ZPO) enthaltenen Gegenstände unter Einbeziehung der Verfahren nach § 3 Abs. 2 Satz 3 BKGG und § 64 Abs. 2 Satz 3 EStG, für die früher das VormG zuständig war, unter dem Begriff der Unterhaltssachen zusammen. Zur Qualifizierung der „klassischen"[3] Unterhaltssachen nach § 231 Abs. 1 als Familienstreitsachen vgl. § 112 Nr. 1.

9. Nr. 9 – Güterrechtssachen

23 § 261 fasst die früher in § 23b Abs. 1 Satz 2 Nr. 9 und 10 aF GVG (= § 621 Abs. 1 Nr. 8 und 9 aF ZPO) enthaltenen Gegenstände unter Einbeziehung weiterer das Güterrecht betreffender Fragen (§§ 1365 Abs. 2, 1369 Abs. 2, 1426, 1430, 1452 BGB), für die früher das VormG zuständig war, in der Kategorie der Güterrechtssachen zusammen. Zur Qualifizierung der Güterrechtssachen nach § 261 Abs. 1 als Familienstreitsachen s. § 112 Nr. 2.

---

1 BGBl. I 2008, S. 441.
2 Geändert durch Gesetz zur Änderung des Zugewinnausgleichs- und Vormundschaftsrechts vom 6.7.2009, BGBl. I, S. 1696.
3 *Meyer-Seitz/Kröger/Heiter*, FamRZ 2005, 1430 (1436).

10. Nr. 10 – sonstige Familiensachen

Für die in § 266 näher umschriebenen „sonstigen Familiensachen" waren früher die allgemeinen Zivilgerichte zuständig, doch war die Zuweisung an die Familiengerichte in der Reformdiskussion vielfach gefordert worden (Rz. 2). In der Sache handelt es sich um Verfahrensgegenstände, die einen engen Bezug zu einem familienrechtlich geregelten Rechtsverhältnis (Verlöbnis, Ehe, Eltern-Kind-Verhältnis, Umgangsrecht) aufweisen oder im Zusammenhang mit dessen Auflösung stehen (§ 266 Abs. 1).[1] Große praktische Bedeutung besitzen vor allem die auf allgemeine vermögensrechtliche Anspruchsgrundlagen gestützten Ausgleichsansprüche zwischen Ehegatten bei Trennung und Scheidung (Gesamtschuldnerausgleich, Rückforderung von Darlehen, Geschenken und unbenannten Zuwendungen, Auseinandersetzung einer Ehegatteninnengesellschaft etc.). Daneben erfüllt die Kategorie auch noch eine gewisse „Lückenbüßerfunktion", wenn zu den sonstigen Familiensachen auch noch Verfahren nach § 1357 Abs. 2 BGB gezählt werden (§ 266 Abs. 2), für die früher die Vormundschaftsgerichte zuständig waren. Zur Qualifizierung der „sonstigen Familiensachen" iSv. § 266 Abs. 1 als Familienstreitsachen s. § 112 Nr. 3.

24

11. Nr. 11 – Lebenspartnerschaftssachen

§ 269 unterscheidet zwischen Lebenspartnerschaftssachen (Abs. 1) und sonstigen Lebenspartnerschaftssachen (Abs. 2 und 3), wobei die Kategorie der sonstigen Lebenspartnerschaftssachen den „sonstigen Familiensachen" iSv. § 266 Abs. 1 und Abs. 2 entspricht. Die Definition der Lebenspartnerschaftssachen in § 269 Abs. 1 stimmt weitgehend mit der alten Regelung in § 661 aF ZPO überein (mit Ausnahme der Verfahren nach § 661 Abs. 1 Nr. 3 aF ZPO, welche die Verpflichtung zur Fürsorge und Unterstützung in der Lebensgemeinschaft zum Gegenstand haben und nunmehr den sonstigen Lebenspartnerschaftssachen iSv. § 269 Abs. 2 Nr. 2 zuzuordnen sind). Parallel zur erweiterten Zuständigkeit des Familiengerichts auf dem Gebiet der Güterrechtssachen (vgl. § 261 Abs. 2) bezieht § 269 **Abs. 1 Nr. 11** Verfahren nach §§ 1365 Abs. 2, 1369 Abs. 2 BGB iVm. § 6 LPartG und § 269 **Abs. 1 Nr. 12** Verfahren nach §§ 1426, 1430, 1452 BGB iVm. § 7 LPartG in den Kreis der Lebenspartnerschaftssachen ein.

25

Damit spiegelt der Begriff der Lebenspartnerschaftssachen den Katalog der Familiensachen wieder, soweit dieser für eingetragene Lebenspartner materiellrechtlich Relevanz besitzt. Es bleibt also bei der terminologischen Separierung,[2] obwohl die auf Lebenspartnerschaftssachen anwendbaren verfahrensrechtlichen Bestimmungen jeweils dem für die korrespondierende Familiensache einschlägigen Verfahrensregime zu entnehmen sind (§ 270). Zur Einordnung der Lebenspartnerschaftssachen iSv. § 269 Abs. 1 Nr. 7 bis 9 und Abs. 2 als Familienstreitsachen s. § 112 Nr. 1 bis 3.

26

III. Familiensachen kraft Sachzusammenhangs

Zwar handelt es sich bei der Aufzählung in § 111 grundsätzlich um eine abschließende Regelung, doch zählen auch solche Verfahren zu den Familiensachen, die auf eine **allgemeine Rechtsgrundlage** gestützt werden, die nicht unmittelbar oder ausschließlich den aufgezählten Sachgebieten zuzurechnen ist, wenn materiellrechtlich oder verfahrensrechtlich gleichwohl ein **enger sachlicher Zusammenhang** mit den Katalogstreitigkeiten besteht. Im Hinblick auf den mit der Einrichtung eigenständiger Abteilungen verfolgten Zweck, deren besondere Sachkunde für Familiensachen nutzbar zu machen, muss gefragt werden, ob durch die Zuweisung an die allgemeinen Prozessabteilungen sachlich Zusammenhängendes sinnwidrig auseinander gerissen würde,[3] doch zählt ein Verfahren nicht schon allein deshalb zu den Familiensachen, weil es zwischen Ehegatten oder Familienmitgliedern geführt wird.

27

---

[1] BT-Drucks. 16/6308, S. 262. Vgl. auch *Meyer-Seitz/Kröger/Heiter*, FamRZ 2005, 1430 (1437).

[2] Zum abweichenden Konzept des RefE I (2005): *Meyer-Seitz/Kröger/Heiter*, FamRZ 2005, 1430 (1435).

[3] BGH v. 3.5.1978 – IV ARZ 26/78, BGHZ 71, 264 (274) = FamRZ 1978, 582 (584); OLG Hamm v. 26.4.1991 – 9 WF 121/91, NJW-RR 1991, 1349; Zöller/*Philippi*, 27. Aufl., § 621 ZPO Rz. 4.

§ 111

1. Materiellrechtlicher Zusammenhang

a) Vorbereitende Ansprüche

28 Ansprüche auf **Auskunft**[1] und **Herausgabe von Unterlagen**[2] sind Familiensachen, selbst wenn sie keine spezifisch familienrechtliche Grundlage besitzen, sondern aus allgemeinen Prinzipien abzuleiten sind (§ 242 BGB), soweit sie der **Prüfung oder Durchsetzung eines familienrechtlichen Anspruchs** dienen.[3] Wird Auskunft über die Höhe familienrechtlicher Ansprüche verlangt, um einen **Schadensersatzanspruch gegen Dritte vorzubereiten** (zB Anwaltsregress), handelt es sich nicht um eine Familiensache.[4] Zum Auskunftsanspruch aus § 836 Abs. 3 ZPO s. Rz. 40.

b) Sekundäransprüche

29 Ansprüche auf Rückgewähr, Schadensersatz oder Freistellung sind regelmäßig Familiensachen, soweit sie als Sekundäransprüche **aus einem familienrechtlichen Verhältnis resultieren**. So sind Ansprüche aus ungerechtfertigter Bereicherung Familiensachen, wenn der vermeintliche oder fortgefallene Rechtsgrund familienrechtlicher Natur ist.[5] Bei Schadensersatz- und Freistellungsansprüchen ist regelmäßig entscheidend, ob der Bestand und die Höhe eines familienrechtlichen Anspruchs den Schwerpunkt der Auseinandersetzung bilden.[6] Damit ist auch die (selbständige) Geltendmachung von Anwaltsgebühren im Wege des Verzugsschadensersatzes Familiensache, soweit sie zur Durchsetzung einer Familiensache angefallen sind.[7]

---

1 BGH v. 4.3.1981 – IVb ZB 662/80, FamRZ 1981, 533 (§ 1587e Abs. 1 BGB); OLG Bamberg v. 18.3.1980 – 7 WF 19/80, FamRZ 1980, 811 (§ 1578e Abs. 1 BGB); BGH v. 19.5.1982 – IVb ZB 80/82, NJW 1982, 1651 (§ 1605 BGB); OLG Zweibrücken v. 21.2.1996 – 5 WF 21/96, FamRZ 1996, 1288 (§ 1605 BGB); OLG Hamm v. 14.5.1999 – 6 UF 16/99, FamRZ 2000, 362 (§ 1379 BGB); OLG Köln v. 8.8.1994 – 25 WF 147/94, NJW-RR, 1995, 644 (§ 1379 BGB); OLG Stuttgart v. 3.7.1979 – 17 UF 114/79, FamRZ 1979, 809 (§ 1435 Satz 2 BGB).
2 OLG Koblenz v. 2.6.1981 – 13 SmA 4/81, FamRZ 1981, 992 (§ 1605 BGB).
3 OLG Düsseldorf v. 25.4.1985 – 3 WF 55/85, FamRZ 1985, 721 (güterrechtliche Ansprüche gegen Dritte); OLG Hamm v. 5.4.2005 – 2 Sdb (FamS) Zust. 5/05, FamRZ 2005, 1844 (1845) (Scheinvaterregress).
4 BGH v. 8.2.1984 – IVb ZR 42/82, FamRZ 1984, 465 (466).
5 **Unterhalt:** BGH v. 3.5.1978 – IV ARZ 26/78, FamRZ 1978, 582 (584f.); OLG München v. 15.6.1978 – 26 AR 12/78, FamRZ 1978, 601 (Prozesskostenvorschuss); OLG Stuttgart v. 15.7.1980 – 18 UF 106/80, FamRZ 1981, 36 (Prozesskostenvorschuss); Familiensache ist daher auch der Anspruch auf Räumung und Herausgabe von Wohnraum, der bisher als Naturalunterhalt zur Verfügung gestellt wurde (Zöller/*Lorenz*, § 231 FamFG Rz. 11; aA OLG Frankfurt v. 10.12.1982 – 1 WF 189/82, FamRZ 1983, 200). **Zugewinn:** OLG Hamm v. 17.10.1979 – 5 WF 484/79, FamRZ 1979, 1036.
6 **Unterhalt:** KG Berlin v. 31.8.2011 – 18 WF 93/11, FamRZ 2012, 138 (140); OLG Köln v. 28.1.2012 – 25 UF 250/11, FamRZ 2012, 1836 (1837) und OLG Hamm v. 31.5.2012 – II-1 WF 90/12, FamRZ 2013, 67f. (jeweils Feststellung einer vorsätzlichen unerlaubten Handlung; aA OLG Rostock v. 14.1.2011 – 10 WF 4/11, FamRZ 2011, 910 (911) für titulierte Unterhaltsforderung); OLG Hamm v. 11.6.2008 – 2 Sdb (Fam. S.) Zust. 12/08, FamRZ 2008, 2040 (2041) (Verweigerung der Zustimmung zum Realsplitting); OLG Hamm v. 11.6.2008 – 2 Sdb (Fam. S.) Zust. 12/08, FamRZ 2008, 2040 (2041) (verweigerte Zustimmung zur gemeinsamen Veranlagung zur Einkommensteuer bisher keine Familiensache; vgl. jetzt § 266 Rz. 42); OLG Zweibrücken v. 6.9.1999 – 5 WF 92/99, FamRZ 2000, 497 (Verletzung einer Freistellungsvereinbarung; aA OLG Schleswig v. 17.8.1981 – 8 WF 162/81, SchlHA 1982, 76); BGH v. 9.2.1994 – XII ARZ 1/94, FamRZ 1994, 626 (Nichtgeltendmachung bzw. abredewidrige Verwendung von Leistungen aus privater Krankenversicherung); OLG Karlsruhe v. 8.12.1981 – 16 WF 181/81, FamRZ 1982, 400f. (Klage aus § 826 BGB gegen Titel); OLG Hamm v. 3.2.1988 – 6 UF 496/87, FamRZ 1988, 952 (Verzug); OLG Düsseldorf v. 23.11.1987 – 2 UFH 17/87, FamRZ 1988, 298 (299) (Anspruch aus § 717 Abs. 2 ZPO); **Güterrecht:** OLG Köln v. 14.12.1992 – 16 W 62/92, FamRZ 1993, 713 (Nutzungsentschädigung für eingebrachten Gegenstand bei Gütergemeinschaft); **Haushaltsgegenstände:** LG München II v. 16.10.1991 – 11 O 4082/91, FamRZ 1992, 335f. (grundlegend); OLG Zweibrücken v. 16.11.2004 – 2 AR 33/04, FamRZ 2006, 431; OLG Schleswig v. 6.1.2003 – 2 W 220/02, FamRZ 2003, 1199 (1200); OLG Karlsruhe v. 5.11.1999 – 11 AR 38/99, FamRZ 2000, 1168 (Schadensersatz wegen Nichterfüllung eines titulierten Herausgabeanspruchs).
7 OLG Dresden v. 21.4.2006 – 21 ARf 8/06, FamRZ 2006, 1128; OLG München v. 21.12.2005 – 16 WF 1872/05, FamRZ 2006, 721; OLG Saarbrücken v. 13.10.2008 – 9 WF 85/08, FPR 2009, 189; OLG

c) Honorarklage des Verfahrensvertreters

Die Klage des Rechtsanwalts auf Zahlung seines Honorars für ein Mandat in einer Familiensache ist selbst dann, wenn sie im Gerichtsstand des Hauptprozesses (§ 34 ZPO) erhoben wird, keine Familiensache, denn der Vergütungsanspruch resultiert allein aus dem Anwaltsvertrag iSv. §§ 675, 611 BGB und stellt auch **keinen Annex** zum familiengerichtlichen Verfahren dar.[1]

30

d) Unselbständige vertragliche Ansprüche

Vertraglich vereinbarte Ansprüche, die familienrechtliche Rechtsbeziehungen iSv. § 111 konkretisieren und ergänzen, sind ebenfalls Familiensachen.[2] Soweit Unterhaltsvereinbarungen keine vom Gesetz vollkommen losgelösten und selbständigen Ansprüche schaffen, verlieren sie nicht die Qualität als „gesetzliche" Unterhaltsansprüche iSv. § 111 Nr. 8 iVm. § 231 Abs. 1 (vgl. auch § 231 Rz. 12).[3] Werden in einer Scheidungsfolgenvereinbarung Regelungen getroffen, die sowohl Familiensachen als auch Nicht-Familiensachen betreffen, so handelt es sich, soweit eine ausschließliche Zuordnung der einzelnen Ansprüche zu einem der Bereiche nicht möglich ist, insgesamt um eine Familiensache (vgl. auch Rz. 10 und § 261 Rz. 14).[4]

31

e) Allgemeine vermögensrechtliche Ansprüche

Allgemeine vermögensrechtliche Ansprüche, die keine spezifisch familienrechtliche Basis besitzen (Ansprüche aus Vertrag, Schenkung, Gesamtschuldnerausgleich, gemeinsamen Konten, unberechtigter Einziehung fremder Forderungen, [Innen]Gesellschaft, Delikt, [Mit]Eigentum etc.), sind regelmäßig nur dann Familiensachen, **wenn sie als sonstige Familiensachen** im Zusammenhang mit der Auflösung eines Verlöbnisses (§ 266 Abs. 1 Nr. 1) oder einer Ehe (§ 266 Abs. 1 Nr. 3) stehen (vgl. § 266 Rz. 34ff.). Nur in seltenen Ausnahmefällen kann das Verfahren einem der anderen Katalogstreitigkeiten zugeordnet werden, wenn der Anspruch zwar in ein allgemein zivilrechtliches Gewand gekleidet, doch der Schwerpunkt der Auseinandersetzung auf einer (Vor)Frage liegt, die zu den Sachmaterien der § 111 Nr. 1 bis 9 und 11 zählt. So handelt es sich etwa um eine Güterrechtssache, wenn wegen Verstoßes gegen § 1365 BGB ein auf §§ 894, 985 iVm. § 1368 BGB gestützter Anspruch gegen einen Dritten geltend gemacht wird.[5]

32

Frankfurt v. 31.3.2008 – 3 WF 85/08, FamRB 2009, 46 (*Krause*); OLG Braunschweig v. 17.4.1979 – 1 W 3/79, FamRZ 1979, 719 (720).

1 BGH v. 29.1.1986 – IVb ZR 8/85, FamRZ 1986, 347 (348); OLG Frankfurt v. 25.9.1984 – AR 45/84, FamRZ 1984, 1119; OLG Hamm v. 14.8.1981 – 6 UF 281/81, FamRZ 1981, 1089; OLG Zweibrücken v. 10.11.1981 – 2 AR 21/81, FamRZ 1982, 85f.; OLG Koblenz v. 29.4.1983 – 15 SmA 1/83, FamRZ 1983, 1253; OLG Dresden v. 21.4.2006 – 21 ARf 8/06, FamRZ 2006, 1128.

2 OLG Zweibrücken v. 2.8.1996 – 5 WF 83/96, FamRZ 1997, 32 (33) (Umgangskosten); BGH v. 29.9.1983 – IX ZR 107/82, FamRZ 1984, 35 (36) und OLG Köln v. 27.10.2009 – 4 WF 134/09, juris (güterrechtliche Auseinandersetzung).

3 BGH v. 5.11.2008 – XII ZR 103/07, FamRZ 2009, 219 (220f.); BGH v. 29.10.1997 – XII ARZ 25/97, NJW-FER 1998, 63 (Kosten der Ehescheidung); BGH v. 29.11.1978 – IV ZR 74/78, FamRZ 1979, 220 und BGH v. 7.3.1979 – IV ZB 162/78, FamRZ 1979, 907 (Vergleich über Ehegattenunterhalt); BGH v. 20.12.1978 – IV ARZ 74/78, FamRZ 1979, 217 (218) (Freistellungsvereinbarung und Erstattung erbrachten Unterhalts); BayObLG v. 24.2.1983 – Allg. Reg. 62/82, FamRZ 1983, 1246 (1247) (Vereinbarung über Kindesunterhalt); BGH v. 13.1.1982 – IVb ARZ 571/81, FamRZ 1982, 262 (263) (güterrechtliche Beziehungen). Keine Familiensache demgegenüber rein vertragliche Unterhaltsvereinbarung: BGH v. 28.6.1978 – IV ZB 82/78, FamRZ 1978, 674 und OLG Hamm v. 20.8.1990 – 29 W 101/89, FamRZ 1991, 443f.; Vereinbarung über Freistellung von Schulden: BGH v. 26.3.1980 – IV ARZ 14/80, FamRZ 1980, 671.

4 BGH v. 25.6.1980 – IVb ARZ 505/80, FamRZ 1980, 878 (879).

5 OLG Celle v. 29.1.1987 – 12 UF 122/86, FamRZ 1987, 942 (943); OLG Hamm v. 10.8.2000 – 22 W 38/00, NJW-RR 2001, 869.

2. Verfahrensrechtlicher Zusammenhang

a) Beratungs- und Verfahrenskostenhilfe

33   Die **Verfahrenskostenhilfe** teilt die Rechtsnatur der Hauptsache, denn sie ist gem. § 117 Abs. 1 Satz 1 ZPO (iVm. § 76 Abs. 1 bzw. § 113 Abs. 1 Satz 2 FamFG) beim „Prozessgericht" zu beantragen und setzt die Prüfung der Erfolgsaussichten voraus.[1] Demgegenüber ist die Festsetzung einer Vergütung des Verfahrensbevollmächtigten im Verfahren der **Beratungshilfe** keine Familiensache, weil hierfür keine speziellen familienrechtlichen Kenntnisse erforderlich sind.[2]

b) Zwischen- und Nebenverfahren

34   **Ablehnungsgesuche** gegen Richter und Sachverständige folgen in ihrer rechtlichen Qualifikation der Einordnung der Hauptsache als Familiensache.[3] Der nur noch in Ausnahmefällen (Rz. 50 und 64) nach § 36 Abs. 1 Nr. 6 ZPO, § 5 Abs. 1 Nr. 4 FamFG zu lösende **Kompetenzkonflikt** zwischen den allgemeinen Prozessabteilungen und den Abteilungen für Familiensachen ist, soweit nicht der Geschäftsverteilungsplan des OLG eine ausdrückliche Zuständigkeitsregelung vorsieht, wegen der besonderen Sachkompetenz den Familiensenaten zugewiesen.[4]

c) Eil-, Hilfs- und Sicherungsverfahren

35   Der **Arrest** teilt die rechtliche Qualität des zu sichernden Hauptanspruchs.[5] Entsprechendes gilt für eA nach §§ 49 ff., 119 Abs. 1 Satz 1. Auch wenn sich der Antragsteller nicht an das Gericht der Hauptsache (§ 919, 1. Alt. ZPO, § 50 Abs. 1 FamFG) wendet, sondern von der Belegenheits- bzw. Aufenthaltszuständigkeit nach § 919 2. Alt ZPO oder der Eilzuständigkeit nach § 50 Abs. 2 Satz 1 FamFG Gebrauch macht, entscheidet das Familiengericht (§ 119 Rz. 2 und 8).

36   Für das **selbständige Beweissicherungsverfahren** in einer Familiensache ist gem. § 486 Abs. 1 ZPO das Familiengericht als Gericht der Hauptsache zuständig, soweit bereits ein Rechtsstreit anhängig ist. Auch außerhalb eines anhängigen Verfahrens ist nach § 486 Abs. 2 ZPO grundsätzlich das Familiengericht zuständig, wenn es auch über die Hauptsache zu entscheiden hätte.[6] Soweit jedoch die Eilzuständigkeit nach § 486 Abs. 3 ZPO in Anspruch genommen wird, kommt dem zugrunde liegenden materiellrechtlichen Anspruch kein entscheidendes Gewicht mehr zu. Dann handelt es sich um ein allgemeines verfahrensrechtliches Instrument, das nicht als Familiensache anzusehen ist.[7]

37   Die nach § 157 Abs. 1 GVG in Familiensachen zu leistende **Rechtshilfe** ist eine selbständige Aufgabe des Amtsgerichts, die mangels ausdrücklicher Zuweisung durch den Geschäftsverteilungsplan nicht automatisch den Abteilungen für Familiensachen zugewiesen ist.[8] Lehnt am ersuchten Rechtshilfegericht eine Abteilung für

---

1   BGH v. 31.1.1979 – IV ARZ 111/78, FamRZ 1979, 421 (nicht, wenn Gericht der Hauptsache das Vollstreckungsgericht ist); BayObLG v. 26.3.1985 – 15/85, FamRZ 1985, 945 (947).
2   BGH v. 16.5.1984 – IVb ARZ 20/84, FamRZ 1984, 774 (775); OLG Nürnberg v. 30.3.2004 – 7 WF 719/04, FamRZ 2005, 740.
3   BGH v. 4.4.1979 – IV ARZ 112/78, FamRZ 1979, 472.
4   OLG Brandenburg v. 25.9.2006 – 9 AR 7/06, FamRZ 2007, 293; OLG Rostock v. 22.9.2003 – 10 WF 134/03, FamRZ 2004, 650; OLG Rostock v. 10.9.2003 – 10 WF 142/03, FamRZ 2004, 956 (957); Zöller/*Philippi*, 27. Aufl., § 621 ZPO Rz. 10; aA OLG Karlsruhe v. 7.12.1999 – 19 AR 20/99, FamRZ 2000, 568; Stein/Jonas/*Roth*, § 36 ZPO Rz. 11.
5   BGH v. 10.10.1979 – IV ARZ 52/79, FamRZ 1980, 46; OLG Stuttgart v. 30.8.2011 – 17 UF 167/11, FamRZ 2012, 324; OLG Düsseldorf v. 18.6.1993 – 3 UF 192/92, NJW-RR 1994, 453.
6   Keidel/*Weber*, § 111 FamFG Rz. 11; Wieczorek/Schütze/*Kemper*, § 621 ZPO Rz. 117.
7   LG Lüneburg v. 4.10.1983 – 1 T 114/83, FamRZ 1984, 69; Keidel/*Weber*, § 111 FamFG Rz. 11; Wieczorek/Schütze/*Kemper*, § 621 ZPO Rz. 117.
8   OLG Stuttgart v. 16.1.1984 – 18 AR 15/83, FamRZ 1984, 716; Keidel/*Weber*, § 111 FamFG Rz. 18; Wieczorek/Schütze/*Kemper*, § 621 ZPO Rz. 119.

Familiensachen die Durchführung des Rechtshilfeersuchens ab, entscheidet nach § 159 Abs. 1 GVG der Familiensenat des OLG.[1]

d) Kostenfestsetzung

Das Kostenfestsetzungsverfahren in einer Familiensache ist gleichfalls als Familiensache anzusehen, weil sonst die **Einheitlichkeit des Rechtsmittelzugs** mit der Hauptsache nicht gewahrt werden könnte.[2] Bestellt das Familiengericht einem Kind einen Verfahrensbeistand nach § 158, hat es auch über die Festsetzung von Vergütung und Aufwendungsersatz zu entscheiden (§ 158 Abs. 7 iVm. § 277).[3]

38

e) Zwangsvollstreckung

Soweit sich die **Zwangsvollstreckung nach dem FamFG** richtet, was namentlich für Entscheidungen über die Herausgabe von Personen und die Regelung des Umgangs der Fall ist (§§ 87 Abs. 1, 88), sind die Familiengerichte zuständig. Aber auch, soweit die **Vollstreckung nach der ZPO** erfolgt (§§ 95 Abs. 1, 113 Abs. 1, 120 Abs. 1), besteht eine Zuständigkeit des Familiengerichts immer dann, wenn die Zuständigkeit des **Prozessgerichts des ersten Rechtszugs** angeordnet ist. Dies ist etwa der Fall für die Ermächtigung zur Ersatzvornahme nach § 887 Abs. 1 ZPO,[4] die Festsetzung von Zwangsgeld und Zwangshaft nach § 888 Abs. 1 ZPO[5] sowie die Verhängung von Ordnungsmitteln nach § 890 ZPO.[6] Auch der Antrag auf Einwilligung in die Auszahlung des nach § 839 ZPO hinterlegten Betrags ist eine Familiensache.[7]

39

Ist demgegenüber für Maßnahmen der Zwangsvollstreckung das **Amtsgericht als Vollstreckungsgericht** zuständig (§ 828 ZPO), besteht keine Zuständigkeit des Familiengerichts, weil die entsprechenden Verfahren in erster Linie Kenntnisse auf dem Gebiet des Zwangsvollstreckungsrechts und nicht familienrechtliche Spezialkenntnisse erfordern.[8] Das Vollstreckungsgericht ist beispielsweise zuständig für einen Vollstreckungsschutzantrag nach § 765a ZPO[9] oder die Abgabe der eidesstattlichen Versicherung gem. § 889 Abs. 1 ZPO.[10] Der Anspruch des Unterhaltsgläubigers gegen den Unterhaltsschuldner auf **Auskunftserteilung gem. § 836 Abs. 3 ZPO** bezieht sich auf die gepfändete und überwiesene behauptete Forderung und betrifft demnach keine Familiensache.[11]

40

Für die **Vollstreckungserinnerung** nach § 766 ZPO ist das Vollstreckungsgericht zuständig.[12] Ob es sich bei der dem Prozessgericht zugewiesenen **Vollstreckungsabwehrklage** nach § 767 ZPO um eine Familiensache handelt, richtet sich nach der Rechtsnatur des titulierten Anspruchs.[13] Wird die Klage gegen einen Titel gerichtet, der keine Familiensache betrifft, aber auf die Aufrechnung mit einem familienrechtlichen Anspruch gestützt wird, so bleibt es – angesichts des klaren Wortlauts des

41

---

1 OLG Frankfurt v. 27.2.1984 – 1 UFH 26/83, FamRZ 1984, 1030.
2 BGH v. 3.5.1978 – IV ARZ 39/78, FamRZ 1978, 585 (586); BGH v. 15.10.1980 – IVb ZR 503/80, FamRZ 1981, 19 (21); BGH v. 18.12.1991 – XII ZB 128/91, FamRZ 1992, 538.
3 BGH v. 20.6.2007 – XII ZB 220/04, FamRZ 2007, 1548.
4 OLG Hamburg v. 19.1.1983 – 16 WF 3/83, FamRZ 1983, 1252f.
5 OLG Schleswig v. 7.8.1981 – 8 WF 175/81, SchlHA 1981, 190; OLG Düsseldorf v. 9.11.1977 – 2 WF 165/77, FamRZ 1978, 129 (130).
6 OLG Hamm v. 22.12.2009 – II-2 Sdb (FamS) Zust 31/09, FamRZ 2010, 920 (921) im Übrigen jedoch überholt (vgl. Rz. 64 Fn. 8); OLG Düsseldorf v. 24.2.1981 – 5 UF 257/80, FamRZ 1981, 577.
7 OLG Düsseldorf v. 23.11.1987 – 2 UFH 17/87, FamRZ 1988, 298.
8 BGH v. 31.1.1979 – IV ARZ 111/78, FamRZ 1979, 421; OLG Celle v. 13.9.1978 – 8 jw 382/78, FamRZ 1979, 57; OLG Düsseldorf v. 20.3.1978 – 1 WF 85/78, NJW 1978, 1012.
9 OLG Frankfurt v. 22.2.2013 – 4 WF 48/13, FamRB 2013, 109 (110) (*Schlünder*).
10 OLG Frankfurt v. 30.7.2003 – 3 WF 177/03, FamRZ 2004, 129.
11 OLG Nürnberg v. 23.2.1979 – 7 W 32/79, FamRZ 1979, 524.
12 OLG Düsseldorf v. 8.3.1978 – 2 WF 54/78, FamRZ 1978, 913 (914); OLG Düsseldorf v. 1.9.1977 – 2 WF 109/77, FamRZ 1977, 725 (726).
13 BGH v. 14.6.1978 – IV ARZ 31/78, FamRZ 1978, 672 (673); BGH v. 17.10.1979 – IV ARZ 42/79, FamRZ 1980, 47; BGH v. 11.7.1979 – IV ZR 165/78, FamRZ 1979, 910 (911); BGH v. 18.12.1991 – XII ZB 128/91, FamRZ 1992, 538; OLG Köln v. 23.11.1998 – 13 W 68/98, FamRZ 2000, 364.

§ 767 Abs. 1 ZPO – bei der Einordnung als Nicht-Familiensache.[1] Die **Drittwiderspruchsklage** nach § 771 ZPO ist nur dann Familiensache, wenn das die Veräußerung hindernde Recht familienrechtlicher Natur ist.[2] Demgegenüber handelt es sich bei der Widerspruchsklage nach § 774 ZPO nicht um eine Familiensache, weil ihr Gegenstand lediglich die (Un-)Zulässigkeit der Zwangsvollstreckung in das in Frage stehende Objekt und nicht eine materielle Rechtsposition ist.[3] Auch die Klage auf Unterlassung der Zwangsvollstreckung aus **§ 826 BGB**[4] sowie die **negative Feststellungsklage**, dass der Vollstreckungstitel keinen vollstreckungsfähigen Inhalt hat,[5] teilen die rechtliche Natur des Titels, gegen den sie sich richten.

42 Die **Vollstreckungsklausel** wird in Familiensachen nach § 724 Abs. 2 ZPO vom Urkundsbeamten des Familiengerichts und in den Sonderfällen des § 20 Nr. 12 RPflG (vgl. aber landesrechtlichen Vorbehalt in § 36b Abs. 1 Nr. 3 RPflG) vom Rechtspfleger erteilt. Über Erinnerungen und Beschwerden gegen die Erteilung der Vollstreckungsklausel oder gegen die Ablehnung der Erteilung entscheidet nach § 732 Abs. 1 ZPO das Prozessgericht.[6] Auch die Titelumschreibung nach §§ 727 ff. ZPO fällt in die Zuständigkeit des Familiengerichts.[7]

43 Die **Vollstreckbarerklärung einer ausländischen Entscheidung** nach § 110 Abs. 2, die – gemessen an den Maßstäben des inländischen Rechts – in einer Familiensache ergangen ist, ist ihrerseits Familiensache, denn es sind Anerkennungshindernisse zu prüfen (§ 110 Abs. 1), die einen engen Zusammenhang zu der jeweiligen familienrechtlichen Sachmaterie aufweisen.[8] Zur Vollstreckbarerklärung von Titeln nach dem HUntVÜ 1958 durch das Familiengericht § 110 Anh. 1 Rz. 18. Demgegenüber war für die Vollstreckbarerklärung nach dem HUntVÜ 1973 nach § 3 AVAG der Vorsitzende einer Kammer für Zivilsachen am Landgericht zuständig.[9] Doch ist für Verfahren, die nach dem 18.6.2011 eingeleitet wurden (vgl. § 110 Anh. 5 Rz. 8 und § 77 Abs. 1 Nr. 5 AUG), nunmehr § 35 Abs. 1 AUG anwendbar. Danach ist für die Anerkennung und Vollstreckbarerklärung bestimmter ausländischer Unterhaltstitel das für den Sitz des Oberlandesgerichts zuständige Amtsgericht (Familiengericht[10]) zuständig. Das Gleiche gilt für die Vollstreckbarerklärung von Unterhaltstiteln nach Art. 39 Abs. 1 iVm. Anhang II Brüssel I-VO (soweit in Altverfahren noch nicht die EuUntVO an dessen Stelle getreten ist – vgl. Art. 68 Abs. 1, 75 Abs. 2 EuUntVO).[11] Die hiergegen nach Art. 43 Abs. 2 und Abs. 3 Brüssel I-VO iVm. §§ 11 ff., 55 Abs. 1 AVAG statthafte Be-

---

1 OLG Hamm v. 21.3.1997 – 7 WF 127/97, FamRZ 1997, 1493; Zöller/*Philippi*, 27. Aufl., § 621 ZPO Rz. 17a; aA OLG Hamm v. 2.5.1989 – 2 Sdb (Zust) 7/89, FamRZ 1989, 875 (876).
2 OLG Hamburg v. 19.6.1984 – 12 WF 88/84, FamRZ 1984, 804 (805); Übernahmerecht nach **§ 1477 Abs. 2 BGB**: BGH v. 5.6.1985 – IVb ZR 34/84, FamRZ 1985, 903 (904); OLG Frankfurt v. 7.2.1985 – 21 UF 172/84, FamRZ 1985, 403 (404); Veräußerungsverbot nach **§ 1365 BGB**: OLG Köln v. 6.3.2012 – 4 UF 156/11, MDR 2012, 1169; OLG München v. 4.8.1999 – 3 W 2133/99, FamRZ 2000, 365; OLG Bamberg v. 8.12.1999 – 2 WF 159/99, FamRZ 2000, 1167; OLG Hamburg v. 9.3.2000 – 2 WF 23/00, FamRZ 2000, 1290; OLG Hamm v. 13.1.1995 – 3 WF 429/94, FamRZ 1995, 1072 (1073); aA OLG Stuttgart v. 10.12.1981 – 18 WF 374/81, FamRZ 1982, 401.
3 BGH v. 20.12.1978 – IV ARZ 85/78, FamRZ 1979, 219.
4 OLG Düsseldorf v. 17.9.1979 – 4 WF 160/79, FamRZ 1980, 376 (377); OLG Karlsruhe v. 8.12.1981 – 16 WF 181/81, FamRZ 1982, 400 f.
5 OLG Karlsruhe v. 23.8.2004 – 16 WF 75/04, FamRZ 2005, 377.
6 OLG Hamburg v. 15.12.1981 – 15 WF 266/81 U, FamRZ 1982, 426 f.; OLG Hamburg v. 29.6.1981 – 15 WF 89/81, FamRZ 1981, 880; OLG Hamm v. 27.6.1979 – 6 UF 313/79, FamRZ 1979, 848; OLG Düsseldorf v. 14.4.1978 – 2 WF 56/78, FamRZ 1978, 427.
7 OLG Bremen v. 1.8.1979 – 5 WF 76/79, FamRZ 1980, 725; BGH v. 30.6.1993 – XII ARZ 18/93, FamRZ 1994, 27 (zur Umschreibung von Alttiteln).
8 Zu § 722 ZPO: BGH v. 9.7.1980 – IVb ARZ 533/80, NJW 1980, 2025; BGH v. 6.11.1985 – IVb ZR 73/84, FamRZ 1986, 45 f. Vollstreckbarerklärung eines Titels der freiwilligen Gerichtsbarkeit: BGH v. 13.7.1983 – IVb ZB 31/83, FamRZ 1983, 1008 (1009); OLG Hamm v. 4.12.1986 – 1 UF 475/86, FamRZ 1987, 506; OLG München v. 16.9.1992 – 12 UF 930/92, FamRZ 1993, 349 (350).
9 OLG Köln v. 9.1.1995 – 16 W 72/94, FamRZ 1995, 1430; KG v. 1.8.1990 – 24 W 3718/90, FamRZ 1990, 1376.
10 OLG Karlsruhe v. 6.12.2011 – 8 W 34/11, FamRZ 2012, 660.
11 OLG Köln v. 20.4.1995 – 16 W 67/94, FamRZ 1996, 115 f.

schwerde zum OLG ist ebenfalls Familiensache.[1] Auch für das **besondere Anerkennungsverfahren für ausländische Entscheidungen** nach § 108 Abs. 2 sind die Familiengerichte zuständig, wenn sie nach deutschem (Verfahrens-)Recht für den Erlass einer entsprechenden Entscheidung zuständig gewesen wären (§ 108 Rz. 57).

f) Abänderungs- und Wiederaufnahmeverfahren

Für die Qualifizierung eines Abänderungsantrags nach §§ 248 ff. oder § 113 Abs. 1 Satz 2 FamFG iVm. § 328 ZPO als Familiensache kommt es auf die Rechtsnatur des titulierten Anspruchs an.[2] Zum Wiederaufnahmeverfahren vgl. § 118 Rz. 3. 44

C. Zuständigkeitsordnung in Familiensachen

I. Zuständigkeit des Familiengerichts

Die **internationale Zuständigkeit** für Familiensachen ist – soweit nicht Rechtsakte der Europäischen Gemeinschaft oder völkervertragliche Abkommen Anwendung finden – in §§ 98–106 geregelt. 45

Sachlich zuständig ist für Familiensachen gem. § 23a Abs. 1 Satz 1 Nr. 1 GVG das **Amtsgericht**. Es handelt sich um eine ausschließliche Zuständigkeit (§ 23a Abs. 1 Satz 2 GVG). Die Zuweisung an die **Abteilungen für Familiensachen** folgt aus § 23b Abs. 1 GVG. Dabei ist zur Konkretisierung des Begriffs „Familiensachen" jeweils auf den Katalog des § 111 zurückzugreifen. Da Familiengerichte keine eigenständigen Gerichte, sondern (unselbständige) Abteilungen der Amtsgerichte sind,[3] ist ihre Zuständigkeit für Familiensachen nach § 23b Abs. 1 GVG lediglich im Sinne einer zwingenden **gesetzlichen Geschäftsverteilung** zu verstehen, die vergleichbar mit der Geschäftsverteilung iSd. § 21e Abs. 1 Satz 1 GVG ist, aber aufgrund besonderer gesetzlicher Festlegung der Regelung des Präsidiums entzogen ist.[4] Für Familiengerichte mit mehreren Abteilungen ist die gerichtsinterne Zuständigkeitskonzentration gem. § 23b Abs. 2 GVG zu beachten, wonach alle Familiensachen, die denselben Personenkreis betreffen, derselben Abteilung zugewiesen werden sollen. 46

Gem. § 119 Abs. 2 GVG ist § 23b Abs. 1 GVG in **zweiter Instanz** entsprechend anwendbar. Daher entscheiden am Oberlandesgericht, welches gem. § 119 Abs. 1 Nr. 1a GVG für Beschwerden gegen Entscheidungen der Familiengerichte stets zuständig ist, besondere Senate für Familiensachen. Ihr Verhältnis zu den allgemeinen OLG-Senaten ist das Gleiche wie zwischen Familiengerichten und allgemeinen Prozessabteilungen der Amtsgerichte. **Rechtsbeschwerdeinstanz** ist stets der BGH (§ 133 GVG). Zur Frage der Überprüfung der Qualifikation als Familiensache in der Rechtsmittelinstanz Rz. 12. 47

Von der sachlichen Zuständigkeit der Amtsgerichte in Familiensachen und den besonderen Regeln über die gesetzliche Geschäftsverteilung in § 23b Abs. 1 GVG zu unterscheiden ist die **funktionelle Zuständigkeit**, also die Frage, welches konkrete Rechtspflegeorgan (Einzelrichter, Spruchkörper, Rechtspfleger, Urkundsbeamter etc.) in der Sache tätig zu werden hat. 48

Die **örtliche Zuständigkeit** für Ehesachen (§ 111 Nr. 1) ist in §§ 122, 123 geregelt. Für die übrigen Familiensachen (§ 111 Nr. 2 bis 11) wird die örtliche Zuständigkeit für jede einzelne Kategorie separat geregelt (vgl. die jeweils zweite Vorschrift der Abschnitte 3 bis 12 sowie § 10 IntFamRVG). Allerdings ist für bestimmte (vor allem – aber nicht ausschließlich – verbundfähige) Familiensachen stets das Gericht der Ehe- 49

---

1 BGH v. 21.3.1990 – XII ZB 71/89, FamRZ 1990, 868.
2 BGH v. 13.1.1982 – IVb ARZ 571/81, FamRZ 1982, 262.
3 BGH v. 3.5.1978 – IV ARZ 26/78, BGHZ 71, 264 (269) = FamRZ 1978, 582 f.; BGH v. 5.3.1980 – IV ARZ 2/80, FamRZ 1980, 557 (558).
4 BGH v. 3.5.1978 – IV ARZ 26/78, BGHZ 71, 264 (268 f.) = FamRZ 1978, 582 (583); BGH v. 27.1.2004 – VI ZB 33/03, FamRZ 2004, 869 (870); OLG Hamm v. 25.5.1992 – 8 WF 160/92, FamRZ 1993, 211; OLG Frankfurt v. 14.3.1988 – 1 UFH 4/88, FamRZ 1989, 75 (76); Zöller/*Lückemann*, § 23b GVG Rz. 3; Keidel/*Weber*, § 111 FamFG Rz. 35.

sache vorrangig zuständig, soweit eine Ehesache bereits anhängig ist (§§ 152 Abs. 1, 201 Nr. 1, 218 Nr. 1, 232 Abs. 1 Nr. 1, 262 Abs. 1, 267 Abs. 1, 270 Abs. 1 Satz 2). Wird eine Ehesache nachträglich rechtshängig, müssen diese Familiensachen an das Gericht der Ehesache abgegeben werden (§§ 153, 202, 233, 263, 268, 270 Abs. 1 Satz 2).

II. Abgabe, Verweisung und Zuständigkeitsstreit

1. Überleitung innerhalb des Amtsgerichts

a) Verhältnis FamG – Prozessabteilung

50   Während vor Inkrafttreten des FamFG die Überleitung eines Verfahrens vom Familiengericht an die Prozessabteilung (und umgekehrt) wegen fehlerhafter Einordnung als (Nicht)Familiensache – wie andere Fragen der Geschäftsverteilung – durch eine von Amts wegen vorzunehmende formlose, nicht bindende Abgabe gelöst wurde,[1] sind nunmehr gem. § 17a Abs. 6 GVG die § 17a Abs. 1 bis 5 GVG entsprechend anwendbar: Wird die familiengerichtliche Abteilung mit einer allgemeinen Zivilsache oder die Prozessabteilung mit einer Familiensache befasst, spricht sie ihre Unzuständigkeit nach Anhörung der Beteiligten, die auch schriftlich erfolgen kann (§ 17a Abs. 4 Satz 1 GVG), aus und **verweist den Rechtsstreit von Amts wegen** an die zuständige Abteilung. Die Verweisung hat bindende Wirkung (§ 17a Abs. 2 Satz 3 GVG) und ergeht in Form eines Beschlusses, der zu begründen (§ 17a Abs. 4 Satz 2 GVG) und zuzustellen ist (§ 329 Abs. 3 ZPO), weil er gem. § 17a Abs. 4 Satz 3 GVG der sofortigen Beschwerde nach §§ 567 ff. ZPO[2] unterliegt. Gegen die Entscheidung des Beschwerdegerichts ist unter den Voraussetzungen von § 17a Abs. 4 Satz 4 bis 6 GVG die weitere Beschwerde nach §§ 574 ff. ZPO eröffnet. In der Sache misst der Gesetzgeber damit der gerichtsinternen Spezialzuständigkeit der Familiengerichte wegen ihrer besonderen Spezialisierung und Kompetenz nunmehr eine deutlich erhöhte Bedeutung zu. Hierin spiegelt sich die allgemeine Reformtendenz wieder, die Eigenständigkeit des FamFG im Allgemeinen und der Verfahren in Familiensachen im Besonderen stärker zu betonen. Es besteht jedoch die Gefahr, dass hierdurch langwierige Zuständigkeitsstreitigkeiten heraufbeschworen werden.

51   Rügt ein Verfahrensbeteiligter die Zuständigkeit, so ist gem. § 17a Abs. 3 Satz 2 GVG **vorab zu entscheiden**. Sollte das Gericht dies versäumen, so entfällt die Bindung des Rechtsmittelgerichts nach § 17a Abs. 5 GVG.[3] Die Rüge ist eine Verfahrenshandlung, die im Anwaltsprozess dem Anwaltszwang unterliegt.[4] Gem. § 17a Abs. 3 Satz 1 GVG steht es im freien – im Rechtsmittelverfahren nicht überprüfbaren[5] – Ermessen des Gerichts, in Zweifelsfällen auch ohne entsprechende Rüge seine Zuständigkeit von Amts wegen vorab auszusprechen. Durch die Vorabentscheidung wird den Beteiligten die sofortige Beschwerde nach § 17a Abs. 4 Satz 3 bis 6 GVG iVm. §§ 567 ff., 574 ff. ZPO eröffnet.[6] Im Übrigen kann die Frage der zutreffenden Einordnung im Rechtsmittelverfahren grundsätzlich nicht mehr geprüft werden (§ 17a Abs. 5 GVG).[7]

52   Die **Bindungswirkung** gem. § 17a Abs. 2 Satz 3 GVG beschränkt sich grundsätzlich auf die Zuordnung zur allgemeinen oder familiengerichtlichen Abteilung; die aufnehmende Abteilung kann aus Gründen der örtlichen oder sachlichen Unzuständigkeit

---

1 Vgl. nur BGH v. 3.5.1978 – IV ARZ 26/78, BGHZ 71, 265 (272) = FamRZ 1978, 582 (584); BGH v. 27.1.2004 – VI ZB 33/03, FamRZ 2004, 869.
2 OLG München v. 15.7.2010 – 31 AR 37/10, FamRZ 2010, 2090; OLG Hamm v. 18.5.2010 – II-2 Sdb (FamS) Zust. 14/10, FamRZ 2010, 2089 (2090); OLG Köln v. 28.9.2009 – 21 WF 207/09, FF 2010, 80; Kissel/*Mayer*, § 17 GVG Rz. 29; vgl. auch BGH v. 5.12.2012 – XII ZB 652/11, FamRZ 2013, 281.
3 BGH v. 18.9.2008 – V ZB 40/08, NJW 2008, 3572 (3573).
4 Zöller/*Lückemann*, § 17a GVG Rz. 6.
5 BGH v. 18.9.2008 – V ZB 40/08, NJW 2008, 3572 (3573).
6 BGH v. 5.12.2012 – XII ZB 652/11, FamRZ 2013, 281; OLG München v. 15.7.2010 – 31 AR 37/10, FamRZ 2010, 2090.
7 Für eine Ausnahme vgl. OLG Nürnberg v. 28.12.2011 – 12 W 2359/11, FamRZ 2012, 896 f. (keine formelle Beteiligung des Antragsgegners im Verfahren des vorläufigen Rechtsschutzes); ausf. Zöller/*Lückemann*, § 17a GVG Rz. 18.

weiterverweisen.[1] Sieht sich allerdings die abgebende Abteilung bei der Verweisung „an das zuständige Gericht" veranlasst, im Hinblick auf die sachliche oder örtliche Zuständigkeit gleichfalls Korrekturen vorzunehmen, so spricht nichts dagegen, dem Verweisungsbeschluss insoweit, falls die entsprechenden Voraussetzungen erfüllt sind (insbesondere rechtliches Gehör gewährt wurde), Bindungswirkung nach § 281 Abs. 2 Satz 4 ZPO bzw. § 3 Abs. 3 Satz 2 FamFG zuzusprechen.[2]

Zulässig ist die Verweisung nach § 17a GVG **erst nach Rechtshängigkeit bzw. Übermittlung der Antragsschrift (§ 23 Abs. 2)**, ein zuvor ergehender Verweisungsbeschluss entfaltet keine Bindungswirkung.[3] Da sachlich zuständiges Eingangsgericht stets das Amtsgericht als solches ist und eine explizite Adressierung an das „Familiengericht" weder erforderlich noch verbindlich ist, liegt die Verantwortung für die Zuweisung des Verfahrens an die intern zuständige Abteilung zunächst beim Gericht. Vor Zustellung bzw. Übermittlung der Antragsschrift hat das Gericht daher die Befugnis, die durch die Eingangsgeschäftsstelle vorgenommene Einordnung als Familien- oder Nichtfamiliensache auch ohne einen entsprechenden Antrag durch **formlose und nicht bindende** Abgabe an die zuständige Abteilung zu korrigieren.[4] Da im Verfahren der **Verfahrenskostenhilfe** mangels Rechtshängigkeit der Hauptsache § 17a GVG (im Gegensatz etwa zu § 281 ZPO) nach bislang herrschender Meinung nicht entsprechend anwendbar ist,[5] kann in isolierten Verfahrenskostenhilfeverfahren eine formlose, nicht bindende Abgabe erfolgen. Da jedoch die entsprechende Anwendung von § 17a GVG zumindest nicht unvertretbar ist, entfaltet eine hierauf gestützte förmliche Verweisung für das Empfangsgericht Bindungswirkung.[6]

53

Dass nach Ausspruch der Verweisung aufgrund des Geschäftsverteilungsplans ein anderer Richter für das Verfahren zuständig wird, ist nicht Voraussetzung für die Anwendbarkeit von § 17a Abs. 6 GVG. **Unterschiedliche Spruchkörper** iSd. Vorschrift sind auch dann betroffen, wenn sich der Übergang von der Familiensache zur allgemeinen Prozesssache „abteilungsintern" beim selben Richter vollzieht (wenn dieser ein gespaltenes Dezernat besitzt).[7]

54

Einstweilen frei.

55

b) Verhältnis FamG – fG-Abteilungen

Wird das FamG wegen einer Nichtfamiliensache angerufen, die zur Zuständigkeit der Abteilungen für Angelegenheiten der freiwilligen Gerichtsbarkeit gehört (oder

56

---

1 Vgl. OLG Frankfurt v. 31.5.2001 – 20 W 75/01 und 105/01, FamRZ 2002, 112; MüKo.ZPO/*Zimmermann*, § 17a GVG Rz. 18; *Kissel/Mayer*, § 17 GVG Rz. 43.
2 Vgl. Wendl/Dose/*Schmitz*, § 10 Rz. 26; BayObLG v. 1.10.2001 – 2 Z AR 1/01, NJW-RR 2002, 1024. Zur Verweisung nach den mittlerweile aufgehobenen §§ 18, 18a HausrVO (vgl. Rz. 19 und 55) OLG Karlsruhe v. 6.4.1992 – 11 W 36/92, FamRZ 1992, 1082 (1083); vgl. zu § 281 ZPO BGH v. 26.11.1997 – XII ARZ 34/97, FamRZ 1999, 501. Nach früherem Recht war streitig, ob der Richter zunächst intern an die einschlägige Abteilung abgeben musste (Johannsen/Henrich/*Sedemund-Treiber*, 4. Aufl. 2003, § 621 ZPO Rz. 14; Zöller/*Philippi*, 27. Aufl., § 621 ZPO Rz. 72) oder sofort an das örtlich und sachlich zuständige Gericht verweisen konnte (Musielak/*Borth*, 6. Aufl. 2008, § 621 ZPO Rz. 26).
3 BAG v. 9.2.2006 – 5 AS 1/06, NJW 2006, 1371; OLG Köln v. 28.9.2009 – 21 WF 207/09, FF 2010, 80; OLG Karlsruhe v. 14.8.2007 – 19 W 16/07, MDR 2007, 1390f.; vgl. auch BGH v. 5.3.1980 – IV ARZ 8/80 FamRZ 1980, 572 (zu § 36 Abs. 1 Nr. 6 ZPO).
4 Wendl/Dose/*Schmitz*, § 10 Rz. 20. Vgl. zu § 281 ZPO BGH v. 13.7.1994 – XII ARZ 9/94, FamRZ 1995, 32 (33); BGH v. 5.3.1980 – IV ARZ 8/80, FamRZ 1980, 562 (563).
5 OLG Köln v. 28.9.2009 – 21 WF 207/09, FF 2010, 80; OLG Karlsruhe v. 14.8.2007 – 19 W 16/07, MDR 2007, 1390ff.; BayObLG v. 23.11.1999 – 3 Z AR 27/99, juris; *Kissel/Mayer*, § 17 GVG Rz. 7; MüKo.ZPO/*Zimmermann*, § 17 GVG Rz. 3. AA wohl OLG Braunschweig v. 26.11.2009 – 1 W 57/09, FamRZ 2010, 1101; zumindest soweit Hauptsache anhängig auch OLG Stuttgart v. 8.4.2011 – 10 W 2/11, NJW-RR 2011, 1502 (1503).
6 OLG München v. 15.7.2010 – 31 AR 37/10, FamRZ 2010, 2090 (2091); BGH v. 30.7.2009 – Xa ARZ 167/09, NJW-RR 2010, 209 (210) zur Rechtswegzuständigkeit.
7 So schon zur Verweisung vom FamG an das Gericht der FG nach altem Recht gem. § 17a Abs. 2 aF GVG analog: MüKo.ZPO/*Bernreuther*, § 621 ZPO Rz. 17; Stein/Jonas/*Schlosser*, § 621 ZPO Rz. 2. Auch *Kissel*, NJW 1977, 1034 (1037) fordert insofern eine „förmliche" Verweisung.

umgekehrt), so ist – soweit es sich um Streitsachen oder Antragsverfahren handelt – das Verfahren nunmehr ebenfalls gem. **§ 17a Abs. 6 GVG zu verweisen**. Das gilt nach dem Wortlaut der Vorschrift selbst dann, wenn es im Ergebnis unstreitig ist, dass die Sache ausschließlich nach fG-Grundsätzen zu behandeln ist, weil es sich entweder um eine Familiensache der FG oder eine allgemeine Angelegenheit der freiwilligen Gerichtsbarkeit handelt.[1] Nachdem das FGG-RG die Vormundschaftsgerichte abgeschafft und ihre Kompetenzen auf die Familiengerichte und die neu geschaffenen Betreuungsgerichte (§ 23c Abs. 1 GVG) verteilt hat, dürften zwischen Familiengerichten und Betreuungsgerichten kaum noch Zuweisungsstreitigkeiten entstehen. Hat der betroffene Richter ein gespaltenes Dezernat und ist er nicht nur als FamG, sondern auch als Betreuungsgericht oder sonstige Abteilung der freiwilligen Gerichtsbarkeit für die Sache zuständig, verweist er dennoch an sich selbst. Auf Verfahren, die von Amts wegen eröffnet werden, kann § 17a GVG nicht angewandt werden, weil es an der „Beschreitung" eines „Rechtswegs" fehlt;[2] sie sind daher, wenn die falsche Abteilung tätig wurde, von Amts wegen wieder einzustellen.[3]

2. Überleitung zwischen verschiedenen Gerichten

57 Grundsätzlich nicht vorgesehen ist eine bindende Verweisung zwischen erst- und zweitinstanzlichem Gericht.[4] Genau so wenig ist die bindende Verweisung eines Rechtsstreits von einem Rechtsmittelgericht an ein anderes möglich.[5] An die vom Eingangsgericht vorgenommene Einordnung als (Nicht)Familiensache ist das Rechtsmittelgericht für die Frage der Rechtsmittelzuständigkeit gebunden (Rz. 12).

a) Verhältnis FamG – Landgericht

58 Liegt nach Auffassung des Familiengerichts eine allgemeine Zivilsache vor, die zur Zuständigkeit des Landgerichts gehört (oder ordnet umgekehrt das Landgericht ein Verfahren als Familiensache ein), wird durch die Verweisung nicht lediglich das Eingangsgericht korrigiert, sondern in erster Linie die **vorrangige Entscheidung über die Zuweisung an die Familiengerichte oder die allgemeinen Prozessabteilungen getroffen**. Daher muss gem. § 17a Abs. 6 GVG die Verweisung nunmehr nach den Grundsätzen des § 17a GVG erfolgen (vgl. auch § 266 Rz. 27).[6] Bei einer Verweisung vom Familiengericht an das Landgericht kann dieses gem. § 281 Abs. 2 Satz 4 ZPO an einer Weiterverweisung an das Amtsgericht – Prozessabteilung gehindert sein (Rz. 52).[7]

---

1 Zum früheren Recht wurde die Auffassung vertreten, eine analoge Anwendung von § 17a Abs. 2 GVG sei nur dann erforderlich, wenn die Grenzziehung zwischen Zivilprozess und Verfahren der freiwilligen Gerichtsbarkeit betroffen sei (MüKo.ZPO/*Bernreuther*, § 621 ZPO Rz. 16 ff.; Johannsen/Henrich/*Sedemund-Treiber*, 4. Aufl. 2003, § 23b GVG Rz. 9; vgl. BGH v. 5.4.2001 – III ZB 48/00, NJW 2001, 2181). Soweit das FamG nach den Grundsätzen der freiwilligen Gerichtsbarkeit zu verfahren habe, sei es selbst als Abteilung für Angelegenheiten der freiwilligen Gerichtsbarkeit anzusehen (*Kissel*, NJW 1977, 1034 (1036); MüKo.ZPO/*Bernreuther*, § 621 ZPO Rz. 16).
2 BT-Drucks. 16/6308, S. 318; vgl. OLG Hamm v. 18.5.2010 – II-2 Sdb (FamS) Zust. 14/10, FamRZ 2010, 2089 (2090); aA *Fölsch*, § 2 Rz. 16.
3 Johannsen/Henrich/*Althammer*, § 111 FamFG Rz. 31; *Kissel/Mayer*, § 17 GVG Rz. 62; Keidel/*Sternal*, § 1 FamFG Rz. 50.
4 OLG Düsseldorf v. 3.9.1979 – 4 UF 34/79, FamRZ 1979, 1039; BayObLG v. 16.8.1979 – Allg. Reg. 59/79, FamRZ 1979, 1042 (1043); Wendl/Dose/*Schmitz*, § 10 Rz. 27.
5 BGH v. 4.10.1990 – XII ZB 89/90, FamRZ 1991, 682 f.; BGH v. 16.5.1984 – IVb ARZ 20/84, FamRZ 1984, 774 f.; BGH v. 2.10.1985 – IVb ARZ 24/85, FamRZ 1985, 1242 (zum früheren § 18 HausrVO); KG v. 18.3.1987 – 16 UF 850/87, NJW-RR 1987, 1483; Wendl/Dose/*Schmitz*, § 10 Rz. 27.
6 BGH v. 5.12.2012 – XII ZB 652/11, FamRZ 2013, 281 m. Anm. *Heiter*; OLG Nürnberg v. 28.12.2011 – 12 W 2359/11, FamRZ 2012, 896; OLG Frankfurt v. 21.3.2011 – 14 UH 9/11, FamRZ 2011, 1238; OLG Braunschweig v. 21.12.20111 – 1 W 47/11, FamRZ 2012, 1816 (1817); OLG Stuttgart v. 30.1.2012 – 17 AR 1/12, FamRZ 2012, 1073 f.
7 Wendl/Dose/*Schmitz*, § 10 Rz. 26; *Frank*, FamRB 2012, 185.

b) Örtliche Zuständigkeit

Die Verweisung wegen örtlicher Unzuständigkeit richtet sich in Ehesachen und Familienstreitsachen iSv. § 112 nach § 281 ZPO (iVm. § 113 Abs. 1 Satz 2 FamFG), bei Familiensachen der FG demgegenüber nach **§ 3 FamFG**. Während die Verweisung nach § 281 ZPO nur auf Antrag erfolgt, ist nach § 3 FamFG von Amts wegen an das zuständige Gericht zu verweisen. Die Entscheidung kann ohne mündliche Verhandlung ergehen,[1] den Beteiligten ist aber angemessene Gelegenheit zur schriftlichen Stellungnahme zu gewähren.[2] Vor Zustellung des Antrags bzw. vor Übermittlung der Antragsschrift (§ 23 Abs. 2) sind § 281 ZPO und § 3 FamFG nicht anwendbar, in diesem Stadium ist nur eine formlose Abgabe ohne Bindungswirkung möglich (§ 3 Rz. 11).[3] Eine Ausnahme gilt für das Verfahren der Verfahrenskostenhilfe, welches schon vor Rechtshängigkeit der Hauptsache nach § 281 ZPO bzw. § 3 FamFG analog verwiesen werden kann.[4] Die Verweisung ist gem. § 281 Abs. 2 Satz 4 ZPO bzw. § 3 Abs. 3 Satz 2 FamFG **bindend**. Allerdings erstreckt sich die Bindungswirkung nur auf die örtliche Zuständigkeit des Amtsgerichts als solches.[5] Das FamG kann daher gem. § 17a Abs. 2 und Abs. 6 GVG die Sache an die allgemeine Prozessabteilung weiterverweisen.[6]

59

Wird eine Ehesache **nachträglich rechtshängig**, müssen – unter Durchbrechung des Grundsatzes der perpetuatio fori – bestimmte Familiensachen an das Gericht der Ehesache abgegeben werden (§§ 153, 202, 233, 263, 268, 270 Abs. 1 Satz 2). Im jeweils zweiten Satz der genannten Vorschriften wird dieser Abgabe Bindungswirkung nach § 281 Abs. 2 und 3 Satz 1 ZPO verliehen.

60

3. Reichweite der Bindungswirkung und Lösung negativer Kompetenzkonflikte

Während die Verweisung nach § 281 Abs. 2 Satz 2 ZPO, § 3 Abs. 3 Satz 1 FamFG nicht anfechtbar ist, unterliegen Beschlüsse im Verfahren nach § 17a Abs. 6 GVG der sofortigen Beschwerde (§ 17a Abs. 4 Satz 3 GVG). Grundsätzlich beschränkt sich die in § 17a Abs. 2 Satz 3 GVG, § 281 Abs. 2 Satz 4 ZPO, § 3 Abs. 3 Satz 2 FamFG angeordnete Bindungswirkung auf die Zuständigkeit. Keine Bindung besteht bezüglich der Frage, welche **verfahrensrechtlichen Bestimmungen** auf den Rechtsstreit anwendbar sind, dies beurteilt jeder Spruchkörper eigenständig und unabhängig von der Einschätzung durch das verweisende Gericht.[7] Eine im Verfahrenskostenhilfeverfahren ausgesprochene Verweisung, die in analoger Anwendung von § 281 ZPO und § 3 FamFG möglich ist (Rz. 59), ist mangels Rechtshängigkeit des Antrags in der Hauptsache für das nachfolgende Hauptsacheverfahren nicht bindend.[8]

61

Die Bindungswirkung besteht auch dann, wenn dem verweisenden Gericht ein Rechts- oder Verfahrensfehler unterlaufen ist. Bei Anwendung der § 281 Abs. 2 Satz 2 ZPO, § 3 Abs. 3 Satz 1 FamFG wird eine **Einschränkung** aus verfassungsrechtlichen Gründen allerdings dann gemacht, wenn ein besonders schwerwiegender Verfahrensverstoß vorliegt, vor allem weil den Beteiligten kein rechtliches Gehör gewährt wurde,[9] oder es dem Beschluss an jeder rechtlichen Grundlage fehlt, so dass er objektiv

62

---

1 Für § 281 ZPO: § 128 Abs. 4 ZPO.
2 § 3 Abs. 1 Satz 2. Für § 281 ZPO: Zöller/*Greger*, § 281 ZPO Rz. 12.
3 Zu § 281 ZPO: BGH v. 13.7.1994 – XII ARZ 9/94, FamRZ 1995, 32 (33); BGH v. 5.3.1980 – IV ARZ 8/80, FamRZ 1980, 562 (563).
4 Zu § 281 ZPO: BGH v. 9.3.1994 – XII ARZ 8/94, NJW-RR 1994, 706; BGH v. 5.6.1991 – XII ARZ 14/91, FamRZ 1991, 1172.
5 BGH v. 7.10.1987 – IVb ARZ 34/87, FamRZ 1988, 155 (156).
6 Vgl. zB OLG Hamm v. 14.9.2010 – II-2 Sdb (FamS) Zust 26/10, FamRZ 2011, 658 f.
7 Zur Verweisung nach der mittlerweile aufgehobenen HausrVO (Rz. 19 und 55): OLG Köln v. 16.10.1979 – 21 WF 136/79, FamRZ 1980, 173 (174); OLG Hamburg v. 15.4.1982 – 15 UF 194/81 H, FamRZ 1982, 941; AG Dinslaken v. 2.6.1993 – 15 F 102/93, FamRZ 1994, 521 (522).
8 BGH v. 18.4.1991 – I ARZ 748/90, NJW-RR 1992, 59 (60) m. Anm. der Schriftleitung; BGH v. 5.6.1991 – XII ARZ 14/91, FamRZ 1991, 1172 (1173); OLG Celle v. 27.7.2011 – 4 AR 41/11, FamRZ 2012, 46 mwN; OLG München v. 15.7.2010 – 31 AR 37/10, FamRZ 2010, 2090 (2091).
9 BGH v. 26.11.1997 – XII ARZ 34/97, FamRZ 1999, 501; BGH v. 15.3.1995 – XII ARZ 37/94, FamRZ 1995, 1135; BGH v. 25.1.1995 – XII ARZ 1/95, FamRZ 1995, 415; BGH v. 14.12.1994 – XII ARZ 33/94, FamRZ 1995, 728; BGH v. 22.9.1993 – XII ARZ 24/93, FamRZ 1994, 299; BGH v. 13.12.1978 – IV ARZ 100/78, FamRZ 1979, 220.

willkürlich erscheint (vgl. dazu im Einzelnen § 3 Rz. 26f.).[1] Im Anwendungsbereich des § 17a Abs. 4 GVG muss demgegenüber berücksichtigt werden, dass danach eine eigenständige Anfechtungsmöglichkeit besteht. Eine Einschränkung der Bindungswirkung kommt für die Fälle des § 17a Abs. 6 GVG daher allenfalls bei „extremen Verstößen" in Frage.[2]

63 Eine **Rück- oder Weiterverweisung** durch das zweite Gericht ist ohne weiteres dann möglich, wenn der Erstverweisung nach den vorstehenden Grundsätzen keine Bindungswirkung zukommt. Im Übrigen kommt einer Rück- oder Weiterverweisung nach § 281 ZPO, § 3 FamFG, welche die Bindungswirkung der Erstverweisung missachtet, ihrerseits keine Bindungswirkung zu.[3] Demgegenüber kann im Anwendungsbereich von § 17a GVG auch eine gesetzwidrige Rückverweisung Bindungswirkung entfalten, wenn sie in Rechtskraft erwächst (und ihrerseits nicht wegen Willkür unverbindlich ist). Wegen der im Verfahren nach § 17a Abs. 4 GVG eröffneten Anfechtungsmöglichkeit besteht kein Grund, der Zweitverweisung die Bindungswirkung nach § 17a Abs. 2 Satz 3 GVG abzusprechen.[4]

64 Erklärt sich in den Fällen des § 281 ZPO, § 3 FamFG **auch das andere Gericht örtlich oder sachlich für unzuständig** (etwa unter Berufung auf die mangelnde Bindungswirkung des Verweisungsbeschlusses), ist nach § 36 Abs. 1 Nr. 6 ZPO, § 5 Abs. 1 Nr. 4 FamFG zu verfahren.[5] Vor Inkrafttreten des FamFG wurden diese Grundsätze auf den **Kompetenzkonflikt zwischen Abteilungen der streitigen und der freiwilligen Gerichtsbarkeit sowie dem Familiengericht** entsprechend angewendet.[6] Das Gleiche galt in der Rechtsmittelinstanz für den Zuständigkeitsstreit zwischen einem allgemeinen Zivilsenat und einem Senat für Familiensachen.[7] Seit Inkrafttreten des FamFG können Meinungsverschiedenheiten über die Einordnung als Familiensache oder Angelegenheit der freiwilligen Gerichtsbarkeit jedoch grundsätzlich nur noch – auf Initiative eines Beteiligten – in dem durch § 17a Abs. 4 GVG vorgesehenen Beschwerdeverfahren geklärt werden (vgl. Rz. 50f.), für eine entsprechende Anwendung von § 36 Abs. 1 Nr. 6 ZPO, § 5 Abs. 1 Nr. 4 FamFG verbleibt insofern kein Raum.[8] Eine Durchbrechung dieses Grundsatzes kommt nur ausnahmsweise dann in Frage, wenn es im Interesse einer funktionierenden Rechtspflege und der Rechtssicherheit geboten ist, die Zuständigkeit klarzustellen, weil keines der in Frage kommenden Gerichte bzw. keine der in Frage kommenden Abteilungen bereit ist, die Rechtsstreitigkeit ordnungsgemäß zu betreiben.[9]

---

1 Zu § 3: BT-Drucks. 16/6308, S. 175. Zu § 17a GVG: BAG v. 19.3.2003 – 5 AS 1/03, BAGE 105, 305 (307) = MDR 2003, 1010. Zu § 281 ZPO: BGH v. 7.10.1987 – IVb ARZ 34/87, FamRZ 1988, 155f.; BGH v. 19.1.1993 – X ARZ 845/92, NJW 1993, 1273; BGH v. 10.9.2002 – X ARZ 217/02, NJW 2002, 3634 (3635); BGH v. 9.7.2002 – X ARZ 110/02, FamRZ 2003, 88.
2 Vgl. OLG Köln v. 28.9.2009 – 21 WF 207/09, FF 2010, 80; OLG Braunschweig v. 21.12.20111 – 1 W 47/11, FamRZ 2012, 1816 (1817) (vom Ausgangspunkt her eher großzügig). Zur Rechtswegzuständigkeit: BGH v. 9.12.2010 – Xa ARZ 283/10, ZZP 124 (2011), 239 (240); BGH v. 18.5.2011 – X ARZ 95/11, NJW-RR 2011, 1497; BGH v. 14.5.2013 – X ARZ 167/13, juris; BAG v. 9.2.2006 – 5 AS 1/06, NJW 2006, 1371; BAG v. 19.3.2003 – 5 AS 1/03, BAGE 105, 305 (307); *Kissel/Mayer*, § 17 GVG Rz. 44; MüKo.ZPO/*Zimmermann*, § 17a GVG Rz. 19.
3 Zöller/*Greger*, § 281 ZPO Rz. 19.
4 Zur Rechtswegzuständigkeit: BGH v. 9.12.2010 – Xa ARZ 283/10, ZZP 124 (2011), 239 (241); BGH v. 24.2.2000 – III ZB 33/99, NJW 2000, 1343 (1344); BGH v. 13.11.2001 – X ARZ 266/01, WM 2002, 406 (407); Zöller/*Lückemann*, § 17a GVG Rz. 13. AA offenbar (ohne den Gesichtspunkt allerdings zu diskutieren) OLG Frankfurt v. 21.3.2011 – 14 UH 9/11, FamRZ 2011, 1238.
5 Vgl. etwa OLG Hamm v. 14.9.2010 – II-2 Sdb (FamS) Zust 26/10, FamRZ 2011, 658 (659).
6 BGH v. 3.5.1978 – IV ARZ 26/78, BGHZ 71, 264 (270f.) = FamRZ 1978, 582 (583); OLG Bamberg v. 20.9.1989 – SA-F-25/89, FamRZ 1990, 179 (180); OLG Rostock v. 10.9.2003 – 10 WF 142/03, FamRZ 2004, 956.
7 BGH v. 10.11.1982 – IVb ARZ 44/82, FamRZ 1983, 155 (156).
8 BGH v. 30.7.2009 – Xa ARZ 167/09, NJW-RR 2010, 209 (210) zur Rechtswegzuständigkeit; OLG München v. 15.7.2010 – 31 AR 37/10, FamRZ 2010, 2090 (2091); OLG Hamm v. 18.5.2010 – II-2 Sdb (FamS) Zust. 14/10, FamRZ 2010, 2089 (2090) und OLG Hamm v. 14.9.2010 – II-2 Sdb (FamS) Zust 26/10, FamRZ 2011, 658 (659) unter Aufgabe von OLG Hamm v. 22.12.2009 – II-2 Sdb (FamS) Zust 31/09, FamRZ 2010, 920.
9 OLG Frankfurt v. 21.3.2011 – 14 UH 9/11, FamRZ 2011, 1238; OLG Braunschweig v. 21.12.2011 – 1 W 47/11, FamRZ 2012, 1816 (1817); zur Rechtswegzuständigkeit: BGH v. 18.5.2011 – X ARZ

D. Verfahrensverbindung und Aufrechnung

Familiensachen iSd. § 111 können – nach allgemeinen Grundsätzen – miteinander verbunden werden, wenn für sie die **gleiche Prozessart** zulässig ist, dh. ZPO-Familiensachen können mit ZPO-Familiensachen (soweit nicht das besondere Verbindungsverbot des § 126 Abs. 2 greift) und fG-Familiensachen mit fG-Familiensachen verbunden werden. Eine Verbindung von Verfahrensgegenständen, für die unterschiedliche Verfahrensordnungen maßgeblich sind, ermöglichen ausnahmsweise der Verbund von Scheidungs- und Folgesachen (§ 137 Abs. 1)[1] sowie §§ 264 Abs. 2, 265 für bestimmte Güterrechtssachen. Wegen des besonderen Verfahrensregimes für Familiensachen gem. §§ 111 ff. können Nichtfamiliensachen nicht zusammen mit einer Familiensache im Wege objektiver Klagenhäufung (nicht dieselbe Prozessart iSv. § 260 ZPO)[2] oder im Wege einer Widerklage[3] geltend gemacht werden (und auch eine Prozessverbindung gem. § 147 ZPO ist unzulässig). Das FamG hat vielmehr die Nichtfamiliensache an das zuständige Gericht zu verweisen oder abzugeben (Rz. 50 ff.).[4] Wird die Nichtfamiliensache lediglich als Hilfsantrag geltend gemacht, so ist zunächst über den Hauptantrag zu entscheiden.[5] Im Falle einer **Antragsänderung** kommt es darauf an, ob auch der neue prozessuale Anspruch eine Familiensache darstellt.[6]

65

Demgegenüber kann vor dem Familiengericht mit einer Gegenforderung **aufgerechnet** werden, die vor dem Prozessgericht einzuklagen wäre,[7] so wie umgekehrt auch das Prozessgericht über die Aufrechnung mit einem Anspruch aus einer Familiensache entscheiden kann,[8] denn die Prozessaufrechnung macht die Gegenforderung nicht rechtshängig. Allerdings kann das Gericht den Rechtsstreit – ggf. nach Erlass eines Vorbehaltsurteils (§ 302 Abs. 1 ZPO) – aussetzen (§ 148 ZPO bzw. § 21 FamFG) und dem Antragsgegner Gelegenheit geben, innerhalb einer bestimmten Frist, nach deren Ablauf das Verteidigungsmittel als verspätet zurückzuweisen ist, eine rechtskräftige Entscheidung über die Gegenforderungen herbeizuführen.[9]

66

112 *Familienstreitsachen*

Familienstreitsachen sind folgende Familiensachen:
1. Unterhaltssachen nach § 231 Abs. 1 und Lebenspartnerschaftssachen nach § 269 Abs. 1 Nr. 8 und 9,
2. Güterrechtssachen nach § 261 Abs. 1 und Lebenspartnerschaftssachen nach § 269 Abs. 1 Nr. 10 sowie
3. sonstige Familiensachen nach § 266 Abs. 1 und Lebenspartnerschaftssachen nach § 269 Abs. 2.

95/11, NJW-RR 2011, 1497; BGH v. 14.5.2013 – X ARZ 167/13, juris; BGH v. 9.12.2010 – Xa ARZ 283/10, ZZP 124 (2011), 239 (240); BGH v. 30.7.2009 – Xa ARZ 167/09, NJW-RR 2010, 209 (210); BGH v. 9.4.2002 – X ARZ 24/02, NJW 2002, 2474 (2475).
1 OLG Naumburg v. 18.9.2006 – 3 WF 154/06, FamRZ 2007, 920.
2 St. Rspr., vgl. nur BGH v. 6.12.2006 – XII ZR 97/04, FamRZ 2007, 368 (369); BGH v. 15.11.2006 – XII ZR 97/04, FamRZ 2007, 124; BGH v. 8.11.1978 – IV ARZ 73/78, FamRZ 1979, 215 (216); BGH v. 20.12.1978 – IV ARZ 74/78, FamRZ 1979, 217 (218); BGH v. 8.7.1981 – IVb ARZ 532/81, FamRZ 1981, 1047; BayObLG v. 17.4.2003 – 1 Z AR 33/03, FamRZ 2003, 1569.
3 OLG Düsseldorf v. 22.12.1981 – 6 UF 54/81, FamRZ 1982, 511 (512 f.).
4 OLG Frankfurt v. 14.3.1988 – 1 UFH 4/88, FamRZ 1989, 75 (77).
5 BGH v. 8.7.1981 – IVb ARZ 532/81, FamRZ 1981, 1047 f.; BGH v. 5.3.1980 – IV ARZ 5/80, FamRZ 1980, 554 (555).
6 OLG Frankfurt v. 15.6.1981 – 5 UF 266/80, FamRZ 1981, 978 (979 f.).
7 OLG Köln v. 18.12.1991 – 26 UF 78/91, FamRZ 1992, 450 (451).
8 BGH v. 19.10.1988 – IVb ZR 70/87, FamRZ 1989, 166 (167); OLG Jena v. 23.4.2009 – 4 W 117/09, FamRZ 2010, 382 (383).
9 BGH v. 19.10.1988 – IVb ZR 70/87, FamRZ 1989, 166 (167); OLG Köln v. 18.12.1991 – 26 UF 78/91, FamRZ 1992, 450 (451); Musielak/*Borth*, 6. Aufl. 2008, § 621 ZPO Rz. 2; aA OLG Karlsruhe v. 24.5.1991 – 1 W 18/91, FamRZ 1992, 830 (831), soweit die zur Aufrechnung gestellte Gegenforderung nicht „anhängig" ist. Nach wohl hM ist § 148 ZPO gleichwohl anwendbar (OLG Köln v. 18.12.1991 – 26 UF 78/91, FamRZ 1992, 450 [451]; vgl. BGH v. 11.1.1955 – I ZR 106/53, NJW 1955, 497 ff.).

A. Normzweck

1 Der durch das FamFG neu geschaffene Systembegriff der Familienstreitsachen fasst diejenigen Familiensachen zusammen, auf die (neben den Ehesachen iSv. § 111 Nr. 1) **im Wesentlichen die Vorschriften der Zivilprozessordnung Anwendung** finden. In welchem Umfang dies im Einzelnen der Fall ist, regelt § 113. Seiner Funktion nach entspricht die Untergruppe der „Familienstreitsachen" damit der alten Kategorie der sog. ZPO-Familiensachen (vgl. § 23b Abs. 1 Satz 2 Nr. 5, 6, 9, 12, 13, 15 aF GVG), wobei inhaltlich eine geringfügige Verschiebung der erfassten Materien erfolgte (ausführlich 2. Aufl. § 112 Rz. 4).

B. Systematik

2 Wegen des **weitreichenden Vorrangs der ZPO** (§ 113) finden auf Familienstreitsachen die Regeln des im ersten Buch des FamFG enthaltenen Allgemeinen Teils nur in beschränktem Umfang Anwendung (vgl. im Einzelnen § 111 Rz. 5 und § 113 Rz. 10). **Allgemeine Sonderregeln** für Familienstreitsachen enthalten §§ 114 Abs. 1, 115, 116 Abs. 3, 117 bis 120, die nach ihrer systematischen Stellung zwar für alle Familiensachen gelten, in der Sache jedoch kraft ausdrücklicher Anweisung nur Familienstreitsachen erfassen. Teilweise verweisen diese Sondervorschriften ihrerseits wieder auf die ZPO (§§ 117 Abs. 1 Satz 4, Abs. 2 Satz 1, Abs. 5, 118, 119 Abs. 1 Satz 2, Abs. 2, 120 Abs. 1). **Besondere Regeln** für die einzelnen Familienstreitsachen sind im zweiten Buch des FamFG in den Abschnitten 9 (Unterhaltssachen), 10 (Güterrechtssachen), 11 (sonstige Familiensachen) und 12 (Lebenspartnerschaften) enthalten.

C. Verfahrensgegenstände in Familienstreitsachen

3 Der Kategorie der Familienstreitsachen wird die ganz überwiegende Mehrzahl der Unterhaltssachen (§ 112 Nr. 1), der Güterrechtssachen (§ 112 Nr. 2) und der sonstigen Familiensachen (§ 112 Nr. 3) sowie die sachlich hiermit korrespondierenden Lebenspartnerschaftssachen (§ 112 Nr. 1 bis 3, jew. aE) zugeordnet. Zu diesem Zweck verweisen § 112 Nr. 1 bis 3 auf den jeweiligen **Abs. 1 der einschlägigen Definitionsnormen**, in dem gerade die Unterhalts- (§ 231 Abs. 1), Güterrechts- (§ 261 Abs. 1) und sonstigen Familiensachen (§ 266 Abs. 1) zusammengefasst sind, die als Familienstreitsachen qualifiziert werden sollen, während im jeweils nicht in Bezug genommenen Abs. 2 die – weitgehend unbedeutenden – Gegenstände aufgeführt sind, die Familiensachen der freiwilligen Gerichtsbarkeit sind (vgl. dazu im Einzelnen § 231 Rz. 56, § 261 Rz. 50 ff., § 266 Rz. 60 ff., § 269 Rz. 25 f.). Die verfahrensmäßige Gleichbehandlung der Lebenspartnerschaftssachen wird durch die Inbezugnahme der korrespondierenden Verfahrensgegenstände des § 269 in § 112 Nr. 1 bis 3 sichergestellt. Zu den allgemeinen Regeln für die Qualifikation als Familien(streit)sache vgl. § 111 Rz. 9 ff. Gegenüber der früheren Einordnung ergeben sich hierdurch nur geringfügige Veränderungen, ausführlich dazu 2. Aufl. § 112 Rz. 4.

4 Einstweilen frei.

5 Obwohl auf **Ehesachen** (und korrespondierende Lebenspartnerschaftssachen) gem. § 113 Abs. 1 und 3 iVm. § 270 Abs. 1 ebenfalls in weitem Umfang die Vorschriften der Zivilprozessordnung anwendbar sind, werden sie von § 112 nicht zu den Familienstreitsachen gezählt, weil für Ehesachen durch § 113 Abs. 4 die Geltung der ZPO-Regeln teilweise wieder zurückgenommen und im Abschnitt 2 des 2. Buches (§§ 121 ff.) ein Verfahrensregime geschaffen wird, für das in nicht unerheblichem Umfang eigene Gesetzmäßigkeiten gelten.

---

113 *Anwendung von Vorschriften der Zivilprozessordnung*
(1) In Ehesachen und Familienstreitsachen sind die §§ 2 bis 22, 23 bis 37, 40 bis 45, 46 Satz 1 und 2 sowie §§ 47 und 48 sowie 76 bis 96 nicht anzuwenden. Es gelten die Allgemeinen Vorschriften der Zivilprozessordnung und die Vorschriften der Zivilprozessordnung über das Verfahren vor den Landgerichten entsprechend.

(2) In Familienstreitsachen gelten die Vorschriften der Zivilprozessordnung über den Urkunden- und Wechselprozess und über das Mahnverfahren entsprechend.
(3) In Ehesachen und Familienstreitsachen ist § 227 Abs. 3 der Zivilprozessordnung nicht anzuwenden.
(4) In Ehesachen sind die Vorschriften der Zivilprozessordnung über
1. die Folgen der unterbliebenen oder verweigerten Erklärung über Tatsachen,
2. die Voraussetzungen einer Klageänderung,
3. die Bestimmung der Verfahrensweise, den frühen ersten Termin, das schriftliche Vorverfahren und die Klageerwiderung,
4. die Güteverhandlung,
5. die Wirkung des gerichtlichen Geständnisses,
6. das Anerkenntnis,
7. die Folgen der unterbliebenen oder verweigerten Erklärung über die Echtheit von Urkunden,
8. den Verzicht auf die Beeidigung des Gegners sowie von Zeugen oder Sachverständigen
nicht anzuwenden.
(5) Bei der Anwendung der Zivilprozessordnung tritt an die Stelle der Bezeichnung
1. Prozess oder Rechtsstreit die Bezeichnung Verfahren,
2. Klage die Bezeichnung Antrag,
3. Kläger die Bezeichnung Antragsteller,
4. Beklagter die Bezeichnung Antragsgegner,
5. Partei die Bezeichnung Beteiligter.

A. Allgemeines	III. Terminverlegung (Absatz 3) 21
I. Systematik 1	IV. Ausnahmen für Ehesachen (Absatz 4) 22
II Entstehung 2	1. Einschränkung des Verhandlungsgrundsatzes (Nr. 1, 5, 7, 8) 23
III. Überblick über Änderungen 3	2. Erweiterte Zulassung der Antragsänderung (Nr. 2) 24
B. Anwendbarkeit von Vorschriften der ZPO	3. Einschränkung des Beschleunigungsgrundsatzes (Nr. 3) 29
I. ZPO-Verweisung (Absatz 1)	4. Ausschluss der Güteverhandlung (Nr. 4) 32
1. Grundsatz 5	5. Einschränkung der Dispositionsmaxime (Nr. 6) 33
2. Ausnahmen 10	V. Terminologie (Absatz 5) 37
3. Zusammenspiel von ZPO und FamFG im Einzelnen 11	
II. Besondere Verfahrensarten (Absatz 2) 20	

A. Allgemeines

I. Systematik

Ehesachen und Familienstreitsachen iSv. § 112 werden trotz formaler Eingliederung in das FamFG durch die in § 113 Abs. 1 Satz 2 enthaltene ZPO-Verweisung **aus dem System der freiwilligen Gerichtsbarkeit weitgehend herausgelöst**. Allerdings wird dieser Grundsatz auf vielfältige Weise modifiziert, so dass sich ein **vielschichtiges Zusammenspiel von FamFG und ZPO** ergibt:

– § 113 Abs. 1 verweist nur auf einen Teil der ZPO-Vorschriften und verdrängt die im ersten Buch des FamFG aufgestellten allgemeinen Grundsätze der freiwilligen Gerichtsbarkeit nicht komplett; anwendbar bleiben die allgemeinen Vorschriften über die Entscheidung durch Beschluss (§§ 38, 39), die Regeln über den einstweiligen Rechtsschutz (§§ 49 bis 57), die Rechtsmittel (§§ 58 bis 75) sowie die Verfahren mit Auslandsbezug (§§ 97 bis 110); allerdings verweisen diese allgemeinen Regeln ihrerseits für bestimmte Einzelfragen wieder auf die Zivilprozessordnung;
– die allgemeinen Vorschriften über das Verfahren in Familiensachen (§§ 111 bis 120) schränken teilweise den Verweis auf die ZPO ein (zB § 113 Abs. 3 und 4) oder stellen divergierende Sonderregeln auf (zB §§ 114, 115, 116 Abs. 3, 120 Abs. 2), teilweise

erweitern sie den Verweis auf die ZPO aber auch (zB §§ 113 Abs. 2, 117 Abs. 1 Satz 3, Abs. 2 und Abs. 5, 118, 119 Abs. 1 Satz 2 und Abs. 2, 120 Abs. 1);
- für jede Einzelmaterie gelten besondere Vorschriften (§§ 121 ff., 231 ff., 261 ff., 266 ff., 269 f.), denen Vorrang vor dem Generalverweis auf die ZPO zukommt.

II. Entstehung

2   Das FamFG beschreitet damit **regelungstechnisch im Vergleich zur früheren Rechtslage den umgekehrten Weg**: Früher waren Familiensachen grundsätzlich in die ZPO eingegliedert, dabei galten für sog. ZPO-Familiensachen eine Fülle von Sonderregeln (§§ 606 ff. aF ZPO), während für FGG-Familiensachen grundsätzlich auf das Recht der freiwilligen Gerichtsbarkeit verwiesen wurde (§ 621a Abs. 1 Satz 1 aF ZPO). Unübersichtlich war dieser Ansatz vor allem deshalb, weil auf FGG-Familiensachen eine Reihe von FGG-Vorschriften nicht anwendbar waren und gem. § 621a Abs. 1 Satz 2 aF ZPO durch die entsprechenden ZPO-Bestimmungen ersetzt wurden. Außerdem galten manche ZPO-Vorschriften ausdrücklich für alle Familiensachen oder mussten deshalb herangezogen werden, weil das FGG keine auch nur annähernd lückenlose Verfahrensordnung aufstellte. Zwar kommt auch das neue Recht nicht ohne eine Fülle an Verweisungen aus, doch hätte man diese nur durch eine weitgehend vollständige Parallelregelung zur ZPO vermeiden können, wenn man an dem sinnvollen Ansatz festhält, alle Familiensachen in einer Verfahrensordnung zusammenzufassen.[1] Struktur und Fassung der neuen FamFG-Vorschriften sind auf jeden Fall deutlich transparenter als zuvor.[2]

III. Überblick über Änderungen

3   In der Sache haben sich für Ehesachen und Familienstreitsachen nur **wenige durchgreifende Änderungen** ergeben:

4   Entscheidungen ergehen durch **Beschluss** und nicht mehr durch Urteil (§ 113 Abs. 1 Satz 1 iVm. § 38 und § 116). An die Stelle der Anordnung der sofortigen Vollstreckbarkeit ist die Anordnung der **sofortigen Wirksamkeit** (§ 116 Abs. 3 Satz 2 und 3 iVm. § 120 Abs. 2) getreten. Die **eA** ist auch für Familienstreitsachen (§ 113 Abs. 1 Satz 1 iVm. § 49 ff. und § 119) als hauptsacheunabhängiges Verfahren ausgestaltet. Der erstinstanzliche **Anwaltszwang** wurde auf isolierte Unterhaltsverfahren und Verfahren in sonstigen Familiensachen erstreckt (§ 114 Abs. 1). **Rechtsmittel** sind die befristete Beschwerde und die Rechtsbeschwerde und nicht mehr Berufung und Revision (§ 113 Abs. 1 Satz 1 iVm. §§ 58 ff., vgl. auch § 117). **Terminologisch** erfolgt eine Angleichung an die in der fG üblichen Begriffe (§ 113 Abs. 5).

B. Anwendbarkeit von Vorschriften der ZPO

I. ZPO-Verweisung (Absatz 1)

1. Grundsatz

5   § 113 Abs. 1 Satz 2 verweist für Ehesachen iSv. § 121 und Familienstreitsachen iSv. § 112 auf die "Allgemeinen Vorschriften" der Zivilprozessordnung (§§ 1 bis 252 ZPO) und auf die Vorschriften über das "Verfahren vor den Landgerichten" (§§ 253 bis 494a ZPO). Die Vorschrift gilt für die mit Ehesachen bzw. Familienstreitsachen korrespondierenden Lebenspartnerschaftssachen (§ 269 Abs. 1 Nr. 1 und Nr. 2 bzw. § 269 Abs. 1 Nr. 8 bis 10 und Abs. 2) gem. § 270 entsprechend. Damit handelt es sich bei Ehesachen und Familienstreitsachen (sowie den korrespondierenden Lebenspartnerschaftssachen) trotz der systematischen Verortung im FamFG um **Streitverfahren**, die im Vergleich zu reinen ZPO-Verfahren allerdings – nicht zuletzt durch die in Abs. 3 bis 5 normierten Ausnahmen – **vielfältigen Modifikationen** unterliegen. Obwohl für Familiensachen stets das Amtsgericht zuständig ist (§ 23a Abs. 1 Satz 1 Nr. 1

---
[1] Die Eingliederung in das Recht der freiwilligen Gerichtsbarkeit verteidigen *Meyer-Seitz/Kröger/Heiter*, FamRZ 2005, 1430 (1431). Krit. *Brehm*, FPR 2006, 401.
[2] AA *Baumbach/Hartmann*, § 113 FamFG Rz. 2: „geradezu beängstigend unübersichtlich".

GVG), werden die ZPO-Vorschriften über Verfahren vor den Amtsgerichten (§§ 495 bis 510b ZPO) von der Verweisung nicht erfasst, weil sie auf Verfahren in weniger bedeutenden Angelegenheiten ohne Anwaltszwang zugeschnitten sind. Gültig bleibt naturgemäß die **in § 495 ZPO enthaltene Klarstellung**, dass sich Abweichungen von den Vorschriften über das Verfahren vor den Landgerichten aus der Verfassung der Amtsgerichte ergeben können (daher Anwendbarkeit von § 45 Abs. 2 ZPO).[1]

Da die nach § 113 Abs. 1 Satz 2 in Bezug genommenen **ZPO-Vorschriften nicht „statt"** der nach § 113 Abs. 1 Satz 1 von der Anwendung ausgeschlossenen FamFG-Vorschriften gelten, ist es unproblematisch möglich, über § 113 Abs. 1 Satz 2 ZPO-Vorschriften anzuwenden, für die es in dem für nicht anwendbar erklärten Teil des FamFG kein Pendant gibt. Obwohl durch Beschluss entschieden wird (§ 116 Abs. 1), bezieht sich der Verweis auf die **Urteilsvorschriften** der ZPO, vgl. § 116 Rz. 16f. 6

Für **Familiensachen der freiwilligen Gerichtsbarkeit** ist die Vorschrift auch dann nicht einschlägig, wenn über diese zusammen mit einer Scheidungssache im **Verbund** entschieden wird. Vielmehr bleiben insofern die allgemeinen Regeln des FamFG anwendbar, soweit sich aus dem Zwang zur einheitlichen Verhandlung und Entscheidung (§ 137 Abs. 1) nichts Gegenteiliges ergibt (§ 137 Rz. 11 ff.). 7

Erweitert wird die in § 113 Abs. 1 Satz 2 enthaltene ZPO-Verweisung durch § 119 Abs. 2 Satz 2, der für Familienstreitsachen den Arrest nach den Vorschriften der ZPO zulässt und durch § 120 Abs. 1, der anstelle der bereits durch § 113 Abs. 1 Satz 1 ausgeschlossenen §§ 86 ff. FamFG auf die Vollstreckung von Ehesachen und Familienstreitsachen §§ 704 ff. ZPO für anwendbar erklärt. Demgegenüber hat die ZPO-Verweisung in § 118 für das Wiederaufnahmeverfahren angesichts der Parallelregelung in § 48 Abs. 2 lediglich klarstellenden Charakter. 8

Die in § 113 Abs. 1 angeordnete ZPO-Verweisung ist teilweise auch für **Rechtsmittelverfahren** relevant: Zwar werden gem. Abs. 1 Satz 1 die Vorschriften des FamFG über Rechtsmittelverfahren (§§ 58 bis 75) grundsätzlich nicht verdrängt, so dass in Abs. 1 Satz 2 das 3. Buch der ZPO auch nicht in Bezug genommen wird, doch ordnen §§ 68 Abs. 3 Satz 1, 74 Abs. 4 an, dass sich Rechtsmittelverfahren – soweit im FamFG nichts Besonderes geregelt ist – nach den Vorschriften über das Verfahren im ersten Rechtszug und damit für Ehe- und Familienstreitsachen gem. § 113 Abs. 1 Satz 2 nach den ZPO-Grundsätzen über das „Verfahren vor den Landgerichten" richten. Eine ergänzende Bestimmung trifft § 117 Abs. 2, der auf einzelne ZPO-Vorschriften aus dem Berufungsrecht verweist. 9

2. Ausnahmen

Ausweislich der Aufzählung in § 113 Abs. 1 Satz 1 werden **einige im Allgemeinen Teil (§§ 1 bis 110) niedergelegte FamFG-Grundsätze in Ehe- und Familienstreitsachen nicht verdrängt**: § 1 stellt die grundsätzliche Anwendbarkeit des FamFG auf alle Familiensachen klar. Für Mitteilungen an die Familiengerichte ist auch in Ehe- und Familienstreitsachen § 22a einschlägig.[2] Anwendbar bleiben auch §§ 38, 39, so dass gem. § 116 Abs. 1 in allen Familiensachen die Entscheidung einheitlich in Form eines Beschlusses ergeht und mit einer Rechtsbehelfsbelehrung zu versehen ist. § 46 Satz 3 und 4 gelten für die Erteilung des Rechtskraftzeugnisses in Ehesachen. Nicht verdrängt werden darüber hinaus – was § 119 Abs. 1 Satz 1 bestätigt – die §§ 49 bis 57 über die eA, die Rechtsmittelvorschriften der §§ 58 bis 75 sowie die Grundsätze über das Verfahren mit Auslandsbezug (§§ 97 bis 110). Dass nach dem Wortlaut des § 113 Abs. 1 Satz 1 auch der erst im Laufe des Gesetzgebungsverfahrens[3] eingefügte § 96a anwendbar bleibt, stellt ein Redaktionsversehen dar.[4] 10

---

1 Vgl. MüKo.ZPO/*Bernreuther*, § 608 ZPO Rz. 2; Stein/Jonas/*Schlosser*, § 608 ZPO Rz. 1.
2 Klargestellt wurde dies durch die Neufassung der Vorschrift aufgrund Art. 6 Nr. 11 des Gesetzes zur Einführung einer Rechtsbehelfsbelehrungen im Zivilprozess und zur Änderung anderer Vorschriften vom 5.12.2012, BGBl. I, S. 2418; vgl. auch BT-Drucks. 17/10490, S. 27.
3 Gesetz zur Klärung der Vaterschaft unabhängig vom Anfechtungsverfahren v. 26.3.2008, BGBl I, S. 441.
4 Musielak/*Borth*, § 113 FamFG Rz. 2.

3. Zusammenspiel von ZPO und FamFG im Einzelnen

11 Das Zusammenspiel der (wichtigsten) durch § 113 Abs. 1 Satz 2 FamFG in Bezug genommenen **ZPO-Normen** mit den FamFG-Verfahrensregeln stellt sich in **Familienstreitsachen und Ehesachen** folgendermaßen dar:

12 Gem. § 1 ZPO bestimmt sich die **sachliche Zuständigkeit** nach § 23a Abs. 1 Satz 1 Nr. 1 GVG (vgl. § 111 Rz. 46); §§ 2 ff. ZPO behalten in Familienstreitsachen Bedeutung für die Bestimmung des Beschwerdewerts (§ 61 Abs. 1 FamFG); § 11 ZPO ist anwendbar. Die Regeln über die **örtliche Zuständigkeit** (§§ 12–37 ZPO) werden in Ehesachen und Familienstreitsachen weitgehend verdrängt (Ausnahme etwa § 36 ZPO[1]): In Ehesachen durch § 122 FamFG; in Familienstreitsachen haben §§ 232 Abs. 1 und 2, 262 Abs. 1, 267 Abs. 1 FamFG Vorrang, ein Rückgriff auf die ZPO findet jedoch nach Maßgabe der §§ 232 Abs. 3, 262 Abs. 2, 267 Abs. 2 FamFG statt. Eine analoge Anwendung von § 36 Abs. 1 Nr. 6 ZPO auf den Kompetenzkonflikt zwischen einer Zivilabteilung und dem Familiengericht ist wegen § 17a Abs. 6 GVG regelmäßig nicht mehr erforderlich (vgl. § 111 Rz. 64). Für die **internationale Zuständigkeit** sind §§ 97–106 FamFG maßgeblich. Da §§ 38–40 ZPO bei ausschließlicher Zuständigkeit keine Anwendung finden (§ 40 Abs. 2 Satz 1 Nr. 2 und Satz 2 ZPO), können sie für die sachliche Zuständigkeit nicht (§ 23a Abs. 1 Satz 2 GVG) und für die örtliche nur im Rahmen von §§ 232 Abs. 3, 262 Abs. 2, 267 Abs. 2 FamFG eingreifen.

13 Die Vorschriften über die **Ausschließung und Ablehnung von Gerichtspersonen** (§§ 41–49 ZPO) sind anwendbar. Die **Beteiligten- und Verfahrensfähigkeit** bestimmt sich nach §§ 50 ff. ZPO, in Ehesachen wird § 52 ZPO durch § 125 FamFG verdrängt. Die Vorschriften über die **Streitgenossenschaft** (§§ 59–63 ZPO) und die **Beteiligung Dritter** am Rechtsstreit (§§ 64–77 ZPO) können – v. a. in sonstigen Familien(streit)sachen – Anwendung finden (vgl. aber auch § 129 Rz. 8, § 140 Rz. 8). Gem. § 140 Abs. 1 FamFG ist eine Unterhalts- oder Güterrechtsfolgesache abzutrennen, wenn ein Dritter Verfahrensbeteiligter wird. §§ 78–90 ZPO über **Verfahrensbevollmächtigte und Beistände** finden Anwendung, soweit nicht § 114 FamFG den § 78 ZPO verdrängt. Auf die **Verfahrenskosten** finden §§ 91 ff. ZPO über § 113 Abs. 1 Satz 2 FamFG subsidiär Anwendung. Vorrang besitzen §§ 132, 150, 243 FamFG. Die **Verfahrenskostenhilfe** richtet sich nach §§ 114–127 ZPO.

14 Die Vorschriften über die **mündliche Verhandlung (§§ 128–165 ZPO)** sind grundsätzlich anwendbar. Entscheidungen ergehen aufgrund zwingender mündlicher Verhandlung, § 128 Abs. 4 ZPO ist trotz Entscheidung in Beschlussform nicht anwendbar (§ 116 Rz. 17). Einige Vorschriften werden in Ehesachen verdrängt bzw. modifiziert: § 138 Abs. 3 ZPO durch § 113 Abs. 4 Nr. 1 FamFG, § 141 ZPO durch § 128 FamFG und § 147 ZPO durch § 126 FamFG. Gegenüber der Prozesstrennung (§ 145 ZPO) und -verbindung (§ 147 ZPO) haben im Verbund §§ 137, 140 FamFG Vorrang. Die **Zustellung** richtet sich nach §§ 166 ff. ZPO. **Ladungen, Termine und Fristen** bestimmen sich nach §§ 214 ff. ZPO: zur unverzüglichen Terminierung i.S.v. § 216 Abs. 2 ZPO bei verfrühtem Scheidungsantrag vgl. § 124 Rz. 17, zur Modifikation der Ladungsfrist (§ 217 ZPO) im Hinblick auf die Zweiwochenfrist des § 137 Abs. 2 Satz 1 FamFG vgl. § 137 Rz. 48, § 227 Abs. 3 ZPO wird von § 113 Abs. 3 FamFG verdrängt. Die **Wiedereinsetzung in den vorigen Stand** richtet sich nach §§ 233 ff. ZPO. §§ 239 ff. ZPO über die **Unterbrechung und Aussetzung** des Verfahrens sind anwendbar, in Ehesachen ist bei Tod eines Ehegatten § 131 FamFG zu beachten.

15 Die Vorschriften über das **Verfahren bis zum Urteil (§§ 253–299a ZPO)** sind grundsätzlich anwendbar, werden jedoch vielfach modifiziert: § 124 Satz 2 FamFG bestätigt für den verfahrenseinleitenden Antrag in Ehesachen die Anwendbarkeit der ZPO-Regeln, ergänzend gilt § 133 FamFG. Der **Beibringungsgrundsatz** gilt in Scheidungs- und Aufhebungsverfahren gem. § 127 Abs. 2 FamFG nur für ehefeindliche Tatsachen, im Übrigen herrscht Amtsermittlung (§ 127 Abs. 1 FamFG). Auskunftsrechte des Gerichts sind für Unterhaltsverfahren in §§ 235 f. FamFG verankert (vgl. auch §§ 235

---

[1] OLG Hamm v. 30.12.2010 – 2 Sdb (FamS) Zust 34/10, juris.

Abs. 2, 236 Abs. 2 FamFG). Der Verbund von Scheidungs- und Folgesachen (§ 137 FamFG) ermöglicht die Geltendmachung **zukünftiger Ansprüche** unabhängig von §§ 257, 258 ZPO und geht den ZPO-Regeln über die Anspruchshäufung (§ 260 ZPO) vor. § 263 ZPO (**Klageänderung**) wird in Ehesachen durch § 113 Abs. 4 Nr. 2 FamFG ausgeschlossen. Bei **Rücknahme** eines Scheidungsantrags (§ 269 ZPO) ist § 134 Abs. 1 FamFG zu beachten, im Verbund erstreckt sich die Antragsrücknahme nach § 141 FamFG auch auf Folgesachen. **Schriftliches Vorverfahren und Fristsetzung zur Stellungnahme** nach §§ 275, 277 ZPO werden in Ehesachen durch § 113 Abs. 4 Nr. 3 FamFG ausgeschlossen (keine Anwendbarkeit von: §§ 272, 275, 276, 277, 296 Abs. 1 und 2 ZPO – vgl. § 113 Rz. 29 ff.; zu den Auswirkungen auf Folgesachen vgl. § 115 Rz. 9), die **Zurückweisung von Angriffs- und Verteidigungsmitteln** ist in Ehesachen *und* Familienstreitsachen nur nach Maßgabe von § 115 FamFG zulässig, § 296 ZPO wird verdrängt. In Ehesachen ist § 113 Abs. 4 Nr. 4 FamFG die Anwendbarkeit von § 278 Abs. 2 bis 5 ZPO ausgeschlossen, stattdessen kann gem. § 136 FamFG das Verfahren ausgesetzt werden, anwendbar bleiben jedoch § 278 Abs. 1 und 6 ZPO (Rz. 32). Gem. § 113 Abs. 4 Nr. 5 FamFG sind in Ehesachen die Vorschriften über die bindende Wirkung eines **Geständnisses** (§§ 288–290 ZPO) nicht anwendbar.

Gem. §§ 38, 39 FamFG ergehen Endentscheidungen in Ehesachen und Familienstreitsachen stets in **Beschlussform** (vgl. § 116 Abs. 1 FamFG) mit Rechtsbehelfsbelehrung, sie werden gem. § 116 Abs. 2 und Abs. 3 Satz 1 FamFG mit Rechtskraft wirksam (soweit nicht in Familienstreitsachen nach § 116 Abs. 3 Satz 2 FamFG die „sofortige Wirksamkeit" angeordnet wird). Für das Wirksamwerden von Folgesachen ist § 148 FamFG zu beachten. Im Übrigen sind grundsätzlich die ZPO-Vorschriften (§§ 300–329 ZPO) entsprechend anwendbar, und zwar die **ZPO-Urteilsvorschriften** (vgl. § 116 Rz. 14 und 16 f.). Endentscheidungen sind gem. § 317 ZPO zu verkünden, ob sie im **Namen des Volkes** ergehen, ist unklar (§ 116 Rz. 18). Gem. § 113 Abs. 4 Nr. 6 FamFG hat in Ehesachen das Anerkenntnis (§ 307 ZPO) keine Bindungswirkung. Die Regeln über die **Abänderung** von Titeln (§§ 323, 323a ZPO) werden in Unterhaltssachen durch §§ 238 ff. FamFG verdrängt. § 328 ZPO (**Anerkennung ausländischer Urteile**) ist nicht anwendbar, vielmehr bleiben gem. § 113 Abs. 1 Satz 1 FamFG die §§ 107–109 FamFG maßgeblich. Gem. § 137 Abs. 1 FamFG ist über Scheidung und Folgesachen zusammen zu entscheiden (sog. Entscheidungsverbund), eine Teilentscheidung (§ 301 ZPO) ist insofern ausgeschlossen, nähere Präzisierungen trifft § 142 FamFG. Im Übrigen sind **Teilentscheidungen** aber gem. § 38 Abs. 1 FamFG ausdrücklich zulässig (§ 301 ZPO ist entsprechend anwendbar).[1] §§ 330–347 ZPO sind auf **Versäumnisentscheidungen** in Familienstreitsachen anwendbar, statthaftes Rechtsmittel ist der Einspruch (§ 338 ZPO), der § 58 Abs. 1 FamFG verdrängt.[2] In Ehesachen ist bei einer Säumnisentscheidung § 130 FamFG zu beachten.

16

Die Vorschriften über die **Beweisaufnahme** (§§ 355–484 ZPO) sind anwendbar, werden jedoch für Ehesachen durch § 113 Abs. 4 Nr. 1, 7 und 8 FamFG modifiziert (vgl. Rz. 23). § 448 ZPO wird in Ehesachen durch § 128 FamFG verdrängt. Soweit die Amtsermittlungspflicht (§ 127 FamFG) reicht, kann die Beweiserhebung nicht gem. § 379 ZPO von einem **Auslagenvorschuss** abhängig gemacht werden (§ 127 Rz. 2). Ein selbständiges Beweisverfahren nach §§ 485 ff. ZPO ist möglich.[3] Nicht anwendbar sind die Vorschriften über **Verfahren vor den Amtsgerichten (§§ 495–510b ZPO)**, da § 113 Abs. 1 Satz 2 FamFG auf Verfahren vor den Landgerichten verweist (vgl. Rz. 5).

17

Da sich das **Rechtsmittelverfahren** gem. § 113 Abs. 1 Satz 1 FamFG nach dem FamFG richtet (Rz. 9), sind Berufung und Revision nicht einschlägig. Zu beachten ist § 117 FamFG, der die allgemeinen FamFG-Regeln modifiziert und teilweise auf die ZPO verweist (§ 117 Abs. 2 Satz 1 FamFG). Besondere Regeln für Verbundverfahren: §§ 143, 144, 145, 146, 147 FamFG. Die **(sofortige) Beschwerde** (§§ 567 ff. ZPO) ist gem. § 58 Abs. 1 a.E. FamFG statthaft, soweit dies ausdrücklich angeordnet (vgl. etwa § 17a Abs. 4 Satz 3 GVG) oder sich aus entsprechender Anwendbarkeit von ZPO-Vor-

18

---

1 OLG Düsseldorf v. 10.9.2010 – 7 UF 84/10, FamRZ 2011, 719 (720).
2 So ausdrücklich BT-Drucks. 16/12717, S. 60.
3 OLG Köln v. 25.2.2010 – 10 WF 216/09, FamRZ 2010, 1585.

schriften ergibt (vgl. etwa § 113 Abs. 1 Satz 2 FamFG iVm. §§ 46 Abs. 2, 78c Abs. 3 Satz 1, 91a Abs. 2, 99 Abs. 2, 127, 252, 269 Abs. 5, 380 Abs. 3 ZPO).[1] Die **Wiederaufnahme** richtet sich nach §§ 578–591 ZPO (vgl. § 118 FamFG).

19 Auf Familienstreitsachen sind nach § 113 Abs. 2 FamFG die Vorschriften über den **Urkunden- und Wechselprozess** (§§ 592 bis 605a ZPO) und das **Mahnverfahren** (§§ 688 bis 703d ZPO) anwendbar. Gem. § 120 Abs. 1 FamFG richtet sich die **Zwangsvollstreckung** nach §§ 704 bis 915h ZPO, doch erfolgt eine Modifizierung durch § 120 Abs. 2 und 3 FamFG insbesondere im Hinblick auf die Voraussetzungen der Vollstreckbarkeit (vgl. § 120 Rz. 3 f.) und den Schuldnerschutz (vgl. § 120 Rz. 6 ff.). § 722 ZPO ist nicht einschlägig, vielmehr gilt für die Vollstreckbarkeit **ausländischer Entscheidungen** § 110 FamFG. In Familienstreitsachen sind die FamFG-Vorschriften über eA (§§ 49 ff. FamFG) anwendbar (vgl. § 119 Abs. 1 Satz 1 FamFG), doch gilt für Familienstreitsachen (außer Unterhaltssachen) gem. § 119 Abs. 1 Satz 2 FamFG die Schadensersatzvorschrift des § 945 ZPO entsprechend. Ergänzende Bestimmungen in Unterhaltssachen: §§ 246–248 FamFG. Ein Rückgriff auf die **einstweilige Verfügung** nach §§ 935 ff. ZPO ist ausgeschlossen. In Familienstreitsachen kann gem. § 119 Abs. 2 FamFG ein **Arrest nach §§ 916 bis 934 ZPO** angeordnet werden, insofern gelten §§ 943 bis 945 ZPO entsprechend.

II. Besondere Verfahrensarten (Absatz 2)

20 Nach Abs. 2 gelten für Familienstreitsachen die Vorschriften der Zivilprozessordnung über den **Urkunden- und Wechselprozess** (§§ 592 bis 605a ZPO) und das **Mahnverfahren** (§§ 688 bis 703d ZPO). Die praktische Bedeutung dieser Verfahren für die „klassischen" ZPO-Sachen, Unterhalt und Zugewinn, ist gering (für Unterhaltsansprüche schon deshalb, weil im Mahnverfahren – anders als im Urkunden- und Wechselprozess[2] – keine erst künftig fällig werdenden Leistungen gefordert werden können[3]). Seit dem Inkrafttreten des FamFG gehören zu den Familienstreitsachen nun aber auch „sonstige Familiensachen" iSv. § 266 Abs. 1. Im Mahnverfahren muss als das für das streitige Verfahren zuständige Gericht iSv. § 690 Abs. 1 Nr. 5 ZPO das „Amtsgericht – Familiengericht" angegeben werden, um die Zuständigkeit des Amtsgerichts – unabhängig von der allgemeinen Streitwertgrenze – klarzustellen.

III. Terminverlegung (Absatz 3)

21 § 113 Abs. 3 bestimmt, dass § 227 Abs. 3 Satz 1 ZPO, wonach für die Zeit vom 1.7. bis 31.8 ohne weiteres ein **Anspruch auf Terminverlegung** besteht, auf Ehesachen und Familienstreitsachen nicht anwendbar ist. Wegen der teilweise existenzsichernden Natur der involvierten Ansprüche und der besonderen emotionalen Belastungen, die bei familienrechtlichen Auseinandersetzungen typisch sind, soll jede – nicht sachlich bedingte – Verfahrensverzögerung vermieden werden.

IV. Ausnahmen für Ehesachen (Absatz 4)

22 § 113 Abs. 4 fasst die früher an verschiedenen Stellen geregelten Ausnahmen von der Anwendbarkeit zivilprozessualer Vorschriften auf Ehesachen (vgl. früher §§ 611, 617, 227 Abs. 3 Nr. 3 ZPO) sachlich nahezu unverändert in einer Norm zusammen. Da die Ehegatten **materiellrechtlich über die Auflösung der Ehe nicht frei bestimmen können**, privatautonome Gestaltungsmöglichkeiten insofern also weitgehend ausgeschlossen sind, muss auch das Verfahrensrecht sicherstellen, dass diese grundlegende Weichenstellung prozessual nicht konterkariert werden kann. Daher wird in Ehesachen die prozessuale Dispositionsbefugnis der Beteiligten eingeschränkt

---

1 OLG Frankfurt v. 12.12.2012 – 4 WF 183/12, juris, das auch den Umkehrschluss zieht, ohne eine solche Verweisung scheide direkte Anwendbarkeit von § 567 Abs. 1 Nr. 2 ZPO aus.
2 Zöller/*Greger*, § 592 ZPO Rz. 1; Musielak/*Voit*, § 592 ZPO Rz. 4; vgl. zur Geltendmachung von Unterhalt aus einer privatschriftlichen Urkunde AG Kerpen v. 13.9.2001 – 51 F 93/01 UE/UK, FamRZ 2002, 831 f. sowie ausf. *Herr*, FuR 2006, 153 ff.
3 OLG Naumburg v. 21.7.1998 – 12 W 17/98, OLGReport 1999, 94 (96); Zöller/*Vollkommer*, § 688 ZPO Rz. 3; *Eschenbruch/Klinkhammer*, Kap. 5 Rz. 3.

(Nr. 6). Aus dem gleichen Grund ersetzt in Ehesachen gem. § 127 der (eingeschränkte) Untersuchungsgrundsatz die Verhandlungsmaxime, auch hieraus zieht die Vorschrift die notwendigen Konsequenzen (Nr. 1, 5, 7 und 8). Des Weiteren schließt § 113 Abs. 4 die Anwendung einiger Vorschriften aus, welche in normalen ZPO-Verfahren den zügigen Abschluss des Prozesses fördern sollen (Nr. 2 und 3), denn aufgrund der besonderen Bedeutung für das persönliche Schicksal der Beteiligten soll die sorgfältige Führung von Eheverfahren nicht durch ein dezidiertes Streben nach zügiger Verfahrensbeendigung gefährdet werden. Darüber hinaus sind einige ZPO-Grundsätze in Ehesachen überflüssig (Nr. 4). Weitere Besonderheiten für das Verfahren in Ehesachen sind in §§ 121 ff. geregelt.

1. Einschränkung des Verhandlungsgrundsatzes (Nr. 1, 5, 7, 8)

Entsprechend § 617 aF ZPO finden weder §§ 288 bis 290 ZPO über die Bindungswirkung eines gerichtlichen **Geständnisses** (Nr. 5) noch §§ 138 Abs. 3, 439 Abs. 3 ZPO über die Geständnisfiktion wegen unterbliebener oder verweigerter Erklärung über Tatsachen (Nr. 1) bzw. die Echtheit von Urkunden (Nr. 7) Anwendung. Diese Vorschriften sind mit dem in § 127 Abs. 1 verankerten (eingeschränkten) Amtsermittlungsgrundsatz nicht vereinbar. Allerdings können die entsprechenden Verhaltensweisen im Rahmen der allgemeinen Beweiswürdigung (§ 286 ZPO) berücksichtigt werden.[1] Aus dem gleichen Grund finden auch §§ 391, 410 iVm. 402, 452 Abs. 3 ZPO über den **Verzicht auf die Beeidigung** des Gegners sowie von Zeugen und Sachverständigen keine Anwendung (Nr. 8). Die Entscheidung über die Vereidigung steht ausschließlich im Ermessen des Gerichts. 23

2. Erweiterte Zulassung der Antragsänderung (Nr. 2)

§ 263 ZPO, der die Zulässigkeit einer Klageänderung nach Eintritt der Rechtshängigkeit an einschränkende Voraussetzungen knüpft, ist – in Übereinstimmung mit § 611 Abs. 1 aF ZPO – nicht anwendbar. Damit ist bis zum Schluss der mündlichen Verhandlung eine Antragsänderung **ohne Zustimmung des Gegners** und **ohne Prüfung der Sachdienlichkeit** möglich, soweit in einem bereits rechtshängigen Eheverfahren die Ehe unter einem anderen – ebenfalls als Ehesache zu qualifizierenden – Gesichtspunkt angegriffen wird. Auch die Frage, ob überhaupt eine Antragsänderung vorliegt (Änderung des Streitgegenstandes), muss dann grundsätzlich nicht geprüft werden (zum Streitgegenstand in Ehesachen vgl. § 126 Rz. 3),[2] weil auch die bloße Ergänzung des Tatsachenvortrags gem. § 115 nur in seltenen Ausnahmefällen unzulässig ist. Ein neuer Antrag ist kein Angriffs- oder Verteidigungsmittel und kann deshalb nicht gem. § 115 als verspätet zurückgewiesen werden (§ 115 Rz. 7). § 113 Abs. 4 Nr. 2 will selbst auf die Gefahr hin, dass es zu Verfahrensverzögerungen kommen kann, die Möglichkeit eröffnen, alle Angriffe gegen den Bestand der Ehe vorzubringen und in einem Verfahren zu bündeln.[3] Die Regelung liegt auf einer Linie mit § 126 Abs. 1, der einen Gegenantrag auch noch in zweiter Instanz unter erleichterten Voraussetzungen zulässt, sowie mit § 123, der eine Konzentration aller Ehesachen, die dieselbe Ehe betreffen, bei einem Gericht sicherstellt. 24

Zulässige Antragsänderungen sind damit der Übergang vom Scheidungs- zum Aufhebungsantrag und umgekehrt, die Kumulation der beiden Begehren durch nachträgliche Stellung eines Eventualantrags sowie der Umtausch der Rangfolge entsprechender Haupt- und Hilfsanträge.[4] Selbstverständlich ist es auch zulässig, einen Antrag auf Aufhebung der Ehe auf neue Gründe zu stützen.[5] Während früher der Wechsel zum Verfahren auf Feststellung des Bestehens oder Nichtbestehens der Ehe 25

---

1 KG v. 24.3.1972 – 1 W 164/72, Rpfleger 1972, 461 (462) – Geständnis; Musielak/*Borth*, § 113 FamFG Rz. 6.
2 BGH v. 12.10.1988 – IVb ZB 73/86, FamRZ 1989, 153 (155).
3 OLG Karlsruhe v. 4.12.1997 – 16 UF 77/97, FamRZ 1999, 454 (455).
4 BGH v. 12.10.1988 – IVb ZB 73/86, FamRZ 1989, 153 (155).
5 Johannsen/Henrich/*Althammer*, § 113 FamFG Rz. 9. Jeder Aufhebungsgrund stellt einen eigenen Streitgegenstand dar (MüKo.ZPO/*Bernreuther*, § 611 ZPO Rz. 5).

Probleme bereitete, weil dieses nicht zum Katalog der Ehesachen gehörte, die nach § 610 Abs. 1 aF ZPO miteinander verbunden werden konnten, ist diese Beschränkung in § 126 Abs. 1 nunmehr fortgefallen, so dass die dargestellten Grundsätze auch insofern ohne Einschränkung gelten.[1] Nicht mehr zum Kreis der Ehesachen gehört demgegenüber das Verfahren auf Herstellung des ehelichen Lebens (vgl. § 121 Rz. 1), so dass beim Übergang zu diesem nunmehr die allgemeinen Beschränkungen für eine Antragsänderung anwendbar sind. Bei Maßgeblichkeit ausländischen Sachrechts gelten für solche Verfahren, die dem deutschen Recht nicht bekannt, aber gleichwohl als Ehesache iSv. § 121 zu qualifizieren sind, wie etwa das Verfahren auf Trennung ohne Auflösung des Ehebandes (vgl. § 121 Rz. 13), ebenfalls die dargestellten Grundsätze.[2] Auch dem Antragsgegner stehen für einen **Gegenantrag** (vgl. § 126 Rz. 7) die gleichen Änderungsbefugnisse zu.

26 In der **Beschwerdeinstanz** greifen nicht die verschärften Anforderungen des § 533 ZPO, weil § 113 Abs. 1, der als allgemeine Vorschrift auch in der zweiten Instanz Anwendung findet, nur auf das Verfahren vor den Landgerichten verweist, so dass die dargestellten Prinzipien gem. § 68 Abs. 3 Satz 1 grundsätzlich gültig bleiben. Doch ergeben sich Einschränkungen aus dem allgemeinen Gesichtspunkt, dass die Einlegung eines Rechtsmittels – soweit nicht ausnahmsweise die Aufrechterhaltung der Ehe angestrebt wird (Einzelheiten bei § 117 Rz. 13)[3] – stets eine **Beschwer** voraussetzt:[4] Wenn dem Antrag in erster Instanz voll **entsprochen** wurde, kann der Antragsteller nicht Beschwerde mit dem Ziel einlegen, die Ehe unter einem anderen Gesichtspunkt anzugreifen (Aufhebung statt Scheidung oder Aufhebungsgrund A statt Aufhebungsgrund B),[5] es sei denn, dass eine Anschließung an das Rechtsmittel des Antragsgegners möglich ist.[6] Wurde der in erster Instanz gestellte Aufhebungsantrag **abgewiesen**, so kann die Beschwerde nicht allein auf einen anderen Klagegrund gestützt werden (Scheidung statt Aufhebung), weil hierdurch nicht die vorinstanzliche Entscheidung und die darin enthaltene Beschwer angegriffen wird.[7] Stattdessen muss der erstinstanzliche Antrag in der Beschwerdeinstanz weiterverfolgt und die Scheidung der Ehe hilfsweise beantragt werden.[8] Wird umgekehrt verfahren und der erstinstanzliche Aufhebungsantrag nur als Hilfsantrag gestellt, so wäre der Hauptantrag auf Scheidung zu verwerfen, weil er die Beschwer nicht bekämpft, und es wäre nur über den Hilfsantrag in der Sache zu entscheiden.[9] Hat der Antragsteller zunächst zulässigerweise Beschwerde eingelegt, später jedoch den erstinstanzlichen Antrag, durch dessen Zurückweisung er beschwert war, nach einer Antragsänderung nicht mehr weiterverfolgt, so entfällt die ursprünglich gegebene Beschwer nicht.[10]

---

1 Musielak/*Borth*, § 113 FamFG Rz. 7.
2 OLG Karlsruhe v. 4.12.1997 – 16 UF 77/97, FamRZ 1999, 454 (455 f.), doch wurde aus Zweckmäßigkeitserwägungen in der Berufungsinstanz auf den Übergang vom Trennungsantrag zum Scheidungsantrag § 611 aF ZPO nicht angewendet. Den Bedenken hätte durch analoge Anwendung von § 629b Abs. 1 aF ZPO (= § 146) Rechnung getragen werden können (Musielak/*Borth*, 6. Aufl. 2008, § 611 ZPO Rz. 6 m. Fn. 15).
3 BGH v. 11.1.1984 – IVb ZR 41/82, FamRZ 1984, 350 (351); OLG Zweibrücken v. 25.5.2012 – 6 UF 39/12, FamRZ 2013, 652 (653); OLG Karlsruhe v. 4.12.1997 – 16 UF 77/97, FamRZ 1999, 454.
4 BGH v. 6.11.1963 – IV ZR 6/63, FamRZ 1964, 38; MüKo.ZPO/*Fischer*, § 113 FamFG Rz. 14; Musielak/*Borth*, § 113 FamFG Rz. 8.
5 MüKo.ZPO/*Fischer*, § 113 FamFG Rz. 14; vgl. OLG Oldenburg v. 15.11.1977 – 5 UF 34/77, NJW 1978, 170; OLG Karlsruhe v. 13.12.1979 – 16 UF 23/79, FamRZ 1980, 682 (683).
6 Stein/Jonas/*Schlosser*, § 611 ZPO Rz. 10.
7 BGH v. 6.5.1999 – IX ZR 250/98, NJW 1999, 2118 (2119); vgl. auch BGH v. 16.9.2008 – IX ZR 172/07, NJW 2008, 3570 f.; Musielak/*Borth*, § 113 FamFG Rz. 8; MüKo.ZPO/*Fischer*, § 113 FamFG Rz. 14; aA offenbar OLG Stuttgart v. 25.1.2007 – 11 UF 169/06, FamRZ 2007, 1111 (Volltext in juris).
8 OLG Köln v. 1.7.1999 – 14 UF 225/98, FamRZ 2000, 819 f.; vgl. etwa auch OLG Hamburg v. 31.8.1982 – 2a UF 16/81, FamRZ 1982, 1211 f.
9 BGH v. 11.10.2000 – VIII ZR 321/99, NJW 2001, 226 f.; Zöller/*Philippi*, 27. Aufl. § 611 ZPO Rz. 5b.
10 BGH v. 6.11.1963 – IV ZR 6/63, FamRZ 1964, 38; Stein/Jonas/*Schlosser*, § 611 ZPO Rz. 9; MüKo.ZPO/*Bernreuther*, § 611 ZPO Rz. 11; vgl. auch OLG Stuttgart v. 25.1.2007 – 11 UF 169/06, FamRZ 2007, 1111 (Volltext in juris); aA Zöller/*Philippi*, 27. Aufl., § 611 ZPO Rz. 5a.

Kommt es aufgrund einer – zulässigen – Antragsänderung erstmals in zweiter Instanz zur Durchführung eines Scheidungsverfahrens, stellt sich die Frage, welche Auswirkungen der nunmehr nach § 137 Abs. 2 Satz 2 herzustellende **Mindestverbund** hat. Grundsätzlich ist an der schon vor Inkrafttreten des FamFG herrschenden Meinung festzuhalten, die sich unter Berufung auf die für einen vergleichbaren Fall in § 629b aF ZPO enthaltene Wertentscheidung für eine Zurückverweisung des Verfahrens an das FamG aussprach.[1] Doch eröffnet die neue Parallelvorschrift des § 146 nunmehr ausdrücklich die Möglichkeit, in Ausnahmefällen von einer Zurückverweisung abzusehen (§ 146 Rz. 2), was in der vorliegenden Konstellation je nach den Umständen des Einzelfalles durchaus in Betracht zu ziehen ist, um den Beteiligten Zeit und Kosten zu ersparen, vor allem dann, wenn sie einverstanden sind.[2]

Für die **Rechtsbeschwerde** gilt die Vorschrift demgegenüber nicht: Obwohl § 74 Abs. 4 grundsätzlich auf die im ersten Rechtszug geltenden Vorschriften verweist, gilt § 113 Abs. 4 Nr. 2 wegen § 559 ZPO, der gem. § 74 Abs. 3 Satz 4 entsprechend anwendbar ist, nicht: Nach § 559 ZPO ist in der Rechtsbeschwerde durch die Natur des Rechtsmittels eine Antragsänderung nämlich ausgeschlossen.[3] Im Wiederaufnahmeverfahren ist eine Antragsänderung demgegenüber erneut möglich.[4] Auch für einen **Gegenantrag** des Antragsgegners – der in den durch § 126 gesteckten Grenzen zulässig ist – gelten die dargestellten Möglichkeiten der Antragsänderung. Die Frage, in welchem Umfang **neuer Tatsachenvortrag** zulässig ist, wird in § 115 geregelt.

3. Einschränkung des Beschleunigungsgrundsatzes (Nr. 3)

Nach § 113 Abs. 4 Nr. 3 ist der (Haupt-)Termin in Ehesachen weder durch einen frühen ersten Termin iSv. § 275 ZPO noch durch ein schriftliches Vorverfahren iSv. § 276 ZPO vorzubereiten, so dass sich auch die „Bestimmung der Verfahrensweise" (§ 272 ZPO) erübrigt. Auch § 272 Abs. 3 ZPO, wonach die mündliche Verhandlung so früh wie möglich stattfinden soll, ist nicht anwendbar. Die Vorschrift passt für das Verbundverfahren nicht. Vor allem der von Amts wegen durchzuführende Versorgungsausgleich muss durch Einholung von Auskünften vorbereitet werden.[5] Anwendbar bleibt allerdings § 216 Abs. 2 ZPO (unverzügliche Terminsbestimmung).[6] Zur Behandlung „verfrühter" Scheidungsanträge vgl. § 124 Rz. 15 ff.

Da die Vorschriften über den frühen ersten Termin (§ 275 ZPO) und das schriftliche Vorverfahren (§ 276 ZPO) nicht anwendbar sind, schließt § 113 Abs. 4 Nr. 3 auch § 277 ZPO über die Klageerwiderung aus. Die dem Richter durch diese Vorschriften eröffnete Möglichkeit, **Fristen zur Stellungnahme** zu setzen, deren Versäumung durch Präklusion geahndet werden kann (§ 296 Abs. 1 und 2 ZPO), zielt auf eine Verfahrensbeschleunigung ab, die weder mit dem Amtsermittlungsgrundsatz noch mit dem berechtigten Anliegen, nicht vorsorglich Tatsachen vortragen zu wollen, die zu einer Ausweitung und Eskalation des Streites führen könnten, vereinbar ist.[7] Gem. § 115 Satz 2 sind Angriffs- und Verteidigungsmittel in Ehesachen gerade abweichend von den allgemeinen Vorschriften zugelassen, nur § 115 Satz 1 zieht eine äußerste Grenze.

---

1 Musielak/*Borth*, § 113 FamFG Rz. 8. Zum früheren Recht OLG Stuttgart v. 25.1.2007 – 11 UF 169/06, FamRZ 2007, 1111 (1112); OLG Hamburg v. 31.8.1982 – 2a UF 16/81, FamRZ 1982, 1211 (1212); aA Zöller/*Philippi*, 27. Aufl., § 611 ZPO Rz. 6.
2 Vgl. BT-Drucks. 16/6308, S. 233. Zum früheren Recht bereits OLG Stuttgart v. 25.1.2007 – 11 UF 169/06, FamRZ 2007, 1111 (1112); OLG Oldenburg v. 5.6.1998 – 11 UF 50/98, FamRZ 1998, 1528 mwN.
3 BGH v. 4.5.1961 – III ZR 222/59, NJW 1961, 1467 f.; BGH v. 16.9.2008 – IX ZR 172/07, NJW 2008, 3570 (3571); Johannsen/Henrich/*Althammer*, § 113 FamFG Rz. 9; MüKo.ZPO/*Fischer*, § 113 FamFG Rz. 16. Vgl. allgemein etwa Musielak/*Ball*, § 559 ZPO Rz. 3 ff.
4 Johannsen/Henrich/*Althammer*, § 113 FamFG Rz. 9.
5 OLG Schleswig v. 9.1.1984 – 10 WF 286/83, SchlHA 1984, 56 (57).
6 OLG Hamm v. 24.8.2012 – UF 107/12, Rz. 21, juris; OLG Brandenburg v. 21.7.2005 – 10 WF 178/05, FamRZ 2006, 1772.
7 BT-Drucks. 7/650, S. 198.

31 Anwendbar bleiben jedoch die durch § 113 Abs. 4 Nr. 3 nicht ausdrücklich ausgeschlossenen Vorschriften zur Beschleunigung des Verfahrens: die Fristsetzung zur Erklärung über klärungsbedürftige Punkte nach § 273 Abs. 2 Nr. 1 ZPO[1] und die allgemeine Prozessförderungspflicht nach § 282 ZPO,[2] wobei eine Präklusion von Zulässigkeitsrügen (§ 282 Abs. 3 ZPO) nur in Frage kommt, wenn der Antragsgegner gemessen am Maßstab des § 296 Abs. 3 ZPO auf sie verzichten kann, und die Schriftsatzfrist für Erklärungen zum Vorbringen des Gegners (§ 283 ZPO). Außerdem kann auch gem. § 356 ZPO eine Frist zur Beibringung eines Beweismittels gesetzt werden.[3] Im Unterschied zur früheren Rechtslage (vgl. § 611 Abs. 2 aF ZPO) ist § 275 Abs. 1 Satz 2 ZPO nicht mehr anwendbar. Die Sanktionierung verspäteten Vorbringens ist allerdings stets nur innerhalb des durch § 115 Satz 1 eröffneten Rahmens möglich.[4] Zur Vermeidung von Wertungswidersprüchen wird man diesen Maßstab wohl auch auf § 356 ZPO übertragen müssen, obwohl es sich dort nicht um Angriffs- und Verteidigungsmittel,[5] sondern um Verzögerungen bei der Beweisaufnahme handelt.[6]

4. Ausschluss der Güteverhandlung (Nr. 4)

32 § 278 Abs. 2 bis 5 ZPO finden auf Ehesachen keine Anwendung mehr,[7] weil eine Verfahrensbeendigung durch Abschluss eines Vergleichs mangels materiellrechtlicher Dispositionsbefugnis der Beteiligten in Ehesachen ohnehin kaum in Frage kommt (vgl. Rz. 35) und das FamFG spezifische Mechanismen vorsieht, um die Chance für eine Aussöhnung der Beteiligten zu wahren (§ 136).[8] Anwendbar bleibt § 278 Abs. 1 ZPO, so dass der Richter nach wie vor dazu aufgerufen ist, jede Chance zur gütlichen Beilegung des Verfahrens durch **Versöhnung der Ehegatten** zu ergreifen.[9]

5. Einschränkung der Dispositionsmaxime (Nr. 6)

33 In ähnlicher Weise wie durch § 113 Abs. 4 Nr. 1, 5, 7, 8 den Beteiligten die Verantwortung für die Sammlung des Tatsachenstoffes teilweise entzogen wird, schränkt § 113 Abs. 4 Nr. 6 die Verfügungsfreiheit über den Streitgegenstand ein, indem § 307 ZPO über die bindende Wirkung eines **Anerkenntnisses** keine Anwendung findet. Ein wirksames Anerkenntnis kann damit nicht erklärt werden, ein entsprechender Anerkenntnisbeschluss darf nicht ergehen,[10] doch kann die Erklärung im Rahmen der allgemeinen Beweiswürdigung berücksichtigt werden.[11]

34 Demgegenüber wird der **Verzicht** auf den Klaganspruch (§ 306 ZPO) durch § 113 Abs. 4 Nr. 1–8 nicht ausgeschlossen.[12] Denn während die Beendigung der Ehe materiellrechtlich nicht zur Disposition der Parteien steht, bleibt es dem Belieben eines jeden Einzelnen überlassen, ob und wann er den Bestand der Ehe angreifen will. Der Verzichtsbeschluss ergeht, auch ohne dass ein Abweisungsantrag nach § 306 ZPO

---

1 BT-Drucks. 16/6308, S. 223; *Löhnig*, FamRZ 2009, 737 (739).
2 BT-Drucks. 16/6308, S. 223; Johannsen/Henrich/*Althammer*, § 113 FamFG Rz. 10.
3 Johannsen/Henrich/*Althammer*, § 113 FamFG Rz. 10; Keidel/*Weber*, § 113 FamFG Rz. 13; vgl. OLG Hamm v. 14.5.2002 – 9 UF 30/99, FamRZ 2003, 616 (617) (in concreto jedoch zweifelhaft wegen Geltung des Amtsermittlungsgrundsatzes).
4 Musielak/*Borth*, § 113 FamFG Rz. 10; MüKo.ZPO/*Fischer*, § 113 FamFG Rz. 17.
5 BGH v. 31.3.1993 – VIII ZR 91/92, NJW 1993, 1926 (1927); BVerfG v. 26.10.1999 – 2 BvR 1292/96, NJW 2000, 945 (946).
6 Vgl. auch Keidel/*Weber*, § 113 FamFG Rz. 13.
7 Baumbach/*Hartmann*, § 113 FamFG Rz. 7. Früher wurde die Vorschrift vom Verweis in § 608 aF ZPO erfasst, BGH v. 6.10.2004 – XII ZR 225/01, FamRZ 2004, 1952 (1957).
8 BT-Drucks. 16/6308, S. 223.
9 Göppinger/*Börger*, Rz. 101; vgl. *Bergerfurth*, FamRZ 2001, 12 ff.
10 BGH v. 2.3.1994 – XII ZR 207/92, NJW 1994, 2697; OLG Brandenburg v. 30.8.2000 – 9 WF 159/00, MDR 2000, 1380 (1381).
11 MüKo.ZPO/*Fischer*, § 113 FamFG Rz. 20; Bork/Jacoby/Schwab/*Löhnig*, § 113 FamFG Rz. 13.
12 BGH v. 9.4.1986 – IVb ZR 32/85, FamRZ 1986, 655 (656); OLG Karlsruhe v. 24.4.1980 – 16 UF 114/79, FamRZ 1980, 1121 (1123).

durch den Antragsgegner gestellt wurde.[1] Auch nach Verzicht bleibt die erneute Stellung des Scheidungsantrags aufgrund neuer Tatsachen, etwa dem erneuten Ablauf der Trennungsfristen, zulässig.[2] In Aufhebungs- und Feststellungsverfahren hat der Verzicht gem. § 130 Abs. 1 analog die Wirkung, dass der Antrag als zurückgenommen gilt, doch kann hierin materiellrechtlich eine Bestätigung der Ehe iSv. § 1315 Abs. 1 BGB liegen.[3] Unproblematisch ist daher auch eine **Rücknahme** des Antrags gem. § 269 ZPO möglich (s. im Einzelnen § 134 Rz. 7).[4]

Innerhalb des durch die vorgenannten Eckpunkte abgesteckten Rahmens können die Beteiligten auch in Ehesachen **Vereinbarungen** treffen. So kann der Antragsteller auf die Geltendmachung bestimmter ehefeindlicher Tatsachen[5] oder sein derzeit bestehendes Scheidungsrecht[6] verzichten, doch ist ein Verzicht, der sich auch auf ein künftiges Scheidungsrecht erstreckt, nichtig.[7] Demgegenüber kann der Antragsgegner vergleichsweise die Zustimmung zur Scheidung iSv. § 1566 Abs. 1 BGB erklären,[8] wobei man angesichts der doch eher geringen materiellrechtlichen Tragweite dieser gem. § 134 Abs. 2 Satz 1 widerrufbaren Erklärung hierin selbst dann kein bedenkliches „Abkaufen der Scheidungsbereitschaft"[9] sehen sollte, wenn sich die andere Seite bei der gleichzeitigen Regelung nachehelicher Ausgleichsansprüche als großzügig erweist. Die Vereinbarung erhält die Qualität eines **Prozessvergleichs** iSv. § 794 Abs. 1 Nr. 1 ZPO, der bezüglich der Kosten einen Vollstreckungstitel schafft, wenn sie unmittelbar verfahrensbeendigende Wirkung besitzt.[10] In Frage kommt etwa die vergleichsweise Beendigung durch Antragsrücknahme, Verzicht oder übereinstimmende Erledigungserklärung.[11] Wird demgegenüber nur der Streit über einzelne Teilfragen beseitigt (sog. Zwischenvergleich), wird eine Entscheidung des Gerichts über den Verfahrensgegenstand nicht entbehrlich und § 794 Abs. 1 Nr. 1 ZPO findet keine Anwendung.[12] Das Gleiche gilt, wenn sich die Einigung auf die Verteilung der Kosten beschränkt;[13] dies findet lediglich im Rahmen von § 150 Abs. 4 Satz 3 Berücksichtigung.[14]

Zulässig ist auch eine beiderseitige Erledigungserklärung iSv. § 91a ZPO durch übereinstimmende Verfahrenserklärungen (unabhängig von einem Prozessvergleich).[15] Bei – praktisch seltener – einseitiger Erledigterklärung gelten die allgemei-

---

1 OLG Karlsruhe v. 24.4.1980 – 16 UF 114/79, FamRZ 1980, 1121 (1123); Musielak/*Borth*, § 113 FamFG Rz. 14; Johannsen/Henrich/*Althammer*, § 113 FamFG Rz. 15; aA Baumbach/*Hartmann*, § 113 FamFG Rz. 7; MüKo.ZPO/*Fischer*, § 113 FamFG Rz. 22.
2 BGH v. 9.4.1986 – IVb ZR 32/85, FamRZ 1986, 655 (656); Baumbach/*Hartmann*, § 113 FamFG Rz. 7.
3 Johannsen/Henrich/*Althammer*, § 113 FamFG Rz. 15; Musielak/*Borth*, § 113 FamFG Rz. 14. Auf Scheidungsverfahren ist dieser Grundsatz nicht übertragbar, obwohl § 130 Abs. 1 nunmehr auch diese erfasst, denn insofern könnte auch materiellrechtlich ohne weiteres auf ein bestehendes Scheidungsrecht verzichtet werden (Rz. 35).
4 OLG Frankfurt v. 10.11.1981 – 3 UF 6/81, FamRZ 1982, 809 (811 f.).
5 Musielak/*Borth*, § 113 FamFG Rz. 14; *Göppinger/Börger*, Rz. 36, 107 ff.
6 BGH v. 9.4.1986 – IVb ZR 32/85, FamRZ 1986, 655 (656); MüKo.ZPO/*Fischer*, § 113 FamFG Rz. 24; Stein/Jonas/*Schlosser*, § 617 ZPO Rz. 4; Staudinger/*Rauscher*, § 1564 BGB Rz. 47.
7 BGH v. 9.4.1986 – IVb ZR 32/85, FamRZ 1986, 655 f.; BGH v. 19.12.1989 – IVb ZR 91/88, FamRZ 1990, 372 f.; Schwab/*Borth*, FS Pieper, 1998, S. 307 f. und 315; Lüke, FS Pieper, 1998, S. 307 f. und 315; Staudinger/*Rauscher*, § 1564 BGB Rz. 42. Für die großzügigere Zulassung scheidungserschwerender Vereinbarungen plädiert *Grziwotz*, FPR 2009, 519 (520 f.).
8 MüKo.ZPO/*Bernreuther*, § 617 ZPO Rz. 8; Stein/Jonas/*Schlosser*, § 617 ZPO Rz. 6; *Göppinger/Börger*, Rz. 109. Die Zustimmung muss gegenüber dem Gericht erklärt werden, vgl. § 134 Rz. 4.
9 Musielak/*Borth*, § 113 FamFG Rz. 14.
10 MüKo.ZPO/*Bernreuther*, § 617 ZPO Rz. 9; Stein/Jonas/*Schlosser*, § 617 ZPO Rz. 6.
11 Musielak/*Borth*, § 113 FamFG Rz. 14; MüKo.ZPO/*Fischer*, § 113 FamFG Rz. 26; *Schael*, Verfahrenshandbuch Familiensachen, § 5 V 7 Rz. 118.
12 MüKo.ZPO/*Bernreuther*, § 617 ZPO Rz. 9; Zöller/*Philippi*, 27. Aufl., § 617 ZPO Rz. 5.
13 BGH v. 6.3.1952 – IV ZR 171/51, BGHZ 5, 251 (258).
14 Musielak/*Borth*, § 113 FamFG Rz. 14; vgl. zum alten Recht MüKo.ZPO/*Bernreuther*, § 617 ZPO Rz. 9; aA Stein/Jonas/*Schlosser*, § 617 ZPO Rz. 16.
15 MüKo.ZPO/*Fischer*, § 113 FamFG Rz. 27; Musielak/*Borth*, § 113 FamFG Rz. 13.

nen Grundsätze.[1] Ein **Rechtsmittelverzicht** wird von § 113 Abs. 4 Nr. 6 nicht erfasst und ist gem. § 67 Abs. 1, der gem. § 113 Abs. 1 nicht verdrängt wird, ohne weiteres zulässig.[2] Zum Vergleich in Folgesachen s. § 142 Rz. 4.

V. Terminologie (Absatz 5)

37   Während es sich in Abs. 4 um inhaltliche Abweichungen von den Regeln der ZPO handelt, beinhaltet Abs. 5 lediglich terminologische Abweichungen, welche eine **begriffliche Harmonisierung** mit den familienrechtlichen Verfahren herbeiführen, die Familiensachen der freiwilligen Gerichtsbarkeit sind. Wie schon früher für Ehesachen weitgehend üblich (vgl. §§ 622 Abs. 3, 631 Abs. 2 Satz 2 aF ZPO), treten auch für Familienstreitsachen an die Stelle bestimmter ZPO-Begriffe die in der freiwilligen Gerichtsbarkeit üblichen Bezeichnungen. Eine ergänzende terminologische Festlegung trifft § 3 Abs. 1 FamGKG (Verfahrenswert).

38   Die in § 113 Abs. 5 aufgeführten Begriffe sind grundsätzlich auch dann zu verwenden, wenn sie in Zusammensetzung mit anderen Wörtern gebraucht werden, so ist etwa von Verfahrenskostenhilfe (zB §§ 149, 242 Satz 1), Stufenverfahren, Feststellungsverfahren, Abänderungsverfahren etc. zu sprechen.[3]

39   Letztlich dürfen aber **inhaltliche Verständlichkeit und sprachliche Prägnanz** nicht auf der Strecke bleiben, so dass der Rückgriff auf die ZPO-Terminologie nicht um jeden Preis vermieden werden muss. So kann es im Einzelfall beispielsweise hilfreich sein, statt von einem Gegenantrag von einer Widerklage zu sprechen, da der Begriff des Gegenantrags[4] auch verwendet wird, um einen gleichlaufenden Scheidungsantrag des Scheidungsgegners zu bezeichnen (Anschlussantrag). Auch der Gesetzgeber verwendet etwa den Begriff des (Stufen-)Klageantrags (vgl. § 38 FamGKG) sowie des Widerklageantrags (§ 39 FamGKG).

114 *Vertretung durch einen Rechtsanwalt; Vollmacht*

(1) Vor dem Familiengericht und dem Oberlandesgericht müssen sich die Ehegatten in Ehesachen und Folgesachen und die Beteiligten in selbständigen Familienstreitsachen durch einen Rechtsanwalt vertreten lassen.
(2) Vor dem Bundesgerichtshof müssen sich die Beteiligten durch einen bei dem Bundesgerichtshof zugelassenen Rechtsanwalt vertreten lassen.
(3) Behörden und juristische Personen des öffentlichen Rechts einschließlich der von ihnen zur Erfüllung ihrer öffentlichen Aufgaben gebildeten Zusammenschlüsse können sich durch eigene Beschäftigte oder Beschäftigte anderer Behörden oder juristischer Personen des öffentlichen Rechts einschließlich der von ihnen zur Erfüllung ihrer öffentlichen Aufgaben gebildeten Zusammenschlüsse vertreten lassen. Vor dem Bundesgerichtshof müssen die zur Vertretung berechtigten Personen die Befähigung zum Richteramt haben.
(4) Der Vertretung durch einen Rechtsanwalt bedarf es nicht
1. im Verfahren der einstweiligen Anordnung,
2. in Unterhaltssachen für Beteiligte, die durch das Jugendamt als Beistand, Vormund oder Ergänzungspfleger vertreten sind,
3. für die Zustimmung zur Scheidung und zur Rücknahme des Scheidungsantrags und für den Widerruf der Zustimmung zur Scheidung,
4. für einen Antrag auf Abtrennung einer Folgesache von der Scheidung,
5. im Verfahren über die Verfahrenskostenhilfe,
6. in den Fällen des § 78 Abs. 3 der Zivilprozessordnung sowie

---

1 OLG Düsseldorf v. 19.2.1992 – 4 UF 88/91, FamRZ 1992, 961.
2 Vgl. OLG Zweibrücken v. 3.12.1993 – 5 UF 57/92, FamRZ 1994, 1045.
3 Vgl. dazu ausf. *Schael*, FamRZ 2009, 7 (8f.).
4 Vgl. etwa BGH v. 13.10.1982 – IVb ZB 601/81, FamRZ 1983, 38 (40).

7. für den Antrag auf Durchführung des Versorgungsausgleichs nach § 3 Abs. 3 des Versorgungsausgleichsgesetzes und die Erklärungen zum Wahlrecht nach § 15 Abs. 1 und 3 des Versorgungsausgleichsgesetzes.

(5) Der Bevollmächtigte in Ehesachen bedarf einer besonderen auf das Verfahren gerichteten Vollmacht. Die Vollmacht für die Scheidungssache erstreckt sich auch auf die Folgesachen.

A. Überblick
I. Normzweck 1
II. Entstehung 2
B. Allgemeine Grundsätze 4
  I. Sachliche Reichweite des Anwaltszwangs
    1. Verfahrenshandlungen 7
    2. Vergleiche und Rechtswahlvereinbarungen 10
  II. Rechtsfolgen bei Verletzung des Anwaltszwangs 12
C. Anwaltszwang in Familiensachen
  I. Anwaltszwang vor FamG und OLG (Absatz 1) 13
    1. Ehe- und Folgesachen (Abs. 1, 1. Alt.) 14
    2. Selbständige Familienstreitsachen (Abs. 1, 2. Alt.) 16
    3. Selbständige Familiensachen der FG 19
    4. Eigene Mitwirkungsmöglichkeiten der Beteiligten trotz Anwaltszwanges 20
  II. Genereller Anwaltszwang vor dem BGH (Absatz 2) 22
  III. Behördenprivileg (Absatz 3) 23
  IV. Ausnahmen vom Anwaltszwang (Absatz 4)
    1. Einstweilige Anordnung (Nr. 1) ... 29
    2. Jugendamt als Beistand, Vormund oder Ergänzungspfleger in Unterhaltsverfahren (Nr. 2) 31
    3. Zustimmung zur Scheidung und zur Rücknahme des Scheidungsantrags und Widerruf der Zustimmung zur Scheidung (Nr. 3) 32
    4. Antrag auf Abtrennung einer Folgesache (Nr. 4) 33
    5. Verfahrenskostenhilfe (Nr. 5) 34
    6. Fälle des § 78 Abs. 3 ZPO (Nr. 6) .. 35
    7. Erklärungen zum Versorgungsausgleich (Nr. 7) 36a
  V. Vollmacht in Ehesachen (Absatz 5)
    1. Normzweck 37
    2. Voraussetzungen 38
    3. Umfang 40
    4. Prüfung 43

A. Überblick

I. Normzweck

Auf der einen Seite geht der Anwaltszwang in Familiensachen weiter als in ZPO-Normalverfahren, weil er in Abweichung von § 78 Abs. 1 ZPO für **Ehe- und Folgesachen sowie für selbständige Familienstreitsachen schon vor dem Amtsgericht** greift. Dies ist gerechtfertigt, um die sachgerechte Beratung insbesondere des schwächeren Ehegatten (etwa über die Einreichung von Folgesachen) sicherzustellen, die häufig emotionsgeladenen Verfahren zu versachlichen und den Beteiligten die Tragweite ihrer Entscheidungen vor Augen zu führen. Auf der anderen Seite bleibt § 114 hinter den ZPO-Regeln zurück, weil – entsprechend den Grundsätzen der freiwilligen Gerichtsbarkeit (vgl. § 10) – für **selbständige Familiensachen der FG selbst in zweiter Instanz vor dem OLG noch kein Anwaltszwang** besteht. 1

II. Entstehung

Die Regelung des § 114 entspricht für Ehe- und Folgesachen sowie für isolierte Familiensachen der FG weitgehend § 78 Abs. 1 Satz 4, Abs. 2 bis 4 aF ZPO, an dessen Stelle sie getreten ist. Wegen der existenzsichernden sowie langfristigen Wirkung und der besonderen Komplexität der Materie[1] wurde für isolierte Unterhaltsverfahren jedoch ebenfalls der erstinstanzliche Anwaltszwang eingeführt und dieser auch auf die neu in die Zuständigkeit des FamG einbezogenen sonstigen Familiensachen erstreckt, unabhängig davon, ob für sie bisher das AG oder LG zuständig war. 2

---

[1] BT-Drucks. 16/6308, S. 223.

3   Der Vorschlag, ein **vereinfachtes Scheidungsverfahren** ohne Anwaltszwang (§ 130 Abs. 1 Satz 2 RefE II [2006]) für Ehen ohne gemeinschaftliche Kinder zur Verfügung zu stellen, soweit sich die Eheleute über die durch die Ehe begründete Unterhaltspflicht sowie die Rechtsverhältnisse an der Ehewohnung und am Hausrat geeinigt haben (§ 143 Abs. 1 RefE II [2006]), konnte sich in der Reformdebatte zu Recht nicht durchsetzen.[1]

B. Allgemeine Grundsätze

4   Die **Postulationsfähigkeit**, dh. die Fähigkeit, Prozesshandlungen vor oder gegenüber dem Gericht selbst wirksam vornehmen zu können, wird durch den Anwaltszwang eingeschränkt. Während grundsätzlich jede prozessfähige Person auch postulationsfähig ist, müssen sich im Anwaltsprozess die Beteiligten durch einen Rechtsanwalt vertreten lassen. Nach früherem Recht bedurfte ein Rechtsanwalt einer besonderen Zulassung für das Tätigwerden vor einem bestimmten Gericht. Nachdem dieser Grundsatz immer mehr eingeschränkt worden war, wurde er durch das Gesetz zur Stärkung der Selbstverwaltung der Rechtsanwaltschaft v. 26.3.2007[2] für die unteren Instanzen komplett aufgegeben. Eine besondere Zulassung ist nur noch für den BGH erforderlich (vgl. § 114 Abs. 2 FamFG iVm. § 164 ff. BRAO); im Übrigen genügt nach § 114 die Einschaltung „eines Rechtsanwalts" (zum Wirksamwerden der Zulassung vgl. § 12 BRAO). Auch in Familiensachen darf wegen des **Verbots der Vertretung widerstreitender Interessen** (§ 43a Abs. 4 BRAO, § 356 StGB) ein Rechtsanwalt nicht beide Seiten vertreten, dies gilt auch für einverständliche Scheidungen.[3] Unzulässig ist auch die Vertretung durch einen Rechtsanwalt, der zuvor beide Ehegatten als Mediator beraten hat (§ 3 Abs. 2 Satz 2 MediationsG).[4]

5   Soweit **kein Anwaltszwang** besteht, sind Verfahrensbeteiligte selbst postulationsfähig und können jede Verfahrenshandlung vornehmen (§ 10 Abs. 1 FamFG, § 79 Abs. 1 Satz 1 ZPO) oder sich durch einen Rechtsanwalt (§ 10 Abs. 2 Satz 1 FamFG, § 79 Abs. 2 Satz 1 ZPO) oder einen Bevollmächtigten vertreten lassen, soweit dieser zu den in § 79 Abs. 2 Satz 2 ZPO bzw. § 10 Abs. 2 Satz 2 FamFG aufgezählten Personengruppen gehört. Falls in einer Scheidungssache anwaltliche Vertretung erforderlich erscheint, kann dem Antragsgegner gem. § 138 ein Rechtsanwalt beigeordnet werden.

6   Jeder Beteiligte kann außerdem gem. § 12 FamFG, § 90 ZPO einen **Beistand** einschalten, der in der Verhandlung die Beteiligtenrechte ausführt. Mit der Neufassung des § 90 ZPO durch das Gesetz zur Neuregelung des Rechtsberatungsrechts v. 12.12.2007[5] wurde klargestellt, dass Beistandschaft sowohl im Partei- als auch im Anwaltsprozess möglich ist. In Verfahren ohne Anwaltszwang kann neben der Einschaltung eines Rechtsanwalts als Bevollmächtigten auch noch ein Beistand eingeschaltet werden.[6]

I. Sachliche Reichweite des Anwaltszwangs

1. Verfahrenshandlungen

7   Der Anwaltszwang erfasst – vorbehaltlich ausdrücklich festgelegter Ausnahmen (vor allem § 114 Abs. 3 und 4) – das **gesamte Verfahren in der Instanz** und betrifft alle Verfahrenshandlungen.[7] Diese unterscheiden sich von rechtsgeschäftlichen Erklärun-

---

1 Vgl. dazu ausf. MüKo.ZPO/*Heiter*, vor §§ 133 ff. FamFG Rz. 5 ff. mwN.
2 BGBl. I 2007, S. 358. Vgl. dazu Entwurfsbegründung, BT-Drucks. 16/513, S. 22.
3 BGH v. 23.10.1984 – 5 StR 430/84, FamRZ 1985, 593; OLG Celle v. 19.2.1982 – 12 WF 14/82, FamRZ 1983, 1045 f.; OLG Frankfurt v. 25.3.2010 – 4 WF 38/10, FamRZ 2010, 1687 (1688); vgl. ausf. etwa MAH/*Groß*, § 2 Rz. 23 ff.; *Schulz*, AnwBl 2009, 743 (745 ff.); den Ausschluss eines Interessengegensatzes hält (nur) theoretisch für denkbar *Sarres*, FamRB 2011, 388 (389 ff.).
4 BT-Drucks. 17/5335, S. 16. Vgl. auch schon OLG Karlsruhe v. 26.4.2001 – 2 U 1/00, FamRZ 2002, 37 (38).
5 BGBl. I 2007, S. 2840.
6 KG v. 19.4.2001 – 17 WF 118/01, FamRZ 2001, 1619.
7 Zöller/*Vollkommer*, § 78 ZPO Rz. 16.

gen des bürgerlichen Rechts dadurch, dass ihre Wirkungen im Wesentlichen auf prozessualem Gebiet liegen:[1] Erfasst werden beispielsweise[2] die Einleitung des Verfahrens durch Einreichung einer Antragsschrift, Anträge (etwa auf Aussetzung oder Verweisung), schriftlicher oder mündlicher Tatsachenvortrag sowie ein gerichtliches Geständnis (§ 288 ZPO),[3] die Zustimmung zum schriftlichen Verfahren,[4] Verzicht (§ 306 ZPO) und Anerkenntnis (§ 307 ZPO)[5] sowie die Antragsrücknahme (§ 269 ZPO), die Einlegung und Rücknahme von Rechtsmitteln sowie der Rechtsmittelverzicht.[6] Doch können über die Antragsrücknahme,[7] den Rechtsmittelverzicht und die Rechtsmittelrücknahme außergerichtliche Vereinbarungen ohne Einschaltung von Anwälten geschlossen werden,[8] die auf Einrede der Gegenseite im Verfahren zu berücksichtigen sind (zum Zeitpunkt der Rechtskraft vgl. § 116 Rz. 22).

Maßnahmen der **Zwangsvollstreckung in Familiensachen**, für die das Amtsgericht/ Familiengericht als Prozessgericht nach §§ 887 ff. ZPO zuständig ist, unterliegen dem Anwaltszwang, wenn ein solcher für das – erstinstanzliche – Erkenntnisverfahren bestand.[9] Im Verfahren vor dem Vollstreckungsgericht (§ 764 ZPO) gelten die allgemeinen Regeln (§ 78 ZPO). Bei Zuständigkeit des **Rechtspflegers** ist das Verfahren gem. § 13 RPflG stets anwaltsfrei (vgl. etwa Verfahren auf Festsetzung von Kosten und der Rechtsanwaltsvergütung, § 21 Nr. 1 und Nr. 2 RPflG).

Auch im Anwaltsprozess, in welchem die Beteiligten (idR Antragsteller und Antragsgegner) selbst keine Verfahrenshandlungen vornehmen können, sind sie nicht von jeder **Mitwirkung am Verfahren** ausgeschlossen (vgl. auch Rz. 20 f.): In Ehesachen ist gem. § 128 Abs. 1 Satz 1 das persönliche Erscheinen der Ehegatten anzuordnen, und auch sonst können die Beteiligten gem. § 137 Abs. 4 ZPO das Wort verlangen und tatsächliche Erklärungen abgeben sowie Geständnisse und Erklärungen ihres Verfahrensbevollmächtigten widerrufen (§ 85 Abs. 1 Satz 2 ZPO).

2. Vergleiche und Rechtswahlvereinbarungen

Scheidungsfolgenvergleiche unterliegen nach mittlerweile ganz hM dem Anwaltszwang, wenn sie in einem Verfahren(sabschnitt) mit Anwaltszwang geschlossen werden.[10] Soweit sie Verfahrensvergleiche sind,[11] ergibt sich das aus ihrer Doppelnatur[12] als materielles Rechtsgeschäft und Verfahrenshandlung.[13] Eine **Rechtswahl** nach Art. 5 Abs. 1 Rom III-VO, die gem. Art. 5 Abs. 3 Rom III-VO, Art. 46d Abs. 2 EGBGB iVm. § 127a BGB auch noch nach Anrufung des Gerichts bis zum Ende der mündlichen Verhandlung in erster Instanz zu Protokoll des Gerichts erklärt werden kann,

---

1 *Rosenberg/Schwab/Gottwald*, § 63 Rz. 1; *Musielak*, Grundkurs ZPO, Rz. 153.
2 Umfassender Überblick etwa bei Zöller/*Vollkommer*, § 78 ZPO Rz. 16 ff.
3 BGH v. 7.2.2006 – VI ZR 20/05, VersR 2006, 663 (664); Zöller/*Greger*, § 288 ZPO Rz. 3c; aA wohl Zöller/*Vollkommer*, § 78 ZPO Rz. 4.
4 OLG Zweibrücken v. 30.6.1998 – 15 UF 18/98, FamRZ 1999, 456.
5 OLG Jena v. 23.4.2009 – 1 UF 11/09, FamRZ 2009, 1513.
6 BGH v. 18.1.1984 – IVb ZB 53/83, NJW 1984, 1465.
7 OLG Frankfurt v. 20.3.2002 – 7 U 140/01, OLGReport 2002, 272 (273).
8 BGH v. 10.5.1951 – IV ZB 26/51, BGHZ 2, 112 (114); BGH v. 8.5.1985 – IVb ZB 56/84, NJW 1985, 2334; BGH v. 21.12.1988 – IVb ZB 145/86, FamRZ 1989, 268; BGH v. 14.5.1997 – XII ZR 184/96, FamRZ 1997, 999; aA *Rosenberg/Schwab/Gottwald*, § 134 Rz. 45 und 47.
9 OLG Köln v. 8.8.1994 – 25 WF 147/94, FamRZ 1995, 312; OLG Frankfurt v. 6.8.1987 – 3 WF 153/87, FamRZ 1987, 1292 (1293); Keidel/*Weber*, § 114 FamFG Rz. 10; Schwab/*Streicher*, Rz. I 150.
10 Johannsen/Henrich/*Sedemund-Treiber*, 4. Aufl. 2003, § 78 ZPO Rz. 13; Zöller/*Vollkommer*, § 78 ZPO Rz. 18.
11 Zu den Anforderungen *Göppinger/Börger*, Vereinbarungen anlässlich der Ehescheidung, Rz. 36.
12 BGH v. 30.9.2005 – V ZR 275/04, MDR 2006, 284 mwN; Thomas/Putzo/*Seiler*, § 794 ZPO Rz. 3.
13 BGH v. 20.2.1991 – XII ZB 125/88, NJW 1991, 1743; BGH v. 30.1.1986 – IVb ZR 65/83, FamRZ 1986, 458 f.; OLG Schleswig v. 9.9.1998 – 12 U 56/95, MDR 1999, 252; aA etwa OLG München v. 15.5.1986 – 11 WF 904/86, Rpfleger 1986, 408 (409) unter Berufung auf die Besonderheiten einer einverständlichen Scheidung; AG Groß-Gerau v. 21.10.1987 – 7 F 102/83, FamRZ 1988, 187 (Erst-Recht-Schluss aus § 630 Abs. 2 Satz 2 ZPO).

besitzt keine verfahrensrechtliche Wirkung und unterliegt als rein kollisionsrechtliches Rechtsgeschäft nicht dem Anwaltszwang.

11 Getreu dem Grundsatz, dass entscheidend ist, in welchem Verfahren(sstadium) ein Vergleich geschlossen wird (Rz. 10), unterliegt ein gem. § 118 Abs. 1 Satz 3 ZPO im **Verfahrenskostenhilfeverfahren** geschlossener Scheidungsfolgenvergleich wegen § 114 Abs. 4 Nr. 5 nicht dem Anwaltszwang.[1] Das Gleiche gilt gem. § 114 Abs. 4 Nr. 6 FamFG iVm. § 78 Abs. 3 ZPO bei Tätigwerden eines **beauftragten oder ersuchten Richters**.[2] Findet das Verfahren vor dem Familienrichter oder einem Einzelrichter am OLG statt, kann sich dieser aber nicht selbst als beauftragten Richter bestimmen, um einen Vergleich zu schließen, vielmehr setzt die Verweisung an den beauftragten Richter die Zuständigkeit eines Kollegialgerichts voraus.[3] Da gem. § 114 Abs. 4 Nr. 1 nunmehr das gesamte **Verfahren der eA** anwaltsfrei ausgestaltet ist, kann ein Vergleich im Anordnungsverfahren stets ohne Rechtsanwälte geschlossen werden.

II. Rechtsfolgen bei Verletzung des Anwaltszwangs

12 Da die Postulationsfähigkeit eine **Prozesshandlungsvoraussetzung** ist,[4] sind Prozesshandlungen eines Postulationsunfähigen unwirksam.[5] Dieser Mangel ist vom Gericht in jeder Lage des Verfahrens von Amts wegen zu beachten:[6] Wird rechtzeitig erkannt, dass ein **verfahrenseinleitender Antrag** von einem Postulationsunfähigen eingereicht wurde, so ist von der Zustellung abzusehen,[7] erfolgt diese gleichwohl, liegt – trotz Eintritt der Rechtshängigkeit – kein wirksamer Antrag vor[8] mit allen daraus resultierenden materiellrechtlichen Konsequenzen;[9] wird der Mangel – trotz Hinweises nach § 139 Abs. 3 ZPO[10] bzw. § 28 Abs. 2 FamFG – nicht behoben, so ist der Antrag durch Prozessurteil als unzulässig abzuweisen.[11] Die mangelnde Postulationsfähigkeit kann durch Einschaltung eines postulationsfähigen Rechtsanwalts mit Wirkung ex nunc geheilt werden, entweder durch Wiederholung oder Genehmigung der unwirksamen Prozesshandlung[12] im Wege einer Bezugnahme. Bei fristgebundenen Prozesshandlungen ist erforderlich, dass die Genehmigung, die erkennbar mit dem Willen vorgenommen werden muss, den entdeckten Mangel zu beseitigen,[13] vor Fristablauf erklärt wird, da keine rückwirkende Heilung des Mangels möglich ist.[14] Erscheint ein Beteiligter im Anwaltsprozess **ohne Anwalt im Termin**, so ist er säumig iSv. §§ 330 ff. ZPO. In Ehesachen ist jedoch gem. § 130 Abs. 2 ein Versäumnisbeschluss

---

1 OLG Hamburg v. 3.8.1988 – 12 WF 113/88, FamRZ 1988, 1299; Keidel/*Weber*, § 114 FamFG Rz. 20. Vgl. auch AG Groß-Gerau v. 17.11.1994 – 71 F 687/93, FamRZ 1995, 1004; aA soweit die Ehesache bereits rechtshängig ist Schwab/*Streicher*, Rz. I 149.
2 BGH v. 5.10.1954 – V BLw 25/54, BGHZ 14, 381 (387) zu § 279 aF; OLG Düsseldorf v. 22.7.1975 – 7 W 50/75, NJW 1975, 2298 (2299).
3 BGH v. 30.1.1986 – IVb ZR 65/83, FamRZ 1986, 458; OLG Frankfurt v. 12.1.1987 – 5 UF 155/86, FamRZ 1987, 737 f.; *Jost*, NJW 1980, 327 (329).
4 BGH v. 11.10.2005 – XI ZR 398/04, FamRZ 2006, 116 (117).
5 BGH v. 7.6.1990 – III ZR 142/89, NJW 1990, 3085 (3086); BGH v. 1.3.1984 – IX ZR 33/83, NJW 1984, 1559 (1560).
6 BGH v. 30.6.1992 – VI ZB 15/92, NJW 1992, 2706; BGH v. 11.10.2005 – XI ZR 398/04, FamRZ 2006, 116 (117).
7 Musielak/*Weth*, § 78 ZPO Rz. 6; MüKo.ZPO/*Toussaint*, § 78 ZPO Rz. 69.
8 BGH v. 17.12.1986 – IVb ZB 144/84, NJW-RR 1987, 322 (323); BGH v. 1.3.1984 – IX ZR 33/83, NJW 1984, 1559 (1560); Bork/Jacoby/Schwab/*Löhnig*, § 114 FamFG Rz. 5.
9 Keine Verjährungsunterbrechung: OLG Naumburg v. 14.12.2000 – 8 UF 24/00, FamRZ 2001, 1006. Keine Unwirksamkeit des Ausschlusses des VA nach § 1408 Abs. 2 Satz 2 aF BGB: BGH v. 16.9.1998 – XII ZB 104/96, NJW 1998, 3710. Kein Eheezeitende iSv. § 1587 aF BGB: OLG Celle v. 28.2.1994 – 15 UF 186/93, FamRZ 1996, 297.
10 OLG Köln v. 8.8.1994 – 25 WF 147/94, FamRZ 1995, 312 (313).
11 BGH v. 7.6.1990 – III ZR 142/89, NJW 1990, 3085 (3086); BGH v. 1.3.1984 – IX ZR 33/83, NJW 1984, 1559 (1560).
12 Vgl. bereits RG v. 3.1.1901 – VI 380/00, RGZ 106, 413 (416).
13 BGH v. 27.1.1999 – XII ZB 167/98, FamRZ 1999, 1497 (1498).
14 BGH v. 7.6.1990 – III ZR 142/89, NJW 1990, 3085 (3086); BGH v. 16.12.1992 – XII ZB 137/92, FamRZ 1993, 695.

Allgemeine Vorschriften § 114

gegen den Antragsgegner unzulässig, und gegen den säumigen Antragsteller ist die Versäumnisentscheidung dahin zu erlassen, dass der Antrag als zurückgenommen gilt (§ 130 Abs. 1). Im Streit um die Postulationsfähigkeit ist – wie bei Zweifeln an der Prozessfähigkeit[1] – eine evtl. nicht postulationsfähige Partei als postulationsfähig zu behandeln.[2] Die Rechtsbehelfsbelehrung nach § 39 (der gem. § 113 Abs. 1 auch auf Ehe- und Familienstreitsachen Anwendung findet) muss auch Angaben über einen bestehenden Anwaltszwang enthalten[3] (vgl. auch die Hinweispflicht nach § 215 Abs. 2 ZPO für die Ladung zur mündlichen Verhandlung). Zur einstweilig entsprechenden Anwendbarkeit von § 17 Abs. 2 und der Neufassung von § 233 ZPO mit Wirkung zum 1.1.2014 s. § 17 Rz. 1 und 4.

C. Anwaltszwang in Familiensachen

I. Anwaltszwang vor FamG und OLG (Absatz 1)

Abs. 1 regelt für Familiensachen (§ 111) den Anwaltszwang vor dem Amtsgericht – FamG – und dem OLG, die in erster (§ 23a Abs. 1 Satz 1 Nr. 1 iVm. § 23b Abs. 1 GVG) und zweiter Instanz (§ 119 Abs. 1 Nr. 1a GVG) stets zuständig sind. Soweit Anwaltszwang besteht, sind – außer vor dem BGH (Rz. 22) – **alle Rechtsanwälte zur Vertretung befugt** (vgl. bereits § 78 Abs. 1 aF ZPO idF des Gesetzes zur Stärkung der Anwaltschaft v. 26.3.2007[4]). Wird eine Nichtfamiliensache beim FamG anhängig gemacht, gilt auch hier der allgemeine Grundsatz, dass die verfahrensrechtlichen Bestimmungen, nach denen der Rechtsstreit zu führen ist, stets von der wahren Rechtsnatur der Sache abhängen (§ 111 Rz. 13).[5] Das in § 78 Abs. 4 ZPO normierte **Selbstvertretungsrecht** für Rechtsanwälte gilt auch in Familiensachen, man wird § 114 wohl kaum als eine insofern abschließende Regelung ansehen können.[6] 13

1. Ehe- und Folgesachen (Abs. 1, 1. Alt.)

In Ehesachen und (Scheidungs-)Folgesachen müssen sich **Ehegatten** vor dem Familiengericht und dem Oberlandesgericht anwaltlich vertreten lassen (für den BGH folgt dies aus Abs. 2). **Andere Beteiligte** (zB zuständige Verwaltungsbehörde im Eheaufhebungsverfahren, Versorgungsträger beim Versorgungsausgleich) unterliegen in diesen Verfahren nicht dem Anwaltszwang. Auf Lebenspartnerschaftssachen nach § 269 Abs. 1 Nr. 1 und Nr. 2 sind die für Ehesachen (§ 270 Abs. 1 Satz 1) und auf Lebenspartnerschaftssachen nach § 269 Abs. 1 Nr. 3 bis 11 die für Folgesachen geltenden Grundsätze entsprechend anzuwenden (§ 270 Abs. 1 Satz 2, Abs. 2). 14

Der Begriff der **Ehesachen** ist in § 121 definiert. Welche Verfahren im Falle einer Scheidung **Folgesachen** sind, legen § 137 Abs. 2 bis 5 fest. Während Familiensachen der fG in erster und zweiter Instanz grundsätzlich anwaltsfreie Verfahren sind (Rz. 19), unterliegen sie als Folgesachen ebenfalls dem – im gesamten Verbundverfahren einheitlich[7] geltenden – Anwaltszwang. Ob ein ursprünglich im Verbund stehendes Verfahren nach **Abtrennung** noch als Folgesache anzusehen ist (und damit für die Ehegatten weiterhin dem Anwaltszwang unterliegt), richtet sich nach § 137 Abs. 5.[8] Zur Fortführung als selbständige Familiensache nach Rücknahme (§ 141 Satz 3 FamFG) oder Abweisung (§ 142 Abs. 2 Satz 3) des Scheidungsantrags vgl. 15

---

1 BGH v. 23.2.1990 – V ZR 188/88, BGHZ 110, 294 (295 f.); BGH v. 17.11.2011 – V ZR 199/11, FamRZ 2012, 631.
2 OLG Frankfurt v. 18.1.1994 – 3 WF 6/94, FamRZ 1994, 1477.
3 BGH v. 13.6.2012 – XII ZB 592/11, FamRZ 2012, 1287; BGH v. 23.6.2010 – XII ZB 82/10, FamRZ 2010, 1425 (1426).
4 BGBl. I 2007, S. 358.
5 Keidel/*Weber*, § 114 FamFG Rz. 25.
6 Für Ehe- und Familienstreitsachen ergibt sich dies aus § 113 Abs. 1 Satz 2, doch auch für FG-Folgesachen muss das Gleiche gelten.
7 BGH v. 17.1.1979 – IV ZB 111/78, NJW 1979, 766.
8 BGH v. 15.10.1980 – IVb ZB 597/80, NJW 1981, 233 (234); BGH v. 3.12.1997 – XII ZB 24/97, FamRZ 1998, 1505 (1506); OLG Köln v. 21.6.2000 – 27 UF 50/99, OLGReport 2001, 153 = NJW-FER 2001, 130; Schwab/*Streicher*, Rz. I 145 f.

§ 141 Rz. 9 und § 142 Rz. 14 f. Durch **Überleitung** an das Gericht der Ehesache werden unter den Voraussetzungen des § 137 Abs. 4 selbständige Familiensachen zu Folgesachen und unterliegen damit dem Anwaltszwang (§ 137 Rz. 67 f.).

2. Selbständige Familienstreitsachen (Abs. 1, 2. Alt.)

16 Für selbständige Familienstreitsachen iSv. § 112 besteht nach Abs. 1, 2. Alt. für **jeden Beteiligten** in den ersten beiden Instanzen Anwaltspflicht (für die dritte Instanz folgt dies aus Abs. 2). Werden die Ansprüche demgegenüber als Folgesachen (§ 137 Abs. 2 bis 5) geltend gemacht, folgt der Anwaltszwang bereits aus Abs. 1, 1. Alt. Zum Behördenprivileg s. § 114 Abs. 3.

17 Erfasst werden Unterhaltssachen, Güterrechtssachen, sonstige Familiensachen sowie die jeweils korrespondierenden Lebenspartnerschaftssachen nur, soweit es sich um **Familienstreitsachen** iSv. § 112 handelt.[1]

18 Beteiligte sind in selbständigen Familienstreitsachen in erster Linie **der Antragsteller und der Antragsgegner**. Im Regelfall sind dies die Eheleute oder unterhaltsberechtigte bzw. -verpflichtete Verwandte, doch kann es sich auch um ihre Rechtsnachfolger auf der Aktiv- (vor allem Träger öffentlicher Leistungen, auf welche Unterhaltsansprüche nach § 37 BAföG, § 33 SGB II, § 94 SGB XII, § 7 UVG übergegangen sind oder übergeleitet wurden) oder Passivseite (vor allem Erben) handeln (die Einordnung als Familiensache wird hierdurch nicht berührt, vgl. § 111 Rz. 14). Außerdem richten sich bestimmte materiellrechtliche Ansprüche bereits originär gegen außerhalb der Ehegemeinschaft stehende Personen (etwa §§ 1368, 1369 Abs. 3, 1390 BGB, vgl. im Einzelnen die Kommentierung zu § 139 Abs. 1). In Frage kommen außerdem Fälle verfahrensrechtlicher Drittbeteiligung durch den Eintritt in den Rechtsstreit als Nebenintervenient (§ 66 ZPO).[2] **Behörden** sind jedoch nach § 114 Abs. 3 vom Anwaltszwang befreit.

3. Selbständige Familiensachen der FG

19 Festgehalten wurde am **Grundsatz, dass selbständige Familiensachen der FG** (vgl. § 111 Rz. 3) **im ersten und zweiten Rechtszug** anwaltsfrei geführt werden können. Diese Regel gilt damit auch für Abstammungssachen, die durch das FamFG generell den FG-Verfahren zugeordnet wurden, während sie früher – mit Ausnahme der Verfahren nach § 1600e Abs. 2 BGB – vor dem OLG nicht vom Anwaltszwang befreit waren (§ 78 Abs. 3 aF ZPO).

4. Eigene Mitwirkungsmöglichkeiten der Beteiligten trotz Anwaltszwanges

20 Obwohl im **Scheidungsverfahren** Anwaltszwang besteht, besitzt der Antragsgegner unter dem Schutzmantel des § 130 Abs. 2, wonach gegen ihn kein Versäumnisbeschluss ergehen darf, eine Reihe von Mitwirkungsmöglichkeiten, wenn er – etwa im Interesse einer Kostenreduzierung – auf anwaltliche Vertretung verzichtet: Gem. § 128 Abs. 1 Satz 1 soll das Gericht das persönliche Erscheinen der Ehegatten anordnen, wobei die Anhörung sich auch auf die elterliche Sorge und das Umgangsrecht erstreckt (Abs. 2). In diesem Zusammenhang kann der Antragsgegner etwa eheerhaltende Tatsachen vorbringen, Beweis hierfür antreten und sich auf die Härteklausel des § 1568 BGB berufen.[3] Gem. § 114 Abs. 4 Nr. 3 bedarf es außerdem keiner anwaltlichen Vertretung für die Zustimmung zur Scheidung und zur Rücknahme des Scheidungsantrags sowie für den Widerruf der Zustimmung zur Scheidung. Falls in einer Scheidungssache anwaltliche Vertretung gleichwohl geboten erscheint, kann dem Antragsgegner gem. § 138 Abs. 1 ein Rechtsanwalt beigeordnet werden, der die Stellung eines Beistands erlangt (§ 138 Abs. 2).

---

1 OLG Celle v. 19.4.2011 – 10 WF 109/11, NJW-RR 2011, 1231.
2 Zöller/*Lorenz*, § 114 FamFG Rz. 4; Schwab/*Streicher*, Rz. I 130.
3 Zöller/*Lorenz*, § 114 FamFG Rz. 3; Schwab/*Streicher*, Rz. I 141.

Soweit Folgesachen **Familiensachen der FG** sind, gebietet es außerdem die Amtsaufklärungspflicht (§ 26), relevanten Sachvortrag zu berücksichtigen.[1] Da § 1671 Abs. 1 BGB auch für den Fall der einvernehmlichen Übertragung der elterlichen Sorge (Abs. 2 Nr. 1) stets einen Antrag desjenigen Elternteils voraussetzt, auf den die elterliche Sorge übertragen werden soll, kommt im Verbundverfahren eine Übertragung auf den anwaltlich nicht vertretenen Elternteil allerdings nicht in Frage.[2] Demgegenüber ist die Zustimmungserklärung des anderen Elternteils iSv. § 1671 Abs. 2 Nr. 1 BGB keine Verfahrenshandlung und muss daher auch dann berücksichtigt werden, wenn sie von einem nicht postulationsfähigen Ehegatten im Verfahren abgegeben wird. Ebenfalls anwaltliche Vertretung ist erforderlich, wenn ein Ehegatte in einer Ehewohnungssache als Folgesache einen Anspruch aus § 1568a BGB geltend machen möchte.[3]

21

II. Genereller Anwaltszwang vor dem BGH (Absatz 2)

Vor dem BGH, der gem. § 133 GVG für die Rechtsbeschwerde zuständig ist, besteht in Familiensachen für **alle Verfahrensbeteiligten** ein qualifizierter Anwaltszwang: Die Vertretung ist nur durch einen beim BGH zugelassenen Anwalt möglich. In Übereinstimmung mit dem alten Recht gilt § 114 Abs. 2 auch für Verfahrenskostenhilfeverfahren, die im Allgemeinen nach § 114 Abs. 4 Nr. 5 vom Anwaltszwang ausgenommen sind.[4] Eine Ausnahme sieht Abs. 3 lediglich für bestimmte Behörden und juristische Personen vor. Da gem. § 71 Abs. 1 Satz 1 (vgl. auch § 113 Abs. 1 Satz 1) die Rechtsbeschwerde stets beim Rechtsbeschwerdegericht einzulegen ist, unterliegt bereits die Einlegung des Rechtsmittels dem Anwaltszwang. Das Gleiche gilt für einen Zwangsvollstreckungs-Schutzantrag gem. § 719 Abs. 2 ZPO (iVm. §§ 95 Abs. 1, 120 Abs. 1 FamFG). Die Vorschrift gilt ausweislich ihrer systematischen Stellung (Buch 2, Abschnitt 1) für alle Familiensachen und verdrängt als lex specialis § 10 Abs. 4.[5]

22

III. Behördenprivileg (Absatz 3)

Die in § 114 Abs. 3 normierte Befreiung von Behörden und juristischen Personen des öffentlichen Rechts von dem in § 114 Abs. 1 und 2 angeordneten Anwaltszwang entspricht § 78 Abs. 4 aF ZPO, der bereits durch das Gesetz zur Neuregelung des Rechtsberatungsrechts v. 17.12.2007[6] neu gefasst wurde, um eine – vor allem sprachliche – Angleichung der Verfahrensordnungen herbeizuführen (vgl. etwa § 67 Abs. 4 Satz 4 VwGO). Auch wenn hierdurch erstmals für Zivilverfahren ein allgemeines Behördenprivileg eingeführt wurde, das alle Behörden umfasst, hat sich der Kreis der in Familiensachen von der Anwaltspflicht befreiten Institutionen nicht verändert.[7]

23

Der **Begriff der Behörden** ist im gleichen Sinne zu verstehen wie etwa in §§ 8 Nr. 3, 10 Abs. 2 Satz 2 Nr. 1 FamFG, § 79 Abs. 2 Satz 2 Nr. 1 ZPO, § 67 Abs. 4 Satz 4 VwGO, insbesondere fallen hierunter selbstverständlich die in § 78 Abs. 4 ZPO (idF vor dem 1.7.2008) früher ausdrücklich genannten **Jugendämter** (§§ 69 ff. SGB VIII).

24

Juristische Personen des öffentlichen Rechts sind Körperschaften, Anstalten oder Stiftungen des öffentlichen Rechts, die vor Inkrafttreten des Gesetzes zur Neuregelung des Rechtsberatungsrechts in § 78 Abs. 4 aF ZPO separat aufgeführt wurden. Zu

25

---

1 BVerfG v. 13.7.1992 – 1 BvR 99/90, FamRZ 1992, 1151 f. Vgl. OLG Zweibrücken v. 19.11.1981 – 2 WF 42/81, FamRZ 1982, 187.
2 MüKo.BGB/*Hennemann*, § 1671 BGB Rz. 55 und 60; Schwab/*Streicher*, Rz. I 142; krit. *Schüller*, FamRZ 1998, 1287 ff.
3 § 203 Rz. 2; Palandt/*Brudermüller*, § 1568a BGB Rz. 2; Bork/Jacoby/*Schwab*, § 200 FamFG Rz. 18, § 203 Rz. 3f. Für den Antrag auf Verteilung von Haushaltsgegenständen sieht das die hM anders vgl. *Frank*, FamRZ 2011, 1021 (1024).
4 BGH v. 23.6.2010 – XII ZB 82/10, FamRZ 2010, 1425f. (Rechtsbeschwerde im VKH-Verfahren).
5 BGH v. 23.6.2010 – XII ZB 82/10, FamRZ 2010, 1425.
6 BGBl. I 2007, S. 2840.
7 Begr. zum Entwurf eines Gesetzes zur Neuregelung des Rechtsberatungsgesetzes, BT-Drucks. 16/3655, S. 85.

den Körperschaften des öffentlichen Rechts zählen zunächst die Gebietskörperschaften (Bund, Länder, Landkreise/Kreise und Gemeinden), weitere Körperschaften des öffentlichen Rechts sind die Träger der gesetzlichen Rentenversicherung (Deutsche Rentenversicherung des Bundes und der Länder, Deutsche Rentenversicherung Knappschaft-Bahn-See), die Ersatzkassen (BEK, DAK, TK usw.), die Bundesagentur für Arbeit, die Industrie- und Handelskammern, die Handwerkskammern, die Landesärztekammern[1] sowie die als öffentlich-rechtliche Körperschaften anerkannten Religionsgemeinschaften. Anstalten des öffentlichen Rechts sind zB die Versorgungsanstalt des Bundes und der Länder, die Sparkassen und Landesbanken. Unter den Begriff der „Zusammenschlüsse" fallen alle Arten von öffentlich-rechtlichen Verbänden und Vereinigungen einschließlich der in § 78 Abs. 4 aF ZPO früher ausdrücklich erwähnten Spitzenverbände und Arbeitsgemeinschaften,[2] etwa die kommunalen Zweck- und Spitzenverbände (zB deutscher Städte- oder Landkreistag) und der Verband der Angestellten-Krankenkassen eV.[3]

26 § 114 Abs. 3 Satz 1, 2. Halbs. legt den Kreis der **Personen** fest, welche die **Vertretung übernehmen** können. Außer den eigenen Beschäftigten sind dies – in Übereinstimmung mit § 78 Abs. 2 ZPO – auch Beschäftigte anderer Behörden oder juristischer Personen des öffentlichen Rechts einschließlich der von ihnen zur Erfüllung ihrer öffentlichen Aufgaben gebildeten Zusammenschlüsse. Selbstverständlich schließt es das Behördenprivileg nicht aus, dass sich die Behörde durch einen Anwalt vertreten lässt.[4]

27 Das Behördenprivileg erstreckt sich auf **alle Instanzen**.

28 § 114 Abs. 3 Satz 2 verlangt jedoch – in Übereinstimmung mit § 67 Abs. 4 Satz 4 VwGO, § 73 Abs. 4 Satz 4 SGG – für die Vertretung vor dem BGH als besondere juristische Qualifikation für alle behördlichen Vertreter[5] die **Befähigung zum Richteramt** (§§ 5 ff. DRiG). Diplom-Juristen aus dem Beitrittsgebiet werden durch § 5 Nr. 2 des Einführungsgesetzes zum Rechtsdienstleistungsgesetz v. 17.12.2007 gleichgestellt.

IV. Ausnahmen vom Anwaltszwang (Absatz 4)

1. Einstweilige Anordnung (Nr. 1)

29 Im Verfahren der eA (§§ 49 ff. iVm. § 119 Abs. 1) besteht generell **kein Anwaltszwang**, und zwar – soweit ein Rechtsmittel statthaft ist (§ 57) – in allen Instanzen.[6] Zu Unrecht geht die Gesetzesbegründung davon aus, dass § 114 Abs. 4 Nr. 1 der früheren Rechtslage entspreche:[7] Eine pauschale Befreiung vom Anwaltszwang sah das alte Recht lediglich für die Verfahrenseinleitung und schriftliche Verfahrensführung vor (§§ 620a Abs. 2 Satz 2, 127a Abs. 2 Satz 2, 621f Abs. 2 Satz 2, 621g Satz 2, 644 Satz 2 iVm. § 78 Abs. 5 aF ZPO), nicht jedoch für eine mündliche Verhandlung.[8] Insofern kam es darauf an, ob der Hauptsacheprozess dem Anwaltszwang unterfiel:[9] Zwar bestand in isolierten Unterhaltsverfahren in erster Instanz noch kein Anwaltszwang, doch wurden etwa alle eA nach §§ 620 ff. aF ZPO als Teil des Eheverfahrens angesehen (und insoweit auch dem Anwaltszwang unterstellt),[10] was aufgrund der systematischen Stellung der §§ 49 ff. nach neuem Recht nicht mehr der Fall ist.

---

1 Die Entscheidung BGH v. 21.12.1988 – IVb ZB 75/87, FamRZ 1989, 371 f. (zu § 78 Abs. 2 Satz 3 ZPO idF des UÄndG v. 20.2.1986) ist überholt.
2 Begr. zum Entwurf eines Gesetzes zur Neuregelung des Rechtsberatungsgesetzes, BT-Drucks. 16/3655, S. 85.
3 Vgl. BVerwG v. 8.10.1998 – 3 B 71/97, NJW 1999, 882 f.
4 BGH v. 3.2.1993 – XII ZB 141/92, NJW 1993, 1208 (1209).
5 BGH v. 7.7.2010 – XII ZB 149/10, FamRZ 2010, 1544 (Bezirksrevisor).
6 Schwab/*Streicher*, Rz. I 154, 156; Keidel/*Weber*, § 114 FamFG Rz. 16.
7 BT-Drucks. 16/6308, S. 224. Im RefE idF v. 14.2.2006 war der Anwaltszwang nur für eA in (selbständigen) Familienstreitsachen aufgehoben (§§ 106 Abs. 3 Nr. 1, 130 Abs. 1 Satz 1 RefE II).
8 OLG Düsseldorf v. 22.6.1992 – 3 WF 96/92, FamRZ 1992, 1198 (1199).
9 Johannsen/Henrich/*Sedemund-Treiber*, 4. Aufl. 2003, § 78 ZPO Rz. 12.
10 Zöller/*Philippi*, 27. Aufl., § 620a ZPO Rz. 9; Johannsen/Henrich/*Sedemund-Treiber*, 4. Aufl. 2003, § 620a ZPO Rz. 11.

Damit ist der Gesetzgeber wohl über das Ziel hinausgeschossen. Vor allem wenn man bedenkt, dass er gerade für Unterhaltssachen wegen ihrer besonderen Komplexität und existenziellen Bedeutung[1] für das Hauptsacheverfahren einen allgemeinen Anwaltszwang eingeführt hat, will nicht einleuchten, warum für eA, die nun gerade auf diesem Gebiet die größte Bedeutung besitzen, der Anwaltszwang (weiter) gelockert wird.[2]

2. Jugendamt als Beistand, Vormund oder Ergänzungspfleger in Unterhaltsverfahren (Nr. 2)

Ist das Jugendamt selbst Beteiligter an einem Verfahren, wird es nach § 114 Abs. 3 von der Anwaltspflicht befreit. In § 114 Abs. 4 Nr. 2, der durch Art. 6 Nr. 12 des Gesetzes zur Einführung einer Rechtsbehelfsbelehrung im Zivilprozess und zur Änderung anderer Vorschriften vom 5.12.2012[3] neu gefasst wurde, geht es demgegenüber wie auch schon bislang um die Fälle, in denen das Jugendamt ein Kind in einem Unterhaltsverfahren als Beistand (§ 1712 Abs. 1 Nr. 2 BGB), aber nunmehr auch als Vormund (§ 1773 BGB) oder Ergänzungspfleger (§ 1909 BGB) vertritt. Im Unterschied zur verfahrensrechtlichen Institution des Beistands iSv. § 90 ZPO bzw. § 12 FamFG, mit dem die BGB-Beistandschaft nichts zu tun hat,[4] ist das Jugendamt als Beistand – in gleicher Weise wie in der Rolle als Vormund oder Ergänzungspfleger (§§ 1793 Abs. 1 Satz 1, 1915 Abs. 1 Satz 1 BGB) – gesetzlicher Vertreter des Kindes (§§ 1716 Satz 2, 1793 Abs. 1 Satz 1 BGB) und vertritt es im Unterhaltsverfahren anstelle der Sorgeberechtigten (vgl. § 234). § 114 Abs. 4 Nr. 2 befreit das – durch das Jugendamt vertretene – Kind als Beteiligten des Unterhaltsverfahrens wegen der **besonderen Sachkunde von Jugendämtern gerade bei der Geltendmachung von Kindesunterhalt**[5] von der Anwaltspflicht. In der Praxis ist diese Sachkunde abhängig von organisatorischen Gegebenheiten und in den Abteilungen für Vormundschaft und Pflegschaft nicht immer in gleicher Weise vorhanden. Allerdings ist es ohne weiteres zulässig, wenn die mit der Führung der Vormundschaft/Pflegschaft betraute Fachkraft eine andere Fachkraft des gleichen Jugendamts zur Vertretung des Kindes im Verfahren bevollmächtigt.[6] Auch im Anwendungsbereich des § 114 Abs. 4 Nr. 2 ist für das Auftreten des Jugendamts vor dem BGH § 114 Abs. 3 Satz 2 entsprechend anwendbar (vgl. auch § 10 Abs. 4 Satz 2).[7]

3. Zustimmung zur Scheidung und zur Rücknahme des Scheidungsantrags und Widerruf der Zustimmung zur Scheidung (Nr. 3)

Während die Zustimmung zur Scheidung und der Widerruf der Zustimmung zur Scheidung auch schon nach altem Recht nicht dem Anwaltszwang unterfielen (§ 630 Abs. 2 Satz 2 iVm. § 78 Abs. 5 aF ZPO), kann nunmehr auch die Zustimmung zur „Rücknahme des Scheidungsantrags", die ab Beginn der mündlichen Verhandlung Voraussetzung für eine wirksame Antragsrücknahme ist (§ 269 ZPO), durch die Beteiligten selbst erklärt werden. Für Einzelheiten vgl. § 134 Rz. 7.

4. Antrag auf Abtrennung einer Folgesache (Nr. 4)

Ausdrücklich klargestellt wird (obwohl dies schon aus Abs. 4 Nr. 6 folgt), dass auch der Antrag auf Abtrennung einer Folgesache, der gem. § 140 Abs. 5 zur Nieder-

---

1 BT-Drucks. 16/6308, S. 223.
2 Horndasch/Viefhues/*Roßmann*, § 114 FamFG Rz. 19; der AK 19 des 18. Deutschen Familiengerichtstags hat die Beschränkung auf die erste Instanz gefordert (Brühler Schriften zum Familienrecht, Band 16, 2010, S. 134).
3 BGBl. I, S. 2418.
4 Zöller/*Vollkommer*, § 90 ZPO Rz. 2.
5 RegE, BR-Drucks. 308/12, S. 29.
6 DIJUF-Gutachten, JAmt 2011, 20 (21), das auch die Bevollmächtigung der Fachkraft eines anderen Amts für möglich hält.
7 Baumbach/*Hartmann*, § 114 FamFG Rz. 6; Schulte-Bunert/Weinreich/*Rehme*, § 114 FamFG Rz. 16.

5. Verfahrenskostenhilfe (Nr. 5)

34 Nach § 114 Abs. 4 Nr. 5 besteht für das gesamte Verfahren der Verfahrenskostenhilfe – einschließlich der sofortigen Beschwerde nach § 76 Abs. 2 – kein Anwaltszwang (vgl. §§ 117 Abs. 1 Satz 1, 118 Abs. 1 Satz 2 iVm. § 78 Abs. 5 aF ZPO). Demgegenüber kann eine Rechtsbeschwerde auch in Verfahrenskostenhilfesachen gem. § 114 Abs. 2 nur von einem beim BGH zugelassenen Anwalt eingelegt werden.[1]

6. Fälle des § 78 Abs. 3 ZPO (Nr. 6)

35 Die Vorschrift verweist auf § 78 Abs. 3 ZPO, der § 78 Abs. 5 aF ZPO entspricht. Vom Anwaltszwang ausgenommen sind gem. § 78 Abs. 3, 1. Alt. ZPO zunächst Verfahren vor dem **ersuchten oder beauftragten Richter**, beispielsweise die Vernehmung und Anhörung eines Ehegatten nach § 128 Abs. 1 durch einen ersuchten Richter oder in zweiter Instanz durch einen beauftragten Richter (§§ 451, 375 ZPO iVm. § 113 Abs. 1 FamFG). Zum Abschluss eines Vergleichs vgl. Rz. 11.

36 Gem. § 78 Abs. 3, 2. Alt. ZPO sind Prozesshandlungen, die vor dem **Urkundsbeamten der Geschäftsstelle** (eines jeden Amtsgerichts, vgl. § 129a Abs. 1 ZPO) vorgenommen werden können, ebenfalls anwaltsfrei, und zwar auch dann, wenn sie nicht gegenüber dem Urkundsbeamten, sondern durch Erklärung an das Gericht (Schriftsatz oder Erklärung in der mündlichen Verhandlung) abgegeben werden.[2] Soweit sich das **Verfahren in Familiensachen nach der ZPO** bestimmt (vgl. § 113 Rz. 5 ff.), ergibt sich die Zulässigkeit von Protokollerklärungen aus den in Bezug genommenen ZPO-Vorschriften,[3] so etwa für die Ablehnung eines Richters oder Sachverständigen (§§ 44 Abs. 1, 406 ZPO), die Erklärung der Erledigung in der Hauptsache (§ 91a Abs. 1 Satz 1 ZPO), den Antrag auf Bewilligung von Verfahrenskostenhilfe (§§ 117 Abs. 1, 118 Abs. 1 Satz 2 ZPO), Anträge auf Verweisung und sonstige Erklärungen zur Zuständigkeit (§ 281 Abs. 2 Satz 1 ZPO) und das Arrestgesuch (§ 920 Abs. 3 ZPO) – zum Anwaltszwang im Arrestverfahren vgl. auch § 119 Rz. 8. Nach dem **FamFG** ist § 78 Abs. 3, 2. Alt. ZPO anwendbar auf die Einlegung der Gehörsrüge (§ 44 Abs. 2 Satz 3) sowie auf Anträge und Erklärungen im vereinfachten Verfahren über den Unterhalt Minderjähriger (§ 257 Rz. 4). Zwar sieht § 64 Abs. 2 Satz 1 die Möglichkeit vor, eine Beschwerde auch zur Niederschrift der Geschäftsstelle einzulegen, doch gilt dies gem. § 64 Abs. 2 Satz 2 nicht in Ehe- und Familienstreitsachen und – über den Wortlaut hinaus – auch nicht in Folgesachen.[4] Erklärungen nach § 134 Abs. 1 werden durch § 114 Abs. 4 Nr. 3 und der Antrag nach § 140 Abs. 5 wird durch § 114 Abs. 4 Nr. 4 explizit geregelt.

7. Erklärungen zum Versorgungsausgleich (Nr. 7)

36a § 114 Abs. 4 Nr. 7 befreit die Erklärung nach § 3 Abs. 3 VersAusglG vom Anwaltszwang. Danach findet bei einer Ehezeit von bis zu drei Jahren ein Versorgungsausgleich nur auf Antrag statt. Ebenfalls vom Anwaltszwang befreit wird das Wahlrecht nach § 15 Abs. 1 und 3 VersAusglG, das gegenüber dem Gericht auszuüben ist[5] und in § 222 näher geregelt wird.

---

1 BGH v. 23.6.2010 – XII ZB 82/10, FamRZ 2010, 1425 f.
2 Zöller/*Vollkommer*, § 78 ZPO Rz. 29; Musielak/*Weth*, § 78 ZPO Rz. 25.
3 Für weitere Anwendungsfälle vgl. etwa Zöller/*Vollkommer*, § 78 ZPO Rz. 28.
4 Dass Folgesachen der fG in § 64 Abs. 2 S. 2 FamFG nicht genannt werden, ist ein Redaktionsversehen, das durch entsprechende Anwendung der Vorschrift gelöst werden sollte, OLG Rostock v. 14.7.2010 – 10 UF 72/10, FamRZ 2011, 57 (58); Johannsen/Henrich/*Althammer*, § 64 FamFG Rz. 4; aA § 64 Rz. 6 aE (*Abramenko*); *Frank*, FamRZ 2011, 1021 ff.
5 BT-Drucks. 16/10144, S. 93.

V. Vollmacht in Ehesachen (Absatz 5)

1. Normzweck

In Ehesachen (§ 121) bedarf der Bevollmächtigte einer besonderen, auf das Verfahren gerichteten Vollmacht (vgl. schon § 609 aF ZPO). Nicht ausreichend ist daher die Erteilung einer nicht weiter spezifizierten generellen „Prozessvollmacht" oder die Erteilung einer Scheidungsvollmacht durch einen Generalbevollmächtigten. Historisch gesehen sollte durch diese Bestimmung „Sicherheit [...] gewonnen werden [...], dass die Klagepartei wirklich Auftrag gegeben habe, dasjenige, was für sie beantragt wird, zu erreichen".[1] Ins Positive gewendet sollen die Eheleute gezwungen werden, selbst eine **bewusste Entscheidung** über das weitere Schicksal ihrer Ehe zu treffen.[2]

37

2. Voraussetzungen

Erforderlich ist daher, dass bei Erteilung der Vollmacht angegeben wird, ob **Verfahrensziel die Auflösung oder Aufrechterhaltung** der Ehe ist.[3] Eine genauere Präzisierung der von der Vollmacht erfassten Verfahrensgegenstände ist möglich, allerdings von der Ratio der Norm nicht zwingend geboten,[4] da die unterschiedlichen Rechtsfolgen von Scheidung und Aufhebung nicht (mehr) den Ehestatus als solchen, sondern allein die vermögensrechtlichen Folgen betreffen. Damit bedarf es einer besonderen Bevollmächtigung, wenn bei ursprünglicher Festlegung auf eine bestimmte Verfahrensart der Antrag geändert (Scheidung statt Aufhebung) oder ein Gegenantrag (paralleler Scheidungsantrag statt Abweisungsantrag) gestellt werden soll. Das Gleiche gilt für ein Wiederaufnahmeverfahren, weil hierdurch der erreichte Status quo erneut in Frage gestellt wird.[5]

38

Auf einen gem. § 138 beigeordneten Rechtsanwalt findet § 114 Abs. 5 nur dann Anwendung, wenn der betroffene Verfahrensbeteiligte ihn tatsächlich bevollmächtigt (§ 138 Rz. 11). Gem. § 81 ZPO iVm. § 113 Abs. 1 Satz 2 FamFG kann der Bevollmächtigte einen Unterbevollmächtigten bestellen; dass der „Bevollmächtigte" gem. § 114 Abs. 5 einer besonderen Vollmacht bedarf, steht dem nicht entgegen.[6]

39

3. Umfang

Auch auf die Vollmacht in Ehesachen finden gem. § 113 Abs. 1 Satz 2 grundsätzlich **§§ 81 und 83 ZPO Anwendung**, soweit sich nicht aus dem Erfordernis einer besonderen Bevollmächtigung etwas anderes ergibt.[7] Gem. § 81 ZPO kann der Rechtsanwalt daher jede Verfahrenshandlung vornehmen (mit Ausnahme einer Widerklage und der Wiederaufnahme des Verfahrens, vgl. Rz. 38), die Zwangsvollstreckung betreiben oder einen Vergleich schließen usw.

40

Angesichts des für Verbundverfahren gem. § 114 Abs. 1 einheitlich bestehenden Anwaltszwangs erstreckt sich gem. § 114 Abs. 5 Satz 2 die Vollmacht für eine Scheidungssache grundsätzlich auf alle **Folgesachen** iSv. § 137 Abs. 2 bis 5 (vgl. schon § 624 Abs. 1 aF ZPO). Keine Anwendung findet die Vorschrift auf beschränkt geschäftsfähige Ehegatten, die gem. § 125 Abs. 1 zwar in Ehesachen verfahrensfähig sind, nicht

41

---

1 RG v. 18.1.1900 – VI 353/99, RGZ 45, 418 (420).
2 OLG Frankfurt v. 24.11.1978 – 3 WF 294/78, FamRZ 1979, 323; Musielak/*Borth*, § 114 FamFG Rz. 10.
3 Zöller/*Lorenz*, § 114 FamFG Rz. 7; MüKo.ZPO/*Bernreuther*, § 609 ZPO Rz. 2; Stein/Jonas/ *Schlosser*, § 609 ZPO Rz. 2.
4 Vgl. Zöller/*Lorenz*, § 114 FamFG Rz. 7; MüKo.ZPO/*Bernreuther*, § 609 ZPO Rz. 2; Stein/Jonas/ *Schlosser*, § 609 ZPO Rz. 2; aA Musielak/*Borth*, § 114 FamFG Rz. 10; Thomas/Putzo/*Hüßtege*, § 114 FamFG Rz. 10.
5 MüKo.ZPO/*Fischer*, § 114 FamFG Rz. 18; Musielak/*Borth*, § 114 FamFG Rz. 11.
6 Zöller/*Lorenz*, § 114 FamFG Rz. 9; Stein/Jonas/*Schlosser*, § 609 ZPO Rz. 1 Fn. 1; vgl. schon RG v. 6.7.1939 – IV 58/39, RGZ 161, 62 ff.
7 MüKo.ZPO/*Finger*, § 624 ZPO Rz. 2; Stein/Jonas/*Schlosser*, § 609 ZPO Rz. 6; vgl. bereits RG v. 9.1.1905 – IV 539/04, RGZ 59, 346 (348).

jedoch in Folgesachen.¹ Da für eine einheitliche und umfassende Vertretung allerdings bloße Zweckmäßigkeitserwägungen sprechen, werden die durch § 83 ZPO eröffneten Möglichkeiten, die **Vollmacht einzuschränken**, hierdurch nicht verdrängt. Doch über den Wortlaut dieser Vorschrift hinausgehend, ist es auch zulässig, die Vollmacht auf die Scheidungssache oder (einzelne) Folgesachen zu beschränken (Kostenersparnis), weil durch den Verfahrensverbund keine Prozessverbindung iSv. § 147 ZPO eintritt, sondern die Verfahren selbständig bleiben (§ 137 Rz. 11).² Zur Stellung des im Scheidungsverfahren nicht anwaltlich vertretenen Antragsgegners vgl. Rz. 20. Sogar eine Vertretung durch verschiedene Anwälte in Scheidungssache und Folgesachen bzw. in unterschiedlichen Folgesachen ist damit möglich.³ Stets ist eine Beschränkung des Umfangs der Verfahrensvollmacht gegenüber dem Gegner nur dann wirksam, wenn sie ihm unzweideutig mitgeteilt wurde.⁴

42 Unzulässig ist im Anwaltsprozess schon nach dem Wortlaut des § 83 Abs. 1 ZPO und im Gegenschluss aus § 83 Abs. 2 ZPO die Beschränkung der Vollmacht auf einzelne Prozesshandlungen,⁵ wie etwa einen **Rechtsmittelverzicht** oder den bloßen Abschluss eines **Scheidungsfolgenvergleichs**.⁶ Die Vollmacht ist dann nicht nichtig,⁷ sondern gilt aus Gründen der Rechtssicherheit umfassend ohne die angestrebte Einschränkung.⁸ Wird ein Anwalt etwa spontan zu einer Scheidungssache hinzugezogen, um für den anwaltlich nicht vertretenen Antragsgegner einen Rechtsmittelverzicht zu erklären, muss er daher in das Rubrum des Scheidungsbeschlusses aufgenommen und dieser ihm gem. § 172 ZPO zugestellt werden,⁹ was auch nicht durch eine noch im Termin erklärte Niederlegung des Mandats „abgewendet" werden kann (§ 87 Abs. 1, 2. Halbs. ZPO).

4. Prüfung

43 Da ein Rechtsanwalt als Bevollmächtigter auftritt, ist gem. § 88 Abs. 2 ZPO die Vollmacht nicht von Amts wegen zu prüfen, auch der gem. § 127 bestehende Amtsermittlungsgrundsatz gebietet keine abweichende Behandlung.¹⁰ § 613 Satz 2 aF ZPO, wonach der Mangel der Vollmacht in Ehesachen von Amts wegen zu prüfen war, wurde durch das erste Eherechtsgesetz bewusst aufgehoben.

115 *Zurückweisung von Angriffs- und Verteidigungsmitteln*
In Ehesachen und Familienstreitsachen können Angriffs- und Verteidigungsmittel, die nicht rechtzeitig vorgebracht werden, zurückgewiesen werden, wenn ihre Zulassung nach der freien Überzeugung des Gerichts die Erledigung des Verfahrens verzögern würde und die Verspätung auf grober Nachlässigkeit beruht. Im Übrigen sind die Angriffs- und Verteidigungsmittel abweichend von den allgemeinen Vorschriften zuzulassen.

---

1 Johannsen/Henrich/*Sedemund-Treiber*, 4. Aufl. 2003, § 624 ZPO Rz. 2; Stein/Jonas/*Schlosser*, § 624 ZPO Rz. 34.
2 Zöller/*Lorenz*, § 114 FamFG Rz. 10; Schulte-Bunert/Weinreich/*Rehme*, § 114 FamFG Rz. 19; Thomas/Putzo/*Hüßtege*, § 114 FamFG Rz. 12; einschränkend Schwab/*Streicher*, Rz. I 136f.
3 Musielak/*Borth*, § 114 FamFG Rz. 12; MüKo.ZPO/*Finger*, § 624 ZPO Rz. 3; Göppinger/*Börger*, Rz. 119; aA offenbar Stein/Jonas/*Schlosser*, § 624 ZPO Rz. 34.
4 BGH v. 20.1.1955 – II ZR 239/53, BGHZ 16, 167 (170).
5 Vgl. etwa BGH v. 30.3.1976 – IV ZR 143/74, NJW 1976, 1581.
6 Musielak/*Borth*, § 114 FamFG Rz. 12; Zöller/*Lorenz*, § 114 FamFG Rz. 10; vgl. auch OLG Zweibrücken v. 14.7.1966 – 6 U 59/66, OLGZ 1967, 26 (27f.).
7 AA Stein/Jonas/*Bork*, § 83 ZPO Rz. 4.
8 Musielak/*Borth*, § 114 FamFG Rz. 12; MüKo.ZPO/*Bernreuther*, § 609 ZPO Rz. 4.
9 Zöller/*Lorenz*, § 114 FamFG Rz. 10.
10 OLG Frankfurt v. 24.11.1978 – 3 WF 294/78, FamRZ 1979, 323f.; OLG Hamm v. 19.6.1979 – 3 WF 256/79, NJW 1979, 2316; KG v. 17.1.2005 – 16 WF 206/04, NJW-RR 2005, 881 (882); Zöller/*Lorenz*, § 114 FamFG Rz. 8; aA *Bergerfurth*, Rz. 339.

§ 115 Allgemeine Vorschriften

A. Allgemeines
I. Systematik 1
II. Normzweck 3
B. Zurückweisung verspäteten Vorbringens 4
I. Verhältnis zum Amtsermittlungsgrundsatz 5
II. Voraussetzungen für Zurückweisung . 6
 1. Angriffs- und Verteidigungsmittel . 7
 2. Verspätung und Verzögerung 8
 3. Grobe Nachlässigkeit 11

A. Allgemeines

I. Systematik

Satz 1 der Vorschrift fasst die schon bisher für Ehesachen (§ 615 aF ZPO) und ZPO-Familiensachen (§ 621d aF ZPO) geltenden Grundsätze über die Zurückweisung verspäteten Vorbringens zusammen (doch ergibt sich eine Ausweitung des Anwendungsbereichs durch die Neueinbeziehung der sonstigen Familiensachen iSv. § 112 Nr. 3). Neben einer Verfahrensverzögerung ist danach in Ehesachen und Familienstreitsachen (in Übereinstimmung mit § 296 Abs. 2 ZPO) stets Voraussetzung, dass das verspätete Vorbringen der Angriffs- und Verteidigungsmittel auf „grober Nachlässigkeit" beruht. Satz 2 stellt klar, dass es sich insofern um eine **abschließende Regelung** handelt und in Abweichung vom generellen Verweis in § 113 Abs. 1 Satz 2 nicht ergänzend auf die – teilweise deutlich strengeren – Präklusionsvorschriften der ZPO zurückgegriffen werden darf. Zur Beseitigung eines Hindernisses für die Aufnahme eines Beweises nach § 356 ZPO vgl. § 113 Rz. 31. 1

Damit finden weder §§ 296, 340 Abs. 3 Satz 3 ZPO noch §§ 530, 531 ZPO auf Ehesachen und Familienstreitsachen Anwendung. Für letztere ergibt sich dies allerdings – genau genommen – bereits aus dem allgemeinen Grundsatz, dass auf **Rechtsmittelverfahren** in Familiensachen die Vorschriften über das Verfahren im ersten Rechtszug Anwendung finden (§§ 68 Abs. 3 Satz 1, 74 Abs. 4, 113 Abs. 1). § 117 Abs. 2, der ergänzend auf einzelne ZPO-Vorschriften aus dem Berufungsrecht verweist, nennt §§ 530, 531 ZPO gerade nicht. Damit verbleibt es auch in der Beschwerde bei der alleinigen Anwendbarkeit von § 115.[1] Anwendbar bleibt demgegenüber § 296a ZPO, da diese Vorschrift Konsequenz der auch in Ehesachen und Familienstreitsachen gültigen Verfahrensstruktur ist (§ 113 Abs. 1 Satz 2 FamFG iVm. §§ 128 Abs. 1, 136 Abs. 4 ZPO, § 117 Abs. 4 FamFG). 2

II. Normzweck

Es entspricht der allgemeinen Tendenz des Familienverfahrensrechts, dass in Ehesachen das **Anliegen einer zügigen Beendigung des Verfahrens zurücktreten muss hinter anderen vorrangigen Verfahrenszielen** (§ 113 Rz. 29 f.): So soll etwa durch die Aussetzungsmöglichkeit nach § 136 die Chance auf die Versöhnung der Eheleute gewahrt werden, und die großzügige Zulassung von Antragsänderungen nach § 113 Abs. 4 Nr. 2 zielt auf eine umfassende Bereinigung des gesamten Streitstoffes in einem einzigen Verfahren. In ähnlicher Weise räumt § 115 der Ermittlung des materiellrechtlich „richtigen" Ergebnisses Vorrang vor einer beschleunigten Verfahrensbeendigung ein. Dass dieser Grundsatz nicht nur auf Ehesachen, sondern auch auf Familienstreitsachen Anwendung findet, ist zum einen wegen der existenziellen Bedeutung der im Raum stehenden Ansprüche gerechtfertigt, deren sachgerechte Aufbereitung teilweise dadurch erschwert wird, dass sie laufenden Veränderungen unterliegen, und zum anderen wegen der psychischen Ausnahmesituation, in welcher sich die Beteiligten oftmals befinden. In Unterhaltssachen werden hierdurch auch prozessual unökonomische Abänderungsverfahren vermieden.[2] Ob es freilich gerechtfertigt ist, dass § 115 nunmehr auch auf die (nicht verbundfähigen) sonstigen Familiensachen iSv. § 112 Nr. 3 Anwendung findet, muss bezweifelt werden. In der Praxis 3

---

1 OLG Celle v. 20.4.2011 – 15 UF 251/10, FamRZ 2011, 1671 (1672); OLG Nürnberg v. 3.11.2010 – 11 UF 806/10, Rz. 51, juris. Vgl. § 117 Rz. 45.
2 Begr. zum RegE, BT-Drucks. 14/4722, S. 119 f.; vgl. auch MüKo.ZPO/*Fischer*, § 115 FamFG Rz. 1.

§ 115

spielt die Zurückweisung verspäteten Vorbringens in Ehesachen und Familienstreitsachen keine nennenswerte Rolle.[1]

B. Zurückweisung verspäteten Vorbringens

4   Anwendbar ist die Vorschrift auf Ehesachen iSv. § 121 und Familienstreitsachen iSv. § 112. Gem. § 270 Abs. 1 Satz 1 gilt sie für Lebenspartnerschaftssachen iSv. § 269 Abs. 1 Nr. 1 und Nr. 2 entsprechend. Zu Familiensachen der FG s. Rz. 5.

I. Verhältnis zum Amtsermittlungsgrundsatz

5   Soweit der (eingeschränkte) Amtsermittlungsgrundsatz in Ehesachen gem. § 127 reicht, **scheidet die Anwendung der Vorschrift aus**. Bei Geltung der Inquisitionsmaxime wird der Verfahrensstoff nicht von den Beteiligten „vorgebracht", wie es § 115 voraussetzt, vielmehr liegt seine Sammlung in der Hand des Gerichts. Erklärungen der Beteiligten, die zur Aufklärung des Sachverhalts beitragen, sind immer dann zu berücksichtigen, wenn dies die Pflicht zur Amtsermittlung gebietet.[2] Aus diesem Grund erstreckt § 115 seinen Anwendungsbereich auch nicht auf Familiensachen der FG, selbst wenn sie Folgesachen sind, denn gem. § 26 unterliegen sie durchgängig dem Amtsermittlungsgrundsatz.

II. Voraussetzungen für Zurückweisung

6   Auch wenn § 296 ZPO durch § 115 verdrängt wird (Rz. 2), entsprechen die Anwendungsvoraussetzungen der Vorschrift weitgehend denjenigen von § 296 Abs. 2 ZPO, der im Unterschied zum strengeren § 296 Abs. 1 ZPO ebenfalls eine grob nachlässige Verfahrensverzögerung voraussetzt.[3] Vor der Zurückweisung ist die Hinweispflicht nach § 139 ZPO zu beachten.[4]

1. Angriffs- und Verteidigungsmittel

7   Zu den Angriffs- und Verteidigungsmitteln zählen – wie § 282 Abs. 1 ZPO deutlich macht – das Aufstellen oder Bestreiten von Behauptungen, Einwendungen und Einreden sowie Beweismittel und Beweiseinreden, soweit sie zur **Begründung des Antrags oder zur Verteidigung** gegen diesen vorgebracht werden. Hiervon abzugrenzen sind **Sachanträge, durch die neue Streitgegenstände** in das Verfahren eingeführt werden. Diese stellen keine „Mittel" zum Angriff oder zur Verteidigung dar, sondern sind Angriff bzw. Verteidigung selbst (Antragsänderung, Gegenantrag, Antragshäufung).[5] In Ehesachen werden sie gem. § 113 Abs. 4 Nr. 2 bis zum Schluss der mündlichen Verhandlung ohne weiteres akzeptiert, in Familienstreitsachen richtet sich ihre Zulässigkeit nach §§ 263, 264 ZPO iVm. § 113 Abs. 1 Satz 2 FamFG. Soweit hiernach ein neuer Antrag zulässig ist, dürfen zu seiner Begründung bzw. Abwehr selbstverständlich auch neue Angriffs- und Verteidigungsmittel vorgebracht werden.[6]

2. Verspätung und Verzögerung

8   Für die Beurteilung, ob ein Angriffs- oder Verteidigungsmittel „nicht rechtzeitig vorgebracht" wurde, ist zu unterscheiden: In **Ehesachen**, auf die gem. § 113 Abs. 4 Nr. 3 die Vorschriften über das schriftliche Vorverfahren (§ 276 ZPO) und die Bestimmung von Fristen zur Vorbereitung der mündlichen Verhandlung (§§ 275, 277 ZPO) keine Anwendung finden, ist der einschlägige Maßstab die **allgemeine Prozessför-**

---

[1] *Völker*, MDR 2001, 1325 ff.
[2] BT-Drucks. 7/650, S. 198; Musielak/*Borth*, § 115 FamFG Rz. 1; MüKo.ZPO/*Fischer*, § 115 FamFG Rz. 2, 4 und 8; Schulte-Bunert/Weinreich/*Rehme*, § 115 FamFG Rz. 2.
[3] MüKo.ZPO/*Fischer*, § 115 FamFG Rz. 6; Stein/Jonas/*Schlosser*, § 615 ZPO Rz. 1.
[4] Keidel/*Weber*, § 115 FamFG Rz. 6; Schulte-Bunert/Weinreich/*Rehme*, § 115 FamFG Rz. 5.
[5] BGH v. 17.4.1996 – XII ZB 60/95, FamRZ 1996, 1071; BGH v. 12.2.1981 – VII ZR 112/80, NJW 1981, 1217; BGH v. 23.4.1986 – VIII ZR 93/85, NJW 1986, 2257 (2258); MüKo.ZPO/*Fischer*, § 115 FamFG Rz. 7.
[6] BGH v. 22.4.1982 – VII ZR 160/81, NJW 1982, 1708 (1709); Stein/Jonas/*Schlosser*, § 615 ZPO Rz. 4.

Allgemeine Vorschriften § 115

derungspflicht des § 282 ZPO (iVm. § 113 Abs. 1 Satz 2 FamFG).[1] Einziger Ansatzpunkt für eine schärfere Konturierung ist eine Fristsetzung nach § 273 Abs. 2 Nr. 1 ZPO, der auch in Ehesachen anwendbar bleibt (§ 113 Rz. 31). Nach § 282 ZPO müssen Angriffs- und Verteidigungsmittel so zeitig vorgebracht werden, wie es nach der Prozesslage einer sorgfältigen und auf Förderung des Verfahrens bedachten Prozessförderungspflicht entspricht. Dabei muss jedoch der **Besonderheit von Ehesachen** Rechnung getragen werden, dass es – im Interesse einer deeskalierenden Verfahrensführung – sachlich gerechtfertigt sein kann, Angriffe gegen die Ehe erst nach und nach in das Verfahren einzuführen.[2]

Erweiterte Möglichkeiten zur Feststellung einer Verspätung bestehen in **Familienstreitsachen**. Auf diese finden nämlich auch die allgemeinen Vorschriften der ZPO über den frühen ersten Termin und das schriftliche Vorverfahren – einschließlich der hierdurch eröffneten Möglichkeiten zur Fristsetzung – Anwendung (§§ 272 ff. ZPO iVm. § 113 Abs. 1 Satz 2 FamFG). Demgegenüber ergeben sich für **Folgesachen** „faktische Einschränkungen"[3] durch den in § 137 Abs. 1 angeordneten Verhandlungsverbund. Da sie zusammen mit der Scheidungssache zu verhandeln sind, kann auch insofern das schriftliche Vorverfahren nicht gewählt werden. Gem. § 275 Abs. 1 Satz 1, Abs. 3 und 4 ZPO können allerdings für die Klageerwiderung und die Replik Fristen gesetzt werden.[4] Sanktioniert wird eine Fristversäumung allerdings auch in diesen Fällen nicht durch § 296 Abs. 1 ZPO, sondern ausschließlich durch § 115 Satz 1.

Ob es durch einen verspäteten Vortrag zu einer Verzögerung kommt, richtet sich – entsprechend den allgemeinen zu § 296 ZPO entwickelten Regeln – grundsätzlich danach, ob der Rechtsstreit bei Zulassung des Vorbringens länger dauern würde als bei dessen Zurückweisung (sog. absoluter Verzögerungsbegriff).[5] Doch gelten verschiedene Einschränkungen,[6] vor allem dann, wenn evident ist, dass dieselbe Verzögerung auch bei rechtzeitigem Vortrag eingetreten wäre (etwa weil das Verfahren ohnehin noch nicht entscheidungsreif war)[7] oder wenn das Gericht durch rechtzeitige Hinweise (§ 139 ZPO) oder prozessleitende Maßnahmen (§ 273 ZPO) die Verzögerung hätte verhindern können.[8] Da für Scheidungs- und Folgesachen gem. § 137 Abs. 1 der Entscheidungsverbund gilt, tritt eine Verzögerung nur ein, wenn sich das Verbundverfahren insgesamt verlängern würde.[9] Denn die Präklusionsvorschriften wollen nicht die Verzögerung einzelner Streitpunkte, sondern des gesamten Rechtsstreits verhindern.[10]

3. Grobe Nachlässigkeit

Grobe Nachlässigkeit liegt – entsprechend § 296 Abs. 2 ZPO – dann vor, wenn das Verhalten eine für jedermann offensichtliche Pflicht, den Fortgang des Verfahrens zu fördern, in ungewöhnlichem Maße verletzt.[11] Dabei wird den Beteiligten ein Verschulden ihrer Verfahrensbevollmächtigten gem. § 85 Abs. 2 ZPO zugerechnet.[12]

---

1 OLG Celle v. 20.4.2011 – 15 UF 251/10, FamRZ 2011, 1671 (1672) m. Anm. *Büte* FamRZ 2012, 371; OLG Köln v. 4.7.2011 – 4 UF 200/10, NJW-RR 2011, 1447 (1448).
2 MüKo.ZPO/*Fischer*, § 115 FamFG Rz. 8; Stein/Jonas/*Schlosser*, § 615 ZPO Rz. 2.
3 So Johannsen/Henrich/*Sedemund-Treiber*, 4. Aufl. 2003, § 621d ZPO Rz. 2.
4 Johannsen/Henrich/*Sedemund-Treiber*, 4. Aufl. 2003, § 621d ZPO Rz. 2.
5 St. Rspr. vgl. BGH v. 31.1.1980 – VII ZR 96/79, NJW 1980, 945 (946); Zöller/*Greger*, § 296 ZPO Rz. 20 mwN; vgl. auch OLG Saarbrücken v. 2.10.2003 – 6 UF 16/03, FuR 2005, 90 (91 f.), keine Verzögerung bei Vortrag, der nicht bestritten wird oder sich aus den bei den Akten befindlichen Unterlagen belegen lässt.
6 Vgl. ausf. eine Musielak/*Huber*, § 296 ZPO Rz. 14 ff.; MüKo.ZPO/*Prütting*, § 296 ZPO Rz. 79 ff.
7 BVerfG v. 5.5.1987 – 1 BvR 903/85, NJW 1987, 2733 (2735).
8 BVerfG v. 21.2.1990 – 1 BvR 1117/89, NJW 1990, 2373; Zöller/*Greger*, § 296 ZPO Rz. 14a mwN.
9 Musielak/*Borth*, § 115 FamFG Rz. 6; MüKo.ZPO/*Fischer*, § 115 FamFG Rz. 9.
10 BGH v. 10.10.1984 – VIII ZR 107/83, NJW 1986, 134 (135); BGH v. 12.2.1981 – VII ZR 112/80, NJW 1981, 1217; BGH v. 26.6.1980 – VII ZR 143/79, NJW 1980, 2355 (2356).
11 BGH v. 10.10.1984 – VIII ZR 107/83, NJW 1986, 134 (135); OLG Nürnberg v. 3.11.2010 – 11 UF 806/10, Rz. 51, juris.
12 OLG Celle v. 20.4.2011 – 15 UF 251/10, FamRZ 2011, 1671 (1673); Musielak/*Borth*, § 115 FamFG Rz. 7.

12 Selbst wenn alle Tatbestandsvoraussetzungen erfüllt sind, ist die Präklusionswirkung nicht zwingend, vielmehr räumt die Vorschrift dem Gericht ein **Ermessen** („können") ein, so dass es aus sachlichen Gründen von der Zurückweisung des Vorbringens absehen kann.[1]

116 *Entscheidung durch Beschluss; Wirksamkeit*

(1) Das Gericht entscheidet in Familiensachen durch Beschluss.
(2) Endentscheidungen in Ehesachen werden mit Rechtskraft wirksam.
(3) Endentscheidungen in Familienstreitsachen werden mit Rechtskraft wirksam. Das Gericht kann die sofortige Wirksamkeit anordnen. Soweit die Endentscheidung eine Verpflichtung zur Leistung von Unterhalt enthält, soll das Gericht die sofortige Wirksamkeit anordnen.

A. Systematik 1	C. Wirksamkeit von Endentscheidungen in Ehesachen und Familienstreitsachen (Absätze 2 und 3)
B. Beschluss als einheitliche Entscheidungsform (Absatz 1) 3	
I. Besonderheiten des Verfahrens in Ehesachen und Familienstreitsachen 4	I. Überblick 19
II. Form und Inhalt der Entscheidung . . 5	II. Endentscheidungen 21
III. Kostenentscheidung 10	III. Rechtskraft 22
IV. Erlass, Wirksamwerden und Bekanntmachung 11	IV. Anordnung der sofortigen Wirksamkeit
	1. Systematik und Normgeschichte . . 26
	2. Voraussetzungen 27
V. Ergänzende Anwendung von Vorschriften der ZPO 16	3. Verfahren 30

A. Systematik

1 Während nach altem Recht über Ehesachen, ZPO-Familiensachen sowie Folgesachen im Verbund stets durch Urteil zu entscheiden war, stellt § 116 Abs. 1 klar, dass Entscheidungen in Familiensachen, also auch in Ehesachen und Familienstreitsachen, einheitlich als Beschluss ergehen. In der Sache wird hierdurch lediglich die **allgemeine Regelung des § 38 bekräftigt**, die auch für Ehesachen und Familienstreitsachen gilt, da § 38 nicht in § 113 Abs. 1 Satz 1 unter den Vorschriften angeführt wird, die von der ZPO verdrängt werden. Auf Grund ihrer Stellung im Allgemeinen Teil des zweiten Buches gilt die Vorschrift in allen Instanzen (vgl. auch §§ 68 Abs. 3 Satz 1, 74 Abs. 4).

2 Trotz der Entscheidung in Form eines Beschlusses werden Endentscheidungen in Ehesachen und Familienstreitsachen gem. § 116 Abs. 2 und Abs. 3 Satz 1 erst mit Rechtskraft wirksam. Doch besitzt das Gericht in Familienstreitsachen (in gleicher Weise wie beispielsweise in fG-Verfahren nach §§ 40 Abs. 3 Satz 2, 198 Abs. 1 Satz 2, 209 Abs. 2 Satz 2, 216 Abs. 1 Satz 2) nunmehr die Befugnis, die **„sofortige Wirksamkeit"** der Entscheidung anzuordnen (Abs. 3 Satz 2), wovon bei Unterhaltsentscheidungen im Regelfall Gebrauch gemacht werden soll (Abs. 3 Satz 3). Die Anordnung der sofortigen Wirksamkeit eröffnet nach § 120 Abs. 2 Satz 1 unmittelbar die Möglichkeit der Zwangsvollstreckung und macht damit die Anordnung der vorläufigen Vollstreckbarkeit überflüssig, die in Familienstreitsachen nicht mehr vorgesehen ist.

B. Beschluss als einheitliche Entscheidungsform (Absatz 1)

3 § 116 Abs. 1 bestätigt trotz des weiter reichenden Wortlauts lediglich den allgemeinen Grundsatz des § 38 Abs. 1 Satz 1, dass **Endentscheidungen** in Familiensachen (vgl. Rz. 21), also auch in Ehesachen und Familienstreitsachen (vgl. § 113 Abs. 1

---

[1] Bork/Jacoby/Schwab/*Löhing*, § 115 FamFG Rz. 13; Musielak/*Borth*, § 115 FamFG Rz. 6; vgl. auch BGH v. 12.2.1981 – VII ZR 112/80, NJW 1981, 1217 (1218). *Völker*, MDR 2001, 1325 (1326) plädiert dafür, idR von einer Präklusion abzusehen.

Satz 1), nunmehr stets durch Beschluss ergehen.[1] Nach einer Gegenauffassung soll die Vorschrift auch auf Zwischen- und Nebenentscheidungen anwendbar sein,[2] doch ist nicht ersichtlich, warum insofern andere Regeln gelten sollten als in den übrigen Familiensachen. Welche Zwischen- oder Nebenentscheidungen ebenfalls durch Beschluss zu treffen sind, ist im FamFG ausdrücklich geregelt (zB § 140 Abs. 6) oder ergibt sich durch Verweisung auf die Zivilprozessordnung (zB § 113 Abs. 1 Satz 2 FamFG iVm. § 281 Abs. 1 Satz 1 ZPO).[3] Vgl. im Einzelnen § 38 Rz. 37.

I. Besonderheiten des Verfahrens in Ehesachen und Familienstreitsachen

Für das Verfahren bis zur Endentscheidung bleibt es wegen § 113 Abs. 1 allerdings dabei, dass in **Ehesachen und Familienstreitsachen überwiegend die Verfahrensprinzipien der ZPO** Anwendung finden (vgl. im Einzelnen den Überblick bei § 113 Rz. 11 ff.): Eingeleitet wird das Verfahren nur auf Antrag (§ 124 FamFG, § 253 ZPO), gem. § 128 Abs. 1 ZPO muss grundsätzlich eine mündliche Verhandlung durchgeführt werden (Rz. 17), über die nach §§ 160 ff. ZPO ein Protokoll zu errichten ist. Die Sammlung des Verfahrensstoffs liegt (vorbehaltlich der Einschränkungen für Ehesachen gem. § 113 Abs. 4 Nr. 1, 5, 7 und 8) in der Hand der Beteiligten, die über den Verfahrensgegenstand (vorbehaltlich § 113 Abs. 4 Nr. 6) auch frei disponieren können. Die Beweisaufnahme erfolgt nach den Vorschriften der ZPO. Nur eingeschränkt anwendbar sind die Vorschriften über die Zurückweisung verspäteten Vorbringens (§ 115). Doch können gem. § 296a ZPO nach Schluss der mündlichen Verhandlung Angriffs- und Verteidigungsmittel nicht mehr vorgebracht werden (§ 115 Rz. 2). 4

II. Form und Inhalt der Entscheidung

Auf den Beschluss iSv. § 116 Abs. 1 sind in allen Familiensachen die allgemeinen Regeln der §§ 38, 39 anwendbar. Damit richtet sich die Fassung von **Rubrum und Tenor** nach § 38 Abs. 2. 5

Nach § 38 Abs. 3 Satz 1 ist der Beschluss zu **begründen**. Ausnahmen von der Begründungspflicht statuiert § 38 Abs. 4, der jedoch gem. § 38 Abs. 5 Nr. 1 auf Ehesachen – mit Ausnahme der eine Scheidung aussprechenden Entscheidung – und Abstammungssachen nicht anwendbar ist. Soweit **beide Ehegatten die Scheidung beantragen**, liegt ein Fall von § 38 Abs. 4 Nr. 2 Alt. 1 vor,[4] und auch soweit eine Seite anwaltlich nicht vertreten ist, kann sie ihr Einverständnis iSv. § 38 Abs. 4 Nr. 2 Alt. 2 zum Ausdruck bringen, denn die Zustimmung zur Scheidung ist gem. § 114 Abs. 4 Nr. 3 anwaltsfrei.[5] Die Befreiung von der Begründungspflicht für die Scheidung erstreckt sich nicht auf Folgesachen, vielmehr muss für diese § 38 Abs. 4 und 5 jeweils selbständig geprüft werden.[6] Zwingend vorgeschrieben ist eine Begründung des Weiteren gem. § 224 Abs. 2 für Entscheidungen über den Versorgungsausgleich. Gem. § 69 Abs. 2 und 3 gelten diese Regeln auch für Beschwerdeentscheidungen. 6

Zwar erstreckt sich die Begründungspflicht auch auf die Wiedergabe der wesentlichen der Entscheidung zugrunde liegenden Tatsachen, doch ist im Unterschied zu § 313 Abs. 1 Nr. 4 und 5 ZPO für den Beschluss nach § 38 FamFG eine **Trennung in Tatbestand und Entscheidungsgründe** nicht zwingend vorgeschrieben. Für Ehesachen und Familienstreitsachen bedeutet dies eine gewisse Lockerung der formalen Anforderungen, die sich – zumindest ein Stück weit – damit rechtfertigen lässt, dass auch auf Ehesachen und Familienstreitsachen nunmehr das Beschwerdeverfahren nach §§ 58 ff. Anwendung findet (vgl. § 113 Abs. 1 Satz 1) und dieses keine Bindung an die Tatsachenfeststellungen der Vorinstanz kennt (vgl. demgegenüber § 529 Abs. 1 7

---

1 Schulte-Bunert/Weinreich/*Rehme*, § 116 FamFG Rz. 1; Zöller/*Lorenz*, § 116 FamFG Rz. 1; wohl auch *Kemper*, in: Kemper/Schreiber, § 116 FamFG Rz. 2.
2 Keidel/*Weber*, § 116 FamFG Rz. 4; Thomas/Putzo/*Hüßtege*, § 116 FamFG Rz. 2.
3 BT-Drucks. 16/6308, S. 195.
4 Zöller/*Feskorn*, § 38 FamFG Rz. 19, 22; Schulte-Bunert/Weinreich/*Oberheim*, § 38 FamFG Rz. 90; MüKo.ZPO/*Heiter*, § 142 FamFG Rz. 16.
5 *Rüntz/Viefhues*, FamRZ 2010, 1285 (1286).
6 Zöller/*Feskorn*, § 38 FamFG Rz. 22; Musielak/*Borth*, § 38 FamFG Rz. 7.

ZPO). Gleichwohl muss bei der Konkretisierung der aus der Begründungspflicht abzuleitenden Anforderungen berücksichtigt werden, dass in Ehesachen und Familienstreitsachen dem Tatbestand der Entscheidung gem. § 314 ZPO (iVm. § 113 Abs. 1 Satz 2 FamFG) Beweiskraft zukommt (Rz. 16 f.) und eine Rekonstruktion des der Entscheidung zugrunde liegenden Sachverhalts im Hinblick auf die Präklusionswirkung der § 238 Abs. 2 FamFG und § 767 Abs. 2 ZPO (iVm. § 120 Abs. 1 FamFG) vor allem in Unterhaltsverfahren von großer Bedeutung ist. Aus diesem Grund ist es in Familienstreitsachen (zumindest in Unterhaltssachen) empfehlenswert, sich weiterhin am üblichen Aufbauschema für Urteile zu orientieren.[1] Wegen § 139 Abs. 1 Satz 2 müssen Entscheidungen in Folgesachen so abgefasst werden, dass Dritten die Teile des Beschlusses isoliert zugestellt werden können, die sie betreffen. Zu den Anforderungen an die Begründung im Einzelnen s. § 38 Rz. 20.

8 Nach § 38 Abs. 3 Satz 3 muss das **Datum der Übergabe des Beschlusses an die Geschäftsstelle bzw. der Bekanntgabe durch Verlesen der Beschlussformel** – vor allem im Hinblick auf den Beginn der Beschwerdefrist nach § 63 Abs. 3 Satz 2 – auf dem Beschluss vermerkt werden. Zur Anwendung in Ehesachen und Familienstreitsachen s. Rz. 12. Im Unterschied zu § 313 Abs. 1 Nr. 3 ZPO ist ein Hinweis auf den Tag, an dem die mündliche Verhandlung geschlossen worden ist, nicht mehr vorgeschrieben. Doch ist in Familienstreitsachen (vor allem Unterhalt) die Aufnahme eines entsprechenden Hinweises empfehlenswert, um die Handhabung der Präklusionswirkung nach § 238 Abs. 2 FamFG, § 767 Abs. 2 ZPO zu erleichtern.[2]

9 Gem. § 39 sind alle anfechtbaren Entscheidungen mit einer **Rechtsbehelfsbelehrung** zu versehen. S. im Einzelnen § 39 Rz. 5 ff. und § 117 Rz. 68.

III. Kostenentscheidung

10 Während in Familiensachen der fG §§ 80 ff. anwendbar sind, richtet sich die Kostenentscheidung in **Ehesachen und Familienstreitsachen gem. § 113 Abs. 1 grundsätzlich nach §§ 91 ff. ZPO.** Eine vorrangige Bestimmung für Scheidungssachen und Folgesachen findet sich in § 150, die lex specialis auch gegenüber der Sonderregelung für die Kostenentscheidung in Unterhaltssachen in § 243 ist. Bei Aufhebung der Ehe gilt § 132. In Familiensachen ist über die Kosten stets von Amts wegen zu entscheiden (§ 81 Abs. 1 Satz 3 FamFG bzw. § 113 Abs. 1 Satz 2 FamFG iVm. § 308 Abs. 2 ZPO).

IV. Erlass, Wirksamwerden und Bekanntmachung

11 Während auf Familiensachen der fG die allgemeinen Regeln über den Erlass (§ 38 Abs. 3 Satz 3), das Wirksamwerden (§ 40) und die Bekanntgabe (§ 41) des Beschlusses unproblematisch anwendbar sind, ist die **Gesetzeslage für Ehesachen und Familienstreitsachen wenig transparent**, da einerseits durch Beschluss iSv. § 38 zu entscheiden ist, aber andererseits §§ 40, 41 zu den Vorschriften gehören, die gem. § 113 Abs. 1 Satz 1 von der Anwendung ausgenommen sind (§ 113 Abs. 1 Satz 2):

12 Endentscheidungen in Ehe- und Familienstreitsachen sind – wie § 142 Abs. 3 FamFG und § 173 Abs. 1 GVG ausdrücklich voraussetzen – durch **Verkündung** zu erlassen.[3] Teilweise wird dies damit begründet, dass nach § 329 Abs. 1 Satz 1 ZPO Beschlüsse, die aufgrund mündlicher Verhandlung ergehen, verkündet werden müssen.[4] Richtigerweise verweist § 113 Abs. 1 Satz 2 jedoch für „urteilsersetzende Endent-

---

1 *Rasch*, FPR 2010, 150 („dringend geraten"). Die Auffassung von Keidel/*Meyer-Holz*, § 38 FamFG Rz. 59 und wohl auch Bahrenfuss/*Blank*, § 113 FamFG Rz. 3, wonach § 313 ZPO anwendbar bleibe, soweit kein Widerspruch zu § 38 FamFG bestehe, widerspricht der Gesetzessystematik (Zöller/*Feskorn*, § 38 FamFG Rz. 12).
2 *Rasch*, FPR 2010, 150 (151); Zöller/*Feskorn*, § 38 FamFG Rz. 11.
3 BGH v. 13.6.2012 – XII ZB 592/11, FamRZ 2012, 1287 (1289); BGH v. 19.10.2011 – XII ZB 250/11, FamRZ 2012, 106 (107) m. Anm. *Heiter* FamRZ 2012, 206.
4 *Rasch*, FPR 2010, 150 (151); *Götz*, NJW 2010, 897 (899); Zöller/*Feskorn*, § 38 FamFG Rz. 16. So auch noch BGH v. 19.10.2011 – XII ZB 250/11, FamRZ 2012, 106 (107) m. Anm. *Heiter* FamRZ 2012, 206 und *Griesche*, FamRB 2012, 219.

scheidungen" nicht auf § 329 ZPO, sondern auf die Urteilsvorschriften der ZPO, was mittlerweile auch der BGH hervorgehoben hat, so dass **§§ 310 bis 312 ZPO insofern ohne weiteres anwendbar** sind (Rz. 17).[1] Unerheblich ist es, dass § 38, der auch auf Ehesachen und Familienstreitsachen anwendbar ist, in Abs. 3 Satz 3 eine Legaldefinition des Entscheidungserlasses enthält. Hieraus kann nicht gefolgert werden, dass Endentscheidungen in Ehe- und Familienstreitsachen in gleicher Weise wie Entscheidungen in Angelegenheiten der freiwilligen Gerichtsbarkeit durch Verlesen der Beschlussformel oder Übergabe an die Geschäftsstelle erlassen werden können.[2] Denn § 38 Abs. 3 Satz 3 betrifft lediglich die Dokumentation des entsprechenden Vorgangs und knüpft an die Regelung in § 41 (insbesondere Abs. 2) an, die jedoch gem. § 113 Abs. 1 Satz 1 auf Ehe- und Familienstreitsachen gerade nicht anwendbar ist.[3] Zur Frage, ob „Im Namen des Volkes" zu verkünden ist, s. Rz. 18. Soweit eine Verkündung vorgeschrieben ist, muss konsequenterweise nach § 38 Abs. 3 Satz 3 der Zeitpunkt der Verkündung vermerkt[4] und für die Zwecke der §§ 63 Abs. 3 Satz 2, 117 Abs. 1 Satz 3 hieran angeknüpft werden. Wie § 173 Abs. 1 GVG nunmehr klarstellt,[5] ist für **die Verkündung von Endentscheidungen in Ehesachen und Familienstreitsachen** grundsätzlich (vgl. § 173 Abs. 2 GVG) die **Öffentlichkeit herzustellen.**

Wirksam werden Entscheidungen in Ehesachen und Familienstreitsachen gem. § 116 Abs. 2 und Abs. 3 Satz 1 grundsätzlich erst mit Rechtskraft (vgl. dazu Rz. 22). Die allgemeine Vorschrift des § 40 wird durch diese Sonderregel verdrängt, was auch § 113 Abs. 1 Satz 1 klarstellt.[6] Die Wirksamkeit von Entscheidungen in Folgesachen setzt gem. § 148 zusätzlich die Rechtskraft des Scheidungsausspruchs voraus. Zur Möglichkeit der Anordnung der sofortigen Wirksamkeit vgl. jedoch Rz. 26.

Die **Bekanntgabe** von Entscheidungen in Ehe- und Familienstreitsachen richtet sich angesichts der eindeutigen Regelung in § 113 Abs. 1 Satz 1 nicht nach § 41. Vielmehr ist nach § 113 Abs. 1 Satz 2 insofern die ZPO anwendbar. Ob allerdings die Vorschriften über die Verlautbarung von Urteilen (§ 317 ZPO) oder Beschlüssen (§ 329 ZPO) maßgeblich sind, wird durch Wortlaut und Systematik des Gesetzes nicht klar vorgegeben und hängt davon ab, wie man den Verweis in § 113 Abs. 1 Satz 2 deutet (Rz. 16f.). Nach zutreffender und mittlerweile vom BGH bestätigter Auffassung[7] verweist § 113 Abs. 1 Satz 2 für „urteilsersetzende Endentscheidungen" nicht auf § 329 ZPO, sondern auf die ZPO-Urteilsvorschriften (Rz. 17) und damit auf § 317 ZPO.[8] Die in der **Zustellung** liegende schriftliche Bekanntgabe (vgl. § 15 Abs. 2 FamFG) setzt gem. § 63 Abs. 3 Satz 1 FamFG die Beschwerdefrist in Gang.

Nach altem Recht ordneten §§ 618, 621c aF ZPO an, dass § 317 Abs. 1 Satz 3 ZPO, wonach auf übereinstimmenden Antrag der Parteien die **Zustellung verkündeter Urteile bis zu fünf Monate hinausgeschoben** werden kann, auf Endentscheidungen in Familiensachen nicht anwendbar sei. Ob durch die Streichung dieser Vorschriften eine Änderung der Rechtslage beabsichtigt war oder der Gesetzgeber davon ausging,

---

1 BGH v. 13.6.2012 – XII ZB 592/11, FamRZ 2012, 1287 (1289); MüKo.ZPO/*Heiter*, § 142 FamFG Rz. 24; *Borth*, FamRZ 2010, 705; wohl auch *Hütter/Kodal*, FamRZ 2009, 917 (919) und *Gutjahr*, Verfahrenshandbuch Familiensachen, § 1 VII Rz. 428.
2 So aber *Schulte-Bunert*, Das neue FamFG, § 113 Rz. 453; *Soyka*, FuR 2012, 549 (551).
3 *Wohlgemuth*, FamRZ 2013, 674f.
4 *Rasch*, FPR 2010, 150 (151); vgl. auch Zöller/*Feskorn*, § 38 FamFG Rz. 16 und MüKo.ZPO/*Heiter*, § 142 FamFG Rz. 25.
5 Art. 3 des Gesetzes zur Einführung einer Rechtsbehelfsbelehrung im Zivilprozess und zur Änderung anderer Vorschriften vom 5.12.2012, BGBl. I 2012, 2418.
6 Inkonsequent ist es daher, wenn BT-Drucks. 16/6308, S. 196 davon spricht, die Vorschrift komme einem Bedürfnis nach einem schnellen Wirksamwerden von FamFG-Entscheidungen entgegen, das auch in „den nunmehr im Recht der freiwilligen Gerichtsbarkeit geregelten Familienstreitsachen" bestehe.
7 BGH v. 13.6.2012 – XII ZB 592/11, FamRZ 2012, 1287 (1289).
8 *Hütter/Kodal*, FamRZ 2009, 917 (919); MüKo.ZPO/*Heiter*, § 142 FamFG Rz. 26. Für Anwendbarkeit von § 317 ZPO im Ergebnis auch *Gutjahr*, Verfahrenshandbuch Familiensachen, § 1 VII Rz. 429; *Maurer*, FamRZ 2009, 465 (482); Zöller/*Lorenz*, § 113 FamFG Rz. 4; Johannsen/Henrich/*Markwardt*, § 142 FamFG Rz. 2; Musielak/*Borth*, § 41 FamFG Rz. 8.

dass § 317 ZPO auf „Beschlüsse" nach dem FamFG ohnehin nicht anwendbar sei, ist unklar (Rz. 14).

V. Ergänzende Anwendung von Vorschriften der ZPO

16 §§ 38, 39, 116 Abs. 1 FamFG beschränken sich auf die Regelung der äußeren Form und des Wirksamwerdens von Entscheidungen, **im Übrigen finden auf Beschlüsse in Ehe- und Familienstreitsachen über § 113 Abs. 1 Satz 2 die Vorschriften der ZPO** entsprechende Anwendung. Problematisch ist dieser Verweis, weil nach neuem Recht nunmehr – auf den ersten Blick – stets auf die Vorschriften der Zivilprozessordnung über Beschlüsse (und nicht mehr wie bisher über Urteile) Bezug genommen wird, die ZPO hierfür in § 329 ZPO aber nur eine bruchstückhafte Regelung bereit hält, die durch entsprechende Anwendung der Vorschriften über Urteile ergänzt werden muss, und außerdem schon vom Ansatz her nicht passt, weil nach der bestehenden Systematik der Zivilprozessordnung zumindest in erster Instanz Entscheidungen über den Streitgegenstand stets durch Urteil ergehen. Orientiert man sich mit einer vielfach vertretenen Ansicht[1] an der formalen Einordnung als Beschluss, müsste für jede ZPO-Urteilsvorschrift begründet werden, dass sie auf Beschlüsse in Ehe- und Familienstreitsachen entsprechend anwendbar ist.

17 Im Einzelfall stößt dieser Ansatz jedoch auf Schwierigkeiten.[2] So müsste etwa begründet werden, warum gegen den Wortlaut der Vorschrift (§ 128 Abs. 4 ZPO) auf Beschlüsse in Ehesachen und Familienstreitsachen der in § 128 Abs. 1 ZPO verankerte Mündlichkeitsgrundsatz anzuwenden ist.[3] Außerdem erscheint zweifelhaft, ob der Gesetzgeber die „entsprechende" Anwendung der ZPO in § 113 Abs. 1 Satz 2 wirklich in diesem (umständlichen) Sinne verstanden hat: Im RefE zum FamFG bestimmte die Vorläufernorm zu § 116 Abs. 1 noch, dass bei Anwendung der Zivilprozessordnung „an die Stelle des Urteils der Beschluss nach den Vorschriften dieses Gesetzes" tritt (§ 107 RefE II = § 107 RefE I). Diese Formulierung könnte so gedeutet werden, dass sich der Verweis auf die ZPO direkt auf die Urteilsvorschriften beziehen sollte.[4] Ausschlaggebend erscheint, dass es sich beim Beschluss in Ehe- und Familienstreitsachen zwar um eine Entscheidung handelt, die mit dem Etikett eines Beschlusses versehen wurde, aber nach den Maßstäben der ZPO auf einem Urteilsverfahren basiert. Damit verweist § 113 Abs. 1 Satz 2, wie nunmehr auch der BGH klargestellt hat,[5] für „urteilsersetzende Endentscheidungen" in Ehe- und Familienstreitsachen nicht auf § 329 ZPO, sondern direkt auf die ZPO-Urteilsvorschriften.[6] Daher gelangt man auch nach neuem Recht im **schon bisher gewohnten Umfang zur Anwendung der ZPO-Urteilsvorschriften**, soweit das FamFG keine vorrangige Spezialregelung enthält.

18 Ob vor diesem Hintergrund Entscheidungen in Ehesachen und Familienstreitsachen weiterhin **im Namen des Volkes ergehen**, lässt das Gesetz offen:[7] Einerseits ließe sich argumentieren, dass der Inhalt von FamFG-Entscheidungen abschließend in § 38 FamFG geregelt sei, doch erscheint es überzeugender, über § 113 Abs. 1 Satz 2

---

1 Zöller/*Vollkommer*, § 329 ZPO Rz. 4; Baumbach/*Hartmann*, § 329 ZPO Rz. 3; *Metzger*, FamRZ 2010, 703 (704); *Griesche*, FamRB 2010, 340 (342); weitere Nachweise s. Rz. 12.
2 Vgl. *Borth*, FamRZ 2010, 705.
3 I. E. unstreitig, doch wird die Anwendbarkeit von § 128 Abs. 1 ZPO idR als gesichert hingestellt, ohne auf den Widerspruch zu § 128 Abs. 4 ZPO einzugehen (*Maurer*, FamRZ 2009, 465 [476]; *Rasch*, FPR 2010, 150 [151]).
4 Nicht zu folgen ist dann allerdings der Gesetzesbegründung zu § 142 Abs. 3 FamFG idF des VAStrRefG, die sich auf § 329 Abs. 1 ZPO (anstatt § 317 ZPO) beruft (BT-Drucks. 16/10144, S. 93).
5 BGH v. 13.6.2012 – XII ZB 592/11, FamRZ 2012, 1287 (1289); anders wohl noch BGH v. 19.10. 2011 – XII ZB 250/11, FamRZ 2012, 106 (107) m. Anm. *Heiter* FamRZ 2012, 206.
6 Musielak/*Borth*, § 41 FamFG Rz. 8; *Gambke*, S. 316, 321; so wohl auch *Hütter/Kodal*, FamRZ 2009, 917 (919); zur Anwendbarkeit von § 317 ZPO s. Rz. 14 mit Fn. 8; zur Anwendbarkeit von § 311 ZPO s. Rz. 18 mwN.
7 Dafür: OLG Zweibrücken v. 19.10.2011 – 2 UF 96/11, FamRZ 2012, 471 (472); MüKo.ZPO/*Fischer*, § 116 FamFG Rz. 4; Musielak/*Borth*, § 116 FamFG Rz. 3; *Hütter/Kodal*, FamRZ 2009, 917 (919). Dagegen: Keidel/*Meyer-Holz*, § 38 FamFG Rz. 41.

FamFG den Rückgriff auf § 311 Abs. 1 ZPO zu eröffnen, weil diese Vorschrift nach ihrer systematischen Stellung nicht Form und Inhalt der Entscheidung (§ 313 ZPO), sondern die – im FamFG nicht geregelte – Entscheidungsverkündung betrifft.[1] Verfahrensrechtlich ist ein etwaiger Verstoß gegen § 311 Abs. 1 ZPO ohne Konsequenzen.[2] Wer demgegenüber von der Anwendbarkeit des § 329 ZPO ausgeht (Rz. 16f.), muss angesichts der eindeutigen Regelung in § 329 Abs. 1 ZPO eine Verkündung im Namen des Volkes ablehnen.[3]

C. Wirksamkeit von Endentscheidungen in Ehesachen und Familienstreitsachen (Absätze 2 und 3)

I. Überblick

§ 116 Abs. 2 und 3 treten für Ehesachen und Familienstreitsachen an die Stelle von § 40, dessen Anwendung nach § 113 Abs. 1 Satz 1 allerdings ohnehin ausgeschlossen ist. Danach werden Endentscheidungen in Ehesachen und Familienstreitsachen **grundsätzlich erst mit Eintritt der formellen Rechtskraft** wirksam. Für Ehesachen ist dies Konsequenz ihres rechtsgestaltenden Charakters (vgl. § 1564 Satz 2 BGB), Familienstreitsachen werden auf diese Weise den ZPO-Grundsätzen unterstellt (vgl. § 704 ZPO). Die Anordnung der vorläufigen Vollstreckbarkeit ist für Familienstreitsachen allerdings nicht mehr vorgesehen, stattdessen besteht die Möglichkeit, die „sofortige Wirksamkeit" der Entscheidung anzuordnen (Abs. 3 Satz 2), wovon bei Unterhaltsentscheidungen im Regelfall Gebrauch gemacht werden soll (Abs. 3 Satz 3). 19

Demgegenüber stellt § 40 Abs. 1 für Entscheidungen in Familiensachen der fG, soweit nicht ein Fall des § 40 Abs. 2 oder 3 vorliegt, auf die **Bekanntgabe** ab, doch gelten Ausnahmen für Abstammungssachen (§ 184 Abs. 1 Satz 1), bestimmte Adoptionssachen (§ 198), Ehewohnungs- und Haushaltssachen (§ 209 Abs. 2 Satz 1), Gewaltschutzsachen (§ 216 Abs. 1 Satz 1), Versorgungsausgleichssachen (§ 224 Abs. 1) sowie Entscheidungen über die Stundung des Zugewinnausgleichs und die Übertragung von Vermögensgegenständen unter Anrechnung auf die Ausgleichsforderung (§ 264 Abs. 1 Satz 1), die ebenfalls erst mit Rechtskraft wirksam werden. 20

II. Endentscheidungen

Der Begriff der Endentscheidung ist in **§ 38 Abs. 1 Satz 1** legaldefiniert (s. dazu § 38 Rz. 3–5 und § 58 Rz. 5ff.). Dabei handelt es sich idR um instanzbeendende Entscheidungen in der Hauptsache, doch ist die Vorschrift nach Erledigung der Hauptsache auch auf isolierte Kostenentscheidungen anwendbar;[4] darüber hinaus sind auch eA Endentscheidungen (§ 38 Rz. 3).[5] Zwischen- und Nebenentscheidungen, die keine Endentscheidungen sind (zB Aussetzung nach § 136), werden in Ehesachen und Familienstreitsachen nach § 113 Abs. 1 Satz 2 FamFG iVm. § 329 ZPO wirksam; dabei sind nicht verkündete Beschlüsse nach § 329 Abs. 2 Satz 1 ZPO den Beteiligten formlos mitzuteilen und werden damit wirksam. 21

III. Rechtskraft

Endentscheidungen in Ehesachen und Familienstreitsachen werden gem. § 120 Abs. 1 FamFG iVm. § 705 ZPO formell rechtskräftig, wenn sie nicht mehr angefochten werden können. Dies ist nach allgemeinen Verfahrensgrundsätzen dann der Fall, wenn (1) die Ehegatten, sonstige Beteiligte und anfechtungsberechtigte Dritte gem. §§ 67 Abs. 1 und 2, 144 wirksam auf (Anschluss-)Rechtsmittel sowie ggf. den Antrag auf erweiterte Aufhebung nach § 147 **verzichtet** haben oder (2) die **Fristen** für Haupt- 22

---

1 *Kranz*, FamRZ 2010, 85 (86).
2 Zöller/*Vollkommer*, § 311 ZPO Rz. 1; *Musielak*, § 311 ZPO Rz. 2.
3 *Griesche*, FamRB 2012, 219 (220); *Metzger*, FamRZ 2010, 703f.; *Vogel*, FamRZ 2010, 704; *Rasch*, FPR 2010, 150 (151).
4 So ausdrücklich die Begr. des sog. FGG-RG-Reparaturgesetzes BT-Drucks. 16/12717, S. 60; Zöller/*Feskorn*, § 38 FamFG Rz. 3; *Schulte-Bunert*, Das neue FamFG, § 120 Rz. 479; aA *Schael*, FPR 2009, 11 (12f.); *Schael*, FPR 2009, 195f.
5 *Dose*, Rz. 497; *Schael*, FPR 2009, 11 (12); Keidel/*Weber*, § 116 FamFG Rz. 6.

und Anschlussrechtsmittel (§§ 63, 71 Abs. 1, 145) abgelaufen sind, ansonsten (3) nach **Erschöpfung** des Instanzenzuges. Für weitere Einzelheiten vgl. auch § 148. EA in Familienstreitsachen werden mit ihrem Erlass sofort formell rechtskräftig, da insofern gem. § 57 Satz 1 kein Rechtsmittel statthaft ist.[1]

23   Ein **Rechtsmittelverzicht** muss gem. § 67 Abs. 1 und Abs. 2 durch Erklärung gegenüber dem Gericht erfolgen und unterliegt nach § 114 Abs. 1 in Ehesachen und Familienstreitsachen stets dem Anwaltszwang.[2] Demgegenüber führt ein außerprozessual erklärter Verzicht nicht zu einem beschleunigten Eintritt der Rechtskraft, weil er gem. § 67 Abs. 3 erst auf Einrede im Rechtsmittelverfahren beachtlich ist.[3] Zur Beschränkung einer Anwaltsvollmacht allein auf einen Rechtsmittelverzicht vgl. § 114 Rz. 42 und § 144 Rz. 2. Die Reichweite eines Rechtsmittelverzichts bestimmt sich nach seinem objektiven Erklärungswert,[4] dabei kann grundsätzlich davon ausgegangen werden, dass sich ein im Verbundverfahren ohne weitere Einschränkungen erklärter Rechtsmittelverzicht auf den Scheidungsausspruch und sämtliche Folgesachen bezieht.[5] § 144 erleichtert den Verzicht auf Anschlussrechtsmittel, wenn Drittbeteiligte in Folgesachen der fG ein eigenes Anfechtungsrecht besitzen (vor allem Versorgungsträger), das sich die Ehegatten im Wege verfahrensübergreifender Anschließung zunutze machen könnten, um den Scheidungsausspruch anzufechten.

24   Für **Folgesachen** bestimmt § 148 unter Abweichung vom Grundsatz des § 116 Abs. 3 Satz 1, dass diese – auch dann, wenn sie selbst nach den Maßstäben der Rz. 22 bereits unanfechtbar sind – stets erst mit Rechtskraft des Scheidungsausspruchs wirksam werden. Zur Möglichkeit der Anordnung der sofortigen Wirksamkeit vgl. Rz. 26.

25   § 46 Satz 3, der durch § 113 Abs. 1 Satz 1 gerade nicht verdrängt wird, bestimmt ausdrücklich, dass in Ehesachen den Beteiligten von Amts wegen ein **Rechtskraftzeugnis** auf einer Ausfertigung der Entscheidung ohne Begründung zu erteilen ist. Die Vorschrift tritt an die Stelle des inhaltsgleichen § 706 Abs. 1 Satz 2 ZPO, der durch das FGG-RG aufgehoben wurde.[6] In anderen Verfahren ist gem. § 46 Satz 1 das Rechtskraftzeugnis von der Geschäftsstelle des Gerichts des ersten Rechtszugs nur auf Antrag zu erteilen.

IV. Anordnung der sofortigen Wirksamkeit

1. Systematik und Normgeschichte

26   Nach § 116 Abs. 3 Satz 2 kann die sofortige Wirksamkeit von Endentscheidungen in Familienstreitsachen angeordnet werden. Hierdurch wird **unmittelbar die Möglichkeit der Zwangsvollstreckung** nach § 120 Abs. 2 Satz 1 eröffnet. Die Anordnung der sofortigen Wirksamkeit tritt für sämtliche Endentscheidungen einschließlich Versäumnis- und Anerkenntnisentscheidungen an die Stelle der Anordnung der vorläufigen Vollstreckbarkeit.[7] Gem. § 116 Abs. 3 Satz 3 „soll" für Endentscheidungen, die eine Verpflichtung zur Leistung von Unterhalt enthalten, im Regelfall die sofortige Wirksamkeit angeordnet werden. Nach dem ursprünglichen Konzept des RefE sollten alle Beschlüsse über Leistungsansprüche in Familienstreitsachen mit der Bekanntgabe wirksam werden und damit auch vollstreckbar sein (§ 107 Abs. 2 RefE II). Eine Einschränkung zum Schutz des Vollstreckungsschuldners fand stets nur auf seinen besonderen Antrag entsprechend der nunmehr in § 120 Abs. 2 Satz 2 in Kraft getretenen Regelung statt (vgl. § 110 Abs. 2 RefE II). Die sofortige Wirksamkeit von eA insbesondere zum Unterhalt muss nicht angeordnet werden, da diese sofort (formell) rechtskräftig werden (Rz. 22).

---

1 *Dose*, Rz. 18.
2 BGH v. 4.7.2007 – XII ZB 14/07, FamRZ 2007, 1631; BGH v. 18.1.1984 – IVb ZB 53/83, FamRZ 1984, 372; Zöller/*Lorenz*, § 116 FamFG Rz. 5.
3 Zöller/*Lorenz*, § 116 FamFG Rz. 4.
4 BGH v. 8.7.1981 – IVb ZB 660/80, FamRZ 1981, 947 f.; OLG Frankfurt v. 9.11.2005 – 3 UF 151/05, OLGReport 2006, 561 f.
5 BGH v. 25.6.1986 – IVb ZB 75/85, FamRZ 1986, 1089; Zöller/*Lorenz*, § 116 FamFG Rz. 5.
6 Art. 29 Nr. 17 FGG-RG, vgl. BT-Drucks. 16/6308, S. 326.
7 BT-Drucks. 16/6308, S. 224.

2. Voraussetzungen

27 Im Rahmen des ihm durch § 116 Abs. 3 Satz 2 eröffneten Ermessens hat das Gericht die **Interessen von Gläubiger und Schuldner gegeneinander abzuwägen**.[1] Dabei zeigt die Gesetzgebungsgeschichte, dass mit der Reform grundsätzlich eine **Verbesserung der Gläubigerposition** beabsichtigt war.[2] Auch wenn das ursprünglich noch gläubigerfreundlichere Konzept eingeschränkt wurde, war damit doch keine gänzliche Abkehr von diesem Anliegen verbunden. Gesetzessystematisch lässt sich aus dem **Zusammenspiel von § 116 Abs. 3 Satz 2 mit der Schuldnerschutzklausel des § 120 Abs. 2 Satz 2** folgern, dass das Gericht im Zweifel die sofortige Wirksamkeit der Entscheidung anordnen soll, weil die Interessen des Schuldners durch die Möglichkeit zur Einstellung oder Beschränkung der Zwangsvollstreckung nach § 120 Abs. 2 Satz 2 gewahrt werden, soweit der Eintritt eines nicht zu ersetzenden Nachteils glaubhaft gemacht wird. Wenn das Gericht nämlich schon aufgrund des ihm durch § 116 Abs. 3 Satz 2 eröffneten Ermessens von der Anordnung der sofortigen Wirksamkeit absieht, kann die Zwangsvollstreckung selbst in den Fällen erst nach Eintritt der Rechtskraft betrieben werden, in denen der Gläubiger früher die – im neuen Recht nicht mehr vorgesehene (§ 120 Rz. 3 und 8) – Möglichkeit gehabt hätte, gegen Sicherheitsleistung die Zwangsvollstreckung zu betreiben. Hier besteht dann ua. die Gefahr, dass der Wettlauf mit anderen Gläubigern verloren geht, die allgemeine vermögensrechtliche Ansprüche vollstrecken. Diese Überlegung zeigt aber letztlich auch, dass die Frage, wie die Interessen von Gläubiger und Schuldner im Rahmen des § 116 Abs. 3 Satz 2 zu gewichten sind, untrennbar mit dem **Verständnis des § 120 Abs. 2 Satz 2** zusammenhängt: Je eher man bereit ist, einen unersetzbaren Nachteil iSv. § 120 Abs. 2 Satz 2 zu bejahen, desto mehr spricht dafür, nach § 116 Abs. 3 Satz 2 die sofortige Wirksamkeit der Entscheidung anzuordnen, solange ein solcher im konkreten Fall nicht glaubhaft gemacht wird. Zeichnet sich allerdings ab, dass die Voraussetzungen von § 120 Abs. 2 Satz 2 erfüllt sein werden, wird das Gericht diesen Umstand oft schon im Rahmen der Abwägung nach § 116 Abs. 3 Satz 2 berücksichtigen und von der Anordnung der sofortigen Wirksamkeit absehen.

28 Eine weitere **ausdrückliche Vorgabe** enthält das Gesetz selbst in § 116 Abs. 3 Satz 3. Danach soll – wegen ihrer existenzsichernden Funktion – für Entscheidungen über Unterhaltsansprüche im Regelfall die sofortige Wirksamkeit angeordnet werden. Nach den Vorstellungen der Gesetzesverfasser sind Ausnahmefälle beispielsweise dann denkbar, wenn auf die öffentliche Hand übergegangene Unterhaltsansprüche nach § 33 Abs. 3 Satz 2 SGB II,[3] § 94 Abs. 4 Satz 2 SGB XII oder § 7 Abs. 4 Satz 1 UhVorschG geltend gemacht oder „länger zurückliegende Unterhaltsrückstände" verlangt werden.[4] Für die allgemeine Abwägung nach § 116 Abs. 2 Satz 2 wird man aus dieser gesetzlichen Weichenstellung die Direktive ableiten können, dass entscheidendes Gewicht der Frage zukommt, welche **Bedeutung der im Raum stehende Anspruch für die aktuelle Lebenssituation des Berechtigten** besitzt. Doch kann das nach der hier vertretenen Auffassung nicht bedeuten, dass etwa dann, wenn der andere Ehegatte (umfangreiche) Unterhaltsrückstände geltend macht, von der Anordnung der sofortigen Wirksamkeit stets abgesehen werden muss. Auch hier wird man es in vielen Fällen darauf ankommen lassen können, ob der Schuldner die Voraussetzungen des § 120 Abs. 2 Satz 2 glaubhaft zu machen vermag.[5] Soweit zum Unterhalt

---

[1] BT-Drucks. 16/6308, S. 412.
[2] OLG Hamm v. 7.9.2010 – 11 UF 155/10, FamRZ 2011, 589 (zu § 120 Abs. 2). Diskutiert wurde in erster Linie, ob die Regelung die Interessen des Schuldners angemessen wahre, BT-Drucks. 16/6308, S. 373 und 412.
[3] Entspricht dem in der Gesetzesbegründung noch zitierten § 33 Abs. 2 Satz 4 SGB II aF.
[4] BT-Drucks. 16/6308, S. 224. Zur Konkretisierung schlägt *Rasch*, FPR 2010, 150 (152) vor, die Wertung von § 708 Nr. 8 ZPO heranzuziehen.
[5] So auch MüKo.ZPO/*Fischer*, § 116 FamFG Rz. 11; Musielak/*Borth*, § 116 FamFG Rz. 5; *Büte*, FuR 2010, 124 (125), soweit sich der Unterhaltsberechtigte verschulden musste. Demgegenüber für regelmäßige Beschränkung der Anordnung der sofortigen Wirksamkeit auf laufenden Unterhalt *Rake*, FPR 2013, 159 (160).

bereits eine eA ergangen ist, besteht idR keine Notwendigkeit, in der Hauptsache die sofortige Wirksamkeit anzuordnen.[1]

29 Für **Unterhalts- und Güterrechtsfolgesachen** scheidet wegen § 148 die Anordnung der sofortigen Wirksamkeit vor Eintritt der Rechtskraft in der Scheidungssache aus. Wird über die Folgesache jedoch vor Rechtskraft des Scheidungsausspruchs entschieden, muss die sofortige Wirksamkeit regelmäßig für die Zeit ab Rechtskraft der Scheidung angeordnet werden,[2] weil der Scheidungsbeschluss (etwa wegen eines auf die Scheidungssache beschränkten Rechtsmittelverzichts) schneller rechtskräftig werden könnte als die Entscheidung in der Folgesache. Allerdings darf die Vollstreckungsklausel (§ 120 Abs. 1 FamFG iVm. §§ 725 f. ZPO) erst nach Rechtskraft der Scheidung erteilt werden.[3]

3. Verfahren

30 Über die Anordnung der sofortigen Wirksamkeit entscheidet das Gericht **von Amts wegen**; ein Antrag ist insofern nicht erforderlich. Der Ausspruch erfolgt im **Tenor** der Endentscheidung. Zwar ist im Gesetz nicht ausdrücklich angegeben, bis zu welchem Zeitpunkt die Entscheidung über die sofortige Wirksamkeit erfolgen muss, doch kann daraus nicht gefolgert werden, die Anordnung dürfe – wie in Familiensachen der fG (vgl. etwa § 40 Rz. 19, § 198 Rz. 8) – ohne weiteres „nachgeholt" werden.[4] An seine Beschlüsse ist das Gericht in Familienstreitsachen stets gebunden (§ 113 Abs. 1 Satz 2 FamFG iVm. § 318 ZPO), Vortrag nach Schluss der mündlichen Verhandlung kann nicht berücksichtigt werden (§ 113 Abs. 1 Satz 2 FamFG iVm. § 296a ZPO), und auch wenn einem Antrag nach § 120 Abs. 2 Satz 2 stattgegeben wird (der ebenfalls vor Schluss der mündlichen Verhandlung gestellt werden muss), ist die Einstellung oder Beschränkung der Vollstreckung im Tenor auszusprechen (§ 120 Rz. 10). Vor diesem Hintergrund erscheint es zwingend, dass die sofortige Wirksamkeit in den Fällen des § 116 Abs. 3 Satz 2 stets in der Endentscheidung selbst ausgesprochen werden muss. Nur wenn versäumt wurde, hierüber zu entscheiden, kann in entsprechender Anwendung von § 120 Abs. 1 FamFG iVm. §§ 716, 321 ZPO Ergänzung verlangt werden.[5] Die Entscheidung über die Anordnung der sofortigen Wirksamkeit ist nicht selbständig anfechtbar.[6] Doch kann das **Rechtsmittelgericht** gem. § 120 Abs. 2 Satz 3 FamFG iVm. §§ 707, 719 ZPO auf Antrag die Vollstreckung einstellen oder beschränken (§ 120 Rz. 11). Es besitzt im Übrigen nach § 64 Abs. 3 auch die Befugnis, die sofortige Wirksamkeit vorab anzuordnen (vgl. auch § 64 Rz. 31),[7] wobei auch eine entsprechende Anwendung von § 113 Abs. 1 Satz 2 FamFG iVm. § 718 ZPO in Erwägung zu ziehen ist.[8]

117 Rechtsmittel in Ehe- und Familienstreitsachen
(1) In Ehesachen und Familienstreitsachen hat der Beschwerdeführer zur Begründung der Beschwerde einen bestimmten Sachantrag zu stellen und diesen zu begründen. Die Begründung ist beim Beschwerdegericht einzureichen. Die Frist zur

---

1 MüKo.ZPO/*Fischer*, § 116 FamFG Rz. 11; Musielak/*Borth*, § 116 FamFG Rz. 5.
2 *Rasch*, FPR 2010, 150 (152) mit Tenorierungsvorschlag. Zur Anordnung der vorläufigen Vollstreckbarkeit nach früherem Recht OLG Bamberg v. 14.9.1989 – 2 UF 85/89, FamRZ 1990, 184; *Kemnade*, FamRZ 1986, 625 (627).
3 Musielak/*Borth*, 6. Aufl. 2008, § 629d ZPO Rz. 6; MüKo.ZPO/*Finger*, § 629d ZPO Rz. 6.
4 So aber *Zimmermann*, Das neue FamFG 2009, Rz. 309 und Hoppenz/*Walter*, § 116 FamFG Rz. 5.
5 OLG Bamberg v. 22.6.2012 – 2 UF 296/11, FamRZ 2013, 481 (482); *Große-Boymann*, Verfahrenshandbuch Familiensachen, § 1 IX Rz. 519; Keidel/*Weber*, § 116 FamFG Rz. 9.
6 Thomas/Putzo/*Hüßtege*, § 116 FamFG Rz. 12; Hoppenz/*Walter*, § 116 FamFG Rz. 5; *Rake*, FPR 2013, 159 (162).
7 OLG Bamberg v. 22.6.2012 – 2 UF 296/11, FamRZ 2013, 481 (482); *Rake*, FPR 2013, 159 (161). Vgl. aber Hoppenz/*Walter*, § 116 FamFG Rz. 5 (Beschwerdegericht könne Anordnung der sofortigen Wirksamkeit nicht nachholen, sondern nur selbst eine sofort wirksam werdende eA treffen). Zur Vorläufernorm des § 24 FGG Jansen/*Briesemeister*, § 24 FGG Rz. 15 aE.
8 OLG Bamberg v. 22.6.2012 – 2 UF 296/11, FamRZ 2013, 481 (482); Keidel/*Weber*, § 116 FamFG Rz. 9; Thomas/Putzo/*Hüßtege*, § 116 FamFG Rz. 12.

Begründung der Beschwerde beträgt zwei Monate und beginnt mit der schriftlichen Bekanntgabe des Beschlusses, spätestens mit Ablauf von fünf Monaten nach Erlass des Beschlusses. § 520 Abs. 2 Satz 2 und 3 sowie § 522 Abs. 1 Satz 1, 2 und 4 der Zivilprozessordnung gelten entsprechend.
(2) Die §§ 514, 516 Abs. 3, 521 Abs. 2, 524 Abs. 2 Satz 2 und 3, die §§ 527, 528, 538 Abs. 2 und § 539 der Zivilprozessordnung gelten im Beschwerdeverfahren entsprechend. Einer Güteverhandlung bedarf es im Beschwerde- und Rechtsbeschwerdeverfahren nicht.
(3) Beabsichtigt das Beschwerdegericht von einzelnen Verfahrensschritten nach § 68 Abs. 3 Satz 2 abzusehen, hat das Gericht die Beteiligten zuvor darauf hinzuweisen.
(4) Wird die Endentscheidung in dem Termin, in dem die mündliche Verhandlung geschlossen wurde, verkündet, kann die Begründung auch in die Niederschrift aufgenommen werden.
(5) Für die Wiedereinsetzung gegen die Versäumung der Fristen zur Begründung der Beschwerde und Rechtsbeschwerde gelten die §§ 233 und 234 Abs. 1 Satz 2 der Zivilprozessordnung entsprechend.

A. Allgemeines 1	VIII. Verfahren des Beschwerdegerichts (Absatz 3)
B. Einzelheiten	1. Allgemeine Grundsätze 41
I. Sachlicher und zeitlicher Anwendungsbereich 5	2. Verspätung 45
II. Überblick über die anwendbaren Vorschriften 7	3. Verzicht auf Verfahrenshandlungen 46
	a) Absehen von einer Beweisaufnahme 47
III. Zulässigkeit der Beschwerde	b) Absehen von einer Anhörung . . 48
1. Wert des Beschwerdegegenstandes 10	c) Absehen von einer erneuten mündlichen Verhandlung 49
2. Beschwerdeberechtigung 13	d) Gemeinsame Voraussetzungen und Verfahren 51
3. Anfechtung der Vorabentscheidung über den Scheidungsantrag 14	4. Mündliche Verhandlung 54
IV. Einlegung der Beschwerde 16	5. Versäumnisbeschluss 56
V. Begründung der Beschwerde (Absatz 1)	6. Fortwirken des Verbunds 58
1. Einreichung von Beschwerdeantrag und Beschwerdebegründung 20	7. Einzelrichter 59
2. Begründungsfrist 21	8. Rücknahme der Beschwerde 60
3. Anforderungen an die Beschwerdebegründung 23	IX. Entscheidung des Beschwerdegerichts (Absatz 4)
4. Antragsänderung und -erweiterung 26	1. Beschwerdegericht 61
VI. Analoge Anwendung von Vorschriften des Berufungsverfahrens (Absatz 2) . 29	2. Entscheidung bei unzulässiger Beschwerde 62
VII. Anschlussbeschwerde	3. Entscheidung bei begründeter/unbegründeter Beschwerde 63
1. Einlegung 35	4. Verbot der reformatio in peius . . . 64
2. Einlegungsfrist 36	5. Form und Inhalt des Beschlusses . 65
3. Begründung 37	6. Verlautbarung 69
4. Besonderheiten der Anfechtung einer Verbundentscheidung 39	7. Wirksamkeit 70
	X. Rechtsbeschwerde 71
	XI. Wiedereinsetzung (Absatz 5) 75

233 ZPO
Wiedereinsetzung in den vorigen Stand.

War eine Partei ohne ihr Verschulden verhindert, eine Notfrist oder die Frist zur Begründung der Berufung, der Revision, der Nichtzulassungsbeschwerde oder der Rechtsbeschwerde oder die Frist des § 234 Abs. 1 einzuhalten, so ist ihr auf Antrag Wiedereinsetzung in den vorigen Stand zu gewähren. *Das Fehlen des Verschuldens wird vermutet, wenn eine Rechtsbehelfsbelehrung unterblieben oder fehlerhaft ist.*[1]

---

1 Satz 2 angefügt mit Wirkung v. 1.1.2014 durch Art. 1 Nr. 5 des Gesetzes zur Einführung einer Rechtsbehelfsbelehrung im Zivilprozess und zur Änderung anderer Vorschriften v. 5.12.2012, BGBl. I, S. 2418.

234 ZPO
Wiedereinsetzungsfrist.

(1) ... ²Die Frist beträgt einen Monat, wenn die Partei verhindert ist, die Frist zur Begründung der Berufung, der Revision, der Nichtzulassungsbeschwerde oder der Rechtsbeschwerde einzuhalten.

514 ZPO
Versäumnisurteile.

(1) Ein Versäumnisurteil kann von der Partei, gegen die es erlassen ist, mit der Berufung oder Anschlussberufung nicht angefochten werden.

(2) Ein Versäumnisurteil, gegen das der Einspruch an sich nicht statthaft ist, unterliegt der Berufung oder Anschlussberufung insoweit, als sie darauf gestützt wird, dass der Fall der schuldhaften Versäumung nicht vorgelegen habe. § 511 Abs. 2 ist nicht anzuwenden.

516 ZPO
Zurücknahme der Berufung.

(3) Die Zurücknahme hat den Verlust des eingelegten Rechtsmittels und die Verpflichtung zur Folge, die durch das Rechtsmittel entstandenen Kosten zu tragen. Diese Wirkungen sind durch Beschluss auszusprechen.

520 ZPO
Berufungsbegründung.

(2) ... ²Die Frist kann auf Antrag von dem Vorsitzenden verlängert werden, wenn der Gegner einwilligt. ³Ohne Einwilligung kann die Frist um bis zu einem Monat verlängert werden, wenn nach freier Überzeugung des Vorsitzenden der Rechtsstreit durch die Verlängerung nicht verzögert wird oder wenn der Berufungskläger erhebliche Gründe darlegt.

521 ZPO
Zustellung der Berufungsschrift und -begründung.

(2) Der Vorsitzende oder das Berufungsgericht kann der Gegenpartei eine Frist zur schriftlichen Berufungserwiderung und dem Berufungskläger eine Frist zur schriftlichen Stellungnahme auf die Berufungserwiderung setzen. § 277 gilt entsprechend.

522 ZPO
Zulässigkeitsprüfung.

(1) Das Berufungsgericht hat von Amts wegen zu prüfen, ob die Berufung an sich statthaft und ob sie in der gesetzlichen Form und Frist eingelegt und begründet ist. Mangelt es an einem dieser Erfordernisse, so ist die Berufung als unzulässig zu verwerfen. ... ⁴Gegen den Beschluss findet die Rechtsbeschwerde statt.

524 ZPO
Anschlussberufung.

(2) ... ²Sie ist zulässig bis zum Ablauf der dem Berufungsbeklagten gesetzten Frist zur Berufungserwiderung. 3Diese Frist gilt nicht, wenn die Anschließung eine Verurteilung zu künftig fällig werdenden wiederkehrenden Leistungen (§ 323) zum Gegenstand hat.

527 ZPO
Vorbereitender Einzelrichter

(1) Wird der Rechtsstreit nicht nach § 526 dem Einzelrichter übertragen, kann das Berufungsgericht die Sache einem seiner Mitglieder als Einzelrichter zur Vorbereitung der Entscheidung zuweisen. In der Kammer für Handelssachen ist Einzelrichter der Vorsitzende; außerhalb der mündlichen Verhandlung bedarf es einer Zuweisung nicht.

(2) Der Einzelrichter hat die Sache so weit zu fördern, dass sie in einer mündlichen Verhandlung vor dem Berufungsgericht erledigt werden kann. Er kann zu diesem Zweck einzelne Beweise erheben, soweit dies zur Vereinfachung der Verhandlung vor dem Berufungsgericht wünschenswert und von vornherein anzunehmen ist, dass das Berufungsgericht das Beweisergebnis auch ohne unmittelbaren Eindruck von dem Verlauf der Beweisaufnahme sachgemäß zu würdigen vermag.

(3) Der Einzelrichter entscheidet

1. über die Verweisung nach § 100 in Verbindung mit den §§ 97 bis 99 des Gerichtsverfassungsgesetzes;

2. bei Zurücknahme der Klage oder der Berufung, Verzicht auf den geltend gemachten Anspruch oder Anerkenntnis des Anspruchs;
3. bei Säumnis einer Partei oder beider Parteien;
4. über die Verpflichtung, die Prozesskosten zu tragen, sofern nicht das Berufungsgericht gleichzeitig mit der Hauptsache hierüber entscheidet;
5. über den Wert des Streitgegenstandes;
6. über Kosten, Gebühren und Auslagen.
(4) Im Einverständnis der Parteien kann der Einzelrichter auch im Übrigen entscheiden.

528 ZPO
Bindung an die Berufungsanträge.

Der Prüfung und Entscheidung des Berufungsgerichts unterliegen nur die Berufungsanträge. Das Urteil des ersten Rechtszuges darf nur insoweit abgeändert werden, als eine Abänderung beantragt ist.

538 ZPO
Zurückverweisung.

(2) Das Berufungsgericht darf die Sache, soweit ihre weitere Verhandlung erforderlich ist, unter Aufhebung des Urteils und des Verfahrens an das Gericht des ersten Rechtszuges nur zurückverweisen,
1. soweit das Verfahren im ersten Rechtszuge an einem wesentlichen Mangel leidet und auf Grund dieses Mangels eine umfangreiche oder aufwändige Beweisaufnahme notwendig ist,
2. wenn durch das angefochtene Urteil ein Einspruch als unzulässig verworfen ist,
3. wenn durch das angefochtene Urteil nur über die Zulässigkeit der Klage entschieden ist,
4. wenn im Falle eines nach Grund und Betrag streitigen Anspruchs durch das angefochtene Urteil über den Grund des Anspruchs vorab entschieden oder die Klage abgewiesen ist, es sei denn, dass der Streit über den Betrag des Anspruchs zur Entscheidung reif ist,
5. wenn das angefochtene Urteil im Urkunden- oder Wechselprozess unter Vorbehalt der Rechte erlassen ist,
6. wenn das angefochtene Urteil ein Versäumnisurteil ist oder
7. wenn das angefochtene Urteil ein entgegen den Voraussetzungen des § 301 erlassenes Teilurteil ist
und eine Partei die Zurückverweisung beantragt. Im Fall der Nummer 3 hat das Berufungsgericht sämtliche Rügen zu erledigen. Im Fall der Nummer 7 bedarf es eines Antrags nicht.

539 ZPO
Versäumnisverfahren.

(1) Erscheint der Berufungskläger im Termin zur mündlichen Verhandlung nicht, so ist seine Berufung auf Antrag durch Versäumnisurteil zurückzuweisen.
(2) Erscheint der Berufungsbeklagte nicht und beantragt der Berufungskläger gegen ihn das Versäumnisurteil, so ist das zulässige tatsächliche Vorbringen des Berufungsklägers als zugestanden anzunehmen. Soweit es den Berufungsantrag rechtfertigt, ist nach dem Antrag zu erkennen; soweit dies nicht der Fall ist, ist die Berufung zurückzuweisen.
(3) Im Übrigen gelten die Vorschriften über das Versäumnisverfahren im ersten Rechtszug sinngemäß.

A. Allgemeines

Die Vorschrift betrifft entgegen der weiter gefassten Überschrift nicht alle Rechtsmittel in Ehesachen (§ 121) und Familienstreitsachen (§ 112), sondern nur die Anfechtung von die Instanz abschließenden **Endentscheidungen**.

Die nach früherem Recht geltende Zweiteilung der Rechtsmittel – Berufung in ZPO-Verfahren, befristete Beschwerde in Familiensachen der freiwilligen Gerichtsbarkeit – ist durch das FamFG durch das **einheitliche Rechtsmittel der Beschwerde** gem. §§ 58 ff. ersetzt worden. Die Entscheidung des Beschwerdegerichts (Oberlandesgericht) kann ggf. durch Rechtsbeschwerde (§§ 70 ff.) angefochten werden. Die Vorschriften der Zivilprozessordnung über die Berufung und Revision sind nicht anwendbar, soweit dies nicht ausdrücklich angeordnet ist. Auch gegen **Verbundent-**

scheidungen (Ehescheidung nebst Folgesachen) ist nach dem FamFG in jedem Fall – unabhängig von dem angegriffenen Verfahrensgegenstand – die Beschwerde nach den §§ 58ff. eröffnet. Hinsichtlich der weiteren Ausgestaltung des Beschwerdeverfahrens wirkt aber die Differenzierung zwischen Streitsachen und Verfahren der freiwilligen Gerichtsbarkeit fort, da für erstere teilweise auf Vorschriften der Zivilprozessordnung verwiesen wird.

3 Mit dem FamFG ist die **Regelungssystematik** für die Rechtsmittel in Ehe- und Familienstreitsachen geändert worden. Während auf diese früher grundsätzlich die Zivilprozessordnung anzuwenden war und nur teilweise die Vorschriften des FGG, werden nunmehr umgekehrt alle Rechtsmittel in diesen Verfahren grundsätzlich den Vorschriften des FamFG über Beschwerde (§§ 58ff.) und Rechtsbeschwerde (§§ 70ff.) unterstellt. In Abweichung davon erklärt § 117 für das Verfahren der Beschwerde teilweise Vorschriften des **Berufungs**verfahrens der Zivilprozessordnung für entsprechend anwendbar. Hinsichtlich des Verfahrens der **Rechtsbeschwerde** bleibt es weitgehend bei der allgemeinen Regelung der §§ 70ff. Ergänzend enthalten auch die §§ 113–116 und 119 Regelungen, die in das Beschwerde- und Rechtsbeschwerdeverfahren in Ehe- und Familienstreitsachen wirken. Die Konzeption des erstinstanzlichen Verfahrens in diesen Sachen, dessen Vorschriften subsidiär auch für das Beschwerde- und Rechtsbeschwerdeverfahren gelten (§§ 68 Abs. 3 Satz 1, 74 Abs. 4), ist eine andere: Für dieses treten gem. § 113 Abs. 1 in weitem Umfang die Allgemeinen Vorschriften der Zivilprozessordnung sowie die Vorschriften der Zivilprozessordnung über das Verfahren vor dem Landgericht an die Stelle des FamFG.

4 **Motiv des Gesetzgebers**[1] für die teilweise Abkehr von der Anwendbarkeit des Berufungsrechts war die Auffassung, dass die zivilprozessuale Berufung wegen der grundsätzlichen Bindung des Gerichts an erstinstanzliche Feststellungen (§ 529 Abs. 1 ZPO), der Pflicht des Berufungsgerichts zur Zurückweisung verspäteten Vorbringens (§ 531 Abs. 2 ZPO), der Einschränkung der Anschlussberufung (§ 524 Abs. 2 ZPO) und wegen des weit gehenden Ausschlusses von Klageänderung, Aufrechnung und Widerklage (§ 533 ZPO) den Bedürfnissen des familiengerichtlichen Verfahrens, die Tatsachenfeststellung an das häufig im Fluss befindliche Geschehen anzupassen, nicht immer gerecht werde. Die genannten Vorschriften, denen die Vorstellung zugrunde liege, dass im Zivilprozess über einen abgeschlossenen Lebenssachverhalt gestritten werde, seien mit der **Dynamik eines Trennungsgeschehens** häufig nur schwer vereinbar und würden, etwa in Unterhaltssachen, die Berücksichtigung veränderter Einkommens- und Vermögensverhältnisse nur in eingeschränktem Maße zulassen. Solche Änderungen seien sinnvollerweise bereits im Rechtsmittelverfahren und nicht erst in einem neuen Verfahren zu berücksichtigen. Bereits daraus ergebe sich, dass die Beschwerdeinstanz in Familienstreitsachen als volle zweite Tatsacheninstanz auszugestalten sei. Die Nähe der Ehesachen und der Familienstreitsachen zu den zivilprozessualen Rechtsstreitigkeiten findet ihren Ausdruck aber weiterhin durch die in § 117 angeordnete entsprechende Anwendung einzelner Vorschriften der Zivilprozessordnung.

4a Zu beachten ist, dass § 117 nicht in der im BGBl. vom 22.12.2008[2] ursprünglich verkündeten Fassung in Kraft getreten ist. Die Vorschrift wurde in mehreren Punkten durch Art. 8 des Gesetzes zur Modernisierung von Verfahren im anwaltlichen und notariellen Berufsrecht vom 30.7.2009[3] vor ihrem Inkrafttreten **geändert**. Durch diese Änderung wurden einige redaktionelle Versehen, die im Gesetzgebungsverfahren unterlaufen sind, korrigiert. Es handelt sich um folgende Änderungen:
– § 117 Abs. 1 ist dahingehend ergänzt worden, dass die Beschwerdebegründung beim Beschwerdegericht einzureichen ist (vgl. dazu Rz. 20).
– Die Verweisung auf die Vorschriften der ZPO in Absatz 2 Satz 1 ist auf die §§ 516 Abs. 3, 521 Abs. 2 ZPO erweitert worden (vgl. dazu Rz. 60, 67).

---
1 Begr. RegE, BT-Drucks. 16/6308, S. 224f.
2 BGBl. I, S. 2585ff.
3 BGBl. I 2009, S. 2449.

– Die Verweisung auf die Vorschriften der ZPO über die Wiedereinsetzung in Abs. 5 (vgl. Rz. 74) ist auf den Fall der Begründung von Beschwerde und Rechtsbeschwerde beschränkt worden; zuvor war auch die Einlegung der Rechtsmittel erfasst.

Durch das Gesetz zur Einführung einer Rechtsbehelfsbelehrung im Zivilprozess und zur Änderung anderer Vorschriften[1] ist § 117 erneut mit Wirkung ab 1.1.2013 geändert worden; eingefügt wurde die Verweisung auf § 527 ZPO (vorbereitender Einzelrichter, s. Rz. 59a).

B. Einzelheiten

I. Sachlicher und zeitlicher Anwendungsbereich

§ 117 regelt die Anfechtung von **Endentscheidungen**, also Entscheidungen, durch die der Verfahrensgegenstand ganz oder teilweise erledigt wird, § 38 Abs. 1. Auf die Anfechtung von Zwischen- und Nebenentscheidungen finden die §§ 58 ff. keine Anwendung. Gegen erstinstanzliche Endentscheidungen in Ehesachen (§ 121) und Familienstreitsachen (§ 112) ist die **Beschwerde** (§§ 58 ff.) zum Oberlandesgericht das **einheitliche Rechtsmittel**, eine Berufung gibt es in diesen Verfahren nicht mehr. Zu beachten ist, dass zu den Familienstreitsachen gem. § 112 Nr. 3 auch Verfahren gehören, die vor dem 1.9.2009 von der allgemeinen Abteilung des Amtsgerichts oder dem Landgericht entschieden wurden. Das sind v. a. diejenigen des § 266, also ua. Ansprüche zwischen Verlobten oder ehemals Verlobten im Zusammenhang mit dem Ende des Verlöbnisses (Nr. 1), aus der Ehe herrührende Ansprüche (Nr. 2), Ansprüche zwischen Verheirateten oder ehemals Verheirateten im Zusammenhang mit Trennung und Beendigung der Ehe (Nr. 3) sowie aus dem Eltern-Kind-Verhältnis (Nr. 4) oder dem Umgangsrecht (Nr. 5) stammende Ansprüche. Entsprechendes gilt für Lebenspartnerschaftssachen mit diesen Gegenständen (§ 269 Abs. 2). Gegen die Entscheidungen des Beschwerdegerichts ist einheitliches Rechtsmittel die **Rechtsbeschwerde** zum Bundesgerichtshof (vgl. Rz. 71 ff.). Auch in Ehe- und Familienstreitsachen gibt es eine Revision nicht mehr. Die gem. § 75 eröffnete Sprungrechtsbeschwerde gegen Entscheidungen des Familiengerichts hat in Ehe- und Familienstreitsachen keine Bedeutung.

Zum **Übergangsrecht** ist zu beachten: Das FamFG ist als Art. 1 des FGG-RG gem. dessen Art. 112 Abs. 1 am 1. September 2009 in Kraft getreten. Die Rechtsmittel in Ehe- und Familiensachen bestimmen sich – wie die Rechtsmittel in anderen Verfahren des FamFG – erst dann nach den Vorschriften des FamFG, wenn auch das erstinstanzliche Verfahren bereits nach diesem Gesetz durchgeführt worden ist. Nach Art. 111 FGG-RG finden auf Verfahren, die **bis zum Inkrafttreten des FamFG eingeleitet** worden sind oder deren Einleitung bis zum Inkrafttreten dieses Gesetzes beantragt wurde, weiter die bis dahin geltenden Vorschriften Anwendung. Diese Regelung erstreckt sich mangels anderweitiger Differenzierung einheitlich auf die Durchführung des Verfahrens in allen Instanzen. Ist das Verfahren in erster Instanz nach dem bisherigen Recht eingeleitet, so wird auch das **Rechtsmittelverfahren nach dem bisherigen Recht** durchgeführt.[2] Erst wenn das erstinstanzliche Verfahren nach dem neuen Recht eingeleitet ist, bestimmt sich nach diesem auch das Rechtsmittelverfahren. Dies gilt auch dann, wenn eine Widerklage erst nach dem 31.8.2009 erhoben wurde[3] oder der Antrag geändert wurde,[4] da das Verfahren einheitlich zu beurteilen ist. Daneben kann ein Wechsel in das neue Recht auch nach Art. 111 Abs. 3 – 5 FGG-RG eintreten (s. dazu sowie zu weiteren Einzelheiten Art. 111 FGG-RG Rz. 9 ff.).

---

1 BGBl. I 2012, 2418.
2 St. Rspr. des BGH, zB v. 3.11 201 – XII ZB 197/10, MDR 2011, 45; BGH v. 25.11.2009 – XII ZR 8/08, FamRZ; 2010, 192; BGH v. 1.3.2010 – II ZB 1/10, FamRZ 2010, 639; so jetzt auch *Prütting/Helms* Art. 111 FGG-RG Rz. 6; *Zöller/Geimer*, Einl FamFG Rz. 54; *Geimer*, FamRB 2009, 386.
3 BGH v. 3.11.2010 – XII ZB 197/10, MDR 2011, 45.
4 OLG Frankfurt v. 3.5.2010 – 4 W 6/10, FamRZ 2010, 1581; aA für Klageerweiterung OLG Frankfurt v. 18.11.2009 – 19 W 74/09, FamRZ 2010, 481.

II. Überblick über die anwendbaren Vorschriften

7 Die allgemeinen Vorschriften der §§ 58–75 über Beschwerde und Rechtsbeschwerde sind von der Regelung in § 113 Abs. 1, mit der für Ehe- und Familienstreitsachen in erheblichem Maße die Vorschriften des FamFG für nicht anwendbar erklärt werden, nicht erfasst. Soweit § 117 keine Sonderregelung enthält, sind daher die §§ 58 ff. auch auf die Beschwerde und Rechtsbeschwerde in diesen Verfahren anzuwenden. Für die in den §§ 58 ff. nicht geregelten Fragen wird für die Beschwerde gem. § 68 Abs. 3 Satz 1 und für die Rechtsbeschwerde gem. § 74 Abs. 4 auf die Vorschriften über das Verfahren in erster Instanz verwiesen. In Ehesachen und Familienstreitsachen sind das gem. § 113 Abs. 1 Satz 2 weitgehend die **Allgemeinen Vorschriften der Zivilprozessordnung** sowie die Vorschriften der Zivilprozessordnung über das **Verfahren vor den Landgerichten**. Daneben zu beachten ist aber, dass auch die speziellen Bestimmungen über die einzelnen Verfahren in den **Abschnitten 2, 3, 6, 8–12 des 2. Buchs** des FamFG Regelungen enthalten, die für die erste Instanz der Verweisung auf die Zivilprozessordnung vorgehen und damit auch im Beschwerdeverfahren Anwendung finden können. Zur Rechtsbeschwerde vgl. Rz. 71 ff.

8 Neben den unmittelbaren Bestimmungen über die **Beschwerde** (§§ 58 ff.) sind auch auf Beschwerdeverfahren in Ehe- und Familienstreitsachen ua. folgende allgemeinen Regelungen des FamFG anwendbar: Gem. § 114 Abs. 1 müssen sich die Ehegatten in Ehesachen und Folgesachen im Beschwerdeverfahren **durch einen Rechtsanwalt vertreten** lassen, sofern nicht eine der in § 114 Abs. 4 bestimmten Ausnahmen eingreift. Die Bewilligung von **Verfahrenskostenhilfe** bestimmt sich gem. § 113 Abs. 1 hingegen nach den §§ 114 ff. ZPO, die Anwendung der §§ 76 ff. über die Verfahrenskostenhilfe wird ausgeschlossen. Auf den Erlass einer eA sind auch bei einer Zuständigkeit des Beschwerdegerichts (§ 50 Abs. 1 Satz 1) die §§ 49 ff. anzuwenden (§ 119). Das Beschwerdegericht entscheidet durch **Beschluss**, ggf. mit Rechtsbehelfsbelehrung (§§ 38, 39, vgl. dazu Rz. 65 ff.). Von den für die einzelnen Verfahren geltenden **Vorschriften des 2. Buchs** des FamFG haben für die Beschwerdeinstanz besondere Bedeutung: In **Ehesachen** die eingeschränkte Amtsermittlung (§ 127), die Anhörung der Ehegatten (§ 128, vgl. aber auch Rz. 46 ff.), die Kostenregelungen (§§ 132, 150), die Regelungen über den Verbund von Scheidungs- und Folgesachen (§§ 137, 142, vgl. dazu Rz. 58) sowie die Abtrennung von Folgesachen (§ 140), die Befristung von Rechtsmittelerweiterung und Anschlussrechtsmittel (§ 145), die Zurückverweisung bei noch anhängiger Folgesache (§ 146), in **Kindschaftssachen** das Beschleunigungsgebot (§ 155),[1] die Bestellung eines Verfahrensbeistands (§ 158), die persönliche Anhörung von Kind und Eltern (§§ 159 f., vgl. aber auch Rz. 46 ff.), in **Ehewohnungssachen** die Regelungen über die Beteiligten und die Anhörung des Jugendamts (§§ 204, 205), in **Versorgungsausgleichssachen** die Regelungen über die Zulässigkeit der Beschwerde (§ 228), in **Unterhaltssachen** die Bestimmungen über die verfahrensrechtlichen Auskunftspflichten (§§ 235, 236), die Kostenbestimmung des § 243 sowie die Spezialbestimmungen zur eA (§§ 246–248) und in **Güterrechtssachen** die Regelungen hinsichtlich der Verfahren nach §§ 1382, 1383 BGB (Stundung und Übertragung von Vermögensgegenständen, §§ 264, 265).

9 Bei einem Rechtsmittel gegen eine **Verbundentscheidung** iSd. § 137 ist zu differenzieren: Sofern die **Scheidung** und/oder eine **Familienstreitsache** iSd. § 112 (Unterhaltssache oder Güterrechtssache) angefochten ist, finden neben den §§ 58 ff. und den Spezialvorschriften in dem entsprechenden Abschnitt des 2. Buchs die Verweisungen des § 117 auf die ZPO-Vorschriften Anwendung. Wenn hingegen nur eine Folgesache angefochten ist, die der **freiwilligen Gerichtsbarkeit** zuzuordnen ist (Versorgungsausgleichssache, Ehewohnungs- und Haushaltssache, Kindschaftssache), gelten allein die §§ 58 ff., ggf. mit den Modifizierungen, die für diese Verfahren in den Spezialvorschriften des entsprechenden Abschnitts des 2. Buchs angeordnet sind. Sofern **mehrere Teilentscheidungen** einer Verbundentscheidung angefochten sind, ist auf jeden Verfahrensteil das für ihn geltende Beschwerderecht anwendbar. Wenn

---

1 Vgl. dazu *Hennemann*, FPR 2009, 20 (23).

sich also zB die Beschwerde sowohl gegen die Verurteilung zur Zahlung von Kindesunterhalt als auch gegen die Entscheidung zum Sorgerecht für ein gemeinschaftliches Kind richtet, sind auf die Unterhaltssache die §§ 58 ff. mit den Modifikationen des § 117 anwendbar (zB das Erfordernis einer Beschwerdebegründung, § 117 Abs. 1), während sich das Beschwerdeverfahren hinsichtlich des Sorgerechts allein nach den §§ 58 ff. richtet.

III. Zulässigkeit der Beschwerde

1. Wert des Beschwerdegegenstandes

In vermögensrechtlichen Angelegenheiten ist die Beschwerde gem. § 61 Abs. 1 zulässig, wenn der **Wert des Beschwerdegegenstandes 600 Euro** (Ausnahme: Entscheidungen zum Versorgungsausgleich, § 228) übersteigt; zur Bemessung der Beschwer grundsätzlich § 61 Rz. 4 ff. In nichtvermögensrechtlichen Angelegenheiten ist die Beschwerde uneingeschränkt zulässig. Für die **Familienstreitsachen** enthalten weder der Allgemeine Teil des FamFG noch § 117 Regelungen, wie die Beschwer zu bemessen ist. § 113 Abs. Satz 2 verweist aber für die Familienstreitsachen generell auf die Allgemeinen Vorschriften der ZPO. Zu diesen gehören die §§ 3 ff. ZPO. Deren Grundsätze sind daher auf die Familienstreitsachen (weiterhin) anwendbar.[1] Für **Unterhaltssachen** bedeutet dies, dass sich der Wert der Beschwer entsprechend § 9 ZPO bestimmt. Maßgeblich ist somit der in der Beschwerdeinstanz streitige Teil des Unterhalts für 42 Monate, sofern nicht eine kürzere Zeit im Streit ist, § 9 Satz 2 ZPO. Rückstände, die bis zur Klageeinreichung aufgelaufen sind, sind diesem Betrag hinzuzurechnen.[2] Hingegen bleiben Beträge, die zwischen Einreichung des Antrags und Einlegung der Beschwerde fällig geworden sind, für die Ermittlung der Beschwer unberücksichtigt.

10

Die Beschwer eines **zur Auskunft Verpflichteten** bemisst sich nach seinem Interesse, die Auskunft nicht erteilen zu müssen, wobei auf den Aufwand an Zeit und Kosten abzustellen ist, den die Erteilung der geschuldeten Auskunft erfordert.[3] Wenn der Verpflichtete zur Abwendung der Vollstreckung bereits Auskunft erteilt hat, sind grundsätzlich die dadurch entstandenen Kosten maßgebend.[4] Dabei können die Kosten der Zuziehung einer **sachkundigen Hilfsperson** (zB Steuerberater) nur berücksichtigt werden, wenn sie zwangsläufig entstehen, weil der Auskunftspflichtige ohne sie zu einer sachgerechten Auskunftserteilung nicht in der Lage ist.[5] Daran fehlt es, wenn dem Auskunftspflichtigen alle Daten bereits vorliegen und es lediglich ihrer Zusammenstellung bedarf.[6] Anhaltspunkt für die Bewertung seines eigenen Zeitaufwandes können die Stundensätze für die Entschädigung von Zeugen nach den §§ 19 ff. JVEG sein.[7] Da regelmäßig ein Verdienstausfall nicht entstehen wird – in aller Regel kann die Auskunft in der Freizeit erteilt werden[8] –, sind dies gem. § 20 JVEG in der seit dem 1.8.2013 geltenden Fassung[9] 3,50 Euro je Stunde. Da die Auskunftsverpflichtung persönlicher Natur ist, kommt es nicht darauf an, welche Vergütung der Verpflichtete im beruflichen Bereich verlangen könnte.[10] Sofern der Antragsgegner durch eine nicht eindeutige Formulierung der Auskunftsverpflichtung

11

---

1 BGH v. 9.11.2011 – XII ZB 212/11, FamRZ 2012, 204; BGH v. 12.10.2011 – XII ZB 127/11, FamRZ 2011, 1929 = MDR 2011, 1438.
2 BGH v. 6.5.1960 – V ZR 148/59, NJW 1960, 1459 = MDR 1960, 663.
3 St. Rspr., zB BGH v. 9.11.2011 – XII ZB 212/11, FamRZ 2012, 204; BGH v. 26.10.2011 – XII ZB 465/11, FamRZ 2012, 24; BGH v. 21.4.2010 – XII ZB 128/09, FamRZ 2010, 964; BGH v. 26.10.2005 – XII ZB 25/05, FamRZ 2006, 33; BGH v. 3.11.2004 – XII ZB 165/00, FamRZ 2005, 104.
4 BGH v. 29.6.2010 – X ZR 51/09, NJW 2010, 2812.
5 BGH v. 9.11.2011 – XII ZB 212/11, FamRZ 2012, 204; BGH v. 26.10.2005 – XII ZB 25/05, FamRZ 2006, 33; BGH v. 11.7.2001 – XII ZR 14/00, FamRZ 2002, 666.
6 BGH v. 11.7.2001 – XII ZR 14/00, FamRZ 2002, 666.
7 BGH v. 28.9.2011 – IV ZR 250/10, FamRZ 2012, 299; BGH v. 11.7.2001 – XII ZR 14/00, FamRZ 2002, 666.
8 BGH v. 28.11.2012 – XII ZB 620/11, MDR 2013, 50.
9 Geändert durch Art. 7 Nr. 20 des 2. KostRMoG v. 23.7.2013, BGBl. I, S. 2586.
10 BGH v. 28.11.2012 – XII ZB 620/11, MDR 2013, 50: „hochbezahlter Manager".

zur Klärung von deren Umfang **rechtlicher Beratung** bedarf, sind die dafür erforderlichen Kosten zusätzlich zu berücksichtigen.[1] Kann der Verpflichtete die Auskunft nur erteilen, wenn er einen Dritten gerichtlich in Anspruch nimmt, sind die dafür erforderlichen Kosten maßgebend, auch wenn nur eine geringe Wahrscheinlichkeit besteht, dass der Anspruch durchgesetzt werden kann.[2] Der für die Abgabe der **eidesstattlichen Versicherung** erforderliche Aufwand entspricht in der Regel dem Aufwand für die Erteilung der vorangegangenen Auskunft.[3] Im Einzelfall kann ein **Geheimhaltungsinteresse** des zur Auskunft Verurteilten gegenüber dem Auskunftsberechtigten (zusätzlich) für die Bemessung des Rechtsmittelinteresses erheblich sein. Dafür muss er substantiiert dartun, dass ihm durch die Erteilung der Auskunft seitens des die Auskunft Begehrenden die Gefahr droht, dieser werde von ihm gegenüber offenbarten Tatsachen über den Rechtsstreit hinaus in einer Weise Gebrauch machen, die schützenswerte wirtschaftliche Interessen des Auskunftspflichtigen gefährden können.[4] Wurde die Auskunft erteilt, kommt es bei der Verpflichtung zur Abgabe der eidesstattlichen Versicherung auf das Geheimhaltungsinteresse nicht mehr an, da sich dieses durch die Auskunft erledigt hat.[5] Auch eine erneute anwaltliche Beratung ist für die eidesstattliche Versicherung grundsätzlich nicht mehr erforderlich.[6]

11a Wurde ein unterhaltsrechtlicher **Auskunftsanspruch abgewiesen**, bemisst sich der Rechtsmittelstreitwert des den Leistungsanspruch erst vorbereitenden Auskunftsbegehrens nach einem Bruchteil – üblicherweise 1/4 bis 1/10,[7] in Unterhaltssachen im Regelfall 1/4 oder 1/5[8] – des voraussichtlichen Leistungsanspruchs.[9] Dieser ist entsprechend § 3 ZPO[10] nach objektiven Anhaltspunkten zu schätzen, wobei anhand des Tatsachenvortrags des Antragstellers danach zu fragen ist, welche Vorstellungen er sich vom Wert des Leistungsanspruchs macht und ob ggf. ein solcher Anspruch nach den festgestellten Verhältnissen überhaupt oder allenfalls in geringerer Höhe in Betracht kommt.[11] Für die Höhe der Beschwer ist aber unerheblich, ob der geltend gemachte Anspruch tatsächlich besteht.[12] Der Monatsbetrag ist entsprechend § 9 ZPO auf den 3,5-fachen Jahresbetrag hochzurechnen, sofern nicht ausnahmsweise allein ein kürzerer Zeitraum im Streit ist.[13]

12 Wenn der Beschwerdewert nicht erreicht ist, ist die Beschwerde (nur) zulässig, wenn das Familiengericht sie gem. § 61 Abs. 2, Abs. 3 zugelassen hat; das Beschwerdegericht ist an die **Zulassung** gebunden, § 61 Abs. 3 Satz 2. Hat das Amtsgericht **keine Veranlassung** zur Zulassung gesehen, weil es von einer Beschwer über 600 Euro ausgegangen ist, hat das Beschwerdegericht diese Entscheidung **nachzuholen**, wenn es eine geringere Beschwer annimmt.[14] Hat das Beschwerdegericht diese Entschei-

---

1 BGH v. 10.12.2008 – XII ZR 108/05, FamRZ 2009, 495; BGH v. 20.6.2007 – XII ZB 142/05, FamRZ 2007, 1461 = MDR 2007, 1259.
2 BGH v. 26.10.2011 – XII ZB 465/11, FamRZ 2012, 24.
3 BGH v. 28.11.2012 – XII ZB 620/11, MDR 2013, 50.
4 BGH v. 9.11.2011 – XII ZB 212/11, FamRZ 2012, 204; BGH v. 10.8.2005 – XII ZB 63/05, NJW 2005, 3349 = FamRZ 2005, 1986.
5 BGH v. 28.11.2012 – XII ZB 620/11, MDR 2013, 50.
6 BGH v. 28.11.2012 – XII ZB 620/11, MDR 2013, 50; weitergehend aber wohl BGH v. 27.2.2013 – IV ZR 42/11, FamRZ 2013, 783.
7 BGH v. 12.10.2011 – XII ZB 127/11, FamRZ 2011, 1929 = MDR 2011, 1438; BGH v. 8.1.1997 – XII ZR 307/95, NJW 1997, 1016 = FamRZ 1997, 546.
8 BGH v. 8.1.1997 – XII ZR 307/95, NJW 1997, 1016 = FamRZ 1997, 546; BGH v. 31.3.1993 – XII ZR 67/92, FamRZ 1993, 1189.
9 BGH v. 21.4.1999 – XII ZB 158/98, FamRZ 1999, 1497.
10 BGH v. 9.11.2011 – XII ZB 212/11, FamRZ 2012, 204; BGH v. 12.10.2011 – XII ZB 127/11, FamRZ 2011, 1929 = MDR 2011, 1438.
11 BGH v. 12.10.2011 – XII ZB 127/11, FamRZ 2011, 1929 = MDR 2011, 1438; zum früheren Recht: BGH v. 8.1.1997 – XII ZR 307/95, NJW 1997, 1016 = FamRZ 1997, 546; BGH v. 31.3.1993 – XII ZR 67/92, FamRZ 1993, 1189.
12 BGH v. 12.10.2011 – XII ZB 127/11, FamRZ 2011, 1929 = MDR 2011, 1438.
13 BGH v. 8.1.1997 – XII ZR 307/95, NJW 1997, 1016 = FamRZ 1997, 546.
14 BGH v. 28.3.2012 – XII ZB 323/11, FamRZ 2012, 961; *Bömelburg*, FamRB 2010, 238; zum früheren Recht: BGH v. 21.4.2010 – XII ZB 128/09, FamRZ 2010, 964; BGH v. 23.3.2011 – XII ZB 436/10, FamRZ 2011, 882; BGH v. 26.10.2011 – XII ZB 465/11, FamRZ 2012, 24.

dung nicht nachgeholt, kann das Rechtsbeschwerdegericht (zur Zulässigkeit der Rechtsbeschwerde bei Verwerfung der Beschwerde s. Rz. 73) im Rahmen der Erheblichkeit dieses Verfahrensfehlers prüfen, ob eine Zulassung der Beschwerde geboten gewesen wäre.[1] Von der Wertfestsetzung für die Gebühren kann aber nicht ohne Weiteres auf die vom Familiengericht angenommene Beschwer geschlossen werden.[2] Erhebliche Differenzen gibt es insoweit bei der Entscheidung über einen Auskunftsantrag (s. Rz. 11). Die Zulassung ist in den Beschlusstenor aufzunehmen. Ausreichend für eine wirksame Zulassung ist aber, dass sie sich aus den Entscheidungsgründen ergibt[3] (vgl. § 61 Rz. 15). Fehlt es an jedem Ausspruch über eine Zulassung, ist die Beschwerde nicht zugelassen;[4] eine nachträgliche Zulassung ist außerhalb einer Berichtigung (§ 42) nicht möglich.[5]

2. Beschwerdeberechtigung

13
Beschwerdeberechtigt ist gem. § 59 Abs. 1, wer durch den Beschluss **in seinen Rechten beeinträchtigt** ist. Wegen der Einzelheiten vgl. § 59 Rz. 2 ff. Einer formellen Beschwer bedarf es nicht, wenn der Beschwerdeführer sich gegen die Scheidung wendet und mit seinem Rechtsmittel die **Aufrechterhaltung der Ehe** anstrebt. Zwar fehlt es für die Verfolgung eines Rechtsmittels an einem Rechtsschutzbedürfnis, wenn der Rechtsmittelführer durch die anzufechtende Entscheidung nicht beschwert ist, weil seinem Rechtsbegehren insoweit in vollem Umfang stattgegeben worden ist. Ausnahmen von diesem Grundsatz hat die Rechtsprechung im Interesse einer Aufrechterhaltung der Ehe jedoch zugelassen, wenn das Rechtsmittel eingelegt wird, um von dem Scheidungsverlangen Abstand zu nehmen und den Fortbestand der Ehe zu erreichen.[6] Diese Rechtsprechung ist auf das FamFG zu übertragen.[7] Der **Antragsteller**, auf dessen Antrag hin die Scheidung ausgesprochen wurde, kann daher mit seiner Beschwerde auf den Scheidungsantrag verzichten oder ihn zurücknehmen.[8] Die Beschwerde ist jedoch unzulässig, wenn der Beschwerdeführer in der Beschwerdebegründung nicht deutlich erkennen lässt, dass die Ehe aufrechterhalten werden soll, und vorbehaltlos die Rücknahme seines Scheidungsantrags erklärt oder einen Verzicht (§ 306 ZPO) ankündigt.[9] Der **Antragsgegner** kann mit seiner Beschwerde seine Zustimmung zur Scheidung, die grundsätzlich seiner Beschwer entgegenstehen würde, gem. § 134 Abs. 2 widerrufen und Abweisung des Scheidungsantrags begehren.[10]

3. Anfechtung der Vorabentscheidung über den Scheidungsantrag

14
Der Beschwerdeführer kann mit seinem Rechtsmittel geltend machen, dass über die Scheidung entgegen § 137 Abs. 1 **nicht gemeinsam mit allen Folgesachen** entschieden worden ist, (mindestens) eine Folgesache also zu Unrecht nach § 140 abgetrennt ist. § 140 Abs. 6 ordnet zwar an, dass die Abtrennung von Folgesachen nicht selbständig anfechtbar ist. Dies schließt aber allein eine Anfechtung des Abtrennungsbeschlusses selbst aus. Im Rahmen der Beschwerde gegen den Scheidungsausspruch ist auch die Rechtmäßigkeit der Abtrennung zu überprüfen, da gem. § 58 Abs. 2 der Beurteilung des Beschwerdegerichts auch die nicht selbständig an-

---

1 *Bömelburg*, FamRB 2010, 238; zum früheren Recht: BGH v. 21.4.2010 – XII ZB 128/09, FamRZ 2010, 964; BGH v. 23.3.2011 – XII ZB 436/10, FamRZ 2011, 882.
2 BGH v. 26.10.2011 – XII ZB 465/11, FamRZ 2012, 24; BGH v. 10.2.2011 – III ZR 338/09, NJW 2011, 926 = FamRZ 2011, 639 (LS).
3 BGH v. 29.1.2003 – XII ZR 92/01, NJW 2003, 1518; Zöller/*Heßler*, § 543 ZPO Rz. 16 für die Revisionszulassung.
4 BGH v. 28.3.2012 – XII ZB 323/11, FamRZ 2012, 961.
5 BGH v. 28.3.2012 – XII ZB 323/11, FamRZ 2012, 961.
6 BGH v. 30.3.1983 – IVb ZR 19/82, NJW 1983, 1561 = FamRZ 1983, 685.
7 OLG Zweibrücken v. 25.5.2012 – 6 UF 39/12, FamRZ 2013, 652 = FamRB 2013, 2 (*Kemper*).
8 BGH v. 11.1.1984 – IVb ZR 41/82, NJW 1984, 1302 = FamRZ 1984, 350.
9 OLG Zweibrücken v. 25.5.2012 – 6 UF 39/12, FamRZ 2013, 652 = FamRB 2013, 2 (*Kemper*); zum früheren Recht: BGH v. 26.11.1986 – IVb ZR 92/85, FamRZ 1987, 264 = MDR 1987, 392.
10 OLG Zweibrücken v. 25.5.2012 – 6 UF 39/12, FamRZ 2013, 652 = FamRB 2013, 2 (*Kemper*); Keidel/*Weber*, § 134 FamFG Rz. 9; BGH v. 11.1.1984 – IVb ZR 41/82, NJW 1984, 1302 = FamRZ 1984, 350.

fechtbaren Entscheidungen unterliegen, die der Endentscheidung vorausgegangen sind. Die Entscheidung über die Auflösung des Verfahrensverbunds ist daher wie nach früherem Recht[1] verfahrensmäßig der Entscheidung über den Scheidungsantrag zugeordnet. Daher ist die Rüge, die Auflösung des Verbunds sei zu Unrecht erfolgt, im Wege der **Anfechtung des Scheidungsausspruchs** zu erheben.[2] Für die Zulässigkeit der Beschwerde gegen den Scheidungsausspruch reicht dieser Einwand aus, es ist nicht erforderlich, dass der Beschwerdeführer sich auch gegen die Berechtigung der Scheidung selbst wendet.[3] Wird dem Scheidungsantrag zu Unrecht vor der Entscheidung über eine Folgesache stattgegeben, schafft dies eine **selbständige Beschwer**, die von beiden Ehegatten mit Rechtsmitteln gegen den Scheidungsausspruch gerügt werden kann.[4] Beide Ehegatten können verlangen, nur geschieden zu werden, wenn gleichzeitig über die Folgesachen entschieden wird, unabhängig davon, ob sie sich in erster Instanz mit einer Vorabentscheidung über die Scheidung einverstanden erklärt haben.[5] Es reicht aus, wenn der Beschwerdeführer die Aufhebung des Scheidungsausspruchs und Zurückverweisung der Sache an das Familiengericht beantragt, weil davon auszugehen ist, dass er damit seinen Folgesachenantrag aus der ersten Instanz weiter verfolgen will.[6] Da nach einer Vorabentscheidung über die Scheidung die noch anhängigen Folgesachen ihrerseits einen Verbund bilden, kann mit der Beschwerde auch angegriffen werden, dass dieser (reduzierte) Verbund durch die isolierte Entscheidung über eine Folgesache erneut aufgelöst wird.[7] Gegen die Abtrennung können sich mit der Beschwerde **nur die Ehegatten** wenden, nicht aber ein weiterer am Verfahren beteiligter Dritter.[8]

15 Wenn die Voraussetzungen für eine Abtrennung nicht erfüllt sind, hat das Familiengericht **zu Unrecht** eine **Teilentscheidung** erlassen,[9] da es nur über einen Teil (Scheidung) der nach § 137 Abs. 1 einheitlich zu treffenden Entscheidung entschieden hat. Dieser unzulässige Teilbeschluss ist daher gem. § 117 Abs. 2 Satz 1 FamFG iVm. § 538 Abs. 2 Satz 1 Nr. 7 ZPO aufzuheben und zur Wiederherstellung des Verbunds mit den abgetrennten Folgesachen an das Familiengericht **zurückzuverweisen**; des Antrags eines Beteiligten bedarf es dazu entsprechend § 538 Abs. 2 Satz 3 ZPO nicht.[10] Sofern die vom Familiengericht abgetrennten Folgesachen zwischenzeitlich entscheidungsreif sind, kann das Oberlandesgericht wie bei einem unzulässigen Teilurteil[11] von der **Zurückverweisung absehen**, diese Folgesachen an sich ziehen und über sie mit entscheiden.[12]

IV. Einlegung der Beschwerde

16 Die Beschwerde ist **bei dem Familiengericht** (§ 64 Abs. 1) einzulegen. Ist das Verfahren zB wegen eines VKH-Verfahrens für eine beabsichtigte Beschwerde beim Be-

---

1 BGH v. 1.10.2008 – XII ZR 172/06, FamRZ 2008, 2268; BGH v. 8.5.1996 – XII ZR 4/96, FamRZ 1996, 1333.
2 OLG Saarbrücken v. 31.3.2011 – 6 UF 128/10, FamRZ 2011, 1890; OLG Bremen v. 22.11.2010 – 4 WF 151/10, FamRZ 2011, 753; Musielak/*Borth*, § 140 FamFG Rz. 19; Keidel/*Weber*, § 140 FamFG Rz. 20.
3 BGH v. 8.5.1996 – XII ZR 4/96, FamRZ 1996, 1333.
4 BGH v. 1.10.2008 – XII ZR 172/06, FamRZ 2008, 2268; BGH v. 27.3.1996 – XII ZR 83/95, NJW-RR 1996, 833 = FamRZ 1996, 1070; BGH v. 2.7.1986 – IVb ZR 54/85, FamRZ 1986, 898.
5 BGH v. 9.1.1991 – XII ZR 14/90, NJW 1991, 1616 = FamRZ 1991, 687.
6 BGH v. 27.3.1996 – XII ZR 83/95, FamRZ 1996, 1070.
7 OLG Zweibrücken v. 3.6.1997 – 5 UF 68/96, FamRZ 1997, 1231.
8 Musielak/*Borth*, § 140 FamFG Rz. 17; OLG Brandenburg v. 2.10.1995 – 10 UF 61/95, FamRZ 1996, 496 = OLGReport 1996, 43.
9 OLG Saarbrücken v. 31.3.2011 – 6 UF 128/10, FamRZ 2011, 1890; OLG Zweibrücken v. 19.10.2011 – 2 UF 96/11, FamRZ 2012, 471 = FamRB 2012, 82 (*Kemper*).
10 OLG Brandenburg v. 18.10.2011 – 10 UF 143/11, NJW 2012, 241; OLG Hamm v. 1.12.2006 – 12 UF 168/06, FamRZ 2007, 651 = OLGReport 2007, 550; OLG Stuttgart v. 15.4.2004 – 16 UF 363/03, FamRZ 2005, 121.
11 BGH v. 30.10.2000 – V ZR 356/99, NJW 2001, 78 = MDR 2001, 165; BGH v. 12.1.1994 – XII ZR 167/92, NJW-RR 1994, 381 = MDR 1994, 613.
12 Vgl. Zöller/*Philippi*, 27. Aufl., § 628 ZPO Rz. 14 zum früheren Recht.

schwerdegericht bereits anhängig, ist streitig, ob die Beschwerde und ein Wiedereinsetzungsantrag auch beim Beschwerdegericht eingelegt werden können.[1] Die kaum auslegungsfähige Bestimmung von Abs. 1 spricht dagegen. Angesichts der uneinheitlichen Rechtsprechung ist aber ggf. großzügig Wiedereinsetzung zu gewähren. Die Beschwerdefrist beträgt einen Monat ab schriftlicher Bekanntgabe des Beschlusses (§ 63 Abs. 1, Abs. 3); kann der Beschluss einem Beteiligten nicht schriftlich bekannt gegeben werden, beginnt die Beschwerdefrist spätestens mit Ablauf von fünf Monaten nach Erlass des Beschlusses (dazu im Einzelnen § 63 Rz. 11). Bei schuldloser Versäumung der Frist kann entsprechend §§ 233 ff. ZPO Wiedereinsetzung gewährt werden (dazu Rz. 75 f.). Die Beschwerde muss die Bezeichnung des angefochtenen Beschlusses sowie die Erklärung enthalten, dass Beschwerde gegen diesen Beschluss eingelegt wird (§ 64 Abs. 2 Satz 2), und unterzeichnet sein (§ 64 Abs. 2 Satz 3). Der Verwendung des Wortes „Beschwerde" bedarf es nicht notwendig, da auch eine Rechtsmittelschrift **auslegungsfähig** ist. Es reicht aus, wenn die Absicht, die erstinstanzliche Entscheidung einer Nachprüfung durch die höhere Instanz zu unterstellen, der Erklärung deutlich zu entnehmen ist.[2] Es muss wie nach früherem Recht[3] erkennbar sein, **wer das Rechtsmittel einlegt**, wobei sich dies auch aus einer Auslegung der Beschwerdeschrift oder aus weiteren Unterlagen ergeben kann, die bis zum Ablauf der Beschwerdefrist eingegangen sind.[4] An die Bezeichnung des Rechtsmittelgegners sind hingegen geringere Anforderungen zu stellen; im Zweifel richtet sich das Rechtsmittel gegen alle Gegner.[5] Wegen der Anforderungen an die Beschwerde im Einzelnen vgl. § 64 Rz. 10 ff; zur Einlegung des Antrags auf Verfahrenskostenhilfe für eine beabsichtigte Beschwerde s. Rz. 18.

Einzulegen ist die Beschwerde durch Einreichung einer **Beschwerdeschrift**, § 64 Abs. 2 Satz 1. Nach der ursprünglichen Fassung war auch in Ehe- und Familienstreitsachen eine Einlegung zur Niederschrift der Geschäftsstelle möglich. Dies hätte dazu geführt, dass die Beschwerde trotz des in den genannten Verfahren grundsätzlich bestehenden Anwaltszwangs von den Beteiligten **persönlich** hätte eingelegt werden können. Denn gem. § 114 Abs. 4 Nr. 6 ist auf diese Verfahren § 78 Abs. 3 ZPO (= § 78 Abs. 5 aF ZPO) anzuwenden, nach dem die Vorschriften über den Anwaltsprozess nicht auf Verfahrenshandlungen anzuwenden sind, die vor dem Urkundsbeamten der Geschäftsstelle vorgenommen werden können. Diese Möglichkeit ist vom Gesetzgeber nicht beabsichtigt gewesen. Er hat daher durch Art. 8 des Gesetzes zur Modernisierung von Verfahren im anwaltlichen und notariellen Berufsrecht vom 30.7.2009 (dazu bereits Rz. 4a) § 64 Abs. 2 Satz 2 eingefügt, wonach in Ehe- und Familienstreitsachen die Einlegung der Beschwerde zur Niederschrift der Geschäftsstelle ausgeschlossen ist. Auch die Einlegung der Beschwerde unterliegt daher - wie ihre Begründung und das weitere Verfahren - der **Notwendigkeit anwaltlicher Vertretung** gem. § 114 Abs. 1, mit den dort in Abs. 4 angeführten Ausnahmen Kein Anwaltszwang besteht daher insbesondere bei einer Beschwerde im Verfahren der eA (Nr. 1) und bei einer Vertretung durch das Jugendamt als Beistand, Vormund oder Ergänzungspfleger in Unterhaltssachen (Nr. 2).

17

Die Beschwerde kann - wie jedes Rechtsmittel - grundsätzlich nicht **unter einer Bedingung** eingelegt werden (vgl. im Einzelnen § 64 Rz. 19). In Familiensachen problematisch wird dies nicht selten bei der Kombination eines Rechtsmittels mit einem Antrag auf **Verfahrenskostenhilfe** (§ 113 Abs. 1 FamFG iVm. §§ 114 ff. ZPO). Die Einlegung des Rechtsmittels kann mit einem Verfahrenskostenhilfegesuch verbunden

18

---

1 So OLG Dresden v. 3.11.2010– 23 UF 500/10, FGPrax 2011, 103 = MDR 2011, 566; inzident OLG Hamm v. 8.11.2010 – 8 UF 167/10, juris; aA OLG Bremen v. 14.4.2011 – 4 UF 163/10, FamRZ 2011, 1741: Beschwerde beim AG, WE-Antrag beim OLG.
2 BGH v. 19.11.1997 – XII ZB 157/97, NJW-RR 1998, 507; BGH v. 25.11.1986 – VI ZB 12/86, NJW 1987, 1204.
3 BGH v. 15.12.2010 – XII ZR 18/09, MDR 2011, 181; KG v. 4.3.1998 – 24 W 26/97, KGReport 1998, 199; BayObLG v. 27.7.1978 – BReg. 3 Z 100/76, BayObLGZ 1978, 235; *Sternal* in: Keidel/Kuntze/Winkler, 15. Aufl., § 21 FGG Rz. 20.
4 BGH v. 9.4.2008 – VIII ZB 58/06, NJW-RR 2008, 1161 für Berufung.
5 BGH v. 15.12.2010 – XII ZR 18/09, MDR 2011, 181.

worden. Wegen der Bedingungsfeindlichkeit der Beschwerde kann deren Einlegung aber nicht davon abhängig gemacht werden, dass dem Beschwerdeführer Verfahrenskostenhilfe bewilligt wird. Daher muss der Beschwerdeführer alles vermeiden, was den Eindruck erweckt, er wolle die Einlegung des Rechtsmittels von der Gewährung der Verfahrenskostenhilfe abhängig machen.[1] Mit der Annahme einer solchen Bedingung ist aber angesichts der einschneidenden Folge, nämlich der Unzulässigkeit des Rechtsmittels, Zurückhaltung geboten. Nach der ständigen Rechtsprechung des Bundesgerichtshofs[2] ist ein Schriftsatz, der **alle formellen Anforderungen an ein Rechtsmittel erfüllt**, regelmäßig als wirksam eingelegte Verfahrenserklärung zu behandeln. Eine Deutung dahin, dass er dennoch nicht als unbedingtes Rechtsmittel bestimmt ist, kommt nur in Betracht, wenn sich dies aus den Begleitumständen mit einer jeden vernünftigen Zweifel ausschließenden Deutlichkeit ergibt. Grundsätzlich nicht ausreichend dafür ist, dass in dem Schriftsatz darauf hingewiesen wird, dass das Rechtsmittel nur durchgeführt werden soll, „soweit Prozesskostenhilfe bewilligt wird",[3] oder dass der Beteiligte daran gehindert sei, die Rechtsmittelfrist einzuhalten, und deswegen Wiedereinsetzung in den vorigen Stand nach Bewilligung der Verfahrenskostenhilfe beantragen werde.[4] Hingegen ist die Erklärung, das Rechtsmittel werde nur für den Fall von Gewährung der Verfahrenskostenhilfe „erhoben", eindeutig eine Bedingung und führt zur Unzulässigkeit des Rechtsmittels.[5] Wird das Rechtsmittel „vorbehaltlich VKH-Bewilligung für die 2. Instanz" eingelegt, bestehen erhebliche Zweifel, ob es schon mit diesem Schriftsatz erhoben und begründet werden soll; diese können aber durch den weiteren Inhalt des Schriftsatzes ausgeräumt werden.[6] Wenn der Schriftsatz die Bezeichnung „**Entwurf** einer Beschwerdeschrift" trägt, handelt es sich nicht um eine Rechtsmittelschrift, sondern allein um die Begründung eines Antrags auf Verfahrenskostenhilfe,[7] nach dessen Bescheidung Wiedereinsetzung beantragt werden kann. Maßgeblich ist stets der objektive Erklärungswert, wie er dem Beschwerdegericht innerhalb der Rechtsmittelfrist erkennbar war; „klarstellende" nachträgliche Erklärungen können nicht berücksichtigt werden.[8]– Einzureichen ist der Antrag auf Verfahrenskostenhilfe für eine **beabsichtigte Beschwerde** entsprechend Abs. 1 beim Familiengericht.[9] Denn der Antrag auf Prozesskostenhilfe bzw. Verfahrenskostenhilfe für ein beabsichtigtes Rechtsmittel muss dort eingelegt werden, wo auch das Rechtsmittel einzureichen wäre.[10] Mit Wirkung ab 1.1. 2013 hat der Gesetzgeber dies durch die Einfügung von § 64 Abs. 1 Satz 2 klargestellt.[11]

19 Das Familiengericht ist nach Einlegung der Beschwerde zur **Abhilfe nicht** befugt (§ 68 Abs. 1 Satz 2) und hat das Rechtsmittel mit den Verfahrensakten unverzüglich dem Oberlandesgericht als Beschwerdegericht vorzulegen. Dies gilt entgegen einer teilweise vertretenen Ansicht[12] auch für Rechtsmittel in einstweiligen Anordnungsverfahren.[13] Denn § 68 Abs. 1 Satz 2 trifft eine Regelung für alle Endentscheidungen,

---

1 BGH v. 19.5.2004 – XII ZB 25/04, FamRZ 2004, 1553.
2 ZB BGH v. 7.3.2012 – XII ZB 421/11, FamRZ 2012, 962; BGH v. 27.5.2009 – III ZB 30/09, FamRZ 2009, 1408; BGH v. 18.7.2007 – XII ZB 31/07, NJW-RR 2007, 1565 = MDR 2007, 1387; BGH v. 19.5.2004 – XII ZB 25/04, FamRZ 2004, 1553.
3 BGH v. 18.7.2007 – XII ZB 31/07, NJW-RR 2007, 1565 = MDR 2007, 1387.
4 BGH v. 18.7.2007 – XII ZB 31/07, NJW-RR 2007, 1565 = MDR 2007, 1387.
5 BGH v. 20.7.2005 – XII ZB 31/05, FamRZ 2005, 1537 = MDR 2006, 43.
6 BGH v. 8.12.2010 – XII ZB 140/10, FamRZ 2011, 366 = MDR 2011, 182.
7 BGH v. 2.10.1985 – IVb ZB 62/85, VersR 1986, 40.
8 BGH v. 7.3.2012 – XII ZB 421/11, FamRZ 2012, 962.
9 OLG Bamberg v. 22.8.2011, FamRZ 2012, 49; *Maurer*, FamRZ 2010, 1143; für Wahlrecht zwischen AG und OLG: OLG Bremen v. 12.1.2011 – 4 UF 123/10, FamRZ 2011, 913; OLG Bremen v. 14.4.2011 – 4 UF 163/10, FamRZ 2011, 1741; aA OLG Frankfurt v. 27.4.2012 – 2 UF 107/12, MDR 2012, 1230.
10 BGH v. 22.10.1986 – VIII ZB 40/86, NJW 1987, 440; Zöller/*Greger*, § 233 ZPO Rz. 23 Stichwort „Prozesskostenhilfe".
11 Gesetz zur Einführung einer Rechtsbehelfsbelehrung im Zivilprozess und zur Änderung anderer Vorschriften, BGBl. I 2012, 2418.
12 OLG Hamm v. 30.7.2010 – 10 WF 121/10, NJW 2010, 3246; *Gießler*, FamRZ 2010, 1100.
13 Wie hier *Schürmann*, FamRB 2008, 375, 381; MüKo.ZPO/*Soyka* § 57 FamFG Rz. 5.

zu denen auch der ein einstweiliges Anordnungsverfahren abschließende Beschluss gehört.[1] Der Gegenansicht ist einzuräumen, dass eine Abhilfebefugnis auch wegen der Änderungsmöglichkeit nach § 54 sachgerecht wäre. Sie berücksichtigt aber nicht, dass der Gesetzgeber angesichts der Selbständigkeit des Anordnungsverfahrens (vgl. § 51 Abs. 3 Satz 1) eine vom früheren Recht abweichende Regelung getroffen hat. Ein Rückgriff auf das vor dem 1.9.2009 geltende Recht,[2] nach dem die eA eine Zwischenentscheidung und nach überwiegender Ansicht eine Abhilfemöglichkeit gem. § 572 Abs. 1 ZPO eröffnet[3] war, ist daher nicht möglich. – **Rechtsfolge** der Einlegung einer zulässigen Beschwerde ist in Ehesachen, dass der **angefochtene Beschluss nicht wirksam** wird, da dies gem. § 116 Abs. 2 die Rechtskraft der Entscheidung voraussetzt. In Familienstreitsachen (§ 112) gilt dies gem. § 116 Abs. 3 Satz 1 grundsätzlich ebenfalls, das Familiengericht kann aber nach Satz 2 in seiner Endentscheidung die sofortige **Wirksamkeit anordnen**. Nach § 116 Abs. 3 Satz 3 soll das Gericht die sofortige Wirksamkeit anordnen, soweit die Entscheidung eine Verpflichtung zur Leistung von Unterhalt enthält. – Sofern die Beschwerde nicht rechtzeitig eingelegt und den Anforderungen des § 117 Abs. 1 entsprechend begründet wird, ist sie **als unzulässig zu verwerfen**, § 117 Abs. 1 Satz 3 FamFG iVm. 522 Abs. 1 Satz 2 ZPO.

V. Begründung der Beschwerde (Absatz 1)

1. Einreichung von Beschwerdeantrag und Beschwerdebegründung

In Ehesachen und Familienstreitsachen hat der Beschwerdeführer – anders als sonst bei einer Beschwerde in Verfahren nach dem FamFG, die nur begründet werden „soll" (§ 65 Abs. 1) – in Anlehnung an die Vorschriften über die Berufung (§ 520 ZPO) einen bestimmten **Sachantrag zu stellen** und diesen zu **begründen**, § 117 Abs. 1 Satz 1. Im Gesetz in seiner ursprünglichen Fassung nicht geregelt war, **bei welchem Gericht** (Familiengericht oder Oberlandesgericht) die Begründungsschrift einzureichen ist, was zu unterschiedlichen Lösungsversuchen geführt hatte.[4] Mit Art. 8 des Gesetzes zur Modernisierung von Verfahren im anwaltlichen und notariellen Berufsrecht vom 30.7.2009[5] hat der Gesetzgeber die erforderliche Regelung als Satz 2 in § 117 Abs. 1 eingefügt. Entsprechend der Berufungsbegründung ist auch die Beschwerdebegründung beim Rechtsmittelgericht, also dem Oberlandesgericht, einzureichen. Nach dem Zweck dieser Regelung, die eine Klarstellung und keine Verkomplizierung wollte, ist aber auch die Begründung bereits mit der beim Familiengericht eingereichten Beschwerde zulässig.[6] Für die Fristwahrung kommt es aber auf den Eingang der mit der Beschwerde verbundenen Begründung beim Beschwerdegericht an.[7] Wenn diese erst verspätet, also nicht unverzüglich im ordentlichen Geschäftsgang (mit der Akte), vom Amtsgericht vorgelegt wird, ist Wiedereinsetzung zu gewähren.[8] Gem. § 114 Abs. 1 ist die Vertretung durch einen Rechtsanwalt erforderlich, mit den dort in Abs. 4 angeführten Ausnahmen. Kein Anwaltszwang besteht daher insbesondere in Unterhaltssachen bei einer Vertretung durch das Jugendamt als Beistand, Vormund oder Ergänzungspfleger (Nr. 2).

2. Begründungsfrist

Die **Frist** zur Antragstellung und **Begründung der Beschwerde** beträgt gem. § 117 Abs. 1 Satz 2 wie bei der Berufung **zwei Monate** und beginnt mit der schriftlichen Bekanntgabe des Beschlusses, spätestens mit Ablauf von fünf Monaten nach Erlass des Beschlusses. Für die Fristen gelten die §§ 221 ff. ZPO entsprechend (§ 113 Abs. 1). Bei ihrer schuldlosen Versäumung kann entsprechend §§ 233 ff. ZPO Wiedereinsetzung

---

1 Vgl. zB OLG Stuttgart v. 12.10.2009 – 16 WF 193/09, NJW 2009, 3733.
2 So OLG Hamm v. 30.7.2010 – 10 WF 121/10, NJW 2010, 3246.
3 Vgl. Zöller/*Philippi*, 27. Aufl., § 620c ZPO Rz. 22.
4 ZB *Schürmann*, FamRB 2009, 24 (27).
5 BGBl. I, S. 2449.
6 BGH v. 23.5.2012 – XII ZB 375/11, FamRZ 2012, 1205; *Vogel*, FPR 2011, 4.
7 BGH v. 23.5.2012 – XII ZB 375/11, FamRZ 2012, 1205.
8 BGH v. 23.5.2012 – XII ZB 375/11, FamRZ 2012, 1205.

gewährt werden (dazu Rz. 75 f.). Die Frist zur Beschwerdebegründung kann, wie sich aus der Verweisung in § 117 Abs. 1 Satz 3 FamFG auf § 520 Abs. 2 Satz 2 und 3 ZPO ergibt, auf Antrag des Beschwerdeführers durch den Vorsitzenden des Beschwerdegerichts **verlängert** werden. Ohne Einwilligung der Gegenseite kann dies um bis zu einen Monat geschehen, wenn nach der freien Überzeugung des Vorsitzenden das Verfahren durch die Verlängerung nicht verzögert wird oder wenn der Beschwerdeführer erhebliche Gründe darlegt. Mit Einwilligung der Gegenseite kann die Frist ohne diese zeitliche Begrenzung verlängert werden. **Erhebliche Gründe** sind etwa Arbeitsüberlastung,[1] Erkrankungen des Rechtsanwalts oder seiner Mitarbeiter, fehlende Informationen,[2] bisher nicht mögliche Rücksprache mit dem Mandanten.[3] Der Beteiligte (und sein Rechtsanwalt) darf darauf vertrauen, dass ein üblicherweise als erheblich angesehener Grund zur Rechtfertigung einer Verlängerung ausreicht.[4] Einer näheren Substantiierung (zB warum bei Arbeitsüberlastung gerade diese Sache nachrangig sei oder welche konkreten Informationen noch fehlen) bedarf es grundsätzlich nicht.[5] Der Beschwerdeführer darf auf eine Verlängerung um eine angemessene Frist auch dann vertrauen, wenn er zwar keine erheblichen Gründe darlegt, sich aber zur Begründung auf das Einverständnis der Gegenseite bezieht.[6] Wenn die Verlängerung der Beschwerdebegründungsfrist zu Unrecht versagt wird, ist der Verfahrensbevollmächtigte gehalten, Wiedereinsetzung zu beantragen und die versäumte Begründung nachzuholen.[7] Ohne Angabe erheblicher Gründe und ohne Zustimmung der Gegenseite ist das Vertrauen auf eine Fristverlängerung aber nicht gerechtfertigt.[8] Ein **Mediationsverfahren** hindert den Ablauf der Begründungsfrist nicht.[9]

22 Der **Verlängerungsantrag** muss vor Fristablauf gestellt werden. Ein Antrag auf Ruhen des Verfahrens genügt nicht.[10] Eine trotz Fristablaufs gewährte Verlängerung ist unwirksam, da eine einmal abgelaufene Frist nicht verlängert werden kann.[11] Die Angabe eines bestimmten Datums, bis zu welchem Datum die Frist verlängert werden soll, ist nicht erforderlich.[12] Die Verlängerung darf nur um den beantragten Zeitraum erfolgen. Wird die Frist trotzdem weitergehend verlängert, ist die dem Beschwerdeführer mitgeteilte längere Frist maßgebend.[13] Da die **Verlängerungsverfügung** keine Frist in Lauf setzt, muss sie **nicht zugestellt** werden.[14] Daher kann sie auch mündlich (telefonisch) mitgeteilt werden,[15] was aber zur Vermeidung von Missverständnissen nicht angezeigt ist. Das Gericht ist nicht verpflichtet, seine Entscheidung – auch eine ablehnende – vorab außerhalb des üblichen Geschäftsgangs per Telefon oder Telefax mitzuteilen.[16] – Wird die Frist zur Begründung um einen bestimmten Zeitraum verlängert und fällt der letzte Tag der ursprünglichen Frist auf einen Samstag, Sonntag oder allgemeinen Feiertag, so **beginnt der verlängerte Teil der Frist** erst mit dem Ab-

---

1 BVerfG v. 26.7.2007 – 1 BvR 602/07, NJW 2007, 3342; BGH v. 10.6.2010 – V ZB 42/10, AnwBl 2010, 717 (LS); BGH v. 13.10.1992 – VI ZB 25/92, VersR 1993, 771.
2 BGH v. 16.3.2010 – VI ZB 46/09, NJW 2010, 1610; BGH v. 1.8.2001 – VIII ZB 24/01, NJW 2001, 3552.
3 BGH v. 16.3.2010 – VI ZB 46/09, NJW 2010, 1610; BGH v. 24.10.1996 – VII ZB 25/96, NJW 1997, 400.
4 BVerfG v. 26.7.2007 – 1 BvR 602/07, NJW 2007, 3342; BGH v. 15.8.2007 – XII ZB 82/07, FamRZ 2007, 1724; BGH v. 24.10.1996 – VII ZB 25/96, NJW 1997, 400.
5 BVerfG v. 26.7.2007 – 1 BvR 602/07, NJW 2007, 3342; BGH v. 16.3.2010 – VI ZB 46/09, NJW 2010, 1610; BGH v. 1.8.2001 – VIII ZB 24/01, NJW 2001, 3552; BGH v. 13.10.1992 – VI ZB 25/92, VersR 1993, 771.
6 BGH v. 9.7.2009 – VII ZB 111/08, FamRZ 2009, 1745 = NJW 2009, 3100.
7 BGH v. 24.10.1996 – VII ZB 25/96, NJW 1997, 400.
8 BVerwG v. 25.7.2008 – 3 B 69/08, NJW 2008, 3304; BGH v. 16.6.1992 – X ZB 6/92, NJW 1992, 2426.
9 BGH v. 12.2.2009 – VII ZB 76/07, NJW 2009, 1149 = MDR 2009, 582.
10 BGH v. 10.11.2009 – XI ZB 15/09, MDR 2010, 164 = NJW-RR 2010, 275.
11 BGH v. 12.2.2009 – VII ZB 76/07, NJW 2009, 1149 = MDR 2009, 582; BGH v. 17.12.1991 – VI ZB 26/91, NJW 1992, 842.
12 BGH v. 5.4.2001 – VII ZB 37/00, MDR 2001, 951 = NJW 2001, 931.
13 BGH v. 21.1.1999 – V ZB 31/98, NJW 1990, 1036.
14 BGH v. 14.2.1990 – XII ZB 126/89, NJW 1990, 1797.
15 BGH v. 8.12.1993 – XII ZB 157/93, FamRZ 1994, 302.
16 BGH v. 18.7.2007 – IV ZR 132/06, FamRZ 2007, 1808 = MDR 2008, 41.

lauf des nächstfolgenden Werktags.¹ Die ursprüngliche Frist wird also nicht um den weiteren Zeitraum verlängert (beträgt also bei einer Verlängerung um einen Monat nicht notwendig drei Monate), vielmehr wird zuerst die ursprüngliche Frist (ggf. mit Verlängerung durch Feiertage usw.) ermittelt, an die sich der Verlängerungszeitraum anschließt (ggf. ebenfalls mit Verlängerung durch Feiertage usw.).

3. Anforderungen an die Beschwerdebegründung

Da die in § 117 Abs. 1 gestellten Anforderungen an die Beschwerdebegründung denen einer Berufungsbegründung entsprechen und diese demselben Zweck dient, können die in der Rechtsprechung für die **Berufungsbegründung entwickelten Grundsätze** auf sie übertragen werden:² Die Beschwerdebegründung muss aus sich heraus verständlich sein, damit eine Zusammenfassung und Beschleunigung des Rechtsstreits erreicht werden kann; eine Schlüssigkeit der Argumentation ist aber nicht Zulässigkeitsvoraussetzung.³ Die Beschwerdebegründung muss deutlich machen, **welche Erwägungen** des angefochtenen Beschlusses aus welchen Gründen angegriffen werden. Sie muss auf den zur Entscheidung stehenden Streitfall zugeschnitten sein, formularmäßige Sätze und allgemeine Redewendungen genügen nicht.⁴ Sofern nur die **Rechtsausführungen** des angefochtenen Beschlusses angegriffen werden, reicht es nicht aus, diese als unzutreffend zu rügen; vielmehr muss zumindest ansatzweise dargelegt werden, von welcher Rechtsansicht der Beschwerdeführer ausgeht.⁵ Andererseits kann auch eine äußert **knappe Begründung** den formellen Anforderungen genügen.⁶

23

Wenn das Familiengericht – hinreichend deutlich⁷ – die Abweisung des Antrags hinsichtlich eines prozessualen Anspruchs auf **mehrere voneinander unabhängige**, selbständig tragende rechtliche **Erwägungen** gestützt hat, muss die Beschwerdebegründung den Beschluss in allen diesen Punkten angreifen und daher für jede der mehreren Erwägungen darlegen, warum sie die Entscheidung nach Auffassung des Beschwerdeführers nicht trägt; andernfalls ist das Rechtsmittel unzulässig.⁸ Im Falle der uneingeschränkten Anfechtung muss die Beschwerdebegründung geeignet sein, den gesamten Beschluss in Frage zu stellen; bei einem teilbaren Streitgegenstand oder bei **mehreren Streitgegenständen** muss sie sich somit grundsätzlich auf alle Teile des Beschlusses erstrecken, hinsichtlich derer eine Änderung beantragt wird.⁹ Wenn sich eine Beschwerde gegen mehrere Teile einer **Verbundentscheidung** richtet, ist sie daher für jeden einzelnen Verfahrensgegenstand zu begründen. Zu beachten ist aber bei Verbundentscheidungen, dass in den Verfahren, die nicht Ehesachen (§ 121) und Familienstreitsachen (§ 112) sind, eine Beschwerde nach der allgemeinen Vorschrift des § 65 Abs. 1 nur begründet werden „soll", eine Begründung also hinsichtlich dieser Verfahrensgegenstände keine Zulässigkeitsvoraussetzung des Rechtsmittels ist. Die vom Bundesgerichtshof für die Beschwerde nach dem früheren § 621e ZPO in Familiensachen der freiwilligen Gerichtsbarkeit aufgestellten – gegenüber einer Berufungsbegründung bereits deutlich reduzierten – Anforderungen, dass nämlich der Beschwerdeführer zumindest in kurzer Form ausführen muss, was er an

24

---

1 BGH v. 10.3.2009 – VII ZB 87/08, FamRZ 2009, 868 = MDR 2009, 644.
2 BGH v. 23.5.2012 – XII ZB 375/11, FamRZ 2012, 1205; Schulte-Bunert/Weinreich/*Unger*, § 117 FamFG Rz. 19.
3 BGH v. 23.5.2012 – XII ZB 375/11, FamRZ 2012, 1205; für Berufung: BGH v. 13.11.2001 – VI ZR 414/00, NJW 2002, 682; BGH v. 9.3.1995 – IX ZR 142/94, NJW 1995, 1559.
4 St. Rspr., zB BGH v. 13.11.2001 – VI ZR 414/00, NJW 2002, 682; BGH v. 9.3.1995 – IX ZR 142/94, NJW 1995, 1559; BGH v. 4.10.1999 – II ZR 361/98, NJW 1999, 3784, je für Berufung.
5 BGH v. 9.3.1995 – IX ZR 142/94, NJW 1995, 1559 für Berufung.
6 BGH v. 16.12.2009 – XII ZB 20/09, juris (fünf kurze Sätze).
7 BGH v. 26.2.2013 – VI ZR 374/12, MDR 2013, 544.
8 St. Rspr., zB BGH v. 18.10.2005 – VI ZB 81/04, NJW-RR 2006, 285 = MDR 2006, 466; BGH v. 27.11.2003 – IX ZR 250/00, MDR 2004, 405 = FamRZ 2004, 435; BGH v. 13.11.2001 – VI ZR 414/00, NJW 2002, 682, je für Berufung.
9 BGH v. 26.1.2006 – I ZR 121/03, MDR 2006, 943; BGH v. 22.1.1998 – I ZR 177/95, NJW 1998, 1399; je für Berufung.

der angefochtenen Entscheidung missbilligt,[1] sind daher auf die Beschwerde nach § 58 nicht übertragbar. Wenn das Familiengericht in der Verbundentscheidung eine **Folgesache übergeht**, ist auf eine Ergänzung des Beschlusses (§ 113 Abs. 1 FamFG iVm. § 321 ZPO) hinzuwirken, eine Beschwerde kann darauf nicht gestützt werden.[2]

25 Gem. § 65 Abs. 3 kann die Beschwerde auf neue Tatsachen und Beweismittel gestützt werden. Die Beschwerdeinstanz ist nach der Konzeption des FamFG auch in den Ehe- und Familienstreitsachen als **volle zweite Tatsacheninstanz** ausgestaltet[3] (s. § 65 Rz. 12 f.). Einschränkungen ergeben sich nur aus § 115 (vgl. dazu Rz. 45). Die Beschwerde kann gem. § 65 Abs. 4 nicht darauf gestützt werden, dass das Familiengericht seine Zuständigkeit zu Unrecht angenommen hat. Dem dürfte vor allem im Hinblick auf die sonstigen Familiensachen iSv. § 266 Bedeutung zukommen, da deren Abgrenzung in der Rechtsprechung nicht immer ganz eindeutig ist.

4. Antragsänderung und -erweiterung

26 Voraussetzung für ein zulässiges Rechtsmittel ist nach der ständigen Rechtsprechung des Bundesgerichtshofs,[4] dass der in erster Instanz geltend gemachte **Anspruch** bis zum Schluss der mündlichen Verhandlung[5] wenigstens teilweise **weiter verfolgt** wird, die Richtigkeit der erstinstanzlichen Abweisung des Antrags also in Frage gestellt und nicht nur im Wege der Antragsänderung ein neuer, bisher nicht geltend gemachter Anspruch zur Entscheidung gestellt wird. Weist das Familiengericht aber ein Unterhaltsbegehren zurück, weil es nicht im Wege des **Abänderungsantrags**, sondern im Wege des **Leistungsantrags** geltend gemacht wurde, so ist die dagegen eingelegte Beschwerde nicht deshalb unzulässig, weil der Beschwerdeführer sein Begehren nunmehr im Wege des Abänderungsantrags verfolgt.[6] Der Beschwerdeführer kann sein **hinsichtlich eines Teils der Verbundentscheidung** zulässiges Rechtsmittel dazu nutzen, um hinsichtlich eines anderen Teils seinen **Antrag zu erweitern**. Der zulässige Angriff auf die Verbundentscheidung hinsichtlich einer Folgesache schafft die Möglichkeit, andere in dem Beschluss enthaltene Folgesachenentscheidungen, auch wenn diese dem ursprünglichen Antrag des Rechtsmittelführers entsprechen, mit der in der Beschwerdeinstanz erstmals erweiterten Anträgen zur Entscheidung des Beschwerdegerichts zu stellen.[7] Wenn der Beschwerdeführer also zB die in dem Verbundbeschluss ergangene Entscheidung zum Versorgungsausgleich zulässig angefochten hat, kann er daneben mit der Beschwerde nachehelichen Unterhalt verlangen, der über den von ihm erstinstanzlich beantragten (und zugesprochenen) Betrag hinausgeht.

27 Die angekündigten Beschwerdeanträge können **während der Beschwerdebegründungsfrist erweitert** werden. Der Ankündigung beschränkter Anträge in der Einlegungsschrift kann ein (teilweiser) Rechtsmittelverzicht im Allgemeinen nicht entnommen werden, auch wenn die Erklärung keinen ausdrücklichen Vorbehalt enthält, den Antrag noch zu erweitern.[8] **Nach Ablauf** der **Begründungsfrist** kann zwar der Beschwerdeantrag noch erweitert werden, jedoch nur, soweit sich die Erweiterung auf die fristgerecht vorgebrachten (§ 117 Abs. 1) Anfechtungsgründe stützt;[9] anderenfalls würde das Erfordernis der fristgebundenen Beschwerdebegründung leerlaufen. Für

---

1 Vgl. zB BGH v. 18.12.1991 – XII ZB 128/91, FamRZ 1992, 538.
2 OLG Zweibrücken v. 17.1.1994 – 5 UF 157/93, FamRZ 1994, 972; Zöller/*Philippi*, 27. Aufl., § 629a ZPO Rz. 3a.
3 OLG Celle v. 20.4.2011 – 15 UF 251/10, FamRZ 2011, 1671.
4 ZB BGH v. 15.3.2002 – V ZR 39/01, MDR 2002, 1085; BGH v. 21.9.1994 – VIII ZB 22/94, NJW 1994, 3358.
5 BGH v. 15.3.2002 – V ZR 39/01, MDR 2002, 1085.
6 BGH v. 3.5.2001 – XII ZR 62/99, NJW 2001, 2259 = FamRZ 2001, 1140.
7 BGH v. 20.10.1982 – IVb ZR 318/81, NJW 1983, 172 = FamRZ 1982, 1198.
8 BGH v. 11.1.1984 – IVb ZR 41/82, NJW 1984, 1302 = FamRZ 1984, 350.
9 Keidel/*Weber* § 145 FamFG Rz. 5; BGH v. 27.3.2012 – VI ZB 74/11, MDR 2012, 932 = FamRZ 2012, 972 (LS) für Berufung; BGH v. 6.7.2005 – XII ZR 293/02, NJW 2005, 3067 für Berufung in einer Unterhaltssache; BGH v. 29.9.1982 – IVb ZB 866/81, NJW 1983, 179 = FamRZ 1982, 1196 für Beschwerde nach § 621e aF ZPO; aA Schulte-Bunert/Weinreich/*Unger*, § 117 FamFG Rz. 14.

eine Verbundentscheidung bedeutet dies: Auch wenn der Beschwerdeführer mit der Einlegung seines Rechtsmittels dieses nur auf einen **Teil der Verbundentscheidung** bezogen hat, kann er seine Beschwerde *bis zum Ablauf* der Frist zur Begründung der Beschwerde grundsätzlich auf weitere Verfahrensgegenstände (Scheidungsausspruch oder Folgesache) **erweitern**.[1] *Nach Ablauf* der Begründungsfrist kann die Zielrichtung des Rechtsmittels grundsätzlich nicht mehr dahin geändert werden, dass nunmehr ein anderer Teil der Verbundentscheidung angefochten wird, da neue Anfechtungsgründe nach Ablauf der Begründungsfrist nicht mehr vorgebracht werden können.[2] Die Erweiterung auf andere Teilentscheidungen ist nur dann zulässig, wenn sich die dies rechtfertigenden Gründe bereits aus der rechtzeitig eingereichten Beschwerdebegründung ergeben,[3] was nur selten der Fall, aber möglich ist.[4] Zur Anwendung der Frist des § 145 vgl. § 145 Rz. 3. Zur – von der Änderung der Beschwerdeanträge zu unterscheidenden – Änderung der Sachanträge s. Rz. 43.

In zwei Fallgruppen hat die Rechtsprechung eine **Ausnahme** von den vorstehenden Grundsätzen anerkannt: 1. Das auf den Unterhaltsausspruch einer Verbundentscheidung beschränkte Rechtsmittel kann noch nach Ablauf der Begründungsfrist auf die **Sorgerechtsregelung** erweitert werden, wenn Abänderungsgründe iSd. § 1696 BGB neu entstanden sind und die Entscheidung über den Unterhalt von der Sorgerechtsregelung abhängt.[5] 2. Eine nachträgliche Erweiterung des Rechtsmittels gegen **Unterhaltsentscheidungen** ist zulässig, wenn nach Ablauf der Rechtsmittelbegründungsfrist neue Umstände eingetreten sind, die einen Abänderungsantrag (§ 238 FamFG) rechtfertigen würden.[6] Soweit es den Beschwerdegegner betrifft, ist dieser Grundsatz durch die Möglichkeit der in diesem Fall unbefristeten (vgl. Rz. 36) Anschlussbeschwerde (§ 117 Abs. 2 Satz 1 FamFG, § 524 Abs. 2 Satz 3 ZPO) übernommen worden. Der Grundsatz der prozessualen Waffengleichheit gebietet es, die nachträgliche Berücksichtigung von Abänderungsgründen nicht nur dem Beschwerdegegner, sondern auch dem Beschwerdeführer zu ermöglichen. 28

VI. Analoge Anwendung von Vorschriften des Berufungsverfahrens (Absatz 2)

§ 117 Abs. 2 ist ebenso wie § 117 Abs. 1 Ausdruck der Nähe der Ehe- und Familienstreitsachen zu den zivilprozessualen Rechtsstreitigkeiten. Er ordnet für das Beschwerdeverfahren in diesen Sachen die entsprechende Anwendung von einzelnen Vorschriften der Zivilprozessordnung über die Berufung an: 29

Die Beschwerde gegen echte **Versäumnisbeschlüsse** des Familiengerichts, also Entscheidungen gegen den Säumigen, ist nur in entsprechender Anwendung von § 514 ZPO statthaft. Gegen unechte Versäumnisentscheidungen, die gegen den anwesenden Antragsteller mangels Zulässigkeit oder Schlüssigkeit des Klagebegehrens ergehen, ist hingegen die Beschwerde nach den allgemeinen Vorschriften der §§ 58, 117 gegeben.[7] Bei einer **Säumnis im Beschwerdeverfahren** kann eine Versäumnisentscheidung entsprechend § 539 ZPO ergehen (vgl. Rz. 56 f.). Die analoge Anwendung der §§ 514 und 539 ZPO ist erforderlich, da das FamFG und somit auch dessen Beschwerdeverfahren (§§ 58 ff.) entsprechende Folgen einer Säumnis nicht vorsieht. 30

---

1 BGH v. 5.7.1989 – IVb ZB 16/89, BGHR ZPO § 629a Abs. 2 Anfechtungsumfang 1; BGH v. 11.1.1984 – IVb ZR 41/82, NJW 1984, 1302 = FamRZ 1984, 350.
2 Keidel/*Weber* § 145 FamFG Rz. 5; BGH v. 18.6.1986 – IVb ZB 105/84, FamRZ 1986, 895 für Berufung; BGH v. 29.9.1982 – IVb ZB 866/81, NJW 1983, 179 = FamRZ 1982, 1196 für Beschwerde nach § 621e aF ZPO.
3 Keidel/*Weber* § 145 FamFG Rz. 5; BGH v. 18.6.1986 – IVb ZB 105/84, NJW 1987, 1024 = FamRZ 1986, 895; BGH v. 5.12.1984 – IVb ZR 55/83, NJW 1985, 2266 = FamRZ 1985, 267.
4 Vgl. OLG Koblenz v. 3.10.1989 – 11 UF 1524/88, FamRZ 1990, 769.
5 BGH v. 18.6.1986 – IVb ZB 105/84, NJW 1987, 1024 = FamRZ 1986, 895.
6 BGH v. 18.6.1986 – IVb ZB 105/84, NJW 1987, 1024 = FamRZ 1986, 895; BGH v. 3.4.1985 – IVb ZR 18/84, NJW 1985, 2029 = FamRZ 1985, 691; OLG Koblenz v. 17.11.1987 – 11 UF 1546/86, FamRZ 1988, 302; OLG Hamburg v. 21.3.1984 – 12 UF 1/84, FamRZ 1984, 706.
7 Schulte-Bunert/Weinreich/*Unger*, § 117 FamFG Rz. 29.

§ 117 Verfahren in Familiensachen

30a Mit Wirkung zum 1.1.2013 ist durch das Gesetz zur Einführung einer Rechtsbehelfsbelehrung im Zivilprozess und zur Änderung anderer Vorschriften[1] die Verweisung auf § 527 ZPO aufgenommen worden. Daher kann seit diesem Zeitpunkt in den Ehe- und Familienstreitsachen – wie in Berufungsverfahren – ein vorbereitender Einzelrichter bestellt werden. Im Einzelnen vgl. Rz. 59a.

31 Entsprechend § 528 ZPO unterliegen der Prüfung und Entscheidung des Beschwerdegerichts nur die **Beschwerdeanträge**. Der Beschluss des Familiengerichts darf nur insoweit geändert werden, als seine Abänderung beantragt ist. Mit der entsprechenden Anwendung von § 528 ZPO werden die zivilprozessuale Dispositionsmaxime und das Verbot der **reformatio in peius** auch auf das Beschwerdeverfahren in Ehe- und Familienstreitsachen übertragen (vgl. Rz. 64).

32 Eine **Zurückverweisung** an das Familiengericht ist (nur) entsprechend § 538 Abs. 2 ZPO zulässig. Diese ausdifferenziertere Regelung tritt in Ehe- und Familienstreitsachen an die Stelle des sonst anwendbaren § 69 Abs. 1 Satz 2 und 3 FamFG (vgl. Rz. 63).

33 Nachdem der Gesetzentwurf der Bundesregierung eine Befristung der **Anschlussbeschwerde** nicht vorgesehen hatte,[2] ist im Laufe des Gesetzgebungsverfahrens auf Vorschlag des Bundesrats eine solche in Ehe- und Familienstreitsachen durch Verweisung auf die Regelung in § 524 Abs. 2 ZPO aufgenommen worden (vgl. Rz. 36).

34 **Im Übrigen** sind die Berufungsvorschriften der **Zivilprozessordnung** auf die Beschwerde in Ehe- und Familienstreitsachen **nicht entsprechend** anwendbar. Dies gilt insbesondere für den gem. §§ 529, 531 Abs. 2 ZPO eingeschränkten Prüfungsumfang des Berufungsgerichts, die Verspätungsvorschriften der §§ 530, 531 Abs. 1 ZPO (vgl. Rz. 45) und die Einschränkungen für Klageänderung, Aufrechnung und Widerklage gem. § 533 ZPO (vgl. Rz. 43). Insoweit verbleibt es bei den Regelungen der §§ 58 ff., da diese nach Auffassung des Gesetzgebers besser geeignet sind, der Dynamik eines Trennungsgeschehens Rechnung zu tragen.[3] Eine Zurückweisung von Angriffs- und Verteidigungsmitteln ist nur unter den Voraussetzungen des § 115 („grobe Nachlässigkeit") zulässig. Auch eine Zurückweisung der Beschwerde entsprechend § 522 Abs. 2 ZPO ist entgegen dem Vorschlag des Bundesrats[4] nicht mehr zulässig; an ihre Stelle ist die – weiter gehende – Möglichkeit getreten, gem. § 68 Abs. 3 Satz 2 von einer mündlichen Verhandlung abzusehen (vgl. dazu Rz. 46 ff.).

VII. Anschlussbeschwerde

1. Einlegung

35 Ein Beteiligter kann sich gem. § 66 durch Einreichung einer Anschlussschrift bei dem Beschwerdegericht[5] (anwendbar ist § 66 Abs. 1, da § 117 keine abweichende Regelung enthält) der Beschwerde anschließen, auch wenn er auf die Beschwerde verzichtet hat oder die Beschwerdefrist verstrichen ist. Die Anschlussbeschwerde ist aber unzulässig, wenn der Anschlussbeschwerdeführer auf sie gem. § 67 Abs. 2, Abs. 3 verzichtet hat. Die Anschließung verliert ihre Wirkung, wenn die Beschwerde zurückgenommen oder als unzulässig verworfen wird. Wegen der Einzelheiten vgl. § 66 Rz. 13 ff. Wenn das eingelegte Rechtsmittel **als eigenständige Beschwerde** zulässig wäre, ist im Zweifel davon auszugehen, dass eine solche gewollt war, auch wenn es als „Anschlussbeschwerde" bezeichnet worden ist.[6] Denn damit wird die negative Folge des § 66 Satz 2 vermieden. Andererseits kann eine **Beschwerdebegründung**, die erst

---

1 V. 5.12.2012, BGBl. I, S. 2418.
2 BT-Drucks. 16/6308, S. 225.
3 Begr. RegE, BT-Drucks. 16/6308, S. 224.
4 BT-Drucks. 16/6308, S. 372.
5 AA Schulte-Bunert/Weinreich/*Unger*, § 66 FamFG Rz. 19: bis zum Zeitpunkt der Vorlage an das OLG beim Familiengericht einzulegen.
6 BGH v. 30.4.2003 – V ZB 71/02, NJW 2003, 2388 für Anschlussberufung; aA Schulte-Bunert/Weinreich/*Unger*, § 66 FamFG Rz. 20.

nach Ablauf der Begründungsfrist, aber noch innerhalb der Anschließungsfrist eingereicht wird, in eine Anschlussbeschwerde **umgedeutet** werden.[1]

Durch Art. 8 des Gesetzes zur Modernisierung von Verfahren im anwaltlichen und notariellen Berufsrecht vom 30.7.2009 (dazu bereits Rz. 4a) ist § 66 Satz 1 geändert worden. Nachdem in der ursprünglichen Fassung die Anschlussbeschwerde (nur) einem Beschwerdeberechtigten eröffnet wurde, ist nunmehr zur Anschließung **jeder Beteiligte berechtigt.** Diese Änderung wurde vorgenommen,[2] um die Anschließung auch einem Beteiligten zu ermöglichen, der durch die angefochtene Entscheidung nicht beschwert ist, um Änderungen nach Erlass des angefochtenen Beschlusses noch berücksichtigen zu können. Nach dem ausdrücklichen Willen des Gesetzgebers ist also insoweit der Grundsatz des § 59 Abs. 1 nicht anzuwenden, wonach die Beschwerde nur demjenigen zusteht, der durch den Beschluss in seinen Rechten beeinträchtigt ist.

35a

Dies hat insbesondere in **Unterhaltssachen** nach § 231 Abs. 1 praktische Bedeutung. Wenn der Beschwerdeführer eine Endentscheidung anficht, die dem Antrag in erster Instanz in vollem Umfang stattgibt, wäre der Beschwerdegegner mangels Beschwer nach § 59 Abs. 1 daran gehindert, seinen nach Erlass der angefochtenen Entscheidung erhöhten Unterhaltsbedarf im Wege der Anschlussbeschwerde geltend zu machen. Nach der Rechtsprechung des BGH[3] ist die Anschlussberufung nach § 524 ZPO bei einer Verurteilung zu künftig fällig werdenden Leistungen unabhängig davon bis zum Schluss der letzten mündlichen Verhandlung über das Rechtsmittel zulässig, ob die zu ihrer Begründung vorgetragenen Umstände erst nach der letzten mündlichen Verhandlung in erster Instanz entstanden sind. Wie sich aus der Beschlussempfehlung des Rechtsausschusses des Bundestages[4] ergibt, sollte diese sehr weit gehende prozessuale Möglichkeit der Anschließung auch dem Beteiligten eröffnet werden, der mit seinem ursprünglichen Antrag in vollem Umfang Erfolg hatte.

35b

2. Einlegungsfrist

Abweichend von § 66 ist gem. § 117 Abs. 2 Satz 1 FamFG iVm. § 524 Abs. 2 Satz 2 ZPO in Ehe- und Familienstreitsachen die Anschließung grundsätzlich nur bis zum Ablauf einer dem Beschwerdegegner entsprechend § 521 Abs. 2 ZPO gesetzten **Frist zur Beschwerdeerwiderung** zulässig. Die Zustellung einer bloßen Mitteilung der Geschäftsstelle löst die Frist des § 524 Abs. 2 Satz 2 ZPO aber nicht aus, vielmehr ist dafür die Zustellung einer beglaubigten Abschrift der richterlichen Fristverfügung erforderlich.[5] Wenn eine solche Frist nicht gesetzt wird, ist die Anschließung bis zum Schluss der mündlichen Verhandlung möglich. Gem. dem entsprechend anwendbaren § 524 Abs. 2 Satz 3 ZPO schränkt diese Frist die Anschließung nicht ein, wenn diese eine Verurteilung zu **künftig fällig werdenden wiederkehrenden Leistungen** iSv. § 323 ZPO bzw. § 238 FamFG zum Gegenstand hat, insbesondere also Unterhaltsleistungen. Nach verbreiteter Ansicht sollte dies nur dann gelten, wenn das Anschlussrechtsmittel auf eine Änderung der Verhältnisse gestützt wird, die erst während des Rechtsmittelverfahrens eingetreten ist und innerhalb der Frist des § 524 Abs. 2 Satz 2 ZPO nicht mehr geltend gemacht werden konnte.[6] Wird mit der Anschlussbeschwerde hingegen nur eine fehlerhafte Rechtsanwendung des Familiengerichts gerügt oder ist die Änderung bereits bis zum Ablauf der Erwiderungsfrist eingetreten, sollte die Anschlussbeschwerde, auch wenn sie eine Verurteilung zu künftig fällig werdenden wiederkehrenden Leistungen zum Gegenstand hat, nach Ablauf der dem Beschwerdegegner gesetzten Frist zur Beschwerdeerwiderung unzulässig sein. Dem

36

---

1 OLG Düsseldorf v. 30.6.2004 – 1 UF 9/04, FamRZ 2005, 386.
2 Beschlussempfehlung des BT-Rechtsausschusses, BT-Drucks. 16/12717, S. 59.
3 BGH v. 28.1.2009 – XII ZR 119/07, FamRZ 2009, 579.
4 BT-Drucks. 16/12717, S. 59.
5 BGH v. 23.9.2008 – VIII ZR 85/08, MDR 2009, 216.
6 OLG Koblenz v. 14.6.2007 – 7 UF 155/07, NJW 2007, 3362 = FamRZ 2007, 1999; OLG Celle v. 18.7.2007 – 15 UF 236/06, FamRZ 2007, 1821 = OLGReport 2007, 1821; *Born*, NJW 2007, 3363; *Fölsch*, MDR 2004, 1029 (1033).

hat der BGH[1] widersprochen. Er leitet sowohl aus dem Wortlaut von § 524 Abs. 2 Satz 3 ZPO wie aus dem Zweck der Vorschrift ab, dass die Anschlussberufung bei künftig fällig werdenden Leistungen **uneingeschränkt zulässig** ist. Dies hat dann auch für Familienstreitsachen zu gelten.[2]

3. Begründung

37   Ob die Anschlussbeschwerde **in der Anschlussschrift** – wie die Beschwerde (§ 117 Abs. 1 Satz 1) und in entsprechender Anwendung von § 524 Abs. 3 Satz 1 ZPO – einen bestimmten **Sachantrag** und eine **Begründung** enthalten muss, ist zweifelhaft,[3] im Ergebnis aber zu verneinen. Dieses Erfordernis kann dem Wortlaut des Gesetzes nicht entnommen werden. § 66 sieht ein solches nicht vor, was konsequent ist, da auch für die Beschwerde nach dem FamFG – außerhalb der Ehe- und Familienstreitsachen – die Begründung kein Zulässigkeitserfordernis ist, § 65 Abs. 1. Eine Verweisung auf § 524 Abs. 3 ZPO enthält § 117 FamFG nicht. Eine entsprechende Verpflichtung wäre aber aus der Natur der Sache gerechtfertigt. Mit der Anschließung an die Beschwerde eines anderen Beteiligten erstrebt der Anschlussbeschwerdeführer **dieselbe Rechtsfolge** wie mit einer eigenen Beschwerde. Er begehrt wie mit dieser eine Änderung der angefochtenen Entscheidung zu seinen Gunsten. Es ist kein sachlicher Grund erkennbar, warum an die Anschließung geringere Anforderungen als an das Hauptrechtsmittel gestellt werden sollten. Der Bundesrat hat in seiner Stellungnahme zu § 66 idF des Gesetzentwurfs der Bundesregierung[4] ebenfalls festgestellt, es sei „nicht einzusehen, warum an die Anschließung nicht dieselben, das Beschwerdeverfahren erleichternden **formalen Anforderungen** gestellt werden sollten **wie an die Beschwerde** selbst". Die Bundesregierung[5] sowie der Rechtsausschuss des Deutschen Bundestages in seiner Beschlussempfehlung zu § 66[6] haben sich dem angeschlossen. Zwar wurde damit nur das nunmehr in § 66 Satz 1, 2. Halbs. enthaltene Schriftformerfordernis begründet. Dieser Gedanke ist aber ebenfalls auf das Erfordernis einer Antragstellung und Begründung der Anschlussbeschwerde in Ehe- und Familienstreitsachen übertragbar. Die Bundesregierung[7] hat zwar in ihrer Gegenäußerung das Erfordernis einer Begründung der Anschlussbeschwerde wie einer Begründung der Beschwerde abgelehnt, sich aber insoweit auf die (Anschluss-)Beschwerde nach §§ 58, 66 sowie die Besonderheiten des Verfahrens der freiwilligen Gerichtsbarkeit (Führung der Verfahren durch Rechtsunkundige) bezogen. Für die Familienstreitsachen hatte die Bundesregierung eine weitere Prüfung zugesagt,[8] die sodann zu dem Verweis in § 117 Abs. 2 Satz 1 auf § 524 Abs. 2 Satz 2 und 3 ZPO geführt hat. Es lag daher nahe, von einem Redaktionsversehen des Gesetzgebers auszugehen (so Vorauflage). Dies ist aber jetzt nicht mehr gerechtfertigt. § 117 ist durch das Gesetz zur Einführung einer Rechtsbehelfsbelehrung im Zivilprozess und zur Änderung anderer Vorschriften[9] mit Wirkung ab 1.1.2013 durch die Einfügung der Verweisung auf § 527 ZPO geändert worden. Wenn der Gesetzgeber im Rahmen dieser „Reparatur" des FamFG trotz der entsprechenden Erörterungen in der Literatur eine Verweisung auf § 524 Abs. 3 ZPO nicht aufgenommen hat, kann ein Redaktionsversehen nicht mehr angenommen werden.

38   Einstweilen frei.

---

1   BGH v. 28.1.2009 – XII ZR 119/07, FamRZ 2009, 579.
2   Schulte-Bunert/Weinreich/*Unger*, § 66 FamFG Rz. 26; Keidel/*Weber*, § 66 Rz. 17.
3   Dafür Vorauflage; Keidel/*Sternal*, § 66 FamFG Rz. 17a; aA Schulte-Bunert/Weinreich/*Unger*, § 66 FamFG Rz. 18; *Maurer*, FamRZ 2009, 465, 468.
4   BT-Drucks. 16/6038, S. 368.
5   BT-Drucks. 16/6038, S. 409.
6   BT-Drucks. 16/9733, S. 357.
7   BT-Drucks. 16/6038, S. 409.
8   BT-Drucks. 16/6038, S. 409.
9   BGBl. I 2012, 2418.

4. Besonderheiten der Anfechtung einer Verbundentscheidung

Soweit eine **Verbundentscheidung** angefochten ist, kann sich **jeder Ehegatte** der Beschwerde des anderen Ehegatten anschließen, indem er einen anderen Teil der Verbundentscheidung (Scheidungsausspruch und jede Entscheidung in einer Folgesache) angreift.[1] Da § 66 insoweit keine Einschränkung vorsieht und sich aus § 117 nichts anderes ergibt, kann sich ein Ehegatte auch **der Beschwerde eines Dritten** (zB des Rentenversicherungsträgers oder des Jugendamts) anschließen, um die Änderung einer durch das Hauptrechtsmittel nicht angegriffenen Folgesachenentscheidung zu erreichen.[2] Die nach dem bisherigen Recht erforderliche **Gegnerstellung** zwischen Rechtsmittelführer und Anschließendem,[3] die aus der entsprechenden Anwendung der zivilprozessualen Vorschriften abgeleitet wurde, ist angesichts der autonomen Regelung in § 66 **nicht (mehr) erforderlich** (str.).[4] Dies entspricht wohl auch der Ansicht des Gesetzgebers. In der Begründung des RegE[5] heißt es: § 66 „regelt nunmehr umfassend die Möglichkeit, Anschlussbeschwerde einzulegen; eine Beschränkung auf bestimmte Verfahrensgegenstände ist nicht vorgesehen. Gleichwohl wird die Anschlussbeschwerde auch künftig in erster Linie in den Verfahren praktische Bedeutung haben, in denen sich Beteiligte gegensätzlich mit widerstreitenden Anliegen gegenüberstehen."

39

Am Verfahren beteiligte **Dritte** können sich daher ebenfalls einer Beschwerde anschließen, ohne dass sie Gegner des Hauptbeschwerdeführers sein müssen; zur Ausschließung in Folgesachen s. *Helms* § 145 Rz. 7f. Jede Anschlussbeschwerde muss sich im Rahmen des **erstinstanzlichen Verfahrensgegenstandes** halten, mit ihr kann also keine Entscheidung in einer Folgesache begehrt werden, die erstinstanzlich nicht anhängig gewesen ist. Sofern mit einer Anschlussbeschwerde Teile der Verbundentscheidung angefochten werden, die eine andere Familiensache betreffen, ist dies nur in der **Frist des § 145** zulässig.

40

VIII. Verfahren des Beschwerdegerichts (Absatz 3)

1. Allgemeine Grundsätze

Nachdem dem Oberlandesgericht die Beschwerde mit den Sachakten vorgelegt worden ist (§ 68 Abs. 1), hat es die Zulässigkeit zu prüfen und das Rechtsmittel bei **Unzulässigkeit** gem. § 117 Abs. 1 Satz 3 FamFG i.V.m. § 522 Abs. 1 Satz 2 ZPO zu verwerfen. Zuvor hat es aber auf die Unzulässigkeit hinzuweisen, um einen Antrag auf Wiedereinsetzung in den vorigen Stand zu ermöglichen.[6] Eine Verpflichtung zur **Zustellung** von Beschwerdeschrift und -begründung enthalten weder die §§ 58ff. noch § 117; eine Verweisung auf § 521 Abs. 1 ZPO fehlt. Es kann aber nicht angenommen werden, dass der Gesetzgeber eine Zustellung für entbehrlich erachtet hat. Es dürfte sich vielmehr um einen der leider nicht seltenen Fälle handeln, in denen dem FamFG-Gesetzgeber die Verweisung zwischen FamFG und ZPO missglückt ist. Die Begründung des Rechtsausschusses des Bundestages zu der Änderung (s. Rz. 4a) von Abs. 2, mit dem der Verweis auf § 521 Abs. 2 ZPO eingefügt wurde, lässt nicht erkennen, warum die Regelung in § 521 Abs. 1 ZPO ausgenommen wurde.[7] Demgemäß entspricht es auch – soweit ersichtlich – flächendeckender Praxis, dass Beschwerdeschrift und -begründung in Ehe- und Familienstreitsachen an den Rechts-

41

---

1 BGH v. 22.4.1998 – XII ZR 281/96, NJW 1998, 2679 = FamRZ 1998, 1024; BGH v. 20.10.1982 – IVb ZR 318/81, NJW 1983, 172 = FamRZ 1982, 1198.
2 Zöller/*Lorenz*, § 145 FamFG Rz. 7; Musielak/*Borth*, § 66 FamFG Rz. 6; Keidel/*Weber*, § 145 FamFG Rz. 8; aA – keine Anwendung von § 66 in Verbundverfahren – OLG Stuttgart v. 27.10.2010 – 15 UF 196/10, NJW-Spezial 2011, 198.
3 Vgl. dazu Zöller/*Philippi*, 27. Aufl., § 629a ZPO Rz. 27ff.
4 KG v. 25.3.2011 – 13 UF 229/10, NJW-RR 2011, 1372; OLG Celle v. 15.11.2010 – 10 UF 182/10, juris; aA *Abramenko*, § 66 FamFG Rz. 3; Musielak/*Borth*, § 66 Rz. 6.
5 BT-Drucks. 16/6308, S. 206.
6 St. Rspr. des BGH zB v. 24.2.2010 – XII ZB 168/08, FamRZ 2010, 882 = MDR 2010, 710; BGH v. 15.8.2007 – XII ZB 101/07, FamRZ 2007, 1725.
7 BT-Drucks. 16/12717, S. 61.

mittelgegner zugestellt werden. Sofern der Schriftsatz einen Antrag enthält, lässt sich dies aus § 270 ZPO herleiten, der in diesen Verfahren gem. § 113 Abs. 1 anwendbar ist. Bei einer Beschwerdeschrift ohne Antrag ist nur eine analoge Anwendung möglich. Die Heranziehung der erstinstanzlichen Vorschriften über die Antragszustellung[1] führt zwar – in Ehe- und Familienstreitsachen über § 113 Abs. 1 FamFG iVm. § 271 Abs. 1 ZPO – zu demselben Ergebnis, dehnt aber die in § 68 Abs. 3 Satz 1 angeordnete „entsprechende" Anwendung der erstinstanzlichen Verfahrensvorschriften angesichts der Unterschiede zwischen verfahrenseinleitendem Antrag und Rechtsmittel sehr stark aus; rechtfertigen lässt sich dies nur mit dem Bestreben, eine unvollkommene gesetzliche Regelung sachgerecht zu handhaben.

41a Das Beschwerdegericht kann gem. §§ 119 Abs. 1, 64 Abs. 3 vor der Entscheidung eine eA erlassen und insbesondere anordnen, dass die **Vollziehung** des angefochtenen Beschlusses **auszusetzen** ist. Soweit § 117 nichts anderes bestimmt, richtet sich das weitere Verfahren der Beschwerdeinstanz gem. § 68 Abs. 3 Satz 1 grundsätzlich nach den Vorschriften über das Verfahren in der ersten Instanz. Wegen der Regelung in § 113 bedeutet dies in Ehe- und Familienstreitsachen, dass weitgehend die **Zivilprozessordnung** mit ihren Allgemeinen Vorschriften und den Vorschriften über das Verfahren vor den Landgerichten ergänzend Anwendung findet. Vorrangig sind aber die im 2. Buch des FamFG für die einzelnen Verfahren enthaltenen Spezialvorschriften. Einer **Güteverhandlung** bedarf es im Beschwerdeverfahren nicht, § 117 Abs. 2 Satz 2. Im Einzelnen bedeutet dies:

42 Für die **Ehesachen** sind die Einschränkungen der prozessualen Dispositionsbefugnis, wie sie gem. § 113 Abs. 4 in erster Instanz gelten (vgl. im Einzelnen § 113 Rz. 22), nach § 68 Abs. 3 Satz 1 auch im Beschwerdeverfahren anzuwenden. Der Antrag kann ohne die Beschränkungen des § 533 ZPO oder der §§ 263 f. ZPO (vgl. § 68 Abs. 3 Satz 1 iVm. § 113 Abs. 4 Nr. 2) auch in der Beschwerdeinstanz geändert werden. Weder Zustimmung der Gegenseite noch eine Sachdienlichkeit sind daher erforderlich. Zu den Einzelheiten vgl. § 113 Rz. 24 ff. Von der erneuten persönlichen Anhörung der Ehegatten kann das Beschwerdegericht gem. § 68 Abs. 3 Satz 2 absehen, wenn durch sie keine neuen Erkenntnisse zu erwarten sind (vgl. Rz. 46 ff.).

43 In **Familienstreitsachen** iSv. § 112 wird auch das Beschwerdeverfahren als Streitverfahren unter Geltung des zivilprozessualen **Beibringungsgrundsatz**es geführt.[2] Eine Überprüfung der angefochtenen Entscheidung von Amts wegen findet nicht statt. Über §§ 68 Abs. 3 Satz 1, 113 Abs. 1 sind grundsätzlich die zivilprozessualen Vorschriften über das erstinstanzliche Verfahren vor dem Landgericht entsprechend anwendbar. Das Gericht ist also insbesondere gem. § 308 ZPO an die Anträge der Parteien sowie gem. § 528 ZPO iVm. § 117 Abs. 2 Satz 1 FamFG an die Beschwerdeanträge gebunden. Die Parteien können über den Streitgegenstand durch Geständnis (§ 288 ZPO), Antragsrücknahme (§ 269 ZPO), Anerkenntnis (§ 307 ZPO) und Verzicht (§ 306 ZPO) verfügen. Eine **Antragsänderung** ist in der Beschwerdeinstanz ohne die Beschränkungen des § 533 ZPO zulässig, da auf diese Vorschrift in § 117 nicht verwiesen wird. Sie bestimmt sich daher über die Verweisung in §§ 68 Abs. 3 Satz 1, 113 Abs. 1 Satz 2 nach den §§ 263, 264 ZPO. Auch eine Widerklage, jetzt gem. § 113 Abs. 5 Nr. 2 als **Widerantrag** zu bezeichnen, kann in der Beschwerdeinstanz mangels Anwendbarkeit des § 533 ZPO ohne die dort angeordneten Einschränkungen erhoben werden. Ob der zur Rechtfertigung des geänderten Antrags oder des Widerantrags vorgetragene Sachverhalt als **verspätet** zurückzuweisen ist, bestimmt sich nach § 115 (vgl. Rz. 45). Der Widerantrag oder die Änderung des Antrags selbst sind nicht Angriffsmittel, sondern Angriff und unterliegen daher nicht den Verspätungsvorschriften.[3] Eine **Aufrechnung**serklärung ist in der Beschwerdeinstanz ebenfalls ohne die Einschränkung des § 533 ZPO zulässig.

---

1 So *Abramenko*, § 68 Rz. 22; *Rackl*, Rechtsmittelrecht, S. 161.
2 BT-Drucks. 16/6308, S. 225.
3 BGH v. 17.4.1996 – XII ZB 60/95, NJW-RR 1996, 961 = FamRZ 1996, 1071; BGH v. 23.4.1986 – VIII ZR 93/85, NJW 1986, 2257.

In Ehe- und Familienstreitsachen gilt der Grundsatz der **Mündlichkeit** der Verhandlung, § 128 Abs. 1 ZPO (vgl. aber Rz. 46, 49), über die – anders als sonst in Verfahren nach dem FamFG – ein **Protokoll** nach den §§ 160 ff. ZPO aufzunehmen ist. Ein **Vergleich** kann sowohl in einem Termin entsprechend § 160 Abs. 3 Nr. 1 ZPO protokolliert als auch ohne mündliche Verhandlung gem. § 278 Abs. 6 ZPO geschlossen werden. **Zustellungen** sind nach den §§ 166 ff. vorzunehmen. Eine **Beweisaufnahme** ist nach den Vorschriften der Zivilprozessordnung durchzuführen. 44

2. Verspätung

Eine Zurückweisung von Angriffs- und Verteidigungsmitteln wegen Verspätung ist in Ehesachen und Familienstreitsachen **nur nach § 115** zulässig.[1] §§ 530, 531 Abs. 1 ZPO sind mangels Bezugnahme in § 117 FamFG nicht entsprechend anwendbar. Wie bereits nach dem früheren Recht[2] können daher Angriffs- und Verteidigungsmittel, auch wenn das Amtsgericht sie mit Recht zurückgewiesen hat, erneut in der Beschwerdeinstanz vorgebracht werden, soweit nicht § 115 eingreift. Wenn sie also nicht zu einer **Verzögerung der Erledigung** führen, sind sie unabhängig vom Zeitpunkt ihres Vorbringens zu berücksichtigen. 45

3. Verzicht auf Verfahrenshandlungen

Gem. dem auch in Ehe- und Familienstreitsachen anwendbaren § 68 Abs. 3 Satz 2 kann das Beschwerdegericht von der Durchführung eines Termins, einer **mündlichen Verhandlung** oder einzelner **Verfahrenshandlungen absehen**, wenn diese bereits vom Familiengericht vorgenommen wurden und von einer erneuten Vornahme keine zusätzlichen Erkenntnisse zu erwarten sind. Die Vorschrift dient der effizienten Nutzung gerichtlicher Ressourcen in der Beschwerdeinstanz.[3] In Ehe- und Familienstreitsachen kommen v. a. der Verzicht auf eine erneute Anhörung der Eheleute in Ehesachen (§ 128), auf eine erneute Beweisaufnahme sowie das Absehen von einer erneuten mündlichen Verhandlung in Betracht. 46

a) Absehen von einer Beweisaufnahme

Der Verzicht auf eine erneute Beweisaufnahme in der Berufungsinstanz war auch in der Vergangenheit nicht unüblich, wenn die Beweisaufnahme der ersten Instanz erschöpfend und die **Beweiswürdigung überzeugend** war. Nach neuem Recht ist in diesem Fall ebenfalls eine erneute Beweisaufnahme grundsätzlich nicht erforderlich. Etwas anderes kann sich aus neuen, dem Familiengericht bei seiner Entscheidung noch nicht bekannten Umständen ergeben. In jedem Fall muss das Beschwerdegericht eine Beweisaufnahme wiederholen, wenn es die protokollierte **Aussage anders versteht** als die erste Instanz oder die **Glaubwürdigkeit eines Zeugen** abweichend beurteilt.[4] 47

b) Absehen von einer Anhörung

Ob eine erneute Anhörung der **Ehegatten** gem. § 128 erforderlich ist, richtet sich nach dem Angriff gegen den Scheidungsausspruch. Wenn mit der Beschwerde allein die **Wiederherstellung des Verbunds** angestrebt wird (vgl. Rz. 14), ist sie im Regelfall eher entbehrlich. Hingegen ist grundsätzlich eine Anhörung auch durch den Beschwerdesenat geboten, wenn Angriffspunkt das **Scheitern der Ehe** oder ein **Härtegrund** iSd. §§ 1565 Abs. 2, 1568 BGB ist. Ob von einer erneuten **Anhörung der Eltern** (§ 160) und des **Kindes** (§ 159) in einer Kindschaftssache abgesehen werden kann, ist eine Frage des Einzelfalls. In den Fällen, in denen von der Anberaumung eines Termins nicht abgesehen werden kann (vgl. Rz. 49 f.), sind im Regelfall auch Eltern und Kind erneut persönlich anzuhören. 48

---

1 OLG Celle v. 20.4.2011 – 15 UF 251/10, FamRZ 2011, 1671.
2 Vgl. Zöller/*Philippi*, 27. Aufl., § 615 ZPO Rz. 10.
3 So ausdrücklich Begr. RegE, BT-Drucks. 16/6308, S. 207.
4 BGH v. 22.5.2002 – VIII ZR 337/00, MDR 2002, 1267; BGH v. 29.1.1991 – XI ZR 76/90, MDR 1991, 670.

c) Absehen von einer erneuten mündlichen Verhandlung

49 Wenn die Sache bereits in der **ersten Instanz** im erforderlichen Umfang mit den Beteiligten **erörtert** wurde, ist nach der Auffassung des Gesetzgebers[1] die Durchführung eines Termins in der Beschwerdeinstanz entbehrlich. Diese Möglichkeit des Verzichts auf eine mündliche Erörterung erscheint primär auf die – vom Amtsermittlungsgrundsatz geprägten – Verfahren der freiwilligen Gerichtsbarkeit zugeschnitten. In Ehe- und Familienstreitsachen stellt sie eine einschneidende Änderung des bisherigen Rechtsmittelverfahrens dar.[2] Der **Grundsatz der Mündlichkeit** (§ 128 ZPO) wird für das Beschwerdeverfahren durchbrochen. Dies geschieht in einem deutlich stärkeren Maße als durch § 522 Abs. 2 ZPO. Während danach die Berufung durch einstimmigen Beschluss zurückgewiesen werden kann, wenn sie offensichtlich keine Aussicht auf Erfolg hat und die Voraussetzungen für die Zulassung einer Revision nicht vorliegen, fehlt es für das Beschwerdeverfahren in § 68 Abs. 3 Satz 2 an entsprechenden Einschränkungen. Das Beschwerdegericht ist **nicht auf eine Zurückweisung** der Beschwerde beschränkt, sondern kann die angefochtene Entscheidung teilweise oder sogar vollständig **abändern**. Eine Einstimmigkeit im Senat ist nicht erforderlich. § 68 Abs. 3 Satz 2 schließt auch nicht aus, dass der Einzelrichter, dem gem. § 68 Abs. 4 die Entscheidung über die Beschwerde übertragen ist (dazu Rz. 59), ohne erneuten Termin entscheidet. Auch in Fällen, in denen die **Rechtsbeschwerde zuzulassen** ist, kann von der Durchführung einer mündlichen Verhandlung abgesehen werden.[3] Zu einem **Hinweis**, welche Entscheidung das Gericht beabsichtigt, ist es – anders als nach § 522 Abs. 2 Satz 2 ZPO – nicht verpflichtet, wenn es auf eine erneute mündliche Verhandlung verzichten will.[4] Für eine analoge Anwendung von **§ 522 Abs. 2 ZPO**[5] besteht keine Rechtfertigung. Zum einen trifft § 68 Abs. 3 eine autonome Regelung, die sowohl nach § 113 Abs. 1 wie nach § 117 Abs. 3 auch in Ehe- und Familienstreitsachen anzuwenden ist. Zum anderen entspricht dies auch dem ausdrücklichen Willen des Gesetzgebers. Der insoweit Gesetz gewordene Regierungsentwurf[6] hat sich unter Verweis auf die nach § 68 Abs. 3 eröffneten Möglichkeiten gegen die vom Bundesrat[7] vorgeschlagene Anwendbarkeit der Zurückweisungsmöglichkeit nach § 522 Abs. 2 ZPO entschieden.

50 Nach der Vorstellung des Gesetzgebers[8] hat das Gericht die Vorschrift **konform mit der Europäischen Menschenrechtskonvention** (EMRK), insbesondere ihrem Art. 6 (Recht auf ein faires Verfahren), **auszulegen** und bei der Ausübung des Ermessens auch die Rechtsprechung des **Europäischen Gerichtshofs für Menschenrechte** (EGMR) hierzu zu beachten. Nach dieser gilt für Rechtsmittelinstanzen, dass von der mündlichen Verhandlung abgesehen werden kann, wenn in der ersten Instanz eine solche stattgefunden hat und es nur um die Zulassung des Rechtsmittels geht oder nur eine rechtliche Überprüfung möglich ist. Wenn über **Tatsachenfragen** zu entscheiden ist, kann das Rechtsmittelgericht von einer erneuten Verhandlung unter der Voraussetzung absehen, dass es ohne eigene Ermittlungen auf Grund der Aktenlage in der Sache entscheiden kann.[9] Eine zweite mündliche Verhandlung ist nach der Rechtsprechung des EGMR dagegen erforderlich, wenn der Fall schwierig ist, die tatsächlichen Fragen **nicht einfach sind und erhebliche Bedeutung** haben.[10] Unab-

---

1 Begr. RegE, BT-Drucks. 16/6308, S. 207.
2 Kritisch *Schürmann*, FamRB 2009, 24 (28); *Rasch*, FPR 2006, 426 (427).
3 Schulte-Bunert/Weinreich/*Unger*, § 117 FamFG Rz. 42; *Griesche*, FamRB 2011, 154.
4 Schulte-Bunert/Weinreich/*Unger*, § 117 FamFG Rz. 44; *Griesche*, FamRB 2011, 154; aA Thomas/Putzo/*Hüßtege*, § 117 FamFG Rz. 22; *Maurer*, FamRZ 2009, 465 (479).
5 So OLG Karlsruhe v. 27.4.2010 – 16 UF 27/10, NJW 2010, 3247; wohl auch Keidel/*Weber*, § 117 FamFG Rz. 10; wie hier Schulte-Bunert/Weinreich/*Unger*, § 117 FamFG Rz. 37; *Schürmann*, FamRB 2009, 24 (28); *Griesche*, FamRB 2011, 154.
6 BT-Drucks. 16/6308, S. 412.
7 BT-Drucks. 16/6308, S. 372.
8 BT-Drucks. 16/6308, S. 207 f.
9 Vgl. *Meyer-Ladewig*, Europäische Menschenrechtskonvention, Art. 6 Rz. 66; *Grabenwarter*, Europäische Menschenrechtskonvention, § 24 Rz. 94 f.
10 Vgl. *Meyer-Ladewig*, Europäische Menschenrechtskonvention, Art. 6 Rz. 66.

hängig von den Voraussetzungen des § 68 Abs. 3 Satz 2 können die Beteiligten auch auf die Durchführung eines erneuten Termins zur mündlichen Verhandlung **verzichten**.

d) Gemeinsame Voraussetzungen und Verfahren

§ 68 Abs. 3 Satz 2 setzt voraus, dass die mündliche Verhandlung oder die sonstige Verfahrenshandlung in der ersten Instanz ohne Verfahrensfehler durchgeführt wurde.[1] Fehlt es hieran, kann das Beschwerdegericht auf sie nicht unter Berufung auf § 68 Abs. 3 Satz 2 verzichten, auch wenn es sich von der Durchführung der mündlichen Verhandlung bzw. der Vornahme der Verfahrenshandlung keinen Erkenntnisgewinn verspricht. Weitere Tatbestandsvoraussetzung ist, dass nach der **Prognose** des Beschwerdegerichts von einer Wiederholung der mündlichen Verhandlung oder einer sonstigen Verfahrenshandlung **keine zusätzlichen Erkenntnisse** zu erwarten wären (im Einzelnen vgl. § 68 Rz. 27f.). Die Entscheidung, ob von der Wiederholung der mündlichen Verhandlung oder sonstigen Verfahrenshandlungen abgesehen werden kann, soll nach der Gesetzesbegründung im „pflichtgemäßen Ermessen" des Beschwerdegerichts liegen. Ihm steht also ein – durch Art. 6 EMRK begrenzter (vgl. Rz. 50) – **Beurteilungsspielraum** zu (vgl. § 68 Rz. 30). 51

Damit die Beteiligten von einem solchen Vorgehen des Beschwerdegerichts nicht überrascht werden, muss dieses gem. § 117 Abs. 3 auf eine entsprechende Absicht hinweisen. Die Verwendung des Begriffs „Gericht" in Abs. 3 spricht dafür, dass der **Hinweis** in Beschlussform durch den gesamten Spruchkörper zu erteilen ist. Bei einer teleologischen Auslegung reicht aber auch die Mitteilung der vom Spruchkörper getroffenen Entscheidung durch den Vorsitzenden aus, da damit der Funktion des Hinweises genügt wird und ein förmlicheres Verfahren als nach § 522 Abs. 2 ZPO nicht gerechtfertigt ist.[2] Dieser Hinweis soll den Beteiligten die Möglichkeit eröffnen, dem Beschwerdegericht weitere Gesichtspunkte zu unterbreiten, die eine erneute Durchführung der mündlichen Verhandlung oder der nicht für erforderlich erachteten Verfahrenshandlungen rechtfertigen.[3] Daneben eröffnet ein Hinweis darauf, dass das Beschwerdegericht auf eine erneute mündliche Verhandlung verzichten will, den Beteiligten die Möglichkeit, **abschließend vorzutragen**. Die Einräumung einer **Stellungnahmefrist** ist nicht vorgeschrieben. Der Zweck des Hinweises gebietet es aber, mit einer Entscheidung so lange zu warten, dass den Beteiligten eine Reaktion auf den Hinweis möglich ist. Zu einem Hinweis, welche Entscheidung das Gericht beabsichtigt, ist es – anders als nach § 522 Abs. 2 Satz 2 ZPO – nicht verpflichtet (s. Rz. 49). Sofern nicht erneut mündlich verhandelt wird, kommt aber der **Hinweispflicht des § 139 ZPO**, der in Ehe- und Familienstreitsachen gem. §§ 68 Abs. 3 Satz 1, 113 Abs. 1 an die Stelle von § 28 tritt, besondere Bedeutung zu. Auf nicht unzureichend geklärte Gesichtspunkte, die das Oberlandesgericht anderenfalls im Termin mit den Beteiligten erörtern würde, muss in diesem Fall schriftlich hingewiesen werden. 52

Nach § 139 Abs. 2 ZPO darf das Gericht seine Entscheidung auf einen Gesichtspunkt, den eine Partei erkennbar übersehen oder für unerheblich gehalten hat oder den das Gericht anders beurteilt als beide Parteien, nur stützen, wenn es darauf hingewiesen und Gelegenheit zur Äußerung dazu gegeben hat. Die Hinweispflicht dient in Konkretisierung des Anspruchs auf rechtliches Gehör vor allem der **Vermeidung von Überraschungsentscheidungen** und besteht auch gegenüber dem anwaltlich vertretenen Beteiligten, wenn der Rechtsanwalt die Rechtslage ersichtlich falsch beurteilt oder darauf vertraut, dass sein schriftsätzliches Vorbringen ausreichend sei.[4] Auf Bedenken gegen die Schlüssigkeit des Antrags muss das Gericht gem. § 139 ZPO daher grundsätzlich auch einen **anwaltlich vertretenen Beteiligten** hinweisen.[5] Davon, dass ein rechtlicher Gesichtspunkt übersehen wurde, ist idR auszugehen, wenn kein 53

---

1 BGH v. 2.3.2011 – XII ZB 346/10, FamRZ 2011, 805; BGH v. 16.9.2010 – V ZB 120/10, FGPrax 2010, 290.
2 AA *Maurer*, FamRZ 2009, 465, 479; Schulte-Bunert/Weinreich/*Unger*, § 117 FamFG Rz. 40.
3 Begr. RegE, BT-Drucks. 16/6308, S. 225.
4 BGH v. 27.9.2006 – VIII ZR 19/04, NJW 2007, 2414.
5 BGH v. 7.12.2000 – I ZR 179/98, NJW 2001, 2548.

Beteiligter auf ihn eingegangen ist.[1] Ein in erster Instanz obsiegender Beteiligter darf darauf vertrauen, dass das Rechtsmittelgericht ihm rechtzeitig einen Hinweis nach § 139 ZPO gibt, wenn es der Beurteilung der **Vorinstanz** in einem entscheidungserheblichen Punkt nicht folgen will und insbesondere auf Grund seiner **abweichenden Ansicht** eine Ergänzung des Vorbringens oder einen Beweisantritt für erforderlich hält,[2] es sei denn, der Gesichtspunkt ist bereits Gegenstand vertiefter Erörterungen der Beteiligten und ggf. des Gerichts gewesen.[3] Ein gerichtlicher Hinweis ist entbehrlich, wenn der Beteiligte von der **Gegenseite** die gebotene Unterrichtung erhalten hat.[4] Der Umstand, dass ein Beteiligter Bedenken gegen die Fassung des Antrags oder die Schlüssigkeit geltend gemacht hat, befreit das Gericht aber dann nicht von seiner Pflicht zu einem Hinweis, wenn es für das Gericht offenkundig ist, dass der Verfahrensbevollmächtigte des Beteiligten diese Bedenken nicht zutreffend aufgenommen hat.[5] Ein Hinweis ist grundsätzlich nicht deshalb entbehrlich, weil sich zur Ansicht des Beschwerdegerichts der Verfahrensweise in einem anderen Verfahren etwas entnehmen lässt.[6]

4. Mündliche Verhandlung

54 Sofern das Beschwerdegericht eine mündliche Verhandlung durchführt, ist diese gem. § 170 Abs. 1 GVG in Familiensachen generell **nicht-öffentlich**. Das Gericht kann danach die Öffentlichkeit zulassen, aber nicht gegen den Willen eines Beteiligten. Das Gericht hat daher im Einzelfall zu entscheiden, ob das Interesse der Beteiligten am Schutz ihrer Privatsphäre oder der sich aus dem Rechtsstaatsprinzip ergebende Grundsatz der Öffentlichkeit der Verhandlung in dem konkreten Verfahren überwiegt. Dieses Ermessen wird beschränkt, soweit ein Beteiligter der Zulassung der Öffentlichkeit widerspricht. In diesem Fall bleibt es notwendig bei der Nichtöffentlichkeit. Damit wird dem Schutz der Privatsphäre in diesen Fällen bewusst und stets Vorrang vor dem Grundsatz der Öffentlichkeit eingeräumt.[7] Nach Auffassung des Gesetzgebers[8] ist diese Regelung mit Art. 6 Abs. 1 EMRK vereinbar. Dieser gewährt allen Personen das Recht auf ein öffentliches Verfahren in Streitigkeiten in Bezug auf ihre zivilrechtlichen Ansprüche oder Verpflichtungen, zu denen auch Familiensachen gehören.[9] Die Öffentlichkeit kann nach Art. 6 Abs. 1 Satz 2 EMRK ua. dann ausgeschlossen werden, wenn die **Interessen von Jugendlichen** oder der **Schutz des Privatlebens** der Beteiligten es verlangen. Dieses Recht wird mit der Regelung in § 170 GVG in Anspruch genommen,[10] wobei dies für die Beschwerdeinstanz anders als für die Rechtsbeschwerdeinstanz (170 Abs. 2 GVG) in sehr pauschalisierter Form geschieht. Denn bei Widerspruch eines Beteiligten ist dem Beschwerdegericht die Zulassung der Öffentlichkeit selbst auf Antrag des Gegners nicht möglich, auch wenn nach seiner Einschätzung – zB in Streitsachen nach § 266 – die Privatsphäre nicht maßgeblich berührt ist. Auch wenn man einen Verstoß gegen Art. 6 EMRK annehmen würde, wäre die Regelung aber wirksam. Da die Europäische Menschenrechtskonvention im Rang einfachen Gesetzesrechts steht, geht ihr § 170 GVG als lex posterior vor.[11]

55 § 170 GVG regelt nur die Öffentlichkeit von „Verhandlungen, Erörterungen und Anhörungen", nicht aber die der **Verkündung einer Entscheidung**. Insoweit verbleibt

---

1 BGH v. 23.9.1992 – I ZR 248/90, NJW 1993, 667.
2 BGH v. 15.3.2006 – IV ZR 32/05, FamRZ 2006, 942 = MDR 2006, 1250; BGH v. 27.4.1994 – XII ZR 16/93, NJW 1994, 1880 mwN.
3 BGH v. 21.10.2005 – V ZR 169/04, NJW-RR 2006, 235 = MDR 2006, 504.
4 BGH v. 20.12.2007 – IX ZR 207/05, NJW-RR 2008, 581; BGH v. 22.11.2006 – VIII ZR 72/06, NJW 2007, 759.
5 BGH v. 17.6.2004 – VII ZR 25/03, NJW-RR 2004, 1247.
6 BGH v. 15.3.2006 – IV ZR 32/05, FamRZ 2006, 942 = MDR 2006, 1250.
7 BT-Drucks. 16/6308, S. 320.
8 BT-Drucks. 16/6308, S. 320.
9 Vgl. *Meyer-Ladewig*, Europäische Menschenrechtskonvention, Art. 6 Rz. 8.
10 BT-Drucks. 16/6308, S. 320.
11 Zöller/*Lückemann*, § 170 GVG Rz. 1.

es entsprechend dem – auch auf das Verfahren abschließende Beschlüsse anwendbaren[1] – § 173 Abs. 1 GVG bei dem Grundsatz der Öffentlichkeit des § 169 GVG.[2] Dies ist durch das Gesetz zur Einführung einer Rechtsbehelfsbelehrung im Zivilprozess und zur Änderung anderer Vorschriften[3] klargestellt worden, indem in § 173 Abs. 1 GVG die Verkündung einer „Endentscheidung in Ehe- und Familienstreitsachen" aufgenommen wurde. Diese Vorschriften sind nunmehr[4] – wie das gesamte GVG – auf das Verfahren nach dem FamFG anwendbar, da durch Art. 21 Nr. 1 FGG-RG die Beschränkung in § 2 EGGVG auf die streitige Gerichtsbarkeit entfallen ist.

5. Versäumnisbeschluss

56 Bleibt der **Beschwerdeführer** in der mündlichen Verhandlung **säumig**, ist seine Beschwerde in **Familienstreitsachen** auf Antrag durch Versäumnisbeschluss gem. § 117 Abs. 2 Satz 1 FamFG iVm. § 539 Abs. 1 ZPO ohne Sachprüfung zurückzuweisen. Sofern der **Beschwerdegegner** in diesen Verfahren säumig ist und der Beschwerdeführer einen Versäumnisbeschluss beantragt, ist das tatsächliche Vorbringen des Beschwerdeführers als zugestanden anzusehen und gem. § 117 Abs. 2 Satz 1 FamFG iVm. § 539 Abs. 2 ZPO ein Versäumnisbeschluss zu erlassen, soweit das Vorbringen den Beschwerdeantrag rechtfertigt; soweit dies nicht der Fall ist, ist die Beschwerde zurückzuweisen. Sofern bei einem Rechtsmittel gegen eine **Verbundentscheidung** auch Verfahren der **freiwilligen Gerichtsbarkeit** Gegenstand des Beschwerdeverfahrens sind, kann eine Säumnisentscheidung hinsichtlich dieser Verfahrensgegenstände nicht ergehen, da eine solche nach den §§ 58ff. nicht zulässig ist. Die frühere Rechtsprechung,[5] nach der auch in Folgesachen der freiwilligen Gerichtsbarkeit bei gleichzeitigem Angriff einer ZPO-Folgesache ein Versäumnisurteil ergehen konnte, ist überholt, da sie zur Grundlage hatte, dass über das Rechtsmittel nach § 629a Abs. 2 Satz 2 ZPO einheitlich als Berufung zu entscheiden war. Soweit eine Folgesache angefochten ist, bei der es sich um eine **Familienstreitsache** handelt, ist wie in isolierten Familienstreitsachen (s.o.) gem. § 117 Abs. 2 Satz 1 FamFG iVm. § 539 ZPO ein Versäumnisurteil sowohl gegen den Beschwerdeführer als auch gegen den Beschwerdegegner zulässig.

57 In **Ehesachen** ist zu differenzieren: Bei Säumnis des **Beschwerdeführers** ist das Rechtsmittel auf Antrag ohne Sachprüfung durch **Versäumnisbeschluss** gem. § 117 Abs. 2 Satz 1 FamFG iVm. § 539 Abs. 1 ZPO zurückzuweisen, nicht etwa die Rücknahmefiktion nach § 130 Abs. 1 auszusprechen.[6] Ein entsprechender Versäumnisbeschluss ergeht auch dann, wenn der Antragsgegner Beschwerdeführer ist. § 130 Abs. 2 steht dem nicht entgegen, da es sich bei der in § 117 Abs. 2 Satz 1 in Bezug genommenen Regelung des § 539 Abs. 2 ZPO um eine vorrangige Sonderbestimmung für das Berufungs- bzw. Beschwerdeverfahren handelt.[7] Der Antragsgegner ist als Beschwerdeführer nicht wie in erster Instanz schutzbedürftig, da er über sein Rechtsmittel statt durch Säumnis auch durch Rücknahme verfügen könnte. Bei Säumnis des **Beschwerdegegners**, der **Antragsgegner der Ehesache** ist (der Antragsteller verfolgt also mit seinem Rechtsmittel den abgewiesenen Scheidungsantrag weiter), darf gem. §§ 68 Abs. 3 Satz 1, 130 Abs. 2 eine Säumnisentscheidung zu seinen Lasten nicht ergehen. § 130 Abs. 2 ist nach seinem Zweck gegenüber § 539 Abs. 2 ZPO vorrangig, da damit eine Scheidung durch Versäumnisurteil ausgeschlossen werden soll. Ist der säumige **Beschwerdegegner Antragsteller der Ehesache** (greift also der Antragsgeg-

---

1 Zöller/*Lückemann*, § 173 GVG Rz. 1.
2 *Lipp*, FPR 2011, 37 (38); aA ohne Begr. *Schürmann*, FamRB 2009, 24 (29).
3 BGBl. I 2012, 2418.
4 Zur früheren Rechtslage nach dem FGG vgl. BGH v. 24.11.1993 – BLw 37/93, BGHZ 124, 204; Zöller/*Lückemann*, § 169 GVG Rz. 1.
5 OLG München v. 18.5.1994 – 12 UF 619/94, FamRZ 1995, 378 = OLGReport 1994, 211.
6 So aber Keidel/*Weber*, § 130 FamFG Rz. 7; wie hier Schulte-Bunert/Weinreich/*Unger*, § 117 FamFG Rz. 32.
7 Schulte-Bunert/Weinreich/*Unger*, § 117 FamFG Rz. 32; für das frühere Recht OLG München v. 18.5.1994 – 12 UF 619/94, FamRZ 1995, 379 = OLGReport 1994, 211; OLG Schleswig v. 13.1.1992 – 15 UF 22/90, FamRZ 1992, 839.

ner mit dem Rechtsmittel den Scheidungsausspruch an), steht § 130 Abs. 2 einem Versäumnisbeschluss entsprechend § 539 Abs. 1 ZPO nicht entgegen, weil diese Vorschrift nur eine Versäumnisentscheidung gegen den Antragsgegner ausschließt. Es darf aber in der Sache nicht auf Grund der Säumnis entschieden werden, da das **tatsächliche Vorbringen** des Beschwerdeführers **nicht als zugestanden angesehen** werden kann. Dies wird in Ehesachen durch § 113 Abs. 4 Nr. 1 ausgeschlossen. Der Erlass eines Versäumnisbeschlusses wird dadurch aber – entgegen einer verbreiteten Ansicht[1] – nicht ausgeschlossen (aA *Helms* § 130 Rz. 11). Es ist zu differenzieren zwischen der Form der Entscheidung und der Entscheidungsgrundlage.[2] Eine Entscheidung aufgrund einer mündlichen Verhandlung iSv. § 128 ZPO, die – von der Ausnahme des § 68 Abs. 3 Satz 2 abgesehen – in der Beschwerdeinstanz in Ehe- und Familienstreitsachen durchzuführen ist (vgl. Rz. 41, 44), setzt voraus, dass beide Beteiligte anwesend sind und mündlich verhandeln. Eine Endentscheidung auf Grund einseitiger mündlicher Verhandlung ist nach der insoweit entsprechend anwendbaren (§§ 68 Abs. 3 Satz 1, 113 Abs. 1) Zivilprozessordnung nur durch Versäumnisentscheidung (§§ 330, 331 ZPO) oder, wenn bereits mündlich verhandelt worden ist, durch Entscheidung nach Lage der Akten (§ 251a ZPO) möglich. Wenn das Beschwerdegericht daher im ersten Termin des Beschwerdeverfahrens **bei Säumnis** eines Beteiligten eine **Sachentscheidung treffen** will, kann dies nur durch einen **Versäumnisbeschluss** geschehen; bei fehlender Entscheidungsreife kann überhaupt keine Endentscheidung ergehen. Unabhängig von der Form der Entscheidung ist die Frage zu beantworten, auf welcher Grundlage sie ergeht. Da die Geständnisfiktion durch § 113 Abs. 4 Nr. 1 ausgeschlossen wird, ist zwar in der Form eines Versäumnisbeschlusses zu entscheiden, nicht aber auf Grund der Säumnis, vielmehr nach einer vollen Sachprüfung.[3] Die Rechtslage ist vergleichbar der bei einer Säumnis des Revisionsbeklagten: In diesem Fall entscheidet der BGH in ständiger Rechtsprechung[4] zwar durch Versäumnisurteil, das aber inhaltlich dem Urteil entspricht, das auch ohne Säumnis ergangen wäre. Notwendige Folge der Qualifikation als Versäumnisentscheidung ist, dass dem Säumigen gegen diese der Einspruch (§§ 68 Abs. 3 Satz 1, 113 Abs. 1 FamFG iVm. § 338 ZPO) zusteht.

6. Fortwirken des Verbunds

58 Sofern Scheidung und Folgesachen oder mehrere Folgesachen einer **Verbundentscheidung** angefochten sind, ist auch in der **Beschwerdeinstanz** über alle anhängigen Verfahrensgegenstände zusammen zu verhandeln (wenn nicht gem. § 68 Abs. 3 Satz 2 von einer Verhandlung abgesehen wird, vgl. Rz. 46, 49) und zu entscheiden. Dies ergibt sich aus der Verweisung in § 68 Abs. 3 Satz 1 auf die Vorschriften über das Verfahren in erster Instanz und somit auf § 137 Abs. 1, Abs. 5 Satz 1, 2. Halbs. Diese Regelung entspricht der bisherigen in §§ 629a Abs. 2 Satz 3, 623 Abs. 1 ZPO. Der Zweck des Verbunds beansprucht selbst bei zwischenzeitlichem Eintritt der **Rechtskraft des Scheidungsausspruchs** Geltung, um soweit wie möglich aufeinander abgestimmte Entscheidungen in den Folgesachen zu gewährleisten.[5] Ist ein Rechtsmittel gegen die Verbundentscheidung des Familiengerichts hinsichtlich eines Verfahrensgegenstandes unzulässig (zB mangels rechtzeitiger Begründung gem. § 117 Abs. 1), so ist auch hierüber zusammen mit den übrigen Verfahrensgegenständen zu entscheiden, die in der Beschwerdeinstanz anhängig sind. Das Beschwerdegericht darf das unzulässige Rechtsmittel **nicht vorweg verwerfen**.[6] Über die Verweisung in § 68 Abs. 3

---

1 Schulte-Bunert/Weinreich/*Unger*, § 117 FamFG Rz. 33; zum früheren Recht OLG Schleswig v. 5.11.1990 – 15 UF 41/90, SchlHA 1991, 81; *Prütting*, ZZP 91, 197, 207; Schwab/*Maurer*, Teil I Rz. 250; Zöller/*Philippi*, 27. Aufl., § 612 ZPO Rz. 9.
2 BGH v. 4.4.1962 – V ZR 110/60, NJW 1962, 1149 = BGHZ 37, 79.
3 Ähnlich: *Furtner*, JuS 1962, 253, 256; Stein/Jonas/*Schlosser*, § 612 ZPO Rz. 13; anders Keidel/*Weber*, § 130 FamFG Rz. 8: Versäumnisbeschluss, dass Antrag zurückgenommen, aber: § 130 ist nicht auf Rechtsmittelinstanz zugeschnitten, s. Prütting/*Helms*, § 130 FamFG Rz. 8.
4 Seit BGH v. 4.4.1962 – V ZR 110/60, NJW 1962, 1149 = BGHZ 37, 79; ferner zB BGH v. 16.2.2005 – VIII ZR 133/04, NJW-RR 2005, 790.
5 OLG Zweibrücken v. 3.6.1997 – 5 UF 68/96, FamRZ 1997, 1231.
6 So auch zu § 629a ZPO Zöller/*Philippi*, § 629a ZPO Rz. 6.

Satz 1 ist auch § 140 entsprechend anwendbar. Das Berufungsgericht kann daher unter denselben Voraussetzungen wie das Familiengericht eine **Folgesache abtrennen** und über sie getrennt entscheiden. Zwischen den übrigen Teilen der Verbundentscheidung besteht der Verbund dann fort, über sie ist einheitlich zu verhandeln und entscheiden (§§ 68 Abs. 3 Satz 1, 137 Abs. 1, Abs. 5 Satz 1, 2. Halbs.). Ist vom Beschwerdegericht **nur über Folgesachen** zu entscheiden, kann dies bei unterschiedlicher Entscheidungsreife aber unter (teilweiser) Auflösung des Verbunds geschehen, wenn zwischen den Folgesachen **kein inhaltlicher Zusammenhang** besteht,[1] wie zB idR zwischen Versorgungsausgleich und elterlicher Sorge. In diesem Fall besteht für eine Aufrechterhaltung des Verbunds kein sachlicher Grund mehr, so dass dem Interesse eines Ehegatten an einer alsbaldigen Entscheidung und Vollstreckungsmöglichkeit vorrangig Rechnung zu tragen ist.[2]

7. Einzelrichter

Das Oberlandesgericht kann die Entscheidung über die Beschwerde durch Beschluss einem seiner Mitglieder zur Entscheidung als Einzelrichter übertragen, § 68 Abs. 4. Voraussetzung ist nach dem **entsprechend anwendbaren § 526 ZPO**, dass die Sache keine besonderen Schwierigkeiten tatsächlicher oder rechtlicher Art aufweist, keine grundsätzliche Bedeutung hat und nicht bereits im Haupttermin zur Hauptsache verhandelt worden ist, es sei denn, dass zwischenzeitlich eine Vorbehalts-, Teil- oder Zwischenentscheidung ergangen ist. Hinsichtlich der Übernahme des Rechtsstreits durch den Senat ist § 526 Abs. 2 ZPO entsprechend anwendbar. Auf eine erfolgte oder unterlassene Übertragung, Vorlage oder Übernahme kann die Rechtsbeschwerde nicht gestützt werden, § 68 Abs. 4, 2. Halbs. FamFG iVm. § 526 Abs. 3 ZPO. Wegen der Einzelheiten vgl. § 68 Rz. 31 ff. In Verfahren nach dem **Internationalen Familienrechtsverfahrensgesetz** ist nach § 40 Abs. 2 dieses Gesetzes (idF des Art. 45 Nr. 8 FGG-RG) eine Übertragung auf den **Einzelrichter ausgeschlossen**.

59

Seit dem 1.1.2013 ist aufgrund der durch das Gesetz zur Einführung einer Rechtsbehelfsbelehrung im Zivilprozess und zur Änderung anderer Vorschriften[3] eingefügten Verweisung auf § 527 ZPO in den Ehe- und Familienstreitsachen – wie in Berufungsverfahren – die Bestellung eines **vorbereitenden Einzelrichters** möglich. Dieser soll das Verfahren so weit fördern, dass das Beschwerdegericht in einer mündlichen Verhandlung über das Rechtsmittel entscheiden kann. Dafür kann er auch Beweise erheben, soweit anzunehmen ist, dass das Beschwerdegericht das Beweisergebnis auch ohne unmittelbaren Eindruck von dem Verlauf der Beweisaufnahme sachgemäß zu würdigen vermag (§ 527 Abs. 2 Satz 2 ZPO). Er trifft die in § 527 Abs. 3 ZPO angeführten Entscheidungen allein. Der Befugnis nach § 527 Abs. 4 ZPO, im Einverständnis der Parteien/Beteiligten auch im Übrigen zu entscheiden, kommt in Familiensachen keine große Bedeutung zu. Denn der Beschwerdesenat kann die Sache gem. § 68 Abs. 4 FamFG iVm. § 526 ZPO auch ohne Einverständnis der Beteiligten auf den Einzelrichter übertragen, da erstinstanzlich immer ein Einzelrichter tätig ist, sofern die weiteren Voraussetzungen des § 526 ZPO (keine besondere Schwierigkeit oder grundsätzliche Bedeutung) vorliegen. Dementsprechend liegt der Hauptanwendungsfall von § 527 ZPO auch nach den Motiven des Gesetzgebers[4] in Unterhalts- und Güterrechtssachen, in denen die Zulassung einer Rechtsbeschwerde in Betracht kommt.

59a

8. Rücknahme der Beschwerde

Gem. § 67 Abs. 4 kann der Beschwerdeführer die Beschwerde **bis zum Erlass der Beschwerdeentscheidung** zurücknehmen, also ggf. auch noch nach einer mündlichen Verhandlung. Der **Zustimmung** anderer Beteiligter bedarf es auch in Familienstreit-

60

---

1 OLG Zweibrücken v. 3.6.1997 – 5 UF 68/96, FamRZ 1997, 1231; Zöller/*Philippi*, § 629a ZPO Rz. 7.
2 OLG Zweibrücken v. 3.6.1997 – 5 UF 68/96, FamRZ 1997, 1231.
3 BGBl. I 2012, 2418.
4 BT-Drucks. 17/11385 zu Nr. 13.

sachen nicht.¹ Diese ist nur bei Rücknahme des erstinstanzlichen Antrags gem. §§ 113 Abs. 1 FamFG, 269 Abs. 1 ZPO erforderlich. Zu den Einzelheiten vgl. § 67 Rz. 29 ff. In Ehe- und Familienstreitsachen hat die Rücknahme entsprechend § 516 Abs. 3 ZPO (zur Anwendbarkeit dieser Kostenbestimmung vgl. § 117 Abs. 2 Satz 1 FamFG sowie Rz. 67) zur Folge, dass der Beschwerdeführer die **Kosten** der Beschwerdeinstanz zu tragen hat. Dies ist entsprechend § 516 Abs. 3 Satz 2 ZPO durch einen Beschluss, der keines Antrags bedarf, auszusprechen. Dasselbe gilt für den in § 516 Abs. 3 ZPO ebenfalls bestimmten Verlust des eingelegten Rechtsmittels, da § 117 Abs. 2 Satz 1 FamFG idF des Art. 8 des Gesetzes zur Modernisierung von Verfahren im anwaltlichen und notariellen Berufsrecht (vgl. Rz. 4a) insgesamt auf § 516 Abs. 3 ZPO verweist.

IX. Entscheidung des Beschwerdegerichts (Absatz 4)

1. Beschwerdegericht

61 Für die Entscheidung über die Beschwerde gegen Entscheidungen des Familiengerichts ist gem. § 119 Abs. 1 Nr. 1a GVG das **Oberlandesgericht** zuständig. Maßgeblicher Anknüpfungspunkt ist nicht, ob es sich um eine in die Zuständigkeit der Familiengerichte fallende Sache handelt, sondern ob das **Familiengericht** tatsächlich **entschieden** hat.² In diesem Fall ist auch unabhängig von der zutreffenden Qualifikation des Anspruchs ein Familiensenat des Oberlandesgerichts zur Entscheidung berufen.³ Die Beschwerde kann auch in der Sache gem. § 65 Abs. 4 nicht darauf gestützt werden, dass das Familiengericht seine **Zuständigkeit zu Unrecht** angenommen hat. Wenn sich Zweifel daran ergeben, welcher Spruchkörper – die allgemeine Prozessabteilung des Amtsgerichts oder das Familiengericht – entschieden hat, so dass die Grundsätze der formellen Anknüpfung keine zweifelsfreie Bestimmung des für das Rechtsmittel zuständigen Gerichts ermöglichen, darf der Beteiligte nach dem sog. **Meistbegünstigungsgrundsatz** alle in Betracht kommenden Rechtsbehelfe einlegen (Berufung zum Landgericht oder Beschwerde zum OLG).⁴ In diesem Fall ist das Verfahren ggf. an das tatsächlich zuständige Rechtsmittelgericht zu verweisen.⁵

2. Entscheidung bei unzulässiger Beschwerde

62 Nach der Vorlage der Akten durch das Familiengericht (§ 68 Abs. 1. 2. Halbs.), hat das Oberlandesgericht gem. § 117 Abs. 1 Satz 3 FamFG iVm. § 522 Abs. 1 Satz 1 ZPO von Amts wegen zu prüfen, ob die Beschwerde an sich statthaft und ob sie in der gesetzlichen Form und Frist eingelegt (Rz. 16 ff.) und begründet (Rz. 20 ff.) worden ist. Sofern dies nicht der Fall ist, ist die Berufung als unzulässig **zu verwerfen** (§ 117 Abs. 1 Satz 3 FamFG iVm. § 522 Abs. 1 Satz 2 ZPO). Einer mündlichen Verhandlung dazu bedarf es bereits nach allgemeinen Grundsätzen⁶ nicht; außerdem kann das Beschwerdegericht gem. § 68 Abs. 3 Satz 2 von einer solchen absehen (vgl. dazu Rz. 46, 49), da für die Beurteilung der Zulässigkeit des Rechtsmittels von einer mündlichen Verhandlung regelmäßig keine zusätzlichen Erkenntnisse zu erwarten sind.

3. Entscheidung bei begründeter/unbegründeter Beschwerde

63 Ist die zulässige Beschwerde in der Sache **unbegründet**, ist sie zurückzuweisen. Ist die Beschwerde **begründet**, darf das Oberlandesgericht grundsätzlich nicht nur den

---

1 Schulte-Bunert/Weinreich/*Unger*, § 67 FamFG Rz. 22; Keidel/*Sternal* § 67 Rz. 17; aA Musielak/*Borth*, § 67 FamFG Rz. 4.
2 BGH v. 6.12.2006 – XII ZR 97/04, NJW 2007, 912 = FamRZ 2007, 359; BGH v. 15.11.2006 – XII ZR 97/04, FamRZ 2007, 124.
3 BGH v. 15.11.2006 – XII ZR 97/04, FamRZ 2007, 124; BGH v. 6.12.2006 – XII ZR 97/04, NJW 2007, 912 = FamRZ 2007, 359.
4 St. Rspr., zB BGH v. 10.7.1996 – XII ZB 90/95, FamRZ 1996, 1544; BGH v. 2.11.1994 – XII ZB 121/94, FamRZ 1995, 219.
5 BGH v. 10.7.1996 – XII ZB 90/95, FamRZ 1996, 1544; BGH v. 2.11.1994 – XII ZB 121/94, FamRZ 1995, 219.
6 Vgl. BGH v. 31.5.1965 – AnwZ (B) 7/65, DNotZ 1965, 565.

Beschluss des Familiengerichts aufheben, sondern hat **in der Sache selbst** zu entscheiden, § 69 Abs. 1 Satz 1. Eine **Zurückverweisung** an das Familiengericht ist unter den Voraussetzungen des **§ 538 Abs. 2 ZPO** zulässig, der auf Grund der Verweisung in § 117 Abs. 2 Satz 1 an die Stelle von § 69 Abs. 1 Satz 3 tritt. Nach § 69 Abs. 1 Satz 2 ist eine Zurückverweisung auch zulässig, wenn das erstinstanzliche Gericht in der Sache noch nicht entschieden, den Antrag also insbesondere als unzulässig zurückgewiesen hat.[1] Eine vergleichbare Regelung enthält § 538 Abs. 2 Nr. 3 ZPO. Da auf § 538 ZPO uneingeschränkt verwiesen wird, ist davon auszugehen, dass damit auch § 69 Abs. 1 Satz 2 verdrängt werden soll.[2] Diese Frage hat durchaus praktische Bedeutung, da bei einer Anwendung von § 538 Abs. 2 Nr. 3 ZPO die Zurückverweisung nur bei entsprechendem Antrag eines Beteiligten zulässig ist, während § 69 Abs. 1 Satz 2 nach seinem eindeutigen Wortlaut einen solchen nicht voraussetzt.[3] Nach einer Zurückverweisung hat das **Familiengericht** seiner Entscheidung die **rechtliche Beurteilung** zugrunde zu legen, die das Beschwerdegericht der Aufhebung zugrunde gelegt hat, § 69 Abs. 1 Satz 4. Die **Bindungswirkung** greift aber dann nicht ein, wenn sich im weiteren Verfahren ein neuer Sachverhalt ergibt, für den die bisherige rechtliche Beurteilung nicht zutrifft.[4] Zu Einzelheiten s. § 69 Rz. 15 ff. Wird durch das Beschwerdegericht eine **Entscheidung aufgehoben, durch die der Scheidungsantrag abgewiesen** wurde, soll die Sache gem. § 146 an das Familiengericht zurückverwiesen werden, wenn dort eine Folgesache zur Entscheidung ansteht; wegen der Einzelheiten vgl. § 146 Rz. 2 ff.

4. Verbot der reformatio in peius

Aus der in § 117 Abs. 2 Satz 1 angeordneten entsprechenden Anwendbarkeit von § 528 ZPO ergibt sich für die Ehe- und Familienstreitsachen das Verbot der reformatio in peius (**Verbot der Schlechterstellung**). Da nach § 528 ZPO die erstinstanzliche Entscheidung nur insoweit abgeändert werden darf, als eine Änderung beantragt ist, ist der Rechtsmittelführer davor geschützt, dass er auf sein eigenes Rechtsmittel hin über die mit der angegriffenen Entscheidung vorhandene Beschwer hinaus weiter beeinträchtigt wird.[5] Das Verbot der Schlechterstellung gilt zugunsten des Beschwerdeführers auch nach einer – über den Rechtsmittelantrag hinausgehenden – **vollständigen Aufhebung und Zurückverweisung** an die Vorinstanz fort. Das Familiengericht, an das zurückverwiesen wird, hat im Rahmen seiner neuen Entscheidung keine größere Entscheidungsfreiheit als das Beschwerdegericht, das zurückverwiesen hat, in dem Rechtsmittelverfahren hatte. Das Verschlechterungsverbot schützt den Rechtsmittelführer aber nur gegen eine ihm nachteilige Änderung der angefochtenen Entscheidung als solcher, nicht gegen eine Änderung der Begründung. Anderweitige Bewertungen und Berechnungen können danach mit der Maßgabe zum Tragen kommen, dass die Entscheidung **im Ergebnis nicht zum Nachteil** des Rechtsmittelführers abgeändert werden darf.[6] Dem kommt insbesondere in Unterhaltsverfahren Bedeutung zu: Das Oberlandesgericht kann auch zuungunsten des Beschwerdeführers von der Berechnungsweise des Familiengerichts abweichen, was nicht selten vorkommt, wenn eine Vielzahl von Positionen in die Berechnung einfließt; es darf ihn nur im Ergebnis nicht schlechter stellen, als es die angefochtene Entscheidung getan hat.

5. Form und Inhalt des Beschlusses

Das Beschwerdegericht hat gem. §§ 69 Abs. 3, 116 Abs. 1 durch **Beschluss** zu entscheiden. Der Beschluss ist zu **begründen**, § 69 Abs. 2. Unter den Voraussetzungen des § 38 Abs. 4, Abs. 5, der gem. § 69 Abs. 3 auch auf den Beschluss des Beschwerde-

---

1 Begr. RegE, BT-Drucks. 16/6308, S. 208.
2 *Rackl*, Das Rechtsmittelrecht nach dem FamFG, S. 198; wohl auch Begr. RegE, BT-Drucks. 16/6308, S. 208.
3 AA Schulte-Bunert/Weinreich/*Unger*, § 69 FamFG Rz. 27: Redaktionsversehen; wie hier Keidel/*Sternal*, § 69 FamFG Rz. 14.
4 BGH v. 4.4.1985 – IVb ZR 18/84, NJW 1985, 2029 = FamRZ 1985, 691.
5 BGH v. 12.9.2002 – IX ZR 66/01, NJW 2003, 140; Zöller/*Heßler*, § 528 ZPO Rz. 24.
6 BGH v. 27.10.1982 – IVb ZB 719/81, NJW 1983, 173 = FamRZ 1983, 44.

gerichts Anwendung findet,[1] bedarf es einer Begründung nicht, insbesondere also nicht bei einer Entscheidung auf Grund Anerkenntnisses, Verzichts oder Säumnis sowie bei Rechtsmittelverzicht seitens aller Beteiligter nach mündlicher Bekanntgabe. Zu den Einzelheiten vgl. § 38 Rz. 26 ff.

66 Im Übrigen ergeben sich aus dem Gesetz keine **inhaltlichen Anforderungen** an die Fassung der Entscheidungsgründe. Solche wurden **bewusst nicht** aufgestellt; insbesondere wurden im Interesse der Verfahrensflexibilität nicht die strikten Erfordernisse an den Inhalt des Urteils nach den §§ 313 ff. ZPO übernommen.[2] Eine Bezugnahme auf diese Vorschriften oder § 540 ZPO ergibt sich auch für die Ehe- und Familienstreitsachen aus § 117 nicht. Das Beschwerdegericht hat daher im jeweiligen **Einzelfall** zu entscheiden, in welchem Umfang es tatbestandliche Feststellungen in den Beschluss aufnimmt und wie ausführlich es seine Entscheidung begründet. Die wesentlichen, der Rechtsverfolgung und -verteidigung dienenden Sachverhaltsschilderungen müssen in den Entscheidungsgründen des Beschlusses verarbeitet werden.[3] Es muss aber nicht notwendig auf alle Einzelpunkte des Vorbringens eingegangen werden.[4] Diese Gestaltungsfreiheit ist aber in den Fällen eingeschränkt, in denen eine **Rechtsbeschwerde** – entweder nach ihrer Zulassung oder bei Verwerfung der Beschwerde als unzulässig (vgl. Rz. 73) – eröffnet ist. In diesem Fall muss dem Rechtsbeschwerdegericht die Nachprüfung richtiger Anwendung des Gesetzes auf den vorliegenden Tatbestand möglich sein. Die Entscheidung muss also eine verständliche Darstellung des Sachverhalts unter Anführung der Gründe, aus denen eine Tatsache für erwiesen erachtet wurde oder nicht, sowie die Rechtsanwendung auf den festgestellten Sachverhalt enthalten.[5] Einer vollständigen Wiedergabe des Sachverhalts bedarf es hingegen nicht, es genügt die Verweisung auf konkret bezeichnete Aktenbestandteile,[6] zB die Feststellungen in dem erstinstanzlichen Beschluss oder das Ergebnis einer Beweisaufnahme. Nicht ausreichend ist eine allgemeine Bezugnahme auf den Akteninhalt.[7]

67 Für den die Beschwerdeinstanz abschließenden Beschluss gelten gem. § 69 Abs. 3 die Vorschriften über den **erstinstanzlichen Beschluss entsprechend**. Er hat daher gem. § 38 Abs. 2 ein **volles Rubrum** mit der Bezeichnung der Beteiligten, ihrer gesetzlichen Vertreter und der Bevollmächtigten zu enthalten, die Bezeichnung des Gerichts und die Namen der amtierenden Richter sowie die Beschlussformel (Tenor). Er ergeht nicht „Im Namen des Volkes"[8], da dies gem. § 311 Abs. 1 ZPO der besonderen Entscheidungsform des Urteils vorbehalten und eine entsprechende Anwendung nicht bestimmt ist (s. dazu auch *Helms* § 116 Rz. 18). In dem Beschluss ist – bei positiver Entscheidung sachgerecht im Tenor – über eine Zulassung der Rechtsbeschwerde gem. § 70 Abs. 2 zu entscheiden (vgl. dazu § 70 Rz. 8 ff.). Die **Kostenentscheidung** in Ehe- und Familienstreitsachen richtet sich grundsätzlich nach den Vorschriften der **Zivilprozessordnung**, insbesondere den §§ 91 ff., 269 Abs. 3, 516 Abs. 3 ZPO, da die Anwendung der §§ 80 ff. FamFG durch § 113 Abs. 1 Satz 1 (iVm. § 69 Abs. 3) ausgeschlossen ist. Auf § 516 Abs. 3 ZPO wird in § 117 Abs. 2 Satz 2 FamFG (in der Fassung des Art. 8 des Gesetzes zur Modernisierung von Verfahren

---

1 Ausführlich *Rackl*, Das Rechtsmittelrecht nach dem FamFG, S. 202; *Maurer*, FamRZ 2009, 465 (481); Bork/Jacoby/Schwab/*Müther* § 69 FamFG Rn 20.
2 Begr. RegE, BT-Drucks. 16/6308, S. 195.
3 BVerfG v. 12.2.2004 – 2 BvR 1687/02, BVerfGK 2, 310 = StV 2004, 633; BVerfG v. 21.1.1981 – 1 BvR 1024/79, BVerfGE 58, 353 = NJW 1982, 30.
4 BVerfG v. 8.7.1997 – 1 BvR 1621/94, NJW 1997, 2310; BGH v. 1.7.2008 – VI ZR 5/08, VersR 2009, 130.
5 KG v. 10.12.1993 – 24 W 6967/93, NJW-RR 1994, 599 = KGReport 1994, 43; BayObLG v. 1.10.1992 – 3 Z BR 108/92, BayObLGZ 1992, 274 = FamRZ 1993, 555.
6 Vgl. Keidel/*Sternal*, 15. Aufl., § 25 FGG Rz. 9 mN aus der Rspr.
7 BayObLG v. 5.2.1998 – 3 BR 486/97, FamRZ 1998, 1327.
8 Ehinger/*Griesche*/Rasch, Handbuch des Unterhaltsrechts, 6. Aufl., Rz. 778; *Metzger* FamRZ 2010, 703; *Vogel* FamRZ 2010, 704; aA OLG Zweibrücken v. 19.10.2011 – 2 UF 96/11, FamRZ 2012, 471; Musielak/*Borth*, § 40 FamFG Rn 2; *Kranz*, FamRZ 2010, 85; *Hütter/Kodal*, FamRZ 2009, 917, 919.

im anwaltlichen und notariellen Berufsrecht, vgl. Rz. 4a) ausdrücklich verwiesen. Vorrangige **Sondervorschriften** enthalten § 132 bei Aufhebung der Ehe, § 150 bei einer Entscheidung in Scheidungssachen und Folgesachen sowie § 243 in Unterhaltssachen. Wenn ein Verfahren **Folgesache** eines Scheidungsverfahrens ist, geht die Regelung für die Kosten in Folgesachen (§ 150) den allgemeinen Bestimmungen sowie den auf die jeweilige Folgesache sonst anwendbaren Vorschriften (zB § 243 in Unterhaltssachen) vor.[1]

Über die Verweisung in § 69 Abs. 3 auf die erstinstanzlichen Vorschriften und mangels Ausschlusses in § 113 Abs. 1 muss auch der Beschluss des Beschwerdegerichts gem. § 39 eine **Rechtsbehelfsbelehrung** enthalten. Sofern das Oberlandesgericht die Rechtsbeschwerde zulässt, muss es daher darüber belehren, dass dieses Rechtsmittel eröffnet ist, innerhalb welcher Frist und Form es bei welchem Gericht (einschließlich der Angabe von dessen Sitz) einzulegen ist. Zu den Einzelheiten vgl. § 39 Rz. 12 ff. Da gem. § 39 der Beschluss die Rechtsbehelfsbelehrung zu enthalten hat, muss diese von den Unterschriften der Richter gedeckt sein, das Anheften eines Formblatts genügt nicht (vgl. § 39 Rz. 5). Nicht erforderlich ist eine Rechtsbehelfsbelehrung dagegen, wenn gegen die Entscheidung nur noch **außerordentliche Rechtsbehelfe** statthaft sind.[2] Eine Belehrung etwa über die Wiedereinsetzung in den vorigen Stand, die Beschlussberichtigung und -ergänzung oder die Möglichkeit der Rüge auf Grund der Verletzung rechtlichen Gehörs (§ 113 Abs. 1 FamFG iVm. § 321a ZPO) ist daher nicht geboten. In den Fällen, in denen das Oberlandesgericht in der Sache über die Beschwerde entscheidet und eine **Rechtsbeschwerde nicht zulässt**, ist daher nach der gesetzlichen Regelung eine Belehrung nicht erforderlich (s. § 39 Rz. 4), wobei ein Hinweis sachgerecht erscheint, dass die Entscheidung unanfechtbar ist. Sofern das Oberlandesgericht die Beschwerde gem. § 117 Abs. 1 Satz 3 FamFG iVm. § 522 Abs. 1 Satz 2 ZPO **als unzulässig verwirft**, ist – wenn das Beschwerdegericht von einer zulassungsfreien Rechtsbeschwerde ausgeht (vgl. dazu Rz. 73) – eine entsprechende Rechtsmittelbelehrung erforderlich. Eine Bindung des Bundesgerichtshofs an die darin vertretene Auffassung besteht nicht. **Berichtigung und Ergänzung** des Beschlusses richten sich entgegen der spontanen Erwartung, dass diese Regelungen an die Bestimmung über den jeweiligen Beschluss (§ 38) anknüpfen, nicht nach §§ 42 und 43, da deren Anwendung nach § 113 Abs. 1 ausgeschlossen ist, sondern stattdessen nach den entsprechend anwendbaren §§ 319 ff. ZPO. Auf Grund dieser Verweisung ist auch auf die Beschwerdeentscheidung die Regelung in § 321a ZPO über die Abhilfe bei der Verletzung des Anspruchs auf **rechtliches Gehör** (statt § 44 FamFG) entsprechend anzuwenden.

6. Verlautbarung

Der Beschluss ist zu **verkünden**, wenn er aufgrund mündlicher Verhandlung ergeht.[3] (näher *Helms* § 116 Rz. 12, 14). Die Verkündung kann gem. §§ 113 Abs. 1 FamFG, 310 Abs. 1 Satz 1 ZPO auch in einem gesonderten Verkündungstermin erfolgen. Mit ihr ist der Beschluss iSv. § 38 Abs. 3 Satz 2 erlassen. Hingegen bedarf es **keiner Verkündung**, wenn der Beschluss nicht aufgrund mündlicher Verhandlung ergeht: Gem. § 69 Abs. 3 iVm. § 38 Abs. 3 Satz 3, dessen Anwendung in § 113 nicht ausgeschlossen ist, kann die Entscheidung nicht nur durch Verlesen der Beschlussformel (in öffentlicher Sitzung, § 173 Abs. 1 GVG, vgl. Rz. 55), sondern auch durch Übergabe an die Geschäftsstelle erlassen werden. Die Notwendigkeit, in diesem Fall einen Verkündungstermin anzuberaumen, ergibt sich weder aus dem FamFG noch aus den entsprechend anwendbaren ZPO-Vorschriften, da der Beschluss nicht aufgrund einer mündlichen Verhandlung ergeht (§ 329 Abs. 1 Satz 1 ZPO). Der Beschluss ist entsprechend § 329 Abs. 2 Satz 2, Abs. 3 ZPO zuzustellen. – Wenn die Endentschei-

---
1 Begr. RegE, BT-Drucks. 16/6308, S. 233.
2 Begr. RegE, BT-Drucks. 16/6308, S. 196; vgl. auch BFH v. 30.6.2005 – III B 63/05, BFH/NV 2005, 2019; BFH v. 3.8.2007 – IV S 30/06, nv.
3 BGH v. 13.6.2012 – XII ZB 592/11, FamRZ 2012, 1287; v. 19.10.2011 – XII ZB 250/11, FamRZ 2012, 106; *Rasch*, FPR 2010, 150; *Griesche*, FamRB 2010, 340; *Borth*, FamRZ 2010, 705; *Schürmann*, FuR 2009, 130, 135; *Hütter/Kodal*, FamRZ 2009, 917, 919.

dung in dem Termin verkündet wird, in dem die mündliche Verhandlung geschlossen wurde, kann die Begründung des Beschlusses auch **in die Sitzungsniederschrift aufgenommen** werden, § 117 Abs. 4. Diese Vorschrift ist an § 540 Abs. 2 Satz 2 ZPO angelehnt,[1] so dass die dazu ergangene Rechtsprechung übertragbar ist: Der Beschluss muss nicht unmittelbar im Anschluss an die mündliche Verhandlung verkündet werden, es genügt eine Verkündung **am Schluss der Sitzung**.[2] Da die Protokollentscheidung denselben **inhaltlichen Anforderungen** genügen muss wie ein gesonderter Beschluss,[3] bietet sich diese Entscheidungsform nicht an, wenn die Rechtsbeschwerde zugelassen wird. Zulässig ist sie aber auch in diesem Fall. Wenn der Beschluss nicht mit seinem gesamten Inhalt, dh. insbesondere einschließlich Rubrum, Tenor, Gründen und allen Unterschriften, in die Sitzungsniederschrift aufgenommen ist, muss ein Beschluss mit dem nicht in das Protokoll aufgenommenen Inhalt erstellt und mit dem die Gründe enthaltenen Protokoll verbunden werden; dieser verbundene Beschluss muss sodann zugestellt werden.[4]

7. Wirksamkeit

70
Über die Verweisung in § 69 Abs. 3 ist auch § 116 auf den die Beschwerdeinstanz abschließenden Beschluss anzuwenden. Danach werden Endentscheidungen in Ehesachen **mit Rechtskraft wirksam**, § 116 Abs. 2. In Familienstreitsachen gilt dies grundsätzlich ebenfalls. Das Gericht kann aber die **sofortige Wirksamkeit** anordnen und soll dies tun, soweit es um die Verpflichtung zur Leistung von Unterhalt geht, § 116 Abs. 3. Zu den Einzelheiten vgl. § 116 Rz. 26 ff. Mit dieser Regelung wird das Rechtsinstitut der vorläufigen Vollstreckbarkeit auch für die Beschwerdeinstanz entbehrlich. Zu beachten ist, dass **Rechtskraft** der Beschwerdeentscheidung auch ohne Zulassung der Rechtsbeschwerde erst mit Ablauf der Frist zu deren Einlegung eintritt: Nach der Rechtsprechung des BGH wird eine Entscheidung nur dann bereits **mit Wirksamwerden** rechtskräftig, wenn ein ordentlicher Rechtsbehelf schon an sich nicht mehr statthaft ist.[5] Das ist zB in Verfahren der eA (§ 70 Abs. 4) der Fall, nicht aber wenn ein Rechtsmittel unter bestimmten Voraussetzungen zulässig sein kann,[6] zB bei einer eventuellen Zulassung (§ 70 Abs. 1 für Rechtsbeschwerde). Wenn ein Rechtsmittel der Zulassung bedarf, wird der Beschluss somit trotz **Nichtzulassung** erst dann rechtskräftig, wenn die Frist zur Einlegung des Rechtsmittels abgelaufen ist, ohne dass ein solches eingelegt wurde.[7] Dies gilt auch, wenn die Nichtzulassung – wie nach dem FamFG – keiner Nachprüfung durch eine Nichtzulassungsbeschwerde unterliegt.[8]

X. Rechtsbeschwerde

71
Hinsichtlich der Rechtsbeschwerde enthält § 117 nur in geringem Umfang Sonderregelungen. Auf sie sind daher auch in Ehe- und Familienstreitsachen weitgehend die §§ 70 ff. anwendbar, sofern nicht die übrigen Vorschriften des 2. Buchs des FamFG, insbesondere über die einzelnen Verfahren, Abweichendes regeln. Die **Vorschriften über das erstinstanzliche Verfahren** gelten gem. § 74 Abs. 4 auch für das Rechtsbeschwerdeverfahren subsidiär. Daneben können bei Lücken der Regelungen und Rechtsähnlichkeit der Verfahrenssituation die Vorschriften über das **Beschwerdever-**

---

1 Begr. RegE, BT-Drucks. 16/6308, S. 225.
2 BGH v. 6.2.2004 – V ZR 249/03, NJW 2004, 1666.
3 BGH v. 8.2.2006 – XII ZR 57/03, NJW 2006, 1523 = MDR 2006, 1127.
4 BGH v. 2.5.2007 – XII ZR 87/05, FamRZ 2007, 1314; BGH v. 6.2.2004 – V ZR 249/03, NJW 2004, 1666.
5 BGH v. 15.11.1989 – IVb ZR 3/89, FamRZ 90, 283 = MDR 90, 320; BGH v. 6.8.2008 – XII ZB 25/07, FamRZ 2008, 2019 = MDR 2009, 405; je für § 705 ZPO.
6 GmS-OGB v. 24.10.1983 – GmS-OGB 1/83, BGHZ 88, 353, 357 = FamRZ 84, 975.
7 BGH v. 6.8.2008 – XII ZB 25/07, FamRZ 2008, 2019 = MDR 2009, 405.
8 BGH v. 6.8.2008 – XII ZB 25/07, FamRZ 2008, 2019 = MDR 2009, 405 für § 26 Nr. 9 EGZPO; KG v. 5.2.1993 – 18 WF 7385/92, FamRZ 1993, 1221 = KGReport 1993, 26; aA OLG Schleswig v. 23.7.2008 – 15 WF 186/08, SchlHA 2009, 60.

Allgemeine Vorschriften § 117

fahren analog angewendet werden.[1] Dies betrifft etwa den Erlass einer eA entsprechend § 64 Abs. 3[2] und die Anwendung von § 62.[3]

Gegen die Entscheidung des Oberlandesgerichts als Beschwerdegericht findet auch in Ehe- und Familienstreitsachen die Rechtsbeschwerde nach Maßgabe der §§ 70 ff. statt. Der Sprungrechtsbeschwerde (§ 75) kommt in Familiensachen keine Bedeutung zu. Rechtsbeschwerdegericht ist gem. § 133 GVG der **Bundesgerichtshof**. Die Rechtsbeschwerde ist gem. § 70 Abs. 2 FamFG unter vergleichbaren Voraussetzungen wie die Revision nach § 543 ZPO zuzulassen. Die Statthaftigkeit der Rechtsbeschwerde hängt aber gem. § 70 Abs. 1 von der **Zulassung** durch das Oberlandesgericht ab, an die der Bundesgerichtshof gebunden ist. Die Zulassung erfordert eine positive Entscheidung, zweckmäßigerweise im Tenor; wirksam ist aber auch eine Zulassung in den Gründen des Beschlusses.[4] Fehlt es an jeder Äußerung in dem Beschluss, ist eine Rechtsbeschwerde nicht zugelassen.[5] Eine (unzutreffende) Rechtsmittelbelehrung über die Möglichkeit der Einlegung einer Rechtsbeschwerde stellt keine Zulassung des Rechtsmittels dar.[6] Eine **Teilzulassung** ist unter den Voraussetzungen zulässig, die für die Revision gelten.[7] Eine unwirksame Teilzulassung führt dazu, dass die Rechtsbeschwerde unbeschränkt zulässig ist.[8] Zur Zulassung im Einzelnen s. § 70 Rz. 4 ff. Eine **Nichtzulassungsbeschwerde** sieht das Gesetz nicht vor. Für eine solche besteht nach der Auffassung des Gesetzgebers[9] **kein Bedürfnis**. Dies soll auch deshalb gelten, weil die Rechtbeschwerde in Familiensachen bereits nach § 26 Nr. 9 EGZPO bis zum 1. Januar 2010 ausgeschlossen gewesen sei. Bei dieser Argumentation berücksichtigt der Gesetzgeber weder den Umstand, dass die Rechtsbeschwerde danach nur befristet ausgeschlossen gewesen ist, noch dass durch das FamFG in die Familiensachen Rechtsstreitigkeiten einbezogen sind (vgl. §§ 266, 269 Abs. 2), die bisher als zivilprozessuale Streitigkeiten grundsätzlich der Nichtzulassungsbeschwerde unterlagen. Wenn das **Oberlandesgericht vom Vorliegen einer Familiensache** – zB durch Bezeichnung als solche im Rubrum des Urteils – ausgegangen ist, hält sich der Bundesgerichtshof für daran **gebunden**.[10] Er prüft im Rahmen der Statthaftigkeit der Nichtzulassungsbeschwerde nicht, ob diese Qualifikation zutreffend ist;[11] eine dennoch eingelegte Nichtzulassungsbeschwerde wird als unzulässig verworfen.[12]

72

Zweifelhaft, im Ergebnis aber zu bejahen ist die Frage, ob gegen die **Verwerfung der Beschwerde** als unzulässig (§ 117 Abs. 1 Satz 3 FamFG iVm. § 522 Abs. 1 Satz 2 ZPO) eine **zulassungsfreie Rechtsbeschwerde** eröffnet ist.[13] Gem. § 70 bedürfte die Rechtsbeschwerde einer Zulassung durch das Oberlandesgericht, da ein Fall der zulassungsfreien Rechtsbeschwerde nach § 70 Abs. 3 nicht vorliegt. In Verfahren nach der Zivilprozessordnung ist die Rechtsbeschwerde gegen einen Verwerfungsbeschluss gem. § 574 Abs. 1 Nr. 1 ZPO iVm. § 522 Abs. 1 Satz 4 ZPO ohne Zulassung eröffnet. § 117 Abs. 1 Satz 4 FamFG verweist aber lediglich auf die Regelung in § 522 Abs. 1 Satz 4 ZPO. Angesichts der Gesetzessystematik wäre daher mangels Verwei-

73

---

1 BGH v. 21.1.2010 – V ZB 14/10, FGPrax 2010, 97.
2 BGH v. 21.1.2010 – V ZB 14/10, FGPrax 2010, 97.
3 BGH v. 25.2.2010 – V ZB 172/09, FGPrax 2010, 152; BGH v. 4.3.2010 – V ZB 222/09, FGPrax 2010, 154.
4 BGH v. 20.7.2011 – XII ZB 445/10, FamRZ 2011, 1728.
5 BGH v. 20.7.2011 – XII ZB 445/10, FamRZ 2011, 1728.
6 BGH v. 20.7.2011 – XII ZB 445/10, FamRZ 2011, 1728.
7 BGH v. 26.10.2011 – XII ZB 247/11, FamRZ 2012, 99 (101); zu diesen Voraussetzungen vgl. Zöller/*Heßler*, § 543 ZPO Rz. 8 ff.
8 BGH v. 20.5.2003 – XI ZR 248/02, NJW 2003, 2529 für Berufung.
9 Begr. RegE, BT-Drucks. 16/6308, S. 225.
10 BGH v. 5.11.2008 – XII ZR 103/07, FamRZ 2009, 219 für § 26 Nr. 9 EGZPO.
11 BGH v. 5.11.2008 – XII ZR 103/07, FamRZ 2009, 219 für § 26 Nr. 9 EGZPO.
12 BGH v. 5.11.2008 – XII ZR 103/07, FamRZ 2009, 219 für § 26 Nr. 9 EGZPO.
13 BGH v. 12.10.2011 – XII ZB 127/11, FamRZ 2011, 1929; BGH v. 19.10.2011 – XII ZB 250/11, FamRZ 2012, 106, je ohne Begr.; ebenso *Bömelburg* FamRB 2010, 238; Keidel/*Weber* § 117 FamFG Rz. 9; aA OLG München v. 12.11.2011 – 12 UF 2120/11, MDR 2012, 183 (LS): nur bei Verwerfung wegen Mängeln der Beschwerdebegründung.

sung auf die Vorschriften der Zivilprozessordnung über die Rechtsbeschwerde die Vorschrift des § 70 FamFG entsprechend anwendbar; da eine § 574 Abs. 1 Nr. 1 ZPO entsprechende Regelung im FamFG fehlt, wäre eine Zulassung erforderlich. Dies ist aber vom Gesetzgeber nicht gewollt gewesen und Folge der nicht sehr übersichtlichen und nicht nur in diesem Fall nicht konsequent durchgehaltenen Verweisungstechnik. Derartige offenkundige Fehler des Gesetzgebers bei der Verweisungstechnik stehen einer **Auslegung nach Sinn und Zweck** der Norm nicht entgegen.[1] Die Stellungnahme des Bundesrats, die zu der Einfügung der Verweisung auf § 522 Abs. 1 ZPO geführt hat,[2] geht davon aus, dass sich aus der entsprechenden Anwendung von § 522 Abs. 1 Satz 4 ZPO ergibt, dass eine Zulassung der Rechtsbeschwerde nicht erforderlich sei. Auf der Grundlage dieser **Motive des Gesetzgebers** kann der Verweisung auf § 522 Abs. 1 Satz 4 ZPO daher entnommen werden, dass die dort angeführte, also die nach der Zivilprozessordnung eröffnete Rechtsbeschwerde, mit ihren Verfahrensgrundsätzen und nicht die allgemein für Verfahren nach dem FamFG in § 70 geregelte Rechtsbeschwerde auf den Verwerfungsbeschluss Anwendung finden soll. Notwendige Folge davon ist aber, dass nicht nur die Regelung über die Zulassungsfreiheit in § 574 Abs. 1 Nr. 1 ZPO, sondern auch die Regelung in **§ 574 Abs. 2 ZPO** Anwendung findet.[3] Die Rechtsbeschwerde gegen den Verwerfungsbeschluss ist daher nur zulässig, wenn die Rechtssache **grundsätzliche Bedeutung** hat oder die Fortbildung des Rechts oder die Sicherung einer einheitlichen Rechtsprechung eine Entscheidung des Bundesgerichtshofs erfordert. Sofern dies nicht der Fall ist, wird die Rechtsbeschwerde als unzulässig verworfen.[4]

74 Im Rechtsbeschwerdeverfahren müssen sich die Beteiligten gem. § 114 Abs. 2 durch einen bei dem **Bundesgerichtshof zugelassenen Rechtsanwalt** vertreten lassen, sofern nicht eine der Ausnahmen in § 114 Abs. 3, Abs. 4 eingreift. Gem. § 117 Abs. 5 bestimmt sich eine **Wiedereinsetzung** gegen die Versäumung der Frist zur Begründung der Rechtsbeschwerde nach §§ 233 und 234 Abs. 1 Satz 2 ZPO (dazu Rz. 75f.). Daneben enthalten die Vorschriften im 2. Buch des FamFG für die **einzelnen Verfahren** Regelungen, die (auch) auf das Rechtsbeschwerdeverfahren anzuwenden sind. Dies sind insbesondere die §§ 145 (Befristung von Rechtsmittelerweiterung und Anschlussrechtsmittel bei Verbundentscheidung), 146 (Zurückverweisung bei Aufhebung eines den Scheidungsantrags abweisenden Beschlusses), 147 (erweiterte Aufhebung bei Verbundentscheidung), 150 (Kosten in Scheidungssachen und Folgesachen), 243 (Kostenentscheidung in Unterhaltssachen). Im Übrigen richtet sich das Verfahren der Rechtsbeschwerde auch in Ehe- und Familienstreitsachen nach den allgemeinen Vorschriften der §§ 70 bis 75. Auf die entsprechenden Kommentierungen wird verwiesen.

XI. Wiedereinsetzung (Absatz 5)

75 § 117 Abs. 5 erklärt in Ehe- und Familienstreitsachen die §§ 233 und 234 Abs. 1 Satz 2 ZPO für entsprechend anwendbar. Dies hat eher klarstellende Funktion. Denn da gem. §§ 68 Abs. 3 Satz 1, 113 Abs. 1 in diesen Verfahren auf die Wiedereinsetzung nicht die §§ 17ff., sondern die entsprechenden Vorschriften der Zivilprozessordnung, also die §§ 233ff. ZPO, anwendbar sind, wären die genannten Fristen auch ohne ausdrückliche Regelung entsprechend anwendbar. Entsprechend § 233 ZPO ist daher einem Beteiligten auf Antrag Wiedereinsetzung in den vorigen Stand zu gewähren, wenn er ohne Verschulden gehindert war, die Frist zur Begründung der **Beschwerde und Rechtsbeschwerde** oder die Frist zur Beantragung der Wiedereinsetzung (§ 234 Abs. 1 ZPO) einzuhalten. Weder in § 117 Abs. 5 FamFG noch in § 233 ZPO erwähnt ist die Frist zur **Anschließung** an die Berufung bzw. Beschwerde. Da es keinen sachli-

---

[1] BGH v. 2.12.2008 – VI ZB 63/07, MDR 2009, 230.
[2] BT-Drucks. 16/6308, S. 372 und 412.
[3] BGH v. 19.10.2011 – XII ZB 250/11, FamRZ 2012, 106 ohne Begr.; Keidel/*Meyer-Holz*, § 70 FamFG Rz. 47; BGH v. 26.11.2008 – XII ZB 103/08, FamRZ 2009, 220 für Beschwerde nach § 621e ZPO; BGH v. 7.5.2003 – XII ZB 191/02, NJW 2003, 2172 = FamRZ 2003, 1093.
[4] BGH v. 19.10.2011 – XII ZB 250/11, FamRZ 2012, 106; BGH v. 20.2.2003 – V ZB 59/02, MDR 2003, 645 = FamRZ 2003, 1009.

chen Grund gibt, bei einer Versäumung dieser Frist Wiedereinsetzung nicht zu gewähren,[1] sind auf diese Frist die §§ 233 ff. ZPO entsprechend anwendbar.[2] Um einen Antrag auf Wiedereinsetzung zu ermöglichen, muss der Rechtsmittelführer auf die Zulässigkeitsbedenken rechtzeitig hingewiesen werden.[3]

Die Wiedereinsetzungsfrist beträgt bei Versäumung der **Frist zur Begründung** von Beschwerde und Rechtsbeschwerde entsprechend § 234 Abs. 1 Satz 2 ZPO **einen Monat**. Für die übrigen Fristen, insbesondere die zur Einlegung der Rechtsmittel und Anschlussrechtsmittel verbleibt es bei der Zwei-Wochen-Frist des § 234 Abs. 1 Satz 1 ZPO.[4] Die Frist beginnt entsprechend § 234 Abs. 2 ZPO mit dem Wegfall des Hindernisses und endet spätestens ein Jahr nach dem Ende der versäumten Frist, § 234 Abs. 3 ZPO. Das **weitere Verfahren** der Wiedereinsetzung bestimmt sich gem. §§ 68 Abs. 3 Satz 1, 113 Abs. 1 FamFG nach den §§ 236 ff. ZPO.[5] Zur Frage des (fehlenden) Verschuldens an der Säumnis vgl. § 17 Rz. 12 ff.

76

118 *Wiederaufnahme*
Für die Wiederaufnahme des Verfahrens in Ehesachen und Familienstreitsachen gelten die §§ 578 bis 591 der Zivilprozessordnung entsprechend.

Der Sache nach **entspricht § 118 dem bereits in § 48 Abs. 2 angeordneten Verweis** auf die Wiederaufnahmevorschriften der Zivilprozessordnung. § 48 Abs. 2 wäre aufgrund seiner systematischen Stellung auch auf Ehesachen und Familienstreitsachen anwendbar, wenn er nicht durch § 113 Abs. 1 Satz 1 verdrängt würde. Die ausdrückliche Wiederholung des ZPO-Verweises schien wohl übersichtlicher zu sein als eine differenzierte Bezugnahme auf § 48, der in seinen übrigen Absätzen auf Ehesachen und Familienstreitsachen nicht anwendbar ist. Soweit das Wiederaufnahmeverfahren nach dem 1.9.2009 eingeleitet wurde, findet auf dieses das FamFG unabhängig davon Anwendung, ob für das wieder aufgenommene Verfahren vor seinem rechtskräftigen Abschluss bereits das FamFG galt (Art. 111 Satz 1 FGG-RG).[6]

1

Bei der Wiederaufnahme handelt es sich um einen **außerordentlichen Rechtsbehelf**, der darauf abzielt, durch rechtsgestaltende Entscheidung ein bestehendes rechtskräftiges Urteil mit rückwirkender Kraft zu beseitigen. Die Wiederaufnahme des Verfahrens nach § 578 ZPO kann durch Nichtigkeitsklage nach § 579 ZPO oder Restitutionsklage nach § 580 ZPO erreicht werden. Die sachliche und örtliche Zuständigkeit richtet sich nach § 584 ZPO.

2

Auch wenn es sich um ein eigenständiges Verfahren handelt, zielt die Wiederaufnahme doch – vergleichbar einem Rechtsmittel – auf Überprüfung des Vorprozesses ab. Das gesamte Wiederaufnahmeverfahren selbst ist daher seinerseits auch **Ehesache** iSv. § 111 Nr. 1 bzw. **Familienstreitsache** iSv. § 112,[7] so dass ergänzend zu §§ 578 ff. ZPO die entsprechenden Verfahrensvorschriften des FamFG gelten.[8] Insbesondere wird durch Einleitung eines Wiederaufnahmeverfahrens der Gerichtsstand der Ehe-

3

---

1 OLG Zweibrücken v. 27.6.2003 – 2 UF 151/02, FamRZ 2003, 1850 = OLGReport 2003, 452; Zöller/*Greger*, § 233 ZPO Rz. 6.
2 Schulte-Bunert/Weinreich/*Unger*, § 117 FamFG Rz. 50.
3 BGH v. 24.2.2010 – 168/08, FamRB 2010, 173 (*Bömelburg*).
4 Vgl. Beschlussempfehlung des BT-Rechtsausschusses, BT-Drucks. 16/12717, S. 61.
5 Schulte-Bunert/Weinreich/*Unger*, § 117 FamFG Rz. 50; *Maurer*, FamRZ 2009, 465, 473; aA Baumbach/*Hartmann*, § 117 FamFG Rz. 12.
6 Vgl. *Schulte-Bunert*, Das neue FamFG, Rz. 50.
7 BGH v. 5.5.1982 – IVb ZR 707/80, FamRZ 1982, 789 (790); OLG Stuttgart v. 22.10.1979 – 18 WF 245/79, FamRZ 1980, 379; OLG Zweibrücken v. 30.4.2004 – 2 UF 187/03, FamRZ 2005, 733; MüKo.ZPO/*Bernreuther*, § 606 ZPO Rz. 11; aA OLG Karlsruhe v. 26.5.1995 – 2 WF 61/95, FamRZ 1996, 301.
8 BGH v. 5.5.1982 – IVb ZR 707/80, FamRZ 1982, 789 (790); *Rosenberg/Schwab/Gottwald*, § 159 Rz. 5; *Bergerfurth/Rogner*, Ehescheidungsprozess, Rz. 1354.

sache iSv. §§ 152 Abs. 1, 201 Nr. 1, 218 Nr. 1, 232 Abs. 1 Nr. 1, 262 Abs. 1, 267 Abs. 1, 270 Abs. 1 Satz 2 eröffnet.[1]

4 Während die Wiederaufnahme der Scheidungssache sich – zwecks Fortführung des Verbunds – ohne weiteres auch auf die **Folgesachen** erstreckt, wird die Rechtskraft der Scheidung durch eine auf Folgesachen beschränkte Wiederaufnahme nicht tangiert.[2] Nach dem Tod eines Ehegatten ist eine Wiederaufnahme des Scheidungsverfahrens ausgeschlossen, vgl. § 131 Rz. 5.

5 **Kosten/Gebühren: Gericht:** Bei dem Verfahren über die Wiederaufnahme handelt es sich um ein neues Verfahren, das die Gebühren des Verfahrens, das wieder aufgenommen werden soll, erneut auslöst. Wenn für das Wiederaufnahmeverfahren ein Rechtsmittelgericht zuständig ist (§ 584 ZPO), so entstehen die für die jeweilige Instanz vorgesehenen Gebühren. **RA:** Das Wiederaufnahmeverfahren ist eine neue Angelegenheit, für die die Gebühren nach Teil 3 Abschnitt 1 VV RVG entstehen.

119 Einstweilige Anordnung und Arrest

(1) **In Familienstreitsachen sind die Vorschriften dieses Gesetzes über die einstweilige Anordnung anzuwenden. In Familienstreitsachen nach § 112 Nr. 2 und 3 gilt § 945 der Zivilprozessordnung entsprechend.**
(2) **Das Gericht kann in Familienstreitsachen den Arrest anordnen. Die §§ 916 bis 934 und die §§ 943 bis 945 der Zivilprozessordnung gelten entsprechend.**

Literatur: *Dose*, Einstweiliger Rechtsschutz in Familiensachen, 3. Aufl. 2010; *Gießler/Soyka*, Vorläufiger Rechtsschutz in Familiensachen, 5. Aufl. 2010; *Gießler*, Das einstweilige Anordnungsverfahren, FPR 2006, 421; *Kogel*, Vorzeitiger Zugewinnausgleich, vorläufiger Rechtsschutz – eine Herausforderung für den Familienrechtler, FPR 2009, 279; *Löhnig*, Die Sicherung künftiger familienrechtlicher Ansprüche – zur Zweispurigkeit materiell-rechtlicher und prozessualer Sicherungsmittel, FamRZ 2004, 504; *Löhnig*, Die Sicherung von Ansprüchen aus Familienstreitverfahren durch Arrest, FPR 2012, 508; *Menne*, Die Sicherung von Unterhaltsansprüchen durch dinglichen Arrest, FamRZ 2004, 6; *Schürmann*, Die einstweilige Anordnung nach dem FamFG, FamRB 2008, 375.

A. Einstweilige Anordnung nach allgemeinen FamFG-Grundsätzen

1 § 119 Abs. 1 Satz 1 stellt klar, dass die eA nach §§ 49 ff. auch in Familienstreitsachen iSv. § 112 statthaft ist,[3] was sich der Sache nach bereits daraus ergibt, dass §§ 49 bis 57 nicht zu den Vorschriften gehören, deren Anwendung auf Familienstreitsachen durch § 113 Abs. 1 Satz 1 ausgeschlossen wird. Damit ist der vorläufige Rechtsschutz, der nach der Konzeption des FamFG nunmehr durchweg unabhängig vom Hauptsacheverfahren beantragt und betrieben werden kann (vgl. § 51 Abs. 3 Satz 1), für **alle Familiensachen einheitlich** ausgestaltet. Im Bereich der Familienstreitsachen existieren ergänzende Sondervorschriften in Unterhaltssachen (§§ 246–248); zu eA in Unterhaltssachen vgl. ausf. § 246 Rz. 2 ff. Die Regelung des FamFG ist abschließend, so dass ein Rückgriff auf die einstweilige Verfügung nach §§ 935 ff. ZPO, wie sie vor Inkrafttreten des FamFG in Unterhaltssachen teilweise möglich war, ausgeschlossen ist.[4]

2 Obwohl das Verfahren nunmehr im Allgemeinen Teil des FamFG selbständig geregelt ist, sind eA – soweit die Hauptsache zum Katalog des § 111 gehört – **Familiensachen** kraft verfahrensrechtlichen Zusammenhangs, für welche nach § 50 die Famili-

---

1 Zöller/*Philippi*, 27. Aufl., § 621 ZPO Rz. 86; *Bergerfurth*, FamRZ 1998, 16; *Bergerfurth/Rogner*, Ehescheidungsprozess, Rz. 1355 Fn. 7. Wegen der hiermit einhergehenden Manipulationsgefahr lehnt OLG Karlsruhe v. 26.5.1995 – 2 WF 61/95, FamRZ 1996, 301 die Qualifizierung als Ehesache ab.
2 Zöller/*Lorenz*, § 118 FamFG Rz. 2; *Bergerfurth/Rogner*, Rz. 1362; Keidel/*Weber*, § 118 FamFG Rz. 2.
3 Überblick über typische Verfahrensgegenstände Schulte-Bunert/Weinreich/*Schwonberg*, § 119 FamFG Rz. 3 ff.; ausf. *Dose*, Rz. 23 ff., 91 ff., 100 ff.; *Gießler/Soyka*, Rz. 336 ff.
4 BT-Drucks. 16/6308, S. 226; OLG Karlsruhe v. 5.8.2010 – 18 UF 100/10, FamRZ 2011, 234.

engerichte selbst dann zuständig sind, wenn die Eilzuständigkeit nach § 50 Abs. 2 Satz 1 in Anspruch genommen wird. Das Gleiche gilt in den Fällen des § 119 Abs. 1 Satz 2 für Schadensersatzprozesse nach § 945 ZPO.[1] Aufgrund der systematischen Stellung können jedoch eA, selbst wenn sie während der Anhängigkeit einer Ehesache ergehen, nicht mehr als Ehesachen eingeordnet werden, so dass etwa § 125 und § 128[2] keine Anwendung finden. Wird nach Beantragung einer eA eine Ehesache rechtshängig, ist das Eilverfahren nach §§ 153, 202, 233, 263, 268, 270 Abs. 1 Satz 2 an das Gericht der Ehesache abzugeben.[3] Gem. § 114 Abs. 4 Nr. 1 ist das Verfahren der eA vom **Anwaltszwang** befreit. Damit kann in diesem Verfahrensstadium auch ein Vergleich ohne Mitwirkung von Rechtsanwälten wirksam geschlossen werden (§ 114 Rz. 10f.). Über die **Kosten** ist nach allgemeinen Grundsätzen zu entscheiden (vgl. § 51 Abs. 4).

Nach § 57 Satz 1 sind Entscheidungen im Verfahren der eA grundsätzlich **nicht mit den allgemeinen Rechtsmitteln anfechtbar**. In dem Ausnahmekatalog des § 57 Satz 2 sind keine Familienstreitsachen enthalten. Spezifische Rechtsbehelfe eröffnen jedoch § 52 Abs. 2 und § 54 Abs. 1 und 2.[4] Zum Absehen von Verfahrenshandlungen im Hauptsacheverfahren gem. § 51 Abs. 2 Satz 2, soweit diese schon im Rahmen des Verfahrens der eA vorgenommen wurden vgl. § 51 Rz. 19.   3

Gem. § 119 Abs. 1 Satz 2 ist in Familienstreitsachen iSv. § 112 Nr. 2 und 3 der **Schadensersatzanspruch** aus § 945 ZPO entsprechend anwendbar. Im Umkehrschluss kann nunmehr eindeutig gefolgert werden, dass – in Übereinstimmung mit der Rechtsprechung des BGH[5] schon zum früheren Recht – § 945 ZPO auf eA in Unterhaltssachen keine Anwendung findet. Wer aufgrund einer eA Unterhalt gezahlt hat, den er nach der späteren Hauptsacheentscheidung nicht schuldet (§ 56 Abs. 1 Satz 2), bleibt damit nach wie vor auf den – wegen des Entreicherungseinwandes (§ 818 Abs. 3 BGB) unsicheren – Kondiktionsanspruch beschränkt.[6] Zur Frage der analogen Anwendbarkeit von § 241 vgl. § 241 Rz. 19.   4

B. Arrest nach der Zivilprozessordnung

§ 119 Abs. 2 stellt klar, dass in Familienstreitsachen iSv. § 112 die Anordnung eines **dinglichen oder persönlichen Arrestes** nach §§ 916 bis 934, 943 bis 945 ZPO möglich ist. Der Sache nach ergänzt die Vorschrift damit die in § 113 Abs. 1 Satz 2, 120 Abs. 1 enthaltenen Verweisungen auf die ZPO. Während die eA zu einem vorläufigen Leistungsanspruch oder zur vorläufigen Regelung eines streitigen Rechtsverhältnisses führt, dient der Arrest der Sicherung der Zwangsvollstreckung in das bewegliche und unbewegliche Vermögen wegen Geldforderungen (§ 916 Abs. 1 ZPO). Voraussetzung ist die Glaubhaftmachung (§ 920 Abs. 2 ZPO) eines (materiellrechtlichen) Anspruchs und eines Arrestgrundes (§§ 917, 918 ZPO). Während für eA § 119 Abs. 1 Satz 2 die Anwendbarkeit von § 945 ZPO auf Unterhaltssachen ausschließt (Rz. 4), ist in § 119 Abs. 2 eine entsprechende Einschränkung für den Arrest nicht enthalten.[7]   5

In Unterhaltssachen besitzt der Arrest vor allem Bedeutung zur **Sicherung künftiger Unterhaltsansprüche**. Dabei besteht wegen § 926 Abs. 1 ZPO für zukünftige Ansprüche eine Sicherungsmöglichkeit erst dann, wenn der zu sichernde Anspruch auch in der Hauptsache klagbar wäre (dh. bei nachehelichem Unterhalt ab Rechtshängigkeit des Scheidungsantrags).[8] Ein Arrestgrund liegt vor, wenn die konkrete   6

---

1 Schulte-Bunert/Weinreich/*Schwonberg*, § 119 FamFG Rz. 20.
2 So schon zum alten Recht MüKo.ZPO/*Bernreuther*, § 613 ZPO Rz. 4.
3 *Schürmann*, FamRB 2008, 375 (376); *Gießler*, FPR 2006, 421 (426).
4 *Schürmann*, FamRB 2008, 375 (379ff.); *Gießler*, FPR 2006, 421 (425f.).
5 BGH v. 27.10.1999 – XII ZR 239/97, FamRZ 2000, 751 (753f.).
6 Vgl. die Darstellung der entsprechenden Grundsätze in BGH v. 27.10.1999 – XII ZR 239/97, FamRZ 2000, 751f.; krit. etwa Horndasch/Viefhues/*Roßmann*, § 119 FamFG Rz. 9.
7 Schulte-Bunert/Weinreich/*Schwonberg*, § 119 FamFG Rz. 20; aA *Löhnig*, FPR 2012, 508 (511).
8 OLG Düsseldorf v. 18.6.1993 – 3 UF 189/92, FamRZ 1994, 111 (113f.); OLG Düsseldorf v. 18.6. 1993 – 3 UF 192/92, FamRZ 1994, 114 (115); vgl. auch OLG Hamm v. 20.6.1995 – 3 UF 51/95, FamRZ 1995, 1427; Schulte-Bunert/Weinreich/*Schwonberg*, § 119 FamFG Rz. 11.

Gefahr besteht, der Schuldner werde in Zukunft die Ansprüche nicht erfüllen.[1] Eine allgemein schlechte Vermögenslage, geringfügige Zahlungsverzögerungen oder eine einmalige längere Verzögerung sowie die allgemeine Ungewissheit, ob zukünftige Vollstreckungsbemühungen Erfolg haben würden, sind nicht ausreichend.[2] Auch die Nichterteilung einer Einkommensauskunft selbst über einen längeren Zeitraum ist für sich genommen noch kein ausreichender Arrestgrund zur Sicherung künftiger Unterhaltsansprüche.[3] Ein Sicherungsbedürfnis besteht nur für die Dauer des voraussichtlichen Bestehens des Unterhaltsanspruchs. Da diese Prognose jedoch häufig schwierig zu treffen ist, muss die Dauer des Arrestes unter Abwägung der beiderseitigen Interessen festgelegt werden. Um die wirtschaftliche Bewegungsfreiheit des Schuldners nicht unangemessen einzuschränken, wird beim Ehegattenunterhalt der Sicherungszeitraum dabei regelmäßig auf höchstens fünf Jahre zu beschränken sein.[4] Das Sicherungsbedürfnis wird durch das **Vorliegen eines vollstreckbaren Titels** nicht automatisch beseitigt, weil nach § 751 ZPO nur die jeweils fällig werdenden monatlichen Unterhaltsbeträge vollstreckt werden können, etwas anderes gilt jedoch dann, wenn sich der Gläubiger durch die Vorratspfändung von Arbeitseinkommen nach § 850d Abs. 3 ZPO absichern kann.[5] Die Möglichkeit, nach § 1585a BGB Sicherheit verlangen zu können, lässt das Sicherungsbedürfnis – nach einhelliger Ansicht – nicht entfallen.[6] Demgegenüber besteht für **Unterhaltsrückstände** kein Arrestgrund, wenn diese bereits tituliert sind und vollstreckt werden könnten.[7]

7 In Güterrechtssachen war früher heftig umstritten, ob die Sicherung von **zukünftigen**[8] **Ansprüchen auf Zugewinnausgleich** im Wege des Arrests statthaft ist, weil § 1389 aF BGB einen eigenständigen Anspruch auf Sicherheitsleistung normierte. Um die Anwendung der Arrestvorschriften insofern klarzustellen, hat der Gesetzgeber mit Wirkung zum 1.9.2009 § 1389 aF BGB aufgehoben.[9] Damit kann nunmehr eindeutig auch ein künftiger Anspruch auf Zugewinnausgleich (§ 1378 BGB) durch Arrest gesichert werden, sobald er (etwa im Verbund) klagbar ist (zur Sicherung zukünftiger Ansprüche vgl. oben Rz. 6).[10] Gleichzeitig hat der Gesetzgeber durch die

---

1 OLG Düsseldorf v. 23.6.1980 – 6 UF 64/80, FamRZ 1981, 45; OLG Köln v. 20.9.1983 – 4 UF 231/83, FamRZ 1983, 1259 (Ls. und 1260). Bejaht etwa in OLG Hamm v. 25.5.2011 – 8 UF 65/11, Rz. 22, juris (Veräußerung einer Immobilie und Gefahr einer Auslandsvollstreckung); OLG Düsseldorf v. 18.6.1993 – 3 UF 189/92, FamRZ 1994, 111 (114) (hartnäckige Vermögensverschiebungen und -verschleierungen); OLG Hamm v. 20.6.1995 – 3 UF 51/95, FamRZ 1995, 1427 (Einkommensverlust wegen nicht nachvollziehbaren Zusammenbruchs der eigenen Firma). Vgl. auch den Überblick bei *Menne*, FamRZ 2004, 6 (9f.).
2 OLG Köln v. 20.9.1983 – 4 UF 231/83, FamRZ 1983, 1259 (Ls. und 1260); *Dose*, Rz. 150; vgl. auch OLG Stuttgart v. 30.8.2011 – 17 UF 167/11, FamRZ 2012, 324 (325).
3 OLG München v. 10.8.1999 – 12 WF 1136/99, FamRZ 2000, 965 (Ls.).
4 Grundlegend OLG Düsseldorf v. 23.6.1980 – 6 UF 64/80, FamRZ 1981, 45f.; OLG Hamm v. 25.5. 2011 – 8 UF 65/11, Rz. 26, juris (in concreto zwei Jahre); OLG Düsseldorf v. 18.6.1993 – 3 UF 189/92, FamRZ 1994, 111 (114); OLG Hamm v. 20.6.1995 – 3 UF 51/95, FamRZ 1995, 1427 (1428); *Dose*, Rz. 151; drei bis fünf Jahre: Schulte-Bunert/Weinreich/*Schwonberg*, § 119 FamFG Rz. 11.
5 OLG Düsseldorf v. 18.6.1993 – 3 UF 189/92, FamRZ 1994, 111 (114); OLG Düsseldorf v. 23.6. 1980 – 6 UF 64/80, FamRZ 1981, 45; OLG Zweibrücken v. 23.3.1999 – 5 UF 82/97, FamRZ 2000, 966 (967) (eine erst nach Erlass des Arrestes entstandene Möglichkeit zur Vorratspfändung lässt das Rechtsschutzbedürfnis nicht entfallen).
6 OLG Düsseldorf v. 18.6.1993 – 3 UF 189/92, FamRZ 1994, 111 (114); Schulte-Bunert/Weinreich/ *Schwonberg*, § 119 FamFG Rz. 12.
7 Schulte-Bunert/Weinreich/*Schwonberg*, § 119 FamFG Rz. 11; vgl. auch OLG Düsseldorf v. 26.4. 2006 – I-15 U 16/06, 15 U 16/06, OLGReport 2006, 480; OLG Karlsruhe v. 24.1.1996 – 6 U 88/95, NJW-RR 1996, 960. Zur Anordnung der sofortigen Wirksamkeit von Unterhaltstiteln vgl. § 116 Rz. 26 ff.
8 Da § 1389 aF BGB nur der Sicherung von „künftigen" Ansprüchen auf Zugewinnausgleich diente, war die Arrestfähigkeit des durch Rechtskraft der Scheidung entstandenen Anspruchs auf Zugewinnausgleich (§ 1378 Abs. 3 Satz 1 BGB) schon immer unproblematisch (OLG Frankfurt v. 12.9.1995 – 3 UF 172/95, FamRZ 1996, 747).
9 Begr. Entwurf eines Gesetzes zur Änderung des Zugewinnausgleichs- und Vormundschaftsrechts, BT-Drucks. 16/10798, S. 21.
10 MüKo.BGB/*Koch*, § 1378 BGB Rz. 36; Horndasch/Viefhues/*Roßmann*, § 119 FamFG Rz. 28. Nachweise zur Auffassung, die das schon nach altem Recht für zulässig hielt vgl. 1. Aufl.

Neufassung der §§ 1385, 1386 BGB die Möglichkeit, vorzeitigen Zugewinnausgleich zu verlangen, erweitert. Der Anspruch aus § 1385 BGB auf vorzeitigen Ausgleich des Zugewinns bei vorzeitiger Aufhebung der Zugewinngemeinschaft (Verbindung von Gestaltungs- und Leistungsantrag) ist bereits vor Rechtshängigkeit des Scheidungsantrags klagbar und kann – sobald die Anträge gestellt wurden[1] – ebenfalls durch Arrest gesichert werden.[2] Ein **Arrestgrund** für den (künftigen) Anspruch auf Zugewinnausgleich liegt beispielsweise dann vor, wenn der Anspruch aufgrund (konkret drohender) Vermögensverschiebungen,[3] der freigebigen Vergabe ungesicherter Darlehen,[4] erheblicher Vermögensverluste beim Glücksspiel[5] oder der wissentlichen Erteilung grob falscher Auskünfte gefährdet erscheint.[6] Für den Anspruch auf vorzeitigen Zugewinnausgleich indiziert in den Fällen des § 1385 Nr. 2-4 BGB der Arrestanspruch den Arrestgrund.[7]

Zuständig für den Arrest ist gem. § 919 ZPO das Gericht der Hauptsache (vgl. § 943 ZPO) sowie das AG, in dessen Bezirk der mit dem Arrest zu belegende Gegenstand oder die in ihrer persönlichen Freiheit zu beschränkende Person sich befindet. Der Gläubiger hat die Wahl zwischen den beiden Gerichtsständen (§ 35 ZPO), und zwar auch dann, wenn während der Anhängigkeit einer Ehesache für die Hauptsache das Gericht der Ehesache ausschließlich zuständig ist.[8] Da das Arrestverfahren die rechtliche Qualität des zu sichernden Hauptanspruchs teilt (vgl. § 111 Rz. 35), sind für den Erlass des Arrestbefehls jeweils die Abteilungen für Familiensachen zuständig.[9] Gem. § 116 Abs. 1 entscheiden sie stets durch Beschluss (vgl. demgegenüber § 922 Abs. 1 ZPO).[10] Die Kostenentscheidung richtet sich nach § 113 Abs. 1 Satz 2 FamFG iVm. §§ 91 ff. ZPO; § 243 FamFG findet keine Anwendung.[11] Das Arrestgesuch kann gem. § 920 Abs. 3 ZPO iVm. § 129a Abs. 1 ZPO zu Protokoll eines jeden Amtsgerichts erklärt werden und unterliegt deshalb auch nicht dem **Anwaltszwang** (§ 114 Abs. 4 Nr. 6 FamFG iVm. § 78 Abs. 3 ZPO). Das Gleiche gilt für einen Widerspruch gegen einen vom AG ohne mündliche Verhandlung erlassenen Arrest (§ 924 Abs. 2 Satz 3 ZPO). Wird demgegenüber im Arrestverfahren eine mündliche Verhandlung durchgeführt, besteht gem. § 114 Abs. 1 Anwaltszwang.[12]

Gegen die Entscheidung stehen grundsätzlich die allgemeinen für das Arrestverfahren vorgesehenen **Rechtsbehelfe** offen: Wurde ein Arrest **ohne mündliche Verhandlung** ausgesprochen (= Beschluss iSv. § 924 Abs. 1 iVm. § 922 Abs. 1 Satz 1, 2. Alt. ZPO), so ist Widerspruch nach § 924 ZPO statthaft.[13] Wurde der Antrag ohne mündliche Verhandlung zurückgewiesen oder gem. § 921 Satz 2 ZPO nur gegen Sicherheitsleistung zugelassen, ist streitig, ob dem Antragsteller die sofortige Beschwerde gem. § 567 Abs. 1 Nr. 2 ZPO oder die Beschwerde nach § 58 FamFG offensteht. Die Recht-

---

1 *Kogel*, FPR 2009, 279 (280); *Gießler/Soyka*, Rz. 615.
2 Begr. Entwurf eines Gesetzes zur Änderung des Zugewinnausgleichs- und Vormundschaftsrechts, BT-Drucks. 16/10798, S. 19; NK-BGB/*Fischinger*, § 1386 BGB Rz. 32; Horndasch/Viefhues/*Roßmann*, § 119 FamFG Rz. 32; Schulte-Bunert/Weinreich/*Schwonberg*, § 119 FamFG Rz. 16.
3 KG Berlin v. 28.3.2013 – 18 UF 72/13, juris; OLG Brandenburg v. 29.9.2008 – 13 UF 68/08, FamRZ 2009, 446 (448); OLG Naumburg v. 30.1.2008 – 8 WF 4/08, FamRZ 2008, 2202 (2203); OLG Düsseldorf v. 18.6.1993 – 3 UF 192/92, FamRZ 1994, 114 (115f.); OLG München v. 10.8.1999 – 12 WF 1136/99, FamRZ 2000, 965 (Ls.); OLG Celle v. 8.9.1993 – 21 UF 118/93, FamRZ 1996, 1429.
4 OLG München v. 16.11.2010 – 33 UF 1650/10, FamRZ 2011, 746 (748).
5 AG Warendorf v. 10.11.1999 – 9 F 244/99, FamRZ 2000, 965 (Ls.).
6 OLG Frankfurt v. 12.9.1995 – 3 UF 172/95, FamRZ 1996, 747 (749); vgl. dazu auch Überblick bei Schulte-Bunert/Weinreich/*Schwonberg*, § 119 FamFG Rz. 18.
7 Schulte-Bunert/Weinreich/*Schwonberg*, § 119 FamFG Rz. 18; *Dose*, Rz. 147; differenzierend Musielak/*Borth*, § 119 FamFG Rz. 8.
8 OLG Frankfurt v. 10.11.1987 – 1 UFH 22/87, FamRZ 1988, 184 (185); *Löhnig*, FPR 2012, 508 (509 Fn. 2).
9 BGH v. 10.10.1979 – IV ARZ 52/79, FamRZ 1980, 46; OLG Stuttgart v. 30.8.2011 – 17 UF 167/11, FamRZ 2012, 324.
10 Begr. RefE II, S. 357.
11 OLG Stuttgart v. 30.8.2011 – 17 UF 167/11, FamRZ 2012, 324.
12 Schwab/*Streicher*, Rz. I 153; Schulte-Bunert/Weinreich/*Schwonberg*, § 119 FamFG Rz. 19.
13 *Dose*, Rz. 440; Schulte-Bunert/Weinreich/*Schwonberg*, § 119 FamFG Rz. 19.

sprechung hat sich zunächst überwiegend für die Anwendbarkeit von § 58 ausgesprochen, da es sich um eine Endentscheidung iSv. § 38 Abs. 1 handelt.[1] Doch lässt sich mit der mittlerweile wohl hM aus dem Verweis auf §§ 916 ff. ZPO auch eine spezialgesetzliche Legitimation für die Heranziehung von §§ 567 ff. ZPO ableiten.[2] Zwar ist zuzugeben, dass der Gesetzgeber des FamFG den Rückgriff auf die sofortige Beschwerde nur für Zwischen- und Nebenentscheidungen im Blick hatte, doch dürfte er die vorliegende Konstellation überhaupt nicht bedacht haben. Entsprechend dem für Zwischen- und Nebenentscheidungen verfolgten Anliegen, bei Entscheidungen, die auf der Grundlage von Vorschriften der ZPO getroffen werden, in Verfahren nach dem FamFG das gleiche Rechtsmittel zu eröffnen wie in bürgerlichen Rechtsstreitigkeiten,[3] erscheint der Rückgriff auf die sofortige Beschwerde auch in Arrestverfahren als systemgerecht, denn die Beschwerde nach § 58 ist funktional das Pendant zur Berufung nach der ZPO.[4] Wurde demgegenüber **aufgrund mündlicher Verhandlung** entschieden, kann unter den Voraussetzungen des § 58 Abs. 1 Beschwerde eingelegt werden.[5] Gegen einen Versäumnisbeschluss kann der Säumige Einspruch nach §§ 338 ff. ZPO iVm. § 113 Abs. 1 Satz 2 FamFG einlegen. Daneben kennt das Arrestverfahren als weitere Rechtsbehelfe den Aufhebungsantrag wegen Versäumung der Frist zur Erhebung der Hauptsacheklage (§ 926 Abs. 2 ZPO) und den Antrag auf Aufhebung wegen veränderter Umstände (§ 927 ZPO), der insbesondere nach Obsiegen in der Hauptsache greift.[6] Eine Rechtsbeschwerde ist in Arrestverfahren gem. § 70 Abs. 4, 2. Alt. ausdrücklich ausgeschlossen. **Kein Rechtsmittel** ist damit **gegen Entscheidungen des Oberlandesgerichts** gegeben, gleichgültig ob dieses über das Arrestgesuch erstinstanzlich bei Anhängigkeit der Hauptsache in der Beschwerdeinstanz (vgl. § 58 Abs. 1) oder in zweiter Instanz auf Beschwerde (vgl. § 70 Abs. 4, 2. Alt.) oder sofortige Beschwerde hin (vgl. § 574 Abs. 1 Satz 2 iVm. § 542 Abs. 2 ZPO) entscheidet.

10   **Kosten/Gebühren: Gericht:** Für eA und den Arrest in Familienstreitsachen entstehen Gebühren nach Nr. 1420 ff. KV FamGKG. Die Gebühren fallen neben den Gebühren für das Hauptsacheverfahren an. Im Verfahren über den Erlass einer eA oder eines Arrestes und über deren Aufhebung oder Änderung werden die Gebühren nur einmal erhoben (Vorbem. 1.4 KV FamGKG). Die Gebühren werden mit Antragseingang fällig (§ 9 Abs. 1 FamGKG), es besteht Vorauszahlungspflicht (§ 14 Abs. 1 Satz 1 FamGKG). Der Wert bestimmt sich für die eA nach § 41 FamGKG. Er ist idR unter Berücksichtigung der geringeren Bedeutung gegenüber der Hauptsache zu ermäßigen. Dabei ist von der Hälfte des für die Hauptsache bestimmten Werts auszugehen. Der Wert des Arrestes bestimmt sich nach § 42 Abs. 1 FamGKG. Als Kostenschuldner kommen primär der Entscheidungs- oder Übernahmeschuldner in Frage (§ 24 Nr. 1 und 2 FamGKG), daneben aber auch der Antragsteller (§ 21 Abs. 1 Satz 1 FamGKG). **RA:** Das Verfahren über den Erlass einer eA und das Verfahren über die Anordnung eines Arrestes sind nach § 17 Nr. 4 Buchst. b RVG gegenüber der Hauptsache eine besondere Angelegenheit, für die die Gebühren nach Teil 3 entstehen. Das Verfahren über den Erlass einer eA oder eines Arrestes und über deren Aufhebung oder Änderung sind eine Angelegenheit (§ 16 Nr. 5 RVG). §§ 35, 41 FamGKG sind nach § 23 Abs. 1 Satz 1 RVG auch für die RA-Gebühren maßgebend.

120 *Vollstreckung*

(1) Die Vollstreckung in Ehesachen und Familienstreitsachen erfolgt entsprechend den Vorschriften der Zivilprozessordnung über die Zwangsvollstreckung. (2) Endentscheidungen sind mit Wirksamwerden vollstreckbar. Macht der Verpflichtete glaubhaft, dass die Vollstreckung ihm einen nicht zu ersetzenden Nachteil bringen würde, hat das Gericht auf seinen Antrag die Vollstreckung vor Eintritt der Rechtskraft in der Endentscheidung einzustellen oder zu beschränken. In den Fällen

---

1 OLG Karlsruhe v. 5.8.2010 – 18 UF 100/10, FamRZ 2011, 234; OLG München v. 16.11.2010 – 33 UF 1650/10, FamRZ 2011, 746 (747); zust. *Schneider,* FamRZ 2012, 1782 ff.
2 OLG Frankfurt v. 27.2.2012 – 5 UF 51/12, FamRZ 2012, 1078 f.; OLG Koblenz v. 18.12.2012 – 13 UF 948/12, Rz. 10, juris; KG Berlin v. 28.3.2013 – 18 UF 72/13, juris; OLG Oldenburg v. 22.2.2012 – 13 UF 28/12, FamRZ 2012, 1077; *Dose,* Rz. 440; Schulte-Bunert/Weinreich/*Schwonberg,* § 119 FamFG Rz. 19; Wendl/Dose/*Schmitz,* § 10 Rz. 495.
3 BT-Drucks. 16/6308, S. 203.
4 *Cirullies,* FamFR 2010, 523.
5 *Dose,* Rz. 441; Schulte-Bunert/Weinreich/*Schwonberg,* § 119 FamFG Rz. 19.
6 Zöller/*Vollkommer,* § 927 ZPO Rz. 4 f.; *Löhnig,* FPR 2012, 508, 510.

des § 707 Abs. 1 und des § 719 Abs. 1 der Zivilprozessordnung kann die Vollstreckung nur unter denselben Voraussetzungen eingestellt oder beschränkt werden.
(3) Die Verpflichtung zur Eingehung der Ehe und zur Herstellung des ehelichen Lebens unterliegt nicht der Vollstreckung.

A. Systematik	1	C. Einstellung und Beschränkung der Vollstreckung (Abs. 2 Satz 2 und 3)	6
B. Anwendbarkeit der Zivilprozessordnung		D. Ausschluss der Vollstreckung (Absatz 3)	13
I. Grundsatz (Absatz 1)	2		
II. Modifikationen (Abs. 2 Satz 1)	3	E. Rechtsbehelfe	16

Literatur: *Büte*, Die Vollstreckung in Familienstreitsachen, insbesondere Unterhaltssachen, FuR 2010, 124; *Dörndorfer*, Voraussetzungen der Vollstreckung, FPR 2012, 478; *Giers*, Die Vollstreckung in Familiensachen ab dem 1.9.2009, FamRB 2009, 87; *Griesche*, Die vorläufige Vollstreckbarkeit in Unterhaltssachen nach Inkrafttreten des FamFG, FamRB 2009, 258; *Griesche*, Das Problem der Anordnung einer Sicherheitsleistung bei der Vollstreckung in Familienstreitsachen, FamRB 2011, 260; *Griesche*, Die Fristen für Anträge auf Schuldnerschutz bei der Zwangsvollstreckung in Familienstreitsachen, FamRB 2012, 93; *Rake*, Die Vollstreckbarkeit von Unterhaltstiteln, FPR 2013, 159; *Rasch*, Der Unterhaltsbeschluss, FPR 2010, 150; *Schulte-Bunert*, Die Vollstreckung von Unterhaltsentscheidungen nach § 120 FamFG, FuR 2013, 146.

A. Systematik

Nach § 116 Abs. 2 und Abs. 3 Satz 1 werden Endentscheidungen in Ehesachen und Familienstreitsachen grundsätzlich erst mit Rechtskraft wirksam, doch besitzt das Gericht die Befugnis, in Familienstreitsachen die **sofortige Wirksamkeit** anzuordnen (§ 116 Abs. 3), um damit nach § 120 Abs. 2 Satz 1 die Möglichkeit der Zwangsvollstreckung zu eröffnen. Das frühere System der vorläufigen Vollstreckbarkeit wird hierdurch abgelöst und ist auf Familienstreitsachen nicht mehr anwendbar. Als Gegengewicht kann jedoch nach § 120 Abs. 2 Satz 2 auf **Antrag die Vollstreckung ausgeschlossen oder beschränkt werden**, wenn ein nicht zu ersetzender Nachteil glaubhaft gemacht wird. Im Übrigen gelten in Ehesachen und Familienstreitsachen die Regeln der ZPO über die Zwangsvollstreckung entsprechend (§ 120 Abs. 1). Zur Vollstreckbarerklärung ausländischer Titel vgl. § 110 Rz. 2 ff. 1

B. Anwendbarkeit der Zivilprozessordnung

I. Grundsatz (Absatz 1)

Die Vorschrift ergänzt den in § 113 Abs. 1 Satz 2 enthaltenen Verweis auf die ZPO. Gem. § 120 Abs. 1 richtet sich in Ehesachen und Familienstreitsachen die Vollstreckung nicht wie bei den übrigen Familiensachen nach §§ 86 ff., deren Anwendbarkeit bereits durch § 113 Abs. 1 Satz 1 ausgeschlossen wird, sondern – vorbehaltlich der Sonderregeln in § 120 Abs. 2 und 3 sowie § 242 – nach **§§ 704 bis 915h ZPO**.[1] Die umfassende Verweisung auf die ZPO schließt auch die speziellen vollstreckungsrechtlichen Rechtsbehelfe ein (etwa §§ 732, 765a, 766, 767, 771 793 ZPO).[2] § 120 Abs. 1 gilt für alle (vollstreckbaren) Entscheidungen sowie sonstigen Vollstreckungstitel in den erfassten Verfahrensarten, einschließlich eA und Entscheidungen im vereinfachten Verfahren nach § 249.[3] Aufgrund ihrer Stellung im Allgemeinen Teil des 2. Buches gilt die Vorschrift für die Vollstreckung von Entscheidungen aus allen Instanzen. Zur Zuständigkeit des Familiengerichts als „Prozessgericht" vgl. § 111 Rz. 39. 2

---

[1] Zu den allgemeinen Vollstreckungsvoraussetzungen *Dörndorfer*, FPR 2012, 478.
[2] OLG Brandenburg v. 12.7.2011 – 10 UF 115/10, FamRZ 2012, 1223 (1224); OLG Jena v. 12.4.2012 – 1 UF 648/11, FamRZ 2012, 1662 (1663).
[3] OLG Brandenburg v. 12.7.2011 – 10 UF 115/10, FamRZ 2012, 1223 (1224).

II. Modifikationen (Abs. 2 Satz 1)

3 Gem. § 120 Abs. 2 Satz 1 sind Endentscheidungen in Ehesachen und Familienstreitsachen **automatisch vollstreckbar**, sobald sie wirksam sind, und bedürfen daher keiner besonderen Vollstreckbarerklärung.[1] Durch dieses Regelungskonzept werden §§ 708–713 ZPO verdrängt,[2] so dass etwa die Anordnung der vorläufigen Vollstreckbarkeit gegen Sicherheitsleistung (§ 709 Satz 2) oder eine Abwendung der Vollstreckung durch Sicherheitsleistung (§ 711 ZPO) nicht mehr vorgesehen sind (zu Ausnahmen Rz. 12). Auch §§ 714–720a ZPO passen nur noch teilweise; bei ihrer Auslegung muss berücksichtigt werden, dass wirksame Endentscheidungen in Familienstreitsachen automatisch und ohne Sicherheitsleistung vollstreckbar sind.[3] So ist etwa die Zwangsvollstreckung aus einem Beschluss, dessen sofortige Wirksamkeit angeordnet wurde, uneingeschränkt und ohne eine mit § 720a ZPO vergleichbare Einschränkung möglich.[4] Demgegenüber bleiben beispielsweise der Anspruch auf Schadensersatz nach § 717 Abs. 2 ZPO[5] sowie der Erstattungsanspruch nach § 717 Abs. 3 ZPO[6] anwendbar.

4 Der **Zeitpunkt des Wirksamwerdens** hängt für Endentscheidungen in Ehesachen und Familienstreitsachen nach § 116 Abs. 2 und 3 vom Eintritt der Rechtskraft bzw. (bei Familienstreitsachen) der Anordnung der sofortigen Wirksamkeit ab, für Folgesachen muss außerdem § 148 beachtet werden (§ 148 Rz. 7ff.). EA in Familienstreitsachen[7] erwachsen sofort in formelle Rechtskraft (§ 116 Rz. 22) und sind daher – auch ohne Anordnung der sofortigen Wirksamkeit (§ 116 Rz. 26) – direkt wirksam.[8]

5 **Sonstige Vollstreckungstitel** iSv. § 120 Abs. 1 FamFG iVm. § 794 ZPO werden von der Regelung des § 120 Abs. 2 FamFG nicht erfasst. Für sie gilt damit ausschließlich § 120 Abs. 1.

C. Einstellung und Beschränkung der Vollstreckung (Abs. 2 Satz 2 und 3)

6 Nach § 120 Abs. 2 Satz 2 kann – in Parallele zu § 62 Abs. 1 Satz 2 ArbGG – die Vollstreckung auf Antrag eingestellt oder beschränkt werden, wenn der Verpflichtete glaubhaft macht (§ 113 Abs. 1 Satz 2 FamFG iVm. § 294 ZPO), dass sie ihm einen nicht zu ersetzenden Nachteil bringt. Der Begriff des **nicht zu ersetzenden Nachteils** wird im zwangsvollstreckungsrechtlichen Kontext bereits in §§ 707 Abs. 1 Satz 2, 712 Abs. 1 Satz 1, 719 Abs. 2 Satz 1 ZPO verwendet. Als **Beschränkung** kommt entweder die Einstellung der Vollstreckung über einen bestimmten Betrag hinaus oder der Ausschluss bestimmter Vollstreckungsmaßnahmen (etwa in einzelne Objekte) in Frage.[9] Darüber hinaus kann die Glaubhaftmachung des Eintritts eines nicht zu ersetzenden Nachteils auch Anlass sein, im Rahmen der gebotenen Interessenabwägung (§ 116 Rz. 27) von der Anordnung der sofortigen Vollstreckbarkeit nach § 116 Abs. 3 von vornherein abzusehen.[10]

7 Für die Bedeutung dieser Schutzklausel ist im familienrechtlichen Kontext entscheidend, ob sie bereits dann greift, wenn der Schuldner wegen der **Mittellosigkeit des Vollstreckungsgläubigers** aller Voraussicht nach einen etwaigen Anspruch auf Rückforderung des beigetriebenen Geldbetrags (vgl. § 717 Abs. 2 und 3 ZPO) nicht

---

1 BT-Drucks. 16/6308, S. 226.
2 BT-Drucks. 16/6308, S. 226.
3 BT-Drucks. 16/6308, S. 226.
4 Giers, FamRB 2009, 87.
5 Giers, FamRB 2009, 87.
6 BGH v. 7.11.2012 – XII ZB 229/11, FamRZ 2013, 109 (113).
7 Hierbei handelt es sich ebenfalls um Endentscheidungen, vgl. § 116 Rz. 21.
8 Im Ergebnis auch Schulte-Bunert/Weinreich/*Schulte-Bunert*, § 120 FamFG Rz. 3; Keidel/*Giers*, § 53 FamFG Rz. 2.
9 Keidel/*Weber*, § 120 FamFG Rz. 14; *Rasch*, FPR 2010, 150 (152); *Griesche*, FamRB 2011, 260 (262).
10 Musielak/*Borth*, § 120 FamFG Rz. 3; Schulte-Bunert/Weinreich/*Schulte-Bunert*, § 120 FamFG Rz. 4; vgl. auch Keidel/*Weber*, § 120 FamFG Rz. 15, der diese Wechselwirkung als rechtspolitisch widersprüchlich kritisiert.

Allgemeine Vorschriften § 120

wird realisieren können. Nach einer restriktiven Ansicht, die vor Inkrafttreten des FamFG vor allem von den Familiensenaten einiger Oberlandesgerichte vertreten wurde, sollen die finanziellen Nachteile, die mit einer grundlosen Zwangsvollstreckung regelmäßig verbunden sind, keinen unersetzbaren Nachteil darstellen, solange keine irreparablen Folgeschäden wie zB der Verlust der Existenzgrundlage drohen.[1] Demgegenüber hat sich der BGH – in Übereinstimmung mit der einhelligen Meinung der Arbeitsgerichte zu § 62 Abs. 1 Satz 2 ArbGG[2] – mittlerweile auf den Standpunkt gestellt, dass nach dem klaren Wortlaut des § 719 Abs. 2 ZPO der **dauerhafte Verlust einer nicht geschuldeten Geldsumme** ein unersetzlicher Nachteil sei.[3] Dafür wird es allerdings nicht als ausreichend angesehen, dass die Rückforderung längere Zeit in Anspruch nehmen und mit nicht unerheblichen Mühen verbunden sein könnte, vielmehr sei erforderlich, dass (etwa wegen dauerhafter Arbeitslosigkeit) mit einer Rückzahlung auf absehbare Zeit nicht gerechnet werden kann.[4] Zwar spricht im Kontext des § 120 Abs. 2 Satz 2 viel für eine restriktive Auslegung, denn das neue System der § 116 Abs. 3 Satz 2 und 3 iVm. § 120 Abs. 2 zielt offenbar auf eine Stärkung der Position des Vollstreckungsgläubigers,[5] doch dient § 120 Abs. 2 Satz 2 allein dem Schuldnerschutz und nimmt, anders als etwa §§ 712 Abs. 2 Satz 1, 719 Abs. 2 Satz 1 ZPO, auf ein „überwiegendes Interesse des Gläubigers" gerade nicht Rücksicht.[6] Im Ergebnis ist daher der ungerechtfertigte Verlust einer Geldsumme als unersetzbarer Nachteil iSv. § 120 Abs. 2 Satz 2 anzusehen.[7] Von einer Gegenansicht wird demgegenüber daran festgehalten, dass ein unersetzlicher Nachteil nur dann vorliege, wenn ein Schaden entstehe, der durch Geld oder andere Mittel nicht ausgeglichen werden könne.[8]

Kompromisslösungen wären möglich, wenn man (als milderes Mittel) die **Einstellung oder Beschränkung der Zwangsvollstreckung gegen Sicherheitsleistung** anordnen könnte. Eine solche Option ist in § 120 Abs. 2 Satz 2, anders als in dem durch diese Vorschrift verdrängten § 712 ZPO, jedoch **nicht vorgesehen**.[9] Auch das Argument, dass eine Sicherheitsleistung im Unterschied zu § 62 Abs. 1 Satz 4 ArbGG im-

8

---

1 OLG Hamm v. 10.3.1999 – 10 UF 239/98, FamRZ 2000, 363; OLG Koblenz v. 29.7.2004 – 11 UF 387/04, FamRZ 2005, 468; KG v. 28.2.2008 – 12 U 25/08, NZM 2008, 623; OLG Rostock v. 28.5.2003 – 10 UF 46/03, FamRZ 2004, 127 (128); LG Frankfurt a.M. v. 14.3.1989 – 2/11 S 18/89, WuM 1989, 304; vgl. auch noch BGH v. 28.9.1955 – III ZR 171/55, BGHZ 18, 219 f.
2 LAG Frankfurt v. 8.1.1992 – 10 Sa 1901/91, NZA 1992, 427 (428); Schwab/Weth/*Walker*, § 62 ArbGG Rz. 17; ErfK/*Koch*, § 62 ArbGG Rz. 4; Germelmann/Matthes/Prütting/Müller-Glöge/*Germelmann*, § 62 ArbGG Rz. 19 und Rz. 24 ff. jeweils mwN.
3 BGH v. 30.1.2007 – X ZR 147/06, NJW-RR 2007, 1138; OLG Hamm v. 24.1.1995 – 1 UF 403/94, FamRZ 1996, 113; Musielak/*Lackmann*, § 707 ZPO Rz. 9; MüKo.ZPO/*Götz*, § 707 ZPO Rz. 17 aE; Stein/Jonas/*Münzberg*, § 707 ZPO Rz. 17.
4 LAG Frankfurt v. 8.1.1992 – 10 Sa 1901/91, NZA 1992, 427 (428); Germelmann/Matthes/Prütting/Müller-Glöge/*Germelmann*, § 62 ArbGG Rz. 24 f.; vgl. auch OLG Hamm v. 1.3.2011 – 8 UF 40/11, FamRZ 2011, 1678 (1679) (Bezug von Leistungen nach dem SGB II für sich nicht ausreichend).
5 OLG Hamm v. 7.9.2010 – 11 UF 155/10, FamRZ 2011, 589. Diskutiert wurde in erster Linie, ob die Regelung die Interessen des Schuldners angemessen wahre, BT-Drucks. 16/6308, S. 373 und 412.
6 Demgegenüber will Musielak/*Borth*, § 120 FamFG Rz. 4 in diesem Rahmen auch die Interessen des Gläubigers berücksichtigen.
7 OLG Rostock v. 7.3.2011 – 10 UF 219/10, FamRZ 2011, 1679 (1680); OLG Bremen v. 21.9.2010 – 4 UF 94/10, FamRZ 2011, 322 (323); OLG Frankfurt v. 12.3.2010 – 2 UF 362/09, FamRZ 2010, 1370; OLG Hamm v. 2.2.2011 – 8 UF 15/11, FamRZ 2011, 1317; Zöller/*Lorenz*, § 120 FamFG Rz. 3.
8 OLG Hamburg v. 26.4.2012 – 2 UF 48/12, Rz. 15 f., juris (die vom Gericht zusätzlich vorgebrachte Aufrechnungsmöglichkeit tatsächlich besteht, ist umstritten, vgl. *Dose*, in Wendl/Dose, § 6 Rz. 312); OLG Hamm v. 30.9.2011 – II-10 UF 196/11, FamRZ 2012, 730; Schulte-Bunert/Weinreich/*Schulte-Bunert*, § 120 FamFG Rz. 4; Keidel/*Weber*, § 120 FamFG Rz. 17; *Rasch*, FPR 2010, 150 (152); *Griesche*, FamRB 2009, 258 (261); restriktiv auch Musielak/*Borth*, § 120 FamFG Rz. 4.
9 OLG Bremen v. 21.9.2010 – 4 UF 94/10, FamRZ 2011, 322 (323); *Griesche*, FamRB 2009, 258 (260 f.); Hoppenz/*Walter*, § 116 FamFG Rz. 5, § 120 FamFG Rz. 5; *Rüntz/Viefhues*, FamRZ 2010, 1285 (1292); wohl auch OLG Hamm v. 7.9.2010 – 11 UF 155/10, FamRZ 2011, 589 (590); krit. Keidel/*Weber*, § 120 FamFG Rz. 16; aA *Rasch*, FPR 2010, 150 (152 f.).

merhin nicht ausdrücklich ausgeschlossen sei,[1] trägt nicht. Zum einen betrifft § 62 Abs. 1 Satz 4 ArbGG, der erst mit Wirkung zum 1.4.2008 eingeführt wurde, vergleichbar mit § 120 Abs. 2 Satz 3 nur die Fälle der §§ 707 Abs. 1, 719 Abs. 1 ZPO, zum anderen kommt der Norm lediglich klarstellende Funktion zu.[2]

9 Damit dürfte das neue Recht einen zusätzlichen Anreiz schaffen, in Unterhaltssachen eA zu beantragen: Zwar sind eA Endentscheidungen iSv. § 38 Abs. 1 Satz 1,[3] doch gilt § 120 Abs. 2 Satz 2 wegen der abschließenden Regelung in § 55 nicht.[4] Als vorteilhaft erweist sich dieses Vorgehen auch deshalb, weil § 119 Abs. 1 Satz 2 klarstellt, dass (nach wie vor) kein Schadensersatzanspruch nach § 945 ZPO droht, wenn sich nachträglich herausstellt, dass die Vollstreckung zu Unrecht erfolgte.

10 In entsprechender Anwendung von § 714 Abs. 1 ZPO muss der Antrag nach § 120 Abs. 2 Satz 2 **vor Schluss der mündlichen Verhandlung** gestellt werden, auf die der Beschluss ergeht.[5] Soweit § 120 Abs. 2 Satz 2 auf den Zeitpunkt „vor Eintritt der Rechtskraft" abstellt, wird hierdurch nicht der Zeitraum eingegrenzt, innerhalb dessen der Antrag zu stellen ist,[6] sondern die anzuordnende Maßnahme, Einstellung bzw. Beschränkung der „Vollstreckung vor Eintritt der Rechtskraft", näher spezifiziert. Wird die rechtzeitige Antragstellung versäumt, bleibt nur der Weg über § 120 Abs. 2 Satz 3 FamFG iVm. §§ 707 Abs. 1, 719 Abs. 1 ZPO. Wird der Antrag übergangen, kann nach § 716 ZPO iVm. § 323 ZPO eine Ergänzung des Beschlusses verlangt werden.[7] Die Einstellung oder Beschränkung der Vollstreckung „vor Eintritt der Rechtskraft" ist im Tenor auszusprechen, während eine Ablehnung des Antrags in den Entscheidungsgründen erfolgt.[8] Die Entscheidung ist zu begründen.[9]

11 Gem. § 120 Abs. 2 Satz 3 gelten – in Übereinstimmung mit § 62 Abs. 1 Satz 3 ArbGG – die in Satz 2 festgelegten Maßstäbe auch für die Einstellung und Beschränkung der Zwangsvollstreckung **im Zusammenhang mit Rechtsbehelfen nach § 707 Abs. 1 und § 719 Abs. 1 ZPO**. (Zur Korrektur der Entscheidung über die Anordnung der sofortigen Wirksamkeit im Rechtsmittelverfahren vgl. auch § 116 Rz. 30 aE). In der Sache bedeutet das, dass die Einstellung oder Beschränkung der Zwangsvollstreckung auch in den dort geregelten Fällen stets nur dann möglich ist, wenn der Schuldner einen nicht zu ersetzenden Nachteil glaubhaft macht. Im Rahmen der nach § 120 Abs. 2 Satz 3 gebotenen Interessenabwägung („kann")[10] sind auch die Erfolgsaussichten des eingelegten Rechtsbehelfs zu berücksichtigen:[11] Ist das Rechtsmittel aussichtslos, droht dem Schuldner kein ungerechtfertigter Nachteil,[12] umge-

---

1 *Giers*, FamRB 2009, 87 (88), der die Frage im Ergebnis offen lässt, aber empfiehlt, vorsorglich entsprechende Anträge zu stellen.
2 BR-Drucks. 820/07, S. 33. Für die Anordnung nach § 62 Abs. 1 Satz 2 ArbGG wird die Einstellung der Zwangsvollstreckung gegen Sicherheitsleistung nach hM nicht für möglich gehalten, Germelmann/Matthes/Prütting/Müller-Glöge/*Germelmann*, § 62 ArbGG Rz. 33; Schwab/Weth/*Walker*, § 62 ArbGG Rz. 5; zur Gegenansicht vgl. *Beckers*, NZA 1997, 1322 (1324f.).
3 *Schael*, FPR 2009, 11 (12); *Maurer*, FamRZ 2009, 1035.
4 Keidel/*Weber*, § 120 FamFG Rz. 14; *Rasch*, FPR 2010, 150 (153).
5 Bork/Jacoby/Schwab/*Löhnig*, § 120 FamFG Rz. 8; Keidel/*Weber*, § 120 FamFG Rz. 14; *Griesche*, FamRB 2012, 93 (95); *Rasch*, FPR 2010, 150 (152).
6 So aber Schulte-Bunert/Weinreich/*Schulte-Bunert*, § 120 FamFG Rz. 4; *Griesche*, FamRB 2009, 258 (259).
7 Germelmann/Matthes/Prütting/Müller-Glöge/*Germelmann*, § 62 ArbGG Rz. 3.
8 So für § 62 ArbGG Schwab/Weth/*Walker*, § 62 ArbGG Rz. 23f. unter Berufung auf die Parallele zu § 712 ZPO (vgl. dazu Zöller/*Herget*, § 712 ZPO Rz. 7). Nach Bork/Jacoby/Schwab/*Löhnig*, § 120 FamFG Rz. 10 und *Griesche*, FamRB 2009, 258 (262) soll beides im Tenor auszusprechen sein.
9 *Griesche*, FamRB 2009, 258 (262).
10 OLG Rostock v. 7.3.2011 – 10 UF 219/10, FamRZ 2011, 1679f.; Haußleiter/*Fest*, § 120 FamFG Rz. 26; *Griesche*, FamRB 2011, 260 (261).
11 OLG Frankfurt v. 12.3.2010 – 2 UF 362/09, FamRZ 2010, 1370; OLG Hamm v. 2.2.2011 – 8 UF 15/11, FamRZ 2011, 1317; Bork/Jacoby/Schwab/*Löhnig*, § 120 FamFG Rz. 13; enger *Griesche*, FamRB 2010, 258 (261).
12 OLG Rostock v. 7.3.2011 – 10 UF 219/10, FamRZ 2011, 1679; OLG Hamm v. 7.9.2010 – 11 UF 155/10, FamRZ 2011, 589f.; Musielak/*Borth*, § 120 FamFG Rz. 4; zurückhaltender Germelmann/Matthes/Prütting/Müller-Glöge/*Germelmann*, § 62 ArbGG Rz. 20.

kehrt sind aber positive Erfolgsaussichten für sich genommen nicht ausreichend, um dem Antrag zum Erfolg zu verhelfen.[1] Doch beschränkt sich die Norm – entgegen dem ersten Anschein – nicht darauf, die „Voraussetzungen" für Maßnahmen nach § 120 Abs. 2 Satz 2 FamFG und §§ 707 Abs. 1, 719 Abs. 1 ZPO zu harmonisieren. Vielmehr wird man die Anordnung, dass die Vollstreckung nur unter denselben Voraussetzungen „eingestellt oder beschränkt" werden könne, auch als Vereinheitlichung der Rechtsfolgen verstehen müssen, weil nicht einzusehen ist, warum in erster und zweiter Instanz insofern unterschiedliche Regeln gelten sollten: Damit ist auch in den Fällen der §§ 707 Abs. 1, 719 Abs. 1 ZPO nur die in § 120 Abs. 2 Satz 2 FamFG vorgesehene Einstellung oder Beschränkung der Zwangsvollstreckung **ohne Sicherheitsleistung** möglich.[2] Aus dem Umstand, dass § 62 Abs. 1 Satz 4 ArbGG eine entsprechende ausdrückliche Regelung enthält, kann man für § 120 Abs. 2 Satz 3 FamFG keinen Gegenschluss ziehen, denn die erst mit Wirkung zum 1.4.2008 eingeführte Regelung besaß nach dem Willen des Gesetzgebers lediglich klarstellende Funktion.[3] Die Entscheidung setzt einen Antrag des Vollstreckungsschuldners voraus,[4] der nach zutreffender, wenn auch bestrittener Ansicht in der Beschwerdeinstanz auch dann zulässig ist, wenn er in erster Instanz keinen Vollstreckungsschutz beantragt hat.[5] In der Rechtsbeschwerdeinstanz bleibt es demgegenüber dabei, dass – entsprechend den zum Revisionsverfahren entwickelten Grundsätzen[6] – ein Vollstreckungsschutzantrag nach § 120 Abs. 1 FamFG iVm. § 719 Abs. 2 ZPO nur dann in Betracht kommt, wenn der Schuldner einen solchen bereits in der Beschwerdeinstanz gestellt hat.[7] Die Entscheidung ergeht durch Beschluss, der nicht anfechtbar ist (§ 120 Abs. 1 FamFG iVm. §§ 707 Abs. 2 Satz 2, 719 Abs. 1 Satz 1 ZPO).

Soweit § 120 Abs. 2 keine Sonderregelung trifft, bleibt demgegenüber die Einstellung der Zwangsvollstreckung **gegen Sicherheitsleistung** möglich, so etwa bei einer Vollstreckungsabwehr- oder Drittwiderspruchsklage nach § 120 Abs. 1 FamFG iVm. §§ 769, 771 Abs. 3 ZPO[8] oder der einstweiligen Einstellung der Zwangsvollstreckung im Zusammenhang mit einem Abänderungsantrag nach § 242 Satz 1 FamFG iVm. § 769 ZPO. 12

Abzugrenzen ist die Einstellung und Beschränkung der Vollstreckung nach § 120 Abs. 2 Satz 2 und 3 von der **einstweiligen Einstellung der Vollstreckung nach § 242**. Diese Vorschrift ist anwendbar, wenn ein Abänderungsverfahren nach §§ 238 bis 240 anhängig ist oder hierfür ein Antrag auf Bewilligung von Verfahrenskostenhilfe eingereicht ist. Zur Abgrenzung insbesondere bei Anhängigkeit des Änderungsverfahrens in der Beschwerdeinstanz s. § 242 Rz. 2. 12a

D. Ausschluss der Vollstreckung (Absatz 3)

§ 120 Abs. 3 übernimmt die Regelung des § 888 Abs. 3, 1. und 2. Alt. ZPO: Eine **Verpflichtung zur Eingehung einer Ehe** wird im deutschen Familienrecht schon durch § 1297 Abs. 1 BGB ausgeschlossen. Der auf § 1353 Abs. 1 Satz 2 BGB gestützte Antrag 13

---

1 OLG Hamm v. 7.9.2010 – 11 UF 155/10, FamRZ 2011, 589 (590) (soweit keine greifbare Gesetzeswidrigkeit vorliegt).
2 Schulte-Bunert/Weinreich/*Schulte-Bunert*, § 120 FamFG Rz. 5; Hoppenz/*Walter*, § 120 FamFG Rz. 6; *Griesche*, FamRB 2011, 260 (261 f.); *Büte*, FuR 2010, 124 (126). AA Keidel/*Weber*, § 120 FamFG Rz. 18 f.; im Ergebnis auch (allerdings ohne nähere Auseinandersetzung) OLG Rostock v. 7.3.2011 – 10 UF 219/10, FamRZ 2011, 1679; OLG Frankfurt v. 12.3.2010 – 2 UF 362/09, FamRZ 2010, 1370; OLG Hamburg v. 26.4.2012 – 2 UF 48/12, Rz. 20, juris.
3 BR-Drucks. 820/07, S. 33. Die insofern klargestellte Rechtslage entsprach auch schon zuvor der ganz herrschenden Auffassung: Schwab/Weth/*Walker*, § 62 ArbGG Rz. 32.
4 *Griesche*, FamRB 2009, 258 (259).
5 OLG Bremen v. 21.9.2010 – 4 UF 94/10, FamRZ 2011, 322; OLG Hamburg v. 26.4.2012 – 2 UF 48/12, FamRB 2012, 279 (*Großmann*); ausf. *Griesche*, FamRB 2012, 93 ff.; *Rake*, FPR 2013, 159 (161); aA OLG Frankfurt v. 22.2.2011 – 3 UF 460/10, FamRZ 2012, 576; OLG Hamm v. 1.3.2011 – 8 UF 40/11, FamRZ 2011, 1678 (1679).
6 BGH v. 6.4.2011 – XII ZR 111/10, FamRZ 2011, 884.
7 BGH v. 26.6.2013 – XII ZB 19/13, juris; Musielak/*Borth*, § 120 FamFG Rz. 5.
8 Keidel/*Weber*, § 120 FamFG Rz. 17a.

auf **Herstellung des ehelichen Lebens** zählt gesetzessystematisch nunmehr (vgl. noch § 606 Abs. 1 Satz 1 aF ZPO) zu den sonstigen Familiensachen (§ 266 Abs. 1 Nr. 2). § 120 Abs. 3, 2. Alt. schließt die Vollstreckbarkeit aus, nicht aber die Klagbarkeit.

14 Keine Anwendung findet die Vorschrift auf solche Pflichten, die sich zwar (auch) auf § 1353 Abs. 1 BGB stützen, jedoch **nicht in erster Linie das personale Verhältnis** betreffen, wie zB Unterlassungsansprüche zum Schutz des räumlich-gegenständlichen Bereichs der Ehe[1] oder das Recht auf Mitbenutzung der Ehewohnung.[2]

15 Eine entsprechende Anwendung der Vorschrift kann demgegenüber geboten sein, um **drohenden Grundrechtsverletzungen zu begegnen**.[3] So wurde etwa die in einem Prozessvergleich eingegangene Verpflichtung zur Teilnahme an einer religiösen Scheidungszeremonie nach § 888 Abs. 3 aF ZPO analog als nicht vollstreckbar angesehen.[4] Demgegenüber hat sich mittlerweile in der Rechtsprechung die Auffassung durchgesetzt, einer Vollstreckung von Auskunftsansprüchen des sog. Scheinvaters (§§ 242, 826 BGB) oder eines nichtehelichen Kindes (§ 1618a BGB) gegen die Mutter auf Nennung des Erzeugers stehe nichts entgegen.[5] Während Verträge, mit denen sich Verlobte zur Wahl eines bestimmten Ehenamens verpflichten, als unwirksam[6] oder zumindest nicht klagbar[7] bzw. vollstreckbar[8] angesehen werden, können Abreden, in denen sich ein Ehegatte verpflichtet, seinen durch die Eheschließung erworbenen Namen im Falle der Scheidung aufzugeben (§ 1355 Abs. 5 Satz 2 BGB) wirksam getroffen werden, der hieraus resultierende Anspruch ist klagbar und auch vollstreckbar.[9]

E. Rechtsbehelfe

16 Über § 120 Abs. 1 finden auch die besonderen Rechtsbehelfe der ZPO im Zwangsvollstreckungsverfahren (§§ 732, 766, 793) Anwendung. Insofern werden die allgemeinen Vorschriften (§§ 58 ff., 117 FamFG) verdrängt.[10] Im Übrigen sind Endentscheidungen in Ehesachen und Familienstreitsachen nach §§ 58 ff., 117 anfechtbar, die isolierte Anfechtung der Einstellung oder Beschränkung der Zwangsvollstreckung nach § 120 Abs. 2 Satz 2 oder der Ablehnung eines solchen Antrags, ist nicht vorgesehen.[11]

17 **Kosten/Gebühren: Gericht:** Das FamGKG ist nach § 1 Satz 1 FamGKG nur auf die Vollstreckung durch das Familiengericht anwendbar. Nach Vorbem. 1.6 werden für Handlungen durch das Vollstreckungs- oder Arrestgericht Gebühren nach dem GKG erhoben. Es entstehen die Gebühren nach den Nrn. 2110 bis 2124 KV GKG. Soweit in der Vollstreckung das Familiengericht zuständig ist, bestimmen sich die Gebühren nach den Nrn. 1600 bis 1603 KV FamGKG. Für die Einstellung der Vollstreckung entstehen keine Gerichtskosten. **RA:** Der RA erhält in der Vollstreckung die Gebühren nach Nrn. 3309 und 3310 VV RVG. Der Wert bestimmt sich nach § 25 RVG. Das Verfahren über die Einstellung der Vollstreckung gehört nach § 19 Abs. 1 Satz 2 Nr. 11

---

1 BGH v. 26.6.1952 – IV ZR 228/51, BGHZ 6, 360 (366 ff.); einschränkend OLG Bremen v. 2.11.1962 – 1 U 80/62, NJW 1963, 395 (396), soweit mittelbar die Wiederherstellung der ehelichen Gemeinschaft bezweckt wird; Vollstreckung nur gegen Dritten: OLG Celle v. 29.11.1979 – 12 UF 153/79, NJW 1980, 711 (713).
2 Vgl. OLG Hamm v. 25.1.1965 – 15 W 374/64, FamRZ 1966, 449 f.; *Schuschke/Walker*, Vollstreckung und Vorläufiger Rechtsschutz, § 888 ZPO Rz. 45.
3 BGH v. 3.7.2008 – I ZB 87/06, FamRZ 2008, 1751 (1752); MüKo.ZPO/*Gruber*, § 888 ZPO Rz. 22; *Schuschke/Walker*, Vollstreckung und Vorläufiger Rechtsschutz, § 888 ZPO Rz. 44, 47.
4 OLG Köln v. 19.3.1973 – 7 W 63/72, MDR 1973, 768 (769).
5 BGH v. 3.7.2008 – 1 ZB 87/06, FamRZ 2008, 1751 ff. m. Anm. *Löhnig*; OLG Bremen v. 21.7.1999 – 6 W 21/98, NJW 2000, 963 f. m. Anm. *Walker*, JZ 2000, 316 f.; aA LG Münster v. 29.7.1999 – 5 T 198/99, NJW 2000, 3787 (3788); aufgehoben durch OLG Hamm v. 16.1.2001 – 14 W 129/99, NJW 2001, 1870 (1871). Krit. zur Ableitung eines Auskunftsanspruchs des nichtehelichen Kindes gegen seine Mutter aus § 1618a BGB *Frank/Helms*, FamRZ 1997, 1258 ff.
6 *Staudinger/Voppel*, § 1355 BGB Rz. 51; *Rauscher*, Familienrecht, Rz. 262.
7 *Gernhuber/Coester-Waltjen*, Familienrecht, § 16 Rz. 12.
8 *Diederichsen*, NJW 1976, 1169 (1170 m. Fn. 32).
9 BGH v. 6.2.2008 – XII ZR 185/05, FamRZ 2008, 859 (860 f.).
10 OLG Brandenburg v. 21.12.2010 – 9 WF 350/10, FamRZ 2011, 831 (832); Musielak/*Borth*, § 120 FamFG Rz. 7.
11 Bork/Jacoby/Schwab/*Löhnig*, § 120 FamFG Rz. 10; *Rake*, FPR 2013, 159 (162); *Griesche*, FamRB 2009, 258 (263).

RVG zum Erkenntnisverfahren, wenn nicht eine abgesonderte mündliche Verhandlung hierüber stattfindet. Findet eine solche Verhandlung statt, erhält der Verfahrensbevollmächtigte zusätzlich eine Verfahrensgebühr nach Nr. 3328 und eine Terminsgebühr nach Nr. 3104 VV RVG (Vorbem. 3.3.6 VV RVG). Für den RA, der nicht Verfahrensbevollmächtigter ist, fehlt es an einer Gebührenregelung im RVG. Dieser erhält in analoger Anwendung die Gebühren nach Nrn. 3328 und 3104 VV RVG. **Gerichtsvollzieher:** Der Gerichtsvollzieher berechnet für seine Tätigkeit Kosten nach dem Gerichtsvollzieherkostengesetz.

Abschnitt 2
Verfahren in Ehesachen; Verfahren in Scheidungssachen und Folgesachen

Unterabschnitt 1
Verfahren in Ehesachen

§ 121 Ehesachen

Ehesachen sind Verfahren
1. auf Scheidung der Ehe (Scheidungssachen),
2. auf Aufhebung der Ehe und
3. auf Feststellung des Bestehens oder Nichtbestehens einer Ehe zwischen den Beteiligten.

A. Allgemeines		I. Scheidung (Nr. 1)	5
I. Überblick	1	II. Aufhebung (Nr. 2)	6
II. Anwendbare Vorschriften	2	III. Feststellung (Nr. 3)	9
B. Verfahrensgegenstände in Ehesachen	4	IV. Ausländische Rechtsinstitute	12

Literatur: *Becker-Eberhard*, Endgültiger Abschied vom Grundsatz der Einheitlichkeit der Entscheidung in Ehesachen, FS Gaul 1997, S. 35; *Frank*, Feststellung des Bestehens oder Nichtbestehens einer Ehe – Ein Appell an den Gesetzgeber, StAZ 2012, 236; *Gottwald*, Deutsche Probleme internationaler Familienverfahren, FS Nakamura 1996, S. 187; *Götz*, Das neue Familienverfahrensrecht – Erste Praxisprobleme, NJW 2010, 897; *Linke*, Parteifreiheit und Richterinitiative im Scheidungsverfahren, FS Beitzke 1979, S. 269; *Löhnig*, Das Scheidungsverfahren in erster Instanz nach dem FamFG, FamRZ 2009, 737; *Philippi*, Das Verfahren in Scheidungssachen und Folgesachen nach neuem Recht, FPR 2006, 406; *Prütting*, Versäumnisurteile in Statusprozessen, ZZP 91 (1978), 197; *H. Roth*, Der Streitgegenstand der Ehescheidung und der Grundsatz der Einheitlichkeit der Entscheidung, FS Schwab 2005, S. 701; *Rüntz/Viefhues*, Erste Erfahrungen aus der Praxis mit dem FamFG, FamRZ 2010, 1285.

A. Allgemeines

I. Überblick

§ 121 legt fest, welche Verfahren zur **Kategorie der Ehesachen** iSv. § 111 Nr. 1 zu rechnen sind. Danach sind Ehesachen Verfahren auf Scheidung der Ehe (Nr. 1), auf Aufhebung der Ehe (Nr. 2) und auf Feststellung des Bestehens oder Nichtbestehens einer Ehe (Nr. 3). Im Unterschied zu § 606 Abs. 1 Satz 1, 4. Alt. aF ZPO zählen allerdings Klagen auf Herstellung des ehelichen Lebens nicht mehr zu den Ehesachen, vielmehr sind sie nunmehr als „aus der Ehe herrührende Ansprüche" iSv. § 266 Abs. 1 Nr. 2 den sonstigen Familiensachen iSv. § 111 Nr. 10 zuzuordnen.[1] Das Gleiche gilt für

---
[1] BT-Drucks. 16/6308, S. 226; Bork/Jacoby/Schwab/*Löhnig*, § 121 FamFG Rz. 6.

Verfahren auf Feststellung des Rechts zum Getrenntleben,[1] die als Gegenstück zur Klage auf Herstellung des ehelichen Lebens anerkannt sind.[2] Die anderen in § 111 Nr. 2 bis 11 aufgeführten Familiensachen rechnet § 121 nicht zu den Ehesachen (auch nicht, wenn sie Folgesachen iSv. § 137 sind[3]), da sie nicht den Bestand der Ehe als solchen zum Gegenstand haben.

II. Anwendbare Vorschriften

2 Nach § 111 Nr. 1 gehören Verfahren in Ehesachen zu den Familiensachen. Damit finden die Allgemeinen Vorschriften über das Verfahren in Familiensachen (Buch 2, Abschnitt 1) – mit Ausnahme des § 112 – Anwendung. Demgegenüber sind die allgemeinen Vorschriften des FamFG (Buch 1) nur in beschränktem Umfang einschlägig (Überblick § 113 Rz. 10), weil Ehesachen zusammen mit den Familienstreitsachen (von denen sie streng zu trennen sind, vgl. § 112 Rz. 5) durch die in § 113 Abs. 1 Satz 2 enthaltene ZPO-Verweisung aus dem System der freiwilligen Gerichtsbarkeit weitgehend herausgelöst werden (Überblick über anwendbare ZPO-Vorschriften § 113 Rz. 11 ff.). Da allerdings Verfahrensgegenstand der Bestand der Ehe ist und diese als ein auch die Interessen Dritter berührender Status materiellrechtlich nicht der freien Disposition der Beteiligten unterliegt (vgl. § 113 Rz. 22), werden die **Vorschriften des ZPO-Normalverfahrens in Ehesachen vielfältigen Modifikationen** unterworfen. Schon § 113 Abs. 4 schränkt die Verweisung auf die Zivilprozessordnung durch eine Reihe von Ausnahmen ein. Der erste Teil des Abschnitts 2 über das Verfahren in Ehesachen (§§ 122 bis 132) enthält weitere wichtige Sonderregeln, welche die grundsätzlich anwendbaren ZPO-Vorschriften verdrängen. Damit wird für Ehesachen ein besonderes Verfahrensregime geschaffen, welches gewisse Parallelen zu den ebenfalls Statusfragen berührenden Abstammungssachen aufweist (zB Einschränkung der Dispositionsmaxime, Geltung der Inquisitionsmaxime). Für die praktisch ganz im Vordergrund stehenden Scheidungssachen treffen §§ 133 bis 150 ergänzende Bestimmungen, die insbesondere den Verbund von Scheidungs- und Folgesachen regeln.

3 Auch soweit materiellrechtlich auf die Auflösung der Ehe **ausländisches Recht** anwendbar ist, bleiben §§ 121 ff. als lex fori anwendbar. Im Einzelfall kann es jedoch erforderlich sein, das Verfahren dem ausländischen Sachrecht anzupassen, soweit bestimmte Regeln zwar verfahrensrechtlichen Charakter besitzen, ihre Einhaltung aus Sicht des ausländischen Rechts aber zwingende Voraussetzung für die Anerkennung der Entscheidung ist.[4] Dies kann etwa für die Durchführung eines Versöhnungsversuchs[5] oder die Mitwirkung des Staatsanwalts[6] gelten. Vgl. auch vor §§ 98–106 Rz. 40 ff. Im Verhältnis zu EU-Mitgliedstaaten kann jedoch regelmäßig auf die Beach-

---

[1] Zöller/*Lorenz*, § 121 FamFG Rz. 3; aA offensichtlich Baumbach/*Hartmann*, § 122 FamFG Rz. 7.
[2] Vgl. etwa OLG Karlsruhe v. 18.5.1988 – 16 WF 69/88, FamRZ 1989, 79 f.; OLG Frankfurt v. 10.9.1984 – 1 UF 246/84, FamRZ 1984, 1123.
[3] BGH v. 17.10.1979 – IV ARZ 44/79, NJW 1980, 188 (zum Begriff der Ehesache iSv. § 620b Abs. 3 iVm. § 620a Abs. 4 Satz 1 aF ZPO).
[4] *Nagel*/*Gottwald*, 6. Aufl., § 5 Rz. 75 ff.; Rahm/Künkel/*Breuer*, II 1 C Rz. 174 f.; demgegenüber will Staudinger/*Spellenberg*, Anh. zu § 606a ZPO Rz. 66 ff. nicht nur die Anerkennungsfähigkeit sicherstellen, sondern den zwingenden Erfordernissen des ausländischen Rechts Rechnung tragen.
[5] Afghanistan: OLG Hamburg v. 21.3.2000 – 2 UF 91/99, FamRZ 2001, 1007 (1008); Bosnien: OLG Stuttgart v. 18.3.1997 – 17 UF 104/96, FamRZ 1997, 1161 (im konkreten Fall entbehrlich); Italien: OLG Bremen v. 14.1.1983 – 5 UF 102/82a, IPRax 1985, 47; Kroatien: OLG Frankfurt v. 24.8.2000 – 6 WF 144/00, FamRZ 2001, 293 f. (im konkreten Fall zwingend); vgl. zu Italien OLG Karlsruhe v. 21.3.1991 – 2 UF 45/90, FamRZ 1991, 1308 (1309); zum Versöhnungsversuch nach iranischem Recht vgl. BGH v. 6.10.2004 – XII ZR 225/01, FamRZ 2004, 1952 (1957); zum islamischen Recht *Andrae*, NJW 2007, 1730 (1732). Grundsätzlich ablehnend (mit ausf. Begr.) demgegenüber AG Lüdenscheid v. 24.4.2002 – 5 F 621/00, FamRZ 2002, 1486 (1487 f.); offenbar auch Johannsen/Henrich/*Markwardt*, § 121 FamFG Rz. 13. Umfassend Staudinger/*Spellenberg*, Anh. zu § 606a ZPO Rz. 147 ff.
[6] Str., vgl. *Nagel*/*Gottwald*, 6. Aufl. § 5 Rz. 77 und Zöller/*Philippi*, 27. Aufl., § 606a ZPO Rz. 15 (Beteiligung der nach § 1316 Abs. 1 BGB zuständigen Behörde) einerseits und Rahm/Künkel/*Breuer*, II 1 C Rz. 178 (Darlegung, dass Aufgabe vom Richter wahrgenommen wurde) andererseits. Umfassende Nachweise Staudinger/*Spellenberg*, Anh. zu § 606a ZPO Rz. 123 ff.

tung ausländischer Verfahrensvorschriften verzichtet werden, weil die Anerkennung durch die Brüssel IIa-VO gesichert sein dürfte.[1]

B. Verfahrensgegenstände in Ehesachen

Gem. § 270 Abs. 1 Satz 1 findet die Vorschrift auf **Lebenspartnerschaftssachen** nach § 269 Abs. 1 Nr. 1 und Nr. 2 entsprechende Anwendung. Ein Wiederaufnahmeverfahren in einer Ehesache ist selbst auch Ehesache (§ 118 Rz. 3).

I. Scheidung (Nr. 1)

§ 121 Nr. 1 definiert den **Begriff der Scheidungssachen**. Ob die geltend gemachten Scheidungsgründe dem deutschen (§§ 1565 bis 1568 BGB) oder einem gem. Art. 5 ff. Rom III-VO einschlägigen ausländischen Sachrecht entnommen werden, spielt keine Rolle. Die dem Antrag auf Ehescheidung stattgebende Entscheidung besitzt rechtsgestaltende Wirkung und löst mit Eintritt der Rechtskraft die Ehe auf (§ 1564 Satz 2 BGB, § 116 Abs. 2 FamFG). Die rechtskräftige Abweisung eines Scheidungsantrags hindert den Antragsteller nicht, in einem neuen Verfahren geltend zu machen, die Ehe sei nach Abschluss der mündlichen Verhandlung im Vorprozess gescheitert und sich dabei – ergänzend – auch auf Tatsachen zu stützen, die schon vor Abschluss des Vorprozesses entstanden waren.[2] Zur Rechtskraftwirkung eines **ausländischen Scheidungsurteils** vgl. Kommentierung zu § 107.

II. Aufhebung (Nr. 2)

Die Voraussetzungen, unter denen eine Ehe aufgehoben werden kann, sind seit Inkrafttreten des Eheschließungsrechtsgesetzes[3] am 1.7.1998 in § 1314 BGB geregelt (für die Übergangsregelungen vgl. Art. 226 EGBGB[4]), können sich aber auch aus einem nach Art. 13 Abs. 1 EGBGB zu bestimmenden ausländischen Recht ergeben. Da das Verfahren auf den Erlass eines Gestaltungsbeschlusses gerichtet ist, ist die Darlegung eines **besonderen Rechtsschutzbedürfnisses keine Zulässigkeitsvoraussetzung**.[5] In engen Ausnahmefällen kann sich die Antragstellung jedoch als unzulässige Rechtsausübung darstellen (§ 129 Rz. 6 f.).[6]

Eine Beteiligung Dritter am Verfahren ist möglich, wenn die **zuständige Verwaltungsbehörde** oder im Falle einer Doppelehe der **Ehegatte der Erstehe** den Antrag stellt (vgl. § 1316 Abs. 1 Nr. 1 BGB, § 129 Abs. 1 FamFG). Zur Antragsbefugnis der zuständigen Verwaltungsbehörde vgl. § 129 Rz. 5. Nach § 129 Abs. 2 Satz 1 ist in den Fällen des § 1316 Abs. 1 Nr. 1 BGB die zuständige Verwaltungsbehörde von einer Antragstellung zu unterrichten; ihr stehen auch dann, wenn sie keinen eigenen Antrag stellt, umfassende Mitwirkungsbefugnisse zu (§ 129 Abs. 2 Satz 2).

Auch bei der Eheaufhebung handelt es sich um eine rechtsgestaltende Entscheidung, die mit Eintritt der Rechtskraft mit **Wirkung ex nunc** die Ehe auflöst (§ 1313 Satz 2 BGB, § 116 Abs. 2 FamFG). Im Unterschied zur Scheidung wird bei der Eheaufhebung kein (nachträgliches) Scheitern, sondern ein die Ehe von Anfang an belastender Mangel geltend gemacht.[7] Hängt die Entscheidung eines anderen Rechtsstreits vom Ausgang des Eheaufhebungsverfahrens ab, so hat das Gericht diesen Rechtsstreit gem. § 152 ZPO auf Antrag auszusetzen. Da die Eheaufhebung statusrechtlich die gleichen Wirkungen besitzt wie die Scheidung, kann eine rechtskräftig geschiedene Ehe nicht mehr aufgehoben werden (§ 1317 Abs. 3 BGB). Doch wird den

---

1 MüKo.BGB/*Winkler von Mohrenfels*, Art. 17 EGBGB Rz. 125.
2 Staudinger/*Rauscher*, § 1564 BGB Rz. 74; Johannsen/Henrich/*Jaeger*, § 1564 BGB Rz. 53; Zöller/*Lorenz*, § 121 FamFG Rz. 5; *Diederichsen*, ZZP 91 (1978), 397 (443 ff.).
3 BGBl. I 1998, S. 833.
4 Vgl. dazu MüKo.ZPO/*Bernreuther*, § 631 ZPO Rz. 22 ff.
5 BGH v. 9.1.2002 – XII ZR 58/00, FamRZ 2002, 604 (605); BGH v. 18.6.1986 – IVb ZR 41/85, FamRZ 1986, 879 (880); OLG Oldenburg v. 13.1.2000 – 14 UF 135/99, IPRax 2001, 143 (144); Musielak/*Borth*, vor § 129 FamFG Rz. 5.
6 Vgl. im Übrigen etwa MüKo.BGB/*Müller-Gindullis*, § 1316 BGB Rz. 4 f.; Staudinger/*Voppel*, § 1315 BGB Rz. 50 ff.
7 MüKo.BGB/*Müller-Gindullis*, § 1313 BGB Rz. 1.

Ehegatten im Hinblick auf die vermögensrechtlichen Konsequenzen (§ 1318 Abs. 2 bis 5 BGB) im Wege der Rechtsfortbildung das Recht eingeräumt, einer rechtskräftigen Scheidung nachträglich die Wirkungen des § 1318 BGB beigeben zu lassen.[1] Auch hierbei handelt es sich um eine Ehesache iSv. § 121.[2] Wird ein Antrag auf Aufhebung der Ehe abgewiesen, so entfaltet dies Rechtskraft nur zwischen den Beteiligten des Erstverfahrens und hindert andere Antragsberechtigte (etwa die Verwaltungsbehörde) nicht, denselben Aufhebungsgrund in einem neuen Verfahren geltend zu machen.[3]

III. Feststellung (Nr. 3)

9 Das Verfahren auf Feststellung des Bestehens oder Nichtbestehens einer Ehe ist ein **Anwendungsfall der allgemeinen Feststellungsklage** nach § 256 Abs. 1 ZPO.[4] Dabei handelt es sich in § 121 Nr. 3 um eine abschließende Sonderregelung, so dass die Feststellung, ob eine Ehe besteht oder nicht besteht, nicht Gegenstand einer gewöhnlichen Feststellungsklage sein kann,[5] doch kann diese Frage inzident geprüft werden, wenn sie sich als Vorfrage in einem anderen Verfahren stellt.[6]

10 Das erforderliche **Feststellungsinteresse**[7] ist gegeben, wenn Zweifel an der wirksamen Eingehung oder wirksamen Auflösung einer Ehe bestehen, dabei kann auch die Feststellung begehrt werden, dass eine später geschiedene Ehe nie wirksam geschlossen wurde.[8] So kann die „Eheschließung" unter derartig gravierenden Mängeln leiden, dass vom Vorliegen einer Nichtehe ausgegangen werden muss (zB Eheschließung ohne Mitwirkung eines Standesbeamten nach einer staatlich nicht anerkannten religiösen Zeremonie).[9] Bei Zweifeln an der **Anerkennungsfähigkeit ausländischer eheauflösender Entscheidungen** fehlt es am Rechtsschutzbedürfnis für einen Feststellungsantrag, wenn die Anerkennung im Inland ohnehin eine Entscheidung der Landesjustizverwaltung nach § 107 Abs. 1 Satz 1 voraussetzt, durch die mit Wirkung gegenüber jedermann alle Unklarheiten beseitigt werden (§ 107 Abs. 9).[10] Ein Feststellungsantrag nach § 121 Nr. 3 kommt nur dann in Frage, wenn § 107 nicht anwendbar ist,[11] etwa weil eine Privatscheidung ohne jede behördliche Mitwirkung vollzogen[12] oder im gemeinsamen Heimatstaat ausgesprochen wurde (§ 107 Abs. 1

---

1 BGH v. 10.7.1996 – XII ZR 49/95, FamRZ 1996, 1209 (1210f.) (zu § 37 Abs. 2 EheG); MüKo.BGB/*Müller-Gindullis*, § 1317 BGB Rz. 11; Erman/*Roth*, § 1317 BGB Rz. 5; Staudinger/*Rauscher*, § 1317 BGB Rz. 43. Nach aA soll der Antrag auf Feststellung gerichtet sein, dass die Ehe aufhebbar gewesen wäre und nach § 1318 BGB keine Scheidungsfolgen ausgelöst hätte, Palandt/*Brudermüller*, § 1317 BGB Rz. 10; Johannsen/*Henrich*, § 1317 BGB Rz. 18. Im praktischen Ergebnis macht das keinen Unterschied.
2 MüKo.ZPO/*Hilbig*, § 121 FamFG Rz. 11.
3 MüKo.ZPO/*Hilbig*, § 121 FamFG Rz. 12.
4 Musielak/*Borth*, § 121 FamFG Rz. 6; Stein/Jonas/*Schlosser*, vor § 606 ZPO Rz. 9.
5 OLG Hamm v. 7.1.1980 – 8 U 196/79, FamRZ 1980, 706 (707); Zöller/*Philippi*, 27. Aufl., § 606 ZPO Rz. 12.
6 BSG v. 30.11.1977, NJW 1978, 2472; Anm. d. Red. zu OLG Hamm v. 7.1.1980 – 8 U 196/79, FamRZ 1980, 706 (707).
7 OLG München v. 18.12.2012 – 4 UF 652/12, StAZ 2013, 143.
8 Musielak/*Borth*, § 121 FamFG Rz. 6; Stein/Jonas/*Schlosser*, vor § 606 ZPO Rz. 10; aA KG v. 28.10.1957 – 8 U 1297/57, FamRZ 1958, 324ff.
9 Vgl. auch den Sachverhalt, welcher KG v. 6.7.2006 – 1 W 373/05, FamRZ 1999, 1863 zugrunde liegt (fehlende Registrierung einer Eheschließung nach iranischem Recht) sowie OLG Nürnberg v. 5.12.1969 – 7 W 51/69, FamRZ 1970, 246 (247f.) (postmortale Eheschließung).
10 MüKo.ZPO/*Hilbig*, § 121 FamFG Rz. 15; Baumbach/*Hartmann*, § 122 FamFG Rz. 5.
11 LG Hamburg v. 12.1.1977 – 5 R 515/76, IPRspr 1977 Nr. 66; AG Hamburg v. 10.6.1982 – 289 F 164/81, IPRspr 1982 Nr. 66; AG Hamburg v. 19.9.1978 – 261 F 235/78, StAZ 81, 83f. m. Anm. *Gottwald* S. 84; Staudinger/*Spellenberg*, Art. 7 § 1 FamRÄndG Rz. 71.
12 Oben § 107 Rz. 26 (*Hau*); AG Hamburg v. 10.6.1982 – 289 F 164/81, IPRspr 1982 Nr. 66; aA Präs. OLG Frankfurt v. 19.11.2001 – 346/3 - 1/4 - 89/99, StAZ 2003, 137. Überblick zum Diskussionsstand bei Staudinger/*Spellenberg*, Art. 7 § 1 FamRÄndG Rz. 38ff. Vgl. dazu auch *Andrae*/*Heidrich*, FamRZ 2004, 1622 (1626).

Satz 2)[1] oder es sich um ein Scheidungsurteil aus der ehemaligen DDR handelt.[2] Eheauflösende Gerichtsentscheidungen aus Mitgliedstaaten der europäischen Gemeinschaft (mit Ausnahme von Dänemark[3]) bedürfen gem. Art. 21 Abs. 1 Brüssel IIa-VO im Inland ebenfalls keiner besonderen Anerkennung nach § 107 Abs. 1 Satz 1. Doch stellt Art. 21 Abs. 3 Brüssel IIa-VO fakultativ ein Verfahren zur Verfügung, in dem eine Entscheidung über die Anerkennung oder Nichtanerkennung getroffen werden kann (Artt. 28 ff. Brüssel IIa-VO), dem allerdings nur Wirkung inter partes zukommt.[4] Zuständig hierfür ist gem. § 12 IntFamRVG das Familiengericht am Sitz des OLG (in Berlin das AG Pankow/Weißensee). Soweit dieses spezielle Verfahren beschritten werden kann, dürfte ein Rückgriff auf § 121 Nr. 3 nicht zulässig sein.[5]

Ausweislich des Wortlauts der Vorschrift („zwischen den Beteiligten") sind **antragsbefugt nur die (Schein)Ehegatten** selbst. Da das Verfahren nach § 121 Nr. 3 mit besonderen Verfahrensgarantien ausgestattet ist (Rz. 2), handelt es sich um eine abschließende Regelung, so dass Dritte nicht unter Rückgriff auf die allgemeine Feststellungsklage das Bestehen einer Ehe gerichtlich klären lassen können.[6] Behörden ist daher nur im Rahmen ihrer Mitwirkungsbefugnisse nach § 129 Abs. 2 eine Beteiligung am Verfahren möglich.[7] Während § 638 Satz 2 aF ZPO, der durch das Eheschließungsrechtsgesetz[8] mit Wirkung zum 1.7.1998 gestrichen wurde, noch ausdrücklich eine erga-omnes-Wirkung anordnete, wirkt nunmehr eine stattgebende Feststellungsentscheidung – offenbar aufgrund eines gesetzgeberischen Versehens[9] – nur noch **inter partes**.[10] Eine Beteiligung (schein)ehelicher Kinder und eines Ehegatten, soweit der Fortbestand einer früheren Ehe in Frage steht, ist daher nicht mehr erforderlich.[11]

IV. Ausländische Rechtsinstitute

Obwohl es sich bei § 121 grundsätzlich um eine abschließende Regelung handelt, findet sie auch auf Rechtsinstitute Anwendung, die in einer gem. Art. 13 Abs. 1 EGBGB oder Artt. 5 ff. Rom III-VO maßgeblichen ausländischen Rechtsordnung vorgesehen sind und **funktional vergleichbar** mit den in § 121 Nr. 1 bis 3 aufgeführten Verfahren des deutschen Rechts sind. Das Gericht hat – soweit kein Verstoß gegen den deutschen ordre public vorliegt – die Entscheidung zu treffen, welche das anwendbare ausländische Sachrecht vorschreibt, auch wenn sie im deutschen Recht nicht (mehr) vorgesehen ist. Da sich das Verfahrensrecht grundsätzlich (vgl. Rz. 3) nach der lex fori richtet, müssen die Vorschriften der §§ 121 ff. angewendet werden, welche den ausländischen Regelungen am besten gerecht werden.[12]

---

1 Allerdings ist hier die freiwillige Durchführung eines Anerkennungsverfahrens möglich (§ 107 Rz. 32), was Vorrang haben könnte, so *Hepting*, Deutsches und Internationales Familienrecht im Personenstandsrecht, 2010, Rz. III-540.
2 Die DDR-Problematik (ausf. Zöller/*Philippi*, 27. Aufl., § 632 ZPO Rz. 1) hat an Aktualität verloren, da die Klagebefugnis idR verwirkt ist, wenn der Antrag nicht innerhalb einer angemessenen Frist nach Bekanntwerden des Scheidungsurteils erhoben wird (BGH v. 30.11.1960 – IV ZR 61/60, BGHZ 34, 134 [148 f.]).
3 Vgl. Erwägungsgrund 31 der Brüssel IIa-VO.
4 *Helms*, FamRZ 2001, 257 (261 f.); Zöller/*Geimer*, Anh. II EG-VO Ehesachen, Art. 21 Rz. 14 (mit Hinweis, dass deshalb fakultative Anwendung von § 107 denkbar ist); demgegenüber für Wirkung erga omnes oben § 107 Rz. 13 mit Fn. 8 f. (*Hau*).
5 Zöller/*Geimer*, Anh. II EG-VO Ehesachen, Art. 21 Rz. 26.
6 OLG Hamm v. 7.1.1980 – 8 U 196/79, FamRZ 1980, 706 (707); Zöller/*Lorenz*, § 121 FamFG Rz. 1 und 4.
7 Johannsen/Henrich/*Sedemund-Treiber*, 4. Aufl. 2003, § 632 ZPO Rz. 3; Zöller/*Philippi*, 27. Aufl., § 632 ZPO Rz. 2.
8 BGBl. I 1998, S. 833.
9 Diesen Zustand kritisiert zu Recht *Frank*, StAZ 2012, 236 f.
10 OLG München v. 18.12.2012 – 4 UF 652/12, StAZ 2013, 143; OLG München v. 10.6.2009 – 31 Wx 6/09, FamRZ 2009, 1845; Musielak/*Borth*, § 121 FamFG Rz. 13; *Habscheid/Habscheid*, FamRZ 1999, 480 (481 f.).
11 Musielak/*Borth*, § 121 FamFG Rz. 13.
12 OLG Karlsruhe v. 21.3.1991 – 2 UF 45/90, FamRZ 1991, 1308 (1309); Stein/Jonas/*Schlosser*, vor § 606 ZPO Rz. 17b; Johannsen/Henrich/*Markwardt*, § 121 FamFG Rz. 13; vgl. auch BGH v. 22.3.1967 – IV ZR 148/65, FamRZ 1967, 452.

13 Als Ehesachen anzusehen ist danach vor allem ein **Verfahren auf gerichtliche Trennung von Tisch und Bett**,[1] das in seltenen Fällen Alternative, häufiger aber Vorstufe zur Scheidung ist.[2] Mit der nach deutschem Recht zulässigen Feststellung des Rechts zum Getrenntleben, die gerade nicht mehr als Ehesache anzusehen ist (§ 266 Rz. 44), haben diese Gestaltungsklagen nichts zu tun. Auch ein Ausspruch über die **(Mit)Schuld an der Trennung**[3] bzw. **der Scheidung**[4] ist – im Tenor[5] – möglich. Obwohl sich das deutsche Recht seit der Scheidungsrechtsreform aus dem Jahre 1976 vom Verschuldensprinzip verabschiedet hat, liegt hierin kein Verstoß gegen den deutschen ordre public.[6] Auch der Ausspruch des Erlöschens der bürgerlichen Wirkungen einer (nach italienischem Recht) religiös geschlossenen Ehe stellt eine Ehesache dar.[7]

14 Das deutsche Recht hat mit Inkrafttreten des Eheschließungsrechtsgesetzes[8] zum 1.7.1998 die Nichtigerklärung einer Ehe mit Wirkung ex tunc abgeschafft und alle früheren Nichtigkeitsgründe (§§ 16 ff. EheG) als Aufhebungsgründe iSv. § 1314 BGB eingestuft. Dennoch muss von deutschen Familiengerichten eine rückwirkende Auflösung angeordnet werden, soweit das nach Art. 13 Abs. 1 EGBGB zur Anwendung berufene ausländische Sachrecht die **Nichtigerklärung** der Ehe vorsieht.[9] Das nach Art. 13 Abs. 1 EGBGB anzuwendende Recht regelt nämlich nicht nur die materiellen Voraussetzungen, sondern entscheidet auch über die Rechtsfolgen, die aus einer fehlerhaften Eheschließung resultieren.[10]

15 Da gem. § 1564 Satz 1 BGB, Art. 17 Abs. 2 EGBGB eine Ehe im Inland nur durch gerichtliche Entscheidung geschieden werden kann, ist das deutsche Familiengericht am Ausspruch der Scheidung auch dann nicht gehindert, wenn das anwendbare Sachrecht nur eine **Privatscheidung** (vor allem durch Verstoßung oder Übergabe eines Scheidebriefes) vorsieht.[11] Soweit kein Verstoß gegen den deutschen ordre public vorliegt,[12] ist die Abgabe einer Verstoßungserklärung als materiellrechtliche Scheidungsvoraussetzung zu behandeln. Die Verstoßung durch den Ehepartner kann – um

---

1 BGH v. 1.4.1987 – IVb ZR 40/86, FamRZ 1987, 793 (Italien); AG Lüdenscheid v. 24.4.2002 – 5 F 621/00, FamRZ 2002, 1486 (Italien); OLG Karlsruhe v. 12.1.1999 – 2 WF 129/98, FamRZ 1999, 1680 (Italien); OLG Karlsruhe v. 21.3.1991 – 2 UF 45/90, FamRZ 1991, 1308 (1309) (gerichtliche Bestätigung einer einverständlichen Trennung nach ital. Recht); OLG Karlsruhe v. 6.3.1984 – 16 UF 46/84, IPRax 1985, 106 f. (Türkei) m. Anm. *Henrich* S. 89. Vgl. auch BT-Drucks. 16/6308, S. 226. Umfassend auch Staudinger/*Spellenberg*, Vorbem. zu §§ 606a, 328 ZPO Rz. 56 f.
2 Staudinger/*Mankowski*, Art. 17 EGBGB Rz. 456 ff.; Staudinger/*Spellenberg*, Vorbem. zu §§ 606a, 328 ZPO Rz. 56 f.; vgl. auch BGH v. 22.3.1967 – IV ZR 148/65, BGHZ 47, 324 (332 f.).
3 BGH v. 1.4.1987 – IVb ZR 40/86, FamRZ 1987, 793 (794 f.) (Italien).
4 OLG Frankfurt v. 28.5.1979 – 1 UF 304/77, FamRZ 1979, 587 (588) (Luxemburg); BGH v. 26.5.1982 – IVb ZR 675/80, FamRZ 1982, 795 (796 f.) (Frankreich); OLG Frankfurt v. 6.5.1981 – 1 UF 186/79, FamRZ 1981, 783 (Ls.) (Griechenland); OLG Zweibrücken v. 30.8.1996 – 2 UF 78/95, FamRZ 1997, 430 (431) (Polen); OLG Karlsruhe v. 22.9.1994 – 2 UF 147/93, FamRZ 1995, 738 (Österreich).
5 OLG Zweibrücken v. 30.8.1996 – 2 UF 78/95, FamRZ 1997, 430 (431); OLG Karlsruhe v. 22.9.1994 – 2 UF 147/93, FamRZ 1995, 738. Der BGH hat seine frühere Position, der Ausspruch könne nur in den Entscheidungsgründen erfolgen (BGH v. 26.5.1982 – IVb ZR 675/80, FamRZ 1982, 795 [797]), aufgegeben (BGH v. 1.4.1987 – IVb ZR 40/86, FamRZ 1987, 793 [795]).
6 Stein/Jonas/*Schlosser* zu § 606 ZPO Rz. 17b; vgl. etwa auch OLG Frankfurt v. 30.3.2005 – 1 W 93/04, NJW-RR 2005, 1375 (Anerkennung von entsprechenden Scheidungsfolgen).
7 OLG Frankfurt v. 12.12.1977 – 1 UF 250/77, FamRZ 1978, 510 (511).
8 BGBl. I 1998, S. 833.
9 Thomas/Putzo/*Hüßtege*, § 121 FamFG Rz. 5.
10 BGH v. 10.1.2001 – XII ZR 41/00, FamRZ 2001, 991 (992); BGH v. 9.1.2002 – XII ZR 58/00, FamRZ 2002, 604.
11 BGH v. 6.10.2004 – XII ZR 225/01, FamRZ 2004, 1952 ff.; OLG Hamm v. 7.3.2006 – 7 UF 123/05, juris. Vgl. zur Anwendung ausländischen Rechts, das eine Privatscheidung vorsieht, durch deutsche Gerichte ausf. *Gärtner*, Die Privatscheidung im deutschen und gemeinschaftsrechtlichen Internationalen Privat- und Verfahrensrecht, 2008, S. 67 ff.
12 Weil der Ehepartner mit der Scheidung einverstanden ist oder auch nach deutschem Recht die Scheidungsvoraussetzungen vorliegen (OLG Frankfurt v. 11.5.2009 – 5 WF 66/09, FamRZ 2009, 1504 [1505]; OLG Hamm v. 7.3.2006 – 7 UF 123/05, juris; OLG München v. 19.9.1988 – 2 UF 1696/86, IPRax 1989, 238 [241]).

die Anerkennung im Ausland sicherzustellen (Rz. 3) – in der mündlichen Verhandlung erfolgen,[1] doch ist es idR ausreichend und im Hinblick auf die Herabsetzung des verstoßenen Ehepartners vorzugswürdig, wenn die Erklärung außerhalb der Verhandlung abgegeben wird.[2] Auch für die Scheidung nach mosaischem Recht durch Übergabe eines Scheidebriefes (Get), bei welcher die Mitwirkung eines Rabbinatsgerichts zwingend vorgeschrieben ist, sind deutsche Familiengerichte zuständig.[3]

Ob Verfahren bezüglich der in einigen ausländischen Rechtsordnungen vorgesehen **gleichgeschlechtlichen Ehe** als Ehesachen iSv. § 121 oder als Lebenspartnerschaftssachen iSv. § 269 Abs. 1 Nr. 1 und 2 qualifiziert werden, macht wegen der Globalverweisung in § 270 Abs. 1 Satz 1 keinen praktischen Unterschied.

16

122 Örtliche Zuständigkeit

Ausschließlich zuständig ist in dieser Rangfolge:
1. das Gericht, in dessen Bezirk einer der Ehegatten mit allen gemeinschaftlichen minderjährigen Kindern seinen gewöhnlichen Aufenthalt hat;
2. das Gericht, in dessen Bezirk einer der Ehegatten mit einem Teil der gemeinschaftlichen minderjährigen Kinder seinen gewöhnlichen Aufenthalt hat, sofern bei dem anderen Ehegatten keine gemeinschaftlichen minderjährigen Kinder ihren gewöhnlichen Aufenthalt haben;
3. das Gericht, in dessen Bezirk die Ehegatten ihren gemeinsamen gewöhnlichen Aufenthalt zuletzt gehabt haben, wenn einer der Ehegatten bei Eintritt der Rechtshängigkeit im Bezirk dieses Gerichts seinen gewöhnlichen Aufenthalt hat;
4. das Gericht, in dessen Bezirk der Antragsgegner seinen gewöhnlichen Aufenthalt hat;
5. das Gericht, in dessen Bezirk der Antragsteller seinen gewöhnlichen Aufenthalt hat;
6. das Amtsgericht Schöneberg in Berlin.

A. Allgemeines 1	2. Aufenthalt eines Ehegatten mit minderjährigen gemeinsamen Kindern (Nr. 1 und Nr. 2) 23
B. Bestimmung des gewöhnlichen Aufenthalts 4	3. Letzter gemeinsamer Aufenthalt (Nr. 3) 27
I. Physische Präsenz 6	
II. Zeitliches Element 7	4. Gewöhnlicher Aufenthalt des Antragsgegners (Nr. 4) und des Antragstellers (Nr. 5) 30
III. Soziales Element 11	
IV. Minderjährige 15	5. Amtsgericht Schöneberg in Berlin (Nr. 6) 31
C. Örtliche Zuständigkeit 19	
I. Anknüpfungsmomente im Einzelnen	II. Behandlung von Zuständigkeitsproblemen
1. Verhältnis der Zuständigkeitsgründe 20	1. Prüfung 32
	2. Perpetuatio fori 33

A. Allgemeines

Während sich für Ehesachen die sachliche Zuständigkeit der Amtsgerichte aus § 23a Abs. 1 Satz 1 Nr. 1 GVG iVm. § 111 Nr. 1 FamFG ergibt und die geschäftsverteilungsmäßige interne Zuständigkeit der familiengerichtlichen Abteilungen aus § 23b

1

---

[1] OLG München v. 19.9.1988 – 2 UF 1696/86, IPRax 1989, 238 (241) m. Anm. *Jayme*, S. 223 f.; AG Eßlingen v. 19.3.1992 – 1 F 162/92, IPRax 1993, 250 f.
[2] Staudinger/*Spellenberg*, Anh. zu § 606a ZPO Rz. 72; *Nagel/Gottwald*, 6. Aufl., § 5 Rz. 84; *Andrae*, NJW 2007, 1730 (1731 f.).
[3] BGH v. 6.10.2004 – XII ZR 225/01, FamRZ 2004, 1952 (1954); OLG Hamm v. 7.3.2006 – 7 UF 123/05, juris; *Nagel/Gottwald*, 6. Aufl., § 5 Rz. 85; aA KG v. 11.1.1993 – 3 WF 7099/92, FamRZ 1994, 839 (840). Zur Ehescheidung deutscher Juden BGH v. 28.5.2008 – XII ZR 61/06, FamRZ 2008, 1409 ff. m. Anm. *Siehr*, IPRax 2009, 332.

§ 122

Abs. 1 GVG folgt (zur Zuständigkeitsordnung in Familiensachen ausf. § 111 Rz. 45 ff.), regelt § 122 die **örtliche Zuständigkeit**. Die internationale Zuständigkeit für Ehesachen ergibt sich demgegenüber – soweit nicht die Brüssel IIa-VO eingreift (vgl. § 98 Rz. 3 ff.) – aus § 98 Abs. 1. Zentrales Tatbestandselement des § 122 ist der gewöhnliche Aufenthalt eines Beteiligten, der durch den tatsächlichen Lebensmittelpunkt bestimmt wird und nicht mit dem Wohnsitz iSv. §§ 7 ff. BGB übereinstimmen muss. Da die örtliche Zuständigkeit als **ausschließliche Zuständigkeit** bestimmt wird, können die Beteiligten einen anderen Gerichtsstand weder durch Vereinbarung noch durch rügeloses Verhandeln zur Hauptsache begründen (§ 113 Abs. 1 Satz 2 FamFG iVm. § 40 Abs. 2 Satz 1 Nr. 2 und Satz 2 ZPO).

2 Ein **Gegenantrag** (iSe Widerklage) kann gem. § 126 Abs. 1 – unabhängig davon, ob § 122 die Zuständigkeit desselben Gerichts begründet[1] (Divergenzfälle Rz. 30) – stets in dem für die erste Ehesache begründeten Gerichtsstand erhoben werden (§ 126 Rz. 7). § 33 Abs. 1 ZPO (iVm. § 113 Abs. 1 Satz 2 FamFG) findet keine Anwendung (§ 33 Abs. 2 ZPO).

3 Die Vorschrift entspricht im Wesentlichen § 606 aF ZPO:[2] Weggefallen ist das früher primäre Anknüpfungsmoment des **gemeinsamen gewöhnlichen Aufenthalts** (§ 606 Abs. 1 Satz 1 aF ZPO), dessen praktische Bedeutung verschwindend gering war,[3] weil ein „gemeinsamer" gewöhnlicher Aufenthalt mit der Trennung fortfällt. Weder der gewöhnliche Aufenthalt im selben Gerichtsbezirk noch das Getrenntleben innerhalb der gleichen Wohnung waren insofern ausreichend.[4] Der Zuständigkeitsgrund kam daher nur in anderen Ehesachen als Scheidungsverfahren in Betracht.

B. Bestimmung des gewöhnlichen Aufenthalts

4 Der Begriff des gewöhnlichen Aufenthalts wird im nationalen und internationalen Familien(verfahrens)recht in unterschiedlichen Zusammenhängen verwendet: vgl. etwa § 88, §§ 98 bis 104, §§ 152 Abs. 2, 154, 170, 187, 201 Nr. 3 und 4, 211 Rz. 3, 218, 232, 262 Abs. 2, 267 Abs. 2 FamFG; Art. 5 Abs. 2, 14 Abs. 1 Nr. 2 EGBGB; Art. 5 Nr. 2 Brüssel I-VO; Artt. 3 Abs. 1, 8 Abs. 1 Brüssel IIa-VO; Art. 8 Rom III-VO; Art. 5 KSÜ; Art. 4 HkiEntÜ; Art. 3 Abs. 1 HUntProt. Dabei gehen die genannten Vorschriften **grundsätzlich von demselben Begriffsverständnis** aus,[5] wobei in Grenzfällen allerdings unterschiedliche teleologische Erwägungen in die Auslegung einfließen können[6] und im Gemeinschaftsrecht sowie bei Staatsverträgen der Grundsatz der autonomen Auslegung zu beachten ist.

5 Nach ständiger Rechtsprechung liegt der gewöhnliche Aufenthalt einer Person dort, wo der Schwerpunkt ihrer Bindungen, ihr **Daseinsmittelpunkt** besteht.[7] Es sind vor allem objektive, tatsächliche Elemente, die den gewöhnlichen Aufenthalt ausmachen. Hierin unterscheidet sich der gewöhnliche Aufenthalt vom Wohnsitz. Letzterer ist in stärkerem Maße durch subjektive Elemente geprägt, da idR ein rechtsgeschäftlicher Wille zum objektiven Sich-Niederlassen hinzukommen muss, um einen Wohnsitz zu begründen bzw. zu wechseln.[8] Darüber hinaus orientiert sich der Wohnsitz auch weniger an der tatsächlichen physischen Präsenz (vgl. etwa §§ 9, 11 BGB).[9]

---

1 AA offenbar MüKo.ZPO/*Hilbig*, § 122 FamFG Rz. 3.
2 BT-Drucks. 16/6308, S. 226. Überblick 1. Aufl. Rz. 2.
3 BT-Drucks. 16/6308, S. 226.
4 BGH v. 16.12.1987 – IVb ARZ 44/87, juris; OLG Stuttgart v. 10.4.1981 – 15 UF 39/81 ES, FamRZ 1982, 84 (85).
5 Vgl. nur Stein/Jonas/*Schlosser*, § 606 ZPO Rz. 7; MüKo.ZPO/*Hilbig*, § 122 FamFG Rz. 8; Wieczorek/Schütze/*Becker-Eberhard*, § 606 ZPO Rz. 44; Soergel/*Kegel*, Art. 5 EGBGB Rz. 43; *Baetge*, Auf dem Weg zu einem gemeinsamen europäischen Verständnis des gewöhnlichen Aufenthalts, FS Kropholler 2008, S. 77 ff.; *Spickhoff*, IPRax 1995, 185 f.
6 *Baetge*, Der gewöhnliche Aufenthalt im Internationalen Privatrecht 1994, S. 98 ff.; *Helms*, FS Pintens 2012, S. 687 ff.
7 St. Rspr., vgl. nur BGH v. 5.2.1975 – IV ZR 103/73, FamRZ 1975, 272 (273); BGH v. 5.6.2002 – XII ZB 74/00, FamRZ 2002, 1182 (1183); EuGH v. 2.4.2009 – Rs. C-523/07, FamRZ 2009, 843 (845).
8 Palandt/*Heinrichs*, § 7 BGB Rz. 7; vgl. auch § 8 BGB.
9 OLG Frankfurt v. 15.2.2006 – 1 WF 231/05, FamRZ 2006, 883.

Wohnsitz und gewöhnlicher Aufenthalt können daher auseinander fallen.[1] Aufgrund der stärkeren Prägung durch objektive Elemente lässt sich der gewöhnliche Aufenthalt auch als „faktischer Wohnsitz" auffassen.[2]

I. Physische Präsenz

Die **Begründung eines gewöhnlichen Aufenthalts** setzt stets eine physische Präsenz voraus.[3] Gewöhnlich liegt der Lebensmittelpunkt einer Person dort, wo sie sich überwiegend aufhält, dh. im Regelfall dort, wo sie ihre Wohnung hat bzw. nächtigt.[4] Hält sich eine Person regelmäßig an unterschiedlichen Orten auf, ist unter Berücksichtigung zeitlicher und sozialer Aspekte zu prüfen, bei welchem von mehreren Aufenthaltsorten der Schwerpunkt der Lebensführung liegt. Erfüllt keiner der Orte physischer Präsenz die zeitlichen oder sozialen Mindestvoraussetzungen, etwa bei Landstreichern, ist es möglich, dass kein gewöhnlicher Aufenthalt in einem bestimmten Gerichtsbezirk besteht.[5] Dies kann insbesondere auch dann der Fall sein, wenn eine Person ihren letzten gewöhnlichen Aufenthalt (etwa mit der Trennung) endgültig aufgegeben hat, und bewusst nur vorübergehend an einem Ort lebt.[6] Da es im Rahmen des § 122 auf den gewöhnlichen Aufenthalt in einem bestimmten Gerichtsbezirk ankommt, ist das Nichtvorliegen eines diesbezüglichen gewöhnlichen Aufenthalts häufiger gegeben als im internationalen Familien(verfahrens)recht. Dass jemand keinen gewöhnlichen Aufenthalt in einem bestimmten Gerichtsbezirk hat, schließt nämlich nicht aus, dass sein gewöhnlicher Aufenthalt innerhalb eines bestimmten Staatsgebiets lokalisiert werden kann.

6

II. Zeitliches Element

In zeitlicher Hinsicht muss der Aufenthalt **objektiv von gewisser Dauer sein oder subjektiv auf eine gewisse Dauer angelegt** sein.[7] Eine Mindestverweildauer lässt sich nicht angeben, sie hängt von den Umständen des konkreten Einzelfalles ab. Zwar hat sich als Daumenregel für bestimmte Zweifelsfälle eine Frist von sechs Monaten eingebürgert (vgl. Rz. 18).[8] Doch auch wenn eine Person objektiv noch nicht längere Zeit an einem bestimmten Ort verweilt, kann sich dort ihr gewöhnlicher Aufenthalt befinden, soweit der Aufenthalt nach ihrem Willen auf längere Sicht angelegt ist. Damit ist gewährleistet, dass der gewöhnliche Aufenthalt bei einem (auf längere Dauer oder unbestimmte Zeit angelegten) Umzug unmittelbar wechselt und sich nicht jeweils erst mit einer zeitlichen Verzögerung den objektiven Umständen anpasst.[9] In subjektiver Hinsicht kommt es nur auf den natürlichen Willen des Betroffenen an, nicht etwa wie für den Wohnsitz auf einen rechtsgeschäftlichen Willen.[10]

7

---

1 Johannsen/Henrich/*Markwardt*, § 122 FamFG Rz. 4.
2 BGH v. 18.6.1997 – XII ZB 156/95, FamRZ 1997, 1070; BGH v. 29.10.1980 – IVb ZB 586/80, BGHZ 78, 293 (295) = FamRZ 1981, 135 (136); OLG München v. 12.7.2006 – 33 AR 7/06, FamRZ 2006, 1622 (1623).
3 BVerwG 26.9.2002 – 5 C 46/01, NVWZ 2003, 616; EuGH v. 22.12.2010 – C-497/10 PPU, FamRZ 2011, 617 (619); aA *Kropholler*, Internationales Privatrecht, 4. Aufl. 2006, § 39 II 3a bei Geburt eines Kindes außerhalb des Heimatstaates seiner Mutter.
4 Zöller/*Lorenz*, § 122 FamFG Rz. 3; Baumbach/*Hartmann*, § 122 FamFG Rz. 10; Wieczorek/Schütze/*Becker-Eberhard*, § 606 ZPO Rz. 45.
5 Nicht erforderlich ist, dass der gewöhnliche Aufenthalt innerhalb des Gerichtsbezirks stets am selben Ort ist: OLG Köln v. 3.4.2006 – 16 Wx 52/06, OLGReport 2006, 536.
6 OLG Stuttgart v. 10.4.1984 – 15 UF 39/81 ES, FamRZ 1982, 84 (85).
7 OLG Hamm v. 13.7.2010 – 2 Sdb (FamS) Zust. 21/10, FamRZ 2011, 395f., Soergel/*Kegel*, Art. 5 EGBGB Rz. 45; Stein/Jonas/*Schlosser*, § 606 ZPO Rz. 9; Zöller/*Lorenz*, § 122 FamFG Rz. 4.
8 Zöller/*Lorenz*, § 122 FamFG Rz. 12; Baumbach/*Hartmann*, § 122 FamFG Rz. 10; Wieczorek/Schütze/*Becker-Eberhard*, § 606 ZPO Rz. 48.
9 BGH v. 29.10.1980 – IVb ZB 586/80, FamRZ 1981, 135 (136); BGH v. 3.2.1993 – XII ZB 93/90, FamRZ 1993, 798 (800); OLG Saarbrücken v. 5.11.2010 – 9 UF 112/10, FamRZ 2011, 1235 (1236); OLG München v. 4.7.2007 – 33 Wx 89/07, FamRZ 2007, 1913 (1914); OLG Karlsruhe v. 12.6.2008 – 2 UF 43/08, FamRZ 2009, 239; EuGH v. 22.12.2010 – C-497/10 PPU, FamRZ 2011, 617 (619).
10 Musielak/*Borth*, § 122 FamFG Rz. 5; MüKo.ZPO/*Hilbig*, § 122 FamFG Rz. 14.

8   Ein nur **vorübergehender Aufenthaltswechsel** lässt den bisherigen gewöhnlichen Aufenthalt idR nicht entfallen.[1] So geben etwa Saisonarbeiter ihren Bezug zur Heimat nicht hinreichend lange auf, um einen neuen gewöhnlichen Aufenthalt zu begründen.[2] Demgegenüber verlegen Diplomaten und Gastarbeiter, die sich für längere Zeit niederlassen, typischerweise ihren gewöhnlichen Aufenthalt.[3] Auch der vorübergehende Einsatz des Mitarbeiters eines deutschen Unternehmens im Ausland kann bei einem Aufenthalt von deutlich über einem Jahr zu einem Wechsel des gewöhnlichen Aufenthalts führen, soweit seine familiären und sozialen Bindungen sich ebenfalls ins Ausland verlagern (etwa weil ihn seine Familie begleitet und die Wohnung im Inland aufgegeben wird) (zum Studium im Ausland vgl. Rz. 14).[4] Das Gleiche gilt für ausländische Soldaten, soweit sie für längere Zeit in Deutschland stationiert sind.[5] Beim Einzug in ein Frauenhaus kommt es darauf an, ob es sich um einen vorübergehenden Schritt handelt oder der Aufenthalt auf unbestimmte Dauer angelegt ist und eine Rückkehr an den bisherigen Aufenthaltsort ausgeschlossen erscheint.[6] Soweit vor allem Senioren ihren Aufenthalt regelmäßig zu relativ gleichen Anteilen zwischen einer Sommer- und einer Winterresidenz aufteilen, kann auch ein **alternierender gewöhnlicher Aufenthalt** gegeben sein (vgl. auch Rz. 13).[7]

9   Andere Maßstäbe gelten für einen **unfreiwilligen Aufenthalt**, etwa im Strafvollzug,[8] in einem Flüchtlingslager,[9] in einem Krankenhaus[10] oder bei Teilnahme an ei-

---

1   BGH v. 3.2.1993 – XII ZB 93/90, FamRZ 1993, 798 (800); OLG Hamm v. 12.6.2012 – II-11 UF 117/12, ZKJ 2013, 35 (38 f.).
2   OLG Hamm v. 5.5.1989 – 1 WF 167/89, NJW 1990, 651.
3   OLG Hamm v. 5.5.1989 – 1 WF 167/89, NJW 1990, 651.
4   *Spickhoff*, IPRax 1995, 185 (188) zieht bei fortbestehenden persönlichen Bindungen zum Heimatort die Grenze idR bei zwei Jahren.
5   OLG Zweibrücken v. 3.11.1998 – 5 UF 44/98, FamRZ 1999, 940; AG Landstuhl v. 7.11.2002 – 1 F 67/02, FamRZ 2003, 1300 (in concreto abgelehnt wegen Rückkehr in absehbarer Zeit) m. abl. Anm. *Hau*, S. 1301.
6   OLG Saarbrücken v. 13.9.2011 – 9 WF 80/11, FamRZ 2012, 654 (soziale Integration vor allem der Kinder und unbestimmte Dauer); OLG Saarbrücken v. 30.5.1990 – 9 WF 76/90, FamRZ 1990, 1119 (endgültiger Entschluss, nicht mehr an bisherigen Aufenthaltsort zurückzukehren); OLG Hamm v. 7.5.1997 – 8 WF 161/97, FamRZ 1997, 1294 (familiäre Kontakte sowie Wohnungssuche im Gerichtsbezirk); OLG Hamm v. 17.6.1999 – 2 UF 231/99, FamRZ 2000, 1294 (Wunsch, sich dauerhaft im Gerichtsbezirk aufzuhalten); OLG Zweibrücken v. 11.2.2000 – 2 AR 47/99, OLGReport 2000, 475 (vorübergehender Aufenthalt von unter drei Wochen genügt nicht, sofern nicht ein Bleibewille dokumentiert wird); aA OLG Hamburg v. 30.9.1981 – 15 W 205/81 R, FamRZ 1981, 85 (14 Wochen Aufenthalt ausreichend, ohne dass Absicht zu länger dauerndem Aufenthalt bestehen müsste); OLG Hamburg v. 12.10.1982 – 2 UF 89/82 R, FamRZ 1983, 612 (613) (nach über vier Monaten gewöhnlicher Aufenthalt trotz Auszugsabsicht). Auch für die Bestimmung des Wohnsitzes musste die Rspr. beurteilen, ob ein Aufenthalt im Frauenhaus als „ständige" Niederlassung anzusehen ist: BGH v. 14.12.1994 – XII ARZ 33/94, FamRZ 1995, 728 f. (nicht bei bloß dreiwöchigem Aufenthalt); OLG Karlsruhe v. 10.2.1995 – 2 UF 290/94, FamRZ 1995, 1210 (polizeilicher Anmeldung wird entscheidendes Gewicht beigemessen); OLG Nürnberg v. 15.11.1996 – 10 WF 3644/96, FamRZ 1997, 1400 (Wohnsitzbegründung; Kinder besuchten vor Ort Schule und Kindergarten).
7   Zöller/*Lorenz*, § 122 FamFG Rz. 9; MüKo.ZPO/*Hilbig*, § 122 FamFG Rz. 22; zu Minderjährigen vgl. *Baetge*, IPRax 2005, 335 (337).
8   BVerwG v. 29.9.2010 – 5 C 21/09, NVwZ-RR 2011, 199 f.; OLG Schleswig v. 29.10.1979 – 8 WF 292/79, SchlHA 1980, 73; OLG Düsseldorf v. 15.8.1968 – 21 W 55/68, MDR 1969, 143; OLG Stuttgart v. 10.7.1963 – 5 W 34/63, MDR 1964, 768; anders OLG Koblenz v. 24.9.1997 – 13 WF 810/97, FamRZ 1998, 756 f. (wegen zu erwartender anschließender Abschiebung); BVerwG v. 29.9.2010 – 5 C 21/09, juris (zumindest Verlust des bisherigen gewöhnlichen Aufenthalts, da Rückkehr unwahrscheinlich); s. auch BGH v. 14.12.2011 - XII ZB 521/10, NJW-RR 2012, 451 (452 f.) zum gewöhnlichen Aufenthalt nach § 5 VBVG. Zur Untersuchungshaft OLG München v. 4.7.2007 – 33 Wx 89/07, FamRZ 2007, 1913 (1914) (Möglichkeit der jederzeitigen Beendigung verhindert zunächst Begr. eines gewöhnlichen Aufenthalts).
9   Zöller/*Philippi*, 27. Aufl., § 606 ZPO Rz. 26 mwN.
10   BGH v. 24.7.1985 – IVb ARZ 31/85, juris; BayObLG v. 23.7.1992 – 3 Z AR 102/92, FamRZ 1993, 89 (zwei Jahre); OLG Karlsruhe v. 12.12.1995 – 11 AR 26/95, FamRZ 1996, 1341 (1342) (zwei Jahre); OLG Stuttgart v. 26.9.1996 – 8 AR 44/96, FamRZ 1997, 438.

nem Zeugenschutzprogramm.[1] Ist die Rückkehr an den bisherigen Aufenthaltsort ausgeschlossen, kommt die sofortige Begründung eines neuen gewöhnlichen Aufenthalts in Frage.[2] Sind jedoch hierfür – wegen zu kurzer Verweildauer – die Voraussetzungen nicht erfüllt, besteht momentan kein gewöhnlicher Aufenthalt.[3] Solange demgegenüber der Betroffene den Wunsch und die Möglichkeit hat, an seinen bisherigen Lebensmittelpunkt zurückzukehren, steht dies – selbst bei längerem Aufenthalt – einem Wechsel des gewöhnlichen Aufenthalts regelmäßig entgegen. Gleichwohl führt bei einer objektiv längeren Verweildauer auch ein unfreiwilliger Aufenthalt zur Begründung eines gewöhnlichen Aufenthalts. Im Vergleich zur ähnlichen Problematik bei Kindesentführungen (Rz. 18) muss jedoch berücksichtigt werden, dass Erwachsene weiter gehende Möglichkeiten besitzen, eine innere und äußere Verbindung zum bisherigen Daseinsmittelpunkt aufrechtzuerhalten. Dies gilt allerdings bei einem Klink- oder Kuraufenthalt in stärkerem Maße als bei einem Gefängnisaufenthalt. Je nach den Umständen des Einzelfalls wird man daher bei einer objektiven Verweildauer von über ein bis zwei Jahren trotz Bestehens eines Rückkehrwunsches einen neuen gewöhnlichen Aufenthalt allein aus den objektiven Gegebenheiten ableiten müssen.[4] Sobald eine nach diesen Maßstäben erhebliche Mindestverweildauer objektiv feststeht (zB nach rechtskräftiger Verurteilung), wird man von einer Verlagerung des gewöhnlichen Aufenthalts ausgehen müssen.

Ob ein Aufenthalt auf Dauer angelegt ist, kann auch von seiner **rechtlichen Qualität** abhängen. So ist bei Ausländern zu berücksichtigen, ob sie ein längerfristiges Aufenthaltsrecht besitzen oder etwa eine Abschiebung droht.[5] Asylbewerber begründen daher vor Abschluss ihres Asylverfahrens regelmäßig keinen gewöhnlichen Aufenthalt.[6] Die rechtliche Unsicherheit, mit der ein Aufenthalt belastet ist, tritt aber gegenüber den tatsächlichen Verhältnissen zurück und kann von einem mehrjährigen Aufenthalt und sozialer Integration überspielt werden.[7] Verstärkt und beschleunigt wird die Integration im Inland, wenn der Aufenthalt eines Asylbewerbers geduldet wird oder feststeht, dass der Betroffene unabhängig vom Ausgang des Asylverfahrens zunächst nicht abgeschoben wird.[8]

III. Soziales Element

In Zweifelsfällen ist jedoch die Frage der zeitlichen Verweildauer nur ein erstes Indiz für die Bestimmung des gewöhnlichen Aufenthalts, entscheidend ist vielmehr, wo der Betroffene seinen Lebensmittelpunkt, dh. seinen **sozialen Bezugspunkt** hat:[9] Neben der allgemeinen sozialen Integration spielen hierfür insbesondere familiäre und

---

1 OLG Köln v. 20.12.2002 – 4 WF 153/02, FamRZ 2003, 1124 (1125).
2 OLG München v. 28.7.2006 – 33 Wx 75/06, FamRZ 2007, 83 (84); OLG München v. 4.7.2006 – 33 Wx 60/06, FamRZ 2006, 1562 (1563); OLG Zweibrücken v. 3.5.2007 – 3 W 61/07, FamRZ 2007, 1833; OLG Köln v. 10.10.2006 – 16 Wx 199/06, FGPrax 2007, 84.
3 OLG Stuttgart v. 26.9.1996 – 8 AR 44/96, FamRZ 1997, 438.
4 Zöller/*Lorenz*, § 122 FamFG Rz. 6 schlägt als Grenzwert generell zwei Jahre vor; zustimmend Johannsen/Henrich/*Markwardt*, § 122 FamFG Rz. 4. AA offenbar MüKo.ZPO/*Bernreuther*, § 606 ZPO Rz. 16 (Rückkehrmöglichkeit ausschlaggebend).
5 OLG Karlsruhe v. 7.6.1990 – 2 UF 76/90, FamRZ 1990, 1351 (1352) mwN; OLG Karlsruhe v. 2.10.1991 – 2 A UF 35/91, FamRZ 1992, 316 (317) (allerdings im Ergebnis aufgrund längeren Aufenthalts anders); OLG Köln v. 9.11.1995 – 10 UF 78/95, FamRZ 1996, 946; OLG Koblenz v. 24.9.1997 – 13 WF 810/97, FamRZ 1998, 756; vgl. auch das vom EuGH v. 22.12.2010 – C-497/10 PPU, FamRZ 2011, 617 (619) genannte Kriterium „Umstände des Aufenthalts".
6 LG Memmingen v. 26.6.1991 – 4 T 602/91, DAVorm 1991, 873 (876); OLG Karlsruhe v. 2.10.1991 – 2 A UF 35/91, FamRZ 1992, 316 (317).
7 OLG Nürnberg v. 5.3.2001 – 11 WF 320/01, FamRZ 2002, 324; OLG Koblenz v. 15.6.1989 – 11 WF 621/89, FamRZ 1990, 536; OLG Hamm v. 5.5.1989 – 1 WF 167/89, NJW 1990, 651f.; OLG Karlsruhe v. 2.10.1991 – 2 A UF 35/91, FamRZ 1992, 316 (317); *Rauscher*, IPrax 1992, 14 (15), *Gottwald*, FamRZ 2002, 1343; aA AG Landstuhl v. 6.9.2001 – 1 F 247/99, FamRZ 2003, 1343.
8 Baumbach/*Hartmann*, § 122 FamFG Rz. 12 „Asyl" mwN; Wieczorek/Schütze/*Becker-Eberhard*, § 606 ZPO Rz. 56.
9 BGH v. 5.2.1975 – IV ZR 103/73, FamRZ 1975, 272 (273) st. Rspr.; EuGH v. 2.4.2009 – Rs. C-523/07, FamRZ 2009, 843 (845); EuGH v. 22.12.2010 – C-497/10 PPU, FamRZ 2011, 617 (619).

berufliche Aspekte eine Rolle, insofern ist eine Gesamtschau vorzunehmen.[1] Die Anmeldung beim Einwohnermeldeamt ist weder erforderlich noch ausreichend, ihr kommt allenfalls eine gewisse Indizwirkung zu.[2] Relevant wird das soziale Element insbesondere dann, wenn der Betroffene an mehreren Orten Wohnungen unterhält oder wenn ein Wohnungswechsel stattgefunden hat, der Betroffene aber noch nicht an seinem neuen Wohnort verwurzelt ist. Hat der Betroffene hingegen nur an einem Ort dauernd sein Nachtquartier, so liegt sein gewöhnlicher Aufenthalt dort im Zweifel auch dann, wenn der Arbeitsplatz und die sozialen Kontakte anderweitig verortet sind.[3]

12 Die **Unterhaltung von zwei Wohnungen** ist häufig damit verknüpft, dass der Beruf am einen Ort, die Familie hingegen am anderen Ort angesiedelt ist. Der Lebensmittelpunkt ist wertend zu ermitteln, wobei auch die Zeitanteile, die am einen oder anderen Ort verbracht werden, eine Rolle spielen. Verbringt jemand vier bis fünf Werktage am Ort seiner Berufstätigkeit und nur die (verlängerten) Wochenenden bei der Familie, so kommt ausnahmsweise durchaus die Begründung eines (zweiten) gewöhnlichen Aufenthalts am Arbeitsort in Frage.[4] Gleichwohl besitzen die familiären und gesellschaftlichen Kontakte am Wochenende besonderes Gewicht,[5] so dass man allenfalls in seltenen Ausnahmefällen von einem mehrfachen gewöhnlichen Aufenthalt wird ausgehen können.[6] Nach Sinn und Zweck des § 122 Nr. 3 ist es auf jeden Fall gerechtfertigt, zur Bestimmung des letzten gemeinsamen gewöhnlichen Aufenthalts selbst relativ kurzfristige Wochenendkontakte am Wohnsitz der Familie ausreichen zu lassen (Rz. 29).

13 Umstritten ist, ob bei annäherndem Gleichgewicht auch die Annahme **mehrerer**[7] **oder alternierender** (Rz. 8 aE) gewöhnlicher Aufenthaltsorte möglich ist oder ob immer einem Ort Vorrang eingeräumt werden muss.[8] Während ein doppelter gewöhnlicher Aufenthalt im internationalen Privatrecht Probleme bereitet, weil er zu einem Verweis auf zwei Rechtsordnungen führen kann, ist es etwa bei Anwendung von § 122 unschädlich, wenn mehrere Gerichte örtlich zuständig sind. Mehrere gewöhnliche Aufenthalte können etwa dadurch begründet werden, dass mehrere Wohnungen mit vergleichbaren Zeitanteilen oder mit gleichwertiger sozialer Integration genutzt werden,[9] oder der Aufenthalt zwar so dauerhaft verlegt wurde, dass nicht mehr nur von einer vorübergehenden Unterbrechung zu sprechen ist, jedoch eine Rückkehr beabsichtigt und durch regelmäßige Besuche dokumentiert ist, so dass auch der frühere gewöhnliche Aufenthalt nicht aufgegeben wurde.[10]

14 Das soziale Element entscheidet des Weiteren darüber, ob bei **längeren, aber vorübergehenden Ortswechseln** ein neuer gewöhnlicher Aufenthalt begründet wird (vgl.

---

1 BGH v. 18.6.1997 – XII ZB 156/95, NJW 1997, 3024 (3025); OLG Frankfurt v. 15.2.2006 – 1 WF 231/05, FamRZ 2006, 883 (884); EuGH v. 2.4.2009 – Rs. C-523/07, FamRZ 2009, 843 (845); EuGH v. 22.12.2010 – C-497/10 PPU, FamRZ 2011, 617 (619).
2 BGH v. 15.3.1995 – XII ARZ 37/94, FamRZ 1995, 1135; KG v. 3.3.1987 – 1 VA 6/86, FamRZ 1987, 603 (605).
3 Soergel/*Kegel*, Art. 5 EGBGB Rz. 48.
4 Johannsen/Henrich/*Markwardt*, § 122 FamFG Rz. 4. Sogar schon bei einer Abwesenheit von drei Werktagen: Zöller/*Lorenz*, § 122 FamFG Rz. 9; MüKo.ZPO/*Hilbig*, § 122 FamFG Rz. 22.
5 Soergel/*Kegel*, Art. 5 EGBGB Rz. 48 (genereller Vorrang); Musielak/*Borth*, § 122 FamFG Rz. 6 und 8 (regelmäßiger Vorrang); ähnlich OLG Frankfurt v. 12.6.1961 – 4 W 58/61, NJW 1961, 1586 f.
6 Demgegenüber geht bei fünf Werktagen Abwesenheit Zöller/*Lorenz*, § 120 FamFG Rz. 9 stets von einem alleinigen gewöhnlichen Aufenthalt am Ort der Berufstätigkeit aus.
7 Wohl hM: BayObLG v. 5.2.1980 – BReg. 1 Z 25/79, FamRZ 1980, 883 (885) mwN; KG v. 3.3.1987 – 1 VA 6/86, FamRZ 1987, 603 (605); Zöller/*Lorenz*, § 122 FamFG Rz. 9; Johannsen/Henrich/*Markwardt*, § 122 FamFG Rz. 4; Wieczorek/Schütze/*Becker-Eberhard*, § 606 ZPO Rz. 49; *Baetge*, IPRax 2005, 335 (336 f.).
8 So für das Kollisionsrecht MüKo.BGB/*Sonnenberger*, Einl. IPR Rz. 724.
9 MüKo.ZPO/*Hilbig*, § 122 FamFG Rz. 22; Zöller/*Lorenz*, § 122 FamFG Rz. 9.
10 Wieczorek/Schütze/*Becker-Eberhard*, § 606 ZPO Rz. 52 (Auslandsstudium); vgl. KG v. 3.3.1987 – 1 VA 6/86, FamRZ 1987, 603 (605). Ähnlich auch BayObLG v. 5.2.1890 – BReg. 1 Z 25/79, FamRZ 1980, 883 (885), im konkreten Fall allerdings verneint.

die Beispiele Rz. 8).[1] Soweit sich ein **Student** von seinem Elternhaus und seinem heimatlichen Umfeld gelöst hat, liegt sein Lebensmittelpunkt daher am Studienort, auch wenn er nach einigen Semestern die Hochschule wechseln oder nach Abschluss seines Studiums an seinen Heimatort zurückkehren will.[2] Etwas anderes kann gelten, wenn ein Student nach einem ein- oder zweisemestrigen Studium im Ausland in sein Heimatland zurückkehren möchte.[3] UU kann hier auch an zwei Orten ein gewöhnlicher Aufenthalt gegeben sein.[4]

IV. Minderjährige

Der gewöhnliche Aufenthalt minderjähriger Kinder leitet sich nicht wie der Wohnsitz (vgl. § 11 Satz 1 BGB) vom gewöhnlichen Aufenthalt der Sorgeberechtigten ab, sondern ist grundsätzlich selbständig nach den zuvor dargestellten Grundsätzen zu bestimmen.[5] Unterschiede zu Erwachsenen ergeben sich allerdings dadurch, dass Kinder **in stärkerem Maße fremdbestimmt** sind. Insbesondere Kleinkinder sind derart von ihrer Bezugs- und Obhutsperson abhängig, dass ihr gewöhnlicher Aufenthalt stark an diese gebunden ist.[6] Daher ist bei Säuglingen und Kleinkindern der Aufenthalt idR dann auf längere Dauer angelegt, wenn die Betreuungspersonen (idR die Eltern) beabsichtigen, an einem Ort für unbestimmte oder längere Zeit zu verbleiben.[7] Mit zunehmendem Alter spielen andere soziale Beziehungen und der eigene Wille des Kindes eine stärkere Rolle, beispielsweise der Besuch eines Kindergartens oder einer Schule, der Antritt einer Lehrstelle, die Anwesenheit von Freunden und anderen Familienangehörigen.[8] Die soziale Integration kann insbesondere dadurch verzögert werden, dass das Kind die am Aufenthaltsort gängige Sprache nicht beherrscht.[9] Besteht der Aufenthalt objektiv erst seit kurzer Zeit und ist der zukünftige Lebensmittelpunkt zwischen den Sorgeberechtigten umstritten, ist dies für die Begründung eines gewöhnlichen Aufenthalts nicht ausreichend.[10]

15

Bei einem **regelmäßigen Wechsel** des Aufenthaltsortes kommt es auf den Schwerpunkt der Lebensführung an. Lebt ein Kind während der Woche bei einem Elternteil, besucht dort die Schule und hat seinen Freundeskreis, so liegt hier auch dann sein alleiniger gewöhnlicher Aufenthalt, wenn es die Wochenenden regelmäßig beim anderen Elternteil verbringt.[11] Wechselt der Aufenthalt des Kindes hingegen in halbjährigem Rhythmus, so ist der Aufenthalt jeweils nur vorübergehender Dauer. Der gewöhnliche Aufenthalt verbleibt dann idR am Ort des ursprünglichen gewöhnlichen Aufenthalts.[12]

16

---

1 Vgl. RG v. 6.9.1944 – IV 116/44, DR 1944, 913 (914) (vorübergehende Einziehung zum Wehrdienst); OLG Schleswig v. 11.5.1948 – 2 U 34/48, JR 1949, 387 (vorübergehender Umzug zu Schwiegereltern nach Ausbombung).
2 KG v. 3.3.1987 – 1 VA 6/86, FamRZ 1987, 603 (605); Zöller/*Lorenz*, § 122 FamFG Rz. 7; *Henrich*, IPRax 1990, 59; MüKo.ZPO/*Hilbig*, § 122 FamFG Rz. 21; ausf. Wieczorek/Schütze/*Becker-Eberhard*, § 606 ZPO Rz. 52.
3 Vgl. auch OLG Hamm v. 13.3.1989 – 10 WF 76/89, FamRZ 1989, 1331 (1332) (häufiger Studienortwechsel) m. Anm. *Henrich*, IPRax 1990, 59. Vgl. zum Wohnsitz OLG Frankfurt v. 9.2.2009 – 1 WF 32/09, FamRZ 2009, 796 f. m. Anm. *Gottwald*.
4 KG v. 3.3.1987 – 1 VA 6/86, FamRZ 1987, 603 (605); *Henrich*, IPRax 1990, 59; Zöller/*Lorenz*, § 122 FamFG Rz. 7.
5 BGH v. 18.6.1997 – XII ZB 156/95, FamRZ 1997, 1070; OLG Saarbrücken v. 5.11.2010 – 9 UF 112/10, FamRZ 2011, 1235 (1236); OLG Hamm v. 13.7.2010 – 2 Sdb (FamS) Zust. 21/10, FamRZ 2011, 395 (396); EuGH v. 2.4.2009 – Rs. C-523/07, FamRZ 2009, 843 (845).
6 Vgl. BT-Drucks. 16/6308, S. 226 f.
7 OLG Köln v. 15.3.2012 – II-21 AR 1/12, FamRZ 2012, 1406 (1407); OLG Schleswig v. 26.7.2000 – 12 UF 233/99, FamRZ 2000, 1426 (1427); EuGH v. 22.12.2010 – C-497/10 PPU, FamRZ 2011, 617 (619). Vgl. auch OLG Celle v. 10.3.2011 – 17 W 48/10, StAZ 2011, 150 (151).
8 OLG Frankfurt v. 15.2.2006 – 1 WF 231/05, FamRZ 2006, 883 (884 f.).
9 Vgl. OLG Hamm v. 13.6.1989 – 1 UF 117/89, FamRZ 1989, 1109 (1110); OLG Frankfurt v. 15.2.2006 – 1 WF 231/05, FamRZ 2006, 883 (884 f.).
10 OLG Hamm v. 13.7.2010 – 2 Sdb (FamS) Zust. 21/10, FamRZ 2011, 395 (396).
11 OLG Bremen v. 3.4.1992 – 4 UF 35/92, FamRZ 1992, 963.
12 OLG Rostock v. 25.5.2000 – 10 UF 126/00, FamRZ 2001, 642 (643); krit. *Baetge*, IPRax 2005, 335 (336).

17 Auch wenn **Internatsbesuche** auf mehr als ein Schuljahr angelegt sind, begründen sie regelmäßig keinen gewöhnlichen Aufenthalt des Kindes am Schulort, soweit es in den Ferien und gelegentlich an den Wochenenden seine Eltern besucht. Im Unterschied zu Studenten (Rz. 14) wird hier nur ausnahmsweise eine weitgehende Loslösung vom Elternhaus in Frage kommen.[1] Ob die Unterbringung in einem **Heim oder einer Pflegefamilie** einen gewöhnlichen Aufenthalt begründet, hängt von den Umständen des Einzelfalles ab.[2] Ist ein Ende des (objektiv bereits eine gewisse Zeit andauernden) Aufenthalts nicht absehbar und in der nächsten Zeit nicht wahrscheinlich, ist der gewöhnliche Aufenthalt am Ort der Pflegefamilie oder des Heims. Die Unterbringung bei Verwandten, etwa den Großeltern, dürfte oftmals eine vorübergehende Lösung darstellen. Dauert diese jedoch längere Zeit an und integriert sich das Kind an diesem Ort, kann auch hier ein neuer gewöhnlicher Aufenthalt entstehen.[3]

18 Problematisch sind Fälle, in denen ein Ehegatte ein Kind **gegen den Willen des anderen** an sich nimmt, obwohl das Aufenthaltsbestimmungsrecht dem anderen Ehegatten oder beiden gemeinsam zusteht (zivilrechtliche Kindesentführung). Da wegen der Widerrechtlichkeit des Aufenthaltswechsels nicht von vorneherein absehbar ist, ob der Status quo ante nicht doch über kurz oder lang wiederhergestellt wird, kann nicht allein auf die tatsächlichen Umstände abgestellt werden, so dass der Wechsel des gewöhnlichen Aufenthalts in diesen Fällen allenfalls zeitverzögert zum tatsächlichen Ortswechsel eintritt, wenn das Kind am Aufenthaltsort sozial integriert ist.[4] Allerdings ändert die eigenmächtige und rechtswidrige Verlegung des Aufenthalts nichts daran, dass für die Bestimmung des gewöhnlichen Aufenthalts in erster Linie auf die tatsächlichen Verhältnisse abgestellt werden muss (hiervon geht auch die neu eingeführte Regelung des § 154 Satz 1 aus).[5] Entscheidend sind die soziale Eingliederung, die Dauer des Aufenthalts und der Wille des Kindes, bei dem einen oder anderen Elternteil leben zu wollen, sowie die faktische Möglichkeit des anderen Elternteils, eine Rückführung des Kindes durchzusetzen.[6] Im Allgemeinen wird davon ausgegangen, dass **nach Ablauf von sechs Monaten** der Aufenthalt eines Minderjährigen zum gewöhnlichen Aufenthalt erstarkt, selbst wenn sich der Aufenthaltswechsel gegen den Willen eines mitsorgeberechtigten Elternteils vollzogen hat.[7] Doch sind

---

1 BGH v. 5.2.1975 – IV ZR 103/73, NJW 1975, 1068 (Internatsaufenthalt eines fünfjährigen Kindes im Ausland als vorübergehende Notlösung); AG Rottweil v. 20.6.1997 – 2 F 56/97, FamRZ 1997, 1408; Zöller/*Lorenz*, § 122 FamFG Rz. 11.
2 Vgl. BGH v. 23.1.2008 – XII ZB 176/07, NJW 2008, 739 (741); OLG Düsseldorf v. 18.3.2010 – II-2 WF 27/10, FamRZ 2010, 1178 (bejaht bei über einjährigem Aufenthalt in Pflegefamilie); OLG Düsseldorf v. 6.11.1990 – 6 UF 195/90, NJW-RR 1991, 1411 (bei Heimunterbringung abgelehnt wegen des vorübergehenden Zweckes); OLG München v. 12.7.2006 – 33 AR 7/06, FamRZ 2006, 1622 (1623) (bejaht, weil Kind schon seit mehreren Jahren in Betreuungseinrichtungen lebte und Rückkehr nicht beabsichtigt war).
3 OLG Stuttgart v. 6.7.1989 – 8 W 258/89, FamRZ 1989, 1110 (1111), Aufenthalt bei Verwandten im Ausland gegen Willen des aufenthaltsbestimmungsberechtigten Jugendamts.
4 Grenzüberschreitend: BGH v. 29.10.1980 – IVb ZB 586/80, FamRZ 1981, 135 (136f.); OLG München v. 16.9.1992 – 12 UF 930/92, FamRZ 1993, 349; OLG Hamm v. 29.4.1988 – 5 UF 57/88, FamRZ 1988, 1198 (1199); OLG Düsseldorf v. 22.7.1993 – 6 UF 150/92, FamRZ 1994, 107 (108f.). Inlandsfälle: OLG Hamm v. 22.12.2006 – 2 Sdb(FamS) Zust. 14/06, FamRZ 2008, 1007 (1008); OLG Zweibrücken v. 15.2.2008 – 5 WF 196/07, FamRZ 2008, 1258 m. Anm. *Menne*, ZkJ 2008, 308.
5 BGH v. 29.10.1980 – IVb ZB 586/80, NJW 1981, 520 (521) mwN; OLG Hamm v. 16.5.1991 – 4 UF 8/91, FamRZ 1991, 1466 (1467f.); *Henrich*, FamRZ 1989, 1325; aA OLG Karlsruhe v. 18.7.1975 – 4 W 16 u. 28/75, NJW 1976, 485 (486).
6 BGH v. 29.10.1980 – IVb ZB 586/80, FamRZ 1981, 135 (136f.); OLG Düsseldorf v. 16.12.1983 – 1 WF 336/83, FamRZ 1984, 194 (195); OLG Hamm v. 13.6.1989 – 1 UF 117/89, FamRZ 1989, 1109f.; OLG Karlsruhe v. 21.7.1998 – 2 WF 64 u. 65/98, NJW-RR 1999, 1383 (1384); OLG Hamm v. 22.12. 2006 – 2 Sdb(FamS) Zust. 14/06, FamRZ 2008, 1007 (1008); OLG Zweibrücken v. 15.2.2008 – 5 WF 196/07, FamRZ 2008, 1258.
7 Internationale Entführung: BGH v. 29.10.1980 – IVb ZB 586/80, BGHZ 78, 293 (295) = FamRZ 1981, 135 (137) mwN; BGH v. 18.6.1997 – XII ZB 156/95, FamRZ 1997, 1070; OLG Celle v. 2.1. 1991 – 18 UF 167/90, FamRZ 1991, 1221 (1222); OLG Koblenz v. 27.7.1988 – 13 UF 861/88, NJW 1989, 2201; OLG Köln v. 13.11.1990 – 4 UF 153/90, FamRZ 1991, 363 (364); OLG Frankfurt v. 15.2.2006 – 1 WF 231/05, FamRZ 2006, 883. Inländische Entführung: OLG Zweibrücken v. 15.2.

Abweichungen von dieser Regel im Einzelfall möglich, etwa wenn besondere Anhaltspunkte dafür bestehen, dass die Rückführung in näherer Zukunft erfolgreich durchgesetzt werden kann.[1]

C. Örtliche Zuständigkeit

Zur **internationalen Zuständigkeit** in Ehesachen vgl. Kommentierung zu § 98, zur **Rechtshängigkeitssperre** bei Anhängigkeit eines (Scheidungs-)Verfahrens vor ausländischen Gerichten vgl. vor §§ 98–106 Rz. 47 ff. 19

I. Anknüpfungsmomente im Einzelnen

1. Verhältnis der Zuständigkeitsgründe

Die Regelung des § 122 enthält eine Zuständigkeitsleiter, die sich (bis auf Nr. 6) am gewöhnlichen Aufenthalt zumindest eines Ehegatten, teilweise auch am (ehemaligen) gemeinsamen gewöhnlichen Aufenthalt oder am gewöhnlichen Aufenthalt der gemeinsamen minderjährigen Kinder orientiert. Da das **Eingreifen eines vorrangigen Zuständigkeitsgrundes alle nachfolgenden Stufen ausschließt**, besteht ein Subsidiaritätsverhältnis: Der Übergang vom vorrangigen zum subsidiären Zuständigkeitsgrund kann insbesondere bewirkt werden durch 20

a) das Nichtvorhandensein gemeinsamer minderjähriger Kinder (Nr. 1 und Nr. 2) oder eines ehemaligen gemeinsamen gewöhnlichen Aufenthalts im Inland (Nr. 3);
b) die Nichterfüllung besonderer Bedingungen (Nr. 2 und Nr. 3);
c) das Fehlen eines gewöhnlichen Aufenthalts (Nr. 1–Nr. 5);[2]
d) mangelnde Feststellbarkeit eines gewöhnlichen Aufenthalts (Nr. 1–Nr. 4);[3]
e) einen gewöhnlichen Aufenthalt im Ausland (Nr. 1–Nr. 5).

§ 122 Nr. 6 besitzt keine eingrenzenden Tatbestandsvoraussetzungen und fungiert als **Auffanggerichtsstand** für alle übrigen Fälle, die der deutschen Gerichtsbarkeit zugewiesen sind. 21

Dass mit dem gewöhnlichen Aufenthalt nur der gewöhnliche Aufenthalt **im Inland** gemeint ist, ergibt sich im Gegensatz zu § 606 aF ZPO nicht mehr ausdrücklich aus dem Gesetz,[4] sondern indirekt dadurch, dass die Bestimmung, welche ausländischen Gerichte zuständig sind, nicht in die Kompetenz des deutschen Gesetzgebers fällt. 22

2. Aufenthalt eines Ehegatten mit minderjährigen gemeinsamen Kindern (Nr. 1 und Nr. 2)

Nach § 122 Nr. 1 und Nr. 2 ist primär das Gericht örtlich zuständig, in dessen Bezirk einer der Ehegatten mit allen **gemeinschaftlichen minderjährigen Kindern** (Nr. 1) oder zumindest einem Teil der gemeinschaftlichen minderjährigen Kinder (Nr. 2) seinen gewöhnlichen Aufenthalt hat. Ausdrücklich nicht anwendbar ist § 122 Nr. 2 allerdings, wenn eines der gemeinschaftlichen Kinder seinen gewöhnlichen Auf- 23

2008 – 5 WF 196/07, FamRZ 2008, 1258 (fünfmonatiger Aufenthalt nicht ausreichend). Rechtmäßiger Umzug ins Ausland: OLG Karlsruhe v. 16.8.2003 – 18 UF 171/02, FamRZ 2005, 287 (288); OLG Hamm v. 12.12.1973 – 15 W 190/73, NJW 1974, 1053. Minderjähriger Asylbewerber: BVerwG v. 24.6.1999 – 5 C 24.98, NVwZ 2000, 325 (328).
1 OLG Zweibrücken v. 15.2.2008 – 5 WF 196/07, FamRZ 2008, 1258 (eA und vorläufige Stellungnahme des Sachverständigen im Sorgerechtsverfahren, allerdings auch erst fünf Monate verstrichen).
2 Anzunehmen etwa bei Gatten, die den anderen verlassen haben und noch keine konkreten Pläne für den künftigen Aufenthalt haben; vgl. OLG Stuttgart v. 10.4.1981 – 15 UF 39/81 ES, FamRZ 1982, 84 (85).
3 Unbekannter Aufenthalt ist Fehlen eines gewöhnlichen Aufenthalts im Inland gleichzusetzen, BGH v. 29.9.1982 – IVb ARZ 41/82, FamRZ 1982, 1199; OLG Stuttgart v. 22.9.1964 – 5 W 53/64, NJW 1964, 2166 (grundlegend); OLG Karlsruhe v. 31.3.1998 – 16 UF 238/97, FamRZ 1999, 1085 (1086) (etwas anderes gilt, wenn Aufenthalt nur dem Ast. – nicht aber dem Gericht – unbekannt ist); Zöller/*Lorenz*, § 122 FamFG Rz. 2.
4 Vgl. § 606 Abs. 1 Satz 2 aF ZPO; MüKo.ZPO/*Bernreuther*, § 606 ZPO Rz. 14.

enthalt im Gerichtsbezirk des Antragstellers und ein anderes seinen gewöhnlichen Aufenthalt beim Antragsgegner hat. In der Sache werden von Nr. 2 daher nur (die seltenen) Konstellationen erfasst, in denen das andere Kind oder die anderen Kinder ihren gewöhnlichen Aufenthalt weder im Gerichtsbezirk des einen noch des anderen Ehegatten haben. Sinn und Zweck der beiden Vorschriften ist es, in Kindschaftsfolgesachen die Anhörung der betroffenen Kinder und die Kooperation mit dem zuständigen Jugendamt zu erleichtern.[1]

24 Gemeinschaftlich ist ein Kind dann, wenn die Ehegatten **statusrechtlich** Mutter und Vater des Kindes sind.[2] Keine Rolle spielen hingegen die biologischen Abstammungsverhältnisse, solange sie nicht durch Vaterschaftsanfechtung bzw. -feststellung rechtliche Wirkung entfalten (zur perpetuatio fori Rz. 33). Das Abstammungsverhältnis kann daher auch durch Adoption (ua. auch Stiefkindadoption) begründet worden sein.[3] Leben Ehegatten getrennt und bekommt die Ehefrau ein Kind von einem Dritten, bewirkt dies, dass nach Nr. 1 der gewöhnliche Aufenthalt der Frau und des Kindes maßgeblich ist, da das Kind nach § 1592 Nr. 1 BGB als Kind des Ehemannes gilt. Berücksichtigt werden allein minderjährige Kinder (§ 2 BGB), da nur für diese die elterliche Sorge iSd. § 1626 BGB besteht. Volljährige betreuungsbedürftige Kinder (§ 1896 ff. BGB) sind nicht maßgeblich.

25 Wann ein Ehegatte „mit" seinen Kindern einen gewöhnlichen Aufenthalt im selben Gerichtsbezirk hat, war unter Geltung des § 606 aF ZPO zunächst umstritten. Teilweise wurde vertreten, dass das Attribut „mit" dem Erfordernis eines „gemeinsamen gewöhnlichen Aufenthalts" gleichkomme; der Ehegatte müsse daher mit den Kindern in einem Haushalt leben.[4] Nach herrschender Ansicht ist hingegen lediglich zu fordern, dass die Kinder ihren **gewöhnlichen Aufenthalt im gleichen Gerichtsbezirk** haben wie der Ehegatte.[5] Dies ergibt sich zum einen aus Sinn und Zweck des § 122 Nr. 1 und Nr. 2, die Kooperation mit dem zuständigen Jugendamt zu fördern. Zum anderen schreibt der Gesetzeswortlaut gerade keinen „gemeinsamen" Aufenthalt vor.[6] Haben also die Ehegatten ihren gewöhnlichen Aufenthalt in unterschiedlichen Gerichtsbezirken und leben die gemeinschaftlichen Kinder im Heim oder bei Großeltern im Gerichtsbezirk des einen Ehegatten, so ist hier die Zuständigkeit nach Nr. 1 eröffnet, weil einer der Ehegatten mit allen Kindern im gleichen Gerichtsbezirk seinen gewöhnlichen Aufenthalt hat. Ein gewöhnlicher Aufenthalt „mit" gemeinschaftlichen Kindern besteht nach ganz hM allerdings nur dann, wenn die **Kinder tatsächlich auch ihren gewöhnlichen Aufenthalt im selben Gerichtsbezirk wie der betreffende Ehegatte** haben.[7] Nicht zutreffend ist daher das Verständnis des OLG Hamm, wonach es für die örtliche Zuständigkeit nach § 122 Nr. 1 nur auf den gewöhnlichen Aufenthalt des Ehegatten ankomme und es ausreichend sei, wenn die Kinder im Haushalt dieses Ehegatten wohnen, unabhängig davon, ob sie hier ihren gewöhnlichen Aufenthalt haben.[8] Eine solche Deutung würde es ermöglichen, durch widerrechtliche Mitnahme der Kinder eigenmächtig eine sofortige Zuständigkeit zu begründen und gem. §§ 152 Abs. 1, 153 die Verlagerung der Zuständigkeit auch für etwaige Kindschaftssachen zu erzwingen. Das würde dem Ehegatten, der das Aufenthaltsmitbestimmungsrecht des anderen Elternteils verletzt, einen ungerechtfertigten

---

1 BT-Drucks. 16/9733, S. 292; BT-Drucks. 7/650, S. 195; BGH v. 8.7.1987 – IVb ARZ 28/87, NJW-RR 1987, 1348 (1349); BGH v. 1.2.1984 – IVb ARZ 52/83, FamRZ 1984, 370.
2 Johannsen/Henrich/*Markwardt*, § 122 FamFG Rz. 7.
3 MüKo.ZPO/*Hilbig*, § 122 FamFG Rz. 24.
4 So etwa Baumbach/*Albers*, 45. Aufl. 1987, § 606 ZPO Anm. 3 B; *Rolland*, Komm. zum EheRG, § 606 ZPO Rz. 10.
5 OLG Düsseldorf v. 18.3.2010 – II-2 WF 27/10, FamRZ 2010, 1178; OLG Frankfurt v. 22.3.1984 – 1 UFH 8/84, FamRZ 1984, 806; OLG Hamm v. 10.1.1989 – 2 Sbd [Zust] 27/88, FamRZ 1989, 641 (642); Musielak/*Borth*, § 122 FamFG Rz. 10; Johannsen/Henrich/*Markwardt*, § 122 FamFG Rz. 7 f.; demgegenüber enger MüKo.ZPO/*Hilbig*, § 122 FamFG Rz. 23 und 27.
6 OLG Hamm v. 10.1.1989 – 2 Sbd [Zust] 27/88, FamRZ 1989, 641 (642).
7 Vgl. Nachweise Fn. 5.
8 OLG Hamm v. 18.11.2011 – II-2 SAF 21/11, FamRZ 2012, 654 (655); vgl. wohl auch Keidel/*Weber*, § 122 FamFG Rz. 4.

Vorteil verschaffen[1] und den §§ 152 Abs. 2, 153, 154 zu Grunde liegenden Wertungen widersprechen. Die Anwendung des neuen § 154, der in Fällen widerrechtlicher Verlegung des Kindesaufenthalts eine Verweisung an das Gericht des Herkunftsortes zulässt, ist nur in isolierten Kindschaftssachen möglich und hat keine Auswirkungen auf die Zuständigkeit für die Ehesache nach § 122.[2]

Die Anknüpfung nach Nr. 2 steht unter dem **audrücklichen Vorbehalt**, dass kein gemeinschaftliches minderjähriges Kind seinen gewöhnlichen Aufenthalt „bei dem anderen Ehegatten" hat. Dieses neue Tatbestandsmerkmal muss in gleicher Weise ausgelegt werden wie der Aufenthalt des antragstellenden Ehegatten „mit" gemeinschaftlichen Kindern, so dass es auf einen gemeinsamen Haushalt nicht ankommt.[3] Würde man hier eine gemeinsame Haushaltsführung fordern, so würde das Ziel des Gesetzgebers, dass die Kinder für die Bestimmung der Zuständigkeit keinen Ausschlag geben, wenn sie zwischen den Gatten „verteilt" sind, ausgehebelt. 26

Beispiel:
A und B haben zwei Kinder X und Y. X lebt in einem Heim in Marburg, Y besucht ein Internat in Kassel, A bleibt in der Ehewohnung in Marburg zurück, während B nach Kassel zieht. Forderte man für den Ausschlussgrund nach § 122 Nr. 2 einen gemeinsamen Haushalt, so könnten sich beide Gatten darauf berufen, im selben Gerichtsbezirk wie ein Kind zu wohnen, während der andere mit dem gemeinsamen Kind keinen Haushalt bilde. Dann könnte jeder ein Verfahren im eigenen Gerichtsbezirk anhängig machen. Dieses Ergebnis ist nach Sinn und Zweck der Vorschrift nicht gewollt, so dass der Gerichtsstand nach den Nr. 3 ff. zu bestimmen ist.

3. Letzter gemeinsamer Aufenthalt (Nr. 3)

Soweit gemeinschaftliche minderjährige Kinder nicht nach § 122 Nr. 1 oder Nr. 2 den Ausschlag geben, ist gem. § 122 Nr. 3 das Gericht zuständig, in dessen Bezirk die Ehegatten ihren letzten gemeinsamen gewöhnlichen Aufenthalt hatten, wenn dort zum Zeitpunkt der Rechtshängigkeit des Scheidungsantrags noch einer der Gatten seinen gewöhnlichen Aufenthalt hat. Der Hauptzweck der Regel stammt noch aus der Zeit, als im Scheidungsrecht das Schuldprinzip galt. Der Ort des letzten gemeinsamen Aufenthalts war zweckmäßig, weil hier die Gründe für die eheliche Zerwürfnis besonders gut aufzuklären waren.[4] Heute liegt die Rechtfertigung für diesen Zuständigkeitsgrund vor allem darin, dass durch die Anknüpfung an den letzten gemeinsamen Aufenthalt ein **neutrales Anknüpfungsmoment** gefunden wird, das nicht von der in Ehesachen häufig eher zufälligen Rolle als Antragsteller oder Antragsgegner abhängt. 27

Kein gemeinsamer Aufenthalt besteht an dem Ort, an dem zwar beide Ehegatten ihren gewöhnlichen Aufenthalt hatten, aber bereits getrennt lebten.[5] 28

Beispiel:
A und B leben gemeinsam in Marburg. A trennt sich und zieht nach Frankfurt. B zieht ebenfalls nach Frankfurt. Nach längerem Aufenthalt zieht B nach Gießen. Der letzte gemeinsame gewöhnliche Aufenthalt ist Marburg, nicht Frankfurt, da die Gatten in Frankfurt nicht zusammenwohnten. Da in Marburg kein Gatte mehr wohnt, richtet sich die örtliche Zuständigkeit nach § 122 Nr. 4.

Lebten die Ehegatten während der gesamten Ehezeit **unter der Woche berufsbedingt getrennt** und nutzten die gemeinsame Wohnung nur am Wochenende, ist die Rechtsprechung großzügig und nimmt entgegen dem zeitlichen Schwerpunkt regelmäßig einen gemeinsamen gewöhnlichen Aufenthalt an.[6] Selbst wenn nie ein gemein- 29

---
1 Zu den Anforderungen an die Verlagerung des gewöhnlichen Aufenthalts s. Rz. 18.
2 *Menne*, ZkJ 2008, 308 (309).
3 Anders offenbar *Jungbauer*, JurBüro 2009, 453 (454), wenn man in ihrem 2. Beispiel unterstellt, dass der Antragsgegner nach wie vor in Köln wohnt.
4 BayObLG v. 15.12.1948 – RevReg. 81/48, NJW 1959, 39.
5 OLG Stuttgart v. 10.4.1981 – 15 UF 39/81 ES, FamRZ 1982, 84; Stein/Jonas/*Schlosser*, § 606 ZPO Rz. 12; MüKo.ZPO/*Hilbig*, § 122 FamFG Rz. 34.
6 OLG Frankfurt v. 12.6.1961 – 4 W 58/61, NJW 1961, 1586 f.; OLG Schleswig v. 9.4.1963 – 5 W 16/63, SchlHA 1963, 125 (126); Baumbach/*Hartmann*, § 122 FamFG Rz. 11.

samer Haushalt gegründet wurde und das eheliche Leben in sporadischen gemeinsamen Übernachtungen bestand, soll dies genügen.[1] Wegen des Vorrangs von § 122 Nr. 3 gegenüber Nr. 4 und Nr. 5 und wegen der Zielsetzung des Zuständigkeitsgrundes ist diese Handhabung gerechtfertigt (vgl. Rz. 12). Die Bedingung, dass ein Gatte bei Eintritt der Rechtshängigkeit seinen gewöhnlichen Aufenthalt am Ort des letzten gemeinsamen gewöhnlichen Aufenthalts hat, ist auch dann erfüllt, wenn der Betreffende zwischenzeitlich seinen gewöhnlichen Aufenthalt verlegt hatte, aber vor Rechtshängigkeit des Scheidungsantrags wieder zurückgekehrt ist.[2] Der Gerichtsstand nach Nr. 3 kann also **wiederaufleben**, obwohl er zwischenzeitlich nicht gegeben war. Stets erforderlich ist aber ein gemeinsamer gewöhnlicher Aufenthalt während der Ehe, bestand er lediglich vor der Eheschließung, ist dies nicht ausreichend (zB Eheschließung in JVA) (zum gewöhnlichen Aufenthalt in diesen Fällen vgl. Rz. 9).

4. Gewöhnlicher Aufenthalt des Antragsgegners (Nr. 4) und des Antragstellers (Nr. 5)

30   Auf der vierten Stufe wird an den gewöhnlichen Aufenthalt des Antragsgegners angeknüpft, auf der fünften Stufe – soweit der Antragsgegner keinen (bekannten)[3] gewöhnlichen Aufenthalt im Inland hat – an den gewöhnlichen Aufenthalt des Antragstellers. Der Vorrang des gewöhnlichen Aufenthalts des Antragsgegners vor dem gewöhnlichen Aufenthalt des Antragstellers entspricht dem Rechtsgedanken des § 12 ZPO („actor sequitur forum rei").[4] Beim Eingreifen der Nr. 4 und Nr. 5 ist im Gegensatz zu den vorangehenden Stufen **nicht das gleiche Gericht für die Anträge beider Ehegatten zuständig**, vielmehr richtet sich die Zuständigkeit danach, welcher der Ehegatten den Antrag einreicht. Soweit der zweite Ehegatte nicht von der Möglichkeit Gebrauch macht, seinen Antrag als Gegenantrag bei dem Gericht der zuerst anhängig gewordenen Ehesache einzureichen (§ 126 Rz. 7) und tatsächlich zwei Eheverfahren parallel bei unterschiedlichen Gerichten in Gang gesetzt werden, wird die Verfahrenskollision durch § 123 gelöst.

5. Amtsgericht Schöneberg in Berlin (Nr. 6)

31   Für alle übrigen Fälle, in denen die Nr. 1 bis 5 nicht eingreifen, weil die Beteiligten im Inland niemals zusammengelebt haben und auch im Zeitpunkt der Rechtshängigkeit des Antrags keiner der Ehegatten im Inland lebt, ist das AG Schöneberg in Berlin ausschließlich zuständig. Da auch die internationale Zuständigkeit nach Art. 3 Brüssel IIa-VO und § 98 weitgehend vom gewöhnlichen Aufenthalt der Beteiligten abhängt, greift diese Stufe nur selten ein. Haben beide Ehegatten ihren gewöhnlichen Aufenthalt im Ausland, so kann die internationale Zuständigkeit nur durch die **deutsche Staatsangehörigkeit** beider Gatten (Art. 3 Abs. 1 Buchst. b Brüssel IIa-VO) oder eines Gatten (§ 98 Abs. 1 Nr. 1) vermittelt werden, wobei die Brüssel IIa-VO in ihrem Anwendungsbereich Vorrang besitzt (§ 98 Rz. 3 ff.).

II. Behandlung von Zuständigkeitsproblemen

1. Prüfung

32   Als **Sachurteilsvoraussetzung** ist die örtliche Zuständigkeit von Amts wegen zu prüfen. Bei örtlicher Unzuständigkeit ist der Antrag – nach entsprechendem Hinweis

---

1 OLG Schleswig v. 17.2.1950 – 5 U 20/50, SchlHA 1950, 195 (kriegsbedingt nur kurze Besuche bei der Ehefrau); OLG Schleswig v. 9.4.1963 – 5 W 16/63, SchlHA 1963, 125 (126) (mehrere Urlaube des Ehemanns von etwa einer Woche); OLG Hamm v. 28.11.1956 – 5 W 188/56, MDR 1957, 171 (getrennte Wohnungen, wobei die Gatten jedoch zeitweise in der Wohnung des jeweils anderen schliefen).
2 BayObLG v. 15.12.1948 – RevReg. 81/48, NJW 1959, 39.
3 Unbekannter Aufenthalt ist Fehlen eines gewöhnlichen Aufenthalts im Inland gleichzusetzen BGH v. 29.9.1982 – IVb ARZ 41/82, FamRZ 1982, 1199; OLG Stuttgart v. 22.9.1964 – 5 W 53/64, NJW 1964, 2166 (grundlegend); OLG Karlsruhe v. 31.3.1998 – 16 UF 238/97, FamRZ 1999, 1085 (1086) (etwas anderes gilt, wenn Aufenthalt nur dem Antragsteller – nicht aber dem Gericht – unbekannt ist); Zöller/*Lorenz*, § 122 FamFG Rz. 2.
4 Zöller/*Vollkommer*, § 12 ZPO Rz. 2.

(§ 139 Abs. 3 ZPO) – durch Prozessurteil als unzulässig abzuweisen, soweit kein Verweisungsantrag nach § 281 Abs. 1 ZPO gestellt wird. Zur **Verweisung** bei sachlicher oder örtlicher Unzuständigkeit vgl. § 111 Rz. 57 ff. Werden anfängliche Zuständigkeitsmängel im laufenden Verfahren durch Veränderung der maßgeblichen Umstände behoben, bevor das Verfahren verwiesen wurde, tritt jedoch eine Heilung des Zuständigkeitsmangels ein,[1] soweit es nicht nach § 122 Nr. 3 ausdrücklich darauf ankommt, dass ein Ehegatte „bei Eintritt der Rechtshängigkeit" seinen gewöhnlichen Aufenthalt im Gerichtsbezirk hat.[2] Soweit das FamG zum Schluss der mündlichen Verhandlung zuständig (geworden) ist, ist daher eine Sachentscheidung zu treffen. In der **Rechtsmittelinstanz** wird nicht geprüft, ob das FamG seine örtliche Zuständigkeit zu Unrecht bejaht hat (§ 65 Abs. 4, § 72 Abs. 2).

2. Perpetuatio fori

Ändern sich die zuständigkeitsbegründenden Tatsachen (Verlegung des gewöhnlichen Aufenthalts, Eintritt der Volljährigkeit, Feststellung der Nichtabstammung etc.), so kann dies die **örtliche Zuständigkeit eines Gerichts nicht nachträglich beseitigen** (perpetuatio fori). Dies folgt nicht aus § 2, der auf Ehesachen keine Anwendung findet (§ 113 Abs. 1 Satz 1), sondern aus § 261 Abs. 3 ZPO iVm. § 113 Abs. 1 Satz 2 FamFG. Die perpetuatio fori tritt danach erst mit Rechtshängigkeit ein. Ist der Antrag also nur anhängig oder wurde lediglich Verfahrenskostenhilfe beantragt, kann das befasste Gericht nachträglich unzuständig werden.[3] Dies birgt für den Antragsteller während des VKH-Prüfungsverfahrens die Gefahr, dass der Antragsgegner seinen gewöhnlichen Aufenthalt ändert und hierdurch das befasste Gericht unzuständig wird. Um dies zu vermeiden, kann der Antragsteller im VKH-Prüfungsverfahren einen unbedingten Scheidungsantrag einreichen und beantragen, diesen gem. § 15 Nr. 3a FamGKG ohne Einzahlung des Vorschusses zuzustellen.

33

§ 261 Abs. 3 Nr. 2 ZPO bezweckt lediglich die **Erhaltung der Zuständigkeit** eines Gerichts, nicht der Unzuständigkeit.[4] Dh., dass ein zunächst unzuständiges Gericht nachträglich zuständig werden kann. Dies folgt daraus, dass die Regel der perpetuatio fori der Prozessökonomie dienen soll.[5] Wird die Unzuständigkeit während des laufenden Verfahrens „geheilt", greift ab diesem Zeitpunkt der Grundsatz der perpetuatio fori, so dass ein späterer Fortfall der zuständigkeitsbegründenden Umstände unbeachtlich ist.[6]

34

Beispiel:
Der letzte gemeinsame Aufenthalt von A und B war Marburg. B verlässt A und zieht mit der 17-jährigen Tochter T nach Frankfurt. A beantragt vor dem AG Marburg die Scheidung. Am 1.9.2008 wird der Antrag rechtshängig. Am 2.9. wird T volljährig. Am 3.9. gebiert B den gemeinsamen (§ 1592 Nr. 1 BGB) Sohn S. Das AG Marburg war nach § 122 Nr. 1 zunächst unzuständig, wurde dann jedoch am 2.9. zuständig (§ 122 Nr. 3), wobei diese Zuständigkeit durch die anschließende (erneute) Veränderung der Umstände nicht mehr fortfällt.

§ 123 Abgabe bei Anhängigkeit mehrerer Ehesachen

Sind Ehesachen, die dieselbe Ehe betreffen, bei verschiedenen Gerichten im ersten Rechtszug anhängig, sind, wenn nur eines der Verfahren eine Scheidungssache ist, die übrigen Ehesachen von Amts wegen an das Gericht der Scheidungssache abzugeben. Ansonsten erfolgt die Abgabe an das Gericht der Ehesache, die zu-

---

1 RG v. 1.10.1925 – 89/25 IV, JW 1926, 375 (376); OLG Hamburg v. 8.9.1987 – 12 WF 108/87, ZfJ 1988, 94 (95 f.); Zöller/*Lorenz*, § 120 FamFG Rz. 17.
2 MüKo.ZPO/*Hilbig*, § 122 FamFG Rz. 6 und 35.
3 BGH v. 9.3.1994 – XII ARZ 2/94, NJW-RR 94, 706 Nr. 2; OLG Hamm v. 22.12.2006 – 2 Sdb (FamS) Zust. 14/06, FamRZ 2008, 1007 (1008); Musielak/*Borth*, § 122 FamFG Rz. 3.
4 Zöller/*Greger*, § 261 ZPO Rz. 12.
5 Zöller/*Greger*, § 261 ZPO Rz. 12.
6 Musielak/*Borth*, § 122 FamFG Rz. 2; Johannsen/Henrich/*Markwardt*, § 122 FamFG Rz. 2.

erst rechtshängig geworden ist. § 281 Abs. 2 und 3 Satz 1 der Zivilprozessordnung gilt entsprechend.

A. Normzweck 1	II. Abgabe an das Gericht der zuerst rechtshängigen Ehesache (Satz 2) .. 6
B. Abgabe bei Anhängigkeit mehrerer Ehesachen	III. Keine Abgabe an örtlich unzuständiges Gericht 8
I. Abgabe an Gericht der Scheidungssache (Satz 1) 5	IV. Formale Voraussetzungen und Wirkungen der Abgabe (Satz 3) 9

A. Normzweck

1   Der durch das FamFG neu eingeführte § 123 befasst sich mit Fällen, in denen mehrere Eheverfahren eingeleitet werden, die dieselbe Ehe betreffen, und nach § 122 **verschiedene Gerichte örtlich zuständig** sind. Indem die Vorschrift die Verfahren beim Gericht der Scheidungssache (Satz 1) bzw. beim Gericht der zuerst rechtshängigen Ehesache (Satz 2) zusammenführt, soll die Einheitlichkeit der Entscheidung in Ehesachen sichergestellt werden. Ist eines der Gerichte, bei dem eine Ehesache anhängig gemacht wird, nach § 122 örtlich unzuständig, ist nicht nach § 123 vorzugehen, sondern nach § 281 ZPO iVm. § 113 Abs. 1 Satz 2 FamFG auf Antrag an das örtlich zuständige Gericht zu verweisen (Rz. 8 und § 111 Rz. 59). Werden die Anträge beim selben Gericht eingereicht, ohne dass eine Verfahrensverbindung nach § 126 angestrebt wird, greift § 23b Abs. 2 Satz 1 und 2 GVG (vgl. § 126 Rz. 5 aE). Zur Behandlung eines ausländischen Parallelverfahrens s. vor §§ 98–106 Rz. 47 ff.

2   Im früheren Verfahrensrecht gab es zu § 123 **keine vollständige Entsprechung**. § 606 Abs. 2 Satz 3 aF ZPO befasste sich lediglich mit einem Spezialfall der Zuständigkeitskonkurrenz. § 606 Abs. 2 Satz 3 aF ZPO ist in der allgemeineren Regel des § 123 aufgegangen.

3   Die **praktische Bedeutung der Vorschrift ist gering**, da sich gem. § 122 für Ehesachen in den meisten Fällen die Zuständigkeitsgründe nach einheitlichen Kriterien – unabhängig von der Position als Antragsteller oder Antragsgegner – bestimmen. Außer in den bereits früher von § 606 Abs. 2 Satz 3 aF ZPO erfassten Fällen des § 122 Nr. 4 und 5 müssten sich schon zwischen der Stellung des ersten und des zweiten Antrags die nach § 122 Nr. 1 bis 3 maßgeblichen Umstände ändern (Umzug etc.). Aber selbst wenn unterschiedliche Gerichte zuständig sein sollten, wird der Ehegatte, der den zweiten Antrag stellt, im Regelfall ein Interesse haben, diesen im Wege eines Gegenantrags beim zuerst angerufenen Gericht einzureichen (§ 126 Rz. 7). Außerdem ließen sich auch schon nach altem Recht die meisten Kollisionsfälle zufrieden stellend lösen, weil der Anrufung unterschiedlicher Gerichte der Grundsatz der anderweitigen Rechtshängigkeit (§ 261 Abs. 3 Nr. 1 ZPO) entgegengehalten werden konnte, soweit den wechselseitigen Anträgen identische Streitgegenstände zugrunde liegen (§ 126 Rz. 3 und 12). Während in einer solchen Konstellation früher der zweite Antrag als unzulässig abzuweisen war, soweit keine Verweisung beantragt wurde,[1] ist nach § 123 nunmehr von Amts wegen abzugeben.[2]

4   Als **Vorbild** für § 123 diente § 621 Abs. 3 aF ZPO,[3] der im neuen Recht seine Entsprechung in §§ 153, 202, 233, 263, 268, 270 Abs. 1 Satz 2 findet. Danach sind bestimmte Familiensachen (vor allem, aber nicht ausschließlich, die verbundfähigen) an das Gericht der Ehesache abzugeben, wenn eine Ehesache nachträglich rechtshängig wird.

---

1 Zöller/*Philippi*, 27. Aufl., § 606 ZPO Rz. 38, § 610 ZPO Rz. 6; BT-Drucks. 16/6308, S. 227.
2 *Löhnig*, FamRZ 2009, 737.
3 BT-Drucks. 16/6308, S. 227.

B. Abgabe bei Anhängigkeit mehrerer Ehesachen

I. Abgabe an Gericht der Scheidungssache (Satz 1)

§ 123 Satz 1 erfasst die Fälle, in denen mehrere Ehesachen bei verschiedenen – nach § 122 örtlich zuständigen (Rz. 8) – Gerichten im ersten Rechtszug anhängig sind und **nur eines der Verfahren eine Scheidungssache** darstellt (andernfalls ist Satz 2 anwendbar). Voraussetzung ist die gleichzeitige Anhängigkeit der beiden Verfahren (zu Beginn und Ende der Anhängigkeit s. § 124 Rz. 2 und Rz. 8). Zu denken wäre beispielsweise an Konstellationen, in denen der eine Ehegatte Aufhebung und der andere Scheidung begehrt. Unabhängig davon, ob erst das Scheidungs- oder erst das Aufhebungsverfahren anhängig wurde, wäre nach § 123 Satz 1 das Aufhebungsverfahren an das Gericht der Scheidungssache abzugeben. Wegen der eventuell schon eingeleiteten Verbundverfahren wird das Gericht der Scheidungssache bevorzugt,[1] während für das konkurrierende Aufhebungsverfahren eine Durchbrechung des Grundsatzes der perpetuatio fori in Kauf genommen wird. Wird allerdings neben der Aufhebung hilfsweise die Scheidung begehrt, handelt es sich auch beim zweiten Antrag um eine „Scheidungssache", da Hilfsanträge nicht aufschiebend bedingt, sondern sogleich anhängig sind,[2] mit der Folge, dass dann § 123 Satz 2 anwendbar wäre.

II. Abgabe an das Gericht der zuerst rechtshängigen Ehesache (Satz 2)

§ 123 Satz 2 ist anwendbar, wenn mehrere Ehesachen bei verschiedenen – nach § 122 örtlich zuständigen (Rz. 8) – Gerichten im ersten Rechtszug anhängig sind und nicht wie in den Konstellationen des Satzes 1 „nur eines der Verfahren eine Scheidungssache ist". Es kann sich also um Fälle handeln, in denen **zwei Scheidungsanträge** gestellt wurden oder gar **keine Scheidungssache**, sondern nur zwei andere Ehesachen anhängig sind. Nach dem in Satz 2 verankerten Prioritätsprinzip ist an das Gericht der Ehesache abzugeben, die – durch Zustellung (§§ 253 Abs. 1, 261 Abs. 1 ZPO iVm. § 113 Abs. 1 Satz 2 FamFG) – zuerst rechtshängig geworden ist. Im Unterschied zu den Konstellationen des § 123 Satz 1 ist in den Fällen des Satzes 2 demnach erforderlich, dass mindestens einer der Anträge schon rechtshängig geworden ist. Die Regelung des § 606 Abs. 2 Satz 4 aF ZPO, wonach bei Zustellung am gleichen Tag das zuständige Gericht nach § 36 ZPO zu bestimmen war, ist in § 123 zwar nicht übernommen worden, doch wird man gleichwohl von der (analogen) Anwendbarkeit ausgehen müssen.[3]

§ 123 Satz 2 greift auch dann ein, wenn beide Eheverfahren einen **identischen Streitgegenstand** besitzen:[4] Stellt etwa der eine Ehegatte nach § 122 Nr. 4 seinen Scheidungsantrag beim örtlich zuständigen Amtsgericht A und der andere Ehegatte einen eigenen Scheidungsantrag beim örtlich zuständigen Amtsgericht B, anstatt sich im Wege eines Anschlussantrags ebenfalls an das Amtsgericht A zu wenden (§ 126 Abs. 1), so ist der später rechtshängig gewordene Scheidungsantrag nach § 123 Satz 2 von Amts wegen an das Gericht der zuerst rechtshängigen Ehesache abzugeben. Dieses Gericht sollte, um die Gefahr widersprechender Entscheidungen über Scheidung oder Fortbestand der Ehe auszuschließen, eine Sachentscheidung erst nach Zusammenführung der Verfahren treffen.[5]

III. Keine Abgabe an örtlich unzuständiges Gericht

§ 123 dient ausschließlich dazu, den seltenen **Konflikt zwischen zwei nach § 122 örtlich zuständigen Gerichten** zu lösen.[6] Anders als in den „alltäglichen" Fällen der

---

1 BT-Drucks. 16/6308, S. 227.
2 Stein/Jonas/*Schlosser*, § 623 ZPO Rz. 2. Für die Frage der Rechtshängigkeit BGH v. 6.6.1990 – IV ZR 88/89, FamRZ 1990, 1109; Zöller/*Greger*, § 260 ZPO Rz. 4; MüKo.ZPO/*Becker-Eberhard*, § 253 ZPO Rz. 19; Rosenberg/Schwab/*Gottwald*, § 65 Rz. 32.
3 MüKo.ZPO/*Hilbig*, § 123 FamFG Rz. 7; Bork/Jacoby/Schwab/*Löhnig*, § 123 FamFG Rz. 5.
4 BT-Drucks. 16/6308, S. 227.
5 Vgl. Zöller/*Philippi*, 27. Aufl., § 610 ZPO Rz. 6.
6 § 606 Abs. 2 Satz 3 aF ZPO, der zumindest teilweise als Vorbild gedient hat, bestimmte noch ausdrücklich: „... so ist von den Gerichten, die nach Satz 2 zuständig wären, das Gericht ausschließlich zuständig ...".

Verfahrenskonzentration beim Gericht der Ehesache (§ 111 Rz. 60) besteht daher kein Bedürfnis, eine leicht handhabbare Überleitungsmöglichkeit auch an ein örtlich unzuständiges Gericht zu eröffnen.[1]

Beispiel:

Die Familie lebte in A, die Ehefrau zieht mit gemeinschaftlichem Kind dauerhaft nach B und stellt dort einen Scheidungsantrag, der zunächst nicht zugestellt wird. Der Ehemann stellt Scheidungsantrag beim FamG A, der sogleich zugestellt wird. Verweist das gem. § 122 Nr. 1 örtlich zuständige FamG B unter Berufung auf § 123 Satz 2 an das FamG A, so läuft diese Verweisung mangels gesetzlicher Grundlage ins Leere, die örtliche Zuständigkeit des FamG A wird hierdurch nicht begründet. Vielmehr kann das FamG A die Übernahme des Verfahrens ablehnen und seinerseits nach § 281 ZPO iVm. § 113 Abs. 1 Satz 2 FamFG die Ehesachen durch bindenden Beschluss an das FamG B verweisen.

IV. Formale Voraussetzungen und Wirkungen der Abgabe (Satz 3)

9   Die Abgabe nach § 123 Satz 1 und 2 erfolgt **von Amts wegen** durch Beschluss iSv. § 329 ZPO, der zu begründen ist. Während in den Fällen des § 123 Satz 1 beide Ehesachen lediglich anhängig sein müssen (zu Beginn und Ende vgl. § 124 Rz. 2 und Rz. 8), setzt die Anwendung von Satz 2 voraus, dass mindestens eine Ehesache rechtshängig geworden ist (zu Beginn und Ende vgl. § 124 Rz. 3 und § 116 Rz. 22), weil auf andere Weise nicht bestimmt werden kann, welchem Verfahren Priorität zukommt. Die Vorschrift bezieht sich nur auf Verfahren, die „im ersten Rechtszug anhängig" sind, doch endet vor formellem Abschluss der Instanz (durch Eintritt der Rechtskraft oder Einlegung eines Rechtsmittels) die Abgabemöglichkeit, wenn in der überzuleitenden Ehesache die instanzbeendende Entscheidung getroffen wurde, weil danach die Zwecksetzung der Vorschrift nicht mehr erreicht werden kann.[2] Nach § 128 Abs. 4 ZPO iVm. § 113 Abs. 1 Satz 2 FamFG kann die Entscheidung ohne mündliche Verhandlung ergehen, doch ist den Beteiligten **rechtliches Gehör** zu gewähren.[3]

10 Die Abgabe ist gem. § 123 Satz 3 unanfechtbar (§ 281 Abs. 2 Satz 2 ZPO) und **bindend** (§ 281 Abs. 2 Satz 4 ZPO). Die allgemeinen Grundsätze über eine aus verfassungsrechtlichen Gründen vorzunehmende Einschränkung der Bindungswirkung gelten entsprechend (vgl. § 111 Rz. 62). Gerichtsintern ist der Abteilungsrichter, der auch die andere Ehesache bearbeitet, zuständig, ob man dies nun aus § 23b Abs. 2 Satz 1 und 2 GVG oder direkt aus § 123 ableitet.[4] Um die Einheitlichkeit der Entscheidung sicherzustellen, sind die Eheverfahren gem. § 126 Abs. 1 miteinander zu verbinden (§ 126 Rz. 5). Was die Kostenentscheidung anbelangt, so erfasst die Verweisung in § 123 Satz 3 FamFG nur § 281 Abs. 3 Satz 1 ZPO, nicht aber Satz 2 der Vorschrift, weil in den vorliegenden Konstellationen die Verweisung durch ein Gericht erfolgt, das ursprünglich (örtlich) zuständig war.

11 **Kosten/Gebühren: Gericht:** Die Abgabe der Sache selbst löst keine Kosten aus (§ 1 Satz 1 FamGKG). Das Verfahren wird kostenrechtlich so behandelt, als wäre es von Anfang an bei dem übernehmenden Gericht anhängig gewesen (§ 6 Abs. 1 Satz 2 und 1 FamGKG). **RA:** Die gebührenrechtlichen Folgen einer Abgabe eines Verfahrens an ein anderes Gericht regelt § 20 RVG. Die Verfahren vor dem abgebenden und vor dem übernehmenden Gericht sind ein Rechtszug (§ 20 Satz 1 RVG). Tritt in beiden Verfahrensteilen derselbe RA auf, kann er die Gebühren nur einmal fordern, da er gebührenrechtlich in derselben Angelegenheit tätig geworden ist (§ 15 Abs. 2 RVG). Sind verschiedene RAe aufgetreten, hat jeder RA die durch seine Tätigkeit entstandenen Gebühren verdient.

---

1   § 621 Abs. 2 und 3 aF ZPO war auch bei Anhängigkeit der Ehesache vor dem örtlich unzuständigen FamG anwendbar, Zöller/*Philippi*, 27. Aufl., § 621 ZPO Rz. 86b, doch wurde Weiterverweisung zugelassen, wenn Ehesache – wegen örtlicher Unzuständigkeit – gem. § 281 ZPO verwiesen wird (Zöller/*Philippi*, 27. Aufl., § 621 ZPO Rz. 96). Diese Grundsätze scheint MüKo.ZPO/*Hilbig*, § 123 FamFG Rz. 9 nach wie vor für anwendbar zu halten.
2   MüKo.ZPO/*Hilbig*, § 123 FamFG Rz. 5. Vgl. zur entsprechenden Frage nach § 621 Abs. 3 Satz 1 aF ZPO BGH v. 22.5.1985 – IVb ARZ 15/85, FamRZ 1985, 800 (801).
3   Musielak/*Borth*, § 123 FamFG Rz. 5; Keidel/*Weber*, § 123 FamFG Rz. 6.
4   So für § 621 Abs. 3 aF ZPO Stein/Jonas/*Schlosser*, § 621 ZPO Rz. 55. Vgl. auch Musielak/*Borth*, § 123 FamFG Rz. 2.

§ 124 Antrag

Das Verfahren in Ehesachen wird durch Einreichung einer Antragsschrift anhängig. Die Vorschriften der Zivilprozessordnung über die Klageschrift gelten entsprechend.

A. Normzweck	1	II. Antrag und Begründung	11
B. Voraussetzungen und Wirkungen der Verfahrenseinleitung	2	III. Anträge der Gegenseite und in Folgesachen	14
C. Anforderungen an die Antragsschrift		D. Behandlung fehlerhafter und „verfrühter" Anträge	15
I. Allgemeines	9		

A. Normzweck

Da es sich bei Ehesachen um modifizierte ZPO-Verfahren handelt, finden gem. § 124 Satz 2 – wie auch schon nach §§ 622 Abs. 2 Satz 2, 631 Abs. 2 Satz 2 aF ZPO – auf den verfahrenseinleitenden Antrag die **Vorschriften der Zivilprozessordnung über die Klageschrift** entsprechende Anwendung (zur Terminologie vgl. § 113 Abs. 5), freilich ergibt sich dies im Grunde schon aus § 113 Abs. 1 Satz 2. Für Scheidungssachen trifft § 133 ergänzende Bestimmungen.

B. Voraussetzungen und Wirkungen der Verfahrenseinleitung

Gem. § 124 Satz 1 wird eine Ehesache durch Einreichung der Antragsschrift **anhängig**. Wird gleichzeitig mit einem VKH-Gesuch die Antragsschrift in der Ehesache eingereicht, so wird auch der Rechtsstreit als solcher anhängig, soweit der Antragsteller nicht eindeutig klarstellt, dass er den Antrag nur unter der Bedingung der Bewilligung von Verfahrenskostenhilfe stellen will, indem er dies ausdrücklich bestimmt, die Antragsschrift nur als Anlage zum VKH-Gesuch einreicht, als Entwurf bezeichnet oder nicht unterschreibt.[1] Ab dem Zeitpunkt der Anhängigkeit ist das Gericht der Ehesache für andere Familiensachen, die dieselben Beteiligten betreffen, nach Maßgabe der §§ 152 Abs. 1, 201 Nr. 1, 218 Nr. 1, 232 Abs. 1 Nr. 1, 262 Abs. 1, 267 Abs. 1, 270 Abs. 1 Satz 2 ausschließlich zuständig. Der Kreis der von dieser **Zuständigkeitskonzentration** betroffenen Verfahren erfasst die nach § 137 Abs. 2 und 3 verbundfähigen Verfahrensgegenstände unter Einschluss der „sonstigen Familiensachen" iSv. § 111 Nr. 10, beschränkt sich hierauf aber nicht. Ist eine Scheidungssache anhängig, sind nach Maßgabe von § 123 Satz 1 andere Ehesachen, die dieselbe Ehe betreffen, an das Gericht der Scheidungssache überzuleiten.

Die Antragsschrift muss dem Gegner zugestellt werden (§§ 253 Abs. 1, 271 Abs. 1 ZPO), bei Anträgen beider Ehegatten ist wechselseitige Zustellung erforderlich (vgl. aber Rz. 14). Hierdurch tritt **Rechtshängigkeit** ein (§ 261 Abs. 1 ZPO), die materiellrechtlich insbesondere entscheidend ist für die Festlegung der Ehezeit beim Zugewinnausgleich und beim Versorgungsausgleich (§ 1384 BGB, § 1587 BGB iVm. § 3 Abs. 1 VersAusglG), die kurze Ehedauer iSv § 1579 Nr. 1 BGB,[2] das Entstehen des Anspruchs auf Vorsorgeunterhalt nach § 1361 Abs. 1 Satz 2 BGB sowie für das Ehegattenerbrecht (§§ 1933, 2077 Abs. 1, 2268 Abs. 1, 2279 BGB). Soweit es um die Wahrung von Fristen, den Neubeginn oder die Hemmung der Verjährung geht, werden die Wirkungen der Zustellung unter den Voraussetzungen des § 167 ZPO auf den Zeitpunkt der Einreichung des Antrags bei Gericht zurückbezogen.[3] Bei **wechselseitigen**

---

1 BGH v. 22.5.1996 – XII ZR 14/95, FamRZ 1996, 1142 (1143); OLG Schleswig v. 18.2.2010 – 13 UF 167/09, FamRZ 2010, 1359 (1360); OLG Naumburg v. 25.4.2001 – 8 UF 49/01, FamRZ 2002, 401; OLG Köln v. 8.6.1998 – 14 WF 80/98, FamRZ 1999, 29.
2 BGH v. 30.3.2011 – XII ZR 3/09, NJW 2011, 1582 (1585).
3 Die Vorschrift findet etwa auf § 1585b Abs. 3 BGB Anwendung (OLG Brandenburg v. 17.7.2008 – 10 WF 139/08, FamRZ 2009, 800 [801]), demgegenüber nicht auf §§ 1384, 1587 Abs. 2 aF, 1933, 2077 Abs. 1 Satz 2 und 3 BGB (§ 1384 BGB: OLG München v. 1.12.1981 – 4 UF 234/81, FamRZ 1982, 279 [280]; § 1587 BGB: BGH v. 13.10.1982 – IVb ZB 601/81, FamRZ 1983, 38 [39f.]; §§ 1933, 2077, 2279 BGB: BGH v. 6.6.1990 – IV ZR 88/89, NJW 1990, 2382 [2383]; BGH v. 13.7.1994 – IV ZR

Scheidungsanträgen ist wegen der Einheitlichkeit des Streitgegenstandes (vgl. § 126 Rz. 3) der für den Eintritt der Rechtshängigkeit maßgebliche Zeitpunkt die Zustellung des ersten Scheidungsantrags, auch wenn dieser später zurückgenommen wird (vgl. auch § 130 Abs. 1) und die Ehe auf den gegnerischen Scheidungsantrag geschieden wird.[1] Dies gilt nur dann nicht, wenn der gegnerische Scheidungsantrag erst zugestellt wird, nachdem die Rechtshängigkeit des (ursprünglichen) Scheidungsverfahrens bereits durch Rücknahme des Scheidungsantrags beendet war.[2]

4 Ab dem Zeitpunkt der Rechtshängigkeit müssen andere Familiensachen, die zwischen denselben Beteiligten bereits anderswo anhängig sind, auf das Gericht der Ehesache **übergeleitet** werden, soweit §§ 153, 202, 233, 263, 268, 270 Abs. 1 Satz 2 eine Zuständigkeitskonzentration vorsehen. Sind mehrere Ehesachen, die dieselbe Ehe betreffen, bei verschiedenen Gerichten im ersten Rechtszug anhängig und liegt kein Fall des § 123 Satz 1 vor, so sind die Verfahren gem. § 123 Satz 2 an das Gericht der zuerst rechthängigen Ehesachen abzugeben.

5 Für die **Zustellung** gelten die allgemeinen Grundsätze der Zivilprozessordnung (§ 113 Abs. 1 Satz 2). Eine Ersatzzustellung an den anderen Ehegatten (dh. den Antragsteller selbst) ist gem. § 178 Abs. 2 ZPO ausgeschlossen; das Gleiche gilt für eine Ersatzzustellung durch Einwurf in einen gemeinsamen Briefkasten nach § 180 ZPO,[3] zulässig bleibt aber die Zustellung durch Niederlegung nach § 181 ZPO, selbst bei Einwurf der Mitteilung in einen gemeinsamen Briefkasten.[4] Den Zustellungsauftrag sowie den Vordruck der Zustellungsurkunde versieht die Geschäftsstelle daher mit dem Vermerk: „Keine Ersatzzustellung an Ehegatten". Auch eine öffentliche Zustellung ist nach allgemeinen Regeln (§§ 185 ff. ZPO) möglich.[5] Zustellungsmängel können durch tatsächlichen Zugang nach § 189 ZPO, etwa durch Übergabe der Antragsschrift in der mündlichen Verhandlung, oder Verzicht bzw. rügeloses Verhandeln nach § 295 ZPO geheilt werden.[6] Selbst wenn prozessual eine Heilung ex tunc in Frage kommt, tritt für die Bestimmung des Ehezeitendes nach § 3 Abs. 1 VersAusglG die Heilung nur mit Wirkung ex nunc ein (§ 295 Abs. 2 ZPO).[7]

6 Soweit es um die Regelung **internationaler Kompetenzkonflikte** geht, greift im Anwendungsbereich von Art. 16 Brüssel IIa-VO die Rechtshängigkeitssperre bereits mit Einreichung des verfahrenseinleitenden Schriftstücks bei Gericht oder mit Zu-

---

294/93, FamRZ 1994, 1173 [1174]). Überblick über die von § 167 ZPO erfassten Fälle bei Zöller/*Greger*, § 167 ZPO Rz. 3.

1 BGH v. 13.10.1982, IVb ZB 601/81, FamRZ 1983, 38 (39f.); BGH v. 21.10.1981 – IVb ZB 650/80, FamRZ 1982, 153 (154); OLG Koblenz v. 9.8.2011 – 13 UF 443/11, FamRZ 2012, 709 (710).
2 BGH v. 21.10.1981 – IVb ZB 650/80, FamRZ 1982, 153 (154); BGH v. 12.10.1988 – IVb ZB 73/86, FamRZ 1989, 153 (155); OLG Zweibrücken v. 27.10.1998 – 5 WF 118/98, FamRZ 1999, 941 (942).
3 OLG Nürnberg v. 27.4.2004 – 7 WF 792/04, FamRZ 2005, 727f.; AG Bergisch Gladbach v. 23.6.2003 – 27 F 382/01, FamRZ 2004, 955 (956); *Bergerfurth/Rogner*, Rz. 1388.
4 AG Bergisch Gladbach v. 23.6.2003 – 27 F 382/01, FamRZ 2004, 955 (956); aA offenbar Stein/Jonas/*Roth*, § 178 ZPO Rz. 32 (vgl. allerdings auch § 180 ZPO Rz. 1); Wieczorek/Schütze/*Rohe*, § 178 ZPO Rz. 66 und § 181 ZPO Rz. 18). Dies entsprach vor Inkrafttreten des Zustellungsreformgesetzes v. 25.6.2001 weitgehend einhelliger Auffassung (vgl. etwa Stein/Jonas/*Roth*, § 185 ZPO Rz. 1; aA jedoch LG Fulda v. 26.9.1986 – 2 O 337/86, MDR 1987, 149 [150]).
5 OLG Hamm v. 20.11.2012 – II-2 WF 157/12, FamRB 2013, 35 (*Neumann*); OLG München v. 20.10.1998 – 26 WF 1215/98, FamRZ 1999, 446; zu den Anforderungen vgl. BGH v. 4.7.2012 – XII ZR 94/10, FamRZ 2012, 1376.
6 BGH v. 21.12.1983 – IVb ZB 29/82, FamRZ 1984, 368 (Verstoß gegen § 172 Abs. 1 Satz 1 ZPO); OLG Jena v. 19.12.1996 – UF 115/96, FamRZ 1998, 1446 (1447) (formlose Mitteilung); OLG Brandenburg v. 4.12.1997 – 10 UF 83/96, FamRZ 1998, 1439 (1440) (Verstoß gegen § 169 Abs. 2 ZPO).
7 BGH v. 21.12.1983 – IVb ZB 29/82, FamRZ 1984, 368 (369); Musielak/*Borth*, § 124 FamFG Rz. 4. Zur Frage, wie das Ehezeitende zu bestimmen ist, wenn keine prozessual ordnungsgemäße Zustellung festgestellt werden kann: OLG Brandenburg v. 4.12.1997 – 10 UF 83/96, FamRZ 1998, 1439 (Stellung des Scheidungsantrags in mündlicher Verhandlung, wenn Antragsgegner ordnungsgemäß geladen war); OLG Brandenburg v. 25.8.2000 – 9 UF 238/98, FamRZ 2001, 1220 (Zustellung des Scheidungsurteils, wenn keine ordnungsgemäße Ladung vorliegt); OLG Zweibrücken v. 12.5.1998 – 5 UF 18/97, FamRZ 1999, 27 (28) (Rechtskraft des Scheidungsausspruchs bei prozessunfähigem Antragsgegner).

stellung an den Antragsgegner ein, soweit eine solche Zustellung nach einer ausländischen Verfahrensordnung der Einreichung bei Gericht vorausgehen muss. Auf die materiell-rechtlichen Folgefragen (Rz. 3) hat diese Regelung – auch bei internationalen Sachverhalten – keine Auswirkungen.[1]

Umstritten ist, ob eine **Vorverlegung des Zeitpunkts der Rechtshängigkeit** möglich ist, indem der Antrag in der Ehesache etwa beim Verwaltungsgericht (!) eingereicht wird, weil dort gem. §§ 90 Abs. 1, 81 Abs. 1 VwGO bereits die Anhängigkeit zur Rechtshängigkeit führt.[2] Grundsätzlich wird durch die nach § 17a Abs. 2 GVG vorzunehmende Verweisung an das zuständige Gericht, die selbst bei rechtsmissbräuchlichen Klageerhebungen zu erfolgen hat,[3] die Rechtshängigkeit nicht unterbrochen (§ 17b Abs. 1 Satz 2 GVG). Ganz überwiegend wird davon ausgegangen, dass dann, wenn sich der Antragsteller durch dieses Vorgehen beim Zugewinn- oder Versorgungsausgleich einen treuwidrigen Vorteil verschafft, dies lediglich über §§ 1381, 242 BGB bzw. § 27 VersAusglG korrigiert werden kann.[4] Demgegenüber hat sich das KG Berlin auf den Standpunkt gestellt, ein solcher Scheidungsantrag begründe wegen „offenkundigen Rechtsmissbrauchs" schon gar keine Rechtshängigkeit.[5] 7

Die **Anhängigkeit der Ehesache** endet gem. § 269 Abs. 3 Satz 1 ZPO iVm. § 113 Abs. 1 Satz 2 FamFG mit Antragsrücknahme (vgl. § 141 Rz. 2), übereinstimmenden Erledigungserklärungen (vgl. § 113 Rz. 35 f.), dem Tod eines Ehegatten (§ 131) oder dem rechtskräftigen Abschluss des Verfahrens (vgl. § 116 Rz. 22). 8

C. Anforderungen an die Antragsschrift

I. Allgemeines

Nach § 124 Satz 2 finden auf den verfahrenseinleitenden Antrag die Vorschriften der Zivilprozessordnung über die Klageschrift entsprechende Anwendung. Einschlägig ist damit vor allem § 253 Abs. 2 ZPO, der den von Amts wegen zu prüfenden **Mindestinhalt** der Klageschrift festlegt. Hiervon zu unterscheiden sind die Anforderungen an einen schlüssigen oder gar besonders gewissenhaften Vortrag. Nach § 253 Abs. 2 ZPO muss die Antragsschrift die Namen und die ladungsfähige Anschrift der Beteiligten, die Bezeichnung des angerufenen Gerichts, den Antrag und seine Begründung enthalten. Nur wenn ein schutzwürdiges Geheimhaltungsinteresse besteht (etwa wegen ernsthafter Bedrohung des Antragstellers durch den Antragsgegner), kann auf die Angabe der Adresse des Antragstellers in der Antragsschrift verzichtet werden.[6] Damit das Gericht seine Zuständigkeit prüfen kann, muss ihm jedoch die Anschrift mitgeteilt und eine Anschriftensperre beantragt werden.[7] Die Angabe des Verfahrenswerts ist gem. § 253 Abs. 3 ZPO nicht notwendiger Inhalt der Antragsschrift, zumal in Familiensachen die Zuständigkeit des Gerichts nicht streitwertabhängig ist, sie ist aber dennoch sinnvoll, um die Berechnung des erforderlichen Kostenvorschusses zu ermöglichen (§§ 14 Abs. 1 Satz 1, 43 FamGKG). 9

---

1 MüKo.ZPO/*Finger*, § 622 ZPO Rz. 3.
2 Ausf. Überblick *Kogel*, FamRB 2009, 164 ff.; vgl. auch Zöller/*Greger*, § 261 ZPO Rz. 3a. Zur Auseinandersetzung über die Zulässigkeit vgl. *Kogel*, FamRZ 1999, 1252 (1253) mit abl. Erwiderung *Hagelstein*, FamRZ 2000, 340 ff. und Replik *Kogel*, FamRZ 2000, 872.
3 BVerwG v. 5.2.2001 – 6 B 8/01, NJW 2001, 2513; LSG Schleswig v. 28.5.2002 – L 1 SF 43/01, FamRZ 2003, 46 f.
4 Staudinger/*Rauscher*, § 1564 BGB Rz. 29b; MüKo.ZPO/*Hilbig*, § 124 FamFG Rz. 12; vgl. auch BVerwG v. 5.2.2001 – 6 B 8/01, NJW 2001, 2513.
5 KG v. 12.12.2007 – 3 UF 88/07, NJW-RR 2008, 744 (745); aA OLG Schleswig v. 24.7.2008 – 12 WF 8/08, FamRZ 2009, 441 (442), soweit sich der Betroffene bei drohendem Fortfall zuständigkeitsbegründender Umstände (Volljährigkeit des Kindes) darauf berufen könne, einer vermögenden Partei gleich gestellt zu werden, die den Gerichtskostenvorschuss ohne Probleme hätte einzahlen können.
6 BT-Drucks. 16/6308, S. 413; BGH v. 9.12.1987 – IVb ZR 4/87, FamRZ 1988, 382 (383); vgl. auch BVerfG v. 2.2.1996 – 1 BvR 2211/94, NJW 1996, 1272 (1273).
7 FA-FamR/*v. Heintschel-Heinegg*, Rz. II 54.

10 Über § 253 Abs. 4 ZPO finden die Vorschriften über **vorbereitende Schriftsätze** auf die Antragsschrift entsprechende Anwendung. Da die Verfahrenseinleitung in Ehesachen gem. § 114 Abs. 1 und 2 dem Anwaltszwang unterliegt (befreit ist nach Abs. 3 die zuständige Verwaltungsbehörde iSv. § 1316 Abs. 1 Nr. 1 BGB), muss die Antragsschrift als bestimmender Schriftsatz[1] von einem Verfahrensbevollmächtigten unterschrieben werden, auch wenn es sich bei § 130 Nr. 6 ZPO dem Wortlaut nach um eine bloße Sollvorschrift handelt.[2] Gem. § 253 Abs. 5 ZPO ist der Antragsschrift eine Abschrift für die Zustellung an den Antragsgegner beizufügen. Soweit das anwendbare Sachrecht davon abhängen kann, sind Angaben zur Staatsangehörigkeit zweckdienlich, zwingend vorgeschrieben sind sie allerdings nicht.[3] § 133 trifft **für Scheidungssachen ergänzende Bestimmungen**, die für andere Ehesachen nicht gelten (§ 133 Rz. 1).

II. Antrag und Begründung

11 Der Antrag ist dahingehend zu formulieren, dass die Ehe der Beteiligten geschieden bzw. aufgehoben wird. **Datum und Standesamt der Eheschließung** (sowie Nr. des Heiratseintrags) sollten mitgeteilt werden, weil das wirksame Bestehen einer Ehe von Amts wegen zu prüfende Voraussetzung für ihre Auflösung ist und den Antragsteller insofern die Beweislast trifft (§ 127 Rz. 6 und 8), doch gehören diese Angaben nicht zum Mindestinhalt der Antragsschrift, weil der Antrag auch ohne sie hinreichend bestimmt ist.[4] Zweckmäßigerweise sollte auch eine Heiratsurkunde oder eine beglaubigte Abschrift aus dem Familienbuch (wobei überwiegend auch eine beglaubigte Kopie akzeptiert wird) beigelegt werden (vgl. für Scheidungssachen § 133 Rz. 7).

12 Um die Anforderungen an die Einreichung eines wirksamen Schriftsatzes zu erfüllen, ist für die **Begründung eines Scheidungsantrags** – im Hinblick auf den einheitlichen Streitgegenstand des Scheidungsverfahrens (vgl. § 126 Rz. 3) – streng genommen die Angabe ausreichend, dass die Ehe gescheitert sei (§ 1565 Abs. 1 BGB).[5] Eine „knappe", aber „substantiierte" Mitteilung der Scheidungsgründe – wie sie teilweise gefordert wird – ist nicht zwingend erforderlich.[6] Nach ständiger Rechtsprechung muss der Klageanspruch nämlich nicht schlüssig und substantiiert dargelegt werden, um den Anforderungen des § 253 Abs. 2 Nr. 2 ZPO zu genügen. Entscheidend ist vielmehr, dass dem Schuldner der Wille des Gläubigers zur Durchsetzung der Forderung verdeutlicht wird und er den Anspruch als solchen identifizieren kann.[7] Selbstverständlich setzt aber ein schlüssiger Vortrag voraus, dass genauere Angaben zu den Scheidungsgründen, insbesondere zur Trennungszeit und den Härtegründen im Fall des § 1565 Abs. 2 BGB gemacht werden.[8] Die grundsätzlichen Bedenken, die wegen der Verleitung zu floskelhaftem Vortrag gegen die Verwendung eines Formulars vorgebracht wurden, bei dem vorgegebene Textbausteine angekreuzt waren,[9] dürften angesichts der allgemein verbreiteten Verwendung von Computertextbausteinen – auch zur Erstellung von Scheidungsbeschlüssen durch Datenverarbeitungsprogramme der Justiz – überholt sein.

---

1 Vgl. Zöller/*Greger*, § 129 ZPO Rz. 3; *Musielak*, Grundkurs ZPO, Rz. 69.
2 Grundlegend RG v. 15.5.1936 – 2/36/V 62/35, RGZ 151, 82; Einzelheiten etwa bei Zöller/*Greger*, § 130 ZPO Rz. 7 ff.
3 *Vogel*, AnwBl. 1982, 457 (461).
4 Johannsen/Henrich/*Markwardt*, § 124 FamFG Rz. 4; Musielak/*Borth*, § 124 FamFG Rz. 3; *Bergerfurth/Rogner*, Rz. 60.
5 Zöller/*Lorenz*, § 124 FamFG Rz. 2; Stein/Jonas/*Schlosser*, § 622 ZPO Rz. 4.
6 So aber Johannsen/Henrich/*Markwardt*, § 124 FamFG Rz. 4 (in der zitierten Entscheidung OLG Köln v. 7.4.1995 – 25 WF 67/95, FamRZ 1995, 1503 wurden die Erfolgsaussichten eines PKH-Antrags wegen Unschlüssigkeit des Vortrags verneint); ähnlich MüKo.ZPO/*Finger*, § 622 ZPO Rz. 11 und Musielak/*Borth*, § 124 FamFG Rz. 3.
7 BGH v. 11.2.2004 – VIII ZR 127/03, NJW-RR 2005, 216; BGH v. 18.7.2000 – X ZR 62/98, NJW 2000, 3492 (3493).
8 OLG Köln v. 7.4.1995 – 25 WF 67/95, FamRZ 1995, 1503.
9 OLG Celle v. 25.1.1978 – 12 WF 7/78, FamRZ 1978, 257 (258) (durch Ankreuzen ausgefülltes Formular); Musielak/*Borth*, § 124 FamFG Rz. 3; aA MüKo.ZPO/*Finger*, § 622 ZPO Rz. 12.

Die **Begründung eines Eheaufhebungsantrags** iSv. § 1314 Abs. 2 BGB setzt demgegenüber voraus, dass die Eheaufhebungsgründe, die das Begehren des Antragstellers stützen sollen, im Antrag angegeben werden,[1] da es sich insofern um ganz unterschiedliche Streitgegenstände handelt. Für das Verfahren auf **Feststellung** des Bestehens oder Nichtbestehens einer Ehe, bei dem es sich um einen Anwendungsfall der allgemeinen Feststellungsklage nach § 256 Abs. 1 ZPO handelt,[2] gelten neben den bereits dargestellten allgemeinen Regeln keine Besonderheiten. 13

III. Anträge der Gegenseite und in Folgesachen

Selbst wenn der andere Ehegatte Antragsabweisung begehrt, ist die Stellung eines eigenen Antrags nicht unbedingt erforderlich, weil eine Versäumnisentscheidung gegen ihn nicht ergehen kann (§ 130 Abs. 2). Ein Antrag der Gegenseite muss nicht den Anforderungen der §§ 124, 133 genügen (vgl. auch § 133 Rz. 1), wenn es sich um einen (gleichlaufenden) Anschlussantrag handelt (zur Zulässigkeit § 126 Rz. 9 f.).[3] Anschlussanträge können daher auch in der mündlichen Verhandlung **zu Protokoll erklärt** werden (§§ 261 Abs. 2, 297 Abs. 1 Satz 2 und 3 ZPO).[4] Anträge in Folgesachen sollten stets in **getrennten Schriftsätzen** eingereicht werden, da beim FamG hierfür regelmäßig Sonderakten angelegt werden (§ 13a Abs. 2 Satz 4 AktO) und Drittbeteiligten Anträge nur insoweit zugestellt werden sollen, als der Inhalt des Schriftstücks sie betrifft (§ 139 Abs. 1 Satz 1).[5] Zu den Möglichkeiten der **Verfahrensverbindung** vgl. § 126. 14

D. Behandlung fehlerhafter und „verfrühter" Anträge

Das Vorliegen einer ordnungsgemäßen Antragsschrift ist eine **Prozessvoraussetzung**, die von Amts wegen zu prüfen ist.[6] Doch auch ein unvollständiger Antrag ist der Gegenseite zuzustellen, damit Termin anberaumt und der Antrag ggf. als unzulässig abgewiesen werden kann.[7] Werden die Mängel – trotz Hinweises (§ 139 ZPO) – bis zur mündlichen Verhandlung nicht behoben, so ist der Antrag als **unzulässig** abzuweisen.[8] 15

Wird **keine wirksame Antragsschrift** iSv. § 124 eingereicht, sondern die Anträge allein in der mündlichen Verhandlung gestellt, so ist eine Heilung dieses fundamentalen Mangels nach § 295 ZPO nicht möglich.[9] Hieran ändert sich auch nichts dadurch, dass dem Antragsgegner im Laufe des Verfahrens ein anderes Schriftstück zugesandt wird, das inhaltlich den Anforderungen von § 124 entspricht, aber gleichwohl keine wirksame Antragsschrift darstellt (zB Protokoll der mündlichen Verhandlung).[10] Hiervon zu unterscheiden sind demgegenüber die Fälle, in denen eine wirksame Antragsschrift iSv. § 124 eingereicht wurde, aber keine ordnungsgemäße Zustellung erfolgte. Hier kommt neben der Anwendung von § 189 ZPO auch eine Heilung nach § 295 ZPO in Frage (Rz. 5). 16

---

1 Johannsen/Henrich/*Markwardt*, § 124 FamFG Rz. 7.
2 Johannsen/Henrich/*Markwardt*, § 124 FamFG Rz. 10; Stein/Jonas/*Schlosser*, vor § 606 ZPO Rz. 9.
3 Doch setzt dies voraus, dass der (Haupt-)Scheidungsantrag noch rechtshängig ist, KG v. 9.11.2010 – 18 UF 185/09, FamRZ 2011, 657 f.
4 OLG Frankfurt v. 10.11.1981 – 3 UF 6/81, FamRZ 1982, 809 (811); MüKo.ZPO/*Hilbig*, § 124 FamFG Rz. 10; Johannsen/Henrich/*Markwardt*, § 124 FamFG Rz. 3.
5 Musielak/*Borth*, § 124 FamFG Rz. 4; *Vogel*, FF 2009, 396 (402).
6 Zöller/*Greger*, § 253 ZPO Rz. 7.
7 OLG Zweibrücken v. 27.10.1998 – 5 WF 118/98, FamRZ 1999, 941 (942); Zöller/*Greger*, § 271 ZPO Rz. 6; MüKo.ZPO/*Becker-Eberhard*, § 271 ZPO Rz. 8.
8 OLG Zweibrücken v. 27.10.1998 – 5 WF 118/98, FamRZ 1999, 941 (942); Musielak/*Borth*, § 124 FamFG Rz. 2; Keidel/*Weber*, § 124 FamFG Rz. 10.
9 OLG Schleswig v. 25.2.1988 – 15 UF 256/86, FamRZ 1988, 736; MüKo.ZPO/*Hilbig*, § 124 FamFG Rz. 11; aA Keidel/*Weber*, § 124 FamFG Rz. 10.
10 OLG Schleswig v. 25.2.1988 – 15 UF 256/86, FamRZ 1988, 736 (737); aA Zöller/Lorenz, § 124 FamFG Rz. 5 und Musielak/*Borth*, § 124 FamFG Rz. 4 (doch betreffen die angeführten Entscheidungen andere Konstellationen).

17 Wird ein **Scheidungsantrag vor Ablauf des Trennungsjahres** gestellt, ohne dass die besonderen Voraussetzungen von § 1565 Abs. 2 BGB schlüssig und unwidersprochen[1] vorgetragen worden wären, so darf die Terminierung der mündlichen Verhandlung nicht künstlich hinausgezögert werden.[2] Vielmehr ist der Antrag nach entsprechendem Hinweis (§ 139 ZPO) innerhalb des normalen Geschäftsgangs[3] als unbegründet abzuweisen. Da die Einholung der Auskünfte für den von Amts wegen im Verbund durchzuführenden Versorgungsausgleich jedoch erfahrungsgemäß eine gewisse Zeit in Anspruch nimmt, besteht vielfach die Übung, Scheidungsverfahren, die 2 bis 3 Monate vor Ablauf des Trennungsjahres eingeleitet werden, nur dann unverzüglich zu terminieren, wenn die andere Seite die Abweisung beantragt.[4] Diese Vorgehensweise ist prozessordnungswidrig, denn die Folgesache braucht nicht betrieben zu werden, weil sie mit Abweisung des Scheidungsantrags gegenstandslos wird (§ 142 Abs. 2 Satz 1). Das Problem dieser Praxis liegt wohl weniger darin, dass sie Sinn und Zweck des Trennungsjahres widersprechen würde.[5] Nach allgemeinen Regeln ist allein entscheidend, dass dieses im Zeitpunkt der letzten mündlichen Verhandlung abgelaufen ist, außerdem dient das Trennungsjahr nicht dazu, dem „Scheidungsgegner die Anwachsung von Versorgungspositionen oder Vermögenswartschaften"[6] zu sichern (zum Stichtag vgl. Rz. 3). Der entscheidende Einwand dürfte vielmehr darin liegen, dass es zu willkürlicher Ungleichbehandlung führt, wenn aufgrund zweckfremder Erwägungen die Pflicht zu zeitnaher Terminierung (§ 113 Abs. 1 Satz 2 FamFG iVm. § 216 Abs. 2 ZPO[7]) verletzt wird. Lehnt es das Gericht nach einer entsprechenden Anregung der Gegenseite ab, einen Termin zur mündlichen Verhandlung anzuberaumen, so kann dies entsprechend § 252 ZPO mit der sofortigen Beschwerde nach §§ 567 ff. ZPO angefochten werden.[8]

18 Hat das FamG den verfrühten Scheidungsantrag abgewiesen und läuft das **Trennungsjahr in der zweiten Instanz** ab, so ist der Antrag nunmehr begründet, weil nach § 68 Abs. 3 Satz 1 die Tatsachenlage im Zeitpunkt der mündlichen Verhandlung in zweiter Instanz entscheidend ist.[9] Das Verfahren ist dann gem. § 146 Abs. 1 Satz 1 regelmäßig an das FamG zurückzuverweisen, jedoch sind nach § 113 Abs. 1 Satz 2 FamFG iVm. § 97 Abs. 2 ZPO analog dem Antragsteller die Kosten des Beschwerde-

---

1 KG v. 3.7.1985 – 18 WF 3100/85, FamRZ 1985, 1066; OLG Stuttgart v. 19.6.1998 – 11 WF 115/98, FamRZ 1998, 1606.
2 OLG Dresden v. 6.12.2001 – 20 WF 794/01, FamRZ 2002, 890 (891); KG v. 3.7.1985 – 18 WF 3100/85, FamRZ 1985, 1066; OLG Schleswig v. 9.1.1984 – 10 WF 286/83, SchlHA 1984, 56f.; vgl. auch OLG Frankfurt v. 22.10.1985 – 5 WF 269/85, FamRZ 1986, 79 (80).
3 Staudinger/*Rauscher*, § 1565 BGB Rz. 90; demgegenüber wird teilweise die vorrangige bzw. zeitnahe Terminierung gefordert: *Philippi*, FamRZ 1985, 712; *Ditzen*, FamRZ 1988, 1010f.
4 Vgl. etwa *Krause*, FamRZ 2002, 1386.
5 So aber die ganz hM, OLG Dresden v. 6.12.2001 – 20 WF 794/01, FamRZ 2002, 890 (891); MüKo.ZPO/*Bernreuther*, § 612 ZPO Rz. 2; Staudinger/*Rauscher*, § 1565 BGB Rz. 89a; *Ditzen*, FamRZ 1988, 1010.
6 Stein/Jonas/*Schlosser*, § 608 ZPO Rz. 1.
7 Demgegenüber ist § 272 Abs. 3 ZPO gem. § 113 Abs. 4 Nr. 3 nicht anwendbar (§ 113 Rz. 29).
8 Zur Statthaftigkeit der sofortigen Beschwerde § 58 Rz. 17f. und *Fölsch*, § 5 Rz. 114. Vgl. zur früheren Rechtslage OLG Brandenburg v. 21.7.2005 – 10 WF 178/05, FamRZ 2006, 1772; OLG Frankfurt v. 22.10.1985 – 5 WF 269/85, FamRZ 1986, 79; OLG Köln v. 25.5.1998 – 14 W 27/98, FamRZ 1998, 1607; OLG Schleswig v. 9.1.1984 – 10 WF 286/83, SchlHA 1984, 56; OLG Stuttgart v. 19.6.1998 – 11 WF 115/98, FamRZ 1998, 1606; aA OLG München v. 9.3.1979 – 26 WF 1048/78, NJW 1979, 1050; OLG Karlsruhe v. 16.5.1994 – 5 WF 58/94, FamRZ 1994, 1399. Unternimmt das Gericht demgegenüber gar nichts oder gibt es dem Verfahren nicht in angemessener Frist Fortgang, dürfte seit Inkrafttreten des neuen § 198 GVG die bisherige Rspr. zur Untätigkeitsbeschwerde überholt sein, OLG Bremen v. 12.11.2012 – 4 WF 137/12, FamRZ 2013, 570 (571) mwN; Zöller/*Heßler*, § 567 ZPO Rz. 21b.; zu den berechtigten verfassungsrechtlichen Zweifeln an der Neuregelung *Rixe*, FamRZ 2012, 1125 mwN.
9 BGH v. 4.12.1996 – XII ZR 231/95, FamRZ 1997, 347 (348); OLG Saarbrücken v. 29.12.2010 – 9 UF 94/10, Rz. 11, juris; OLG Düsseldorf v. 26.8.2010 – II-7 UF 70/10, FamRZ 2011, 298 (299); OLG Naumburg v. 30.6.2006 – 4 UF 13/06, FamRZ 2007, 298; OLG Koblenz v. 10.9.2007 – 13 UF 278/07, FamRZ 2008, 996; OLG Hamburg v. 15.1.1985 – 12 UF 173/84 R, FamRZ 1985, 711f.

verfahrens aufzuerlegen.[1] In einem solchen Fall kommen die Anwendung von § 1381 BGB, § 27 VersAusglG und ausnahmsweise auch eine Modifizierung der Stichtage für die Berechnung des Versorgungsausgleichs und des Zugewinnausgleichs in Frage.[2]

125 *Verfahrensfähigkeit*
(1) **In Ehesachen ist ein in der Geschäftsfähigkeit beschränkter Ehegatte verfahrensfähig.**
(2) **Für einen geschäftsunfähigen Ehegatten wird das Verfahren durch den gesetzlichen Vertreter geführt. Der gesetzliche Vertreter bedarf für den Antrag auf Scheidung oder Aufhebung der Ehe der Genehmigung des Familien- oder Betreuungsgerichts.**

A. Normzweck

Verfahrensfähigkeit ist die Fähigkeit, Verfahrenshandlungen selbst – oder durch einen selbst bestellten Verfahrensbevollmächtigten – vornehmen oder entgegennehmen zu können.[3] Es handelt sich dabei um eine Verfahrensvoraussetzung, die das Gericht in jeder Lage des Verfahrens von Amts wegen zu prüfen hat, soweit Zweifel an ihrem Vorliegen bestehen (§ 56 Abs. 1 ZPO iVm. § 113 Abs. 1 Satz 2 FamFG).[4] Wegen der **höchstpersönlichen Natur** der auf dem Spiel stehenden Rechtsbeziehungen spricht § 125 Abs. 1 in Abweichung von den allgemeinen Regeln der Zivilprozessordnung (§ 52 ZPO iVm. § 113 Abs. 1 Satz 2 FamFG) beschränkt geschäftsfähigen Ehegatten die aktive und passive Verfahrensfähigkeit in Ehesachen zu und ermöglicht ihnen auf diese Weise, autonom über den Fortbestand ihrer Ehe zu bestimmen. Damit geht die Vorschrift noch über die Regelung in § 1303 Abs. 2 BGB hinaus, wonach Minderjährige im deutschen Recht ab Vollendung des 16. Lebensjahres mit familiengerichtlicher Genehmigung die Ehe schließen können. Demgegenüber werden geschäftsunfähige Ehegatten gem. § 125 Abs. 2 Satz 1 auch in Ehesachen durch ihre gesetzlichen Vertreter vertreten. Allerdings bedürfen diese für den Antrag auf Scheidung oder Aufhebung der Ehe einer **Genehmigung**, für die nach Abschaffung der Vormundschaftsgerichte nunmehr das Familien- oder Betreuungsgericht zuständig ist. Der Sache nach entspricht die Regelung damit weitgehend § 607 aF ZPO. Für die Verfahrensfähigkeit von Ausländern ist § 55 ZPO (iVm. § 113 Abs. 1 Satz 2 FamFG) zu beachten. 1

B. Beschränkt geschäftsfähiger Ehegatte

Die (aktive und passive) Verfahrensfähigkeit beschränkt geschäftsfähiger Erwachsener besteht gem. § 125 Abs. 1 für alle Ehesachen iSv. § 121. Von der Vorschrift erfasst werden alle Verfahrenshandlungen sowie materiell-rechtlichen Willenserklärungen, die erforderlich sind, um das eingeräumte Verfahrensprivileg **effektiv wahrnehmen** zu können: Von der Erteilung einer Verfahrensvollmacht iSv. § 114 Abs. 5 und dem Abschluss eines entsprechenden Anwaltsvertrags,[5] über die Einzah- 2

---

1 BGH v. 4.12.1996 – XII ZR 231/95, FamRZ 1997, 347 (348); OLG Saarbrücken v. 29.12.2010 – 9 UF 94/10, Rz. 13, juris; OLG Düsseldorf v. 26.8.2010 – II-7 UF 70/10, FamRZ 2011, 298 (300); OLG Hamm v. 24.1.1996 – 8 UF 288/95, FamRZ 1996, 1078; OLG Nürnberg v. 16.4.1996 – 11 UF 4188/95, NJW-RR 1997, 388 (389); soweit nicht beide Ehegatten die Scheidung verfrüht angestrebt haben: OLG Hamm v. 19.8.1998 – 11 UF 46/98, FamRZ 1999, 726.
2 BGH v. 4.12.1996 – XII ZR 231/95, FamRZ 1997, 347 (348); OLG Naumburg v. 19.3.2009 – 8 UF 24/09, FamRZ 2009, 2019; *Finger*, FuR 2011, 431 (435f.); *Krause*, FamRZ 2002, 1386 (1387); Staudinger/*Rauscher*, § 1565 BGB Rz. 91.
3 Zöller/*Vollkommer*, vor § 50 ZPO Rz. 15; Rosenberg/Schwab/*Gottwald*, § 44 Rz. 1.
4 Allg. M. vgl. für Ehesachen, BGH v. 20.11.1970 – IV ZR 104/69; FamRZ 1971, 243 (244); OLG Zweibrücken v. 12.5.1998 – 5 UF 18/97, FamRZ 1999, 27 (28).
5 Vgl. OLG Hamburg v. 30.5.1963 – 6 U 90/62, MDR 1963, 761 (762); OLG Nürnberg v. 29.7.1970 – 4 U 21/70, NJW 1971, 1274f.; RG v. 25.10.1894 – IV 100/94, RGZ 34, 386ff.; BayObLG v. 6.8.1963 – 1 Z 103/63, BayObLGZ 1963, 209 (213); Stein/Jonas/*Schlosser*, § 607 ZPO Rz. 2.

lung der Verfahrensgebühr,[1] den Antrag auf Scheidung oder die Zustimmung zur Scheidung nach § 1566 Abs. 1 BGB[2] bis zum Verfahren auf Kostenfestsetzung[3] oder Wiederaufnahme.[4] Von der Privilegierung nicht mehr erfasst ist das Verfahren der Zwangsvollstreckung, weil dort finanzielle Belange und nicht Statusfragen im Vordergrund stehen.[5] Daher gilt die Vorschrift – ausweislich ihres eindeutigen Wortlauts – auch nicht für Folgesachen iSv. § 137 oder den Abschluss von Scheidungsfolgenvereinbarungen.[6] Die für das alte Recht nahezu einhellig vertretene Auffassung, § 607 aF ZPO sei auf eA nach §§ 620ff. aF ZPO anwendbar, weil diese Teil des Verfahrens in Ehesachen seien,[7] war schon immer recht formal und trägt für die hauptsacheunabhängigen eA des neuen Rechts (§ 119 Abs. 1 Satz 1 iVm. §§ 49ff.) auch unter systematischen Gesichtspunkten nicht mehr.[8] Soweit das **materielle Eherecht** Spielraum für privatautonome Entscheidungen eröffnet, kann der beschränkt Geschäftsfähige diese eigenverantwortlich treffen, so liegt es in seiner Hand, ob er den Antrag auf Scheidung oder Aufhebung der Ehe (vgl. § 1316 Abs. 2 Satz 2 BGB) stellt, ob er die Zustimmung iSv. § 1566 Abs. 1 BGB erteilt oder widerruft und die Härteklausel des § 1568 Abs. 1 BGB geltend macht (vgl. § 127 Abs. 3).[9]

3   Beschränkt geschäftsfähig sind Minderjährige, die das siebente Lebensjahr vollendet haben (§ 106 BGB). Eine vergleichbare Stellung haben **Betreute**, wenn sich der Einwilligungsvorbehalt auf Verfahren in Ehesachen erstreckt (§ 1903 Abs. 1 Satz 2 BGB), so dass man auf sie eigentlich § 125 Abs. 1 anwenden könnte, soweit kein Fall der Geschäftsunfähigkeit iSv. § 104 Nr. 2 BGB vorliegt. Doch wird gem. § 53 ZPO im Interesse einer einheitlichen Prozessführung die Handlungsmacht eines Betreuten durch die Vertretungsmacht des Betreuers verdrängt, wenn dessen Aufgabenkreis die Führung des Prozesses umfasst[10] (unabhängig von der Anordnung eines Einwilligungsvorbehalts) und er im Namen des Betreuten klagt oder in den Prozess eintritt. Diese Grundsätze finden auch auf Ehesachen Anwendung. Unter den Voraussetzungen des § 53 ZPO wird daher für Betreute § 125 Abs. 1 verdrängt, und es findet § 125 Abs. 2 Anwendung.[11]

C. Geschäftsunfähiger Ehegatte

4   Als gesetzlicher Vertreter kommen bei Erwachsenen Betreuer innerhalb ihres Aufgabenkreises[12] (§§ 1896, 1902 BGB) oder Verfahrenspfleger (§ 57 ZPO), bei minderjährigen Ehegatten der Inhaber der elterlichen Sorge, ein Vormund (§§ 1773, 1793 Abs. 1 BGB) oder Pfleger (§ 1909 BGB) in Frage. Derjenige, dem schriftlich eine Vorsorgevollmacht erteilt worden ist, die auch die Befugnis zur gerichtlichen Vertretung

---

1 RG v. 17.12.1928 – 70/28 B IV, JW 1929, 852f.; Johannsen/Henrich/*Markwardt*, § 125 FamFG Rz. 4; Zöller/*Lorenz*, § 125 FamFG Rz. 2.
2 MüKo.BGB/*Ey*, § 1566 BGB Rz. 23; Staudinger/*Rauscher*, § 1564 BGB Rz. 55a.
3 Johannsen/Henrich/*Markwardt*, § 125 FamFG Rz. 4; MüKo.ZPO/*Hilbig*, § 125 FamFG Rz. 6.
4 MüKo.ZPO/*Hilbig*, § 125 FamFG Rz. 6; Stein/Jonas/*Schlosser*, § 607 ZPO Rz. 2.
5 OLG Hamm v. 2.12.1959 – 15 W 488/59, FamRZ 1960, 161 (162); MüKo.ZPO/*Hilbig*, § 125 FamFG Rz. 2 und 6; Zöller/*Lorenz*, § 125 FamFG Rz. 1.
6 Zöller/*Lorenz*, § 125 FamFG Rz. 1; Musielak/*Borth*, § 125 FamFG Rz. 2; Bork/Jacoby/Schwab/ *Löhnig*, § 125 FamFG Rz. 6.
7 Johannsen/Henrich/*Sedemund-Treiber*, § 607 ZPO Rz. 3; MüKo.ZPO/*Bernreuther*, § 607 ZPO Rz. 1 und 3; Zöller/*Philippi*, 27. Aufl., § 607 ZPO Rz. 2; aA AK-ZPO/*Derleder*, § 607 ZPO Rz. 1.
8 Zöller/*Lorenz*, § 125 FamFG Rz. 1; aA Johannsen/Henrich/*Markwardt*, § 125 FamFG Rz. 4 (ohne Problembewusstsein); entgegen MüKo.ZPO/*Hilbig*, § 125 FamFG Rz. 2 rechtfertigt auch die ratio der Norm gerade nicht eine solche Ausdehnung.
9 Musielak/*Borth*, § 125 FamFG Rz. 4; Johannsen/Henrich/*Markwardt*, § 125 FamFG Rz. 5; MüKo.ZPO/*Hilbig*, § 125 FamFG Rz. 7.
10 Dafür ist „Vertretung vor Behörden" nicht ausreichend, OLG Zweibrücken v. 12.4.2011 – 2 WF 166/10, juris. Nach OLG Brandenburg v. 20.12.2011 – 10 UF 217/10, FamRZ 2012, 1166 (1167) muss in aller Regel explizit „Vertretung im Ehescheidungsverfahren" angeordnet sein.
11 OLG Hamm v. 22.3.1996 – 12 UF 451/95, FamRZ 1997, 301 (302); BGH v. 24.6.1987 – IVb ZR 5/86, FamRZ 1987, 928 (930) (Gebrechlichkeitspfleger); BGH v. 15.4.1964 – IV ZR 165/63, BGHZ 41, 303 (306f.) = FamRZ 1964, 126 (Gebrechlichkeitspfleger); Bork/Jacoby/Schwab/ *Löhnig*, § 125 FamFG Rz. 8ff.; aA AK-ZPO/*Derleder*, § 607 ZPO Rz. 1.
12 Vgl. dazu Fn. 10.

umfasst, steht unter den Voraussetzungen des § 51 Abs. 3 ZPO einem gesetzlichen Vertreter gleich.[1] Gem. § 125 Abs. 2 Satz 1 wird für einen Ehegatten, der geschäftsunfähig iSv. § 104 Nr. 2 BGB ist, das Verfahren durch seinen gesetzlichen Vertreter geführt, dabei kann sich die Geschäftsunfähigkeit auch auf Eheverfahren beschränken.[2] Doch beschränkt sich der Anwendungsbereich der Vorschrift nicht auf Geschäftsunfähige, denn soweit **für einen prozessfähigen Ehegatten ein Betreuer oder Pfleger** bestellt ist, wird unter den Voraussetzungen des § 53 ZPO die Handlungsmacht des Betreuten bzw. Pflegebedürftigen durch die Vertretungsmacht der Fürsorgeperson verdrängt (Rz. 3).

Zweifeln an der Verfahrensfähigkeit hat das Gericht in jeder Lage des Verfahrens **von Amts wegen** nachzugehen (§ 56 Abs. 1 ZPO iVm. § 113 Abs. 1 Satz 2 FamFG).[3] Kann nach Erschöpfung aller Beweismöglichkeiten (einschließlich der Einholung eines Sachverständigengutachtens, das erst nach vorangehender persönlicher Anhörung zulässig ist[4]) nicht geklärt werden, ob ein Beteiligter verfahrensfähig ist, muss er als verfahrensunfähig behandelt werden.[5] In diesem Fall geht das Familiengericht nach §§ 241, 246 ZPO vor[6] und wendet sich an das Betreuungsgericht, um dem Beteiligten einen Betreuer bestellen zu lassen. Für die Bestellung eines Verfahrenspflegers in Passivprozessen eines Verfahrensunfähigen gem. § 57 ZPO[7] sind die Tatbestandsvoraussetzungen regelmäßig nicht erfüllt, selbst wenn der Antragsteller dadurch eine Verfahrensverzögerung hinnehmen muss.[8] Nimmt der gesetzliche Vertreter das Verfahren auf, liegt hierin eine Genehmigung, durch die frühere Verfahrensmängel geheilt werden.[9]

Der gesetzliche Vertreter bedarf nach § 125 Abs. 2 Satz 2 zur Einleitung eines Verfahrens auf Scheidung oder Aufhebung einer Ehe (nicht aber zur Feststellung des Bestehens oder Nichtbestehens einer Ehe iSv. § 121 Nr. 3) einer Genehmigung. Ein Genehmigungserfordernis besteht in analoger Anwendung der Vorschrift auch für die Zustimmung zur Scheidung nach § 1566 Abs. 1 BGB.[10] Die Genehmigung ist vom Familiengericht zu erteilen, soweit es um den Inhaber elterlicher Sorge, Vormund oder Pfleger iSv. § 1909 BGB geht (Kindschaftssache iSv. § 151 Nr. 1, 4 oder 5). Demgegenüber ist das Betreuungsgericht[11] zuständig für die Genehmigung eines Antrags des Betreuers (Betreuungssache nach § 271 Nr. 3) oder Verfahrenspflegers iSv. § 57 ZPO (betreuungsgerichtliche Zuweisungssache nach § 340 Nr. 1). Funktionell zuständig ist der Richter sowohl am Familiengericht, da nach § 3 Nr. 3g iVm. § 25 RPflG keine Übertragung an den Rechtspfleger erfolgt, als auch am Betreuungsgericht gem. § 15 Abs. 1 Nr. 10 RPflG, der mit Wirkung zum 1.1.2013 eingefügt wurde.[12] Das Gericht hat seine Entscheidung danach auszurichten, ob die **Genehmigung dem wohlverstande-**

---

1 OLG Naumburg v. 13.10.2011 – 3 UF 157/08, Rz. 46, juris.
2 BGH v. 20.11.1970 – IV ZR 104/69, FamRZ 1971, 243 (244); BGH v. 28.6.1972 – IV ZR 32/71, FamRZ 1972, 497 (498); BGH v. 19.6.1970 – IV ZR 83/69, FamRZ 1970, 545 f.; BGH v. 24.9.1955 – IV ZR 162/54, BGHZ 18, 184 (186 f.).
3 Vgl. für Ehesachen BGH v. 20.11.1970 – IV ZR 104/69, FamRZ 1971, 243 (244).
4 BGH v. 28.5.2009 – I ZB 93/08, FamRZ 2009, 1579 (Ls.); OLG Rostock v. 28.11.2005 – 10 WF 254/05, FamRZ 2005, 554 (555).
5 BGH v. 17.11.2011 – V ZR 199/11, FamRZ 2012, 631; BGH v. 9.11.2010 – VI ZR 249/09, NJW-RR 2011, 284; BGH v. 24.9.1955 – IV ZR 162/54, BGHZ 18, 184 (189 f.); Zöller/*Lorenz*, § 125 FamFG Rz. 4.
6 Zöller/*Lorenz*, § 125 FamFG Rz. 4 f.; MüKo.ZPO/*Hilbig*, § 125 FamFG Rz. 10.
7 OLG Karlsruhe v. 28.8.1957 – 3 W 57/57, FamRZ 1957, 423 (424) m. Anm. *Beitzke*; BayObLG v. 22.12.1965 – 1b Z 103/1965, FamRZ 1966, 151 (152); vgl. auch BGH v. 8.12.2009 – IV ZR 284/08, FamRZ 2010, 548 (549).
8 MüKo.ZPO/*Hilbig*, § 125 FamFG Rz. 11; Wieczorek/Schütze/*Becker-Eberhard*, § 607 ZPO Rz. 10; *Beitzke*, FamRZ 1966, 424.
9 OLG Hamm v. 12.6.1989 – 4 UF 221/88, FamRZ 1990, 166 (167); BGH v. 30.1.1964 – VII ZR 5/63, BGHZ 41, 104 (106).
10 MüKo.BGB/*Ey*, § 1566 BGB Rz. 24; Staudinger/*Rauscher*, § 1566 BGB Rz. 34.
11 Die alternative Zuständigkeit des Betreuungsgerichts wurde durch das sog. FGG-RG-Reparaturgesetz eingeführt, vgl. BT-Drucks. 16/12717, S. 61; vgl. auch § 271 Rz. 11.
12 Art. 4 Nr. 4b) des Gesetzes zur Einführung einer Rechtsbehelfsbelehrung im Zivilprozess und zur Änderung anderer Vorschriften vom 5.12.2012, BGBl. I 2012, 2418.

nen **Interesse** des geschäftsunfähigen Ehegatten entspricht.[1] Auch die Erteilung einer nachträglichen Genehmigung ist möglich, wodurch Mängel des bisherigen Verfahrens geheilt werden.[2] Gegen die Erteilung der Genehmigung hat der andere Ehegatte keine Beschwerdebefugnis iSv. § 59.[3] Entfällt die Verfahrensfähigkeit erst während des laufenden Verfahrens, bedarf es zur Fortsetzung durch den gesetzlichen Vertreter keiner Genehmigung, weil die Einleitung des Verfahrens noch dem Ehegatten zugerechnet werden kann.[4] Materiellrechtlich kommt es, insbesondere was die Ablehnung der ehelichen Lebensgemeinschaft iSv. § 1567 Abs. 1 Satz 1 BGB anbelangt, nicht auf den gesetzlichen Vertreter, sondern den tatsächlichen Trennungswillen des geschäftsunfähigen Ehegatten an.[5]

7 Wird die **Verfahrensunfähigkeit eines Beteiligten nicht erkannt**, setzt die Zustellung gleichwohl die Rechtsmittelfristen in Gang, und die Entscheidung erwächst im Interesse von Rechtsfrieden und Rechtssicherheit nach allgemeinen Grundsätzen (zB Rücknahme oder Verzicht auf Rechtsmittel) formal in Rechtskraft in gleicher Weise, wie wenn es sich um einen Verfahrensfähigen gehandelt hätte. Doch kann der Betroffene unter Berufung auf § 579 Abs. 1 Nr. 4 ZPO iVm. § 118 FamFG die Wiederaufnahme des Verfahrens betreiben.[6] Verfahrenshandlungen, an die sich weitere Rechtsfolgen knüpfen (zB Rechtshängigkeit), bleiben demgegenüber unwirksam.[7]

8 Verfahren auf **Feststellung des Bestehens oder Nichtbestehens einer Ehe** sind nicht nach § 125 Abs. 2 Satz 2 genehmigungsbedürftig, können somit vom gesetzlichen Vertreter in eigener Verantwortung geführt werden. Da Verfahren auf **Herstellung des ehelichen Lebens** keine Ehesachen mehr sind (§ 121 Rz. 1), werden sie in § 125 naturgemäß nicht erwähnt. Während § 607 Abs. 2 Satz 2, 1. Halbs. aF ZPO wegen der Einmischung in höchstpersönliche Belange eine Stellvertretung auf Aktivseite noch a limine ausschloss, hat der Gesetzgeber des FamFG auf eine entsprechende Bestimmung bewusst verzichtet,[8] so dass insofern die allgemeinen Vertretungsregeln gelten.

126 *Mehrere Ehesachen; Ehesachen und andere Verfahren*
(1) Ehesachen, die dieselbe Ehe betreffen, können miteinander verbunden werden.
(2) Eine Verbindung von Ehesachen mit anderen Verfahren ist unzulässig. § 137 bleibt unberührt.
(3) Wird in demselben Verfahren Aufhebung und Scheidung beantragt und sind beide Anträge begründet, so ist nur die Aufhebung der Ehe auszusprechen.

---

1 BGH v. 7.11.2001 – XII ZR 247/00, FamRZ 2002, 316 (317); KG v. 4.10.2005 – 1 W 162/05, FamRZ 2006, 433 (434); OLG München v. 13.9.2006 – 33 Wx 138/06, FamRZ 2007, 568 (569).
2 OLG München v. 13.9.2006 – 33 Wx 138/06, FamRZ 2007, 568 (569); KG v. 4.10.2005 – 1 W 162/05, FamRZ 2006, 433 (434); OLG Hamm v. 12.6.1989 – 4 UF 221/88, FamRZ 1990, 166 (167); RG v. 12.11.1914 – IV 346/14, RGZ 86, 15 (17).
3 OLG München v. 13.9.2006 – 33 Wx 138/06, FamRZ 2007, 568 (569); KG v. 4.10.2005 – 1 W 162/05, FamRZ 2006, 433 f.; MüKo.ZPO/*Hilbig*, § 125 FamFG Rz. 17.
4 OLG Hamm v. 12.6.1989 – 4 UF 221/88, FamRZ 1990, 166 (167); MüKo.ZPO/*Hilbig*, § 125 FamFG Rz. 15; Johannsen/Henrich/*Markwardt*, § 125 FamFG Rz. 8.
5 BGH v. 25.1.1989 – IVb ZR 34/88, FamRZ 1989, 479 (480); BGH v. 7.11.2001 – XII ZR 247/00, FamRZ 2002, 316 (317) (Abstellen auf gelebte Verantwortungsgemeinschaft, wenn Ehegatte kein Bewusstsein [mehr] besitzt, in einer Ehe zu leben); KG v. 4.10.2005 – 1 W 162/05, FamRZ 2006, 433 (434).
6 BGH v. 25.3.1988 – V ZR 1/87, FamRZ 1988, 828 (829) (mN auch zur Gegenansicht); BGH v. 27.11.1957 – IV ZR 28/57, FamRZ 1958, 58 (59) m. abl. Anm. *Rosenberg*, FamRZ 1958, 95 (96) (Rechtskraft erst mit Ablauf der Fünfmonatsfrist iSv. §§ 517, 548 ZPO); OLG Zweibrücken v. 12.5.1998 – 5 UF 18/97, FamRZ 1999, 27 (28).
7 OLG Zweibrücken v. 12.5.1998 – 5 UF 18/97, FamRZ 1999, 27 (28) (Ehezeitende iSv. § 1587 Abs. 2 BGB erst mit Rechtskraft des Scheidungsausspruchs); MüKo.ZPO/*Hilbig*, § 125 FamFG Rz. 18.
8 BT-Drucks. 16/6308, S. 227.

A. Vorbemerkungen
I. Normzweck 1
II. Streitgegenstand in Ehesachen 3

B. Verbindung von Verfahren
I. Allgemeine Grundsätze 4
II. Besonderheiten des Gegenantrags .. 7
III. Parallele Scheidungsanträge
1. Zulässigkeit und Bedeutung 9
2. Verfahrensfragen 11

IV. Kollision von Scheidung und Aufhebung
1. Verhältnis der Anträge (Absatz 3) . 13
2. Vermeidung widersprechender Entscheidungen 14

V. Geltendmachung mehrerer Aufhebungsgründe
1. Verhältnis der Anträge 18
2. Vermeidung widersprechender Entscheidungen 19

A. Vorbemerkungen

I. Normzweck

Der Grundsatz der Zivilprozessordnung, dass mehrere Verfahren zur gemeinsamen Verhandlung und Entscheidung miteinander verbunden werden können, sei es im Rahmen einer Widerklage (§ 33 ZPO), einer Verfahrensverbindung (§ 147 ZPO) oder einer Klagenhäufung (§ 260 ZPO), wird für Ehesachen durch § 126 eingeschränkt. Der Grund hierfür sind die **besonderen Charakteristika des Verfahrens in Ehesachen**, die sie von anderen Familiensachen deutlich abheben: Von den Familiensachen der FG unterscheiden sie sich durch die generelle Anwendbarkeit der ZPO (§ 113 Abs. 1 Satz 2), doch auch mit Familienstreitsachen iSv. § 112 sind sie kaum kompatibel, weil für Ehesachen nicht die Verhandlungsmaxime, sondern der (eingeschränkte) Amtsermittlungsgrundsatz (§ 127) gilt. 1

Gem. § 126 Abs. 1 können **Ehesachen iSv. § 121, die dieselbe Ehe betreffen, untereinander uneingeschränkt verbunden** werden. Die Vorschrift geht damit über § 610 Abs. 1 aF ZPO hinaus, der Verfahren auf Feststellung des Bestehens oder Nichtbestehens der Ehe von der Verbindungsmöglichkeit noch ausschloss.[1] Nach § 126 Abs. 2 Satz 1 ist wie auch schon nach früherem Recht (§ 610 Abs. 2 Satz 1 aF ZPO) die **Verbindung einer Ehesache mit einer Nichtehesache unzulässig**, soweit es sich nicht um den gem. § 137 zulässigen Verbund einer Scheidungs- und Folgesache handelt (§ 126 Abs. 2 Satz 2). Dieser unterscheidet sich von der herkömmlichen Prozessverbindung[2] dadurch, dass Verfahrensgegenstände miteinander verbunden werden, für die trotz gemeinsamer Verhandlung und Entscheidung unterschiedliche Verfahrensordnungen maßgeblich sind (§ 137 Rz. 11). Während in § 610 Abs. 2 Satz 1 aF ZPO das Verbot der Geltendmachung einer Nichtehesache im Wege einer Widerklage ausdrücklich hervorgehoben wurde, enthält die neue Regelung diesen Zusatz nicht mehr, weil er eine selbstverständliche Konsequenz des Verbindungsverbots ist.[3] § 126 Abs. 3 entspricht § 631 Abs. 2 Satz 3 aF ZPO, wonach bei einer **Kumulation von Scheidungs- und Aufhebungsantrag**, wenn beide Anträge begründet sind, nur die Aufhebung der Ehe auszusprechen ist (vgl. dazu Rz. 13). 2

II. Streitgegenstand in Ehesachen

Um Voraussetzungen und Wirkungen einer Verfahrensverbindung analysieren zu können, muss der Streitgegenstand in Ehesachen bestimmt werden (zur Antragsänderung s. § 113 Rz. 24, zum Umfang der Rechtskraft s. § 121 Rz. 5). Seit Einführung des Zerrüttungsprinzips geht die nahezu einhellige Auffassung davon aus, dass dem Scheidungsverfahren im deutschen Recht ein **einheitlicher Streitgegenstand** zugrunde liegt, obwohl das Gesetz in §§ 1565 ff. BGB verschiedene Vermutungstatbestände normiert, denn maßgeblicher Lebenssachverhalt ist stets das Scheitern der Ehe im Zeitpunkt der letzten mündlichen Verhandlung.[4] An der Einheitlichkeit des 3

---

[1] Vgl. dazu BT-Drucks. 16/6308, S. 227.
[2] Zöller/*Lorenz*, § 126 FamFG Rz. 1; Musielak/*Borth*, § 126 FamFG Rz. 2.
[3] BT-Drucks. 16/6308, S. 227.
[4] Staudinger/*Rauscher*, § 1564 BGB Rz. 26 f.; Johannsen/Henrich/*Markwardt*, § 121 FamFG Rz. 7 f.; Musielak/*Borth*, § 126 FamFG Rz. 9; Stein/Jonas/*Schlosser*, § 611 ZPO Rz. 2. Nach aA sollen unterschiedliche Streitgegenstände vorliegen, wenn sich (zumindest) ein Ehegatte auf

Streitgegenstandes ändert sich auch dann nichts, wenn beide Ehegatten gleichgerichtete Anträge auf Scheidung stellen.[1] Trotz des einheitlichen Verfahrensziels (Auflösung der Ehe) bestehen im Verhältnis von Scheidung und Aufhebung wegen der unterschiedlichen Ansatzpunkte – (nachträgliches) Scheitern der Ehe einerseits und Geltendmachung eines die Ehe von Anfang an belastenden Mangels andererseits – unterschiedliche Streitgegenstände.[2] Streitgegenstand im Eheaufhebungsverfahren ist der konkret **geltend gemachte Ehemangel**, wobei neben einer Aufgliederung nach den Aufhebungsgründen des § 1314 BGB eine weitere Differenzierung nach dem zugrunde liegenden Lebenssachverhalt denkbar ist (zB Mehrzahl von Irrtümern).[3] Beim Antrag auf Feststellung des Bestehens oder Nichtbestehens einer Ehe gelten für die Bestimmung des Streitgegenstandes die gleichen Grundsätze wie bei der allgemeinen Feststellungsklage (vgl. § 121 Rz. 9). Danach wird der Streitgegenstand nicht durch die für oder gegen die Ehe vorgebrachten Umstände beschränkt, sondern umfasst den Bestand der Ehe als solchen.[4]

B. Verbindung von Verfahren

I. Allgemeine Grundsätze

4 Für die Verbindung mehrerer Ehesachen nach § 126 Abs. 1 kommen ein Gegenantrag des anderen Ehegatten, eine Verfahrensverbindung durch das Gericht (§ 147 ZPO) sowie eine Antragshäufung durch den Antragsteller (§ 260 ZPO), die auch im Eventualverhältnis zulässig ist,[5] in Frage. Verstößt ein Gegenantrag oder eine Antragshäufung gegen das von Amts wegen zu beachtende Verbot des § 126 Abs. 2, müssen die Verfahren nach § 145 ZPO iVm. § 113 Abs. 1 Satz 2 FamFG **getrennt** werden.[6] Wurde der unvereinbare Antrag nur hilfsweise gestellt, ist er als unzulässig abzuweisen, da eine Verfahrenstrennung bei Hilfsanträgen nicht möglich ist.[7]

5 Sind für verschiedene Anträge gem. § 122 verschiedene Gerichte zuständig und verzichtet der Antragsteller auf eine Antragshäufung oder der Antragsgegner auf eine Geltendmachung im Wege der Widerklage, könnte es zu zwei getrennten Eheverfahren bezüglich ein und derselben Ehe kommen. Vor Inkrafttreten des FamFG wurde teilweise die Ansicht vertreten, dass für ein selbständiges Verfahren das Rechtsschutzbedürfnis fehlt, soweit der Antrag im Wege der Antragshäufung oder der Widerklage in ein bereits anhängiges Verfahren eingebracht werden kann.[8] Auf diesen argumentativen Notbehelf, der mit den allgemeinen Verfahrensgrundsätzen nur schwer vereinbar ist, kann nunmehr verzichtet werden, da § 123 die Zusammenführung der Verfahren durch **Abgabe an das Gericht der Scheidungssache oder das Gericht der zuerst rechtshängigen Ehesache** anordnet. Werden demgegenüber die

---

Härtegründe iSv. § 1565 Abs. 2 BGB beruft, BGB-RGRK/*Grasshoff*, § 1564 BGB Rz. 48 und 50; noch weiter gehende Aufgliederung nach den verschiedenen Scheidungstatbeständen Soergel/ *Heintzmann*, 12. Aufl. 1989, § 1564 BGB Rz. 38 und *Lüke*, FS Gaul 1997, S. 427 f.

1 Staudinger/*Rauscher*, § 1564 BGB Rz. 27; Stein/Jonas/*Schlosser*, § 611 ZPO Rz. 2; MüKo.ZPO/ *Bernreuther*, § 611 ZPO Rz. 4; aA OLG Frankfurt v. 10.11.1981 – 3 UF 6/81, FamRZ 1982, 809 (811); Johannsen/Henrich/*Jaeger*, § 1564 BGB Rz. 41; BGB-RGRK/*Grasshoff*, § 1564 BGB Rz. 48; *H. Roth*, FS Schwab 2005, S. 706 f.
2 OLG Zweibrücken v. 27.6.2001 – 5 WF 40/01, FamRZ 2002, 255 (256); OLG Karlsruhe v. 2.2.1984 – 2 UF 105/82, IPrax 1985, 36 (37); *Lüke*, FS Gaul 1997, S. 426 f.; offengelassen in BGH v. 12.10. 1988 – IVb ZB 73/86, FamRZ 1989, 153 (155).
3 Stein/Jonas/*Schlosser*, § 611 ZPO Rz. 3 f.; MüKo.ZPO/*Bernreuther*, § 611 ZPO Rz. 5.
4 Johannsen/Henrich/*Markwardt*, § 121 FamFG Rz. 11; MüKo.ZPO/*Bernreuther*, § 611 ZPO Rz. 6; Stein/Jonas/*Schlosser*, § 611 ZPO Rz. 6.
5 OLG Brandenburg v. 16.10.2007 – 10 UF 141/07, FamRZ 2008, 1534 (1535); vgl. auch Rz. 13.
6 BT-Drucks. 16/6308, S. 227; BGH v. 19.3.1997 – XII ZR 277/95, FamRZ 1997, 811 (812); OLG Hamm v. 1.9.1993 – 5 UF 146/92, FamRZ 1994, 773.
7 BGH v. 30.11.1960 – IV ZR 61/60, BGHZ 34, 134 (153) = FamRZ 1961, 203 (208); OLG Stuttgart v. 4.2.1980 – 17 WF 361/79 ES, FamRZ 1981, 579; OLG Düsseldorf v. 21.12.1988 – 2 UF 106/88, FamRZ 1989, 648 (649).
8 Stein/Jonas/*Schlosser*, § 610 ZPO Rz. 9, § 611 ZPO Rz. 8; MüKo.ZPO/*Bernreuther*, § 611 ZPO Rz. 13; Wieczorek/Schütze/*Becker-Eberhard*, § 610 ZPO Rz. 25; so immer noch Johannsen/Henrich/*Markwardt*, § 126 FamFG Rz. 4.

Anträge beim selben Gericht eingereicht, ohne dass eine Verfahrensverbindung durch den Antragsteller bzw. Antragsgegner angestrebt wird, führt schon die Geschäftsverteilung zur Zuständigkeit desselben Abteilungsrichters (§ 23b Abs. 2 Satz 1 GVG), der die Verfahren nach § 147 ZPO verbinden wird. Dabei wird man – obwohl dies nur von theoretischem Interesse sein dürfte – aus § 123 sogar eine entsprechende Verpflichtung ableiten können.[1]

Die früher herrschende Lehre von der **Einheitlichkeit der Entscheidung** in Ehesachen entwickelte den Grundsatz, dass über verschiedene Begehren, welche die Auflösung ein und derselben Ehe zum Ziel haben, nur gleichzeitig und gemeinsam entschieden werden kann.[2] Zwar hat diese Auffassung durch das 1. EheRG, welches den einheitlichen Scheidungsgrund des Scheiterns der Ehe einführte, weitgehend an Bedeutung verloren, doch werden aus dem Grundsatz teilweise auch heute noch gewisse Schlussfolgerungen gezogen, so etwa, dass bei Verbindung mehrerer Ehesachen ein Teilbeschluss unzulässig[3] (Rz. 12 und 14) und bei einer Zurückverweisung nach einer Teilanfechtung die gesamte Vorentscheidung aufzuheben sei (Rz. 16).[4] Demgegenüber geht die mittlerweile wohl herrschende Auffassung davon aus, dass es nicht der Postulierung eines die geltenden Verfahrensregeln derogierenden Prinzips bedarf, weil man bei sachgerechter Anwendung der allgemeinen Regeln bereits angemessene Ergebnisse zu erzielen vermag.[5] Dennoch behält der Gesichtspunkt als **Auslegungstopos seine Berechtigung**, weil es in der Tat zweckmäßig sein kann, eine Aufspaltung verschiedener Verfahren, die den Bestand derselben Ehe betreffen, zu vermeiden. Seit Einführung des § 123, der in die gleiche Richtung zielt, besitzt dieses Argument sogar verstärktes Gewicht. Gleichzeitig zeigt diese Vorschrift aber auch, dass das Gesetz nicht von einem dem Eheverfahrensrecht bereits immanenten Grundsatz der Einheitlichkeit der Entscheidung ausgeht, denn dann wären Parallelverfahren vor verschiedenen Gerichten bereits per se unzulässig.[6]

II. Besonderheiten des Gegenantrags

Der Gegenantrag (iSe. Widerklage – zur Terminologie vgl. § 113 Rz. 39), der auch bedingt gestellt werden kann,[7] muss nicht den Anforderungen des § 133 genügen, sondern kann auch in der mündlichen Verhandlung **zu Protokoll erklärt** werden (§§ 261 Abs. 2, 297 Abs. 1 Satz 2 und 3 ZPO).[8] Die durch § 113 Abs. 4 Nr. 2 eröffneten Möglichkeiten einer Antragsänderung gelten auch für einen Gegenantrag. Auch wenn der besondere **Gerichtsstand** der Widerklage auf Ehesachen nicht anwendbar ist (vgl. § 33 Abs. 2 ZPO),[9] kann der Gegenantrag iSv. § 126 Abs. 1 – unabhängig davon, ob § 122 die Zuständigkeit desselben Gerichts begründet[10] – nicht zuletzt im Hinblick auf die § 123 zu Grunde liegende Wertung stets in dem für die erste Ehe-

---

1 Vgl. auch Musielak/*Borth*, § 123 FamFG Rz. 2.
2 Vgl. die Darstellung bei *Becker-Eberhard*, FS Gaul 1997, S. 36 ff. mwN.
3 Baumbach/*Hartmann*, Einf. § 121 FamFG Rz. 4.
4 Johannsen/Henrich/*Markwardt*, § 126 FamFG Rz. 8. Zum früheren Stand dieser Lehre vgl. Wieczorek/Schütze/*Becker-Eberhard*, § 610 ZPO Rz. 14 f. mwN.
5 OLG Zweibrücken v. 5.6.2001 – 5 UF 38/01, OLGReport 2001, 470 (471) = FamRB 2002, 43 (*Neumann*); MüKo.ZPO/*Bernreuther*, § 610 ZPO Rz. 7 ff.; Stein/Jonas/*Schlosser*, § 610 ZPO Rz. 5; Wieczorek/Schütze/*Becker-Eberhard*, § 610 ZPO Rz. 19 („weitgehend entbehrlich"). Einen Rückgriff auf diese Lehre zumindest für bestimmte Fallkonstellationen befürworten Musielak/*Borth*, § 126 FamFG Rz. 7 ff.; *H. Roth*, FS Schwab 2005, S. 701 ff. Vgl. auch OLG Stuttgart v. 30.12.1994 – 15 UF 295/94, FamRZ 1995, 618.
6 So in der Tat früher RG v. 6.3.1922 – IV 531/21, RGZ 104, 155 (156 f.); vgl. auch noch Zöller/*Philippi*, 27. Aufl., § 610 ZPO Rz. 6.
7 RG v. 15.1.1941 – IV B 40/40, RGZ 165, 317 (319); Musielak/*Borth*, § 126 FamFG Rz. 5; Johannsen/Henrich/*Sedemund-Treiber*, 4. Aufl. 2003, § 611 ZPO Rz. 4.
8 Vgl. § 124 Rz. 14.
9 MüKo.ZPO/*Hilbig*, § 122 FamFG Rz. 3; aA offenbar Johannsen/Henrich/*Markwardt*, § 121 FamFG Rz. 12.
10 In aller Regel ist für den Gegenantrag dasselbe Gericht zuständig, zu Ausnahmen vgl. § 123 Rz. 3.

sache begründeten Gerichtsstand erhoben werden.[1] Zu Art. 4 Brüssel IIa-VO, der auch die örtliche Zuständigkeit für einen Gegenantrag regelt, vgl. § 98 Rz. 14.

8 § 126 Abs. 1 gilt gem. § 68 Abs. 3 Satz 1 (der gem. § 113 Abs. 1 Satz 1 auch in Ehesachen anwendbar bleibt) auch in der **Beschwerdeinstanz**, so dass dort die Stellung eines Gegenantrags unabhängig von den Vorgaben des § 533 ZPO möglich ist. Doch ergeben sich Einschränkungen aus dem allgemeinen Gesichtspunkt, dass die Einlegung eines Rechtsmittels – soweit nicht ausnahmsweise die Aufrechterhaltung der Ehe angestrebt wird (Einzelheiten bei § 117 Rz. 13)[2] – stets eine Beschwer voraussetzt.[3] Hat der Antragsgegner in erster Instanz voll obsiegt, kann er seine Beschwerde nicht allein mit der Stellung eines Gegenantrags begründen.[4] Wurde vom Familiengericht das Getrenntleben der Ehegatten nach ausländischem Recht ausgesprochen, so soll nach Auffassung des OLG Karlsruhe der in der Rechtsmittelinstanz als Gegenantrag eingereichte Scheidungsantrag des Antragsgegners unzulässig sein, weil der Mindestverbund nach § 137 Abs. 2 Satz 2 und Abs. 3 erstmals in zweiter Instanz durchzuführen wäre.[5] Hier wäre eine Zurückverweisung gem. § 146 Abs. 1 Satz 1 analog vorzugswürdig.[6] Obwohl § 74 Abs. 4 für die **Rechtsbeschwerde** grundsätzlich auf die im ersten Rechtszug geltenden Vorschriften verweist, gilt § 126 Abs. 1 wegen § 559 ZPO, der gem. § 74 Abs. 3 Satz 4 entsprechend anwendbar ist, nicht: Nach § 559 ZPO ist in der Rechtsbeschwerde durch die Natur des Rechtsmittels die erstmalige Einreichung eines Gegenantrags nicht zulässig.[7] Zur Parallelproblematik der Antragsänderung in der Rechtsmittelinstanz vgl. § 113 Rz. 25 ff.

III. Parallele Scheidungsanträge

1. Zulässigkeit und Bedeutung

9 Stellt in einem Scheidungsverfahren der andere Ehegatte ebenfalls einen Antrag auf Scheidung der Ehe, so würde dem nach allgemeinen Grundsätzen wegen der Einheitlichkeit des Streitgegenstandes (Rz. 3) der Einwand anderweitiger Rechtshängigkeit entgegenstehen (§ 261 Abs. 3 Nr. 1 ZPO). Das Scheidungs(verfahrens)recht setzt jedoch die **Zulässigkeit gleichlaufender Scheidungsanträge** voraus (§ 1566 Abs. 1 BGB). Der Nachweis eines besonderen Rechtsschutzbedürfnisses ist dafür – auch im VKH-Verfahren – nicht erforderlich, vielmehr besteht generell (nicht nur in Fällen einverständlicher Scheidung) ein anerkennenswertes Interesse, den Ablauf des Verfahrens selbst „in der Hand zu behalten",[8] nicht zuletzt um die Gegenseite daran zu hindern, durch Rücknahme des Scheidungsantrags die Ehezeitdauer iSd. §§ 1384, 1579 Nr. 1 BGB § 3 VersAusglG zu verschieben.[9] Aus diesem Grund ist regelmäßig **beiden Seiten Verfahrenskostenhilfe** zu gewähren, obwohl sie dem jeweiligen Antrag der Gegenseite nicht entgegengetreten.[10]

10 Will man die systematischen Zusammenhänge und die Unterschiede zum echten Gegenantrag (iSe. Widerklage) deutlicher hervortreten lassen, kann der „Gegenantrag" des anderen Ehegatten etwa als **gleichgerichteter Scheidungsantrag** oder

---

1 Johannsen/Henrich/*Sedemund-Treiber*, 4. Aufl. 2003, § 611 ZPO Rz. 5 und § 606 ZPO Rz. 12; aA offenbar MüKo.ZPO/*Hilbig*, § 122 FamFG Rz. 3; unklar Baumbach/*Hartmann*, § 122 FamFG Rz. 1.
2 BGH v. 11.1.1984 – IVb ZR 41/82, FamRZ 1984, 350 (351); OLG Zweibrücken v. 25.5.2012 – 6 UF 39/12, FamRZ 2013, 652 (653); OLG Karlsruhe v. 4.12.1997 – 16 UF 77/97, FamRZ 1999, 454.
3 BGH v. 6.6.1957 – IV ZB 102/57, FamRZ 1957, 316 (Klageänderung).
4 MüKo.ZPO/*Bernreuther*, § 611 ZPO Rz. 11; Zöller/*Philippi*, 27. Aufl., § 611 ZPO Rz. 5.
5 OLG Karlsruhe v. 4.12.1997 – 16 UF 77/97, FamRZ 1999, 454 (455 f.).
6 Musielak/*Borth*, 6. Aufl. 2008, § 611 ZPO Rz. 6 m. Fn. 15.
7 BGH v. 23.5.1957 – II ZR 250/55, BGHZ 24, 279 (285); MüKo.ZPO/*Hilbig*, § 126 FamFG Rz. 4; Johannsen/Henrich/*Markwardt*, § 126 FamFG Rz. 4.
8 Stein/Jonas/*Schlosser*, § 611 ZPO Rz. 2.
9 Staudinger/*Rauscher*, § 1564 BGB Rz. 25; MüKo.BGB/*Ey*, § 1564 BGB Rz. 40; Musielak/*Borth*, § 126 FamFG Rz. 10. Vgl. die Konstellationen in BGH v. 13.10.1982 – IVb ZB 601/81, FamRZ 1983, 38 (40); OLG Frankfurt v. 10.11.1981 – 3 UF 6/81, FamRZ 1982, 809 (811).
10 OLG Bamberg v. 2.3.1994 – 2 WF 32/94, FamRZ 1995, 370 f.; Zöller/*Geimer*, § 76 FamFG Rz. 34 f.; Musielak/*Borth*, § 76 FamFG Rz. 10.

Anschlussantrag[1] bezeichnet werden. Hat ein Ehegatte in erster Instanz die Abweisung des Scheidungsantrags erreicht, muss er Anschlussbeschwerde einlegen, wenn er im **Beschwerdeverfahren** nunmehr einen gleichlaufenden Scheidungsantrag stellen will.[2] Zur Rechtsnatur der Zustimmung iSv. § 1566 Abs. 1 BGB vgl. § 134 Rz. 4.

2. Verfahrensfragen

Für die Anträge beider Ehegatten gilt Anwaltszwang (§ 114 Abs. 1), doch muss der Anschlussantrag nicht den Anforderungen des § 133 genügen, sondern kann auch in der mündlichen Verhandlung **zu Protokoll erklärt** werden (§§ 261 Abs. 2, 297 Abs. 1 Satz 2 und 3 ZPO).[3]

11

Wegen der Einheitlichkeit des Streitgegenstandes bilden gleichgerichtete Scheidungsanträge **verfahrensrechtlich eine untrennbare Einheit**, über sie muss daher stets im selben Verfahren entschieden werden.[4] Macht der Antragsgegner seinen Scheidungsantrag bei einem anderen Gericht anhängig, so steht dem die Rechtshängigkeit des ersten Antrags entgegen (§ 261 Abs. 3 Nr. 1 ZPO).[5] Nach § 123 Satz 2 ist das zweite Scheidungsbegehren von Amts wegen an das Gericht abzugeben, bei dem das Verfahren zuerst rechtshängig geworden ist.[6] Ausgeschlossen ist auch jede Form der prozessualen Aufspaltung, beispielsweise durch Aussetzung des Verfahrens über das Scheidungsbegehren nur eines Ehegatten,[7] durch Teilbeschluss[8] oder durch Abweisung des ersten Antrags als unzulässig und Verweisung des zweiten an ein anderes Gericht.[9] Im Scheidungsbeschluss muss nicht deutlich gemacht werden, auf wessen Antrag die Ehe geschieden wurde.[10] Wird der erste Antrag zurückgenommen (vgl. auch § 130 Abs. 1) und die Ehe auf den gegnerischen Scheidungsantrag geschieden, bleibt der für den Eintritt der **Rechtshängigkeit** maßgebliche Zeitpunkt die Zustellung des ersten Scheidungsantrags (vgl. § 124 Rz. 3).[11]

12

IV. Kollision von Scheidung und Aufhebung

1. Verhältnis der Anträge (Absatz 3)

Beantragt der eine Ehegatte die Scheidung und der andere die Aufhebung der Ehe, so ist nach § 126 Abs. 3, wenn beide Anträge begründet sind, nur die Aufhebung der Ehe auszusprechen. Der hierin zum Ausdruck kommende **Vorrang des Eheaufhebungsantrags** greift auch dann, wenn der Antragsteller sowohl Aufhebung als auch Scheidung beantragt, ohne ein Rangverhältnis ausdrücklich festzulegen. Da es dem Antragsteller jedoch unbenommen ist, zunächst allein die Scheidung zu beantragen und erst im Falle einer Abweisung dieses Antrags in einem zweiten Verfahren die Aufhebung der Ehe zu begehren, muss er auch die Option besitzen, von vornherein

13

---

1 Stein/Jonas/*Schlosser*, § 611 ZPO Rz. 2.
2 OLG Frankfurt v. 8.1.1980 – 3 UF 325/78, FamRZ 1980, 710.
3 OLG Frankfurt 10.11.1981 – 3 UF 6/81, FamRZ 1982, 809 (811); MüKo.ZPO/*Hilbig*, § 124 FamFG Rz. 10; Johannsen/Henrich/*Markwardt*, § 124 FamFG Rz. 3.
4 Musielak/*Borth*, § 126 FamFG Rz. 8; Wieczorek/Schütze/*Becker-Eberhard*, § 610 ZPO Rz. 17; Johannsen/Henrich/*Markwardt*, § 126 FamFG Rz. 8.
5 BT-Drucks. 16/6308, S. 227; BGH v. 13.10.1982 – IVb ZB 601/81, FamRZ 1983, 38 (40); BGH v. 26.1.1983 – IVb ZR 335/81, NJW 1983, 1269f.; Stein/Jonas/*Schlosser*, § 611 ZPO Rz. 2.
6 BT-Drucks. 16/6308, S. 227.
7 Johannsen/Henrich/*Markwardt*, § 126 FamFG Rz. 8; Musielak/*Borth*, § 126 FamFG Rz. 8. Vgl. – auf anderer dogmatischer Grundlage – auch RG v. 1.12.1904 – IV 443/04, RGZ 58, 315 (316); OLG Köln v. 13.5.1960 – 9 W 44/60, JR 1961, 68 (69).
8 Musielak/*Borth*, § 126 FamFG Rz. 8; Zöller/*Philippi*, 27. Aufl., § 610 ZPO Rz. 7. Vgl. – auf anderer dogmatischer Grundlage – auch RG v. 24.3.1943 – IV 23/43, RGZ 171, 39 (40f.); OLG Düsseldorf v. 20.5.1965 – 8 U 288/64, OLGZ 65, 186f.
9 OLG Bamberg v. 25.11.1983 – 7 UF 50/83, FamRZ 1984, 302 (303); Musielak/*Borth*, § 126 FamFG Rz. 8; Johannsen/Henrich/*Markwardt*, § 126 FamFG Rz. 8.
10 Stein/Jonas/*Schlosser*, § 611 ZPO Rz. 2; MüKo.ZPO/*Finger*, § 622 ZPO Rz. 7; aA offenbar OLG Hamm v. 20.5.1980 – 2 UF 42/80, FamRZ 1980, 1049.
11 BGH v. 13.10.1982 – IVb ZB 601/81, FamRZ 1983, 38 (39f.); BGH v. 21.10.1981 – IVb ZB 650/80, FamRZ 1982, 153; OLG Koblenz v. 9.8.2011 – 13 UF 443/11, FamRZ 2012, 709 (710).

Scheidung und hilfsweise Aufhebung der Ehe zu beantragen. § 126 Abs. 3 stellt demnach kein zwingendes Recht dar, vielmehr hat der Antragsteller die Möglichkeit, ein entgegengesetztes Rangverhältnis festzulegen.[1]

2. Vermeidung widersprechender Entscheidungen

14 Während nach traditioneller Auffassung aus dem Grundsatz der Einheitlichkeit der Entscheidung (Rz. 6) ein **Verbot von Teilbeschlüssen** abgeleitet wird,[2] berufen sich andere Autoren auf den positiv-rechtlichen Anhaltspunkt in § 126 Abs. 3, um eine entsprechende Schlussfolgerung zu legitimieren.[3] Der Sache nach geht es um die Frage, ob ein Hauptantrag auf Eheaufhebung durch Teilbeschluss abgewiesen werden darf, auf die Gefahr hin, dass das Familiengericht dann später auf den hilfsweise gestellten Scheidungsantrag die Ehe scheidet, während die Rechtsmittelinstanz zu dem Ergebnis gelangt, die Ehe sei doch aufzuheben. Bei pragmatischer Herangehensweise wird das Familiengericht in einer derartigen Konstellation eine Teilentscheidung schon gar nicht als sachdienlich ansehen (§ 301 Abs. 2 ZPO) oder zumindest das Scheidungsverfahren aussetzen, bis die Teilentscheidung rechtskräftig geworden ist.[4] Doch auch wenn dieser Weg nicht eingeschlagen wird, stellen sich keine Probleme, die nicht auch in anderen Fällen eventueller Klagenhäufung gelöst werden müssten. Soweit ein Teilurteil insofern überhaupt für zulässig gehalten wird,[5] soll die Entscheidung über einen hilfsweise gestellten Antrag **auflösend bedingt** sein und ihre Wirkung verlieren, wenn das Rechtsmittelgericht dem Hauptantrag doch stattgibt.[6]

15 Bestehen keine prinzipiellen Einwände gegen den Erlass eines Teilbeschlusses, kommt auch eine dem Teilbeschluss sachlich nahestehende **Urteilsergänzung nach § 321 ZPO** in Frage. Praktische Relevanz besitzt dies lediglich dann, wenn ein Aufhebungsantrag abgewiesen und das hilfsweise Scheidungsbegehren übergangen wurde.[7] Wurde demgegenüber der Aufhebungsantrag ignoriert und direkt über den Scheidungsantrag entschieden, handelt es sich nicht um einen Anwendungsfall der Urteilsergänzung, vielmehr ist die Entscheidung wegen Verstoßes gegen § 126 Abs. 3 fehlerhaft und muss durch Einlegung von Rechtsmitteln korrigiert werden.[8]

16 Auch eine **Teilanfechtung** begegnet keinen Bedenken.[9] Schon nach allgemeinen Regeln wird bei einer Teilanfechtung der Eintritt der Rechtskraft insgesamt gehemmt, solange das Rechtsmittel noch erweitert werden oder der Gegner ein Anschlussrechtsmittel einlegen kann,[10] wobei in Ehesachen der durch § 113 Abs. 4 Nr. 2 auch für die Beschwerdeinstanz eröffnete Spielraum zu beachten ist. Wird der Scheidungsausspruch rechtskräftig, während der Aufhebungsantrag noch in der Rechtsmittelinstanz anhängig ist, wird man im Hinblick auf § 126 Abs. 3 die Scheidung als

---

1 BGH v. 12.10.1988 – IVb ZB 73/86, FamRZ 1989, 153 (155); MüKo.ZPO/Hilbig, § 126 FamFG Rz. 11; Musielak/Borth, § 126 FamFG Rz. 5; Wieczorek/Schütze/Becker-Eberhard, § 610 ZPO Rz. 6; aA offenbar Keidel/Weber, § 126 FamFG Rz. 7.
2 Baumbach/Hartmann, Einf. § 121 FamFG Rz. 4.
3 MüKo.ZPO/Bernreuther, § 610 ZPO Rz. 8.
4 Wieczorek/Schütze/Becker-Eberhard, § 610 ZPO Rz. 20; Keidel/Weber, § 126 FamFG Rz. 7.
5 Gegen die hM etwa Zöller/Vollkommer, § 301 ZPO Rz. 8 mwN.
6 OLG Zweibrücken v. 5.6.2001 – 5 UF 38/01, OLGReport 2001, 470 (471) = FamRB 2002, 43 (Neumann); Musielak/Borth, § 126 FamFG Rz. 7; MüKo.ZPO/Hilbig, § 126 FamFG Rz. 18; Wieczorek/Schütze/Becker-Eberhard, § 610 ZPO Rz. 20; MüKo.ZPO/Musielak, § 301 ZPO Rz. 12.
7 Keidel/Weber, § 126 FamFG Rz. 7; Wieczorek/Schütze/Becker-Eberhard, § 610 ZPO Rz. 23; Stein/Jonas/Schlosser, § 610 ZPO Rz. 10; eingehend Becker-Eberhard, FS Gaul 1997, S. 50.
8 Wieczorek/Schütze/Becker-Eberhard, § 610 ZPO Rz. 23; MüKo.ZPO/Bernreuther, § 610 ZPO Rz. 10.
9 Wieczorek/Schütze/Becker-Eberhard, § 610 ZPO Rz. 24; MüKo.ZPO/Bernreuther, § 610 ZPO Rz. 11; Stein/Jonas/Schlosser, § 610 ZPO Rz. 12; für die Revision vgl. BGH v. 2.10.1968 – IV ZR 600/68, MDR 1969, 39.
10 Zöller/Stöber, § 705 ZPO Rz. 11; Thomas/Putzo/Seiler, § 705 ZPO Rz. 10; Stein/Jonas/Münzberg, § 705 ZPO Rz. 8; Musielak/Lackmann, § 705 Rz. 8.

auflösend bedingt ansehen können, so dass sie ihre Wirkung verliert, wenn das Rechtsmittelgericht dem Aufhebungsantrag doch stattgibt.[1]

Eine **Trennung** von Aufhebungs- und Scheidungsverfahren ist mit § 126 Abs. 3 nicht zu vereinbaren, und eine **teilweise Verweisung** würde § 123 Satz 2 widersprechen.[2]

V. Geltendmachung mehrerer Aufhebungsgründe

1. Verhältnis der Anträge

Beruft sich der Antragsteller in einem Aufhebungsverfahren auf **mehrere Aufhebungsgründe** oder machen Antragsteller und Antragsgegner unterschiedliche Aufhebungsgründe geltend, liegt wegen der unterschiedlichen Streitgegenstände (Rz. 3) prozessual ein Fall der Antragshäufung vor. Der Antragsteller kann ein Eventualverhältnis festlegen, doch kann er hiervon im Hinblick auf die Möglichkeit, nach § 1318 Abs. 2 BGB den Eintritt der Scheidungsfolgen abzuwehren, auch absehen, so dass dann über alle – gleichrangig geltend gemachten – Aufhebungsgründe gemeinsam entschieden werden muss.[3] Berufen sich zwei Ehegatten auf denselben Aufhebungsgrund, soll dem zweiten Antrag der Einwand der anderweitigen Rechtshängigkeit entgegenstehen.[4]

2. Vermeidung widersprechender Entscheidungen

Der Erlass eines **Teilbeschlusses** über einzelne Aufhebungsgründe ist regelmäßig unzweckmäßig, doch besteht kein Anlass, einen solchen mit der Lehre von der Einheitlichkeit der Entscheidung (Rz. 6) für unzulässig zu halten.[5] Das Gleiche gilt für eine **Teilanfechtung**, die dazu führen kann, dass über unterschiedliche Aufhebungsgründe in unterschiedlichen Instanzen entschieden wird.[6] Wurde die Ehe bereits aus einem Aufhebungsgrund aufgelöst, so kann man entweder im Hinblick auf § 1318 Abs. 2 BGB eine nochmalige Aufhebung für zulässig ansehen[7] oder muss – wenn man sich hieran durch § 1317 Abs. 3 BGB gehindert sieht – dem Antragsteller das Recht einräumen, der Auflösung nachträglich die Wirkungen eines weiteren Aufhebungsgrundes beigeben zu lassen, was etwa auch für den Fall zugelassen wird, dass die nachträgliche Aufhebung einer bereits rechtskräftig geschiedenen Ehe beantragt wird (§ 121 Rz. 8).[8]

Kosten/Gebühren: Gericht: Werden zunächst selbständige Verfahren verbunden, bleiben die einmal entstandenen Verfahrensgebühren aus den getrennten Verfahren bestehen, da diese bereits entstanden und fällig geworden sind (§ 9 Abs. 1 FamGKG). **RA:** Werden zunächst selbständige Verfahren verbunden, bleiben die einmal entstandenen Gebühren aus den getrennten Verfahren bestehen (§ 15 Abs. 4 RVG). Der RA hat die Wahl, ob er die bereits in den einzelnen Verfahren entstandenen Gebühren oder die Gebühren des verbundenen Verfahrens aus den addierten Einzelwerten (§ 22 Abs. 1 RVG) ansetzt. Scheidung, Aufhebung und die Feststellung des Bestehens oder Nichtbestehens der Ehe betreffen verschiedene Verfahrensgegenstände, so dass bei der Verbindung eine Wertaddition vorzunehmen ist. Das Gleiche gilt, wenn die Eheleute wechselseitig die Aufhebung der Ehe aus verschiedenen Gründen begehren. Bei einer Verbindung sind die Verfahrenswerte zusammenzurechnen.

---

1 Keidel/*Weber*, § 126 FamFG Rz. 7; *Becker-Eberhard*, FS Gaul 1997, S. 51.
2 Mit anderer Begr. iE auch MüKo.ZPO/*Hilbig*, § 126 FamFG Rz. 20; Johannsen/Henrich/*Markwardt*, § 126 FamFG Rz. 8.
3 MüKo.ZPO/*Hilbig*, § 126 FamFG Rz. 17; Musielak/*Borth*, § 126 FamFG Rz. 6; Johannsen/Henrich/*Markwardt*, § 126 FamFG Rz. 9; Wieczorek/Schütze/*Becker-Eberhard*, § 610 ZPO Rz. 7. Vgl. auch OLG Zweibrücken v. 5.6.2001 – 5 UF 38/01, OLGReport 2001, 470 (471) = FamRB 2002, 43 (*Neumann*).
4 MüKo.ZPO/*Hilbig*, § 126 FamFG Rz. 6; Wieczorek/Schütze/*Becker-Eberhard*, § 610 ZPO Rz. 9; Stein/Jonas/*Schlosser*, § 610 ZPO Rz. 4 lässt den zweiten Antrag am fehlenden Rechtsschutzbedürfnis scheitern.
5 So aber etwa Johannsen/Henrich/*Sedemund-Treiber*, 4. Aufl. 2003, § 610 ZPO Rz. 9.
6 Zöller/*Philippi*, 27. Aufl., § 610 ZPO Rz. 16.
7 MüKo.ZPO/*Bernreuther*, § 611 ZPO Rz. 8; Wieczorek/Schütze/*Becker-Eberhard*, § 610 ZPO Rz. 22.
8 Musielak/*Borth*, § 126 FamFG Rz. 6; Keidel/*Weber*, § 126 FamFG Rz. 7.

127 Eingeschränkte Amtsermittlung

(1) Das Gericht hat von Amts wegen die zur Feststellung der entscheidungserheblichen Tatsachen erforderlichen Ermittlungen durchzuführen.
(2) In Verfahren auf Scheidung oder Aufhebung der Ehe dürfen von den Beteiligten nicht vorgebrachte Tatsachen nur berücksichtigt werden, wenn sie geeignet sind, der Aufrechterhaltung der Ehe zu dienen oder wenn der Antragsteller einer Berücksichtigung nicht widerspricht.
(3) In Verfahren auf Scheidung kann das Gericht außergewöhnliche Umstände nach § 1568 des Bürgerlichen Gesetzbuchs nur berücksichtigen, wenn sie von dem Ehegatten, der die Scheidung ablehnt, vorgebracht worden sind.

A. Normzweck 1	III. Einschränkung für außergewöhnliche Umstände iSv. § 1568 BGB (Absatz 3) 5
B. Allgemeine Grundsätze	C. Reichweite im Einzelnen
I. Amtsermittlungsgrundsatz (Absatz 1) 2	I. Scheidung 6
II. Einschränkungen für ehefeindliche Tatsachen (Absatz 2) 4	II. Aufhebung 9
	III. Feststellung 10

A. Normzweck

1 In Übereinstimmung mit § 616 aF ZPO schränkt die Vorschrift für Ehesachen den Verhandlungsgrundsatz ein und ersetzt ihn insoweit durch den auch sonst im FamFG geltenden Amtsermittlungsgrundsatz (vgl. § 26, der gem. § 113 Abs. 1 Satz 1 nicht anwendbar ist). Daher finden gem. § 113 Abs. 4 Nr. 1, 5, 7 und 8 bestimmte Vorschriften der ZPO, die mit der Inquisitionsmaxime unvereinbar sind, auf Ehesachen auch keine Anwendung, auf der gleichen Linie liegt es, wenn § 130 Abs. 2 eine Versäumnisentscheidung gegen den Antragsgegner nicht zulässt. Indem die Verantwortung für die Sammlung des Tatsachenstoffs in die Hände des Gerichts gelegt wird, wird sichergestellt, dass die **Einschränkungen der Privatautonomie im materiellen Recht** nicht auf prozessualem Wege – vor allem durch einverständliche Scheidungen ohne Vorliegen der Scheidungsvoraussetzungen – umgangen werden können (§ 113 Rz. 22). Da es jedoch im Belieben eines jeden Einzelnen steht, aus welchen Gründen er das Eheband in Frage stellt, gilt die Untersuchungsmaxime in Scheidungs- und Aufhebungsverfahren uneingeschränkt nur für eheerhaltende Tatsachen (§ 127 Abs. 2). Wegen ihres besonderen persönlichen Charakters dürfen außergewöhnliche Umstände iSv. § 1568 Abs. 1, 2. Alt. BGB nur berücksichtigt werden, wenn sie von dem die Scheidung ablehnenden Ehegatten vorgebracht werden (§ 127 Abs. 3).

B. Allgemeine Grundsätze

I. Amtsermittlungsgrundsatz (Absatz 1)

2 Bei Geltung des Amtsermittlungsgrundsatzes ist das Gericht an das tatsächliche Vorbringen und die Beweisanträge der Beteiligten nicht gebunden, sondern hat die **entscheidungserheblichen Tatsachen von Amts wegen festzustellen**. Das Gericht darf auch solchen Informationen nachgehen und sie bei der Entscheidungsfindung berücksichtigen, die ihm auf andere Weise als durch den Vortrag der Beteiligten zur Kenntnis gelangt sind (zB aus anderen Verfahren, etwa auf Trennungsunterhalt, aus einem Jugendamtsbericht etc.). Hinweise eines anwaltlich nicht vertretenen Ehegatten sind gleichfalls zu beachten, seine Beweisanträge können als Anregung zur Amtsermittlung dienen.[1] Ist der eingereichte Antrag unschlüssig, ist es jedoch nicht Aufgabe des Gerichts, durch eigene Nachforschungen eine Korrektur zu ermöglichen, vielmehr genügt ein entsprechender Hinweis (§ 139 ZPO).[2] Beweisaufnahmen können von Amts wegen angeordnet werden, doch steht auch den Beteiligten das Recht zu,

---

[1] Keidel/*Weber*, § 127 FamFG Rz. 4; Johannsen/Henrich/*Markwardt*, § 127 FamFG Rz. 9; Zöller/*Philippi*, 27. Aufl., § 616 ZPO Rz. 8.
[2] MüKo.ZPO/*Hilbig*, § 127 FamFG Rz. 13; Johannsen/Henrich/*Markwardt*, § 127 FamFG Rz. 4.

eigene Beweisanträge zu stellen, die nur unter den Voraussetzungen der § 244 Abs. 3 bis 5 StPO analog abgelehnt werden können.[1] Für Beweiserhebungen, die von Amts wegen vorzunehmen sind, kann gem. § 16 Abs. 3 FamGKG nach Ermessen ein Auslagenvorschuss angefordert werden,[2] von einem solchen abhängig gemacht werden kann die Beweisaufnahme gem. § 379 ZPO jedoch nur, soweit der Beweis nicht auch von Amts wegen hätte erhoben werden müssen.[3] Die Geltung des Amtsermittlungsgrundsatzes entbebt das Gericht nicht von der **Gewährung rechtlichen Gehörs**. Tatsachen, welche die Beteiligten nicht selbst vorgebracht haben, darf das Gericht nur verwerten, nachdem diesen Gelegenheit zur Stellungnahme gewährt wurde (so ausdrücklich § 616 Abs. 1 aF ZPO), auch § 139 ZPO bleibt anwendbar.[4] Das Gericht darf seine Bemühungen erst einstellen, wenn es den Sachverhalt so vollständig ermittelt hat, dass keine weitere sachdienliche Aufklärung zu erwarten ist (vgl. im Einzelnen § 26).[5] Wird die Amtsermittlungspflicht verletzt, stellt dies einen „wesentlichen" Verfahrensmangel dar, der unter den Voraussetzungen des § 117 Abs. 2 Satz 1 FamFG iVm. § 538 Abs. 2 Satz 1 Nr. 1 ZPO im Beschwerdeverfahren zur Zurückverweisung führen kann.[6]

Gem. § 68 Abs. 3 Satz 1 findet die Vorschrift auch in der **Beschwerdeinstanz** Anwendung, doch müssen sich die Ermittlungen im Rahmen der Rechtsmittelanträge (§ 117 Abs. 2 FamFG iVm. § 528 ZPO) bewegen. Für die Rechtsbeschwerde wird der Untersuchungsgrundsatz durch § 74 Abs. 3 Satz 4 FamFG iVm. § 559 ZPO verdrängt.[7] 3

II. Einschränkungen für ehefeindliche Tatsachen (Absatz 2)

Während für Feststellungsverfahren über den Bestand der Ehe der Amtsermittlungsgrundsatz uneingeschränkt gilt, dürfen gem. § 127 Abs. 2 in Scheidungs- und Aufhebungsverfahren nur eheerhaltende Tatsachen uneingeschränkt berücksichtigt werden, ehefeindliche Tatsachen demgegenüber nur dann, wenn der Antragsteller einer Berücksichtigung nicht widerspricht (zur Parallelregelung für die Vaterschaftsanfechtung vgl. § 177 Abs. 1). Praktische Bedeutung kommt der Vorschrift nicht zu, denn warum sollte der scheidungswillige Antragsteller Einwände gegen die Berücksichtigung von Tatsachen erheben, die sein Begehren stützen?[8] Obwohl der ausdrücklich oder konkludent[9] zu erklärende Widerspruch eine Verfahrenshandlung darstellt, unterliegt er wegen der besonderen Schutzrichtung der Vorschrift **nicht dem Anwaltszwang**.[10] Bei wörtlichem Verständnis schränkt § 127 Abs. 2 nicht die Pflicht zur Amtsermittlung nach Abs. 1, sondern lediglich das Recht zur Verwertung der ermittelten Tatsachen ein.[11] Da kein Interesse erkennbar ist, ehefeindliche Tatsachen durch amtswegige Ermittlungen an das Tageslicht zu bringen, spricht jedoch viel da- 4

---

1 BGH v. 19.12.1990 – XII ZR 31/90, FamRZ 1991, 426 (428) – für die Vaterschaftsfeststellung; MüKo.ZPO/*Hilbig*, § 127 FamFG Rz. 8; Musielak/*Borth*, § 127 FamFG Rz. 6.
2 Keidel/*Weber*, § 127 FamFG Rz. 7; Johannsen/Henrich/*Markwardt*, § 127 FamFG Rz. 4.
3 Zöller/*Philippi*, 27. Aufl., § 616 ZPO Rz. 9; Stein/Jonas/*Schlosser*, § 616 ZPO Rz. 9; vgl. auch § 16 FamGKG Rz. 8.
4 OLG Frankfurt v. 22.1.1985 – 3 UF 90/84, FamRZ 1985, 823 (824); Musielak/*Borth*, § 127 FamFG Rz. 4.
5 BGH v. 5.7.1963 – V ZB 7/63, BGHZ 40, 54 (57); OLG Köln v. 3.11.2003 – 2 Wx 26/03, FamRZ 2004, 1382 (1383); MüKo.ZPO/*Hilbig*, § 127 FamFG Rz. 7.
6 Vgl. OLG Hamm v. 12.6.1989 – 4 UF 221/88, FamRZ 1990, 166 (167); OLG Zweibrücken v. 25.7. 1997 – 2 UF 15/97, FamRZ 1998, 1115; Rosenberg/Schwab/*Gottwald*, § 139 Rz. 26 mwN; Musielak/*Borth*, § 127 FamFG Rz. 5.
7 *Kemper*, in: Kemper/Schreiber, § 127 FamFG Rz. 3; Johannsen/Henrich/*Markwardt*, § 127 FamFG Rz. 2; MüKo.ZPO/*Hilbig*, § 127 FamFG Rz. 4.
8 So auch Stein/Jonas/*Schlosser*, § 616 ZPO Rz. 4.
9 BGH v. 19.9.1979 – IV ZR 47/78, FamRZ 1979, 1007 (1009) – für die Vaterschaftsanfechtung; Zöller/*Lorenz*, § 127 FamFG Rz. 5; MüKo.ZPO/*Hilbig*, § 127 FamFG Rz. 17; widersprüchlich demgegenüber Musielak/*Borth*, § 127 FamFG Rz. 9 und Johannsen/Henrich/*Markwardt*, § 127 FamFG Rz. 9.
10 Zöller/*Lorenz*, § 127 FamFG Rz. 5; Musielak/*Borth*, § 127 FamFG Rz. 9; Wieczorek/Schütze/*Becker-Eberhard*, § 616 ZPO Rz. 19.
11 Teilweise wird gefordert, die Betroffenen müssten das Recht haben, durch ihren Widerspruch bereits die Ermittlung ehefeindlicher Tatsachen zu verhindern, vgl. Wieczorek/Schütze/

für, aus § 127 Abs. 2 bereits eine Einschränkung der Untersuchungspflicht abzuleiten und Anhaltspunkten für ehefeindliche Tatsachen nur dann von Amts wegen nachzugehen, wenn sie von einem der Beteiligten vorgebracht werden.[1]

III. Einschränkung für außergewöhnliche Umstände iSv. § 1568 BGB (Absatz 3)

5 Außergewöhnliche Umstände, die nach § 1568 Abs. 1, 2. Alt. BGB einer Scheidung entgegenstehen, dürfen gem. § 127 Abs. 3 nur berücksichtigt werden, wenn der die Scheidung ablehnende Ehegatte sie vorbringt. Niemand soll gezwungen werden, an einer gescheiterten Ehe aus (Härte)Gründen, die in seiner Person liegen, festhalten zu müssen. Da eheerhaltende Tatsachen von Amts wegen zu berücksichtigen sind und § 127 Abs. 3 keine unnötigen prozessualen Hürden aufbauen, sondern nur die Entscheidungsfreiheit des Betroffenen schützen will, unterliegt die Berufung auf diese Härtegründe **nicht dem Anwaltszwang**.[2] Auf die Kinderschutzklausel des § 1568 Abs. 1, 1. Alt. BGB ist die Vorschrift, die sich schon dem Wortlaut nach nur auf „außergewöhnliche Umstände" und nicht auf „besondere Gründe" iSv. § 1568 BGB bezieht, nicht anwenbar.[3]

C. Reichweite im Einzelnen

I. Scheidung

6 Von Amts wegen zu prüfen ist zunächst das **wirksame Bestehen einer Ehe**. Zum Nachweis ist idR die Vorlage der Heiratsurkunde erforderlich (vgl. § 133 Abs. 2). Soweit deren Beschaffung jedoch nicht möglich oder den Ehegatten nicht zumutbar ist, kann sich das Gericht auch auf jede andere Weise Gewissheit über die wirksame Eheschließung verschaffen.[4]

7 Des Weiteren muss ermittelt werden, ob die Ehe **tatsächlich gescheitert** ist, insbesondere ob die Eheleute getrennt leben und die Fristen des § 1566 BGB abgelaufen sind oder ein Härtegrund nach § 1565 Abs. 2 BGB vorliegt. Machen die Eheleute geltend, sie hätten innerhalb der ehelichen Wohnung getrennt gelebt (§ 1567 Abs. 1 Satz 2 BGB), muss die Entflechtung der Lebensbereiche näher aufgeklärt werden, damit beurteilt werden kann, ob eine Trennung im Rechtssinne vorliegt.[5] Zu den **eheerhaltenden Tatsachen**, die gem. § 127 Abs. 2 von Amts wegen zu berücksichtigen sind, gehören die Wiederaufnahme der ehelichen Lebensgemeinschaft und das Eingreifen der Kinderschutzklausel des § 1568 Abs. 1, 1. Alt. BGB. Machen die Eheleute übereinstimmende Angaben zur Trennungszeit, besteht im Regelfall keine Veranlassung zur näheren Überprüfung.[6]

8 Trotz Geltung der Inquisitionsmaxime behalten die **allgemeinen Beweislastregeln Gültigkeit**, der Scheidungsantrag ist abzuweisen, wenn die Zerrüttung der Ehe nicht bewiesen werden kann.[7]

Becker-Eberhard, § 616 ZPO Rz. 18; MüKo.ZPO/*Bernreuther*, § 616 ZPO Rz. 15; Stein/Jonas/*Schlosser*, § 616 ZPO Rz. 10.

1 IE so auch *Linke*, FS Beitzke 1979, S. 275 ff.; vorsichtiger („sollten unterbleiben") Johannsen/Henrich/*Markwardt*, § 127 FamFG Rz. 4 und 9; Musielak/*Borth*, § 127 FamFG Rz. 9; MüKo.ZPO/*Hilbig*, § 127 FamFG Rz. 20; aA Stein/Jonas/*Schlosser*, § 616 ZPO Rz. 3; MüKo.ZPO/*Bernreuther*, § 616 ZPO Rz. 17; Wieczorek/Schütze/*Becker-Eberhard*, § 616 ZPO Rz. 3.

2 Zöller/*Lorenz*, § 127 FamFG Rz. 6; Musielak/*Borth*, § 127 FamFG Rz. 10; vgl. auch BGH v. 12.6.1968 – IV ZR 593/68, FamRZ 1968, 447 – zum Widerspruch nach § 48 EheG; Johannsen/Henrich/*Markwardt*, § 127 FamFG Rz. 11; aA Johannsen/Henrich/*Jaeger*, § 1568 BGB Rz. 38.

3 Zöller/*Lorenz*, § 127 FamFG Rz. 6; Johannsen/Henrich/*Markwardt*, § 127 FamFG Rz. 11.

4 OLG Zweibrücken 25.7.1997 – 2 UF 15/97, FamRZ 1998, 1115; OLG Karlsruhe v. 7.6.1990 – 18 WF 35/90, FamRZ 1991, 83 (84); OLG Düsseldorf v. 27.12.1991 – 6 WF 157/91, FamRZ 1992, 1078 (1079); vgl. auch im Zusammenhang mit § 132 FamFG, BT-Drucks. 16/6308, S. 228; aA für eine besondere (internationale) Fallkonstellation OLG Bremen v. 27.2.1992 – 5 WF 14/92, FamRZ 1992, 1083 (1084).

5 Zöller/*Lorenz*, § 127 FamFG Rz. 2; Stein/Jonas/*Schlosser*, § 616 ZPO Rz. 5.

6 AA Baumbach/*Hartmann*, § 127 FamFG Rz. 4; Johannsen/Henrich/*Markwardt*, § 127 FamFG Rz. 9. Demgegenüber meint Wieczorek/Schütze/*Becker-Eberhard*, § 616 ZPO Rz. 14, man könne übereinstimmendem Vortrag „bisweilen durchaus Glauben schenken".

7 Musielak/*Borth*, § 127 FamFG Rz. 4.

II. Aufhebung

Es gelten die **gleichen Grundsätze** wie bei der Scheidung einer Ehe. Dass sich die Amtsermittlungspflicht auf die geltend gemachten Aufhebungsgründe beschränkt, ergibt sich nach dem hier zugrunde gelegten Verständnis bereits aus § 127 Abs. 2 (Rz. 4), unstreitig aber auch aus dem begrenzten Streitgegenstand des Eheaufhebungsverfahrens (§ 126 Rz. 3).[1] Eine ehefreundliche Tatsache, die von Amts wegen zu ermitteln ist, stellt die Bestätigung der aufzuhebenden Ehe iSv. § 1315 BGB dar.[2] Auch hier gelten die allgemeinen Regeln über die Verteilung der Beweislast.[3]

III. Feststellung

Da § 127 Abs. 2 auf Ehefeststellungsverfahren nicht anwendbar ist, gilt gem. § 127 Abs. 1 der Amtsermittlungsgrundsatz insofern uneingeschränkt. Alle Tatsachen, die für und gegen den Bestand der Ehe sprechen, sind von Amts wegen aufzuklären.[4]

§ 128 Persönliches Erscheinen der Ehegatten

(1) Das Gericht soll das persönliche Erscheinen der Ehegatten anordnen und sie anhören. Die Anhörung eines Ehegatten hat in Abwesenheit des anderen Ehegatten stattzufinden, falls dies zum Schutz des anzuhörenden Ehegatten oder aus anderen Gründen erforderlich ist. Das Gericht kann von Amts wegen einen oder beide Ehegatten als Beteiligte vernehmen, auch wenn die Voraussetzungen des § 448 der Zivilprozessordnung nicht gegeben sind.
(2) Sind gemeinschaftliche minderjährige Kinder vorhanden, hat das Gericht die Ehegatten auch zur elterlichen Sorge und zum Umgangsrecht anzuhören und auf bestehende Möglichkeiten der Beratung hinzuweisen.
(3) Ist ein Ehegatte am Erscheinen verhindert oder hält er sich in so großer Entfernung vom Sitz des Gerichts auf, dass ihm das Erscheinen nicht zugemutet werden kann, kann die Anhörung oder Vernehmung durch einen ersuchten Richter erfolgen.
(4) Gegen einen nicht erschienenen Ehegatten ist wie gegen einen im Vernehmungstermin nicht erschienenen Zeugen zu verfahren; die Ordnungshaft ist ausgeschlossen.

A. Normzweck 1	IV. Vornahme durch ersuchten Richter (Absatz 3) 13
B. Persönliche Anhörung und Vernehmung	V. Zwangsweise Durchsetzung (Absatz 4) 14
I. Voraussetzungen 3	VI. Grenzen der Anhörungspflicht 15
II. Abgrenzung und Durchführung 5	C. Anhörung zur elterlichen Sorge und zum Umgang (Absatz 2) 18
III. Anhörung in Abwesenheit des anderen Ehegatten (Abs. 1 Satz 2) 10	

A. Normzweck

In Abweichung von § 141 Abs. 1 Satz 1 ZPO (iVm. § 113 Abs. 1 Satz 2 FamFG) soll gem. § 128 Abs. 1 Satz 1 in Ehesachen das **persönliche Erscheinen der Ehegatten stets angeordnet** werden. Die Regelung entspricht weitgehend § 613 aF ZPO. Nur ein Verfahren, an dem möglichst beide Ehegatten mitwirken und ihre Einstellung zum Fortbestand der Ehe äußern, wird der besonderen Bedeutung und dem höchstpersönlichen Charakter von Ehesachen gerecht. Oftmals wird die persönliche Anhörung auch die einzige Möglichkeit sein, um die von Amts wegen gebotene (§ 127) Sachver-

---

1 Zöller/*Lorenz*, § 127 FamFG Rz. 4; Johannsen/Henrich/*Markwardt*, § 127 FamFG Rz. 2 und 10.
2 Zöller/*Lorenz*, § 127 FamFG Rz. 4; Musielak/*Borth*, § 127 FamFG Rz. 8.
3 Vgl. OLG Nürnberg v. 31.3.2011 – 10 UF 1743/10, FamRZ 2011, 1508f.; OLG Köln v. 1.7.1999 – 14 UF 225/98, FamRZ 2000, 819 (820).
4 Johannsen/Henrich/*Markwardt*, § 127 FamFG Rz. 7; *Kemper*, in: Schreiber/Kemper, § 127 FamFG Rz. 6.

haltsaufklärung zu betreiben und die Chancen für eine außergerichtliche Streitbeilegung über Folgesachen (§ 135) sowie eine Aussöhnung (§ 136 Abs. 1) auszuloten. Aus diesem Grund können die Ehegatten gem. § 128 Abs. 1 Satz 3 auch – unter Befreiung von den einschränkenden Voraussetzungen des § 448 ZPO – von Amts wegen als Beteiligte vernommen werden. Ist einem Ehegatten das Erscheinen unzumutbar, kann gem. § 128 Abs. 3 die Anhörung oder Vernehmung durch einen ersuchten Richter erfolgen. Um das Erscheinen zu erzwingen, sieht § 128 Abs. 4 im Vergleich zu § 141 Abs. 3 ZPO **verschärfte Sanktionsmöglichkeiten** vor.

2 Gem. § 128 Abs. 2 ist auch die fortbestehende **elterliche Verantwortung** für gemeinschaftliche minderjährige Kinder Gegenstand der Anhörung. Da seit Inkrafttreten des KindRG[1] zum 1.7.1998 im Scheidungsverfahren nicht mehr zwingend über die Zuweisung des Sorgerechts entschieden werden muss, soll durch diese Regelung sichergestellt werden, dass das Schicksal der von Trennung und Scheidung betroffenen Kinder nicht aus dem Blick gerät und die Eltern sich bewusst und in Kenntnis der rechtlichen Gestaltungsmöglichkeiten entscheiden, ob sie einen Antrag auf Regelung der elterlichen Sorge stellen oder nicht.[2] Gleichzeitig kann das Gericht auf diese Weise Anhaltspunkte für eine Kindeswohlgefährdung gewinnen (§§ 1666 f. BGB). Außerdem hört das Gericht die Eltern nach § 128 Abs. 2 auch zum Umgangsrecht an.

B. Persönliche Anhörung und Vernehmung

I. Voraussetzungen

3 Nach Wortlaut und systematischer Stellung gilt die Vorschrift für Ehesachen iSv. § 121 im ersten und zweiten (vgl. § 68 Abs. 3 Satz 1) Rechtszug, demgegenüber weder für Folgesachen noch für isolierte andere Familiensachen.[3] Die Anordnung des persönlichen Erscheinens steht **nicht im Ermessen des Gerichts**,[4] nur unter engen Voraussetzungen kann davon abgesehen werden (Rz. 15). Wird die Pflicht zur Anhörung verletzt, so stellt dies einen „wesentlichen" Verfahrensfehler dar, der zwar in der Rechtsmittelinstanz geheilt werden kann,[5] aber unter den Voraussetzungen des § 117 Abs. 2 Satz 1 FamFG iVm. § 538 Abs. 2 Satz 1 Nr. 1 ZPO auch zur Zurückverweisung berechtigt.[6]

4 Die Anordnung des persönlichen Erscheinens erfolgt nach § 273 Abs. 2 Nr. 3 ZPO als **terminvorbereitende Maßnahme** (idR als Teil der Terminsverfügung). Die Ehegatten sind persönlich und formlos (§ 141 Abs. 2 Satz 2 ZPO) unter Hinweis auf die Folgen ihres Ausbleibens (§ 141 Abs. 3 Satz 3 ZPO) zu laden. Ob es zu einer bloßen Anhörung oder auch einer Beteiligtenvernehmung kommen wird, braucht nicht im Vorhinein festgelegt zu werden.[7] Wegen des Grundsatzes des rechtlichen Gehörs müssen auch die Anwälte der Beteiligten von der Anordnung des persönlichen Erscheinens benachrichtigt werden.[8]

---

1 BGBl. I 1997, S. 2942.
2 Begr. zum Kindschaftsrechtsreformgesetz BT-Drucks. 13/4899, S. 160. Treffend zu diesem schwierigen Zielkonflikt *Büttner* (FamRZ 1998, 585, 591): „Die Regelung versucht, allen alles zu geben: Den Eltern die volle Autonomie und den Kindern den vollen Schutz vor Missbrauch der Autonomie; der Staat soll sich heraushalten, aber bei jeder Gefahr doch zur Stelle sein und eingreifen."
3 OLG Hamburg v. 20.1.1983 – 15 UFH 1/83, FamRZ 1983, 409.
4 BGH v. 2.2.1994 – XII ZR 148/92, FamRZ 1994, 434 (436).
5 OLG Schleswig v. 8.9.1990 – 15 UF 7/90, FamRZ 1991, 96 (97); OLG Düsseldorf v. 28.2.1986 – 9 UF 121/85, FamRZ 1986, 1117 (1118).
6 Vgl. OLG Hamm v. 7.2.2012 – II-11 UF 154/11, FamRZ 2013, 64 (65 f.); OLG Frankfurt v. 11.2.2009 – 5 UF 260/08, juris; OLG Hamm v. 1.9.1999 – 5 UF 84/99, FamRZ 2000, 898 (899); OLG Hamm v. 12.6.1989 – 4 UF 221/88, FamRZ 1990, 166 (167 f.); Musielak/*Borth*, § 128 FamFG Rz. 5. Enger Johannsen/Henrich/*Markwardt*, § 128 FamFG Rz. 3 („kaum zu rechtfertigen"); Wieczorek/Schütze/*Becker-Eberhard*, § 613 ZPO Rz. 8 (bei greifbarem Ermessensmissbrauch oder Verletzung der Pflicht zur Amtsaufklärung).
7 Zöller/*Lorenz*, § 128 FamFG Rz. 7; MüKo.ZPO/*Bernreuther*, § 613 ZPO Rz. 5.
8 Zöller/*Lorenz*, § 128 FamFG Rz. 7 unter Berufung auf § 113 Abs. 1 Satz 2 FamFG iVm. § 273 Abs. 4 ZPO; Baumbach/*Hartmann*, § 128 FamFG Rz. 4.

II. Abgrenzung und Durchführung

Dogmatisch gesehen sind Anhörung und Vernehmung klar zu unterscheiden: Die Beteiligtenvernehmung stellt ein **Beweismittel** dar, durch welches sich der Richter von der Wahrheit oder Unwahrheit einer bereits in das Verfahren eingeführten Tatsache Gewissheit zu verschaffen sucht. Demgegenüber dient die Anhörung der **Ergänzung und Präzisierung des Sachvortrags**. Da in Eheverfahren jedoch weitgehend der Amtsermittlungsgrundsatz gilt (§ 127) und beide Erkenntnisquellen vergleichbare Überzeugungskraft besitzen, kann es kaum verwundern, dass in der Praxis die Grenzlinien zwischen beiden Instituten verschwimmen.[1]

Eine besondere Anordnung der Anhörung durch Beschluss ist nicht erforderlich.[2] Nicht zwingend vorgeschrieben ist die **gemeinschaftliche Anhörung** der Ehegatten, doch ist sie im Interesse einer umfassenden Sachaufklärung sowie der gütlichen Streitbeilegung von Folgesachen (vgl. § 135) regelmäßig sinnvoll.[3] Auch bei getrennter Anhörung hat der andere Ehegatte grundsätzlich das Recht, anwesend zu sein, soweit kein Fall des § 128 Abs. 1 Satz 2 vorliegt (Rz. 10f.). Da der Vortrag der Beteiligten gem. § 286 ZPO der freien richterlichen Würdigung unterliegt, kann der Richter schon auf dieser Grundlage zur vollen Überzeugung von der Richtigkeit der vorgebrachten Tatsachen gelangen. Eine förmliche Beweisaufnahme zur Klärung streitiger oder ungeklärter Umstände durch Beteiligtenvernehmung ist daher in Ehesachen nicht zwingend erforderlich.[4]

Auch die Anhörung eines **anwaltlich nicht vertretenen Ehegatten** ist zulässig und geboten.[5] Sie besitzt sogar besondere Bedeutung, weil sie für den nicht postulationsfähigen Ehegatten die einzige Möglichkeit darstellt, sich zur Sache zu äußern. Diese Anhörung stellt keine „Verhandlung des Beklagten zur Hauptsache" iSv. § 269 Abs. 1 ZPO dar,[6] so dass sich an der allgemeinen Regel nichts ändert, dass der Antragsteller seinen Scheidungsantrag bis zum rechtskräftigen Abschluss des Scheidungsverfahrens einseitig zurücknehmen kann, wenn der Antragsgegner anwaltlich nicht vertreten ist (§ 134 Rz. 8).

Gem. § 128 Abs. 1 Satz 3 können die Ehegatten unter Befreiung von den einschränkenden Voraussetzungen des § 448 ZPO von Amts wegen als **Beteiligte vernommen** werden. Damit stellt die Beteiligtenvernehmung in Ehesachen kein subsidiäres Beweismittel dar. Die Vernehmung erfolgt aufgrund eines Beweisbeschlusses (§ 450 Abs. 1 Satz 1 ZPO), der das Beweisthema jedoch nicht angeben muss.[7] Etwas anderes gilt nur dann, wenn ein anderes Gericht um die Vernehmung ersucht wird (Rz. 13). Die Ausführung der Vernehmung richtet sich nach § 451 ZPO. Gem. § 452 ZPO ist die Beeidigung der Ehegatten möglich.

Grundsätzlich muss zu Beginn der Befragung im **Protokoll** festgehalten werden, ob es sich um eine Anhörung oder eine Vernehmung handelt.[8] Doch bestehen keine Bedenken, wenn das Gericht im Laufe der Anhörung zu einer förmlichen Vernehmung übergeht, soweit dieses protokolliert wird.[9] Nur für die Beteiligtenvernehmung ist gem. § 160 Abs. 3 Nr. 4 ZPO die inhaltliche **Protokollierung** vorgeschrieben (soweit kein Fall des § 161 ZPO vorliegt). Für die Anhörung ist die Protokollierung sinnvoll,[10]

---

1 Bork/Jacoby/Schwab/*Löhnig*, § 128 FamFG Rz. 13; Wieczorek/Schütze/*Becker-Eberhard*, § 613 ZPO Rz. 9 und 13; Stein/Jonas/*Schlosser*, § 613 ZPO Rz. 5 und 12.
2 Zöller/*Lorenz*, § 128 FamFG Rz. 8; Baumbach/*Hartmann*, § 128 FamFG Rz. 4.
3 OLG Brandenburg v. 22.12.1999 – 9 WF 209/99, FamRZ 2000, 897 (898).
4 Stein/Jonas/*Schlosser*, § 613 ZPO Rz. 12; Wieczorek/Schütze/*Becker-Eberhard*, § 613 ZPO Rz. 13.
5 Zöller/*Lorenz*, § 128 FamFG Rz. 8; MüKo.ZPO/*Hilbig*, § 128 FamFG Rz. 12.
6 BGH v. 23.6.2004 – XII ZB 212/01, FamRZ 2004, 1364 (1365); weitere Nachweise § 134 Rz. 8 m. Fn. 6.
7 Zöller/*Lorenz*, § 128 FamFG Rz. 9.
8 BGH v. 27.11.1968 – IV ZR 675/68, FamRZ 1969, 82 (83); Zöller/*Lorenz*, § 128 FamFG Rz. 8.
9 Stein/Jonas/*Schlosser*, § 613 ZPO Rz. 12; Wieczorek/Schütze/*Becker-Eberhard*, § 613 ZPO Rz. 13.
10 BGH v. 27.11.1968 – IV ZR 675/68, FamRZ 1969, 82 (83); BGH v. 28.3.1962 – IV ZR 246/61, MDR 1962, 552; OLG Stuttgart v. 9.11.2000 – 8 WF 49/99, FamRZ 2001, 695.

zwingend ist sie nur dann, wenn das Gericht auf das Vorbringen der Beteiligten seine Überzeugungsbildung in streitigen oder unklaren Punkten (Rz. 6) maßgeblich stützt[1] oder der andere Ehegatte nach § 128 Abs. 1 Satz 2 ausgeschlossen wird. Inhaltlich müssen die **durch § 127 gezogenen Grenzen** beachtet werden: Während im Rahmen eines Feststellungsverfahrens alle sachdienlichen Fragen gestellt werden können, dürfen in Scheidungs- und Aufhebungsverfahren ehefeindliche Tatsachen nur dann (genauer) ermittelt werden, wenn sie von den Beteiligten vorgetragen werden (§ 127 Rz. 4). Wird ein Ehegatte als Beteiligter vernommen, ist er über die Pflicht zur Abgabe wahrheitsgetreuer Angaben sowie die Eidespflicht zu belehren (§§ 451, 395 Abs. 1 ZPO) und gleichzeitig darauf hinzuweisen, dass es ihm freisteht, sich zur Sache zu äußern.

III. Anhörung in Abwesenheit des anderen Ehegatten (Abs. 1 Satz 2)

10 Nach § 128 Abs. 1 Satz 2 hat die Anhörung des einen Ehegatten in Abwesenheit des anderen stattzufinden, falls dies zu seinem Schutz oder aus anderen Gründen erforderlich ist (vgl. die gem. § 113 Abs. 1 Satz 1 nicht anwendbare Parallelregelung in § 33 Abs. 1 Satz 2). Die Vorschrift geht auf eine Empfehlung des Bundesrates zurück, der vor allem der Bedrohung und Einschüchterung der von Zwangsheirat betroffenen Frauen entgegenwirken wollte.[2] Schon vor Inkrafttreten des FamFG ging die hM davon aus, dass das grundsätzlich bestehende Anwesenheitsrecht des anderen Ehegatten[3] unter den Voraussetzungen des § 247 StPO analog eingeschränkt werden könne.[4] Im Vergleich zu § 247 StPO wurde die **Eingriffsschwelle im FamFG herabgesetzt**,[5] doch darf nicht außer Acht gelassen werden, dass die Beteiligungsrechte des anderen Ehegatten Ausfluss des Rechtsstaatsprinzips sind und die „Gegenüberstellung" der beiden Ehegatten für den Richter oft das einzige Mittel ist, um den Wahrheitsgehalt der Aussagen zu beurteilen, insbesondere wenn der im Raum stehende Gewaltvorwurf als Härtegrund iSv. § 1565 Abs. 2 BGB dienen soll.

11 Die Vorschrift ist vor allem dann anwendbar, wenn die traumatisierende Wirkung **schwerer Gewaltanwendung** gegen den Betroffenen oder eine ihm nahestehende Person durch die persönliche Konfrontation erneut hervorgerufen werden könnte.[6] Demgegenüber ist der bloße Wunsch, wegen heftiger Auseinandersetzungen und des durch die Trennung verursachten Schmerzes den anderen nicht mehr sehen zu wollen, nicht ausreichend.[7] Möglich ist die Anwendung der Vorschrift auch dann, wenn der eine Ehegatte vom anderen **massiv bedroht wird**. Doch dürfte hier oftmals die Inanspruchnahme von Polizeischutz während der Gerichtsverhandlung das geeignetere Mittel sein,[8] denn eine Geheimhaltung des Anhörungstermins lässt sich ohnehin nicht erreichen: Zum einen besteht keine Möglichkeit, nach § 128 Abs. 1 Satz 2 auch

---

1 Vgl. auch Stein/Jonas/*Schlosser*, § 613 ZPO Rz. 5 und 12.
2 BT-Drucks. 16/6308, S. 373.
3 OLG Brandenburg v. 22.12.1999 – 9 WF 209/99, FamRZ 2000, 897 (898); OLG Frankfurt v. 4.10.1993 – 3 WF 107/93, FamRZ 1994, 1400 (1401); OLG Frankfurt v. 13.1.2003 – 25 W 97/02, OLG-Report 2003, 130.
4 OLG Frankfurt v. 4.10.1993 – 3 WF 107/93, FamRZ 1994, 1400 (1401); vgl. auch OLG Frankfurt v. 13.1.2003 – 25 W 97/02, OLGReport 2003, 130.
5 IE wohl auch MüKo.ZPO/*Hilbig*, § 128 FamFG Rz. 16 aE.
6 BVerfG v. 18.12.2003 – 1 BvR 1140/03, FamRZ 2004, 354 (355) (massive Körperverletzungen und versuchte Vergewaltigung); OLG Frankfurt v. 4.10.1993 – 3 WF 107/93, FamRZ 1994, 1400 f. (jahrelanger Missbrauch der Stieftochter durch AG); demgegenüber OLG Brandenburg v. 22.12.1999 – 9 WF 209/99, FamRZ 2000, 897 (898) (unspezifisches Attest). Weitergehend offenbar Bork/Jacoby/Schwab/*Löhnig*, § 128 FamFG Rz. 17 f., der die Vorschrift bei „Gewalt in der Ehe" für anwendbar hält.
7 MüKo.ZPO/*Hilbig*, § 128 FamFG Rz. 16. Zu weit daher Bahrenfuss/*Blank*, § 128 FamFG Rz. 2: getrennte Anhörung immer „wenn die Anwendung häuslicher Gewalt gerade auch als Trennungsgrund in Rede steht".
8 Anders Musielak/*Borth*, § 128 FamFG Rz. 4; Horndasch/Viefhues/*Roßmann*, § 128 FamFG Rz. 14.

das Anwesenheitsrecht[1] des Verfahrensvertreters zu beschneiden, zum anderen muss der ausgeschlossene Ehegatte, auch wenn er anwaltlich nicht vertreten ist, vom Anhörungstermin unterrichtet werden (vgl. § 273 Abs. 4 Satz 1 ZPO), damit er die Möglichkeit hat, einen Anwalt zu beauftragen.

Der Ausschluss von der Anhörung erfolgt durch Beschluss und setzt die Gewährung **rechtlichen Gehörs** voraus. Die Aussage ist zu protokollieren (Rz. 9), und dem ausgeschlossenen Ehegatten ist Gelegenheit zur Stellungnahme zu geben. Auch wenn sich die Norm ausweislich ihres Wortlauts und ihrer systematischen Stellung nur auf die Anhörung nach § 128 Abs. 1 Satz 1 zu beziehen scheint, kann schon wegen der vergleichbaren Zwecksetzung (Rz. 5f.) für eine **Vernehmung** nach § 128 Abs. 1 Satz 3 sinnvollerweise nichts anderes gelten.[2] Ordnet das Gericht die Anhörung in Abwesenheit des anderen Ehegatten an, so ist hiergegen **kein Rechtsmittel** statthaft, eine Überprüfung der Maßnahme ist nur zusammen mit der Entscheidung in der Hauptsache möglich.[3]   12

IV. Vornahme durch ersuchten Richter (Absatz 3)

Soweit das persönliche Erscheinen dem Betroffenen nicht zumutbar ist, kann gem. § 128 Abs. 3, 2. Alt. die Anhörung oder Vernehmung durch einen ersuchten Richter erfolgen. Ganz überwiegend wird davon ausgegangen, dass angesichts der Bedeutung der Anhörung und der heutigen Verkehrsverhältnisse für in Deutschland lebende Ehegatten das persönliche Erscheinen nicht allein aufgrund der Entfernung zum Gerichtsort, sondern **nur bei Hinzutreten weiterer (erschwerender) Umstände unzumutbar** ist.[4] Mit dem Wortlaut der Vorschrift, an dem der Gesetzgeber trotz grundlegender Überarbeitung des Familienverfahrensrechts im Zusammenhang mit Einführung des FamFG festgehalten hat, ist diese restriktive Interpretation nicht vereinbar. Bei einverständlichem Scheidungswunsch und unstreitigem Ablauf der Trennungsfristen bestehen keine durchgreifenden Bedenken, den anwaltlich vertretenen Antragsgegner auch bei großen innerdeutschen Entfernungen auf seinen Wunsch von einem ersuchten Richter anhören zu lassen. Als Grund für eine Verhinderung iSd. § 128 Abs. 3, 1. Alt. kommen Krankheit oder Gebrechlichkeit, nicht aber Mittellosigkeit in Frage,[5] da Reisekosten auch dann, wenn keine Verfahrenskostenhilfe[6] beantragt wurde, nach den bundeseinheitlichen Verwaltungsbestimmungen über die Bewilligung von Reiseentschädigungen an mittellose Personen ersetzt werden können.[7] Die Vernehmung durch einen ersuchten Richter erfolgt gem. § 358 ZPO iVm. § 113 Abs. 1 Satz 2 FamFG aufgrund eines Beweisbeschlusses, der auch das Vernehmungsthema angibt (§ 359 Nr. 1 ZPO).[8] Auf den Beschluss, mit dem ein ersuchter   13

---

1 Wieczorek/Schütze/*Becker-Eberhard*, § 613 ZPO Rz. 7; Stein/Jonas/*Schlosser*, § 613 ZPO Rz. 5. Das Fragerecht nach §§ 451, 397 Abs. 2 ZPO soll für die Anhörung nicht gelten Zöller/*Lorenz*, § 128 FamFG Rz. 8.
2 So auch *Gambke*, S. 266. Auch der Vorschlag des BR bezog sich auf beide Varianten (BT-Drucks. 16/6308, S. 373). AA MüKo.ZPO/*Hilbig*, § 128 FamFG Rz. 21.
3 OLG Frankfurt v. 4.10.1993 – 3 WF 107/93, FamRZ 1994, 1400 (1401); OLG Frankfurt v. 13.1.2003 – 25 W 97/02, OLGReport 2003, 130.
4 Mit unterschiedlichen Nuancen: „in der Regel" ausgeschlossen: Zöller/*Lorenz*, § 128 FamFG Rz. 10; Keidel/*Weber*, § 128 FamFG Rz. 9; kategorisch ausgeschlossen: Johannsen/Henrich/*Markwardt*, § 128 FamFG Rz. 10; MüKo.ZPO/*Bernreuther*, § 613 ZPO Rz. 7; offener Schulte-Bunert/Weinreich/*Schröder*, § 128 FamFG Rz. 7; Thomas/Putzo/*Hüßtege*, § 128 FamFG Rz. 7.
5 MüKo.ZPO/*Hilbig*, § 128 FamFG Rz. 24; Johannsen/Henrich/*Markwardt*, § 128 FamFG Rz. 10.
6 Reisekosten werden nach ganz hM von § 122 Abs. 1 Nr. 1 ZPO erfasst (Zöller/*Geimer*, § 122 ZPO Rz. 26f. mwN).
7 *Hartmann*, Kostengesetze, Anh. I § 25 JVEG (mit Abdruck der Bestimmungen); *Büttner/Wrobel-Sachs/Gottschalk/Dürbeck*, Prozesskostenhilfe, Rz. 623; MüKo.ZPO/*Motzer*, § 122 ZPO Rz. 9. Vgl. vor Inkrafttreten dieser RL bereits BGH v. 19.3.1975 – IV ARZ (VZ) 29/74, NJW 1975, 1124 (1125).
8 OLG Koblenz v. 25.11.1975 – 4 SmA 3/75, FamRZ 1976, 97 (98); OLG Düsseldorf v. 9.8.1967 – 19 W 7/67, OLGZ 1968, 57 (58f.).

Richter beauftragt wird, die Anhörung nach § 128 Abs. 1 Satz 1 FamFG durchzuführen, ist § 358 ZPO demgegenüber nicht anwendbar.[1]

V. Zwangsweise Durchsetzung (Absatz 4)

14 Während die Ehegatten nicht verpflichtet sind, durch eigene Äußerungen oder Aussagen an der Anhörung aktiv mitzuwirken, kann ihr persönliches Erscheinen zwangsweise durchgesetzt werden. Gem. § 128 Abs. 4 können gegen einen nicht erschienen Ehegatten – mit Ausnahme der ausdrücklich ausgenommenen Ordnungshaft (Abs. 4 aE) – die gleichen Ordnungsmittel wie gegen einen nicht zum Vernehmungstermin erschienenen Zeugen verhängt werden. Gegenüber den allgemeinen Möglichkeiten, das persönliche Erscheinen einer Partei durchzusetzen, stellt dies eine **deutliche Verschärfung** dar: Ordnungsgeld iHv. 5 bis 1000 Euro (Art. 6 Abs. 1 EGStGB) kann gem. § 380 Abs. 1 Satz 2 ZPO ohne weiteres festgesetzt werden und unterliegt nicht den Beschränkungen des § 141 Abs. 3 Satz 2 ZPO. Auch ist nach § 380 Abs. 2 ZPO eine zwangsweise Vorführung möglich, die im ZPO-Normalprozess nicht vorgesehen ist. Die Verhängung von Ordnungsmitteln setzt gem. § 380 Abs. 1 ZPO eine ordnungsgemäße Ladung voraus. Neben der Anordnung des persönlichen Erscheinens (Rz. 4) unter Androhung von Ordnungsmitteln (§§ 141 Abs. 3 Satz 3, 377 Abs. 2 Nr. 3 ZPO)[2] setzt dies voraus, dass der Betroffene rechtzeitig (§ 217 ZPO) – bei anwaltlicher Vertretung durch Zustellung an seinen Prozessbevollmächtigten (§§ 172, 329 Abs. 2 Satz 2 ZPO) – zum Termin geladen wurde.[3] Auch gegen einen anwaltlich nicht vertretenen Antragsgegner, der sich auf das Verfahren nicht eingelassen hat, können Ordnungsmittel verhängt werden.[4] Die genannten Sanktionsmöglichkeiten stehen gem. § 400 ZPO auch dem ersuchten Richter zu Gebote. Gem. § 380 Abs. 1 Satz 1 ZPO sind dem nicht erschienenen Ehegatten die durch sein Ausbleiben verursachten Kosten aufzuerlegen. Einschränkungen ergeben sich aus § 381 ZPO, wenn das Ausbleiben genügend entschuldigt wird.[5] Statthafter Rechtsbehelf gegen die Anordnung bzw. das Ausbleiben von Ordnungsmitteln ist gem. § 380 Abs. 3 ZPO die sofortige Beschwerde.[6]

VI. Grenzen der Anhörungspflicht

15 Wegen der besonderen Bedeutung der persönlichen Anhörung (Rz. 1) besteht grundsätzlich eine Pflicht des Gerichts, das persönliche Erscheinen anzuordnen.[7] Da es sich jedoch um eine Soll-Vorschrift handelt, kann **in Ausnahmefällen von der Anordnung abgesehen** werden. Unproblematisch ist eine solche Ausnahme dann gegeben, wenn der Aufenthalt des Antragsgegners unbekannt ist[8] und evtl. schon der Scheidungsantrag nur im Wege öffentlicher Zustellung zugestellt werden konnte. Der Umstand, dass der Ehegatte krankheitsbedingt am Erscheinen gehindert ist[9] oder im Ausland lebt, entbindet das Gericht grundsätzlich nicht von der Anhörung des Betei-

---

1 OLG Bamberg v. 4.11.1981 – 2 WF 146/81, JurBüro 1982, 235; KG v. 5.12.1989 – 1 AR 30/89, NJW-RR 1990, 586; MüKo.ZPO/*Bernreuther*, § 613 ZPO Rz. 7; vgl. auch MüKo.ZPO/*Hilbig*, § 128 FamFG Rz. 25. AA offenbar Johannsen/Henrich/*Markwardt*, § 128 FamFG Rz. 10; auch Zöller/*Lorenz*, § 128 FamFG Rz. 10 hält die Angabe der aufzuklärenden Tatsachen stets für erforderlich.
2 Zöller/*Lorenz*, § 128 FamFG Rz. 11.
3 OLG Zweibrücken v. 28.6.1982 – 6 WF 92/82, FamRZ 1982, 1097.
4 OLG Düsseldorf v. 10.7.1981 – 6 WF 84/81, FamRZ 1981, 1096 (1097); KG v. 5.2.1969 – 9 W 2192/68, NJW 1970, 287; Zöller/*Lorenz*, § 128 FamFG Rz. 11. Die früher teilweise vertretene Gegenansicht (vgl. OLG Celle v. 21.4.1970 – 2 W 29/69, NJW 1970, 1689) ist überholt.
5 OLG Naumburg v. 11.10.2006 – 3 WF 181/06, FamRZ 2007, 909 (Nichterscheinen des Antragsgegners entschuldigt wegen Verhinderung seines Rechtsanwalts).
6 Zöller/*Lorenz*, § 128 FamFG Rz. 11; Keidel/*Weber*, § 128 FamFG Rz. 10; MüKo.ZPO/*Hilbig*, § 128 FamFG Rz. 28.
7 OLG Hamm v. 7.2.2012 – II-11 UF 154/11, FamRZ 2013, 64 (65); Zöller/*Lorenz*, § 128 FamFG Rz. 4; Musielak/*Borth*, § 128 FamFG Rz. 3; MüKo.ZPO/*Hilbig*, § 128 FamFG Rz. 11.
8 BGH v. 2.2.1994 – XII ZR 148/92, FamRZ 1994, 434 (436).
9 OLG Frankfurt v. 11.2.2009 – 5 UF 260/08, juris.

ligten, es sei denn, dass der Aufenthaltsstaat keine Rechtshilfe leistet.[1] Ein allgemeiner Grundsatz, von der Anhörung eines Ehegatten könne abgesehen werden, wenn sich das Gericht hiervon keine weitere Sachaufklärung verspricht,[2] existiert nicht, denn § 128 Abs. 1 beschränkt sich nicht auf diese Zielsetzung.[3] Doch kann im Falle eines ausreichend aufgeklärten Sachverhalts von einer Anhörung abgesehen werden, wenn der Antragsgegner, der mehreren Terminen[4] ohne ausreichende Entschuldigung fernbleibt, keinerlei Interesse am Fortgang des Verfahrens zeigt oder sich der Schluss aufdrängt, er wolle den zügigen Abschluss des Verfahrens sabotieren.[5]

Während – in aussichtsreichen Fällen – zunächst versucht werden muss, das Erscheinen durch Verhängung eines Ordnungsgeldes zu erzwingen, steht die zwangsweise Vorführung im Ermessen des Gerichts (§ 380 Abs. 2 ZPO) und stellt keine notwendige Voraussetzung für das Absehen von einer Anhörung dar.[6] Nicht ausreichend ist es, wenn der Antragsgegner lediglich eine schriftliche Stellungnahme einreicht, um sich den Mühen eines persönlichen Erscheinens zum Termin zu entziehen.[7] Bei größeren Entfernungen kann in einem solchen Fall an eine Anhörung durch den ersuchten Richter gedacht werden (Abs. 3). Da die Beteiligten nicht verpflichtet sind, Angaben zu machen und Erklärungen abzugeben, ist von der Anordnung des persönlichen Erscheinens jedoch abzusehen, wenn ein Ehegatte unmissverständlich zum Ausdruck bringt, dass er nicht zur Aussage bereit ist.[8] Steht mit der notwendigen Sicherheit fest, dass eine persönliche Anhörung nicht möglich sein wird, ist in geeigneten Fällen zumindest eine schriftliche Anhörung durchzuführen.[9]

16

Zwar wird teilweise im Hinblick auf das Verbot der vorweggenommenen Beweiswürdigung und den besonderen Schutz der Ehe (Art. 6 Abs. 1 GG) eine restriktivere Haltung gefordert,[10] doch wird man nicht außer Acht lassen können, dass schon bei feststehendem Scheidungswunsch nur eines Ehegatten der **Spielraum für eine Abweisung des Scheidungsantrags** nach Ablauf des Trennungsjahres äußerst gering ist. Tritt der Antragsgegner dem Scheidungsbegehren in der Sache nicht mit nachvollziehbaren Argumenten entgegen und zeigt er keinerlei Interesse am Verfahrensfortgang, würde in den dargestellten Konstellationen das Beharren auf einer persönlichen Anhörung einen sinnlosen Formalismus darstellen. Doch muss gleichzeitig beachtet werden, dass das Scheidungsverfahren seine legitime Funktion, den Betroffenen die Tragweite ihrer Entscheidung vor Augen zu führen, nur dann erfüllen kann, wenn alle sinnvollen Anstrengungen unternommen werden, um die Ehegatten zu einer persönlichen Beteiligung zu bewegen.

17

---

1 OLG Frankfurt v. 28.9.2012 – 4 UF 149/08, FamRBint 2013, 3 (4) (*Block*); OLG Frankfurt v. 11.2.2009 – 5 UF 260/08, juris; OLG Hamm v. 1.9.1999 – 5 UF 84/99, FamRZ 2000, 898 (899); OLG Hamm v. 8.2.1989 – 8 UF 72/88, FamRZ 1989, 991 (992).
2 Vgl. aber AG Lüdenscheid v. 19.11.2008 – 5 F 650/07, FamRZ 2009, 804 (805); AG Lüdenscheid v. 18.2.2004 – 5 F 476/00, FamRZ 2004, 1976 (1977).
3 KG v. 22.11.1985 – 1 WF 3866/85, JurBüro 1986, 1530 (1531); OLG Bamberg v. 17.6.1991 – 7 WF 83/91, JurBüro 1991, 1642 (1643); OLG Stuttgart v. 9.11.2000 – 8 WF 49/99, FamRZ 2001, 695.
4 Ein einmaliges Fernbleiben genügt in aller Regel nicht, OLG Hamm v. 2.2.1996 – 5 UF 219/95, FamRZ 1996, 1156; OLG Düsseldorf v. 28.2.1986 – 9 UF 121/85, FamRZ 1986, 1117 (1118). Für eine Ausnahmesituation (in der drei Rechtsanwälte das Mandat für einen zu Gewalttätigkeiten neigenden Mandanten niedergelegt hatten) vgl. OLG Hamm v. 17.3.1998 – 2 UF 464/97, FamRZ 1998, 1123 (1124).
5 OLG Koblenz v. 25.8.2000 – 11 UF 672/99, FamRZ 2001, 1159 (1160); OLG Hamm v. 9.2.1999 – 1 UF 179/98, FamRZ 1999, 1090 (1091); OLG Hamm v. 17.3.1998 – 2 UF 464/97, FamRZ 1998, 1123 (1124); AG Konstanz v. 29.9.2000 – 2 F 18/00, FamRZ 2001, 425; Zöller/*Lorenz*, § 128 FamFG Rz. 5; Keidel/*Weber*, § 128 FamFG Rz. 5. Abl. Musielak/*Borth*, § 128 FamFG Rz. 3.
6 Musielak/*Borth*, § 128 FamFG Rz. 3. Strenger demgegenüber *Bergerfurth/Rogner*, Rz. 166.
7 AG Lüdenscheid v. 18.2.2004 – 5 F 476/00, FamRZ 2004, 1976 (1977).
8 OLG Hamburg v. 15.1.1997 – 12 WF 6/97, MDR 1997, 596; Baumbach/*Hartmann*, § 128 FamFG Rz. 2; Stein/Jonas/*Schlosser*, § 613 ZPO Rz. 3.
9 OLG Hamm v. 7.2.2012 – II-11 UF 154/11, FamRZ 2013, 64 (65).
10 Musielak/*Borth*, § 128 FamFG Rz. 3; Bork/Jacoby/Schwab/*Löhnig*, § 128 FamFG Rz. 7 f.; besonders streng *Bergerfurth/Rogner*, Rz. 166.

C. Anhörung zur elterlichen Sorge und zum Umgang (Absatz 2)

18 Durch die Anhörung nach Abs. 2 soll sichergestellt werden, dass die **Interessen und Bedürfnisse der von der Scheidung betroffenen Kinder** nicht aus dem Blick geraten (Rz. 2). Um dem Richter ein Eingehen auf die individuelle Situation zu ermöglichen, muss in Scheidungssachen nach dem (in Anlehnung an § 630 Abs. 1 aF ZPO) neu eingefügten § 133 Abs. 1 Nr. 2 die Antragsschrift ua. die Erklärung enthalten, ob die Ehegatten eine Regelung über die elterliche Sorge, den Umgang und die Unterhaltspflicht gegenüber den gemeinschaftlichen minderjährigen Kindern getroffen haben. Allerdings bedeutet dies nicht, dass die Ehegatten verpflichtet wären, über die genannten Punkte eine Einigung herbeizuführen, bevor sie die Scheidung beantragen,[1] oder dass das Gericht im Rahmen des Scheidungsverfahrens dazu berufen wäre, von Amts wegen auf eine einvernehmliche Regelung der betreffenden Fragen hinzuwirken (auch § 135 bezieht sich nur auf „anhängige" Folgesachen). Soweit die Schwelle für ein amtswegiges Einschreiten wegen Kindeswohlgefährdung nicht überschritten ist (§§ 1666 f. BGB), beschränkt sich die Aufgabe des Gerichts im Rahmen der Anhörung nach § 128 Abs. 2 darauf, die Ehegatten über den Fortbestand der gemeinsamen Sorge trotz Trennung und die Möglichkeit zur Beantragung der alleinigen Sorge sowie die hieraus sich jeweils ergebenden Konsequenzen, insbesondere im Hinblick auf § 1687 BGB zu belehren. Um den individuellen Gegebenheiten gerecht zu werden, kann es in diesem Zusammenhang erforderlich sein, die Eltern nach den seit der Trennung aufgetretenen Problemen, den unternommenen Lösungsversuchen und den hiermit gemachten Erfahrungen zu befragen.

19 Durch das FamFG neu eingeführt wurde die Pflicht zur **Anhörung zum Umgangsrecht**, wobei es das erklärte Ziel ist, dessen tatsächliche Ausübung zu fördern.[2] Dem liegt die allgemein akzeptierte Erkenntnis zugrunde, dass für das Wohlergehen des Kindes nach der Scheidung der Kontakt zu beiden Elternteilen ausschlaggebende Bedeutung besitzt (§ 1626 Abs. 3 Satz 1 BGB).[3] Das Recht des Kindes auf Umgang mit beiden Elternteilen steht daher im Mittelpunkt der Anhörung. Dem umgangsberechtigten Elternteil sollte nicht nur sein Recht, sondern auch seine Pflicht zur Wahrnehmung des Umgangsrechts deutlich gemacht und auch dem betreuenden Elternteil ggf. seine Mitwirkungspflichten vor Augen geführt werden. Damit die Anhörung nicht zu einer leeren Förmlichkeit erstarrt, wird es regelmäßig erforderlich sein, die Eltern nach dem bisher praktizierten Umgang zu befragen. Außerdem sind die Eltern über die bestehenden Möglichkeiten der Beratung durch die Beratungsstellen und -dienste der Träger der Jugendhilfe zu belehren (vgl. § 17 Abs. 1 und 2 SGB VIII). Der Hinweis hierauf kann schriftlich durch Übergabe oder Zusendung eines Merkblatts erfolgen.

20 Zugleich dient die Anhörung auch dazu, dem Gericht ein Mindestmaß an Informationsmöglichkeiten zu verschaffen, damit es beurteilen kann, ob im Einzelfall zur **Wahrung des Kindeswohls** familiengerichtliche Maßnahmen vor allem nach §§ 1666 f. BGB veranlasst sind. Diesem Anliegen dient auch § 17 Abs. 3 SGB VIII, wonach das Jugendamt von einem Scheidungsverfahren zu informieren ist, damit es den Eltern Hilfe und Beratung anbieten kann. Allerdings sind die Erkenntnismöglichkeiten des Gerichts im Rahmen der Anhörung nach § 128 Abs. 2 sehr beschränkt.[4]

21 **Kosten/Gebühren: Gericht:** Durch die Festsetzung von Ordnungsgeld entstehen keine Gerichtsgebühren. Für das Beschwerdeverfahren entsteht eine Gebühr nach Nr. 1912 KV FamGKG, soweit die Beschwerde verworfen oder zurückgewiesen wurde. Wird die Beschwerde nur teilweise verworfen oder zurückgewiesen, kann das Gericht die Gebühr nach billigem Ermessen auf die Hälfte ermäßigen oder bestimmen, dass eine Gebühr nicht zu erheben ist. **RA:** Für das Beschwerdeverfahren gegen die Festsetzung von Ordnungsgeld erhält der

---

1 Vgl. zum alten Recht bereits BT-Drucks. 13/8511, S. 78: keine Pflicht zur Vorlage eines Sorgeplans.
2 BT-Drucks. 16/6308, S. 228.
3 Vgl. etwa *Bergmann/Gutdeutsch*, FamRZ 1999, 422 mwN.
4 *Bergmann/Gutdeutsch*, FamRZ 1999, 422 (425 f.) halten es ausnahmsweise für möglich, in dieser Situation über § 1666 BGB eine Kindesanhörung durchzuführen.

RA Gebühren nach den Nrn. 3500 und 3513 VV RVG, da jedes Beschwerdeverfahren eine besondere Angelegenheit ist (§ 18 Abs. 1 Nr. 3 RVG).

129 Mitwirkung der Verwaltungsbehörde oder dritter Personen

(1) Beantragt die zuständige Verwaltungsbehörde oder bei Verstoß gegen § 1306 des Bürgerlichen Gesetzbuchs die dritte Person die Aufhebung der Ehe, ist der Antrag gegen beide Ehegatten zu richten.

(2) Hat in den Fällen des § 1316 Abs. 1 Nr. 1 des Bürgerlichen Gesetzbuchs ein Ehegatte oder die dritte Person den Antrag gestellt, ist die zuständige Verwaltungsbehörde über den Antrag zu unterrichten. Die zuständige Verwaltungsbehörde kann in diesen Fällen, auch wenn sie den Antrag nicht gestellt hat, das Verfahren betreiben, insbesondere selbständig Anträge stellen oder Rechtsmittel einlegen. Im Fall eines Antrags auf Feststellung des Bestehens oder Nichtbestehens einer Ehe zwischen den Beteiligten gelten die Sätze 1 und 2 entsprechend.

A. Allgemeines 1	II. Stellung der Ehegatten als Antragsgegner (Absatz 1) 8
B. Aufhebungsantrag seitens Dritter	C. Stellung der Verwaltungsbehörde in Aufhebungs- und Feststellungsverfahren (Absatz 2) 9
I. Antragsbefugnis 3	
1. Verwaltungsbehörde 4	
2. Ehegatte der Erstehe 7	

A. Allgemeines

§ 129 Abs. 1 bestimmt entsprechend § 631 Abs. 3 aF ZPO, dass ein Antrag auf Aufhebung der Ehe gegen beide Ehegatten zu richten ist, wenn ein Dritter den Aufhebungsantrag stellt. Hierbei kann es sich um die zuständige Verwaltungsbehörde handeln, die nach § 1316 Abs. 1 Nr. 1 BGB in bestimmten Konstellationen zur Wahrung des öffentlichen Interesses befugt ist, ein Verfahren auf Aufhebung der Ehe einzuleiten, oder den Partner aus einer ersten Ehe oder Lebenspartnerschaft, wenn ein Verstoß gegen das Verbot der Doppelehe (§ 1306 BGB) vorliegt. **1**

In Übereinstimmung mit § 631 Abs. 4 aF ZPO ist die zuständige Verwaltungsbehörde vom Gericht zu **unterrichten**, wenn in den Fällen des § 1316 Abs. 1 Nr. 1 BGB ein Antrag auf Aufhebung der Ehe gestellt wird (§ 129 Abs. 2 Satz 1). Denn ihr stehen, auch ohne dass sie einen eigenen Antrag stellt, umfassende **Mitwirkungsbefugnisse** zu (§ 129 Abs. 2 Satz 2). Gem. § 129 Abs. 2 Satz 3 gilt – wie schon nach § 632 Abs. 3 aF ZPO – diese Regelung entsprechend, wenn ein Antrag auf Feststellung des Bestehens oder Nichtbestehens einer Ehe gestellt wird. **2**

B. Aufhebungsantrag seitens Dritter

I. Antragsbefugnis

Da das Verfahren auf den Erlass einer rechtsgestaltenden Entscheidung gerichtet ist, ist die Darlegung eines **besonderen Rechtsschutzbedürfnisses** grundsätzlich keine Zulässigkeitsvoraussetzung.[1] **3**

1. Verwaltungsbehörde

Die zuständige Verwaltungsbehörde iSv. § 1316 Abs. 1 Nr. 1 BGB wird durch Rechtsverordnung der Landesregierungen bestimmt: **4**

---

[1] BGH v. 9.1.2002 – XII ZR 58/00, FamRZ 2002, 604 (605); BGH v. 18.6.1986 – IVb ZR 41/85, FamRZ 1986, 879 (880); OLG Oldenburg v. 13.1.2000 – 14 UF 135/99, IPRax 2001, 143 (144).

Baden-Württemberg	Regierungspräsidium Tübingen[1]
Bayern	Regierung von Mittelfranken[2]
Berlin	Bezirksverwaltungen[3]
Brandenburg	Ministerium des Innern[4]
Bremen	Standesämter[5]
Hamburg	Bezirksämter[6]
Hessen	Regierungspräsidium[7]
Mecklenburg-Vorpommern	Landkreise und kreisfreie Städte[8]
Niedersachsen	Landkreise, kreisfreie Städte und die großen selbständigen Städte[9]
Nordrhein-Westfalen	Bezirksregierung Köln bzw. Arnsberg[10]
Rheinland-Pfalz	Aufsichts- und Dienstleistungsdirektion[11]
Saarland	Landesverwaltungsamt[12]
Sachsen	Landesdirektion Sachsen[13]
Sachsen-Anhalt	Landkreise und kreisfreie Städte[14]
Schleswig-Holstein	Landräte der Kreise und Bürgermeister kreisfreier Städte[15]
Thüringen	Landesverwaltungsamt[16]

5   Die Behörde hat nach **pflichtgemäßem Ermessen** zu entscheiden, ob sie von der ihr eingeräumten Antragsbefugnis Gebrauch macht.[17] Nach § 1316 Abs. 3 BGB soll die Verwaltungsbehörde bei bestimmten Ehemängeln grundsätzlich den Aufhebungsantrag stellen, soweit nicht im Interesse des betroffenen Ehegatten oder der aus der Ehe hervorgegangenen Kinder eine Aufrechterhaltung ausnahmsweise geboten erscheint. Die Antragstellung durch die Behörde kann nicht im Verwaltungsrechtsweg erzwungen oder verhindert werden.[18] Das Familiengericht prüft jedoch, ob die Behörde ermessensfehlerhaft gehandelt, insbesondere, ob sie das Eingreifen der

---

1   § 1 VO v. 16.1.2001, GBl. 2001, 2.
2   § 1 Abs. 1 VO v. 3.6.2008, GVBl. 2008, 326.
3   § 3 Abs. 2 Satz 1, § 4 Abs. 1 Satz 2 AZG idF v. 22.7.1996, GVBl. 302, 472.
4   § 18 AGBGB, GVBl. 2000, 114.
5   § 1 VO v. 7.8.2001, GBl. 2001, 261.
6   Abs. 7 AnO v. 23.6.1970, Amt. Anz. 1970, 1073 idF der VO v. 1.9.1998, Amtl. Anz. 1998, 2450.
7   § 1 VO v. 22.12.1999, GVBl. 2000, 26.
8   § 1 Abs. 1 Gesetz v. 10.12.1999, GVOBl. 1999, 632.
9   § 2 Nr. 8 AllgZustVO-Kom v. 4.12.2004, GVBl. 2004, 589.
10 § 1 Nr. 1, 2 VO v. 26.5.1998, GVBl. 1998 391.
11 § 1 VO v. 3.7.98, GVBl. 1998, 197 idF des Landesgesetzes zur Reform und Neuorganisation der Landesverwaltung v. 12.10.1999, GVBl 1999, 325.
12 § 30a AGJusG v. 5.2.1997, zuletzt geändert durch Gesetz vom 19.1.2011, Abl. I 46.
13 § 6 Abs. 1 SächsPStVO v. 7.1.2009, GVBl. 2009, 3.
14 § 1 Abs. 1 Nr. 14 AllgZustVO-Kom v. 7.5.1994, GVBl 1994, 568 idF der VO v. 9.12.1998, GVBl. 1998, 476.
15 § 1 VO v. 26.5.1998, GVBl. 1998, 199.
16 § 1 VO v. 11.1.1999, GVBl. 1999, 52.
17 BGH v. 11.4.2012 – XII ZR 99/10, FamRZ 2012, 940 (941); BGH v. 18.6.1986 – IVb ZR 41/85, FamRZ 1986, 879 (880); Palandt/*Brudermüller*, § 1316 BGB Rz. 8; Einzelheiten zur Ermessensausübung bei Staudinger/*Voppel*, § 1315 BGB Rz. 56, § 1316 BGB Rz. 16ff.
18 KG v. 7.2.1986 – 1 VA 2/84, FamRZ 1986, 806; OLG Düsseldorf v. 19.7.1995 – 3 VA 6/93, FamRZ 1996, 109f.; Staudinger/*Voppel*, § 1316 BGB Rz. 15; Palandt/*Brudermüller*, § 1316 BGB Rz. 8; MüKo.ZPO/*Hilbig*, § 129 FamFG Rz. 8; für ein subjektives Recht Dritter demgegenüber Musielak/*Borth*, § 129 FamFG Rz. 2.

Härteklausel des § 1316 Abs. 3, 2. Halbs. BGB verkannt hat; ist dies der Fall, so ist der Antrag als unzulässig abzuweisen.[1]

Als problematisch haben sich vor allem Fälle erwiesen, in denen ein Antrag auf Aufhebung einer **bigamischen Ehe** gestellt wurde, obwohl die Erstehe mittlerweile (durch Scheidung oder Tod) wirksam aufgelöst worden war (die maßgebliche zeitliche Grenze für die Kollision legt § 1315 Abs. 2 Nr. 1 BGB fest). Solange unter der Geltung des früheren Rechts die Ehenichtigkeitsklage wegen Doppelehe zu einer Auflösung der Zweitehe ex tunc führte, wurde ein öffentliches Interesse in aller Regel bejaht, weil der „gegen die sittliche Ordnung verstoßende Zustand der Doppelehe" beseitigt wurde.[2] Seitdem die Eheaufhebung jedoch nur noch die Auflösung der Ehe ex nunc bewirkt (§ 1313 Satz 2 BGB), hat diese Argumentation endgültig an Überzeugungskraft verloren, denn die Auflösung der bigamischen Beziehung vermag nichts daran zu ändern, dass in der Vergangenheit die Kollision zwischen den beiden Ehen fortbestand, während sich für die Zukunft der Konflikt durch Auflösung der Erstehe erledigt hat.[3] Das erforderliche öffentliche Interesse an der Eheaufhebung ist in dieser Sonderkonstellation daher nur noch dann zu bejahen, wenn das Verfahren erforderlich ist, um im Hinblick auf § 1318 Abs. 3 BGB die versorgungsrechtlichen Verhältnisse der Beteiligten zu klären.[4]

2. Ehegatte der Erstehe

Im Fall einer Doppelehe ist auch der **Ehegatte der Erstehe** befugt, den Aufhebungsantrag zu stellen (§ 1316 Abs. 1 Nr. 1 iVm. § 1306 BGB). Wurde die Zweitehe (durch Scheidung oder Tod) bereits aufgelöst, ist gem. § 1317 Abs. 3 BGB eine nachträgliche Aufhebung allerdings nicht mehr möglich (vgl. aber § 121 Rz. 8). Wurde demgegenüber die Erstehe aufgelöst, ändert das nichts daran, dass der frühere Ehegatte als „dritte Person" iSv. § 1316 Abs. 1 Nr. 1 BGB nach wie vor befugt ist, die Aufhebung der bigamischen Beziehung zu beantragen. Auch wenn grundsätzlich kein besonderes Rechtsschutzbedürfnis geltend gemacht werden muss, stellt sich seit der Reform durch das Eheschließungsrechtsgesetz (§ 121 Rz. 6 und Rz. 14) in dieser Konstellation die Antragstellung jedoch als unzulässige Rechtsausübung dar, soweit der frühere Ehegatte kein eigenes Interesse an der Aufhebung der Zweitehe besitzt. Ein solches Interesse ist jedoch dann gegeben, wenn das Verfahren dazu beiträgt, die miteinander konkurrierenden Rentenansprüche der ersten und der zweiten Ehefrau zu klären.[5]

II. Stellung der Ehegatten als Antragsgegner (Absatz 1)

Stellt die zuständige Verwaltungsbehörde oder im Falle einer Doppelehe der Ehegatte der Erstehe den Aufhebungsantrag, ist dieser gem. § 129 Abs. 1 gegen beide Ehegatten zu richten. Da das streitige Rechtsverhältnis ihnen gegenüber nur einheitlich festgestellt werden kann, sind sie **notwendige Streitgenossen** iSv. § 62 ZPO.[6] Da-

---

1 BGH v. 11.4.2012 – XII ZR 99/10, FamRZ 2012, 940 (941); MüKo.BGB/*Müller-Gindullis*, § 1316 BGB Rz. 10; Staudinger/*Voppel*, § 1316 BGB Rz. 23; Palandt/*Brudermüller*, § 1316 BGB Rz. 8.
2 BGH v. 18.6.1986 – IVb ZR 41/85, FamRZ 1986, 879 (880); BGH v. 17.1.2001 – XII ZR 266/98, FamRZ 2001, 685 (686).
3 BGH v. 9.1.2002 – XII ZR 58/00, FamRZ 2002, 604 (605); vgl. auch BGH v. 17.1.2001 – XII ZR 266/98, FamRZ 2001, 685 (686); MüKo.ZPO/*Bernreuther*, § 631 ZPO Rz. 9.
4 BGH v. 9.1.2002 – XII ZR 58/00, FamRZ 2002, 604 (606) (obiter) unter Bezugnahme auf die zum alten Recht ergangene Entscheidung BGH v. 17.1.2001 – XII ZR 266/98, FamRZ 2001, 685 (686f.); MüKo.ZPO/*Hilbig*, § 129 FamFG Rz. 6. Staudinger/*Voppel*, § 1315 BGB Rz. 56, § 1316 Rz. 20 meint demgegenüber, der gesetzlich missbilligte Zustand habe sich lediglich abgeschwächt und will eine Abwägung unter Einbeziehung der Interessen des gutgläubigen zweiten Ehegatten und eventueller Kinder entscheiden lassen.
5 BGH v. 9.1.2002 – XII ZR 58/00, FamRZ 2002, 604 (606); MüKo.ZPO/*Hilbig*, § 129 FamFG Rz. 4.
6 BGH v. 7.4.1976 – IV ZR 70/74, NJW 1976, 1590; OLG Brandenburg v. 7.7.2010 – 13 UF 55/09, FamRZ 2011, 216; OLG Dresden v. 2.2.2004 – 21 ARf 1/04, FamRZ 2004, 952.

her kann nach Antragstellung durch die zuständige Verwaltungsbehörde ein Ehegatte dieser auch nicht als Streitgehilfe beitreten.[1]

C. Stellung der Verwaltungsbehörde in Aufhebungs- und Feststellungsverfahren (Absatz 2)

9 Stellt die zuständige Verwaltungsbehörde, die gem. § 114 Abs. 3 Satz 1 vom Anwaltszwang befreit ist, in den Fällen des § 1316 Abs. 1 Nr. 1 BGB einen eigenen Antrag auf Aufhebung der Ehe, so ist sie „regulärer" Beteiligter und kann ohne weiteres die entsprechenden (Verfahrens)Rechte ausüben. Doch auch wenn sie keinen eigenen Antrag stellt, kann sie gem. § 129 Abs. 2 Satz 2 das **Verfahren selbst betreiben**, dh. für oder gegen den Bestand der Ehe tätig werden,[2] indem sie in der Sache Stellung nimmt, selbständig Anträge stellt oder Rechtsmittel einlegt. Ob und in welchem Umfang sie tätig wird, steht – innerhalb der durch § 1316 Abs. 3 BGB gezogenen Schranken – in ihrem Ermessen. Diese „klägerähnliche" Position entspricht nicht derjenigen eines notwendigen Streitgenossen, vielmehr ist sie am ehesten mit derjenigen des Vertreters des öffentlichen Interesses im verwaltungsgerichtlichen Verfahren (§§ 35 ff. VwGO) zu vergleichen.[3] Die Befugnisse des § 129 Abs. 2 Satz 2 stehen der Behörde jedoch nur zu, solange das Verfahren noch anhängig ist.[4] Hatte sich die Behörde in erster Instanz am Verfahren beteiligt, beginnt eine eigene Rechtsmittelfrist mit der Zustellung an sie zu laufen, hatte sie sich demgegenüber nicht beteiligt, kann sie kein Rechtsmittel mehr einlegen, wenn das Verfahren durch Rechtsmittelverzicht[5] oder Ablauf der für die Ehegatten geltenden Rechtsmittelfristen rechtskräftig abgeschlossen wurde.

10 Damit die Verwaltungsbehörde die ihr zustehenden Mitwirkungsrechte ausüben kann, muss sie gem. § 129 Abs. 2 Satz 1 vom Gericht **unterrichtet** werden, wenn in den Fällen des § 1316 Abs. 1 Nr. 1 BGB ein anderer Beteiligter einen Antrag auf Aufhebung der Ehe stellt. Gem. § 129 Abs. 2 Satz 3 stehen die genannten Beteiligungsrechte der zuständigen Verwaltungsbehörde auch dann zu, wenn ein Antrag auf **Feststellung des Bestehens oder Nichtbestehens einer Ehe** gestellt wird.

130 *Säumnis der Beteiligten*
(1) **Die Versäumnisentscheidung gegen den Antragsteller ist dahin zu erlassen, dass der Antrag als zurückgenommen gilt.**
(2) **Eine Versäumnisentscheidung gegen den Antragsgegner sowie eine Entscheidung nach Aktenlage ist unzulässig.**

A. Normzweck 1	D. Säumnis in der Rechtsmittelinstanz . 8
B. Säumnis des Antragstellers (Absatz 1) 2	I. Beschwerde 9
C. Säumnis des Antragsgegners (Absatz 2) 6	II. Rechtsbeschwerde 14

A. Normzweck

1 Die Vorschrift schließt in allen Ehesachen iSv. § 121 (nicht aber in Folgesachen) bei **Säumnis des Antragsgegners** den Erlass einer Versäumnisentscheidung sowie ei-

---

1 OLG München v. 21.11.1956 – 4 UH 67/56, NJW 1957, 954; MüKo.ZPO/*Hilbig*, § 129 FamFG Rz. 11.
2 RG v. 3.3.1930 – VIII 279/29, JW 1931, 1335 (1337); OLG Karlsruhe v. 17.9.1990 – 2 WF 54/89, FamRZ 1991, 92 (93).
3 MüKo.ZPO/*Hilbig*, § 129 FamFG Rz. 13 (aaO Rz. 14: Beteiligter entsprechend § 7 Abs. 2 Nr. 2); Stein/Jonas/*Schlosser*, § 634 ZPO Rz. 1; Wieczorek/Schütze/*Kemper*, § 634 ZPO Rz. 1; vgl. auch Johannsen/Henrich/*Markwardt*, § 129 FamFG Rz. 4; aA Musielak/*Borth*, vor § 129 FamFG Rz. 9; Keidel/*Weber*, § 129 FamFG Rz. 8.
4 RG v. 3.3.1930 – VIII 279/29, JW 1931, 1335 (1337).
5 BayObLG v. 2.9.1966 – BReg. 2 Z 37/66, FamRZ 1966, 639 (640).

ner Entscheidung nach Aktenlage aus (§ 130 Abs. 2). Bei **Säumnis des Antragstellers** ist die Versäumnisentscheidung grundsätzlich dahin zu erlassen, dass der Antrag als zurückgenommen gilt (§ 130 Abs. 1). In der Sache handelt es sich um eine Durchbrechung der Verhandlungsmaxime, die auf einer Linie mit § 113 Abs. 4 Nr. 1, 5, 7, 8 liegt. Dass bei Säumnis des Antragsgegners – wie auch schon nach altem Recht (§ 612 Abs. 4 ZPO) – nicht auf Grundlage einer Geständnisfiktion (§ 331 Abs. 1 ZPO) ein Versäumnisbeschluss ergehen kann, ist zwingende Konsequenz des Amtsermittlungsgrundsatzes und der mangelnden Bindungswirkung gerichtlicher Geständnisse (§ 113 Abs. 4 Nr. 5). Demgegenüber führte nach altem Recht die Säumnis des Antragstellers nur bei Verfahren auf Feststellung des Bestehens oder Nichtbestehens einer Ehe zum Ausspruch der Klagerücknahme (§ 632 Abs. 4 aF ZPO), weil nur hier ein öffentliches Interesse angenommen wurde, den Weg für eine verbindliche Statusfeststellung nicht zu erschweren. Das FamFG hat – im Interesse des Antragstellers – die Fiktion der Antragsrücknahme jedoch auf alle Ehesachen erstreckt, damit nicht die materiell rechtskräftige Antragsabweisung einem später erneut eingeleiteten Scheidungs- oder Aufhebungsverfahren entgegensteht, obwohl im vorangegangenen Verfahren wegen der Säumnis die sachliche Berechtigung des Begehrens nicht zu prüfen war.[1]

B. Säumnis des Antragstellers (Absatz 1)

Ist der Antragsteller säumig, kann – durch Beschluss iSv. § 116 – eine Versäumnisentscheidung ergehen, allerdings nicht mit dem Inhalt, dass der Antrag abgewiesen wird, sondern dass er **als zurückgenommen gilt** (§ 130 Abs. 1). Die Anordnung der sofortigen Wirksamkeit für die Entscheidung über den Kostenpunkt, der sich in Scheidungssachen nach § 150 Abs. 2 Satz 1 richtet,[2] kommt nicht in Frage.[3] Endentscheidungen in Ehesachen sind gem. § 120 Abs. 2 Satz 1 iVm. § 116 Abs. 2 erst mit Rechtskraft vollstreckbar; die Anordnung der sofortigen Wirksamkeit (vgl. § 116 Abs. 3 Satz 2) ist – auch für den Kostenausspruch – nicht vorgesehen. Einem später erneut gestellten Antrag auf Scheidung oder Aufhebung der Ehe steht damit grundsätzlich nichts im Wege, doch findet § 269 Abs. 6 ZPO gem. § 113 Abs. 1 Satz 2 FamFG Anwendung.[4] Gegen den Beschluss kann **Einspruch** nach §§ 338 ff. ZPO iVm. § 113 Abs. 1 Satz 2 FamFG eingelegt werden.[5]

Voraussetzung für eine Entscheidung nach § 130 Abs. 1 ist, dass der andere Ehegatte Antrag auf Erlass einer Versäumnisentscheidung stellt (§ 330 ZPO), der zugleich als konkludente Zustimmung zur Antragsrücknahme iSv. § 269 Abs. 1 ZPO zu werten ist.[6] Zwar bedarf es für die Zustimmung zur Rücknahme des Scheidungsantrags gem. § 114 Abs. 4 Nr. 3 keiner anwaltlichen Vertretung, doch besteht Anwaltszwang für den Antrag auf Erlass einer Versäumnisentscheidung. In den Fällen des § 129 Abs. 2 Satz 2 kann den Antrag iSv. § 330 ZPO auch die zuständige Verwaltungsbehörde stellen (nicht aber die Zustimmung zur Antragsrücknahme erklären).[7] Wurde schon einmal mündlich verhandelt und ist der Sachverhalt hinreichend geklärt, kann der Antragsgegner gem. § 113 Abs. 1 Satz 2 FamFG iVm. § 331a ZPO auch

---

1 BT-Drucks. 16/6308, S. 228.
2 In den übrigen Ehesachen kann § 269 Abs. 3 ZPO (iVm. § 113 Abs. 1 Satz 2 FamFG) zwar nicht direkt angewendet werden, weil die Folgen der Rücknahme im Fall des § 130 nicht automatisch eintreten, sondern durch gerichtliche Entscheidung ausgesprochen werden, doch ist der Maßstab des § 269 Abs. 3 Satz 2 ZPO bei der Kostenentscheidung heranzuziehen (MüKo.ZPO/*Hilbig*, § 130 FamFG Rz. 5).
3 Das galt wegen § 704 Abs. 2 ZPO auch schon nach altem Recht (Zöller/*Philippi*, 27. Aufl., § 612 ZPO Rz. 3a); Baumbach/*Hartmann*, § 130 FamFG Rz. 3 übersieht, dass § 704 Abs. 2 ZPO aufgehoben wurde (Art. 29 Nr. 16b FGG-RG).
4 Stein/Jonas/*Schlosser*, § 635 ZPO Rz. 1; MüKo.ZPO/*Bernreuther*, § 632 ZPO Rz. 8 – je zu § 269 aF ZPO.
5 Keidel/*Weber*, § 130 FamFG Rz. 4; Bumiller/Harders, § 130 FamFG Rz. 2; MüKo.ZPO/*Hilbig*, § 130 FamFG Rz. 5.
6 Keidel/*Weber*, § 130 FamFG Rz. 4; Bork/Jacoby/Schwab/*Löhnig*, § 130 FamFG Rz. 3.
7 Johannsen/Henrich/*Markwardt*, § 130 FamFG Rz. 3.

eine Entscheidung nach Aktenlage beantragen.[1] Dem steht § 130 Abs. 2 aufgrund seiner systematischen Stellung nicht entgegen. Stellt der **Antragsgegner keinen Antrag oder erscheint er ebenfalls nicht (beiderseitige Säumnis)**, kann – entgegen der früheren Rechtslage – nach § 130 Abs. 2 eine Entscheidung nach Aktenlage (§ 251a Abs. 1 und 2 ZPO) nicht ergehen (str.).[2] Vielmehr ist zu vertagen (§ 227 ZPO) oder das Ruhen des Verfahrens anzuordnen (§ 251a Abs. 3 ZPO). § 130 Abs. 1 gilt entsprechend, wenn der Antragsteller einen **Antragsverzicht** iSv. § 306 ZPO erklärt.

4   Auch wenn die Gegenseite **einen Gegenantrag** eingereicht hat, bestehen grundsätzlich keine Bedenken, § 130 Abs. 1 auf den säumigen Antragsteller anzuwenden.[3] Allerdings sollte das Gericht, wenn etwa ein Gegenantrag auf Scheidung als Reaktion auf einen Aufhebungsantrag gestellt wurde, wegen des Vorrangs der Eheaufhebung (§ 126 Abs. 3), um verfahrensrechtliche Komplikationen zu vermeiden, über den Gegenantrag erst entscheiden, wenn die Versäumnisentscheidung rechtskräftig geworden ist (ausf. § 126 Rz. 14).

5   Etwas anderes gilt dann, wenn **beide Ehegatten die Scheidung beantragt** haben (zu parallelen Scheidungsanträgen vgl. § 126 Rz. 9). Der Antragsgegner kann nicht gleichzeitig Versäumnisentscheidung und Scheidung der Ehe beantragen.[4] Wegen des einheitlichen Streitgegenstandes bleibt die Säumnis des Antragstellers vielmehr ohne Folgen, es wird einseitig kontradiktorisch verhandelt (Rz. 6). Soweit nunmehr ein anderer Scheidungstatbestand herangezogen wird, zu dem bislang nicht vorgetragen worden war, muss dem nicht erschienenen Ehegatten Gelegenheit zu neuem Vortrag gegeben werden (§ 139 Abs. 2 Satz 1 ZPO).[5] Will der Antragsgegner seinen eigenen Scheidungsantrag zurücknehmen, muss auch diese veränderte Verfahrenslage zunächst dem säumigen Ehegatten mitgeteilt werden. Gegen ihn kann eine Versäumnisentscheidung daher erst ergehen, wenn er auch im nächsten – ordnungsgemäß anberaumten – Termin säumig bleibt (§ 335 Abs. 1 Nr. 3 ZPO).[6] Nach bisher herrschender Ansicht soll dieser Grundsatz sogar dann gelten, wenn der Antragsgegner keinen eigenen Antrag stellt, sondern nur die Zustimmung zur Scheidung erklärt hat.[7] Nachdem jedoch die Rechtsfolge der Säumnis von der Sachabweisung zum bloßen Ausspruch der Antragsrücknahme abgeschwächt worden ist, ist es nicht mehr gerechtfertigt, von den allgemeinen Regeln abzuweichen, es gibt keinen zwingenden Grund mehr, die Zustimmung zur Scheidung wie einen eigenständigen Sachantrag zu behandeln.[8]

C. Säumnis des Antragsgegners (Absatz 2)

6   Ist der Antragsgegner säumig, ist gem. § 130 Abs. 2 sowohl eine Versäumnisentscheidung als auch – über den früheren § 612 Abs. 4 ZPO hinaus gehend – eine Entscheidung nach Aktenlage unzulässig (§§ 331a, 251a ZPO). Soweit der Antragsgegner ordnungsgemäß geladen war und ihm die Sachanträge rechtzeitig durch Schriftsatz

---

1 Johannsen/Henrich/*Markwardt*, § 130 FamFG Rz. 3; Bork/Jacoby/Schwab/*Löhnig*, § 130 FamFG Rz. 5; restriktiver Keidel/*Weber*, § 130 FamFG Rz. 4; ausgeschlossen nach Ansicht von MüKo.ZPO/*Hilbig*, § 130 FamFG Rz. 4.
2 Bork/Jacoby/Schwab/*Löhnig*, § 130 FamFG Rz. 10; wohl auch Bahrenfuss/*Blank*, § 130 FamFG Rz. 3 aE; vgl. auch Keidel/*Weber*, § 130 FamFG Rz. 4 aE. AA („möglich, aber kaum ratsam") Baumbach/*Hartmann*, § 130 FamFG Rz. 5; Johannsen/Henrich/*Markwardt*, § 130 FamFG Rz. 6; Zöller/*Lorenz*, § 130 FamFG Rz. 4.
3 AA Keidel/*Weber*, § 130 FamFG Rz. 4.
4 Zöller/*Lorenz*, § 130 FamFG Rz. 5; MüKo.ZPO/*Bernreuther*, § 612 ZPO Rz. 7. IE auch Musielak/*Borth*, § 130 FamFG Rz. 5 und Keidel/*Weber*, § 130 FamFG Rz. 4.
5 Musielak/*Borth*, § 130 FamFG Rz. 5 mit Fn. 3.
6 Zöller/*Lorenz*, § 130 FamFG Rz. 5.
7 Zöller/*Philippi*, 27. Aufl., § 613 ZPO Rz. 6 aE; Stein/Jonas/*Schlosser*, § 613 ZPO Rz. 7 aE. AA schon zum altem Recht Johannsen/Henrich/*Sedemund-Treiber*, 4. Aufl. 2003, § 612 ZPO Rz. 10; MüKo.ZPO/*Bernreuther*, § 612 ZPO Rz. 7.
8 Wohl auch Musielak/*Borth*, § 130 FamFG Rz. 5 aE.

mitgeteilt wurden, wird **einseitig streitig verhandelt**, andernfalls ist zu vertagen.[1] Das FamG hat im Rahmen des Amtsermittlungsgrundsatzes den Sachverhalt aufzuklären, das Vorbringen des Antragstellers sachlich zu prüfen und auf Antrag bzw. von Amts wegen die erforderlichen Beweise zu erheben.[2] Soweit sich der nicht erschienene Ehegatte schriftlich geäußert hat, ist dieses Vorbringen als Urkundenbeweis zu berücksichtigen; nur unter engen Voraussetzungen kann von seiner persönlichen Anhörung abgesehen werden (§ 128 Rz. 15). Auf dieser Grundlage ergeht eine streitige Entscheidung, die nicht durch Einspruch, sondern nur mit der **Beschwerde** angefochten werden kann.[3]

Da in Ehesachen gem. § 114 Abs. 1 Anwaltszwang besteht, ist der **anwaltlich nicht vertretene** Antragsgegner säumig, doch läuft er wegen § 130 Abs. 2 nicht Gefahr, gravierende verfahrensrechtliche Nachteile zu erleiden. Zwar kann er keine eigenen Verfahrenshandlungen vornehmen, insbesondere keine eigenen Anträge stellen, doch kann er im Rahmen der Anhörung nach § 128 Abs. 1 Satz 1 seinen Standpunkt geltend machen. Da § 130 Abs. 2 auf Folgesachen nicht anwendbar ist, kann insofern allerdings (soweit es sich um Familienstreitsachen iSv. § 112 handelt) eine Versäumnisentscheidung ergehen (§ 113 Abs. 1 Satz 2).[4]

D. Säumnis in der Rechtsmittelinstanz

§ 130 ist auf das **Verfahren in der Rechtsmittelinstanz nicht zugeschnitten**. Die Ausgangssituation ist hier nämlich eine vollkommen andere, weil bereits eine aufgrund sachlicher Prüfung ergangene kontradiktorische Entscheidung der Vorinstanz vorliegt. Außerdem ist der Rechtsmittelführer in Ehesachen nicht gehindert, die Entscheidung der Vorinstanz zu akzeptieren, indem er das Rechtsmittel zurücknimmt oder darauf verzichtet.[5]

I. Beschwerde

Im Beschwerdeverfahren wird § 130 iVm. § 68 Abs. 3 Satz 1 nach der eindeutigen Regelung in § 117 Abs. 2 Satz 1 durch § 539 ZPO verdrängt.[6] Allerdings kann die Geständnisfiktion des § 539 Abs. 2 ZPO wegen § 113 Abs. 4 Nr. 5 und § 127 keine Anwendung finden.[7]

Ist der **Beschwerdeführer säumig**, wird – unabhängig davon, welche verfahrensrechtliche Stellung er in erster Instanz eingenommen hat – gem. § 539 Abs. 1 ZPO die Beschwerde ohne weiteres **durch Versäumnisentscheidung zurückgewiesen** (§ 117 Rz. 57).[8] Während früher die hM davon ausging, dass die Versäumnisentscheidung auch im Verbund stehende Folgesachen der freiwilligen Gerichtsbarkeit erfasse, da über das Rechtsmittel nach § 629a Abs. 2 Satz 2 aF ZPO einheitlich als Berufung zu

---

1 RG v. 31.1.1916 – VI 394/15, RGZ 88, 66 (68f.); vgl. insofern auch OLG Celle v. 29.10.1954 – 7 U 91/64, FamRZ 1965, 213 (214) und OLG Koblenz v. 8.2.1983 – 15 U 519/82, FamRZ 1983, 759f. (im Übrigen zu diesen Urt. unten Rz. 10 m. Fn. 1).
2 OLG Hamm v. 13.10.1986 – 4 UF 194/86, NJW-RR 1987, 521; Musielak/*Borth*, § 130 FamFG Rz. 4.
3 MüKo.ZPO/*Hilbig*, § 130 FamFG Rz. 7; Bork/Jacoby/Schwab/*Löhnig*, § 130 FamFG Rz. 8.
4 Vgl. OLG Schleswig v. 13.1.1992 – 15 UF 22/90, FamRZ 1992, 839.
5 OLG Hamm v. 13.10.1986 – 4 UF 194/86, NJW-RR 1987, 521; MüKo.ZPO/*Bernreuther*, § 632 ZPO Rz. 12 mit Fn. 16. Zu §§ 635, 638 aF ZPO, die in der Sache § 632 Abs. 4 aF ZPO entsprechen, *Prütting*, ZZP 91 (1978), 197 (201); Stein/Jonas/*Schlosser*, § 635 ZPO Rz. 2.
6 Zöller/*Lorenz*, § 130 FamFG Rz. 1; MüKo.ZPO/*Hilbig*, § 130 FamFG Rz. 10; Bork/Jacoby/Schwab/*Löhnig*, § 130 FamFG Rz. 11; aA Keidel/*Weber*, § 130 FamFG Rz. 5f.; Bumiller/*Harders*, § 130 FamFG Rz. 3; Rosenberg/Schwab/Gottwald, § 166 Rz. 49f.
7 Zöller/*Lorenz*, § 130 FamFG Rz. 1; MüKo.ZPO/*Hilbig*, § 130 FamFG Rz. 11; Musielak/*Borth*, § 130 FamFG Rz. 7.
8 Schulte-Bunert/Weinreich/*Unger*, § 117 FamFG Rz. 32; MüKo.ZPO/*Hilbig*, § 130 FamFG Rz. 10; Bork/Jacoby/Schwab/*Löhnig*, § 130 FamFG Rz. 12; Hoppenz/*Walter*, § 130 FamFG Rz. 6. Demgegenüber soll nach einer Gegenansicht, wenn der Antragsteller erster Instanz Beschwerdeführer gegen einen Abweisungsbeschluss ist, eine Versäumnisentscheidung dahingehend ergehen, dass der Antrag als zurückgenommen gilt (Johannsen/Henrich/*Markwardt*, § 130 FamFG Rz. 7; Musielak/*Borth*, § 130 FamFG Rz. 8).

entscheiden war, verweist § 117 Abs. 2 nur noch für Ehe- und Familienstreitsachen auf § 539 ZPO (§ 117 Rz. 56). Von einigen Gerichten wurde dem Beschwerdegegner ein **Wahlrecht** eingeräumt, anstelle der Versäumnisentscheidung eine Sachentscheidung aufgrund einseitig streitiger Verhandlung beantragen zu können, weil er sich nicht mit einer Versäumnisentscheidung zufrieden geben müsse, sondern nach den gleichen Grundsätzen wie im ersten Rechtszug bei Säumnis des Antragsgegners eine sachliche Prüfung verlangen könne.[1] Dem ist mit der herrschenden Meinung entgegenzuhalten, dass nach der gesetzlichen Systematik erst dann, wenn bereits einmal verhandelt wurde, eine Entscheidung nach kontradiktorischen Grundsätzen zulässig ist (§§ 251a Abs. 1 und 2, 331a, 539 Abs. 3 ZPO). Die ausnahmsweise in erster Instanz eröffnete Möglichkeit, einseitig streitig zu verhandeln, besteht allein deshalb, weil andernfalls wegen § 130 Abs. 2 das Verfahren keinen Fortgang fände.[2] Diese Sondersituation ist – mangels Anwendbarkeit von § 130 – in zweiter Instanz jedoch nicht gegeben.[3]

11 Ist der **Beschwerdegegner säumig**, findet nach der Gesetzessystematik über § 117 Abs. 2 an und für sich § 539 Abs. 2 ZPO (und nicht § 130) Anwendung. Doch ist die § 539 Abs. 2 ZPO zugrunde liegende Geständnisfiktion mit dem in Ehesachen geltenden Amtsermittlungsgrundsatz (§ 127) sowie der mangelnden Bindungswirkung gerichtlicher Geständnisse (§ 113 Abs. 4 Nr. 5) nicht vereinbar.[4] Unabhängig davon, welche verfahrensrechtliche Stellung der Beschwerdeführer in erster Instanz eingenommen hat, ist der Erlass einer Versäumnisentscheidung daher ausgeschlossen (aA *Feskorn*, oben § 117 Rz. 57), und es ist nach den in Rz. 6 geschilderten Grundsätzen **einseitig streitig zu verhandeln**.[5]

12 Demgegenüber wurde vor Inkrafttreten des FamFG teilweise differenziert: Während unter Berufung auf § 612 Abs. 4 aF ZPO (= § 130 Abs. 2) eine Versäumnisentscheidung allgemein ausgeschlossen wurde, wenn es sich beim Beschwerdegegner um den Antragsgegner erster Instanz handelte, wurde eine Versäumnisentscheidung gegen den als Beschwerdegegner säumigen Antragsteller für zulässig gehalten. Dabei sei – anstelle der Geständnisfiktion – der in erster Instanz festgestellte Sachverhalt zugrunde zu legen.[6] Dieser Ansatz hat schon durch die Vereinfachungsnovelle 1976 an Überzeugungskraft verloren, weil die früher in § 542 aF ZPO ausdrücklich eröffnete Möglichkeit zur Berücksichtigung des in erster Instanz festgestellten Sachverhalts in § 539 Abs. 2 ZPO nicht mehr vorgesehen ist.[7] Seit Inkrafttreten des FamFG ist diese Auffassung jedoch auch mit der Gesetzessystematik nicht mehr zu vereinbaren: § 130 Abs. 1 lässt in Ehesachen eine Versäumnisentscheidung gegen den Antragsteller generell nur noch mit dem Inhalt zu, dass der (verfahrenseinleitende) Antrag als zurückgenommen gilt (aA *Feskorn*, oben § 117 Rz. 57). Eine entsprechende Versäumnis-

---

1 OLG Celle v. 29.10.1954 – 7 U 91/64, FamRZ 1965, 213 (214); OLG Hamm v. 6.5.1982 – 8 UF 94/81, FamRZ 1982, 295 (Nr. 163); OLG Koblenz v. 8.2.1983 – 15 U 519/82, FamRZ 1983, 759f.; OLG Köln v. 26.2.1958 – 2 U 47/57, MDR 1958, 777; OLG Schleswig v. 6.10.1949 – 1 U 111/49, SchlHA 1950, 16.
2 OLG Hamm v. 12.10.1981 – 6 UF 433/80, FamRZ 1982, 295f. (Nr. 164); OLG Hamm v. 13.10.1986 – 4 UF 194/86, NJW-RR 1987, 521; OLG Karlsruhe v. 17.1.1985 – 2 UF 268/84, FamRZ 1985, 505 (506); Zöller/*Philippi*, 27. Aufl., § 612 ZPO Rz. 8; MüKo.ZPO/*Bernreuther*, § 612 ZPO Rz. 11.
3 Hoppenz/*Walter*, § 130 FamFG Rz. 6; iE auch Musielak/*Borth*, § 130 FamFG Rz. 9.
4 OLG Oldenburg v. 23.8.2010 – 13 UF 46/10, FamRZ 2010, 2015; Schulte-Bunert/Weinreich/*Unger*, § 117 FamFG Rz. 33; Zöller/*Lorenz*, § 130 FamFG Rz. 1; Bork/Jacoby/Schwab/*Löhnig*, § 130 FamFG Rz. 13; vgl. schon OLG Schleswig v. 5.11.1990 – 15 UF 41/90, SchlHA 91, 81 und *Prütting*, ZZP 91 (1978), 197 (207); iE so auch Johannsen/Henrich/*Markwardt*, § 130 FamFG Rz. 8 und Musielak/*Borth*, § 130 FamFG Rz. 7.
5 OLG Oldenburg v. 23.8.2010 – 13 UF 46/10, FamRZ 2010, 2015; Bork/Jacoby/Schwab/*Löhnig*, § 130 FamFG Rz. 13; Hoppenz/*Walter*, § 130 FamFG Rz. 7. Das entsprach schon zum alten Recht der wohl herrschenden Auffassung, vgl. Zöller/*Philippi*, 27. Aufl., § 612 ZPO Rz. 9; Wieczorek/Schütze/*Becker-Eberhard*, § 612 ZPO Rz. 15; *Prütting*, ZZP 91 (1978), 197 (207).
6 An dieser Ansicht hatten etwa festgehalten Thomas/Putzo/*Hüßtege*, 29. Aufl. 2008, § 612 ZPO Rz. 10; Baumbach/*Hartmann*, 67. Aufl. 2009, § 612 ZPO Rz. 10; Stein/Jonas/*Schlosser*, § 612 ZPO Rz. 12 mwN zur älteren Rspr.
7 MüKo.ZPO/*Bernreuther*, § 612 ZPO Rz. 12; Wieczorek/Schütze/*Becker-Eberhard*, § 612 ZPO Rz. 15; *Prütting*, ZZP 91 (1978), 197 (206f.).

entscheidung auf Antragsrücknahme wäre in zweiter Instanz aber nicht angemessen, nachdem in der Vorinstanz bereits aufgrund sachlicher Prüfung entschieden wurde.[1] Richtigerweise wird man also davon ausgehen müssen, dass in zweiter Instanz § 130 durch den Verweis auf § 539 ZPO vollständig verdrängt wird.[2]

Legen im Falle paralleler Scheidungsanträge **beide Seiten Beschwerde** ein, ergeht bei Säumnis eines Ehegatten eine einseitig kontradiktorische Entscheidung (s. Rz. 11).[3]

II. Rechtsbeschwerde

Auf das Verfahren der Rechtsbeschwerde finden gem. § 74 Abs. 4 grundsätzlich die im ersten Rechtszug geltenden Vorschriften entsprechende Anwendung (und damit nicht § 539 ZPO). Bei der Auslegung und Anwendung von § 130 muss jedoch berücksichtigt werden, dass die Vorschrift auf das Rechtsmittelverfahren nicht zugeschnitten ist (Rz. 8).

Gegen den **Rechtsbeschwerdegegner**, der in erster Instanz Antragsgegner war, ist gem. § 130 Abs. 2 (der auf die Parteirollen in erster Instanz Bezug nimmt) eine Versäumnisentscheidung nicht zulässig, war er hingegen Antragsteller, so würde bei wörtlichem Verständnis des § 130 Abs. 1 die Entscheidung dahin ergehen müssen, dass sein (verfahrenseinleitender) Antrag als zurückgenommen gilt. Da dieses Ergebnis jedoch sachwidrig ist, muss § 130 Abs. 1 restriktiv ausgelegt und in der Rechtsbeschwerdeinstanz eine Versäumnisentscheidung gegen den Antragsteller ausgeschlossen werden.[4] In beiden Fällen ist daher eine **(einseitig) streitige Entscheidung** auf der Tatsachengrundlage des § 559 ZPO zu erlassen.[5]

Auf den **Rechtsbeschwerdeführer** ist § 130 nach Sinn und Zweck der Vorschrift ebenfalls nicht anwendbar (Rz. 14f.). Daher gelten für die Versäumnisentscheidung, die auf § 113 Abs. 1 Satz 2 FamFG iVm. § 330 ZPO gestützt werden kann, die gleichen Grundsätze wie in zweiter Instanz (Rz. 10).[6]

131 *Tod eines Ehegatten*
Stirbt ein Ehegatte, bevor die Endentscheidung in der Ehesache rechtskräftig ist, gilt das Verfahren als in der Hauptsache erledigt.

A. Normzweck	1	C. Wirkungen	
B. Voraussetzungen		I. Auf das Eheverfahren	6
I. Zeitlicher Geltungsbereich	2	II. Auf Folgesachen	9
II. Sachlicher Geltungsbereich	5	III. Kosten	12

A. Normzweck

Da durch den Tod eines Ehegatten die Ehe automatisch aufgelöst wird, kommt eine anschließende Scheidung nicht mehr in Frage. Auch ist es gem. § 1317 Abs. 3 BGB nicht zulässig, die Aufhebung einer bereits aufgelösten Ehe zu beantragen, was

---

1 AA Keidel/*Weber*, § 130 FamFG Rz. 8; vgl. bereits OLG Stuttgart v. 15.7.1976 – 16 U 42/76, NJW 1976, 2305.
2 Zöller/*Lorenz*, § 130 FamFG Rz. 1; MüKo.ZPO/*Hilbig*, § 130 FamFG Rz. 10; Bork/Jacoby/Schwab/*Löhnig*, § 130 FamFG Rz. 11; so auch schon für § 632 Abs. 4 aF ZPO: MüKo.ZPO/*Bernreuther*, § 632 ZPO Rz. 12 mit Fn. 16; *Prütting*, ZZP 91 (1978), 197 (201 und 204).
3 Zöller/*Philippi*, 27. Aufl., § 612 ZPO Rz. 10; iE so auch Musielak/*Borth*, § 130 FamFG Rz. 10.
4 Im Ergebnis auch Schulte-Bunert/Weinreich/*Unger*, § 117 FamFG Rz. 34. So auch schon zum alten Recht, obwohl § 130 Abs. 1 auf Scheidungs- und Aufhebungsverfahren noch nicht anwendbar war, Zöller/*Philippi*, 27. Aufl., § 612 ZPO Rz. 9; *Prütting*, ZZP 91 (1978), 197 (208).
5 Ähnlich Johannsen/Henrich/*Markwardt*, § 130 FamFG Rz. 10.
6 Im Ergebnis auch Schulte-Bunert/Weinreich/*Unger*, § 117 FamFG Rz. 34. So auch schon zum alten Recht Zöller/*Philippi*, 27. Aufl., § 612 ZPO Rz. 8; *Prütting*, ZZP 91 (1978), 197 (207f.).

im Hinblick auf die günstigeren vermögensrechtlichen Folgen (§ 1318 BGB) durchaus von Interesse sein könnte (zur „Beilegung der Aufhebungsfolgen" nach rechtskräftiger Scheidung vgl. § 121 Rz. 8). Auch dem Verfahren nach § 121 Nr. 3 wird durch den Tod eines Ehegatten die Grundlage entzogen, da es sich nur auf die Feststellung „zwischen den Beteiligten" bezieht. § 131 stellt daher – wie auch schon § 619 aF ZPO – klar, dass Verfahren in Ehesachen als in der Hauptsache erledigt gelten, wenn einer der Ehegatten vor Rechtskraft der Entscheidung stirbt. In Abweichung von den allgemeinen Regeln bedarf es keiner Erledigungserklärungen (§ 91a ZPO), vielmehr tritt die Wirkung unmittelbar ex lege ein. Hierdurch wird dem **höchstpersönlichen Charakter** von Eheverfahren Rechnung getragen. Eine Fortsetzung des Rechtsstreits mit den Rechtsnachfolgern des Verstorbenen findet regelmäßig nur im Kostenpunkt statt (Rz. 8 und 12 ff.). Soweit der Bestand der Ehe (§ 121 Rz. 9) oder das Vorliegen der Scheidungsvoraussetzungen (§§ 1933, 2077 Abs. 1, 2268, 2279 Abs. 2 BGB) Auswirkungen auf andere Rechtsverhältnisse hat, sind diese Fragen im Verfahren zwischen den betroffenen Dritten inzident zu prüfen.

B. Voraussetzungen

I. Zeitlicher Geltungsbereich

2 Eine „Erledigung der Hauptsache" iSv. § 131 setzt schon rein begrifflich voraus, dass das **erledigende Ereignis nach Rechtshängigkeit** der Ehesache eingetreten ist, denn erst durch die Zustellung des Antrags werden das Prozessrechtsverhältnis und der Streitgegenstand bestimmt.[1] An diesem Grundsatz hat sich auch nichts durch den mit Wirkung zum 1.1.2002 eingeführten § 269 Abs. 3 Satz 3 ZPO geändert, der ausnahmsweise eine Kostenentscheidung für den Fall einer Klagerücknahme bei „Erledigung" vor Rechtshängigkeit ermöglicht.[2]

3 Stirbt der **Antragsgegner** vor Zustellung des Antrags, kann dieser nach § 113 Abs. 1 Satz 2 FamFG iVm. § 269 Abs. 1 ZPO zurückgenommen werden, andernfalls ist er – mangels Existenz eines Antragsgegners – als unzulässig abzuweisen.[3] Über die Kosten ist jedoch nicht zu entscheiden, denn ein Gegner, der Kostenerstattung verlangen könnte, existiert nicht.[4] Stirbt der **Antragsteller** vor Zustellung des Scheidungsantrags, ist dieser nicht mehr zuzustellen; erfolgt gleichwohl die Zustellung, liegt keine Erledigung iSv. § 131 vor,[5] vielmehr ist der Antrag, soweit er nicht von den Erben des Antragstellers zurückgenommen wird,[6] mangels Existenz eines Antragstellers abzuweisen.[7]

4 Voraussetzung für die Anwendbarkeit der Vorschrift ist der Tod eines Ehegatten, bevor der Scheidungsbeschluss **rechtskräftig** wird (vgl. dazu § 116 Rz. 22).[8] Obwohl eine Wiedereinsetzung nach dem Tod eines Ehegatten normalerweise nicht in Betracht kommt (Rz. 5), treten die Wirkungen des § 131 ausnahmsweise erst mit der Entscheidung über den Wiedereinsetzungsantrag eines Beschwerdeführers ein, wenn der Verfahrensgegner während einer von VKH-Bewilligung abhängig gemachten

---

1 BGH v. 15.1.1982 – V ZR 50/81, BGHZ 83, 12 (14); KG v. 20.3.1969 – 1 W 4652/68; JurBüro 1969, 984 (985 f.); vgl. auch OLG München v. 3.6.1997 – 26 WF 858/97, OLGReport München 1997, 202 (203); OLG Karlsruhe v. 18.12.1995 – 16 WF 173/94, FamRZ 1997, 220.
2 OLG Oldenburg v. 8.2.2007 – 5 W 6/07, OLGReport 2007, 579; MüKo.ZPO/*Becker-Eberhard*, § 269 ZPO Rz. 14 und 58; Musielak/*Foerste*, § 269 ZPO Rz. 6 und 13; aA OLG Naumburg v. 12.9.2001 – 6 U 229/00, FamRZ 2002, 1042 (1043).
3 BGH v. 11.4.1957 – VII ZR 280/56, BGHZ 24, 91 (94); OLG Brandenburg v. 6.11.1995 – 9 WF 76/95, FamRZ 1996, 683; Musielak/*Borth*, § 131 FamFG Rz. 2; *Jauernig*, FamRZ 1961, 98 (103).
4 OLG Brandenburg v. 6.11.1995 – 9 WF 76/95, FamRZ 1996, 683; Zöller/*Lorenz*, § 131 FamFG Rz. 2; Keidel/*Weber*, § 131 FamFG Rz. 5.
5 MüKo.ZPO/*Bernreuther*, § 619 ZPO Rz. 4; Baumbach/*Hartmann*, § 131 FamFG Rz. 1; aA Zöller/*Lorenz*, § 131 FamFG Rz. 3; Johannsen/Henrich/*Markwardt*, § 131 FamFG Rz. 2.
6 Baumbach/*Hartmann*, § 131 FamFG Rz. 1.
7 Wieczorek/Schütze/*Becker-Eberhard*, § 619 ZPO Rz. 4; Stein/Jonas/*Schlosser*, § 619 ZPO Rz. 16; *Jauernig*, FamRZ 1961, 98 (103).
8 BGH v. 15.2.1984 – IVb ZB 577/80, NJW 1984, 2829.

Beschwerde stirbt. Denn ein vermögender Ehegatte hätte das Rechtsmittel sogleich einlegen können.[1]

II. Sachlicher Geltungsbereich

Die Vorschrift gilt für Ehesachen iSv. § 121 in allen Instanzen. Wurde eine Rechtsmittelfrist versäumt, kann Wiedereinsetzung in den vorigen Stand nach dem Tod eines Ehegatten normalerweise (Rz. 4) nicht mehr gewährt werden.[2] Auch eine Wiederaufnahme kommt nicht in Frage, weil eine erneute Verhandlung gem. § 131 stets ausgeschlossen ist, da die Erben über die Ehe als höchstpersönliche Rechtsbeziehung nicht verfügen können.[3] 5

C. Wirkungen

I. Auf das Eheverfahren

Die Wirkung des § 131 ist von Amts wegen zu beachten und tritt **unmittelbar ex lege** ein, ohne dass es entsprechender Erledigungserklärungen oder eines gerichtlichen Ausspruchs bedarf. Ein Rechtsmittel gegen eine nach § 131 vor Eintritt der Rechtskraft gegenstandslos gewordene Entscheidung ist mangels Beschwer nicht zulässig.[4] Doch ist eine deklaratorische Feststellung der Erledigung der Hauptsache möglich, soweit ein entsprechendes Rechtsschutzbedürfnis besteht, dies ist vor allem dann der Fall, wenn die Scheidung ausgesprochen[5] und die Entscheidung den Beteiligten zugestellt wurde.[6] Trotz Erledigung der Hauptsache bleibt das Verfahren im Kostenpunkt rechtshängig; eine Entscheidung darüber setzt nach § 113 Abs. 1 Satz 2 FamFG iVm. § 308 Abs. 2 ZPO grundsätzlich keinen Antrag voraus.[7] 6

§ 131 hindert den Antragsteller nicht, seinen Antrag unter den Voraussetzungen des § 113 Abs. 1 Satz 2 FamFG iVm. § 269 Abs. 1 ZPO **zurückzunehmen** (mit der Kostenfolge des § 150 Abs. 2 Satz 1 und Abs. 4).[8] Da die Vorschrift lediglich eine weitere Auseinandersetzung in der Sache selbst vermeiden will, ist auch eine Fortsetzung des Verfahrens unter Mitwirkung der Rechtsnachfolger des verstorbenen Ehegatten zwecks Abweisung des Antrags als unzulässig[9] oder zwecks Verwerfung eines Rechtsmittels als unzulässig[10] möglich. Allerdings können Rechtsmittel nach dem Tod eines Ehegatten nicht zurückgenommen werden, um die Rechtskraft des Scheidungsausspruchs herbeizuführen, weil sonst die Wirkung des § 131 umgangen würde.[11] 7

---

1 OLG Stuttgart v. 28.7.1999 – 17 UF 71/99, FamRZ 2000, 1029 (1030); Musielak/*Borth*, § 131 FamFG Rz. 1.
2 Johannsen/Henrich/*Markwardt*, § 131 FamFG Rz. 7; Musielak/*Borth*, § 131 FamFG Rz. 7.
3 BGH v. 10.2.1965 – IV ZR 39/64, BGHZ 43, 239 (241 ff.); OLG Zweibrücken v. 30.4.2004 – 2 UF 187/03, FamRZ 2005, 733 f.; OLG Stuttgart v. 28.7.1999 – 17 UF 71/99, FamRZ 2000, 1029.
4 BGH v. 12.11.1980 – IVb ZB 601/80, FamRZ 1981, 245 (246); OLG Düsseldorf v. 30.6.2004 – II-1 UF 9/04, FamRZ 2005, 386 (387); OLG Düsseldorf v. 4.6.1970 – 18 U 95/70, FamRZ 1970, 486.
5 Wurde der Scheidungsantrag abgewiesen, besteht kein Rechtsschutzbedürfnis OLG Bamberg v. 25.11.1983 – 7 UF 50/83, FamRZ 1984, 302 (303).
6 BGH v. 27.10.2010 – XII ZB 136/09, FamRZ 2011, 31 (Zeitpunkt des Eintritts der Rechtskraft zweifelhaft); OLG Düsseldorf v. 30.6.2004 – II-1 UF 9/04, FamRZ 2005, 386 (387); OLG Hamm v. 23.8.1995 – 5 WF 131/94, FamRZ 1995, 101; OLG Naumburg v. 4.8.2005 – 8 WF 92/05, FamRZ 2006, 867 f.; OLG Zweibrücken v. 12.8.1997 – 5 UF 54/94, NJW-RR 1998, 147 (148); OLG Zweibrücken v. 20.9.1994 – 5 UF 197/91, FamRZ 1995, 619 (620); aA OLG Saarbrücken v. 2.10.2009 – 9 WF 97/09, FamRZ 2010, 480; enger auch OLG Frankfurt v. 18.4.1980 – 3 WF 315/79, FamRZ 1981, 192 f.
7 Johannsen/Henrich/*Markwardt*, § 131 FamFG Rz. 3; Keidel/*Weber*, § 131 FamFG Rz. 10; aA OLG Naumburg v. 21.4.2005 – 14 WF 50/05, FamRZ 2006, 217; Zöller/*Lorenz*, § 131 FamFG Rz. 7; auch noch Prütting/*Helms*, 2. Aufl., Rz. 6.
8 OLG Naumburg v. 4.8.2005 – 8 WF 92/05, FamRZ 2006, 867 m. Anm. *Gottwald*; OLG München v. 23.7.1970 – 11 W 1178/70, NJW 1970, 1799 f.; Zöller/*Lorenz*, § 131 FamFG Rz. 5; aA Bork/Jacoby/Schwab/*Löhnig*, § 131 FamFG Rz. 7; MüKo.ZPO/*Hilbig*, § 131 FamFG Rz. 8.
9 BGH v. 11.5.1988 – IVb ZB 191/87, FamRZ 1988, 1158 (1159); OLG München v. 23.7.1970 – 11 W 1178/70, NJW 1970, 1799 (1800); aA MüKo.ZPO/*Hilbig*, § 131 FamFG Rz. 8.
10 BGH v. 5.12.1973 – IV ZR 128/73, FamRZ 1974, 129 (130).
11 OLG Koblenz v. 22.4.1980 – 15 UF 346/79, FamRZ 1980, 717 (718).

8 Nach § 113 Abs. 1 Satz 2 FamFG iVm. § 239 Abs. 1 ZPO wird das Verfahren (im noch rechtshängigen Kostenpunkt bzw. zur Abweisung des Antrags als unzulässig) bis zur Aufnahme durch den Rechtsnachfolger **unterbrochen**. War der Verstorbene anwaltlich vertreten, tritt nach § 246 Abs. 1 ZPO keine automatische Unterbrechung ein, doch ist auf Antrag die Aussetzung des Verfahrens anzuordnen.[1]

II. Auf Folgesachen

9 Da über Folgesachen per definitionem nur für den Fall der Scheidung der Ehe entschieden wird (§§ 137 Abs. 1, 142 Abs. 1 Satz 1, 148), erstreckt sich nach §§ 141 Satz 1, 142 Abs. 2 Satz 1 analog die Erledigung der Scheidungssache **automatisch auch auf die Folgesachen**. Eine bereits erlassene Verbundentscheidung wird somit – mit Ausnahme des Kostenpunktes (Rz. 14) – wirkungslos, soweit sie nicht bereits vor dem Tod des Ehegatten rechtskräftig geworden ist.[2] Wie auch bezüglich der Ehesache (Rz. 6), kann auch die Erledigung der Folgesache zum Zwecke der Klarstellung deklaratorisch festgestellt werden.[3]

10 Nach §§ 141 Satz 2, 142 Abs. 2 Satz 2 analog kann der überlebende Ehegatte oder der Rechtsnachfolger des Verstorbenen bis zur endgültigen Erledigung des Verfahrens (= Rechtskraft der Kostenentscheidung) erklären, das betreffende Verfahren als **selbständige Familiensache fortführen** zu wollen.[4] Aussicht auf Erfolg hat eine entsprechende Antragsänderung nur für solche Gegenstände, deren Geltendmachung materiellrechtlich auch unabhängig von der (rechtskräftigen) Scheidung möglich ist: Für den Versorgungsausgleich (vgl. § 1587 BGB und § 1 Abs. 1 VersAusglG)[5] und Verfahren zur Regelung der Rechtsverhältnisse an der Ehewohnung und an Haushaltsgegenständen anlässlich der Scheidung (§§ 1568a, 1568b BGB) ist dies nicht der Fall. Auch der Anspruch auf Ehegattenunterhalt, der sich unter den Voraussetzungen des § 1586b BGB gegen den Erben des Verpflichteten richtet, kann mangels (rechtskräftiger) Scheidung nicht mehr entstehen.[6] Demgegenüber kann Zugewinnausgleich nach Auflösung der Ehe durch Tod eines Ehegatten verlangt werden, soweit der Ausgleich nicht durch pauschale Erhöhung des Ehegattenerbteils nach § 1371 BGB erfolgt.[7] Auch Kindesunterhalt kann nicht als selbständige Familiensache fortgeführt werden, weil die Unterhaltspflicht bei Tod des in Anspruch genommenen Ehegatten erlischt (§ 1615 Abs. 1 BGB) und auch eine Rechtsnachfolge in die Position des Ehegatten, der in gesetzlicher Verfahrensstandschaft den Unterhalt für das Kind nach § 1629 Abs. 3 Satz 1 BGB geltend macht (§ 137 Rz. 33, § 140 Rz. 8), nicht möglich ist.[8]

11 Ist in dem Zeitpunkt, in dem einer der Ehegatten verstirbt, der **Scheidungsbeschluss bereits rechtskräftig**, ist § 131 nicht anwendbar,[9] und das Schicksal der Folgesachen beurteilt sich nach allgemeinen Grundsätzen.[10] Während ein Anspruch

---

1 BGH v. 12.11.1980 – IVb ZB 601/80, FamRZ 1981, 245; OLG Zweibrücken v. 12.4.2011 – 2 WF 166/10, Rz. 16, juris; OLG Naumburg v. 4.8.2005 – 8 WF 92/05, FamRZ 2006, 867; OLG Stuttgart v. 28.7.1999 – 17 UF 71/99, FamRZ 2000, 1029.
2 BGH v. 15.2.1984 – IVb ZB 577/80, NJW 1984, 2829; BGH v. 14.7.1982 – IVb ZB 565/81, FamRZ 1983, 683; BGH v. 12.11.1980 – IVb ZB 601/80, FamRZ 1981, 245 (246); vgl. auch BT-Drucks. 16/10144, S. 70.
3 OLG Zweibrücken v. 20.9.1994 – 5 UF 197/91, FamRZ 1995, 619 (620); OLG Karlsruhe v. 28.6.1995 – 2 UF 264/94, NJW-RR 1996, 773.
4 KG v. 19.11.1999 – 19 WF 5080/98, FamRZ 2000, 1030 (Ls.); Johannsen/Henrich/*Markwardt*, § 131 FamFG Rz. 5; MüKo.ZPO/*Hilbig*, § 131 FamFG Rz. 10; offengelassen in BGH v. 12.11.1980 – IVb ZB 601/80, FamRZ 1981, 245 (246).
5 BGH v. 12.11.1980 – IVb ZB 601/80, FamRZ 1981, 245 (246); Musielak/*Borth*, § 131 FamFG Rz. 6.
6 Bork/Jacoby/Schwab/*Löhnig*, § 131 FamFG Rz. 13; Wieczorek/Schütze/*Becker-Eberhard*, § 619 ZPO Rz. 20.
7 MüKo.ZPO/*Hilbig*, § 131 FamFG Rz. 11. Nach § 1387 BGB analog bleibt für die Berechnung des Zugewinns die Rechtshängigkeit des Scheidungsantrags maßgebend (BGH v. 14.1.1987 – IVb ZR 46/85, FamRZ 1987, 353 ff.).
8 MüKo.ZPO/*Bernreuther*, § 619 ZPO Rz. 17.
9 BGH v. 27.10.2010 – XII ZB 136/09, FamRZ 2011, 31 (32).
10 Musielak/*Borth*, § 131 FamFG Rz. 8; Bork/Jacoby/Schwab/*Löhnig*, § 131 FamFG Rz. 14; MüKo.ZPO/*Hilbig*, § 131 FamFG Rz. 18.

auf Wertausgleich bei der Scheidung gem. § 31 Abs. 1 Satz 1 VersAusglG auch noch gegen die Erben des Ausgleichspflichtigen geltend gemacht werden kann,[1] besitzen umgekehrt nach dem Tod des Berechtigten seine Erben kein Recht auf Wertausgleich (§ 31 Abs. 1 Satz 2 VersAusglG),[2] so dass sich das Versorgungsausgleichsverfahren erledigt, was zum Zwecke der Klarstellung deklaratorisch festgestellt werden kann.[3]

III. Kosten

§ 150 Abs. 2 Satz 2, 3. Alt. stellt klar, dass die Kosten der Scheidungssache und der Folgesachen grundsätzlich **gegeneinander aufzuheben** sind.[4] Soweit dieses Ergebnis unbillig erscheint, besteht nach der allgemeinen Billigkeitsklausel des § 150 Abs. 4 die Möglichkeit einer anderweitigen Kostenverteilung, dabei können insbesondere die (mangelnden) Erfolgsaussichten des Antrags in einer Scheidungs- oder einer Unterhalts- oder Güterrechtsfolgesache berücksichtigt werden (§ 150 Rz. 10 f.). Auf Aufhebungsverfahren kann § 132 Abs. 1 entsprechend angewendet werden, für Verfahren auf Feststellung des Bestehens oder Nichtbestehens einer Ehe findet § 113 Abs. 1 Satz 2 FamFG iVm. § 91a ZPO Anwendung.[5] Statthaftes Rechtsmittel für die **Anfechtung** der Kostenentscheidung ist, wie auch sonst bei isolierten Kostenentscheidungen (§ 150 Rz. 19), gem. §§ 91a Abs. 2, 269 Abs. 5 ZPO analog die sofortige Beschwerde nach §§ 567 ff. ZPO.[6]

12

Ist der überlebende Ehegatte **Alleinerbe des Verstorbenen**[7], ergeht keine Kostenentscheidung, weil Verfahrensgegner, die einander Kosten erstatten könnten, nicht vorhanden sind.[8] Die Haftung für die Gerichtskosten richtet sich dann allein nach dem FamGKG.[9]

13

War bereits vor Tod eines Ehegatten eine nicht rechtskräftige Entscheidung in der Ehesache ergangen, wird die Wirksamkeit des **Ausspruchs zu den Kosten** von § 131 grundsätzlich nicht berührt.[10] Auch in dieser Situation ist die Beschwerde gem. §§ 58 ff. nach allgemeinen Regeln zulässig.

14

132 Kosten bei Aufhebung der Ehe

(1) Wird die Aufhebung der Ehe ausgesprochen, sind die Kosten des Verfahrens gegeneinander aufzuheben. Erscheint dies im Hinblick darauf, dass bei der Eheschließung ein Ehegatte allein die Aufhebbarkeit der Ehe gekannt hat oder ein Ehegatte durch arglistige Täuschung oder widerrechtliche Drohung seitens des anderen Ehegatten oder mit dessen Wissen zur Eingehung der Ehe bestimmt worden

---

1 AG Erfurt v. 10.5.2011 – 36 F 11/11, juris; vgl. dazu *Götsche*, FamRB 2012, 56 (58 ff.).
2 AG Erfurt v. 10.5.2011 – 36 F 11/11, juris. Vgl. zu § 1587e Abs. 2 aF BGB OLG Nürnberg v. 8.3.2006 – 10 UF 79/06, FamRZ 2006, 959 (unter fälschlicher Bezugnahme auch auf § 619 aF ZPO); OLG Frankfurt v. 29.9.1989 – 3 UF 103/87, FamRZ 1990, 296 (297).
3 AG Erfurt v. 10.5.2011 – 36 F 11/11, juris. Vgl. bereits OLG Nürnberg v. 8.3.2006 – 10 UF 79/06, FamRZ 2006, 959; OLG Frankfurt v. 29.9.1989 – 3 UF 103/87, FamRZ 1990, 296 (297).
4 OLG Köln v. 9.2.2010 – 4 UF 173/09, FamRZ 2010, 1105; MüKo.ZPO/*Hilbig*, § 131 FamFG Rz. 13. Zum früheren Recht vgl. 1. Aufl.
5 Johannsen/Henrich/*Markwardt*, § 131 FamFG Rz. 3; Zöller/*Lorenz*, § 131 FamFG Rz. 7; demgegenüber Keidel/*Weber*, § 131 FamFG Rz. 11: stets §§ 91 ff. ZPO und Bahrenfuss/*Blank*, § 131 FamFG Rz. 2: stets § 132 Abs. 1 FamFG.
6 OLG Hamm v. 10.8.2011 – 8 WF 162/11, FamRZ 2012, 811; *Götsche*, FamRB 2012, 56 (57); aA noch Prütting/*Helms*, 2. Aufl. Rz. 12; Keidel/*Weber*, § 131 FamFG Rz. 11.
7 Dabei ist zu beachten, dass unter den Voraussetzungen der §§ 1933, 2077, 2268, 2279 BGB das Ehegattenerbrecht schon vor (rechtskräftiger) Scheidung ausgeschlossen ist.
8 OLG Hamm v. 10.8.2011 – 8 WF 162/11, FamRZ 2012, 811; Zöller/*Lorenz*, § 131 FamFG Rz. 7; Johannsen/Henrich/*Markwardt*, § 131 FamFG Rz. 3; vgl. auch BGH v. 16.12.2010 – Xa ZR 81/09, FamRZ 2011, 288 f.; aA Stein/Jonas/*Schlosser*, § 619 ZPO Rz. 15.
9 Schulte-Bunert/Weinreich/*Keske*, § 150 FamFG Rz. 11.
10 BGH v. 12.11.1980 – IVb ZB 601/80, FamRZ 1981, 245 (246); OLG Düsseldorf v. 30.6.2004 – II-1 UF 9/04, FamRZ 2005, 386 (387).

ist, als unbillig, kann das Gericht die Kosten nach billigem Ermessen anderweitig verteilen.
(2) Absatz 1 ist nicht anzuwenden, wenn eine Ehe auf Antrag der zuständigen Verwaltungsbehörde oder bei Verstoß gegen § 1306 des Bürgerlichen Gesetzbuchs auf Antrag des Dritten aufgehoben wird.

1 In weitgehender Übereinstimmung mit § 93a Abs. 3 und 4 aF ZPO regelt § 132 die Kosten bei Aufhebung einer Ehe. In Parallele zur Regelung der Kosten in Scheidungs- und Folgesachen (§ 150 Abs. 1) geht die Vorschrift – in Abweichung von § 113 Abs. 1 Satz 2 FamFG iVm. §§ 91 ff. ZPO – vom Grundsatz der **Kostenaufhebung** aus (vgl. § 92 Abs. 1 Satz 2 ZPO). Nach § 132 Abs. 1 Satz 2 ist in abschließend aufgeführten Konstellationen eine abweichende Kostenverteilung vor allem nach dem Verursacherprinzip möglich,[1] wenn dies unter Billigkeitsgesichtspunkten geboten erscheint. Für Verfahren auf Feststellung des Bestehens oder Nichtbestehens einer Ehe bleibt es bei der Anwendbarkeit von § 113 Abs. 1 Satz 2 FamFG iVm. §§ 91 ff. ZPO.

2 Da die Vorschrift nur dann anwendbar ist, **wenn der Antrag auf Aufhebung der Ehe durchdringt**, trägt der erfolglose Antragsteller die Kosten gem. § 113 Abs. 1 Satz 2 FamFG iVm. § 91 ZPO. Werden Anträge beider Ehegatten abgewiesen, sind die Kosten gem. § 92 Abs. 1 ZPO gegeneinander aufzuheben. Auch für die Fälle der Antragsrücknahme oder sonstiger Erledigung des Aufhebungsverfahrens bleibt es bei der Geltung der § 113 Abs. 1 Satz 2 FamFG iVm. §§ 91 ff., 269 Abs. 3 ZPO. Nach § 132 Abs. 2 gilt der Grundsatz der Kostenaufhebung auch dann nicht, wenn die **Ehe auf Antrag der zuständigen Verwaltungsbehörde oder eines berechtigten Dritten** (vgl. § 129 Abs. 1) aufgehoben wird. Insofern bleibt es ebenfalls bei den allgemeinen Regeln: Wird die Ehe aufgehoben, tragen die Ehegatten gem. § 113 Abs. 1 Satz 2 FamFG iVm. §§ 91, 100 Abs. 1 ZPO die Kosten je zur Hälfte. Wird der Antrag des berechtigten Dritten oder der Verwaltungsbehörde abgewiesen, trägt diese(r) die Kosten (§ 91 ZPO). Da die Staatskasse jedoch nach § 2 Abs. 1 FamGKG von den Gerichtskosten befreit ist, trägt sie – im Ergebnis – nur die außergerichtlichen Kosten des Antragsgegners (so noch ausdrücklich § 631 Abs. 5 aF ZPO).[2]

Unterabschnitt 2
Verfahren in Scheidungssachen und Folgesachen

133 *Inhalt der Antragsschrift*
(1) Die Antragsschrift muss enthalten:
1. Namen und Geburtsdaten der gemeinschaftlichen minderjährigen Kinder sowie die Mitteilung ihres gewöhnlichen Aufenthalts,
2. die Erklärung, ob die Ehegatten eine Regelung über die elterliche Sorge, den Umgang und die Unterhaltspflicht gegenüber den gemeinschaftlichen minderjährigen Kindern sowie die durch die Ehe begründete gesetzliche Unterhaltspflicht, die Rechtsverhältnisse an der Ehewohnung und an den Haushaltsgegenständen getroffen haben, und
3. die Angabe, ob Familiensachen, an denen beide Ehegatten beteiligt sind, anderweitig anhängig sind.
(2) Der Antragsschrift sollen die Heiratsurkunde und die Geburtsurkunden der gemeinschaftlichen minderjährigen Kinder beigefügt werden.

---

1 *Borth*, FamRZ 2009, 157 (163).
2 Dies bedeutet jedoch nicht, dass der zuständigen Behörde die Gerichtskosten nicht auferlegt werden dürften, Schulte-Bunert/Weinreich/*Keske*, § 132 FamFG Rz. 8f.

Literatur: *Gerhards*, Die Beschleunigung des Ehescheidungsverfahrens, NJW 2010, 1697; *Heinemann*, Die Erklärung der Ehegatten in der Antragsschrift nach § 133 I Nr. 2 FamFG, FamRB 2010, 121; *Keske*, Rechtsmittel gegen die Kostenentscheidung, FPR 2010, 339; *Sarres*, Das FamFG und die Scheidungsreform – die schleichende Entwertung des Scheidungsverfahrens, FamRB 2010, 129; *Schneider*, Beiordnung eines Anwalts nach § 138 FamFG im Scheidungsverfahren, FamRB 2010, 384.

A. Systematik

Die Vorschrift stellt ergänzend zu den allgemeinen Vorgaben des § 124 in Abs. 1 **zwingende** („muss") und in Abs. 2 **weitere** („soll") **Anforderungen** an den Inhalt der Antragsschrift. Zwar gilt sie grundsätzlich für alle Scheidungsanträge und damit etwa auch für hilfsweise oder als Gegenantrag (etwa gegen einen Aufhebungsantrag) gestellte,[1] stellt jedoch der andere Ehegatte einen „Gegenantrag" im Sinne eines (gleichlaufenden) Anschlussantrags (§ 126 Rz. 9f.), der auch mündlich zu Protokoll erklärt werden kann (§ 124 Rz. 14), ist eine Anwendung von §§ 124, 133 nach Sinn und Zweck der Norm nicht geboten.[2] Ausweislich ihrer systematischen Stellung gilt § 133 nur in Scheidungssachen und nicht in anderen Ehesachen, obwohl die entsprechenden Angaben auch dort im Hinblick auf die Prüfung der örtlichen Zuständigkeit und die Herbeiführung der Verfahrenskonzentration zweckmäßigerweise bereits in der Antragsschrift erfolgen sollten. Auf Anträge in Folgesachen ist die Vorschrift nach ihrem Sinn und Zweck nicht anwendbar.[3] Zu Anträgen in Folgesachen vgl. § 137 Rz. 49. Zur Erleichterung einverständlicher Scheidungen durch Abschaffung von § 630 Abs. 1 ZPO vgl. § 134 Rz. 2.

1

B. Inhalt der Antragsschrift

I. Zwingende Angaben (Absatz 1)

Die Vorgaben in Abs. 1 Nr. 1 gehen über die frühere Regelung in § 622 Abs. 2 Satz 1 Nr. 1 aF ZPO hinaus, weil nicht nur das bloße Vorhandensein **gemeinschaftlicher minderjähriger** (auch gemeinschaftlich adoptierter) **Kinder**, sondern auch deren Namen, Geburtsdatum sowie gewöhnlicher Aufenthalt zum Antragsinhalt gehören. Auf diese Weise erhält das Gericht unverzüglich die Daten, die gem. § 17 Abs. 3 SGB VIII an das Jugendamt weiterzugeben sind und die erforderlich sind, um seine Zuständigkeit (§ 122 Nr. 1 bis 3) zu überprüfen sowie die Beteiligten gem. § 128 Abs. 2 zur elterlichen Sorge und zum Umgang anhören und auf Beratungsmöglichkeiten hinweisen zu können.

2

Auf Vorschlag des Rechtsausschusses wurde – in Anlehnung an den Katalog des § 630 Abs. 1 aF ZPO – die Regelung des Abs. 1 Nr. 2 eingefügt, wonach die Antragsschrift die Erklärung enthalten muss, ob die Ehegatten eine Regelung über die elterliche Sorge, den Umgang und die Unterhaltspflicht gegenüber den gemeinschaftlichen minderjährigen Kindern sowie die durch die Ehe begründete Unterhaltspflicht, die Rechtsverhältnisse an der Ehewohnung und an den Haushaltsgegenständen getroffen haben. Hierdurch sollen die Ehegatten in erster Linie einen **Anstoß erhalten**, sich bewusst zu werden, ob wichtige Folgefragen im Zusammenhang mit der Scheidung noch der (gerichtlichen oder außergerichtlichen) Klärung bedürfen.[4] Außerdem kann der Richter auf dieser Grundlage im Rahmen der nach § 128 Abs. 2 vorgeschriebenen **Anhörung zur elterlichen Sorge und zum Umgangsrecht** (vgl. § 128 Rz. 18f.) besser auf die individuelle Situation der betroffenen Kinder eingehen sowie gezielte Hinweise auf entsprechende Beratungsmöglichkeiten geben. Gleichzeitig erhält er ein Minimum an Informationen, um (vor allem im Zusammenspiel mit Er-

3

---

1 MüKo.ZPO/*Heiter*, § 133 FamFG Rz. 4; *Heinemann*, FamFR 2010, 121f.
2 Zöller/*Philippi*, 28. Aufl., § 133 FamFG Rz. 2; aA offenbar Zöller/*Lorenz* § 133 FamFG Rz. 5; MüKo.ZPO/*Heiter*, § 133 FamFG Rz. 4 fordert die Bezugnahme auf von dem anderen Ehegatten abgegebene (vollständige und zutreffende) Erklärungen.
3 MüKo.ZPO/*Heiter*, § 133 FamFG Rz. 4; aA Schulte-Bunert/Weinreich/*Schröder*, § 133 FamFG Rz. 1.
4 BT-Drucks. 16/9733, S. 293.

kenntnissen aus anderen Verfahren) einschätzen zu können, ob ein Sorgeverfahren nach §§ 1666, 1666a BGB wegen Gefährdung des Kindeswohls von Amts wegen eingeleitet werden muss. Wenig schlüssig ist es jedoch, wenn die Gesetzesbegründung die Hoffnung äußert, der Richter könne den Ehegatten auch gezielte Beratungshinweise erteilen, um zu einer „möglichst ausgewogenen Scheidungsfolgenregelung [...] im Interesse eines wirtschaftlich schwächeren Ehepartners beizutragen".[1] Eine inhaltliche Belehrung oder Beratung seitens des Richters über vermögensrechtliche Belange ist im geltenden Verfahrensrecht nicht vorgesehen.

4   Das Erfordernis des § 133 Abs. 1 Nr. 2 bedeutet nicht, dass die Ehegatten verpflichtet wären, über die genannten Punkte eine Einigung herbeizuführen, bevor sie die Scheidung beantragen, vielmehr kann sich die Erklärung darauf beschränken, dass eine **einvernehmliche Lösung (noch) nicht gefunden** wurde. Wurde eine entsprechende Regelung getroffen, ist es nach § 133 Abs. 1 Nr. 2 nicht erforderlich, deren Inhalt mitzuteilen.[2] Den Begriff der „Regelung" wird man angesichts der Zwecksetzung der Vorschrift im weiteren Sinn verstehen müssen: Weder das Vorliegen eines Vollstreckungstitels[3] noch eines materiell und formell wirksamen Vertrags ist erforderlich.[4] In der Rechtsprechung nicht akzeptiert wurde die Formulierung, „die Beteiligten hätten sich bis auf den Versorgungsausgleich über die Folgesachen geeinigt bzw. würden sich bis zur mündlichen Verhandlung geeinigt haben".[5] Allerdings kann man angesichts der minimalen Vorgaben des § 133 Abs. 1 allenfalls noch die Angabe verlangen, über welche der in Nr. 2 aufgeführten Verfahrensgegenstände bereits eine Regelung getroffen wurde und über welche nicht.[6]

5   Nach Abs. 1 Nr. 3 müssen **alle anderweitig anhängigen Familiensachen** (auch soweit sich bereits in der Rechtsmittelinstanz befinden)[7] durch Bezeichnung des Gerichts und des entsprechenden Aktenzeichens[8] in der Antragsschrift angegeben werden. Die Anhängigkeit beginnt mit Einreichung des verfahrenseinleitenden Antrags (in Amtsverfahren mit erstmaliger Befassung des Gerichts) und wird nicht unterbrochen, wenn das Verfahren ausgesetzt wird oder wegen Nichtbetreibens zum Stillstand kommt,[9] sondern endet erst mit Antragsrücknahme, übereinstimmenden Erledigungserklärungen, verfahrensbeendendem Vergleich, rechtskräftiger Entscheidung oder ggf. dem Tod eines Beteiligten (§ 131). Auf diese Weise wird sichergestellt, dass bereits anhängige Verfahren auf das Gericht der Ehesache übergeleitet werden können, indem dieses die mit anderen Familiensachen befassten Gerichte über die Rechtshängigkeit der Scheidungssache informiert, soweit das Gesetz eine Zuständigkeitskonzentration vorschreibt (vgl. § 124 Rz. 2 und Rz. 4). Allerdings erfasst die Vorschrift nunmehr alle Familiensachen und nicht mehr wie § 622 Abs. 2 Satz 1 Nr. 1 aF ZPO nur diejenigen Verfahren, für die die Zuständigkeitskonzentration beim Gericht der Ehesache gilt. Hierdurch soll das Gericht frühzeitig über die zwischen den Ehegatten bestehenden Streitpunkte informiert werden,[10] was sich als hilfreich erweisen mag, um etwa die Chancen für die außergerichtliche Streitbeilegung über Folgesachen (§ 135) einschätzen zu können.

6   Soweit ein Scheidungsantrag eine der vorgeschriebenen Angaben nicht enthält, hat das Gericht – wie auch sonst bei **Mängeln der Antragsschrift** (§ 124 Rz. 15) – hie-

---

1   BT-Drucks. 16/9733, S. 293.
2   BT-Drucks. 16/9733, S. 293; OLG Stuttgart v. 4.10.2011 – 8 W 321/11, FamRZ 2012, 480 (483).
3   MüKo.ZPO/*Heiter*, § 133 FamFG Rz. 9; Thomas/Putzo/*Hüßtege*, § 133 FamFG Rz. 4f.
4   Musielak/*Borth*, § 133 FamFG Rz. 3; vgl. auch *Sarres*, FamRB 2010, 129 (130); aA *Heinemann*, FamFR 2010, 121 (122); Thomas/Putzo/*Hüßtege*, § 133 FamFG Rz. 5.
5   OLG Hamm v. 2.3.2010 – II-2 WF 27/10, FamRZ 2010, 1581.
6   Thomas/Putzo/*Hüßtege*, § 133 FamFG Rz. 5; *Heinemann*, FamFR 2010, 121 (122).
7   Für das alte Recht war dies umstritten, vgl. Zöller/*Philippi*, 27. Aufl., § 622 ZPO Rz. 4 einerseits und Stein/Jonas/*Schlosser*, § 622 ZPO Rz. 9; *Vogel*, AnwBl. 1982, 457 (461) andererseits.
8   MüKo.ZPO/*Heiter*, § 133 FamFG Rz. 12; demgegenüber Stein/Jonas/*Schlosser*, § 622 ZPO Rz. 9 („zweckmäßig").
9   BGH v. 13.10.1982 – IVb ZB 601/81, FamRZ 1983, 38 (40); BGH v. 2.12.1987 – IVb ARZ 39/87, FamRZ 1988, 491 (492).
10 BT-Drucks. 16/6308, S. 228.

rauf gem. § 139 Abs. 3 ZPO (iVm. § 113 Abs. 1 Satz 2) hinzuweisen[1] und gleichwohl zuzustellen, damit Termin anberaumt und der Antrag ggf. als unzulässig abgewiesen werden kann.[2] Fehlende Angaben können in einem ergänzenden Schriftsatz bis zum Schluss der letzten mündlichen Verhandlung nachgeholt werden.[3] Die Gewährung von VKH setzt voraus, dass die Scheidungsantragsschrift den Anforderungen von § 133 Abs. 1 genügt.[4]

II. Soll-Angaben (Absatz 2)

Die nach § 133 Abs. 2 vorzulegende **Heiratsurkunde** sowie die **Geburtsurkunde(n)** für gemeinschaftliche Kinder gehören nicht zum zwingenden Mindestinhalt der Antragsschrift, doch „sollen" sie bereits bei Verfahrenseinleitung vorgelegt werden. Dabei akzeptieren die Gerichte vielfach auch beglaubigte Kopien.[5] Die Vorlage der Heiratsurkunde ist erforderlich, weil das Gericht von Amts wegen zu prüfen hat, ob die Beteiligten überhaupt eine wirksame Ehe miteinander geschlossen haben (§ 127 Rz. 6). Ist es den Ehegatten jedoch nicht möglich, eine Heiratsurkunde zu beschaffen, so steht dies einer Scheidung nicht entgegen, solange das Gericht sich auf andere Weise Gewissheit über die wirksame Eheschließung verschaffen kann.[6] Soweit nach früherem Recht der Nachweis der aktuellen Personenstandsdaten (zB Staatsangehörigkeit wegen des anwendbaren Rechts) erforderlich war, konnte dieser durch Vorlage aktueller Auszüge aus dem Familienbuch erbracht werden. 7

Mit Inkrafttreten des **neuen Personenstandsgesetzes** zum 1.1.2009 wurden die Familienbücher durch Personenstandsregister ersetzt.[7] Die Eheurkunde (§ 57 PStG) bzw. die Geburtsurkunde (§ 59 PStG) stellen nunmehr einen Auszug aus dem jeweiligen Ehe- (§ 15 PStG) bzw. Geburtenregister (§ 21 PStG) dar. Zum Nachweis der aktuellen Personenstandsdaten kann die Vorlage eines beglaubigten Registerausdrucks (§ 55 Abs. 1 Nr. 1 PStG) aus dem Eheregister verlangt werden, das nach § 16 PStG durch Aufnahme von Folgebeurkundungen und Hinweisen den jeweils neuesten Stand wiedergibt. Angaben über die gemeinsamen Kinder finden sich jedoch nur in deren Geburtseintrag und werden allein dort fortgeführt (§ 27 PStG). Die früheren Familienbücher werden zu Heiratseinträgen umgewidmet und sind in entsprechender Anwendung von § 16 PStG fortzuführen (§ 77 Abs. 2 Satz 1 und 2 PStG). Sie dienen als Grundlage zur Ausstellung von Eheurkunden (§ 77 Abs. 3 PStG). Bei **ausländischen Urkunden** kann das Gericht vom Antragsteller nach § 142 Abs. 3 ZPO eine Übersetzung verlangen.[8] 8

Werden die Anforderungen von § 133 Abs. 2 nicht erfüllt, so ist der Antrag nicht unzulässig,[9] doch kann das Gericht nach § 142 ZPO die Vorlegung der entsprechenden Urkunden anordnen.[10] 9

---

1 OLG Hamm v. 2.3.2010 – II-2 WF 27/10, FamRZ 2010, 1581.
2 OLG Hamm v. 2.3.2010 – II-2 WF 27/10, FamRZ 2010, 1581.
3 Musielak/*Borth*, § 133 FamFG Rz. 2; Keidel/*Weber*, § 124 FamFG Rz. 10; Bork/Jacoby/Schwab/*Löhnig*, § 133 FamFG Rz. 2. Der Auffassung, dass bei fehlenden Angaben keine Rechtshängigkeit eintrete und diese durch Nachholung der fehlenden Angaben lediglich mit Wirkung ex nunc geheilt werde (Stein/Jonas/*Schlosser*, § 622 ZPO Rz. 6), kann nicht gefolgt werden (MüKo.ZPO/*Heiter*, § 133 FamFG Rz. 20; vgl. schon MüKo.ZPO/*Klauser*, 1. Aufl. 1992, § 622 ZPO Rz. 10).
4 MüKo.ZPO/*Heiter*, § 133 FamFG Rz. 21; *Heinemann*, FamFR 2010, 121 (123).
5 MüKo.ZPO/*Heiter*, § 133 FamFG Rz. 14.
6 OLG Karlsruhe v. 7.6.1990 – 18 WF 35/90, FamRZ 1991, 83 (84); vgl. auch BT-Drucks. 16/6308, S. 228 und 413.
7 Vgl. *Schulte-Bunert*, Das neue FamFG, § 133 Rz. 510.
8 MüKo.ZPO/*Heiter*, § 133 FamFG Rz. 15.
9 Bork/Jacoby/Schwab/*Löhnig*, § 133 FamFG Rz. 8; Hoppenz/*Walter*, § 133 FamFG Rz. 6.
10 MüKo.ZPO/*Heiter*, § 133 FamFG Rz. 22; Bork/Jacoby/Schwab/*Löhnig*, § 133 FamFG Rz. 8.

§ 134 Zustimmung zur Scheidung und zur Rücknahme; Widerruf

(1) Die Zustimmung zur Scheidung und zur Rücknahme des Scheidungsantrags kann zur Niederschrift der Geschäftsstelle oder in der mündlichen Verhandlung zur Niederschrift des Gerichts erklärt werden.

(2) Die Zustimmung zur Scheidung kann bis zum Schluss der mündlichen Verhandlung, auf die über die Scheidung der Ehe entschieden wird, widerrufen werden. Der Widerruf kann zur Niederschrift der Geschäftsstelle oder in der mündlichen Verhandlung zur Niederschrift des Gerichts erklärt werden.

A. Normzweck

1   Während die Zustimmung zur Scheidung (§ 1566 Abs. 1 BGB) und der Widerruf der Zustimmung zur Scheidung schon gem. § 630 Abs. 2 Satz 2 aF ZPO zu Protokoll der Geschäftsstelle oder in der mündlichen Verhandlung zur Niederschrift des Gerichts erklärt werden konnten, erstreckt § 134 diesen Grundsatz nunmehr auch auf die „Zustimmung zur Rücknahme des Scheidungsantrags" iSv. § 269 Abs. 2 Satz 1 ZPO. Diese zusätzliche Befreiung vom Anwaltszwang wird regelmäßig allerdings nur dann relevant, wenn der ursprünglich anwaltlich vertretene Antragsgegner in einem Fortsetzungstermin nicht mehr anwaltlich vertreten ist (zB wegen Niederlegung oder Entziehung des Mandats), denn solange ein Ehegatte überhaupt nie anwaltlich vertreten war, kann er nicht iSv. § 269 Abs. 1 ZPO mündlich verhandelt haben, so dass sich die Frage seiner Zustimmung zur Antragsrücknahme schon gar nicht stellt. Eine Ausnahme gilt allerdings dann, wenn der Antragsgegner die – auch ohne anwaltliche Vertretung mögliche – Zustimmung zur Scheidung erklärt (Rz. 8).

2   Der zentrale Reformschritt besteht jedoch darin, dass weder in § 134 noch in einer sonstigen Vorschrift die Zustimmung zur Scheidung an besondere Bedingungen geknüpft wird. Um **einverständliche Scheidungen zu erleichtern**, wird nicht mehr wie nach § 630 Abs. 1 aF ZPO die Zustimmung zur Scheidung von der einverständlichen Regelung bestimmter Scheidungsfolgen abhängig gemacht.[1] Vom gesetzgeberischen Anliegen des § 630 aF ZPO, über den gemeinsamen Wunsch nach einer (zügigen) Scheidung die Regelung zentraler Folgefragen nicht aus dem Blick zu verlieren, ist lediglich die allgemeine Vorgabe übrig geblieben, dass die Antragsschrift gem. § 133 Abs. 1 Nr. 2 auch die Erklärung enthalten muss, „ob" die Ehegatten eine Regelung über bestimmte Scheidungsfolgen getroffen haben.

B. Zustimmung zur Scheidung (Abs. 1 Alt. 1) und Widerruf (Absatz 2)

3   Während eine unwiderlegbare Vermutung für das Scheitern einer Ehe nach § 1566 Abs. 2 BGB erst nach dreijähriger Trennungszeit greift, verkürzt sich gem. § 1566 Abs. 1 BGB die einzuhaltende Frist auf ein Jahr, wenn beide Ehegatten die Scheidung beantragen (§ 126 Rz. 9) oder der Antragsgegner zustimmt. Da jedoch nach altem Recht durch § 630 Abs. 1 aF ZPO die Berufung auf § 1566 Abs. 1 BGB von der Einigung über wesentliche Folgefragen abhängig war, wichen die meisten Paare trotz übereinstimmenden Scheidungswunsches auf den Grundtatbestand des § 1565 Abs. 1 BGB aus.[2] Hierfür besteht nun kein Anlass mehr. Damit erhält die in Entsprechung zu § 630 Abs. 2 Satz 2 aF ZPO in § 134 Abs. 1 vorgesehene **Möglichkeit, ohne anwaltliche Vertretung der Scheidung zuzustimmen, eine neue Bedeutung**.[3] Bei Anwendung fremden Scheidungsrechts ist es allerdings denkbar, dass ausländische Regelungen an einverständliche Scheidungen vergleichbare Anforderungen wie § 630 aF ZPO stellen, denen wegen ihrer scheidungsbeschränkenden Wirkung materiellrechtlicher Gehalt zukommt, so dass sie auch vor deutschen Gerichten zu beachten sein können.[4]

---

1 BT-Drucks. 16/6308, S. 229; krit. *Münch*, FamRB 2008, 251 ff. sowie Keidel/*Weber*, § 133 FamFG Rz. 10 und Johannsen/Henrich/*Markwardt*, § 134 FamFG Rz. 1, die gar verfassungsrechtliche Zweifel anmelden.
2 Vgl. dazu nur *Dastmaltchi*, FPR 2007, 226 (228) mwN.
3 Krit. *Rakete-Dombek*, FPR 2009, 16 (17).
4 Vgl. *Jayme*, NJW 1977, 1378 (1381 f.); MüKo.ZPO/*Finger*, § 630 ZPO Rz. 5.

Da § 1566 Abs. 1 BGB kein eigenständiger Scheidungstatbestand ist, sondern lediglich die unwiderlegliche Vermutung des Scheiterns der Ehe begründet (vgl. § 292 ZPO), entfaltet die Zustimmung wesentliche Wirkungen auf prozessualem Gebiet, so dass sie (**auch**) **eine Verfahrenshandlung** darstellt.[1] Sie muss daher **gegenüber dem Gericht** erklärt werden,[2] außergerichtliche Äußerungen genügen grundsätzlich nicht. Überwiegend wird es jedoch als ausreichend angesehen, wenn die außergerichtlich (etwa in einer Scheidungsfolgenvereinbarung) erklärte Zustimmung mit Willen des Betroffenen dem Gericht vorgelegt wird.[3] Da es sich nicht um eine höchstpersönliche Erklärung handelt, ist die Abgabe durch Anwaltsschriftsatz unproblematisch möglich.[4] Ob die Ankündigung, man werde dem Scheidungsantrag zustimmen, schon für sich genommen als endgültige und unzweifelhafte Zustimmung gewertet werden kann, ist durch Auslegung zu ermitteln;[5] nicht ausreichend ist die Äußerung, man werde dem Scheidungsantrag nicht entgegentreten.[6] Äußert der Ehegatte bei Abgabe der Zustimmung, eigentlich wünsche er keine Scheidung, handelt es sich nicht zwangsläufig um eine perplexe Willenserklärung, vielmehr kann er eine Verkomplizierung des Verfahrens vermeiden oder sich dem Unvermeidlichen beugen wollen.[7]   4

Nach § 134 Abs. 2 Satz 1 ist der **Widerruf der Zustimmung**, für den die gleichen Regeln wie für die Erklärung der Zustimmung gelten (Rz. 4), bis zum Schluss der letzten mündlichen Verhandlung, dh. auch noch in der zweiten und dritten Instanz, zulässig. Im Interesse der Eheerhaltung kann ein Rechtsmittel allein zu dem Zweck eingelegt werden, die Zustimmung zur Scheidung zu widerrufen.[8] Nach Widerruf der Zustimmung kann wegen der Einheitlichkeit des Streitgegenstandes (§ 126 Rz. 3) die Scheidung – ohne Antragsänderung – etwa auf den Grundtatbestand (§ 1565 Abs. 1 BGB) gestützt werden. Hat ein Ehegatte einen eigenen Scheidungsantrag gestellt, den er nicht wirksam zurücknehmen kann, weil der andere Ehegatte nicht zustimmt (§ 269 Abs. 1 ZPO) oder anwaltlich nicht mehr vertreten ist, kann er gleichwohl durch einen Widerruf nach § 134 Abs. 2 bewirken, dass sein Antrag nicht mehr als Basis für eine einverständliche Scheidung iSv. § 1566 Abs. 1 BGB herangezogen werden darf, weil diese materiellrechtlich ein Einverständnis beider Ehegatten mit der Scheidung voraussetzt.[9] (Zur Behandlung eines materiell nicht mehr aufrechterhaltenen, aber prozessual nicht wirksam zurückgenommenen Antrags vgl. auch Rz. 10).   5

Sowohl die Zustimmung zur Scheidung als auch der Widerruf der Zustimmung zur Scheidung können zu Protokoll der Geschäftsstelle eines jeden Amtsgerichts (§ 129a ZPO) oder in der mündlichen Verhandlung zur Niederschrift des Gerichts erklärt werden. Nach § 114 Abs. 4 Nr. 3 unterliegen diese Erklärungen damit **nicht dem Anwaltszwang**.   6

---

1 BGH v. 6.6.1990 – IV ZR 88/89, FamRZ 1990, 1109; BGH v. 30.11.1994 – IV ZR 290/93, FamRZ 1995, 229; BayObLG v. 18.12.1995 – 1 Z BR 111/95, FamRZ 1996, 760 (761); OLG Karlsruhe v. 10.2.1998 – 2 WF 162/67, FamRZ 1998, 1606 (1607).
2 BGH v. 30.11.1994 – IV ZR 290/93, FamRZ 1995, 229; MüKo.BGB/*Ey*, § 1566 BGB Rz. 20.
3 *Schwab*, Rz. II 88; Staudinger/*Rauscher*, § 1566 BGB Rz. 38 mwN auch zur Gegenansicht; MüKo.ZPO/*Heiter*, § 134 FamFG Rz. 10.
4 BayObLG v. 18.12.1995 – 1 Z BR 111/95, FamRZ 1996, 760 ff.; OLG Zweibrücken v. 25.11.1994 – 3 W 165/94, FamRZ 1995, 570 (571); OLG Saarbrücken v. 18.7.1991 – 5 W 16/91, FamRZ 1992, 109 (110 f.); OLG Frankfurt v. 6.4.1989 – 12 U 143/88, FamRZ 1990, 210 (211).
5 BayObLG v. 18.12.1995 – 1 Z BR 111/95, FamRZ 1996, 760 (761); Staudinger/*Rauscher*, § 1566 BGB Rz. 35 mwN.
6 OLG Zweibrücken v. 27.6.1989 – 2 WF 63/89, FamRZ 1990, 59; OLG Stuttgart v. 22.12.1978 – 15 UF 218/78, NJW 1979, 662 (Ls.); MüKo.ZPO/*Heiter*, § 134 FamFG Rz. 12; Staudinger/*Rauscher*, § 1566 BGB Rz. 28.
7 Vgl. OLG Saarbrücken v. 18.7.1991 – 5 W 16/91, FamRZ 1992, 109 (111 f.), wo jedoch zweifelhaft war, ob überhaupt eine Zustimmung vorlag (*Schwab*, Rz. II 89 gegenüber Staudinger/*Rauscher*, § 1566 BGB Rz. 35).
8 BGH v. 11.1.1984 – IVb ZR 41/82, FamRZ 1984, 350 (351); OLG Zweibrücken v. 25.5.2012 – 6 UF 39/12, FamRZ 2013, 652 (653); OLG Stuttgart v. 22.12.1978 – 15 UF 218/78 ES, NJW 1979, 662.
9 Staudinger/*Rauscher*, § 1566 BGB Rz. 45 f.; *Schwab*, Rz. II 92; Johannsen/Henrich/*Jaeger*, § 1566 BGB Rz. 15; MüKo.BGB/*Ey*, § 1564 BGB Rz. 54.

C. Zustimmung zur Rücknahme des Scheidungsantrags (Abs. 1 Alt. 2)

7 Gem. § 113 Abs. 1 Satz 2 ist auf die Rücknahme des Scheidungsantrags § 269 ZPO anwendbar, soweit in § 134 Abs. 1 nichts anderes bestimmt ist. Damit kann der Scheidungsantrag, solange er rechtshängig ist, – durch den Verfahrensbevollmächtigten (§ 114 Abs. 1) – zurückgenommen werden, also auch noch nach Erlass des Scheidungsbeschlusses vor Eintritt der Rechtskraft. Hat der Antragsgegner zur Hauptsache mündlich verhandelt, ist gem. § 269 Abs. 1 ZPO seine Zustimmung erforderlich, die ebenfalls bis zur Rechtskraft des Scheidungsausspruchs erteilt werden kann. Die Rücknahme sowie die Zustimmung sind grundsätzlich in der in § 269 Abs. 2 ZPO vorgesehen Form zu erklären. Doch kann die Zustimmung nach § 134 Abs. 1, 2. Alt. auch zu Protokoll der Geschäftsstelle eines jeden Amtsgerichts (§ 129a ZPO) oder in der mündlichen Verhandlung zur Niederschrift des Gerichts erklärt werden und unterliegt damit nach § 114 Abs. 4 Nr. 3 **nicht dem Anwaltszwang** (Rz. 1). Ausnahmsweise kann auch eine schlüssige Erklärung ausreichen, wenn sie eindeutig ist und den Zustimmungswillen ohne jeden Zweifel erkennen lässt.[1] Die Fiktion des § 269 Abs. 2 Satz 4 ZPO, wonach die Zustimmung als erteilt gilt, wenn der Antragsgegner nicht binnen zwei Wochen nach Zustellung der Rücknahmeerklärung widerspricht, ist auch in Ehesachen anwendbar.[2]

8 Der Antragsgegner verhandelt mündlich zur Hauptsache, wenn sich sein Verfahrensbevollmächtigter **sachlich zum Scheidungsantrag einlässt**, dh. seinen Standpunkt zu den tatsächlichen oder rechtlichen Gesichtspunkten des Verfahrens vorträgt; die Stellung eines förmlichen Antrags (vgl. § 137 Abs. 1 ZPO) bzw. die Abgabe einer Zustimmungserklärung ist nicht erforderlich.[3] Nicht ausreichend ist demgegenüber, dass das Gericht die Möglichkeiten einer außergerichtlichen Streitbeilegung auslotet oder über die Zulässigkeit von Anträgen verhandelt.[4] Ist der Antragsgegner anwaltlich nicht vertreten (gem. § 130 Abs. 2 ist ein Versäumnisbeschluss gegen ihn nicht zulässig), kann er nicht zur Sache verhandeln (§ 114 Abs. 1). Der Antragsteller kann dann seinen Scheidungsantrag bis zum rechtskräftigen Abschluss des Scheidungsverfahrens einseitig zurücknehmen.[5] Hieran ändert der Umstand nichts, dass auch ein anwaltlich nicht vertretener Ehegatte gem. § 128 anzuhören ist und in diesem Zusammenhang geäußerte eheerhaltende Tatsachen zu berücksichtigen sind (§ 114 Rz. 20), denn hierdurch kommt das Gericht lediglich seiner Pflicht zur amtswegigen Feststellung und Überprüfung der Scheidungsvoraussetzungen nach (§ 127).[6] Ausnahmsweise liegt eine mündliche Verhandlung seitens eines anwaltlich nicht vertretenen Antragsgegners vor, wenn er selbst die Zustimmung zum Scheidungsantrag erklärt, die gem. § 134 Abs. 1 iVm. § 114 Abs. 4 Nr. 3 vom Anwaltszwang befreit ist (str.).[7]

9 Durch die Rücknahme fällt gem. § 269 Abs. 3 Satz 1 ZPO rückwirkend die **Rechtshängigkeit des Scheidungsantrags fort** (zu wechselseitigen Anträgen vgl. § 124 Rz. 3).

---

1 OLG Celle v. 13.2.2012 – 10 UF 4/12, FamRZ 2012, 1071 (1072); OLG Bamberg v. 18.1.1989 – 2 WF 14/89, juris.
2 OLG Naumburg v. 8.6.2002 – 8 UF 80/02, FamRZ 2003, 545; MüKo.ZPO/*Heiter*, § 141 FamFG Rz. 9.
3 BGH v. 23.6.2004 – XII ZB 212/01, FamRZ 2004, 1364; OLG Frankfurt v. 10.11.1981 – 3 UF 6/81, FamRZ 1982, 809 (811); OLG Stuttgart v. 12.9.2001 – 16 UF 279/01, FamRZ 2002, 831; MüKo.ZPO/*Heiter*, § 141 FamFG Rz. 7.
4 Musielak/*Borth*, § 141 FamFG Rz. 2; vgl. auch BGH v. 6.5.1987 – IVb ZR 51/86, FamRZ 1987, 800 (801) im Rahmen eines Berufungsverfahrens.
5 OLG Köln v. 1.10.2010 – 27 UF 163/10, FamRZ 2011, 498 (Ls.); OLG Zweibrücken v. 9.4.1997 – 5 UF 13/97, NJW-RR 1997, 833; OLG Düsseldorf v. 18.11.1976 – 18 U 207/76, FamRZ 1977, 130 (131); OLG Karlsruhe v. 4.12.1978 – 5 WF 126/78, FamRZ 1979, 63.
6 BGH v. 23.6.2004 – XII ZB 212/01, FamRZ 2004, 1364 (1365); OLG Stuttgart v. 19.7.2004 – 17 WF 106/04, FamRZ 2005, 286 (287); OLG Hamm v. 26.4.1989 – 10 UF 402/88, FamRZ 1989, 1102; OLG Köln v. 20.6.1985 – 21 WF 88/85, FamRZ 1985, 1060 (1061); OLG Karlsruhe v. 4.12.1978 – 5 WF 126/78, FamRZ 1979, 63.
7 OLG München v. 29.9.1993 – 4 WF 143/93, NJW-RR 1994, 201; Staudinger/*Rauscher*, § 1564 BGB Rz. 56a. AA BGH v. 23.6.2004 – XII ZB 212/01, FamRZ 2004, 1364 (1365) obiter dictum; Johannsen/Henrich/*Jaeger*, § 1564 BGB Rz. 34; MüKo.ZPO/*Heiter*, § 141 FamFG Rz. 8.

Auch seine materiellrechtlichen Wirkungen (vgl. dazu § 124 Rz. 3) werden beseitigt.[1] Ein Widerruf der Rücknahme ist – auch mit Zustimmung der Gegenseite – nicht möglich.[2] Ein schon ergangener (aber noch nicht rechtskräftiger) Scheidungsbeschluss wird automatisch wirkungslos (§ 269 Abs. 3 Satz 1 ZPO). In der Rücknahme des Antrags liegt kein Verzicht (vgl. dazu § 113 Rz. 34) auf die erneute Geltendmachung der bereits entstandenen Scheidungsgründe.[3] Zu den Auswirkungen der Rücknahme auf Folgesachen vgl. § 141, zur Kostenentscheidung vgl. § 150 Abs. 2 Satz 1. Gem. § 269 Abs. 4 ZPO entscheidet das Gericht über die Wirkungen der Rücknahme (Wirkungslosigkeit eines Scheidungsbeschlusses und Kostentragung) auf Antrag eines (anwaltlich vertretenen) Ehegatten durch Beschluss ohne notwendige mündliche Verhandlung (§ 128 Abs. 4 ZPO).

Auch wenn die Rücknahme des Scheidungsantrags **verfahrensrechtlich unwirksam** sein sollte, darf materiellrechtlich die Ehe nur geschieden werden, wenn mindestens ein Ehegatte nach wie vor die Scheidung begehrt.[4] In letzter Konsequenz müsste ein materiellrechtlich nicht mehr verfolgter, aber verfahrensrechtlich nicht wirksam zurückgenommener Antrag als unbegründet abgewiesen werden.[5]

135 *Außergerichtliche Konfliktbeilegung über Folgesachen*

Das Gericht kann anordnen, dass die Ehegatten einzeln oder gemeinsam an einem kostenfreien Informationsgespräch über Mediation oder eine sonstige Möglichkeit der außergerichtlichen Konfliktbeilegung anhängiger Folgesachen bei einer von dem Gericht benannten Person oder Stelle teilnehmen und eine Bestätigung hierüber vorlegen. Die Anordnung ist nicht selbständig anfechtbar und nicht mit Zwangsmitteln durchsetzbar.

Literatur: *Bastine/Nawrot*, Familienmediation in unterschiedlichen Praxisfeldern – Eine bundesweite Untersuchung, ZKM 2007, 16; *Bergschneider*, Mediation in Familiensachen – Chancen und Probleme, FamRZ 2000, 77; *Brandt/Rüll*, Gerichtliche Anordnung eines Informationsgesprächs über Mediation nach § 135 Abs. 1 FamFG, ZFE 2011, 217; *Buchner/Appelt/Alt-Saynisch*, Effektivität von Trennungs- und Scheidungsberatung, Paar- und Familientherapie sowie Mediation, FPR 2008, 160; *Friederici*, Verfahren vor einem (Familien-)Schiedsgericht, FF 2008, 69; *Greger*, Mediation in Kindschaftssachen – Kosten, Akzeptanz, Nachhaltigkeit, FPR 2011, 115; *Grabow*, Das kostenfreie Informationsgespräch nach § 135 FamFG, FPR 2011, 33; *Heinemann*, Anordnung und Durchführung eines Informationsgesprächs nach § 135 Abs. 1 FamFG, FamRB 2010, 125; *Kloster-Harz*, Das Süddeutsche Familienschiedsgericht, FamRZ 2007, 99; *Mähler/Mähler*, Familienmediation, in: *Haft/von Schlieffen* (Hrsg.), Handbuch Mediation, 2. Aufl. 2009, S. 457; *Montada*, Nachhaltige Beilegung von Familienkonflikten durch Mediation, FPR 2004, 182; HK-FamR/*Morawe*, Schwerpunktbeitrag 8: „Mediation im Familienrecht"; *Schulz*, Mediation aus richterlicher Sicht, FamRZ 2000, 860; *Spangenberg/Spangenberg*, Der mediative Ansatz im Familienrecht, Praxis der Rechtspsychologie 2009, 321; *Zorn*, Gesetz zur Förderung der Mediation und anderer Verfahren der außergerichtlichen Konfliktbeilegung, FamRZ 2012, 1265; *Zurmühl/Kiesewetter*, Zur Praxis der Familienmediation – Eine Mitgliederbefragung der BAFM, ZKM 2008, 107.

A. Einleitung

I. Normzweck

Die Vorschrift betrifft anhängige Folgesachen iSv. § 137, nicht aber die Scheidungssache selbst; sie dient damit nicht der Aussöhnung der Beteiligten und der Wiederherstellung der ehelichen Lebensgemeinschaft.[6] Nach §§ 36 Abs. 1 Satz 2, 156

---

1 *Rosenberg/Schwab/Gottwald*, § 129 Rz. 27.
2 OLG München v. 5.3.1982 – 13 UF 635/81, FamRZ 1982, 510.
3 Johannsen/Henrich/*Jaeger*, § 1564 BGB Rz. 34. Allerdings können materiellrechtlich die Trennungsfristen neu zu laufen beginnen (OLG Bremen v. 2.5.2012 – 4 WF 40/12, juris).
4 *Schwab*, Rz. II 92; Johannsen/Henrich/*Jaeger*, § 1564 BGB Rz. 34 aE; MüKo.BGB/*Ey*, § 1564 BGB Rz. 54.
5 Staudinger/*Rauscher*, § 1564 BGB Rz. 57.
6 *Philippi*, FPR 2006, 406 (408).

Abs. 1 Satz 1 (Familiensachen der fG) bzw. § 113 Abs. 1 Satz 2 FamFG iVm. § 278 Abs. 1 ZPO (Familienstreitsachen) soll das Gericht stets auf eine gütliche Einigung hinwirken und kann das Verfahren zu diesem Zweck (außer in Ehesachen, auf die gem. § 113 Abs. 4 Nr. 4 die Vorschriften über die Güteverhandlung nicht anwendbar sind) auch vor einen Güterichter verweisen (§ 36 Abs. 5 FamFG, § 278 Abs. 5 ZPO iVm. § 113 Abs. 1 Satz 2 FamFG). § 135 will vor diesem Hintergrund sicherstellen, dass **trotz Einleitung eines Gerichtsverfahrens auch die Bemühungen um eine außergerichtliche Streitbeilegung nicht eingestellt werden**. Da dieses Anliegen in Familiensachen als besonders dringlich angesehen wird,[1] geht die Norm über die allgemeinen Vorschriften ein gewisses Stück hinaus. § 135 Abs. 2 ist durch Art. 3 Nr. 7c des Gesetzes zur Förderung der Mediation und anderer Verfahren der außergerichtlichen Konfliktbeilegung vom 21.7.2012[2] aufgehoben worden, weil die dort bislang verankerte Möglichkeit, für anhängige Folgesachen eine außergerichtliche Streitbeilegung vorzuschlagen, in den § 36a FamFG und § 278a ZPO iVm. § 113 Abs. 1 S. 2 FamFG aufgegangen ist, die nunmehr alle Familiensachen erfassen.[3]

II. Bedeutung

2   Der Vorschrift liegt die Erkenntnis zugrunde, dass in familiengerichtlichen Streitigkeiten zwischen den Beteiligten regelmäßig ein schwerwiegender **Beziehungskonflikt** besteht, der durch die Entscheidung der rechtlichen Sachfragen nicht bereinigt wird. Soll – vor allem im Interesse der betroffenen Kinder – eine nachhaltige Befriedung erzielt werden, sind **gemeinsam erarbeitete oder zumindest einverständlich erzielte Lösungen** oftmals tragfähiger. Auch wenn in der familiengerichtlichen Praxis bereits eine auf Konsens abzielende Verhandlungsführung im Vordergrund steht, kann sich die Einschaltung eines in Vermittlungstechniken geschulten außenstehenden Dritten, der über deutlich mehr Zeit verfügt, als hilfreich erweisen. Dennoch ist die praktische Bedeutung der Vorschrift gering: Dass sich Unterhaltsverfahren, soweit außerprozessuale Vergleichsbemühungen unter Einschaltung von Rechtsanwälten bereits gescheitert sind, regelmäßig für eine (mit nicht unerheblichen Kosten verbundene) außergerichtliche Streitbeilegung nicht anbieten, wird deutlich, wenn von Seiten der Mediatoren betont wird, dass die durch eine Mediation in Unterhaltsstreitsachen erzielten Ergebnisse „mit denen vergleichbar sind, die sich bei einer klassischen Unterhaltsberechnung ergeben".[4] In Kindschaftssachen, in denen sich Konfliktlösungsstrategien in Kooperation von Gericht und außergerichtlichen Beratungsstellen bewährt haben (sog. Cochemer Praxis),[5] wird demgegenüber regelmäßig der Weg über § 156 Abs. 1 Satz 4 vorzuziehen sein, denn hiernach kann das Gericht direkt anordnen, dass die Eltern an einer Beratung durch die Beratungsstellen und -dienste der Träger der Kinder- und Jugendhilfe teilnehmen.

B. Informationsgespräch über Möglichkeiten der außergerichtlichen Streitbeilegung

3   Nach § 135 Satz 1 kann das Gericht (in gleicher Weise wie nunmehr auch nach § 156 Abs. 1 Satz 3) anordnen, dass die Ehegatten einzeln oder gemeinsam an einem kostenfreien „Informationsgespräch" über die Möglichkeiten außergerichtlicher Streitbeilegung anhängiger Folgesachen teilnehmen und eine Bestätigung hierüber vorlegen, wenn es dies für sachdienlich hält. Nicht von der Vorschrift gedeckt ist demgegenüber eine direkte Anordnung zur Teilnahme an einem Verfahren außergerichtlicher Streitbeilegung (vgl. aber § 156 Abs. 1 Satz 4). Ob das Gericht eine Anordnung nach § 135 Satz 1 trifft, steht in seinem **freien Ermessen**.[6] Dabei muss ua. be-

---

1 BT-Drucks. 16/6308, S. 229.
2 BGBl. I, S. 1577.
3 BT-Drucks. 17/5335, S. 23.
4 Schulz/Hauß/*Morawe*, Schwerpunktbeitrag 9, Rz. 91 und 93. Vgl. auch die Einschätzungen von *Bergschneider*, FamRZ 2000, 77 (78) und *Schulz*, FamRZ 2000, 860. Von positiven Erfahrungen mit gerichtsinterner Mediation berichtet *Grabow*, FPR 2011, 33 (35) Fn. 23.
5 *Hess*, Mediation und weitere Verfahren konsensualer Streitbeilegung – Regelungsbedarf im Verfahrens- und Berufsrecht?, Gutachten für den 67. DJT Erfurt 2008, S. F 36 ff.
6 BT-Drucks. 16/6308, S. 229.

rücksichtigt werden, ob die Wahrnehmung eines (gemeinsamen) Gesprächstermins für die Ehegatten zumutbar ist, was in Fällen häuslicher Gewalt sowie bei weiter Anreise zu verneinen sein kann.[1] Gem. § 135 Satz 2 ist die Anordnung weder mit Zwangsmitteln durchsetzbar noch als Zwischenentscheidung selbständig anfechtbar, doch ist es denkbar, dass ihre Nichtbeachtung gem. § 150 Abs. 4 Satz 2 kostenrechtliche Folgen nach sich zieht (§ 150 Rz. 12). Welche Angebote für „kostenfreie" Informationsgespräche bestehen, hängt von länderspezifischen und örtlichen Gegebenheiten ab. Als Veranstalter kommen in erster Linie die Anbieter außergerichtlicher Streitbeilegung selbst in Frage,[2] aber auch Rechtsanwälte und Notare, da es sich nicht um eine Beratung, sondern ein reines Vorgespräch handelt.[3] Keine Bedenken bestehen aber auch, die Information durch den entscheidenden Richter oder einen Güterichter vornehmen zu lassen.[4] Bei Teilnahme an einem nicht kostenfreien Informationsgespräch kann aus der Vorschrift ein Anspruch gegen die Staatskasse auf Kostenersatz nicht abgeleitet werden.[5] Zur Frage, ob Verfahrenskostenhilfe auch auf die Durchführung eines außergerichtlichen Streitbeilegungsverfahrens erstreckt werden kann, das nach § 36a FamFG bzw. § 278a ZPO iVm. § 113 Abs. 1 Satz 2 FamFG auf Vorschlag des Gerichts durchgeführt wird, s. § 36a Rz. 16f. Die Anordnung nach § 135 Satz 1 erfolgt – nach Gewährung rechtlichen Gehörs[6] – durch Beschluss,[7] der keiner Begründung bedarf, aber sinnvollerweise erkennen lassen sollte, warum das Gericht eine außergerichtliche Streitbeilegung für erfolgversprechend hält.[8]

Ergänzt wird § 135 durch die allgemeinen Vorschriften der § 36a FamFG und § 278a ZPO iVm. § 113 Abs. 1 Satz 2 FamFG, wonach das Gericht in geeigneten Fällen – über die bloße Teilnahme an einem Informationsgespräch nach § 135 hinaus – die außergerichtliche Streitbeilegung anhängiger Folgesachen vorschlagen soll (s. dazu ausf. § 36a). Zur Möglichkeit, in Kindschaftssachen die Teilnahme an einer Beratung durch die Beratungsstellen und -dienste der Träger der Kinder- und Jugendhilfe anzuordnen, s. ausf. § 156 Rz. 28ff.

136 Aussetzung des Verfahrens

(1) Das Gericht soll das Verfahren von Amts wegen aussetzen, wenn nach seiner freien Überzeugung Aussicht auf Fortsetzung der Ehe besteht. Leben die Ehegatten länger als ein Jahr getrennt, darf das Verfahren nicht gegen den Widerspruch beider Ehegatten ausgesetzt werden.
(2) Hat der Antragsteller die Aussetzung des Verfahrens beantragt, darf das Gericht die Scheidung der Ehe nicht aussprechen, bevor das Verfahren ausgesetzt war.
(3) Die Aussetzung darf nur einmal wiederholt werden. Sie darf insgesamt die Dauer von einem Jahr, bei einer mehr als dreijährigen Trennung die Dauer von sechs Monaten nicht überschreiten.
(4) Mit der Aussetzung soll das Gericht in der Regel den Ehegatten nahelegen, eine Eheberatung in Anspruch zu nehmen.

A. Normzweck

§ 136 entspricht im Grundsatz § 614 aF ZPO. Zweck der Vorschrift ist es, durch die Aussetzung des Verfahrens eine noch bestehende **Chance auf Fortbestand der Ehe**

---

1 BT-Drucks. 16/6308, S. 229. MüKo.ZPO/*Heiter*, § 135 FamFG Rz. 8 hebt hervor, dass die Schwelle hoch anzusetzen ist.
2 BT-Drucks. 16/6308, S. 229. Zum „Koblenzer Modell" vgl. *Brandt/Rüll*, ZFE 2011, 217 (220ff.).
3 *Heinemann*, FamRB 2010, 125 (127).
4 *Brandt/Rüll*, ZFE 2011, 217 (219).
5 AA *Spangenberg*, FamRZ 2009, 834 (835).
6 Thomas/Putzo/*Hüßtege*, § 135 FamFG Rz. 4; MüKo.ZPO/*Heiter*, § 135 FamFG Rz. 9; *Heinemann*, FamRB 2010, 125 (126).
7 Baumbach/*Hartmann*, § 135 FamFG Rz. 3; aA MüKo.ZPO/*Heiter*, § 135 FamFG Rz. 13 (auch in Form verfahrensleitender Verfügung).
8 Thomas/Putzo/*Hüßtege*, § 135 FamFG Rz. 4; Baumbach/*Hartmann*, § 135 FamFG Rz. 3; vgl. auch *Kemper*, in: Kemper/Schreiber, § 135 FamFG Rz. 8.

zu wahren.[1] Indem das Gericht den Ehegatten nach § 136 Abs. 4 idR nahelegt, eine Eheberatung in Anspruch zu nehmen, soll die Bereitschaft zur Versöhnung erhöht werden. Das Interesse der Ehegatten an einer baldigen Scheidung wird zum einen durch die Widerspruchsmöglichkeit nach Abs. 1 Satz 2 und zum anderen durch die zeitliche Schranke des Abs. 3 gewahrt. Abs. 2 erweitert im Interesse der Eheerhaltung die verfahrensrechtlichen Gestaltungsmöglichkeiten des Antragstellers, der subjektiv zur Aussöhnung bereit ist,[2] denn dieser könnte den Scheidungsantrag auch kurzerhand zurücknehmen, doch würde das für ihn den Verlust des Verfahrensstands bedeuten.

2 In der Vorschrift spiegeln sich Grundprinzipien des **materiellen Scheidungsrechts** wieder: So entspricht die Befugnis zur Aussetzung von Amts wegen dem Prinzip, dass die Ehe nicht ohne gerichtliche Prüfung allein aufgrund übereinstimmender Anträge geschieden wird. Dass die Ehegatten nach einjährigem Getrenntleben durch übereinstimmenden Widerspruch die Aussetzung verhindern können (§ 136 Abs. 1 Satz 2), findet seine materiellrechtliche Parallele in § 1566 Abs. 1 BGB.[3] Die unwiderlegliche Vermutung des § 1566 Abs. 2 BGB findet hingegen keine Entsprechung dahingehend, dass eine Aussetzung nach dreijähriger Trennung schon gegen den Widerspruch nur eines Ehegatten ausgeschlossen wäre.[4] Stattdessen verkürzt § 136 Abs. 3 Satz 2 in diesen Fällen lediglich die Höchstdauer der Aussetzung auf sechs Monate.

3 Im Übrigen kann auch in Scheidungsverfahren die Aussetzung oder das Ruhen des Verfahrens nach **allgemeinen Grundsätzen** angeordnet werden (§ 113 Abs. 1 Satz 2 FamFG iVm. §§ 148 ff., 246 ff. bzw. §§ 251, 251a Abs. 3 ZPO).[5]

B. Voraussetzungen

I. Allgemeine Voraussetzungen und Wirkungen

4 § 136 ist **nur auf** Scheidungsverfahren anwendbar. Denn in Verfahren auf Aufhebung oder Feststellung des Nichtbestehens einer Ehe kann von einem besonderen Eheerhaltungsinteresse nicht ohne weiteres ausgegangen werden, da geltend gemacht wird, dass der Ehe bereits von Anfang an ein gravierender Mangel anhafte.[6] Aus diesem Grund kann auch dann nicht ausgesetzt werden, wenn ein Ehegatte Aufhebung der Ehe und hilfsweise Scheidung begehrt[7] oder die eine Seite Aufhebung und die andere Scheidung beantragt.[8]

5 Eine noch nicht rechtskräftige Entscheidung steht der Aussetzung, die in **allen Instanzen** angeordnet werden kann, nicht entgegen.[9] Die Zuständigkeit des Ausgangsgerichts bleibt auch nach Erlass der Entscheidung bis zur Einlegung eines Rechtsmittels erhalten.[10] Das Gericht entscheidet sowohl über die Anordnung der Aussetzung als auch über die Ablehnung eines Antrags auf Aussetzung (Abs. 2) durch **Beschluss**.[11] Wird Aussetzung angeordnet, soll das Gericht gem. § 136 Abs. 4 den Ehegatten regelmäßig nahe legen, eine Eheberatungsstelle in Anspruch zu neh-

---

1 Stein/Jonas/*Schlosser*, § 614 ZPO Rz. 1; MüKo.ZPO/*Heiter*, § 136 FamFG Rz. 1.
2 Vgl. OLG Schleswig v. 5.11.1990 – 15 UF 41/90, SchlHA 1991, 81 (82); OLG Bamberg v. 30.5.1984 – 2 WF 39/84, FamRZ 1984, 897.
3 Vgl. auch Stein/Jonas/*Schlosser*, § 614 ZPO Rz. 4.
4 Bei der Schaffung von § 614 aF ZPO hatte der Rechtsausschuss dies in Erwägung gezogen, vgl. *Heintzmann*, FamRZ 1975, 373 (378).
5 OLG Frankfurt v. 22.8.1978 – 3 WF 191/78, FamRZ 1978, 919 (920); OLG Karlsruhe v. 15.3.1978 – 5 W 76/77, FamRZ 1978, 527 (528).
6 MüKo.ZPO/*Heiter*, § 136 FamFG Rz. 3.
7 Wohl aber im umgekehrten Fall: Zöller/*Lorenz*, § 136 FamFG Rz. 1; MüKo.ZPO/*Heiter*, § 136 FamFG Rz. 4.
8 Musielak/*Borth*, § 136 FamFG Rz. 2; Zöller/*Lorenz*, § 136 FamFG Rz. 1; aA Stein/Jonas/*Schlosser*, § 614 ZPO Rz. 14.
9 Thomas/Putzo/*Hüßtege*, § 136 FamFG Rz. 1; Baumbach/*Hartmann*, § 136 FamFG Rz. 1.
10 BGH v. 1.12.1976 – IV ZB 43/76, NJW 1977, 717 (718).
11 Zöller/*Lorenz*, § 136 FamFG Rz. 5; Musielak/*Borth*, § 136 FamFG Rz. 8.

men. Kommen die Ehegatten dieser Empfehlung nicht nach, hat dies keine rechtlichen Konsequenzen. Die Dauer der Aussetzung muss im Beschluss festgelegt werden,[1] dabei sind die zeitlichen Grenzen des § 136 Abs. 3 Satz 2 zu beachten. Nach Ablauf der Aussetzungsfrist wird das Gericht nicht von sich aus tätig, sondern wartet ab, ob das Verfahren durch die Beteiligten weiter betrieben wird.[2]

Die Entscheidung über die Aussetzung ist gem. § 113 Abs. 1 Satz 2 FamFG iVm. § 252 ZPO mit der **sofortigen Beschwerde** angreifbar. Wer weder Scheidungs- noch Abweisungsantrag stellt, ist durch eine Aussetzung des Verfahrens nicht beschwert und daher nicht beschwerdebefugt.[3] Wird dem Antrag auf Aussetzung nicht stattgegeben und stattdessen der Scheidungsantrag abgewiesen, muss der Antragsteller die Entscheidung insgesamt mit der Beschwerde nach § 58 angreifen.[4] 6

Durch die **Aussetzung** wird gem. § 113 Abs. 1 Satz 2 FamFG iVm. § 249 ZPO der Lauf jeder prozessualen Frist beendet. Mit dem Ende der Aussetzung beginnen die Fristen von neuem zu laufen. Außerdem sind alle gegenüber dem anderen Beteiligten vorzunehmenden Verfahrenshandlungen wirkungslos (§ 249 Abs. 2 ZPO). Dies gilt nicht für Rechtsmittelanträge, da diese beim Gericht einzulegen sind.[5] Wegen des Verbundprinzips (§ 137 Abs. 1) erfasst die Aussetzung neben dem Scheidungsverfahren auch alle Folgesachen. Demgegenüber werden eA als hauptsacheunabhängige, selbständige Verfahren (§ 51 Abs. 3 Satz 1) von der Aussetzung nicht erfasst.[6] 7

II. Aussetzung von Amts wegen (Absatz 1)

Nach § 136 Abs. 1 kann das Verfahren von Amts wegen ausgesetzt werden. Dies setzt voraus, dass nach der freien Überzeugung des Gerichts **konkrete Anhaltspunkte** vorliegen, dass Aussicht auf Fortsetzung der Ehe besteht.[7] Die praktische Bedeutung dieser Bestimmung ist verschwindend gering. Ihr Anwendungsbereich wird bereits dadurch stark eingeschränkt, dass der Scheidungsantrag abzuweisen und nicht das Verfahren auszusetzen ist, wenn das Gericht zu der Überzeugung gelangt, dass die Scheidungsvoraussetzungen (noch) nicht gegeben sind.[8] Es würde Sinn und Zweck der Vorschrift widersprechen, ein Scheidungsverfahren in der Schwebe zu halten, obwohl die Sache abweisungsreif ist.[9] Als Anwendungsfälle kommen damit nur äußerst seltene Konstellationen in Frage, in denen noch keine formelle Entscheidungsreife besteht oder die Zerrüttung nach § 1566 BGB zwar materiellrechtlich unwiderleglich vermutet wird, das Gericht aber gleichwohl eine realistische Chance zur Versöhnung sieht. Auch wenn es sich dem Wortlaut nach um eine Sollvorschrift handelt, besteht für das Gericht nach Sinn und Zweck der Vorschrift **kein Ermessen**, von einer Aussetzung abzusehen, wenn es davon überzeugt ist, dass Aussicht auf Fortsetzung der Ehe besteht.[10] 8

Eine Aussetzung des Verfahrens von Amts wegen ist nach § 136 Abs. 1 Satz 2 unzulässig, wenn beide Ehegatten **Widerspruch** gegen die Aussetzung einlegen und be- 9

---

1 Musielak/*Borth*, § 136 FamFG Rz. 9; Stein/Jonas/*Schlosser*, § 614 ZPO Rz. 17.
2 OLG Karlsruhe v. 10.2.1998 – 2 WF 162/67, FamRZ 1998, 1606; *Bergerfurth*, FamRZ 1966, 359f.; *Habscheid*, FamRZ 1967, 357 (365). AA OLG Düsseldorf v. 22.12.1965 – 8 W 103/65, FamRZ 1966, 358 (359).
3 OLG Karlsruhe v. 10.2.1998 – 2 WF 162/67, FamRZ 1998, 1606 (1607).
4 Vgl. OLG Köln v. 3.2.1995 – 25 UF 199/94, FamRZ 1995, 888 (889); Zöller/*Lorenz*, § 136 FamFG Rz. 10; MüKo.ZPO/*Heiter*, § 136 FamFG Rz. 22.
5 BGH v. 25.9.1968 – IV ZR 520/68, BGHZ 50, 397 (400); BGH v. 1.12.1976 – IV ZB 43/76, NJW 1977, 717 (718).
6 Zöller/*Lorenz*, § 136 FamFG Rz. 6; zum alten Recht vgl. OLG Schleswig v. 11.1.1950 – W 2/50, SchlHA 1950, 60 (61); OLG Celle v. 25.9.1967 – 7 W 30/67, MDR 1968, 243.
7 OLG Celle v. 27.8.1964 – 7 W 29/64, MDR 1965, 48; KG v. 4.12.1967 – 10 W 2243/67, FamRZ 1968, 167; OLG Düsseldorf v. 22.3.1978 – 3 WF 100/78, FamRZ 1978, 609.
8 MüKo.ZPO/*Heiter*, § 136 FamFG Rz. 9; Musielak/*Borth*, § 136 FamFG Rz. 5.
9 OLG Oldenburg v. 15.8.1968 – 6 W 81/68, NJW 1969, 101 (102) mwN; abzulehnen daher OLG Saarbrücken v. 25.6.2009 – 9 WF 61/09, FamRZ 2010, 394.
10 OLG Düsseldorf v. 22.3.1978 – 3 WF 100/78, FamRZ 1978, 609; Baumbach/*Hartmann*, § 136 FamFG Rz. 2; Musielak/*Borth* § 136 FamFG Rz. 5.

reits länger als ein Jahr getrennt leben. Der Widerspruch unterliegt als Verfahrenshandlung dem Anwaltszwang (§ 114 Abs. 1) und muss ausdrücklich erklärt werden.[1] Damit die Ehegatten sich erklären können, muss das Gericht ihnen vor seiner Entscheidung dagegen Gelegenheit zur Stellungnahme geben. Obwohl der Wortlaut der Vorschrift eher dagegen spricht, muss aus Achtung vor der privatautonomen Entscheidung der Beteiligten auch ein nachträglicher Widerspruch zur Beendigung der Aussetzung führen.

III. Aussetzung auf Antrag (Absatz 2)

10   Nach § 136 Abs. 2 darf das Gericht die Scheidung nicht aussprechen, bevor das Verfahren ausgesetzt war, soweit der Antragsteller die **Aussetzung des Verfahrens beantragt**. Grundsätzlich überprüft das Gericht dabei nicht die Zweckmäßigkeit der Aussetzung.[2] Doch ist der Antrag abzuweisen, wenn der Scheidungsantrag bereits abweisungsreif ist (Rz. 8)[3] oder sich der Aussetzungsantrag als **rechtsmissbräuchlich** darstellt, weil der Antragsteller zur Fortsetzung der Ehe gar nicht bereit ist.[4] Rechtsmissbrauch liegt vor allem dann vor, wenn es einem Ehegatten darum geht, durch die Aussetzung den Ablauf der bisher nicht eingehaltenen Trennungsfristen zu erzwingen.[5] Da die Aussetzung nach § 136 Abs. 2 vom Willen des Antragstellers abhängig ist, kommt die Vorschrift nicht zur Anwendung, wenn beide Beteiligten die Scheidung beantragen und nur einer die Aussetzung begehrt.[6] Der Antragsgegner, der der Scheidung lediglich zustimmt, sie jedoch nicht formell beantragt, ist gegen eine Aussetzung auf Antrag hingegen nicht geschützt.[7]

11   Der Antrag nach § 136 Abs. 2 unterliegt als **Verfahrenshandlung** dem Anwaltszwang (§ 114 Abs. 1).[8] Dass das Gericht hinsichtlich der Dauer der Aussetzung – im Rahmen von § 136 Abs. 3 – an einen Vorschlag des Antragstellers gebunden wäre, lässt sich dem Gesetz nicht entnehmen. Allerdings darf das Gericht, soweit nicht die Voraussetzungen des § 136 Abs. 1 vorliegen, nicht über eine beantragte Aussetzungsfrist hinausgehen („ne ultra petita"). Beantragt der Antragsteller die Aufhebung der Aussetzung, ist diesem Antrag zu entsprechen, da hierdurch nachträglich die Anordnungsvoraussetzungen entfallen.[9]

12   Kosten/Gebühren: Gericht: Die Entscheidung des Gerichts über die Aussetzung löst keine Kosten aus (§ 1 Satz 1 FamGKG). Das Verfahren bis zur Aussetzung und nach der Aussetzung bildet eine Einheit. RA: Das Verfahren bis zur Aussetzung und nach der Aussetzung ist eine Angelegenheit. Der RA kann die Gebühren nur einmal fordern (§ 15 Abs. 2 Satz 1 RVG).

137 Verbund von Scheidungs- und Folgesachen
(1) Über Scheidung und Folgesachen ist zusammen zu verhandeln und zu entscheiden (Verbund).

---

1 Musielak/*Borth*, § 136 FamFG Rz. 6.
2 Musielak/*Borth*, § 136 FamFG Rz. 7; Baumbach/*Hartmann*, § 136 FamFG Rz. 3; MüKo.ZPO/*Heiter*, § 614 ZPO Rz. 14.
3 Zöller/*Lorenz*, § 136 FamFG Rz. 3; Stein/Jonas/*Schlosser*, § 614 ZPO Rz. 8. Allerdings darf das Verfahren nicht fortgesetzt werden, um zu ermitteln, ob der Antrag abweisungsreif ist (BGH v. 1.12.1976 – IV ZB 43/76, NJW 1977, 717; aA OLG Oldenburg v. 13.8.1968 – 6 W 81/68, FamRZ 1968, 604).
4 OLG Bamberg v. 30.11.1983 – 2 W 233/83, FamRZ 1984, 897; OLG Schleswig v. 5.11.1990 – 15 UF 41/90, SchlHA 1991, 81 (82).
5 OLG Bamberg v. 30.11.1983 – 2 W 233/83, FamRZ 1984, 897.
6 Musielak/*Borth*, § 136 FamFG Rz. 7; Johannsen/Henrich/*Markwardt*, § 136 FamFG Rz. 4; aA MüKo.ZPO/*Heiter*, § 136 FamFG Rz. 15.
7 Johannsen/Henrich/*Markwardt*, § 136 FamFG Rz. 4; Musielak/*Borth*, § 136 FamFG Rz. 7; vgl. auch OLG Karlsruhe v. 10.2.1998 – 2 WF 162/67, FamRZ 1998, 1606 (1607).
8 Johannsen/Henrich/*Markwardt*, § 136 FamFG Rz. 4; Hoppenz/*Walter*, § 136 FamFG Rz. 3; aA MüKo.ZPO/*Heiter*, § 136 FamFG Rz. 13 unter Berufung auf § 248 Abs. 1 ZPO.
9 Zöller/*Lorenz*, § 136 FamFG Rz. 9; Thomas/Putzo/*Hüßtege*, § 136 FamFG Rz. 12; Stein/Jonas/*Schlosser*, § 614 ZPO Rz. 17.

(2) Folgesachen sind
1. Versorgungsausgleichssachen,
2. Unterhaltssachen, sofern sie die Unterhaltspflicht gegenüber einem gemeinschaftlichen Kind oder die durch Ehe begründete gesetzliche Unterhaltspflicht betreffen mit Ausnahme des vereinfachten Verfahrens über den Unterhalt Minderjähriger,
3. Ehewohnungs- und Haushaltssachen und
4. Güterrechtssachen,

wenn eine Entscheidung für den Fall der Scheidung zu treffen ist und die Familiensache spätestens zwei Wochen vor der mündlichen Verhandlung im ersten Rechtszug in der Scheidungssache von einem Ehegatten anhängig gemacht wird. Für den Versorgungsausgleich ist in den Fällen der §§ 6 bis 19 und 28 des Versorgungsausgleichsgesetzes kein Antrag notwendig.

(3) Folgesachen sind auch Kindschaftssachen, die die Übertragung oder Entziehung der elterlichen Sorge, das Umgangsrecht oder die Herausgabe eines gemeinschaftlichen Kindes der Ehegatten oder das Umgangsrecht eines Ehegatten mit dem Kind des anderen Ehegatten betreffen, wenn ein Ehegatte vor Schluss der mündlichen Verhandlung im ersten Rechtszug in der Scheidungssache die Einbeziehung in den Verbund beantragt, es sei denn, das Gericht hält die Einbeziehung aus Gründen des Kindeswohls nicht für sachgerecht.

(4) Im Fall der Verweisung oder Abgabe werden Verfahren, die die Voraussetzungen des Absatzes 2 oder des Absatzes 3 erfüllen, mit Anhängigkeit bei dem Gericht der Scheidungssache zu Folgesachen.

(5) Abgetrennte Folgesachen nach Absatz 2 bleiben Folgesachen; sind mehrere Folgesachen abgetrennt, besteht der Verbund auch unter ihnen fort. Folgesachen nach Absatz 3 werden nach der Abtrennung als selbständige Verfahren fortgeführt.

A. Überblick
  I. Systematik 1
  II. Entstehung 3
  III. Normzweck 5
B. Verhandlungs- und Entscheidungsverbund (Absatz 1) 6
  I. Verbund auslösende Scheidungssache . 8
  II. Anwendbare Verfahrensregeln 11
  III. Kostenerwägungen 17
  IV. Auflösung des Verbunds 20
  V. Internationale Verbundzuständigkeit . 23
C. Folgesachen 24
  I. Folgesachen kraft Gesetzes (Absatz 2) . 26
    1. Antragsabhängige Folgesachen ... 27
      a) Entscheidung für den Fall der Scheidung 28
        aa) Versorgungsausgleich (Satz 1 Nr. 1) 29

      bb) Unterhaltssachen (Satz 1 Nr. 2) 30
      cc) Ehewohnungs- und Haushaltssachen (Satz 1 Nr. 3) .. 36
      dd) Güterrechtssachen (Satz 1 Nr. 4) 37
      ee) Vorbereitende und ergänzende Verfahren 41
    b) Fristgerechter Antrag 47
    2. Von Amts wegen durchzuführender Versorgungsausgleich (Abs. 2 Satz 2) 54
  II. Kindschaftssachen als Folgesachen kraft Antrags (Absatz 3) 58
  III. Folgesachen bei Anwendbarkeit ausländischen Rechts 64
D. Verweisung oder Abgabe an Gericht der Scheidungssache (Absatz 4) 67
E. Behandlung abgetrennter Folgesachen (Absatz 5) 69

Literatur: *Büte*, Das Beschleunigungsgebot in Ehescheidungsverfahren – insbesondere die geheimnisvolle Frist des § 137 Abs. 2 FamFG, ZFE 2011, 253; *Finger*, Verspätet angebrachte Anträge für Folgesachen im Entscheidungsverbund nach § 137 FamFG, MDR 2010, 544; *Finger*, Verspätet angebrachte Anträge für Folgesachen im Entscheidungsverbund und § 137 II 1 FamFG, MDR 2011, 77; *Giers*, Verfahrensrechtliche Probleme bei Scheidungsfolgesachen gem. § 137 Abs. 2 FamFG, FamRB 2011, 287; *Hoppenz*, Die Frist für Folgesachenanträge, FPR 2011, 23; *Reinecke*, Die neuen Fristen in Verbundverfahren nach dem FamFG, FamFR 2011, 553; *Vießhues*, Entscheidung des BGH zu § 137 Abs. 2 Satz 2 FamFG – ein Ende der Verwirrung!, FF 2012, 291; *Vogel*, (Offene) Verfahrensfragen zum Verbund von Scheidungs- und Folgesachen, FPR 2012, 547.

A. Überblick

I. Systematik

1 Durch die Anordnung des sog. Verbunds stellt § 137 Abs. 1 sicher, dass **über die Scheidung nur zusammen mit bestimmten Familiensachen** verhandelt (Verhandlungsverbund) und entschieden (Entscheidungsverbund) werden kann. Aus diesem Grund besteht eine einheitliche Zuständigkeit des Gerichts der Scheidungssache für alle Folgesachen (Rz. 67). Außerdem werden Entscheidungen über Folgesachen nicht vor Rechtskraft des Scheidungsausspruchs wirksam (§ 148) und erledigen sich grundsätzlich mit Rücknahme des Scheidungsantrags (§ 141 Satz 1). Der Kreis der Folgesachen wird in § 137 Abs. 2 und 3 abschließend festgelegt. Eine Verbindung der Scheidungssache mit Verfahren, die keine Folgesachen und auch keine anderen Ehesachen (§ 126 Abs. 1) sind, ist unzulässig (§ 126 Abs. 2).

2 Beim Verbund handelt es sich um eine **besondere Form der Verfahrensverbindung**,[1] die sich von der normalen Prozessverbindung iSv. §§ 147, 260 ZPO dadurch unterscheidet, dass die miteinander verknüpften Verfahrensgegenstände trotz gemeinsamer Verhandlung und Entscheidung bis zu einem gewissen Grad selbständig bleiben, was sich insbesondere daran zeigt, dass unterschiedliche Verfahrensordnungen maßgeblich sind.[2] § 137 stellt damit eine Ausnahme von dem Grundsatz dar, dass Familiensachen nur miteinander verbunden werden können, wenn für sie die gleiche Prozessart zulässig ist (§ 111 Rz. 65). Gleichzeitig ermöglicht der Verbund unabhängig von §§ 257, 258 ZPO die **Geltendmachung zukünftiger Ansprüche**, die materiellrechtlich erst mit Rechtskraft der Scheidung entstehen, bereits im laufenden Scheidungsverfahren (zB nachehelicher Unterhalt, Versorgungs- und Zugewinnausgleich).

II. Entstehung

3 § 137 **entspricht inhaltlich** weitgehend dem durch die Scheidungsrechtsreform im Jahre 1977 (1. EheRG) eingeführten § 623 aF ZPO. Zwar zählen zum Kreis der von § 137 Abs. 2 erfassten Unterhalts- und Güterrechtssachen nunmehr auch die jeweiligen Verfahren der freiwilligen Gerichtsbarkeit (vgl. §§ 231 Abs. 2, 261 Abs. 2), doch wirkt sich dies im Ergebnis kaum aus, da in diesen Materien (mit Ausnahme der schon früher erfassten Verfahren nach §§ 1382, 1383 BGB) regelmäßig keine Entscheidungen „für den Fall der Scheidung" zu treffen sind.[3] Um eine übermäßige Verzögerung der Scheidung zu verhindern, wurden die sonstigen Familiensachen iSv. § 266, für die nunmehr auch die Familiengerichte zuständig sind, nicht in den Kreis der Folgesachen einbezogen.[4] Da diese Ansprüche materiellrechtlich idR unabhängig vom Scheidungsausspruch bestehen, kam eine Einordnung in den Katalog der Folgesachen nach § 137 Abs. 2, die einen Antrag „für den Fall der Scheidung" voraussetzen, nicht in Frage. Doch auch eine Gleichstellung mit den übrigen Folgesachen iSv. § 137 Abs. 3[5] erschien trotz der materiellrechtlichen Wechselwirkungen mit Ansprüchen auf Unterhalt und Zugewinnausgleich nicht erforderlich, da sonstige Familiensachen für die aktuelle Lebenssituation des Berechtigten typischerweise keine ausschlaggebende Bedeutung besitzen.

4 Im Unterschied zu § 623 Abs. 2 und Abs. 3 aF ZPO werden **Sorge- und Umgangsrechtssachen nicht mehr automatisch** in den Verbund einbezogen, sondern nur noch auf gesonderten Antrag, es sei denn, dass das Gericht die Einbeziehung aus Gründen des Kindeswohls nicht für sachdienlich hält (§ 137 Abs. 3).

---

1 *Diederichsen*, NJW 1977, 649 (652).
2 Zöller/*Lorenz*, § 137 FamFG Rz. 1; Stein/Jonas/*Schlosser*, § 623 ZPO Rz. 1; vgl. auch OLG Düsseldorf v. 7.10.1985 – 10 WF 192/85, JurBüro 1986, 299.
3 BT-Drucks. 16/6308, S. 230 (zu § 140); vgl. Rz. 35.
4 BT-Drucks. 16/6308, S. 230.
5 So die Anregung von *Heiter*, unten § 266 Rz. 5 f.

III. Normzweck

In erster Linie ist der Verbund ein **sinnvolles Instrument**, um Verfahren in Familiensachen zwischen denselben Ehegatten beim Gericht der Scheidungssache bündeln und Regelungen für die Zeit nach der Scheidung bereits während eines laufenden Scheidungsverfahrens treffen zu können. Auf diese Weise haben die Ehegatten die Möglichkeit, eine abschließende und aufeinander abgestimmte Regelung der Scheidungsfolgen herbeizuführen.[1] Ob von dieser **Schutzfunktion der Vorschrift** Gebrauch gemacht wird, liegt allerdings weitgehend in den Händen der Beteiligten, denn eine Entscheidung von Amts wegen ist allein über den Versorgungsausgleich zu treffen (§ 137 Abs. 2 Satz 2). Bei pragmatischer Sicht der Dinge ist außerdem hervorzuheben, dass in einer nicht unerheblichen Zahl von Fällen die Hinauszögerung des Scheidungsausspruchs als mehr oder weniger sanftes Druckmittel eingesetzt werden kann, um den scheidungswilligen Ehegatten auch als Schuldner etwa eines Zugewinnausgleichs oder Unterhaltsanspruchs zu einer ordungsgemäßen Mitwirkung am Verfahren zu bewegen.[2] Ob sich der Verbund demgegenüber auch wegen seiner teilweise hervorgehobenen **Warnfunktion**[3] rechtfertigen lässt, weil er übereilten Scheidungen vorbeuge, indem er den Beteiligten deren Folgen vor Augen führe, muss bezweifelt werden. Zwar stellen materiellrechtliche und verfahrensrechtliche Hürden sinnvolle ehestabilisierende Faktoren dar, doch dürften neben der Einhaltung der Trennungsfristen und dem Erfordernis, ein dem Anwaltszwang unterliegendes Scheidungsverfahren durchlaufen zu müssen, die Verbundregeln in dieser Hinsicht keinen weiter gehenden Beitrag leisten.[4]

B. Verhandlungs- und Entscheidungsverbund (Absatz 1)

§ 137 Abs. 1 enthält eine **Legaldefinition des Verbundprinzips:** Danach hat das FamG über alle Folgesachen gleichzeitig und zusammen mit der Scheidungssache zu verhandeln und, sofern dem Scheidungsantrag stattzugeben ist, durch einheitlichen Beschluss zu entscheiden (§ 142 Abs. 1 Satz 1). Dass der Verbund grundsätzlich auch zwischen den Folgesachen untereinander und nicht nur im Verhältnis zur Scheidungssache besteht, zeigt § 137 Abs. 5 Satz 1, 2. Halbs. In der Rechtsmittelinstanz setzt sich der Verbund fort (§§ 68 Abs. 3 Satz 1, 74 Abs. 4), und zwar auch dann, wenn nur Folgesachen – und nicht auch die Scheidungssache – anhängig sind (§ 137 Abs. 5 Satz 1, 2. Halbs.).[5] Der Verbund kann nur eintreten, wenn Scheidungs- und Folgesache **beim selben Gericht anhängig** sind. Zur Herstellung des Verbunds durch Verweisung oder Abgabe s. Abs. 4.

Verstößt das FamG gegen seine Pflicht zur gemeinsamen Entscheidung, ohne dass die Voraussetzungen für eine Auflösung des Verbunds gegeben wären, liegt eine unzulässige Teilentscheidung iSv. § 117 Abs. 2 Satz 1 FamFG iVm. § 538 Abs. 2 Satz 1 Nr. 7 ZPO vor, die idR zur Aufhebung und Zurückverweisung an das FamG führt (vgl. im Einzelnen § 117 Rz. 14 f.).[6] Hat das OLG eine an sich gebotene Zurückverweisung an die erste Instanz unterlassen, so ist dies vom BGH im Rechtsbeschwerdeverfahren nachzuholen.[7]

---

1 Begr. RegE 1. EheRG, BT-Drucks. 7/650, S. 85 f.; BT-Drucks. 16/6308, S. 229.
2 Vgl. Wieczorek/Schütze/*Kemper*, § 623 ZPO Rz. 2; MüKo.ZPO/*Finger*, § 628 ZPO Rz. 2.
3 Begr. RegE 1. EheRG, BT-Drucks. 7/650, S. 85 f.; BT-Drucks. 16/6308, S. 229; dieser Aspekt wird in Rspr. und Literatur vielfach aufgegriffen, vgl. nur BGH v. 9.2.1983 – IVb ZR 361/81, FamRZ 1983, 461 (462) und Musielak/*Borth*, § 137 FamFG Rz. 1.
4 Vgl. Schulte-Bunert/Weinreich/*Schröder*, § 137 FamFG Rz. 2; sehr krit. insofern MüKo.ZPO/*Finger*, § 623 ZPO Rz. 1.
5 OLG Zweibrücken v. 3.6.1997 – 5 UF 68/96, FamRZ 1997, 1231; OLG Oldenburg v. 26.9.1979 – 11 UF 97/79, FamRZ 1980, 71 (72); § 117 Rz. 58.
6 OLG Zweibrücken v. 19.10.2011 – 2 UF 96/11, FamRZ 2012, 471 (472); OLG Bamberg v. 26.10.2010 – 2 UF 180/10, juris; OLG Jena v. 26.2.2009 – 1 UF 7/08, FamRZ 2009, 1508 (1509); OLG Brandenburg v. 28.7.2011 – 9 UF 32/11, FamRZ 2012, 56; OLG Oldenburg v. 16.12.2011 – 11 UF 168/11, FamRZ 2012, 656 (657); OLG Hamm v. 17.10.2011 – II 6 UF 144/11, FamRZ 2012, 655 (656).
7 BGH v. 27.3.1996 – XII ZR 83/95, FamRZ 1996, 1070 (1071).

I. Verbund auslösende Scheidungssache

8 In Scheidungsverfahren greift der Verbund selbst dann, wenn eine Härtefallscheidung nach § 1565 Abs. 2 BGB begehrt wird.[1] Demgegenüber ist § 137 nach Wortlaut und systematischer Stellung auf **andere Ehesachen** iSv. § 121 nicht anwendbar.[2] Wird neben einem Antrag auf Aufhebung der Ehe hilfsweise Scheidung beantragt, wird auch die Scheidungssache sogleich anhängig (§ 123 Rz. 5 aE), doch tritt wegen § 126 Abs. 3 zunächst nur ein vorläufiger Verhandlungsverbund ein.[3] Zu einem Entscheidungsverbund kommt es erst dann, wenn die Erfolgsaussichten des Hauptantrags verneint wurden und in die sachliche Behandlung des Scheidungsantrags eingetreten wurde. Sinnvollerweise sollte daher auch erst ab diesem Zeitpunkt über die Folgesachen verhandelt werden.[4] Wird die Ehe auf den Hauptantrag aufgehoben, so werden die (Scheidungs-)Folgesachen gem. § 142 Abs. 2 analog gegenstandslos.[5] Bei Anwendbarkeit **ausländischen Scheidungsrechts** kommt es nicht darauf an, ob das fremde Sach- oder Verfahrensrecht eine dem deutschen Verbund entsprechende Regelung kennt.[6]

9 Auf **scheidungsähnliche Verfahren nach ausländischem Recht** wie die Trennung von Tisch und Bett findet § 137 nach zutreffender, wenn auch bestrittener Ansicht entsprechende Anwendung, da sie als Vorstufe oder manchmal auch Alternative zur Scheidung anzusehen sind (§ 121 Rz. 13).[7] Dass die Betroffenen noch nicht die Möglichkeit zur Wiederheirat erlangen, kann für die Anwendbarkeit der §§ 137 ff. keine Rolle spielen.[8] Auch hier kommt es grundsätzlich nicht darauf an, ob das ausländische Recht für diese Verfahren eine dem deutschen Verbund vergleichbare Regelung kennt.[9] Als Folgesachen kommen allerdings nur Verfahrensgegenstände in Frage, die materiellrechtlich an die Trennung (und nicht die Scheidung) anknüpfen.[10]

---

1 OLG Karlsruhe v. 16.5.1994 – 5 WF 58/94, FamRZ 1994, 1399; Johannsen/Henrich/*Markwardt*, § 137 FamFG Rz. 3.
2 BGH v. 12.10.1988 – IVb ZB 73/86, FamRZ 1989, 153 (154); BGH v. 31.3.1982 – IVb ZB 743/81, FamRZ 1982, 586.
3 MüKo.ZPO/*Finger*, § 623 ZPO Rz. 3; Baumbach/*Hartmann*, § 137 FamFG Rz. 1; *Bergerfurth*, FamRZ 1976, 581 (582). AA OLG Stuttgart v. 4.2.1980 – 17 WF 361/79 ES, FamRZ 1981, 579; Musielak/*Borth*, § 137 FamFG Rz. 6 (Verfahrensverbund erst ab sachlicher Behandlung des Scheidungsantrags).
4 Zöller/*Lorenz*, § 137 FamFG Rz. 4; Stein/Jonas/*Schlosser*, § 623 ZPO Rz. 2; vgl. auch MüKo.ZPO/*Heiter*, § 137 FamFG Rz. 13.
5 Zöller/*Lorenz*, § 137 FamFG Rz. 4. AA Stein/Jonas/*Schlosser*, § 629 ZPO Rz. 1 und *Bergerfurth*, FamRZ 1976, 581 (582) (Folgesachen bleiben als selbständige Familiensachen automatisch rechtshängig).
6 Musielak/*Borth*, § 137 FamFG Rz. 5; Wieczorek/Schütze/*Kemper*, § 623 ZPO Rz. 6; *Roth*, ZZP 103 (1990), 5 (17f.).
7 **Italien:** OLG Karlsruhe v. 12.1.1999 – 2 WF 129/98, FamRZ 1999, 1680; OLG Karlsruhe v. 21.3.1991 – 2 UF 45/90, FamRZ 1991, 1308 (1309); OLG Frankfurt v. 26.11.1993 – 1 UF 139/93, FamRZ 1994, 715; OLG Frankfurt v. 19.11.1982 – 3 UF 200/81, IPRax 1981, 193 m. Anm. *Jayme*; OLG Düsseldorf v. 15.10.1980 – 6 WF 70/80, FamRZ 1981, 146 (148); OLG Stuttgart v. 8.1.1988 – 17 UF 187/87, Die Justiz 1988, 131; OLG Stuttgart v. 28.2.1984 – 17 UF 372/83, DAVorm. 1984, 1066 (1067); OLG Hamm v. 11.6.1981 – WF 426/80, NJW 1981, 2648 (2649); Saarländisches OLG v. 19.2.1997 – 6 UF 144/96, OLGReport Koblenz 1997, 27f.; **Spanien:** AG Rüsselsheim v. 17.9.1985 – 7 F 361/84, FamRZ 1986, 185 (186f.). AA OLG München v. 19.10.1992 – 11 WF 951/92, FamRZ 1993, 459 (460); OLG Frankfurt v. 8.8.1994 – 6 WF 119/94, FamRZ 1995, 375 f.; OLG Frankfurt v. 18.1.1985 – 1 UF 126/84, FamRZ 1985, 619 (620); OLG Bremen v. 16.12.1982 – 5 WF 183/82b, IPrax 1985, 46 m. Anm. *Jayme*; OLG Koblenz v. 15.1.1980 – 15 WF 875/79, FamRZ 1980, 713 f.
8 MüKo.ZPO/*Finger*, § 623 ZPO Rz. 6; *Gottwald*, FS Nakamura 1996, S. 191; Staudinger/*Spellenberg*, § 606a ZPO Rz. 250f. (zu § 621 Abs. 2 aF ZPO).
9 Staudinger/*Spellenberg*, § 606a ZPO Rz. 250f. (zu § 621 Abs. 2 aF ZPO); *Gottwald*, FS Nakamura 1996, S. 191; aA offenbar OLG Karlsruhe v. 12.1.1999 – 2 WF 129/98, FamRZ 1999, 1680 und Musielak/*Borth*, § 137 FamFG Rz. 5.
10 OLG Karlsruhe v. 12.1.1999 – 2 WF 129/98, FamRZ 1999, 1680; Musielak/*Borth*, § 137 FamFG Rz. 5.

Damit ist ein Versorgungsausgleich nach deutschem Recht nicht durchzuführen, da er erst durch die Rechtshängigkeit des Scheidungsantrags ausgelöst wird.[1]

Nach § 270 Abs. 1 Satz 1 gelten die Verbundprinzipien auch für Verfahren auf Aufhebung der **Lebenspartnerschaft** (§ 269 Abs. 1 Nr. 1) entsprechend.

II. Anwendbare Verfahrensregeln

Die durch § 137 verbundenen Verfahren bleiben grundsätzlich selbständige Angelegenheiten, die nach ihren **jeweils eigenen Verfahrensregeln** zu behandeln sind, die auch dann anwendbar wären, wenn sie als isolierte Familiensachen außerhalb des Verbunds geführt würden: Im Unterschied zu den Folgesachen der freiwilligen Gerichtsbarkeit gilt demnach für die Scheidungssache und die Familienstreitsachen das übliche Zusammenspiel von FamFG- und ZPO-Vorschriften (vor allem nach § 113 Abs. 1 Satz 1 und 2). Ausnahmen können sich aus besonderen gesetzlichen Bestimmungen oder aus dem Zwang zur einheitlichen Verhandlung und Entscheidung ergeben.[2]

Nach § 114 Abs. 1 und 2 besteht für Ehegatten in allen Instanzen einheitlich **Anwaltszwang**, somit auch für die Folgesachen der freiwilligen Gerichtsbarkeit. Für andere Beteiligte in Folgesachen der fG gilt dies nur vor dem BGH (§ 114 Abs. 2), doch können sich Behörden (zB Jugendämter) und juristische Personen des öffentlichen Rechts (zB Träger der gesetzlichen Rentenversicherung) auch dort selbst vertreten (§ 114 Abs. 3). Nach § 114 Abs. 5 Satz 2 erstreckt sich die Vollmacht für die Scheidungssache auch auf die Folgesachen. Verhandlungen in Familiensachen sind nach § 170 Abs. 1 Satz 1 GVG generell **nicht öffentlich**. Die Öffentlichkeit kann zugelassen werden, jedoch nicht gegen den Willen eines Beteiligten (§ 170 Abs. 1 Satz 2 GVG).[3] Wie § 173 Abs. 1 GVG seit dem 1.1.2013 klarstellt,[4] ist für die Verkündung von Endentscheidungen in Ehesachen und Familienstreitsachen grundsätzlich (vgl. § 173 Abs. 2 GVG) die Öffentlichkeit herzustellen.

Da über alle Verfahrensgegenstände stets gemeinsam zu verhandeln ist, muss auch in den Folgesachen der freiwilligen Gerichtsbarkeit **mündlich verhandelt** werden. Die entsprechenden Vorschriften der Zivilprozessordnung, welche unmittelbar nur für die Scheidungssache und die Unterhalts- und Güterrechtsfolgesache gelten (§ 113 Abs. 1 Satz 2 FamFG iVm. §§ 128, 136 Abs. 4, 137 ZPO), setzen sich insofern gegenüber den Grundsätzen der freiwilligen Gerichtsbarkeit durch, die keine obligatorische mündliche Verhandlung kennt (§ 32 Abs. 1). Ist beispielsweise das Verbundverfahren nach Durchführung einer mündlichen Verhandlung grundsätzlich entscheidungsreif, müssen aber in der Folgesache „elterliche Sorge" die Kinder noch angehört werden, reicht es nicht aus, wenn das Gericht den Beteiligten Gelegenheit zur schriftlichen Stellungnahme gibt, vielmehr muss (soweit nicht die Voraussetzungen des § 128 Abs. 2 ZPO vorliegen) erneut mündlich verhandelt werden (vgl. § 136 Abs. 4 ZPO). Da auf Ehesachen gem. § 113 Abs. 4 Nr. 3 die Vorschriften über das schriftliche Vorverfahren nicht anwendbar sind, kann wegen des Zwangs zur gemeinsamen Verhandlung auch für Familienstreitsachen, die Folgesachen sind, das schriftliche Vorverfahren nicht gewählt werden.[5] Zur Zurückweisung verspäteten Vorbringens vgl. § 115 Rz. 8 ff. Wird eine einzelne Folgesache nach § 21 oder § 113 Abs. 1 Satz 2 FamFG iVm. §§ 148 ff. ZPO **ausgesetzt**, ohne vorher abgetrennt worden zu sein, wird das gesamte Verbundverfahren erfasst.[6]

---

1 BGH v. 23.2.1994 – XII ZB 39/93, FamRZ 1994, 825 (826); *Henrich*, Internationales Familienrecht, S. 147.
2 OLG Schleswig v. 13.1.1992 – 15 UF 22/90, FamRZ 1992, 839.
3 Zur Einschränkung des Widerspruchsrechts im Lichte von Art. 6 Abs. 1 EMRK *Lipp*, FPR 2011, 37 (39).
4 Art. 3 des Gesetzes zur Einführung einer Rechtsbehelfsbelehrung im Zivilprozess und zur Änderung anderer Vorschriften vom 5.12.2012, BGBl. I, S. 2418.
5 Stein/Jonas/*Schlosser*, § 624 ZPO Rz. 14; aA *Gerhards*, NJW 2010, 1697 (1700).
6 OLG München v. 17.1.1996 – 12 WF 510/96, FamRZ 1996, 950 (951); OLG Oldenburg v. 26.9.1979 – 11 UF 97/79, FamRZ 1980, 71 (72).

14 Was die **Sammlung des Tatsachenstoffes** anbelangt, bleibt es demgegenüber dabei, dass für Unterhalts- und Güterrechtsfolgesachen die Verhandlungsmaxime gilt, während für Folgesachen der fG der Amtsermittlungsgrundsatz greift (§ 26).[1] Soweit es hierdurch zu gewissen Friktionen kommt, muss der Richter versuchen, eine Klärung herbeizuführen, so etwa wenn von Amts wegen ermittelte Tatsachen geeignet wären, einen lückenhaften Vortrag in einer Unterhalts- oder Güterrechtsfolgesache zu ergänzen, oder hierzu im Widerspruch stehen (§ 139 ZPO).[2] Lassen sich die Unstimmigkeiten nicht beseitigen, ist es in letzter Konsequenz möglich, Tatsachen, die in einer Folgesache der fG von Amts wegen ermittelt wurden, auch in den Familienstreitsachen zu verwerten, sofern sie insoweit Relevanz besitzen (§ 291 ZPO).[3] Darüber hinaus behalten aber etwa auch die unterschiedlichen Regeln über die **Verfahrenseinleitung** (s. Rz. 49) sowie die **Disposition** über den Verfahrensgegenstand ihre jeweilige Gültigkeit.

15 Während sich normalerweise die **Beteiligung Dritter** auf das Verfahren nicht auswirkt, sind Unterhalts- und Güterrechtsfolgesachen gem. § 140 Abs. 1 automatisch abzutrennen, wenn außer den Ehegatten eine weitere Person Beteiligter des Verfahrens ist (für Beispiele s. § 140 Rz. 8). In Unterhalts- und Güterrechtsfolgesachen sind **Teilklageanträge** nach allgemeinen Regeln zulässig.[4]

16 Da die Verfahrensrollen in den einzelnen Verbundsachen wechseln können, ist es üblich, die **Bezeichnung** als Antragsteller bzw. Antragsgegner im gesamten Verfahren danach auszurichten, wer in der Scheidungssache den (ersten) Antrag gestellt hat.

III. Kostenerwägungen

17 Unter **kostenrechtlichen** Gesichtspunkten muss einerseits bedacht werden, dass durch die Geltendmachung im Verbund die Gebührendegression ausgenutzt werden kann, weil hier die Gebühren nach dem zusammengerechneten Wert der jeweiligen Gegenstände zu berechnen sind (vgl. Rz. 73).[5] Auf der anderen Seite werden die Kosten des Verbundverfahrens nach § 150 Abs. 1 idR gegeneinander aufgehoben, während bei isolierter Geltendmachung in Familienstreitsachen der obsiegende Ehegatte gem. § 91 ZPO iVm. § 113 Abs. 1 Satz 2 FamFG einen Kostenerstattungsanspruch erlangt (demgegenüber ist über die Kosten in Familiensachen der fG gem. § 81 Abs. 1 Satz 1 und 3 nach billigem Ermessen zu entscheiden, wobei die Gerichtskosten idR geteilt werden und von der Anordnung einer Erstattung außergerichtlicher Kosten meist abgesehen wird [§ 81 Rz. 12f.]).

18 Vor diesem Hintergrund wurde früher die Auffassung vertreten, dass **Verfahrenskostenhilfe** vor allem für die isolierte Geltendmachung von Unterhalts- und Zugewinnausgleichsansprüchen aufgrund der insgesamt höheren Kosten regelmäßig verweigert werden müsse. Der BGH ist dieser Ansicht entgegengetreten und hat hervorgehoben, dass aus der – insofern maßgeblichen – Perspektive der einzelnen Beteiligten ein Vorgehen außerhalb des Verbunds wegen der im Falle des Obsiegens günstigeren Kostenentscheidung, von der im Übrigen auch die Staatskasse profitieren könne (§ 24 Nr. 1 FamGKG, § 59 Abs. 1 RVG), nicht als mutwillig angesehen werden darf.[6] Noch nicht geklärt ist, ob diese Rechtsprechung auch auf Folgesachen der fG übertragbar ist. Zwar ist zuzugeben, dass hier die isolierte Geltendmachung idR

---

1 *Kemper*, in: Kemper/Schreiber, § 137 FamFG Rz. 57; Johannsen/Henrich/*Markwardt*, § 137 FamFG Rz. 23; Schwab/*Streicher*, Rz. I 351.
2 Johannsen/Henrich/*Markwardt*, § 137 FamFG Rz. 23; Schwab/*Streicher*, Rz. I 352.
3 KG v. 5.6.1978 – 18 UF 422/77, FamRZ 1978, 609 (610); Musielak/*Borth*, § 137 FamFG Rz. 39; *Diederichsen*, ZZP 98 (1978), 397 (420f.). AA Wieczorek/Schütze/*Kemper*, § 623 ZPO Rz. 45 (vgl. aber nun *Kemper*, in: Kemper/Schreiber, § 137 FamFG Rz. 57); Johannsen/Henrich/*Markwardt*, § 137 FamFG Rz. 23.
4 MüKo.ZPO/*Heiter*, § 137 FamFG Rz. 31; *Gottwald*, FamRZ 2002, 1266; aA AG Groß-Gerau v. 20.3.2002 – 71 F 530/99 S, FamRZ 2002, 1265f.; MüKo.ZPO/*Finger*, § 623 ZPO Rz. 33.
5 Berechnungsbeispiele bei *Schöppe-Fredenburg/Schwolow*, FuR 1998, 9.
6 BGH v. 10.3.2005 – XII ZB 20/04, FamRZ 2005, 786 (787) mwN; OLG Karlsruhe v. 21.4.2004 – 20 WF 43/03, FamRZ 2005, 1099 (1100).

nicht zu einer günstigeren Kostenverteilung führt,[1] doch hat der BGH seine Entscheidung zusätzlich damit begründet, dass Art. 3 GG iVm. dem Rechtsstaatsprinzip eine weitgehende Angleichung der Situation von Bemittelten und Unbemittelten bei der Verwirklichung des Rechtsschutzes gebiete.[2] Für die verbundfähigen Kindschaftssachen kommt hinzu, dass diese nach § 137 Abs. 3 nicht mehr automatisch, sondern nur nach vorheriger Kindeswohlprüfung und auf speziellen Antrag in den Verbund einbezogen werden. Dieser Konzeption liegt die Wertung zugrunde, dass eine Koppelung der entsprechenden Verfahren an den Scheidungsverbund oftmals nicht sachdienlich ist (Rz. 63). Daher wird man zumindest in Kindschaftssachen eine isolierte Antragstellung in aller Regel nicht als mutwillig bewerten dürfen, soweit nicht (etwa bei einverständlicher Übertragung des Sorgerechts) eine Regelung im Verbund ohne Zeitverzögerung möglich gewesen wäre.[3]

Bei der Entscheidung, ob ein Verfahren innerhalb oder außerhalb des Verbunds geführt wird, sollte außerdem berücksichtigt werden, dass ein **Anspruch auf Verfahrenskostenvorschuss** gem. §§ 1361 Abs. 4 Satz 4, 1360a Abs. 4 Satz 1 BGB nach rechtskräftiger Scheidung nicht mehr besteht[4] und es im VKH-Verfahren als mutwillig angesehen werden könnte, wenn dieser Behelf nicht genutzt wurde.[5] Ausreichend ist es allerdings, den Verpflichteten rechtzeitig durch Mahnung in Verzug zu setzen, weil der entsprechende Betrag dann als Verzugsschadensersatz geltend gemacht werden kann.[6]

19

IV. Auflösung des Verbunds

§ 137 Abs. 1 ist eine zwingende Vorschrift und steht nicht zur Disposition der Beteiligten, so dass gem. § 113 Abs. 1 Satz 2 FamFG iVm. § 295 Abs. 2 ZPO auch ein Rügeverlust nicht in Frage kommt.[7] Soll dem Scheidungsantrag vorab stattgegeben werden, muss die Folgesache entweder **abgetrennt** werden, was nur unter den Voraussetzungen des § 140 möglich ist, oder sie muss, soweit es sich nicht um ein Verfahren handelt, das von Amts wegen im Verbund durchzuführen ist (§ 137 Abs. 2 Satz 2), durch **Rücknahme**[8] (§ 113 Abs. 1 Satz 2 FamFG iVm. § 269 ZPO bzw. § 22 FamFG) oder wegen **Erledigung**[9] aus dem Verbund gelöst werden. Stimmt der Antragsgegner einer Erledigungserklärung nicht zu, ist der Streit über den Eintritt der Erledigung nicht mehr Bestandteil des Verbundverfahrens, denn aufgrund der in der Erledigungserklärung liegenden Antragsänderung wird keine Entscheidung mehr für den Fall der Scheidung begehrt.[10] Zur Kostenentscheidung in diesen Fällen s. § 150 Rz. 10.

20

Da zu den Folgesachen iSv. § 137 Abs. 2 Satz 1 nur solche Anträge zählen, die für den Fall der Scheidung der Ehe gestellt werden (Rz. 27 f.), kann ein Verfahrensgegenstand auch dadurch aus dem Verbund herausgelöst werden, dass im Wege der **Antragsänderung** von einem bedingten zu einem unbedingten Antrag übergegangen

21

---

1 Hierauf hat sich OLG Karlsruhe v. 10.10.2005 – 5 WF 175/05, FamRZ 2006, 494 berufen.
2 BGH v. 10.3.2005 – XII ZB 20/04, FamRZ 2005, 786 (788). Gegen unterschiedliche Behandlung daher auch OLG Naumburg v. 20.1.2009 – 4 WF 89/08, FamRZ 2009, 1423; Musielak/*Borth*, § 76 FamFG Rz. 19, § 137 FamFG Rz. 4 und 25; vgl. auch Zöller/*Geimer*, § 76 FamFG Rz. 44.
3 OLG Karlsruhe v. 10.10.2005 – 5 WF 175/05, FamRZ 2006, 494; MüKo.ZPO/*Motzer*, § 114 ZPO Rz. 102.
4 Palandt/*Brudermüller*, § 1360a BGB Rz. 10 mwN.
5 OLG München v. 6.4.1995 – 16 WF 587/95, OLGReport 1995, 212 (213) (allerdings nur ergänzender Gesichtspunkt zu – überholtem – Hauptargument der Verbundpflicht); *Weisbrodt*, FF 2003, 237 mwN; AG Detmold v. 17.12.1986 – 16 F 309/86, FamRZ 1987, 1061 f.; aA OLG München v. 18.7.1997 – 12 WF 972/97, FamRZ 1997, 1542.
6 Palandt/*Brudermüller*, § 1360a BGB Rz. 16; *Viefhues*, FamRZ 2005, 881; *Weisbrodt*, FF 2003, 237 f.
7 BGH v. 9.1.1991 – XII ZR 14/90, FamRZ 1991, 687 f.; OLG Schleswig v. 1.7.1991 – 15 UF 174/90, FamRZ 1992, 198; Johannsen/Henrich/*Markwardt*, § 137 FamFG Rz. 17.
8 BGH v. 9.1.1991 – XII ZR 14/90, FamRZ 1991, 687 (688); Musielak/*Borth*, § 137 FamFG Rz. 25 und 48.
9 OLG Zweibrücken v. 19.11.1996 – 5 UF 138/95, FamRZ 1997, 504 (505).
10 OLG Zweibrücken v. 19.11.1996 – 5 UF 138/95, FamRZ 1997, 504 (505).

wird (zB Antrag auf vorzeitigen Zugewinnausgleich oder sofortige Zahlung von Kindesunterhalt).[1] In Familienstreitsachen ist Voraussetzung, dass die andere Seite in die Antragsänderung einwilligt oder das Gericht sie für sachdienlich erachtet (§ 263 ZPO). Ist ein Antrag in einer Folgesache ohnehin schon abweisungsreif, ist eine Herauslösung aus dem Verbund durch Umstellung auf ein unbedingtes Begehren nicht sachdienlich.[2] Demgegenüber wird der Verbund nicht automatisch dadurch aufgelöst, dass in einer bereits anhängigen antragsabhängigen Folgesache (zB Kindesunterhalt) in der letzten mündlichen Verhandlung **kein Antrag gestellt** wird. Soweit über die Folgesache nicht im Wege eines Versäumnisbeschlusses oder durch Entscheidung nach Lage der Akten entschieden werden kann (§ 142 Abs. 2 Satz 2), darf auch in der Ehesache kein Beschluss ergehen.[3] Zu den Rechtsfolgen bei Verletzung des Verbunds s. Rz. 7.

22 Folgesachen werden **gegenstandslos**, wenn der Scheidungsantrag abgewiesen (§ 142 Abs. 2 Satz 1) oder zurückgenommen (§ 141 Satz 1) wird oder sich die Scheidungssache auf sonstige Weise erledigt, etwa durch Tod (§ 131).

V. Internationale Verbundzuständigkeit

23 Zur **internationalen Zuständigkeit** des Gerichts der Scheidungssache für Folgesachen nach § 98 Abs. 2 s. § 98 Rz. 39 ff.; speziell zu Kindschaftssachen s. § 99 Rz. 32, zu Versorgungsausgleichssachen s. § 102 Rz. 6, zu Unterhaltssachen § 98 Rz. 46 und zu Ehewohnungs- und Haushaltssachen § 105 Rz. 11.

C. Folgesachen

24 § 137 Abs. 2 und 3 legen den Kreis der verbundfähigen Familiensachen fest. Hierbei ist zu unterscheiden zwischen den **Folgesachen „kraft Gesetzes"** (Abs. 2), die bei Rechtshängigkeit eines Scheidungsantrags automatisch in den Verbund fallen, und den **Folgesachen „kraft Antrags"** (Abs. 3), die nur aufgrund eines besonderen (Verfahrens-)Antrags in den Verbund einbezogen werden. Innerhalb der beiden Fallgruppen bleibt die nach früherem Recht allein relevante Unterscheidung zwischen **antragsabhängigen und Amtsverfahren** relevant. Allerdings bezieht sich das hiermit angesprochene Antragserfordernis nicht auf die Einbeziehung in den Verbund, sondern die allgemeine Frage, ob die Initiative zur Verfahrenseinleitung von den Beteiligten oder dem Gericht ausgeht.

25 Ein Teil der Folgesachen betrifft Rechtsfolgen, die erst durch die rechtskräftige Scheidung ausgelöst werden (Versorgungsausgleich, Nachehelichenunterhalt, Zugewinnausgleich), andere Folgesachen sind demgegenüber materiellrechtlich nicht zwingend **mit der Scheidung verknüpft** (Kindesunterhalt, Umgang und Sorge). Während für die erste Gruppe vor Rechtskraft der Scheidung eine selbständige Geltendmachung außerhalb des Verbunds nicht in Frage kommt, kann der Antragsteller bezüglich der zweiten Gruppe grundsätzlich frei wählen, ob er die Sache im Verbund oder selbständig verfolgt. Erfüllt ein „Verbundantrag" die Voraussetzungen des § 137 Abs. 2 und 3 nicht, ist er nicht als unzulässig abzuweisen, sondern gem. § 145 ZPO **abzutrennen** und als selbständige Familiensache zu behandeln.[4] Zu den Konsequenzen einer fehlerhaften Einordnung s. Rz. 7.

---

1 OLG Düsseldorf v. 4.2.2002 – 2 UF 211/01, FamRZ 2002, 1572 m. Anm. *Leidinger*; *Philippi*, FamRZ 1991, 1426 (jeweils auch zu den [Kosten-]Risiken); MüKo.ZPO/*Heiter*, § 137 FamFG Rz. 88; aA offenbar Musielak/*Borth*, § 137 FamFG Rz. 48 (würde dem „allgemeinen Verbundgedanken widersprechen").
2 *Philippi*, FamRZ 1991, 1426.
3 OLG Nürnberg v. 8.7.2004 – 7 UF 1224/04, FamRZ 2005, 1497 (1498); OLG Hamm v. 27.8.1998 – 4 UF 81/98, FamRZ 1999, 520.
4 BGH v. 19.3.1997 – XII ZR 277/95, FamRZ 1997, 811 (812); OLG Karlsruhe v. 13.11.2006 – 16 WF 163/06, FamRZ 2007, 838 (839); OLG Hamm v. 1.9.1993 – 5 UF 146/92, FamRZ 1994, 773.

I. Folgesachen kraft Gesetzes (Absatz 2)

§ 137 Abs. 2 Satz 1 enthält einen Katalog der „automatischen" Folgesachen, die kraft Gesetzes zum Verbund gehören. Insgesamt geht es um Verfahren, die das Verhältnis der Ehegatten zueinander betreffen. Zur Abtrennung, wenn in einer Unterhalts- oder Güterrechtsfolgesache ein Dritter Verfahrensbeteiligter wird, s. § 140 Abs. 1.

1. Antragsabhängige Folgesachen

Ein Folgesachenantrag kann frühestens zusammen mit dem Scheidungsantrag eingereicht werden; bis wann er spätestens anhängig sein muss, ist für die Fälle des Abs. 2 und Abs. 3 unterschiedlich geregelt. Folgesachen nach § 137 Abs. 2 sind nur solche Familiensachen, in denen eine Entscheidung für den Fall der Scheidung zu treffen ist. Soweit das Verfahren nicht von Amts wegen einzuleiten ist (§ 137 Abs. 2 Satz 2), kommt es hierfür entscheidend darauf an, welches **Ziel der Antragsteller** verfolgt.

a) Entscheidung für den Fall der Scheidung

Wird eine Regelung ab Scheidung verlangt oder der Antrag als Folgesache deklariert, ist im Zweifel davon auszugehen, dass der **Antrag eventualiter für den Fall der Scheidung** gestellt wird. Wird eine Entscheidung für die Zeit vor Rechtskraft der Scheidung oder unabhängig vom Ausspruch der Scheidung begehrt, handelt es sich nicht um einen Folgesachenantrag.[1] Verfahren des einstweiligen Rechtsschutzes zielen nicht auf eine Regelung erst für den Fall der rechtskräftigen Scheidung ab und können deshalb keine Folgesachen sein. Zur Abtrennung eines unzulässigen „Verbundantrags" vgl. Rz. 25.

aa) Versorgungsausgleich (Satz 1 Nr. 1)

Der Versorgungsausgleich ist in Form des **Wertausgleichs bei der Scheidung** nach §§ 9 ff. VersAusglG gem. § 137 Abs. 2 Satz 2 idR von Amts wegen durchzuführen (Rz. 54 ff.). Auf einen Antrag nach § 137 Abs. 2 Satz 1 Nr. 1 kommt es in diesem Zusammenhang daher nur dann an, wenn bei internationalen Sachverhalten der Versorgungsausgleich nur auf Initiative eines Ehegatten erfolgt (Art. 17 Abs. 3 Satz 2 EGBGB).[2] Ob auch der Antrag auf Aussetzung der Kürzung nach §§ 33, 34 VersAusglG als Folgesache im Verbund gestellt werden kann, ist streitig.[3] Für **Ausgleichsansprüche nach der Scheidung** iSv. §§ 20 ff. VersAusglG, über die gem. § 223 stets nur auf Antrag zu entscheiden ist, wird im Verbundverfahren meist kein Raum sein, weil sie regelmäßig nicht bereits mit Rechtskraft der Scheidung fällig sind. Ist der Anspruch jedoch ausnahmsweise entscheidungsreif und wurde ein entsprechender Antrag (§ 223) gestellt, handelt es sich um eine Folgesache. Außerdem kann – bei Vorliegen eines besonderen Feststellungsinteresses[4] – im Verbund die Feststellung begehrt werden, dass ein entsprechender Ausgleich durchzuführen sein wird.

bb) Unterhaltssachen (Satz 1 Nr. 2)

Da eine Folgesache nur dann vorliegt, wenn eine Entscheidung für den Fall der Scheidung zu treffen ist, kann **Unterhalt für die Zeit vor Rechtskraft der Scheidung nicht im Verbund** geltend gemacht werden. Keine Folgesachen sind daher der Fami-

---

[1] Vgl. Zöller/*Lorenz*, § 137 FamFG Rz. 1. Nicht ausreichend für die Annahme eines Folgesachenantrags ist die Einreichung „mit gleicher Post" wie die Scheidungssache BGH v. 23.1.1985 – IVb ZB 145/84, FamRZ 1985, 578 (579).
[2] OLG Hamm v. 20.9.1990 – 4 UF 157/90, FamRZ 1991, 204; OLG Hamm v. 21.2.1989 – 13 UF 412/88, FamRZ 1989, 1191; OLG München v. 17.11.1989 – 4 UF 103/89, FamRZ 1990, 186.
[3] Dafür OLG Köln v. 13.6.2012 – 21 UF 15/12, Rz. 21, juris; OLG Zweibrücken v. 25.11.2011 – 2 UF 158/09, FamRZ 2012, 722 (723) m. abl. Anm. *Borth* sowie *Hauß*, NJW 2012, 1301; *Gutdeutsch*, FamRZ 2010, 1140; aA KG v. 2.11.2012 – 13 UF 132/12, FamRB 2013, 179 (*Weil*).
[4] Musielak/*Borth*, § 137 FamFG Rz. 18 (idR nicht gegeben); MüKo.ZPO/*Finger*, § 623 ZPO Rz. 27 (ausnahmsweise).

lienunterhalt und der Trennungsunterhalt,[1] und zwar auch soweit Vorsorgeunterhalt ab Rechtshängigkeit des Scheidungsverfahrens (§ 1361 Abs. 1 Satz 2 BGB) geltend gemacht wird,[2] sowie der Kindesunterhalt für die Zeit des Getrenntlebens.[3] § 137 Abs. 2 Nr. 2 stellt ausdrücklich klar, dass vereinfachte Verfahren über den Unterhalt Minderjähriger nie Folgesachen sind.

31 Da zwischen **Trennungs- und Nachehelichenunterhalt** materiellrechtlich keine Identität besteht, fällt der Anspruch auf Trennungsunterhalt mit Rechtskraft der Scheidung fort. Soll eine lückenlose Versorgung gesichert werden, muss der Anspruch auf nachehelichen Unterhalt im Verbund geltend gemacht werden, denn einer isolierten Geltendmachung vor der Scheidung steht entgegen, dass der Anspruch erst mit Rechtskraft der Scheidung entsteht.[4] Gegen die fortgesetzte Vollstreckung aus einem Titel über Trennungsunterhalt kann sich der Unterhaltsschuldner ab Rechtskraft der Scheidung mit einem **Vollstreckungsgegenantrag** nach § 767 ZPO zur Wehr setzen. Ist eine fortgesetzte Vollstreckung konkret zu befürchten, ist der Antrag auch schon im Verbund zulässig.[5] Gleichfalls Folgesache ist der **negative Feststellungsantrag** über das Nichtbestehen einer nachehelichen Unterhaltsverpflichtung, der nach allgemeinen Grundsätzen (§ 256 ZPO) dann zulässig ist, wenn die andere Seite sich eines (Unterhalts-)Anspruchs berühmt.[6] Demgegenüber bleibt eine vor der Ehescheidung erlassene eA über Ehegattenunterhalt gem. § 56 Abs. 1 grundsätzlich auch nach der Ehescheidung bis zum Wirksamwerden einer anderweitigen Regelung in Kraft.[7]

32 Da Nachehelichenunterhalt erst ab Rechtskraft der Scheidung verlangt werden kann, sind für die Berechnung eigentlich die Verhältnisse bei Eintritt der Rechtskraft des Scheidungsausspruchs maßgeblich. Doch ist anerkannt, dass es bei einer Geltendmachung im Verbund auf die **im Zeitpunkt der letzten mündlichen Verhandlung erkennbar gewordenen Verhältnisse** ankommt.[8] Eine mit § 140 Abs. 2 Nr. 1 vergleichbare Abtrennungsmöglichkeit ist nicht erforderlich, denn spätere Veränderungen (auch zwischen Ausspruch und Rechtskraft der Scheidung) können nach § 238 Abs. 2 im Rahmen der Abänderung berücksichtigt werden.

33 Beim Anspruch auf **Unterhalt für ein gemeinschaftliches (minderjähriges) Kind** handelt es sich demgegenüber um einen einheitlichen Anspruch, der durch die Rechtskraft der Scheidung nicht seine rechtliche Qualität verändert. Da Unterhalt für die Zeit vor Rechtskraft der Scheidung ohnehin nicht als Folgesache geltend gemacht werden kann, empfiehlt es sich regelmäßig, den gesamten Unterhalt außerhalb des Verbunds einzufordern.[9] Um gleichwohl eine Geltendmachung im Verbundverfahren ohne Beteiligung des minderjährigen Kindes zu ermöglichen, räumt § 1629 Abs. 3 Satz 1 BGB dem einen Elternteil eine gesetzliche Verfahrensstandschaft zur Erhebung von Unterhaltsansprüchen gegen den anderen Elternteil ein; ein Auftreten als Vertreter wird dadurch ausgeschlossen („nur").[10] Eine auf diese Weise erlangte Gerichtsentscheidung oder ein zwischen den Eltern geschlossener gerichtlicher Vergleich wirken gem. § 1629 Abs. 3 Satz 2 BGB auch für und gegen das Kind. Die Verfah-

---

1 BGH v. 23.1.1985 – IVb ZB 145/84, FamRZ 1985, 578 (579); OLG Koblenz v. 8.2.1999 – 13 UF 973/98, OLGReport, 1999, 356 (357); OLG Düsseldorf v. 5.9.1991 – 11 WF 8/91, JurBüro 1992, 42 (43).
2 BGH v. 19.5.1982 – IVb ZR 708/80, FamRZ 1982, 781 (782).
3 OLG Koblenz v. 19.9.2001 – 9 UF 62/01, FamRZ 2002, 965 (966); OLG Dresden v. 21.5.1997 – 20 UF 17/97, FamRZ 1998, 1389.
4 BGH v. 14.1.1983 – IVb ZR 575/80, FamRZ 1981, 242 (243).
5 Zöller/*Lorenz*, § 137 FamFG Rz. 16; Schwab/*Streicher*, Rz. I 335; vgl. BGH v. 14.1.1983 – IVb ZR 575/80, FamRZ 1981, 242 (244).
6 OLG Hamm v. 20.2.1985 – 6 UF 638/84, FamRZ 1985, 952 (953); Zöller/*Lorenz*, § 137 FamFG Rz. 16.
7 § 246 Rz. 84. Zum früheren Recht auf der Grundlage von § 620f aF ZPO BGH v. 14.1.1983 – IVb ZR 575/80, FamRZ 1981, 242 (243).
8 BGH v. 30.1.1985 – IVb ZR 70/83, FamRZ 1985, 471 (472); MüKo.BGB/*Maurer*, § 1578 BGB Rz. 16; Zöller/*Lorenz*, § 137 FamFG Rz. 14.
9 Zöller/*Lorenz*, § 137 FamFG Rz. 8.
10 MüKo.BGB/*Huber*, § 1629 BGB Rz. 92.

rensstandschaft steht einem Elternteil nur dann zu, wenn er insofern auch zur Alleinvertretung befugt ist, etwa aufgrund einer vorläufigen oder endgültigen Sorgerechtsregelung (§ 1671 BGB) oder weil das Kind sich in seiner Obhut befindet (§ 1629 Abs. 2 Satz 2 BGB).[1] Nicht ausreichend ist demgegenüber, wenn der Ehegatte, der das Kind derzeit nicht in seiner Obhut hat, erst die Übertragung der elterlichen Sorge für den Fall der Scheidung fordert,[2] denn die einzige innerprozessuale Bedingung, welche das Verbundverfahren erlaubt, ist die Entscheidung für den Fall der Scheidung (nicht aber für den Fall der Übertragung des Sorgerechts). Vielmehr muss in diesen Fällen ein Ergänzungspfleger bestellt werden (§§ 1909 Abs. 1 Satz 1, 1629 Abs. 2 Satz 1, 1795 Abs. 1 Nr. 1 und 3 BGB), der im Namen des Kindes den Unterhalt im selbständigen Verfahren geltend macht (§ 140 Rz. 8).[3] Nach Rechtskraft der Scheidung ist § 1629 Abs. 3 Satz 1 BGB nicht mehr anwendbar,[4] das Kind muss dann - vertreten durch seinen gesetzlichen Vertreter - den Unterhalt selbständig einklagen. Tritt Rechtskraft der Scheidung (etwa wegen § 140) während des laufenden Verbundverfahrens auf Kindesunterhalt ein, bevor über diesen entschieden wird, bleibt die Verfahrensstandschaft nach § 265 Abs. 2 Satz 1 ZPO analog bis zum Abschluss des Unterhaltsverfahrens erhalten, soweit dem betreffenden Elternteil nicht gleichzeitig das Sorgerecht entzogen worden ist.[5]

Unterhaltsansprüche **volljähriger Kinder** müssen, weil ein Dritter am Verfahren beteiligt ist (vgl. § 140 Abs. 1), stets im isolierten Verfahren geltend gemacht werden. Wird ein Kind während des laufenden Unterhaltsverfahrens volljährig, endet die gesetzliche Verfahrensstandschaft nach § 1629 Abs. 3 Satz 1[6] und das Kind hat das Recht, nunmehr selbst als Beteiligter in das Verfahren einzutreten.[7] Wurde dieses im Verbund geführt, so ist es nunmehr nach § 140 Abs. 1 abzutrennen (zu den Auswirkungen der Abtrennung nach § 137 Abs. 5 vgl. Rz. 69).[8] Macht das Kind von seiner Befugnis keinen Gebrauch, hat sich das Verfahren insoweit erledigt.[9] Die Fortführung des Verfahrens durch den „ausgeschiedenen" Elternteil im Wege gewillkürter Verfahrensstandschaft aufgrund einer Ermächtigung des Kindes ist mangels Vorliegens eines eigenen schutzwürdigen Interesses des betreffenden Elternteils nicht zulässig.[10] 34

Wie beim Ehegattenunterhalt kann auch beim Kindesunterhalt - bei Vorliegen des entsprechenden Feststellungsinteresses - ein **negativer Feststellungsantrag** als Folgesache anhängig gemacht werden.[11] Auch die **Abänderung** eines bestehenden Titels für die Zeit nach Rechtskraft der Scheidung ist im Verbund denkbar.[12] Ist bereits ein isoliertes Verfahren auf Kindesunterhalt rechtshängig, steht § 261 Abs. 3 Nr. 1 ZPO iVm. § 113 Abs. 1 Satz 2 FamFG einem zusätzlichen Verbundantrag entgegen.[13] Auch wenn der Antrag im bereits anhängigen Verfahren auf den Trennungszeitraum beschränkt ist, fehlt einem weiteren (Verbund-)Antrag für den Kindesunterhalt ab Rechtskraft der Scheidung vielfach das Rechtsschutzbedürfnis.[14] Zum Kreis der von § 137 Abs. 2 erfassten Unterhaltssachen können nach § 231 Abs. 2 nunmehr auch Ver- 35

---

1 MüKo.BGB/*Huber*, § 1629 BGB Rz. 86.
2 MüKo.ZPO/*Finger*, § 623 ZPO Rz. 16; aA Zöller/*Lorenz*, § 137 FamFG Rz. 9; Thomas/Putzo/*Hüßtege*, § 137 FamFG Rz. 9.
3 Vgl. OLG Stuttgart v. 26.4.2005 - 16 UF 65/05, NJW-RR 2005, 1382 (1383); Palandt/*Götz*, § 1629 BGB Rz. 23 f.
4 OLG Brandenburg v. 25.5.2001 - 15 WF 51/01, FamRZ 2001, 1712.
5 BGH v. 15.11.1989 - IVb ZR 3/89, FamRZ 1990, 283 (284); BGH v. 22.9.1999 - XII ZR 250/97, FamRZ 2000, 221; OLG Hamm v. 29.7.1997 - 13 UF 41/97, FamRZ 1998, 379 f.; OLG Koblenz v. 19.9.2001 - 9 UF 62/01, FamRZ 2002, 965 (966).
6 OLG Brandenburg v. 16.2.2012 - 9 UF 192/11, FamRZ 2012, 1819; OLG München v. 21.10.1982 - 26 UF 726/81, FamRZ 1983, 925 (926); Musielak/*Borth*, § 137 FamFG Rz. 14.
7 BGH v. 19.6..2013 - XII ZB 39/11, juris; aA (Beteiligtenwechsel kraft Gesetzes) OLG Brandenburg v. 16.2.2012 - 9 UF 192/11, FamRZ 2012, 1819.
8 Musielak/*Borth*, § 137 FamFG Rz. 14; Johannsen/Henrich/*Markwardt*, § 137 FamFG Rz. 7.
9 Johannsen/Henrich/*Jaeger*, § 1629 BGB Rz. 12.
10 Zöller/*Philippi*, 27. Aufl., § 623 ZPO Rz. 15; vgl. auch MüKo.ZPO/*Finger*, § 623 ZPO Rz. 17.
11 Zöller/*Lorenz*, § 137 FamFG Rz. 13; MüKo.ZPO/*Heiter*, § 137 FamFG Rz. 64.
12 BGH v. 24.1.1996 - XII ZB 184/95, FamRZ 1996, 543 (544); Zöller/*Lorenz*, § 137 FamFG Rz. 13.
13 Zöller/*Lorenz*, § 137 FamFG Rz. 13.
14 *Kemper*, in: Kemper/Schreiber, § 137 FamFG Rz. 23; MüKo.ZPO/*Finger*, § 623 ZPO Rz. 15.

fahren auf Bestimmung des Kindergeldes nach § 3 Abs. 2 Satz 3 BKGG und § 64 Abs. 2 Satz 3 EStG zählen, doch wird hier regelmäßig keine Entscheidung für den Fall der Scheidung zu treffen sein.[1]

cc) Ehewohnungs- und Haushaltssachen (Satz 1 Nr. 3)

36 Folgesachen sind die Verfahren auf Regelung der Rechtsverhältnisse an der Ehewohnung und an Haushaltsgegenständen **anlässlich der Scheidung** nach §§ 1568a, 1568b BGB, nicht aber die entsprechenden für die Trennungszeit geltenden Verfahren nach §§ 1361a, 1361b BGB. Zur Beteiligung Dritter vgl. § 139 Rz. 2.

dd) Güterrechtssachen (Satz 1 Nr. 4)

37 Da eine Folgesache nur dann vorliegt, wenn eine **Entscheidung für den Fall der Scheidung** zu treffen ist, sind Verfahren über den vorzeitigen Zugewinnausgleich nicht verbundfähig.[2] Folgesachen sind demgegenüber der Zugewinnausgleich (§ 1378 Abs. 1 BGB) sowie Ansprüche aus der Auseinandersetzung und auf Mitwirkung an der Auseinandersetzung des Gesamtgutes bei der Gütergemeinschaft,[3] etwa die Befugnis zur Übernahme nach § 1477 Abs. 2 BGB[4] oder der Wertersatz des Eingebrachten nach § 1478 Abs. 1 BGB.[5] Vor Rechtskraft der Scheidung ist eine isolierte Geltendmachung des Anspruchs auf Zugewinnausgleich mangels Vorliegens der Tatbestandsvoraussetzungen (Beendigung des Güterstandes nach § 1372 BGB erst mit Rechtskraft der Scheidung) nicht möglich.

38 Nach § 1384 BGB kommt es für die Berechnung des Zugewinnausgleichs und für die Höhe der Ausgleichsforderung auf den **Zeitpunkt der Rechtshängigkeit des Scheidungsantrags** und nicht auf den Zeitpunkt der Beendigung des Güterstandes (Rechtskraft der Scheidung) an. Vermögensänderungen nach Zustellung des Scheidungsantrags können die Höhe des Ausgleichsanspruchs damit nicht mehr beeinflussen.[6] Allerdings kann im Zusammenhang mit der Auseinandersetzung einer Gütergemeinschaft ausnahmsweise eine **Abtrennung** nach § 140 Abs. 2 Nr. 1 geboten sein, wenn sich die Höhe der Ausgleichsansprüche erst nach Rechtskraft des Scheidungsbeschlusses bestimmen lässt (§ 140 Rz. 12).

39 Zu den Güterrechtssachen zählen nach § 261 Abs. 2 auch die Verfahren auf **Stundung** einer Zugewinnausgleichsforderung (§ 1382 BGB) oder Übertragung von Vermögensgegenständen unter **Anrechnung** auf die Zugewinnausgleichsforderung (§ 1383 BGB). Soweit der entsprechende Antrag für den Fall der Scheidung gestellt wird, insbesondere weil die streitige Ausgleichsforderung ebenfalls im Verbund anhängig ist (vgl. §§ 1382 Abs. 5, 1383 Abs. 3 BGB), handelt es sich um Folgesachen. Für diese ist dann – naturgemäß – der Familienrichter und nicht – wie bei isolierter Geltendmachung – der Rechtspfleger (§ 25 Nr. 3b RPflG) zuständig (§ 264 Rz. 8). Bei den übrigen in § 261 Abs. 2 genannten Verfahren ist in aller Regel eine Entscheidung für den Fall der Scheidung zu treffen.[7] Nicht in den Kreis der verbundfähigen Familiensachen einbezogen wurden **sonstige Ausgleichsansprüche** zwischen Ehegatten außerhalb des Güterrechts (zB Gesamtschuldnerausgleich, Auflösung einer Ehegatteninnengesellschaft etc.), obwohl sie regelmäßig als sonstige Familiensachen iSv. § 266 Abs. 1 Nr. 3 in die Zuständigkeit des FamG fallen.

40 Wird außer den Ehegatten eine weitere Person **Beteiligter** des Verfahrens, ist die Güterrechtssache nach § 140 Abs. 1 abzutrennen.

---

1 MüKo.ZPO/*Heiter*, § 137 FamFG Rz. 66; *Gambke*, S. 114.
2 OLG Celle v. 7.8.2012 – 10 UF 59/12, Rz. 6, juris; OLG Düsseldorf v. 4.2.2002 – 2 UF 211/01, FamRZ 2002, 1572; KG v. 21.3.2000 – 13 UF 9188/99, FamRZ 2001, 166 m. krit. Anm. *Gottwald*.
3 MüKo.ZPO/*Heiter*, § 137 FamFG Rz. 71; Musielak/*Borth*, § 137 FamFG Rz. 19.
4 BGH v. 14.12.1983 – IVb ZR 62/82, FamRZ 1984, 254 (256); OLG Karlsruhe v. 25.6.1981 – 16 UF 37/80, FamRZ 1982, 286 (287).
5 BGH v. 1.7.1982 – IX ZR 32/81, FamRZ 1982, 991 (992); BGH v. 14.12.1983 – IVb ZR 62/82, FamRZ 1984, 254 (255); OLG Karlsruhe v. 25.6.1981 – 16 UF 37/80, FamRZ 1982, 286 (287).
6 BT-Drucks. 16/10798, S. 18.
7 MüKo.ZPO/*Heiter*, § 137 FamFG Rz. 72; *Gambke*, S. 117f.

ee) Vorbereitende und ergänzende Verfahren

Zu den Folgesachen Versorgungsausgleich (§ 4 VersAusglG), Unterhalt (§§ 1580, 1605 BGB) und Güterrecht (§ 1379 BGB) zählen auch die entsprechenden **Auskunftsbegehren in Form von Stufenklageanträgen**.[1] Dies gilt auch für den Anspruch gegen die betroffenen Versorgungsträger nach § 4 Abs. 2 VersAusglG, weil dieser nur Ersatz für den nicht realisierbaren Anspruch aus § 4 Abs. 1 VersAusglG ist und die Versorgungsträger ohnehin am Verfahren beteiligt sind (§ 139 Rz. 2).[2] § 1379 Abs. 1 Satz 1 BGB, wonach Auskunft über das Endvermögen verlangt werden kann, sobald Scheidung der Ehe beantragt wird, ist auf § 1580 BGB entsprechend anwendbar.[3] Sowohl über die Verpflichtung zur Auskunft als auch zur Abgabe der eidesstattlichen Versicherung kann – da insofern keine Entscheidung für den Fall der Rechtskraft der Scheidung begehrt wird – nicht im Verbund, sondern nur vorab durch Teilbeschluss entschieden werden.[4] Nach § 116 Abs. 3 Satz 2 ist die sofortige Wirksamkeit des Teilbeschlusses anzuordnen. Die Kostenentscheidung bleibt dem abschließenden Verbundbeschluss vorbehalten.[5] Erteilt der Antragsgegner die begehrte Auskunft oder gibt er die Versicherung an Eides statt ab, entbindet dies allein das Gericht noch nicht von einer Entscheidung über die entsprechende Stufe; hierfür bedarf es vielmehr verfahrensbeendender Erklärungen (idR Antragsänderung[6] durch Übergang zur nächsten Stufe).[7] Ergibt die Auskunft, dass kein Anspruch besteht, kann die Leistungsstufe nicht einseitig für erledigt erklärt werden, denn dafür hätte der entsprechende Antrag ursprünglich zulässig und begründet sein müssen (str.).[8] Allerdings kann dem Antragsteller ein materiellrechtlicher Schadensersatzanspruch wegen der streitigen Kosten zustehen, der im Wege der Antragsänderung im anhängigen Rechtsstreit geltend gemacht werden kann.[9] Wird der Stufenantrag wirksam (§ 269 Abs. 1 ZPO) zurückgenommen oder erklären die Beteiligten die Folgesache übereinstimmend für erledigt, können dem Ehegatten, der durch seine zögerliche Auskunft das Verfahren provoziert hat, insoweit gem. § 150 Abs. 4 Satz 1 die Kosten auferlegt werden.[10]

Bestandteil des Verbundbeschlusses nach § 142 Abs. 1 Satz 1 ist bei Stufenverfahren nur die Entscheidung über die letzte Stufe. Während im Versorgungsausgleich dem privatrechtlichen Auskunftsanspruch neben den **verfahrensrechtlichen Auskunftspflichten** nach § 220 kaum Bedeutung zukommt,[11] hat sich die mit der Einfüh-

---

1 BGH v. 19.3.1997 – XII ZR 277/95, FamRZ 1997, 811 (812); BGH v. 21.3.2012 – XII ZB 447/10, FamRZ 2012, 863 (866); OLG Braunschweig v. 6.10.2011 – 2 UF 92/11, FamRB 2012, 118 (*Giers*); OLG Brandenburg v. 3.7.2006 – 9 UF 38/06, FamRZ 2007, 410 (411 f.).
2 MüKo.ZPO/*Heiter*, § 137 FamFG Rz. 58.
3 BGH v. 4.11.1981 – IVb ZR 624/80, FamRZ 1982, 151; MüKo.BGB/*Maurer*, § 1580 BGB Rz. 11; Musielak/*Borth*, § 137 FamFG Rz. 20 m. Fn. 45. Während §§ 1587e Abs. 1, 1587k Abs. 1 BGB noch auf § 1580 BGB verwiesen, können nach § 4 VersAusglG nunmehr die „erforderlichen" Auskünfte verlangt werden.
4 BGH v. 19.3.1997 – XII ZR 277/95, FamRZ 1997, 811 (812); OLG Jena v. 26.2.2009 – 1 UF 7/08, FamRZ 2009, 1508 (1509); OLG Brandenburg v. 3.7.2006 – 9 UF 38/06, FamRZ 2007, 410 (411 f.); KG v. 18.2.2000 – 3 UF 6680/99, FamRZ 2000, 1293; OLG Schleswig v. 15.7.1996 – 15 UF 153/95, SchlHA 1997, 72.
5 OLG Naumburg v. 15.12.1998 – 8 WF 334/98, FamRZ 1999, 1435; OLG Hamburg v. 31.7.1980 – 15 UF 90/80 V, FamRZ 1981, 179 (180); Musielak/*Borth*, § 137 FamFG Rz. 20.
6 Bei zulässiger Antragsänderung (§§ 263, 264 ZPO) fällt die Rechtshängigkeit des ursprünglich gestellten Antrags fort, so dass es einer förmlichen Antragsrücknahme nicht bedarf (BGH v. 1.6.1990 – V ZR 48/89, NJW 1990, 2682).
7 OLG Brandenburg v. 3.7.2006 – 9 UF 38/06, FamRZ 2007, 410 (412).
8 BGH v. 5.5.1994 – III ZR 98/93, FamRZ 1995, 348 (349). Nach aA handelt es sich um einen Fall „prozessualer Erledigung" vgl. umfassend Zöller/*Vollkommer*, § 91a ZPO Rz. 58 „Stufenklage".
9 BGH v. 5.5.1994 – III ZR 98/93, FamRZ 1995, 348 (349).
10 Musielak/*Borth*, § 137 FamFG Rz. 22 zur einseitigen Erledigung. Vgl. auch den nicht direkt anwendbaren (§ 150 FamFG Rz. 1) Rechtsgedanken des § 243 Satz 2 Nr. 2.
11 Während vor der Reform des Versorgungsausgleichs ein Rechtsschutzbedürfnis für die Geltendmachung des privatrechtlichen Auskunftsanspruchs auch für das Verfahren in Versorgungsausgleichssachen wegen der hierdurch eröffneten Möglichkeit zur Anordnung von Zwangshaft bejaht wurde (OLG Frankfurt v. 18.3.1999 – 2 WF 70/99, FamRZ 2000, 99; OLG

rung von § 235 Abs. 2 verbundene Hoffnung, dass auch in Unterhaltssachen Stufenklageanträge in Zukunft weitgehend überflüssig werden würden,[1] nicht erfüllt.

43 Demgegenüber sind **isolierte Auskunftsanträge** grundsätzlich keine Folgesachen.[2] Werden sie im Verbund geltend gemacht, sind sie nach § 145 ZPO abzutrennen und als selbständige Verfahren zu behandeln.[3] Eine Ausnahme gilt dann, wenn ein Auskunftsanspruch im Wege eines Gegenantrags erhoben wird, um sich gegen einen geltend gemachten Ausgleichsanspruch zur Wehr zu setzen.[4] Soweit der Versorgungsausgleich von Amts wegen durchzuführen ist, bedarf es keines bezifferten Leistungsantrags, insofern fallen die **Auskunftsansprüche nach § 4 Abs. 1 und 2 VersAusglG** stets in den Verbund.[5]

44 Gegen den Teilbeschluss über einen im Wege eines Stufenantrags geltend gemachten Auskunftsanspruch ist die **Beschwerde** nach §§ 58 ff. (evtl. iVm. § 117) statthaft, soweit der Beschwerdewert des § 61 Abs. 1 erreicht oder die Beschwerde zugelassen wird (§ 61 Abs. 2).[6] Hebt das OLG die erstinstanzliche Entscheidung auf und weist den Auskunftsantrag ab, darf nicht zugleich über die Leistungsstufe entschieden werden, denn hierüber ist (zusammen mit der Scheidung) in der Verbundentscheidung zu befinden.[7] Verurteilt das OLG zur Auskunft, nachdem das FamG (etwa wegen des wirksamen Ausschlusses von Ausgleichsansprüchen) den Auskunfts- und Leistungsantrag im Verbundbeschluss abgewiesen hat, wird die erstinstanzliche Entscheidung regelmäßig hinsichtlich der Folgesache (und der Scheidungssache) aufzuheben und nach § 69 Abs. 1 Satz 2 bzw. § 117 Abs. 2 Satz 1 FamFG iVm. § 538 Abs. 2 Satz 1 Nr. 4 ZPO zurückzuverweisen sein.[8]

45 Hinsichtlich einer anhängigen Folgesache ist auch ein **Zwischenfeststellungsantrag** (etwa über die [Un-]Wirksamkeit einer ehevertraglichen Vereinbarung) zulässig.[9] Ein solcher Antrag kann beispielsweise empfehlenswert sein, um einen Widerspruch zwischen einem Teilbeschluss über einen Auskunftsanspruch, der wegen wirksamen Ausschlusses von Unterhalts- und Zugewinnausgleichsansprüchen in einem Ehevertrag abgewiesen werden soll, und der Schlussentscheidung zu vermeiden.[10]

Hamm v. 25.6.2001 – 5 UF 150/01, FamRZ 2002, 103), lässt sich an dieser Begr. angesichts der Angleichung der Vollstreckungsmöglichkeiten nicht festhalten (§ 217 Rz. 3b, § 220 Rz. 4) Gleichwohl soll sich im Ergebnis nichts geändert haben (MüKo.BGB/*Gräper*, § 4 VersAusglG Rz. 8 und *Borth*, Versorgungsausgleich, Rz. 1017). Demgegenüber ist der verfahrensrechtliche Auskunftsanspruch in Unterhaltssachen gem. § 235 Abs. 4 nicht mit Zwangsmitteln durchsetzbar.

1 BT-Drucks. 16/6308, S. 255.
2 BGH v. 21.3.2012 – XII ZB 447/10, FamRZ 2012, 863 (864 und 866); BGH v. 19.3.1997 – XII ZR 277/95, FamRZ 1997, 811 (812); OLG Braunschweig v. 6.10.2011 – 2 UF 92/11, FamRB 2012, 118 (*Giers*).
3 BGH v. 19.3.1997 – XII ZR 277/95, FamRZ 1997, 811 (812); OLG Hamm v. 1.9.1993 – 5 UF 146/92, FamRZ 1994, 773.
4 OLG Zweibrücken v. 16.1.1996 – 5 UF 16/95, FamRZ 1996, 749 (750); OLG Brandenburg v. 3.7.2006 – 9 UF 38/06, FamRZ 2007, 410 (412).
5 OLG Hamm v. 27.8.2012 – 6 WF 152/12, FamRZ 2013, 806; OLG Frankfurt v. 18.3.1999 – 2 WF 70/99, FamRZ 2000, 99; Musielak/*Borth*, § 137 FamFG Rz. 24.
6 Wurde der Antrag abgewiesen, bemisst sich die Beschwer des Antragstellers nach einem Bruchteil des verfolgten Hauptanspruchs (BGH v. 31.3.1993 – XII ZR 67/92, FamRZ 1993, 1189). Wurde der Antragsgegner zur Auskunft verurteilt, richtet sich seine Beschwer demgegenüber nach dem Aufwand an Zeit und Kosten, die die Erfüllung des Anspruchs erfordert (BGH v. 24.11.1994 – GSZ 1/94, FamRZ 1995, 349 [350 f.]; BGH v. 26.10.2011 – XII ZB 465/11, FamRZ 2012, 24 [25]), so dass der Beschwerdewert oft erreicht wird. Vgl. im Einzelnen oben § 117 Rz. 11.
7 Musielak/*Borth*, § 137 FamFG Rz. 21; Zöller/*Philippi*, 28. Aufl., § 137 FamFG Rz. 25.
8 OLG Stuttgart v. 17.4.1984 – 17 UF 442/83 U, FamRZ 1984, 806 (808); OLG Brandenburg v. 7.9.2010 – 10 UF 47/09, FamRZ 2011, 568; vgl. auch Musielak/*Borth*, § 137 FamFG Rz. 20.
9 OLG Schleswig v. 15.1.1999 – 10 UF 81/89, NJW-RR 1999, 1094; OLG Köln v. 18.5.2006 – 10 WF 90/06, FamRZ 2006, 1768 (in concreto unzulässig, weil kein entsprechendes Verfahren in der Hauptsache anhängig); OLG Frankfurt v. 3.12.1982 – 1 UF 137/82, FamRZ 1983, 176 f.; Musielak/*Borth*, § 137 FamFG Rz. 19.
10 Zöller/*Philippi*, 28. Aufl., § 137 FamFG Rz. 24.

Vollstreckungsverfahren für Verbundentscheidungen sind grundsätzlich keine 46 Folgesachen, sondern selbständige Verfahren.[1] Eine Ausnahme gilt nur für die Vollstreckung von vorbereitenden Teilentscheidungen, die Bestandteil des Verbundes sind, etwa Auskunftsansprüche im Rahmen von Stufenklageanträgen, soweit dafür das Prozessgericht zuständig ist (daher Anwaltszwang).[2] Nicht Bestandteil des Verbundverfahrens ist demgegenüber die **Festsetzung von Zwangsmitteln** zur Durchsetzung gerichtlich angeordneter Mitwirkungshandlungen nach § 220 Abs. 3.[3]

b) Fristgerechter Antrag

Soweit es nicht um den gem. § 137 Abs. 2 Satz 2 von Amts wegen durchzuführenden Versorgungsausgleich geht (Rz. 54 ff.), greift der Verbund nur dann ein, wenn der Antragsteller den verfahrenseinleitenden Antrag in der Folgesache **rechtzeitig anhängig** macht. Dabei tritt Anhängigkeit – wie auch sonst – durch Einreichung eines entsprechenden Schriftsatzes bei Gericht ein (ausf. Rz. 49). Um der missbräuchlichen Anhängigmachung von Folgesachen erst im Termin zur mündlichen Verhandlung entgegenzuwirken,[4] ist die Antragstellung nicht mehr bis zum Schluss der mündlichen Verhandlung zugelassen (§ 623 Abs. 4 Satz 1 aF ZPO), sondern nur noch bis **spätestens zwei Wochen vor der mündlichen Verhandlung** im ersten Rechtszug in der Scheidungssache. Soweit in einem Verfahren **Fortsetzungstermine** anberaumt werden, hat der BGH in Übereinstimmung mit der herrschenden Auffassung[5] klargestellt, dass es für die rechtzeitige Geltendmachung einer Folgesache genügt, wenn diese unter Einhaltung der Zweiwochenfrist vor dem **Verhandlungstermin anhängig gemacht wird, auf den die Scheidung ausgesprochen wird.**[6] Diese Auslegung widerspricht dem Wortlaut der Vorschrift, der weder auf den einzelnen Termin zur mündlichen Verhandlung noch auf den Schluss der mündlichen Verhandlung abstellt, so dass bei wörtlichem Verständnis die Frist durch Anberaumung eines Fortsetzungstermins nicht neu eröffnet wird (sog. Einheit der mündlichen Verhandlung).[7] Für die Auffassung des BGH spricht aber, dass in den Gesetzesmaterialien einige Anhaltspunkte dafür zu finden sind, dass der Gesetzgeber eine weitergehende Beschleunigung des Verfahrens intendiert hatte.[8] Dilatorische Verhandlungsführung wird durch diese restriktive Interpretation jedoch nur sehr eingeschränkt unterbunden, weil ein Anreiz bestehen bleibt, Fortsetzungstermine etwa durch Nichterscheinen zur Anhörung nach § 128 zu erzwingen, um weitere Folgesachenanträge einreichen zu können.[9]

Allerdings gibt es keine Bestimmung, die ausdrücklich sicherstellt, dass Scheidungsverfahren so zu terminieren sind, dass die Einhaltung der Zweiwochenfrist tatsächlich möglich ist (§ 217 ZPO schreibt lediglich eine einwöchige Ladungsfrist und § 274 Abs. 3 ZPO eine zweiwöchige Einlassungsfrist vor). Um dem Anspruch auf Gewährung rechtlichen Gehörs gerecht zu werden, müssen die Beteiligten eine faire Chance zur Einreichung von Folgesachen haben. Daher muss die **Ladungsfrist** so bemessen werden, dass es nach Zugang der Ladung den Ehegatten möglich ist, die Zweiwochenfrist des § 137 Abs. 2 Satz 1 einzuhalten, wobei zur Vorbereitung eine zusätzliche Woche – entsprechend der Dauer der Ladungsfrist – gewährt werden muss.[10] Im Ergebnis muss damit die **Ladung spätestens drei Wochen vor dem Ter-**

48

---

1 Vgl. BGH v. 1.6.1988 – IVb ARZ 26/88, FamRZ 1988, 1256 (1257); BGH v. 14.5.1986 – IVb ARZ 19/86, FamRZ 1986, 789 f.
2 OLG München v. 2.7.1993 – 12 WF 819/93, OLGReport 1993, 260; Keidel/*Weber*, § 137 FamFG Rz. 5.
3 OLG Oldenburg v. 6.7.2012 – 14 WF 72/12, FamRZ 2013, 649 (650).
4 BT-Drucks. 16/6308, S. 374; BGH v. 21.3.2012 – XII ZB 447/10, FamRZ 2012, 863 (865 und 867).
5 OLG Hamm v. 30.6.2010 – II-5 WF 95/10, FamRZ 2010, 2091 (2092); *Hoppenz*, FPR 2011, 23 f.; Johannsen/Henrich/*Markwardt*, § 137 FamFG Rz. 14; Thomas/Putzo/*Hüßtege*, § 137 FamFG Rz. 20; Keidel/*Weber*, § 137 FamFG Rz. 20; Hoppenz/*Walter*, § 137 FamFG Rz. 10.
6 BGH v. 21.3.2012 – XII ZB 447/10, FamRZ 2012, 863 (866) m. Anm. *Heiter*.
7 So auch noch Prütting/*Helms*, 2. Aufl., Rz. 47.
8 BGH v. 21.3.2012 – XII ZB 447/10, FamRZ 2012, 863 (867).
9 So auch *Heiter*, FamRZ 2012, 867.
10 BGH v. 21.3.2012 – XII ZB 447/10, FamRZ 2012, 863 (865 f.); vgl. ähnlich für die Einlassungsfrist OLG Brandenburg v. 18.10.2011 – 10 UF 143/11, FamRZ 2012, 572 (573).

min erfolgen. Soweit die Ehegatten anwaltlich vertreten sind, kommt es auf den Zugang beim Rechtsanwalt an. Diese Frist gilt nicht nur für die erstmalige Festsetzung eines Termins, sondern auch für die Anberaumung von Fortsetzungsterminen. Wird demgegenüber ein bereits anberaumter **Termin verlegt**, so gebietet es der Anspruch auf Gewährung rechtlichen Gehörs wohl lediglich, dass zwischen Zugang der ersten Ladung und dem tatsächlich stattfindenden Termin eine ausreichend lange Zeitspanne liegt,[1] das gilt zumindest dann, wenn bereits die erste Terminsbestimmung eine den vorgenannten Anforderungen genügende Frist eingeräumt hatte. Andernfalls würde sich die Intention des Gesetzgebers, durch § 137 Abs. 2 Satz 1 missbräuchliche Verfahrensverzögerungen einzudämmen, geradezu in ihr Gegenteil verkehren. Unberührt hiervon bleibt selbstverständlich die Pflicht zur erneuten Einhaltung der Wochenfrist nach § 217 ZPO iVm. § 113 Abs. 1 Satz 2 FamFG.

48a Die **Zweiwochenfrist** des § 137 Abs. 2 Satz 1 ist vom Termin zur mündlichen Verhandlung aus **rückwärts** zu berechnen.[2] Gem. § 222 Abs. 1 ZPO iVm. § 113 Abs. 1 Satz 2 FamFG gelten dafür die Vorschriften des Bürgerlichen Gesetzbuches; diese können jedoch nur entsprechend angewandt werden, da sie auf „Rückwärtsfristen" nicht zugeschnitten sind.[3] Sachlich einleuchtend ist zunächst, dass der Tag der mündlichen Verhandlung selbst gem. § 187 Abs. 1 BGB analog nicht mitberücksichtigt werden kann.[4] Fraglich ist jedoch, wie der Tag zu bewerten ist, der genau zwei Wochen vor diesem Datum liegt. Wendet man auf ihn § 188 Abs. 2 BGB direkt an, dann scheint erst mit Ablauf dieses Tages die Frist beendet zu sein, das würde aber bedeuten, dass zwischen der Anhängigmachung der Folgesache und dem Termin zur mündlichen Verhandlung nur 13 Tage liegen müssen.[5] Doch ist zu berücksichtigen, dass bei Rückrechnung einer Frist § 188 Abs. 2 BGB spiegelbildlich anzuwenden ist, dh. die Frist läuft bereits mit Beginn des maßgeblichen 14. Tages ab, dadurch wird sichergestellt, dass zwischen der Anhängigmachung der Folgesache und dem Termin zur mündlichen Verhandlung tatsächlich ein Zeitraum von zwei Wochen liegt.[6] Diese Berechnungsweise hat nunmehr auch der BGH ausdrücklich herangezogen.[7]

Beispiel:
Findet eine mündliche Verhandlung am Mittwoch, den 23.7. statt, muss vor Mittwoch, den 9.7. um 00.00 Uhr, d.h. spätestens am Dienstag, den 8.7., der Antrag in einer Folgesache anhängig gemacht werden; die Terminsladung muss dann spätestens am Dienstag, den 1.7. den Ehegatten bzw. ihren Rechtsanwälten zugehen.

Noch nicht geklärt ist auch, ob § 222 Abs. 2 ZPO im vorliegenden Fall analog anwendbar ist.[8] Eine Verlängerung oder Verkürzung der Zweiwochenfrist ist gesetzlich nicht vorgesehen (§ 113 Abs. 1 Satz 2 FamFG iVm. § 224 Abs. 2 ZPO).[9] § 137 Abs. 2 Satz 1 ist nicht disponibel,[10] so dass gem. § 295 Abs. 2 ZPO ein Fristversäumnis nicht durch Verzicht oder unterlassene Rüge geheilt wird.[11]

---

1 Vgl. OLG Hamm v. 24.8.2012 – 5 UF 107/12, Rz. 20 f., FamRZ 2013, 965 (966); aA *Heiter*, FamRZ 2012, 868 zumindest dann, wenn die Verlegung wegen eines zu kurzfristig anberaumten Termins erfolgt.
2 BGH v. 21.3.2012 – XII ZB 447/10, FamRZ 2012, 863 (865).
3 BGH v. 5.6.2013 – XII ZB 427/11, juris; OLG Braunschweig v. 6.10.2011 – 2 UF 92/11, Rz. 12, juris; *Giers*, FamRB 2011, 287 (290); Staudinger/*Repgen*, § 187 BGB Rz. 7.
4 OLG Braunschweig v. 6.10.2011 – 2 UF 92/11, Rz. 12, juris; OLG Brandenburg v. 20.12.2011 – 13 UF 128/11, FamRZ 2012, 892; *Giers*, FamRB 2011, 287 (290).
5 So *Hoppenz*, FPR 2011, 23 (24); *Grandel*, FF 2011, 133; AG Bonn v. 24.1.2011 – 407 F 126/10, Rz. 2, juris; AG Bad Iburg v. 17.1.2011 – 5 F 320/09 UE, FamRZ 2011, 1084.
6 OLG Brandenburg v. 20.12.2011 – 13 UF 128/11, FamRZ 2012, 892; OLG Hamm v. 24.8.2012 – 5 UF 107/12, Rz. 18, juris; OLG Braunschweig v. 6.10.2011 – 2 UF 92/11, FamRB 2012, 83 (*Giers*); *Vogel*, FPR 2012, 547 (548 f.); *Schröder*, FF 2011, 301 f.; vgl. allgemein zur Berechnung von Rückfristen Staudinger/*Repgen*, § 187 BGB Rz. 7.
7 BGH v. 5.6.2013 – XII ZB 427/11, juris.
8 Dafür wohl *Giers*, FamRB 2011, 287 (290); dagegen (in Bezug auf § 193 BGB) OLG Brandenburg v. 20.12.2011 – 13 UF 128/11, FamRZ 2012, 892.
9 *Viefhues*, FF 2012, 291 (292).
10 AA *Vogel*, FPR 2012, 547 (549).
11 *Viefhues*, FF 2012, 291 (292).

Wird die Terminsbestimmung den dargelegten Anforderungen nicht gerecht, muss einem **Verlegungsantrag**, der damit begründet wird, dass eine Folgesache anhängig gemacht werden soll oder diese Frage noch der Klärung bedarf, stattgegeben werden.[1] Nicht erforderlich ist eine Terminsverlegung bei zu kurz bemessener Ladungsfrist allerdings dann, wenn die Folgesache gleichwohl noch vor oder spätestens im Termin zur mündlichen Verhandlung[2] anhängig gemacht wird, weil hierdurch nach Ansicht des BGH der Scheidungsverbund – auch ohne Einhaltung der Zweiwochenfrist – begründet wird (ob eine Terminsverlegung erforderlich ist, um dem Antragsgegner ausreichend Gelegenheit zur Stellungnahme zu geben, steht auf einem anderen Blatt).[3] Ist die Frist ausreichend lang und wird sie versäumt, ist das Verfahren wie auch sonst, wenn für eine nicht verbundfähige Sache ein Verbundantrag gestellt wird (vgl. Rz. 25), richtigerweise gem. **§ 145 ZPO abzutrennen**.[4] Doch kann der Antrag wegen Abhängigkeit von einer unzulässigen außerprozessualen Bedingung nicht ohne weiteres als selbständige Familiensache erfolgreich weiter betrieben werden. Dafür muss (ggf. nach richterlichem Hinweis) der Betroffene vielmehr – soweit dies in Frage kommt (zB Kindesunterhalt) – auf einen unbedingten Antrag umstellen.[5] Soweit eine selbständige Geltendmachung außerhalb des Verbunds nicht möglich ist (vgl. Rz. 25), ist der Antrag, soweit er nicht zurückgenommen wird, als **unzulässig** abzuweisen, eine Aussetzung nach § 148 ZPO bis zur rechtskräftigen Scheidung kommt insofern nicht in Betracht.[6] De lege ferenda sollten Fälle der Fristversäumung wie eine Abtrennung nach §§ 140, 137 Abs. 5 Satz 1 behandelt werden, um die Möglichkeit der isolierten Geltendmachung außerhalb des Verbunds zu eröffnen.[7] Die Entscheidung des Gerichts, den Antrag als verfristet zu behandeln, ist **nicht selbständig, sondern nur im Rahmen des Rechtsmittels gegen den Scheidungsbeschluss anfechtbar** (Verstoß gegen die Pflicht zur gemeinsamen Verhandlung und Entscheidung vgl. Rz. 7).[8] Demgegenüber gilt die Zweiwochenfrist weder für Kindschaftssachen nach § 137 Abs. 3 (diese können nach wie vor bis zum Schluss der mündlichen Verhandlung im ersten Rechtszug in der Scheidungssache in den Verbund eingebracht werden)[9] noch für die Amtsverfahren nach § 137 Abs. 2 Satz 2 (Rz. 54).

Die Antragstellung unterliegt gem. § 114 Abs. 1 dem Anwaltszwang, und zwar auch insoweit, als es sich um Folgesachen der freiwilligen Gerichtsbarkeit handelt (zu den Mitwirkungsmöglichkeiten des anwaltlich nicht vertretenen Ehegatten § 114 Rz. 20 f.). Die formalen Anforderungen an das verfahrenseinleitende Schriftstück bestimmen sich für **Unterhalts- und Güterrechtsfolgesachen** nach § 113 Abs. 1 Satz 2 FamFG iVm. § 253 Abs. 2 ZPO.[10] Dabei ist für die Herbeiführung der Anhängigkeit eine über die Anforderungen des § 253 Abs. 2 Nr. 2 ZPO hinausgehende Begründung

---

1 BGH v. 21.3.2012 – XII ZB 447/10, FamRZ 2012, 863 (866); OLG Stuttgart v. 11.1.2011 – 17 UF 304/10, FamRB 2011, 75 (76) (*Kemper*).
2 BGH v. 5.6.2013 – XII ZB 427/11, juris.
3 BGH v. 21.3.2012 – XII ZB 447/10, FamRZ 2012, 863 (866).
4 MüKo.ZPO/*Heiter*, § 137 FamFG Rz. 45; Zöller/*Lorenz*, § 137 FamFG Rz. 30; Keidel/*Weber*, § 137 FamFG Rz. 20; aA *Hoppenz*, FPR 2011, 23 (24); Musielak/*Borth*, § 137 FamFG Rz. 33 (Abweisung als unzulässig); aA OLG Bamberg v. 26.10.2010 – 2 UF 180/10, juris (automatisch Behandlung als selbständiges Verfahren).
5 *Hoppenz*, FPR 2011, 23 (24); Johannsen/Henrich/*Markwardt*; § 137 FamFG Rz. 16; *Götz*, NJW 2010, 897 (900); aA offenbar Zöller/*Lorenz*, § 137 FamFG Rz. 30.
6 *Hoppenz*, FPR 2011, 23 (24); Johannsen/Henrich/*Markwardt*; § 137 FamFG Rz. 16; aA Zöller/*Lorenz*, § 137 FamFG Rz. 30; Thomas/Putzo/*Hüßtege*, § 137 FamFG Rz. 20; wohl auch *Heiter*, FamRZ 2012, 867.
7 Vgl. *Finger*, MDR 2010, 544 (548) m. Fn. 49 und *Götz*, NJW 2010, 897 (900) (wohl schon de lege lata).
8 OLG Brandenburg v. 28.7.2011 – 9 UF 32/11, FamRZ 2012, 56; OLG Bremen v. 22.11.2010 – 4 WF 151/10, FamRZ 2011, 753; OLG Zweibrücken v. 19.10.2011 – 2 UF 96/11, FamRZ 2012, 471 (472).
9 OLG Brandenburg v. 28.7.2011 – 9 UF 32/11, FamRZ 2012, 56 (57).
10 BGH v. 6.5.1987 – IVb ZR 52/86, FamRZ 1987, 802 (803); Stein/Jonas/*Schlosser*, § 623 ZPO Rz. 9a.

nicht erforderlich.[1] Mit Zustellung des Antrags, die gem. §§ 9 Abs. 1, 12, 14 Abs. 1 FamGKG nicht von der Einzahlung eines Vorschusses abhängig gemacht werden darf, tritt Rechtshängigkeit ein (§ 261 Abs. 2 ZPO). In **Folgesachen der freiwilligen Gerichtsbarkeit** ist der weniger strenge § 23 anwendbar, der keinen bestimmten Sachantrag verlangt[2] und als Sollvorschrift ausgestaltet ist. In der Sache ist es hier ausreichend, dass der Antragsteller hinreichend deutlich zum Ausdruck bringt, welche gerichtliche Entscheidung er begehrt.[3] Wird ein Vorschlag zur gütlichen Einigung bei Gericht eingereicht, so hängt die Frage, ob hierin eine Antragstellung zu sehen ist, davon ab, ob die Ehegatten die Rechtsfolgen durch privatautonome Vereinbarung erzielen können oder eine richterliche Entscheidung erforderlich ist.[4] Weder in der Ankündigung, einen Vergleich über bestimmte Folgesachen schließen zu wollen,[5] noch in der Vornahme entsprechender Verhandlungen zwischen den Beteiligten im Termin[6] ist eine entsprechende Antragstellung zu sehen. Wird der Versorgungsausgleich nur auf Antrag durchgeführt, liegt dieser schon in der Bitte, den Beteiligten die entsprechenden Fragebögen zuzuleiten.[7]

50 Für die Wahrung der Frist nach Abs. 2 reicht die Einreichung eines **Stufenantrags** (§ 113 Abs. 1 Satz 2 FamFG iVm. § 254 ZPO) aus.[8] Wegen der Schutzfunktion der Vorschrift und des Gebots der Gleichbehandlung bedürftiger und nicht bedürftiger Beteiligter gilt dies nach herrschender, wenn auch bestrittener Ansicht gleichfalls für die Stellung eines **reinen Verfahrenskostenhilfeantrags** unter bloßer Ankündigung einer späteren Antragstellung „nach Bewilligung von VKH",[9] obwohl hierdurch die Folgesache noch nicht anhängig wird (§ 124 Rz. 2). Will man sich dieser Auffassung nicht anschließen, besteht zumindest ein Anspruch auf Terminsverlegung.[10]

51 Nach Ablauf der Zweiwochenfrist dürfen die Beteiligten zwar keine neuen Folgesachenanträge mehr stellen, doch können sie im Rahmen der bereits anhängigen Verfahrensgegenstände ihre **Anträge erweitern oder ändern**.[11] Während diese Frage nach altem Recht nur in der Rechtsmittelinstanz von Bedeutung war, weil neue Verbundanträge ohnehin bis zum Schluss der mündlichen Verhandlung in erster Instanz gestellt werden konnten (§ 623 Abs. 4 Satz 1 aF ZPO), wird dieser Weg durch § 137 Abs. 2 Satz 1 nun früher versperrt, so dass die Grenzziehung an Bedeutung gewinnt. Nach Schluss der mündlichen Verhandlung ist auch eine Antragsänderung oder -erweiterung nicht mehr möglich.[12] Zulässig ist es etwa, im Rahmen eines Verfahrens in Haushaltssachen die Verteilung weiterer Haushaltsgegenstände zu verlangen[13] oder den geltend gemachten Zugewinnausgleichs- oder Unterhaltsanspruch zu erhöhen oder durch einen nunmehr im Wege eines Stufenantrags geltend gemachten Aus-

---

1 *Finger*, MDR 2010, 544 (545); vgl. OLG Zweibrücken v. 12.5.1998 – 5 UF 73/97, FamRZ 1998, 1525f.
2 BT-Drucks. 16/6308, S. 185.
3 OLG Zweibrücken v. 3.9.1980 – 6 WF 59/80, FamRZ 1980, 1143; OLG Düsseldorf v. 21.1.1981 – 6 WF 187, 188/80, JurBüro 1981, 933 (934).
4 OLG Düsseldorf v. 21.1.1981 – 6 WF 187, 188/80, JurBüro 1981, 933 (934); vgl. auch Musielak/*Borth*, § 137 FamFG Rz. 37.
5 OLG Hamm v. 17.11.1980 – 6 UF 559/80, MDR 1981, 324f.
6 OLG Schleswig v. 12.12.1980 – 8 WF 18/80, SchlHA 1980, 79 (80); OLG Düsseldorf v. 21.1.1981 – 6 WF 187, 188/80, JurBüro 1981, 933 (934); KG v. 11.7.1978 – 1 W 2248/78, Rpfleger 1978, 389f.; aA OLG Celle v. 20.4.1979 – 10 WF 26/79, JurBüro 1980, 874 (875); OLG Celle v. 10.12.1982 – 21 WF 71/82, MDR 1983, 852 (853).
7 MüKo.ZPO/*Finger*, § 623 ZPO Rz. 27.
8 BGH v. 19.3.1997 – XII ZR 277/95, FamRZ 1997, 811 (812). Vgl. dazu im Einzelnen Rz. 41.
9 OLG Oldenburg v. 16.12.2011 – 11 UF 168/11, FamRZ 2012, 656 (657); OLG Hamm v. 17.10.2011 – II 6 UF 144/11, FamRZ 2012, 655 (656); OLG Bamberg v. 26.10.2010 – 2 UF 180/10, juris; *Hoppenz*, FPR 2011, 23 (25). AA OLG Naumburg v. 8.3.2000 – 8 WF 37/00, FamRZ 2001, 168 (Ls.); OLG Schleswig v. 4.10.1994 – 13 UF 140/93, SchlHA 1995, 158; *Keuter*, NJW 2009, 276ff.
10 So MüKo.ZPO/*Heiter*, § 137 FamFG Rz. 35; angedeutet in BGH v. 21.3.2012 – XII ZB 447/10, FamRZ 2012, 863 (865f.); *Viefhues*, FF 2012, 291 (295).
11 MüKo.ZPO/*Heiter*, § 137 FamFG Rz. 42; Zöller/*Philippi*, 27. Aufl., § 623 ZPO Rz. 29.
12 Zöller/*Greger*, § 296a ZPO Rz. 2a.
13 *Kemper*, in: Kemper/Schreiber, § 137 FamFG Rz. 16.

kunftsanspruch zu ergänzen.[1] Demgegenüber kann der Verbund nicht nachträglich dadurch hergestellt werden, dass nach Ablauf der Zweiwochenfrist ein ursprünglich isolierter Auskunftsantrag durch einen Zahlungsantrag in Form eines Stufenklageantrags ergänzt wird.[2] Auch können, wenn lediglich das Verfahren über den Wertausgleich bei der Scheidung nach §§ 6 bis 19 und 28 VersAusglG von Amts wegen eingeleitet wurde, nach Fristablauf keine Ausgleichsansprüche nach der Scheidung iSv. §§ 20 ff. VersAusglG geltend gemacht werden, denn insofern handelt es sich um unterschiedliche Verfahrensgegenstände.[3]

Nach dem klaren Wortlaut der Vorschrift können in der **Beschwerdeinstanz** keine neuen Folgesachen anhängig gemacht werden.[4] Der Antrag muss vielmehr als isolierte Familiensache in der ersten Instanz verfolgt werden. Wurde die Folgesache in der ersten Instanz rechtzeitig[5] anhängig gemacht, ist in der Beschwerdeinstanz jedoch – nach den vorstehend dargestellten Grundsätzen – eine Antragserweiterung zulässig.[6] Aus Gründen der Verfahrensökonomie und des effektiven Rechtsschutzes wird eine erstmalige Antragstellung in der Beschwerdeinstanz ausnahmsweise zugelassen, wenn der Antrag auf Durchführung des schuldrechtlichen Versorgungsausgleichs nach §§ 1587f, 1587i, 1587l aF BGB und § 3a VAHRG aF, an dessen Stelle nach neuem Recht die sog. „Ausgleichsansprüche nach der Scheidung" iSv. §§ 20 ff. VersAusglG treten, erstmals in der Rechtsmittelinstanz gestellt werden kann, weil in der ersten Instanz bis zum maßgeblichen Zeitpunkt die Voraussetzungen hierfür noch nicht gegeben waren.[7] Nach Ansicht des OLG Frankfurt soll es sogar möglich sein, im Rahmen eines in zweiter Instanz anhängigen Sorgerechtsverfahrens die in zweiter Instanz erstmalig beantragte Herausgabe eines Kindes nach § 1632 Abs. 1 BGB anzuordnen.[8]

52

Wird die Scheidungssache nach § 146 Abs. 1 Satz 1 oder § 117 Abs. 2 Satz 1 FamFG iVm. § 538 Abs. 2 ZPO an das Gericht des ersten Rechtszugs **zurückverwiesen**, können nach den allgemeinen Regeln (Rz. 47 ff.) neue Anträge in Folgesachen gestellt werden. Denn das Verfahren befindet sich dann wieder in der ersten Instanz, und zwar in der Lage, in der es sich befand, als die Verhandlung vor Erlass der aufgehobenen Entscheidung geschlossen wurde.[9] Dass § 623 Abs. 4 Satz 2 aF ZPO, der diese Lösung früher ausdrücklich klarstellte, im neuen Recht nicht übernommen wurde, dürfte ein gesetzgeberisches Versehen sein.[10]

53

2. Von Amts wegen durchzuführender Versorgungsausgleich (Abs. 2 Satz 2)

Nach § 137 Abs. 2 Satz 2 FamFG ist über den Versorgungsausgleich in den Fällen der §§ 6 bis 19 und 28 VersAusglG von Amts wegen zu entscheiden (Amtsverbund). Damit ist der **Wertausgleich bei der Scheidung** nach §§ 6 bis 19 VersAusglG in Form der internen (§§ 10 bis 13 VersAusglG) oder – ausnahmsweise – externen Teilung (§§ 14 bis 17 VersAusglG) stets von Amts wegen als Folgesache durchzuführen. In den (seltenen) Fällen des § 28 VersAusglG ist der Ausgleich ebenfalls von Amts we-

54

---

1 Vgl. OLG Hamm v. 4.10.1991 – 5 UF 482/90, FamRZ 1994, 48 (49); MüKo.ZPO/*Finger*, § 623 ZPO Rz. 14; vgl. auch Musielak/*Borth*, § 137 FamFG Rz. 35.
2 OLG Koblenz v. 23.6.2003 – 13 UF 257/03, FamRZ 2004, 200.
3 OLG Bamberg v. 29.6.2000 – 7 UF 30/00, FamRZ 2001, 689 (690); OLG Köln v. 3.7.1979 – 4 UF 28/79, FamRZ 1979, 1027f.; KG v. 6.10.1980 – 18 UF 3064/80, FamRZ 1981, 60.
4 BGH v. 21.3.2012 – XII ZB 447/10, FamRZ 2012, 863 (866); OLG Hamburg v. 28.7.1999 – 7 UF 73/99, FamRZ 2000, 842; OLG Hamm v. 21.2.1989 – 13 UF 412/88, FamRZ 1989, 1191f.; OLG Hamm v. 8.2.1989 – 8 UF 72/88, FamRZ 1989, 991 (992).
5 Zöller/*Philippi*, 27. Aufl., § 623 ZPO Rz. 29.
6 OLG Hamm v. 13.8.1999 – 5 UF 55/99, OLGReport 2000, 62f. = FamRZ 2000, 1030 (Ls.).
7 OLG Zweibrücken v. 12.9.2005 – 2 UF 157/03, FamRZ 2006, 713 (714); vgl. auch Musielak/*Borth*, § 137 FamFG Rz. 36; zu den Grenzen vgl. OLG Hamm v. 20.9.1990 – 4 UF 157/90, FamRZ 1991, 204; krit. MüKo.ZPO/*Heiter*, § 137 FamFG Rz. 54.
8 OLG Frankfurt v. 30.12.1998 – 6 UF 124/98, FamRZ 1999, 612 (613); abl. Zöller/*Philippi*, 27. Aufl., § 623 ZPO Rz. 30.
9 BGH v. 21.3.2012 – XII ZB 447/10, FamRZ 2012, 863 (866); *Hoppenz*, FPR 2011, 23 (24); MüKo.ZPO/*Heiter*, § 137 FamFG Rz. 53.
10 MüKo.ZPO/*Heiter*, § 137 FamFG Rz. 53.

gen zu prüfen, obwohl er in Form einer schuldrechtlichen Ausgleichsrente erfolgt, denn diese tritt hier an die Stelle der internen oder externen Teilung.[1] Auch die nunmehr in § 224 Abs. 3 vorgeschriebene Feststellung, dass ein Wertausgleich bei der Scheidung nicht stattfindet, ist von Amts wegen zu treffen. Die **Zweiwochenfrist** des § 137 Abs. 2 Satz 1 gilt für die Amtsverfahren nach § 137 Abs. 2 Satz 2 nicht,[2] das gilt nach mittlerweile ganz herrschender Auffassung auch in den Fällen des § 3 Abs. 3 VersAusglG, weil auch hier der Versorgungsausgleich grundsätzlich von Amts wegen durchzuführen ist und der Antrag nach § 3 Abs. 3 VersAusglG materiellrechtlicher Natur ist.[3] Regelmäßig nicht verbundfähig sind demgegenüber Ausgleichsansprüche nach der Scheidung iSv. §§ 20 ff. VersAusglG, vgl. Rz. 29. Da § 137 nur auf **Scheidungssachen** anwendbar ist, wird bei anderen Ehesachen iSv. § 121 kein Versorgungsausgleich von Amts wegen durchgeführt.[4]

55   Die **Anhängigkeit** der von Amts wegen einzuleitenden Folgesache tritt nicht schon durch gerichtsinterne Handlungen, sondern erst mit einer nach außen erkennbar werdenden Initiative des Gerichts ein, die auf eine Aufnahme des Verfahrens gerichtet ist.[5] Entscheidend ist, wann das Gericht konkrete Ermittlungen zur Klärung des Versorgungsausgleichs aufnimmt, was regelmäßig der Fall ist, wenn es die Ehegatten (vor allem durch Zusendung der Fragebögen)[6] oder die Versorgungsträger gem. § 220 zur Auskunftserteilung auffordert.[7] Soweit vertreten wird, nicht ausreichend sei die bloße Nachfrage bei den Beteiligten, ob während der Ehezeit überhaupt Versorgungsanwartschaften erworben wurden,[8] kann dem nicht generell gefolgt werden, denn auch wenn in der Ehezeit keinerlei Versorgungsanwartschaften erworben wurden, ist über die Nichtdurchführung des Versorgunsausgleichs eine in Rechtskraft erwachsende Entscheidung zu treffen. Ermittlungen müssen jedoch nicht eingeleitet werden, wenn der Scheidungsantrag offensichtlich unbegründet ist.[9]

56   Der Versorgungsausgleich wird auch dann von Amts wegen eingeleitet, wenn gem. § 224 Abs. 3 (lediglich) **festzustellen ist, ein Wertausgleich bei der Scheidung finde aus einem der dort aufgeführten Gründe nicht statt.**[10] Dem steht nicht entgegen, dass § 3 Abs. 3 VersAusglG bestimmt, bei einer Ehezeit von bis zu drei Jahren finde ein Versorgungsausgleich nur statt, wenn ein Ehegatte dies beantragt, denn hierbei handelt es sich um eine materiellrechtliche Bestimmung, verfahrensrechtlich wird

---

1 BT-Drucks. 16/10144, S. 69.
2 BGH v. 17.1.1979 – IV ZB 111/78, FamRZ 1979, 232.
3 OLG Dresden v. 24.8.2010 – 20 UF 526/10, FamRZ 2011, 483; OLG Brandenburg v. 1.2.2011 – 13 UF 94/10, FamRZ 2011, 1147 (Ls.); OLG Frankfurt v. 13.6.2012 – 3 UF 26/12, juris; *Borth*, Versorgungsausgleich, Rz. 1057; *Hoppenz*, FPR 2011, 23 (25); aA Johannsen/Henrich/*Markwardt*, § 137 FamFG Rz. 14.
4 OLG München v. 25.3.1980 – 4 UF 270/79, FamRZ 1980, 565 (566).
5 BGH v. 30.9.1992 – XII ZB 100/89, NJW 1992, 3293 (3294) (nicht schon bei Anlegung einer Versorgungsausgleichsakte und Einsichtnahme in Scheidungsakte); KG v. 27.2.1987 – 1 WF 5989/86, FamRZ 1987, 727.
6 OLG Düsseldorf v. 17.6.1991 – 3 WF 75/91, FamRZ 1991, 1079; Musielak/*Borth*, § 137 FamFG Rz. 30; aA OLG Karlsruhe v. 26.5.2010 – 16 WF 82/10, NJW 2010, 2445 (2446) (bloße Vorermittlungen).
7 OLG Hamm v. 3.4.2007 – 1 UF 24/07, FamRZ 2007, 1257 (1258); MüKo.ZPO/*Finger*, § 623 ZPO Rz. 31.
8 OLG Karlsruhe v. 26.5.2010 – 16 WF 82/10, NJW 2010, 2445 (2446); OLG Karlsruhe v. 13.11.2006 – 20 WF 141/05, MDR 2007, 620 (621); KG v. 27.2.1987 – 1 WF 5989/86, FamRZ 1987, 727; Keidel/*Weber*, § 137 FamFG Rz. 23; aA OLG Düsseldorf v. 17.6.1991 – 3 WF 75/91, FamRZ 1991, 1079 (1080).
9 MüKo.ZPO/*Heiter*, § 137 FamFG Rz. 60; Keidel/*Weber*, § 137 FamFG Rz. 23.
10 Nach altem Recht ging man teilweise davon aus, dass eine Verfahrenseinleitung nicht vorliege, wenn der Familienrichter mit den Beteiligten erörtere, ob der Versorgungsausgleich vertraglich ausgeschlossen sei, oder er lediglich feststelle, dass ein Versorgungsausgleich nicht stattfinde (OLG Hamburg v. 13.11.1987 – 12 WF 107/87, FamRZ 1988, 638; aA KG v. 27.2.1987 – 1 WF 5989/86, FamRZ 1987, 727; OLG Düsseldorf v. 17.6.1991 – 3 WF 75/91, FamRZ 1991, 1079 [1080]). Diese Ansicht ist durch Einführung des § 224 Abs. 3 für die dort genannten Fälle überholt.

auch in diesen Fällen der Versorgungsausgleich von Amts wegen eingeleitet.[1] Das Gleiche gilt, wenn durch wirksame Parteivereinbarung (§§ 7, 8 VersAusglG, § 1408 Abs. 2 BGB) die Durchführung des Versorgungsausgleichs insgesamt oder in Form des Wertausgleichs bei der Scheidung ausgeschlossen ist (§ 6 Abs. 1 VersAusglG), weil das Familiengericht gem. § 8 Abs. 1 VersAusglG zu prüfen hat, ob die Vereinbarung einer Ausübungs- und Inhaltskontrolle standhält.[2] Zum Fall, dass in der Ehezeit keinerlei Versorgungsanwartschaften erworben wurden Rz. 55.

Bei **internationalen Sachverhalten** ist ein Versorgungsausgleich von Amts wegen nur bei Anwendbarkeit deutschen Rechts durchzuführen, wobei hinzu kommen muss, dass das Recht eines der Staaten, denen die Ehegatten angehören, einen Versorgungsausgleich oder ein funktional vergleichbares Rechtsinstitut kennt (Art. 17 Abs. 3 Satz 1 EGBGB).[3] Im Übrigen findet der Versorgungsausgleich nach Art. 17 Abs. 3 Satz 2 EGBGB nur auf Antrag statt (Rz. 29), der innerhalb der Zweiwochenfrist des § 137 Abs. 2 Satz 1 gestellt werden muss.[4] Wird kein Antrag gestellt, so ist dies nicht im Tenor festzuhalten.[5]

II. Kindschaftssachen als Folgesachen kraft Antrags (Absatz 3)

Die in § 137 Abs. 3 aufgeführten Kindschaftssachen gehören nicht automatisch kraft Gesetzes zum Verbund, sondern werden **nur aufgrund eines besonderen (Verfahrens-)Antrags** einbezogen.

Im Unterschied zu § 137 Abs. 2 betreffen die Gegenstände des § 137 Abs. 3 nicht das Verhältnis der Ehegatten untereinander, sondern ihre Beziehung zu den gemeinschaftlichen Kindern (Alt. 1 bis 3) sowie den jeweiligen Stiefkindern (Alt. 4). Die verbundfähigen Kindschaftssachen werden im Gesetz abschließend aufgezählt. Zu den Verfahren, welche die Übertragung oder Entziehung der **elterlichen Sorge** für ein gemeinschaftliches Kind betreffen, sind auch solche Maßnahmen nach §§ 1666 Abs. 3 Nr. 6, 1671 Abs. 1 BGB zu rechnen, die sich lediglich auf einen Teilbereich der elterlichen Sorge beziehen. Dem Umstand, dass die Vorschrift – im Unterschied zu § 623 Abs. 3 Satz 1 aF ZPO – den Teilentzug bzw. die Teilübertragung nicht explizit erwähnt, kann keine Bedeutung beigemessen werden (vgl. auch § 141 Satz 2). Auch die Änderung bereits getroffener Anordnungen nach § 1696 BGB kommt als Folgesache in Frage.[6] Das **Umgangsrecht** für ein gemeinschaftliches Kind bestimmt sich nach § 1684 BGB, für ein Stiefkind nach § 1685 Abs. 2 BGB. **Herausgabe** eines gemeinschaftlichen Kindes kann ein Ehegatte vom anderen unter den Voraussetzungen des § 1632 Abs. 1 BGB verlangen.

Die in § 137 Abs. 3 aufgeführten Verfahren sind als „fakultative" Folgesachen ausgestaltet. Sie werden nur aufgrund eines entsprechenden **(Verfahrens-)Antrags**, der von jedem Ehegatten bis zum Schluss der mündlichen Verhandlung im ersten Rechtszug gestellt werden kann, in den Verbund einbezogen (die Zweiwochenfrist des § 137 Abs. 2 Satz 1 gilt insofern nicht[7]). Beim Antrag nach § 137 Abs. 3, der nach

---

1 OLG Brandenburg v. 21.5.2012 – 9 UF 19/12, FamRZ 2013, 317 (318); OLG Karlsruhe v. 26.5.2010 – 16 WF 82/10, NJW 2010, 2445 (2446); OLG Düsseldorf v. 15.6.2010 – II-7 WF 10/10, FamRZ 2010, 2102; MüKo.ZPO/*Heiter*, § 137 FamFG Rz. 61.
2 OLG München v. 31.5.2011 – 12 WF 831/11, FamRZ 2011, 1813; MüKo.ZPO/*Heiter*, § 137 FamFG Rz. 62.
3 Dies ist fast nie der Fall: BGH v. 11.2.2009 – XII ZB 101/05, FamRZ 2009, 677 (678 ff.); BGH v. 11.2.2009 – XII ZB 184/04, FamRZ 2009, 681 (682 f.); Johannsen/*Henrich*, Art. 17 EGBGB Rz. 59.
4 *Hoppenz*, FPR 2011, 23 (26); vgl. auch OLG Hamm v. 20.9.1990 – 4 UF 157/90, FamRZ 1991, 204 mwN.
5 OLG Bremen v. 26.4.2012 – 5 UF 107/11, FamRZ 2013, 222 (223); OLG München v. 8.2.1999 – 26 UF 666/99, FamRZ 2000, 165.
6 Musielak/*Borth*, § 137 FamFG Rz. 11; Keidel/*Weber*, § 137 FamFG Rz. 11; aA auf der Grundlage des abweichenden Wortlauts von § 623 Abs. 2 Nr. 1 aF ZPO OLG Zweibrücken v. 15.12.2000 – 2 UF 130/00, FamRZ 2001, 920 f.
7 OLG Brandenburg v. 28.7.2011 – 9 UF 32/11, FamRZ 2012, 56 (57).

§ 114 Abs. 1 dem Anwaltszwang unterliegt,[1] handelt es sich nicht um einen verfahrenseinleitenden Antrag iSv. § 23.

61 Ob die entsprechende Kindschaftssache nur auf Antrag (zB § 1671 Abs. 1 BGB) oder von Amts wegen (zB §§ 1666, 1696 BGB) eingeleitet wird, richtet sich nach allgemeinen Grundsätzen. Auch soweit ein verfahrenseinleitender Antrag erforderlich ist, bedarf es für Verfahrensgegenstände der fG keines bestimmten Sachantrags. Anders als in den Fällen des § 137 Abs. 2 Satz 1 muss es sich ausweislich des unterschiedlichen Wortlauts von Abs. 2 und 3 auch **nicht um einen bedingten Antrag** handeln, der „für den Fall der Scheidung" gestellt wird[2] (wenngleich auch in den Fällen des § 137 Abs. 3 wegen § 148 vor Rechtskraft der Scheidung die Entscheidung in der Folgesache nicht wirksam wird).

62 Der Antrag auf Einbeziehung in den Verbund muss zwischen der Einreichung des Scheidungsantrags und dem **Schluss der mündlichen Verhandlung** erster Instanz in der Scheidungssache gestellt werden. Die unter Rz. 49 f. dargestellten Grundsätze gelten auch hier. In den Verbund einbezogen ist die Kindschaftssache nur dann, wenn das Gericht die Einbeziehung nicht ausdrücklich ablehnt.[3] Für diese Entscheidung, die nach § 140 Abs. 6 analog nicht anfechtbar ist, ist keine besondere Form vorgeschrieben,[4] den Beteiligten ist rechtliches Gehör zu gewähren.[5] Wird dem Antrag entsprochen, muss keine Entscheidung gefällt werden. Wird dem Verfahren zunächst ohne ausdrückliche Ablehnung der Einbeziehung Fortgang gegeben, kann zu einem späteren Zeitpunkt eine Abtrennung nur noch nach § 140 erfolgen.[6]

63 Soweit sich die Beteiligten in der Sache nicht ohnehin schon einig sind, wird eine **Einbeziehung oftmals nicht den wohlverstandenen Interessen des Kindes dienen** (zu den Kostenvorteilen vgl. Rz. 17 f.): Werden Kindschaftssachen als Folgesachen geführt, kann die Entscheidung nämlich nur zusammen mit der Scheidung getroffen werden (§§ 137 Abs. 1, 142 Abs. 1 Satz 1) und wird auch erst zusammen mit dieser wirksam (§ 148). Bereits das materielle Recht zeigt aber, dass nicht die Scheidung, sondern die Trennung die entscheidende Zäsur ist, die ein Regelungsbedürfnis hervorruft (vgl. § 1671 BGB). Eine Regelung für die Zeit der Trennung kann im Verbund aber nicht erfolgen. Auch das nunmehr im Gesetz verstärkt hervorgehobene Anliegen einer beschleunigten Behandlung von Kindschaftssachen (§§ 140 Abs. 2 Nr. 3, 155) spricht oftmals gegen die Verknüpfung mit dem Scheidungsverbund.[7] Aber auch wenn die Kindschaftssache erst nach der Scheidungssache entscheidungsreif sein sollte, ist es regelmäßig nicht kindeswohldienlich, die Regelung von Sorge- und Umgangsfragen dadurch zu belasten, dass die Scheidung hinausgezögert und die Konflikte auf der Paarebene in der Schwebe gehalten werden.[8] Letztlich bleibt somit unklar, welches der mit dem Verbund verfolgten Ziele (Rz. 5) überhaupt dadurch gefördert werden soll, dass die Entscheidung in einer Kindschaftssache gerade mit dem Ausspruch der Scheidung verknüpft wird.[9] Wird die Einbeziehung nicht abge-

---

1 Johannsen/Henrich/*Markwardt*, § 137 FamFG Rz. 14; Hoppenz/*Walter*, § 137 FamFG Rz. 13; aA MüKo.ZPO/*Heiter*, § 137 FamFG Rz. 75 (§ 114 Abs. 4 Nr. 3, 4 und 7 analog).
2 MüKo.ZPO/*Heiter*, § 137 FamFG Rz. 73; *Kemper*, in Schreiber/Kemper, § 137 FamFG Rz. 32; aA OLG Brandenburg v. 28.7.2011 – 9 UF 32/11, FamRZ 2012, 56 (57); Musielak/*Borth*, § 137 FamFG Rz. 7 und 11 (wegen § 148 aber kein praktischer Unterschied).
3 MüKo.ZPO/*Heiter*, § 137 FamFG Rz. 77; Thomas/Putzo/*Hüßtege*, § 137 FamFG Rz. 23; vgl. auch Johannsen/Henrich/*Markwardt*, § 137 FamFG Rz. 10; aA Musielak/*Borth*, § 137 FamFG Rz. 12: grundsätzlich einbezogen mit Möglichkeit zur Abtrennung nach § 140 Abs. 2 Nr. 3.
4 MüKo.ZPO/*Heiter*, § 137 FamFG Rz. 79; aA Thomas/Putzo/*Hüßtege*, § 137 FamFG Rz. 23 und 1. Aufl. (Beschluss).
5 Musielak/*Borth*, § 137 FamFG Rz. 12.
6 MüKo.ZPO/*Heiter*, § 137 FamFG Rz. 77.
7 Vgl. im Zusammenhang mit § 140 Abs. 2 Nr. 3 BT-Drucks. 16/6308, S. 231: „An erster Stelle steht nunmehr die Beschleunigung der Kindschaftsfolgesachen im Interesse des Kindeswohls."
8 Problematisch daher OLG Brandenburg v. 28.7.2011 – 9 UF 32/11, FamRZ 2012, 56 (57).
9 *Schwab*, FamRZ 1998, 457 (459) hat bereits anlässlich des Inkrafttretens des KindRG den Verfahrensverbund für Kindschaftssachen in Frage gestellt. Demgegenüber befürchtete *Büttner*, FamRZ 1998, 585 (592) eine „Entwertung des Verbundverfahrens für den sozial schwächeren Ehegatten".

lehnt und gelangt das Gericht später zu der Erkenntnis, dass die Fortführung des Verfahrens im Verbund nicht (mehr) den Interessen des Kindes entspricht, kann das Verfahren nach § 140 Abs. 2 Nr. 3 wieder **abgetrennt** werden.

III. Folgesachen bei Anwendbarkeit ausländischen Rechts

Der Verbund tritt ohne weiteres auch dann ein, wenn auf Folgesachen ausländisches Recht Anwendung findet,[1] und zwar unabhängig davon, ob das fremde Recht vergleichbare Verbundprinzipien kennt. Gleichwohl können sich die Regelungen des ausländischen Rechts in gewisser Weise auf das deutsche Verfahren auswirken (vgl. § 121 Rz. 3): So beurteilt sich die Frage, ob eine Folgesache **nur auf Antrag oder von Amts** wegen in den Verbund einzubeziehen ist, nach dem ausländischen Sachrecht.[2] Dies kann vor allem von Amts wegen zu treffende Sorgerechtsentscheidungen oder Entscheidungen über den Kindesunterhalt betreffen. 64

Auch Sachregelungen, die dem deutschen Recht nicht bekannt sind, aber **funktional bestimmten Folgesachen entsprechen**, können in den Verbund fallen:[3] Für den Anspruch auf die sog. Braut- oder Morgengabe (mahr), die va. in islamischen Rechtsordnungen vorgesehen ist, hat sich in der Rechtsprechung aber mittlerweile die Auffassung durchgesetzt, dass dieser nicht in den Verbund einzubeziehen sei.[4] Demgegenüber wurde der Anspruch des unschuldig geschiedenen Ehegatten nach Art. 143 türk. ZGB auf Immaterialschadensersatz als Folgesache angesehen.[5] 65

Zur Frage der **internationalen Zuständigkeit** für Verbundverfahren vgl. Rz. 23. 66

D. Verweisung oder Abgabe an Gericht der Scheidungssache (Absatz 4)

Nach § 137 Abs. 4 werden Verfahren, die an das Gericht der Ehesache übergeleitet werden, mit Anhängigkeit beim Gericht der Scheidungssache zu Folgesachen, wenn sie die Voraussetzungen der Abs. 2 oder 3 erfüllen. Der Verbund tritt, sofern die entsprechenden Voraussetzungen (Rz. 68) erfüllt sind, **kraft Gesetzes** ein und ist von Amts wegen zu beachten. Der Anwendungsbereich der Vorschrift erstreckt sich vor allem auf zwei Konstellationen: Nach §§ 152 Abs. 1, 201 Nr. 1, 218 Nr. 1, 232 Abs. 1 Nr. 1, 262 Abs. 1, 270 Abs. 1 Satz 2 ist für alle verbundfähigen Familiensachen (aber nicht nur für diese) das Gericht der Scheidungssache ausschließlich örtlich zuständig. Wird diese Regelung verkannt und ein örtlich unzuständiges Gericht angerufen, verweist dieses das Verfahren nach § 281 ZPO (iVm. § 113 Abs. 1 Satz 2 FamFG) bzw. § 3 an das Gericht der Scheidungssache. Auch wenn die Scheidungssache erst rechtshängig wird, nachdem die betreffende Familiensache bereits anderweitig im ersten Rechtszug anhängig geworden ist, sind verbundfähige Familiensachen ebenfalls nach §§ 153, 202, 233, 263, 270 Abs. 1 Satz 2 an das Gericht der Scheidungssache überzuleiten. Nach § 133 Abs. 1 Nr. 3 muss die Antragsschrift in der Scheidungssache daher 67

---

1 OLG Hamm v. 8.2.1989 – 8 UF 72/88, FamRZ 1989, 991 (990); Baumbach/*Hartmann*, § 137 FamFG Rz. 3; Staudinger/*Spellenberg*, § 606a ZPO Rz. 244 (für die Frage der int. Verbundzuständigkeit).
2 OLG Stuttgart v. 28.2.1984 – 17 UF 372/83, DAVorm 1984, 1066 (1067f.); Musielak/*Borth*, § 137 FamFG Rz. 9; Stein/Jonas/*Schlosser*, § 623 ZPO Rz. 22; *Nagel/Gottwald*, 6. Aufl., § 5 Rz. 93; *Henrich*, Internationales Familienrecht, S. 147.
3 Staudinger/*Spellenberg*, § 606a ZPO Rz. 253 (für die Frage der int. Verbundzuständigkeit); *Nagel/Gottwald*, 6. Aufl., § 5 Rz. 93; *Roth*, ZZP 103 (1990), 5 (18). Offen gelassen für den Anspruch auf Entschädigungs- und Genugtuungszahlung nach türkischem Recht: OLG Hamm v. 21.2.1989 – 13 UF 412/88, FamRZ 1989, 1191 (1192); abl. Staudinger/*Spellenberg*, § 606a ZPO Rz. 261.
4 OLG Zweibrücken v. 24.4.2007 – 5 UF 74/05, FamRZ 2007, 1555 (1556); OLG Hamm v. 2.10.2003 – 6 WF 316/03, FamRZ 2004, 551; KG v. 6.10.2004 – 3 WF 177/04, FamRZ 2005, 1685; Zöller/*Lorenz*, § 137 FamFG Rz. 24 und § 261 Rz. 16; Arg. zumindest nicht zurückgewiesen von BGH v. 6.10.2004 – XII ZR 225/01, FamRZ 2004, 1952 (1958); aA AG Hamburg v. 19.12.1980 – 261 F 84/80, IPRax 1983, 74 (75); vgl. auch KG v. 12.11.1979 – 3 WF 3982/79, FamRZ 1980, 470 (471). Kollisionsrechtlich wurde sie vom BGH nun als allgemeine Ehewirkung eingeordnet, vgl. BGH v. 9.12.2009 – XII ZR 107/08, FamRZ 2010, 533.
5 OLG Karlsruhe v. 25.10.2002 – 20 UF 94/00, NJW-RR 2003, 725 (726); vgl. dazu auch *Finger*, FuR 1997, 129 (132f.).

auch Angaben über anderweitig anhängige Familiensachen enthalten. Übergeleitete Verfahren werden mit Eingang der Akten anhängig (§ 281 Abs. 2 Satz 3 ZPO).[1] Erst ab diesem Zeitpunkt kann der Verbund seine Wirkungen entfalten.[2] Die beim ersten Gericht erwachsenen Kosten werden als Teil der Kosten des zweiten Gerichts behandelt, § 281 Abs. 3 Satz 1 ZPO (iVm. §§ 153 Satz 2, 202 Satz 2, 233 Satz 2, 263 Satz 2, 270 Abs. 1 Satz 2 FamFG), § 3 Abs. 4 FamFG.

68 Ob die übergeleiteten Verfahren die **Voraussetzungen der Abs. 2 und 3** erfüllen, bestimmt sich nach allgemeinen Kriterien (dabei ist nach Sinn und Zweck der Regelung die Zweiwochenfrist des § 137 Abs. 2 Satz 1 nicht anwendbar). Verfahren nach Abs. 2 sind nur dann Folgesachen, wenn der Antrag für den Fall der Scheidung gestellt wird (Rz. 27 f.). Solange das Verfahren als isolierte Familiensache geführt wurde, wird dies aber regelmäßig nicht der Fall sein. Die Einordnung als Folgesache hängt demnach regelmäßig davon ab, ob der Antragsteller nach der Überleitung erklärt, nunmehr eine Entscheidung für den Fall der Scheidung zu wünschen (zB Kindesunterhalt ab Rechtskraft der Scheidung).[3] Für Verfahren nach Abs. 3 ist entscheidend, ob der Antragsteller die Einbeziehung in den Verbund beantragt.

E. Behandlung abgetrennter Folgesachen (Absatz 5)

69 § 137 Abs. 5 legt fest, ob ein ursprünglich im Verbund stehendes Verfahren **nach Abtrennung (§ 140) nach wie vor als Folgesache** anzusehen ist. Obwohl sie dem Verbund nicht mehr angehören, verlieren die Verfahrensgegenstände des § 137 Abs. 2 gem. § 137 Abs. 5 Satz 1 grundsätzlich nicht ihren Charakter als Folgesachen. Durch die Abtrennung ändert sich hier nämlich regelmäßig nichts daran, dass eine Entscheidung nur für den Fall der Scheidung zu treffen ist,[4] was im Rahmen einer selbständigen Familiensache nicht möglich ist (unzulässige außerprozessuale Bedingung). Nach Wortlaut und Systematik der Vorschrift werden auch die Fälle der Abtrennung wegen Beteiligung Dritter (§ 140 Abs. 1) erfasst.[5] Allerdings ist der Antragsteller nicht gehindert, den Antrag zu ändern und das Verfahren als selbständige Familiensache fortzuführen.[6] Dies ist etwa dann der Fall, wenn ein volljährig gewordenes Kind in das von einem Elternteil in gesetzlicher Verfahrensstandschaft geführte Unterhaltsverfahren eintritt (Rz. 34) und Unterhalt nicht mehr erst ab Rechtskraft der Scheidung, sondern sofort verlangt.[7] Auch wenn der vorab ergangene Scheidungsbeschluss rechtskräftig wird, entfällt nicht der Charakter als Folgesache.[8] Demgegenüber entstehen gem. § 137 Abs. 5 Satz 2 durch die Abtrennung von Kindschaftsfolgesachen iSv. § 137 Abs. 3 automatisch selbständige Verfahren. Wird ein vom Scheidungsverbund nach altem Recht (etwa nach § 2 Abs. 1 Satz 2 Hs. 2 VAÜG aF iVm. § 628 Abs. 1 ZPO) abgetrenntes **Versorgungsausgleichsverfahren gem. Art. 111 Abs. 4 Satz 2 FGG-RG als selbständige Familiensache nach neuem Recht fortgeführt**, so verliert das Verfahren ebenfalls seine Eigenschaft als Folgesache.[9]

70 **Konsequenzen** hat diese Einordnung in mehrerer Hinsicht: Durch die **Abtrennung vom Verbund** entfällt zunächst der Zwang zur einheitlichen Verhandlung und Entscheidung nach § 137 Abs. 1 mit allen daraus folgenden Konsequenzen (Rz. 11 ff.), ins-

---

1 OLG Stuttgart v. 26.6.2000 – 16 UF 148/00, FamRZ 2001, 166.
2 BT-Drucks. 16/6308, S. 230.
3 OLG Bamberg v. 12.12.1989 – 7 WF 126/89, FamRZ 1990, 645 f.; MüKo.ZPO/*Heiter*, § 137 FamFG Rz. 30; Musielak/*Borth*, § 137 FamFG Rz. 38.
4 BT-Drucks. 16/6308, S. 230.
5 Früher war die Frage umstritten, weil § 623 Abs. 1 Satz 2 aF ZPO keine explizite Regelung vorsah vgl. Stein/Jonas/*Schlosser*, § 623 ZPO Rz. 6b.
6 BT-Drucks. 16/6308, S. 230; OLG Düsseldorf v. 4.2.2002 – 2 UF 211/01, FamRZ 2002, 1572.
7 Nach altem Recht (vgl. auch Fn. 5) war das Schicksal der abgetrennten Folgesache in dieser Konstellation umstritten (vgl. einerseits Zöller/*Philippi*, 27. Aufl., § 623 ZPO Rz. 32c und andererseits Musielak/*Borth*, 6. Aufl. 2008, § 623 ZPO Rz. 34).
8 BGH v. 15.10.1980 – IVb ZB 597/80, NJW 1981, 233 (234); KG v. 13.1.1984 – 17 UF 4031/83, FamRZ 1984, 495.
9 BGH v. 16.2.2011 – XII ZB 261/10, FamRZ 2011, 635 (636 f.) mwN auch zur Gegenansicht; BGH v. 1.6.2011 – XII ZB 602/10, FamRZ 2011, 1219.

besondere entfällt damit der Zwang, auch in Familiensachen der fG mündlich zu verhandeln.¹ Ist das abgetrennte Verfahren jedoch weiterhin als **Folgesache** anzusehen, unterliegt es nach wie vor dem Anwaltszwang gem. § 114 Abs. 1.² Wegen der Abhängigkeit von der Scheidungssache bleibt außerdem die Anwendbarkeit der kostenrechtlich vorteilhaften Bestimmungen für das Verbundverfahren (§ 44 FamGKG, § 16 Nr. 4 RVG) erhalten;³ auch die für die Folgesache bewilligte Verfahrenskostenhilfe bleibt nach der Abtrennung bestehen.⁴ Die Entscheidung in der Folgesache wird nicht vor Rechtskraft der Scheidung wirksam (§ 148) und bei Rücknahme oder Abweisung des Scheidungsantrags gegenstandslos (§§ 141 Satz 1, 142 Abs. 2 Satz 1).

Die Fortführung als **selbständiges Verfahren** bedeutet demgegenüber, dass die für Folgesachen geltenden Vorschriften (wie etwa §§ 141, 148) keine Anwendung mehr finden.⁵ Das FamG muss über die Kosten gesondert entscheiden,⁶ ein für die Folgesache bereits bewilligter VKH-Antrag muss erneut gestellt werden.⁷ Anwaltszwang besteht nur noch insoweit, als er gem. § 114 Abs. 1 für selbständige „Familienstreitsachen" vorgeschrieben ist.⁸ Zur **Kostenentscheidung** nach Abtrennung vgl. § 150 Abs. 5. **71**

Werden **mehrere Folgesachen abgetrennt**, so bleibt unter ihnen – wie § 137 Abs. 5 Satz 1, 2. Halbs. klarstellt – ein „Restverbund" fortbestehen, über den durch einheitliche Entscheidung zu befinden ist, um eine möglichst weit gehende Koordinierung der verschiedenen Scheidungsfolgen zu ermöglichen.⁹ In entsprechender Anwendung von § 140 Abs. 1, Abs. 2 Nr. 1–4 ist eine Abtrennung aus dem Restverbund möglich.¹⁰ Angesichts des nunmehr eingeschränkten Schutzzwecks kann dabei ein deutlich großzügigerer Maßstab angelegt werden.¹¹ Besteht zwischen den Folgesachen kein inhaltlicher Zusammenhang, kann auch, ohne dass die Voraussetzungen der Vorschrift vorliegen, eine Abtrennung vorgenommen werden.¹² **72**

Kosten/Gebühren: Gericht: Der verfahrensrechtliche Verbund von Scheidungs- und Folgesachen führt hinsichtlich der Wertberechnung zu einem einheitlichen Verfahren. Die Verfahrenswerte der Scheidungssache und der einzelnen Folgesachen sind zu einem Gesamtverfahrenswert zu addieren (§ 44 Abs. 1, § 33 Abs. 1 Satz 1 FamGKG). Es wird für das Verfahren nur eine Verfahrensgebühr nach Nr. 1110 oder 1111 KV FamGKG erhoben. Für den Wert einer Kindschaftssache, die Folgesache ist, enthält § 44 Abs. 2 FamGKG eine besondere Regelung. Danach erhöht sich der Verfahrenswert der Ehesache für jede Kindschaftssache um 20 Prozent, höchstens aber jeweils 3 000 Euro; eine Kindschaftssache ist auch dann als ein Gegenstand zu bewerten, wenn sie mehrere Kinder betrifft. Die Werte der übrigen Folgesachen werden hinzugerechnet. § 44 Abs. 3 FamGKG lässt ausnahmsweise die Berücksichtigung eines höheren oder niedrigeren Erhöhungsbetrags zu, wenn der Betrag nach den besonderen Umständen des Einzelfalls unbillig wäre. Der Höchstbetrag von 3 000 Euro gilt insoweit nicht. Im Beschwerde- und im Rechtsbeschwerdeverfahren bestimmt sich der Wert **73**

---

1 KG v. 13.1.1984 – 17 UF 4031/83, FamRZ 1984, 495 f.; OLG Köln v. 8.8.1994 – 25 WF 147/94, FamRZ 1995, 312 (313).
2 BGH v. 15.10.1980 – IVb ZB 597/80, NJW 1981, 233 (234); BGH v. 3.12.1997 – XII ZB 24/97, FamRZ 1998, 1505 (1506); OLG Köln v. 18.12.2012 – 4 UF 206/12, Rz. 3, juris; Schwab/*Streicher*, Rz. I 145.
3 OLG Düsseldorf v. 21.3.2000 – 10 WF 5/2000, JurBüro 2000, 413; OLG Bamberg v. 15.2.1984 – 2 WF 24/84, JurBüro 1984, 738.
4 OLG Dresden v. 12.2.2002 – 22 WF 470/00, FamRZ 2002, 1415 (1416); Baumbach/*Hartmann*, § 140 FamFG Rz. 21.
5 Zur Rechtskraft OLG Bamberg v. 28.1.1999 – 7 UF 122/98, FamRZ 2000, 1237 (1238).
6 Vgl. dazu *Kogel*, Anm. zu OLG Köln v. 28.11.2006 – 10 WF 172/06, FamRZ 2007, 647 (648).
7 BGH v. 16.2.2011 – XII ZB 261/10, FamRZ 2011, 635 (637) (für eine auf § 149 beruhende Erstreckung der VKH); OLG Naumburg v. 12.2.2001 – 14 WF 229/00, FamRZ 2001, 1469 (1470). AA OLG Naumburg v. 4.4.2001 – 8 WF 20/01, juris; AG Tempelhof-Kreuzberg v. 2.2.2012 – 162 A F 25270/11, juris.
8 OLG Rostock v. 8.12.2005 – 11 UF 39/05, FamRZ 2007, 1352.
9 OLG Stuttgart v. 24.4.1990 – 18 UF 54/90, FamRZ 1990, 1121 f.; KG v. 29.11.1989 – 18 UF 3209/89, FamRZ 1990, 646.
10 OLG Zweibrücken v. 3.6.1997 – 5 UF 68/96, FamRZ 1997, 1231; OLG Koblenz v. 3.8.1992 – 13 UF 1222/91, FamRZ 1993, 199; OLG Stuttgart v. 24.4.1990 – 18 UF 54/90, FamRZ 1990, 1121 (1122).
11 OLG Zweibrücken v. 3.6.1997 – 5 UF 68/96, FamRZ 1997, 1231.
12 § 117 Rz. 58; vgl. Zöller/*Philippi*, 27. Aufl., § 629a ZPO Rz. 7.

§ 138 Verfahren in Familiensachen

nach § 40 FamGKG. Kostenschuldner im Verbundverfahren ist neben dem Entscheidungs- und Übernahmeschuldner (§ 24 Nr. 1 und 2 FamGKG) auch der Antragsteller (§ 21 Abs. 1 FamGKG). Die Verfahrensgebühr für das erstinstanzliche Verfahren (Nr. 1110 VV FamGKG) wird, soweit sie für die Ehesache entsteht, mit Eingang des Antrags fällig. Im Übrigen, nämlich hinsichtlich der Folgesachen, wird die Gebühr nach § 11 Abs. 1 FamGKG erst mit der Beendigung des Verfahrens fällig. Für den Teil der Verfahrensgebühr, der auf die Ehesache entfällt, besteht nach § 14 Abs. 1 Satz 1 FamGKG Vorauszahlungspflicht. **RA:** Für das Verbundverfahren erhält der RA die Gebühren nach Teil 3. Der Gegenstandswert ist mit dem Verfahrenswert für die Gerichtskosten identisch.

138 *Beiordnung eines Rechtsanwalts*

(1) Ist in einer Scheidungssache der Antragsgegner nicht anwaltlich vertreten, hat das Gericht ihm für die Scheidungssache und eine Kindschaftssache als Folgesache von Amts wegen zur Wahrnehmung seiner Rechte im ersten Rechtszug einen Rechtsanwalt beizuordnen, wenn diese Maßnahme nach der freien Überzeugung des Gerichts zum Schutz des Beteiligten unabweisbar erscheint; § 78c Abs. 1 und 3 der Zivilprozessordnung gilt entsprechend. Vor einer Beiordnung soll der Beteiligte persönlich angehört und dabei auch darauf hingewiesen werden, dass und unter welchen Voraussetzungen Familiensachen gleichzeitig mit der Scheidungssache verhandelt und entschieden werden können.

(2) Der beigeordnete Rechtsanwalt hat die Stellung eines Beistands.

A. Überblick

1   § 138 ermöglicht es dem Gericht, dem Antragsgegner eines Scheidungsverfahrens zu seinem Schutz auch **gegen seinen Willen einen Anwalt als Beistand beizuordnen**. Da es sich um einen schwerwiegenden Eingriff handelt, kommt die Maßnahme nur als ultima ratio in Betracht[1] und wird in der Praxis nur äußerst selten angewendet. In der Sache entspricht die Vorschrift weitgehend § 625 aF ZPO, doch erstreckt sich die Beiordnung nunmehr auf alle Kindschaftssachen iSv. § 137 Abs. 3. Außerdem wurde klargestellt, dass im Rahmen der persönlichen Anhörung nach § 138 Abs. 1 Satz 2 auch auf die Möglichkeit zur Einleitung von Folgesachen hinzuweisen ist.

B. Voraussetzungen

2   Nach herrschender Auffasung setzt die Anwendung der Vorschrift lediglich voraus, dass ein **Scheidungsantrag anhängig**[2] ist, Rechtshängigkeit ist demgegenüber nicht erforderlich.[3] Doch besitzt die Abgrenzung keine praktische Relevanz, weil das Gericht vor Zustellung des Scheidungsantrags ohnehin nicht feststellen kann, ob die Beiordnung eines Anwalts notwendig ist. Insbesondere hat der Antragsgegner vor diesem Zeitpunkt noch keine Veranlassung, sich an einen Rechtsanwalt zu wenden. Voraussetzung für die Beiordnung ist aber nach der klaren Wortlaut des Gesetzes stets, dass der Antragsgegner nicht anwaltlich vertreten ist. Wird nach der Beiordnung ein anderer Anwalt als Verfahrensvertreter bestellt, so ist die Maßnahme auf Antrag aufzuheben, da ihre Voraussetzungen fortgefallen sind.[4]

3   Die Beiordnung muss nach der freien Überzeugung des Gerichts zum Schutz des Antragsgegners unabweisbar erscheinen:

4   Eine **objektive Schutzbedürftigkeit** ist gegeben, wenn dem Antragsgegner durch die fehlende anwaltliche Vertretung ein nicht unerheblicher Schaden entstehen kann.[5] Vom Schutzbereich der Vorschrift werden nur solche Gefahren erfasst, die aufgrund der Scheidungssache selbst oder der Kindschaftssache als Folgesache drohen,

---

1 BT-Drucks. 7/650, S. 210; OLG Hamm v. 23.9.1981 – 4 WF 312–313/81, FamRZ 1982, 86 (87).
2 Musielak/*Borth*, § 138 FamFG Rz. 2; Zöller/*Lorenz*, § 138 FamFG Rz. 1; Thomas/Putzo/*Hüßtege*, § 138 FamFG Rz. 3.
3 AA Baumbach/*Hartmann*, § 138 FamFG Rz. 2.
4 *Kemper*, in: Kemper/Schreiber, § 138 FamFG Rz. 4; vgl. auch Stein/Jonas/*Schlosser*, § 625 ZPO Rz. 1.
5 Vgl. OLG Hamm v. 23.9.1981 – 4 WF 312–313/81, FamRZ 1982, 86 (87).

etwa die Befürchtung, der Umgang könnte unzureichend geregelt oder zu Unrecht ausgeschlossen werden. Demgegenüber ist die Gefährdung güterrechtlicher oder unterhaltsrechtlicher Ansprüche irrelevant, da das Gericht insofern ohnehin keinen Anwalt beiordnen kann.[1] Eine Gefahr droht zumindest dann regelmäßig nicht, wenn der Antragsgegner der Scheidung zustimmt und sich die Beteiligten hinsichtlich der Rechtsfolgen bereits außergerichtlich geeinigt haben[2] oder der Scheidungsantrag ohnehin nicht schlüssig ist.[3] Der Umstand, dass der anwaltlich nicht vertretene Antragsgegner gem. § 114 Abs. 1 nicht postulationsfähig ist, stellt für sich genommen keine Gefährdung dar, denn dies gilt in jedem Scheidungsverfahren und kann durch eine Maßnahme nach § 138 nicht behoben werden, weil auch ein beigeordneter Anwalt keine Anträge stellen kann (Rz. 11).

In **subjektiver Hinsicht** besteht eine Schutzbedürftigkeit nur dann, wenn der Antragsteller selbst nicht für seinen eigenen Schutz zu sorgen vermag, weil er dazu entweder nicht fähig oder nicht willens ist. So etwa, wenn er die rechtliche Problematik des Verfahrens nicht erfasst oder über seine tatsächliche Lage den Überblick verloren hat.[4] Gründe für eine fehlende Verteidigungsbereitschaft können Gleichgültigkeit, Uneinsichtigkeit oder der beherrschende Einfluss des anderen Gatten sein.[5]

5

Die Beiordnung muss zum Schutz des Antragsgegners unabweisbar erscheinen. Der Gesetzgeber begreift die **Maßnahme als ultima ratio**. Dh., dass es kein anderes dem Gericht zur Verfügung stehendes Mittel geben darf, um einen hinreichenden Schutz zu gewährleisten. Vorrangig muss das Gericht den Antragsgegner auf die bestehenden Gefahren hinweisen und ihm nahe legen, einen Anwalt zu beauftragen. Insbesondere sollte auch auf die Möglichkeit der Verfahrenskostenhilfe hingewiesen werden. Das Gericht darf dabei jedoch den Antragsgegner nicht in der Weise beraten, dass es gleichsam selbst die Rolle seines Anwalts übernimmt, da hierdurch die richterliche Unvoreingenommenheit gefährdet würde.

6

C. Verfahren

Mit Zustellung des Scheidungsantrags wird der Antragsgegner **aufgefordert, einen Anwalt zu bestellen** für den Fall, dass er beabsichtigt, sich gegen den Scheidungsantrag zu verteidigen (§ 113 Abs. 1 Satz 2 FamFG iVm. § 271 Abs. 2 ZPO). Kommt er dieser Aufforderung nicht nach (zur Rechtsstellung des anwaltlich nicht vertretenen Antragsgegners vgl. § 114 Rz. 20f.) und erfährt das Gericht von Umständen, die die Unabweisbarkeit einer Beiordnung nahelegen, hat es von Amts wegen zu ermitteln, ob die Beiordnung eines Anwalts erforderlich ist. Voraussetzung für eine solche Maßnahme ist gem. § 138 Abs. 1 Satz 2 stets, dass der Antragsgegner **persönlich angehört** wurde; die bloße Gelegenheit zur schriftlichen Stellungnahme genügt nicht.[6] Im Rahmen der Anhörung ist der Antragsgegner darüber aufzuklären, dass und unter welchen Voraussetzungen Familiensachen gleichzeitig mit der Scheidungssache verhandelt und entschieden werden können. Gleichzeitig soll sich das Gericht einen Eindruck verschaffen, ob eine Beiordnung unabweisbar ist.[7] Ordnet das Gericht einen Anwalt ohne vorherige Anhörung bei, stellt dies einen schweren Verfahrensfehler dar.[8] Nimmt der Antragsgegner die Gelegenheit zur persönlichen Stellungnahme nicht wahr, so hat ihn das Gericht im Termin anzuhören.[9] Das Erscheinen im Termin ist gem. § 128 Abs. 1 und 4 erzwingbar. Da es sich bei der Anhörung nach § 138 Abs. 1 Satz 2 jedoch um eine Soll-Vorschrift handelt, kann in besonderen Ausnahmefällen,

7

---

1 Zum Versorgungsausgleich KG v. 10.5.1978 – 17 WF 1661/78, FamRZ 1978, 607 (608).
2 KG v. 10.5.1978 – 17 WF 1661/78, FamRZ 1978, 607 (608).
3 OLG Hamm v. 23.9.1981 – 4 WF 312–313/81, FamRZ 1982, 86 (87).
4 BT-Drucks. 7/650, S. 210.
5 BT-Drucks. 7/650, S. 210.
6 OLG Hamm v. 4.9.1986 – 4 WF 318/86, NJW-RR 1987, 952 (953).
7 KG v. 10.5.1978 – 17 WF 1661/78, FamRZ 1978, 607 (608); OLG Düsseldorf v. 14.7.1978 – 3 WF 228/78, FamRZ 1978, 918f.; OLG Hamm v. 4.9.1986 – 4 WF 318/86, FamRZ 1986, 1122.
8 KG v. 10.5.1978 – 17 WF 1661/78, FamRZ 1978, 607 (608).
9 Zöller/*Lorenz*, § 138 FamFG Rz. 2.

in denen eine Anhörung nicht erzwingbar ist (zB Antragsgegner hält sich im Ausland auf), hiervon abgesehen werden.[1]

8   Die Beiordnung (§ 138 Abs. 1 Satz 1, 2. Halbs. FamFG iVm. § 78c Abs. 1 ZPO) erfolgt durch **Verfügung** des Familienrichters (vgl. § 78c Abs. 3 Satz 1 ZPO) **oder Beschluss** und muss begründet werden; dabei muss das Gericht die Umstände angeben, die eine Beiordnung als unabweisbar erscheinen lassen.[2]

9   Gegen die Beiordnung ist nach § 138 Abs. 1 Satz 1, 2. Halbs. FamFG iVm. § 78c Abs. 3 ZPO die **sofortige Beschwerde** nach §§ 567 ff. ZPO statthaft.

10 Beschwerdeberechtigt ist gem. § 78c Abs. 3 ZPO nur der **Antragsgegner** selbst. Die Beschwer ergibt sich für ihn daraus, dass nach § 39 Satz 1 RVG die Beiordnung unmittelbar Vergütungsansprüche des beigeordneten Anwalts auslöst. Der Antragsteller ist hingegen nicht beschwert, da ihn diese Kosten nur mittelbar treffen, wenn der Scheidungsantrag abgelehnt wird.[3] Die Ablehnung einer Beiordnung ist nicht angreifbar, da hierdurch kein Verfahrensbeteiligter beschwert ist.[4] Begehrt der Antragsgegner selbst die Beiordnung eines Rechtsanwalts, so hat er einen Antrag auf Verfahrenskostenhilfe zu stellen. Auch dem beigeordneten Anwalt steht gem. § 78c Abs. 3 ZPO ein Beschwerderecht zu, wenn ein wichtiger Grund vorliegt, nicht ihn, sondern einen anderen Anwalt beizuordnen (§ 48 Abs. 2 BRAO).[5]

D. Wirkungen

11 Prozessual hat der beigeordnete Anwalt gem. § 138 Abs. 2 die **Stellung eines Beistands**. Nach § 113 Abs. 1 Satz 2 FamFG iVm. § 90 Abs. 2 ZPO gilt daher das von ihm Vorgetragene als Vortrag des Antragsgegners, soweit dieser nicht sofort widerruft oder berichtigt. Der beigeordnete Anwalt erlangt hingegen nicht die Stellung eines Verfahrensbevollmächtigten. Er kann daher **keine Verfahrenshandlungen für den Antragsgegner wirksam vornehmen**, insbesondere keine Anträge stellen.[6] Der Antragsgegner kann den beigeordneten Anwalt jedoch ohne weiteres zur Verfahrensführung bevollmächtigen. Hierdurch entstehen idR keine höheren Kosten.[7] Die Beiordung betrifft nach dem klaren Gesetzeswortlaut nur die erste Instanz und nur das Hauptsacheverfahren. Für den einstweiligen Rechtsschutz besteht keine entsprechende Beiordnungsmöglichkeit.[8]

12 Die Beiordnung bezieht sich auf die **Scheidungssache und Kindschaftssachen als Folgesachen** iSv. § 137 Abs. 3, soweit solche anhängig sind; sonstige Folgesachen – insbesondere vermögensrechtlicher Art – werden nicht erfasst.

13 Der beigeordnete Anwalt erwirbt gem. § 39 RVG unmittelbar einen Anspruch gegen den Antragsgegner, als wäre er von diesem bevollmächtigt worden, und zwar sowohl einen **Vergütungs- als auch einen Vorschussanspruch**.[9] Bei Verzug kann die Vergütung auch von der Staatskasse verlangt werden (§ 45 Abs. 2 RVG).

139 *Einbeziehung weiterer Beteiligter und dritter Personen*
(1) Sind außer den Ehegatten weitere Beteiligte vorhanden, werden vorbereitende Schriftsätze, Ausfertigungen oder Abschriften diesen nur insoweit mit-

---

[1] MüKo.ZPO/*Heiter*, § 138 FamFG Rz. 9.
[2] OLG Düsseldorf v. 14.7.1978 – 3 WF 228/78, FamRZ 1978, 918; MüKo.ZPO/*Heiter*, § 138 FamFG Rz. 11; *Schneider*, FamRB 2010, 384 (385).
[3] OLG Hamm v. 23.9.1981 – 4 WF 312-313/81, FamRZ 1982, 86 (87).
[4] Zöller/*Lorenz*, § 138 FamFG Rz. 5; Baumbach/*Hartmann*, § 138 FamFG Rz. 5.
[5] Zöller/*Lorenz*, § 138 FamFG Rz. 4.
[6] Zöller/*Lorenz*, § 138 FamFG Rz. 6; *Kemper*, in Kemper/Schreiber, § 138 FamFG Rz. 13.
[7] Vgl. § 39 Satz 1 RVG.
[8] OLG Koblenz v. 22.2.1985 – 15 WF 105/85, FamRZ 1985, 618 (619); MüKo.ZPO/*Heiter*; § 138 FamFG Rz. 12; Zöller/*Lorenz*, § 138 FamFG Rz. 6; aA Musielak/*Borth*, § 138 FamFG Rz. 5.
[9] Musielak/*Borth*, § 138 FamFG Rz. 8; Zöller/*Lorenz*, § 138 FamFG Rz. 7; aA Baumbach/*Hartmann*, § 138 FamFG Rz. 6: kein Vorschuss.

geteilt oder zugestellt, als der Inhalt des Schriftstücks sie betrifft. Dasselbe gilt für die Zustellung von Entscheidungen an dritte Personen, die zur Einlegung von Rechtsmitteln berechtigt sind.
(2) Die weiteren Beteiligten können von der Teilnahme an der mündlichen Verhandlung insoweit ausgeschlossen werden, als die Familiensache, an der sie beteiligt sind, nicht Gegenstand der Verhandlung ist.

A. Normzweck

Vor dem Hintergrund des grundsätzlich bestehenden Zwangs zu gemeinsamer Verhandlung und Entscheidung stellt § 139 Abs. 1 wie schon § 624 Abs. 4 aF ZPO sicher, dass durch die Beteiligung Dritter an einzelnen Folgesachen nicht übermäßig in die **Privatsphäre der Ehegatten** eingegriffen wird.[1] In das Gesetz neu aufgenommen wurde die in § 139 Abs. 2 enthaltene Möglichkeit, Dritte von der mündlichen Verhandlung auszuschließen, soweit nicht über die sie betreffende Familiensachen verhandelt wird. Das Gesetz räumt dem Gericht insofern ein Ermessen ein („kann"), doch wird regelmäßig, soweit nicht die Ehegatten übereinstimmend darauf verzichten, kein Anlass bestehen, von der Ausschließung abzusehen.[2]

B. Anwendungsbereich

I. Weitere Beteiligte (Abs. 1 Satz 1)

§ 139 Abs. 1 Satz 1 erfasst Dritte, die in **Folgesachen der freiwilligen Gerichtsbarkeit** regelmäßig neben den Ehegatten an Verbundverfahren beteiligt sind: beim Versorgungsausgleich die Versorgungsträger (§ 7 Abs. 2 Nr. 1 iVm. § 219 Nr. 2 und 3), in Ehewohnungs- und Haushaltssachen die in § 204 genannten Personen und in Kindschaftssachen das Jugendamt (§ 7 Abs. 1 und Abs. 2 Nr. 2 iVm. § 162 Abs. 2), eine Pflegeperson (§ 7 Abs. 3 iVm. § 161 Abs. 1 Satz 1) sowie einen Verfahrensbeistand, dessen Stellung als Beteiligter durch das FamFG klargestellt wird (§ 7 Abs. 2 Nr. 2 iVm. § 158 Abs. 3 Satz 2). Gem. § 7 Abs. 2 Nr. 1 ist auch der Minderjährige in Kindschaftssachen formell Beteiligter (§ 151 Rz. 57 ff.).[3] Auch ein Vormund oder Pfleger ist in Kindschaftssachen Beteiligter iSv. § 7 Abs. 2 Nr. 1.[4] Demgegenüber führt in **Unterhalts- und Güterrechtsfolgesachen** die Beteiligung Dritter zur Abtrennung des betreffenden Verfahrens nach § 140 Abs. 1.

II. Dritte Personen (Abs. 1 Satz 2)

§ 139 Abs. 1 Satz 2 betrifft **alle Personen, die zur Einlegung eines Rechtsmittels berechtigt sind**, unabhängig davon, ob sie formell Verfahrensbeteiligte gewesen sind.[5] So muss etwa dem Jugendamt in Ehewohnungssachen nach § 205 Abs. 2 im Hinblick auf das ihm unabhängig von seiner Beteiligtenstellung zustehende Beschwerderecht jede Entscheidung mitgeteilt werden, soweit Kinder im Haushalt der Ehegatten leben. Auch in Kindschaftssachen steht dem Jugendamt nach § 162 Abs. 3 Satz 2 eine generelle Beschwerdebefugnis zu, so dass ihm Entscheidungen iSv. § 162 Abs. 3 Satz 1 auch dann bekannt zu geben sind, wenn es nicht nach § 162 Abs. 2 formell beteiligt wurde.

C. Verfahrensgestaltung

Um gewährleisten zu können, dass Schriftsätze, verfahrensleitende Anordnungen, Zwischen- und Endentscheidungen Dritten nur insofern übermittelt werden, als sie hiervon betroffen sind (§ 139 Abs. 1), müssen bereits die **verfahrenseinleitenden An-**

---
1 BT-Drucks. 16/6308, S. 230; BGH v. 22.4.1998 – XII ZR 281/96, FamRZ 1998, 1024 (1025).
2 Bork/Jacoby/Schwab/*Löhnig*, § 139 FamFG Rz. 7; Hoppenz/*Walter*, § 139 FamFG Rz. 3.
3 MüKo.ZPO/*Heiter*, § 139 FamFG Rz. 3; Zöller/*Lorenz*, § 139 FamFG Rz. 2.
4 So schon zum alten Recht Zöller/*Philippi*, 27. Aufl., § 624 ZPO Rz. 10. AA MüKo.ZPO/*Finger*, § 623 ZPO Rz. 12.
5 Keinen praktischen Unterschied macht es, wenn man den Anwendungsbereich auf solche dritte Personen beschränkt, die nicht weitere Beteiligte nach Abs. 1 Satz 1 sind (so MüKo.ZPO/*Heiter*, § 139 FamFG Rz. 15).

träge (vgl. § 23 Abs. 2) in getrennten Schriftsätzen eingereicht werden (§ 124 Rz. 14). Wird dies versäumt, muss die Geschäftsstelle, soweit dies praktisch durchführbar ist, die Teile eines Schriftsatzes, die nicht den Drittbeteiligten betreffen, unkenntlich machen.[1] Im Hinblick auf § 139 Abs. 2 ist die **mündliche Verhandlung** ggf. so zu gestalten (§ 136 ZPO), dass eine Beschränkung der Anwesenheit auf einzelne Verfahrensabschnitte möglich ist, allerdings ändert dies wegen § 137 Abs. 1 nichts daran, dass in jedem Termin(sstadium) auch zu allen anderen Verfahrensgegenständen vorgetragen werden kann.[2]

4a Endentscheidungen in Folgesachen sind weiteren Beteiligten und zur Einlegung von Rechtsmitteln berechtigten Dritten gem. § 113 Abs. 1 Satz 2 FamFG iVm. § 317 Abs. 1 Satz 1 ZPO **zuzustellen** (§ 116 Rz. 14). Da ihnen neben dem Rubrum und dem gesamten Tenor, der ohnehin öffentlich zu verkünden ist (§ 116 Rz. 12), nur der Teil der Begründung zugeleitet werden darf, der ihre rechtlichen Interessen betrifft, muss der Richter beim Aufbau der **Verbundentscheidung** berücksichtigen, dass die Entscheidung in den entsprechenden Folgesachen aus sich heraus verständlich sein muss. Bei **Rechtsmittelanträgen** und Schriftsätzen zur Rechtsmittelbegründung muss allerdings berücksichtigt werden, dass diese auch Drittbeteiligten übermittelt werden müssen, soweit deren Recht zur verfahrensübergreifenden Anschließung (§ 145 Rz. 7) betroffen ist.[3] Von der Rechtskraft der Entscheidung (vgl. § 148) erlangt der Dritte Kenntnis, indem der ihn betreffende Entscheidungsauszug mit einem (Teil-)Rechtskraftvermerk (§ 706 ZPO) versehen und ihm übermittelt wird.

5 Ist ein in Kindschaftsfolgesachen nach § 7 Abs. 2 Nr. 1 beteiligtes **Kind selbst verfahrensfähig** (§ 9 Abs. 1 Nr. 3), ist ihm nicht nur die Endentscheidung nach Maßgabe von § 164 Satz 1 bekannt zu machen, sondern sind ihm auch alle (übrigen) Schriftstücke und Entscheidungen nach den in § 139 Abs. 1 niedergelegten Regeln mitzuteilen.[4] Doch wird man auch insofern in analoger Anwendung von § 164 Satz 2 von einer Mitteilung absehen dürfen, wenn Nachteile für seine Entwicklung, Erziehung oder Gesundheit zu befürchten sind.[5]

140 *Abtrennung*

(1) Wird in einer Unterhaltsfolgesache oder Güterrechtsfolgesache außer den Ehegatten eine weitere Person Beteiligter des Verfahrens, ist die Folgesache abzutrennen.

(2) Das Gericht kann eine Folgesache vom Verbund abtrennen. Dies ist nur zulässig, wenn
1. in einer Versorgungsausgleichsfolgesache oder Güterrechtsfolgesache vor der Auflösung der Ehe eine Entscheidung nicht möglich ist,
2. in einer Versorgungsausgleichsfolgesache das Verfahren ausgesetzt ist, weil ein Rechtsstreit über den Bestand oder die Höhe eines Anrechts vor einem anderen Gericht anhängig ist,
3. in einer Kindschaftsfolgesache das Gericht dies aus Gründen des Kindeswohls für sachgerecht hält oder das Verfahren ausgesetzt ist,
4. seit der Rechtshängigkeit des Scheidungsantrags ein Zeitraum von drei Monaten verstrichen ist, beide Ehegatten die erforderlichen Mitwirkungshandlungen in der Versorgungsausgleichsfolgesache vorgenommen haben und beide übereinstimmend deren Abtrennung beantragen oder

---

1 Zöller/*Lorenz*, § 139 FamFG Rz. 3; aA MüKo.ZPO/*Heiter*, § 139 FamFG Rz. 8 und 12.
2 Stein/Jonas/*Schlosser*, § 623 ZPO Rz. 13.
3 MüKo.ZPO/*Heiter*, § 139 FamFG Rz. 10 (daher Übermittlung an alle erstinstanzlich Beteiligten); im Ergebnis auch Johannsen/Henrich/*Markwardt*, § 139 FamFG Rz. 2; aA Bork/Jacob/Schwab/*Löhnig*, § 139 FamFG Rz. 2.
4 MüKo.ZPO/*Schumann*, § 164 FamFG Rz. 3 Fn. 4.
5 MüKo.ZPO/*Heiter*, § 139 FamFG FamFG Rz. 13.

§ 140

5. sich der Scheidungsausspruch so außergewöhnlich verzögern würde, dass ein weiterer Aufschub unter Berücksichtigung der Bedeutung der Folgesache eine unzumutbare Härte darstellen würde, und ein Ehegatte die Abtrennung beantragt.

(3) Im Fall des Absatzes 2 Nr. 3 kann das Gericht auf Antrag eines Ehegatten auch eine Unterhaltsfolgesache abtrennen, wenn dies wegen des Zusammenhangs mit der Kindschaftsfolgesache geboten erscheint.

(4) In den Fällen des Absatzes 2 Nr. 4 und 5 bleibt der vor Ablauf des ersten Jahres seit Eintritt des Getrenntlebens liegende Zeitraum außer Betracht. Dies gilt nicht, sofern die Voraussetzungen des § 1565 Abs. 2 des Bürgerlichen Gesetzbuchs vorliegen.

(5) Der Antrag auf Abtrennung kann zur Niederschrift der Geschäftsstelle oder in der mündlichen Verhandlung zur Niederschrift des Gerichts gestellt werden.

(6) Die Entscheidung erfolgt durch gesonderten Beschluss; sie ist nicht selbständig anfechtbar.

A. Überblick	5. Härteklausel (Satz 2 Nr. 5) 20
I. Normzweck 1	a) Außergewöhnliche Verzögerung 21
II. Entstehung 2	b) Unzumutbare Härte 23
B. Abtrennungsvoraussetzungen 4	6. Rechtsmittelinstanz 29
I. Beteiligung Dritter (Absatz 1) 7	III. Erweiterte Abtrennung (Absatz 3) . . 31
II. Abtrennung nach Absatz 2 10	IV. Fristberechnung bei verfrühtem Scheidungsantrag (Absatz 4) 34
1. Vorgreiflichkeit der Scheidung (Satz 2 Nr. 1) 12	**C. Antrag (Absatz 5)** 35
2. Aussetzung des Versorgungsausgleichs (Satz 2 Nr. 2) 14	**D. Entscheidung über Abtrennung und Rechtsmittel (Absatz 6)** 36
3. Kindschaftssachen (Satz 2 Nr. 3) . . 16	**E. Fortgang des Verfahrens** 39
4. Ordnungsgemäße Mitwirkung am Versorgungsausgleich (Satz 2 Nr. 4) 18	

A. Überblick

I. Normzweck

Nach § 137 Abs. 1 ist über die Scheidung zusammen mit den Folgesachen iSv. § 137 Abs. 2 und 3 zu verhandeln und zu entscheiden. Um zu verhindern, dass es durch diesen Grundsatz zu einer **gegenseitigen Blockade der verschiedenen Verfahrensbestandteile** kommt, die von Sinn und Zweck des Verbundgedankens nicht mehr gedeckt ist (§ 137 Rz. 5), kommt unter bestimmten Voraussetzungen die Abtrennung der Folgesachen in Frage. **1**

II. Entstehung

§ 140 fasst die früher an verschiedenen Stellen geregelten Tatbestände (§§ 623 Abs. 1 Satz 2, Abs. 2 Satz 2 bis 4, Abs. 3 Satz 2 und 3, 627, 628 aF ZPO) in **deutlich modifizierter Form** in einer Vorschrift zusammen. Da Kindschaftssachen nach § 137 Abs. 3 nur noch unter engen Voraussetzungen in den Verbund fallen, passt § 140 Abs. 2 Satz 2 Nr. 3 die Regeln für ihre Abtrennung an diese Gegebenheiten an. Neu eingeführt wurde der Tatbestand des § 140 Abs. 2 Satz 2 Nr. 4, wonach bei ordnungsgemäßer Mitwirkung der Ehegatten an der Klärung des Versorgungsausgleichs nach Ablauf von drei Monaten eine Abtrennung möglich ist. Eine Abtrennung nach § 140 Abs. 2 Satz 2 Nr. 4 und 5 ist nur noch auf Antrag möglich, der nach Abs. 5 zur Niederschrift der Geschäftsstelle oder in der mündlichen Verhandlung zur Niederschrift des Gerichts gestellt werden kann. Die Anforderungen an die (erweiterte) Abtrennung einer Unterhaltsfolgesache im Gefolge der Abtrennung einer Kindschaftssache wurden verschärft (§ 140 Abs. 3). Der ebenfalls neu eingeführte Abs. 4 will verhindern, dass aus einem verfrühten Scheidungsantrag Vorteile gezogen werden können. Abs. 6 stellt klar, dass die Entscheidung über die Abtrennung durch gesonderten Beschluss ergeht, der nicht selbständig anfechtbar ist. **2**

§ 140

3 Dass es nach dem Wortlaut der Vorschrift im Unterschied zu § 628 Satz 1, 1. Halbs. aF ZPO nicht ausdrücklich darum geht, **„dem Scheidungsantrag vor der Entscheidung über eine Folgesache"** stattzugeben, liegt daran, dass eine Reihe von früher eigenständig geregelten Fallgruppen in die einheitliche Regelung aufgenommen wurden, in denen die Abtrennung nicht notwendigerweise dem Ziel einer Vorabscheidung dient (vgl. § 623 Abs. 1 Satz 2, Abs. 2 Satz 2 bis 4, Abs. 3 Satz 2 und 3 aF ZPO). Doch hat sich der Sache nach für die Tatbestände, die § 628 Satz 1 Nr. 1 bis 4 aF ZPO entsprechen, an der bisherigen Zielsetzung nichts geändert.

B. Abtrennungsvoraussetzungen

4 Die Abtrennung einer Folgesache ist nur unter den in § 140 **abschließend geregelten Voraussetzungen** möglich. Der Rückgriff auf die allgemeinen Regeln der Verfahrenstrennung (§ 113 Abs. 1 Satz 2 FamFG iVm. § 145 ZPO) ist daneben ausgeschlossen.[1] Die Vorschrift ist zwingendes Recht und steht nicht zur Disposition der Beteiligten.[2] Daher kommt bei einem Verstoß gem. § 113 Abs. 1 Satz 2 FamFG iVm. § 295 Abs. 2 ZPO auch keine Heilung dieses Verfahrensmangels durch Rügeverlust in Betracht.[3] Zu anderen Möglichkeiten der Herauslösung einer Folgesache aus dem Verbund, etwa durch Antragsrücknahme, vgl. § 137 Rz. 20.

5 Die teilweise hervorgehobene Maxime, die Vorschrift **müsse eng ausgelegt werden**, weil der Verbund dem Schutz des wirtschaftlich schwächeren Ehegatten diene und dieser Zweck durch eine zu großzügige Handhabung des § 140 nicht vereitelt werden dürfe,[4] stellt eine etwas einseitige Sichtweise dar. Dass die Hürden für die Anwendbarkeit des § 140 hoch sind, ergibt sich schon aus dem Wortlaut der einzelnen Tatbestände. Zwar ist richtig, dass dem Schutz der § 137 zugrunde liegenden Normzwecke entscheidendes Gewicht zukommt, doch muss die Auslegung von § 140 gleichzeitig von dem Bestreben getragen werden, das Verbundprinzip nicht zu einem inhaltsleeren Formalismus erstarren zu lassen.[5]

6 Steht die Abtrennung mehrerer Folgesachen in Frage, müssen die Voraussetzungen des § 140 für jeden Verfahrensgegenstand **getrennt** geprüft werden.[6] Denkbar ist auch die Abtrennung eines Teils einer Folgesache, soweit die Voraussetzungen für eine Teilentscheidung gegeben sind.[7]

I. Beteiligung Dritter (Absatz 1)

7 Während in Folgesachen der freiwilligen Gerichtsbarkeit die Beteiligung Dritter auf den Fortbestand des Verfahrensverbunds keine Auswirkungen hat (§ 139), ist nach § 140 Abs. 1 eine **Unterhalts- oder Güterrechtsfolgesache** (§ 137 Abs. 2 Satz 1 Nr. 2 und 4) von Amts wegen abzutrennen, wenn ein Dritter Verfahrensbeteiligter wird. Nach Einschätzung des Gesetzgebers würden andernfalls die Vertraulichkeit

---

1 BGH v. 9.1.1991 – XII ZR 14/90, FamRZ 1991, 687.
2 BGH v. 29.5.1991 – XII ZR 108/90, FamRZ 1991, 1043 (1044); OLG Hamm v. 20.10.2008 – II-4 UF 67/08, FamRZ 2009, 367; OLG Schleswig v. 20.11.1979 – 8 UF 197/78, SchlHA 1980, 18; OLG Hamburg v. 31.10.1977 – 2 WF 168/77, FamRZ 1978, 42 (43).
3 BGH v. 9.1.1991 – XII ZR 14/90, FamRZ 1991, 687f.; OLG Schleswig v. 1.7.1991 – 15 UF 174/90, FamRZ 1992, 198; Johannsen/Henrich/*Markwardt*, § 140 FamFG Rz. 13.
4 OLG Stuttgart v. 21.8.2008 – 16 UF 65/08, FamRZ 2009, 64 (65); OLG Düsseldorf v. 12.11.1987 – 10 UF 104/87, FamRZ 1988, 312; OLG Bamberg, v. 14.5.1986 – 2 WF 137/86, FamRZ 1986, 1011 (1012); OLG Frankfurt v. 17.3.1978 – 1 UF 576/77, FamRZ 1978, 363.
5 Vgl. OLG Bamberg v. 3.12.1987 – 2 UF 160/87, FamRZ 1988, 531.
6 OLG Frankfurt v. 8.1.1988 – 1 UF 180/87, FamRZ 1988, 966 (967).
7 BGH v. 29.2.1984 – IVb ZB 28/83, FamRZ 1984, 572 (573); OLG Nürnberg v. 20.7.2011 – 11 UF 809/11, Rz. 25ff., juris und OLG Düsseldorf v. 10.9.2010 – 7 UF 84/10, FamRZ 2011, 719 (720): zur Beschränkung des VA nach neuem Recht auf Teil der Anwartschaften; Musielak/*Borth*, § 140 FamFG Rz. 16; MüKo.ZPO/*Heiter*, § 140 FamFG Rz. 6. Unzulässigkeit einer Teilentscheidung: OLG Oldenburg v. 18.11.1991 – 12 UF 90/91, FamRZ 1992, 458 (Ausschluss nach § 1587c BGB); OLG Brandenburg v. 17.3.2005 – 9 UF 128/04, FamRZ 2005, 1920 (1921) (wechselseitige Anträge auf Zugewinnausgleich); OLG Karlsruhe v. 8.10.1981 – 16 UF 111/80, FamRZ 1982, 318 (319f.) (Unterhaltsansprüche).

des Verbundverfahrens und das Prinzip der einheitlichen Kostenentscheidung in Frage gestellt.[1] Außerdem bestünde die Gefahr, dass der Verfahrensstoff weit über das Rechtsverhältnis zwischen den Ehegatten hinausgreift.[2]

Drittbeteiligung in Form der **Nebenintervention** ist in Unterhalts- und Güterrechtssachen äußerst selten.[3] Relevant wird die Vorschrift vor allem dann, wenn ein Dritter **Hauptbeteiligter** des Verfahrens wird: So können Eltern zwar unter den Voraussetzungen des § 1629 Abs. 3 Satz 1 BGB den Unterhaltsanspruch eines minderjährigen Kindes im eigenen Namen im Verbund geltend machen (gesetzliche Verfahrensstandschaft). Doch soweit die Voraussetzungen dieser Norm (vgl. § 137 Rz. 33) nicht (mehr) erfüllt sind, weil etwa dem betreffenden Elternteil nicht die elterliche Sorge zusteht, sondern ein Vormund oder Ergänzungspfleger den Rechtsstreit im Namen des Kindes führen muss, oder das Kind während des laufenden Unterhaltsverfahrens volljährig wird und selbst in das Verfahren eintritt, muss das Unterhaltsverfahren nach § 140 Abs. 1 abgetrennt werden. Eine Beteiligung Dritter in Güterrechtsfolgesachen kommt etwa in Frage, wenn Ausgleichsansprüche gegen einen beschenkten Dritten nach § 1390 BGB geltend gemacht werden; dabei stellt § 261 Abs. 1 klar, dass es sich gleichwohl um eine Familiensache handelt. 8

Sind die Voraussetzungen der Norm erfüllt, besteht eine Pflicht des Gerichts zur Abtrennung („ist abzutrennen").[4] Da es sich um Gegenstände des § 137 Abs. 2 handelt, behalten die Verfahren gem. § 137 Abs. 5 Satz 1 auch nach ihrer Abtrennung die Qualität als **Folgesachen**. Auf diese Weise bleibt es weiterhin zulässig, einen Antrag (vor allem in einer Güterrechtssache) für den Fall der Scheidung zu stellen, obwohl das Verfahren aus dem Verbund gelöst wurde. Doch ist der Antragsteller nicht gehindert, den Antrag zu ändern und das Verfahren als selbständige Familiensache fortzuführen (§ 137 Rz. 69). Zum Schicksal von Folgesachen bei Tod eines Ehegatten s. § 131 Rz. 9 f. 9

II. Abtrennung nach Absatz 2

Während die Abtrennung nach § 140 Abs. 2 Satz 2 Nr. 4 und 5 jeweils einen förmlichen **Antrag** voraussetzt, hat das Gericht die übrigen Tatbestände **von Amts wegen** zu prüfen.[5] 10

Auch wenn sich durch die Verwendung des Wortes „kann" zeigt, dass § 140 Abs. 2 Satz 1 dem Gericht grundsätzlich ein **Ermessen** einräumt, besteht in der Regelfall für eigenständige Erwägungen **kein Spielraum** (s. aber Rz. 14). Für die Tatbestände der Nr. 1 und Nr. 3 Alt. 1 ist dies ohne weiteres zwingend, weil eine Entscheidung im Verbund schon gar nicht möglich wäre oder dem Kindeswohl widerspräche. In den Fällen der Nr. 4 und 5 verwendet das Gesetz unbestimmte Rechtsbegriffe („erforderlich", „außergewöhnlich" und „unzumutbar"), die in der Rechtsmittelinstanz der vollen Nachprüfung unterliegen.[6] Soweit diese Tatbestandsvoraussetzungen jedoch erfüllt sind, ist nicht ersichtlich, welche legitimen Erwägungen es rechtfertigen könnten, von einer Abtrennung abzusehen.[7] Demgegenüber meint das OLG Celle, in den Fällen der Nr. 3 nehme das Instanzgericht eine Ermessensentscheidung vor, die im Rechtsmittelverfahren nur begrenzt überprüfbar sei.[8] 11

---

1 BT-Drucks. 7/4361, S. 60; BT-Drucks. 10/2888, S. 28.
2 Vgl. Zöller/*Philippi*, 27. Aufl., § 623 ZPO Rz. 5a.
3 OLG Braunschweig v. 2.11.2004 – 1 UF 111/04, FamRZ 2005, 725 (726 f.) (Interesse eines Sozius an Geheimhaltung von Bilanzen nicht ausreichend für Beitritt zur Folgesache Nachehelichenunterhalt).
4 BT-Drucks. 16/6308, S. 230.
5 OLG Köln v. 3.1.2003 – 14 WF 194/02, FamRZ 2003, 1197; OLG Hamburg v. 31.10.1977 – 2 WF 168/77, FamRZ 1978, 42 (43); OLG Naumburg v. 27.12.2000 – 8 WF 239/00, FamRZ 2002, 248 (Ls.).
6 BGH v. 8.5.1996 – XII ZR 4/96, NJW-RR 1996, 1025; vgl. demgegenüber noch BGH v. 9.1.1991 – XII ZR 14/90, FamRZ 1991, 687 (689); BGH v. 30.5.1979 – IV ZR 160/78, FamRZ 1979, 690 (692).
7 OLG Karlsruhe v. 26.4.1979 – 2 UF 220/78, FamRZ 1979, 725 (726); Schwab/*Streicher*, Rz. I 417; Keidel/*Weber*, § 140 FamFG Rz. 1; aA MüKo.ZPO/*Heiter*, § 140 FamFG Rz. 12 f. und 72.
8 OLG Celle v. 4.7.2011 – 10 UF 98/11, NJW-RR 2012, 133 (134), doch auch in der Sache wird die Entscheidung der Vorinstanz bestätigt.

1. Vorgreiflichkeit der Scheidung (Satz 2 Nr. 1)

12 § 140 Abs. 2 Satz 2 Nr. 1 erfasst Fälle, in denen eine Entscheidung über den Versorgungsausgleich oder die güterrechtlichen Folgen der Scheidung erst möglich ist, wenn der genaue Zeitpunkt der Auflösung der Ehe (§ 1564 Satz 2 BGB) feststeht.[1] Dies kann vor allem die Auseinandersetzung einer **Gütergemeinschaft** betreffen, die erst mit Rechtskraft des Scheidungsausspruchs endet.[2] Manchmal wird erst danach der Überschuss ermittelt werden können, der nach Beendigung der Auseinandersetzung an die Ehegatten auszukehren ist (§ 1476 BGB),[3] oder der Ausgleich für die nach § 1477 Abs. 2 BGB übernommenen Gegenstände möglich sein, deren Wert sich nach dem Zeitpunkt der Übernahme richtet.[4] Im Zugewinnausgleich werden vergleichbare Probleme dadurch vermieden, dass § 1384 BGB für die Berechnung nunmehr ausschließlich (vgl. demgegenüber § 1378 Abs. 2 aF BGB) auf den Zeitpunkt der Rechtshängigkeit des Scheidungsantrags abstellt.

13 Eine **Versorgungsausgleichsfolgesache** kann abzutrennen sein, wenn ein Anrecht erst nach Eintritt der Rechtskraft des Scheidungsausspruchs bewertet werden kann.[5] Doch sind Ausgleichsansprüche nach der Scheidung iSv. §§ 20 ff. VersAusglG regelmäßig schon gar nicht verbundfähig iSv. § 137 Abs. 2 Nr. 1. Zur Abtrennung bei Anwendbarkeit von Vorschriften, die gegen höherrangiges Recht verstoßen s. Rz. 15.

2. Aussetzung des Versorgungsausgleichs (Satz 2 Nr. 2)

14 Die Vorschrift nimmt Bezug auf § 221 Abs. 2: Wird danach das Verfahren über den Versorgungsausgleich ausgesetzt, weil ein Rechtsstreit über ein in den Versorgungsausgleich einzubeziehendes Anrecht **vor einem Verfassungs-, Verwaltungs-, Sozial-, oder Arbeitsgericht anhängig** ist, so erfasst dies wegen § 137 Abs. 1 das gesamte Verbundverfahren (§ 137 Rz. 13).[6] § 140 Abs. 2 Satz 2 Nr. 2 ist nach seinem klaren Wortlaut erst anwendbar, wenn ein Rechtsstreit vor einem anderen Gericht „anhängig ist" (§ 221 Abs. 2), nicht aber, wenn das Verfahren über den Versorgungsausgleich lediglich nach § 221 Abs. 1 vorläufig ausgesetzt wurde, um den Ehegatten innerhalb einer bestimmten Frist die Möglichkeit zur gerichtlichen Klärung des streitigen Anrechts zu geben.[7] Dem Tatbestand liegt die gesetzgeberische Wertung zugrunde, dass bei Aussetzung der Versorgungsausgleichsfolgesache ein weiteres Zuwarten regelmäßig unzumutbar ist.[8] Soweit dies – gemessen an den Maßstäben des § 140 Abs. 2 Satz 2 Nr. 5 – einmal eindeutig nicht der Fall sein sollte, kann das Gericht im Rahmen des ihm eingeräumten Ermessensspielraums (Rz. 11)[9] von einer Abtrennung absehen.[10]

15 Die Gerichte werden immer wieder mit Konstellationen konfrontiert, in denen der Versorgungsausgleich nicht durchgeführt werden kann, weil entscheidungserhebliche **Vorschriften wegen Verstoßes gegen höherrangiges Recht** nicht anwendbar sind.[11] Das Verfahren über die Folgesache ist dann bis zu einer gesetzlichen Neuregelung nach § 21 auszusetzen,[12] soweit nicht durch diesen Schwebezustand eine uner-

---

1 OLG Düsseldorf v. 4.2.2002 – 2 UF 211/01, FamRZ 2002, 1572.
2 OLG Karlsruhe v. 25.6.1981 – 16 UF 37/80, FamRZ 1982, 286 (288).
3 BGH v. 14.12.1983 – IVb ZR 62/82, FamRZ 1984, 254 (255); Musielak/*Borth*, § 140 FamFG Rz. 4.
4 BGH v. 14.12.1983 – IVb ZR 62/82, FamRZ 1984, 254 (256); MüKo.ZPO/*Heiter*, § 140 FamFG Rz. 25.
5 MüKo.ZPO/*Heiter*, § 140 FamFG Rz. 25; Musielak/*Borth*, § 140 FamFG Rz. 4.
6 OLG Oldenburg v. 2.8.1979 – 11 UF 97/79, FamRZ 1980, 71 f.
7 Johannsen/Henrich/*Markwardt*, § 140 FamFG Rz. 7; MüKo.ZPO/*Heiter*, § 140 FamFG Rz. 27.
8 Musielak/*Borth*, § 140 FamFG Rz. 5.
9 Bork/Jacoby/Schwab/*Löhnig*, § 140 FamFG Rz. 8.
10 Vgl. Wieczorek/Schütze/*Kemper*, § 628 ZPO Rz. 10.
11 Vgl. derzeit das Problem der Startgutschriften für rentenferne Versicherte in den Zusatzversorgungen des öffentlichen Dienstes (BGH v. 14.11.2007 – IV ZR 74/06, FamRZ 2008, 395 ff. m. Anm. *Borth*; BGH v. 5.11.2008 – XII ZB 53/06, FamRZ 2009, 303 ff.; BGH v. 5.11.2008 – XII ZB 181/05, FamRZ 2009, 296 ff.).
12 OLG Nürnberg v. 20.7.2011 – 11 UF 809/11, Rz. 21 ff., juris; OLG Düsseldorf v. 10.09.2010 – 7 UF 84/10, FamRZ 2011, 719. Nach altem Recht § 148 ZPO: BGH v. 18.3.2009 – XII ZB 188/05, FamRZ 2009, 954 (958); BGH v. 5.11.2008 – XII ZB 181/05, FamRZ 2009, 296 (301); BGH v. 5.11.2008 – XII ZB 53/06, FamRZ 2009, 303 (305).

trägliche Situation geschaffen wird, der besser durch Anwendung des bisher geltenden Rechts unter dem Vorbehalt der Anpassung an die künftige Neuregelung begegnet werden kann.[1] Soweit nicht schon eine Abtrennung nach § 140 Abs. 2 Satz 2 Nr. 4 oder Nr. 5[2] möglich ist, kommt die Vorabscheidung in analoger Anwendung von § 140 Abs. 2 Satz 2 Nr. 2 in Frage.[3] Zur Möglichkeit, einen bloßen Teil des Versorgungsausgleichsverfahrens abzutrennen vgl. Rz. 6.

3. Kindschaftssachen (Satz 2 Nr. 3)

Kindschaftssachen fallen nicht automatisch in den Verbund. Soweit sie nach § 137 Abs. 3 auf Antrag einbezogen wurden, können sie wieder abgetrennt werden, wenn die Kindschaftsfolgesache nach § 21 ausgesetzt ist (weil etwa die Beteiligten außergerichtliche Beratung in Anspruch nehmen oder strafrechtliche Vorwürfe gegen einen Elternteil zu klären sind) oder dies aus Gründen des Kindeswohls sachgerecht erscheint. Die Kindeswohlklausel soll in erster Linie dazu dienen, das Verfahren in der **Kindschaftssache durch Herauslösung aus dem Verbund zu beschleunigen**, damit keine Rücksicht auf die fehlende Entscheidungsreife eines anderen Verfahrensgegenstandes genommen werden muss.[4] Nach § 137 Abs. 5 Satz 2 wird das Verfahren zur selbständigen Familiensache, so dass die Wirksamkeit der Endentscheidung nicht durch § 148 verzögert wird. Allerdings ist die praktische Bedeutung gering, da in Kindschaftssachen meist ein Interesse an beschleunigter Entscheidungsfindung besteht (vgl. § 155 Abs. 1) und daher regelmäßig schon dem nach § 137 Abs. 3 erforderlichen Antrag auf Einbeziehung in den Verbund nicht stattzugeben sein wird (§ 137 Rz. 63). Eine Vorabentscheidung über die elterliche Sorge kann auch dann geboten sein, wenn andere Folgesachen (Kindes- und Betreuungsunterhalt, Zuweisung der Ehewohnung) hiervon abhängen. 16

Allerdings ist die Abtrennung aus Gründen des Kindeswohls nach Wortlaut und Systematik (vgl. § 140 Abs. 3) der Vorschrift nicht auf diese Zielrichtung festgelegt.[5] Im Einzelfall kann es durchaus gute Gründe geben, durch die Abtrennung der Kindschaftsfolgesache **zunächst eine Erledigung des Scheidungsverfahrens zu ermöglichen**, wenn man sich hierdurch eine Beruhigung der Konflikte auf der Paarebene und damit eine tragfähigere Basis für das Bemühen um einverständliche Lösungen erhofft.[6] Regelmäßig wird ein solches Vorgehen jedoch nur dann in Frage kommen, wenn zumindest der Aufenthalt des Kindes nicht streitig ist und der Umgang (einigermaßen) regelmäßig stattfindet (zB bei Streit über Modalitäten des Umgangs oder eine Ferien- oder Feiertagsregelung). 17

4. Ordnungsgemäße Mitwirkung am Versorgungsausgleich (Satz 2 Nr. 4)

Mit Inkrafttreten des FamFG neu eingeführt wurde die in § 140 Abs. 2 Satz 2 Nr. 4 vorgesehene **erleichterte Abtrennungsmöglichkeit für die Folgesache Versorgungsausgleich**. Haben beide Ehegatten die erforderlichen Mitwirkungshandlungen nach § 220 (s. § 220, insbesondere Rz. 26) vorgenommen, kann auf ihren übereinstimmenden Antrag der Versorgungsausgleich abgetrennt werden, soweit seit Rechtshängig- 18

---

1 OLG Celle v. 26.5.1997 – 17 UF 218/96, FamRZ 1997, 1219 (1220).
2 OLG Koblenz v. 4.3.1997 – 15 UF 1160/96, FamRZ 1997, 1218. Bei Anhängigkeit eines Normenkontrollverfahrens OLG Oldenburg v. 24.7.1978 – 5 UF 2/78, FamRZ 1978, 812 (814); OLG Celle v. 22.12.1978 – 10 UF 268/78, FamRZ 1979, 295 (296).
3 AA MüKo.ZPO/*Heiter*, § 140 FamFG Rz. 28. Überwiegend wird § 140 Abs. 2 Satz 2 Nr. 1 analog angewendet (OLG Düsseldorf v. 10.9.2010 – 7 UF 84/10, FamRZ 2011, 719 [720]; Johannsen/Henrich/*Markwardt*, § 140 FamFG Rz. 6).
4 BT-Drucks. 16/6308, S. 231.
5 Auch die Gesetzesbegründung macht deutlich, dass die Beschleunigung des Verfahrens nicht in allen Fällen die dem Kindeswohl am besten dienende Lösung ist (BT-Drucks. 16/6308, S. 231; vgl. auch *Löhnig*, FamRZ 2009, 737 [738]).
6 OLG Celle v. 4.7.2011 – 10 UF 98/11, NJW-RR 2012, 133 (134); aA MüKo.ZPO/*Heiter*, § 140 FamFG Rz. 31.

keit des Scheidungsantrags drei Monate[1] verstrichen sind. Dabei ist nach Sinn und Zweck der Vorschrift des Weiteren Voraussetzung, dass die Scheidungssache und etwaige andere Folgesachen entscheidungsreif sind (Rz. 20).[2] Für die Fristberechnung ist die Regel des Abs. 4 über die Behandlung verfrühter Scheidungsanträge zu berücksichtigen.

19 Ob alle „erforderlichen" Mitwirkungshandlungen vorgenommen wurden, wird der Richter oft erst beurteilen können, wenn die **Angaben der Beteiligten von den Versorgungsträgern geprüft** worden sind, denn regelmäßig können erst hierdurch Widersprüche und Lücken sowie die Notwendigkeit zur Vornahme weiterer Mitwirkungshandlungen iSv. § 235 aufgedeckt werden.[3] Da § 140 Abs. 2 Satz 2 Nr. 4 als typisierter Spezialfall des § 140 Abs. 2 Satz 2 Nr. 5 anzusehen ist,[4] kann entsprechend dem dort anerkannten Grundsatz von einer Abtrennung abgesehen werden, wenn absehbar ist, dass das Verbundverfahren demnächst insgesamt entscheidungsreif sein wird (Rz. 21 aE).[5]

5. Härteklausel (Satz 2 Nr. 5)

20 § 140 Abs. 2 Satz 2 Nr. 5 greift in leicht modifizierter Form die Härteklausel des § 628 Satz 1 Nr. 4 aF ZPO auf. Während früher die außergewöhnliche Verzögerung des Scheidungsausspruchs auf die „gleichzeitige Entscheidung über die Folgesache" zurückzuführen sein musste, spielt nach der neuen Fassung der **Grund der drohenden Verzögerung keine Rolle**. Denkbar ist die Abtrennung damit etwa auch dann, wenn die Verzögerung auf einer allgemeinen Überlastung des Gerichts beruht.[6] Außerdem setzt die Abtrennung nach § 140 Abs. 2 Satz 2 Nr. 5 einen förmlichen Antrag eines Ehegatten voraus. Ziel des Tatbestandes ist es, die Vorabscheidung zu ermöglichen (so noch ausdrücklich § 628 Satz 1, 1. Halbs. aF ZPO), daher ist Anwendungsvoraussetzung stets, dass die Scheidungssache entscheidungsreif ist (Rz. 37).

a) Außergewöhnliche Verzögerung

21 Eine außergewöhnliche Verzögerung wird regelmäßig bejaht, wenn die **voraussichtliche Verfahrensdauer zwei Jahre** übersteigt.[7] Dabei ist die bisher verstrichene Verfahrensdauer, soweit nicht ein nach Abs. 4 zu behandelnder verfrühter Scheidungsantrag vorliegt, vom Zeitpunkt der Rechtshängigkeit an zu berechnen.[8] Im Beschwerdeverfahren ist die Tatsachenlage im Zeitpunkt der Beschwerdeverhandlung

---

1 Es handelt sich um einen Kompromiss zwischen dem RegE, der eine Frist von sechs Monaten vorsah, und den Vorstellungen des Bundesrats, der hierauf ganz verzichten wollte (BT-Drucks. 16/6308, S. 374 und S. 413).
2 MüKo.ZPO/*Heiter*, § 140 FamFG Rz. 47.
3 FamVerf/*Schael*, § 5 V 4 Rz. 98; vgl. auch MüKo.ZPO/*Heiter*, § 140 FamFG Rz. 45; damit dürfte auch den Bedenken von *Heiter* (aaO Rz. 36 f.) schon weitgehend Rechnung getragen werden. Vgl. demgegenüber Bork/Jacoby/Schwab/*Löhnig*, § 140 FamFG Rz. 19 und Johannsen/Henrich/*Markwardt*, § 140 FamFG Rz. 8a: nur summarische Durchsicht vorgelegter Unterlagen.
4 Vgl. auf der Grundlage des alten Rechts AG Landstuhl v. 1.10.1992 – 1 F 88/92, NJW-RR 1993, 519.
5 MüKo.ZPO/*Heiter*, § 140 FamFG Rz. 47.
6 BT-Drucks. 16/6308, S. 231; Musielak/*Borth*, § 140 FamFG Rz. 9 f.
7 BGH v. 9.1.1991 – XII ZR 14/90, FamRZ 1991, 687 (689); BGH v. 2.7.1986 – IVb ZR 54/85, FamRZ 1986, 898 (899); OLG Saarbrücken v. 31.3.2011 – 6 UF 128/10, FamRZ 2011, 1890 (1891); OLG Hamm v. 20.10.2008 – II-4 UF 67/08, FamRZ 2009, 367; OLG Düsseldorf v. 9.1.2008 – II-5 UF 148/07, FamRZ 2008, 1266; OLG Koblenz v. 28.6.2007 – 7 UF 216/07, FamRZ 2008, 166 (167); OLG Zweibrücken v. 8.5.2001 – 5 UF 143/00, FamRZ 2002, 334 (335); KG v. 24.11.2000 – 13 UF 7180/00, FamRZ 2001, 928 (929). Für eine Absenkung auf 1½ Jahre plädieren OLG Naumburg v. 29.6.2001 – 14 WF 108/01, FamRZ 2002, 331 (333) und MüKo.ZPO/*Finger*, § 628 ZPO Rz. 12; dezidiert aA OLG Düsseldorf v. 20.8.1990 – 7 UF 254/89, NJW-RR 1991, 264 „Verfahrensdauer von 1½ Jahren nicht außergewöhnlich lang".
8 BGH v. 9.1.1991 – XII ZR 14/90, FamRZ 1991, 687 (689); BGH v. 2.7.1986 – IVb ZR 54/85, FamRZ 1986, 898 (899); Zöller/*Lorenz*, § 140 FamFG Rz. 8. Missverständlich Keidel/*Weber*, § 140 FamFG Rz. 9 f.: Zweijahresfrist beginne mit Ablauf des Trennungsjahres.

maßgeblich.¹ Auch die Zeit, während derer das Verfahren ausgesetzt ist oder ruht, ist mit einzurechnen.² Bei beiderseitigem Scheidungswillen kommt es auf die Rechtshängigkeit des Scheidungsantrags desjenigen Ehegatten an, der die unzumutbare Härte geltend macht.³ Da die Zweijahresfrist auf Erfahrungswerten für das Inland beruht, kann sie auf Fälle mit Auslandsberührung nicht ohne weiteres übertragen werden.⁴ Auch wenn das Verfahren schon länger als zwei Jahre gedauert hat, ist ein weiteres Abwarten jedoch dann zumutbar, wenn **absehbar ist, dass auch über die Folgesache** demnächst entschieden werden kann.⁵

Die Zweijahresgrenze darf jedoch **nicht als Mindestfrist aufgefasst** werden, die stets abgelaufen sein müsste, bevor eine Abtrennung nach § 140 Abs. 2 Satz 2 Nr. 5 vorgenommen werden könnte.⁶ Sie basiert auf der statistischen Annahme, dass im Bundesdurchschnitt nach einem Jahr ca. 66 bis 69 % der Ehesachen⁷ und nach Ablauf von zwei Jahren ca. 95 % der Verfahren⁸ erledigt sind.⁹ Soweit im konkreten Gerichtsbezirk eine deutlich schnellere Erledigungspraxis festgestellt werden kann, kommt eine Abtrennung auch bereits bei einer Verfahrensdauer von einem bis einenhalb Jahren in Frage.¹⁰ Auch besteht Spielraum für die Berücksichtigung der konkreten Umstände des Einzelfalls, weil die Verfahrensdauer ganz wesentlich von der Anzahl und der Komplexität der Folgesachen abhängt.¹¹ Auch muss bei einer Härtefallscheidung nach § 1565 Abs. 2 BGB aus rechtssystematischen Gründen eine Abtrennung schon nach wesentlich kürzerer Verfahrensdauer akzeptiert werden.¹² Vor allem aber ist es nach dem klaren Wortlaut der Vorschrift nicht erforderlich, dass die außergewöhnliche Verzögerung bereits eingetreten ist,¹³ vielmehr ist eine **Prognose über die Verfahrensdauer** anzustellen. Hierbei ist etwa zu berücksichtigen, welche Punkte noch klärungsbedürftig sind, ob sich eine (umfangreiche) Beweiserhebung abzeichnet¹⁴ und in welchem Stadium sich ein Stufenverfahren befindet.¹⁵

22

---

1 BGH v. 29.5.1991 – XII ZR 108/90, FamRZ 1991, 1043 (1044); BGH v. 30.5.1979 – IV ZR 160/78, FamRZ 1979, 690 (692); OLG München v. 10.7.2007 – 4 UF 481/06, NJW-RR 2008, 887f.; OLG Schleswig v. 24.9.2003 – 12 UF 34/03, MDR 2004, 514; OLG Celle v. 11.4.1996 – 15 UF 266/95, FamRZ 1996, 1485; OLG Düsseldorf v. 12.11.1987 – 10 UF 104/87, FamRZ 1988, 312.
2 BGH v. 2.7.1986 – IVb ZR 54/85, FamRZ 1986, 898 (899); OLG Schleswig v. 24.9.2003 – 12 UF 34/03, MDR 2004, 514; ausf. OLG Zweibrücken v. 8.5.2001 – 5 UF 143/00, FamRZ 2002, 334 (335); OLG Stuttgart v. 6.11.1997 – 11 UF 176/97, MDR 1998, 290; aA Schwab/*Streicher*, Rz. I 409.
3 OLG Saarbrücken v. 10.9.2009 – 6 UF 40/09, juris; OLG Schleswig v. 24.9.2003 – 12 UF 34/03, MDR 2004, 514; OLG Düsseldorf v. 13.12.1984 – 4 UF 76/84, FamRZ 1985, 412 (413).
4 OLG Hamm v. 14.3.1997 – 13 UF 415/96, FamRZ 1997, 1228 (1229).
5 OLG Naumburg v. 12.2.2009 – 4 UF 94/08, FamRZ 2009, 1510; OLG Hamm v. 1.12.2006 – 12 UF 168/06, FamRZ 2007, 651 (652); OLG Stuttgart v. 19.9.1991 – 16 UF 181/91, FamRZ 1992, 320 (321).
6 So aber offensichtlich OLG Köln v. 13.1.2000 – 14 UF 152/99, FamRZ 2000, 1294 (Ls.).
7 OLG Stuttgart v. 15.4.2004 – 16 UF 363/03, FamRZ 2005, 121 (122).
8 BGH v. 2.7.1986 – IVb ZR 54/85, FamRZ 1986, 898 (899): 93,7 %; OLG Zweibrücken v. 8.5.2001 – 5 UF 143/00, FamRZ 2002, 334 (335): 95 %.
9 Vgl. die Angaben zur durchschnittlichen Verfahrensdauer der durch Scheidungsurteil beendeten Verfahren, Statistisches Bundesamt, Fachserie 10/Reihe 2.2, 2011, S. 38.
10 OLG Celle v. 11.4.1996 – 15 UF 266/95, FamRZ 1996, 1485 (Auswertung der Zählkartenstatistik ergab eine durchschnittliche Verfahrensdauer von 5,3 Monaten); aA MüKo.ZPO/*Heiter*, § 140 FamFG Rz. 52.
11 OLG Bamberg v. 3.12.1987 – 2 UF 160/87, FamRZ 1988, 531; Johannsen/Henrich/*Markwardt*, § 140 FamFG Rz. 10; Schwab/*Streicher*, Rz. I 409; vgl. auch Baumbach/*Hartmann*, § 140 FamFG Rz. 9; aA MüKo.ZPO/*Heiter*, § 140 FamFG Rz. 52 (generalisierende Betrachtung).
12 MüKo.ZPO/*Finger*, § 623 ZPO Rz. 48; zurückhaltender MüKo.ZPO/*Heiter*, § 140 FamFG Rz. 64.
13 MüKo.ZPO/*Heiter*, § 140 FamFG Rz. 54. Von der Formulierung in § 149 Abs. 2 Nr. 5 RefE II (2006): „wenn sich der Scheidungsausspruch so außergewöhnlich verzögert hat" ist der Gesetzgeber wieder abgerückt.
14 BGH v. 9.1.1991 – XII ZR 14/90, FamRZ 1991, 687 (689); BGH v. 2.7.1986 – IVb ZR 54/85, FamRZ 1986, 898 (899); OLG Celle v. 11.4.1996 – 15 UF 266/95, FamRZ 1996, 1485.
15 BGH v. 2.7.1986 – IVb ZR 54/85, FamRZ 1986, 898 (899); BGH v. 30.5.1979 – IV ZR 160/78, FamRZ 1979, 690 (692); OLG Karlsruhe v. 26.4.1979 – 2 UF 220/78, FamRZ 1979, 725 (726).

Dabei kann sogar auch die voraussichtliche Verzögerung des Verfahrens durch ein mit Sicherheit zu erwartendes Rechtsmittel berücksichtigt werden.[1] Alles in allem kann daher – je nach den Umständen des Einzelfalls – auch schon nach Ablauf von einem bis eineinhalb Jahren ein Antrag auf Abtrennung mit gewisser Aussicht auf Erfolg gestellt werden.[2] Demgegenüber ist eine Verzögerung nicht deshalb außergewöhnlich, weil eine Seite sie verschuldet hat; hierauf kommt es nur im Zusammenhang mit der Prüfung der unzumutbaren Härte an.[3]

b) Unzumutbare Härte

23 Unzumutbar ist die durch die Verzögerung des Scheidungsausspruchs hervorgerufene Härte dann, wenn – auch unter Berücksichtigung der finanziellen Belange gemeinsamer Kinder[4] – das Interesse des Antragstellers an einer frühzeitigen Scheidung **deutlich schwerer wiegt** als das Interesse des Antragsgegners an einer gleichzeitigen Regelung der abzutrennenden Folgesachen.[5]

24 Dabei soll nach ganz einhelliger Auffassung die **außergewöhnlich lange Verfahrensdauer für sich genommen** nicht schon eine unzumutbare Härte darstellen können,[6] soweit es sich nicht um eine „ganz außergewöhnliche Verzögerung" handelt.[7] Begründet wird diese Auffassung damit, andernfalls werde das eigenständige Erfordernis der unzumutbaren Härte in § 140 Abs. 2 Satz 2 Nr. 5 überflüssig.[8] Überzeugend ist diese Argumentation freilich nicht: Nach dem Wortlaut der Vorschrift muss die unzumutbare Härte eine Folge der außergewöhnlichen Verzögerung sein („dass"). Formallogisch zwingend ableiten lässt sich hieraus lediglich, dass nicht schon jede außergewöhnliche Verzögerung als unzumutbare Härte gedeutet werden darf. Versteht man das Zusammenspiel der beiden Tatbestandsmerkmale jedoch in dem Sinne, dass eine außergewöhnliche Verzögerung Anlass zu einer Gesamtabwägung gibt, wobei die Verzögerung für sich genommen die unzumutbare Härte begründen kann, wenn keine gewichtigen Interessen gegen die Abtrennung sprechen (zB Geltendmachung von geringfügigem Aufstockungsunterhalt), wird das Tatbestandsmerkmal „unzumutbare Härte" keineswegs überflüssig.[9] Wie lange die Ehegatten bereits **getrennt** gelebt haben, spielt grundsätzlich keine Rolle und begründet selbst bei länge-

---

1 BGH v. 2.7.1986 – IVb ZR 54/85, FamRZ 1986, 898 (899); Zöller/*Lorenz*, § 140 FamFG Rz. 8; Musielak/*Borth*, § 140 FamFG Rz. 10; aA OLG Köln v. 13.1.2000 – 14 UF 152/99, FamRZ 2000, 1294 (Ls.); Baumbach/*Hartmann*, § 140 FamFG Rz. 9. Zur Abtrennung bei Aussetzung eines Verfahrens wegen der Anhängigkeit eines Normenkontrollverfahrens: OLG Oldenburg v. 24.7.1978 – 5 UF 2/78, FamRZ 1978, 812 (814); OLG Celle v. 22.12.1978 – 10 UF 268/78, FamRZ 1979, 295 (296).
2 Zöller/*Philippi*, 28. Aufl., § 140 FamFG Rz. 8; Musielak/*Borth*, § 140 FamFG Rz. 11 und *Gerhards*, NJW 2010, 1697 (1698f.) (1 Jahr regelmäßig ausreichend); vgl. auch MüKo.ZPO/*Finger*, § 628 ZPO Rz. 10.
3 Johannsen/Henrich/*Markwardt*, § 140 FamFG Rz. 10; aA OLG Naumburg v. 29.6.2001 – 14 WF 108/01, FamRZ 2002, 331 (333).
4 OLG Köln v. 10.12.1982 – 4 UF 264/82, FamRZ 1983, 289 (290).
5 OLG München v. 10.7.2007 – 4 UF 481/06, NJW-RR 2008, 887; OLG Düsseldorf v. 9.1.2008 – II-5 UF 148/07, FamRZ 2008, 1266f.; OLG Koblenz v. 28.6.2007 – 7 UF 216/07, FamRZ 2008, 166 (167); OLG Hamm v. 1.12.2006 – 12 UF 168/06, FamRZ 2007, 651 (652); OLG Schleswig v. 24.9.2003 – 12 UF 34/03, MDR 2004, 514.
6 OLG Stuttgart v. 21.8.2008 – 16 UF 65/08, FamRZ 2009, 64 (65); OLG Hamm v. 17.11.2008 – 6 UF 131/08, FamRZ 2009, 710; OLG München v. 10.7.2007 – 4 UF 481/06, NJW-RR 2008, 887; OLG Schleswig v. 24.9.2003 – 12 UF 34/03, MDR 2004, 514; OLG Zweibrücken v. 12.5.1998 – 5 UF 73/97, FamRZ 1998, 1525 (1526); OLG Düsseldorf v. 4.2.2002 – 2 UF 211/01, FamRZ 2002, 1572.
7 OLG Stuttgart v. 6.11.1997 – 11 UF 176/97, MDR 1998, 290. Als im konkreten Fall nicht ausreichend wurde gewertet eine Verfahrensdauer von fünf Jahren (KG v. 18.2.2000 – 3 UF 6680/99, FamRZ 2000, 1293 [1294]) und neun Jahren (OLG Köln v. 17.11.2009 – 4 UF 121/08, FamRZ 2010, 659 [660]).
8 OLG Hamm v. 1.12.2006 – 12 UF 168/06, FamRZ 2007, 651 (652); OLG Köln v. 3.1.2003 – 14 WF 194/02, FamRZ 2003, 1197; OLG Hamburg v. 11.7.2000 – 2 UF 126/98, FamRZ 2001, 1228.
9 So in der Tat auch noch das Vorgehen von OLG Schleswig v. 20.11.1979 – 8 UF 197/78, SchlHA 1980, 18 (19). Vgl. auch den etwas anderen Ansatz von MüKo.ZPO/*Finger*, § 628 ZPO Rz. 5.

rer Trennungszeit keine unzumutbare Härte,[1] doch kann der Fall bei einer jahrzehntelangen Trennung anders liegen.[2]

Als Härtegrund anerkannt ist der Wunsch des Antragstellers, seinen **nichtehelichen Lebenspartner** zu heiraten, soweit er mit diesem bereits Kinder hat oder die Partnerin schwanger ist.[3] Demgegenüber soll nach einhelliger Auffassung allein das Bestehen einer festen Beziehung zu einem anderen Partner[4] oder der Wunsch, eine neue Ehe einzugehen, unbeachtlich sein.[5] Allerdings soll ein Aufschub der Wiederheirat dann unzumutbar sein, wenn die Lebenserwartung des Betreffenden durch hohes Alter oder schlechten Gesundheitszustand begrenzt ist.[6] Ob diese Differenzierungen noch auf rechtlich nachvollziehbaren Wertungskriterien beruhen, muss bezweifelt werden. Das ursprünglich als besonders gewichtig hervorgehobene Anliegen, ein Kind zu legitimieren und die gemeinsame elterliche Sorge für dieses erlangen zu können,[7] ist längst fortgefallen. Die Gerichte könnten sich jedes Urteils darüber, ob nach den gegebenen Umständen eine Heirat tatsächlich „baldmöglichst geboten"[8] sei, enthalten, wenn anerkannt würde, dass bereits die außergewöhnliche Verzögerung für sich genommen einen Härtegrund darzustellen vermag (Rz. 24). 25

Als weiterer wichtiger Härtegrund ist die **dilatorische Verfahrensführung** durch die Gegenseite, insbesondere bei Verletzung ihrer verfahrensrechtlichen Mitwirkungspflichten,[9] anerkannt.[10] Im Rahmen der Gesamtabwägung muss berücksichtigt werden, welche wirtschaftlichen Interessen auf dem Spiel stehen; ob sogar die Abtrennung einer Unterhaltsfolgesache in Frage kommt, hängt von den Umständen des Einzelfalls ab.[11] Trägt der Antragsteller selbst zur Verzögerung bei, kann er sich nach § 242 BGB nicht auf die Unzumutbarkeit berufen,[12] dabei muss er dem Gericht auch 26

---

1 OLG Schleswig v. 27.4.1992 – 15 UF 127/91, FamRZ 1992, 1199 (1200); OLG Koblenz v. 28.6.2007 – 7 UF 216/07, FamRZ 2008, 166 (167).
2 OLG Oldenburg v. 18.5.1979 – 11 UF 10/79, FamRZ 1979, 616 (618) (wenige Jahre eheliche Gemeinschaft bei 40-jähriger Ehe); OLG Hamm v. 25.10.1979 – 3 UF 239/79, FamRZ 1980, 373 (30 Jahre); OLG Hamm v. 24.10.1978 – 1 UF 385/78, FamRZ 1979, 163 (164) (20 Jahre nicht ausreichend); OLG Oldenburg v. 12.6.1979 – 11 UF 11/79, FamRZ 1979, 619 (10 Jahre nicht ausreichend).
3 BGH v. 2.7.1986 – IVb ZR 54/85, FamRZ 1986, 898 (899); OLG München v. 10.7.2007 – 4 UF 481/06, NJW-RR 2008, 887; OLG Schleswig v. 24.9.2003 – 12 UF 34/03, MDR 2004, 514; OLGHamm v. 1.12.2006 – 12 UF 168/06, FamRZ 2007, 651 (652); OLG Karlsruhe v. 26.4.1979 – 2 UF 220/78, FamRZ 1979, 725 (726). Einschränkend OLG Köln v. 24.6.1997 – 14 UF 215/96, FamRZ 1997, 1487 (1488) bei langer Ehedauer.
4 OLG Stuttgart v. 6.11.1997 – 11 UF 176/97, MDR 1998, 290; OLG Koblenz v. 28.6.2007 – 7 UF 216/07, FamRZ 2008, 166 (167); OLG Schleswig v. 27.4.1992 – 15 UF 127/91, FamRZ 1992, 1199 (1200); OLG Stuttgart v. 6.11.1997 – 11 UF 176/97, MDR 1998, 290.
5 OLG Saarbrücken v. 31.3.2011 – 6 UF 128/10, FamRZ 2011, 1890 (1892); OLG Hamm v. 1.12.2006 – 12 UF 168/06, FamRZ 2007, 651 (652); OLG Schleswig v. 24.9.2003 – 12 UF 34/03, MDR 2004, 514. Weniger kategorisch demgegenüber OLG Stuttgart v. 21.8.2008 – 16 UF 65/08, FamRZ 2009, 64 (65) und OLG Hamm v. 12.3.2013 – II-2 UF 107/12, NJW 2013, 1889: Keine entscheidende Bedeutung besitze auch der Wunsch, dem nichtehelichen Lebenspartner einen gesicherten Aufenthaltsstatus zu verschaffen: OLG Hamm v. 17.11.2008 – 6 UF 131/08, FamRZ 2009, 710.
6 OLG Hamm v. 1.12.2006 – 12 UF 168/06, FamRZ 2007, 651 (652); OLG Frankfurt v. 19.11.1979 – 1 UF 140/78, FamRZ 1980, 280 (281 f.).
7 So BGH v. 2.7.1986 – IVb ZR 54/85, FamRZ 1986, 898 (899); OLG Frankfurt v. 17.3.1978 – 1 UF 576/77, FamRZ 1978, 363 (364).
8 KG v. 24.11.2000 – 13 UF 7180/00, FamRZ 2001, 928 (929).
9 OLG Hamm v. 12.3.2013 – II-2 UF 107/12, NJW 2013, 1889; OLG Naumburg v. 29.6.2001 – 14 WF 108/01, FamRZ 2002, 331 (333); OLG Oldenburg v. 18.11.1991 – 12 UF 90/91, FamRZ 1992, 458; OLG Bamberg v. 3.12.1987 – 2 UF 160/87, FamRZ 1988, 531 (532).
10 BGH v. 8.5.1996 – XII ZR 4/96, NJW-RR 1996, 1025; OLG Hamm v. 1.12.2006 – 12 UF 168/06, FamRZ 2007, 651 (652); OLG Stuttgart v. 6.11.1997 – 11 UF 176/97, MDR 1998, 290; OLG Schleswig v. 24.9.2003 – 12 UF 34/03, MDR 2004, 514.
11 OLG Stuttgart v. 21.8.2008 – 16 UF 65/08, FamRZ 2009, 64 (65); OLG Stuttgart v. 6.11.1997 – 11 UF 176/97, MDR 1998, 290; OLG Schleswig v. 24.9.2003 – 12 UF 34/03, MDR 2004, 514; OLG Bamberg v. 3.12.1987 – 2 UF 160/87, FamRZ 1988, 531 (532).
12 OLG Hamm v. 17.11.2008 – 6 UF 131/08, FamRZ 2009, 710 (711); OLG München v. 10.7.2007 – 4 UF 481/06, NJW-RR 2008, 887 (888); OLG Schleswig v. 24.9.2003 – 12 UF 34/03, MDR 2004, 514;

solche Informationen liefern, über die eigentlich die Gegenseite Auskunft erteilen sollte, von denen er aber selbst Kenntnis hat.[1] Entgegen einer gelegentlich geäußerten Auffassung kann dem Antragsteller jedoch nicht entgegengehalten werden, das Gericht hätte die durch den Antragsgegner verursachte Blockade durch verfahrensleitende Maßnahmen verhindern können,[2] denn das Verhalten des Gerichts ist dem Antragsteller nicht zurechenbar.

27 Zu berücksichtigen ist stets, dass Folgesachen für den Anspruchsinhaber **unterschiedliches Gewicht** besitzen. Je stärker sie dazu dienen, die Grundlagen der wirtschaftlichen Existenz zu sichern, desto gewichtigere Interessen müssen für eine Abtrennung sprechen.[3] Dabei entspricht es Sinn und Zweck des Verbundgedankens, das Interesse des Ehegatten an wirtschaftlicher Sicherung grundsätzlich hoch zu bewerten.[4] Güterrechtlichen Ansprüchen kommt insofern, vor allem wenn der Berechtigte über eigenes Einkommen verfügt, regelmäßig die geringste Bedeutung zu.[5] Dies wird nunmehr auch dadurch bestätigt, dass der Gesetzgeber davon Abstand genommen hat, sonstige Familiensachen iSv. § 111 Nr. 10, zu denen auch die Ansprüche aus dem sog. Nebengüterrecht gehören, in den Verbund einzubeziehen. Für die Wertigkeit der Folgesache Versorgungsausgleich ist entscheidend, ob bereits in nächster Zeit eine Rentenberechtigung entstehen könnte.[6] Demgegenüber kommt eine Abtrennung des Anspruchs auf nachehelichen Unterhalt nur ausnahmsweise in Frage,[7] es sei denn, dass lediglich ein vergleichsweise geringfügiger Aufstockungsunterhalt im Streit steht[8] oder der Unterhalt durch eine eA vorläufig geregelt ist.[9] Dem Umstand, dass der Antragsteller freiwillig Unterhalt zahlt, muss kein entscheidendes Gewicht beigemessen werden, solange die Gefahr besteht, dass die Zahlungen jederzeit

---

OLG Hamm v. 14.3.1997 – 13 UF 415/96, FamRZ 1997, 1228 (1229); KG v. 18.2.2000 – 3 UF 6680/99, FamRZ 2000, 1293 (1294); OLG Köln v. 24.6.1997 – 14 UF 215/96, FamRZ 1997, 1487 (1488).

1 OLG Frankfurt v. 18.3.1986 – 4 UF 248/85, FamRZ 1986, 921 f.
2 So aber OLG Stuttgart v. 21.8.2008 – 16 UF 65/08, FamRZ 2009, 64 (65); OLG Stuttgart v. 15.4. 2004 – 16 UF 363/03, FamRZ 2005, 121 (122 f.); OLG Hamm v. 17.11.2008 – 6 UF 131/08, FamRZ 2009, 710 (711). Selbst der Vorwurf, der Betroffene hätte versuchen müssen, seinen Auskunftsanspruch gerichtlich durchzusetzen (OLG Frankfurt v. 18.3.1986 – 4 UF 248/85, FamRZ 1986, 921 [922]), ist angesichts der weitreichenden Ermittlungsbefugnisse des Gerichts zweifelhaft.
3 OLG Hamm v. 1.12.2006 – 12 UF 168/06, FamRZ 2007, 651 (652); OLG Hamm v. 17.11.2008 – 6 UF 131/08, FamRZ 2009, 710 (712); OLG Zweibrücken v. 12.5.1998 – 5 UF 73/97, FamRZ 1998, 1525 (1526); OLG Brandenburg v. 21.12.1995 – 9 UF 70/95, FamRZ 1996, 751; OLG Düsseldorf v. 13.12.1984 – 4 UF 76/84, FamRZ 1985, 412 (413); OLG Bamberg v. 3.12.1987 – 2 UF 160/87, FamRZ 1988, 531 (532); OLG Frankfurt v. 17.3.1978 – 1 UF 576/77, FamRZ 1978, 363.
4 OLG Saarbrücken v. 31.3.2011 – 6 UF 128/10, FamRZ 2011, 1890 (1892); OLG Schleswig v. 24.9. 2003 – 12 UF 34/03, MDR 2004, 514; OLG Hamm v. 1.12.2006 – 12 UF 168/06, FamRZ 2007, 651 (652).
5 BGH v. 29.5.1991 – XII ZR 108/90, FamRZ 1991, 1043 (1044); BGH v. 2.7.1986 – IVb ZR 54/85, FamRZ 1986, 898 (899); OLG Schleswig v. 27.4.1992 – 15 UF 127/91, FamRZ 1992, 1199 (1200); OLG Zweibrücken v. 12.5.1998 – 5 UF 73/97, FamRZ 1998, 1525 (1526); OLG Hamm v. 28.4.1992 – 9 UF 332/91, FamRZ 1992, 1086 (1087). Gleichwohl für wichtig erachtet „neben ihren eigenen Erwerbseinkünften": KG v. 24.11.2000 – 13 UF 7180/00, FamRZ 2001, 928 (929); vgl. auch OLG Hamburg v. 11.7.2000 – 2 UF 126/98, FamRZ 2001, 1228 (Verflechtung zwischen Zugewinnausgleichsforderung des Ast. und Unterhaltsforderung der Agg.).
6 OLG Schleswig v. 20.11.1979 – 8 UF 197/78, SchlHA 1980, 18 (19).
7 OLG Saarbrücken v. 31.3.2011 – 6 UF 128/10, FamRZ 2011, 1890 (1892); OLG Düsseldorf v. 9.1. 2008 – II-5 UF 148/07, FamRZ 2008, 1266 (1267); OLG Hamm v. 1.12.2006 – 12 UF 168/06, FamRZ 2007, 651 (652); OLG Zweibrücken v. 12.5.1998 – 5 UF 73/97, FamRZ 1998, 1525 (1526); OLG Brandenburg v. 21.12.1995 – 9 UF 70/95, FamRZ 1996, 751.
8 OLG Bamberg v. 3.12.1987 – 2 UF 160/87, FamRZ 1988, 531 (532); AG Bad Iburg v. 17.1.2011 – 5 F 320/09 UE, juris.
9 OLG Schleswig v. 20.1.1981 – 8 UF 187/80, SchlHA 1981, 67; OLG Karlsruhe v. 13.2.1998 – 2 WF 173/97, FamRZ 1999, 98 (99); *Gerhards*, NJW 2010, 1697 (1700); vgl. auch Keidel/*Weber*, § 140 FamFG Rz. 13; abl. OLG Zweibrücken v. 12.5.1998 – 5 UF 74/97, FamRZ 1998, 1525 (1526); OLG Saarbrücken v. 31.3.2011 – 6 UF 128/10, FamRZ 2011, 1890 (1892).

eingestellt werden.[1] Wird der Nachehelichenunterhalt aller Voraussicht nach deutlich niedriger ausfallen als der Trennungsunterhalt, so begründet dies für sich genommen noch keine unzumutbare Härte,[2] es sei denn, dass aus diesem Grund die Folgesache verzögert wird.[3] Ausnahmsweise kommt eine Abtrennung der Unterhaltsfolgesache auch dann in Betracht, wenn ein anderes Verfahren eines vorrangigen Unterhaltsberechtigten Auswirkungen auf Bestand und Höhe des Anspruchs hat.[4] Ohne dass die Hauptsache vorweggenommen werden dürfte, können – ergänzend – auch die Erfolgsaussichten der Folgesache berücksichtigt werden.[5]

Die **Zustimmung der anderen Seite** zur Abtrennung ist – wie auch der Tatbestand des § 140 Abs. 2 Satz 2 Nr. 4 zeigt – ein Indiz dafür, dass die Interessen des Antragstellers überwiegen, doch berechtigt dies das Gericht nicht automatisch zur Abtrennung, da die Vorschrift nicht dispositiv ist.[6] Auch soll nach bisheriger Praxis das Einverständnis der Gegenseite mit der Abtrennung den Antragsteller nicht davon entbinden, einen eigenständigen – über die Verzögerung hinausgehenden – Härtegrund vorzubringen.[7] Diese Gründsätze gelten auch – entgegen einer früher teilweise vertretenen Ansicht[8] – für die nur auf Antrag eingeleiteten Folgesachen (va. Unterhalt, Zugewinn und Versorgungsausgleich in Fällen des Art. 17 Abs. 3 Satz 2 EGBGB[9]). **Wertungsmäßig vermag diese Rechtslage** vor dem Hintergrund des neu eingeführten § 140 Abs. 2 Nr. 4[10] und angesichts der beschränkten Schutzwirkung des Verbunds (§ 137 Rz. 5) **nicht mehr so recht zu überzeugen.** Soweit es dem betroffenen Ehegatten frei steht, selbst zu entscheiden, ob die Folgesache anhängig gemacht wird, sollte de lege ferenda seiner Zustimmung zur Abtrennung im Regelfall auch ausschlaggebendes Gewicht beigelegt werden. Es wäre unverhältnismäßig, wenn er genötigt würde, die Folgesache zurückzunehmen, um dem Scheidungsverfahren raschen Fortgang geben zu können.

28

6. Rechtsmittelinstanz

Wird die erstinstanzliche Entscheidung nicht nur in der Scheidungssache, sondern auch hinsichtlich einer oder mehrerer Folgesachen angefochten, kann die Abtrennung im **Beschwerdeverfahren** vorgenommen werden, soweit (nunmehr) die Voraussetzungen des § 140 Abs. 2 vorliegen.[11] Demgegenüber ist § 140 Abs. 2 nach mittlerweile ganz herrschender Auffassung nicht anwendbar, wenn sich die Schei-

29

---

1 OLG Düsseldorf v. 9.1.2008 – II-5 UF 148/07, FamRZ 2008, 1266 (1267). Demgegenüber sah OLG Karlsruhe v. 26.4.1979 – 2 UF 220/78, FamRZ 1979, 725 (726) im konkreten Fall keine solche Gefahr.
2 OLG Saarbrücken v. 31.3.2011 – 6 UF 128/10, FamRZ 2011, 1890 (1892); OLG Hamm v. 1.12. 2006 – 12 UF 168/06, FamRZ 2007, 651 (652); KG v. 24.11.2000 – 13 UF 7180/00, FamRZ 2001, 928 (929); OLG Koblenz v. 3.10.1989 – 11 UF 1524/88, FamRZ 1990, 769 (771); vgl. auch OLG Zweibrücken v. 8.5.2001 – 5 UF 143/00, FamRZ 2002, 334 (335); OLG Koblenz v. 3.10.1989 – 11 UF 1524/88, FamRZ 1990, 769 (771).
3 BGH v. 29.5.1991 – XII ZR 108/90, FamRZ 1991, 1043 (1044); OLG Saarbrücken v. 31.3.2011 – 6 UF 128/10, FamRZ 2011, 1890 (1892); OLG Hamm v. 1.12.2006 – 12 UF 168/06, FamRZ 2007, 651 (652); OLG Frankfurt v. 24.4.1981 – 1 WF 20/81, FamRZ 1981, 579 (580).
4 OLG Schleswig v. 27.11.1996 – 12 UF 65/96, SchlHA 1997, 135.
5 OLG Karlsruhe v. 13.2.1998 – 2 WF 173/97, FamRZ 1999, 98; vgl. auch OLG Köln v. 16.7.1997 – 26 UF 31/97, FamRZ 1998, 301 (302).
6 BGH v. 29.5.1991 – XII ZR 108/90, FamRZ 1991, 1043 (1044); BGH v. 9.1.1991 – XII ZR 14/90, FamRZ 1991, 687 (688); OLG Schleswig v. 27.4.1992 – 15 UF 127/91, FamRZ 1992, 1199 (1200); OLG Bamberg v. 3.12.1987 – 2 UF 160/87, FamRZ 1988, 531 (532).
7 OLG Schleswig v. 3.5.1989 – 12 UF 135/88, FamRZ 1989, 1106.
8 OLG Köln v. 30.10.1979 – 21 UF 116/79, FamRZ 1980, 388; OLG Hamm v. 20.5.1980 – 2 UF 42/80, FamRZ 1980, 1049 (1050); OLG Hamm v. 3.6.1986 – 2 UF 566/85, FamRZ 1986, 823; OLG Düsseldorf v. 22.10.1979 – 2 UF 37/79, FamRZ 1980, 146.
9 Abw. OLG Schleswig v. 9.2.1998 – 15 UF 68/97, juris ohne Auseinandersetzung mit entgegenstehender Rspr.
10 Zu den dieser Vorschrift zu Grunde liegenden Wertungen MüKo.ZPO/*Heiter*, § 140 FamFG Rz. 36.
11 BGH v. 17.9.1980 – IVb ZB 745/80, FamRZ 1980, 1108 (1109); OLG Bamberg v. 14.5.1986 – 2 WF 137/86, FamRZ 1986, 1011 (1013); OLG Düsseldorf v. 25.4.1978 – 1 UF 23/78, FamRZ 1978, 527 (vgl. auch Rz. 21 m. Fn. 1).

dungssache und das Folgeverfahren nicht in derselben Instanz befinden. Gelangt daher nur eine Folgesache in die zweite Instanz, kann nicht durch deren Abtrennung der Eintritt der Rechtskraft für den Scheidungsausspruch beschleunigt werden. Denn hierdurch würde die Möglichkeit genommen, sich im Wege einer verfahrensübergreifenden Anschließung (§ 117 Rz. 39) gegen den Scheidungsausspruch zu wenden,[1] doch werden die Grenzen insofern nur durch § 145 gezogen.[2]

30 Gelangen mehrere Folgesachen in die Rechtsmittelinstanz, besteht zwischen ihnen unter den Voraussetzungen des § 137 Abs. 5 Satz 1, 2. Halbs. ein **Restverbund** (vgl. § 629a Abs. 2 Satz 3 aF ZPO), der in entsprechender Anwendung von § 140 Abs. 2 gelöst werden kann (§ 137 Rz. 72). Angesichts des nunmehr eingeschränkten Schutzzwecks kann dabei ein deutlich großzügigerer Maßstab angelegt werden.[3] Besteht zwischen den Folgesachen kein inhaltlicher Zusammenhang, kann auch, ohne dass die Voraussetzungen der Vorschrift vorliegen, eine Abtrennung vorgenommen werden (§ 117 Rz. 58).[4]

III. Erweiterte Abtrennung (Absatz 3)

31 In Anlehnung an § 623 Abs. 2 Satz 3 aF ZPO ermöglicht § 140 Abs. 3 bei Abtrennung einer Kindschaftsfolgesache nach Abs. 2 Satz 2 Nr. 3 die Abtrennung einer Unterhaltsfolgesache auf Antrag eines Ehegatten. Allerdings wird nunmehr ausdrücklich klargestellt, dass die Abtrennung **„wegen des Zusammenhangs mit der Kindschaftsfolgesache geboten"** sein muss.[5] Ein solcher Zusammenhang kann bestehen, wenn der Aufenthalt des Kindes zwischen den Beteiligten streitig ist, weil sowohl die Geltendmachung von Betreuungsunterhalt nach § 1570 BGB als auch die Bestimmung, welcher Elternteil barunterhaltspflichtig ist (vgl. § 1606 Abs. 3 Satz 2 BGB), von dieser Weichenstellung abhängt.

32 Allerdings ist die erweiterte Abtrennung nur dann „geboten", wenn andernfalls über die Folgesache Unterhalt vor der Kindschaftssache entschieden werden müsste. Demgegenüber spricht nichts dagegen, über die Unterhaltssache (zusammen mit der Scheidungssache) später als über die Kindschaftssache zu entscheiden, denn die Unterhaltsansprüche werden – wenn sie verbundfähig sein sollen – ohnehin erst ab Rechtskraft der Scheidung geltend gemacht.[6] Würde man § 140 Abs. 3 auch in diesem Fall anwenden, könnte die Vorschrift als Vehikel eingesetzt werden, um die restriktiven Abtrennungsvoraussetzungen des § 140 Abs. 2 Satz 2 Nr. 5 zu umgehen, was durch die im Vergleich zu § 623 Abs. 2 Satz 3 aF ZPO restriktivere Fassung gerade verhindert werden soll. Wird eine Kindschaftssache nach § 140 Abs. 2 Nr. 3 abgetrennt, um – wie regelmäßig – vorab über diese zu entscheiden, ist eine erweiterte Abtrennung demnach nicht geboten, vielmehr kommt ein entsprechendes Bedürfnis nur im – eher seltenen – umgekehrten Fall in Frage, wenn die Abtrennung der Kindschaftssache vorab den Ausspruch der Scheidung ermöglicht. Der Anwendungsbereich der Vorschrift tendiert damit gegen null:[7] Denn ein Zusammenhang zwischen

---

1 BGH v. 9.2.1983 – IVb ZR 361/81, FamRZ 1983, 461 (462).
2 BGH v. 17.9.1980 – IVb ZB 745/80, FamRZ 1980, 1108 (1109); OLG Bamberg v. 3.12.1987 – 2 UF 160/87, FamRZ 1986, 1011 (1013); aA OLG Oldenburg v. 2.8.1979 – 11 UF 97/79, FamRZ 1980, 71 (72); OLG Frankfurt v. 19.11.1979 – 1 UF 140/78, FamRZ 1980, 280 (281); OLG Karlsruhe v. 20.7. 1979 – 16 UF 44/79, FamRZ 1980, 283 (Ls.). Die Auffassung des BGH hat sich auch der Gesetzgeber bei Einführung des § 629a Abs. 3 aF ZPO (als Vorläufervorschrift zu § 145) zu eigen gemacht, BT-Drucks. 10/2888, S. 29 f.
3 OLG Zweibrücken v. 3.6.1997 – 5 UF 68/96, FamRZ 1997, 1231; MüKo.ZPO/*Heiter*, § 140 FamFG Rz. 13.
4 Zöller/*Philippi*, 27. Aufl., § 629a ZPO Rz. 7.
5 Diese Einschränkung wurde bereits in § 623 Abs. 2 Satz 3 aF ZPO hineingelesen (BGH v. 1.10. 2008 – XII ZR 172/06, FamRZ 2008, 2268 [2269]).
6 So schon BGH v. 1.10.2008 – XII ZR 172/06, FamRZ 2008, 2268 (2269) „insoweit ist eine Vorabentscheidung anders als bei der Sorgerechtssache indessen nicht sinnvoll" (ähnl. BGH v. 1.10.2008 – XII ZB 90/08, FamRZ 2008, 2193 [2194]); vgl. auch *Klinkhammer*, FamRZ 2003, 583 (584).
7 Vgl. auch MüKo.ZPO/*Heiter*, § 140 FamFG Rz. 75; *Gambke*, S. 241 f. Daher hat *Klinkhammer*, FamRZ 2003, 583 f. schon zur alten Rechtslage die Streichung der erweiterten Abtrennung vorgeschlagen.

Kindschaftssache und Unterhaltssache besteht gerade nur in den Fällen, in denen der Aufenthalt des Kindes streitig ist, doch wird hier regelmäßig kein Anlass bestehen, über die Anwendung von § 140 Abs. 2 Nr. 3 eine Vorabscheidung zu ermöglichen (Rz. 17 aE).

Der Antrag auf Abtrennung kann von **beiden Ehegatten** und auch noch nachträglich nach Abtrennung der Kindschaftssache gestellt werden.[1]   33

IV. Fristberechnung bei verfrühtem Scheidungsantrag (Absatz 4)

Damit aus der Stellung verfrühter Scheidungsanträge kein Vorteil gezogen werden kann, ist gem. § 140 Abs. 4 für die Berechnung der Dreimonatsfrist nach Abs. 2 Satz 2 Nr. 4 und die Bestimmung der außergewöhnlichen Verzögerung nach Abs. 2 Satz 2 Nr. 5 der **Zeitraum vor Ablauf des Trennungsjahres** nicht zu berücksichtigen.[2] Naturgemäß gilt diese Regelung gem. Abs. 4 Satz 2 nicht, soweit aufgrund der Härteklausel des § 1565 Abs. 2 BGB die Scheidung bereits vor Ablauf des Trennungsjahres möglich ist.   34

C. Antrag (Absatz 5)

Im Unterschied zum früheren Recht kann die Abtrennung nach § 140 Abs. 2 Satz 2 Nr. 4 und 5 so wie auch die erweiterte Abtrennung nach § 140 Abs. 3 **nur auf Antrag** erfolgen. Dieser kann gem. § 140 Abs. 5 zur Niederschrift der Geschäftsstelle oder zu Protokoll erklärt werden und ist damit, wie § 114 Abs. 4 Nr. 4 ausdrücklich klarstellt (obwohl sich dies bereits aus allgemeinen Grundsätzen ergibt, § 114 Abs. 4 Nr. 6 FamFG iVm. § 78 Abs. 3 ZPO), vom Anwaltszwang befreit. Für die übrigen Tatbestände des § 140 Abs. 1 und 2 bleibt es grundsätzlich dabei, dass das Gericht die Möglichkeit zur Auflösung des Verbunds von Amts wegen zu prüfen hat; gleichwohl ist es auch sinnvoll, durch Stellung eines „Antrags" eine entsprechende Prüfung anzuregen,[3] weil sich sonst dem Gericht der Schluss aufdrängen muss, die Verfahrensverzögerung stelle für keinen der Beteiligten eine besondere Härte dar.[4]   35

D. Entscheidung über Abtrennung und Rechtsmittel (Absatz 6)

Nach § 140 Abs. 6 hat das Gericht über die Abtrennung – unabhängig davon, ob sie auf Antrag oder von Amts wegen erfolgen soll – durch **gesonderten Beschluss** zu befinden. Klargestellt wird außerdem, dass dieser Beschluss – entsprechend seinem Charakter als Zwischenentscheidung – **nicht selbständig anfechtbar** ist.[5] Zur (unselbständigen) Anfechtung des Scheidungsausspruchs wegen eines Verfahrensfehlers vgl. jedoch Rz. 38.   36

Die Entscheidung ist **Teil des Scheidungsverfahrens**,[6] so dass unabhängig davon, ob eine Familienstreitsache oder eine Familiensache der fG abgetrennt wird, § 113 Abs. 1 Satz 2 FamFG iVm. § 329 ZPO Anwendung findet. Eine mündliche Verhandlung ist nicht vorgeschrieben (§ 128 Abs. 4 ZPO), doch ist den Beteiligten rechtliches Gehör zu gewähren.[7] Der Beschluss ist zu begründen, dabei sind in den Fällen des § 140 Abs. 2 Satz 2 Nr. 5 die Verfahrensverzögerung und insbesondere die mangelnde   37

---

1 Zöller/*Lorenz*, § 140 FamFG Rz. 6.
2 So auch schon OLG Köln v. 13.1.2000 – 14 UF 152/99, FamRZ 2000, 1294 (Ls.); OLG Frankfurt v. 24.4.1981 – 1 WF 20/81, FamRZ 1981, 579 (580).
3 OLG Köln v. 3.1.2003 – 14 WF 194/02, FamRZ 2003, 1197; OLG Hamburg v. 31.10.1977 – 2 WF 168/77, FamRZ 1978, 42 (43); OLG Naumburg v. 27.12.2000 – 8 WF 239/00, FamRZ 2002, 248 (Ls.).
4 MüKo.ZPO/*Finger*, § 628 ZPO Rz. 16.
5 OLG Bremen v. 22.11.2010 – 4 WF 151/10, FamRZ 2011, 753; OLG Brandenburg v. 18.10.2011 – 10 UF 143/11, FamRZ 2012, 572.
6 BGH v. 8.5.1996 – XII ZR 4/96, NJW-RR 1996, 1025; BGH v. 17.9.1980 – IVb ZB 745/80, FamRZ 1980, 1108 (1109).
7 BGH v. 2.7.1986 – IVb ZR 54/85, FamRZ 1986, 898 (899); OLG Köln v. 10.12.1982 – 4 UF 264/82, FamRZ 1983, 289 (290).

Entscheidungsreife der Folgesache darzulegen, andernfalls liegt ein wesentlicher Verfahrensmangel iSv. § 117 Abs. 2 Satz 1 FamFG, § 538 Abs. 2 Satz 1 Nr. 1 ZPO vor.[1]

38 Trennt das Gericht eine Folgesache ab und spricht vorab die Scheidung aus, ohne dass die Voraussetzungen des § 140 vorliegen, begründet dies eine **selbständige Beschwer**, die im Wege der Beschwerde gegen den Scheidungsbeschluss geltend gemacht werden kann. Es liegt eine unzulässige Teilentscheidung iSv. § 117 Abs. 2 Satz 1 FamFG iVm. § 538 Abs. 2 Satz 1 Nr. 7 ZPO vor, die idR zur Aufhebung und Zurückverweisung der Scheidungssache an das FamG führt (vgl. im Einzelnen § 117 Rz. 14f.).[2] Hat das OLG eine an sich gebotene Zurückverweisung an die erste Instanz unterlassen, so ist dies vom BGH im Rechtsbeschwerdeverfahren nachzuholen.[3]

E. Fortgang des Verfahrens

39 Das Schicksal der abgetrennten Folgesachen bestimmt sich nach § 137 Abs. 5. Soweit danach der abgetrennte Verfahrensteil weiterhin als Folgesache anzusehen ist (§ 137 Abs. 5 Satz 1), kann trotz Lösung des Verhandlungs- und Entscheidungsverbunds iSv. § 137 Abs. 1 wegen der inneren Abhängigkeit (vgl. etwa §§ 141 Satz 1, 148) nicht von einer echten Verfahrenstrennung gesprochen werden. Vielmehr ergehen **zwei zeitlich versetzte Teilentscheidungen in einem einzigen Verfahren**.[4] Für die Scheidungssache und die nicht abgetrennten Folgesachen gelten weiterhin die normalen Verbundregeln (so noch ausdrücklich § 628 Satz 2 aF ZPO). Die Vorabentscheidung über die Scheidungssache, die gem. § 142 Abs. 1 Satz 1 zusammen mit den nicht abgetrennten Folgesachen erfolgen muss, enthält – trotz ihres Charakters als Teilentscheidung – eine eigene Kostenentscheidung nach § 150 (§ 150 Rz. 3).

40 Das Verfahren in der abgetrennten Folgesache ist selbst dann weiter zu **fördern**, wenn der Scheidungsausspruch angefochten wird, andernfalls kann Beschwerde nach § 252 ZPO analog eingelegt werden.[5]

41 **Kosten/Gebühren: Gericht:** Die kostenrechtlichen Folgen der Abtrennung orientieren sich an den verfahrensrechtlichen Folgen. Soweit der Verbund nach § 137 Abs. 5 Satz 1 erhalten bleibt, ändert sich kostenrechtlich nichts. Wird eine Folgesache als selbständige Familiensache fortgeführt (§ 137 Abs. 5 Satz 2), scheidet diese Sache aus dem Verbund aus; das bisherige Verfahren ist kostenrechtlich als Teil der selbständigen Familiensache zu behandeln (§ 6 Abs. 2 FamGKG). Für die selbständige Familiensache fallen nunmehr die für ein solches Verfahren vorgesehenen Gebühren an. Da mangels Fälligkeit noch keine Zahlung auf die Verfahrensgebühr für die fortgeführte Folgesache erfolgt sein kann, ist nichts zu verrechnen. **RA:** Für die RA-Gebühren gelten die gleichen Grundsätze. Soweit der Verbund nach Abtrennung erhalten bleibt, ändert sich nichts. Wird eine Sache als selbständige Familiensache fortgeführt, liegt mit der Abtrennung eine von dem Verbundverfahren verschiedene Angelegenheit vor. Nach dem Wert der fortgeführten Folgesache entstehen die Gebühren erneut. Die Gebühren sind zu berechnen, als sei der RA von vornherein in einer selbständigen Familiensache tätig geworden.

141 *Rücknahme des Scheidungsantrags*
Wird ein Scheidungsantrag zurückgenommen, erstrecken sich die Wirkungen der Rücknahme auch auf die Folgesachen. Dies gilt nicht für Folgesachen, die die Übertragung der elterlichen Sorge oder eines Teils der elterlichen Sorge wegen

---

1 OLG Koblenz v. 12.6.1990 – 11 UF 192/90, NJW-RR 1991, 5 (6); Musielak/*Borth*, § 140 FamFG Rz. 18.
2 OLG Saarbrücken v. 31.3.2011 – 6 UF 128/10, FamRZ 2011, 1890 (1891); OLG Stuttgart v. 21.8.2008 – 16 UF 65/08, FamRZ 2009, 64 (65); OLG München v. 10.7.2007 – 4 UF 481/06, NJW-RR 2008, 887; OLG Nürnberg v. 8.7.2004 – 7 UF 1224/04, FamRZ 2005, 1497 (1498); OLG Düsseldorf v. 12.11.1987 – 10 UF 104/87, FamRZ 1988, 312; vgl. auch BGH v. 8.5.1996 – XII ZR 4/96, NJW-RR 1996, 1025.
3 BGH v. 27.3.1996 – XII ZR 83/95, FamRZ 1991, 1070 (1071).
4 OLG Dresden v. 12.2.2002 – 22 WF 470/00, FamRZ 2002, 1415 (1416); OLG Karlsruhe v. 7.2.1996 – 2 WF 157/95, FamRZ 1996, 881 (882); OLG Düsseldorf v. 8.9.1983 – 10 WF 82/83, JurBüro 1984, 223.
5 BGH v. 30.5.1979 – IV ZR 160/78, FamRZ 1979, 690 (692); KG v. 19.8.1981 – 3 WF 3887/81, FamRZ 1982, 320 f.; *Gerhards*, NJW 2010, 1697 (1700).

Gefährdung des Kindeswohls auf einen Elternteil, einen Vormund oder Pfleger betreffen, sowie für Folgesachen, hinsichtlich derer ein Beteiligter vor Wirksamwerden der Rücknahme ausdrücklich erklärt hat, sie fortführen zu wollen. Diese werden als selbständige Familiensachen fortgeführt.

A. Allgemeines

Da über Folgesachen per definitionem nur für den Fall der Scheidung der Ehe entschieden wird (§§ 137 Abs. 1, 142 Abs. 1 Satz 1, 148), liegt es in der Natur der Dinge, dass sich mit der Rücknahme des Scheidungsantrags eigentlich auch das Verfahren in der Folgesache erledigt. § 141 Satz 1 erstreckt daher kurzerhand die Wirkungen der Rücknahme auf die Folgesachen. Allerdings lässt § 141 Satz 2 in Übereinstimmung mit § 626 Abs. 1 Satz 1 und Abs. 2 Satz 1 aF ZPO aus Gründen der **Verfahrensökonomie** gewisse Ausnahmen von diesem Grundsatz zu. Denn soweit trotz Rücknahme des Scheidungsantrags die Trennung der Ehegatten fortbesteht, kann sich eine Fortführung bestimmter Verfahrensbestandteile (zB Unterhalt, elterliche Sorge) als sinnvoll erweisen, weil hierdurch – anders als bei Einleitung eines neuen Verfahrens – der erreichte Verfahrensstand gewahrt werden kann.[1]

B. Erstreckung der Rücknahme auf Folgesachen (Satz 1)

Die **Rücknahme des Scheidungsantrags** richtet sich nach § 113 Abs. 1 Satz 2 FamFG iVm. § 269 ZPO und unterliegt gem. § 114 Abs. 1 dem Anwaltszwang. Sowohl die Rücknahme als auch die – nach mündlicher Verhandlung des Antragsgegners zur Hauptsache (§ 134 Rz. 8) erforderliche – Zustimmung des Antragsgegners sind grundsätzlich in der in § 269 Abs. 2 ZPO vorgesehen Form zu erklären. Doch kann die Zustimmung nach § 134 Abs. 1, 2. Alt. auch zu Protokoll der Geschäftsstelle eines jeden Amtsgerichts (§ 129a ZPO) oder in der mündlichen Verhandlung zur Niederschrift des Gerichts erklärt werden und unterliegt damit nach § 114 Abs. 4 Nr. 3 nicht mehr dem Anwaltszwang (vgl. zu den allg. Voraussetzungen und Wirkungen der Rücknahme des Scheidungsantrags § 134 Rz. 7f.). Die Fiktion des § 269 Abs. 2 Satz 4 ZPO, wonach die Zustimmung als erteilt gilt, wenn der Antragsgegner nicht binnen zwei Wochen nach Zustellung der Rücknahmeerklärung widerspricht, ist auch in Ehesachen anwendbar.[2] Haben beide Seiten einen eigenen Scheidungsantrag gestellt, so treten die Rechtsfolgen des § 141 Satz 1 nicht bereits durch Rücknahme des einen Antrags ein, vielmehr wird das Scheidungsverfahren auf der Grundlage des Gegenantrags fortgeführt (§ 124 Rz. 3 und § 126 Rz. 9).

Indem § 141 Satz 1 die Wirkungen der Rücknahme auch **auf die Folgesache erstreckt**, ist auch diese gem. § 269 Abs. 3 Satz 1 ZPO als nicht anhängig geworden anzusehen. Eine in der Folgesache bereits ergangene Entscheidung, die gem. § 148 erst zusammen mit dem Scheidungsausspruch wirksam werden kann, wird **automatisch** wirkungslos, ohne dass es einer besonderen Aufhebung bedürfte (§ 269 Abs. 3 Satz 1 ZPO). Gem. § 269 Abs. 4 ZPO entscheidet das Gericht über die Wirkungen der Rücknahme auf Antrag eines Ehegatten durch Beschluss ohne notwendige mündliche Verhandlung (§ 128 Abs. 4 ZPO). Auch eine „isolierte" **Rücknahme** der (antragsabhängigen) Folgesachen ist nach allgemeinen Regeln möglich (§ 113 Abs. 1 Satz 2 FamFG iVm. § 269 ZPO bzw. § 22 FamFG).

Die Vorschrift kann entsprechend angewendet werden, wenn ein Scheidungsantrag dadurch **gegenstandslos** wird, dass während des laufenden Verbundverfahrens die Ehe im Ausland durch ein im Inland anzuerkennendes Urteil geschieden wird.[3] Die **kostenrechtlichen** Konsequenzen der Rücknahme des Scheidungsantrags sind in § 150 Abs. 2 Satz 1 geregelt.

---

[1] KG v. 21.9.2004 – 18 UF 89/04, FamRZ 2005, 805 (806).
[2] OLG Naumburg v. 8.6.2002 – 8 UF 80/02, FamRZ 2003, 545; Zöller/*Lorenz*, § 141 FamFG Rz. 2.
[3] BGH v. 14.12.1983 – IVb ZR 26/82, FamRZ 1984, 256 (257); OLG Hamm v. 24.3.2005 – 10 WF 26/05, FamRZ 2005, 1496 (1497); in dieser Konstellation bleibt auch die Fortführung des VA-Verfahrens möglich KG v. 20.3.1979 – 3 WF 4575/78, NJW 1979, 1107.

C. Fortführung von Folgesachen (Sätze 2 und 3)

5 § 141 Satz 2 sieht zwei Ausnahmen von dem Grundsatz des § 137 Satz 1 vor: Soweit ein Verfahren auf Übertragung der elterlichen Sorge oder eines Teils der elterlichen Sorge wegen **Gefährdung des Kindeswohls** auf einen Elternteil, Vormund oder Pfleger (§ 1666 BGB) anhängig ist,[1] bleibt dieses von der Rücknahme des Scheidungsantrags unberührt. Das Gleiche gilt, wenn ein Beteiligter **in einer Folgesache rechtzeitig erklärt**, das betreffende Verfahren fortführen zu wollen.

6 Allerdings muss diese Erklärung nach dem klaren Wortlaut der Vorschrift **vor Wirksamwerden der Rücknahme des Scheidungsantrags**[2] erfolgen (und unterliegt damit auch stets dem Anwaltszwang nach § 114 Abs. 1[3]).

7 Um Folgesachen fortführen zu können, bedarf es keiner gerichtlichen Entscheidung. Vielmehr bewirkt allein die Erklärung des Beteiligten die Fortsetzung des Verfahrens.[4] Dabei besitzt das Gericht keinen Ermessensspielraum, die Fortführung als unzweckmäßig oder in der Sache aussichtslos abzulehnen.[5] Auf diese Weise bleiben der bisherige Verfahrensstoff und die Ergebnisse der Beweisaufnahme verwertbar. Neben der Äußerung des Fortführungswunsches ist allerdings Voraussetzung, dass der Betroffene seinen zunächst als Folgesache eventualiter für den Fall der Scheidung gestellten Antrag **in einen unbedingten Antrag ändert** (was nur dann möglich ist, wenn über die Folgesache noch nicht entschieden ist).[6] Damit beschränkt sich der Kreis der zur Fortführung geeigneten Verfahren auf solche Gegenstände, deren Geltendmachung unabhängig von der Rechtskraft der Scheidung möglich sind: Als unproblematisch erweisen sich damit Kindesunterhalt, elterliche Sorge, Umgang und Kindesherausgabe; darüber hinaus kann aber auch vom Nachehelichenunterhalt zum Trennungsunterhalt, vom Zugewinnausgleich zum vorzeitigen Zugewinnausgleich (§§ 1385 ff. BGB),[7] von einer Regelung der Rechtsverhältnisse an der Ehewohnung und an Haushaltsgegenständen anlässlich der Scheidung (§§ 1568a, 1568b BGB) zu einer solchen bei Getrenntleben (§§ 1361a, 1361b BGB) übergegangen werden. Demgegenüber scheiden der (reguläre) Zugewinnausgleich (vgl. §§ 1372, 1378 Abs. 3 Satz 1 BGB) und der Versorgungsausgleich (vgl. § 1587 BGB)[8] als (fortzuführende) Verfahrensgegenstände aus. Im Regelfall wird man in der Äußerung des Fortsetzungswunsches zugleich auch die entsprechende Antragsänderung sehen können (ggf. § 139 ZPO).

8 Schon nach dem Wortlaut der Vorschrift („Beteiligter") kann das Begehren zur Fortführung nicht nur vom ursprünglichen Antragsteller der Folgesache, sondern **auch vom anderen Ehegatten ausgehen**.[9] Allerdings wird dieser hieran regelmäßig kein Interesse haben, denn solange der Antragsteller seinen in den Fällen des § 137 Abs. 2 stets bedingt gestellten Antrag nicht umstellt, ändert sich nichts an der Erledigung in der Hauptsache. Doch kann der andere Ehegatte die rechtskräftige Abwei-

---

1 Im RegE war vorgesehen, diese Regelung auf alle Kindschaftssachen iSv. § 137 Abs. 3 zu erstrecken, doch ist man hiervon auf Intervention des Bundesrats wieder abgerückt (BT-Drucks. 16/6308, S. 374 und S. 413).
2 Zöller/*Lorenz*, § 141 FamFG Rz. 5; Johannsen/Henrich/*Markwardt*, § 141 FamFG Rz. 6; Baumbach/*Hartmann*, § 141 FamFG Rz. 5.
3 Bork/Jacoby/Schwab/*Löhnig*, § 141 FamFG Rz. 9; Johannsen/Henrich/*Markwardt*, § 141 FamFG Rz. 6.
4 BT-Drucks. 16/6308, S. 232.
5 OLG Stuttgart v. 20.7.2005 – 17 WF 57/05, FamRZ 2006, 714; OLG Hamm v. 24.3.2005 – 10 WF 26/05, FamRZ 2005, 1496 (1497); KG v. 4.11.2003 – 18 WF 233/03, FamRZ 2004, 1044.
6 MüKo.ZPO/*Finger*, § 626 ZPO Rz. 14.
7 KG v. 4.11.2003 – 18 WF 233/03, FamRZ 2004, 1044; OLG Bamberg v. 25.4.1996 – 7 WF 45/96, FamRZ 1997, 91 (92); vgl. auch OLG Stuttgart v. 20.7.2005 – 17 WF 57/05, FamRZ 2006, 714.
8 Zu einer Ausnahme vgl. Rz. 4 m. Fn. 3.
9 OLG Stuttgart v. 20.7.2005 – 17 WF 57/05, FamRZ 2006, 714 f.; Stein/Jonas/*Schlosser*, § 626 ZPO Rz. 4; aA Johannsen/Henrich/*Markwardt*, § 141 FamFG Rz. 6. Allerdings wird man die Initiative – trotz des nunmehr geänderten Wortlauts – nicht auch weiteren Beteiligten zugestehen können (Musielak/*Borth*, § 141 FamFG Rz. 7; aA MüKo.ZPO/*Heiter*, § 141 FamFG Rz. 17; vgl. demgegenüber zum alten Recht MüKo.ZPO/*Finger*, § 626 ZPO Rz. 16).

sung des Antrags anstreben, weil dieser von Anfang an unzulässig oder unbegründet gewesen sei.

§ 141 Satz 3 stellt klar, dass die betroffenen Verfahren als **selbständige Familiensachen** fortzuführen sind. In der Sache bedeutet das: Ein Anwaltszwang besteht nur noch insoweit, als er gem. § 114 Abs. 1 für selbständige Familiensachen vorgeschrieben ist. Die Zuständigkeit des Gerichts der Scheidung bleibt (vorbehaltlich einer Abgabe nach § 4) nach den Grundsätzen der perpetuatio fori erhalten (§ 113 Abs. 1 Satz 2 FamFG iVm. § 261 Abs. 3 Nr. 2 ZPO bzw. § 2 Abs. 2 FamFG).[1] Beim Übergang zum Antrag auf vorzeitigen Zugewinnausgleich bleibt materiellrechtlich als Stichtag – trotz der Rücknahme – die Rechtshängigkeit des Scheidungsantrags (§ 1384 BGB) maßgeblich.[2] Wird die Ehe aufgrund eines später erneut eingereichten Scheidungsantrags rechtskräftig geschieden, erledigt sich ein Verfahren auf vorzeitigen Zugewinnausgleich, doch kann der Antrag erneut auf endgültigen Zugewinnausgleich umgestellt werden.[3] Über die Kosten ist nach § 150 Abs. 5 Satz 2 nach allgemeinen Regeln zu entscheiden, so als ob nie ein Verbundverfahren bestanden hätte.[4]

9

Kosten/Gebühren: Gericht: Nr. 1111 VV FamGKG regelt Tatbestände, die bei rechtzeitiger Rücknahme des Scheidungsantrags eine Reduzierung der in Nr. 1110 VV FamGKG vorgesehenen Verfahrensgebühr von 2,0 auf 0,5 vorsehen. Die Zurücknahme führt demnach zur Ermäßigung, wenn sie vor dem Schluss der mündlichen Verhandlung (§ 136 Abs. 4 ZPO), in den Fällen des § 128 Abs. 2 ZPO vor dem Zeitpunkt, der dem Schluss der mündlichen Verhandlung entspricht (§ 128 Abs. 2 Satz 2 ZPO), oder bei Säumnis des Antragsgegners iSd. § 331 Abs. 3 ZPO vor Ablauf des Tages, an dem die Endentscheidung der Geschäftsstelle übermittelt wird, erfolgt. Weitere Voraussetzung für die Privilegierung ist, dass nicht bereits eine andere Endentscheidung als eine der in Nr. 2 des Gebührentatbestandes genannten Art vorausgegangen ist. Soweit eine Folgesache nach Rücknahme des Scheidungsantrags als selbständige Familiensache fortgeführt wird, scheidet diese Sache aus dem Verbund aus; das bisherige Verfahren ist kostenrechtlich als Teil der selbständigen Familiensache zu behandeln (§ 6 Abs. 2 FamGKG). Für die selbständige Familiensache fallen nunmehr die für ein solches Verfahren vorgesehenen Gebühren an. Da mangels Fälligkeit noch keine Zahlung auf die Verfahrensgebühr für die fortgeführte Folgesache erfolgt sein kann, ist nichts zu verrechnen. **RA:** Die Rücknahme des Scheidungsantrags hat auf die RA-Vergütung keine Auswirkung. Wird eine Folgesache als selbständige Familiensache fortgeführt, liegt mit der Abtrennung eine von dem Verbundverfahren verschiedene Angelegenheit vor. Nach dem Wert der fortgeführten Folgesache entstehen die Gebühren erneut. Die Gebühren sind so zu berechnen, als sei der RA von vornherein in einer selbständigen Familiensache tätig geworden.

10

142 *Einheitliche Endentscheidung; Abweisung des Scheidungsantrags*

(1) Im Fall der Scheidung ist über sämtliche im Verbund stehenden Familiensachen durch einheitlichen Beschluss zu entscheiden. Dies gilt auch, soweit eine Versäumnisentscheidung zu treffen ist.
(2) Wird der Scheidungsantrag abgewiesen, werden die Folgesachen gegenstandslos. Dies gilt nicht für Folgesachen nach § 137 Abs. 3 sowie für Folgesachen, hinsichtlich derer ein Beteiligter vor der Entscheidung ausdrücklich erklärt hat, sie fortführen zu wollen. Diese werden als selbständige Familiensachen fortgeführt.
(3) Enthält der Beschluss nach Absatz 1 eine Entscheidung über den Versorgungsausgleich, so kann insoweit bei der Verkündung auf die Beschlussformel Bezug genommen werden.

A. Überblick

§ 142 zieht – wie zuvor § 629 Abs. 1 aF ZPO – die Konsequenzen aus dem Verbundprinzip des § 137 für die (End-)Entscheidung in Verbundverfahren: Soweit die **Scheidung ausgesprochen** wird, ist gem. § 142 Abs. 1 Satz 1 über sämtliche im Verbund stehende Familiensachen durch einheitlichen Beschluss zu entscheiden. Während

1

---

1 OLG Hamm v. 24.3.2005 – 10 WF 26/05, FamRZ 2005, 1496 (1497).
2 OLG Bamberg v. 25.4.1996 – 7 WF 45/96, FamRZ 1997, 91 (92); Palandt/*Brudermüller*, § 1384 BGB Rz. 9.
3 OLG Köln v. 27.5.2008 – 21 UF 43/08, FamRZ 2008, 2043 (2044).
4 OLG Koblenz v. 12.5.2000 – 13 UF 608/99, JurBüro 2000, 533 (534); OLG Köln v. 10.4.2003 – 26 WF 73/03, FamRZ 2004, 285 (286).

§ 142

früher – den Regeln über das Verfahren in Scheidungssachen folgend (vgl. § 608 aF ZPO) – als einheitliche Entscheidungsform (auch für FGG-Familiensachen) das Urteil vorgeschrieben war, ist nunmehr für alle Familiensachen ohnehin die Entscheidung durch Beschluss vorgesehen (§ 116 Abs. 1). Der Grundsatz der einheitlichen Endentscheidung gilt gem. § 142 Abs. 1 Satz 2 auch, soweit eine Versäumnisentscheidung zu treffen ist.

2 Wird der **Scheidungsantrag abgewiesen**, so werden die Folgesachen gem. § 142 Abs. 2 Satz 1 gegenstandslos, da über Folgesachen grundsätzlich nur für den Fall der Scheidung der Ehe entschieden wird (§§ 137 Abs. 1, 148). § 142 Abs. 2 Satz 2 und 3 lässt die Fortführung bestimmter Folgesachen als selbständige Familiensachen zu. Insofern besteht eine Parallele zur Fortführung von Folgesachen nach Rücknahme des Scheidungsantrags. Während jedoch § 141 Satz 2 eine automatische Fortführung nur für Verfahren auf Übertragung der elterlichen Sorge wegen Gefährdung des Kindeswohls vorsieht, gilt diese Regel nach § 142 Abs. 2 Satz 2 für alle Kindschaftssachen iSv. § 137 Abs. 3.

B. Einheitliche Entscheidung (Abs. 1 Satz 1)

3 Das **Gebot der einheitlichen Endentscheidung** nach § 142 Abs. 1 Satz 1 steht grundsätzlich jeder vorab oder getrennt ergehenden Teilentscheidung entgegen[1] und gilt auch in der Rechtsmittelinstanz.[2] Daher ist auch dann, wenn bei **Anfechtung von Ehescheidung und Folgesache** lediglich das Rechtsmittel in der Folgesache begründet ist, eine Aufhebung und Zurückverweisung durch die Rechtsmittelinstanz nach § 69 Abs. 1 Satz 2 bzw. § 117 Abs. 2 Satz 1 FamFG iVm. § 538 Abs. 2 ZPO grundsätzlich auch auf die Scheidungssache zu erstrecken,[3] soweit nicht eine Verfahrensabtrennung nach § 140 Abs. 2 erfolgt (vgl. § 140 Rz. 29). Wird demgegenüber **lediglich eine Folgesache angefochten**, ist eine vergleichbare Maßnahme ausgeschlossen, sobald für die Scheidung Teilrechtskraft durch Verzicht auf (Anschluss-)Rechtsmittel (§ 148 Rz. 4)[4] oder Ablauf der in § 145 bestimmten Fristen (§ 145 Rz. 1 und 11) eingetreten ist.[5]

3a Wird die **Ehe geschieden**, muss die Beschlussformel iSv. § 38 Abs. 2 Nr. 3 neben dem Ausspruch der Scheidung auch die Entscheidung über alle mitzuentscheidenden Folgesachen iSv. § 137 enthalten, soweit nicht nach § 140 durch gesonderten Beschluss eine Abtrennung erfolgt (§ 140 Abs. 6). Ausnahmsweise zulässig ist eine Teilentscheidung im Rahmen eines Stufenverfahrens, denn über die Verpflichtung zur Auskunft oder zur Abgabe der eidesstattlichen Versicherung muss vorab durch Teilbeschluss entschieden werden (§ 137 Rz. 41). Ist die Entscheidung in einer Folgesache versehentlich unterblieben, kommt eine Ergänzung nach § 113 Abs. 1 Satz 2 FamFG iVm. § 321 ZPO bzw. § 43 FamFG auf Antrag, bei Amtsverfahren nach § 137 Abs. 2 Satz 2 auch von Amts wegen in Frage.[6] Wurde demgegenüber bewusst von der Entscheidung in einer Folgesache abgesehen, weil etwa die Voraussetzungen des § 140 verkannt wurden, liegt eine unzulässige Teilentscheidung iSv. § 117 Abs. 2 Satz 1 FamFG iVm. § 538 Abs. 2 Satz 1 Nr. 7 ZPO vor (§ 137 Rz. 7).

4 Nicht entschieden werden muss über eine **Folgesache**, die wirksam zurückgenommen (§ 113 Abs. 1 Satz 2 FamFG iVm. § 269 ZPO bzw. § 22 FamFG) oder durch gerichtlichen Vergleich iSv. § 794 Abs. 1 Nr. 1 ZPO oder § 36 FamFG erledigt wurde.

---

1 OLG Brandenburg v. 3.7.2006 – 9 UF 38/06, FamRZ 2007, 410 (411); OLG Brandenburg v. 3.7.2006 – 9 UF 38/06, FamRZ 2004, 384 (386); *Göttsche*, MDR 2006, 781 ff.
2 OLG Brandenburg v. 7.5.2012 – 9 UF 288/11, FamRZ 2013, 301 (302); Johannsen/Henrich/*Markwardt*, § 142 FamFG Rz. 8.
3 OLG Brandenburg v. 7.5.2012 – 9 UF 288/11, FamRZ 2013, 301 (302).
4 OLG Stuttgart v. 17.4.1984 – 17 UF 442/83 U, Rz. 41, juris. § 629a Abs. 3 ZPO als Vorläufervorschrift zu § 145 FamFG wurde erst mit Wirkung zum 1.4.1986 eingeführt.
5 OLG München v. 11.10.2012 – 4 UF 91/12, FamRZ 2013, 653 (654); wohl übersehen von OLG Brandenburg v. 7.9.2010 – 10 UF 47/09, FamRZ 2011, 568.
6 Zöller/*Lorenz*, § 142 FamFG Rz. 1; Keidel/*Weber*, § 142 FamFG Rz. 3; teilweise aA Schwab/*Streicher*, Rz. I 795 (stets Ergänzung von Amts wegen möglich).

Stellt sich erst nach Rechtskraft der Verbundentscheidung heraus, dass der Vergleich nichtig war, muss das Verfahren wie nach einer Abtrennung gem. § 140 fortgesetzt werden.[1] Eine Ausnahme gilt, soweit die Durchführung des Versorgungsausgleichs aufgrund einer Vereinbarung nach §§ 6 bis 8 VersAusglG ausgeschlossen wurde, denn das Gericht hat insofern gem. § 224 Abs. 3 eine in Rechtskraft erwachsende Feststellung in der Beschlussformel zu treffen. Auch in Kindschaftssachen hat ein Vergleich mangels Dispositionsbefugnis der Beteiligten keine unmittelbar verfahrensbeendende Wirkung, vielmehr bedarf es insofern der Billigung einer entsprechenden Vereinbarung (§ 156 Abs. 2) oder einer Übernahme in der gerichtlichen Entscheidung. Bei einem Widerrufsvergleich muss der Ablauf der Widerrufsfrist abgewartet werden.[2]

Solange die Scheidungssache noch nicht rechtskräftig geworden ist, lautet wegen § 148 die **Beschlussformel in der Folgesache Unterhalt** etwa: 5

„ ... ist verpflichtet, an ... einen monatlichen Unterhalt iHv. ... zu zahlen, zahlbar ab dem Tage, der dem Eintritt der Rechtskraft des Scheidungsausspruchs folgt."

Dabei ist auf den Tag, der dem Eintritt der Rechtskraft des Scheidungsausspruchs folgt, und nicht den ersten Tag des auf die Rechtskraft folgenden Monats abzustellen, da der Anspruch auf Trennungsunterhalt zu diesem Zeitpunkt erlischt und der Anspruch auf nachehelichen Unterhalt im gleichen Moment entsteht.[3] Wird demgegenüber die Scheidung aufgrund Abtrennung nach § 140 oder wegen eines Rechtsmittelverzichts vor der Entscheidung über den Unterhalt rechtskräftig, muss das genaue Datum angegeben werden, ab dem der Unterhalt zu zahlen ist.[4]

Im **Rubrum** des Verbundbeschlusses sind nach § 38 Abs. 2 Nr. 1 neben den Ehegatten und ihren Verfahrensbevollmächtigten auch die Drittbeteiligten in Folgesachen der freiwilligen Gerichtsbarkeit (vgl. § 139 Rz. 2) aufzuführen. Die Pflicht zur **Begründung** des Verbundbeschlusses richtet sich nach §§ 38, 39, die für alle Familiensachen einheitlich gelten (vgl. § 113 Abs. 1 Satz 1). Danach ist kein gesonderter Tatbestand mehr erforderlich, doch muss die Begründung den maßgeblichen Sachverhalt erkennen lassen (§ 116 Rz. 6 f.). Bei der Abfassung muss berücksichtigt werden, dass weiteren Beteiligten und Dritten iSv. § 139 Abs. 1 nur der Teil der Begründung zugeleitet werden darf, der ihre rechtlichen Interessen betrifft. Unter den Voraussetzungen des § 38 Abs. 4 iVm. Abs. 5 Nr. 1 und Nr. 4 kann von einer Begründung abgesehen werden, dabei muss in den Fällen des § 38 Abs. 4 Nr. 3 die Bekanntgabe grundsätzlich in Gegenwart aller Beteiligter erfolgen; auch müssen alle Beteiligten auf Rechtsmittel verzichtet haben (vgl. im Einzelnen § 38 Rz. 30). Entscheidungen über den Versorgungsausgleich sind nach § 224 Abs. 2 stets zu begründen. Obwohl § 313a Abs. 4 ZPO auch in Unterhaltssachen durch § 38 verdrängt wird (vgl. § 113 Abs. 1 Satz 1), wird man den Grundsatz, dass bei der Verurteilung zu künftig fällig werdenden wiederkehrenden Leistungen im Hinblick auf die Abänderungsmöglichkeit nach §§ 238 ff. von einer Begründung nicht abgesehen werden kann, weiterhin anwenden müssen. 6

Die Verbundentscheidung ist nach den allgemein für Beschlüsse in Ehesachen geltenden Regeln (§ 116 Rz. 11 ff.) zu **verkünden** und den Ehegatten und allen weiteren Beteiligten sowie anfechtungsberechtigen Dritten iSv. § 139 Abs. 1 Satz 1 und 2 – soweit es sie betrifft – **zuzustellen**. Dies gilt auch, wenn die Beteiligung zu Unrecht erfolgte oder versehentlich auf sie verzichtet wurde.[5] 7

Die Anordnung der **sofortigen Wirksamkeit** für Unterhalts- und Güterrechtsfolgesachen nach § 116 Abs. 3 Satz 2 und 3 sowie Ehewohnungsfolgesachen nach § 209 Abs. 2 Satz 2 darf wegen § 148 erst für die Zeit ab Rechtskraft des Scheidungsaus- 8

---

1 BGH v. 6.3.1991 – XII ZB 88/90, FamRZ 1991, 681 f. (insofern überholt, als es um Versorgungsausgleich ging – dazu sogleich im Text).
2 Sonst liegt nach wirksamem Widerruf eine unzulässige Teilentscheidung vor, OLG Köln v. 22.9.2009 – 4 UF 50/09, FamRZ 2010, 317 (318).
3 BGH v. 13.1.1988 – IVb ZR 7/87, FamRZ 1988, 370 (372); OLG Köln v. 9.5.2001 – 27 UF 136/99, FamRZ 2002, 326.
4 Zöller/*Lorenz*, § 137 FamFG Rz. 15.
5 OLG Stuttgart v. 13.12.1988 – 18 UF 336/88, Justiz 1989, 88 (89).

spruchs erfolgen.[1] Relevanz erlangt dies beispielsweise dann, wenn die Verbundentscheidung nur in der Folgesache angefochten und der Scheidungsausspruch rechtskräftig wird. Unterbleibt die Anordnung, so kann – soweit die entsprechenden Tatbestandsvoraussetzungen erfüllt sind – Ergänzung der Entscheidung nach § 113 Abs. 1 Satz 2 FamFG iVm. § 321 ZPO verlangt werden. Im Übrigen besteht die Möglichkeit einer Korrektur erst wieder im Rechtsmittelverfahren (§ 116 Rz. 30). Wegen § 116 Abs. 2 darf in der Scheidungssache auch nicht bezüglich der Entscheidung über die Kosten die sofortige Wirksamkeit angeordnet werden; eine solche Möglichkeit ist daher im Gesetz auch nicht vorgesehen (vgl. § 116 Abs. 3 Satz 2).[2]

9 Zur Feststellung einer (Mit-)Schuld nach **ausländischem Recht** sowie zum Vorgehen, wenn das maßgebliche Recht nur eine Privatscheidung vorsieht, vgl. § 121 Rz. 13. Über die **Kosten** entscheidet das Gericht einheitlich nach § 150. Zur **Rechtskraft** des Scheidungsausspruchs und zum Wirksamwerden von Entscheidungen in Folgesachen vgl. § 148.

C. Versäumnisentscheidung (Abs. 1 Satz 2)

10 Während in Familiensachen der fG eine Versäumnisentscheidung wegen der Geltung des Amtsermittlungsgrundsatzes (§ 26) in §§ 23 ff. nicht vorgesehen ist[3] und auch die Scheidung selbst gem. § 130 nicht durch Versäumnisentscheidung ausgesprochen werden kann, ist in **Unterhalts- und Güterrechtsfolgesachen** eine Versäumnisentscheidung nach allgemeinen Regeln der Zivilprozessordnung statthaft (§ 113 Abs. 1 Satz 2 FamFG iVm. §§ 330 ff. ZPO).[4] Soweit die Voraussetzungen der §§ 331a, 251a Abs. 1 und 2 ZPO erfüllt sind, kann insofern auch eine Entscheidung nach Lage der Akten ergehen.[5] Da es wegen §§ 137 Abs. 1, 142 Abs. 1 nicht zulässig ist, über einen einzelnen Verfahrensgegenstand durch Teilversäumnisbeschluss vorab zu entscheiden, kommt es allein auf die Säumnis in der letzten mündlichen Verhandlung an. Die Versäumnisentscheidung ergeht nicht durch gesonderten Beschluss, sondern ist Teil des Verbundbeschlusses, der mit „Teilversäumnis- und Endbeschluss" zu überschreiben ist.[6] Für die Anordnung der sofortigen Wirksamkeit gelten die allgemeinen Regeln, vgl. Rz. 8.

11 Soweit die Entscheidung auf der Säumnis beruht, ist sie ausschließlich durch **Einspruch** nach § 113 Abs. 1 Satz 2 FamFG iVm. § 338 ZPO anfechtbar, dabei kommt es nicht auf die Bezeichnung, sondern den Inhalt der Entscheidung an.[7] Wird gegen die Entscheidung im Übrigen auch **Beschwerde** eingelegt, ist nach § 143 vorzugehen. Die nach § 39 vorgeschriebene Rechtsbehelfsbelehrung muss klarstellen, welcher Entscheidungsteil mit welchem Rechtsbehelf anfechtbar ist. Zur Säumnis in der Rechtsmittelinstanz vgl. § 117 Rz. 56 f.

12 Werden von beiden Ehegatten **Anträge lediglich zur Scheidung**, nicht aber in einer gleichzeitig anhängigen Unterhalts- oder Güterrechtsfolgesache gestellt, kann – soweit weder eine Entscheidung nach Lage der Akten gem. § 251a Abs. 1 und 2 ZPO noch eine Abtrennung nach § 140 in Frage kommt – auch in der Scheidungssache nicht entschieden werden.[8] Vielmehr ist zu vertagen (§ 227 ZPO) oder das Ruhen des Verfahrens anzuordnen (§ 251a Abs. 3 ZPO).

---

1 OLG Stuttgart v. 13.12.1988 – 18 UF 336/88, Justiz 1989, 88 (89); OLG Bamberg v. 14.9.1989 – 2 UF 85/89, FamRZ 1990, 184.
2 Keidel/*Weber*, § 142 FamFG Rz. 8.
3 Vgl. schon OLG Zweibrücken v. 6.2.1996 – 5 UF 60/95, FamRZ 1996, 1483; Johannsen/Henrich/*Markwardt*, § 142 FamFG Rz. 3.
4 OLG Brandenburg v. 21.7.2005 – 10 WF 178/05, FamRZ 2006, 1772; OLG Koblenz v. 25.8.2000 – 11 UF 672/99, FamRZ 2001, 1159.
5 OLG Hamm v. 27.8.1998 – 4 UF 81/98, FamRZ 1999, 520.
6 Vgl. etwa OLG Schleswig v. 27.4.1992 – 15 UF 127/91, FamRZ 1992, 1199 (1200 f.).
7 BGH v. 11.5.1994 – XII ZB 55/94, FamRZ 1994, 1521; BGH v. 3.2.1988 – IVb ZB 4/88, FamRZ 1988, 945; OLG Koblenz v. 25.8.2000 – 11 UF 672/99, FamRZ 2001, 1159 f.
8 OLG Hamm v. 27.8.1998 – 4 UF 81/98, FamRZ 1999, 520; OLG Koblenz v. 3.10.1989 – 11 UF 1524/88, FamRZ 1990, 769 (770).

D. Abweisung des Scheidungsantrags (Abs. 2 Satz 1)

Wird der Scheidungsantrag abgewiesen, werden Folgesachen gem. § 142 Abs. 2 Satz 1 selbst dann, wenn über sie bereits formell rechtskräftig entschieden wurde, **kraft Gesetzes gegenstandslos**, weil über sie per definitionem nur für den Fall der Scheidung der Ehe zu entscheiden ist (§§ 137 Abs. 1, 148). Hierfür bedarf es weder eines Antrags[1] noch ist ein entsprechender Ausspruch in der Verbundentscheidung erforderlich, allerdings kann ein klarstellender Hinweis erfolgen.[2] Die Vorschrift ist auch dann anwendbar, wenn der Scheidungsantrag abgewiesen wird, weil die Ehe bereits durch ein anzuerkennendes ausländisches Urteil geschieden wurde;[3] sie gilt auch im Rechtsmittelverfahren (§§ 68 Abs. 3 Satz 1, 74 Abs. 4). Die Kosten in der Scheidungssache und in den Folgesachen bestimmen sich nach § 150 Abs. 2. Erwächst die Entscheidung, durch die der Scheidungsantrag abgewiesen wurde, nicht in Rechtskraft, sondern wird sie vom Rechtsmittelgericht aufgehoben, leben die Folgesachen auf, und es kommt eine Zurückverweisung nach § 146 zwecks Wiederherstellung des Verbunds in Frage.

13

Von diesem Grundsatz lässt § 142 Abs. 2 Satz 2 zwei **Ausnahmen** zu: Kindschaftssachen iSv. § 137 Abs. 3 bleiben von der Rücknahme des Scheidungsantrags stets unberührt. Das Gleiche gilt – in Parallele zu § 141 Satz 2, 2. Halbs. – wenn ein Beteiligter in einer Folgesache rechtzeitig erklärt, das betreffende Verfahren fortführen zu wollen. Im Unterschied zum früheren Recht bedarf es insofern keiner gerichtlichen Entscheidung (vgl. § 629 Abs. 3 Satz 2 aF ZPO), vielmehr bewirkt allein die Erklärung des Beteiligten die Fortsetzung des Verfahrens.[4] Die Erklärung muss „vor der Entscheidung" abgegeben werden, dh. vor ihrer Verkündung (§ 116 Rz. 12) (str.).[5] Die Fortführungserklärung unterliegt dem Anwaltszwang nach § 114 Abs. 1. Das Gericht muss die Ehegatten auf die mögliche Abweisung des Scheidungsantrags hinweisen, damit sie die Chance haben, einen Fortführungsantrag zu stellen.[6]

14

Durch die Fortführung kann der bereits erreichte Verfahrensstand gewahrt werden, wenn trotz Abweisung des Scheidungsantrags ein entsprechendes Regelungsbedürfnis (wegen der Trennung) fortbesteht (was der Gesetzgeber bei Kindschaftssachen iSv. § 137 Abs. 3 unterstellt). Neben der Äußerung des Fortführungswunsches ist allerdings Voraussetzung, dass der Betroffene seinen in den Fällen des § 137 Abs. 2 stets eventualiter für den Fall der Scheidung gestellten Antrag **in einen unbedingten Antrag ändert**. Damit beschränkt sich der Kreis der zur Fortführung geeigneten Verfahren auf solche Materien, deren Regelung unabhängig vom Ausspruch der Scheidung möglich ist (vgl. § 141 Rz. 7). § 142 Abs. 2 Satz 3 stellt klar, dass die betroffenen Verfahren als selbständige Familiensachen fortzuführen sind. In der Sache bedeutet das: Ein Anwaltszwang besteht nur noch insoweit, als er gem. § 114 Abs. 1 für selbständige Familiensachen vorgeschrieben ist. Die Zuständigkeit des Gerichts der Scheidung bleibt (vorbehaltlich einer Abgabe nach § 4) nach den Grundsätzen der perpetuatio fori erhalten (§ 113 Abs. 1 Satz 2 FamFG iVm. § 261 Abs. 3 Nr. 2 ZPO bzw. § 2 Abs. 2 FamFG). Über die Kosten ist nach § 150 Abs. 5 Satz 2 nach allgemeinen Regeln zu entscheiden, so als ob nie ein Verbundverfahren bestanden hätte. Wird ein **Rechtsmittel gegen die Abweisung des Scheidungsantrags** eingelegt, so kann – solange das Schicksal des Verfahrensverbunds ungewiss ist – die Folgesache nicht weiterbetrieben werden.[7]

15

---

1 BGH v. 27.4.1994 – XII ZR 158/93, FamRZ 1994, 827 (829).
2 MüKo.ZPO/*Heiter*, § 142 FamFG Rz. 8; Musielak/*Borth*, § 142 FamFG Rz. 10.
3 BGH v. 14.12.1983 – IVb ZR 26/82, FamRZ 1984, 256 (257).
4 BT-Drucks. 16/6308, S. 232.
5 Keidel/*Weber*, § 142 FamFG Rz. 16; Johannsen/Henrich/*Markwardt*, § 142 FamFG Rz. 6. AA Bork/Jacoby/Schwab/*Löhnig*, § 142 FamFG Rz. 11; MüKo.ZPO/*Heiter*, § 142 FamFG Rz. 11 (Schluss der mündlichen Verhandlung).
6 Bork/Jacoby/Schwab/*Löhnig*, § 142 FamFG Rz. 11; Musielak/*Borth*, § 142 FamFG Rz. 12; vgl auch MüKo.ZPO/*Heiter*, § 142 FamFG Rz. 11.
7 Vgl. Johannsen/Henrich/*Markwardt*, § 142 FamFG Rz. 6 und Musielak/*Borth*, § 142 FamFG Rz. 13 (Fortführung als selbständige Familiensache setzt rkr. Abweisung des Scheidungsantrags voraus). AA Keidel/*Weber*, § 142 FamFG Rz. 16.

E. Verkündung der Entscheidung über Versorgungsausgleich (Absatz 3)

16 § 142 Abs. 3 wurde durch das VAStrRefG neu eingeführt, um einem praktischen Bedürfnis Rechnung zu tragen.[1] Danach kann bei der Verkündung für die Entscheidung über den Versorgungsausgleich **auf die Beschlussformel Bezug** genommen werden. Zur Verkündung von Endentscheidungen in Ehesachen vgl. § 116 Rz. 12.

17 **Kosten/Gebühren: Gericht:** Soweit eine Folgesache nach Abweisung des Scheidungsantrags als selbständige Familiensache fortgeführt wird, ist das bisherige Verfahren über diese Folgesache kostenrechtlich als Teil der selbständigen Familiensache zu behandeln (§ 6 Abs. 2 FamGKG). Für die selbständige Familiensache fallen nunmehr die für ein solches Verfahren vorgesehenen Gebühren an. Da mangels Fälligkeit noch keine Zahlung auf die Verfahrensgebühr für die fortgeführte Folgesache erfolgt sein kann, ist nichts zu verrechnen.
RA: Wird eine Folgesache als selbständige Familiensache fortgeführt, liegt mit der Abtrennung eine von dem Verbundverfahren verschiedene Angelegenheit vor. Nach dem Wert der fortgeführten Folgesache entstehen die Gebühren erneut. Die Gebühren sind so zu berechnen, als sei der RA von vornherein in einer selbständigen Familiensache tätig geworden.

143 Einspruch

Wird im Fall des § 142 Abs. 1 Satz 2 gegen die Versäumnisentscheidung Einspruch und gegen den Beschluss im Übrigen ein Rechtsmittel eingelegt, ist zunächst über den Einspruch und die Versäumnisentscheidung zu verhandeln und zu entscheiden.

1 § 143, der mit § 629 Abs. 2 Satz 2 aF ZPO übereinstimmt, **knüpft an § 142 Abs. 1 Satz 2 an.** Danach gilt im Verbundverfahren der Grundsatz der einheitlichen Endentscheidung auch dann, wenn in Unterhalts- oder Güterrechtsfolgesachen (vgl. § 142 Rz. 10) eine Versäumnisentscheidung zu treffen ist. Wird gegen die Versäumnisentscheidung Einspruch und gegen einen anderen Teil der Entscheidung Beschwerde oder Rechtsbeschwerde eingelegt, so ist zunächst über den Einspruch zu verhandeln und zu entscheiden. Auf diese Weise kann geklärt werden, ob eine Wiederzusammenführung der verschiedenen Verfahrensteile in der Rechtsmittelinstanz geboten ist:[2] Erst nachdem über den Einspruch entschieden wurde, darf das Rechtsmittelverfahren weiterbetrieben werden, soweit nicht eine Abtrennung insbesondere nach § 140 Abs. 2 Satz 2 Nr. 5 vorzunehmen ist. Gelangt der zunächst durch Einspruch angefochtene Verfahrensteil ebenfalls in die höhere Instanz, weil anschließend auch insoweit Beschwerde eingelegt wird, wird der Verbund wiederhergestellt.[3]

2 Soweit eine Verbundentscheidung auf der Säumnis beruht, ist sie **allein durch Einspruch anfechtbar**, dabei kommt es nicht auf die Bezeichnung, sondern auf den Inhalt der Entscheidung an (vgl. § 38 Rz. 6).[4] Dies gilt selbst dann, wenn in der Sache eine Versäumnisentscheidung nicht hätte ergehen dürfen.[5] Lässt sich trotz der nach § 39 vorgeschriebenen Rechtsbehelfsbelehrung die wahre Natur der Entscheidung nicht klären, sind nach dem Grundsatz der Meistbegünstigung sowohl der Einspruch als auch die (Rechts)Beschwerde statthaft.[6] Durch den Einspruch werden die **Rechtsmittelfristen für die übrigen Teile der Entscheidung** nicht gehemmt und der Eintritt der (Teil-)Rechtskraft nicht gehindert.[7] Soll für die übrigen Teile der Verbundentscheidung der Eintritt der Rechtskraft verhindert werden, müssen insofern Rechtsmittel – nach allgemeinen Regeln (vgl. auch § 145) – rechtzeitig eingelegt werden. Wird dies versäumt und gelangt später der zunächst durch Einspruch angefoch-

---
1 BT-Drucks. 16/10144, S. 93.
2 BGH v. 25.6.1986 – IVb ZB 83/85, FamRZ 1986, 897f.; Musielak/*Borth*, § 143 FamFG Rz. 4 aE.
3 Zöller/*Lorenz*, § 143 FamFG Rz. 2; MüKo.ZPO/*Koritz*, § 143 FamFG Rz. 4.
4 BGH v. 11.5.1994 – XII ZB 55/94, FamRZ 1994, 1521; BGH v. 3.2.1988 – IVb ZB 4/88, FamRZ 1988, 945; OLG Koblenz v. 25.8.2000 – 11 UF 672/99, FamRZ 2001, 1159f.
5 OLG Koblenz v. 25.8.2000 – 11 UF 672/99, FamRZ 2001, 1159f.
6 BGH v. 3.2.1988 – IVb ZB 4/88, FamRZ 1988, 945.
7 BGH v. 25.6.1986 – IVb ZB 83/85, FamRZ 1986, 897f.; OLG Köln v. 3.2.1995 – 25 UF 199/94, FamRZ 1995, 888 (889); KG v. 7.4.1989 – 18 UF 6795/88, FamRZ 1989, 1206.

tene Entscheidungsteil in die Rechtsmittelinstanz, ist es nicht möglich, die bereits rechtskräftig gewordenen Entscheidungsteile im Wege eines Anschlussrechtsmittels doch noch anzufechten.[1]

Kosten/Gebühren: Das Verfahren bis zum Einspruch und das Verfahren über den Einspruch bilden eine kostenrechtliche Einheit. 3

144 Verzicht auf Anschlussrechtsmittel
Haben die Ehegatten auf Rechtsmittel gegen den Scheidungsausspruch verzichtet, können sie auch auf dessen Anfechtung im Wege der Anschließung an ein Rechtsmittel in einer Folgesache verzichten, bevor ein solches Rechtsmittel eingelegt ist.

A. Normzweck

In Übereinstimmung mit § 629a Abs. 4 aF ZPO erleichtert die Vorschrift im Verbundverfahren den Verzicht auf Anschlussrechtsmittel (nur) für den Scheidungsausspruch. Selbst wenn beide Ehegatten auf (Haupt-)Rechtsmittel gegen den Scheidungsausspruch verzichtet haben, können sie diesen gem. § 66 Satz 1 noch durch Anschlussrechtsmittel anfechten. Dabei sind an den Folgesachen der fG typischerweise Dritte iSv. § 139 Abs. 1 beteiligt (Versorgungsträger, Jugendamt, Kind, Vermieter), denen ein eigenes Beschwerderecht zusteht. Deren Rechtsmittel können sich die Ehegatten zunutze machen, um im Wege einer verfahrensübergreifenden Anschließung (vgl. § 117 Rz. 39) den Scheidungsausspruch anzufechten. Nach § 67 Abs. 2 kann auf die Einlegung von Anschlussrechtsmitteln eigentlich erst verzichtet werden, nachdem der Dritte das (Haupt-)Rechtsmittel eingelegt hat. § 144 ermöglicht den Ehegatten, bereits vor diesem Zeitpunkt auf Anschlussrechtsmittel gegen den Scheidungsausspruch zu verzichten, um **den Eintritt der Rechtskraft zu beschleunigen.** Ein besonderes Interesse hieran besteht etwa dann, wenn verhindert werden soll, dass ein Kind aus einer neuen Verbindung gem. § 1592 Nr. 1 BGB noch in die gescheiterte Ehe hineingeboren wird.[2] 1

B. Inhalt der Vorschrift

Sowohl der Verzicht auf Hauptrechtsmittel gegen den Scheidungsausspruch, der Voraussetzung für die Anwendbarkeit der Norm ist, als auch der Verzicht auf Anschlussrechtsmittel muss gem. § 67 Abs. 1 und Abs. 2 durch Erklärung gegenüber dem Gericht erfolgen (zu den Anforderungen im Einzelnen vgl. § 67 Rz. 1a ff.) und unterliegt nach § 114 Abs. 1 dem Anwaltszwang.[3] Demgegenüber führt ein außerprozessual erklärter Verzicht nicht zu einem beschleunigten Eintritt der Rechtskraft, weil er gem. § 67 Abs. 3 erst auf Einrede im Rechtsmittelverfahren beachtlich ist. Die Beschränkung einer Anwaltsvollmacht allein auf einen Rechtsmittelverzicht ist unwirksam (§ 114 Rz. 42). Wird ein Anwalt daher spontan zu einer Scheidungssache hinzugezogen, um für den anwaltlich nicht vertretenen Antragsgegner einen Rechtsmittelverzicht zu erklären, muss er stets in das Rubrum des Scheidungsbeschlusses aufgenommen, und dieser muss ihm gem. § 172 ZPO zugestellt werden,[4] was auch nicht durch eine noch im Termin erklärte Niederlegung des Mandats „abgewendet" werden kann (§ 87 Abs. 1, 2. Halbs. ZPO iVm. § 113 Abs. 1 Satz 2 FamFG). Soweit umgekehrt die Vollmacht sich nicht auf einen Rechtsmittelverzicht erstrecken soll, ist diese Einschränkung gem. § 83 Abs. 1 ZPO im Außenverhältnis unwirksam.[5] Der Wil- 2

---
1 Johannsen/Henrich/*Markwardt*, § 143 FamFG Rz. 2; MüKo.ZPO/*Finger*, § 629 ZPO Rz. 9; aA KG v. 7.4.1989 – 18 UF 6795/88, FamRZ 1989, 1206.
2 BT-Drucks. 10/2888, S. 45.
3 BGH v. 4.7.2007 – XII ZB 14/07, FamRZ 2007, 1631; BGH v. 18.1.1984 – IVb ZB 53/83, FamRZ 1984, 372.
4 Zöller/*Lorenz*, § 114 FamFG Rz. 10.
5 BGH v. 14.5.1997 – XII ZR 184/96, FamRZ 1997, 999; BGH v. 8.12.1993 – XII ZR 133/92, FamRZ 1994, 300 (301).

le, auch auf Anschlussrechtsmittel zu verzichten, muss aus der Erklärung eindeutig hervorgehen (§ 67 Rz. 14). Daher sollte in den Fällen des § 144, in denen der Verzicht bereits vor Einlegung des Hauptrechtsmittels erfolgt, eine ausdrückliche Erklärung abgegeben werden. Der pauschale Verzicht auf „alle Rechtsmittel" ist für sich genommen nicht eindeutig und lässt Raum für Auslegungszweifel.[1] Die Vorschrift ist nur auf **Anschlussrechtsmittel** anwendbar, die sich **gegen den Scheidungsausspruch** richten; in Bezug auf Folgesachen gilt sie nicht.[2]

3   Die Vorschrift gilt hinsichtlich des Scheidungsausspruchs für den Verzicht auf den **Antrag auf erweiterte Aufhebung** nach § 147 entsprechend.[3] Ein solcher Verzicht ist erforderlich, um die Rechtskraft in der Scheidungssache herbeizuführen, wenn die Beschwerdeinstanz eine Verbundentscheidung erlassen hat und in einer Folgesache die Rechtsbeschwerde nach § 70 Abs. 2 zugelassen wurde. Demgegenüber ist ein solcher Verzicht im erstinstanzlichen Verfahren nicht erforderlich, denn soweit die Eheleute umfassend auf Rechtsmittel und Anschlussrechtsmittel gegen den Scheidungsausspruch verzichtet haben, kann die Scheidungssache nicht in die zweite Instanz gelangen und auch nicht Gegenstand einer Rechtsbeschwerde werden.[4]

145 *Befristung von Rechtsmittelerweiterung und Anschlussrechtsmittel*

(1) Ist eine nach § 142 einheitlich ergangene Entscheidung teilweise durch Beschwerde oder Rechtsbeschwerde angefochten worden, können Teile der einheitlichen Entscheidung, die eine andere Familiensache betreffen, durch Erweiterung des Rechtsmittels oder im Wege der Anschließung an das Rechtsmittel nur noch bis zum Ablauf eines Monats nach Bekanntgabe der Rechtsmittelbegründung angefochten werden; bei mehreren Bekanntgaben ist die letzte maßgeblich. Ist eine Begründung des Rechtsmittels gesetzlich nicht vorgeschrieben, so tritt an die Stelle der Bekanntgabe der Rechtsmittelbegründung die Bekanntgabe des Schriftsatzes, mit das Rechtsmittel eingelegt wurde.
(2) Erfolgt innerhalb dieser Frist eine solche Erweiterung des Rechtsmittels oder Anschließung an das Rechtsmittel, so verlängert sich die Frist um einen weiteren Monat. Im Fall einer erneuten Erweiterung des Rechtsmittels oder Anschließung an das Rechtsmittel innerhalb der verlängerten Frist gilt Satz 1 entsprechend.

A. Normzweck	1	II. Anschlussrechtsmittel	5
B. Tatbestandlicher Anwendungsbereich	2	III. „Andere" Familiensache	10
I. Rechtsmittelerweiterung	3	C. Fristenregelung	11

A. Normzweck

1   Die Vorschrift betrifft Fälle, in denen während des Rechtsmittelverfahrens in einer Verbundsache der **Angriff auf andere Familiensachen** als die ursprünglich angefochtenen ausgedehnt werden soll. Dies kann zum einen durch den Rechtsmittelführer selbst im Wege der Antragserweiterung und zum anderen durch den Rechtsmittelgegner im Wege einer verfahrensübergreifenden Anschließung geschehen. § 145 regelt nicht selbst, unter welchen Voraussetzungen ein solches Vorgehen zulässig ist, insofern bleibt es bei der Anwendbarkeit der allgemeinen Regeln (vgl. Rz. 3 und 7), sondern sieht hierfür lediglich eine zusätzliche zeitliche Schranke vor, damit sich der

---

1 Musielak/*Borth*, § 144 FamFG Rz. 2; MüKo.ZPO/*Finger*, § 629a ZPO Rz. 40; aA Stein/Jonas/*Schlosser*, § 629a ZPO Rz. 19. Unter Berücksichtigung der Gesamtumstände kann aus einer derartigen Erklärung mittels Auslegung ein umfassender Verzicht abgeleitet werden BGH v. 15.2.1984 – IVb ZB 577/80, NJW 1984, 2829; OLG Köln v. 18.2.1986 – 4 UF 247/85, FamRZ 1986, 482f.; OLG Hamm v. 23.11.1979 – 2 UF 198/79, FamRZ 1980, 278 (279).
2 Musielak/*Borth*, § 144 FamFG Rz. 1; Wieczorek/Schütze/*Kemper*, § 629a ZPO Rz. 36.
3 BGH v. 15.2.1984 – IVb ZB 577/80, NJW 1984, 2829f.; MüKo.ZPO/*Finger*, § 629a ZPO Rz. 44.
4 OLG Hamm v. 16.11.1993 – 7 UF 203/92, FamRZ 1995, 943 (944) mwN auch zur Gegenansicht; Musielak/*Borth*, § 144 FamFG Rz. 3; Zöller/*Lorenz*, § 144 FamFG Rz. 6.

Abschluss des Verbundverfahrens nicht unzumutbar verzögert und die nicht angefochtenen Verfahrensteile bereits vorab in Rechtskraft erwachsen können.[1] In der Sache entspricht die Regelung § 629a Abs. 3 aF ZPO, doch wurde sie sprachlich präzisiert, indem nunmehr explizit von Rechtsmittelerweiterung und -anschließung gesprochen wird.[2]

B. Tatbestandlicher Anwendungsbereich

Anwendbar ist die Vorschrift nur, soweit eine **einheitliche Endentscheidung iSv.** § 142 angefochten wird. Damit ist neben der Verbundentscheidung über Scheidung und Folgesachen auch die Entscheidung über den – nach Abtrennung der Scheidungssache eintretenden – Restverbund iSv. § 137 Abs. 5 Satz 1, 2. Halbs. erfasst. Obwohl durch einheitlichen Beschluss zu entscheiden ist, können die einzelnen Bestandteile einer Verbundentscheidung ohne weiteres getrennt angefochten werden.[3] Die Vorschrift findet sowohl im Beschwerde- als auch im Rechtsbeschwerdeverfahren Anwendung. Während Gegenstand der Vorschrift die Rechtsmittelerweiterung und -anschließung sind, gelten für die Einlegung des Hauptrechtsmittels selbst die allgemeinen Schranken (so früher ausdrücklich § 629a Abs. 3 Satz 4 ZPO).

I. Rechtsmittelerweiterung

Nach **allgemeinen Grundsätzen** kann ein Rechtsmittelantrag nachträglich gegen zunächst nicht angefochtene Teile der Verbundentscheidung gerichtet werden, soweit er sich auf Anfechtungsgründe stützt, die innerhalb der Rechtsmittelbegründungsfrist vorgetragen wurden (vgl. im Einzelnen § 117 Rz. 27). Nur in eng umgrenzten Fällen sind Ausnahmen möglich, wenn Gründe zur Abänderung einer Sorgerechts- (§ 1696 BGB) oder Unterhaltsentscheidung (§ 238) bestehen (vgl. § 117 Rz. 28). Vor diesem Hintergrund wird es eher selten zu der Situation kommen, dass ursprünglich lediglich die Folgesache A angefochten wurde, die hierfür vorgetragenen Gründe später dann aber herangezogen werden können, um den Angriff gegen die Folgesache B zu rechtfertigen. Wurde etwa innerhalb der Beschwerdebegründungsfrist lediglich die Entscheidung zum Versorgungsausgleich angegriffen, wird sich hierauf später nicht die Anfechtung einer Sorgerechtsentscheidung stützen lassen. Demgegenüber ist es beispielsweise vorstellbar, dass der Vortrag des Beschwerdeführers zur Anfechtung der Entscheidung über den Nachehelichenunterhalt geeignet ist, auch einen Angriff auf die Entscheidung zum Kindesunterhalt zu legitimieren.[4] Ausreichend ist es, wenn die maßgeblichen Gründe während der Beschwerdebegründungsfrist vorsorglich vorgebracht werden und erst später hierauf ein Rechtsmittel gestützt wird.[5]

Soweit die Rechtsmittelerweiterung einen **Angriff auf eine „andere" Familiensache** (Rz. 10) beinhaltet, sind neben den allgemeinen Anforderungen zusätzlich die zeitlichen Grenzen des § 145 zu beachten.[6] Hiervon zu unterscheiden sind die Fälle, in denen der geänderte Antrag sich auf **dieselbe Familiensache** bezieht (zB Geltendmachung eines höheren Zugewinnausgleichs als im ursprünglichen Beschwerdeantrag gefordert); insofern findet die Vorschrift keine Anwendung.[7]

---

1 BT-Drucks. 10/2888, S. 30; BGH v. 27.10.2010 – XII ZB 136/09, FamRZ 2011, 31 (32); OLG München v. 11.10.2012 – 4 UF 91/12, FamRZ 2013, 653 (654).
2 BT-Drucks. 16/6308, S. 232.
3 BGH v. 27.4.1994 – XII ZR 158/93, FamRZ 1994, 827 (828).
4 Musielak/*Borth*, § 145 FamFG Rz. 2.
5 OLG Koblenz v. 3.10.1989 – 11 UF 1524/88, FamRZ 1990, 769 (770); Schwab/*Streicher*, Rz. I 896.
6 BGH v. 11.11.1992 – XII ZA 20/92, NJW-RR 1993, 260; OLG Schleswig v. 28.1.1988 – 12 UF 168/87, NJW-RR 1988, 1479; Stein/Jonas/*Schlosser*, § 629a ZPO Rz. 14 mit Fn. 64; Baumbach/*Hartmann*, § 145 FamFG Rz. 10. Ungenau OLG Koblenz v. 3.10.1989 – 11 UF 1524/88, FamRZ 1990, 769 (770), das die Frage, ob dann, wenn die Anfechtungsgründe innerhalb der Begründungsfrist vorgebracht wurden, zusätzlich § 629a Abs. 3 aF ZPO zu beachten sei, offenlässt.
7 Zöller/*Lorenz*, § 145 FamFG Rz. 4.

II. Anschlussrechtsmittel

5 §§ 66, 73 eröffnen die Möglichkeit zur Einlegung von Anschlussrechtsmitteln. Regelmäßig betrifft die Anschließung **dieselbe Familiensache**, die auch Gegenstand des Hauptrechtsmittels ist. Der Rechtsmittelgegner, der etwa einen Verzicht auf die Einlegung eines Hauptrechtsmittels erklärt oder die Frist für dessen Einlegung hat verstreichen lassen, erhält auf diese Weise die Chance, eine Abänderung der Entscheidung auch zu seinen Gunsten zu bewirken. Auf diese Fallgestaltung findet **§ 145 keine Anwendung**, vielmehr gelten insofern nur die allgemeinen Regeln: In der zweiten Instanz ergeben sich in Ehe- und Familienstreitsachen die zeitlichen Grenzen für eine Anschließung aus § 117 Abs. 2 FamFG iVm. § 524 Abs. 2 ZPO (vgl. dazu § 117 Rz. 36), während für Familiensachen der freiwilligen Gerichtsbarkeit keine spezifischen zeitlichen Schranken vorgesehen sind, so dass eine Anschließung bis zum Erlass der Beschwerdeentscheidung möglich ist (§ 66 Rz. 11). Demgegenüber ist für das Verfahren der Rechtsbeschwerde eine Befristung in § 73 Satz 1 vorgesehen.

6 Allerdings besteht im Verbundverfahren die besondere Möglichkeit, im Wege der Anschließung auch **andere Teile der Verbundentscheidung anzufechten**, die nicht Gegenstand des Hauptrechtsmittels sind.[1] Diese Befugnis wird in § 145 vorausgesetzt, wenn die Norm daran anknüpft, dass eine „andere Familiensache" im Wege der Anschließung an das (Haupt-)Rechtsmittel angefochten wird. Grundlage der verfahrensübergreifenden Anschließung ist der Verbundgedanke: Wegen des sachlichen Zusammenhangs soll es möglich sein, den Rechtsmittelangriff eines anderen Beteiligten gegen einen Teil der Verbundentscheidung zum Anlass zu nehmen, auch die übrigen Teile zur Überprüfung zu stellen, um eine stimmige (Gesamt-)Regelung auch in der Rechtsmittelinstanz sicherzustellen.[2] Nur auf diese besondere Form der verfahrensübergreifenden Anschließung, durch die eine andere als die durch die Hauptbeschwerde angefochtene Familiensache angegriffen wird, findet § 145 Anwendung. Als lex specialis verdrängt die Vorschrift § 73 Satz 1 und § 117 Abs. 2 FamFG iVm. § 524 Abs. 2 ZPO.[3]

7 Die **Befugnis** zur verfahrensübergreifenden Anschließung steht nach den allgemeinen Regeln für die Einlegung von Anschlussrechtsmitteln **regelmäßig nur den Ehegatten** zu. Da nach altem Recht lediglich der Rechtsmittelgegner (§§ 524 Abs. 1, 554 Abs. 1 ZPO) zur Anschließung befugt war, musste bei Anfechtung einer Folgesache der freiwilligen Gerichtsbarkeit stets gefragt werden, ob eine Gegnerstellung zwischen Rechtsmittelführer und Anschließendem angenommen werden kann. Dieses Konzept kann nicht unbesehen auf das neue Recht übertragen werden,[4] nachdem nunmehr Anschlussrechtsmittel in §§ 66, 73 eine eigenständige Regelung erfahren haben, die an die Stellung als „Beteiligter" (vgl. § 66 Rz. 4 und § 73 Rz. 3) anknüpft. Im vorliegenden Zusammenhang ergeben sich hieraus in der Sache aber keine Änderungen: Nach wie vor kann sich ein Ehegatte, wenn der andere den Scheidungsausspruch oder die Entscheidung in einer Folgesache angreift, im Wege der Anschließung gegen jeden beliebigen anderen Verfahrensgegenstand der Verbundentscheidung wenden.[5] Das gleiche Recht steht jedem Ehegatten zu, wenn ein Drittbeteiligter (zB Jugendamt oder Versorgungsträger) ein Rechtsmittel einlegt, so-

---

1 BGH v. 27.10.2010 – XII ZB 136/09, FamRZ 2011, 31 (32); BGH v. 22.4.1998 – XII ZR 281/96, FamRZ 1998, 1024 (1025); BGH v. 20.10.1982 – IVb ZR 318/81, FamRZ 1982, 1198f.; BGH v. 14.10.1981 – IVb ZB 593/80, FamRZ 1982, 36 (38).
2 BGH v. 22.4.1998 – XII ZR 281/96, FamRZ 1998, 1024 (1025).
3 Thomas/Putzo/*Hüßtege*, § 145 FamFG Rz. 15; Johannsen/Henrich/*Sedemund-Treiber*, 4. Aufl. 2003, § 629a ZPO Rz. 13 und 18.
4 KG Berlin v. 25.3.2011 – 13 UF 229/10, juris; § 117 Rz. 39f.; Keidel/*Sternal*, § 66 FamFG Rz. 4; aA Zöller/*Lorenz*, § 145 FamFG Rz. 8 ff.; Musielak/*Borth*, § 145 FamFG Rz. 16 f.
5 OLG Zweibrücken v. 24.1.2011 – 2 UF 43/10, FamRZ 2011, 1226 (1228); Zöller/*Lorenz*, § 145 FamFG Rz. 8. Vgl. zum alten Recht BGH v. 20.10.1982 – IVb ZR 318/81, FamRZ 1982, 1198f.; BGH v. 6.10.1982 – IVb ZR 729/80, FamRZ 1982, 1203 (1204); BGH v. 5.12.1979 – IV ZB 75/79, FamRZ 1980, 233.

weit dieses (auch) zulasten des Anschlussrechtsmittelführers ausgehen kann.[1] Demgegenüber kann ein Drittbeteiligter ein Rechtsmittel eines Ehegatten etwa gegen den Scheidungsausspruch nicht zum Anlass nehmen, ein Anschlussrechtsmittel einzulegen, denn an dem Verfahrensteil, in dem das Ausgangsrechtsmittel eingelegt wurde, ist er nicht beteiligt.[2] Auch steht Drittbeteiligten, wenn die Entscheidung über den Verfahrensteil, an dem sie beteiligt sind (zB Versorgungsausgleich), angegriffen wurde, nicht das Recht zu, im Wege der verfahrensübergreifenden Anschließung etwa den Scheidungsausspruch anzufechten, weil sie am Scheidungsverfahren selbst nicht beteiligt sind.[3] Eine verfahrensübergreifende **Anschließung von Drittbeteiligten kommt daher nur in seltenen Ausnahmefällen** in Betracht (zB Anschlussrechtsmittel des Jugendamts gegen Sorgerechtsentscheidung aufgrund eines Hauptrechtsmittels gegen Umgangsentscheidung).[4]

Warum auf diese Weise allerdings auch die Anschließung an das Rechtsmittel in einer Folgesache (selbst wenn dieses seitens eines Drittbeteiligten eingelegt wurde) mit dem Ziel möglich ist, den zunächst von beiden Ehegatten akzeptierten Scheidungsausspruch wieder in Frage zu stellen,[5] ist aus heutiger Sicht schwer nachvollziehbar. Die Erwägung, es müsse jedem Ehegatten freistehen, zu entscheiden, zu welchen Bedingungen er eine Scheidung akzeptiere,[6] wird der Realität des deutschen Scheidungsrechts kaum noch gerecht. Durch die in § 144 eröffnete Möglichkeit des Verzichts auf Anschlussrechtsmittel werden die Bedenken nicht restlos ausgeräumt.[7]

8

Auch das Anschlussrechtsmittel seinerseits kann von den Ehegatten oder Drittbeteiligten zum Anlass für die Erklärung einer verfahrensübergreifenden **(Gegen-)Anschließung** genommen werden (vgl. § 66 Rz. 12); insofern gelten die vorangehend dargestellten Regeln entsprechend.[8] Dabei muss jedoch erneut beachtet werden, dass auch die Gegenanschließung nur dann in den Anwendungsbereich von § 145 fällt, wenn sie eine andere Familiensache betrifft als diejenige, die Gegenstand der Anschließung war.

9

III. „Andere" Familiensache

Voraussetzung für die Anwendbarkeit der Vorschrift ist stets die Ausweitung des Rechtsmittelangriffs auf eine „andere" Familiensache. Daher muss unterschieden werden, ob es sich um einen anderen Verfahrensgegenstand **oder lediglich einen weiteren Aspekt eines einheitlichen Verfahrens** handelt: Einen einheitlichen Verfahrensgegenstand bilden der Elementar- und Vorsorgeunterhalt nach § 1578 Abs. 2 und 3 BGB,[9] die interne und externe Teilung im Rahmen des Wertausgleichs bei der Scheidung,[10] der Zugewinnausgleich und Anträge nach §§ 1382, 1383 BGB[11] sowie – wegen des Aspekts der Geschwisterbindung – Sorgerechtsverfahren für mehrere Kinder.[12]

10

---

1 Die Einschränkung ergibt sich schon aus Sinn und Zweck der Befugnis zur Einlegung eines verfahrensübergreifenden Rechtsmittels (Rz. 6) (OLG Zweibrücken v. 24.1.2011 – 2 UF 43/10, FamRZ 2011, 1226 [1227f.]; im Ergebnis auch Musielak/*Borth*, § 145 FamFG Rz. 16 und Zöller/*Lorenz*, § 145 FamFG Rz. 8f., weil „Gegnerstellung" erforderlich sei). Vgl. zum alten Recht OLG Düsseldorf v. 30.6.2004 – II-1 UF 9/04, FamRZ 2005, 386 (387).
2 Vgl. zum alten Recht OLG Köln v. 9.9.1987 – 26 UF 118/87, FamRZ 1988, 411 (kein Anschlussrechtsmittel gegen Versorgungsausgleich bei Anfechtung des Unterhalts).
3 Vgl. zum alten Recht BGH v. 22.4.1998 – XII ZR 281/96, FamRZ 1998, 1024 (1025).
4 Zöller/*Lorenz*, § 145 FamFG Rz. 10; Musielak/*Borth*, § 145 FamFG Rz. 17.
5 BGH v. 22.4.1998 – XII ZR 281/96, FamRZ 1998, 1024 (1025).
6 BGH v. 5.12.1979 – IV ZB 75/79, FamRZ 1980, 233; Stein/Jonas/*Schlosser*, § 629a ZPO Rz. 10.
7 MüKo.ZPO/*Finger*, § 629a ZPO Rz. 25.
8 OLG Karlsruhe v. 3.12.1987 – 2 UF 141/86, FamRZ 1988, 412; OLG Frankfurt v. 24.6.1987 – 1 UF 52/87, FamRZ 1987, 959 (960); Zöller/*Lorenz*, § 145 FamFG Rz. 6.
9 Johannsen/Henrich/*Markwardt*, § 145 FamFG Rz. 3.
10 OLG Stuttgart v. 27.10.2010 – 15 UF 196/10, FamRZ 2011, 1086 (1087); KG Berlin v. 25.3.2011 – 13 UF 229/10, juris.
11 Johannsen/Henrich/*Markwardt*, § 145 FamFG Rz. 3; aA Stein/Jonas/*Schlosser*, § 629 ZPO Rz. 14.
12 OLG Schleswig v. 20.6.1980 – 8 WF 145/80, SchlHA 1980, 188; Zöller/*Lorenz*, § 145 FamFG Rz. 5 AA OLG Frankfurt v. 18.5.1981 – 20 W 5/81, FamRZ 1981, 813 (814); für Umgangsverfahren BayObLG v. 1.2.1983 – BReg. 1 Z 51/82, DAVorm 1983, 377 (379).

Demgegenüber betreffen Unterhaltsansprüche verschiedener Kinder unterschiedliche Familiensachen,[1] das Gleiche gilt für die Zuweisung der Ehewohnung im Verhältnis zur Verteilung von Haushaltsgegenständen[2] sowie für den Wertausgleich bei der Scheidung iSv. §§ 9 bis 19 VersAusglG im Verhältnis zu den Ausgleichsansprüchen nach der Scheidung iSv. §§ 20 bis 26 VersAusglG.[3]

C. Fristenregelung

11   Die durch die Teilanfechtung der Verbundentscheidung eröffnete Möglichkeit zur Rechtsmittelerweiterung und -anschließung hindert den Eintritt der Rechtskraft für die gesamte Verbundentscheidung, insbesondere auch den Scheidungsausspruch.[4] § 145 setzt daher der Erweiterung des Rechtsmittels auf eine andere Familiensache sowie der verfahrensübergreifenden Anschließung zeitliche Grenzen. Die Frist beträgt **einen Monat**, sie kann, weil dies im Gesetz nicht vorgesehen ist, durch das Gericht nicht verlängert werden (§ 224 Abs. 2 ZPO aE). Der Fristbeginn knüpft seit der zum 1.1.2013 wirksam gewordenen Neufassung des § 145 Abs. 1 Satz 1 durch Art. 6 Nr. 14a des Gesetzes zur Einführung einer Rechtsbehelfsbelehrung im Zivilprozess vom 5.12.2012[5] nicht mehr an die „Zustellung", sondern die **Bekanntgabe** der Rechtsmittelbegründung an. Damit ist die Bekanntgabe iSv. § 15 Abs. 2 gemeint,[6] die durch Zustellung nach der ZPO oder dadurch bewirkt werden kann, dass das Schriftstück zur Post gegeben wird. Dass auf Ehe- und Familienstreitsachen § 15 eigentlich nicht anwendbar ist und daher die Rechtsmittelbegründung bei Anfechtung dieser Verfahrensgegenstände wohl weiterhin stets zuzustellen ist (ausf. hierzu § 117 Rz. 41), scheint der Gesetzgeber übersehen zu haben; das ändert aber nichts daran, dass für den Fristbeginn seither an die Bekanntgabe iSv. § 15 Abs. 2 angeknüpft wird. Soweit für Beschwerden in Familiensachen der fG eine **Begründung des Rechtsmittels nicht vorgeschrieben** ist (§ 65 Rz. 2, vgl. demgegenüber für die anderen Verfahrensgegenstände §§ 71 Abs. 2 Satz 1, 117 Abs. 1 Satz 1), knüpft § 145 Abs. 1 Satz 2 für diese Verfahrensgegenstände nunmehr an die Bekanntgabe des Schriftsatzes an, mit dem das Rechtsmittel eingelegt wurde.

12   § 145 Abs. 1 Satz 1 aE stellt klar, dass bei **mehreren Bekanntgaben** nicht für jeden Adressaten die an ihn bewirkte Bekanntgabe, sondern im Interesse einer einheitlichen Fristbestimmung die letzte Bekanntgabe maßgeblich ist. Relevant ist diese Regel nicht nur, wenn eine Rechtsmittelbegründung mehreren Beteiligten bekannt zu geben ist,[7] sondern auch dann, wenn mehrere Bekanntgaben aufgrund der Einlegung mehrerer Hauptrechtsmittel vorzunehmen sind[8] oder mehrere Begründungen innerhalb der Begründungsfrist eingereicht werden.[9] Wird die Bekanntgabe an einen Verfahrensbeteiligten oder anfechtungsberechtigten Dritten versäumt, wird die Frist nicht in Gang gesetzt.[10]

13   In entsprechender Anwendung von § 233 ZPO kann einem Beteiligten auf Antrag **Wiedereinsetzung** in den vorigen Stand gewährt werden, wenn er ohne Verschulden gehindert war, die Frist des § 145 Abs. 1 oder die Frist zur Beantragung der Wiedereinsetzung gem. § 234 Abs. 1 ZPO einzuhalten (§ 117 Rz. 75). Wird zunächst nur VKH für ein bedingt eingereichtes Anschlussrechtsmittel beantragt, muss das Rechtsmit-

---

1 Zöller/*Lorenz*, § 145 FamFG Rz. 5.
2 Zöller/*Lorenz*, § 145 FamFG Rz. 5.
3 BGH v. 7.3.1990 – XII ZB 14/89, FamRZ 1990, 606 (607); Johannsen/Henrich/*Markwardt*, § 145 FamFG Rz. 3; aA MüKo.ZPO/*Finger*, § 629a ZPO Rz. 27.
4 Vgl. etwa BGH v. 27.10.2010 – XII ZB 136/09, FamRZ 2011, 31 (32) und OLG Zweibrücken v. 12.8.1997 – 5 UF 54/94, FamRZ 1998, 678.
5 BGBl I, S. 2418.
6 BR-Drucks. 308/12, S. 30.
7 OLG Nürnberg v. 9.6.1986 – 11 UF 3532/85, FamRZ 1986, 923; vgl. auch OLG München v. 11.10.2012 – 4 UF 91/12, FamRZ 2013, 653 (654).
8 OLG Frankfurt v. 24.6.1987 – 1 UF 52/87, FamRZ 1987, 959 (960).
9 Johannsen/Henrich/*Markwardt*, § 145 FamFG Rz. 5; Musielak/*Borth*, § 145 FamFG Rz. 12.
10 BGH v. 22.4.1998 – XII ZR 281/96, FamRZ 1998, 1024 (1025f.); OLG Nürnberg v. 9.6.1986 – 11 UF 3532/85, FamRZ 1986, 923.

tel spätestens zwei Wochen nach Zustellung der Entscheidung über die Gewährung von VKH eingelegt werden (§§ 234, 236 ZPO). Regelmäßig wird dem Rechtsmittelführer dann die Wiedereinsetzung gewährt werden.[1]

Das Anschlussrechtsmittel ist gem. §§ 65 Abs. 1, 71 Abs. 2 und 3[2] zu begründen, doch ist § 65 Abs. 1 eine Sollvorschrift, so dass die Anschlussbeschwerde nicht verworfen werden kann, wenn sie nicht (fristgerecht) begründet wird.[3] Demgegenüber ist die Erweiterung eines Rechtsmittels schon nach allgemeinen Regeln nur zulässig, soweit sie auf Anfechtungsgründe gestützt wird, die innerhalb der Rechtsmittelbegründungsfrist vorgetragen wurden. Diese Begründungsfrist wird durch § 145 Abs. 1 nicht verlängert, vielmehr wird lediglich der Antragserweiterung (auf Grundlage der bereits vorgetragenen Begründung) eine Grenze gezogen (soweit hierdurch eine andere Familiensache angefochten wird).[4] 14

Wird fristgemäß eine „solche" Erweiterung oder Rechtsmittelanschließung vorgenommen, dh. der Angriff iSv. § 145 Abs. 1 auf weitere Familiensachen als die ursprünglich angefochtenen ausgedehnt, so **verlängert sich die Frist** für eine erneute Rechtsmittelerweiterung oder -anschließung nach § 145 Abs. 2 Satz 1 um einen weiteren Monat. Auf diese Weise soll den Beteiligten, und zwar auch demjenigen, der die erste nachträgliche Anfechtung erklärt hat, die Chance eröffnet werden, auf die veränderte Sachlage erneut zu reagieren. Nach dem eindeutigen Wortlaut der Vorschrift beginnt die zweite Monatsfrist mit Ablauf der Frist nach § 145 Abs. 1, wobei nicht entscheidend ist, wann beispielsweise die erste Anschließung bekannt gegeben wurde.[5] Fällt das Ende der ersten Monatsfrist auf einen Sonntag, allgemeinen Feiertag oder Sonnabend, muss § 222 Abs. 2 ZPO berücksichtigt werden, denn es handelt sich nicht um eine einheitliche Gesamtfrist, sondern selbständige, einander nachgeschaltete Fristen.[6] Soweit aufgrund einer verzögerten Bekanntgabe die anderen Beteiligten keine ausreichende Gelegenheit haben, um von der verlängerten Frist Gebrauch zu machen, kann Wiedereinsetzung gewährt werden.[7] Der Ausdruck „innerhalb dieser Frist" darf nicht dahingehend missverstanden werden, dass nur eine Rechtsmittelerweiterung oder -anschließung nach Beginn der Monatsfrist des § 145 Abs. 1 die Fristverlängerung nach Abs. 2 Satz 1 auslöst, vielmehr ist insofern auch eine bereits vorher eingereichte Erklärung ausreichend.[8] § 145 Abs. 2 Satz 2 stellt klar, dass bei erneuter Erweiterung oder Anschließung iSv. § 145 Abs. 1 innerhalb der nach § 145 Abs. 2 Satz 1 verlängerten Frist eine mehrfache Fristverlängerung eintritt. 15

146 *Zurückverweisung*

(1) Wird eine Entscheidung aufgehoben, durch die der Scheidungsantrag abgewiesen wurde, soll das Rechtsmittelgericht die Sache an das Gericht zurückverweisen, das die Abweisung ausgesprochen hat, wenn dort eine Folgesache zur Entscheidung ansteht. Das Gericht hat die rechtliche Beurteilung, die der Aufhebung zugrunde gelegt wurde, auch seiner Entscheidung zugrunde zu legen.
(2) Das Gericht, an das die Sache zurückverwiesen wurde, kann, wenn gegen die Aufhebungsentscheidung Rechtsbeschwerde eingelegt wird, auf Antrag anordnen, dass über die Folgesachen verhandelt wird.

---

1 Zöller/*Philippi*, 27. Aufl., § 629a ZPO Rz. 33.
2 Zur Frage, ob für Ehe- und Familienstreitsachen aus § 117 Abs. 1 Satz 1 ein Begründungserfordernis abzuleiten ist, vgl. Keidel/*Sternal*, § 66 FamFG Rz. 17a mwN.
3 Musielak/*Borth*, § 145 FamFG Rz. 9. Auf § 524 Abs. 3 ZPO wird auch in § 117 Abs. 2 FamFG nicht verwiesen.
4 BGH v. 11.11.1992 – XII ZA 20/92, NJW-RR 1993, 260; Stein/Jonas/*Schlosser*, § 629a ZPO Rz. 14 mit Fn. 64. Ungenau OLG Koblenz v. 3.10.1989 – 11 UF 1524/88, FamRZ 1990, 769 (770), das die Frage im Ergebnis aber offen lässt, weil im konkreten Fall der Monatsfrist eingehalten war.
5 OLG Karlsruhe v. 3.12.1987 – 2 UF 141/86, FamRZ 1988, 412; Zöller/*Lorenz*, § 145 FamFG Rz. 14; Johannsen/Henrich/*Markwardt*, § 145 FamFG Rz. 6; Schwab/*Streicher*, Rz. I 905.
6 Johannsen/Henrich/*Markwardt*, § 145 FamFG Rz. 4; Zöller/*Lorenz*, § 145 FamFG Rz. 14.
7 MüKo.ZPO/*Finger*, § 629a ZPO Rz. 35.
8 Johannsen/Henrich/*Markwardt*, § 145 FamFG Rz. 6.

A. Normzweck

1 § 146 entspricht im Wesentlichen § 629b aF ZPO, doch wurde die früher zwingend anzuordnende Zurückverweisung nunmehr als Regel-Vorgabe („soll") ausgestaltet. In der Sache geht es um Fälle, in denen ein Scheidungsantrag abgewiesen wird und sich damit die Folgesachen scheinbar nach § 142 Abs. 2 Satz 1 erledigen oder als selbständige Familiensachen fortzuführen sind. Gelangt die übergeordnete Instanz zum gegenteiligen Ergebnis, dass die Scheidung auszusprechen ist, stellt sich die Frage, wie dem **Verbundgedanken Rechnung getragen** werden kann. Durch ein Hinaufziehen der wieder auflebenden Folgesachen (§ 142 Rz. 13) in die höhere Instanz ginge den Beteiligten eine Instanz verloren. Daher entscheidet sich das Gesetz in § 146 grundsätzlich für die gegenteilige Lösung: Durch Aufhebung der abweisenden Entscheidung und Zurückverweisung der Scheidungssache wird der Verbund in der Vorinstanz wiederhergestellt, wobei durch die Neufassung der Vorschrift klargestellt wird, dass hiervon im Ausnahmefall abgesehen werden kann. Die Vorschrift ist sowohl in der Beschwerde- als auch der Rechtsbeschwerdeinstanz anwendbar.

B. Aufhebung und Zurückverweisung

2 Praktische Relevanz besitzt die Regelung vor allem in Fällen, in denen ein **vorzeitig gestellter Scheidungsantrag** vom FamG abgewiesen wird.[1] Läuft während des Beschwerdeverfahrens das Trennungsjahr ab, ist dies nämlich gem. § 68 Abs. 3 Satz 1 beachtlich (§ 124 Rz. 18). Eine entsprechende Anwendung der Vorschrift kommt in Frage, wenn die zweite Instanz erstmalig mit einem begründeten Scheidungsantrag befasst ist, entweder aufgrund einer zulässigen Antragsänderung (§ 113 Rz. 27)[2] oder weil erstmals über einen hilfsweise gestellten Scheidungsantrag zu entscheiden ist, nachdem die Voraussetzungen für die in erster Instanz ausgesprochene Aufhebung der Ehe vom Beschwerdegericht verneint wurden.[3] Doch wird man hier im Einzelfall – um den Beteiligten Zeit und Kosten zu ersparen – darüber nachdenken müssen, ob nicht von der nunmehr ausdrücklich eröffneten Möglichkeit Gebrauch gemacht werden sollte, von einer Zurückverweisung abzusehen. Von dieser Ausnahme kann das OLG auch dann Gebrauch machen, wenn es im Wiederaufnahmeverfahren einen Scheidungsausspruch aufhebt und erneut über Scheidung und Folgesachen (vgl. § 118 Rz. 4) zu befinden hat.[4]

3 In der **dritten Instanz** kommt die Regelung naturgemäß nur äußerst selten zur Anwendung: Kann der BGH bereits abschließend beurteilen, dass einem Scheidungsantrag entgegen der Entscheidung beider Vorinstanzen stattzugeben ist, muss an das FamG zurückverwiesen werden, wenn dort noch Folgesachen zur Entscheidung anstehen; ist dem BGH keine abschließende Beurteilung möglich, muss an die Vorinstanz zurückverwiesen werden.[5] Hatte bereits das FamG die Scheidung ausgesprochen, ist an das OLG zurückzuverweisen, soweit dort Folgesachen zur Entscheidung anstehen, andernfalls hat der BGH selbst zu entscheiden, soweit ihm eine eigene Entscheidung möglich ist (§ 74 Abs. 6 Satz 1).[6]

4 Voraussetzung für die Zurückverweisung ist, dass in der unteren Instanz **eine Folgesache iSv. § 137 Abs. 2 und 3 „zur Entscheidung ansteht"**. Dabei ist nicht erforder-

---

1 Vgl. etwa BGH v. 4.12.1996 – XII ZR 231/95, FamRZ 1997, 347; OLG Brandenburg v. 21.5.2012 – 9 UF 19/12, FamRZ 2013, 317 (318); OLG Saarbrücken v. 29.12.2010 – 9 UF 94/10, Rz. 12, juris; OLG Düsseldorf v. 26.8.2010 – II-7 UF 70/10, FamRZ 2011, 298 (299); OLG Koblenz v. 10.9.2007 – 13 UF 278/07, FamRZ 2008, 996; OLG Hamm v. 24.1.1996 – 8 UF 288/95, FamRZ 1996, 1078.
2 OLG Stuttgart v. 25.1.2007 – 11 UF 169/06, FamRZ 2007, 1111 (1112); OLG Hamburg v. 31.8.1982 – 2a UF 16/81, FamRZ 1982, 1211 (1212); vgl. auch OLG Karlsruhe v. 18.9.1987 – 16 UF 116/87, IPRax 1990, 52 (53); Musielak/*Borth*, § 146 FamFG Rz. 1; aA Zöller/*Philippi*, 27. Aufl., § 611 ZPO Rz. 6.
3 OLG Brandenburg v. 16.10.2007 – 10 UF 141/07, FamRZ 2008, 1534 (1535).
4 Vgl. KG v. 4.1.1989 – 18 UF 5704/87, FamRZ 1989, 647 (648), das von der Nichtanwendbarkeit der Vorschrift ausging.
5 Musielak/*Borth*, § 146 FamFG Rz. 2; Zöller/*Lorenz*, § 146 FamFG Rz. 2.
6 Zöller/*Lorenz*, § 146 FamFG Rz. 5; Musielak/*Borth*, § 146 FamFG Rz. 4.

lich, dass diese Sache bereits anhängig ist. Vielmehr ist ausreichend, dass über sie von Amts wegen nach § 142 Abs. 1 Satz 1 zusammen mit dem Ausspruch der Scheidung zu entscheiden sein wird.[1] Dabei wird regelmäßig noch der Versorgungsausgleich durchzuführen sein (§ 137 Abs. 2 Satz 2); dies ist auch dann der Fall, wenn der Antrag nach § 3 Abs. 3 VersAusglG erstmals in der 2. Instanz gestellt wird.[2] Bei antragsabhängigen Folgesachen müssen grundsätzlich die Fristen des § 137 Abs. 2 und 3 eingehalten worden sein, doch können nach der Zurückverweisung auch neue Folgesachen anhängig gemacht werden (§ 137 Rz. 53). Kein Anlass für eine Zurückverweisung sind Folgesachen, die durch Abtrennung gem. § 140 endgültig aus dem Verbund ausgeschieden sind. Demgegenüber werden als selbständige Familiensachen nach § 142 Abs. 2 Satz 3 fortgeführte Verfahrensgegenstände wieder Bestandteil des Verfahrensverbunds, weil sie erst durch die rechtskräftige Abweisung des Scheidungsantrags endgültig aus dem Verbund gelöst werden (§ 142 Rz. 13 und 15 aE).[3]

Werden die Folgesachen in der höheren Instanz wirksam **zurückgenommen** (§ 113 Abs. 1 Satz 2 FamFG iVm. § 269 ZPO bzw. § 22 FamFG) oder durch gerichtlichen **Vergleich** iSv. § 794 Abs. 1 Nr. 1 ZPO oder § 36 FamFG erledigt, besteht kein Raum für eine Zurückverweisung. Gelangt das Gericht zur Einschätzung, dass die Durchführung des Versorgungsausgleichs aufgrund einer Vereinbarung nach §§ 6 bis 8 VersAusglG ausgeschlossen ist, kann gleichwohl zurückverwiesen werden, denn insofern ist nunmehr stets eine in Rechtskraft erwachsende Feststellung zu treffen (§ 224 Abs. 3). Allerdings wird man im Hinblick auf den Soll-Charakter der Vorschrift von einer Zurückverweisung Abstand nehmen können, wenn aus Sicht des Rechtsmittelgerichts an der Wirksamkeit der Vereinbarung keinerlei Zweifel bestehen.[4] In Kindschaftssachen hat ein Vergleich mangels Dispositionsbefugnis der Beteiligten keine unmittelbar verfahrensbeendende Wirkung, vielmehr bedarf es hierfür der gerichtlichen Billigung (§ 156 Abs. 2) oder der Übernahme in einer gerichtlichen Entscheidung.[5] In entsprechender Anwendung von § 140 kann das Rechtsmittelgericht die Scheidung vorab aussprechen, soweit die Voraussetzungen für eine **Abtrennung** gegeben wären, wenn die Scheidungssache zusammen mit den Folgesachen in die Rechtsmittelinstanz gelangt wäre.[6]

§ 146 Abs. 1 Satz 1 ist – dem strikten Charakter des Verbundprinzips entsprechend (§ 137 Rz. 20) – eine zwingende Norm, die nicht zur Disposition der Beteiligten steht.[7] Allerdings handelt es sich nach neuem Recht um eine **Soll-Vorschrift**, so dass in Ausnahmefällen von der Aufhebung und Zurückverweisung abgesehen werden kann, wenn diese zu einer unnötigen Verfahrensverzögerung führen würde, die nicht durch nachvollziehbare Rechtsschutzinteressen eines Beteiligten gerechtfertigt erscheint. Soweit ein Ausnahmefall gegeben ist, impliziert die Vorschrift auch die Befugnis des Rechtsmittelgerichts, in der Vorinstanz anhängige bzw. zur Entscheidung anstehende Folgesachen an sich zu ziehen und selbst zu entscheiden. Dabei handelt es sich zum einen um Konstellationen, die schon auf der Grundlage des alten Rechts – trotz des engeren Gesetzeswortlauts – überwiegend anerkannt waren, in denen die Beteiligten mit einer Entscheidung der höheren Instanz einverstanden sind und der Sachverhalt so vollständig aufgeklärt ist, dass durch den Verlust einer Tatsachen-

---

1 OLG Brandenburg v. 21.5.2012 – 9 UF 19/12, FamRZ 2013, 317 (318); OLG Saarbrücken v. 29.12.2010 – 9 UF 94/10, Rz. 12, juris; OLG Dresden v. 17.1.2003 – 10 UF 789/02, FamRZ 2003, 1193 (1194); OLG Frankfurt v. 9.1.2002 – 2 UF 62/01, NJW-RR 2002, 577 (578).
2 OLG Brandenburg v. 21.5.2012 – 9 UF 19/12, FamRZ 2013, 317 (318).
3 Zöller/*Lorenz*, § 146 FamFG Rz. 4; Musielak/*Borth*, § 146 FamFG Rz. 3; aA Keidel/*Weber*, § 146 FamFG Rz. 4.
4 Johannsen/Henrich/*Markwardt*, § 146 FamFG Rz. 4; strenger Musielak/*Borth*, § 146 FamFG Rz. 3 (sobald Unwirksamkeit des Ehevertrags geltend gemacht wird). Zum alten Recht vgl. OLG Zweibrücken v. 6.4.2006 – 6 UF 208/05, FamRZ 2006, 1210 (1211); OLG Köln v. 1.7.1999 – 14 UF 225/98, FamRZ 2000, 819 (820).
5 Vgl. Johannsen/Henrich/*Markwardt*, § 146 FamFG Rz. 4.
6 Bork/Jacoby/Schwab/*Löhnig*, § 146 FamFG Rz. 8; MüKo.ZPO/*Finger*, § 629b ZPO Rz. 11.
7 OLG Dresden v. 17.1.2003 – 10 UF 789/02, FamRZ 2003, 1193 (Ls. 2); Bork/Jacoby/Schwab/*Löhnig*, § 146 FamFG Rz. 3.

§ 146

instanz kein Nachteil entsteht,[1] oder in einer Frage (zB Sorge oder Umgang) der Sache nach Einigkeit besteht.[2] Zum anderen wird man die Anwendung der Vorschrift in atypischen Verfahrenskonstellationen in Erwägung ziehen können (Rz. 2). Doch ist der Umstand, dass die Scheidungsvoraussetzungen erst in der Rechtsmittelinstanz gegeben sind, für sich genommen kein Anlass, von der Aufhebung und Zurückverweisung Abstand zu nehmen.[3]

7 Die Entscheidung über die **Kosten** des Rechtsmittelverfahrens erfolgt regelmäßig durch das Gericht, an das die Sache zurückverwiesen wird. Eine Ausnahme gilt dann, wenn das Beschwerdegericht bereits abschließend über die Kosten entscheiden kann, vor allem wenn sie dem Rechtsmittelführer deshalb aufzuerlegen sind, weil das Trennungsjahr erst in der zweiten Instanz abgelaufen ist (§ 150 Rz. 22, § 124 Rz. 18).[4]

C. Fortgang des Verfahrens

8 Zur Aufrechterhaltung des Verbunds ist unter Aufhebung des abweisenden Beschlusses die Sache an das Gericht zurückzuverweisen, das die Abweisung ausgesprochen hat. Die Zurückverweisung erfolgt auf Antrag (§ 281 ZPO) an das örtlich zuständige Familiengericht und nicht zwingend an das Gericht, das als Vorinstanz entschieden hat.[5] Die in § 146 Abs. 1 Satz 2 angeordnete **Bindungswirkung** entspricht §§ 69 Abs. 1 Satz 4, 74 Abs. 6 Satz 4,[6] sie erstreckt sich nicht auch auf die Folgesachen, mit denen die höhere Instanz im Fall der Zurückverweisung gar nicht befasst ist, sondern beschränkt sich auf die Scheidungssache.[7] Durch die Zurückverweisung wird der Verfahrensverbund iSv. § 137 Abs. 1 wieder hergestellt.

9 Nach § 146 Abs. 2 kann das Gericht, an das die Sache zurückverwiesen wurde, auf Antrag anordnen, dass **über die Folgesachen verhandelt** wird, wenn gegen die Aufhebungsentscheidung Rechtsbeschwerde eingelegt wird. Ausschlaggebend ist, ob hierdurch eine spürbare Verfahrensbeschleunigung erzielt werden kann. Die Ablehnung des Antrags ist als bloße Nebenentscheidung nicht anfechtbar.[8] Auch wenn Termin zur Fortsetzung der Folgesache anberaumt wird, ist hiergegen kein Rechtsmittel gegeben. In der Sache entscheiden kann das Gericht freilich erst dann, wenn der Zurückverweisungsbeschluss rechtskräftig geworden ist.

10 **Kosten/Gebühren: Gericht:** Wird die Sache an das Gericht des unteren Rechtszugs zurückverwiesen, bildet das weitere Verfahren mit dem früheren Verfahren vor diesem Gericht einen Rechtszug (§ 31 Abs. 1 FamGKG) mit der Folge, dass Gebühren nur einmal entstehen. **RA:** Soweit die Sache an ein untergeordnetes Gericht zurückverwiesen wird, ist das weitere Verfahren vor diesem Gericht ein neuer Rechtszug (§ 21 Abs. 1 RVG) mit der Folge, dass dem RA die Gebühren für die erste Instanz nochmals zustehen.

---

1 OLG Düsseldorf v. 26.8.2010 – II-7 UF 70/10, FamRZ 2011, 298 (299). Zum alten Recht vgl. OLG Stuttgart v. 25.1.2007 – 11 UF 169/06, FamRZ 2007, 1111 (1112); OLG Oldenburg v. 5.6.1998 – 11 UF 50/98, FamRZ 1998, 1528; OLG Frankfurt v. 8.1.1980 – 3 UF 325/78, FamRZ 1980, 710 (712); OLG Frankfurt v. 9.1.2002 – 2 UF 62/01, NJW-RR 2002, 577 (578) (Abstandnahme wegen Widerspruch eines Beteiligten). AA OLG Dresden v. 17.1.2003 – 10 UF 789/02, FamRZ 2003, 1193 (1194); OLG Naumburg v. 30.6.2006 – 4 UF 13/06, FamRZ 2007, 298 (299).
2 OLG Oldenburg v. 5.6.1998 – 11 UF 50/98, FamRZ 1998, 1528; OLG Frankfurt v. 8.1.1980 – 3 UF 325/78, FamRZ 1980, 710 (712); OLG Köln v. 19.6.1980 – 14 UF 86/79, FamRZ 1980, 1048 (1049); OLG Karlsruhe v. 2.8.1983 – 18 UF 149/82, FamRZ 1984, 57 (58f.).
3 Vgl. BT-Drucks. 16/6308, S. 232f.
4 Hoppenz/*Walter*, § 146 FamFG Rz. 2; Zöller/*Philippi*, 27. Aufl., § 629b ZPO Rz. 7. Demgegenüber wird dem Rechtsmittelgericht vielfach ein Ermessensspielraum eingeräumt, ob in diesen Fällen eine eigene Kostenentscheidung zu treffen ist, OLG Zweibrücken v. 23.1.2003 – 9 UF 87/02, FamRZ 2003, 1192 (Ls. 2) (Abdruck der Entscheidungsgründe in juris); MüKo.ZPO/*Finger*, § 629b ZPO Rz. 12 und 16.
5 OLG Zweibrücken v. 7.11.1984 – 2 UF 46/84, FamRZ 1985, 81 (82); OLG Hamburg v. 12.10.1982 – 2 UF 89/82 R, FamRZ 1983, 612 (613); Baumbach/*Hartmann*, § 146 FamFG Rz. 5.
6 OLG Düsseldorf v. 27.3.1981 – 3 UF 269/80, FamRZ 1981, 808.
7 BGH v. 4.12.1996 – XII ZR 231/95, FamRZ 1997, 347 (348); OLG Naumburg v. 30.6.2006 – 4 UF 13/06, FamRZ 2007, 298.
8 Musielak/*Borth*, § 146 FamFG Rz. 7; Keidel/*Weber*, § 146 FamFG Rz. 7; unklar Zöller/*Philippi*, 28. Aufl., § 146 FamFG Rz. 8 einerseits und Rz. 9 andererseits; aA noch Prütting/*Helms*, 2. Aufl. Rz. 9 sowie Baumbach/*Hartmann*, § 146 FamFG Rz. 6.

147 *Erweiterte Aufhebung*
Wird eine Entscheidung auf Rechtsbeschwerde teilweise aufgehoben, kann das Rechtsbeschwerdegericht auf Antrag eines Beteiligten die Entscheidung auch insoweit aufheben und die Sache zur anderweitigen Verhandlung und Entscheidung an das Beschwerdegericht zurückverweisen, als dies wegen des Zusammenhangs mit der aufgehobenen Entscheidung geboten erscheint. Eine Aufhebung des Scheidungsausspruchs kann nur innerhalb eines Monats nach Zustellung der Rechtsmittelbegründung oder des Beschlusses über die Zulassung der Rechtsbeschwerde, bei mehreren Zustellungen bis zum Ablauf eines Monats nach der letzten Zustellung, beantragt werden.

A. Normzweck

Die Vorschrift entspricht § 629c aF ZPO und will in **Fortführung des Verbundgedankens** sicherstellen, dass auch in der dritten Instanz die aufeinander abgestimmten Teile einer Verbundentscheidung nicht auseinander gerissen werden und in Widerspruch zueinander geraten. Anlass für die Regelung ist die Besonderheit des Rechtsbeschwerdeverfahrens, wonach eine Anfechtung sowohl durch Haupt- als auch Anschlussrechtsmittel nur insoweit statthaft ist, als die Rechtsbeschwerde gem. § 70 Abs. 1 und 2 vom OLG zugelassen wurde. § 147 eröffnet den Ehegatten daher die Möglichkeit, die Aufhebung und Zurückverweisung auch solcher Bestandteile der Verbundentscheidung zu beantragen, die mit den vom BGH auf die Rechtsbeschwerde hin aufgehobenen Entscheidungsteilen sachlich zusammenhängen. 1

Solange der Antrag nach § 147 möglich ist, erwachsen auch die nicht angefochtenen Teile einer zweitinstanzlichen Verbundentscheidung **nicht in Rechtskraft**. Während ursprünglich diese Frage umstritten war, kann sie als geklärt gelten, seitdem der Gesetzgeber § 629c Satz 2 aF ZPO (= § 147 Satz 2) mit dem expliziten Ziel in das Gesetz eingefügt hat, den Eintritt der Rechtskraft des Scheidungsausspruchs zu beschleunigen.[1] Der praktische Nutzen von § 147 ist verschwindend gering, da in den einschlägigen Fallkonstellationen regelmäßig schon allgemeine Institute zur Verfügung stehen (§§ 48, 238 ff. FamFG, § 767 ZPO, § 1696 BGB), um die nicht angefochtenen Gegenstände der Verbundentscheidung an die in der Rechtsbeschwerdeinstanz geänderten Entscheidungsteile anzupassen.[2] 2

B. Erweiterte Aufhebung durch BGH

Anwendbar ist die Vorschrift nur dann, wenn der BGH eine durch Rechtsbeschwerde angegriffene **Verbundentscheidung eines OLG teilweise aufhebt**. Dabei kann sich die erweiterte Aufhebung nur auf die Verfahrensbestandteile beziehen, über die das OLG befunden hat, demgegenüber nicht auf Gegenstände der erstinstanzlichen Entscheidung, die nicht in die zweite Instanz gelangt sind.[3] Hebt der BGH die Entscheidung der Vorinstanz auf und weist den Scheidungsantrag ab, besteht kein Raum für die Anwendung der Vorschrift, weil die Folgesachen gem. § 142 Abs. 2 Satz 1 gegenstandslos werden. Ist der Scheidungsausspruch demgegenüber aufzuheben und das Verfahren an die Vorinstanz zurückzuverweisen, muss die Aufhebung der nicht angefochtenen Folgesachen angeordnet werden, weil diese sonst rechtskräftig werden, da sie nicht mehr gem. § 145 Abs. 1 angefochten werden können,[4] denn die einmal verfristete Möglichkeit zur Rechtsmittelerweiterung oder -anschließung lebt nach der Zurückverweisung nicht wieder auf. Nicht einschlägig ist § 147 auch dann, wenn der BGH einem Scheidungsantrag entgegen der Vorinstanz stattgibt, weil dann das OLG wegen § 142 Abs. 2 Satz 1 über Folgesachen nicht entschie- 3

---

1 Eingefügt durch UÄndG v. 20.2.1986, vgl. BT-Drucks. 10/2888, S. 46. Zur Diskussion vgl. *Deneke*, FamRZ 1987, 1214 (1218 f.).
2 MüKo.ZPO/*Finger*, § 629c ZPO Rz. 2; Wieczorek/Schütze/*Kemper*, § 629c ZPO Rz. 4; weniger krit. demgegenüber *Deneke*, FamRZ 1987, 1214 ff.
3 OLG Frankfurt v. 10.9.1984 – 3 UF 86/83, FamRZ 1985, 821 (822).
4 Zöller/*Lorenz*, § 147 FamFG Rz. 4; Musielak/*Borth*, § 147 FamFG Rz. 2. BGH v. 26.11.1986 – IVb ZR 92/85, FamRZ 1987, 264 (265) ist durch die Neufassung von § 145 Abs. 1 (= § 629a Abs. 3 aF ZPO) überholt.

den hat; hier ist nach § 146 vorzugehen. Nach Sinn und Zweck der Vorschrift ist ihre Anwendung ausgeschlossen, soweit das OLG die Rechtsbeschwerde zugelassen hat und die Möglichkeit besteht, die sachlich zusammenhängenden Verfahrensteile insgesamt anzufechten. Andernfalls würde das Fristensystem des § 145 Abs. 1 für die Anschließung und Rechtsmittelerweiterung in der Rechtsbeschwerdeinstanz unterlaufen.[1]

4   Ein **Zusammenhang** zwischen dem auf die Rechtsbeschwerde aufgehobenen Teil der Verbundentscheidung und einem anderen Teil der OLG-Entscheidung besteht dann, wenn diese im Interesse einer widerspruchsfreien Rechtsfindung aufeinander abgestimmt werden sollten.[2] Ist etwa im Rahmen eines Verfahrens auf Zuweisung der elterlichen Sorge der Aufenthalt des Kindes streitig, hängt sowohl die Geltendmachung von Betreuungsunterhalt nach § 1570 BGB[3] als auch die Bestimmung, welcher Elternteil barunterhaltspflichtig ist (vgl. § 1606 Abs. 3 Satz 2 BGB), von dieser Weichenstellung ab. Das Gleiche gilt für die Zuweisung der Ehewohnung und die Verteilung von Haushaltsgegenständen, weil auf das Wohl der im Haushalt lebenden Kinder Rücksicht zu nehmen ist (§§ 1568a Abs. 1, 1568b Abs. 1 BGB). Außerdem kann es geboten sein, zusammen mit einer Sorgerechtsentscheidung auch eine getroffene Umgangsregelung aufzuheben, um eine abgestimmte Entscheidung über beide Aspekte zu ermöglichen.[4] Die Entscheidung über den Zugewinnausgleich hat Auswirkungen auf Nebenentscheidungen nach §§ 1382, 1383 BGB.[5] Ansprüche auf Zugewinn und Unterhalt können sich vor dem Hintergrund der Rechtsprechung zum sog. Doppelverwertungsverbot gegenseitig beeinflussen,[6] auch ist denkbar, dass bei Anwendung einer Härteklausel des Scheidungsfolgenrechts zu berücksichtigen ist, inwieweit der Betroffene bereits auf andere Weise abgesichert ist.[7] Die theoretisch anerkannte Möglichkeit, sogar den Scheidungsausspruch wegen Sachzusammenhangs aufzuheben, besitzt keinerlei praktische Bedeutung.[8]

5   Erforderlich ist ein **Antrag** auf erweiterte Aufhebung, der nach ganz überwiegender Auffassung nicht von Drittbeteiligten, sondern nur von den Ehegatten selbst gestellt werden kann, weil die Vorschrift nur dem Schutz ihrer Interessen dient.[9] Gem. § 114 Abs. 2 muss der Antrag von einem beim BGH zugelassenen Rechtsanwalt gestellt werden. Eine Befristung sieht § 147 Satz 2 nur für den Antrag auf (erweiterte) **Aufhebung des Scheidungsausspruchs** vor. Das insofern geltende Fristenregime entspricht der Regelung des § 145 Abs. 1, dabei läuft die alternative Anknüpfung an den „Beschluss über die Zulassung der Rechtsbeschwerde"[10] ins Leere, nachdem eine Nichtzulassungsbeschwerde im neuen Recht nicht mehr vorgesehen ist (§ 117 Rz. 72). Demgegenüber kann der Antrag auf (erweiterte) **Aufhebung einer Folgesache** bis zum Schluss der mündlichen Verhandlung gestellt werden,[11] soweit eine solche nicht durchzuführen ist, bis zur Entscheidung des BGH.[12] Kommt eine Teilauf-

---

1   Zöller/*Lorenz*, § 147 FamFG Rz. 13; Johannsen/Henrich/*Markwardt*, § 147 FamFG Rz. 2; aA Musielak/*Borth*, § 147 FamFG Rz. 7; Stein/Jonas/*Schlosser*, § 629c ZPO Rz. 3.
2   BGH v. 18.6.1986 – IVb ZB 105/84, FamRZ 1986, 895 (897).
3   BGH v. 18.6.1986 – IVb ZB 105/84, FamRZ 1986, 895 (896 f.).
4   BGH v. 27.4.1994 – XII ZR 158/93, FamRZ 1994, 827 (829); teilweise aA Musielak/*Borth*, § 147 FamFG Rz. 3, soweit Regelung des Umgangs oder Anordnung von Kindesherausgabe durch Aufhebung einer Sorgerechtsentscheidung gegenstandslos würden, bedürfte es keiner erweiterten Aufhebung.
5   Musielak/*Borth*, § 147 FamFG Rz. 3.
6   Vgl. BGH v. 11.12.2002 – XII ZR 27/00, FamRZ 2003, 432 f.; BGH v. 21.4.2004 – XII ZR 185/01, FamRZ 2004, 1352 f.; BGH v. 6.2.2008 – XII ZR 45/06, NJW 2008, 1221 ff.
7   OLG Hamm v. 20.10.2008 – II-4 UF 67/08, FamRZ 2009, 367 f. im anderen Kontext zu § 1587c aF BGB.
8   Musielak/*Borth*, § 147 FamFG Rz. 3; Zöller/*Lorenz*, § 147 FamFG Rz. 7; dazu *Deneke*, FamRZ 1987, 1214 (1216 f.).
9   Vgl. i. E. auch Zöller/*Lorenz*, § 147 FamFG Rz. 9; Musielak/*Borth*, § 147 FamFG Rz. 4; aA Baumbach/*Hartmann*, § 147 FamFG Rz. 4.
10 Eingefügt durch das ZPO-Reformgesetz mit Wirkung zum 1.1.2002, vgl. auch BT-Drucks. 14/4722, S. 120.
11 Zöller/*Lorenz*, § 147 FamFG Rz. 9.
12 Hoppenz/*Walter*, § 147 FamFG Rz. 4; Musielak/*Borth*, § 147 FamFG Rz. 5.

hebung in einer Folgesache in Frage, hat der BGH auf die Möglichkeit zur Stellung eines Antrags nach § 147 Satz 1 hinzuweisen, weil die Ehegatten sonst gezwungen wären, vorsorglich entsprechende Anträge zu stellen.[1]

Nach § 67 Abs. 2 analog können die Ehegatten nach Einlegung der Rechtsbeschwerde auf ihr Antragsrecht nach § 147 Satz 1 **verzichten**. In entsprechender Anwendung von § 144 kann hinsichtlich des Scheidungsausspruchs dieser Verzicht auch schon nach Bekanntgabe der zweitinstanzlichen Entscheidung erklärt werden.[2] Zur Frage, wann ein solcher Verzicht erforderlich ist, um die Rechtskraft der Scheidungssache herbeizuführen vgl. § 144 Rz. 3. **6**

C. Fortgang des Verfahrens

Nimmt der BGH eine erweiterte Aufhebung nach § 147 Satz 1 vor, so verweist er die zusammenhängenden Teile der Verbundentscheidung zur Verhandlung und Entscheidung zurück an das OLG. Allerdings kann der BGH über die ihm angefallenen Verfahrensgegenstände unter den Voraussetzungen des § 74 Abs. 6 Satz 1 auch selbst entscheiden und nur im Übrigen an die Vorinstanz zurückverweisen.[3] Eine eigene Entscheidung über die nach § 147 Satz 1 aufzuhebenden weiteren Verfahrensteile ist ihm demgegenüber verwehrt.[4] **7**

148 Wirksamwerden von Entscheidungen in Folgesachen
Vor Rechtskraft des Scheidungsausspruchs werden die Entscheidungen in Folgesachen nicht wirksam.

A. Normzweck 1	III. Antrag auf Verfahrenskostenhilfe und Wiedereinsetzung 6
B. Rechtskraft des Scheidungsausspruchs 2	C. Wirksamwerden der Entscheidungen in Folgesachen 7
I. Scheidungsausspruch in erster Instanz 3	
II. Scheidungsausspruch in zweiter Instanz 5	

A. Normzweck

Die Regelung entspricht § 629d aF ZPO. Da über Folgesachen per definitionem nur für den Fall der Scheidung der Ehe zu entscheiden ist (§§ 137 Abs. 1, 142 Abs. 1 Satz 1), werden Entscheidungen in Folgesachen nicht vor Rechtskraft des Scheidungsausspruchs wirksam. § 148 **ergänzt damit die allgemeinen Regeln** der §§ 40, 116 Abs. 3 Satz 1. Zum Tragen kommt die Vorschrift nur in den eher seltenen Fällen, in denen der Scheidungsausspruch später rechtskräftig wird als die Entscheidung in der Folgesache. Wird der Scheidungsantrag (rechtskräftig) abgewiesen, werden Folgesachen gem. § 142 Abs. 2 Satz 1 gegenstandslos. Zur Frage, welche Verfahrensgegenstände iSd. § 137 Abs. 2 und 3 nach einer Abtrennung iSv. § 140 ihre Qualität als Folgesache behalten s. § 137 Abs. 5. **1**

B. Rechtskraft des Scheidungsausspruchs

Zur Erteilung des Rechtskraftzeugnisses s. § 116 Rz. 25. **2**

---

1 Johannsen/Henrich/*Markwardt*, § 147 FamFG Rz. 5; Zöller/*Lorenz*, § 147 FamFG Rz. 9.
2 BGH v. 15.2.1984 – IVb ZB 577/80, NJW 1984, 2829 f.; Johannsen/Henrich/*Markwardt*, § 147 FamFG Rz. 5; Zöller/*Lorenz*, § 147 FamFG Rz. 10.
3 Musielak/*Borth*, § 147 FamFG Rz. 6; Zöller/*Lorenz*, § 147 FamFG Rz. 11; aA Johannsen/Henrich/*Markwardt*, § 147 FamFG Rz. 7.
4 BGH v. 18.6.1986 – IVb ZB 105/84, FamRZ 1986, 895 (897).

I. Scheidungsausspruch in erster Instanz

3 Als Teil einer Verbundentscheidung wird ein erstinstanzlicher Scheidungsausspruch wegen der Möglichkeit der Ehegatten, sich gegen die Ehescheidung auch im Wege verfahrensübergreifender Rechtsmittelanschließung zu wenden (§ 145 Rz. 6), erst dann rechtskräftig, wenn die **Rechtsmittelfristen für alle Beteiligten** (und anfechtungsberechtigten Dritten) abgelaufen sind.[1] Die Rechtsmittelfrist richtet sich nach der **Zustellung** (§ 116 Rz. 14) an den jeweiligen Adressaten (§ 63 Abs. 3 Satz 1). Verbundentscheidungen müssen daher nicht nur den Ehegatten, sondern auch allen weiteren Beteiligten und den zur Einlegung von Rechtsmitteln berechtigten Dritten iSv. § 139 zugestellt werden (§ 139 Rz. 4a). Wird die Zustellung unterlassen, beginnt die Rechtsmittelfrist unter den Voraussetzungen des § 63 Abs. 3 Satz 2 mit Ablauf von fünf Monaten nach Erlass (§ 116 Rz. 12) des Beschlusses.

3a Problematisch sind Fälle, in denen **versäumt wird, einem am Verfahren formell Beteiligten** die Entscheidung zuzustellen. Im Unterschied zu § 517 Halbs. 2 ZPO kommt es nach § 63 Abs. 3 Satz 2 für das Eingreifen der Auffangbeschwerdefrist darauf an, dass die Bekanntgabe aus rechtlichen oder tatsächlichen Gründen nicht möglich war.[2] Die Scheidung wird daher erst rechtskräftig, nachdem die Zustellung nachgeholt wurde, ein für Statusverfahren unerträglicher Zustand.[3] Ungeklärt ist die Rechtslage auch, wenn ein materiell Beteiligter (zB Versorgungsträger) **versehentlich nicht formell zum Verfahren hinzugezogen** wurde. In Übereinstimmung mit der Gesetzesbegründung[4] steht die hM auf dem Standpunkt, die Beschwerdefrist für den übersehenen Beteiligten ende dann, wenn die Frist für den letzten förmlich zum Verfahren hinzugezogenen Beteiligten ablaufe.[5] Doch ist dieses Ergebnis weder mit dem Wortlaut des Gesetzes[6] vereinbar, noch vermag es im Vergleich zur vorgenannten Fallgruppe wertungsmäßig zu überzeugen, außerdem begegnet es verfassungsrechtlichen Bedenken.[7] Rechtssicherheit vermag nur ein Rechtsmittelverzicht der Ehegatten zu schaffen (Rz. 4).

4 Beschleunigt wird der Eintritt der Rechtskraft, wenn alle Beteiligten sowie anfechtungsberechtigten Dritten gem. § 67 Abs. 1 auf Rechtsmittel **verzichten**. Für die Rechtskraft des Scheidungsausspruchs ist es ausreichend, wenn beide Ehegatten[8] einen umfassenden Rechtsmittelverzicht erklären, der auch den Verzicht auf die Einlegung von Anschlussrechtsmitteln, der durch § 144 erleichtert wird, enthalten muss. Ein Verzicht auf den Antrag auf erweiterte Aufhebung nach § 147 ist demgegenüber nicht erforderlich, denn bei umfassendem Rechtsmittelverzicht der Ehegatten kann die Scheidungssache nicht Gegenstand einer Rechtsbeschwerde werden (§ 144 Rz. 3). Erklären die Ehegatten keinen umfassenden Rechtsmittelverzicht und legt **ein Beteiligter in einer Folgesache fristgerecht Beschwerde** ein, wird die Scheidung erst rechtskräftig, wenn das Recht der Ehegatten, sich gegen den Scheidungsausspruch

---

1 BGH v. 27.10.2010 – XII ZB 136/09, FamRZ 2011, 31 (32); OLG Stuttgart v. 17.11.1986 – 17 UF 297/85, Justiz 1988, 159 (160); OLG Zweibrücken v. 12.8.1997 – 5 UF 54/94, FamRZ 1998, 678; Zöller/*Lorenz*, § 148 FamFG Rz. 9.
2 Oben § 63 Rz. 11 (*Abramenko*); OLG Celle v. 18.6.2012 – 15 UF 95/12, FamRZ 2013, 470 (471); Keidel/*Sternal*, § 63 Rz. 44.
3 Verantwortlich dafür ist nicht zuletzt der übertriebene Zuschnitt des Rechts zur verfahrensübergreifenden Anschließung (krit. § 145 Rz. 8). De lege ferenda sollte § 63 Abs. 3 Satz 2 an § 517 Halbs. 2 ZPO angeglichen werden.
4 BT-Drucks. 16/9733, S. 289.
5 OLG Hamm v. 10.9.2010 – 15 W 111/10, FamRZ 2011, 396, 397; OLG Celle v. 4.10.2011 – 17 W 16/11, Rz. 12, juris; aA (Anwendbarkeit von § 63 Abs. 3) Zöller/*Lorenz*, § 148 FamFG Rz. 12.
6 Der Fristbeginn gem. § 63 Abs. 3 S. 1 FamFG betrifft nach dem klaren Wortlaut („jeweils") immer nur den Beteiligten, demgegenüber die schriftliche Bekanntgabe erfolgte.
7 Musielak/*Borth*, § 63 FamFG Rz. 8.
8 Auch wenn der Ehegatte, der in einer Folgesache ein Rechtsmittel eingelegt hat, dieses nach allgemeinen Grundsätzen nicht mehr zulässigerweise auf den Scheidungsausspruch erweitern darf, reicht der einseitige Verzicht der Gegenseite auf (Anschluss-)rechtsmittel in der Scheidungssache nicht aus, OLG Düsseldorf v. 8.10.1984 – 2 UF 135/84, FamRZ 1985, 300 (301); vgl. auch BGH v. 27.10.2010 – XII ZB 136/09, FamRZ 2011, 31 (32); Zöller/*Lorenz*, § 144 FamFG Rz. 5; aA OLG Frankfurt v. 10.9.1984 – 3 UF 86/83, FamRZ 1985, 821.

im Wege einer verfahrensübergreifenden Anschließung oder Rechtsmittelerweiterung zu wenden, nach § 145 erlischt.[1] Wurde die Scheidungssache durch Trennung (§ 140) aus dem Verbund gelöst, kann sie durch Erweiterung eines in einer Folgesache eingelegten Rechtsmittels nicht mehr angefochten werden, so dass sie unabhängig von der Anfechtung der Folgesache rechtskräftig wird.[2]

II. Scheidungsausspruch in zweiter Instanz

Wird die Scheidung vom OLG ausgesprochen, tritt Rechtskraft auch dann erst mit **Ablauf der Rechtsmittelfristen** ein (s. dazu im Einzelnen § 71 Rz. 4 ff.),[3] wenn die Rechtsbeschwerde nicht gem. § 70 Abs. 2 Satz 1 zugelassen wurde, obwohl das Rechtsmittelgericht an die Nichtzulassung gebunden ist (§ 70 Abs. 2 Satz 2) und eine Nichtzulassungsbeschwerde im Gesetz nicht vorgesehen ist (§ 117 Rz. 72). Eine gerichtliche Entscheidung wird nämlich nur dann bereits mit ihrer Verkündung rechtskräftig, wenn ein Rechtsmittel gegen sie nicht statthaft ist, nicht aber schon dann, wenn ein Rechtsmittel nicht zulässig ist. Dabei bedeutet Unstatthaftigkeit eines Rechtsmittels die generelle Unanfechtbarkeit der Entscheidung. Entgegen der früher herrschenden Ansicht der Instanzgerichte zur Revision in Ehesachen hat der BGH aber den Standpunkt eingenommen, die Frage der Zulassung betreffe nicht die (generelle) Statthaftigkeit, sondern die (konkrete) Zulässigkeit eines Rechtsmittels.[4] Hat das OLG im Verbund die Scheidung ausgesprochen und in einer Folgesache die Rechtsbeschwerde zugelassen, müssen die Ehegatten, wenn sie für den Scheidungsausspruch den Eintritt der Rechtskraft beschleunigen wollen, auf den Antrag auf erweiterte Aufhebung nach § 147 verzichten,[5] insofern ist § 144 analog anwendbar (§ 144 Rz. 3). Soweit kein Verzicht erklärt wird, verzögert sich grundsätzlich der Eintritt der Rechtskraft für die gesamte Verbundentscheidung, doch wird der Scheidungsausspruch nach Ablauf der in § 147 Satz 2 festgelegten Frist rechtskräftig, wenn bis dahin kein entsprechender Antrag gestellt wurde.[6]

III. Antrag auf Verfahrenskostenhilfe und Wiedereinsetzung

Soweit innerhalb der Rechtsmittelfrist lediglich ein Antrag auf **Verfahrenskostenhilfe** für die Einlegung des Rechtsmittels gestellt wird, hindert dies zunächst nicht den Eintritt der Rechtskraft. Wird dem Betroffenen jedoch später auf entsprechenden Antrag und bei Nachholung des Rechtsmittels **Wiedereinsetzung in den vorigen Stand** gewährt, wird hierdurch die Rechtskraft rückwirkend beseitigt.[7] Soweit in dieser Situation nicht die Ausstellung des Rechtskraftzeugnisses verweigert wird, kann es – zumindest vorübergehend – zum Abschluss einer Doppelehe kommen.[8]

C. Wirksamwerden der Entscheidungen in Folgesachen

§ 148 bestimmt lediglich, dass Entscheidungen in Folgesachen niemals vor Rechtskraft des Scheidungsausspruchs wirksam werden, im Übrigen richten sich die Voraussetzungen **nach allgemeinen Regeln**. Während Entscheidungen in Familienstreitsachen gem. § 116 Abs. 3 Satz 1 mit Rechtskraft wirksam werden, stellt § 40 Abs. 1 für Entscheidungen in Familiensachen der fG auf die Bekanntgabe ab. Doch gelten Aus-

---

1 BGH v. 27.10.2010 – XII ZB 136/09, FamRZ 2011, 31 (32); OLG Hamburg v. 10.10.1989 – 12 UF 78/89, FamRZ 1990, 185 (186).
2 BGH v. 9.2.1983 – IVb ZR 361/81, FamRZ 1983, 461 f.
3 Zumindest in Statusverfahren sollte im Interesse der Statusklarheit die absolute Rechtsmittelfrist des § 63 Abs. 3 Satz 2 analog angewendet werden (*Maurer*, FamRZ 2009, 465 [473]; aA Prütting/Helms/*Abramenko*, § 71 Rz. 6).
4 BGH v. 15.11.1989 – IVb ZR 3/89, FamRZ 1990, 283 (286 f.) mwN auch zur Gegenansicht; BGH v. 6.8.2008 – XII ZB 25/07, FamRZ 2008, 2019 (2020); vgl. auch GmS-OGB v. 24.10.1983 – GmS-OGB 1/83, FamRZ 1984, 975 (976); Musielak/*Borth*, § 148 FamFG Rz. 3; Zöller/*Lorenz*, § 148 FamFG Rz. 6; aA OLG Schleswig v. 1.12.2004 – 12 UF 156/04, MDR 2005, 646.
5 Johannsen/Henrich/*Markwardt*, § 147 FamFG Rz. 5.
6 Johannsen/Henrich/*Markwardt*, § 148 FamFG Rz. 6.
7 BGH v. 18.3.1987 – IVb ZR 44/86, FamRZ 1987, 570 f.; OLG Zweibrücken v. 20.9.1994 – 5 UF 197/91, FamRZ 1995, 619; OLG Stuttgart v. 17.11.1986 – 17 UF 297/85, Justiz 1988, 159 (160).
8 Zöller/*Lorenz*, § 148 FamFG Rz. 13; MüKo.ZPO/*Finger*, § 629d ZPO Rz. 4.

nahmen für den Versorgungsausgleich (§ 224 Abs. 1) sowie für Entscheidungen in Ehewohnungs- und Haushaltssachen (§ 209 Abs. 2 Satz 1), die ebenfalls erst mit Rechtskraft wirksam werden, so dass die allgemeine Regel des § 40 Abs. 1 nur für Kindschaftssachen iSv. § 137 Abs. 3 einschlägig ist.

8 Allerdings wirken sich die Besonderheiten des Verbundverfahrens auch auf das Wirksamwerden von Entscheidungen in Folgesachen aus: Wird eine Verbundentscheidung teilweise angefochten, hindert dies wegen der Möglichkeit der **Rechtsmittelerweiterung und verfahrensübergreifenden Rechtsmittelanschließung** den Eintritt der Rechtskraft insgesamt. Erst wenn innerhalb der Fristen des § 145 keine Rechtsmittelerweiterung vorgenommen wurde, werden die nicht angegriffenen Teile der Verbundentscheidung rechtskräftig. Beschleunigt wird der Eintritt der Rechtskraft, wenn die Beteiligten auf Haupt- und Anschlussrechtsmittel verzichten (Rz. 4). Die Reichweite eines Rechtsmittelverzichts bestimmt sich nach seinem objektiven Erklärungswert;[1] dabei kann grundsätzlich davon ausgegangen werden, dass ein ohne weitere Einschränkungen erklärter Rechtsmittelverzicht sich auf den Scheidungsausspruch und sämtliche Folgesachen bezieht.[2] Hat das OLG im Verbund die Scheidung ausgesprochen und in einer Folgesache die Rechtsbeschwerde zugelassen, verzögert sich wegen § 147 der Eintritt der Rechtskraft auch für den nicht anfechtbaren/angefochtenen Teil der Verbundentscheidung, soweit nicht die Ehegatten auf den **Antrag auf erweiterte Aufhebung** verzichten (Rz. 5).

9 Wird über **abgetrennte Folgesachen** iSv. § 137 Abs. 5 Satz 1 vorab entschieden, sollte im Tenor darauf hingewiesen werden, dass die Entscheidung erst wirksam wird, wenn die Ehe rechtskräftig geschieden ist.[3] Zur Anordnung der **sofortigen Wirksamkeit** von Entscheidungen in Unterhalts- und Güterrechtsfolgesachen vgl. § 116 Rz. 26 ff. Demgegenüber werden kindschaftsrechtliche Folgesachen gem. § 137 Abs. 5 Satz 2 nach einer Abtrennung als selbständige Verfahren fortgeführt, so dass § 148 nicht mehr gilt.

149 *Erstreckung der Bewilligung von Verfahrenskostenhilfe*
Die Bewilligung der Verfahrenskostenhilfe für die Scheidungssache erstreckt sich auf eine Versorgungsausgleichsfolgesache, sofern nicht eine Erstreckung ausdrücklich ausgeschlossen wird.

1 In Übereinstimmung mit § 624 Abs. 2 aF ZPO erstreckt § 149 die Bewilligung der Verfahrenskostenhilfe für die Scheidungssache auch **ohne besonderen Ausspruch** auf eine Versorgungsausgleichsfolgesache, sofern die Erstreckung nicht ausdrücklich ausgeschlossen wird. Die Vorschrift findet auf die Beiordnung eines Rechtsanwalts entsprechende Anwendung.[4]

2 Die Bewilligung der **Verfahrenskostenhilfe für das Scheidungsverfahren** richtet sich gem. § 113 Abs. 1 Satz 2 nach den Vorschriften der Zivilprozessordnung (§§ 114 ff. ZPO), doch ergibt sich hieraus kaum ein relevanter Unterschied zu den Familiensachen der fG, denn auch die Vorschriften über die Gewährung von Verfahrenskostenhilfe verweisen in weitem Umfang auf die ZPO (§ 76 Abs. 1). Da sich der Antragsgegner dem Scheidungsverfahren nicht (durch ein sofortiges Anerkenntnis oä.) entziehen kann und es sein gutes Recht ist, an der Ehe festhalten zu wollen, ist ihm Verfahrenskostenhilfe für das Scheidungsverfahren unabhängig davon zu gewähren, ob er dem (begründeten) Scheidungsantrag zustimmt, sich ihm widersetzt, einen eigenen (parallelen) Scheidungsantrag oder gar keinen Antrag stellt.[5] Eine Ausnahme

---
1 BGH v. 8.7.1981 – IVb ZB 660/80, FamRZ 1981, 947 f.; OLG Frankfurt v. 9.11.2005 – 3 UF 151/05, OLGReport 2006, 561 f.
2 BGH v. 25.6.1986 – IVb ZB 75/85, FamRZ 1986, 1089.
3 Musielak/*Borth*, § 148 FamFG Rz. 6; Zöller/*Lorenz*, § 148 FamFG Rz. 14.
4 OLG Köln v. 17.9.2007 – 25 WF 204/07, FamRZ 2008, 707.
5 OLG Bamberg v. 2.3.1994 – 2 WF 32/94, FamRZ 1995, 370 f.; OLG Düsseldorf v. 1.9.1989 – 3 WF 196/89, FamRZ 1990, 80; Zöller/*Geimer*, § 76 FamFG Rz. 32 ff.

gilt nur dann, wenn der Antragsteller einen (vor allem mangels Ablaufs der Trennungsfrist) offensichtlich unbegründeten Antrag stellt und der Antragsgegner gleichfalls die Scheidung der Ehe anstrebt.[1] Zu weiteren Einzelheiten s. § 76, insbesondere Rz. 38.

Regelmäßig wird es sich bei der **Versorgungsausgleichsfolgesache** um den nach § 137 Abs. 2 Satz 2 von Amts wegen durchzuführenden Wertausgleich bei der Scheidung nach §§ 9 ff. VersAusglG handeln. Der Wille des Gesetzgebers, den Anwendungsbereich auf derartige Amtsverfahren zu beschränken,[2] hat im Wortlaut der Vorschrift keinen Niederschlag gefunden. Daher werden Ausgleichsansprüche nach der Scheidung iSv. §§ 20 ff. VersAusglG sowie der bei Scheidung nach ausländischem Recht auf Antrag durchzuführende VA nach Art. 17 Abs. 3 Satz 2 EGBGB auch von § 149 erfasst, soweit sie Folgesachen sind (§ 137 Rz. 29).[3] Das Gleiche gilt für den Auskunftsanspruch nach § 4 VersAusglG, der ebenfalls eine Versorgungsausgleichsfolgesache iSv. § 137 Abs. 2 Satz 1 iVm. § 217 ist (§ 137 Rz. 43).[4] Da es nicht darauf ankommt, ob das Verfahren im Verbund geführt wird, findet die Vorschrift auch nach einer Abtrennung Anwendung (vgl. § 137 Abs. 5 Satz 1). Wird demgegenüber ein vom Scheidungsverbund nach altem Recht abgetrenntes Versorgungsausgleichsverfahren nach neuem Recht als selbständige Familiensache fortgeführt, verliert es seine Eigenschaft als Folgesache (§ 137 Rz. 69), so dass sich die im ursprünglichen Verbundverfahren bewilligte Verfahrenskostenhilfe nicht mehr auf das (nunmehr selbständige) Versorgungsausgleichsverfahren erstreckt (§ 137 Rz. 71).[5]

3

Es besteht regelmäßig kein Spielraum, eine von Amts wegen einzuleitende Versorgungsausgleichsfolgesache, der die Beteiligten sich nicht entziehen können, von der VKH-Bewilligung **auszuschließen**, und zwar selbst dann nicht, wenn die konkret gestellten Anträge keine Aussicht auf Erfolg haben.[6] Demgegenüber gelten für die antragsabhängigen Ausgleichsansprüche nach der Scheidung, die der vollen Disposition der Beteiligten unterliegen, die allgemeinen Maßstäbe.[7]

4

Auf **sonstige Folgesachen** ist die Norm nach ihrem eindeutigen Wortlaut nicht anwendbar. Vielmehr muss für Folgesachen Verfahrenskostenhilfe jeweils eigenständig beantragt und bewilligt werden.[8] Wird uneingeschränkt Verfahrenskostenhilfe gewährt, erstreckt sich die Bewilligung auf alle zu diesem Zeitpunkt anhängigen Folgesachen, für die Verfahrenskostenhilfe beantragt war, eine Beschränkung müsste im VKH-Beschluss ausdrücklich klargestellt werden.[9] Nach § 48 Abs. 3 RVG erstreckt sich die Beiordnung eines Rechtsanwalts in einer Ehesache automatisch auch auf den Abschluss eines Vergleichs über die dort genannten Gegenstände, dabei ist es nach herrschender, wenn auch umstrittener Auffassung unerheblich, ob die entsprechende Vereinbarung gerichtlich oder außergerichtlich geschlossen wird.[10]

5

---

1 MüKo.ZPO/*Finger*, § 624 ZPO Rz. 8.
2 BT-Drucks. 10/2888, S. 28.
3 OLG Frankfurt v. 18.3.1999 – 2 WF 70/99, FamRZ 2000, 99; Baumbach/*Hartmann*, § 149 FamFG Rz. 3; aA Schwab/*Streicher*, Rz. I 188.
4 OLG Frankfurt v. 18.3.1999 – 2 WF 70/99, FamRZ 2000, 99; OLG Hamm v. 27.8.2012 – 6 WF 152/12, Rz. 14 f., juris; Musielak/*Borth*, § 149 FamFG Rz. 2.
5 Schulte-Bunert/Weinreich/*Keske*, § 149 FamFG Rz. 8.
6 OLG Bamberg v. 8.10.1986 – 2 UF 261/86, 2 WF 238/86, FamRZ 1987, 500 (501).
7 Musielak/*Borth*, § 149 FamFG Rz. 2; Schulte-Bunert/Weinreich/*Keske*, § 149 FamFG Rz. 7.
8 OLG Rostock v. 31.3.2005 – 10 WF 60/05, FamRZ 2005, 1913 (1914); OLG Zweibrücken v. 25.1.2005 – 2 WF 9/05, FamRZ 2006, 133; OLG Bamberg v. 8.10.1986 – 2 UF 261/86, 2 WF 238/86, FamRZ 1987, 500 (501). Für einen großzügigen Prüfungsmaßstab spricht sich OLG Karlsruhe v. 19.9.1988 – 16 WF 151/88, FamRZ 1989, 882 (883) aus.
9 OLG München v. 31.5.1994 – 16 WF 757/94, FamRZ 1995, 822.
10 Vgl. etwa OLG Rostock v. 4.9.2007 – 11 WF 166/07, FamRZ 2008, 708; OLG München v. 16.10.2003 – 11 W 1806/03, FamRZ 2004, 966; OLG Brandenburg v. 20.12.2004 – 10 WF 234/04, FamRZ 2005, 1264; vgl. auch BGH v. 21.10.1987 – IVa ZR 170/86, NJW 1988, 494 f.; Zöller/*Geimer*, § 76 FamFG Rz. 42, § 119 ZPO Rz. 25 mwN auch zur Gegenansicht; aA etwa OLG Karlsruhe v. 15.10.2007 – 18 WF 104/06, FamRZ 2008, 802; OLG Brandenburg v. 11.10.2000 – 9 WF 199/00, FamRZ 2001, 1394 f.

Kosten/Gebühren: RA: Durch die Erstreckung der Verfahrenskostenhilfe stehen dem RA auch für die Versorgungsausgleichsfolgesache Gebühren aus der Staatskasse zu (§ 48 Abs. 1 RVG). Die Teilwerte für die Scheidungssache und die Versorgungsausgleichssache sind zu addieren (§ 23 Abs. 1 Satz 1 RVG, § 44 Abs. 1 FamGKG).

150 Kosten in Scheidungssachen und Folgesachen

(1) Wird die Scheidung der Ehe ausgesprochen, sind die Kosten der Scheidungssache und der Folgesachen gegeneinander aufzuheben.
(2) Wird der Scheidungsantrag abgewiesen oder zurückgenommen, trägt der Antragsteller die Kosten der Scheidungssache und der Folgesachen. Werden Scheidungsanträge beider Ehegatten zurückgenommen oder abgewiesen oder ist das Verfahren in der Hauptsache erledigt, sind die Kosten der Scheidungssache und der Folgesachen gegeneinander aufzuheben.
(3) Sind in einer Folgesache, die nicht nach § 140 Abs. 1 abzutrennen ist, außer den Ehegatten weitere Beteiligte vorhanden, tragen diese ihre außergerichtlichen Kosten selbst.
(4) Erscheint in den Fällen der Absätze 1 bis 3 die Kostenverteilung insbesondere im Hinblick auf eine Versöhnung der Ehegatten oder auf das Ergebnis einer als Folgesache geführten Unterhaltssache oder Güterrechtssache als unbillig, kann das Gericht die Kosten nach billigem Ermessen anderweitig verteilen. Es kann dabei auch berücksichtigen, ob ein Beteiligter einer richterlichen Anordnung zur Teilnahme an einem Informationsgespräch nach § 135 nicht nachgekommen ist, sofern der Beteiligte dies nicht genügend entschuldigt hat. Haben die Beteiligten eine Vereinbarung über die Kosten getroffen, soll das Gericht sie ganz oder teilweise der Entscheidung zugrunde legen.
(5) Die Vorschriften der Absätze 1 bis 4 gelten auch hinsichtlich der Folgesachen, über die infolge einer Abtrennung gesondert zu entscheiden ist. Werden Folgesachen als selbständige Familiensachen fortgeführt, sind die hierfür jeweils geltenden Kostenvorschriften anzuwenden.

A. Überblick 1	F. Gesonderte Kostenentscheidung in Folgesachen (Absatz 5) 15
B. Kostenaufhebung (Absatz 1) . . . 2	G. Rechtsmittel
C. Abweisung, Rücknahme und Erledigung des Scheidungsantrags (Absatz 2) 4	I. Anfechtung der Kostenentscheidung . 18
D. Drittbeteiligte (Absatz 3) 7	II. Kostenentscheidung im Rechtsmittelverfahren 21
E. Billigkeitsklausel (Absatz 4) 9	

A. Überblick

1   In weitgehender Übereinstimmung mit § 93a aF ZPO trifft § 150 eine **Sonderregelung für die Kosten in Scheidungs- und Folgesachen**, die lex specialis auch gegenüber § 243 (Kostenentscheidung in Unterhaltssachen) ist. In Abweichung von den sonst für Familiensachen der fG (§§ 80 ff.) und Familienstreitsachen (§ 113 Abs. 1 Satz 2 FamFG iVm. §§ 91 ff., 269 Abs. 3 ZPO und § 243 FamFG) geltenden Grundsätzen stellt die Vorschrift das Prinzip der Kostenaufhebung in den Vordergrund (§ 150 Abs. 1 und 5), das jedoch in einer Reihe von Sonderkonstellationen durchbrochen wird (§ 150 Abs. 2 bis 4). Für das Scheidungsverfahren (und die von Amts wegen einzuleitenden Folgesachen) rechtfertigt sich dieser Ansatz, der nach § 132 Abs. 1 Satz 1 auch für die **Eheaufhebung** gilt, ua. aus der Überlegung, dass der Antragsgegner sich dem Verfahren nicht (durch sofortiges Anerkenntnis oä.) entziehen kann und die Rollenverteilung oftmals eher zufällig ist. Auch für Kindschaftssachen iSv. § 137 Abs. 3 ist eine Orientierung am Obsiegen und Unterliegen kein geeigneter Maßstab, da die Entscheidung in erster Linie am Kindeswohl auszurichten ist (vgl. auch § 81 Abs. 1). Dass die gleichen Grundsätze auch für Unterhalts- und Güterrechtsfolgesachen gelten, rechtfertigt sich – angesichts des Umstands, dass für selbständige Unterhalts- oder Zugewinnausgleichsverfahren stets die allgemeinen Regeln gelten – in erster Linie aus

Praktikabilitätserwägungen. Deshalb weist Abs. 4 Satz 1, 2. Alt. für diese Verfahrensgegenstände auch explizit auf die Möglichkeit einer abweichenden (erfolgsabhängigen) Kostenverteilung hin.[1] Für Verfahren auf **Feststellung des Bestehens oder Nichtbestehens einer Ehe** bleibt es bei der Anwendbarkeit von § 113 Abs. 1 Satz 2 iVm. § 91 ZPO.

B. Kostenaufhebung (Absatz 1)

Wird einem Scheidungsantrag stattgegeben, sind nach § 150 Abs. 1 die Kosten der Scheidung gegeneinander aufzuheben (vgl. § 92 Abs. 1 Satz 2 ZPO). Das Gleiche gilt, soweit das Verfahren im Verbund geführt wurde, für die Kosten der Folgesachen, und zwar selbst dann, wenn der Antrag in der Folgesache zurückgenommen wurde (zur Berücksichtigung der Rücknahme im Rahmen der Billigkeitsklausel des Abs. 4 vgl. Rz. 11). Grundsätzlich ergeht die Kostenentscheidung **für die Scheidungs- und Folgesachen einheitlich** in der Endentscheidung iSv. § 142 Abs. 1 Satz 1 (sog. Kostenverbund). Ist etwa über Stufenanträge vorab durch Teilbeschluss zu entscheiden, bleibt die Kostenentscheidung dem abschließenden Verbundbeschluss vorbehalten.[2] Wegen der Selbständigkeit des einstweiligen Anordnungsverfahrens gilt die Vorschrift nicht (mehr) für die Kosten des Verfahrens der eA, denn insofern handelt es sich weder um eine Scheidungs- noch eine Folgesache.[3]

Muss über eine **Folgesache aufgrund Abtrennung** gesondert entschieden werden, ergeht eine eigenständige Kostenentscheidung, für die jedoch die gleichen Maßstäbe Gültigkeit behalten (§ 150 Abs. 5 Satz 1). Über die Kosten der Scheidungssache (und der ggf. noch im Verbund stehenden Folgesachen) muss dann vorab zusammen mit dem Scheidungsausspruch entschieden werden, obwohl es sich der Sache nach um eine Teilentscheidung handelt.[4] Erledigt sich eine Folgesache, etwa durch Tod des Anspruchsgegners, bleibt die Anwendbarkeit von § 150 grundsätzlich unberührt.[5] Zu den Auswirkungen von Anerkenntnis, übereinstimmender Erledigungserklärung und Antragsrücknahme in einer Familienstreitsache s. Rz. 10.

C. Abweisung, Rücknahme und Erledigung des Scheidungsantrags (Absatz 2)

Abs. 2 fasst die früher für den Fall der Abweisung und Rücknahme des Scheidungsantrags verstreut geregelten Kostentragungsgrundsätze (§§ 91, 93a Abs. 2, 269 Abs. 3 Satz 2, 626 Abs. 1 ZPO) in einer Vorschrift zusammen und stellt explizit die kostenrechtlichen Folgen bei Erledigung des Scheidungsantrags klar. Wird der Scheidungsantrag abgewiesen oder zurückgenommen, trägt der Antragsteller sowohl die **Kosten des Scheidungsverfahrens als auch der rechtshängigen**[6] **Folgesachen**, denn diese werden – unabhängig davon, ob sie noch im Verbund geführt werden oder nach § 140 abgetrennt wurden – gem. §§ 141, 142 gegenstandslos. Soweit jedoch Folgesachen trotz Abweisung oder Rücknahme des Scheidungsantrags fortgeführt werden, sind sie als selbständige Familiensachen zu qualifizieren (§§ 141 Satz 3, 142 Abs. 2 Satz 3), für die eine eigenständige Kostenentscheidung nach allgemeinen Regeln zu treffen ist (§ 150 Abs. 5 Satz 2). In Abweichung vom Grundsatz des Abs. 2 Satz 1 sieht Abs. 2 Satz 2 eine Kostenaufhebung (wie nach Abs. 1) vor, wenn beide Ehegatten

---

1 BGH v. 28.2.2007 – XII ZB 165/06, FamRZ 2007, 893 (894).
2 OLG Naumburg v. 15.12.1998 – 8 WF 334/98, FamRZ 1999, 1435; OLG Hamburg v. 31.7.1980 – 15 UF 90/80 V, FamRZ 1981, 179 (180).
3 Zöller/*Herget*, § 150 FamFG Rz. 11; aA Baumbach/*Hartmann*, § 150 FamFG Rz. 3.
4 OLG Naumburg v. 8.6.2007 – 4 UF 85/07, OLGReport 2007, 995; OLG Naumburg v. 8.11.2007 – 8 UF 213/07, FamRZ 2008, 1203 (unter Aufgabe seiner früheren Rspr., welche die Kostenentscheidung insgesamt der abschließenden Entscheidung vorbehalten wollte); OLG Düsseldorf v. 21.3.2000 – 10 WF 5/2000, JurBüro 2000, 413; OLG München v. 30.6.1998 – 11 WF 568/98, NJW-RR 1999, 146; Schulte-Bunert/Weinreich/*Keske*, § 150 FamFG Rz. 19; Zöller/*Herget*, § 150 FamFG Rz. 7.
5 BGH v. 13.11.1985 – IVb ZB 112/82, FamRZ 1986, 253 (254); BGH v. 14.7.1982 – IVb ZB 565/81, FamRZ 1983, 683.
6 OLG Köln v. 19.11.1985 – 4 WF 314/85, FamRZ 1986, 278 m. Anm. *Becker-Eberhard*.

Scheidungsanträge gestellt haben, die zurückgenommen[1] oder abgewiesen werden, oder sich das Verfahren in der Hauptsache erledigt, etwa durch den Tod eines Ehegatten (§ 131 Rz. 12) oder übereinstimmende Erledigungserklärungen (§ 113 Rz. 36). Auch für die Fälle des Abs. 2 besteht nach Abs. 4 die Möglichkeit einer abweichenden Kostenverteilung nach Billigkeitsgesichtspunkten, etwa wenn der andere Ehegatte offensichtlich unbegründete Ansprüche in Unterhalts- oder Güterrechtsfolgesachen erhoben hat.

5 Wird der **Scheidungsantrag vor Rechtshängigkeit zurückgenommen**, kann grundsätzlich keine Kostenentscheidung ergehen, denn ein Verfahrensrechtsverhältnis ist zwischen den Beteiligten noch nicht entstanden.[2] Eine Antragsrücknahme iSd. § 150 Abs. 2 setzt Rechtshängigkeit voraus. An dieser Rechtslage hat sich auch nichts durch § 269 Abs. 3 Satz 3 ZPO geändert, der lediglich eine Kostenentscheidung für den Sonderfall einer Klagrücknahme bei „Erledigung" vor Rechtshängigkeit ermöglichen will,[3] vgl. dazu § 131 Rz. 2. Soll nach einer Rücknahme der **Antrag in der Ehesache erneut anhängig** gemacht werden, findet § 269 Abs. 6 ZPO iVm. § 113 Abs. 1 Satz 2 FamFG Anwendung.

6 Eine Rücknahme iSd. § 150 Abs. 2 Satz 1 liegt auch dann vor, wenn nach § 130 Abs. 1 eine **Versäumnisentscheidung** gegen den Antragsteller dahin erlassen wird, dass der Antrag als zurückgenommen gilt. Wird aufgrund eines erfolgreichen Einspruchs nach §§ 338 ff. ZPO das Verfahren fortgesetzt (§ 130 Rz. 2), sind in der Endentscheidung dem Antragsteller die durch seine Säumnis entstandenen Verfahrenskosten gem. § 113 Abs. 1 Satz 2 iVm. § 344 ZPO aufzuerlegen.[4]

D. Drittbeteiligte (Absatz 3)

7 In **Folgesachen der fG** sind regelmäßig Dritte am Verfahren beteiligt (vgl. § 139). Der neu eingefügte § 150 Abs. 3 stellt klar, dass diese Personen ihre außergerichtlichen Kosten grundsätzlich selbst tragen. Doch kann das Gericht nach Abs. 4 eine abweichende Bestimmung treffen, soweit dies aus Gründen der Billigkeit geboten ist.[5] Dies kann beispielsweise dann der Fall sein, wenn ein Dritter erfolgreich Beschwerde einlegt (Rz. 23).[6]

8 Demgegenüber sind **Unterhalts- und Güterrechtsfolgesachen** bei Beteiligung Dritter nach § 140 Abs. 1 abzutrennen (vor allem Eintritt eines volljährig gewordenen Kindes in laufendes Unterhaltsverfahren). Soweit das Verfahren als selbständige Familiensache fortgeführt wird, finden über § 150 Abs. 5 Satz 2 die allgemeinen Kostenregeln (§ 113 Abs. 1 Satz 2 FamFG iVm. §§ 91 ff. ZPO) Anwendung. Doch auch wenn das Verfahren ausnahmsweise seinen Charakter als Folgesache behält (§ 137 Rz. 69, § 140 Rz. 9), regelt § 150 die Kostentragungspflicht nicht, da Abs. 3 ausdrücklich keine Anwendung findet und die übrigen Absätze nur die Kostentragungspflicht zwischen Ehegatten regeln. Vielmehr finden auch insofern die allgemeinen Vorschriften Anwendung. Wird allerdings der Scheidungsantrag abgewiesen, richtet sich die Kostenentscheidung für die gegenstandslos gewordenen Folgesachen nach § 150 Abs. 2 Satz 1.[7]

---

[1] Dies wurde unter Berufung auf § 92 Abs. 1 ZPO schon zum alten Recht vertreten, OLG Hamm v. 27.9.1978 – 6 UF 261/78, FamRZ 1979, 169.
[2] OLG Karlsruhe v. 17.3.1986 – 18 WF 5/86, NJW-RR 1986, 1013 f.; Zöller/*Philippi*, 27. Aufl., § 626 ZPO Rz. 3.
[3] OLG Oldenburg v. 8.2.2007 – 5 W 6/07, OLGReport 2007, 579; MüKo.ZPO/*Becker-Eberhard*, § 269 ZPO Rz. 14 und 58; Musielak/*Foerste*, § 269 ZPO Rz. 6 und 13.
[4] Schulte-Bunert/Weinreich/*Keske*, § 150 FamFG Rz. 8.
[5] BT-Drucks. 16/6308, S. 233.
[6] Zöller/*Herget*, § 150 FamFG Rz. 4; demgegenüber hält Johannsen/Henrich/*Markwardt*, § 150 FamFG Rz. 15 insofern die allgemeinen ZPO-Vorschriften für anwendbar.
[7] Zöller/*Herget*, § 150 FamFG Rz. 2; Musielak/*Borth*, § 150 FamFG Rz. 4.

E. Billigkeitsklausel (Absatz 4)

Abs. 4 eröffnet dem Gericht die Möglichkeit einer anderweitigen Kostenverteilung, soweit die Anwendung von Abs. 1 bis 3 „unbillig" erscheint. Das Gesetz führt eine Reihe von Umständen auf, die bei der Ermessensentscheidung berücksichtigt werden können (Satz 1 und 2) oder sollen (Satz 3), doch handelt es sich im Unterschied zum früheren Recht nicht um eine abschließende Aufzählung. Neu aufgenommen wurde der Aspekt der **Versöhnung der Ehegatten** (§ 150 Abs. 4 Satz 1, 1. Halbs.), denn es könnte sich als ungerecht erweisen, dem Antragsteller, der nach einer Versöhnung seinen Scheidungsantrag zurücknimmt, nach § 150 Abs. 2 Satz 1 die gesamten Kosten aufzuerlegen (idR vielmehr Kostenaufhebung). 9

Nach § 150 Abs. 4 Satz 2, 2. Halbs. ist eine anderweitige Kostenverteilung auch im Hinblick auf das **Ergebnis einer Unterhalts- oder Güterrechtsfolgesache** möglich. Zwar gelten nicht unmittelbar die für isolierte Verfahren geltenden Maßstäbe, doch sind sowohl das Obsiegen oder Unterliegen (§ 243 Satz 2 Nr. 1 FamFG, §§ 91, 92 ZPO)[1] als auch die abweichenden Kostenfolgen für den Fall des sofortigen Anerkenntnisses (§ 243 Satz 2 Nr. 4 FamFG, § 93 ZPO), der übereinstimmenden Erledigungserklärung (§ 243 Satz 1 FamFG, § 91a ZPO)[2] oder der Antragsrücknahme (§ 243 Satz 1 FamFG, § 269 Abs. 3 ZPO)[3] im Rahmen der Ermessensentscheidung zu berücksichtigen.[4] Stets bleibt Raum für die Berücksichtigung weiterer Billigkeitsgesichtspunkte, insbesondere der Bewertung des prozessualen Verhaltens der Ehegatten vom Standpunkt eines verständigen Beobachters.[5] Soweit es hiernach der Billigkeit entspricht, die Kosten der Unterhalts- oder Güterrechtsfolgesache ganz oder teilweise einem Ehegatten aufzuerlegen, können entweder die Gesamtkosten quotenmäßig verteilt[6] oder es können die Mehrkosten, die – unter Zugrundelegung der sog. Differenzmethode (Rz. 16)[7] – durch die erfolglose Folgesache entstanden sind, dem insoweit unterliegenden Ehegatten auferlegt werden.[8] Nicht zulässig ist es, zwischen verschiedenen Verfahrensgegenständen zu differenzieren und für diese unterschiedliche Kostenentscheidungen zu treffen.[9] 10

Werden Folgesachen, die zu einer Erhöhung des Verfahrenswerts führen, durch Rücknahme oder Abweisung des Scheidungsantrags gegenstandslos (§ 150 Abs. 2), kann im Rahmen der **allgemeinen Billigkeitsabwägung** unter Berufung auf den Rechtsgedanken des § 91a ZPO auf den voraussichtlichen Verfahrensausgang abgestellt werden (so noch ausdrücklich § 93a Abs. 2 Satz 2 aF ZPO für Unterhalts- und Güterrechtsfolgesachen[10]). Auch die Grundsätze der §§ 95, 96 ZPO können im Rahmen der Billigkeitsprüfung Berücksichtigung finden.[11] Darüber hinaus kann auch der Rechtsgedanke des § 269 Abs. 3 Satz 2 ZPO herangezogen werden, wenn der **Antrag in einer Folgesache zurückgenommen** wird.[12] 11

---

1 Vgl. etwa OLG Saarbrücken v. 16.5.2007 – 9 UF 77/06, FamRZ 2008, 698 (699); OLG Karlsruhe v. 25.10.2002 – 20 UF 94/00, NJW-RR 2003, 725 (726).
2 OLG Brandenburg v. 9.3.2005 – 10 WF 17/05, FamRZ 2006, 52 (Ls.).
3 Vgl. etwa KG v. 25.6.2007 – 19 WF 97/07, FamRZ 2007, 1758; KG v. 8.2.1988 – 19 UF 6012/86, FamRZ 1988, 1075 f.
4 BGH v. 28.2.2007 – XII ZB 165/06, FamRZ 2007, 893 (894 f.).
5 Zöller/*Herget*, § 150 FamFG Rz. 3; vgl. auch OLG Karlsruhe v. 7.2.1996 – 2 WF 157/95, FamRZ 1996, 881 (882).
6 Vgl. OLG Nürnberg v. 4.4.2013 – 11 WF 294/13, juris.
7 Präferenz für Differenzmethode: OLG Frankfurt v. 14.1.1997 – 1 WF 1/97, OLGReport 1997, 168; Johannsen/Henrich/*Markwardt*, § 150 FamFG Rz. 9.
8 Schulte-Bunert/Weinreich/*Keske*, § 150 FamFG Rz. 15. Vgl. auch OLG Köln v. 6.1.1997 – 14 WF 245/96, FamRZ 1997, 764 (im konkreten Fall offen gelassen, ob Differenzmethode der Billigkeit entspricht).
9 OLG Nürnberg v. 4.4.2013 – 11 WF 294/13, juris; Schulte-Bunert/Weinreich/*Keske*, § 150 FamFG Rz. 2.
10 Zur Frage der entsprechenden Anwendbarkeit auf Folgesachen der freiwilligen Gerichtsbarkeit Zöller/*Philippi*, 27. Aufl., § 626 ZPO Rz. 5.
11 Thomas/Putzo/*Hüßtege*, § 150 FamFG Rz. 8; Keidel/*Weber*, § 150 FamFG Rz. 8; Musielak/*Borth*, § 150 FamFG Rz. 3.
12 OLG Nürnberg v. 4.4.2013 – 11 WF 294/13, juris; MüKo.ZPO/*Heiter*, § 141 FamFG Rz. 24; aA Johannsen/Henrich/*Markwardt*, § 150 FamFG Rz. 11 (§ 150 Abs. 2 Satz 1 FamFG).

§ 150

12 Durch das FamFG neu eingeführt wurde Abs. 4 Satz 2, der die Möglichkeit schafft, die Nichtteilnahme an einem nach § 135 Abs. 1 Satz 1 **angeordneten Informationsgespräch**, soweit sie nicht genügend entschuldigt wird, kostenrechtlich zu sanktionieren (während die Anordnung selbst nicht mit Zwangsmitteln durchsetzbar ist, § 135 Abs. 1 Satz 2). Systematisch besteht eine Parallele zur Regelung des § 81 Abs. 2 Nr. 5 (Nichtteilnahme an einem nach § 156 Abs. 1 Satz 4 angeordneten Beratungsgespräch). Doch kann man in der Sache die beiden Konstellationen kaum miteinander vergleichen: In Kindschaftssachen hat sich der Einsatz – mehr oder weniger sanften – richterlichen Drucks in vielen Fällen als durchaus probates Mittel erwiesen, um die Beteiligten zur erfolgreichen Inanspruchnahme außergerichtlicher Beratungsmöglichkeiten zu bewegen. Demgegenüber wird man in Unterhalts- und Güterrechtsfolgesachen allenfalls in den seltenen Fällen, in denen ohne nachvollziehbaren Grund keinerlei außergerichtliche Klärungsbemühungen unternommen wurden, die Weigerung, einer außergerichtlichen Streitbeilegung näher zu treten, aus kostenrechtlicher Sicht als sanktionswürdige Pflichtverletzung auffassen können.[1]

13 Dass eine von den Beteiligten getroffene **Vereinbarung** regelmäßig für die Kostenverteilung ausschlaggebend ist, wird dadurch hervorgehoben,[2] dass Abs. 4 Satz 3 als Sollvorschrift ausgestaltet ist. Zwar besteht keine strikte Bindung des Gerichts, weil in Scheidungsverfahren und Folgesachen der fG die Dispositionsfreiheit der Beteiligten eingeschränkt ist,[3] doch wird es nur unter außergewöhnlichen Umständen einen nachvollziehbaren Grund geben, von einer Kostenabrede abzuweichen.[4]

14 Die Ermessensentscheidung des erstinstanzlichen Gerichts ist in der **Rechtsmittelinstanz** nicht durch eine eigene Ermessensentscheidung des Rechtsmittelgerichts zu ersetzen, sondern lediglich auf Ermessensfehler zu überprüfen.[5]

F. Gesonderte Kostenentscheidung in Folgesachen (Absatz 5)

15 Ist in einer Folgesache aufgrund Abtrennung gesondert zu entscheiden, muss eine **eigenständige Kostenentscheidung** ergehen (Rz. 3).

16 Auf Verfahrensgegenstände, die **Folgesachen** bleiben (vgl. § 137 Abs. 5 Satz 1), findet weiterhin § 150 Anwendung (§ 150 Abs. 5 Satz 1), dh. die Kosten sind regelmäßig gegeneinander aufzuheben. Auch die Anwendbarkeit der kostenrechtlich vorteilhaften Bestimmungen für das Verbundverfahren (§ 44 FamGKG, § 16 Nr. 4 RVG) bleibt erhalten.[6] Die Kostenentscheidung in der Folgesache bezieht sich lediglich auf die durch die Folgesache ausgelösten Mehrkosten. Diese werden nach der sog. Differenzmethode in der Weise ermittelt, dass den tatsächlich entstandenen Kosten unter Einschluss der Folgesache(n) die gedachten Kosten gegenübergestellt werden, die entstanden wären, wenn diese Folgesache(n) niemals anhängig gemacht worden wäre(n).[7]

---

1 Vgl. auch Schulte-Bunert/Weinreich/*Keske*, § 150 FamFG Rz. 16 „nicht unproblematisch"; Hoppenz/*Walter*, § 135 FamFG Rz. 3 „bedenklich". AA Bork/Jacoby/Schwab/*Löhnig*, § 135 FamFG Rz. 6 „im Regelfall ... ermessensgerecht"; Johannsen/Henrich/*Markwardt*; § 135 FamFG Rz. 3 sollte „rege Gebrauch gemacht werden".
2 BT-Drucks. 16/6308, S. 233.
3 BGH v. 6.3.1952 – IV ZR 171/51, BGHZ 5, 251 (258); OLG Frankfurt v. 7.3.1982 – 3 WF 302/82, Rpfleger 1984, 159; OLG Bamberg v. 13.1.1982 – 2 WF 178/81, JurBüro 1982, 769 (770).
4 Zöller/*Herget*, § 150 FamFG Rz. 5; Bork/Jacoby/Schwab/*Löhnig*, § 150 FamFG Rz. 12; vgl. bereits OLG Frankfurt v. 7.3.1982 – 3 WF 302/82, Rpfleger 1984, 159.
5 BGH v. 28.2.2007 – XII ZB 165/06, FamRZ 2007, 893 (895); OLG Nürnberg v. 4.4.2013 – 11 WF 294/13, juris; Keidel/*Weber*, § 150 FamFG Rz. 8.
6 OLG Düsseldorf v. 21.3.2000 – 10 WF 5/2000, JurBüro 2000, 413; OLG Bamberg v. 15.2.1984 – 2 WF 24/84, JurBüro 1984, 738.
7 Ausf. etwa OLG München v. 30.6.1998 – 11 WF 568/98, NJW-RR 1999, 146f. (unter Aufgabe der früheren Rspr.); OLG Düsseldorf v. 21.3.2000 – 10 WF 5/2000, JurBüro 2000, 413; OLG Koblenz v. 21.8.1989 – 11 WF 929/89, JurBüro 1990, 73; OLG Schleswig v. 13.12.2000 – 15 WF 223/00, OLG-Report 2001, 171; OLG Schleswig v. 21.3.2000 – 10 WF 5/2000, JurBüro 1994, 748f.; OLG München v. 16.9.1998 – 11 WF 1101/98, MDR 1999, 101; OLG Köln v. 6.1.1997 – 14 WF 245/96, FamRZ 1997, 764; OLG Frankfurt v. 14.1.1997 – 1 WF 1/97, OLGReport 1997, 168.

Demgegenüber scheiden Verfahrensgegenstände, die **selbständige Familiensachen** werden (vgl. § 137 Abs. 5 Satz 2), aus dem Kostenverbund aus. Anwendbar sind die allgemeinen für das jeweilige Verfahren einschlägigen Kostenvorschriften (§ 150 Abs. 5 Satz 2), dh. für Familiensachen der fG §§ 80 ff.[1] und für Familienstreitsachen § 113 Abs. 1 Satz 2 FamFG iVm. §§ 91 ff., 269 Abs. 3 ZPO bzw. § 243 FamFG. Über die Kosten ist so zu entscheiden, als ob die Sache nie zum Verbund gehört hätte.

G. Rechtsmittel

I. Anfechtung der Kostenentscheidung

Nach § 113 Abs. 1 Satz 1 finden auf das Rechtsmittelverfahren die §§ 58 ff. Anwendung, soweit nicht für Ehe- und Familienstreitsachen § 117 eingreift oder ausnahmsweise über den Verweis in § 113 Abs. 1 Satz 2 vorrangig zu beachtende ZPO-Grundsätze zur Anwendung gelangen. Der BGH hat dabei mittlerweile – in Übereinstimmung mit der herrschenden Auffassung – klargestellt, dass für Ehesachen und Familienstreitsachen (über den Verweis in § 113 Abs. 1 Satz 2) gem. § 99 Abs. 1 ZPO die Anfechtung der Kostenentscheidung grundsätzlich nur zulässig ist, wenn **auch gegen die Entscheidung in der Hauptsache ein Rechtsmittel eingelegt wird**.[2] Diese Position ist nicht selbstverständlich: Das noch in § 20a FGG aF enthaltene **Verbot der isolierten Anfechtung von Kostenentscheidungen** wurde in §§ 58 ff. bewusst nicht übernommen. Ausweislich der Materialien wollte der Gesetzgeber damit „für den Bereich der freiwilligen Gerichtsbarkeit"[3] eine Überprüfung der durch §§ 80 ff. eröffneten Ermessensentscheidung ermöglichen. Doch auch die speziellen Kostenverteilungsvorschriften für Ehesachen und Unterhaltsstreitsachen (§§ 150, 243) eröffnen nunmehr ein weit reichendes Ermessen (Rz. 9). Gleichwohl meinte der BGH, der Gesetzgeber des FamFG habe die Abkehr vom Verbot der isolierten Anfechtung von Kostenentscheidungen auf Verfahren der fG beschränken wollen.[4]

Ebenfalls streitig war bislang, welches **Rechtsmittel für die Anfechtung isolierter Kostenentscheidungen** in Ehesachen statthaft ist. Ist bei übereinstimmenden Erledigungserklärungen oder Antragsrücknahme lediglich eine isolierte Kostenentscheidung zu treffen, handelt es sich gleichwohl um eine Endentscheidung iSv. § 38 Abs. 1 Satz 1.[5] Statthaftes Rechtsmittel wäre damit die Beschwerde nach § 58 Abs. 1, soweit man nicht annimmt, dass das Gesetz etwas anderes bestimmt (§ 58 Abs. 1 aE). Der BGH hat – in Übereinstimmung mit der herrschenden Meinung – klargestellt, dass eine abweichende Bestimmung für „Ehesachen und Familienstreitsachen" in § 113 Abs. 1 Satz 2 FamFG iVm. §§ 91a Abs. 2, 269 Abs. 5 ZPO zu sehen ist, so dass in den genannten Fallgruppen die **sofortige Beschwerde nach §§ 567 ff. ZPO das statthafte Rechtsmittel** sei. Der Gesetzgeber habe mit der Einführung des FamFG die Ehe- und Familienstreitsachen in größerem Umfang den ZPO-Grundsätzen unterstellen wollen als die übrigen Familiensachen; grundsätzlich habe die Beschwerde in Ehe- und Familienstreitsachen lediglich die Funktion der Berufung in Zivilsachen übernommen.[6] § 150 könne nicht als abschließende Sonderregelung angesehen werden, weil die Vorschrift nur die Kostenverteilung, aber nicht die Anfechtbarkeit der Kostenentscheidung regele.[7] Die sofortige Beschwerde ist binnen einer Notfrist von zwei Wochen einzulegen (§ 569 Abs. 1 Satz 1 ZPO). Der Wert des Beschwerdegegenstandes muss

---

1 Vgl. etwa OLG Naumburg v. 27.3.2000 – 3 WF 35/00, FamRZ 2001, 111 (Ls.); OLG München v. 12.4.1999 – 12 WF 687/99, FamRZ 2000, 168.
2 Eine isolierte Anfechtung der auf § 150 beruhenden Kostenentscheidung bleibt damit zulässig, soweit sie durch fG-Folgesachen veranlasst ist (Zöller/*Herget*, § 150 FamFG Rz. 8).
3 BT-Drucks. 16/6308, S. 168.
4 BGH v. 28.9.2011 – XII ZB 2/11, FamRZ 2011, 1933 (1935); aA noch Prütting/*Helms*, 2. Aufl. Rz. 18 mwN.
5 Begr. zum sog. FGG-RG-Reparaturgesetz, BT-Drucks. 16/12717, S. 60; BGH v. 28.9.2011 – XII ZB 2/11, FamRZ 2011, 1933 (1934).
6 BGH v. 28.9.2011 – XII ZB 2/11, FamRZ 2011, 1933 (1935); krit. Prütting/*Helms*, 2. Aufl. Rz. 19 mwN.
7 BGH v. 28.9.2011 – XII ZB 2/11, FamRZ 2011, 1933 (1935) (zu § 243); Zöller/*Herget*, § 150 FamFG Rz. 8.

200 Euro (§ 567 Abs. 2 ZPO) und der Verfahrenswert der Hauptsache 600 Euro übersteigen (§§ 91a Abs. 2 Satz 2, 269 Abs. 5 Satz 1, 511 Abs. 2 Nr. 1 ZPO[1]). Die in § 572 Abs. 1 Satz 1 ZPO vorgesehene Abhilfemöglichkeit ist eröffnet.[2]

20 Die isolierte Anfechtung einer im Verbundverfahren getroffenen Kostenentscheidung ist im Wege der sofortigen Beschwerde nach den Grundsätzen für die Anfechtung sog. gemischter Kostenentscheidungen ausnahmsweise möglich, wenn die **Kostenentscheidung auf verschiedenen Kostentragungsgründen** beruht, insbesondere soweit die Wirkungen eines (sofortigen) Anerkenntnisses (§ 99 Abs. 2 ZPO), einer übereinstimmenden Erledigungserklärung (§ 91a Abs. 2 ZPO) oder Antragsrücknahme (§ 269 Abs. 5 ZPO) im Rahmen der Billigkeitsentscheidung nach § 150 Abs. 4 (nicht) berücksichtigt werden (vgl. Rz. 10).[3]

II. Kostenentscheidung im Rechtsmittelverfahren

21 Die Kosten eines **erfolglos** eingelegten Rechtsmittels trägt gem. § 113 Abs. 1 Satz 2 FamFG iVm. § 97 Abs. 1 ZPO der Rechtsmittelführer;[4] soweit lediglich eine Folgesache der fG angegriffen wurde, ergibt sich aus § 84 regelmäßig dieselbe Rechtsfolge.[5] Diese Grundsätze gelten auch dann, wenn es sich um einen Drittbeteiligten oder anfechtungsberechtigten Dritten iSv. § 139 handelt.[6] Wird das Rechtsmittel nur teilweise zurückgewiesen, sind auch nur in diesem Umfang § 97 Abs. 1 ZPO, § 84 FamFG anwendbar, im Übrigen ist nach § 150 zu entscheiden.[7] Bei Rücknahme gilt § 117 Abs. 2 Satz 1 FamFG iVm. § 516 Abs. 3 ZPO (vgl. § 117 Rz. 60 und 67).

22 Soweit das Rechtsmittel **erfolgreich** ist, richtet sich die Kostenentscheidung nach § 150. Wird der Scheidungsausspruch aufgehoben, ist über die Kosten beider Instanzen nach § 150 Abs. 2 Satz 1 zu entscheiden. Ist die Sache nach § 146 Abs. 1 Satz 1 zurückzuverweisen, weil die erstinstanzliche Abweisung des Scheidungsantrags aufzuheben ist, richten sich die Kosten beider Instanzen nach § 150. Dabei erfolgt die Entscheidung über die Kosten regelmäßig durch das Gericht, an das zurückverwiesen wird. Eine Ausnahme gilt dann, wenn das Beschwerdegericht bereits abschließend über die Kosten entscheiden kann (str.),[8] vor allem wenn sie dem Rechtsmittelführer nach § 113 Abs. 1 Satz 2 FamFG iVm. § 97 Abs. 2 ZPO analog aufzuerlegen sind, weil das Trennungsjahr erst in der zweiten Instanz abgelaufen ist (§ 124 Rz. 18). Im Fall einer erfolgreichen Teilanfechtung von Folgesachen aus einer Verbundentscheidung verbleibt es – entgegen der allgemeinen Regel, dass in der Rechtsmittelinstanz über die gesamten Kosten aller Instanzen zu entscheiden ist – regelmäßig bei der Kostenentscheidung der ersten Instanz, und es ist unter Anwendung der

---

1 Genau genommen wird man aufgrund der bloß entsprechenden Anwendung der ZPO-Vorschriften auf § 61 Abs. 1 FamFG abstellen müssen, der jedoch einen identischen Beschwerdewert vorsieht. Die isolierte Anfechtung einer Kostenentscheidung ist stets eine „vermögensrechtliche Angelegenheit" (str.) Schulte-Bunert/Weinreich/*Keske*, § 150 FamFG Rz. 21 mwN.
2 Vgl. BGH v. 28.9.2011 – XII ZB 2/11, FamRZ 2011, 1933 (1934) = FamRB 2011, 372 (373) (*Götsche*).
3 OLG Nürnberg v. 4.4.2013 – 11 WF 294/13, juris; OLG Saarbrücken v. 11.10.2010 – 6 UF 72/10, NJW-RR 2011, 369 (370); Schulte-Bunert/Weinreich/*Keske*, § 150 FamFG Rz. 20; Keidel/*Meyer-Holz*, § 58 FamFG Rz. 97a.
4 Unzutreffend BT-Drucks. 16/6308, S. 325, wonach sich diese Rechtsfolge „für alle Verfahren nach dem FamFG" aus § 84 FamFG ergäbe.
5 Zöller/*Herget*, § 150 FamFG Rz. 10.
6 OLG Nürnberg v. 7.7.2011 – 11 UF 236/11, juris; Musielak/*Borth*, § 150 FamFG Rz. 9; vgl. zum alten Recht OLG Naumburg v. 14.7.2000 – 14 UF 74/00, FamRZ 2001, 1374 (Ls.).
7 BGH v. 27.10.1982 – IVb ZB 719/81, FamRZ 1983, 44 (48); OLG Hamburg v. 15.11.1989 – 12 UF 85/89, FamRZ 1990, 299; Baumbach/*Hartmann*, § 150 FamFG Rz. 11; aA Johannsen/Henrich/*Markwardt*, § 150 FamFG Rz. 13 (Berücksichtigung im Rahmen der Billigkeitsklausel).
8 OLG Naumburg v. 19.3.2009 – 8 UF 24/09, FamRZ 2009, 2019; vgl. auch Zöller/*Herget*, § 150 FamFG Rz. 10. Demgegenüber wird dem Rechtsmittelgericht vielfach ein Ermessensspielraum eingeräumt, ob in diesen Fällen eine eigene Kostenentscheidung zu treffen ist, OLG Zweibrücken v. 23.1.2003 – 9 UF 87/02, FamRZ 2003, 1192 (Ls. 2) (Abdruck der Entscheidungsgründe in juris); vgl. auch OLG Düsseldorf v. 26.8.2010 – II-7 UF 70/10, FamRZ 2011, 298 (300); Mü-Ko.ZPO/*Finger*, § 629b ZPO Rz. 12 und 16.

Maßstäbe des § 150 nur über die Kosten des Rechtsmittelverfahrens in den (Folge-)Sachen zu entscheiden, die Gegenstand der Anfechtung sind.[1]

Legt ein **Drittbeteiligter erfolgreich ein Rechtsmittel** ein, entspricht es – nach dem Rechtsgedanken der §§ 91, 92 ZPO – regelmäßig der Billigkeit iSv. § 150 Abs. 4 unter Abweichung von § 150 Abs. 3, die Kosten (einschließlich der außergerichtlichen Kosten des Drittbeteiligten) den Ehegatten je zur Hälfte (entsprechend § 150 Abs. 1) aufzuerlegen.[2] 23

Abschnitt 3
Verfahren in Kindschaftssachen

151 *Kindschaftssachen*

Kindschaftssachen sind die dem Familiengericht zugewiesenen Verfahren, die
1. die elterliche Sorge,
2. das Umgangsrecht und das Recht auf Auskunft über die persönlichen Verhältnisse des Kindes,
3. die Kindesherausgabe,
4. die Vormundschaft,
5. die Pflegschaft oder die gerichtliche Bestellung eines sonstigen Vertreters für einen Minderjährigen oder für eine Leibesfrucht,
6. die Genehmigung der freiheitsentziehenden Unterbringung eines Minderjährigen (§§ 1631b, 1800 und 1915 des Bürgerlichen Gesetzbuchs),
7. die Anordnung der freiheitsentziehenden Unterbringung eines Minderjährigen nach den Landesgesetzen über die Unterbringung psychisch Kranker oder
8. die Aufgaben nach dem Jugendgerichtsgesetz

betreffen.

A. Allgemeines	7. Freiheitsentziehende Unterbringung Minderjähriger nach den Landesgesetzen über die Unterbringung psychisch Kranker (Nr. 7) 25
I. Entstehung 1	
II. Systematik und Normbedeutung ... 2	
B. Der Katalog der Kindschaftssachen in § 151	8. Die dem Familiengericht zugewiesenen Aufgaben nach dem Jugendgerichtsgesetz (Nr. 8) 26
1. Elterliche Sorge (Nr. 1) 6	C. Verfahren in Kindschaftssachen
2. Umgangsrecht (Nr. 2) 10	I. Verfahrensgrundsätze
3. Kindesherausgabe (Nr. 3) 12	1. Kindeswohlprinzip 28
4. Vormundschaft (Nr. 4) 15	2. Vorrang- und Beschleunigungsgrundsatz 29
5. Pflegschaft oder die Bestellung eines sonstigen Vertreters für eine minderjährige Person oder für eine Leibesfrucht (Nr. 5) 19	3. Amtsermittlungsgrundsatz 30
	II. Verfahrenseinleitung 35
	1. Echte Antragsverfahren 36
6. Genehmigung der freiheitsentziehenden Unterbringung Minderjähriger nach dem BGB (Nr. 6) 23	2. Amtsverfahren 39

---

1 BGH v. 14.7.1982 – IVb ZB 565/81, FamRZ 1983, 683; OLG Brandenburg v. 11.8.2011 – 9 UF 140/11, juris; ausf. OLG München v. 18.1.1979 – 26 UF 506/78, FamRZ 1980, 473; Johannsen/Henrich/*Markwardt*, § 150 FamFG Rz. 12; aA KG v. 8.2.1988 – 19 UF 6012/86, FamRZ 1988, 1075 (Änderung der gesamten Kostenentscheidung auch für die nicht angefochtenen Verfahrensteile).
2 Vgl. auch – etwas zurückhaltender – Musielak/*Borth*, § 150 FamFG Rz. 9; Keidel/*Weber*, § 150 FamFG Rz. 15; zum alten Recht OLG Naumburg v. 13.4.1994 – 2 UF 228/93, FamRZ 1995, 361 (363). AA Johannsen/Henrich/*Markwardt*, § 150 FamFG Rz. 15 (direkte Anwendung von §§ 91, 92, 97 ZPO auf Gerichtskosten).

3. Unechte Antragsverfahren (Verfahren mit alternativer Verfahrenseinleitung) 42	IV. Beteiligte in Kindschaftssachen 54
III. Beendigung des Verfahrens	1. Antragsteller 55
1. Beendigung ohne gerichtliche Hauptsacheentscheidung 44	2. Eltern 56
a) Echte Antragsverfahren 45	3. Kind 57
b) Amtsverfahren und unechte Antragsverfahren 48	4. Jugendamt 61
2. Beendigung durch gerichtliche Endentscheidung in der Hauptsache .. 51	5. Verfahrensbeistand 62
	6. Pflegepersonen und sonstige Bezugspersonen 63
	7. Anwaltszwang 64

Literatur: *Heilmann*, Besonderheiten des familiengerichtlichen Verfahrens zur Regelung des Sorge- und Umgangsrechts, NJW 2012, 887; *Stößer*, Das neue Verfahren in Kindschaftssachen, FamRZ 2009, 656.

A. Allgemeines

I. Entstehung

1 Mit dem FamFG wurde die frühere Aufteilung in Familiengericht und Vormundschaftsgericht aufgehoben und ein einheitliches „großes" Familiengericht geschaffen, das nunmehr umfassend für die das Kind betreffenden Verfahren zuständig ist. § 151 enthält infolge dessen eine Neudefinition des Begriffs **Kindschaftssachen**. Der Begriff Kindschaftssache wurde früher für die in § 640 Abs. 2 aF ZPO genannten Verfahren verwendet, die überwiegend das Abstammungsrecht betrafen und nunmehr unter der treffenderen Bezeichnung Abstammungssachen in §§ 169 ff. geregelt sind. Unter dem Begriff Kindschaftssachen werden nunmehr die früher in § 621 Abs. 1 Nr. 1 bis 3 aF ZPO und teilweise auch in § 621 Abs. 1 Nr. 12 aF ZPO genannten Familiensachen sowie weitere bislang überwiegend dem Vormundschaftsgericht zugewiesene Verfahren zusammengefasst. Die (neuen) Kindschaftssachen betreffen somit im Wesentlichen **die Verantwortung für die Person oder das Vermögen eines Minderjährigen oder dessen Vertretung**. Dem Gesetzesbegriff ist damit ein völlig neuer Inhalt gegeben worden.

II. Systematik und Normbedeutung

2 § 151 enthält den **Katalog der Kindschaftssachen**. Die Norm regelt zwar nicht selbst die sachliche Zuständigkeit der Familiengerichte für Kindschaftssachen, sondern setzt nach dem Wortlaut diese Zuweisung durch §§ 23a, 23b GVG voraus. Jedoch nimmt § 23a Abs. 1 Nr. 1 GVG iVm. § 111 Nr. 2 FamFG seinerseits auf § 151 FamFG Bezug, so dass dessen Katalog letztlich doch für die Bestimmung der sachlichen Zuständigkeit maßgeblich ist.

3 Die in § 151 genannten Verfahren sind „echte" Familiensachen, auf die **ausschließlich die Vorschriften des FamFG** anzuwenden sind. Für sie gelten zunächst die besonderen Verfahrensvorschriften des Abschnitts 3. Daneben gelten die Vorschriften des Allgemeinen Teils (Buch 1), soweit der Abschnitt 3 keine davon abweichenden Vorschriften enthält. Für das **Verfahrenskostenhilfeverfahren** gelten die §§ 76 ff. und für das **Vollstreckungsverfahren** die §§ 86 ff. Für einstweilige **Anordnungsverfahren** in Kindschaftssachen sind die §§ 49 ff. maßgeblich, wobei die §§ 151 ff. gem. § 51 Abs. 2 Satz 1 anzuwenden sind, soweit sich nicht aus den Besonderheiten des einstweiligen Rechtsschutzes etwas anderes ergibt.

4 **Abgrenzungsfragen** ergeben sich in erster Linie zu den **sonstigen Familiensachen** iSd. **§ 266 FamFG**, auf die als Familienstreitsachen (§ 112 Nr. 3) gem. § 113 FamFG im Wesentlichen die Vorschriften der ZPO Anwendung finden. Zu den sonstigen Familiensachen zählen insbesondere auch „die aus dem Eltern-Kind-Verhältnis herrührenden Ansprüche" (§ 266 Abs. 1 Nr. 4) und die „aus dem Umgangsrecht herrührenden Ansprüche" (§ 266 Abs. 1 Nr. 5). Besonderheiten können sich auch dann ergeben, wenn Kindschaftssachen auf Antrag eines Ehegatten gem. § 137 Abs. 3 als Folgesache

in den **Scheidungsverbund** aufgenommen werden (dazu § 137 Rz. 58ff.). Es sind dann ergänzend die besonderen Vorschriften über den Scheidungsverbund anzuwenden (§§ 138ff.), und es gilt anders als in selbständigen Kindschaftssachen der Anwaltszwang (§ 114 FamFG). Da die Einbeziehung von Kindschaftssachen in den Scheidungsverbund oft dem Beschleunigungsgrundsatz des § 155 FamFG widerspricht, kann das Gericht jedoch die Einbeziehung in den Verbund ablehnen (§ 137 Abs. 3 aE), und kann jeder Ehegatte gem. § 140 Abs. 2 Nr. 3 die Abtrennung vom Verbund und Fortführung als selbständige Kindschaftssache verlangen. Nicht unter die Kindschaftssachen fallen ferner die in §§ 169ff. geregelten **Abstammungssachen** und die in §§ 186ff. geregelten **Adoptionssachen** (vgl. dort jeweils Rz. 1ff.)

In Verfahren betreffend die elterliche Sorge, das Umgangsrecht oder die Herausgabe eines **gemeinschaftlichen Kindes von Lebenspartnern** (§ 269 Abs. 1 Nr. 3) erklärt § 270 Abs. 1 S. 2 iVm. § 111 Nr. 2 die Vorschriften der §§ 151ff. für entsprechend anwendbar (dazu im Einzelnen § 269 Rz. 10ff. und § 270 Rz. 2ff.). Betroffen sind insoweit die Verfahrensgegenstände des § 151 Nr. 1 bis 3. Gemeinschaftliche Kinder von Lebenspartnern sind solche Kinder eines Lebenspartners, die von dem anderen Lebenspartner im Wege der Stiefkindadoption angenommen wurden (§ 9 Abs. 7 LPartG).

B. Der Katalog der Kindschaftssachen in § 151

1. Elterliche Sorge (Nr. 1)

Erfasst sind alle Verfahren, die die Bestimmung der Person des oder der Sorgeberechtigten sowie die sich aus der elterlichen Sorge ergebenden Rechte und Pflichten betreffen. Erfasst sind auch Verfahrensgegenstände, die mit einer solchen Regelung in rechtlichem oder verfahrensrechtlichem Sachzusammenhang stehen.[1] Sind zugleich auch die Voraussetzungen einer nachfolgenden Nummer erfüllt, so geht letztere als speziellere Vorschrift vor.[2]

Erfasst sind insbesondere folgende Verfahren:

- **§§ 112, 113 BGB** – Genehmigung der Ermächtigung zum selbständigen Betrieb eines Erwerbsgeschäfts bzw. zum Eintritt in ein Dienst- oder Arbeitsverhältnis; funktionell zuständig ist der **Rechtspfleger** (§ 3 Nr. 2a RPflG),
- **§ 1303 BGB** – Befreiung vom Erfordernis der Volljährigkeit bei Eheschließung bzw. Genehmigung einer ohne die Befreiung vorgenommenen Eheschließung (§ 1315 Abs. 1 Satz 1 Nr. 1 BGB); zuständig ist der **Richter** (§ 14 Abs. 1 Nr. 12c, 13 RPflG),
- **§§ 1484, 1491, 1492, 1493 BGB** – Genehmigungen im Zusammenhang mit der Gütergemeinschaft; zuständig ist der **Rechtspfleger** (§ 3 Nr. 2a RPflG),
- **§ 1617 Abs. 2 BGB** – Übertragung des Bestimmungsrechts hinsichtlich des Familiennamens auf einen der gemeinsam sorgeberechtigten Elternteile;[3] zuständig ist der **Richter** (§ 14 Abs. 1 Nr. 5 RPflG entsprechend),[4] der auch für die Übertragung des Bestimmungsrechts für den Vornamen gem. § 1628 BGB zuständig ist,
- **§ 1618 Satz 4 BGB** – Einbenennung des Kindes; zuständig ist der **Rechtspfleger** (§ 3 Nr. 2a RPflG)
- **§ 1626a Abs. 2 BGB** – Übertragung der gemeinsamen Sorge bei nicht miteinander verheirateten Eltern; zuständig ist der **Richter** (§ 14 Abs. 1 Nr. 3 RPflG),
- **§ 1626c Abs. 2 Satz 3 BGB** – Ersetzung der Zustimmung der gesetzlichen Vertreter zur Sorgeerklärung beschränkt geschäftsfähiger Elternteile; zuständig ist der **Richter** (§ 14 Abs. 1 Nr. 12b RPflG),

---

1 BT-Drucks. 16/6308, S. 233.
2 BT-Drucks. 16/6308, S. 234.
3 Das Namensbestimmungsrecht ist Ausfluss des Sorgerechts, vgl. BGH v. 29.9.1999 – XII ZB 139/99, FamRZ 1999, 1648 zu § 1618 Abs. 4 BGB.
4 OLG Frankfurt v. 27.2.1996 – 20 W 227/95, NJW-RR 1996, 1288.

- **§ 1628 BGB** – Übertragung des Bestimmungsrechts bei gemeinsamer Sorge in einer Angelegenheit von erheblicher Bedeutung für das Kind; zuständig ist der **Richter** (§ 14 Abs. 1 Nr. 5 RPflG),
- **§ 1629 Abs. 2 S. 3 iVm. § 1796 BGB** – Entzug der gesetzlichen Vertretungsmacht; zuständig ist der **Rechtspfleger** (§ 3 Nr. 2a RPflG);
- **§ 1630 Abs. 2 BGB** – Entscheidung bei Meinungsverschiedenheiten zwischen Eltern und Pfleger; zuständig ist der **Rechtspfleger** (§ 3 Nr. 2a RPflG),
- **§ 1630 Abs. 3 BGB** – Übertragung von Angelegenheiten der elterlichen Sorge auf die Pflegeperson; zuständig ist der **Richter** (§ 14 Abs. 1 Nr. 4 RPflG),
- **§ 1631 Abs. 3 BGB** – Unterstützung der Eltern bei der Ausübung der Personensorge; zuständig ist der **Rechtspfleger** (§ 3 Nr. 2a RPflG),
- **§ 1640 Abs. 3 BGB** – Anordnung der Aufnahme eines Vermögensverzeichnisses; zuständig ist der **Rechtspfleger** (§ 3 Nr. 2a RPflG),
- **§ 1643 Abs. 1 iVm. §§ 1821, 1822, 1825, 1828 BGB, § 1644f. BGB** – Genehmigung von Rechtsgeschäften eines Minderjährigen, von Vermögensüberlassungen an das Kind und eines neuen Erwerbsgeschäftes im Namen des Kindes; zuständig ist der **Rechtspfleger** (§ 3 Nr. 2a RPflG),
- **§ 1643 Abs. 2 BGB** – Genehmigung der Ausschlagung einer Erbschaft, eines Vermächtnisses und des Verzichts auf den Pflichtteil; zuständig ist der **Rechtspfleger** (§ 3 Nr. 2a RPflG),
- **§§ 1666, 1666a BGB** – Gerichtliche Maßnahmen bei Gefährdung des Kindeswohls; zuständig ist der **Richter** (§ 14 Abs. 1 Nr. 2 RPflG),
- **§ 1667 BGB** – Gerichtliche Maßnahmen bei Gefährdung des Kindesvermögens; zuständig ist der **Rechtspfleger** (§ 3 Nr. 2a RPflG),
- **§ 1671 BGB** – Übertragung der Alleinsorge bei getrennt lebenden Eltern; zuständig ist der **Richter** (§ 14 Abs. 1 Nr. 3 RPflG),
- **§ 1674 BGB** – Feststellung des Ruhens der elterlichen Sorge (Abs. 1) und Feststellung, dass der Grund des Ruhens nicht mehr besteht (Abs. 2); zuständig ist der **Rechtspfleger** (§ 3 Nr. 2a RPflG),
- **§ 1674a Satz 2 BGB**[1] – Feststellung, dass die Mutter, die ein Kind nach § 25 Abs. 1 des Schwangerschaftskonfliktgesetzes vertraulich geboren hat, gegenüber dem Gericht die für den Geburtseintrag ihres Kindes erforderlichen Angaben gemacht hat (mit der Folge, dass ihre bis dahin nach Satz 1 ruhende elterliche Sorge wieder auflebt); zuständig ist der **Rechtspfleger** (§ 3 Nr. 2a RPflG),
- **§§ 1678 Abs. 2, 1680 Abs. 2 und 3, 1681 Abs. 1 und 2 BGB** – Übertragung der elterlichen Sorge bei tatsächlicher Verhinderung oder Ruhen der elterlichen Sorge, bei Sorgeentzug, Tod oder Todeserklärung eines Elternteils, zuständig ist der **Richter**[2] (§ 14 Abs. 1 Nr. 3 BGB),
- **§§ 1687 Abs. 2, 1687a BGB** – Einschränkung oder Ausschluss des Rechts zur alleinigen Entscheidung in Angelegenheiten des täglichen Lebens; zuständig ist der **Richter** (§ 14 Abs. 1 Nr. 7),
- **§ 1688 Abs. 3 und Abs. 4 BGB** – Einschränkung oder Ausschluss der Befugnisse von Pflegepersonen und gleichgestellten Personen, zuständig ist der **Richter** (§ 14 Abs. 1 Nr. 7 RPflG analog),[3]

---

1 Eingeführt durch das Gesetz zum Ausbau der Hilfen für Schwangere und zur Regelung der vertraulichen Geburt, bei Drucklegung am 19.8.2013 verabschiedet, aber noch nicht verkündet (s. Einl. Rz. 45a), in Kraft ab 1.5.2014.
2 Im Fall des § 1678 Abs. 2 BGB erstreckt sich die Zuständigkeit des Richters auch auf die Vorfrage, ob die elterliche Sorge des anderen Elternteils nach § 1673 BGB ruht, OLG Dresden v. 14.3.2012 – 23 WF 1162/11, FamRB 2013, 337 (*Schmid*).
3 Vgl. Staudinger/*Salgo*, § 1688 BGB Rz. 47 zum wortgleichen § 14 Abs. 1 Nr. 16 aF RPflG; MüKo.ZPO/*Heilmann*, § 151 FamFG Rz. 26; aA MüKo.BGB/*Hennemann*, § 1688 BGB Rz. 13 (Rechtspfleger).

Verfahren in Kindschaftssachen § 151

- **§ 1693 BGB** – Gerichtliche Maßnahmen bei Verhinderung eines Elternteils; zuständig ist der **Rechtspfleger** (§ 3 Nr. 2a RPflG), soweit nicht die freiheitsentziehende Unterbringung eines Kindes nach § 151 Nr. 6 betroffen ist (vgl. Rz. 23 f.),
- **§ 1696 BGB iVm. § 166 FamFG** – Abänderung und Überprüfung von gerichtlichen Anordnungen über das Sorgerecht; die funktionelle Zuständigkeit richtet sich nach der Zuständigkeit für die abzuändernde Entscheidung;
- **§ 1801 BGB, §§ 2, 3 und 7 RelKEG** – Entscheidungen betreffend die religiöse Erziehung des Kindes; zuständig ist der **Richter** (§ 14 Abs. 1 Nr. 11 RPflG),
- **§§ 2282 Abs. 2, 2290 Abs. 3, 2347, 2351 BGB** – Genehmigung der Anfechtung oder Aufhebung eines Erbvertrags sowie des Abschlusses und der Aufhebung eines Erbverzichts; zuständig ist der **Rechtspfleger** (§ 3 Nr. 2a RPflG),
- **§ 16 Abs. 3 VerschG** – Antrag auf Einleitung eines Aufgebotsverfahrens bei Todeserklärung eines Minderjährigen; zuständig ist der **Rechtspfleger** (§ 3 Nr. 2a RPflG),
- **§ 3 Abs. 1 TSG und § 2 Abs. 1 NamÄndG** – Antrag auf Änderung des Vornamens nach dem Transsexuellengesetz oder Antrag auf Änderung des Nachnamens; zuständig ist der **Rechtspfleger** (§ 3 Nr. 2a RPflG),

sowie Verfahren nach zahlreichen anderen spezialgesetzlichen Vorschriften, soweit der Minderjährige unter elterlicher Sorge steht.

Kindschaftssachen sind darüber hinaus Verfahren, die die **Feststellung des Bestehens oder Nichtbestehens der elterlichen Sorge** zum Gegenstand haben, zB die Feststellung, dass eine Mutter für ein Kind allein sorgeberechtigt ist,[1] die Klärung von Streitigkeiten über den Eintritt der Volljährigkeit eines Kindes oder ein Verfahren auf Feststellung des Bestehens der gemeinsamen elterlichen Sorge.[2] Diese Verfahren sind (anders als noch nach § 640 Abs. 2 Nr. 5 aF ZPO) keine Abstammungssachen iSd. § 169. Funktionell zuständig ist der **Richter** (§ 14 Abs. 1 Nr. 1 RPflG). 8

Keine Kindschaftssachen nach § 151, sondern **sonstige Familienstreitsachen** nach § 266 Abs. 1 Nr. 4 FamFG sind vor allem Ansprüche des Kindes gegen einen oder beide Eltern auf Zahlung von Geld. Hierzu zählen insbesondere folgende Verfahren (vgl. auch § 266 Rz. 57a):[3] 9

- **§ 812 BGB** – Ansprüche des Kindes wegen ungerechtfertigter Bereicherung eines Elternteils,
- **§ 823 BGB** – Anspruch auf Schadensersatz wegen Verletzung der elterlichen Sorge als absolutes Recht, zB Ersatz von Detektivkosten bei Kindesentführung,
- **§ 1664 BGB** – Anspruch des Kindes auf Schadensersatz gegen den/die Sorgeberechtigten wegen Pflichtverletzung,
- **§ 1698 BGB** – Anspruch des Kindes auf Herausgabe seines Vermögens,
- **Herausgabe persönlicher Gegenstände des Kindes**, wie Reisepass, Krankenversicherungskarte u. ä.[4]

Verfahren nach **§ 64 Abs. 2 Satz 3 EStG** und nach **§ 3 Abs. 2 Satz 3 BKGG** (Streit der Eltern um die Person des Kindergeldberechtigten) sind ebenfalls keine Kindschaftssachen, sondern gem. § 231 Abs. 2 **Unterhaltssachen**, obwohl auf sie im Wesentlichen nicht die Vorschriften der ZPO, sondern die des FamFG anzuwenden sind (ausf. § 231 Rz. 56 ff.).

2. Umgangsrecht (Nr. 2)

Das Umgangsrecht der Eltern oder Dritter mit dem minderjährigen Kind betreffen folgende Verfahren: 10

---

[1] OLG Stuttgart v. 7.11.2007 – 16 WF 181/07, FamRZ 2008, 539.
[2] Vgl. OLG Zweibrücken v. 2. 3.2009 – 5 UF 128/08, FamRZ 2009, 1923; OLG Karlsruhe v. 19. 8.2011 – 16 UF 140/11, FamRZ 2011, 1963.
[3] Ausf. *Heiß*, FPR 2011, 96 ff.
[4] OLG Frankfurt v. 8.10.2008 – 6 UF 120/08, ZKJ 2009, 129. Die Anspruchsgrundlage für diesen Anspruch ist streitig, richtig dürfte die Heranziehung von § 985 BGB sein, dazu ausf. *Hoffmann*, FPR 1996, 69, 74.

- **§ 1632 Abs. 3 iVm. 2 BGB** – Streitigkeiten der Eltern über den Umgang des Kindes mit Dritten; funktionell zuständig ist der **Richter** (§ 14 Abs. 1 Nr. 7 RPflG),
- **§ 1684 Abs. 3 und 4 BGB** – Regelung, Einschränkung und Ausschluss des Umgangs des Kindes mit den Eltern und der Eltern mit dem Kind einschließlich Erlass von Anordnungen zur Konkretisierung und Einhaltung der Wohlverhaltenspflichten (§ 1684 Abs. 3 Satz 2 BGB), der Einsetzung eines Umgangspflegers (§ 1684 Abs. 3 Satz 3 BGB) und der Anordnung eines durch Dritte begleiteten Umgangs (§ 1684 Abs. 4 Satz 3 BGB); zuständig ist der **Richter** (§ 14 Abs. 1 Nr. 7 RPflG),
- **§ 1685 Abs. 3 BGB** – Regelung und Ausschluss des Umgangs mit Großeltern, Geschwistern und engen Bezugspersonen; zuständig ist der **Richter** (§ 14 Abs. 1 Nr. 7 RPflG),
- **§ 1686 BGB** – Anspruch auf Auskunft über die persönlichen Verhältnisse des Kindes; zuständig ist in isolierten Verfahren der **Rechtspfleger** (§ 3 Nr. 2a RPflG), wobei eine Anordnung häufig auch durch den Richter im Rahmen einer Entscheidung nach § 1684 BGB oder § 1685 BGB getroffen wird,
- **§ 1686a Abs. 1 Nr. 1 iVm. Abs. 2 BGB** – Regelung des Umgangs des leiblichen, nicht rechtlichen Vaters, zuständig ist der **Richter** (§ 14 Abs. 1 Nr. 7 RPflG),
- **§ 1686a Abs. 1 Nr. 2 BGB** – Anspruch des leiblichen, nicht rechtlichen Vaters auf Auskunft über die persönlichen Verhältnisse des Kindes, zuständig ist der **Rechtspfleger** (§ 3 Nr. 2a RPflG),
- **§ 1696 BGB iVm. § 166 FamFG** – Abänderung und Überprüfung von gerichtlichen Anordnungen über das Umgangsrecht; die funktionelle Zuständigkeit richtet sich nach der Zuständigkeit für die abzuändernde Entscheidung.

11 **Keine Umgangssache** nach § 151 Nr. 2, sondern sonstige Familienstreitsache nach § 266 Abs. 1 Nr. 5 sind Ansprüche auf **Schadensersatz** nach § 280 Abs. 1 BGB und § 823 BGB wegen Vermögensschäden (zB vergebliche Fahrt- und Hotelkosten) durch Verstoß eines Elternteils gegen eine gerichtliche Umgangsregelung oder einen gerichtlich gebilligten Vergleich (§ 156 Abs. 2) sowie wegen Verletzung des absoluten Rechts auf Umgang (zB Ersatz von Detektivkosten, um das Kind und den betreuenden Eltern ausfindig zu machen, ausf. § 266 Rz. 58 f.).[1]

3. Kindesherausgabe (Nr. 3)

12 Hierunter fallen neben Verfahren über die Herausgabe des Kindes auch die einem Herausgabeverlangen entgegengesetzten Verfahren auf Erlass einer Verbleibensanordnung.

13 Umfasst sind daher folgende Verfahren:
- **§ 1632 Abs. 3 iVm. 1 BGB** – Herausgabe des Kindes an den/die Sorgeberechtigten,
- **§ 1632 Abs. 4 BGB** – Verbleibensanordnung zugunsten von Pflegeeltern,
- **§ 1682 BGB** – Verbleibensanordnung zugunsten von Bezugspersonen.

Funktionell zuständig ist in allen Verfahren der **Richter** (§ 14 Abs. 1 Nr. 8 RPflG).

14 Wird die **Rückführung eines widerrechtlich aus dem Ausland nach Deutschland verbrachten Kindes** gem. dem Haager Übereinkommen vom 25.10.1980 über die zivilrechtlichen Aspekte internationaler Kindesentführung (Haager Kindesentführungsübereinkommen – HKiEntÜ) oder dem Luxemburger Übereinkommen vom 20.5.1980 über die Anerkennung und Vollstreckung von Entscheidungen über das Sorgerecht für Kinder und die Wiederherstellung des Sorgeverhältnisses (Europäisches Sorgerechtsübereinkommen – ESÜ) geltend gemacht (sog. eingehendes Ersuchen), ist für das Verfahren das am 1.3.2005 in Kraft getretene **Internationale Familienrechtsverfahrensgesetz** (IntFamRVG) zu beachten,[2] insbesondere die Konzentration der örtlichen Zuständigkeit nach § 11 IntFamRVG (vgl. § 152 Rz. 8).

---

1 Grundlegend BGH v. 19.6.2002 – XII ZR 173/00, FamRZ 2002, 1099; vgl. i. Ü. OLG Frankfurt v. 29.4.2005 – 1 UF 64/05, NJW-RR 2005, 1339, sowie *Heiderhoff*, FamRZ 2004, 324 mwN.
2 Gesetzestext abgedruckt in Anh. 1 zu § 97. Ausf. zum IntFamRVG *Schulz*, FamRZ 2011, 1273.

4. Vormundschaft (Nr. 4)

Vormundschaftssachen sind sämtliche Verfahren, die die Bestimmung der Person oder der Rechte oder Pflichten des Vormunds betreffen (§§ 1773 – 1895 BGB). Insbesondere sind zu nennen die Anordnung und Aufhebung der Vormundschaft, die Auswahl und Bestellung des Vormunds, die Genehmigungen des Vormundschaftsrechts, die Aufsicht über die Tätigkeit des Vormunds und Entscheidungen über die Vergütung.

Unter Nr. 4 fallen ferner folgende ein Mündel betreffende Verfahrensgegenstände:
- §§ 112, 113 BGB – Genehmigung der Ermächtigung zum selbständigen Betrieb eines Erwerbsgeschäfts bzw. zum Eintritt in ein Dienst- oder Arbeitsverhältnis,
- § 1303 BGB – Befreiung vom Erfordernis der Volljährigkeit bei Eheschließung bzw. Genehmigung einer ohne die Befreiung vorgenommen Eheschließung (§ 1315 Abs. 1 Satz 1 Nr. 1 BGB),
- § 1411 BGB – Genehmigung des Abschlusses eines Ehevertrages,
- §§ 1484, 1491, 1492, 1493 BGB – Genehmigungen im Zusammenhang mit der Gütergemeinschaft,
- §§ 2275 Abs. 2 Satz 2, 2282 Abs. 2, 2290 Abs. 3, 2347, 2351 BGB – Genehmigung des Abschlusses, der Anfechtung oder Aufhebung eines Erbvertrags sowie des Abschlusses und der Aufhebung eines Erbverzichts,
- §§ 2, 3 und 7 RelKEG – Entscheidungen betreffend die religiöse Erziehung des Mündels,
- § 56 Abs. 3 SGB VIII – Genehmigung der Anlegung von Mündelgeld,
- § 16 Abs. 3 VerschG – Antrag auf Einleitung eines Aufgebotsverfahrens bei Todeserklärung eines Minderjährigen,
- § 3 Abs. 1 TSG und § 2 Abs. 1 NamÄndG – Antrag auf Änderung des Vornamens nach dem Transsexuellengesetz oder Antrag auf Änderung des Nachnamens,

sowie Verfahren nach zahlreichen anderen spezialgesetzlichen Vorschriften, soweit der Minderjährige unter Vormundschaft steht.

Funktionell zuständig ist grundsätzlich der **Rechtspfleger** gem. § 3 Nr. 2a RPflG. Ausgenommen sind folgende dem **Richter** vorbehaltene Verfahren:
- § 1303 BGB – Befreiung vom Erfordernis der Volljährigkeit bei Eheschließung bzw. Genehmigung einer ohne die Befreiung vorgenommen Eheschließung (§ 14 Abs. 1 Nr. 12c, 13 RPflG),
- § 1774 BGB iVm. Art. 24 EGBGB – Anordnung der Vormundschaft für einen ausländischen Minderjährigen (§ 14 Abs. 1 Nr. 10 RPflG),
- § 1801 BGB, §§ 2, 3 und 7 RelKEG – Entscheidungen betreffend die religiöse Erziehung des Mündels (§ 14 Abs. 1 Nr. 11 RPflG)
- § 1800 iVm. § 1632 BGB – Herausgabe des Mündels an den Vormund (§ 14 Abs. 1 Nr. 8 RPflG),
- § 1837 Abs. 4 iVm. §§ 1666, 166a BGB – Gerichtliche Maßnahmen zur Abwendung einer Gefährdung des Kindeswohls des Mündels (§ 14 Abs. 1 Nr. 2 RPflG),
- § 1846 BGB – Gerichtliche Maßnahmen bei Verhinderung oder nicht rechtzeitiger Bestellung eines Vormunds, soweit Gegenstand der Maßnahme die freiheitsentziehende Unterbringung eines Kindes nach § 151 Nr. 6 ist (vgl. Rz. 23 f.),

Keine Vormundschafssache nach § 151 Nr. 4, sondern sonstige Familienstreitsachen nach § 266 Abs. 1 Nr. 4 sind **Schadensersatzansprüche des Mündels gegen den Vormund** gem. § 1833 BGB wegen Pflichtverletzung des Vormunds.[1]

---
[1] LG Koblenz v. 3.9.2010 – 12 T 103/10, FamRZ 2011, 1090.

5. Pflegschaft oder die Bestellung eines sonstigen Vertreters für eine minderjährige Person oder für eine Leibesfrucht (Nr. 5)

19 Umfasst sind Entscheidungen, die sich auf die Anordnung einer Pflegschaft, die Bestimmung der Person des Pflegers oder Vertreters eines Minderjährigen sowie auf dessen Rechte oder Pflichten beziehen, insbesondere:
- § 1684 Abs. 3 S. 3 BGB – Bestellung und Auswahl eines Umgangspflegers,
- § 1909 BGB – Bestellung und Auswahl eines Ergänzungspflegers, insbesondere auch für die Frage der Ausübung des Zeugnisverweigerungsrechts im Rechtsstreit der Eltern eines Minderjährigen untereinander, im Strafverfahren gegen den sorgeberechtigten Elternteil (vgl. § 52 Abs. 2 Satz 2 StPO)[1] oder im Strafverfahren gegen den beschuldigten Elternteil, wenn dem anderen Elternteil die elterliche Sorge über ein minderjähriges Kind alleine zusteht,[2]
- § 1912 BGB – Pflegschaft für eine Leibesfrucht,
- § 1915 BGB – die über diese Vorschrift anwendbaren Vorschriften für Vormünder (oben Rz. 14–15).

20 Unter Nr. 5 fallen ferner Verfahren nach zahlreichen spezialgesetzlichen Vorschriften, welche die Bestellung eines **sonstigen Vertreters des Minderjährigen** durch das Familiengericht vorsehen (zB § 81 AO, § 15 SGB X, § 16 VwVfG, § 207 BauGB).

21 Funktionell zuständig ist grundsätzlich der **Rechtspfleger** gem. § 3 Nr. 2a RPflG. Zu den Ausnahmen der Zuständigkeit des **Richters** vgl. Rz. 17, ferner § 14 Abs. 1 Nr. 9 RPflG (Pflegschaft aufgrund dienstrechtlicher Vorschriften).

22 **Keine Pflegschaftssachen** nach § 151 Nr. 5, sondern Betreuungssachen nach § 340 FamFG sind Pflegschaften und die Bestellung eines sonstigen Vertreters für **Volljährige**. Schadensersatzansprüche des Pfleglings gegen den Pfleger gem. §§ 1915, 1833 BGB wegen Pflichtverletzung des Pflegers sind sonstige Familienstreitsachen nach § 266 Abs. 1 Nr. 4 (vgl. Rz. 18).

6. Genehmigung der freiheitsentziehenden Unterbringung Minderjähriger nach dem BGB (Nr. 6)

23 Kindschaftssachen sind Verfahren betreffend die Genehmigung einer geschlossenen Unterbringung Minderjähriger durch die Eltern, den Vormund oder den Pfleger gem. §§ **1631b, 1800 und 1915 BGB**. Nach § 167 hat das Familiengericht in diesen Angelegenheiten die für das Verfahren in Unterbringungssachen geltenden Vorschriften anzuwenden.

24 Funktionell zuständig ist der **Richter**. Zwar enthält § 14 RPflG keinen entsprechenden Richtervorbehalt. Jedoch darf der Rechtspfleger grundsätzlich keine freiheitsentziehenden Maßnahmen anordnen, sondern nur der Richter (arg. e. Art. 104 Abs. 2 Satz 2 GG und § 4 Abs. 2 Nr. 2 RPflG).[3]

7. Freiheitsentziehende Unterbringung Minderjähriger nach den Landesgesetzen über die Unterbringung psychisch Kranker (Nr. 7)

25 Zum Verfahren und zu den jeweiligen Landesgesetzen vgl. § 167. Zuständig ist der **Richter** (vgl. Rz. 24).

8. Die dem Familiengericht zugewiesenen Aufgaben nach dem Jugendgerichtsgesetz (Nr. 8)

26 Hierunter fällt insbesondere die Festsetzung von Erziehungsmaßregeln (§ 9 JGG) durch das Familiengericht (vgl. §§ 53, 104 Abs. 4 JGG) als Rechtsfolge einer Straftat des Jugendlichen. In Betracht kommen auch Entscheidungen nach § 67 Abs. 4 Satz 3 JGG (Bestellung eines Pflegers zur Wahrnehmung der Interessen des Beschuldigten

---

[1] Dazu OLG Brandenburg v. 17.11.2009 – 10 UF 154/09, FamRZ 2010, 843.
[2] Dazu OLG Nürnberg v. 15.4.2010 – 9 UF 353/10, FamRZ 2010, 1996.
[3] MüKo.ZPO/*Heilmann*, § 151 FamFG Rz. 43.

im Strafverfahren, wenn dem Erziehungsberechtigten oder dem gesetzlichen Vertreter die Verfahrensrechte nach § 67 Abs. 4 Satz 1 oder 2 JGG entzogen wurden).

Funktionell zuständig ist der **Richter** mit Ausnahme der Bestellung eines Pflegers gem. § 67 Abs. 4 S. 3 JGG, für die der Rechtspfleger zuständig ist (§ 14 Abs. 1 Nr. 14 RPflG).

C. Verfahren in Kindschaftssachen

I. Verfahrensgrundsätze

1. Kindeswohlprinzip

In Kindschaftssachen ist nicht nur materiellrechtlich (§ 1697a BGB), sondern auch verfahrensrechtlich das Kindeswohl zu berücksichtigen, zu dessen Schutz der Staat im Rahmen seines Wächteramts gem. Art. 6 Abs. 2 Satz 2 GG verpflichtet ist.[1] Das bedeutet insbesondere, dass das Gericht bei allen Verfahrenshandlungen die Interessen des Kindes im Blick zu halten hat (**Kindzentriertheit des Verfahrens**). Denn nicht nur die gerichtliche Entscheidung als solche, sondern auch die Verfahrensgestaltung kann erhebliche Auswirkungen auf das Kind haben. Dies gilt zum einen für die Verfahrensdauer, die eine Zeit der Unsicherheit und Ungewissheit nicht nur für die Eltern, sondern auch für das Kind bedeutet. Es gilt zum anderen auch für Verfahrenshandlungen, die das Kind unmittelbar betreffen, wie die gerichtliche Anhörung, die Anhörung durch das Jugendamt, den Sachverständigen usw. Verfahrensrechtliche Ausprägungen des Kindeswohls finden sich etwa in den Vorschriften über die grundsätzlich gebotene richterliche Anhörung des Kindes (§ 159), das Erfordernis der Bestellung eines Verfahrensbeistands für das Kind in sehr streitigen Verfahren oder solchen, die erhebliche Auswirkungen für das Kind haben können (§ 158), die Koppelung der örtlichen Zuständigkeit an den gewöhnlichen Aufenthalt des Kindes (§ 152), die Hinzuziehung von Pflege- und Bezugspersonen im Interesse des Kindes (§ 161 Abs. 1), die gerichtliche Prüfung einer eA für die Dauer des Verfahrens (§ 156 Abs. 3) und als Begrenzung des Hinwirkens auf Einvernehmen (§ 156 Abs. 1 Satz 1).

2. Vorrang- und Beschleunigungsgrundsatz

Unmittelbar im Zusammenhang mit der verfahrensrechtlichen Berücksichtigung des Kindeswohls und der Kindzentriertheit des Verfahrens steht das Gebot der vorrangigen Bearbeitung der Kindschaftssachen und der beschleunigten Durchführung des Verfahrens, das ausführlich in § 155 FamFG geregelt ist (für Verfahren betreffend internationale Kindesentführung vgl. auch § 11 Abs. 2 HKiEntÜ). Wegen der Einzelheiten wird auf die dortige Kommentierung verwiesen (Anh. 4 zu § 97).

3. Amtsermittlungsgrundsatz

In Kindschaftssachen gilt ferner gem. § 26 der Grundsatz der Amtsermittlung. Er verpflichtet das Gericht, alle zur Aufklärung des Sachverhalts dienlichen Ermittlungen anzustellen. Zwar braucht nicht jeder nur denkbaren Möglichkeit nachgegangen zu werden. Eine Aufklärungs- und Ermittlungspflicht besteht jedoch insoweit, als das Vorbringen der Beteiligten und der Sachverhalt als solcher bei sorgfältiger Prüfung hierzu Anlass geben.[2] Die Ermittlungen sind erst dann abzuschließen, wenn –

---

[1] BGH v. 26.10.2011 – XII ZB 247/11, FamRZ 2012, 99, 102; Staudinger/*Coester*, § 1671 BGB Rz. 267; vgl. auch BT-Drucks. 16/6308, S. 236. Im Gesetzgebungsverfahren war erörtert worden, das Kindeswohl als Verfahrensgrundsatz neben dem Beschleunigungsgrundsatz in § 155 Abs. 1 Satz 2 zu verankern (S. 375), dies wurde von der BReg. mit der Begr. abgelehnt, es handele sich um eine Selbstverständlichkeit (S. 414). Dazu auch § 155 Rz. 20. Das Kindeswohl wurde als Verfahrensprinzip auf Empfehlung des Rechtsausschusses des Bundestages (BT-Drucks. 16/9733, S. 293) aber als Grenze des Hinwirkens auf Einvernehmen in § 156 Abs. 1 Satz 1 aufgenommen.
[2] So besteht im Rahmen der Anordnung des Ruhens der elterlichen Sorge nach § 1674 BGB etwa die Pflicht zur Ermittlung des Alters des Kindes, wenn bei einem unbegleiteten Flüchtling zweifelhaft erscheint, ob er noch minderjährig ist, vgl. OLG München v. 15.3.3012 – 26 UF 308/12, FamRZ 2012, 1958 und KG v. 2.7.2012 – 16 WF 111/12, ZKJ 2012, 450.

unter Berücksichtigung des Beschleunigungsgrundsatzes, § 155 Abs. 1 – von weiteren Ermittlungen ein sachdienliches, die Entscheidung beeinflussendes Ergebnis nicht mehr zu erwarten ist.[1]

31 Darüber hinaus bestehen in Kindschaftssachen hinsichtlich des Umfangs der erforderlichen Ermittlungen **besondere Anforderungen an die Amtsermittlung**. Je stärker der Eingriff in das Elternrecht oder je schwerwiegender die Folgen der Entscheidung für das Kind sind, umso höhere Anforderungen sind an die tatrichterliche Sachaufklärung (und an die Begründung der Entscheidung) zu stellen. Dies betrifft vor allem den Entzug der elterlichen Sorge, insbesondere wenn er mit der Trennung des Kindes von den Eltern verbunden ist (§§ 1666, 1666a BGB), die streitige Entscheidung darüber, bei welchem Elternteil das Kind wohnen soll (§ 1671 Abs. 1 Satz 2 Nr. 2 BGB), wenn ein Umgangsausschluss in Betracht gezogen wird (§ 1684 Abs. 4 BGB) und bei der Prüfung einer Verbleibensanordnung des Kindes bei den Pflegeeltern (§ 1632 Abs. 4 BGB). Nach ständiger Rechtsprechung des BVerfG[2] und des BGH[3] beeinflusst vor allem in diesen Fällen die verfassungsrechtliche Dimension von Art. 6 Abs. 2 und 3 GG auch das Verfahrensrecht und seine Handhabung in Kindschaftssachen. Das gerichtliche Verfahren muss danach in seiner Ausgestaltung dem Gebot effektiven Grundrechtsschutzes entsprechen, weshalb die zur Verfügung stehenden Aufklärungs- und Prüfungsmöglichkeiten ausgeschöpft werden müssen. Im Hinblick auf das auch im Verfahrensrecht zu beachtende Primat des Kindeswohls müssen die Gerichte ihr Verfahren so gestalten, dass sie möglichst zuverlässig die Grundlage einer am Kindeswohl orientierten Entscheidung erkennen können.

32 In jedem Fall ist neben der **persönlichen Anhörung der Eltern** (§ 160) auch die **persönliche Anhörung des Kindes** erforderlich (§ 159). Ferner ist zur Aufklärung und zur Einschätzung eines eventuellen Hilfebedarfs der Eltern und/oder des Kindes in jedem Verfahren eine sozialpädagogische **Stellungnahme des Jugendamts** (§ 162) einzuholen, welches auch über bereits geleistete Hilfen und die dabei gewonnenen Erkenntnisse berichtet. Zur Ermittlung des Kindeswillens ist daneben idR die **Bestellung eines Verfahrensbeistands** erforderlich (§ 158). Lebt das Kind seit längerer Zeit in Familienpflege, sind auch die **betreuenden Pflege- oder Bezugspersonen** anzuhören (§ 161 Abs. 2). Zudem können entweder über das Jugendamt oder durch den Richter selbst **sonstige Bezugspersonen** befragt werden (Kita-Erzieherin, Klassenlehrer, Schulpsychologe, Familienhelfer, Umgangsbegleiter etc.). Wenn diese Ermittlungen nicht ausreichen oder die Umstände besondere Sachkunde erfordern, muss das Gericht – vor allem in den in Rz. 31 genannten Verfahren mit hoher Eingriffsintensität – gem. §§ 30 Abs. 3, 163 ein **psychologisches Sachverständigengutachten** einholen, um eine umfassende Entscheidungsgrundlage hinsichtlich der psychischen Situation des Kindes, des Kindeswillens, seiner Bindungen und seiner Entwicklung, aber auch hinsichtlich der Betreuungs- und Erziehungsfähigkeit der Eltern oder von Bezugspersonen zu erhalten.[4] In Einzelfällen kann anstelle oder ergänzend zu einem psychologischen Sachverständigen auch die Beauftragung eines **psychiatrischen Sachverständigen** (wenn Anhaltspunkte für psychische Erkrankungen des Kindes und/oder seiner Eltern bestehen) oder eines **sozialpädagogischen Sachverständigen** (insbeson-

---

1 BGH v. 17.2.2010 – XII ZB 68/09, BGHZ 184, 269 = FamRZ 2010, 720. Vgl. auch § 26 Rz. 22.
2 BVerfG v. 18.1.2006 – 1 BvR 526/04, FamRZ 2006, 605; BVerfG v. 26.9.2006 – 1 BvR 1827/06, FamRZ 2007, 105; BVerfG v. 5.12.2008, FamRZ 2099, 399; BVerfG v. 14.7.2010 – 1 BvR 3189/09, FamRZ 2010, 1622, jew. betreffend erhebliche Umgangseinschränkung oder Umgangsausschluss nach **§ 1684 Abs. 4 BGB**; BVerfG v. 21.6.2002 – 1 BvR 605/02, FamRZ 2002, 1021; BVerfG v. 18.5.2009 – 1 BvR 142/09, FamRZ 2009, 1389, jew. betreffend **§ 1671 BGB**; BVerfG v. 10.9.2009 – 1 BvR 1248/09, FamRZ 2009, 1897 und BVerfG v. 19.12.2007 – 1 BvR 2681/07, FamRZ 2008, 492, jew. betreffend **§ 1666 BGB**; BVerfG v. 23.8.2006 – 1 BvR 476/04, FamRZ 2006, 1593; BVerfG v. 31.3.2010 – 1 BvR 2910/09, FamRZ 2010, 865 betreffend **§ 1632 Abs. 4 BGB**.
3 BGH v. 17.2.2010 – XII ZB 68/09, BGHZ 184, 269 = FamRZ 2010, 720; BGH v. 26.10.2011 – XII ZB 247/11, FamRZ 2012, 99, 102, jew. betreffend **§ 1666 BGB**.
4 Vgl. hierzu ausf. § 155 Rz. 21 und § 163 Rz. 4 ff. Zu den besonderen Anforderungen bei geschlossener Unterbringung des Kindes vgl. § 167 Rz. 34 ff.; zu Sachverständigengutachten und diesbzgl. Alternativen in Verfahren nach § 1666 BGB vgl. auch § 157 Rz. 24.

dere wenn unterschiedliche Auffassungen über die richtige Jugendhilfemaßnahme oder Jugendhilfeeinrichtung bestehen) geboten sein.

Die zur Tatsachenermittlung erforderliche **Beweiserhebung** richtet sich nach § 29 f. Vgl. hierzu § 163 Rz. 1.

Aus dem Amtsermittlungsgrundsatz (und dem Kindeswohlprinzip) folgt auch, dass es in Kindschaftssachen **keine Säumnisentscheidung** im Sinne eines Versäumnisbeschlusses gibt. Erscheint ein Beteiligter (wiederholt) unentschuldigt nicht zum Termin, ist zu prüfen, ob sein Erscheinen nach § 33 Abs. 3 durch Verhängung eines Ordnungsgeldes oder durch Vorführung erwirkt werden muss oder ob die Anhörung zur Sachverhaltsermittlung (zB bei früherer persönlicher Anhörung) ausnahmsweise entbehrlich ist. Nach § 34 Abs. 3 kann auch trotz Fernbleibens eines Beteiligten entschieden werden, wenn er auf die Folgen seines Ausbleibens hingewiesen wurde. Allerdings ist zu beachten, dass von der persönlichen Anhörung der Eltern und des Kindes nur unter den strengeren Voraussetzungen der §§ 159 Abs. 3, 160 Abs. 3 abgesehen werden kann (dazu § 159 Rz. 9 ff., § 160 Rz. 11). Bei Eilbedürftigkeit bis zu einem neuen Termin muss ggf. eine eA nach §§ 49 ff. erlassen werden. Eine Ausnahme stellt allerdings das vereinfachte Verfahren zur Übertragung der gemeinsamen Sorge bei nicht verheirateten Eltern gem. § 155a dar, das durchaus Züge einer Säumnisentscheidung trägt (dazu § 155a Rz. 1, 20).

II. Verfahrenseinleitung

Abschnitt 3 enthält keine Regelung darüber, wie eine Kindschaftssache eingeleitet wird. Das Recht und die Pflicht zur **Einleitung einer Kindschaftssache** ergeben sich vielmehr aus dem materiellen Recht oder aus dem allgemeinen Verfahrensrecht. Zu unterscheiden sind echte Antragsverfahren gem. § 23, Amtsverfahren gem. § 24 und unechte Amtsverfahren, die eine Sonderstellung einnehmen. Bedeutung hat die Unterscheidung nicht nur für die Verfahrenseinleitung,,[1] sondern auch für die Verfahrensbeendigung (dazu Rz. 44 ff) und gem. § 87 Abs. 1 für die Vollstreckung (dazu § 87 Rz. 2 ff.). Schließlich ist zu beachten, dass das Gericht in allen Antragsverfahren gem. § 1666 BGB auch von Amts wegen tätig werden kann, wenn im Rahmen des Verfahrens Anhaltspunkte für eine Gefährdung des Kindeswohls bekannt werden. Hierauf verweist etwa § 1671 Abs. 4 BGB ausdrücklich in Verfahren betreffend die Übertragung der elterlichen Sorge.[2]

1. Echte Antragsverfahren

Einen Antrag gem. § 23 setzen nach **materiellem Recht** insbesondere folgende Verfahren voraus:
- § 1303 BGB – Befreiung vom Erfordernis der Volljährigkeit bei Eheschließung bzw. Genehmigung einer ohne die Befreiung vorgenommenen Eheschließung,
- § 1626a Abs. 2 BGB – Übertragung der gemeinsamen elterlichen Sorge bei nicht miteinander verheirateten Eltern,
- § 1628 BGB – Übertragung des Bestimmungsrechts bei gemeinsamer Sorge in einer Angelegenheit von erheblicher Bedeutung für das Kind,
- § 1632 Abs. 3 iVm. 1 BGB – Herausgabe des Kindes an den/die Sorgeberechtigten,
- § 1671 BGB – Übertragung der Alleinsorge bei getrennt lebenden Eltern.

Ein verfahrensrechtliches Antragserfordernis sehen vor:
- § 165 Abs. 1 – gerichtliches Vermittlungsverfahren betreffend den Umgang,
- § 167a Abs. 1 – Antrag des leiblichen, nicht rechtlichen Vaters auf Umgang oder Auskunft über die persönlichen Verhältnisse des Kindes.

---

1 Die Unterscheidung hat bei der Verfahrenseinleitung auch für die Frage Bedeutung, ob durch das Gericht vor einem Tätigwerden einen Kostenvorschuss nach § 14 Abs. 3 FamGKG angefordert wird; dazu § 14 FamGKG Rz. 8 ff. und ausf. *Schneider*, FamRB 2012, 164, sowie OLG Saarbrücken v. 10.10.2011 – 6 WF 104/11, FamRZ 2012, 319.
2 Ausf. hierzu Staudinger/*Coester*, § 1671 BGB Rz. 262 ff.

38   Der **verfahrenseinleitende Antrag** muss den Beteiligten nur formlos mitgeteilt werden (§§ 15 Abs. 3, 23 Abs. 1). Für seinen Inhalt gilt § 23 Abs. 1. Anträge in Verfahren der freiwilligen Gerichtsbarkeit mussten schon nach früherer Rechtsprechung zum FGG nicht die formstrengen Anforderungen des Zivilprozesses an den Inhalt einer Klageschrift erfüllen. Sie waren dem Gericht gegenüber wirksam abgegeben, wenn aus dem Schriftstück der Inhalt der abzugebenden Erklärung und der Person, von der sie ausgeht, zuverlässig entnommen werden konnte.[1] Ausf. hierzu § 23 Rz. 9 ff. Besondere inhaltliche Anforderungen an den Antrag stellen § 155a Abs. 1 Satz 2 und § 167a Abs. 1.

2. Amtsverfahren

39   Eine Vielzahl von Verfahren wird jedoch als Ausprägung des staatlichen Wächteramts gem. Art. 6 Abs. 2 Satz 2 GG von Amts wegen eingeleitet. Die Einleitung erfolgt regelmäßig gem. § 24 auf Anregung des Jugendamts, eines Elternteils, des Kindes, der Staatsanwaltschaft, eines Arztes oder sonstiger Personen oder Institutionen, wobei es unerheblich ist, wenn solche Anregungen als „Antrag" bezeichnet werden. Die Verfahrenseinleitung kann aber auch auf eigene Veranlassung des Gerichts erfolgen, zB Einleitung eines Verfahrens nach § 1666 BGB, wenn sich im Rahmen eines Umgangsverfahrens nach § 1684 BGB Anhaltspunkte für eine Kindeswohlgefährdung ergeben, oder Einleitung eines Umgangsverfahrens, wenn sich im Vollstreckungsverfahren die Notwendigkeit einer Abänderung der zu vollstreckenden Umgangsregelung ergibt.[2]

40   Praktisch wichtige Amtsverfahren sind folgende:
– **§§ 1666, 1666a BGB** – Gerichtliche Maßnahmen bei Gefährdung des Kindeswohls,
– **§ 1674 BGB** – Feststellung des Ruhens der elterlichen Sorge,
– **§§ 1678 Abs. 2, 1680 Abs. 2 und 3, 1681 Abs. 1 und 2 BGB** – Übertragung der elterlichen Sorge bei tatsächlicher Verhinderung oder Ruhen der elterlichen Sorge bei Sorgeentzug, Tod oder Todeserklärung eines Elternteils,
– **§§ 1774, 1779, 1789 BGB** – Bestellung und Auswahl eines Vormunds,
– **§ 1909 BGB** – Bestellung und Auswahl eines Ergänzungspflegers.

41   **Abänderungsverfahren nach § 166 FamFG iVm. § 1696 BGB** sind nach hM Amtsverfahren. Nach zutreffender Auffassung ist hingegen maßgeblich, ob es sich bei der abzuändernden Entscheidung um ein Antrags- oder ein Amtsverfahren handelte. Hierzu ausf. § 166 Rz. 10 f.

3. Unechte Antragsverfahren (Verfahren mit alternativer Verfahrenseinleitung)

42   Einige Verfahren können sowohl auf Antrag als auch von Amts wegen eingeleitet werden. So entscheidet das Familiengericht über **Verbleibensanordnungen** nach §§ 1632 Abs. 4, 1682 BGB entweder von Amts wegen oder auf Antrag der Pflegeperson bzw. des Stiefelternteils. Auch Verfahren betreffend die **freiheitsentziehende Unterbringung eines Kindes** nach §§ 1631b, 1800, 1915 BGB (§ 151 Nr. 6) können auf Antrag oder von Amts wegen eingeleitet werden (ausf. § 167 Rz. 7 ff.).

43   Zu den Verfahren mit alternativer Verfahrenseinleitung gehören weiterhin **Umgangsverfahren nach §§ 1684 Abs. 3 und 4, 1685 Abs. 3 BGB**.[3] Es handelt sich nicht um reine Amtsverfahren, deren Durchführung auf entsprechende Anregung im Ermessen des Gerichts steht, sondern das Gericht ist bei Stellung eines Antrags grund-

---

1 OLG Frankfurt v. 27.9.2002 – 1 WF 157/02, FamRZ 2003, 321.
2 Vgl. etwa BGH v. 1.2.2012 – XII ZB 188/11, FamRZ 2012, 533.
3 Str., wie hier BGH 1.2.2012 – XII ZB 188/11, FamRZ 2012, 533; BGH v. 14.5.2008 – XII ZB 225/06, FamRZ 2008, 1334; OLG Saarbrücken v. 10.10.2011 – 6 WF 104/11, FamRZ 2012, 319; OLG Zweibrücken v. 29.3.2004 – 6 WF 27/04, FamRZ 2004, 1589; Johannsen/Henrich/*Jaeger*, § 1684 BGB Rz. 21; FamVerf/*Schael*, § 2 Rz. 83; **aA** (nur Amtsverfahren) OLG Frankfurt v. 3.12.2012 – 1 WF 327/12, ZKJ 2013, 127; Prütting/Helms/*Ahn-Roth* Vor §§ 23, 24 FamFG Rz. 3; Staudinger/*Rauscher*, 2006, § 1684 BGB Rz. 372; Zöller/*Feskorn* § 23 FamFG Rz. 1.

sätzlich verpflichtet, den Umgang zu regeln.[1] Da diese Verfahren auch von Amts wegen eingeleitet werden können, müssen die Anträge auch keinen bestimmten Vorschlag zur Umgangsregelung enthalten. Das Recht eines Kindes zum Umgang mit einem Elternteil nach § 1684 Abs. 1 BGB soll nach der Rechtsprechung des BGH[2] nur durch das Kind – vertreten durch den sorgeberechtigten Elternteil oder, im Falle eines Interessenkonflikts, durch einen zu bestellenden Ergänzungspfleger – geltend gemacht werden können, nicht aber von dem sorgeberechtigten Elternteil im eigenen Namen. Letztlich ist dies aber keine Frage des Antragsrechts, sondern der Verfahrensfähigkeit bzw. Vertretung des Kindes im Umgangsverfahren sowie der Vollstreckung entsprechender Umgangsentscheidungen, da die Regelung des persönlichen Umgangs auch im Amtsverfahren erfolgen kann.[3] Echte Antragsverfahren sind dagegen Umgangsverfahren des leiblichen, nicht rechtlichen Vaters gem. § 167a FamFG iVm. § 1686a BGB (vgl. Rz. 37).

III. Beendigung des Verfahrens

1. Beendigung ohne gerichtliche Hauptsacheentscheidung

Die Beendigung von Kindschaftsverfahren durch **Rücknahme** oder **Erledigungserklärung** weist einige Besonderheiten gegenüber anderen Verfahren und insbesondere gegenüber den Regelungen der ZPO auf. Dabei ist erneut zwischen Antragsverfahren und Amtsverfahren zu unterscheiden. Zur Beendigung von Kindschaftsverfahren durch **Vergleich** bzw. andere einvernehmliche Regelungen vgl. § 156 Rz. 47 ff., 75 ff. und § 155a Rz. 40. 44

a) Echte Antragsverfahren

In echten Antragsverfahren (Rz. 36 ff.) kann ein verfahrenseinleitender Antrag nach § 22 Abs. 1 bis zur Rechtskraft der Endentscheidung wieder **zurückgenommen** werden, bis zum Erlass der Endentscheidung auch ohne Zustimmung der übrigen Beteiligten. Das Verfahren ist gem. § 22 Abs. 2 durch die Rücknahme beendet. Es ist gem. § 83 Abs. 2 iVm. § 81 nur noch über die Kosten zu entscheiden (dazu § 83 Rz. 5). 45

Gleiches gilt gem. § 22 Abs. 3 bei einer **Erledigung der Hauptsache**, wenn alle Verfahrensbeteiligten das Verfahren für erledigt erklären. Eine Prüfung der Erledigung findet nicht statt, und die Erledigung muss auch nicht gesondert festgestellt werden, sondern es ist lediglich gem. § 83 Abs. 2 über die Kosten zu entscheiden (vgl. § 22 Rz. 17 ff., § 83 Rz. 6 ff.). Erklärt nur der Antragsteller das Verfahren für erledigt und schließen sich die anderen Verfahrensbeteiligten der Erledigungserklärung nicht an, wird die einseitige Erledigungserklärung idR als Rücknahmeerklärung auszulegen sein, zumal sich hieraus kostenrechtlich keine Unterschiede ergeben. Hält der Antragsteller trotz Erledigung der Hauptsache (zB zwischenzeitliche erfolgreiche Anfechtung der Vaterschaft, Eintritt der Volljährigkeit des Kindes) an seinem Antrag fest oder äußert er sich zur Erledigung nicht, muss der Antrag bei einer Hauptsacheerledigung jedoch förmlich zurückgewiesen werden. 46

Bestehen seitens des Gerichts allerdings Bedenken gegen die Beendigung des Verfahrens wegen einer möglichen **Kindeswohlgefährdung**. Wird etwa ein Antrag auf Übertragung des Aufenthaltsbestimmungsrechts nach § 1671 BGB mit der Ausübung von Gewalt eines Elternteils gegenüber dem antragstellenden Elternteil oder gegenüber den Kindern begründet und noch vor dem gerichtlichen Anhörungstermin wegen (insbesondere: wiederholter) Versöhnung zurückgenommen wurde, so kann das Verfahren insoweit trotz Antragsrücknahme nach §§ 1671 Abs. 4 iVm. 1666 BGB als Amtsverfahren fortgeführt werden.[4] 47

---

1 BGH v. 27.10.1993 – XII ZB 88/92, FamRZ 1994, 158.
2 BGH v. 14.5.2008 – XII ZB 225/06, FamRZ 2008, 1334.
3 Vgl. Staudinger/*Rauscher*, 2006, § 1684 BGB Rz. 60, 159 und ausf. Bamberger/Roth/*Veit*, § 1684 BGB Rz. 49 ff. Zur Verfahrensfähigkeit und Vertretung des Kindes im Umgangsverfahren vgl. Rz. 57 ff., zur Vollstreckung vgl. § 89 Rz. 8.
4 Staudinger/*Coester*, § 1671 BGB Rz. 266.

b) Amtsverfahren und unechte Antragsverfahren

48 Gem. § 22 Abs. 4 hat eine **Rücknahmeerklärung** in Amtsverfahren (Rz. 39 ff.), aber auch in unechten Antragsverfahren („Verfahren, die von Amts wegen eingeleitet werden *können*", Rz. 42 f.), dh. insbesondere auch in **Umgangsverfahren nach §§ 1684 Abs. 3, 4 und 1685 Abs. 3 BGB, keine verfahrensbeendende Wirkung.** Denn in diesen Verfahren hat der Antragsteller bzw. die Person, die das Verfahren angeregt hat oder auf deren Antrag es eingeleitet wurde, keine Dispositionsbefugnis über den Verfahrensgegenstand. Die Rücknahmeerklärung ist jedoch für das Gericht regelmäßig Anlass zu prüfen, ob das Verfahren wegen Erledigung der Hauptsache zu beenden und gem. §§ 83 Abs. 2, 81 über die Kosten zu entscheiden ist.[1]

49 Bei einer **Erledigung der Hauptsache** können die Verfahrensbeteiligten das Verfahren aus denselben Gründen gem. § 22 Abs. 4 nicht durch übereinstimmende Erledigungserklärung beenden.[2] Auch hier beendet vielmehr das Gericht das Verfahren von Amts wegen, weil eine Sachentscheidungsvoraussetzung weggefallen ist. In Amtsverfahren ist die Erledigung zwar nicht förmlich, jedoch bei der Begründung der Kostenentscheidung nach § 83 Abs. 2 festzustellen (vgl. § 83 Rz. 7).

50 Ob eine Hauptsacheerledigung vorliegt, dh die Voraussetzungen für eine gerichtliche Entscheidung über den Verfahrensgegenstand nicht mehr gegeben sind, ist nach dem jeweiligen Sinn und Zweck des Verfahrens zu beurteilen.[3] So ist in **Umgangsverfahren** im Einzelfall zu prüfen, ob trotz Rücknahmeerklärung oder Umgangsverzicht des Antragstellers noch ein **Regelungsbedürfnis** besteht. Beantragt etwa ein Kindesvater die Regelung des Umgangs mit dem Kind, während die Kindesmutter den Ausschluss des Umgangs beantragt (bzw. richtig: anregt, § 1684 Abs. 4 BGB), und erklärt der Vater später im Hinblick auf die nachhaltig erklärte Weigerung der Kinder, ihn zu sehen, dass er den Umgangsantrag nicht weiterverfolgt, so wird das Verfahren damit idR erledigt sein. Ist jedoch nach den Umständen zu erwarten, dass der Kindesvater demnächst wieder einen neuen Antrag stellen wird, ist der Umgang auszuschließen, wenn anderenfalls eine Kindeswohlgefährdung vorliegen würde.[4] Besteht ein gerichtlich gebilligter Umgangsvergleich und beantragt die Kindesmutter in einem späteren Verfahren, den Umgang auszuschließen, so kann eine Erklärung des Kindesvaters, er werde auf den Umgang künftig verzichten, zwar eine Erledigung hinsichtlich des Umgangsausschlusses bedeuten, der darin enthaltene Antrag, den gerichtlich gebilligten Umgangsvergleich aufzuheben (eigentlich: Anregung einer Abänderung nach § 166 iVm. § 1696 BGB), ist jedoch nicht erledigt, da der Vergleich als Vollstreckungstitel gem. § 86 Abs. 1 Nr. 2 bestehen bleiben würde.[5]

2. Beendigung durch gerichtliche Endentscheidung in der Hauptsache

51 a) Eine Endentscheidung in der Hauptsache ergeht gem. §§ 38 Abs. 1 FamFG durch **Beschluss**. Der Inhalt des Rubrums richtet sich nach § 38 Abs. 2 Nr. 1 und 2. Die Beschlussformel (§ 38 Abs. 2 Nr. 3) enthält den Ausspruch zur Hauptsache und die Kostenentscheidung gem. § 81 FamFG. Eines Ausspruchs zur (sofortigen) Wirksamkeit bedarf es regelmäßig nicht, da die Entscheidung gem. § 40 Abs. 1 FamFG grundsätzlich mit Bekanntgabe an die Beteiligten wirksam ist (zu den Ausnahmen gem. § 40 Abs. 2 und 3 vgl. § 40 Rz. 11 ff.). Ein Beschluss über die Regelung des persönlichen Umgangs oder die Herausgabe eines Kindes hat nach § 89 Abs. 2 auch über die Folgen einer Zuwiderhandlung (über die möglichen Ordnungsmittel nach § 89) zu belehren, auch im Falle des § 156 Abs. 2 (gerichtlich gebilligter Vergleich), dazu ausf. § 89 Rz. 10 ff. Der Beschluss ist nach § 38 Abs. 3 zu begründen; § 38 Abs. 4 Nr. 2 ist nicht anzuwenden (§ 164 Satz 3). Schon im Hinblick auf § 166 (Abänderung und Über-

---

[1] OLG Schleswig v. 30.12.2011 – 10 UF 230/11, FamRZ 2012, 895; OLG München v. 14.9.1999 – 26 UF 1414/99, FuR 2000, 300; OLG Jena v. 3.3.1994 – 7 UF 76/93, FamRZ 1996, 359.
[2] OLG Schleswig v. 30.12.2011 – 10 UF 230/11, FamRZ 2012, 895; OLG Frankfurt v. 3.12.2012 – 1 WF 327/12, ZKJ 2013, 127.
[3] FamVerf/*Schael*, § 2 Rz. 113.
[4] Vgl. etwa OLG Zweibrücken v. 29.3.2004 – 6 WF 27/04, FamRZ 2004, 1589.
[5] Vgl. BGH v. 11.5.2005 – XII ZB 120/04, FamRZ 2005, 1471 m. Anm. *Hammer*.

prüfung) sollte der Beschluss immer eine kurze Begründung enthalten, auch im Falle des § 38 Abs. 4 Nr. 3 (allseitiger Rechtsmittelverzicht). Der Beschluss hat nach § 39 eine Rechtsbehelfsbelehrung zu enthalten. Er ist den Beteiligten nach Maßgabe des § 41 bekannt zu geben, Sonderregelungen für die Bekanntgabe an das Kind enthält § 164.

b) Der **Ausspruch in der Hauptsache** orientiert sich an dem jeweiligen Regelungsgegenstand unter Beachtung des Begehrens der Beteiligten.[1]

52

Besondere Anforderungen sind dabei an gerichtliche **Umgangsregelungen** zu stellen. Das Gericht darf sich nicht auf die Ablehnung einer gerichtlichen Regelung beschränken (dh den Antrag zurückweisen), sondern muss im Regelfall entweder Umfang und Ausübung der Umgangsbefugnis konkret regeln oder die Umgangsbefugnis ebenso konkret einschränken oder ausschließen.[2] Es ist an den Umgangsantrag nicht gebunden, sondern hat von Amts wegen die dem Kindeswohl entsprechende Regelung zu treffen.[3] Eine Ausnahme besteht, wenn im konkreten Fall kein Regelungsbedürfnis besteht, zB wenn der den Umgang begehrende Kindesvater mit unbekanntem Aufenthalt verzieht (zu Rücknahme und Erledigung vgl. Rz. 48 ff.). Die Entscheidung des Familiengerichts über Umfang und Ausübung des Umgangsrechts muss eine konkrete, dh vollständige und vollstreckbare Regelung treffen. Sie muss deshalb insbesondere genaue Angaben über Zeit und Häufigkeit des Umgangs enthalten, ausf. hierzu § 89 Rz. 7. In der Beschlussformel ist gem. § 89 Abs. 2 auf die Möglichkeit der Vollstreckung durch Anordnung von Ordnungsgeld und Ordnungshaft hinzuweisen. Dies gilt auch bei der Anordnung eines begleiteten Umgangs gem. § 1684 Abs. 4 Satz 3 und 4 BGB, bei dem außerdem regelmäßig der Ort des Umgangs sowie der Umgangsbegleiter festgelegt werden muss. Dies darf nicht einem Dritten (zB dem Jugendamt) überlassen werden.[4] Auch bei der Bestellung eines Umgangspflegers gem. § 1684 Abs. 3 Satz 3 BGB muss das Gericht den Umgang konkret regeln und darf die Festlegung der Umgangszeiten nicht dem Umgangspfleger überlassen.[5] Ordnet das Gericht nur einen begleiteten Umgang oder eine Umgangspflegschaft an, liegt lediglich eine Teilentscheidung vor, die das Verfahren nicht abschließt.[6] Wird der Umgang gem. § 1684 Abs. 4 Satz 2 BGB zeitlich begrenzt ausgeschlossen, ist regelmäßig die konkrete zeitliche Dauer des Ausschlusses in die Beschlussformel aufzunehmen.[7] Anderenfalls ist klarzustellen, dass der Ausschluss auf Dauer erfolgt.[8]

53

IV. Beteiligte in Kindschaftssachen

Die Beteiligten in Kindschaftssachen ergeben sich aus § 7. Von ihnen zu unterscheiden sind Personen, die das Gericht im Rahmen der Amtsermittlungspflicht anhören kann oder muss, denn mit der Beteiligtenstellung sind verschiedene **Rechte und Pflichten** im Verfahren verbunden, und die Anhörung macht eine Person nicht zum Beteiligten (§ 7 Abs. 4). Beteiligte haben Anspruch auf Akteneinsicht (§ 13 Abs. 1 FamFG, insbesondere auch in eingeholte Sachverständigengutachten), sie müssen

54

---

[1] Hierzu ausf. mit Tenorierungsvorschlägen FamVerf/*Gutjahr*, § 2 Rz. 187 ff.
[2] BGH v. 27.10.1993 – XII ZB 88/92, FamRZ 1994, 158; OLG Naumburg v. 1.12.2008 – 8 UF 182/08, FamRZ 2009, 1417; OLG Brandenburg v. 31.5.2012 – 9 UF 6/12, FamFR 2012, 357.
[3] OLG Hamburg v. 8.1.1996 – 12 UF 116/95, FamRZ 1996, 676 und oben Rz. 43.
[4] OLG Zweibrücken v. 3.4.2003 – 5 UF 216/02, FamRZ 2004, 53; auch kein bloße Gewährung des Umgangs dem Grunde nach, vgl. OLG Frankfurt v. 5.2.2008 – 3 UF 307/07, FamRZ 2008, 1372; OLG Saarbrücken v. 12.3.2010 – 6 UF 128/09, FamRZ 2010, 1922; OLG Köln v. 18.1.2011 – 21 UF 190/10, FamRZ 2011, 827 (LS.).
[5] OLG Hamm v. 13.7.2010 – 2 UF 277/09, FamRZ 2010, 1926 (LS.); OLG Hamm v. 9.7.2012 – 9 UF 105/12, FamRZ 2013, 310; MüKo.BGB/*Hennemann* § 1684 BGB Rz. 78.
[6] OLG Saarbrücken v. 12.3.2010 – 6 UF 128/09, FamRZ 2010, 1922; OLG Hamm v. 9.7.2012 – 9 UF 105/12, FamRZ 2013, 310.
[7] Unzulässig ist daher zB die Anordnung eines Umgangsausschlusses „bis zum Ende der Strafhaft" (BGH v. 12.7.1984 – IVb ZB 95/83, FamRZ 1984, 1084) oder „bis zur erfolgreichen Durchführung einer Mediation" (OLG Brandenburg v. 10.3.2010 – 13 UF 72/09, FPR 2010, 463).
[8] BGH v. 27.10.1993 – XII ZB 88/92, FamRZ 1994, 158, 160; OLG Nürnberg v. 22.06.2009 – 10 UF 790/08, FamRZ 2009, 1687.

im Verfahren gehört und zu Anhörungsterminen geladen werden (§§ 28 Abs. 1, 32 Abs. 1 Satz 1), ihnen ist Gelegenheit zur Stellungnahme zu dem Ergebnis eines Sachverständigengutachtens zu geben (§ 30 Abs. 4), ihnen muss die Endentscheidung bekannt gegeben werden, bevor sie wirksam wird (§§ 40 Abs. 1, 41 Abs. 1) und sie können gegen die Endentscheidung Beschwerde einlegen, wenn dadurch ihre Rechte beeinträchtigt werden (§ 59 Abs. 1 iVm. § 7 Abs. 2 Nr. 1). Die Beteiligten sind allerdings gem. § 81 regelmäßig auch an den Verfahrenskosten (einschließlich der Kosten eines Verfahrensbeistands, eines Dolmetschers und eines Sachverständigengutachtens) zu beteiligen. Verfahrenskostenhilfe und insbesondere die Beiordnung eines Rechtsanwalts gem. § 78 Abs. 1 ist grundsätzlich nur einem Verfahrensbeteiligten zu bewilligen.[1]

1. Antragsteller

55 Beteiligter ist in (echten oder unechten) Antragsverfahren (vgl. Rz. 36ff, 42f.) zunächst der Antragsteller (§ 7 Abs. 1).

2. Eltern

56 Beteiligte sind ferner die Eltern, soweit ihr Sorge- oder Umgangsrecht unmittelbar betroffen ist iSd. § 7 Abs. 2 Nr. 1, was in Kindschaftsverfahren regelmäßig der Fall ist. Dies gilt zunächst bei allen Streitigkeiten unter den Eltern, insbesondere solchen nach §§ 1628, 1632 Abs. 3, 1671, 1684 BGB. In einem Verfahren nach § 1666 BGB wegen Entzugs der elterlichen Sorge der Kindesmutter ist auch der nicht sorgeberechtigte Vater zu beteiligen, weil im Falle eines Sorgeentzugs vor Bestellung eines Pflegers oder eines Vormunds zu prüfen ist, ob ihm die elterliche Sorge gem. § 1680 Abs. 3 iVm. Abs. 2 Satz 2 BGB zu übertragen ist.[2] Die sorgeberechtigte Kindesmutter ist in einem Verfahren nach § 1685 BGB zur Regelung des Umgangs der Großmutter zu beteiligen, auch wenn das Kind in einer Pflegefamilie lebt, da das Recht zur Bestimmung des Umgangs des Kindes mit Dritten gem. § 1632 Abs. 2 BGB unter die elterliche Sorge fällt.[3] Mangels unmittelbarer Rechtsbeeinträchtigung sind die Eltern nicht zu beteiligen in einem Verfahren betreffend die Auswechslung eines Vormunds oder Pflegers.[4]

3. Kind

57 Beteiligter gem. § 7 Abs. 2 Nr. 1 BGB ist auch das Kind. Es ist immer als Rechtssubjekt betroffen, wenn Angelegenheiten geregelt werden sollen, die es selbst betreffen (elterliche Sorge, persönlicher Umgang, Genehmigung der Unterbringung, genehmigungsbedürftige Rechtsgeschäfte).[5] Soweit das Kind nicht selbst verfahrensfähig ist, bedarf es jedoch der gesetzlichen Vertretung.

58 Eine begrenzte **eigene Verfahrensfähigkeit** des Kindes ergibt sich aus § 9 Abs. 1 Nr. 3. Danach sind Kinder verfahrensfähig, die das 14. Lebensjahr vollendet haben, wenn sie in laufenden Verfahren, die ihre Person betreffen, ein ihnen nach bürgerlichem Recht zustehendes Recht geltend machen. Die Verfahrensfähigkeit besteht daher nicht generell, sondern nur für materiell-rechtliche Widerspruchs- und Mitwirkungsrechte des mindestens 14 Jahre alten Minderjährigen, etwa nach §§ 1671 Abs. 1 Satz 2 Nr. 1, 1778 Abs. 1 Nr. 5, 1887 Abs. 2 Satz 2 BGB.[6] Kindern ab 14 Jahren steht

---

1 OLG Frankfurt v. 18.2.2011 – 4 WF 5/11, FamRB 2012, 7 (*N. Helms*); OLG Hamm v. 29.12.2011 – II-2 WF 314/11, FamRB 2012, 78 (*Luthin*).
2 OLG Schleswig v. 4.5.2011 – 12 UF 83/11, FamRZ 2012, 725; OLG Karlsruhe v. 2.3.2012 – 2 WF 20/12, ZKJ 2012, 271; vgl. auch BGH v. 16.6.2010 – XII ZB 35/10, FamRZ 2010, 1242.
3 OLG Hamm v. 12.7.2011 – II-2 WF 156/11, FamRZ 2011, 1889.
4 OLG Frankfurt v. 18.2.2011 – 4 WF 5/11, FamRB 2012, 7 (*N. Helms*).
5 BGH v. 7.9.2011 – XII ZB 12/11, FamRZ 2011, 1788 m. Anm. *Stößer*, FamRZ 2011, 1859; OLG Oldenburg v. 26.11.2009 – 14 UF 149/09, FamRZ 2010, 660; OLG Stuttgart v. 26.10.2009 – 18 WF 229/09, FamRZ 2010, 1166; *Jaeger*, FPR 2006, 410; *Schael*, FamRZ 2009, 265.
6 Beschlussempfehlung und Bericht des Rechtsausschusses BT-Drucks. 16/9733, S. 288; *Heiter*, FamRZ 2009, 85; *Schael*, FamRZ 2009, 265.

auch ein selbständiges Beschwerderecht zu (§ 60). In Verfahren betreffend die Unterbringung Minderjähriger sind Kinder ab einem Alter von 14 Jahren nach § 167 Abs. 3 stets verfahrensfähig (ohne Rücksicht auf ihre Geschäftsfähigkeit; ausf. § 167 Rz. 20). Greift eine dieser Vorschriften ein, können Kinder ihre Rechte ohne Mitwirkung ihrer gesetzlichen Vertreter geltend machen. Ausf. hierzu § 9 Rz. 12 ff.

In allen anderen Fällen – was in der Praxis die Regel ist – handeln für das Kind im Verfahren jedoch seine **gesetzlichen Vertreter** (§ 9 Abs. 2). Das sind grundsätzlich die ebenfalls am Verfahren beteiligten Eltern bzw. der allein sorgeberechtigte Elternteil. Ihre Vertretungsbefugnis ist durch die eigene Verfahrensbeteiligung nicht automatisch ausgeschlossen, denn § 1795 BGB (iVm. § 1629 Abs. 2 Satz 3 BGB) ist in Kindschaftssachen nach § 151 mangels eines kontradiktorischen Verfahrens weder unmittelbar anwendbar, noch ist eine analoge Anwendung geboten.[1] Stehen die Interessen des Kindes zu denen der Eltern jedoch in erheblichem Gegensatz, etwa weil beide nach der Trennung um den Aufenthalt des Kindes streiten, so liegen sowohl die Voraussetzungen für die Bestellung eines Verfahrensbeistands gem. § 158 Abs. 1, Abs. 2 Nr. 1 vor, als auch die Voraussetzungen für den Entzug der Vertretung gem. §§ 1629 Abs. 2 Satz 3 iVm. 1796 BGB mit der Folge, dass für das Kind ein Ergänzungspfleger zu bestellen wäre. Zum Teil ist vertreten worden, dass die Bestellung eines Verfahrensbeistands die Bestellung eines Ergänzungspflegers nicht entbehrlich mache, weil der Verfahrensbeistand gem. § 158 Abs. 4 Satz 6 nicht gesetzlicher Vertreter des Kindes sei und es daher an einer ordnungsgemäßen Vertretung des Kindes fehle.[2] Der BGH[3] hat sich jedoch zu Recht der Gegenauffassung[4] angeschlossen, wonach **die Bestellung eines Verfahrensbeistands regelmäßig zur Wahrung der Kindesinteressen im Verfahren ausreicht**. Hierfür spricht der Grundsatz der Verhältnismäßigkeit, nach dem bei einem Eingriff in das Elternrecht zu prüfen ist, ob dem Interessengegensatz nicht auf andere Weise Rechnung getragen werden kann. Liegt eine Interessenkollisionen zwischen den Eltern und dem Kind vor, soll nach der Vorstellung des Gesetzgebers dem Kind ein Verfahrensbeistand bestellt und gerade nicht in das Elternrecht eingegriffen werden.[5] Die Bestellung eines Ergänzungspflegers würde auch dem Gebot der Verfahrensbeschleunigung gem. § 155, insbesondere der Pflicht zur Anberaumung eines frühen Termins gem. § 155 Abs. 2, zuwiderlaufen. Denn die Bestellung eines Ergänzungspflegers erfolgt in einem eigenen, vorgeschalteten Verfahren durch den Rechtspfleger. Sie ist als Eingriff in die elterliche Sorge zudem anfechtbar, was der Gesetzgeber durch die Regelung des § 158 Abs. 4 Satz 6 gerade vermeiden wollte. § 1796 BGB ist daher in Kindschaftsverfahren dahingehend zu verstehen, dass eine Entziehung der elterlichen Vertretungsbefugnis dann nicht angeordnet werden darf, wenn durch Bestellung eines Verfahrensbeistands bereits auf andere Weise für eine wirksame Interessenvertretung des Kindes Sorge getragen werden kann, was idR in allen Verfahren der Fall ist, die sich nicht ausschließlich auf vermögensrechtliche Angelegenheiten beziehen.[6] Eine **Ausnahme** kann insbesondere in Verfahren nach § 167a bestehen, wenn in Verfahren betreffend den Umgang oder die Auskunft des leiblichen, nicht rechtlichen Vaters inzident die biologische Vaterschaft des Antragstellers geprüft werden muss (dazu § 167a Rz. 12).

Geht es dagegen um die Vertretung eines Kindes in einer **rein vermögensrechtlichen Angelegenheit**, zB die gerichtliche Genehmigung einer Erbausschlagung des

---

1 BGH v. 26.10.2011 – XII ZB 247/11, FamRZ 2012, 99, 101. Zur anders gelagerten Diskussion bei Abstammungssachen vgl. § 172 Rz. 4.
2 OLG Oldenburg v. 26.11.2009 – 14 UF 149/09, FamRZ 2010, 660; *Schürmann*, FamFR 2009, 153; *Götz*, NJW 2010, 897, 898.
3 BGH v. 7.9.2011 – XII ZB 12/11, FamRZ 2011, 1788 m. zust. Anm. *Stößer*, FamRZ 2011, 1859; BGH v. 18.1.2012 – XII ZB 489/11, FamRZ 2012, 436 = FamRB 2012, 109 (*Menne*).
4 OLG Koblenz v. 3.8.2010 – 7 UF 513/10, NJW 2011, 236; OLG Stuttgart v. 26.10.2009 – 18 WF 229/09, FamRZ 2010, 1166; *Heiter*, FamRZ 2009, 85; *Schael*, FamRZ 2009, 265; *Schmid*, FPR 2011, 5, 7; *Salgo*, FPR 2011, 314.
5 BT-Drucks. 16/6308, S. 240.
6 BGH v. 7.9.2011 – XII ZB 12/11, FamRZ 2011, 1788 m. zust. Anm. *Stößer*, FamRZ 2011, 1859; BGH v. 18.1.2012 – XII ZB 489/11, FamRZ 2012, 436.

Kindes gem. § 1643 Abs. 2 Satz 1 BGB oder sonstige Genehmigungen von Rechtsgeschäften nach §§ 1643, 1821, 1822 BGB, kommt die Bestellung eines Verfahrensbeistands gem. § 158 Abs. 1 nicht in Betracht. Dem minderjährigen Kind muss deshalb in diesen Verfahren zur Wahrnehmung seiner Verfahrensrechte gem. §§ 1629 Abs. 2 Satz 3, 1796 Abs. 2, 1909 BGB ein **Ergänzungspfleger** bestellt werden.[1]

4. Jugendamt

61   Das Jugendamt ist gem. § 162 Abs. 2 Satz 1 in Verfahren nach §§ 1666f. BGB Verfahrensbeteiligter iSv. § 7, in allen anderen Kindschaftssachen nur auf ausdrücklichen Antrag gem. § 162 Abs. 2 Satz 2. Unabhängig von seiner Verfahrensbeteiligung ist es in Kindschaftssachen gem. § 162 Abs. 1 anzuhören. Zur verfahrensrechtlichen Stellung des Jugendamts vgl. § 162 Rz. 17f. und 20.

5. Verfahrensbeistand

62   Soweit für das Kind gem. § 158 ein Verfahrensbeistand bestellt wird, ist dieser gem. § 158 Abs. 3 S. 2 automatisch Beteiligter des Verfahrens (dazu § 158 Rz. 37).

6. Pflegepersonen und sonstige Bezugspersonen

63   Pflegepersonen und sonstige Bezugspersonen des Kindes sind **Muss-Beteiligte** iSv. § 7 Abs. 1 bzw. Abs. 2 Nr. 1 nur, soweit ihnen ein Antragsrecht zusteht oder soweit sie unmittelbar in eigenen Rechten betroffen sind. Dies ist insbesondere der Fall in Verfahren nach §§ 1632 Abs. 4, 1682 BGB (Verbleibensanordnung zugunsten der Pflege- oder Bezugspersonen) sowie nach § 1630 Abs. 3 BGB (Übertragung der elterlichen Sorge auf Pflegepersonen), § 1688 Abs. 3 und 4 BGB (Einschränkung der Sorgebefugnisse von Pflege- und Bezugspersonen), § 1687b Abs. 3 BGB und § 9 Abs. 3 LPartG (Einschränkung der Sorgebefugnisse des Ehegatten oder Lebenspartners). Im Übrigen können Pflege- und Bezugspersonen nur unter den Voraussetzungen des § 161 Abs. 1 als **Kann-Beteiligte** nach § 7 Abs. 3 als Verfahrensbeteiligte hinzugezogen werden. Vgl zum Ganzen ausf. die Kommentierung zu § 161.

7. Anwaltszwang

64   Ein Anwaltszwang **besteht** in isolierten Kindschaftssachen im ersten und auch im zweiten Rechtszug **nicht**. Eine **Ausnahme** gilt gem. § 114 Abs. 1, wenn die Kindschaftssache gem. § 137 Abs. 3 in den **Scheidungsverbund** einbezogen ist. Allerdings entfällt der Anwaltszwang wieder, wenn die Kindschaftssache vom Scheidungsverfahren gem. § 140 Abs. 2 Nr. 3 abgetrennt wird, weil die Kindschaftssache dann als selbständiges Verfahren fortgeführt wird (§ 137 Abs. 5 Satz 2). Zur Beiordnung eines Rechtsanwalts im Rahmen der Verfahrenskostenhilfe vgl. § 78 Rz. 3 ff.

65   **Kosten/Gebühren: Gericht:** Die Gerichtsgebühren in selbständigen Kindschaftssachen sind in Teil 1 Hauptabschnitt 3 Abschnitt 1 KV FamGKG bestimmt (Nrn. 1310ff.). Nach Vorbem. 1.3.1 Abs. 1 bleiben die Pflegschaft für eine Leibesfrucht, ein Verfahren, das die freiheitsentziehende Unterbringung eines Minderjährigen betrifft und ein Verfahren, das Aufgaben nach dem Jugendgerichtsgesetz betrifft, gebührenfrei. In Vorbem. 1.3.1 Abs. 2 ist zugunsten des Minderjährigen eine Vermögensfreigrenze bestimmt. Von dem Minderjährigen können Kosten nur erhoben werden, soweit sein Vermögen diese Grenze überschreitet. Für Vormundschaften und vermögensrechtliche Dauerpflegschaften fällt eine vermögensabhängige Jahresgebühr nach Nummer 1311 KV FamGKG an. Für eine nichtvermögensrechtliche Dauerpflegschaft fällt eine Gebühr in Höhe von 200,– Euro nach Nr. 1312 KV FamGKG an. Für Pflegschaften für einzelne Rechtshandlungen fällt eine wertabhängige Gebühr nach Nr. 1313 KV FamGKG mit einem Gebührensatz von 0,5 an. Für alle übrigen Verfahren entsteht, soweit sie nicht in den Rahmen einer Vormundschaft oder Pflegschaft fallen, eine Wertgebühr mit einem Gebührensatz von 0,5 nach Nr. 1310 KV FamGKG. Der Wert ist nach §§ 36, 42 Abs. 2, 45, 46 FamGKG zu bestimmen. Die Gebühr Nr. 1310 wird bei Beendigung des Verfahrens fällig (§ 11 Abs. 1

---

[1] BGH v. 7.9.2011 – XII ZB 12/11, FamRZ 2011, 1788, 1791; OLG Celle v. 11.9.2012 – 10 UF 56/12, FamRB 2012, 336 (*Stößer*); OLG Zweibrücken v. 14.6.2012 – 6 UF 148/11, FamFR 2012, 404; OLG Brandenburg v. 23.1.2012 – 10 UF 243/11, FamRZ 2012, 1069; OLG Köln v. 22.8.2011 – 4 UF 139/11, FamRZ 2012, 42; OLG Brandenburg v. 6.12.2010 – 9 UF 61/10, ZEV 2011, 594; KG v. 4.3.2010 – 17 UF 5/10, FamRZ 2010, 1171, jew. betr. die Genehmigung einer Erbausschlagung. Ausf. zum Problemkreis *Reetz*, FamFR 2012, 529.

Verfahren in Kindschaftssachen § 152

FamGKG), Kostenschuldner ist vorrangig der Entscheidungs- oder Übernahmeschuldner (§ 24 Nr. 1 und 2 FamGKG), in Verfahren die nur auf Antrag eingeleitet werden können auch der Antragsteller des Verfahrens (§ 21 Abs. 1 Satz 1 FamGKG). Zu beachten ist aber, dass der Minderjährige in Verfahren, die seine Person betreffen, nicht Antragstellerschuldner ist (§ 21 Abs. 1 Satz 2 Nr. 3 FamGKG). Die Jahresgebühren nach Nrn. 1311 und 1312 werden jeweils nach § 10 FamGKG erstmals bei Anordnung und später jeweils zu Beginn eines Kalenderjahres fällig, die Jahresgebühren schuldet der Minderjährige (§ 22 FamGKG). Die Gebühr für die von Amts wegen einzuleitende Einzelpflegschaft schuldet der Entscheidungsschuldner (§ 24 Nr. 1 FamGKG), die Fälligkeit tritt regelmäßig mit der Kostenentscheidung ein (§ 11 Abs. 1 Nr. 1 FamGKG). **RA:** In einer Kindschaftssache stehen dem RA grundsätzlich Gebühren nach Teil 3 VV RVG zu. Vertritt ein RA einen Beteiligten in einem Unterbringungsverfahren (Nr. 6 und 7), stehen ihm Gebühren nach den Nrn. 6300 bis 6303 VV RVG zu (Betragsrahmengebühren). Die Gebühren entstehen für jeden Rechtszug.

152 *Örtliche Zuständigkeit*

(1) Während der Anhängigkeit einer Ehesache ist unter den deutschen Gerichten das Gericht, bei dem die Ehesache im ersten Rechtszug anhängig ist oder war, ausschließlich zuständig für Kindschaftssachen, sofern sie gemeinschaftliche Kinder der Ehegatten betreffen.
(2) Ansonsten ist das Gericht zuständig, in dessen Bezirk das Kind seinen gewöhnlichen Aufenthalt hat.
(3) Ist die Zuständigkeit eines deutschen Gerichts nach Absatz 1 und 2 nicht gegeben, ist das Gericht zuständig, in dessen Bezirk das Bedürfnis der Fürsorge bekannt wird.
(4) Für die in den §§ 1693 und 1846 des Bürgerlichen Gesetzbuchs und in Artikel 24 Abs. 3 des Einführungsgesetzes zum Bürgerlichen Gesetzbuche bezeichneten Maßnahmen ist auch das Gericht zuständig, in dessen Bezirk das Bedürfnis der Fürsorge bekannt wird. Es soll die angeordneten Maßnahmen dem Gericht mitteilen, bei dem eine Vormundschaft oder Pflegschaft anhängig ist.

A. Allgemeines und Systematik	III. Bedürfnis der Fürsorge (Absatz 3) .. 21
I. Allgemeines 1	IV. Vorläufige Fürsorgemaßnahmen
II. Systematik 5	(Absatz 4) 23
B. Örtliche Zuständigkeit nach § 152	C. Sachliche, funktionelle und internationale Zuständigkeit
I. Anhängigkeit einer Ehesache	I. Sachliche Zuständigkeit 26
(Absatz 1) 9	II. Funktionelle Zuständigkeit 27
II. Gericht des gewöhnlichen Aufenthalts	III. Internationale Zuständigkeit 28
(Absatz 2) 13	

A. Allgemeines und Systematik

I. Allgemeines

§§ 152 – 154 regeln die **örtliche Zuständigkeit** für Verfahren in Kindschaftssachen. Daneben sind regelmäßig die sachliche Zuständigkeit des Familiengerichts, die funktionelle Zuständigkeit des Richters oder des Rechtspflegers und die internationale Zuständigkeit der deutschen Gerichte zu prüfen (hierzu Rz. 26 ff.).   **1**

Die örtliche Zuständigkeit in Kindschaftssachen ist eine **ausschließliche Zuständigkeit**. Von ihr kann daher nicht durch eine Vereinbarung der Beteiligten abgewichen werden. Ist das angerufene Gericht örtlich unzuständig, so hat es das Verfahren nach Maßgabe des § 3 an das zuständige Gericht zu verweisen. Das örtlich zuständige Gericht kann das Verfahren gem. § 4 an ein anderes Gericht abgegeben, wenn hierfür ein wichtiger Grund besteht und das andere Gericht zustimmt. Bei Zuständigkeitsstreitigkeiten gilt § 5.   **2**

Der für die Feststellung der örtlichen Zuständigkeit **maßgebliche Zeitpunkt** bestimmt sich danach, wann das Gericht erstmals mit der Sache befasst wurde.[1] In An-   **3**

---
1 BT-Drucks. 16/6308, S. 234; OLG Hamm v. 19.3.2013 – 2 SAF 4/13, juris.

tragsverfahren gem. § 23 (vgl. § 151 Rz. 36 und 42) ist dies der Fall, wenn ein Antrag mit dem Ziel der Erledigung bei Gericht eingegangen ist. In Amtsverfahren gem. § 24 (vgl. § 151 Rz. 39 und 42) ist ein Gericht mit einer Sache befasst, wenn es amtlich von Tatsachen Kenntnis erlangt, die Anlass zu gerichtlichen Maßnahmen sein können.

4 Die einmal gegebene örtliche Zuständigkeit bleibt bestehen, auch wenn sich die sie begründenden Umstände nachträglich ändern (§ 2 Abs. 2 – Grundsatz der **perpetuatio fori**). So führt eine Änderung des gewöhnlichen Aufenthalts des Kindes während des Verfahrens nicht zu einer Änderung der örtlichen Zuständigkeit. Möglich ist in diesen Fällen aber – zB wenn der betreuende Elternteil mit dem Kind an einen weit entfernten Ort verzieht – eine Abgabe aus wichtigem Grund (§ 4).[1] Ausnahmen von der perpetuatio fori enthalten ferner § 153 und § 13 Abs. 3 Satz 1 IntFamRVG (vgl. Rz. 8).

II. Systematik

5 Die örtliche Zuständigkeit richtet sich gem. § 152 zunächst nach der Anhängigkeit einer Ehesache (**Abs. 1**), anderenfalls nach dem gewöhnlichen Aufenthalt des Kindes (**Abs. 2**, statt wie noch unter Geltung des FGG nach seinem Wohnsitz). Auffangtatbestand ist der Ort des Bekanntwerdens eines Fürsorgebedürfnisses (**Abs. 3**). Eine Sonderzuständigkeit für vorläufige Maßregeln für Kinder, deren Sorgeberechtigte verhindert sind bzw. für die noch kein Vormund oder Pfleger bestellt werden konnte, enthält **Abs. 4**. In Ergänzung zu § 152 Abs. 1 enthält § 153 eine Regelung über die Abgabe des Verfahrens bei nachträglicher Rechtshängigkeit einer Ehesache. **§ 154** ergänzt die Regelung des § 152 Abs. 2 für den Fall der einseitigen Änderung des gewöhnlichen Aufenthalts des Kindes und ermöglicht die Verweisung an das für den früheren Aufenthaltsort zuständige Gericht.

6 In Verfahren betreffend eine **mit Freiheitsentziehung verbundene Unterbringung** eines Minderjährigen (§ 151 Nr. 6 und 7) richtet sich die örtliche Zuständigkeit nicht nach §§ 152 ff., sondern nach § 167 iVm. § 313 (dazu § 167 Rz. 5, 10, 58, 67).[2]

7 Die örtliche Zuständigkeit für **Vollstreckungsverfahren** (§ 86 ff.) und **Abänderungsverfahren** (§ 166 iVm. § 1696 BGB) ist unabhängig vom Hauptsache- bzw. Ausgangsverfahren zu bestimmen, da es sich jeweils um eigenständige Verfahren handelt.[3] Die Vollstreckung der Kindesherausgabe bzw. von Umgangsregelungen richtet sich gem. § 88 Abs. 1 nach dem gewöhnlichen Aufenthalt des Kindes bei Einleitung des Vollstreckungsverfahrens, für Abänderungsverfahren gelten ebenfalls §§ 152 ff. (vgl. § 166 Rz. 12). Für **einstweilige Anordnungsverfahren** (§§ 49 ff.) verweist § 50 Abs. 1 Satz 1 hinsichtlich der örtlichen Zuständigkeit ebenfalls auf §§ 152 ff. (bzw. § 167). Zwar sind Eilverfahren gem. § 51 Abs. 3 gegenüber der Hauptsache selbständige Verfahren, jedoch ist gem. § 50 Abs. 1 Satz 2 das für die Hauptsache zuständige Gericht bei Anhängigkeit eines Hauptsacheverfahrens auch für das Anordnungsverfahren zuständig. Wegen weiterer Einzelheiten und Problemfälle vgl. § 50 Rz. 2 ff.

8 Eine Sonderregelung der örtlichen Zuständigkeit (insbesondere eine **Zuständigkeitskonzentration** auf bestimmte Gerichte) **für grenzüberschreitende Sachverhalte** enthalten §§ 10 ff. IntFamRVG (s. Anh. 1 zu § 97). Danach wird die örtliche Zuständigkeit für inländische Rückführungs- und Umgangsverfahren nach dem HKiEntÜ[4] („eingehende Ersuchen") und nach dem ESÜ[5] auf je ein Amtsgericht für jeden OLG-

---

1 OLG Hamm v. 1.7.2010 – II-2 Sdb (FamS) Zust 19/10, FamRZ 2011, 55.
2 OLG Brandenburg v. 19.5.2010 – 9 AR 1/10, FamRZ 2010, 2019.
3 BGH v. 14.5.1986 – IVb ARZ 19/86, FamRZ 1986, 789 und v. 11.7.1990 – XII ARZ 25/90, FamRZ 1990, 1101.
4 Haager Übereinkommen vom 20.5.1980 über die zivilrechtlichen Aspekte internationaler Kindesentführung, vgl. § 97 Rz. 20.
5 Luxemburger Europäisches Übereinkommen vom 25.10.1980 über die Anerkennung und Vollstreckung von Entscheidungen über das Sorgerecht für Kinder und die Wiederherstellung des Sorgeverhältnisses, vgl. § 97 Rz. 20.

Bezirk konzentriert.¹ Zu beachten ist in diesem Zusammenhang die dem § 153 vergleichbare „Sogwirkung" dieser Verfahren gem. § 13 IntFamRVG für andere Sorge- und Umgangsverfahren iSd. § 151 Nr. 1–3: Soweit ein solches Verfahren bereits bei einem anderen Familiengericht anhängig ist, hat dieses das Verfahren gem. § 13 Abs. 3 Satz 1 IntFamRVG an das Spezialgericht abzugeben.²

B. Örtliche Zuständigkeit nach § 152

I. Anhängigkeit einer Ehesache (Absatz 1)

Nach Abs. 1 ist in erster Linie das Gericht zuständig, bei dem die Ehesache (§ 122 Nr. 1–3) im ersten Rechtszug anhängig ist oder war (**Zuständigkeitskonzentration beim Gericht der Ehesache**). Entsprechend dem Rechtsgedanken des Scheidungsverbunds (§ 137) soll so vermieden werden, dass bei Scheidung der Eltern Verfahren einer Familie vor verschiedenen Familiengerichten geführt werden (vgl. § 137 Rz. 5). Der Kreis der von der Zuständigkeitskonzentration erfassten Verfahren ist allerdings nicht identisch mit dem Kreis der Verfahren, die gem. § 137 Abs. 3 als Folgesachen in den Verbund einbezogen werden können. Vielmehr werden *alle* Kindschaftssachen nach § 151, mit Ausnahme von § 151 Nr. 6 und 7 (vgl. Rz. 6), von der Zuständigkeitskonzentration erfasst. In den meisten Fällen werden sich allerdings keine Unterschiede zur Zuständigkeit nach § 152 Abs. 2 ergeben, denn auch für die örtliche Zuständigkeit in Ehesachen ist gem. § 122 Nr. 1 und 2 primär maßgebend, wo ein Ehegatte mit den gemeinsamen Kindern seinen gewöhnlichen Aufenthalt hat. 9

Die Zuständigkeitskonzentration umfasst nur Kindschaftssachen, die **gemeinschaftliche Kinder** der Ehegatten betreffen. Erfasst sind nach dem Zweck der Regelung daher zwar Verfahren, in denen ein Elternteil die Herausgabe des Kindes von dem anderen Elternteil verlangt, nicht aber, wenn die Herausgabe von einem Dritten verlangt wird.³ Nicht erfasst sind ferner Verfahren zur Regelung des persönlichen Umgangs eines Kindes mit Stiefvater oder Stiefmutter nach § 1685 Abs. 2 BGB.⁴ 10

Die Zuständigkeit nach Abs. 1 greift nur ein während bereits bestehender **Anhängigkeit einer Ehesache**. Die Anhängigkeit einer Ehesache beginnt gem. § 124 mit der Einreichung eines Antrags bei Gericht. Wird mit der Einreichung des Antrags zugleich Verfahrenskostenhilfe beantragt, ist dies unerheblich, solange nicht der Antrag in der Ehesache von der Bewilligung der Verfahrenskostenhilfe abhängig gemacht wird. Die Anhängigkeit der Ehesache endet mit der rechtskräftigem Abschluss der Ehesache (§ 148; auch wenn über gem. § 140 abgetrennte Folgesachen noch nicht entschieden ist⁵), mit der Rücknahme des Scheidungsantrags (§ 113 Abs. 1 S. 2 FamFG iVm. § 269 ZPO, § 141 FamFG) oder der übereinstimmenden Erledigungserklärung der Ehegatten (§ 113 Abs. 1 S. 2 FamFG iVm. § 91a ZPO), nicht dagegen mit dem Weglegen der Akte durch das Gericht wegen Nichtbetreibens des Verfahrens durch den antragstellenden Ehegatten⁶ oder bei Aussetzung des Verfahrens nach § 136.⁷ Endet die Ehesache, bevor über die anhängige Kindschaftssache entschieden ist, ändert sich die örtliche Zuständigkeit gem. § 2 Abs. 2 nicht.⁸ 11

Die Kindschaftssache muss **während** der Anhängigkeit der Ehesache eingeleitet worden sein. Ist die Kindschaftssache vor der Ehesache anhängig geworden, gilt 12

---

1 Gem. § 12 Abs. 3 IntFamRVG ist durch Verordnung auch eine weitere Konzentration zulässig. So ist für *alle* OLG-Bezirke des Landes Niedersachsen das Amtsgericht Celle zuständig.
2 Ausf. *Schulz*, FamRZ 2011, 1273, 1274.
3 MüKo.ZPO/*Heilmann*, § 152 FamFG Rz. 8.
4 *Stößer*, FamRZ 2009, 656, 657.
5 BGH v. 7.10.1981 – IVb ARZ 556/81, FamRZ 1982, 43 und v. 5.6.1991 – XII ZB 133/90, FamRZ 1991, 1042.
6 BGH v. 13.10.1982 – IVb ZB 601/81, FamRZ 1983, 38.
7 Vgl. BGH v. 24.3.1993 – XII ARZ 3/93, NJW-RR 1993, 898.
8 Vgl. dazu bereits nach altem Recht BGH v. 8.6.1988 – IVb ARZ 28/88, FamRZ 1988, 1257: Endet die Ehesache, ehe eine andere Familiensache beendet ist, deren Zuständigkeit durch die Ehesache begründet wurde, so verbleibt es nach dem Grundsatz der perpetuatio fori bei dieser Zuständigkeit.

§ 153 (Abgabe der Kindschaftssache ab Rechtshängigkeit – nicht schon ab Anhängigkeit – der Ehesache).[1] Mit dem Wortlaut „das Gericht, bei dem die Ehesache im ersten Rechtszug anhängig ist oder *war*" ist der Fall gemeint, dass die Ehesache in erster Instanz anhängig war und entschieden wurde, aber wegen eines Rechtsmittels in einer nachfolgenden Instanz noch anhängig ist.[2]

II. Gericht des gewöhnlichen Aufenthalts (Absatz 2)

13 Ist eine Zuständigkeit nach Abs. 1 nicht gegeben, bestimmt sich die örtliche Zuständigkeit gem. Abs. 2 nach dem gewöhnlichen Aufenthalt des Kindes. Auf den Wohnsitz des Kindes iSd. § 11 BGB kommt es anders als nach § 36 Abs. 1 Satz 1 FGG aF nicht mehr an. Auf den gewöhnlichen Aufenthalt des Kindes wird **weitgehend inhaltsgleich in einer Vielzahl von anderen Vorschriften** abgestellt, zB bei der Zuständigkeit der Ehesache (§ 122 Nr. 1 und 2 und der Vorgängernorm § 606 Abs. 1 Satz 2 aF ZPO; dazu § 122 Rz. 4 ff., insb. Rz. 15 ff.), der Zuständigkeit für die Vollstreckung der Kindesherausgabe und einer Umgangsregelung (§ 88), der internationalen Zuständigkeit (Art. 8 Abs. 1 Brüssel IIa-VO, Art. 1 MSA, Art. 5 Abs. 1 KSÜ), der Frage des anwendbaren Rechts (Art. 1, 2 MSA, Art. 4 HKiEntÜ, Art. 5 iVm. 15 KSÜ) sowie bei der Zuständigkeit für die Geltendmachung des Kindesunterhalts eines minderjährigen Kindes (§ 232 Abs. 1 Nr. 2).

14 **Zweck** des Abstellens auf den gewöhnlichen Aufenthalt ist, dass dort die notwendigen Ermittlungen des Gerichts zu den für die Bestimmung des Kindeswohls maßgeblichen Umständen (Ermittlungen durch das örtlich zuständige Jugendamt, Bestellung eines Verfahrensbeistands, Ermittlungen bei Bezugspersonen, Kita-Erziehern, Lehrern usw.) schneller und aufgrund der örtlichen Nähe sachgerechter erfolgen können.

15 **Gewöhnlicher Aufenthalt** eines Kindes ist der Ort des tatsächlichen Lebensmittelpunkts des Kindes (sein faktischer Daseinsmittelpunkt), der entsprechend des Alters des Kindes den **Schwerpunkt seiner sozialen und familiären Beziehungen** darstellt.[3] Der gewöhnliche Aufenthalt des Kindes leitet sich grundsätzlich nicht von dem gewöhnlichen Aufenthalt oder Wohnsitz des Sorgeberechtigten ab, sondern ist unabhängig von diesem zu ermitteln.[4] Gegenüber dem einfachen oder schlichten Aufenthalt ist ein Aufenthalt von nicht geringer Dauer erforderlich.[5] Das bedeutet jedoch nicht, dass im Falle eines Wechsels des Aufenthaltsorts ein neuer gewöhnlicher Aufenthalt immer erst nach Ablauf einer entsprechenden Zeitspanne begründet werden könnte und bis dahin der frühere gewöhnliche Aufenthalt fortbestehen würde. Der gewöhnliche Aufenthalt an einem Ort wird vielmehr grundsätzlich schon dann begründet, wenn sich aus den Umständen ergibt, dass der Aufenthalt an diesem Ort **auf eine längere Zeitdauer angelegt** ist und künftig der neue anstelle des bisherigen Aufenthaltsorts Daseinsmittelpunkt sein soll.[6] Unabhängig davon ist nach einem Zeitraum von sechs Monaten regelmäßig von einem neuen gewöhnlichen Aufenthalt auszugehen.[7] Maßgeblich für die Bestimmung des gewöhnlichen Aufenthalts ist in jedem Fall der Zeitpunkt, in dem das Gericht mit der Sache befasst wird (vgl. Rz. 3). Ändert sich der gewöhnliche Aufenthalt während des Verfahrens, kann eine Abgabe nach § 4 zu prüfen sein.

---

1 OLG Hamm v. 13.7.2010 – II-2 Sdb (FamS) Zust 15/10, FamRZ 2011, 58.
2 Musielak/Borth, § 152 FamFG Rz. 3.
3 BGH v. 29.10.1980 – IVb ZB 586/80, FamRZ 1981, 135; BGH v. 5.6.2000 – XII ZB 74/00, FamRZ 2002, 1182; OLG Hamm v. 15.12.2011 – II-UF 240/11, FamFR 2012, 141; OLG Karlsruhe v. 16.8. 2003 – 18 UF 171/02, FamRZ 2005, 287. Vgl. auch EuGH v. 22.12.2010 – C-497/10PPU, FamRZ 2011, 617 und v. 2.4.2009 – C-523/07, FamRZ 2009, 843: „Integration des Kindes in ein soziales und familiäres Umfeld."
4 BGH v. 18.6.1997 – XII ZB 156/95, FamRZ 1997, 1070.
5 BGH v. 5.2.1975 – IV ZR 103/73, NJW 1975,1068; BGH v. 29.10.1980 – IVb ZB 586/80, FamRZ 1981, 135; OLG Karlsruhe v. 15.11.2002 – 2 UF 115/02, FamRZ 2003, 956.
6 BGH v. 29.10.1980 – IVb ZB 586/80, FamRZ 1981, 135.
7 BGH v. 29.10.1980 – IVb ZB 586/80, FamRZ 1981, 135; BGH v. 18.6.1997 – XII ZB 156/95, FamRZ 1997, 1070; OLG Karlsruhe v. 15.11.2002 – 2 UF 115/02, FamRZ 2003, 956; OLG Hamm v. 15.12. 2011 – II-UF 240/11, FamFR 2012, 141.

16 Je nach **Alter des Kindes** können die inner- und außerfamiliären Aspekte unterschiedlich zu gewichten sein, denn die Bestimmung des gewöhnlichen Aufenthalts hat aus Sicht des Kindes[1] und unter Berücksichtigung seines gegenüber Erwachsenen beschleunigten Zeitempfindens (dazu § 155 Rz. 3, 17) zu erfolgen.[2] **Säuglinge und Kleinkinder** sind derart von ihrer Bezugs- und Betreuungsperson abhängig, dass maßgeblich auf ihre Eingewöhnung in der neuen häuslichen Umgebung und die Verfestigung der Beziehungen im familiären Umfeld abzustellen ist.[3] Bei **älteren Kindern** ab dem Vorschulalter sind stärker auch deren Wille und soziale Beziehungen zu berücksichtigen, zB der Besuch eines Kindergartens oder der Schule, die Beziehungen zu Freunden, soziales oder kirchliches Engagement usw.

17 Bei einer auf Dauer angelegten **Trennung der Eltern** wechselt der gewöhnliche Aufenthalt des Kindes idR unmittelbar mit dem des betreuenden Elternteils, wenn diesem das Aufenthaltsbestimmungsrecht allein zusteht oder der Umzug mit Zustimmung des anderen Elternteils erfolgt.[4] Dies gilt jedoch grundsätzlich nicht, wenn der **Umzug ohne Kenntnis oder gegen den Willen des allein- oder mitsorgeberechtigten Elternteils** erfolgt (sog. zivilrechtliche Kindesentführung oder legal kidnapping), hierzu ausf. § 154 Rz. 9 ff.

18 Bei **wechselnder Betreuung**, insbesondere durch getrennt lebende Eltern in Form des **Wechselmodells**, ist der Schwerpunkt der Lebensführung des Kindes besonders genau zu prüfen, wenn die Eltern in unterschiedlichen Gerichtsbezirken leben. Soweit ein Elternteil das Kind überwiegend betreut, wird dort regelmäßig auch der gewöhnliche Aufenthalt des Kindes liegen.[5] Im Übrigen ist jedoch ausgehend von dem Zweck der Regelung, eine möglichst große Sachnähe des Gerichts zu gewährleisten (Rz. 13), nicht allein auf möglicherweise nur geringfügig abweichende Betreuungsanteile der Eltern abzustellen, sondern auch darauf, ob sich außerhalb der elterlichen Wohnungen ein Schwerpunkt ergibt, etwa wenn Schule und außerschulische Aktivitäten usw. alle in einem bestimmten Gerichtsbezirk liegen. Bewohnt einer der Eltern noch die frühere gemeinsame Wohnung, so kann regelmäßig davon ausgegangen werden, dass dort aufgrund der längeren Verwurzelung des Kindes weiterhin der gewöhnliche Aufenthalt liegt.[6] Nur wenn sich unter Berücksichtigung der Gesamtumstände kein eindeutiger gewöhnlicher Aufenthalt feststellen lässt, ist ein mehrfacher gewöhnlicher Aufenthalt anzunehmen.[7] In diesen Fällen ist von den beiden örtlich zuständigen Gerichten gem. § 2 Abs. 1 dasjenige zuständig, das zuerst mit der Angelegenheit befasst war.

19 Bei **Fremdunterbringung** des Kindes in einer Einrichtung der Jugendhilfe (§ 34 SGB VIII) oder einer Pflegefamilie (§ 33 SGB VIII) kommt es vor allem darauf an, ob das Kind nach dem Willen des Sorgeberechtigten bzw. des für das Kind bestellten Pflegers oder Vormunds dort für längere Zeit verbleiben soll.[8] Ist der Pfleger nur aufgrund einer eA nach § 1666 BGB bestellt und wird das entsprechende Hauptsache-

---

1 Zöller/*Lorenz*, § 152 FamFG Rz. 12.
2 EuGH v. 22.12.2010 – C-497/10PPU, FamRZ 2011, 617; OLG Schleswig v. 26.7.2000 – 12 UF 233/99, FamRZ 2000, 1426.
3 EuGH v. 22.12.2010 – C-497/10PPU, FamRZ 2011, 617; BGH v. 29.10.1980 – IVb ZB 586/80, FamRZ 1981, 135; OLG Köln v. 15.3.2012 – II-21 AR 1/12, FamRZ 2012, 1406, 1407; OLG Schleswig v. 26.7.2000 – 12 UF 233/99, FamRZ 2000, 1426.
4 BGH v. 29.10.1980 – IVb ZB 586/80, FamRZ 1981, 135; OLG Karlsruhe v. 15.7.2004 – 2 UF 95/04, Kind-Prax 2005, 69.
5 Vgl. OLG Bremen v. 3.4.1992 – 4 UF 35/92, FamRZ 1992, 963: Lebt das Kind von Sonntagnachmittag bis Freitagnachmittag beim Vater (und geht es dort auch zur Schule und hat dort seinen Freundeskreis), während es an allen Wochenenden bei der Mutter ist, befindet sich der gewöhnliche Aufenthalt beim Vater.
6 Vgl. etwa den Fall des OLG Rostock v. 25.5.2000 – 10 UF 126/00, FamRZ 2001, 642, in dem das Kind nach einer Vereinbarung der Eltern auf Dauer abwechselnd ein halbes Jahr beim Vater und ein halbes Jahr bei der Mutter leben sollte.
7 Vgl. hierzu ausf. § 122 Rz. 13; ebenso *Bumiller*/Harders, § 152 FamFG Rz. 7.
8 Vgl. OLG Düsseldorf v. 18.3.2010 – II-2 WF 27/10, FamRZ 2010, 1178: Kind lebt seit einem Jahr in einer Pflegefamilie.

verfahren erst später eingeleitet, so wird regelmäßig noch kein gewöhnlicher Aufenthalt in der Einrichtung bzw. der Pflegestelle bestehen, da über den endgültigen Sorgeentzug und die damit verbundene Trennung von den Eltern erst noch zu entscheiden ist.[1] Ist dagegen in der Hauptsache entschieden und soll das Kind künftig in einer Einrichtung oder einer Dauerpflegestelle verbleiben, ist dort sein gewöhnlicher Aufenthalt, so dass sich danach auch die örtliche Zuständigkeit für eine Abänderung nach § 166 Abs. 1 iVm. § 1696 BGB bzw. die Überprüfung der Dauerentscheidung nach § 166 Abs. 2 FamFG richtet. Ist das Kind von den Eltern vorläufig bei **Verwandten** oder sonst in **Familienpflege** (§ 1630 BGB) untergebracht, verbleibt der gewöhnliche Aufenthalt ebenfalls zunächst bei den Eltern, der Aufenthalt kann sich aber bei längerer Dauer und in Abhängigkeit vom Alter des Kindes zu einem gewöhnlichen Aufenthalt verdichten.

20 Bei **Geschwisterkindern** ist der gewöhnliche Aufenthalt für jedes Kind gesondert zu bestimmen. Wohnen Geschwister nach der Trennung der Eltern vereinbarungsgemäß zunächst bei verschiedenen Elternteilen in unterschiedlichen Gerichtsbezirken und beantragen beide Eltern später, ihnen jeweils das Aufenthaltsbestimmungsrecht für beide Geschwister zu übertragen, sind daher nach § 152 Abs. 2 für beide Verfahren verschiedene Gerichte zuständig. Von einer einheitlichen Zuständigkeitsregelung hat der Gesetzgeber jedoch bewusst abgesehen. § 36 Abs. 1 Satz 2 FGG hatte noch vorgesehen, dass in Verfahren, die Geschwisterkinder betreffen und für die unterschiedliche örtliche Zuständigkeiten bestehen, bei identischem Verfahrensgegenstand das Gericht zuständig ist, in dessen Zuständigkeitsbereich das jüngste Kind lebt.[2] Diese Regelung wurde – entgegen einer Empfehlung des Bundesrates[3] – mit dem Hinweis, dass eine automatische Zuständigkeitskonzentration nicht allen Fallkonstellationen gerecht werde, nicht übernommen.[4] Dem kann nicht gefolgt werden, denn grundsätzlich muss eine einheitliche Kindeswohlentscheidung unter Berücksichtigung der Geschwisterbindung erfolgen. Die gesetzgeberische Überlegung ist auch mit der sonstigen gesetzlichen Regelung der örtlichen Zuständigkeit nicht konsistent, denn während der Anhängigkeit einer Ehesache besteht eine einheitliche Zuständigkeit für alle Geschwister über die Zuständigkeitskonzentration nach § 152 Abs. 1 iVm. § 122 Nr. 3 – 5, soweit es sich um gemeinschaftliche Kinder der Ehegatten handelt. Im Fall des § 152 Abs. 2 kann eine einheitliche Zuständigkeit dagegen nur durch **Abgabe aus wichtigem Grund (§ 4)** erreicht werden. Dies widerspricht dem Grundsatz des beschleunigten Verfahrens (§ 155), denn durch die Abgabe des Verfahrens nach § 4 verstreicht wegen des Erfordernisses der vorherigen Anhörung der Beteiligten und der notwendigen Abstimmung der Gerichte meist wertvolle Zeit bis zur Anberaumung des ersten Termins, die gem. § 155 Abs. 2 eigentlich innerhalb eines Monats erfolgen soll. Sinnvoller wäre die umgekehrte Regelung gewesen: eine klare einheitliche Zuständigkeit für Geschwister zu schaffen mit der Möglichkeit, das Verfahren bei entsprechendem Bedarf nachträglich abzugeben. Probleme können aufgrund der gesetzlichen Regelung auch in dem Fall auftreten, dass ein Elternteil mit Kindern unterschiedlichen Alters umzieht (zB einem sechs Monate altem Säugling, einem dreijährigen und einem 14-jährigen Kind), da für Kinder verschiedenen Alters uU unterschiedliche Kriterien für die Begründung eines neuen gewöhnlichen Aufenthalts bestehen (vgl. Rz. 16). Man mag sich hier damit helfen, dass die älteren Kinder im Hinblick auf die Geschwisterbindung als Element der sozialen und familiären Integration ihren gewöhnlichen Aufenthalt regelmäßig bereits gemeinsam mit dem jüngeren ändern.

---

1 Vgl. etwa OLG Hamm v. 19.3.2013 – 2 SAF 4/13, juris.
2 *Bumiller*/Harders, § 152 FamFG Rz. 8 und BayObLG v. 21. 4.1999 – 1Z BR 124/98, FamRZ 1999, 1363 sowie ausf. *Jansen/v. Schuckmann/Sonnenfeld*, § 36 Rz. 50 ff.
3 BT-Drucks. 16/6308, S. 374.
4 BT-Drucks. 16/6308, S. 413; die dort angesprochene Fallkonstellation betrifft allerdings einen Fall mit unterschiedlichen Verfahrensgegenständen.

III. Bedürfnis der Fürsorge (Absatz 3)

Ist eine örtliche Zuständigkeit weder nach Abs. 1 noch nach Abs. 2 gegeben, ist nach § 152 Abs. 3 das Gericht zuständig, in dessen Bezirk das Bedürfnis der Fürsorge hervortritt. Die Vorschrift ist weit auszulegen, da es sich um einen **Auffangtatbestand** handelt.[1]

Die Fürsorgezuständigkeit greift u.a. ein, wenn sich der Aufenthalt des Kindes noch nicht zu einem gewöhnlichen Aufenthalt verdichtet hat und ein früherer Aufenthalt nicht oder nicht mehr besteht (zB Zuzug aus dem Ausland in ein Obdachlosenheim oder ein Übergangswohnheim, Nächtigung in einem Auto oder Wohnmobil, Inobhutnahme eines Kindes ohne aktuellen gewöhnlichen Aufenthalt durch das Jugendamt und vorläufige Unterbringung beim Kindesvater[2]). Sie greift ferner ein, wenn der Aufenthalt des Kindes unbekannt ist[3] oder wenn ein gewöhnlicher Aufenthalt nicht festgestellt werden kann, zB weil der Säugling oder das Kleinkind ausgesetzt wurde. Erfasst sind auch Fälle, in denen der gewöhnliche Aufenthalt des Kindes im Ausland liegt und dennoch eine internationale Zuständigkeit der deutschen Gerichte besteht, zB wenn sich ein Kind mit deutscher Staatsangehörigkeit dauerhaft im Libanon aufhält (Restzuständigkeit der deutschen Gerichte gem. Art. 14 Brüssel IIa-VO iVm. § 99 Abs. 1 Nr. 2, dazu § 99 Rz. 18). Auch wenn das Kind noch nicht geboren ist, ist die Zuständigkeit für gerichtliche Maßnahmen (zB nach §§ 1774 S. 2, 1912 BGB) nach dem Bedürfnis der Fürsorge zu bestimmen.[4] Tritt das Bedürfnis der Fürsorge an verschiedenen Orten hervor, ist die Zuständigkeit im Rahmen einer Gesamtschau nach Zweckmäßigkeitsgesichtspunkten zu bestimmen, insbesondere danach, bei welchem Gericht die größere Sachnähe bzw. Sachkenntnis besteht.[5]

IV. Vorläufige Fürsorgemaßnahmen (Absatz 4)

Nach Abs. 4 Satz 1 ist für vorläufige gerichtliche Maßnahmen bei Verhinderung der sorgeberechtigten Eltern oder des Vormunds (§§ 1693 und 1846 BGB) sowie für ausländische Minderjährige, für die ein Pfleger oder Vormund noch nicht bestellt werden konnte (Art. 24 Abs. 3 EGBGB) zusätzlich – dh neben dem nach Abs. 1 oder Abs. 2 zuständigen Gericht – auch das Gericht örtlich zuständig, in dessen Bezirk das **Bedürfnis der Fürsorge** bekannt wird. Dadurch soll ein schnelles Handeln des Gerichts ermöglicht werden,[6] ohne dass zuvor Ermittlungen für die Bestimmung des zuständigen Gerichts nach Abs. 1 oder Abs. 2 erfolgen müssen. Wird das Bedürfnis bei mehreren Gerichten bekannt, ist gem. § 2 Abs. 1 das zuerst mit der Sache befasste Gericht zuständig. Nach Abs. 4 Satz 2 soll das Gericht, bei dem eine Vormundschaft oder Pflegschaft anhängig ist, von den angeordneten Maßnahmen benachrichtigt werden.

Die Zuständigkeit nach Abs. 4 **endet** mit dem Erlass der vorläufigen Maßnahme und der Abgabe an das eigentlich zuständige Gericht sowie mit Erlöschen des Fürsorgebedürfnisses.[7]

Für **andere unaufschiebbare Eilmaßnahmen** als die in Abs. 4 genannten besteht zwar ebenfalls eine Zuständigkeit des Gerichts, in dessen Bezirk die Fürsorge be-

---

1 OLG Karlsruhe v. 28.7.2011 – 18 UF 117/11, FamRZ 2011, 1888, 1889; OLG Hamm v. 19.3.2013 – 2 SAF 4/13, juris.
2 Zu Letzterem OLG Hamm v. 13.7.2010 – 2 Sdb (FamS) Zust. 21/10, FamRZ 2011, 395; allerdings hätte im konkreten Fall wohl ein gewöhnlicher Aufenthalt (noch) bei der Kindesmutter angenommen werden müssen, denn diese wohnte zwar erst seit wenigen Wochen mit dem Kind an ihrem neuen Wohnort, war aber allein sorgeberechtigt und konnte daher mit dem auf Dauer angelegten Umzug unmittelbar einen neuen gewöhnlichen Aufenthalt für das Kind begründen, vgl. Rz. 17.
3 OLG Karlsruhe v. 28.7.2011 – 18 UF 117/11, FamRZ 2011, 1888: Der Vater begehrt Auskunft nach § 1686 BGB, die Mutter ist durch die Polizei anonym untergebracht und erteilt auch dem Gericht keine Auskunft über den Aufenthaltsort.
4 Ausf. *Bumiller*/Harders, § 152 FamFG Rz. 10 ff.
5 OLG Hamm v. 19.3.2013 – 2 SAF 4/13, juris.
6 BT-Drucks. 16/6308, S. 235, entsprechend der Regelung in § 44 FGG aF.
7 BayObLG v. 26.4.1996 – 3Z AR 27/96, FamRZ 1996, 1339.

kannt wird, jedoch ergibt sich dies aus § 50 Abs. 2. Für dringende freiheitsentziehende Maßnahmen nach § 151 Nr. 6 und 7 ergibt sich die örtlichen Zuständigkeit aus § 167 iVm. § 313 Abs. 2 als der spezielleren Vorschrift (vgl. § 167 Rz. 67).

C. Sachliche, funktionelle und internationale Zuständigkeit

I. Sachliche Zuständigkeit

26   Sachlich zuständig für Kindschaftssachen iSd. § 151 sind die bei den Amtsgerichten einzurichtenden Abteilungen für Familiensachen (Familiengericht), §§ 23a Abs. 1 Nr. 1, 23b Abs. 1 Satz 1 GVG. Bei sachlicher Unzuständigkeit des Familiengerichts und Zuständigkeit des allgemeinen Zivilgerichts und umgekehrt ist das Verfahren gem. § 17a Abs. 6 iVm. Abs. 1 bis 5 GVG an das zuständige Gericht zu verweisen[1] (dazu ausf. § 111 Rz. 50 ff.).

II. Funktionelle Zuständigkeit

27   Funktionell zuständig ist nach § 3 Nr. 2a RPflG der Rechtspfleger, soweit die Kindschaftssachen nicht durch den Katalog des § 14 Abs. 1 RPflG dem Richter vorbehalten sind. Vgl. hierzu im Einzelnen die Übersicht der verschiedenen Verfahrensgegenstände bei § 151 Rz. 7 ff.

III. Internationale Zuständigkeit

28   Die internationale Zuständigkeit für Kindschaftssachen richtet sich vorrangig nach dem Europarecht und internationalen Abkommen, nämlich

– der EG-Verordnung Nr. 2201/2003 v. 27.11.2003 (**Brüssel IIa-Verordnung**; s. dazu Anh. 2 zu § 97),

– dem Haager Übereinkommen über die Zuständigkeit der Behörden und das anzuwendende Recht auf dem Gebiet des Schutzes von Minderjährigen vom 5.10.1961 (**Minderjährigenschutzabkommen – MSA**; s. § 99 Rz. 20),

– dem Haager Übereinkommen vom 19.10.1996 über die Zuständigkeit, das anzuwendende Recht, die Anerkennung, Vollstreckung und Zusammenarbeit auf dem Gebiet der elterlichen Verantwortung und der Maßnahmen zum Schutz von Kindern (**Kinderschutzübereinkommen – KSÜ**; s. dazu Anh. 3 zu § 97).

Dadurch werden die im FamFG für die internationale Zuständigkeit für Kindschaftssachen vorgesehenen Regelungen des § 99 (für Kindschaftssachen iSd. § 151 Nr. 1 bis 6 und 8) sowie des **§ 105** (für freiheitsentziehende Maßnahmen nach § 151 Nr. 7) in erheblichem Maße verdrängt. Vgl. hierzu ausf. § 99 Rz. 5 ff. und § 105 Rz. 7 f.

29   Grundsätzlich stellen alle Regelungen der internationalen Zuständigkeit auf den **gewöhnlichen Aufenthalt** des Kindes unabhängig von seiner Staatsangehörigkeit ab (Art. 8 Abs. 1 Brüssel IIa-VO, Art. 1 MSA, Art. 5 Abs. 1 KSÜ; zum Begriff des gewöhnlichen Aufenthalts vgl. Rz. 15). Hat ein Kind daher seinen gewöhnlichen Aufenthalt in Deutschland, so sind die deutschen Gerichte regelmäßig auch international zuständig.

30   Die deutschen Gerichte können jedoch in bestimmten Fällen auch zuständig sein für Kinder, die ihren gewöhnlichen Aufenthalt nicht in Deutschland haben. Dies ist insbesondere in Fällen **internationaler Kindesentführung** zu beachten (dazu § 99 Rz. 23 ff.) sowie bei deutschen Kindern, die ihren **gewöhnlichen Aufenthalt in einem „echten" Drittstaat** haben, der weder der EU noch einem der oben genannten Abkommen angehört – hier besteht eine Restzuständigkeit der deutschen Gerichte nach Art. 14 Brüssel IIa-VO iVm. § 99 Abs. 1 Nr. 2 (dazu § 99 Rz. 18). Schließlich besteht bei Anwesenheit eines Kindes in Deutschland eine Restzuständigkeit der deutschen Gerichte auch für **einstweilige Maßnahmen** nach Art. 20 Abs. 1 Brüssel IIa-VO (dazu § 99 Rz. 19).

---

1 OLG Stuttgart v. 26.1.2012 – 17 AR 1/12, juris; OLG Nürnberg v. 28.12.2011 – 12 W 2359/11, NJW-RR 2012, 559; OLG München v. 15.7.2010 – 31 AR 37/10, FamRZ 2010, 2090.

153 Abgabe an das Gericht der Ehesache

Wird eine Ehesache rechtshängig, während eine Kindschaftssache, die ein gemeinschaftliches Kind der Ehegatten betrifft, bei einem anderen Gericht im ersten Rechtszug anhängig ist, ist diese von Amts wegen an das Gericht der Ehesache abzugeben. § 281 Abs. 2 und 3 Satz 1 der Zivilprozessordnung gilt entsprechend.

A. Allgemeines

§ 153 regelt in Ergänzung zu § 152 Abs. 1 die Abgabe einer bereits anhängigen Kindschaftssache an das Gericht, bei dem **nachfolgend** eine Ehesache rechtshängig wird. Die Vorschrift entspricht im Wesentlichen § 621 Abs. 3 aF ZPO. Sie dient der **Zuständigkeitskonzentration bei dem Gericht der Ehesache** (vgl. § 152 Rz. 9). Ferner wird dadurch der Verbund von Scheidungs- und Folgesachen nach § 137 Abs. 3, 4 ermöglicht, wenngleich § 153 alle Kindschaftssachen nach § 151 Nr. 1 bis 5 und 8 erfasst und nicht nur solche, die nach § 137 Abs. 3 Folgesachen sein können. Vergleichbare Regelungen finden sich u.a. in § 202 (Hausrat und Ehewohnung), § 233 (Kindesunterhalt) und § 263 (Güterrecht); vgl. auch § 123 für die Anhängigkeit einer Ehesache bei verschiedenen Gerichten. Wie bei diesen handelt es sich gegenüber § 4 um eine Sonderform der Abgabe, weil sie gem. Satz 2 iVm. § 281 Abs. 2 Satz 4 ZPO wie eine Verweisung nach § 3 bindend ist (vgl. § 4 Rz. 9). 1

B. Inhalt der Vorschrift

I. Wird bei Anhängigkeit einer Kindschaftssache bei einem anderen Gericht eine **Ehesache rechtshängig** (§§ 253 Abs. 1, 261 Abs. 1 ZPO), so ist die Kindschaftssache nach Satz 1 an das Gericht der Ehesache abzugeben. Das Gericht der Ehesache wird daher erst mit förmlicher Zustellung des Scheidungsantrags für die Kindschaftssache zuständig. Ein VKH-Bewilligungsverfahren für die Ehesache nach §§ 114, 118 ZPO genügt für eine Abgabe (noch) nicht. 2

An das Gericht der Ehesache abzugeben sind **alle Kindschaftssachen nach § 151 Nr. 1 bis 5 und 8**, die ein gemeinschaftliches Kind der Ehegatten (zum Begriff vgl. § 152 Rz. 10) betreffen. Eine Ausnahme gilt für freiheitsentziehende Maßnahmen nach § 151 Nr. 6 und 7, hier geht die speziellere Regelung in § 167 iVm. § 313 vor (§ 167 Rz. 5). 3

Die **Kindschaftssache** muss **im ersten Rechtszug anhängig** sein. Die Anhängigkeit beginnt mit der Verfahrenseinleitung (vgl. § 151 Rz. 35 ff.) und endet mit Erlass der verfahrensabschließenden Entscheidung gem. § 38 Abs. 3 (vgl. § 151 Rz. 44 ff.).[1] Die Anhängigkeit entfällt nicht bei einem Weglegen der Akte durch das Gericht oder bei einer Aussetzung des Verfahrens nach § 21. Nach dem klaren Wortlaut der Vorschrift werden Kindschaftssachen nicht mehr an das Gericht der Ehesache übergeleitet, wenn sie in der Rechtsmittelinstanz anhängig sind. Dies gilt jedoch nicht, wenn die Kindschaftssache nur wegen einer Neben- oder Zwischenentscheidung in der Rechtsmittelinstanz anhängig ist, zB wegen einer sofortigen Beschwerde gegen die Zurückweisung eines Verfahrenskostenhilfeantrags.[2] Wird das Verfahren an die erste Instanz zurückverwiesen, greift die Zuständigkeitskonzentration nach § 153 wieder ein.[3] 4

Das **Abgabeverfahren** wird von Amts wegen betrieben, eines entsprechenden Antrags bedarf es nicht. Ein wichtiger Grund und die Zustimmung des Gerichts der Ehesache gem. § 4 S. 1 sind nicht erforderlich, da § 153 als speziellere Vorschrift den wichtigen Grund bereits enthält und darüber kein Einvernehmen mit dem Gericht der Ehesache hergestellt werden muss.[4] Vor der Abgabe ist den Beteiligten gem. § 4 5

---

1 BGH v. 22.5.1985 – IVb ARZ 15/85, FamRZ 1985, 800; § 233 Rz. 8 mit Verweis auf die Ratio der Norm, alle anhängigen Familiensachen gemeinsam zu erledigen; Haußleiter/*Fest*, § 153 FamFG Rz. 4; Johannsen/Henrich/*Büte*, § 153 FamFG Rz. 3; **aA** MüKo.ZPO/*Heilmann*, § 153 FamFG Rz. 7: erst mit Bekanntgabe an alle Beteiligten gem. §§ 40f.
2 BGH v. 7.3.2001 – XII ARZ 2/01, FamRZ 2001, 618.
3 BGH v. 27.2.1980 – IV ZR 198/78, FamRZ 1980, 444.
4 MüKo.ZPO/*Heilmann*, § 153 FamFG Rz. 2; **aA** Keidel/*Engelhardt*, § 153 FamFG Rz. 4. Vgl. auch § 202 Rz. 11.

Satz 2 (schriftlich) rechtliches Gehör zu gewähren, sonst tritt die Bindungswirkung nach § 281 Abs. 2 Satz 4 ZPO nicht ein. Die Zustimmung der Beteiligten ist jedoch nicht erforderlich.

6 II. Der Abgabebeschluss ist nach Satz 2 **unanfechtbar** (§ 281 Abs. 2 Satz 2 ZPO) und für das Gericht der Ehesache **bindend** (§ 281 Abs. 2 Satz 4 ZPO), soweit die Abgabe nicht willkürlich oder ohne Gewährung rechtlichen Gehörs erfolgt.[1] Unter den Voraussetzungen des § 137 Abs. 3 wird die abgegebene Kindschaftssache gem. § 137 Abs. 4 ohne weiteres in den Scheidungsverbund einbezogen.

7 **Kosten/Gebühren: Gericht:** Die Abgabe der Sache löst keine Kosten aus (§ 1 Satz 1 FamGKG). Das Verfahren wird jeweils kostenrechtlich so behandelt, als wäre es von Anfang an bei dem übernehmenden Gericht anhängig gewesen (§ 6 Abs. 1 Satz 2 und 1 FamGKG). Gelangt die abgegebene Sache in den Verbund, ist § 44 FamGKG anzuwenden. **RA:** Die gebührenrechtlichen Folgen einer Abgabe des Verfahrens an ein anderes Gericht regelt § 20 RVG. Die Verfahren vor dem abgebenden und vor dem übernehmenden Gericht sind ein Rechtszug (§ 20 Satz 1 RVG). Tritt in beiden Verfahrensteilen derselbe RA auf, kann er die Gebühren nur einmal fordern, da er gebührenrechtlich in derselben Angelegenheit tätig geworden ist (§ 15 Abs. 2 RVG). Sind verschiedene RAe aufgetreten, hat jeder RA die durch seine Tätigkeit entstandenen Gebühren verdient.

154 *Verweisung bei einseitiger Änderung des Aufenthalts des Kindes*

Das nach § 152 Abs. 2 zuständige Gericht kann ein Verfahren an das Gericht des früheren gewöhnlichen Aufenthaltsorts des Kindes verweisen, wenn ein Elternteil den Aufenthalt des Kindes ohne vorherige Zustimmung des anderen geändert hat. Dies gilt nicht, wenn dem anderen Elternteil das Recht der Aufenthaltsbestimmung nicht zusteht oder die Änderung des Aufenthaltsorts zum Schutz des Kindes oder des betreuenden Elternteils erforderlich war.

A. Normzweck 1
B. Inhalt der Vorschrift
  I. Anwendungsbereich 4
  II. Voraussetzungen der Verweisung
    1. Aufenthaltsänderung ohne vorherige Zustimmung des allein- oder mitsorgeberechtigten Elternteils (Satz 1, Satz 2 Alt. 1) 5a
    2. Örtliche Zuständigkeit des Gerichts gem. § 152 Abs. 2 (Satz 1) 7
    3. Kein Ausschluss wegen Schutzes des Kindes oder des betreuenden Elternteils (Satz 2 Alt. 2) 14
  III. Verfahren
    1. Ermittlungen und Anhörung 15
    2. Ermessensentscheidung 18
    3. Verweisung 20

A. Normzweck

1 Durch die mit § 154 geschaffene Verweisungsmöglichkeit an das Gericht des früheren gewöhnlichen Aufenthaltsorts des Kindes, für die es im FGG keine Vorgängernorm gab, wollte der Gesetzgeber darauf reagieren, dass Eltern bei einer Trennung nicht selten zum einseitigen Wegzug mit dem Kind neigen.[2] Dies erschwere die anschließenden Bemühungen um eine **vernünftige Lösung des Konflikts** im Interesse des Kindes wegen der plötzlichen räumlichen Distanz außerordentlich. Der eigenmächtig mit dem Kind verziehende Elternteil solle sich dadurch – soweit dieses Vorgehen nicht ausnahmsweise wegen Drohung oder Gewalt des anderen Elternteils gerechtfertigt sei – **nicht den Vorteil eines ortsnahen Gerichts** verschaffen können. Es sei dem trennungswilligen Elternteil grundsätzlich zuzumuten, vor dem Umzug eine einverständliche Lösung bei dem Gericht des gewöhnlichen Aufenthalts des Kindes zu suchen.

2 Die gesetzliche Regelung soll demnach verhindern, dass nach dem eigenmächtigen Umzug eines Elternteils über die elterliche Sorge oder den Umgang an dem neuen Aufenthaltsort des Kindes verhandelt wird. Dies ist vom Ansatz her gerecht-

---

[1] BGH v. 10.12.1987 – I ARZ 809/87, NJW 1988, 1794; ausf. Zöller/*Greger* § 281 ZPO Rz. 17f.
[2] BT-Drucks. 16/6308, S. 235.

fertigt, denn das eigenmächtige Handeln verstößt materiell-rechtlich gegen das Aufenthaltsbestimmungsrecht des Alleinsorgeberechtigten (§ 1632 Abs. 1 BGB) bzw. das Erfordernis der Zustimmung des mitsorgeberechtigten Elternteils (§ 1687 Abs. 1 Satz 1 BGB). Den **materiell-rechtlichen Konsequenzen einer innerstaatlichen Kindesentführung** (zB Rückführung des Kindes nach § 1632 Abs. 3 BGB, Sanktionierung im Rahmen des Unterhalts nach § 1579 Nr. 7 BGB, Beteiligung an den erhöhten Umgangskosten im Rahmen des § 1684 BGB, Ersatz von Detektivkosten nach § 823 Abs. 1 BGB, Berücksichtigung des eigenmächtigen Handelns im Rahmen der Sorgeentscheidung nach § 1671 BGB) soll insofern durch eine **ergänzende verfahrensrechtliche Regelung** Rechnung getragen werden, wobei entsprechend dem gesetzgeberischen Willen nicht die Sanktionierung, sondern die sachgerechte (insbesondere einvernehmliche) Klärung des künftigen Aufenthalts des Kindes und des Umgangs des anderen Elternteils im Vordergrund steht. Allerdings ist der praktische Anwendungsbereich der Norm deutlich geringer, als vom Gesetzgeber beabsichtigt. Denn es ist entgegen seiner Annahme – die allerdings auch in der Praxis immer wieder anzutreffen ist – grundsätzlich nicht zutreffend, dass ein Elternteil nach einem überraschend durchgeführten Umzug mit dem Kind „ohne weiteres" die Zuständigkeit des Gerichts am neuen Aufenthaltsort des Kindes begründen kann,[1] sondern bei einer eigenmächtigen Aufenthaltsänderung muss sich der neue Aufenthalt erst mit der Zeit zu einem gewöhnlichen verdichten (vgl. Rz. 10 f.).

Im **Gesetzgebungsverfahren** erfolgten einige Änderungen an der ursprünglich im RegE vorgesehenen Regelung.[2] So wurde Bedenken gegen längere Zuständigkeitsstreitigkeiten im Falle einer bloßen Abgabe nach § 4 durch die Ausgestaltung als bindende Verweisung begegnet. Beibehalten wurde trotz Diskussionen um eine zwingende Verweisung die sinnvolle Ausgestaltung als Ermessensregelung. Dies ermöglicht eine am Normzweck orientierte Handhabung im Einzelfall, zumal im Gesetzgebungsverfahren durchaus das Problem gesehen wurde, dass bei einer Rückverweisung die gerichtlichen Ermittlungen und die sachgerechte Fallbehandlung erheblich erschwert sein können, etwa weil sich die Zuständigkeit des gem. § 162 anzuhörenden Jugendamts gem. § 87b iVm. § 86 SGB VIII nach dem (neuen) gewöhnlichen Aufenthalt des Kindes richtet und dem fallbearbeitenden Jugendamt eine persönliche Teilnahme am Termin daher meist nicht möglich sein wird. 3

B. Inhalt der Vorschrift

I. Anwendungsbereich

Der Anwendungsbereich der Norm geht deutlich über die von dem Gesetzgeber zugrunde gelegte Fallgestaltung (Verfahren nach §§ 1671 und 1684 BGB) hinaus. Erfasst sind grundsätzlich **alle Kindschaftssachen** nach § 151, mit Ausnahme der freiheitsentziehenden Maßnahmen nach § 151 Nr. 6 und 7, bei denen die speziellere Regelung in §§ 167 iVm. 313 vorgeht (ausf. § 167 Rz. 5). Soweit der Verfahrensgegenstand von der intendierten Fallgestaltung abweicht, ist jedoch im Rahmen der Ermessensprüfung besonders sorgfältig zu prüfen, ob eine Verweisung sachgerecht ist (dazu Rz. 17). 4

Dem Wortlaut nach muss die **Aufenthaltsänderung durch einen Elternteil** erfolgt sein. Nach dem Normzweck, bei eigenmächtiger Aufenthaltsänderung durch einen nicht oder nicht allein Sorgeberechtigten eine sachgerechte Verhandlung an dem früheren Aufenthaltsort zu ermöglichen, ist die Vorschrift jedoch **entsprechend anwendbar**, wenn das Aufenthaltsbestimmungsrecht mehreren Vormündern (Mitvormundschaft von Ehegatten gem. § 1775 BGB) oder Pflegern (§§ 1915 iVm. 1775 BGB) zusteht.[3] Eine entsprechende Anwendung ist auch denkbar in Fällen, in denen eine sonstige enge Bezugsperson des Kindes in einer Trennungssituation eigenmächtig 5

---
1 So BT-Drucks. 16/6308, S. 235.
2 Ursprünglicher RegE BT-Drucks. 16/6308, S. 235, Stellungnahme des Bundesrates S. 374, Gegenäußerung der BReg. S. 414, Empfehlung des Rechtsausschusses BT-Drucks. 16/9733, 294.
3 MüKo.ZPO/*Heilmann* § 154 FamFG Rz. 7.

den Aufenthalt des Kindes ändert, etwa wenn ein Stiefelternteil sich von einem Elternteil trennt oder das Kind bei Pflegeeltern aufwächst und ein Pflegeelternteil sich unter Mitnahme der Kinder von dem anderen ohne Zustimmung des Aufenthaltsbestimmungsberechtigten trennt.[1]

II. Voraussetzungen der Verweisung

1. Aufenthaltsänderung ohne vorherige Zustimmung des allein- oder mitsorgeberechtigten Elternteils (Satz 1, Satz 2 Alt. 1)

5a Entsprechend dem Normzweck kommt eine Verweisung gem. Satz 2 Alt 1. nicht in Betracht, wenn dem mit dem Kind verziehenden Elternteil das Aufenthaltsbestimmungsrecht allein zusteht, denn dann bedarf er für eine Änderung des Lebensmittelpunkts des Kindes nicht der Zustimmung des anderen Elternteils.[2] Das bedeutet, dem anderen Elternteil muss das **Aufenthaltsbestimmungsrecht** entweder **allein oder gemeinsam mit dem verziehenden Elternteil zustehen**. Maßgeblich für den Sorgestatus ist der Zeitpunkt der Änderung des Aufenthalts. Bei späteren Änderungen der elterlichen Sorge kann das Verfahren nur nach § 4 aus wichtigem Grund abgegeben werden.

6 Die Änderung des Aufenthalts muss **ohne vorherige Zustimmung** des allein- oder mitsorgeberechtigten Elternteils erfolgt sein. Die Zustimmung kann ausdrücklich oder konkludent erfolgen.[3] Die Zustimmungserklärung ist keine rechtsgeschäftliche Erklärung iSd. §§ 104 ff. BGB, sondern wie andere auf die Personensorge bezogene Vereinbarungen der Eltern eine Willensäußerung, deren Wirksamkeit und Verbindlichkeit allein nach kindschaftsrechtlichen Maßstäben zu beurteilen ist.[4] Etwaige Willensmängel (Täuschung u. ä.) sind daher unbeachtlich. Hinsichtlich der **Widerruflichkeit** einer bereits erteilten Zustimmung ist zu **unterscheiden:** Der allein sorgeberechtigte Elternteil ist an eine bereits erteilte Zustimmung nicht gebunden. Hingegen sind die Eltern bei gemeinsamer Sorge an getroffene Vereinbarungen über den Lebensmittelpunkt des Kindes gebunden, bis sie einvernehmlich eine abweichende Vereinbarung treffen oder eine gerichtliche Entscheidung ergeht.[5] Hat der mitsorgeberechtigte Elternteil daher dem Umzug zugestimmt und will er diesen aus Gründen des Kindeswohls verhindern, so ist er (und nicht der verziehende Elternteil) gehalten, sich vor dem – ihm bekannten – Umzug an das Gericht zu wenden. Das ist im Hinblick auf den Normzweck, der den anderen Elternteil vor einem überraschenden Wegzug schützen will, auch sachgerecht. Ein nach dem Umzug erfolgter Widerruf ist generell unbeachtlich.[6] Ebenso unbeachtlich ist eine nach dem Umzug erteilte Zustimmung des anderen Elternteils, jedoch ist eine Verweisung in diesem Fall nach dem Normzweck idR nicht sachgerecht, was im Rahmen der Ermessensentscheidung zu berücksichtigen ist.

2. Örtliche Zuständigkeit des Gerichts gem. § 152 Abs. 2 (Satz 1)

7 Nur das nach § 152 Abs. 2 zuständige Gericht des neuen gewöhnlichen Aufenthalts kann gem. § 154 Satz 1 an das Gericht des früheren gewöhnlichen Aufenthalts verweisen. Daraus ergibt sich eine erhebliche Einschränkung des Anwendungsbereiches.

---

1 Zu weitgehend mE jedoch MüKo.ZPO/*Heilmann* § 154 FamFG Rz. 7, wonach entsprechend einer Anregung von *Jaeger*, FPR 2006, 410, 411 jede eigenmächtige Aufenthaltsänderung durch einen Dritten erfasst sei.
2 Die Regelung als Ausnahme in Satz 2 ist deshalb systematisch auch nicht recht überzeugend, zumal hinsichtlich des Sorgestatus regelmäßig keine Beweisprobleme bestehen.
3 OLG Nürnberg v. 1.9.2008 – 7 UF 835/08, FamRZ 2009, 240.
4 Ausf. *Hammer*, FamRZ 2005, 1209, 1210 f.
5 OLG Karlsruhe v. 12.6.2008 – 2 UF 43/08, FamRZ 2009, 239; OLG Brandenburg v. 16.10.2000 – 9 WF 174/00, FamRZ 2001, 1230; OLG Zweibrücken v. 2.3.2000 – 5 UF 134/99, FamRZ 2000, 1042; OLG Stuttgart v. 9.9.1998 – 17 UF 309/98, FamRZ 1999, 39; AG Bad Iburg v. 10.2.2000 – 7 F 27/00, FamRZ 2000, 1036; ausf. *Hammer*, FamRZ 2005, 1209, 1216.
6 OLG Nürnberg v. 1.9.2008 – 7 UF 835/08, FamRZ 2009, 240.

a) Die **Norm greift nicht**, soweit sich die Zuständigkeit aus § 152 Abs. 1 ergibt, dh wenn die Kindschaftssache **bei Anhängigkeit einer Ehesache** eingeleitet wird. Hat also ein Ehegatte das Kind bei oder nach der Trennung eigenmächtig mitgenommen und liegt zwischenzeitlich ein neuer gewöhnlicher Aufenthalt des Kindes vor, so ist gem. § 122 Nr. 1 bzw. 2 das Gericht am neuen Aufenthaltsort des Kindes für die Ehesache örtlich zuständig und damit gem. § 152 Abs. 1 auch für alle Kindschaftssachen betreffend die gemeinschaftlichen Kinder, ohne dass eine Verweisung nach § 154 möglich ist. Dementsprechend muss aber auch die Zuständigkeit nach § 153 wegen späterer Rechtshängigkeit der Ehesache der Verweisung nach § 154 vorgehen. Das bedeutet, dass der eigenmächtig mit dem Kind verziehende Ehegatte einer drohenden Verweisung nach § 154 dadurch begegnen kann, dass er an dem Ort des neuen gewöhnlichen Aufenthalts einen Scheidungsantrag stellt und dieser rechtshängig wird. Er kann auf diese Weise sogar nach einer Verweisung gem. § 154 das Verfahren an den Ort des neuen gewöhnlichen Aufenthalts zurückholen. Dies ist Folge der in § 152 Abs. 1 und § 153 angeordneten Zuständigkeitskonzentration, die der Verwirklichung des Scheidungsverbunds nach § 137 Abs. 3 und 4 (vgl. § 153 Rz. 1, 6) dient und zu der sich auch unter Berücksichtigung des Normzwecks des § 154 schwerlich eine Ausnahme ableiten lässt.

b) Das Kind muss infolge der eigenmächtigen Änderung des Aufenthalts einen **neuen gewöhnlichen Aufenthalt** iSd. § 152 Abs. 2 begründet haben, dh hier muss sein neuer tatsächlicher Lebensmittelpunkt liegen (vgl. dazu § 152 Rz. 15 ff.). Hat sich der Aufenthalt noch nicht zu einem gewöhnlichen Aufenthalt verdichtet, hat das Gericht seine Zuständigkeit nach § 152 Abs. 2 zu verneinen und das Verfahren gem. § 3 an das Gericht des bisherigen gewöhnlichen Aufenthalts zu verweisen, ohne dass ein Rückgriff auf § 154 erforderlich ist.

Da der gewöhnliche Aufenthalt nach tatsächlichen Gesichtspunkten bestimmt wird, kommt es auf die Rechtmäßigkeit der Aufenthaltsänderung nicht an, so dass ein **neuer gewöhnlicher Aufenthalt** auch **bei eigenmächtigem Verbringen des Kindes** begründet werden kann. In der Praxis wird dies jedoch oft vorschnell mit Verweis darauf angenommen, dass ein neuer gewöhnlicher Aufenthalt sofort mit dem Umzug begründet werden kann, wenn er auf Dauer angelegt ist.[1] Dies gilt jedoch nur, wenn der Umzug des Kindes durch den Alleinsorgeberechtigten oder mit Zustimmung des mitsorgeberechtigten Elternteils erfolgt,[2] nicht jedoch in den Fällen einer Aufenthaltsänderung ohne Zustimmung dieses Elternteils, dh dem Anwendungsbereich des § 154. Denn der Wille des nicht (allein) sorgeberechtigten Elternteils und ggf. auch derjenige des Minderjährigen selbst, an dem neuen Aufenthaltsort zu verbleiben, können diesen Aufenthalt objektiv noch nicht auf Dauer festlegen, solange die Möglichkeit besteht, dass der andere Elternteil die Rückführung des Minderjährigen durchsetzt, ehe es zu dessen sozialer Eingliederung in seine neue Umwelt gekommen ist.[3]

In den Fällen des eigenmächtigen Verbringens sind für die Begründung eines neuen gewöhnlichen Aufenthalts daher umfassend **folgende Kriterien zu prüfen:**[4]
– Die **Eingliederung des Kindes in das soziale und familiäre Umfeld** an dem neuen Aufenthaltsort. Je nach **Alter des Kindes** können dabei die inner- und außerfamiliären Aspekte unterschiedlich zu gewichten sein (vgl. § 152 Rz. 16).
– Die **Dauer des Aufenthalts**. Im Allgemeinen wird davon ausgegangen, dass sich der Aufenthalt des Kindes auch bei einem eigenmächtigen Aufenthaltswechsel nach

---

1 Vgl. OLG Hamm v. 12.8.2011 – II-8 WF 130/11, FamRZ 2012, 726; Keidel/*Engelhardt* § 154 FamFG Rz. 2; HK-FamFG/*Völker/Clausius* § 152 FamFG Rz. 3;
2 Vgl. BGH v. 29.10.1980 – IVb ZB 586/80, FamRZ 1981, 135; OLG Karlsruhe v. 12.6.2008 – 2 UF 43/08, FamRZ 2009, 239 m. Nachw.
3 BGH v. 29.10.1980 – IVb ZB 586/80, FamRZ 1981, 135.
4 BGH v. 29.10.1980 – IVb ZB 586/80, FamRZ 1981, 135; BGH v. 22.6.2005 – XII ZB 186/03, FamRZ 2005, 1540; OLG Karlsruhe v. 15.11.2002 – 2 UF 115/02, FamRZ 2003, 956; OLG Zweibrücken v. 15.2.2008 – 5 WF 196/07, FamRZ 2008, 1258.

sechs Monaten zu einem gewöhnlichen Aufenthalt verdichtet hat,[1] wobei die Dauer des neuen Aufenthalts ein Indiz für die Integration an dem neuen Aufenthaltsort und seine Dauerhaftigkeit ist.[2] Bei Säuglingen und Kleinkindern kann dies auch früher der Fall sein (vgl. § 152 Rz. 16). Im Einzelfall kann der Zeitraum auch länger sein, etwa wenn dem anderen Elternteil bereits einstweilen die elterliche Sorge übertragen und die Herausgabe angeordnet, das Kind aber noch nicht herausgegeben wurde.[3]

- **Der Wille des (insbesondere: älteren) Kindes**, bei dem einen oder dem anderen Elternteil leben zu wollen.
- Die **Absicht und die faktische Möglichkeit** des anderen Elternteils, **eine Rückführung** des Kindes vor dessen sozialer Eingliederung **durchzusetzen**. Hieran fehlt es etwa, wenn der andere Elternteil zu erkennen gibt, dass er lediglich einen geregelten Umgang mit dem Kind haben möchte,[4] aber auch wenn sich aus den Gründen des Wegzuges[5] ergibt, dass eine Rückführung nicht in Betracht kommt, etwa bei **Gewalttätigkeiten oder Drohungen** gegenüber dem Kind oder dem betreuenden Elternteil.[6] Flieht die Kindesmutter mit dem Kind wegen Gewaltausübung des Kindesvaters zunächst nur in ein Frauenhaus oder zu Verwandten, wird damit allerdings mangels Absicht einer dauernden Aufenthaltsnahme häufig noch kein neuer gewöhnlicher Aufenthalt begründet. Der Rückführung an den Ort des früheren gewöhnlichen Aufenthalts steht es auch entgegen, wenn beide Eltern ihre dortige frühere Wohnung aufgegeben haben.[7]

12 Hat das Gericht am früheren gewöhnlichen Aufenthaltsort das Verfahren nach § 3 an das Gericht des neuen Aufenthaltsorts verwiesen, weil es (auch: irrig) annahm, dass dort der gewöhnliche Aufenthalt iSd. § 152 Abs. 2 liegt, ist trotz der Bindungswirkung der Verweisung unter den Voraussetzungen des § 154 eine **Rückverweisung** möglich. Allerdings ist im Rahmen des Ermessens gründlich zu prüfen, inwieweit die Rückverweisung sachgerecht ist und ob das Beschleunigungsgebot (§ 155) eine nochmalige Verweisung zulässt.[8]

3. Kein Ausschluss wegen Schutzes des Kindes oder des betreuenden Elternteils (Satz 2 Alt. 2)

13 Eine Verweisung ist nach Satz 2 Alt. 2 ausgeschlossen, wenn die Änderung des Aufenthaltsorts zum Schutze des Kindes oder des betreuenden Elternteils erforderlich war. Damit sollen Fälle erfasst werden, in denen die Mitnahme des Kindes bei der Trennung wegen häuslicher Gewalt oder Drohung gegenüber dem Kind und/oder gegenüber dem verbringenden Elternteil erfolgte.[9] Denn in diesen Fällen ist die Mitnahme des Kindes auch materiell-rechtlich gerechtfertigt. Als Maßstab für das Vorliegen häuslicher Gewalt können die Voraussetzungen des § 1 GewSchG herangezogen werden, zu denen der verbringende Elternteil konkrete Tatsachen vortragen und ggf. glaubhaft machen muss. Die Gewalt muss dabei in kausalem und zeitlichem Zusammenhang mit der Aufenthaltsänderung stehen. Zudem muss die Aufenthaltsänderung erforderlich gewesen sein, dh es dürfen keine offensichtlichen und kurzfristig verfügbaren anderen Mittel zum Schutz des Kindes oder des Elternteils verfügbar gewesen sein. An die Erforderlichkeit sollten bei häuslicher Gewalt allerdings keine zu hohen Anforderungen gestellt werden: Eine Mutter darf in einer dem § 1 GewSchG

---

1 BGH v. 29.10.1980 – IVb ZB 586/80, FamRZ 1981, 135; BGH v. 18.6.1997 – XII ZB 156/95; OLG Karlsruhe v. 12.6.2008 – 2 UF 43/08, FamRZ 2009, 239; OLG Zweibrücken v. 15.2.2008 – 5 WF 196/07, FamRZ 2008, 1258; OLG Frankfurt v. 15.2.2006 – 1 WF 231/05, FamRZ 2006, 883; Johannsen/Henrich/*Büte* § 152 FamFG Rz. 6; *Menne*, FPR 2008, 308, 309.
2 EuGH v. 22.12.2010 – C-497/10PPU, FamRZ 2011, 617.
3 OLG Zweibrücken v. 15.2.2008 – 5 WF 196/07, FamRZ 2008, 1258.
4 Vgl. OLG Hamm v. 22.12.2006 – 2 SdB (FamS) Zust 14/06, FamRZ 2008, 1007.
5 EuGH v. 22.12.2010 – C-497/10PPU, FamRZ 2011, 617.
6 KG v. 15.11.2012 – 17 WF 305/12, FamRZ 2013, 648; *Menne*, ZKJ 2008, 308.
7 KG v. 15.11.2012 – 17 WF 305/12, FamRZ 2013, 648.
8 OLG Köln v. 15.3.2012 – II-21 AR 1/12, FamRZ 2012, 1406.
9 BT-Drucks. 16/9733, S. 293.

entsprechenden Gewaltsituation auch zu Familienangehörigen in einem anderen Gerichtsbezirk flüchten, statt vor Ort in ein Frauenhaus zu gehen.

III. Verfahren

1. Ermittlungen und Anhörung

Gem. § 3 Abs. 1 Satz 2 sind die Beteiligten vor der Verweisung (schriftlich) **anzuhören**, sonst entfällt die Bindungswirkung der Verweisung nach § 3 Abs. 3 Satz 1.

Der Anhörung der Beteiligten kommt im Rahmen des § 154 (wie auch des § 152 Abs. 2) besondere Bedeutung zu, da die Voraussetzungen der Norm oft streitig sein werden, insbesondere ob ein neuer gewöhnlicher Aufenthalt begründet wurde, ob der andere Elternteil dem Umzug zugestimmt hat oder ob die Aufenthaltsänderung wegen Gewalt oder Drohung gegenüber dem Kind oder dem verziehenden Elternteil erforderlich war. Umfangreiche und langwierige **Ermittlungen** verbieten sich jedoch, denn gerade in Fällen der eigenmächtigen Aufenthaltsänderung ist in besonderem Maße das Beschleunigungsgebot des § 155 zu beachten. Für die Prüfung der örtlichen Zuständigkeit gilt der **Freibeweis gem. § 29** (vgl. § 29 Rz. 8), dh eine förmliche Beweisaufnahme nach § 30 ist nicht erforderlich. Soweit Einzelheiten streitig sind, wird allerdings regelmäßig eine kurzfristige Glaubhaftmachung gem. § 31, insbesondere durch eidesstattliche Versicherung der vorgetragenen Tatsachen, geboten sein.[1]

In Fällen der eigenmächtigen Änderung des Kindesaufenthalts ist regelmäßig auch über Anträge auf Erlass einer eA über die Rückführung zu befinden (einstweilige Übertragung des Aufenthaltsbestimmungsrechts oder die Kindesherausgabe). In diesen Fällen ist jeweils zu prüfen, ob nicht vor einer Verweisung eine Eilmaßnahme durch das Gericht am neuen gewöhnlichen Aufenthaltsort des Kindes erfolgen muss, zumal dieses gem. § 88 Abs. 1 auch für eine eventuelle Vollstreckung einer Kindesherausgabe zuständig wäre. Soweit Zweifel an der Begründung eines neuen gewöhnlichen Aufenthalts bestehen, besteht im Übrigen gem. § 50 Abs. 2 eine Eilzuständigkeit am Ort des neuen Aufenthaltsorts des Kindes.

2. Ermessensentscheidung

§ 154 stellt die Verweisung an das Gericht des früheren gewöhnlichen Aufenthaltsorts in das pflichtgemäße Ermessen des zuständigen Gerichts. Das Gericht hat dabei insbesondere zu prüfen, **ob die Verweisung dem Zweck der Norm entspricht**, eine sachgerechte und vernünftige Lösung zu ermöglichen und dem eigenmächtig handelnden Elternteil keinen unbilligen Vorteil zu verschaffen (vgl. Rz. 1). Ferner ist auch im Rahmen des Ermessens das Beschleunigungsgebot nach § 155 zu beachten.[2] Vor allem darf nicht übersehen werden, dass gerade bei kleineren Kindern und bei großen Entfernungen ein sachgerechtes Verfahren nur am Ort des neuen gewöhnlichen Aufenthalts des Kindes möglich ist. Dort befindet sich das nach § 162 zu beteiligende Jugendamt, das auch für die Bewilligung ggf. erforderlicher Hilfen zur Erziehung zuständig ist (§ 87b iVm. § 86a SGB VIII). Hier ist regelmäßig der Verfahrensbeistand nach § 158 zu bestellen, der im Rahmen der Kostenpauschale nach § 158 Abs. 7 grundsätzlich keine Fahrtkosten erstattet bekommt. Und auch bei Einholung eines Sachverständigengutachtens nach § 163 finden die notwendigen Ermittlungen des Sachverständigen überwiegend am Ort des gewöhnlichen Aufenthalts des Kindes statt.

Eine Verweisung ist auch dann nicht sachgerecht, wenn der **andere Elternteil** einer Verhandlung der Kindschaftssache am neuen Aufenthaltsort zustimmt oder sich generell **nachträglich** mit dem neuen Aufenthalt **einverstanden** erklärt.[3]

---
1 MüKo.ZPO/*Heilmann* § 154 FamFG Rz. 17.
2 Vgl. als Negativbeispiel etwa den Sachverhalt des OLG Köln v. 15.3.2012 – II-21 AR 1/12, FamRZ 2012, 1406, das einen Zuständigkeitsstreit 10 Monate nach Antragseingang entschied, nachdem das Erstgericht das Verfahren nach § 152 verwiesen und das Zweitgericht das Verfahren nach § 154 zurückverwiesen hatte.
3 BT-Drucks. 16/6308, S. 414.

3. Verweisung

20 Die Verweisung erfolgt gem. § 3 Abs. 3 Satz 1 durch einen **zu begründenden, nicht anfechtbaren Beschluss** an das Gericht des früheren gewöhnlichen Aufenthalts. Anders als bei einer Abgabe nach § 4 ist die Zustimmung des Empfangsgerichts nicht erforderlich. Die Verweisung ist gem. § 3 Abs. 3 S. 2 **für das Empfangsgericht bindend**. Die Bindungswirkung tritt ausnahmsweise nicht ein, wenn die Beteiligten entgegen § 3 Abs. 1 Satz 2 nicht angehört wurden oder die Verweisung willkürlich erfolgte,[1] etwa weil das Gericht von einem unzutreffenden Sachverhalt ausgeht[2] oder weil eine Zustimmung des anderen Elternteils mit dem Aufenthaltswechsel bzw. die Behauptung gewalttätiger Handlungen des anderen Elternteils gar nicht berücksichtigt wurden (ausf. zur Bindung § 3 Rz. 24 ff.).

21 **Kosten/Gebühren: Gericht:** Bei einer Verweisung ist das frühere Verfahren als Teil des Verfahrens vor dem übernehmenden Gericht zu behandeln mit der Folge, dass Gebühren nur einmal entstehen (§ 6 Abs. 1 FamGKG). **RA:** Da die Verfahren vor dem verweisenden und vor dem übernehmenden Gericht ein Rechtszug sind (§ 20 Satz 1 RVG), stehen dem RA die Gebühren nur einmal zu. Sind in den Verfahrensteilen verschiedene Rechtsanwälte beauftragt, hat jeder RA einen eigenständigen Vergütungsanspruch.

155 Vorrang- und Beschleunigungsgebot

(1) Kindschaftssachen, die den Aufenthalt des Kindes, das Umgangsrecht oder die Herausgabe des Kindes betreffen, sowie Verfahren wegen Gefährdung des Kindeswohls sind vorrangig und beschleunigt durchzuführen.
(2) Das Gericht erörtert in Verfahren nach Absatz 1 die Sache mit den Beteiligten in einem Termin. Der Termin soll spätestens einen Monat nach Beginn des Verfahrens stattfinden. Das Gericht hört in diesem Termin das Jugendamt an. Eine Verlegung des Termins ist nur aus zwingenden Gründen zulässig. Der Verlegungsgrund ist mit dem Verlegungsgesuch glaubhaft zu machen.
(3) Das Gericht soll das persönliche Erscheinen der verfahrensfähigen Beteiligten zu dem Termin anordnen.
(4) Hat das Gericht ein Verfahren nach Absatz 1 zur Durchführung einer Mediation oder eines anderen Verfahrens der außergerichtlichen Konfliktbeilegung ausgesetzt, nimmt es das Verfahren in der Regel nach drei Monaten wieder auf, wenn die Beteiligten keine einvernehmliche Regelung erzielen.

A. Allgemeines	2. Hinwirken auf Einvernehmen und Annahme öffentlicher Hilfen 21
I. Entstehungsgeschichte und Normzweck 1	3. Verfahrensgrundrechte und Amtsermittlungsgrundsatz 22
II. Systematik 6	4. Prinzip der Nachhaltigkeit 23
B. Das Vorrang- und Beschleunigungsgebot (Absatz 1)	IV. Rechtsbehelfe bei Verstoß gegen das Vorrang- und Beschleunigungsgebot
I. Anwendungsbereich 10	1. Verzögerungsrüge und Entschädigungsanspruch nach §§ 198 ff. GVG 24
II. Inhalt 14	2. Untätigkeitsbeschwerde 26
1. Vorranggebot 14	3. Sonstige Rechtsbehelfe 28
2. Beschleunigungsgebot	C. Der frühe Erörterungstermin (Absätze 2 und 3)
a) Vermeidung von Verfahrensverzögerungen 15	I. Anwendungsbereich und Ziel 31
b) Beschleunigter Verfahrensabschluss und Vermeidung überlanger Verfahren 17	II. Terminierung, Terminsverlegung ... 33
III. Begrenzung und Beeinflussung durch andere Verfahrensgrundsätze	III. Anhörung des Jugendamts (Abs. 2 Satz 3) 37
1. Kindeswohl 20	

---

1 KG v. 15.11.2012 – 17 WF 305/12, FamRZ 2013, 648 mit dem Hinweis, dass es daher bei einer willkürlichen Verweisung auch keiner Anfechtbarkeit des Verweisungsbeschlusses bedarf.
2 OLG Köln v. 15.3.2012 – II-21 AR 1/12, FamRZ 2012, 1406.

IV. Weitere Beteiligte im frühen Erörterungstermin
  1. Anordnung des persönlichen Erscheinens der verfahrensfähigen Beteiligten (Absatz 3) 39
  2. Anhörung des Kindes 41
V. Durchführung des frühen Erörterungstermins
  1. Der frühe Erörterungstermin nach §§ 155 Abs. 2, 156 Abs. 1 45
  2. Der frühe Erörterungstermin nach §§ 155 Abs. 2, 157 49
D. **Wiederaufnahme des Verfahrens bei außergerichtlicher Mediation (Absatz 4)** 50

Literatur: *Bergmann*, Das gesetzliche Netzwerk im Familienverfahren, FPR 2011, 297; *Hennemann*, Die Umsetzung des Vorrang- und Beschleunigungsgrundsatzes, FPR 2009, 20; *Menne*, „Zu Risiken und Nebenwirkungen ..." – eine kritische Auseinandersetzung mit dem beschleunigten Familienverfahren nach § 50e FGG/§ 155 FamFG, ZKJ 2009, 309; *Müller-Magdeburg*, Das beschleunigte Familienverfahren im Lichte des FamFG, ZKJ 2009, 184; *Salgo*, Das Beschleunigungsgebot in Kindschaftssachen, FF 2010, 352; *Schmid*, Das Beschleunigungs- und Vorranggebot – erste Erfahrungen in der Praxis, FPR 2011, 5.

A. Allgemeines

I. Entstehungsgeschichte und Normzweck

Das in § 155 geregelte und konkretisierte Vorrang- und Beschleunigungsgebot war ein **Schwerpunkt der Reform des familienrechtlichen Verfahrens** im FGG-RG. Die Regelung wurde der FGG-Reform sogar noch vorgezogen und war inhaltsgleich enthalten in § 50e Abs. 1 FGG idF des Gesetzes zur Erleichterung familiengerichtlicher Maßnahmen bei Gefährdung des Kindeswohls (KiWoMaG) vom 4.7.2008, das bereits am 12.7.2008 in Kraft trat.[1] Zuvor hatte § 52 Abs. 1 Satz 2 FGG aF zur Verfahrensbeschleunigung lediglich bestimmt, dass das Gericht die Beteiligten „so früh wie möglich" anhören soll. Verzögerungen in den kindschaftsrechtlichen Verfahren hatten sich insbesondere aus der Verfahrenspraxis ergeben, nach Eingang eines Umgangs- oder Sorgeantrags zunächst einen schriftlichen Bericht des Jugendamts einzuholen, bevor ein gerichtlicher Anhörungstermin anberaumt wird. Nicht zuletzt aufgrund der immer stärkeren Fokussierung der Jugendämter auf Kindesschutzsachen vergingen dadurch meist mehrere Monate bis zum ersten Anhörungstermin.

Grund für die Einführung des Vorrang- und Beschleunigungsgebots waren vor allem Entscheidungen des BVerfG[2] und des EuGHMR,[3] die in Umgangs- und Sorgeverfahren wiederholt das **Recht auf effektiven Rechtsschutz in angemessener Zeit** (Art. 2 Abs. 2 iVm 20 Abs. 3 GG) bzw. den Anspruch auf gerichtliche Entscheidung in angemessener Verfahrensdauer (Art. 6 Abs. 1 EMRK) durch deutsche Familiengerichte verletzt sahen. Der EuGHMR verurteilte die Bundesrepublik deshalb wiederholt zu Entschädigungszahlungen und wies gleichzeitig darauf hin, dass das deutsche Verfahrensrecht keinen effektiven Rechtsbehelf zur Vermeidung einer unangemessenen Verfahrensdauer vorsehe.[4] Durch das Beschleunigungsgebot in § 155 erhofft sich der Gesetzgeber nunmehr eine Verkürzung der Verfahrensdauer.[5] Mit dem am 3.12.2011 in Kraft getretenen Gesetz über den Rechtsschutz bei überlangen Gerichtsverfahren und strafrechtlichen Ermittlungsverfahren vom 24.11.2011[6] wurde nunmehr auch ein innerstaatlicher Rechtsbehelf zur Verfahrensbeschleunigung eingeführt (dazu Rz. 24f.).

---
1 BGBl. I, S. 1188.
2 Vgl. BVerfG v. 6.5.1997 – 1 BvR 711/96, FamRZ 1997, 871; BVerfG v. 11.12.2000 – 1 BvR 661/00, FamRZ 2001, 753; BVerfG v. 25.11.2003 – 1 BvR 834/03, FamRZ 2004, 689; BVerfG v. 27.6.2008 – 1 BvR 1265/08, FamRZ 2009, 189; BVerfG v. 24.7.2008 – 1 BvR 547/06, FamRZ 2008, 2258.
3 Vgl. EuGHMR v. 4.12.2008 – 44036/02, FamRZ 2009, 1037; EuGHMR v. 9.4.2009 – 1182/05, FuR 2009, 623; EuGHMR v. 20.1.2011 – 21980/06, 26944/07, 36948/08, FamRZ 2011, 533; EuGHMR v. 21.4.2011 – 41599/09, FamRZ 2011, 1283.
4 EuGHMR v. 21.4.2011 – 41599/09, FamRZ 2011, 1283.
5 BT-Drucks. 16/6308, S. 235.
6 BGBl. I, S. 2302.

§ 155

3 Nach der Intention des Gesetzgebers soll die Verfahrensbeschleunigung jedoch vor allem im Interesse des Kindes erfolgen.[1] Sowohl das BVerfG als auch der EuGHMR haben immer wieder darauf hingewiesen, dass insbesondere in Umgangsverfahren jede Verfahrensverzögerung wegen der eintretenden Entfremdung zwischen dem Umgang begehrenden Elternteil und dem betroffenen Kind schon rein faktisch zu einer (Vor-)Entscheidung führt und damit die gerichtliche Entscheidung präjudiziert.[2] Es könne dabei auch nicht von den objektiven Zeitmaßstäben eines Erwachsenen ausgegangen werden, sondern es müsse **das kindliche Zeitempfinden** berücksichtigt werden, das sich von dem eines Erwachsenen unterscheide: Erst mit zunehmendem Alter erwerbe das Kind die Fähigkeit zur Wahrnehmung und Einschätzung von Zeit und lerne, dass „verschwundene" Personen wieder auftauchen. Kleinere Kinder empfänden daher den Verlust von Bezugspersonen schneller als endgültig als ältere Kinder oder gar Erwachsene, weshalb bei ihnen die **Gefahr der Präjudizierung** besonders groß sei.[3] Es bestehe daher die Verpflichtung zur größtmöglichen Beschleunigung dieser Verfahren.[4] Diese Erwägungen gelten gleichermaßen für Kindschaftssachen betreffend den Aufenthalt oder die Herausgabe des Kindes wie für Verfahren wegen Gefährdung des Kindeswohls. Schließlich erfordert in Umgangs- und Sorgeverfahren auch die **mit dem gerichtlichen Verfahren einhergehende Belastung des Kindes und der Eltern** eine beschleunigte Behandlung.[5]

4 Parallel zur Rechtsprechung des BVerfG und des EuGHMR hatte es vor der FGG-Reform auf lokaler Ebene – vor allem auf Eigeninitiative der örtlichen Professionen – verschiedene **Modellprojekte für ein beschleunigtes Kindschaftsverfahren** gegeben.[6] Sie hatten neben der Verfahrensbeschleunigung auch eine **Stärkung der Elternverantwortung** und einen **interdisziplinären Austausch** der am familiengerichtlichen Verfahren beteiligten Professionen zum Ziel. Wesentlicher Bestandteil dieser Modellprojekte war die Anberaumung eines frühen gerichtlichen Erörterungstermins, den der Gesetzgeber (zusammen mit weiteren Elementen) in § 155 Abs. 2 FamFG übernommen hat.[7] Weitere Elemente wie die Anordnung der Teilnahme an einer Beratung finden sich etwa in § 156 Abs. 1 Satz 4.

5 Abs. 4 wurde durch das am 26.7.2012 in Kraft getretene Gesetz zur Förderung der Mediation und anderer Verfahren der außergerichtlichen Konfliktbeilegung vom 21.7.2012[8] eingefügt.

II. Systematik

6 § 155 Abs. 1 enthält das allgemeine Vorrang- und Beschleunigungsgebot. Als spezielle Ausprägung dieses Gebots enthalten **§ 155 Abs. 2 und 3** Regelungen über den frühen Erörterungstermin, die die allgemeinen Vorschriften über den Erörterungstermin nach §§ 32 f. modifizieren. Die Regelung in **§ 155 Abs. 4** dient der Vermeidung von Verzögerungen, wenn das Verfahren wegen einer Mediation oder der Anordnung eines Informationsgesprächs über Mediation (§ 156 Abs. 1 Satz 3) gem. § 36a Abs. 2 ausgesetzt wird.

---

1 BT-Drucks. 16/6308, S. 235.
2 BVerfG v. 11.12.2000 – 1 BvR 661/00, FamRZ 2001, 753; EuGHMR v. 21.4.2011 – 41599/09, FamRZ 2011, 1283.
3 BVerfG v. 11.12.2000 – 1 BvR 661/00, FamRZ 2001, 753; ausf. MüKo.ZPO/*Heilmann* § 155 FamFG Rz. 2 ff.
4 EuGHMR v. 21.4.2011 – 41599/09, FamRZ 2011, 1283.
5 BVerfG v. 11.12.2000 – 1 BvR 661/00, FamRZ 2001, 753.
6 Zur sog. „Cochemer Praxis" vgl. *Rudolph*, FF 2005, 167; *Füchsle-Voigt*, FPR 2004, 600; *Füchsle-Voigt/Georges*, ZKJ 2008, 246; zum sog. „Kölner Fachkreis für Familie" FF 2006, 215; zum „Berliner beschleunigten Verfahren" *Müller-Magdeburg*, ZKJ 2009, 184 und *Ernst*, FamRZ 2009, 1430; zum sog. „Münchener Modell" *Arbeitskreis Münchener Modell*, ZKJ 2008, 197 und ZKJ 2011, 285. Vgl. auch das „Hagener Modell", *Cirullies*, ZKJ 2011, 58; „Ebersberger Modell" (http://www.ebersberger-modell.de), das „Landshuter Modell" (http://www.landshuter-modell.de) und die „HannoverscheFamilienPraxis" (http://www.hannfampraxis.de).
7 BT-Drucks. 16/6308, S. 164.
8 BGBl. I, S. 1577.

Systematisch besteht eine **enge Verzahnung mit §§ 156 und 157**. Nach § 156 Abs. 1 soll das Gericht auf Einvernehmen bzw. die Inanspruchnahme von Beratung, Mediation und anderen Hilfsangeboten hinwirken und nach § 156 Abs. 3 Satz 1 in dem frühen Erörterungstermin den Erlass einer eA prüfen, wenn eine einvernehmliche (Zwischen-)Regelung nicht erzielt werden kann. Durch den frühen Termin nach § 155 Abs. 2 soll dies bereits am Beginn des Verfahrens erfolgen. Nach § 157 Abs. 1 soll das Gericht in Kindesschutzsachen in einem Termin eine mögliche Kindeswohlgefährdung mit den Beteiligten erörtern und auf die Annahme öffentlicher Hilfen dringen. Auch in diesen Verfahren ist jedoch ein früher Erörterungstermin nach § 155 Abs. 2 anzuberaumen. Der Gesetzgeber geht davon aus, dass es sich bei den beiden Erörterungsterminen um unterschiedliche Verfahrensabschnitte handelt, die miteinander verbunden werden können.[1] Die Abgrenzung von § 155 Abs. 2 und § 157 Abs. 1 bleibt jedoch unklar, im Ergebnis dürfte § 157 eine Modifizierung des nach § 155 Abs. 2 anzuberaumenden Erörterungstermins für Verfahren nach §§ 1666f. BGB hinsichtlich der zu erörternden Inhalte und der Einbeziehung des Kindes darstellen (vgl. § 157 Rz. 14).

7

Die Pflicht zur **persönlichen Anhörung des Kindes und der Eltern nach §§ 159, 160** besteht unabhängig von dem Erfordernis eines Erörterungstermins und dient in erster Linie der Sachverhaltsermittlung und der Gewährung rechtlichen Gehörs.[2] Sie wird jedoch idR anlässlich des frühen Erörterungstermins erfolgen (zur Frage der Anhörung des Kindes im Zusammenhang mit dem frühen Erörterungstermin vgl. Rz. 40; zur Verbindung der Termine in Verfahren nach §§ 1666f. BGB vgl. § 157 Rz. 15).

8

Neben § 155 dienen **weitere Verfahrensvorschriften der Beschleunigung** von Kindschaftssachen, insbesondere:

9

- § 57 Satz 1: Unanfechtbarkeit einer eA über den Umgang,
- § 81 Abs. 2 Nr. 4: Auferlegung der Verfahrenskosten, wenn ein Beteiligter das Verfahren durch schuldhaftes Verletzen seiner Mitwirkungshandlungen erheblich verzögert (§ 81 Rz. 25),
- § 156 Abs. 1 Satz 5: Unanfechtbarkeit der gerichtlichen Anordnung zur Teilnahme an einer Beratung oder einem Informationsgespräch über Mediation,
- § 156 Abs. 3 Satz 1: Prüfung einer eA, wenn im frühen Erörterungstermin eine einvernehmliche Regelung nicht erzielt werden kann,
- § 157 Abs. 3: Prüfung einer eA wegen einer Kindeswohlgefährdung,
- § 158 Abs. 3 Satz 1 und 4: frühzeitige und nicht anfechtbare Bestellung eines Verfahrensbeistands (ausf. § 158 Rz. 25f.),
- § 163 Abs. 1: Fristsetzung bei Einholung eines schriftlichen Sachverständigengutachtens.

B. Das Vorrang- und Beschleunigungsgebot (Absatz 1)

I. Anwendungsbereich

Das Vorrang- und Beschleunigungsgebot gilt gem. § 155 Abs. 1 für Kindschaftssachen betreffend

10

- den **Aufenthalt** des Kindes (insbesondere §§ 1628, 1671, 1674, 1678, 1680f. BGB),
- das **Umgangsrecht** iSd. § 151 Nr. 2 (insbesondere §§ 1684 Abs. 3 und 4, 1685 Abs. 3, 1686a Abs. 1 Nr. 1, Abs. 2 BGB),
- die **Herausgabe** des Kindes iSd. § 151 Nr. 3 (§§ 1632 Abs. 3 und 4, 1682 BGB),
- die **Gefährdung des Kindeswohls** (§§ 1666, 1666a, 1667 BGB),
- aufgrund der Verweisung in § 155a Abs. 2 Satz 1 auch in Verfahren nach § 1626a Abs. 2 BGB betreffend die **Übertragung der gemeinsamen Sorge** bei nicht miteinander verheirateten Eltern.

---

1 BT-Drucks. 16/6308, S. 237.
2 OLG Frankfurt v. 12.4.2011 – 3 UF 25/11, FamRZ 2012, 571, 572.

11 **Einzelheiten:** Eine Streitigkeit über den Aufenthalt des Kindes liegt nicht vor, wenn nur darüber gestritten wird, ob die gemeinsame elterliche Sorge auf Antrag eines Elternteils aufgehoben werden soll (§ 1671 Abs. 1 BGB) oder fortbestehen kann, ohne dass der Lebensmittelpunkt des Kindes bei dem betreuenden Elternteil in Frage gestellt wird. Jedoch ist auch hier bei der Verfahrensgestaltung zu berücksichtigen, wie stark der Streit der Eltern ggf. eskaliert ist und wie er sich auf das Kind auswirkt. Steht das Kind unter Vormundschaft oder Pflegschaft, sind auch Verfahren mit dem o.g. Regelungsgegenstand umfasst, zB § 1800 iVm. § 1632 BGB (Herausgabe des Mündels) oder § 1837 iVm. § 1666 BGB (Gefährdung des Kindeswohls des Mündels) sowie die entsprechende Verweisung auf diese Vorschriften für Pflegschaften in § 1915 BGB. Bei einer freiheitsentziehenden Unterbringung des Kindes nach § 151 Nr. 6 und 7 ist § 155 wegen der abschließenden Verweisung in § 167 nicht anwendbar. Diese Verfahren sind aufgrund des Eingriffs in das verfassungsrechtlich geschützte Freiheitsrecht des Kindes ohnehin vorrangig und beschleunigt zu führen, so dass ein Rückgriff auf § 155 Abs. 1 nicht erforderlich ist (vgl. § 167 Rz. 4).

12 Das Beschleunigungsgebot gilt auch in **Abänderungsverfahren** mit dem in § 155 Abs. 1 genannten Verfahrensgegenstand (§ 1696 BGB iVm. § 166 FamFG), in entsprechenden **Vollstreckungsverfahren** (§§ 86 ff.) und in besonderem Maße in **Anordnungsverfahren** (§§ 49 ff.).[1]

13 Das Beschleunigungsgebot richtet sich an das jeweils befasste Gericht **in allen Instanzen** und ist daher sowohl im Beschwerdeverfahren als auch im Rechtsbeschwerdeverfahren vor dem Bundesgerichtshof zu beachten.[2]

II. Inhalt

1. Vorranggebot

14 Das Vorranggebot verpflichtet das Gericht, die in Abs. 1 genannten Verfahren bevorzugt gegenüber anderen Verfahren zu behandeln. Dies gilt vor allem **für die richterliche Dezernatsarbeit**, aber auch für die Arbeit der Geschäftsstellen und Kanzleien, die durch entsprechende richterliche Verfügungen zu bevorzugter Ausführung anzuhalten sind, damit gerichtliche Schreiben und verfahrensleitende Verfügungen nicht wochen- oder gar monatelang unerledigt liegen bleiben.[3] Daneben ist das Vorranggebot vor allem **bei der Terminierung** zu beachten, und zwar nicht nur bei dem frühen Termin nach Abs. 2, sondern auch bei Folgeterminen. Notfalls sind Termine in anderen Verfahren aufzuheben; Terminsverlegungsgesuchen ist restriktiv zu begegnen. Allerdings kann nicht schlechthin ein Vorrang vor allen anderen Verfahren eingeräumt werden: Insbesondere Eilanträge iSd. § 49 in Gewaltschutzsachen, Wohnungszuweisungsverfahren und Kindesunterhaltsverfahren sind von gleicher Bedeutung.[4] Nachrangig sind hingegen Ehesachen, Versorgungsausgleichssachen, Hausratssachen, Güterrechtssachen, sonstige Familiensachen iSd. § 111 Nr. 10 und Unterhaltssachen betreffend den Ehegattenunterhalt.[5] In diesen Verfahren nimmt der Gesetzgeber durch das Vorranggebot letztlich bewusst in Kauf, dass sich deren Verfahrensdauer (noch) weiter verlängert.[6] Das Vorranggebot ist insofern auch Folge des Umstandes, dass die Kindschaftsverfahren zwar durch Beschleunigung und zusätzliche Erörterungstermine zeit- und arbeitsintensiver werden, ohne dass jedoch zusätzliches Personal für Gerichte und Jugendämter zur Verfügung gestellt wird.

---

[1] BT-Drucks. 16/6308, S. 235.
[2] BT-Drucks. 16/6308, S. 235.
[3] Zu Recht weist *Coester*, FF 2009, 269 (272) darauf hin, dass Geschäftsstellen und Schreibdienste sich nicht als „Bermuda-Dreieck" für wertvolle Zeit erweisen dürfen.
[4] *Salgo*, FF 2010, 352, 356.
[5] *Salgo*, FF 2010, 352, 356.
[6] Kritisch deshalb *Rasche*, FF 2009, 192, 193.

2. Beschleunigungsgebot

a) Vermeidung von Verfahrensverzögerungen

Das Beschleunigungsgebot verpflichtet das Gericht in erster Linie Verfahrensverzögerungen zu vermeiden.[1] Es ist insoweit **in jeder Lage des Verfahrens** zu beachten.[2] Neben in den in Rz. 9 genannten Fällen gilt es insbesondere bei der Anberaumung von Terminen, bei der Gewährung von Fristen für Stellungnahmen oder für die Berichterstattung durch das Jugendamt,[3] bei der Klärung der Zuständigkeit sowie bei der Abfassung und Bekanntgabe von Entscheidungen. Es ist auch bei der Entscheidung über sofortige Beschwerden bei Zwischenentscheidungen (Befangenheitsanträge, Verfahrenskostenhilfe) sowie bei der Frage zu berücksichtigen, ob das Verfahren an die untere Instanz zurückverwiesen werden soll (vgl. für die Beschwerde § 69 Abs. 1 Satz 3), weil dies üblicherweise zu einer erheblichen Verfahrensverzögerung führt.[4] Es kann darüber hinaus als **Auslegungshilfe bei der Gesetzesanwendung** dienen, wenn von mehreren Auslegungsmöglichkeiten eine zu einer deutlichen Verkürzung des Verfahrens führt.[5]

Einzelfälle:

- In **Anordnungsverfahren** nach § 49 ff. ist wegen § 155 Abs. 1 im Einzelfall zu prüfen, ob eine eA ohne Anhörung der Beteiligten erfolgen muss (insbesondere in Kindesschutzverfahren, § 157 Abs. 3), oder ob zunächst der frühe Termin nach § 155 Abs. 2 abgewartet wird und erst danach eine eA ergeht, wenn ein (Zwischen-)Vergleich nicht möglich ist (§ 156 Abs. 3 Satz 1).[6] Bei eigenmächtiger Mitnahme der Kinder aus der Ehewohnung gebietet das Beschleunigungsgebot, in einem Anordnungsverfahren auf Übertragung des Aufenthaltsbestimmungsrechts unverzüglich und kurzfristig einen Termin anzuberaumen statt den Antrag zunächst nur dem anderen Elternteil zur Stellungnahme binnen zwei Wochen zu übersenden.[7]
- Die **Prüfung der Zuständigkeit**, insbesondere die Feststellung des gewöhnlichen Aufenthalts des Kindes, darf einer umgehenden Verfahrenseinleitung nicht entgegenstehen. Dies gilt auch bei der Ausübung des Ermessens im Rahmen des § 154, wenn über die Verweisung des Verfahrens an den Ort des früheren gewöhnlichen Aufenthalts bei einer Mitnahme des Kindes ohne Zustimmung des mitsorgeberechtigten Elternteils entschieden wird (§ 154 Rz. 17). Bei unklaren Sachverhalten muss ggf. der Erlass einer eA vor endgültiger Klärung geprüft werden.
- Ein Verstoß gegen den Beschleunigungsgrundsatz liegt vor, wenn ein neuer **Anhörungstermin** in einem Umgangsverfahren erst sechs Monate nach Scheitern einer gerichtlichen Zwischenvereinbarung anberaumt wird[8] oder erst vier Monate nach Antragseingang und fünf Terminsverlegungen.[9]
- Eine **ungenügende Förderung des Verfahrens** liegt vor, wenn die gerichtliche Tätigkeit innerhalb eines Jahres sich im Wesentlichen auf die Durchführung eines Anhörungstermins beschränkt, in dem das Kind nicht angehört wird.[10]

---

1 *Salgo*, FF 2010, 352, 358; MüKo.ZPO/*Heilmann* § 155 FamFG Rz. 32.
2 BT-Drucks. 16/6308, S. 235.
3 Vgl. OLG Saarbrücken v. 25.5.2011 – 6 UF 76/11, ZKJ 2011, 306, 308: Bei eigenmächtiger Mitnahme des Kindes durch die Mutter und einstweiliger Rückführung zum Vater sei eine nachfolgende Fristsetzung von drei Monaten für die Berichterstattung durch das Jugendamt im Hinblick auf § 155 Abs. 1 „zu überdenken".
4 MüKo.ZPO/*Heilmann* § 155 FamFG Rz. 44.
5 Vgl. BGH v. 7.9.2011 – XII ZB 12/11, FamRZ 2011, 1788 und v. 18.1.2012 – XII ZB 489/11, FamRZ 2012, 436 zu der Frage, ob es in Kindschaftssachen neben der Bestellung eines Verfahrensbeistands auch der Bestellung eines Ergänzungspflegers bedarf. Das OLG Schleswig (v. 9.6.2011 – 10 WF 86/11, FamRZ 2011, 1881) zieht § 155 Abs. 1 zur Entscheidung der (umstrittenen) Frage heran, ob ein Verfahrenskostenhilfeantrag mutwillig ist, wenn nicht zuvor das Jugendamt eingeschaltet wurde – dazu ausf. § 76 Rz. 37.
6 KG v. 5.4.2012 – 17 UF 50/12, FamRB 2012, 241 (*Giers*).
7 BVerfG v. 27.6.2008 – 1 BvR 1265/08, FamRZ 2009, 189.
8 EuGHMR v. 4.12.2008 – 44036/02, FamRZ 2009, 1037.
9 OLG Frankfurt v. 13.10.2009 – 4 WF 112/09, FamRZ 2010, 487.
10 KG v. 23.8.2007 – 16 WF 172/07, FamRZ 2007, 1051.

b) Beschleunigter Verfahrensabschluss und Vermeidung überlanger Verfahren

17 Das Beschleunigungsgebot enthält weiter die Verpflichtung des Gerichts, **das Verfahren zu einem zügigen Abschluss zu bringen**. Der Gesetzgeber verspricht sich dadurch sowohl eine generelle Verkürzung der Verfahrensdauer als auch eine Vermeidung überlanger Verfahren (vgl Rz. 2). Ab wann eine unangemessene Verfahrensdauer vorliegt, richtet sich nach den Umständen des Einzelfalles, der Komplexität des Falles und dem Verhalten der Beteiligten.[1] Dabei sind die in § 155 Abs. 1 genannten Verfahrensgegenstände generell als von so hoher Bedeutung einzuschätzen, dass eine größtmögliche Beschleunigung geboten ist.[2] Soweit es in einem Umgangsverfahren allerdings nur um eine geringfügige Abänderung oder Erweiterung geht, ist eine Beschleunigung weniger dringend als in Verfahren, in denen es um die Wiederanbahnung des Umgangs bzw. dessen Ausschluss wegen Gefährdung des Kindeswohls geht.[3] Zu berücksichtigen ist ferner das Alter der Kinder, dh bei **Kleinkindern** ist wegen deren **Zeitempfindens**, aber auch wegen des in diesem Alter erfolgenden **Bindungsaufbaus** besondere Beschleunigung erforderlich:[4] Im Erleben eines zweijährigen Kleinkindes entspricht die Abwesenheit eines oder beider Elternteile für einen Monat der gefühlten Dauer von einem halben Jahr bei einem zwölfjährigen Kind.[5]

18 Wie die Rechtsprechung zur unangemessenen Verfahrensdauer in Kindschaftssachen zeigt, besteht die Gefahr eines überlangen Verfahrens vor allem in **Umgangsverfahren**, in denen es um die Aussetzung bzw. Einrichtung eines Umgangs bei einem bindungsintoleranten Betreuungselternteil, einem umgangsunwilligem Kind oder/und eingeschränkter Betreuungsfähigkeit des Umgangselternteils geht. Auch hier hat die Rechtsprechung jedoch deutlich gemacht, dass **auch in schwierigsten Verfahren** (bewusste Verfahrensverzögerungen des betreuenden Elternteils, fehlende Mitwirkung bei einem begleiteten Umgang, fehlende Mitwirkung eines Beteiligten an einem Gutachten, Unzuverlässigkeiten des Umgangselternteils, Befangenheitsanträge gegen den Sachverständigen und/oder das Gericht, Krankheiten, Wechsel des zuständigen Richters, lange Bearbeitungsdauer durch das Jugendamt oder den Sachverständigen usw.) **eine Gesamtdauer von etwa vier Jahren nicht überschritten werden darf** und das Verfahren zum Abschluss gebracht werden muss, selbst wenn keine übermäßigen Phasen gerichtlicher Untätigkeit festzustellen sind und selbst wenn im Laufe des Verfahrens zeitweise ein Umgang stattfindet.[6] Dass solche Fälle in der Praxis nicht selten sind, liegt an den praktischen Schwierigkeiten der Umgangsdurchsetzung, aber auch an den hohen materiellen und verfahrensrechtlichen Anforderungen an die Einschränkung bzw. den Ausschluss des Umgangs. Die Belastungen des Kindes und der anderen Verfahrensbeteiligten durch das Verfahren mit immer neuen Anhörungen, Beratungsauflagen und einer Vielzahl von Professionellen dürfen jedoch nicht unterschätzt werden, denn sie können ihrerseits (und zwar schon deutlich vor einer Dauer von vier Jahren) selbst zu einer Gefährdung des Kindes werden.[7] Generell gilt: Je kleiner das Kind, je länger das Verfahren bereits dauert und je schwerer die Folgen einer Nichtentscheidung sind (weil der Umgang trotz Gefährdung des Kindes stattfindet, weil der Umgang ohne Kindeswohlgefährdung nicht stattfindet

---

1 EuGHMR v. 21.4.2011 – 41599/09, FamRZ 2011, 1283.
2 EuGHMR v. 21.4.2011 – 41599/09, FamRZ 2011, 1283.
3 Vgl. BT-Drucks. 16/6308, S. 236.
4 *Coester*, FF 2009, 269, 272; *Salgo*, FF 2010, 352, 353.
5 *Dettenborn/Walter*, Familienrechtspsychologie, 2002, S. 46, die zusätzlich auf *Lempp*, Gerichtliche Kinder- und Jugendpsychiatrie, 1983, 120 verweisen, nach dem sechs Monate für einen Zwölfjährigen einem Monat bei einem Zweijährigen und zwei Jahren bei einem Fünfzigjährigen entsprechen. Nach *Goldstein/Freud/Solnit*, Jenseits des Kindeswohls, 1991, S. 40 entsprechen dem Erleben eines Kleinkindes von wenigen Tagen dem gefühlten Zeitraum eines Fünfjährigen von zwei oder mehr Monaten und dem jüngerer Schulkinder von einem halben Jahr.
6 EuGHMR v. 9.4.2009 – 1182/05, FuR 2009, 623; OLG München v. 8.4.2009 – 30 WF 47/09, FamRZ 2009, 1421; EuGHMR v. 20.1.2011 – 21980/06, 36948/08, FamRZ 2011, 533; EuGHMR v. 21.4.2011 – 41599/09, FamRZ 2011, 1283; BVerfG v. 6.5.1997 – 1 BvR 711/96, FamRZ 1997, 871.
7 Ausf. zur Problematik *Salgo*, FPR 2008, 401; vgl. aus der neueren Rspr. auch BGH v. 26.10.2011 – XII ZB 247/11, FamRZ 2012, 99 m. Anm. *Heilmann* ZKJ 2012, 105; BVerfG v. 28.2.2012 – 1 BvR 3116/11, ZKJ 2012, 185 m. Anm. *Coester* ZKJ 2012, 182.

oder weil das Verfahren selbst zwischenzeitlich eine Gefährdung des Kindeswohls darstellt), desto mehr ist das Verfahren durch kurze Fristen, Versagung von Fristverlängerungen oder Terminsverlegungen zu fördern und desto schneller ist es durch eine Entscheidung in der Hauptsache zu beenden.

Beispiele für eine überlange Verfahrensdauer in Umgangsverfahren:

- Dauer des erstinstanzlichen Verfahrens ohne Umgangsregelung von vier[1] bzw. viereinhalb Jahren bei einem zu Beginn des Verfahrens eineinhalbjährigen Kind.[2]
- Dauer eines Umgangsverfahrens von sechseinhalb Jahren, auch wenn das Amtsgericht nicht untätig geblieben ist, sondern versuchte durch eine Fülle von Aufforderungen und Anberaumungen immer wieder neuer Termine zur mündlichen Verhandlung das Verfahren zu fördern und die Blockadehaltung der Mutter zu überwinden.[3]
- Verfahren, das über drei Instanzen geführt und nach sechs Jahren und fünf Monaten (davon vier Jahre beim Oberlandesgericht) mit einer Entscheidung des Bundesverfassungsgerichts abgeschlossen wird.[4]
- Verfahrensdauer (einschließlich Entscheidung des Bundesverfassungsgerichts) von insgesamt sieben Jahren über das Sorgerecht und das Umgangsrecht mit Kindern nach Trennung und Scheidung der Eltern, selbst wenn während dieser Zeit Umgang stattgefunden hat.[5]
- Das Amtsgericht entscheidet 17 Monate lang nicht über einen Eilantrag und entscheidet auch in der Hauptsache zwei Jahre nach Antragseingang und drei Monate nach Vorliegen des Sachverständigengutachtens nicht.[6]
- Das Amtsgericht weist nach einer Verfahrensdauer von zweieinhalb Jahren, in denen kein Umgang stattgefunden hat, darauf hin, dass es in einem halben Jahr über die Art und Weise der Fortdauer des Verfahrens in Abhängigkeit vom Verlauf der Therapie des Kindes unterrichten werde.[7]
- Keine Bescheidung eines Eilantrags auf Umgangsregelung, nachdem das Hauptsacheverfahren bereits eineinhalb Jahre läuft, kein Umgang stattfindet und ein Ende nicht absehbar ist, wobei die Gutachtenerstellung bereits neun Monate dauert.[8]

III. Begrenzung und Beeinflussung durch andere Verfahrensgrundsätze

1. Kindeswohl

Das Beschleunigungsgebot enthält die gesetzliche Vermutung, dass ein zügiges Verfahren und ein zügiger Verfahrensabschluss vor dem Hintergrund des kindlichen Zeitempfindens, der mit dem Verfahren selbst verbundenen Belastungen und der Gefahr der Präjudizierung (vgl. Rz. 3) dem Kindeswohl entsprechen.[9] Das **Kindeswohl prägt und begrenzt** jedoch zugleich **das Beschleunigungsgebot**, denn im Einzelfall kann eine schnelle Verfahrensweise dem Kindeswohl auch abträglich sein.[10] Der Bundesrat hatte deshalb im Gesetzgebungsverfahren vorgeschlagen, in Abs. 1 zusätzlich die Regelung aufzunehmen, dass sich das Verfahren neben dem Beschleunigungsgebot auch am Kindeswohl zu orientieren habe.[11] Dies lehnte die Bundesregierung mit der Begründung ab, dass die Maßgeblichkeit des Kindeswohls im Verfahren eine

---

1 EuGHMR v. 9.4.2009 – 1182/05, FuR 2009, 623; OLG München v. 8.4.2009 – 30 WF 47/09, FamRZ 2009, 1421.
2 EuGHMR v. 21.4.2011 – 41599/09, FamRZ 2011, 1283.
3 BVerfG v. 6.5.1997 – 1 BvR 711/96, FamRZ 1997, 871.
4 EuGHMR v. 10.2.2011 – 1521/06, FamRZ 2011, 1125.
5 EuGHMR v. 20.1.2011 – 21980/06, 26944/07, 36948/08, FamRZ 2011, 533.
6 BVerfG v. 24.7.2008 – 1 BvR 547/06, FamRZ 2008, 2258.
7 BVerfG v. 11.12.2000 – 1 BvR 661/00, FamRZ 2001, 753.
8 BVerfG v. 25.11.2003 – 1 BvR 834/03, FamRZ 2004, 689.
9 MüKo.ZPO/*Heilmann* § 155 FamFG Rz. 31.
10 BT-Drucks. 16/6308, S. 235 f.
11 BT-Drucks. 16/6308, S. 375.

§ 155

Selbstverständlichkeit sei, die nicht gesondert geregelt werden müsse.[1] Soweit es daher nicht allein um die Beschleunigung von Verfahrensabläufen geht, ist das **Gebot der Beschleunigung im Einzelfall mit anderen Prinzipien und Verfahrensgrundsätzen abzuwägen.**[2]

2. Hinwirken auf Einvernehmen und Annahme öffentlicher Hilfen

21 Das Beschleunigungsgebot kann auch mit dem **Gebot der Förderung einvernehmlicher Lösungen** (dazu ausf. § 156 Rz. 12 ff.) bzw. mit dem **Gebot des Hinwirkens auf Annahme von Hilfen** (dazu § 157 Rz. 25) in Konflikt geraten. Beratungs-, Einigungs- und Hilfeprozesse benötigen Zeit, denn Beziehungskonflikte und Erziehungsfähigkeit lassen sich nur nach und nach mit Erfolg verändern. In der Jugendhilfe werden Hilfen zur Erziehung im Rahmen der Hilfeplanung daher idR für sechs Monate bewilligt und dann überprüft (vgl. § 36 Abs. 2 Satz 2 SGB VIII). Der Beschleunigungsgrundsatz erfordert jedoch, dass das Gericht bei außergerichtlichen Hilfen nicht seine verfahrensfördernde Tätigkeit einstellt, sondern nach einem überschaubaren Zeitraum (etwa nach zwei Monaten) prüft, ob Beratungs- und Hilfeprozesse überhaupt begonnen haben. Es hat ferner mit den Beteiligten zu erörtern, ob für die Zwischenzeit eine einvernehmliche Regelung getroffen werden kann oder eine entsprechende eA erforderlich ist (§§ 156 Abs. 3, 157 Abs. 3), soweit eine Zwischenvereinbarung nicht erzielt werden kann oder nicht ausreichend ist. Verzögerungen sollen auch durch die Unanfechtbarkeit von Beratungsauflagen (§ 156 Abs. 1 Satz 5) vermieden werden.

3. Verfahrensgrundrechte und Amtsermittlungsgrundsatz

22 Trotz aller Verfahrensbeschleunigung müssen die **Verfahrensgrundrechte** gewahrt bleiben, insbesondere der Anspruch auf rechtliches Gehör (Art. 103 GG). Es müssen die gebotenen **persönlichen Anhörungen** des Kindes und der Eltern (§ 159 f.) sowie die Beteiligung des Jugendamts erfolgen (§ 162), sofern nicht das Gesetz hierfür – insbesondere im Eilverfahren – Ausnahmen vorsieht (§§ 159 Abs. 3, 160 Abs. 4, 162 Abs. 1 Satz 2).[3] Auch die **Bestellung eines Verfahrensbeistands** darf nicht dem Erledigungsstreben zum Opfer fallen, zumal damit regelmäßig keine wesentliche Verfahrensverzögerung verbunden ist, wenn der Verfahrensbeistand gem. § 158 Abs. 3 Satz 1 frühzeitig bestellt wird, da seine Bestellung gem. § 158 Abs. 3 Satz 3 nicht angefochten werden kann. Schließlich verlangt der **Amtsermittlungsgrundsatz** (§ 26), dass alle zur Aufklärung des Sachverhalts gebotenen Ermittlungen erfolgen, die für eine am Kindeswohl orientierte Entscheidung erforderlich sind (ausf. § 151 Rz. 30 ff), insbesondere in Fällen häuslicher Gewalt und sexuellen Missbrauchs sowie in anderen Fällen der Kindeswohlgefährdung. In diesem Zusammenhang wird zu Recht darauf hingewiesen, dass gerade auch im Hinblick auf den Beschleunigungsgrundsatz genau zu prüfen ist, ob die Einholung eines (schriftlichen) Sachverständigengutachtens erforderlich ist oder ob nicht die sonstigen Ermittlungen (Bericht des Jugendamts und evtl. eingesetzter Hilfen, Bericht des Verfahrensbeistands, Informationen der Kita, der Schule, des Kinderarztes usw.) eine hinreichende Entscheidungsgrundlage gewährleisten (ausf. § 163 Rz. 4).[4] Eine Einschränkung des Amtsermittlungsgrundsatzes findet sich im Interesse der Beschleunigung allerdings in § 155a Abs. 3 Satz 1 bei der Übertragung der gemeinsamen Sorge auf den Vater nach § 1626a Abs. 2 BGB (dazu § 155a Rz. 2, 28).

4. Prinzip der Nachhaltigkeit

23 Gegen eine vorschnelle Verfahrensbeendigung spricht schließlich das Prinzip der Nachhaltigkeit, das gegenüber dem Hinwirken auf Einvernehmen und dem Grund-

---

1 BT-Drucks. 16/6308, S. 414. Allerdings wurde das Kindeswohl in § 156 Abs. 1 S. 1 aE als Begrenzung des Hinwirkens auf Einvernehmen aufgenommen, obwohl es sich auch dort um eine Selbstverständlichkeit handelt.
2 MüKo.ZPO/*Heilmann* § 155 FamFG Rz. 33.
3 KG v. 23.12.2008 – 18 UF 156/08, FamRZ 2009, 1428; Haußleiter/*Fest*, § 155 FamFG Rz. 4.
4 MüKo.ZPO/*Heilmann* § 155 FamFG Rz. 39; *Rasche*, FF 2009, 192, 193; *Coester*, FF 2009, 269, 272; *Salgo*, FF 2010, 352, 358.

satz der Amtsermittlung auf die **Qualität und** die **praktische Rechtswirksamkeit der verfahrensbeendenden** einvernehmlichen oder gerichtlichen **Regelung** abzielt.[1] Ein schneller Verfahrensabschluss durch aufgezwungene Einigungen oder abstrakt kindeswohldienliche, aber realitätsferne Gerichtsbeschlüsse ist kein Gewinn für das Kind. So verlaufen Umgangsanbahnungen nach schweren Konflikten oder Umgangsabbrüchen regelmäßig als Prozess, der sich in gerichtlichen Entscheidungen nicht vorzeichnen und auch gar nicht mit der erforderlichen Bestimmtheit regeln lässt. Kindesschutzverfahren zielen nicht nur auf die kurzfristige Beseitigung einer akuten Kindeswohlgefährdung ab, weshalb das Verfahren nicht ohne gerichtliche Regelung oder nur mit Auflagen beendet werden sollte, wenn sich die Familie nur kurzfristig stabilisiert hat oder zwischenzeitlich doch Hilfen des Jugendamts annimmt. Hier ist jeweils abzuwägen, ob der Hinweis auf die nachsorgende Beobachtung durch das Gericht nach § 166 Abs. 3 FamFG ausreichend ist oder das Hauptsacheverfahren wegen der damit verbundenen stärkeren Kontroll- und Interventionsmöglichkeit noch fortgeführt werden muss. Denn Folge einer vorschnellen Verfahrensbeendigung sind – gerade bei hochstrittigen Familien[2] – fortbestehende Streitigkeiten im Alltag, wiederholte Abänderungsanträge bzw. Kindesschutzanträge oder die Verlagerung der Streitigkeiten auf andere Verfahrensgegenstände. Bei der Suche nach nachhaltigen Regelungen – einvernehmlich oder aufgrund richterlicher Entscheidung – darf aber aufgrund des Beschleunigungsgebots nicht die Gesamtdauer des Verfahrens aus dem Blick geraten und müssen Zwischenregelungen (ggf. durch eA) für die Dauer des Verfahrens getroffen werden. Wenn in diesem Zusammenhang z.T. von einer mitunter gebotenen „Entschleunigung" des Verfahrens[3] bzw. einem „bewussten Zuwarten"[4] zur Beobachtung der Nachhaltigkeit von Umgangsregelungen oder Hilfsangeboten gesprochen und dies von anderer Seite als eine Verwässerung des Beschleunigungsgrundsatzes kritisiert wird,[5] so spiegelt sich auch hierin lediglich das Erfordernis einer **Abwägung zwischen** einer grundsätzlich erforderlichen **Beschleunigung und** einer **nachhaltigen Regelung im Einzelfall** im Rahmen eines richterlich überwachten Arbeitens mit den Eltern (gegenüber bloßem Nichtstun) wider.

IV. Rechtsbehelfe bei Verstoß gegen das Vorrang- und Beschleunigungsgebot

1. Verzögerungsrüge und Entschädigungsanspruch nach §§ 198 ff. GVG

Auf Drängen des EuGMR wurden durch das „Gesetz über den Rechtsschutz bei überlangen Gerichtsverfahren und strafrechtlichen Ermittlungsverfahren" vom 24.11.2011,[6] das seit dem 3.12.2011 in Kraft ist, die §§ 198 bis 201 GVG neu eingeführt.[7] Nach § 198 Abs. 1 GVG erhält eine Entschädigung, wer infolge unangemessener Dauer eines Gerichtsverfahrens als Verfahrensbeteiligter einen Nachteil erleidet. Die Angemessenheit der Verfahrensdauer richtet sich nach den Umständen des Einzelfalles, insbesondere nach der Schwierigkeit und Bedeutung des Verfahrens und nach dem Verhalten der Verfahrensbeteiligten und Dritter, und ist damit weitgehend identisch mit den Voraussetzungen, unter denen das BVerfG und der EuGHMR eine Verletzung des Rechtes auf effektiven Rechtsschutz in angemessener Zeit (Art. 2 Abs. 2

24

---

1 Vgl. zur Nachhaltigkeit im Rahmen beschleunigter Verfahren etwa *Müller-Magdeburg*, ZKJ 2009, 184, 186 und *Ernst*, FamRZ 2009, 1430; krit. zur „Cochemer Praxis" unter dem Aspekt der Nachhaltigkeit HB-VB/*Kostka* Rz. 984 ff. Auch der Rechtsausschuss des Bundestages hat im Gesetzgebungsverfahren im Zusammenhang mit dem Hinwirken auf Einvernehmen darauf hingewiesen, dass Ziel die „konsensuale und *nachhaltige* Bereinigung des Elternkonflikts" ist, BT-Drucks. 16/9733, S. 293.
2 Hierzu unter Auswertung aktueller Studien zu hochstrittigen Familien *Fichtner*, ZKJ 2012, 46, 53 mit dem Hinweis, dass tragfähige Beziehungsarbeit mit hochkonflikthaften Eltern längerfristig anzulegen sei, was dafür spreche, solche Fälle vorrangig zu beginnen, sie aber nicht beschleunigt zu beenden. Ebenso *Krabbe/Thomsen*, ZKM 111, 113: Sorge- und Umgangsmediation mit hochstrittigen Eltern im beschleunigten Verfahren sei ein Widerspruch in sich.
3 *Schmid*, FPR 2011, 5, 6; *Krabbe/Thomsen*, ZKM 2011, 111, 113.
4 *Meysen*, JAmt 2008, 233, 236; *Hennemann*, FPR 2009, 20, 23, *Rakete-Dombek*, FPR 2009, 16, 19.
5 *Coester*, FF 2009, 269, 272 f.; MüKo.ZPO/*Heilmann* § 155 FamFG Rz. 29.
6 BGBl. I, S. 2302.
7 Ausf. dazu *Zimmermann*, FamRZ 2011, 1905; *Althammer/Schäuble*, NJW 2012, 1.

iVm. 20 Abs. 3 GG) bzw. des Anspruchs auf gerichtliche Entscheidungen in angemessener Verfahrensdauer (Art. 6 Abs. 1 EMRK) angenommen haben (vgl. dazu Rz. 2, 18). Weitere Voraussetzung der Entschädigung ist, dass der Verfahrensbeteiligte die Verzögerung gem. § 198 Abs. 3 GVG gerügt hat. Ein Entschädigungsantrag kann dann frühestens sechs Monate nach Rüge der Verzögerung geltend gemacht werden (§ 198 Abs. 5 Satz 1 GVG). Das Entschädigungsverfahren kann gem. § 201 Abs. 3 GVG ausgesetzt werden, solange das gerügte Verfahren noch andauert.

25   Nach Einschätzung des Gesetzgebers soll die Regelung eine Kombination aus präventiven Elementen (Verzögerungsrüge) und kompensatorischen Elementen (Entschädigung) darstellen.[1] Vorteil der Verzögerungsrüge ist, dass sie anders als Beschwerden, Befangenheitsanträge u. ä. nicht selbst eine Verfahrensverzögerung verursacht. Allerdings ist zu bezweifeln, ob die Verzögerungsrüge bei mangelnder Förderung des Verfahrens des Gerichts zu einer wesentlichen Beschleunigung führt. Die finanzielle Entschädigung vermag überdies in Kindschaftssachen nicht annähernd die aufgrund der unangemessenen Verfahrensdauer eingetretene Rechtsverletzung und die Folgen in den persönlichen Beziehungen im Eltern-Kind-Verhältnis zu kompensieren. Die gesetzliche Regelung hat daher gerade im Hinblick auf die Kindschaftssachen zu Recht **Kritik** erfahren.[2]

2. Untätigkeitsbeschwerde

26   Vor Einführung des Entschädigungsanspruchs nach § 198 ff. GVG war gerade in Kindschaftssachen bei unzumutbaren und auf Rechtsverweigerung hinauslaufenden Verfahrensverzögerungen vielfach eine **Untätigkeitsbeschwerde** als außerordentliche Beschwerde anerkannt,[3] wenn auch nicht unumstritten.[4] Wenngleich für eine Untätigkeitsbeschwerde zur Beschleunigung des Verfahrens gerade in Kindschaftssachen ein erheblicher Bedarf gesehen wurde und wird,[5] hat sich der Gesetzgeber ausdrücklich gegen eine solche Beschwerde ausgesprochen und betont, dass die in §§ 198 ff. GVG getroffene Regelung abschließend ist und damit keine Regelungslücke für eine außerordentliche Beschwerde mehr besteht.[6] In der obergerichtlichen Rechtsprechung wird die Untätigkeitsbeschwerde seit dem 3.12.2011 daher als **unzulässig** erachtet.[7]

27   Zulässig bleibt die **Untätigkeitsverfassungsbeschwerde**, mit der allerdings nur die Verletzung von Art. 19 Abs. 4 GG durch die lange Verfahrensdauer festgestellt, nicht jedoch (auch nicht durch eA nach § 32 Abs. 1 BVerfGG) dem Gericht eine bestimmte Verfahrensgestaltung vorgeschrieben werden kann.[8] Bisher hat das BVerfG hierfür nicht die vorherige Erhebung einer Untätigkeitsbeschwerde verlangt, da diese nicht den Anforderungen an die Rechtsmittelklarheit genügte.[9] Nach Einführung der §§ 198 ff. GVG ist nunmehr allerdings fraglich, wann eine Ausschöpfung des Rechtsweges vorliegt, die Zulässigkeitsvoraussetzung der Verfassungsbeschwerde ist: wenn nach einer Verzögerungsrüge gem. § 198 Abs. 3 GVG kein Verfahrensfortgang zu ver-

---

1 BT-Drucks. 17/3802, S. 15 f.
2 *Huerkamp/Wielpütz*, JZ 2011, 139, 143; *Zimmermann*, FamRZ 2011, 1905; *Althammer/Schäuble*, NJW 2012, 1, 7; *Heilmann*, NJW 2012, 887, 890; *Rixe*, FamRZ 2012, 1124.
3 Aus jüngerer Zeit etwa OLG Köln v. 17.11.2011 – 4 WF 189/11, ZKJ 2012, 156; OLG Schleswig v. 18.1.2011 – 10 WF 3/11, FamRZ 2011, 1085; OLG Frankfurt v. 12.8.2009 – 5 WF 154/09, FamRZ 2009, 2021.
4 Ausf. zur früheren Untätigkeitsbeschwerde *Vogel*, FPR 2009, 165 sowie Zöller/*Heßler*, § 567 ZPO Rz. 21.
5 *Coester*, FF 2009, 269, 273; *Salgo*, FF 2010, 352, 360; *Althammer/Schäuble*, NJW 2012, 1, 7; *Zimmermann*, FamRZ 2011, 1905.
6 BT-Drucks. 17/3802, S. 16.
7 OLG Bremen v. 12.11.2012 – 4 WF 137/12, FamRZ 2013, 570; OLG Düsseldorf v. 15.2.2012 – 8 WF 21/12, FamRZ 2012, 1161; OLG Brandenburg v. 6.1.2012 – 13 WF 235/11, FamRB 2012, 80 (*Abramenko*); OLG Jena v. 29.12.2011 – 1 WF 634/11, FamRZ 2012, 728; aA *Rixe*, FamRZ 2012, 1124, 1126 (Beschleunigungsbeschwerde in verfassungskonformer Auslegung von § 21 Abs. 2 FamFG); *Vogel*, FPR 2012, 528; Bork/Jacoby/Schwab/*Zorn* § 155 FamFG Rz. 7.
8 BVerfG v. 1.12.2010 – 1 BvR 1725/10, NJW 2011, 594.
9 BVerfG v. 20.9.2007 – 1 BvR 775/07, NJW 2008, 503.

zeichnen ist, nach Ablauf der Sechs-Monatsfrist des § 198 Abs. 5 Satz 1 GVG oder gar erst nach Durchführung des Entschädigungsverfahrens?[1] Sicher ist nur, dass zumindest die Verzögerungsrüge erhoben werden muss.[2]

3. Sonstige Rechtsbehelfe

Unangemessene Verfahrensverzögerungen können im Hinblick auf den Normzweck des § 155, insbesondere wegen der Gefahr der Präjudizierung der späteren Entscheidung in Kindschaftssachen (Rz. 1ff.), die **Besorgnis der Befangenheit** nach § 6 FamFG iVm. §§ 41ff. ZPO begründen.[3] Es ist zu befürchten, dass von diesem zeitintensiven Rechtsbehelf nach dem Wegfall der außerordentlichen Beschwerde verstärkt Gebrauch gemacht wird. 28

Ein Anspruch aus **Amtshaftung** gem. § 839 BGB iVm. Art. 34 GG ist in Kindschaftssachen nicht zielführend, weil er wie der Entschädigungsanspruch nach § 198 GVG ebenfalls nicht zur Beschleunigung des Verfahrens führt, sondern nur erlittene Schäden kompensiert bzw. ein Schmerzensgeld für immaterielle Schäden gewährt. Anders als für den Entschädigungsanspruch nach § 198 GVG ist darüber hinaus ein Verschulden des Gerichts erforderlich. 29

Eine **Dienstaufsichtsbeschwerde** mit dem Ziel, den Richter gem. § 26 Abs. 2 DRiG zu ordnungsgemäßer, unverzögerter Erledigung der Amtsgeschäfte zu ermahnen, wird regelmäßig nur bei einem faktischen Stillstand der Dezernatsarbeit zum Erfolg führen. Insbesondere erfolgt im Rahmen der Dienstaufsichtsbeschwerde keine Beurteilung der richtigen Anwendung des Verfahrensrechts und darf in die richterliche Unabhängigkeit nicht eingegriffen werden. Beanstandungen sind nur zulässig, wenn sie den ordnungsgemäßen Geschäftsablauf und die äußere Form der Erledigung der Amtsgeschäfte betreffen oder wenn es um solche Fragen geht, die dem Kernbereich der eigentlichen Rechtsprechung so weit entrückt sind, dass sie nur noch als zur äußeren Ordnung gehörig anzusehen sind.[4] 30

C. Der frühe Erörterungstermin (Absätze 2 und 3)

I. Anwendungsbereich und Ziel

Als Ausprägung des Beschleunigungsgebots bestimmt Abs. 2 Satz 1, dass in den in Abs. 1 genannten Verfahren ein früher Erörterungstermin mit den Beteiligten stattfindet. Der **Anwendungsbereich** der Vorschrift deckt sich daher grundsätzlich mit dem des Abs. 1 (vgl. Rz. 10ff.). Allerdings geht in Anordnungsverfahren § 51 Abs. 2 Satz 2 vor, wonach eine eA auch ohne mündliche Verhandlung erlassen werden kann. Soll erst nach persönlicher Anhörung der Beteiligten entschieden werden, richtet sich die Terminierung nach der Eilbedürftigkeit der Sache; aus § 155 Abs. 2 ergibt sich jedoch, dass auch in diesem Fall spätestens nach einem Monat ein Termin stattfinden muss. Das Erfordernis eines frühen Erörterungstermins gilt ferner nicht für die Beschwerdeinstanz, denn nach Abs. 2 Satz 2 soll der frühe Termin einen Monat nach Beginn des (erstinstanzlichen) Verfahrens stattfinden; für die Terminierung im Beschwerdeverfahren gilt jedoch der allgemeine Beschleunigungsgrundsatz nach Abs. 1.[5] 31

Ziel des Termins ist es allgemein, die gegenseitigen Standpunkte und Interessen auszutauschen, frühzeitig den Sachverhalt zu klären und Probleme abzuschichten, konsensuale Lösungsmöglichkeiten zu suchen, die elterliche Verantwortung für die Kinder zu stärken sowie den weiteren Verfahrensablauf zu besprechen und zu pla- 32

---

1 Ausf. hierzu *Huerkamp/Wielpütz*, JZ 2011, 139, 142f.
2 BVerfG v. 21.12.2011 – BvQ 44/11, juris.
3 Vgl. OLG Bamberg v. 4.2.2000 – 7 WF 213/99, FamRZ 2001, 552: Wenn „schlechterdings kein vernünftiger Grund mehr ersichtlich ist, der den Richter davon abhalten könnte, über den Eilantrag des Antragstellers zu befinden." Ausf. MüKo.ZPO/*Heilmann* § 155 FamFG Rz. 72.
4 BGH v. 10.1.1985 – RiZ (R) 7/84, NJW 1985, 1471.
5 MüKo.ZPO/*Heilmann* § 155 FamFG Rz. 67.

nen.[1] Durch die kurze Zeit zwischen Antrag und Termin wird zudem vermieden, dass der Konflikt durch eine Vielzahl von anwaltlichen Schriftsätzen weiter eskaliert.

II. Terminierung, Terminsverlegung

33 Der frühe Erörterungstermin soll gem. Abs. 2 Satz 2 **innerhalb eines Monats nach Beginn des Verfahrens** stattfinden. In Antragsverfahren gem. § 23 (vgl. § 151 Rz. 36 und 42) ist dies der Fall, wenn ein Antrag mit dem Ziel der Erledigung bei Gericht eingegangen ist. In Amtsverfahren gem. § 24 (vgl. § 151 Rz. 39 und 42) beginnt das Verfahren, wenn das Gericht amtlich von Tatsachen Kenntnis erlangt, die Anlass zu gerichtlichen Maßnahmen sein können, insbesondere mit einer entsprechenden Anregung des Jugendamts.

34 Die Terminierung darf in Amtsverfahren und unechten Antragsverfahren, dh insbesondere in Umgangsverfahren, nicht von der **Einzahlung eines Kostenvorschusses** abhängig gemacht werden.[2] Anderes gilt gem. § 14 Abs. 3 iVm. § 21 Abs. 1 Satz 1 FamGKG für Antragsverfahren, dh insbesondere in Verfahren auf Übertragung des Aufenthaltsbestimmungsrechts (§ 1671 BGB) und auf Herausgabe des Kindes (§ 1632 Abs. 3 BGB),[3] soweit nicht der Erlass einer eA beantragt wird[4] oder die Voraussetzungen des § 15 Nr. 3 FamGKG glaubhaft gemacht sind.[5] Soweit ein Antrag mit einem Antrag auf Bewilligung von **Verfahrenskostenhilfe** verbunden wird, ist der frühe Termin ebenfalls innerhalb der Monatsfrist anzuberaumen; die Prüfung der Bewilligung muss dann ggf. im Termin erfolgen.[6] Wird der Verfahrenskostenhilfeantrag vor dem Termin zurückgewiesen und hiergegen sofortige Beschwerde eingelegt, ist der frühe Termin nicht zur Durchführung des Beschwerdeverfahrens aufzuheben.[7]

35 Die Ausgestaltung als **Sollvorschrift** bedeutet, dass das Gericht grundsätzlich innerhalb der Monatsfrist einen Termin anberaumen muss, soweit nicht ein gesondert zu begründender Ausnahmefall vorliegt. Das Gericht muss daher idR Termine vorhalten und notfalls entsprechend dem Vorranggebot nach Abs. 1 bereits terminierte nachrangige Verfahren aufheben.[8] **Ausnahmefälle** sind eine kurzfristige Erkrankung des zuständigen Richters (wobei der Vertreter im Einzelfall prüfen muss, ob der frühe Termin dennoch durchgeführt werden muss[9]), das Erfordernis der Ermittlung der Anschriften der Beteiligten, eine öffentliche Zustellung oder eine Zustellung im Ausland.[10] Allerdings ist auch in diesen Fällen zu prüfen, ob in dem konkreten Verfahren (insbesondere in Eilverfahren und Kindesschutzsachen) nicht dennoch der frühe Termin sinnvoll bzw. sogar geboten ist.[11] Eine weitere Ausnahme besteht, wenn einem Hauptsacheverfahren in derselben Sache eine mündliche Verhandlung über eine eA unmittelbar vorausgegangen ist (vgl. § 51 Abs. 3 Satz 2) oder wenn es nur um eine geringfügige Abänderung des Umgangs geht.[12] Gleiches kann gelten, wenn ein Elternteil die Abänderung einer Entscheidung nach § 166 Abs. 1 beantragt, die abzuändernde Entscheidung aber erst kurze Zeit zurückliegt.

36 Eine **Verlegung** des frühen ersten Erörterungstermins ist gem. Abs. 2 Satz 4 **nur aus zwingenden Gründen** zulässig. Der Verlegungsgrund ist gem. Abs. 2 Satz 5 iVm. § 31 glaubhaft zu machen. Im Gegensatz zu der Regelung in § 32 Abs. 1 Satz 2 FamFG

---

1 Vgl. *Ernst*, FamRZ 2009, 1430; *Müller-Magdeburg*, ZKJ 2009, 184, 185; *Menne*, FPR 2009, 309, 310.
2 OLG Schleswig v. 3.8.2011 – 3 Wx 80/11, FamRZ 2012, 319, 320; nachstehend *Klüsener*, § 21 FamGKG Rz. 3.
3 KG v. 25.8.2011 – 16 WF 112/11, FamRZ 2012, 239; nachstehend *Klüsener*, § 21 FamGKG Rz. 3; aA (aus Vereinfachungsgründen, aber contra legem) *Volpert*, FPR 2010, 327, 330.
4 Keidel/*Giers* § 51 FamFG Rz. 26; aA *Volpert*, FPR 2010, 327, 330 f.
5 *Schneider*, FamRB 2012, 164, 167.
6 BT-Drucks. 16/6308, S. 236.
7 *Schmid*, FPR 2011, 5, 7.
8 MüKo.ZPO/*Heilmann* § 155 FamFG Rz. 53; *Schmid*, FPR 2011, 5, 8.
9 Haußleiter/*Fest*, § 155 FamFG Rz. 10.
10 BT-Drucks. 16/6308, S. 236.
11 Musielak/*Borth* § 155 FamFG Rz. 4.
12 BT-Drucks. 16/6308, S. 236.

iVm. § 227 Abs. 1 ZPO reichen damit (nur) erhebliche Gründe für eine Verlegung nicht aus. Zwingende Gründe sind grundsätzlich nur solche, die ein Erscheinen im Termin tatsächlich unmöglich machen, zB eine Erkrankung.[1] Das Vorliegen einer Terminskollision eines Verfahrensbevollmächtigten mit einem anderen Verfahren ist generell kein ausreichender Grund für eine Terminsverlegung, vielmehr muss in der anderen Sache Terminsverlegung beantragt werden, es sei denn, auch der kollidierende Termin betrifft ein Verfahren nach § 155 Abs. 1.[2] Diesem Verlegungsantrag muss durch das andere Gericht wegen des Vorrangs der Kindschaftssache stattgegeben werden.[3] Terminsverlegungsanträge von Verfahrensbevollmächtigten wegen Urlaubs, Kur usw. sind insbesondere dann abzulehnen, wenn dies bei Mandatsübernahme in Kenntnis des frühen Erörterungstermins bereits bekannt war.

III. Anhörung des Jugendamts (Abs. 2 Satz 3)

37 In dem frühen Erörterungstermin hat das Gericht nach Abs. 2 Satz 3 **einen Vertreter des Jugendamts persönlich anzuhören**. Durch die mündliche Anhörung wird das Jugendamt davon entbunden, einen schriftlichen Bericht abzufassen, weil dies häufig zu Verfahrensverzögerungen führt und ein Elternteil sich dadurch häufig in ein schlechtes Licht gerückt sieht. Überdies soll dadurch gewährleistet werden, dass das Jugendamt im Termin den aktuellen Sachstand wiedergibt und unmittelbar auf die Entwicklungen im Anhörungstermin eingehen kann.[4] Ausnahmsweise ist eine **verschriftliche Stellungnahme** zu den Ermittlungen des Jugendamts erforderlich in Kindesschutzverfahren nach § 1666 BGB und bei Vorliegen von Gewalt, Drogen, Alkohol, Missbrauch und psychischen Erkrankungen, da dies für eine ausreichende Vorbereitung des Richters erforderlich ist und regelmäßig Eingriffe in die elterliche Sorge durch eA zu prüfen sind.[5] Kindesschutzverfahren werden allerdings idR durch eine Gefährdungsmitteilung des Jugendamts nach § 8a Abs. 2 SGB VIII eingeleitet, so dass bereits zu Verfahrensbeginn eine ausführliche Stellungnahme vorliegt.

38 Der Verpflichtung des Gerichts in Abs. 2 Satz 3, das Jugendamt zum frühen Termin zu laden, entspricht die in § 50 Abs. 2 Satz 2 SGB VIII enthaltene Verpflichtung des Jugendamts, zu dem frühen Termin zu erscheinen. Das Jugendamt ist als **sozialpädagogischer Sachverstand** und **potentieller Vermittler von Leistungen der Jugendhilfe** aktiver Teilnehmer[6] der Verhandlung. Gem. § 50 Abs. 2 Satz 1 SGB VIII unterrichtet es insbesondere über angebotene und erbrachte Leistungen, bringt erzieherische und soziale Gesichtspunkte zur Entwicklung des Kindes oder des Jugendlichen ein und weist auf weitere Möglichkeiten der Hilfe hin. In der dem Jugendamt bis zum Termin zur Verfügung stehenden Zeit kann jedoch noch keine umfassende Ermittlung erwartet werden, sondern lediglich eine erste und vorläufige Einschätzung des Konflikts.[7] Ergebnis der Stellungnahme kann insoweit auch sein, dass weitere Ermittlungen erforderlich sind, deren Umsetzung im Rahmen des familiengerichtlichen Verfahrens im frühen Termin besprochen werden. Damit der zuständige Sachbearbeiter überhaupt eine substantiierte Stellungnahme abgeben kann, müssen sowohl das Gericht als auch das Jugendamt hierzu **organisatorische Vorkehrungen und Absprachen** treffen, denn wenn die Ladung erst eine Woche vor dem Termin bei dem Jugendamt eintrifft, ist ein Gespräch mit den Eltern oft nicht möglich. Das Jugendamt sollte daher idR per Fax geladen werden. Bewährt hat sich auch die Anweisung an die Rechtsantragsstelle des Gerichts, bei dort gestellten Anträgen sogleich die Telefonnummern beider Eltern zu erfragen, damit eine telefonische Terminsabsprache durch das Jugendamt erfolgen kann.

---

1 BT-Drucks. 16/6308, S. 236.
2 BT-Drucks. 16/6308, S. 236; *Schmid*, FPR 2011, 5, 7: Verlegungsgrund ist nur die Teilnahme an einem anderen beschleunigten Verfahren.
3 BT-Drucks. 16/6308, S. 236.
4 BT-Drucks. 16/6308, S. 236.
5 MüKo.ZPO/*Heilmann* § 155 FamFG Rz. 60; *Schmid*, FPR 2011, 5, 7.
6 Zum „aktiven Jugendamt" vgl. *Flemming*, ZKJ 2009, 315.
7 Wiesner/*Mörsberger*/Wapler § 50 SGB VIII Rz. 57; *Knödler*, ZKJ 2010, 135, 137.

IV. Weitere Beteiligte im frühen Erörterungstermin

1. Anordnung des persönlichen Erscheinens der verfahrensfähigen Beteiligten (Absatz 3)

39 Gem. Abs. 3 sollen die verfahrensfähigen Beteiligten im Erörterungstermin persönlich anwesend sein, dh. idR die **Eltern**, ggf. auch **Pflegepersonen** (§ 161) und **Bezugspersonen** in den Fällen des § 1685 BGB. Denn die Erörterung kann im Hinblick auf das mit dem frühen Termin bezweckte Hinwirken auf Einvernehmen (§ 156 Abs. 1) bzw. die Erörterung der Kindeswohlgefährdung und das Hinwirken auf die Annahme von Leistungen der Jugendhilfe (§ 157) nur dann zu einem sinnvollen Ergebnis führen, wenn sich die Beteiligten im Termin nicht vertreten lassen. In Ausnahmefällen kann das Gericht von dem gemeinsamen Erscheinen der Beteiligten absehen, etwa wenn in einem Fall häuslicher Gewalt eine getrennte Anhörung der Eltern erforderlich erscheint (§ 33 Abs. 1 Satz 2, vgl. auch § 157 Abs. 2 Satz 2). Die Folgen eines unentschuldigten Fernbleibens im Termin bestimmen sich nach § 33 Abs. 3 (Ordnungsgeld, Anordnung der Vorführung), worauf bereits in der Ladung hinzuweisen ist (§ 33 Abs. 4).

40 Als Beteiligter zu laden ist auch der **Verfahrensbeistand** (§ 158 Abs. 3 Satz 2), soweit er bereits bestellt ist (dazu ausf. § 158 Rz. 25 f.).

2. Anhörung des Kindes

41 Aus der Beschränkung auf die verfahrensfähigen Beteiligten in Abs. 3 ergibt sich, dass das **persönliche Erscheinen des Kindes** in jedem Fall anzuordnen ist, wenn das Kind gem. § 9 Abs. 1 Nr. 3 **verfahrensfähig** ist (dazu § 151 Rz. 58). Allerdings ist auch bei verfahrensfähigen Kindern zu prüfen, ob diese zunächst gem. § 159 gesondert vom Richter angehört werden, bevor die Sache gemeinsam mit den weiteren Beteiligten erörtert wird.

42 Dagegen sollen **jüngere Kinder** nach der (nicht näher begründeten) Einschätzung des Gesetzgebers aus Gründen des Kindeswohls grundsätzlich nicht zum Erörterungstermin geladen werden, über die Anhörung soll vielmehr allein auf Grundlage des § 159 entschieden werden.[1] Für Verfahren wegen Gefährdung des Kindeswohls sieht § 157 Abs. 1 immerhin die Ladung des Kindes „in geeigneten Fällen" vor (dazu § 157 Rz. 20). Dies hat dem beschleunigten Verfahren zu Recht den Vorwurf eingetragen, sehr elternzentriert zu sein,[2] obwohl doch das Kind im Mittelpunkt des Verfahrens stehen und die Beschleunigung den Kindesinteressen Rechnung tragen soll. Es ist auch nicht ersichtlich, warum die Anhörung des Kindes zu diesem Zeitpunkt belastender sein soll als zu einem späteren Zeitpunkt,[3] zumal das immer wieder gebrauchte Argument von der Belastung der Kinder durch die richterliche Anhörung durch die Rechtstatsachenforschung widerlegt wurde.[4] Vielmehr kann es gerade für Kinder mit Loyalitätskonflikten eine Entlastung bedeuten, wenn der Richter (und der Verfahrensbeistand) ihnen mitteilt, dass die Entscheidung über den Umgang oder den Lebensmittelpunkt entweder einvernehmlich von den Eltern oder vom Gericht getroffen wird und nicht durch das Kind entschieden werden muss.

43 Nach zutreffender Auffassung ist es daher **regelmäßig sachgerecht, das Kind im Zusammenhang mit dem frühen Erörterungstermin persönlich nach § 159 zu hören**, sofern nicht im Einzelfall konkrete Gründe dagegen sprechen.[5] Wenn Ziel des frühen

---

1 BT-Drucks. 16/6308, S. 236. Zustimmend Musielak/*Borth*, § 155 FamFG Rz. 8 (nur ausnahmsweise vor dem frühen Termin).
2 *Hennemann*, FPR 2009, 20, 23; *Knödler*, ZKJ 2010, 135, 137.
3 So aber *Buck*, JAmt 2010, 161, 163.
4 Vgl. den Abschlussbericht von *Karle/Gathmann/Klosinski*, ZKJ 2010, 432.
5 *Coester*, FF 2009, 269, 273; *Schmid*, FPR 2011, 5, 7; *Trenczek*, ZKJ 2009, 97, 101; *Walter*, FPR 2009, 23, 26; *Maywald*, FPR 2010, 460, 463; *Stötzel/Prenzlow*, ZKJ 2011, 200, 202 (in jedem Fall aber erst nach Anhörung der übrigen Beteiligten); einschränkend MüKo.ZPO/*Heilmann* § 155 FamFG Rz. 62f.: Anhörung jedenfalls im Kindesschutzverfahren; Musielak/*Borth* § 155 FamFG Rz. 8: „soweit es in der frühen Phase des Verfahrens bereits geboten ist"; dagegen *Buck*, JAmt

Termins sein soll, frühzeitig auf Einvernehmen hinzuwirken und den Eltern ihre Verantwortung für das Kind zurückzugeben, muss das Gericht ihnen die Situation und die Bedürfnisse des Kindes verdeutlichen (zur Einbeziehung des Kindes im Rahmen des Hinwirkens auf Einvernehmen nach § 156 Abs. 1 vgl. § 156 Rz. 44). Soll es aber nicht bei abstrakten Darlegungen über das Kindeswohl bleiben, muss sich das Gericht hierzu ein Bild von der Situation eben dieses Kindes machen. Denn alle von der frühen Terminierung betroffenen Verfahrensgegenstände haben – anders als etwa ein Streit um die Aufhebung der gemeinsamen Sorge – unmittelbare Auswirkungen auf die Lebenswelt des Kindes (seinen Wohnort, den Umgang mit einem Elternteil oder anderen Bezugspersonen, Maßnahmen zur Abwendung einer Gefährdung). Zudem ist die Anhörung der Kinder nach § 159 regelmäßig auch dann erforderlich, wenn die Eltern sich im Termin einigen, zB wenn ein Umgangsvergleich gerichtlich gebilligt werden soll (§ 156 Abs. 2; dazu § 156 Rz. 61) oder wenn mit Zustimmung eines Elternteils das Aufenthaltsbestimmungsrecht auf den anderen übertragen werden soll (§ 1671 Abs. 1 Satz 2 Nr. 1 BGB). Kann im frühen Termin kein Konsens erzielt werden, ist der Erlass einer eA zu prüfen (§§ 156 Abs. 3, 157 Abs. 3), was ebenfalls die vorherige Anhörung des Kindes erfordert (§ 156 Abs. 3 Satz 3). Dies gilt erst recht, wenn aufgrund des frühen Termins bereits eine streitige Endentscheidung erfolgen soll.[1]

44 Die Anhörung des Kindes erfolgt wie sonst nicht gemeinsam mit den übrigen Verfahrensbeteiligten, sondern allein durch den Richter bzw. gemeinsam mit dem Verfahrensbeistand. Problematisch kann der **Zeitpunkt der Anhörung** sein. Grundsätzlich sollte die Anhörung unmittelbar vor dem Termin oder am gleichen Terminstag (ggf. in Unterbrechung der Sitzung) erfolgen, wenn dies organisatorisch möglich ist. Eine Anhörung vor dem Termin kann allerdings schwierig sein, wenn sich aus den Schriftsätzen nur wenige Informationen ergeben,[2] zudem gibt es außer in den Kinderschutzverfahren regelmäßig noch keinen Jugendamtsbericht. Die Anhörung kann ggf. auch nach dem Erörterungstermin erfolgen, jedoch können dann die gewonnenen Eindrücke zu Situation und Interessen des Kindes im Erörterungstermin noch nicht berücksichtigt werden, wenn nicht zuvor ein Verfahrensbeistand bestellt wurde oder das Jugendamt vor dem Termin mit dem Kind gesprochen hat. Zudem muss den Beteiligten nach der Anhörung des Kindes nochmals rechtliches Gehör gewährt werden (§ 37 Abs. 2).

V. Durchführung des frühen Erörterungstermins

1. Der frühe Erörterungstermin nach §§ 155 Abs. 2, 156 Abs. 1

45 In **Verfahren betreffend den Aufenthalt des Kindes, seine Herausgabe oder den Umgang** zielt die frühere Erörterung iSv. §§ 155 Abs. 2, 156 Abs. 1 darauf ab, eine einvernehmliche Konfliktlösung zu fördern, einer Eskalation des Elternkonflikts durch langes Wechseln anwaltlicher Schriftsätze vorzubeugen und die Eltern durch das persönliche Gespräch wieder auf den Weg zur Übernahme der Verantwortung zu bringen,[3] welche von ihnen erfahrungsgemäß mit der Einleitung eines gerichtlichen Verfahrens an das Gericht, die Anwälte, das Jugendamt und andere professionell Beteiligte abgegeben wird. Das Gericht soll deshalb
- im mündlichen Gespräch mit den Beteiligten den Sachverhalt und die jeweiligen Standpunkte und Interessen ermitteln;
- unter Mitwirkung des Jugendamts im Termin auf eine **einvernehmliche Regelung** hinwirken, anderenfalls prüfen, ob die Eltern eine erforderliche **Beratung** oder ein Informationsgespräch zur **Mediation** in Anspruch nehmen wollen bzw. ob eine entsprechende Anordnung sinnvoll ist (§ 156 Abs. 1, dazu ausf. § 156 Rz. 13ff.);

2010, 161, 163 („nur wenn absolut erforderlich"), der dafür aber generell einen Verfahrensbeistand vor dem ersten Termin bestellen will.
1 KG v. 23.12.2008 – 18 UF 156/08, FamRZ 2009, 1428.
2 Musielak/*Borth* § 155 FamFG Rz. 8.
3 BT-Drucks. 16/6308, S. 236.

- mit den Verfahrensbeteiligten besprechen, welchen Verlauf das weitere Verfahren nehmen soll (**Verfahrensplanung**); dabei sollten auch die Rollen und Aufgaben der professionell Beteiligten geklärt werden, die sich wegen der allseitigen Aufgabe des Hinwirkens auf Einvernehmen in ihren Aufgabenbereichen oft überschneiden und gegenseitig zu behindern drohen;
- für die weitere Dauer des Hauptsacheverfahrens auf eine einvernehmliche Zwischenregelung hinwirken und anderenfalls den Erlass einer eA prüfen (§§ 156 Abs. 3, dazu § 156 Rz. 81 ff.).

Bei **hochkonflikthaften Familien** ist darüber hinaus zu prüfen, durch welche Maßnahmen das Kind kurzfristig entlastet werden kann, ob ggf. Hilfen zur Erziehung iSd. §§ 27 ff. SGB VIII erforderlich sind und die Eltern hierzu motiviert werden können oder ob ggf. ein (auch: lösungsorientiertes) Sachverständigengutachten eingeholt werden muss. Soweit ein Verfahrensbeistand noch nicht bestellt wurde, hat dies im Anschluss an den Termin zu erfolgen. Dies gilt auch, wenn im Rahmen eines Sorge- oder Umgangsverfahrens **zusätzliche Risikofaktoren** offenbar werden (Gewalt, Drogen, Alkohol, psychische Erkrankungen o. ä.) und daher der Schutz des Kindes und die Klärung des Sachverhalts vorrangig sind.[1]

46 Es ist auch nicht ausgeschlossen, bereits nach dem frühen Erörterungstermin eine das Verfahren **abschließende streitige Entscheidung** zu treffen. Das setzt jedoch voraus, dass die Eltern auf diese Möglichkeit ausdrücklich hingewiesen werden und dass ihnen ausreichend Gelegenheit gegeben wird, sich zu äußern. Denn die kurze Monatsfrist bis zum Erörterungstermin kann im Einzelfall dem Anspruch auf rechtliches Gehör nicht genügen. Im Übrigen setzt eine das Verfahren abschließende Entscheidung voraus, dass die Verfahrensgarantien eingehalten werden (insbesondere Kindesanhörung, ggf. Bestellung eines Verfahrensbeistands, Terminsvermerk nach § 28 Abs. 4 FamFG).[2] Nach dem Vorstehenden sollte der frühe Termin jedoch **nicht** in erster Linie als Mittel gesehen werden, mit dem Verfahren „kurzen Prozess" zu machen, sondern das Verfahren sowohl hinsichtlich der Unterstützung der Eltern, der Entlastung des Kindes und der Ermittlung des Sachverhalts frühzeitig in die richtigen Bahnen zu lenken.[3] Gleichwohl vermittelt der frühe Termin einen gewissen Erledigungsdruck für die Familienrichter, für die der frühe Termin bei gleichbleibender Arbeitsbelastung in den meisten Kindschaftsverfahren einen zusätzlichen Termin bedeutet, der im Regelfall eine bis eineinhalb Stunden in Anspruch nimmt. Gleiches gilt für die Rechtsanwälte, die nur einmal eine Terminsgebühr erhalten, das Jugendamt, das mehrfach zum Termin erscheinen muss und von dem jedenfalls im Folgetermin oft ein schriftlicher Bericht erwartet wird, und schließlich auch für den Verfahrensbeistand, der eine pauschale Vergütung für alle Termine erhält.

47 Durch den frühen Termin steigen auch die Anforderungen an die richterliche Tätigkeit.[4] Der Richter geht mit einer Antragsschrift, ggf. einem Erwiderungsschriftsatz und ohne Jugendamtsbericht und damit relativ unvorbereitet in den frühen Erörterungstermin. Er benötigt grundsätzlich **Kenntnisse in der Gesprächsführung**, denn die Eltern sind zu diesem Zeitpunkt sehr emotional und wollen (und sollen) umfänglich, aber in einem vertretbaren zeitlichen Rahmen ihre Situation schildern.[5] Einerseits muss er Raum für die jeweiligen Darlegungen geben und die Beweggründe der Eltern für ihre Haltung und ihre Anträge erforschen, andererseits muss er das Gespräch strukturieren und zielgerichtet leiten. Des Weiteren muss der Richter mehr als zuvor sowohl **Kenntnisse im Jugendhilferecht** als auch über **die vor Ort angebote-**

---

1 *Hennemann*, FPR 2009, 20, 23; *Schmid*, FPR 2011, 5, 6; *Ernst*, FamRZ 2009, 1430 mit einer Übersicht über denkbare Konstellationen im frühen Erörterungstermin.
2 KG v. 23.12.2008 – 18 UF 156/08, FamRZ 2009, 1428.
3 *Menne*, FPR 2009, 309, 310; *Salgo*, FF 2010, 352, 356.
4 *Hennemann*, FPR 2009, 20, 23; *Coester*, FPR 2009, 269, 277; *Menne*, FPR 2009, 309, 311, *Salgo*, FF 2010, 352, 360; *Knödler*, ZKJ 2010, 135, 139; *Müller-Magdeburg*, ZKJ 2009, 184, 187.
5 Vgl. *Götz*, FF/FamFG spezial 2009, 20, 21, die die Gefahr sieht, das „bei vehementem Widerspruch der Eltern eine geordnete Darstellung der Tatsachen in Rede und Gegenrede untergeht".

nen **Leistungen** der Jugendhilfe besitzen, auch wenn das Jugendamt ihn hierbei im Termin unterstützen soll.[1]

Im Zusammenhang mit der Einführung des frühen Erörterungstermins stellt sich auch die Frage der **Vernetzung der professionell Beteiligten** außerhalb des Verfahrens.[2] Vielerorts haben sich schon vor der FGG-Reform und über den Kinderschutz hinaus interdispliäre Arbeitskreise gebildet, schon weil für die Durchführung des frühen Erörterungstermins organisatorische Absprachen getroffen werden müssen (vgl. die Nachw. Rz. 4). Darüber hinaus dienen sie der Klärung der Rollen der Beteiligten sowie dem Austausch über die jeweiligen Sicht- und Arbeitsweisen.[3] Dabei können auch Leitfäden über die Verfahrensgestaltung erstellt werden. So gibt es teilweise Selbstverpflichtungen der Rechtsanwälte, die Antragsschrift kurz und sachlich zu halten und auf eine schriftliche Replik vor dem Termin möglichst zu verzichten.[4] Vielerorts gibt es auch Absprachen darüber, wie die Eltern aus dem Erörterungstermin in die Beratung vermittelt werden, damit sie dort auch ankommen und nicht monatelang auf einen Termin warten müssen. Diese **Kooperationsvereinbarungen** dürfen jedoch nicht mit Verfahrensrechten kollidieren oder diese aushöhlen.[5] So dürfte etwa die außergerichtliche Vereinbarung, dass über den Inhalt des frühen Erörterungstermins kein Terminsvermerk erstellt wird, sondern allenfalls das Ergebnis aufgenommen wird,[6] gegen § 28 Abs. 4 FamFG verstoßen.[7] Denn der Inhalt des Termins lässt sich sonst bei einem Wechsel der Beteiligten (insbesondere einem Richterwechsel) oder für später hinzukommende Beteiligte (etwa einen Verfahrensbeistand) nicht mehr nachvollziehen, zumal das Jugendamt ebenfalls nur mündlich im Termin berichtet. Bei der Abfassung des Terminsvermerks kann sich das Gericht jedoch auf die wesentlichen Punkte beschränken und die Konfliktpunkte sachlich darstellen.

2. Der frühe Erörterungstermin nach §§ 155 Abs. 2, 157

In **Kindesschutzsachen** dient der Termin gem. §§ 155 Abs. 2, 157 der Erörterung einer (möglichen) Kindeswohlgefährdung. Zu Einzelheiten vgl. die Kommentierung bei § 157.

D. Wiederaufnahme des Verfahrens bei außergerichtlicher Mediation (Absatz 4)

Abs. 4 dient der Verwirklichung des Vorrang- und Beschleunigungsgrundsatzes, wenn das Gericht im Rahmen des Hinwirkens auf eine einvernehmliche Konfliktlösung gem. § 156 Abs. 1 Satz 3 ein Informationsgespräch über Mediation anordnet. In diesem Fall hat es gem. § 36a Abs. 2 das **Verfahren zwingend auszusetzen**, ohne dass ein Ermessen iSd. § 21 Abs. 1 besteht (vgl. § 36a Rz. 14). Unabhängig von einer Zwischenvereinbarung oder einer nach § 156 Abs. 3 Satz 2 erlassenen eA soll das Verfahren nach § 155 Abs. 4 idR **nach drei Monaten wieder aufgenommen** werden. Dies sollte auch gelten, wenn die Eltern ohne gerichtliche Anordnung während des gerichtlichen Verfahrens eine Mediation in Anspruch nehmen wollen. Ferner sollte der Rechtsgedanke auch für die Überprüfung einer außergerichtlichen Beratung nach

---

[1] *Meysen*, JAmt 2008, 233, 237.
[2] Dazu *Bergmann*, FPR 2011, 297; *Flemming*, FPR 2011, 309; *Müller-Magdeburg*, ZKJ 2009, 184, 188.
[3] *Schmid*, FPR 2011, 5, 7; *Buck*, JAmt 2010, 161, 162; *Müller-Magdeburg*, ZKJ 2009, 185, 188.
[4] Vgl. zB „Münchener Modell", ZKJ 2008, 197, dem auch ein Verhaltenskodex der Rechtsanwälte zugrunde liegt (ZKJ 2008, 195); „Landshuter Modell" unter www.landshuter-modell.de; „Ebersberger Modell" unter www.ebersberger-modell.de („Schriftliche Stellungnahmen sind während des gesamten Verfahrens nicht erforderlich").
[5] *Knödler*, ZKJ 2010, 135, 141, auch zu weiteren praktischen Problemen interdisziplinärer Arbeitskreise.
[6] So etwa das „Münchener Modell", ZKJ 2008, 197 und „Ebersberger Modell" (www.ebersberger-modell.de), bei denen im ersten Termin nur ein Ergebnisprotokoll aufgenommen und erst bei dem sechs Monate später stattfindenden Termin ein ausführliches Protokoll erstellt wird.
[7] KG v. 23.12.2008 – 18 UF 156/08, FamRZ 2009, 1428, 1429: Der bewusst kurz gehaltene schriftliche Sachvortrag gehe einher mit einer besonderen Pflicht des Gerichts zur Dokumentation des Verlaufs der Erörterungen; zust. *Menne*, FPR 2009, 309, 310.

§ 156 Abs. 1 Satz 2 bzw. 4 herangezogen werden, auch wenn dort regelmäßig keine Aussetzung des Verfahrens erfolgt.

51 Vor Wiederaufnahme des Verfahrens empfiehlt sich eine Anfrage des Gerichts bei den Beteiligten, ob eine Einigung erzielt werden konnte oder – falls dies nicht der Fall ist – ob die Mediation mit regelmäßigen Gesprächsterminen andauert und alsbald mit einem Abschluss zu rechnen ist.[1] Die Aussetzung kann in diesem Fall verlängert und den Eltern mehr Zeit eingeräumt werden.[2] Dies kann insbesondere bei hochkonflikthaften Familien sachgerecht sein, bei denen eine Konfliktlösung regelmäßig sehr zeitintensiv ist.[3] Ist die Mediation ohne Ergebnis abgebrochen worden, ist das Verfahren nach Abs. 4 wieder aufzunehmen und zu fördern, idR durch zeitnahe Anberaumung eines neuen Erörterungstermins. Soweit noch nicht erfolgt, ist die Bestellung eines Verfahrensbeistands gem. § 158 zu prüfen, spätestens jetzt ist auch das Kind anzuhören (§ 159).

52 **Kosten/Gebühren: RA:** Durch den Erörterungstermin fällt die Terminsgebühr nach Nr. 3104 VV RVG an.

155a *Verfahren zur Übertragung der gemeinsamen elterlichen Sorge*

(1) Die nachfolgenden Vorschriften dieses Paragrafen gelten für das Verfahren nach § 1626a Absatz 2 des Bürgerlichen Gesetzbuchs. Im Antrag auf Übertragung der gemeinsamen Sorge sind Geburtsdatum und Geburtsort des Kindes anzugeben.
(2) § 155 Absatz 1 ist entsprechend anwendbar. Das Gericht stellt dem anderen Elternteil den Antrag auf Übertragung der gemeinsamen Sorge nach den §§ 166 bis 195 der Zivilprozessordnung zu und setzt ihm eine Frist zur Stellungnahme, die für die Mutter frühestens sechs Wochen nach der Geburt des Kindes endet.
(3) In den Fällen des § 1626a Absatz 2 Satz 2 des Bürgerlichen Gesetzbuchs soll das Gericht im schriftlichen Verfahren ohne Anhörung des Jugendamts und ohne persönliche Anhörung der Eltern entscheiden. § 162 ist nicht anzuwenden. Das Gericht teilt dem nach § 87c Absatz 6 Satz 2 des Achten Buches Sozialgesetzbuch zuständigen Jugendamt seine Entscheidung unter Angabe des Geburtsdatums und des Geburtsorts des Kindes sowie des Namens, den das Kind zur Zeit der Beurkundung seiner Geburt geführt hat, zu den in § 58a des Achten Buches Sozialgesetzbuch genannten Zwecken formlos mit.
(4) Werden dem Gericht durch den Vortrag der Beteiligten oder auf sonstige Weise Gründe bekannt, die der gemeinsamen elterlichen Sorge entgegenstehen können, gilt § 155 Absatz 2 mit der Maßgabe entsprechend, dass der Termin nach Satz 2 spätestens einen Monat nach Bekanntwerden der Gründe stattfinden soll, jedoch nicht vor Ablauf der Stellungnahmefrist der Mutter nach Absatz 2 Satz 2. § 155 Absatz 3 und § 156 Absatz 1 gelten entsprechend.
(5) Sorgeerklärungen und Zustimmungen des gesetzlichen Vertreters eines beschränkt geschäftsfähigen Elternteils können auch im Erörterungstermin zur Niederschrift des Gerichts erklärt werden. § 1626d Absatz 2 des Bürgerlichen Gesetzbuchs gilt entsprechend.

A. Allgemeines	II. Inhalt des Antrags 10
I. Normzweck und Entstehungsgeschichte 1	III. Zeitpunkt des Antrags 13
II. Anwendungsbereich und Systematik . 3	C. Vereinfachtes Verfahren 15
B. Zulässigkeit des Antrags (Abs. 1 Satz 2) 5	I. Förmliche Zustellung des Antrags und Fristsetzung zur Stellungnahme (Abs. 2 Satz 2)
I. Antragsteller 6	1. Förmliche Zustellung 16

---

1 Musielak/*Borth* § 155 FamFG Rz. 9.
2 BT-Drucks. 17/5335, S. 23.
3 *Krabbe*/*Thomsen*, ZKM 2011, 111, 113.

2. Fristsetzung zur Stellungnahme . . 18	D. **Überleitung in ein reguläres beschleunigtes Verfahren (Absatz 4)** 36
II. Vorliegen der Voraussetzungen des § 1626a Abs. 2 Satz 2 BGB (Absatz 3) . 21	I. Verfahren nach Überleitung 37
1. Kein Vortrag von Gründen, die der gemeinsamen Sorge entgegenstehen können 23	II. Einvernehmliche Verfahrensbeendigung (Abs. 4 Satz 2, Absatz 5)
2. Gründe, die der gemeinsamen Sorge entgegenstehen können, sind auch sonst nicht ersichtlich 28	1. Hinwirken auf Einvernehmen 39
	2. Abgabe von übereinstimmenden Sorgeerklärungen im Termin 40
III. Entscheidung im vereinfachten Verfahren 29	E. **Rechtsmittel** 46
	Anh.: Gerichtliche Niederschrift von Sorgeerklärungen gem. § 155a Abs. 5 Satz 1

Literatur: *Heilmann*, Die Reform des Sorgerechts nicht miteinander verheirateter Eltern – Das Ende des Irrwegs?, NJW 2013, 1473; *Huber/Antomo*, Zum Inkrafttreten der Neuregelung der elterlichen Sorge nicht miteinander verheirateter Eltern, FamRZ 2013, 665.

A. Allgemeines

I. Normzweck und Entstehungsgeschichte

Die Vorschrift wurde eingefügt durch das Gesetz zur Reform der elterlichen Sorge nicht miteinander verheirateter Eltern.[1] Vorausgegangen waren Entscheidungen des EuGMR[2] und des BVerfG,[3] welche die Regelung in § 1626a Abs. 1 aF BGB, nach der einem mit der Mutter nicht verheirateten Vater ohne Zustimmung der Mutter nicht die gemeinsame Sorge übertragen werden konnte, für unvereinbar mit Art. 14 iVm. Art. 8 EMRK bzw. Art. 6 Abs. 2 GG erklärten. Für die Neuregelung wurden im wesentlichen zwei Modelle diskutiert: einerseits die automatische (ex lege) mit Feststellung oder Anerkennung der Vaterschaft eintretende gemeinsame Sorge, andererseits die gerichtliche Übertragung der gemeinsamen Sorge auf Antrag eines Elternteils (sog. „Antragsmodell"). Der Gesetzgeber hat sich für eine Kompromisslösung in Form eines **modifizierten Antragsmodells** entschieden.[4] Beantragt danach ein Elternteil die gemeinsame Sorge und schweigt der andere Elternteil darauf oder trägt er keine potenziell kindeswohlrelevanten Gründe gegen die gemeinsame Sorge vor, so wird gem. § 1626a Abs. 2 Satz 2 BGB vermutet, dass diese dem Kindeswohl nicht widerspricht. Dies wird verfahrensrechtlich gem. § 155a Abs. 2 und 3 FamFG ergänzt durch ein beschleunigtes und vereinfachtes Verfahren, mit dem die Durchsetzung der gemeinsamen Sorge erleichtert werden soll.[5] Trägt der andere Elternteil innerhalb einer vom Gericht gesetzten Frist schriftlich keine relevanten Gründe gegen die gemeinsame Sorge vor, so gibt dieses dem Antrag schriftlich ohne persönliche Anhörung der Eltern und ohne Anhörung des Jugendamts statt. Anderenfalls wird gem. § 155a Abs. 4 in ein reguläres, allerdings beschleunigtes Verfahren übergeleitet und nach § 1626a Abs. 2 Satz 1 BGB geprüft, ob die gemeinsame Sorge dem Kindeswohl widerspricht. Die Regelung besitzt damit Elemente einer gerichtlichen Registrierung[6] sowie einer in Kindschaftssachen ansonsten unzulässigen Säumnisentscheidung[7] (vgl. § 151 Rz. 34) und nimmt daher eine Sonderstellung im kindschaftsrechtlichen Verfahren ein.[8] Leitbild der gesetzlichen Regelung ist, dass

1

---

1 V. 16.4.2013, BGBl I, S. 795, in Kraft seit 19.5.2013.
2 EuGMR v. 3.12.2009 – 22028/04, FamRZ 2010, 103 m. Anm. *Henrich* S. 107, Anm. *Scherpe* S. 108 und Anm. *Hammer* S. 623.
3 BVerfG v. 21.7.2010 – 1 BvR 420/09, FamRZ 2010, 1403 m. Anm. *Luthin*.
4 Ausf. zur Entstehungsgeschichte *Fink/Bitter*, ZKJ 2012, 172; *Huber/Antomo*, FamRZ 2012, 1257. Zu den Gesetzesentwürfen der verschiedenen Parteien vgl. auch die Darstellung durch den Rechtsausschuss des Bundestages, BT-Drucks. 17/12198, S. 2 ff.
5 BT-Drucks. 17/11048, S. 2.
6 *Coester*, FamRZ 2012, 1337, 1342: „Mittelweg zwischen gerichtlicher Registrierung und verantwortlicher gerichtlicher Sachentscheidung".
7 *Holldorf*, ZKJ 2012, 475, 477.
8 Vgl. *Keuter*, FamRZ 2012, 825, 826: „systemfremd".

beide Eltern grundsätzlich die gemeinsame Sorge für das Kind ausüben sollen, wenn keine Gründe dagegen sprechen.[1]

2   Die Einführung eines vereinfachten Verfahrens und die damit verbundene **Einschränkung zentraler Grundsätze des Verfahrens in Kindschaftssachen** haben überwiegend Kritik erfahren.[2] Der Gesetzgeber rechtfertigt die Einschränkungen damit, dass nach der Entscheidung des BVerfG auch die automatische gemeinsame Sorge des Vaters zulässig gewesen wäre, die aber den heterogenen Verhältnissen nicht Rechnung trage, in die Kinder nicht verheirateter Eltern hineingeboren werden.[3] Tatsächlich hat eine Entscheidung über die Übertragung der gemeinsamen Sorge nach § 1626a Abs. 2 BGB weder im vereinfachten noch im regulären Verfahren eine über die ex-lege-Zuweisung hinausgehende materielle Rechtskraft. Denn die Aufhebung der gemeinsamen Sorge richtet sich nicht nach dem Abänderungsmaßstab des § 1696 Abs. 1 Satz 1 BGB („triftige, das Wohl des Kindes nachhaltig berührende Gründe"), sondern gem. § 1696 Abs. 1 Satz 2 nach § 1671 Abs. 1 BGB (vgl. § 166 Rz. 5). Indem die gemeinsame Sorge von einem Antrag des Vaters abhängig gemacht wird, sollen zunächst die an der Sorgeausübung desinteressierten Väter ausgesondert werden. Durch das vereinfachte Verfahren soll eine umfassende gerichtliche Prüfung vermieden werden, wenn die Mutter keine oder keine kindeswohlrelevanten Gründe gegen die gemeinsame Sorge vorbringen kann, sondern die alleinige Sorge allein aus Praktikabilitätsgründen behalten möchte.[4] Der bereits im Gesetzgebungsverfahren geäußerten Kritik[5] wurde lediglich insoweit entsprochen, als die Entscheidung im vereinfachten Verfahren entgegen dem früheren Entwurf nicht zwingend ist, sondern gem. § 155a Abs. 3 Satz 1 lediglich im vereinfachten Verfahren getroffen werden „soll", so dass in Ausnahmefällen eine Entscheidung in einem regulären Verfahren möglich ist (ausf. Rz. 30).[6]

II. Anwendungsbereich und Systematik

3   § 155a gilt ausweislich Abs. 1 Satz 1 ausschließlich für Anträge nach § 1626a Abs. 2 BGB auf erstmalige **Übertragung der gemeinsamen elterlichen Sorge** bei nicht miteinander verheirateten Eltern. Nicht erfasst sind damit insbesondere Anträge nach § 1671 Abs. 2 BGB auf Übertragung der alleinigen Sorge von der Mutter auf den Vater. Die Vorschrift gilt auch nicht für Abänderungsverfahren, für die es bei der Anwendung von § 166 Abs. 1 bleibt (vgl. § 166 Rz. 5). Hierzu zählt etwa ein Antrag auf Übertragung der gemeinsamen Sorge, wenn ein früherer Antrag (auch aufgrund der vorläufigen Regelung des BVerfG[7]) bereits als unbegründet zurückgewiesen wurde. Nicht um einen Abänderungsantrag, sondern um einen Erstantrag mit der Folge der Anwendbarkeit von § 155a handelt es sich dagegen, wenn ein früherer Antrag zurückgenommen, übereinstimmend für erledigt erklärt oder als unzulässig zurückgewiesen wurde (vgl. Rz. 11). Bereits vor Inkrafttreten der Reform am 19.5.2013 gestellte Anträge auf Übertragung der gemeinsamen Sorge bzw. auf Ersetzung der Sorgeerklärung des anderen Elternteils gelten gem. Art. 229 § 30 EGBGB als Antrag nach § 1626a Abs. 2 BGB und sind als reguläre beschleunigte Verfahren nach § 155 Abs. 4 fortzuführen.

---

1   BT-Drucks. 17/11048, S. 17.
2   *Keuter*, FamRZ 2012, 825; *Coester*, FamRZ 2012, 1337, 1342; *Fink/Bitter*, ZKJ 2012, 172; *Holldorf*, ZKJ 2012, 475, 477; *Salgo* FPR 2012, 409; *Huber/Antomo*, FamRZ 2013, 665, 668 ff.; *Heilmann*, NJW 2013, 1473. Zustimmend aber *Meysen*, Stellungnahme im Rechtsausschuss des Bundestages am 28.11.2012.
3   BT-Drucks. 17/11048, S. 12, 14 unter Bezugnahme auf die durch das BMJ in Auftrag gegebene Untersuchung von *Jurczyk/Walper*, Gemeinsames Sorgerecht nicht verheirateter Eltern, 2010.
4   BT-Drucks. 17/11048, S. 13.
5   Stellungnahme des Bundesrates zum Gesetzentwurf der BReg., BT-Drucks. 17/11048, S. 27 f.; Überblick bei *Huber/Antomo*, FamRZ 2012, 1257, 1263 ff.
6   Empfehlung des Rechtsausschusses des Bundestages, BT-Drucks. 17/12198, S. 4.
7   *Fröschle*, Sorge und Umgang, 2013, Rz. 229. Davon zu unterscheiden ist die Frage, ob materiellrechtlich nach § 1696 Abs. 1 Satz 1 BGB oder § 1626a Abs. 2 Satz 1 BGB zu entscheiden ist (so zB wegen der höheren Anforderungen des BVerfG an die Übertragung der gemeinsamen Sorge).

Nicht ganz klar ist das Verhältnis von § 155a zu den §§ 49ff., dh. ob eine Übertragung der gemeinsamen Sorge im Wege der eA möglich ist oder durch das vereinfachte beschleunigte Verfahren ausgeschlossen wird. Die Frage ist von erheblicher Bedeutung, da innerhalb der sechswöchigen Schutzfrist des § 155a Abs. 2 Satz 2 bereits viele Angelegenheiten von erheblicher Bedeutung anfallen, über welche die Eltern gem. § 1687 Abs. 1 Satz 1 BGB im Falle einer gemeinsamen Sorge einvernehmlich entscheiden müssten, zB die Bestimmung des Namens des Kindes und seines Aufenthalts, Entscheidungen über größere medizinische Eingriffe bzw. den Abbruch lebenserhaltender Maßnahmen nach der (Früh-)Geburt. Gem. § 51 Abs. 2 Satz 1 sind auf eA grundsätzlich die für eine entsprechende Hauptsache geltenden Vorschriften anzuwenden, wenn sich nicht aus den Besonderheiten des einstweiligen Rechtsschutzes etwas anderes ergibt. Da der Gesetzgeber die Mutter in den ersten sechs Wochen nach der Geburt von gerichtlichen Auseinandersetzungen mit dem Vater verschonen wollte und diese wichtigen Entscheidungen typischerweise unmittelbar nach der Geburt anfallen, ist nach dem Regelungszweck davon auszugehen, dass auch eA innerhalb der Schutzfrist des § 155a Abs. 2 Satz 2 unzulässig sind.[1] Zu berücksichtigen ist auch, dass die einstweilige Übertragung der gemeinsamen Sorge zunächst nur eine Entscheidung der Kindesmutter sperrt, dh. das Kind zB zunächst keinen Namen erhält. Dem Vater bleibt jedoch die Möglichkeit, im Wege der eA die (teilweise) Übertragung der alleinigen Sorge gem. § 1671 Abs. 2 BGB auf sich zu beantragen, wenn eine alleinige Entscheidung (oder Nichtentscheidung) der Mutter in einer dringlichen Angelegenheit nicht dem Kindeswohl entspricht, da § 155a für dieses Verfahren nicht gilt. Praktisch dürfte dies wegen der hohen materiellen Anforderungen des § 1671 Abs. 2 BGB aber nur in Fällen in der Nähe einer Kindeswohlgefährdung in Betracht kommen.[2]

B. Zulässigkeit des Antrags (Abs. 1 Satz 2)

Eine gerichtliche Entscheidung ergeht gem. § 1626 Abs. 2 Satz 1 BGB nur auf **Antrag** iSd. § 23. Die örtliche Zuständigkeit richtet sich nach § 152 (vgl. insbesondere zum gewöhnlichen Aufenthalt von Säuglingen § 152 Rz. 16 f.).

I. Antragsteller

Einen Antrag nach § 1626a Abs. 2 Satz 1 BGB kann zunächst der **Vater** stellen. Dies setzt voraus, dass er die Vaterschaft mit Zustimmung der Mutter gem. §§ 1592 Nr. 2, 1594 ff. BGB anerkannt hat oder dass seine Vaterschaft gem. §§ 1592 Nr. 3, 1600d BGB bzw. 182 Abs. 1 FamFG gerichtlich festgestellt ist. Die bloße Behauptung der rechtlichen Vaterschaft genügt auch im vereinfachten Verfahren nicht, diese ist vielmehr gem. § 26 von Amts wegen festzustellen. Dem Vater wird daher vom Gericht gem. § 27 Abs. 1 regelmäßig aufzugeben sein, seine Vaterschaft durch Vorlage der Geburtsurkunde oder der Urkunde über die Vaterschaftsanerkennung und die Zustimmung der Kindesmutter bzw. des gerichtlichen Beschlusses über die Feststellung der Vaterschaft nachzuweisen. Der Antrag des Vaters ist unzulässig (oder jedenfalls unbegründet), wenn er gem. § 1747 Abs. 3 Nr. 2 BGB darauf verzichtet hat, die Übertragung der elterlichen Sorge zu beantragen.

Der Antrag kann auch durch die **Mutter** gestellt werden, denn § 1626a Abs. 2 Satz 1 BGB lässt ausdrücklich die Antragstellung durch jeden Elternteil zu. Nach dem Willen des Gesetzgebers soll die Mutter dadurch den vordergründig sorgeunwilligen Va-

---

[1] AA *Heilmann*, NJW 2013, 1473, 1476, nach dem die Eröffnung eines Eilrechtsschutzes sei von Verfassungs wegen geboten sein soll, da ein schutzwürdiges Interesse der Mutter, in den ersten sechs Wochen von einem Sorgeantrag des Vaters verschont zu bleiben, nicht erkennbar sei. Nach noch aA ist die Mutter nach der Geburt besonders schutzwürdig und die 6-Wochen-Frist eher zu kurz bemessen, vgl. *Huber/Antomo*, FamRZ 2013, 665, 668 m. w. Nachw., die allerdings – ohne diesen Widerspruch weiter zu problematisieren – ebenfalls die Möglichkeit einer eA annehmen (S. 669).

[2] Vgl. etwa den Fall des OLG Saarbrücken v. 25.2.2013 – 6 UF 38/13, FamFR 2013, 212, in dem der Eilantrag des Vaters auf Übertragung des Aufenthaltsbestimmungsrechts wegen Wegzugs der mit ihm zuvor zusammenlebenden Mutter zurückgewiesen wurde.

ter in die gemeinsame Sorge einbinden können.¹ Zwar lasse sich die Verantwortung des Vaters nicht erzwingen, dennoch könne es Fälle geben, in denen eine Verantwortungsgemeinschaft ansatzweise vorhanden ist und diese sich auch entwickeln kann. Allerdings trägt der Hinweis des Gesetzgebers nicht, dass dies der sachgerechten Entscheidung des Gerichts im Einzelfall im Rahmen der Kindeswohlprüfung obliege,² da im vereinfachten Verfahren eine derartige Prüfung gerade nicht stattfindet. Dies ist nur möglich, wenn das Gericht die Antragstellung der Mutter als Ausnahmefall iSd. § 155a Abs. 3 Satz 1 ansieht und in das reguläre Verfahren nach Abs. 4 überleitet³ eine Verpflichtung hierzu besteht jedoch nicht. Auch von der Mutter ist in jedem Fall ein Nachweis der rechtlichen Vaterschaft des von ihr benannten Vaters zu verlangen.

8   Eine Antragstellung durch das (14-jährige) **Kind** sieht § 1626a Abs. 2 Satz 1 BGB nicht vor.⁴

9   Der Antrag ist nicht davon abhängig, dass der Antragsteller zuvor eine Sorgeerklärung abgegeben bzw. versucht hat, den anderen Elternteil zur Abgabe einer Sorgeerklärung zu bewegen.⁵ Vielmehr steht dem Antragsteller insoweit ein Wahlrecht zu.

II. Inhalt des Antrags

10   Abs. 1 Satz 2 schreibt vor, dass der Antrag das Geburtsdatum und den Geburtsort des Kindes enthalten muss. Die **Angabe des Geburtsdatums** soll dem Gericht die Berechnung der Karenzfrist nach Abs. 2 Satz 2 ermöglichen, die ab Geburt des Kindes zu laufen beginnt. Die **Angabe des Geburtsortes** soll dem Gericht ermöglichen, das für die Führung des Sorgeregisters zuständige Jugendamt über die Entscheidung zu informieren.⁶ Die Regelung stellt damit an den Antrag über § 23 hinausgehende Anforderungen. Soweit dem Antrag öffentliche Urkunden beigefügt sind, aus denen sich Geburtsdatum und -ort ohne weiteres entnehmen lassen (Geburtsurkunde oder Urkunde über das Vaterschaftsanerkenntnis und die Zustimmung der Kindesmutter bzw. gerichtlicher Beschluss über die Feststellung der Vaterschaft), ist dies ausreichend.

11   Bei den Angaben handelt es sich um eine **Zulässigkeitsvoraussetzung**, dh. sind sie im Antrag nicht enthalten, ist er als unzulässig zurückzuweisen. Allerdings hat das Gericht zuvor gem. § 28 Abs. 2 darauf hinzuwirken, dass der Antragsteller die erforderlichen Angaben nachholt.

12   Der Antrag kann auf die **vollständige oder teilweise Übertragung der gemeinsamen Sorge** gerichtet sein (§ 1626a Abs. 2 Satz 1 BGB). Insbesondere kann im Antrag die Übertragung des Aufenthaltsbestimmungsrechts ausgenommen werden.

III. Zeitpunkt des Antrags

13   Die Antragstellung ist erst **nach Geburt des Kindes** zulässig. Anderenfalls wären dem Antragsteller die nach Abs. 1 Satz 2 erforderlichen Angaben über Geburtsdatum und -ort nicht möglich. Die in Abs. 2 Satz 2 vorgesehene Karenzfrist lässt eine Entscheidung ohnehin erst frühestens sechs Wochen nach Geburt des Kindes zu.

14   Eine Frist für die Antragstellung besteht demgegenüber nicht. Der Antrag kann zu irgendeinem Zeitpunkt nach der Geburt bis zur Volljährigkeit des Kindes gestellt werden, insbesondere gilt § 1626a Abs. 2 BGB auch für Kinder, die vor Inkrafttreten der Vorschrift geboren wurden.⁷

---

1 BT-Drucks. 17/11048, S. 16.
2 BT-Drucks. 17/11048, S. 16.
3 Ebenso *Heilmann*, NJW 2013, 1473, 1476.
4 Krit. insoweit *Holldorf* ZKJ 2012, 475, 476.
5 BT-Drucks. 17/11048, S. 16.
6 BT-Drucks. 17/11048, S. 23.
7 Dies ergibt sich aus der Aufhebung von Art. 224 § 2 Abs. 3 bis 5 EGBGB und der Überleitung anhängiger Verfahren in solche nach § 1626a Abs. 2 BGB gem. Art. 229 § 30 EGBGB.

C. Vereinfachtes Verfahren

Das vereinfachte Verfahren nach Abs. 2 und 3 stellt die verfahrensrechtliche Komplementärnorm der materiell-rechtlichen Vermutung in § 1626a Abs. 2 Satz 2 BGB dar,[1] nach der die Übertragung der gemeinsamen Sorge dem Kindeswohl nicht widerspricht, wenn der andere Elternteil keine Gründe vorträgt, die gegen die gemeinsame Sorge sprechen, und solche Gründe dem Gericht auch nicht auf andere Weise bekannt sind. Durch diese gesetzliche Vermutung wird der **Amtsermittlungsgrundsatz (§ 26) eingeschränkt**.[2] Darüber hinaus soll das Gericht ohne persönliche Anhörung der Eltern (§ 160 Abs. 1) und ohne Beteiligung des Jugendamts (§ 162) entscheiden. Gem. Abs. 2 Satz 1 iVm. 155 Abs. 1 ist das Verfahren vorrangig und beschleunigt zu führen. Trotz der vom Gesetzgeber beabsichtigten Vereinfachung und Beschleunigung müssen allerdings die Grundsätze einer rechtsstaatlichen Verfahrensgestaltung gem. Art. 103 Abs. 1 GG[3] sowie Art. 19 Abs. 4 GG iVm. Art. 6 Abs. 2 GG gewahrt bleiben (vgl. etwa zur Belehrung Rz. 20). Hier findet das Argument des Gesetzgebers, dass in verfassungsrechtlich zulässiger Weise auch eine kraft Gesetzes eintretende gemeinsame Sorge möglich gewesen wäre (vgl. Rz. 2), seine Grenze.

15

I. Förmliche Zustellung des Antrags und Fristsetzung zur Stellungnahme (Abs. 2 Satz 2)

1. Förmliche Zustellung

Der Antrag ist **dem anderen Elternteil** nach Abs. 2 Satz 2 förmlich zuzustellen. Es genügt also weder eine formlose Mitteilung gem. § 23 Abs. 2 iVm. § 15 Abs. 3 noch eine Aufgabe zur Post nach § 15 Abs. 2 Satz 1 Alt. 2. Vielmehr hat die Zustellung nach §§ 166 bis 195 ZPO zu erfolgen (dazu § 15 Rz. 25ff.). Durch das Zustellungserfordernis soll im Hinblick auf die Möglichkeit einer schriftlichen Entscheidung nach Ablauf der Stellungnahmefrist sichergestellt werden, dass der Antrag den anderen Elternteil tatsächlich erreicht, wenn die Eltern zusammenwohnen.[4] Denn es ist weder eine Ersatzzustellung an den antragstellenden Elternteil zulässig (§ 178 Abs. 2 ZPO),[5] noch kann eine Ersatzzustellung durch Einlegung in den gemeinsamen Briefkasten der Eltern nach § 180 erfolgen, wenn der andere Elternteil nicht angetroffen wird (§ 178 Abs. 2 ZPO analog).[6] Da es sich bei § 155a um ein echtes Antragsverfahren handelt, erfolgt die Zustellung gem. § 14 Abs. 3 iVm. § 21 Abs. 1 FamGKG erst **nach Zahlung des Gerichtskostenvorschusses** bzw. nach Bewilligung von Verfahrenskostenhilfe.

16

Das **Jugendamt muss** über die Einleitung des Verfahrens **nicht informiert werden**[7] da es gem. Abs. 3 Satz 1 nicht anzuhören ist und wegen des Ausschlusses von § 162 in Abs. 3 Satz 2 auch auf Antrag nicht zu beteiligen ist. Eine Einbeziehung des Jugendamts erfolgt vielmehr erst, wenn gem. Abs. 4 Satz 1 in ein reguläres Verfahren übergeleitet wird.

17

2. Fristsetzung zur Stellungnahme

Mit der Übersendung des Antrags muss das Gericht dem anderen Elternteil nach Abs. 2 Satz 2 zugleich eine **Frist zur Stellungnahme** setzen. Welche Frist angemessen ist, bestimmt das Gesetz nicht, sie steht grundsätzlich im Ermessen des Gerichts. Im

18

---

1 BT-Drucks. 17/11048, S. 18: „verfahrensrechtliches Pendant".
2 BT-Drucks. 17/11048, S. 18.
3 Vgl. BVerfG v. 15.10.2009 – 1 BvR 2333/09, NJW-RR 2010, 421; BVerfG v. 21.2.1990 – 1 BvR 1117/89, NJW 1990, 2373; BVerfG v. 14.4.1987 – 1 BvR 162/84, NJW 1987, 2003. Dabei weist das Verfassungsgericht allerdings darauf hin, dass Art. 103 Abs. 1 GG nicht vor Entscheidungen schützt, die den Sachvortrag eines Beteiligten aus Gründen des formellen oder materiellen Rechts unberücksichtigt lassen.
4 BT-Drucks. 17/11048, S. 23.
5 Zöller/*Stöber* § 178 ZPO Rz. 9.
6 So die ganz hM, OLG Nürnberg v. 27.4.2004 – 7 WF 792/04, FamRZ 2005, 727; OLG Saarbrücken v. 12.11.2009 – 8 U 518/08, DGVZ 2010, 83; Zöller/*Stöber* § 180 ZPO Rz. 3.
7 BT-Drucks. 17/11048, S. 13.

Hinblick auf die mit dem Ablauf der Frist verbundene Folge, dass das Gericht dem Antrag ohne weitere Prüfung oder Anhörung durch schriftliche Entscheidung stattgibt, sollte die Frist jedoch **mindestens zwei Wochen** betragen (entsprechend der regelmäßigen Einlassungsfrist im Zivilprozess gem. § 274 Abs. 3 Satz 1 ZPO und der Frist zur Verteidigungsanzeige im schriftlichen Vorverfahren nach § 276 Abs. 1 Satz 1 ZPO).[1] Soweit eine längere Frist bestimmt werden soll, ist der gem. § 155a Abs. 2 Satz 1 auch für die Übertragung der gemeinsamen Sorge geltende Beschleunigungsgrundsatz nach § 155 Abs. 1 zu beachten. Die Frist kann gem. § 16 Abs. 2 FamFG iVm. §§ 224 Abs. 2, 225 ZPO auf Antrag verlängert werden, wenn hierfür erhebliche Gründe geltend gemacht werden (dazu § 16 Rz. 23 ff.). Eine Wiedereinsetzung in die versäumte Frist nach § 17 ist dagegen nicht möglich (vgl. Rz. 35).

19   Richtet sich der **Antrag gegen die Mutter**, darf die Stellungnahmefrist gem. Abs. 2 Satz 2 **frühestens sechs Wochen nach der Geburt des Kindes** enden. Durch die sechswöchige **Schutzfrist** soll gewährleistet werden, dass sich die Mutter unmittelbar nach der Geburt nicht zu dem Sorgeantrag des Vaters äußern muss.[2] Für die Fristberechnung gilt § 16 Abs. 2 FamFG iVm. § 222 ZPO (dazu § 16 Rz. 11 ff.). Soweit sich das Gericht bei der Festsetzung der Stellungnahmefrist im Rahmen seines Ermessens darüber hinausgehend an der Dauer des Mutterschutzes (§ 6 Abs. 1 MuSchG) orientiert,[3] dürfte dies mit dem Beschleunigungsgrundsatz nach § 155 Abs. 1 vereinbar sein, auch wenn der Gesetzgeber die Mutterschutzfristen ausdrücklich nicht übernehmen wollte, da diese unterschiedlich lang sein können (zB bei Frühgeburten und Mehrlingsgeburten).[4] Die Frist kann i. Ü. vom Vater dadurch umgangen werden (allerdings nur in einem regulären Verfahren), dass ein Antrag auf Übertragung der Alleinsorge gem. § 1671 Abs. 2 BGB gestellt wird, da § 155a auf diesen nicht anwendbar ist und gem. § 1671 Abs. 2 Satz 2 Nr. 2 BGB inzident zu prüfen ist, ob eine gemeinsame Sorge in Betracht kommt.

20   Eine **Belehrung** darüber, dass nach Ablauf der Frist gem. Abs. 3 schriftlich entschieden werden kann, ist im Gesetz nicht vorgesehen. Da die Entscheidung im vereinfachten Verfahren einer Säumnisentscheidung im schriftlichen Vorverfahren nach § 331 Abs. 3 Satz 1 iVm. Abs. 1 Satz 1 ZPO ähnelt (auch wenn sie in § 1626a Abs. 1 Satz 2 BGB rechtstechnisch als Kindeswohlvermutung ausgestaltet ist), ist eine Belehrung jedoch entsprechend dem Rechtsgedanken der §§ 215 Abs. 1, 276 Abs. 2 Satz 2 ZPO erforderlich, um ein rechtsstaatliches Verfahren zu garantieren (vgl. Rz. 5). Die Belehrung sollte im Hinblick auf Abs. 3 Satz 1 iVm. § 1626a Abs. 2 Satz 2 BGB (vgl. Rz. 21 ff.) einen Hinweis darauf enthalten, dass das Gericht über den Antrag in einem schriftlichen Verfahren ohne persönliche Anhörung der Eltern und ohne Anhörung des Jugendamts entscheiden wird, wenn der Elternteil sich zu dem Antrag nicht äußert oder keine Gründe vorträgt, die der gemeinsamen Sorge entgegenstehen können.

II. Vorliegen der Voraussetzungen des § 1626a Abs. 2 Satz 2 BGB (Absatz 3)

21   Eine Entscheidung im vereinfachten Verfahren ist gem. Abs. 3 zulässig, wenn die materiell-rechtlichen Voraussetzungen des § 1626a Abs. 2 Satz 2 BGB vorliegen, dh. wenn

1. der andere Elternteil keine Gründe vorträgt, die der Übertragung der gemeinsamen elterlichen Sorge entgegenstehen können, und
2. solche Gründe auch sonst nicht ersichtlich sind.

---

1 Für eine großzügige Fristsetzung *Huber/Antomo*, FamRZ 2013, 665, 668 und Thomas/Putzo/ *Hüßtege* § 155a FamFG Rz. 10; strenger *Heilmann*, NJW 2013, 1473, 1476: Mit Blick auf § 155 Abs. 1 sei eine über zwei Wochen hinausgehende Frist regelmäßig nicht angemessen.
2 BT-Drucks. 17/11048, S. 23.
3 Acht Wochen nach der Geburt, bei Früh- und Mehrlingsgeburten zwölf Wochen.
4 Gegenäußerung der BReg. zu einem entsprechenden Vorschlag des Bundesrates, BT-Drucks. 17/10048, S. 30. Auch der weitergehende Hinweis der BReg., der Rechtsverkehr nehme auf die Strapazen der Geburt grundsätzlich keine Rücksicht, dürfte einer entsprechenden gerichtlichen Ermessensentscheidung nicht entgegenstehen.

Liegen diese Voraussetzungen nicht vor, ist gem. Abs. 4 in einem regulären beschleunigten Verfahren mit Prüfung des Kindeswohls nach § 1626a Abs. 2 Satz 1 BGB zu entscheiden.

Maßgeblicher Zeitpunkt für das Vorliegen der Voraussetzungen des § 1626a Abs. 2 Satz 2 BGB ist – wie im Falle eines Versäumnisurteils im schriftlichen Vorverfahren nach § 331 Abs. 3 Satz 1 ZPO – die Übergabe des Beschlusses an die Geschäftsstelle.[1] Bis zu diesem Zeitpunkt sind daher Gründe, die gegen die gemeinsame Sorge sprechen, zu berücksichtigen. Bei der Stellungnahmefrist nach Abs. 2 Satz 2 handelt es sich nicht um eine Ausschlussfrist, zumal das Gericht immer auch solche Gründe berücksichtigen muss, die ihm in sonstiger Weise bekannt werden. 22

1. Kein Vortrag von Gründen, die der gemeinsamen Sorge entgegenstehen können

Äußert sich der andere Elternteil gar nicht zu dem Antrag, sind die Gründe hierfür aufgrund des eingeschränkten Amtsermittlungsgrundsatzes nicht zu prüfen.[2] Es ist daher zB irrelevant, ob der andere Elternteil mit der Übertragung einverstanden ist oder wegen Drohungen von einer Stellungnahme absieht, ob Desinteresse vorliegt oder ob er überhaupt von dem Antrag Kenntnis erlangt hat, weil er verreist ist oder die Mutter wegen Komplikationen bei der Entbindung im Krankenhaus liegt, wenn dies dem Gericht vor der Entscheidung nicht auf sonstige Weise bekannt wird (vgl. Rz. 28). 23

Nimmt der andere Elternteil Stellung, kann dennoch im vereinfachten Verfahren entschieden werden, **wenn er keine Gründe** für die Ablehnung der gemeinsamen Sorge **vorträgt**. 24

Schließlich kann im vereinfachten Verfahren entschieden werden, wenn die **vorgetragenen Gründe der gemeinsamen Sorge nicht entgegenstehen können**. Wann solche Gründe vorliegen, wird die Rechtspraxis im Einzelnen konkretisieren müssen. Dabei ergibt sich aus dem Normzweck und den in der Gesetzesbegründung aufgeführten Beispielen, dass an den Vortrag von Gründen **keine hohen Anforderungen** zu stellen sind.[3] Unbeachtlich sind danach nur Gründe, die **offensichtlich** der gemeinsamen Sorge nicht entgegenstehen können.[4] Eine generelle Pflicht des Gerichtes, den Elternteil darauf hinzuweisen, dass aus seinem Vortrag keine Gründe ersichtlich sind, die einer Übertragung der gemeinsamen Sorge entgegenstehen, besteht jedoch nicht.[5] Dies lässt sich mit der vereinfachten und beschleunigten Verfahrensweise nicht vereinbaren und ist auch nicht nach Art. 103 Abs. 1 GG geboten,[6] wenn das Gericht seiner Belehrungspflicht bei Übersendung des Antrags nachgekommen ist (vgl. Rz. 20). 25

Nicht ausreichend ist die Begründung, 26
- die Mutter wolle lieber auch in Zukunft allein entscheiden, schließlich wisse sie ja nicht, ob sie sich mit dem Kindesvater später noch genauso gut verstehe;[7]
- die Mutter habe bereits mit dem Vater eines früher geborenen Kindes schlechte Erfahrungen gemacht;[8]
- es bestehe keine Notwendigkeit für ein gemeinsames Sorgerecht, weil der Vater von der Kindesmutter mit Vollmachten ausgestattet sei und in naher Zukunft ohnehin keine wichtigen Entscheidungen anstünden;[9]

---

1 Vgl. Zöller/*Herget* § 331 ZPO Rz. 12.
2 BT-Drucks. 17/11048, S. 23.
3 Ebenso *Huber/Antomo*, FamRZ 2012, 1257, 1264, tendenziell auch *Keuter*, FamRZ 2012, 825, 827.
4 So auch der Vorschlag von *Meysen*, Stellungnahme im Rechtsausschuss des Bundestages am 28.11.2012, S. 3, der allerdings keinen Eingang in die gesetzliche Regelung gefunden hat.
5 AA *Heilmann*, NJW 2013, 1473, 1476.
6 So aber *Heilmann*, NJW 2013, 1473, 1476.
7 BT-Drucks. 17/11048, S. 18.
8 BT-Drucks. 17/11048, S. 18.
9 BT-Drucks. 17/11048, S. 18.

- der Kindesvater zahle keinen Unterhalt.[1]

27 **Ausreichend** ist der Vortrag,
- es fehle an einer hinreichenden Kommunikation der Eltern, wobei hieran keine hohe Anforderungen zu stellen sind, soweit es lediglich um die Frage geht, ob im vereinfachten oder im regulären Verfahren entschieden wird; bleibt es dagegen auch im regulären Verfahren bei formelhaften Wendungen oder lassen sich dem Vortrag keine konkreten Anhaltspunkte dafür entnehmen, dass eine tragfähige Basis nicht besteht bzw. Bemühungen der Eltern um eine gelingende Kommunikation gescheitert sind, so widerspricht die Übertragung der gemeinsamen Sorge dem Kindeswohl nicht;[2]
- der Kindesvater sei nicht oder schwer erreichbar, da dies ebenfalls einer hinreichenden Kommunikation entgegenstehen kann;
- es habe körperliche Auseinandersetzungen unter den Eltern bzw. erhebliche Drohungen des anderen Elternteils gegeben;
- der andere Elternteil habe die Trennung nicht akzeptiert, so dass es immer wieder zu Konflikten komme, denn auch Konflikte auf Paarebene können einer hinreichenden Kommunikation über Kindesbelange entgegenstehen.

2. Gründe, die der gemeinsamen Sorge entgegenstehen können, sind auch sonst nicht ersichtlich

28 Sind dem Gericht auf andere Weise als durch die Äußerung des anderen Elternteils Gründe bekannt geworden, die potenziell der gemeinsamen Sorge entgegenstehen können, muss ebenfalls im regulären Verfahren nach Abs. 4 entschieden werden.[3] Das Gericht muss jedoch **nicht von Amts wegen ermitteln**, ob solche Gründe vorliegen.[4] Gegen die gemeinsame Sorge sprechende Gründe können dem Gericht beispielsweise aus einem Gewaltschutzverfahren, früheren Umgangsverfahren oder dem vorgehenden Vaterschaftsfeststellungsverfahren bekannt sein. In Betracht kommen auch Gründe, die sich aus der im konkreten Fall erforderlichen Kindesanhörung ergeben (Rz. 31) oder anlässlich der Kindesanhörung mündlich von der Mutter vorgetragen werden.

III. Entscheidung im vereinfachten Verfahren

29 Ist die dem anderen Elternteil nach Abs. 2 Satz 2 gesetzte Stellungnahmefrist abgelaufen und liegen die Voraussetzungen des § 1626a Abs. 2 Satz 2 BGB vor, soll dem zulässigen Antrag gem. Abs. 3 Satz 1 **ohne persönliche Anhörung der Eltern** (§ 160 Abs. 1) und **ohne Anhörung des Jugendamts** (§ 162 Abs. 1) stattgegeben werden. Das Jugendamt kann auch nicht auf Antrag nach § 162 Abs. 2 beteiligt werden, da Abs. 3 Satz 2 die Anwendbarkeit des § 162 ausschließt. Die Entscheidung ergeht **in einem schriftlichen Verfahren ohne Erörterungstermin** (§ 32), da insbesondere § 155 Abs. 2 und 3 nicht anwendbar ist.[5]

30 Die Ausgestaltung als **Soll-Regelung** ermöglicht es dem Gericht, in besonders gelagerten Ausnahmefällen von einer Entscheidung im vereinfachten Verfahren abzusehen und ein reguläres Verfahren nach Abs. 4 durchzuführen. Dies kann etwa in Betracht kommen, wenn der bisherige Vortrag der Mutter zeigt, dass ihr sprachliches Ausdrucksvermögen stark eingeschränkt ist,[6] dh. wenn sie entweder der deutschen Sprache nicht hinreichend mächtig erscheint und/oder sich offensichtlich nicht ausreichend schriftlich ausdrücken kann.

---

1 BT-Drucks. 17/11048, S. 14; anders nach früherer Rechtslage noch KG v. 16.2.2012 – 17 UF 375/11, FamRZ 2012, 882 (LS.) = ZKJ 2012, 222.
2 So BT-Drucks. 17/11048, S. 17 zu § 1626a Abs. 2 Satz 1 BGB.
3 BT-Drucks. 17/11048, S. 23.
4 BT-Drucks. 17/11048, S. 18.
5 BT-Drucks. 17/11048, S. 23.
6 So der Rechtsausschuss des Bundestages, auf dessen Vorschlag die zuvor beabsichtigte Muss-Regelung in eine Soll-Regelung geändert wurde, BT-Drucks. 17/12198, S. 9.

Ausdrücklich nicht ausgeschlossen ist die Pflicht zur **persönlichen Anhörung des Kindes** nach § 159. Auch im vereinfachten Verfahren sind daher Kinder gem. § 159 Abs. 2 regelmäßig ab einem Alter von drei Jahren persönlich anzuhören (vgl. § 159 Rz. 8), ab einem Alter von 14 Jahren ist dies gem. § 159 Abs. 1 zwingend erforderlich. Ergeben sich dabei (oder aus Äußerungen der Kindesmutter, die das Kind zur Anhörung in das Gericht bringt) Gründe, die gegen die gemeinsame Sorge sprechen, ist nach Abs. 4 Satz 1 in das reguläre Verfahren überzuleiten. Ist dies nicht der Fall, ist den Kindeseltern vor der schriftlichen Entscheidung gleichwohl gem. § 37 Abs. 2 der Vermerk über die Kindesanhörung zu übermitteln und Gelegenheit zur Stellungnahme zu geben (ausf. § 159 Rz. 28). 31

Auch die Anwendung des § 158 (**Bestellung eines Verfahrensbeistands**) ist in Abs. 3 nicht ausgeschlossen. Allerdings wird eine Bestellung unter den Voraussetzungen einer Entscheidung im vereinfachten Verfahren kaum erforderlich iSd. § 158 Abs. 1 sein, insbesondere wird sich ein erheblicher Interessengegensatz zwischen Kind und Mutter iSd. § 158 Abs. 2 Nr. 1 regelmäßig nicht feststellen lassen.[1] Wird im Rahmen der Kindesanhörung ein erhebliches Konfliktniveau der Eltern oder ein starker Loyalitätskonflikt des Kindes deutlich, so spricht dies potenziell gegen die gemeinsame Sorge, so dass nach Abs. 4 in das reguläre Verfahren überzuleiten und in diesem ein Verfahrensbeistand zu bestellen ist. 32

Die Entscheidung ergeht durch Beschluss iSd. § 38 Abs. 1. Dieser ist gem. § 38 Abs. 3 zu begründen. Von einer **Begründung** kann wegen § 164 Satz 3 nicht gem. § 38 Abs. 4 Nr. 2 deswegen abgesehen werden, weil er nicht dem erklärten Willen eines Beteiligten widerspricht (dazu § 164 Rz. 9). Auf die Begründung kann auch nicht gem. § 38 Abs. 4 Nr. 1 verzichtet werden, weil die Entscheidung im vereinfachten Verfahren zwar einer Säumnisentscheidung ähnelt, rechtstechnisch aber gem. § 1626a Abs. 2 Satz 2 BGB auf der gesetzlichen Vermutung beruht, dass die gemeinsame Sorge dem Kindeswohl nicht widerspricht. 33

Die Entscheidung ist den Beteiligten nach §§ 41, 164 bekannt zu geben. Eine Bekanntgabe an das Jugendamt gem. § 162 Abs. 3 Satz 1 ist nicht erforderlich, da § 162 in § 155a Abs. 3 Satz 2 für nicht anwendbar erklärt wird. Stattdessen ist die Entscheidung gem. Abs. 3 Satz 3 **dem für die Führung des Sorgeregisters zuständigen Jugendamt formlos mitzuteilen.** Dabei sind Geburtsdatum und Geburtsort des Kindes sowie sein Name bei Beurkundung der Geburt anzugeben. Das Sorgeregister wird gem. § 87c Abs. 6 Satz 2 durch das für den Geburtsort des Kindes zuständige Jugendamt geführt. Liegt der Geburtsort des Kindes im Ausland oder ist er nicht zu ermitteln, so ist gem. § 87c Abs. 6 Satz 2 iVm. § 88 Abs. 1 Satz 2 SGB VIII das Land Berlin zuständig (dort gem. § 33 Abs. 1 Satz 2 Berliner AG KJHG die Senatsverwaltung für Bildung, Jugend und Wissenschaft, Landesjugendamt). 34

Hat das Gericht entschieden, ist **keine Wiedereinsetzung** in die Stellungnahmefrist gem. § 17 möglich, da es sich dabei nicht um eine gesetzliche Frist, sondern um eine durch den Richter bestimmte Frist handelt (vgl. § 17 Rz. 9a). Auch bei schuldloser Fristversäumung bleiben dem betreffenden Elternteil nur die Möglichkeit der Beschwerde oder nach Ablauf der Beschwerdefrist der Antrag auf Rückübertragung der alleinigen Sorge nach § 1696 Abs. 1 Satz 2 iVm. § 1671 Abs. 1 BGB. 35

D. Überleitung in ein reguläres beschleunigtes Verfahren (Absatz 4)

Kann nicht im vereinfachten Verfahren nach Abs. 3 entschieden werden, weil die Voraussetzungen des § 1626a Abs. 2 Satz 2 BGB nicht vorliegen (Rz. 21 ff.) oder weil ein besonders gelagerter Ausnahmefall vorliegt (Rz. 30), so ist gem. Abs. 4 Satz 1 in ein reguläres Verfahren überzuleiten und nach § 1626a Abs. 2 Satz 1 BGB zu prüfen, ob die Übertragung der gemeinsamen Sorge dem Kindeswohl widerspricht. Gem. 36

---

1 Ebenso BT-Drucks. 17/11048, 23; *Schneider*, MDR 2013, 309, 312; *Heilmann*, NJW 2013, 1473, 1476; aA *Keuter*, FamRZ 2012, 825, 827, der regelmäßig einen Interessengegensatz annehmen will.

Abs. 2 Satz 1 gilt auch hier der Vorrang- und Beschleunigungsgrundsatz nach § 155 Abs. 1.

I. Verfahren nach Überleitung

37 Sobald das Gericht davon Kenntnis erlangt, dass Gründe gegen die Übertragung der gemeinsamen Sorge sprechen oder dass ein Ausnahmefall vorliegt, soll es gem. Abs. 4 Satz 1 innerhalb von einem Monat einen **frühen Erörterungstermin nach § 155 Abs. 2** bestimmen. Der Termin darf allerdings nicht vor Ablauf der Schutzfrist nach Abs. 2 Satz 2 anberaumt werden, dh. frühestens sechs Wochen nach Geburt des Kindes (Abs. 4 Satz 1 aE, vgl. Rz. 19). Zum Termin sind die Beteiligten zu laden, und ihr persönliches Erscheinen ist gem. Abs. 4 Satz 2 iVm. § 155 Abs. 3 anzuordnen. Im Termin ist gem. § 155 Abs. 2 Satz 3 auch das Jugendamt anzuhören. Wegen der Einzelheiten wird auf § 155 Rz. 31 ff. verwiesen.

38 Darüber hinaus **gelten die Einschränkungen des Abs. 3 Satz 1 und 2 nicht mehr**, dh. die Eltern sind gem. § 160 Abs. 1 persönlich anzuhören und das Jugendamt ist gem. § 162 Abs. 1 in das Verfahren einzubeziehen. Die Bestellung eines Verfahrensbeistands für das Kind ist gem. § 158 zu prüfen.

II. Einvernehmliche Verfahrensbeendigung (Abs. 4 Satz 2, Absatz 5)

1. Hinwirken auf Einvernehmen

39 Nach Abs. 4 Satz 2 hat das Gericht entsprechend § 156 Abs. 1 **auf Einvernehmen hinzuwirken** und auf die Möglichkeiten der außergerichtlichen Beratung sowie einer Mediation hinzuweisen. Es kann auch die Teilnahme der Eltern an einer Beratung oder einem Informationsgespräch über Mediation anordnen (§ 156 Abs. 1 Satz 3 u. 4). Wegen der weiteren Einzelheiten wird auf § 156 Rz. 13 ff. verwiesen. Nicht ersichtlich ist, warum Abs. 4 Satz 2 nicht auch auf § 155 Abs. 4 verweist, der die Aussetzung und Wiederaufnahme des Verfahrens während einer außergerichtlichen Mediation regelt. Da sich die Gesetzgebungsmaterialien dazu nicht verhalten, ist von einem Redaktionsversehen auszugehen, so dass die Vorschrift ebenfalls entsprechend anzuwenden ist.

2. Abgabe von übereinstimmenden Sorgeerklärungen im Termin

40 Sind die Eltern über die Übertragung der gemeinsamen Sorge einig, ist das Einvernehmen weder durch einen gerichtlich gebilligten Vergleich (§ 156 Abs. 2) noch durch einen gerichtlichen Beschluss umzusetzen, sondern indem die Eltern **übereinstimmende Sorgeerklärungen nach § 1626a Abs. 1 Nr. 1 BGB** abgeben.

41 Grundsätzlich sind Sorgeerklärungen gem. § 1626d Abs. 1 BGB durch das Jugendamt (§ 59 Abs. 1 Satz 1 Nr. 8 SGB VIII) oder einen Notar (§ 20 Abs. 1 Satz 1 BNotO) öffentlich zu beurkunden. Gem. Abs. 5 Satz 1 können die Sorgeerklärungen stattdessen auch **im Erörterungstermin zur Niederschrift des Gerichts** abgegeben werden.[1] Das Gericht kann auch die eventuell erforderliche Zustimmung des gesetzlichen Vertreters eines beschränkt geschäftsfähigen Elternteils aufnehmen. Dies entspricht der Regelung in § 180, nach der auch die für die Anerkennung der Vaterschaft erforderlichen Erklärungen zur Niederschrift des Gerichts abgegeben werden können. Die Niederschrift erfolgt in dem nach § 28 Abs. 4 zu fertigenden Terminsvermerk. Auch wenn eine förmliche Protokollierung nach §§ 160 ff. ZPO nicht erforderlich ist, sind die aufgenommenen Erklärungen den Eltern noch einmal vorzuspielen bzw. vorzulesen und von diesen zu genehmigen, da die Niederschrift eine statusrechtliche Beurkundung ersetzt (vgl. auch § 180 Rz. 3). Ein **Muster** für die Niederschrift von übereinstimmenden Sorgeerklärungen findet sich unter Anhang 1 (Rz. 49).

---

[1] Zuvor war die Abgabe von Sorgeerklärungen vor Gericht bereits gem. § 127a BGB in einem gerichtlichen Vergleich für zulässig erachtet worden, vgl. BGH v. 16.3.2011 – XII ZB 407/10, FamRZ 2011, 796.

Bei der Niederschrift sind die materiellen und formellen Voraussetzungen der Abgabe von Sorgeerklärungen nach § 1626b ff. BGB zu beachten. Dies bedeutet, dass die Sorgeerklärungen gem. § 1626b Abs. 1 BGB **nicht unter einer Bedingung oder Befristung** abgegeben werden dürfen, dh. es ist keine gemeinsame Sorge „auf Probe" mit automatischem Rückfall der Alleinsorge auf die Mutter bei Trennung der Eltern möglich.[1] Darüber hinaus müssen Sorgeerklärungen gem. § 1626c Abs. 1 BGB **höchstpersönlich** abgegeben werden. Das schließt sowohl eine schriftliche Erklärung als auch eine Abgabe durch die Verfahrensbevollmächtigten (auch als Boten) aus.[2] 42

Zu beachten ist ferner, dass **partielle Sorgeerklärungen unzulässig** sind, also die Einrichtung der gemeinsamen Sorge nicht auf bestimmte Teilbereiche beschränkt werden kann.[3] Der Gesetzgeber sah bei den privatautonomen Regelungen anders als bei einer gerichtlichen Entscheidung nach § 1626a Abs. 2 BGB die Gefahr der Rechtsunsicherheit, wenn die Eltern den Umfang der Sorgeübertragung selbst bestimmen könnten.[4] In der Regel möchte die Kindesmutter aber sichergestellt wissen, dass der Lebensmittelpunkt des Kindes auch nach Übertragung der gemeinsamen Sorge bei ihr verbleibt. Hierzu können die Eltern in einer (wegen der Bedingungsfeindlichkeit der Sorgeerklärung, § 1626b Abs. 1 BGB) gesonderten Sorgevereinbarung eine Regelung zum Lebensmittelpunkt des Kindes treffen, was im Hinblick auf die Entscheidungskompetenzen nach § 1687 BGB anlässlich der Niederschrift von Sorgeerklärungen ohnehin regelmäßig erfolgen sollte (vgl. das Muster im Anh., Rz. 49). Soll die Kindesmutter dagegen das Aufenthaltsbestimmungsrecht allein behalten, bleibt nur die teilweise Übertragung der gemeinsamen Sorge durch gerichtlichen Beschluss nach § 1626a Abs. 2 Satz 1 BGB, wobei das Gericht nach der Wertung des § 1671 Abs. 1 Nr. 1, Abs. 4 iVm. § 1666 BGB an die Einigung der Eltern bis zur Grenze der Kindeswohlgefährdung gebunden sein dürfte.[5] Soweit sonstige Teilbereiche der elterlichen Sorge bei der Mutter verbleiben sollen, besteht eine Alternative zu einer gerichtlichen Teilübertragung der gemeinsamen Sorge darin, dass der Vater der Mutter für bestimmte Angelegenheiten eine Sorgevollmacht erteilt (dazu ausf. mit Muster § 156 Rz. 77). 43

Soweit die Sorgeerklärungen zur Niederschrift des Gerichts abgegeben werden, hat das Gericht dies gem. **§ 1626d Abs. 2 BGB** (auf den Abs. 5 Satz 2 – deklaratorisch – verweist) dem für die Führung des Sorgerechtsregisters zuständigen Jugendamt mit den auch in Abs. 3 Satz 3 genannten Angaben formlos mitzuteilen (vgl. Rz. 34). 44

Folge der Abgabe von Sorgeerklärungen ist, dass das Verfahren **in der Hauptsache erledigt** ist. Zur Beendigung des Verfahrens ist entweder der Antrag zurückzunehmen oder die übereinstimmende Erledigung durch die Beteiligten zu erklären, ansonsten die Erledigung durch Beschluss festzustellen. Über die Kosten ist nach § 83 Abs. 2 iVm. § 81 zu entscheiden. 45

E. Rechtsmittel

Endentscheidungen nach § 155a FamFG, § 1626a Abs. 2 BGB unterliegen der **Beschwerde nach § 58**, unabhängig davon, ob sie im vereinfachten Verfahren nach Abs. 3 oder im regulären Verfahren nach Abs. 4 ergehen. Bei Entscheidungen im vereinfachten Verfahren besteht insoweit eine Besonderheit, als dem Jugendamt kein Be- 46

---

1 BT-Drucks. 13/4899, S. 94; OLG Düsseldorf v. 22.2.2008 – 8 UF 267/07, FamRZ 2008, 1552. Entgegen der Ansicht des OLG macht dies die Sorgeerklärung gem. § 1626e BGB unwirksam, weil es einen Verstoß gegen § 1626b Abs. 1 BGB darstellt.
2 Bamberger/Roth/*Veit* § 1626c BGB Rz. 2; Staudinger/*Coester* § 1626c BGB Rz. 2.
3 BT-Drucks. 17/11048, S. 30 in Bestätigung der bereits zuvor hM, vgl. BGH v. 15.11.2007 – XII ZB 136/04, FamRZ 2008, 251; Bamberger/Roth/*Veit* § 1626a BGB Rz. 6; MüKo.BGB/*Huber* § 1626a BGB Rz. 6 ff.
4 Vgl. die ablehnende Gegenäußerung der BReg. BT-Drucks. 17/11048, S. 30 zu dem Vorschlag des Bundesrates (BT-Drucks. 17/11048, S. 27), partielle Sorgeerklärungen zuzulassen.
5 So OLG Celle v. 12.8.2011 – 10 UF 270/10, FamRZ 2011, 1876 zur Rechtslage vor Inkrafttreten des § 1626a Abs. 2 BGB.

schwerderecht gem. § 162 Abs. 3 Satz 2 zusteht, weil § 155a Abs. 3 Satz 2 die Anwendbarkeit von § 162 ausschließt.

47 Inwieweit Befürchtungen zutreffen, dass Entscheidungen im vereinfachten Verfahren mangels Rechtsbehelfen in erster Instanz (zB Einspruch oder Wiedereinsetzung) häufig in die Beschwerdeinstanz gehen werden, in der dann nach § 68 Abs. 3 erstmals ein reguläres Verfahren durchgeführt wird, wird die Rechtspraxis zeigen müssen. Dies gilt auch für die Erwartung, die Obergerichte würden besonders geringe Anforderungen an den Vortrag bzw. das Vorliegen von Gründen, die gegen die gemeinsame Sorge sprechen, stellen, um das Verfahren wieder in die erste Instanz zurückverweisen zu können.[1] Insoweit ist zu berücksichtigen, dass § 69 Abs. 1 Satz 3 einer Rückverweisung enge Grenzen setzt. Der Vorschlag des Bundesrates, (nur) bei Entscheidungen im schriftlichen Verfahren entgegen § 68 Abs. 1 Satz 2 die Möglichkeit einer Abhilfeentscheidung des erstinstanzlichen Gerichts vorzusehen,[2] wurde nicht umgesetzt mit der Begründung, die Beschwerdeinstanz sei eine volle Tatsacheninstanz und das Abhilfeverfahren würde mit einer erheblichen Verfahrensverzögerung verbunden sein.[3] Diese Erwägung trifft auch auf eine Rückverweisung zu.[4]

48 **Kosten/Gebühren: Gericht:** Für das Verfahren entsteht eine Gebühr nach Nr. 1310 KV FamGKG. Der Wert bestimmt sich nach § 45 FamGKG (regelmäßig 3 000 €). Die Gebühr wird bei Beendigung des Verfahrens fällig (§ 11 Abs. 1 FamGKG). Für die Erklärungen zur Niederschrift des Gerichts nach Abs. 5 entstehen keine Gebühren. Kostenschuldner ist vorrangig der Entscheidungs- oder Übernahmeschuldner (§ 24 Nr. 1 und 2 FamGKG), aber auch der Antragsteller des Verfahrens (§ 21 Abs. 1 Satz 1 FamGKG). **RA:** In dem Verfahren stehen dem RA Gebühren nach Teil 3 VV RVG zu. Durch den Erörterungstermin nach Abs. 4 entsteht die Terminsgebühr nach Nr. 3104 VV RVG. § 45 FamGKG ist nach § 23 Abs. 1 Satz 1 RVG auch für die RA-Gebühren maßgeblich.

Anhang:

Gerichtliche Niederschrift von Sorgeerklärungen gem. § 155a Abs. 5 Satz 1 (hierzu Rz. 41 ff.)

Anhörungsvermerk nach § 28 Abs. 4 FamFG

(volles Rubrum)

Die Kindeseltern erklären, dass sie nunmehr bereit sind, gemeinsame Sorgeerklärungen abzugeben.

Gerichtliche Niederschrift von Sorgeerklärungen gem. § 155a Abs. 5 Satz 1:

Frau ..., geb. am ... in ..., ... Staatsangehörige,

ausgewiesen durch ...

und Herr ..., geb. am ... in ..., ... Staatsangehöriger,

ausgewiesen durch ...

erklären:

Wir sind nicht miteinander verheiratet. Frau ... ist die Mutter des am ... in ...

geborenen Kindes ... und Inhaberin der alleinigen elterlichen Sorge.

Herr ... hat die Vaterschaft für das Kind ... am ... durch Urkunde des Jugendamts ... anerkannt.

Wir erklären übereinstimmend, dass wir für unser Kind ... die elterliche Sorge gemeinsam übernehmen wollen.

v.u.g./lt. d.u.g.

Weiterhin schließen die Kindeseltern folgende zusätzliche Elternvereinbarung:

Wir sind darüber einig, dass der Lebensmittelpunkt des Kindes im Haushalt der Kindesmutter liegen soll.

(...)

Wir wurden durch das Gericht darauf hingewiesen, dass die Sorgeerklärungen unwirksam sind, wenn sie von einer Bedingung oder Zeitbestimmung abhängig gemacht werden.

---

1 *Keuter*, FamRZ 2012, 827.
2 BT-Drucks. 17/11048, S. 28.
3 Gegenäußerung der BReg., BT-Drucks. 17/11048, S. 31.
4 AA *Heilmann*, NJW 2013, 1473, 1477, nach dem bei fehlerhafter Annahme der Voraussetzungen des vereinfachten Verfahrens regelmäßig die Voraussetzungen einer Rückverweisung erfüllt seien.

Wir erklären daher, dass Wirksamkeit und Durchführung dieser Elternvereinbarung nicht Bedingung für die Gültigkeit der Sorgeerklärungen sein sollen.
v.u.g./lt. d.u.g.

156 Hinwirken auf Einvernehmen

(1) Das Gericht soll in Kindschaftssachen, die die elterliche Sorge bei Trennung und Scheidung, den Aufenthalt des Kindes, das Umgangsrecht oder die Herausgabe des Kindes betreffen, in jeder Lage des Verfahrens auf ein Einvernehmen der Beteiligten hinwirken, wenn dies dem Kindeswohl nicht widerspricht. Es weist auf Möglichkeiten der Beratung durch die Beratungsstellen und -dienste der Träger der Kinder- und Jugendhilfe insbesondere zur Entwicklung eines einvernehmlichen Konzepts für die Wahrnehmung der elterlichen Sorge und der elterlichen Verantwortung hin. Das Gericht kann anordnen, dass die Eltern einzeln oder gemeinsam an einem kostenfreien Informationsgespräch über Mediation oder über eine sonstige Möglichkeit der außergerichtlichen Konfliktbeilegung bei einer von dem Gericht benannten Person oder Stelle teilnehmen und eine Bestätigung hierüber vorlegen. Es kann ferner anordnen, dass die Eltern an einer Beratung nach Satz 2 teilnehmen. Die Anordnungen nach den Sätzen 3 und 4 sind nicht selbständig anfechtbar und nicht mit Zwangsmitteln durchsetzbar.

(2) Erzielen die Beteiligten Einvernehmen über den Umgang oder die Herausgabe des Kindes, ist die einvernehmliche Regelung als Vergleich aufzunehmen, wenn das Gericht diese billigt (gerichtlich gebilligter Vergleich). Das Gericht billigt die Umgangsregelung, wenn sie dem Kindeswohl nicht widerspricht.

(3) Kann in Kindschaftssachen, die den Aufenthalt des Kindes, das Umgangsrecht oder die Herausgabe des Kindes betreffen, eine einvernehmliche Regelung im Termin nach § 155 Abs. 2 nicht erreicht werden, hat das Gericht mit den Beteiligten und dem Jugendamt den Erlass einer einstweiligen Anordnung zu erörtern. Wird die Teilnahme an einer Beratung, an einem kostenfreien Informationsgespräch über Mediation oder einer sonstigen Möglichkeit der außergerichtlichen Konfliktbeilegung oder eine schriftliche Begutachtung angeordnet, soll das Gericht in Kindschaftssachen, die das Umgangsrecht betreffen, den Umgang durch einstweilige Anordnung regeln oder ausschließen. Das Gericht soll das Kind vor dem Erlass einer einstweiligen Anordnung persönlich anhören.

A. Allgemeines
  I. Normzweck 1
  II. Entstehungsgeschichte 3
  III. Systematik 6
B. **Hinwirken auf Einvernehmen (Absatz 1)**
  I. Anwendungsbereich 10
  II. Hinwirken auf Einvernehmen durch das Gericht (Abs. 1 Satz 1)
    1. Inhalt des richterlichen Hinwirkens auf Einvernehmen 13
    2. Grenzen des Hinwirkens auf Einvernehmen 18
  III. Außergerichtliche Konfliktbeilegung (Abs. 1 Satz 2 bis 5)
    1. Hinweis auf Beratung und Mediation und deren Abgrenzung (Abs. 1 Satz 2 und 3) 20
      a) Beratung 22
      b) Mediation und andere Möglichkeiten der außergerichtlichen Konfliktbeilegung 25
    2. Anordnung einer Beratung oder eines Informationsgespräches über Mediation (Abs. 1 Satz 3 bis 5)
      a) Beratungsanordnung (Abs. 1 Satz 4) 28
      b) Anordnung eines Informationsgesprächs über Mediation (Abs. 1 Satz 3) 38
      c) Folgen der Nichtteilnahme an einer Beratung oder Mediation (Abs. 1 Satz 5) 42
  IV. Einbeziehung des Kindes bei der Herstellung von Einvernehmen 43
C. **Gerichtlich gebilligter Vergleich (Absatz 2)**
  I. Anwendungsbereich 46
  II. Rechtsnatur des gerichtlich gebilligten Vergleichs 49
  III. Einvernehmen der Verfahrensbeteiligten
    1. Zustimmung der Eltern und sonstiger Verfahrensbeteiligten 50
    2. Zustimmung des Kindes 51

3. Zustimmung des Verfahrensbeistands und des Jugendamts 52
4. Maßgeblicher Zeitpunkt für das Vorliegen des Einvernehmens 55
IV. Aufnahme des erzielten Einvernehmens als Vergleich 56
V. Gerichtliche Billigung
  1. Voraussetzungen der gerichtlichen Billigung
    a) Kindeswohlprüfung 58
    b) Hinreichende Bestimmtheit der Regelung 61
  2. Gerichtliche Billigungsentscheidung
    a) Entscheidung bei Vorliegen oder Fehlen der Voraussetzungen .. 64
    b) Form und Inhalt der gerichtlichen Billigungsentscheidung . 66
VI. Rechtsfolgen des gerichtlich gebilligten Vergleichs 70
VII. Rechtsbehelfe bei fehlerhaftem gebilligten Vergleich 72
VIII. Rechtliche Umsetzung des Einvernehmens in Sorgerechtsverfahren 74
D. Prüfung des Erlasses einer einstweiligen Anordnung im Erörterungstermin (Absatz 3)

I. Erörterung einer einstweiligen Anordnung im frühen Termin nach § 155 Abs. 2 (Abs. 3 Satz 1)
  1. Anwendungsbereich 80
  2. Erörterung und Prüfung der Voraussetzungen einer einstweiligen Anordnung 81
II. Einstweilige Umgangsregelung bei außergerichtlicher Beratung, Mediation oder Einholung eines Sachverständigengutachtens (Abs. 3 Satz 2)
  1. Anwendungsbereich 85
  2. Voraussetzungen einer einstweiligen Umgangsregelung nach Abs. 3 Satz 2 86
III. Verfahren bei Erlass einer einstweiligen Anordnung nach Abs. 3 Satz 1 oder 2 . 90
Anh. 1: Musterbeschluss einer Beratungsanordnung nach § 156 Abs. 1 Satz 4
Anh. 2: Musterbeschluss für die gerichtliche Billigung eines Umgangsvergleichs nach § 156 Abs. 2
Anh. 3: Muster einer Sorgevereinbarung über den Lebensmittelpunkt bei gemeinsamer Sorge
Anh. 4: Muster einer Sorgerechtsvollmacht

Literatur: Zu Abs. 1: *Bergmann*, Die familiengerichtliche Beratungsauflage nach § 156 FamFG, ZKJ 2010, 56; *Bernhardt*, Die Stimme des Kindes in der Trennungs- und Scheidungsberatung und in der Familien-Mediation, FPR 2005, 95; *Fichtner*, Hilfen bei Hochkonflikthaftigkeit?, ZKJ 2012, 46; *Holldorf/von Pirani*, Der begleitete Umgang im Spannungsfeld zwischen Jugendhilfe und Familiengericht, ZKJ 2012, 384; *Ivanits*, Elterliches Einvernehmen und Kindesbeteiligung, ZKJ 2012, 98; *Menne/Weber (Hrsg.)*, Professionelle Kooperation zum Wohle des Kindes – Hinwirken auf elterliches Einvernehmen im familiengerichtlichen Verfahren (FamFG), 2011; *Walter*, Hinwirken auf Einvernehmen – Welche Zusatzqualifikation braucht das Gericht?, FPR 2009, 23; *Weber*, Außergerichtliche Beratung im Spannungsfeld des Familienverfahrens, FPR 2011, 323; *Walper/Fichtner/Normann (Hrsg.)*, Hochkonflikthafte Trennungsfamilien, 2011.

Zu Abs. 2: *Geiger/Kirsch*, Gestaltung der Sorgerechtsausübung durch Vollmacht, FamRZ 2009, 1879; *Hammer*, Elternvereinbarungen im Sorge- und Umgangsrecht, 2004; *Hammer*, Die rechtliche Verbindlichkeit von Elternvereinbarungen, FamRZ 2005, 1205; *Hammer*, Die Gestaltung von Elternvereinbarungen zum Sorge- und Umgangsrecht, Teil I in: FamRB 2006, 275; Teil II in: FamRB 2006, 311; *Hammer*, Die gerichtliche Billigung von Vergleichen nach § 156 Abs. 2 FamFG, FamRZ 2011, 1268; *Schlünder*, Der gerichtlich gebilligte Vergleich, FamRZ 2012, 9.

A. Allgemeines

I. Normzweck

1 Nach der Intention des Gesetzgebers sollen durch die Förderung einer einvernehmlichen Konfliktlösung die **Belastung der Kinder und der Eltern durch das gerichtliche Verfahren verringert** und **aufwändige gerichtliche Ermittlungen** insbesondere durch Sachverständigengutachten sowie rechtsmittelträchtige Entscheidungen **vermieden werden**.[1] Der Vorrang des gerichtlichen Hinwirkens auf Einvernehmen folgt auch aus der verfassungsrechtlich gewährleisteten **Elternverantwortung und Elternautonomie** (Art. 6 Abs. 2 Satz 1), der die Erwartung zugrunde liegt, dass die Eltern auch in Trennungs- und Konfliktsituationen grundsätzlich am besten wissen, was dem Kindeswohl dient, da ihnen „in aller Regel das Wohl des Kindes mehr am

---

1 BT-Drucks. 13/4899, S. 133.

Herzen liegt als irgendeiner anderen Person oder Institution".[1] Der Staat soll die Eltern im Rahmen des Wächteramts nach Art. 6 Abs. 2 Satz 2 GG in erster Linie unterstützen und erst in zweiter Linie zum Schutz des Kindes eingreifen.

Zudem besteht die Erwartung, dass eigenverantwortlich von den Eltern getroffene **Vereinbarungen eher akzeptiert und eingehalten werden** als gerichtliche Entscheidungen.[2] Dies beruht insbesondere darauf, dass selbst erarbeitete Lösungen meist besser die Interessen und Bedürfnisse der jeweiligen Familie berücksichtigen und oft mehr innere (soziale) Verbindlichkeit schaffen als gerichtlich angeordnete.[3] Durch die Förderung des Einvernehmens wird auch dem Umstand Rechnung getragen, dass die dem kindschaftsrechtlichen Verfahren zugrunde liegenden emotionalen Konflikte letztlich nicht justiziabel[4] und insbesondere streitige Umgangsregelungen nur begrenzt vollstreckbar sind. Durch den Prozess der Erarbeitung einer einvernehmlichen Lösung können die Eltern auch eher befähigt werden, in Zukunft selbständig Regelungen zu treffen, ohne erneut das Gericht anrufen zu müssen. Schließlich kann durch das Einvernehmen der Eltern der **Loyalitätsdruck vom Kind genommen werden**, der durch die Streitigkeiten der Eltern verursacht wird und für das Kind oft belastender als die Frage ist, wie oft es Umgang hat oder ob die elterliche Sorge von einem Elternteil allein oder von beiden gemeinsam ausgeübt wird.

II. Entstehungsgeschichte

Nachdem die Betonung der Kindesinteressen im Gesetz zur Neuregelung der elterlichen Sorge ab 1.1.1980[5] noch den verstärkten richterlichen Eingriff in die Elternrechte und damit eine teilweise „Entrechtung" der Kindeseltern zur Folge hatte[6] und auch die Jugendämter nach dem JWG in erster Linie eingriffsorientiert arbeiteten, sollte mit dem Kinder- und Jugendhilfegesetz von 1990[7] und der am 1.7.1998 in Kraft getretenen Kindschaftsrechtsreform[8] das Eltern-Kind-Verhältnis wieder stärker „privatisiert"[9] werden. Die Kindesinteressen sollten nunmehr primär durch Beratungs- und Unterstützungsangebote des Jugendamts (insb. §§ 17, 18 SGB VIII) gewahrt und erst sekundär durch richterliche Intervention geschützt werden.[10] § 52 Abs. 1 FGG sah hierzu ein frühzeitiges Hinwirken des Richters auf Einvernehmen und die Motivation der Eltern zur Annahme von Beratungsangeboten der Jugendhilfe vor. Im Falle der außergerichtlichen Beratung sollte das Verfahren gem. § 52 Abs. 2 FGG ausgesetzt und nach Abs. 3 sollte für den Zeitraum der Aussetzung der Erlass einer eA geprüft werden. Für Streitigkeiten über bestehende Umgangsregelungen wurde in § 52a FGG (jetzt: § 165 FamFG) ein gerichtliches Vermittlungsverfahren eingeführt. Der **Trend** ging also zurück zur Elternautonomie im Sinne **einer Stärkung eigenverantwortlicher Entscheidungen der Eltern in Kindschaftssachen**. Gleichzeitig ent-

---

1 BVerfG v. 3.11.1982 – 1 BvL 25/80, 1 BvL 38/80, 1 BvL 40/80, 1 BvL 12/81, BVerfGE 61, 358, 371.
2 *Krabbe*, FPR 1995, 98; *Bergmann*, ZKJ 2010, 56, 57; *Johannsen/Henrich/Büte* § 156 Rz. 1; *Wiesner/Struck* § 17 Rz. 34. Zur geringen Akzeptanz von gerichtlichen Entscheidungen und deren geringer Nachhaltigkeit vgl. die Forschungsergebnisse von *Greger*, FPR 2011, 115, 118, wobei *Ivanits*, ZKJ 2012, 98, 101 zutreffend darauf hinweist, dass es sich dabei lediglich um Einschätzungen der Eltern, während die Auswirkungen auf die Kinder und deren Einschätzung nicht berücksichtigt wurden.
3 Ausf. zur sozialen Verbindlichkeit von Elternvereinbarungen und ihren Grenzen *Hammer*, Elternvereinbarungen im Sorge- und Umgangsrecht, S. 173 ff.
4 BT-Drucks. 16/6308, S. 164; *Trenczek*, FPR 2009, 335; *Knödler*, ZKJ 2010, 135, 138; *Müller-Magdeburg*, ZKJ 2009, 184: Beziehungen und ihre Qualität lassen sich nicht durch Gerichtsbeschlüsse verordnen.
5 SorgeRG vom 18.7.1979, BGBl I, S. 1061.
6 Insbesondere durch § 1671 Abs. 4 S. 1 BGB, nach dem bei Scheidung der Eltern zwingend einem Elternteil die elterliche Sorge zu übertragen war.
7 KJHG vom 26.9.1990, BGBl. I, S. 1163, in Kraft in den neuen Bundesländern seit dem 3.10.1990, in den alten Bundesländern seit 1.1.1991.
8 KindRG vom 16.12.1997, BGBl. I, S. 2942.
9 *Frank*, AcP 200 (2000), 401, 417.
10 Ausf. Überblick zur historischen Entwicklung der Elternautonomie in der nationalen und europäischen Gesetzgebung *Hammer*, Elternvereinbarungen im Sorge- und Umgangsrecht, S. 12 ff.

sprach dies einer allgemeinen Tendenz zur gesetzlichen Stärkung der Streitschlichtung gegenüber der streitigen gerichtlichen Entscheidung, zB durch die Einführung der obligatorischen Streitschlichtung nach § 15a EGZPO ab dem 1.1.2000[1] und die Einführung der Güteverhandlung im Zivilprozess in § 278 ZPO durch das Gesetz zur Reform des Zivilprozesses ab 1.1.2002.[2]

4 Die weitere Förderung einvernehmlicher und elternautonomer Konfliktlösung war **eines der Hauptanliegen der FGG-Reform**.[3] Neben dem Gericht und dem Jugendamt kann nunmehr ausdrücklich auch dem Verfahrensbeistand (§ 158 Abs. 4 Satz 3) und dem Sachverständigen (§ 163 Abs. 2) aufgetragen werden, auf Einvernehmen hinzuwirken. Das Gericht wird durch den frühen Erörterungstermin noch früher in den Beratungs- und Unterstützungsprozess einbezogen (§ 155 Abs. 2), und die Eltern werden im Rahmen des § 156 noch mehr verpflichtet, ihre Verantwortung für das Kind wahrzunehmen. War im Rahmen der Jugendhilfe und auch der Gerichtspraxis zuvor noch die Freiwilligkeit der Beratung der Eltern betont worden, kann nunmehr gem. § 156 Abs. 1 Satz 4 die Inanspruchnahme der Beratung auch angeordnet werden. Dem liegen Entwicklungen sowohl in der Mediation und der Beratungspraxis,[4] aber auch Erkenntnisse aus Modellversuchen der Gerichtspraxis[5] zugrunde, Möglichkeiten der Beratung auch bei nur geringer Eigenmotivation der Eltern auszuschöpfen. Mit dem am 26.7.2012 in Kraft getretenen Gesetz zur Förderung der Mediation und anderer Verfahren der außergerichtlichen Konfliktbeilegung vom 21.7.2012[6] (s. näher § 36a Rz. 2 ff.) wurde § 156 Abs. 1 Satz 3, der bis dahin nur einen Hinweis auf die Möglichkeit einer Mediation vorgesehen hatte, um die richterliche Anordnung eines Informationsgespräches über die Mediation ergänzt.

5 Zur Umsetzung des erzielten elterlichen Einvernehmens wurde in Anlehnung an § 52a Abs. 4 Satz 3 FGG und das in der Gerichtspraxis entwickelte Institut der gerichtlichen „Billigung" einer Umgangsvereinbarung[7] in § 156 Abs. 2 der **gerichtlich gebilligte Vergleich** geregelt. Dadurch wird eine einvernehmliche Umgangsregelung wie eine streitige gerichtliche Umgangsregelung vollstreckbar (§ 86 Abs. 1 Nr. 2) und ist wie diese nur unter den Voraussetzungen des § 1696 BGB abänderbar (§ 166 Abs. 1). Nach dem ursprünglichen Gesetzentwurf sollte der Anwendungsbereich zunächst nur Umgangsverfahren umfassen.[8] Der Vorschlag des Bundesrates,[9] die Möglichkeit der gerichtlichen Billigung auf alle Kindschaftssachen auszuweiten, wurde mit Hinweis auf die vorrangigen materiellen Vorschriften zur elterlichen Sorge (insbesondere § 1671 BGB) zurückgewiesen, jedoch wurde der Anwendungsbereich auf Verfahren betreffend die Herausgabe des Kindes erweitert.[10]

---

1 Eingeführt durch das Gesetz zur Förderung der außergerichtlichen Streitbeilegung vom 15.12.1999, BGBl I, S. 2400.
2 ZPO-RG vom 27.7.2001, BGBl I, S. 1887.
3 BT-Drucks. 16/6308, S. 164.
4 Überblick bei *Weber*, FPR 2011, 323 und ausf. Rz. 32.
5 Zu nennen sind hier insbesondere die gerichtsnahe Beratung am AG Regensburg, vgl. dazu *Vergho*, Kind-Prax 2001, 71, und das vergleichbare Modell in Würzburg, dazu *Wagner*, ZKJ 2012, 257, sowie die sog. „Cochemer Praxis", vgl. dazu *Rudolph*, FF 2005, 167; *Wagner*, Du bist mein Kind: Die Cochemer Praxis; *Füchsle-Voigt*, FPR 2004, 600; *Füchsle-Voigt/Georges*, ZKJ 2008, 246. Kritisch zur Cochemer Praxis HB-VB/*Kostka*, Rz. 962 ff.; *Kölner Fachkreis für Familie*, FF 2006, 215 sowie *Nothhafft*, Stellungnahme des DJI vom 8.2.2008 zum FGG-RG ggü. dem Rechtsausschuss des Deutschen Bundestages, S. 2 ff.; *Salgo*, Stellungnahme vom 11.8. 2008 zum FGG-RG ggü. dem Rechtsausschuss des Deutschen Bundestages, S. 2f. und *Salgo*, FF 2010, 352, 358.
6 BGBl. I, S. 1577.
7 Alternativ wurden auch die Begriffe „Bestätigung" oder „Genehmigung" verwendet, vgl. BGH v. 23.9.1987 – IVb ZB 59/86, NJW-RR 1989, 195; BGH v. 11.5.2005 – XII ZB 120/04, FamRZ 2005, 1471 m. Anm. *Hammer*; OLG Nürnberg v. 5.12.2002 – 11 UF 3367/02, FamRZ 2003, 779; OLG Köln v. 12.12.2001 – 26 WF 193/01 FamRZ 2002, 979; OLG Brandenburg v. 22.11.2007 – 10 WF 287/07, FamRZ 2008, 1551; OLG Koblenz v. 25.9.2006 – 11 WF 490/06, FamRZ 2007, 1682; OLG Saarbrücken v. 27.7.2007 – 9 WF 97/07, FamRZ 2007, 2095.
8 BT-Drucks. 16/6308, S. 237.
9 BT-Drucks. 16/6308, S. 376.
10 BT-Drucks. 16/6308, S. 414.

III. Systematik

§ 156 ist die **zentrale Norm für die Förderung und Umsetzung** einer eigenverantwortlichen Konfliktlösung durch die Eltern im gerichtlichen Verfahren. Die Vorschrift enthält dabei insbesondere Regelungen für die Ausgestaltung von Erörterungsterminen (§ 32 f.) in Kindschaftssachen, vor allem des frühen Erörterungstermins nach § 155 Abs. 2. Für Kindesschutzverfahren nach den §§ 1666 und 1666a BGB ist der Erörterungstermin in § 157 gesondert geregelt (zum Verhältnis der Vorschriften vgl. auch § 155 Rz. 7). Bei der Anwendung der Norm ist zu beachten, dass jeder der drei Absätze einen anderen Anwendungsbereich hat.

Das richterliche Hinwirken auf Einvernehmen in **Abs. 1** ist eine Sonderregelung zu § 36 Abs. 1 Satz 2, nach dem das Gericht in allen Verfahren auf eine gütliche Einigung der Beteiligten hinwirken soll. Abs. 1 wird ergänzt durch weitere Vorschriften, die auf das Einvernehmen der Eltern zielen, insbesondere § 158 Abs. 4 Satz 3 (Hinwirken durch den Verfahrensbeistand), § 163 Abs. 2 (Hinwirken durch den Sachverständigen) und § 165 (richterliches Vermittlungsverfahren in Umgangssachen). Die Möglichkeit der Anordnung eines Informationsgesprächs über die Mediation in Abs. 1 Satz 3 und 5 geht über die Möglichkeit eines gerichtliches Vorschlags einer Mediation nach § 36a Abs. 1 hinaus und entspricht der Regelung für Scheidungsverfahren in § 135 Abs. 1. Nehmen die Eltern eine Mediation in Anspruch, so richtet sich das zu beachtende Verfahren (Aussetzung und Wiederaufnahme nach drei Monaten) nach § 36a Abs. 2, 155 Abs. 4 (dazu Rz. 42).

Die Regelungen zum gerichtlich gebilligten Vergleich in **Abs. 2** dienen der Umsetzung des nach Abs. 1 erzielten Einvernehmens. Dadurch kann einvernehmlich ein vollstreckbarer Titel über den Umgang bzw. die Herausgabe des Kindes iSd. § 86 geschaffen werden, obwohl den Eltern insoweit keine Dispositionsbefugnis iSd. § 36 Abs. 1 zusteht. Es handelt sich bei Abs. 2 jedoch um keine rein verfahrensrechtliche Vorschrift, denn sie enthält auch den materiellen Kindeswohlmaßstab für die gerichtliche Billigungsentscheidung. Die Umsetzung insbesondere von Einigungen über die elterliche Sorge richtet sich dagegen nach Vorschriften des BGB, insbesondere §§ 1626a, 1671 Abs. 1 Satz 2 Nr. 1 BGB (ausf. Rz. 47, 74 ff.).

Abs. 3 enthält Regelungen über die Prüfung einer eA, falls eine einvernehmliche Regelung im Erörterungstermin nach §§ 32, 156 Abs. 1, insbesondere im frühen Erörterungstermin nach § 155 Abs. 2, nicht möglich ist oder das Gericht eine Beratung bzw. ein Informationsgespräch über Mediation nach Abs. 1 Satz 3 bzw. 4 anordnet.

B. Hinwirken auf Einvernehmen (Absatz 1)

I. Anwendungsbereich

Das Gebot des richterlichen Hinwirkens auf Einvernehmen gilt in allen Kindschaftssachen betreffend
- die **elterliche Sorge nach Trennung und Scheidung** iSd. § 151 Nr. 1 (insbesondere § 1671 BGB),
- den **Aufenthalt** des Kindes (insbesondere §§ 1628, 1671 BGB),
- das **Umgangsrecht** iSd. § 151 Nr. 2 (insbesondere §§ 1684 Abs. 3 und 4, 1685 Abs. 3, 1686a Abs. 1 Nr. 1, Abs. 2 BGB),
- die **Herausgabe** des Kindes iSd. § 151 Nr. 3 (§§ 1632 Abs. 3 und 4, 1682 BGB),
- die **Übertragung der gemeinsamen Sorge** bei nicht miteinander verheirateten Eltern gem. § 155a Abs. 4 Satz 2 iVm. § 1626a Abs. 2 BGB

einschließlich entsprechender einstweiliger Anordnungsverfahren nach §§ 49 ff. und Abänderungsverfahren nach § 166 Abs. 1 FamFG. Wird die Abänderung einer gerichtlichen Umgangsentscheidung oder eines gerichtlich gebilligten Vergleichs begehrt, ist abzugrenzen zu einem Antrag auf gerichtliche Vermittlung nach § 165 (vgl. § 165 Rz. 4).

11 Keine Anwendung findet die Vorschrift in Kindesschutzverfahren nach §§ 1666, 1666a BGB, für die § 157 gilt. Nicht erfasst sind ferner sorgerechtliche Verfahren iSd. § 151 Nr. 1, die nicht im Zusammenhang mit Trennung und Scheidung stehen, zB die Übertragung des Bestimmungsrechts über den Familiennamen nach § 1617 Abs. 2 Nr. 1 BGB oder die Einbenennung des Kindes nach § 1618 Abs. 4 BGB, bei denen das Gericht jedoch gem. § 36 Abs. 1 Satz 2 auf eine gütliche Einigung hinwirken soll.

12 Das Hinwirken auf Einvernehmen soll nach Abs. 1 Satz 1 in jeder Lage des Verfahrens erfolgen, dh **in allen Tatsacheninstanzen**. Da Sätze 2 bis 5 der Umsetzung des Hinwirkens dienen, sind auch sie in der zweiten Instanz anwendbar,[1] so dass auch dort noch eine Beratung oder ein Informationsgespräch zur Mediation angeordnet werden kann, wenn dies im konkreten Fall noch Erfolg versprechend und im Hinblick auf den Beschleunigungsgrundsatz vertretbar erscheint.

II. Hinwirken auf Einvernehmen durch das Gericht (Abs. 1 Satz 1)

1. Inhalt des richterlichen Hinwirkens auf Einvernehmen

13 Die Verpflichtung des Richters, in jeder Lage des Verfahrens auf Einvernehmen hinzuwirken bedeutet, dass vor einer gerichtlichen Entscheidung zunächst die Möglichkeiten einer einvernehmlichen Lösung zu prüfen sind. Dies beinhaltet
- die Förderung des Abschlusses einvernehmlicher Regelungen im Erörterungstermin und
- den **Hinweis auf die Möglichkeiten der Beratung, Mediation** und andere Möglichkeiten der außergerichtlichen Konfliktbeilegung und ggf. **deren Anordnung** nach Abs. 1 Satz 2 bis 5.

14 § 156 enthält keine Vorgaben darüber, wie das Gericht im Erörterungstermin auf Einvernehmen hinwirken soll und lässt dem Richter daher viel Gestaltungsspielraum. Dennoch sollte sich der Richter über seine Rolle und seine spezifischen Einflussmöglichkeiten im Klaren sein. Sie liegen zunächst in der Ausnutzung der **richterlichen Autorität**,[2] die dem Richter das Amt und die Befugnis verleihen, auch verbindliche Entscheidungen treffen zu können. Hilfreich ist zudem, dass er als **neutraler Einigungshelfer**[3] rechtlich fundierte Hinweise erteilen kann, zB über die Ausgestaltung der gemeinsamen elterlichen Sorge nach § 1687 BGB, die Rechte und Pflichten der Eltern nach § 1684 Abs. 1 und 2 BGB im Zusammenhang mit dem Umgang sowie die Informationsrechte nach § 1686 BGB. Er vermag insbesondere den Eltern einen **rechtlichen Rahmen** zu setzen, innerhalb dessen Einvernehmen erzielt werden kann. Gerade bei hochstrittigen Eltern wird der **strukturierende Rahmen der gerichtlichen Verhandlung** als hilfreich empfunden, weil erneute Eskalationen des Konflikts vom Richter wirksam unterbunden werden können.[4]

15 Wie Abs. 1 Satz 2 bis 5 zeigen, kommt dem Richter **nicht die Rolle eines** vermittelnden **Beraters oder** eines **Mediators** zu. Zu einer Mediation besteht im gerichtlichen Erörterungstermin weder ausreichend Zeit noch kann dort der erforderliche Rahmen der Vertraulichkeit, Freiwilligkeit und Offenheit geboten werden. Allerdings ist die Kenntnis und **Anwendung mediativer Techniken**, die mittlerweile auch in der juristischen Ausbildung und in der richterlichen Fortbildung in Grund- und Aufbaukursen angeboten werden, durch den Richter durchaus hilfreich.[5] Zu nennen ist insbesondere die aus dem Harvard-Konzept[6] bekannte **Trennung von Positionen und Interessen**, denn insbesondere hinter Streitigkeiten um den Sorgestatus stehen ganz verschiedenartige Interessen, denen oft auch auf andere Weise Rechnung getragen

---

1 MüKo.ZPO/*Schumann* § 156 FamFG Rz. 8; Keidel/*Engelhardt* § 156 FamFG Rz. 2; Johannsen/Henrich/*Büte* § 156 FamFG Rz. 2; *Reinken*, FPR 2010, 428, 429; **aA** Lipp/Schumann/Veit/*Mayer*, S. 108, nach dem § 156 Abs. 1 für die zweite Instanz nur „Appellcharakter" haben soll.
2 Johannsen/Henrich/*Büte* § 156 Rz. 1.
3 Staudinger/*Coester*, § 1671 BGB Rz. 273.
4 *Fichtner*, ZKJ 2012, 46, 52.
5 Hierzu *Coester*, Kind-Prax 2003, 119, 120.
6 *Fisher/Ury/Patton*, Das Harvard-Konzept, 2009, S. 69 ff.

werden kann, zB durch eine Umgangsregelung, eine Vereinbarung über den Lebensmittelpunkt des Kindes oder eine Sorgerechtsvollmacht (hierzu Rz. 75 ff.).

Neben dem eigentlichen Hinwirken auf Einvernehmen ist dem Gericht vermehrt die Aufgabe eines Koordinators und Moderators[1] zugewachsen, insbesondere wegen des frühen Erörterungstermins und der damit verbundenen zeitigen Einschaltung des Gerichts in Beratungs- und Hilfeprozesse (vgl. § 155 Rz. 43 ff.). Denn neben dem Richter, dem Jugendamt, Beratungsstellen und Mediatoren können auch der Verfahrensbeistand (§ 158 Abs. 4 Satz 3) und der Sachverständige (§ 163 Abs. 2) mit dem Hinwirken auf Einvernehmen beauftragt werden. Das Hinwirken auf Einvernehmen im gerichtlichen Verfahren ist zu einer interdisziplinären Aufgabe geworden, die der Abstimmung und **Koordinierung der professionell am Verfahren Beteiligten** durch den Richter bedarf (zur Vernetzung und interdisziplinären Zusammenarbeit vgl. § 155 Rz. 46).[2] Gerade bei sehr strittigen Familien ist nicht selten eine Vielzahl von Professionellen involviert, deren Rollen sich zu überschneiden drohen und deren unkoordiniertes Wirken nicht selten kontraproduktiv ist, weil die Eltern sich durch die ihnen unklare Aufgabenverteilung überfordert und unterschiedlichen Empfehlungen und Sichtweisen ausgesetzt sehen. Insoweit muss der Richter im Termin das **Gespräch mit den Eltern und den Professionellen moderieren**. Die Pflicht zur Überwachung des Hilfeprozesses in Form von Hilfeplanung (§ 36 Abs. 2 SGB VIII) und Steuerungsverantwortung für die Hilfen (§ 36a SGB VIII) verbleibt dagegen beim Jugendamt.

Das Gebot des richterlichen Hinwirkens auf Einvernehmen gilt auch für vorläufige Regelungen. Sofern ein verfahrensabschließendes Einvernehmen insbesondere im frühen Termin nach § 155 Abs. 2 nicht hergestellt werden kann, sollte deshalb so weit möglich eine **einvernehmliche Zwischenregelung** getroffen (vgl. Rz. 82, 88) und **Konsens über das weitere Verfahren** hergestellt werden (Verfahrensplanung, vgl. auch § 155 Rz. 43).

2. Grenzen des Hinwirkens auf Einvernehmen

Das in Abs. 1 enthaltene Gebot, auf eine konsensuale und nachhaltige Bereinigung des Elternkonflikts hinzuwirken, kann an Grenzen stoßen.[3] Dies wird sowohl durch die Ausgestaltung von Abs. 1 Satz 1 als **Sollvorschrift** als auch die Einschränkung im letzten Halbsatz, dass das Hinwirken auf Einvernehmen **dem Kindeswohl nicht widersprechen darf**, klargestellt. Wenn auch im Grundsatz davon auszugehen ist, dass einvernehmliche Regelungen dem Kindeswohl und auch den Interessen der Eltern dienen, so können doch nicht alle Eltern ihrer Verantwortung gerecht werden. Bei den Vermittlungsbemühungen ist zudem – als Teilaspekt des Kindeswohls und als Ausprägung des Anspruchs auf effektiven Rechtsschutz in angemessener Zeit – der **Beschleunigungsgrundsatz** des § 155 Abs. 1 zu berücksichtigen (zur Abwägung beider Grundsätze vgl. § 155 Rz. 20). Andererseits kann die Beendigung eines Verfahrens durch eine vorschnelle Einigung auch dem Prinzip der **Nachhaltigkeit** der Konfliktlösung widersprechen (zum Prinzip der Nachhaltigkeit vgl. § 155 Rz. 22).[4]

Der Richter bleibt daher neben seiner Rolle als Koordinator und Einigungshelfer **Entscheider**, wenn eine Einigung nicht oder nicht in zeitlich vertretbarem Rahmen

---

[1] *Stötzel*, FPR 2010, 425, 428 („Dirigent"); Staudinger/*Coester*, § 1671 BGB Rz. 273 („Schalt- und Vermittlungsstelle zwischen Eltern und Jugendamt"); Johannsen/Henrich/*Büte* § 156 FamFG Rz. 1 „Strukturierung des Familienkonflikts"); ausf. *Hammer*, Elternvereinbarungen im Sorge- und Umgangsrecht, S. 99 ff.

[2] Zu den Rollen im kindschaftsrechtlichen Verfahren vgl. *Müller-Magdeburg*, ZKJ 2009, 184, 187; *Stötzel*, FPR 2010, 425.

[3] So der Rechtsausschuss des Bundestages in BT-Drucks. 16/9733, S. 293, auf dessen Empfehlung die Kindeswohlklausel in Abs. 1 Satz 1 zusätzlich eingefügt wurde.

[4] Vgl. Wiesner/*Struck* § 17 SGB VIII Rz. 35: Die Konzentration auf Beratung und Mediation berge die Gefahr, dass zugunsten einer schnellen Verfahrensabwicklung von allen Beteiligten Kompromisse eingegangen werden, die eine tieferliegende Konfliktdynamik nicht genügend berücksichtigen.

erzielt werden kann oder wenn der Schutz des Kindes es gebietet. Es ist deshalb im Einzelfall vom Richter im Rahmen des Erörterungstermins mit Unterstützung des Jugendamts und ggf. des Verfahrensbeistands bzw. Sachverständigen einzuschätzen, ob Bemühungen zur Wiederherstellung elterlicher Verantwortung unter Berücksichtigung der bereits unternommenen Hilfestellungen, des Konfliktniveaus der Eltern und der Belastungen des Kindes in einem zeitlich vertretbaren Rahmen Erfolg versprechend sind. **Je schwerwiegender die Konflikte der Eltern und ihre Auswirkungen auf das Kind sind und je mehr Kindesschutzaspekte zu berücksichtigen sind** (zB häusliche Gewalt,[1] hochstrittige Eltern, Alkohol- und Drogenproblematik, psychische Probleme), **desto mehr stehen der Schutz des Kindes und die Sachverhaltsaufklärung im Vordergrund.**[2] Die Erörterung mit den Eltern mit dem Ziel einer möglichst familieninternen Konfliktlösung richtet sich in diesem Fall mehr nach den für Kindesschutzfälle geltenden Grundsätzen des § 157.[3] Wie die Möglichkeit einer getrennten Anhörung der Eltern in § 33 Abs. 1 Satz 2 zeigt, können auch Schutzinteressen eines Elternteils vorrangig sein.[4] Andererseits sind auch in Fällen häuslicher Gewalt einvernehmliche Regelungen grundsätzlich nicht ausgeschlossen, zumal Formen und Ursachen häuslicher Gewalt sehr vielfältig sind[5] und das Gericht im Interesse des Kindes nicht selten vor vorschnellen Versöhnungen warnen muss. Auch die Mediations- und Beratungspraxis hat hierzu zwischenzeitlich Konzepte entwickelt, die auch dem Schutzbedürfnis des betroffenen Elternteils Rechnung tragen (vgl. auch § 36a Abs. 1 Satz 2).[6] Dabei setzt sich immer mehr die Erkenntnis durch, dass bei hochkonflikthaften Familien zunächst einzeln mit den Eltern gearbeitet werden sollte (Einzelgespräche in der Beratung, parallele Elternkurse der Eltern).[7] Für die Zeit der Sachaufklärung bzw. außergerichtlichen Vermittlungsbemühungen sollte jedoch im Erörterungstermin auf eine Zwischenvereinbarung hingewirkt bzw. der Erlass einer eA geprüft werden (Abs. 3).

III. Außergerichtliche Konfliktbeilegung (Abs. 1 Satz 2 bis 5)

1. Hinweis auf Beratung und Mediation und deren Abgrenzung (Abs. 1 Satz 2 und 3)

20 Kann im Erörterungstermin kein Einvernehmen hergestellt werden, soll das Gericht nach Abs. 1 Satz 2 auf die Möglichkeiten der Beratung durch die Beratungsstellen der Kinder- und Jugendhilfe hinweisen und die Eltern hierzu motivieren.[8] Alternativ soll es die Eltern noch auf die Mediation oder andere Möglichkeiten der außergerichtlichen Konfliktbeilegung hinweisen. Dies ergibt sich zwar nicht unmittelbar aus dem Wortlaut von Abs. 1 Satz 3, jedoch **gehen der Hinweis und die Motivierung** der Eltern zur Durchführung einer Mediation **der Anordnung** eines entsprechenden Informationsgesprächs **vor** (vgl. auch § 36a Abs. 1).[9]

21 Dies setzt voraus, dass Zielrichtung und Methodik von Beratung und Mediation in Grundzügen bekannt sind. Nur so kann auch festgestellt werden, ob das im konkreten Fall überhaupt geeignete Unterstützungsmaßnahmen sind, was abhängig ist von der Stärke des Konflikts, aber auch davon, in welcher Trennungsphase sich die El-

---

1 BT-Drucks. 16/6308, S. 236 und 16/9733 S. 293 („Traumatisierung des Kindes nach erlebter häuslicher Gewalt").
2 *Salgo*, FF 2010, 352, 358; *Vogel*, FamRZ 2010, 1870; *Rohmann*, FPR 2013, 307, 308 f.
3 Staudinger/*Coester* § 1671 BGB Rz. 276.
4 *Flügge*, FPR 2008, 1 f.
5 Ausf. zur Verfahrensgestaltung in Umgangsverfahren bei häuslicher Gewalt *Ehinger*, FPR 2006, 171.
6 *Trenczek*, FPR 2009, 335, 337.
7 *Fichtner*, ZKJ 2012, 46, 52; *Bröning* in: Walper/Fichtner/Normann, Hochkonflikthafte Trennungsfamilien, S. 34 ff.; *Normann/Loebel* in: Menne/Weber, Professionelle Kooepration zum Wohle des Kindes, S. 184.
8 *Weber*, FPR 2011, 323, 325; *Stötzel*, FPR 2010, 425, 426.
9 Abs. 1 Satz 3 sah vor der Änderung durch das Gesetz zur Förderung der Mediation noch einen entsprechenden Hinweis des Gerichts vor.

tern befinden.[1] Es stellt sich zudem in zweifacher Hinsicht die Frage nach der **Abgrenzung von Beratung, Mediation sowie den verschiedenen Formen der Therapie**.[2] Zum einen soll gewährleistet werden, dass für die konkrete Familie die passende Unterstützung gefunden wird, zumal Abbrüche für die Eltern frustrierend sind und dadurch die Motivation für eine weitere – wenngleich richtige – Unterstützungsform sinkt. Zum anderen unterscheiden sich die Möglichkeiten der richterlichen Anordnungsmöglichkeiten: Nach Abs. 1 Satz 4 kann die Teilnahme an einer Beratung durch das Gericht angeordnet werden, nicht jedoch an einer Mediation, für die Abs. 1 Satz 3 nur die Anordnung eines Informationsgesprächs vorsieht. Eine Therapie kann hingegen weder nach § 156 Abs. 1 noch nach materiell-rechtlichen Vorschriften (etwa § 1684 Abs. 2 BGB) angeordnet werden (vgl. Rz. 31).

a) Beratung

Beratung iSv. Abs. 1 Satz 2 beinhaltet die **Beratungsangebote der Jugendhilfe nach dem SGB VIII**, insbesondere 22

– Beratung in Fragen der Partnerschaft, Trennung und Scheidung zur Schaffung der Bedingungen der Wahrnehmung der Elternverantwortung und Unterstützung der Eltern bei der Entwicklung eines einvernehmlichen Konzepts für die Wahrnehmung der elterlichen Sorge (§ 17 Abs. 1 und 2 SGB VIII),
– Beratung und Unterstützung bei der Ausübung der Personensorge und des Umgangsrechtes (§ 18 Abs. 1 und 3 SGB VIII) einschließlich des begleiteten Umgangs, der neben der Begleitung des Umgangs die Beratung der Eltern und ihre Unterstützung bei der Entwicklung einer eigenständigen Umgangsregelung zum Gegenstand hat,[3]
– Unterstützung der Eltern und Kinder durch Zusammenwirken verschiedener Fachkräfte auf der Basis unterschiedlicher methodischer Ansätze (Erziehungsberatung nach § 28 SGB VIII).

In **Abgrenzung zur Mediation** beinhaltet Beratung iSd. SGB VIII den „Rat" des 23
Helfers, aber auch Hilfe bei einem Abbau von Verletzungen und Ängsten bis hin zu organisatorischen Hilfen im Sinne eines ganzheitlichen Ansatzes, um das Kindeswohl zu fördern (§ 1 Abs. 3 SGB VIII).[4] Sie beinhaltet die Klärung von belastenden Problemen und die Entwicklung von Lösungs- und Veränderungsmöglichkeiten.[5] Es sind nicht nur gemeinsame Gespräche, sondern auch Einzelgespräche möglich und gerade bei hochkonflikthaften Familien angezeigt (vgl. Rz. 19). Es geht also wie in der Therapie um die Klärung der Ursachen von Konflikten, um im Interesse des Kindes wieder zu verantwortlicher Elternschaft zu gelangen, aber anders als bei dieser mit der Ausrichtung auf eine konstruktive Arbeit an Lösungen. Die **Abgrenzung zur Therapie** wird dadurch erschwert, dass in der Erziehungsberatung zahlreiche therapeutische Elemente Anwendung finden und auch die Jugendhilfe einschließlich der Erziehungsberatungsstellen Therapien anbietet, insbesondere Familien- und Paartherapie.[6] Allgemein geht es in der Therapie um die Arbeit an tieferliegenden emotionalen Konflikten und psychischen Problemen. Eine Therapie erfordert eine Selbstöffnung der Eltern und zielt auf eine Änderung der Persönlichkeit ab, nicht auf die Lösung konkreter Sachfragen. Einfacher ist die Abgrenzung zur Psychotherapie, denn dabei handelt es sich nicht um eine Maßnahme der Jugendhilfe, sondern um

---

1 Überblicke über mögliche Interventionen in Abhängigkeit von der Konfliktstufe der Eltern finden sich bei *Fichtner*, ZKJ 2012, 46, 51 und bei *Walter*, FPR 2009, 23, der sich dabei auf das vereinfachte Konfliktstufenmodell von *Alberstötter*, Kind-Prax 2004, 90 bezieht.
2 Da vor Inkrafttreten des FamFG weder eine Beratung noch eine Therapie angeordnet werden konnte, unterblieb oft eine Abgrenzung oder es wurden ungenaue Begriffe verwendet, vgl. etwa OLG Stuttgart v. 10.1.2007 – 17 UF 190/06, FamRZ 2007, 1682 („Beratungs- oder Therapiegespräche"); OLG Karlsruhe v. 17.2.2003 – 20 WF 152/02, FamRZ 2004, 56 („psychologisch-pädagogische Behandlung"), ebenso OLG Naumburg v. 8.9.2008 – 8 UF 126/08, FamRZ 2009, 796.
3 Wiesner/*Struck* § 18 SGB VIII Rz. 32a.
4 *Coester*, Kind-Prax 2003, 119, 120.
5 Wiesner/*Schmidt-Oberkirchner* § 28 SGB VIII Rz. 17.
6 Dazu etwa *Balloff*, FPR 2012, 216, 219.

eine heilkundliche Therapieform, die der Gesundheitsversorgung zuzurechnen ist und eine Approbation nach dem PsychThG erfordert.[1]

24 Das **Hinwirken auf die Annahme von Beratungsangeboten ist eine gemeinsame Aufgabe von Richter und Jugendamt.** Das Jugendamt soll den Richter dabei unterstützen, im Erörterungstermin die verschiedenen Beratungsmöglichkeiten vorzustellen, und hierzu eine Empfehlung abzugeben, denn es ist für das Gericht und erst Recht für die Eltern nicht immer überschaubar, welche Formen der Beratung vor Ort durch welche Stellen angeboten werden.[2] Während die Beratung nach §§ 17, 18 SGB VIII entweder durch den sozialpädagogischen Dienst oder eine Erziehungsberatungsstelle durchgeführt werden kann, obliegt die Erziehungsberatung nach § 28 SGB VIII allein den Erziehungsberatungsstellen als Spezialdiensten der Jugendhilfe, die in kommunaler oder freier Trägerschaft liegen können.[3] Eine trennscharfe Abgrenzung der verschiedenen Beratungen ist nicht möglich. Wer die Beratung übernimmt, ist abhängig von der örtlichen Organisation und Ausstattung der Jugendhilfe. Grundsätzlich handelt es sich jedoch bei §§ 17, 18 SGB VIII um eine rein sozialpädagogische Beratung, während die Erziehungsberatung nach § 28 SGB VIII interdisziplinär bzw. multidisziplinär ausgelegt ist, denn sie soll die Bereiche Psychologie, Sozialpädagogik, Kinder- und Jugendpsychotherapie und Pädagogik abdecken und entsprechend personell ausgestattet sein.[4]

b) Mediation und andere Möglichkeiten der außergerichtlichen Konfliktbeilegung

25 Mediation iSv. Abs. 1 Satz 3 ist nach der **Legaldefinition in § 1 MediationsG** ein vertrauliches und strukturiertes Verfahren, bei dem Parteien mit Hilfe eines oder mehrerer Mediatoren freiwillig und eigenverantwortlich eine einvernehmliche Beilegung ihres Konflikts anstreben. Der Mediator ist eine unabhängige und neutrale Person ohne Entscheidungsbefugnis, die die Parteien durch die Mediation führt. Anders als Beratung und Therapie ist sie ausschließlich zukunfts- und ergebnisorientiert und will Konflikte vorrangig organisatorisch auf der Sachebene lösen, nicht die Ursache von Konflikten finden und beseitigen.[5] Es sollen nicht innere Beziehungskonflikte, sondern die äußeren Trennungsfolgen geklärt werden.[6] Die Eltern sind selbst für die Themen der Mediation verantwortlich und sollen selbst eine Lösung finden, während der Mediator für die Gesprächsleitung verantwortlich ist und die Eltern durch ein gestuftes Verfahren führt, ohne selbst Lösungsvorschläge zu unterbreiten.

26 Die Mediation ist demnach **insbesondere dann geeignet**, wenn eine Einigung über den Lebensmittelpunkt, den Umgang oder allgemein die Betreuung des Kindes deshalb schwierig erscheint, weil damit viele Folgefragen organisatorischer Art (zB Vereinbarkeit mit der beruflichen Tätigkeit) und finanzieller Art (Kindesunterhalt, Betreuungsunterhalt, Wohnung usw.) verbunden sind,[7] wie etwa bei einer umfangreichen oder annähernd gleichen Betreuung der Kinder oder bei weiter Entfernung der Wohnorte der Eltern voneinander. Solchen Fallgestaltungen kann im Rahmen des gerichtlichen Verfahrens wegen der Orientierung auf den jeweiligen Verfahrensgegenstand nur begrenzt Rechnung getragen werden. In diesen Fällen werden die Eltern auch häufig bereit und in der Lage sein, die mit der Mediation verbundenen Kosten zu tragen. Spielen vor allem bei den finanziellen Folgefragen verstärkt rechtliche Probleme eine Rolle und sollen deshalb auch die Verfahrensbevollmächtigten der Kindeseltern eingebunden bleiben oder wollen die Eltern und/oder die Verfahrens-

---

1 Wiesner/*Schmidt-Oberkirchner* § 28 SGB VIII Rz. 17b.
2 Anders bei entsprechenden Kooperationsvereinbarungen oder örtlich überschaubaren Beratungsangeboten, vgl. *Bergmann*, ZKJ 2010, 56.
3 Zur Heterogenität der Aufgabenverteilung zwischen Jugendamt und Erziehungsberatung vgl. *Weber*, FPR 2011, 323, 327.
4 Wiesner/*Schmidt-Oberkirchner* § 28 SGB VIII Rz. 15b, 25.
5 Vgl. *Mähler/Mähler* in: Haft/von Schlieffen, Handbuch Mediation, § 19 Rz. 21; *Bergmann*, ZKJ 2010, 56, 57; *Balloff*, FPR 2012, 216, 219: Lösung durch „Verhandeln statt Behandeln".
6 Wiesner/*Struck* § 17 SGB VIII Rz. 30.
7 *Mähler/Mähler* in: Haft/von Schlieffen, Handbuch Mediation, § 19 Rz. 82; *Krabbe/Thomsen*, ZKM 2011, 111.

bevollmächtigten – etwa nach bereits gescheiterten außergerichtlichen Vermittlungsversuchen – den gerichtlichen Rahmen nicht mehr verlassen,[1] ist die Verweisung an den **Güterichter** (§ 36 Abs. 5) zu erwägen.

Mediation ist idR **nicht geeignet**, wenn die Eltern trotz ihrer Konflikte noch gar nicht sicher sind, ob sie sich auf Dauer trennen wollen, oder wenn ein Elternteil zur Trennung entschlossen ist und über die Gestaltung der Nachtrennungsfamilie reden will, während der andere darüber sprechen möchte, wie die Beziehung noch gerettet und fortgesetzt werden kann. Hier ist idR eine Ambivalenzberatung in einer Beratungsstelle angezeigt. Gleiches gilt etwa für dysfunktionale Beziehungsstrukturen, erhebliche Machtgefälle, sonstige Fälle eingeschränkter Eigenverantwortlichkeit und akute Krisensituationen.[2] Auch hier sind Beratung und Therapie vorzugswürdig.

2. Anordnung einer Beratung oder eines Informationsgespräches über Mediation (Abs. 1 Satz 3 bis 5)

a) Beratungsanordnung (Abs. 1 Satz 4)

Mit der Einführung der gerichtlichen Kompetenz, die Teilnahme an einer Beratung anzuordnen, wurde eine entsprechende Empfehlung des 16. Deutschen Familiengerichtstages umgesetzt.[3] Die Rechtsprechung hatte vor Inkrafttreten des FamFG eine entsprechende Befugnis der Gerichte mangels **gesetzlicher Grundlage** abgelehnt, insbesondere konnte diese nach überwiegender Auffassung auch dem materiellen Recht nicht entnommen werden.[4] Von der Anordnungskompetenz des Gerichts unberührt bleibt die Möglichkeit, die Beratung mit den Kindeseltern und den weiteren Beteiligten im Rahmen einer **Verfahrensabsprache** zu gerichtlichem Protokoll zu vereinbaren, wenn die Eltern nach entsprechendem Hinweis des Gerichts nach Abs. 1 Satz 2 für eine Beratung ausreichend motiviert erscheinen oder sich selbst eine Beratungsstelle suchen möchten.

Die Anordnung einer Beratung steht **im pflichtgemäßen Ermessen** („kann anordnen") des Gerichts. Das Ermessen bezieht sich darauf, ob die Beratung im konkreten Falle eine sachgerechte Unterstützungsmaßnahme ist, was mit den Eltern unter Einbeziehung des Jugendamts zu erörtern ist (vgl. Rz. 23).[5] Dabei geht es bei der angeordneten Beratung nicht zwingend um die konkrete Ausarbeitung einer einvernehmlichen Regelung, sondern darum, dass die Eltern die Situation des Kindes im Elternstreit erkennen und wieder in die Lage versetzt werden, ihrer elterlichen Verantwortung nachzukommen, miteinander im Interesse des Kindes zu kommunizieren, den Umgang zuzulassen oder wahrzunehmen.[6] Die Beratungsanordnung zielt auf Eltern mit zögernder Haltung, aber erkennbarem Einigungspotential ab,[7] bei denen im Erörterungstermin durch Gericht und Jugendamt eine gewisse Offenheit und Grundmotivation für die Beratung erreicht werden kann.[8] Die Motivierung der Eltern im Termin wird durch die gerichtliche Anordnung nicht ersetzt, denn bei einer strikten Ablehnung durch einen oder beide Eltern wird eine Beratungsanordnung idR nicht sinnvoll sein. Soweit in der Gesetzesbegründung darauf hingewiesen wird, dass die Verpflichtung zur Beratung nicht zur Verzögerung des Verfahrens führen darf,[9] ist dies als Hinweis darauf zu verstehen, dass das Gericht bei der Beratungsanordnung die Erfolgsaussichten auch im Hinblick auf den Beschleunigungsgrundsatz prüfen

---

1 Zu dieser Fallgruppe aus Praxiserfahrungen *Weinrich*, ZKJ 2008, 229, 231.
2 *Trenczek*, FPR 2009, 335, 336 f.; *Coester*, Kind-Prax 2003, 119, 120. Ausf. zu Möglichkeiten und Grenzen der Mediation im Verhältnis zur Beratung vgl. *Normann/Loebel* in: Menne/Weber, Professionelle Kooperation zum Wohle des Kindes, S. 173 ff.
3 BT-Drucks. 16/6308, S. 237 unter Verweis auf FamRZ 2005, 1962, 1964.
4 OLG Karlsruhe v. 17.2.2003 – 20 WF 152/02, FamRZ 2004, 56; OLG Nürnberg v. 6.3.2006 – 9 WF 1546/05, FamRZ 2006, 1146; anders OLG Düsseldorf v. 2.8.2000 – 2 UF 82/00, FamRZ 2001, 512.
5 BT-Drucks. 16/6308, S. 237.
6 Ebenso Johannsen/Henrich/*Büte* § 156 FamFG Rz. 7.
7 *Müller-Magedeburg*, ZKJ 2009, 184, 186; ähnlich *Bergmann*, ZKJ 2010, 56, 57.
8 *Bergmann*, ZKJ 2010, 56, 57; *Weber*, FPR 2011, 323, 325.
9 BT-Drucks. 16/6308, S. 237.

muss – eine Verzögerung des Verfahrens ist mit einer Beratung immer verbunden, denn Beratung braucht Zeit.

30 **Gegenstand der Beratungsanordnung** sind alle Beratungs- und Unterstützungsangebote der Jugendhilfe nach §§ 17, 18 und 28 SGB VIII einschließlich des begleiteten Umgangs (vgl. Rz. 23).[1] Nach Sinn und Zweck der Beratungsanordnung, Einvernehmen herzustellen oder die Bedingungen hierfür zu schaffen, können **auch** andere Unterstützungsangebote mit vergleichbarer Intensität angeordnet werden, zB **Elternkurse und Elterntrainings** wie „Kinder im Blick"[2] oder **Anti-Gewalttrainings**.[3] Hingegen ist die **Anordnung einer Therapie der Eltern unzulässig**, auch wenn sie im Rahmen der Jugendhilfe erbracht wird.[4] Denn die Anordnung einer Therapie stellt wegen der damit verbunden Selbstöffnung der Eltern und der Arbeit an Persönlichkeitsveränderungen einen Eingriff in das Persönlichkeitsrecht dar, der nur unter engen Voraussetzungen erfolgen darf und eine ausdrückliche Rechtsgrundlage voraussetzt (zur Abgrenzung vgl. Rz. 24).

31 Für den **Inhalt einer Beratungsauflage** und das bei der Anordnung zu beachtende Verfahren sind keine gesetzlichen Vorgaben zu beachten. Auch die Anforderungen an die Bestimmtheit einer Beratungsanordnung ergeben sich mangels Vollstreckbarkeit der Anordnung allein aus praktischen und organisatorischen Bedürfnissen. Insofern muss berücksichtigt werden, dass die Anordnung von Beratung methodisch neue Beratungskonzepte erfordert, die bei den Beratungsstellen noch nicht in gleicher Weise verbreitet sind und von manchen nach wie vor abgelehnt werden.[5] Denn lange galten Freiwilligkeit und Schweigepflicht als essentielle Voraussetzungen einer Beratung.[6] Im Rahmen eines familiengerichtlichen Verfahrens finden Beratung und andere Hilfen aus Sicht der Jugendhilfe jedoch im „**Zwangskontext**" statt. Anders als bei einer freiwilligen Beratung ist es insbesondere schwierig, das am Anfang jeder Beratung – wie auch jeder Mediation – stehende Arbeitsbündnis mit den Eltern einzugehen und einen Arbeitsauftrag zu formulieren.[7] Auf die Frage, was die Eltern in der Beratung erreichen möchten, erklären diese oft (trotz einsichtiger Versprechen im Erörterungstermin), dass sie eigentlich gar keine Beratung wollen, sondern vom Gericht geschickt wurden. Eine gängige Möglichkeit, in die Beratung einzusteigen und die Eltern für die Sinnhaftigkeit der Beratung in der Folgezeit zu öffnen, ist etwa die Frage „Wie kann ich Ihnen helfen, mich wieder los zu werden?"[8] Für die gerichtliche Beratungsauflage bedeutet dies, dass im Termin mit den Eltern und mit Hilfe des Jugendamts möglichst einige Beratungsthemen erarbeitet und in die Auflage aufgenommen werden (zB „Wie können notwendige Absprachen über den Umgang ohne sofortige Streitigkeiten getroffen werden"?).[9] Es bedeutet gleichzeitig, dass der Übergang vom Gericht in die Beratung geklärt werden muss. Je weniger motiviert der die Eltern für die Beratung sind, desto mehr müssen sie durch die Anordnung „an die Hand genom-

---

1 Mit der verfahrensrechtlichen Anordnung eines begleiteten Umgangs nach § 156 Abs. 1 Satz 4 ist keine materielle (und vollstreckbare) Umgangsregelung verbunden. Soll ein begleiteter Umgang – in der Hauptsache oder als eA – im Rahmen einer Umgangsregelung nach § 1684 Abs. 4 Satz 3 BGB angeordnet werden, müssen für eine hinreichende Bestimmtheit der Umgangsträger und die Umgangstermine durch das Gericht festgelegt werden.
2 Offengelassen von OLG Hamm v. 19.3.2012 – 8 UF 43/12, FamFR 2012, 308, allerdings in einem Altverfahren, für das § 156 FamFG nicht anwendbar war. Ausf. zum Elternkurs „Kind im Blick" *Walper/Krey* in: Walper/Fichtner/Normann, Hochkonflikthafte Trennungsfamilien, S. 189 ff. sowie unter www.kinderimblick.de.
3 *Ehinger*, FPR 2006, 171, 173 mit Muster eines entsprechenden Auflagebeschlusses S. 175.
4 BVerfG v. 1.12.2010 – 1 BvR 1572/10, FamRZ 2011, 179; BGH v. 27.10.1993 – XII ZB 88/92, FamRZ 1994, 158, 160; OLG Köln v. 16.3.2009 – 4 UF 160/08, FamRZ 2009, 1422.
5 Wiesner/*Mörsberger*/Wapler § 50 SGB VIII Rz. 79; *Weber*, FPR 2011, 323, 328; *Loschky* in: Menne/Weber, Professionelle Kooperation zum Wohle des Kindes, S. 137 ff.
6 Ausf. *Weber*, FPR 2011, 323, 324.
7 *Normann/Mayer* in: Walper/Fichtner/Normann, Hochkonflikthafte Trennungsfamilien, S. 159.
8 Grundlegend *Conen/Cecchin*, Wie kann ich Ihnen helfen, mich wieder loszuwerden? Therapie und Beratung in Zwangskontexten; Überblick bei *Conen* in: Müller-Magdeburg, Verändertes Denken – Zum Wohle der Kinder, S. 201 ff.
9 *Conen* in: Müller-Magdeburg, Verändertes Denken – Zum Wohle der Kinder, S. 205.

men" werden,[1] indem festgelegt wird, wann (dh. innerhalb welcher Frist), wo (bei welcher Beratungsstelle) und durch wen (idR durch beide Eltern, evtl. aber auch durch das Jugendamt) die Anmeldung bei der Beratungsstelle erfolgt.[2] Zu regeln ist auch, wie die Rückmeldung an das Gericht darüber erfolgt, ob die Eltern mit der Beratung tatsächlich begonnen haben. Das Gericht muss bei der Beratungsanordnung auch berücksichtigen, dass bei eingeschränkter Freiwilligkeit die Schweigepflicht als Sicherung der Vertraulichkeit essentiell für die Beratung bleibt.[3] Die Beratung dient grundsätzlich nicht der Sachverhaltsermittlung. Eine Schweigepflichtsentbindung der Beratungsstelle ist lediglich insoweit sachgerecht, als es um die Rückmeldung der Beratungsstelle geht, ob die Beratung noch läuft oder ob sie gescheitert ist,[4] damit unnötige Verzögerungen vermieden und zeitnah das gerichtliche Verfahren fortgesetzt werden kann.

Die gerichtliche **Anordnung** erfolgt **nur gegenüber den Eltern**. Sie ist für die jeweilige Beratungsstelle (die auch ein freier Träger der Jugendhilfe sein kann) nicht verbindlich, und es besteht auch keine Anordnungskompetenz des Gerichts gegenüber dem Jugendamt, eine bestimmte Leistung zu bewilligen (und zu bezahlen).[5] Die Beratungsstelle darf eigenständig prüfen, ob Beratung aus ihrer Sicht im konkreten Fall geeignet ist. Sie entscheidet selbst darüber, ob und wann sie die Beratung auch ohne konkretes Ergebnis abbricht – auch die Erkenntnis, dass ein Elternteil oder beide Eltern entgegen der ursprünglichen Erwartung beratungsresistent sind, ist ein Ergebnis für das gerichtliche Verfahren, das dann umgehend fortzusetzen ist. **32**

Für den Erlass der Anordnung sind im Hinblick auf die fehlende Anordnungskompetenz des Gerichts gegenüber dem Jugendamt grundsätzlich die **Anhörung und** das **Einvernehmen des Jugendamts** erforderlich,[6] auch wenn eine entsprechende gesetzliche Verpflichtung nicht besteht. Gerade wegen der fehlenden Verbindlichkeit der Beratung ist deren Geeignetheit durch Gericht und Jugendamt im Rahmen der sie treffenden Verantwortungsgemeinschaft zu klären, damit die Eltern von der Beratungsstelle nicht abgelehnt werden.[7] Ferner sollte das Gericht bei dem Jugendamt erfragen, bei welcher Beratungsstelle eine Beratung mit welchen Themen sinnvoll ist, ob dort Beratungskapazitäten vorhanden sind und mit welcher Frist für einen ersten Termin gerechnet werden muss. Ein so verstandenes Einvernehmen kann entweder im Termin oder vorab in Kooperationsvereinbarungen hergestellt werden. Soweit spezielle Beratungsstellen zunächst durch das Jugendamt abgeklärt werden müssen (etwa bei erforderlichen Fremdsprachenkenntnissen, psychisch kranken Eltern, Missbrauchsverdacht o. ä.), sollte besprochen werden, wann die Eltern mit dem Jugendamt (oder umgekehrt) Kontakt aufnehmen. **33**

Die **Voraussetzungen und Grenzen verpflichtender Beratung** und des Hinwirkens auf Einvernehmen insbesondere bei hochstrittigen Eltern werden weiter die **Diskus- 34**

---

[1] An manchen Gerichten wird dies wörtlich genommen, indem entweder ein Vertreter der Beratungsstelle bereits am Erörterungstermin teilnimmt oder der Mitarbeiter des Jugendamts nach dem Termin mit den Eltern sogleich einen Termin in der Beratungsstelle vereinbart, etwa bei der gerichtsnahen Beratung in Würzburg, dazu *Wagner*, ZKJ 2012, 257.
[2] Zu den verschiedenen Übergabemöglichkeiten *Loschky* in: Menne/Weber, Professionelle Kooperation zum Wohle des Kindes, S. 145.
[3] *Müller-Magdeburg*, ZKJ 2009, 184, 186; *Weber*, FPR 2011, 323, 328.
[4] Ob insoweit eine Schweigepflicht der Beratungsstellen nach § 65 SGB VIII, § 203 StGB besteht, wird unterschiedlich beantwortet, viele Beratungsstellen definieren die Schweigepflicht jedoch aus Vorsicht sehr weit, ebenso die Einschätzung von *Bergmann*, ZKJ 2010, 56, 58.
[5] *Bergmann*, ZKJ 2010, 56, 58; *Wiesner/Mörsberger/Wapler* § 50 SGB VIII Rz. 73; dies gilt insbesondere auch für die Anordnung des begleiteten Umgangs, vgl. *Holldorf/von Pirani*, ZKJ 2012, 384; MüKo.BGB/*Hennemann* § 1684 BGB Rz. 58; DIJuF-Rechtsgutachten, JAmt 2008, 92; Wiesner/*Struck* § 18 SGB VIII Rz. 33.
[6] BT-Drucks. 16/6308, S. 237. Ausf. insbesondere zur Problematik unterschiedlicher Auffassungen von Jugendamt und Familiengericht über die Voraussetzungen eines begleiteten Umgangs *Holldorf/von Pirani*, ZKJ 2012, 384.
[7] Wiesner/*Mörsberger*/*Wapler* § 50 SGB VIII Rz. 73. Ausf. zur Verantwortungsgemeinschaft von Gericht und Jugendamt § 162 Rz. 3.

sion[1] sowohl in der Beratungs- als auch der Rechtspraxis bestimmen und bedürfen einer Evaluierung.[2] Ihre Wirksamkeit wird auch bestimmt durch die hierfür bereit gestellten finanziellen Mittel, denn diese Form der Beratung ist zeit- und personalintensiv.[3] Es wird sich daher zukünftig nicht nur theoretisch, sondern auf Grundlage der Erkenntnisse der Praxis die Frage stellen, wie viel Zwang mit elterlicher Autonomie und Eigenverantwortung vereinbar ist, inwieweit die dadurch zu erzielenden Ergebnisse im Verhältnis zu dem damit verbundenen Aufwand stehen und in welchem Umfang tatsächlich Vorteile für das Kind gegenüber in überschaubaren Zeiträumen getroffenen gerichtlichen Entscheidungen und auf die Ressourcen der jeweiligen Elternteile und des Kindes zielenden Unterstützungsmaßnahmen bieten.

35 Nach dem Vorstehenden empfiehlt sich für den Inhalt eines gerichtlichen **Anordnungsbeschlusses** (auch einer entsprechende Verfahrensabsprache im Protokoll) die **Aufnahme folgender Regelungspunkte**:

- **Art der Hilfe**: Beratung (ggf.: gemeinsam oder einzeln), Elterntraining, begleiteter Umgang usw.
- **Übergang vom Gericht zur Beratungsstelle**: Kann bereits eine konkrete Beratungsstelle benannt werden, erfolgt eine Auswahl durch die Eltern anhand einer Liste oder wird den Eltern eine geeignete Beratungsstelle nach dem Erörterungstermin mitgeteilt? Erfolgt eine Information der Beratungsstelle durch das Jugendamt oder sollen die Eltern den Terminsvermerk mit der Beratungsanordnung bei der Beratungsstelle vorlegen? Müssen sich (so der Regelfall) *beide* Eltern bei der Beratungsstelle melden? Innerhalb welcher Frist sollen die Eltern sich anmelden?
- Möglichst Aufnahme der **Beratungsthemen in groben Umrissen**, wobei weitere Themen ausdrücklich offen gelassen werden sollten („Thema der Beratung soll insbesondere sein ...").
- Regelungen über die **Rückmeldung der Eltern**: Bis wann sollen die Eltern an das Gericht zurückmelden, ob sie einen Termin abgesprochen bzw. ob sie den ersten Termin wahrgenommen haben? Verpflichtung jedes Elternteils, einen Abbruch der Beratung umgehend dem Gericht mitzuteilen.
- Zusätzlich sollten die Eltern der Beratungsstelle zu gerichtlichem Protokoll eine **Schweigepflichtsentbindung** hinsichtlich der Teilnahme an der Beratung sowie der Mitteilung eines Abbruchs der Beratung erteilen, weil immer wieder festzustellen ist, dass die Eltern sich nicht selbständig melden und sie auch für die Verfahrensbevollmächtigten schwer erreichbar sind. Das Gericht kann dann unmittelbar bei der Beratungsstelle oder über das Jugendamt erfragen, ob die Beratung noch läuft.

Ein **Musterbeschluss** findet sich im Anhang 1 zu § 156.

36 Zusätzlich zu der Beratungsanordnung soll das Gericht auf eine **Zwischenvereinbarung** zur elterlichen Sorge (zB über den vorläufigen Lebensmittelpunkt des Kindes) bzw. zum Umgang hinwirken **bzw.** den Erlass einer entsprechenden eA prüfen (Abs. 3 Satz 1, dazu Rz. 81 ff.). In Umgangsverfahren soll das Gericht gem. Abs. 3 Satz 2 generell durch eA eine vorläufige Regelung treffen (dazu Rz. 86 ff.).

37 Der Gesetzgeber hat – anders als in § 52 FGG aF – ausdrücklich **keine Aussetzung des Verfahrens** für die Dauer der Beratung vorgesehen, um der fortwährenden Koordinierungsfunktion des Gerichts (vgl. Rz. 16) Ausdruck zu verleihen und Verfahrensverzögerungen zu vermeiden.[4] Demnach stellt die Beratungsanordnung regelmäßig keinen Aussetzungsgrund nach § 21 dar.[5] Vielmehr hat das Gericht **das weitere Verfahren** zu überwachen und sollte hierzu spätestens nach drei Monaten (vgl. § 155 Abs. 4) bei den Eltern und dem Jugendamt nachfragen, ob die Beratung begonnen

---

1 Zum aktuellen Stand der Diskussion und Forschung *Fichtner*, ZKJ 2012, 46.
2 HB-VB/*Kostka*, Rz. 962 ff. Ein Defizit an Studien zur Effektivität von Interventionen bei hochstrittigen Familien erkennt auch *Fichtner*, ZKJ 2012, 46, 50.
3 *Knödler*, ZKJ 2010, 135, 138; *Weber*, FPR 2011, 323, 327.
4 BT-Drucks. 16/6308, S. 237.
5 MüKo.ZPO/*Schumann* § 156 FamFG Rz. 10; **aA** Musielak/*Borth* § 156 FamFG Rz. 4 (eine Aussetzung entspreche dem Kindeswohl).

hat und noch andauert. Nimmt ein Elternteil (oder nehmen beide Elternteile) die Beratung nicht oder nur sehr unregelmäßig wahr oder wird die Beratung von den Eltern oder der Beratungsstelle abgebrochen, ist das Verfahren umgehend weiter zu fördern, idR durch kurzfristige Anberaumung eines neuen Erörterungstermins. Soweit noch nicht erfolgt, ist die Bestellung eines Verfahrensbeistands gem. § 158 zu prüfen, spätestens jetzt ist auch das Kind anzuhören (§ 159).

b) Anordnung eines Informationsgesprächs über Mediation (Abs. 1 Satz 3)

Nach Abs. 1 Satz 3 kann das Gericht durch **Beschluss** anordnen, dass die Eltern einzeln oder gemeinsam an einem kostenfreien Informationsgespräch über Mediation oder eine sonstige Möglichkeit der außergerichtlichen Konfliktbeilegung bei einer von dem Gericht benannten Person oder Stelle teilnehmen und hierüber eine Bestätigung vorlegen. Die Regelung entspricht der bereits seit Inkrafttreten des FamFG für Scheidungsverfahren geltenden Regelung in § 135 Abs. 1. Anders als bei der Beratungsanordnung nach Abs. 1 Satz 4 **kann nicht die Teilnahme als solche angeordnet werden**, sondern es obliegt der vom Gericht benannten Stelle oder Person, die Kindeseltern in dem Informationsgespräch von der Sinnhaftigkeit der außergerichtlichen Konfliktbeilegung zu überzeugen, ein Arbeitsbündnis herzustellen und gemeinsame Konfliktlösungsthemen zu erarbeiten.[1] Der Gesetzgeber wollte insoweit – anders als bei der Beratung – das in § 1 MediationsG festgeschriebene **Prinzip der Freiwilligkeit** wahren,[2] zudem hätte er bei einer verbindlichen Anordnung eines außergerichtlichen Konfliktbeilegungsverfahrens die Möglichkeit einer Übernahme der insoweit entstehenden Kosten vorsehen müssen. Die dem kostenfreien Informationsgespräch nachfolgende **Mediation** oder sonstige außergerichtliche Konfliktbeilegung **bleibt** jedoch **kostenpflichtig**, insbesondere besteht nicht die Möglichkeit einer Mediationskostenhilfe oder einer sonstige Übernahme der Kosten des Mediations- oder eines sonstigen Verfahrens, nachdem dies im Gesetzgebungsverfahren zum Gesetz zur Förderung der Mediation diskutiert, aber vorläufig abgelehnt wurde.[3] Einige Mediationsstellen erheben ihre Kosten allerdings auch einkommensabhängig. Wie im Falle der Beratung ist der Mediator gem. § 4 MediationsG **zur Verschwiegenheit verpflichtet**, und ihm steht gem. § 30 Abs. 1 FamFG iVm. § 383 Abs. 1 Nr. 6 ZPO ein Zeugnisverweigerungsrecht zu. 38

Die Anordnung eines Informationsgesprächs steht wie die Anordnung der Beratung im **pflichtgemäßen Ermessen** des Gerichts. Das Ermessen bezieht sich insbesondere darauf, ob die Mediation im konkreten Fall eine geeignete Maßnahme zur Herstellung von Einvernehmen ist (vgl. Rz. 21, 26). Die Anordnung erfolgt durch einen Zwischenbeschluss, in dem eine Stelle zu benennen ist, die ein entsprechendes kostenfreies Informationsgespräch anbietet. Hierfür kommen je nach örtlicher Verfügbarkeit die praktizierenden Mediatoren sowie entsprechende Informations- und Vermittlungsstellen in Betracht. Sind die Eltern (insbesondere: auf Hinwirken ihrer jeweiligen Verfahrensbevollmächtigten) von der Mediation überzeugt, kann auch eine entsprechende Verfahrensabsprache zu gerichtlichem Protokoll erfolgen, damit sich die Eltern selbst einen geeigneten Mediator suchen, statt einen vom Gericht vorgeschlagenen konsultieren zu müssen.[4] 39

---

1 Ausf. zum Inhalt des Informationsgesprächs und den damit verbundenen Herausforderungen für den Mediator *Krabbe/Thomsen*, ZKM 2011, 111, 112, vgl. auch *Hohmann*, FamRB 2012, 285, 287. Letztlich stellen sich ähnliche Probleme wie bei der Beratung im Zwangskontext, vgl. Rz. 32.
2 Auch bei der Mediation befindet sich das Erfordernis der Freiwilligkeit in der Diskussion, vgl. *Marx*, ZKJ 2010, 300; *Proksch*, ZKM 2011, 173.
3 Keidel/*Engelhardt* § 156 FamFG Rz. 7; MüKo.ZPO/*Schumann* § 156 FamFG Rz. 10 sowie § 135 Rz. 3 m.w.N.; aA OLG Köln v. 3.6.2011 – 25 UF 24/10, juris, kritisch auch *Proksch*, ZKM 2011, 173, 176. Der im Vermittlungsausschuss (BT-Drucks. 17/10102) eingefügte § 61a FamGKG sieht lediglich die Möglichkeit vor, dass die Länder durch Rechtsverordnung eine Ermäßigung der Gerichtskosten vorsehen können.
4 Zu Recht weisen *Krabbe/Thomsen*, ZKM 2011, 111, 112 darauf hin, dass die Auswahl freiberuflicher und von den Eltern zu bezahlende Mediatoren durch das Gericht nicht unproblematisch ist.

40 Wie im Falle der Beratungsauflage ist bei außergerichtlicher Konfliktbeilegung stets auf eine **Zwischenvereinbarung** zur elterlichen Sorge (zB über den vorläufigen Lebensmittelpunkt des Kindes) bzw. zum Umgang hinzuwirken und soll anderenfalls eine entsprechende eA erlassen werden (§ 156 Abs. 3 Satz 2, vgl. 86 ff.).

41 Ordnet das Gericht ein Informationsgespräch an, so hat es gem. § 36a Abs. 2 das **Verfahren zwingend auszusetzen**, ohne dass ein Ermessen iSd. § 21 Abs. 1 besteht (vgl. § 36a Rz. 14). Um Verfahrensverzögerungen zu vermeiden, bestimmt § 155 Abs. 4, dass das Verfahren idR **nach drei Monaten wieder aufzunehmen** ist (dazu § 155 Rz. 48 f.). Dies erscheint wenig konsistent gegenüber dem Verfahren bei einer außergerichtlichen Beratung, bei der eine Aussetzung regelmäßig nicht erfolgen soll (Rz. 40), und ist erklärbar nur durch eine in der Mediation übliche Praxis, für die Zeit der Mediation eine „Waffenruhe" zu vereinbaren. Treffen die Kindeseltern am Ende des Mediationsverfahrens eine umfassende Vereinbarung, ist zu prüfen, ob es einer gerichtlichen Umsetzung (zB Übertragung der elterlichen Sorge nach § 1671 Abs. 1 Satz 2 Nr. 1 BGB, gerichtliche Billigung der Umgangsvereinbarung gem. § 156 Abs. 2) bedarf (vgl. § 36a Abs. 3). Anderenfalls kann in Antragsverfahren der Antrag zurückgenommen oder das Verfahren übereinstimmend für erledigt erklärt werden, in Amtsverfahren kann das Gericht das Verfahren auf entsprechende Mitteilung beenden (ausf. § 151 Rz. 44 ff.).

c) Folgen der Nichtteilnahme an einer Beratung oder Mediation (Abs. 1 Satz 5)

42 Nach Abs. 1 Satz 5 ist die Anordnung einer Beratung bzw. eines Informationsgesprächs über Mediation oder sonstige Konfliktbeilegung als Zwischenentscheidung **nicht selbständig anfechtbar** und **nicht mit Zwangsmitteln nach § 35 durchsetzbar**. Die Weigerung, an der Beratung teilzunehmen, kann lediglich **Kostennachteile** nach sich ziehen (vgl. § 81 Abs. 2 Nr. 5) oder in der Sache Berücksichtigung finden, wenn aus der Weigerung Schlüsse für das Kindeswohl gezogen werden können.[1]

IV. Einbeziehung des Kindes bei der Herstellung von Einvernehmen

43 § 156 Abs. 1 schweigt zu der Frage, inwieweit das Kind in die Bemühungen um Einvernehmen einbezogen werden soll. Weder die Gesetzesbegründung zum FamFG noch zum Gesetz zur Förderung der Mediation nimmt hierzu Stellung. Allerdings ist insgesamt eher eine Zurückhaltung des Gesetzgebers bei der Einbeziehung des Kindes im Rahmen des frühen Erörterungstermins nach § 155 Abs. 2 zu erkennen, weshalb das Verfahren als deutlich elternzentriert erachtet wird (ausf. § 155 Rz. 40 ff.).[2] Zunehmend wird jedoch für eine **altersentsprechende Einbeziehung des Kindes** sowohl im Rahmen des richterlichen Hinwirkens als auch im Rahmen der außergerichtlichen Einigungsbemühungen plädiert.[3] Verfahrensrechtlich ergibt sich dies aus der Pflicht zur Anhörung des Kindes (§ 159), aus dem auch für das Hinwirken auf Einvernehmen geltende Kindeswohlprinzip (§ 156 Abs. 1 Satz 1), vor allem aber aus der mit dem FamFG eingeführten Beteiligtenstellung des Kindes (§ 7 Abs. 2 Nr. 1 FamFG), durch welche gerade auch die Rechtsstellung des Kindes im Verfahren gestärkt werden sollte. Auch materiell-rechtliche Gründe sprechen für eine Einbeziehung des Kindes, denn nach § 1626 Abs. 2 BGB sind die Eltern verpflichtet, Fragen der elterlichen Sorge mit dem Kind zu besprechen und entsprechend seinem Entwicklungsstand mit ihm Einvernehmen anzustreben.[4] Rufen die Eltern in einer Konfliktsituation das Gericht an, muss dieses die Beteiligung sicherstellen, zumal das die Eltern in Konfliktsituationen aufgrund der eigenen psychischen oder emotionalen Belas-

---

1 *Stößer*, FamRZ 2009, 656, 659.
2 BT-Drucks. 16/6308, Rz. 236; auch in den verschiedenen Modellprojekten spielt die Einbeziehung des Kindes kaum eine Rolle; insoweit etwa kritisch zur Cochemer Praxis *Balloff* in: Müller-Magdeburg, Verändertes Denken – zum Wohle der Kinder, S. 147 ff und *Salgo*, FPR 2010, 456, 457.
3 *Bernhardt*, FPR 2005, 95; Staudinger/*Coester*, § 1671 BGB Rz. 275; *Trenczek*, ZKJ 2009, 97, 101; *Walter*, FPR 2009, 23, 26; *Maywald*, FPR 2010, 460; *Krabbe/Thomsen*, ZKM 2011, 111, 113; *Balloff*, FPR 2012, 216; *Ivanits*, ZKJ 2012, 98.
4 Staudinger/*Coester*, § 1671 BGB Rz. 275; *Ivanits*, ZKJ 2012, 98, 99.

tung oft nicht tun.[1] Für die Jugendhilfe und damit auch für ihre Beratungsangebote ist eine entsprechende Verpflichtung zur Einbeziehung des Kindes ausdrücklich in §§ 8 Abs. 3 und 18 Abs. 3 SGB VIII niedergelegt.

In der Praxis sowohl der Gerichte[2] als auch in Beratung[3] und Mediation[4] wird das Kind jedoch oft nicht einbezogen, obwohl geeignete Konzepte und Methoden vorliegen.[5] Dies mag damit zusammenhängen, dass das **Kind** im Zusammenhang mit Elternkonflikten bisher oft nur als schützenswertes Objekt gesehen wurde, nicht auch **als Familienmitglied mit eigenen Vorstellungen und Rechten**.[6] Zurückhaltung bei der Einbeziehung des Kindes besteht häufig deshalb, weil befürchtet wird, dass das Kind dadurch einem starken Loyalitätsdruck ausgesetzt und in eine Entscheiderrolle gedrängt wird. Diesen Bedenken kann jedoch in der richterlichen Anhörung[7] und erst recht in der Beratung und Mediation Rechnung getragen werden, wenn dem Kind vermittelt wird, dass es um seine Sichtweise, seine Situation, seine Wünsche und Vorschläge geht, die Entscheidungen letztendlich jedoch von den Erwachsenen unter Berücksichtigung der vom Kind geäußerten Anliegen getroffen werden.[8] Aus Sicht des Kindes trägt die Einbeziehung in den Konfliktlösungsprozess insbesondere ab dem Schulalter, jedenfalls aber ab einem Alter von acht bis 10 Jahren erheblich zur Stärkung des Selbstwertgefühls und des Gefühls der Selbstwirksamkeit dar.[9] Gerade im Zusammenhang mit Umgangsregelungen benennen Kinder oft für sie bedeutsame und von den Eltern nicht berücksichtigte Punkte (zB Kollision mit außerschulischen Aktivitäten, bei älteren Kindern Bedürfnis nach Freiraum am Wochenende),[10] während andere von den Eltern umstrittene Punkte vom Kind als weniger gravierend eingeschätzt werden. Sowohl im gerichtlichen Erörterungstermin als auch in der Beratung und der Mediation ist die Einbeziehung der Sichtweise des Kindes regelmäßig eine große Bereicherung und wirkt oft als Katalysator für eine Konfliktlösung.

Für das gerichtliche Verfahren folgt daraus, dass **das Kind** idR **möglichst frühzeitig**, dh. idR im Umfeld des ersten Erörterungstermins, insbesondere des frühen Erörterungstermins nach § 155 Abs. 1 (dazu ausf. § 155 Rz. 39 ff.), **angehört werden sollte**. Nur so können seine Interessen effektiv bei den Bemühungen um Einvernehmen berücksichtigt werden und wird es nicht lediglich mit Ergebnissen konfrontiert.[11] Ist eine einvernehmliche Regelung im Termin nicht möglich, soll das Gericht ohnehin den Erlass einer eA prüfen (§ 156 Abs. 3 Satz 1 und 2), vor dem das Kind regelmäßig zu hören ist (§ 156 Abs. 3 Satz 3). Soll eine Beratung oder Mediation erfolgen, kann mit den Eltern und dem Jugendamt (bzw. ggfs. auch dem Verfahrensbeistand) im Erörterungstermin besprochen werden, ob das Kind dabei einbezogen werden soll. Bei hochkonflikthaften Familien wird dies häufig nicht in Betracht kommen, hier ist

---

1 Vgl. auch *Bernhardt*, FPR 2005, 95, 96 zu Forschungsergebnissen, wonach Kinder sich oft nicht von den Eltern über die Trennung und ihre Folgen informiert fühlen.
2 Nach der Studie von *Proksch*, Rechtstatsächliche Untersuchung zur Praxis der Kindesanhörung nach § 50b FGG, S. 64 sehen 75,8 % der befragten Richter die Einigung der Eltern als Grund für den Verzicht auf eine Anhörung des Kindes an.
3 *Weber*, FPR 2011, 323, 327; *Loschky* in: Menne/Weber, Professionelle Kooperation zum Wohle des Kindes, S. 147.
4 *Krabbe/Thomsen*, ZKM 2011, 111, 113; *Ivanits*, ZKJ 2012, 98.
5 Für die Beratung vgl. *Weber*, FPR 2011, 323, 327, für die Mediation vgl. *Bernhardt*, FPR 2005, 95, 96; *Diez/Krabbe/Thomsen*, Familien-Mediation und Kinder, 2008; *Krabbe/Thomsen*, ZKM 2011, 111, 113.
6 *Bernhardt*, FPR 2005, 95, 96; *Coester*, FF 2009, 269, 277; *Balloff*, FPR 2012, 216.
7 Vgl. *Karle/Gathmann/Klosinski*, ZKJ 2010, 432, 434, die als zentrales Fazit ihrer rechtstatsächlichen Untersuchung feststellen, dass die richterliche Kindesanhörung keine Belastung der Kinder im engeren Sinne darstellt.
8 *Bernhardt*, FPR 2005, 95, 96; *Walter*, FPR 2009, 23, 26.
9 *Bernhardt*, FPR 2005, 95, 97; *Salzgeber*, FamRZ 2008, 658, 659; *Walter*, FPR 2009, 23, 26.
10 *Maywald*, FPR 2010, 460, 461.
11 *Coester*, FF 2009, 269, 277.

jedoch zu prüfen, ob das Kind selbst Hilfen und Entlastung benötigt, zB durch Gruppenangebote, Einzelfallhelfer oder eine Therapie.[1]

C. Gerichtlich gebilligter Vergleich (Absatz 2)

I. Anwendungsbereich

46 Der Anwendungsbereich von Abs. 2 ist enger als der des Abs. 1, auch wenn der gerichtlich gebilligte Vergleich der Umsetzung des nach Abs. 1 erzielten Einvernehmens dient. Die Möglichkeit eines Verfahrensabschlusses durch einen gerichtlich gebilligten Vergleich besteht nach Abs. 2 Satz 1 in **Umgangsverfahren** gem. § 151 Nr. 2 (dh. insbesondere Umgang des Kindes mit den Eltern gem. § 1684 BGB, mit Bezugspersonen gem. § 1685 BGB und mit dem leiblichen, nicht rechtlichen Vater gem. § 1686a Abs. 1 Nr. 1, Abs. 2 BGB, vgl. § 151 Rz. 10) sowie im Vermittlungsverfahren nach § 165 (vgl. § 165 Abs. 4 Satz 2). Ein gerichtlich gebilligter Vergleich kann ferner in **Verfahren betreffend die Herausgabe des Kindes** gem. § 151 Nr. 3 (Herausgabe des Kindes an den Sorgeberechtigten gem. § 1632 Abs. 1 BGB, Verbleibensanordnung zugunsten von Pflegeeltern gem. § 1632 Abs. 4, vgl. § 151 Rz. 12) geschlossen werden.

47 **Nicht erfasst** sind **Verfahren betreffend die elterliche Sorge iSd. § 151 Nr. 1** (vgl. § 151 Rz. 6 ff.). Einigen sich die Eltern etwa auf die vollständige oder teilweise Übertragung der elterlichen Sorge (insbesondere des Aufenthaltsbestimmungsrechts) auf einen Elternteil, so ist weder ein Vergleich nach § 36 noch ein gerichtlich gebilligter Vergleich nach § 156 Abs. 2 möglich, sondern es muss ein gerichtlicher Beschluss auf Grundlage von § 1671 Abs. 1 Satz 2 Nr. 1 BGB ergehen[2] (ausf. zur Umsetzung des Einvernehmens in Sorgerechtsverfahren Rz. 74 ff.). Einigen sich die bei Geburt des Kindes nicht miteinander verheirateten Eltern auf die Einrichtung der gemeinsamen elterlichen Sorge, können im Termin gem. § 155a Abs. 5 übereinstimmende Sorgeerklärungen zur Niederschrift des Gerichts abgegeben werden, ohne dass es einer gerichtlichen Billigung bedarf (vgl. dazu § 155a Rz. 40). Im Gesetzgebungsverfahren wurde eine Empfehlung des Bundesrates[3] nicht aufgegriffen, das Institut der gerichtlichen Billigung auf alle Kindschaftssachen auszuweiten. Dadurch wäre die einvernehmliche Beendigung von Kindschaftssachen erheblich erleichtert worden und hätten praktisch relevante Regelungsgegenstände einbezogen werden können, etwa Absprachen über Alleinentscheidungsbefugnisse bzw. notwendige gemeinsame Entscheidungen der Eltern bei gemeinsamer Sorge (§ 1687 BGB) und die Kompetenzverteilung bei abwechselnder Betreuung des Kindes („Wechselmodell" oder „Nestmodell"), auf welche die Regelung des § 1687 BGB nicht passt.[4]

48 Eine Beschränkung auf Hauptsacheverfahren besteht nicht, deshalb kann ein gerichtlich gebilligter Vergleich nach Abs. 2 auch im **Anordnungsverfahren** geschlossen werden, zB als Zwischenregelung nach Abs. 3 während der Dauer des Hauptsacheverfahrens. Der Abschluss eines gerichtlich gebilligten Vergleichs ist in allen Tatsacheninstanzen und damit auch **im Beschwerdeverfahren** noch möglich. Dies gilt selbst dann, wenn nur ein Beschwerdeverfahren über die elterliche Sorge anhängig ist,[5] al-

---

1 Zu Gruppenangeboten für Kinder vgl. *Prinz*, FPR 2007, 304; *Schüler/Löhr* in: Walper/Fichtner/Normann, Hochkonflikthafte Trennungsfamilien, S. 143 ff.
2 BGH v. 16.3.2011 – XII ZB 407/10, FamRZ 2011, 796, 801; OLG Köln v. 31.1.2013 – 4 UF 233/12, FamFR 2013, 214; *Hammer*, FamRZ 2011, 1268; Staudinger/*Coester* § 1671 BGB Rz. 59; Zöller/*Feskorn* § 36 FamFG Rz. 3; Musielak/*Borth* § 156 FamFG Rz. 7. Gleichwohl werden in der Praxis immer wieder auch Sorgevereinbarungen gerichtlich gebilligt, vgl. etwa den Sachverhalt bei KG v. 5.4.2012 – 17 UF 50/12, FamRZ 2013, 46 (LS.) = FamRB 2012, 241 (*Giers*) und OLG Naumburg v. 26.3.2010 – 8 UF 53/10, juris.
3 BR-Drucks. 309/07, S. 40.
4 *Coester*, FF 2010, 10, 12; *Hammer*, FamRZ 2011, 1268, 1269. Die hälftige Betreuung des Kindes stellt keine Regelung des Umgangs dar, vgl. OLG Brandenburg v. 21.6.2012 – 15 UF 314/11, FamFR 2012, 403; OLG Köln v. 12.3.2012 – 4 UF 235/11, FamFR 2012, 335; OLG Hamm v. 16.2.2012 – 2 UF 211/11, FamFR 2012, 287; MüKo.BGB/*Hennemann* § 1671 BGB Rz. 91; aA KG v. 28.2.2012 – 18 UF 184/09, FamRZ 2012, 886.
5 *Völker*, FamRZ 2011, 801; *Schlünder*, FamRZ 2012, 9, 10 unter Hinweis auf BGH v. 28.4.2010 – XII ZB 81/09, FamRZ 2010, 1060.

lerdings steht die Aufnahme des gebilligten Vergleichs in diesem Fall im richterlichen Ermessen.[1]

II. Rechtsnatur des gerichtlich gebilligten Vergleichs

Nach der **Legaldefinition in Abs. 2 Satz 1** ist der gerichtlich gebilligte Vergleich eine als gerichtlicher Vergleich aufgenommene und gerichtlich gebilligte einvernehmliche Regelung der Verfahrensbeteiligten. Der Gesetzgeber sieht den gerichtlich gebilligten Vergleich als bloße Erweiterung des Anwendungsbereichs des § 36 an,[2] verkennt dabei aber die Besonderheiten einvernehmlicher Regelungen im Kindschaftsrecht. Grundsätzlich kommt verfahrensbeendenden Vergleichen nach § 36 ebenso wie Prozessvergleichen nach der ZPO eine **Doppelnatur** zu.[3] Der Vergleich muss daher sowohl materiell-rechtlich (§ 779 BGB) als auch verfahrensrechtlich wirksam sein. Dies setzt voraus, dass der Verfahrensgegenstand disponibel ist, was in Umgangsverfahren weder verfahrensrechtlich (vgl. § 151 Rn 42f., 48) noch materiell-rechtlich[4] der Fall ist. Der Gesetzgeber will diesem Umstand durch das Erfordernis der gerichtlichen Billigung und der damit gem. Abs. 2 Satz 2 verbundenen Kindeswohlprüfung Rechnung tragen.[5] Hierdurch erhält der gerichtlich gebilligte Vergleich jedoch gegenüber dem Vergleich nach § 36 eine ganz eigene Rechtsqualität,[6] denn die einvernehmliche Regelung erhält ihre konstitutive und verfahrensbeendende Wirkung anders als im Falle des § 36 nicht schon durch den Abschluss des Vergleichs, sondern erst durch die gerichtliche Billigung.[7] Aus dem Umstand, dass das Gericht am Vergleich inhaltlich und nicht nur – wie noch in § 52a Abs. 4 Satz 3 FGG aF – protokollierend beteiligt ist, ergeben sich erhebliche Zweifelsfragen hinsichtlich der Form der gerichtlichen Billigung (Rz. 67) und des Umgangs mit inhaltlichen oder formellen Fehlern des gebilligten Vergleichs (Rz. 73). Auch materiell-rechtlich ist der gerichtlich gebilligte Umgangsvergleich kein Vergleich iSd. § 779 BGB,[8] denn Voraussetzung ist nicht ein gegenseitiges Nachgeben der Eltern (und erst recht nicht des Verfahrensbeistands), sondern die Regelung soll in erster Linie am Kindeswohl ausgerichtet sein. Wie bei anderen Elternvereinbarungen richtet sich die Wirksamkeit einvernehmlicher Umgangsregelungen deshalb nicht nach den Vorschriften über Rechtsgeschäfte iSd. §§ 104ff., sondern allein nach den kindschaftsrechtlichen Maßstäben der §§ 1626ff. BGB.[9] De lege lata sollte deshalb der gerichtlich gebilligte Vergleich als Rechtsinstitut sui generis betrachtet werden, das Elemente aus Vergleich und gerichtlicher Entscheidung beinhaltet, das hinsichtlich Voraussetzungen und Rechtsfolgen den materiell- und verfahrensrechtlichen Besonderheiten des Einvernehmens in Kindschaftssachen Rechnung tragen muss und auf das **die zu Vergleichen nach § 36 entwickelten Grundsätze mit Ausnahme der Formvorschriften nur**

---

1 Vgl. BGH v. 3.8.2011 – XII ZB 153/10, FamRZ 2011, 1572.
2 BT-Drucks. 16/6308, S. 237, ebenso Musielak/*Borth* § 156 FamFG Rz. 5; MüKo.ZPO/*Schumann* § 156 FamFG Rz. 12 (Ergänzung zu § 36).
3 Dazu § 36 Rz. 7 sowie Keidel/*Meyer-Holz* § 36 FamFG Rz. 4; Musielak/*Borth* § 36 FamFG Rz. 3.
4 BGH v. 11.5.2005 – XII ZB 120/04, FamRZ 2005, 1471 m. Anm. *Hammer* S. 1474.
5 BT-Drucks. 16/6308, S. 237.
6 Nach Staudinger/*Coester* § 1671 BGB Rz. 61 beschreitet der Gesetzgeber mit § 156 Abs. 2 einen Mittelweg zwischen elternautonomer und staatlicher Regelung und konstituiert damit eine eigentümliche „Verantwortungsgemeinschaft" von Eltern und Gericht.
7 KG v. 8.11.2010 – 19 WF 112/10, FamRZ 2011, 588; Johannsen/Henrich/*Büte* § 156 FamFG Rz. 9; Keidel/*Engelhardt* § 156 FamFG Rz. 11; Zöller/*Feskorn* § 86 FamFG Rz. 3; Zöller/*Lorenz* § 156 FamFG Rz. 3; *Schlünder*, FamRZ 2012, 9, 14. Dem entsprach vor Inkrafttreten des FamFG die gängige Gerichtspraxis der gerichtlichen Bestätigung bzw. Billigung von Umgangsvereinbarungen, vgl. Rz. 5. AA *Haußleiter*, NJW-spezial 2011, 68 und *Schael*, FamRZ 2011, 865, 866, nach denen die gerichtliche Billigung der einvernehmlichen Regelung der Aufnahme als Vergleich vorausgehen soll.
8 Ebenso *Schlünder*, FamRZ 2012, 9, 11 Fn. 32.
9 *Hammer*, FamRZ 2005, 1209, 1210; vgl. bereits BGH v. 14.10.1992 – XII ZB 150/91, FamRZ 1993, 314, 315 und v. 24.5.2000 – XII ZB 72/97, DAVorm 2000, 704, 708, nach dem Elternvereinbarungen „keine vertragliche oder vertragsgleiche Wirkung" haben; ausf. zum Ganzen *Hammer*, Elternvereinbarungen im Sorge- und Umgangsrecht, S. 192ff.

eingeschränkt anwendbar sind. De lege ferenda sollte die gerichtliche Billigung von Elternvereinbarungen durch den Gesetzgeber im Einzelnen ausgestaltet werden.[1]

III. Einvernehmen der Verfahrensbeteiligten

1. Zustimmung der Eltern und sonstiger Verfahrensbeteiligten

50 Nach Abs. 2 Satz 1 ist die Zustimmung aller Verfahrensbeteiligten iSd. § 7 FamFG erforderlich. Dies sind in jedem Umgangs- oder Herausgabeverfahren der Antragsteller (§ 7 Abs. 1) und die Eltern gem. § 7 Abs. 2 Nr. 1 (in einem Verfahren nach § 1685 BGB allerdings nur, soweit die Eltern sorgeberechtigt sind).[2] Zustimmen müssen ferner Pflege- und Bezugspersonen iSd. § 161 Abs. 1, wenn sie gem. § 7 Abs. 3 vom Gericht hinzugezogen worden sind (vgl. hierzu die Kommentierung zu § 161). Das Gericht muss sich dabei im Rahmen der Amtsermittlung von Wirksamkeit, Reichweite, Ernsthaftigkeit und Freiwilligkeit der Zustimmung überzeugen, was idR die persönliche Anhörung erfordert.[3] Es reicht daher grundsätzlich nicht die Mitteilung des Familienhelfers oder der Beratungsstelle, der im Erörterungstermin nicht anwesende Elternteil habe ihm per Fax mitgeteilt, dass er mit der Regelung einverstanden sei.[4]

2. Zustimmung des Kindes

51 Das Kind muss der Regelung ebenfalls zustimmen,[5] denn in Umgangs- und Herausgabeverfahren ist es nach überwiegender Auffassung gem. § 7 Abs. 2 Nr. 1 Verfahrensbeteiligter, weil es zumindest materiell betroffen ist.[6] Macht das mindestens 14-jährige Kind selbst sein Umgangsrecht nach § 1684 Abs. 1 BGB geltend, so ist es gem. § 9 Abs. 1 Nr. 3 verfahrensfähig (vgl. § 9 Rz. 14, § 151 Rz. 58) und muss der Regelung daher selbst zustimmen. In allen anderen Fällen ist das Kind nicht verfahrensfähig und wird daher gem. § 9 Abs. 2 durch die nach dem BGB vertretungsberechtigten Personen vertreten. Dies sind idR gem. § 1629 BGB der allein sorgeberechtigte Elternteil oder die gemeinsam sorgeberechtigten Eltern, solange ihnen nicht ausnahmsweise wegen eines erheblichen Interessensgegensatzes, der auch durch die Bestellung eines Verfahrensbeistands gem. § 158 nicht beseitigt werden kann, durch das Gericht nach § 1629 Abs. 2 Satz 3 iVm. § 1796 BGB das Vertretungsrecht entzogen und ein Ergänzungspfleger bestellt wurde.[7]

3. Zustimmung des Verfahrensbeistands und des Jugendamts

52 Auch der **Verfahrensbeistand** muss der Regelung als Verfahrensbeteiligter gem. §§ 7 Abs. 2 Nr. 2, 158 Abs. 3 Satz 3 zustimmen. Dies gilt – entgegen einer vereinzelt vertretenen Auffassung[8] – unabhängig davon, ob er mit dem einfachen oder mit dem erweiterten Wirkungskreis nach § 158 Abs. 4 bestellt wurde.[9] Denn unabhängig davon, ob der Verfahrensbeistand nach § 158 Abs. 4 Satz 2 aktiv unter den Beteiligten vermitteln soll, hat er auch im Rahmen des einfachen Wirkungskreises gem. § 158

---

1 Ausf. *Hammer*, FamRZ 2011, 1268, 1273.
2 OLG Hamm v. 12.7.2011 – II-2 WF 156/11, FamRZ 2011, 1889; vgl. auch § 151 Rz. 56.
3 So zur Zustimmung nach § 1671 Abs. 2 Nr. 1 aF BGB: OLG Saarbrücken v. 23.2.2010 – 6 UF 140/09, FamRZ 2010, 1680; MüKo.BGB/*Hennemann* § 1671 BGB Rz. 62.
4 OLG Saarbrücken v. 23.2.2010 – 6 UF 140/09, FamRZ 2010, 1680.
5 Ebenso Keidel/*Engelhardt* § 156 FamFG Rz. 12; Haußleiter/*Fest* § 156 FamFG Rz. 14; Johannsen/Henrich/*Büte* § 156 FamFG Rz. 9; *Schlünder*, FamRZ 2012, 9, 11; **aA** Thomas/Putzo/*Hüßtege* § 156 FamFG (nur wenn das Kind Antragsteller nach § 1684 Abs. 1 BGB ist); Bork/Jacoby/Schwab/*Zorn* § 156 FamFG Rz. 11 (nur wenn das Kind verfahrensfähig ist).
6 BGH v. 7.9.2011 – XII ZB 12/11, FamRZ 2011, 1788 m. Anm. *Stößer*, FamRZ 2011, 1859; *Keuter*, NJW 2010, 1851.
7 BGH v. 7.9.2011 – XII ZB 12/11, FamRZ 2011, 1788 und v. 18.1.2012 – XII ZB 489/11, FamRZ 2012, 436; ausf. § 151 Rz. 59.
8 *Bumiller*/Harders § 156 FamFG Rz. 10; Haußleiter/*Fest* § 156 FamFG Rz. 14; Johannsen/Henrich/*Büte* § 156 FamFG Rz. 9.
9 Keidel/*Engelhardt* § 156 FamFG Rz. 12; Thomas/Putzo/*Hüßtege* § 156 FamFG Rz. 8; Musielak/Borth § 156 FamFG Rz. 9; *Bumiller*/Harders § 156 FamFG Rz. 10; *Rauscher*, FamFR 2010, 28, 29; *Schlünder*, FamRZ 2012, 9, 12.

Abs. 4 Satz 1 die Aufgabe, die Kindesinteressen zu vertreten. Dabei soll er sicherzustellen, dass Belange des Kindes im Rahmen einer einvernehmlichen Regelung hinreichend zur Geltung kommen und nicht zugunsten eines Kompromisses um jeden Preis aus dem Blick geraten.[1] § 156 Abs. 2 Satz 1 stellt im Übrigen formal auf die Verfahrensbeteiligung und nicht auf die Aufgaben der Verfahrensbeteiligten ab, auch die Gesetzesbegründung differenziert danach nicht.[2]

Die Zustimmung des **Jugendamts** ist nur erforderlich, wenn es gem. §§ 7 Abs. 3, 162 Abs. 2 Satz 2 einen Antrag auf förmliche Beteiligung gestellt hat. Durch die bloße Anhörung nach § 162 Abs. 1 wird das Jugendamt nicht zum Beteiligten (§ 7 Abs. 6) und muss in diesem Fall auch nicht der einvernehmlichen Regelung zustimmen. Aus der Zustimmung des Jugendamts zu einem begleiteten Umgang folgt jedoch keine nach § 89 mit Ordnungsmitteln vollstreckbare Verpflichtung des Jugendamts.[3]

53

Teilweise wird die Auffassung vertreten, dass die Versagung der Zustimmung durch das Jugendamt oder den Verfahrensbeistand – entgegen dem Wortlaut und dem gesetzgeberischen Willen[4] – in verfassungskonformer Auslegung gem. Art. 6 Abs. 2 Satz 1 GG unbeachtlich sei, wenn sie ohne sachliche Gründe erfolge, weil die professionell am Verfahren Beteiligten nicht in eigenen Rechten betroffen seien.[5] Dem kann nicht gefolgt werden.[6] Abgesehen davon, dass sowohl der Verfahrensbeistand als auch das Jugendamt dem Kindeswohl verpflichtet sind und üblicherweise nicht aus unsachlichen Gründen ihre Zustimmung zu einer einvernehmlichen und auch vom Gericht mitgetragenen Regelung verweigern, ist unklar, nach welchen Maßstäben das Gericht die „sachlichen Gründe" für die Verweigerung der Zustimmung prüfen soll. Im Falle der Zustimmungsverweigerung des Verfahrensbeistands oder des Jugendamts muss das Gericht daher eine ausführliche verfahrensabschließende Entscheidung treffen, wenn den Bedenken im Rahmen des Hinwirkens auf Einvernehmen nach Abs. 1 nicht Rechnung getragen werden kann. Dabei hat die Einigung der Eltern allerdings erhebliche Bedeutung.

54

4. Maßgeblicher Zeitpunkt für das Vorliegen des Einvernehmens

Nicht geregelt ist, zu welchem Zeitpunkt das Einvernehmen der Beteiligten vorliegen muss und ob die von einem Beteiligten einmal erteilte Zustimmung widerruflich ist. Entsprechend der hM im Falle des § 1671 Abs. 1 Satz 2 Nr. 1 BGB[7] (Sorgeübertragung mit Zustimmung beider Eltern) und der vor Geltung des § 156 geübten Rechtspraxis der als gerichtliche Entscheidung gebilligten Umgangsvereinbarung[8] muss die Zustimmung aller Verfahrensbeteiligten zum Zeitpunkt der **letzten mündlichen Tatsachenverhandlung** tatsächlich vorliegen, dh eine zuvor bereits erteilte **Zustimmung ist bis dahin widerruflich**.[9] Denn nur das tatsächlich bestehende Einvernehmen rechtfertigt die nach § 156 Abs. 2 Satz 2 FamFG gegenüber §§ 1684, 1697a BGB beschränkte Kindeswohlprüfung des Gerichts. Will daher ein Elternteil einer Vereinbarung nicht mehr zustimmen, welche die Eltern im Rahmen einer Beratung oder Mediation getroffen haben, so ist eine richterliche Sachentscheidung notwendig,

55

---

1 *Hammer*, FamRZ 2011, 1268, 1269; *Salgo*, FPR 2010, 456, 458; *Rauscher*, FamFR 2010, 28, 29f.; *Schlünder*, FamRZ 2012, 9, 12; *Bumiller*/*Harders* § 156 FamFG Rz. 10.
2 BT-Drucks. 16/6308, S. 237.
3 AA OLG Frankfurt v. 28.11.2012 – 1 WF 294/12, FamRZ 2013, 809; dazu ausf. § 89 Rz. 7d.
4 BT-Drucks. 16/6308, S. 237.
5 MüKo.ZPO/*Schumann* § 156 FamFG Rz. 17; dem folgend *Vogel*, FamRZ 2010, 1870, 1874; ausdrücklich nur für die Zustimmung des Jugendamts, nicht aber für die des Verfahrensbeistands *Rauscher*, FamFR 2010, 28, 30.
6 Ebenso *Heilmann*, FamRZ 2010, 1391, 1392; *DIJuF-Rechtsgutachten* v. 8.4.2011, JAmt 2011, 402, 403; *Schlünder*, FamRZ 2012, 9, 12; *Musielak*/*Borth* § 156 FamFG Rz. 9; *Zöller*/*Lorenz* § 156 FamFG Rz. 4; *Keidel*/*Engelhardt* § 156 FamFG Rz. 12.
7 OLG Zweibrücken v. 17.2.2011 – 6 UF14/11, 6 WF 11/11, FamRZ 2011, 992; Überblick bei Staudinger/*Coester* § 1671 BGB Rz. 87 m. Nachw.
8 Dazu Staudinger/*Rauscher* § 1684 BGB Rz. 132.
9 Ebenso *Schlünder*, FamRZ 2012, 9, 13; Thomas/Putzo/*Hüßtege* § 156 FamFG Rz. 8; Johannsen/Henrich/*Jaeger* § 1684 BGB Rz. 12.

selbst wenn die übrigen Verfahrensbeteiligten der ursprünglich vereinbarten Regelung im Gerichtstermin zustimmen. Oft wird in diesen Fällen jedoch im Termin ein (neues) Einvernehmen hergestellt werden können, wenn die Gründe für den Widerruf der Zustimmung erörtert werden. Auch wenn dies nicht möglich sein sollte, **bleibt die frühere Vereinbarung trotz des Widerrufs ein wichtiges Indiz für die richterliche Kindeswohlentscheidung.**[1]

IV. Aufnahme des erzielten Einvernehmens als Vergleich

56 Das erzielte Einvernehmen ist nach Abs. 2 Satz 1 „als Vergleich" aufzunehmen. Die Niederschrift kann daher nicht gem. § 28 Abs. 4 formlos im Terminsvermerk erfolgen, sondern es ist eine förmliche **Prokollierung nach § 36 Abs. 2 Satz 2 iVm §§ 159 ff. ZPO** erforderlich (dazu § 36 Rz. 11).[2] Dabei erlaubt § 160 Abs. 5 ZPO, den zu schließenden Vergleich als Anlage zum Terminsvermerk zu nehmen, etwa wenn eine einvernehmliche Regelung im Rahmen der Mediation oder der Beratung erzielt wurde. Zu beachten ist in diesem Fall jedoch, dass auch die Anlage den Beteiligten vorgelesen und von diesen genehmigt werden muss, was gem. § 162 Abs. 1 Satz 3 ZPO im Terminsvermerk zu dokumentieren ist.[3]

57 Gem. § 36 Abs. 3 iVm. § 278 Abs. 6 ZPO ist grundsätzlich auch die Aufnahme des Einvernehmens außerhalb des Erörterungstermins als **schriftlicher Vergleich** möglich.[4] Der praktische Anwendungsbereich ist jedoch gering, insbesondere weil das Gericht vor seiner Billigungsentscheidung gem. §§ 159 f. grundsätzlich das Kind und die Eltern anhören muss (vgl. Rz. 69). Ein schriftlicher Vergleich kommt aber zB in Betracht, wenn das Kind zum frühen Termin nach § 155 Abs. 2 nicht geladen war und vor der gerichtlichen Billigung noch angehört werden soll.

V. Gerichtliche Billigung

1. Voraussetzungen der gerichtlichen Billigung

a) Kindeswohlprüfung

58 Abs. 2 Satz 2 bestimmt, dass das Familiengericht die **Umgangsregelung** nur dann genehmigen darf, wenn sie dem Kindeswohl nicht widerspricht (sog. **negative Kindeswohlprüfung**).[5] Das bedeutet, dass das Gericht nicht wie sonst auf der – aus seiner Sicht – für das Kind bestmöglichen Regelung bestehen darf (§ 1697a BGB, sog. positive Kindeswohlprüfung). Es darf die Billigung vielmehr nur versagen, wenn nach seiner Ansicht erhebliche Gründe des Kindeswohls gegen die Vereinbarung sprechen. Hierin liegt zwar ein Wertungswiderspruch zu § 1671 Abs. 1 Satz 2 Nr. 1, Abs. 4 iVm. § 1666 BGB, wonach das Gericht von einem Einvernehmen der Eltern über die Übertragung der Alleinsorge nur im Falle einer Kindeswohlgefährdung abweichen darf, eine verfassungskonforme Auslegung gegen den eindeutigen Wortlaut erfordert dies aber nicht.[6]

59 Die Widersprüchlichkeit des vom Gesetzgeber gewählten Prüfungsmaßstabs wird noch deutlicher, wenn es um die Billigung einer Vereinbarung über die **Kindesherausgabe** geht. Abs. 2 Satz 2 sieht hierzu keinen Prüfungsmaßstab vor. Überwiegend wird vertreten, dass auch hier analog Abs. 2 Satz 2 zu prüfen ist, ob die Regelung dem Kindeswohl widerspricht, da es sich nur um ein Redaktionsversehen handele.[7] Steht al-

---

1 BGH v. 16.3.2011 – XII ZB 407/10, FamRZ 2011, 796, 801; ausf. zur Indizwirkung *Hammer*, FamRZ 2005, 1209, 1214 und Staudinger/*Coester* § 1671 BGB Rz. 62. Ebenso für Umgangsvereinbarungen OLG Köln v. 16.3.2012 – 4 UF 18/12, FamFR 2012, 334.
2 OLG Hamm v. 11.4.2011 – 4 WF 185/10, ZKJ 2011, 308 = FamFR 2011, 302.
3 Ausf. *Schlünder*, FamRZ 2012, 9, 10.
4 *Schlünder*, FamRZ 2012, 9, 10; Thomas/Putzo/*Hüßtege* § 156 FamFG Rz. 9.
5 Keidel/*Engelhardt* § 156 FamFG Rz. 14; Musielak/*Borth* § 156 FamFG Rz. 6; *DIJuF*-Rechtsgutachten, JAmt 2011, 402, 404; *Schlünder*, FamRZ 2012, 9, 12.
6 BGH v. 1.2.2012 – XII ZB 188/11, FamRZ 2012, 533; ausf. *Hammer*, FamRZ 2011, 1268, 1270; aA *Rauscher*, FamFR 2010, 28, 29; MüKo.ZPO/*Schumann*, § 156 FamFG Rz. 15.
7 MüKo.ZPO/*Schumann* § 156 FamFG Rz. 13; Keidel/*Engelhardt* § 156 FamFG Rz. 14.

lerdings anders als bei Umgangsverfahren der Gesetzeswortlaut nicht entgegen, sollte die Gesetzeslücke durch die sachgerechtere analoge Anwendung des §§ 1671 Abs. 1 Satz 2 Nr. 1, Abs. 4 iVm. § 1666 BGB gefüllt und die richterliche Prüfung auf die Abwehr einer **Kindeswohlgefährdung** beschränkt werden.[1]

Aus dem Erfordernis der Kindeswohlprüfung ergibt sich auch, dass das Gericht trotz des Einvernehmens – wie im Falle des § 1671 Abs. 1 Satz 2 Nr. 1 BGB – das **Jugendamt** gem. § 162 Abs. 1 und das **Kind** gem. § 159 **anzuhören** hat, soweit dies nicht ausnahmsweise aus sonstigen schwerwiegenden Gründen nach § 159 Abs. 3 entbehrlich ist (dazu § 159 Rz. 9 ff.).[2] Ohne Anhörung kann das Gericht nicht zuverlässig feststellen, ob die Regelung den Kindesinteressen widerspricht, denn die gerichtliche Kontrolle beschränkt sich nicht auf eine abstrakte Vereinbarkeit mit dem Kindeswohl, sondern muss im konkreten Fall erfolgen. Zudem erfolgt bei der Vollstreckung des gerichtlich gebilligten Vergleichs keine Kindeswohlprüfung mehr und ist das Kind nicht mehr anzuhören (vgl. § 89 Rz. 19, § 92, Rz. 2). 60

b) Hinreichende Bestimmtheit der Regelung

Das Gericht darf einen Vergleich nur dann billigen, wenn die als Vergleich aufgenommene Regelung so bestimmt gefasst ist, dass sie einen **vollstreckungsfähigen Inhalt** hat.[3] Dies ergibt sich zwar nicht unmittelbar aus Abs. 2 Satz 2, aber aus dem Umstand, dass ein gerichtlich gebilligter Vergleich gem. § 86 Abs. 1 Nr. 2 FamFG wie ein gerichtlicher Beschluss vollstreckbar ist. Es handelt sich dabei um eine besonders häufige Fehlerquelle; schon vor Geltung des FamFG war die fehlende Bestimmtheit der gerichtlich gebilligten Umgangsvereinbarung ein häufiger Beschwerdegrund.[4] Auf die Bestimmtheit der Regelung ist daher besondere Sorgfalt zu verwenden. 61

Für die Vollstreckungsfähigkeit einer Umgangsregelung muss diese genaue und erschöpfende Bestimmungen über **Art, Ort und Zeit des Umgangs** mit dem Kind enthalten,[5] wobei im Falle des **unbegleiteten Umgangs** regelmäßig die Festlegung der genauen Umgangszeiten ausreichend ist.[6] Entgegen der zu § 33 FGG aF noch überwiegend vertretenen Auffassung[7] sind darüber hinaus detailliert bezeichnete Verpflichtungen über das Holen und Bringen grundsätzlich nicht erforderlich.[8] Maßgeblich ist vielmehr, ob bei verständiger und objektiver Betrachtung hinreichend deutlich ist, was mit der Regelung von dem Betroffenen verlangt wird.[9] Soweit nichts anderes bestimmt ist, hat der Umgangselternteil das Kind bei dem betreuenden Elternteil abzuholen und dorthin wieder zurückzubringen, der betreuende Elternteil hat das Kind zur Abholung samt geeigneter Kleidung bereitzuhalten und zum Rückgabezeitpunkt wieder entgegenzunehmen. Um Missverständnisse zu vermeiden, ist die Aufnahme einer Regelung über das Holen und Bringen jedoch ratsam. Dies gilt erst recht, wenn die Übergaben unter den Eltern streitig verlaufen (Übergabe an der 62

---

1 Ausf. *Hammer*, FamRZ 2011, 1268, 1270; zustimmend Bork/Jacoby/Schwab/*Zorn* § 156 FamFG Rz. 16.
2 MüKo.ZPO/*Schumann* § 156 FamFG Rz. 16; *Hammer*, FamRZ 2011, 1268, 1269.
3 BGH v. 1.2.2012 – XII ZB 188/11, FamRZ 2012, 533 m. Anm. *Hammer* S. 535; Johannsen/Henrich/*Büte* § 156 FamFG Rz. 10; Musielak/*Borth* § 86 FamFG Rz. 8; Thomas/Putzo/*Hüßtege* § 156 FamFG Rz. 10b.
4 Vgl. nur OLG Brandenburg v. 22.11.2007 – 10 WF 287/07, FamRZ 2008, 1551; OLG Koblenz v. 25.9.2006 – 11 WF 490/06, FamRZ 2007, 1682; OLG Saarbrücken v. 27.7.2007 – 9 WF 97/07, FamRZ 2007, 2095.
5 BGH v. 1.2.2012 – XII ZB 188/11, FamRZ 2012, 533.
6 Zutreffend Staudinger/*Rauscher* § 1684 BGB Rz. 183, 230.
7 OLG Bamberg v. 25.4.1994 – 2 WF 59/94, FamRZ 1995, 428; OLG Koblenz v. 25.9.2006 – 11 WF 490/06, FamRZ 2007, 1682; OLG Saarbrücken v. 27.7.2007 – 9 WF 97/07, FamRZ 2007, 2095, nach Inkrafttreten des FamFG etwa auch *Cirullies*, ZKJ 2012, 448 m. Nachw.
8 BGH v. 1.2.2012 – XII ZB 188/11, FamRZ 2012, 533 m. Anm. *Hammer* S. 535 und *Spangenberg*, ZKJ 2012, 221; ebenso OLG Koblenz v. 5.10.1995 – 15 WF 968/95, FamRZ 1996, 560; Zöller/*Feskorn* § 86 FamFG Rz. 9; Keidel/*Giers* § 89 FamFG Rz. 4; Musielak/*Borth* § 86 FamFG Rz. 8; Johannsen/Henrich/*Büte* § 89 FamFG Rz. 4.
9 Zöller/*Feskorn* § 86 FamFG Rz. 9.

Haustür oder an der Wohnungstür? Mit oder ohne direkten Kontakt der Eltern?) oder wenn sich der betreuende Elternteil am Holen und Bringen beteiligen soll, zB bei großer Entfernung der Wohnorte voneinander.[1] Bei einem **begleiteten Umgang** muss das Familiengericht sich zuerst eines zur Mitwirkung bereiten Dritten versichern und darf die Ausgestaltung des Umgangs nicht in die Hände eines nicht mit sorgerechtlichen Befugnissen ausgestatteten Dritten (etwa des Jugendamts oder der Erziehungsberatungsstelle) legen.[2]

63   Es besteht **keine Verpflichtung des Gerichts, gegen den übereinstimmenden Willen der Eltern eine hinreichend bestimmte Regelung zu erlassen,** wenn diese keine vollstreckbare Umgangsregelung treffen wollen, um die damit regelmäßig verbundene starre Regelung zu vermeiden. Zwar kann das Umgangsverfahren nicht durch bloße Antragsrücknahme beendet werden, jedoch kann der Richter mit Zustimmung der Eltern das Verfahren beenden, wenn er infolge des Einvernehmens kein Regelungsbedürfnis mehr sieht (vgl. Rz. 66). Soweit nur bestimmte Teile der Umgangsregelung nicht vollstreckbar geregelt werden sollen, zB weil die Kindeseltern jährlich eine neue Umgangsregelung treffen wollen, steht dies einer gerichtlichen Billigung des vollstreckbaren Teils nicht entgegen, allerdings sollte dies bei der Billigung (bzw. bei dem Hinweis nach § 89 Abs. 2) ausdrücklich klargestellt werden.[3]

2. Gerichtliche Billigungsentscheidung

a) Entscheidung bei Vorliegen oder Fehlen der Voraussetzungen

64   Liegen die Voraussetzungen des gerichtlich gebilligten Vergleichs vor, dh Einvernehmen der Verfahrensbeteiligten, wirksame Aufnahme als Vergleich und Bestimmtheit der Regelung, und widerspricht die Regelung dem Kindeswohl nicht, so haben die Verfahrensbeteiligten nach Abs. 2 Satz 1 einen **Anspruch auf gerichtliche Billigung.**[4] Das Gericht kann daher gegen den Willen auch nur eines Elternteils eine Billigung nicht unter Hinweis darauf verweigern, es bestehe im Hinblick auf die einvernehmliche Regelung kein Regelungsbedürfnis mehr, denn die nicht gebilligte Vereinbarung ist nicht nach § 86 FamFG vollstreckbar.[5]

65   **Liegt eine der genannten Billigungsvoraussetzungen nicht vor,** soll das Gericht gem. § 156 Abs. 1 Satz 1 zunächst darauf hinwirken, dass die Voraussetzungen der Billigung einvernehmlich geschaffen werden. Ist dies nicht möglich, so **ergeht keine ablehnende Entscheidung**[6]**, sondern eine (streitige) Endentscheidung iSd. § 38 Abs. 1 Satz 1,**[7] in welcher der Umgang geregelt bzw. über die Herausgabe entschieden wird und in dessen Gründen das Gericht darlegen muss, warum es der einvernehmlichen Regelung der Verfahrensbeteiligten nicht gefolgt ist. Wünschen die Eltern übereinstimmend keine gerichtliche Billigung, weil ihnen zB eine vollstreckbare Regelung zu

---

1 Vgl. BVerfG v. 5.2.2002 – 1 BvR 2029/00, FamRZ 2002, 809; MüKo.BGB/*Hennemann* § 1684 BGB Rz. 31.
2 OLG Saarbrücken v. 25.3.2010 – 6 UF 136/09, FamRZ 2010, 2085; OLG Celle v. 16.12.2005 – 12 WF 141/05, FamRZ 2006, 556.
3 Ausf. *Hammer*, FamRZ 2011, 1268, 1271.
4 OLG Frankfurt v. 25.5.2010 – 5 UF 50/10, FamRZ 2011, 394.
5 OLG Frankfurt v. 25.5.2010 – 5 UF 50/10, FamRZ 2011, 394. Verweigert das Gericht schlicht die Billigung des Vergleichs, ist das Verfahren nicht beendet, vgl. OLG Köln 17.11.2011 – 4 WF 189/11, ZKJ 2012, 156 und ausf. § 151 Rz. 48 ff. Unzutreffend daher OLG Schleswig v. 30.12.2011 – 10 UF 230/11, FamRZ 2012, 895, nach dem das Gericht das Verfahren in einem solchen Fall ohne Endentscheidung schlicht beenden könne.
6 Erlässt das Gericht klarstellend einen Ablehnungsbeschluss, stellt dies eine gem. § 58 Abs. 2 nicht anfechtbare Zwischenentscheidung dar. Nach Keidel/*Engelhardt* § 156 FamFG Rz. 13 soll das Gericht die Nichtbilligung grundsätzlich in den Terminsvermerk aufnehmen.
7 OLG Frankfurt v. 25.5.2010 – 5 UF 50/10, FamRZ 2011, 394; Musielak/*Borth* § 156 FamFG Rz. 8; Thomas/Putzo/*Hüßtege* § 156 FamFG Rz. 10d. In diesem Sinne ist wohl auch die Entscheidung OLG Köln v. 17.11.2011 – 4 WF 189/11, FamFR 2012, 136 m. Anm. *Cirullies* = ZKJ 2012, 156 m. Anm. *Heilmann* zu verstehen, wenn das OLG erklärt, bei Weigerung des Gerichts, einen Umgangsvergleich zu billigen, müsse „der Erlass einer rechtsmittelfähigen Entscheidung beantragt" werden.

starr wäre, kann das Gericht das Verfahren – soweit nicht ausnahmsweise wegen Gefährdung des Kindeswohls eine Regelung geboten erscheint – mangels Regelungsbedürfnis beenden und gem. §§ 83 Abs. 2, 81 über die Kosten entscheiden (vgl. § 151 Rz. 48 ff.).[1]

b) Form und Inhalt der gerichtlichen Billigungsentscheidung

In welcher Form die als Vergleich aufgenommene einvernehmliche Regelung gerichtlich zu billigen ist, hängt davon ab, **ob die gerichtliche Billigung eine Endentscheidung darstellt** oder nicht. Denn nur für eine Endentscheidung schreibt § 38 Abs. 1 Satz 1 die Beschlussform vor, anderenfalls würde die Billigung formlos im Anhörungsvermerk erfolgen können. Die Frage ist bisher sowohl in der Rechtsprechung wie im Schrifttum sehr umstritten, was in der Praxis zu großen Unterschieden in der Gestaltung gerichtlich gebilligter Vergleiche sowie zu erheblichen Rechtsunsicherheiten führt. Dabei ist die rechtliche Qualifizierung der gerichtlichen Billigung außer für die Form auch maßgeblich dafür– ob der gerichtlich gebilligte Vergleich durch befristete Beschwerde angefochten werden kann (§ 58 Abs. 1) und entsprechend gem. § 39 FamFG mit einer Rechtsmittelbelehrung zu versehen ist. 66

Teilweise wird die Auffassung vertreten, die gerichtliche Billigung sei **keine Endentscheidung**.[2] Nach dem Wortlaut von Abs. 2 Satz 1 gehe die gerichtliche Billigung der Protokollierung des Vergleichs voraus. Der Vergleich, nicht die gerichtliche Billigung, habe verfahrensabschließende Wirkung und sei daher auch Grundlage der Vollstreckung.[3] Hierfür spreche auch, dass der gerichtlich gebilligte Vergleich neben dem Beschluss in § 86 Abs. 1 Nr. 2 genannt werde und der Gesetzgeber die Vorschrift an § 52a Abs. 4 Satz 3 FGG aF angelehnt habe, nach dem das Gericht ein im Vermittlungsverfahren erzieltes Einvernehmen als Vergleich protokollierte, wenn die Regelung dem Kindeswohl nicht widersprach. Nach dieser Auffassung genügt es daher, **formlos im Terminsvermerk festzustellen**, dass der Vergleich auf Vorschlag bzw. mit Billigung des Gerichts geschlossen worden ist,[4] und anschließend den Hinweis auf die Vollstreckbarkeit des Vergleichs nach § 89 Abs. 2 analog aufzunehmen.[5] Werde dennoch die gerichtliche Billigung durch Beschluss ausgesprochen, sei dieser lediglich deklaratorisch[6] bzw. es handele sich dann um eine unanfechtbare Zwischenentscheidung.[7] Wolle das Gericht den Vergleich nicht billigen, sei er gar nicht erst zu protokollieren, sondern es sei durch streitigen Beschluss zu entscheiden.[8] Zur Behandlung fehlerhafter und unwirksamer Vergleiche vgl. Rz. 72. 67

Die wohl **überwiegende Auffassung** geht hingegen davon aus, dass die gerichtliche Billigung gem. § 38 Abs. 1 Satz 1 durch **Endentscheidung in Form eines Beschlusses** 68

---

1 OLG Frankfurt v. 3.12.2012 – 1 WF 327/12, ZKJ 2013, 127.
2 OLG Frankfurt v. 2.11.2011 – 5 WF 151/11, FamRZ 2012, 573; OLG Nürnberg v. 28.4.2011 – 7 UF 487/11, FamRZ 2011, 1533; *Haußleiter*, NJW-spezial 2011, 68; *Schael*, FamRZ 2011, 865, 866; Bork/Jacoby/Schwab/*Zorn* § 156 FamFG Rz. 17; tendenziell auch Haußleiter/*Fest* § 156 FamFG Rz. 19, nach dem der gerichtlich gebilligte Vergleich keine nach § 58 Abs. 1 anfechtbare Endentscheidung ist, obwohl die gerichtliche Billigung durch Beschl. erfolgen soll (Rz. 16). Vgl. auch Johannsen/Henrich/*Büte* § 156 FamFG Rz. 10, der sich jedoch zwischenzeitlich der Gegenauffassung angeschlossen hat (*Büte*, FuR 2011, 596, 597).
3 FamVerf/*Gutjahr* 2 Rz. 194; *Haußleiter*, NJW-spezial 2011, 68; *Schael*, FamRZ 2011, 865, 866; Keidel/*Giers* § 86 FamFG Rz. 10; ebenso wohl auch OLG Hamm v. 11.4.2011 – 4 WF 185/10, FamRZ 2011, 1529 (LS.), nachdem Fehler bei der Protokollierung des Vergleichs zu dessen Unwirksamkeit führen; **aA** insoweit jedoch (allerdings inkonsequent) OLG Frankfurt v. 2.11.2011 – 5 WF 151/11, FamRZ 2012, 573, nach dem dennoch die gerichtliche Billigung Vollstreckungsgrundlage ist.
4 *Haußleiter*, NJW-spezial 2011, 68 f.; *Schael*, FamRZ 2011, 865, 866.
5 OLG Frankfurt v. 2.11.2011 – 5 WF 151/11, FamRZ 2012, 573; *Schael*, FamRZ 2011, 866, 867. Nach *Haußleiter*, NJW-spezial 2011, 68, 69 ist der Hinweis nach § 89 Abs. 2 optional, ebenso *Spangenberg*, ZKJ 2011, 213. Die bloße Protokollierung des Vergleichs ist auch nach dieser Auffassung nicht ausreichend, vgl. OLG Frankfurt v. 3.12.2012 – 1 WF 327/12, ZKJ 2013, 127.
6 OLG Nürnberg v. 28.4.2011 – 7 UF 487/11, FamRZ 2011, 1533.
7 *Schael*, FamRZ 2011, 866, 867.
8 *Schael*, FamRZ 2011, 866, 867.

erfolgen muss und gem. § 58 Abs. 1 durch befristete Beschwerde anfechtbar ist.[1] Dieser Auffassung ist zuzustimmen.[2] Soll das Gericht die Vereinbarkeit der Regelung mit dem Kindeswohl prüfen, so kann dies sachgerecht nicht schon aufgrund der einvernehmlich gefundenen Eckpunkte einer Regelung, sondern erst nach der Aufnahme der Regelung als Vergleich erfolgen,[3] denn dabei ergeben sich häufig noch inhaltliche Änderungen (insbesondere im Hinblick auf die erforderliche Bestimmtheit). Die gerichtliche Billigung hat daher verfahrensabschließende Wirkung.[4] Sie soll rechtsverbindlich – auch im Interesse der Effektivität der Vollstreckung in Kindschaftssachen[5] – das Zustandekommen eines vollstreckbaren Titels feststellen.[6] Gegenstand der Vollstreckung ist daher nicht der Vergleich, sondern der gerichtliche Billigungsbeschluss.[7] Im Vollstreckungsverfahren selbst erfolgt keine Kindeswohlprüfung mehr.[8] Auch die Entstehungsgeschichte spricht eher für eine rechtsmittelfähige Endentscheidung, denn auch wenn der Gesetzgeber sich an § 52a Abs. 4 Satz 3 FGG aF anlehnen wollte, hat er sowohl inhaltlich als auch nach der Wortwahl statt dessen an die in der Gerichtspraxis entwickelte Figur der „gerichtlichen Billigung" angeknüpft, die immer eine gerichtliche Endentscheidung erforderte, während § 52a Abs. 4 FGG eine ausdrückliche Billigung der Vereinbarung durch das Gericht nicht vorsah. Insgesamt hat der Gesetzgeber die Rechtsfigur des gerichtlich gebilligten Vergleichs nicht vollständig durchdacht und ist die gesetzliche Regelung insgesamt nicht widerspruchsfrei.[9] Die Qualifizierung der gerichtlichen Billigung als Endentscheidung passt sich jedoch besser in die Regelungssystematik der einvernehmlichen Beendigung von Kindschaftssachen ein, wie etwa im Fall der gerichtlichen Übertragung der elterlichen Sorge bei Einvernehmen der Eltern, die trotz Bindung des Gerichts nach § 1671 Abs. 1 Satz 2 Nr. 1 BGB ebenfalls durch anfechtbare Endentscheidung erfolgt.

69 Inhaltlich hat der Beschluss im **Tenor** die Billigung auszusprechen und den Inhalt der gebilligten Regelung aufzunehmen. Erfolgt der Billigungsbeschluss im Terminsvermerk, kann alternativ auf den vorstehenden Vergleich Bezug genommen werden. Gem. § 89 Abs. 2 ist ferner der **Hinweis auf die Vollstreckbarkeit** aufzunehmen.[10] Ver-

---

1 OLG München v. 14.12.2011 – 11 WF 1050/11, AGS 2012, 76; OLG Naumburg v. 10.8.2011 – 3 UF 170/11, FamFR 2012, 44; KG v. 8.11.2010 – 19 WF 112/10, FamRZ 2011, 588; AG Ludwigslust v. 19.11.2009 – 5 F 283/09, FamRZ 2010, 488, 490; *Schlünder*, FamRZ 2012, 9, 14; *Cirullies*, FPR 2012, 473, 474; Musielak/*Borth* § 86 FamFG Rz. 3 und § 156 Rz. 8; Keidel/*Engelhardt* § 156 FamFG Rz. 13; Thomas/Putzo/*Hüßtege* § 156 FamFG Rz. 10; Zöller/*Lorenz* § 156 FamFG Rz. 3; Zöller/*Feskorn* § 86 FamFG Rz. 3; *Büte*, FuR 2011, 596, 597; *DIJuF-Rechtsgutachten*, JAmt 2011, 402, 404; Johannsen/Henrich/*Jaeger*, § 1684 BGB Rz. 11; MüKo.ZPO/*Zimmermann* § 89 FamFG Rz. 8; offenlassend OLG Bremen v. 29.5.2012 – 4 UF 50/12, FamRZ 2013, 234; OLG Schleswig v. 30.12.2011 – 10 UF 230/11, FamRZ 2012, 895; *Rüntz/Viefhus*, FamRZ 2010, 1285, 1289 („möglicherweise Endentscheidung iSd. § 38 FamFG, eine Beschlussform schade jedenfalls nicht").
2 Ausf. *Hammer*, FamRZ 2011, 1268, 1271f.
3 OLG München v. 14.12.2011 – 11 WF 1050/11, AGS 2012, 76; AG Ludwigslust v. 19.11.2009 – 5 F 283/09, FamRZ 2010, 488, 490; Keidel/*Engelhardt* § 156 FamFG Rz. 13; *Schlünder*, FamRZ 2012, 9, 14.
4 Musielak/*Borth* § 89 FamFG Rz. 6; *Borth*, FamRZ 2010, 918; *DIJuF-Rechtsgutachten*, JAmt 2011, 402, 404.
5 Vgl. BGH v. 1.2.2012 – XII ZB 188/11, FamRZ 2012, 533, 534 unter Hinweis auf BT-Drucks. 16/6308, S. 218.
6 Johannsen/Henrich/*Jaeger*, § 1684 BGB Rz. 11; AG Ludwigslust v. 19.11.2009 – 5 F 283/09, FamRZ 2010, 488, 490 und ausf. *Hammer*, FamRZ 2011, 1268, 1272.
7 KG v. 8.11.2010 – 19 WF 112/10, FamRZ 2011, 588; OLG Frankfurt v. 2.11.2011 – 5 WF 151/11, FamRZ 2012, 573; Zöller/*Feskorn* § 86 FamFG Rz. 3; Bork/Jacoby/Schwab/*Althammer* § 86 FamFG Rz. 4.
8 BGH v. 1.2.2012 – XII ZB 188/11, FamRZ 2012, 533, 534.
9 Dies muss letztlich auch die Gegenauffassung konzedieren, die zwar die gesonderte Aufnahme des gebilligten Vergleichs in § 86 Abs. 1 Nr. 2 erklären kann, jedoch gleich zwei Redaktionsversehen in § 87 Abs. 2 und § 89 Abs. 2 annehmen muss; zusammen mit den in Abs. 2 Satz 2 nicht berücksichtigten Herausgabeverfahren wären das bereits drei Redaktionsversehen. Zur Problematik der Anknüpfung an den Vergleich nach § 36 vgl. bereits Rz. 50.
10 BVerfG v. 9.3.2011 – 1 BvR 752/10, FamRZ 2011, 219; OLG Naumburg 10.8.2011 – 3 UF 170/11, FamFR 2012, 44; Keidel/*Engelhardt* § 156 FamFG Rz. 13; *Schlünder*, FamRZ 2012, 9, 14f.; Tho-

gisst das Gericht den Hinweis, so ist er nachzuholen (ausf. § 89 Rz. 11). Soweit die Beteiligten im Vergleich keine **Kostenregelung** getroffen haben, entscheidet das Gericht über die Kosten gem. § 83 Abs. 1, wonach den Beteiligten (mit Ausnahme des Kindes, § 81 Abs. 3, und des Verfahrensbeistands, § 158 Abs. 8) die Gerichtskosten zu gleichen Teilen aufzuerlegen sind und jeder Beteiligte seine außergerichtlichen Kosten selbst trägt. Der Beschluss ist gem. § 38 Abs. 3 (kurz) zu **begründen**, hiervon kann gem. § 164 Satz 3 trotz Einvernehmens der Beteiligten nicht gem. § 38 Abs. 4 Nr. 2 abgesehen werden.[1] Der Beschluss ist ferner gem. § 39 mit einer **Rechtsmittelbelehrung** zu versehen. Er ist nach § 40 mit Bekanntgabe an die Beteiligten wirksam, wobei die **Bekanntgabe** gem. § 41 Abs. 2 Satz 1 auch mündlich im Erörterungstermin durch Verlesen der Beschlussformel erfolgen kann. Soll der gerichtlich gebilligte Vergleich vollstreckt werden, so ist Billigungsbeschluss jedoch gem. § 87 Abs. 2 zuzustellen (vgl. § 87 Rz. 8). Ein **Musterbeschluss** findet sich unter **Anhang 2 zu § 156**.

VI. Rechtsfolgen des gerichtlich gebilligten Vergleichs

Der gerichtlich gebilligte Vergleich unterscheidet sich in seinen Rechtsfolgen nicht von einer streitigen Umgangs- oder Herausgabeentscheidung. Er ist wie diese gem. § 86 Abs. 1 Nr. 2 FamFG **Vollstreckungstitel** (dazu § 86 Rz. 16) und wird nach Maßgabe von §§ 86 f., 88 ff. vollstreckt. Vgl. hierzu auch § 87 Rz. 8 (Erforderlichkeit der Zustellung) und § 89 Rz. 10a (Hinweis auf die Möglichkeit der Vollstreckung durch Ordnungsmittel). 70

Die **Abänderung** eines gerichtlich gebilligten Vergleichs erfolgt nicht nach § 48, sondern gem. § 166 Abs. 1 wie bei einem streitigen Beschluss nur unter den materiellen Voraussetzungen des § 1696 BGB oder im Rahmen des Vermittlungsverfahrens nach § 165 Abs. 4 Satz 2. Wurde der Vergleich im Rahmen eines einstweiligen Anordnungsverfahrens gerichtlich gebilligt, erfolgt die Abänderung nach § 54.[2] 71

VII. Rechtsbehelfe bei fehlerhaftem gebilligten Vergleich

Nach der überwiegend vertretenen Auffassung erfolgt die gerichtliche Billigung durch **Endentscheidung** iSd. § 38 Abs. 1 Satz 1 (vgl. Rz. 69), so dass der gerichtlich gebilligte Vergleich gem. § 58 Abs. 1 **mit der befristeten Beschwerde angefochten werden kann**.[3] Ein fehlerhafter gerichtlich gebilligter Vergleich ist damit nicht unwirksam, sondern lediglich anfechtbar. Beschwerdegrund können insbesondere formelle Fehler beim Abschluss des Vergleichs sein, die Übergehung eines Verfahrensbeteiligten oder das Fehlen einer ordnungsgemäßen Zustimmung, die fehlende Bestimmtheit des Vergleichs und vor allem die Unvereinbarkeit der Regelung mit dem Kindeswohl, insbesondere wenn das Gericht dies wegen fehlender Kindesanhörung nach § 159 und/oder des Jugendamts nach § 162 tatsächlich nicht geprüft hat. Wird ein Umgangsvergleich **im einstweiligen Anordnungsverfahren** gerichtlich gebilligt, so ist er gem. § 57 Satz 1 nicht anfechtbar, dagegen kann ein gebilligter Vergleich über die Herausgabe des Kindes gem. § 57 Satz 2 Nr. 2 mit der befristeten Beschwerde angefochten werden. Eine **Berichtigung** des gerichtlich gebilligten Vergleichs wegen offensichtlicher Fehler erfolgt nach § 42, da der gerichtliche Billigungsbeschluss auf einer Rechtsprüfung beruht. 72

Soweit die **Gegenauffassung** vertritt, dass die gerichtliche Billigung nicht durch Endentscheidung iSd. § 38 Abs. 1 Satz 1 erfolgt (vgl. Rz. 68), besteht Einigkeit lediglich darüber, dass der gerichtlich gebilligte Vergleich mangels gerichtlicher Endent- 73

---

mas/Putzo/*Hüßtege*, § 156 FamFG Rz. 10b; Musielak/*Borth* § 89 FamFG Rz. 6; Zöller/*Feskorn* § 89 FamFG Rz. 7.
1 Anders noch *Hammer*, FamRZ 2011, 1268, 1273. Von einer Begr. kann nur nach § 38 Abs. 4 Nr. 3 abgesehen werden, wenn alle Verfahrensbeteiligten bei der mündlichen Bekanntgabe anwesend sind und auf Rechtsmittel verzichten.
2 Vgl. § 54 Rz. 6; OLG Köln v. 31.1.2013 – 4 UF 233/12, FamFR 2013, 214; ausf. *Schlünder*, FamRZ 2012, 9, 16; Haußleiter/*Fest* § 166 FamFG Rz. 6; Musielak/*Borth* § 166 FamFG Rz. 1.
3 *Hammer*, FamRZ 2011, 1268, 1272 f.; Thomas/Putzo/*Hüßtege* § 156 FamFG Rz. 10c; DIJuF-Rechtsgutachten, JAmt 2011, 402, 404.

scheidung nicht gem. § 58 anfechtbar ist.[1] Im Vollstreckungsverfahren kann ein fehlerhafter Vergleich nicht geheilt werden,[2] dort wird lediglich geprüft, ob ein wirksamer Titel vorliegt, auch eine Kindeswohlprüfung erfolgt grundsätzlich nicht.[3] Fehlen die Voraussetzungen eines gerichtlich gebilligten Vergleichs, müsste daher entweder das Ausgangsverfahren fortgesetzt werden,[4] weil das Verfahren nicht durch einen wirksamen Vergleich beendet wurde, oder es müsste ein Abänderungsverfahren nach § 166 Abs. 1 eingeleitet werden. Teilweise wird auch ein (gesetzlich nicht geregelter) Antrag auf Feststellung der Wirksamkeit des Vergleichs für statthaft erachtet.[5] Mit dem Gebot der Effektivität der Vollstreckung in Kindschaftssachen und dem Beschleunigungsgrundsatz (§ 155 Abs. 1) lässt sich dies nur schwer vereinbaren. Eine Berichtigung des Vergleichs wegen offensichtlicher Fehler würde nach dieser Auffassung nach § 36 Abs. 4 iVm. § 164 ZPO ebenfalls durch Beschluss (nicht durch Vermerk auf dem Protokoll) erfolgen (vgl. § 36 Rz. 15).

VIII. Rechtliche Umsetzung des Einvernehmens in Sorgerechtsverfahren

74 In **Verfahren nach § 1671 Abs. 1 BGB** betreffend die **Aufhebung der gemeinsamen elterlichen Sorge** und deren Übertragung auf einen Elternteil ist eine gerichtliche Billigung nach § 156 Abs. 2 FamFG nicht möglich, worauf insbesondere bei umfassenden Elternvereinbarungen über das Sorge- und Umgangsrecht zu achten ist (vgl. Rz. 48). Es sind nach materiellem Recht jedoch verschiedene einvernehmliche Regelungen möglich, die vom Fortbestehen der gemeinsamen Sorge über verschiedene Zwischenstufen bis zur vollständigen Übertragung der Alleinsorge reichen können.[6]

75 Idealiter kann es infolge des Hinwirkens auf Einvernehmen nach Abs. 1 **bei der gemeinsamen Sorge verbleiben**. Regelmäßig sollte dazu im Termin eine Sorgevereinbarung aufgenommen werden, in welcher der Lebensmittelpunkt des Kindes einvernehmlich festgelegt und kurz die Kompetenzverteilung der Eltern nach § 1687 BGB in einer den Eltern verständlichen Weise aufgenommen wird. Eine **Mustervereinbarung** findet sich unter **Anhang 3 zu § 156**.[7] Für die einvernehmliche Beendigung des Verfahrens bedarf es lediglich der Rücknahme des Antrags bzw. der Anträge der Eltern gem. § 22 Abs. 1 (vgl. § 151 Rz. 45). Alternativ können die Kindeseltern das Verfahren gem. § 22 Abs. 3 übereinstimmend für erledigt erklären. Das Gericht hat dann lediglich noch gem. § 83 Abs. 2, 81 FamFG über die Kosten des Verfahrens zu entscheiden.

76 Häufig kann ein Einvernehmen der Eltern über den Fortbestand der gemeinsamen Sorge auch in streitigeren Fällen erzielt werden, wenn der nicht betreuende Elternteil dem anderen eine **Sorgerechtsvollmacht** erteilt.[8] Dies kommt zB in Betracht, wenn der betreuende Elternteil eine Absicherung benötigt, weil der nicht betreuende Elternteil schwer erreichbar ist, zB weil er häufig abwesend ist, bei in Schüben auftretenden psychischen Erkrankungen usw. Hierdurch ist der betreuende Elternteil handlungsfähig, und dem nicht betreuenden Elternteil können der (oft auch psychologisch wichtige) Sorgestatus und die damit verbundenen Informationsrechte bei Ärzten, Lehrern, der Kita usw. erhalten werden. Durch die Widerruflichkeit der Vollmacht ist regelmäßig sichergestellt, dass der betreuende Elternteil diese nicht missbraucht und den anderen Elternteil soweit wie möglich von anstehenden Entscheidungen in Angelegenheiten von erheblicher Bedeutung unterrichtet. Vor einem unüberlegten Widerruf zur Unzeit ist der betreuende Elternteil durch die Vereinbarung einer Schriftform sowie durch mit der Vollmachtsurkunde verbundene An-

---

1 OLG Nürnberg v. 28.4.2011 – 7 UF 487/11, FamRZ 2011, 1533; Haußleiter/*Fest* § 156 FamFG Rz. 21.
2 OLG Hamm v. 11.4.2011 – 4 WF 185/10, ZKJ 2011, 308 = FamFR 2011, 302.
3 BGH v. 1.2.2012 – XII ZB 188/11, FamRZ 2012, 533, 534.
4 Dafür wohl OLG Hamm v. 11.4.2011 – 4 WF 185/10, FamRZ 2011, 1529 (LS.), nach dem Fehler bei der Protokollierung des Vergleichs zu dessen Unwirksamkeit führen.
5 Haußleiter/*Fest* § 156 FamFG Rz. 21.
6 Ausf. *Hammer*, FamRB 2006, 275 ff.
7 Weitere Mustervereinbarungen finden sich unter www.elternvereinbarung.de.
8 Hierzu ausf. *Geiger/Kirsch*, FamRZ 2009, 1879.

scheinsvollmacht nach § 172 BGB geschützt. Die Erfahrungen in der Praxis zeigen, dass in den genannten Fallkonstellationen Widerrufe nur sehr selten erfolgen.[1] Die Hürden für einen Widerruf können bei Bedarf dadurch erhöht werden, dass der Widerruf nur gegenüber dem Gericht erfolgen kann. Nach einem Widerruf kann der nicht betreuende Elternteil die Herausgabe der Urkunde nach § 371 BGB analog verlangen. Wird eine Sorgerechtsvollmacht erteilt und der Lebensmittelpunkt einvernehmlich festgelegt, kommt regelmäßig eine Übertragung der elterlichen Sorge nach § 1671 BGB nicht mehr in Betracht.[2] Etwas anderes gilt, wenn nach den Umständen zu erwarten ist, dass der nicht betreuende Elternteil die Vollmacht umgehend widerrufen wird oder dies als Machtmittel missbraucht und daher fortwährende Streitigkeiten der Eltern in Sorgeangelegenheiten zu erwarten sind. Eine entsprechende **Mustervereinbarung** findet sich unter **Anhang 4 zu § 156**.

Besteht Einvernehmen darüber, die **elterliche Sorge einem Elternteil allein zu übertragen**, sind der Antrag des betreuenden Elternteils und die Zustimmung des anderen Elternteils nach § 1671 Abs. 1 Satz 2 Nr. 1 BGB in den Terminsvermerk aufzunehmen. Das Gericht hat dann durch **Endentscheidung nach § 38 Abs. 1 Satz 1** zu entscheiden, wobei es bis zur Grenze der Kindeswohlgefährdung an das Einvernehmen der Eltern gebunden ist (§ 1671 Abs. 1 Satz 2 Nr. 1, Abs. 4 iVm. § 1666 BGB). Neben der vollständigen Übertragung des Sorgerechts kommt häufig auch die einvernehmliche Übertragung von Teilbereichen der elterlichen Sorge in Betracht, zB nur des Aufenthaltsbestimmungsrechts oder in Gesundheitsangelegenheiten. 77

Einigen sich die Eltern nach einem Streit über den Aufenthalt des Kindes auf eine gemeinsame Betreuung des Kindes in Form des **Wechselmodells**, kann eine entsprechende Vereinbarung in den Terminsvermerk aufgenommen werden.[3] Eine Umsetzung als bestandskräftiger und vollstreckbarer Gerichtsbeschluss ist nach dem geltenden Recht weder durch gerichtliche Billigung als Umgangsvergleich nach Abs. 2 (vgl. Rz. 48) noch durch gerichtliche Anordnung nach § 1671 BGB möglich.[4] 78

In Verfahren betreffend die **Übertragung der gemeinsamen elterlichen Sorge** auf den Kindesvater, der bei Geburt des Kindes nicht mit der Mutter verheiratet war, können bei Einvernehmen der Eltern gem. § 155a Abs. 5 übereinstimmende Sorgeerklärungen im Termin zur Niederschrift des Gerichts abgegeben werden, ohne dass ein gerichtlicher (Billigungs-)Beschluss erforderlich ist. Hierzu ausf. § 155a Rz. 40. 79

D. Prüfung des Erlasses einer einstweiligen Anordnung im Erörterungstermin (Absatz 3)

I. Erörterung einer einstweiligen Anordnung im frühen Termin nach § 155 Abs. 2 (Abs. 3 Satz 1)

1. Anwendungsbereich

Systematisch ergänzt Abs. 3 Satz 1 die Regelungen über die **Ausgestaltung des frühen Erörterungstermins** nach § 155 Abs. 2, 156 Abs. 1 (vgl. § 155 Rz. 43 ff.). Sein Anwendungsbereich ergibt sich aus der Überschneidung der Anwendungsbereiche beider Vorschriften. Er umfasst daher **Verfahren über den Aufenthalt des Kindes, das Umgangsrecht oder die Herausgabe des Kindes** (vgl. § 155 Rz. 9 f.). Anders als bei § 155 Abs. 2 sind Kindesschutzverfahren (§§ 1666, 1666a BGB) nicht erfasst, für die 80

---

1 Ebenso *Geiger/Kirsch*, FamRZ 2009, 1879, 1880.
2 OLG Schleswig v. 3.1.2012 – 10 WF 263/11, FamRZ 2012, 1066.
3 Zu Vor- und Nachteilen des Wechselmodells und den Bedingungen, unter denen dieses Modell dem Kindeswohl entspricht, vgl. *Hammer*, FamRB 2006, 275, 281 und *Fichtner/Salzgeber*, FPR 2006, 278. Der Regelungsbedarf geht weit über die Festlegung der Betreuungsanteile hinaus (Betreuungs- und Kindesunterhalt, Steuerklasse, Kindergeldempfänger), da das deutsche Recht dieses Modell nicht vorsieht (Überblick bei *Kaiser*, FPR 2008, 143). Mustervereinbarungen zum Wechselmodell bei *Hammer*, FamRB 2006, 275, 281 und unter www.elternvereinbarung.de.
4 Str., vgl. OLG Dresden v. 29.7.2011 – 21 UF 354/11, FamRZ 2011, 1741; OLG Düsseldorf v. 14.3.2011 – 8 UF 189/10, FamRZ 2011, 1154. Überblick zum Streitstand bei *Coester*, FF 2010, 10, 12.

§ 157 eine gesonderte Regelung über die Gestaltung des Erörterungstermins einschließlich der Prüfung einer eA (§ 157 Abs. 3) enthält, und gegenüber § 156 Abs. 1 sind sonstige Sorgeverfahren nicht umfasst, in denen der Aufenthalt des Kindes nicht streitig ist.

2. Erörterung und Prüfung der Voraussetzungen einer einstweiligen Anordnung

81 Abs. 3 Satz 1 verpflichtet das Gericht, mit den Beteiligten den Erlass einer eA zu erörtern, wenn das Hauptsacheverfahren im frühen Termin nach § 155 Abs. 2 weder einvernehmlich noch durch streitige Endentscheidung (vgl. § 155 Rz. 44) beendet werden kann. Entsprechend der Ratio des Beschleunigungsgrundsatzes (§ 155 Abs. 1) soll dadurch verhindert werden, dass der Verfahrensgegenstand während der Dauer des Verfahrens ungeregelt bleibt. Soll nach § 156 Abs. 1 außergerichtlich durch Beratung, Mediation usw. auf ein Einvernehmen der Eltern hingearbeitet werden, oder sind weitere gerichtliche Ermittlungen (Bestellung eines Verfahrensbeistands, Einholung eines Sachverständigengutachtens usw.) erforderlich, dürfen durch die damit verbundene Verfahrensverzögerung keine vollendeten Tatsachen geschaffen oder eine für das Kindeswohl abträgliche Situation herbeigeführt werden.[1] Das Gericht soll daher nach Abs. 3 Satz 1 neben der Planung des weiteren Verfahrens **eine Zwischenregelung über den Aufenthalt des Kindes bzw. über den Umgang erörtern**. Dabei ergibt sich aus Abs. 1 Satz 1, dass zunächst auf eine einvernehmliche Zwischenreglung hinzuwirken ist, die oft leichter erzielt werden kann als eine abschließende Regelung. Erst wenn dies nicht möglich ist, hat das Gericht mit den Beteiligten die Erforderlichkeit einer eA zu erörtern.[2]

82 Die **Voraussetzungen für den Erlass einer eA** ergeben sich jedoch nicht aus Abs. 3 Satz 1, sondern aus §§ 49, 51 Abs. 1. Für den Erlass einer eA muss gem. § 49 Abs. 1 neben den materiell-rechtlichen Voraussetzungen ein dringendes Bedürfnis für ein sofortiges Tätigwerden (**Regelungsbedürfnis**) vorliegen. Zusätzlich ist gem. § 51 Abs. 1 ein **Antrag** erforderlich, sofern das Hauptsacheverfahren nur auf Antrag eingeleitet werden kann.

83 Dies bedeutet für **Verfahren betreffend den Aufenthalt** (insbesondere nach § 1671 Abs. 1 BGB) **oder die Herausgabe des Kindes** (§ 1632 Abs. 3 BGB), dass ein Elternteil im Termin zunächst einen Antrag auf Erlass einer eA iSd. § 51 Abs. 1 stellen muss, wenn dieser nicht zuvor bereits in parallel eingeleiteten Verfahren gestellt wurde.[3] Von Amts wegen kann die eA nur erlassen werden, wenn eine Kindeswohlgefährdung vorliegt und deswegen eine Verbleibensanordnung nach § 1632 Abs. 4 BGB zu erlassen ist oder sonstige Maßnahmen nach § 1666 BGB (vgl § 1671 Abs. 4 BGB) zu treffen sind. Das erforderliche Regelungsbedürfnis kann nach der Ratio des Abs. 3 Satz 1 regelmäßig angenommen werden, wenn die Eltern sich bei streitigen Anträgen zum Aufenthalt des Kindes im Termin nicht über den vorläufigen Aufenthalt des Kindes einigen können.[4] Statt einer Übertragung des Aufenthaltsbestimmungsrechts

---

[1] BT-Drucks. 16/6308, S. 237.
[2] Musielak/*Borth* § 156 FamFG Rz. 13.
[3] Inwieweit ein Eilantrag im Hinblick auf § 156 Abs. 3 isoliert oder parallel zu einem Hauptsacheantrag zulässig ist, ist umstritten, vgl. § 49 Rz. 12. Teilweise wird vertreten, ein Anordnungsantrag sei nur zulässig, wenn wegen Eilbedürftigkeit der Sache ausnahmsweise ohne mündliche Verhandlung zu entscheiden sei, so OLG Stuttgart v. 30.9.2010 – 16 WF 189/10, FamRB 2011, 42 (*Giers*); KG v. 5.4.2012 – 17 UF 50/12, FamRZ 2012, 241 (*Giers*); *Rüntz/Viefhus*, FamRZ 2010, 1285, 1290; *Schmid*, FPR 2011, 5, 8; Zöller/*Feskorn* § 49 FamFG Rz. 16f., 19. Nach anderer (und m.E. zutreffender) Ansicht sind Eilanträge auch im Anwendungsbereich des § 156 Abs. 3 neben dem Hauptsacheantrag zulässig und – wenn nicht ohne mündliche Verhandlung entschieden werden soll – im Rahmen der mündlichen Verhandlung ggf. auch gemeinsam mit dem Erörterungstermin nach § 155 Abs. 2, 156 Abs. 1 zu erörtern, vgl. *Elden*, NJW-Spezial 2011, 708.
[4] Enger Musielak/*Borth* § 156 FamFG Rz. 12, nach dem ein Regelungsbedürfnis nicht anzunehmen ist, wenn das Kind zu beiden Elternteilen gute emotionale Beziehungen hat und unter der Auseinandersetzung auch nicht seelisch leidet, ebenso Haußleiter/*Fest* § 156 FamFG Rz. 26.

oder der Anordnung der Kindesherausgabe kommt auch ein Verbot, das Kind ins Ausland zu verbringen („Grenzsperre"), in Betracht.[1]

In **Umgangsverfahren** (zB §§ 1684 Abs. 3 Satz 1, 1685 Abs. 3 BGB) ist ein Antrag nach § 51 Abs. 1 nicht erforderlich, weil es sich um Verfahren handelt, die auch von Amts wegen eingeleitet werden können (§ 151 Rz. 42f.; dies gilt nicht für Umgangsverfahren nach § 1686a Abs. 1 Nr. 1, Abs. 2 BGB, vgl. § 167a Rz. 6). Unter den Voraussetzungen von Abs. 3 Satz 2 ist das Gericht idR sogar verpflichtet, den Umgang einstweilen zu regeln. Vgl. zu Inhalt und Voraussetzungen einer einstweiligen Umgangsregelung unten Rz. 87. 84

II. Einstweilige Umgangsregelung bei außergerichtlicher Beratung, Mediation oder Einholung eines Sachverständigengutachtens (Abs. 3 Satz 2)

1. Anwendungsbereich

Abs. 3 Satz 2 ist lediglich anwendbar in Umgangsverfahren, anders als Abs. 3 Satz 1 aber nicht auf den frühen Termin nach § 155 Abs. 2 beschränkt. Er ist vielmehr **in allen Erörterungsterminen nach §§ 32, 156 Abs. 1 zu beachten.** 85

2. Voraussetzungen einer einstweiligen Umgangsregelung nach Abs. 3 Satz 2

Nach Abs. 3 Satz 2 soll das Gericht den **Umgang vorläufig regeln**, wenn es wegen 86
– der Anordnung einer Beratung (Abs. 1 Satz 4),
– der Anordnung eines Informationsgesprächs über Mediation (Abs. 1 Satz 3) oder
– der Einholung eines schriftlichen[2] Sachverständigengutachtens (§§ 30, 163)

nach dem Erörterungstermin noch nicht zu einem Abschluss des Verfahrens kommt. Um einer Entfremdung des Kindes von dem Umgangsberechtigten durch die hiermit unvermeidlich verbundene Verfahrensverzögerung entgegenzuwirken, geht die Vorschrift insofern über Abs. 3 Satz 1 hinaus, der das Gericht lediglich zur Erörterung einer vorläufigen Umgangsregelung verpflichtet.[3]

Da das Umgangsverfahren auch von Amts wegen eingeleitet werden kann (mit Ausnahme von Umgangsverfahren nach § 1686a Abs. 1 Nr. 1, Abs. 2 BGB, vgl. § 167a Rz. 6), bedarf es keines Antrags der Eltern nach § 51 Abs. 1. Indem Abs. 3 Satz 2 das Gericht durch die **Soll-Regelung** bis auf begründete Ausnahmen zum Erlass einer einstweiligen Umgangsregelung verpflichtet, wird sowohl sein Ermessensspielraum bei der Einleitung des Anordnungsverfahrens eingeschränkt, als auch das Vorliegen eines Regelungsbedürfnisses iSd. § 49 Abs. 1 vorgegeben.[4] Auch hier hat das Gericht jedoch gem. Abs. 1 Satz 1 vorrangig auf eine **einvernehmliche Zwischenregelung** für die Dauer des Verfahrens hinzuwirken,[5] die durch eA gem. Abs. 2 **gerichtlich gebilligt** werden kann (vgl. Rz. 49). Von einer Eilanordnung kann auch abgesehen werden, wenn nur um eine Ausweitung des persönlichen Umgangs gestritten wird oder absehbar ist, dass die Anordnung nur zu einer unwesentlichen Verzögerung führt.[6] 87

Ferner müssen gem. § 49 Abs. 1 die **materiellen Voraussetzungen** einer Umgangsregelung nach §§ 1684 bzw. 1685 BGB vorliegen, und die Regelung muss einen **vollstreckungsfähigen Inhalt** haben. Eine Anordnung des Umgangs kann daher nicht erfolgen, wenn der Sachverhalt auch für eine Eilanordnung nicht ausreichend ermittelt ist,[7] wie dies in Fällen der Einholung eines Sachverständigengutachtens nicht selten 88

---

1 Zöller/*Feskorn* § 49 FamFG Rz. 16. Die Grenzsperre stellt je nach Sorgestatus eine Regelung über das Umgangs- oder das Sorgerecht dar, dazu Zöller/*Feskorn* § 57 FamFG Rz. 6.
2 Zu Recht weisen Schulte-Bunert/Weinreich/*Ziegler* § 156 FamFG Rz. 10 und Keidel/*Engelhardt* § 156 FamFG Rz. 22 darauf hin, dass die Ratio des Abs. 3 Satz 2 auch bei Einholung eines mündlichen Sachverständigengutachtens gilt, das idR ebenfalls mit einer Verfahrensverzögerung verbunden ist; aA Johannsen/Henrich/*Büte* § 156 FamFG Rz. 14.
3 BT-Drucks. 16/6308, S. 237.
4 Musielak/*Borth* § 156 FamFG Rz. 13; MüKo.ZPO/*Schumann* § 156 FamFG Rz. 21.
5 Musielak/*Borth* § 156 FamFG Rz. 13.
6 BT-Drucks. 16/6308, S. 237.
7 *Röchling*, FamRZ 2008, 1495.

der Fall sein kann, zB bei häuslicher Gewalt, möglicher psychischer Erkrankung des Umgangsberechtigten, konkretem Missbrauchsverdacht, bereits bestehender Entfremdung uä. In diesen Fällen kommt allerdings vorläufig auch ein **begleiteter Umgang** iSd. § 1684 Abs. 4 Satz 3 BGB in Betracht, dessen Ausgestaltung hinsichtlich Zeit und Ort das Gericht im Rahmen einer eA jedoch nicht einem Dritten (Jugendamt, Beratungsstelle usw.) überlassen darf.[1] Da der Umgangsträger und die möglichen Umgangszeiten oft noch nicht feststehen, wird das Gericht den begleiteten Umgang häufig zunächst nur als Beratungsauflage gem. Abs. 1 Satz 4 anordnen (vgl. Rz. 23, 31) und dann im Rahmen der erforderlichen Überprüfung entscheiden, ob eine konkrete Regelung durch eA erforderlich ist. Insbesondere wenn der Kontakt zunächst wieder angebahnt werden muss, muss der Umgang im Rahmen der Begleitung erst vorbereitet und entsprechend dem Beziehungsaufbau schrittweise ausgeweitet werden, was gerichtlich nicht angeordnet werden kann. In Fällen der Umgangsvereitelung kann einstweilen gem. § 1684 Abs. 3 Satz 3 BGB auch eine **Umgangspflegschaft** angeordnet werden, auch hier muss der Umgang jedoch durch das Gericht im Einzelnen geregelt werden.[2]

89   Kommt vorläufig eine positive Umgangsregelung nicht in Betracht, weil der Sachverhalt weiter aufgeklärt werden muss oder durch Beratung oder Therapie erst die Voraussetzungen eines Umgangs geschaffen werden müssen, sollte regelmäßig von einer negativen Umgangsregelung durch eA, dh einer **Aussetzung des Umgangs** nach § 1684 Abs. 4 Satz 1 BGB, abgesehen werden, denn dies ist für den Erfolg einer Beratung regelmäßig nicht förderlich. Eine Aussetzung darf ohnehin nur erfolgen, wenn dies zum Wohl des Kindes dringend erforderlich ist, etwa weil der Umgangsberechtigte immer wieder den Kontakt zum Kind (etwa auf dem Schulweg oder auf dem Spielplatz) sucht, obwohl dies im konkreten Fall mit dem Wohl des Kindes nicht vereinbar ist.

III. Verfahren bei Erlass einer einstweiligen Anordnung nach Abs. 3 Satz 1 oder 2

90   Soll aufgrund eines Erörterungstermins nach Abs. 3 eine eA erlassen werden, ist zunächst das **Anordnungsverfahren einzuleiten**, indem entweder der ggf. nach § 51 Abs. 1 erforderliche Antrag oder ein Hinweis über die amtswegige Einleitung des Verfahrens in den Terminsvermerk aufgenommen wird, denn das Anordnungsverfahren ist gem. § 51 Abs. 3 Satz 1 ein selbständiges Verfahren.[3] Da hierfür gesonderte Kosten entstehen, muss den Beteiligten auch Gelegenheit gegeben werden, für das Anordnungsverfahren einen Verfahrenskostenhilfeantrag gem. § 78 zu stellen, wenn diese für das Hauptsacheverfahren bereits bewilligt wurde. Die Vergabe eines neuen Geschäftszeichens kann auch nach dem Termin im Dezernatsweg erfolgen.

91   Da die Eltern und das Jugendamt im frühen Erörterungstermin gem. § 155 Abs. 2 anwesend sind, können in diesem auch die gem. § 160 erforderliche **persönliche Anhörung der Eltern** sowie die **Anhörung des Jugendamts** nach § 162 erfolgen. Auf die Anhörung kann anderenfalls nur bei Gefahr im Verzug verzichtet werden, sie ist dann unverzüglich nachzuholen (§ 160 Abs. 4, § 162 Abs. 1). Dies gilt ebenso für das **Kind**, das gem. § 159 vor Erlass einer eA grundsätzlich persönlich anzuhören ist. § 156 Abs. 3 Satz 3 stellt dies lediglich noch einmal ausdrücklich klar, denn nach der Vorstellung des Gesetzgebers soll das nicht verfahrensfähige Kind regelmäßig nicht zum Termin nach § 155 Abs. 2 geladen werden. Dies erscheint zumindest in Umgangsverfahren nicht sachgerecht (ausf. § 155 Rz. 39 ff.).

92   Die **Anfechtbarkeit** einer eA nach Abs. 3 richtet sich nach § 57, da sie aufgrund mündlicher Verhandlung erfolgt. Daher ist die einstweilige Umgangsregelung (auch bei Anordnung einer Umgangspflegschaft) gem. § 57 Satz 1 nicht anfechtbar. EA betreffend den Aufenthalt des Kindes oder die Herausgabe sind dagegen gem. § 57

---

[1] OLG Saarbrücken v. 25.3.2010 – 6 UF 136/09, FamRZ 2010, 2085; OLG Celle v. 16.12.2005 – 12 WF 141/05, FamRZ 2006, 556.
[2] OLG München v. 22.12.2010 – 33 UF 1745/10, FamRZ 2011, 823; OLG Hamm v. 13.7.2010 – 2 UF 277/09, FamRZ 2010, 1926.
[3] Musielak/*Borth* § 156 FamFG Rz. 11.

Satz 2 Nr. 1 und 2 durch befristete Beschwerde nach § 58 anfechtbar. Gem. § 54 Abs. 1 kann die Eilanordnung zur Anpassung an den Verfahrensverlauf bis zur Hauptsacheentscheidung **abgeändert** werden. Die **Vollstreckung** richtet sich nach §§ 86 ff.

Kosten/Gebühren: Gericht: Durch Anordnungen nach Absatz 1 und durch die Billigung eines Vergleichs entstehen keine Gerichtsgebühren. Für den Abschluss eines gerichtlichen Vergleichs fällt nach Nr. 1500 KV FamGKG eine Gebühr an, soweit der Wert des Vergleichsgegenstands den Wert des Verfahrensgegenstands übersteigt. Nach § 21 Abs. 2 FamGKG schuldet die Gebühr für den Vergleich jeder, der an dem Abschluss beteiligt ist. Durch eine einstweilige Anordnung nach Abs. 3 fällt eine Gebühr nach Nr. 1410 KV FamGKG an. Der Wert bestimmt sich nach §§ 41, 45 Abs. 1 FamGKG. **RA:** Durch die Erörterung nach Absatz 3 fällt die Terminsgebühr nach Nr. 3104 VV RVG an. Durch die Aufnahme des Vergleichs entsteht die Einigungsgebühr nach Nr. 1003 VV RVG. Das Verfahren über den Erlass einer einstweiligen Anordnung nach Abs. 3 ist nach § 17 Nr. 4 Buchst. b RVG gegenüber dem Hauptsachverfahren eine besondere Angelegenheit, für die Gebühren nach Teil 3 entstehen. §§ 41, 45 Abs. 1 FamGKG sind nach § 23 Abs. 1 Satz 1 RVG auch für die RA-Gebühren maßgeblich.

93

Anhang 1:
Musterbeschluss einer Beratungsanordnung nach § 156 Abs. 1 Satz 4 (hierzu Rz. 29 ff.)[1]

Am Schluss der Sitzung beschlossen:

Den Kindeseltern wird gem. § 156 Abs. 1 Satz 4 FamFG die Auflage erteilt, Beratungsgespräche bei der Beratungsstelle ... in Anspruch zu nehmen.

Die Kindeseltern sind verpflichtet, jeweils bis zum ... einen ersten Termin bei der Beratungsstelle zu vereinbaren. Die Gespräche sollen mindestens einmal im Monat stattfinden.

Gegenstand der Beratungsgespräche soll sein, ob die Kindeseltern in der Lage sind, die elterliche Sorge gemeinsam auszuüben. Beratungsthemen sind insbesondere der Informationsaustausch der Eltern, die Akzeptanz der Elternrolle des jeweils anderen Elternteils, die Einbindung des Kindesvaters in die Erziehung, die Auswertung der Umgangstermine und ggf. die Ausweitung des Umgangs.

Das Jugendamt wird gebeten, nach Ablauf von sechs Wochen nach Rücksprache mit der Beratungsstelle mitzuteilen, ob die Beratungsgespräche aufgenommen wurden, und nach Ablauf von drei Monaten zu berichten, ob Einvernehmen erzielt werden konnte oder ob weitere Gespräche erforderlich und sinnvoll sind. Sollten die Beratungsgespräche abgebrochen werden, haben die Eltern dies umgehend dem Gericht mitzuteilen.

Anhang 2:
Musterbeschluss für die gerichtliche Billigung eines Umgangsvergleichs nach § 156 Abs. 2 (nach hM, vgl. Rz. 69)[2]

Der von den Beteiligten im Termin am ... geschlossene Vergleich zur Regelung des Umgangs wird mit nachfolgendem Inhalt gerichtlich gebilligt:

...

Für jede Zuwiderhandlung gegen diese Anordnung kann ein Ordnungsgeld bis zu 25 000 Euro und für den Fall, dass dieses nicht beigetrieben werden kann, ersatzweise Ordnungshaft angeordnet werden. Sofern die Anordnung eines Ordnungsgeldes keinen Erfolg verspricht, kann sogleich Ordnungshaft bis zu sechs Monaten angeordnet werden (§ 89 Abs. 1 FamFG).

Die gerichtlichen Kosten (Gebühren und Auslagen) des Verfahrens tragen die Eltern je zur Hälfte. Seine außergerichtlichen Kosten trägt jeder Elternteil selbst.

Der Verfahrenswert wird auf 3 000 Euro festgesetzt (§ 45 FamGKG).

Gründe:

Der von den Verfahrensbeteiligten geschlossene Vergleich ist gerichtlich zu billigen, weil er dem Kindeswohl nicht widerspricht (§ 156 Abs. 2 FamFG). ...

Die Kindeseltern, das Jugendamt und das Kind/die Kinder wurden angehört (§§ 160, 162, 159 FamFG).

Die Kostenentscheidung beruht auf § 83 Abs. 1 FamFG.

---

[1] Ein Formulierungsvorschlag zum begleiteten Umgang findet sich bei *Holldorf/von Pirani*, ZKJ 2012, 384, 387.
[2] Angelehnt an den Vorschlag von *Musielak/Borth* § 86 FamFG Rz. 8 ff.

Anhang 3:

Muster einer Sorgevereinbarung über den Lebensmittelpunkt bei gemeinsamer Sorge (hierzu Rz. 76)

(Terminsvermerk mit vollem Rubrum)

Die Kindeseltern sind darüber einig, dass sie die elterliche Sorge für das Kind auch künftig weiter gemeinsam ausüben wollen.

Das Kind soll seinen Lebensmittelpunkt im Haushalt der Kindesmutter haben.

In allen Angelegenheiten von erheblicher Bedeutung[1] für das Kind ist eine gemeinsame Entscheidung der Eltern erforderlich. Hierzu gehören insbesondere eine Verlegung des Wohnsitzes des Kindes auf eine Entfernung von mehr als 50 km, ein Schulwechsel, operative medizinische Eingriffe, Aufenthalte im nichteuropäischen Ausland sowie eine Änderung der Umgangsregelung. Die hierzu getroffenen Vereinbarungen sind bis zu einer einvernehmlichen oder gerichtlichen Abänderung für beide Eltern rechtsverbindlich.[2]

In Angelegenheiten des täglichen Lebens[3] (zB ärztliche Routinebehandlungen, Impfungen, Teilnahme an Klassenfahrten, Besuche von Freunden, Ausgehen am Wochenende) entscheidet die Mutter allein und ist dementsprechend allein vertretungsberechtigt.

In Notfällen können beide Eltern das Kind allein vertreten, wenn der andere Elternteil zuvor nicht erreichbar ist; in diesem Fall ist der andere Elternteil unverzüglich zu benachrichtigen.[4]

Anhang 4:

Muster einer Sorgerechtsvollmacht (hierzu Rz. 77)

(Terminsvermerk mit vollem Rubrum)

Die Kindeseltern sind darüber einig, dass sie die elterliche Sorge für das Kind künftig weiter gemeinsam ausüben wollen.

Das Kind soll seinen Lebensmittelpunkt im Haushalt der Kindesmutter haben.

Der Kindesvater erteilt der Kindesmutter hiermit die Vollmacht, das Kind in allen Angelegenheiten der elterlichen Sorge allein zu vertreten, insbesondere in Schulangelegenheiten/Angelegenheiten der Kita, Behördenangelegenheiten einschließlich Beantragung von öffentlichen Leistungen und Hilfen, bei ärztlichen Behandlungen einschließlich operativer Eingriffe, in Angelegenheiten bei Banken und Versicherungen, bei Beantragung und Entgegennahme von Pass- und Ausweisdokumenten.

Die Vollmacht ist jederzeit widerruflich.[5] Der Widerruf muss schriftlich erfolgen.

Die Kindesmutter verpflichtet sich, den Kindesvater von anstehenden Entscheidungen über Angelegenheiten von erheblicher Bedeutung jeweils umgehend zu unterrichten.

157 Erörterung der Kindeswohlgefährdung; einstweilige Anordnung

(1) In Verfahren nach den §§ 1666 und 1666a des Bürgerlichen Gesetzbuchs soll das Gericht mit den Eltern und in geeigneten Fällen auch mit dem Kind erörtern, wie einer möglichen Gefährdung des Kindeswohls, insbesondere durch öffentliche Hilfen, begegnet werden und welche Folgen die Nichtannahme notwendiger Hilfen haben kann.

(2) Das Gericht hat das persönliche Erscheinen der Eltern zu dem Termin nach Absatz 1 anzuordnen. Das Gericht führt die Erörterung in Abwesenheit eines Elternteils durch, wenn dies zum Schutz eines Beteiligten oder aus anderen Gründen erforderlich ist.

(3) In Verfahren nach den §§ 1666 und 1666a des Bürgerlichen Gesetzbuchs hat das Gericht unverzüglich den Erlass einer einstweiligen Anordnung zu prüfen.

---

1 § 1687 Abs. 1 Satz 1 und 2 BGB.
2 OLG Brandenburg v. 16.10.2000 – 9 WF 174/00, FamRZ 2001, 1230; OLG Zweibrücken v. 2.3.2000 – 5 UF 134/99, FamRZ 2000, 1042; OLG Stuttgart v. 9.9.1998 – 17 UF 309/98, FamRZ 1999, 39; Bamberger/Roth/*Veit*, § 1687 BGB Rz. 5; ausf. *Hammer*, FamRZ 2005, 1209, 1215 f.
3 § 1687 Abs. 1 Satz 3 BGB.
4 § 1687 Abs. 1 Satz 5 iVm. § 1629 Abs. 1 Satz 4 BGB.
5 Vgl. § 168 Satz 2 und 3 BGB. Eine unwiderrufliche Vollmacht ist wegen Umgehung von § 1671 BGB unzulässig, vgl. *Geiger/Kirsch*, FamRZ 2009, 1879, 1881.

A. **Allgemeines**
I. Normzweck 1
II. Der Erörterungstermin als Element des gemeinsamen Kindesschutzes durch Jugendamt und Familiengericht 3
B. **Erörterung einer Kindeswohlgefährdung (Absätze 1 und 2)**
I. Einleitung eines Verfahrens nach §§ 1666 f. BGB wegen möglicher Kindeswohlgefährdung
  1. Verfahren nach §§ 1666 f. BGB als Voraussetzung des Erörterungstermins ... 7
  2. Einleitung von Amts wegen 9
  3. Gerichtliche Vorprüfung 10

II. Terminierung und Ladung der Beteiligten
  1. Verhältnis zum frühen Erörterungstermin (§ 155 Abs. 2) und zur persönlichen Anhörung der Eltern nach § 160 13
  2. Anberaumung des Erörterungstermins 16
III. Durchführung des Erörterungstermins
  1. Gestaltung und Inhalte des Erörterungstermins 23
  2. Verfahren nach dem Erörterungstermin 27
C. **Prüfung des Erlasses einer einstweiligen Anordnung (Absatz 3)** 30

Literatur: *Nothhafft*, Verantwortungsgemeinschaft zwischen Familiengerichten und Trägern der öffentlichen Jugendhilfe in kindschaftsrechtlichen Verfahren, FPR 2008, 613; *Meysen*, Neuerungen im zivilrechtlichen Kinderschutz, NJW 2008, 2673; *Oberloskamp/Lewe*, Risikoeinschätzung bei möglicher Kindeswohlgefährdung – Umsetzung des § 8a SGB VIII im Kontext des FamFG, FPR 2009, 553; *Schumann*, Das Erörterungsgespräch bei möglicher Kindeswohlgefährdung, FPR 2011, 203.

A. Allgemeines

I. Normzweck

§ 157 regelt Bestandteile des Verfahrens wegen Gefährdung des Kindeswohls (§§ 1666 BGB). Abs. 1 und 2 enthalten Regelungen zur Erörterung einer Kindeswohlgefährdung mit den Eltern und dem Kind und damit einen Sonderfall des Erörterungstermins nach § 32[1] (und des frühen Erörterungstermins nach § 155 Abs. 2, dazu Rz. 14). Abs. 3 verpflichtet das Gericht, unverzüglich zu prüfen, ob vorläufige gerichtliche Maßnahmen zum Schutz des Kindes erforderlich sind. Abs. 1 Satz 2 wurde durch Art. 6 des Gesetzes zur Einführung einer Rechtsbehelfsbelehrung im Zivilprozess im Hinblick auf die in § 162 Abs. 2 eingeführte Muss-Beteiligung des Jugendamts in Verfahren nach §§ 1666 f. BGB gestrichen.[2] 1

Die Vorschrift steht in einer Reihe verschiedener gesetzgeberischer Maßnahmen im Familien- und Jugendhilferecht, die einerseits der stärkeren Prävention von Kindeswohlgefährdungen dienen und andererseits zu einer größeren Effektivität der Gefahrenabwehr führen sollen.[3] Durch das gerichtliche Erörterungsgespräch sollen die Eltern stärker in die Pflicht genommen werden, ihrer Verantwortung für das Kind nachzukommen.[4] Es sollen die Möglichkeiten des Gerichts ausgeschöpft werden, auf die Eltern dahingehend einzuwirken, dass sie öffentliche Hilfen annehmen und mit dem Jugendamt kooperieren.[5] Insofern wird die **Aufgabe des Familiengerichts zur Kontrolle und Prävention** stärker betont, die neben der Verpflichtung des Gerichts zur Sachaufklärung im Rahmen der Amtsermittlung und zur Prüfung sorgerechtlicher Eingriffe steht.[6] Eine Erweiterung der materiellen Eingriffsbefugnisse nach 2

---

1 OLG Frankfurt v. 12.4.2011 – 3 UF 25/11, FamRZ 2012, 571.
2 Gesetz vom 5.12.2012, BGBl. I S. 2418, in Kraft seit 1.1.2013.
3 Gesetz zur Weiterentwicklung der Kinder- und Jugendhilfe (KICK) vom 8.9.2005, in Kraft seit 13.9.2005 (BGBl I, S. 2729), Gesetz zur Erleichterung familiengerichtlicher Maßnahmen bei Gefährdung des Kindeswohls (KiWoMaG) vom 4.7.2008, in Kraft seit 12.7.2008 (BGBl I, S. 1188), das in § 50f FGG die Regelung in § 157 Abs. 1 und 2 bereits vorweggenommen hat, und zuletzt das Gesetz zur Stärkung eines aktiven Schutzes von Kindern und Jugendlichen (BKiSchG) v. 22.12.2011, in Kraft seit 1.1.2012 (BGBl I, S. 2975). Ausf. Überblick zur Entwicklung der Gesetzgebung bei *Czerner*, ZKJ 2012, 246 ff. (Teil 1) und 301 ff. (Teil 2).
4 BT-Drucks. 16/6308, S. 237.
5 BT-Drucks. 16/6308, S. 237.
6 Staudinger/*Coester* § 1666 BGB Rz. 265.

§§ 1666 f. BGB ist damit nicht verbunden, das Gericht wird jedoch verfahrensrechtlich früher in den Kindesschutz einbezogen.[1] Die Gerichte waren schon seit der Kindschaftsrechtsreform von 1998 verpflichtet, im Rahmen des Anhörungstermins mit den Eltern die „Möglichkeiten der Abwendung einer Kindeswohlgefährdung" zu klären, um so einen sorgerechtlichen Eingriff zu vermeiden (§ 50a Abs. 3 Satz 1 FGG idF ab 1.7.2008). Die bestehenden Möglichkeiten wurden nach Auffassung des Gesetzgebers jedoch nicht ausreichend genutzt.[2] Gleichwohl bedeutet die Regelung wegen ihres verpflichtenden Charakters für die praktische Arbeit der Familiengerichte einen Perspektivwechsel. Durch die frühzeitigere Anrufung des Familiengerichts durch die Jugendämter gem. § 8a Abs. 2 SGB VIII[3] erhöhen sich sowohl die zeitliche Belastung der Richter als auch die an sie gestellten Anforderungen in Bezug auf Gesprächsführung und Kenntnisse des Jugendhilferechts.

II. Der Erörterungstermin als Element des gemeinsamen Kindesschutzes durch Jugendamt und Familiengericht

3   Das Erörterungsgespräch nach § 157 ist nicht nur Teil des familiengerichtlichen Verfahrens nach §§ 1666 f. BGB, sondern muss auch im Gesamtzusammenhang der Regelungen zum Schutz des Kindes gesehen werden, durch die das staatliche Wächteramt nach Art. 6 Abs. 2 Satz 2 GG ausgestaltet wird. Danach ist der **Schutz des Kindes eine gemeinsame Aufgabe von Jugendamt und Familiengericht**, wobei deren Aufgaben und Befugnisse ineinander greifen.

4   Das **Jugendamt** erbringt bei Erziehungsdefiziten der Eltern auf Antrag Hilfen nach §§ 11 ff. SGB VIII, insbesondere Hilfen zur Erziehung nach §§ 27 ff. SGB VIII.[4] Ergeben sich gewichtige Anhaltspunkte für eine Gefährdung des Kindeswohls, hat es gem. § 8a Abs. 1 SGB VIII das Gefährdungsrisiko mit anderen Fachkräften sowie unter Einbeziehung des Kindes und der Eltern einzuschätzen, hierzu soweit erforderlich einen Hausbesuch durchzuführen und den Eltern Hilfen anzubieten.[5] Das Bundeskinderschutzgesetz hat insoweit für die Ermittlungen des Jugendamts bestehende Hürden des Datenschutzes und beruflicher Schweigepflichten durch § 4 des Gesetzes zur Kooperation und Information im Kinderschutz (KKG) beseitigt (nicht dagegen gegenüber dem Familiengericht) bzw. klargestellt.[6] Kann eine Gefährdung des Kindeswohls durch Hilfen zur Erziehung nicht abgewendet werden oder sind die Eltern zu deren Annahme nicht bereit, ist das Jugendamt gem. § 8a Abs. 2 Satz 1 SGB VIII verpflichtet, das Familiengericht anzurufen. Darüber hinaus erlaubt § 8a Abs. 2 Satz 1 Hs. 2 die Einschaltung des Familiengerichts ausdrücklich auch in Fällen, in denen die Eltern nicht bereit oder in der Lage sind, bei der Abschätzung des Gefährdungsrisikos mitzuwirken. Besteht eine dringende Gefahr für das Kind und kann die Entscheidung des Gerichts nicht abgewartet werden, ist das Jugendamt gem. § 8a Abs. 2 Satz 2 iVm. § 42 Abs. 1 SGB VIII verpflichtet, das Kind in Obhut zu nehmen und gem. § 42 Abs. 3 Abs. 2 Nr. 2 SGB VIII unverzüglich das Familiengericht anzurufen. Insofern kommt ihm in Kindesschutzangelegenheiten die oft schwierige Doppelrolle als Leistungs- und Eingriffsbehörde zu. Im Rahmen des familiengerichtlichen Verfahrens ist das Jugendamt gem. § 50 SGB VIII zur Mitwirkung verpflichtet. Werden bei Anhängigkeit des familiengerichtlichen Verfahrens bzw. nach dessen Beendigung Jugendhilfeleistungen erbracht, verbleibt die Pflicht zur Überwachung des Hilfeprozes-

---

1 Staudinger/*Coester* § 1666 BGB Rz. 86 ff., 265; Bamberger/Roth/*Veit* § 1666 BGB Rz. 56.1; **aA** *Schumann*, FPR 2011, 203, die in § 157 wegen der vom Gesetzgeber beabsichtigten „frühzeitigen Inanspruchnahme" des Gerichts durch die Jugendämter (BT-Drucks. 16/6815, S. 1) eine verfassungsrechtliche „Vorverlagerung staatlicher Eingriffsbefugnisse" sieht.
2 BT-Drucks. 16/6308, S. 237.
3 Neufassung des § 8a SGB VIII seit 1.1.2012 durch das BKiSchG v. 22.12.2011 (BGBl I, S. 2975).
4 Eine erste Übersicht über die verschiedenen Leistungen der Jugendhilfe gibt *Wiesner*, FPR 2008, 608.
5 Ausf. zur Gefahrenabschätzung *Oberloskamp/Lewe*, FPR 2009, 553; FK-SGB VIII/*Meysen* § 8a SGB VIII Rz. 20 ff.; Wiesner/*Wiesner* § 8a SGB VIII Rz. 25 ff.
6 Ausf. hierzu *Meysen*, FamRZ 2012, 405 und *Kunkel*, ZKJ 2012, 288.

ses in Form von Hilfeplanung (§ 36 Abs. 2 SGB VIII) und Steuerungsverantwortung (§ 36a SGB VIII) beim Jugendamt.

Das **Familiengericht** hat auf Mitteilung des Jugendamts über eine mögliche Kindeswohlgefährdung nach § 8a Abs. 2 SGB VIII bzw. nach einer Mitteilung über die Inobhutnahme eines Kindes ein Verfahren nach §§ 1666 f. BGB einzuleiten. Es hat das Jugendamt als Beteiligten zum Erörterungstermin nach §§ 157, 155 Abs. 2 zu laden. Der Erörterungstermin bildet insofern das verfahrensrechtliche Gegenstück zu § 8a Abs. 2 SGB VIII.[1] Im Erörterungstermin sind mit den Eltern und dem Jugendamt das Vorliegen einer Gefährdung und die Möglichkeiten der Abwendung durch die Jugendhilfe oder auf sonstige Weise zu erörtern. Soweit erforderlich, muss das Gericht sorgerechtliche Maßnahmen nach §§ 1666 f. BGB ergreifen, ggf. auch im Wege der eA (§ 157 Abs. 3). Auch nach Beendigung des familiengerichtlichen Verfahrens besteht eine Kontrollpflicht des Gerichts (§ 166 Abs. 2 und 3), die grundsätzlich eine Anfrage beim Jugendamt beinhaltet. 5

Jugendamt und Familiengericht bilden insofern eine **Verantwortungsgemeinschaft**,[2] die das auch sonst bestehende Kooperationsverhältnis (dazu § 162 Rz. 3) für den Bereich des Kindesschutzes noch einmal verstärkt. Jugendamt und Familiengericht sollen die Verantwortung für den Schutz des Kindes durch die mit § 8a Abs. 2 SGB VIII intendierte frühere Anrufung des Gerichts zunehmend nicht mehr nacheinander, sondern parallel wahrnehmen. Dies macht es erforderlich, während des Verfahrens – unter Wahrung der rechtsstaatlich gebotenen Transparenz für die Eltern – die jeweiligen **Erkenntnisse, Einschätzungen und Tätigkeiten** miteinander abzustimmen. Hierin liegt – neben der Einwirkung auf die Eltern und der frühzeitigen Sachverhaltsklärung – die weitere Funktion des frühen Erörterungstermins nach §§ 155 Abs. 2, 157, der die Beteiligten nach dem Willen des Gesetzgebers frühzeitig „an einen Tisch" bringen soll.[3] Die größte Herausforderung der frühzeitigen Einbeziehung des Gerichts dürfte darin bestehen, unterschiedliche Einschätzungen über Vorliegen oder Ausmaß der Kindeswohlgefährdung sowie über Geeignetheit oder Art der erforderlichen Hilfen aufzulösen.[4] Denn weder kann das Jugendamt das Familiengericht zu bestimmten sorgerechtlichen Maßnahmen veranlassen, noch kann das Familiengericht gegenüber dem Jugendamt anordnen, dass es bestimmte Hilfen erbringen muss (vgl. Rz. 25). Dies darf jedoch nicht dazu führen, dass es bei fehlender Einigkeit zu sorgerechtlichen Eingriffen des Gerichts als kleinstem gemeinsamen Nenner kommt. Letztlich steht und fällt die Effektivität des staatlichen Kindesschutzes mit der Realisierung der Verantwortungsgemeinschaft.[5] 6

B. Erörterung einer Kindeswohlgefährdung (Absätze 1 und 2)

I. Einleitung eines Verfahrens nach §§ 1666 f. BGB wegen möglicher Kindeswohlgefährdung

1. Verfahren nach §§ 1666 f. BGB als Voraussetzung des Erörterungstermins

Die Anberaumung eines Erörterungstermins nach § 157 Abs. 1 erfolgt im Rahmen eines Verfahrens nach § 1666 f. BGB („*in* Verfahren nach den §§ 1666 und 1666a BGB").[6] Das **Erörterungsgespräch ist** – anders als der Vermittlungstermin nach § 165 7

---

1 OLG Frankfurt v. 11.2.2010 – 1 WF 11/10, FamRZ 2010, 1094; *Fellenberg*, FPR 2008, 125, 127.
2 BT-Drucks. 16/6815, S. 1, 15. Zur Ausgestaltung der Verantwortungsgemeinschaft vgl. *Nothhafft*, FPR 2008, 613; *Flemming*, FPR 2009, 568, 570 ff.; *Knödler*, ZKJ 2010, 135, 139; *Kindler*, FPR 2012, 422, 427; *Lewe*, FPR 2012, 440; FK-SGB VIII/*Meysen* § 8a SGB VIII Rz. 45.
3 BT-Drucks. 16/6308, S. 238.
4 *Willutzki*, FPR 2009, 327, 329; *Buck*, JAmt 2010, 161, 164; *Knödler*, ZKJ 2010, 135, 139. Ausf. zu Chancen und Risiken der frühzeitigen Anrufung des Familiengerichts *Meysen*, JAmt 2008, 233, 239; Wiesner/*Wiesner* § 8a SGB VIII Rz. 59.
5 Staudinger/*Coester* § 1666 BGB Rz. 19.
6 OLG Frankfurt v. 11.2.2010 – 1 WF 11/10, FamRZ 2010, 1094; OLG Schleswig v. 28.10.2011 – 10 WF 185/11, NJW 2012, 1014; OLG Saarbrücken v. 10.2.2012 – 6 WF 8/12, FamRZ 2012, 1157; Staudinger/*Coester* § 1666 BGB Rz. 88.

– **kein eigenständiges Verfahren**, wie auch die Möglichkeit der Verbindung mit den Terminen nach §§ 155 Abs. 2 und 160 zeigt.

8   Der Begriff der „möglichen Gefährdung des Kindeswohls" umschreibt dabei etwas unscharf die Schwelle, die erreicht sein muss, damit das Gericht ein solches Verfahren einleiten muss („Einleitungsschwelle").[1] Denn bereits die Einleitung eines Kindesschutzverfahrens als solches wird von den Eltern nicht als niedrigschwellige Hilfsmaßnahme, sondern meist als erhebliche Belastung und Misstrauensbekundung empfunden.[2] Sie berührt schon wegen der Pflicht der Eltern zum persönlichen Erscheinen im Termin das Elternrecht aus Art. 6 Abs. 2 Satz 1 GG.[3] Für die Einleitung des Verfahrens muss daher ein **Anfangsverdacht für eine Kindeswohlgefährdung** gegeben sein.[4] Als Kriterium für das Vorliegen eines solchen Verdachts kann auf § 8a Abs. 1 SGB VIII als Korrespondenznorm zu § 157 zurückgegriffen werden, nach dem „gewichtige Anhaltspunkte" für die Gefährdung des Kindeswohls gegeben sein müssen.[5] Die Eingriffsschwelle des § 1666 BGB, dh eine aktuelle und gegenwärtige Gefahr für das Kind, muss nicht erreicht sein,[6] denn ob eine solche vorliegt bzw. durch Jugendhilfemaßnahmen oder auf sonstige Weise abgewendet werden kann, ist gerade Gegenstand des Verfahrens und der gem. § 26 erforderlichen Amtsermittlung.

2. Einleitung von Amts wegen

9   Verfahren nach § 1666 f. BGB werden **von Amts wegen gem. § 24 eingeleitet**. Es bedarf daher keines förmlichen Antrags des Jugendamts, es genügt vielmehr eine Mitteilung nach § 8a Abs. 2 Satz 1 SGB VIII, in der das Jugendamt die Gründe darlegt, die nach seiner Gefahreneinschätzung einen Anfangsverdacht einer Kindeswohlgefährdung begründen. Andererseits besteht keine generelle Verpflichtung zur Verfahrenseinleitung, wenn das Jugendamt einen förmlichen Antrag stellt. Vielmehr entscheidet das Gericht in eigener Verantwortung, ob die Einleitungsschwelle erreicht und daher die Einleitung eines Verfahrens erforderlich ist.[7] Die Anregung zur Einleitung des Verfahrens kann im Übrigen gem. § 24 Abs. 1 auch durch Dritte erfolgen (zB durch die Schule bei Schuldistanz eines Kindes, durch Ärzte usw.). Die Erforderlichkeit zur Einleitung eines Verfahrens kann sich ferner aus anderen Verfahren ergeben, etwa wenn im Rahmen eines Umgangsverfahrens erhebliche Zweifel an der Erziehungsfähigkeit des betreuenden Elternteils entstehen. Der Entscheidung des Gerichts obliegt es auch, ob es ein **Hauptsacheverfahren** einleitet oder wegen besonderer Dringlichkeit sogleich (auch oder nur) ein **Anordnungsverfahren** nach §§ 49 ff., zB wenn das Jugendamt gem. § 42 Abs. 3 Abs. 2 Nr. 2 SGB VIII die Inobhutnahme des Kindes mitteilt.

3. Gerichtliche Vorprüfung

10   Bestehen aus Sicht des Gerichts **Zweifel, ob hinreichende Anhaltspunkte für die Einleitung eines Verfahrens** bestehen, kann eine Klärung zunächst im Wege einer nicht förmlichen Vorprüfung erfolgen, wie sie in § 166 Abs. 2 und 3 auch im Anschluss an das Verfahren vorgesehen ist (vgl. § 166 Rz. 15 ff, 19 ff). Dies kann etwa bei (anonymer) Anregung Dritter oder bei einer Meldung der Strafverfolgungsbehörden über eine schon länger zurückliegende häusliche Gewalt zwischen Eltern der Fall sein.

11   Durch die Vorprüfung kann auch der **Gefahr** entgegen getreten werden, **dass das Jugendamt** durch eine zu frühzeitige Anrufung des Gerichts **seine Verantwortung auf**

---

1 Staudinger/*Coester* § 1666 BGB Rz. 87.
2 *Meysen*, NJW 2008, 2673, 2674.
3 Ausf. Bamberger/Roth/*Veit* § 1666 BGB Rz. 56.1.
4 MüKo.ZPO/*Ulrici* § 24 FamFG Rz. 5, 7.
5 *Fellenberg*, FPR 2008, 125, 127; Staudinger/*Coester* § 1666 BGB Rz. 88; Bamberger/Roth/*Veit* § 1666 BGB Rz. 56; unklar MüKo.ZPO/*Schumann* § 157 FamFG Rz. 5 und *dies.*, FPR 2011, 203: Es kämen nur Fälle „an der Grenze zur Kindeswohlgefährdung" in Betracht.
6 BT-Drucks. 16/6308, S. 237; insoweit auch zustimmend MüKo.ZPO/*Schumann* § 157 FamFG Rz. 5.
7 Zöller/*Feskorn* § 24 FamFG Rz. 2.

das Familiengericht delegiert.[1] Ruft das Jugendamt das Gericht an, ohne dass konkrete Anhaltspunkte für eine Gefährdung mitgeteilt werden oder die nach § 8a Abs. 1 SGB VIII gebotene Gefährdungseinschätzung überhaupt vorgenommen wurde, ist es gerechtfertigt, dass das Gericht das Jugendamt im Rahmen der Verantwortungsgemeinschaft auf diese Verpflichtung hinweist und um entsprechende Ermittlungen und Mitteilung der Gefährdungseinschätzung bittet (vgl. Rz. 4, 6). Soweit das Jugendamt bestimmte Informationen (zB Ergebnisse einer kinderpsychiatrischen Diagnostik) unter Hinweis auf die fehlende Zustimmung der Eltern nicht übermitteln zu dürfen meint, ist es auf die sich aus § 65 Abs. 1 Nr. 2 iVm. § 8a SGB VIII ergebende datenschutzrechtliche Mitteilungsbefugnis an das Familiengericht hinzuweisen.[2] Da ein förmliches Verfahren noch nicht eingeleitet wurde, muss der Hinweis nicht zwingend auf schriftlichem Wege erfolgen, sondern kann auch in einem Telefonat erfolgen, über das ein Aktenvermerk aufgenommen wird. Legt das Jugendamt andererseits dar, weshalb es gewichtige Anhaltspunkte für eine Gefährdung des Kindes sieht bzw. dass eine weitere Risikoeinschätzung insbesondere an der fehlenden Mitwirkung der Eltern scheitert, etwa weil diese weder im Jugendamt erscheinen noch einen Hausbesuch zulassen, hat das Gericht im Hinblick auf § 8a Abs. 2 Satz 1 Halbs. 2 SGB VIII grundsätzlich ein Verfahren einzuleiten und seine spezifischen Mittel zur Sachverhaltsaufklärung (insbesondere Anordnung und ggf. Erzwingen des persönlichen Erscheinens der Eltern, Erteilung von Auflagen gegenüber den Eltern) zu nutzen. Die **Vorprüfung** hat im Hinblick auf den Rechtsgedanken des § 155 Abs. 1 **beschleunigt und kurzfristig** zu erfolgen. Kompetenzstreitigkeiten zwischen Gericht und Jugendamt dürfen nicht zulasten der Gefahrenabwehr gehen.

Ist die Einleitung eines Verfahrens nach dem Ergebnis der Vorprüfung nicht erforderlich, ist hierüber ein entsprechender **Aktenvermerk** zu fertigen und das Jugendamt bzw. die das Verfahren anregende Person nach Maßgabe des § 24 Abs. 2 über die Nichteinleitung des Verfahrens zu unterrichten, wobei dem Jugendamt auch die Gründe mitgeteilt werden sollten. 12

II. Terminierung und Ladung der Beteiligten

1. Verhältnis zum frühen Erörterungstermin (§ 155 Abs. 2) und zur persönlichen Anhörung der Eltern nach § 160

Nach Ansicht des Gesetzgebers stellt das Erörterungsgespräch nach § 157 einen von dem frühen Erörterungstermin nach § 155 Abs. 2 und der persönlichen Anhörung der Eltern und des Kindes (§§ 159, 160) zu unterscheidenden eigenen Verfahrensabschnitt dar, wobei die **Termine miteinander verbunden werden können.**[3] Entgegen der Einschätzung des Gesetzgebers wird die Verbindung allerdings wohl die Regel und nicht die Ausnahme sein. 13

Die **Abgrenzung** der Erörterungstermine nach **§ 155 Abs. 2** und **§ 157** ist **unklar**[4] und wird auch aus der Gesetzesbegründung nicht deutlich.[5] Beide Erörterungen dienen dem Zweck, mit den Eltern Einvernehmen über die Abwendung einer möglichen Kindeswohlgefährdung herzustellen, insbesondere über die Annahme bestimmter Leistungen der Jugendhilfe, und insoweit die Wahrnehmung der elterlichen Verant- 14

---

1 Zu entsprechenden auch in der Praxis häufig geäußerten Bedenken *Meysen*, JAmt 2008, 233, 240 und NJW 2008, 2673, 2676; *Wiesner*, FPR 2008, 608, 613.
2 Ausf. *Müller-Magdeburg*, FPR 2008, 619.
3 BT-Drucks. 16/6308, S. 237. Ebenso Holzer/*Hornikel* § 157 FamFG Rz. 5, nach dem die Erörterung nach §§ 155 Abs. 2, die Erörterung nach 157 und die persönlichen Anhörungen nach §§ 159f. sogar „erkennbar voneinander abgegrenzt" werden müssen.
4 Staudinger/*Coester* § 1666 BGB Rz. 264.
5 Der Bundesrat hatte mit Hinweis auf die identische Zielrichtung beider Termine, die Beteiligten frühzeitig an einen Tisch zu holen, eine Angleichung der Regelungen empfohlen, BT-Drucks. 16/6308, S. 376. Dem hielt die BReg. lediglich entgegen, es handele sich bei dem Termin nach § 157 um einen „neuen Verfahrensabschnitt", der eine spezifische Funktion und einen möglichst weiten Teilnehmerkreis habe, ohne dies weiter auszuführen, BT-Drucks. 16/6308, S. 414.

wortung sicherzustellen. § 157 modifiziert insofern den allgemeineren 155 Abs. 2 bezüglich der in Kindesschutzverfahren zu erörternden Inhalte und der Einbeziehung des Kindes in die Erörterung.[1]

15 **Überschneidungen** bestehen **auch mit der Anhörung der Eltern nach § 160**.[2] Mit der Verfahrenseinleitung besteht neben der Pflicht zur Anberaumung des Erörterungstermins nach §§ 155 Abs. 2, 157 unmittelbar die Verpflichtung des Gerichts zur Sachaufklärung,[3] der auch die persönliche Anhörung der Eltern gem. § 160 dient. Die persönlichen Anhörungen müssen daher im Hinblick auf das mögliche Scheitern des Erörterungsgesprächs und den nach § 157 Abs. 3 zu prüfenden Erlass einer eA parallel zur Einwirkung auf die Eltern erfolgen. Der frühzeitigen Sachverhaltsaufklärung dient wiederum auch der frühe Erörterungstermin (vgl. § 155 Rz. 43) und nach der Konzeption des Gesetzgebers auch der Termin nach § 157, wenn das Jugendamt das Gericht wegen mangelnder Mitwirkung der Eltern an der Gefährdungseinschätzung anruft (§ 8a Abs. 2 Satz 1 Halbs. 2 SGB VIII).

2. Anberaumung des Erörterungstermins

16 Bei Einleitung eines Verfahrens nach § 1666 BGB ist das Gericht grundsätzlich verpflichtet, einen Erörterungstermin nach § 157 anzuberaumen. Durch die Ausgestaltung als **Sollvorschrift** besteht jedoch im Einzelfall die Möglichkeit, davon abzusehen, etwa wenn die Erörterung bei einem unabwendbaren Sorgerechtsentzug sinnlos erscheint.[4] Dies wird jedoch nur selten der Fall sein, denn nach §§ 1666f. BGB muss das Gericht aufgrund des Verhältnismäßigkeitsgrundsatzes immer prüfen, ob der Sorgeentzug durch mildere Mittel vermieden werden kann, und muss dies daher mit den Eltern und dem Jugendamt auch erörtern. Zu beachten ist zudem, dass von der Durchführung des frühen Erörterungstermins nach § 155 Abs. 2 nicht abgesehen werden kann.

17 Der Erörterungstermin ist nach Einleitung eines Verfahrens nach § 1666f. BGB **innerhalb der Monatsfrist des § 155 Abs. 2** anzuberaumen (dazu § 155 Rz. 32ff.), je nach dem mitgeteilten Grad der Gefährdung ggf. auch früher.

18 Zum Termin zu laden sind gem. Abs. 1 zunächst die **Eltern** (ebenso §§ 155 Abs. 2 Satz 1, 160 Abs. 1 Satz 2). Zu laden ist – soweit er erreichbar ist – auch der nicht sorgeberechtigte Elternteil, der wegen § 1680 Abs. 3 BGB in Verfahren nach § 1666 BGB Verfahrensbeteiligter ist (vgl. § 151 Rz. 56 und § 160 Rz. 7).[5] Das Gericht hat nach Abs. 2 Satz 1 (und §§ 155 Abs. 3 Satz 1, 160 Abs. 1 Satz 2) das **persönliche Erscheinen** der Eltern zu dem Termin **anzuordnen**, denn das Erörterungsgespräch nach Abs. 1 kann nur dann zu einem sinnvollen Ergebnis führen, wenn die Eltern persönlich teilnehmen müssen, sich also nicht von einem Anwalt vertreten lassen können. Das persönliche Erscheinen der Eltern im Erörterungstermin kann nach Maßgabe des § 33 Abs. 3 erzwungen werden, worauf bereits in der Ladung hinzuweisen ist (§ 33 Abs. 4). Nach Abs. 2 Satz 2 (sowie § 33 Abs. 1 Satz 2) kann die Erörterung auch in Abwesenheit eines Elternteils durchgeführt werden, wenn dies zum Schutz eines Beteiligten oder aus anderen Gründen erforderlich ist (zB in Fällen häuslicher Gewalt), allerdings muss das Gericht prüfen, ob bei einer getrennten Erörterung der damit verfolgte Zweck erreicht werden kann.[6] Den Eltern ist nach Einleitung des Verfahrens nach § 1666 BGB – soweit die sonstigen Voraussetzungen erfüllt sind – regelmäßig **Verfahrenskostenhilfe** zu bewilligen und nach § 78 ein Anwalt beizuordnen, selbst wenn zunächst „nur" ein Termin nach § 157 anberaumt wird, da die Eltern im Falle

---

1 AG Vechta v. 15.3.2011 – 12 F 534/09 SO, FamRZ 2012, 243; Musielak/*Borth* § 157 FamFG Rz. 4; Oberloskamp/*Lewe*, FPR 2009, 553, 554.
2 AG Vechta v. 15.3.2011 – 12 F 534/09 SO, FamRZ 2012, 243; Bamberger/Roth/*Veit* § 1666 BGB Rz. 56.3.
3 Bamberger/Roth/*Veit* § 1666 BGB Rz. 56.3.
4 *Stößer*, FamRZ 2009, 656, 659.
5 BT-Drucks. 16/6815 S. 17; *Stößer*, FamRZ 2009, 656, 660; Musielak/*Borth* § 157 FamFG Rz. 4.
6 Keidel/*Engelhardt* § 157 FamFG Rz. 8.

des Scheiterns der Erörterung mit sorgerechtlichen Maßnahmen (insbesondere im Wege eA nach § 157 Abs. 3) rechnen müssen.[1]

Zu laden ist ferner das **Jugendamt**. Gem. § 162 Abs. 2 Satz 1 ist es in Verfahren nach § 1666 BGB (Muss-)Verfahrensbeteiligter. Die Pflicht zur Ladung ergibt sich daher aus § 32 Abs. 1 (sowie § 155 Abs. 2 Satz 1 und 3), weshalb die in § 157 Abs. 1 Satz 2 aF noch ausdrücklich vorgesehene Ladung des Jugendamts gestrichen wurde.[2]

Nach Abs. 1 ist das **Kind** „in geeigneten Fällen" in die Erörterung einzubeziehen. Gedacht ist dabei insbesondere an Fälle, in denen Drogenabhängigkeit oder wiederholte Straffälligkeit des Kindes bzw. Jugendlichen Anlass zu dem Verfahren gegeben hat, um im Termin auf das gefährdete Kind einzuwirken.[3] Eine weitere in der Praxis häufige Fallgruppe sind schuldistanzierte Kinder und Jugendliche.[4] Wie im Falle der Kindesanhörung nach § 159 kann die Erörterung mit dem Kind auch ohne die Eltern (ggf. aber im Beisein des Verfahrensbeistands, vgl. § 159 Abs. 4 Satz 3) erfolgen. Unabhängig von seiner Einbeziehung in die Erörterung sollte das Kind anlässlich des Erörterungstermins idR nach § 159 angehört werden, denn es droht sonst ähnlich wie im Falle des Hinwirkens auf Einvernehmen nach § 156 Abs. 1 bei der Erörterung der Gefährdung aus dem Blick zu geraten (ausf. § 155 Rz. 40 und § 156 Rz. 44ff).[5] Zur Erzwingung des Erscheinens des Kindes vgl. § 159 Rz. 17.

Da der Verfahrensbeistand gem. § 158 Abs. 3 Satz 2 Verfahrensbeteiligter ist, ist er gem. § 32 Abs. 1 (und § 155 Abs. 2 Satz 1) ebenfalls zum Erörterungstermin zu laden. Die Bestellung eines **Verfahrensbeistands** für das Kind ist gem. § 158 Abs. 2 Nr. 2 und 3 iVm. Abs. 3 Satz 1 bereits bei Einleitung eines Verfahrens nach § 1666 BGB zu prüfen.[6] Von einer Bestellung kann nur abgesehen werden, sofern die Erforderlichkeit einer eigenen Interessenvertretung des Kindes nach § 158 Abs. 1 ausnahmsweise fehlt (ausf. § 158 Rz. 8ff.). Zur Bestellung bereits zum frühen Termin vgl. § 158 Rz. 26.

Nach Sinn und Zweck des Erörterungsgesprächs, eine effektive Gefahrenabwehr zu gewährleisten und alle damit befassten Personen „an einen Tisch" zu bringen, können auch weitere Personen zum Erörterungstermin geladen werden. In Fällen der Delinquenz des Kindes oder Jugendlichen können etwa **Polizeibeamte** geladen werden, welche die Kinder bzw. die Familie als Schwellen- oder gar Intensivtäter oft gut kennen und für die Gefahreneinschätzung oft wertvolle Hinweise geben können.[7] In Fällen der Schuldinstanz ist die Einbeziehung des **Klassenlehrers** und/oder des **Schulsozialarbeiters oder -psychologen** hilfreich. Sind bereits Hilfen eingesetzt, können auch die **Familienhelfer, Bezugsbetreuer** usw. einbezogen werden, die unmittelbar aus der Zusammenarbeit mit den Eltern und dem Kind berichten können.

III. Durchführung des Erörterungstermins

1. Gestaltung und Inhalte des Erörterungstermins

Die Gestaltung des Erörterungstermins liegt im **pflichtgemäßen Ermessen des Gerichts** und ist insbesondere abhängig von dem Stand der Sachverhaltsaufklärung und dem Grad der Gefährdung. Allgemein geht es darum, die drohende Gefährdungslage abschätzen, mit den professionell Beteiligten und den Eltern ein verbindliches Schutzkonzept zu entwickeln und klare Ziele für die weitere Kooperation der Eltern mit dem Jugendamt und das weitere gerichtliche Verfahren festzulegen.[8]

---

1 OLG Frankfurt v. 11.2.2010 – 1 WF 11/10, FamRZ 2010, 1094; OLG Schleswig v. 28.10.2011 – 10 WF 185/11, NJW 2012, 1014; OLG Saarbrücken v. 10.2.2012 – 6 WF 8/12, FamRZ 2012, 1157.
2 Vgl. BT-Drucks. 17/10490, S. 20.
3 BT-Drucks. 16/6308, S. 238.
4 Hierzu etwa *Buck*, JAmt 2010, 161, 165.
5 *Willutzki*, FPR 2009, 327, 329; *Wagner*, FPR 2008, 605, 607; **aA** Staudinger/*Coester* § 1666 BGB Rz. 266.
6 Staudinger/*Coester* § 1666 BGB Rz. 270; *Salgo* FPR 2010, 456, 458; *Buck*, JAmt 2010, 161, 164.
7 Ausf. zur Thematik *Matzke/Frisch*, FPR 2012, 459.
8 *Oberloskamp/Lewe*, FPR 2009, 553, 556.

Gleichzeitig soll das Gericht frühzeitig prüfen, inwieweit zum Schutz der Kinder gerichtliche Maßnahmen im Wege einer eA erforderlich sind (§ 157 Abs. 3).

24 Gegenstand des Erörterungstermins kann zunächst die **Erörterung der weiteren Sachverhaltsaufklärung** sein, insbesondere wenn die Eltern bei der Gefahreneinschätzung des Jugendamts nicht mitgewirkt haben (§ 8a Abs. 2 Satz 1 Halbs. 2 SGB VIII). Dabei kann die weitere Sachverhaltsaufklärung bei im Termin erzielter Mitwirkungsbereitschaft der Eltern auch durch das Jugendamt durch ein sog. Clearing erfolgen, entweder als gesonderte Hilfe oder im Rahmen einer Familienhilfe. Durch das Clearing können einerseits die vorhandenen Defizite der Familie und andererseits der konkrete Hilfebedarf bzw. die geeignete Hilfe ermittelt werden. Ist ein Clearing nicht geeignet oder sind die Eltern hierzu nicht bereit, muss die Sachverhaltsaufklärung durch das Gericht erfolgen. In Betracht kommt neben der persönlichen Anhörung der Eltern zB die Einholung eines familienpsychiatrischen bzw. kinder- und jugendpsychiatrischen Sachverständigengutachtens bei konkretem Verdacht auf psychische Störungen eines Elternteils oder des Kindes, ein rechtsmedizinisches Gutachten bei unklarer Herkunft von Verletzungen des Kindes, ein aussagepsychologisches Gutachten bei schwer verifizierbaren Angaben von Kindern über Misshandlungen oder ein psychologisches Erziehungsfähigkeitsgutachten. Bei Mitwirkung der Eltern sind auch die Vorstellung des Kindes beim kinder- und jugendpsychiatrischen Dienst oder eine ambulante oder stationäre Diagnostik des Kindes in der Kinder- und Jugendpsychiatrie möglich.

25 Weiterhin soll das Gericht **auf die Eltern einwirken, notwendige öffentliche Hilfen in Anspruch zu nehmen** und mit dem Jugendamt zu kooperieren. Dabei sollen die Eltern durch das Gericht darauf hingewiesen werden, welche Folgen die Nichtannahme notwendiger Hilfen haben kann,[1] dh. auf die Möglichkeiten sorgerechtlicher Maßnahmen nach §§ 1666 f. BGB. Der Gesetzgeber spricht insoweit von einer Warnfunktion des Erörterungsgesprächs.[2] Voraussetzung des gerichtlichen Einwirkens auf die Eltern ist allerdings, dass zwischen Jugendamt und Gericht Übereinstimmung über die zu erbringenden Hilfen besteht. Dies müssen sie im Rahmen ihrer Verantwortungsgemeinschaft klären. **Das Gericht hat grundsätzlich keine Anordnungskompetenz gegenüber dem Jugendamt.**[3] Letztlich stellt die richterliche Tätigkeit im Erörterungstermin – ähnlich wie beim Hinwirken auf Einvernehmen nach § 156 Abs. 1 – eine Mischung aus interdisziplinärer Erörterung und Konsensfindung sowie Motivation der Eltern unter Ausnutzung richterlicher Autorität dar. Nicht selten fällt dem Gericht dabei auch die Aufgabe zu, zwischen Eltern und Jugendamt zu vermitteln und ihnen die gegenseitigen Sichtweisen zu verdeutlichen. Nicht Aufgabe des Gerichts ist es dagegen, den Eltern Erziehungshinweise zu geben. Die ursprünglich geplante Bezeichnung des Erörterungstermins als „Erziehungsgespräch" wurde deshalb nach berechtigter Kritik bewusst aufgegeben.[4]

26 Schließlich dient der Erörterungstermin noch mehr als im Falle der §§ 155 Abs. 2, 156 der **Koordination und Vernetzung der professionell Beteiligten**, deren jeweilige Rollen hinsichtlich der Unterstützung der Eltern und des Kindes, der Überwachung der Kindessicherheit und der Aufklärung des Sachverhalts im Rahmen der Amtsermittlung des Gerichts abgeklärt werden müssen (vgl. auch § 155 Rz. 46). Alle Beteiligten sollen dazu frühzeitig gemeinsam „an einen Tisch" gebracht werden,[5] um die

---

1 BT-Drucks. 16/6308, S. 237.
2 BT-Drucks. 16/6815, S. 17.
3 OLG Oldenburg v. 27.11.2007 – 4 WF 240/07, JAmt 2008, 330; MüKo.BGB/*Olzen* § 1666 BGB Rz. 176; Bamberger/Roth/*Veit* § 1666 BGB Rz. 37.1; Wiesner/*Wiesner* § 8a SGB VIII Rz. 55; FK-SGB VIII/*Trenczek* vor § 50 Rz. 16; *Sommer*, ZKJ 2013, 68, 70; **aA** OLG Koblenz v. 11.6.2012 – 11 UF 266/12, FamRZ 2012, 1955 (LS) = NJW 2012, 3108 (Letztentscheidungskompetenz des Familiengerichts); Staudinger/*Coester* § 1666a BGB Rz. 16 m. w. Nachw. (allerdings nur nach Einholung eines sozialpädagogischen Sachverständigengutachtens). Ausf. Übersicht zur Problematik mit Vorschlägen de lege lata *Sommer*, ZKJ 2012, 135.
4 BT-Drucks. 16/6815, S. 12.
5 BT-Drucks. 16/6308, S. 237.

jeweiligen Aufgaben und Rollen im Verfahren zu bestimmen. Die frühzeitige Einbeziehung des Gerichts in die Gefahrenabwehr und die Erörterung von Hilfen macht jedoch auch einen grundsätzlichen Austausch zwischen Jugendamt, Gericht und sonstigen mit dem Kinderschutz befassten Professionen über inhaltliche und organisatorische Fragen erforderlich, dh. eine außergerichtliche Vernetzung. Das FamFG sieht eine solche Vernetzung nicht vor, sie ist für Kindesschutzverfahren jedoch zwischenzeitlich in § 3 KKG[1] normiert worden mit dem Ziel, „sich gegenseitig über das jeweilige Angebots- und Aufgabenspektrum zu informieren, strukturelle Fragen der Angebotsgestaltung und -entwicklung zu klären sowie Verfahren im Kinderschutz aufeinander abzustimmen". Die Organisation des Netzwerks in interdisziplinären Arbeitskreisen liegt regelmäßig – aber nicht zwingend – in der Verantwortung der Jugendämter (§ 3 Abs. 3 KKG).

2. Verfahren nach dem Erörterungstermin

Führt der Erörterungstermin zu dem Ergebnis, dass **keine Kindeswohlgefährdung** iSd. § 1666 BGB besteht, weil sich der ursprüngliche Anfangsverdacht nicht bestätigt hat oder weil die Eltern ernsthaft bereit sind, an der Gefahrabwendung mitzuwirken, muss das Gericht das **Verfahren beenden**. Dies erfolgt durch Endentscheidung nach § 38 Abs. 1, dh. durch beschwerdefähigen Beschluss.[2] Der Tenor muss lediglich die nach § 81 erforderliche Kostenentscheidung enthalten. Es kann jedoch aus Klarstellungsgründen deklaratorisch die „Erledigung" oder „Einstellung" des Verfahrens[3] oder (im Hinblick auf § 166 Abs. 3) das „Absehen von Maßnahmen nach §§ 1666 f. BGB"[4] tenoriert werden, insbesondere wenn zuvor eine eA ergangen ist. Der Beschluss ist gem. § 38 Abs. 2 zu begründen, insbesondere die der Entscheidung zugrunde liegende Tatsachengrundlage ist mitzuteilen.[5] Auch bei Einvernehmen aller Beteiligten kann gem. § 164 Satz 3 nicht auf eine (kurze) Begründung verzichtet werden. In die Gründe sollte auch ein Hinweis auf die gerichtliche Überprüfung der Verfahrenseinstellung nach § 166 Abs. 3 aufgenommen werden (dazu § 166 Rz. 20). 27

Ist eine **weitere Sachverhaltsaufklärung** erforderlich, sollte im Termin im Einzelnen besprochen werden, ob diese unter Verantwortung des Jugendamts oder des Gerichts erfolgt und was insofern von den Eltern verlangt wird (vgl. Rz. 24). Das Gleiche gilt, wenn die Eltern nach dem Erörterungstermin zur Annahme von Hilfen bereit sind, aber noch nicht absehbar ist, ob sie dies tatsächlich umsetzen oder ob die Hilfen tatsächlich nachhaltigen Erfolg haben werden. Sollen Hilfen des Jugendamts erfolgen, sollte im Termin klargestellt werden, dass die Verantwortung für die Einleitung, Durchführung und Überwachung (sog. Steuerungsverantwortung, vgl. § 36a SGB VIII[6]) dem Jugendamt obliegt. Diese **Verfahrensplanung** ist gem. § 28 Abs. 4 im Terminsvermerk zu dokumentieren. Soll den Eltern zur Schaffung von mehr Verbindlichkeit die gerichtliche Auflage erteilt werden, Hilfen des Jugendamts anzunehmen, ergeht diese (anders als nach § 156 Abs. 1 Satz 3 und 4) nicht durch einen unanfechtbaren Zwischenbeschluss, sondern durch eA nach § 157 Abs. 3 FamFG iVm. § 1666 Abs. 3 Nr. 1 BGB, und setzt daher auch bei Zustimmung der Eltern eine Kindeswohlgefährdung voraus.[7] 28

Sofern bereits eine konkrete Gefährdung des Kindes besteht und lediglich ergänzende Ermittlungen erfolgen oder der Erfolg von Hilfen abgewartet werden soll, ist der **Erlass einer eA nach Abs. 3** zu prüfen, insbesondere die Erteilung von Auflagen nach § 1666 Abs. 3 BGB oder ein vorläufiger (Teil-)Sorgeentzug. 29

---

1 Gesetz zur Kooperation und Information im Kinderschutz (KKG), eingeführt durch das Bundeskinderschutzgesetz vom 22.12.2011 (BGBl I, S. 2975), in Kraft seit dem 1.1.2012. Dazu *Maywald*, FPR 2012, 199 und *Meysen*, FamRZ 2012, 405.
2 OLG Hamm v. 25.7.2011 – 8 UF 50/11, FamRZ 2012, 725.
3 OLG Hamm v. 24.5.2007 – 1 UF 78/07, FamRZ 2007, 2098.
4 AG Ludwigslust v. 13.11.2009 – 5 F 204/09, FamRZ 2010, 490.
5 OLG Hamm v. 25.7.2011 – 8 UF 50/11, FamRZ 2012, 725.
6 Dazu etwa *Nothhafft*, FPR 2008, 613.
7 OLG Schleswig v. 28.10.2011 – 10 WF 185/11, NJW 2012, 1014.

C. Prüfung des Erlasses einer einstweiligen Anordnung (Absatz 3)

30 Abs. 3 regelt die Verpflichtung des Gerichts, in Verfahren nach §§ 1666f. BGB **von Amts wegen** den Erlass einer eA nach §§ 49ff. unverzüglich nach der Verfahrenseinleitung zu prüfen. Die Verpflichtung nach Abs. 3 ist deklaratorisch, sie ergibt sich bereits aus dem Schutzauftrag des Gerichts im Rahmen des staatlichen Wächteramts.[1] Sie besteht daher unabhängig von § 157 Abs. 3 auch in allen anderen Kindesschutzverfahren iSd. § 1696 Abs. 2 BGB, zB in Verfahren, die auf eine Verbleibensanordnung nach § 1632 Abs. 4 BGB gerichtet sind (dazu § 166 Rz. 8). Für eine wegen Gefährdung des Kindes erforderliche Aussetzung des Umgangs folgt die entsprechende Verpflichtung des Gerichts auch aus § 156 Abs. 3 Satz 2.

31 Die **Prüfung** des Erlasses einer eA nach Abs. 3 besteht im gesamten Verfahren, insbesondere **auch im Erörterungstermin** nach § 157 Abs. 1 und 2. Soweit der Erörterungstermin nach § 157 im Hauptsacheverfahren nach § 1666 BGB erfolgt, ist im Termin ein neues Anordnungsverfahren einzuleiten, da es sich gem. § 51 Abs. 3 Satz 1 um ein selbständiges Verfahren handelt. Hierauf sind die Beteiligten im Termin hinzuweisen, damit sie hierzu ergänzend Stellung nehmen und ggf. einen Verfahrenskostenhilfeantrag stellen können. Der Hinweis ist in den Terminsvermerk nach § 28 Abs. 4 aufzunehmen.[2] Die Neueintragung des Verfahrens und die Anlegung einer neuen Verfahrensakte können auch im Anschluss an den Termin erfolgen (vgl. § 156 Rz. 91 zum gleichgelagerten Problem im Rahmen des § 156 Abs. 3).

32 Die **Voraussetzungen** für den Erlass einer eA ergeben sich verfahrensrechtlich aus §§ 49ff. und materiell-rechtlich aus §§ 1666f. BGB. Erforderlich ist daher, dass nach summarischer Prüfung eine Kindeswohlgefährdung vorliegt, die nicht anders als durch sorgerechtliche Maßnahmen abgewendet werden kann, und dass ein dringendes Bedürfnis für ein sofortiges Tätigwerden vorliegt. Neben der Anhörung des Jugendamts (§ 162) sind die persönliche Anhörung der Eltern (§ 160 Abs. 1 Satz 2) und des Kindes (§ 159) erforderlich. Hiervon kann nur bei Gefahr im Verzug abgesehen werden (§§ 159 Abs. 3 Satz 1, 160 Abs. 3), die persönliche Anhörung ist dann aber nach Erlass der eA nachzuholen (§§ 159 Abs. 3 Satz 2, 160 Abs. 4) und von Amts wegen das Erfordernis einer Abänderung der Anordnung zu prüfen (§ 54 Abs. 1 Satz 2).

33 EA nach §§ 1666f. BGB unterliegen gem. § 57 Satz 2 Nr. 1 der **Beschwerde**, soweit sie aufgrund mündlicher Erörterung ergangen sind. Eine eA, die in einem im Erörterungstermin nach §§ 32, 157 (und § 155 Abs. 2) eingeleiteten Anordnungsverfahren ergeht, unterliegt daher der Beschwerde.[3] Wird das Anordnungsverfahren dagegen erst nach dem Erörterungstermin eingeleitet, ist gegen die eA keine Beschwerde möglich, sondern kann nach § 54 Abs. 2 nur eine Entscheidung aufgrund erneuter mündlicher Verhandlung beantragt werden, da von der notwendigen Erörterung nicht unter Hinweis auf die im Hauptsacheverfahren bereits erfolgte Anhörung abgesehen werden kann (vgl. § 51 Rz. 19).

34 Kosten/Gebühren: RA: Durch den Erörterungstermin fällt die Terminsgebühr nach Nr. 3104 VV RVG an.

158 *Verfahrensbeistand*

(1) Das Gericht hat dem minderjährigen Kind in Kindschaftssachen, die seine Person betreffen, einen geeigneten Verfahrensbeistand zu bestellen, soweit dies zur Wahrnehmung seiner Interessen erforderlich ist.

(2) Die Bestellung ist in der Regel erforderlich,

1. wenn das Interesse des Kindes zu dem seiner gesetzlichen Vertreter in erheblichem Gegensatz steht,

---

[1] Buck, JAmt 2010, 161, 165.
[2] Musielak/*Borth* § 157 FamFG Rz. 8.
[3] OLG Frankfurt v. 12.4.2011 – 3 UF 25/11, FamRZ 2012, 571. Zum erforderlichen zeitlichen Zusammenhang des Erlasses der eA zu dem Erörterungstermin vgl. § 57 Rz. 9.

2. in Verfahren nach den §§ 1666 und 1666a des Bürgerlichen Gesetzbuchs, wenn die teilweise oder vollständige Entziehung der Personensorge in Betracht kommt,
3. wenn eine Trennung des Kindes von der Person erfolgen soll, in deren Obhut es sich befindet,
4. in Verfahren, die die Herausgabe des Kindes oder eine Verbleibensanordnung zum Gegenstand haben, oder
5. wenn der Ausschluss oder eine wesentliche Beschränkung des Umgangsrechts in Betracht kommt.

(3) Der Verfahrensbeistand ist so früh wie möglich zu bestellen. Er wird durch seine Bestellung als Beteiligter zum Verfahren hinzugezogen. Sieht das Gericht in den Fällen des Absatzes 2 von der Bestellung eines Verfahrensbeistands ab, ist dies in der Endentscheidung zu begründen. Die Bestellung eines Verfahrensbeistands oder deren Aufhebung sowie die Ablehnung einer derartigen Maßnahme sind nicht selbständig anfechtbar.

(4) Der Verfahrensbeistand hat das Interesse des Kindes festzustellen und im gerichtlichen Verfahren zur Geltung zu bringen. Er hat das Kind über Gegenstand, Ablauf und möglichen Ausgang des Verfahrens in geeigneter Weise zu informieren. Soweit nach den Umständen des Einzelfalls ein Erfordernis besteht, kann das Gericht dem Verfahrensbeistand die zusätzliche Aufgabe übertragen, Gespräche mit den Eltern und weiteren Bezugspersonen des Kindes zu führen sowie am Zustandekommen einer einvernehmlichen Regelung über den Verfahrensgegenstand mitzuwirken. Das Gericht hat Art und Umfang der Beauftragung konkret festzulegen und die Beauftragung zu begründen. Der Verfahrensbeistand kann im Interesse des Kindes Rechtsmittel einlegen. Er ist nicht gesetzlicher Vertreter des Kindes.

(5) Die Bestellung soll unterbleiben oder aufgehoben werden, wenn die Interessen des Kindes von einem Rechtsanwalt oder einem anderen geeigneten Verfahrensbevollmächtigten angemessen vertreten werden.

(6) Die Bestellung endet, sofern sie nicht vorher aufgehoben wird,
1. mit der Rechtskraft der das Verfahren abschließenden Entscheidung oder
2. mit dem sonstigen Abschluss des Verfahrens.

(7) Für den Ersatz von Aufwendungen des nicht berufsmäßigen Verfahrensbeistands gilt § 277 Abs. 1 entsprechend. Wird die Verfahrensbeistandschaft berufsmäßig geführt, erhält der Verfahrensbeistand für die Wahrnehmung seiner Aufgaben nach Absatz 4 in jedem Rechtszug jeweils eine einmalige Vergütung in Höhe von 350 Euro. Im Fall der Übertragung von Aufgaben nach Absatz 4 Satz 3 erhöht sich die Vergütung auf 550 Euro. Die Vergütung gilt auch Ansprüche auf Ersatz anlässlich der Verfahrensbeistandschaft entstandener Aufwendungen sowie die auf die Vergütung anfallende Umsatzsteuer ab. Der Aufwendungsersatz und die Vergütung sind stets aus der Staatskasse zu zahlen. Im Übrigen gilt § 168 Abs. 1 entsprechend.

(8) Dem Verfahrensbeistand sind keine Kosten aufzuerlegen.

A. **Allgemeines**
  I. Normzweck 1
  II. Anwendungsbereich 3
B. **Bestellung des Verfahrensbeistands**
  I. Erforderlichkeit der Bestellung nach dem Grundtatbestand (Absatz 1)
    1. Kriterien der Erforderlichkeitsprüfung 7
    2. Angelegenheit von erheblicher Bedeutung 8
    3. Eltern sind zur Vertretung der Kindesinteressen nicht in der Lage . . . 9
    4. (Keine) Sicherung der Kindesinteressen durch das Verfahren, die professionellen Verfahrensbeteiligten oder einen anderen Interessensvertreter (Absatz 5) 10
    5. Bedeutung des Alters des Kindes . 12
    6. Erforderlichkeit der Bestellung im einstweiligen Anordnungsverfahren 14
  II. Regelbeispiele für die erforderliche Bestellung (Absatz 2) 15
    1. Erheblicher Interessengegensatz (Abs. 2 Nr. 1) 16
    2. Entziehung der elterlichen Sorge nach §§ 1666, 1666a BGB (Abs. 2 Nr. 2) 18
    3. Trennung des Kindes von der Obhutsperson (Abs. 2 Nr. 3) 19
    4. Anordnung der Herausgabe oder Verbleibens des Kindes (Abs. 2 Nr. 4) 20
    5. Ausschluss oder wesentliche Beschränkung des Umgangsrechts (Abs. 2 Nr. 5) 21

§ 158

III. Bestellungsverfahren (Absatz 3)
   1. Prüfung und Bestellung von Amts wegen 22
   2. Anfangsermittlungen des Gerichts, Anhörungen, Zeitpunkt der Bestellung (Abs. 3 Satz 1) 23
   3. Auswahl des Verfahrensbeistands (Absatz 1) 27
   4. Entscheidung über die Bestellung
      a) Form der Entscheidung und Bekanntgabe 30
      b) Inhalt der Bestellung 31
      c) Begründung der Bestellung oder Nichtbestellung (Abs. 3 Satz 3, Abs. 4 Satz 4) 33
   5. Anfechtung der Bestellung oder Nichtbestellung (Abs. 3 Satz 4) ... 34

C. Rechtsstellung und Aufgaben des Verfahrensbeistands (Absatz 4)
   I. Rechtsstellung des Verfahrensbeistands
      1. Interessenvertreter, kein gesetzlicher Vertreter (Abs. 4 Satz 5 und 6) .. 35
      2. Rechte und Pflichten als Verfahrensbeteiligter (Abs. 3 Satz 2, Abs. 8) .. 37
      3. Rechtsstellung gegenüber dem Gericht 39
   II. Aufgaben des Verfahrensbeistands
      1. Bedeutung der Aufgabenbeschreibung des Verfahrensbeistands ... 40
   2. Originärer Aufgabenkreis (Abs. 4 Satz 1 und 2) 41
   3. Erfordernis eines erweiterten Aufgabenkreises (Absatz 4 Satz 3) ... 45
      a) Gespräche mit Eltern und weiteren Bezugspersonen des Kindes 46
      b) Mitwirkung an einer einvernehmlichen Regelung 49

D. Dauer und Ende der Bestellung (Absatz 6)
   I. Beendigung des Verfahrens, Fortwirkung der Bestellung 52
   II. Aufhebung der Bestellung und Auswechslung des Verfahrensbeistands . 53

E. Aufwendungsersatz und Vergütung (Absatz 7)
   I. Aufwendungsersatz des nicht berufsmäßigen Verfahrensbeistands (Abs. 7 Satz 1) 56
   II. Vergütung des berufsmäßigen Verfahrensbeistands (Abs. 7 Satz 2 bis 4)
      1. Konzeption der Vergütung 57
      2. Höhe der Vergütung (Abs. 7 Satz 2 und 3) 58
      3. Entstehung des Vergütungsanspruchs 60
      4. (Kein) gesonderter Ersatz von Aufwendungen und Umsatzsteuer (Abs. 7 Satz 4) 61
   III. Festsetzung der Ansprüche (Abs. 7 Satz 5 und 6) 62

Literatur: *Menne*, Die Entpflichtung des Verfahrenspflegers, ZKJ 2008, 111; *Menne*, Der Verfahrensbeistand im neuen FamFG, ZKJ 2009, 68; *Prenzlow*, Mitwirkung des Verfahrensbeistands am Zustandekommen einer einvernehmlichen Regelung – was ist daraus geworden?, FPR 2012, 366; *Salgo*, Der Anwalt des Kindes, 1996; *Salgo/Ludwig (Hrsg.)*, Verfahrensbeistandschaft – Ein Handbuch für die Praxis, 2. Aufl. 2010; *Stötzel*, Verfahrensbeistand und Umgangspfleger – Aufgaben und Befugnisse, FPR 2009, 27; *Vogel*, Der Verfahrensbeistand, FPR 2010, 43.

A. Allgemeines

I. Normzweck

1 § 158 regelt die Voraussetzungen für die Bestellung eines Verfahrensbeistands, dessen Stellung und Aufgaben sowie seine Vergütung. § 158 ersetzt den 1998 mit dem Kindschaftsrechtsreformgesetz in § 50 FGG aF eingeführten Verfahrenspfleger für minderjährige Kinder („**Anwalt des Kindes**").[1] In anderen Rechtsbereichen, wie etwa im Betreuungs- und Unterbringungsrecht (§§ 276, 317), ist die Verfahrenspflegschaft weiterhin vorgesehen. Mit der Schaffung zweier auch begrifflich verschiedener Rechtsinstitute unterstreicht der Gesetzgeber die unterschiedliche Ausgestaltung nach den spezifischen Anforderungen der betroffenen Rechtsgebiete. Die Bezeichnung **Verfahrensbeistand** soll Aufgabe und Funktion im Verfahren deutlicher zum Ausdruck bringen als der Begriff des Verfahrenspflegers.[2] Es handelt sich allerdings nicht um eine Beistandschaft nach §§ 1712 ff. BGB, sondern um ein ausschließlich ver-

---

1 KindRG v. 16.12.1997 (BGBl I, S. 2942), in Kraft seit 1.8.1998. Der Einführung des Verfahrenspflegers lagen insbesondere die Vorarbeiten von *Salgo*, Der Anwalt des Kindes, 1996, zugrunde.
2 BT-Drucks. 16/6308, S. 238.

fahrensrechtliches Institut.[1] Durch § 158 wurden zahlreiche Streit- und Zweifelsfragen aus dem Bereich des § 50 FGG aF geklärt.

Durch die Bestellung eines Verfahrensbeistands soll die Interessenvertretung des Kindes im Verfahren gestärkt und gesichert werden.[2] Dem Kind soll im Hinblick auf seine Individualität als Grundrechtsträger ermöglicht werden, seine eigenen **Interessen unabhängig von seinen Eltern in das Verfahren einzubringen**, wenn die Eltern hierzu zB wegen eines Interessenkonflikts oder wegen der vornehmlichen Verfolgung eigener Interessen nicht in der Lage sind.[3] Ferner soll dadurch die **Subjektstellung des Kindes im Verfahren** verdeutlicht werden.[4] In der Rechtspraxis ist festzustellen, dass die Bestellungen von Verfahrensbeiständen kontinuierlich steigen.[5]

II. Anwendungsbereich

Die Bestellung eines Verfahrensbeistands kommt nach Abs. 1 in allen Kindschaftssachen in Betracht, die **die Person des Kindes** betreffen (gleicher Begriff wie in §§ 160 Abs. 1 Satz 1, 161 Abs. 1 Satz 1, 162 Abs. 1 Satz 1). Das sind nicht nur Verfahren, welche die Personensorge betreffen (§ 151 Nr. 1), sondern alle Kindschaftssachen, die die Lebensführung und Lebensstellung eines Kindes zum Gegenstand haben und nicht ausschließlich vermögensrechtlicher Art sind.[6] Erfasst ist grundsätzlich auch das **Umgangsvermittlungsverfahren nach § 165**, allerdings wird die Bestellung eines Verfahrensbeistands dort meist nicht erforderlich sein (dazu § 165 Rz. 11).

In **rein vermögensrechtlichen Angelegenheiten** (insbesondere Genehmigung einer Erbausschlagung gem. § 1643 Abs. 2 Satz 1 BGB, weitere Genehmigungen von Rechtsgeschäften nach §§ 1643, 1821, 1822 BGB) ist die Bestellung eines Verfahrensbeistands nicht möglich, vielmehr muss dem Kind hier (soweit erforderlich) gem. §§ 1629 Abs. 2 Satz 3, 1796, 1909 BGB ein **Ergänzungspfleger** bestellt werden (dazu ausf. § 151 Rz. 60).

In Verfahren betreffend die **freiheitsentziehende Unterbringung des Kindes nach § 151 Nr. 6 oder 7** ist § 158 aufgrund der Sonderregelung in § 167 Abs. 1 Satz 2 nur hinsichtlich der Rechtsfolgen der Bestellung (dh. Abs. 3 bis 8) anzuwenden, die Voraussetzungen der Bestellung richten sich nach § 317 (str., dazu § 167 Rz. 22f.). § 158 ist entsprechend anwendbar in **Abstammungsverfahren** (§ 174 Satz 2) und in **Adoptionsverfahren** (§ 191 Satz 2).

Erfasst sind **Hauptsacheverfahren** und **einstweilige Anordnungsverfahren** (§ 51 Abs. 3)[7] sowie neben Erstentscheidungen auch **Abänderungsverfahren** nach § 166. Die Bestellung kann auch noch im **Beschwerdeverfahren** erfolgen. Unerheblich ist, ob die Kindschaftssache in einem isolierten Verfahren oder im **Scheidungsverbund** betrieben wird. Dagegen ist eine gesonderte Bestellung eines Verfahrensbeistands **nicht für das Vollstreckungsverfahren** nach §§ 89ff. vorgesehen,[8] zumal dort keine gesonderte Kindeswohlprüfung erfolgt (vgl. auch § 92 Rz. 2). Ergeben sich Zweifel an der Kindeswohldienlichkeit der zu vollstreckenden Regelung, ist auf Antrag oder von Amts wegen ein Abänderungsverfahren nach § 166 Abs. 1 einzuleiten,[9] in dem dann die Bestellung eines Verfahrensbeistands zu prüfen ist.

---

1 BT-Drucks. 16/6308, S. 238.
2 BT-Drucks. 13/4899, S. 76.
3 BT-Drucks. 13/4899, S. 129; BVerfG v. 29.10.1998 – 2 BvR 1206/98, FamRZ 1999, 85 und v. 18.7.2006 – 1 BvR 1465/05, FamRZ 2006, 1261 in st. Rspr.
4 BT-Drucks. 13/4899, S. 129; HK-FamFG/*Völker/Clausius* § 158 FamFG Rz. 1; Zöller/*Lorenz* § 158 FamFG Rz. 1.
5 Dazu *Lack/Salgo*, FPR 2012, 353.
6 BT-Drucks. 16/6308, S. 241 zur gleichlautenden Formulierung in § 162.
7 BGH v. 17.11.2010 – XII ZB 478/10, FamRZ 2011, 199.
8 OLG Schleswig v. 3.3.2011 – 15 UF 2/11, FamRZ 2012, 151; aA Haußleiter/*Fest* § 158 FamFG Rz. 5; MüKo.ZPO/*Zimmermann* § 92 FamFG Rz. 2.
9 BGH v. 1.2.2012 – XII ZB 188/11, FamRZ 2012, 533.

B. Bestellung des Verfahrensbeistands

I. Erforderlichkeit der Bestellung nach dem Grundtatbestand (Absatz 1)

1. Kriterien der Erforderlichkeitsprüfung

7 Nach dem Grundtatbestand in Abs. 1 ist ein Verfahrensbeistand zu bestellen, wenn dies zur Wahrnehmung der Interessen des Kindes erforderlich ist. Erforderlich ist die Bestellung, wenn nach den **Umständen des Einzelfalles** und aufgrund einer **Gesamtabwägung** die Gefahr besteht, dass

- in einer Angelegenheit von erheblicher Bedeutung für das Kind
- die Eltern zur Wahrnehmung der Kindesinteressen nicht in der Lage sind
- und seine Interessen nicht durch die allgemeinen Verfahrensgarantien, dh. Amtsermittlungsgrundsatz (§ 26), persönliche Anhörung des Kindes (§ 159), der Eltern (§ 160 Abs. 1), der Pflegeeltern (§ 161 Abs. 2) und des Jugendamts (§ 162) sowie die Einholung eines Sachverständigengutachtens gewahrt sind

und es daher einer eigenen, dh. parteiischen, Interessenvertretung bedarf.[1] Bei der Prüfung der Erforderlichkeit ist zu berücksichtigen, dass die Bestellung eines Verfahrensbeistands nach der gesetzlichen Konzeption weder auf Ausnahmefälle beschränkt ist noch regelmäßig in allen streitigen Kindschaftssachen erfolgen soll.[2] Die **Regelbeispiele in Abs. 2** können **als Orientierung** für die Bestimmung der Erforderlichkeit dienen.[3] Sie sind jedoch nicht abschließend, vielmehr fungiert Abs. 1 insofern als Auffangtatbestand.

2. Angelegenheit von erheblicher Bedeutung

8 Ob eine Angelegenheit von erheblicher Bedeutung ist, kann sich neben den Fallgruppen des Abs. 2 Nr. 2 bis 5 sowohl aus dem **Regelungsgegenstand** ergeben (zB Auswahl einer Schule, Umzug in weitere Entfernung, insbesondere ins Ausland), als auch aus dem **zugrundeliegenden Sachverhalt** (zB sexueller Missbrauch oder sexuelle Übergriffigkeit,[4] häusliche Gewalt, insbesondere gegenüber dem Kind verübte Gewalt[5]). **Nicht erforderlich** ist die Bestellung eines Verfahrensbeistands bei Entscheidungen von geringer Tragweite, die sich auf die Rechtspositionen der Beteiligten und auf die künftige Lebensgestaltung des Kindes nicht in erheblichem Umfang auswirken.[6]

3. Eltern sind zur Vertretung der Kindesinteressen nicht in der Lage

9 Fehlende Eignung der Eltern kann vorliegen, wenn sie intellektuell[7] oder aufgrund einer geistigen oder körperlichen Behinderung (etwa bei Taubstummheit) bzw. einer psychischen Erkrankung nicht zu der im konkreten Fall erforderlichen Wahrnehmung der Kindesinteressen in der Lage sind. Auch bei **erheblichem Konfliktniveau**,[8] insbesondere bei Hochstrittigkeit, können die Eltern regelmäßig die Kindesinteressen nicht mehr ausreichend wahrnehmen; zudem gehen damit häufig bewusste oder unbewusste Beeinflussungen des Kindes einher, so dass der Verfahrensbeistand zur zuverlässigen Feststellungen der Kindesinteressen und des Kindeswillens sowie zur Vorbereitung des Kindes auf die richterliche Kindesanhörung erforderlich ist (vgl. § 159 Abs. 4 Satz 3). Demgegenüber kann das Gericht im Einzelfall von der Bestellung

---

1 BT-Drucks. 13/4899, S. 130; Keidel/*Engelhardt* § 158 FamFG Rz. 7; MüKo.ZPO/*Schumann* § 158 FamFG Rz. 6.
2 MüKo.ZPO/*Schumann* § 158 FamFG Rz. 6.
3 BT-Drucks. 16/6308, S. 238.
4 OLG München v. 8.10.2009 – 26 UF 1569/09, FamRZ 2010, 486.
5 *Salgo*, FPR 2006, 12, 14; *Coester*, FF 2009, 269, 279.
6 BT-Drucks. 16/6308 S. 238.
7 Keidel/*Engelhardt* § 158 FamFG Rz. 7.
8 OLG München v. 8.10.2009 – 26 UF 1569/09, FamRZ 2010, 486; Musielak/*Borth* § 158 FamFG Rz. 3.

eines Verfahrensbeistands **absehen, wenn alle Beteiligten (einschließlich des Kindes) gleichgerichtete Verfahrensziele verfolgen.**[1]

4. (Keine) Sicherung der Kindesinteressen durch das Verfahren, die professionellen Verfahrensbeteiligten oder einen anderen Interessensvertreter (Absatz 5)

Hinsichtlich der Sicherung der Kindesinteressen durch die professionellen Verfahrensbeteiligten ist im Rahmen der Abwägung zu berücksichtigen, dass diese nicht ausschließlich die Interessen des Kindes vertreten. Das **Jugendamt** erbringt seinen Beratungs- und Hilfsauftrag – obgleich es dem Kindeswohl verpflichtet ist – auch und sogar in erster Linie gegenüber den Eltern.[2] **Richter und Sachverständiger** sind neben dem Kindeswohl der Neutralität verpflichtet und müssen im Konfliktfall die Interessen aller Verfahrensbeteiligten berücksichtigen.[3]

Ein Verfahrensbeistand ist allerdings **nicht erforderlich**, wenn bereits eine eigene Interessenvertretung des Kindes vorhanden ist. Nach Abs. 5 soll daher die Bestellung eines Verfahrensbeistands unterbleiben oder aufgehoben werden, wenn **die Interessen des Kindes von einem Rechtsanwalt** oder einem anderen geeigneten Verfahrensbevollmächtigten angemessen **vertreten** werden. Die Angemessenheit fehlt etwa, wenn Eltern bewusst die Interessenvertretung eines Kindes durch einen ihnen nicht genehmen Verfahrensbeistand durch Bestellung eines Rechtsanwalts verhindern wollen. Auch wenn für das Kind bereits ein **Ergänzungspfleger** nach § 1629 Abs. 2 Satz 3 iVm. § 1796 Abs. 2 BGB bestellt ist, ist nicht zusätzlich noch ein Verfahrensbeistand erforderlich (vgl. auch Rz. 17).

5. Bedeutung des Alters des Kindes

Allein wegen des Alters des Kindes ist nicht von der Bestellung eines Verfahrensbeistands abzusehen. Allerdings kann der Verfahrensbeistand entbehrlich sein, wenn das Kind seine Interessen selbst unbeeinflusst und erschöpfend wahrnehmen kann, weil sein Alter und seine Reife eine eigene Wahrnehmung seiner Verfahrensrechte erlauben.[4] Dies ist regelmäßig bei **Kindern ab 14 Jahren** zu prüfen. Das ursprünglich im RegE noch vorgesehene Antragsrecht eines mehr als 14 Jahre alten Kindes auf einen Verfahrensbeistand[5] wurde mit der Begründung wieder gestrichen, das Aufgabenprofil des Verfahrensbeistands sei eher auf die Wahrnehmung der Interessen jüngerer Kinder zugeschnitten und älteren Kindern könne und müsse bei Bedarf ohnehin aufgrund der übrigen Regelbeispiele ein Verfahrensbeistand bestellt werden.[6] Allerdings profitieren ältere Kinder durchaus erheblich von der entlastenden Wirkung eines Verfahrensbeistands.[7] Auch bei ihnen ist daher auf den Einzelfall abzustellen: Wechselt ein 16-jähriges Kind auf eigenen Wunsch und mit Zustimmung der Eltern von einem zum anderen Elternteil, ist ein Verfahrensbeistand trotz Erfüllung von Abs. 2 Nr. 3 nicht erforderlich.[8] Behauptet dagegen eine Jugendliche, von einem Elternteil geschlagen worden zu sein (was dieser abstreitet), und möchte sie gegen den Willen der Eltern in eine betreute Wohngruppe wechseln, ist die Bestellung eines Verfahrensbeistands aus den in Rz. 8 und 9 genannten Gründen geboten. Macht das Kind deutlich, dass es eine eigene Interessenvertretung wünscht, wird dem auch ohne förmliches Antragsrecht regelmäßig zu entsprechen sein, weil dem Wunsch ein Indiz für einen erheblichen Interessensgegensatz iSv. Abs. 2 Nr. 1 zu entnehmen ist.[9]

Auch bei **Kindern unter drei Jahren**, die ihren Willen noch nicht oder nur ganz begrenzt äußern können, ist der Verfahrensbeistand nicht generell entbehrlich, denn er

---

1 BT-Drucks. 16/6308, S. 238.
2 BVerfG v. 18.7.2006 – 1 BvR 1465/05, FamRZ 2006, 1261.
3 BT-Drucks. 13/4899, S. 130.
4 BVerfG v. 18.7.2006 – 1 BvR 1465/05, FamRZ 2006, 1261.
5 Vgl. BT-Drucks. 16/6308, S. 40.
6 Beschlussempfehlung und Bericht des Rechtsausschusses, BT-Drucks. 16/9733, S. 294.
7 *Menne*, ZKJ 2009, 68, 69.
8 Musielak/*Borth* § 158 FamFG Rz. 5.
9 *Menne*, ZKJ 2009, 68, 69.

§ 158

ist Vertreter der subjektiven und objektiven Kindesinteressen und nicht bloßes Sprachrohr des Kindes (vgl. Rz. 41).[1] Gerade weil diese Kinder regelmäßig nicht vom Richter persönlich angehört werden müssen, bedürfen sie im Verfahren eines eigenen Vertreters, der ihre Interessen deutlich macht. Allerdings muss der Verfahrensbeistand hier regelmäßig mit dem erweiterten Aufgabenkreis (Abs. 4 Satz 3) bestellt werden, da er die Interessen des Kindes in Gesprächen mit Bezugspersonen, Ärzten usw. ermitteln muss (vgl. Rz 46).

6. Erforderlichkeit der Bestellung im einstweiligen Anordnungsverfahren

14 In einstweiligen Anordnungsverfahren kann die Bestellung eines Verfahrensbeistands in **Konflikt mit dem Erfordernis einer besonders beschleunigten Entscheidung** wegen der Dringlichkeit der Sache treten. Ist die Entscheidung so dringlich, dass ohne mündliche Verhandlung entschieden werden muss (insbesondere bei Gefahr im Verzug), so scheidet die Bestellung grundsätzlich aus. Wird dagegen über den Erlass der Eilanordnung aufgrund mündlicher Verhandlung entschieden, kann nicht allein wegen der Eilbedürftigkeit von der Bestellung eines eigenen Interessenvertreters für das Kind abgesehen werden, zumal diese Entscheidungen oft erhebliche Auswirkungen für das Kind haben.[2] Allerdings muss die Entscheidung über die Erforderlichkeit der Bestellung regelmäßig zum Zeitpunkt der Anberaumung des Erörterungstermins und damit aufgrund der zu diesem Zeitpunkt nur begrenzten Informationen erfolgen (vgl. Rz. 26 zum Konflikt zwischen notwendiger Anfangsermittlung über die Notwendigkeit der Bestellung und möglichst frühzeitiger Bestellung). Stellt sich die Erforderlichkeit eines Verfahrensbeistands erst im Termin oder kurz zuvor heraus, ist eine Bestellung im Hinblick auf die Eilbedürftigkeit entbehrlich und muss im Hauptsacheverfahren oder ggf. im Abänderungsverfahren nach § 54 erfolgen. Fehlt es von vornherein an der nach § 49 Abs. 1 erforderlichen Dringlichkeit für den Erlass einer eA, kann auch die Bestellung eines Verfahrensbeistands unterbleiben.[3]

II. Regelbeispiele für eine erforderliche Bestellung (Absatz 2)

15 Abs. 2 regelt Fälle, in denen die Bestellung eines Verfahrensbeistands idR erforderlich ist. Die Regelbeispiele überschneiden sich teilweise in ihrem Anwendungsbereich und können ggf. auch kumulativ vorliegen. Ist keines der Regelbeispiele erfüllt, ist die Erforderlichkeit der Bestellung nach dem Grundtatbestand Abs. 1 zu prüfen. Will das Gericht trotz Vorliegens eines Regelbeispiels **ausnahmsweise von einer Bestellung absehen**, weil es aufgrund der Umstände des Einzelfalls an der Erforderlichkeit fehlt (vgl. Rz. 8 ff.), muss dies gem. Abs. 3 Satz 3 **in der Endentscheidung besonders begründet** werden.

1. Erheblicher Interessengegensatz (Abs. 2 Nr. 1)

16 Eine Bestellung ist nach Nr. 1 regelmäßig erforderlich, wenn das Interesse des Kindes zu dem seiner gesetzlichen Vertreter in erheblichem Gegensatz steht. Dies entspricht den Voraussetzungen, unter denen dem Kind nach §§ 1629 Abs. 2 Satz 3, 1796 Abs. 2 BGB ein Ergänzungspfleger zur Vertretung im Verfahren zu bestellen ist, wobei für die Erforderlichkeit eines Verfahrensbeistands nach Abs. 2 Nr. 1 bereits die **Möglichkeit des Bestehens eines Interessengegensatzes** ausreicht.[4] Die Bestellung eines Verfahrensbeistands ist gegenüber der Bestellung eines Ergänzungspflegers grundsätzlich vorrangig, sofern nicht im Einzelfall zur Wahrnehmung der Kindesinte-

---

1 KG v. 4.3.2003 – 18 WF 59/03, FamRZ 2003, 1478.
2 VerfG Brandenburg v. 30.9.2010 – VfG Bbg 32/10, FamRZ 2011, 305; OLG Brandenburg v. 11.2.2011 – 13 UF 7/11, FamFR 2011, 328 und v. 25.7.2012 – 15 UF 132/12, FamRB 2012, 343 (*Menne*); aA OLG Saarbrücken v. 25.5.2011 – 6 UF 76/11, FamRZ 2011, 1740 mit krit. Anm. *Heilmann*, ZKJ 2012, 306, das eine Bestellung wegen der Eilbedürftigkeit nicht für möglich hielt, obwohl zwischen Antragseingang und Termin drei Wochen lagen.
3 OLG Naumburg v. 4.10.2011 – 8 UF 194/11, FamRZ 2012, 1062 (LS).
4 OLG München v. 29.9.1998 – 12 WF 1122/98, FamRZ 1999, 667; OLG Naumburg v. 1.12.2008 – 8 UF 182/08, FamRZ 2009, 1417; Keidel/*Engelhardt* § 158 FamFG Rz. 12.

ressen eine gesetzliche Vertretung des Interessenvertreters erforderlich ist (dazu ausf. § 151 Rz. 59).

Ein erheblicher Interessengegensatz ist anzunehmen, wenn es nach dem Sachverhalt naheliegt, **dass die Eltern vornehmlich ihre eigenen Interessen durchsetzen wollen**[1] oder aufgrund der Intensität ihres Konflikts die Gefahr besteht, dass sie die **Interessen des Kindes aus dem Blick verlieren**. Entgegengesetzte Sachanträge der Eltern sind ein Indiz für das Bestehen eines Interessengegensatzes, sagen für sich genommen aber noch nichts über die Erheblichkeit aus, die nach den Umständen des Einzelfalles festzustellen ist (dazu Rz. 8 ff.).[2] Letztlich handelt es sich bei dem Regelbeispiel in Nr. 1, anders als den Fällen der Nrn. 2 bis 5, um eine gegenüber Abs. 1 nur wenig konkretisierte (weitere) Generalklausel.[3]

2. Entziehung der elterlichen Sorge nach §§ 1666, 1666a BGB (Abs. 2 Nr. 2)

In Verfahren nach den §§ 1666, 1666a BGB ist eine Bestellung regelmäßig erforderlich, wenn die **teilweise oder vollständige Entziehung der Personensorge** in Betracht kommt, weil dies typischerweise erhebliche Auswirkungen für den Lebensweg des Kindes hat.[4] Nicht besonders geregelt ist die Notwendigkeit der Bestellung eines Verfahrensbeistands bei der Aufhebung eines nach § 1666 BGB angeordneten Sorgeentzugs gem. § 1696 Abs. 2 BGB. Hier ist zu prüfen, ob dem Kind nach Abs. 2 Nr. 1 oder Nr. 3 bzw. nach dem Grundtatbestand des Abs. 1 ein Verfahrensbeistand zu bestellen ist, wenn weiterhin erhebliche Interessenkollisionen bestehen.[5] Die Bestellung des Verfahrensbeistands ist auch bei einstweiligen Anordnungsverfahren zu prüfen (dazu Rz. 15) sowie bei Anberaumung des frühen Erörterungstermins nach §§ 155 Abs. 2, 157 (dazu Rz. 26).

3. Trennung des Kindes von der Obhutsperson (Abs. 2 Nr. 3)

Nach Nr. 3 liegt ein Regelfall vor, wenn eine Trennung des Kindes von der Person erfolgen soll, in deren Obhut es sich befindet. In Verfahren nach §§ 1666, 1666a BGB ist damit die Bestellung eines Verfahrensbeistands regelmäßig unter beiden Gesichtspunkten (Nr. 2 und 3) geboten. Nr. 3 ist jedoch nicht auf Verfahren nach den §§ 1666, 1666a BGB beschränkt. Der Begriff der „Trennung" ist so zu verstehen wie in § 1666a Abs. 1 Satz 1 BGB,[6] der Begriff der „Obhut" wie in § 1629 Abs. 2 Satz 2 BGB. Maßgebend ist daher, ob eine Entscheidung das soziale Umfeld des Kindes bestimmt und zu einer **Herauslösung des Kindes aus der unmittelbaren Zuwendung des gegenwärtig betreuenden Elternteils** führen kann.[7] Für die Anwendung der Regelung ist es ohne Belang, wer die Trennung anstrebt, dh. ob es das Kind selbst, das Jugendamt, ein Elternteil (nach §§ 1671 Abs. 1 Satz 2 Nr. 2, 1696 Abs. 1 BGB) oder ein außenstehender Dritter ist, oder ob das Gericht eine derartige Maßnahme in Betracht zieht.[8]

4. Anordnung der Herausgabe oder Verbleibens des Kindes (Abs. 2 Nr. 4)

Nr. 4 nennt Verfahren, die die Herausgabe des Kindes (§ 1632 Abs. 1, 3 BGB) oder eine Verbleibensanordnung (§§ 1632 Abs. 4, 1682 BGB) zum Gegenstand haben. Auch hierbei geht es um den grundsätzlichen Aufenthalt des Kindes. Diese Verfahren sind besonders genannt, da ihre Zuordnung zu Nr. 3 zweifelhaft sein kann (bei unklaren Obhutsverhältnissen oder wenn der betreuende Elternteil die Herausgabe vom Um-

---

[1] BVerfG v. 29.10.1998 – 2 BvR 1206/98, FamRZ 1999, 85 und v. 18.7.2006 – 1 BvR 1465/05, FamRZ 2006, 1261.
[2] BT-Drucks. 13/4899, S. 131.
[3] *Salgo*, FPR 2006, 12, 13; *Coester*, FF 2009, 269, 279.
[4] BT-Drucks. 16/6308, S. 238.
[5] Ebenso *Salgo*, FPR 2006, 12, 14; *Coester*, FF 2009, 269, 279.
[6] BT-Drucks. 16/6308, S. 238.
[7] BT-Drucks. 16/6308, S. 239 unter Bezugnahme auf BVerfG v. 29.10.1998 – 2 BvR 1206/98, FamRZ 1999, 85.
[8] BT-Drucks. 16/6308, S. 238.

gangsberechtigten oder von einem Dritten verlangt).[1] Auf das Vorliegen der Tatbestandsmerkmale der Nr. 3 kommt es nicht an. Erfasst sind insbesondere auch Verfahren auf Rückführung des Kindes nach dem Haager Kindesentführungsübereinkommen (HKiEntÜ), bei denen häufig auch Nr. 3 erfüllt sein wird.[2] Wie bei Nr. 2 gilt auch hier, dass die Bestellung des Verfahrensbeistands auch bei einstweiligen Anordnungsverfahren sowie bei Anberaumung des frühen Erörterungstermins nach §§ 155 Abs. 2 zu prüfen ist.

5. Ausschluss oder wesentliche Beschränkung des Umgangsrechts (Abs. 2 Nr. 5)

21 Nach Nr. 5 ist ein Verfahrensbeistand idR zu bestellen, wenn ein Ausschluss oder eine wesentliche Beschränkung des Umgangsrechts (vgl. § 1684 Abs. 4 Satz 1, 2 BGB) in Betracht kommt, weil dies von einem Verfahrensbeteiligten gefordert oder von dem Gericht ernsthaft erwogen wird.[3] Die Situation ist in diesen Fällen regelmäßig von einem schweren Grundkonflikt oder von Vorwürfen gegenüber dem Umgangsberechtigten geprägt, die mit der Konstellation in Nr. 2 vergleichbar sind.[4] Eine wesentliche Beschränkung liegt auch vor, wenn das Hauptsacheverfahren mit der Anordnung eines begleiteten Umgangs abgeschlossen werden soll.[5] Keine wesentliche Beschränkung liegt vor in Verfahren (insbesondere einstweiligen Anordnungsverfahren), die nur die einmalige oder vorübergehende Einschränkung des Umgangsrechts zum Gegenstand haben.[6] Auch sind Verfahren betreffend den Umgang von Bezugspersonen nach § 1685 BGB nicht umfasst, da die Kindeswohldienlichkeit des Umgangs bei ihnen erst positiv festgestellt werden muss und zur Einschränkung des Umgangs nicht eine der Nr. 2 vergleichbare Gefährdungssituation erforderlich ist;[7] es ist in diesem Fall aber die Bestellung eines Verfahrensbeistands nach Abs. 2 Nr. 1 und dem Grundtatbestand in Abs. 1 zu prüfen.

III. Bestellungsverfahren (Absatz 3)

1. Prüfung und Bestellung von Amts wegen

22 Das Gericht hat von Amts wegen zu prüfen, ob die Bestellung eines Verfahrensbeistands nach Abs. 1 und 2 erforderlich ist.[8] Entsprechende „Anträge" der Verfahrensbeteiligten oder des Jugendamts sind daher lediglich Anregungen, die dem Gericht allerdings Veranlassung zur Prüfung geben.[9] Dies gilt erst recht für eine entsprechende Anregung des Kindes (vgl. Rz. 12). Wenn das Kriterium der Erforderlichkeit erfüllt ist, ist das **Gericht zur Bestellung** eines Verfahrensbeistands **verpflichtet**, dh. ihm steht insoweit kein Ermessen zu.[10]

2. Anfangsermittlungen des Gerichts, Anhörungen, Zeitpunkt der Bestellung (Abs. 3 Satz 1)

23 Zur Prüfung der Erforderlichkeit der Bestellung nach Abs. 1 und 2 sind grundsätzlich sog. **Anfangsermittlungen** des Gerichts im Hinblick auf die mit der Verfahrensbeistandschaft verbundenen Kosten zulässig und erforderlich, um offensichtlich unnötige Bestellungen zu vermeiden.[11] Dies kann abhängig vom Einzelfall erfolgen durch Anhörung der Beteiligten (insbesondere der Eltern), des Jugendamts oder die Beiziehung von Verfahrensakten.[12]

---

1 BT-Drucks. 16/6308, S. 239.
2 Holzer/*Menne* § 158 FamFG Rz. 60; MüKo.ZPO/*Schmumann* § 158 FamFG Rz. 10.
3 BT-Drucks. 16/6308, S. 239.
4 BT-Drucks. 16/6308, S. 239.
5 OLG Saarbrücken v. 25.3.2010 – 6 UF 136/09, FamRZ 2010, 2085.
6 Vgl. Beschlussempfehlung und Bericht des Rechtsausschusses, BT-Drucks. 16/9733, S. 294.
7 OLG Celle v. 12.8.2011 – 10 UF 118/11, ZKJ 2011, 431 = NJW-RR 2011, 1512.
8 MüKo.ZPO/*Schumann* § 158 FamFG Rz. 13.
9 Vgl. KG v. 31.10.2006 – 25 WF 132/06, ZKJ 2008, 120 zur Anregung des Austauschs des Verfahrensbeistands.
10 BT-Drucks. 16/6308, S. 238.
11 BT-Drucks. 16/6308, S. 239.
12 BT-Drucks. 16/6308, S. 239; *Menne*, ZKJ 2009, 68, 69.

Eine generelle **Verpflichtung zur Anhörung der Kindeseltern** vor Bestellung eines Verfahrensbeistands **besteht entgegen der wohl hM**[1] jedenfalls bei Vorliegen der Regelbeispiele nach Abs. 2 Nr. 2 bis 5 **nicht**.[2] Denn liegen diese vor, ist das Gericht grundsätzlich verpflichtet, einen Verfahrensbeistand zu bestellen. Vor Inkrafttreten des FamFG war die Gewährung rechtlichen Gehörs nach der Rechtsprechung erforderlich, weil die Anordnung der Verfahrenspflegschaft als schwerwiegender Eingriff in die elterliche Sorge qualifiziert und deshalb überwiegend die Beschwerde gegen die Bestellung zugelassen wurde.[3] Diese Argumentation ist weggefallen, nachdem die Anordnung der Verfahrensbeistandschaft wie andere Zwischenentscheidungen gem. Abs. 3 Satz 4 nicht (mehr) selbständig anfechtbar ist und Abs. 4 Satz 6 klarstellt, dass der Verfahrensbeistand nicht gesetzlicher Vertreter des Kindes ist und die elterliche Sorge daher unberührt bleibt. Den Eltern steht auch kein Recht auf Auswahl einer bestimmten Person als Verfahrensbeistand zu (vgl. Rz. 27). Zwar müssen die Eltern ggf. die Kosten des Verfahrensbeistands als gerichtliche Auslagen tragen, jedoch können bei offensichtlich zu Unrecht erfolgter Bestellung die Kosten nach § 20 Abs. 1 Satz 1 FamGKG niedergeschlagen werden.[4] Ob eine Bestellung wegen erheblichen Interessengegensatzes (Abs. 2 Nr. 1) oder nach dem Grundtatbestand (Abs. 1) erforderlich ist, wird sich dagegen regelmäßig erst nach Anhörung der Eltern feststellen lassen.

24

Die Bestellung eines Verfahrensbeistands soll gem. Abs. 3 Satz 1 **so früh wie möglich** erfolgen, damit der Verfahrensbeistand auf die weitere Gestaltung des Verfahrens Einfluss nehmen und seine Aufgaben nach Abs. 4 auch erfüllen kann.[5] Er muss insbesondere ausreichend Zeit haben, sich in angemessener Weise mit der Sache vertraut zu machen und mit dem Kind zu sprechen. Das Gericht darf die Interessenvertretung des Kindes daher nicht durch eine Bestellung oder Auswechslung des Verfahrensbeistands kurz vor Abschluss des Verfahrens ineffektiv machen.[6] Auch Alibibestellungen am Ende des Verfahrens sind unzulässig.[7]

25

Ein **Konflikt** zwischen frühestmöglicher Bestellung und erforderlicher Anfangsermittlung tritt regelmäßig auf **bei Anberaumung eines frühen Erörterungstermins nach § 155 Abs. 2**, der ggf. mit einem Termin zur Erörterung einer möglichen Kindeswohlgefährdung nach § 157 verbunden wird. Soll der Verfahrensbeistand bereits an dem spätestens vier Wochen nach Verfahrenseinleitung anzuberaumenden Erörterungstermin teilnehmen, muss über die Erforderlichkeit der Bestellung regelmäßig schon bei der Anberaumung des Termins, dh bei Eingang des Antrags, entschieden werden, damit dem Verfahrensbeistand ausreichend Zeit bleibt, sich in den Sachverhalt einzuarbeiten und mit dem Kind in Kontakt zu treten.[8] Für Anfangsermittlungen bleibt dann kein Raum. Die gleiche Problematik stellt sich bei der **mündlichen Erörterung einer eA** (vgl. auch Rz. 14). In Kindesschutzverfahren nach § 1666 BGB, bei streitigem Lebensmittelpunkt und bei Verfahren über die Herausgabe des Kindes (§ 1632 Abs. 3 und 4 BGB) wird jedoch regelmäßig schon bei Terminsanberaumung abzuschätzen sein, ob ein Verfahrensbeistand bestellt werden muss, weil die Voraus-

26

---

1 MüKo.ZPO/*Schumann* § 158 FamFG Rz. 16; Musielak/*Borth* § 158 FamFG Rz. 11; Holzer/*Menne* § 158 FamFG Rz. 72; HK-FamFG/*Völker/Clausius* § 158 FamFG Rz. 16; *Vogel*, FPR 2010, 43, 45.
2 Eine Anhörungspflicht findet sich ebenfalls nicht bei Keidel/*Engelhardt* § 158 FamFG Rz. 31f. und Haußleiter/*Fest* § 158 FamFG Rz. 20.
3 OLG Dresden v. 14.1.2000 – 20 WF 608/99, FamRZ 2000, 1296; OLG Köln v. 7.8.2001 – 25 WF 56/01, FamRZ 2002, 968.
4 OLG Frankfurt v. 31.10.2012 – 4 WF 167/12, FamRB 2013, 110 (*Schneider*): Erinnerung des Kostenschuldners nach § 57 FamGKG; aA OLG München v. 25.11.2011 – 11 WF 1577/11, RPfleger 2012, 205.
5 BGH v. 16.3.2011 – XII ZB 407/10, FamRZ 2011, 796; BVerfG v. 26.8.1999 – 1 BvR 1403/99, juris.
6 BGH v. 16.3.2011 – XII ZB 407/10, FamRZ 2011, 796.
7 *Salgo*, FPR 2006, 12, 14; *Stößer*, FamRZ 2009, 656, 661.
8 Holzer/*Menne* § 158 FamFG Rz. 70 spricht insoweit von einem „Zielkonflikt". Zurückhaltend hinsichtlich einer Bestellung vor dem frühen Termin deshalb MüKo.ZPO/*Schumann* § 158 FamFG Rz. 17 (keine schematische Entscheidung); Musielak/*Borth* § 155 FamFG Rz. 8 („Bestellung kann je nach Sachlage sinnvoll sein").

setzungen des § 158 Abs. 2 Nr. 2 bis 4 erfüllt sind, so dass Anfangsermittlungen nicht erforderlich sind.[1] Dagegen wird in Umgangsverfahren und Verfahren über den Aufenthalt des Kindes aus der Antragsschrift oft schwer zu erkennen sein, wie schwerwiegend der Konflikt ist und ob insoweit die Voraussetzungen des § 158 Abs. 2 Nr. 1, 3 oder 5 erfüllt sind. Hier ist im Rahmen des frühen Termins zu prüfen, ob ein Verfahrensbeistand erforderlich ist (vgl. § 155 Rz. 45). Wird jedoch bereits in der Antragsschrift ein Umgangsausschluss beantragt, ist nach § 158 Abs. 2 Nr. 5 regelmäßig ein Verfahrensbeistand zu bestellen. In den übrigen Fällen ist im Einzelfall abzuwägen, ob das Gericht zunächst Vorermittlungen anstellt und den Verfahrensbeistand ggf. erst nach dem frühen Termin bestellt oder ob sofort eine Bestellung erfolgt, zB weil die Familie bereits aus früheren Verfahren bekannt ist.[2] **Im Zweifel sollte ein Verfahrensbeistand vor dem frühen Termin bestellt werden**, weil dort meist wichtige Weichen für den Ausgang des Verfahrens gestellt werden und die effektive Interessensvertretung des Kindes Vorrang vor fiskalischen Interessen hat.[3]

3. Auswahl des Verfahrensbeistands (Absatz 1)

27 Nach Abs. 1 soll das Gericht eine Person zum Verfahrensbeistand bestimmen, die **persönlich und fachlich geeignet** ist, im konkreten Einzelfall das Interesse des Kindes festzustellen und sachgerecht in das Verfahren einzubringen. Auf Qualifikationsanforderungen für die zu bestellende Person verzichtet das Gesetz allerdings. Nicht ausgeschlossen ist deshalb auch die Bestellung eines geeigneten Laien (zB eines nahen, vertrauten Verwandten),[4] wovon jedoch angesichts der Komplexität der Aufgabe und der Gefahr der persönlichen Involvierung von Verwandten in den Konflikt in der Praxis zu Recht kaum Gebrauch gemacht wird.[5] Grundsätzlich benötigt der Verfahrensbeistand pädagogische und psychologische Kenntnisse über die soziale und psychische Lebenssituation von Minderjährigen, die auf eigenständige Interessenvertretung angewiesen sind, Kompetenzen zur Kommunikation mit Minderjährigen sowie rechtliche Kenntnisse im materiellen Kindschaftsrecht, Verfahrensrecht und Jugendhilferecht.[6] Regelmäßig werden bereits jetzt Rechtsanwälte, Pädagogen, Sozialarbeiter, Sozialpädagogen sowie Kinder- und Jugendpsychologen mit entsprechender Zusatzqualifikation ausgewählt, was jedoch von dem jeweiligen örtlichen Angebot abhängt. Eine Standardisierung der Qualifizierung und Zertifizierung der Verfahrensbeistände wie im Falle der Mediatoren (vgl. § 5 MediationsG) wäre wünschenswert, um zu verhindern, dass die Gerichte immer auf die gleichen Verfahrensbeistände zurückgreifen (müssen) und um den Einstieg für neue Verfahrensbeistände zu erleichtern. Soweit im konkreten Fall erforderlich und möglich, sollte bei der Auswahl auch auf sprachliche und kulturelle Kompetenzen des Verfahrensbeistands geachtet werden. Weder das Kind noch die Eltern haben jedoch einen Anspruch auf Bestellung eines bestimmten Verfahrensbeistands.[7] Das **Jugendamt** und ein im Verfahren bereits bestellter **Sachverständiger** können aufgrund ihrer Stellung im Verfahren (vgl. Rz. 10) nicht als Verfahrensbeistand bestellt werden.[8]

28 Ist in einem Verfahren für **mehrere Kinder** ein Verfahrensbeistand zu bestellen, ist grundsätzlich für alle die gleiche Person auszuwählen, damit auch die Geschwisterbeziehung eingeschätzt werden kann und die Zahl der professionell Beteiligten nicht

---

1 Staudinger/*Coester* § 1666 BGB Rz. 270; *Salgo*, FF 2010, 352, 359.
2 *Holzer/Menne* § 158 FamFG Rz. 71.
3 *Schmid*, FPR 2011, 5, 7; *Buck*, JAmt 2010, 161, 163; *Bergmann*, FPR, 2011, 297, 298; Staudinger/*Coester* § 1671 BGB Rz. 292; MüKo.ZPO/*Heilmann* § 155 FamFG Rz. 37; Keidel/*Engelhardt* § 158 FamFG Rz. 31 (vorsorgliche Bestellung, wenn nicht absehbar ist, ob ein zweiter Termin erforderlich sein wird).
4 BT-Drucks. 13/4899, S. 130.
5 Holzer/*Menne* § 158 FamFG Rz. 34; Keidel/*Engelhardt* § 158 FamFG Rz. 32.
6 Ausf. *Salgo*, FPR 2006, 12, 15.
7 OLG Frankfurt v. 15.6.2005 – 5 WF 83/05, OLGReport Frankfurt 2006, 85; Keidel/*Engelhardt* § 158 FamFG Rz. 32.
8 OLG Naumburg v. 10.3.1999 – 8 WF 69/99, FamRZ 2000, 300; Keidel/*Engelhardt* § 158 FamFG Rz. 33.

noch weiter erhöht wird.¹ Es kann jedoch auch für jedes Kind ein eigener Verfahrensbeistand bestellt werden, was dann in Betracht kommen kann, wenn die Kinder sehr unterschiedliche Interessen haben.² Für die Vergütung spielt die Frage keine Rolle, da die Pauschale für jedes Kind gesondert anfällt (vgl. Rz. 59).

Vor der Bestellung sollte auch eine **Anhörung des zu bestellenden Verfahrensbeistands** erfolgen, um verfahrensverzögernde Ablehnungen des Verfahrensbeistands wegen fehlender Kapazitäten zu vermeiden (§ 155 Abs. 1). Denn der Verfahrensbeistand ist zur Übernahme der Verfahrensbeistandschaft nicht verpflichtet (vgl. Rz. 34). Bei Anberaumung eines frühen Termins nach § 155 Abs. 2 oder der Erörterung einer eA empfiehlt es sich aus diesem Grunde zudem, mögliche Termine vorab zu klären. 29

4. Entscheidung über die Bestellung

a) Form der Entscheidung und Bekanntgabe

Das Gesetz sieht für die **Bestellung des Verfahrensbeistands** als Zwischenentscheidung keine Form vor. Üblicherweise erfolgt die Bestellung jedoch in Form eines Beschlusses.³ Er ist dem Verfahrensbeistand und den Verfahrensbeteiligten formlos bekannt zu geben. Das **Absehen von der Bestellung** kann bei Anregung durch einen Verfahrensbeteiligten als formlose Verfügung ergehen, eine Begründung hierfür ist gem. Abs. 3 Satz 3 erst in der Endentscheidung und (nur) bei Vorliegen eines Regelbeispiels nach Abs. 2 erforderlich. 30

b) Inhalt der Bestellung

Aus der Bestellungsanordnung sollen neben der **Benennung des Verfahrensbeistands** nach Abs. 4 Satz 4 auch **Art und Umfang der Beauftragung** hervorgehen. Es ist daher ausdrücklich klarzustellen, ob der Verfahrensbeistand mit dem originären Aufgabenkreis nach Abs. 4 Satz 2 oder dem erweiterten Aufgabenkreis nach Abs. 4 Satz 3 bestellt wird. An die Beschreibung der mit dem jeweiligen Aufgabenkreis verbundenen Aufgaben sind dagegen bei Bestellung eines berufsmäßigen Verfahrensbeistands keine hohen Anforderungen zu stellen,⁴ denn sie hat weder Auswirkungen auf seine Befugnisse im Rahmen der Interessenvertretung des Kindes noch auf seine (pauschale) Vergütung (vgl. ausf. Rz. 40). Vielmehr genügt es regelmäßig, den Verfahrensbeistand entsprechend dem Wortlaut in Abs. 4 Satz 3 ergänzend zu beauftragen, Gespräche mit den Eltern und weiteren Bezugspersonen zu führen und am Zustandekommen einer einvernehmlichen Regelung über den Verfahrensgegenstand mitzuwirken.⁵ Bedeutung hat die Festlegung bestimmter Aufgaben nur für die seltenen Fälle der Vergütung eines nicht berufsmäßigen Verfahrensbeistands nach Abs. 7 Satz 1 (vgl. dazu Rz. 56). 31

Im Hinblick auf die Vergütung nach Abs. 7 ist bei der Bestellung auch festzustellen, **ob die Verfahrensbeistandschaft berufsmäßig geführt wird**. Fehlt diese Feststellung, kann die Bestellung entsprechend § 42 ergänzt und auch im Vergütungsfestsetzungsverfahren nach Abs. 7 Satz 6 iVm. § 168 Abs. 1 noch nachgeholt werden (vgl. § 168 Rz. 23). Zu den Voraussetzungen der Berufsmäßigkeit entsprechend § 1 Abs. 1 32

---

1 Musielak/*Borth* § 158 FamFG Rz. 17; Holzer/*Menne* § 158 FamFG Rz. 74.
2 BGH v. 15.9.2010 – XII ZB 268/10, FamRZ 2010, 1896; OLG Brandenburg v. 18.4.2011 – 13 UF 48/11, FamRZ 2011, 1872.
3 *Vogel*, FPR 2010, 43, 45; Holzer/*Menne* § 158 FamFG Rz. 77.
4 AA MüKo.ZPO/*Schumann* § 158 FamFG Rz. 33; *Bumiller*/Harders § 158 FamFG Rz. 4; Musielak/*Borth* § 158 FamFG Rz. 17; Keidel/*Engelhardt* § 158 FamFG Rz. 28, 37, die eine präzise bzw. konkrete Aufgabenbeschreibung für den erweiterten Aufgabenkreis verlangen. Ebenso Prütting/Helms/*Stößer*, 2. Aufl. 2011, § 158 FamFG Rz. 23.
5 Vgl. OLG Köln v. 22.3.2012 – 27 UF 48/12, FamRZ 2013, 46, das sogar nur „als berufsmäßiger Verfahrensbeistand gem. § 158 Abs. 2 Nr. 2, Abs. 4 Satz 3 FamFG" bestellt; auch der BGH spricht in seinen Entscheidungen regelmäßig nur davon, dass dem Verfahrensbeistand „die zusätzliche Aufgabe" nach § 158 Abs. 4 Satz 3 FamFG übertragen wird, vgl. nur BGH v. 17.11.2010 – XII ZB 478/10, FamRZ 2011, 199; BGH v. 19.1.2011 – XII ZB 486/10, FamRZ 2011, 467.

VBVG vgl. § 277 Rz. 28 ff. Ein Beschwerderecht gegen die Feststellung der Berufsmäßigkeit steht weder dem Verfahrensbeistand noch der Staatskasse zu.[1]

c) Begründung der Bestellung oder Nichtbestellung (Abs. 3 Satz 3, Abs. 4 Satz 4)

33 Die **Bestellung des Verfahrensbeistands** sollte kurz begründet werden, auch wenn eine Beauftragung lediglich mit dem originären Wirkungskreis nach Abs. 4 Satz 2 erfolgt, um die spätere Überprüfung in der Beschwerdeinstanz bzw. bei einer evtl. Prüfung der Kostenniederschlagung nach § 20 Abs. 1 Satz 1 FamGKG zu ermöglichen.[2] Zwingend erforderlich ist eine – inhaltlich nachprüfbare[3] – Begründung gem. Abs. 4 Satz 4, wenn der Verfahrensbeistand mit dem erweiterten Wirkungskreis nach Abs. 4 Satz 3 bestellt wird. Zu den Gründen für die Übertragung des erweiterten Aufgabenkreises vgl. Rz. 45 ff. Ferner bedarf es gem. Abs. 3 Satz 3 der Begründung in der Endentscheidung, **wenn von der Bestellung** eines Verfahrensbeistands **abgesehen wird**, obwohl ein Regelbeispiels nach Abs. 2 vorliegt. Fehlt es in diesen Fällen an einer nachprüfbaren Begründung, stellt dies einen schwerwiegenden Verfahrensmangel dar (vgl. Rz. 34).

5. Anfechtung der Bestellung oder Nichtbestellung (Abs. 3 Satz 4)

34 Abs. 3 Satz 4 stellt klar, dass die Bestellung eines Verfahrensbeistands, die Aufhebung der Bestellung sowie die Ablehnung einer derartigen Maßnahme als Zwischenentscheidungen **nicht isoliert anfechtbar** sind, was vor allem der Verfahrensbeschleunigung dient (§ 155 Abs. 1).[4] Allerdings kann ein **Rechtsmittel gegen die Endentscheidung** damit begründet werden, dass das Gericht einen Verfahrensbeistand zu Unrecht bestellt oder abberufen hat oder dass es die Bestellung eines Verfahrensbeistands zu Unrecht unterlassen oder abgelehnt hat (§ 58 Abs. 2).[5] Gleiches gilt, wenn es an der gem. Abs. 3 Satz 3 bzw. Abs. 4 Satz 4 erforderlichen Begründung für das Absehen von einer Bestellung oder für die Übertragung des erweiterten Aufgabenkreises fehlt (vgl. Rz. 33).[6] Es handelt sich jeweils um schwerwiegende Verfahrensfehler, die allerdings regelmäßig nicht ohne Hinzutreten weiterer Verfahrensfehler eine Aufhebung und Zurückverweisung gem. § 69 Abs. 1 Satz 3 rechtfertigen,[7] vielmehr sind Bestellung und Begründung grundsätzlich in der Beschwerdeinstanz nachzuholen.[8] Auch einer isolierten Anfechtung der Bestellung durch den **Verfahrensbeistand** bedarf es nicht, denn er ist **zur Übernahme der Verfahrensbeistandschaft nicht verpflichtet**.[9] Lehnt er die Übernahme ab, muss das Gericht die Bestellung aufheben und einen neuen Verfahrensbeistand bestellen (dazu Rz. 53 f.).

---

1 Ausf. Keidel/*Engelhardt* § 158 FamFG Rz. 35.
2 *Vogel*, FPR 2010, 43, 45; Holzer/*Menne* § 158 FamFG Rz. 80 (Begr. nicht erforderlich, aber empfehlenswert).
3 Holzer/*Menne* § 158 FamFG Rz. 81.
4 BT-Drucks. 16/6308, S. 239. Dies war vor Inkrafttreten des FamFG sehr umstritten, vgl. zB OLG Frankfurt v. 17.4.2008 – 1 WF 68/08, FamRZ 2008, 1364 m. Nachw.
5 BT-Drucks. 16/6308, S. 239; OLG München v. 8.10.2009 – 26 UF 1569/09, FamRZ 2010, 486.
6 OLG Naumburg v. 2.7.2009 – 8 UF 81/09, ZKJ 2010, 37; OLG Brandenburg v. 11.2.2011 – 13 UF 7/11, FamFR 2011, 328.
7 So in den Fällen des OLG Saarbrücken v. 25.3.2010 – 6 UF 136/09, FamRZ 2010, 2085 und OLG Brandenburg v. 11.2.2011 – 13 UF 7/11, FamFR 2011, 328.
8 Musielak/*Borth* § 158 FamFG Rz. 13; Holzer/*Menne* § 158 FamFG Rz. 82; aA OLG Brandenburg v. 25.7.2012 – 15 UF 132/12, FamRB 2012, 343 (*Menne*) mit dem unzutreffenden Hinweis, die unterbliebene Bestellung eines Verfahrensbeistands stelle einen Fall der fehlenden Hinzuziehung eines nach § 7 am Verfahren zu Beteiligenden dar, denn der Verfahrensbeistand ist erst im Falle seiner Bestellung zu beteiligen.
9 MüKo.ZPO/*Schumann* § 158 FamFG Rz. 16; vgl. auch nachstehend § 276 Rz. 68.

C. Rechtsstellung und Aufgaben des Verfahrensbeistands (Absatz 4)

I. Rechtsstellung des Verfahrensbeistands

1. Interessenvertreter, kein gesetzlichen Vertreter (Abs. 4 Satz 5 und 6)

Seine Funktion als Interessenvertreter des Kindes nimmt der Verfahrensbeistand aus eigenem Recht und in eigenem Namen wahr.[1] Er kann daher nach Abs. 4 Satz 5 ohne Betroffenheit in eigenen Rechten gegen die Entscheidung des Gerichts **Beschwerde einlegen** und diese zurücknehmen. Das Beschwerderecht des Kindes nach § 60 ist davon unabhängig. Dem Verfahrensbeistand steht ferner gem. § 159 Abs. 4 Satz 3 das Recht zu, bei der gerichtlichen **Anhörung des Kindes** anwesend zu sein (dazu ausf. § 159 Rz. 22). Als einseitiger Interessenvertreter des Kindes ist er anders als das Gericht oder ein von diesem bestellter Sachverständiger nicht zur Objektivität verpflichtet und **kann daher nicht wegen Besorgnis der Befangenheit abgelehnt werden**[2] (zur Möglichkeit der Auswechslung des Verfahrensbeistands vgl. Rz. 54). Der Verfahrensbeistand ist aufgrund des Rechts des Kindes zur informationellen Selbstbestimmung gem. Art. 2 Abs. 1 iVm. Art 1 Abs. 1 GG bzw. gem. § 68 SGB VIII analog[3] zur **Verschwiegenheit** verpflichtet.[4] Dies gilt sowohl innerhalb des Verfahrens, wenn das Kind nicht möchte, dass der Verfahrensbeistand bestimmte Angaben an das Gericht weitergibt, die es ihm anvertraut hat,[5] als auch außerhalb des Verfahrens gegenüber Dritten.[6] Entsprechend seiner Verschwiegenheitspflicht steht dem Verfahrensbeistand gem. § 29 Abs. 2 FamFG iVm. 383 Abs. 1 Nr. 6 ZPO auch ein **Zeugnisverweigerungsrecht** zu.[7]

35

Ausweislich Abs. 4 Satz 6 ist der Verfahrensbeistand jedoch **nicht gesetzlicher Vertreter des Kindes**, sondern nimmt seine Aufgabe neben dem gesetzlichen Vertreter (idR den sorgeberechtigten Eltern) wahr. Insofern besteht ein wesentlicher Unterschied zur Bestellung eines Ergänzungspflegers nach §§ 1796, 1909 BGB. Der Verfahrensbeistand ist daher nicht berechtigt, für das Kind Willenserklärungen abzugeben oder entgegenzunehmen,[8] Zustellungen und Bekanntgaben an das Kind können nicht an ihn erfolgen. Er ist auch nicht berechtigt, gegen den Willen der Eltern mit dem Kind in Kontakt zu treten[9] oder gar Zutritt zur Wohnung zu verlangen. Im Konfliktfall bleibt nur die Möglichkeit, einen Termin zur Anhörung des Kindes nach § 159 anzuberaumen, zu dem gem. § 159 Abs. 4 Satz 3 auch der Verfahrensbeistand geladen wird. Insoweit besteht auch ein wesentlicher Unterschied zu einem Umgangspfleger, der zur Durchführung des Umgangs von dem betreuenden Elternteil § 1684 Abs. 3 Satz 4 BGB die Herausgabe des Kindes verlangen und erforderlichenfalls nach §§ 89 ff. erzwingen kann.

36

2. Rechte und Pflichten als Verfahrensbeteiligter (Abs. 3 Satz 2, Abs. 8)

Der Verfahrensbeistand wird durch seine Bestellung gem. Abs. 3 Satz 2 **Verfahrensbeteiligter** iSd. § 7 Abs. 2 Nr. 2 mit den entsprechenden **Verfahrensrechten**. Als Verfahrensbeteiligtem steht ihm ein Recht auf Akteneinsicht zu (§ 13 Satz 1), und ihm sind alle weiteren Verfahrensunterlagen (Schriftsätze, Stellungnahmen des Jugendamts usw.) zu übermitteln. Ihm ist rechtliches Gehör zu gewähren, insbesondere zum Ergebnis eines Sachverständigengutachtens (§§ 30 Abs. 4, 37 Abs. 2), und er

37

---

1 BT-Drucks. 16/6308, S. 240.
2 OLG München v. 22.7.2004 – 17 WF 1219/04, FamRZ 2005, 635; OLG Celle v. 19.2.2003 – 15 WF 36/03, FGPrax 2003, 128.
3 *Kunkel*, FPR 2000, 111.
4 Ausf. *Menne*, FamRZ 2012, 1356.
5 Keidel/*Engelhardt* § 158 FamFG Rz. 22.
6 OLG Dresden v. 26.1.2004 – 21 (10) WF 783/03, FamRZ 2004, 1390; OLG Frankfurt v. 24.8.2010 – 7 UF 54/10, juris; aA OLG Düsseldorf v. 5.1.2010 – 25 Wx 71/09, FamRZ 2010, 1191 für einen Betreuer.
7 OLG Braunschweig v. 20.2.2012 – 1 WF 19/12, FamRZ 2012, 1408.
8 BT-Drucks. 16/6308, S. 240.
9 KG v. 31.10.2006 – 25 WF 132/06, ZKJ 2008, 120; OLG Brandenburg v. 9.12.1999 – 10 WF 238/99, FamRZ 2010, 1295.

kann Befangenheitsgesuche gegen den Richter oder den Sachverständigen einlegen (§ 6 FamFG iVm. § 42 f. ZPO, § 30 Abs. 1 FamFG iVm. § 406 ZPO). Der Abschluss eines gerichtlich gebilligten Vergleichs gem. § 156 Abs. 2 bedarf seiner Zustimmung (dazu ausf. § 156 Rz. 52). Ihm ist die Endentscheidung gem. § 41 Abs. 1 bekannt zu geben.

38 Mit der Stellung als Verfahrensbeteiligter ist allerdings auch die **Pflicht** verbunden, **zu Erörterungsterminen zu erscheinen**, wenn das Gericht das persönliche Erscheinen angeordnet hat (§ 155 Abs. 3, vgl. § 155 Rz. 40 und § 157 Rz. 21),[1] was notfalls nach § 33 erzwungen werden kann. Trotz seiner Verfahrensbeteiligung kann der Verfahrensbeistand gem. § 158 Abs. 8 jedoch **nicht zur Kostentragung** herangezogen werden.

3. Rechtsstellung gegenüber dem Gericht

39 Der Verfahrensbeistand nimmt seine Aufgaben **selbständig und eigenverantwortlich** wahr.[2] Er ist als Verfahrensbeteiligter **nicht an Weisungen des Gerichts gebunden**[3] **und unterliegt nicht dessen Aufsicht.**[4] Das Gericht kann und darf daher keinen Einfluss auf die Tätigkeit des Verfahrensbeistands nehmen.[5] Die Aufhebung der Verfahrensbeistandschaft bzw. der Auswechslung des Verfahrensbeistands ist nur unter engen Voraussetzungen möglich, vgl. Rz. 54. Der Verfahrensbeistand ist nicht Ermittlungsgehilfe des Gerichts,[6] wenngleich seine Stellungnahme zum Willen und Interesse des Kindes ein wichtiges Element für die Amtsermittlung des Gerichts nach § 26 FamFG ist.

II. Aufgaben des Verfahrensbeistands

1. Bedeutung der Aufgabenbeschreibung des Verfahrensbeistands

40 Die Umschreibung der Aufgaben des Verfahrensbeistands diente nach der ursprünglichen Intention des Gesetzgebers der Klarstellung in Bezug auf die tätigkeitsbezogene Vergütung des Verfahrensbeistands, zu der eine äußerst unübersichtliche und zersplitterte obergerichtliche Rechtsprechung vorlag.[7] Diese Funktion ist jedoch entfallen, nachdem entsprechend der Empfehlung des Rechtsausschusses des Bundestages in Abs. 7 Satz 2 und 3 eine pauschale Vergütung des berufsmäßigen Verfahrensbeistands eingeführt wurde, denn für diese ist (selbst für den Entstehenszeitpunkt, Rz. 60) nur noch maßgeblich, ob das Gericht bei der Bestellung den originären Aufgabenkreis nach Abs. 4 Satz 1 und 2 oder den erweiterten Aufgabenkreis nach Abs. 4 Satz 3 angeordnet hat. Die gesetzliche Umschreibung der originären Aufgaben des Verfahrensbeistands in Abs. 1 und 2 hat daher nur noch Bedeutung für die Frage, ob eine Bestellung nach dem erweiterten Aufgabenkreis erforderlich ist (Rz. 45 ff.). Sie **begrenzt nicht die Befugnisse des Verfahrensbeistands**, denn über Art und Weise der Vertretung der Kindesinteressen entscheidet der Verfahrensbeistand als Verfahrensbeteiligter eigenverantwortlich, wobei er nicht den Weisungen und der Aufsicht des Gerichts unterliegt (vgl. Rz. 35–39). Gleiches gilt für die in Abs. 4 Satz 4 geforderte gerichtliche Festlegung der erweiterten Aufgaben des Verfahrensbeistands.[8] Sie dient nach der Intention des Gesetzgebers lediglich der Vermeidung von Rollenüberschneidungen mit den weiteren professionellen Verfahrensbeteiligten

---

1 OLG Bamberg v. 4.6.2010 – 7 WF 45/10, ZKJ 2010, 412.
2 KG v. 5.4.2012 – 17 UF 50/12, FamRZ 2013, 46 (LS) = FamRB 2012, 241 (*Giers*); OLG Frankfurt v. 31.10.2012 – 4 WF 167/12, FamRB 2013, 110 (*Schneider*).
3 BT-Drucks. 16/6308, S. 239.
4 KG v. 5.4.2012 – 17 UF 50/12, FamRZ 2013, 46 (LS) = FamRB 2012, 241 (*Giers*).
5 Keidel/*Engelhardt* § 158 FamFG Rz. 42.
6 BVerfG v. 6.11.2009 – 1 BvR 1410/08, FamRZ 2010, 109; OLG Saarbrücken v. 20.1.2011 – 6 UF 106/10, FamRZ 2011, 1153; HB-VB/*Bauer* Rz. 383f.; *Menne*, ZKJ 2009, 68, 71.
7 BT-Drucks. 16/6308, S. 239; *Menne*, ZKJ 2009, 68, 70. Vgl. dazu etwa den Versuch einer Rechtsprechungsübersicht bei *Kiesewetter/Schröder*, FPR 2006, 20, 22.
8 *Menne*, FPR 2009, 68, 71; *Stötzel*, FPR 2009, 27, 29; HB-VB/*Bauer* Rz. 325, *Coester*, FF 2009, 269, 280.

(Jugendamt, Sachverständiger, Richter).[1] Die Festlegung einer bestimmten Rolle des Verfahrensbeistands für das gesamte Verfahren ist dafür aber kein taugliches Mittel und im Zeitpunkt der Bestellung auch nicht möglich. Überschneidungen der Rollen sowohl bei der Ermittlung des Sachverhalts als auch bei einem Hinwirken auf Einvernehmen gibt es zwischen allen professionell Beteiligten (vgl. § 156 Rz. 16), was eine fortlaufende verfahrensleitende Tätigkeit des Richters und Verfahrensabsprachen in den Erörterungsterminen, insbesondere den frühen Terminen nach § 155 Abs. 2 und § 157 erfordert (dazu § 155 Rz. 45 und § 157 Rz. 26). Bedeutung hat die gerichtliche Festlegung der Aufgaben des erweiterten Aufgabenkreises daher nur für die seltenen Fälle der Bestellung eines nicht berufsmäßigen Verfahrensbeistands nach Abs. 7 Satz 1.

2. Originärer Aufgabenkreis (Abs. 4 Satz 1 und 2)

Nach Abs. 4 Satz 1 besteht die originäre Aufgabe des Verfahrensbeistands darin, die Interessen des Kindes festzustellen und sie im Verfahren wahrzunehmen. Er hat dazu **den subjektiven Kindeswillen** deutlich zu machen und in das Verfahren einzubringen. Darüber hinaus hat er weitere Gesichtspunkte und auch etwaige Bedenken gegen den vom Kind geäußerten Willen vorzutragen, also auch das **objektive Interesse des Kindes** (Kindeswohl) einzubeziehen.[2] Dies entspricht dem materiellen Recht als Maßstab für gerichtliche Entscheidungen in Kindschaftssachen (vgl. §§ 1632 Abs. 4, 1666, 1671 Abs. 2 Nr. 2, 1684 Abs. 4 Satz 1, 1685, 1697a BGB) und auch seiner eigenständigen Stellung als Verfahrensbeteiligter.[3] Seine Aufgaben beschränken sich auf das konkrete Verfahren, für das er bestellt wurde.[4] In einer parallelen Kindschaftssache kann er für das Kind nur tätig werden, wenn er auch für dieses Verfahren bestellt wurde.

41

Der Verfahrensbeistand kann seine **Stellungnahme** sowohl schriftlich als auch mündlich im Termin abgegeben. Wird sie mündlich abgegeben (zB im frühen Termin nach § 155 Abs. 2), ist sie in den Terminsvermerk (§ 28 Abs. 4) aufzunehmen.

42

Nach Abs. 4 Satz 2 hat der Verfahrensbeistand **das Kind** – neben der Information durch das Gericht (§ 159 Abs. 4 Satz 1) im Rahmen der Anhörung – in geeigneter Weise über das Verfahren (Gegenstand, Ablauf, möglicher Ausgang) **zu informieren.** Hierzu gehört auch die kindgerechte Erörterung eines Sachverständigengutachtens, zu welchem dem Verfahrensbeistand gem. §§ 30 Abs. 4, 37 Abs. 2 FamFG rechtliches Gehör gegeben werden muss. Gem. § 159 Abs. 4 Satz 3 soll zudem das Kind auf den richterlichen Anhörungstermin vorbereiten, es dabei begleiten sowie auf eine kindgemäße Anhörung hinwirken.[5] Diese Tätigkeiten des Verfahrensbeistands können erheblich zur Entlastung der Kinder während des Verfahrens und insbesondere vor und während der richterlichen Anhörung beitragen.

43

Zum **Kernbestand der Tätigkeiten** des originären Aufgabenkreises, die mit der Grundpauschale nach Abs. 7 Satz 2 abgegolten bzw. nach Abs. 7 Satz 1 aufwendungsbezogen vergütet werden, gehören damit die Akteneinsicht, Gespräche mit dem Kind und hiermit verbundene organisatorische Gespräche mit der Betreuungsperson,[6] die Information und die Vorbereitung des Kindes auf das Verfahren sowie die Begleitung des Kindes durch das Verfahren, insbesondere im Anhörungstermin (vgl. § 159 Abs. 4 Satz 3) sowie die Fertigung von Stellungnahmen.[7] Regelmäßige Aufgabe

44

---

[1] So die Begr. des Bundesrates, BT-Drucks. 16/6308, S. 377, und des Rechtsausschusses des Bundestages, BT-Drucks. 16/9733, S. 294.
[2] BT-Drucks. 16/6308, S. 239; BVerfG v. 9.3.2004 – 1 BvR 455/02, FamRZ 2004, 1267: Erkundung und Wahrnehmung des kindlichen Interesses; *Menne*, ZKJ 2009, 68, 70.
[3] BT-Drucks. 16/6308, S. 239.
[4] BT-Drucks. 16/6308, S. 240.
[5] BT-Drucks. 16/6308, S. 416.
[6] *Vogel*, FamRZ 2010, 43, 35: Gespräche mit den Eltern zur „Kontaktanbahnung".
[7] *Menne*, ZKJ 2009, 68, 70f.; *Stößer*, FamRZ 2009, 656, 662; MüKo.ZPO/*Schumann* § 158 FamFG Rz. 26.

des Verfahrensbeistands nach dem originären Aufgabenkreis ist damit nur der Kontakt mit dem Kind.[1]

3. Erfordernis eines erweiterten Aufgabenkreises (Absatz 4 Satz 3)

45 Nach Abs. 4 Satz 3 kann das Gericht dem Verfahrensbeistand die zusätzliche Aufgabe übertragen, **Gespräche mit den Eltern und weiteren Bezugspersonen** des Kindes zu führen sowie am **Zustandekommen einer einvernehmlichen Regelung** über den Verfahrensgegenstand mitzuwirken, wenn hierfür nach den Umständen des Einzelfalles ein Erfordernis besteht. Die Erforderlichkeit des erweiterten Aufgabenkreises ist gem. Abs. 4 Satz 4 zu begründen (dazu Rz. 33), einer genauen Bezeichnung der zusätzlichen Aufgaben nach Abs. 4 Satz 4 bedarf es nur bei einem nicht berufsmäßigen Verfahrensbeistand (dazu Rz. 31).

a) Gespräche mit Eltern und weiteren Bezugspersonen des Kindes

46 Ob Gespräche mit Eltern und weiteren Bezugspersonen des Kindes im Einzelfall erforderlich sind, bestimmt sich danach, ob über den Kernbereich des originären Aufgabenkreises hinaus weitere Tätigkeiten des Verfahrensbeistands **zur Vertretung der subjektiven und objektiven Kindesinteressen** notwendig sind.[2] Dies ist insbesondere der Fall bei Säuglingen, Kleinkindern[3] und regelmäßig auch noch bei Kindern im Vorschulalter, weil diese entwicklungsbedingt ihren Willen nur begrenzt oder nicht hinreichend differenziert ausdrücken können,[4] jedenfalls unter den Voraussetzungen, unter denen ein Verfahrensbeistand nach Abs. 1 und 2 zu bestellen ist, dh. bei schwerwiegenden Interessenskonflikten, massiven Streitigkeiten, sexuellen oder gewalttätigen Übergriffen oder Gefährdungssituationen aufgrund von Loyalitätskonflikten, Ängsten und Beeinflussungen. Bei älteren Kindern können Gespräche mit Bezugspersonen insbesondere erforderlich sein bei einer Einschränkung der Ausdrucksfähigkeit infolge von Traumatisierung, Krankheit, Behinderung oder erheblichen Entwicklungsverzögerungen.[5] Welche Bezugspersonen der Verfahrensbeistand zur Ermittlung der Kindesinteressen im Einzelnen kontaktiert, entscheidet er eigenverantwortlich. In Betracht kommen neben den in § 1685 BGB genannten Personen (Großeltern, Stiefeltern) auch Lehrer, Kindergartenerzieher und Bezugsbetreuer einer Jugendhilfeeinrichtung.

47 **Nicht erforderlich** ist die Anordnung des erweiterten Aufgabenkreises, soweit die Tätigkeit originär anderen Personen oder Institutionen zugewiesen ist.[6] So ist es nicht Aufgabe des Verfahrensbeistands, einen Umgang mit einem Elternteil anzubahnen oder zu begleiten, sondern dies fällt in den Aufgabenbereich des **Jugendamts** (§§ 18, 28 SGB VIII) bzw. eines **Umgangspflegers** nach § 1684 Abs. 3 Satz 3 und 4 BGB. Allerdings kann der erweiterte Aufgabenkreis angeordnet werden, um dem Verfahrensbeistand eine Beobachtung der Interaktion des Kindes mit dem Umgangselternteil zu ermöglichen, soweit nicht von vornherein die Einholung eines **Sachverständigengutachtens** erforderlich erscheint, damit er prüfen kann, ob das Kind den Umgang tatsächlich ablehnt bzw. um die Gründe für seine Haltung zu ermitteln. Eine darauf gegründete Stellungnahme des Verfahrensbeistands (insbesondere mit psychologischem Hintergrund) kann im Einzelfall die Einholung eines teuren und zeitraubenden Sachverständigengutachtens entbehrlich machen (vgl. ergänzend

---

1 Staudinger/*Coester* § 1666 BGB Rz. 272.
2 Holzer/*Menne* § 158 FamFG Rz. 108.
3 OLG Köln v. 22.3.2012 – 27 UF 48/12, FamRZ 2013, 46; in der Tendenz auch BVerfG v. 9.3.2004 – 1 BvR 455/02, FamRZ 2004, 1267.
4 Holzer/*Menne* § 158 FamFG Rz. 107; Staudinger/*Coester* § 1666 BGB Rz. 272; **aA** MüKo.ZPO/*Schumann* § 158 FamFG Rz. 28, nach der Gespräche mit Eltern und Bezugspersonen zum originären Aufgabenkreis gehören, wenn sie zur Ermittlung des Kindesinteressen erforderlich sind.
5 Holzer/*Menne* § 158 FamFG Rz. 107.
6 OLG München v. 11.2.2000 – 16 WF 1616/99, FamRZ 2002, 563; MüKo.ZPO/*Schumann* § 158 FamFG Rz. 29; Keidel/*Engelhardt* § 158 FamFG Rz. 23.

§ 163 Rz. 4).[1] Gleiches gilt bei einem Streit um das Aufenthaltsbestimmungsrecht, soweit in erster Linie die Einschätzung des Kindeswillens und der Bindungen des Kindes erforderlich ist, nicht dagegen, wenn (auch) die Erziehungseignung der Eltern fraglich ist. Generell erscheint die Anordnung des erweiterten Aufgabenkreises regelmäßig nicht erforderlich, wenn die Bestellung des Verfahrensbeistands erst nach Einholung eines Sachverständigengutachtens erfolgt, weil der Gutachter regelmäßig bereits ausführlich mit den Eltern und Bezugspersonen gesprochen hat.

Die Anordnung eines erweiterten Aufgabenkreises ist ferner nicht erforderlich, wenn der Verfahrensbeistand zur Ermittlung des Kindeswillens eine **psychologische Begutachtung** (zB eine Glaubhaftigkeitsbegutachtung) oder eine **psychiatrische Diagnostik** für erforderlich hält.[2] In diesem Fall muss er die Einholung eines entsprechenden Gutachtens durch das Gericht anregen. Schließlich darf die Anordnung des erweiterten Aufgabenkreises nicht erfolgen, damit der Verfahrensbeistand die Ansichten oder den Willen der Eltern ermittelt und in das Verfahren einführt.[3] 48

b) Mitwirkung an einer einvernehmlichen Regelung

Eine echte vermittelnde, mediative Tätigkeit ist mit der Funktion des Verfahrensbeistands kaum vereinbar, weil ihm als Interessenvertreter des Kindes die erforderliche Neutralität bzw. Allparteilichkeit fehlt. Das Gesetz sieht daher als Aufgabe auch nur die „Mitwirkung" des Verfahrensbeistands an einer einvernehmlichen Regelung vor. Er soll **Vermittlungsbemühungen des Gerichts, des Jugendamts und ggf. des Sachverständigen unterstützen und Anstöße hierzu geben**.[4] Der Verfahrensbeistand wirkt gewissermaßen als „Katalysator" für eine Einigung,[5] indem er die Eltern über die Gefühlslage des Kindes, seine Wünsche und Vorstellungen informiert und die Folgen andauernder Streitigkeiten verdeutlicht und dadurch die Einigungsbereitschaft der Eltern fördert.[6] 49

Wann die Mitwirkung des Verfahrensbeistands am Zustandekommen einer einvernehmlichen Regelung über den Verfahrensgegenstand erforderlich iSd. Abs. 4 Satz 3 ist, ist bisher **unklar**. Einerseits soll die Anordnung des erweiterten Aufgabenkreises restriktiv gehandhabt[7] und die Erforderlichkeit nach Abs. 4 Satz 4 gesondert begründet werden, andererseits ist eine Mitwirkung mit dem beschriebenen Inhalt regelmäßig sinnvoll[8] und lässt sich daher meist nur formularmäßig begründen. Dies war im Gesetzgebungsverfahren auch erkannt worden,[9] der Gesetzgeber sah das Problem aber offenbar durch die mit der pauschalen Vergütung eingeführte Kostenbegrenzung als gelöst an. Er sah lediglich die Gefahr der Vermischung der Rollen der professionellen Verfahrensbeteiligten.[10] 50

Im Ergebnis kann daher nicht positiv benannt werden, wann eine Mitwirkung des Verfahrensbeistands an einer einvernehmlichen Regelung erforderlich ist, sondern nur, wann sie **nicht erforderlich** ist. Das ist vor allem in dem bereits genannten Fall gegeben, dass der Verfahrensbeistand erst zu einem späten Zeitpunkt im Verfahren bestellt wird, in dem bereits vielfältige Vermittlungsbemühungen verschiedener Stellen stattgefunden haben und der Beschleunigungsgrundsatz (§ 155 Abs. 1) eine zü- 51

---

1 Vgl. BVerfG v. 29.11.2012 – 1 BvR 335/12, FamRZ 2013, 361 betreffend den Ausschluss des Umgangs wegen entgegenstehendem Willen des Kindes und BVerfG v. 8.3.2012 – 1 BvR 206/12, FamRZ 2012, 938 betreffend den Entzug der elterlichen Sorge nach § 1666 BGB; ebenso HK-FamFG/*Völker/Clausius* § 158 FamFG Rz. 4.
2 OLG Frankfurt v. 31.10.2012 – 4 WF 167/12, FamRZ 2013, 110 (*Schneider*); Musielak/*Borth* § 158 FamFG Rz. 17; Keidel/*Engelhardt* § 158 FamFG Rz. 23.
3 BVerfG v. 6.11.2009 – 1 BvR 1410/08, FamRZ 2010, 109; OLG Saarbrücken v. 20.1.2011 – 6 UF 106/10, FamRZ 2011, 1153.
4 BT-Drucks. 16/6308, S. 416.
5 Vgl. *Hammer*, Elternvereinbarungen im Sorge- und Umgangsrecht, S. 124.
6 *Prenzlow*, FPR 2012, 366, 369.
7 MüKo.ZPO/*Schumann* § 158 FamFG Rz. 32 f.
8 *Stötzel*, FPR 2010, 425, 427.
9 Vgl. BT-Drucks. 16/6308, S. 416.
10 BT-Drucks. 16/9733, S. 294.

gige Beendigung des Verfahrens erfordert, notfalls durch streitige Entscheidung. In diesem Fall besteht oft tatsächlich die Gefahr einer Vermischung der Rollen, weil bereits eine Vielzahl von professionellen Kräften mit Vermittlungsauftrag beteiligt ist. Es ist dann regelmäßig sachdienlicher, dass der Verfahrensbeistand sich auf seine originären Aufgaben nach Abs. 4 Satz 1 und 2 konzentriert und ausschließlich die Interessen des Kindes in das Verfahren einbringt. In den übrigen Fällen kann in der Konsequenz der gesetzlichen Regelung **im Regelfall eine erweiterte Beauftragung mit einer weitgehend formularmäßigen Begründung erfolgen**.[1] Allerdings ist dem Gericht nach Abs. 4 Satz 3 („kann") ein Ermessen eingeräumt, so dass es beispielsweise von einer erweiterten Bestellung im einstweiligen Anordnungsverfahren absehen kann, wenn parallel ein Hauptsacheverfahren anhängig ist.

D. Dauer und Ende der Bestellung (Absatz 6)

I. Beendigung des Verfahrens, Fortwirkung der Bestellung

52   Die Bestellung endet **mit der Rechtskraft** der das Verfahren abschließenden Entscheidung (Abs. 6 Nr. 1) oder mit dem sonstigen Abschluss des Verfahrens (Abs. 6 Nr. 2, zB Antragsrücknahme, Erledigung der Hauptsache). Die Bestellung in erster Instanz wirkt damit **auch für das Beschwerdeverfahren**, ohne dass hierfür eine zusätzliche Bestellung erforderlich wäre. Dies gilt auch für den Umfang der Bestellung, dh. auch die Anordnung des erweiterten Aufgabenkreises nach Abs. 4 Satz 3 wirkt in der Beschwerdeinstanz fort.[2] Dagegen ist der Verfahrensbeistand für ein **Abänderungsverfahren** nach § 166 Abs. 1 neu zu bestellen, da es sich um ein selbständiges Verfahren handelt (vgl. § 166 Rz. 12). Der Verfahrensbeistand kann daher nicht die Einleitung eines Abänderungsverfahrens beantragen, auf seine entsprechende Anregung ist aber die Einleitung von Amts wegen zu prüfen (§ 166 Rz. 10). Dagegen gilt die Bestellung des Verfahrensbeistands im einstweiligen Anordnungsverfahren auch für eine Abänderung nach § 54, da das Abänderungsverfahren hier lediglich das Verfahren fortsetzt (es fallen daher auch keine neuen Gerichts- oder Rechtsanwaltsgebühren an, vgl. § 54 Rz. 17). Die Bestellung gilt schließlich auch nicht für ein nachfolgendes Vollstreckungsverfahren (§§ 88 ff.) oder ein Vermittlungsverfahren nach § 165, da dies ebenfalls selbständige Verfahren sind.[3]

II. Aufhebung der Bestellung und Auswechslung des Verfahrensbeistands

53   Die Verfahrensbeistandschaft endet gem. Abs. 6 ferner mit einer Aufhebung der Bestellung. Sie ist als verfahrensleitende Zwischenverfügung grundsätzlich jederzeit abänderbar.[4] Die Verfahrensbeistandschaft kann daher aufgehoben werden, **wenn die Voraussetzungen der Bestellung nicht mehr vorliegen**, dh. die Erforderlichkeit eines Verfahrensbeistands nach Abs. 1 und 2 nachträglich wegfällt (vgl. auch § 276 Rz. 57). Dies ist gem. Abs. 5 insbesondere dann der Fall, wenn die Interessen des Kindes von einem **Rechtsanwalt oder einem anderen Verfahrensbevollmächtigten** (zB einem nachträglich erforderlich gewordenen Ergänzungspfleger) angemessen vertreten werden (dazu Rz. 10).

54   Darüber hinaus kann der Verfahrensbeistand entlassen werden, wenn er **nachträglich nicht mehr geeignet erscheint** oder hierfür **sonst ein sachlicher Grund** besteht.[5] Dabei ist zu beachten, dass der Verfahrensbeistand grundsätzlich nicht wegen der Art und Weise, in der er seine Tätigkeit ausübt, entlassen werden kann, da er nicht

---

1 Vgl. etwa OLG Köln v. 22.3.2012 – 27 UF 48/12, FamRZ 2013, 46: „Eine Einigung der Eltern scheint nicht von vornherein ausgeschlossen."
2 OLG Stuttgart v. 6.4.2011 – 8 WF 32/11, FamRZ 2011, 1533; OLG München v. 24.11.2011 – 11 WF 2054/11, FamRZ 2012, 728.
3 MüKo.ZPO/*Schumann* § 158 FamFG Rz. 42.
4 OLG Hamm v. 16.7.2007 – 4 UF 9/07, FamRZ 2007, 2002; KG v. 31.10.2006 – 25 WF 132/06, ZKJ 2008, 120; Keidel/*Engelhardt* § 158 FamFG Rz. 42; Musielak/*Borth* § 158 FamFG Rz. 14; **aA** *Menne*, ZKJ 2008, 111, 112, der §§ 1915, 1886 BGB analog heranziehen will, darüber aber zu den gleichen Ergebnissen kommt.
5 OLG Hamm v. 16.7.2007 – 4 UF 9/07, FamRZ 2007, 2002; *Bumiller*/Harders § 158 FamFG Rz. 15.

weisungsgebunden ist und nicht der Aufsicht des Gerichts unterliegt (vgl. Rz. 39). Ein sachlicher Grund ist nur gegeben, wenn der Verfahrensbeistand seine Funktion als Interessenvertreter nicht (mehr) erfüllt oder erfüllen kann, weil er schwer erkrankt oder untätig ist, offensichtlich nicht die Interessen des Kindes vertritt[1] oder das Kind zu ihm kein Vertrauensverhältnis aufbauen kann oder die Zusammenarbeit mit ihm verweigert.[2] Kein ausreichender Grund liegt vor, wenn der Verfahrensbeistand zu einem Anhörungstermin urlaubsbedingt verhindert ist, es zu Differenzen mit dem Gericht oder den Eltern kommt (keine Ablehnung des Verfahrensbeistands wegen Befangenheit, vgl. Rz. 35)[3] oder die Einlegung von Rechtsmitteln durch den Verfahrensbeistand verhindert werden soll.[4] Bei einer **Auswechslung** des Verfahrensbeistands muss ferner beachtet werden, dass dadurch die Interessenvertretung des Kindes nicht ineffektiv gemacht wird, wenn dem neuen Verfahrensbeistand zu wenig Zeit bleibt, sich mit dem Sachverhalt und dem Kind ausreichend vertraut zu machen.[5]

Die Entlassung oder Auswechslung des Verfahrensbeistands ist wie die Bestellung gem. Abs. 4 Satz 3 **nicht selbständig anfechtbar**, auch nicht durch den Verfahrensbeistand selbst, sondern grundsätzlich erst mit der Anfechtung der Endentscheidung (vgl. Rz. 34; zur Entstehung des Vergütungsanspruchs vgl. Rz. 60). Die Rechtsprechung lässt eine Beschwerde jedoch ausnahmsweise zu, wenn sich die Entscheidung über die Entpflichtung als evident fehlerhaft und damit offensichtlich rechtswidrig darstellt[6] oder in so einschneidender Weise in die Rechte des Betroffenen (dh. des Kindes oder des Verfahrensbeistands) eingreift, dass ihre Anfechtbarkeit unbedingt geboten ist.[7] Die Beschwerde ist ferner zulässig, wenn das Gericht nach Anregung einer Auswechslung des Verfahrensbeistands die Voraussetzungen einer Abänderung nicht prüft.[8] Die Zulässigkeit der Auswechslung ist wegen der erneut anfallenden Vergütungspauschale durch die Eltern auch im Kostenfestsetzungsverfahren nach § 20 Abs. 1 Satz 1 FamGKG überprüfbar.[9]

E. Aufwendungsersatz und Vergütung (Absatz 7)

I. Aufwendungsersatz des nicht berufsmäßigen Verfahrensbeistands (Abs. 7 Satz 1)

Der nicht berufsmäßige Verfahrensbeistand erhält keine Vergütung, sondern einen Ersatz für die von ihm tatsächlich getätigten Aufwendungen. Dies entspricht der früheren Regelung in § 50 Abs. 5 FGG aF, die für den Verfahrenspfleger in Betreuungs- und Unterbringungssachen weiterhin gilt (§§ 277, 318). § 50 FGG Abs. 7 Satz 1 verweist deshalb auf § 277 FamFG Abs. 1 iVm. § 1835 Abs. 1 und 2 BGB. Vgl. dazu die Kommentierung in § 277 Rz. 7ff.

II. Vergütung des berufsmäßigen Verfahrensbeistands (Abs. 7 Satz 2 bis 4)

1. Konzeption der Vergütung

Für die Vergütung eines berufsmäßig handelnden Verfahrensbeistands sieht Abs. 7 Satz 2 bis 4 die Zahlung einer **Fallpauschale** vor, die sich an den Gebühren für einen in einer Kindschaftssache tätigen Rechtsanwalt mit Regelstreitwert von 3 000 Euro orientiert. Der Gesetzgeber wollte damit gegenüber der früheren zeit- und aufwandsbezogenen Vergütung eine weniger aufwändige und bürokratische Handhabung der Kostenerstattung ermöglichen und dadurch der Justiz und dem Verfahrensbeistand den mit der früheren Regelung verbundenen Abrechnungs- und Kontrollaufwand

---

1 OLG Köln v. 7.5.2002 – 4 WF 50/02, FamRZ 2003, 881.
2 OLG Naumburg v. 10.3.1999 – 8 WF 69/99, FamRZ 2000, 300.
3 OLG Hamm v. 16.7.2007 – 4 UF 126/07, FamRZ 2008, 427.
4 OLG Hamm v. 16.7.2007 – 4 UF 9/07, FamRZ 2007, 2002.
5 BGH v. 16.3.2011 – XII ZB 407/10, FamRZ 2011, 796.
6 OLG Köln v. 7.5.2002 – 4 WF 50/02, FamRZ 2003, 881.
7 OLG Hamm v. 16.7.2007 – 4 UF 9/07, FamRZ 2007, 2002.
8 KG v. 31.10.2006 – 25 WF 132/06, ZKJ 2008, 120.
9 Vgl. OLG Frankfurt v. 31.10.2012 – 4 WF 167/12, FamRB 2013, 110 (*Schneider*).

ersparen.¹ Eine auskömmliche Vergütung soll sich für den berufsmäßigen Verfahrensbeistand aus einer **Mischkalkulation** verschiedener Verfahren ergeben.² Ursprünglich verbreitete Befürchtungen,³ dass sich die Vergütung berufsmäßiger Verfahrensbeistände durch die Neuregelung insgesamt erheblich verringert, werden seit der extensiven Auslegung der Vorschrift hinsichtlich des mehrfachen Anfalls der Pauschale (Rz. 59) kaum noch erhoben, vielmehr wird nunmehr seitens der Länder eine deutliche Erhöhung der anfallenden Kosten befürchtet.⁴ In der Kritik bleiben insbesondere die Einbeziehung der Umsatzsteuer und der Aufwendungen in die Pauschale (Rz. 61).⁵

2. Höhe der Vergütung (Abs. 7 Satz 2 und 3)

58   Die pauschale Vergütung setzt voraus, dass das Gericht die **Berufsmäßigkeit** der Verfahrensbeistandschaft **festgestellt** hat (dazu Rz. 32). Sie beträgt nach Satz 2 für den originären Aufgabenkreis (Abs. 4 Satz 1 und 2) **350 Euro**. Ist der Verfahrensbestand mit dem erweiterten Aufgabenkreis nach Abs. 4 Satz 3 bestellt worden, erhöht sich die Vergütung auf **550 Euro**.

59   Hinsichtlich der Frage, inwieweit die **Pauschale** für den Verfahrensbeistand **mehrfach anfallen** kann, hat der BGH betont, dass es nicht Sinn und Zweck einer effektiven Interessenvertretung des Kindes entspreche, die Aufgabenwahrnehmung des Verfahrensbeistands durch eine restriktive Auslegung der Kostenregelung zu erschweren oder zu behindern. Ebenso wie die Pauschalierung die Geltendmachung tatsächlich höherer Aufwendungen durch den Verfahrensbeistand ausschließe und diesen auf eine Mischkalkulation verweise, verbiete es sich, zugunsten der Staatskasse einen im Einzelfall geringeren Aufwand als Rechtfertigung für die Kürzung der Pauschale heranzuziehen.⁶ Die Pauschale (auch die erhöhte Pauschale nach Abs. 7 Satz 3)⁷ fällt deshalb **jeweils in voller Höhe und ohne Anrechnung** an

- für jede Instanz (Abs. 7 Satz 2: „in jedem Rechtszug"), insbesondere nochmalig bei Aufhebung und Zurückverweisung des Verfahrens in die erste Instanz (vgl. § 21 Abs. 1 RVG),⁸
- für jedes von dem Verfahrensbeistand betreute Kind,⁹
- für Hauptsache und einstweiliges Anordnungsverfahren als jeweils selbständige Verfahren (§ 51 Abs. 3 Satz 1), auch wenn sie den gleichen Verfahrensgegenstand betreffen,¹⁰
- für jeden Verfahrensgegenstand nach § 151 (zB Umgang und elterliche Sorge, elterliche Sorge und freiheitsentziehende Unterbringung¹¹), selbst wenn sie in einem Verfahren verhandelt werden.¹² Dies muss entsprechend auch gelten, wenn verschiedene Verfahrensgegenstände (elterliche Sorge und Umgang) gemeinsam im Scheidungsverbund verhandelt werden.¹³

---

1 BT-Drucks. 16/9733, S. 294.
2 BT-Drucks. 16/9733, S. 294, grds. gebilligt durch das BVerfG v. 9.11.2009 – 1 BvR 2146/09, FamRZ 2010, 185.
3 Vgl. nur *Menne*, ZKJ 2008, 461; *Bode*, ZKJ 2009, 410; *Coester*, FF 2009, 269, 279.
4 Vgl. *Menne*, FamRB 2012, 339.
5 *Oevermann*, FPR 2012, 370, 373.
6 BGH v. 17.11.2010 – XII ZB 478/10, FamRZ 2011, 199; BGH v. 19.1.2011 – XII ZB 486/10, FamRZ 2011, 467.
7 BGH v. 15.9.2010 – XII ZB 209/10, FamRZ 2010, 1893; BGH v. 17.11.2010 – XII ZB 478/10, FamRZ 2011, 199; BGH v. 19.1.2011 – XII ZB 486/10, FamRZ 2011, 467; BGH v. 1.8.2012 – XII ZB 456/11, FamRZ 2012, 1630.
8 OLG Saarbrücken v. 10.12.2012 – 9 WF 409/12, ZKJ 2013, 131; Holzer/*Menne* § 158 FamFG Rz. 143.
9 BGH v. 15.9.2010 – XII ZB 209/10, FamRZ 2010, 1893 und XII ZB 268/10, FamRZ 2010, 1896; BGH v. 19.1.2011 – XII ZB 496/10, FamRZ 2011, 468.
10 BGH v. 17.11.2010 – XII ZB 478/10, FamRZ 2011, 199.
11 BGH v. 19.1.2011 – XII ZB 486/10, FamRZ 2011, 467.
12 BGH v. 1.8.2012 – XII ZB 456/11, FamRZ 2012, 1630; OLG München v. 22.2.2013 – 11 WF 250/13, FamRZ 2013, 966.
13 OLG München v. 22.2.2013 – 11 WF 250/13, FamRZ 2013, 996 unter Aufgabe seiner in der Entscheidung v. 30.7.2012 – 11 WF 1138/12, FamRZ 2013, 318 noch vertretenen Gegenauffassung.

3. Entstehung des Vergütungsanspruchs

Für das Entstehen der Pauschale ist unerheblich, in welchem Umfang der Verfahrensbeistand tätig geworden ist. Allerdings ist die bloße Entgegennahme des Bestellungsbeschlusses für das Entstehen des Vergütungsanspruchs nicht ausreichend. Es genügt aber, dass der **Verfahrensbeistand in irgendeiner Weise im Kindesinteresse tätig geworden ist**, zB durch Einsichtnahme in die Gerichtsakten.[1] Dies gilt nicht nur für den Fall, dass der Verfahrensbeistand mit dem originären Aufgabenkreis nach Abs. 4 Satz 1 bestellt wurde, sondern **auch für den Anspruch auf die erhöhte Pauschale** nach Abs. 7 Satz 3. Es ist daher nicht erforderlich, dass der Verfahrensbeistand mit Tätigkeiten aus dem erweiterten Aufgabenkreis begonnen hat.[2] Zum einen spricht Abs. 7 Satz 3 lediglich davon, dass die erweiterten Aufgaben dem Verfahrensbeistand „übertragen" worden sein müssen, während Satz 2 für den Anfall der Grundpauschale die „Wahrnehmung" der Aufgaben erfordert. Zum anderen würden sich sonst Abgrenzungsschwierigkeiten ergeben, etwa ob die Kontaktaufnahme mit den Eltern nur der Vereinbarung eines Termins für das Kind oder auch einem Elterngespräch diente[3] oder ob die Mitwirkung des Verfahrensbeistands an einer Einigung im Erörterungstermin ein Tätigwerden im Rahmen des erweiterten Aufgabenkreises darstellt.[4] **In der Beschwerdeinstanz** entsteht die Pauschale nach Abs. 7 Satz 2 oder 3 erneut, sobald der Verfahrensbeistand auch hier erstmalig im Kindesinteresse tätig geworden ist. Allerdings genügt hierfür nicht die Entgegennahme der Beschwerdeschrift, die eine Begründung der Beschwerde noch nicht enthält, da dies der bloßen Entgegennahme des Bestellungsbeschlusses entspricht.[5] Zu Fortgeltung der Bestellung im Beschwerdeverfahren vgl. Rz. 52.

60

4. (Kein) gesonderter Ersatz von Aufwendungen und Umsatzsteuer (Abs. 7 Satz 4)

Die Vergütung gilt nach Satz 4 auch Ansprüche auf Ersatz von Aufwendungen (insbesondere Fahrtkosten, Telefonkosten und sonstige Bürokosten) sowie die Umsatzsteuer ab. Der BGH hat allerdings anerkannt, dass dies bei besonders hohen Kosten **im Einzelfall zu unbilligen Ergebnissen führen kann**.[6] Dies kann insbesondere bei regelmäßig erhöhten Fahrtkosten in ländlichen Gerichtsbezirken[7] sowie bei fremd untergebrachten Minderjährigen in weit entfernten Jugendhilfeeinrichtungen der Fall sein.[8] Dadurch kann bereits die Bestellung eines Verfahrensbeistands problematisch und im Extremfall sogar unmöglich sein, weil sich keine geeignete Person zur Übernahme der Verfahrensbeistandschaft bereit erklärt. Es kann dann entweder ein nicht berufsmäßiger Verfahrensbeistand bestellt werden, der die erforderlichen Aufwendungen nach Abs. 7 Satz 1 erstattet erhält, oder ein ebenfalls aufwandsbezogen vergüteter Ergänzungspfleger. Im Hinblick auf die Ausrichtung der Pauschale an den Rechtsanwaltsgebühren (vgl. Rz. 57) müsste auch die Bestellung eines zweiten Verfahrensbeistands als „Korrespondenz- bzw. Verkehrsverfahrensbeistand" zulässig sein (vgl. § 121 Abs. 4 ZPO).

61

III. Festsetzung der Ansprüche (Abs. 7 Satz 5 und 6)

Nach Abs. 7 Satz 5 sind der Aufwendungsersatz und die Fallpauschale stets **aus der Staatskasse** zu zahlen. Eine Festsetzung gegen das Kind kommt daher (und wegen § 81 Abs. 3) nicht in Betracht, vielmehr sind die Kosten des Verfahrensbeistands

62

---

1 BGH v. 15.9.2010 – XII ZB 268/10, FamRZ 2010, 1896; BGH v. 19.1.2011 – XII ZB 400/10, FamRZ 2011, 558.
2 BGH 19.1.2011 – XII ZB 400/10, FamRZ 2011, 558; Holzer/*Menne* § 158 FamFG Rz. 144; aA OLG Brandenburg v. 14.3.2011 – 9 WF 15/11, juris.
3 So im Fall des BGH 19.1.2011 – XII ZB 400/10, FamRZ 2011, 558 sowie des OLG Frankfurt v. 19.2.2010 – 6 UF 29/10, ZKJ 2010, 456.
4 So im Fall des OLG Brandenburg v. 14.3.2011 – 9 WF 15/11, juris.
5 OLG Celle v. 7.8.2012 – 10 UF 158/12, FamRZ 2013, 573.
6 BGH v. 15.9.2010 – XII ZB 209/10, FamRZ 2010, 1893; im konkreten Fall hat er eine Unbilligkeit allerdings verneint für Fahrtkosten in Höhe von 34,20 Euro.
7 *Menne*, ZKJ 2009, 68, 73.
8 *Lack/Salgo*, FPR 2012, 353, 355.

Auslagen des Gerichts (Rz. 63), die dem nach Maßgabe von §§ 81, 83 zu bestimmenden Kostenschuldner aufzuerlegen sind. Die Festsetzung der Vergütung richtet sich aufgrund der Verweisung in Abs. 7 Satz 6 nach § 168 Abs. 1 Abs. 4 (Anweisung der Zahlung durch den Kostenbeamten, dazu § 168 Rz. 10) oder nach § 168 Abs. 1 Satz 1 (förmliche Festsetzung durch den Rechtspfleger, dazu § 168 Rz. 13 ff.).

63 **Kosten/Gebühren: Gericht:** Die Bestellung des Verfahrensbeistandes löst keine Gebühren aus. Die an den Verfahrensbeistand gezahlte Vergütung wird als Auslage des Verfahrens geltend gemacht (Nr. 2013 KV FamGKG).

159 *Persönliche Anhörung des Kindes*

(1) Das Gericht hat das Kind persönlich anzuhören, wenn es das 14. Lebensjahr vollendet hat. Betrifft das Verfahren ausschließlich das Vermögen des Kindes, kann von einer persönlichen Anhörung abgesehen werden, wenn eine solche nach der Art der Angelegenheit nicht angezeigt ist.
(2) Hat das Kind das 14. Lebensjahr noch nicht vollendet, ist es persönlich anzuhören, wenn die Neigungen, Bindungen oder der Wille des Kindes für die Entscheidung von Bedeutung sind oder wenn eine persönliche Anhörung aus sonstigen Gründen angezeigt ist.
(3) Von einer persönlichen Anhörung nach Absatz 1 oder Absatz 2 darf das Gericht aus schwerwiegenden Gründen absehen. Unterbleibt eine Anhörung allein wegen Gefahr im Verzug, ist sie unverzüglich nachzuholen.
(4) Das Kind soll über den Gegenstand, Ablauf und möglichen Ausgang des Verfahrens in einer geeigneten und seinem Alter entsprechenden Weise informiert werden, soweit nicht Nachteile für seine Entwicklung, Erziehung oder Gesundheit zu befürchten sind. Ihm ist Gelegenheit zur Äußerung zu geben. Hat das Gericht dem Kind nach § 158 einen Verfahrensbeistand bestellt, soll die persönliche Anhörung in dessen Anwesenheit stattfinden. Im Übrigen steht die Gestaltung der persönlichen Anhörung im Ermessen des Gerichts.

A. **Allgemeines**
 I. Normzweck und Systematik 1
 II. Anwendungsbereich 3
B. **Inhalt der Vorschrift**
 I. Anhörung des über 14 Jahre alten Kindes (Absatz 1) 5
 II. Anhörung eines Kindes unter 14 Jahren (Absatz 2) 7
 III. Absehen von einer persönlichen Anhörung (Absatz 3)
  1. Absehen aus schwerwiegenden Gründen (Satz 1) 9
  2. Absehen aus sonstigen Gründen . . 12
  3. Vorläufiges Absehen wegen Gefahr im Verzug (Satz 2) 14
 IV. Gestaltung der persönlichen Anhörung (Absatz 4)
  1. Ladung, Erzwingung des Erscheinens des Kindes 16
  2. Anhörung durch den ersuchten oder beauftragten Richter 18
  3. Gesetzliche Vorgaben für die persönliche Anhörung (Satz 1 und 2) . . . 20
  4. Anwesenheit des Verfahrensbeistands und sonstiger Personen (Satz 3) 22
  5. Weitere Ausgestaltung der Anhörung nach richterlichem Ermessen (Satz 4) 24
  6. Anhörungsvermerk und Gewährung rechtlichen Gehörs zum Ergebnis der Kindesanhörung 28
 V. Folge von Verstößen gegen die Anhörungspflicht 30

Literatur: *Carl/Eschweiler*, Kindesanhörung – Chancen und Risiken, NJW 2005, 1681; *Karle/Gathmann/Klosinski*, Zur Praxis der Kindesanhörung in Deutschland, ZKJ 2010, 432; *Schweppe/Bussian*, Die Kindesanhörung aus familienrichterlicher Sicht, ZKJ 2012, 13; *Sommer*, Die Rechtsstellung des Kindes im familiengerichtlichen Verfahren, FPR 2012, 374; *Stötzel/Prenzlow*, Die Kindesanhörung im familiengerichtlichen Verfahren, ZKJ 2011, 200.

A. Allgemeines

I. Normzweck und Systematik

Die in § 159 (zuvor § 50b FGG) geregelte Pflicht zur Kindesanhörung dient der Sicherstellung **rechtlichen Gehörs** und der gebotenen **Sachaufklärung im Rahmen des Amtsermittlungsgrundsatzes** (§ 26).[1] Das Gericht hat bei Entscheidungen in Sorge- und Umgangsangelegenheiten die Individualität des Kindes als Grundrechtsträger zu berücksichtigen, weil diese regelmäßig entscheidenden Einfluss auf sein weiteres Leben haben und es daher unmittelbar betreffen. Der Grundrechtsschutz ist insbesondere auch durch die Gestaltung des Verfahrens sicherzustellen. Voraussetzung dafür ist unter anderem, dass das Kind in dem gerichtlichen Verfahren die Möglichkeit erhält, seine persönlichen Beziehungen zu den Eltern erkennbar werden zu lassen.[2] Das Gericht soll sich dabei einen **unmittelbaren Eindruck von dem Kind** verschaffen, über das es entscheidet.[3] Denn es macht für die Einschätzung des Kindeswohls, für die Verfahrensgestaltung und die zu treffende gerichtliche Entscheidung regelmäßig einen großen Unterschied, ob der Richter das betroffene Kind mit seinen Bedürfnissen, Wünschen, Gefühlen und Ängsten persönlich oder nur als Aktenvorgang kennt. Der von dem Kind aufgrund seines persönlichen Empfindens geäußerte Wille muss als Ausdruck seines Rechts auf Selbstbestimmung bzw. bei kleineren Kindern als Ausdruck ihrer Neigungen und Bindungen in der gerichtlichen Entscheidung Berücksichtigung finden.[4]

Die Anhörung des Kindes ist nicht nur wesentliche Grundlage der materiell-rechtlichen Kindeswohlprüfung (§ 1697a BGB), sondern sichert auch die **verfahrensrechtliche Subjektstellung des Kindes**.[5] Das wird auch daran deutlich, dass das Kind in Kindschaftssachen gem. § 7 Abs. 2 Nr. 1 grundsätzlich Verfahrensbeteiligter ist (vgl. § 151 Rz. 57). Soweit seine gesetzlichen Vertreter und auch die übrigen Verfahrensbeteiligten wegen der Bedeutung der Sache oder der Erheblichkeit der Konflikte möglicherweise die Interessen des Kindes nicht hinreichend in das Verfahren einbringen können, ist ihm hierzu gem. § 158 ein Verfahrensbeistand (ggf. auch ein Ergänzungspfleger – hierzu § 151 Rz. 59) zu bestellen. Eine Vernehmung des Kindes als Zeuge ist zum Schutz des Kindes und zur Sicherung der Vertraulichkeit der Anhörung nicht zulässig (§ 163 Abs. 3). Zur besonderen verfahrensrechtlichen Stellung von Kindern ab 14 Jahren vgl. Rz. 5, zur Einbeziehung des Kindes in die Herstellung von Einvernehmen vgl. § 156 Rz. 44 ff.

II. Anwendungsbereich

Die Regelung ist in allen Kindschaftssachen nach § 151 Nr. 1 bis 5 und 8 anwendbar. Für Verfahren betreffend die freiheitsentziehende Unterbringung des Kindes nach § 151 Nr. 6 und 7 enthält § 167 Abs. 1 Satz 1 iVm. § 319 eine abschließende Sonderregelung (zwingende persönliche Anhörung und Verschaffung eines persönlichen Eindrucks unabhängig vom Alter des Kindes, vgl. § 167 Rz. 24 ff.).

Die Anhörungspflicht besteht nicht nur im Hauptsacheverfahren, sondern auch im Verfahren auf Erlass einer eA (§ 51 Abs. 2 Satz 1), wobei nach Abs. 3 Satz 2 bei Gefahr im Verzug von der Anhörung vor Erlass der Anordnung abgesehen werden kann (vgl. Rz. 21 f.). § 156 Abs. 3 Satz 3 ordnet die Kindesanhörung bei Erlass einer eA im frühen Termin nach § 155 Abs. 2 noch einmal gesondert an. Auch in der **Beschwerdeinstanz** muss das Kind gem. § 68 Abs. 3 Satz 1 idR (nochmals) angehört werden (zu den Aus-

---

1 BGH v. 11.7.1984 – IVb ZB 73/83, FamRZ 1985, 169 in st. Rspr.
2 BVerfG v. 5.11.1980 – 1 BvR 349/80, FamRZ 1981, 124; BVerfG v. 14.7.2010 – 1 BvR 3189/09, FamRZ 2010, 1622; BGH v. 11.7.1984 – IVb ZB 73/83, FamRZ 1985, 169.
3 BVerfG v. 5.12.2008 – 1 BvR 746/08, FamRZ 2009, 399; BVerfG v. 17.6.2009 – 1 BvR 467/09, FamRZ 2009, 1472; BGH v. 16.3.2011 – XII ZB 407/10, FamRZ 2011, 796.
4 BVerfG v. 26.9.2006 – 1 BvR 1827/06, FamRZ 2007, 105; BGH v. 28.4.2010 – XII ZB 81/09, FamRZ 2010, 1060.
5 Einen ausf. Überblick über die Rechtsstellung des Kindes im Verfahren gibt *Sommer*, FPR 2012, 374.

nahmen vgl. Rz. 13). Im **Umgangsvermittlungsverfahren nach § 165** ist eine Anhörung des Kindes nicht vorgesehen, sie muss jedoch nach § 159 erfolgen, wenn die Eltern in dem Verfahren einen gerichtlich gebilligten Vergleich abschließen wollen (vgl. § 165 Rz. 10). Im **Vollstreckungsverfahren** ist § 159 nicht anzuwenden (str., vgl. § 92 Rz. 2).

B. Inhalt der Vorschrift

I. Anhörung des über 14 Jahre alten Kindes (Absatz 1)

5   Abs. 1 betrifft die Anhörung von Kindern, die das 14. Lebensjahr vollendet haben. Ein solches Kind ist nach Abs. 1 Satz 1 grundsätzlich **in allen Kindschaftssachen persönlich, also mündlich anzuhören**. Durch die gesonderte Regelung soll die mit dem Alter wachsende Selbstverantwortung des Kindes verdeutlicht werden.[1] Ab einem Alter von 14 Jahren wird Kindern nicht nur im materiellen Recht (vgl. §§ 1626 Abs. 2 Satz 1, 1617c Abs. 1 Satz 2, 1671 Abs. 1 Satz 2 Nr. 2 BGB, § 5 RelKEG), sondern auch im Verfahrensrecht eine stärkere Rechtsposition eingeräumt. So kann das 14-jährige Kind nach § 9 Abs. 1 Nr. 3 in bestimmten Angelegenheiten verfahrensfähig sein (dazu § 151 Rz. 58), ihm ist die Endentscheidung bekannt zu geben (§ 164 Satz 1) und es kann dagegen selbst Beschwerde einlegen (§ 60). Die persönliche Anhörung ist **zwingend**, von ihr kann grundsätzlich nur unter den Voraussetzungen des Abs. 3 abgesehen werden.

6   Eine Ausnahme gilt für **Verfahren, die ausschließlich die Vermögenssorge betreffen**. Hier kann nach Abs. 1 Satz 2 von einer persönlichen Anhörung bereits dann abgesehen werden, wenn eine solche nach der Art der Angelegenheit nicht angezeigt ist. Es ist dann aber regelmäßig eine schriftliche Anhörung geboten.[2]

II. Anhörung eines Kindes unter 14 Jahren (Absatz 2)

7   Gem. Abs. 2 sind auch Kinder unter 14 Jahren in allen Kindschaftsverfahren persönlich anzuhören, wenn ihre **Neigungen, Bindungen oder der Kindeswille** für die Entscheidung von Bedeutung sind. Dies ist in Verfahren zur Regelung der elterlichen Sorge, des persönlichen Umgangs, der Herausgabe des Kindes und in Verfahren wegen Gefährdung des Kindeswohls regelmäßig der Fall.[3] Dies gilt auch bei einem Streit um die gemeinsame Sorge, selbst wenn der Lebensmittelpunkt klar ist und aktuell keine wichtigen Entscheidungen anstehen, weil zu prüfen ist, ob und in welchem Umfang sich die elterlichen Konflikte auf das Kind auswirken. Kennt das Kind dagegen seinen Vater nicht oder hat es ihn unstreitig seit mehreren Jahren nicht gesehen, ist eine Anhörung bei der Entscheidung über die Übertragung der Alleinsorge auf die Kindesmutter nicht erforderlich. Auch **sonstige Gründe** können nach Abs. 2 die persönliche Anhörung erforderlich machen. So ist in Verfahren zur Bestellung eines Ergänzungspflegers, der das Kind in einem Strafverfahren gegen einen Elternteil bei der Ausübung seines Zeugnisverweigerungsrechts vertreten soll, durch die persönlich Anhörung festzustellen, ob überhaupt eine Aussagebereitschaft des Kindes besteht, weil es sonst der Bestellung eines Pflegers nicht bedarf.[4] Dagegen wird in ausschließlich vermögensrechtlichen Angelegenheiten entsprechend der Wertung in Abs. 1 Satz 2 regelmäßig von der Anhörung des Kindes abgesehen werden können.[5] Im Übrigen darf gem. Abs. 3 nur aus schwerwiegenden Gründen von einer persönlichen Anhörung abgesehen werden.

---

1 BT-Drucks. 16/6308, S. 240; BVerfG v. 27.6.2008 – 1 BvR 311/08, FamRZ 2008, 1737.
2 *Stößer*, FamRZ 2009, 656, 660.
3 BVerfG v. 26.9.2006 – 1 BvR 1827/06, FamRZ 2007, 105; BVerfG v. 17.6.2009 – 1 BvR 467/09, FamRZ 2009, 1472; *Schweppe/Bussian*, ZKJ 2012, 13, 14; Schulte-Bunert/Weinreich/*Ziegert* § 159 FamFG Rz. 6; Keidel/*Engelhardt* § 159 FamFG Rz. 8.
4 OLG Schleswig v. 20.11.2012 – 10 WF 187/12; FamRZ 2013, 571; OLG Saarbrücken v. 22.3.2011 – 6 UF 34/11, FamRZ 2011, 1304 (LS.) = NJW 2011, 2306; OLG Brandenburg v. 17.11.2009 – 10 UF 154/09, FamRZ 2010, 843.
5 Ebenso BT-Drucks. 16/6308, S. 240.

Ein **Mindestalter** ist für die Anhörung des Kindes nicht gesetzlich festgelegt. Nach dem Zweck der Anhörung, dem Gericht einen unmittelbaren Eindruck von dem Kind zu verschaffen (vgl. Rz. 1), sind Kinder jedoch nach gefestigter höchstrichterlicher Rechtsprechung grundsätzlich ab einem Alter von **drei Jahren** persönlich anzuhören, weil sie ab diesem Alter generell in der Lage sind, ihre Bedürfnisse, Wünsche, Gefühle und Ängste (direkt oder indirekt) verbal zu äußern oder durch ihr sonstiges Verhalten auszudrücken.[1] Selbst die in der Anhörung gewonnene Erkenntnis, dass das Kind in seiner Entwicklung deutlich verzögert ist oder dass es sehr ängstlich bzw. sehr offen und zugänglich ist, kann für die gerichtliche Entscheidung von Bedeutung sein. Auch die bloße Beobachtung der Reaktion auf einen Elternteil kann in Umgangsverfahren wertvolle Hinweise über die Beziehung des Kindes zu diesem liefern (vertraut, ängstlich, fröhlich, neutral).[2] Bei Kleinkindern ist statt der richterlichen Anhörung allerdings auch die **Bestellung eines Verfahrensbeistands** ausreichend.[3] Spätestens ab dem Schulalter entbindet jedoch auch die Bestellung eines Verfahrensbeistands nicht von der persönlichen Anhörung des Kindes.[4] Auch die Einholung eines Sachverständigengutachtens macht die persönliche Anhörung des Kindes nicht entbehrlich, denn der persönliche Eindruck von dem Kind soll dem Gericht ermöglichen, das Gutachten kritisch zu prüfen.[5]

III. Absehen von einer persönlichen Anhörung (Absatz 3)

1. Absehen aus schwerwiegenden Gründen (Satz 1)

Nach Abs. 3 Satz 1 darf von einer nach den Absätzen 1 oder 2 gebotenen persönlichen Anhörung nur aus schwerwiegenden Gründen abgesehen werden. Erforderlich ist eine **Abwägung** zwischen der Belastung des Kindes durch die Anhörung einerseits und deren voraussichtlichem Beitrag zur erforderlichen Sachaufklärung andererseits.[6] Je bedeutsamer der Verfahrensgegenstand ist, desto stärker ist die Pflicht zur Anhörung.[7] Rechtstatsächliche Untersuchungen haben im Übrigen gezeigt, dass die allgemeine Belastung des Kindes durch die richterliche Anhörung oft überschätzt wird. Sie stellt regelmäßig keine Belastung im engeren Sinne dar, sondern führt eher zu einer Anspannung, wie sie auch bei Prüfungsängsten beschrieben wird, die unmittelbar vor der Anhörung ansteigt, sofort danach und noch vier Wochen später jedoch regelmäßig wieder unter dem Ausgangsniveau liegt.[8] Insbesondere konnte die häufige Befürchtung, vor allem jüngere Kinder würden durch die Anhörung zu sehr belastet werden, nicht bestätigt werden, im Gegenteil ist die Belastung von Kindern ab Ende des Grundschulalters höher.[9] Es ist in erster Linie auch eine Frage der Gestaltung der Anhörung, ob diese vom Kind als Belastung empfunden wird, generell sollte in diesen Fällen ein Verfahrensbeistand für das Kind bestellt werden.

Schwerwiegende Gründe, die es geboten erscheinen lassen, von einer persönlichen Anhörung abzusehen, liegen daher regelmäßig nur dann vor, wenn das Kind durch die Anhörung aus seinem seelischen Gleichgewicht gebracht würde und eine Beein-

---

1 BVerfG v. 14.7.2010 – 1 BvR 3189/09, FamRZ 2010, 1622; BVerfG v. 23.3.2007 – 1 BvR 156/07, FamRZ 2007, 1078; BGH v. 12.2.1992 – XII ZR 53/91, DAVorm 1992, 499; OLG Oldenburg v. 6.7. 2009 – 13 UF 54/09, FamRZ 2010, 44; Keidel/*Engelhardt* § 159 FamFG Rz. 8; MüKo.ZPO/*Schumann* § 159 FamFG Rz. 4; aA *Stößer*, FamRZ 2009, 656, 660 und 2. Aufl. Rz. 5 (ab sechs Jahren); Haußleiter/*Fest* § 159 FamFG Rz. 8 (fünf Jahre). Auch aus kinder- und jugendpsychologischer bzw. -psychiatrischer Sicht wird eine obligatorische Anhörung ab einem Alter von vier Jahren empfohlen, vgl. *Karle*, Praxis der Rechtspsychologie, 2011, 247, 261.
2 BGH v. 12.2.1992 – XII ZR 53/91, DAVorm 1992, 499; Keidel/*Engelhardt* § 159 FamFG Rz. 8.
3 BVerfG v. 26.9.2006 – 1 BvR 1827/06, FamRZ 2007, 105.
4 BVerfG v. 17.6.2009 – 1 BvR 467/09, FamRZ 2009, 1472.
5 BGH v. 15.2.2012 – XII ZB 389/11, FamRZ 2012, 619.
6 Schulte-Bunert/Weinreich/*Ziegert* § 159 FamFG Rz. 8; Keidel/*Engelhardt* § 159 FamFG Rz. 11.
7 Musielak/*Borth* § 159 FamFG Rz. 4.
8 *Karle/Gathmann/Klosinski*, ZKJ 2010, 432, die durch ihre Untersuchung die entsprechenden Ergebnisse der früheren Untersuchung aus dem Jahr 1987 von *Lempp u.a.* (Die Anhörung des Kindes gem. § 50b FGG) bestätigt sahen.
9 *Karle*, Praxis der Rechtspsychologie, 2011, 247, 257 u. 261.

trächtigung seines Gesundheitszustands zu besorgen ist (vgl. insofern auch § 34 Abs. 2).[1] Das Vorliegen eines schwerwiegenden Grundes ist in der Endentscheidung **im Einzelnen zu begründen**, der pauschale Hinweis auf eine mit der persönlichen Anhörung verbundene Belastung des Kindes genügt nicht.[2] Ein schwerwiegender Grund ist zB angenommen worden bei einer 16-jährigen, die gerade wegen einer therapeutischen Maßnahme stationär behandelt wurde und gegenüber dem Sachverständigen und den Verfahrensbeistand wiederholt zum Ausdruck gebracht hatte, dass sie unter dem Streit der Eltern sehr leide und nicht in die Auseinandersetzungen der Eltern um die gemeinsame Sorge einbezogen werden wolle.[3]

11 **Kein schwerwiegender Grund** iSd. Abs. 3 Satz 1 kann darin gesehen werden, dass die Eltern auf eine Anhörung verzichtet haben[4] oder eine Anhörung nicht wünschen,[5] denn die Anhörung unterliegt als Element der Amtsermittlung nicht der Disposition der Eltern.[6] Ein Kind kann auch gegen den Willen des sorgeberechtigten Elternteils angehört werden (zur Durchsetzung vgl. Rz. 17).[7] Auch der Beschleunigungsgrundsatz nach § 155 Abs. 1 erlaubt es nicht, von der persönlichen Anhörung des Kindes abzusehen.[8] Das Einvernehmen der Eltern stellt ebenfalls grundsätzlich keinen schwerwiegenden Grund dar. Bei Kindern ab 14 Jahren ergibt sich dies bereits aus ihrem zu berücksichtigenden Selbstbestimmungsrecht und ihrer Rechtsstellung (vgl. Rz. 5). Bei Kindern unter 14 Jahren mögen im Einzelfall die Voraussetzungen einer Anhörung nach Abs. 2 nicht vorliegen (zB einvernehmliches Aufheben der elterlichen Sorge für ein Kleinkind); soweit das Kind jedoch im Alltag von der gerichtlichen Entscheidung unmittelbar betroffen ist, ist zur Prüfung des Kindeswohls dennoch eine Anhörung geboten, insbesondere bei gerichtlicher Billigung eines Umgangsvergleichs (dazu § 156 Rz. 60) oder wenn sich sein Aufenthalt ändern soll.[9] Hält sich das Kind im Ausland auf, stellt dies nicht generell einen schwerwiegenden Grund für den Verzicht auf die Anhörung des Kindes dar, auch hier ist im Einzelfall die Bedeutung des Verfahrensgegenstandes ausschlaggebend. Erfolgt danach keine persönliche Anhörung, ist bei älteren Kindern eine schriftliche oder telefonische Anhörung möglich, bei kleineren Kindern kann eine Ermittlung der Kindesinteressen auf Vermittlung des internationalen Sozialdienstes in Berlin (ISD) durch die örtlichen Sozialbehörden erfolgen. Weigert sich allerdings der mit dem Kind im Ausland befindliche Elternteil, die Anhörung des Kindes zuzulassen, ist eine Anhörung nicht durchsetzbar.[10]

2. Absehen aus sonstigen Gründen

12 Von einer Anhörung des Kindes kann gem. § 51 Abs. 3 Satz 2 im Hauptsacheverfahren abgesehen werden, wenn es kurz zuvor **bereits im Anordnungsverfahren angehört** wurde. Gleiches gilt im umgekehrten Fall. Voraussetzung ist jeweils, dass es sich um einen vergleichbaren Verfahrensgegenstand handelt, was nicht der Fall ist bei einem Sorge- und einem Umgangsverfahren, einem Sorge- und einem Unterbringungsverfahren oder bei einem Sorgerechtsverfahren betreffend den Umzug des Kindes mit der Mutter ins Ausland und einem früheren Sorgeverfahren betreffend die Auswahl der Schule[11] (vgl. auch § 160 Rz. 19).

---

1 BGH v. 28.5.1986 – IVb ZB 36/84, NJW-RR 1986, 1130; OLG Schleswig v. 19.12.2007 – 10 UF 194/07, FamRZ 2008, 1363 (LS) = JAmt 2008, 278; *Stößer*, FamRZ 2009, 656, 660.
2 BVerfG v. 17.6.2009 – 1 BvR 467/09, FamRZ 2009, 1472; BVerfG v. 5.12.2008 – 1 BvR 746/08, FamRZ 2009, 399.
3 OLG Hamm v. 1.8.2011 – 8 UF 136/11, FamFR 2012, 93.
4 BGH v. 16.3.2011 – XII ZB 407/10, FamRZ 2011, 796; OLG München v. 8.10.2009 – 26 UF 1569/09, FamRZ 2010, 486; OLG Rostock v. 9.12.2005 – 11 UF 99/05, FamRZ 2007, 183.
5 OLG Oldenburg v. 6.7.2009 – 13 UF 54/09, FamRZ 2010, 44.
6 BGH v. 16.3.2011 – XII ZB 407/10, FamRZ 2011, 796.
7 BGH v. 17.2.2010 – XII ZB 68/09, FamRZ 2010, 720.
8 So bzgl. einer nach Durchführung des frühen Termins (§ 155 Abs. 2) ohne Anhörung des Kindes getroffenen Endentscheidung KG v. 23.12.2008 – 18 UF 156/08, FamRZ 2009, 1428.
9 OLG Celle v. 12.10.2006 – 12 UF 111/06; FamRZ 2007, 756 (LS); Staudinger/*Coester* § 1671 BGB Rz. 282; *Salgo*, FPR 2010, 456, 457.
10 So im Fall des OLG Hamm v. 2.2.2011 – 8 UF 98/10, FamRZ 2012, 143 (LS).
11 BGH v. 16.3.2011 – XII ZB 407/10, FamRZ 2011, 796.

Eine (erneute) Anhörung des Kindes ist gem. § 68 Abs. 3 Satz 1 regelmäßig auch **in der Beschwerdeinstanz** erforderlich. Hiervon darf nach § 68 Abs. 3 Satz 2 nur abgesehen werden, wenn von der erneuten Vornahme keine neuen Erkenntnisse zu erwarten sind. Eine nochmalige Anhörung ist daher insbesondere erforderlich, wenn die erstinstanzliche Anhörung bereits längere Zeit zurückliegt,[1] das Beschwerdegericht von der Entscheidung des Amtsgerichts bzw. des Verfahrensbeistands aufgrund einer anderen Einschätzung der Kindesinteressen abweichen will[2] oder das Kind erst in der Beschwerdeinstanz drei Jahre alt wird. Hat das erstinstanzliche Gericht die Pflicht zur persönlichen Anhörung verletzt oder nach Abs. 3 von der Anhörung abgesehen, so ist sie durch das Beschwerdegericht nachzuholen, soweit nicht die Voraussetzungen des Abs. 3 (weiterhin) vorliegen.[3] Vgl. ergänzend § 68 Rz. 26ff. und § 160 Rz. 20.

13

3. Vorläufiges Absehen wegen Gefahr im Verzug (Satz 2)

Das Gericht kann gem. Abs. 3 Satz 2 bei Gefahr im Verzug **ohne vorherige persönliche Anhörung des Kindes entscheiden**. Gefahr im Verzug wird grundsätzlich nur in einstweiligen Anordnungsverfahren nach §§ 49ff., 156 Abs. 3, 157 Abs. 3 vorliegen[4] und auch dort nur bei besonders dringenden Entscheidungen, etwa bei unaufschiebbaren ärztlichen Behandlungen, Gefahr der Entführung ins Ausland oder in sonstigen Fällen einer akuten Gefährdung des Kindeswohls iSd. §§ 1666, 1684 Abs. 4 BGB.

14

Das Gericht hat die **Anhörung** jedoch gem. Abs. 4 **unverzüglich nachzuholen**, ohne dass es hierzu eines Antrags – etwa nach § 54 Abs. 2 auf Neuentscheidung aufgrund mündlicher Verhandlung – bedarf. Damit die nachgeholte Anhörung im Ergebnis nicht leerläuft, kann das Gericht die getroffene Eilentscheidung gem. § 54 Abs. 1 Satz 3 auch in Antragsverfahren von Amts wegen abändern, wenn das Ergebnis der nachgeholten Anhörung dies erforderlich macht.[5] Ist die Eilanordnung aufgrund mündlicher Verhandlung ergangen, in der das Kind jedoch nicht gehört werden konnte, und wird die Entscheidung nach § 57 Satz 1 angefochten, so ist die persönliche Anhörung durch das Beschwerdegericht nachzuholen, da das erstinstanzliche Gericht seine Entscheidung während der Anhängigkeit der Beschwerde nicht abändern darf (§ 54 Abs. 4; vgl. auch § 160 Rz. 22).

15

IV. Gestaltung der persönlichen Anhörung (Absatz 4)

1. Ladung, Erzwingung des Erscheinens des Kindes

Das Kind ist über seine/n gesetzlichen Vertreter zu laden. Soweit es ausnahmsweise selbst verfahrensfähig ist (§ 151 Rz. 58), ist es gem. § 33 Abs. 2 Satz 1 selbst zu laden, und die gesetzlichen Vertreter sind hierüber zu benachrichtigen. Die Ladung über den gesetzlichen Vertreter lautet dahingehend, dass er das Kind zum Anhörungstermin zu bringen oder sein Erscheinen auf sonstige Weise sicherzustellen hat. Die Anordnung der Kindesanhörung und die Ladung des Kindes sind als verfahrensleitende Verfügungen nicht anfechtbar.[6] Ist ein Verfahrensbeistand bestellt, ist er gem. Abs. 4 Satz 3 ebenfalls zum Termin zu laden.

16

Weigern sich die Eltern, das Kind zur Anhörung zu bringen (was in der Praxis nur äußerst selten der Fall ist), und ist die Anhörung nicht nach Abs. 3 entbehrlich, so dürfte die Erzwingung ihrer Mitwirkung gem. §§ 159 iVm. 35 (Zwangsgeld, Zwangshaft) zulässig sein.[7] Alternativ ist zu prüfen, ob wegen Gefahr im Verzug gem. Abs. 3

17

---

1 Keidel/*Engelhardt* § 159 FamFG Rz. 22.
2 BGH v. 16.3.2011 – XII ZB 407/10, FamRZ 2011, 796.
3 BGH v. 18.7.2012 – XII ZB 661/11, FamRZ 2012, 1556; BayObLG v. 8.7.1994 – 1Z BR 9/94, FamRZ 1995, 500.
4 Musielak/*Borth* § 159 FamFG Rz. 5; MüKo.ZPO/*Schumann* § 159 FamFG Rz. 9.
5 BT-Drucks. 16/6308, S. 201f.
6 OLG Karlsruhe v. 8.7.2003 – 2 WF 110/03, FamRZ 2004, 712; aA OLG Köln v. 13.5.1997 – 25 WF 58/97, FamRZ 1997, 1549.
7 Ebenso Keidel/*Meyer-Holz* § 33 FamFG Rz. 22 und Zöller/*Feskorn* § 33 FamFG Rz. 9, die aber § 33 Abs. 3 anwenden wollen.

Satz 2 eine eA erlassen werden muss und dabei vorläufig von der Anhörung des Kindes abzusehen ist. Sehen sich die Eltern (zB in einem Verfahren nach § 1666 BGB) nicht in der Lage, das Kind zum Termin zu bringen, weil das – insbesondere über 14 Jahre alte – **Kind sich weigert**, so kann dieses unter den Voraussetzungen des § 33 Abs. 3 Satz 3 polizeilich vorgeführt werden. Analog § 167 Abs. 1 Satz 1 iVm. § 319 Abs. 5 muss dies jedoch zwingend in Anwesenheit des Jugendamts erfolgen (dazu § 167 Rz. 24). Vorab ist jedoch zu prüfen, ob die Anhörung nicht auch auf weniger einschneidende Weise erfolgen kann (durch vorherige Bestellung eines Verfahrensbeistands, durch Anhörung in der Schule o. ä.).

2. Anhörung durch den ersuchten oder beauftragten Richter

18   Die persönliche Anhörung des Kindes hat grundsätzlich durch den erkennenden Richter zu erfolgen. Eine Anhörung im Wege der Rechtshilfe durch einen **ersuchten Richter** ist nicht grundsätzlich ausgeschlossen (anders bei Unterbringung eines Kindes gem. § 167 Abs. 1 Satz 1 iVm. § 319 Abs. 4, dazu § 167 Rz. 24), kommt aber wegen der Bedeutung des persönlichen Eindrucks nur ausnahmsweise in Betracht,[1] zB im einstweiligen Anordnungsverfahren, in dem sonst nach Abs. 3 Satz 2 von der Anhörung abgesehen werden müsste.[2] Dies gilt insbesondere bei besonders gewichtigen Verfahrensgegenständen, für die auch der Beschleunigungsgrundsatz gilt (vgl. § 155 Abs. 1), und bei kleinen Kindern, die sich nur begrenzt verbal äußern können und bei denen der persönliche Eindruck daher besonders wichtig ist. Kann danach eine Anhörung durch den ersuchten Richter nicht erfolgen, kann das Verfahren bei einem weit entfernten Aufenthaltsort des Kindes unter Berücksichtigung des Beschleunigungsgrundsatzes gem. § 4 an das Gericht am Aufenthaltsort abgegeben werden.[3]

19   Die gleichen Grundsätze gelten im Wesentlichen entsprechend für die Anhörung des Kindes durch den **beauftragten Richter** des Beschwerdegerichts. Zwar ist es zulässig, die Anhörung einem Mitglied des Senats zu überlassen, der Spruchkörper darf aber einen persönlichen Eindruck, den der beauftragte Richter dabei gewinnt, seiner Entscheidung nicht als eigenen zugrunde legen, sondern die Anhörung nur in ihrem objektiven Ertrag verwerten. Ist es daher – wie gerade in Sorgerechts- und Umgangsangelegenheiten regelmäßig – angezeigt, dass sich das erkennende Gericht als solches einen persönlichen Eindruck verschafft, reicht die Anhörung durch den beauftragten Richter nicht aus und muss die Anhörung des Kindes durch den gesamten Senat erfolgen.[4] Bei der Gestaltung der Anhörung ist allerdings zu berücksichtigen, dass es – vor allem kleineren – Kindern regelmäßig sehr schwerfällt, sich gegenüber drei unbekannten Erwachsenen zu äußern.[5] Das Gespräch sollte daher möglichst nur von einem Richter geführt werden.

3. Gesetzliche Vorgaben für die persönliche Anhörung (Satz 1 und 2)

20   Das Gesetz enthält nur wenige Vorgaben für die Gestaltung der Kindesanhörung. Gem. Abs. 4 Satz 1 soll der Richter das Kind regelmäßig alters- und kindgerecht **über Gegenstand, Ablauf und möglichen Ausgang des Verfahrens informieren**, soweit dies mit dem Kindeswohl vereinbar ist. Die Bedeutung dieser Informationen sollte nicht unterschätzt werden, insbesondere wenn das Kind im frühen Termin nach § 155 Abs. 2 angehört wird und ihm (noch) kein Verfahrensbeistand beigeordnet wurde, der es bereits vorab auf die Anhörung vorbereitet hat (vgl. § 158 Abs. 4 Satz 2). Denn die Eltern können das Kind oft nicht ausreichend auf den Termin vorbereiten, sei es, weil sie selbst nicht wissen, was sie im Termin erwartet, sei es, weil sie das Kind nicht belasten wollen oder weil sie ihm Vorgaben für seine Äußerung in der Anhörung ma-

---

1 BGH v. 11.7.1984 – IVb ZB 73/83, FamRZ 1985, 169.
2 BVerfG v. 14.6.2007 – 1 BvR 338/07, FamRZ 2007, 1627 bzgl. der freiheitsentziehenden Unterbringung eines Minderjährigen.
3 OLG Hamm v. 1.7.2010 – 2 Sdb (FamS) Zust 19/10, FamRZ 2011, 55; vgl. auch die Abgabe gem. § 167 Abs. 1 Satz 1 iVm. § 314 in Unterbringungssachen, § 167 Rz. 11.
4 BGH v. 28.4.2010 – XII ZB 81/09, FamRZ 2010, 1060; BGH v. 11.7.1984 – IVb ZB 73/83, FamRZ 1985, 169.
5 Ausf. *Rohmann/Karle*, ZKJ 2010, 434; ebenso *Carl/Eschweiler*, NJW 2005, 1681, 1686.

chen. Dem Kind kann oft schon durch eine kindgerechte Vorstellung der Person des Richters, seiner Aufgabe und dem Gegenstand des Verfahrens ein erheblicher Teil der Aufregung genommen werden. In Verfahren, in denen typischerweise ein Loyalitätskonflikt des Kindes vorliegt, empfiehlt sich auch der frühzeitige Hinweis an das Kind, dass es nicht um eine Entscheidung für den einen oder den anderen Elternteil geht, sondern um ein Kennenlernen, bei dem das Kind seine Wünsche und Sorgen äußern darf, und dass die Entscheidung von den Eltern oder – wenn diese sich nicht einigen können – durch das Gericht erfolgt.[1]

Nach Abs. 4 Satz 2 **ist dem Kind Gelegenheit zur Äußerung zu geben**. Dazu soll das Gericht die Anhörung unter Berücksichtigung des Alters des Kindes, seines Entwicklungsstandes und vor allem seiner häufig durch die Auseinandersetzung zwischen den Eltern besonders angespannten seelischen Verfassung so gestalten, dass es möglichst zuverlässig die Grundlagen einer am Kindeswohl orientierten Entscheidung erkennen kann.[2] Allgemeine Regeln oder Vorgaben, wie die Anhörung am besten durchzuführen ist, lassen sich nicht aufstellen. Allerdings gibt es hierfür erlernbare Techniken für Gespräche mit Kindern,[3] einen reichen Erfahrungsschatz von Familienrichtern[4] und Verfahrensbeiständen[5] sowie regelmäßige Fortbildungsangebote der Richterakademien. Generell sollte versucht werden, dem Kind möglichst offene Fragen zu stellen und es erzählen zu lassen.[6] Kleinkinder und Kinder im Vorschulalter, bei denen die Erlangung eines persönlichen Eindrucks im Vordergrund steht, lassen sich bei begrenzten sprachlichen Kompetenzen oder eingeschränkter Redebereitschaft durch spielerische Angebote, Malen usw. motivieren. Aus der Formulierung in Abs. 4 Satz 2 folgt allerdings auch, dass das **Gericht auch akzeptieren muss, wenn das Kind nichts sagen will**[7] oder die Anhörung kein für die Entscheidung verwertbares oder erhebliches Ergebnis bringt.[8] Das Gericht darf insbesondere nicht versuchen, in den „innersten Bereich" des Kindes einzudringen, um etwas zu erfragen, was das Kind erkennbar nicht preisgeben will.[9] Auch die Weigerung eines Kindes, sich zu äußern, kann Ergebnis der Anhörung sein und gibt im Einzelfall Anlass zur Prüfung, ob dem Kind ein Verfahrensbeistand bestellt oder ein Sachverständigengutachten eingeholt werden sollte.[10]

4. Anwesenheit des Verfahrensbeistands und sonstiger Personen (Satz 3)

Abs. 4 Satz 3 bestimmt, dass im Regelfall ein **Anwesenheitsrecht des Verfahrensbeistands** bei der persönlichen Anhörung des Kindes besteht. Das Anwesenheitsrecht dient dazu, das Kind durch die Anhörung zu begleiten und ihm zu helfen, die ihm ungewohnte und möglicherweise als bedrohlich empfundene Anhörungssituation zu meistern und sich den Fragen des Gerichts zu öffnen.[11] Ob und zu welchem Zeitpunkt das Gericht Fragen des Verfahrensbeistands zulässt, steht in seinem Ermessen.[12] Das Gericht kann von der Hinzuziehung des Verfahrensbeistands ausnahmsweise absehen, wenn dies im Einzelfall aus Gründen der besseren Sachaufklärung geboten ist. Hierüber entscheidet es nach pflichtgemäßem Ermessen. Dabei ist zu beachten, dass es dem Verfahrensbeistand möglich sein muss, seine Aufgabe, dem Willen und den Interessen des Kindes Geltung zu verschaffen, sinnvoll zu erfüllen.[13]

---

1 *Carl/Eschweiler*, NJW 2005, 1681, 1682.
2 BVerfG v. 5.11.1980 – 1 BvR 349/80, FamRZ 1981, 124.
3 ZB *Delfos*, „Sag mir mal ..." – Gesprächsführung mit Kindern (4 bis 12 Jahre), 8. Aufl. 2012.
4 *Carl/Eschweiler*, NJW 2005, 1681; *Schweppe/Bussian*, ZKJ 2012, 13.
5 *Stötzel/Prenzlow*, ZKJ 2011, 200, 202 f.
6 Schulte-Bunert/Weinreich/*Ziegler* § 159 FamFG Rz. 17.
7 KG v. 16.2.2012 – 17 UF 375/11, FamRZ 2012, 882 (LS) = ZKJ 2012, 222; HK-FamFG/*Völker/Clausius* § 159 FamFG Rz. 8.
8 Schulte-Bunert/Weinreich/*Ziegler* § 159 FamFG Rz. 17.
9 KG v. 10.11.1989 – 17 UF 2346/89, FamRZ 1990, 1383.
10 BGH v. 12.2.1992 – XII ZR 53/91, DAVorm 1992, 499.
11 BT-Drucks. 16/9733, S. 294; ausf. hierzu *Stötzel/Prenzlow*, ZKJ 2011, 200, 204.
12 BGH v. 28.4.2010 – XII ZB 81/09, FamRZ 2010, 1060.
13 BGH v. 28.4.2010 – XII ZB 81/09, FamRZ 2010, 1060; BGH v. 18.7.2012 – XII ZB 661/11, FamRZ 2012, 1556.

Nicht ausreichend und damit ermessensfehlerhaft ist es etwa, wenn das Gericht bei einem intelligenten und aufgeweckten Kind meint, durch den Ausschluss des Verfahrensbeistands einen besseren Eindruck von dem Kind und seinen Neigungen und Bindungen erhalten zu können. Denn grundsätzlich ist davon auszugehen, dass die Anwesenheit des ihm bekannten Verfahrensbeistands das Kind in der Anhörungssituation entlastet und dem Gericht den Zugang zum Kind erleichtert.[1] Es ist in Absprache mit dem Verfahrensbeistand auch möglich, dass dieser später zum Gespräch hinzukommt oder sich zunächst zurückhält und der Richter das Gespräch anfangs allein führt. Im Übrigen besteht auch **keine Anwesenheitspflicht** des Verfahrensbeistands, so dass er in Absprache mit dem Gericht (und mit dem Kind) auf die Teilnahme verzichten kann, wenn er diese mit Blick auf das Kind im konkreten Fall nicht für erforderlich erachtet.[2] Eine Anhörung des Kindes ohne den Verfahrensbeistand muss auch erfolgen, wenn das Kind ausdrücklich allein mit dem Richter sprechen möchte.

23 Andere Personen, insbesondere die **Eltern, haben kein Recht zur Teilnahme an der Kindesanhörung**.[3] Das Gericht kann andere Personen jedoch nach seinem Ermessen hinzuziehen, zB einen Vertreter des Jugendamts, den Sachverständigen oder eine Vertrauensperson des Kindes.[4] Die Anwesenheit der Eltern oder eines Elternteils bzw. ihrer Verfahrensbevollmächtigten ist grundsätzlich nicht sachgerecht, da dem Kind dadurch regelmäßig keine unbefangene Äußerung möglich ist. Die Hinzuziehung der Eltern oder eines Elternteils kann allerdings bei sehr kleinen Kindern für eine Interaktionsbeobachtung sinnvoll sein.

5. Weitere Ausgestaltung der Anhörung nach richterlichem Ermessen (Satz 4)

24 Soweit Abs. 4 Satz 1 bis 3 keine Vorgaben über die Gestaltung der Anhörung enthalten, stellt Satz 4 die **Gestaltung der Anhörung** in das pflichtgemäße **Ermessen des Gerichts**, das nur auf eine Ermessensüberschreitung überprüft werden kann. Dadurch soll insbesondere dem Versuch von Einflussnahmen der Verfahrensbeteiligten auf die Kindesanhörung entgegengewirkt werden.[5] Es ist Aufgabe des Familienrichters, die Anhörung möglichst entsprechend der individuellen Verhältnisse zu gestalten und variabel an das Kind anzupassen. Dazu gehört zB die Entscheidung, ob Geschwister getrennt oder gemeinsam angehört werden und in welchen Räumlichkeiten die Anhörung erfolgt (im Spielzimmer des Gerichts, im Richterzimmer oder bei älteren Kindern auch im Gerichtssaal, evtl. auch in der häuslicher Umgebung, in der Schule oder in einer Jugendhilfeeinrichtung).[6]

25 Ebenso im richterlichen Ermessen steht der **Zeitpunkt der Kindesanhörung**, insbesondere ob diese vor oder nach der Anhörung der Eltern oder in Unterbrechung des Erörterungstermins erfolgt. Generell ist eine möglichst frühzeitige Anhörung des Kindes zu empfehlen, dh in zeitlichem Zusammenhang zu einem frühen Termin nach § 155 Abs. 2 (zu den Gründen § 155 Rz. 41 ff.) bzw. einem Termin wegen Gefährdung einer Kindeswohlgefährdung nach § 157 (dazu § 157 Rz. 20). Sie empfiehlt sich auch im Hinblick auf das gerichtliche Hinwirken auf Einvernehmen (dazu § 156 Rz. 46).

26 Dagegen sollte bei **Traumatisierung des Kindes** (zB durch häusliche Gewalt) und bei einem konkreten **Verdacht sexuellen Missbrauchs** geprüft werden, ob das Kind nicht zunächst durch einen Sachverständigen befragt wird, zumal häufig auch eine Glaubhaftigkeitsbegutachtung erforderlich ist, die bei mehrfacher (und ungeschulter) vorheriger Befragung durch andere Personen kaum mehr brauchbare Ergebnisse

---

1 BGH v. 28.4.2010 – XII ZB 81/09, FamRZ 2010, 1060; krit. insoweit Schulte-Bunert/Weinreich/Ziegler § 159 FamFG Rz. 16, allerdings unter der Prämisse, der Verfahrensbeistand habe häufig kein besonderes Vertrauensverhältnis zum Kind.
2 OLG Naumburg v. 18.10.2011 – 8 UF 204/11, juris.
3 BVerfG v. 5.11.1980 – 1 BvR 349/80, FamRZ 1981, 124.
4 BVerfG v. 5.11.1980 – 1 BvR 349/80, FamRZ 1981, 124; BGH v. 16.3.2011 – XII ZB 407/10, FamRZ 2011, 796.
5 BT-Drucks. 16/6308, S. 240.
6 BT-Drucks. 16/6308, S. 240; BVerfG v. 5.11.1980 – 1 BvR 349/80, FamRZ 1981, 124.

liefern kann. In diesem Zusammenhang wird auch diskutiert, wie eine belastende **Mehrfachbefragung des Kindes im familiengerichtlichen Verfahren und im strafrechtlichen Ermittlungs- und Hauptsacheverfahren** vermieden werden kann. Ob frühzeitige Videovernehmungen des Kindes durch den Ermittlungsrichter hierzu geeignet sind,[1] erscheint im Hinblick auf das Erfordernis eines persönlichen Eindrucks und die in solchen Fällen grundsätzlich nicht zulässige Anhörung durch den ersuchten Richter zweifelhaft.[2] Wichtig ist in jedem Fall, dass Familiengericht und strafrechtliche Ermittlungsbehörden (Polizei, Staatsanwaltschaft, Strafgericht) ihr Vorgehen miteinander absprechen. So kann etwa eine vom Familiengericht in Auftrag gegebene Glaubhaftigkeitsbegutachtung nach Maßgabe des § 13 Satz 2 für das Ermittlungsverfahren der Staatsanwaltschaft verwendet werden. Im familiengerichtlichen Verfahren können Beweiserhebungen der Staatsanwaltschaft oder des Strafgerichts (insbesondere rechtsmedizinische Gutachten) gem. § 30 Abs. 1 FamFG iVm. § 411a ZPO verwertet werden. Je nachdem wie eindeutig die ohne Anhörung des Kindes gewonnenen Ergebnisse sind bzw. ob sie von den Verfahrensbeteiligten angegriffen werden, muss dann in der gerichtlichen Kindesanhörung nur noch begrenzt auf belastende Einzelheiten eingegangen werden und kann stattdessen das Gespräch mit dem Kind auf sein aktuelles Befinden und auf die zukünftige Entwicklung fokussiert werden. Zu beachten ist schließlich auch, dass das Kind im Kindschaftsverfahren gem. § 163 Abs. 3 nicht als Zeuge vernommen werden darf.

Ob eine **wiederholte Anhörung des Kindes** innerhalb eines Verfahrens erfolgt, liegt grundsätzlich ebenfalls im richterlichen Ermessen nach Abs. 4 Satz 4. Allerdings gelten die Grundsätze zur Anhörung durch einen beauftragten Richter (Rz. 19) und zur Anhörung des Kindes in der Beschwerdeinstanz (Rz. 13) insoweit entsprechend: Auf den persönlichen Eindruck kann das Gericht nicht mehr abstellen, wenn sich zwischenzeitlich größere Änderungen ergeben haben (zB eine Zwischenregelung ausprobiert oder ein begleiteter Umgang durchgeführt wurde), sich das Kind gegenüber Dritten deutlich anders als in einer früheren Anhörung äußert,[3] das Gericht von einem nach der Anhörung eingeholten Sachverständigengutachten abweichen will, weil es die Kindesinteressen anders einschätzt,[4] oder wenn nach einem Dezernatswechsel ein neuer Richter zuständig ist.[5]

6. Anhörungsvermerk und Gewährung rechtlichen Gehörs zum Ergebnis der Kindesanhörung

Das Familiengericht muss den wesentlichen Inhalt der Kindesanhörung in einem **Anhörungsvermerk** nach § 28 Abs. 4 wiedergeben. Dies kann auch im Sitzungsprotokoll erfolgen. Zulässig ist es auch, den wesentlichen Inhalt der persönlichen Anhörung im Tatbestand der abschließenden Entscheidung vollständig, im Zusammenhang und frei (bzw. gesondert) von eigenen Wertungen wiederzugeben.[6] Denn nur auf diese Weise wird dem Rechtsbeschwerdegericht ermöglicht nachzuprüfen, ob die Feststellungen ohne Rechtsfehler zustande gekommen sind, insbesondere der Inhalt der Anhörung vollständig und ohne Widersprüche gewürdigt worden ist. Gem. § 37

---

1 Dazu ausf. *Schmid*, FamRB 2012, 61 und 188.
2 Zur Kritik vgl. *Schweppe/Bussian*, ZKJ 2012, 13.
3 Vgl. BVerfG v. 5.12.2008 – 1 BvR 746/08, FamRZ 2009, 399: Erforderlichkeit einer erneuten (dritten) Anhörung, wenn sich das Kind entgegen der früheren gerichtlichen Anhörung gegenüber Verfahrensbeistand und Umgangspfleger anders äußert, diese unterschiedliche Auffassungen über den Kindeswillen haben, gleichwohl aber empfehlen, von einer erneuten gerichtlichen Anhörung des Kindes abzusehen; krit. dazu *Salzgeber*, ZKJ 2009, 204.
4 Bei der freiheitsentziehenden Unterbringung verlangt der BGH, dass eine persönliche Anhörung des – verfahrensfähigen – Betroffenen grundsätzlich nach Einholung des Sachverständigengutachtens erfolgt, damit das Gericht durch den persönlichen Eindruck in die Lage versetzt wird, das Gutachten zu würdigen, vgl. BGH v. 15.2.2012 – XII ZB 389/11, FamRZ 2012, 619 und BGH v. 18.7.2012 – XII ZB 661/11, FamRZ 2012, 1556.
5 *Schweppe/Bussian*, ZKJ 2012, 13, 19.
6 BGH v. 4.4.2001 – XII ZB 3/00, FamRZ 2001, 907; OLG Brandenburg v. 11.2.2011 – 13 UF 7/11, FamFR 2011, 328; OLG Saarbrücken v. 31.5.2012 – 6 UF 20/12, FamFR 2012, 500.

Abs. 2 muss den Verfahrensbeteiligten zur Wahrung rechtlichen Gehörs **Gelegenheit** gegeben werden, zum Ergebnis der Kindesanhörung **Stellung zu nehmen**.

29 Nicht einfach ist der Umgang mit Informationen, die das Kind dem Richter in der Anhörung mit der Bitte anvertraut, sie nicht den Eltern mitzuteilen, oder wenn es nur bei richterlicher Zusicherung der **Geheimhaltung** etwas mitteilen will. Einerseits steht dem zur Neutralität verpflichteten Richter ein Schweigerecht nicht zu, andererseits ist er auch dem Kindeswohl verpflichtet. In diesem Fall sollte zunächst bei den Befürchtungen des Kindes angesetzt werden, um zu klären, was seiner Ansicht nach passieren würde, wenn der Richter die Information preisgäbe. Oft können die Befürchtungen dadurch ausgeräumt werden.[1] Zu prüfen ist jeweils auch, ob die Information für die gerichtliche Entscheidung von Relevanz ist, denn nur dann muss den Beteiligten gem. § 37 Abs. 2 hierzu rechtliches Gehör gewährt werden. In den verbleibenden Fällen muss im Einzelfall abgewogen und das Schutzbedürfnis des Kindes ggf. mit dem Jugendamt und dem Verfahrensbeistand erörtert werden. Häufig bietet es sich in solchen Fällen an, die Information zunächst nicht weiterzugeben und die Angaben des Kindes erst auf andere Art zu verifizieren.[2] Eine Möglichkeit besteht auch darin, dass das Kind seine Informationen erst dem (ggf. noch zu bestellenden) Verfahrensbeistand mitteilt, der der Schweigepflicht unterliegt (vgl. § 158 Rz. 35) und vorab mit dem Kind besprechen kann, wie damit umgegangen werden soll. Eine (auch vorläufige) gerichtliche Entscheidung kann auf Grundlage von Angaben des Kindes, zu denen den Eltern nicht vorab rechtliches Gehör gewährt wurde, nur ergehen, wenn durch die Mitteilung das Kindeswohl iSd. § 1666 BGB akut gefährdet wäre.[3]

V. Folge von Verstößen gegen die Anhörungspflicht

30 Die Nichtanhörung des betroffenen Kindes im Sorgerechts- und Umgangsverfahren ist idR ein schwerer Verfahrensmangel, der es rechtfertigen kann, den ergangenen Beschluss nach § 69 Abs. 1 Satz 3 aufzuheben und die Sache zur erneuten Behandlung und Entscheidung an das Erstgericht zurückzuverweisen.[4] Gleiches gilt für einen Verstoß gegen die Pflicht zur Dokumentation des Anhörungsergebnisses bzw. zur Begründung des Absehens von der Anhörung.[5] Soweit nicht weitere erhebliche Verfahrensmängel hinzutreten, wird die Anhörung jedoch im Hinblick auf den Beschleunigungsgrundsatz (§ 155 Abs. 1) regelmäßig durch das Beschwerdegericht selbst nachzuholen sein.[6]

31 **Kosten/Gebühren: RA:** Durch den Anhörungstermin fällt die Terminsgebühr nach Nr. 3104 VV RVG an.

160 *Anhörung der Eltern*

(1) In Verfahren, die die Person des Kindes betreffen, soll das Gericht die Eltern persönlich anhören. In Verfahren nach den §§ 1666 und 1666a des Bürgerlichen Gesetzbuchs sind die Eltern persönlich anzuhören.
(2) In sonstigen Kindschaftssachen hat das Gericht die Eltern anzuhören. Dies gilt nicht für einen Elternteil, dem die elterliche Sorge nicht zusteht, sofern von der Anhörung eine Aufklärung nicht erwartet werden kann.
(3) Von der Anhörung darf nur aus schwerwiegenden Gründen abgesehen werden.
(4) Unterbleibt die Anhörung allein wegen Gefahr im Verzug, ist sie unverzüglich nachzuholen.

---

1 *Carl/Eschweiler*, NJW 2005, 1681, 1682.
2 HB-VB/*Heilmann* Rz. 1305.
3 Ebenso *Carl/Eschweiler*, NJW 2005, 1681, 1682; **aA** (es genügen bereits erhebliche Gründe des Kindeswohls) HB-VB/*Heilmann* Rz. 1305; *Schweppe/Bussian*, ZKJ 2012, 13, 19.
4 OLG Köln v. 29.10.2003 – 26 UF 161/03, FamRZ 2004, 1301; OLG Schleswig v. 19.12.2007 – 10 UF 194/07, JAmt 2008, 278; OLG Düsseldorf v. 13.2.2008 – II-8 UF 219/07, FamRZ 2008, 1363.
5 OLG Brandenburg v. 11.2.2011 – 13 UF 7/11, FamFR 2011, 328; OLG Saarbrücken v. 25.3.2010 – 6 UF 136/09, FamRZ 2010, 2085.
6 OLG Schleswig v. 20.11.2012 – 10 WF 187/12, FamRZ 2013, 571.

A. Allgemeines

I. Normzweck und Systematik 1
II. Anwendungsbereich 4

B. Inhalt der Vorschrift

I. Anhörung in Verfahren betreffend die Person des Kindes (Absatz 1)
   1. Persönliche Anhörung in personenbezogenen Verfahren (Abs. 1 Satz 1) 6
   2. Persönliche Anhörung in Kindesschutzverfahren (Abs. 1 Satz 2) ... 8
   3. Durchführung der persönlichen Anhörung 9
II. Anhörung in Verfahren betreffend die Vermögenssorge (Absatz 2) 14
III. Absehen von der Anhörung (Absatz 3) 17
IV. Anhörung bei Gefahr im Verzug (Absatz 4) 21
V. Folge von Verstößen gegen die Anhörungspflicht 23

A. Allgemeines

I. Normzweck und Systematik

Die Vorschrift regelt die **Anhörung der Eltern** in Kindschaftssachen. Sie entspricht bis auf kleinere Änderungen dem früheren § 50a FGG. Zu unterscheiden ist zwischen der persönlichen (dh mündlichen) Anhörung in Verfahren betreffend die Person des Kindes (Abs. 1) und der (einfachen) Anhörung in Verfahren betreffend die Vermögenssorge (Abs. 2), die auch auf andere Weise erfolgen kann. 1

Zweck der persönlichen Anhörung der Eltern sind die **Gewährung rechtlichen Gehörs** und die **Aufklärung des Sachverhalts** im Rahmen der Amtsermittlung nach § 26.[1] Insofern sind hinsichtlich der Durchführung der persönlichen Anhörung ergänzend § 33 (persönliches Erscheinen zur Aufklärung des Sachverhalts) und § 34 (persönliche Anhörung zur Gewährung rechtlichen Gehörs) zu beachten. Die persönliche Anhörung dient nicht nur der Prüfung der Richtigkeit bestimmter Tatsachen, sondern vorrangig dem **besseren Verständnis des Vorbringens** und der **Gewinnung eines persönlichen Eindrucks** der Eltern,[2] da das Gericht in Kindschaftssachen in besonderer Weise in die persönlichen Beziehungen und Verhältnisse der Eltern eingreift.[3] 2

Begrifflich und inhaltlich **abzugrenzen ist die persönliche Anhörung der Eltern** vom **Erörterungstermin** (§§ 32, 155 Abs. 2, 157 sowie im Verfahren auf Erlass einer eA §§ 51 Abs. 2 Satz 2, 54 Abs. 2, 57 S. 2).[4] Zweck der Erörterung sind der Dialog des Gerichts mit den Verfahrensbeteiligten (vgl. § 34 Rz. 2 f.), der Austausch rechtlicher Standpunkte, die Verfahrensplanung, das Hinwirken auf Einvernehmen (§ 155 Abs. 2 iVm. § 156 Abs. 1) sowie die Verdeutlichung einer Gefährdungssituation des Kindes und die Motivation der Eltern zur Annahme von öffentlichen Hilfen (§ 157). IdR werden Anhörung und Erörterung allerdings gleichzeitig stattfinden (ausf. § 157 Rz. 15). Das Erfordernis der persönlichen Anhörung verpflichtet das Gericht in diesen Fällen jedoch dazu, darauf zu achten, **dass die Eltern im Termin auch persönlich zu Wort kommen**[5] und nicht nur deren Verfahrensbevollmächtigte oder das Jugendamt. 3

II. Anwendungsbereich

Die Regelung ist in allen Kindschaftssachen nach § 151 anwendbar, wobei in Abs. 1 und 2 zwischen verschiedenen Verfahrensgegenständen unterschieden wird. Für Verfahren betreffend die freiheitsentziehende Unterbringung des Kindes nach § 151 Nr. 6 und 7 enthält § 167 Abs. 1 Satz 1 iVm. § 320 Satz 1 und § 167 Abs. 4 eine abschließende Sonderregelung (persönliche Anhörung nur der sorgeberechtigten Eltern, vgl. § 167 Rz. 5 und 27 f.). § 160 ist ferner gem. § 155a Abs. 3 Satz 1 nicht im vereinfachten Verfahren zur Übertragung der gemeinsamen Sorge bei nicht verheirateten Eltern anzuwenden. 4

---

1 BGH v. 11.7.1984 – IVb ZB 73/83, FamRZ 1985, 169; BGH v. 19.7.2000 – XII ZB 25/00, NJWE-FER 2001, 26; OLG Saarbrücken v. 23.2.2010 – 6 UF 140/09, FamRZ 2010, 1680; OLG Hamm v. 2.2.2011 – 8 UF 98/10, FamRZ 2012, 143; OLG Frankfurt v. 12.4.2011 – 3 UF 25/11, FamRZ 2012, 571.
2 Vgl. oben § 34 Rz. 5 sowie Musielak/*Borth* § 160 FamRZ Rz. 1.
3 Keidel/*Engelhardt* § 160 FamFG Rz. 1.
4 OLG Frankfurt v. 12.4.2011 – 3 UF 25/11, FamRZ 2012, 571.
5 Keidel/*Engelhardt* § 160 FamFG Rz. 1.

5 Die Anhörungspflicht besteht nicht nur im Hauptsacheverfahren, sondern auch im Verfahren auf Erlass einer **eA** (dazu § 51 Rz. 7), wobei nach Abs. 4 bei Gefahr im Verzug von der Anhörung vor Erlass der Anordnung abgesehen werden kann (vgl. Rz. 21 f.). Auch in der **Beschwerdeinstanz** müssen die Eltern gem. § 68 Abs. 3 Satz 1 idR (nochmals) angehört werden (zu den Ausnahmen vgl. Rz. 20). Im **Vollstreckungsverfahren** ist § 160 nicht anzuwenden (str., vgl. § 92 Rz. 2).

B. Inhalt der Vorschrift

I. Anhörung in Verfahren betreffend die Person des Kindes (Absatz 1)

1. Persönliche Anhörung in personenbezogenen Verfahren (Abs. 1 Satz 1)

6 Abs. 1 Satz 1 betrifft die persönliche Anhörung der Eltern in **Verfahren betreffend die Person des Kindes**. Das sind nicht nur Verfahren, welche die Personensorge betreffen (§ 151 Nr. 1), sondern alle Kindschaftssachen iSd. § 151 Nr. 1 bis 5,[1] die die Lebensführung und Lebensstellung eines Kindes zum Gegenstand haben und nicht ausschließlich vermögensrechtlicher Art sind.[2] Anzuhören sind nach Abs. 1 Satz 1 „die Eltern", **unabhängig davon, ob ihnen die elterliche Sorge zusteht**.[3] Die Eltern sind deshalb beispielsweise auch dann persönlich anzuhören, wenn das Kind in einer Pflegefamilie lebt und über das Umgangsrecht des Großvaters nach § 1685 BGB zu entscheiden ist.[4]

7 Aus der Fassung als **Soll-Bestimmung** ergibt sich, dass das Gericht grundsätzlich zur persönlichen Anhörung der Eltern verpflichtet ist und nur in besonders gelagerten und in der Endentscheidung zu begründenden Ausnahmefällen davon absehen darf, wenn der Zweck der persönlichen Anhörung (Rz. 2) auch auf andere Weise erreicht werden kann. Bei Konflikten zwischen den Eltern ist dies kaum vorstellbar, daher kann hier nur unter den Voraussetzungen des Abs. 3 von der persönlichen Anhörung abgesehen werden. Beraumt das Gericht einen frühen Erörterungstermins nach §§ 155 Abs. 2, 156 an, sind die Eltern als Verfahrensbeteiligte ohnehin persönlich zu laden (§ 155 Abs. 3), so dass in diesem Termin regelmäßig auch ihre persönliche Anhörung erfolgen wird (vgl. Rz. 3). **Ausnahmen** von der persönlichen Anhörung sind insbesondere denkbar, wenn der verfahrensgegenständliche Konflikt nicht unter den Eltern besteht und nach den Umständen von einem Elternteil gegenüber der einfachen Anhörung keine weitere Aufklärung erwartet werden kann. So kann etwa auf die persönliche Anhörung des (nicht sorgeberechtigten) Kindesvaters verzichtet werden, wenn es sich um ein einfaches und klar gelagertes Verfahren nach § 1685 BGB betreffend die Regelung des Umgangs der Großmutter mütterlicherseits mit dem bei der Mutter lebenden Kind handelt, sich der Kindesvater vor dem Termin umfassend schriftlich geäußert hat, im Termin anwaltlich vertreten war und anschließend durch seinen Verfahrensbevollmächtigten seine unveränderte Position nochmals bestätigt hat.[5]

2. Persönliche Anhörung in Kindesschutzverfahren (Abs. 1 Satz 2)

8 Gem. Abs. 1 Satz 2 ist in **Verfahren wegen Gefährdung des Kindeswohls** nach §§ 1666 Abs. 1, 1666a BGB die persönliche Anhörung der Eltern **zwingend**. Anzuhören ist auch ein nicht sorgeberechtigter Elternteil, weil für den Fall, dass der sorgeberechtigte Elternteil das Kind nicht selbst erziehen kann, gem. § 1680 Abs. 3 BGB die Übertragung der elterlichen Sorge auf den anderen Elternteils zu prüfen ist.[6] Die An-

---

1 Zu Verfahren nach § 151 Nr. 6 und 7 (freiheitsentziehende Unterbringung) vgl. Rz. 4.
2 BT-Drucks. 16/6308, S. 241 zur gleichlautenden Formulierung in § 162.
3 OLG Celle v. 12.8.2011 – 10 UF 118/11, ZKJ 2011, 431; *Stößer*, FamRZ 2009, 656, 660.
4 OLG Hamm v. 21.7.2011 – 2 WF 156/11, FamRZ 2011, 1889. Soweit die Kindeseltern sorgeberechtigt sind, sind sie in solchen Verfahren gem. § 7 Abs. 2 Nr. 1 auch Verfahrensbeteiligte, vgl. § 151 Rz. 56.
5 OLG Celle v. 12.8.2011 – 10 UF 118/11, ZKJ 2011, 431.
6 Der nicht sorgeberechtigte Elternteil ist deshalb sogar Verfahrensbeteiligter gem. § 7 Abs. 2 Nr. 1, vgl. § 151 Rz. 56.

hörung nach Satz 2 wird regelmäßig mit dem Erörterungstermin nach § 157 Abs. 1 verbunden werden (vgl. § 157 Rz. 15).

3. Durchführung der persönlichen Anhörung

Die **Gestaltung der persönlichen Anhörung** steht im pflichtgemäßen Ermessen des Gerichts. Erforderlich ist jedoch in jedem Fall eine mündliche Anhörung, in der sich das Gericht einen persönlichen Eindruck von den Eltern verschafft.[1] Es genügen daher weder die Anhörung des Verfahrensbevollmächtigten im Termin noch die fernmündliche Anhörung des Elternteils. Die Anhörung muss durch den Richter erfolgen und kann nicht an einen Sachverständigen zum Zwecke der Begutachtung im Termin delegiert werden.[2] Unter den Voraussetzungen des § 33 Abs. 1 Satz 2 kann eine getrennte Anhörung der Eltern erfolgen, insbesondere also bei häuslicher Gewalt, hoch emotionalisiertem Verlauf des Termins oder psychischen Blockaden eines Elternteils (ausf. § 33 Rz. 11 f.). Daraus ergibt sich im Umkehrschluss, dass die Eltern grundsätzlich gemeinsam angehört werden müssen, damit jeder Elternteil unmittelbar auf die Äußerungen des anderen eingehen kann.[3] Ob die weiteren Verfahrensbeteiligten bei der Anhörung der Eltern anwesend sind, liegt im pflichtgemäßen Ermessen des Gerichts.[4] Hört das Gericht die Eltern allein an, ist den anderen Verfahrensbeteiligten jedoch das Ergebnis der Anhörung mitzuteilen und Gelegenheit zur Stellungnahme zu geben (§ 37 Abs. 2). 9

Die Anhörung hat wegen der Bedeutung eines persönlichen Eindrucks der Eltern grundsätzlich durch den für die Entscheidung zuständigen Richter zu erfolgen (vgl. § 34 Rz. 16). Eine Anhörung durch den **ersuchten Richter** ist allerdings nicht ausgeschlossen,[5] etwa wenn ein Elternteil wegen schwerer Krankheit oder Gebrechlichkeit nicht zu einem weiter entfernten Gerichtsort anreisen kann. Grundsätzlich ist den Eltern in Kindschaftssachen aber auch eine längere Anreise zur Anhörung zuzumuten, eine dem § 128 Abs. 3 entsprechende Regelung enthält § 160 nicht. 10

Im Beschwerdeverfahren darf die Anhörung grundsätzlich einem Mitglied des Beschwerdegerichts als **beauftragtem Richter** überlassen werden.[6] Der Spruchkörper darf aber einen persönlichen Eindruck, den der beauftragte Richter dabei gewinnt, seiner Entscheidung nicht als eigenen zugrunde legen, sondern die Anhörung nur in ihrem objektiven Ertrag verwerten. Ist es dagegen – wie gerade in Sorgerechts- und Umgangsangelegenheiten regelmäßig – angezeigt, dass sich das erkennende Gericht als solches einen persönlichen Eindruck verschafft, reicht die Anhörung durch den beauftragten Richter nicht aus und muss die Anhörung ggf. von dem vollbesetzten Beschwerdegericht nachgeholt werden.[7] 11

Erscheint ein Elternteil trotz Anordnung des persönlichen Erscheinens nicht zum Anhörungstermin, kann nicht gem. § 34 Abs. 3 von der Anhörung abgesehen werden. Denn die persönliche Anhörung dient nicht nur der Gewährung rechtlichen Gehörs nach § 34, sondern auch der Sachaufklärung (vgl. Rz. 2), weshalb das Erzwingen des Erscheinens mit Ordnungsmitteln (Ordnungsgeld oder zwangsweise Vorführung, ausf. dazu § 33 Rz. 24 ff.) nach § 33 Abs. 3 vorrangig ist.[8] Von der persönlichen Anhörung darf daher nur bei Vorliegen schwerwiegender Gründe iSv. Abs. 3 abgesehen werden, zB wenn die Bemühungen des Gerichts zur persönlichen Anhörung des Elternteils unter Berücksichtigung des Beschleunigungsgrundsatzes (§ 155 Abs. 1) 12

---

1 BGH v. 11.7.1984 – IVb ZB 73/83, FamRZ 1985, 169; OLG Naumburg v. 23.12.2009 – 8 UF 219/09, juris.
2 BGH v. 17.2.2010 – XII ZB 68/09, FamRZ 2010, 720.
3 Musielak/*Borth* § 160 FamFG Rz. 5; MüKo.ZPO/*Schumann* § 160 FamFG Rz. 13.
4 MüKo.ZPO/*Schumann* § 160 FamFG Rz. 11.
5 Keidel/*Engelhardt* § 160 FamFG Rz. 13.
6 BGH v. 11.7.1984 – IVb ZB 73/83, FamRZ 1985, 169 und BGH v. 28.4.2010 – XII ZB 81/09, FamRZ 2010, 1060.
7 BGH v. 11.7.1984 – IVb ZB 73/83, FamRZ 1985, 169 und BGH v. 28.4.2010 – XII ZB 81/09, FamRZ 2010, 1060.
8 *Abramenko*, § 34 Rz. 27; Zöller/*Feskorn* § 33 FamFG Rz. 4; Keidel/*Engelhardt* § 160 FamFG Rz. 9.

nicht erfolgreich sind. Bei Gefahr im Verzug kann gem. Abs. 4 auch eine eA ohne vorherige Anhörung des Elternteils ergehen. Will sich ein Elternteil im Termin nicht äußern, kann die Aussage selbst nicht nach § 33 erzwungen werden.[1]

13 Der wesentliche Inhalt der persönlichen Anhörung muss in einem **Vermerk nach § 28 Abs. 4** aussagekräftig aufgenommen und den Verfahrensbeteiligten bekanntgegeben werden.[2] Zulässig ist es auch, den wesentlichen Inhalt in der abschließenden Entscheidung (im tatbestandlichen Teil) vollständig, im Zusammenhang und frei von eigenen Wertungen wiederzugeben.[3]

II. Anhörung in Verfahren betreffend die Vermögenssorge (Absatz 2)

14 Abs. 2 regelt die Anhörung in Kindschaftssachen, die nicht die Person des Kindes nach Abs. 1 betreffen, also in Verfahren, welche ausschließlich die Vermögenssorge zum Gegenstand haben (zB §§ 1640 Abs. 3, 1666 Abs. 2, 1821 BGB).

15 Satz 1 **verlangt** in solchen Verfahren **keine persönliche Anhörung** der Eltern. Die Anhörung kann deshalb auch schriftlich, fernmündlich oder auf sonstige Weise erfolgen. Eine – zumindest schriftliche – Anhörung der sorgeberechtigten Elternteile zur Gewährleistung des rechtlichen Gehörs und zur Aufklärung des Sachverhalts ist damit aber in jeder Kindschaftssache geboten.

16 Gem. Satz 2 kann in Vermögenssorgeverfahren auf die Anhörung eines **nicht sorgeberechtigten Elternteils** verzichtet werden, wenn von der Anhörung eine Aufklärung nicht erwartet werden kann.

III. Absehen von der Anhörung (Absatz 3)

17 Nach Abs. 3 darf von einer nach Abs. 1 oder Abs. 2 gebotenen Anhörung nur aus schwerwiegenden Gründen abgesehen werden. Erforderlich ist eine **Abwägung** des Interesses an einer eingehenden Sachaufklärung mit dem Interesse des Elternteils an einer Freistellung von der Anhörung[4] sowie mit dem Gebot der beschleunigten Verfahrensgestaltung (§ 155 Abs. 1). Je mehr Gewicht die Anhörung wegen der Bedeutung des Verfahrensgegenstandes hat, desto höher sind die Anforderungen an die Annahme eines schwerwiegendes Grundes.[5] Die Gründe für das Absehen von der Anhörung sind in der Endentscheidung darzulegen.[6]

18 **Schwerwiegende Gründe** sind zunächst die auch in § 34 Abs. 2 genannten Fälle, dass die persönliche Anhörung mit erheblichen Nachteilen für die Gesundheit des Elternteils verbunden wäre oder dass er offensichtlich nicht in der Lage ist, seinen Willen kundzutun,[7] etwa aufgrund akuter psychischer Erkrankung. Weitere Gründe sind ein – trotz hinreichender Nachforschungen – nicht zu ermittelnder Aufenthalt, Unerreichbarkeit wegen eines zeitlich nicht absehbaren Auslandsaufenthalts[8] oder die Erklärung des im Ausland befindlichen Elternteils, er werde nicht zur persönlichen Anhörung erscheinen.[9] Ist eine persönliche Anhörung nicht möglich, ist (zB in den Fällen der gesundheitlichen Beeinträchtigung oder des Auslandsaufenthalts) zu prüfen, ob eine Anhörung nicht auf andere Weise erfolgen kann (schriftlich, fernmündlich o. ä.).[10]

---

1 MüKo.ZPO/*Schumann* § 160 FamFG Rz. 12.
2 OLG Saarbrücken v. 25.3.2010 – 6 UF 136/09, FamRZ 2010, 2085.
3 BGH v. 4.4.2001 – XII ZB 3/00, FamRZ 2001, 907.
4 Keidel/*Engelhardt* § 160 FamFG Rz. 7.
5 Keidel/*Engelhardt* § 160 FamFG Rz. 7.
6 OLG Naumburg v. 27.9.2011 – 8 UF 165/11, juris; OLG Saarbrücken v. 23.2.2010 – 6 UF 140/09, FamRZ 2010, 1680; OLG Hamm v. 25.8.2000 – 13 UF 274/00, FamRZ 2001, 850.
7 Dazu § 34 Rz. 21 ff.
8 OLG Naumburg v. 27.9.2011 – 8 UF 165/11, juris; BayObLG v. 25.2.1981 – BReg. 1 Z 10/81, FamRZ 1981, 814; *Stößer*, FamRZ 2009, 656, 659.
9 OLG Hamm v. 2.2.2011, 8 UF 98/10, FamRZ 2012, 143.
10 Musielak/*Borth* § 160 FamFG Rz. 7; Keidel/*Engelhardt* § 160 FamFG Rz. 9.

Kein schwerwiegender Grund ist das Ausbleiben eines Elternteils im Anhörungstermin; § 34 Abs. 3 ist nicht anwendbar (vgl. Rz. 11). Die persönliche Anhörung im Hauptsacheverfahren nach § 1666 BGB darf nicht deshalb unterbleiben, weil die Eltern bereits in einem vorherigen Eilverfahren nach § 1631b BGB wegen geschlossener Unterbringung des Kindes angehört worden sind, da es sich um völlig unterschiedliche Verfahrensgegenstände handelt und § 51 Abs. 3 Satz 2 daher nicht anwendbar ist.[1] Allerdings kann auf eine nochmalige persönliche Anhörung vor Erlass einer eA über einen begleiteten Umgang nach § 1684 Abs. 4 Satz 3 BGB verzichtet werden, wenn sich die Eltern nach ihrer Anhörung und Erörterung der Sache im Hauptsacheverfahren zunächst auf einen begleiteten Umgang geeinigt hatten, der betreuende Elternteil hieran jedoch nach dem Termin nicht mehr mitwirken will.

Die Verpflichtung zur (erneuten) persönlichen Anhörung nach Abs. 1 besteht gem. § 68 Abs. 3 Satz 1 grundsätzlich auch im **Beschwerdeverfahren**.[2] Hiervon kann gem. § 68 Abs. 3 Satz 2 abgesehen werden, wenn keine neuen – entscheidungserheblichen – Tatsachen vorgetragen sind, keine Änderung der rechtlichen Gesichtspunkte oder der tatsächlichen Verhältnisse eingetreten ist, die Anhörung durch das Amtsgericht noch nicht längere Zeit zurückliegt, der persönliche Eindruck der Eltern in einem Vermerk hinreichend dokumentiert ist und die Anhörung nicht aus sonstigen Gründen der Sachaufklärung (zB wegen Erweiterung des Verfahrensgegenstandes in der Beschwerdeinstanz[3]) geboten erscheint.[4] In jedem Fall erforderlich ist eine schriftliche Anhörung der Eltern. Vgl. ergänzend § 68 Rz. 26 ff.

IV. Anhörung bei Gefahr im Verzug (Absatz 4)

Nach Abs. 4 kann bei Gefahr im Verzug eine **Entscheidung ohne vorherige (persönliche) Anhörung** eines Elternteils ergehen. Gefahr im Verzug wird grundsätzlich nur in einstweiligen Anordnungsverfahren nach §§ 49 ff. vorliegen[5] und auch dort nur bei besonders dringenden Entscheidungen, etwa bei unaufschiebbaren ärztlichen Behandlungen, Gefahr der Entführung ins Ausland oder in sonstigen Fällen einer akuten Gefährdung des Kindeswohls iSd. §§ 1666, 1684 Abs. 4 BGB.

Das Gericht hat die **Anhörung** jedoch gem. Abs. 4 **unverzüglich nachzuholen,** ohne dass es hierzu eines Antrags des betroffenen Elternteils – etwa nach § 54 Abs. 2 auf Neuentscheidung aufgrund mündlicher Verhandlung – bedarf. Macht das Ergebnis der nachgeholten Anhörung eine Abänderung der getroffenen Eilentscheidung erforderlich, kann das Gericht dies gem. § 54 Abs. 1 Satz 3 auch in Antragsverfahren von Amts wegen tun.[6] Ist die Eilanordnung aufgrund mündlicher Verhandlung ergangen, in der ein Elternteil jedoch nicht gehört werden konnte, und wird die Entscheidung nach § 57 Satz 1 angefochten, so ist die persönliche Anhörung durch das Beschwerdegericht nachzuholen,[7] da das erstinstanzliche Gericht seine Entscheidung während der Anhängigkeit der Beschwerde nicht abändern darf (§ 54 Abs. 4).

V. Folge von Verstößen gegen die Anhörungspflicht

Ein Verstoß gegen die Pflicht zur Anhörung stellt einen Verfahrensfehler dar, der zur Aufhebung der Entscheidung und Zurückverweisung des Verfahrens an das

---

1 OLG Naumburg v. 23.12.2009 – 8 UF 219/09, juris.
2 OLG Oldenburg v. 1.10.1997 – 5 W 159/97, FamRZ 1999, 35; Keidel/*Engelhardt* § 160 FamFG Rz. 15; MüKo.ZPO/*Schumann* § 160 FamFG Rz. 7; Haußleiter/*Fest* § 160 FamFG Rz. 2; Johannsen/Henrich/*Büte* § 160 FamFG Rz. 5; *Bumiller*/Harders § 160 FamFG Rz. 6.
3 BayObLG v. 17.5.1995 – 1Z BR 40/95, FamRZ 1996, 421: Erweiterung des Verfahrens nach § 1666 BGB auf ein weiteres Kind.
4 OLG Hamm v. 1.8.2011 – 8 UF 136/11, FamFR 2012, 93; BayObLG v. 27.1.1993 – 1Z BR 92/92, FamRZ 1993, 843; Keidel/*Engelhardt* § 160 FamFG Rz. 17.
5 Vgl. OLG Naumburg v. 23.9.2011 – 4 UF 86/11, juris: Kein Absehen von der persönlichen Anhörung wegen Gefahr im Verzug, wenn ein Antrag auf Übertragung der Entscheidungsbefugnis zur Behandlung eines ADHS-Syndroms nur in der Hauptsache gestellt wird.
6 BT-Drucks. 16/6308, S. 201f.
7 OLG Düsseldorf v. 22.4.1994 – 3 Wx 258/94, 3 Wx 269/94, FamRZ 1994, 1541; Keidel/*Engelhardt* § 160 FamFG Rz. 10; Haußleiter/*Fest* § 160 FamFG Rz. 16.

Amtsgericht führen kann.[1] Gleiches gilt für einen Verstoß gegen die Pflicht zur Dokumentation des Anhörungsergebnisses (Rz. 12) bzw. zur Begründung des Absehens von der Anhörung.[2] Soweit nicht weitere erhebliche Verfahrensmängel hinzutreten, wird die Anhörung jedoch im Hinblick auf den Beschleunigungsgrundsatz (§ 155 Abs. 1) regelmäßig durch das Beschwerdegericht nachzuholen sein.[3]

24 **Kosten/Gebühren: RA:** Findet ein Anhörungstermin statt, fällt die Terminsgebühr nach Nr. 3104 VV RVG an.

161 Mitwirkung der Pflegeperson

(1) Das Gericht kann in Verfahren, die die Person des Kindes betreffen, die Pflegeperson im Interesse des Kindes als Beteiligte hinzuziehen, wenn das Kind seit längerer Zeit in Familienpflege lebt. Satz 1 gilt entsprechend, wenn das Kind aufgrund einer Entscheidung nach § 1682 des Bürgerlichen Gesetzbuchs bei dem dort genannten Ehegatten, Lebenspartner oder Umgangsberechtigten lebt.
(2) Die in Absatz 1 genannten Personen sind anzuhören, wenn das Kind seit längerer Zeit in Familienpflege lebt.

A. Allgemeines
  I. Normzweck 1
  II. Anwendungsbereich 3
B. Hinzuziehung von Pflegepersonen oder Bezugspersonen als Beteiligte (Absatz 1)
  I. Voraussetzungen 4
  II. Verfahren der Hinzuziehung 7
  III. Rechtsfolgen der Hinzuziehung 8
C. Anhörung von Pflege- oder Bezugspersonen (Absatz 2) 10

A. Allgemeines

I. Normzweck

1 § 161 regelt die Einbeziehung von **Pflegepersonen und Bezugspersonen** in das Verfahren in Kindschaftssachen. Gegenüber der früheren Regelung in § 50c FGG soll deren rechtliche Stellung im Verfahren dadurch gestärkt werden, dass neben der Pflicht zur **Anhörung** (Abs. 2) auch die Möglichkeit der **Hinzuziehung als Verfahrensbeteiligte** besteht (Abs. 1). Dadurch soll sichergestellt werden, dass die Pflege- oder Bezugsperson über den Fortgang des Verfahrens und über Beweisergebnisse (insbesondere Sachverständigengutachten) informiert wird und aktiv auf den Verlauf des Verfahrens Einfluss nehmen kann.[4]

2 Pflege- und Bezugspersonen sind grundsätzlich nur dann „**Muss-Beteiligte**" iSd. § 7 Abs. 1 (oder § 7 Abs. 2 Nr. 1), wenn ihnen ein Antragsrecht zusteht, zB in Verfahren nach § 1632 Abs. 4 BGB oder § 1682 BGB (Verbleibensanordnung zugunsten der Pflegeeltern oder von Bezugspersonen) und in Verfahren nach § 1685 BGB (Umgangsbefugnis von Bezugspersonen). Eine unmittelbare materielle Betroffenheit von Pflege- und Bezugspersonen iSv. § 7 Abs. 2 Nr. 1 und damit eine zwingende Beteiligung nimmt die Rechtsprechung darüber hinaus nur in engen Grenzen an, zB in Verfahren nach § 1630 Abs. 3 BGB (Übertragung von Sorgebefugnissen auf die Pflegeperson) sowie nach §§ 1688 Abs. 3 und 4, 1687b Abs. 3 BGB, § 9 Abs. 3 LPartG (Entscheidungsbefugnisse der Pflegeeltern, des Ehegatten oder Lebenspartners). Eine solche unmittelbare Betroffenheit der das Kind betreuenden Großeltern oder Pflegeeltern besteht dagegen zB nicht bei der Einräumung eines Umgangsrechts für einen Elternteil[5] und in Verfahren betreffend den Entzug der elterlichen Sorge (§ 1666 BGB) oder die Übertragung der Sorge auf den Vater nach dem Tod der alleinsorgebe-

---
1 OLG Naumburg v. 7.12.2009 – 8 UF 207/09, FamRZ 2010, 1351.
2 OLG Saarbrücken v. 25.3.2010 – 6 UF 136/09, FamRZ 2010, 2085.
3 OLG Schleswig v. 20.11.2012 – 10 WF 187/12, FamRZ 2013, 571.
4 BT-Drucks. 16/6308, S. 241.
5 OLG Köln v. 26.7.2010 – 4 UF 131/10, FamRZ 2011, 233; zum alten Recht BGH v. 13.4.2005 – XII ZB 54/03, FamRZ 2005, 975.

rechtigten Mutter (§ 1680 BGB), auch wenn diese Personen selbst die Vormundschaft anstreben.[1] In diesen Fällen können die Pflege- und Bezugspersonen nunmehr jedoch nach Abs. 1 iVm. § 7 Abs. 3 als **Kann-Beteiligte** hinzugezogen werden.

II. Anwendungsbereich

Die Vorschrift gilt **in allen Kindschaftssachen iSd. § 151 Nr. 1 bis 5 betreffend die Person des Kindes**, dh in allen Verfahren, die die Lebensführung und Lebensstellung eines Kindes zum Gegenstand haben und nicht ausschließlich vermögensrechtlicher Art sind.[2] Bei einer freiheitsentziehenden Unterbringung nach § 151 Nr. 6 oder 7 bestehen aufgrund der ausschließlichen Verweisung in § 167 Abs. 1 Satz 1 Sonderregelungen (vgl. § 167 Rz. 5, 19, 27, 54).

B. Hinzuziehung von Pflegepersonen oder Bezugspersonen als Beteiligte (Absatz 1)

I. Voraussetzungen

Pflegepersonen können nach Abs. 1 Satz 1 als Beteiligte hinzugezogen werden, wenn das Kind bei ihnen „seit längerer Zeit in Familienpflege lebt". Dies entspricht der Formulierung in §§ 1630 Abs. 3, 1632 Abs. 4 BGB.[3] Für eine Familienpflege ist ausreichend, dass ein faktisches Pflegeverhältnis familienähnlicher Art besteht, gleichgültig ob ein wirksamer Pflegevertrag oder eine etwa erforderliche Pflegeerlaubnis vorliegt.[4] Inwieweit das Pflegeverhältnis für „längere Zeit" besteht, richtet sich danach, ob das Kind in der Pflegezeit seine Bezugswelt in der Pflegefamilie gefunden hat, wobei die kindlichen Zeitvorstellungen zu berücksichtigen sind.[5] Auch bei kleineren Kindern ist jedoch idR ein Zeitraum von mindestens sechs Monaten erforderlich.[6]

Sonstige **Bezugspersonen** können nach Abs. 1 Satz 2 nur dann hinzugezogen werden, wenn das Kind aufgrund einer gerichtlichen Verbleibensanordnung nach § 1682 BGB bei ihnen lebt. Bezugspersonen iSd. Vorschrift können deshalb nur der Ehegatte bzw. Lebenspartner eines Elternteils oder ein Umgangsberechtigter iSv. § 1685 BGB sein.

Die Hinzuziehung steht nach § 7 Abs. 3 im **Ermessen des Gerichts**. Bei der Ermessensausübung ist gem. Abs. 1 Satz 1 maßgeblich auf das Interesse des Kindes abzustellen.[7] Nach dem Normzweck, den Pflege- und Bezugspersonen zu ermöglichen, aktiv auf den Verlauf des Verfahrens Einfluss zu nehmen, wird das Ermessen daher regelmäßig im Sinne einer Hinzuziehung auszuüben sein, wenn dies der Ermittlung des Kindeswohls im konkreten Fall dienen kann.[8]

II. Verfahren der Hinzuziehung

Die Hinzuziehung erfolgt gem. § 7 Abs. 3 **von Amts wegen oder auf Antrag** der Pflege- oder Bezugsperson. Das Verfahren richtet sich nach § 7 Abs. 4 und 5. Die Pflege- oder Bezugsperson ist von der Einleitung der betreffenden Kindschaftssache zu benachrichtigen, damit sie von ihrem Antragsrecht Gebrauch machen kann (§ 7 Abs. 4). Die Entscheidung über die Hinzuziehung ist nicht anfechtbar. Sie kann formlos oder durch Zwischenbeschluss erfolgen. Demgegenüber muss die Ablehnung eines An-

---

1 OLG Hamm v. 7.6.2011 – II-2 WF 118/11, ZKJ 2011, 394 und v. 30.12.2011 – II-2 WF 314/11, FamRZ 2012, 799; OLG Hamm v. 9.7.2012 – II-9 UF 74/12, FamRZ 2013, 140; zum alten Recht bereits BGH v. 2.2.2011 – XII ZB 241/09, FamRZ 2011, 552 (Großeltern) und v. 25.8.1999 – XII ZB 109/98, FamRZ 2000, 219 (Pflegeeltern).
2 So BT-Drucks. 16/6308, S. 241 zur gleichlautenden Formulierung in § 162.
3 BT-Drucks. 16/6308, S. 241.
4 BGH v. 4.7.2001 – XII ZB 161/98, FamRZ 2001, 1449; Palandt/*Diederichsen* § 1632 BGB Rz. 12.
5 Ausf. Staudinger/*Salgo* § 1632 BGB Rz. 66ff.; Palandt/*Diederichsen* § 1632 BGB Rz. 13; Bamberger/Roth/*Veit* § 1632 BGB Rz. 22.
6 Ausf. Nachw. zur Rspr. bei Bamberger/Roth/*Veit* § 1632 BGB Rz. 22.
7 BT-Drucks. 16/6308, S. 241.
8 Ebenso Haußleiter/*Fest* § 161 FamFG Rz. 10; MüKo.ZPO/*Schumann* § 161 FamFG Rz. 7.

trags auf Hinzuziehung gem. § 7 Abs. 5 Satz 1 durch Beschluss erfolgen, der gem. § 7 Abs. 5 Satz 2 mit der sofortigen Beschwerde nach §§ 567 ff. ZPO anfechtbar ist.

III. Rechtsfolgen der Hinzuziehung

8 Durch die Hinzuziehung wird die Pflegeperson oder Bezugsperson formell am Verfahren beteiligt. Sie hat damit grundsätzlich **alle Rechte und Pflichten eines Verfahrensbeteiligten**. Sie ist daher insbesondere über sämtliche Verfahrensschritte in Kenntnis zu setzen, und ihr sind sämtliche Schriftsätze und Dokumente zu übermitteln, insbesondere auch eingeholte Sachverständigengutachten. Sie ist gem. § 155 Abs. 2 zum frühen Erörterungstermin zu laden und muss einem Vergleich über den Umgang oder die Herausgabe des Kindes nach § 156 Abs. 2 zustimmen. Sie kann ferner unmittelbar in die Entscheidung des Gerichts – etwa eine Umgangsentscheidung – einbezogen werden.[1] Ihr können allerdings auch gem. § 81 Verfahrenskosten – einschließlich der durch die Bestellung eines Verfahrensbeistands und die Einholung eines Sachverständigengutachtens verursachten Kosten – auferlegt werden.

9 Anders als bei der Mitwirkung des Jugendamts nach § 162 Abs. 3 Satz 2 sieht § 161 für die Pflege- oder Bezugsperson allerdings ausdrücklich keine verfahrensrechtliche Beschwerdebefugnis vor.[2] Die **Rechtsmittelbefugnis** richtet sich allein nach einer Beschwer der Pflegeperson (vgl. dazu Rz. 2 und § 59 Rz. 29).

C. Anhörung von Pflege- oder Bezugspersonen (Absatz 2)

10 Nach Abs. 2 ist das Gericht verpflichtet, die in Abs. 1 genannten Personen (Pflegepersonen und Bezugspersonen) **unabhängig von ihrer Hinzuziehung als Beteiligte anzuhören**, wenn das Kind seit längerer Zeit in Familienpflege lebt (zu diesem Begriff vgl. oben Rz. 4). Denn als unmittelbare Bezugspersonen werden sie idR die aktuelle Situation des Kindes besonders gut kennen und daher für die Sachaufklärung nach § 26 wichtige Hinweise liefern können. Im Unterschied zu § 50c Satz 1 FGG aF soll ein Absehen von der Anhörung nicht möglich sein.[3] Bei Gefahr im Verzug muss die Entscheidung jedoch analog § 160 Abs. 4 ohne vorherige Anhörung ergehen können, sie ist dann aber unverzüglich nachzuholen.[4] Eine bestimmte Form der Anhörung ist nicht vorgeschrieben. Regelmäßig wird die Sachaufklärung jedoch eine persönliche, also mündliche Anhörung erfordern.

11 **Kosten/Gebühren: RA:** Findet ein Anhörungstermin statt, fällt die Terminsgebühr nach Nr. 3104 VV RVG an.

162 *Mitwirkung des Jugendamts*

(1) Das Gericht hat in Verfahren, die die Person des Kindes betreffen, das Jugendamt anzuhören. Unterbleibt die Anhörung wegen Gefahr im Verzug, ist sie unverzüglich nachzuholen.
(2) In Verfahren nach den §§ 1666 und 1666a des Buürgerlichen Gesetzbuchs ist das Jugendamt zu beteiligen. Im Übrigen ist das Jugendamt auf seinen Antrag am Verfahren zu beteiligen.
(3) In Verfahren, die die Person des Kindes betreffen, ist das Jugendamt von Terminen zu benachrichtigen und ihm sind alle Entscheidungen des Gerichts bekannt zu machen. Gegen den Beschluss steht dem Jugendamt die Beschwerde zu.

A. Allgemeines 1	2. Anwendungsbereich 5
B. Inhalt der Vorschrift	3. Zuständiges Jugendamt 8
I. Anhörung in personenbezogenen Verfahren (Absatz 1)	4. Einzelheiten der Anhörung 10
1. Zweck der Anhörung 4	5. Anhörung bei Gefahr im Verzug (Satz 2) 13

---

[1] BT-Drucks. 16/6308, S. 241.
[2] BT-Drucks. 16/6308, S. 241.
[3] BT-Drucks. 16/6308, S. 241.
[4] Keidel/*Engelhardt* § 161 FamFG Rz. 6; Haußleiter/*Fest* § 161 FamFG Rz. 17.

6. Austausch von Informationen zwischen Jugendamt und Gericht ... 14
7. Folgen eines Verstoßes gegen die Anhörungspflicht 16
8. Verfahrensrechtliche Stellung des nicht förmlich beteiligten Jugendamts 17
II. Jugendamt als Verfahrensbeteiligter (Absatz 2)
1. Begriff des „Jugendamts" iSd. § 162 Abs. 2 19
2. Verfahrensrechtliche Stellung des Jugendamts bei formeller Verfahrensbeteiligung 20
3. Jugendamt als Muss-Beteiligter in Kindesschutzverfahren nach §§ 1666f. BGB (Satz 1) 22
4. Jugendamt als Muss-Beteiligter auf Antrag in allen anderen Kindschaftssachen (Satz 2) 23
III. Benachrichtigung von Terminen, Bekanntmachung von Entscheidungen, Beschwerdebefugnis (Absatz 3)
1. Benachrichtigung des Jugendamts von Gerichtsterminen (Satz 1) ... 25
2. Bekanntmachung von gerichtlichen Entscheidungen (Satz 1) 27
3. Beschwerde des Jugendamts (Satz 2) 28

Literatur: *Flemming*, Veränderte Anforderungen an das Jugendamt im familiengerichtlichen Verfahren, FPR 2009, 339; *Heilmann*, Welche verfahrensrechtlichen Folgen hat der (unterbliebene) Antrag auf Beteiligung in Kindschaftssachen?, FamRZ 2010, 1391; *Hoffmann*, Aufgaben des Jugendamts im Kontext familiengerichtlicher Verfahren, FPR 2011, 304; *Katzenstein*, Formelle Beteiligung des Jugendamts im familiengerichtlichen Verfahren: Fach- oder Machtfrage?, FPR 2011, 20.

A. Allgemeines

§ 162 regelt die **Anhörung, Beteiligung und Beschwerdebefugnis des Jugendamts** in Kindschaftssachen. Die Vorschrift korrespondiert mit § 50 SGB VIII, der die Verpflichtung des Jugendamts regelt, in Kindschaftssachen mitzuwirken und das Familiengericht zu unterstützen. § 162 Abs. 2 wurde durch Art. 6 des Gesetzes zur Einführung einer Rechtsbehelfsbelehrung im Zivilprozess geändert; in Abs. 2 Satz 1 wurde die Muss-Beteiligung des Jugendamts in Verfahren nach §§ 1666f. BGB eingeführt.[1] Ferner wurde in Abs. 3 Satz 1 die Pflicht zur Benachrichtigung des Jugendamts von gerichtlichen Terminen in personenbezogenen Verfahren eingefügt. 1

Sondervorschriften für die Mitwirkung des Jugendamts enthalten § 155 Abs. 2 Satz 3 für den frühen Erörterungstermin (dazu § 155 Rz. 37f.) und § 165 Abs. 2 Satz 4 für den Vermittlungstermin in Umgangssachen (dazu § 165 Rz. 9). Ferner unterstützt das Jugendamt nach § 88 Abs. 2 das Gericht bei der Vollstreckung von Umgangsregelungen und der Herausgabe des Kindes (dazu § 88 Rz. 5). Nach § 167 Abs. 5 unterstützt es die Eltern bei der Zuführung des Kindes in eine geschlossene Unterbringung (dazu § 167 Rz. 46ff.). Die Mitwirkung und Beteiligung des Jugendamts ist im erweiterten Kontext von Kindschaftssachen auch in Wohnungszuweisungsverfahren (§§ 204 Abs. 2, 205) und in mit Wohnungszuweisung verbundenen Gewaltschutzverfahren (§§ 212f.) vorgesehen, wenn davon im Haushalt lebende Kinder mitbetroffen sind. 2

Der gesetzgeberischen Konzeption von FamFG (insbesondere §§ 155 Abs. 2 und 3, 156 Abs. 1, 157) und SGB VIII (insbesondere § 8a, 50 SGB VIII) liegt die Erwartung einer **Kooperation von Familiengericht und Jugendamt** zugrunde, für die sich – vor allem mit Blick auf den Kindesschutz – der Begriff der Verantwortungsgemeinschaft durchgesetzt hat (vgl. § 155 Rz. 38 zum frühen Erörterungstermin, § 156 Rz. 25 zur Herstellung von Einvernehmen, § 157 Rz. 6 zum Kindesschutz).[2] Insbesondere durch die zunehmend parallele Tätigkeit von Gericht und Jugendamt können im Rahmen der Verantwortungsgemeinschaft allerdings **Konflikte zwischen Gericht und Jugendamt**[3] entstehen 3

---

1 Gesetz v. 5.12.2012, BGBl. I S. 2418, in Kraft seit 1.1.2013.
2 BT-Drucks. 16/6815, S. 1, 15; *Flemming*, FPR 2009, 339; Wiesner/*Mörsberger*/*Wapler* § 50 SGB VIII Rz. 38; FK-SGB VIII/*Trenczek* vor §§ 50–52 Rz. 20.
3 Vgl. dazu allgemein *Sommer*, ZKJ 2012, 135.

§ 162

- bei unterschiedlicher Einschätzung der Gebotenheit und Eignung bestimmter Jugendhilfeleistungen,[1] insbesondere Geeignetheit des begleiteten Umgangs in Umgangsverfahren (dazu § 156 Rz. 33 f.), Geeignetheit von Hilfen zur Erziehung in Verfahren nach §§ 1666 f. BGB (dazu § 157 Rz. 6, 25), Möglichkeit der Unterbringung eines Jugendlichen in einer (offenen) Jugendhilfeeinrichtung nach § 34 SGB VIII statt einer geschlossenen Einrichtung in Verfahren nach § 1631b BGB (dazu § 167 Rz. 30);
- bei der wechselseitigen Übermittlung von Informationen (dazu Rz. 14 f.);
- bei der Koordinierung von Hilfen und Sachverhaltsaufklärung des Jugendamts einerseits und Ermittlungen und Auflagen des Gerichts andererseits, dazu § 155 Rz. 45 (Verfahren nach dem frühen Erörterungstermin), § 156 Rz. 32, 36 (bei gerichtlichen Beratungsauflagen) und § 157 Rz. 28 (in Kindesschutzverfahren nach § 1666 f. BGB);
- hinsichtlich der grundsätzlichen Notwendigkeit und der rechtsstaatlichen Grenzen einer außergerichtlichen Vernetzung von Jugendamt und Gericht sowie von der Erstellung von Leitfäden bzw. Kooperationsvereinbarungen betreffend die Ausgestaltung des gerichtlichen Verfahrens, dazu allgemein § 155 Rz. 48 und speziell für Kindesschutzsachen § 157 Rz. 26.

B. Inhalt der Vorschrift

I. Anhörung in personenbezogenen Verfahren (Absatz 1)

1. Zweck der Anhörung

4   Die Anhörung des Jugendamts ist Mittel zur Aufklärung des Sachverhalts gem. § 26, aber keine Beweisaufnahme. Sie soll die sozialpädagogische Sachkunde des Jugendamts in das Verfahren einbringen und helfen, die Situation und die Hilfeperspektiven des Kindes und seiner Familie einzuschätzen.[2]

2. Anwendungsbereich

5   Satz 1 sieht die Anhörung des Jugendamts vor in Verfahren, die die **Person des Kindes** betreffen. Das sind wie in §§ 160 Abs. 1, 161 Abs. 1 Verfahren, die die elterliche Sorge (zB §§ 1671, 1674, 1680 Abs. 2 BGB), die Personensorge (zB § 1631 Abs. 3 BGB), die Herausgabe des Kindes (§ 1632 Abs. 1 und 4 BGB) oder den persönlichen Umgang (§§ 1684, 1685 BGB) betreffen, sowie alle sonstigen Kindschaftssachen, die das Kind betreffen **und nicht ausschließlich vermögensrechtlicher Art** sind.[3] In Angelegenheiten der Vermögenssorge (zB Verfahren betreffend die Genehmigung der Erbausschlagung gem. § 1643 BGB) findet eine Anhörung des Jugendamts daher nicht statt.[4] Dagegen sind auch Kindschaftssachen nach § 151 Nr. 4 und 5 (Verfahren betreffend die Vormundschaft oder Pflegschaft) erfasst. Die Anhörung des Jugendamts ist gem. § 155a Abs. 3 Satz 1 ausgeschlossen im vereinfachten Verfahren zur Übertragung der gemeinsamen Sorge bei nicht miteinander verheirateten Eltern. In Verfahren nach § 151 Nr. 6 und 7 betreffend die freiheitsentziehende Unterbringung von Kindern wird § 162 durch die abschließende Regelung in §§ 167 Abs. 1 Satz 1 iVm. 315 Abs. 3, 320 verdrängt, wobei jedoch die Wertungen des § 162 Berücksichtigung finden (vgl. § 167 Rz. 5, 29 ff.).[5] Nach § 26 kann die Anhörung des Jugendamts auch geboten sein in Verfahren der Vollstreckung einer Entscheidung, die die Person des Kindes betrifft.[6]

6   Die Anhörungspflicht gilt auch bei **Einvernehmen unter den Eltern**, sei es bei der Übertragung der elterlichen Sorge auf einen von ihnen (§ 1671 Abs. 1 Nr. 1 BGB), sei

---

1 Dazu allgemein Wiesner/*Mörsberger/Wapler* § 50 SGB VIII Rz. 73.
2 *Katzenstein*, FPR 2011, 20.
3 BGH v. 23.11.2011 – XII ZB 293/11, FamRZ 2012, 292.
4 BGH v. 23.11.2011 – XII ZB 293/11, FamRZ 2012, 292.
5 Der Gesetzgeber geht von der unmittelbaren Anwendbarkeit des § 162 aus (BT-Drucks. 16/6308, S. 241), ohne jedoch die Verweisung in § 167 Abs. 1 Satz 1 zu berücksichtigen.
6 BT-Drucks. 16/6308, S. 241; *Stößer*, FamRZ 2009, 656, 661; zum früheren Recht schon OLG Stuttgart v. 11.2.1971 – 8 W 300/70, Die Justiz 1971, 145.

es bei Abschluss eines Umgangsvergleichs, der gem. § 156 Abs. 2 gerichtlich gebilligt werden soll.[1] Nur so kann das Gericht zuverlässig prüfen, ob Anhaltspunkte für eine Kindeswohlgefährdung vorliegen (§ 1671 Abs. 4 iVm. § 1666 BGB) bzw. ob die Regelung dem Kindeswohl nicht widerspricht (§ 156 Abs. 2 Satz 2).

Das Jugendamt ist gem. § 68 Abs. 3 regelmäßig auch im **Beschwerdeverfahren** (erneut) anzuhören, insbesondere wenn zwischen erst- und zweitinstanzlicher Entscheidung ein längerer Zeitraum liegt, da sich in diesem Fall erhebliche Änderungen im Familiensystem ergeben können.[2] Die Pflicht zur Anhörung gilt gem. § 51 Abs. 2 auch im **Anordnungsverfahren**, die Anhörung kann aber bei Gefahr im Verzug gem. Abs. 1 Satz 2 nachgeholt werden. 7

3. Zuständiges Jugendamt

Anzuhören ist das nach § 87b iVm. § 86 Abs. 1 bis 4 SGB VIII zuständige Jugendamt. Die Zuständigkeit richtet sich entsprechend der dort genannten Stufenfolge im Wesentlichen nach dem **gewöhnlichen Aufenthalt der Eltern** bzw. des allein sorgeberechtigten oder betreuenden Elternteils. 8

Bei **Änderungen des gewöhnlichen Aufenthalts** wechselt die Zuständigkeit des Jugendamts für die Mitwirkung am gerichtlichen Verfahren (§ 87b Abs. 2 Satz 1 SGB VIII) nicht, es kann sich aber die Zuständigkeit für die Erbringung von Jugendhilfeleistungen ändern (§ 86 Abs. 5 SGB VIII). Dadurch wird zwar die Kontinuität der Mitwirkung im gerichtlichen Verfahren gewahrt, jedoch ist das Auseinanderfallen der Zuständigkeiten nicht unproblematisch, wenn im Gerichtstermin mögliche Hilfen (insbesondere begleiteter Umgang und Bewilligung von Hilfen zur Erziehung) erörtert werden sollen. Dies gilt erst recht, wenn das Verfahren nach § 4 an das Gericht des gewöhnlichen Aufenthalts des Kindes abgegeben wird. Regelmäßig wird das für die Leistungserbringung zuständige Jugendamt im Wege der Amtshilfe durch das für das Verfahren zuständige Jugendamt einbezogen. Das Gericht kann sich iSd. Amtsermittlung gem. § 26 aber auch direkt an das neue Jugendamt wenden[3] oder nach einer Abgabe des Verfahrens den für die Bewilligung von Hilfen zuständigen örtlichen Jugendamtsmitarbeiter zum Termin laden. 9

4. Einzelheiten der Anhörung

Form und Zeitpunkt der Anhörung des Jugendamts sind im Gesetz nicht geregelt. Regelmäßig genügt daher die Einholung einer schriftlichen Stellungnahme mit Eingang der Antragsschrift. Erfolgt lediglich eine telefonische Anhörung, ist hierüber ein Aktenvermerk zu fertigen, der den Beteiligten bekannt gegeben wird. Allerdings schreibt § 155 Abs. 2 Satz 3 für den frühen Erörterungstermin das persönliche Erscheinen eines Jugendamtsmitarbeiters und damit eine mündliche Anhörung vor (dazu § 155 Rz. 37 f.). Die Ladung des Jugendamts in geeigneten Fällen sieht auch 165 Abs. 2 Satz 4 für den Vermittlungstermin in Umgangssachen vor (§ 165 Rz. 9). Schließlich ist das Jugendamt zu allen Terminen zu laden, in denen es nach § 162 Abs. 2 Beteiligter ist, insbesondere also in Verfahren nach § 1666 BGB und damit zum Erörterungstermin nach § 157. 10

Nach § 50 Abs. 2 Satz 1 SGB VIII hat das Jugendamt das Gericht insbesondere über angebotene und erbrachte Leistungen zu unterrichten, erzieherische und soziale Gesichtspunkte zur Entwicklung des Kindes einzubringen und auf weitere Möglichkeiten der Hilfe hinzuweisen. Die Stellungnahme soll eine sozialpädagogische Orientierungs- und Entscheidungshilfe für das Gericht sein.[4] Weitergehende **inhaltliche Anforderungen an die Stellungnahme** des Jugendamts (zB vorhergehender Haus- 11

---

1 Musielak/*Borth* § 162 FamFG Rz. 2; MüKo.ZPO/*Schumann* § 162 FamFG Rz. 8; Staudinger/*Coester* § 1671 BGB Rz. 284.
2 MüKo.ZPO/*Schumann* § 162 FamFG Rz. 7; Schulte-Bunert/Weinreich/*Ziegler* § 162 FamFG Rz. 3; aA BGH v. 18.6.1986 – IVb ZB 105/84, FamRZ 1986, 895: nur bei wesentlicher Veränderung der maßgebenden Verhältnisse.
3 Keidel/*Engelhardt* § 162 FamFG Rz. 6.
4 FK-SGB VIII/*Trenczek* vor §§ 50–52 SGB VIII Rz. 23.

besuch, Entscheidungsvorschlag) kann das Gericht nicht verlangen,[1] darf sie aber anregen (zB Verschaffung eines unmittelbaren Eindrucks von dem Kind und Durchführung eines Hausbesuches in Kindesschutzfällen nach § 8a Abs. 1 Satz 2 SGB VIII). Keine genügende Mitwirkung des Jugendamts ist die bloße Mitteilung, die Eltern seien angeschrieben worden, hätten aber auf das Beratungsangebot des Jugendamts nicht reagiert. Die Bestellung eines Verfahrensbeistands für ein Kind entbindet das Jugendamt nicht von der Abgabe einer Stellungnahme.[2]

12 **Die Häufigkeit der Anhörung** bestimmt sich nach dem Amtsermittlungsgrundsatz (§ 26) und den Umständen des Einzelfalles. Eine wiederholte Anhörung ist insbesondere dann erforderlich, wenn sich während des Verfahrens wesentliche Änderungen ergeben[3] oder wenn Leistungen des Jugendamts (Beratung nach §§ 17, 18 SGB VIII, Hilfen zur Erziehung nach §§ 27 ff. SGB VIII) erbracht werden. Dem entspricht eine Pflicht des Jugendamts aus § 50 Abs. 2 Satz 1 SGB VIII zur Unterrichtung des Gerichts über neue Entwicklungen. Auch zum Ergebnis eines Sachverständigengutachtens ist das Jugendamt regelmäßig anzuhören, insbesondere wenn dort Maßnahmen der Jugendhilfe empfohlen werden.

5. Anhörung bei Gefahr im Verzug (Satz 2)

13 Nach Satz 2 kann bei Gefahr im Verzug auch schon vor Anhörung des Jugendamts eine eA ergehen. Dann ist eine **unverzügliche Nachholung** der Anhörung geboten mit der Möglichkeit, gem. § 54 Abs. 1 Satz 3 von Amts wegen die getroffene Anordnung abzuändern. Gefahr im Verzug liegt allerdings nicht vor, wenn der zuständige Jugendamtsmitarbeiter in zumutbarer Weise telefonisch oder per E-Mail erreicht werden kann.[4]

6. Austausch von Informationen zwischen Jugendamt und Gericht

14 In welchem Umfang **das Jugendamt durch das Gericht** über den Inhalt des Verfahrens und über Beweisergebnisse **zu informieren ist**, ist umstritten. Nach zutreffender Auffassung setzt die Anhörung des Jugendamts nach Abs. 1 voraus, dass das Gericht Schriftsätze (insb. Antragsschrift und Erwiderung) und die für die Abgabe einer sozialpädagogischen Stellungnahme erforderlichen Dokumente (zB **Sachverständigengutachten**, Stellungnahme des Verfahrensbeistands) an das Jugendamt übersendet, auch wenn dieses nicht nach Abs. 2 formell am Verfahren beteiligt ist.[5] Anderenfalls kann das Jugendamt keine fundierte Stellungnahme abgeben. Datenschutzrechtliche Gründe stehen der Übersendung nicht entgegen, denn das Gericht kann dem Jugendamt auch ohne formelle Verfahrensbeteiligung Akteneinsicht nach § 13 Abs. 2 gewähren. Ein Anspruch des Jugendamts auf umfassende Information und Akteneinsicht besteht allerdings nur, wenn es Verfahrensbeteiligter nach § 162 Abs. 2 ist, dh insbesondere in Verfahren nach § 1666 BGB.

15 Für die **Übermittlung von Daten des Jugendamts an das Gericht** gelten die datenschutzrechtlichen Vorschriften des SGB VIII (§§ 61 ff. SGB VIII).[6] Nach § 64 Abs. 1 SGB VIII darf das Jugendamt Daten, die im Rahmen der Mitwirkung im gerichtlichen Verfahren erhoben wurden, an das Gericht übermitteln. Nach § 62 Abs. 2 SGB VIII darf es allerdings Daten bei Dritten (Lehrer, Kita, Ärzte usw.) grundsätzlich nur mit Zustimmung der Eltern erheben, soweit nicht ein Verdacht auf Kindes-

---

1 *Hoffmann*, FPR 2011, 304, 305; Wiesner/*Mörsberger*/*Wapler* § 50 SGB VIII Rz. 43, 50; bedenklich daher OLG Köln v. 5.1.2001 – 25 UF 202/00, FamRZ 2001, 1535; OLG Stuttgart v. 28.8.2006 – 17 UF 151/06, FamRZ 2006, 1857 m. krit. Anm. *Bienwald*, FamRZ 2006, 1858.
2 *Schwab*/*Motzer*, Handbuch des Scheidungsrechts, Teil III Rz. 31.
3 *Lack*, ZKJ 2010, 189, 191.
4 OLG Frankfurt v. 15.7.2010 – 3 WF 178/10, JAmt 2010, 567.
5 *Meißer*, FamRZ 2009, 656, 661; *DIJuF*-Rechtsgutachten v. 18.12.2000, JAmt 2010, 25; *Katzenstein*, FPR 2011, 20, 21; *Hoffmann*, FPR 2011, 304, 305; aA *Heilmann*, FamRZ 2010, 1391, 1392; *Lack*, ZKJ 2010, 189, 191.
6 ausf. *Hoffmann*, FPR 2011, 304, 306; *Müller-Magdeburg*, FPR 2008, 619; FK-SGB VIII/*Trenczek* § 10 SGB VIII Rz. 28 f.

wohlgefährdung vorliegt (§ 62 Abs. 3 Nr. 2d SGB VIII). Soweit Daten nicht für das gerichtliche Verfahren erhoben, sondern dem Jugendamt im Rahmen der Hilfeerbringung anvertraut wurden (zB das Ergebnis einer kinder- und jugendpsychiatrischen Diagnostik, Hilfeplan), bedarf die Übersendung an das Gericht gem. § 65 Abs. 1 Satz 1 Nr. 1 SGB VIII ebenfalls der Zustimmung der Eltern. Dies gilt insbesondere auch für die Inhalte von Beratungsgesprächen der Erziehungsberatungsstelle. Eine Ausnahme besteht auch hier im Falle des Verdachts einer Kindeswohlgefährdung; dann darf das Jugendamt alle Erkenntnisse an das Gericht weiterleiten (§ 65 Abs. 1 Nr. 2 iVm. § 8a Abs. 2 SGB VIII).

7. Folgen eines Verstoßes gegen die Anhörungspflicht

Unterbleibt die Anhörung, ist das ein Verfahrensfehler, der ggf. zur Aufhebung und Zurückverweisung durch das Beschwerdegericht führen kann[1] und in der Rechtsmittelbeschwerde regelmäßig führen wird.[2] Im Hinblick auf § 69 Abs. 1 Satz 3 und § 155 Abs. 1 wird das Beschwerdegericht allerdings idR die Anhörung nachholen und selbst entscheiden.[3] Die fehlende Anhörung kann überdies eine Befangenheit des Richters (mit-)begründen.[4] **16**

8. Verfahrensrechtliche Stellung des nicht förmlich beteiligten Jugendamts

Das **Jugendamt** ist gegenüber dem Familiengericht **nicht weisungsgebunden**.[5] Seine Mitwirkung im gerichtlichen Verfahren erfolgt anders als die eines Sachverständigen selbständig und nicht als Hilfsorgan des Gerichts,[6] so dass eine Ablehnung des zuständigen Mitarbeiters des Jugendamts wegen Besorgnis der Befangenheit nicht möglich ist.[7] Bestimmte Mitwirkungshandlungen können daher auch nicht erzwungen werden.[8] Hält das Gericht weitere Ermittlungen für erforderlich, muss es diese selbst vornehmen. **17**

Das Jugendamt ist von Terminen zu benachrichtigen, wenn es nicht zum Termin geladen wird, und ihm ist die gerichtliche Endentscheidung bekannt zu machen (Abs. 3 Satz 1). Ihm steht gegen gerichtliche Entscheidungen ein eigenes formelles Beschwerderecht zu (Abs. 3 Satz 2). Im Hinblick auf den Amtsermittlungsgrundsatz kann es **Anregungen zur Beweisaufnahme** (insbesondere Einholung eines Sachverständigengutachtes) oder zur Verfahrensgestaltung (zB Bestellung eines Verfahrensbeistands, Anberaumung eines Erörterungs- oder Anhörungstermins) geben. **Kosten** können ihm gem. § 81 Abs. 4 als „Drittem" nur auferlegt werden, wenn es das Verfahren durch grobes Verschulden veranlasst hat, was nur in seltenen Ausnahmefällen in Betracht kommt (vgl. § 81 Rz. 28 ff.). **18**

II. Jugendamt als Verfahrensbeteiligter (Absatz 2)

1. Begriff des „Jugendamts" iSd. § 162 Abs. 2

Abs. 2 regelt die Stellung des Jugendamts als Verfahrensbeteiligter. Jugendamt iSd. § 162 meint dabei den **Allgemeinen Sozialpädagogischen Dienst (ASD)**. Davon zu unterscheiden ist das Jugendamt in seiner Funktion als Amtspfleger oder Amtsvormund, die organisatorisch vom ASD getrennt ist und daher von einem anderen Mitarbeiter des Jugendamts wahrgenommen wird. In dieser Funktion ist das Jugendamt gesetzlicher Vertreter des Kindes und daher Verfahrensbeteiligter gem. § 7 Abs. 1 oder Abs. 2 Nr. 1. **19**

---

1 OLG Köln v. 31.3.1995 – 25 UF 53/95 FamRZ 1995, 1593; offengelassen in KG 2.7.2012 – 16 WF 111/12, ZKJ 2012, 450.
2 BGH v. 18.6.1986 – IVb ZB 105/84, FamRZ 1986, 895.
3 Musielak/*Borth* § 162 FamFG Rz. 2.
4 OLG Frankfurt v. 15.7.2010 – 3 WF 178/10, JAmt 2010, 567.
5 *Hoffmann*, FPR 2011, 304, 306; FK-SGB VIII/*Trenczek* § 50 Rz. 11; Wiesner/*Mörsberger*/*Wapler* § 50 SGB VIII Rz. 44.
6 BT-Drucks. 11/5948, S. 87.
7 OLG Celle v. 25.2.2011 – 10 WF 48/11, FamRZ 2011, 1532.
8 OLG Schleswig v. 14.1.1994 – 10 WF 114/93, 124/93, FamRZ 1994, 1129.

2. Verfahrensrechtliche Stellung des Jugendamts bei formeller Verfahrensbeteiligung

20 Die **Verfahrensstellung des Jugendamts ändert sich** durch die formelle Beteiligung iSd. § 7 Abs. 2 Nr. 2 gegenüber seiner allgemeinen Verfahrensstellung (vgl. Rz. 14, 17 f.) **nur geringfügig**. Ihm steht ein Anspruch auf Akteneinsicht nach § 13 Abs. 1 zu, und es sind ihm alle Schriftsätze und gerichtlichen Dokumente zu übersenden. Es muss einem Vergleich über den Umgang oder die Herausgabe des Kindes zustimmen, wenn dieser gem. § 156 Abs. 2 gerichtlich gebilligt werden soll (vgl. § 156 Rz. 54). Ihm muss Gelegenheit zur Stellungnahme zu gerichtlich eingeholten Sachverständigengutachten gegeben werden (§ 30 Abs. 4, 37 Abs. 2). Es kann Ablehnungsgesuche gegen den Richter und gegen Sachverständige vorbringen (§ 6 FamFG iVm. §§ 42 f. ZPO; 30 Abs. 1 FamFG iVm. § 406 ZPO). Sachanträge kann das Jugendamt allerdings mangels materiell-rechtlicher Antragsbefugnis nicht stellen.[1] Das persönliche Erscheinen eines bestimmten Jugendamtsmitarbeiters kann auch bei formeller Beteiligung des Jugendamts nicht nach § 33 Abs. 1, 3 angeordnet und erzwungen werden.[2]

21 Zwar können dem Jugendamt bei förmlicher Beteiligung gem. § 81 Abs. 1 Satz 1 auch **Kosten** auferlegt werden (vgl. § 81 Rz. 4). Dies wird jedoch regelmäßig nicht der Billigkeit entsprechen, sondern – wie auch sonst nach § 81 Abs. 4 – nur bei grobem Verschulden des Jugendamts in Betracht kommen.[3] Der Umstand, dass der Verfahrensausgang nicht der Positionierung des Jugendamts entspricht, genügt jedenfalls nicht.[4]

3. Jugendamt als Muss-Beteiligter in Kindesschutzverfahren nach §§ 1666 f. BGB (Satz 1)

22 Nach Satz 1 iVm. § 7 Abs. 2 Nr. 2 ist das Jugendamt in Verfahren wegen Gefährdung des Kindeswohls nach §§ 1666 f. BGB immer als Beteiligter hinzuziehen. Die Regelung wurde eingeführt, weil die Jugendämter von der Möglichkeit der Beteiligung auf Antrag kaum Gebrauch machten, der Gesetzgeber aber in den überwiegend auf Anregung der Jugendämter eingeleiteten Kindesschutzverfahren die Beteiligtenstellung generell für notwendig erachtete.[5]

4. Jugendamt als Muss-Beteiligter auf Antrag in allen anderen Kindschaftssachen (Satz 2)

23 Ob sich das Jugendamt in den übrigen Kindschaftssachen[6] formell und damit aktiv am Verfahren beteiligt, ist eine Frage des Einzelfalls. Das Jugendamt hat insoweit gem. Abs. 2 Satz 2 ein **Wahlrecht**. Generell nehmen die Jugendämter nur zurückhaltend ihr Recht auf förmliche Beteiligung wahr, vor allem weil sie – zu Unrecht (vgl. Rz. 21) – eine Auferlegung von Kosten befürchten.[7] Zudem verbessert sich die verfahrensrechtliche Stellung des Jugendamts durch die förmliche Beteiligung nur unwesentlich (vgl. Rz. 20). Das Jugendamt wird eine Beteiligung vor allem dann erwägen, wenn es sich durch das Gericht unzureichend in das Verfahren einbezogen fühlt, insbesondere wenn ihm relevante Unterlagen, wie etwa ein gerichtliches Sachverständigengutachten, nicht übersandt werden.[8] Zuweilen wird ein Beteiligungsantrag auch dann gestellt, wenn das Jugendamt seiner abweichenden Kindeswohleinschätzung Aus- bzw. Nachdruck verleihen möchte.[9] Der Antrag des Jugendamts auf Beteiligung

---

1 *Katzenstein*, FPR 2011, 20, 21.
2 MüKo.ZPO/*Schumann* § 162 FamFG Rz. 6.
3 OLG Celle v. 4.5.2012 – 10 UF 69/12, FamRZ 2012, 1896 und v. 18.8.2011 – 10 UF 179/11, ZKJ 2012, 28.
4 OLG Celle v. 4.5.2012 – 10 UF 69/12, FamRZ 2012, 1896.
5 BT-Drucks. 17/10490, S. 20.
6 Eine Ausnahme besteht gem. § 155a Abs. 3 Satz 2 im vereinfachten Verfahren zur Übertragung der gemeinsamen Sorge bei nicht miteinander verheirateten Eltern.
7 *Knödler*, ZKJ 2010, 135, 140; *Katzenstein*, FPR 2011, 20, 22.
8 Wiesner/*Mörsberger*/*Wapler* § 50 SGB VIII Rz. 65.
9 *Katzenstein*, FPR 2011, 20, 22.

ist daher in der gegenwärtigen Praxis oft Ausdruck einer nicht gelingenden Kooperation von Jugendamt und Gericht, der auch eines gewissen „Stehvermögens"[1] des Jugendamts bedarf.

Erforderlich ist ein **Antrag** des Jugendamts auf Beteiligung. Das zuständige Jugendamt ist deshalb von der Einleitung der betreffenden Kindschaftssache zu benachrichtigen und über sein Recht auf Beteiligung zu belehren (§ 7 Abs. 4). Die bloße Anhörung macht das Jugendamt gem. § 7 Abs. 6 noch nicht zum Beteiligten. Legt das Jugendamt jedoch nach Abs. 3 Satz 2 Beschwerde gegen die erstinstanzliche Entscheidung ein, so liegt darin zugleich ein Antrag auf Beteiligung.[2] Gleiches gilt, wenn das Jugendamt einen ausdrücklichen Verfahrensantrag stellt.[3] Im Fall eines entsprechenden Antrags ist das Gericht zur Hinzuziehung verpflichtet.[4] Einer gesonderten Entscheidung hierüber bedarf es nicht.

III. Benachrichtigung von Terminen, Bekanntmachung von Entscheidungen, Beschwerdebefugnis (Absatz 3)

1. Benachrichtigung des Jugendamts von Gerichtsterminen (Satz 1)

In Verfahren nach Abs. 1 (vgl. Rz. 5) ist das Jugendamt von allen gerichtlichen Terminen (Erörterungstermine und Anhörungstermine) zu benachrichtigen, um es besser in den gerichtlichen Entscheidungsprozess einzubeziehen. Dem Jugendamt soll so ermöglicht werden, sich über den Stand des Verfahrens zu informieren. Der Gesetzgeber hat bewusst **keine generelle Verpflichtung des Jugendamts zur Teilnahme an allen gerichtlichen Terminen** vorgesehen, vielmehr soll das Jugendamt nach pflichtgemäßem Ermessen entscheiden, ob seine Teilnahme erforderlich ist.[5] Eine Ausnahme gilt für die verpflichtende Teilnahme am frühen Erörterungstermin (§ 155 Abs. 3 Satz 2 FamFG, § 50 Abs. 2 Satz 2 SGB VIII).

Die Benachrichtigungspflicht besteht **nicht in den Fällen, in denen das Jugendamt ohnehin zum Termin zu laden ist**, dh im frühen Erörterungstermin (§ 155 Abs. 3 Satz 2) und im Falle einer förmlichen Verfahrensbeteiligung des Jugendamts nach Abs. 2.

2. Bekanntmachung von gerichtlichen Entscheidungen (Satz 1)

Dem Jugendamt sind gem. Satz 1 alle Entscheidungen des Gerichts in Verfahren nach Abs. 1 **bekannt zu machen** (§ 41). Dies gilt unabhängig davon, ob eine Anhörung des Jugendamts nach Abs. 1 erfolgt ist. Das Jugendamt soll dadurch die für seine weitere Arbeit erforderlichen Informationen erhalten. Ferner soll es die Erforderlichkeit einer Beschwerde nach Satz 2 prüfen können. Zu übersenden sind daher nur gerichtliche **Endentscheidungen** iSd. §§ 38 Abs. 1 Satz 1, 58. Nicht zu übersenden sind gem. § 155a Abs. 3 Satz 2 Entscheidungen im vereinfachten Verfahren über die Übertragung der gemeinsamen Sorge bei nicht miteinander verheirateten Eltern; hier erfolgt lediglich eine formlose Mitteilung an das für die Führung des Sorgeregisters zuständige Jugendamt (vgl. § 155a Rz. 34).

3. Beschwerde des Jugendamts (Satz 2)

Nach Satz 2 steht dem Jugendamt in Verfahren nach Abs. 1 (dazu Rz. 5 ff.) eine **formelle Beschwerdebefugnis** nach § 59 Abs. 3 zu (vgl. auch § 59 Rz. 25). Sie besteht unabhängig davon, ob das Jugendamt im erstinstanzlichen Verfahren formell Verfahrensbeteiligter nach § 162 Abs. 2 war oder nicht. Eine Ausnahme gilt auch insoweit gem. § 155a Abs. 3 Satz 2 für Entscheidungen im vereinfachten Verfahren über die Übertragung der gemeinsamen Sorge bei nicht miteinander verheirateten Eltern.

---

1 Dazu *Müller-Magdeburg*, ZKJ 2009, 319, 323.
2 Keidel/*Engelhardt* § 162 FamFG Rz. 16.
3 BT-Drucks. 16/6308, S. 241.
4 BT-Drucks. 16/6308, S. 241.
5 BT-Drucks. 17/10490, S. 20.

Eine materielle Beschwerdebefugnis des Jugendamts nach § 59 Abs. 1 kann dem Jugendamt nur zustehen, soweit es Amtspfleger oder Amtsvormund ist.

29 **Kosten/Gebühren: RA:** Findet ein Anhörungstermin statt, fällt die Terminsgebühr nach Nr. 3104 VV RVG an.

163 Fristsetzung bei schriftlicher Begutachtung; Inhalt des Gutachtenauftrags; Vernehmung des Kindes

(1) Wird schriftliche Begutachtung angeordnet, setzt das Gericht dem Sachverständigen zugleich eine Frist, innerhalb derer er das Gutachten einzureichen hat.
(2) Das Gericht kann in Verfahren, die die Person des Kindes betreffen, anordnen, dass der Sachverständige bei der Erstellung des Gutachtens auch auf die Herstellung des Einvernehmens zwischen den Beteiligten hinwirken soll.
(3) Eine Vernehmung des Kindes als Zeuge findet nicht statt.

A. Normzweck und Allgemeines zur Beweisaufnahme in Kindschaftssachen . . 1	5. Keine Anfechtbarkeit des Beweisbeschlusses 20
B. Einholung eines Sachverständigengutachtens	III. Fehlende Mitwirkung der Beteiligten an der Begutachtung 21
I. Erforderlichkeit eines Gutachtens . . . 4	IV. Ablehnung des Sachverständigen wegen Befangenheit 23
II. Beweisbeschluss und Beauftragung des Sachverständigen	V. Verwertung des Gutachtens
1. Allgemeine Verfahrensfragen 7	1. Gewährung rechtlichen Gehörs zum Ergebnis des Gutachtens 28
2. Fristsetzung für die Einreichung eines schriftlichen Gutachtens (Absatz 1) 10	2. Kritische Würdigung des Gutachtens 29
3. Einholung eines mündlichen Gutachtens 12	C. Keine Vernehmung des Kindes als Zeuge (Absatz 3) 32
4. Ergänzende Beauftragung mit der Herstellung von Einvernehmen (Absatz 2) 15	

Literatur: *Balloff*, Die Beauftragung des Sachverständigen in Kindschaftssachen, FPR 2011, 12; *Behrend*, Das Gutachten als Lösungshilfe bei Sorge- und Umgangsstreitigkeiten nach Trennung, in: Menne/Weber (Hrsg.), Professionelle Kooperation zum Wohle des Kindes, 2011, S. 191 ff.; *Bergau/Walper*, Diagnostik und einvernehmenorientiertes Vorgehen im familiengerichtlichen Verfahren nach § 163 Abs. 2 FamFG, Praxis der Rechtspsychologie 2011, 207; *Ernst*, Der Sachverständige in Kindschaftssachen nach neuem Recht, FPR 2009, 345; *Finke*, Die rechtlichen Grundlagen der Sachverständigentätigkeit in der Familiengerichtsbarkeit nach der Kindschaftsrechtsreform vom 1.7.1998, FPR 2003, 503; *Greger*, Die einigungsorientierte Begutachtung aus verfahrensrechtlicher Sicht, FPR 2010, 443; *Rakete-Dombek*, Das familienpsychologische Sachverständigengutachten aus anwaltlicher Sicht, FPR 2003, 508; *Salzgeber*, Umgang und Herstellung von Einvernehmen, FPR 2013, 299; *Salzgeber/Fichtner*, Neue Aufgaben für den Sachverständigen, ZKJ 2009, 334; *Völker*, Die Ablehnung des Sachverständigen im ZPO-/FGG-/FamFG-Verfahren, FPR 2008, 287.

A. Normzweck und Allgemeines zur Beweisaufnahme in Kindschaftssachen

1 § 163 enthält **ergänzende Regelungen zur Beweisaufnahme in Kindschaftssachen**. Die zur Amtsermittlung nach § 26 erforderliche Beweiserhebung richtet sich grundsätzlich nach § 29 f. § 30 Abs. 1 stellt es zunächst in das pflichtgemäße Ermessen des Gerichts, ob es entscheidungserhebliche Tatsachen in Kindschaftssachen im **Freibeweis** oder durch eine förmliche Beweisaufnahme entsprechend der ZPO feststellt. Nach § 30 Abs. 3 soll eine **förmliche Beweisaufnahme** über die Richtigkeit einer Tatsachenbehauptung stattfinden, wenn das Gericht seine Entscheidung maßgeblich auf die Feststellung dieser Tatsache stützen will und die Richtigkeit von einem Beteiligten ausdrücklich bestritten wird.[1] Wenn aus einer ausdrücklich bestrittenen Tatsa-

---

[1] Für die Prüfung von Verfahrensvoraussetzungen gilt hingegen ausschließlich der Freibeweis (vgl. § 29 Rz. 8).

che Rückschlüsse für das Kindeswohl gezogen werden sollen und diese Tatsache für die spätere Entscheidung erheblich ist, muss sie daher durch förmliche Beweisaufnahme festgestellt werden (insbesondere Zeugenbeweis und Beweis durch Sachverständige).

Für die förmliche Beweisaufnahme erklärt § 30 Abs. 1 die Vorschriften der ZPO über die Beweisaufnahme für entsprechend anwendbar (hierzu § 30 Rz. 17). Für die **Einholung eines Sachverständigengutachtens** bedeutet das, dass insbesondere die **§§ 402 – 414 ZPO** entsprechende Anwendung finden. § 163 Abs. 1 verpflichtet das Gericht gegenüber der „Soll"-Regelung in § 411 Abs. 1 ZPO, dem Sachverständigen bei Anordnung der schriftlichen Begutachtung eine Frist zur Einreichung des Gutachtens zu setzen. Dadurch soll – als Ausprägung des Beschleunigungsgrundsatzes nach § 155 Abs. 1 – eine damit häufig verbundene erhebliche Verlängerung der Verfahrensdauer vermieden werden.[1] Zur effektiven Beschleunigung des Verfahrens sollte jedoch vorab geprüft werden, ob es wirklich der Einholung eines Gutachtens bedarf (Rz. 4) und ob alternativ die Einholung eines mündlichen Gutachtens ausreichend ist (Rz. 12). § 163 Abs. 2 regelt die lange streitige Frage, ob der Sachverständige auf Einvernehmen unter den Beteiligten hinwirken darf,[2] dahin gehend, dass das Gericht eine entsprechende ergänzende Anordnung im Beweisbeschluss treffen darf (dazu Rz. 15ff.). Die Vorschrift ergänzt die weiteren Vorschriften, die auf Herstellung von Einvernehmen der Beteiligten abzielen (§§ 156, 158 Abs. 4 Satz 3, 165, ausf. § 156 Rz. 6ff.). Durch Art. 6 des Gesetzes zur Einführung einer Rechtsbehelfsbelehrung im Zivilprozess erfolgte eine redaktionelle Korrektur der Regelung, indem das unzutreffende Wort „Gutachtenauftrags" durch „Gutachtens" ersetzt wurde.[3] Für die Einholung eines Gutachtens in Verfahren betreffend die freiheitsentziehende Unterbringung von Minderjährigen nach § 151 Nr. 6 und 7 enthält § 167 Sonderregelungen (dazu § 167 Rz. 32ff.).

§ 163 Abs. 3 verbietet eine förmliche **Zeugenvernehmung des Kindes** in einem Verfahren, das es selbst betrifft. Es stellt daher eine Sonderregelung für den Zeugenbeweis nach §§ 373ff. ZPO (und für die Beteiligtenvernehmung nach §§ 448ff. ZPO) dar (dazu Rz. 32).

B. Einholung eines Sachverständigengutachtens

I. Erforderlichkeit eines Gutachtens

Die Einholung eines Sachverständigengutachtens ist geboten, **wenn die Sachkunde des Gerichts zur Feststellung wesentlicher Aspekte des Kindeswohls oder ihrer Bewertung nicht ausreicht**.[4] Hierüber hat das Gericht von Amts wegen nach pflichtgemäßem Ermessen zu entscheiden. Allerdings muss es im Hinblick auf das auch im Verfahrensrecht zu beachtende Primat des Kindeswohls sein Verfahren so gestalten, dass es möglichst zuverlässig die Grundlage einer am Kindeswohl orientierten Entscheidung erkennen kann. Je stärker der Eingriff in das Elternrecht oder je schwerwiegender die Folgen der Entscheidung für das Kind sind, desto höhere Anforderungen sind an die tatrichterliche Sachaufklärung zu stellen. Dies betrifft namentlich den Entzug der elterlichen Sorge, insbesondere wenn er mit der Trennung des Kindes von den Eltern verbunden ist (§§ 1666, 1666a BGB), ferner die streitige Entscheidung darüber, bei welchem Elternteil das Kind wohnen soll (§ 1671 Abs. 1 Satz 2 Nr. 2 BGB), wenn ein Umgangsausschluss in Betracht gezogen wird (§ 1684 Abs. 4 BGB), und die Prüfung einer Verbleibensanordnung des Kindes bei den Pfle-

---

1 BT-Drucks. 16/6308, S. 241, 416.
2 Vgl. nur die unterschiedlichen Darstellungen von *Finke*, FPR 2003, 503ff., *Balloff*, FPR 2003, 530ff., *Kluck*, FPR 2003, 535, 539, *Rexilius*, FPR 2003, 540ff. Der BGH hatte in seiner Entscheidung v. 27.10.1993 – XII ZB 88/92, FamRZ 1994, 158 die Beauftragung eines Sachverständigen mit einer Intervention im Sinne einer Familientherapie für unzulässig erachtet.
3 Gesetz v. 5.12.2012, BGBl. I S. 2418, in Kraft seit 1.1.2013.
4 *Finke*, FPR 2003, 503, 504; Staudinger/*Coester* § 1666 BGB Rz. 281.

geeltern (§ 1632 Abs. 4 BGB).[1] In diesen Verfahren ist der Verweis auf allgemeines „Erfahrungswissen" grundsätzlich unzureichend.[2] Ausf. zum Umfang der Amtsermittlung § 151 Rz. 30f.

5 Dies bedeutet jedoch nicht, dass etwa bei jedem mit Fremdunterbringung verbundenen Sorgeentzug nach § 1666 BGB oder jedem Umgangsausschluss nach § 1684 Abs. 4 BGB ein psychologisches Sachverständigengutachten eingeholt werden muss. Das ist vielmehr nur dann erforderlich, **wenn die sonstigen Ermittlungen oder Ermittlungsmöglichkeiten des Gerichts keine zuverlässige Entscheidungsgrundlage bieten.**[3] Zudem ist der zu erwartende Erkenntnisgewinn gegen die Belastung des Kindes und die erhebliche Verfahrensverzögerung abzuwägen.[4] So kann insbesondere die Bestellung eines Psychologen als Verfahrensbeistand die Einholung eines psychologischen Gutachtens entbehrlich machen, wenn für die Entscheidung vor allem die psychosoziale Situation des Kindes und die Bewertung von Kindesäußerungen ausschlaggebend sind.[5] Sind dagegen auch die Erziehungsfähigkeit oder mögliche Persönlichkeitsstörungen eines Elternteils zu prüfen oder ist eine eingehende Untersuchung der Glaubhaftigkeit von schwerwiegenden Äußerungen des Kindes erforderlich, so ist dies von der Aufgabe des Verfahrensbeistands nicht mehr umfasst (vgl. § 158 Rz. 47f.) und daher ein Gutachten erforderlich. Auch reicht der gescheiterte Versuch eines durch den Verfahrensbeistand begleiteten Umgangskontaktes allein nicht aus, die Aussichtslosigkeit einer Umgangspflegschaft und die Notwendigkeit einer Fremdunterbringung des Kindes wegen Umgangsverweigerung eines Elternteils ohne psychologisches Sachverständigengutachten zu begründen.[6] Bei konkretem Verdacht eines sexuellen Missbrauchs sollte umgehend ein psychologisches Gutachten eingeholt werden, um den Verdacht zu klären und Mehrfachbefragungen des Kindes zu vermeiden (vgl. § 159 Rz. 26). In Verfahren nach § 1671 BGB, in denen über den künftigen Lebensmittelpunkt des Kindes zu entscheiden ist, kann die Einholung eines Sachverständigengutachtens unterbleiben, wenn das Kind zu beiden erziehungsgeeigneten Eltern eine enge Beziehung hat und der Kindeswille keine ausschlaggebende Bedeutung hat (weil das Kind noch sehr klein ist oder sich nicht zwischen den Eltern entscheiden will) und daher maßgeblich auf die Kontinuität, nämlich die bisher überwiegende Betreuung durch einen Elternteil, und ggf. auch die Bindungstoleranz abzustellen ist.[7] Zu alternativen Ermittlungsmöglichkeiten vgl. allgemein § 151 Rz. 32 und speziell zu Kindesschutzverfahren nach § 1666 BGB § 157 Rz. 24.

6 Neben psychologischen Sachverständigengutachten und Glaubhaftigkeitsgutachten kommen insbesondere **psychiatrische Gutachten** (bei einem Verdacht auf psychische Erkrankung eines Elternteils) und **rechtsmedizinische Gutachten** (zB über die Herkunft von Verletzungen eines Kindes) in Betracht. Soweit solche Gutachten bereits förmlich in anderen Verfahren eingeholt wurden (in Betreuungsverfahren, Strafverfahren oder Ermittlungsverfahren der Staatsanwaltschaft), können sie gem.

---

1 So in ständiger Rspr. BVerfG v. 31.3.2010 – 1 BvR 2910/09, FamRZ 2010, 865; BVerfG v. 14.7.2010 – 1 BvR 3189/09, FamRZ 2010, 1622 sowie BGH v. 17.2.2010 – XII ZB 68/09, FamRZ 2010, 720; BGH v. 26.10.2011 – XII ZB 247/11, FamRZ 2012, 99.
2 Staudinger/*Coester* § 1666 BGB Rz. 284; *Rakete-Dombek*, FPR 2003, 508, 509.
3 So ausdrücklich BVerfG v. 8.3.2012 – 1 BvR 206/12, FamRZ 2012, 938 zu § 1666 BGB und BVerfG v. 29.11.2012 – 1 BvR 335/12, FamRZ 2013, 361, 363 sowie BVerfG v. 26.9.2006 – 1 BvR 1827/06, FamRZ 2007, 105 zu § 1684 BGB, ferner *Finke*, FPR 2003, 503, 504; *Rasche*, FF 2009, 192, 193; *Salgo*, FF 2010, 352, 358; Greger, FPR 2010, 443, 445; *Heilmann*, NJW 2012, 887, 888; vgl. ergänzend § 155 Rz. 22.
4 Staudinger/*Coester* § 1666 BGB Rz. 283.
5 BVerfG v. 8.3.2012 – 1 BvR 206/12, FamRZ 2012, 938; BVerfG v. 29.11.2012 – 1 BvR 335/12, FamRZ 2013, 361 zu § 1684 Abs. 4 BGB; OLG Saarbrücken v. 5.3.2013 – 6 UF 48/13, FamRZ 2013, 1231; HK-FamFG/*Völker/Clausius* § 158 FamFG Rz. 4; zur Erforderlichkeit eines Sachverständigengutachtens trotz Bestellung eines Verfahrensbeistandes BVerfG v. 10.9.2009 – 1 BvR 1248/09, FamRZ 2009, 1897; BVerfG v. 18.5.2009 – 1 BvR 142/09, FamRZ 2009, 1389, allerdings jeweils unter Hinweis auf die fehlende psychologische Sachkunde des Verfahrenspflegers.
6 BGH v. 26.10.2011 – XII ZB 247/11, FamRZ 2012, 99.
7 *Finke*, FPR 2003, 503, 504f.

§ 30 Abs. 1 iVm. § 411a ZPO auch im familiengerichtlichen Verfahren verwertet werden, allerdings kann eine ergänzende Begutachtung erforderlich sein, weil etwa aus der Feststellung einer psychischen Erkrankung nicht zwingend die fehlende Eignung zur Ausübung des Umgangs mit dem Kind folgt. Gleiches gilt für Gutachten, die durch das Familiengericht in früheren Verfahren eingeholt wurden.

II. Beweisbeschluss und Beauftragung des Sachverständigen

1. Allgemeine Verfahrensfragen

Die Einholung eines Sachverständigengutachtens erfolgt durch das Gericht im Rahmen der Amtsermittlung (§ 26). Die Einholung des Gutachtens darf daher auch in Antragsverfahren nicht von der Einzahlung eines Kostenvorschusses abhängig gemacht werden.[1] An Beweisanträge bzw. Anregungen der Verfahrensbeteiligten ist das Gericht nicht gebunden (§ 29 Abs. 1 Satz 2). Es hat diese aber – wie sonstige Anregungen zum Verfahren, etwa zur Bestellung eines Verfahrensbeistands – zu berücksichtigen und regelmäßig in der Endentscheidung darzulegen, warum es ihnen nicht gefolgt ist, insbesondere warum es eine hinreichende Tatsachengrundlage bzw. Sachkunde für gegeben ansieht.[2] Die Anordnung eines schriftlichen Sachverständigengutachtens erfolgt regelmäßig gem. § 30 Abs. 1 FamFG iVm. § 358 ZPO durch Beweisbeschluss, ausreichend ist jedoch auch eine formlose Anordnung der Beweiserhebung.[3] Eine Anhörung der Beteiligten vor Anordnung des Gutachtenauftrags ist gesetzlich nicht vorgeschrieben, aber regelmäßig geboten, um die Erforderlichkeit des Gutachtens festzustellen, zumal hierdurch erhebliche Kosten anfallen, die als gerichtliche Auslagen grundsätzlich den Beteiligten im Rahmen der Kostenentscheidung aufzuerlegen sind. Der Beweisbeschluss ist den Beteiligten zumindest formlos bekannt zu geben.[4]

Das **Beweisthema** (§ 30 Abs. 1 FamFG iVm. § 403 ZPO) muss so konkret wie möglich gefasst werden.[5] Allerdings kann dies bei psychologischen Gutachten problematisch sein, da der Sachverständige in Kindschaftssachen aufgrund seiner besonderen Sachkunde regelmäßig in größerem Umfang Anschlusstatsachen ermittelt und dazu einzelne psychologische Fragestellungen aus der gerichtlichen Beweisfrage ableitet.[6] Es ist daher nicht erforderlich, dass das Gericht sämtliche Kindeswohlkriterien in den Beschluss aufnimmt, die nach seiner Ansicht im konkreten Fall für die Entscheidung relevant sind. Der Sachverständige, der bestimmte von dem Gericht nicht benannte Umstände, die sich erst im Laufe der Begutachtung ergeben, als bedeutsam für die Bestimmung des Kindeswohls erachtet, kann sich sonst schnell der Besorgnis der Befangenheit wegen Überschreitung des Gutachtenauftrags ausgesetzt sehen (vgl. Rz. 26). Der Gefahr, der Sachverständige könne damit die Leitungs- und Entscheidungsfunktion des Gerichts übernehmen, kann hinreichend im Rahmen der Würdigung des Gutachtens begegnet werden (vgl. Rz. 29 ff.).[7]

Bestimmte Anforderungen an die **Auswahl und Qualifikation des Sachverständigen** (§§ 359 Nr. 2, 404 ZPO) stellt das Gesetz nicht (anders bei der freiheitsentziehenden Unterbringung Minderjähriger in § 167 Abs. 6). Regelmäßig wird sich aus der Berufsbezeichnung zumindest eine Grundqualifikation ergeben (Diplompsychologe, Facharzt für Psychiatrie usw.), für psychologische Gutachten sollte eine Zusatzqualifikation zur Erstattung forensischer Gutachten vorliegen.[8] Auch für eine Glaubhaftigkeitsbegutachtung des Kindes ist im Hinblick auf die hieran zu stellenden ho-

---

1 OLG Celle v. 2.5.2012 – 10 WF 93/12, FamRZ 2013, 241.
2 OLG Saarbrücken v. 3.4.2012 – 6 UF 10/12, FamRZ 2013, 48 (LS) = MDR 2012, 1231.
3 BGH v. 15.9.2010 – XII ZB 383/10, FamRZ 2010, 1726; Keidel/*Sternal* § 30 FamFG Rz. 17.
4 Zöller/*Greger* § 406 ZPO Rz. 11.
5 *Ernst*, FPR 2009, 345.
6 OLG Stuttgart v. 26.6.2002 – 17 UF 122/02, FamRZ 2003, 316; *Finke*, FPR 2003, 503, 506.
7 *Finke*, FPR 2003, 503, 506.
8 Zu fehlenden Standards bzw. allgemeinen Richtlinien für die Qualifikation und forensische Ausbildung psychologischer Sachverständiger vgl. etwa *Salzgeber*, FF 2013, 194, 197 ff.

hen Anforderungen[1] eine besondere Qualifizierung erforderlich.[2] Als Sachverständiger auszuwählen ist nach § 404 Abs. 1 ZPO stets eine Einzelperson, die Beauftragung eines Instituts oder einer Vermittlungsstelle für Sachverständige, die dann für das Gericht einen Sachverständigen auswählt, ist unzulässig.[3] Im Übrigen ist § 404 Abs. 4 ZPO nicht entsprechend anwendbar,[4] das Gericht ist daher nicht an einen von den Verfahrensbeteiligten vorgeschlagenen Sachverständigen gebunden. Ausdrücklich geäußerten Bedenken gegen einen bestimmten Sachverständigen sollte jedoch soweit möglich Rechnung getragen werden, um die erforderliche Zusammenarbeit mit diesem nicht von vornherein zu gefährden.[5]

2. Fristsetzung für die Einreichung eines schriftlichen Gutachtens (Absatz 1)

10   Nach Abs. 1 hat das Gericht dem Sachverständigen bei Anordnung einer schriftlichen Begutachtung zugleich eine Frist für die Einreichung des Gutachtens zu setzen. Die Vorschrift beruht auf der Erkenntnis, dass die Einholung eines schriftlichen Sachverständigengutachtens oft mit einer erheblichen Verlängerung der Verfahrensdauer verbunden ist[6] (Auswahl eines Sachverständigen mit freien Kapazitäten, Beginn der Sachverständigentätigkeit, Verweigerung der Teilnahme durch einen Elternteil, Stellungnahmefristen nach Erstattung des Gutachtens, Befangenheitsanträge gegen den Sachverständigen mit der Möglichkeit der sofortigen Beschwerde bei Ablehnung der Befangenheit). Deshalb hat nach dem Wortlaut des Abs. 1 eine **Fristsetzung** bereits **mit der Anordnung der Begutachtung** zu erfolgen. Regelmäßig sollte daher vor der Auswahl des Sachverständigen mit diesem Kontakt aufgenommen und dabei abgesprochen werden, ob seine Kapazitäten für eine Erledigung innerhalb angemessener Frist ausreichen werden.[7] Es kann jedoch nicht außer Betracht bleiben, dass die fristgemäße Erstellung des Gutachtens nicht allein von dem Sachverständigen abhängig ist, sondern auch von der Mitwirkungsbereitschaft und Verfügbarkeit der Beteiligten. Deshalb muss auf begründete Mitteilung des Sachverständigen hin ggf. nachträglich eine **Fristverlängerung** erfolgen.[8]

11   Versäumt der Sachverständige die ihm gesetzte Frist, gilt § 30 Abs. 1 FamFG iVm. § 411 Abs. 2 ZPO (Festsetzung eines **Ordnungsgeldes** nach vorheriger Androhung unter Setzung einer Nachfrist). Ist die Versäumung der Frist auf eine unzureichende Mitwirkung der Beteiligten zurückzuführen, muss die Festsetzung eines Ordnungsgeldes unterbleiben.[9]

3. Einholung eines mündlichen Gutachtens

12   Beweis kann in Kindschaftssachen grundsätzlich auch durch ein mündliches Sachverständigengutachten erhoben werden (§ 30 Abs. 1 FamFG iVm. §§ 402, 396 ff. ZPO).[10] Die Begutachtung erfolgt dabei in gleicher Weise wie bei einem schriftlichen Gutachten, nur dass die oft zeitraubende Abfassung des Gutachtens entfällt. Dadurch kann die mit der Einholung eines Gutachtens verbundene **Verfahrensverzögerung verringert** werden, und es entstehen regelmäßig **geringere Kosten**. Eine Fristsetzung ist gem. Abs. 1 nicht erforderlich, idR wird nach Absprache mit dem Sachverständigen sogleich ein Termin für die mündliche Erstattung des Gutachtens anberaumt. Während ein schriftliches Gutachten zum Zeitpunkt des letzten Erörterungstermins oft mehrere Wochen oder Monate alt ist und der Erhebungszeitraum

---

1 Vgl. BGH v. 30.7.1999 – 1 StR 618/98, FamRZ 1648, 1653.
2 *Salzgeber*, FPR 2008, 278, 282.
3 Zöller/*Greger* § 402 ZPO Rz. 6.
4 Zöller/*Feskorn* § 30 FamFG Rz. 18.
5 Vgl. OLG Hamm v. 13.10.2000 – 7 WF 402/00, juris sowie Rz. 21.
6 BT-Drucks. 16/6308, S. 241.
7 *Ernst*, FPR 2009, 345.
8 *Stößer*, FamRZ 2009, 656, 663.
9 BT-Drucks. 16/6308, S. 242.
10 BGH v. 15.9.2010 – XII ZB 383/10, FamRZ 2010, 1726; Keidel/*Sternal* § 30 FamFG Rz. 94; Zöller/ *Greger* § 411 ZPO Rz. 1 mit dem Hinweis, dass das mündliche Gutachten nach § 402 ZPO der gesetzliche Regelfall ist.

noch länger zurückliegt, so dass sich zwischenzeitlich oft tatsächliche Änderungen ergeben, die das Ergebnis des Gutachtens in Frage stellen können, ist das mündliche Gutachten **aktueller**, weil der Begutachtungszeitraum und der Zeitpunkt der Erstattung und Erörterung des Gutachtens nur kurze Zeit auseinander liegen.

Der Sachverständige erstattet sein **Gutachten mündlich in einem Beweistermin**, zu dem die Beteiligten zu laden sind, und an den sich der Erörterungstermin (§ 32) bzw. die (ggf. ergänzende) Anhörung der Eltern und des Kindes (§§ 159f.) anschließen kann. Über die Erstattung des Gutachtens ist gem. § 28 Abs. 4 ein aussagekräftiger Terminsvermerk aufzunehmen, wobei die Ausführungen des Sachverständigen in einer den §§ 160 Abs. 3 Nr. 4 und 162 ZPO entsprechenden Form dokumentiert werden müssen (sofern nicht nach § 161 ZPO darauf verzichtet werden kann), da dies notwendiger Bestandteil einer förmlichen ZPO-Beweisaufnahme ist.[1] Den Beteiligten steht gem. §§ 402, 397 ZPO ein Fragerecht an den Sachverständigen zu. Wenn den Beteiligten eine sofortige Stellungnahme zum Ergebnis des Gutachtens nicht möglich ist, muss zur Wahrung rechtlichen Gehörs (§§ 30 Abs. 4, 37 Abs. 2) eine Stellungnahmefrist gewährt werden.[2] Um dies und eine umfangreichen Protokollierung im Termin zu vermeiden, empfiehlt es sich, dass der Sachverständige vor dem Termin eine Zusammenfassung der Ergebnisse und seiner Empfehlung bei Gericht einreicht und dies den Beteiligten vorab zur Kenntnis gegeben wird. Hierauf kann dann im Termin Bezug genommen werden.

13

Eine mündliche Begutachtung wird danach **nur in überschaubaren Fällen geeignet** sein oder wenn es nur um einzelne Fragestellungen geht, für die dem Gericht die Sachkunde fehlt. Erforderlichenfalls kann der Sachverständige aber auch noch nachträglich mit der Erstattung eines schriftlichen Gutachtens beauftragt werden.

14

4. Ergänzende Beauftragung mit der Herstellung von Einvernehmen (Absatz 2)

Nach Abs. 2 kann das Familiengericht in Kindschaftsverfahren, die die Person des Kindes betreffen (vgl. §§ 158 Abs. 1, 160 Abs. 1, 161 Abs. 1, 162 Abs. 1), den Sachverständigen auch damit beauftragen, auf die Herstellung von Einvernehmen unter den Beteiligten hinzuwirken, oft auch bezeichnet als **lösungsorientierte Begutachtung**.[3] Der Gesetzgeber hatte bei der Regelung Fälle im Blick, in denen es um die Entscheidung über den Kindesaufenthalt bei getrennt lebenden Eltern oder über den Umfang des Umgangs mit einem Elternteil geht. In diesen Fällen komme der Gutachter im Rahmen der herkömmlichen Statusdiagnostik oft zu einem mehr oder weniger klaren Entscheidungsvorschlag, der nicht selten mit der Aufforderung an die Eltern verbunden werde, im Interesse der Kinder besser miteinander zu kommunizieren und zu kooperieren, was das Gutachten nur eingeschränkt verwertbar mache. Dem Gericht soll daher nach der **Intention des Gesetzgebers** die Möglichkeit eröffnet werden, den Sachverständigen selbst mit der Herstellung von Einvernehmen zu beauftragen. Dazu könne der Sachverständige die Eltern zunächst über die negativen psychologischen Auswirkungen einer Trennung auf alle Familienmitglieder aufklären und sodann versuchen, bei den Eltern Verständnis und Feinfühligkeit für die von den Interessen der Erwachsenen abweichenden Bedürfnisse und für die psychische Lage des Kindes zu wecken. Gelinge ihm dies, könne er mit den Eltern ein einvernehmliches Konzept zum zukünftigen Lebensmittelpunkt des Kindes und zur Gestaltung des Umgangs erarbeiten.[4]

15

In der **psychologischen Fachdiskussion** haben sich bisher keine allgemein anerkannten Methoden oder Prinzipien für den Umgang mit einem Auftrag zur Herstellung von Einvernehmen herausgebildet, vielmehr wird die diesbezügliche

16

---

1 Zöller/*Feskorn* § 30 FamFG Rz. 12.
2 Vgl. Zöller/*Greger* § 411 ZPO Rz. 1.
3 BT-Drucks. 16/6308, S. 169. Der Begriff wurde unter den psychologischen Sachverständigen zuvor von der interventionsorientierten Strömung geprägt und benutzt, vgl. *Bergmann/Jopt/Rexilius*, Lösungsorientierte Arbeit im Familienrecht, 2002.
4 BT-Drucks. 16/6308, S. 242.

Fachdiskussion zwischen den sog. interventionsorientierten Gutachtern[1] und den (zahlenmäßig deutlich überwiegenden) eher entscheidungsorientierten Gutachtern[2] weitergeführt. Weitgehende Übereinstimmung scheint darin bestehen, dass zunächst eine Exploration des Familiensystems (durch Einzelgespräche, Exploration des Kindes, Interaktionsbeobachtung)[3] bzw. Diagnostik (dh. mit zusätzlichen diagnostischen Testverfahren) erfolgt,[4] sodann der Versuch der Herstellung von Einvernehmen mittels verschiedenster Methoden (zB gemeinsame Elterngespräche, Erprobung möglicher Regelungen) unternommen wird und bei dessen Scheitern das Gutachten zu erstatten ist. In der konkreten Umsetzung sind die angewendeten Methoden sehr unterschiedlich und von dem jeweiligen Sachverständigen abhängig. Die zur Herstellung von Einvernehmen angewendete Methodik muss letztlich – wie bei der Begutachtung allgemein – der Sachkunde des Gutachters vorbehalten bleiben, Einfluss hierauf kann das Gericht vor allem über die Auswahl des Sachverständigen nehmen.

17 Eine derart aktive, intervenierende Rolle des Sachverständigen kann mit seiner Rolle als der Objektivität verpflichtetem Beweismittel in **Konflikt** geraten.[5] Zum einen muss der Sachverständige sicherstellen, dass er für den Fall des Scheiterns seiner Vermittlungsbemühungen eine ausreichende Grundlage für die Erstattung des Gutachtens und seinen Entscheidungsvorschlag hat.[6] Die Zusatzanordnung nach Abs. 2 führt auch nicht dazu, dass sich der Sachverständige bei seiner Vermittlung auf seine Verschwiegenheitspflicht nach § 203 StGB berufen kann.[7] Über etwaige Erkenntnisse aus seiner Vermittlerrolle muss der Sachverständige vielmehr in seinem Gutachten oder auf ergänzende Fragen Auskunft erteilen. Ferner steigt durch die Doppelfunktion des Sachverständigen – insbesondere bei hochkonflikthaften Familien – die **Gefahr von Befangenheitsanträgen**.[8] Die Gefahr darf allerdings auch nicht überbewertet werden, denn auch der Richter muss seinen Auftrag zum Hinwirken auf Einvernehmen (§ 156 Abs. 1 Satz 1) mit seiner Verpflichtung zur Objektivität, zur Wahrung des Kindeswohls und zur beschleunigten Verfahrensweise vereinbaren. Es liegt daher bei dem jeweiligen Sachverständigen, ob er diesen Konflikt für sich auflösen kann, und es bedarf eines erheblichen Fingerspitzengefühls im Umgang mit den Beteiligten.[9] Der ergänzende Vermittlungsauftrag nach Abs. 2 steht ferner in einem **Spannungsverhältnis zu einer möglichst beschleunigten Verfahrensweise**, der auch die Fristsetzung nach Abs. 1 dient. Das Hinwirken auf Einvernehmen und das Erreichen von Einstellungsänderungen braucht zusätzliche Zeit, die dem Sachverständigen auch eingeräumt werden muss. Andererseits muss gerade bei hochkonflikthaften Familien und im Hinblick auf die mit der Einholung eines Gutachtens ohnehin schon verbundene Verfahrensverzögerung sorgfältig geprüft werden, ob die Erfolgsaussichten eines (erneuten) Hinwirkens auf Einvernehmen eine Verlängerung der Verfahrensdauer rechtfertigen.[10]

---

1 Vgl. etwa *Behrend* in: Menne/Weber (Hrsg.), Professionelle Kooperation zum Wohle des Kindes, 2011, S. 191 ff.; *Lehmann*, Kontext 2012, 39.
2 Vgl. etwa *Balloff*, FPR 2011, 12; *Salzgeber/Bergau/Fichtner* in: Walper/Fichtner/Normann (Hrsg.), Hochkonflikthafte Trennungsfamilien, 2011, S. 173 ff.; *Bergau/Walper*, Praxis der Rechtspsychologie 2011, 207 ff.; *Salzgeber*, FPR 2013, 299.
3 Vgl. *Behrend* in: Menne/Weber (Hrsg.), Professionelle Kooperation zum Wohle des Kindes, 2011, S. 200 ff.
4 Ausf. *Salzgeber/Fichtner*, ZKJ 2009, 334, 337; *Balloff*, FPR 2011, 12, 13; *Salzgeber*, FPR 2013, 299, 300.
5 *Greger*, FPR 2010, 443, 446.
6 OLG Celle v. 19.7.2012 – 15 UF 81/12, FamRZ 2013, 48 = ZKJ 2012, 446.
7 *Greger*, FPR 2010, 443, 445. Der gerichtlich bestellte Sachverständige, der Daten zur Weitergabe an das gericht erhebt, ist diesem gegenüber nicht zur Verschwiegenheit verpflichtet, vgl. *Kunkel*, FPR 2003, 516; aA *Vesting*, Praxis der Rechtspsychologie, S. 230, 234.
8 *Ernst*, FPR 2009, 345, 347; *Greger*, FPR 2010, 443, 446; vgl. hierzu etwa OLG Hamm v. 2.9.2010 – 4 WF 111/10, FPR 2011, 50; OLG Naumburg v. 12.9.2011 – 4 WF 51/11, FamRZ 2012, 657.
9 Keidel/*Engelhardt* § 163 FamFG Rz. 2.
10 Vgl. etwa OLG Celle v. 19.7.2012 – 15 UF 81/12, FamRZ 2013, 48 = ZKJ 2012, 446: Auf Vorschlag des lösungsorientiert arbeitenden Gutachters ordnete das Gericht durch eA (!) einen Wechsel des Kindes in den anderen Elternhaushalt an. Statt nach einer dreimonatigen Probephase meldete sich der Sachverständige erst nach viereinhalb Monaten mit einem neuen Zwischenbericht, auf den hin die eA wieder aufgehoben wurde, wogegen der betroffene Elternteil Be-

Konkrete **Kriterien** dazu, wann eine ergänzende Anordnung des Hinwirkens auf Einvernehmen nach Abs. 2 sinnvoll ist, lassen sich vor diesem Hintergrund nur schwer aufstellen. Eine entsprechende Beauftragung kommt regelmäßig nur bei der Regelung der elterlichen Sorge (insbesondere Aufenthalt des Kindes) und des persönlichen Umgangs in Betracht, nicht dagegen in Fällen (akuter) Kindeswohlgefährdung.[1] Es müssen in jedem Fall die Voraussetzungen für eine Einholung eines Sachverständigengutachtens vorliegen. Das beinhaltet grundsätzlich, dass die vielfältigen sonstigen Möglichkeiten des Hinwirkens auf Einvernehmen bzw. der Intervention ausgeschöpft wurden oder nicht (mehr) sinnvoll erscheinen,[2] dh eine außergerichtliche Vermittlung durch Mediation oder Angebote der Jugendhilfe (vgl. § 156 Rz. 20 ff.), Einsatz eines Verfahrensbeistands mit erweitertem Aufgabenkreis nach § 158 Abs. 4 Satz 3 (vgl. § 158 Rz. 49 ff.), die Anordnung eines begleiteten Umgangs oder der Einsatz eines Umgangspflegers (§ 1684 Abs. 3 Satz 3 BGB). Die isolierte Anordnung eines Hinwirkens auf Einvernehmen (dh. die bloße Delegierung des gerichtlichen Auftrags nach § 156 Abs. 1 Satz 1 auf den Sachverständigen) ist nach dem eindeutigen Wortlaut der Vorschrift nicht statthaft.[3]

18

Vor einer **Anordnung nach Abs. 2** sollte sich das Gericht daher zunächst der Bereitschaft des Sachverständigen zu einer intervenierenden Vorgehensweise vergewissern und sich ggf. über die von ihm allgemein angewendete Methodik (vgl. Rz. 16) informieren lassen. Ferner sollte mit den Beteiligten nicht nur die Absicht einer entsprechenden ergänzenden Anordnung erörtert werden, sondern auch die allgemeine Vorgehensweise des Gutachters, um Befangenheitsanträgen vorzubeugen. Lehnen die Beteiligten oder auch nur ein Beteiligter ein intervenierendes Vorgehen ab, so wird eine entsprechende Anordnung meist wenig sinnvoll sein.[4] Mit der Anordnung ist dem Sachverständigen auch eine Frist nach Abs. 1 zu erteilen, die ggf. verlängert werden kann. Hält der Sachverständige nach ersten Gesprächen mit den Eltern das Hinwirken auf eine einvernehmliche Regelung für möglich, kann er auch eine nachträgliche Anordnung gegenüber dem Gericht anregen.[5] Kommt er andererseits zu der Erkenntnis, dass das intervenierende Vorgehen keine Aussicht auf Erfolg hat, muss er den Versuch abbrechen und nach entsprechender Mitteilung an das Gericht sein Gutachten erstatten, denn er „soll" nach Abs. 2 auf ein Einvernehmen hinwirken, er muss und darf es aber nicht um jeden Preis.[6] Das Gericht kann den Sachverständigen gem. § 404a Abs. 1 und 4 ZPO auch anweisen, die Vermittlungsbemühungen abzubrechen, denn ihm obliegt weiterhin die Leitung und Steuerung des Verfahrens. Ein intervenierendes Vorgehen des Sachverständigen ohne gesonderte Anordnung nach Abs. 2 ist nicht zulässig und kann die Besorgnis der Befangenheit begründen.[7]

19

5. Keine Anfechtbarkeit des Beweisbeschlusses

Beweisbeschlüsse sind als Zwischenentscheidungen nicht selbständig anfechtbar, da den Beteiligten und den Betroffenen dadurch keine erzwingbaren Handlungs- oder Duldungspflichten auferlegt werden.[8] Auch die Ablehnung des Gerichts, einen

20

---

schwerde einlegte, so dass das Kind zum Zeitpunkt der Beschwerdeentscheidung bereits 10 Monate bei dem anderen Elternteil lebte, ohne dass ein abschließendes Gutachten vorlag.
1 Keidel/*Engelhardt* § 163 FamFG Rz. 10; *Balloff*, FPR 2011, 12, 14; aA *Behrend/Jopt* in: Müller-Magdeburg (Hrsg.), Verändertes Denken zum Wohle der Kinder, 2009, S. 153 ff. unter Hinweis auf die Möglichkeit der Einbeziehung aller Beteiligten und Verantwortungsträger im Rahmen der Begutachtung im Rahmen eines „Runden Tisches".
2 *Greger*, FPR 2010, 443, 446.
3 *Ernst*, FPR 2009, 345, 347; MüKo.ZPO/*Schumann* § 163 FamFG Rz. 8.
4 *Stößer*, FamRZ 2009, 656, 663; aA *Ernst*, FPR 2009, 345, 347.
5 *Ernst*, FPR 2009, 246.
6 Keidel/*Engelhardt* § 163 FamFG Rz. 9; MüKo/*Schumann* § 163 FamFG Rz. 11.
7 OLG Naumburg v. 12.9.2011 – 4 WF 51/11, FamRZ 2012, 657.
8 OLG Zweibrücken v. 14.2.2006 – 2 WF 19 und 20/06, FamRZ 2006, 1619; OLG Brandenburg v. 5.2.2004 – 9 WF 23/04, FamRZ 2005, 917; vgl. in diesem Sinne auch BGH v. 23.1.2008 – XII ZB 209/06, NJW-RR 2008, 737; aA OLG Rostock v. 30.6.2011 – 10 UF 126/11, FamRZ 2011, 1873, allerdings richtete sich die Beschwerde in diesem Fall nicht gegen die Beweisanordnung, sondern gegen den zur Durchführung des Gutachtens gem. § 1666 BGB angeordneten einstweiligen Teilsorgeentzug, der nach § 57 Satz 2 Nr. 1 anzufechten ist.

Sachverständigen wegen angeblich fehlender Sachkunde auszuwechseln, ist nicht anfechtbar.[1]

III. Fehlende Mitwirkung der Beteiligten an der Begutachtung

21 Die grundsätzliche Verpflichtung der **Eltern** zur Mitwirkung an der Erstellung eines Gutachtens folgt aus § 27 Abs. 1. Die Mitwirkung ist allerdings nicht erzwingbar. Erzwingbar ist es insbesondere nicht, einen Elternteil in einem Sorgerechtsverfahren dazu zu bewegen, sich körperlich oder/und psychiatrisch/psychologisch untersuchen zu lassen und zu diesem Zweck bei einem Sachverständigen zu erscheinen.[2] Dies gilt auch für die Einholung eines Alkohol- oder Drogentests.[3] Auch die zwangsweise Durchführung von Umgangskontakten gegen den Willen des umgangsverpflichteten Elternteils im Beisein eines Sachverständigen verstößt gegen Art. 2 Abs. 1 GG.[4] Weigerungen, an einer Gutachtenerstattung mitzuwirken, können in Verfahren nach § 1666 BGB (da Amtsermittlungsverfahren) auch nicht nach den Grundsätzen der Beweisvereitelung beurteilt werden.[5] Soweit andere Ermittlungsmöglichkeiten nicht bestehen, kann ein Termin zur Anhörung des betroffenen Elternteils in Anwesenheit des Sachverständigen anberaumt und hierzu das persönliche Erscheinen nach § 160 Abs. 1 angeordnet und erforderlichenfalls nach § 33 Abs. 3 FamFG erzwungen werden, wobei jedoch eine Äußerung des Elternteils nicht erzwungen werden kann (dazu § 160 Rz. 12).[6] Der Sachverständige muss dann prüfen, inwieweit er die Beweisfrage unter Berücksichtigung der Erkenntnisse aus dem Termin und aus sonstigen Erkenntnisquellen beantworten kann. Weigern sich Eltern, an einer Begutachtung teilzunehmen, können ihnen ggf. nach § 81 Abs. 1 Satz 1 und Abs. 2 Nr. 4 auch Kosten auferlegt werden.

22 Für die Begutachtung des **Kindes** ist die Zustimmung des gesetzlichen Vertreters (bei gemeinsamer Sorge die Zustimmung beider Eltern) erforderlich.[7] Auch der einer Begutachtung entgegenstehende Wille eines einsichtsfähigen Kindes ist zu beachten.[8] Fehlt es zur Begutachtung lediglich an der Zustimmung der Eltern, kann diese durch eA nach § 1666 Abs. 3 Nr. 5 BGB ersetzt[9] oder nach §§ 1629 Abs. 2 Satz 3, 1796 Abs. 2, 1909 BGB wegen Interessenkonflikts ein Ergänzungspfleger für die Vertretung des Kindes im Verfahren bestellt werden. Gleiches gilt, wenn wichtige Auskunftspersonen (zB der behandelnde Kinderarzt oder Psychotherapeut) von den Eltern nicht von der Schweigepflicht entbunden werden.[10] Ist allerdings zur Durchführung der Begutachtung die Mitwirkung des gesetzlichen Vertreters erforderlich (etwa weil der betreuende Elternteil das Kind für eine Interaktionsbegutachtung mit dem Umgangselternteil nicht zum Sachverständigen bringen will), reicht die Ersetzung der Zustimmung nicht aus. Ihm muss dann ggf. durch eA die elterliche Sorge hinsichtlich der Entscheidung über die Begutachtung des Kindes sowie das Aufenthaltsbestimmungsrecht zur Durchführung der Begutachtung gem. § 1666 BGB (bzw. analog

---

1 OLG Köln v. 11.1.2008 – 4 WF 228/07, FamRZ 2008, 1362.
2 BVerfG v. 20.5.2003 – 1 BvR 2222/01, FamRZ 2004, 523; OLG Naumburg v. 18.2.2005 – 8 WF 239/04, FamRZ 2006, 282.
3 OLG Oldenburg v. 26.3.2007 – 2 WF 55/07, FamRZ 2007, 1574.
4 BVerfG v. 20.5.2003 – 1 BvR 2222/01, FamRZ 2004, 523.
5 BVerfG v. 2.4.2009 – 1 BvR 683/09, FamRZ 2009, 944; BGH v. 17.2.2010 – XII ZB 68/09, FamRZ 2010, 720 m. Anm. *Stößer*; **aA** OLG Naumburg v. 18.2.2005 – 8 WF 239/04, FamRZ 2006, 282.
6 BGH v. 17.2.2010 – XII ZB 68/09, FamRZ 2010, 720 m. Anm. *Stößer*; ebenso ohne weitere Begr. BVerfG v. 2.4.2009 – 1 BvR 683/09, FamRZ 2009, 944.
7 BGH v. 17.2.2010 – XII ZB 68/09, FamRZ 2010, 720 m. abl. Anm. *Stößer*, der entgegen der Auffassung des BGH in Verfahren nach § 1666 BGB die Mitwirkung der Eltern für durchsetzbar erachtet.
8 Staudinger/*Coester* § 1666 BGB Rz. 281; *Finke*, FPR 2003, 503, 507; dies ist auch bei der Einholung eines Abstammungsgutachtens anerkannt, vgl. nachstehend § 178 Rz. 13f.
9 BGH v. 17.2.2010 – XII ZB 68/09, FamRZ 2010, 720; OLG Brandenburg v. 11.10.2007 – 10 UF 183/07, FamRZ 2008, 2147 = JAmt 2008, 603; Staudinger/*Coester* § 1666 BGB Rz. 102, 224.
10 *Finke*, FPR 2003, 503, 507.

§ 1684 Abs. 3 Satz 3 BGB) entzogen werden.[1] Als mildere Maßnahme kommt allerdings in Betracht, einen Termin zur Kindesanhörung im Gericht im Beisein des Sachverständigen und des Umgangselternteils anzuberaumen[2] und den betreuenden Elternteil (soweit erforderlich) gem. §§ 159 iVm. 35 FamFG zwangsweise zum Mitbringen des Kindes zu veranlassen (vgl. § 159 Rz. 17).

IV. Ablehnung des Sachverständigen wegen Befangenheit

Der Sachverständige kann gem. § 30 Abs. 1 FamFG iVm. § 406 ZPO aus denselben Gründen wegen Befangenheit abgelehnt werden, die gem. §§ 41, 42 ZPO zur Ablehnung eines Richters berechtigen. Die Ablehnung wegen Befangenheit hat in strittigen Kindschaftssachen erhebliche Bedeutung und wird nicht selten als taktisches Mittel zur Verfahrensverzögerung eingesetzt. **23**

Zur Ablehnung berechtigt ist jeder Verfahrensbeteiligte. Der **Ablehnungsantrag** ist gem. § 406 Abs. 2 Satz 1 ZPO spätestens zwei Wochen nach Zugang des Beweisbeschlusses oder der Beweisanordnung anzubringen. Ergibt sich der Ablehnungsgrund aus einem späteren Verhalten des Sachverständigen, ist der Antrag nach § 406 Abs. 2 Satz 2 ZPO unverzüglich nach Kenntnis des Ablehnungsgrundes zu stellen,[3] bei Ablehnungsgründen, die sich aus dem Gutachten selbst ergeben, innerhalb der nach § 411 Abs. 4 ZPO gesetzten Stellungnahmefrist.[4] Ablehnungsgründe aus dem Verhalten des Sachverständigen während der Begutachtung können daher nicht erst nach Vorlage des Gutachtens geltend gemacht werden. Der **Ablehnungsgrund** ist gem. § 406 Abs. 3 ZPO **glaubhaft zu machen**, wobei die eidesstattliche Versicherung des Beteiligten nicht genügt. Der Sachverständige ist nicht zwingend **anzuhören**, allerdings wird dies regelmäßig zur Prüfung des Ablehnungsgrundes und wegen Gefährdung seines Vergütungsanspruchs erforderlich sein.[5] Die übrigen Beteiligten sind anzuhören, soweit das Gericht dem Antrag stattgeben will. Will das Gericht den Antrag zurückweisen, ist dem Ablehnenden zuvor Gelegenheit zur Stellungnahme zu den Äußerungen des Sachverständigen und der übrigen Beteiligten zu geben.[6] Der Beschleunigungsgrundsatz nach § 155 Abs. 1 ist zu beachten, dh. es sind jeweils kurze Fristen zu setzen. Ablehnungsgründe können im Rahmen der Anhörung oder der sofortigen Beschwerde nur nachgeschoben werden, wenn dies zum Zeitpunkt der Geltendmachung noch als unverzüglich angesehen werden kann. Die **Entscheidung** ergeht gem. § 406 Abs. 4 ZPO durch zu begründenden Beschluss. Wird dem Ablehnungsantrag stattgegeben, findet dagegen gem. § 406 Abs. 5 kein **Rechtsmittel** statt. Wird der Antrag zurückgewiesen, besteht die Möglichkeit der sofortigen Beschwerde nach § 406 iVm. § 567 ZPO, dh es ist zunächst gem. § 572 Abs. 1 ZPO über die Abhilfe der Beschwerde durch das erstinstanzliche Gericht zu entscheiden. Auch insoweit ist eine beschleunigte Verfahrensweise geboten. **24**

Die **Besorgnis der Befangenheit** ist nach §§ 406 Abs. 1 iVm. 42 ZPO gegeben, wenn objektive Gründe vorliegen, die vom Standpunkt des Ablehnenden aus bei vernünftiger Betrachtung die Befürchtung wecken können, der Sachverständige stehe der Sache nicht unvoreingenommen und daher nicht unparteiisch gegenüber. Es kommt nicht darauf an, ob der Sachverständige tatsächlich befangen ist, der Anschein der Befangenheit ist ausreichend.[7] **25**

Ablehnungsgründe können sich aus folgendem Verhalten des Sachverständigen ergeben:[8] **26**

---

1 OLG Rostock v. 30.6.2011 – 10 UF 126/11, FamRZ 2011, 1873; Staudinger/*Coester* § 1666 BGB Rz. 281. Vgl. auch BVerfG v. 9.6.2004 – 1 BvR 487/04, FamRZ 2004, 1167. Die eA ist nach § 57 Satz 2 Nr. 1 anfechtbar.
2 BGH v. 17.2.2010 – XII ZB 68/09, FamRZ 2010, 720; OLG München v. 8.5.1996 – 12 WF 712/96, FamRZ 1997, 45; OLG Frankfurt v. 19.3.1999 – 2 UF 51/99, FF 2000, 176.
3 Zöller/*Greger* § 406 ZPO Rz. 11.
4 BGH v. 15.3.2005 – VI ZB 74/04, FamRZ 2005, 1083 (LS) = NJW 2005, 1869.
5 Zöller/*Greger* § 406 ZPO Rz. 12a.
6 Zöller/*Greger* § 406 ZPO Rz. 12a.
7 BGH v. 15.3.2005 – VI ZB 74/04, FamRZ 2005, 1083 (LS) = NJW 2005, 1869; OLG Hamm v. 23.3.2010 – 3 WF 43/10, FamRZ 2010, 1265; Keidel/*Sternal* § 30 FamFG Rz. 101.
8 Vgl. ergänzend die sehr gute Rechtsprechungsübersicht von *Völker*, FPR 2008, 287, 289 ff.

- distanzlose, beleidigende oder herabsetzende Äußerungen gegenüber einem Elternteil, die sich nicht mehr im Bereich einer sachlichen Gutachtertätigkeit halten[1]
- Äußerung gegenüber einem Verfahrensbeteiligten, es stehe bereits fest, dass das Gericht dem Vorschlag des Sachverständigen folgen werde, um diesen zur Annahme seines lösungsorientierten Einigungsvorschlags zu bewegen[2]
- Ausübung von Druck gegenüber einem Verfahrensbeteiligten, konkrete verfahrensrechtliche Schritte zu unternehmen[3]
- Bewertung der Persönlichkeit eines Elternteils im Vorfeld einer familienpsychologischen Begutachtung[4]
- Mitteilung von belastenden Ergebnissen an einen Beteiligten trotz nicht erfolgter Exploration des Kindes und nicht abgeschlossener Exploration der Eltern bei Verdacht sexuellen Missbrauchs in einem Umgangsverfahren[5]
- Überschreitung des Gutachtenauftrags,[6] zB durch Hinwirken auf Einvernehmen im Rahmen gemeinsamer Elterngespräche ohne entsprechende Anordnung nach § 163 Abs. 2,[7] Thematisierung der sexuellen (gleichgeschlechtlichen) Ausrichtung der Mutter einschließlich Therapieempfehlung ohne Bezug zum Gutachtenauftrag (Umgangsregelung)[8]
- Vorschlag an das Gericht zur Erweiterung des Gutachtenauftrags auf die Erziehungsfähigkeit ohne hinreichenden Anlass in einem Umgangsverfahren,[9] nicht aber, wenn dem Sachverständigen konkrete Anhaltspunkte für eine akute Kindeswohlgefährdung bekannt werden[10]
- Vorgaben an das Gericht zur Verfahrensgestaltung (Empfehlung von Zwangsmaßnahmen zur Förderung der Begutachtung,[11] Anweisungen an das Gericht zur Gestaltung des Anhörungstermins[12])
- Zugrundelegung falscher Tatsachen bzw. eines Sachverhalts, der sich nicht mit dem Akteninhalt bzw. dem Vorbringen der Beteiligten oder anderer Auskunftspersonen deckt;[13] anders dagegen, wenn der Sachverständige nicht von ihm selbst wahrgenommene Tatsachen nur dann in sein Gutachten aufgenommen hat, wenn er diese von verschiedenen Seiten unabhängig voneinander gehört hat.[14]

27 **Kein Ablehnungsgrund** liegt in folgenden Fällen vor:
- mangelnde Sachkunde des Sachverständigen[15]
- Unzulänglichkeiten oder Fehlerhaftigkeit des Gutachtens[16]
- Überschreitung des Gutachtenauftrags wegen akuter Gefährdung des Kindeswohls (Empfehlung gegenüber dem Jugendamt in einem Verfahren nach § 1666 BGB, den Umgang des fremd untergebrachten Kindes mit den Eltern wegen einer akuten Gefährdung des Kindes einzuschränken, wenn dies nach Ende des Erhe-

---

1 OLG Hamm v. 2.9.2010 – 4 WF 111/10, FPR 2011, 50; OLG Brandenburg v. 20.11.2006 – 9 WF 290/06, juris.
2 OLG Hamm v. 2.9.2010 – 4 WF 111/10, FPR 2011, 50.
3 OLG Hamm v. 2.9.2010 – 4 WF 111/10, FPR 2011, 50.
4 KG v. 16.3.2006 – 19 WF 5/06, FamRZ 2006, 1214.
5 OLG Hamm v. 13.10.2000 – 7 WF 402/00, juris.
6 OLG Jena v. 2.8.2007 – 1 WF 203/07, FamRZ 2008, 284 m. Anm. *Salzgeber* FamRZ 2008, 1003.
7 OLG Naumburg v. 12.9.2011 – 4 WF 51/11, FamRZ 2012, 657.
8 KG v. 25.10.2011 – 13 WF 195/11, FamFR 2012, 210.
9 OLG Frankfurt v. 10.9.2007 – 2 WF 319/07, juris.
10 OLG Hamm v. 30.1.2012 – 9 WF 56/11, FamRZ 2012, 894 (LS) = ZKJ 2012, 229.
11 OLG Frankfurt v. 10.9.2007 – 2 WF 319/07, juris.
12 OLG Jena v. 2.8.2007 – 1 WF 203/07, FamRZ 2008, 284.
13 KG v. 25.10.2011 – 13 WF 195/11, FamFR 2012, 210.
14 OLG Hamm v. 18.3.2005 – 11 WF 78/05, juris.
15 OLG Köln v. 11.1.2008 – 4 WF 228/07, FamRZ 2008, 1362.
16 BGH v. 15.3.2005 – VI ZB 74/04, FamRZ 2005, 1083 (LS) = NJW 2005, 1869.

bungszeitraums vor Fertigstellung des Gutachtens erfolgt und gegenüber den Eltern und dem Gericht transparent gemacht wird)[1]
- Erhebung von Anknüpfungstatsachen aufgrund eigener Sachkunde im vermuteten Einverständnis des Gerichts, auch wenn der Sachverständige die Beteiligten davon nicht unterrichtet[2]
- Verzögerungen bei der Erstellung des Gutachtens, es sei denn, die Verzögerung kommt einer Rechtsverweigerung gleich[3]
- negative Einschätzung der Persönlichkeit eines Elternteils, wenn sie sachlich erfolgt und Ergebnis einer Persönlichkeitsdiagnostik ist.[4]

V. Verwertung des Gutachtens

1. Gewährung rechtlichen Gehörs zum Ergebnis des Gutachtens

28 Gem. §§ 30 Abs. 4, 37 Abs. 2 muss den Verfahrensbeteiligten (einschließlich des Verfahrensbeistands und des nach § 162 Abs. 2 beteiligten Jugendamts) ein **schriftliches Gutachten** zur Kenntnisnahme und Stellungnahme übersandt werden (zur Übersendung an das nicht förmlich beteiligte Jugendamt vgl. § 162 Rz. 14). Gem. § 411 Abs. 4 Satz 2 ZPO ist eine Frist zur Stellungnahme zu setzen. Soweit das mindestens 14-jährige Kind nach § 9 Abs. 1 Nr. 3 verfahrensfähig ist (dazu § 151 Rz. 58), ist auch ihm das Gutachten zur Stellungnahme zu übermitteln, sofern nicht entsprechend § 164 Satz 2 aus Gründen des Kindeswohls von der Übermittlung abzusehen ist (vgl. § 164 Rz. 5, 7).[5] Auf Antrag eines Beteiligten ist der Sachverständige gem. § 30 Abs. 1 FamFG iVm. § 411 Abs. 3 ZPO zur mündlichen Erläuterung seines Gutachtens zu laden, wobei den Beteiligten gem. §§ 402, 397 ZPO ein Fragerecht zusteht.[6] Zur Gewährung rechtlichen Gehörs bei Einholung eines mündlichen Gutachtens vgl. Rz. 13.

2. Kritische Würdigung des Gutachtens

29 Die Verwertung des Gutachtens durch das Gericht erfolgt nach § 37 Abs. 1 (anstelle von § 286 ZPO) im Rahmen der **Beweiswürdigung**. Das Gericht ist verpflichtet, das Gutachten auf seine wissenschaftliche Begründung, seine innere Logik und seine Schlüssigkeit hin zu überprüfen und sich eine eigene Meinung von der Richtigkeit der vom Sachverständigen gezogenen Schlussfolgerung zu bilden.[7] Die kritische Würdigung muss auch in der Beschlussbegründung zum Ausdruck kommen. Zwar gibt es für die Erstattung von Gutachten in Kindschaftssachen keine rechtlichen oder berufsrechtlich verbindlichen Standards.[8] Rechtlich unzulässig ist allerdings die Nutzung eines Polygrafentests („Lügendetektor"),[9] der nicht selten bei Verdacht eines sexuellen Missbrauchs auch seitens des Verdächtigten vorgeschlagen wird. Bei Zweifeln an der Methodik muss das Gericht den Sachverständigen auffordern, seine Methode nachvollziehbar zu erläutern und zu begründen.

30 Das **Gericht darf** bei Zweifeln oder festgestellten Mängeln des Gutachtens jedoch **nicht ohne weiteres** von fachkundigen Feststellungen und fachlichen Wertungen eines gerichtlich bestellten Sachverständigen **abweichen**. Es muss hierzu über eine anderweitige zuverlässige Grundlage für die am Kindeswohl orientierte Entscheidung verfügen, das Abweichen von einem fachpsychologischen Gutachten eingehend be-

---

1 OLG Hamm v. 30.1.2012 – 9 WF 56/11, FamRZ 2012, 894 (LS) = ZKJ 2012, 229 mit zust. Anm. *Heilmann*.
2 OLG Stuttgart v. 27.6.2002 – 17 UF 122/02, FamRZ 2003, 316.
3 OLG Brandenburg v. 14.11.2000 – 9 UF 267/00, NJW-RR 2001, 1433.
4 OLG Hamm v. 23.3.2010 – 3 WF 43/10, FamRZ 2010, 1265.
5 BGH v. 18.7.2012 – XII ZB 286/11, FamRZ 2012, 1556.
6 Zöller/*Greger* § 411 Rz. 5a.
7 BGH v. 9.11.2011 – XII ZB 286/11, FamRZ 2012, 104; Staudinger/*Coester* § 1666 BGB Rz. 287.
8 OLG Hamm v. 15.6.2012 – 10 UF 47/11, FamRZ 2013, 389; *Finke*, FPR 2003, 503, 507; vgl. auch einen diesbezüglichen Rechtsprechungsüberblick bei *Metzger*, FPR 2008, 273. Zu kritischen Hinterfragung der herkömmlichen Sachverständigenpraxis vgl. auch *Figdor*, Patient Scheidungsfamilie, 2012, S. 255 ff.
9 BGH v. 24.6.2003 – VI ZR 327/02, FamRZ 2003, 1379, dazu krit. *Dettenborn*, FPR 2003, 559.

gründen und die eigene Sachkunde nachweisen.[1] Die telefonische Rücksprache mit einem unbenannten Sachverständigen genügt dafür nicht.[2] Zuvor ist der Sachverständige aufzufordern, ergänzende Feststellungen zu treffen oder Unstimmigkeiten nach § 411 Abs. 3 ZPO mündlich zu erläutern. Wenn dies nach Einschätzung des Gerichts erfolglos geblieben ist und die eigene Sachkunde des Gerichts nicht ausreicht, muss die Einholung eines weiteren Gutachtens nach § 412 ZPO in Betracht gezogen werden.[3] Auch hierbei ist der mögliche Erkenntnisgewinn mit der (weiteren) Verfahrensverzögerung abzuwägen.[4] Ein Anspruch der Beteiligten auf ein neues Gutachten besteht nicht.[5]

31   Das Gericht hat den **Entscheidungsvorschlag** des Sachverständigen **auch unter rechtlichen Aspekten zu würdigen**, denn die von diesem aufgrund seines Fachwissens getroffenen Schlussfolgerungen müssen nicht mit den gesetzlichen Vorgaben übereinstimmen. Dies gilt beispielsweise hinsichtlich der Prüfung der Verhältnismäßigkeit der von dem Sachverständigen vorgeschlagenen Maßnahme (Umgangsausschluss, Sorgeentzug, Fremdunterbringung usw.), die insbesondere erfordert, dass andere, mildere Mittel nicht in Betracht kommen und die angeordnete Maßnahme und der damit verfolgte Zweck nicht außer Verhältnis zueinander stehen.[6] Einer besonders kritischen Würdigung bedarf es regelmäßig auch, soweit die Einschätzung des Sachverständigen von den sonstigen Ermittlungsergebnissen, insbesondere der Stellungnahme des Verfahrensbeistands oder des Jugendamts abweicht, oder wenn ein Beteiligter ein Privatgutachten einreicht.[7] Für ein Abweichen von dem Gutachten aus Rechtsgründen ist ebenfalls eine sorgfältige Begründung erforderlich, allerdings muss das Gericht seine besondere Sachkunde hierfür nicht nachweisen. Auch insoweit wird jedoch zunächst eine mündliche Befragung des Sachverständigen nach § 411 Abs. 3 ZPO unter Berücksichtigung der Rechtsauffassung des Gerichts erforderlich sein.

C. Keine Vernehmung des Kindes als Zeuge (Absatz 3)

32   Nach Abs. 3 darf die in § 30 Abs. 3 begründete Verpflichtung des Gerichts zur Durchführung einer förmlichen Beweisaufnahme in Kindschaftssachen nicht dazu führen, dass das **Kind als Zeuge** vernommen wird. Entsprechende Beweisangebote, die in der Praxis zB in Fällen (bestrittener) häuslicher Gewalt in Anwesenheit des Kindes immer wieder anzutreffen sind, sind daher zurückzuweisen.[8] Hierdurch soll eine zusätzliche Belastung des Kindes durch eine Befragung in Anwesenheit der Eltern und sonstiger Beteiligter ausgeschlossen werden.[9] Eine Aufklärung des Sachverhalts mit Hilfe des Kindes darf vielmehr nur im Rahmen der behutsameren **Anhörung** nach § 159 erfolgen. Allerdings kommt eine Zeugenvernehmung des Kindes in Kindschaftssachen schon deshalb regelmäßig nicht in Betracht, weil es gem. § 7 Abs. 2 Nr. 1 Verfahrensbeteiligter ist (dazu § 151 Rz. 57). Entsprechend der gesetzgeberischen Intention muss in analoger Anwendung der Vorschrift aber auch eine Vernehmung des Kindes als Beteiligter (§ 30 Abs. 3 FamFG iVm. §§ 445 ff. ZPO) ausgeschlossen sein.

---

1 BVerfG v. 24.7.2006 – 1 BvR 971/03, FamRZ 2007, 335; BVerfG v. 5.12.2008 – 1 BvR 746/08, FamRZ 2009, 399.
2 OLG Schleswig v. 19.12.2007 – 10 UF 194/07, FamRZ 2008, 1363 (LS).
3 OLG Köln v. 11.1.2008 – 4 WF 228/07, FamRZ 2008, 1362.
4 Vgl. OLG Celle v. 19.7.2012 – 15 UF 81/12, FamRZ 2013, 48 (LS) = ZKJ 2012, 446.
5 OLG Köln v. 11.1.2008 – 4 WF 228/07, FamRZ 2008, 1362; Keidel/*Sternal* § 30 FamFG Rz. 96.
6 So zur (unzulässigen) Anordnung einer Fremdunterbringung wegen Verhinderung des Umgangs durch den betreuenden Elternteil BVerfG v. 28.2.2012 – 1 BvR 3116/11, FamRZ 2012, 1127; BGH v. 26.10.2011 – XII ZB 247/11, FamRZ 2012, 99; BGH v. 18.7.2012 – XII ZB 661/11, FamRZ 2012, 1556 hinsichtlich der vorrangigen Prüfung von Jugendhilfemaßnahmen vor der freiheitsentziehenden Unterbringung des Kindes.
7 *Rakete-Dombek*, FPR 2003, 508, 514; Keidel/*Sternal* § 30 FamFG Rz. 95.
8 *Stößer*, FamRZ 2009, 656, 662.
9 BT-Drucks. 16/9733, S. 295.

164 Bekanntgabe der Entscheidung an das Kind

Die Entscheidung, gegen die das Kind das Beschwerderecht ausüben kann, ist dem Kind selbst bekannt zu machen, wenn es das 14. Lebensjahr vollendet hat und nicht geschäftsunfähig ist. Eine Begründung soll dem Kind nicht mitgeteilt werden, wenn Nachteile für dessen Entwicklung, Erziehung oder Gesundheit zu befürchten sind. § 38 Abs. 4 Nr. 2 ist nicht anzuwenden.

A. Normzweck und Systematik 1	II. Bekanntgabe an jüngere Kinder 8
B. Bekanntgabe von Endentscheidungen an das Kind (Satz 1 und 2)	C. Begründung von Endentscheidungen in Kindschaftssachen (Satz 3) 9
I. Bekanntgabe an das mindestens 14-jährige Kind 3	

A. Normzweck und Systematik

§ 164 Satz 1 und 2 regelt **in Ergänzung zu § 41**, ob und in welcher Form Endentscheidungen in Kindschaftssachen dem Kind selbst bekannt zu machen sind. Die Regelung steht in Zusammenhang mit § 60 Satz 1 und 2, der dem mindestens 14-jährigen Kind unabhängig von dem Willen seines gesetzlichen Vertreters ein eigenes Beschwerderecht einräumt. Die Regelung entspricht § 59 Abs. 2 und 3 Satz 1 FGG aF. 1

§ 164 Satz 3 (keine Anwendung von § 38 Abs. 4 Nr. 2) **ergänzt § 38 Abs. 5** dahingehend, dass Entscheidungen in Kindschaftssachen gem. § 38 Abs. 3 auch bei Einvernehmen der Verfahrensbeteiligten zu begründen sind. 2

B. Bekanntgabe von Endentscheidungen an das Kind (Satz 1 und 2)

I. Bekanntgabe an das mindestens 14-jährige Kind

Nach Satz 1 ist eine Endentscheidung iSd. § 38 Abs. 1 Satz 1 dem Kind selbst bekannt zu machen, wenn es gem. § 60 zur selbständigen Einlegung der Beschwerde berechtigt ist. **Voraussetzung** hierfür ist, dass das Kind bei Erlass der Entscheidung (§ 60 Satz 3 iVm. § 38 Abs. 3 Satz 2) das 14. Lebensjahr vollendet hat und nicht nach § 104 Nr. 2 BGB geschäftsunfähig ist. Ein Beschwerderecht steht dem Kind in allen seine Person betreffenden Angelegenheiten zu (§ 60 Satz 1) sowie in allen Angelegenheiten, in denen gem. § 159 eine Pflicht zur Anhörung des Kindes besteht (§ 60 Satz 2), dh. auch in Angelegenheiten der Vermögenssorge. Bei der gerichtlichen Genehmigung von Rechtsgeschäften ergibt sich die Verpflichtung zur Bekanntgabe an das Kind auch aus § 41 Abs. 3 (dazu § 41 Rz. 26 f.). 3

Die Bekanntgabe muss nach Satz 1 **an das Kind selbst** erfolgen, um ihm die eigenständige Wahrnehmung seines Beschwerderechts nach § 60 zu ermöglichen. Eine Bekanntgabe an den gesetzlichen Vertreter oder den nach § 158 bestellten Verfahrensbeistand genügt daher nicht. Die Bekanntgabe erfolgt gem. § 41 Abs. 1 Satz 2 iVm. § 15 Abs. 2 Satz 1 Alt. 1 durch förmliche Zustellung nach §§ 166 ff. ZPO, wenn der Beschluss dem erklärten Willen des Kindes widerspricht. In den übrigen Fällen kann die Entscheidung dem Kind gem. § 41 Abs. 1 Satz 1 iVm. § 15 Abs. 2 Satz 1 Alt. 2 auch durch Aufgabe zur Post bekannt gegeben werden. 4

Den **Umfang und das Absehen von der Bekanntgabe** an das Kind regelt Satz 2. Danach ist dem Kind grundsätzlich die vollständige Entscheidung bekannt zu machen. Von der Mitteilung der Entscheidungsgründe kann abgesehen werden, wenn Nachteile für die Entwicklung, Erziehung oder Gesundheit des Kindes zu befürchten sind (vgl. § 159 Abs. 4). Trifft dies nur auf einen Teil der Gründe zu, ist auch eine teilweise Bekanntgabe der Gründe an das Kind möglich.[1] Die Anordnung, dem Kind die Begründung nicht bekannt zu geben, liegt im richterlichen Ermessen. Sie ist daher nicht von der Geschäftsstelle zu treffen, sondern hat durch den Richter bzw. bei ent- 5

---
[1] *Stößer*, FamRZ 2009, 656, 664.

sprechender funktioneller Zuständigkeit durch den Rechtspfleger, in der Beschwerdeinstanz durch den Vorsitzenden zu erfolgen.[1] Die Anordnung ergeht gesondert oder als Teil der Endentscheidung selbst. Sie ist als Zwischenentscheidung nicht anfechtbar.

6 Wird die Entscheidung entgegen Satz 1 dem Kind nicht bekannt gegeben, beginnt gem. § 63 Abs. 3 die Beschwerdefrist nicht zu laufen, so dass die Entscheidung nicht formell rechtskräftig werden kann. Aus Satz 2 ergibt sich allerdings, dass eine Bekanntgabe ohne Begründung den Lauf der Beschwerdefrist nicht hindert.[2]

7 Im Falle der (begrenzten) **Verfahrensfähigkeit des Kindes** in personenbezogenen Verfahren (§ 9 Abs. 1 Nr. 3, vgl. dazu § 151 Rz. 58) sind diesem auch die im Verfahren anfallenden Schriftstücke (Schriftsätze, Gutachten, Stellungnahme des Jugendamts) zu übermitteln.[3] Für diese Information des Kindes gilt § 164 Satz 2 entsprechend.[4] Zum Sonderfall der freiheitsentziehenden Unterbringung eines Kindes vgl. § 167 Rz. 20, 37, 43.

II. Bekanntgabe an jüngere Kinder

8 Liegen die Voraussetzungen des Satzes 1 nicht vor, dh. ist das Kind noch nicht 14 Jahre alt oder nach § 104 Nr. 2 BGB geschäftsunfähig, erfolgt die Bekanntgabe der Entscheidung an das gem. § 7 verfahrensbeteiligte Kind gegenüber dem oder den gesetzlichen Vertretern, idR also an die sorgeberechtigten Eltern. Liegt ein Interessenwiderstreit zwischen den Eltern und dem Kind vor, so hindert das die Bekanntgabe an die Eltern grundsätzlich nicht, denn einem möglichen Interessenkonflikt kann regelmäßig durch Bestellung eines Verfahrensbeistands nach § 158 Rechnung getragen werden, dem gem. § 158 Abs. 4 Satz 5 ein eigenes Beschwerderecht im Interesse des Kindes zusteht (ausf. § 151 Rz. 59).[5] Dagegen ist dem Kind in Verfahren, die ausschließlich vermögensrechtliche Angelegenheiten zum Gegenstand haben (zB die Genehmigung einer Erbausschlagung, § 1822 Nr. 2 BGB), bei einem Interessengegensatz gem. § 1796 BGB für das (gesamte) Verfahren ein Ergänzungspfleger zu bestellen und diesem die Entscheidung bekannt zu geben (ausf. § 151 Rz. 60).[6] Für die gerichtlichen Genehmigung von Rechtsgeschäften ist § 41 Abs. 3 zu beachten (dazu § 41 Rz. 26 f.).

C. Begründung von Endentscheidungen in Kindschaftssachen (Satz 3)

9 Endentscheidungen sind gem. § 38 Abs. 3 zu begründen. Hiervon kann gem. § 38 Abs. 4 Nr. 2 abgesehen werden, wenn den gleichgerichteten Anträgen der Beteiligten stattgegeben wird oder die Entscheidung nicht dem erklärten Willen eines Beteiligten widerspricht. Satz 3 schließt die Anwendung von § 38 Abs. 4 Satz 2 jedoch aus, so dass **auch bei einvernehmlicher Verfahrensbeendigung ein begründeter Beschluss erforderlich** ist. Dies ist im Hinblick auf eine mögliche Beschwerde oder die Abänderung bzw. amtswegige Überprüfung der Entscheidung nach § 166 sachgerecht. Eine Begründungspflicht gilt daher auch bei einvernehmlicher Übertragung der elterlichen Sorge nach § 1671 Abs. 1 Satz 2 Nr. 1 BGB sowie bei Beschlüssen, in denen ein Vergleich gem. § 156 Abs. 2 gerichtlich gebilligt wird, denn auch hierbei handelt es sich um Endentscheidungen iSd. § 38 Abs. 1 (bzgl. § 156 Abs. 2 str., ausf. § 156 Rz. 67 ff.). Allerdings kann die Begründung in diesen Fällen kurz gehalten werden, vgl. etwa zur Begründung bei einvernehmlicher Beendigung von Kindesschutzverfahren nach § 1666 BGB § 157 Rz. 27.

10 Nach allgemeiner Auffassung ist Satz 3 nicht auf Entscheidungen beschränkt, die ein mindestens 14 Jahre altes Kind betreffen, auch wenn der Regelungszusammen-

---

[1] Keidel/*Engelhardt* § 164 FamFG Rz. 5; Thomas/Putzo/*Hüßtege* § 164 FamFG Rz. 3.
[2] *Stößer*, FamRZ 2009, 656, 664.
[3] *Heiter*, FamRZ 2009, 85, 88.
[4] *Stößer*, FamRZ 2009, 656, 664.
[5] BGH v. 7.9.2011 – XII ZB 12/11, FamRZ 2011, 1788 und v. 18.1.2012 – XII ZB 489/11, FamRZ 2012, 436.
[6] BGH v. 7.9.2011 – XII ZB 12/11, FamRZ 2011, 1788, 1791.

hang mit Satz 1 und 2 dies zunächst nahe legt.[1] Denn es erscheint nicht sinnvoll, (nur) bei Entscheidungen betreffend Kinder ab 14 Jahren ein grundsätzliches Begründungsgebot aufzustellen, um dann nach Satz 2 von der Mitteilung der Begründung an das Kind wieder abzusehen. Auch die amtliche Überschrift ist nicht auf 14-jährige Kinder beschränkt. **Satz 3 gilt** daher **für alle Kindschaftssachen** iSd. § 151 und ergänzt damit die Regelungen in § 38 Abs. 5.[2]

Anwendbar bleibt dagegen **§ 38 Abs. 4 Nr. 3**, nach dem auf eine Begründung verzichtet werden kann, wenn der Beschluss in Gegenwart aller Beteiligten mündlich bekannt gegeben wird und alle Beteiligten auf Rechtsmittel verzichten. **§ 38 Abs. 4 Nr. 1** (Verzicht auf die Begründung bei Entscheidung aufgrund eines Anerkenntnisses oder Verzichts oder als Versäumnisentscheidung) ist in Kindschaftssachen nicht denkbar (vgl. § 151 Rz. 34).

11

165 Vermittlungsverfahren

(1) Macht ein Elternteil geltend, dass der andere Elternteil die Durchführung einer gerichtlichen Entscheidung oder eines gerichtlich gebilligten Vergleichs über den Umgang mit dem gemeinschaftlichen Kind vereitelt oder erschwert, vermittelt das Gericht auf Antrag eines Elternteils zwischen den Eltern. Das Gericht kann die Vermittlung ablehnen, wenn bereits ein Vermittlungsverfahren oder eine anschließende außergerichtliche Beratung erfolglos geblieben ist.
(2) Das Gericht lädt die Eltern unverzüglich zu einem Vermittlungstermin. Zu diesem Termin ordnet das Gericht das persönliche Erscheinen der Eltern an. In der Ladung weist das Gericht darauf hin, welche Rechtsfolgen ein erfolgloses Vermittlungsverfahren nach Absatz 5 haben kann. In geeigneten Fällen lädt das Gericht auch das Jugendamt zu dem Termin.
(3) In dem Termin erörtert das Gericht mit den Eltern, welche Folgen das Unterbleiben des Umgangs für das Wohl des Kindes haben kann. Es weist auf die Rechtsfolgen hin, die sich ergeben können, wenn der Umgang vereitelt oder erschwert wird, insbesondere darauf, dass Ordnungsmittel verhängt werden können oder die elterliche Sorge eingeschränkt oder entzogen werden kann. Es weist die Eltern auf die bestehenden Möglichkeiten der Beratung durch die Beratungsstellen und -dienste der Träger der Kinder- und Jugendhilfe hin.
(4) Das Gericht soll darauf hinwirken, dass die Eltern Einvernehmen über die Ausübung des Umgangs erzielen. Kommt ein gerichtlich gebilligter Vergleich zu Stande, tritt dieser an die Stelle der bisherigen Regelung. Wird ein Einvernehmen nicht erzielt, sind die Streitpunkte im Vermerk fest zu halten.
(5) Wird weder eine einvernehmliche Regelung des Umgangs noch Einvernehmen über eine nachfolgende Inanspruchnahme außergerichtlicher Beratung erreicht oder erscheint mindestens ein Elternteil in dem Vermittlungstermin nicht, stellt das Gericht durch nicht anfechtbaren Beschluss fest, dass das Vermittlungsverfahren erfolglos geblieben ist. In diesem Fall prüft das Gericht, ob Ordnungsmittel ergriffen, Änderungen der Umgangsregelung vorgenommen oder Maßnahmen in Bezug auf die Sorge ergriffen werden sollen. Wird ein entsprechendes Verfahren von Amts wegen oder auf einen binnen eines Monats gestellten Antrag eines Elternteils eingeleitet, werden die Kosten des Vermittlungsverfahrens als Teil der Kosten des anschließenden Verfahrens behandelt.

---

1 Keidel/*Engelhardt* § 164 FamFG Rz. 7; MüKo.ZPO/*Schumann* § 164 FamFG Rz. 5; Haußleiter/*Fest* § 164 FamFG Rz. 9; Zöller/*Feskorn* § 38 FamFG Rz. 19; unklar Musielak/*Borth* § 164 FamFG Rz. 1 („die Regelung ist insoweit nicht anzuwenden"). In der Gesetzesbegründung (BT-Drucks. 16/6308, S. 242) heißt es lediglich: „Die Entscheidung ist stets zu begründen."
2 Im Gesetzgebungsverfahren hatte der Bundesrat sogar empfohlen, in § 38 Abs. 5 Nr. 2 eine ergänzende Regelung für den Fall des Widerspruchs des mindestens 14-jährigen Kindes nach § 1671 Abs. 2 Nr. 1, 2. Halbs. aufzunehmen (BT-Drucks. 16/6308, S. 366), was die BReg. unter Hinweis darauf ablehnte, dass in diesem Fall bereits die Voraussetzungen des § 38 Abs. 4 Nr. 2 fehlen (aaO, S. 407). Auf die versteckte Regelung in § 164 Satz 3 gingen beide nicht ein.

A. Normzweck und Systematik 1	II. Anberaumung eines Vermittlungstermins (Absatz 2) 7
B. Inhalt der Vorschrift	III. Gestaltung des Vermittlungstermins (Absatz 3) 12
I. Voraussetzungen des Vermittlungsverfahrens (Absatz 1)	IV. Hinwirken auf ein Einvernehmen (Absatz 4) 13
1. Anwendungsbereich 3	V. Erfolglose Vermittlung (Absatz 5) ... 14
2. Vermittlungsantrag eines Elternteils 4	
3. Örtliche Zuständigkeit 5	
4. Ablehnung des Verfahrens 6	

A. Normzweck und Systematik

1 § 165 übernimmt inhaltlich das Vermittlungsverfahren gem. § 52a FGG aF, das durch das KindRG v. 16.12.1997 (BGBl. I S. 2942) eingeführt worden ist. **Ziel des Vermittlungsverfahrens** ist es, im Vorfeld der Vollstreckung einer Umgangsregelung oder sorgerechtlicher Maßnahmen wegen Umgangsvereitelung eine einverständliche Konfliktlösung mit Hilfe des Gerichts zu ermöglichen. Es soll versucht werden, die häufig emotionsgeladenen und für das Kind belastenden Vollstreckungsmaßnahmen zu vermeiden.[1] In der Praxis wird die Durchführung des Vermittlungsverfahrens selten beantragt.[2] Für den umgangsberechtigten Elternteil erscheinen die Vollstreckung des bestehenden Umgangstitels oder ein früher Termin in einem Abänderungsverfahren (§§ 166 Abs. 1, 155 Abs. 2, 156) regelmäßig erfolgversprechender.

2 Das **Verhältnis des Vermittlungsverfahrens zur Vollstreckung** einer Umgangsregelung nach §§ 89 f. ist in § 92 Abs. 3 geregelt. Darin ist ausdrücklich klargestellt, dass das Vermittlungsverfahren und das Vollstreckungsverfahren zwei voneinander unabhängige Verfahrensarten sind.[3] Die Wahl des Vorgehens steht insofern im Ermessen des umgangsberechtigten Elternteils.[4] Nach § 92 Abs. 3 Satz 1 ist die vorherige Durchführung des Vermittlungsverfahrens nach § 165 nicht Voraussetzung für die Festsetzung von Ordnungsmitteln oder die Anordnung von unmittelbarem Zwang. Während des Vermittlungsverfahrens besteht gem. § 92 Abs. 3 Satz 2 auch kein Vollstreckungsverbot. Allerdings kann das Gericht die Vollstreckung während des Vermittlungsverfahrens gem. § 93 Abs. 1 Nr. 5 einstweilen aussetzen.

B. Inhalt der Vorschrift

I. Voraussetzungen des Vermittlungsverfahrens (Absatz 1)

1. Anwendungsbereich

3 Voraussetzung ist nach Satz 1 zunächst, dass entweder eine vollstreckbare gerichtliche Entscheidung über den Umgang oder ein gerichtlich gebilligter Umgangsvergleich iSd. § 156 Abs. 2 vorliegt. Eine **private oder lediglich gerichtlich protokollierte Vereinbarung genügt nicht.**

2. Vermittlungsantrag eines Elternteils

4 Das Vermittlungsverfahren findet nur auf Antrag statt, wenn ein Elternteil geltend macht, die Regelung über den Umgang werde vereitelt oder erschwert. Großeltern, Geschwister und andere Bezugspersonen (§ 1685 BGB) können kein Vermittlungsverfahren beantragen. Auch dem Verfahrensbeistand, dem Jugendamt oder einem über 14 Jahre alten Kind steht kein Antragsrecht zu. Bei unklarer Antragstellung muss im Einzelfall durch **Auslegung** bzw. gerichtliche Nachfrage bei dem Antragsteller ermittelt werden, ob die Vollstreckung der bisherigen Regelung nach §§ 86 ff., die

---

1 Vgl. BT-Drucks. 13/4899, S. 133 zu § 52a FGG.
2 Vgl. bereits zu § 52a FGG die Ergebnisse von *Proksch*, Rechtstatsächliche Untersuchung zur Reform des Kindschaftsrechts, 2002, S. 242 ff.
3 *Stößer*, FamRZ 2009, 656, 663.
4 So schon zum früheren Recht OLG Naumburg v. 18.12.2007 – 3 WF 354/07, FamRZ 2008, 1550 und OLG Rostock v. 29.10.2001 – 10 WF 207/01, FamRZ 2002, 967.

Durchführung des Vermittlungsverfahrens nach § 165 zur Durchsetzung der bestehenden Regelung oder die Abänderung der Umgangsregelung gem. § 166 Abs. 1 begehrt wird.

3. Örtliche Zuständigkeit

Zuständig für das Vermittlungsverfahren ist nicht notwendig das Gericht, das die streitige Umgangsregelung getroffen oder gebilligt hat. Das Vermittlungsverfahren ist ein **selbständiges Verfahren**. Die örtliche Zuständigkeit ist damit neu zu bestimmen (nach §§ 152 ff.). Haben sich die zuständigkeitsbegründenden Umstände nicht geändert, bleibt das Gericht zuständig, das den persönlichen Umgang geregelt oder die Umgangsvereinbarung gebilligt hat.[1]

4. Ablehnung des Verfahrens

Das Gericht kann nach Satz 2 die Vermittlung durch Beschluss ablehnen, wenn bereits ein früheres Vermittlungsverfahren oder eine anschließende außergerichtliche Beratung (nach Abs. 5 Satz 2) erfolglos geblieben ist. Im Übrigen muss das Gericht das Verfahren durchführen, auch wenn es eine Vermittlung für aussichtslos hält. Abgelehnt werden kann die Vermittlung ferner im Fall eines unzulässigen Antrags (zB Antrag einer Bezugsperson nach § 1685 BGB). Die Ablehnung ist mit der Beschwerde nach § 58 anfechtbar.

II. Anberaumung eines Vermittlungstermins (Absatz 2)

Durchgeführt wird das Verfahren durch Anberaumung eines Vermittlungstermins (Satz 1). Der Termin ist **unverzüglich** anzuberaumen, dh. innerhalb des Monatsfrist des § 155 Abs. 2 Satz 2.

Zu diesem Termin hat das Gericht nach Satz 2 das **persönliche Erscheinen der Eltern** anzuordnen (§ 33). Die Eltern können sich also im Vermittlungstermin grundsätzlich nicht vertreten lassen. Nach § 33 Abs. 3 erzwingbar ist das persönliche Erscheinen im Vermittlungsverfahren wegen Abs. 5 Satz 1 nicht.[2] In der Ladung hat das Gericht nach Satz 3 auf die Rechtsfolgen eines erfolglosen Vermittlungsverfahrens nach Abs. 5 hinzuweisen (Durchsetzung der Umgangsregelung nach §§ 89 f., Änderung der Umgangsregelung, Eingriffe in die elterliche Sorge nach §§ 1666, 1666a BGB). Den Eltern kann für das Vermittlungsverfahren nach § 165 **Verfahrenskostenhilfe** bewilligt werden. Die Beiordnung eines Anwalts nach § 78 Abs. 2 FamFG kommt jedoch im Hinblick darauf, dass das Vermittlungsverfahren nur mit einer einvernehmlichen Regelung oder mit der Feststellung des Scheiterns enden kann, nur ausnahmsweise bei komplizierter Sach- und Rechtslage und eingeschränkter Fähigkeit eines Elternteils, sich mündlich auszudrücken, in Betracht.[3]

Das Gericht kann nach Satz 4 auch das **Jugendamt** zu dem Termin laden. Dies ist insbesondere dann sinnvoll, wenn in der bestehenden Regelung ein begleiteter Umgang gem. § 1684 Abs. 4 Satz 3 und 4 BGB angeordnet wurde oder ein solcher als Ergebnis des Vermittlungsverfahrens in Betracht kommt, weil das Jugendamt über die Bewilligung des begleiteten Umgangs als Jugendhilfeleistung nach § 18 Abs. 3 SGB VIII zu entscheiden hat.

Die **Anhörung des Kindes** ist in § 165 nicht vorgesehen. Sie ist jedoch gem. § 159 zumindest dann erforderlich, wenn die Eltern gem. Abs. 4 Satz 2 iVm. § 156 Abs. 2 ei-

---

1 *Stößer*, FamRZ 2009, 656, 663.
2 Ebenso Keidel/*Engelhardt* § 165 FamFG Rz. 9.
3 OLG Hamm v. 19.7.2012 – 2 WF 88/12, FamRZ 2013, 565 und OLG Hamm v. 15.6.2011 – 8 WF 148/11, FamFR 2011, 521; OLG Oldenburg v. 22.12.2010 – 11 WF 325/10, FamRZ 2011, 916; OLG Karlsruhe v. 8.7.2010 – 2 WF 77/10, FamRZ 2010, 2010; weitergehend unter dem Gesichtspunkt der Waffengleichheit Musielak/*Borth* § 165 FamFG Rz. 2; MüKo.ZPO/*Schumann* § 165 FamFG Rz. 21; für eine regelmäßige Beiordnung etwa OLG Frankfurt v. 19.11.2008 – 5 WF 208/08, FamRZ 2009, 1079; OLG Brandenburg v. 23.10.2008 – 9 WF 202/08, FamRZ 2009, 1080.

nen gerichtlich gebilligten Vergleich abschließen (vgl. § 156 Rz. 61).[1] Wurde das Kind daher nicht bereits vor dem Vermittlungstermin angehört oder parallel zu diesem, muss die Anhörung nach dem Vermittlungstermin erfolgen, bevor der Vergleich gerichtlich gebilligt wird (zur ähnlich gelagerten Problematik bei Anberaumung des frühen Erörterungstermins nach § 155 Abs. 2 vgl. § 155 Rz. 40ff.).

11   Die Bestellung eines **Verfahrensbeistands** wird im Vermittlungsverfahren regelmäßig nicht erforderlich sein. Liegen jedoch bei Anberaumung des Vermittlungstermins erkennbar die Voraussetzungen des § 158 Abs. 2 Nr. 1 (erheblicher Interessengegensatz) vor, etwa weil die Belastung des Kindes dem Gericht bereits aus dem Vorverfahren bekannt ist, kann eine Bestellung in Betracht kommen.

III. Gestaltung des Vermittlungstermins (Absatz 3)

12   Nach Satz 1 hat das Gericht im Termin mit den Eltern die Folgen eines unterbleibenden Umgangs für das Wohl des Kindes zu **erörtern**, namentlich auf den Umstand hinzuweisen, dass der Abbruch des Kontakts zu einem Elternteil langfristig erhebliche Risiken für eine gesunde Entwicklung des Kindes birgt (§ 1626 Abs. 3 Satz 1 BGB) und dass Kinder unter Umgangsstreitigkeiten leiden. Das Gericht hat nach Satz 2 im Termin erneut auf die nach Abs. 5 Satz 2 möglichen Rechtsfolgen eines vereitelten oder erschwerten Umgangs hinzuweisen, ferner nach Satz 3 auch auf das Beratungsangebot des Jugendamts nach § 18 Abs. 3 SGB VIII.

IV. Hinwirken auf ein Einvernehmen (Absatz 4)

13   Erzielen die Eltern im Termin (Satz 1) Einvernehmen über eine **abweichende Umgangsregelung**, ist diese nach Satz 2 als **gerichtlich gebilligter Vergleich** aufzunehmen (§ 156 Abs. 2 Satz 2, ausf. hierzu § 156 Rz. 47 ff.). Dieser tritt an die Stelle der bisherigen Umgangsregelung. Der gerichtlich gebilligte Vergleich beendet das Vermittlungsverfahren. Auf eine hinreichende Bestimmtheit der Umgangsregelung (genaue und erschöpfende Bestimmungen über Art, Ort und Zeit des Umgangs mit dem Kind) ist zu achten. **Wird ein Einvernehmen nicht erzielt**, sind nach Satz 3 die Streitpunkte im Terminsvermerk (§ 28 Abs. 4) festzuhalten.

V. Erfolglose Vermittlung (Absatz 5)

14   Nach Satz 1 hat das Gericht **durch Beschluss festzustellen**, dass das Vermittlungsverfahren erfolglos geblieben ist, wenn kein Einvernehmen über den Umgang und auch kein Einvernehmen über eine nachfolgende außergerichtliche Beratung erreicht wird oder wenn mindestens ein Elternteil in dem Vermittlungstermin nicht erscheint. Dieser Beschluss ist nicht anfechtbar. Wird Einvernehmen über eine Inanspruchnahme außergerichtlicher Beratung erreicht, ist dies zu protokollieren. Damit endet das Vermittlungsverfahren ebenfalls.

15   Hat das Gericht durch Beschluss festgestellt, dass das Vermittlungsverfahren erfolglos geblieben ist, hat es nach Satz 2 die zwangsweise Durchsetzung der Umgangsregelung, Änderungen der Umgangsregelung oder Maßnahmen in Bezug auf die elterliche Sorge zu prüfen. Es kommen insbesondere ein teilweiser Sorgerechtsentzug oder die Einsetzung eines Umgangspflegers in Betracht.[2] In Verfahren zur Regelung des persönlichen Umgangs nach § 1684 Abs. 3 und 4 BGB kann das Gericht auch von Amts wegen die Vollstreckung betreiben (vgl. dazu § 87 Rz. 2 ff.).

16   Wird ein Vollstreckungsverfahren, ein Sorgeverfahren oder ein Verfahren über die Abänderung der Umgangsregelung eingeleitet, so ist dies gegenüber dem Vermittlungsverfahren ein **selbständiges Verfahren**. Die Kosten des Vermittlungsverfahrens werden unter den Voraussetzungen des Abs. 5 Satz 2 als Teil der Kosten des anschließenden Verfahrens behandelt (Satz 3).

---

[1] *Rauscher*, FamFR 2010, 28; MüKo.ZPO/*Schumann* § 165 FamFG Rz. 10; Johannsen/Henrich/*Büte* § 165 FamFG Rz. 8.

[2] OLG Frankfurt v. 5.3.2008 – 4 UF 95/07, NJW-RR 2009, 4.

Kosten/Gebühren: Gericht: Durch das Vermittlungsverfahren entsteht eine Gebühr nach Nr. 1310 KV FamGKG. Die Gebühr wird bei Beendigung des Verfahrens fällig (§ 11 Abs. 1 FamGKG), Kostenschuldner ist vorrangig der Entscheidungs- oder Übernahmeschuldner (§ 24 Nr. 1 und 2 FamGKG), daneben auch der Antragsteller des Verfahrens (§ 21 Abs. 1 Satz 1 FamGKG). Der Wert beträgt regelmäßig 3 000,– Euro (§ 45 Abs. 1 FamGKG). Durch die Billigung eines Vergleichs entstehen keine Gerichtsgebühren. Für den Abschluss eines gerichtlichen Vergleichs fällt nach Nr. 1500 KV FamGKG eine Gebühr an, soweit der Wert des Vergleichsgegenstands den Wert des Verfahrensgegenstands übersteigt. Nach § 21 Abs. 2 FamGKG schuldet die Gebühr für den Vergleich jeder, der an dem Abschluss beteiligt ist. **RA:** Für das Vermittlungsverfahren entstehen Gebühren nach Teil 3. Der Vermittlungstermin löst die Terminsgebühr nach Nr. 3104 VV RVG aus. Durch die Aufnahme des Vergleichs entsteht die Einigungsgebühr nach Nr. 1003 VV RVG. Die Verfahrensgebühr für das Vermittlungsverfahren wird auf die Verfahrensgebühr für ein sich anschließendes Verfahren angerechnet (Abs. 2 der Anm. zu Nr. 3100 VV RVG).

17

166 *Abänderung und Überprüfung von Entscheidungen und gerichtlich gebilligten Vergleichen*

(1) Das Gericht ändert eine Entscheidung oder einen gerichtlich gebilligten Vergleich nach Maßgabe des § 1696 des Bürgerlichen Gesetzbuchs.
(2) Eine länger dauernde kindesschutzrechtliche Maßnahme hat das Gericht in angemessenen Zeitabständen zu überprüfen.
(3) Sieht das Gericht von einer Maßnahme nach den §§ 1666 bis 1667 des Bürgerlichen Gesetzbuchs ab, soll es seine Entscheidung in einem angemessenen Zeitabstand, in der Regel nach drei Monaten, überprüfen.

A. Normzweck und Systematik 1	3. Aufhebung kindesschutzrechtlicher Maßnahmen (§ 1696 Abs. 2 BGB) . . 7
B. Abänderung von Entscheidungen und gerichtlich gebilligten Vergleichen (Absatz 1)	4. Abänderung von einstweiligen Anordnungen 9
I. Abänderungsgegenstand und Abänderungsmaßstab	II. Verfahren der Abänderung
1. Entscheidungen zum Sorge- und Umgangsrecht (§ 1696 Abs. 1 BGB) 3	1. Einleitung des Abänderungsverfahrens 10
2. Gerichtlich gebilligte Vergleiche über das Umgangsrecht oder die Herausgabe des Kindes (§ 1696 Abs. 1 Satz 1) 6	2. Weiteres Verfahren 12
	C. Überprüfung von kindesschutzrechtlichen Maßnahmen (Absatz 2) 15
	D. Überprüfung bei Absehen von Maßnahmen nach §§ 1666 bis 1667 BGB (Absatz 3) 19

A. Normzweck und Systematik

§ 166 Abs. 1 regelte die Abänderung von gerichtlichen Entscheidungen und gerichtlich gebilligten Vergleichen (§ 156 Abs. 2 FamFG). Die Vorschrift ermöglicht die Anpassung an geänderte tatsächliche oder rechtliche Verhältnisse, da sich die Dynamik der kindlichen Entwicklung und der familiären Beziehungen nicht abschließend beurteilen und vorhersehen lässt.[1] Entscheidungen in Kindschaftssachen sind daher zwar der formellen, nicht aber der materiellen Rechtskraft fähig (vgl. auch § 45 Rz. 11).[2] Abs. 1 ordnet insoweit an, dass der materielle Maßstab für die Abänderung § 1696 BGB zu entnehmen ist und stellt daher eine **vorrangige Regelung gegenüber § 48 Abs. 1 FamFG** dar, der allgemein die Abänderung von Entscheidungen mit Dauerwirkungen regelt (vgl. § 48 Rz. 15).[3]

1

§ 166 Abs. 2 und 3 sind Ausdruck der **fortbestehenden Verantwortung des Gerichts in Kindesschutzangelegenheiten** nach §§ 1666 bis 1667 BGB. Die vor Inkrafttreten des

2

---
[1] BGH v. 28.5.1986 – IVb ZB 36/84, NJW-RR 1986, 1130; BVerfG v. 5.4.2005 – 1 BvR 1664/04, FamRZ 2005, 783; Palandt/*Götz* § 1696 BGB Rz. 1.
[2] BGH v. 28.5.1986 – IVb ZB 36/84, NJW-RR 1986, 1130.
[3] Vgl. BT-Drucks. 16/6308, S. 242: Spezialvorschrift zu § 48 für den Bereich der Kindschaftssachen.

FamFG noch in § 1696 Abs. 3 aF BGB[1] enthaltene Regelung verpflichtet das Gericht, auch nach Beendigung eines Kindesschutzverfahrens zu überprüfen, ob von Amts wegen ein Abänderungsverfahren nach Abs. 1 einzuleiten ist. Dies gilt sowohl, wenn das Gericht eine länger dauernde Kindesschutzmaßnahme angeordnet hat (Abs. 2), als auch, wenn es von solchen Maßnahmen abgesehen hat (Abs. 3).

B. Abänderung von Entscheidungen und gerichtlich gebilligten Vergleichen (Absatz 1)

I. Abänderungsgegenstand und Abänderungsmaßstab

1. Entscheidungen zum Sorge- und Umgangsrecht (§ 1696 Abs. 1 BGB)

3 Gegenstand und Maßstab der Abänderung ergeben sich entsprechend der Verweisung in Abs. 1 aus § 1696 BGB. Als **abänderbare gerichtliche Entscheidungen** kommen neben Erstentscheidungen auch frühere Abänderungsentscheidungen in Betracht. Abänderbar sind ferner Entscheidungen eines Rechtsmittelgerichts[2] und Entscheidungen ausländischer Gerichte, wenn sie in Deutschland anzuerkennen sind.[3] Zulässig ist nur die Abänderung **formell rechtskräftiger Entscheidungen**. Solange gegen eine gerichtliche Entscheidung noch Rechtsmittel möglich oder bereits eingelegt sind, ist die Abänderung der Entscheidung ausschließlich durch das Rechtsmittelgericht zu prüfen.[4] Nicht von § 166 Abs. 1 erfasst ist die Verlängerung oder Aufhebung einer freiheitsentziehenden Unterbringung des Kindes nach § 151 Nr. 6 und 7; diese richtet sich nach § 167 Abs. 1 Satz 1 iVm. § 329 Abs. 2, 330 (dazu § 167 Rz. 50 ff.).

4 Nach **§ 1696 Abs. 1 Satz 1 BGB** hat das Gericht eine Entscheidung zum Sorge- oder Umgangsrecht (insbesondere nach §§ 1671, 1684 Abs. 3 und 4, 1685 Abs. 3 BGB) zu ändern, wenn dies **aus triftigen, das Wohl des Kindes nachhaltig berührenden Gründen** angezeigt ist. Obwohl gerichtliche Entscheidungen in Kindschaftssachen nicht in materielle Rechtskraft erwachsen, können sie folglich nicht ohne weiteres geändert werden, sondern der Änderungsgrund muss die mit der Änderung verbundenen Nachteile im Interesse der Kontinuität und Stabilität der kindlichen Lebensverhältnisse deutlich überwiegen.[5] Wegen der Einzelheiten des materiell-rechtlichen Abänderungsmaßstabs wird auf die Kommentierungen zu § 1696 BGB verwiesen.[6]

5 Abänderungsverfahren sind aufgrund der Verweisung in § 166 Abs. 1 **auch Verfahren nach § 1696 Abs. 1 Satz 2 und 3 BGB**, die jedoch materiell-rechtlich nicht dem Abänderungsmaßstab des § 1696 Abs. 1 Satz 1 BGB unterliegen. Hierzu gehört gem. § 1696 Abs. 1 Satz 2 BGB eine Entscheidung über die **Abänderung einer durch gerichtliche Entscheidung begründeten gemeinsamen elterlichen Sorge** von Eltern, die bei Geburt des Kindes nicht miteinander verheiratet waren (§ 1626a Abs. 2 BGB), für die § 1671 Abs. 1 BGB gilt (zur Verfahrenseinleitung vgl. Rz. 10 f.). Nicht dem strengen Abänderungsmaßstab des § 1696 Abs. 1 Satz 1 unterfallen gem. § 1696 Abs. 1 Satz 3 BGB ferner Verfahren, in denen der aufgrund gerichtlicher Entscheidung allein sorgeberechtigte Elternteil wegen dauerhaften Ruhens der Sorge, wegen Versterbens oder Todeserklärung ausfällt und deshalb über die Übertragung der elterlichen Sorge auf den anderen Elternteil zu entscheiden ist (§§ 1678 Abs. 2, 1680 Abs. 2, 1681 Abs. 1 und 2 BGB).

---

1 Eingeführt durch das Gesetz zur Erleichterung familiengerichtlicher Maßnahmen bei Gefährdung des Kindeswohls (KiWoMaG) vom 4.7.2008 (BGBl I, S. 1188), in Kraft seit 17.12.2008.
2 Palandt/*Götz* § 1696 BGB Rz. 2.
3 BGH v. 28.5.1986 – IVb ZB 36/84, NJW-RR 1986, 1130.
4 OLG Brandenburg v. 22.5.2008 – 10 UF 119/07, FamRZ 2009, 131; Bamberger/Roth/*Veit* § 1696 BGB Rz. 13; MüKo.BGB/*Olzen* § 1696 BGB Rz. 13.
5 OLG Dresden v. 22.3.2010 – 21 UF 670/09, FamRZ 2010, 1992; KG v. 5.9.2008 – 18 UF 83/08, ZKJ 2009, 211; OLG Karlsruhe v. 15.3.2002 – 2 (20) UF 106/01, FPR 2002, 662; Palandt/*Götz* § 1696 BGB Rz. 9.
6 Beispielsweise Palandt/*Götz* § 1696 BGB Rz. 9 ff.; Staudinger/*Coester* § 1696 BGB Rz. 42 ff.; Bamberger/Roth/*Veit* § 1696 BGB Rz. 5 ff.

2. Gerichtlich gebilligte Vergleiche über das Umgangsrecht oder die Herausgabe des Kindes (§ 1696 Abs. 1 Satz 1)

Unter den Abänderungsmaßstab des § 1696 Abs. 1 Satz 1 BGB („triftige Gründe", Rz. 4) fallen auch **gerichtlich gebilligte Vergleiche iSd. § 156 Abs. 2** betreffend den Umgang oder die Herausgabe des Kindes, wenn ein Elternteil die Abänderung beantragt. **Nicht** unmittelbar erfasst sind damit **private Sorge- und Umgangsvereinbarungen**, etwa im Jugendamt getroffene, notariell beurkundete oder lediglich gerichtlich protokollierte Vereinbarungen. Soll eine hiervon abweichende Regelung getroffen werden, ist vielmehr ein Erstverfahren nach §§ 1684, 1685 oder 1632 Abs. 3, 4 BGB einzuleiten.[1] Die frühere Regelung hat jedoch je nach Alter der Vereinbarung und den Umständen ihres Zustandekommens eine gewichtige Indizwirkung für die gerichtliche Kindeswohlentscheidung, so dass für ein Abweichen von der privaten Vereinbarung ebenfalls triftige Gründe vorliegen müssen.[2]

6

3. Aufhebung kindesschutzrechtlicher Maßnahmen (§ 1696 Abs. 2 BGB)

Nach § 1696 Abs. 2 BGB sind kindesschutzrechtliche Maßnahmen im Hinblick auf den Verhältnismäßigkeitsgrundsatz aufzuheben, **wenn eine Gefahr für das Wohl des Kindes nicht mehr besteht oder die Erforderlichkeit der Maßnahme entfallen ist.**

7

Kindesschutzrechtliche Maßnahmen sind nach der **in § 1696 Abs. 2 BGB enthaltenen Legaldefinition** alle gerichtlichen Maßnahmen, die nur ergriffen werden dürfen, wenn dies zur Abwendung einer Kindeswohlgefährdung oder zum Wohl des Kindes erforderlich ist. Neben sorgerechtlichen Eingriffen nach §§ 1666 bis 1667 BGB fallen hierunter auch gerichtliche Entscheidungen nach § 1632 Abs. 4 BGB (Verbleibensanordnung), § 1684 Abs. 4 (Umgangsausschluss), §§ 1687 Abs. 2, 1688 Abs. 3 Satz 2 und Abs. 4 BGB (Einschränkung von Alleinentscheidungsbefugnissen). Unter die kindesschutzrechtlichen Maßnahmen fällt auch die gerichtliche Genehmigung der freiheitsentziehenden Unterbringung von Minderjährigen nach § 1631b BGB, verfahrensrechtlich richtet sich die Aufhebung einer solchen Entscheidung aufgrund der Verweisung in § 167 Abs. 1 Satz 1 jedoch nach § 330 (dazu § 167 Rz. 52).

8

4. Abänderung von einstweiligen Anordnungen

Die Abänderung einer eA richtet sich **nicht nach § 166 Abs. 1 FamFG iVm. § 1696 BGB, sondern** verfahrens- und materiell-rechtlich **nach § 54**. Nach dieser Vorschrift ist eine Veränderung der für die getroffene Regelung maßgebenden Umstände nicht erforderlich. Es genügt, dass das Gericht die tatsächlichen oder rechtlichen Umstände anders würdigt (vgl. § 54 Rz. 2). § 54 gilt auch für die Abänderung von gerichtlich gebilligten Vergleichen (§ 156 Abs. 2), die in einem Anordnungsverfahren geschlossen werden (vgl. § 54 Rz. 6). Ergeht nach Erlass einer eA eine Hauptsacheentscheidung zu demselben Verfahrensgegenstand oder wird es auf sonstige Weise beendet, so tritt die eA nach Maßgabe des § 56 außer Kraft.

9

II. Verfahren der Abänderung

1. Einleitung des Abänderungsverfahrens

Nach **hM** erfolgt die Einleitung des Abänderungsverfahrens **von Amts wegen**; Anträge der Eltern sind dementsprechend nur als Anregung zur Einleitung des Verfah-

10

---

[1] Palandt/*Götz* § 1696 BGB Rz. 2.
[2] BGH v. 16.3.2011, FamRZ 2011, 796, 801 und nachfolgend OLG Brandenburg v. 11.10.2012 – 9 UF 91/11, FamFR 2012, 547; OLG Jena v. 13.8.2007 – 2 UF 150/07, FamRZ 2008, 806; Staudinger/*Coester* § 1671 BGB Rz. 62; *Hammer*, FamRZ 2005, 1209, 1214. Unterschiedliche Auffassungen bestehen lediglich darüber, ob die Indizwirkung als Element der Kindeswohlprüfung zu sehen ist (so BGH aaO, OLG Jena aaO und Staudinger/*Coester* aaO) oder auf eine analoge Heranziehung des Maßstabs des § 1696 BGB gestützt werden sollte (so neben *Hammer* aaO etwa auch OLG Brandenburg v. 10.12.2007 – 9 WF 367/07, FamRZ 2008, 2055; *Schwab* in: Hofer/Schwab/Henrich, From Status to Contract, 2005, S. 44).

rens zu verstehen.[1] Allerdings soll ein gerichtlich gebilligter Vergleich nach (gesetzlich nicht zum Ausdruck gebrachter) Auffassung des Gesetzgebers nur auf Antrag der Eltern abänderbar sein, solange nicht die Schwelle des § 1666 BGB erreicht ist, weil er auf elterlichem Konsens beruht.[2] Auf elterlichem Konsens beruht aber auch die Übertragung des Sorgerechts nach § 1671 Abs. 1 Nr. 1 BGB, bei welcher das Gericht schon bei der Erstentscheidung gem. § 1671 Abs. 4 BGB bis zur Grenze des § 1666 BGB gebunden ist. Es ist daher nicht nachvollziehbar, dass das Gericht diese Entscheidung von Amts wegen nach § 1696 BGB aus triftigen Gründen wieder abändern können soll. Schließlich sind Verfahren, in denen es um die Aufhebung einer nach § 1626a Abs. 2 BGB begründeten gemeinsamen Sorge geht, verfahrensrechtlich Abänderungsverfahren nach § 166 Abs. 1 (vgl. Rz. 5), materiell-rechtlich sind sie jedoch aufgrund der Verweisung in § 1696 Abs. 1 Satz 2 BGB nach § 1671 Abs. 1 BGB eine Erstentscheidung über die Aufhebung der gemeinsamen Sorge und damit Antragsverfahren. Schließlich spricht auch § 93 Abs. 1 Nr. 4 davon, dass die Vollstreckung aus Umgangs- oder Herausgabetiteln einstweilen eingestellt werden kann, wenn ein *Antrag* auf Abänderung des Titels gestellt ist (vgl. § 93 Rz. 2). Die herrschende Auffassung ist deshalb systematisch weder überzeugend noch konsequent und im Hinblick auf die verfassungsmäßigen Elternrechte problematisch.[3]

11 Maßgeblich muss vielmehr sein, **ob das Ausgangsverfahren ein Antragsverfahren iSd. § 23 oder ein Amtsverfahren iSd. § 24** war (zur Abgrenzung ausf. § 151 Rz. 36 ff.). Zwar kann hierfür wohl nicht auf § 48 Abs. 1 Satz 2 zurückgegriffen werden, weil § 166 nach der Gesetzesbegründung eine Spezialvorschrift zu § 48 ist (vgl. Rz. 2). Es kann jedoch bei der Abänderung von Entscheidungen, die in Antragsverfahren ergangen sind, eine entsprechende Reduzierung des richterlichen Ermessens hinsichtlich der Einleitung eines Verfahrens angenommen werden. Bei echten Amtsverfahren (insbesondere § 1671 BGB) oder unechten Antragsverfahren, die sowohl auf Antrag als auch von Amts wegen eingeleitet werden können (insbesondere §§ 1632 Abs. 4 und § 1684 Abs. 3 BGB, vgl. § 151 Rz. 43), muss das Gericht daher auf Antrag der Eltern ein Abänderungsverfahren einleiten und durch rechtsmittelfähige Endentscheidung iSd. § 38 Abs. 1 Satz 1, 58 Abs. 1 über den Abänderungsantrag entscheiden.[4] Es kann die Einleitung des Verfahrens daher nicht gem. § 24 Abs. 2 mit dem nicht anfechtbaren[5] Hinweis ablehnen, dass ein Abänderungsbedürfnis nicht ersichtlich ist. Ist das Vorverfahren dagegen ein Amtsverfahren (insbesondere §§ 1666 BGB) oder ein unechtes Antragsverfahren (insbesondere Umgangsverfahren nach § 1684 Abs. 3 BGB, s.o.),[6] ist das Gericht berechtigt und verpflichtet, auch ohne Antrag von Amts wegen ein Abänderungsverfahren einzuleiten, wenn es durch das Jugendamt oder auf sonstige Weise Kenntnis von Abänderungsgründen erlangt.

2. Weiteres Verfahren

12 Das Abänderungsverfahren ist stets ein **selbständiges Verfahren** und nicht lediglich eine Fortsetzung des früheren Verfahrens.[7] Die **örtliche Zuständigkeit** ist daher

---

1 Vgl. nur MüKo.ZPO/*Heilmann* § 166 FamFG Rz. 15; MüKo.BGB/*Olzen* § 1696 BGB Rz. 51; Keidel/*Engelhardt* § 166 FamFG Rz. 2 sowie BT-Drucks. 16/6308, S. 242, wonach die Vorschrift die Verpflichtung und Befugnis zur Abänderung von Entscheidungen und gerichtlich gebilligten Vergleichen enthalten soll.
2 BT-Drucks. 16/6308, S. 346.
3 Ausf. Staudinger/*Coester* § 1696 BGB Rz. 4.
4 Vgl. *Bumiller*/Harders § 166 FamFG Rz. 4 aE, im Ergebnis auch KG v. 21.5.2008 – 17 WF 101/98, FamRZ 2008, 2302 und OLG Frankfurt v. 29.11.1993 – 3 WF 139/93, OLGReport 1993, 342. Auch die Entscheidung des BGH v. 11.7.1990 – XII ARZ 25/90, FamRZ 1990, 1224 steht dem nicht entgegen, denn die Entscheidung betraf die Abänderung einer Entscheidung nach § 1671 Abs. 5 BGB in der bis 30.6.1998 geltenden Fassung, die gerichtliche Maßnahmen des Familiengerichts von Amts wegen bei Gefährdung des Kindeswohls vorsah (jetzt: § 1671 Abs. 4 iVm. § 1666 BGB).
5 Vgl. § 24 Rz. 11.
6 OLG Celle v. 12.8.2011 – 10 WF 246/11, ZKJ 2011, 433 zu § 1684 BGB; OLG Zweibrücken v. 3.12.2010 – 2 UF 59/10, ZKJ 2011, 136 zu § 1632 Abs. 4 BGB.
7 BGH v. 11.7.1990 – XII ARZ 25/90, FamRZ 1990, 1101.

gem. §§ 152–154 neu zu prüfen, sie kann eine andere als bei der Erstentscheidung sein.[1] Die Bewilligung von Verfahrenskostenhilfe ist nach §§ 76 ff. neu zu beantragen und zu prüfen.

Auch im Übrigen gelten für das Verfahren **dieselben Grundsätze wie für das Erstverfahren**. Erforderliche Anhörungen nach §§ 159 ff. (insbesondere Kind, Eltern, Jugendamt) sind deshalb im Abänderungsverfahren zu wiederholen. Es ist die (erneute) Bestellung eines Verfahrensbeistands nach § 158 zu prüfen. Es gilt der Beschleunigungsgrundsatz des § 155 Abs. 1, wenn einer der dort genannten Verfahrensgegenstände betroffen ist. Gem. § 155 Abs. 2 ist dann regelmäßig auch ein früher Erörterungstermin anzuberaumen, soweit nicht etwa nur eine geringfügige Änderung einer Umgangsregelung beantragt ist (ausf. § 155 Rz. 35). Das Abänderungsverfahren wird durch Endentscheidung nach § 38 Abs. 1 beendet. Besteht kein Abänderungsbedürfnis, sind Anträge – wie in Umgangsverfahren – nicht zurückzuweisen, da das Verfahren auch von Amts wegen eingeleitet werden kann (vgl. Rz. 10 f.), sondern im Tenor ist ggf. festzustellen, dass der frühere Beschluss aufrechterhalten wird bzw. keine Veranlassung zu einer Abänderung besteht.[2]

13

Unter den Voraussetzungen der §§ 49 ff., 166 Abs. 1 iVm. § 1696 BGB kann die Abänderung bei Eilbedürftigkeit auch durch eA erfolgen.[3] Ist Gegenstand der Abänderung eine Umgangsregelung oder Herausgabeanordnung, kann gem. § 93 Abs. 1 Nr. 4 die **Vollstreckung** der Vorentscheidung **vorläufig eingestellt** werden.[4]

14

C. Überprüfung von kindesschutzrechtlichen Maßnahmen (Absatz 2)

Abs. 2 verpflichtet das Gericht, eine **länger dauernde kindesschutzrechtliche Maßnahme** in angemessenen Zeitabständen zu überprüfen. Dadurch soll sichergestellt werden, dass die Verhältnismäßigkeit der gerichtlichen Maßnahme regelmäßig überwacht und diese bei Wegfall der Kindesschutzgründe gem. Abs. 1 iVm. 1696 Abs. 2 BGB aufgehoben wird. Zu dem in § 1696 Abs. 2 BGB legaldefinierten Begriff der kindeschutzrechtlichen Maßnahme vgl. Rz. 8. Wann die Maßnahme von längerer Dauer ist, richtet sich nach dem Alter des Kindes und der Intensität des Eingriffs. Die Überprüfungspflicht besteht nicht, wenn die gerichtliche Maßnahme auf kurze Zeit befristet ist, zB wenn den Kindeseltern gem. § 1666 Abs. 3 Nr. 1 BGB die Auflage erteilt wird, für sechs Monate Hilfen zur Erziehung anzunehmen.

15

Was ein **angemessener Zeitabstand** für die Überprüfung ist, bestimmt sich nach den Umständen des Einzelfalles, insbesondere dem Alter des Kindes, der Schwere des Eingriffs sowie der Einschätzung, ob und wann im konkreten Fall realistischerweise mit einer Besserung der Verhältnisse und einem Wegfall der Kindesschutzgründe gerechnet werden kann.[5] Die Überprüfungspflicht besteht, solange die Kindesschutzmaßnahme Bestand hat. Die Überprüfung muss daher **ggf. auch mehrfach** erfolgen, wobei die Überprüfungsintervalle bei jahrelang unveränderten Verhältnissen (zB fortwährender Drogenkonsum und Wohnsitzlosigkeit der Eltern, kein Kontakt zu dem fremduntergebrachten Kind) auch verlängert werden können.[6] Insofern können Überprüfungsintervalle von sechs Monaten bis zu zwei Jahren angemessen sein.[7] Unabhängig vom Zeitablauf ist eine Überprüfung regelmäßig geboten, wenn diese seitens der Eltern oder des Kindes wegen zwischenzeitlich eingetretener Umstände angeregt wird.

16

---

1 *Stößer*, FamRZ 2009, 656, 664.
2 OLG Frankfurt v. 17.1.2013 – 4 UF 143/12, FamRZ 2013, 1238 (Ls.).
3 Musielak/*Borth* § 166 FamFG Rz. 3; MüKo.ZPO/*Heilmann* § 166 FamFG Rz. 16; **aA** OLG Celle v. 2.12.2010 – 15 UF 233/10, FamRB 2012, 8 (m. abl. Anm. *Giers*).
4 Vgl. BGH v. 1.2.2012 – XII ZB 188/11, FamRZ 2012, 533, 535 sowie OLG Celle v. 12.8.2011 – 10 WF 246/11, ZKJ 2011, 433.
5 Keidel/*Engelhardt* § 166 FamFG Rz. 4; MüKo.ZPO/*Heilmann* § 166 FamFG Rz. 19.
6 Schulte-Bunert/Weinreich/*Ziegler* § 166 FamFG Rz. 4
7 MüKo.ZPO/*Heilmann* § 166 FamFG Rz. 19; weiter Staudinger/*Coester* § 1696 BGB Rz. 106 (bis zu drei Jahre); enger Musielak/*Borth* § 166 FamFG Rz. 4 (bis zu ein Jahr). Zu eng jedenfalls MüKo.BGB/*Olzen* § 1696 BGB Rz. 47 und Zöller/*Lorenz* § 166 FamFG Rz. 4 (drei Monate).

17 Die **Überprüfung** ist ein **nicht förmliches, selbständiges Verfahren**.[1] Es handelt sich nicht um die Fortsetzung des (formell rechtskräftigen) Erstverfahrens,[2] sondern um die Vorprüfung, ob ein Abänderungsverfahren nach Abs. 1 einzuleiten ist. Sie erfolgt (wie im Falle eines Vollstreckungsverfahrens) in der Verfahrensakte, in der die zu prüfende Maßnahme erlassen wurde. Die **örtliche Zuständigkeit** richtet sich nach § 152, dh. regelmäßig nach dem aktuellen (möglicherweise neuen) gewöhnlichen Aufenthalt des Kindes (§ 152 Abs. 2), denn die Überprüfung muss durch das Gericht erfolgen, welches für das infolge der Überprüfung ggf. einzuleitende Abänderungsverfahren nach Abs. 1 zuständig ist.[3] Die Überprüfung ist stets **von Amts wegen** vornehmen. IdR genügt die Einholung eines Jugendamtsberichts über die durchgeführten Hilfen und die Notwendigkeit des Fortbestehens der Maßnahme.[4] Die Überprüfungspflicht kann auch durch erneute persönliche Anhörung der Eltern und des Kindes erfüllt werden.

18 Ergibt die gerichtliche Überprüfung, dass eine Kindeswohlgefährdung nicht mehr gegeben oder die Maßnahme nicht mehr erforderlich ist, muss das Gericht ein **Abänderungsverfahren nach Abs. 1 iVm. § 1696 Abs. 2 BGB einleiten**. Ist im Ergebnis keine Abänderung veranlasst, ist hierüber ein entsprechender **Aktenvermerk** aufzunehmen und die Frist für eine erneute Überprüfung zu bestimmen.

D. Überprüfung bei Absehen von Maßnahmen nach §§ 1666 bis 1667 BGB (Absatz 3)

19 Ergibt sich in Verfahren zur Abwendung einer Gefährdung des Kindeswohls nach §§ 1666 bis 1667 BGB, dass das Kindeswohl nicht bzw. nicht mehr gefährdet ist oder jedenfalls die Eingriffsschwelle nicht erreicht ist, ist von gerichtlichen Maßnahmen abzusehen und das Verfahren durch Beschluss einzustellen. Dies gilt insbesondere auch, wenn im Ergebnis eines Termins zur Erörterung einer (möglichen) Kindeswohlgefährdung nach § 157 eine Kindeswohlgefährdung nicht festgestellt werden kann oder infolge der Bereitschaft der Eltern zur Annahme von Hilfen des Jugendamts keine Notwendigkeit für gerichtliche Maßnahmen besteht (vgl. § 157 Rz. 27). Nach Abs. 3 soll das Familiengericht eine solche Entscheidung in angemessenem Zeitabstand, idR **nach drei Monaten**, überprüfen. Soweit es um die Annahme und Wirksamkeit von Hilfen zur Erziehung geht, kann auch eine Frist von sechs Monaten sinnvoll sein, weil nach diesem Zeitraum Hilfeplan und Hilfeverlauf gem. § 36 Abs. 2 Satz 2 SGB VIII überprüft werden und auch ein Bericht des Hilfeträgers vorliegt.

20 Durch die Überprüfung soll der Gefahr entgegengewirkt werden, dass die Eltern nach einem für sie folgenlosen Verfahren nicht mehr mit dem Jugendamt kooperieren.[5] Der mit dem gerichtlichen Verfahren verbundene Druck zur Annahme der Jugendhilfeleistungen soll dadurch trotz Beendigung des Verfahrens aufrechterhalten werden, um eine **nachhaltige Abwehr der Kindeswohlgefährdung** zu erreichen (zum Prinzip der Nachhaltigkeit vgl. auch § 155 Rz. 22). Diese Funktion kann die gerichtliche Überprüfung aber nur erfüllen, wenn sie den Eltern **bei der Einstellung des Verfahrens bereits angekündigt wird**.[6] Trotz zum Teil geäußerter Kritik[7] hat sich die Regelung in der Praxis bewährt, sowohl bei Verfahren, die nach dem früheren Erörterungstermin nach §§ 155 Abs. 2, 157 beendet werden (zB in Fällen der Schuldistanz),

---

[1] MüKo.ZPO/*Heilmann* § 166 FamFG Rz. 20.
[2] AA Musielak/*Borth* § 166 FamFG Rz. 4.
[3] Staudinger/*Coester* § 1666 BGB Rz. 294; MüKo.ZPO/*Heilmann* § 166 FamFG Rz. 20; Schulte-Bunert/Weinreich/*Ziegler* § 166 FamFG Rz. 8; Bork/Jacoby/Schwab/*Zorn* § 166 FamFG Rz. 5; aA Musielak/*Borth* § 166 FamFG Rz. 5: Überprüfung durch das Gericht des Ausgangsverfahrens und Abgabe des Verfahrens an das örtlich zuständige Gericht nach Einleitung des Abänderungsverfahrens.
[4] MüKo.ZPO/*Heilmann* § 166 FamFG Rz. 22; Schulte-Bunert/Weinreich/*Ziegler* § 166 FamFG Rz. 4; Zöller/*Lorenz* § 166 FamFG Rz. 4. Weitergehend (verpflichtende persönliche Anhörung der Eltern und des Kindes) Haußleiter/*Fest* § 166 FamFG Rz. 13; Thomas/Putzo/*Hüßtege* § 166 FamFG Rz. 4.
[5] BT-Drucks. 16/6308, S. 243.
[6] *Meysen*, NJW 2008, 2673, 2677.
[7] Vgl. etwa *Veit*, FPR 2008, 598, 600; *Coester*, FF 2009, 269, 275.

als auch bei längeren Kindesschutzverfahren, in denen die Kinder nach ursprünglicher Inobhutnahme unter Einsatz von Hilfen zur Erziehung wieder in den elterlichen Haushalt zurückgeführt werden können.

Die Ausgestaltung des Abs. 3 als **Sollvorschrift** ermöglicht es, von einer nochmaligen Überprüfung abzusehen, wenn die Anrufung des Familiengerichts offensichtlich unbegründet war. Unberührt bleibt die Verpflichtung des Jugendamts aus § 36 Abs. 2 SGB VIII, den Verlauf der Hilfen und ihre Geeignetheit zur Abwehr einer Kindeswohlgefährdung zu prüfen und das Familiengericht gem. § 8a Abs. 2 SGB VIII erneut anzurufen, wenn es dies wegen nachteiliger Veränderung der Sachlage für erforderlich hält.[1]

21

Zum **Überprüfungsverfahren** gilt das unter Rz. 17 Gesagte. Ergeben sich aufgrund der Überprüfung neue Anhaltspunkte für eine Gefährdung des Kindeswohls, ist ein neues Verfahren nach §§ 1666 oder 1667 BGB einzuleiten. Ergeben sich solche Anhaltspunkte nicht, ist ein entsprechender Aktenvermerk aufzunehmen und idR die Akte wegzulegen. Denn die Vorschrift verlangt grundsätzlich nur eine **einmalige Überprüfung** der Entscheidung. Es ist **keine „Dauerkontrolle"** der Gerichte über eine Familie vorgesehen oder beabsichtigt.[2] Ob eine weitere Überwachung stattfinden muss, ist vielmehr vom Ergebnis der ersten Überprüfung der Entscheidung abhängig.

22

Kosten/Gebühren: Gericht: Das Verfahren über eine Abänderung einer Entscheidung gilt als besonderes Verfahren (§ 31 Abs. 2 Satz 1 FamGKG), so dass nochmals Gerichtskosten entstehen. Für die Überprüfung nach Abs. 2 und 3 fallen keine Gerichtskosten an § 31 Abs. 2 Satz 2 FamGKG. **RA:** Das Abänderungsverfahren ist eine neue Angelegenheit, für das der RA die Gebühren erneut fordern kann. Das Überprüfungsverfahren nach Abs. 2 und 3 bildet mit dem Ausgangsverfahren grundsätzlich eine gebührenrechtliche Angelegenheit im Sinne von § 15 Abs. 2 RVG. Eine neue Angelegenheit ist gegeben, wenn der frühere Auftrag seit mehr als zwei Jahren erledigt ist (§ 15 Abs. 5 Satz 2 RVG).

23

167 Anwendbare Vorschriften bei Unterbringung Minderjähriger

(1) In Verfahren nach § 151 Nr. 6 sind die für Unterbringungssachen nach § 312 Nr. 1, in Verfahren nach § 151 Nr. 7 die für Unterbringungssachen nach § 312 Nr. 3 geltenden Vorschriften anzuwenden. An die Stelle des Verfahrenspflegers tritt der Verfahrensbeistand.
(2) Ist für eine Kindschaftssache nach Absatz 1 ein anderes Gericht zuständig als dasjenige, bei dem eine Vormundschaft oder eine die Unterbringung erfassende Pflegschaft für den Minderjährigen eingeleitet ist, teilt dieses Gericht dem für das Verfahren nach Absatz 1 zuständigen Gericht die Anordnung und Aufhebung der Vormundschaft oder Pflegschaft, den Wegfall des Aufgabenbereichs Unterbringung und einen Wechsel in der Person des Vormunds oder Pflegers mit; das für das Verfahren nach Absatz 1 zuständige Gericht teilt dem anderen Gericht die Unterbringungsmaßnahme, ihre Änderung, Verlängerung und Aufhebung mit.
(3) Der Betroffene ist ohne Rücksicht auf seine Geschäftsfähigkeit verfahrensfähig, wenn er das 14. Lebensjahr vollendet hat.
(4) In den in Absatz 1 Satz 1 genannten Verfahren sind die Elternteile, denen die Personensorge zusteht, der gesetzliche Vertreter in persönlichen Angelegenheiten sowie die Pflegeeltern persönlich anzuhören.
(5) Das Jugendamt hat die Eltern, den Vormund oder den Pfleger auf deren Wunsch bei der Zuführung zur Unterbringung zu unterstützen.
(6) In Verfahren nach § 151 Nr. 6 und 7 soll der Sachverständige Arzt für Kinder- und Jugendpsychiatrie und -psychotherapie sein. In Verfahren nach § 151 Nr. 6 kann das Gutachten auch durch einen in Fragen der Heimerziehung ausgewiesenen Psychotherapeuten, Psychologen, Pädagogen oder Sozialpädagogen erstattet werden.

---

1 BT-Drucks. 6/6308, S. 243.
2 Vgl. Beschlussempfehlung des Rechtsausschusses zum KiWoMaG (Rz. 2), BT-Drucks. 16/8914, S. 12.

A. Allgemeines
I. Anwendungsbereich 1
II. Normbedeutung, Systematik und anwendbare Vorschriften 4

B. Genehmigung einer freiheitsentziehenden Unterbringung (§ 151 Nr. 6)
I. Einleitung des Verfahrens 7
II. Zuständigkeit
 1. Örtliche Zuständigkeit 10
 2. Funktionelle Zuständigkeit 13
 3. Internationale Zuständigkeit 14
III. Verfahrensbeteiligte 15
IV. Verfahrensfähigkeit des Minderjährigen 20
V. Bestellung eines Verfahrensbeistands . . 22
VI. Anhörung der Beteiligten und des Jugendamts
 1. Persönliche Anhörung des Minderjährigen 24
 2. (Persönliche) Anhörung der weiteren Beteiligten 27
 3. Anhörung des Jugendamts 29
VII. Einholung eines Gutachtens 32
VIII. Genehmigungsbeschluss
 1. Inhalt des Beschlusses 39
 2. Bekanntmachung und Wirksamkeit des Beschlusses 43
IX. Zuführung des Minderjährigen in die Unterbringungseinrichtung 46
X. Verlängerung und Aufhebung der Genehmigung 50
XI. Rechtsmittel 53

C. Anordnung einer freiheitsentziehenden Unterbringung psychisch kranker Minderjähriger (§ 151 Nr. 7) 55

D. Unterbringung aufgrund einstweiliger Anordnung
I. Überblick 62
II. Verfahrenseinleitung 66
III. Zuständigkeit 67
IV. Eilbedürftigkeit 68
V. Zeugnis eines Arztes oder einer in der Heimerziehung ausgewiesenen Fachkraft 69
VI. Anhörungen und Bestellung eines Verfahrensbeistands
 1. Bestellung eines Verfahrensbeistands 72
 2. Persönliche Anhörung des betroffenen Minderjährigen 73
 3. Anhörung der weiteren Beteiligten und des Jugendamts 74
 4. (Vorläufiges) Absehen von der Anhörung bei gesteigerter Dringlichkeit . 76
VII. Beschluss 79
VIII. Verlängerung der einstweiligen Anordnung 80
IX. Rechtsmittel 82

Literatur: *Hoffmann*, Voraussetzungen und Verfahren der freiheitsentziehenden Unterbringung von Kindern und Jugendlichen, JAmt 2009, 473; *Hoffmann/Trenczek*, Freiheitsentziehende Unterbringung „minderjähriger" Menschen in Einrichtungen der Kinder- und Jugendhilfe, JAmt 2011, 177; *Rohmann*, Das Sachverständigengutachten im Fall der Unterbringung von Kindern und Jugendlichen, FPR 2011, 561; *Vogel*, Die juristischen Mindeststandards bei der mit Freiheitsentziehung verbundenen Unterbringung in der Behandlung von Jugendlichen, FPR 2012, 462.

A. Allgemeines

I. Anwendungsbereich

1 § 167 regelt das Verfahren bei der **freiheitsentziehenden Unterbringung Minderjähriger**. Erfasst sind Verfahren nach § 151 Nr. 6 (Genehmigung der freiheitsentziehenden Unterbringung nach §§ 1631b, 1800 und 1915 BGB), sog. **zivilrechtliche Unterbringung**. Die Vorschrift gilt auch, wenn das Gericht die Unterbringung gem. §§ 1693, 1846, 1915 BGB anordnet, weil der gesetzliche Vertreter des Kindes verhindert ist oder weil ein Pfleger oder Vormund noch nicht bestellt ist (vgl. § 334).[1] Erfasst sind ferner Verfahren nach § 151 Nr. 7 (Verfahren betreffend die freiheitsentziehende Unterbringung eines Minderjährigen nach den Landesgesetzen über die Unterbringung psychisch Kranker), sog. **öffentlich-rechtliche Unterbringung**.

2 Eine **freiheitsentziehende Unterbringung** liegt vor bei einem Aufenthalt in einer geschlossenen Jugendhilfeeinrichtung oder in einer geschlossenen Einrichtung oder Abteilung der Kinder- und Jugendpsychiatrie, regelmäßig auch bei der Einweisung zu einer Kur oder längeren Beobachtung in einer Fachklinik für Suchtkrankheiten.[2] Erfasst sind auch sog. halboffene oder fakultativ geschlossene Einrichtungen, wenn

---
[1] *Bumiller*/Harders § 167 FamFG Rz. 1.
[2] MüKo.BGB/*Huber* § 1631b BGB Rz. 4.

der Minderjährige faktisch am Verlassen der Einrichtung gehindert ist.[1] Keine freiheitsentziehende Unterbringung und damit nicht genehmigungsbedürftig sind bloße altersübliche Freiheitsbeschränkungen.[2]

Nicht von § 167 erfasst sind sonstige Zwangsmaßnahmen. Seit Langem sehr umstritten ist, ob **unterbringungsähnliche Maßnahmen** (insbesondere Fixierung durch Medikamente oder durch mechanische Vorrichtungen wie Gurte oder Gitter) nach § 1906 Abs. 4 BGB analog genehmigungsbedürftig sind.[3] Der Gesetzgeber des FamFG ging nicht davon aus, dass die Eltern unterhalb der Schwelle der Kindeswohlgefährdung (§ 1666 BGB) der Genehmigung solcher Maßnahmen bedürfen, da § 167 Abs. 1 Satz 1 nur auf § 312 Nr. 1 und 3, nicht dagegen auf § 312 Nr. 2 verweist. Soweit eine Genehmigungsbedürftigkeit angenommen wird, sind § 167 und §§ 312 Nr. 2, 313 ff. jedoch analog anzuwenden. Keiner Genehmigung bedarf der gesetzliche Vertreter eines Kindes ferner bei einem **Abbruch lebenserhaltender Maßnahmen**[4] oder einer ambulanten **medizinischen Zwangsbehandlung** bzw. der zwangsweisen Zuführung zu einer solchen Behandlung, soweit damit keine freiheitsentziehende Unterbringung verbunden ist.[5]

II. Normbedeutung, Systematik und anwendbare Vorschriften

Der Einhaltung der verfahrensrechtlichen Regelungen kommt bei der freiheitsentziehenden Unterbringung allgemein und besonders im Falle der Unterbringung Minderjähriger besondere Bedeutung zu, zumal Art. 104 Abs. 1 Satz 1 GG die **Einhaltung der Formvorschriften** zum **Verfassungsgebot** erhebt.[6] Die freiheitssichernde Funktion des Art. 2 Abs. 2 Satz 2 GG verlangt weiterhin, dass Entscheidungen, die den Entzug der persönlichen Freiheit betreffen, auf **zureichender richterlicher Sachaufklärung** beruhen.[7] Wesentliche Elemente der Sachaufklärung sind die Einholung eines Sachverständigengutachtens und die persönliche Anhörung des von der Unterbringung betroffenen Minderjährigen. Aus den hohen verfassungsrechtlichen Anforderungen an eine freiheitsentziehende Unterbringung folgt auch, dass Unterbringungsverfahren **vorrangig** vor anderen Verfahren **und beschleunigt** zu betreiben sind, ohne dass hierzu auf § 155 Abs. 1 zurückgegriffen werden muss.[8] Dies gilt insbesondere für die Durchführung von (persönlichen) Anhörungen und für die Einholung (und Erstattung) von Sachverständigengutachten, die regelmäßig noch zügiger erfolgen müssen als in beschleunigten Kindschaftssachen.[9]

§ 167 Abs. 1 Satz 1 verweist für die zivilrechtliche Unterbringung Minderjähriger nach § 151 Nr. 6 auf § 312 Nr. 1 und für die öffentlich-rechtliche Unterbringung auf § 312 Nr. 3. Damit richtet sich das Verfahren nach den **Vorschriften über die Unterbringung Volljähriger** (§§ 313–339). Nach dem Wortlaut der Vorschrift handelt es sich um eine vollständige und abschließende Verweisung, dh. die **§§ 152 ff. sind nicht anwendbar**.[10] Das Verfahren bleibt jedoch gem. § 151 Nr. 6 und 7 Kindschaftssache, weshalb im Hinblick auf die besondere Bedeutung des Kindeswohls in diesen Verfahren

---

1 Palandt/*Götz* § 1631b BGB Rz. 2.
2 Dazu Palandt/*Götz* § 1631b BGB Rz. 2; *Hoffmann*, JAmt 2009, 473.
3 **Gegen** eine analoge Anwendung OLG Frankfurt v. 19.11.2012 – 5 UF 187/12, FamRZ 2013, 1225; OLG Oldenburg v. 26.9.2011 – 14 UF 66/11, FamRZ 2012, 39; AG Hamburg-Barmbek v. 24.6.2008 – 887 F 49/06, FamRZ 2009, 792; Palandt/*Götz* § 1631b BGB Rz. 2; MüKo.ZPO/*Heilmann* § 167 FamFG Rz. 3; *Hoffmann*, JAmt 2009, 473, 476; **dafür** LG Berlin v. 27.9.1990 – 83 T 265/90, FamRZ 1991, 365; Staudinger/*Salgo* § 1631b BGB Rz. 14f.; Bamberger/Roth/*Veit* § 1631b BGB Rz. 4; MüKo.BGB/*Huber* § 1631b BGB Rz. 8.
4 OLG Brandenburg v. 17.2.2000 – 10 UF 45/99, FamRZ 2000, 1033.
5 *DIJuF*-Rechtsgutachten, JAmt 2010, 239. Zur Zwangsbehandlung während einer freiheitsentziehenden Unterbringung *Hoffmann*, JAmt 2009, 473, 475.
6 BVerfG 14.6.2007 – 1 BvR 338/07, FamRZ 2007, 1627; *Salgo*, FamRZ 2012, 1559.
7 BVerfG 14.6.2007 – 1 BvR 338/07, FamRZ 2007, 1627.
8 So aber MüKo.ZPO/*Heilmann* § 167 FamFG Rz. 5.
9 *Stößer*, FamRZ 2013, 118.
10 BGH v. 24.10.2012 – XII ZB 386/12, FamRZ 2013, 115; MüKo.ZPO/*Heilmann* § 167 FamFG Rz. 4.

bei der Auslegung der Unterbringungsvorschriften die **Wertungen, die in den §§ 155 ff. zum Ausdruck kommen, zu berücksichtigen** sind.[1] Dies gilt zB hinsichtlich der Benennung einer Vertrauensperson durch das nicht verfahrensfähige Kind (dazu Rz. 19, 54), bei der Anhörung des Kindes (dazu Rz. 25), bei der Bedeutung der Anhörung des Jugendamts (dazu Rz. 29) und bei der Übersendung des Sachverständigengutachtens und der gerichtlichen Entscheidung an den Minderjährigen (dazu Rz. 37, 43). Daneben sind die Vorschriften des Allgemeinen Teils zu beachten. Zu den auf eA anwendbaren Vorschriften vgl. Rz. 63.

6 § 167 Abs. 1 Satz 2 und Abs. 2 bis 6 enthalten **Sondervorschriften zu den §§ 313 ff.:**
 – Abs. 1 Satz 2 modifiziert § 317, indem § 158 bei Bestellung eines Verfahrensbeistands für teilweise anwendbar erklärt wird (dazu Rz. 22),
 – Abs. 2 verdrängt § 313 Abs. 4 (gegenseitige Benachrichtigungspflichten der Gerichte, dazu Rz. 12),
 – Abs. 3 schränkt § 316 ein (Verfahrensfähigkeit des betroffenen Minderjährigen, dazu Rz. 20),
 – Abs. 4 ergänzt § 320 Satz 1 (persönliche Anhörung weiterer Verfahrensbeteiligter, dazu Rz. 28),
 – Abs. 5 modifiziert § 326 (Unterstützung durch das Jugendamt bei der Zuführung der Minderjährigen zur Unterbringung, dazu Rz. 46),
 – Abs. 6 modifiziert § 321 (Qualifikation des Sachverständigen, dazu Rz. 34 f., 59).

B. Genehmigung einer freiheitsentziehenden Unterbringung (§ 151 Nr. 6)

I. Einleitung des Verfahrens

7 Das Genehmigungsverfahren wird idR auf **Antrag des gesetzlichen Vertreters** des Kindes (Eltern, Pfleger oder Vormund) eingeleitet, dem zumindest das **Aufenthaltsbestimmungsrecht** zustehen muss.[2] Steht das Aufenthaltsbestimmungsrecht den Eltern gemeinsam zu, müssen gem. § 1687 Abs. 1 Satz 1 BGB beide den Antrag stellen oder es muss zumindest eine wirksame Vollmacht des anderen Elternteils vorliegen.[3]

8 Wie in anderen Fällen der gerichtlichen Genehmigung (zB §§ 1643, 1828 BGB) kann das Gericht das Verfahren **auch von Amts wegen** einleiten.[4] Es kann jedoch nicht gegen den Willen des gesetzlichen Vertreters eine Genehmigung erteilen[5] oder gar selbst die Unterbringung anordnen.[6] Es darf aber von Amts wegen die Genehmigung versagen, wenn es davon Kenntnis erlangt, dass das Kind ohne die erforderliche Genehmigung untergebracht werden soll und die Voraussetzungen einer Unterbringung nicht vorliegen.[7]

9 Die Einleitung des Verfahrens von Amts wegen kommt insbesondere dann in Betracht, wenn eine **freiheitsentziehende Unterbringung des Minderjährigen durch das Jugendamt** im Rahmen einer Inobhutnahme nach § 42 Abs. 5 SGB VIII wegen Eigen- oder Fremdgefährdung erfolgt ist. Die Unterbringung durch das Jugendamt ist gem. § 42 Abs. 5 Satz 2 SGB VIII nur bis zum Ablauf des Tages nach ihrem Beginn – dh. längstens für 48 Stunden – möglich, so dass das Jugendamt gehalten ist, unverzüglich eine gerichtliche Entscheidung herbeizuführen. Stimmen die sorgeberechtigten Eltern jedoch der Unterbringung nicht zu oder nehmen sie ihren ursprünglichen Antrag zurück und wäre das Kindeswohl ohne die Unterbringung gefährdet, muss ihnen zunächst in einem gesonderten Verfahren nach § 1666 BGB das Aufenthaltsbestim-

---

1 BGH v. 24.10.2012 – XII ZB 386/12, FamRZ 2013, 115; Schulte-Bunert/Weinreich/*Ziegler* § 167 FamFG Rz. 4.
2 BVerfG v. 14.6.2007 – 1 BvR 338/07, FamRZ 2007, 1627; OLG Bremen v. 14.1.2013 – 5 UF 1/13, FF 2013, 131 (LS.).
3 OLG Bremen v. 14.1.2013 – 5 UF 1/13, FamRZ 2013, 1227 = FamRB 2013, 106 (*Schmid*).
4 Bamberger/Roth/*Veit* § 1631b BGB Rz. 10.
5 OLG Naumburg v. 13.5.2008 – 8 WF 90/08, FamRZ 2009, 431.
6 BVerfG v. 14.6.2007 – 1 BvR 338/07, FamRZ 2007, 1627.
7 Vgl. zur Genehmigung nach § 1828 BGB MüKo.BGB/*Wagenitz* § 1828 BGB Rz. 33.

mungsrecht entzogen und auf einen Pfleger übertragen werden, der dann seinerseits einen Unterbringungsantrag stellen muss.[1] Soweit dieser nicht rechtzeitig bestellt werden kann, kann das Gericht die Zustimmung auch nach § 1915 iVm. § 1846 BGB vorläufig erteilen. Das Gericht darf aber nicht ohne (einstweiligen) Sorgeentzug die Zustimmung unmittelbar auf § 1693 BGB stützen.[2] Eine Anordnung der Unterbringung nach § 1693 BGB kommt nur bei Verhinderung der Eltern aus tatsächlichen oder rechtlichen Gründen in Betracht. Eine unmittelbare Anordnung der freiheitsentziehenden Unterbringung durch das Gericht ist auch nach § 151 Nr. 7 im Wege der öffentlich-rechtlichen Unterbringung möglich, die dann aber im Hinblick auf die Formenstrenge in Freiheitsentziehungssachen ausdrücklich auf die entsprechenden gesetzlichen Grundlagen gestützt werden muss[3] und einen Antrag der zuständigen Behörde voraussetzt (vgl. Rz. 55 ff.).

II. Zuständigkeit

1. Örtliche Zuständigkeit

Die (ausschließliche) örtliche Zuständigkeit richtet sich nach § 313. §§ 152–154 finden keine Anwendung. Nach § 313 Abs. 1 Nr. 1 ist in erster Linie das Gericht örtlich zuständig, bei dem ein Verfahren zur Anordnung einer Pflegschaft oder Vormundschaft für den Minderjährigen eingeleitet wurde bzw. bei dem eine Pflegschaft oder Vormundschaft nach ihrer Anordnung geführt wird.[4] In zweiter Linie ist nach § 313 Abs. 1 Nr. 2 das Gericht zuständig, in dessen Bezirk der Minderjährige seinen gewöhnlichen Aufenthalt hat (zum Begriff vgl. § 152 Rz. 15 ff.), danach das Gericht, in dessen Bezirk das Bedürfnis für die Unterbringungsmaßnahme hervortritt (§ 313 Abs. 1 Nr. 3), höchst hilfsweise das Amtsgericht Schöneberg in Berlin, wenn der Betroffene Deutscher ist (§ 313 Abs. 1 Nr. 4). Für eA kann sich auch eine parallele Zuständigkeit nach § 313 Abs. 2 ergeben (unten Rz. 67).

10

§ 314 ermöglicht als Spezialvorschrift zu § 4 die **Abgabe des Verfahrens an das Gericht, in dessen Bezirk die Unterbringung erfolgen soll**. Eine Abgabe kommt insbesondere in Betracht, wenn eine erhebliche Verlängerung der Unterbringung zu prüfen und die Unterbringung an einem weiter entfernten Ort erfolgt ist, damit der Richter zur Anhörung des Minderjährigen keine lange Reise unternehmen muss (ausf. § 314 Rz. 3 f.).[5] Bei Streit über die Abgabe ist nach § 5 Abs. 1 Nr. 5 zu verfahren.

11

§ 167 Abs. 2 sieht **gegenseitige Mitteilungen** vor zwischen dem Gericht, das für die Genehmigung der Unterbringung zuständig ist, und dem Gericht, bei dem bereits eine Vormundschaft oder eine die Unterbringung erfassende Pflegschaft für den Minderjährigen eingeleitet ist. Er verdrängt die Benachrichtigungspflicht nach § 313 Abs. 4.

12

2. Funktionelle Zuständigkeit

Funktionell zuständig ist der **Richter** (vgl. § 151 Rz. 23).

13

3. Internationale Zuständigkeit

Die internationale Zuständigkeit richtet sich wie bei anderen Kindschaftssachen in erster Linie nach der Brüssel-IIa-VO, dem KSÜ oder dem MSA. Danach sind die deutschen Gerichte zuständig, wenn das Kind in Deutschland seinen gewöhnlichen Aufenthalt in Deutschland hat (vgl. § 151 Rz. 28 ff.; § 99 Rz. 5 ff.). Zur Unterbringung eines Minderjährigen im Ausland sind Art. 56 Brüssel-IIa-VO bzw. Art. 33 KSÜ und §§ 45 ff. IntFamRVG zu beachten und das Bundesamt für Justiz einzuschalten.

14

---

1 BVerfG v. 14.6.2007 – 1 BvR 338/07, FamRZ 2007, 1627; OLG Naumburg v. 13.5.2008 – 8 WF 90/08, JAmt 2009, 40; FK-SGB VIII/*Trenczek* § 42 Rz. 58.
2 BVerfG v. 14.6.2007 – 1 BvR 338/07, FamRZ 2007, 1627.
3 BVerfG v. 14.6.2007 – 1 BvR 338/07, FamRZ 2007, 1627.
4 OLG Frankfurt v. 18.12.2009 – 1 UFH 15/09, juris; OLG Brandenburg v. 19.5.2010 – 9 AR 1/10, FamRZ 2010, 2019.
5 OLG Brandenburg v. 4.3.2011 – 9 AR 3/11, juris.

III. Verfahrensbeteiligte

15 Beteiligter des Verfahrens ist gem. § 315 Abs. 1 Nr. 1 das von der Unterbringung betroffene **Kind**.

16 Ferner sind gem. § 315 Abs. 1 Nr. 2 der oder die **gesetzlichen Vertreter des Kindes** zu beteiligen, sofern ihnen das Aufenthaltsbestimmungsrecht zusteht, dh. die insoweit gemeinsam sorgeberechtigten Eltern bzw. der allein sorgeberechtigte Elternteil, ein für diesen Aufgabenkreis bestellter Pfleger oder der Vormund des Kindes.

17 Der für das Kind bestellte **Verfahrensbeistand** ist gem. § 158 Abs. 3 Satz 2 (ebenso § 315 Abs. 2) ebenfalls Verfahrensbeteiligter.

18 Das **Jugendamt** ist gem. § 315 Abs. 3 nur auf Antrag als Beteiligter hinzuzuziehen (entsprechend der Regelung in § 162 Abs. 2 Satz 2). Unabhängig davon ist es nach § 320 Satz 2 iVm. 162 Abs. 1 anzuhören (dazu Rz. 29).

19 § 315 Abs. 4 sieht im Interesse des Minderjährigen die Hinzuziehung verschiedener Personen als **Kann-Beteiligte** iSd. § 7 Abs. 3 vor. Dazu gehören nach Nr. 1 Angehörige (insbesondere **Pflegeeltern** und die **nicht sorgeberechtigten Eltern**, wenn das Kind bei diesen lebt oder bei Einleitung des Verfahrens gelebt hat), nach Nr. 2 eine von dem Minderjährigen benannte Vertrauensperson und nach Nr. 3 der Leiter der Unterbringungseinrichtung (ausf. § 315 Rz. 10 ff.). Dabei ist eine ausdrückliche Benennung der **Vertrauensperson** durch das Kind nicht erforderlich, wenn dieses noch nicht 14 Jahre alt und damit noch nicht verfahrensfähig ist. In diesem Fall genügt es, dass das Gericht aus den Äußerungen des Kindes oder den übrigen Umständen heraus erkennt, dass eine weitere Person existiert, der das Kind sein Vertrauen schenkt und deren Beteiligung an dem Verfahren im Interesse des Kindes geboten ist (ausf. Rz. 54).[1]

IV. Verfahrensfähigkeit des Minderjährigen

20 Das Kind ist gem. § 167 Abs. 3 ohne Rücksicht auf seine Geschäftsfähigkeit **verfahrensfähig, wenn es das 14. Lebensjahr vollendet hat**. § 316, der generell die Verfahrensfähigkeit des Betroffenen anordnet, wird insofern eingeschränkt. Das mindestens 14 Jahre alte Kind kann damit selbst wirksam alle Erklärungen im Verfahren abgeben und ihm stehen die gleichen Verfahrensrechte wie den sonstigen Beteiligten zu. Das bedeutet insbesondere, dass dem Kind sämtliche Schriftstücke (Unterbringungsantrag des gesetzlichen Vertreters, Stellungnahme des Jugendamts und des Verfahrensbeistands) und insbesondere auch das **eingeholte Sachverständigengutachten zur Stellungnahme übermittelt** werden müssen und ihm die Entscheidung bekannt zu geben ist. Zu Ausnahmen unter Berücksichtigung von § 164 Satz 2 vgl. Rz. 37 und 43.

21 Zur Vertretung des nicht verfahrensfähigen Kindes durch den gesetzlichen Vertreter vgl. § 151 Rz. 59.

V. Bestellung eines Verfahrensbeistands

22 Nach § 167 Abs. 1 Satz 2 tritt an die Stelle des Verfahrenspflegers nach § 317 der Verfahrensbeistand nach § 158. Die **Voraussetzungen der Bestellung** richten sich nach § 317 Abs. 1, dh. es ist stets ein Verfahrensbeistand zu bestellen, wenn nach den für Unterbringungssachen Volljähriger geltenden Vorschriften ein Verfahrenspfleger zu bestellen wäre.[2] Nach § 317 Abs. 1 Satz 1 hat die Bestellung zu erfolgen, wenn dies zur Wahrnehmung der Interessen des Betroffenen erforderlich ist. Da bei einer Unterbringung auf Betreiben des gesetzlichen Vertreters gegen den Willen des Minderjährigen regelmäßig ein erheblicher Interessengegensatz besteht und es sich bei der freiheitsentziehenden Unterbringung um einen erheblichen Eingriff in die Rechte des

---

[1] BGH v. 24.10.2012 – XII ZB 386/12, FamRZ 2013, 115, 116 mit krit. Anm. *Stößer* S. 117: Großmutter als einzige familiäre Bezugsperson des Kindes.
[2] BT-Drucks. 16/6308, S. 243; aA noch *Stößer*, 2. Aufl., Rz. 6 (Bestellung nach § 158 Abs. 1).

Kindes handelt, wird die Bestellung eines Verfahrensbeistands grundsätzlich immer erforderlich sein.[1] Dies gilt ohne Ausnahme, wenn nach § 319 Abs. 3 von der persönlichen Anhörung des Minderjährigen abgesehen werden soll (§ 317 Abs. 1 Satz 2), und bei noch nicht verfahrensfähigen, dh. unter 14 Jahre alten Kindern.[2] Sieht das Gericht von der Bestellung eines Verfahrensbeistands ab, ist dies gem. § 317 Abs. 2 in der Endentscheidung zu begründen. Die **Bestellung hat so frühzeitig zu erfolgen, dass der Verfahrensbeistand noch Einfluss auf die Entscheidung nehmen kann**,[3] dh. regelmäßig bereits mit Einleitung des Verfahrens.[4]

Die **Rechtsfolgen der Bestellung** richten sich dagegen nicht nach §§ 317f., sondern nach § 158 Abs. 3 bis 8.[5] Dabei besteht der wesentliche Unterschied in der Vergütung, denn während der berufsmäßige Verfahrensbeistand nach § 158 Abs. 7 Satz 2 und 3 eine pauschale Vergütung erhält, wird der Verfahrenspfleger gem. § 318 iVm. § 277 nach dem konkreten Aufwand im Einzelfall vergütet. Zu beachten ist, dass die Verfahrensbeistandschaft nicht für den gesamten Zeitraum der Unterbringung besteht, sondern gem. § 158 Abs. 6 Nr. 1 mit Rechtskraft der das Verfahren abschließenden Entscheidung endet.[6]

23

VI. Anhörung der Beteiligten und des Jugendamts

1. Persönliche Anhörung des Minderjährigen

Der Minderjährige ist vor einer Unterbringungsmaßnahme nach Maßgabe des § 319 persönlich anzuhören. Die Anhörung gehört als **Kernstück des Amtsermittlungsverfahrens** zu den wichtigsten Verfahrensgrundsätzen des Unterbringungsrechts.[7] Die Pflicht zur Anhörung des Kindes besteht unabhängig von seinem Alter. Das Gericht hat sich von dem Betroffenen einen **persönlichen Eindruck zu verschaffen**, soweit dies erforderlich ist auch in der üblichen Umgebung des Minderjährigen (§ 319 Abs. 1 Satz 2). Die Anhörung hat grundsätzlich **nach Einholung des Sachverständigengutachtens** nach § 321 zu erfolgen, damit das Gericht durch den persönlichen Eindruck in die Lage versetzt wird, das Gutachten zu würdigen.[8] Der Minderjährige ist über den möglichen Verlauf des Verfahrens zu unterrichten (§ 319 Abs. 2). Von der Anhörung darf gem. § 319 Abs. 3 grundsätzlich nur wegen zu besorgender Nachteile für die Gesundheit des Betroffenen und nur auf Grundlage eines ärztlichen Gutachtens (nicht: Attests) abgesehen werden (ausf. § 319 Rz. 10 ff.). Den persönlichen Eindruck von dem Minderjährigen soll sich der erkennende Richter selbst verschaffen, weshalb eine **Anhörung im Wege der Rechtshilfe** gem. § 319 Abs. 4 auch bei weiterer Entfernung der Einrichtung bis auf ganz enge Ausnahmen **unzulässig** ist (vgl. § 319 Rz. 15f). Bei größeren Entfernungen kann allerdings eine Abgabe des Verfahrens nach § 314 erwogen werden (vgl. Rz. 11). Folgt der Minderjährige der Ladung zur gerichtlichen Anhörung nicht, kann er nach Maßgabe von § 319 Abs. 5 bis 7 durch die zuständige Behörde vorgeführt werden. Zuständige Behörde ist in entsprechender Anwendung von § 167 Abs. 5 das Jugendamt, um den sachgerechten Umgang mit dem Minderjährigen sicherzustellen.[9] Soweit die Anwendung von Gewalt erforderlich

24

---

1 Staudinger/*Salgo* § 1631b BGB Rz. 37; *Vogel*, FPR 2012, 462, 464; Zöller/*Lorenz* § 167 FamFG Rz. 2.
2 Marschner/Volckart/*Lesting* § 167 FamFG Rz. 2. Noch weitergehend *Vogel*, FPR 2012, 462, 464 (ausnahmslose Bestellung ohne Rücksicht auf die Verfahrensfähigkeit).
3 BGH v. 2.3.2011 – XII ZB 346/10, FamRZ 2011, 805.
4 *Vogel*, FPR 2012, 462, 464.
5 **HM**, Marschner/Volckart/*Lesting* § 167 FamFG Rz. 2; Keidel/*Engelhardt* § 167 FamFG Rz. 3; MüKo.ZPO/*Heilmann* § 167 FamFG Rz. 21; *Hoffmann*, JAmt 2009, 473, 477; *Vogel*, FPR 2012, 462, 464; **aA** (Geltung von § 317f.) Bumiller/Harders § 167 FamFG Rz. 14f.; Holzer/*Hornikel* § 167 FamFG Rz. 10.
6 Einen Beistand für die gesamte Dauer der Unterbringung fordern zu Recht *Rüth*, ZKJ 2011, 48, 51 und *Stötzel*, FPR 2011, 558, 561.
7 BVerfG v. 14.6.2007 – 1 BvR 338/07, FamRZ 2007, 1627.
8 BGH v. 15.2.2012 – XII ZB 389/11, FamRZ 2012, 619.
9 *Walther*, JAmt 2010, 480, 484; MüKo.ZPO/*Heilmann* § 167 FamFG Rz. 43; **aA** *Grabow*, FPR 2011, 550, 553, nach dem gem. § 33 Abs. 3 Satz 3 der Gerichtsvollzieher zuständig sein soll.

ist, muss das Jugendamt nach § 319 Abs. 6 Satz 2 die polizeilichen Vollzugsorgane hinzuziehen (vgl. ergänzend § 319 Rz. 8). Wurde der Minderjährige im erstinstanzlichen Verfahren nicht persönlich angehört, ist dies durch das Beschwerdegericht gem. § 68 Abs. 3 Satz 2 nachzuholen.[1]

25 Die **Ausgestaltung der Anhörung** steht im Ermessen des Gerichts. Allerdings sind die Wertungen des § 159 Abs. 4 zu berücksichtigen (dazu § 159 Rz. 16 ff.). Insbesondere hat die Anhörung in Anwesenheit des Verfahrensbeistands zu erfolgen, wovon nur im Einzelfall aus Gründen der besseren Sachaufklärung abgesehen werden sollte (vgl. § 159 Abs. 4 Satz 3).[2]

26 Erklärt der Minderjährige sein Einverständnis mit der geschlossenen Unterbringung (sog. **Freiwilligkeitserklärung**), macht dies eine gerichtliche Genehmigung der Unterbringung und damit auch die persönliche Anhörung nicht entbehrlich.[3] Selbst wenn man die Einwilligung bei hinreichender Einsichtsfähigkeit des Kindes unter Berücksichtigung einer etwaigen psychischen Erkrankung oder einer geistigen Behinderung für ausreichend erachtet,[4] muss sich das Gericht von dem Vorliegen einer wirksamen Einwilligung selbst überzeugen.[5] Zudem ist zu prüfen, ob es im Hinblick auf die Einwilligung des Jugendlichen überhaupt der geschlossenen Unterbringung bedarf.[6]

2. (Persönliche) Anhörung der weiteren Beteiligten

27 Gem. § 320 Satz 1 sind die weiteren Verfahrensbeteiligten iSd. § 315 **anzuhören**, dh. insbesondere der oder die gesetzlichen Vertreter des Kindes und der Verfahrensbeistand (vgl. Rz. 13 ff.). Die Anhörung muss nicht persönlich erfolgen, sondern ist auch schriftlich oder telefonisch möglich. **Persönlich anzuhören** sind jedoch aufgrund der spezielleren Regelung in § 167 Abs. 4 die **sorgeberechtigten Elternteile** bzw. der zur Ausübung des Aufenthaltsbestimmungsrechts bestellte **Pfleger** oder der **Vormund** des Kindes sowie die **Pflegeeltern**.[7]

28 **Nicht anzuhören** sind demnach nichtsorgeberechtigte Elternteile, wenn sie nicht gem. § 315 Abs. 4 als Kann-Beteiligte hinzugezogen worden sind, denn § 160 Abs. 1 Satz 1 ist im Hinblick auf die abschließende Regelung in § 167 (vgl. Rz. 5) nicht anwendbar.[8] Ihre (nicht notwendigerweise persönliche) Anhörung ist jedoch im Hinblick auf das Erfordernis einer umfassenden Sachaufklärung (§ 26 FamFG), zu der die Eltern unabhängig von ihrem Sorgerecht beitragen können, und der dem § 160 Abs. 1 zugrundeliegenden entsprechenden Wertung zu prüfen.[9]

3. Anhörung des Jugendamts

29 Nach § 320 Satz 2 soll das Gericht die zuständige Behörde, dh. das Jugendamt anhören. Unter Berücksichtigung der besonderen Bedeutung der Anhörung des Jugendamts nach § 162 Abs. 1, dessen sozialpädagogische Sachkunde in das Verfahren

---

1 BGH v. 15.2.2012 – XII ZB 389/11, FamRZ 2012, 619.
2 BGH v. 18.7.2012 – XII ZB 661/11, FamRZ 2012, 1556, 1557; MüKo.ZPO/*Heilmann* § 167 FamFG Rz. 11.
3 Sehr str.; wie hier *Gollwitzer/Rüth*, FamRZ 1996, 1388; *Salgo*, FPR 2011, 546; *Schepker*, FPR 2011, 570, 573; Palandt/*Götz* § 1631b BGB Rz. 2; Bamberger/Roth/*Veit* § 1631b BGB Rz. 5; MüKo.BGB/*Wagenitz* § 1800 BGB Rz. 28.
4 So *Hoffmann*, JAmt 2009, 473; Marschner/Volckart/*Lesting* § 1631b BGB Rz. 7; FK-SGB VIII/*Trenczek* § 42 Rz. 53.
5 MüKo.ZPO/*Heilmann* § 167 FamFG Rz. 31.
6 Dazu ausf. *Schepker*, FPR 2011, 570, 572 f.
7 OLG Naumburg v. 14.12.2009 – 8 UF 213/09, FamRZ 2010, 1919.
8 OLG Saarbrücken v. 18.3.2010 – 6 UF 134/09, FamRZ 2010, 1920; OLG Hamm v. 21.12.2011 – 8 UF 271/11, juris; *Vogel*, FPR 2012, 462, 463; MüKo.ZPO/*Heilmann* § 167 FamFG Rz. 34; **aA** OLG Naumburg v. 7.12.2009 – 8 UF 207/09, FamRZ 2010, 1351; Bork/Jacoby/Schwab/*Zorn* § 167 FamFG Rz. 27.
9 OLG Saarbrücken v. 18.3.2010 – 6 UF 134/09, FamRZ 2010, 1920; MüKo.ZPO/*Heilmann* FamFG § 167 Rz. 34.

einzubringen (vgl. § 162 Rz. 4), ist die Anhörung des Jugendamts bei einer freiheitsentziehenden Unterbringung des Kindes jedoch **zwingend**.[1] Denn die Genehmigung nach § 1631b BGB setzt voraus, dass die geschlossene Unterbringung aus Gründen des Kindeswohls erforderlich und verhältnismäßig ist. Sie ist unzulässig, solange andere Angebote der Jugendhilfe, insbesondere die Unterbringung in einer offenen Jugendhilfeeinrichtung, nicht aussichtslos erscheinen.[2] Um dies festzustellen, benötigt das Gericht eine Stellungnahme des Jugendamts dazu, welche Hilfen bereits erbracht wurden und welche Alternativen zur geschlossenen Unterbringung bestehen, insbesondere aus welchen Gründen eine offene Unterbringung nicht möglich ist. Das Jugendamt soll auch dazu Stellung nehmen, ob nach seiner Einschätzung die Unterbringung in einer psychiatrischen Klinik oder einer geschlossenen Jugendhilfeeinrichtung erfolgen muss[3] und ob eine geeignete Jugendhilfeeinrichtung vorhanden und zur Aufnahme des Minderjährigen bereit ist.[4]

Dabei kann es durchaus zu **Konflikten zwischen dem Gericht und dem Jugendamt** kommen, wenn das Jugendamt erklärt, wegen des Gefährdungspotentials sei keine offene Einrichtung bereit, den Minderjährigen aufzunehmen, andererseits die freiheitsentziehende Unterbringung in der Psychiatrie als Fehlplatzierung erscheint, weil lediglich eine Störung des Sozialverhaltens vorliegt, die medizinisch nicht behandelbar ist. Weder kann das Gericht gegenüber dem Jugendamt anordnen, dass es eine bestimmte Hilfe erbringt (noch einen freien Träger der Jugendhilfe zur Aufnahme des Kindes verpflichten)[5] noch kann das Jugendamt das Gericht zur Genehmigung der Unterbringung zwingen. Hier ist in besonderem Maße die Kooperation von Gericht und Jugendamt im Rahmen ihrer **Verantwortungsgemeinschaft** zum Schutz des Minderjährigen gefragt (dazu allgemein § 162 Rz. 3). Entsprechend der Wertung des § 157 sollte das Gericht bei sich abzeichnenden Konflikten alle professionell Beteiligten (Jugendamt, Psychiatrie bzw. Kinder- und Jugendpsychiatrischer Dienst, Verfahrensbeistand), den gesetzlichen Vertreter des Kindes und in geeigneten Fällen das Kind selbst frühzeitig an einen Tisch bringen, um dies zu erörtern (vgl. § 157 Rz. 6). 30

Soweit das Jugendamt auf seinen Antrag gem. § 315 Abs. 3 **Verfahrensbeteiligter** ist, ergibt sich die Pflicht zur Anhörung aus § 320 Satz 1. 31

VII. Einholung eines Gutachtens

Vor der Genehmigung der Unterbringung eines Minderjährigen muss nach § 321 durch förmliche Beweisaufnahme (§ 30 Abs. 1 und 2 iVm. §§ 402 ff. ZPO) ein **Sachverständigengutachten** eingeholt werden. Regelmäßig wird ein schriftliches Gutachten eingeholt, möglich ist aber auch ein mündliches Gutachten in einem Erörterungstermin nach § 32 (vgl. § 321 Rz. 6). 32

Beweisthema ist die Notwendigkeit der Maßnahme, dh. der Gutachter hat Stellung zu nehmen zur Erforderlichkeit der Unterbringung aus Gründen des Kindeswohls, insbesondere zum Vorliegen einer Eigen- oder Fremdgefährdung, zu den Alternativen einer freiheitsentziehenden Unterbringung und zur Art der Unterbringung (Psychiatrie oder Jugendhilfeeinrichtung).[6] Gem. § 321 Abs. 1 Satz 3 soll sich das Gutachten auch auf die voraussichtliche Dauer der Unterbringung erstrecken. 33

§ 167 Abs. 6 regelt die **Person des Sachverständigen** abweichend von § 321 Abs. 1 Satz 4. Der **ärztliche Sachverständige** soll nach § 167 Abs. 6 Satz 1 Arzt für Kinder- und Jugendpsychiatrie und -psychotherapie sein. Eine abgeschlossene Facharztaus- 34

---

1 So wohl auch MüKo.ZPO/*Heilmann* § 167 FamFG Rz. 12. Dies entspricht auch dem Willen des Gesetzgebers (BT-Drucks. 16/6308, S. 241), der von der unmittelbaren Anwendbarkeit des § 162 ausging, ohne jedoch die abschließende Verweisung in § 167 Abs. 1 Satz 1 zu berücksichtigen.
2 BGH v. 18.7.2012 – XII ZB 661/11, FamRZ 2012, 1556 m. zust. Anm. *Salgo*.
3 *Walther*, JAmt 2009, 480, 482.
4 *Hoffmann/Trenczek*, JAmt 2011, 177, 179; DIJuF-Rechtsgutachten, JAmt 2011, 196.
5 *Hoffmann/Trenczek*, JAmt 2011, 177, 179; DIJuF-Rechtsgutachten, JAmt 2011, 196.
6 Ausf. *Rüth*, ZKJ 2011, 48, 49 und *Rohmann*, FPR 2011, 561, 562.

bildung ist nicht zwingend erforderlich, jedoch muss die besondere Sachkunde dann vom Gericht geprüft und in der Entscheidung dargelegt werden.[1] Entsprechend § 321 Abs. 1 Satz 4 Halbs. 2 muss es sich zumindest um einen Arzt mit Erfahrung auf dem Gebiet der Kinder- und Jugendpsychiatrie handeln. Zu beauftragen ist ein bestimmter Sachverständiger, nicht die Klinik.[2] Wird der Chefarzt bestellt, darf dieser das Gutachten nicht vollständig durch andere Ärzte erstellen lassen, er darf jedoch Hilfskräfte hinzuziehen (§ 407a Abs. 2 ZPO). Auch der behandelnde Arzt des Minderjährigen kann grundsätzlich zum Sachverständigen bestellt werden, solange es sich nicht um eine Unterbringung mit einer Gesamtdauer von vier Jahren handelt (vgl. § 329 Abs. 2 Satz 2).[3] Zur Vermeidung von Interessenskonflikten und zur besseren gerichtlichen Kontrolle sollte jedoch idR ein Sachverständiger ausgewählt werden, der nicht in der Unterbringungseinrichtung tätig ist.[4]

35   Gem. § 167 Abs. 6 Satz 2 kann das Gutachten in Verfahren nach § 151 Nr. 6 auch durch einen **Psychotherapeuten**[5], **Psychologen, Pädagogen oder Sozialpädagogen** erstattet werden, der **in Fragen der Heimerziehung ausgewiesen** ist. Dies betrifft Fälle, in denen die Verhaltensauffälligkeiten des Minderjährigen offensichtlich nicht auf einer gravierenden psychischen oder hirnfunktionellen Störung beruhen, sondern in erster Linie pädagogische Gesichtspunkte (insbesondere eine Störung des Sozialverhaltens aufgrund von Erziehungsdefiziten) im Raum stehen und daher nur die Unterbringung in einer geschlossenen Jugendhilfeeinrichtung in Betracht kommt.[6] Dies ist insbesondere der Fall, wenn bereits eine kinder- und jugendpsychiatrische Diagnostik erfolgt ist und die Notwendigkeit einer freiheitsentziehenden Unterbringung in einer geschlossenen Jugendhilfeeinrichtung ergänzend durch einen Psychologen oder Pädagogen eingeschätzt werden soll.[7] „Ausgewiesen" in der Heimerziehung ist der Gutachter, wenn er über besondere Kenntnisse und praktische Erfahrung mit offenen und geschlossenen Jugendhilfeeinrichtungen verfügt[8] und das Selbst- und Fremdgefährdungspotential eines Minderjährigen kompetent einzuschätzen vermag.[9]

36   Der Sachverständige hat den Minderjährigen gem. § 321 Abs. 1 Satz 2 **persönlich zu untersuchen**, darf also nicht nach Aktenlage bzw. aufgrund Fremdanamnese entscheiden. Erscheint der Minderjährige nicht zur Begutachtung, kann er nach § 322 iVm. § 283 f. vorgeführt bzw. **zur Begutachtung untergebracht** werden. Gewalt darf nur aufgrund besonderer gerichtlicher Anordnung angewendet werden; zuständige Behörde iSd. § 283 Abs. 2 ist (wie bei § 319 Abs. 5 und 326 Abs. 2) entsprechend § 167 Abs. 5 das Jugendamt, das zur Gewaltanwendung die polizeilichen Vollzugsorgane hinzuziehen muss (vgl. Rz. 24). Die Erstattung des Gutachtens muss zeitnah erfolgen, dem Sachverständigen ist hierzu eine Frist zu setzen (vgl. § 163 Abs. 1).

37   Das **Gutachten** muss den Beteiligten, dh. auch dem Verfahrensbeistand und dem verfahrensfähigen Minderjähren, **zur Kenntnis und Stellungnahme übersandt** werden (§§ 30 Abs. 4, 37 Abs. 2). Entsprechend § 325 Abs. 1 kann von der Übersendung an den Minderjährigen grundsätzlich nur abgesehen werden, wenn dies nach ärztlichem Zeugnis erforderlich ist, um Nachteile für seine Gesundheit zu vermeiden.[10] Bei der

---

1 BGH v. 19.1.2011 – XII ZB 256/10, FamRZ 2011, 637 und v. 15.9.2010 – XII ZB 383/10, FamRZ 2010, 1726.
2 Zöller/*Greger* § 402 ZPO Rz. 6.
3 BGH v. 15.9.2010 – XII ZB 383/10, FamRZ 2010, 1726.
4 *Hoffmann*, JAmt 2009, 473, 478; *Meysen*, JAmt 2008, 233, 236.
5 Kritisch hierzu wegen oft fehlender forensischer Qualifikation von Psychotherapeuten *Rohmann*, FPR 2009, 351, 355.
6 Vgl. *Rohmann*, FPR 2009, 351, 354; OLG Saarbrücken v. 18.3.2010 – 6 UF 134/09, FamRZ 2010, 1920 sowie BT-Drucks. 16/6308, S. 243. Generell krit. § 167 Abs. 6 Satz 2 *Rüth*, ZKJ 2011, 48, 50.
7 *Meysen*, JAmt 2008, 233, 236.
8 Vgl. zB OLG Saarbrücken v. 18.3.2010 – 6 UF 134/09, FamRZ 2010, 1920: Psychologe, der 25 Jahre lang in einer großen Kinder- und Jugendpsychiatrie tätig war, zuletzt als leitender Psychologe.
9 *Hoffmann/Trenczek*, JAmt 2011, 177, 179.
10 So BGH v. 6.7.2011 – XII ZB 616/10, FamRZ 2011, 1574) zur Parallelnorm § 288 Abs. 1.

Unterbringung Minderjähriger sind die Voraussetzungen für ein Absehen von der Übersendung jedoch unter Berücksichtigung der Wertung des § 164 Satz 2 weiter zu fassen.[1] Danach kann von der Mitteilung der Entscheidungsbegründung und der Übersendung von Stellungnahmen und Gutachten abgesehen werden, wenn dadurch Nachteile für die Entwicklung, Erziehung oder Gesundheit des Kindes zu befürchten sind (vgl. § 164 Rz. 5, 7). Dies ist jedoch gesondert oder als Teil der Endentscheidung anzuordnen und zu begründen. Im Einzelfall kann es daher auch genügen, wenn der Verfahrensbeistand oder der Richter im Rahmen der persönlichen Anhörung den Inhalt des Sachverständigengutachtens mündlich mit dem Kind erörtert.[2]

Zur **Verwertung des Gutachtens** muss dieses so gefasst sein, dass das Gericht es auf seine wissenschaftliche Begründung, seine innere Logik und seine Schlüssigkeit hin überprüfen kann.[3] Will das Gericht von der Einschätzung des Sachverständigen hinsichtlich der Notwendigkeit der Unterbringung abweichen, bedarf es grundsätzlich eines Zweitgutachtens; die Anhörung des behandelnden Arztes genügt hierfür nicht.[4] Will der Richter die Dauer der Unterbringung gegenüber der gutachterlichen Empfehlung ausweiten, muss er die hierfür tragenden Gründe in dem Beschluss darlegen.[5]   38

VIII. Genehmigungsbeschluss

1. Inhalt des Beschlusses

Die Endentscheidung ergeht durch Beschluss (§ 38 Abs. 1 Satz 1).   39

Im Tenor ist die **Unterbringungsmaßnahme näher zu bezeichnen** (§ 323 Nr. 1). Es muss daher klargestellt werden, ob die Unterbringung in einer psychiatrischen Klinik oder in einer geschlossenen Einrichtung der Jugendhilfe genehmigt wird. Die Einrichtung muss jedoch nicht namentlich benannt werden.[6] Die Auswahl der Einrichtung, in der der Minderjährige untergebracht werden soll, obliegt vielmehr dem gesetzlichen Vertreter des Kindes.[7] Aus dem Tenor muss ferner die Dauer der Unterbringung hervorgehen, dh. der **Zeitpunkt, zu dem die Maßnahme endet** (§ 323 Nr. 2). Nach § 329 Abs. 1 beträgt die Höchstdauer der Unterbringung ein Jahr, sofern nicht eine offensichtlich lange Unterbringungsbedürftigkeit festgestellt wird, was bei Minderjährigen kaum in Betracht kommen dürfte.[8] Ferner sind – soweit für die Unterbringung erforderlich – die **Gewaltanwendung** gegenüber dem Minderjährigen und die **Wohnungsdurchsuchung** ausdrücklich im Beschluss anzuordnen (vgl. Rz. 47). Zur Möglichkeit der Verlängerung der Unterbringung vgl. Rz. 50 ff., zu den Folgen eines Verstoßes gegen § 323 vgl. § 323 Rz. 7.   40

Die **Kostenentscheidung** richtet sich nach § 81. Beantragen die Kindeseltern die Genehmigung der Unterbringung im wohlverstandenen Interesse des Kindes, ist gem. § 81 Abs. 1 Satz 2 regelmäßig von der Erhebung von Gerichtskosten abzusehen, auch wenn sich die Unterbringung nach Einholung des Sachverständigengutachtens als nicht erforderlich herausstellt.[9] Zu der Möglichkeit, Auslagen des Minderjährigen bei Ablehnung der Genehmigung der Staatskasse aufzuerlegen, vgl. die Kommentierung zu § 337 Abs. 1.   41

Der Beschluss ist gem. § 38 Abs. 3 Satz 1 zu **begründen**. Hiervon kann schon wegen des Zwecks der Genehmigung nicht nach § 38 Abs. 4 Nr. 2 abgesehen werden, auch wenn sie dem erklärten Willen der Beteiligten nicht widerspricht (§ 38 Abs. 5 Nr. 3   42

---

1 BGH v. 18.7.2012 – XII ZB 661/11, FamRZ 2012, 1556, 1558.
2 So zu § 280 FamFG auch BGH v. 11.8.2010 – XII ZB 138/10, BtPrax 2010, 278.
3 BGH v. 9.11.2011 – XII ZB 286/11, FamRZ 2012, 104 (zu § 280 FamFG).
4 BGH v. 14.12.2011 – XII ZB 171/11, FamRZ 2012, 441.
5 BGH v. 14.11.2012 – XII ZB 344/12, FamRZ 2013, 284.
6 BVerfG v. 14.6.2007 – 1 BvR 338/07, FamRZ 2007, 1627.
7 OLG Brandenburg v. 29.9.2003 – 9 WF 177/03, FamRZ 2004, 815.
8 *Hoffmann*, JAmt 2009, 473, 478.
9 OLG Hamm v. 5.12.2011 – 6 UF 197/11, FamRZ 2012, 810; *Vogel*, FPR 2012, 462, 465; vgl. auch § 81 Rz. 16.

und § 164 Satz 3 entsprechend, vgl. § 164 Rz. 9). Gem. § 39 ist eine Rechtsmittelbelehrung erforderlich.

2. Bekanntmachung und Wirksamkeit des Beschlusses

43 Der Beschluss ist den Verfahrensbeteiligten (Rz. 13 ff.) gem. § 41 Abs. 1 Satz 1 **bekannt zu geben**. Die Bekanntgabe hat insbesondere auch an das gem. § 167 Abs. 3 verfahrensfähige, dh. mindestens 14 Jahre alte Kind zu erfolgen, eine Bekanntgabe an den gesetzlichen Vertreter genügt nicht. Nach § 325 Abs. 1 **kann von der Bekanntgabe an den Betroffenen abgesehen** werden, wenn dies erforderlich ist, um erhebliche Nachteile für seine Gesundheit zu vermeiden. Unter Berücksichtigung der Wertung des § 164 Satz 2 kann von der Bekanntgabe an das Kind auch abgesehen werden, wenn Nachteile für seine Entwicklung oder Erziehung zu befürchten sind.[1] Entgegen § 325 Abs. 1 ist daher auch ein ärztliches Gutachten nicht erforderlich. Das Absehen von der Bekanntgabe ist durch den Richter gesondert oder als Teil der Endentscheidung anzuordnen (vgl. § 164 Rz. 5). Nach § 325 Abs. 2 ist die Entscheidung auch dem **Leiter der Unterbringungseinrichtung** bekannt zu geben.

44 Zur Mitteilung der Endentscheidung an Gerichte und Behörden und zur Benachrichtigung von Angehörigen vgl. die Kommentierung zu §§ 338 und 339.

45 **Wirksamkeit** erlangen Beschlüsse über die Genehmigung einer Unterbringungsmaßnahme entgegen § 40 Abs. 1 nicht mit Bekanntgabe, sondern erst **mit Rechtskraft** (§ 324 Abs. 1). Das Gericht kann aber die **sofortige Wirksamkeit** anordnen (§ 324 Abs. 2).

IX. Zuführung des Minderjährigen in die Unterbringungseinrichtung

46 Die Zuführung des Minderjährigen zur Unterbringung (das Verbringen in die Einrichtung) **obliegt dem Personensorgeberechtigten**, der das Verfahren der geschlossenen Unterbringung eingeleitet hat (Eltern, Vormund oder Pfleger).[2] Das **Jugendamt** hat diese Personen als kompetente Fachbehörde gem. § 167 Abs. 5 (Sondervorschrift zu § 326 Abs. 1) auf deren Wunsch bei der Zuführung zur Unterbringung zu **unterstützen**. Die Kosten der Zuführung hat das Jugendamt zu tragen.[3] Anderes gilt für die Vorführung des Minderjährigen zur Anhörung oder Begutachtung nach § 319 und 322, denn diese erfolgt anders als die Zuführung zur Unterbringung auf Anordnung des Gerichts, so dass es sich um eine gerichtliche Auslage handelt.

47 Die **Gewaltanwendung** gegenüber dem Minderjährigen bedarf gem. § 326 Abs. 2 Satz 1 einer **ausdrücklichen gerichtlichen Anordnung**. Das Jugendamt darf (wie bei der Inobhutnahme, § 42 Abs. 6 SGB VIII) nicht selbst Gewalt anwenden, sondern muss hierzu gem. § 326 Abs. 2 Satz 2 erforderlichenfalls um **Unterstützung durch Polizeivollzugsbeamte** nachsuchen.

48 Nach § 326 Abs. 3 Satz 1 ist im Falle des Betretens, gewaltsamen Öffnens oder Durchsuchens der Wohnung des Minderjährigen ein **richterlicher Durchsuchungsbeschluss** erforderlich. Die Anordnung bedarf der vorherigen Anhörung des betroffenen Minderjährigen, soweit er gem. § 167 Abs. 3 verfahrensfähig ist, sonst seines gesetzlichen Vertreters (§ 326 Abs. 3 Satz 2). Hiervon kann nur bei Gefahr im Verzug abgesehen werden (§ 326 Abs. 3 Satz 3). Zu weiteren Einzelheiten vgl. § 326 Rz. 5.

49 § 327 (Entscheidung über Maßnahmen zur Regelung einzelner Maßnahmen im Vollzug der Unterbringung) und § 328 (Aussetzung der Vollziehung) sind in Verfahren der Genehmigung der Unterbringung nicht anwendbar, sondern nur bei einer öffentlich-rechtlichen Unterbringung nach §§ 151 Nr. 7, 312 Nr. 3.

---

1 BGH v. 18.7.2012 – XII ZB 661/11, FamRZ 2012, 1556, 1558; *Hoffmann*, JAmt 2009, 473, 478; MüKo.ZPO/*Heilmann* § 167 FamFG Rz. 16; Bamberger/Roth/*Veit* § 1631b BGB Rz. 10.2.
2 Näher dazu *Walther*, JAmt 2009, 480, 484 und *Hoffmann*, JAmt 2009, 473, 479.
3 Vgl. § 326 Rz. 9; LG Koblenz v. 21.10.2003 – 2 T 726/03, FamRZ 2004, 566; **aA** *Walther*, JAmt 2009, 480, 487.

X. Verlängerung und Aufhebung der Genehmigung

Die Abänderung des gerichtlichen Genehmigungsbeschlusses richtet sich nicht nach § 166, sondern nach § 167 Abs. 1 Satz 1 iVm. §§ 329 Abs. 2, 330. 50

Gem. § 329 Abs. 2 gelten für die **Verlängerung der Unterbringungsgenehmigung** keine geringeren Verfahrensanforderungen als für die ursprüngliche Genehmigung. Vielmehr ist das **Verfahren erneut vollständig durchzuführen**, insbesondere sind die (persönlichen) Anhörungen durchzuführen und ein neues Sachverständigengutachten einzuholen. Voraussetzung ist zudem, dass der bzw. die gesetzlichen Vertreter das Kind weiterhin geschlossen unterbringen wollen.[1] Auch materiell-rechtlich richtet sich die Entscheidung nicht nach § 1696 Abs. 1 BGB, sondern nach §§ 1631b, 1800, 1915 bzw. §§ 1693, 1846, 1915 BGB. 51

Der **Genehmigungsbeschluss** ist nach § 330 **aufzuheben**, wenn die Voraussetzungen der Genehmigung wegfallen. Dem entspricht materiell-rechtlich § 1696 Abs. 2 BGB, der auch Genehmigungen nach § 1631b BGB als kindesschutzrechtliche Maßnahme erfasst. Hierzu **hat das Gericht die Unterbringungsmaßnahme fortlaufend zu überprüfen**, was sich aus allgemeinen Grundsätzen des Unterbringungsverfahrens („Verfahrensbeobachtungspflicht", vgl. § 330 Rz. 2) sowie ergänzend aus der Wertung des § 166 Abs. 2 FamFG iVm. § 1696 Abs. 2 BGB ergibt.[2] Zum Überprüfungsverfahren vgl. § 166 Rz. 15 ff. Der gesetzliche Vertreter kann die Unterbringung selbst beenden, ohne dass der Beschluss zuvor aufgehoben werden muss, da das Gericht die Unterbringung durch den gesetzlichen Vertreter lediglich genehmigt, nicht anordnet.[3] Dennoch ist der Genehmigungsbeschluss auch nach Beendigung der Unterbringung aufzuheben, um den von ihm ausgehenden Rechtsschein zu beseitigen (§ 330 Rz. 2). Wird der Minderjährige mit Zustimmung des gesetzlichen Vertreters entlassen, bedarf es für eine erneute Unterbringung auch einer neuen Genehmigung, nicht dagegen bei einem eigenmächtigen Verlassen der Einrichtung durch den Minderjährigen.[4] Würde im Falle der Entlassung durch den gesetzlichen Vertreter das Wohl des Kindes gefährdet sein, hat das Gericht auf entsprechende Mitteilung der Klinik oder Einrichtung einstweilige Maßnahmen nach §§ 1666, 1693, 1846, 1915 BGB iVm. §§ 331 - 334 zu ergreifen, es kann aber nicht ohne Zustimmung des gesetzlichen Vertreters die weitere Unterbringung nach § 1631b BGB genehmigen.[5] 52

XI. Rechtsmittel

Gegen die Endentscheidung findet nach § 58 Abs. 1 die **Beschwerde** statt. Beschwerdeberechtigt ist im Falle der Genehmigung oder Anordnung einer Unterbringungsmaßnahme der Betroffene, wenn er das 14. Lebensjahr vollendet hat (§§ 60, 167 Abs. 3). Er kann sie auch bei dem Amtsgericht einlegen, in dessen Bezirk er bereits untergebracht ist (§ 336). Zur Einlegung der Beschwerde berechtigt sind nach § 335 Abs. 4 unabhängig von einer Beeinträchtigung in eigenen Rechten auch das Jugendamt und nach §§ 167 Abs. 1 Satz 2, 158 Abs. 4 Satz 5 der Verfahrensbeistand. Ist die Unterbringungsmaßnahme abgelehnt worden, sind beschwerdeberechtigt der berechtigte Antragsteller des Verfahrens (Träger des Aufenthaltsbestimmungsrechts), das Jugendamt und der Verfahrensbeistand. 53

Eine **Erweiterung des Kreises der Beschwerdeberechtigten** unabhängig von einer Beeinträchtigung in eigenen Rechten ergibt sich aus § 335. Im Interesse des Minderjährigen können dessen **nicht sorgeberechtigte Eltern** (wenn das Kind bei ihnen lebt), **Pflegeeltern** und der Leiter der Einrichtung Beschwerde einlegen, wenn sie am erstinstanzlichen Verfahren beteiligt waren. Dies gilt gem. § 335 Nr. 2 auch für eine von dem Minderjährigen benannte **Vertrauensperson**, wie zB ein Großelternteil. Da Minderjährige, die das 14. Lebensjahr noch nicht vollendet haben, gem. § 167 Abs. 3 54

---

1 OLG Naumburg v. 13.5.2008 – 8 WF 90/08, FamRZ 2009, 431; OLG Bremen v. 14.1.2013 – 5 UF 1/13, FF 2013, 131 (LS) = FamRB 2013, 106 (*Schmid*).
2 Staudinger/*Salgo* § 1631b BGB Rz. 29; Bamberger/Roth/*Veit* § 1631b BGB Rz. 8.
3 Staudinger/*Salgo* § 1631b BGB Rz. 28; Bamberger/Roth/*Veit* § 1631b BGB Rz. 8.
4 Musielak/*Borth* § 167 FamFG Rz. 2.
5 OLG Bremen v. 14.1.2013 – 5 UF 1/13, FF 2013, 131 (LS) = FamRB 2013, 106 (*Schmid*).

noch nicht verfahrensfähig sind, kann von ihnen allerdings eine ausdrückliche Benennung nicht verlangt werden. Vielmehr genügt es, wenn das Gericht aus den Äußerungen des Kindes oder den Umständen heraus erkennt, dass eine weitere Person existiert, der das Kind offenbar sein Vertrauen schenkt, und diese Person daher im erstinstanzlichen Verfahren nach § 315 Abs. 4 Nr. 2 beteiligt.[1] Die Voraussetzungen einer Beschwerdeberechtigung sind – anders als sonst in Kindschaftssachen – im Interesse der Kontrolle der freiheitsentziehenden Unterbringung als einer für das Kind besonders einschneidenden Maßnahme großzügig anzunehmen.

C. Anordnung einer freiheitsentziehenden Unterbringung psychisch kranker Minderjähriger (§ 151 Nr. 7)

55 In Verfahren nach § 151 Nr. 7 betreffend die freiheitsentziehende Unterbringung psychisch kranker Minderjähriger (sog. **öffentlich-rechtliche Unterbringung**) sind die für Unterbringungssachen nach § 312 Nr. 3 geltenden Vorschriften anzuwenden.

56 Für das Verfahren gelten grundsätzlich die gleichen Vorschriften und Grundsätze wie bei einer Genehmigung der Unterbringung nach § 151 Nr. 6, so dass auf die dortigen Ausführungen verwiesen wird. **Besonderheiten** ergeben sich daraus, dass das **Gericht** nicht eine Unterbringung durch den gesetzlichen Vertreter genehmigt, sondern auf Antrag der Behörde **die Unterbringung selbst anordnet und vollzieht**.

57 Die Einleitung des Verfahrens setzt nach den Landesrechten einen **Antrag der zuständigen Behörde** voraus. Eine Übersicht über die jeweils anwendbaren Landesvorschriften findet sich bei § 312 Rz. 8.

58 **Örtlich zuständig** für die Unterbringung psychisch kranker Minderjähriger iSd. § 151 Nr. 7 ist gem. § 313 Abs. 3 Satz 1 das Gericht, in dessen Bezirk das Bedürfnis für die Unterbringungsmaßnahme hervortritt. Befindet sich der Minderjährige allerdings bereits in einer geschlossenen Einrichtung, ist (und bleibt) gem. Satz 2 das Gericht ausschließlich zuständig, in dessen Bezirk die Einrichtung liegt. Maßgeblich ist dabei der Zeitpunkt, in dem das Gericht mit der Sache befasst wird.[2] **Funktionell zuständig** ist der Richter (vgl. § 151 Rz. 25). Zur **internationalen Zuständigkeit** vgl. § 99 Rz. 38 und § 105 Rz. 8.

59 Das nach § 321 einzuholende **Gutachten** muss gem. § 167 Abs. 6 Satz 1 durch einen **Arzt für Kinder- und Jugendpsychiatrie** erstellt werden. Die Ausnahmeregelung in § 167 Abs. 6 Satz 2 ist nicht anwendbar. Die Pflicht zur Einholung eines gerichtlichen Gutachtens entfällt nicht, wenn die Behörde ihrem Unterbringungsantrag bereits ein nach Landesrecht erforderliches ärztliches Gutachten beigefügt hat.[3]

60 **Gegen Maßnahmen im Vollzug der Unterbringung** kann der Minderjährige gem. § 327 eine **Entscheidung des Gerichts** beantragen, wenn er mindestens 14 Jahre alt und damit gem. § 167 Abs. 3 verfahrensfähig ist, im Übrigen steht das Antragsrecht dem gesetzlichen Vertreter zu. Ferner kann die **Vollziehung** der Unterbringung nach § 328 **ausgesetzt werden**.

61 Eine **Entlassung des Minderjährigen** ist nur möglich, wenn das Gericht den Unterbringungsbeschluss zuvor gem. § 330 aufhebt. Vor der Aufhebung soll die zuständige Behörde gem. § 330 Satz 2 angehört werden.

D. Unterbringung aufgrund einstweiliger Anordnung

I. Überblick

62 Die Genehmigung oder Anordnung der freiheitsentziehenden Unterbringung im Wege der eA hat **besondere praktische Bedeutung**. Zum einen erfolgt die Unterbringung regelmäßig aufgrund von akuten und daher regelmäßig eiligen Gefährdungssituationen. Zum anderen erfolgt die Unterbringung – jedenfalls in geschlossenen

---

[1] BGH v. 24.10.2012 – XII ZB 386/12, FamRZ 2013, 115, 116 m. krit. Anm. *Stößer*.
[2] OLG Schleswig v. 1.8.2012 – 8 UFH 11/12, juris.
[3] BGH v. 21.11.2012 – XII ZB 306/12, FamRZ 2013, 211 m. zust. Anm. *Fröschle*.

psychiatrischen Abteilungen – überwiegend nur kurzfristig für einen Zeitraum von ein- oder zweimal sechs Wochen.[1]

Die Ermittlung der **anwendbaren Verfahrensvorschriften** wird durch die vielfältigen Verweisungen erschwert. Gem. § 51 Abs. 3 gelten grundsätzlich die Verfahrensvorschriften für das Hauptsacheverfahren (§ 167 Abs. 1 Satz 1 iVm. § 312ff., 167 Abs. 1 Satz 2 und Abs. 2 bis 6), soweit nicht die Vorschriften für das Anordnungsverfahren Sonderregelungen enthalten. Diese ergeben sich grundsätzlich aus §§ 49ff., soweit sich nicht aus § 167 Abs. 1 Satz 1 iVm. § 331 bis 334 Besonderheiten ergeben. 63

Das Gesetz unterscheidet zwischen der sog. **„gewöhnlichen"** eA nach § 331 und der eA wegen besonderer Dringlichkeit nach § 332 (sog. **„eilige"** eA). § 333 regelt die praktisch ebenfalls häufige Verlängerung von eA. 64

§ 334 betrifft gerichtliche Anordnungen nach § 1846 BGB bei zivilrechtlicher Unterbringung, **wenn ein Pfleger oder Vormund verhindert ist oder nicht rechtzeitig bestellt werden kann**, zB weil den Eltern in einer akuten Gefährdungssituation zur Unterbringung des Kindes einstweilen gem. § 1666 BGB das Aufenthaltsbestimmungsrecht entzogen werden musste, weil diese der Unterbringung nicht zustimmen. Die Vorschrift ist entsprechend anzuwenden bei Verhinderung der sorgeberechtigten Eltern nach § 1693 BGB. Vgl. zu dieser Fallkonstellation Rz. 9 und zu weiteren Einzelheiten die Kommentierung zu § 334. 65

II. Verfahrenseinleitung

Vgl. hierzu, insbesondere zum Verfahren bei fehlender Zustimmung der sorgeberechtigten Eltern zur Unterbringung des Kindes, Rz. 7ff. 66

III. Zuständigkeit

Neben dem nach § 313 Abs. 1 zuständigen Gericht ist für den Erlass einer eA gem. § 313 Abs. 2 auch das Gericht **örtlich zuständig**, in dessen Bezirk das Bedürfnis für die Unterbringungsmaßnahme bekannt wird (ähnlich der Regelung in § 152 Abs. 4). Zur Benachrichtigung des nach § 313 Abs. 1 zuständigen Gerichts und zur Übersendung des Verfahrens an dieses Gericht vgl. § 313 Rz. 12. Zur internationalen Zuständigkeit vgl. § 99 Rz. 19. 67

IV. Eilbedürftigkeit

§ 331 Satz 1 Nr. 1 verlangt als Spezialvorschrift zu § 49 Abs. 1, dass **dringende Gründe** für die Annahme bestehen, dass die **materiell-rechtlichen Voraussetzungen** der Genehmigung der Unterbringung (§ 151 Nr. 6: §§ 1631b, 1800 und 1915 BGB) oder ihrer Anordnung (§ 151 Nr. 7: jeweiliges Landesgesetz über die Unterbringung psychisch Kranker) vorliegen. Die Voraussetzungen müssen aufgrund summarischer Prüfung mit erheblicher Wahrscheinlichkeit vorliegen.[2] Zusätzlich muss ein **dringendes Bedürfnis für ein sofortiges Tätigwerden** des Gerichts bestehen, vgl. hierzu § 331 Rz. 8. 68

V. Zeugnis eines Arztes oder einer in der Heimerziehung ausgewiesenen Fachkraft

Nach § 331 Satz 1 Nr. 2 ist kein Sachverständigengutachten nach §§ 321 FamFG erforderlich, sondern es genügt ein ärztliches Zeugnis über den Zustand des betroffenen Minderjährigen. Wegen der **Qualifikation** des Arztes und des Inhalts des Zeugnisses wird auf § 331 Rz. 10 verwiesen. In entsprechender Anwendung des § 167 Abs. 6 Satz 2 muss bei einer zivilrechtlichen Unterbringung in einer geschlossenen Jugendhilfeeinrichtung auch das Zeugnis eines in der Heimerziehung ausgewiesenen Psychotherapeuten, Psychologen, Pädagogen und Sozialpädagogen genügen (zu dessen Qualifikation Rz. 35).[3] 69

---

1 *Rüth*, ZKJ 2011, 48.
2 § 331 Rz. 7 und *Vogel*, FPR 2012, 462, 466.
3 *Vogel*, FPR 2012, 462, 466.

70 Da die Einholung eines Gutachtens nicht nach § 30 Abs. 2 vorgeschrieben ist, erfolgt die Einholung des ärztlichen Zeugnisses im Wege des **Freibeweises nach § 29**. Es muss daher nicht schriftlich vorliegen, sondern kann (insbesondere als Ergänzung bei unzureichendem schriftlichem Zeugnis) auch (fern-)mündlich eingeholt werden, wobei dann ein entsprechender Aktenvermerk zu fertigen und den Beteiligten zur Kenntnis zu geben ist. Das Zeugnis kann gem. § 37 Abs. 2 nur verwertet werden, wenn die Beteiligten hierzu Stellung nehmen konnten (vgl. hierzu – auch zur möglichen Ausnahme hinsichtlich der Übersendung des Zeugnisses an den Minderjährigen – Rz. 37). Eine Ausnahme gilt für die Fälle, in denen nach § 332 von der Anhörung der Beteiligten abgesehen werden kann.

71 Das Zeugnis des Arztes muss grundsätzlich auf einer **persönlichen und zeitnahen Untersuchung** des Minderjährigen beruhen.[1] Dies kann Probleme bereiten, wenn der Minderjährige aus dem Elternhaus oder einer Jugendhilfeeinrichtung davongelaufen („auf Trebe") ist und nach Erkenntnissen der Eltern oder der früheren Jugendhilfeeinrichtung erhebliche Anhaltspunkte einer Eigen- oder Fremdgefährdung zeigt. Bestehen keine erfolgversprechenden Möglichkeiten, das Kind persönlich von einem Arzt untersuchen zu lassen, erscheint es zulässig, das ärztliche Zeugnis nach Aktenlage (zB Auswertung der Akten der Ambulanz und des Jugendamts, insbesondere aus den Berichten früherer Jugendhilfeeinrichtungen) und aufgrund von Fremdanamnese (der Eltern, der Bezugsbetreuer) zu erstatten und – soweit danach dringende Gründe für die Annahme einer Eigen- oder Fremdgefährdung festgestellt werden – den Minderjährigen sodann der Unterbringungseinrichtung zuzuführen. Einen völligen Verzicht auf die Einholung des ärztlichen Attests rechtfertigt der unbekannte Aufenthalt des Kindes daher nicht.[2] Sobald die Unterbringung erfolgt ist, ist jedoch zusammen mit der persönlichen Anhörung auch der Arzt zum Ergebnis der persönlichen Untersuchung des Minderjährigen anzuhören und die Unterbringungsentscheidung nach § 54 Abs. 1 Satz 3 zu überprüfen. Besteht keine dringliche Eigen- oder Fremdgefährdung, kann der Minderjährige in einem Hauptsacheverfahren nach § 322 iVm. §§ 283 f. zur Begutachtung untergebracht werden (dazu Rz. 39).

VI. Anhörungen und Bestellung eines Verfahrensbeistands

1. Bestellung eines Verfahrensbeistands

72 § 331 Satz 1 Nr. 3 verdeutlicht, dass im Anordnungsverfahren grundsätzlich nicht auf die Bestellung und Anhörung eines **Verfahrensbeistands** nach §§ 317, 167 Abs. 1 Satz 2 verzichtet werden kann (ausf. Rz. 22 f.). Hiervon kann (vorläufig) nur wegen besonderer Dringlichkeit nach § 332 abgesehen werden (Rz. 76).

2. Persönliche Anhörung des betroffenen Minderjährigen

73 § 331 Satz 1 Nr. 4 stellt klar, dass bei einer eA nicht von der gem. § 319 erforderlichen **persönlichen Anhörung des betroffenen Minderjährigen** abgesehen werden kann. Dies ist vielmehr nur bei zu erwartenden gesundheitlichen Nachteilen für den Minderjährigen nach § 34 Abs. 2 möglich (dazu § 331 Rz. 12) oder gem. § 332 bei besonderer Dringlichkeit (vgl. Rz. 76). Abweichend von § 319 Abs. 4 kann die Anhörung gem. § 331 Satz 2 jedoch auch im Wege der Rechtshilfe erfolgen.

3. Anhörung der weiteren Beteiligten und des Jugendamts

74 Gem. §§ 51 Abs. 3, 167 Abs. 1 Satz 1, 320 Satz 1, § 315 Abs. 1 iVm. § 167 Abs. 4 ist auch der **gesetzliche Vertreter des Minderjährigen** (Eltern, Pfleger oder Vormund) **persönlich anzuhören**, dh. mündlich. Hiervon kann nur unter den Voraussetzungen des § 34 Abs. 2 abgesehen werden. Zu Dringlichkeitsfällen vgl. Rz. 77.

---

1 § 331 Rz. 10 und *Vogel*, FPR 2012, 462, 466.
2 **AA** OLG Naumburg v. 11.7.2012 – 8 UF 144/12, JAmt 2013, 48, 51 m. krit. Anm. *Hoffmann*.

Anzuhören sind gem. § 320 Satz 1 grundsätzlich auch die **Kann-Beteiligten** nach § 315 Abs. 4, allerdings kann das Gericht sein Ermessen im Eilverfahren dahingehend ausüben, diese im Anordnungsverfahren nicht beizuziehen (§ 331 Rz. 14). Ferner ist das **Jugendamt** gem. § 320 Satz 2 bzw. im Falle der Beteiligung auf Antrag (§ 315 Abs. 3) nach § 320 Satz 1 anzuhören. Es ist keine persönliche Anhörung vorgeschrieben, so dass die Anhörung auch schriftlich, fernmündlich oder auf sonstige Weise erfolgen kann.

4. (Vorläufiges) Absehen von der Anhörung bei gesteigerter Dringlichkeit

Bei **Gefahr im Verzug** kann nach § 332 Satz 1 eine eA auch **vor Anhörung des Minderjährigen** und **vor Anhörung und Bestellung des Verfahrensbeistands** ergehen. Gefahr im Verzug liegt vor, wenn der mit der Anhörung oder Bestellung verbundene zeitliche Aufschub die Gefahr erheblicher Nachteile für den betroffenen Minderjährigen oder Dritte mit sich bringen würde (§ 332 Rz. 4 m. Nachw.). Diese Verfahrenshandlungen sind dann gem. § 332 Satz 2 **unverzüglich nachzuholen**. Dabei sind andere, weniger vordringliche Dienstgeschäfte wegen der besonderen Eilbedürftigkeit von Unterbringungssachen notfalls zurückzustellen.[1] Aufgrund des Ergebnisses der nachgeholten Anhörung hat das Gericht die erlassene Anordnung gem. § 54 Abs. 1 Satz 3 von Amts wegen zu prüfen. Kann es danach bei der erlassenen eA verbleiben, ist lediglich ein entsprechender Aktenvermerk erforderlich, es bedarf keiner bestätigenden Entscheidung. Anderenfalls ist die Anordnung nach Anhörung der Beteiligten und des Arztes abzuändern, dh. aufzuheben, ihre Dauer zu verkürzen oder ggf. unter den Voraussetzungen des § 333 Satz 2 auch zu verlängern (dazu Rz. 80).

§ 332 erlaubt es nicht, von der **Anhörung des gesetzlichen Vertreters** abzusehen (ausf. § 331 Rz. 4, 14 f.).[2] Dies erscheint bei Gefahr im Verzug im Hinblick auf das Erfordernis einer persönlichen Anhörung in § 167 Abs. 4 problematisch, da der gesetzliche Vertreter in Fällen gesteigerter Dringlichkeit oft nicht rechtzeitig im Gericht angehört werden kann, zB weil er kurzfristig nicht telefonisch erreichbar ist, um einen rechtzeitigen Anhörungstermin zu vereinbaren. Wie § 334 FamFG iVm. §§ 1846, 1915 BGB zeigt, kann das Gericht jedoch sogar die Zustimmung des Vormunds oder Pflegers zur Unterbringung des Minderjährigen ersetzen, wenn der Vormund oder der Pfleger nicht rechtzeitig erreicht werden kann. Entsprechendes ermöglicht § 1693 BGB bei Verhinderung der sorgeberechtigten Eltern. Erst recht muss daher analog § 334 FamFG iVm. §§ 1693, 1846, 1915 BGB von der persönlichen Anhörung abgesehen werden können, wenn zwar ein Unterbringungsantrag des gesetzlichen Vertreters vorliegt, dieser aber nicht rechtzeitig für eine persönliche Anhörung erreicht werden kann. Es ist nicht ersichtlich, dass der Gesetzgeber dieses aus der Verweisung in § 167 Abs. 1 Satz 1 und der Sonderregelung in § 167 Abs. 4 resultierende Problem bei der Regelung des § 332 bedacht hat, so dass von einer unbewussten Regelungslücke auszugehen ist. Wird dementsprechend von der persönlichen Anhörung abgesehen, so ist sie entsprechend § 332 Satz 2 unverzüglich nachzuholen, regelmäßig mit der persönlichen Anhörung des betroffenen Minderjährigen.

Von der Anhörung des **Jugendamts** als zuständiger Behörde nach § 320 Satz 2 kann bei Gefahr im Verzug und telefonischer Nichterreichbarkeit abgesehen werden, da es sich um eine Soll-Vorschrift handelt und insofern ein Ausnahmefall vorliegt. Für die Anhörung ist es allerdings bereits ausreichend, dass mit dem Tagesdienst des Jugendamts telefonische Rücksprache gehalten wird.

VII. Beschluss

Hinsichtlich des Inhalts, der Bekanntgabe und der Wirksamkeit des Beschlusses, mit dem die Unterbringung genehmigt (§ 151 Nr. 6) oder angeordnet (§ 151 Nr. 7) wird, gelten die Ausführungen zum Hauptsacheverfahren (Rz. 39 ff.). Zu beachten ist allerdings, dass die eA gem. § 333 Satz 1 die **Dauer von sechs Wochen nicht überschreiten darf**. Zur Zuführung des Minderjährigen in die Einrichtung vgl. Rz. 46 ff.

---

1 BVerfG v. 14.6.2007 – 1 BvR 338/07, FamRZ 2007, 1627.
2 OLG Naumburg v. 14.12.2009 – 8 UF 213/09, FamRZ 2010, 1919.

VIII. Verlängerung der einstweiligen Anordnung

80 EA nach §§ 331 f. können nach Maßgabe von § 333 Satz 2 bis 4 verlängert werden. Zu beachten ist, dass für die Verlängerung gem. § 333 Satz 2 ein ärztliches Zeugnis nicht mehr ausreicht, sondern die **Anhörung eines Sachverständigen** erforderlich ist, der die nach § 321 Abs. 4 bzw. § 167 Abs. 6 erforderliche Qualifikation besitzt (dazu Rz. 34 f.). Im Übrigen sind die für die Erstentscheidung geltenden Verfahrensvorschriften erneut zu beachten, insbesondere sind die (persönlichen) Anhörungen erneut durchzuführen. Es ist **keine erneute Bestellung des Verfahrensbeistands erforderlich**, denn die Verlängerung nach § 333 Satz 2 stellt als Sonderfall der Abänderung nach § 54 eine Fortsetzung des ursprünglichen Anordnungsverfahrens dar,[1] so dass die Bestellung aus dem Erstverfahren fortgilt. Daher fällt auch die Kostenpauschale nicht erneut an. Dagegen ist eine erneute Bestellung erforderlich, wenn die ursprüngliche eA bereits abgelaufen ist, denn dann handelt es sich nicht um eine Verlängerung der Unterbringung, sondern um eine neue Unterbringung und damit um ein neues Verfahren.[2]

81 Die Verlängerung einer eA über sechs Wochen hinaus muss Ausnahmefällen vorbehalten bleiben,[3] insbesondere sind bereits im Rahmen der Erstunterbringung die Erforderlichkeit der Einleitung eines Hauptsacheverfahrens und die Einholung eines Sachverständigengutachtens zu prüfen. § 333 Satz 3 stellt klar, dass auch eine mehrfache Verlängerung möglich ist. Insgesamt darf jedoch gem. § 333 Abs. 4 die **Höchstgrenze von drei Monaten** nicht überschritten werden (ausf. § 333 Rz. 6).

IX. Rechtsmittel

82 Nach § 57 Satz 2 sind eA in Verfahren nach § 151 Nr. 6 und 7 mit der **Beschwerde nach § 58 ff.** anfechtbar. Die zuvor streitige Frage der Anfechtbarkeit hat sich mit der Neufassung der Vorschrift durch das Gesetz zur Einführung einer Rechtsbehelfsbelehrung im Zivilprozess zum 1.1.2013 erledigt.[4] Anders als bei den anderen in § 57 Satz 2 genannten Kindschaftssachen setzt die Anfechtbarkeit nicht voraus, dass die Entscheidung aufgrund muündlicher Erörterung (§ 32) ergangen ist.[5] Unerheblich ist nach der Vorschrift auch, ob es sich um eine „gewöhnliche" eA nach § 331 oder eine „eilige" eA nach § 332 handelt.[6] Es gilt gem. § 63 Abs. 2 Nr. 1 eine **verkürzte Beschwerdefrist** von zwei Wochen. Daneben besteht wahlweise die Möglichkeit, gem. § 54 Abs. 2 eine erneute Entscheidung des erstinstanzlichen Gerichts aufgrund mündlicher Erörterung zu beantragen, wenn die eA ohne eine solche ergangen ist.[7]

82a **Kosten/Gebühren: Gericht:** Nach Vorbem. 1.3.1 Abs. 1 KV FamGKG entstehen in Verfahren, die die freiheitsentziehende Unterbringung eines Minderjährigen betreffen, keine Gebühren. **RA:** Vertritt ein RA einen Beteiligten im Verfahren, stehen ihm Gebühren nach den Nrn. 6300 bis 6303 VV RVG zu (Betragsrahmengebühren). Die Gebühren entstehen für jeden Rechtszug.

167a Besondere Vorschriften für Verfahren nach § 1686a des Bürgerlichen Gesetzbuchs

(1) Anträge auf Erteilung des Umgangs- oder Auskunftsrechts nach § 1686a des Bürgerlichen Gesetzbuchs sind nur zulässig, wenn der Antragsteller an Eides statt versichert, der Mutter des Kindes während der Empfängniszeit beigewohnt zu haben.

---

1 Zöller/*Feskorn* § 54 FamFG Rz. 6.
2 OLG Naumburg v. 15.8.2011 – 8 WF 192/11, FamRZ 2012, 574.
3 OLG Karlsruhe v. 11.1.2002 – 20 WF 112/01, FamRZ 2002, 1127.
4 Gesetz v. 5.12.2012, BGBl I, S. 2418.
5 BT-Drucks. 17/10490, S. 18.
6 Durch die Neufassung des § 57 Satz 2 ist auch die Entscheidung des OLG Zweibrücken v. 15.11. 2011 – 6 UF 159/11, FamRZ 2012, 575 überholt, das die Beschwerde nur für eA nach § 331 zulassen wollte.
7 OLG Naumburg v. 11.7.2012 – 8 UF 144/12, JAmt 2013, 48.

(2) Soweit es in einem Verfahren, das das Umgangs- oder Auskunftsrecht nach § 1686a des Bürgerlichen Gesetzbuchs betrifft, zur Klärung der leiblichen Vaterschaft erforderlich ist, hat jede Person Untersuchungen, insbesondere die Entnahme von Blutproben, zu dulden, es sei denn, dass ihr die Untersuchung nicht zugemutet werden kann.
(3) § 177 Absatz 2 Satz 2 und § 178 Absatz 2 gelten entsprechend.

A. Allgemeines	2. Inhalt des Antrags 8
I. Normzweck und Entstehungsgeschichte 1	II. Verfahren
	1. Allgemeines zum Verfahren 10
II. Anwendungsbereich und Systematik . 3	2. Inzidentprüfung der leiblichen Vaterschaft (Absätze 2 und 3) 16
B. Umgangsverfahren nach § 1686a Abs. 1 Nr. 1, Abs. 2 BGB	C. Auskunftsverfahren nach § 1686a Abs. 1 Nr. 2 BGB 23
I. Zulässigkeit des Antrags (Absatz 1) . 6	
1. Antragsteller 7	

A. Allgemeines

I. Normzweck und Entstehungsgeschichte

Die Vorschrift wurde eingefügt durch das Gesetz zur Stärkung der Rechte des leiblichen, nicht rechtlichen Vaters.[1] Anlass für die Regelung waren zwei Entscheidungen des EuGMR, nach denen es gegen Art. 8 EMRK verstößt, wenn dem **feststehenden**[2] **oder mutmaßlichen**[3] **leiblichen Vater** eines Kindes, der nicht dessen rechtlicher Vater ist, der **Umgang mit dem Kind** ohne Einzelfallprüfung versagt wird, auch wenn er zuvor keine Gelegenheit hatte, eine Beziehung mit dem Kind aufzubauen. Für diese Väter wurde nunmehr in § 1686a Abs. 1 Nr. 1, Abs. 2 BGB ein Umgangsrecht eingeführt. In § 1686a Abs. 1 Nr. 2 BGB wurde zusätzlich ein **Auskunftsanspruch** geregelt. Zuvor bestand lediglich ein Umgangsrecht des rechtlichen Vaters (§ 1684 Abs. 1 BGB) und des leiblichen Vaters, der bereits Bezugsperson des Kindes ist (§ 1685 Abs. 2 BGB). Ein Auskunftsrecht stand nach § 1686 BGB nur dem rechtlichen Vater zu. 1

§ 167a FamFG dient der **verfahrensrechtlichen Umsetzung des § 1686a BGB**. Gem. Abs. 1 wird der Umgang nur auf Antrag des leiblichen Vaters geregelt, in dem dieser zudem an Eides statt versichern muss, der Kindesmutter während der Empfängniszeit beigewohnt zu haben. Da der Antrag auch durch den mutmaßlichen Vater gestellt werden kann, besteht gem. Abs. 2 und 3 die Möglichkeit, die biologische Vaterschaft im Rahmen des Umgangsverfahrens durch Einholung eines Abstammungsgutachtens zu klären. Dies wurde von den Gerichten zum Teil bereits nach den Entscheidungen des EuGMR praktiziert, allerdings fehlte hierfür eine ausreichende gesetzliche Grundlage.[4] Eine Ausweitung des Anspruchs auf Klärung der leiblichen Abstammung in § 1598a BGB auf mutmaßliche biologische Väter, die als Alternative zu einer Inzidentfeststellung im Umgangsverfahren in Betracht gezogen wurde,[5] hielt der Gesetzgeber nicht für sachgerecht.[6] 2

---

1 V. 4.7.2013, BGBl I, S. 2176, in Kraft seit 13.7.2013.
2 EuGMR v. 21.12.2010 – 20578/04, FamRZ 2011, 269 m. Anm. *Rixe* S. 1363, dazu auch *Giers*, FamRB 2011, 229.
3 EuGMR v. 15.9.2011 – 17080/07, FamRZ 2011, 1715 m. Anm. *Helms* S. 1717.
4 Vgl. BVerfG v. 23.5.2013 – 1 BvR 2059/12, juris; zuvor bereits eA v. 17.12.2012 – 1 BvR 2059/12, FF 2013, 155, durch die ein entsprechender Beweisbeschluss des OLG Koblenz v. 19.11.2012 – 7 WF 946/12, FamRZ 2013, 798 außer Kraft gesetzt wurde.
5 Vgl. entsprechende Forderungen des Bundesrates, BT-Drucks. 17/12163, S. 17; AK 21 des 19. Deutschen Familiengerichtstages, Beschluss Nr. 6 und 7 in: Brühler Schriften zum Familienrecht, Band 17, 2012, S. 122; *Kinderrechtekommission des DFGT*, ZKJ 2012, 351.
6 BT-Drucks. 17/12163, S. 9 sowie S. 18 (Gegenäußerung der BReg. zur Stellungnahme des Bundesrates).

II. Anwendungsbereich und Systematik

3 § 167a findet ausdrücklich nur Anwendung auf Umgangs- und Auskunftsverfahren nach § 1686a BGB. § 1686a BGB gilt seinerseits nur dann, **wenn ein rechtlicher Vater vorhanden ist.** Besteht keine rechtliche Vaterschaft für das Kind, muss der leibliche Vater zunächst die Vaterschaft anerkennen oder – wenn die Mutter nicht zustimmt – seine Vaterschaft in einem Abstammungsverfahren feststellen lassen und dann einen Umgangsantrag nach § 1684 Abs. 3 BGB stellen. Auf diese Weise soll vermieden werden, dass der leibliche Vater sich mit dem Umgangs- und Auskunftsrecht begnügt, ohne die mit der rechtlichen Vaterschaft verbundenen Pflichten zu übernehmen.[1] Dagegen wird der leibliche Vater durch § 1686a BGB nicht darauf verwiesen, zur Erlangung des Umgangs zunächst die rechtliche Vaterschaft eines anderen Mannes nach § 1600 Abs. 1 Nr. 2, Abs. 2 BGB anzufechten.[2]

4 Ein Umgangsverfahren nach § 1686a BGB iVm. 167a FamFG **kann mit einem Umgangsverfahren nach § 1685 Abs. 2, 3 BGB verbunden werden**, da es sich um den gleichen Verfahrensgegenstand iSd. § 151 Nr. 2 handelt. Zwar haben beide Vorschriften unterschiedliche Voraussetzungen, jedoch kann der leibliche Vater seinen Umgangsantrag auf beide Vorschriften stützen, wenn unsicher ist, ob seine bisherigen Kontakte mit dem Kind ausreichend für eine sozial-familiäre Beziehung iSd. § 1685 Abs. 2 BGB sind. Im Rahmen des Verfahrens dürfte die Prüfung einer sozial-familiären Beziehung allerdings idR vorrangig sein, weil sie anders als die Feststellung der biologischen Abstammung des Kindes weniger in die Persönlichkeitsrechte der Beteiligten eingreift.[3] Auch der Umgangsantrag nach § 1686a Abs. 1 Nr. 1 BGB und der Auskunftsantrag nach § 1686a Abs. 1 Nr. 2 BGB können in einem Verfahren geltend gemacht werden. Wegen der unterschiedlichen funktionellen Zuständigkeit für beide Anträge (vgl. Rz. 10 und 24) müssten ansonsten beide Verfahren einschließlich möglicher inzidenter Vaterschaftsfeststellung parallel durch den Richter und den Rechtspfleger geführt werden.

5 Für eine **eA** ohne gleichzeitige Anhängigkeit eines Hauptsacheverfahrens wird regelmäßig bereits die nach § 49 erforderliche Dringlichkeit fehlen, im Übrigen werden sich die Voraussetzungen des § 1686a BGB nur selten glaubhaft machen lassen. Zur Möglichkeit des Erlasses einer **eA** bei Anhängigkeit eines Hauptsacheverfahrens vgl. Rz. 16.

B. Umgangsverfahren nach § 1686a Abs. 1 Nr. 1, Abs. 2 BGB

I. Zulässigkeit des Antrags (Absatz 1)

6 Ein Umgangsverfahren nach § 1686a BGB wird gem. § 167a Abs. 1 nur auf Antrag eingeleitet. Eine Einleitung von Amts wegen ist anders als in den übrigen Umgangsverfahren nach § 1684 Abs. 3 BGB und § 1685 Abs. 3 BGB (vgl. § 151 Rz. 43) nicht möglich. Da es sich somit um ein **echtes Antragsverfahren** handelt, endet das Verfahren mit der Rücknahme des Antrags gem. § 22 Abs. 1, da dann eine Zulässigkeitsvoraussetzung fehlt, so dass nur noch gem. §§ 83 Abs. 2 iVm. 81 über die Kosten zu entscheiden ist (ausf. § 151 Rz. 45 ff.). Auch die Vollstreckung des Titels erfolgt gem. § 87 Abs. 1 nur auf Antrag.

1. Antragsteller

7 Einen Umgangsantrag nach § 1686a Abs. 1 Nr. 1, Abs. 2 BGB kann gem. Abs. 1 **nur der (mutmaßliche) leibliche Vater** stellen. Ferner muss ein anderer Mann rechtlicher Vater sein (vgl. Rz. 3). Eine Umgangspflicht des leiblichen Vaters bzw. ein Recht des Kindes auf Umgang mit dem leiblichen Vater ergibt sich aus § 1686a BGB nicht.[4] Daher können **weder die Mutter noch das Kind** einen Antrag auf Regelung des Umgangs nach § 167a stellen.

---

[1] BT-Drucks. 17/12163, S. 11 spricht von der Verhinderung einer „Elternschaft light".
[2] BT-Drucks. 17/12163, S. 11.
[3] *Fröschle*, Sorge und Umgang, 2013, Rz. 1288.
[4] Dazu krit. *Kinderrechtekommission des DFGT*, ZKJ 2012, 351.

2. Inhalt des Antrags

Der Antrag muss gem. Abs. 1 die **eidesstattliche Versicherung** des Antragstellers enthalten, der Mutter des Kindes während der gesetzlichen Empfängniszeit (§ 1600d Abs. 3 Satz 1 BGB) **beigewohnt** zu haben. Damit soll verhindert werden, dass Anträge „ins Blaue hinein" gestellt werden und dadurch Unfrieden in die soziale Familie hineingetragen wird.[1] Ferner soll verhindert werden, dass der Antrag durch einen Mann gestellt wird, dessen leibliche Vaterschaft auf künstlicher Befruchtung mittels heterologer Insemination (dh. durch einen samenspendenden Dritten) beruht.[2] Ausgeschlossen ist damit gem. Rechtsprechung des BGH zum Anfechtungsrecht des biologischen Vaters nach § 1600 Abs. 1 Nr 2 BGB allerdings nur der **anonyme Samenspender**, weil dieser gem. § 1600 Abs. 5 BGB bei der Zeugung im Einverständnis mit der Mutter auf die Übernahme elterlicher Verantwortung verzichtet hat.[3] Liegt ein solcher Verzicht auf spätere Elternrechte nicht vor (zB weil sich ein lesbisches und ein schwules Paar zunächst über die gemeinsame Elternrolle einig waren), ist auch der Samenspender nach § 167a Abs. 1 FamFG antragsberechtigt, zumal auch § 1686a BGB lediglich auf die biologische Vaterschaft abstellt.

8

Die eidesstattliche Versicherung ist eine **Zulässigkeitsvoraussetzung** des Verfahrens, dh. ist sie im Antrag nicht enthalten, ist dieser als unzulässig zurückzuweisen. Allerdings hat das Gericht zuvor gem. § 28 Abs. 2 darauf hinzuwirken, dass der Antragsteller die Erklärung nachholt.

9

II. Verfahren

1. Allgemeines zum Verfahren

Für das Umgangsverfahren nach § 167a gelten die allgemeinen Vorschriften für Kindschaftssachen nach §§ 152 ff. Funktionell zuständig ist der **Richter** (§ 3 Nr. 2 RPflG).

10

Beteiligte des Verfahrens sind der Antragsteller (§ 7 Abs. 1) und gem. § 7 Abs. 2 Nr. 1 das Kind. Weiterhin sind gem. § 7 Abs. 2 Nr. 1 der oder die gesetzlichen Vertreter des Kindes zu beteiligen (vgl. § 151 Rz. 56), dh. die sorgeberechtigte Mutter und der rechtliche Vater, sofern er ebenfalls sorgeberechtigt ist. Das Jugendamt ist gem. § 162 Abs. 2 Satz 2 auf Antrag zu beteiligen, im Übrigen nach § 162 Abs. 1 anzuhören. Zu beteiligten sind ferner der für das Kind bestellte Verfahrensbeistand (§ 158 Abs. 3 Satz 2) oder Ergänzungspfleger.

11

In Verfahren nach § 167a wird nicht selten die Möglichkeit eines erheblichen Interessengegensatzes zwischen dem Kind und seinen gesetzlichen Vertretern bestehen. Ob in diesem Fall gem. § 158 Abs. 2 Nr. 1 ein **Verfahrensbeistand** oder gem. § 1629 Abs. 2 Satz 3 iVm. § 1796 BGB ein **Ergänzungspfleger** bestellt wird, ist im Einzelfall zu entscheiden. Zwar werden die Kindesinteressen in Umgangsverfahren regelmäßig ausreichend durch die Bestellung eines Verfahrensbeistands gewahrt,[4] jedoch kann aufgrund der besonderen Konstellation in Verfahren nach § 167a stattdessen auch die Bestellung eines Ergänzungspflegers erforderlich sein. Dies ist insbesondere der Fall, wenn seitens der Mutter und des rechtlichen Vaters vehement der Umgang des Antragstellers abgelehnt und dessen ernsthaftes Interesse am Kind bestritten wird. In diesem Fall muss damit gerechnet werden, dass die Feststellung der Vaterschaft durch ein Abstammungsgutachten möglicherweise verhindert oder verzögert werden soll und dazu in Vertretung des Kindes die Probenentnahme nach § 386 ZPO verweigert wird, was wegen der dann gem. § 387 ZPO erforderlichen Zwischenentscheidung und der dagegen möglichen sofortigen Beschwerde zu einer erheblichen Verfahrensverzögerung führen kann (vgl. Rz. 21). In diesem Fall kann nur durch die Bestellung eines Ergänzungspflegers sichergestellt werden, dass über die Ausübung des Zeug-

12

---

1 BT-Drucks. 17/12163, S. 13.
2 BT-Drucks. 17/12163, S. 14.
3 BGH v. 15.5.2013 – XII ZR 49/11, FamRZ 2013, 1209.
4 BGH v. 7.9.2011 – XII ZB 12/11, FamRZ 2011, 1788. Ausf. hierzu § 151 Rz. 59.

nisverweigerungsrechts im Kindesinteresse und nicht im Eigeninteresse der Eltern erfolgt, denn der Ergänzungspfleger ist anders als der Verfahrensbeistand (§ 158 Abs. 4 Satz 6) gesetzlicher Vertreter des Kindes und hat daher über die Ausübung des Weigerungsrechts zu entscheiden.

13 Da es sich um ein Umgangsverfahren handelt, gilt gem. § 155 Abs. 1 der **Vorrang- und Beschleunigungsgrundsatz**. Gem. § 155 Abs. 2 soll ein **früher Erörterungstermin** anberaumt werden (dazu § 155 Rz. 39 ff.). Die Anhörung des Kindes nach § 159 wird im frühen Termin regelmäßig noch nicht erforderlich sein, da es den Antragsteller in Verfahren nach § 167a grundsätzlich nicht näher kennt und die biologische Vaterschaft des Antragstellers oft noch unklar ist. Häufig wird das Kind auch das für eine Anhörung nach § 159 Abs. 2 erforderliche Alter (dazu § 159 Rz. 8) noch nicht besitzen. Gegenstand der Erörterung ist insbesondere die Klärung der Frage, ob der Antragsteller iSd. § 1686a Abs. 1 BGB ein „ernsthaftes Interesse am Kind gezeigt" hat, da dies Voraussetzung des Umgangsrechts ist. Fehlt es daran, ist weder ein Abstammungsgutachten einzuholen (vgl. Rz. 17), noch zu prüfen, ob der Umgang dem Kindeswohl dient. Ferner ist im Termin zu erörtern, ob die leibliche Vaterschaft des Antragstellers unstreitig ist oder ob ein Abstammungsgutachten nach Abs. 2 und 3 eingeholt werden muss. Zu den weiteren Inhalten des frühen Erörterungstermins vgl. § 155 Rz. 45 ff.

14 Gem. § 156 Abs. 1 hat das Gericht in jeder Lage des Verfahrens **auf Einvernehmen hinzuwirken**. Dabei besteht in Verfahren nach § 167a die Besonderheit, dass keine sozial-familiäre Beziehung des Antragstellers zum Kind besteht, so dass auch bei Vorliegen der Voraussetzungen des § 1686a BGB häufig eine Umgangsanbahnung mit dem (oft noch sehr kleinen) Kind erfolgen muss. Dies macht meist eine begleiteten Umgang erforderlich. Das Gericht muss in diesem Fall entscheiden, ob die Umgangsbegleitung im Rahmen des außergerichtlichen Hinwirkens auf Einvernehmen iSd. § 156 Abs. 1 Satz 2 erfolgen und ggf. eine entsprechende Auflage nach § 156 Abs. 1 Satz 4 erlassen werden soll, ob das Verfahren mit der Anordnung des begleiteten Umgangs nach § 1684 Abs. 4 Satz 3 BGB in der Hauptsache abgeschlossen werden soll oder ob im Sinne einer nachhaltigen Umgangsregelung zunächst eine entsprechende – hinreichend bestimmte – eA nach § 156 Abs. 3 Satz 1 ergehen soll, um dann in der Hauptsache über einen unbegleiteten Umgang zu entscheiden. Gelingt eine einvernehmliche Umgangsregelung, kann diese gem. § 156 Abs. 2 als **gerichtlich gebilligter Vergleich** aufgenommen werden.

15 Der Erlass einer eA für die Dauer des Verfahrens ist nach § 156 Abs. 3 Satz 1 nur dann bereits im frühen Termin zu erörtern, wenn die leibliche Vaterschaft des Antragstellers unstreitig ist und keine Zweifel am ernsthaften Interesse des Antragstellers am Kind und an der Kindeswohldienlichkeit des Umgangs iSd. § 1686a Abs. 1 BGB bestehen. Das sind regelmäßig nur Fälle, in denen nicht streitig ist, ob ein Umgang stattfinden soll, sondern in welchem Umfang bzw. unter welchen äußeren Voraussetzungen. Zu beachten ist, dass eine Pflicht des Gerichts, gem. § 156 Abs. 3 Satz 2 von Amts wegen den Umgang für die Dauer einer außergerichtlichen Beratung oder Mediation zu regeln oder auszusetzen, nicht besteht, da eine eA in Verfahren nach § 167a Abs. 1 anders als in anderen Umgangsverfahren **nur auf Antrag** möglich ist (vgl. Rz. 6).

2. Inzidentprüfung der leiblichen Vaterschaft (Absätze 2 und 3)

16 Da das Umgangsrecht nach § 1686a BGB nur dem leiblichen Vater zusteht und dieser ohne Zustimmung der Mutter bzw. des gesetzlichen Vertreters des Kindes keine Möglichkeit hat, seine biologische Vaterschaft feststellen zu lassen, ermöglichen Abs. 2 und 3 dem Gericht, hierzu ein gerichtliches Abstammungsgutachten einzuholen. Eine generelle Verpflichtung des Gerichts besteht hierzu anders als in Abstammungsverfahren nicht, da Abs. 3 nicht auf § 177 Abs. 2 Satz 1 verweist.[1] Ein Gutachten ist vielmehr gem. § 30 Abs. 3 nur dann einzuholen, **wenn die leibliche Vaterschaft von einem Verfahrensbeteiligten ausdrücklich bestritten wird**.

---
[1] BT-Drucks. 17/12163, S. 14.

Voraussetzung für die Einholung des Gutachtens ist zudem, dass der **Antragsteller** zur Überzeugung des Gerichts iSd. § 1686a Abs. 1 BGB **ernsthaftes Interesse am Kind bekundet hat**. Dieses Tatbestandsmerkmal soll dem Umstand Rechnung tragen, dass durch das Verfahren und insbesondere durch die inzidente Klärung der biologischen Vaterschaft Rechte anderer Betroffener von nicht minderem Rang auf dem Spiel stehen und der Antragsteller nicht ohne konkrete Aussicht auf Umgang Unfrieden in die Familie tragen soll.[1] Eine vergleichbare Situation besteht bei einer Vaterschaftsanfechtung durch den mutmaßlichen Vater (oder durch eine Behörde) nach § 1600 Abs. 1 Nr. 2 bzw. 5 BGB. In diesen Verfahren muss das Gericht vor Einholung eines Abstammungsgutachtens zunächst feststellen, dass eine sozial-familiäre Beziehung des rechtlichen Vaters zum Kind iSd. § 1600 Abs. 4 BGB nicht besteht.[2]

17

Dagegen steht es im **Ermessen des Gerichts**, ob es zunächst die biologische Vaterschaft des Antragstellers oder die Kindeswohldienlichkeit des Umgangs prüft.[3] Bestehen Zweifel an der biologischen Vaterschaft des Antragstellers, wird schon aus verfahrensökonomischen Gründen idR zunächst ein Abstammungsgutachten eingeholt werden, um eine umfangreiche und für das Kind und die weiteren Beteiligten möglicherweise belastende Kindeswohlprüfung zu vermeiden.[4] Nach Klärung der biologischen Vaterschaft lässt sich möglicherweise auch leichter ein Einvernehmen über den Umgang herstellen. Ist für das Gericht jedoch unschwer zu erkennen, dass der Umgang nicht dem Kindeswohl dient, kann das Gericht auch ohne Klärung der Vaterschaft entscheiden, um die soziale Familie nicht unnötig zu belasten.[5] Bevor dagegen eine aufwändige und zeitraubende Kindeswohlprüfung erfolgt (oder sogar ein psychologisches Sachverständigengutachten eingeholt wird), sollte zunächst die biologische Vaterschaft des Antragstellers geklärt werden.[6]

18

Für die **Einholung des Abstammungsgutachtens** gelten im Übrigen die gleichen Grundsätze wie im Abstammungsverfahren. Sie erfolgt durch unanfechtbaren[7] Beweisbeschluss, in dem regelmäßig eine humangenetische DNA-Untersuchung angeordnet wird (dazu § 177 Rz. 17). Mit Zustimmung der Beteiligten kann gem. Abs. 3 iVm. § 177 Abs. 2 Satz 2 auch ein außergerichtliches Gutachten verwertet werden. Gem. § 30 Abs. 1 FamFG iVm. § 411a ZPO ist auch die Verwertung eines Gutachtens aus einem anderen Verfahren möglich, etwa wenn sich aus einem früheren Vaterschaftsfeststellungsverfahren die biologische Vaterschaft des rechtlichen Vaters ergibt und deshalb die biologische Vaterschaft des Antragstellers ausgeschlossen werden kann.

19

Nach Abs. 2 ist die für ein Abstammungsgutachten erforderliche **Untersuchung** von den hierfür erforderlichen Personen **zu dulden**, wenn sie nicht unzumutbar ist. Die Regelung stimmt mit § 178 Abs. 1 überein, so dass auf die Kommentierung in § 178 Rz. 2 ff. verwiesen werden kann.

20

Nach Abs. 3 iVm. § 178 Abs. 2 ist über die Rechtmäßigkeit einer nach § 386 ZPO erklärten **Verweigerung** der Untersuchung gem. § 387 ZPO durch Zwischenbeschluss zu entscheiden, der gem. § 387 Abs. 3 ZPO der sofortigen Beschwerde nach §§ 567 ff. ZPO unterliegt. Insoweit wird auf die Kommentierung in § 178 Rz. 7 ff. verwiesen. Im Rahmen der Weigerung kann insbesondere geltend gemacht werden, dass die Begutachtung nicht erforderlich bzw. unzumutbar ist, weil der Antragsteller ein ernsthaftes Interesse am Kind nicht bekundet hat und damit bereits feststeht, dass kein Um-

21

---

1 BT-Drucks. 17/12163, S. 12, vgl. auch BVerfG v. 17.12.2012 – 1 BvR 2059/12, FF 2013, 155.
2 *Stößer* § 175 Rz. 2; OLG Naumburg v. 30.9.2011 – 8 UF 209/11, FamRZ 2012, 1148; vgl. auch BVerfG v. 20.9.2011 – 1 BvR 2059/12, FF 2013, 155.
3 BT-Drucks. 17/12163, S. 12.
4 BT-Drucks. 17/12163, S. 12.
5 BT-Drucks. 17/12163, S. 12, vgl. zu einer entsprechenden Prüfung etwa OLG Bamberg v. 20.12.2012 – 2 UF 210/11, FamRZ 2013, 710.
6 Ebenso *Fröschle*, Sorge und Umgang, 2013, Rz. 1286.
7 BGH v. 17.1.2007 – XII ZB 154/06, FamRZ 2007, 549: Herbeiführung einer anfechtbaren Zwischenentscheidung nach § 387 ZPO ist ausreichend, dazu Rz. 21.

gangsrecht nach § 1686a BGB besteht (vgl. Rz. 17).[1] Wird die Untersuchung ohne Angabe von Gründen oder nach rechtskräftiger Ablehnung des Weigerungsgrundes verweigert, kann die Untersuchung durch **Ordnungsmittel** gem. § 178 Abs. 2 Satz 1 FamFG iVm. § 390 ZPO erzwungen oder im Falle der wiederholten unberechtigten Verweigerung nach § 178 Abs. 2 Satz 2 die **zwangsweise Vorführung** zur Untersuchung angeordnet werden (hierzu § 178 Rz. 11 ff.).

22 Die Feststellung der biologischen Vaterschaft wird im Rahmen des Verfahrens nach § 167a lediglich als Vorfrage geprüft. Das **Ergebnis der Beweisaufnahme erwächst nicht in materielle Rechtskraft**, dh. es wird kein rechtliches Vater-Kind-Verhältnis begründet, so dass zB keine Unterhaltsansprüche des Kindes gegen den leiblichen Vater entstehen.[2] Das Gutachten kann aber gem. § 30 Abs. 1 FamFG iVm. § 411a ZPO in anderen Verfahren verwertet werden.

C. Auskunftsverfahren nach § 1686a Abs. 1 Nr. 2 BGB

23 Für isolierte Auskunftsverfahren nach § 1686a Abs. 1 Nr. 2 BGB gelten die Ausführungen für das Umgangsverfahren entsprechend. Funktionell zuständig ist jedoch gem. § 14 Abs. 1 Nr. 4 RPflG der **Rechtspfleger**. §§ 155 und 156 Abs. 2 und 3 sind nicht anwendbar. Zur Möglichkeit der Verbindung des Verfahrens mit einem Umgangsverfahren nach § 1686a Abs. 1 Nr. 1 BGB vgl. Rz. 4.

23a **Kosten/Gebühren: Gericht:** Für die Verfahren entsteht eine Gebühr nach Nr. 1310 KV FamGKG. Der Wert bestimmt sich nach § 45 FamGKG (regelmäßig 3 000 €). Die Gebühr wird bei Beendigung des Verfahrens fällig (§ 11 Abs. 1 FamGKG). Kostenschuldner ist vorrangig der Entscheidungs- oder Übernahmeschuldner (§ 24 Nr. 1 und 2 FamGKG), aber auch der Antragsteller des Verfahrens (§ 21 Abs. 1 Satz 1 FamGKG). Hinsichtlich der Duldungsverpflichtung vgl. die Anm. zu § 178. **RA:** In dem Verfahren stehen dem RA Gebühren nach Teil 3 VV RVG zu. § 45 FamGKG ist nach § 23 Abs. 1 Satz 1 RVG auch für die RA-Gebühren maßgeblich.

168 *Beschluss über Zahlungen des Mündels*

(1) Das Gericht setzt durch Beschluss fest, wenn der Vormund, Gegenvormund oder Mündel die gerichtliche Festsetzung beantragt oder das Gericht sie für angemessen hält:
1. Vorschuss, Ersatz von Aufwendungen, Aufwandsentschädigung, soweit der Vormund oder Gegenvormund sie aus der Staatskasse verlangen kann (§ 1835 Abs. 4 und § 1835a Abs. 3 des Bürgerlichen Gesetzbuchs) oder ihm nicht die Vermögenssorge übertragen wurde;
2. eine dem Vormund oder Gegenvormund zu bewilligende Vergütung oder Abschlagszahlung (§ 1836 des Bürgerlichen Gesetzbuchs).

Mit der Festsetzung bestimmt das Gericht Höhe und Zeitpunkt der Zahlungen, die der Mündel an die Staatskasse nach den §§ 1836c und 1836e des Bürgerlichen Gesetzbuchs zu leisten hat. Es kann die Zahlungen gesondert festsetzen, wenn dies zweckmäßig ist. Erfolgt keine Festsetzung nach Satz 1 und richten sich die in Satz 1 bezeichneten Ansprüche gegen die Staatskasse, gelten die Vorschriften über das Verfahren bei der Entschädigung von Zeugen hinsichtlich ihrer baren Auslagen sinngemäß.

(2) In dem Antrag sollen die persönlichen und wirtschaftlichen Verhältnisse des Mündels dargestellt werden. § 118 Abs. 2 Satz 1 und 2, § 120 Abs. 2 und 3 sowie § 120a Absatz 1 Satz 1 bis 3 der Zivilprozessordnung sind entsprechend anzuwenden. Steht nach der freien Überzeugung des Gerichts der Aufwand zur Ermittlung der persönlichen und wirtschaftlichen Verhältnisse des Mündels außer Verhältnis zur Höhe des aus der Staatskasse zu begleichenden Anspruchs oder zur Höhe der voraussichtlich vom Mündel zu leistenden Zahlungen, kann das Gericht ohne weitere Prüfung den

---

1 Vgl. OLG Naumburg v. 30.9.2011 – 8 UF 209/11, FamRZ 2012, 1148 und KG v. 26.3.2012 – 3 WF 1/12, FamRZ 2012, 1739 zum parallelen Fall der Weigerung im Abstammungsverfahren, weil eine die Anfechtung ausschließende sozial-familiäre Beziehung des rechtlichen Vaters zum Kind bestehe.
2 BT-Drucks. 17/12163, S. 14.

Anspruch festsetzen oder von einer Festsetzung der vom Mündel zu leistenden Zahlungen absehen.
(3) Nach dem Tode des Mündels bestimmt das Gericht Höhe und Zeitpunkt der Zahlungen, die der Erbe des Mündels nach § 1836e des Bürgerlichen Gesetzbuchs an die Staatskasse zu leisten hat. Der Erbe ist verpflichtet, dem Gericht über den Bestand des Nachlasses Auskunft zu erteilen. Er hat dem Gericht auf Verlangen ein Verzeichnis der zur Erbschaft gehörenden Gegenstände vorzulegen und an Eides statt zu versichern, dass er nach bestem Wissen und Gewissen den Bestand so vollständig angegeben habe, als er dazu imstande sei.
(4) Der Mündel ist zu hören, bevor nach Absatz 1 eine von ihm zu leistende Zahlung festgesetzt wird. Vor einer Entscheidung nach Absatz 3 ist der Erbe zu hören.
(5) Auf die Pflegschaft sind die Absätze 1 bis 4 entsprechend anzuwenden.

A. Allgemeines	
I. Normzweck und Anwendungsbereich ... 1	2. Prüfung der Anspruchsvoraussetzungen ... 20
II. Erfasste Ansprüche und Fallkonstellationen ... 3	3. Prüfung der wirtschaftlichen Leistungsfähigkeit des Mündels (Absatz 2) ... 27
B. Vereinfachte Festsetzung gegen die Staatskasse (Abs. 1 Satz 4) ... 10	4. Anhörungen, Bestellung eines Interessenvertreters (Absatz 4) ... 30
C. Förmliches Festsetzungsverfahren (Abs. 1 Satz 1)	III. Entscheidung und materielle Rechtskraft ... 33
I. Zuständigkeit ... 13	IV. Festsetzung des Rückgriffsanspruchs gegen den Erben (Absatz 3, Abs. 4 Satz 2) ... 38
II. Verfahren	V. Rechtsmittel, Vollstreckung
1. Verfahrenseinleitung	1. Rechtsmittel ... 41
a) Einleitung auf Antrag ... 16	2. Vollstreckung ... 43
b) Einleitung von Amts wegen ... 19	

A. Allgemeines

I. Normzweck und Anwendungsbereich

Die Vorschrift enthält in Abs. 1 bis 4 die verfahrensrechtlichen Vorschriften für die **Festsetzung von Ansprüchen des Vormunds** gegen die Staatskasse bzw. den Mündel auf Zahlung eines Aufwendungsersatzes, einer Aufwandsentschädigung bzw. einer Vergütung nach §§ 1835 ff. BGB iVm. §§ 1 ff. VBVG sowie den **Rückgriff der Staatskasse** bei dem Mündel nach § 1836e BGB. Die Verweisung auf die ZPO in Abs. 2 Satz 2 wurde neu gefasst durch das Gesetz zur Änderung des Prozesskostenhilfe- und Beratungshilferechts,[1] ohne dass sich dadurch wesentliche Änderungen ergeben haben (nach § 120a Abs. 1 Satz 1 ZPO „soll" nunmehr ein die Regresszahlung der Staatskasse gegen das Mündel bei verbesserten Vermögensverhältnissen abgeändert werden, vorher handelte es sich um eine Kann-Regelung, dazu Rz. 36).

1

Die Vorschrift gilt entsprechend

2

– gem. Abs. 5 für **Pflegschaften**, insbesondere die Ergänzungspflegschaft für Minderjährige (§ 1909 BGB), für die Leibesfrucht (§ 1912 BGB), für Volljährige (vgl. die Kommentierung zu § 340 Nr. 1) und die Nachlasspflegschaft bzw. Nachlassverwaltung (vgl. die Kommentierung zu § 342 Nr. 2 und 8),
– gem. § 292 Abs. 1 für den **Betreuer** (vgl. ergänzend die Kommentierung zu § 292),
– gem. § 158 Abs. 7 Satz 6 für den **Verfahrensbeistand in Kindschaftssachen** (dazu § 158 Rz. 56 ff.), **Abstammungssachen** (§ 174 Satz 2) und **Adoptionssachen** (§ 191 Satz 2), wobei nur § 168 Abs. 1 für entsprechend anwendbar erklärt wird, weil die Vergütung gem. § 158 Abs. 7 Satz 5 stets aus der Staatskasse erfolgt und nicht gegen das Kind festgesetzt werden kann (so dass aber auch Abs. 1 Satz 2 und 3 nicht anwendbar sind, weil sie den Regress der Staatskasse bei dem Kind betreffen),

---

1 Bei Drucklegung am 19.8.2013 verabschiedet, aber noch nicht verkündet (s. Einl. Rz. 45a).

- gem. § 277 Abs. 5 Satz 2 für den **Verfahrenspfleger in Betreuungssachen, Unterbringungssachen** (§ 318) und **Freiheitsentziehungssachen** (§ 419) sowie für den **Umgangspfleger** (§ 1684 Abs. 3 Satz 6 BGB), wobei ebenfalls nur § 168 Abs. 1 (Satz 1 und 4) für entsprechend anwendbar erklärt wird, da die Vergütung gem. § 277 Abs. 5 Satz 1 stets aus der Staatskasse erfolgt.

II. Erfasste Ansprüche und Fallkonstellationen

3   Nach § 168 können folgende Ansprüche festgesetzt werden:

4   1. Ansprüche des Vormunds, Pflegers, Betreuers usw. **gegen die Staatskasse** auf Aufwendungsersatz (§ 1835 BGB bzw. bei anwaltsspezifischer Tätigkeit gem. § 1835 Abs. 3 BGB iVm. § 1 Abs. 2 Satz 2 RVG[1]), Aufwandsentschädigung (§ 1835a BGB) oder Vergütung (§ 1836 BGB iVm. §§ 1 ff. VBVG) bei Mittellosigkeit des Mündels, Pfleglings oder Betreuten (§ 1836d BGB). Erfasst sind auch Zinsforderungen, sofern sie Nebenforderungen zu den genannten Ansprüchen darstellen.[2] Dabei kann wahlweise die **formlose Zahlungsanweisung** durch den Kostenbeamten nach **Abs. 1 Satz 4** (Rz. 10 ff.) oder die **förmliche Festsetzung** nach **Abs. 1 Satz 1** (Rz. 13 ff.) gewählt werden. Ansprüche des Nachlasspflegers oder -verwalters können nicht gegen die Staatskasse festgesetzt werden.[3]

5   2. Ansprüche des Vormunds, Pflegers, Betreuers usw. **gegen den Mündel, Pflegling, Betreuten usw.**, wobei nur eine förmliche Festsetzung nach Abs. 1 Satz 1 möglich ist. Ansprüche des Verfahrensbeistands bzw. -pflegers können gem. § 158 Abs. 7 Satz 5 bzw. § 277 Abs. 5 Satz 1 nur gegen die Staatskasse festgesetzt werden. Abs. 1 Satz 1 findet nach dem Tod des Mündels bzw. des Betreuten entsprechende Anwendung hinsichtlich der Festsetzung des Anspruchs gegen dessen Erben, soweit Erbe nicht der Vormund, Pfleger oder Betreuer ist (dazu auch Rz. 40).[4] Nach Abs. 1 Satz 1 ist weiter hinsichtlich der verschiedenen Ansprüche zu differenzieren:

6   a) Gem. **Abs. 1 Satz 1 Nr. 1** sind Ansprüche auf **Aufwendungsersatz** (§ 1835 BGB) und **Aufwandsentschädigung** (§ 1835a BGB) festzusetzen. Dies gilt nicht, soweit dem Vormund, Pfleger oder Betreuer die Vermögenssorge zusteht, denn in diesem Fall darf er den geschuldeten Betrag aus dem Vermögen des Mündels bzw. Betreuten entnehmen; bei Streit über die Berechtigung der Entnahme hat das allgemeine Zivilgericht über das Bestehen des Anspruchs zu entscheiden.[5] Ist die Vormundschaft, Pflegschaft oder Betreuung jedoch zwischenzeitlich beendet (zB wegen Volljährigkeit des Mündels oder Tod des Mündels oder Betreuten), so dass eine Entnahme aus dem Vermögen nicht mehr zulässig ist, hat auch hier die Festsetzung nach Abs. 1 Satz 1 Nr. 1 zu erfolgen.[6]

7   b) **Vergütungsansprüche** (§ 1836 BGB) sind immer nach **Abs. 1 Satz 1 Nr. 2** festzusetzen.

8   3. **Rückgriffsansprüche der Staatskasse** nach §§ 1836c und 1836e BGB gegen den Mündel, den Minderjährigen, den Betreuten bzw. dessen Erben (Abs. 3, dazu Rz. 38). Sie entstehen, soweit die Staatskasse die Ansprüche des Vormunds, Pflegers oder Betreuers auf Aufwendungsersatz oder Vergütung befriedigt hat, indem dessen Forderung gem. § 1836e Abs. 1 Satz 1 BGB auf die Staatskasse übergeht.

9   Die Ansprüche können jeweils in **isolierten Verfahren** festgesetzt werden, es kommt aber auch eine **Verbindung** in Betracht. So können die Ansprüche des Vormunds gegen den Mündel und die Staatskasse bei unklarer Leistungsfähigkeit des Mündels auch in Form eines Haupt- und Hilfsantrags in einem Verfahren geltend ge-

---

1 Dazu ausf. nachstehend § 277 Rz. 58.
2 OLG Hamm v. 12.11.2002 – 15 W 150/02, FGPrax 2003, 73; **aA** OLG Celle v. 11.3.2002 – 10 W 1/02, FamRZ 2002, 1431.
3 KG v. 29.11.2005 – 1 W 180/03, FamRZ 2006, 559.
4 OLG Jena v. 19.10.2000 – 6 W 512/00, FGPrax 2001, 22; ausf. Keidel/*Engelhardt* § 168 FamFG Rz. 17.
5 OLG Köln v. 27.10.1997 – 16 Wx 238/97, FamRZ 1998, 1451.
6 OLG Hamm v. 20.1.2003 – 15 W 469/02, FamRZ 2004, 1065, ausf. MüKo.BGB/*Wagenitz* § 1835 BGB Rz. 59.

macht werden (dazu Rz. 18), und bei Festsetzung des Anspruchs gegen die Staatskasse soll gem. Abs. 1 Satz 2 zugleich auch der Rückgriffsanspruch der Staatskasse gegen den Mündel festgesetzt werden.

B. Vereinfachte Festsetzung gegen die Staatskasse (Abs. 1 Satz 4)

Ansprüche gegen die Staatskasse kann der Vormund, Pfleger oder Betreuer usw. alternativ zur förmlichen Festsetzung nach Abs. 1 Satz 1 auch im vereinfachten Justizverwaltungsverfahren geltend machen. Abs. 1 Satz 4 verweist insoweit sinngemäß auf die Vorschriften über das Verfahren bei der Entschädigung von Zeugen hinsichtlich ihrer baren Auslagen nach dem JVEG. Dadurch kann die **Entschädigung oder Vergütung** in einfach gelagerten Fällen **durch den Kostenbeamten** (Urkundsbeamten der Geschäftsstelle) zur Auszahlung angewiesen werden. Dies kommt insbesondere in Betracht bei pauschaler Vergütung des Verfahrensbeistands nach § 158 Abs. 7 Satz 2 und 3 oder des Verfahrenspflegers nach § 277 Abs. 3 Satz 1 sowie bei Fallpauschalen von Berufsbetreuern nach §§ 4, 5 VBVG.

10

Für das Verfahren selbst enthält das JVEG allerdings keine konkreten Vorschriften, die sinngemäß anwendbar wären. Es sind vielmehr die allgemein bei der Entschädigung nach dem JVEG durch den Kostenbeamten geltenden Verfahrensvorschriften anzuwenden, dh es ist durch Justizverwaltungsakt zu entscheiden.[1] Die Auszahlung erfolgt auf **Antrag des Anspruchsberechtigten** gem. § 23. Zum Inhalt des Antrags vgl. Rz. 17. Örtlich zuständig ist das Gericht, bei dem die Vormundschaft oder Betreuung geführt wird bzw. bei dem das Verfahren geführt wird, für das der Verfahrensbeistand oder Verfahrenspfleger bestellt wurde.

11

Wie im Falle der Entschädigung nach dem JVEG bestehen gegen die Anweisung des Kostenbeamten **keine Rechtsmittel**. Vielmehr kann jederzeit und ohne Bindung an die Verfügung des Kostenbeamten die förmliche Festsetzung nach Abs. 1 Satz 1 beantragt werden; das Festsetzungs- und Beschwerdeverfahren nach § 4 JVEG findet insoweit keine sinngemäße Anwendung.[2] Wenn die Staatskasse (Bezirksrevisor) mit der im Verwaltungsweg getroffenen Entscheidung nicht einverstanden ist, kann sie anregen, dass eine gerichtliche Festsetzung nach Abs. 1 Satz 1 von Amts wegen erfolgt.[3] Dabei gilt jedoch im Interesse eines überschaubaren Abrechnungszeitraums die Ausschlussfrist des § 2 VBVG von 15 Monaten entsprechend.[4] Wird bei der förmlichen Festsetzung der Kostenansatz des Anweisungsbeamten unterschritten, sind bei der Rückforderung des überzahlten Betrags berechtigte Vertrauensgesichtspunkte zu berücksichtigen.[5]

12

C. Förmliches Festsetzungsverfahren (Abs. 1 Satz 1)

I. Zuständigkeit

Örtlich zuständig ist das Gericht, bei dem die Vormundschaft oder Betreuung geführt wird bzw. bei dem das Verfahren geführt wird, für das der Verfahrensbeistand oder Verfahrenspfleger bestellt wurde. Vergütungsfragen sind Teil des Verfahrens selbst, wofür stets das gegenwärtig mit der Sache befasste Gericht zuständig ist, dh. auch nach einer Abgabe gem. § 4.[6] Solange das frühere Gericht nicht über einen konkreten Festsetzungsantrag entschieden hat, liegt für eine Abgabe jedoch regelmäßige keine Abgabereife vor.[7]

13

---

1 Vgl. § 292 Rz. 7 sowie *Fröschle*, Praxiskommentar, Anh. zu § 292 FamFG Rz. 21.
2 BayObLG v. 20.5.1999 – 3 Z BR 103/99, FamRZ 1999, 1590; Keidel/*Engelhardt* § 168 FamFG Rz. 4.
3 OLG Dresden v. 22.6.2010 – 23 WF 453/10, FamRZ 2011, 320.
4 Keidel/*Engelhardt* § 168 FamFG Rz. 4; LG Münster v. 2.5.2011 – 5 T 126/11, FamRZ 2011, 1689 m. Anm. *Zimmermann*.
5 OLG Stuttgart v. 30.8.2010 – 8 W 312/10, BtPrax 2011, 134; OLG Köln v. 20.1.2006 – 16 Wx 203/05, FamRZ 2006, 1482 (LS) = FGPrax 2006, 116.
6 BayObLG v. 27.11.1996 – 3Z AR 89/96, NJW-RR 1997, 966; OLG Naumburg v. 31.8.1999 – 8 AR 4/99, FamRZ 2001, 769.
7 OLG Stuttgart v. 12.9.2011 – 8 AR 12/11, FGPrax 2011, 199.

14 **Sachlich zuständig** ist bei Vormundschaften und Pflegschaften für Minderjährige das Familiengericht (vgl. § 152 Rz. 26). Dies gilt auch für die Festsetzung der Vergütung des Verfahrensbeistands nach § 158 Abs. 7 und des Umgangspflegers nach § 1684 Abs. 3 Satz 6 iVm. § 277. Für die Vergütung des Betreuers (§ 292), Verfahrenspflegers (§ 277, 318, 419) oder eines Pflegers für Volljährige (§ 340 Nr. 1) ist das Betreuungsgericht zuständig (§§ 23c Abs. 1 iVm. 23a Abs. 2 Nr. 1 GVG). Für Nachlasspflegschaften ist nach § 1962 BGB iVm. § 342 Nr. 2, 8 FamFG das Nachlassgericht zuständig.

15 Die **funktionelle Zuständigkeit** liegt in allen Fällen beim **Rechtspfleger** (§§ 3 Nr. 2a bis c, 14 bis 16 RPflG), auch für die Festsetzung der Vergütung des Verfahrenspflegers in Unterbringungssachen (§ 318).[1]

II. Verfahren

1. Verfahrenseinleitung

a) Einleitung auf Antrag

16 Die gerichtliche Festsetzung findet auf Antrag statt, den der **Anspruchsinhaber** (Vormund/Gegenvormund, Pfleger, Betreuer, Verfahrensbeistand bzw. -pfleger) **oder der Mündel** (Pflegling, Betreute usw.) stellen können. Hat der Anspruchsinhaber seinen Vergütungsanspruch zur Vorfinanzierung abgetreten, kann die Abtretung nach § 134 BGB unwirksam sein, wenn er der Verschwiegenheitspflicht nach § 203 StGB unterliegt, so dass die Festsetzung nicht von dem Finanzgeber beantragt werden kann. Eine generelle Schweigepflicht wurde wegen des Rechts des Kindes auf informationelle Selbstbestimmung angenommen bei Verfahrensbeiständen,[2] dagegen abgelehnt für einen Betreuer, der nicht unter die in § 203 StGB genannten Berufsgruppen fällt.[3]

17 Die Festsetzung erfordert, dass der Anspruchsinhaber eine **prüffähige Abrechnung** erteilt. Es sind eine bezifferte Forderungsaufstellung sowie nachvollziehbare Angaben über den Zeitaufwand sowie über Art und Umfang der Tätigkeit erforderlich.[4] Nur durch einen ordnungsgemäßen Antrag werden die Ausschlussfristen für die Geltendmachung des Anspruchs gewahrt (vgl. Rz. 24), eine pauschale Anmeldung von Ansprüchen genügt nicht.[5] Zur formularmäßigen Antragstellung des Betreuers nach § 292 Abs. 2 vgl. § 292 Rz. 8 ff.

18 Der Antrag kann auf Festsetzung der Vergütung **gegen die Staatskasse** oder **gegen den Mündel** lauten. Ist unsicher, ob der Mündel mittellos ist, kann der Vormund beide Ansprüche auch in Form eines **Haupt- und Hilfsantrags** in einem Verfahren geltend machen, was nicht nur verfahrensökonomisch, sondern auch deshalb sinnvoll ist, weil die Feststellung der Mittellosigkeit nur im Verhältnis zur Staatskasse oder zu dem Mündel wirkt.[6] Die Ausschlussfrist des § 1835 Abs. 1 Satz 3 BGB bzw. § 2 Abs. 1 VBVG wird jedoch gegenüber dem Mündel bzw. Betreuten durch Geltendmachung gegen die Staatskasse gewahrt (§ 1835 Abs. 1 S. 3, 2. Halbs. BGB, § 2 Abs. 1 2. HS. VBVG), nach hM gilt dies auch für den umgekehrten Fall.[7]

---

1 BGH v. 17.11.2010 – XII ZB 244/10, FamRZ 2011, 203 m. insoweit abl. Anm. *Fröschle*; Keidel/*Engelhardt* § 168 FamFG Rz. 6; **aA** LG Kaiserslautern v. 3.3.1994 – 1 T 372/93, FamRZ 1995, 487.
2 OLG Dresden v. 26.1.2004 – 21 (10) WF 783/03, FamRZ 2004, 1390; OLG Frankfurt v. 24.8.2010 – 7 UF 54/10, juris.
3 OLG Düsseldorf v. 5.1.2010 – 25 Wx 71/09, FamRZ 2010, 1191.
4 OLG Brandenburg v. 28.1.2002 – 15 WF 235/01, FamRZ 2002, 1353; OLG Frankfurt v. 13.8.2001 – 20 U 113/01, FamRZ 2002, 193; Palandt/*Götz* § 1835 BGB Rz. 7; *Fröschle*, Praxiskommentar, Anh. zu § 292 FamFG Rz. 11.
5 BGH v. 24.10.2012 – IV ZB 13/12, FamRZ 2013, 295.
6 BayObLG v. 5.7.2000 – 3Z BR 149/00, FamRZ 2001, 377; *Fröschle*, Praxiskommentar, Anh. zu § 292 FamFG Rz. 3.
7 OLG Hamm v. 6.11.2006 – 15 W 328/06, FGPrax 2007, 171; MüKo.BGB/*Wagenitz* § 1835 BGB Rz. 29.

b) Einleitung von Amts wegen

19 Das Festsetzungsverfahren kann auch **von Amts wegen** eingeleitet werden, wenn das Gericht dies (zB bei zweifelhafter Sach- oder Rechtslage) für angemessen hält, insbesondere auf entsprechende Anregung des Bezirksrevisors als Vertreters der Staatskasse. Von Amts wegen wird auch die Festsetzung des Rückgriffs der Staatskasse nach Abs. 1 Satz 2 und 3 betrieben.

2. Prüfung der Anspruchsvoraussetzungen

20 Das Vorliegen der Anspruchsvoraussetzungen ist grundsätzlich **von Amts wegen** (§ 26) zu prüfen. Der Vormund, Pfleger usw. ist jedoch gem. § 27 zur Mitwirkung verpflichtet, insbesondere zur Vorlage einer nachvollziehbaren Abrechnung (vgl. Rz. 16) und zur Einreichung entsprechender Belege. Kommt er dem auch auf entsprechenden gerichtlichen Hinweis (§ 28 Abs. 2) nicht nach, kann der Antrag zurückgewiesen werden.

21 Zu prüfen ist das **Vorliegen einer wirksamen Bestellung** des Vormunds, Pflegers, Betreuers, Verfahrensbeistands bzw. -pflegers, nicht aber, ob die Voraussetzungen einer Bestellung vorlagen.[1] Gleiches gilt hinsichtlich des Endes des Anspruchszeitraums durch Aufhebung der Bestellung, dh es ist nur die wirksame Aufhebung oder sonstige Beendigung zu prüfen, nicht aber, ob die Aufhebung schon früher hätte erfolgen müssen.[2] Der Zeitpunkt der Entstehung des geltend gemachten Anspruchs und die Dauer der Vergütung richten sich nach der jeweiligen Anspruchsnorm.

22 Sofern die Vergütung nicht pauschal erfolgt, sind der **Zeitaufwand** und – soweit ein Beurteilungsspielraum eingeräumt ist – die angemessene **Höhe der Entschädigung bzw. Vergütung** nach § 287 ZPO zu schätzen.[3] Wird eine nach Zeiteinheiten und mit Stichworten zur geleisteten Tätigkeit versehene Abrechnung eingereicht, erfolgt grundsätzlich nur eine Plausibilitätsprüfung der in Ansatz gebrachten Zeiten, die sich auf die Kontrolle missbräuchlicher oder offensichtlich überzogener Forderungen beschränkt.[4] Dies gilt auch für die Frage, welche Tätigkeiten der Vormund, Pfleger usw. zur pflichtgemäßen Erfüllung seiner Aufgaben für erforderlich halten durfte.[5] An die Konkretisierung bestimmter (ergänzender) Aufgaben im Bestellungsbeschluss ist der Rechtspfleger im Festsetzungsverfahren gebunden, so etwa hinsichtlich der vergütungsfähigen Aufgaben des Verfahrenspflegers nach § 277 bzw. des nicht berufsmäßigen Verfahrensbeistands nach § 158 Abs. 7 Satz 1[6] und hinsichtlich der Aufgaben des Umgangspflegers nach § 1684 Abs. 3 Satz 3, 4 BGB.[7] Eine Bindung besteht auch an die Anordnung des erweiterten Aufgabenkreises für den berufsmäßigen Verfahrensbeistand nach § 158 Abs. 4 Satz 3, die Voraussetzungen der Anordnung sind im Festsetzungsverfahren nicht zu überprüfen. Schließlich besteht eine Bindung auch hinsichtlich der Feststellung der Erforderlichkeit der Vergütung des Verfahrenspflegers nach § 1835 Abs. 3 BGB iVm. § 1 Abs. 2 RVG für eine rechtsanwaltsspezifische Tätigkeit.[8]

23 Auch soweit die **Berufsmäßigkeit der Amtsführung** des Vormunds (Betreuers, Verfahrensbeistands usw.) Anspruchsvoraussetzung ist, ist der Rechtspfleger an eine entsprechende Feststellung im Bestellungsbeschluss gebunden.[9] Ist sie nicht erfolgt

---

1 BayObLG v. 24.1.1997 – 3Z BR 328/96, FamRZ 1997, 701.
2 BGH v. 11.4.2012 – XII ZB 459/10, FamRZ 2012, 1051 hinsichtlich der Aufhebung der Betreuung.
3 BayObLG v. 14.2.1996 – 3 ZR 297/95, FamRZ 1996, 1169 und v. 20.5.1999 – 3 Z BR 121/99, FamRZ 1999, 1591; OLG Zweibrücken v. 11.11.1996 – 3 W 183/96, BtPrax 1997, 116.
4 OLG Brandenburg v. 9.6.2008 – 9 WF 81/08, FamRZ 2008, 2049; BayObLG v. 27.2.1996 – 3Z BR 341/95, FamRZ 1996, 1171.
5 OLG Brandenburg v. 9.6.2008 – 9 WF 81/08, FamRZ 2008, 2049; BayObLG v. 20.5.1999 – 3 Z BR 121/99, FamRZ 1999, 1591.
6 Vgl. dazu § 277 Rz. 18 m. Nachw.
7 Vgl. KG v. 24.8.2012 – 25 WF 29/12, FamRZ 2013, 478 hinsichtlich der Begleitung der Umgänge durch den Umgangspfleger.
8 BGH v. 17.11.2010 – XII ZB 244/10, FamRZ 2011, 203 m. insoweit zust. Anm. *Fröschle*; vgl. auch 277 Rz. 60.
9 Keidel/*Engelhardt* § 168 FamFG Rz. 15.

und auch nicht nachträglich ergänzt worden, kann sie im Festsetzungsverfahren durch den Rechtspfleger nachgeholt werden.[1]

24 **Einreden** sind nur zu berücksichtigen, wenn sie **wirksam erhoben** wurden. Dies gilt insbesondere für die Einrede der **Verjährung** (§ 214 Abs. 1 BGB), die bei Ansprüchen auf Aufwendungsersatz, Aufwandsentschädigung und Vergütung gem. §§ 195 BGB drei Jahre beträgt, auch wenn diese gem. § 1836e Abs. 1 Satz 1 BGB auf die Staatskasse übergehen.[2] Der Verfahrenspfleger kann die Verjährungseinrede nicht für den Betreuten erheben, da er nicht dessen gesetzlicher Vertreter ist.[3]

25 Dagegen ist die **Einhaltung der Ausschlussfristen** nach § 1835 Abs. 1 Satz 2 BGB, § 2 VBVG (15 Monate nach Entstehung des Anspruchs) bzw. § 1835a Abs. 4 Satz 1 (drei Monate nach Ablauf Jahres, in dem der Anspruch entsteht) **von Amts wegen zu prüfen**, da mit ihrem Ablauf der Anspruch erlischt.[4]

26 **Unbeachtlich** ist im Festsetzungsverfahren der **Einwand der Schlechterfüllung** der Amtsführung oder die Aufrechnung mit daraus resultierenden Schadensersatzansprüchen. Sie sind im Rahmen einer Vollstreckungsgegenklage nach § 95 Abs. 1 Nr. 1 FamFG iVm. § 767 ZPO gegen den Festsetzungsbeschluss oder in einem Verfahren vor dem Prozessgericht geltend zu machen.[5] Eine Verwirkung des Anspruchs wegen treuwidrigen Verhaltens kann im Festsetzungsverfahren nur ausnahmsweise berücksichtigt werden, wenn die Treuwidrigkeit aufgrund rechtskräftiger strafrechtlicher Verurteilung feststeht.[6]

3. Prüfung der wirtschaftlichen Leistungsfähigkeit des Mündels (Absatz 2)

27 Das Gericht hat **von Amts wegen** die Leistungsfähigkeit des Mündels nach § 1836c und d BGB zu prüfen. Danach richtet sich, ob sich der Anspruch gegen den Mündel oder im Falle seiner Mittellosigkeit gegen die Staatskasse richtet (§§ 1835 Abs. 4 Satz 1, 1835a Abs. 3 BGB, § 1 Abs. 2 Satz 2 VBVG) bzw. ob ein Rückgriff der Staatskasse bei dem Mündel nach § 1836e BGB möglich ist. **Maßgeblicher Zeitpunkt** für die Frage, ob sich der Vergütungsanspruch des Vormunds, Betreuers usw. wegen Mittellosigkeit des Mündels, Betreuten usw. gegen die Staatskasse richtet, ist die letzte Tatsachenentscheidung.[7] Für den Umfang des dem Vormund bzw. Betreuer gem. § 5 VBVG zu vergütenden Zeitaufwands ist demgegenüber darauf abzustellen, ob der Mündel bzw. Betreute im Vergütungszeitraum mittellos war.[8]

28 Zur Feststellung der Leistungsfähigkeit sollen **in dem Antrag** auf gerichtliche Festsetzung nach Abs. 2 Satz 1 die **persönlichen und wirtschaftlichen Verhältnisse des Mündels** dargestellt werden. Erforderlich sind auch Angaben über Unterhaltspflichtige und ihre Einkommens- und Vermögensverhältnisse.[9] Das Gericht kann auch verlangen, dass der Antragsteller seine Angaben **glaubhaft macht** (§ 31) und die **Abgabe einer Versicherung an Eides statt** fordern, wenn es Zweifel an ihrer Richtigkeit hat (Abs. 2 Satz 2 iVm. § 118 Abs. 2 Satz 1 ZPO). Es kann auch selbst Erhebungen anstellen, insbesondere die Vorlegung von Urkunden anordnen und Auskünfte einholen (Abs. 2 Satz 2 iVm. § 118 Abs. 2 Satz 2 ZPO), es ist hierzu aber nur verpflichtet, wenn der Antragsteller nicht in der Lage ist, die wirtschaftlichen Verhältnisse durch zumutbare Anstrengungen aufzuklären. Macht der Antragsteller keine (zu-

---

1 KG v. 24.8.2012 – 25 WF 29/12, Rpfleger 2013, 50; sowie § 277 Rz. 27 m. Nachw.; aA BayObLG v. 3.5.2001 – 3Z BR 85/01, FamRZ 2001, 1484.
2 BGH v. 25.1.2012 – XII ZB 461/11, FamRZ 2012, 627. Zum Verjährungsbeginn vgl. § 199 Abs. 1 Nr. 1 BGB.
3 BGH v. 22.8.2012 – XII ZB 474/11, FamRZ 2012, 1798; für den Verfahrensbeistand ist dies in § 158 Abs. 4 Satz 6 ausdrücklich geregelt.
4 OLG Koblenz v. 2.4.2002 – 9 WF 604/01, FamRZ 2002, 1355; OLG Köln v. 29.8.2008 – 4 WF 92/08, OLGReport 2009, 220.
5 BGH v. 11.4.2012 – XII ZB 459/10, FamRZ 2012, 1051.
6 OLG Hamm v. 25.1.2007 – 15 W 309/06, FamRZ 2007, 1185.
7 BGH v. 6.2.2013 – XII ZB 582/12, FamRZ 2013, 620; MüKo.BGB/*Wagenitz*, § 1836d BGB Rz. 12.
8 BGH v. 6.2.2013 – XII ZB 582/12, FamRZ 2013, 620.
9 OLG Köln v. 3.8.2009 – 16 Wx 76/09, FamRZ 2009, 2119 (LS) = FGPrax 2009, 268.

mutbaren) Angaben oder macht er sie auf Aufforderung nicht glaubhaft, so trifft ihn die Feststellungslast und ist der Antrag daher zurückzuweisen.[1]

Nach Abs. 2 Satz 3 kann der Aufwand zur Ermittlung der persönlichen und wirtschaftlichen Verhältnisse des Mündels eingeschränkt werden. Steht dieser **Aufwand außer Verhältnis zur Höhe des** aus der Staatskasse zu begleichenden **Anspruchs** (§§ 1835 Abs. 4, 1835a Abs. 3 BGB) oder zur Höhe der voraussichtlich vom Mündel zu leistenden Zahlungen (nach §§ 1836c, 1836e BGB), kann das Gericht ohne weitere Prüfung den Anspruch festsetzen oder von einer Festsetzung der vom Mündel an die Staatskasse zu leistenden Zahlungen absehen.

29

4. Anhörungen, Bestellung eines Interessenvertreters (Absatz 4)

Der **Mündel** (Pflegling, Betreute) ist gem. Abs. 4 Satz 1 **anzuhören**, wenn der Anspruch gegen ihn festgesetzt werden soll. Eine persönliche Anhörung ist nicht erforderlich.[2] Der Betreute gilt dabei nach § 275 als verfahrensfähig. Im Falle der Festsetzung (nur) gegen die Staatskasse besteht keine Anhörungspflicht, da die dort getroffene Entscheidung hinsichtlich des Anspruchs und der Leistungsfähigkeit des Mündels keine Bindungswirkung für die Feststellung eines gegen den Mündel gerichteten Anspruchs des Vormunds oder Rückgriffsanspruchs der Staatskasse hat (vgl. Rz. 37).

30

Kann sich der Betreute im Verfahren wegen Festsetzung von Ansprüchen des Betreuers nicht selbst sinnvoll äußern und werden seine Interessen auch anderweitig nicht ausreichend vertreten, ist gem. § 276 die Bestellung eines **Verfahrenspflegers** auch für das Festsetzungsverfahren zu prüfen.[3] Für den Mündel oder minderjährigen Pflegling kann ein Verfahrensbeistand nach § 158 bei Festsetzung von Ansprüchen des Vormunds oder Pflegers nicht bestellt werden, weil es sich um eine ausschließlich vermögensrechtliche Angelegenheit handelt (vgl. § 158 Rz. 3), so dass bei einem erheblichen Interessengegensatz die Bestellung eines **Ergänzungspflegers** nach §§ 1796, 1909 BGB zu prüfen ist, soweit kein Gegenvormund oder -pfleger nach § 1799 bestellt ist.

31

Der **Staatskasse (Bezirksrevisor)** ist bei einem gegen sie gerichteten Festsetzungsverfahren rechtliches Gehör zu gewähren. Gleiches gilt für die Anhörung des **Vormunds**, wenn das Festsetzungsverfahren von Amts wegen oder auf Antrag des Mündels eingeleitet wurde.[4]

32

III. Entscheidung und materielle Rechtskraft

Die Festsetzung (oder Ablehnung) der Ansprüche gegen den Mündel oder die Staatskasse erfolgt gem. § 38 ff. durch zu begründenden und mit Rechtsmittelbelehrung zu versehenden **Beschluss**.

33

Mit der **Festsetzung der Ansprüche gegen die Staatskasse** bestimmt das Gericht nach Abs. 1 Satz 2 auch Höhe und Zeitpunkt der Zahlungen, die der Mündel (Pflegling, Betreute) aufgrund der Vorleistung der Staatskasse nach §§ 1836c und 1836e BGB an diese zurückzuerstatten hat,[5] dh es entscheidet **auch über den Rückgriffsanspruch** der Staatskasse. Gem. Abs. 1 Satz 3 kann über den Rückgriffsanspruch der Staatskasse jedoch auch **zu einem späteren Zeitpunkt** entschieden werden, wenn dies zweckmäßig erscheint, zB wenn der Mündel, Pflegling oder Betreute nachträglich „zu Geld kommt".[6]

34

Wenn abzusehen ist, dass die gegen die Staatskasse festgesetzten Beträge durch den Mündel gezahlt werden können, soll die **vorläufige Einstellung der Zahlungen**

35

---

1 *Fröschle*, Praxiskommentar, Anh. zu § 292 FamFG Rz. 13.
2 BayObLG v. 21.1.1998 – 3Z BR 453/97, FamRZ 1998, 1185.
3 OLG Karlsruhe v. 4.11.2002 – 11 Wx 52/02, FamRZ 2003, 405; BayObLG v. 2.4.2004 – 3Z BR 43/04, FamRZ 2004, 1231.
4 MüKo.ZPO/*Heilmann* § 168 FamFG Rz. 14.
5 Zu den Anforderungen an die gerichtliche Bestimmung von Höhe und Zeitpunkt der Zahlungen vgl. LG Koblenz v. 17.7.2012 – 2 T 330/12, FamRZ 2013, 484.
6 BGH v. 9.1.2013 – XII ZB 478/11, FamRZ 2013, 440.

der Staatskasse an den Vormund bestimmt werden (Abs. 2 Satz 2 iVm. § 120 Abs. 3 ZPO). Steht nach der freien Überzeugung des Gerichts der Aufwand zur Ermittlung der persönlichen und wirtschaftlichen Verhältnisse des Mündels außer Verhältnis zur Höhe des aus der Staatskasse zu begleichenden Anspruchs oder zur Höhe der voraussichtlich vom Mündel zu leistenden Zahlungen, so kann es nach Abs. 2 Satz 3 auch **von der Festsetzung von Zahlungen** des Mündels **absehen**.

36 Die Entscheidung über die von dem Mündel zu leistenden Zahlungen soll **abgeändert** werden, wenn sich die persönlichen und wirtschaftlichen Verhältnisse des Mündels wesentlich geändert haben (Abs. 2 Satz 2 iVm. § 120a Abs. 1 Satz 1 ZPO). Eine Abänderung ist nach § 1836e Satz 2 BGB jedoch nur innerhalb von 10 Jahren nach Ablauf des Jahres möglich, in dem die Staatskasse die Aufwendung oder Vergütung gezahlt hat, denn Abs. 2 Satz 2 verweist nicht auf die Vierjahresfrist des § 120a Abs. 1 Satz 4 ZPO.[1] Darüber hinaus verjährt auch der auf die Staatskasse übergegangene Vergütungsanspruch in drei Jahren,[2] wobei allerdings die Einrede der Verjährung wirksam erhoben werden muss (vgl. Rz. 25). Eine Herabsetzung der Zahlungen erfolgt nur auf Antrag des Mündels (Abs. 2 Satz 2 iVm. § 120a Abs. 1 Satz 2 ZPO). Auf Verlangen des Gerichts muss der Mündel, Betreute usw. bzw. sein gesetzlicher Vertreter jederzeit erklären, ob eine Veränderung der Verhältnisse eingetreten ist (Abs. 2 Satz 2 iVm. § 120a Abs. 1 Satz 3 ZPO).

37 Die Entscheidung über die Festsetzung oder ihre Ablehnung hat **materielle Rechtskraft** entsprechend § 322 ZPO, dh. nach Eintritt der Rechtskraft sind Rück- und Nachforderungen ausgeschlossen.[3] Die Rechtskraft wirkt jedoch nur inter pares,[4] dh in isolierten Festsetzungsverfahren nur zwischen Vormund und Staatskasse bzw. Vormund und Mündel. Unterschiedlichen Ergebnissen hinsichtlich der Höhe des Anspruchs und der Feststellungen über die Mittellosigkeit des Mündels kann durch Verbindung der Verfahren vorgebeugt werden (vgl. Rz. 18). Die Bestandskraft der früheren Festsetzung gegen einen Betreuten steht der späteren Festsetzung gegen die Staatskasse ausnahmsweise nicht entgegen, wenn der Betreuer mangels Übertragung des Aufgabenkreises Vermögenssorge keine genaue Kenntnis über das Vermögen des Betreuten hatte und sich herausstellt, dass der Betreuer seinen Vergütungsanspruch gegen den Betreuten trotz umgehender Ausschöpfung der Zwangsvollstreckungsmöglichkeiten nicht durchsetzen kann, weil ausreichendes Vermögen entgegen der Annahme bei der ursprünglichen Festsetzung nicht vorhanden ist.[5]

IV. Festsetzung des Rückgriffsanspruchs gegen den Erben (Absatz 3, Abs. 4 Satz 2)

38 Nach Abs. 3 Satz 1 bestimmt das Gericht **nach dem Tode des Mündels** Höhe und Zeitpunkt der Zahlungen, die der Erbe des Mündels nach §§ 1836e iVm. 1967 BGB **an die Staatskasse** zu leisten hat. Der Erbe ist nach Abs. 3 Satz 2 dazu verpflichtet, dem Gericht über den Bestand des Nachlasses Auskunft zu erteilen. Er hat nach Abs. 3 Satz 3 auf Verlangen ein Verzeichnis der zur Erbschaft gehörenden Gegenstände vorzulegen und dessen Richtigkeit an Eides statt zu versichern. Dies kann durch Zwangsmittel nach § 35 auch erzwungen werden.

39 Im Übrigen gelten die allgemeinen Verfahrensvorschriften (§§ 13 ff.). Vor einer Entscheidung nach Abs. 3 ist nach Abs. 4 Satz 2 der Erbe (bei einer Mehrzahl von Erben alle Erben) **anzuhören**. Ist der Erbe unbekannt, kann bei dem zuständigen Nachlassgericht die Bestellung eines Nachlasspflegers angeregt werden, um die Festsetzung gegen die unbekannten Erben zu ermöglichen.[6]

---

1 Keidel/*Engelhardt* § 168 FamFG Rz. 29.
2 BGH v. 25.1.2012 – XII ZB 461/11, FamRZ 2012, 627.
3 OLG Hamm v. 22.1.2009 – 15 Wx 269/08, FamRZ 2009, 1182 (LS) = BtPrax 2009, 130; BayObLG v. 22.8.1997 – 3Z BR 211/97, 3Z BR 212/97, FamRZ 1998, 1055.
4 BayObLG v. 5.7.2000 – 3Z BR 149/00, FamRZ 2001, 377.
5 BayObLG v. 1.10.2003 – 3Z BR 161/03, FamRZ 2004, 305; OLG Frankfurt v. 13.5.2009 – 20 W 477/08, FGPrax 2009, 160.
6 Vgl. OLG Stuttgart v. 29.6.2007 – 8 W 245/07, FamRZ 2007, 1912.

Abs. 3 ist **entsprechend anzuwenden**, wenn Ansprüche des Vormunds nach dem Tod des Mündels nach Abs. 1 Satz 1 gegen die Staatskasse oder gegen den Erben festgesetzt werden sollen (vgl. Rz 5)[1] oder wenn der Mündel während des Festsetzungsverfahrens verstirbt.[2] 40

V. Rechtsmittel, Vollstreckung

1. Rechtsmittel

Gegen die Entscheidung des Rechtspflegers findet die **Beschwerde** nach § 58 statt, wenn der Wert des Beschwerdegegenstandes 600 Euro übersteigt (§ 61 Abs. 1) oder die Beschwerde zugelassen wird. Beschwerdeberechtigt ist der Vormund, Pfleger, Betreuer bzw. Verfahrensbeistand, wenn die Festsetzung abgelehnt wird oder hinter dem begehrten Betrag zurückbleibt. Der Mündel, Pflegling, Betreute usw. ist beschwert durch Festsetzung von Zahlungen an den Vormund oder an die Staatskasse nach § 1836e BGB. Die Staatskasse ist beschwerdeberechtigt, soweit sie zu Zahlungen verpflichtet worden ist oder wenn ein Rückgriff abgelehnt worden ist.[3] 41

Ist die Beschwerdesumme nicht erreicht, findet nach § 11 Abs. 2 Satz 1 RPflG die **Erinnerung** statt, über die bei Nichtabhilfe der Richter zu entscheiden hat. Wurde eine unstatthafte Beschwerde eingelegt, ist sie als Erinnerung auszulegen.[4] 42

2. Vollstreckung

Entscheidungen, die Zahlungen des Mündels an den Vormund festsetzen, sind Vollstreckungstitel und werden gem. § 95 Abs. 1 Nr. 1 nach der ZPO vollstreckt. Festgesetzte Zahlungen des Mündels oder Erben an die Staatskasse werden nach § 1 Abs. 1 Nr. 4b, Abs. 2 JBeitrO beigetrieben. 43

Kosten/Gebühren: Gericht: Durch die Beschlüsse entstehen keine Gerichtsgebühren (vgl. Abs. 1 der Anm. zu Nr. 1310 KV FamGKG). Für die Beschwerde wird eine Gebühr nach Nrn. 1314, 1315 KV FamGKG. **RA:** Der RA, der einen Beteiligten im erstinstanzlichen Verfahren vertritt, erhält Gebühren nach Teil 3 Abschnitt 1 VV RVG. Im Beschwerdeverfahren entstehen nach Vorbem. 3.2.1 Nr. 2 Buchst. b VV RVG die Gebühren nach Nrn. 3206ff. VV RVG. Im Erinnerungsverfahren entstehen Gebühren nach Nrn. 3500, 3515 VV RVG. 44

168a *Mitteilungspflichten des Standesamts*

(1) Wird dem Standesamt der Tod einer Person, die ein minderjähriges Kind hinterlassen hat, oder die Geburt eines Kindes nach dem Tod des Vaters oder das Auffinden eines Minderjährigen, dessen Familienstand nicht zu ermitteln ist, *oder die Geburt eines Kindes im Wege der vertraulichen Geburt nach § 25 Absatz 1 des Schwangerschaftskonfliktgesetzes** angezeigt, hat das Standesamt dies dem Familiengericht mitzuteilen.

(2) Führen Eltern, die gemeinsam für ein Kind sorgeberechtigt sind, keinen Ehenamen und ist von ihnen binnen eines Monats nach der Geburt des Kindes der Geburtsname des Kindes nicht bestimmt worden, teilt das Standesamt dies dem Familiengericht mit.

* Dieser Halbsatz wird mit Wirkung vom 1.5.2014 eingefügt.[5]

A. Allgemeines

§ 168a regelt **Mitteilungspflichten des Standesamts** an das Familiengericht in den genannten Fällen. Die Mitteilung ist grundsätzlich an das gem. § 152 örtlich zustän- 1

---

1 Keidel/*Engelhardt* § 168 FamFG Rz. 17.
2 Hierzu OLG Jena v. 9.1.2006 – 9 W 664/05, FamRZ 2006, 645; OLG Stuttgart v. 29.6.2007 – 8 W 245/07, FamRZ 2007, 1912.
3 BayObLG v. 19.11.1999 – 3 Z BR 233/99, NJW-RR 2001, 584.
4 BGH v. 15.8.2012 – XII ZB 442/11, FamRZ 2012, 1796 (LS) = NJW-RR 2012, 1476.
5 Art. 5 des Gesetzes zum Ausbau der Hilfen für Schwangere und zur Regelung der vertraulichen Geburt. Bei Drucklegung am 19.8.2013 verabschiedet, aber noch nicht verkündet (s. Einl. Rz. 45a).

B. Inhalt der Vorschrift

I. Tod eines Elternteils usw. (Absatz 1)

2   Abs. 1 entspricht inhaltlich § 48 FGG aF. Die Verpflichtung ist für das Standesamt ebenfalls in § 57 Abs. 1 Nr. 4 und § 60 Abs. 1 Nr. 7 PStV geregelt. Die Mitteilung dient der Prüfung, ob von Amts wegen familiengerichtliche Maßnahmen erforderlich sind, also zB die Bestellung eines Vormunds oder eines Pflegers. Eine Mitteilungspflicht des Standesbeamten besteht in folgenden Fällen:

- **Tod** einer Person, die ein minderjähriges Kind hinterlassen hat (wegen § 1680 Abs. 2 Satz 2 BGB – Übertragung der elterlichen Sorge auf den nichtsorgeberechtigten Elternteil, sonst §§ 1773 Abs. 1, 1909 BGB);
- **Geburt** eines Kindes nach dem Tod des Vaters (zur Prüfung, ob die elterliche Sorge der Kindesmutter möglicherweise nach §§ 1673 f. BGB ruht und deshalb die Bestellung eines Vormunds oder Pflegers erforderlich ist, §§ 1773 Abs. 1, 1909 BGB);
- **vertrauliche Geburt** eines Kindes nach § 25 Abs. 1 SchKG[1] (Prüfung der Bestellung eines Vormunds nach § 1773 Abs. 1 BGB; ggf. Feststellung gem. § 1674a Satz 2 BGB, dass die Mutter, die ein Kind nach § 25 Abs. 1 SchKG vertraulich geboren hat, gegenüber dem Gericht die für den Geburtseintrag ihres Kindes erforderlichen Angaben gemacht hat, mit der Folge, dass ihre bis dahin nach Satz 1 ruhende elterliche Sorge wieder auflebt);
- **Auffinden** eines Minderjährigen, dessen Familienstand nicht zu ermitteln ist (wegen § 1773 Abs. 2 BGB).

Die Mitteilungspflicht des Standesamts besteht in jedem Fall. Ob im Einzelfall Maßnahmen erforderlich sind, hat nur und erst das Familiengericht zu entscheiden. Funktionell zuständig ist für eine Entscheidung nach § 1680 Abs. 2 BGB der Richter, in den anderen Fällen der Rechtspfleger (vgl. § 151 Rz. 7, 15 ff.).

II. Name eines Kindes (Absatz 2)

3   Abs. 2 entspricht inhaltlich im Wesentlichen § 64c FGG aF bzw. dem noch bis zum 31.12.2008 geltenden § 21a aF PStG. Die Mitteilungspflicht nach Abs. 2 korrespondiert mit § 1617 Abs. 2 BGB. Danach hat das Familiengericht einem Elternteil das **Bestimmungsrecht für den Geburtsnamen** zu übertragen, wenn Eltern, die gemeinsam für ein Kind sorgeberechtigt sind und keinen Ehenamen führen, binnen eines Monats nach der Geburt des Kindes keine Bestimmung über den Geburtsnamen des Kindes getroffen haben. Hierüber ist von Amts wegen durch den funktionell zuständigen Richter zu entscheiden (§ 14 Abs. 1 Nr. 5 RPflG entsprechend).[2]

4   Häufig teilt das Standesamt gleichzeitig mit, dass das Kind auch noch keinen **Vornamen** hat, denn auch insoweit haben bei gemeinsamer Sorge beide Eltern nach § 1687 Abs. 1 Satz 1 BGB mitzuwirken. Die Übertragung des Bestimmungsrechts über den Vornamen richtet sich jedoch nach § 1628 BGB, dh. hierüber wird nur auf Antrag eines Elternteils entschieden. Hierüber sollte das Gericht die Eltern im Rahmen der Fristsetzung nach § 1617 Abs. 2 Satz 2 informieren.

---

[1] Eingefügt durch das Gesetz zum Ausbau der Hilfen für Schwangere und zur Regelung der vertraulichen Geburt, bei Drucklegung am 19.8.2013 verabschiedet, aber noch nicht verkündet (s. Einl. Rz. 45a), (in Kraft ab 1.5.2014).
[2] OLG Frankfurt v. 27.2.1996 – 20 W 227/95, NJW-RR 1996, 1288.

Abschnitt 4
Verfahren in Abstammungssachen

169 *Abstammungssachen*
Abstammungssachen sind Verfahren
1. auf Feststellung des Bestehens oder Nichtbestehens eines Eltern-Kind-Verhältnisses, insbesondere der Wirksamkeit oder Unwirksamkeit einer Anerkennung der Vaterschaft,
2. auf Ersetzung der Einwilligung in eine genetische Abstammungsuntersuchung und Anordnung der Duldung einer Probeentnahme,
3. auf Einsicht in ein Abstammungsgutachten oder Aushändigung einer Abschrift oder
4. auf Anfechtung der Vaterschaft.

Literatur: *Beinkinstadt,* „Vater werden ist nicht schwer" – Entwurf eines Gesetzes zur Ergänzung des Rechts zur Anfechtung der Vaterschaft, JAmt 2007, 342; *Borth,* Das Verfahren zum Entwurf eines Gesetzes zur Klärung der Abstammung unabhängig vom Anfechtungsverfahren gem. § 1598a BGB-E und dessen Verhältnis zum Abstammungsverfahren nach dem FamFG, FPR 2007, 381; *Hammermann,* Das Gesetz zur Klärung der Vaterschaft unabhängig vom Anfechtungsverfahren, FamRB 2008, 150; *Heiter,* Das Verfahren in Abstammungssachen im Entwurf eines FamFG, FPR 2006, 417; *Helms,* Das neue Verfahren zur Klärung der leiblichen Abstammung, FamRZ 2008, 1033; *Helms/Balzer,* Das neue Verfahren in Abstammungssachen, ZKJ 2009, 348; *Löhnig,* Das Gesetz zur Ergänzung des Rechts zur Anfechtung der Vaterschaft, FamRZ 2008, 1130; *Schmidt,* FamFG und Abstammungssachen, JAmt 2009, 465; *Stößer,* Das neue Verfahren in Abstammungssachen nach dem FamFG, FamRZ 2009, 923; *Wellenhofer,* Das neue Gesetz zur Klärung der Vaterschaft unabhängig vom Anfechtungsverfahren, NJW 2008, 1185.

A. Allgemeines

I. Entstehung

§ 169 enthält eine Definition des Begriffs **Abstammungssachen** (früher: Kindschaftssachen nach § 640 aF ZPO). Abstammungsverfahren betreffen das **Bestehen oder Nichtbestehen eines Verwandtschaftsverhältnisses** eines Kindes zum Vater oder zur Mutter. Diese Verfahren wurden früher nach den Vorschriften der ZPO geführt (§§ 640 ff. aF ZPO). Für den Fall, dass die Person, gegen die die Klage zu richten wäre, verstorben war, sah § 1600e Abs. 2 aF BGB mangels eines zivilprozessualen Gegners ein gesondertes Verfahren der freiwilligen Gerichtsbarkeit (fG) vor (vgl. § 55b FGG aF). 1

Nach dem FamFG sind sämtliche Abstammungssachen einheitlich als **Verfahren der fG** ausgestaltet, ohne formalen Gegner, auch dann, wenn ein Beteiligter dem Begehren des Antragstellers widerspricht. Es gilt der Amtsermittlungsgrundsatz des § 26. Das FamFG enthält auch keine Sonderregelung mehr für den Fall, dass die Person, gegen die ein entsprechender Antrag zu richten wäre, verstorben ist (zB Feststellung eines verstorbenen Mannes als Vater oder Vaterschaftsanfechtung, nachdem ein Kind bereits verstorben ist). Auch solche Verfahren werden einheitlich nach §§ 169 ff. geführt, zwischen den noch lebenden Beteiligten. Es genügt, wenn das Verfahren durch den Antragsteller eingeleitet wird (für den Fall, dass ein Beteiligter während des Verfahrens verstirbt, ist § 181 zu beachten). Statt einem formalen Antragsgegner kennt das FamFG dagegen nur die weiteren Beteiligten des Verfahrens nach Maßgabe des § 172 (zu den Beteiligten bei dem postmortalen Abstammungsverfahren § 172 Rz. 11). Die für das frühere zivilprozessuale Verfahren nach § 640 ff. aF ZPO typischen besonderen Elemente, wie der Strengbeweis über die Abstammung (§ 177 Abs. 2), die Wirkung der Entscheidung für und gegen alle (§ 184 Abs. 2) sowie die besonderen Vorschriften für eine Wiederaufnahme des Verfahrens (§ 185) blieben erhalten. In einer Abstammungssache kann **keine Entscheidung aufgrund eines An-** 2 erkenntnisses oder als Versäumnisentscheidung ergehen. Abstammungssachen sind keine Familienstreitsachen nach § 112, sondern übrige Familiensachen (freiwillige Gerichtsbarkeit).

II. Systematik

3 § 169 enthält den **Katalog der Abstammungssachen**, für die die besonderen Verfahrensvorschriften des Abschnitts 4 gelten. Für das Verfahren gelten daneben die Vorschriften des Allgemeinen Teils, insbesondere auch der Grundsatz der Amtsermittlung (§ 26), der allerdings im Verfahren auf Anfechtung der Vaterschaft nach Maßgabe des § 177 Abs. 1 eingeschränkt ist.

4 Die gerichtliche Klärung der Abstammung erfolgt grundsätzlich nur in den Verfahren nach § 169. Die Abstammung kann wegen der Rechtsausübungssperren der §§ 1599, 1600d Abs. 4 BGB **nicht inzident** in einem anderen Verfahren geklärt werden, etwa in einer Unterhaltssache. Ein auf Kindesunterhalt in Anspruch genommener rechtlicher Vater kann also nicht mit Aussicht auf Erfolg in diesem Verfahren einwenden, er sei nicht der Erzeuger des Kindes. Er kann sich auf eine fehlende biologische Vaterschaft auch nicht berufen, wenn er nach § 1570 BGB auf nachehelichen Unterhalt für ein gemeinschaftliches Kind in Anspruch genommen wird. Dieser Grundsatz wird aber vermehrt durchbrochen. Im Regressverfahren des Scheinvaters gegen den mutmaßlichen Erzeuger des Kindes (§ 1607 Abs. 3 Satz 2 BGB) kann in besonders gelagerten Einzelfällen die Vaterschaft des Antragsgegners inzident festgestellt werden.[1] Die Durchbrechung der Rechtsausübungssperre im Regressverfahren des Scheinvaters setzt jedoch voraus, dass der Scheinvater zuvor seine Vaterschaft wirksam angefochten hat. Nach Ablauf der dafür gem. § 1600b BGB geltenden Frist kommt auch die inzidente Feststellung eines anderen Mannes als Vater nicht mehr in Betracht.[2] Dies würde nämlich sonst auf eine doppelte Vaterschaft hinauslaufen. Auch in Verfahren zwischen den rechtlichen Eltern des Kindes, die deren rechtliche Beziehung untereinander betreffen, kommt eine Ausnahme von der aus § 1599 Abs. 1 BGB folgenden Rechtsausübungssperre in Betracht, wenn der Umstand der Nichtabstammung des Kindes vom rechtlichen Vater zwischen den Beteiligten unstreitig ist.[3] Der BGH lässt sogar eine inzidente Klärung der (streitigen) Abstammung durch ein Sachverständigen-Gutachten zu, um in einem Unterhaltsverfahren ein Fehlverhalten nach § 1579 Nr. 7 BGB (Verschweigen eines „Kuckuckskindes") zu beweisen. Eine Anfechtung der Vaterschaft ist danach nicht Voraussetzung für die Erhebung des Einwands nach § 1579 Nr. 7 BGB.[4] Eine Ausnahme von der Rechtsausübungssperre besteht auch für den Fall eines Regresses gegen einen Rechtsanwalt, der die Frist zur Vaterschaftsanfechtung versäumt hat.[5] Als Folge der Rechtsprechung des EuGHMR[6] ist künftig auch möglich und gegebenenfalls erforderlich, die leibliche Vaterschaft eines Antragstellers auf persönlichen Umgang mit einem Kind im Rahmen eines Umgangsverfahrens im Wege einer Beweiserhebung zu klären (nur auf den persönlichen Umgang bezogene gerichtlich festgestellte Vaterschaft), vgl. § 1686a BGB und § 167a Abs. 2 FamFG.[7]

5 Eine Inzidentfeststellung der Abstammung in solchen Verfahren erwächst aber nicht in Rechtskraft, nicht einmal zwischen den Beteiligten dieses Verfahrens.[8]

---

1 BGH v. 16.4.2008 – XII ZR 144/06, FamRZ 2008, 1424 m. Anm. *Wellenhofer*; BGH v. 22.10.2008 – XII ZR 46/07, FamRZ 2009, 32 m. Anm. v. *Wellenhofer*.
2 BGH v. 11.1.2012 – XII ZR 194/09, FamRZ 2012, 437.
3 BGH v. 25.6.2008 – XII ZB 163/06, FamRZ 2008, 1836 betreffend die Prüfung nach § 1587c BGB.
4 BGH v. 15.2.2012 – XII ZR 137/09, FamRZ 2012, 779 unter Hinweis auf das Abstammungsklärungsverfahren nach § 1598a BGB; ebenso für die Prüfung einer unbilligen Härte im Versorgungsausgleich, BGH v. 21.3.2012 – XII ZB 147/10, NJW 2012, 1446.
5 BGH v. 23.9.2004 – IX ZR 137/03, NJW-RR 2005, 494.
6 EuGHMR v. 15.9.2011 – 17080/07, NJW 2012, 2781.
7 In der Fassung des Gesetzes zur Stärkung der Rechte des leiblichen, nicht rechtlichen Vaters v. 4.7.2013, BGBl. I, S. 2176.
8 BGH v. 25.6.2008 – XII ZB 163/06, FamRZ 2008, 1836.

B. Inhalt der Vorschrift

1. Nr. 1 (Verfahren auf Feststellung des Bestehens oder Nichtbestehens eines El- 6
tern-Kind-Verhältnisses) entspricht § 640 Abs. 2 Nr. 1 aF ZPO. Erfasst sind insbesondere Verfahren nach § 1600d Abs. 1 BGB (gerichtliche Feststellung der Vaterschaft). Eine Feststellung der Vaterschaft ist nur dann möglich, wenn kein anderer Mann kraft Gesetzes als Vater anzusehen ist (als Ehemann, durch Anerkenntnis der Vaterschaft oder nach § 1593 BGB). Besteht eine Vaterschaft kraft Gesetzes, muss zunächst diese durch Anfechtung der Vaterschaft beseitigt werden. In Verfahren nach Nr. 1 kann auch die Abstammung des Kindes von der Mutter geklärt werden, wenn streitig ist, welche Frau das Kind geboren hat (§ 1591 BGB).[1]

Unter Verfahren auf Feststellung der **Wirksamkeit oder Unwirksamkeit einer An-** 7
erkennung der Vaterschaft fällt der Streit darüber, ob eine Vaterschaftsanerkennung von vornherein unwirksam war, weil sie den Anforderungen der §§ 1594–1597 BGB nicht genügt, also etwa ob die Anerkennung wegen fehlender Geschäftsfähigkeit, wegen Formmangels oder mangels Zustimmung der Mutter oder des Kindes unwirksam ist.

Abstammungssachen sind auch Verfahren auf Feststellung des **Nichtbestehens** 8
der Vaterschaft, wie sich aus der Regelung des § 182 Abs. 2 ergibt (vgl. § 182 Rz. 4). Einbezogen sind auch die bislang von § 1600e Abs. 2 aF BGB erfassten Feststellungsverfahren nach dem Tod der passivlegitimierten Partei.[2]

Unzulässig ist ein **isoliertes Abstammungsfeststellungsverfahren**, also die bloße 9
gerichtliche Feststellung, dass ein Kind nicht von seinem rechtlichen Vater abstammt, sondern von einem anderen Mann.[3] Denn nach § 1600d Abs. 1 BGB ist die gerichtliche Feststellung der Vaterschaft nur zulässig, soweit keine andere Vaterschaft nach §§ 1592 Nr. 1 und 2, 1593 BGB besteht.[4]

Keine Abstammungssache ist das Verfahren eines Kindes gegen seine Mutter auf 10
Auskunft über den Vater[5] oder ein Verfahren des früheren rechtlichen Vaters gegen die Mutter auf Auskunft über Personen, die ihr in der Empfängniszeit beigewohnt haben (**Nennung des mutmaßlichen biologischen Vaters**).[6] Es handelt sich aber in beiden Fällen um Familiensachen.[7]

2. Nr. 2 (Verfahren auf Ersetzung der Einwilligung in eine genetische Abstam- 11
mungsuntersuchung und Anordnung der **Duldung einer Probeentnahme**) betrifft Verfahren nach § 1598a Abs. 2 BGB, also die rechtsfolgenlose Klärung der Abstammung. Dieses Verfahren ermöglicht die Klärung der leiblichen Abstammung, ohne dass das Ergebnis des Verfahrens Auswirkungen auf die verwandtschaftlichen Beziehungen der Beteiligten hat. Es geht nur um das Recht eines Mannes auf Kenntnis der Abstammung des ihm rechtlich zugeordneten Kindes und des Kindes auf Kenntnis der eigenen Abstammung als Folge einer Entscheidung des BVerfG.[8] Gegenstand des Verfahrens ist, ob der rechtliche Vater auch der leibliche Vater eines Kindes ist. Wird dies als Ergebnis des Verfahrens verneint, erfolgt in diesem Verfahren keine weitergehende Feststellung, wer der biologische Vater ist. Zur Frage, ob eine Einbeziehung der Mutter in die Abstammungsuntersuchung überhaupt notwendig ist (verfassungskonforme Auslegung des § 1598a BGB) vgl. § 171 Rz. 25. Möglich ist in diesem Verfahren aber auch die Klärung der leiblichen Mutterschaft.[9] Nicht möglich ist in

---

1 OLG Koblenz v. 17.7.2009 – 9 WF 532/09, FamRZ 2010, 481.
2 *Heiter*, FPR 2006, 417.
3 BGH v. 6.12.2006 – XII ZR 164/06, FamRZ 2007, 538.
4 Das ist verfassungsgemäß, vgl. BVerfG v. 13.10.2008 – 1 BvR 1548/03, FamRZ 2008, 2257.
5 OLG Hamm v. 31.3.1999 – 8 WF 120/99, FamRZ 2000, 38.
6 BGH v. 9.11.2011 – XII ZR 136/09, FamRZ 2012, 200.
7 Helms/Kieninger/Rittner/*Helms*, Abstammungsrecht in der Praxis, Rz. 180f: Anspruch des Kindes sonstige Familiensache nach § 266 Abs. 1 Nr. 4, Anspruch des Scheinvaters Sachzusammenhang mit Unterhalt.
8 Vom 13.2.2007 – 1 BvR 421/05, FamRZ 2007, 441.
9 *Borth*, FPR 2007, 381; Palandt/*Brudermüller*, § 1598a BGB Rz. 6; Helms/Kieninger/Rittner/*Helms*, Abstammungsrecht in der Praxis, Rz. 168.

diesem Verfahren eine positive Feststellung, wer der tatsächliche Erzeuger eines Kindes ist.[1]

12 3. Unter Nr. 3 (Verfahren auf **Einsicht in ein Abstammungsgutachten** oder **Aushändigung einer Abschrift des Abstammungsgutachtens**) fallen Verfahren nach § 1598a Abs. 4 BGB. Nach dieser Vorschrift kann, wer in eine genetische Abstammungsuntersuchung eingewilligt und eine genetische Probe abgegeben hat, vom Klärungsberechtigten (derjenige, der die Klärung der Abstammung betreibt), Einsicht in das Abstammungsgutachten oder Aushändigung einer Abschrift verlangen. Die Verfahren nach Nr. 2 und 3 dienen nur der rechtsfolgenlosen Klärung der Abstammung.[2] Eine sich ggf. als unzutreffend erweisende statusrechtliche Zuordnung des Kindes bleibt unverändert.

13 Das Verfahren nach § 1598a Abs. 2 BGB steht **gleichrangig** neben der Möglichkeit der Anfechtung der Vaterschaft. Besteht ein genügender Anfangsverdacht nach § 1600b Abs. 1 Satz 2 BGB, hat der Anfangsberechtigte ein Wahlrecht zwischen beiden Verfahren. Das Ergebnis eines Verfahrens der rechtsfolgenlosen Klärung der Abstammung kann zum Anlass genommen werden, die Vaterschaft anzufechten. Durch die Einleitung eines Verfahrens nach § 1598a Abs. 2 BGB ist die Anfechtungsfrist des § 1600b Abs. 1 BGB gehemmt (§ 1600b Abs. 5 Satz 1 BGB).

14 Die **Verfahrenskostenhilfe** für ein Verfahren auf Anfechtung der Vaterschaft kann nicht mit der Begründung abgelehnt werden, der Anfechtungsberechtigte habe nach § 1598a BGB die Möglichkeit einer außergerichtlichen Klärung der Abstammung. Denn letztere ist rechtsfolgenlos.

15 4. Nr. 4 (**Verfahren auf Anfechtung der Vaterschaft**) entspricht § 640 Abs. 2 Nr. 4 aF ZPO. Verfahren auf Anfechtung der Vaterschaft sind solche nach §§ 1599, 1600 BGB. Danach kann angefochten werden die Vaterschaft aufgrund einer Ehe mit der Mutter (§§ 1592 Nr. 1, 1593 BGB) und die Vaterschaft kraft Anerkennung (§ 1592 Nr. 2 BGB). Nicht angefochten werden kann eine Vaterschaft, die gerichtlich festgestellt wurde. Eine gerichtlich festgestellte Vaterschaft kann nur durch Rechtsmittel und im Wege der Wiederaufnahme (§ 185) überprüft werden. Unter Nr. 4 fällt auch die Bekämpfung missbräuchlicher Vaterschaftsanerkennungen zur Erlangung aufenthaltsrechtlicher Vorteile durch die zuständige Behörde (§ 1600 Abs. 1 Nr. 5 BGB). Zur möglichen Verfassungswidrigkeit dieser behördlichen Anfechtung vgl. § 171 Rz. 11. Einbezogen in den Kreis der Verfahren nach Nr. 4 sind wiederum auch die bislang von § 1600e Abs. 2 aF BGB erfassten postmortalen Vaterschaftsanfechtungsverfahren nach § 56c FGG aF. Vor der Geburt des Kindes ist eine Anfechtung der Vaterschaft nicht möglich.[3]

16 Keine Abstammungssachen sind die – seltenen – Verfahren auf Feststellung des **Bestehens oder Nichtbestehens der elterlichen Sorge** nach § 640 Abs. 2 Nr. 5 aF ZPO.[4] Sie werden von der Definition des § 151 Nr. 1 erfasst[5] und gehören somit zu den Kindschaftssachen nach Abschnitt 3 (zum völlig neuen Inhalt des Gesetzesbegriffs der Kindschaftssachen vgl. § 151 Rz. 1).

17 **Kosten/Gebühren: Gericht:** In Abstammungssachen entstehen Gebühren nach den Nrn. 1320 bis 1328 KV FamGKG. Die Fälligkeit der Gebühren tritt nach § 11 Abs. 1 FamGKG mit der Beendigung des Verfahrens ein. Als Kostenschuldner kommt primär der Entscheidungs- oder Übernahmeschuldner (§ 24 Nr. 1 und 2 FamGKG) in Frage, jedoch auch der Antragsteller (§ 21 Abs. 1 Satz 1 FamGKG). Der Wert bestimmt sich nach § 47 FamGKG. **RA:** In einer Abstammungssache stehen dem RA Gebühren nach Teil 3 VV RVG zu.

---

1 Palandt/*Brudermüller*, § 1598a BGB Rz. 6; vgl. dazu auch § 172 Rz. 9.
2 Gesetz zur Klärung der Vaterschaft unabhängig vom Anfechtungsverfahren v. 26.3.2008, BGBl. I 2008, S. 441.
3 OLG Rostock v. 30.11.2006 – 10 WF 206/06, FamRZ 2007, 1675.
4 Beispiele: Streit über den Eintritt der Volljährigkeit bei unklarem Geburtstag oder bei einem ausländischen Kind.
5 RegE BT-Drucks. 16/6308, S. 234; *Heiter*, FPR 2006, 417.

§ 170 Örtliche Zuständigkeit

(1) Ausschließlich zuständig ist das Gericht, in dessen Bezirk das Kind seinen gewöhnlichen Aufenthalt hat.
(2) Ist die Zuständigkeit eines deutschen Gerichts nach Absatz 1 nicht gegeben, ist der gewöhnliche Aufenthalt der Mutter, ansonsten der des Vaters maßgebend.
(3) Ist eine Zuständigkeit nach den Absätzen 1 und 2 nicht gegeben, ist das Amtsgericht Schöneberg in Berlin ausschließlich zuständig.

A. Allgemeines 1	III. Ersatzzuständigkeit (Absatz 3) 6
B. Inhalt der Vorschrift	C. Verweisung und Abgabe 7
I. Gewöhnlicher Aufenthalt des Kindes (Absatz 1) 2	D. Sachliche, funktionelle und internationale Zuständigkeit 8
II. Gewöhnlicher Aufenthalt des Kindes im Ausland (Absatz 2 5	

A. Allgemeines

§ 170 regelt die **örtliche Zuständigkeit** in Abstammungssachen. Diese ist **ausschließlich**. Von ihr kann damit nicht durch Vereinbarung abgewichen werden. **1**

B. Inhalt der Vorschrift

I. Gewöhnlicher Aufenthalt des Kindes (Absatz 1)

Abs. 1 entspricht § 640a Abs. 1 Satz 1 aF ZPO, wobei jedoch im Unterschied zum früheren Recht das Kriterium des Wohnsitzes (von Kind oder Mutter) entfällt und nur noch an den gewöhnlichen Aufenthalt des Kindes angeknüpft wird. **2**

Ausschließlich zuständig ist in erster Linie das Gericht, in dessen Bezirk das Kind seinen **gewöhnlichen Aufenthalt** hat. Gewöhnlicher Aufenthalt ist der Ort des tatsächlichen Mittelpunktes der Lebensführung des Kindes, des Schwerpunktes seiner sozialen Bindungen, insbesondere in familiärer und schulischer bzw. beruflicher Hinsicht.[1] Dem Begriff des gewöhnlichen Aufenthalts liegt eine faktische und keine rechtliche Betrachtung mit Fiktionen (vgl. § 11 BGB) zugrunde. Einzelheiten zum Begriff des gewöhnlichen Aufenthalts vgl. § 122 Rz. 4ff. **3**

Der für die Feststellung der örtlichen Zuständigkeit **maßgebliche Zeitpunkt** bestimmt sich danach, wann das Gericht mit der Sache befasst wurde, also wann der verfahrenseinleitende Antrag (§ 171) bei Gericht eingegangen ist. Eine spätere Änderung des gewöhnlichen Aufenthalts des Kindes (zB durch Umzug) nach dem maßgeblichen Zeitpunkt lässt die einmal gegebene Zuständigkeit nach § 2 Abs. 2 nicht entfallen (Grundsatz der **perpetuatio fori**). **4**

II. Gewöhnlicher Aufenthalt des Kindes im Ausland (Absatz 2)

Abs. 2 ersetzt die Regelung des früheren § 640a Abs. 1 Satz 2 und 3 ZPO. Ist eine Zuständigkeit nach Abs. 1 nicht gegeben, weil das Kind seinen gewöhnlichen Aufenthalt im Ausland hat, kommt es zunächst auf den gewöhnlichen Aufenthalt **der Mutter**, wenn auch danach die Zuständigkeit eines deutschen Gerichts nicht gegeben ist, auf den gewöhnlichen Aufenthalt des (ggf. auch nur möglichen, noch festzustellenden) **Vaters** an. Zum maßgeblichen Zeitpunkt für die Bestimmung der örtlichen Zuständigkeit vgl. oben Abs. 1 (Rz. 4). **5**

III. Ersatzzuständigkeit (Absatz 3)

Abs. 3 entspricht inhaltlich § 640a Abs. 1 Satz 4 aF ZPO. Höchst hilfsweise ist das **Amtsgericht Schöneberg** in Berlin ausschließlich zuständig. Diese Regelung greift **6**

---

[1] BGH v. 5.2.1975 – IV ZR 103/73, NJW 1975,1068; BGH v. 29.10.1980 – IVb ZB 586/80, FamRZ 1981, 135.

ein, wenn kein Beteiligter (Kind, Mutter, Vater) seinen gewöhnlichen Aufenthalt im Inland hat, aber die internationale Zuständigkeit eines deutschen Gerichts nach § 100 gegeben ist.

C. Verweisung und Abgabe

7 Für den Fall der Unzuständigkeit ist das Verfahren nach § 3 an das zuständige Gericht zu **verweisen**. Aus wichtigem Grund kann die Sache nach § 4 an ein anderes Gericht **abgegeben** werden, wenn sich dieses zur Übernahme bereit erklärt hat.

D. Sachliche, funktionelle und internationale Zuständigkeit

8 Die **sachliche Zuständigkeit** für Abstammungssachen ergibt sich aus §§ 23a Abs. 1 Nr. 1, 23b Abs. 1 Satz 1 GVG (Amtsgericht, Abteilung für Familiensachen). **Funktionell zuständig** ist in allen Verfahren der Richter (vgl. aber § 172 Rz. 7 für die Bestellung eines Ergänzungspflegers). Die **internationale Zuständigkeit** der deutschen Gerichte in Abstammungssachen bestimmt sich nach § 100.

171 *Antrag*

(1) Das Verfahren wird durch einen Antrag eingeleitet.
(2) In dem Antrag sollen das Verfahrensziel und die betroffenen Personen bezeichnet werden. In einem Verfahren auf Anfechtung der Vaterschaft nach § 1600 Abs. 1 Nr. 1 bis 4 des Bürgerlichen Gesetzbuchs sollen die Umstände angegeben werden, die gegen die Vaterschaft sprechen, sowie der Zeitpunkt, in dem diese Umstände bekannt wurden. In einem Verfahren auf Anfechtung der Vaterschaft nach § 1600 Abs. 1 Nr. 5 des Bürgerlichen Gesetzbuchs müssen die Umstände angegeben werden, die die Annahme rechtfertigen, dass die Voraussetzungen des § 1600 Abs. 3 des Bürgerlichen Gesetzbuchs vorliegen, sowie der Zeitpunkt, in dem diese Umstände bekannt wurden.

A. Allgemeines

1 § 171 regelt, wie Abstammungssachen eingeleitet werden.

B. Inhalt der Vorschrift

I. Antragserfordernis (Absatz 1)

2 1. Nach Abs. 1 werden Abstammungssachen nur **auf Antrag** eingeleitet. Das Verfahren kennt allerdings keinen Antragsgegner, es ist nicht mehr gegen das Kind und/oder gegen den Vater (vgl. § 1600e Abs. 1 aF BGB) gerichtet. Wer an dem Verfahren außer dem Antragsteller zu beteiligen ist, richtet sich nach § 172.

3 Die rechtzeitige Einreichung des Antrags bei Gericht bewirkt bei der Anfechtung der Vaterschaft zugleich die Einhaltung der materiellrechtlichen Anfechtungsfrist nach § 1600b Abs. 1 BGB. Auf eine Zustellung des Antrags oder dessen **Bekanntgabe** an die weiteren Beteiligten kommt es **nicht mehr** an. Zu beachten ist jedoch § 25 Abs. 3 Satz 2, nach dem die Wirkungen einer Verfahrenshandlung bei Vornahme gegenüber einem unzuständigen Gericht erst mit Eingang beim zuständigen Gericht eintreten.[1]

4 Ist die Abstammungssache auf Antrag hin eingeleitet, ist ein sich anschließendes **Nichtbetreiben des Verfahrens** ohne Einfluss auf die Wahrung der Anfechtungsfrist des § 1600b Abs. 1 BGB.[2]

---

[1] AA MüKo/BGB/*Wellenhofer* § 1600b BGB Rz. 5: Eingang beim unzuständigen Gericht fristwahrend.
[2] OLG Köln v. 24.5.2000 – 14 WF 52/00, FamRZ 2001, 246.

2. Der verfahrenseinleitende Antrag muss den anderen Beteiligten (§ 172) nur **formlos mitgeteilt** werden (§ 15 Abs. 3). Er kann in allen Abstammungssachen nach § 22 Abs. 1 bis zur Rechtskraft der Endentscheidung wieder zurückgenommen werden, bis zum Erlass der Endentscheidung ohne Zustimmung der übrigen Beteiligten. Eine Rücknahme führt nicht dazu, dass ein erneuter Antrag unzulässig wäre. Er kann vielmehr erneut gestellt werden. Anwaltszwang besteht in Abstammungssachen im ersten und auch im zweiten Rechtszug nicht (vgl. § 114 Abs. 1).

3. Wer berechtigt ist, eine Abstammungssache durch Antrag einzuleiten, ist im FamFG nicht gesondert geregelt. Die Aktiv- und Passivlegitimation war früher in § 1600e Abs. 1 BGB geregelt. Die **Antragsbefugnis** ist nach Aufhebung dieser Vorschrift wie folgt zu bestimmen:

Verfahren nach § 1600d Abs. 1 BGB (gerichtliche **Feststellung der Vaterschaft**) können von denjenigen beantragt werden, die nach § 172 Abs. 1 Nr. 1 bis 3 generell in Abstammungssachen zu beteiligen sind, also von dem Kind, von der Mutter und von dem angeblichen Erzeuger (dem biologischen Vater). Anderen Personen, etwa Geschwistern oder Großeltern, steht kein Recht auf Einleitung des Verfahrens zu.[1] Zur Vertretung des minderjährigen Kindes vgl. § 172 Rz. 3 ff.

Die Berechtigung zur Einleitung eines Verfahrens nach **§ 169 Nr. 2** (Klärung der Vaterschaft unabhängig vom Anfechtungsverfahren) ergibt sich aus § 1598a Abs. 1 BGB (rechtlicher Vater, Mutter oder Kind gegen Mutter und rechtlichen Vater, nicht aber der biologische Vater[2]).

In Verfahren nach **§ 169 Nr. 3** ist antragsberechtigt, wer als Vater, Mutter oder Kind in eine genetische Abstammungsuntersuchung eingewilligt und eine genetische Probe abgegeben hat (§ 1598a Abs. 4 BGB).

Zur **Anfechtung der Vaterschaft** berechtigt sind nach § 1600 Abs. 1 BGB der Mann, der aufgrund einer Ehe mit der Mutter als Vater vermutet wird (§§ 1592 Nr. 1, 1593 BGB), der Mann, der die Vaterschaft anerkannt hat (§ 1592 Nr. 2 BGB), die Mutter und das Kind. Auch bei einem bewusst falschen Vaterschaftsanerkenntnis kann die Vaterschaft gem. §§ 1600 Abs. 1 Nr. 1, 1592 Nr. 2 BGB angefochten werden.[3] Denn Anfechtungsgrund ist nur die fehlende biologische Abstammung. Zum Ausschluss der Anfechtung der Vaterschaft durch den Mann oder die Mutter in Fällen der Samenspende eines Dritten vgl. § 1600 Abs. 5 BGB.

Anfechtungsberechtigt ist nach § 1600 Abs. 1 Nr. 2 BGB weiter der Mann, der an Eides statt versichert, der Mutter des Kindes während der gesetzlichen Empfängniszeit beigewohnt zu haben (der sog. biologische Vater). Die eidesstattliche Versicherung ist eine Zulässigkeitsvoraussetzung des Antrags. Für sie bestehen keine besonderen Voraussetzungen (etwa vor dem Rechtspfleger), die eidesstattliche Versicherung kann zusammen mit der Antragsschrift erfolgen. Nach § 1600 Abs. 1 Nr. 5 BGB ist auch die zuständige Behörde anfechtungsberechtigt, soweit die Vaterschaft auf einer Anerkennung (§ 1592 Nr. 2 BGB) beruht. Eine behördliche Anfechtung der durch eine zu Aufenthaltszwecken geschlossenen Ehe (Scheinehe) begründeten Vaterschaft nach § 1592 Nr. 1 BGB ist nicht vorgesehen. Der BGH hält dies für mit Art. 6 Abs. 5 GG unvereinbar, weil die Regelung eine Anfechtung der Vaterschaft nur in Bezug auf die Anerkennung nichtehelicher Kinder vorsieht, während eheliche Kinder davon auch im Fall eines vergleichbaren Rechtsmissbrauchs nicht betroffen sein können. Er hält deshalb die behördliche Vaterschaftsanfechtung für verfassungswidrig und hat die Sache dem BVerfG nach Art. 100 GG zur Entscheidung vorgelegt.[4] Im

---

1 Helms/Kieninger/Rittner/*Helms*, Abstammungsrecht in der Praxis, Rz. 45.
2 Palandt/*Brudermüller*, § 1598a BGB Rz. 7.
3 OLG Naumburg v. 9.1.2008 – 3 WF 3/08, FamRZ 2008, 2146; OLG Köln v. 25.10.2001 – 14 UF 106/01, FamRZ 2002, 629; Erman/*Hammermann*, § 1600 BGB Rz. 4.
4 BGH v. 27.6.2012 – XII ZR 89/10, FamRZ 2012, 1489; ebenso zuvor schon OLG Bremen v. 7.3.2011 – 4 UF 76/10, FamRZ 2011, 1073; aA OLG Stuttgart v. 25.7.2011 – 16 UF 284/10, FamRZ 2011, 1880 und *Wellenhofer*, FamRZ 2013, 120 im Hinblick auf das deutlich höhere Missbrauchspotential bei der Vaterschaftsanerkennung.

Hinblick auf die Entscheidung des BGH ist es geboten, dass die Familiengerichte Verfahren der behördlichen Anfechtung entsprechend § 21 Abs. 1 FamFG bis zur Entscheidung des BVerfG aussetzen, wenn an sich die Anfechtungsvoraussetzungen vorliegen würden.[1] Eine Aussetzung ist nicht erforderlich, wenn die behördliche Anfechtung aus anderen Gründen (zB Versäumung der Anfechtungsfrist) abweisungsreif ist.

12   4. Einer Regelung zur **Passivlegitimation** bedarf es nach Überleitung der Abstammungssachen in ein Verfahren der fG ohne formalen Gegner nicht mehr. Die weiteren Beteiligten – neben dem Antragsteller – bestimmen sich nach § 172.

II. Mindestanforderungen (Absatz 2)

13   Abs. 2 enthält eine von § 23 Abs. 1 abweichende Bestimmung des **Inhalts des Antrags**. Die notwendigen Anforderungen an den Inhalt einer Klageschrift nach § 253 Abs. 2 bis 5 ZPO gelten nicht.

14   1. Nach Satz 1 sollen das **Verfahrensziel** und die **betroffenen Personen** bezeichnet werden. Es handelt sich hierbei um die für die Abgrenzung des Verfahrensgegenstands erforderlichen Mindestangaben. Ein Verfahren auf Feststellung der Vaterschaft kann sich (bei Mehrverkehr) nach § 179 Abs. 1 Satz 1 gegen mehrere bezeichnete Männer richten.

15   2. Satz 2 bestimmt, dass bei einem Verfahren auf **Anfechtung der Vaterschaft nach § 1600 Abs. 1 Nr. 1 bis 4 BGB** darüber hinaus die Umstände angegeben werden sollen, die gegen eine Vaterschaft sprechen, dh. Umstände, die bei objektiver Betrachtung geeignet sind, Zweifel an der Abstammung zu wecken. Der Antragsteller soll in der Antragsbegründung auch den Zeitpunkt der Kenntniserlangung von diesen Umständen darlegen.

16   Durch diese Angaben soll dem Gericht eine **Ermittlung der Einhaltung der Anfechtungsfrist** von zwei Jahren nach § 1600b Abs. 1 BGB von Amts wegen (dazu § 177 Rz. 5) ermöglicht werden. Die Angaben nach Satz 2 entsprechen im Wesentlichen den Anforderungen, die die Rechtsprechung ohnehin materiell-rechtlich an die Schlüssigkeit einer Klage auf Anfechtung der Vaterschaft stellt.[2] Danach erschöpft sich § 1600b Abs. 1 BGB nicht in der Regelung einer Anfechtungsfrist. Vielmehr muss der die Ehelichkeit eines Kindes anfechtende Mann Umstände kennen, die gegen seine Vaterschaft sprechen und diese vortragen (sekundäre Darlegungslast).[3] Dabei dürfen an die Darlegung derartiger Umstände keine zu hohen Anforderungen gestellt werden. Es genügt, dass die vorgetragenen Umstände bei objektiver Betrachtung geeignet sind, Zweifel an der Vaterschaft zu wecken und die Möglichkeit einer anderweitigen Abstammung des Kindes als nicht ganz fern liegend erscheinen lassen.[4] Nicht ausreichend für ein Verfahren auf Anfechtung der Vaterschaft ist damit das bloße Vorbringen des Beteiligten, er sei nicht der Vater des Kindes und ein gerichtliches Sachverständigengutachten werde seine Vaterschaft ausschließen (kein allgemeines, voraussetzungsloses Recht auf Überprüfung der Abstammung, im Gegensatz zum Verfahren nach § 1598a BGB). Nicht ausreichend sind Gerüchte über den Lebenswandel der Mutter oder der unsubstantiierte Verdacht eines Ehebruchs,[5] ebenso nicht ein anonymer Telefonanruf, das Kind stamme nicht vom rechtlichen Vater ab oder laienhafte Ähnlichkeitsvergleiche des rechtlichen Vaters mit dem Kind.[6] Ausreichend ist regelmäßig Kenntnis von Geschlechtsverkehr der Frau während der

---

[1] BGH v. 10.10.2012 – XII ZB 444/11, FamRZ 2013, 118 m. Anm. *Wellenhofer*; *Schwonberg*, FamRB 2012, 369.
[2] Vgl. BGH v. 12.1.2005 – XII ZR 227/03, NJW 2005, 497.
[3] BGH v. 22.4.1998 – XII ZR 229/96, FamRZ 1998, 955.
[4] Vgl. BGH v. 12.12.2007 – XII ZR 173/04, FamRZ 2008, 501; BGH v. 30.10.2002 – XII ZR 345/00, NJW 2003, 585; BGH v. 12.1.2005 – XII ZR 227/03, NJW 2005, 497.
[5] Palandt/*Brudermüller*, § 1600b BGB Rz. 11.
[6] BGH v. 12.12.2007 – XII ZR 173/04, FamRZ 2008, 501.

Empfängniszeit mit einem anderen Mann[1] oder die Erklärung der Mutter gegenüber dem Anfechtenden, er sei nicht der Vater.[2]

17 Ein außergerichtlich **heimlich eingeholtes** DNA-**Gutachten** ist rechtswidrig (dazu jetzt auch § 8 GenDG) und gegen den Willen des Kindes oder seines gesetzlichen Vertreters nicht verwertbar. Es ist deshalb auch nicht geeignet, den Anfangsverdacht, das Kind stamme nicht von dem Antragsteller, zu begründen.[3] Der erforderliche Anfangsverdacht lässt sich aber unschwer durch Durchführen eines Klärungsverfahrens nach § 1598a BGB erlangen.

17a Da es sich um eine Soll-Vorschrift handelt und Amtsermittlung gilt, darf der Antrag bei fehlenden oder ungenügenden Angaben nicht als unzulässig zurückgewiesen werden. Das Gericht hat vielmehr auf vollständige Angaben hinzuwirken (§ 28 Abs. 1). Den Antragsteller trifft aber nach Satz 2 eine **Mitwirkungspflicht** bei der Aufklärung des Sachverhalts (vgl. auch § 27 Abs. 1), weil die nach Satz 2 anzugebenden Tatsachen sonst nicht festgestellt werden können. Werden diese Angaben trotz gerichtlichem Hinweis nicht nachgeholt, ist der Antrag daher als unzulässig oder jedenfalls ohne Beweisaufnahme als unschlüssig (bei der Anfechtung durch den rechtlichen Vater) zurückzuweisen.

18 Wird ein genügender Anfangsverdacht vorgetragen, hat das Gericht den Sachverhalt einschließlich der Frage, ob die jeweilige Anfechtungsfrist eingehalten worden ist, **von Amts wegen** aufzuklären (zur Beweisaufnahme in Abstammungssachen § 177).

19 Die **Beweislast** für den Ablauf der Anfechtungsfrist richtet sich dabei nach dem materiellen Recht (§ 1600b Abs. 1 BGB[4]). Soweit nach Ausschöpfen der verfügbaren Beweismittel von Amts wegen noch Zweifel an der Einhaltung der Anfechtungsfrist durch den Antragsteller verbleiben, gehen diese demnach zulasten der weiteren Beteiligten an einem Anfechtungsverfahren, insbesondere zulasten des Kindes und nicht zulasten des Antragstellers.[5] Es ist dann von Fristwahrung auszugehen. Ist die Anfechtungsfrist abgelaufen, ist der Anfechtungsantrag als unbegründet abzuweisen. Eine Wiedereinsetzung in den vorigen Stand ist nicht möglich.[6]

20 3. Satz 3 trägt den Besonderheiten der **behördlichen Anfechtung** Rechnung (§ 1600 Abs. 1 Nr. 5). Zur möglichen Verfassungswidrigkeit vgl. § 171 Rz. 11. Die behördliche Anfechtung unterliegt der kenntnisabhängigen Frist von einem Jahr und zusätzlich einer kenntnisunabhängigen Frist von fünf Jahren ab Wirksamkeit der Anerkennung der Vaterschaft für ein in Deutschland geborenes Kind (§ 1600b Abs. 1a BGB). Voraussetzung für die behördliche Anfechtung ist, dass das Kind nicht von dem Mann abstammt, der die Vaterschaft anerkannt hat und dass zusätzlich die Voraussetzungen des § 1600 Abs. 3 BGB (Fehlen einer sozial-familiären Beziehung zwischen Kind und dem Anerkennenden, Bezug zu erlaubter Einreise oder Aufenthalt) vorliegen. Eine behördliche Anfechtung hat also nur dann Erfolg, wenn kein auf leiblicher Abstammung oder auf einer sozial-familiären Beziehung beruhendes Eltern-Kind-Verhältnis besteht und eine Verbesserung des Aufenthaltsstatus des Kindes oder eines Elternteils beabsichtigt war. Nach Satz 3 anzugeben sind nur die Tatsachen, die den Tatbestand des behördlichen Anfechtungsrechts nach § 1600 Abs. 3 BGB ergeben (keine sozial-familiäre Beziehung zwischen dem Anerkennenden und dem Kind, aufenthaltsrechtlicher Bezug), und den Zeitpunkt, in dem der Behörde diese Tatsachen bekannt wurden. Die Darlegung von Zweifeln an der biologischen Abstammung (Anfangsverdacht) ist dagegen bewusst nicht verlangt.

---

1 OLG Saarbrücken v. 14.5.2009 – 9 WF 47/09, NJW-RR 2010, 78.
2 OLG Bremen v. 2.3.2012 – 4 WF 20/12, FamRZ 2012, 1736.
3 BGH v. 12.1.2005 – XII ZR 227/03, NJW 2005, 497; BGH v. 12.12.2007 – XII ZR 173/04, FamRZ 2008, 501.
4 Vgl. zur Beweislast im Einzelnen Palandt/*Brudermüller*, § 1600b BGB Rz. 4.
5 BGH v. 22.4.1998 – XII ZR 229/96, FamRZ 1998, 955; BGH v. 14.2.1990 – XII ZR 12/89, FamRZ 1990, 507; MüKo/BGB/*Wellenhofer* § 1600b BGB Rz. 6; Erman/*Hammermann*, § 1600b BGB Rz. 61.
6 Helms/Kieninger/Rittner/*Helms*, Abstammungsrecht in der Praxis, Rz. 83.

21 Die **Darlegungslast** der anfechtungsberechtigten Behörde ist mit Rücksicht auf die Aufklärungsmöglichkeiten abgestuft: Die Behörde muss den staatsangehörigkeits- bzw. ausländerrechtlichen Teil des Tatbestands umfassend darlegen und muss das fehlende Zusammenleben in häuslicher Gemeinschaft vortragen. Es ist dann Sache von Vater und Kind als den Anfechtungsgegnern, ihre sozial-familiäre Beziehung iSv. § 1600 Abs. 4 BGB im Einzelnen darzulegen. Ist dies dargelegt, hat die Behörde diesen Vortrag zu widerlegen und nachzuweisen, dass dieser Vortrag nicht zutrifft (Vortrags- und Beweislast nach Zumutbarkeit).[1]

22 Die **Anfechtung durch den biologischen Vater** (§ 1600 Abs. 1 Nr. 2 BGB) setzt als Zulässigkeitsvoraussetzung zunächst voraus, dass er an Eides statt versichert, der Mutter während der Empfängniszeit beigewohnt zu haben. Ob er tatsächlich der leibliche Vater ist, ist eine Frage der Begründetheit des Antrags. Die Anfechtung durch den biologischen Vater setzt nach § 1600 Abs. 2 BGB weiter voraus, dass zwischen dem Kind und seinem rechtlichen Vater keine sozial-familiäre Beziehung besteht oder im Zeitpunkt seines Todes bestanden hat. Diese Regelung ist zum Schutz der gelebten sozialen Familie verfassungsgemäß.[2] Sie verletzt auch nicht das Recht des biologischen Vaters auf Achtung des Familienlebens bzw. Privatlebens nach Art. 8 EMRK.[3] Das Nichtbestehen einer solchen Beziehung ist aber keine Frage der Zulässigkeit des Verfahrens, sondern erst eine Frage der Begründetheit.[4] Der Anfechtende muss diese (negative) Voraussetzung seines Anfechtungsrechts mit dem verfahrenseinleitenden Antrag schlüssig darlegen, etwa durch den Hinweis, dass das Kind nicht bei seinem Vater lebt, sondern bei seiner Mutter und deren neuen Partner.[5] Ein Bestreiten mit Nichtwissen ist unbeachtlich (Darlegungslast des biologischen Vaters). Ob eine wirklich existierende soziale Familie von Kind und rechtlichem Vater tatsächlich besteht, muss das Gericht dann aufgrund der Amtsermittlungspflicht feststellen, falls Anhaltspunkte ersichtlich sind, daran zu zweifeln.[6] Zur Beweislast vgl. § 177 Rz. 7.

23 Die Anfechtung des leiblichen Vaters nach § 1600 Abs. 1 Nr. 2 BGB ist **zugleich** auf **Feststellung der Vaterschaft** des Antragstellers gerichtet, weil das Kind im Fall erfolgreicher Anfechtung nicht vaterlos werden soll (§ 182 Abs. 1[7]). Von Amts wegen ermittelt werden muss deshalb im Anfechtungsverfahren nach § 1600 Abs. 1 Nr. 2 BGB auch, dass der Anfechtende leiblicher Vater des Kindes ist (vgl. § 1600 Abs. 2 BGB).

24 4. Ein **Vaterschaftsfeststellungsantrag** nach § 1600d BGB iVm. § 1600e Abs. 2 BGB ist **nicht fristgebunden**. Eine mittelbare Befristung ergibt sich nur dann, wenn eine Vaterschaft aufgrund von §§ 1592 Nr. 1, 1593 BGB besteht, weil dann zunächst diese durch eine Vaterschaftsanfechtung beseitigt werden muss. Eine gerichtliche Feststellung der positiven Vaterschaft ist nicht zulässig, solange die Vaterschaft eines anderen Mannes nach §§ 1592 Nr. 1 und 2, 1593 BGB besteht (vgl. § 1600d Abs. 1 BGB). Die Vaterschaftsfeststellung ist auch vor der Geburt des Kindes noch nicht zulässig.[8]

25 5. Für die **rechtsfolgenlose Klärung der Abstammung** nach § 1598a BGB muss der Antrag im gerichtlichen Verfahren nicht substantiiert werden, es ist kein sog. Anfangsverdacht vorzutragen, wie er für die Vaterschaftsanfechtung erforderlich ist.[9] Es reicht der Vortrag aus, dass ein Klärungsverpflichteter nicht in eine Abstammungsuntersuchung einwilligt und/oder nicht die Entnahme einer genetischen Probe dul-

---

1 RegE BT-Drucks. 16/6308, S. 244; OLG Naumburg v. 25.8.2010 – 3 UF 106/10, FamRZ 2011, 383; OLG Naumburg v. 11.10.2011 – 8 UF 209/11, FamRZ 2012, 1148 (sekundäre Darlegungslast).
2 BGH v. 6.12.2006 – XII ZR 164/04, FamRZ 2007, 538.
3 EuGHMR v. 22.3.2012 – Beschwerden Nr. 23338/09, und Nr. 45071/09, FamRB 2012, 243 (*Schwonberg*).
4 BGH v. 6.12.2006 – XII ZR 164/04, FamRZ 2007, 538.
5 BGH v. 6.12.2006 – XII ZR 164/04, FamRZ 2007, 538; OLG Celle v. 22.7.2011 – 15 UF 85/11, FamRZ 2012, 564.
6 BGH v. 6.12.2006 – XII ZR 164/04, FamRZ 2007, 538.
7 BGH v. 30.7.2008 – XII ZR 18/07, FamRZ 2008, 1921.
8 Helms/Kieninger/*Rittner*/*Helms*, Abstammungsrecht in der Praxis, Rz. 48 mwN.
9 *Helms*, FamRZ 2008, 1033.

det.[1] Die Durchführung des Verfahrens kann jedoch rechtsmissbräuchlich sein.[2] Der Antrag ist darauf gerichtet, den Antragsgegner zu verpflichten, in die genetische Abstammungsuntersuchung einzuwilligen und die Entnahme einer Blutprobe oder eines Mundschleimhautabstrichs zu dulden.[3] Der Anspruch unterliegt nicht der Verjährung (§ 194 Abs. 2 BGB), er muss nicht innerhalb einer bestimmten Frist geltend gemacht werden. Die Art der Probe (Blut oder Mundschleimhautabstrich) wird durch den Antragsteller bestimmt, er hat insoweit ein Wahlrecht.[4] Er muss im Antrag die von ihm beabsichtigte Art und Weise der Probeentnahme angeben, damit die erstrebte Entscheidung vollstreckungsfähig ist. Die Angabe, eine Entnahme nach den anerkannten Grundsätzen der Wissenschaft zu dulden, reicht nicht aus.[5] Nach dem gegenwärtigen Stand der Abstammungsbegutachtung kann schon allein ein Abgleich der Erbsubstanzen des Kindes mit den genetischen Daten des rechtlichen Vaters zu einer gesicherten Kenntnis darüber führen, ob das Kind von dem Mann abstammt. Eine Einbeziehung der Mutter kann die Genauigkeit der Untersuchung erhöhen, ist aber nicht zwingend notwendig für einen Vaterschaftstest. Es spricht daher viel dafür, § 1598a Abs. 1 BGB verfassungskonform dahin auszulegen, dass eine Verpflichtung der Mutter, an einer rechtsfolgenlosen Klärung der Abstammung mitzuwirken, erst dann besteht, wenn nach Untersuchung der genetischen Proben von Vater und Kind im Einzelfall tatsächlich noch ein Bedürfnis (Unsicherheit) hierfür besteht.[6] Nach der Richtlinie der Gendiagnostik-Kommission (vgl. § 177 Rz. 20) soll allerdings auf eine Einbeziehung der Mutter nur dann verzichtet werden, wenn diese für die Untersuchung nicht zur Verfügung steht.

Die Abstammungsuntersuchung selbst wird nicht vom Gericht angeordnet, sondern muss vom Anspruchsberechtigten privat auf eigene Rechnung in Auftrag gegeben werden. Die Beteiligten haben lediglich die Entnahme einer (regelmäßig) Blutprobe oder eines Mundschleimhautabstrichs zu dulden. Für die Durchführung der Untersuchung gilt § 17 GenDG. 26

Zum Verhältnis des Verfahrens nach § 1598a BGB zur Vaterschaftsanfechtung vgl. § 169 Rz. 13 (kein Vorrang eines der beiden Verfahren). Das gerichtliche Verfahren nach § 1598a Abs. 2 BGB ist auszusetzen, wenn und solange die Klärung der leiblichen Abstammung eine erhebliche Beeinträchtigung des Wohls eines minderjährigen Kindes begründen würde (§ 1598a Abs. 3 BGB). Dies kommt nur in extremen Ausnahmefällen in Betracht.[7] Zur Vollstreckung vgl. § 96a. 27

172 Beteiligte
(1) Zu beteiligen sind
1. das Kind,
2. die Mutter,
3. der Vater.
(2) Das Jugendamt ist in den Fällen des § 176 Abs. 1 Satz 1 auf seinen Antrag zu beteiligen.

A. Allgemeines

§ 172 regelt, wer in Abstammungssachen von Amts wegen als **Beteiligter** hinzuzuziehen ist (nach § 7 Abs. 2 Nr. 2 als Muss-Beteiligte). Die Vorschrift soll verhindern, dass die Wirkung der Entscheidung (§ 184 Abs. 2) einen Mitbetroffenen präjudiziert, ohne dass er am Verfahren beteiligt ist. § 172 wird ergänzt durch § 7 (insbesondere § 7 Abs. 1, Antragsteller als Beteiligter). 1

---

1 *Borth*, FPR 2007, 381.
2 Helms/Kieninger/Rittner/*Helms*, Abstammungsrecht in der Praxis, Rz. 174; OLG Stuttgart v. 10.8.2009 – 17 WF 181/09, FamRZ 2010, 53.
3 *Helms*, FamRZ 2008, 1033.
4 *Hammermann*, FamRB 2008, 150.
5 OLG Brandenburg v. 28.6.2010 – 9 WF 272/08, FamRZ 2010, 1817.
6 OLG Brandenburg v. 28.6.2010 – 9 WF 272/08, FamRZ 2010, 1817.
7 Helms/Kieninger/Rittner/*Helms*, Abstammungsrecht in der Praxis, Rz. 176.

B. Inhalt der Vorschrift

I. Verfahrensbeteiligte (Absatz 1)

2   Nach Nr. 1, 2 und 3 sind das **Kind**, die **Mutter** und der **rechtliche Vater** (§§ 1592 Nr. 1 und 2, 1593 BGB) in allen Abstammungssachen zu beteiligen. In der Sache handelt es sich dabei um den in § 640e Abs. 1 Satz 1 aF ZPO (Beiladung) benannten Personenkreis. Diese Beiladung ist entfallen. Durch die Regelung des § 172 haben Kind und beide Elternteile ohne weiteres die gleiche Rechtsstellung im Verfahren, so dass die Notwendigkeit der Beiladung entfällt. Zur Beteiligung des möglichen **biologischen** Vaters bei der Vaterschaftsfeststellung vgl. Rz. 8.

3   Ein minderjähriges Kind ist formell am Verfahren beteiligt, aber selbst nicht verfahrensfähig. Es wird daher von seinem gesetzlichen Vertreter vertreten (§ 9 Abs. 2). Für ein minderjähriges Kind kann nur der gesetzliche Vertreter die Vaterschaft **anfechten** (§ 1600a Abs. 3 BGB, kein Mitspracherecht des minderjährigen Kindes). Dabei ist zwischen der Ausübung des materiellen Gestaltungsrechts auf Anfechtung einerseits und der prozessualen Verfahrenshandlung der Einleitung des entsprechenden Verfahrens andererseits zu unterscheiden.[1] Die Entscheidung, ob eine Anfechtung erfolgen soll, ist Teil der elterlichen Sorge, sie trifft der Personensorgeberechtigte. Bei einem erheblichen Interessengegensatz zwischen ihm und dem Kind kann die Personensorge entzogen und ein Pfleger bestellt werden. Sind sich gemeinsam sorgeberechtigte Eltern uneinig, ob das minderjährige Kind die Vaterschaft anfechten soll, kann das Gericht auf Antrag des die Anfechtung befürwortenden Elternteil diesem die Entscheidung gem. § 1628 Abs. 1 Satz 1 BGB übertragen.[2] Fehlt es an einer wirksamen Entscheidung der gemeinsam sorgeberechtigten Eltern über die Ausübung des materiell-rechtlichen Gestaltungsrechts auf Anfechtung der Vaterschaft durch das minderjährige Kind, ist der Antrag des Kindes abzuweisen.[3]

4   Die Vertretung des minderjährigen Kindes im gerichtlichen Verfahren war nach Inkrafttreten des FamFG zunächst sehr umstritten. Als Verfahrensbeteiligter bedarf das Kind grundsätzlich der gesetzlichen Vertretung. Die sich daraus ergebenden Probleme (Verfahrensbeistand oder Notwendigkeit der Bestellung eines Ergänzungspflegers) hat der Gesetzgeber nicht erkannt.[4] Zur parallelen Diskussion bei den Kindschaftssachen vgl. § 151 Rz. 21. Im Unterschied zu den Kindschaftssachen kollidiert ein vorgeschaltetes Verfahren auf Bestellung eines Ergänzungspflegers in Abstammungssachen nicht mit einem Beschleunigungsgebot (§ 155). Es ist von folgenden Grundsätzen auszugehen, die aber im Einzelnen noch sehr unterschiedlich beurteilt werden:

In dem gerichtlichen **Verfahren auf Anfechtung** der Vaterschaft kann die Mutter das Kind nicht mehr vertreten, auch wenn ihr die elterliche Sorge allein zusteht (zB nach §§ 1626a Abs. 2, 1671 BGB) oder wenn sie sie nach § 1678 Abs. 1 BGB allein ausübt. Sie ist erst Recht von der Vertretung des Kindes ausgeschlossen, wenn sie das Sorgerecht gemeinsam mit dem Scheinvater hat. Es muss wegen §§ 1629 Abs. 2 Satz 1, 1795 Abs. 1 Nr. 3 BGB für das Kind vielmehr immer ein Ergänzungspfleger bestellt werden.[5] Dass eine Abstammungssache nach neuem Recht kein Rechtsstreit iSd § 1795 Abs. 1 Nr. 3 BGB mehr ist, sondern ein fG-Verfahren, ändert daran nichts.

---

1   BGH v. 18.2.2009 – XII ZR 156/07, FamRZ 2009, 861; OLG Celle v. 25.6.2012 – 15 UF 73/12, FamRZ 2013, 230; OLG Dresden v. 2.10.2008 – 21 UF 481/08, FamRZ 2009, 1330.
2   BGH v. 18.2.2009 – XII ZR 156/07, FamRZ 2009, 861; OLG Dresden v. 2.10.2008 – 21 UF 481/08, FamRZ 2009, 1330.
3   OLG Celle v. 25.6.2012 – 15 UF 73/12, FamRZ 2013, 230.
4   *Dressler*, Rpfleger 2010, 297; *Schwonberg*, FuR 2010, 441.
5   OLG Oldenburg v. 27.11.2012 – 13 UF 128/12, NJW 2013, 397 (Vertretungsausschluss der Mutter bei gemeinsamer elterliche Sorge); BGH v. 18.2.2009 – XII ZR 156/07, FamRZ 2008, 861; KG v. 21.9.2010 – 16 UF 60/10, FamRZ 2011, 739; Erman/*Hammermann*, § 1600a BGB Rz. 14a; Mü-Ko.BGB/*Wellenhofer*, § 1600a BGB Rz. 10; Palandt/*Brudermüller*, § 1600a BGB Rz. 5; aA *Helms/Balzer*, ZKJ 2009, 348 wegen der neuen Zuordnung der Abstammungssachen zur freiwilligen Gerichtsbarkeit; abweichend auch *Schwonberg*, FuR 2010, 441 (nur der antragstellende Elternteil könne das Kind nicht vertreten).

Denn durch die Neugestaltung des gerichtlichen Verfahrens ändert sich an den Interessengegensätzen der Beteiligten bei der Klärung der Abstammung nichts.[1] Es ist keineswegs gewährleistet, dass ein Elternteil nicht doch entgegengesetzte Ziele (zB finanzielle Interessen) verfolgt als die Ermittlung des wirklichen Erzeugers des Kindes.[2] Für diese Auslegung spricht auch der Umstand, dass Eltern sogar bei der rechtsfolgenlosen und praktisch voraussetzungslosen Klärung der Abstammung von der Vertretung des Kindes ausgeschlossen sind[3] (§ 1629 Abs. 2a BGB). Die Bestellung eines Verfahrensbeistands genügt nicht, weil dieser wegen §§ 174 Satz 2, 158 Abs. 4 Satz 6 kein gesetzlicher Vertreter des Kindes ist.[4] Demgegenüber vertritt der BGH die Auffassung, dass die Mutter bei der Vaterschaftsanfechtung nicht generell, sondern nur dann von der Vertretung des Kindes ausgeschlossen ist, wenn sie mit dem (rechtlichen) Vater verheiratet ist.[5] Der rechtliche Vater kann dagegen nach Auffassung des BGH das Kind in allen Fällen der Vaterschaftsanfechtung nicht vertreten, weil das Verfahren auf die Beseitigung des Statusverhältnisses zwischen ihm und dem Kind gerichtet ist (Interessengegensatz).[6]

Eine Ergänzungspflegschaft ist auch erforderlich für die Vertretung des Kindes in einem Verfahren, in dem eine allein sorgeberechtigte Mutter die Vaterschaft ihres geschiedenen oder getrennt lebenden Ehemanns anficht.[7] In der Bestellung eines Ergänzungspflegers „zur Vertretung des Kindes in einem Anfechtungsverfahren" ist bei gemeinsamem Sorgerecht der Eltern regelmäßig nicht zugleich auch die konkludente Entscheidung zu sehen, dem anfechtungsunwilligen Elternteil oder gar beiden Eltern insoweit das Sorgerecht zu entziehen und dem Ergänzungspfleger auch die Entscheidung über das „ob" der Anfechtung zu übertragen.[8]

Nach § 1629 Abs. 2a BGB können der Vater und die Mutter das Kind in einem gerichtlichen Verfahren nach § 1598a Abs. 2 BGB (**Klärung der leiblichen Abstammung**) nicht vertreten. Es muss deshalb auch für die Vertretung des Kindes in diesem Verfahren ein Ergänzungspfleger bestellt werden.[9] Weil sich die Vertretungsbeschränkung des § 1629 Abs. 2a BGB auf das gerichtliche Verfahren beschränkt, dürfen sich Eltern jedoch außerhalb eines gerichtlichen Verfahrens über eine Teilnahme des Kindes an einem Vaterschaftstest verständigen.[10] Zu beteiligen sind in solchen gerichtlichen Verfahren nach dem Wortlaut des § 172 Abs. 1 auch solche Personen, die mit der genetischen Abstammungsuntersuchung einverstanden sind,[11] nicht aber der mögliche biologische Vater. Zur Frage, ob die Mutter überhaupt generell an der Abstammungsuntersuchung mitwirken muss, vgl. § 171 Rz. 25.

5

---

1 *Dressler*, Rpfleger 2010, 297; Helms/Kieninger/Rittner/*Kieninger*, Abstammungsrecht in der Praxis, Rz. 227; KG v. 21.9.2010 – 16 UF 60/10, FamRZ 2011, 739.
2 So ausdrücklich noch BGH v. 14.6.1972 – IV ZR 53/71, NJW 1972, 1708 Tz. 17.
3 Helms/Kieninger/Rittner/*Kieninger*, Abstammungsrecht in der Praxis, Rz. 228; KG v. 21.9. 2010 – 16 UF 60/10, FamRZ 2011, 739; OLG Düsseldorf vom 24.9.2010 – II-7 UF 112/10, JAmt 2010, 505; für eine analoge Anwendung des § 1795 BGB auf Verfahren nach §§ 169 Nr. 1 und Nr. 4 auch *Löhnig*, FamRZ 2009, 1798.
4 DIJuF-Rechtsgutachten v. 17.12.2009, JAmt 2010, 20 und v. 11.11.2009, JAmt 2009, 595; zur Notwendigkeit der Bestellung eines Ergänzungspflegers für Kinder unter 14 Jahren auch *Dressler*, Rpfleger 2010, 297; aA Helms/Kieninger/Rittner/*Helms*, Abstammungsrecht in der Praxis, Rz. 76f: Bestellung eines Verfahrensbeistands genügt.
5 BGH v. 21.3.2012 – XII ZB 510/10, FamRZ 2012, 859 m. Anm. *Stößer*.
6 BGH v. 21.3.2012 – XII ZB 510/10, FamRZ 2012, 859 m. Anm. *Stößer*.
7 BGH v. 27.3.2002 – XII ZR 203/99, NJW 2002, 2109; OLG Hamburg v. 4.6.2010 – 12 UF 224/09, FamRZ 2010, 1825; vgl. jetzt aber BGH v. 21.3.2012 – XII ZB 510/10, FamRZ 2012, 859 m. Anm. *Stößer*: Ausschluss der Mutter dann, wenn sie mit dem rechtlichen Vater verheiratet ist; nach OLG Oldenburg v. 27.11.2012 – 13 UF 128/12, NJW 2013, 397 ist bei dieser Sachlage keine Ergänzungspflegschaft erforderlich (da keine gemeinsame elterliche Sorge).
8 BGH vom 18.2.2009 – XII ZR 156/07, FamRZ 2008, 861.
9 *Helms*, FamRZ 2008, 1033; Palandt/*Götz*, § 1629 BGB Rz. 22.
10 OLG Brandenburg v. 28.6.2010 – 9 WF 272/08, FamRZ 2010, 1817; Palandt/*Götz*, § 1629 BGB Rz. 22.
11 Helms/Kieninger/Rittner/*Kieninger*, Abstammungsrecht in der Praxis, Rz. 221.

6 Die Vertretung des Kindes bei der **behördlichen Anfechtung** (§ 1600 Abs. 1 Nr. 5 BGB) ist nicht besonders geregelt. Auch in einem solchen Verfahren muss aus den oben genannten Gründen wegen §§ 1629 Abs. 2 Satz 1, 1795 Abs. 1 Nr. 3 BGB für das am Verfahren zu beteiligende Kind ein Ergänzungspfleger bestellt werden.[1] Auf das Feststellen eines erheblichen Interessenwiderstreits iSd. § 1796 Abs. 2 BGB kommt es wegen der analogen Anwendung der §§ 1629 Abs. 2a, 1795 Abs. 1 Nr. 3 BGB auf Verfahren nach § 169 Nr. 4 FamFG nicht an.[2]

Für die Vertretung des minderjährigen Kindes in einem Verfahren auf **Feststellung der Vaterschaft** gilt nichts anderes. Die Mutter ist in diesem Verfahren selbst Beteiligte. Als solche kann sie nicht zugleich auch das Kind in dem Verfahren vertreten. Es bedarf daher der Bestellung eines Ergänzungspflegers,[3] es sei denn, das Kind wird durch das Jugendamt als Beistand vertreten (§ 173 FamFG). § 1629 Abs. 2 Satz 3 Halbs. 2 BGB schließt zwar die Entziehung der Vertretung für die Feststellung der Vaterschaft aus. Diese Vorschrift gilt allerdings nur für die sorgerechtliche Frage ob für das Kind ein Verfahren auf Feststellung der Vaterschaft betrieben werden soll.[4]

7 Nach § 9 Abs. 1 Nr. 3 sind Kinder ab 14 Jahren zwar verfahrensfähig, soweit sie in einem Verfahren, das ihre Person betrifft, ein ihnen nach bürgerlichem Recht zustehendes Recht geltend machen. Diese Regelung ist nach ihrem Wortlaut aber auf **Kindschaftssachen** zugeschnitten. Sie dürfte für Abstammungssachen auch nach der Gesetzesbegründung[5] nicht gelten.

Funktionell zuständig für die erforderliche Bestellung eines Ergänzungspflegers ist nach § 3 Nr. 2a RPflG der Rechtspfleger.[6] Die Anordnung von Ergänzungspflegschaft ist gesondert mit der Beschwerde (§ 58) anfechtbar. Die damit (und mit der Aufspaltung der Zuständigkeiten) verbundene Verzögerung der Bearbeitung der Abstammungssache ist unbefriedigend, aber nach geltendem Recht (vor allem wegen §§ 174 Satz 2, 158 Abs. 4 Satz 6) unvermeidbar.

8 Nach der allgemeinen Regelung des § 7 Abs. 1 zu beteiligen ist im Verfahren auf Anfechtung der Vaterschaft auch der Mann, der nach § 1600 Abs. 1 Nr. 2 BGB an Eides statt versichert, der Mutter während der Empfängniszeit beigewohnt zu haben (der sog. **biologische Vater**), wenn er das Verfahren durch seinen Antrag eingeleitet hat. Die Notwendigkeit der Beteiligung des (anfechtungsberechtigten) biologischen Vaters ergibt sich auch daraus, dass ein von ihm erstrittener rechtskräftiger Beschluss nicht nur das Nichtbestehen der Vaterschaft feststellt, sondern zugleich positiv die Feststellung der Vaterschaft des Anfechtenden beinhaltet (§ 182 Abs. 1).[7] Der biologische Vater ist auch dann zu beteiligen, wenn ein anderer Beteiligter (Kind oder Mutter) einen Antrag auf Vaterschaftsfestellung stellt (§ 7 Abs. 2 Nr. 1). Hat die Mutter des Kindes in der Empfängniszeit mit mehreren Männern verkehrt, sind diese Männer am Verfahren zu beteiligen (§ 7 Abs. 2 Nr. 1).

---

1 AA OLG Oldenburg v. 12.5.2009 – 13 UF 19/09, FamRZ 2009, 1925 und OLG Oldenburg v. 28.10. 2009 – 12 UF 110/09, FamRZ 2010, 745; aA wohl auch BGH v. 21.3.2012 – XII ZB 510/10, FamRZ 2012, 859 m. Anm. *Stößer*.
2 *Löhnig*, FamRZ 2009, 1798; Helms/Kieninger/Rittner/*Kieninger*, Abstammungsrecht in der Praxis, Rz. 227 ff, OLG Düsseldorf vom 24.9.2010 – II-7 UF 112/10, JAmt 2010, 505; aA *Schwonberg*, FuR 2010, 441 (ein Elternteil könne das Kind bei der behördlichen Anfechtung vertreten).
3 *Löhnig*, FamRZ 2009, 1798; Helms/Kieninger/Rittner/*Kieninger*, Abstammungsrecht in der Praxis, Rz. 227 ff; aA *Schwonberg*, FuR 2010, 441 und wohl auch BGH v. 21.3.2012 – XII ZB 510/10, FamRZ 2012, 859 m. Anm. *Stößer*: aus der notwendigen Beteiligung der Mutter am Abstammungsverfahren folge noch kein Vertretungsausschluss.
4 Helms/Kieninger/Rittner/*Kieninger*, Abstammungsrecht in der Praxis, Rz. 232.
5 Beschlussempfehlung und Bericht des Rechtsausschusses BT-Drucks. 16/9733, S. 288: „… erlaubt dem Kind die eigenständige Geltendmachung materieller Rechte in kindschaftsrechtlichen Verfahren …"; ebenso *Heiter*, FamRZ 2009, 85 (87); Helms/Kieninger/Rittner/*Kieninger*, Abstammungsrecht in der Praxis, Rz. 224 und Schulte-Bunert/Weinreich/*Schwonberg*, § 172 Rz. Rz. 10; aA *Dressler*, Rpfleger 2010, 297.
6 BGH v. 18.2.2009 – XII ZR 156/07, FamRZ 2009, 861.
7 Vgl. BGH v. 4.7.2007 – XII ZB 68/04, FamRZ 2007, 1731.

Im Anfechtungsverfahren des rechtlichen Vaters, des Kindes oder der Mutter muss dagegen ein potenzieller **biologischer Vater** nicht beteiligt werden, weil die erfolgreiche Vaterschaftsanfechtung nicht seine Rechtsverteidigung in einem späteren Vaterschaftsfeststellungsverfahren verkürzt.[1] Ein potenzieller biologischer Vater ist auch nicht an einem Verfahren der rechtsfolgenlosen Klärung der Abstammung nach § 1598a Abs. 2 BGB beteiligt. Er ist nach materiellem Recht nicht berechtigt, ein solches Verfahren einzuleiten.[2] Ein solches Verfahren kann sich auch nur gegen den rechtlichen Vater, nicht gegen den möglichen biologischen Vater, richten. 9

Ebenfalls schon nach § 7 Abs. 1 zu beteiligen ist im Fall der behördlichen Anfechtung nach § 1600 Abs. 1 Nr. 5 BGB die **anfechtungsberechtigte Behörde**. Die Bestimmung der anfechtungsberechtigten Behörde erfolgt nach § 1600 Abs. 6 BGB durch die Landesregierungen.[3] 10

§ 7 Abs. 2 Nr. 1 gebietet es ferner, als Beteiligte diejenigen hinzuzuziehen, deren Recht durch das Verfahren unmittelbar betroffen wird. Ist bei der Vaterschaftsfeststellung der Mann verstorben, sind deshalb auch die in § 55b Abs. 1 Satz 1 FGG aF genannten **nächsten Angehörigen** des verstorbenen Mannes zu beteiligen (Ehefrau, Lebenspartner, Eltern und Kinder[4]). Ob diese Aufzählung abschließend ist, ist unklar.[5] Ist bei der Vaterschaftsanfechtung das Kind verstorben, sind nur die Mutter und der rechtliche Vater zu beteiligen. Die Antragsbefugnis unterliegt keinen Besonderheiten. 11

II. Beteiligung des Jugendamts (Absatz 2)

Abs. 2 gibt dem **Jugendamt** die Möglichkeit, in den Fällen, in denen es nach § 176 Abs. 1 Satz 1 anzuhören ist (Anfechtung durch den „biologischen" Vater; behördliche Anfechtung; Anfechtung durch das Kind, wenn die Anfechtung durch den gesetzlichen Vertreter erfolgt), auch die volle Beteiligtenstellung zu erlangen. Es ist auf seinen Antrag durch das Gericht in den genannten Fällen als Beteiligter hinzuzuziehen. Das zuständige Jugendamt ist von der Einleitung des betreffenden Verfahrens zu benachrichtigen und über sein Recht auf Beteiligung zu belehren (§ 7 Abs. 4). 12

173
Vertretung eines Kindes durch einen Beistand
Wird das Kind durch das Jugendamt als Beistand vertreten, ist die Vertretung durch den sorgeberechtigten Elternteil ausgeschlossen.

A. Allgemeines

§ 173 verhindert in Abstammungssachen gegensätzliche Erklärungen des Jugendamts als Beistand des Kindes und des sorgeberechtigten Elternteils, indem dem Jugendamt der Vorrang eingeräumt wird. Die Regelung entspricht § 53a aF ZPO. 1

B. Inhalt der Vorschrift

Auf schriftlichen Antrag eines Elternteils kann das Jugendamt Beistand des Kindes für die **Feststellung der Vaterschaft** (nicht für andere Aufgaben wie zB die Anfechtung der Vaterschaft[6] und auch nicht für die rechtsfolgenlose Klärung der Abstammung nach § 1598a BGB[7]) werden (§ 1712 BGB). Die elterliche Sorge wird durch 2

---

1 BGH v. 4.7.2007 – XII ZB 68/04, FamRZ 2007, 1731; *Schwonberg*, FuR 2010, 441.
2 Palandt/*Brudermüller*, § 1598a BGB Rz. 6f; *Schwonberg*, FuR 2010, 441.
3 ZB für Baden-Württemberg Verordnung v. 8.9.2008, GBl. 2008, S. 286. Zusammenstellung der anfechtungsberechtigten Behörden bei Helms/Kieninger/Rittner/*Helms*, Abstammungsrecht in der Praxis, Rz. 61.
4 *Löhnig*, FamRZ 2009, 1798; BGH v. 27.4.2005 – XII ZB 184/02, NJW 2005, 1945.
5 Beschwerdebefugnis sonstiger gesetzlicher testamentarischer Erben des Mannes verneint von OLG Düsseldorf v. 17.5.1989 – 3 Wx 185/89, FamRZ 1990, 316.
6 Erman/*Roth*, § 1712 BGB Rz. 9.
7 Schulte-Bunert/Weinreich/*Schwonberg*, § 173 FamFG Rz. 3.

die Beistandschaft nicht eingeschränkt (§ 1716 Satz 1 BGB). § 173 verdrängt aus prozessualen Gründen (widerspruchsfreie Prozessführung) die materiellrechtliche Regelung der gesetzlichen Vertretung des Kindes zugunsten der alleinigen Vertretung des Kindes durch das Jugendamt. Die Vertretung durch den sorgeberechtigten Elternteil im gerichtlichen Verfahren ist insoweit ausgeschlossen.[1] Der Elternteil kann dies durch ein Verlangen nach Beendigung der Beistandschaft (§ 1715 Abs. 1 BGB) verhindern. Die eigene Verfahrensführung des sorgeberechtigten Elternteils als weiterer Beteiligter iSd § 172 Abs. 1 bleibt durch die Beistandschaft unberührt.

3   Durch die Beistandschaft wird das Jugendamt nicht zum Verfahrensbeteiligten. Beteiligter ist nur das Kind. Weil und solange das Jugendamt das Kind vertritt, entfällt aber die Notwendigkeit, einen Ergänzungspfleger zu bestellen.[2] Die Beteiligung des Jugendamts selbst regelt sich allein nach §§ 172 Abs. 2, 176 Abs. 1 Satz 1.

174 *Verfahrensbeistand*

Das Gericht hat einem minderjährigen Beteiligten in Abstammungssachen einen Verfahrensbeistand zu bestellen, sofern dies zur Wahrnehmung seiner Interessen erforderlich ist. § 158 Abs. 2 Nr. 1 sowie Abs. 3 bis 8 gilt entsprechend.

A. Allgemeines

1   § 174 regelt die Bestellung eines **Verfahrensbeistands** in Abstammungssachen. Dieser soll auch in Abstammungssachen eigenständig die Interessen (regelmäßig) eines minderjährigen Kindes zur Geltung bringen, um Defizite infolge der Vertretung durch Eltern zu kompensieren.[3] Entgegen dieser Intention des Gesetzes wird der Verfahrensbeistand in Abstammungssachen durch die regelmäßig bestehende Notwendigkeit, einem minderjährigen Kind für die Vertretung im gerichtlichen Verfahren einen Ergänzungspfleger zu bestellen (dazu § 172 Rz. 4 ff.), verdrängt. Die Frage der Vertretung eines minderjährigen Kindes in Abstammungssachen ist allerdings noch umstritten und noch nicht vollständig geklärt.[4]

B. Inhalt der Vorschrift

2   Nach Satz 1 hat das Gericht nunmehr auch in Abstammungssachen einem minderjährigen **Beteiligten** (iSd. § 172 Abs. 1) einen Verfahrensbeistand zu bestellen, wenn dies zur Wahrnehmung seiner Interessen erforderlich ist. Bestellt werden kann der Verfahrensbeistand für ein minderjähriges Kind, aber auch für die Mutter und/oder den (potentiellen biologischen) Vater, wenn diese noch minderjährig sind.[5] Unter Umständen müssen daher in einem Verfahren mehrere Verfahrensbeistände bestellt werden.

3   Durch die Verweisung auf § 158 Abs. 2 Nr. 1 ist klargestellt, dass die **Bestellung idR erforderlich** ist, wenn das Interesse des minderjährigen Beteiligten zu dem seiner gesetzlichen Vertreter in **erheblichem Gegensatz** steht. Dies ist dann der Fall, wenn nach den Umständen des konkreten Falles die Gefahr besteht, dass die Interessen des Minderjährigen von seinem gesetzlichen Vertreter nicht ausreichend berücksichtigt werden.[6] Ist für ein Kind ein Ergänzungspfleger bestellt, ist die zusätzliche Bestellung eines Verfahrensbeistands nicht erforderlich, weil die Interessen des Kindes vom Ergänzungspfleger eigenständig verteten werden (§ 158 Abs. 5). Gleiches gilt, wenn das Kind durch das Jugendamt als Beistand vertreten wird (§ 173).

---

1 OLG Naumburg v. 27.9.2005 – 3 WF 172/05, FamRZ 2006, 1223.
2 *Dressler*, Rpfleger 2010, 297.
3 Schulte-Bunert/Weinreich/*Schwonberg*, § 174 FamFG Rz. 1.
4 Zum Streitstand § 172 Rz. 4 ff. und Helms/Kieninger/Rittner/*Helms*, Abstammungsrecht in der Praxis, Rz. 75 f.
5 *Schwonberg*, FuR 2010, 441.
6 *Helms/Balzer*, ZKJ 2009, 348.

Wegen der weiteren Ausgestaltung der Stellung des Verfahrensbeistands, seiner **Aufgaben, des Zeitpunkts der Bestellung und der Vergütung** verweist Satz 2 auf § 158 Abs. 3 bis 7.

Daraus ergibt sich insbesondere Folgendes: Der Verfahrensbeistand wird durch seine Bestellung Beteiligter (§ 158 Abs. 3 Satz 2). Die Bestellung, Aufhebung oder Ablehnung einer Bestellung sind nicht selbständig anfechtbar (§ 158 Abs. 3 Satz 4). Er hat das Interesse des minderjährigen Beteiligten festzustellen und im gerichtlichen Verfahren zur Geltung zu bringen (§ 158 Abs. 4 Satz 1). Er kann im Interesse des minderjährigen Beteiligten Rechtsmittel einlegen (§ 158 Abs. 4 Satz 5). Er ist nicht gesetzlicher Vertreter des minderjährigen Beteiligten (§ 158 Abs. 4 Satz 6). Weil der Verfahrensbeistand von der Vertretung eines minderjährigen Kindes ausgeschlossen ist, dieses aber im Verfahren als Beteiligte nach § 172 Abs. 1 Nr. 1 vertreten werden muss, genügt die Bestellung eines Verfahrensbeistands als Interessenvertreter eines minderjährigen Kindes regelmäßig nicht (§ 172 Rz. 4 ff). Neben einem Ergänzungspfleger muss aber wegen § 158 Abs. 5 nicht auch noch zusätzlich ein Verfahrensbeistand bestellt werden.[1]

Zum Verfahrensbeistand soll nur bestimmt werden, wer persönlich und fachlich geeignet ist, das Interesse des minderjährigen Beteiligten festzustellen und sachgerecht in das Verfahren einzubringen. Auf **konkrete Qualifikationsanforderungen** für die zu bestellende Person **verzichtet** das Gesetz.

Für den **Ersatz von Aufwendungen** des nicht berufsmäßigen Verfahrensbeistands und die Vergütung für einen berufsmäßig handelnden Verfahrensbeistand gilt § 158 Abs. 7. Durch Änderung des Gesetzeswortlauts (Verweisung auch auf § 158 Abs. 8) ist klargestellt, dass auch in Abstammungssachen dem Verfahrensbeistand keine Verfahrenskosten auferlegt werden dürfen (Beseitigung eines Redaktionsversehens).

Kosten/Gebühren: Gericht: Die Bestellung des Verfahrensbeistandes löst keine Gebühren aus. Die an den Verfahrensbeistand gezahlte Vergütung wird als Auslage des Verfahrens geltend gemacht (Nr. 2013 KV FamGKG).

175 *Erörterungstermin; persönliche Anhörung*

(1) Das Gericht soll vor einer Beweisaufnahme über die Abstammung die Angelegenheit in einem Termin erörtern. Es soll das persönliche Erscheinen der verfahrensfähigen Beteiligten anordnen.
(2) Das Gericht soll vor einer Entscheidung über die Ersetzung der Einwilligung in eine genetische Abstammungsuntersuchung und die Anordnung der Duldung der Probeentnahme (§ 1598a Abs. 2 des Bürgerlichen Gesetzbuchs) die Eltern und ein Kind, das das 14. Lebensjahr vollendet hat, persönlich anhören. Ein jüngeres Kind kann das Gericht persönlich anhören.

A. Allgemeines

§ 175 regelt die Durchführung eines **Erörterungstermins** vor einer Beweisaufnahme über die Abstammung und die **persönliche Anhörung** der Beteiligten vor einer Entscheidung in Abstammungssachen nach § 169 Nr. 2. Abs. 2 übernimmt § 56 Abs. 1 FGG aF idF des Gesetzes zur Klärung der Vaterschaft unabhängig vom Anfechtungsverfahren.[2]

B. Inhalt der Vorschrift

I. Erörterungstermin (Absatz 1)

1. Satz 1 bestimmt als Soll-Vorschrift, dass die Angelegenheit mit den Beteiligten in einem Termin erörtert wird. Dieser Termin soll **vor einer Beweisaufnahme** über

---

1 *Dressler*, Rpfleger 2010, 297; Helms/Kieninger/Rittner/*Kieninger*, Abstammungsrecht in der Praxis, Rz. 234.
2 Gesetz v. 26.3.2008, BGBl. I 2008, S. 441.

die Abstammung (Abstammungsgutachten) erfolgen. Geboten ist dies insbesondere dann, wenn die Frage der Einhaltung der Anfechtungsfrist geklärt werden soll, bevor ein Abstammungsgutachten in Auftrag gegeben wird. Denn eine Untersuchung zur Feststellung der Abstammung ist nach § 178 Abs. 1 nur dann zu dulden, wenn sie erforderlich ist. Ein Recht zur Verweigerung der Untersuchung besteht dann, wenn die Begutachtung nicht erforderlich ist, weil ein Vaterschaftsfeststellungsantrag unzulässig oder unschlüssig ist.[1] Bei der **behördlichen Anfechtung** ist im frühen Termin zunächst die Frage einer sozial-familiären Beziehung zwischen Kind und dem Anerkennenden zu erörtern,[2] ebenso das Bestehen einer sozial-familiären Beziehung zwischen dem rechtlichen Vater und dem Kind, wenn der mögliche biologische Vater die Vaterschaft anficht. Denn wenn eine solche sozial-familiäre Beziehung besteht, ist ein Abstammungsgutachten nicht erforderlich und deshalb nicht gerechtfertigt.[3]

3   Notwendig und sinnvoll ist der Erörterungstermin auch deshalb, um unnötige Gutachterkosten zu vermeiden oder sogar das bisweilen schwer verständliche, aber zwingend hinzunehmende Ergebnis der Beweisaufnahme, dass zwar eine nichteheliche Abstammung erwiesen wird, aber die Anfechtungsfrist verstrichen ist. Im Erörterungstermin kann auch geklärt werden, welche Personen in eine Abstammungsuntersuchung einbezogen werden sollen.

4   Ist in Verfahren **auf Feststellung der Vaterschaft** unstreitig, dass der als Vater in Anspruch genommene Mann der Mutter während der gesetzlichen Empfängniszeit beigewohnt hat, soll die Abstammung aber nach dem Willen eines Beteiligten (regelmäßig des Mannes) nur zweifelsfrei nachgewiesen werden, um befürchteten Mehrverkehr der Mutter auszuschließen, würde ein Erörterungstermin vor Einholung eines Abstammungsgutachtens die Klärung der Abstammung nur verzögern. In solchen Fällen kann der Erörterungstermin daher unterbleiben (**Soll-Vorschrift**). Die Nichtdurchführung des Erörterungstermins begründet keinen selbständig anfechtbaren Verfahrensfehler.[4] Wer ohne Erörterungstermin zur Duldung einer Abstammungsuntersuchung herangezogen wird, hat aber den Rechtsbehelf nach § 178 Abs. 2 iVm §§ 386 ff ZPO.

5   Von dem Termin kann in einem Verfahren auf **Anfechtung der Vaterschaft** auch abgesehen werden, wenn keine Anhaltspunkte für den Ablauf der Anfechtungsfrist ersichtlich sind oder wenn sie wegen des Alters des Kindes noch gar nicht abgelaufen sein kann.

6   2. Satz 2 bestimmt, dass das Gericht zu dem Erörterungstermin das **persönliche Erscheinen** der verfahrensfähigen Beteiligten anordnen soll (§ 33). Dieses persönliche Erscheinen kann nach Maßgabe des § 33 Abs. 3 auch erzwungen werden.

II. Verfahren bei rechtsfolgenloser Klärung der Abstammung (Absatz 2)

7   Abs. 2 regelt das **Verfahren in Abstammungssachen nach § 169 Nr. 2** (rechtsfolgenlose Klärung der Abstammung). Vor einer Entscheidung über die Ersetzung der Einwilligung in eine genetische Abstammungsuntersuchung und die Anordnung der Duldung der Probeentnahme soll das Gericht die Eltern und ein Kind, das das 14. Lebensjahr vollendet hat, **persönlich**, also mündlich anhören. Ein jüngeres Kind kann das Gericht persönlich anhören. Die nach Abs. 2 vorgeschriebenen Anhörungen können auch mit dem Ziel einer gütlichen Einigung erfolgen. Denn in Verfahren nach § 169 Nr. 2 ist der Abschluss eines gerichtlichen Vergleichs im Erörterungstermin zulässig (vgl. § 96a Abs. 1 Satz 1[5]).

---

1 OLG Düsseldorf v. 17.12.2007 – II-1 UF 151/07, FamRZ 2008, 630; BGH v. 1.3.2006 – XII ZR 210/04, FamRZ 2006, 686.
2 OLG Naumburg v. 25.8.2010 – 3 UF 106/10, FamRZ 2011, 383; OLG Naumburg v. 11.10.2011 – 8 UF 209/11, FamRZ 2012, 1148.
3 OLG Celle v. 22.7.2011 – 15 UF 85/11, FamRZ 2012, 564.
4 Helms/Kieninger/Rittner/*Kieninger*, Abstammungsrecht in der Praxis, Rz. 236.
5 *Helms*, FamRZ 2008, 1033 (1035).

C. Verfahren in Abstammungssachen nach § 169 Nr. 3

In Abstammungssachen nach § 169 Nr. 3 (Verfahren auf Einsicht in ein Abstammungsgutachten oder Aushändigung einer Abschrift) sind persönliche Anhörungen nicht vorgeschrieben. In solchen Verfahren genügt es deshalb regelmäßig, dem Klärungsberechtigten schriftlich **Gelegenheit zur Stellungnahme** zu geben. 8

Kosten/Gebühren: RA: Durch den Erörterungstermin fällt die Terminsgebühr nach Nr. 3104 VV RVG an. 9

176 *Anhörung des Jugendamts*
(1) Das Gericht soll im Fall einer Anfechtung nach § 1600 Abs. 1 Nr. 2 und 5 des Bürgerlichen Gesetzbuchs sowie im Fall einer Anfechtung nach § 1600 Abs. 1 Nr. 4 des Bürgerlichen Gesetzbuchs, wenn die Anfechtung durch den gesetzlichen Vertreter erfolgt, das Jugendamt anhören. Im Übrigen kann das Gericht das Jugendamt anhören, wenn ein Beteiligter minderjährig ist.
(2) Das Gericht hat dem Jugendamt in den Fällen einer Anfechtung nach Absatz 1 Satz 1 sowie einer Anhörung nach Absatz 1 Satz 2 die Entscheidung mitzuteilen. Gegen den Beschluss steht dem Jugendamt die Beschwerde zu.

A. Allgemeines

§ 176 regelt die Anhörung und Beschwerdeberechtigung des Jugendamts in Abstammungssachen neu. 1

B. Inhalt der Vorschrift

I. Anhörung des Jugendamts (Absatz 1)

1. Nach Satz 1 soll das Gericht das Jugendamt anhören im Fall einer Anfechtung nach § 1600 Abs. 1 Nr. 2 BGB (**Anfechtung durch den biologischen Vater**) und nach § 1600 Abs. 1 Nr. 5 BGB (**behördliche Anfechtung**) sowie im Fall einer Anfechtung nach § 1600 Abs. 1 Nr. 4 BGB (**Anfechtung durch das Kind**), wenn die **Anfechtung durch** den gesetzlichen Vertreter erfolgt (insbesondere **minderjähriges Kind**). Früher war die Beteiligung des Jugendamts nur bei der behördlichen Anfechtung vorgesehen (§ 640d Abs. 2 Satz 1 aF ZPO). 2

Die Anfechtung durch den biologischen Vater und die behördliche Anfechtung setzen neben einer unzutreffenden biologischen Zuordnung des Kindes zusätzlich voraus, dass kein Außenstehender in eine geschützte soziale Familie eindringt. Eine sozial-familiäre Beziehung besteht, wenn der rechtliche Vater/Anerkennende für das Kind Verantwortung trägt oder bei seinem Tod getragen hat (§ 1600 Abs. 4 Satz 1 BGB). Für die Übernahme tatsächlicher Verantwortung sprechen eine Ehe mit der Mutter oder ein längeres häusliches Zusammenleben mit dem Kind (§ 1600 Abs. 4 Satz 2 BGB). Durch die Mitwirkung in Verfahren nach § 1600 Abs. 1 Nr. 2 und 5 BGB soll das Jugendamt über seinen sozialen Dienst seine Bewertung zum Vorliegen oder Nichtvorliegen einer **sozial-familiären Beziehung** zwischen rechtlichem Vater/Anerkennendem und Kind in das Verfahren einbringen.[1] Diese Frage ist ggf. im Wege der Amtsermittlung zu prüfen.[2] 3

Eine Anfechtung der Vaterschaft durch das minderjährige oder volljährige, aber geschäftsunfähige Kind kann nur durch den gesetzlichen Vertreter erfolgen. Sie ist nur zulässig, wenn sie dem Wohl des Kindes dient (§§ 1600a Abs. 3 und Abs. 4 BGB). Auch diese Frage ist vom Gericht von Amts wegen zu prüfen.[3] Die Mitwirkung des Jugendamts im Fall einer Anfechtung nach § 1600 Abs. 1 Nr. 4 BGB soll diese Kindeswohlprüfung aufgrund der Umstände des Einzelfalles unterstützen. Wird die Kindes-

---

1 *Beinkinstadt*, JAmt 2007, 342 (344).
2 BGH v. 6.12.2006 – XII ZR 164/06, FamRZ 2007, 538.
3 Helms/Kieninger/*Rittner*/*Helms*, Abstammungsrecht in der Praxis, Rz. 78.

wohldienlichkeit verneint, ist der Antrag auf Anfechtung der Vaterschaft abzuweisen.[1]

4 2. Nach Satz 2 kann das Gericht das Jugendamt auch in allen anderen Abstammungssachen anhören, wenn ein **Beteiligter minderjährig** ist. UU ist das Jugendamt in Abstammungssachen (zB solchen nach § 169 Nr. 2) auch schon als Ergänzungspfleger des Kindes mit dem Verfahren befasst.

II. Mitteilung der Entscheidung, Beschwerdebefugnis (Absatz 2)

5 Nach Satz 1 hat das Gericht dem Jugendamt in den Fällen, in denen nach Abs. 1 Satz 1 eine Anhörungspflicht besteht, die Endentscheidung **mitzuteilen** (nach §§ 41, 15 Abs. 2). Gleiches gilt, wenn das Jugendamt nach Abs. 1 Satz 2 tatsächlich angehört wurde. Zur Endentscheidung in Abstammungssachen vgl. § 184 Rz. 2.

6 In allen diesen Fällen (Anhörungspflicht nach Abs. 1 Satz 1 oder tatsächliche Anhörung nach Abs. 1 Satz 2) ist das Jugendamt nach Satz 2 berechtigt, gegen die Entscheidung in der Abstammungssache Beschwerde einzulegen. Diese **Beschwerdeberechtigung** ist unabhängig von einer Beeinträchtigung in eigenen Rechten des Jugendamts (§ 59 Abs. 3).

177 Eingeschränkte Amtsermittlung; förmliche Beweisaufnahme

(1) Im Verfahren auf Anfechtung der Vaterschaft dürfen von den beteiligten Personen nicht vorgebrachte Tatsachen nur berücksichtigt werden, wenn sie geeignet sind, dem Fortbestand der Vaterschaft zu dienen, oder wenn der die Vaterschaft Anfechtende einer Berücksichtigung nicht widerspricht.
(2) Über die Abstammung in Verfahren nach § 169 Nr. 1 und 4 hat eine förmliche Beweisaufnahme stattzufinden. Die Begutachtung durch einen Sachverständigen kann durch die Verwertung eines von einem Beteiligten mit Zustimmung der anderen Beteiligten eingeholten Gutachtens über die Abstammung ersetzt werden, wenn das Gericht keine Zweifel an der Richtigkeit und Vollständigkeit der im Gutachten getroffenen Feststellungen hat und die Beteiligten zustimmen.

A. Allgemeines 1	II. DNA-Untersuchung 17
B. Inhalt der Vorschrift	III. Andere, überholte oder noch experimentelle Gutachten 21
I. Einschränkung der Amtsermittlung in Verfahren auf Anfechtung der Vaterschaft (Absatz 1) 2	IV. Ablehnung von Beweisanträgen 23
	V. Absehen von der Begutachtung 26
II. Umfang der Beweisaufnahme (Absatz 2) 8	VI. Unbekannter Aufenthalt eines Beteiligten, Beweisvereitelung 27
C. Begutachtung in Abstammungssachen	VII. Unanfechtbarkeit eines Beweisbeschlusses 29
I. Gerichtliche Überzeugungsbildung .. 11	

A. Allgemeines

1 § 177 regelt die Beweisaufnahme in Abstammungssachen.

B. Inhalt der Vorschrift

I. Einschränkung der Amtsermittlung in Verfahren auf Anfechtung der Vaterschaft (Absatz 1)

2 Für die Abstammungssachen des § 169 gilt die **Amtsermittlung** nach § 26. Die Frage, ob eine Person von der anderen abstammt, ist ungeachtet der Einlassung der Beteiligten grundsätzlich von Amts wegen zu klären. Gleiches gilt für die Frage, ob die

---

[1] Helms/Kieninger/Rittner/*Helms*, Abstammungsrecht in der Praxis, Rz. 78; Erman/*Hammermann*, § 1600a BGB Rz. 15.

Anfechtungsfrist des § 1600b BGB eingehalten ist (als vaterschaftserhaltende Tatsache, vgl. Rz. 5). Eine Entscheidung aufgrund eines Anerkenntnisses ist in Abstammungssachen nicht möglich, Geständnisse sind nicht bindend. Es kommt für den Umfang der Beweisaufnahme nicht nur darauf an, was die Beteiligten vortragen und auf welche Beweismittel sie sich berufen.

Abs. 1 schränkt die Amtsermittlung für **Verfahren auf Anfechtung der Vaterschaft** nach § 169 Nr. 4 ein, weil kein öffentliches Interesse besteht, den Status eines ehelichen Kindes oder eine Vaterschaftsanerkennung zu beseitigen. Von den beteiligten Personen nicht vorgebrachte Tatsachen dürfen nur berücksichtigt werden, wenn sie geeignet sind, dem Fortbestand der Vaterschaft zu dienen, oder wenn der die Vaterschaft Anfechtende einer Berücksichtigung nicht widerspricht (vgl. § 640d aF ZPO). 3

Nicht von Amts wegen ermittelt werden dürfen Umstände, die geeignet sind, **Zweifel an der Vaterschaft** zu wecken. Von den Beteiligten nicht vorgebrachte Tatsachen dürfen auch berücksichtigt werden, wenn der die Vaterschaft Anfechtende einer Berücksichtigung **nicht widerspricht**. 4

Ermittlungen dazu, ob die **Anfechtungsfrist** des § 1600b BGB abgelaufen ist, sind geeignet, den Status des Kindes zu erhalten. Ihre Einhaltung ist daher vom Gericht entgegen einem abgelehnten Änderungsvorschlag des Bundesrates[1] **von Amts wegen zu beachten**, also auch dann, wenn sich kein Beteiligter auf die Nichteinhaltung beruft.[2] 5

Bei der **Vaterschaftsanfechtung durch den biologischen Vater** (§ 1600 Abs. 1 Nr. 2 BGB) ist das Nichtbestehen einer sozial-familiären Beziehung zwischen dem Kind und seinem rechtlichen Vater keine Frage der Zulässigkeit des Verfahrens, sondern erst eine Frage der Begründetheit.[3] Diese Frage muss das Gericht aufgrund der Amtsermittlungspflicht prüfen, falls Anhaltspunkte ersichtlich sind, die Anlass geben, daran zu zweifeln.[4] 6

Für die Frage, ob diese negative Voraussetzung des Anfechtungsrechts gegeben ist, kommt es auf den Zeitpunkt der letzten mündlichen Verhandlung an und nicht auf den Zeitpunkt, zu dem das Verfahren eingeleitet wird.[5] § 1600d Abs. 3 S. 2 BGB enthält dabei lediglich eine – widerlegliche – Regelannahme für die (anfängliche) Übernahme tatsächlicher Verantwortung für das Kind. Die (anfängliche) Übernahme der tatsächlichen Verantwortung begründet aber noch keine Regelannahme dahin, dass diese Verantwortung auch weiterhin wahrgenommen wird und somit eine sozialfamiliäre Beziehung im **maßgeblichen Zeitpunkt** der letzten Tatsachenverhandlung noch besteht.[6] Eine non-liquet-Situation wirkt sich zulasten des anfechtenden biologischen Vaters aus.[7] Lässt sich das Fehlen einer gelebten Vater-Kind-Beziehung nicht positiv feststellen, ist somit der Anfechtungsantrag abzuweisen.[8] Gleiches gilt im Falle behördlicher Anfechtung, wenn trotz Ausschöpfung aller Ermittlungsmöglichkeiten unklar bleibt, ob zwischen dem Anerkennenden und dem Kind eine sozial-familiäre Beziehung besteht oder bestanden hat.[9] 7

II. Umfang der Beweisaufnahme (Absatz 2)

1. Satz 1 bestimmt, dass eine Beweisaufnahme über die **Frage der Abstammung** in Verfahren nach **§ 169 Nr. 1 und 4** (also bei der Feststellung des Bestehens oder Nicht- 8

---

1 BT-Drucks. 16/6308, S. 380 und S. 417.
2 MüKo.BGB/*Wellenhofer*, § 1600b BGB Rz. 6; Erman/*Hammermann*, § 1600b BGB Rz. 3.
3 BGH v. 6.12.2006 – XII ZR 164/04, FamRZ 2007, 538.
4 BGH v. 6.12.2006 – XII ZR 164/04, FamRZ 2007, 538.
5 BGH v. 6.12.2006 – XII ZR 164/04, FamRZ 2007, 538.
6 BGH v. 6.12.2006 – XII ZR 164/04, FamRZ 2007, 538; BGH v. 30.7.2008 – XII ZR 150/06, FamRZ 2008, 1821.
7 BGH v. 6.12.2006 – XII ZR 164/04, FamRZ 2007, 538; *Höfelmann*, FamRZ 2004, 745.
8 Helms/Kieninger/Rittner/*Helms*, Abstammungsrecht in der Praxis, Rz. 123; Erman/*Hammermann*, § 1600 BGB Rz. 21a.
9 OLG Naumburg v. 25.8.2010 – 3 UF 106/10, FamRZ 2011, 383.

bestehens eines Eltern-Kind-Verhältnisses und bei der Anfechtung der Vaterschaft) stets als **förmliche Beweisaufnahme** nach den Vorschriften der ZPO zu erfolgen hat (vgl. § 30 Abs. 1 und Abs. 2). Ein Freibeweis ist wegen der besonderen Bedeutung der Frage der Abstammung ausgeschlossen. Zur Möglichkeit, in Anfechtungsverfahren nach §§ 1592 Nr. 1, 1600 Abs. 1 Nr. 1 BGB ausnahmsweise von der Einholung eines Abstammungsgutachtens abzusehen vgl. Rz. 26.

9   In Verfahren nach **§ 169 Nr. 2** (Verfahren auf Ersetzung der Einwilligung in eine genetische Abstammungsuntersuchung und Anordnung der Duldung einer Probeentnahme) und **Nr. 3** (Verfahren auf Einsicht in ein Abstammungsgutachten oder Aushändigung einer Abschrift des Abstammungsgutachtens) kommt es nicht zu einer vom Gericht veranlassten Beweisaufnahme über die Abstammung. Diese muss vom Anspruchsberechtigten privat auf eigene Rechnung in Auftrag gegeben werden. Deshalb werden diese Verfahren in Abs. 2 Satz 1 nicht erwähnt. Zu Anhörungen in Verfahren nach § 169 Nr. 2 und 3 vgl. § 175 Rz. 7 f.

10   2. Nach Satz 2 kann das Gericht im Einverständnis mit den Beteiligten ein **privat eingeholtes Abstammungsgutachten** verwenden, wenn es an den dort getroffenen Feststellungen nicht zweifelt. Das private Abstammungsgutachten muss mit Einwilligung aller Beteiligten eingeholt worden sein. Sind auch im gerichtlichen Verfahren alle Beteiligten mit der Verwertung des privat eingeholten Gutachtens einverstanden, kann das Gericht seine Entscheidung auf dieses Gutachten stützen. Ein außergerichtlich heimlich eingeholtes DNA-Gutachten ist damit nach dem Gesetzeswortlaut auch nach Satz 2 im Abstammungsverfahren nicht verwertbar.[1]

C. Begutachtung in Abstammungssachen

I. Gerichtliche Überzeugungsbildung

11   In Verfahren nach § 169 Nr. 1 und 4 bestehen widerlegliche **Vaterschaftsvermutungen:**

12   Im Verfahren auf gerichtliche **Feststellung der Vaterschaft** (§ 169 Nr. 1) trägt das Kind die Beweislast für seine Abstammung von einem bestimmten Mann. Gem. § 1600d Abs. 2 Satz 1 BGB wird jedoch als Vater vermutet, wer der Mutter während der Empfängniszeit beigewohnt hat. Diese Vermutung gilt nach § 1600d Abs. 2 Satz 2 BGB nicht, wenn schwerwiegende Zweifel an der Vaterschaft bestehen (vor allem bei Mehrverkehr).

13   In dem Verfahren auf **Anfechtung der Vaterschaft** wird gem. § 1600c Abs. 1 BGB vermutet, dass das Kind von dem Mann abstammt, dessen Vaterschaft nach § 1592 Nr. 1 (Ehe) und Nr. 2 (Anerkennung der Vaterschaft), § 1593 BGB (Eheauflösung durch Tod) besteht. Wird diese Vermutung nicht widerlegt und greift auch nicht § 1600c Abs. 2 BGB (Ausschluss der Vermutung nach § 1592 Nr. 2 BGB) ein, ist also davon auszugehen, dass der nach §§ 1592 Nr. 1 und 2, 1593 BGB als Vater geltende Mann auch tatsächlich der Vater ist. Die Vermutung kann nur durch den vollen Beweis des Gegenteils widerlegt werden. Die Beweislast geht zulasten des Anfechtenden.

14   Durch den Fortschritt der Abstammungsbegutachtung, sind diese Vermutungen in der Praxis allerdings kaum noch von Bedeutung, weil durch Gutachten ein direkter Nachweis der Abstammung oder deren Unmöglichkeit geführt werden kann.[2]

15   Um die Vaterschaft zu klären, ist das Gericht gehalten, von Amts wegen weitere **Aufklärungsmöglichkeiten auszuschöpfen**, wenn es dies nach der Erstattung eines

---

1 Vgl. RegE BT-Drucks. 16/6308, S. 245 und BGH v. 12.1.2005 – XII ZR 227/03, NJW 2005, 497; BGH v. 12.12.2007 – XII ZR 173/04, FamRZ 2008, 501; aA Helms/Kieninger/Rittner/*Kieninger*, Abstammungsrecht in der Praxis, Rz. 242, und Schulte-Bunert/Weinreich/*Schwonberg*, § 177 FamFG Rz. 17: Verwertbarkeit auch bei anschließender Zustimmung.
2 Vgl. aber die Fälle OLG Celle v. 30.1.2013 – 15 UF 51/06, FamRB 2013, 141 (*Stößer*) und OLG Hamm v. 24.6.2008 – 9 UF 132/05, JAmt 2008, 378 (eineiige Zwillinge als mögliche Väter, durch DNA-Begutachtung derzeit nicht aufklärbar).

Gutachtens zur Beseitigung verbliebener Zweifel und Unklarheiten für erforderlich hält.[1] Auch wenn die Abstammung voll bewiesen sein muss, ist es bei entsprechend hohen Wahrscheinlichkeitswerten aufgrund biostatischer Auswertung aber rechtlich unbedenklich, wenn das Gericht in tatrichterlicher Würdigung zu der Überzeugung gelangt, dass der in Anspruch genommene Mann der Erzeuger ist, sofern keine sonstigen Umstände vorliegen, die gegen die Vaterschaft sprechen. Es sind nicht alle nur irgendwie denkbaren Beweismöglichkeiten auszuschöpfen.[2] Ein Wahrscheinlichkeitsgrad von 99,995 % genügt, um im Regelfall die volle Überzeugung von der Vaterschaft zu vermitteln.[3] Auf den weiteren Nachweis der **Beiwohnung** kommt es dann nicht mehr an. Angesichts der inzwischen erreichbaren hohen Wahrscheinlichkeitswerte gilt sie ggf. **als mitbewiesen**.[4]

16 Tabellen zur Berechnung der gesetzlichen Empfängniszeit (§ 1600d Abs. 3 BGB): *Herlan*, FamRZ 1998, 1349, und Erman/*Hammermann*, § 1600d BGB Rz. 33.

II. DNA-Untersuchung

17 Die Abstammungsbegutachtung erfolgt heute vorwiegend durch eine humangenetische **DNA-Untersuchung**, die grundsätzlich dann als geeignetes Beweismittel im Vaterschaftsfeststellungsverfahren angesehen werden kann, wenn das Gutachten den Anforderungen der Richtlinie der Gendiagnostik-Kommission (GEKO) entspricht und Fachkunde und Sorgfalt des Gutachters außer Zweifel stehen.[5] Untersucht wird die menschliche Zelle, die die Erbsubstanz DNA (englisch: desoxyribo nucleic acid; deutsch: DNS) enthält. Die zur Untersuchung notwendige menschliche DNA kann aus allem zellkernhaltigen Körpermaterial gewonnen werden. Statt einer Blutprobe genügt auch ein Abstrich von der Mundschleimhaut, der vom Richter selbst als externe Probeentnahme im Termin mit Wattestäbchen und voretikettierten Entnahmeröhrchen vorgenommen werden kann. Vorteil ist die völlige Schmerzfreiheit, es besteht aber die Gefahr der Verunreinigung, wenn unter nicht sterilen Bedingungen gearbeitet wird.[6] Es müssen allerdings Maßnahmen zur Identitätsprüfung getroffen werden. Die Probengefäße sind eindeutig und unverwechselbar zu beschriften.

18 Es werden für gerichtliche Gutachten aus Sicherheitsgründen im Regelfall zwei verschiedene Systemkategorien eingesetzt (STR = Short Tandem Repeats und SLS = Single-Locus-Sonden oder STR-Doppeluntersuchung). Probenmaterial sind Blut oder auch ein Mundschleimhautabstrich. In die Untersuchung einzubeziehen sind das Kind, die Mutter und der Mann. Fehlen dem als möglichen Vater untersuchten Mann in mehr als drei Systemen Merkmale, die das Kind von seinem Vater geerbt haben muss, ist er voll beweiskräftig **als Vater** des Kindes **ausgeschlossen**. Ist ein Mann in einem System von der Vaterschaft ausgeschlossen, beweist dies noch nicht die offenbare Unmöglichkeit der Vaterschaft. Eine derartige Konstellation kann Ergebnis einer zufällig aufgetretenen Mutation sein. Aus Sicherheitsgründen müssen dann weitere Systeme untersucht werden. Liegen sichere Ausschlüsse vor, bedarf es keiner Wahrscheinlichkeitsberechnung mehr.

19 Ist der als Vater in Anspruch genommene Mann **nicht** als Vater **ausgeschlossen**, müssen die Befunde **statistisch ausgewertet** werden. Grundlage dieser Berechnungen sind die Einzelhäufigkeiten der betreffenden Merkmale pro untersuchtem System in der Gesamtbevölkerung. Die errechnete Wahrscheinlichkeit wird verbal übersetzt. Als Ergebnis der statistischen Auswertung wird heute üblicherweise eine Vaterschaftswahrscheinlichkeit von 99,999 % erzielt („Vaterschaft praktisch erwiesen").

---

1 BGH v. 12.1.1994 – XII ZR 155/92, FamRZ 1994, 506.
2 BGH v. 12.1.1994 – XII ZR 155/92, FamRZ 1994, 506.
3 *Wellenhofer*, FamRZ 2006, 1749; früherer Schwellenwert 99,73 %; vgl. Erman/*Hammermann*, § 1600d BGB Rz. 17 und Rz. 24 vor § 1591.
4 BGH v. 3.5.2006 – XII ZR 195/03, FamRZ 2006, 1745; Palandt/*Brudermüller*, § 1600d BGB Rz. 10.
5 BGH v. 3.5.2006 – XII ZR 195/03, FamRZ 2006, 1745.
6 Helms/Kieninger/*Rittner*, Abstammungsrecht in der Praxis, Rz. 317 und Rz. 336.

20 Für eine genetische Untersuchung zur Klärung der Abstammung ist seit 1.2.2010 das **GenDG** zu beachten (dazu § 17 GenDG). Danach dürfen genetische Untersuchungen zur Klärung der Abstammung nur durch Ärzte oder durch auf dem Gebiet der Abstammungsbegutachtung erfahrene nichtärztliche Sachverständige mit abgeschlossener naturwissenschaftlicher Hochschulausbildung vorgenommen werden (§ 17 Abs. 4 GenDG). Die Aufgabe, **Richtlinien** für die Erstattung von Abstammungsgutachten zu erarbeiten, wurde der am Robert Koch-Institut eingerichteten Gendiagnostik-Kommission (GEKO) übertragen (§ 23 GenDG). Deren Richtlinie in der Fassung vom 17.7.2012[1] ist am 26.7.2012 in Kraft getreten. Sie gibt den aktuellen Stand der Wissenschaft auch für die gerichtliche Abstammungsbegutachtung wieder.

Ist ein **Beteiligter verstorben**, kann auch noch vom Verstorbenen eine zur Untersuchung geeignete DNA-Probe entnommen werden. Nach einer Erdbestattung kommt eine Exhumierung in Betracht, wodurch unter Umständen auch nach Jahren noch geeignetes Probenmaterial gewonnen werden kann.[2] Möglich ist auch die Untersuchung von authentischem Probematerial des verstorbenen Beteiligten.[3] Wenn diese Möglichkeiten ausscheiden, müssen Eltern, leibliche Geschwister oder weiter entfernte Verwandte des Verstorbenen untersucht werden.[4]

III. Andere, überholte oder noch experimentelle Gutachten

21 Beim **erbbiologischen Gutachten** wurden vererbbare sichtbare körperliche Merkmale von Kind und vermutetem Vater (zB Form des Kopfes, des Gesichtes, Augenfarbe) miteinander verglichen. Ein solches Gutachten konnte erst ab dem vierten Lebensjahr des Kindes erstellt werden (was in der Vergangenheit häufig zu einer Aussetzung des Verfahrens führte). Einem anthropologisch-erbbiologischen Gutachten kommt gegenüber der DNA-Untersuchung ein geringerer Beweiswert zu, es findet praktisch keine Anwendung mehr.[5] Es kommt dann in Betracht, wenn aufgrund der DNA-Analyse mit biostatischer Zusatzberechnung noch Zweifel an der Vaterschaft bestehen sollten.[6]

22 Einen geringen Beweiswert (wegen der Unsicherheiten der für die Begutachtung erforderlichen Grundlagen) haben auch Gutachten über die **Zeugungsfähigkeit** eines Mannes und solche über den Reifegrad eines Kindes. Letztere (Gutachten über **Tragezeit**) sind daher völlig überholt und haben heute keine Bedeutung mehr. Dagegen entspricht das whole genome sequencing-Verfahren noch nicht den anerkannten Grundsätzen der Wissenschaft (vgl. § 178 Rz. 2).

IV. Ablehnung von Beweisanträgen

23 Ein förmliches Beweisangebot darf grundsätzlich nur unter den Voraussetzungen **zurückgewiesen** werden, unter denen ein solcher Antrag auch sonst abgelehnt werden kann.[7] Dabei kann sich das Gericht an die Vorschrift des § 244 Abs. 3 StPO über die Ablehnung von Beweisanträgen im Strafverfahren anlehnen.[8] Wird die Einholung eines ergänzenden oder anderen Gutachtens beantragt, so muss sich danach ergeben, dass es nicht (nur) um eine nochmalige Begutachtung durch einen anderen Sachverständigen, sondern um wissenschaftliche Erkenntnisse geht, die in dem bisherigen Gutachten nicht berücksichtigt sind.[9]

---

1 Veröffentlicht auf der Homepage des RKI.
2 Helms/Kieninger/*Rittner*, Abstammungsrecht in der Praxis, Rz. 340, auch zum Verfahren der Exhumierung.
3 Vgl. den von Helms/Kieninger/*Rittner*, Abstammungsrecht in der Praxis, Rz. 341 wiedergegebenen Rasierapparat-Fall.
4 OLG München v. 27.6.2011 – 33 UF 942/11, FamRZ 2012, 57; Helms/Kieninger/*Rittner*, Abstammungsrecht in der Praxis, Rz. 342 ff.
5 Helms/Kieninger/*Rittner*, Abstammungsrecht in der Praxis, Rz. 337.
6 OLG Naumburg v. 4.5.2000 – 3 UF 197/99, FamRZ 2001, 931.
7 BGH v. 12.1.1994 – XII ZR 155/92, FamRZ 1994, 506 (507).
8 BGH v. 12.1.1994 – XII ZR 155/92, FamRZ 1994, 506 (507).
9 BGH v. 12.1.1994 – XII ZR 155/92, FamRZ 1994, 506 (508).

Unzulässig ist die Ablehnung eines Antrags auf Erhebung eines Beweises über eine bestimmte Tatsache mit der Begründung, das Gericht sei bereits **vom Gegenteil** der aufgestellten Behauptung **überzeugt**.[1] Von einem beantragten (weiteren) Gutachten muss speziell unter Berücksichtigung des bisher ermittelten Beweisergebnisses (noch) eine weitere Aufklärung erheblicher Umstände zu erwarten sein, die als ernst zu nehmende Indizien gegen die Vaterschaft sprechen. In diesem Sinn kann ein Beweismittel als **ungeeignet** zurückgewiesen werden, wenn es lediglich zum Ziel hat, einen festgestellten hohen Wahrscheinlichkeitswert für die Vaterschaft des Mannes zu relativieren, ohne dass sonst Umstände dargetan sind, die zu einem Vaterschaftsausschluss führen können.[2]

Eine Vaterschaftswahrscheinlichkeit von **99,94 bis 99,95 %** darf allerdings nicht ohne weiteres zum Anlass genommen werden, von einer weiteren Beweisaufnahme abzusehen (nämlich Mehrverkehrszeugen, die als Vater noch nicht ausgeschlossen sind, in die Begutachtung einzubeziehen[3]). Wenn der mögliche Vater bestreitet, der Kindesmutter beigewohnt zu haben, darf selbst bei einer erreichten Wahrscheinlichkeit von **99,995 %** eine weiter beantragte Beweisaufnahme (Zeugen vom Hörensagen für Mehrverkehr der Mutter, Blutgruppengutachten) nicht abgelehnt werden.[4]

V. Absehen von der Begutachtung

In Vaterschaftsfeststellungsverfahren ist die Einholung eines **Abstammungsgutachtens** wegen der Amtsermittlung **regelmäßig zwingend**, auch dann, wenn der im Anspruch genommene Mann übereinstimmend als Vater benannt ist.[5] Dagegen bedarf es in Anfechtungsverfahren nach §§ 1592 Nr. 1, 1600 Abs. 1 Nr. 1 BGB keiner Begutachtung, wenn die Vaterschaft eines anderen Mannes als des Ehemannes auch sonst durch die Angaben von Mutter, Ehemann und biologischem Vater im Hinblick auf objektive Umstände (zB langjähriges Getrenntleben; Haft oder Auslandsaufenthalt des Ehemannes) genügend gesichert ist.[6] Dies verstößt nicht gegen Abs. 2 Satz 1, weil eine förmliche Beweisaufnahme nur über beweisbedürftige (streitige) Tatsachen erfolgen muss.

VI. Unbekannter Aufenthalt eines Beteiligten, Beweisvereitelung

Untersuchungen zur Feststellung der Abstammung sind nach § 178 Abs. 1 zu dulden und können nach § 178 Abs. 2 zwangsweise durchgesetzt werden. Ist die Einholung eines Abstammungsgutachtens wegen unbekannten Aufenthalts eines Beteiligten auf ungewisse Dauer nicht möglich, ist jedenfalls bei einer behördlichen Anfechtung wegen §§ 177 Abs. 2 Satz 1, 30 Abs. 2 auch § 356 ZPO (Beibringungsfrist) anwendbar.[7] Besteht ein nur vorübergehendes Hindernis, kann eine Verfahrensaussetzung aus wichtigem Grund nach § 21 erfolgen.[8] Es ist aber vorrangig zu prüfen, ob nicht statt eines Beteiligten, dessen Aufenthalt nicht ermittelt werden kann, dessen nahe Verwandte in die Begutachtung einbezogen werden können. Verweigert ein auf Vaterschaftsfeststellung in Anspruch genommener Mann unberechtigt notwendige Untersuchungen und können diese nicht zwangsweise durchgesetzt werden (zB wegen Aufenthalts im Ausland), kann der Beteiligte nach vorherigem Hinweis so behandelt werden, als hätte die Untersuchung keine schwerwiegenden Zweifel an seiner Vaterschaft erbracht (**Beweisvereitelung**[9]). Es muss aber vorrangig versucht werden, die Mitwirkung an der Abstammungsuntersuchung zwangsweise durchzusetzen.

---

1 BGH v. 12.1.1994 – XII ZR 155/92, FamRZ 1994, 506 (508).
2 BGH v. 12.1.1994 – XII ZR 155/92, FamRZ 1994, 506 (508).
3 BGH v. 14.3.1990 – XII ZR 56/89, FamRZ 1990, 615.
4 BGH v. 3.5.2006 – XII ZR 195/03, FamRZ 2006, 1745 m. Anm. *Wellenhofer*.
5 FA-FamR/*Schwarzer*, 3. Kap. Rz. 268.
6 Helms/Kieninger/Rittner/*Kieninger*, Abstammungsrecht in der Praxis, Rz. 241; Zöller/*Greger*, § 178 FamFG Rz. 3; FA-FamR/*Schwarzer*, 3. Kap. Rz. 272f.; AG Hannover v. 20.12.1999 – 608 F 1948/99, FamRZ 2001, 245.
7 OLG Karlsruhe v. 6.6.2011 – 2 WF 31/11, MDR 2011, 1180.
8 OLG Karlsruhe v. 6.6.2011 – 2 WF 31/11, MDR 2011, 1180.
9 BGH v. 10.2.1993 – XII ZR 241/91, BGHZ 121, 266; Erman/*Hammermann*, § 1600d BGB Rz. 19.

28 Wird von der Mutter allerdings **Mehrverkehr** mit zwei Männern in der Empfängniszeit eingeräumt, ist bei Weigerung des einen im Ausland wohnenden Mannes zu einer Blutentnahme keine hinreichende Grundlage für die Vaterschaftsfeststellung gegeben, wenn der andere Mann nicht ermittelt werden kann.[1]

VII. Unanfechtbarkeit eines Beweisbeschlusses

29 Ein Beweisbeschluss auf Einholung eines Abstammungsgutachtens ist eine **unanfechtbare** Zwischenentscheidung[2] (vgl. dazu auch § 178 Rz. 10).

178 Untersuchungen zur Feststellung der Abstammung

(1) Soweit es zur Feststellung der Abstammung erforderlich ist, hat jede Person Untersuchungen, insbesondere die Entnahme von Blutproben, zu dulden, es sei denn, dass ihr die Untersuchung nicht zugemutet werden kann.
(2) Die §§ 386 bis 390 der Zivilprozessordnung gelten entsprechend. Bei wiederholter unberechtigter Verweigerung der Untersuchung kann auch unmittelbarer Zwang angewendet werden, insbesondere die zwangsweise Vorführung zur Untersuchung angeordnet werden.

A. Allgemeines

1 § 178 regelt, unter welchen Voraussetzungen die Beteiligten und auch am Verfahren nicht beteiligte Dritte Untersuchungen zur Feststellung der Abstammung **zu dulden** haben. Die Vorschrift ist wortgleich mit § 372a ZPO. § 372a ZPO ist die Rechtsgrundlage für die etwaige Anordnung einer Abstammungsuntersuchung außerhalb einer Abstammungssache nach §§ 169 ff.,[3] zB in Verfahren, in denen ausnahmsweise in einer Familiensache eine inzidente Abstammungsuntersuchung angeordnet wird (dazu § 169 Rz. 4). § 167a Abs. 2 ist Rechtsgrundlage für eine Abstammungsuntersuchung in Verfahren zur Regelung des Umgangsrechts und des Auskunftsrechts eines leiblichen, nicht rechtlichen Vaters.

B. Inhalt der Vorschrift

I. Duldung von Untersuchungen (Absatz 1)

2 Soweit es zur Feststellung der Abstammung erforderlich ist, hat jede Person nach Satz 1 **Untersuchungen zu dulden**, es sei denn, dass ihr die Untersuchung nicht zugemutet werden kann. Zu dulden sind insbesondere die Entnahme von Blutproben oder ein Mundschleimhautabstrich, aber auch das Fertigen von Lichtbildern und/oder Fingerabdrücken zur Sicherung der Identität im Zusammenhang mit der Entnahme der Probe.[4] Die Abgabe einer Spermaprobe für eine Abstammungsuntersuchung nach dem whole genome sequencing-Verfahren ist nicht duldungspflichtig.[5]

3 Die Untersuchung muss nach den anerkannten Grundsätzen der Wissenschaft erfolgen und zur Feststellung der Abstammung **erforderlich** sein. Die bloße Zweckmäßigkeit genügt nicht.[6] Bei der behördlichen Anfechtung ist die Einholung eines Abstammungsgutachtens nicht erforderlich und damit auch nicht zu dulden, wenn zwischen dem Kind und seinem rechtlichen Vater eine sozial-familiäre Beziehung besteht.[7] Dies ist vorab zu klären. Gleiches gilt für das Bestehen einer sozial-familiären Beziehung zwischen dem rechtlichen Vater und dem Kind, wenn der mögliche biologische Vater die Vaterschaft anficht. Regelmäßig müssen erst andere Beweismöglich-

---

1 OLG Karlsruhe v. 26.10.2000 – 2 UF 256/99, FamRZ 2001, 931.
2 BGH v. 4.7.2007 – XII ZB 199/05, FamRZ 2007, 1728.
3 RegE BT-Drucks. 16/6308, S. 325.
4 AG Hohenstein-Ernstthal v. 23.12.2005 – 1 F 605/05, FamRZ 2006, 1769.
5 OLG Celle v. 30.1.2013 – 15 UF 51/06, FamRB 2013, 141 (*Stößer*): Mehrverkehr mit eineiigen Zwillingen.
6 OLG Hamm v. 19.10.2004 – 9 WF 167/04, NJW-RR 2005, 231.
7 OLG Naumburg v. 11.10.2011 – 8 UF 209/11, FamRZ 2012, 1148.

keiten erschöpft sein.¹ Die Untersuchung darf keinen Nachteil für die Gesundheit des zu Untersuchenden befürchten lassen.

Ein solcher Nachteil kann sich aus der **Art der Untersuchung** (gesundheitliche Schäden körperlicher oder psychischer Art) oder aus den möglichen **Folgen des Ergebnisses** für den Betroffenen ergeben.² Gesundheitliche Schäden sind nach dem Stand der Abstammungsbegutachtung praktisch nicht mehr denkbar, weil Probenmaterial eine sehr geringe Blutmenge ist (die auch durch Kapillarblutentnahme gewonnen werden kann). Die Entnahme erfolgt ohne nennenswerten körperlichen Eingriff (Ohrläppchen, Fingerbeere). Die Richtlinie der Gendiagnostik-Kommission (GEKO) für die Erstattung von Abstammungsgutachten lässt (in 5.1.) jetzt gleichberechtigt auch einen Mundschleimhautabstrich (mit Wattestäbchen) als Untersuchungsgut zu. Bloße Unannehmlichkeiten im Zusammenhang mit der Untersuchung reichen nicht. Etwaige Glaubensgründe (Störung der Religionsausübung) sind gegenüber dem Interesse anderer Beteiligter oder der Allgemeinheit an der Klärung der Abstammung nachrangig.³ Damit solche Gründe überhaupt berücksichtigt werden können, müssten sie jedenfalls substantiiert und glaubhaft gemacht werden. Der Verpflichtete kann sich gegen eine angeordnete Untersuchung auch nicht unter Berufung auf ein Zeugnisverweigerungsrecht wehren.⁴ [4]

Eine mögliche Unzumutbarkeit kann sich damit nur noch aus dem **Ergebnis der Untersuchung** ergeben.⁵ Aussagen zu körperlichen Eigenheiten oder Erkrankungen werden aber in Abstammungsgutachten nicht getroffen und dürfen auch nicht getroffen werden (§ 17 Abs. 1 GenDG). Die Proben dürfen nur für die Zwecke verwendet werden, für die sie gewonnen worden sind. Ein Recht auf informationelle Selbstbestimmung hat hinter dem Recht der anderen Beteiligten auf Kenntnis der wahren Abstammung zurückzutreten.⁶ Dem Ergebnis nach könnte eine Untersuchung unzumutbar sein, wenn die möglichen Feststellungen für den Betroffenen das Risiko strafrechtlicher Verfolgung begründen. Mittelbare Nachteile (drohender Pflichtteilsanspruch) begründen keine Unzumutbarkeit der Untersuchung.⁷ [5]

Von einer Untersuchung zur Feststellung der Abstammung **betroffen** sind die Mutter, das Kind, der Mann und auch am Verfahren nicht zu beteiligende, aber in die Begutachtung einzubeziehende Dritte. Nach der Richtlinie der Gendiagnostik-Kommission soll auf die Einbeziehung der Mutter wegen einer höheren Ergebnissicherheit nur dann verzichtet werden, wenn diese für die Untersuchung nicht zur Verfügung steht. Zu den verschiedenen Arten gebräuchlicher Abstammungsgutachten, insbesondere zur DNA-Untersuchung vgl. § 177 Rz. 17 ff. [6]

II. Verfahren der Verweigerung (Absatz 2)

Über die Rechtmäßigkeit einer Weigerung wird in dem Verfahren nach §§ 386 bis 390 ZPO entschieden. Ein **Recht zur Verweigerung** der Untersuchung besteht dann, wenn die Begutachtung nicht erforderlich ist, weil ein Vaterschaftsfeststellungsantrag unzulässig oder unschlüssig ist.⁸ [7]

Ist bei der Vaterschaftsanfechtung der **rechtliche Vater verstorben**, sollen vorerst weder der behauptete biologische Vater noch nach dessen Tod seine Abkömmlinge gegen ihren Willen zur Blutentnahme herangezogen werden können. Es sollen vielmehr vorab vorhandene Abkömmlinge des rechtlichen Vaters in die Begutachtung [8]

---
1 OLG Nürnberg v. 26.11.2004 – 10 WF 2380/04, FamRZ 2005, 728; Zöller/*Greger*, § 178 FamFG Rz. 2.
2 Zöller/*Greger*, § 178 FamFG Rz. 4 f.
3 OLG Brandenburg v. 8.1.2010 – 9 UF 139/09, NJW-RR 2010, 1229.
4 OLG München v. 27.6.2011 – 33 UF 942/11, FamRZ 2012, 57; Zöller/*Greger*, § 178 FamFG Rz. 6.
5 Dazu Zöller/*Greger*, § 178 FamFG Rz. 5.
6 OLG Brandenburg v. 8.1.2010 – 9 UF 139/09, NJW-RR 2010, 1229; OLG Düsseldorf v. 17.12.2007 – II-1 UF 151/07, FamRZ 2008, 630.
7 OLG München v. 27.6.2011 – 33 UF 942/11, FamRZ 2012, 57.
8 OLG Düsseldorf v. 17.12.2007 – II-1 UF 151/07, FamRZ 2008, 630; BGH v. 1.3.2006 – XII ZR 210/04, FamRZ 2006, 686.

einbezogen werden, erforderlichenfalls sei die Exhumierung des rechtlichen Vaters anzuordnen.[1] Zur Feststellung der Vaterschaft eines verstorbenen Mannes vgl. auch § 177 Rz. 20.

9 Für die Erklärung der Verweigerung gilt § 386 Abs. 1 ZPO, der Weigerungsgrund ist glaubhaft zu machen. Werden Weigerungsgründe vorgebracht, ergeht über die Rechtmäßigkeit der Weigerung eine **Zwischenentscheidung** nach Anhörung der Beteiligten entsprechend § 387 ZPO in Form eines zu begründenden Beschlusses. Vor Abschluss des Zwischenverfahrens dürfen Zwangsmittel nach § 390 ZPO nicht verhängt werden.

10 Gegen den Beschluss findet entsprechend § 387 Abs. 3 ZPO die **sofortige Beschwerde** nach §§ 567 ff ZPO statt (Beschwerdefrist von zwei Wochen nach § 569 Abs. 1 ZPO). Wegen dieser Möglichkeit, die Erforderlichkeit oder Zumutbarkeit der Mitwirkung an der Begutachtung in einem gerichtsförmigen Verfahren überprüfen zu lassen, besteht keine Notwendigkeit, ausnahmsweise ein selbständiges Rechtsmittel gegen einen Beweisbeschluss auf Einholung eines Abstammungsgutachtens zuzulassen.[2]

11 Wird die Untersuchung ohne Angabe eines Grundes (dann ist ein förmliches Zwischenverfahren entbehrlich[3]) oder aus einem im Zwischenstreit entsprechend § 387 ZPO rechtskräftig für unerheblich erklärten Grund verweigert, gilt § 390 ZPO (zur Erzwingung der Untersuchung **Ordnungsgeld, ersatzweise Ordnungshaft** nach § 390 Abs. 1 Satz 2 ZPO, bei wiederholter Weigerung **Erzwingungshaft** nach § 390 Abs. 2 ZPO). Nach Abs. 2 Satz 2 kann bei wiederholter unberechtigter Verweigerung der Untersuchung auch unmittelbarer Zwang angewendet werden, insbesondere die zwangsweise Vorführung zur Untersuchung angeordnet werden.

12 Eine wiederholte unberechtigte Weigerung der Untersuchung iSv. Satz 2 liegt nicht vor, wenn wiederholt Ladungen des beauftragten Sachverständigen unbeachtet geblieben sind. Unmittelbarer Zwang gegen einen Beteiligten kommt nur in Betracht, wenn dessen **Ladung förmlich durch das Gericht** erfolgt ist.[4] Bis zum rechtskräftigen Abschluss des Zwischenstreits ist die Verhängung von Zwangsmitteln ausgeschlossen.[5]

13 Das **Weigerungsrecht Minderjähriger** wird bis zur Erlangung der hierfür erforderlichen Verstandesreife durch den gesetzlichen Vertreter ausgeübt (vgl. § 9 Abs. 2[6]). Weigert sich eine allein sorgeberechtigte Mutter, dass ihre Kinder im Vaterschaftsfeststellungsverfahren an einer Blutgruppenuntersuchung mitwirken, findet deshalb ebenfalls der Zwischenstreit über die Rechtmäßigkeit der Weigerung nach §§ 386 bis 390 ZPO statt. Ein teilweiser Entzug des Sorgerechts ist nicht erforderlich.[7] Bei der Abwägung, ob die Untersuchung zugemutet werden kann, hat der Schutz der Intimsphäre der Mutter gegenüber dem Recht des Kindes auf Kenntnis seiner Abstammung zurückzutreten.[8]

14 Ein Kind hat die erforderliche Verstandesreife für eine eigene Entscheidung über das Weigerungsrecht ab einem Alter von **etwa 14 Jahren** (vgl. dazu § 60).

15 Verweigert ein auf Vaterschaftsfeststellung in Anspruch genommener Mann unberechtigt notwendige Untersuchungen und können diese nicht zwangsweise durchgesetzt werden, kann der Beteiligte schließlich nach vorherigem Hinweis so behan-

---

1 OLG Hamm v. 19.10.2004 – 9 WF 167/04, NJW-RR 2005, 231; zur Problematik der Exhumierung zur postmortalen Vaterschaftsfeststellung und -anfechtung *Lakkis*, FamRZ 2006, 454.
2 BGH v. 4.7.2007 – XII ZB 199/05, FamRZ 2007, 1728.
3 OLG Brandenburg v. 13.10.2000 – 9 WF 198/00, FamRZ 2001, 1010; OLG Naumburg v. 11.10.2011 – 8 UF 209/11, FamRZ 2012, 1148.
4 OLG Brandenburg v. 13.10.2000 – 9 WF 198/00, FamRZ 2001, 1010.
5 BGH v. 4.7.2007 – XII ZB 199/05, FamRZ 2007, 1728; Zöller/*Greger*, § 178 FamFG Rz. 10.
6 Und OLG Jena v. 22.1.2007 – 1 UF 454/06, FamRZ 2007, 1676; OLG Naumburg v. 25.1.2000 – 20 UF 165/99, FamRZ 2000, 1290; Zöller/*Greger*, § 178 FamFG Rz. 9.
7 OLG Karlsruhe v. 10.10.2006 – 2 UF 197/06, FamRZ 2007, 738.
8 OLG Jena v. 22.1.2007 – 1 UF 454/06, FamRZ 2007, 1676.

delt werden, als hätte die Untersuchung keine schwerwiegende Zweifel an seiner Vaterschaft erbracht (**Beweisvereitelung**, vgl. § 177 Rz. 27).

Die Duldungspflicht erfasst einen Beteiligten ungeachtet seiner Staatsangehörigkeit auch dann, wenn er im **Ausland** lebt. Das Recht seines Aufenthaltsorts ist lediglich für die Frage maßgeblich, ob im Wege der Rechtshilfe eine zwangsweise Durchsetzung der für die Abstammungsuntersuchung notwendigen Untersuchung (Blutprobe oder Mundschleimhautabstrich) möglich ist.[1] Ein im Ausland lebender Betroffener kann zunächst von dem beauftragten Sachverständigen aufgefordert werden, freiwillig eine Blutprobe abzugeben. Wird dies abgelehnt, muss der ausländische Staat um eine Blutentnahme ersucht werden. Solche Rechtshilfeersuchen werden aber häufig nur mit Einwilligung des Betroffenen erledigt (vgl. jeweils den Länderteil der ZRHO, zB Frankreich, Niederlande, Spanien, Vereinigtes Königreich). Wird diese Einwilligung unberechtigt verweigert, gilt nach erfolgloser Belehrung und Fristsetzung der Grundsatz der Beweisvereitelung.[2]

Kosten/Gebühren: Gericht: Für den Zwischenstreit über die Duldungsverpflichtung entstehen keine Gerichtsgebühren. Das gilt auch für die Festsetzung von Ordnungsgeld und Ordnungshaft. Durch die sofortige Beschwerde entsteht eine Gebühr nach Nr. 1912 KV FamGKG, wenn die Beschwerde verworfen oder zurückgewiesen wird. Wird die Beschwerde nur teilweise verworfen oder zurückgewiesen, kann das Gericht die Gebühr nach billigem Ermessen auf die Hälfte ermäßigen oder bestimmen, dass eine Gebühr nicht zu erheben ist. **Gerichtsvollzieher:** Für die zwangsweise Vorführung zur Untersuchung erhält der GV eine Gebühr nach Nr. 270 KV GvKostG in Höhe von 39,– Euro. **RA:** Der RA erhält für das Beschwerdeverfahren Gebühren nach den Nrn. 3500, 3513 VV RVG.

§ 179 Mehrheit von Verfahren

(1) Abstammungssachen, die dasselbe Kind betreffen, können miteinander verbunden werden. Mit einem Verfahren auf Feststellung des Bestehens der Vaterschaft kann eine Unterhaltssache nach § 237 verbunden werden.
(2) Im Übrigen ist eine Verbindung von Abstammungssachen miteinander oder mit anderen Verfahren unzulässig.

A. Allgemeines

§ 179 regelt die Fälle einer möglichen **Verfahrensverbindung** in Abstammungssachen.

B. Inhalt der Vorschrift

I. Dasselbe Kind (Absatz 1)

1. Nach Satz 1 können nur Abstammungssachen, die **dasselbe Kind** betreffen, miteinander verbunden werden. Geschwister können damit nicht in demselben Verfahren ihre Vaterschaft anfechten, ebenso muss eine Vaterschaftsanfechtung gegen mehrere Kinder in getrennten Verfahren erfolgen.

Zulässig ist dagegen ein Verfahren auf Feststellung der Vaterschaft **gegen mehrere Männer** (wenn in der Empfängniszeit Mehrverkehr stattgefunden hat). Ist dasselbe Kind betroffen, kommt auch eine Abstammungssache als Widerantrag in Betracht.[3] Dieser ist jedoch nur zulässig, wenn als allgemeine Verfahrensvoraussetzung ein Rechtsschutzbedürfnis dafür besteht. Einem Verfahren auf Feststellung der Vaterschaft kann daher kein negativer Feststellungswiderantrag entgegengehalten werden.[4] Ist dasselbe Kind betroffen, kann Anfechtung der Vaterschaft und hilfsweise Klärung der Abstammung nach § 169 Nr. 2 begehrt werden.

---

1 OLG Bremen v. 20.1.2009 – 4 UF 99/08, FamRZ 2009, 802 m. Anm. v. *Knöfel* S. 1339.
2 BGH v. 9.4.1986 – IVb ZR 27/85, FamRZ 1986, 663; BGH v. 10.2.1993 – XII ZR 241/91, BGHZ 121, 266 (276).
3 OLG Brandenburg v. 22.10.2002 – 10 UF 145/02, FamRZ 2004, 471.
4 OLG Brandenburg v. 22.10.2002 – 10 UF 145/02, FamRZ 2004, 471.

§ 180

4 2. Nach Satz 2 ist die **Verbindung einer Unterhaltssache** nach § 237 (Verpflichtung zur Zahlung des Mindestunterhalts nach § 1612a BGB) mit einem Verfahren auf Feststellung des Bestehens der Vaterschaft möglich.

5 Das Verfahren nach § 237 ist allerdings ein **selbständiges Verfahren**, auf das die für Unterhaltssachen geltenden Verfahrensvorschriften (die ZPO) anzuwenden sind.[1] Für die Unterhaltssache gilt der Beibringungsgrundsatz, über den Unterhalt kann durch Versäumnisentscheidung oder aufgrund eines Anerkenntnisses entschieden werden.

6 Ist ein Verfahren auf Feststellung der Vaterschaft anhängig, kann nach § 248 bei dem Gericht, bei dem das Verfahren auf Feststellung der Vaterschaft anhängig ist, auch eine eA über den **Kindesunterhalt** und über den **Betreuungsunterhalt** der Mutter nach § 1615l BGB beantragt werden. Auch in diesem Fall handelt es sich bei dem Verfahren der eA um ein selbständiges Verfahren (§ 51 Abs. 3 Satz 1). Es ist nicht Teil des Verfahrens auf Feststellung der Vaterschaft.[2]

II. Keine Verbindung (Absatz 2)

7 Nach Abs. 2 ist im Übrigen eine Verbindung von Abstammungssachen miteinander oder mit anderen Verfahren **unzulässig** (wie § 640c Abs. 1 aF ZPO). Das Verfahren in der Abstammungssache soll dadurch von Ansprüchen freigehalten werden, für die der Beibringungsgrundsatz gilt und die es verzögern könnten. Ist eine unzulässige Verbindung vorgenommen worden, muss zur Vermeidung eines wesentlichen Verfahrensfehlers eine Abtrennung vorgenommen werden.

8 **Kosten/Gebühren: Gericht:** Werden zunächst selbständige Verfahren verbunden, bleiben die einmal entstandenen Verfahrensgebühren aus den getrennten Verfahren bestehen, da diese bereits entstanden und fällig geworden sind (§ 9 Abs. 1 FamGKG). **RA:** Werden zunächst selbständige Verfahren verbunden, bleiben die einmal entstandenen Gebühren aus den getrennten Verfahren bestehen (§ 15 Abs. 4 RVG). Der RA hat die Wahl, ob er die bereits in den einzelnen Verfahren entstandenen Gebühren oder die Gebühren des verbundenen Verfahrens aus den addierten Einzelwerten (§ 22 Abs. 1 RVG) ansetzt.

180 *Erklärungen zur Niederschrift des Gerichts*

Die Anerkennung der Vaterschaft, die Zustimmung der Mutter sowie der Widerruf der Anerkennung können auch in einem Erörterungstermin zur Niederschrift des Gerichts erklärt werden. Das Gleiche gilt für die etwa erforderliche Zustimmung des Mannes, der im Zeitpunkt der Geburt mit der Mutter des Kindes verheiratet ist, des Kindes oder eines gesetzlichen Vertreters.

A. Allgemeines

1 Nach § 180 können rechtsgeschäftliche Erklärungen zur Abstammung eines Kindes auch zur Niederschrift des Gerichts erklärt werden. Die Vorschrift entspricht § 641c aF ZPO.

B. Inhalt der Vorschrift

2 Die Anerkennung der Vaterschaft (§ 1592 Nr. 2 BGB), die Zustimmung der Mutter (§ 1595 Abs. 1 BGB) sowie der Widerruf der Anerkennung (§ 1597 Abs. 3 Satz 1 BGB) können auch in einem Erörterungstermin zur **Niederschrift des Gerichts** erklärt werden. Diese Verfahrensweise ersetzt die für diese Erklärungen sonst erforderliche öffentliche Beurkundung nach § 1597 Abs. 1, Abs. 3 Satz 2 BGB. Das Gleiche gilt für die etwa erforderliche Zustimmung des Mannes, der im Zeitpunkt der Geburt mit der Mutter des Kindes verheiratet ist (§§ 1599 Abs. 2 Satz 2 BGB), des Kindes (§ 1595 Abs. 2 BGB) oder eines gesetzlichen Vertreters (§§ 1596 Abs. 1 Satz 2, Abs. 2 Satz 1). § 180 gilt nur für Erklärungen zur Niederschrift des Gerichts in einer Abstammungs-

---

[1] RegE BT-Drucks. 16/6308, S. 257; Zöller/*Greger*, § 179 FamFG Rz. 3.
[2] RegE BT-Drucks. 16/6308, S. 260.

sache. Diese Erklärungen können nicht in wirksamer Form im Scheidungsverfahren abgegeben werden.[1]

Das Gericht muss die Erklärungen in den **Vermerk nach § 28 Abs. 4** aufnehmen. Sie müssen noch einmal vorgespielt (oder vorgelesen) und genehmigt werden. Erklärungen zur Niederschrift des Gerichts können auch (und dann auf gesicherter Grundlage) erfolgen, wenn bereits eine Beweisaufnahme über die Abstammung stattgefunden hat (zB in einem eigens dafür anberaumten Termin). 3

Die Anerkennung der Vaterschaft kann **nicht schriftsätzlich**, sondern nur zur Niederschrift des Gerichts erklärt werden. Sie ist bedingungs- und befristungsfeindlich (§ 1594 Abs. 3 BGB) und kann nur persönlich, also nicht durch einen Verfahrensbevollmächtigten erklärt werden (§ 1596 Abs. 4 BGB). Sie führt dazu, dass sich das Verfahren in der Hauptsache **erledigt**, wenn die erforderlichen Zustimmungen vorliegen. Denn mit Vorliegen einer wirksamen Vaterschaftsanerkennung ist ein Rechtsschutzbedürfnis für einen Antrag auf Feststellung der Vaterschaft nicht mehr gegeben. Das Familiengericht muss beglaubigte Abschriften des Terminvermerks auch dem Standesamt übersenden (§ 1597 Abs. 2 BGB). 4

Eine Entscheidung nach § 38 Abs. 4 Nr. 1 (aufgrund eines Anerkenntnisses) darf nicht ergehen.[2] In einer Abstammungssache kann **kein wirksames Anerkenntnis** iSv. § 307 ZPO erklärt werden. 5

181 *Tod eines Beteiligten*
Stirbt ein Beteiligter vor Rechtskraft der Endentscheidung, hat das Gericht die übrigen Beteiligten darauf hinzuweisen, dass das Verfahren nur fortgesetzt wird, wenn ein Beteiligter innerhalb einer Frist von einem Monat dies durch Erklärung gegenüber dem Gericht verlangt. Verlangt kein Beteiligter innerhalb der vom Gericht gesetzten Frist die Fortsetzung des Verfahrens, gilt dieses als in der Hauptsache erledigt.

A. Allgemeines

§ 181 regelt die Auswirkungen des **Todes eines Beteiligten** auf ein laufendes Abstammungsverfahren (Vaterschaftsanfechtung, Vaterschaftsfeststellung, Klärung der Vaterschaft unabhängig vom Anfechtungsverfahren). Er gilt nicht, wenn ein Beteiligter schon vor Einleitung des Verfahrens verstorben ist (zB Feststellung eines verstorbenen Mannes als Vater). Solche Verfahren werden von vorneherein zwischen den noch lebenden Beteiligten geführt, wobei geprüft werden muss, ob auch die **nächsten Angehörigen** des verstorbenen Beteiligten zu beteiligen sind (dazu § 172 Rz. 11). 1

B. Inhalt der Vorschrift

Nach Satz 1 sind bei Tod eines materiell Beteiligten (vgl. § 172 Abs. 1: Vater, Mutter oder Kind) nach Einleitung des Verfahrens, aber vor Rechtskraft der Endentscheidung die übrigen Beteiligten darauf hinzuweisen, dass das Verfahren nur fortgesetzt wird, wenn einer von ihnen dies innerhalb eines Monats durch Erklärung gegenüber dem Gericht verlangt. Im Fall eines solchen Verlangens innerhalb der Monatsfrist oder einer vom Gericht gesetzten längeren Frist (Satz 2) wird dasselbe Verfahren ohne den verstorbenen Beteiligten fortgesetzt. Das Sonderverfahren nach § 1600e Abs. 2 aF BGB besteht nicht mehr. An Stelle des Verstorbenen müssen aber bei der Vaterschaftsfeststellung dessen nächsten Angehörigen, die unmittelbar von dem Verfahren betroffen sind, am Verfahren beteiligt werden (zB Ehegatte, Lebens- 2

---
1 BGH v. 27.3.2013 – XII ZB 71/12, MDR 2013, 656 zur Zustimmungserklärung des Ehemanns nach § 1599 Abs. 2 Satz 2 BGB.
2 Zöller/*Greger*, § 180 FamFG Rz. 3; so schon zum früheren Recht OLG Brandenburg v. 22.10.2002 – 10 UF 145/02, FamRZ 2004, 471; OLG Brandenburg v. 30.8.2000 – 9 WF 159/00, FamRZ 2001, 503; OLG Hamm v. 13.4.1988 – 15 U 66/87, FamRZ 1988, 854.

partner, Kinder).[1] § 181 bleibt auch dann anwendbar, wenn nur noch einer der Beteiligten im Sinne des § 172 Abs. 1 lebt.[2]

3   Verlangt keiner der Beteiligten innerhalb der Frist die Fortsetzung des Verfahrens, so ist dieses nach Satz 2 als **in der Hauptsache erledigt** anzusehen (§ 640g Satz 2 aF ZPO).

4   Wird die Frist unverschuldet versäumt, kann nach §§ 17 ff. Wiedereinsetzung in den vorigen Stand beantragt werden.

182 Inhalt des Beschlusses

(1) Ein rechtskräftiger Beschluss, der das Nichtbestehen einer Vaterschaft nach § 1592 des Bürgerlichen Gesetzbuchs infolge der Anfechtung nach § 1600 Abs. 1 Nr. 2 des Bürgerlichen Gesetzbuchs feststellt, enthält die Feststellung der Vaterschaft des Anfechtenden. Diese Wirkung ist in der Beschlussformel von Amts wegen auszusprechen.
(2) Weist das Gericht einen Antrag auf Feststellung des Nichtbestehens der Vaterschaft ab, weil es den Antragsteller oder einen anderen Beteiligten als Vater festgestellt hat, spricht es dies in der Beschlussformel aus.

A. Allgemeines

1   § 182 enthält Regelungen über den Inhalt der Beschlussformel (Tenor) bei der **erfolgreichen Vaterschaftsanfechtung** nach § 1600 Abs. 1 Nr. 2 BGB (Anfechtung durch den biologischen Vater) und bei einem **unbegründeten Antrag auf Feststellung des Nichtbestehens der Vaterschaft**. Abs. 1 entspricht § 640h Abs. 2 aF ZPO, Abs. 2 entspricht § 641h aF ZPO.

B. Inhalt der Vorschrift

I. Anfechtung durch den biologischen Vater (Absatz 1)

2   Satz 1 soll verhindern, dass ein Kind im Falle einer erfolgreichen Vaterschaftsanfechtung eines biologischen Vaters nach § 1600 Abs. 1 Nr. 2 BGB vaterlos wird. Die Anfechtung nach § 1600 Abs. 1 Nr. 2 BGB ist Anfechtungsverfahren und zugleich auf Feststellung der Vaterschaft des Antragstellers gerichtet.[3] Deshalb ist in der Beschlussformel der erfolgreichen Vaterschaftsanfechtung nach Satz 2 zugleich die **Feststellung der Vaterschaft des Anfechtenden** von Amts wegen auszusprechen. Diese ist damit nach § 1592 Nr. 3 BGB gerichtlich festgestellt. Dass der Anfechtende leiblicher Vater des Kindes ist, muss im Anfechtungsverfahren nach § 1600 Abs. 1 Nr. 2 BGB von Amts wegen als Tatbestandsvoraussetzung ermittelt werden (vgl. § 1600 Abs. 2 BGB).

3   Fehlt der Ausspruch nach Satz 2 (versehentlich) im Tenor, kann sich die Feststellungswirkung gleichwohl aus den Gründen der Entscheidung ergeben.[4]

II. Negative Vaterschaftsfeststellung (Absatz 2)

4   Aus Abs. 2 ergibt sich, dass auch Verfahren auf Feststellung des Nichtbestehens eines nichtehelichen Vater-Kind-Verhältnisses zulässig sind **(negative Feststellungsverfahren)**. Ein Rechtsschutzbedürfnis hierfür besteht, wenn ein Kind oder die Mutter behauptet, dass ein Mann der Vater sei. Dieser braucht nicht abzuwarten, ob po-

---

1 Vgl. *Löhnig*, FamRZ 2009, 1798.
2 Beispiel: Antrag eines Kindes auf Vaterschaftsfeststellung „gegen" einen bereits verstorbenen Mann als mutmaßlichen Vater. Nach Einleitung des Verfahrens verstirbt auch das Kind, die Mutter ist Alleinerbe des Kindes. Sie kann die Fortsetzung des Verfahrens verlangen, wenn sie die Vaterschaftsfeststellung benötigt, um erbrechtliche Ansprüche durchsetzen zu können.
3 BGH v. 30.7.2008 – XII ZR 18/07, FamRZ 2008, 1921.
4 Thomas/Putzo/*Hüßtege*, § 182 FamFG Rz. 4.

sitive Feststellung der Vaterschaft beantragt wird.[1] Praktische Bedeutung hat dieses negative Feststellungsverfahren nicht.

Die Vorschrift dient der Klarstellung. Weist das Gericht einen Antrag auf Feststellung des Nichtbestehens der Vaterschaft ab, weil es den Antragsteller oder einen anderen Beteiligten als Vater festgestellt hat, weist es nicht nur den Antrag auf negative Feststellung ab, sondern spricht in der Beschlussformel **zugleich** die **Feststellung** aus, dass der Antragsteller oder der andere Beteiligte der Vater des Kindes ist. Das Beweisergebnis ist damit in die Beschlussformel aufgenommen. 5

Voraussetzung für den zusätzlichen Ausspruch ist es, dass das Beweisergebnis ihn rechtfertigt, er kommt also nicht in Betracht wenn die Abstammung unklar bleibt. Der Ausspruch nach Abs. 2 hat auch ohne dahingehenden Antrag zu erfolgen. Die Entscheidung steht einer **positiven Feststellung** des Beteiligten als Vater gleich. Die Vorschrift gilt nicht bei der Vaterschaftsanfechtung. 6

§ 183 Kosten bei Anfechtung der Vaterschaft

Hat ein Antrag auf Anfechtung der Vaterschaft Erfolg, tragen die Beteiligten, mit Ausnahme des minderjährigen Kindes, die Gerichtskosten zu gleichen Teilen; die Beteiligten tragen ihre außergerichtlichen Kosten selbst.

A. Allgemeines

§ 183 regelt die Kosten eines **erfolgreichen** Verfahrens auf **Anfechtung** der Vaterschaft. Die Vorschrift entspricht inhaltlich § 93c Satz 1 aF ZPO („Kostenaufhebung"), wurde aber an die Terminologie der fG angepasst. 1

B. Inhalt der Vorschrift

Die Kostenentscheidung in Abstammungssachen richtet sich grundsätzlich nach den allgemeinen Vorschriften (§§ 80 ff.). § 81 Abs. 2 ermöglicht es dabei auch, Fälle eines verfahrensbezogenen Verschuldens bei der Kostenentscheidung zu berücksichtigen. Auch einem minderjährigen Kind können nach Änderung des § 81 Abs. 3 in Abstammungssachen Kosten auferlegt werden, aber nicht dem Verfahrensbeistand (vgl. § 174 Rz. 6). 2

Eine **Sonderregelung** enthält § 183 für die Kosten eines **erfolgreichen** Verfahrens auf Anfechtung der Vaterschaft nach § 1599 BGB: Die Beteiligten (mit Ausnahme des minderjährigen Kindes) tragen die Gerichtskosten zu gleichen Teilen, eine Erstattung der außergerichtlichen Kosten (insbesondere Anwaltskosten) findet nicht statt. 3

§ 183 gilt **nicht** für Anträge, die auf eine **Vaterschaftsfeststellung** gerichtet sind und nicht, wenn ein **Antrag** auf Anfechtung der Vaterschaft **abgewiesen** wird. In diesen Fällen gilt § 81. Im Falle einer erfolgreichen Vaterschaftsfeststellung können Verfahrenskosten auch anteilig der Mutter und nach Änderung des § 81 Abs. 3 auch einem minderjährigen Kind als Verfahrensbeteiligte auferlegt werden.[2] Vor allem bei erfolglosen Anträgen auf Vaterschaftsfeststellung soll es nach den Gesetzesmateria- 4

---

[1] Zöller/*Philippi*, 27. Aufl., § 640 ZPO Rz. 13; zum negativen Vaterschaftsbeweis auch Palandt/*Brudermüller*, Einf. 10 vor § 1591 BGB.

[2] OLG Düsseldorf v. 11.10.2010 – 1 WF 133/10, JAmt 2010, 497 (hälftige Aufteilung der Gerichtskosten auf festgestellten Vater und Mutter, keine Erstattung außergerichtlicher Kosten als Regelfall); ebenso OLG Brandenburg v. 5.7.2012 – 9 WF 147/12, FamRZ 2012, 1966; vgl. aber OLG München v. 29.11.2010 – 16 UF 1411/10 (Kostentragung durch den Vater, weil er nicht bereit war, die Vaterschaft vorgerichtlich anzuerkennen) und OLG Stuttgart v. 12.4.2012 – 17 WF 40/12, FamRZ 2012, 1966 (Kostentragung durch den Vater, weil er erfolglos eine angeblich fehlende Zeugungsfähigkeit berief); nach OLG Oldenburg v. 18.11.2011 – 13 UF 148/11, JAmt 2011, 654, trägt die Gerichtskosten der als Vater festgestellte Mann, keine Erstattung außergerichtlicher Kosten. Alle diese Entscheidungen sind allerdings vor Änderung des § 81 Abs. 3 ergangen.

lien künftig möglich sein, dem antragstellenden Kind die Kosten aufzuerlegen.[1] Bei erfolglosen Anträgen auf Feststellung der Vaterschaft wegen unwahrer Angaben der Mutter zum Geschlechtsverkehr in der Empfängniszeit ist die Anwendung der § 81 Abs. 2 Nr. 1 und Nr. 3 (Kostenauferlegung auf die Mutter) zu prüfen.

5 § 183 gilt auch für die Kosten einer erfolgreichen **behördlichen Anfechtung** nach §§ 1600 Abs. 1 Nr. 5, Abs. 3 BGB.[2] Bei einer erfolgreichen behördlichen Anfechtung kommt aber eine Kostentragungspflicht des Anerkennenden über § 81 Abs. 2 Nr. 1 in Betracht.

Die Kostenentscheidung in einer Abstammungssache kann isoliert (ohne gleichzeitige Beschwerde gegen die Hauptsache) angefochten werden, allerdings nur, wenn der Wert des Beschwerdegegenstands 600 Euro überschreitet.[3]

184 Wirksamkeit des Beschlusses; Ausschluss der Abänderung; ergänzende Vorschriften über die Beschwerde

(1) Die Endentscheidung in Abstammungssachen wird mit Rechtskraft wirksam. Eine Abänderung ist ausgeschlossen.
(2) Soweit über die Abstammung entschieden ist, wirkt der Beschluss für und gegen alle.
(3) Gegen Endentscheidungen in Abstammungssachen steht auch demjenigen die Beschwerde zu, der an dem Verfahren beteiligt war oder zu beteiligen gewesen wäre.

A. Allgemeines

1   § 184 enthält Regelungen über die Endentscheidung in Abstammungssachen.

B. Inhalt der Vorschrift

I. Wirksamwerden, keine Abänderung (Absatz 1)

2   Die abschließende Entscheidung in Abstammungssachen ergeht in Form eines **Beschlusses** (§§ 116 Abs. 1, 38 Abs. 1). Er ist nach § 38 Abs. 3 immer zu begründen, auch wenn er gleichgerichteten Anträgen der Beteiligten entspricht (§ 38 Abs. 5 Nr. 2). Der Beschluss hat nach § 39 eine Rechtsbehelfsbelehrung zu enthalten.

3   1. Nach Satz 1 werden Endentscheidungen in Abstammungssachen abweichend von § 40 Abs. 1 erst **mit der Rechtskraft** wirksam (wie § 704 Abs. 2 aF ZPO und § 55b Abs. 2 FGG aF für das frühere fG-Abstammungsverfahren). Wirksamkeit tritt daher regelmäßig ein mit dem Ablauf der Beschwerdefrist (§ 45). Ein Ausspruch zur sofortigen Wirksamkeit kann nicht ergehen, wegen § 237 Abs. 4 auch dann nicht, wenn gleichzeitig Zahlung des Mindestunterhalts verlangt wird.

4   2. Nach Satz 2 ist die **Abänderung** von Endentscheidungen in Abstammungssachen (entgegen § 48 Abs. 1) **unzulässig**.

II. Inter-omnes-Wirkung (Absatz 2)

5   Nach Abs. 2 wirkt der rechtskräftige Beschluss, soweit über die Abstammung entschieden ist, nicht nur zwischen den Beteiligten, sondern **für und gegen alle** (wie § 640h Abs. 1 Satz 1 aF ZPO). Die früher enthaltene Einschränkung auf den Eintritt der Rechtskraft zu Lebzeiten der Parteien entfällt, weil der Tod eines Beteiligten vor Rechtskraft der Entscheidung nach § 181 nicht notwendig zur Erledigung der Hauptsache führt.

---

1 Vgl. RegE BT-Drucks. 17/10490 S. 19.
2 *Löhnig*, FamRZ 2008, 1130 (1133).
3 OLG München v. 8.12.2009 – 33 WF 1737/09, FamRZ 2010, 1465; OLG Oldenburg v. 26.2.2010 – 14 UF 175/09, FamRZ 2010, 1466; OLG Frankfurt v. 4.10.2010 – 5 UF 208/10, FamRZ 2011, 752.

Die Wirkung für und gegen alle führt dazu, dass keine abweichende Statusentscheidung ergehen kann. Sie wirkt sich auch auf andere Verfahren aus, in denen es auf die Abstammung ankommt (zB Unterhaltsverfahren). Hat eine Vaterschaftsanfechtung Erfolg, wirkt dies auf den Zeitpunkt der Geburt zurück. Auch bei der Vaterschaftsfeststellung tritt die Statusänderung rückwirkend ab dem Zeitpunkt der Geburt ein. Eine Vaterschaftsfeststellung kann aber keine Wirkung entfalten, wenn eine (verheimlichte) Vaterschaft kraft Ehe nach § 1592 Nr. 1 BGB besteht.[1]

Ist nicht **über die Abstammung entschieden**, tritt die inter-omnes-Wirkung nicht ein. Eine (nur ausnahmsweise zulässige) Inzidentfeststellung der Abstammung in einem anderen Verfahren (§ 169 Rz. 4) erwächst nicht in Rechtskraft, nicht einmal zwischen den Beteiligten dieses Verfahrens.[2]

Hat ein Verfahren auf Anfechtung der Ehelichkeit Erfolg und klagt das Kind darauf gegen einen anderen Mann auf Feststellung der Vaterschaft, kann sich der mögliche biologische Vater zwar wegen § 184 Abs. 2 nicht mehr auf den Standpunkt stellen, das Kind sei rechtlich doch noch dem rechtlichen Vater zuzuordnen. Der mögliche biologische Vater kann aber seine eigene biologische Vaterschaft bestreiten, ohne dass die Erforschung der wahren Abstammungsverhältnisse unter Einbeziehung des im erfolgreichen Anfechtungsverfahren beteiligten Mannes ausgeschlossen ist.[3]

Wird ein Verfahren auf Anfechtung der Vaterschaft mit der Begründung abgewiesen, der Vater habe keine Umstände dargetan, die Zweifel an seiner Vaterschaft begründen könnten, ist nicht über die Vaterschaft entschieden. Es kann ein **erneutes Verfahren beantragt** werden, wenn dieses auf einen neuen, nach der mündlichen Verhandlung zu Tage getretenen Sachverhalt gestützt wird.[4] Es genügt aber nicht, wenn die Sachverhaltsdarstellung des früheren Verfahrens lediglich abgewandelt, ergänzt oder korrigiert wird.[5] Ist der Antrag mit der Begründung abgewiesen, der Vater habe die Anfechtungsfrist versäumt, ist ebenfalls nicht über die (wahre) Abstammung entschieden.[6] Die spätere Anfechtung durch einen anderen Beteiligten (zB durch das Kind) ist damit nicht ausgeschlossen.

III. Beschwerdeberechtigung (Absatz 3)

Gegen die Endentscheidung in Abstammungssachen findet nach § 58 Abs. 1 die **Beschwerde** statt. Die Beschwerdefrist beträgt einen Monat (§ 63 Abs. 1). Ein Beteiligter kann selbst Beschwerde einlegen (kein Anwaltszwang). Eine Abhilfebefugnis besteht nach § 68 Abs. 1 Satz 2 nicht. Sachlich zuständig für die Verhandlung und Entscheidung über die Beschwerde ist das OLG (§ 119 Abs. 1 Nr. 1a GVG). Im Falle der Zulassung ist die Rechtsbeschwerde statthaft (§ 70). Rechtsbeschwerdegericht ist der BGH (§ 133 GVG).

Abs. 3 ergänzt die **Beschwerdeberechtigung** in Abstammungssachen. Beschwerdeberechtigt sind unabhängig von einer Beeinträchtigung in eigenen Rechten auch diejenigen, die nach § 172 am Verfahren beteiligt waren oder zu beteiligen gewesen wären, also neben dem Antragsteller (biologischer Vater oder anfechtungsberechtigte Behörde) immer das Kind, die Mutter und der Vater. Diese Beteiligten können auch dann Beschwerde einlegen, wenn sie versehentlich im ersten Rechtszug nicht beteiligt wurden. Nicht beschwerdeberechtigt sind dagegen Personen, die durch die Entscheidung nur mittelbar in ihren Rechten beeinträchtigt sind wie zB Großeltern oder Geschwister des Kindes.[7] Zur Beschwerdeberechtigung des Jugendamts § 176 Rz. 6.

---

1 OLG München v. 31.1.2012 – 31 Wx 495/11, FamRZ 2012, 1503.
2 BGH v. 25.6.2008 – XII ZB 163/06, FamRZ 2008, 1836.
3 BGH v. 4.7.2007 – XII ZB 68/04, FamRZ 2007, 1731; aA OLG Saarbrücken v. 10.8.2005 – 9 UF 171/04, NJW-RR 2005, 1672.
4 BGH v. 30.10.2002 – XII ZR 345/00, NJW 2003, 585; BGH v. 12.1.2005 – XII ZR 227/03, FamRZ 2005, 340.
5 BGH v. 30.10.2002 – XII ZR 345/00, NJW 2003, 585.
6 OLG Düsseldorf v. 28.5.1980 – 3 W 121/80, FamRZ 1980, 831.
7 Vgl. Beschlussempfehlung des Rechtsauschusses BT-Drucks. 16/9733, S. 295.

12 Aus § 185 Abs. 2 folgt im Übrigen, dass in Abstammungssachen eine formelle Beschwer nach § 59 Abs. 1 und 2 nicht Voraussetzung für ein Rechtsmittel ist. Es kann auch von demjenigen eingelegt werden, der in erster Instanz obsiegt hat.[1]

185 Wiederaufnahme des Verfahrens

(1) Der Restitutionsantrag gegen einen rechtskräftigen Beschluss, in dem über die Abstammung entschieden ist, ist auch statthaft, wenn ein Beteiligter ein neues Gutachten über die Abstammung vorlegt, das allein oder in Verbindung mit den im früheren Verfahren erhobenen Beweisen eine andere Entscheidung herbeigeführt haben würde.
(2) Der Antrag auf Wiederaufnahme kann auch von dem Beteiligten erhoben werden, der in dem früheren Verfahren obsiegt hat.
(3) Für den Antrag ist das Gericht ausschließlich zuständig, das im ersten Rechtszug entschieden hat; ist der angefochtene Beschluss von dem Beschwerdegericht oder dem Rechtsbeschwerdegericht erlassen, ist das Beschwerdegericht zuständig. Wird der Antrag mit einem Nichtigkeitsantrag oder mit einem Restitutionsantrag nach § 580 der Zivilprozessordnung verbunden, ist § 584 der Zivilprozessordnung anzuwenden.
(4) § 586 der Zivilprozessordnung ist nicht anzuwenden.

A. Allgemeines	1	II. Antragsberechtigung (Absatz 2)	7
B. Inhalt der Vorschrift		III. Zuständigkeit (Absatz 3)	8
I. Neues Gutachten (Absatz 1)	2	IV. Befreiung von der Frist (Absatz 4)	10

A. Allgemeines

1 § 185 regelt die **Wiederaufnahme des Verfahrens** in Abstammungssachen. Diese richtet sich zunächst nach den allgemeinen Vorschriften (§ 48 Abs. 2 FamFG iVm. § 580 ZPO).

B. Inhalt der Vorschrift

I. Neues Gutachten (Absatz 1)

2 Abs. 1 entspricht § 641i Abs. 1 aF ZPO. Ein Restitutionsantrag (§ 48 Abs. 2 FamFG iVm. § 580 ZPO) gegen einen rechtskräftigen Beschluss (früher: Urteil), in dem über die Abstammung entschieden ist, kann auch auf ein **neues Gutachten über die Abstammung** gestützt werden. Abs. 1 enthält damit einen **zusätzlichen**, den Katalog des § 580 ZPO ergänzenden **Restitutionsgrund**. Dadurch soll sich in Abstammungsverfahren möglichst die wahre Abstammung durchsetzen und der Fortschritt der Abstammungsbegutachtung genutzt werden können.

3 Das neue Gutachten muss allein oder iVm. den in dem früheren Verfahren erhobenen Beweisen geeignet sein, die Grundlage der früheren Entscheidung zu erschüttern, und nicht erst iVm. noch zu erhebenden Beweisen.[2] Es muss sich nicht auf neue Befunde gründen, sondern kann auch anhand der Akten erstattet sein.[3] Es muss geltend gemacht werden, in dem früheren Verfahren wäre – möglicherweise – eine andere Entscheidung ergangen, wenn das neue Gutachten damals bereits vorgelegt worden wäre.

---

1 BGH v. 18.2.2009 – XII ZR 156/07, FamRZ 2009, 861; OLG Hamm v. 13.11.2007 – 9 UF 36/07, FamRZ 2008, 1646; Thomas/Putzo/*Hüßtege*, § 185 FamFG Rz. 7; aA Zöller/*Herget*/*Greger*, § 184 FamFG Rz. 4.
2 BGH v. 18.9.2003 – XII ZR 62/01, NJW 2003, 3708.
3 BGH v. 18.9.2003 – XII ZR 62/01, NJW 2003, 3708.

Die Vorlage eines neuen Gutachtens (ein Privatgutachten genügt) ist **Zulässig-** **4**
keitsvoraussetzung für den Restitutionsantrag.[1] Es kann bis zum Schluss der mündlichen Verhandlung vor dem Tatrichter im Wiederaufnahmeverfahren vorgelegt werden und dadurch einen bis dahin möglicherweise unzulässigen Antrag zulässig machen.[2] Wer zur Vorbereitung eines solchen Antrags ein Gutachten erstatten lassen will, hat nach § 1598a Abs. 1 BGB ggf. einen Anspruch auf Einwilligung in eine genetische Abstammungsuntersuchung und auf Duldung der Entnahme einer für die Untersuchung geeigneten genetischen Probe.[3]

In der früheren Entscheidung muss **über die Abstammung entschieden** worden **5**
sein (zum Anwendungsbereich von § 185 gehören auch abweisende Entscheidungen). Das neue Gutachten muss sich konkret auf den im Vorprozess zur Entscheidung gestellten Sachverhalt beziehen (als Abstammungsgutachten, Gutachten über die Tragezeit oder über die Zeugungsfähigkeit über die Frage der Abstammung des einen Beteiligten von dem anderen).[4] Über die Abstammung ist damit nicht entschieden, wenn eine Anfechtungsklage wegen Versäumung der Anfechtungsfrist abgewiesen wurde. Der Gedanke der Vorschrift, neue wissenschaftliche Erkenntnisse für die Vaterschaftsfeststellung nutzbar zu machen, trifft in diesem Fall nicht zu.[5]

Ist eine Klage auf Anfechtung der Vaterschaft wegen Versäumung der Anfech- **6**
tungsfrist abgewiesen worden, ist der Restitutionsantrag auch dann nicht statthaft, wenn ein nach § 1598a BGB eingeholtes Gutachten die Abstammung widerlegt (Art. 229 EGBGB § 17). Ein Antrag auf Anfechtung der Vaterschaft durch den biologischen Vater nach § 1600 Abs. 1 Nr. 2 BGB bleibt auch in Zukunft ausgeschlossen, wenn eine sozial-familiäre Beziehung zwischen Kind und dem rechtlichen Vater zum maßgeblichen Zeitpunkt festgestellt wurde. Ein Wiederaufleben des Anfechtungsrechts des biologischen Vaters nach Beendigung dieser Beziehung ist nicht möglich.[6]

II. Antragsberechtigung (Absatz 2)

Nach Abs. 2 kann der Antrag auf Wiederaufnahme auch von dem Beteiligten iSd. **7**
§ 172 Abs. 1 erhoben werden, der in dem früheren Verfahren obsiegt hat. Eine **Beschwer** ist damit entgegen dem sonstigen Recht der Wiederaufnahme[7] **nicht erforderlich**.

III. Zuständigkeit (Absatz 3)

Nach Satz 1 ist für den Antrag auf Wiederaufnahme das Gericht ausschließlich **8**
(sachlich und örtlich) **zuständig**, das im ersten Rechtszug entschieden hat. Ist der angefochtene Beschluss (oder das Urteil) in höherer Instanz ergangen, ist stets das Beschwerdegericht zuständig.

Wird der Antrag auf Wiederaufnahme wegen eines neuen Gutachtens nach Abs. 1 **9**
mit einem Nichtigkeitsantrag oder mit einem Restitutionsantrag nach § 580 ZPO verbunden, bestimmt sich nach Satz 2 die Zuständigkeit nach § 584 ZPO. Nach § 584 ZPO ist ausschließlich zuständig das Gericht, das im ersten Rechtszug erkannt hat: wenn das angefochtene Urteil oder auch nur eines von mehreren angefochtenen Urteilen von dem Berufungsgericht erlassen wurde oder wenn ein in der Revisionsinstanz erlassenes Urteil aufgrund des § 580 Nr. 1 bis 3, 6, 7 angefochten wird, das Beschwerdegericht; wenn ein in der Revisionsinstanz erlassenes Urteil aufgrund der §§ 579, 580 Nr. 4, 5 angefochten wird, das Rechtsbeschwerdegericht.

---

1 OLG Zweibrücken v. 7.10.2004 – 2 WF 159/04, FamRZ 2005, 735.
2 BGH v. 18.9.2003 – XII ZR 62/01, NJW 2003, 3708.
3 *Helms*, FamRZ 2008, 1033 (1037); FA-FamR/*Schwarzer*, 3. Kap. Rz. 362; Zöller/*Greger*, § 185 FamFG Rz. 1.
4 BGH v. 18.9.2003 – XII ZR 62/01, NJW 2003, 3708; BGH v. 7.6.1989 – IVb ZR 70/88, FamRZ 1989, 1067.
5 Zöller/*Greger*, § 185 FamFG Rz. 7.
6 RegE BT-Drucks. 15/2253, S. 11; Erman/*Hammermann*, § 1600 BGB Rz. 19; kritisch *Wellenhofer*, FamRZ 2012, 828 (832) mit weiteren Nachweisen.
7 Zöller/*Greger*, Vorbem. vor § 578 ZPO Rz. 3.

IV. Befreiung von der Frist (Absatz 4)

10 Abs. 4 erklärt für die Wiederaufnahme nach Abs. 1 wegen eines neuen Gutachtens die **Klagefrist** des § 586 ZPO (von einem Monat) für **unanwendbar**. Diese Regelung gilt nicht für andere Wiederaufnahmeanträge in Abstammungssachen.[1]

11 **Kosten/Gebühren: Gericht:** Bei dem Verfahren über die Wiederaufnahme handelt es sich um ein neues Verfahren, das die Gebühren des Verfahrens, das wieder aufgenommen werden soll, erneut auslöst. **RA:** Das Wiederaufnahmeverfahren ist eine neue Angelegenheit, für die die Gebühren nach Teil 3 Abschnitt 1 entstehen.

Abschnitt 5
Verfahren in Adoptionssachen

186 *Adoptionssachen*
Adoptionssachen sind Verfahren, die
1. die Annahme als Kind,
2. die Ersetzung der Einwilligung zur Annahme als Kind,
3. die Aufhebung des Annahmeverhältnisses oder
4. die Befreiung vom Eheverbot des § 1308 Abs. 1 des Bürgerlichen Gesetzbuchs betreffen.

A. Allgemeines 1	1. Ersetzung der Einwilligung eines Elternteils 27
B. Inhalt der Vorschrift	2. Ersetzung der Einwilligung eines Ehegatten 32
I. Annahme als Kind (Nr. 1) 2	III. Aufhebung des Annahmeverhältnisses (Nr. 3) 33
1. Annahme Minderjähriger 6	1. Aufhebung des Annahmeverhältnisses bei Minderjährigen 34
a) Wirkungen der Annahme als Kind 9	
b) Erklärungen 13	
2. Annahme Volljähriger 18	2. Sonderfall: Ehe zwischen Annehmendem und Kind 38
a) Wirkungen der Annahme als Kind 19	
b) Erklärungen 21	3. Aufhebung des Annahmeverhältnisses bei Volljährigen 39
3. Stiefkindadoption durch eingetragenen Lebenspartner 22	
4. Unterlagen zur Vorlage beim Familiengericht 24	IV. Befreiung vom Eheverbot des § 1308 Abs. 1 BGB (Nr. 4) 41
II. Ersetzung der Einwilligung zur Annahme als Kind (Nr. 2) 26	

Literatur: *Bäumker*, Die einseitige Aufhebung einer Erwachsenenadoption, 2007; *Becker*, Die Erwachsenenadoption als Instrument der Nachlassplanung, ZEV 2009, 25; *Braun*, Das gerichtliche Verfahren auf Anerkennung, Umwandlung und Wirkungsfeststellung von ausländischen Adoptionen nach dem Adoptionswirkungsgesetz, ZKJ 2012, 216; *Busch*, Adoptionswirkungsgesetz und Haager Adoptionsübereinkommen – von der Nachadoption zur Anerkennung und Wirkungsfeststellung, IPRax 2003, 13; *Emmerling de Oliviera*, Adoptionen mit Auslandsberührung, MittBayNot 2010, 429; *Frank*, Neuregelungen auf dem Gebiet des Internationalen Adoptionsrechts unter besonderer Berücksichtigung der Anerkennung von Auslandsadoptionen, StAZ 2003, 257; *Henkel*, Fällt nun auch das „Fremdkindadoptionsverbot"?, NJW 2011, 259; *Krause*, Annahme als Kind, Teil 1: Annahme Minderjähriger (Voraussetzungen und Verfahren), NotBZ 2006, 221; *Krause*, Annahme als Kind, Teil 2: Wirkungen der Annahme Minderjähriger, NotBZ 2006, 273; *Krause*, Annahme als Kind, Teil 3: Annahme Volljähriger, NotBZ 2007, 43; *Krause*, Annahme als Kind, Teil 4: Aufhebung des Annahmeverhältnisses, NotBZ 2007, 276; *Krause*, Das Verfahren in Adoptionssachen nach dem FamFG, FamRB 2009, 221; *Krause*, Neuere Rechtsprechung zum Adop-

---
1 OLG Düsseldorf v. 22.2.2002 – 1 WF 8/02, FamRZ 2002, 1268; nach BGH v. 3.11.1993 – XII ZR 135/92, FamRZ 1994, 237 bleibt es jedenfalls bei Nichtigkeitsklagen nach § 579 ZPO in Abstammungssachen bei der Klagefrist des § 586 ZPO.

tionsrecht, ZKJ 2010, 64; *Krause*, Annahme Minderjähriger als Kind, ZFE 2011, 170; *Lorenz*, Adoptionswirkungen, Vorfrageanknüpfung und Substitution im Internationalen Adoptionsrecht nach der Umsetzung des Haager Adoptionsabkommens v. 29.5.1993, in FS für Sonnenberger, 2004, S. 497; *Ludwig*, Internationales Adoptionsrecht in der notariellen Praxis nach dem Adoptionswirkungsgesetz, RNotZ 2002, 253; *Maurer*, Zur Rechtsnatur der Verfahren nach dem Adoptionswirkungsgesetz – zugleich Besprechung der Beschlüsse des OLG Hamm v. 24.1.2012, des OLG Düsseldorf v. 2.3.2012 und des OLG Köln v. 30.3.2012, FamRZ 2013, 90; *Müller*, Probleme der Volljährigenadoption, insbesondere derjenigen mit „starken Wirkungen", MittBayNot 2011, 16; *Müller/Sieghörtner/Emmerling de Oliveira*, Adoptionsrecht in der Praxis, 2. Aufl. 2011; *Petzold*, Die gemeinschaftliche Adoption Minderjähriger durch eingetragene Lebenspartner, 2006; *Paulitz*, Adoption, 2. Aufl. 2006; *Reinhardt*, Gewollt oder nicht? Die private Adoption von Kindern aus dem Ausland, ZRP 2006, 244; *Röchling*, Adoption, 3. Aufl. 2006; *Steiger*, Das neue Recht der internationalen Adoption und Adoptionsvermittlung, 2002; *Steiger*, Im alten Fahrwasser zu neuen Ufern, DNotZ 2002, 184; *Staudinger/Winkelsträter*, Grenzüberschreitende Adoptionen in Deutschland, FamRBint 2005, 84; *Süß*, Ratifikation der Haager Adoptionskonvention – Folgen für die notarielle Praxis, MittBayNot 2002, 88; *Wandel*, Auslandsadoption, Anerkennung und erbrechtliche Auswirkungen im Inlandserbfall, BWNotZ 1992, 17; *Winkelsträter*, Anerkennung und Durchführung internationaler Adoptionen in Deutschland, 2007; *Wuppermann*, Adoption – Ein Handbuch für die Praxis, 2006; *Zschiebsch*, Das amtsgerichtliche Verfahren zur Annahme als Kind, FPR 2009, 493.

A. Allgemeines

Die §§ 186 ff. enthalten die Vorschriften über das Verfahren in Adoptionssachen. § 186 führt die Bezeichnung **Adoptionssachen** als Gesetzesbegriff ein und enthält eine Aufzählung der darunter fallenden Verfahren. Im Zuge der Einführung des Großen Familiengerichts und der Auflösung des Vormundschaftsgerichts als gesonderter Spruchkörper handelt es sich nunmehr bei den Adoptionssachen um Familiensachen (§ 111 Nr. 4). Diese sind auf das Familiengericht übertragen (§ 23a Abs. 1 Nr. 1 GVG). Die für die Verfahren vor dem Familiengericht einschlägigen gerichtsverfassungsrechtlichen Regelungen sind auch auf die Adoptionssachen anzuwenden. Rechtsmittelgericht in Adoptionssachen ist somit nicht mehr das Landgericht, sondern das Oberlandesgericht (§ 119 Abs. 1 Nr. 1a GVG). Die Vorschriften des Adoptionswirkungsgesetzes bleiben von den §§ 186 ff. unberührt. Dies regelt § 199 ausdrücklich. Zur Einordnung der Verfahren nach dem AdWirkG vgl. § 199 Rz. 7c. 1

B. Inhalt der Vorschrift

I. Annahme als Kind (Nr. 1)

Zu den Adoptionssachen zählen gem. § 186 Nr. 1 die Verfahren, die die **Annahme als Kind** betreffen. Hiervon sind sowohl die Annahme Minderjähriger wie auch die Annahme Volljähriger umfasst. Einbezogen ist jeweils das gesamte Verfahren einschließlich seiner unselbständigen Teile, wie etwa der Ausspruch zur Namensführung nach § 1757 BGB.[1] Auch die gerichtliche Genehmigung nach § 1746 Abs. 1 Satz 4 BGB gehört zum Verfahren auf Annahme als Kind.[2] 2

Das gesonderte Verfahren auf Rückübertragung der elterlichen Sorge nach § 1751 Abs. 3 BGB ist, wie sonstige Verfahren auf Übertragung der elterlichen Sorge auch, eine Kindschaftssache (§ 151)[3] und keine Adoptionssache.[4] 3

Die Annahme als Kind, gemeinhin auch Adoption genannt, ist in erster Linie ein Mittel der Fürsorge für elternlose und verlassene Kinder, denen die Möglichkeit gegeben werden soll, in einer harmonischen Familie aufzuwachsen. Sie kann aber auch bewusst als Instrument der Vermögensnachfolge eingesetzt werden. Das angenommene Kind erlangt bei der Volladoption mit dem Ausspruch der Annahme die rechtliche Stellung eines leiblichen Kindes des Angenommenen. Dies gilt nicht nur hinsichtlich der elterlichen Sorge oder Unterhaltsansprüchen, sondern insbesondere 4

---
1 BT-Drucks. 16/6308, S. 247.
2 BT-Drucks. 16/6308, S. 247.
3 Zu den Verfahren in Kindschaftssachen s. *Krause*, FamRB 2009, 156.
4 BT-Drucks. 16/6308, S. 247.

auch hinsichtlich des gesetzlichen Erbrechts. Neben der Erweiterung des Kreises der gesetzlichen Erben hat die Annahme als Kind unmittelbare Auswirkungen auf den Kreis der Pflichtteilsberechtigten und die Höhe möglicherweise bestehender Pflichtteilsansprüche. Die Annahme als Kind kann erhebliche erbschaftsteuerliche Vorteile bieten. Der Erbteil des angenommenen Kindes ist gem. § 15 ErbStG nach Steuerklasse I zu versteuern, und es gilt gem. § 16 Abs. 1 Nr. 2 ErbStG der erhöhte Steuerfreibetrag von 400 000 Euro.

5   Das Gesetz unterscheidet zwischen der Annahme eines Minderjährigen gem. §§ 1741–1766 BGB und der Annahme eines Volljährigen gem. §§ 1767–1772 BGB. Während die erste Gruppe den Regelfall bildet, ist die Annahme Volljähriger grundsätzlich mit schwächeren Wirkungen verbunden. Die Annahme als Kind wird gem. § 1752 Abs. 1 BGB auf Antrag vom Familiengericht ausgesprochen. Das Familiengericht entscheidet durch Beschluss.

1. Annahme Minderjähriger

6   Die Annahme eines Minderjährigen soll idR erst erfolgen, wenn der Annehmende das Kind eine angemessene Zeit in Pflege gehabt hat. Der Gesetzgeber nennt dies „**Probezeit**", § 1744 BGB. Gem. § 1741 Abs. 1 Satz 1 BGB ist die Annahme als Kind nur zulässig, wenn sie dem Wohl des Kindes dient und zu erwarten ist, dass zwischen dem Annehmenden und dem Kind ein **Eltern-Kind-Verhältnis** entsteht. Hierfür reicht allein der Wunsch der Eltern oder des Kindes nicht aus. Eine entsprechende Prognose muss vielmehr unter subjektiven und objektiven Gesichtspunkten gerechtfertigt sein.[1] Um dies zu beurteilen, hat das Gericht ua. nach § 189 eine fachliche Äußerung der Adoptionsvermittlungsstelle bzw. des Jugendamts einzuholen.

7   Die einzelnen Annahmeformen sind in § 1741 Abs. 2 BGB geregelt. Danach kann ein Nichtverheirateter ein Kind nur allein und ein Ehepaar dieses nur gemeinschaftlich annehmen. Weiter kann ein Ehegatte ein Kind seines Ehegatten allein annehmen. Schließlich kann ein Kind allein angenommen werden, wenn der andere Ehegatte das Kind nicht annehmen kann, weil er selbst geschäftsunfähig ist oder das 21. Lebensjahr noch nicht vollendet hat.

8   Die an die Annehmenden zu stellenden Alterserfordernisse ergeben sich im Einzelnen aus § 1743 BGB. Die Annehmenden müssen mindestens 25 Jahre alt sein, zum Teil genügt auch ein Alter von 21 Jahren. Ein Höchstalter kennt das Gesetz nicht. Das Mindestalter des Kindes ergibt sich aus § 1747 Abs. 2 Satz 1 BGB. Es beträgt 8 Wochen.

a) Wirkungen der Annahme als Kind

9   Die Annahme eines Minderjährigen begründet drei Rechtsfolgen:

10 Der Minderjährige erhält gem. § 1754 BGB die rechtliche Stellung eines Kindes mit allen sich daraus ergebenden Rechtsfolgen bis hin zum Unterhalts- und Erbrecht. Im Ergebnis der **Volladoption** ist der Angenommene somit nicht nur gegenüber den ihn Annehmenden, sondern insbesondere auch gegenüber deren Verwandten gesetzlich erb- und pflichtteilsberechtigt. Nimmt ein Ehepaar ein Kind an oder ein Ehegatte ein Kind des anderen Ehegatten, so erlangt das Kind gem. § 1754 Abs. 1 BGB die rechtliche Stellung eines gemeinschaftlichen Kindes, in den übrigen Fällen erlangt es gem. § 1754 Abs. 2 BGB die rechtliche Stellung eines Kindes des Annehmenden. Die elterliche Sorge steht gem. § 1754 Abs. 3 BGB in den zuerst genannten Fällen den Ehegatten gemeinsam zu, im Übrigen dem Annehmenden.

11 Weiterhin **erlöschen** gem. § 1755 Abs. 1 Satz 1 BGB mit der Annahme das Verwandtschaftsverhältnis des Kindes und seiner Abkömmlinge zu den bisherigen Verwandten und die sich aus ihm ergebenden Rechte und Pflichten, also ebenfalls einschließlich Unterhalts- und Erbrecht. Der Angenommene verliert infolge des

---

[1] *Krause*, NotBZ 2006, 221; zur Adoption durch den nichtehelichen Lebensgefährten der Mutter s. DNotI-Gutachten, DNotI-Report 2001, 62.

Ausspruches der Annahme somit insbesondere seine gesetzliche Erb- und Pflichtteilsberechtigung gegenüber seinen leiblichen Verwandten. Dies gilt selbstverständlich auch umgekehrt. Nimmt ein Ehegatte das Kind seines Ehegatten an, so tritt das Erlöschen nur im Verhältnis zu dem anderen Elternteil und dessen Verwandten ein. Ausnahmen von dem Erlöschen der bisherigen Verwandtschaftsverhältnisse enthält § 1756 BGB für die Verwandtenadoption und nach dem Tod eines Elternteils.[1]

Nach Adoption eines von zwei leiblichen minderjährigen Geschwistern erlischt nach § 1755 Abs. 1 Satz 1 BGB das wechselseitige Umgangsrecht gem. § 1685 Abs. 1 BGB. Ein Umgangsrecht des nicht adoptierten Geschwisters ergibt sich weder aus einer analogen Anwendung von § 1685 Abs. 2 BGB noch aus einer möglichen Gefährdung des Wohls des nicht adoptierten Geschwisters gem. § 1666 Abs. 4 BGB. Zu prüfen ist aber, ob das Kindeswohl des adoptierten Geschwisters durch den ausbleibenden Umgang gefährdet wird (§ 1666 Abs. 1 BGB).[2]   **11a**

Das Kind erhält schließlich gem. § 1757 Abs. 1 Satz 1 BGB grundsätzlich als **Geburtsnamen** den Familiennamen des Annehmenden.   **12**

b) Erklärungen

Die Annahme als Kind setzt einen **Antrag des Annehmenden** voraus. Dieser kann nicht unter einer Bedingung oder einer Zeitbestimmung oder durch einen Vertreter gestellt werden. Er bedarf gem. § 1752 Abs. 2 BGB der notariellen Beurkundung. Im Hinblick auf § 1753 Abs. 2 BGB sollte zudem der Notar mit der Einreichung des Antrags beim Familiengericht betraut werden.   **13**

Formulierungsvorschlag:
Wir sind deutsche Staatsangehörige. Wir haben am ... vor dem Standesbeamten in ... unter Heiratseintrag Nr. ... die Ehe geschlossen. Wir sind kinderlos.
Das Kind befindet sich bei uns seit dem ... in Pflege.
Wir wollen den am ... in ... geborenen ... (Geburtseintrag Nr. ... beim Standesamt ...) als gemeinschaftliches Kind annehmen und beantragen daher beim zuständigen Familiengericht auszusprechen:
Das am ... in ... geborene Kind ... wird von den Eheleuten ... als gemeinschaftliches Kind angenommen. Das Kind erhält als Geburtsnamen den Namen ...
Der beurkundende Notar wird mit der Einreichung des Antrages auf Annahme als Kind beim zuständigen Familiengericht betraut (§ 1753 Abs. 2 BGB).
Wir wurden vom Notar darauf hingewiesen, dass das Kind mit dem Ausspruch der Annahme als Kind die rechtliche Stellung eines gemeinschaftlichen ehelichen Kindes erlangt mit allen Folgen für Unterhalt und Erbrecht.

Zur Annahme ist gem. § 1746 BGB weiter die **Einwilligung des Kindes** erforderlich. Für ein geschäftsunfähiges oder noch nicht 14 Jahre altes Kind kann nur sein gesetzlicher Vertreter die Einwilligung erteilen. Gesetzlicher Vertreter ist häufig das Jugendamt als Amtsvormund.[3] Im Übrigen kann das Kind die Einwilligung nur selbst erteilen, bedarf hierzu allerdings der Zustimmung seines gesetzlichen Vertreters.   **14**

Formulierungsvorschlag:
Das Jugendamt ... ist Vormund des am ... in ... geborenen Kindes ... Die Geburt des Kindes ist unter Nr. ... des Standesamtes in ... beurkundet. Der Erschienene ist mit der Ausübung der vormundschaftlichen Obliegenheiten für das vorgenannte Kind betraut. Die Vormundschaft wird beim AG ... unter dem Aktenzeichen ... geführt.

---

1 Haben sich bei einem 1946 adoptierten minderjährigen Kind nach § 1762 AF BGB die Wirkungen der Annahme auf die Abkömmlinge des Angenommenen erstreckt, verbleibt es bei Inkrafttreten des AdoptG bei der allgemeinen Regelung des Art. 12 § 1 AdoptG. Die Wirkungen der Erstreckung auf die Abkömmlinge des Angenommenen beschränken sich auf diejenigen der Volljährigenadoption. Eine Verwandtschaftsbeziehung zu den Verwandten des Annehmenden wird nicht begründet; vgl. OLG Hamm v. 1.6.2011 – I-15 Wx 61/11, FamRB 2012, 9 (*Krause*).
2 OLG Dresden v. 12.10.2011 – 21 UF 581/11, FamRB 2012, 111 (*Krause*).
3 *Krause*, NotBZ 2006, 221 (224).

Ich, der Erschienene, willige hiermit namens des von mir vertretenen Kindes in die Annahme als Kind durch die Eheleute ... ein. Ich gebe diese Einwilligungserklärung gegenüber dem zuständigen Familiengericht ab. Mir ist bekannt, dass meine Einwilligungserklärung mit dem Zugang an das Familiengericht unwiderruflich wird.

15 Darüber hinaus bedarf es gem. § 1747 BGB der **Einwilligung der Eltern des Kindes** in die Annahme. Hinsichtlich des nicht mit der Mutter verheirateten Vaters enthält § 1747 Abs. 3 BGB einige spezielle Regelungen.[1] Ggf. kann die Einwilligung eines Elternteils gem. § 1748 BGB durch das Familiengericht ersetzt werden. Mit Zugang der Einwilligung beim Familiengericht treten die Wirkungen des § 1751 BGB ein.

Formulierungsvorschlag:

Ich gebe hiermit als Mutter des Kindes ..., geb. am ... in ..., meine Einwilligung dazu, dass das Kind durch die Eheleute ... als gemeinschaftliches Kind angenommen wird. Ich gebe diese Einwilligungserklärung gegenüber dem zuständigen Familiengericht ab. Mir ist bekannt, dass meine Einwilligungserklärung mit dem Zugang an das Familiengericht unwiderruflich wird. Ich wurde darauf hingewiesen, dass mit dem Zugang meiner Einwilligung bei dem Familiengericht meine elterliche Sorge ruht, die Befugnis, mit dem Kind persönlich umzugehen, nicht ausgeübt werden darf und von diesem Zeitpunkt an das Jugendamt Vormund wird.

16 Als letzte Gruppe der zur **Einwilligung** Berufenen kommen eventuelle **Ehegatten** in Betracht. Gem. § 1749 Abs. 1 BGB ist zur Annahme eines Kindes durch einen Ehegatten allein die Einwilligung des anderen Ehegatten erforderlich. Ist der Anzunehmende verheiratet, ist schließlich gem. § 1749 Abs. 2 BGB die Einwilligung seines Ehegatten notwendig.

17 Die Einwilligungserklärungen nach den §§ 1746, 1747 und 1749 BGB bedürfen nach § 1750 Abs. 1 Satz 2 BGB sämtlich der **notariellen Beurkundung**. Die jeweiligen Einwilligungen werden gem. § 1750 Abs. 1 Satz 3 BGB mit Zugang beim Familiengericht wirksam. Sie sind wie der Antrag bedingungsfeindlich und können nicht unter einer Zeitbestimmung erteilt werden.

2. Annahme Volljähriger

18 Die Annahme Volljähriger ist der Annahme Minderjähriger nachgebildet. Es finden daher gem. § 1767 Abs. 2 BGB die Vorschriften über die Annahme Minderjähriger entsprechende Anwendung, sofern die §§ 1767 bis 1772 BGB keine speziellen Regelungen enthalten. Unterschiede bestehen zB darin, dass bei der Annahme Volljähriger keine Probezeit erforderlich ist und die Eltern des Anzunehmenden nicht einwilligen müssen (§ 1768 Abs. 1 Satz 2 BGB). Ebenso sind die Voraussetzungen für die Annahme verschieden. Ein Volljähriger kann gem. § 1767 Abs. 1 BGB nur als Kind angenommen werden, wenn die Annahme **sittlich gerechtfertigt** ist. Dies ist insbesondere anzunehmen, wenn zwischen dem Annehmenden und Anzunehmenden ein Eltern-Kind-Verhältnis bereits entstanden ist. Wirtschaftliche Gründe allein genügen nicht.[2] Sofern wirtschaftliche Gründe – wie etwa die Ersparnis von Erbschaftsteuer[3] – Nebenzweck der Annahme sind, schadet dies nicht.[4]

a) Wirkungen der Annahme als Kind

19 Grundlegend unterscheiden sich die **Wirkungen** der Annahme eines Volljährigen von denen der Annahme eines Minderjährigen. Gem. § 1770 BGB tritt keine Volladop-

---

1 Vgl. *Krause*, NotBZ 2006, 221 (226).
2 Vgl. *Krause*, NotBZ 2007, 43 (44); zu den Anforderungen an die sittliche Rechtfertigung s. auch BayObLG v. 24.7.2002 – 1 Z BR 54/02, MittBayNot 2003, 140; BayObLG v. 21.4.2004 – 1 Z BR 019/04, MittBayNot 2004, 443; OLG München v. 5.5.2009 – 31 Wx 017/09, FamRB 2009, 241 (*Krause*); OLG Schleswig v. 3.6.2009 – 2 W 26/09, FamRB 2010, 39 (*Krause*); OLG München v. 8.6.2009 – 31 Wx 22/09, MDR 2009, 930.
3 Eine Volljährigenadoption, bei der steuerliche Motive im Vordergrund standen, hat das OLG München mit Beschluss v. 19.12.2008 – 31 Wx 49/08, ZEV 2009, 83, abgelehnt.
4 BGH v. 27.3.1961 – III ZR 6/60, BGHZ 35, 75; OLG Nürnberg v. 8.6.2011 – 9 UF 388/11, FamRZ 2012, 137 = FamRB 2012, 45 (*Krause*); *Krause*, NotBZ 2007, 43 (44).

tion ein. Die Wirkungen der Adoption erstrecken sich nicht auf die Verwandten des Annehmenden. Es tritt lediglich im Verhältnis zum Annehmenden die wechselseitige gesetzliche Erbberechtigung einschließlich des Pflichtteilsrechts ein, während eine solche zu den Verwandten des Annehmenden mangels Verwandtschaftsverhältnisses nicht begründet wird. Ebenso wird der Ehegatte oder Lebenspartner des Annehmenden nicht mit dem Angenommenen, dessen Ehegatte oder Lebenspartner nicht mit dem Annehmenden verschwägert. Auch werden die Rechte und Pflichten aus dem Verwandtschaftsverhältnis des Angenommenen und seiner Abkömmlinge zu ihren Verwandten durch die Annahme grundsätzlich nicht berührt. Der Angenommene bleibt gegenüber seinen leiblichen Eltern und deren Verwandten erb- und pflichtteilsberechtigt, wie dies auch umgekehrt der Fall ist. Stirbt der Angenommene, so sind seine leiblichen Eltern und seine Adoptiveltern nebeneinander Erben der zweiten Ordnung iSd. § 1925 BGB.[1]

Nur unter den **besonderen Voraussetzungen** des § 1772 BGB kann das Familiengericht die gleichen Wirkungen wie bei der Annahme Minderjähriger anordnen. Dies ist etwa der Fall, wenn ein minderjähriges Geschwisterkind von denselben Personen angenommen wurde bzw. gleichzeitig angenommen wird oder der Anzunehmende bereits als Minderjähriger in die Familie des Annehmenden aufgenommen worden ist.[2] Abzulehnen ist die Annahme eines Volljährigen mit den Wirkungen der Annahme eines Minderjährigen, wenn überwiegende Interessen der leiblichen Eltern des Anzunehmenden entgegenstehen. Hierfür reichen unterhaltsrechtliche wie erbrechtliche Interessen aus.[3]

Die Verwandtschaftsverhältnisse zur Familie des vorverstorbenen leiblichen Elternteils bestehen bei der Stiefkindadoption eines Volljährigen mit starken Wirkungen fort, wenn der vorverstorbene Elternteil bei Eintritt der Volljährigkeit des Kindes oder, wenn er vorher verstorben ist, in diesem Zeitpunkt die elterliche Sorge hatte. Dies schließt Pflichtteilansprüche gegenüber den Verwandten des verstorbenen Elternteils ein.[4]

b) Erklärungen

Für die Annahme eines Volljährigen sind gem. § 1768 Abs. 1 BGB der **Antrag des Annehmenden** und der **Antrag des Anzunehmenden** erforderlich. Einwilligungserklärungen bedarf es mit Ausnahme der Einwilligung eventueller Ehegatten nach §§ 1767 Abs. 2, 1749 BGB oder Lebenspartner nach § 1767 Abs. 2 Satz 3 BGB nicht. Die Anträge bedürfen der notariellen Beurkundung. Wird eine Volladoption nach § 1772 BGB beantragt, hat das Familiengericht die leiblichen Eltern des Anzunehmenden am Verfahren zu beteiligen und anzuhören (§ 188 Abs. 1 Nr. 1b).

Formulierungsvorschlag:

Die Erschienenen zu 1. und 2. haben am ... vor dem Standesamt ... unter Heiratseintrag Nr. ... die Ehe geschlossen. Ihre Ehe ist kinderlos. Der Erschienene zu 3. ist am ... in ... geboren. Er ist ledig. Sämtliche Erschienene sind deutsche Staatsangehörige.

Der Erschienene zu 3. lebt seit seinem 10. Lebensjahr im Haushalt der Erschienenen zu 1. und 2. wie ein eheliches Kind. Es ist zwischen den Beteiligten ein echtes Eltern-Kind-Verhältnis entstanden.

Die Erschienenen beantragen beim zuständigen Familiengericht auszusprechen:

Der am ... in ... geborene ... wird von den Eheleuten ... als gemeinschaftliches Kind angenommen. Er erhält als Geburtsnamen den Familiennamen ...

Ferner wird beantragt, beim Ausspruch der Annahme zu bestimmen, dass sich die Wirkungen der Annahme nach den Vorschriften über die Annahme eines Minderjährigen richten.

---

1 NK-BGB/*Finger*, § 1770 BGB Rz. 2.
2 Vgl. näher *Krause*, NotBZ 2007, 43 (47); zur Namensführung nach Volljährigenadoption s. BayObLG v. 15.1.2003 – 1 Z BR 138/02, MittBayNot 2003, 226.
3 OLG München v. 8.5.2009 – 31 Wx 147/08, FamRB 2009, 306 (*Krause*).
4 BGH v. 11.11.2009 – XII ZR 210/08, FamRB 2010, 74 (*Krause*) = NotBZ 2010, 183 (*Krause*).

Die Erschienenen wurden vom Notar über die Rechtswirkungen der Annahme und das Erbrecht belehrt.

Der beurkundende Notar wird mit der Einreichung des Antrages auf Annahme als Kind beim zuständigen Familiengericht betraut (§ 1753 Abs. 2 BGB).

3. Stiefkindadoption durch eingetragenen Lebenspartner

22 § 9 Abs. 7 LPartG ermöglicht seit dem 1.1.2005, dass ein Lebenspartner ein Kind seines Lebenspartners allein annehmen kann (**Stiefkindadoption**). Für diesen Fall gelten § 1743 Satz 1, § 1751 Abs. 2 und 4 Satz 2, § 1754 Abs. 1 und 3, § 1755 Abs. 2, § 1756 Abs. 2, § 1757 Abs. 2 Satz 1 und § 1772 Abs. 1 Satz 1 Buchst. c BGB gem. § 9 Abs. 7 Satz 2 LPartG entsprechend. Mit dieser Regelung werden die für die Stiefkindadoption erforderlichen Sonderregelungen, wie zB das Bestehenbleiben der Verwandtschaftsverhältnisse (§ 1756 Abs. 2 BGB), für anwendbar erklärt. Die übrigen, nicht allein die Stiefkindadoption betreffenden Vorschriften des Adoptionsrechts wie das Kindeswohlerfordernis des § 1741 Abs. 1 BGB und die Notwendigkeit eines Beschlusses über die Adoption (§ 1752 BGB) sind darüber hinaus anwendbar.[1] In einer Entscheidung über eine als unzulässig abgewiesene Richtervorlage zu § 9 Abs. 7 Satz 2 LPartG iVm. § 1754 Abs. 1, Abs. 3 BGB hat das BVerfG darauf hingewiesen, dass die Elternstellung zu einem Kind nicht allein durch die Abstammung, sondern auch aufgrund der sozial-familiären Verantwortungsgemeinschaft vermittelt wird und die leibliche Elternschaft gegenüber der rechtlichen und sozial-familiären Elternschaft keine Vorrangstellung einnimmt.[2] Bei der (Stiefkind-)Adoption durch eingetragene Lebenspartner handelt es sich gem. § 269 Abs. 1 Nr. 4 um eine Lebenspartnerschaftssache (vgl. § 269 Rz. 14 f.), auf die gem. § 270 Abs. 1 Satz 2 die Vorschriften über Adoptionssachen entsprechend anzuwenden sind.

22a Das OLG Hamm hat die Sukzessivadoption eines Kindes durch den eingetragenen Lebenspartner auf der Grundlage des geltenden Rechts abgelehnt, da die Rechtsfolgenverweisung in § 9 Abs. 7 Satz 1 LPartG nicht die Vorschrift des § 1742 BGB umfasse.[3] Das OLG Hamburg hat dies bereits 2010 für verfassungswidrig gehalten.[4] In seinem am 19.2.2013 verkündeten Urteil hat das BVerfG[5] nunmehr entschieden, dass die Nichtzulassung der sukzessiven Adoption angenommener Kinder eingetragener Lebenspartner durch den anderen Lebenspartner sowohl die betroffenen Kinder als auch die betroffenen Lebenspartner in ihrem Recht auf Gleichbehandlung (Art. 3 Abs. 1 GG) verletzt. Der Gesetzgeber hat bis 30.6.2014 eine verfassungsgemäße Regelung zu treffen. Bis zur gesetzlichen Neuregelung ist das LPartG mit der Maßgabe anzuwenden, dass die Sukzessivadoption auch für eingetragene Lebenspartnerschaften möglich ist.

23 § 9 Abs. 6 LPartG stellt klar, dass ein Lebenspartner zu der Alleinadoption eines Kindes die Zustimmung seines Lebenspartners benötigt. Dies entspricht wie bei der Ehe dem Wesen einer umfassenden Lebensgemeinschaft.

4. Unterlagen zur Vorlage beim Familiengericht

24 Dem Familiengericht sind zusammen mit den Ausfertigungen (nicht beglaubigte Abschriften) der Urkunden, die den Antrag sowie die erforderlichen Einwilligungs- bzw. Zustimmungserklärungen enthalten, die nachfolgenden **Unterlagen** einzureichen:

- Geburtsurkunden der Annehmenden;
- Eheurkunde bzw. Lebenspartnerschaftsurkunde der Annehmenden;
- Staatsangehörigkeitsnachweis der Annehmenden;
- Polizeiliche Führungszeugnisse der Annehmenden;

---

1 *Krause*, NotBZ 2005, 85 (88).
2 BVerfG v. 10.8.2009 – 1 BvL 15/09, FamRB 2009, 378 (*Grziwotz*).
3 OLG Hamm v. 1.12.2009 – I-15 Wx 236/09, FamRB 2010, 75 (*Krause*).
4 OLG Hamburg v. 22.12.2010 – 2 Wx 23/09, BeckRS 2011, 02636 = FamRB 2011, 174 (*Krause*).
5 BVerfG v. 19.2.2013 – 1 BvL 1/11, NWB 2013, 584.

- Amtsärztliche Gesundheitszeugnisse der Annehmenden;
- Geburtsurkunde des anzunehmenden Kindes;
- Staatsangehörigkeitsnachweis des anzunehmenden Kindes;
- Amtsärztliches Gesundheitszeugnis des anzunehmenden Kindes;
- Ggf. Eheurkunde bzw. Lebenspartnerschaftsurkunde des anzunehmenden Kindes.

Die Einreichung der Unterlagen beim Familiengericht kann durch den Antragsteller oder den Notar erfolgen. 25

II. Ersetzung der Einwilligung zur Annahme als Kind (Nr. 2)

§ 186 Nr. 2 erfasst die Verfahren, die die **Ersetzung der Einwilligung zur Annahme als Kind** betreffen. Dies sind insbesondere die selbständigen Verfahren nach den §§ 1748, 1749 Abs. 1 Satz 2 BGB.[1] 26

1. Ersetzung der Einwilligung eines Elternteils

§ 1748 BGB sieht die Möglichkeit der Ersetzung der fehlenden Einwilligung eines Elternteils in die Annahme vor. Die Vorschrift dient dem **Kindeswohl** und ermöglicht auch eine Adoption gegen den Willen der leiblichen Eltern. Ersetzt werden kann die Einwilligung des einzigen, eines von beiden oder beider Elternteile. Die Ersetzung der Einwilligung bedeutet Entzug des Elternrechts.[2] § 1748 BGB ist lex specialis zu § 1666 BGB.[3] 27

Die Ersetzung nach § 1748 BGB erfolgt nur auf **Antrag**[4] **des Kindes**. Ein mindestens 14 Jahre altes Kind kann den Antrag nur selbst stellen, bedarf hierzu allerdings der Zustimmung des gesetzlichen Vertreters. Für ein noch nicht 14 Jahre altes Kind kann nur sein gesetzlicher Vertreter den Antrag stellen, selbst wenn er das Kind annehmen will[5] (vgl. § 1746 Abs. 1 BGB). Bei Interessenkonflikten zu dem allein sorgeberechtigten Elternteil ist Ergänzungspflegschaft für den Antrag nach § 1748 BGB anzuordnen. Die gesetzliche Amtspflegschaft für ein nichteheliches Kind umfasst nicht die Antragsbefugnis, falls die Mutter ihre Einwilligung zur Adoption verweigert. 28

Der Ersetzungsbeschluss muss rechtskräftig sein, bevor die Annahme als Kind ausgesprochen werden kann.[6] 29

Nach § 1748 Abs. 1 BGB hat das Familiengericht auf Antrag des Kindes die Einwilligung eines Elternteils zu ersetzen, wenn dieser seine Pflichten gegenüber dem Kind anhaltend gröblich verletzt oder durch sein Verhalten gezeigt hat, dass ihm das Kind gleichgültig ist, und wenn das Unterbleiben der Annahme dem Kind zu unverhältnismäßigem Nachteil gereichen würde. Die Einwilligung kann auch ersetzt werden, wenn die Pflichtverletzung zwar nicht anhaltend, aber besonders schwer ist und das Kind voraussichtlich dauernd nicht mehr der Obhut des Elternteils anvertraut werden kann. Von einer anhaltenden gröblichen Pflichtverletzung des Kindesvaters kann nicht ausgegangen werden, wenn das Kind sich weigert, mit dem Vater zu kommunizieren und keinerlei Kontakte zu ihm pflegt, so dass mangels Umgangs miteinander von einer Vernachlässigung oder einer schweren negativen sozialen Beeinflussung keine Rede sein kann.[7] 29a

---

1 BT-Drucks. 16/6308, S. 247.
2 Erman/*Saar*, § 1748 BGB Rz. 2.
3 MüKo.BGB/*Maurer*, § 1748 BGB Rz. 2; Erman/*Saar*, § 1748 BGB Rz. 2.
4 Eine Begr. des Antrags ist nicht erforderlich; das Familiengericht hat die Ersetzungsgründe von Amts wegen zu prüfen; vgl. NK-BGB/*Finger*, § 1748 BGB Rz. 15. Eine Anhörung des Kindes ist jedoch erforderlich; vgl. BVerfG v. 14.8.2001 – 1 BvR 310/08, FamRZ 2002, 229; OLG Düsseldorf v. 19.12.1994 – 3 Wx 454/94, FamRZ 1995, 1294; NK-BGB/*Finger*, § 1748 BGB Rz. 15; Erman/*Saar*, § 1748 BGB Rz. 20.
5 OLG Zweibrücken v. 8.2.2001 – 3 W 266/00, FamRZ 2001, 1730.
6 *Krause*, NotBZ 2006, 221 (227).
7 OLG Köln v. 20.12.2011 – 4 UF 246/11, FamRZ 2012, 1153.

30   Bei nichtehelichen Vätern, die keine elterliche Sorge innehaben, ist die Einwilligung gem. § 1748 Abs. 4 BGB zu ersetzen, wenn das Unterbleiben der Annahme dem Kind zu **unverhältnismäßigem Nachteil** gereichen würde. Die Feststellung eines solchen unverhältnismäßigen Nachteils erfordert eine Abwägung der Einzelfallumstände unter Berücksichtigung der Interessen des Kindes und des Vaters. Es reicht nicht aus, dass lediglich die Interessen des Kindes diejenigen des Vaters überwiegen.[1] Die Adoption muss vielmehr einen so erheblichen Vorteil für das Kind haben, dass ein sich verständig sorgender Elternteil auf der Erhaltung des Verwandtschaftsbandes zum leiblichen Vater nicht bestehen würde.

31   Bei der im Einzelfall ausgerichteten **Interessenabwägung** ist zu berücksichtigen, dass die Adoption idR nicht dem Wohl des Kindes dient, wenn sie vorrangig auf den Ausschluss von Umgangsmöglichkeiten des leiblichen Vaters gerichtet ist. Außerdem ist das Bestehen eines gelebten Vater-Kind-Verhältnisses zu beachten. Aufgrund der Unterschiede zwischen der Drittadoption und der Stiefkindadoption bei der Sorgerechtserlangung durch den leiblichen Vater ist dessen Einwilligung in den Fällen der Stiefkindadoption nur unter strengeren Voraussetzungen zu ersetzen als in den Fällen der Drittadoption.[2]

2. Ersetzung der Einwilligung eines Ehegatten

32   Das Familiengericht kann gem. § 1749 Abs. 1 Satz 2 BGB die fehlende Einwilligung eines Ehegatten ersetzen.[3] Die Ersetzung scheidet nach § 1749 Abs. 1 Satz 3 BGB aus, wenn der Annahme **berechtigte Interessen** des anderen Ehegatten und der Familie entgegenstehen. Bei der Interessenabwägung kommt es insbesondere darauf an, ob die eheliche Gemeinschaft durch die Annahme beeinträchtigt werden kann. Im Übrigen ist eine Ersetzung möglich, wenn die Einwilligung aus unsachlichen Gründen verweigert wird. Letzteres ist zB der Fall, wenn das Kind bereits beim Adoptionsbewerber lebt und die Annahme seinem Wohl dient.

III. Aufhebung des Annahmeverhältnisses (Nr. 3)

33   § 186 Nr. 3 nennt die Verfahren, die die **Aufhebung des Annahmeverhältnisses** betreffen. Hierzu gehören auch die unselbständigen Teile des Aufhebungsverfahrens, wie etwa die Entscheidung zur Namensführung.[4] Nicht umfasst ist das selbständige Verfahren auf Rückübertragung der elterlichen Sorge bzw. Bestellung eines Vormunds oder Pflegers (§ 1764 Abs. 4 BGB). Es handelt sich hierbei um Kindschaftssachen.[5]

1. Aufhebung des Annahmeverhältnisses bei Minderjährigen

34   Bei Verstoß gegen das **Eheverbot** des § 1308 BGB wird das Adoptionsverhältnis kraft Gesetzes aufgelöst. Im Übrigen kann es gem. § 1759 BGB nur in den Fällen der §§ 1760, 1763 BGB aufgehoben werden. Nach Erreichen seiner Volljährigkeit ist die Annahme eines Minderjährigen nicht mehr aufhebbar.[6] In der Praxis sind Aufhebungsverfahren selten. Verfassungswidrigkeit scheidet als eigener Aufhebungsgrund aus. Nach einer wegen Verletzung des rechtlichen Gehörs erfolgreichen Verfassungsbeschwerde hat das Familiengericht jedoch zu prüfen, ob eine Aufhebung des Adoptionsbeschlusses in Betracht kommt.[7]

---

1 BGH v. 23.3.2005 – XII ZB 10/03, NJW 2005, 1781; aA OLG Karlsruhe v. 26.5.2000 – 11 Wx 48/00, FamRZ 2001, 573.
2 BGH v. 23.3.2005 – XII ZB 10/03, NJW 2005, 1781; krit. hierzu *Peschel-Gutzeit*, NJW 2005, 3324.
3 Eine Ersetzung kommt insbesondere in Betracht, wenn die Ehegatten dauerhaft getrennt leben; vgl. MüKo.BGB/*Maurer*, § 1749 BGB Rz. 5; Erman/*Saar*, § 1749 BGB Rz. 3.
4 BT-Drucks. 16/6308, S. 247.
5 BT-Drucks. 16/6308, S. 247; zu den Verfahren in Kindschaftssachen s. *Krause*, FamRB 2009, 156.
6 OLG Zweibrücken v. 20.1.1997 – 3 W 173/96, FamRZ 1997, 577; OLG Karlsruhe v. 21.8.1995 – 11 Wx 52/94, FamRZ 1996, 434.
7 BVerfG v. 8.2.1994 – 1 BvR 765, 766/89, NJW 1994, 1053; BVerfG v. 23.3.1994 – 2 BvR 397/93, NJW 1995, 316.

Die Aufhebung erfolgt im Falle des § 1760 BGB auf **Antrag** (§ 1762 BGB)[1] und im Falle des § 1763 BGB **von Amts wegen**. Funktionell zuständig ist gem. § 14 Abs. 1 Nr. 15 RPflG der Richter. 35

Zu unterscheiden von der bloßen Aufhebbarkeit, die die Wirksamkeit des Annahmebeschlusses unberührt lässt, ist die **Nichtigkeit der Annahme**. Auf diese kann sich jedermann berufen. Eine nichtige Adoption hat keinerlei Rechtswirkungen. Sie kommt nur bei besonders schweren, offensichtlichen Mängeln in Betracht, zB bei Erlass des Adoptionsbeschlusses durch den Rechtspfleger,[2] bei Verstößen gegen § 1753 Abs. 1 BGB,[3] oder bei Adoption des eigenen Kindes.[4] 36

Nur aufhebbar und nicht nichtig ist die Annahme zB bei einem fehlenden Antrag,[5] bei einem Verstoß gegen § 1742 BGB[6] oder bei Annahme eines Minderjährigen nach den für Volljährige geltenden Regeln.[7] Eine Anordnung im Adoptionsbeschluss, dass der Angenommene seinen bisherigen Namen entgegen § 1757 Abs. 1 BGB weiterführt, ist wirkungslos.[8] 37

2. Sonderfall: Ehe zwischen Annehmendem und Kind

§ 1307 Satz 1 BGB untersagt Ehen zwischen Verwandten in gerader Linie sowie zwischen vollbürtigen und halbbürtigen Geschwistern. Dieses **Ehehindernis** dehnt § 1308 Abs. 1 BGB auch auf Personen aus, deren Verwandtschaft durch Annahme als Kind begründet worden ist. Haben sich die Beteiligten über das Eheverbot des § 1308 Abs. 1 BGB hinweggesetzt, bestehen allerdings keine eherechtlichen Sanktionen.[9] Im Gegensatz zu einem Verstoß gegen § 1307 BGB ist die Ehe insbesondere nicht nach §§ 1313, 1314 BGB aufhebbar. § 1766 BGB ordnet für diesen Fall jedoch an, dass das Adoptionsverhältnis mit der Eheschließung kraft Gesetzes endet.[10] 38

3. Aufhebung des Annahmeverhältnisses bei Volljährigen

§ 1771 BGB enthält für die **Aufhebung der Volljährigenadoption** Sonderregeln. Daneben anwendbar ist § 1766 BGB für den Fall der Ehe zwischen dem Annehmenden und dem Angenommenen.[11] Für das Aufhebungsverfahren gelten die Regelungen zur Aufhebung des Annahmeverhältnisses Minderjähriger entsprechend.[12] Nicht anwendbar ist § 1771 BGB, wenn der Angenommene im Zeitpunkt der Annahme minderjährig war, inzwischen aber volljährig geworden ist.[13] Wird jedoch die Annahme des Minderjährigen durch eine Adoption im Erwachsenenalter ersetzt, richten sich die Voraussetzungen und Folgen der Aufhebung nach § 1771 BGB. 39

Gem. § 1772 Abs. 2 Satz 1 BGB kann das mit starken Wirkungen ausgestaltete Annahmeverhältnis nur in sinngemäßer Anwendung des § 1760 Abs. 1 bis 5 BGB aufgehoben werden, wobei nach § 1772 Abs. 2 Satz 2 BGB an die Stelle der Einwilligung des Kindes der Antrag des Anzunehmenden tritt. § 1771 BGB ist dagegen unanwendbar.[14] Eine Aufhebung der Volladoption kommt dementsprechend nur aus Verfah- 40

---

1 Die Antragsbefugnis ist höchstpersönlich und nicht vererblich; vgl. AnwK-BGB/*Finger*, § 1759 BGB Rz. 1.
2 NK-BGB/*Finger*, § 1759 BGB Rz. 2.
3 Staudinger/*Frank*, § 1759 BGB Rz. 6; Erman/*Saar*, § 1759 BGB Rz. 6.
4 MüKo.BGB/*Maurer*, § 1759 BGB Rz. 17; Erman/*Saar*, § 1759 BGB Rz. 2.
5 OLG Düsseldorf v. 19.6.1996 – 3 W 99/96, FamRZ 1997, 117.
6 Staudinger/*Frank*, § 1759 BGB Rz. 6; Erman/*Saar*, § 1759 BGB Rz. 2; aA *Beitzke*, StAZ 1983, 6.
7 Erman/*Saar*, § 1759 BGB Rz. 2.
8 *Krause*, NotBZ 2007, 276 (277).
9 NK-BGB/*Finger*, § 1766 BGB Rz. 2; Bamberger/Roth/*Enders*, § 1766 BGB Rz. 1.
10 Eine Ehe zwischen Adoptivgroßvater und Kind verstößt gegen § 1308 Abs. 1 BGB, es tritt jedoch keine Aufhebung des Annahmeverhältnisses ein; vgl. Erman/*Saar*, § 1766 BGB Rz. 1.
11 BT-Drucks. 7/3061, S. 55; NK-BGB/*Finger*, § 1771 BGB Rz. 1.
12 NK-BGB/*Finger*, § 1771 BGB Rz. 6.
13 OLG Zweibrücken v. 20.1.1997 – 3 W 173/96, FamRZ 1997, 577.
14 NK-BGB/*Finger*, § 1772 BGB Rz. 6; Staudinger/*Frank*, § 1772 BGB Rz. 8; Erman/*Saar*, § 1772 BGB Rz. 4; aA *Bosch*, FamRZ 1978, 663.

IV. Befreiung vom Eheverbot des § 1308 Abs. 1 BGB (Nr. 4)

41 § 186 Nr. 4 erwähnt die Verfahren, die die **Befreiung vom Eheverbot** des § 1308 Abs. 1 BGB zum Gegenstand haben. Gem. § 1308 Abs. 1 Satz 1 BGB soll eine Ehe nicht geschlossen werden zwischen Personen, deren Verwandtschaft iSd. § 1307 BGB (vgl. Rz. 38) durch Annahme als Kind begründet worden ist. Das Familiengericht kann gem. § 1308 Abs. 2 Satz 1 BGB auf Antrag von dieser Vorschrift Befreiung erteilen, wenn zwischen dem Antragsteller und seinem künftigen Ehegatten durch die Annahme als Kind eine Verwandtschaft in der Seitenlinie begründet worden ist. Gem. § 1308 Abs. 2 Satz 2 BGB soll die Befreiung versagt werden, wenn wichtige Gründe der Eingehung der Ehe entgegenstehen. Fehlen solche, ist die Befreiung wegen Art. 6 Abs. 1 GG zu erteilen.[2] Antragsberechtigt ist jeder Verlobte.

42 Für die Zuordnung des Verfahrens nach § 1308 Abs. 2 BGB zu den Adoptionssachen sprach aus Sicht des Gesetzgebers die größte Sachnähe.[3]

43 **Kosten/Gebühren: Gericht:** In Adoptionssachen entstehen Gebühren nach den Nrn. 1320 bis 1328 KV FamGKG, jedoch nur bei der Adoption eines Volljährigen (Vorbem. 1.3.2 Abs. 1 Nr. 2 KV FamGKG). Für Verfahren auf Ersetzung der Einwilligung zur Annahme als Kind werden neben den Gebühren für das Verfahren über die Annahme als Kind keine Gebühren erhoben (Vorbem. 1.3.2. Abs. 2 KV FamGKG). Die Fälligkeit der Gebühren tritt nach § 11 Abs. 1 FamGKG mit der Beendigung des Verfahrens ein. Als Kostenschuldner kommt primär der Entscheidungsschuldner (§ 24 Nr. 1 FamGKG) in Frage, jedoch auch der Antragsteller (§ 21 Abs. 1 Satz 1 FamGKG). Der Wert bestimmt sich nach § 42 Abs. 2 FamGKG. **RA:** In einer Adoptionssache stehen dem RA Gebühren nach Teil 3 VV RVG zu.

§ 187 Örtliche Zuständigkeit

(1) Für Verfahren nach § 186 Nr. 1 bis 3 ist das Gericht ausschließlich zuständig, in dessen Bezirk der Annehmende oder einer der Annehmenden seinen gewöhnlichen Aufenthalt hat.
(2) Ist die Zuständigkeit eines deutschen Gerichts nach Absatz 1 nicht gegeben, ist der gewöhnliche Aufenthalt des Kindes maßgebend.
(3) Für Verfahren nach § 186 Nr. 4 ist das Gericht ausschließlich zuständig, in dessen Bezirk einer der Verlobten seinen gewöhnlichen Aufenthalt hat.
(4) Kommen in Verfahren nach § 186 ausländische Sachvorschriften zur Anwendung, gilt § 5 Abs. 1 Satz 1 und Abs. 2 des Adoptionswirkungsgesetzes entsprechend.
(5) Ist nach den Absätzen 1 bis 4 eine Zuständigkeit nicht gegeben, ist das Amtsgericht Schöneberg in Berlin zuständig. Es kann die Sache aus wichtigem Grund an ein anderes Gericht verweisen.

A. Allgemeines 1	IV. Zuständigkeitskonzentration bei Anwendung ausländischer Sachvorschriften (Absatz 4) 7
B. Inhalt der Vorschrift	
I. Zuständigkeit für Verfahren gem. § 186 Nr. 1 bis 3 nach dem gewöhnlichen Aufenthalt des Annehmenden (Absatz 1) 2	V. Auffangzuständigkeit des Amtsgerichts Schöneberg in Berlin (Absatz 5) 9
II. Zuständigkeit für Verfahren gem. § 186 Nr. 1 bis 3 nach dem gewöhnlichen Aufenthalt des Kindes (Absatz 2) 5	VI. Maßgeblicher Zeitpunkt für die Feststellung der örtlichen Zuständigkeit . 11
	C. Internationale Zuständigkeit 13
III. Zuständigkeit für Verfahren gem. § 186 Nr. 4 (Absatz 3) 6	

---

1 BayObLG v. 21.7.2000 – 1 Z BR 66/00, FGPrax 2000, 204.
2 BVerfG v. 14.11.1973 – 1 BvR 719/69, NJW 1974, 545.
3 BT-Drucks. 16/6308, S. 247.

A. Allgemeines

Die Vorschrift regelt die **örtliche Zuständigkeit für** Adoptionssachen (§ 186 Nr. 1 bis 4). § 187 Abs. 1 entspricht seinem wesentlichen Inhalt nach dem früheren § 43b Abs. 2 Satz 1 FGG. Die Vorschrift ist jedoch knapper gefasst. Dies soll die Übersichtlichkeit verbessern.[1] § 187 Abs. 2 knüpft an § 187 Abs. 1 an und entspricht im Wesentlichen dem früheren § 43b Abs. 4 Satz 1 FGG. § 187 Abs. 3 entspricht dem früheren § 44a Abs. 1 Satz 1 FGG. § 187 Abs. 4 übernimmt den Regelungsgehalt des früheren § 43b Abs. 2 Satz 2 FGG. § 187 Abs. 5 enthält eine Auffangzuständigkeit des Amtsgerichts Schöneberg in Berlin. Diese war früher in § 43b Abs. 3 und 4 FGG und § 44a Abs. 1 FGG geregelt.

B. Inhalt der Vorschrift

I. Zuständigkeit für Verfahren gem. § 186 Nr. 1 bis 3 nach dem gewöhnlichen Aufenthalt des Annehmenden (Absatz 1)

Gem. § 187 Abs. 1 ist für Verfahren nach § 186 Nr. 1 bis 3, also solche, die die Annahme als Kind (vgl. § 186 Rz. 2 ff.), die Ersetzung der Einwilligung zur Annahme als Kind (vgl. § 186 Rz. 26 ff.) oder die Aufhebung des Annahmeverhältnisses (vgl. § 186 Rz. 33 ff.) betreffen, das Gericht ausschließlich zuständig, in dessen Bezirk der Annehmende oder einer der Annehmenden seinen gewöhnlichen Aufenthalt hat. Der **gewöhnliche Aufenthalt** wird von einer auf längere Dauer angelegten sozialen Eingliederung gekennzeichnet und ist allein von der tatsächlichen – ggf. vom Willen unabhängigen – Situation gekennzeichnet, die den Aufenthaltsort als Mittelpunkt der Lebensführung ausweist.[2] Zum Begriff des gewöhnlichen Aufenthalts s. auch die Kommentierung zu § 122.

§ 187 Abs. 1 gilt unabhängig davon, ob der Annehmende oder einer der Annehmenden die deutsche Staatsangehörigkeit besitzt. Auch die Staatsangehörigkeit des Kindes ist insoweit ohne Bedeutung; zur Zuständigkeitskonzentration bei Auslandsbezug s. § 5 Abs. 1 Satz 1 AdWirkG (vgl. Rz. 7 und § 199 Rz. 11).

Haben die Annehmenden im Zeitpunkt der Befassung des Gerichts (vgl. Rz. 10) getrennte Aufenthaltsorte im Bezirk verschiedener Familiengerichte, tritt eine doppelte Zuständigkeit dieser Gerichte ein.[3] In einem solchen Fall ist nach § 2 Abs. 1 das Gericht zuständig, das zuerst mit der Angelegenheit befasst ist.

II. Zuständigkeit für Verfahren gem. § 186 Nr. 1 bis 3 nach dem gewöhnlichen Aufenthalt des Kindes (Absatz 2)

Fehlt es in den Verfahren nach § 186 Nr. 1 bis 3 an der Zuständigkeit eines deutschen Gerichts nach § 187 Abs. 1, ist gem. § 187 Abs. 2 der gewöhnliche Aufenthalt (vgl. Rz. 2) des Kindes maßgebend. Auch in diesem Fall ist die Staatsangehörigkeit des Kindes ohne Bedeutung; zur Zuständigkeitskonzentration nach § 5 Abs. 1 Satz 1 AdWirkG vgl. Rz. 7 und § 199 Rz. 11.

III. Zuständigkeit für Verfahren gem. § 186 Nr. 4 (Absatz 3)

Für die Verfahren nach § 186 Nr. 4 (Befreiung vom Eheverbot des § 1308 Abs. 1 BGB, vgl. § 186 Rz. 41 f.) ist gem. § 187 Abs. 3 das Gericht ausschließlich zuständig, in dessen Bezirk einer der Verlobten seinen gewöhnlichen Aufenthalt (vgl. Rz. 2) hat. Bei getrennten Aufenthaltsorten der Verlobten in verschiedenen Gerichtsbezirken sind beide Familiengerichte örtlich zuständig. Dem Gericht, das zuerst mit der Sache befasst ist, gebührt nach § 2 Abs. 1 der Vorrang. Hat nur einer der Verlobten seinen gewöhnlichen Aufenthalt im Inland, ist das Gericht, in dessen Bezirk sich der Aufenthaltsort befindet, örtlich zuständig.

---

1 BT-Drucks. 16/6308, S. 247.
2 Vgl. BT-Drucks. 16/6308, S. 226.
3 Vgl. KG v. 8.11.1994 – 1 AR 39/94, FGPrax 1995, 71.

IV. Zuständigkeitskonzentration bei Anwendung ausländischer Sachvorschriften (Absatz 4)

7 Gem. § 187 Abs. 4 gilt § 5 Abs. 1 Satz 1 und Abs. 2 AdWirkG entsprechend, sofern im Verfahren nach § 186 ausländische Sachvorschriften zur Anwendung kommen. § 187 Abs. 4 wurde durch das Gesetz zur Modernisierung von Verfahren im amtlichen und notariellen Berufsrecht, zur Errichtung einer Schlichtungsstelle der Rechtsanwaltschaft sowie zur Änderung sonstiger Vorschriften v. 30.7.2009[1] eingefügt.

8 Durch die Verweisung auf § 5 Abs. 1 Satz 1 AdWirkG ist für Inlandsadoptionssachen, in denen ausländische Sachvorschriften zur Anwendung kommen, die örtliche Zuständigkeit für den Bezirk eines OLG bei dem Gericht konzentriert, in dessen Bezirk das OLG seinen Sitz hat. Die Verweisung auf § 5 Abs. 2 AdWirkG ermächtigt die Landesregierungen, die Zuständigkeitskonzentration abweichend zu regeln. § 187 Abs. 4 gewährleistet die Einrichtung mit besonderer Sachkunde ausgestatteter Gerichte. Hierfür besteht angesichts der Komplexität von Verfahren, in denen ausländisches Recht angewendet werden muss, ein erhebliches praktisches Bedürfnis. Die Vorschrift gilt für alle Verfahren nach § 186. Für weitere Einzelheiten vgl. § 199 Rz. 11.

V. Auffangzuständigkeit des Amtsgerichts Schöneberg in Berlin (Absatz 5)

9 Fehlt es an einer Zuständigkeit nach § 187 Abs. 1 bis 4, ist gem. § 187 Abs. 5 Satz 1 eine **Auffangzuständigkeit** des Amtsgerichts Schöneberg in Berlin gegeben. Das Amtsgericht Schöneberg in Berlin kann die Sache gem. § 187 Abs. 5 Satz 2 aus wichtigem Grund an ein anderes Gericht verweisen. Die in § 187 Abs. 5 Satz 2 vorgesehene Verweisungsmöglichkeit geht zurück auf die Stellungnahme des Bundesrates,[2] der die Bundesregierung[3] in modifizierter Form zugestimmt hat.

10 Ein **wichtiger Grund zur Abgabe** kann etwa vorliegen, wenn ein Annehmender, das Kind bzw. ein Verlobter seinen gewöhnlichen Aufenthalt in den Bezirk eines anderen Gerichts verlegt hat.

VI. Maßgeblicher Zeitpunkt für die Feststellung der örtlichen Zuständigkeit

11 Der für die Feststellung der örtlichen Zuständigkeit **maßgebliche Zeitpunkt** bestimmt sich danach, wann das Familiengericht mit der Sache befasst wurde. In **Antragsverfahren** (zB nach §§ 1748, 1749 Abs. 1 BGB, §§ 1752, 1767 Abs. 2, 1768 BGB, §§ 1760, 1771, 1772 BGB) ist dies der Fall, wenn ein Antrag mit dem Ziel der Erledigung durch dieses Gericht eingegangen ist.[4] In **Amtsverfahren** (zB § 1746 Abs. 3 BGB, § 1763 BGB) ist ein Gericht mit einer Sache befasst, wenn es amtlich von Tatsachen Kenntnis erlangt, die Anlass zu gerichtlichen Maßnahmen sein können.[5] Ein Wechsel der maßgeblichen Verhältnisse nach dem angegebenen Zeitpunkt ist unerheblich.

12 Der **Tod des Annehmenden** führt nicht zwangsläufig zur Unmöglichkeit der Annahme. Für eine Adoption trotz Todes des Annehmenden kann sprechen, dass das Kind bereits im Haushalt des Annehmenden gelebt hat und die Beziehung zu den übrigen Familienmitgliedern erhalten bleiben soll. Entscheidend für den Ausspruch sind das Kindeswohl und die Frage, ob das Kind seine Einwilligung widerruft. Stirbt der Annehmende vor dem Ausspruch der Annahme, kann diese nur bei Vorliegen der Voraussetzungen des § 1753 Abs. 2 BGB erfolgen. Hierfür ist erforderlich, dass der Annehmende den Antrag beim Familiengericht eingereicht oder bei oder nach der notariellen Beurkundung des Antrags den Notar damit betraut hat, den Antrag einzureichen. Der Auftrag an den Notar darf nicht an eine Bedingung (Ableben des Annehmenden) geknüpft sein.[6] War der Antrag nicht mehr vor dem Tode des Anneh-

---

[1] BGBl. I, S. 2449.
[2] BR-Drucks. 307/07, S. 50.
[3] BT-Drucks. 16/6308, S. 417.
[4] Vgl. BT-Drucks. 16/6308, S. 234.
[5] Vgl. BT-Drucks. 16/6308, S. 234.
[6] *Krause*, NotBZ 2006, 221 (233); OLG München v. 2.2.2010 – 31 Wx 157/09, MittBayNot 2010, 319.

menden bei Gericht eingereicht worden, hatte aber der Annehmende den Notar damit betraut, den Antrag bei Gericht einzureichen, so war nach § 43b Abs. 2 Satz 1 Halbs. 2 FGG aF für die örtliche Zuständigkeit des Gerichts der Zeitpunkt maßgebend, in dem der Notar mit der Einreichung betraut worden war. Eine vergleichbare Regelung enthält § 187 nicht. Der Gesetzgeber wollte die Regelungen des § 43b Abs. 2 Satz 1 FGG aF in § 187 Nr. 1 lediglich übersichtlicher fassen[1] und nicht inhaltlich ändern. Es ist daher davon auszugehen, dass es in den Fällen des § 1753 Abs. 2 BGB für die Entscheidung der örtlichen Zuständigkeit bei Versterben des Annehmenden vor Einreichung des Annahmeantrages bei Gericht nach wie vor auf den Zeitpunkt ankommt, in dem der Notar mit der Einreichung betraut wird.

C. Internationale Zuständigkeit

Die früher in § 43b Abs. 1 FGG enthaltenen Bestimmungen zur internationalen Zuständigkeit für Adoptionssachen finden sich nunmehr in §§ 101, 106. Gem. § 101 sind die deutschen Gerichte zuständig, wenn der Annehmende, einer der annehmenden Ehegatten oder das Kind Deutscher ist oder seinen gewöhnlichen Aufenthalt im Inland hat. § 106 stellt fest, dass die internationale Zuständigkeit nicht ausschließlich ist. S. hierzu näher die Kommentierungen zu §§ 101, 106. 13

§ 188 *Beteiligte*

(1) Zu beteiligen sind
1. in Verfahren nach § 186 Nr. 1
   a) der Annehmende und der Anzunehmende,
   b) die Eltern des Anzunehmenden, wenn dieser entweder minderjährig ist und ein Fall des § 1747 Abs. 2 Satz 2 oder Abs. 4 des Bürgerlichen Gesetzbuchs nicht vorliegt oder im Fall des § 1772 des Bürgerlichen Gesetzbuchs,
   c) der Ehegatte des Annehmenden und der Ehegatte des Anzunehmenden, sofern nicht ein Fall des § 1749 Abs. 3 des Bürgerlichen Gesetzbuchs vorliegt;
2. in Verfahren nach § 186 Nr. 2 derjenige, dessen Einwilligung ersetzt werden soll;
3. in Verfahren nach § 186 Nr. 3
   a) der Annehmende und der Angenommene,
   b) die leiblichen Eltern des minderjährigen Angenommenen;
4. in Verfahren nach § 186 Nr. 4 die Verlobten.

(2) Das Jugendamt und das Landesjugendamt sind auf ihren Antrag zu beteiligen.

A. Allgemeines 1	II. Beteiligte im Verfahren nach § 186 Nr. 2
B. Inhalt der Vorschrift	(Abs. 1 Nr. 2) 19
I. Beteiligte im Verfahren nach § 186 Nr. 1	III. Beteiligte im Verfahren nach § 186 Nr. 3
(Abs. 1 Nr. 1)	(Abs. 1 Nr. 3)
1. Annehmender und Anzunehmender	1. Annehmender und Angenommener
(Abs. 1 Nr. 1a) 2	(Abs. 1 Nr. 3a) 20
2. Eltern des Anzunehmenden (Abs. 1	2. Leibliche Eltern des minderjährigen
Nr. 1b) 10	Angenommenen (Abs. 1 Nr. 3b) ... 23
3. Ehegatten des Annehmenden und	IV. Beteiligte im Verfahren nach § 186 Nr. 4
des Anzunehmenden (Abs. 1 Nr. 1c) 14	(Abs. 1 Nr. 4) 25
4. Kinder des Annehmenden 18a	V. Jugendamt und Landesjugendamt als
	Beteiligte (Absatz 2) 26

A. Allgemeines

Die Vorschrift regelt, wer in Adoptionssachen als **Beteiligter** hinzuzuziehen ist. Die Aufzählung ist nicht abschließend. Unter den Voraussetzungen des § 7 Abs. 2 Nr. 1 können im Einzelfall weitere Personen hinzuzuziehen sein.[2] Dies sind diejenigen Per- 1

---

1 BT-Drucks. 16/6308, S. 247.
2 BT-Drucks. 16/6308, S. 247.

sonen, deren Recht durch das Verfahren unmittelbar betroffen wird. Zur Einbeziehung der Kinder des Annehmenden vgl. Rz. 18a und 18b.

B. Inhalt der Vorschrift

I. Beteiligte im Verfahren nach § 186 Nr. 1 (Abs. 1 Nr. 1)

1. Annehmender und Anzunehmender (Abs. 1 Nr. 1a)

2 In den Verfahren, die die Annahme als Kind betreffen (§ 186 Nr. 1, vgl. § 186 Rz. 2 ff.) sind gem. § 188 Abs. 1 Nr. 1a der **Annehmende** und der **Anzunehmende** zu beteiligen. Ein besonderer Hinzuziehungsakt ist entbehrlich, soweit die genannten Personen bereits als Antragsteller nach § 7 Abs. 1 Beteiligte sind.[1]

3 Die einzelnen Annahmeformen sind in § 1741 Abs. 2 BGB geregelt. Das Gesetz geht zunächst von der Annahme durch eine Person aus, schränkt diese dann aber für Verheiratete im Hinblick auf das Ziel der Adoption erheblich ein.

4 Ein Unverheirateter kann gem. § 1741 Abs. 2 Satz 1 BGB ein Kind nur allein annehmen. Nicht miteinander verheiratete Personen können demzufolge ein Kind nicht gemeinschaftlich annehmen.[2] Dies gilt auch für die Annahme durch ein Geschwisterpaar.[3]

5 Ein Ehepaar kann ein Kind gem. § 1741 Abs. 2 Satz 2 BGB nur gemeinschaftlich annehmen.[4] Die bloße Zustimmung des Ehepartners reicht nicht aus.[5] Unzulässig ist auch eine gestufte Adoption, also zunächst durch den einen Ehegatten und dann durch den anderen Ehegatten.

6 Gem. § 1741 Abs. 2 Satz 3 BGB kann ein Ehegatte das Kind seines Ehegatten allein annehmen. Gleichgültig ist dabei, ob das Kind aus einer anderen Ehe stammt, außerehelich geboren oder adoptiert ist. Mit der Adoption des Stiefkindes erlangt dieses die Stellung eines gemeinschaftlichen Kindes der Ehegatten (§ 1754 Abs. 1 BGB).

7 Weiterhin kann ein Ehegatte gem. § 1741 Abs. 2 Satz 4 BGB ein Kind allein annehmen, wenn der andere Ehegatte das Kind nicht annehmen kann, weil er selbst geschäftsunfähig ist oder das 21. Lebensjahr noch nicht vollendet hat. Auf vergleichbare Hindernisse (zB Adoptionsverbot nach ausländischem Recht) kann § 1741 Abs. 2 Satz 4 BGB analog angewandt werden.[6]

8 § 9 Abs. 7 LPartG ermöglicht, dass ein Lebenspartner ein Kind seines Lebenspartners allein annehmen kann (Stiefkindadoption). Zur Sukzessivadoption eines Kindes durch den eingetragenen Lebenspartner s. § 186 Rz. 22a.

9 Angenommen werden kann grundsätzlich jedes Kind; auch das Kind der Leihmutter.[7] Die Annahme des eigenen nichtehelichen Kindes ist jedoch ausgeschlossen.[8]

2. Eltern des Anzunehmenden (Abs. 1 Nr. 1b)

10 Die **Eltern des Anzunehmenden** sind gem. § 188 Abs. 1 Nr. 1b zu beteiligen, wenn dieser entweder minderjährig ist und ein Fall des § 1747 Abs. 2 Satz 2 oder Abs. 4 BGB nicht vorliegt oder im Fall des § 1772 BGB.

11 Bei Minderjährigkeit des Anzunehmenden sind dessen Eltern grundsätzlich zum Verfahren hinzuzuziehen. Ausgenommen hiervon sind die Fälle der **Inkognitoadoption** nach § 1747 Abs. 2 Satz 2 BGB. Voraussetzung ist, dass die Annehmenden im

---

[1] BT-Drucks. 16/6308, S. 247.
[2] BT-Drucks. 7/3061, S. 30.
[3] *Krause*, NotBZ 2006, 221 (222).
[4] Dies gilt auch für die Adoption eines Volljährigen durch seinen verheirateten leiblichen Vater; vgl. OLG Hamm v. 24.9.2002 – 15 W 285/01, FamRZ 2003, 1039.
[5] NK-BGB/*Finger*, § 1741 BGB Rz. 19.
[6] NK-BGB/*Finger*, § 1741 BGB Rz. 22; aA Bamberger/Roth/*Enders*, § 1741 BGB Rz. 14.
[7] NK-BGB/*Finger*, § 1741 BGB Rz. 24.
[8] *Krause*, NotBZ 2006, 221 (222).

Zeitpunkt der Einwilligungserklärung schon feststehen, auch wenn der Einwilligende sie nicht kennt. Die Einwilligung kann alternativ oder hilfsweise für mehrere Adoptionsbewerber erteilt werden.[1] Sie kann auch auf bestimmte Adoptionsverhältnisse beschränkt werden, zB hinsichtlich der Religion der Adoptionsbewerber.[2] Bedingungen für das Annahmeverhältnis sind dagegen unzulässig.[3]

Eine weitere Ausnahme vom Gebot der Beteiligung der Eltern des minderjährigen Anzunehmenden besteht im Fall des § 1747 Abs. 4 BGB. Nach dieser Vorschrift ist die Einwilligung eines Elternteils, der zur Abgabe einer Erklärung dauernd außer Stande oder dessen Aufenthalt dauernd unbekannt ist, nicht erforderlich. Geschäftsunfähigkeit, deren Heilung nicht absehbar ist, reicht hierfür aus.[4] Ein unbekannter Aufenthalt eines Elternteils liegt zB bei einem Findelkind vor.[5] Ist der Elternteil namentlich bekannt, ist er zur Aufenthaltsermittlung auszuschreiben; sechs Monate nach der ersten Ausschreibung sind die Voraussetzungen des § 1747 Abs. 4 BGB erfüllt.[6]

12

Bei einer Volljährigenadoption sind die Eltern des Anzunehmenden nur zu beteiligen, wenn eine Annahme mit den Wirkungen der Minderjährigenannahme beantragt ist. Der Antrag muss ausdrücklich auf Ausspruch der Volladoption gerichtet sein. Die leiblichen Eltern des Anzunehmenden sind in diesem Fall zur Wahrung ihrer Interessen nach § 1772 Abs. 1 Satz 2 BGB am Verfahren zu beteiligten und anzuhören.[7] Abzulehnen ist die Annahme eines Volljährigen mit den Wirkungen der Annahme eines Minderjährigen, wenn überwiegende Interessen der leiblichen Eltern des Anzunehmenden entgegenstehen. Hierfür reichen unterhaltsrechtliche wie erbrechtliche Interessen aus.[8]

13

3. Ehegatten des Annehmenden und des Anzunehmenden (Abs. 1 Nr. 1c)

Der **Ehegatte des Annehmenden** und der **Ehegatte des Anzunehmenden** sind gem. § 188 Abs. 1 Nr. 1c zu beteiligen, sofern nicht ein Fall des § 1749 Abs. 3 BGB vorliegt.

14

Die Beteiligung der Ehegatten des Annehmenden und des Anzunehmenden ist geboten, da die Annahme auch ihre Interessen berühren kann. Ihre Unterhaltsansprüche, Erb- bzw. Pflichtteilsansprüche werden durch die Annahme beeinträchtigt. § 1749 BGB regelt, in welchen Fällen die Einwilligung eines Ehegatten in die Annahme erforderlich ist. Grundlage des Einwilligungserfordernisses bildet die **eheliche Lebensgemeinschaft** gem. § 1353 BGB.[9]

15

Der Anwendungsbereich des § 1749 Abs. 1 Satz 1 BGB ist begrenzt. Die Vorschrift setzt voraus, dass der Ehegatte das Kind mit der Wirkung annimmt, dass es allein sein Kind wird. Dies kann nur dann der Fall sein, wenn der Ehegatte ein fremdes Kind annimmt und der andere Ehegatte noch nicht 21 Jahre alt ist (§ 1741 Abs. 2 Satz 4 BGB). Nimmt der Ehegatte dagegen das Kind seines Ehegatten an (§§ 1741 Abs. 2 Satz 3, 1742 BGB), bedarf es dazu bereits dessen Einwilligung als Elternteil nach § 1747 Abs. 1 Satz 1 BGB. Bei der Stiefkindadoption kommt § 1749 Abs. 1 Satz 2 BGB demzufolge keine eigenständige Bedeutung zu.[10]

16

Ist der Anzunehmende verheiratet, bedarf es der Einwilligung seines Ehegatten gem. § 1749 Abs. 2 BGB, da dieser mit der neuen Familie verschwägert wird (§ 1590 BGB). Die fehlende Einwilligung des Ehegatten des Adoptivkindes kann nicht ersetzt werden.[11]

17

---

1 NK-BGB/*Finger*, § 1747 BGB Rz. 10.
2 *Listl*, FamRZ 1974, 74; NK-BGB/*Finger*, § 1747 BGB Rz. 10; aA Erman/*Saar*, § 1747 BGB Rz. 6.
3 *Krause*, NotBZ 2006, 221 (226).
4 BayObLG v. 15.7.1999 – 1 Z BR 6/99, FamRZ 1999, 1688.
5 Erman/*Saar*, § 1747 BGB Rz. 14.
6 *Krause*, NotBZ 2006, 221 (226).
7 Vgl. Staudinger/*Frank*, § 1772 BGB Rz. 6, 11; Erman/*Saar*, § 1772 BGB Rz. 5.
8 OLG München v. 8.5.2009 – 31 Wx 147/08, FamRB 2009, 306 (*Krause*).
9 MüKo.BGB/*Maurer*, § 1749 BGB Rz. 1; NK-BGB/*Finger*, § 1749 BGB Rz. 1.
10 Erman/*Saar*, § 1749 BGB Rz. 3.
11 BT-Drucks. 7/5087, S. 19; Erman/*Saar*, § 1749 BGB Rz. 4; *Engler*, FamRZ 1975, 132; NK-BGB/*Finger*, § 1749 BGB Rz. 5.

18 Nicht erforderlich ist die Einwilligung des Ehegatten gem. § 1749 Abs. 3 BGB, wenn dieser zur Abgabe der Erklärung dauernd außer Stande oder sein Aufenthalt dauernd unbekannt ist. Diese Vorschrift entspricht § 1747 Abs. 4 BGB. Die Fristen können im Rahmen des § 1749 Abs. 3 BGB länger bemessen werden.[1]

4. Kinder des Annehmenden

18a Noch nicht abschließend geklärt ist, ob die **Kinder des Annehmenden** im Rahmen eines Adoptionsverfahrens als **Beteiligte** anzusehen sind. In § 188 sind sie nicht als solche aufgeführt. Das OLG Düsseldorf[2] hat die Beteiligtenfähigkeit minderjähriger Kinder des Annehmenden in einem Verfahren zur Adoption weiterer minderjähriger Kinder verneint. Das OLG Stuttgart[3] geht demgegenüber davon aus, dass die Kinder des Annehmenden im Rahmen einer Volljährigenadoption stets nach § 7 Abs. 2 Nr. 1 am Verfahren zu beteiligen sind. Die Gewährung rechtlichen Gehörs setze eine Beteiligung voraus. Die bloße Anhörungspflicht nach § 193 reiche dafür nicht aus. Lediglich durch eine nicht einmal persönlich durchzuführende Anhörung sei nicht gewährleistet, dass die Kinder des Annehmenden sich zu allen im Verfahren vorgetragenen Punkten äußern könnten. Ihnen müsse Gelegenheit gegeben werden, ihre materiell-rechtlichen Interessen (§§ 1745, 1769 BGB) in jeder Lage des Verfahrens zur Geltung bringen zu können.

18b Gegen die Auffassung des OLG Stuttgart spricht, dass der Gesetzgeber ausdrücklich zwischen den Personen, die am Adoptionsverfahren zu beteiligen sind (§ 188), und solchen, die als Nichtbeteiligte anzuhören sind (§ 193), unterscheidet. Zur letzteren Gruppe zählen u.a. die Kinder des Anzunehmenden. Würden diese zwingend zu den am Adoptionsverfahren Beteiligten zählen, bedürfte es der in § 193 normierten **Anhörungspflicht** nicht. Als Beteiligte wären sie bereits nach § 192 Abs. 2 anzuhören. Die **Gesetzessystematik** spricht daher gegen eine Beteiligtenfähigkeit der Kinder des Annehmenden. Die Anhörungspflicht nach § 193 genügt im Übrigen der Gewährung rechtlichen Gehörs nach Art. 103 GG. Die Kinder können etwaige Einwendungen gegen die Adoption im Rahmen ihrer Anhörung darlegen.

II. Beteiligte im Verfahren nach § 186 Nr. 2 (Abs. 1 Nr. 2)

19 In den Verfahren, die die Ersetzung der Einwilligung zur Annahme als Kind betreffen (§ 186 Nr. 2), ist gem. § 188 Abs. 1 Nr. 2 derjenige zu beteiligen, dessen Einwilligung ersetzt werden soll. Es handelt sich hierbei in erster Linie um die Verfahren nach §§ 1748 und 1749 BGB. Zu beteiligen sind somit insbesondere der **Elternteil** bzw. **Ehegatte**, dessen Einwilligung ersetzt werden soll (vgl. näher § 186 Rz. 26 ff.). Ggf. sind nach § 7 Abs. 2 Nr. 1 weitere Personen hinzuzuziehen.[4]

III. Beteiligte im Verfahren nach § 186 Nr. 3 (Abs. 1 Nr. 3)

1. Annehmender und Angenommener (Abs. 1 Nr. 3a)

20 In § 188 Abs. 1 Nr. 3a sind als Beteiligte eines Verfahrens auf Aufhebung des Annahmeverhältnisses (vgl. § 186 Rz. 33 ff.) der **Annehmende** und der **Angenommene** genannt. Abgesehen von den Fällen des Verstoßes gegen das Eheverbot des § 1308 BGB kann das Adoptionsverhältnis gem. § 1759 BGB nur in den Fällen der §§ 1760, 1763 BGB aufgehoben werden. Die Aufhebung erfolgt im Falle des § 1760 BGB auf Antrag (§ 1762 BGB) und im Falle des § 1763 BGB von Amts wegen. Zu den Sonderregelungen bei Aufhebung einer Volljährigenadoption s. § 186 Rz. 39 f.

21 Auf die Nichtigkeit des Annahmeverhältnisses kann sich jedermann berufen, einen **Aufhebungsantrag** nach § 1760 Abs. 1 BGB kann dagegen nur derjenige stellen, der in seinen Rechten verletzt ist.[5] § 1762 Abs. 1 BGB regelt die Antragsberechtigung, § 1762

---

1 MüKo.BGB/*Maurer*, § 1749 BGB Rz. 8; NK-BGB/*Finger*, § 1749 BGB Rz. 6.
2 OLG Düsseldorf v. 22.12.2010 – II-8 WF 282/10, FamRB 2001, 73 (*Krause*).
3 OLG Stuttgart v. 15.9.2011 – 11 WF 155/11, FamRB 2012, 79 (*Krause*).
4 BT-Drucks. 16/6308, S. 247.
5 NK-BGB/*Finger*, § 1762 BGB Rz. 1.

Abs. 2 BGB die Antragsfristen und § 1762 Abs. 3 BGB die für den Antrag erforderliche Form. Antragsempfänger ist das zuständige Familiengericht.[1] Während die Erklärung vor dem Notar höchstpersönlich abgegeben werden muss, kann der Antrag auch durch einen Dritten, zB bei einer Inkognito-Adoption durch das Jugendamt, beim Familiengericht eingereicht werden.[2]

§ 1763 BGB ermöglicht die **Aufhebung** des Annahmeverhältnisses **von Amts wegen**. Von dieser Möglichkeit darf nur im Interesse des Kindes Gebrauch gemacht werden. Die Vorschrift lässt keine Lossagung der Adoptiveltern von der Annahme zu. Zur Feststellung des Kindeswohls kann die Einholung eines psychiatrischen Gutachtens des Kindes notwendig sein.[3] Nach Eintritt der Volljährigkeit des Kindes ist eine Aufhebung von Amts wegen nach § 1763 BGB nicht mehr möglich. Auch § 1771 BGB ist in diesen Fällen nicht anwendbar.[4] Für das Alter kommt es auf den Zeitpunkt der letzten Tatsacheninstanz an.[5] Die Rechtsfolgen der Aufhebung richten sich nach §§ 1764, 1765 BGB. 22

2. Leibliche Eltern des minderjährigen Angenommenen (Abs. 1 Nr. 3b)

Weitere Beteiligte eines Verfahrens auf Aufhebung des Annahmeverhältnisses sind gem. § 188 Abs. 1 Nr. 3b die **leiblichen Eltern des minderjährigen Angenommenen**. Dies ist erforderlich, da § 1764 Abs. 3 BGB im Gegenzug zum Erlöschen des Verwandtschaftsverhältnisses zur Adoptivfamilie (§ 1764 Abs. 2 BGB) anordnet, dass das Kind wieder seiner leiblichen Familie zugeordnet wird. Mit Ausnahme der elterlichen Sorge (vgl. Rz. 24) leben das Verwandtschaftsverhältnis des Kindes und seiner Abkömmlinge zu den leiblichen Verwandten des Kindes und die sich aus ihm ergebenden Rechte und Pflichten wieder auf. Dies gilt insbesondere für das Unterhalts- und Erbrecht. § 1764 Abs. 3 BGB verhindert, dass das Kind zum „Niemandskind" wird.[6] Wird das Kind von seinen leiblichen Eltern in einer Verfügung von Todes wegen übergangen, gilt § 2079 BGB.[7] 23

Die **elterliche Sorge** der leiblichen Eltern lebt mit Aufhebung der Annahme nicht automatisch wieder auf. Nach § 1764 Abs. 4 Halbs. 1 BGB kann sie den leiblichen Eltern jedoch durch das Familiengericht zurückübertragen werden. Dies setzt voraus, dass die Rückübertragung dem Kindeswohl entspricht.[8] Ein früheres Fehlverhalten der leiblichen Eltern kann für zukünftig zu befürchtende Nachteile des Kindes Indizwirkung haben. Allein an der früheren Einwilligung der Eltern in die Adoption muss die Rückübertragung der elterlichen Sorge nicht scheitern.[9] Kommt eine Rückübertragung der elterlichen Sorge auf die leiblichen Eltern nicht in Betracht, hat das Familiengericht nach § 1764 Abs. 4 Halbs. 2 BGB einen Vormund oder Pfleger zu bestellen. 24

IV. Beteiligte im Verfahren nach § 186 Nr. 4 (Abs. 1 Nr. 4)

Beteiligte im Verfahren nach § 186 Nr. 4 (Befreiung vom Eheverbot des § 1308 Abs. 1 BGB, vgl. § 186 Rz. 41 f.) sind gem. § 188 Abs. 1 Nr. 4 beide **Verlobten**. Antragsberechtigt ist jeder Verlobte. 25

---

1 NK-BGB/*Finger*, § 1762 BGB Rz. 3; Erman/*Saar*, § 1762 BGB Rz. 2.
2 NK-BGB/*Finger*, § 1762 BGB Rz. 3; Erman/*Saar*, § 1762 BGB Rz. 2; Bamberger/Roth/*Enders*, § 1762 BGB Rz. 6.
3 OLG Köln v. 12.1.2009 – 16 Wx 227/08, FamRB 2010, 9 (*Krause*).
4 OLG Zweibrücken v. 20.1.1997 – 3 W 173/96, FGPrax 1997, 66; LG Düsseldorf v. 26.5.2000 – 19 T 146/0, NJWE-FER 2001, 9.
5 OLG Karlsruhe v. 21.8.1995 – 11 Wx 52/94, FamRZ 1996, 434.
6 BT-Drucks. 7/3061, S. 50; NK-BGB/*Finger*, § 1764 BGB Rz. 5; Erman/*Saar*, § 1764 BGB Rz. 4.
7 NK-BGB/*Finger*, § 1764 BGB Rz. 5.
8 Die Rückübertragung entspricht nicht dem Kindeswohl, wenn Gründe für die Entziehung der elterlichen Sorge (§ 1666 BGB) vorliegen.
9 *Krause*, NotBZ 2007, 276 (281).

V. Jugendamt und Landesjugendamt als Beteiligte (Absatz 2)

26 § 188 Abs. 2 ermöglicht dem Jugendamt und dem Landesjugendamt, eine Hinzuziehung als Beteiligte zu beantragen. Das Familiengericht hat einem solchen Antrag stets zu entsprechen.[1] Ein Ermessen besteht nicht.

189 Fachliche Äußerung einer Adoptionsvermittlungsstelle

Wird ein Minderjähriger als Kind angenommen, hat das Gericht eine fachliche Äußerung der Adoptionsvermittlungsstelle, die das Kind vermittelt hat, einzuholen, ob das Kind und die Familie des Annehmenden für die Annahme geeignet sind. Ist keine Adoptionsvermittlungsstelle tätig geworden, ist eine fachliche Äußerung des Jugendamts oder einer Adoptionsvermittlungsstelle einzuholen. Die fachliche Äußerung ist kostenlos abzugeben.

A. Allgemeines

1 Die Annahme eines Minderjährigen soll idR erst erfolgen, wenn der Annehmende das Kind eine angemessene Zeit in Pflege gehabt hat. Der Gesetzgeber nennt dies **„Probezeit"** (§ 1744 BGB). Gem. § 1741 Abs. 1 Satz 1 BGB ist die Annahme als Kind nur zulässig, wenn sie dem Wohl des Kindes dient und zu erwarten ist, dass zwischen dem Annehmenden und dem Kind ein **Eltern-Kind-Verhältnis** entsteht. Hierfür reicht allein der Wunsch der Eltern oder des Kindes nicht aus. Eine entsprechende Prognose muss vielmehr unter subjektiven und objektiven Gesichtspunkten gerechtfertigt sein. Um dies zu beurteilen, hat das Gericht gem. § 189 bei Annahme eines Minderjährigen als Kind eine fachliche Äußerung der Adoptionsvermittlungsstelle, die das Kind vermittelt hat, bzw. des Jugendamts oder einer Adoptionsvermittlungsstelle einzuholen. Auf diese Weise sollen die Erfahrungen, die die Adoptionsvermittlungsstelle bzw. das Jugendamt über den Lebensweg des Kindes erworben haben, für das Familiengericht nutzbar gemacht werden. Die Adoptionsvermittlung und Anerkennung als Adoptionsvermittlungsstelle sind im AdVermiG normiert. Die Adoptionsvermittlungsstellen sind nicht verpflichtet, ein internationales Adoptionsvermittlungsverfahren durchzuführen, wenn in dem Heimatstaat des Kindes die Adoption gesetzlich verboten ist und dieser Staat nicht dem Haager Adoptionsübereinkommen beigetreten ist.[2]

2 § 189 entspricht im Wesentlichen dem früheren § 56d FGG. Die in § 56d FGG verwendete Bezeichnung der Äußerung als „gutachtlich" wurde geändert. § 189 verlangt nun eine „fachliche Äußerung". Diese Änderung soll der sprachlichen und systematischen Klarheit dienen, um eine irreführende Parallele zur förmlichen Beweisaufnahme zu vermeiden.[3] Geänderte Anforderungen an den Inhalt der Stellungnahme ergeben sich jedoch nicht.

3 § 189 gilt nur für Verfahren, die sich auf die **Annahme eines Minderjährigen als Kind** beziehen. Auf alle anderen Adoptionssachen (vgl. § 186) ist die Vorschrift nicht anwendbar, dh. in diesen Verfahren besteht keine Verpflichtung des Familiengerichts zur Einholung einer fachlichen Äußerung nach § 189. Aus Gründen der Sachaufklärung (§ 26) kann es sich jedoch auch in Verfahren, die die Ersetzung der Einwilligung zur Annahme als Kind bzw. die Aufhebung des Annahmeverhältnisses betreffen, anbieten, eine fachliche Äußerung der in § 189 genannten Stellen einzuholen.[4]

B. Inhalt der Vorschrift

4 Die Einholung der **fachlichen Äußerung** ist zwingend. Gegenstand der fachlichen Äußerung soll nach § 189 Satz 1 die Frage sein, ob das Kind und die Familie des Annehmenden für die Annahme geeignet sind. Um dem Familiengericht die Entscheidung darüber zu erleichtern, ob die Adoption dem Kindeswohl dient, bedarf es einer

---

1 Vgl. BT-Drucks. 16/6308, S. 247.
2 OVG Hamburg v. 18.6.2012 – 4 Bf 135/10, FamRZ 2012, 1814.
3 BT-Drucks. 16/9733, S. 295.
4 Vgl. Keidel/*Engelhardt*, § 189 FamFG Rz. 5; MüKo.ZPO/*Maurer*, § 189 FamFG Rz. 3.

ausführlichen Stellungnahme, die nach Darstellung aller Fakten dem Gericht einen Entscheidungsvorschlag unterbreitet.[1]

Die Annahme eines Minderjährigen soll idR erst erfolgen, wenn der Annehmende das Kind eine angemessene Zeit in Pflege gehabt hat. Die Erfahrungen aus dieser Probezeit bilden die Grundlage für die Stellungnahme. Die Angemessenheit der Probezeit richtet sich nach dem Einzelfall; idR sollte diese zwei bis sechs Monate betragen.[2] Die fachliche Äußerung hat diesen Zeitraum abzudecken.[3]

Einzuholen hat das Familiengericht die fachliche Äußerung grundsätzlich gem. § 189 Satz 1 von der **Adoptionsvermittlungsstelle**, die das Kind vermittelt hat. Diese ist am ehesten in der Lage, dem Familiengericht die Informationen und Wertungen zu vermitteln, die es für die Entscheidungsfindung benötigt. Nur in den Fällen, in denen keine Adoptionsvermittlungsstelle tätig geworden ist, darf das Familiengericht gem. § 189 Satz 2 eine fachliche Äußerung des nach § 87b SGB VIII zuständigen **Jugendamts** oder einer nicht mit der Sache befassten Adoptionsvermittlungsstelle einholen.

Die fachliche Äußerung der Adoptionsvermittlungsstelle bzw. des Jugendamts ist kostenlos abzugeben. Dies stellt § 189 Satz 3 klar. Sie ist den Beteiligten (§§ 7, 188) zur Kenntnis zu bringen.

Wird die Einholung der fachlichen Äußerung nach § 189 unterlassen, kann dies eine Beschwerde bei Zurückweisung des Antrages auf Annahme als Kind begründen. Ein ohne Einholung einer fachlichen Äußerung ergangener Annahmebeschluss ist nicht unwirksam. Ihr Fehlen führt auch nicht zur Aufhebbarkeit oder Nichtigkeit des Annahmebeschlusses.[4] Einer Adoption kann auch dann entsprochen werden, wenn das Jugendamt mitteilt, sich nicht gutachterlich äußern zu können, weil eine persönliche Anhörung des Kindes von den Sorgeberechtigten verhindert worden sei.[5]

Die Einholung der fachlichen Äußerung führt nicht dazu, dass die Adoptionsvermittlungsstelle bzw. das Jugendamt die Stellung eines Verfahrensbeteiligten erhalten. Das Jugendamt und das Landesjugendamt können jedoch gem. § 188 Abs. 2 die Hinzuziehung als Beteiligte beantragen.

Die Notwendigkeit **weiterer Ermittlungen** ist in § 189 nicht normiert. Diese richtet sich nach den allgemeinen Grundsätzen des § 26. Das Familiengericht hat sämtliche entscheidungserheblichen Tatsachen, die für die Adoption von Bedeutung sein können, von Amts wegen zu ermitteln. Dies gilt auch für die von § 1745 BGB geschützten Interessen.[6] Anzuhören sind insbesondere der Anzunehmende und der Annehmende (§ 192 Abs. 1), die weiteren am Verfahren beteiligten Personen (§ 192 Abs. 2), wie Eltern des Anzunehmenden oder Ehegatten des Annehmenden und Anzunehmenden, die Kinder des Annehmenden und des Anzunehmenden (§ 193), das Jugendamt, sofern dieses nicht eine fachliche Äußerung nach § 189 abgegeben hat (§ 194), sowie ggf. das Landesjugendamt (§ 195). Auch kann eine Anhörung weiterer mit den Verhältnissen der Familie vertrauter Personen im Einzelfall geboten sein.

190 *Bescheinigung über den Eintritt der Vormundschaft*

Ist das Jugendamt nach § 1751 Abs. 1 Satz 1 und 2 des Bürgerlichen Gesetzbuchs Vormund geworden, hat das Familiengericht ihm unverzüglich eine Bescheinigung über den Eintritt der Vormundschaft zu erteilen; § 1791 des Bürgerlichen Gesetzbuchs ist nicht anzuwenden.

---

1 Vgl. Keidel/*Engelhardt*, § 189 FamFG Rz. 2; *Arndt/Oberloskamp*, Zentralblatt für Jugendrecht 1977, 273; MüKo.ZPO/*Maurer*, § 189 FamFG Rz. 17.
2 NK-BGB/*Finger*, § 1744 BGB Rz. 2; vgl. auch Erman/*Saar*, § 1744 BGB Rz. 3.
3 Vgl. Keidel/*Engelhardt*, § 189 FamFG Rz. 2; Bumiller/Harders, § 189 FamFG Rz. 1; s. a. MüKo.ZPO/*Maurer*, § 189 FamFG Rz. 13.
4 Vgl. Keidel/*Engelhardt*, § 189 FamFG Rz. 3; MüKo.ZPO/*Maurer*, § 189 FamFG Rz. 18.
5 BayObLG v. 4.8.2000 – 1 Z BR 103/00, FamRZ 2001, 647.
6 Vgl. *Krause*, NotBZ 2006, 221 (224).

A. Allgemeines

1 In § 1751 BGB sind die **Vorwirkungen der Annahme** normiert. Diese treten mit Wirksamwerden der Einwilligungserklärung der leiblichen Eltern ein. Mit Ausspruch der Adoption gehen diese in deren Vollwirkungen über. § 1751 BGB gilt auch bei Ersetzung der Einwilligung eines Elternteils nach § 1748 BGB.[1] Gerichtliche Sorgerechtsentscheidungen nach §§ 1671, 1672 BGB sind nach Wirksamwerden der Einwilligungserklärung für diesen Elternteil nicht mehr möglich.[2]

2 Mit der Einwilligung eines Elternteils in die Annahme ruhen gem. § 1751 Abs. 1 Satz 1 BGB dessen Sorge- und Umgangsbefugnisse. Hat nur ein Elternteil seine Einwilligung erteilt, übt ggf. der andere Elternteil die elterliche Sorge nach § 1678 Abs. 1 BGB allein aus. Steht der nichtehelichen Mutter die elterliche Sorge nach § 1626a Abs. 2 BGB allein zu, kann sie nach ihrer Einwilligung in die Adoption mit dem leiblichen Vater keine **Sorgeerklärung** iSd. § 1626a Abs. 1 Nr. 1 BGB mehr abgeben. Umgangsrechte anderer Personen, zB der Großeltern oder Geschwister nach § 1685 BGB, bestehen zunächst fort.[3] Die Rückübertragung der elterlichen Sorge an die leiblichen Eltern setzt eine entsprechende familiengerichtliche Entscheidung voraus.[4]

3 Die Adoption eines Stiefkindes lässt dessen Verwandtschaftsverhältnis zum leiblichen Elternteil nicht erlöschen (vgl. § 1755 Abs. 2 BGB). § 1751 Abs. 1 BGB gilt daher für die Stiefkindadoption gem. § 1751 Abs. 2 BGB nicht.

4 Gesetzlicher Vertreter (**Vormund**) wird nach § 1751 Abs. 1 Satz 2 Halbs. 1 BGB automatisch das Jugendamt. Etwas anderes gilt nur dann, wenn der andere Elternteil die elterliche Sorge allein ausübt (§ 1751 Abs. 1 Satz 2 Halbs. 2, Var. 1 BGB) oder bereits ein Vormund bestellt ist (§ 1751 Abs. 1 Satz 2 Halbs. 2, Var. 2 BGB).[5] Zuständig für die Vormundschaft ist analog § 87c Abs. 3 SGB VIII das Jugendamt am gewöhnlichen Aufenthaltsort des Kindes.

5 Ebenso wie eine bereits bestehende Vormundschaft bleibt gem. § 1751 Abs. 1 Satz 3 BGB eine bestehende Pflegschaft unberührt (vgl. §§ 1630 Abs. 1, 1794 BGB).[6]

B. Inhalt der Vorschrift

6 § 190 entspricht dem durch das FGG-RG aufgehobenen § 1751 Abs. 1 Satz 4 BGB. Die Erteilung der **Bescheinigung über den Eintritt der Vormundschaft** ist verfahrensrechtlicher Natur. Die Vorschrift regelt eine Pflicht des Gerichts und nicht das Rechtsverhältnis der Beteiligten untereinander. Der Gesetzgeber hat daher die Übernahme der Regelung des § 1751 Abs. 1 Satz 4 aF BGB in die einschlägige verfahrensrechtliche Kodifikation für konsequent angesehen.[7] Mit der Regelung in einer gesonderten Vorschrift hat der Gesetzgeber im Übrigen die Hoffnung verbunden, dass diese in der Praxis stärker beachtet wird als bisher.[8]

7 Nach § 190 Halbs. 1 erhält das Jugendamt über den Eintritt der Vormundschaft vom Familiengericht unverzüglich, also ohne schuldhaftes Zögern (§ 121 BGB) eine Bescheinigung. Funktionell zuständig ist gem. § 3 Nr. 2a RPflG der Rechtspfleger. § 190 Halbs. 2 stellt klar, dass das Jugendamt keine Bestallungsurkunde iSd. § 1791 BGB erhält.

---

1 NK-BGB/*Finger*, § 1751 BGB Rz. 2.
2 MüKo.BGB/*Maurer*, § 1751 BGB Rz. 3; NK-BGB/*Finger*, § 1751 BGB Rz. 3.
3 MüKo.BGB/*Maurer*, § 1751 BGB Rz. 4; Staudinger/*Frank*, § 1751 BGB Rz. 10; NK-BGB/*Finger*, § 1751 BGB Rz. 4; Erman/*Saar*, § 1751 BGB Rz. 6.
4 NK-BGB/*Finger*, § 1751 BGB Rz. 3.
5 Diese Ausnahme gilt auch bei einer gesetzlichen Amtsvormundschaft des Jugendamts nach § 1791c BGB; vgl. OLG Köln v. 4.11.1991 – 16 Wx 116/91, FamRZ 1992, 352; MüKo.BGB/*Maurer*, § 1751 BGB Rz. 7; NK-BGB/*Finger*, § 1751 BGB Rz. 6; Erman/*Saar*, § 1751 BGB Rz. 3; *Brüggemann*, Zentralblatt für Jugendrecht 1977, 203.
6 Eine bestehende Pflegschaft begrenzt die Kompetenz des Jugendamts als Adoptionsvormund; vgl. Erman/*Saar*, § 1751 BGB Rz. 3.
7 BT-Drucks. 16/6308, S. 247.
8 BT-Drucks. 16/6308, S. 247.

Formulierungsvorschlag:
Amtsgericht ... – Familiengericht – Geschäfts-Nr. ...
Bescheinigung für das Jugendamt
Vormund für ..., geboren am ..., wohnhaft in ..., ..., ist gem. § 1751 BGB das Jugendamt des Landkreises ... (dienstansässig ..., ...).
Rechtspfleger

Kosten/Gebühren: Gericht: Die Erteilung der Bescheinigung löst keine Gebühr aus (vgl. Abs. 1 der Anm. zu Nr. 1310 KV FamGKG). 8

191 *Verfahrensbeistand*
Das Gericht hat einem minderjährigen Beteiligten in Adoptionssachen einen Verfahrensbeistand zu bestellen, sofern dies zur Wahrnehmung seiner Interessen erforderlich ist. § 158 Abs. 2 Nr. 1 sowie Abs. 3 bis 8 gilt entsprechend.

A. Allgemeines

Ein **Verfahrensbeistand** für einen minderjährigen Beteiligten (§ 158) in Adoptionssachen ist nicht zwingend vorgesehen. § 191 Satz 1 ermöglicht dem Familiengericht nunmehr auch in diesen Verfahren, einem minderjährigen Beteiligten einen Verfahrensbeistand beizuordnen. Dies gilt für sämtliche Adoptionssachen iSd. § 186. Der frühere § 56f Abs. 2 FGG sah die Bestellung eines Verfahrenspflegers nur in einer bestimmten Konstellation im Aufhebungsverfahren vor. Da **Interessenkollisionen** in der Person des gesetzlichen Vertreters eines Minderjährigen nicht auf den Fall des früheren § 56f FGG begrenzt sind, hat der Gesetzgeber die Möglichkeit der Beiordnung eines Verfahrensbeistandes in allen Adoptionssachen eröffnet.[1] § 191 Satz 2 erklärt bestimmte Regelungen über den Verfahrensbeistand für entsprechend anwendbar. 1

B. Inhalt der Vorschrift

Das Familiengericht kann gem. § 191 Satz 1 einem minderjährigen Beteiligten in Adoptionssachen einen Verfahrensbeistand bestellen, sofern dies zur **Wahrnehmung seiner Interessen** erforderlich ist. Nach § 158 Abs. 1 hat das Gericht einem minderjährigen Kind in Kindschaftssachen, die seine Person betreffen, stets einen geeigneten Verfahrensbeistand zu bestellen, soweit dies zur Wahrnehmung seiner Interessen erforderlich ist. Im Gegensatz dazu handelt es sich nach dem Wortlaut des § 191 Satz 1 bei dieser Vorschrift nur um eine Kann-Bestimmung. Gleichwohl wird man § 191 Satz 1 dahingehend verstehen müssen, dass diese Vorschrift eine Verpflichtung zur Bestellung eines Verfahrensbeistandes in Adoptionssachen enthält, sofern dies zur Wahrnehmung der Interessen des minderjährigen Beteiligten erforderlich ist. Entsprechend § 158 Abs. 1 kann zum Verfahrensbeistand nur eine Person bestellt werden, die persönlich und fachlich geeignet ist, die Interessen des Kindes festzustellen und sachgerecht in das Verfahren einzubringen.[2] 2

Maßstab für die **Erforderlichkeit** der Bestellung eines Verfahrensbeistandes in Adoptionssachen ist die aus den konkreten Umständen des Einzelfalls abzuleitende Gefahr, dass die Interessen des minderjährigen Beteiligten weder durch die allgemeinen Verfahrensgarantien oder einen Verfahrensbevollmächtigten (§§ 191 Satz 2, 158 Abs. 5) hinreichend gewahrt werden noch die gesetzlichen Vertreter in der Lage sind, die Interessen des Kindes wahrzunehmen.[3] 3

Gem. § 191 Satz 2 gelten die Regelungen über den **Verfahrensbeistand in Kindschaftssachen** in § 158 Abs. 2 Nr. 1 sowie Abs. 3 bis 8 für den Verfahrensbeistand in 4

---

1 BT-Drucks. 16/6308, S. 248.
2 Vgl. BT-Drucks. 16/6308, S. 238.
3 Vgl. Keidel/*Engelhardt*, § 191 FamFG Rz. 3; MüKo.ZPO/*Maurer*, § 191 FamFG Rz. 1.

Adoptionssachen entsprechend (vgl. hierzu näher § 158 Rz. 8 ff.). Dies bedeutet, dass die Bestellung eines Verfahrensbeistandes in Adoptionssachen idR erforderlich ist, wenn das Interesse des minderjährigen Beteiligten zu dem seiner gesetzlichen Vertreter in erheblichem Gegensatz steht (§§ 191 Satz 2, 158 Abs. 2 Nr. 1). Bei gemeinsamer Sorge genügt ein erheblicher **Interessengegensatz** zu einem Sorgeberechtigten.

5   Der Verfahrensbeistand ist so früh wie möglich zu bestellen (§§ 191 Satz 2, 158 Abs. 3 Satz 1). Er wird durch seine Bestellung als Beteiligter zum Verfahren hinzugezogen (§§ 191 Satz 2, 158 Abs. 3 Satz 2). Sieht das Gericht im Fall des §§ 191 Satz 2, 158 Abs. 2 Nr. 1 von der Bestellung eines Verfahrensbeistands ab, ist dies in der Endentscheidung zu begründen (§§ 191 Satz 2, 158 Abs. 3 Satz 3). Die Bestellung eines Verfahrensbeistands oder deren Aufhebung sowie die Ablehnung einer derartigen Maßnahme sind nicht selbständig anfechtbar (§§ 191 Satz 2, 158 Abs. 3 Satz 4).

6   Der Verfahrensbeistand hat das Interesse des Kindes festzustellen und im gerichtlichen Verfahren zur Geltung zu bringen (§§ 191 Satz 2, 158 Abs. 4 Satz 1). Er hat das Kind über Gegenstand, Ablauf und möglichen Ausgang des Verfahrens in geeigneter Weise zu informieren (§§ 191 Satz 2, 158 Abs. 4 Satz 2). Soweit nach den Umständen des Einzelfalls ein Erfordernis besteht, kann das Gericht dem Verfahrensbeistand die zusätzliche Aufgabe übertragen, Gespräche mit den Eltern und weiteren Bezugspersonen des Kindes zu führen sowie am Zustandekommen einer einvernehmlichen Regelung über den Verfahrensgegenstand mitzuwirken (§§ 191 Satz 2, 158 Abs. 4 Satz 3). Das Gericht hat Art und Umfang der Beauftragung konkret festzulegen und die Beauftragung zu begründen (§§ 191 Satz 2, 158 Abs. 4 Satz 4). Der Verfahrensbeistand kann im Interesse des Kindes Rechtsmittel einlegen (§§ 191 Satz 2, 158 Abs. 4 Satz 5). Er ist jedoch nicht gesetzlicher Vertreter des Kindes (§§ 191 Satz 2, 158 Abs. 4 Satz 6).

7   Die Bestellung des Verfahrensbeistandes soll unterbleiben oder aufgehoben werden, wenn die Interessen des Kindes von einem **Rechtsanwalt** oder einem **anderen geeigneten Verfahrensbevollmächtigten** angemessen vertreten werden (§§ 191 Satz 2, 158 Abs. 5). Sie endet, sofern sie nicht vorher aufgehoben wird, mit der Rechtskraft der das Verfahren abschließenden Entscheidung oder mit dem sonstigen Abschluss des Verfahrens (§§ 191 Satz 2, 158 Abs. 6). Die Vergütung des Verfahrensbeistandes richtet sich nach §§ 191 Satz 2, 158 Abs. 7, 277 Abs. 1. Dem Verfahrensbeistand sind keine Kosten aufzuerlegen (§§ 191 Satz 2, 158 Abs. 8).

8   **Kosten/Gebühren: Gericht:** Die Bestellung des Verfahrensbeistandes löst keine Gebühren aus. Die an den Verfahrensbeistand gezahlte Vergütung wird als Auslage des Verfahrens geltend gemacht (Nr. 2013 KV FamGKG).

192 *Anhörung der Beteiligten*

(1) Das Gericht hat in Verfahren auf Annahme als Kind oder auf Aufhebung des Annahmeverhältnisses den Annehmenden und das Kind persönlich anzuhören.

(2) Im Übrigen sollen die beteiligten Personen angehört werden.

(3) Von der Anhörung eines minderjährigen Beteiligten kann abgesehen werden, wenn Nachteile für seine Entwicklung, Erziehung oder Gesundheit zu befürchten sind oder wenn wegen des geringen Alters von einer Anhörung eine Aufklärung nicht zu erwarten ist.

A. Allgemeines 1	II. Anhörung der weiteren Beteiligten (Absatz 2) 6
B. Inhalt der Vorschrift	III. Ausnahmen für die Anhörung eines minderjährigen Beteiligten (Absatz 3) 7
I. Anhörung des Annehmenden und des Kindes in Verfahren nach § 186 Nr. 1 und 3 (Absatz 1) 2	

A. Allgemeines

Die Vorschrift regelt die **Anhörung der Beteiligten**. § 192 Abs. 1 sieht in Verfahren auf Annahme als Kind (§ 186 Nr. 1; vgl. § 186 Rz. 2 ff.) und auf Aufhebung des Annahmeverhältnisses (§ 186 Nr. 3; vgl. § 186 Rz. 33 ff.) die persönliche Anhörung des Annehmenden und des Kindes vor. Angesichts der besonderen Tragweite der zu treffenden Entscheidung ist es nach Ansicht des Gesetzgebers erforderlich, dass das Gericht sich einen persönlichen Eindruck verschafft.[1] Bei minderjährigen Kindern entspricht § 192 Abs. 1 im Zusammenwirken mit der Ausnahmevorschrift des § 192 Abs. 3 weitgehend dem früheren § 55c FGG.[2] Nach § 192 Abs. 2 sollen die weiteren beteiligten Personen angehört werden. Diese Vorschrift erfasst außer den in § 192 Abs. 1 nicht genannten Personen auch die Verfahren nach § 186 Nr. 2 und 4. § 192 Abs. 3 enthält schließlich eine Einschränkung für das Erfordernis der Anhörung eines minderjährigen Beteiligten. Der Gesetzgeber wollte mit der Neuregelung die Kriterien, nach denen ausnahmsweise von einer Anhörung abgesehen werden kann, deutlicher als bisher hervorheben.

1

B. Inhalt der Vorschrift

I. Anhörung des Annehmenden und des Kindes in Verfahren nach § 186 Nr. 1 und 3 (Absatz 1)

Die **persönliche Anhörung des Annehmenden und des Kindes** ist bei der Annahme als Kind insbesondere im Hinblick auf die Klärung der Frage, ob die Voraussetzungen des § 1741 Abs. 1 Satz 1 BGB erfüllt sind, von Bedeutung. Nach dieser Vorschrift ist die Annahme als Kind nur zulässig, wenn sie dem **Wohl des Kindes** dient und zu erwarten ist, dass zwischen dem Annehmenden und dem Kind ein **Eltern-Kind-Verhältnis** entsteht. Die Voraussetzungen des § 1741 Abs. 1 Satz 1 BGB müssen kumulativ vorliegen.[3] Die Annahme dient dem Kindeswohl, wenn im Vergleich zu den gegenwärtigen Lebensbedingungen eine merklich bessere Entwicklung der Persönlichkeit des Kindes zu erwarten ist.[4] Der Annehmende muss zudem zur Erziehung des Kindes geeignet sein.[5] Ein hohes Alter des Annehmenden bzw. ein großer Altersunterschied zum Kind verlangen daher eine sorgfältige Prüfung des Kindeswohls.[6] Sexuelle Beziehungen zwischen Kind und Annehmendem stehen einem Eltern-Kind-Verhältnis entgegen.[7] Vor der Annahme kann ein Aids-Test verlangt werden.[8] Eine Zurückweisung des Antrages wegen Homosexualität des Annahmewilligen verstößt gegen Art. 14 EMRK.[9]

2

Bei einer Volljährigenadoption ist insbesondere die **sittliche Rechtfertigung der Annahme** iSd. § 1767 Abs. 1 Halbs. 1 BGB klärungsbedürftig. Dieser unbestimmte Rechtsbegriff soll missbräuchliche Volljährigenadoptionen verhindern.[10] Eine sittliche Rechtfertigung der Annahme ist gem. § 1767 Abs. 1 Halbs. 2 BGB insbesondere anzunehmen, wenn zwischen dem Annehmenden und dem Anzunehmenden ein **Eltern-Kind-Verhältnis** bereits entstanden ist. Das Eltern-Kind-Verhältnis[11] muss zur

3

---

1 BT-Drucks. 16/6308, S. 248.
2 BT-Drucks. 16/6308, S. 248.
3 Erman/*Saar*, § 1741 BGB Rz. 1.
4 BayObLG v. 6.12.1996 – 1 Z BR 100/96, FamRZ 1997, 839.
5 Erman/*Saar*, § 1741 BGB Rz. 4.
6 OLG Oldenburg v. 3.11.1995 – 5 W 187/95, FamRZ 1996, 895.
7 *Krause*, NotBZ 2006, 221.
8 KG v. 23.4.1991 – 1 W 441/89, FamRZ 1991, 1101.
9 EGMR v. 26.2.2002 – 35615/97, FamRZ 2003, 149.
10 Erman/*Saar*, § 1767 BGB Rz. 7.
11 Von einem Eltern-Kind-Verhältnis zwischen einem in der Bundesrepublik Deutschland lebenden Onkel indischer Staatsangehörigkeit und seinem illegal in die Bundesrepublik Deutschland eingereisten Neffen kann jedenfalls dann nicht ausgegangen werden, wenn der Annehmende über die Umstände der illegalen Einreise nach Deutschland und des darauf folgenden illegalen Aufenthalts nicht informiert war; vgl. OLG Köln v. 29.7.2011 – 4 UF 108/11, FGPrax 2011, 297.

Überzeugung des Gerichts feststehen.[1] Die Annahme ist in diesen Fällen regelmäßig unabhängig von den mit ihr verfolgten Zielen auszusprechen. Ist das Eltern-Kind-Verhältnis noch nicht entstanden, sind die Motive der Beteiligten eingehend zu würdigen. Die Annahme ist nur dann sittlich gerechtfertigt, wenn die Gründe, die für die Entstehung einer Eltern-Kind-Beziehung sprechen, deutlich überwiegen. Erforderlich ist insoweit eine objektive Erwartung.[2] Verbleiben begründete Zweifel, ist die Adoption durch das Familiengericht abzulehnen. Nebenzwecke, die die Beteiligten verfolgen, schaden jedoch nicht. Begründete Zweifel an einem Eltern-Kind-Verhältnis gehen zulasten der Antragsteller.[3] Mit einem Eltern-Kind-Verhältnis unvereinbar sind geschlechtliche Beziehungen.[4] Auch wirtschaftliche Interessen allein sind nicht ausreichend. Bilden diese jedoch einen Nebenzweck der Annahme – wie etwa Ersparnis von Erbschaftsteuer[5] –, schaden sie nicht.[6] Nicht ausreichend sind darüber hinaus allein freundschaftliche Beziehungen,[7] das Bestehen einer Hausgemeinschaft,[8] die Sicherung der Namensfolge, auch bei Adelsnamen,[9] oder allein ausländerrechtliche Gründe.[10] Ebenso kann ein geringer Altersunterschied gegen die Annahme sprechen.[11] Die Annahme eines Volljährigen, bei der das Motiv im Vordergrund steht, den Anzunehmenden, welcher bereits Pflegeleistungen für den Annehmenden erbringt, stärker an sich zu binden, ist ebenfalls nicht sittlich gerechtfertigt.[12] Gleiches gilt für eine Volljährigenadoption, bei der die finanzielle Absicherung des Anzunehmenden im Vordergrund steht.[13] Die Regelung der Hofnachfolge soll dagegen neben familienbezogenen Zwecken eine Annahme rechtfertigen können. Auch eine Annahme, durch welche Kinder und Eltern zu Adoptivgeschwistern werden, ist nicht ausgeschlossen.[14]

4 **Gegenstand der Anhörung** im Rahmen eines Aufhebungsverfahrens ist nicht zuletzt § 1761 Abs. 2 BGB. Diese Vorschrift ist in allen Fällen zu berücksichtigen, in denen eine Aufhebung der Adoption in Betracht kommt.[15] Nach ihr darf das Annahmeverhältnis nicht aufgehoben werden, wenn dadurch das Wohl des Kindes erheblich gefährdet würde, es sei denn, dass überwiegende Interessen des Annehmenden die Aufhebung erfordern. Letzteres kann zB der Fall sein, wenn der Adoptionsantrag gefehlt hat oder unwirksam war.[16] Überwiegende Interessen des Annehmenden können auch Vermögensinteressen sein.[17] Im Regelfall wird ein Sachverständigengutachten erforderlich sein, um die Folgen der Aufhebung für das Kind beurteilen zu können. Anzunehmen ist eine erhebliche Kindeswohlgefährdung zB bei schwer wiegendem Trennungsschmerz des Kindes nach Abbruch der Verbindungen zu seiner neuen Familie.[18] Eine mit jedem Wechsel verbundene Umstellung reicht für eine erhebliche Kindeswohlgefährdung dagegen nicht aus.[19]

---

1 BayObLG v. 21.11.1996 – 1 Z BR 199/96, FamRZ 1997, 638; OLG Frankfurt v. 24.10.1996 – 20 W 355/96, FamRZ 1997, 638.
2 BayObLG v. 14.10.1997 – 1 Z BR 136/97, NJWE-FER 1998, 78; OLG Köln v. 7.4.2003 – 16 Wx 63/03, FamRZ 2003, 1870.
3 OLG Frankfurt v. 11.2.1999 – 20 W 190/98, NJWE-FER 2000, 29; OLG Schleswig v. 3.6.2009 – 2 W 26/09, FamRB 2010, 39 (*Krause*).
4 Erman/*Saar*, § 1767 BGB Rz. 6; MüKo.BGB/*Maurer*, § 1767 BGB Rz. 6.
5 Eine Volljährigenadoption, bei der steuerliche Motive im Vordergrund standen, hat das OLG München mit Beschluss v. 19.12.2008 – 31 Wx 49/08, ZEV 2009, 83, abgelehnt.
6 *Krause*, NotBZ 2007, 43 (44).
7 BayObLG v. 16.4.1997 – 1 Z BR 202/96, FamRZ 1998, 504.
8 OLG Celle v. 6.10.1994 – 18 W 22/94, FamRZ 1995, 829.
9 BGH v. 10.10.1996 – III ZR 205/95, FamRZ 1996, 1533; BayObLG v. 31.7.1992 – 1 Z BR 69/92.
10 OLG Schleswig v. 3.6.2009 – 2 W 26/09, FamRB 2010, 39 (*Krause*).
11 BayObLG v. 14.10.1997 – 1 Z BR 136/97, NJWE-FER 1998, 78.
12 OLG München v. 5.5.2009 – 31 Wx 017/09, FamRB 2009, 241 (*Krause*).
13 OLG München v. 8.6.2009 – 31 Wx 22/09, MDR 2009, 930.
14 BayObLG v. 21.4.2004 – 1 Z BR 019/04, MittBayNot 2004, 443.
15 MüKo.BGB/*Maurer*, § 1761 BGB Rz. 6; Erman/*Saar*, § 1761 BGB Rz. 3.
16 Erman/*Saar*, § 1761 BGB Rz. 3.
17 Bamberger/Roth/*Enders*, § 1761 BGB Rz. 3; NK-BGB/*Finger*, § 1761 BGB Rz. 4.
18 NK-BGB/*Finger*, § 1761 BGB Rz. 3; MüKo.BGB/*Maurer*, § 1761 BGB Rz. 5.
19 NK-BGB/*Finger*, § 1761 BGB Rz. 3.

Gegenstand der Anhörung hinsichtlich der Aufhebung einer **Volljährigenadoption** ist insbesondere die Frage, ob ein **wichtiger Grund** iSd. § 1771 Satz 1 BGB vorliegt. Ein solcher ist anzunehmen, wenn dem Angenommenen und dem Annehmenden nicht mehr zugemutet werden kann, an dem Annahmeverhältnis fest zu halten. Dies ist regelmäßig der Fall, wenn die Annahme gescheitert ist. Die gemeinsame Antragstellung reicht für sich allein noch nicht für die Bejahung eines wichtigen Grundes aus.[1] Als wichtige Gründe kommen zB in Betracht: subjektive Schwierigkeiten mit der Namensänderung,[2] Täuschung über Vermögensverhältnisse,[3] Verbrechen gegen Adoptivverwandte[4] oder sonstige schwere Verstöße gegen die Familienbindung.[5] Führt die Adoption zu einer schweren Identitätskrise des Angenommenen mit Krankheitswert und hat sich der Angenommene ernstlich, aber vergeblich um eine Lösung dieser Identitätskrise bemüht, kann dies einen Aufhebungsgrund darstellen.[6] Kein wichtiger Grund liegt dagegen vor, wenn mit der Annahme sittenwidrige Zwecke verfolgt worden sind (zB Erlangung der Aufenthaltserlaubnis durch Ausländer),[7] oder wenn sich die familiären Beziehungen nicht nach den Erwartungen der Beteiligten entwickelt haben.[8]

II. Anhörung der weiteren Beteiligten (Absatz 2)

Gem. § 192 Abs. 2 sollen die weiteren Beteiligten angehört werden. Dies sind im Verfahren auf Annahme als Kind (§ 186 Nr. 1) insbesondere die **Eltern des Anzunehmenden** nach Maßgabe des § 188 Abs. 1 Nr. 1b (vgl. § 188 Rz. 10 ff.) und die **Ehegatten des Annehmenden bzw. Anzunehmenden** nach Maßgabe des § 188 Abs. 1 Nr. 1c (vgl. § 188 Rz. 14 ff.). Im Verfahren auf Ersetzung der Einwilligung zur Annahme als Kind (§ 186 Nr. 2) sind in erster Linie diejenigen **Personen, deren Einwilligung ersetzt werden soll**, als Beteiligte iSd. § 188 Abs. 1 Nr. 2 anzuhören (vgl. § 188 Rz. 19). Beteiligte in einem Verfahren auf Aufhebung des Annahmeverhältnisses (§ 186 Nr. 3) sind nach § 188 Abs. 1 Nr. 3 neben dem **Annehmenden** und dem **Angenommenen** die **leiblichen Eltern des minderjährigen Angenommenen** (vgl. § 188 Rz. 23 f.). Im Verfahren auf Befreiung vom Eheverbot des § 1308 Abs. 1 BGB nach § 186 Nr. 4 sind schließlich als Beteiligte iSd. § 188 Abs. 1 Nr. 4 die **Verlobten** anzuhören (vgl. § 188 Rz. 25). Sind das **Jugendamt** oder das **Landesjugendamt** auf ihren Antrag Beteiligte nach § 188 Abs. 2, sind sie unabhängig von §§ 194, 195 ebenfalls anzuhören.

III. Ausnahmen für die Anhörung eines minderjährigen Beteiligten (Absatz 3)

Von der **Anhörung eines minderjährigen Beteiligten** kann nach § 192 Abs. 3 abgesehen werden, wenn Nachteile für seine Entwicklung, Erziehung oder Gesundheit zu befürchten sind oder wenn wegen des geringen Alters von einer Anhörung eine Aufklärung nicht zu erwarten ist. Will das Familiengericht von der Anhörung absehen, muss es die *leitenden* Gründe darlegen.

Kosten/Gebühren: RA: Findet ein Anhörungstermin statt, fällt die Terminsgebühr nach Nr. 3104 VV RVG an.

193 Anhörung weiterer Personen
Das Gericht hat in Verfahren auf Annahme als Kind die Kinder des Annehmenden und des Anzunehmenden anzuhören. § 192 Abs. 3 gilt entsprechend.

---

1 NK-BGB/*Finger*, § 1771 BGB Rz. 3; Erman/*Saar*, § 1771 BGB Rz. 2; Staudinger/*Frank*, § 1771 BGB Rz. 10; aA MüKo.BGB/*Maurer*, § 1771 BGB Rz. 6.
2 LG Münster v. 18.4.2002 – 5 T 294/02, FamRZ 2002, 1655.
3 *Krause*, NotBZ 2007, 276 (283); aA NK-BGB/*Finger*, § 1771 BGB Rz. 4.
4 NK-BGB/*Finger*, § 1771 BGB Rz. 3.
5 *Krause*, NotBZ 2007, 276 (283).
6 OLG Köln v. 10.7.2012 – II-4 UF 45/12, FamRB 2013, 13 (*Krause*).
7 OLG Schleswig v. 4.1.1995 – 2 W 120/94, NJW-RR 1995, 583.
8 Erman/*Saar*, § 1771 BGB Rz. 2.

§ 193

A. Allgemeines 1
B. Inhalt der Vorschrift
  I. Anhörung der Kinder des Annehmenden und des Anzunehmenden (Satz 1)   2
    1. Verbot der Annahme eines Minderjährigen nach § 1745 BGB 3
    2. Verbot der Annahme eines Volljährigen nach § 1769 BGB 9
  II. Ausnahmen für die Anhörung eines minderjährigen Kindes (Satz 2) 14

A. Allgemeines

1 Die Anhörung der Beteiligten ist in § 192 normiert (vgl. § 192 Rz. 2 ff.). § 193 sieht demgegenüber die **Anhörung weiterer Personen** vor. Die Kinder des Annehmenden und des Anzunehmenden sind in § 188 Abs. 1 Nr. 1 nicht als Beteiligte eines Verfahrens auf Annahme als Kind (§ 186 Nr. 1) genannt. Im Regelfall sind sie auch nicht als Beteiligte nach der allgemeinen Vorschrift des § 7 hinzuzuziehen.

B. Inhalt der Vorschrift

I. Anhörung der Kinder des Annehmenden und des Anzunehmenden (Satz 1)

2 Gem. § 193 Satz 1 hat das Gericht in Verfahren auf Annahme als Kind die **Kinder des Annehmenden und des Anzunehmenden** anzuhören.[1] Diese Regelung soll die in den §§ 1745, 1769 BGB vorgesehene Berücksichtigung der Interessen der Abkömmlinge sicherstellen.[2] Die Anhörungspflicht gilt ausdrücklich nicht für die Verfahren nach § 186 Nr. 2–4.

2a Minderjährige Kinder des Annehmenden gehören in einem Verfahren zur Adoption weiterer minderjähriger Kinder nicht zu den Beteiligten iSd. §§ 7, 188 FamFG. Sie können deshalb zur Wahrnehmung ihrer Anhörungsmöglichkeiten nach § 193 FamFG keine Verfahrenskostenhilfe beantragen.[3]

1. Verbot der Annahme eines Minderjährigen nach § 1745 BGB

3 Gem. § 1745 BGB darf eine Annahme nicht ausgesprochen werden, wenn **wichtige Interessen Dritter** entgegenstehen. Berücksichtigung finden insoweit die Interessen der Kinder des Annehmenden oder des Anzunehmenden einerseits und die Interessen des Anzunehmenden andererseits. Die Vorschrift gilt sowohl für leibliche Kinder wie auch für solche aus anderen Annahmeverhältnissen.[4] Eine Einbenennung iSd. § 1618 BGB genügt nicht.[5] Im Vordergrund stehen immaterielle Interessen, wirtschaftliche Erwägungen sollen nicht ausschlaggebend sein. Eine Einwilligung der Kinder in die Adoption ist gesetzlich jedoch nicht vorgesehen.

4 Das Familiengericht hat sämtliche Tatsachen, die für die Adoption von Bedeutung sein können, von Amts wegen zu ermitteln (§ 26). Dies gilt auch für die von § 1745 BGB geschützten Interessen. Ein Verstoß gegen § 1745 BGB führt nicht zur Unwirksamkeit des Annahmebeschlusses.[6]

5 Durch die Annahme werden die Interessen der weiteren Kinder des Annehmenden in vielfältiger Weise berührt. Die Annahme kann nicht nur ihre Unterhaltsansprüche oder Erbaussichten mindern, möglich ist auch eine Beeinträchtigung ihrer persönlichen Pflege, Betreuung und Erziehung. § 1745 BGB gilt auch, wenn aus einer Ehe gemeinschaftliche Kinder hervorgegangen sind und ein Ehegatte erst- oder voreheliche Kinder seines Partners annimmt.[7] Eine Stiefkindadoption, mit der der Zweck verfolgt

---

1 S. auch BVerfG v. 20.10.2008 – 1 BvR 291/06, ZEV 2009, 44: Eine unterbliebene Anhörung verstößt gegen den Anspruch auf rechtliches Gehör aus Art. 103 Abs. 1 GG.
2 BT-Drucks. 17/6308, S. 248.
3 OLG Düsseldorf v. 22.12.2010 – II-8 WF 282/10, FamRB 2011, 73 (*Krause*).
4 NK-BGB/*Finger*, § 1745 BGB Rz. 1; Erman/*Saar*, § 1745 BGB Rz. 2.
5 NK-BGB/*Finger*, § 1745 BGB Rz. 1.
6 NK-BGB/*Finger*, § 1745 BGB Rz. 1.
7 *Krause*, NotBZ 2006, 221 (224).

wird, ihre Unterhaltsansprüche zu verkürzen, haben die Kinder des Annehmenden nicht hinzunehmen.[1]

Die Kinder des Anzunehmenden werden von dessen Adoption mittelbar betroffen. Gem. § 1754 BGB erhält der Angenommene die rechtliche Stellung eines Kindes mit allen sich daraus ergebenden Rechtsfolgen. Weiterhin erlischt gem. § 1755 Abs. 1 Satz 1 BGB mit der Annahme das Verwandtschaftsverhältnis des Kindes und seiner Abkömmlinge zu den bisherigen Verwandten. Die Kinder des Anzunehmenden erhalten demzufolge etwa „neue" Großeltern.

Die Interessen des anzunehmenden Kindes werden bereits im Rahmen des § 1741 BGB bei der Prüfung, ob die Annahme dem Wohl des Kindes dient, berücksichtigt.[2]

Im Rahmen der nach § 1745 BGB vorgesehenen **Interessenabwägung** sind die Belange der Kinder des Annehmenden oder des Anzunehmenden und die Interessen des anzunehmenden Kindes selbst einander gegenüberzustellen.[3] Nach § 1745 Satz 2 BGB sollen vermögensrechtliche Interessen, wie zB eine Beeinträchtigung der Unterhaltsansprüche oder eine Schmälerung der Erbquoten,[4] dabei nicht ausschlaggebend sein. Sie können aber gleichwohl in die Interessenabwägung mit einbezogen werden. Bildet die Kürzung der Unterhaltsansprüche vorhandener Kinder das Motiv der Annahme, ist diese zu versagen.[5]

2. Verbot der Annahme eines Volljährigen nach § 1769 BGB

Gem. § 1769 BGB darf die Annahme eines Volljährigen nicht ausgesprochen werden, wenn ihr **überwiegende Interessen** der Kinder des Annehmenden oder des Anzunehmenden entgegenstehen. § 1769 BGB tritt im Rahmen der Volljährigenadoption an die Stelle des für die Minderjährigenadoption geltenden § 1745 BGB. Im Gegensatz zur Minderjährigenadoption bleibt bei der Volljährigenadoption eine etwaige Gefährdung der Interessen des Anzunehmenden durch Kinder des Annehmenden unberücksichtigt. Darüber hinaus ist § 1745 Satz 2 BGB nicht anwendbar, so dass bei der Volljährigenadoption auch vermögensrechtliche Interessen zu berücksichtigen sind.[6] Das AG Bremen[7] misst dem Verbot des § 1769 BGB nur in Ausnahmefällen Bedeutung zu. Seiner Ansicht nach überwiegt ein im Falle einer Adoption verringerter Pflichtteilsanspruch der Kinder des Annehmenden idR nicht das Interesse an der rechtlichen Verankerung einer jahrzehntelang tatsächlich gelebten familiären Beziehung. Im Ergebnis hat sich dieser Auffassung auch das OLG München[8] angeschlossen.

Ideelle Interessen der Kinder des Annehmenden und der Kinder des Anzunehmenden werden bei einer sittlich gerechtfertigten Annahme eines Volljährigen idR nur selten berührt. Vermögensrechtliche Folgen spielen dagegen bei der Volljährigenadoption, insbesondere im Bereich des Erb- und des Unterhaltsrechts, eine erhebliche Rolle. So tritt neben die Kinder des Annehmenden ein weiterer Miterbe sowie Pflichtteils- und Unterhaltsberechtigter. Im Einzelfall kann die Annahme eines Volljährigen als Kind trotz sittlicher Rechtfertigung aus diesen Gründen scheitern.[9] Dies ist etwa der Fall, wenn das leibliche Kind das elterliche Unternehmen fortführen soll und eine Auszahlung der Erbansprüche an das anzunehmende Kind das Unternehmen in wirtschaftliche Schwierigkeiten bringen würde.

---

1 *Krause*, NotBZ 2006, 221 (224).
2 Vgl. auch *Engler*, FamRZ 1976, 586.
3 Die Abwägung setzt voraus, dass die Interessen und Gegeninteressen feststehen; vgl. BayObLG v. 28.10.1999 – 1 Z BR 37/99, FamRZ 2000, 767.
4 Vgl. NK-BGB/*Finger*, § 1745 BGB Rz. 5; Erman/*Saar*, § 1745 BGB Rz. 3.
5 NK-BGB/*Finger*, § 1745 BGB Rz. 6; Erman/*Saar*, § 1745 BGB Rz. 3.
6 Erman/*Saar*, § 1769 BGB Rz. 1.
7 AG Bremen v. 7.7.2009 – 46 XVI 46/08, FamRZ 2009, 79 (*Brambring*).
8 OLG München v. 10.1.2011 – 33 UF 988/10, FamRB 2011, 214 (*Krause*).
9 NK-BGB/*Finger*, § 1769 BGB Rz. 1.

11 Vermögens-, insbesondere erbrechtliche Interessen treten zurück, wenn der Annehmende bereits als Minderjähriger in die Familie des Annehmenden aufgenommen wurde oder wenn ein Stiefkind adoptiert wird.[1] Die Möglichkeit des Entstehens eines Geschwisterverhältnisses zwischen den Kindern des Annehmenden und dem Anzunehmenden ist nicht zu berücksichtigen.[2]

12 Die Interessen der Kinder des Annehmenden und der Kinder des Anzunehmenden sind vom Gericht objektiv zu würdigen.[3] Die subjektive Einstellung der Kinder zur Adoption bleibt jedoch nicht unberücksichtigt. Stimmen sie einer Adoption zu, können objektive Interessen der Kinder nur unter außergewöhnlichen Umständen zu einem Verbot der Annahme des Volljährigen führen. Lehnen die Kinder des Annehmenden und des Anzunehmenden die Annahme als Kind ab, ist eine Abwägung der Interessen zwischen Annehmendem, Anzunehmendem und deren Kindern erforderlich.

13 Eine förmliche Einwilligung der Kinder des Anzunehmenden und der Kinder des Annehmenden ist nicht erforderlich. Bei minderjährigen Kindern hat das Gericht von Amts wegen zu ermitteln. Volljährige Kinder haben ihre Einwendungen selbst darzulegen.[4] Ein Adoptionsantrag, der mit der Einschränkung gestellt wurde, die Kinder nicht zu hören, ist als unzulässig abzuweisen.[5]

II. Ausnahmen für die Anhörung eines minderjährigen Kindes (Satz 2)

14 § 193 Satz 2 erklärt § 192 Abs. 3 für entsprechend anwendbar. Diese Vorschrift ermöglicht unter engen Voraussetzungen ein Absehen von der Anhörung Minderjähriger (vgl. § 192 Rz. 7).

15 **Kosten/Gebühren: RA:** Findet ein Anhörungstermin statt, fällt die Terminsgebühr nach Nr. 3104 VV RVG an.

194 *Anhörung des Jugendamts*

(1) In Adoptionssachen hat das Gericht das Jugendamt anzuhören, sofern der Anzunehmende oder Angenommene minderjährig ist. Dies gilt nicht, wenn das Jugendamt nach § 189 eine fachliche Äußerung abgegeben hat.

(2) Das Gericht hat dem Jugendamt in den Fällen, in denen dieses angehört wurde oder eine fachliche Äußerung abgegeben hat, die Entscheidung mitzuteilen. Gegen den Beschluss steht dem Jugendamt die Beschwerde zu.

A. Allgemeines

1 § 194 Abs. 1 Satz 1 schreibt eine **Anhörung des Jugendamts** in Adoptionssachen vor, sofern der Anzunehmende oder Angenommene minderjährig ist. Diese Vorschrift ersetzt den Katalog des früheren § 49 Abs. 1 FGG.[6] § 194 Abs. 1 Satz 2 enthält eine Ausnahme von dieser Anhörungspflicht für den Fall, dass das Jugendamt bereits nach § 189 eine fachliche Äußerung abgegeben hat (vgl. § 189 Rz. 4ff.). Eine entsprechende Regelung war bereits im früheren § 49 Abs. 1 Nr. 1 FGG enthalten.[7] § 194 Abs. 2 Satz 1 entspricht dem früheren § 49 Abs. 3 FGG. Nach dieser Vorschrift hat das Gericht dem Jugendamt in den Fällen, in denen dieses angehört wurde oder eine fachliche Äußerung abgegeben hat, die Entscheidung mitzuteilen. § 194 Abs. 2 Satz 2 knüpft daran an und enthält eine eigenständige, von § 59 unabhängige Beschwerdeberechtigung des Jugendamts.[8]

---

1 Erman/*Saar*, § 1769 BGB Rz. 3.
2 BT-Drucks. 7/3061, S. 53.
3 Erman/*Saar*, § 1769 Rz. 2.
4 Bamberger/Roth/*Enders*, § 1769 BGB Rz. 3; NK-BGB/*Finger*, § 1769 BGB Rz. 2.
5 BayObLG v. 22.11.1999 – 1 Z BR 124/99, FamRZ 2001, 121; NK-BGB/*Finger*, § 1769 BGB Rz. 2.
6 BT-Drucks. 16/6308, S. 248.
7 BT-Drucks. 16/6308, S. 248.
8 BT-Drucks. 16/6308, S. 248.

B. Inhalt der Vorschrift

Das Familiengericht ist gem. § 194 Abs. 1 Satz 1 verpflichtet, das Jugendamt bei **minderjährigen Anzunehmenden** oder **Angenommenen** in Adoptionssachen anzuhören. Diese gerichtliche Pflicht bezieht sich auf alle Adoptionssachen iSd. § 186. Sie besteht bei allen Minderjährigen, unabhängig davon, ob das Jugendamt bereits Hilfe gewährt hat oder als Vormund bzw. Pfleger tätig geworden ist.[1] Sie gilt auch, wenn das Kind eine ausländische Staatsangehörigkeit besitzt oder ausländisches Recht anzuwenden ist.[2] Ausnahmsweise kann von der Anhörung abgesehen werden, wenn von vornherein absehbar ist, dass keine gerichtliche Maßnahme in Betracht kommt.[3]

Das Jugendamt hat einerseits die erforderlichen Ermittlungen anzustellen und andererseits dem Familiengericht die ermittelten Tatsachen mitzuteilen. Insoweit soll es zu den beabsichtigten gerichtlichen Maßnahmen gutachterlich Stellung nehmen[4] und dem Gericht einen konkreten Entscheidungsvorschlag unterbreiten.[5]

Der Zeitpunkt und die Form der Anhörung des Jugendamts sind gesetzlich nicht geregelt. Die Anhörung wird regelmäßig schriftlich geschehen; in Eilfällen kann aber auch eine telefonische Anhörung in Frage kommen. Den Zeitpunkt der Anhörung hat das Gericht nach seinem Ermessen festzulegen. Naturgemäß muss er vor der Entscheidung des Gerichts liegen.[6]

Die Anhörung des Jugendamts nach § 194 Abs. 1 Satz 1 ist zwingend, sofern nicht der Ausnahmetatbestand des § 194 Abs. 1 Satz 2 vorliegt (vgl. Rz. 8). Ein Verstoß gegen diese Pflicht stellt einen schweren Verfahrensfehler dar, der zur Aufhebung der familiengerichtlichen Entscheidung führen kann.[7] Die Beschwerdeberechtigung des Jugendamts ergibt sich nunmehr aus § 194 Abs. 2 Satz 2.

Einer erneuten Anhörung im Beschwerdeverfahren bedarf es nur, wenn sich die tatsächlichen Verhältnisse seit der erstinstanzlichen Anhörung maßgeblich verändert haben.[8]

Die örtliche Zuständigkeit des Jugendamts richtet sich nach § 87b SGB VIII. Sie bleibt gem. § 87b Abs. 2 Satz 1 SBG VIII grundsätzlich bis zum Abschluss des Verfahrens bestehen.[9] Die Anhörung macht das Jugendamt nicht zum Verfahrensbeteiligten. Es ist jedoch gem. § 188 Abs. 2 auf Antrag am Verfahren zu beteiligen (vgl. § 188 Rz. 26).

Hat das zuständige Jugendamt bereits eine fachliche Äußerung nach § 189 abgegeben (vgl. § 189 Rz. 4ff.), ist keine zusätzliche Anhörung nach § 194 erforderlich. Dies stellt § 194 Abs. 1 Satz 2 klar.

Das Familiengericht hat gem. § 194 Abs. 2 Satz 1 dem Jugendamt in den Fällen, in denen das Jugendamt angehört wurde oder eine fachliche Äußerung abgegeben hat, die Entscheidung mitzuteilen. Diese Vorschrift dient der Information der Fachbehörde. Im Übrigen ist das Jugendamt gem. § 194 Abs. 2 Satz 2 **beschwerdeberechtigt**.

Kosten/Gebühren: RA: Findet ein Anhörungstermin statt, fällt die Terminsgebühr nach Nr. 3104 VV RVG an.

---

1 Vgl. Keidel/*Engelhardt*, § 194 FamFG Rz. 2.
2 Vgl. Keidel/*Engelhardt*, § 194 FamFG Rz. 2.
3 Vgl. Keidel/*Engelhardt*, § 194 FamFG Rz. 3.
4 BayObLG v. 15.4.1994 – 1 Z BR 17/94, FamRZ 1994, 1411; OLG Köln v. 31.3.1995 – 25 UF 53/95, NJW-RR 1995, 1410; *Oelkers*, Zentralblatt für Jugendrecht 1995, 811.
5 OLG Köln v. 31.3.1995 – 25 UF 53/95, NJW-RR 1995, 1410; OLG Karlsruhe v. 25.11.1996 – 11 Wx 79/96, NJWE-FER 1998, 4.
6 Vgl. Keidel/*Engelhardt*, § 194 FamFG Rz. 5.
7 BayObLG v. 30.4.1993 – 1 Z BR 104/92, FamRZ 1993, 1350; OLG Köln v. 31.3.1995 – 25 UF 53/95, NJW-RR 1995, 1410.
8 BayObLG v. 23.6.1994 – 1 Z BR 40/94, FamRZ 1995, 185.
9 Zur Pflicht zur Anhörung des Jugendamts am neuen Aufenthaltsort der Eltern oder des Kindes s. BayObLG v. 25.1.1995 – 1 Z BR 169/94, BayObLGZ 1995, 22.

195 Anhörung des Landesjugendamts

(1) In den Fällen des § 11 Abs. 1 Nr. 2 und 3 des Adoptionsvermittlungsgesetzes hat das Gericht vor dem Ausspruch der Annahme auch die zentrale Adoptionsstelle des Landesjugendamts anzuhören, die nach § 11 Abs. 2 des Adoptionsvermittlungsgesetzes beteiligt worden ist. Ist eine zentrale Adoptionsstelle nicht beteiligt worden, tritt an seine Stelle das Landesjugendamt, in dessen Bereich das Jugendamt liegt, das nach § 194 Gelegenheit zur Äußerung erhält oder das nach § 189 eine fachliche Äußerung abgegeben hat.

(2) Das Gericht hat dem Landesjugendamt alle Entscheidungen mitzuteilen, zu denen dieses nach Absatz 1 anzuhören war. Gegen den Beschluss steht dem Landesjugendamt die Beschwerde zu.

A. Allgemeines

1   § 195 Abs. 1 normiert in den Fällen des § 11 Abs. 1 Nr. 2 und 3 AdVermiG eine zusätzliche Pflicht des Familiengerichts zur **Anhörung der zentralen Adoptionsstelle des Landesjugendamts**. Die Vorschrift entspricht dem früheren § 49 Abs. 2 FGG. Eine § 195 Abs. 2 Satz 1 vergleichbare Mitteilungspflicht enthielt bereits § 49 Abs. 3 FGG. An diese knüpft § 195 Abs. 2 Satz 2 an und räumt dem Landesjugendamt eine eigenständige, von § 59 unabhängige Beschwerdeberechtigung ein.[1] Mitteilungspflicht und Beschwerdeberechtigung entsprechen den für die Anhörung des Jugendamts geltenden Regelungen des § 194 Abs. 2.

B. Inhalt der Vorschrift

2   Bei den Landesjugendämtern sind **zentrale Adoptionsstellen** eingerichtet. Gem. § 11 Abs. 1 Nr. 2 und 3 AdVermiG unterstützen diese die Adoptionsvermittlungsstellen bei ihrer Arbeit, insbesondere durch fachliche Beratung, wenn ein Adoptionsbewerber oder das Kind eine **ausländische Staatsangehörigkeit** besitzt oder **staatenlos** ist oder wenn ein Adoptionsbewerber oder das Kind **seinen Wohnsitz oder gewöhnlichen Aufenthalt nicht im Inland** hat. Die Mitwirkung der zentralen Adoptionsstellen der Landesjugendämter ist in solchen Adoptionsfällen mit Auslandsbezug geboten, da diese regelmäßig besondere Schwierigkeiten mit sich bringen.

3   Das Familiengericht hat in diesen Fällen gem. § 195 Abs. 1 Satz 1 vor Ausspruch der Annahme die zentrale Adoptionsstelle des Landesjugendamts anzuhören, die durch die Adoptionsvermittlungsstelle nach § 11 Abs. 2 AdVermiG am Adoptionsverfahren beteiligt worden ist. Unterblieb eine solche Beteiligung, hat das Familiengericht gem. § 195 Abs. 1 Satz 2 die zentrale Adoptionsstelle des Landesjugendamts anzuhören, in dessen Bereich das Jugendamt liegt, das nach § 194 Gelegenheit zur Äußerung erhalten oder nach § 189 eine fachliche Äußerung abgegeben hat.

4   Die Pflicht zur Anhörung der zentralen Adoptionsstelle des Landesjugendamts erstreckt sich nach dem Wortlaut des § 195 Abs. 1 Satz 1 nur auf Verfahren, die eine Annahme als Kind (§ 186 Nr. 1) zum Gegenstand haben. Sie kann aber nach § 26 auch in anderen Adoptionssachen mit Auslandsbezug geboten sein.[2]

5   Die Anhörung wird regelmäßig schriftlich erfolgen. Ihr Zeitpunkt hat vor der Entscheidung des Familiengerichts zu liegen. Ein Verstoß gegen die Anhörungspflicht stellt einen schweren Verfahrensfehler dar. Dieser kann zur Aufhebung der familiengerichtlichen Entscheidung führen.

6   Das Familiengericht hat gem. § 195 Abs. 2 Satz 1 dem Landesjugendamt alle Entscheidungen mitzuteilen, zu denen dieses nach § 195 Abs. 1 anzuhören war. Gegen diese steht dem Landesjugendamt nach § 195 Abs. 2 Satz 2 die **Beschwerde** zu. § 197 hat insoweit jedoch Vorrang.[3]

7   **Kosten/Gebühren: RA:** Findet ein Anhörungstermin statt, fällt die Terminsgebühr nach Nr. 3104 VV RVG an.

---

1 BT-Drucks. 16/6308, S. 248.
2 Vgl. Keidel/*Engelhardt*, § 195 FamFG Rz. 4; Bumiller/*Harders*, § 195 FamFG Rz. 1.
3 Schulte-Bunert/Weinreich/*Sieghörtner*, § 197 FamFG Rz. 9.

196 Unzulässigkeit der Verbindung
Eine Verbindung von Adoptionssachen mit anderen Verfahren ist unzulässig.

Gem. § 20 kann das Gericht Verfahren verbinden oder trennen, soweit es dies für sachdienlich hält. § 196 schließt demgegenüber eine **Verbindung** von Adoptionssachen mit anderen Verfahren aus. 1

Die Verfahren in Adoptionssachen sind durch zahlreiche Besonderheiten gekennzeichnet, nicht zuletzt durch das in § 1758 BGB geregelte Offenbarungs- und Ausforschungsverbot. § 1758 BGB bezweckt den Schutz des Adoptionsgeheimnisses. Die Ziele der Adoption könnten vereitelt werden, wenn die leiblichen Eltern oder Verwandten noch Jahre nach der Annahme ohne weiteres Kontakt zum Kind aufnehmen könnten. Auch wird das Geheimhaltungsinteresse der Adoptiveltern und -kinder an der Tatsache der Adoption und der Herkunft der Kinder geschützt. Die Verbindung eines anderen Verfahrens mit einer Adoptionssache ist damit nach Ansicht des Gesetzgebers nicht zu vereinbaren.[1] 2

197 Beschluss über die Annahme als Kind
(1) In einem Beschluss, durch den das Gericht die Annahme als Kind ausspricht, ist anzugeben, auf welche gesetzlichen Vorschriften sich die Annahme gründet. Wurde die Einwilligung eines Elternteils nach § 1747 Abs. 4 des Bürgerlichen Gesetzbuchs nicht für erforderlich erachtet, ist dies ebenfalls in dem Beschluss anzugeben.
(2) In den Fällen des Absatzes 1 wird der Beschluss mit der Zustellung an den Annehmenden, nach dem Tod des Annehmenden mit der Zustellung an das Kind wirksam.
(3) Der Beschluss ist nicht anfechtbar. Eine Abänderung oder Wiederaufnahme ist ausgeschlossen.

A. Allgemeines 1	3. Änderung des Namens des Kindes . 39
B. Inhalt der Vorschrift	4. Muster für einen Beschluss über die Annahme eines Minderjährigen als Kind 49a
I. Prüfungsschritte vor Erlass des Beschlusses über die Annahme als Kind	
1. Antrag 3	5. Muster für einen Beschluss über die Annahme eines Volljährigen als Kind 49b
2. Einwilligungen 9	
a) Annahme eines Minderjährigen	
aa) Einwilligung des Kindes . . . 10	III. Wirksamwerden des Beschlusses über die Annahme als Kind (Absatz 2) . . . 50
bb) Einwilligung der Eltern des Kindes 17	IV. Unanfechtbarkeit des Beschlusses über die Annahme als Kind (Abs. 3 Satz 1) . . 51
cc) Einwilligung des Ehegatten . 24	
b) Annahme eines Volljährigen . . . 25	V. Unabänderlichkeit des Beschlusses über die Annahme als Kind (Absatz 3 Satz 2) 52
c) Einwilligungserklärungen 26	
3. Ermittlungen und Anhörungen . . . 33	
4. Vorliegen der materiellen Voraussetzungen 34	VI. Berichtigung der Personenstandsbücher 53
II. Inhalt des Beschlusses über die Annahme als Kind (Absatz 1) 36	C. Beschluss über die Ablehnung eines Antrags auf Annahme als Kind 54
1. Angabe der gesetzlichen Vorschriften 37	D. Offenbarungs- und Ausforschungsverbot 55
2. Nichterforderlichkeit der Einwilligung eines Elternteils 38	

---

[1] BT-Drucks. 16/6308, S. 248; MüKo.ZPO/*Maurer*, § 196 FamFG Rz. 4 hält dagegen eine Verfahrensverbindung für zulässig, wenn dies sachdienlich ist.

A. Allgemeines

1 Die Annahme als Kind wird vom Familiengericht durch **Beschluss** ausgesprochen (§ 1752 Abs. 1, § 1768 Abs. 1 BGB). § 197 regelt den Inhalt eines solchen Beschlusses und sein Wirksamwerden. Im Übrigen bestimmt die Vorschrift, dass der Beschluss über die Annahme als Kind unanfechtbar und unabänderlich ist. § 197 entspricht dem früheren § 56e FGG.[1]

2 Die Vorschrift betrifft nur die Beschlüsse, durch die die Annahme als Kind ausgesprochen wird. Beschlüsse, die einen Adoptionsantrag ablehnen (vgl. Rz. 54), sind von § 197 nicht erfasst. Zu den Beschlüssen in den weiteren Adoptionssachen s. § 198.

B. Inhalt der Vorschrift

I. Prüfungsschritte vor Erlass des Beschlusses über die Annahme als Kind

1. Antrag

3 Notwendige Verfahrensvoraussetzung für das Tätigwerden des Familiengerichts ist zunächst ein wirksamer **Antrag** auf Annahme als Kind.

4 Bei Annahme eines Minderjährigen ist gem. § 1752 Abs. 1 BGB lediglich der Annehmende antragsberechtigt, nicht dagegen das Kind oder ein sonstiger Beteiligter. Der Antrag bedarf gem. § 1752 Abs. 2 Satz 2 BGB zu seiner Wirksamkeit der notariellen Beurkundung (s. den Formulierungsvorschlag in § 186 Rz. 13). Da nur die Ausfertigung der notariellen Urkunde die Urschrift im Rechtsverkehr ersetzt (§ 47 BeurkG), reicht die Einreichung einer beglaubigten Abschrift der Antragsurkunde beim Familiengericht nicht aus. Wie sich aus § 1752 Abs. 2 Satz 1 BGB ergibt, ist ein Adoptionsantrag bedingungsfeindlich. Er kann daher nicht unter der (aufschiebenden, § 158 Abs. 1 BGB) Bedingung einer künftigen Eheschließung gestellt werden. Dies gilt auch, wenn der Annehmende mit der Einreichung des Antrags beim Familiengericht darum bittet, das Annahmeverfahren bis nach erfolgter Eheschließung ruhen zu lassen.[2] Für die Beurkundung des Adoptionsantrags fällt, unabhängig davon, ob der Antrag durch eine Person oder durch Ehegatten gestellt wird, eine Gebühr zum Gebührensatz von 1,0, mindestens 60 Euro, nach KV 21200 GNotKG an. Bei Annahme eines Minderjährigen beträgt der Geschäftswert 5 000 Euro (§ 101 GNotKG).

5 Wirksam wird der Antrag mit Eingang beim Familiengericht. Er ist durch den Annehmenden **höchstpersönlich** zu stellen. Dies bedeutet, dass der Antrag persönlich zur Niederschrift des Notars erklärt werden muss. Der Notar kann jedoch – wie dies regelmäßig geschieht – mit der Einreichung des Antrags bei Gericht betraut werden.[3] Der Annehmende muss geschäftsfähig sein. Eine gesetzliche Vertretung bei der Antragstellung ist nicht möglich. Ebenso ausgeschlossen ist eine rechtsgeschäftliche Vertretung. Die fehlende Geschäftsfähigkeit führt zwingend zur Zurückweisung des Antrags.[4]

6 Eine Rücknahme des Antrags ist bis zum Ausspruch der Annahme möglich. Sie bedarf keiner besonderen Form.[5] Eine Rücknahme vor Zustellung des Annahmebeschlusses führt nicht zur Nichtigkeit des gleichwohl ergangenen Annahmebeschlusses.[6]

7 Das Antragsrecht ist nicht vererblich.[7] Der Tod des Antragstellers bringt das Verfahren zur Erledigung, sofern nicht ein Fall des § 1753 Abs. 2 BGB vorliegt. Ebenso

---

[1] BT-Drucks. 16/6308, S. 248.
[2] KG v. 6.6.2012 – 17 UF 102/12, FamRB 2012, 371 (*Krause*).
[3] Bamberger/Roth/*Enders*, § 1752 BGB Rz. 2; NK-BGB/*Finger*, § 1752 BGB Rz. 2; Erman/*Saar*, § 1752 BGB Rz. 3.
[4] NK-BGB/*Finger*, § 1752 BGB Rz. 2.
[5] Staudinger/*Frank*, § 1752 BGB Rz. 8; Keidel/*Engelhardt*, § 197 FamFG Rz. 4; aA Erman/*Saar*, § 1752 BGB Rz. 4.
[6] *Krause*, NotBZ 2006, 221 (232); aA Bamberger/Roth/*Enders*, § 1752 BGB Rz. 3.
[7] BayObLG v. 25.7.1995 – 1 Z BR 168/94, FamRZ 1995, 1604; NK-BGB/*Finger*, § 1752 BGB Rz. 2.

wie die Einwilligungserklärungen nach §§ 1746, 1747 und 1749 BGB (vgl. § 1750 Abs. 2 BGB) ist der Antrag bedingungsfeindlich und kann nicht unter einer Zeitbestimmung gestellt werden.

§ 1768 Abs. 1 BGB enthält für die **Volljährigenadoption** eine Sondervorschrift zu § 1752 Abs. 1 BGB. Während bei der Minderjährigenannahme der Adoptionsantrag lediglich vom Annehmenden zu stellen ist und das Kind in die Annahme einwilligen muss, bedarf die Annahme eines Volljährigen neben dem Antrag des Annehmenden auch eines solchen des Anzunehmenden (s. den Formulierungsvorschlag in § 186 Rz. 21). 8

2. Einwilligungen

Die für die Annahme als Kind erforderlichen **Einwilligungen** müssen vorliegen. 9

a) Annahme eines Minderjährigen

aa) Einwilligung des Kindes

Gem. § 1746 Abs. 1 Satz 1 BGB ist zur Annahme zunächst die **Einwilligung des Kindes** erforderlich (s. den Formulierungsvorschlag in § 186 Rz. 14). Diese Vorschrift ist Ausfluss des Selbstbestimmungsrechts des Kindes und dient auch der Verwirklichung des Kindeswohls. Die Einwilligung muss ausdrücklich erfolgen und sich idR auf eine bestimmte Person beziehen.[1] 10

Ist das Kind geschäftsunfähig oder noch nicht 14 Jahre alt, kann gem. § 1746 Abs. 1 Satz 2 BGB nur sein **gesetzlicher Vertreter** die Einwilligung erteilen. Dies sind meist beide Eltern (§§ 1626 ff. BGB), ansonsten der Elternteil, Pfleger oder Vormund, dem die **Personensorge** zusteht. Im Falle des § 1628 BGB ist die Einwilligung durch den Elternteil zu erteilen, dem die Entscheidungsbefugnis übertragen ist. Gesetzlicher Vertreter ist häufig das **Jugendamt als Amtsvormund**. Die Mutter kann als gesetzliche Vertreterin des Kindes die Einwilligung in die Adoption durch den Stiefvater erteilen; eine Pflegerbestellung ist insoweit nicht erforderlich.[2] Zur Einwilligung des gesetzlichen Vertreters ist eine Genehmigung des Familiengerichts nicht erforderlich (Ausnahme: § 1746 Abs. 1 Satz 4 BGB). 11

Ein über 14 Jahre altes Kind kann die Einwilligung gem. § 1746 Abs. 1 Satz 3 Halbs. 1 BGB nur selbst erteilen. Es bedarf hierzu allerdings der **Zustimmung seines gesetzlichen Vertreters** nach § 1746 Abs. 1 Satz 3 Halbs. 2 BGB. Die Zustimmungserklärung des gesetzlichen Vertreters bedarf keiner Form.[3] Sie muss jedoch dem Familiengericht gegenüber nachgewiesen werden. Eine Ersetzung der Einwilligung des über 14 Jahre alten Kindes ist ausgeschlossen.[4] 12

Haben der Annehmende und das Adoptivkind unterschiedliche Staatsangehörigkeiten, bedarf die Einwilligung nach § 1746 Abs. 1 Satz 4 Halbs. 1 BGB ausnahmsweise der **Genehmigung des Familiengerichts.** Dies gilt gem. § 1746 Abs. 1 Satz 4 Halbs. 2 BGB nicht, sofern die Annahme deutschem Recht unterliegt. Die Genehmigungsbedürftigkeit dient der Berücksichtigung des Kindeswohls. Unterliegt die Annahme deutschem Recht, wird das Kindeswohl bereits im Rahmen des § 1741 BGB gewürdigt.[5] 13

Das Kind kann, sofern es das 14. Lebensjahr vollendet hat und nicht geschäftsunfähig ist, die Einwilligung gem. § 1746 Abs. 2 Satz 1 BGB bis zum Wirksamwerden des Ausspruchs der Annahme gegenüber dem Familiengericht zurücknehmen. Der Widerruf bedarf gem. § 1746 Abs. 2 Satz 2 BGB der öffentlichen Beurkundung. Diese 14

---

1 Vgl. NK-BGB/*Finger*, § 1746 BGB Rz. 2.
2 NK-BGB/*Finger*, § 1746 BGB Rz. 3.
3 NK-BGB/*Finger*, § 1746 BGB Rz. 6.
4 BayObLG v. 19.9.1996 – 1 Z BR 143/96, FamRZ 1997, 576.
5 Es gibt kaum eine Rechtsordnung, die keine Kindeswohlprüfung vorsieht; vgl. *Frank*, FamRZ 1998, 397.

kann durch einen Notar oder durch das Jugendamt gem. § 59 Abs. 1 Nr. 6 SGB VIII erfolgen. Eine Zustimmung des gesetzlichen Vertreters ist dagegen nicht erforderlich (§ 1746 Abs. 2 Satz 3 BGB). Ein Verzicht auf das Widerrufsrecht ist nicht möglich.[1] Das Kind kann sowohl die eigene Einwilligung wie auch die vor seinem 14. Lebensjahr durch seinen gesetzlichen Vertreter erklärte Einwilligung widerrufen.[2]

15 Sofern der Vormund oder der Pfleger die Einwilligung oder Zustimmung ohne triftigen Grund verweigert haben, kann sie das Familiengericht gem. § 1746 Abs. 3 Halbs. 1 BGB ersetzen. Triftig sind nur überzeugende und schwerwiegende Gründe. Eine Ersetzung kommt insbesondere bei eigennützigen Motiven oder Ressentiments gegen die Adoptiveltern in Betracht, nicht aber bei Zweifeln an den Voraussetzungen des § 1741 Abs. 1 BGB oder Einwänden gegen eine Großeltern-Enkel-Adoption, wenn Eltern und Geschwister in der Nähe wohnen. Über die Ersetzung entscheidet der Richter gem. § 14 Abs. 1 Nr. 15 RPflG. Die Ersetzung der Einwilligung kann auf Anregung, Antrag oder von Amts wegen erfolgen.[3] Das Gericht entscheidet nach den Kriterien, die es der Prüfung des Adoptionsantrags zugrundelegt.[4] Erfolgt die Entscheidung über die Ersetzung außerhalb des Adoptionsverfahrens, ist gegen einen ablehnenden Beschluss Beschwerde nach § 58 möglich; bei einer Prüfung im Rahmen des Adoptionsverfahrens ist kein besonderer Rechtsbehelf gegeben.[5]

16 Eine Mitwirkung der Eltern ist gem. § 1746 Abs. 3 Halbs. 2 BGB entbehrlich, sofern diese nach den §§ 1747, 1750 BGB unwiderruflich in die Annahme eingewilligt haben oder ihre Einwilligung nach § 1748 BGB durch das Familiengericht ersetzt worden ist.

bb) Einwilligung der Eltern des Kindes

17 Mit der Annahme als Kind erlöschen nach § 1755 Abs. 1 Satz 1 BGB das Verwandtschaftsverhältnis des Kindes und seiner Abkömmlinge zu den bisherigen Verwandten und die sich aus ihm ergebenden Rechte und Pflichten. Das Erfordernis der **Einwilligung der Eltern** in die Adoption ihres Kindes dient der Verwirklichung des durch Art. 6 GG geschützten Elternrechts.[6] Nur in besonderen Ausnahmefällen kann die Einwilligung eines Elternteils gem. § 1748 BGB durch das Familiengericht ersetzt werden. Anderen Verwandten steht kein Einwilligungsrecht zu.[7] Fehlende oder unwirksame Einwilligungserklärungen führen unter bestimmten Voraussetzungen zur Aufhebbarkeit der Annahme (§§ 1760 f. BGB), jedoch nicht zu deren Nichtigkeit.[8]

18 **Einwilligungsberechtigt** sind gem. § 1747 Abs. 1 Satz 1 BGB die leiblichen Eltern des Kindes (§§ 1591, 1592 BGB); s. den Formulierungsvorschlag in § 186 Rz. 15. Dies gilt unabhängig davon, ob die Eltern miteinander verheiratet sind oder waren. Eine Sonderregelung für den nichtehelichen Vater findet sich in § 1747 Abs. 3 BGB, falls die Eltern keine Sorgeerklärung (§ 1626a Abs. 1 Nr. 1 BGB) abgegeben haben. Adoptiveltern sind nicht einwilligungsberechtigt.[9] Mutter des Kindes ist die Frau, die es geboren hat (§ 1591 BGB). Als Vater des Kindes einwilligungsberechtigt ist grundsätzlich derjenige, der rechtlich als Vater gilt. Gem. § 1592 BGB ist dies der Mann, der zum Zeitpunkt der Geburt mit der Mutter des Kindes verheiratet ist, der die Vaterschaft anerkannt hat oder dessen Vaterschaft nach § 1600d BGB oder § 182 gerichtlich festgestellt ist. Steht kein anderer Mann als Vater nach § 1592 BGB fest, ist gem. § 1747 Abs. 1 Satz 2 BGB der Mann, dessen Vaterschaft nach § 1600d Abs. 2 Satz 1 BGB vermutet wird, weil er der Mutter während der Empfängniszeit beigewohnt hat, einwilligungsberechtigt. Die Voraussetzung des § 1600d Abs. 2 Satz 1 BGB ist von

---

1 *Krause*, NotBZ 2006, 221 (225).
2 Erman/*Saar*, § 1746 BGB Rz. 7.
3 NK-BGB/*Finger*, § 1746 BGB Rz. 10.
4 BayObLG v. 6.12.1996 – 1 Z BR 100/96, FamRZ 1997, 839; NK-BGB/*Finger*, § 1746 BGB Rz. 9.
5 Erman/*Saar*, § 1746 BGB Rz. 8.
6 BVerfG v. 7.3.1995 – 1 BvR 790/91 ua., NJW 1995, 2155; EGMR v. 26.5.1994 – 16/1993/411/490 (*Joseph Keegan/Irland*), NJW 1995, 2153.
7 NK-BGB/*Finger*, § 1747 BGB Rz. 2.
8 *Krause*, NotBZ 2006, 221 (225).
9 Erman/*Saar*, § 1747 BGB Rz. 2.

ihm glaubhaft zu machen. Die **Glaubhaftmachung** bezieht sich auf die Beiwohnung, nicht aber auf die Vaterschaft.[1] Zum Zwecke der Glaubhaftmachung kann sich der Mann aller nach § 31 zulässigen Beweismittel bedienen.[2]

Die **Einwilligungserklärung** bedarf gem. § 1750 Abs. 1 Satz 2 BGB der notariellen Beurkundung. § 1747 Abs. 2 Satz 1 BGB schreibt darüber hinaus vor, dass sie erst erteilt werden kann, wenn das Kind acht Wochen alt ist. Ebenso wie die notarielle Beurkundung dient diese Vorschrift dem Schutz vor einer unüberlegten Weggabe des Kindes. Eine vorzeitige Einwilligungserklärung stellt einen Aufhebungsgrund gem. § 1760 Abs. 2e BGB dar.[3] Die Einwilligungserklärung kann dem Adoptionsantrag auch vorausgehen.[4]

Unzulässig ist eine **Blankoadoption**, bei der nur eine allgemeine Einwilligung der Eltern vorliegt[5] (Ausnahme: Einwilligung des nach § 1747 Abs. 1 Satz 2 BGB vermuteten Vaters[6]). § 1747 Abs. 2 Satz 2 BGB lässt dagegen die **Inkognitoadoption** zu. Voraussetzung ist, dass die Annehmenden im Zeitpunkt der Einwilligungserklärung schon feststehen, auch wenn der Einwilligende sie nicht kennt. Die Einwilligung kann alternativ oder hilfsweise für mehrere Adoptionsbewerber erteilt werden.[7] Sie kann auch auf bestimmte Adoptionsverhältnisse beschränkt werden, zB hinsichtlich der Religion der Adoptionsbewerber.[8] Bedingungen für das Annahmeverhältnis sind dagegen unzulässig.[9]

§ 1747 Abs. 3 BGB enthält **Ausnahmen für den nichtehelichen Vater**. Voraussetzung für die Anwendung der Vorschrift ist, dass die Eltern keine Sorgeerklärung (§ 1626a Abs. 1 Nr. 1 BGB) abgegeben haben. Hinsichtlich seiner Rechte nach § 1747 Abs. 3 BGB ist der Vater vom Jugendamt zu beraten.[10] Im Fall des § 1747 Abs. 3 Nr. 1 BGB kann der nichteheliche Vater seine Einwilligung in die Adoption bereits vor der Geburt des Kindes erteilen. Gibt die Kindesmutter keine zur Identifizierung ausreichende Auskunft über den nichtehelichen Vater – weil sie nicht will oder nicht kann –, kann das Gericht ihn naturgemäß nicht am Adoptionsverfahren beteiligten. Es ist dann im Rechtssinne kein Vater vorhanden, dessen Einwilligung für die Adoption erforderlich wäre.[11] Hat der nichteheliche Vater die Übertragung der Sorge nach § 1672 Abs. 1 BGB beantragt, darf gem. § 1747 Abs. 3 Nr. 2 BGB die Annahme erst ausgesprochen werden, nachdem über seinen Antrag entschieden worden ist.[12] Erhält der Vater die elterliche Sorge, kann seine Einwilligung nach § 1748 Abs. 1 BGB ersetzt und die Adoption ausgesprochen werden.[13] Gem. § 1747 Abs. 3 Nr. 3 BGB kann der nichteheliche Vater auf die Übertragung der Sorge nach § 1672 Abs. 1 BGB verzichten. Zu ihrer Wirksamkeit muss die **Verzichtserklärung** öffentlich beurkundet werden. § 1750 BGB gilt insoweit sinngemäß mit Ausnahme von § 1750 Abs. 4 Satz 1 BGB. Zuständig für die Beurkundung sind Notar und Jugendamt. Ein **Blankoverzicht** für alle Fälle ist möglich.[14] Der Verzicht kann zu jedem Zeitpunkt nach der Geburt des Kindes erfolgen.[15]

---

1 MüKo.BGB/*Maurer*, § 1747 BGB Rz. 4; NK-BGB/*Finger*, § 1747 BGB Rz. 7.
2 Erman/*Saar*, § 1747 BGB Rz. 3.
3 Eine vor der Geburt erklärte Einwilligung ist wirkungslos; vgl. Erman/*Saar*, § 1747 BGB Rz. 4.
4 NK-BGB/*Finger*, § 1747 BGB Rz. 9.
5 BT-Drucks. 7/3061, S. 21; BT-Drucks. 7/5087, S. 12.
6 Erman/*Saar*, § 1747 BGB Rz. 4; Bamberger/Roth/*Enders*, § 1747 BGB Rz. 9.
7 NK-BGB/*Finger*, § 1747 BGB Rz. 10.
8 *Listl*, FamRZ 1974, 74; NK-BGB/*Finger*, § 1747 BGB Rz. 10; aA Erman/*Saar*, § 1747 BGB Rz. 6.
9 *Krause*, NotBZ 2006, 221 (226).
10 Erman/*Saar*, § 1747 BGB Rz. 9.
11 LG Freiburg v. 28.5.2002 – 4 T 238/01, FamRZ 2002, 1647; NK-BGB/*Finger*, § 1747 BGB Rz. 11.
12 Ein Antrag des Vaters nach § 1672 BGB zieht eine automatische Sperrwirkung für das Annahmeverfahren nach sich; vgl. NK-BGB/*Finger*, § 1747 BGB Rz. 12; s. auch OLG Naumburg v. 24.7.2003 – 10 Wx 9/02, FamRZ 2004, 810.
13 MüKo.BGB/*Maurer*, § 1747 BGB Rz. 25; NK-BGB/*Finger*, § 1747 BGB Rz. 12.
14 MüKo.BGB/*Maurer*, § 1747 BGB Rz. 27; NK-BGB/*Finger*, § 1747 BGB Rz. 14.
15 Erman/*Saar*, § 1747 BGB Rz. 12.

22 Ist ein Elternteil zur Abgabe einer Erklärung dauernd außer Stande oder ist sein Aufenthalt dauernd unbekannt, so ist dessen Einwilligung gem. § 1747 Abs. 4 BGB nicht erforderlich. Geschäftsunfähigkeit, deren Heilung nicht absehbar ist, reicht hierfür aus.[1] Ein unbekannter Aufenthalt eines Elternteils liegt zB bei einem Findelkind vor.[2] Ist der Elternteil namentlich bekannt, ist er zur Aufenthaltsermittlung auszuschreiben; sechs Monate nach der ersten Ausschreibung sind die Voraussetzungen des § 1747 Abs. 4 BGB erfüllt.[3]

23 § 1748 BGB sieht die Möglichkeit der Ersetzung der fehlenden Einwilligung eines Elternteils in die Annahme vor (vgl. § 186 Rz. 27 ff.). Der Ersetzungsbeschluss muss rechtskräftig sein, bevor die Annahme als Kind ausgesprochen werden kann.

cc) Einwilligung des Ehegatten

24 Die Annahme als Kind kann auch die Interessen eventueller **Ehegatten** berühren. Dies gilt sowohl für den in der Praxis allerdings nicht sehr häufigen Fall, dass das minderjährige Kind verheiratet ist, als auch für den Ehegatten des Annehmenden. Die Einwilligung richtet sich nach § 1749 BGB (s. hierzu näher § 188 Rz. 14 ff.). Die Einwilligung des Ehegatten des Annehmenden kann ersetzt werden, diejenige des Ehegatten des Adoptivkindes nicht.[4]

b) Annahme eines Volljährigen

25 Bei der **Annahme eines Volljährigen** als Kind kommen Einwilligungen der Ehegatten nach § 1749 BGB sowie bei Annahme einer Person, die eine Lebenspartnerschaft führt, die Einwilligung dessen Lebenspartners nach § 1767 Abs. 2 Satz 3 BGB in Betracht.

c) Einwilligungserklärungen

26 § 1750 BGB gilt für die Einwilligung des Adoptivkindes (§ 1746 BGB), die Einwilligung seiner Eltern (§ 1747 BGB) sowie die Einwilligung eventueller Ehegatten des Adoptivkindes oder des Annehmenden (§ 1749 BGB). Auf den Verzicht des nichtehelichen Vaters gem. § 1747 Abs. 3 Nr. 3 BGB ist § 1750 BGB entsprechend anwendbar.[5] Das Familiengericht darf die Wirksamkeit einer Einwilligungserklärung im Rahmen einer **Vorabentscheidung** prüfen.[6] Die Beteiligten sollen nicht auf ein späteres Aufhebungsverfahren verwiesen werden.

27 **Empfänger der Einwilligungserklärungen** ist gem. § 1750 Abs. 1 Satz 1 BGB das Familiengericht. Die örtliche Zuständigkeit richtet sich nach § 187 (vgl. § 187 Rz. 2 ff.). Ein örtlich unzuständiges Gericht hat die Einwilligungserklärung an das zuständige Familiengericht weiterzuleiten. Die Erklärung wird erst mit Zugang beim örtlich zuständigen Gericht wirksam.[7]

28 Die Einwilligungserklärungen bedürfen gem. § 1750 Abs. 1 Satz 2 BGB der **notariellen Beurkundung**. Eine vom Jugendamt beurkundete Einwilligung ist nach § 125 BGB formnichtig.[8] Die Verzichtserklärung des nichtehelichen Vaters auf seinen Antrag nach § 1672 BGB bedarf dagegen nicht der notariellen Beurkundung.[9] Die Einwilligungserklärungen müssen dem Familiengericht in Ausfertigung, nicht in beglaubigter Abschrift zugehen.[10] Nur die Ausfertigung ersetzt die Urschrift der notariellen

---

1 BayObLG v. 15.7.1999 – 1 Z BR 6/99, FamRZ 1999, 1688; Erman/*Saar*, § 1747 BGB Rz. 14; NK-BGB/*Finger*, § 1747 BGB Rz. 16.
2 Erman/*Saar*, § 1747 BGB Rz. 14.
3 *Krause*, NotBZ 2006, 221 (227).
4 BT-Drucks. 7/5087, S. 19; Erman/*Saar*, § 1749 BGB Rz. 4; *Engler*, FamRZ 1975, 132; NK-BGB/*Finger*, § 1749 BGB Rz. 5.
5 Bamberger/Roth/*Enders*, § 1750 BGB Rz. 2.
6 Vgl. Bamberger/Roth/*Enders*, § 1750 BGB Rz. 7.
7 NK-BGB/*Finger*, § 1750 BGB Rz. 2; Erman/*Saar*, § 1750 BGB Rz. 3.
8 Erman/*Saar*, § 1750 BGB Rz. 4.
9 NK-BGB/*Finger*, § 1750 BGB Rz. 4.
10 NK-BGB/*Finger*, § 1750 BGB Rz. 2; Erman/*Saar*, § 1750 BGB Rz. 3.

Urkunde im Rechtsverkehr (§ 47 BeurkG). Für die Beurkundung fällt eine Gebühr zu einem Gebührensatz von 0,5, mindestens 30 Euro, nach KV 21201 Satz 1 Nr. 8 GNotKG an. Der Geschäftswert beträgt bei der Annahme eines Minderjährigen 2500 Euro (§§ 98 Abs. 1, 101 GNotKG). Die Zusammenbeurkundung von Antrag und Einwilligungserklärungen betrifft denselben Beurkundungsgegenstand (§ 109 Abs. 1 GNotKG), so dass nur eine Gebühr zum Gebührensatz von 1,0, mindestens 60 Euro, nach KV 21200 GNotKG zu erheben ist. Für die mitbeurkundeten Einwilligungserklärungen fällt in diesem Fall also keine eigene Gebühr an.

Die Einwilligungserklärungen werden gem. § 1750 Abs. 1 Satz 3 BGB im Zeitpunkt ihres **Zugangs beim Familiengericht** wirksam. Ab diesem Zeitpunkt ruht die elterliche Sorge gem. § 1751 Abs. 1 Satz 1 BGB. Vor ihrem Wirksamwerden kann die Einwilligungserklärung gem. § 130 Abs. 1 Satz 2 BGB ohne Einhaltung einer Form widerrufen werden.[1] 29

Ebenso wie der Antrag (§ 1752 Abs. 2 BGB) sind die jeweiligen Einwilligungserklärungen gem. § 1750 Abs. 2 Satz 1 BGB bedingungsfeindlich und können nicht unter einer Zeitbestimmung erteilt werden.[2] Mit Ausnahme derjenigen des Kindes (§ 1746 Abs. 2 BGB) sind die Einwilligungserklärungen nach § 1750 Abs. 2 Satz 2 BGB **unwiderruflich**. Möglich ist jedoch vor Erlass des Adoptionsbeschlusses eine Anfechtung nach §§ 119 ff. BGB. Zulässig ist diese allerdings nur in dem Umfang, in dem die Annahme nach § 1760 Abs. 2 BGB aufzuheben wäre.[3] Andere Unwirksamkeitsgründe, wie zB § 138 BGB, stehen dem gleich. 30

Die Einwilligungserklärung ist **höchstpersönlich**. Stellvertretung ist gem. § 1750 Abs. 3 Satz 1 BGB ausgeschlossen. Mit Ausnahme des Adoptivkindes (§ 1746 Abs. 1 Satz 2, 3 BGB) bedarf auch der beschränkt Geschäftsfähige nach § 1750 Abs. 3 Satz 2 BGB zu seiner Einwilligung nicht der Zustimmung seines gesetzlichen Vertreters. Die Einwilligung eines geschäftsunfähigen Elternteils in die Annahme seines Kindes ist nicht notwendig.[4] 31

Mit Rücknahme des Annahmeantrags oder Versagung der Annahme verlieren die Einwilligungserklärungen nach § 1750 Abs. 4 Satz 1 BGB ihre Kraft. Gleiches gilt gem. § 1750 Abs. 4 Satz 2 BGB für die Einwilligung eines Elternteils, wenn das Kind nicht innerhalb von drei Jahren seit dem Wirksamwerden der Einwilligung angenommen wird. Die Einwilligungserklärungen verlieren ihre Wirkung auch, wenn die Pflegeeltern eindeutig und endgültig erklären, dass sie von der ursprünglich beabsichtigten Annahme Abstand nehmen.[5] 32

3. Ermittlungen und Anhörungen

Das Familiengericht hat die erforderlichen **Ermittlungen** und **Anhörungen** vorzunehmen, insbesondere Einholung der fachlichen Äußerung einer Adoptionsvermittlungsstelle bzw. des Jugendamts nach § 189 (vgl. § 189 Rz. 4 ff.), Anhörung der Beteiligten nach § 192 (vgl. § 192 Rz. 2 ff.), Anhörung weiterer Personen nach § 193 (vgl. § 193 Rz. 2 ff.), Anhörung des Jugendamts nach § 194, falls dieses nicht eine fachliche Äußerung nach § 189 abgegeben hat (vgl. § 194 Rz. 2 ff.), bei Auslandsbezug Anhörung der zentralen Adoptionsstelle des Landesjugendamts nach § 195 (vgl. § 195 Rz. 2 ff.) und ggf. Bestellung eines Verfahrensbeistandes für einen minderjährigen Beteiligten nach § 191 (vgl. § 191 Rz. 2 ff.). 33

---

1 Erman/*Saar*, § 1750 BGB Rz. 4; MüKo.BGB/*Maurer*, § 1750 BGB Rz. 9.
2 Bei einer Inkognito-Adoption dürfen die leiblichen Eltern persönliche Anforderungen festlegen, denen die Anzunehmenden genügen müssen; vgl. Bamberger/Roth/*Enders*, § 1750 BGB Rz. 3; Staudinger/*Frank*, § 1750 BGB Rz. 11; NK-BGB/*Finger*, § 1750 BGB Rz. 7; Erman/*Saar*, § 1750 BGB Rz. 5.
3 NK-BGB/*Finger*, § 1750 BGB Rz. 6; Erman/*Saar*, § 1750 BGB Rz. 7; aA Heilmann, DAVorm 1997, 585.
4 NK-BGB/*Finger*, § 1750 BGB Rz. 9.
5 Erman/*Saar*, § 1750 BGB Rz. 9.

4. Vorliegen der materiellen Voraussetzungen

34 Schließlich hat das Gericht die **materiellen Voraussetzungen** der Annahme als Kind zu prüfen,[1] bei der Annahme eines Minderjährigen also insbesondere, ob sie dem Wohl des Kindes dient und zu erwarten ist, dass zwischen dem Annehmenden und dem Kind ein Eltern-Kind-Verhältnis entsteht (§ 1741 BGB, vgl. § 192 Rz. 2), und bei der Annahme eines Volljährigen, ob diese sittlich gerechtfertigt ist (§ 1767 BGB, vgl. § 192 Rz. 3). Die Interessen der Kinder des Annehmenden und des Anzunehmenden nach §§ 1745, 1769 BGB sind zu beachten (vgl. § 193 Rz. 3 ff.). Zum anwendbaren Recht in internationalen Fällen vgl. § 199 Rz. 2.

35 Liegen ihre Voraussetzungen vor, ist die Annahme durch Beschluss des Familiengerichts auszusprechen.

II. Inhalt des Beschlusses über die Annahme als Kind (Absatz 1)

36 Im **Beschluss** ist zunächst die Annahme als Kind auszusprechen (§§ 1752 Abs. 1, 1768 Abs. 1 BGB). Weiter ist im Beschluss gem. § 197 Abs. 1 Satz 1 anzugeben, auf welche Gesetzesvorschriften sich die Annahme gründet. Sofern die Einwilligung eines Elternteils nach § 1747 Abs. 4 BGB nicht für erforderlich erachtet wurde, ist dies gem. § 197 Abs. 1 Satz 2 ebenfalls im Beschluss anzugeben. Schließlich ist eine beantragte Namensregelung nach § 1757 Abs. 4 BGB zu bescheiden.

1. Angabe der gesetzlichen Vorschriften

37 In dem Beschluss sind gem. § 197 Abs. 1 Satz 1 die **gesetzlichen Vorschriften** anzugeben, auf welche sich die Annahme gründet. Hierbei handelt es sich um alle Normen, die Aufschluss über die durch die Annahme begründeten und erloschenen Verwandtschaftsverhältnisse geben.[2] Zu unterscheiden sind die normale Minderjährigenadoption nach §§ 1754, 1755 BGB,[3] Verwandtenadoption nach § 1756 Abs. 1 BGB,[4] Stiefkindadoption des Kindes des Ehegatten, dessen Ehe durch Tod aufgelöst ist, nach § 1756 Abs. 2 BGB,[5] Stiefkindadoption des Kindes des Lebenspartners nach § 9 Abs. 7 LPartG iVm. § 1756 Abs. 2 BGB, normale Volljährigenadoption nach § 1770 BGB[6] und Volladoption eines Volljährigen nach § 1772 BGB.[7]

2. Nichterforderlichkeit der Einwilligung eines Elternteils

38 Hält das Gericht die Einwilligung eines Elternteils nach § 1747 Abs. 4 BGB nicht für erforderlich (vgl. Rz. 22), ist dies gem. § 197 Abs. 1 Satz 2 im Beschluss anzugeben. Um in einem etwaigen Aufhebungsverfahren zweifelsfrei feststellen zu können, ob die Einwilligung eines Elternteils vom Gericht aus Gründen des § 1747 Abs. 4 BGB nicht eingeholt worden ist, sah es der Gesetzgeber für erforderlich an, diese **Feststellung im Annahmebeschluss** zu treffen.[8]

3. Änderung des Namens des Kindes

39 Der Annahmebeschluss hat weiterhin eine beantragte **Namensänderung** nach § 1757 Abs. 4 BGB zu bescheiden.

40 Die namensrechtlichen Wirkungen der Annahme eines Kindes normiert § 1757 BGB. Das Namensrecht entspricht demjenigen leiblicher Kinder verheirateter Eltern (vgl. §§ 1616, 1617, 1617c BGB). Die in § 1757 BGB aufgeführten Gestaltungsmöglich-

---

1 S. näher *Krause*, NotBZ 2006, 221; *Krause*, NotBZ 2007, 43.
2 Keidel/*Engelhardt*, § 197 FamFG Rz. 12; *Bischof*, JurBüro 1976, 1592; *Lüderitz*, NJW 1976, 1869; MüKo.ZPO/*Maurer*, § 197 FamFG Rz. 13 f.
3 Vgl. *Krause*, NotBZ 2006, 273.
4 Vgl. *Krause*, NotBZ 2006, 273 (275).
5 Vgl. *Krause*, NotBZ 2006, 273 (275).
6 Vgl. *Krause*, NotBZ 2007, 43 (46).
7 Vgl. *Krause*, NotBZ 2007, 43 (47).
8 BT-Drucks. 7/3061, S. 79; BT-Drucks. 7/5087, S. 24.

keiten sind abschließend.[1] Die namensrechtlichen Folgen der Adoption unterscheiden sich danach, ob das Kind durch eine Einzelperson oder ein Ehepaar gemeinsam bzw. vom anderen Ehepartner als Stiefkind angenommen wird. Darüber hinaus enthält die Vorschrift Regelungen zur Namenserstreckung und Namensänderung.

Die Erklärungen zur Namensführung bedürfen der öffentlichen Beglaubigung. In der Praxis werden die Erklärungen zur Namensführung regelmäßig in die Urkunden aufgenommen, die den Adoptionsantrag bzw. die Einwilligungserklärungen enthalten. Diese sind notariell zu beurkunden (§§ 1752 Abs. 2 Satz 2, 1750 Abs. 1 Satz 2 BGB). Die **notarielle Beurkundung** ersetzt die öffentliche Beglaubigung (§ 129 Abs. 2 BGB). 41

Die Entscheidung über die Namensführung ist **unanfechtbar**.[2] Ihre Ablehnung ist jedoch beschwerdefähig (§ 58).[3] Beschwerdeberechtigt ist bei der Minderjährigenadoption nur der Annehmende, nicht das Kind. Nach Wirksamkeit des Annahmebeschlusses ist ein Antrag auf Namensänderung unstatthaft.[4] 42

Gem. § 1757 Abs. 1 Satz 1 BGB[5] erhält das Kind aufgrund der Adoption als Geburtsnamen den Familiennamen des Annehmenden (Einzeladoption). Bei einer Annahme durch Ehegatten ist dies regelmäßig deren **Ehename** (Ausnahme: § 1757 Abs. 2 BGB). Der Anzunehmende kann seinen bisherigen Geburtsnamen anstelle des Familiennamens des Annehmenden nicht weiterführen.[6] Persönliche Adelsprädikate sind nicht übertragbar.[7] Die Angabe eines falschen Namens durch den Annehmenden führt nicht zur Nichtigkeit des Adoptionsbeschlusses.[8] Ein dem Ehenamen oder dem Lebenspartnerschaftsnamen gem. § 1355 Abs. 4 BGB bzw. § 3 Abs. 2 LPartG hinzugefügter Name gilt nach § 1757 Abs. 1 Satz 2 BGB nicht als Familienname. Er kann demzufolge vom angenommenen Kind nicht erworben werden. Ein etwaiger Begleitname des Annehmenden fällt durch die Adoption nicht automatisch weg. Es besteht vielmehr ein Wahlrecht. Der Begleitname kann angepasst oder beibehalten werden.[9] 43

Führen die Ehegatten im Fall einer gemeinsamen Adoption bzw. einer Stiefkindadoption keinen Ehenamen, so ist eine **Bestimmung des Geburtsnamens** des Adoptivkindes erforderlich. Diese hat gem. § 1757 Abs. 2 Satz 1 BGB vor dem Ausspruch der Annahme durch Erklärung gegenüber dem Familiengericht zu erfolgen. Die Namensbestimmung ist demzufolge Annahmevoraussetzung. § 1617 Abs. 1 BGB gilt hinsichtlich der Form (öffentliche Beglaubigung), der Wahlmöglichkeiten und der Verbindlichkeit der Wahl entsprechend. Die Namenswahl ist auch für weitere leibliche oder angenommene Kinder aus dieser Ehe verbindlich.[10] Scheitert die gemeinsame Namensbestimmung, kann dies ein Indiz für das Fehlen der Voraussetzungen des § 1741 BGB sein.[11] Bestimmbarer Name kann nur der aktuell geführte Name sein.[12] 44

---

1 NK-BGB/*Finger*, § 1757 BGB Rz. 1; Bamberger/Roth/*Enders*, § 1757 BGB Rz. 1.
2 NK-BGB/*Finger*, § 1757 BGB Rz. 9; Erman/*Saar*, § 1757 BGB Rz. 10; aA LG Braunschweig v. 16.12.1998 – 8 T 610/98, FamRZ 2000, 114; Bamberger/Roth/*Enders*, § 1757 BGB Rz. 19.
3 OLG Zweibrücken v. 29.11.2000 – 3 W 255/00, FamRZ 2001, 1733; MüKo.BGB/*Maurer*, § 1757 BGB Rz. 11; Erman/*Saar*, § 1757 BGB Rz. 19; NK-BGB/*Finger*, § 1757 BGB Rz. 9.
4 BayObLG v. 23.9.2002 – 1 Z BR 113/02, FamRZ 2003, 1773; Erman/*Saar*, § 1757 BGB Rz. 10; NK-BGB/*Finger*, § 1757 BGB Rz. 9.
5 Die Vorschrift ist verfassungsgemäß; vgl. BayObLG v. 15.1.2003 – 1 Z BR 138/02, DNotZ 2003, 291; OLG Karlsruhe v. 23.12.1998 – 4 W 7/97, FamRZ 2000, 115; Erman/*Saar*, § 1757 BGB Rz. 1.
6 BayObLG v. 15.1.2003 – 1 Z BR 138/02, DNotZ 2003, 291; Erman/*Saar*, § 1757 BGB Rz. 1.
7 NK-BGB/*Finger*, § 1757 BGB Rz. 2.
8 BayObLG v. 22.4.1993 – 3 Z BR 3/93, FamRZ 1994, 775; NK-BGB/*Finger*, § 1757 BGB Rz. 2.
9 OLG Düsseldorf v. 11.10.2010 – I-3 Wx 203/10, FamRB 2011, 50 (*Wiegelmann*); BayObLG v. 23.11.1999 – 1 Z BR 89/99, NJWE-FER 2000, 141; aA OLG Celle v. 15.11.2010 – 17 W 40/10, Beck RS 2011, 02422.
10 OLG Hamm v. 14.9.2000 – 15 W 270/00, FamRZ 2001, 859; Bamberger/Roth/*Enders*, § 1757 BGB Rz. 4; NK-BGB/*Finger*, § 1757 BGB Rz. 4.
11 *Liermann*, FamRZ 1995, 200; Erman/*Saar*, § 1757 BGB Rz. 2.
12 NK-BGB/*Finger*, § 1757 BGB Rz. 4; Bamberger/Roth/*Enders*, § 1757 BGB Rz. 4.

45 Ist das Kind über fünf Jahre alt, hat es gem. § 1757 Abs. 2 Satz 2 BGB ein **Mitbestimmungsrecht**. Die Wirksamkeit der Namensbestimmung ist von seiner Zustimmung abhängig. Diese hat durch Erklärung vor dem Ausspruch der Annahme gegenüber dem Familiengericht zu erfolgen. § 1617c Abs. 1 Satz 2 BGB gilt insoweit entsprechend, dh. ein über 14 Jahre altes Kind kann die Erklärung nur selbst abgeben, bedarf hierzu aber der Zustimmung seines gesetzlichen Vertreters. Die Zustimmung des Kindes bedarf der öffentlichen Beglaubigung.[1] Fehlt die Zustimmung des Kindes, bleibt sein bisheriger Name bestehen.[2]

46 § 1757 Abs. 3 BGB entspricht § 1617c Abs. 3 BGB. Nach dieser Vorschrift erstreckt sich die Änderung des Geburtsnamens nur dann auf den Ehenamen, wenn der Ehegatte mit der Namensänderung einverstanden ist. Dessen Anschlusserklärung bedarf der öffentlichen Beglaubigung und ist vor dem Ausspruch der Annahme gegenüber dem Familiengericht abzugeben. Die **Anschlusserklärung des Ehegatten** wird mit Zugang beim Familiengericht bindend.[3] Die Änderung des Geburtsnamens hat keine Auswirkungen, wenn der Geburtsname des Ehegatten des Angenommenen der Ehename ist.[4]

47 Sofern dies dem Wohl des Kindes entspricht, kann das Familiengericht gem. § 1757 Abs. 4 Nr. 1 BGB auf Antrag des Annehmenden den **Vornamen des Kindes ändern** oder ihm einen oder mehrere Vornamen beigeben. Für die Beurteilung des Kindeswohls kommt es entscheidend darauf an, wie weit sich das Kind bereits mit seinem bisherigen Vornamen identifiziert hat.[5] Starre Altersgrenzen bestehen insoweit nicht.[6]

48 Eine **Erhaltung des bisherigen Familiennamens des Kindes** kommt gem. § 1757 Abs. 4 Nr. 2 BGB in Betracht, wenn dies aus schwerwiegenden Gründen zum Wohl des Kindes erforderlich ist. Auch insoweit bedarf es eines Antrags des Annehmenden vor Ausspruch der Adoption. Mit der geänderten Namensführung muss dem Adoptierten erheblich besser gedient sein.[7] Der beigefügte Name ist kein Begleitname, sondern ein zweigliedriger Familienname.[8]

49 Neben dem Antrag des Annehmenden bedarf eine Namensänderung iSd. § 1757 Abs. 4 BGB der Einwilligung des Kindes. Für diese gilt § 1746 Abs. 1 Satz 2, 3, Abs. 3 Halbs. 1 BGB entsprechend.

4. Muster für einen Beschluss über die Annahme eines Minderjährigen als Kind

49a Amtsgericht ..., den ... – Familiengericht – Geschäfts-Nr. ...
Beschluss
Der
..., geboren am ... in ..., wohnhaft in ...
– Anzunehmender –
gesetzlich vertreten durch das Jugendamt des Landkreises ...
wird von den Eheleuten
Herrn ..., geboren am ... in ..., und Frau ..., geb. ... geboren am ... in ..., beide wohnhaft in ...
– Annehmende –
als Kind angenommen.
Der Angenommene erhält als Geburtsnamen den Namen ...
Gründe:
Die Annahme gründet sich auf die Vorschriften der §§ 1752, 1754, 1755 BGB.

---

1 Erman/*Saar*, § 1757 BGB Rz. 3.
2 Bamberger/Roth/*Enders*, § 1757 BGB Rz. 5; NK-BGB/*Finger*, § 1757 BGB Rz. 4.
3 NK-BGB/*Finger*, § 1757 BGB Rz. 5.
4 Bamberger/Roth/*Enders*, § 1757 BGB Rz. 13; Erman/*Saar*, § 1757 BGB Rz. 4.
5 Erman/*Saar*, § 1757 BGB Rz. 7; *Lüderitz*, FamRZ 1993, 1263 (1264).
6 NK-BGB/*Finger*, § 1757 BGB Rz. 6.
7 LG Köln v. 16.2.1996 – 6 T 33/96, FamRZ 1998, 506; MüKo.BGB/*Maurer*, § 1757 BGB Rz. 8.
8 Erman/*Saar*, § 1757 BGB Rz. 8; Bamberger/Roth/*Enders*, § 1757 BGB Rz. 17.

Sie dient dem Wohl des Kindes, da ein Eltern-Kind-Verhältnis zwischen den Beteiligten bereits entstanden ist.

Das Kind erhält gem. § 1757 Abs. 1 Satz 1 BGB als Geburtsnamen den Familiennamen der Annehmenden.

5. Muster für einen Beschluss über die Annahme eines Volljährigen als Kind[1]

Amtsgericht ..., den ... - Familiengericht - Geschäfts-Nr. ...

Beschluss

Der

..., geboren am ... in ..., wohnhaft in ... - Anzunehmender -

wird von

Herrn ..., geboren am ... in ..., wohnhaft in ... - Annehmender -

als Kind angenommen.

Der Angenommene führt als Geburtsnamen den Namen...

Die Wirkungen der Annahme richten sich nach den Vorschriften über die Annahme eines Minderjährigen.

Die Antragsteller haben die Kosten des Verfahrens zu tragen. Der Verfahrenswert wird auf ... Euro festgesetzt.

Gründe:

Die Annahme gründet sich auf die Vorschriften der §§ 1772, 1754, 1755 BGB.

Sie ist sittlich gerechtfertigt, da zwischen dem Annehmenden und dem Anzunehmenden ein Eltern-Kind-Verhältnis bereits entstanden ist.

Der Anzunehmende hat von ... bis ... im Haushalt des Annehmenden gelebt.

Der Anzunehmende behält gem. § 1757 Abs. 1 Satz 1 BGB als Geburtsnamen den Familiennamen des Annehmenden.

Der Annehmende und die Kindesmutter, Frau ... geb. ..., geboren am ... in ..., haben am ... vor dem Standesbeamten des Standesamtes ... - Heiratseintrag Nr. ... - die Ehe geschlossen.

Die Kostenentscheidung folgt aus § 81 Abs. 1 Satz 1 FamFG. Der Verfahrenswert wurde gem. § 42 Abs. 3 FamGKG mit ... Euro festgesetzt, da ...

III. Wirksamwerden des Beschlusses über die Annahme als Kind (Absatz 2)

Der **Beschluss** ist den Beteiligten gem. § 41 Abs. 1 Satz 1 **bekannt zu geben**. Gem. § 197 Abs. 2 wird er mit Zustellung an den Annehmenden, nach dem Tod des Annehmenden mit Zustellung an das Kind wirksam. Bei Annahme durch Ehegatten tritt die Wirksamkeit erst mit Zustellung an beide Ehegatten ein.[2] Von der Bekanntgabe an die weiteren Beteiligten hängt die Wirksamkeit des Beschlusses nicht ab. Im Fall des § 1753 Abs. 3 BGB tritt die Wirksamkeit des Beschlusses bei einem minderjährigen Angenommenen erst mit Zustellung an dessen gesetzlichen Vertreter ein. Dies gilt unabhängig davon, ob dieser über 14 Jahre alt ist.[3]

IV. Unanfechtbarkeit des Beschlusses über die Annahme als Kind (Abs. 3 Satz 1)

Der **Annahmebeschluss** ist gem. § 197 Abs. 3 Satz 1 **nicht anfechtbar**, dh. gegen ihn ist kein Rechtsmittel gegeben. Willensmängel oder Verfahrensfehler werden durch den Beschluss geheilt,[4] sie können nur zur Aufhebung der Adoption (§ 1760 BGB) führen.[5] Bei einer Volljährigenadoption kann das Fachgericht zu einer rückwirkenden Aufhebung des Annahmebeschlusses gelangen. Die Ablehnung von Anträgen, wie zB einer Namensänderung (§ 1757 Abs. 4 BGB, vgl. Rz. 39 ff.) oder Annahme eines Voll-

---

1 Zum Verfahrenswert einer Volljährigenadoption s. OLG Düsseldorf v. 29.6.2010 – II-8 WF 205/09, FamRB 2010, 371 (*Krause*).
2 Keidel/*Engelhardt*, § 197 FamFG Rz. 19; Bumiller/Harders, § 197 FamFG Rz. 8; MüKo.ZPO/*Maurer*, § 197 FamFG Rz. 17.
3 Keidel/*Engelhardt*, § 197 FamFG Rz. 20.
4 *Lüderitz*, NJW 1976, 1869; NK-BGB/*Finger*, § 1752 BGB Rz. 4.
5 Vgl. BVerfG v. 8.12.1993 – 2 BvR 736/90, FamRZ 1994, 496.

jährigen mit den Wirkungen der Minderjährigenannahme (§ 1772 BGB),[1] ist dagegen beschwerdefähig (§ 58).

V. Unabänderlichkeit des Beschlusses über die Annahme als Kind (Abs. 3 Satz 2)

52 Eine **Abänderung des Annahmebeschlusses** (§ 48 Abs. 1) oder eine **Wiederaufnahme** (§ 48 Abs. 2) ist gem. § 197 Abs. 3 Satz 2 **ausgeschlossen**. Dies gilt sowohl für das erstinstanzliche Gericht als auch für die Beschwerdeinstanz. Der Beschluss ist – außer bei Nichtigkeit – auch für jedes andere Gericht oder jede Behörde bindend. Die Unabänderlichkeit tritt ein, sobald der Beschluss an die Geschäftsstelle übergeben oder durch Verlesen der Beschlussformel bekanntgegeben worden ist (§ 38 Abs. 3 Satz 3).[2]

52a Ungeachtet der grundsätzlichen Unanfechtbarkeit und Unabänderbarkeit des Beschlusses über die Annahme als Kind ist eine nachträgliche klarstellende Ergänzung dahin zulässig, dass es mangels einer Anschließung der Ehefrau des Angenommenen bei dem gemeinsamen Ehenamen verbleibt; dies kann auch im Wege der Beschwerde geltend gemacht werden.[3]

VI. Berichtigung der Personenstandsbücher

53 Zur **Berichtigung der Personenstandsbücher** ist im Hinblick auf die Änderungen des Familienstandes und des Namens eine Mitteilung des Beschlusses an das Standesamt vorgesehen (§ 56 Abs. 1 Nr. 1c PStV). An die Namensbestimmung ist der Standesbeamte – außer bei Nichtigkeit des Beschlusses – gebunden.[4]

C. Beschluss über die Ablehnung eines Antrags auf Annahme als Kind

54 Bekanntgabe und Wirksamwerden des den **Antrag auf Annahme als Kind ablehnenden Beschlusses** richten sich nach den allgemeinen Vorschriften der §§ 40, 41. Als Endentscheidung ist der Ablehnungsbeschluss nach § 58 Abs. 1 mit der Beschwerde anfechtbar. Die Beschwerde ist befristet. Sie ist gem. § 63 Abs. 1 innerhalb einer Frist von einem Monat beim Familiengericht (§ 64 Abs. 1) einzulegen. Beschwerdeberechtigt nach § 59 Abs. 2 ist bei der Minderjährigenadoption nur der Annehmende (§ 1752 BGB). Bei der Volljährigenadoption sind der Annehmende und der Anzunehmende als Antragsteller (§ 1768 BGB) beschwerdeberechtigt. Über die Beschwerde entscheidet nach § 119 Abs. 1 Nr. 1a GVG das OLG. Gegen dessen Entscheidung ist die Rechtsbeschwerde statthaft, die nach § 70 Abs. 1 einer ausdrücklichen Zulassung durch das Beschwerdegericht bedarf. Die Rechtsbeschwerde ist befristet (§ 71 Abs. 1 Satz 1) und qualifiziert zu begründen (§ 71 Abs. 2 und 3). Sie kann gem. § 72 Abs. 1 Satz 1 nur darauf gestützt werden, dass die angefochtene Entscheidung auf einer Verletzung des Rechts beruht. Über die Rechtsbeschwerde entscheidet gem. § 133 GVG der BGH. Mit Ablauf der Rechtsmittelfrist wird die Entscheidung formell rechtskräftig (§ 45). Ein entsprechendes Zeugnis ist auf Antrag zu erteilen (§ 46).

D. Offenbarungs- und Ausforschungsverbot

55 § 1758 BGB bezweckt den Schutz des **Adoptionsgeheimnisses**. Die Ziele der Adoption könnten vereitelt werden, wenn die leiblichen Eltern oder Verwandten noch Jahre nach der Annahme ohne weiteres Kontakt zum Kind aufnehmen könnten. Auch wird das Geheimhaltungsinteresse der Adoptiveltern und Kinder an der Tatsache der Adoption und der Herkunft der Kinder geschützt. § 1758 BGB dient damit in erster Linie der Gewährleistung der Inkognito-Adoption.[5]

56 Sanktionen der Verletzung des Adoptionsgeheimnisses hat der Gesetzgeber in § 1758 BGB nicht vorgesehen. Die Adoptiveltern und Kinder können aber bei schuld-

---

1 Vgl. näher *Krause*, NotBZ 2007, 43 (47).
2 MüKo.ZPO/*Maurer*, §§ 197, 198 FamFG Rz. 36.
3 OLG Zweibrücken v. 21.3.2011 – 6 UF 31/11, StAZ 2012, 54.
4 NK-BGB/*Finger*, § 1752 BGB Rz. 4.
5 Erman/*Saar*, § 1758 BGB Rz. 1; NK-BGB/*Finger*, § 1758 BGB Rz. 1.

haften Verstößen gegen § 1758 BGB Abwehr- und Schadensersatzansprüche nach § 823 Abs. 2 BGB geltend machen.[1] Streitigkeiten um Akteneinsicht beim Jugendamt als Adoptionsvermittlungsstelle sind vor den Verwaltungsgerichten auszutragen.[2]

Dem Adoptionsgeheimnis wird dadurch Rechnung getragen, dass § 13 Abs. 2 Satz 2 den Kreis der zur Einsicht in die Gerichtsakten berechtigten Personen einschränkt. Gleiches gilt für die Erteilung beglaubigter Registerausdrucke aus dem Geburtseintrag nach § 63 Abs. 1 PStG. 57

Während sich das **Offenbarungsverbot** des § 1758 Abs. 1 BGB grundsätzlich an jeden am Adoptionsverfahren Beteiligten richtet, ist Adressat des **Ausforschungsverbotes** jedermann, gleichgültig, ob Privatperson oder Behörde.[3] Über die Reichweite der Offenbarungs- und Ausforschungsverbote entscheiden die Adoptiveltern und das Kind, dh. diesen obliegt insoweit das Verfügungsrecht über die Umstände der Adoption. Mit ihrer Zustimmung sind weder die Offenbarung noch die Ausforschung rechtswidrig.[4] Die Zustimmung des Kindes richtet sich nach § 1746 BGB.[5] Mit Vollendung seines 16. Lebensjahrs kann das Kind selbst die Erteilung eines beglaubigten Registerausdrucks aus seinem Geburtseintrag verlangen (§ 63 Abs. 1 PStG). 58

Ausnahmsweise ist die Offenbarung bzw. Ausforschung des Adoptionsgeheimnisses nach § 1758 Abs. 1 BGB gerechtfertigt, wenn besondere Gründe des öffentlichen Interesses dies erfordern. Neben den Eintragungen in die Personenstandsbücher zählen hierzu insbesondere die Verfolgung und Aufklärung von Straftaten.[6] 59

Der Schutz des § 1758 BGB beginnt gem. § 1758 Abs. 2 Satz 1 BGB mit Erteilung der nach § 1747 BGB erforderlichen Einwilligung der Eltern des Kindes. Das Familiengericht kann darüber hinaus nach § 1758 Abs. 2 Satz 2 BGB anordnen, dass das Verbot bereits wirksam wird, wenn ein Antrag auf Ersetzung der Einwilligung eines Elternteils gestellt wird (§ 1748 BGB). Gefährdungen des Kindeswohls sind in diesen Fällen nahe liegend. Durch Anwendung des § 1684 Abs. 4 BGB kann der Geheimhaltungsschutz im Einzelfall noch weiter vorverlagert werden.[7] 60

198 *Beschluss in weiteren Verfahren*

(1) Der Beschluss über die Ersetzung einer Einwilligung oder Zustimmung zur Annahme als Kind wird erst mit Rechtskraft wirksam. Bei Gefahr im Verzug kann das Gericht die sofortige Wirksamkeit des Beschlusses anordnen. Der Beschluss wird mit Bekanntgabe an den Antragsteller wirksam. Eine Abänderung oder Wiederaufnahme ist ausgeschlossen.
(2) Der Beschluss, durch den das Gericht das Annahmeverhältnis aufhebt, wird erst mit Rechtskraft wirksam; eine Abänderung oder Wiederaufnahme ist ausgeschlossen.
(3) Der Beschluss, durch den die Befreiung vom Eheverbot nach § 1308 Abs. 1 des Bürgerlichen Gesetzbuchs erteilt wird, ist nicht anfechtbar; eine Abänderung oder Wiederaufnahme ist ausgeschlossen, wenn die Ehe geschlossen worden ist.

---

1 NK-BGB/*Finger*, § 1758 BGB Rz. 5, 9; Staudinger/*Frank*, § 1758 BGB Rz. 21.
2 NK-BGB/*Finger*, § 1758 BGB Rz. 8.
3 Das Verbot des § 1758 BGB besteht auch gegenüber dem leiblichem Elternteil, welches die Aufhebung der Adoption betreiben will; vgl. OLG Karlsruhe v. 27.2.1996 – 11 Wx 63/95, FGPrax 1996, 106; Erman/*Saar*, § 1758 BGB Rz. 5; aA NK-BGB/*Finger*, § 1758 BGB Rz. 4.
4 BayObLG v. 7.2.1996 – 1 Z BR 72/85, FamRZ 1996, 1436.
5 Staudinger/*Frank*, § 1758 BGB Rz. 11; NK-BGB/*Finger*, § 1758 BGB Rz. 4.
6 NK-BGB/*Finger*, § 1758 BGB Rz. 4; Erman/*Saar*, § 1758 BGB Rz. 5.
7 NK-BGB/*Finger*, § 1758 BGB Rz. 7; Erman/*Saar*, § 1758 BGB Rz. 3; aA Staudinger/*Frank*, § 1758 BGB Rz. 18.

§ 198

A. Allgemeines 1	2. Anordnung der sofortigen Wirksamkeit 8
B. Inhalt der Vorschrift	II. Beschluss über die Aufhebung des Annahmeverhältnisses (Absatz 2) 11
I. Beschluss über die Ersetzung einer Einwilligung oder Zustimmung zur Annahme als Kind (Absatz 1)	III. Beschluss über die Befreiung vom Eheverbot des § 1308 Abs. 1 BGB (Absatz 3) 14
1. Wirksamwerden mit Rechtskraft .. 5	

A. Allgemeines

1 Während § 197 den Beschluss über die Annahme als Kind zum Gegenstand hat, betrifft § 198 **Beschlüsse in den weiteren Adoptionssachen** (§ 186 Nr. 2 bis 4).

2 § 198 Abs. 1 Satz 1 regelt den Zeitpunkt des Wirksamkeitseintritts im Fall der Ersetzung einer Einwilligung oder Zustimmung zur Annahme als Kind. Ein derartiger Beschluss wird erst mit Rechtskraft wirksam. Dies entspricht dem früheren § 53 Abs. 1 Satz 2 FGG.[1] Eine dem § 53 Abs. 2 FGG vergleichbare Möglichkeit, bei Gefahr im Verzug die sofortige Wirksamkeit anzuordnen, findet sich in § 198 Abs. 1 Satz 2. Abänderung und Wiederaufnahme sind in diesem Fall wie bisher ausgeschlossen.[2]

3 § 198 Abs. 2 betrifft Beschlüsse über die Aufhebung des Annahmeverhältnisses. Der erste Satzteil des § 198 Abs. 2 entspricht dem früheren § 56f Abs. 3 FGG, der zweite Satzteil dem früheren § 18 Abs. 2 FGG iVm. § 60 Abs. 1 Nr. 6 FGG.[3]

4 § 198 Abs. 3 hat den Beschluss, durch den die Befreiung vom Eheverbot nach § 1308 Abs. 1 BGB erteilt wird, zum Gegenstand. § 198 Abs. 3 Halbs. 1 entspricht dem früheren § 44a Abs. 2 Satz 1 FGG und § 198 Abs. 3 Halbs. 2 dem früheren § 44a Abs. 2 Satz 2 FGG.[4]

B. Inhalt der Vorschrift

I. Beschluss über die Ersetzung einer Einwilligung oder Zustimmung zur Annahme als Kind (Absatz 1)

1. Wirksamwerden mit Rechtskraft

5 Ein Beschluss wird gem. § 40 Abs. 1 grundsätzlich mit Bekanntgabe an den Beteiligten, für den er seinem wesentlichen Inhalt nach bestimmt ist, wirksam. § 198 Abs. 1 Satz 1 enthält hiervon eine Ausnahme. Die Vorschrift ordnet an, dass der Beschluss über die Ersetzung einer Einwilligung oder Zustimmung zur Annahme als Kind erst mit **Rechtskraft** (§ 45) wirksam wird.

6 Von § 198 Abs. 1 erfasst sind die Ersetzung der Einwilligung oder Zustimmung eines Elternteils (vgl. § 186 Rz. 27),[5] des Vormunds oder Pflegers (vgl. § 197 Rz. 15) oder eines Ehegatten (vgl. § 186 Rz. 32) zu einer Annahme als Kind (§§ 1748, 1746 Abs. 3, 1749 Abs. 1, 1767 Abs. 2 BGB).

7 § 198 Abs. 1 Satz 4 stellt klar, dass eine **Abänderung** des Beschlusses über die Ersetzung einer Einwilligung oder Zustimmung zur Annahme als Kind oder **Wiederaufnahme ausgeschlossen** ist.

2. Anordnung der sofortigen Wirksamkeit

8 Bei Gefahr im Verzug kann das Familiengericht gem. § 198 Abs. 1 Satz 2 die **sofortige Wirksamkeit anordnen**. Gefahr im Verzug setzt voraus, dass von dem Aufschub der Wirksamkeit bis zur Rechtskraft eine Gefährdung der zu verfolgenden Interessen zu befürchten ist.[6] Es handelt sich hierbei um eine **Ermessensentscheidung** des Ge-

---

1 BT-Drucks. 16/6308, S. 248.
2 BT-Drucks. 16/6308, S. 248.
3 BT-Drucks. 16/6308, S. 248.
4 BT-Drucks. 16/6308, S. 248.
5 S. hierzu näher auch *Krause*, NotBZ 2006, 221 (227).
6 Keidel/*Engelhardt*, § 198 FamFG Rz. 5.

richts.[1] Die Anordnung der sofortigen Wirksamkeit kann auf Antrag oder von Amts wegen erfolgen. Sie ist nicht nur gleichzeitig mit dem Ersetzungsbeschluss, sondern auch später möglich.[2]

Die sofortige Wirksamkeit tritt gem. § 198 Abs. 1 Satz 3 mit Bekanntgabe des Beschlusses an den Antragsteller ein. Sie ist unabhängig von der Notwendigkeit der Bekanntgabe an dritte Personen. 9

Das Beschwerdegericht kann gem. § 64 Abs. 3 die Anordnung der sofortigen Wirksamkeit durch eA außer Kraft setzen. 10

II. Beschluss über die Aufhebung des Annahmeverhältnisses (Absatz 2)

Die Aufhebung des Annahmeverhältnisses eines Minderjährigen kann gem. § 1759 BGB nur in den Fällen des §§ 1760, 1763 BGB erfolgen (vgl. § 186 Rz. 34 ff.). Im Falle des § 1760 BGB erfolgt sie auf **Antrag** (§ 1762 BGB) und im Falle des § 1763 BGB **von Amts wegen**. Für die Aufhebung der Volljährigenadoption enthält § 1771 BGB Sonderregelungen (vgl. § 186 Rz. 39 f.).[3] 11

§ 198 Abs. 2 Halbs. 1 ordnet an, dass der **Beschluss**, durch den das Gericht das Annahmeverhältnis aufhebt, erst mit **Rechtskraft** (§ 45) wirksam wird. Der Beschluss ist mit der Beschwerde nach § 58 Abs. 1 anfechtbar[4] (s. näher § 197 Rz. 54). § 198 Abs. 2 Halbs. 2 stellt klar, dass eine **Abänderung** oder **Wiederaufnahme** ausgeschlossen ist. § 1764 Abs. 1 Satz 1 BGB legt fest, dass die Aufhebung nur für die Zukunft wirkt. Die bis zur Rechtskraft des Aufhebungsbeschlusses eingetretenen rechtlichen Wirkungen der Annahme bleiben somit auch nach der Aufhebung bestehen. Dies bedeutet, dass zB rückständige Unterhaltsansprüche weiterhin geltend gemacht werden können[5] und eine Rückforderung geleisteter Unterhaltszahlungen – unabhängig von § 818 Abs. 3 BGB – ausgeschlossen ist. Das Kind behält auch seine durch die Adoption vermittelte Staatsangehörigkeit.[6] 12

Bekanntgabe und Wirksamwerden des die Aufhebung des Annahmeverhältnisses ablehnenden Beschlusses richten sich nach den allgemeinen Vorschriften der §§ 40, 41. Als Endentscheidung ist der Ablehnungsbeschluss nach § 58 Abs. 1 mit der Beschwerde anfechtbar (s. näher § 197 Rz. 54). Zur Berichtigung der Personenstandsbücher ist eine Mitteilung des Beschlusses an das Standesamt vorgesehen (§ 56 Abs. 1 Nr. 1c PStV). 13

III. Beschluss über die Befreiung vom Eheverbot des § 1308 Abs. 1 BGB (Absatz 3)

Gem. § 1308 Abs. 1 Satz 1 BGB soll eine Ehe nicht geschlossen werden zwischen Personen, deren Verwandtschaft iSd. § 1307 BGB durch Annahme als Kind begründet worden ist. Das Familiengericht kann gem. § 1308 Abs. 2 Satz 1 BGB auf Antrag von dieser Vorschrift Befreiung erteilen, wenn zwischen dem Antragsteller und seinem künftigen Ehegatten durch die Annahme als Kind eine Verwandtschaft in der Seitenlinie begründet worden ist. Gem. § 198 Abs. 3 Halbs. 1 ist ein solcher **Befreiungsbeschluss** nicht anfechtbar. § 198 Abs. 3 Halbs. 2 schließt die Befugnis des Familiengerichts zur Abänderung oder Wiederaufnahme aus, wenn die Ehe geschlossen worden ist. Der Beschluss, mit dem die Befreiung vom Eheverbot abgelehnt wird, ist mit der Beschwerde nach § 58 Abs. 1 anfechtbar (s. näher § 197 Rz. 54). Beschwerdeberechtigt ist in einem solchen Fall jeder Verlobte. 14

---

1 AA MüKo.ZPO/*Maurer*, §§ 197, 198 FamFG Rz. 55.
2 Vgl. Keidel/*Engelhardt*, § 198 FamFG Rz. 5.
3 Zur Aufhebung des Annahmeverhältnisses s. näher *Krause*, NotBZ 2007, 273 (276).
4 Vgl. auch BGH v. 13.6.2012 – XII ZR 77/10, FamRZ 2012, 1293.
5 NK-BGB/*Finger*, § 1764 BGB Rz. 2.
6 NK-BGB/*Finger*, § 1764 BGB Rz. 2; Bamberger/Roth/*Enders*, § 1764 BGB Rz. 2.

§ 199 Anwendung des Adoptionswirkungsgesetzes
Die Vorschriften des Adoptionswirkungsgesetzes bleiben unberührt.

A. Allgemeines 1	1. Anerkennungs- und Wirkungsfeststellungsverfahren 5
B. Inhalt der Vorschrift	2. Umwandlungsverfahren 8
I. Adoptionswirkungsgesetz als Spezialvorschrift 3	III. Internationale und örtliche Zuständigkeit 9
II. Anerkennung von Auslandsadoptionen 4	

A. Allgemeines

1 Das Haager Übereinkommen über den Schutz von Kindern und die Zusammenarbeit auf dem Gebiet der internationalen Adoption v. 29.5.1993[1] (**Haager Adoptionsübereinkommen – HAdoptÜ**) ist in Deutschland am 1.3.2002 in Kraft getreten. Ziel des HAdoptÜ ist insbesondere die Zusammenarbeit zwischen den Vertragsstaaten auf dem Gebiet der internationalen Adoption zum Schutz und zum Wohl der Kinder und die Sicherung der Anerkennung der gem. dem Übereinkommen zu Stande gekommenen Adoptionen. Es normiert insbesondere die allgemeinen Voraussetzungen der Adoption, den Verfahrensgang sowie die Anerkennung und Wirkungen der nach Maßgabe des Abkommens erfolgten Adoptionen. Regelungen zur internationalen Zuständigkeit oder dem auf die Adoption anwendbaren Recht enthält das HAdoptÜ nicht. Umgesetzt wurde es durch das am 1.1.2002 in Kraft getretene Gesetz zur Ausführung des HAdoptÜ (Adoptionsübereinkommens-Ausführungsgesetz – AdÜbAG).[2] Daneben trat zum 1.1.2002 das Gesetz über Wirkungen der Annahme als Kind nach ausländischem Recht v. 5.11.2001 (Adoptionswirkungsgesetz – AdWirkG)[3] in Kraft.

2 Art. 22 EGBGB (**Adoptionsstatut**) enthält das IPR der Adoption und vergleichbarer Rechtsinstitute, durch die Eltern-Kind-Verhältnisse oder sonstige nahe Verwandtschaftsverhältnisse begründet werden. Die Wirksamkeit einer Adoption unterliegt gem. Art. 22 Abs. 1 Satz 1 EGBGB dem Heimatrecht des Annehmenden.[4] Ist der Annehmende verheiratet oder nehmen Ehegatten gemeinsam ein Kind an, unterliegt die Adoption gem. Art. 22 Abs. 1 Satz 2 EGBGB dem auf die allgemeinen Wirkungen ihrer Ehe anwendbaren Recht (Art. 14 Abs. 1 EGBGB). Das nach Art. 22 Abs. 1 EGBGB zur Anwendung kommende Recht bestimmt gem. Art. 22 Abs. 2 EGBGB auch die statusbegründenden und statusauslösenden Wirkungen der Adoption. Art. 22 Abs. 3 EGBGB enthält mit der sog. **Gleichstellungserklärung** ein erbrechtliches Gestaltungsmittel. Diese ermächtigt den Annehmenden, dessen Ehegatten oder Verwandte, einen nach ausländischem Recht Angenommenen in Ansehung der Rechtsnachfolge von Todes wegen einem nach deutschen Adoptionsvorschriften angenommenen Kind gleichzustellen. Darüber hinaus ist bei Adoptionen mit Auslandsberührung Art. 23 EGBGB (**Zustimmungsstatut**) zu beachten. Gem. Art. 23 Satz 1 EGBGB sind zusätzlich zu den nach dem Adoptionsstatut vorgeschriebenen Einwilligungen die vom Heimatrecht des Kindes für sich selbst und für diejenigen Personen, zu denen es in einem familienrechtlichen Verhältnis steht, geforderten Zustimmungen einzuholen. Soweit dies dem Wohl des Kindes dient, kann gem. Art. 23 Satz 2 EGBGB für die nach Art. 23 Satz 1 EGBGB verlangten Einwilligungen das deutsche Recht anstelle des Heimatrechts des Kindes angewendet werden.

---

1 BGBl. II 2001, S. 1034; 2002, S. 2872.
2 BGBl. I 2001, S. 2950.
3 BGBl. I 2001, S. 2950, 2953.
4 Zur Anwendbarkeit deutschen Adoptionsrechts bei einer gleichgeschlechtlichen, nach belgischem Recht geschlossenen Ehe zwischen dem US-amerikanischen Annehmenden und seinem italienischen Ehegatten bei russischer und italienischer Staatsangehörigkeit des anzunehmenden Kindes s. AG Nürnberg v. 25.9.2010 – XVI 0057/09, FamRBint 2011, 9 (*Krause*).

B. Inhalt der Vorschrift
I. Adoptionswirkungsgesetz als Spezialvorschrift

§ 199 enthält eine Ergänzung zu § 97 Abs. 2 für das AdWirkG. Diese war erforderlich, da das AdWirkG über die Umsetzung und Ausführung von Rechtsakten nach § 97 Abs. 1 hinausgeht.[1] Die Vorschriften des AdWirkG gehen gem. § 199 denjenigen des FamFG als Spezialvorschriften vor. Das AdWirkG hat folgenden Wortlaut:

§ 1 – Anwendungsbereich
Die Vorschriften dieses Gesetzes gelten für eine Annahme als Kind, die auf einer ausländischen Entscheidung oder auf ausländischen Sachvorschriften beruht. Sie gelten nicht, wenn der Angenommene zurzeit der Annahme das 18. Lebensjahr vollendet hatte.

§ 2 – Anerkennungs- und Wirkungsfeststellung
(1) Auf Antrag stellt das Familiengericht fest, ob eine Annahme als Kind im Sinne des § 1 anzuerkennen oder wirksam und ob das Eltern-Kind-Verhältnis des Kindes zu seinen bisherigen Eltern durch die Annahme erloschen ist.
(2) Im Falle einer anzuerkennenden oder wirksamen Annahme ist zusätzlich festzustellen,
1. wenn das in Absatz 1 genannte Eltern-Kind-Verhältnis erloschen ist, dass das Annahmeverhältnis einem nach den deutschen Sachvorschriften begründeten Annahmeverhältnis gleichsteht,
2. andernfalls, dass das Annahmeverhältnis in Ansehung der elterlichen Sorge und der Unterhaltspflicht des Annehmenden einem nach den deutschen Sachvorschriften begründeten Annahmeverhältnis gleichsteht.

Von der Feststellung nach Satz 1 kann abgesehen werden, wenn gleichzeitig ein Umwandlungsausspruch nach § 3 ergeht.
(3) Spricht ein deutsches Familiengericht auf der Grundlage ausländischer Sachvorschriften die Annahme aus, so hat es die in den Absätzen 1 und 2 vorgesehenen Feststellungen von Amts wegen zu treffen. Eine Feststellung über Anerkennung oder Wirksamkeit der Annahme ergeht nicht.

§ 3 – Umwandlungsausspruch
(1) In den Fällen des § 2 Abs. 2 Satz 1 Nr. 2 kann das Familiengericht auf Antrag aussprechen, dass das Kind die Rechtsstellung eines nach den deutschen Sachvorschriften angenommenen Kindes erhält, wenn
1. dies dem Wohl des Kindes dient,
2. die erforderlichen Zustimmungen zu einer Annahme mit einer das Eltern-Kind-Verhältnis beendenden Wirkung erteilt sind und
3. überwiegende Interessen des Ehegatten oder der Kinder des Annehmenden oder des Angenommenen nicht entgegenstehen.

Auf die Erforderlichkeit und die Erteilung der in Satz 1 Nr. 2 genannten Zustimmungen finden die für die Zustimmungen zu der Annahme maßgebenden Vorschriften sowie Artikel 6 des Einführungsgesetzes zum Bürgerlichen Gesetzbuche entsprechende Anwendung. Auf die Zustimmung des Kindes ist zusätzlich § 1746 Abs. 1 Satz 1 bis 3, Abs. 2 und 3 des Bürgerlichen Gesetzbuchs anzuwenden. Hat der Angenommene zurzeit des Beschlusses nach Satz 1 das 18. Lebensjahr vollendet, so entfällt die Voraussetzung nach Satz 1 Nr. 1.
(2) Absatz 1 gilt in den Fällen des § 2 Abs. 2 Satz 1 Nr. 1 entsprechend, wenn die Wirkungen der Annahme von den nach den deutschen Sachvorschriften vorgesehenen Wirkungen abweichen.

§ 4 – Antragstellung; Reichweite der Entscheidungswirkungen
(1) Antragsbefugt sind
1. für eine Feststellung nach § 2 Abs. 1
   a) der Annehmende, im Fall der Annahme durch Ehegatten jeder von ihnen,
   b) das Kind,
   c) ein bisheriger Elternteil oder

---
[1] BT-Drucks. 16/6308, S. 248.

d) das Standesamt, das nach § 27 Abs. 1 des Personenstandsgesetzes für die Fortführung der Beurkundung der Geburt des Kindes im Geburtenregister oder nach § 36 des Personenstandsgesetzes für die Beurkundung der Geburt des Kindes zuständig ist;

2. für einen Ausspruch nach § 3 Abs. 1 oder Abs. 2 der Annehmende, annehmende Ehegatten nur gemeinschaftlich.

Von der Antragsbefugnis nach Satz 1 Nr. 1 Buchstabe d ist nur in Zweifelsfällen Gebrauch zu machen. Für den Antrag nach Satz 1 Nr. 2 gelten § 1752 Abs. 2 und § 1753 des Bürgerlichen Gesetzbuchs.

(2) Eine Feststellung nach § 2 sowie ein Ausspruch nach § 3 wirken für und gegen alle. Die Feststellung nach § 2 wirkt jedoch nicht gegenüber den bisherigen Eltern. In dem Beschluss nach § 2 ist dessen Wirkung auch gegenüber einem bisherigen Elternteil auszusprechen, sofern dieser das Verfahren eingeleitet hat oder auf Antrag eines nach Absatz 1 Satz 1 Nr. 1 Buchstabe a bis c Antragsbefugten beteiligt wurde. Die Beteiligung eines bisherigen Elternteils und der erweiterte Wirkungsausspruch nach Satz 3 können in einem gesonderten Verfahren beantragt werden.

§ 5 – Zuständigkeit und Verfahren

(1) Über Anträge nach den §§ 2 und 3 entscheidet das Familiengericht, in dessen Bezirk ein Oberlandesgericht seinen Sitz hat, für den Bezirk dieses Oberlandesgerichts; für den Bezirk des Kammergerichts entscheidet das Amtsgericht Schöneberg. Für die internationale und die örtliche Zuständigkeit gelten die §§ 101 und 187 Abs. 1, 2 und 4 des Gesetzes über das Verfahren in Familiensachen und in den Angelegenheiten der freiwilligen Gerichtsbarkeit entsprechend.

(2) Die Landesregierungen werden ermächtigt, die Zuständigkeit nach Absatz 1 Satz 1 durch Rechtsverordnung einem anderen Familiengericht des Oberlandesgerichtsbezirks oder, wenn in einem Land mehrere Oberlandesgerichte errichtet sind, einem Familiengericht für die Bezirke aller oder mehrerer Oberlandesgerichte zuzuweisen. Sie können die Ermächtigung auf die Landesjustizverwaltungen übertragen.

(3) Das Familiengericht entscheidet im Verfahren der freiwilligen Gerichtsbarkeit. Die §§ 159 und 160 Absatz 1 Satz 1, Absatz 2 bis 4 des Gesetzes über das Verfahren in Familiensachen und in den Angelegenheiten der freiwilligen Gerichtsbarkeit sind entsprechend anzuwenden. Im Verfahren nach § 2 wird ein bisheriger Elternteil nur nach Maßgabe des § 4 Abs. 2 Satz 3 und 4 angehört. Im Verfahren nach § 2 ist das Bundesamt für Justiz als Bundeszentralstelle für Auslandsadoption, im Verfahren nach § 3 sind das Jugendamt und die zentrale Adoptionsstelle des Landesjugendamtes zu beteiligen.

(4) Auf die Feststellung der Anerkennung oder Wirksamkeit einer Annahme als Kind oder des durch diese bewirkten Erlöschens des Eltern-Kind-Verhältnisses des Kindes zu seinen bisherigen Eltern, auf eine Feststellung nach § 2 Abs. 2 Satz 1 sowie auf einen Ausspruch nach § 3 Abs. 1 oder 2 oder nach § 4 Abs. 2 Satz 3 findet § 197 Abs. 2 und 3 des Gesetzes über das Verfahren in Familiensachen und in den Angelegenheiten der freiwilligen Gerichtsbarkeit entsprechende Anwendung. Im Übrigen unterliegen Beschlüsse nach diesem Gesetz der Beschwerde; sie werden mit ihrer Rechtskraft wirksam. § 4 Abs. 2 Satz 2 bleibt unberührt.

II. Anerkennung von Auslandsadoptionen

4   Das AdWirkG sieht mit dem Anerkennungs- und Wirkungsfeststellungsverfahren einerseits und dem Umwandlungsverfahren anderseits zwei familiengerichtliche Verfahren vor. Die Regelungen des AdWirkG gelten gem. § 1 Satz 1 Alt. 2, § 2 Abs. 3 AdWirkG iÜ auch für inländische Adoptionsbeschlüsse, wenn diese auf ausländischen Sachvorschriften beruhen.

1. Anerkennungs- und Wirkungsfeststellungsverfahren

5   Das **Anerkennungs- und Wirkungsfeststellungsverfahren** ist fakultativ. Eine im Ausland durchgeführte, anzuerkennende Adoption wirkt im Inland auch ohne Durchführung des Verfahrens. Das Anerkennungs- und Wirkungsfeststellungsverfahren setzt gem. § 2 Abs. 1 AdWirkG einen (nicht notariell zu beurkundenden) Antrag voraus.[1] Die Prüfung des Familiengerichts erfolgt in zwei Stufen:

6   Das Familiengericht hat zunächst gem. § 2 Abs. 1 Halbs. 1 AdWirkG über die Anerkennung (**Dekretadoption**) bzw. Wirksamkeit (**Vertragsadoption**) der Adoption zu entscheiden. Nach dem HAdoptÜ durchgeführte Adoptionen werden gem. Art. 23

---

[1] Zu den mit dem Antrag einzureichenden Unterlagen s. *Hölzel*, StAZ 2003, 294.

Abs. 1 HAdoptÜ ohne weitere Prüfung anerkannt, wenn die zuständige Behörde des Staates, in dem sie durchgeführt worden ist, bescheinigt, dass sie gem. dem HAdoptÜ zu Stande gekommen ist. Nicht auf der Grundlage des HAdoptÜ durchgeführte Dekretadoptionen sind anhand der in §§ 108, 109 geregelten Anerkennungsausschlussgründe zu prüfen. Voraussetzung für die Anerkennungs- und Wirkungsfeststellung eines ausländischen Adoptionsbeschlusses[1] ist insbesondere eine dem deutschen ordre public genügende Prüfung des Kindeswohls im Rahmen des ausländischen Adoptionsverfahrens.[2] Diese setzt eine umfassende fachliche Begutachtung der gesamten Lebensverhältnisse der Adoptionsbewerber voraus. Eine solche kann regelmäßig nur durch eine Fachbehörde am Lebensmittelpunkt der Adoptionsbewerber sachgerecht erfolgen.[3] Fehlt es an einer entsprechenden Begutachtung, so stellt dies für sich genommen zwar noch keinen zwingenden Versagungsgrund dar, begründet jedoch Zweifel an der Vereinbarkeit der ausländischen Adoptionsentscheidung mit dem deutschen ordre public.[4] Vor Durchführung einer ausländischen Adoption, deren Anerkennung in Deutschland angestrebt wird, sollte daher stets die zuständige inländische Adoptionsvermittlungsstelle beteiligt werden. Die Kindeswohlprüfung kann bei vollständig fehlenden Feststellungen über die Elterngeeignetheit im ausländischen Adoptionsverfahren oder bei fehlender Offenlegung des Lebensmittelpunktes der Annehmenden im Ausland nicht in das Anerkennungsverfahren verlagert werden. Dies schließt es aber nicht aus, dass in anderen Fällen weitere tatsächliche Feststellungen im Anerkennungsverfahren getroffen werden, wenn dadurch nur Lücken hinsichtlich der Kindeswohlprüfung geschlossen werden. Eine Überprüfung der Lebensverhältnisse der Adoptionswilligen durch eine Fachstelle in Deutschland ist nicht unabdingbar erforderlich.[5] Einer durch ein ausländisches Gericht ausgesprochenen Adoption ist in Deutschland die Anerkennung zu versagen, wenn der Wille und Wunsch der am ausländischen Adoptionsverfahren Beteiligten dahin ging, das in einer intakten Familiengemeinschaft lebende Kind primär aus materiellen Gründen in einen anderen Kulturkreis zu versetzen.[6] Das AG Nürnberg hat allerdings entschieden, dass eine Auslandsadoption auch dann anzuerkennen sei, wenn sich die Adoptiveltern und das (äthiopische) Adoptivkind bei Ausspruch der Adoption noch nicht persönlich kennengelernt hatten.[7] Liegt der künftige Aufenthalt des Kindes im Ausland, so setzt eine hinreichende Prüfung weiterhin voraus, dass dem Adoptionsgericht dieser Umstand bewusst ist, damit es unter Berücksichtigung dessen das Adoptionsbedürfnis und die Elterneignung sachgerecht prüfen kann.[8] Maßgebender Zeitpunkt für die Bestimmung des Verstoßes gegen den ordre public ist der Zeitpunkt, in dem über die Anerkennung zu entscheiden ist.[9] Die Wirk-

---

1 Der Beschluss eines iranischen Gerichts nach Art. 1 ff. des iranischen „Gesetz zum Schutz von Kindern ohne Vormund", wonach Eheleuten das „endgültige Erziehungsrecht" über ein elternloses Kind erteilt wird, begründet ein dauerhaftes rechtliches Eltern-Kind-Verhältnis („sarparasti"). Ein solcher Beschluss beinhaltet eine schwache Adoption nach deutschem Recht, §§ 1767 ff. BGB. Der Anwendungsbereich der §§ 1 ff. AdWirkG ist damit eröffnet, wenn der Anzunehmende minderjährig ist; vgl. OLG Köln v. 23.4.2012 – 4 UF 185/10, FamRBint 2012, 89 (*Krause*).
2 Vgl. etwa OLG Karlsruhe v. 8.7.2010 – 11 Wx 113/09, FamRBint 2011, 11 (*Krause*); OLG Hamm v. 12.8.2010 – I-15 Wx 20/10, FamRBint 2011, 10 (*Krause*); OLG Düsseldorf v. 18.1.2011 – I-25 Wx 28/10, FamRBint 2011, 31 (*Krause*).
3 OLG Hamm v. 11.8.2011 – II-11 UF 37/11, FamRBint 2012 (*Krause*).
4 Vgl. OLG Frankfurt v. 6.5.2009 – 20 W 472/08, FamRBint 2009, 66 (*Krause*); OLG Düsseldorf v. 22.6.2010 – I-25 Wx 15/10, FamRBint 2010, 85 (*Krause*).
5 OLG Karlsruhe v. 6.12.2012 – 2 UF 190/12, FamRBint 2013, 66 (*Krause*). Das OLG Köln v. 29.5.2009 – 16 Wx 251/08, NJW-RR 2009, 1374, hat die Ablehnung der Anerkennung einer ausländischen Adoptionsentscheidung damit begründet, dass im Adoptionsverfahren eine Prüfung der Elterneignung durch eine fachkundige Stelle oder Person zum Lebensumfeld des Annehmenden in seinem Heimatland zu erfolgen habe. Das Fehlen einer solchen Prüfung führe zur Nichtanerkennung, da es nicht Sinn und Zweck des Anerkennungsverfahrens sei, erstmals eine vollständige Kindeswohlprüfung durchzuführen.
6 OLG Köln v. 29.5.2009 – 16 Wx 16/09, FamRBint 2010, 5 (*Krause*).
7 AG Nürnberg v. 10.7.2009 – XVI 66/08, FamFR 2009, 78 (*Milzer*).
8 OLG Düsseldorf v. 27.7.2012 – II-1 UF 82/11, StAZ 2013, 82.
9 KG v. 23.9.2010 – 1 W 168/10, FamRBint 2011, 9 (*Krause*).

samkeit von Vertragsadoptionen außerhalb des HAdoptÜ richtet sich nach Art. 22, 23 EGBGB.

7 Auf der zweiten Stufe hat das Familiengericht zu klären, ob das Eltern-Kind-Verhältnis des Kindes zu seinen bisherigen Eltern erloschen ist (§ 2 Abs. 1 Halbs. 2 AdWirkG). Wird diese Frage bejaht, ist gem. § 2 Abs. 2 Nr. 1 AdWirkG festzustellen, dass das Annahmeverhältnis einem nach deutschen Sachvorschriften begründeten Annahmeverhältnis gleichsteht. Besteht das bisherige Eltern-Kind-Verhältnis dagegen fort, ist gem. § 2 Abs. 2 Nr. 2 AdWirkG festzustellen, dass das Annahmeverhältnis in Ansehung der elterlichen Sorge und der Unterhaltspflicht des Annehmenden einem nach deutschen Sachvorschriften begründeten Annahmeverhältnis gleichsteht.

7a Die Anerkennung einer Annahme als Kind nach Maßgabe der Bestimmungen des AdWirkG ist nicht deshalb nichtig, weil die nach dem Recht von Südafrika durch ein südafrikanisches Gericht bestätigte Adoption von zwei gleichgeschlechtlichen Partnern durchgeführt wurde.[1]

7b Hat der Antragsteller im Rahmen eines Antrags auf Anerkennung einer ausländischen Adoptionsentscheidung trotz einer Aufforderung des Gerichts die Originalausfertigung der Adoptionsentscheidung, die Geburtsurkunde und die Stellungnahme der Adoptionsbehörden im Heimatland des Kindes nicht vorgelegt, so kann das Gericht den Antrag wegen fehlender Mitwirkung (§ 27) zurückweisen.[2]

7c Anerkennungsverfahren nach dem AdWirkG zählen nicht zu den Adoptionssachen gem. §§ 111 Nr. 4 186 und sind somit keine Familiensachen iSd. § 68 Abs. 1 Satz 2. Das Gericht erster Instanz hat daher im Falle einer Beschwerde gegen seine Entscheidung zwingend ein Abhilfeverfahren gem. § 68 Abs. 1 Satz 1 durchzuführen.[3]

2. Umwandlungsverfahren

8 Nach § 3 AdWirkG besteht die Möglichkeit, eine anzuerkennende Auslandsadoption mit schwachen Wirkungen in eine **Volladoption** nach deutschem Recht umzuwandeln. Die Antragsbefugnis richtet sich nach § 4 Abs. 1 AdWirkG. Der Antrag bedarf gem. § 4 Abs. 1 Satz 3 AdWirkG iVm. § 1752 Abs. 2 Satz 2 BGB der notariellen Beurkundung. Voraussetzungen für die **Umwandlung** sind, dass die ursprüngliche Adoption dem Grunde nach anzuerkennen und das Verfahren nach § 2 AdWirkG durchgeführt worden ist sowie die in § 3 Abs. 1 Satz 1 Nr. 1 bis 3 AdWirkG genannten Anforderungen erfüllt sind. Mit dem Ausspruch der Umwandlung erhält das Kind gem. § 3 Abs. 1 Satz 1 AdWirkG die Rechtsstellung eines nach deutschen Sachvorschriften angenommenen Kindes. Ein Umwandlungsverfahren kann gem. § 3 Abs. 2 AdWirkG auch durchgeführt werden, wenn das Eltern-Kind-Verhältnis durch den ausländischen Adoptionsbeschluss zwar beendet worden ist, das Annahmeverhältnis jedoch teilweise von den nach den deutschen Sachvorschriften vorgesehenen Wirkungen abweicht. Auf diese Weise kann etwa die volle erbrechtliche oder namensrechtliche Gleichheit des Angenommenen herbeigeführt werden.

III. Internationale und örtliche Zuständigkeit

9 Die früher in § 43b FGG enthaltenen Bestimmungen zur **internationalen und örtlichen Zuständigkeit** für Adoptionssachen finden sich nunmehr in den §§ 101 und 187 Abs. 1, 2, 4 und 5. Der Gesetzgeber hat § 187 im Rahmen des Gesetzes zur Modernisierung von Verfahren im anwaltlichen und notariellen Berufsrecht, zur Errichtung einer Schlichtungsstelle der Rechtsanwaltschaft sowie zur Änderung sonstiger Vorschriften v. 30.7.2009[4] geändert, dabei jedoch die notwendige Folgeänderung des § 5

---

1 KG v. 11.12.2012 – 1 W 404/12, FamRBint 2013, 35 (*Krause*).
2 OLG Düsseldorf v. 2.3.12 – II-1 UF 120/10, AnwBl 2012, 204.
3 OLG Hamm v. 24.1.2012 – II-11 UF 102/11, FamRZ 2012, 1230 m. Anm. Weitzel = FamRBint 2012, 33 (*Krause*); OLG Köln v. 30.3.2012 – II-4 UF 61/12, FamRBint 2012, 90 (Krause); aA OLG Düsseldorf v. 2.3.2012 – II-1 UF 120/10, FamRZ 2012, 1233; MüKo.ZPO/*Maurer*, § 186 FamFG Rz. 2; *Maurer*, FamRZ 2013, 90; *Braun*, ZKJ 2012, 216.
4 BGBl. I, S. 2449.

Abs. 1 Satz 1 AdWirkG übersehen. § 187 Abs. 4 wurde neu eingefügt. Der bisherige § 187 Abs. 4 ist nun § 187 Abs. 5. § 5 Abs. 1 Satz 1 AdWirkG müsste daher § 187 Abs. 5 und nicht § 187 Abs. 4 für entsprechend anwendbar erklären.

Gem. § 101 sind die deutschen Gerichte in Adoptionssachen zuständig, wenn der Annehmende, einer der annehmenden Ehegatten oder das Kind Deutscher ist oder seinen gewöhnlichen Aufenthalt im Inland hat. § 106 stellt fest, dass diese internationale Zuständigkeit nicht ausschließlich ist. 10

Die örtliche Zuständigkeit folgt aus 187 Abs. 1, 2, 4 und 5. Besonders zu beachten ist in diesem Zusammenhang die in § 5 Abs. 1 Satz 1 AdWirkG angeordnete Zuständigkeitskonzentration. Für den Fall, dass auf die Annahme ausländische Sachvorschriften zur Anwendung kommen, ist nach dieser Vorschrift örtlich zuständig stets das Familiengericht, in dessen Bezirk das jeweilige Oberlandesgericht seinen Sitz hat; für den Bezirk des KG entscheidet das Amtsgericht Schöneberg. Diese **Zuständigkeitskonzentration** gilt auch dann, wenn deutsches Recht Adoptionsstatut ist, zusätzlich wegen der ausländischen Staatsangehörigkeit des Anzunehmenden ausländisches Recht für die Zustimmungen zur Adoption anzuwenden ist oder sich die Geltung deutschen Adoptionsrechts nach Anwendung ausländischen Rechts erst aus einer Rückverweisung ergibt.[1] Sie bezieht sich jedoch nur auf Verfahren, in denen der Anzunehmende zurzeit der Annahme noch nicht das 18. Lebensjahr vollendet hat und endet mit Eintritt der Volljährigkeit.[2] Unerheblich ist dabei, ob der Anzunehmende nach seinem ausländischen Heimatrecht noch minderjährig ist.[3] 11

Abschnitt 6
Verfahren in Ehewohnungs- und Haushaltssachen

200 *Ehewohnungssachen; Haushaltssachen*
(1) Ehewohnungssachen sind Verfahren
1. nach § 1361b des Bürgerlichen Gesetzbuchs,
2. nach § 1568a des Bürgerlichen Gesetzbuchs.
(2) Haushaltssachen sind Verfahren
1. nach § 1361a des Bürgerlichen Gesetzbuchs,
2. nach § 1568b des Bürgerlichen Gesetzbuchs.

Literatur: *Blank*, Die Rechtsstellung des Vermieters bei der Umgestaltung des Mietverhältnisses anlässlich der Ehescheidung, FPR 2010, 544; *Finger*, Regelung der Rechtsverhältnisse für Ehewohnung und Haushaltsgegenstände bei der Scheidung, FamFR 2010, 169; *Giers*, Vollstreckung in Ehewohnungs- und Haushaltssachen nach dem FamFG, FPR 2010, 564; *Götz/Brudermüller*, Die gemeinsame Wohnung, 2008; *Götz/Brudermüller*, Regelungen der Nutzungs- und Rechtsverhältnisse an Ehewohnung und Hausrat, FamRZ 2008, 1895; *Götz/Brudermüller*, Wohnungszuweisung und Hausratsteilung – Aufhebung der HausratsVO und Neuregelung im BGB, NJW 2008, 3025; *Götz/Brudermüller*, Die „Rechtsnachfolger" der HausratsVO, FamRZ 2009, 1261; *Kemper*,

---

[1] Vgl. BayObLG v. 16.12.2004 – 1 Z AR 168/04, StAZ 2005, 297; OLG Stuttgart v. 2.12.2003 – 8 AR 22/03, FamRZ 2004, 1124; OLG Zweibrücken v. 1.12.2004 – 2 AR 46/04, OLGReport 2005, 213; aA OLG Hamm v. 21.11.2002 – 15 Sbd 13/02, FamRZ 2003, 1042. Auf die Adoption eines Volljährigen durch in der Bundesrepublik Deutschland lebende indische Staatsangehörige ist deutsches Recht anzuwenden; vgl. OLG Köln v. 29.7.2011 – 4 UF 108/11, FGPrax 2011, 297.
[2] Vgl. OLG Stuttgart v. 20.11.2006 – 8 AR 42/06, FGPrax 2007, 26; OLG Stuttgart v. 19.1.2007 – 8 AR 1/07, RNotZ 2007, 171; OLG Schleswig v. 21.4.2006 – 2 W 57/06, FamRZ 2006, 1462; OLG Hamm v. 26.7.2007 – 15 Sbd 7/07, FamRZ 2008, 300; OLG München v. 16.3.2007 – 31 AR 49/07, FGPrax 2007, 127; OLG Rostock v. 22.5.2007 – 3 UH 7/07, FGPrax 2007, 174; OLG Stuttgart v. 23.11.2011 – 17 AR 9/11, FamRBint 2012, 4 (*Krause*) = Die Justiz 2012, 247; aA MüKo.ZPO/*Maurer*, § 187 FamFG Rz. 14.
[3] OLG München v. 3.2.2009 – 31 AR 35/09, NJW-RR 2009, 592.

Der Rechtsstreit um Wohnung und Hausrat, 2004; *Krause*, Das Familienheim bei Trennung und Scheidung, 2007; *Neumann*, Ehewohnung und Haushaltsgegenstände – das neue Verfahrensrecht, FamRB 2009, 351; *Schulz*, Die endgültige Überlassung der Ehewohnung, FPR 2010, 541.

A. Allgemeines

1 Die Vorschriften dieses Abschnitts ersetzen die besonderen Verfahrensregeln (§§ 11 bis 18a) der **HausrVO** von 1944. Die Sachvorschriften der HausrVO (§§ 1 bis 10) werden zeitgleich mit dem Inkrafttreten des FamFG in das BGB (§§ 1568a, 1568b BGB) aufgenommen, Art. 1 des Gesetzes zur Änderung des Zugewinnausgleichs- und Vormundschaftsrechts (Güterrechtsreformgesetz) v. 6.7.2009.[1] Zugleich hat das Gesetz zur Güterrechtsreform nachträglich noch die Grundbegriffe dieses Abschnitts abgeändert: aus den Wohnungszuweisungssachen des FamFG idF des Gesetzes v. 17.12.2008 (BGBl. I, S. 2586) werden Ehewohnungssachen, aus Hausratssachen werden Haushaltssachen, aus Hausratsgegenständen werden Haushaltsgegenstände. Schließlich sieht Art. 2 des Güterrechtsreformgesetzes die gänzliche Aufhebung der HausrVO vor, nachdem auch die letzten verbliebenen Kostenvorschriften der HausrVO in § 48 FamGKG überführt worden sind.

B. Verfahrensarten

2 § 200 definiert, für welche Verfahrensarten dieser Abschnitt vorgesehen ist: **Ehewohnungssachen** nach § 1361b BGB (für die Zeit des Getrenntlebens) und § 1568a BGB (bei und nach der Scheidung) sowie entsprechend **Haushaltssachen** nach § 1361a BGB und § 1568b BGB. Die Regeln dieses Abschnitts gelten **auch für Lebenspartner** (§§ 269 Abs. 1 Nr. 4 und 5, 270 Abs. 1 Satz 2, 111 Nr. 5). Sie gelten nicht für (ehemalige) Verlobte, die ihren Streit bei Beendigung des Verlöbnisses nunmehr vor dem Familiengericht austragen können (§ 266 Abs. 1 Nr. 1). Für diese sonstigen Familiensachen, die Familienstreitsachen sind (§ 112 Nr. 3), richten sich die Verfahrensregeln nach den Vorschriften der ZPO nach Maßgabe von § 113. Ohne jede Einschränkung nach den Regeln der ZPO zu behandeln sind – vor dem Zivilgericht – die Verfahren derjenigen Parteien, die Wohnung und Hausrat miteinander geteilt haben, ohne jemals verlobt, verheiratet oder verpartnert gewesen zu sein.

3 Voraussetzung für die Anwendung der Vorschriften dieses Abschnitts ist zunächst, dass die **Parteien verheiratet** sind oder – bis vor kurzem – waren. Gleiches gilt analog für Lebenspartner. Weiter ist Voraussetzung, dass der Streit um eine gemeinsame Ehewohnung oder gemeinsame Haushaltsgegenstände geht.

I. Ehewohnungssachen

4 Gegenstand des Verfahrens ist zum einen die **Ehewohnung**. Der Begriff der Ehewohnung ist nach allgemeiner Meinung weit auszulegen und erfasst alle Räume, die die Ehegatten zum Wohnen benutzten oder gemeinsam bewohnt haben oder die dafür nach den Umständen bestimmt waren.[2] Auch ein Wochenendhaus oder eine Ferienwohnung können, wenn die Ehepartner dort einen Schwerpunkt ihres Lebens haben, als Ehewohnung angesehen werden.[3] Die Nutzung einer Gartenlaube, eines Wohnwagens oder einer Motorjacht kann hingegen den Regeln über den Hausrat unterliegen.[4] Der Auszug eines Ehegatten ändert nichts an dem Charakter der Wohnung als Ehewohnung. Erst wenn der ausgezogene Ehegatte die Wohnung endgültig aufgibt oder auch kündigt, verliert sie – eventuell erst nach Jahren – ihren Charakter als Ehewohnung.[5] Die Aufgabe der Ehewohnung durch einen Ehegatten wird vor allem dann deutlich, wenn beide Ehegatten gegenüber dem Vermieter die Erklärung

---

[1] BGBl. I, S. 1696.
[2] BGH v. 21.3.1990 – XII ARZ 11/90, FamRZ 1990, 987.
[3] OLG Brandenburg v. 17.1.2008 – 10 WF 311/07, FamRZ 2008, 1930.
[4] OLG Koblenz v. 16.11.1993 – 3 U 449/93, FamRZ 1994, 1255; OLG Dresden v. 25.3.2003 – 10 ARf 2/03, MDR 2003, 995 = FamRB 2004, 1 (*Neumann*).
[5] OLG Köln v. 10.3.2005 – 14 UF 11/05, FamRZ 2005, 1993; OLG Koblenz v. 13.2.2006 – 7 WF 102/06, FamRZ 2006, 1207; vgl. auch Erman/*Blank*, § 1568a BGB Rz. 3.

nach § 1568a Abs. 3 S. 1 Nr. 1 BGB abgeben, die jedoch regelmäßig erst ab Rechtskraft der Scheidung wirksam wird.[1] Der weichende Ehegatte hat gegen den bleibenden Gatten gegebenenfalls einen Anspruch auf Mitwirkung an der Mitteilung an den Vermieter,[2] der jedoch im Verfahren nach § 266 geltend zu machen ist.[3]

II. Haushaltssachen

Zum anderen sind die **Haushaltsgegenstände**, früher Hausrat genannt, zu verteilen. Hierzu zählen alle beweglichen Gegenstände, die nach den Vermögens- und Lebensverhältnissen der Ehegatten und ihrer Kinder üblicherweise für die Wohnung, die Hauswirtschaft und das Zusammenleben der Familie, einschließlich der Freizeitgestaltung bestimmt sind, also der gemeinsamen Lebensführung dienen.[4] Voraussetzung ist die Eignung und tatsächliche Verwendung der Gegenstände als Hausrat, ungeachtet der Anschaffungsmotive und des Wertes. Auch kostbare Kunstgegenstände können bei entsprechendem Lebenszuschnitt der Eheleute Hausrat sein.[5] Eine Einbauküche und andere Einbauten sind nur dann Hausrat, wenn sie nicht wesentliche Bestandteile des Gebäudes geworden sind.[6] Ein Kfz kann Hausrat sein, wenn es nach Funktion und Zweckbestimmung auch der Familie dient.[7] Haustiere sind zwar keine Haushaltsgegenstände, aber doch entsprechend zu behandeln und wie diese zu verteilen.[8] Der im Verfahren geltend gemachte Anspruch auf Haushaltsgegenstände kann im Einzelfall auf ein Auskunftsbegehren beschränkt werden.[9]

Umstritten war bisher, ob der possessorische Anspruch auf **Besitzschutz** nach § 861 BGB von den sich trennenden oder bereits getrennt lebenden Ehegatten vor dem Zivilgericht geltend gemacht werden kann oder als ein Anspruch, der (auch) nach § 1361b BGB zu bewerten ist, vor das Familiengericht gehört.[10] Die Frage des Gerichtszweiges ist jetzt zu Gunsten des **Familiengerichts** gelöst, da nach § 266 Abs. 1 Nr. 3 auch andere Ansprüche der (ehemaligen) Ehegatten aus Anlass von Trennung und Scheidung als sonstige Familiensachen vor das Familiengericht gehören; dies gilt gem. § 269 Abs. 2 Nr. 3 entsprechend für Lebenspartner. Es bleibt die Frage der **Verfahrensart**, da sonstige Familiensachen als Verfahren nach den Regeln der ZPO geführt werden, während für § 1361b BGB nach §§ 200 ff. zu verfahren ist. Nachdem der bisherige Zuständigkeitsstreit entfallen ist, steht zu erwarten, dass sich die Praxis der Familienrichter an die sog. vermittelnde Lösung[11] hält und auch bei possessorischen Ansprüchen die Regelungen der §§ 1361a und 1361b BGB in entsprechender Anwendung heranzieht und im Rahmen einer Billigkeitsabwägung die verbotene Eigenmacht in besonderem Maße berücksichtigt. Das Verfahren wird dann eher nach den Regeln der §§ 200 ff. ablaufen als nach den strengeren, aber für eine Billigkeitsabwägung unpassenden Regeln der ZPO.[12] Schon bisher wird dem Antrag-

---

1 Vgl. dazu MüKo.BGB/*Wellenhofer* § 1568a Rz. 30; zu weitgehend daher AG Tempelhof-Kreuzberg v. 13.4.2010 – 178 F 7737/10, NJW 2010, 2445, das nach einer Mitteilung an den Vermieter schon vor der Scheidung keinen Rechtsschutz nach den §§ 200 ff. gewähren will.
2 *Schulz*, FPR 2010, 541, 542; vgl. auch OLG Köln v. 4.10.2010 – 4 UF 154/10, FamFR 2011, 21; OLG Hamburg v. 10.9.2010 – 12 WF 51/10, FamRZ 2011, 481.
3 Johannsen/Henrich/*Götz*, § 1368a BGB Rz. 32 aE; OLG Köln v. 4.10.2010 – 4 UF 154/10, FamFR 2011, 21.
4 BGH v. 1.12.1983 – IX ZR 41/83, FamRZ 1984, 144.
5 BGH v. 14.3.1984 – IVb ARZ 59/83, FamRZ 1984, 575.
6 OLG Zweibrücken v. 19.8.1992 – 5 UF 191/91, FamRZ 1993, 84; vgl. dazu auch Johannsen/Henrich/*Götz*, § 1361a BGB Rz. 13.
7 OLG Düsseldorf v. 23.10.2006 – II-2 UF 97/06, FamRZ 2007, 1325; KG v. 17.1.2003 – 13 UF 439/02, FamRZ 2003, 1927; vgl. *Götz/Brudermüller*, FamRZ 2008, 1895 (1898).
8 Staudinger/*Weinreich*, § 1 HausratsVO Rz. 30; Erman/*Kroll-Ludwigs*, § 1361a BGB Rz. 3; OLG Schleswig v. 20.2.2013 – 15 UF 143/12, juris.
9 *Holzwarth*, FPR 2010, 559, 563; aA unter Hinweis auf § 206 Johannsen/Henrich/*Götz*, § 1361a Rz. 42.
10 Vgl. zum Streitstand *Götz/Brudermüller*, FamRZ 2008, 1895 (1896).
11 S. *Götz/Brudermüller*, FamRZ 2008, 1895 (1897).
12 Zur Inkompatibilität der Verfahren vgl. Zöller/*Lorenz*, § 200 FamFG Rz. 4.

steller empfohlen, seinen possessorischen Anspruch als Antrag auf Zuweisung zu formulieren und die verbotene Eigenmacht als Billigkeitsargument anzuführen.[1]

7 Ebenfalls umstritten war zuletzt die Zuständigkeit der Gerichte für die Festsetzung einer **Nutzungsentschädigung** außerhalb eines Verfahrens nach § 1361b BGB. Der BGH hatte bei Miteigentum der Ehegatten an der Ehewohnung den Anspruch auf Nutzungsentschädigung aus § 745 Abs. 2 BGB abgeleitet[2] und so auf den Zivilrechtsweg verwiesen. In einer späteren Entscheidung[3] sprach er auch dem freiwillig scheidenden Alleineigentümer der Ehewohnung in analoger Anwendung von § 1361b BGB eine Nutzungsvergütung zu. Dies ermutigte das OLG München,[4] für die Zeit nach der Scheidung eine Nutzungsentschädigung ebenfalls in entsprechender Anwendung der Regeln über eine Wohnungszuweisung zu bemessen und so den Rechtsweg zu dem Familiengericht zu eröffnen. Der Entwurf der Bundesregierung zur Integration der HausrVO in das BGB sah insoweit als künftige Lösung den Anspruch des die Ehewohnung nutzenden Ehegatten auf Begründung eines Mietverhältnisses vor.[5] Der Bundesrat regte an, auch ohne die Begründung eines Mietverhältnisses dem dinglich Berechtigten einen Anspruch auf Nutzungsentschädigung einzuräumen.[6] Auf Vorschlag des Rechtsausschusses des Bundestags ist daraufhin die Vorschrift des § 1568a Abs. 5 Satz 1 BGB dahin ergänzt worden, dass auch der weichende Ehegatte als dinglich Berechtigter und damit zur Vermietung Berechtigter die Begründung eines Mietverhältnisses zu ortsüblichen Bedingungen verlangen kann.[7] Dies solle ihn, so die Begründung des Ausschusses,[8] auch ohne den Anspruch auf eine Nutzungsentschädigung ausreichend absichern. Somit können beide Ehegatten innerhalb der Jahresfrist des § 1568a Abs. 6 BGB Klarheit über die Nutzungskonditionen, eventuell befristet gem. § 1568a Abs. 5 Satz 2 BGB, erlangen. Wenn dies versäumt wird, bleibt der Anspruch auf – im Zweifel – die ortsübliche Vergleichsmiete, § 1568a Abs. 5 Satz 3 BGB. Zwar ist dieser Anspruch seinem Wortlaut und dem Kontext nach auf den Fall beschränkt, dass es bei der Begründung eines – befristeten – Mietverhältnisses zu keiner Einigung über die Höhe der Miete kommt. Doch liegt bei isolierter Interpretation dieses Satzes auch dann keine Einigung über die Höhe der Miete vor, wenn es schon zu keiner Begründung eines Mietverhältnisses gekommen ist. Auch in diesem Fall besteht für den zur Vermietung Berechtigten ein Anspruch auf die ortsübliche Vergleichsmiete, die im Zweifelsfalle nach Billigkeit zu modifizieren ist. Diese „Nutzungsentschädigung" nach § 1568a Abs. 5 Satz 3 BGB ist ebenfalls als Ehewohnungssache geltend zu machen und nicht als sonstige Familiensache iSd. § 266. Die Nutzungsentschädigung für die Zeit des Getrenntlebens ist hingegen im Verfahren nach § 200 geltend zu machen.[9]

8 **Kosten/Gebühren: Gericht:** In Ehewohnungs- und Haushaltssachen entstehen Gebühren nach den Nrn. 1320 bis 1328 KV FamGKG. Die Fälligkeit der Gebühren tritt nach § 11 Abs. 1 FamGKG mit der Beendigung des Verfahrens ein. Als Kostenschuldner kommt primär der Entscheidungs- oder Übernahmeschuldner (§ 24 Nr. 1 und 2 FamGKG) in Frage, jedoch auch der Antragsteller (§ 21 Abs. 1 Satz 1 FamGKG). Der Wert bestimmt sich nach § 48 FamGKG. **RA:** Dem RA stehen Gebühren nach Teil 3 VV RVG zu.

201 Örtliche Zuständigkeit
Ausschließlich zuständig ist in dieser Rangfolge:
1. während der Anhängigkeit einer Ehesache das Gericht, bei dem die Ehesache im ersten Rechtszug anhängig ist oder war;

---

1 *Götz/Brudermüller*, Die gemeinsame Wohnung, Rz. 262 aE.
2 BGH v. 8.5.1996 – XII ZR 254/94, FamRZ 1996, 931.
3 BGH v. 15.2.2006 – XII ZR 202/03, FamRZ 2006, 930.
4 OLG München v. 17.4.2007 – 2 UF 1607/06, FamRZ 2007, 1655 m. abl. Anm. v. *Wever*.
5 BT-Drucks. 16/10798 (eVF), S. 4 und 34.
6 BT-Drucks. 16/10798 (eVF), Anl. 3.
7 BT-Drucks. 16/13027, S. 4 und 11.
8 BT-Drucks. 16/13027, S. 11.
9 OLG Bamberg v. 10.2.2011 – 2 UF 289/10 (juris); Erman/*Kroll-Ludwigs*, § 1361b BGB Rz. 15 aE.

2. das Gericht, in dessen Bezirk sich die gemeinsame Wohnung der Ehegatten befindet;
3. das Gericht, in dessen Bezirk der Antragsgegner seinen gewöhnlichen Aufenthalt hat;
4. das Gericht, in dessen Bezirk der Antragsteller seinen gewöhnlichen Aufenthalt hat.

A. Allgemeines

Die Vorschrift bestimmt die örtliche Zuständigkeit in Ehewohnungs- und Haushaltssachen. **Sachlich zuständig** für diese Familiensachen (§ 111 Nr. 5) ist stets das Familiengericht, § 23a Nr. 1 GVG. 1

B. Reihenfolge der örtlich zuständigen Gerichte

Örtlich zuständig ist entsprechend der bisherigen Regelung in § 11 Abs. 1 HausrVO vorrangig das **Gericht der Ehesache, Nr. 1**. Solange noch keine Ehesache (§ 121) anhängig ist, bestimmt sich die örtliche Zuständigkeit nach der Lage der **gemeinsamen Wohnung der Ehegatten, Nr. 2**. Diese Vorschrift entspricht dem bisherigen § 11 Abs. 2 Satz 1 HausrVO. Wird später eine Ehesache bei einem anderen Familiengericht rechtshängig, so ist die Ehewohnungs- oder Haushaltssache – sofern sie noch im ersten Rechtszug anhängig ist – an das andere Gericht abzugeben, § 202 (bisher § 11 Abs. 3 HausrVO). Die frühere Ehewohnung ist nicht schon dann keine gemeinsame Wohnung der Ehegatten mehr, wenn sie ein Ehegatte endgültig und ohne Rückkehrabsicht verlassen hat, sondern erst, wenn die Rechtsverhältnisse an der Ehewohnung verbindlich, auch im Außenverhältnis geregelt sind.[1] Gab oder gibt es keine gemeinsame Wohnung mehr und ist auch keine Ehesache anhängig, so ist nun für die Zuständigkeit des Familiengerichts der **gewöhnliche Aufenthalt des Antragsgegners** maßgeblich, **Nr. 3**. Greift auch diese Zuständigkeitsregel nicht, weil etwa kein gewöhnlicher Aufenthalt des Antragsgegners im Inland gegeben ist, so ist hilfsweise das Gericht am Ort des **gewöhnlichen Aufenthalts des Antragstellers** zuständig, **Nr. 4**. Zur Bestimmung des gewöhnlichen Aufenthalts einer Partei s. die Erläuterungen zu § 122 (Rz. 2 ff.). Ist zunächst nur eine eA ergangen, ist das erlassende Gericht auch für das nach § 52 eingeleitete Hauptsacheverfahren zuständig.[2] 2

Für die Zuständigkeit innerhalb eines Familiengerichts mit mehreren Abteilungen ist ebenfalls der **Vorrang der Abteilung** zu beachten, bei der die Ehesache anhängig ist bzw. rechtshängig wird, § 23b Abs. 2 GVG. International sind die **deutschen Gerichte** zuständig, wenn sie örtlich zuständig sind, § 105. Anwendbar ist deutsches Recht, wenn die Ehewohnung und die Haushaltsgegenstände sich im Inland befinden, Art. 17a EGBGB. Dies schließt nicht aus, dass ein zuständiges deutsches Gericht auch die Verhältnisse an Haushaltsgegenständen oder einer Eigentumswohnung der Ehegatten regelt, die sich im Ausland befinden (zB Ferienwohnung und Inventar).[3] 3

Zuständigkeitskonflikte sind nach den allgemeinen Regeln der §§ 2 ff. zu lösen, etwa durch Verweisung (§ 3) oder auch Abgabe (§ 4) an ein anderes Gericht, zB an das Gericht der bereits anhängigen Ehesache, Nr. 1. Die gerichtliche Bestimmung des zuständigen Gerichts erfolgt nach § 5. 4

Ist ein deutsches Gericht für eine Ehewohnungs- oder Haushaltssache örtlich zuständig, so ist es gem. **§ 105** auch **international zuständig**.[4] Für inländische Wohnungen und im Inland befindliche Haushaltsgegenstände ist gem. Art. 17a EGBGB deutsches Recht anzuwenden. 5

---

1 Bork/Jacoby/*Schwab*, § 201 FamFG Rz. 3; OLG Hamm v. 1.7.2010 – II-3 UF 222/09, FamRZ 2011, 481 (482).
2 Bork/Jacoby/Schwab/*Löhnig/Heiß*, § 52 FamFG Rz. 4; OLG München v. 21.12.2010 – 33 WF 2159/10, FamFR 2011, 35.
3 Johannsen/*Henrich*, Art. 17a EGBGB Rz. 4.
4 Vgl. im Einzelnen *Koritz*, FPR 2010, 572; s. a. § 105 Rz. 11 f.

§ 202 Abgabe an das Gericht der Ehesache

Wird eine Ehesache rechtshängig, während eine Ehewohnungs- oder Haushaltssache bei einem anderen Gericht im ersten Rechtszug anhängig ist, ist diese von Amts wegen an das Gericht der Ehesache abzugeben. § 281 Abs. 2 und 3 Satz 1 der Zivilprozessordnung gilt entsprechend.

1 Die Vorschrift sichert den Vorrang der Zuständigkeit bei dem **Gericht der Ehesache**, wenn eine Ehesache erst rechtshängig wird, nachdem die Ehewohnungs- und Haushaltssache bereits anhängig ist, solange diese noch im ersten Rechtszug anhängig ist. Das Verfahren ist dann von Amts wegen an das Gericht der Ehesache abzugeben. Dies entspricht dem früheren § 11 Abs. 3 HausrVO bzw. § 621 Abs. 3 aF ZPO. Das hier geregelte Verfahren der Abgabe geht der allgemeinen Vorschrift in § 4 vor.[1]

2 Auf das Verfahren bei der **Abgabe** an das Gericht der Ehesache sind die Regeln des § 281 Abs. 2 und Abs. 3 Satz 1 ZPO über die Verweisung entsprechend anzuwenden, also nicht die allgemeine Verweisungsvorschrift des § 3. Für Anträge und Erklärungen zur Zuständigkeit des Gerichts besteht somit kein Anwaltszwang, § 281 Abs. 2 Satz 1 ZPO. Wird die Ehewohnungs- und Haushaltssache nach Abgabe von dem Gericht der Ehesache in den Verbund der Scheidungssache aufgenommen (§ 137 Abs. 4), besteht dann für die Folgesache Anwaltszwang, § 114 Abs. 1. Der Abgabebeschluss ist unanfechtbar (§ 281 Abs. 2 Satz 2 ZPO), aber ausnahmsweise (entgegen § 281 Abs. 2 Satz 4 ZPO) ohne Bindungswirkung, wenn ihm jede rechtliche Grundlage fehlt.[2] Die verwiesene Sache ist ab Eingang der Akten bei dem im Beschluss bezeichneten Gericht anhängig, § 281 Abs. 2 Satz 3 ZPO. Die bei dem ersten Gericht erwachsenen Kosten werden als Teil der Kosten des zweiten Gerichts behandelt, § 281 Abs. 3 Satz 1 ZPO. Zu weiteren Einzelheiten der Abgabe s. auch die Erläuterungen zu § 263.

3 Kosten/Gebühren: Gericht: Die Abgabe der Sache löst keine Kosten aus (§ 1 Satz 1 FamGKG). Das Verfahren wird jeweils kostenrechtlich so behandelt, als wäre es von Anfang an bei dem übernehmenden Gericht anhängig gewesen (§ 6 Abs. 1 Satz 2 und 1 FamGKG). Gelangt die abgegebene Sache in den Verbund, ist § 44 FamGKG anzuwenden. RA: Die gebührenrechtlichen Folgen einer Abgabe des Verfahrens an ein anderes Gericht regelt § 20 RVG. Die Verfahren vor dem abgebenden und vor dem übernehmenden Gericht sind ein Rechtszug (§ 20 Satz 1 RVG). Tritt in beiden Verfahrensteilen derselbe RA auf, kann er die Gebühren nur einmal fordern, da er gebührenrechtlich in derselben Angelegenheit tätig geworden ist (§ 15 Abs. 2 RVG). Sind verschiedene RAe aufgetreten, hat jeder RA die durch seine Tätigkeit entstandenen Gebühren verdient.

§ 203 Antrag

(1) Das Verfahren wird durch den Antrag eines Ehegatten eingeleitet.
(2) Der Antrag in Haushaltssachen soll die Angabe der Gegenstände enthalten, deren Zuteilung begehrt wird. Dem Antrag in Haushaltssachen nach § 200 Abs. 2 Nr. 2 soll zudem eine Aufstellung sämtlicher Haushaltsgegenstände beigefügt werden, die auch deren genaue Bezeichnung enthält.
(3) Der Antrag in Ehewohnungssachen soll die Angabe enthalten, ob Kinder im Haushalt der Ehegatten leben.

I. Allgemeines Antragserfordernis (Absatz 1)

1 In Abs. 1 wird das für diesen Abschnitt bestehende Antragserfordernis formuliert, das etwa in Kindschaftssachen (§§ 151 ff.) fehlt. Das schließt nicht aus, dass in einer von Amts wegen eingeleiteten Kindschaftssache einem Ehegatten die Nutzung der Ehewohnung untersagt wird, weil dies zum Schutz eines Kindes erforderlich ist, vgl. § 1666 Abs. 3 Nr. 3 BGB.

2 Ehewohnungssachen und Haushaltssachen werden nur **auf Antrag** eines Ehegatten eingeleitet. Andere an der Ehewohnungssache Beteiligte (§ 204) haben demnach

---

[1] MüKo.ZPO/*Erbarth*, § 202 FamFG Rz. 2.
[2] Näheres dazu bei Zöller/*Greger*, § 281 ZPO Rz. 14, 17f.

kein Antragsrecht, mit dem sie ein Verfahren einleiten könnten. Der Antrag kann im isolierten Verfahren auch zu Protokoll der Geschäftsstelle gestellt werden, § 25. Für die Folgesache im Verbund der Ehesache (§ 137 Abs. 2 Nr. 3) besteht jedoch Anwaltszwang, § 114 Abs. 1; davon ausgenommen sind wiederum der Antrag auf Abtrennung der Folgesache von der Scheidung, das Verfahren der eA und das Verfahren über die Verfahrenskostenhilfe, § 114 Abs. 4 Nr. 1, 4 und 5. Der Antrag in Ehewohnungs- und Haushaltssachen ist kein bloßer „Verfahrensantrag"[1] mehr, sondern stets (auch) **Sachantrag**, erst recht in den Verfahren nach §§ 1568a, 1568b BGB, in denen nunmehr explizit über einen materiell-rechtlichen Anspruch zu entscheiden ist. Damit gilt auch, dass einem Ehegatten nicht das zugesprochen werden kann, was er nicht für sich beantragt hat.[2]

Der Antrag kann auch auf Erlass einer (isolierten) eA nach den §§ 49 ff. gerichtet sein, § 51 Abs. 1 Satz 1. **3**

Für den **Inhalt** des Antrags gelten zunächst die allgemeinen Anforderungen des § 23. Der Antrag soll die Personen nennen, die als Beteiligte in Betracht kommen. Außer dem anderen Ehegatten sind dies hier vor allem die weiteren Beteiligten nach § 204. Der Antrag ist auch zu begründen. Dabei sind die zur Begründung dienenden Tatsachen und Beweismittel zu benennen. In Bezug genommene Urkunden sollen beigefügt werden. Dies betrifft hier vor allem Mietverträge, Eigentumsurkunden, Kaufbelege und Inventarlisten. Schließlich ist der Antrag vom Antragsteller oder seinem Bevollmächtigten zu unterzeichnen. **4**

Der Antrag auf Erlass einer eA ist ebenfalls zu begründen; zusätzlich sind die Voraussetzungen für die Anordnung glaubhaft zu machen, § 51 Abs. 1 Satz 2. **5**

II. Antrag in Haushaltssachen (Absatz 2)

Abs. 2 stellt besondere Anforderungen an den Antrag in **Haushaltssachen** auf. Der Antragsteller soll zunächst angeben, welche Haushaltsgegenstände er zugewiesen haben will, Satz 1. Die Bezeichnung muss dabei so genau sein, dass sie zur Identifizierung des Gegenstands in der Vollstreckung ausreicht.[3] Weiter ist in allen Haushaltssachen, die bei oder nach Scheidung gem. § 1568b BGB beantragt werden, eine Aufstellung sämtlicher Haushaltsgegenstände mit ihrer genauen Bezeichnung beizufügen, Satz 2. Die Auflistung muss also auch alle bereits (einvernehmlich) verteilten Haushaltsgegenstände nennen.[4] In den Verfahren, die während des Getrenntlebens betrieben werden (§ 1361a BGB), kann der Richter nachträglich jedem Ehegatten – also nicht nur dem Antragsteller – aufgeben, eine Aufstellung sämtlicher Haushaltsgegenstände mit genauer Bezeichnung einzureichen bzw. zu ergänzen, § 206 Abs. 1 Nr. 2. Diese Auflage kann auch ergehen, wenn die Aufstellung im Verfahren nach § 1568b BGB fehlt oder unvollständig ist. Für die Erfüllung der Auflagen kann das Gericht eine Frist setzen (§ 206 Abs. 1 aE), deren Versäumung Konsequenzen hat, § 206 Abs. 3. **6**

III. Antrag in Ehewohnungssachen (Absatz 3)

Für den Antrag in **Ehewohnungssachen**[5] stellt Abs. 3 das besondere Erfordernis auf, dass auch anzugeben ist, ob Kinder im Haushalt der Ehegatten leben. Dies soll nicht nur sicherstellen, dass das Jugendamt an dem Verfahren beteiligt (§ 204 Abs. 2) und angehört (§ 205) wird. Damit wird auch ermöglicht, dass das Wohl der in der Wohnung lebenden – gemeinsamen oder nicht gemeinsamen – Kinder gem. §§ 1361b **7**

---

1 So grds. noch Zöller/*Lorenz*, § 203 FamFG Rz. 1; zur Kritk an der früher hM vgl. Bork/Jacoby/ *Schwab*, § 203 FamFG Rz. 3.
2 Bork/Jacoby/*Schwab*, § 203 FamFG Rz. 4 und 5; Johannsen/Henrich/*Götz*, § 203 FamFG Rz. 2; aA MüKo.ZPO/*Erbarth*, § 203 FamFG Rz. 5; Erman/*Kroll-Ludwigs*, § 1361b BGB Rz. 15.
3 BGH v. 3.12.1987 – IX ZR 228/86, FamRZ 1988, 255; OLG Köln v. 27.6.2000 – 14 UF 47/00, FamRZ 2001, 174; vgl. auch Abs. 2 Satz 2 aE, § 206 Abs. 1 Nr. 2.
4 OLG Bamberg v. 25.10.2000 – 7 UF 180/00, FamRZ 2001, 1316.
5 Zu den verschiedenen Antragsvarianten vgl. *Schulz*, FPR 2010, 541 (543).

Abs. 1 Satz 2, 1568a Abs. 1 BGB Beachtung findet, selbst wenn der Antragsteller in seinem Tatsachenvortrag nur seine eigene Betroffenheit darlegt. Denn die Belange der Kinder haben bei der Billigkeitsabwägung grundsätzlich Priorität.[1]

204 Beteiligte

(1) In Ehewohnungssachen nach § 200 Abs. 1 Nr. 2 sind auch der Vermieter der Wohnung, der Grundstückseigentümer, der Dritte (§ 1568a Absatz 4 des Bürgerlichen Gesetzbuchs) und Personen, mit denen die Ehegatten oder einer von ihnen hinsichtlich der Wohnung in Rechtsgemeinschaft stehen, zu beteiligen.
(2) Das Jugendamt ist in Ehewohnungssachen auf seinen Antrag zu beteiligen, wenn Kinder im Haushalt der Ehegatten leben.

A. Allgemeines 1	II. Beteiligung des Jugendamts (Absatz 2) 3
B. Beteiligte	III. Parteiähnliche Stellung der Beteiligten 4
I. Beteiligte in Ehewohnungssachen (Absatz 1) 2	

A. Allgemeines

1 In **Ehewohnungssachen** können andere Personen als die Ehegatten zu beteiligen sein. Dies gilt aber nur für Verfahren, die bei oder nach Scheidung der Ehe betrieben werden, weil nur hier eine endgültige Regelung bezüglich der Wohnung getroffen werden kann, die auch die Rechte Dritter berührt, vgl. § 1568a BGB. Für die Zeit des Getrenntlebens kann dagegen lediglich die Benutzung der Wohnung geregelt werden, § 1361b Abs. 1 Satz 1 BGB, so dass Dritte hier nicht zu beteiligen sind. Gleiches gilt für Nutzungsregelungen nach den §§ 14 LPartG, 2 GewSchG oder nach § 1666 Abs. 3 Nr. 3 BGB sowie eA.[2]

B. Beteiligte

I. Beteiligte in Ehewohnungssachen (Absatz 1)

2 Abs. 1 zählt mögliche **Beteiligte** (§ 7) in Ehewohnungssachen auf ohne abschließend zu sein. Sie sind als materiell Beteiligte iSv. § 7 Abs. 1 Nr. 1 an dem Verfahren zu beteiligen, sofern und soweit sie von dem Ausgang der Ehewohnungssache nach § 1568a BGB materiell betroffen sind. Die Beteiligtenstellung kann sich auch aus § 7 Abs. 2 Nr. 1 als in seinen Rechten unmittelbar Betroffener ergeben, etwa für den Erbbauberechtigten, den Nießbraucher oder sonstige dinglich Berechtigte an der Wohnung.[3] Im Übrigen folgt die Aufzählung dem früheren § 7 HausrVO: Vermieter, Grundstückseigentümer, Dritte iSv. § 1568a Abs. 4 BGB (Dienstherr und Arbeitgeber bei Dienst- und Werkswohnungen), Mitberechtigte an der Ehewohnung (Miteigentümer, Mitmieter, Untermieter). Nicht in einer Rechtsgemeinschaft hinsichtlich der Ehewohnung stehen die Personen, die sie nur tatsächlich mitbenutzen, wie vor allem die Kinder, aber auch ein neuer Partner des in der Wohnung verbliebenen Ehegatten.[4] Der Umstand, dass Kinder nicht formell beteiligt sind, bedeutet nicht, dass ihre Interessen nicht zu beachten wären, vgl. §§ 1361b Abs. 1 Satz 2, 1568a Abs. 1 BGB.

II. Beteiligung des Jugendamts (Absatz 2)

3 Gem. Abs. 2 ist in Ehewohnungssachen, wenn Kinder im Haushalt der Ehegatten leben, nur auf seinen Antrag auch das **Jugendamt** zu beteiligen. Es ist dann formell Beteiligter iSv. § 7 Abs. 2 Nr. 2. Dies entspricht der Regelung in Kindschaftssachen,

---

1 OLG Brandenburg v. 25.1.2011 – 9 WF 40/10, ZFE 2011, 70.
2 Vgl. Götz/*Brudermüller*, Die gemeinsame Wohnung, Rz. 364.
3 Vgl. MüKo.BGB/*Wellenhofer*, § 1568a BGB Rz. 58.
4 So auch Bork/Jacoby/*Schwab*, § 204 FamFG Rz. 5.

vgl. § 162 Abs. 2. Zuvor ist das Jugendamt auf jeden Fall gem. § 205 anzuhören, ohne dass es allein dadurch bereits Beteiligter wird (§ 7 Abs. 6). Das Jugendamt kann als Behörde auch nicht von Amts wegen gem. § 7 Abs. 3 als Beteiligter hinzugezogen werden.[1]

III. Parteiähnliche Stellung der Beteiligten

Die Beteiligten haben eine **parteiähnliche Stellung**.[2] Ihre Beteiligtenfähigkeit bestimmt sich nach § 8 entsprechend ihrer Rechtsfähigkeit, ihre Verfahrensfähigkeit ergibt sich – anknüpfend an die Geschäftsfähigkeit – aus § 9. Die Anträge der Parteien sind den Beteiligten zu übermitteln (§ 23 Abs. 2), im Verbundverfahren aber nur, soweit sie vom Inhalt der Schriftstücke betroffen sind (§ 139 Abs. 1). Ein eigenes Antragsrecht auf Einleitung einer Ehewohnungssache haben die Beteiligten nicht. Für die Beteiligten besteht bei Familiengericht und OLG kein Anwaltszwang (vgl. § 114 Abs. 1), da keine Familienstreitsache iSv. § 112 vorliegt und im Verbundverfahren nur die Ehegatten dem Anwaltszwang unterliegen. Die Beteiligten haben ein Recht auf Akteneinsicht (§ 13), das Gericht muss ihnen Hinweise erteilen (§ 28) und nach förmlicher Beweisaufnahme Gelegenheit zur Stellungnahme geben (§ 30 Abs. 4). Die Beteiligten sind zur Mitwirkung verpflichtet (§ 27). Während im mündlichen Erörterungstermin (§ 207 Satz 1) auf jeden Fall die Ehegatten persönlich angehört werden (§ 207 Satz 2), sind die Beteiligten gem. § 34 Abs. 1 Nr. 1 persönlich anzuhören, wenn dies zur Gewährleistung des rechtlichen Gehörs[3] erforderlich ist. Dies wird idR dann der Fall sein, wenn bei der Zuweisung der Ehewohnung in die Rechte der Beteiligten eingegriffen werden soll.[4] Ihr persönliches Erscheinen kann angeordnet und erzwungen werden (§ 33). Im Verbundverfahren können sie von der Teilnahme an der mündlichen Verhandlung ausgeschlossen werden, soweit die Folgesache, an der sie beteiligt sind, nicht Gegenstand der Verhandlung ist (§ 139 Abs. 2). An einem Vergleich der Parteien können auch die weiteren Beteiligten mitwirken, soweit sie über den Gegenstand des Verfahrens verfügen können (§ 36 Abs. 1 Satz 1). Zumindest müssen sie einem Vergleich der Parteien zustimmen, sofern sie davon betroffen sind. Sonst aber ist die Zustimmung des Vermieters nur erforderlich, falls die Jahresfrist nach § 1568a Abs. 6 BGB (früher: § 12 HausrVO) bereits abgelaufen ist.

Entscheidungen sind den Beteiligten zuzustellen (§ 41 Abs. 1). Im Verbundverfahren sind ihnen diese Entscheidungen nur auszugsweise bekannt zu geben, sofern sie als Dritte zur Einlegung von Rechtsmitteln berechtigt sind (§ 139 Abs. 1). Die Berechtigung zur Beschwerde besteht, wenn der Beteiligte in seinen Rechten beeinträchtigt ist (§ 59). Das Jugendamt ist gem. § 205 Abs. 2 Satz 2 in jedem Falle zur Beschwerde befugt.

205 Anhörung des Jugendamts in Ehewohnungssachen
(1) In Ehewohnungssachen soll das Gericht das Jugendamt anhören, wenn Kinder im Haushalt der Ehegatten leben. Unterbleibt die Anhörung allein wegen Gefahr im Verzug, ist sie unverzüglich nachzuholen.
(2) Das Gericht hat in den Fällen des Absatzes 1 Satz 1 dem Jugendamt die Entscheidung mitzuteilen. Gegen den Beschluss steht dem Jugendamt die Beschwerde zu.

Unabhängig von seiner Stellung als Beteiligter, die nur auf Antrag eintritt (§ 204 Abs. 2), ist das Jugendamt in Ehewohnungssachen anzuhören. Die **Anhörung des Jugendamts** ist notwendig, wenn Kinder im Haushalt der Ehegatten leben. Dieser Umstand ist deshalb schon in der Antragsschrift anzugeben (§ 203 Abs. 3). Die Anhörung ist nicht mehr davon abhängig, ob das Familiengericht die Absicht hat, einen Antrag

---
1 So ausdrücklich die Begr. des GesetzE, BT-Drucks. 16/6038, S. 179.
2 BayObLG v. 21.12.1976 – BReg. 1 Z 87/76, FamRZ 1977, 467 (468).
3 BVerfG v. 25.10.2001 – 1 BvR 1079/96, FamRZ 2002, 451.
4 Ebenso Zöller/*Lorenz*, § 204 FamFG Rz. 5.

auf Zuweisung der Ehewohnung abzulehnen (so § 49a Abs. 2 FGG aF). Die jetzt geltende Vorschrift ist aber – anders als sonst in familiengerichtlichen Verfahren des 2. Buches[1] – nur als Soll-Vorschrift ausgestaltet, wie die Gesetzesbegründung ausdrücklich betont.[2] Demnach ist eine Anhörung des Jugendamts nicht in jedem Falle zwingend vorgeschrieben, vielmehr kann sie vor allem entfallen, wenn der Antrag auf Zuweisung der Ehewohnung ersichtlich unbegründet ist;[3] es wäre dann verfehlt, die Kinder durch das Auftreten des Jugendamts unnötig zu beunruhigen. Es kann aber durchaus ein Anlass bestehen, das Jugendamt dennoch einzuschalten, wenn ein Antrag unzureichend, weil nur aus der subjektiven Sicht des Antragstellers begründet worden ist, ohne die gem. den §§ 1361b Abs. 1 Satz 2 und 1568a Abs. 1 BGB durchaus beachtlichen Belange der betroffenen Kinder zu erwähnen. Eine unterlassene Anhörung des Jugendamts ist aber angesichts der Herabstufung zur Soll-Vorschrift nicht mehr in jedem Fall ein schwerer Verfahrensfehler, der stets zur Aufhebung der Entscheidung führt.[4]

2   Wegen Gefahr im Verzug kann die gebotene Anhörung des Jugendamts zunächst unterbleiben, ist aber unverzüglich nachzuholen, Abs. 1 Satz 2 (so auch früher schon § 49a Abs. 3 FGG iVm. § 49 Abs. 4 FGG). Die Gefahr im Verzug muss sich nicht auf die Kinder im Haushalt beziehen. Wenn eine sofortige (vorläufige) Zuweisung der Wohnung schon aus anderen Gründen als solchen des Kindeswohls gerechtfertigt ist (etwa nach erheblichen Verletzungen iSd. § 1361b Abs. 2 BGB), so wäre es verfehlt, erst die Expertise des Jugendamts zur Betroffenheit der Kinder abzuwarten.

3   Das Jugendamt ist seinerseits zur **Mitwirkung** verpflichtet, vgl. § 50 Abs. 1 Satz 2 SGB VIII. Das Familiengericht hat jedoch keine Befugnis, eine konkrete Mitwirkungshandlung des Jugendamts anzuordnen. Dem Jugendamt selbst obliegt allein die Entscheidungskompetenz über die Art und Weise seiner Mitwirkung.[5] Es kann sogar zu dem Entschluss kommen, im gerichtlichen Verfahren untätig bleiben zu wollen, sollte aber wenigstens diese Entscheidung dem Gericht nebst Gründen mitteilen. Anders als dem Sachverständigen in Kindschaftssachen (§ 163 Abs. 1) darf dem Jugendamt keine Frist gesetzt werden. Es kann in Ehewohnungssachen auch nicht an das Beschleunigungsgebot des § 155 erinnert werden, da dieses nur für Kindschaftssachen gilt.

4   Gem. Abs. 2 Satz 1 ist die **Entscheidung** über die Ehewohnungssache, wenn Kinder in der Wohnung leben, dem Jugendamt mitzuteilen, also unabhängig davon, ob das Jugendamt auf seinen Antrag Beteiligter des Verfahrens geworden ist (§ 204 Abs. 2). Die Mitteilungspflicht gilt auch dann, wenn das Gericht in Eilfällen ohne Anhörung des Jugendamts entschieden hat, obwohl der Verweis in Abs. 2 Satz 1 die Vorschrift über die unterbliebene Anhörung in Abs. 1 Satz 2 ausspart. Die Begründung des Gesetzentwurfs[6] lässt aber erkennen, dass die Gliederung der Vorschrift ursprünglich einen eigenen Absatz für die Regelung in Abs. 1 Satz 2 vorsah. Die Verweisung in Abs. 2 Satz 1 will also erkennbar nur auf den Umstand „Kinder im Haushalt der Ehegatten" Bezug nehmen.

5   Das Jugendamt ist in jedem Falle – auch ohne den Status als Beteiligter und ohne eigene Beschwer – zur **Beschwerde** gegen die Entscheidung berechtigt, Abs. 2 Satz 2.

6   **Kosten: RA:** Findet ein Anhörungstermin statt, fällt die Termingebühr nach Nr. 3104 VV RVG an.

---

1 Vgl. §§ 162 Abs. 1, 194 Abs. 1 Satz 1.
2 BT-Drucks. 16/6308, S. 250.
3 Vgl. BayObLG v. 5.9.1986 – 1 Z 41/86, FamRZ 1987, 87 (88).
4 So noch OLG Köln v. 31.3.1995 – 25 UF 53/95, FamRZ 1995, 1593 zu § 49a Abs. 1 FGG; vgl. Keidel/*Giers*, § 205 FamFG Rz. 2; Johannsen/Henrich/*Götz*, § 205 FamFG Rz. 11; wie hier Zöller/*Lorenz*, § 205 FamFG Rz. 2.
5 *Münder* ua., FK-SGB VIII, vor § 50 Rz. 6–10.
6 BT-Drucks. 16/6308, S. 250.

§ 206 Besondere Vorschriften in Haushaltssachen

(1) Das Gericht kann in Haushaltssachen jedem Ehegatten aufgeben,
1. die Haushaltsgegenstände anzugeben, deren Zuteilung er begehrt,
2. eine Aufstellung sämtlicher Haushaltsgegenstände einschließlich deren genauer Bezeichnung vorzulegen oder eine vorgelegte Aufstellung zu ergänzen,
3. sich über bestimmte Umstände zu erklären, eigene Angaben zu ergänzen oder zum Vortrag eines anderen Beteiligten Stellung zu nehmen oder
4. bestimmte Belege vorzulegen

und ihm hierzu eine angemessene Frist setzen.

(2) Umstände, die erst nach Ablauf einer Frist nach Absatz 1 vorgebracht werden, können nur berücksichtigt werden, wenn dadurch nach der freien Überzeugung des Gerichts die Erledigung des Verfahrens nicht verzögert wird oder wenn der Ehegatte die Verspätung genügend entschuldigt.

(3) Kommt ein Ehegatte einer Auflage nach Absatz 1 nicht nach oder sind nach Absatz 2 Umstände nicht zu berücksichtigen, ist das Gericht insoweit zur weiteren Aufklärung des Sachverhalts nicht verpflichtet.

A. Allgemeines 1	III. Erklärungen oder Stellungnahmen (Abs. 1 Nr. 3) 4
B. Inhalt der Vorschrift	IV. Vorlage von Belegen (Abs. 1 Nr. 4) ... 5
I. Bezeichnung der begehrten Haushaltsgegenstände (Abs. 1 Nr. 1) 2	V. Fristsetzung 6
II. Auflistung aller Haushaltsgegenstände (Abs. 1 Nr. 2) 3	VI. Präklusion (Absatz 2) 7
	VII. Folgen der Präklusion (Absatz 3) ... 8

A. Allgemeines

Diese Vorschrift ergänzt in Haushaltssachen die allgemeinen Verfahrensregeln der §§ 23 ff. um einige besondere Regeln über die Mitwirkungspflichten (§ 27) der Ehegatten in diesen Verfahren. Grundsätzlich ist auch in Ehewohnungs- und Haushaltssachen der einleitende Antrag eines Ehegatten nur ein Verfahrensantrag und nicht notwendig ein Sachantrag, vgl. § 23. Das Gericht hat sodann die entscheidungserheblichen Tatsachen zu ermitteln, § 26. Dies entspricht dem früheren § 12 FGG. Doch schon § 203 Abs. 2 hält den antragstellenden Ehegatten zu weiteren Angaben in Haushaltssachen an. Darüber hinausgehend ermächtigt hier § 206 den Richter, beiden Ehegatten weitere „Aufgaben" aufzuerlegen. 1

B. Inhalt der Vorschrift

I. Bezeichnung der begehrten Haushaltsgegenstände (Abs. 1 Nr. 1)

Beiden Ehegatten kann aufgegeben werden, die in diesem Verfahren **begehrten Haushaltsgegenstände** zu bezeichnen, Abs. 1 Nr. 1. Während des Getrenntlebens der Ehegatten geht es anstelle der Zuteilung nur um die Benutzung der Haushaltsgegenstände. An diesen „Anträgen" kann der Richter erkennen, auf welche Gegenstände aus den im gemeinsamen Eigentum stehenden Haushaltsgegenständen ein Ehegatte in stärkerem Maße angewiesen sein will (§ 1568b Abs. 1 BGB) als der andere Ehegatte. Falls kein höherer Bedarf vorgetragen werden kann, reicht ggf. auch die Darlegung anderer Gründe, die die Billigkeit einer Zuteilung des Gegenstandes rechtfertigen sollen, vgl. § 1568b Abs. 1 aE BGB. Auch wenn eine genaue Bezeichnung der Gegenstände nur für die Aufzählung aller Haushaltsgegenstände nach Nr. 2 ausdrücklich verlangt wird, ist die genaue Beschreibung in „vollstreckbarer" Weise vor allem für die konkret verlangten Gegenstände erforderlich, damit ggf. eine Vollstreckung durch den Gerichtsvollzieher möglich ist.[1] 2

---

[1] BGH v. 3.12.1987 – IX ZR 228/86, FamRZ 1988, 255; OLG Köln v. 27.6.2000 – 14 UF 47/00, FamRZ 2001, 174.

II. Auflistung aller Haushaltsgegenstände (Abs. 1 Nr. 2)

3 Den Ehegatten kann weiter aufgegeben werden, eine **Liste aller Haushaltsgegenstände** vorzulegen oder eine bereits vorgelegte Aufstellung (§ 203 Abs. 2 Satz 2) zu ergänzen, Abs. 1 Nr. 2. Diese Aufstellung soll dem Richter einen Gesamtüberblick vermitteln über alle Haushaltsgegenstände, die im gemeinsamen Haushalt der Eheleute vorhanden waren. Anhand dieser Übersicht kann der Richter dann auch beurteilen, ob die angestrebte Verteilung der Gegenstände der Billigkeit entspricht, auch wenn – wie so oft – die meisten Gegenstände bereits einvernehmlich geteilt sind und der Streit nur noch wenige Teile betrifft.

III. Erklärungen oder Stellungnahmen (Abs. 1 Nr. 3)

4 Der Richter kann einer oder beiden Parteien auch aufgeben, zu bestimmten Gegenständen oder Umständen **Erklärungen oder Stellungnahmen** abzugeben, Abs. 1 Nr. 3. Dies betrifft die Eigentumsverhältnisse an Haushaltsgegenständen, die Herkunft (zB Kauf oder Schenkung) bestimmter Gegenstände, ihre bisherige Nutzung oder ihre angestrebte künftige Nutzung (auch im Hinblick auf zu versorgende Kinder).

IV. Vorlage von Belegen (Abs. 1 Nr. 4)

5 Schließlich kann der Richter die Vorlage einzelner **Belege** anordnen, Abs. 1 Nr. 4. Dies betrifft vor allem Kaufbelege zum Nachweis des Datums des Erwerbs, der Person des Käufers oder des Werts der Sache. Es kann aber auch eine testamentarische Anordnung vorzulegen sein, etwa als Beleg für einen Erwerb aufgrund eines Vermächtnisses.

V. Fristsetzung

6 Zur Erfüllung aller dieser Auflagen kann der Richter eine **angemessene Frist** setzen, Abs. 1 aE. Damit verdeutlicht er die der antragstellenden Partei obliegende Darlegungslast, die es nun rechtzeitig zu erfüllen gilt.

VI. Präklusion (Absatz 2)

7 Eine **Versäumung der Frist** hat eine Präklusionswirkung zur Folge, Abs. 2. Ähnlich wie nach § 296 Abs. 1 ZPO können verspätet vorgebrachte Umstände nur noch berücksichtigt werden, wenn dadurch die Erledigung des Verfahrens nicht verzögert wird oder der Ehegatte die Verspätung genügend entschuldigt. Hinsichtlich der Probleme und der Einzelheiten einer solchen Präklusion wird auf Erläuterungen zu § 296 ZPO verwiesen.[1] Der **Präklusion** unterliegen hier nur die Umstände, also das erläuternde Vorbringen der Parteien nebst der Beweisangebote. Die Verfahrensziele, dh. die nach Abs. 1 Nr. 1 formulierten „Anträge" können jederzeit noch geändert und ausgetauscht werden.[2] Dies ermöglicht ein ständiges „Geben" und „Nehmen" hinsichtlich der von den Ehegatten verlangten Gegenstände bis zuletzt, um ggf. die jederzeit anzustrebende gütliche Einigung der Parteien (§ 36 Abs. 1 Satz 2) doch noch zu erreichen.

VII. Folgen der Präklusion (Absatz 3)

8 Abs. 3 stellt die **Folgen der Präklusion** klar. Kommt ein Ehegatte einer Auflage nach Abs. 1 nicht oder nur verspätet iSd. Abs. 2 nach, so brauchen die von ihm nicht oder nur verspätet vorgebrachten Umstände von dem Gericht nicht weiter aufgeklärt werden. Die Pflicht zur Amtsermittlung (§ 26) endet insoweit. Dies betrifft jedoch nur die säumigen Ehegatten jeweils ungünstige Umstände. Den ihm nachteiligen Umständen kann das Gericht weiterhin im Rahmen seiner Pflicht zur Amtsermittlung nachgehen.[3] Die Beweiserhebung erfolgt von Amts wegen (§ 29), so dass es eine for-

---

[1] ZB Zöller/*Greger*, § 296 ZPO Rz. 1 ff.
[2] So ausdrücklich die Gesetzesbegr. in BT-Drucks. 16/6308, S. 250.
[3] BT-Drucks. 16/6308, S. 250; *Götz/Brudermüller*, FamRZ 2009, 1261 (1268).

melle Beweislast zulasten einer Partei nicht gibt. Lässt sich aber das Vorhandensein eines verlangten Gegenstands oder das Eigentum hieran nicht feststellten, so trifft den sich darauf berufenden Ehegatten die Feststellungslast.[1]

207 *Erörterungstermin*
Das Gericht soll die Angelegenheit mit den Ehegatten in einem Termin erörtern. Es soll das persönliche Erscheinen der Ehegatten anordnen.

Die dem Familiengericht grundsätzlich freigestellte Erörterung der Sache mit den Beteiligten in einem Termin (§ 32) soll in Ehewohnungs- und Haushaltssachen regelmäßig stattfinden, Satz 1. Dies entspricht dem bisherigen § 13 Abs. 2 HausrVO. Die dort zusätzlich angesprochene Pflicht des Gerichts, auf eine gütliche Einigung der Beteiligten hinzuwirken, steht jetzt in § 36 Abs. 1 Satz 2. 1

Mit den Beteiligten ist die Sache idR in einem **Termin** zu erörtern; dies gilt auch für die Beschwerdeinstanz. Dazu soll regelmäßig auch das persönliche Erscheinen der Ehegatten (§ 33) angeordnet werden, Satz 2. Die Folgen eines Ausbleibens des geladenen Beteiligten regelt § 33 Abs. 3. Über die wesentlichen Vorgänge des Termins und der persönlichen Anhörung ist ein Vermerk nach § 28 Abs. 4 zu fertigen. Dies gilt vor allem für einen Vergleich der Beteiligten (§ 36 Abs. 2), der nach den Vorschriften der ZPO über die Niederschrift eines Vergleichs (§§ 159 ff. ZPO) fest zu halten ist. Der Inhalt des Vergleichs kann sich auch auf andere Gegenstände und Ansprüche als Ehewohnung und Haushaltsgegenstände erstrecken. 2

Der Termin kann auch an Ort und Stelle in der früheren Ehewohnung stattfinden. 3

Kosten/Gebühren: RA: Der Anhörungstermin löst die Terminsgebühr nach Nr. 3104 VV RVG aus. 4

208 *Tod eines Ehegatten*
Stirbt einer der Ehegatten vor Abschluss des Verfahrens, gilt dieses als in der Hauptsache erledigt.

A. Allgemeines

Die Vorschrift wiederholt die Regelung des § 131 in Ehesachen und entspricht inhaltlich dem früheren § 619 ZPO. Eine ähnliche Regelung sah die frühere HausrVO bisher nicht vor. Die neue Vorschrift soll zum Ausdruck bringen, dass der Streit um die Ehewohnung und die Haushaltsgegenstände als höchstpersönliche Angelegenheit angesehen wird und nicht von und mit den Erben fortgesetzt werden soll. 1

B. Erledigung der Hauptsache

Mit dem Tod eines Ehegatten tritt die **Erledigung der Hauptsache** von Gesetzes wegen ein. Es kann in unklaren Fällen geboten sein, dies durch Beschluss auszusprechen, wenn hieran ein rechtliches Interesse besteht.[2] Dies kann etwa der Fall sein, wenn die Witwe nach noch nicht rechtskräftiger Zuweisung der Ehewohnung an den Verstorbenen das Mietverhältnis als bisherige (Mit-)Mieterin fortsetzen will. 2

Das Verfahren bleibt trotz Erledigung der Hauptsache wegen der **Kostenentscheidung** rechtshängig.[3] Die Entscheidung sollte nur auf Antrag ergehen.[4] Beteiligte sind der überlebende Ehegatte und die Erben des Verstorbenen. Ist der überlebende Ehegatte zugleich Alleinerbe, so ergeht keine Kostenentscheidung, weil keine zwei Par- 3

---

1 OLG Köln v. 1.3.1999 – 27 WF 25/99, FamRZ 2000, 305; Zöller/*Lorenz*, § 206 FamFG Rz. 10.
2 Vgl. Zöller/*Lorenz*, § 131 FamFG Rz. 6.
3 *Gottwald*, FamRZ 2006, 868.
4 OLG Naumburg v. 21.4.2005 – 14 WF 50/05, FamRZ 2006, 217.

teien mehr vorhanden sind.¹ Für die Kostenentscheidung selbst verweist jetzt § 83 Abs. 2 auf die Grundsätze des § 81. Danach kann das Gericht die Kosten des Verfahrens nach billigem Ermessen den Beteiligten ganz oder zum Teil auferlegen (§ 81 Abs. 1 Satz 1), insbesondere aus den Gründen des § 81 Abs. 2. Einem Dritten, etwa dem Vermieter,² können die Kosten auch auferlegt werden, aber nur, wenn er das Verfahren veranlasst hat und ihn ein grobes Verschulden trifft, § 81 Abs. 4.

209 Durchführung der Entscheidung, Wirksamkeit

(1) Das Gericht soll mit der Endentscheidung die Anordnungen treffen, die zu ihrer Durchführung erforderlich sind.
(2) Die Endentscheidung in Ehewohnungs- und Haushaltssachen wird mit Rechtskraft wirksam. Das Gericht soll in Ehewohnungssachen nach § 200 Abs. 1 Nr. 1 die sofortige Wirksamkeit anordnen.
(3) Mit der Anordnung der sofortigen Wirksamkeit kann das Gericht auch die Zulässigkeit der Vollstreckung vor der Zustellung an den Antragsgegner anordnen. In diesem Fall tritt die Wirksamkeit in dem Zeitpunkt ein, in dem die Entscheidung der Geschäftsstelle des Gerichts zur Bekanntmachung übergeben wird. Dieser Zeitpunkt ist auf der Entscheidung zu vermerken.

A. Allgemeines

1   Die Vorschrift enthält ergänzende Regeln für die Durchführung und Vollstreckung von Endentscheidungen in Ehewohnungs- und Haushaltssachen. Sie setzt also bereits eine **Endentscheidung** (§ 38 Abs. 1 Satz 1) voraus. Diese ergeht stets als Beschluss, nunmehr auch im Falle einer Folgesache (§ 137 Abs. 2 Nr. 3) im Verbund mit der Ehesache, § 116 Abs. 1. Der Beschluss ist zu begründen (§ 38 Abs. 3 Satz 1), es sei denn, dass nach Maßgabe von § 38 Abs. 4–6 davon abgesehen werden kann. Über die Kosten ist gem. § 81 zu entscheiden. Der – jeweils pauschale – Gegenstandswert ist nach § 48 FamGKG festzusetzen, auch dann, wenn eine Nutzungsentschädigung beansprucht wird.³ Im vorläufigen Verfahren nach § 49 ist regelmäßig der halbe Wert anzusetzen (§ 41 FamGKG),⁴ bei einer endgültigen Einigung kann der volle Wert festzusetzen sein.⁵ Der Beschluss hat eine Rechtsmittelbelehrung nach § 39 zu enthalten. Er wird in Ehewohnungs- und Haushaltssachen erst **mit Rechtskraft wirksam**, Abs. 2 Satz 1. Die Rechtskraft tritt mit Ablauf der Rechtsmittelfrist (§ 63) ein, § 45. Eine rechtskräftige Endentscheidung ist nach Maßgabe von § 48 abänderbar. Dies gilt auch nach einer ablehnenden Entscheidung in einer Ehewohnungssache; ein späterer erneuter Antrag auf Zuweisung der Ehewohnung muss sich (auch) an den Voraussetzungen des § 48 Abs. 1 Satz 1 messen lassen.⁶

2   Die Vollstreckung erfolgt nach den Regeln der §§ 86 ff., insbesondere § 95 (Anwendung der ZPO). Dies entspricht der früheren Verweisung in § 16 Abs. 3 HausrVO. Bei eA ist auch § 96 Abs. 2 zu beachten. Gegenüber dem Rechtszustand nach Einführung des GewSchG ergibt sich somit keine Veränderung. Für eA ist nunmehr ausdrücklich klargestellt, dass sie idR keiner Klausel bedürfen, § 53 Abs. 1.

B. Entscheidung

I. Durchführungsanordnungen (Absatz 1)

3   Abs. 1 entspricht dem früheren § 15 HausrVO. Das Gericht soll also in der Beschlussformel nicht nur den herzustellenden Endzustand beschreiben, sondern den

---

1 Johannsen/Henrich/*Markwardt*, § 131 FamFG Rz. 3; Zöller/*Lorenz*, § 208 FamFG Rz. 6.
2 Vgl. AG Detmold v. 24.1.1996 – 16 F 324/95, FamRZ 1996, 1292 (zu § 7 HausrVO).
3 OLG Bamberg v. 10.2.2011 – 2 UF 289/10, FamRZ 2011, 1424; OLG Hamm v. 8.1.2013 – 6 UF 96/12, juris.
4 OLG Saarbrücken v. 16.3.2012 – 6 WF 13/12, MDR 2012, 919.
5 OLG Schleswig v. 16.2.2011 – 10 WF 33/11, FamRZ 2011, 1424.
6 OLG Stuttgart v. 12.1.2011 – 15 UF 243/10, FamFR 2011, 85 (*Finke*).

Parteien erforderlichenfalls auch den Weg dahin aufzeigen und hierzu Hilfestellungen geben. Diese dienen vor allem der Erleichterung und **Sicherung der Vollstreckung**, ohne dass es dazu eines besonderen Antrags bedarf. Die Anordnungen können sich auch gegen Dritte richten, etwa den Vermieter oder einen in der Ehewohnung lebenden Lebensgefährten. Die Anordnungen nach Abs. 1 sind hier zwar nur für Endentscheidungen vorgesehen, sind aber auch bei eA nach §§ 49 ff. sinnvoll und nützlich.

Bei Zuweisung der Ehewohnung ist an die Anordnung der **Räumung**, aber auch an die Einräumung einer Räumungsfrist zu denken. Die Frist ist nach billigem Ermessen zu bestimmen, wobei zu bedenken ist, dass eine Vollstreckung erst mit Rechtskraft der Endentscheidung (Abs. 2 Satz 1) erfolgen kann. Dem Ehegatten, dem die Wohnung zugewiesen wird, kann aufgegeben werden, die Umzugskosten des weichenden Ehegatten zu übernehmen, sofern dies billig erscheint. Weitere mögliche Anordnungen gegen den Antragsgegner: 4
- bei Auszug seine persönlichen Sachen mitzunehmen;
- der Antragstellerin den Zugang zur Wohnung zu gewähren und ihr sämtliche Schlüssel zu Wohnung, Haustür, Keller und Garage herauszugeben;
- sich der Wohnung nicht auf weniger als 50m zu nähern;
- das Mietverhältnis an der Ehewohnung nicht zu kündigen oder in sonstiger Weise zu beenden.

Nicht möglich ist hingegen ein an den Alleineigentümer der Wohnung gerichtetes Veräußerungsverbot. Dies war zwar vom Gesetzgeber beabsichtigt,[1] doch fehlt es an einer besonderen gesetzlichen Grundlage.[2] Ein Veräußerungsverbot kann also nur erreicht werden, wenn der beabsichtigte Verkauf eine Verfügung über das Vermögen des Ehegatten im Ganzen iSv. § 1365 BGB darstellt. Zum Schutze des Partners, dem die Ehewohnung zugewiesen wird, sollte demnach – auf seinen Antrag – im Beschluss ein, ggf. befristetes, Mietverhältnis begründet werden, § 1568a Abs. 5 BGB. 5

Soweit Anordnungen nach Abs. 1 inhaltlich den nach § 1 GewSchG möglichen Anordnungen entsprechen, sollte ihre Vollstreckung entgegen dem engen Wortlaut auch nach § 96 Abs. 1 erfolgen können. 6

Bei Hausrat ist oft die **Herausgabe** der zugewiesenen Gegenstände anzuordnen oder auch die Rückgabe eigenmächtig entfernter Haushaltsgegenstände. Herauszugebende Gegenstände sind in „vollstreckbarer" Weise zu beschreiben.[3] Im Falle einer Ausgleichszahlung nach § 1568b Abs. 3 BGB können die Modalitäten (Raten, Zug-um-Zug) näher geregelt werden. 7

Weitere Anordnungen sind als vorläufige Maßnahme zur **Sicherung der Verhältnisse** recht häufig: 8
- das Verbot, den Ehegatten zu bedrohen, misshandeln oder zu belästigen;
- die Untersagung, Hausrat wegzuschaffen oder die Wohnung zu betreten;
- die Aufgabe, neu eingebaute Schlösser wieder zu entfernen oder einen Schlüssel zur Tür herzugeben.[4]

II. Wirksamkeit (Absatz 2)

Abs. 2 Satz 1 entspricht dem früheren § 16 Abs. 1 Satz 1 HausrVO. Die Entscheidung des Gerichts muss wirksam sein, um vollstreckbar zu sein, § 86 Abs. 2. Endentscheidungen in Ehewohnungs- und Haushaltssachen werden erst **mit Rechtskraft wirksam** und damit vollstreckbar, Abs. 2 Satz 1. Die Rechtskraft tritt mit Ablauf der 9

---

1 Vgl. BT-Drucks. 14/5429, S. 47 und 78.
2 *Götz/Brudermüller*, Die gemeinsame Wohnung, Rz. 317 mwN; aA für die Trennungszeit Bahrenfuss/*von Milczewski*, § 209 FamFG Rz. 5.
3 BGH v. 3.12.1987 – IX ZR 228/86, FamRZ 1988, 255; OLG Köln v. 27.6.2000 – 14 UF 47/00, FamRZ 2001, 174.
4 Vgl. OLG Brandenburg v. 24.4.2003 – 10 WF 49/03, FamRZ 2004, 477; OLG Köln v. 12.9.2002 – 14 WF 171/02, FamRZ 2003, 319.

Rechtsmittelfrist (§ 63) ein, § 45; der Fristablauf auch für weitere beschwerdeberechtigte Beteiligte wie den Vermieter (§ 59) oder das Jugendamt (§ 205 Abs. 2 Satz 2) ist zu beachten.

10 Während für Anordnungen nach dem GewSchG schon früher ihre **sofortige Wirksamkeit** angeordnet werden konnte (§ 64b Abs. 2 Satz 2 FGG, jetzt § 216 Abs. 1 Satz 2), war dies bei Zuweisung einer Wohnung unter Ehegatten nach § 1361b BGB bislang nicht vorgesehen. Wegen der Vergleichbarkeit der Sachverhalte soll nun beides gleich behandelt werden. Das Gericht soll jetzt bei Zuweisung der Ehewohnung während des Getrenntlebens die sofortige Wirksamkeit der Endentscheidung anordnen, Abs. 2 Satz 2. Im Verfahren auf Erlass einer eA kann das Gericht in Gewaltschutzsachen und vergleichbaren Fällen – die gem. den Voraussetzungen des § 1361b BGB idR gegeben sein dürften – die Vollstreckung der eA vor Zustellung an den Verpflichteten zulassen (§ 53 Abs. 2). Im Verbundverfahren ist zu beachten, dass dort Entscheidungen in Folgesachen grundsätzlich nicht vor Rechtskraft des Scheidungsausspruchs wirksam werden, auch wenn sie selbst unanfechtbar geworden sind, § 148.[1]

11 Eine spätere **Abänderung** der Endentscheidung wegen wesentlicher Veränderung der Umstände (früher § 17 HausrVO) ist jetzt in § 48 geregelt. Das Gericht des ersten Rechtszuges kann danach eine rechtskräftige Entscheidung abändern oder aufheben, wenn sich die Sach- und Rechtslage nachträglich wesentlich geändert hat, § 48 Abs. 1 Satz 1.[2] Die weitere Bedingung des früheren § 17 Abs. 1 Satz 1 HausrVO, dass die Änderung notwendig sein muss, um eine unbillige Härte zu vermeiden, ist jetzt in § 48 nicht mehr vorgegeben, sollte aber für Durchbrechung der Rechtskraft weiterhin mit bedacht werden. Auch darf die alte Regel des § 17 Abs. 1 Satz 2 HausrVO, dass der Richter durch die Änderung der Entscheidung in die Rechte Dritter (Vermieter) nur eingreifen darf, wenn diese einverstanden sind, als selbstverständlich gelten. Soll lediglich eine Räumungsfrist – als Durchführungsanordnung nach Abs. 1 – nachträglich eingeräumt oder verlängert werden, sind jedoch keine strengen Anforderungen an eine wesentliche Änderung der Verhältnisse zu stellen.[3]

Abschnitt 7
Verfahren in Gewaltschutzsachen

210 *Gewaltschutzsachen*
Gewaltschutzsachen sind Verfahren nach den §§ 1 und 2 des Gewaltschutzgesetzes.

A. Allgemeines	1	II. Überlassung der Wohnung, § 2 GewSchG	7
B. Maßnahmen des Gerichts		C. Verfahren	16
I. Gewaltschutz, § 1 GewSchG	2		

Literatur: *Bruns,* Verfahren der einstweiligen Anordnung nach § 1 GewSchG, FamRZ 2012, 1024; *Büte,* Das Verfahren in Gewaltschutzsachen nach dem FamFG, FuR 2010, 250; *Cirullies,* Zustellungsprobleme in Gewaltschutzsachen, FamRZ 2012, 1854; *Giers,* Verfahren und Vollstreckung in Gewaltschutzsachen, FPR 2010, 224; *Neumann,* Das Verfahren in Gewaltschutzsachen nach dem FamFG, FamRB 2009, 255.

---

1 Bork/Jacoby/*Schwab,* § 209 FamFG Rz. 9.
2 Zöller/*Lorenz,* § 209 FamFG Rz. 10 f.; Erman/*Blank,* § 1568a BGB Rz. 25e.
3 So zum früheren Recht MüKo.BGB/*Müller-Gindullis,* § 17 HausrVO Rz. 5; vgl. auch § 2 Abs. 2 S. 3 GewSchG.

A. Allgemeines

Die Vorschriften dieses Abschnitts ersetzen die besonderen Vorschriften für **Verfahren nach dem GewSchG (Gewaltschutzsachen)**, die sich früher im Wesentlichen auf § 64b FGG beschränkten, soweit das Familiengericht für diese Verfahren zuständig war; war das Zivilgericht zuständig, galten ohnehin die allgemeinen Regeln der ZPO. Jetzt ist jedoch das **Familiengericht** für alle Verfahren aufgrund der §§ 1 und 2 GewSchG zuständig. Die Unterscheidung danach, ob die Parteien einen gemeinsamen Haushalt führen oder zumindest in den letzten sechs Monaten geführt haben (vgl. §§ 23a Nr. 7, 23b Abs. 1 Satz 2 Nr. 8a aF GVG, §§ 620 Nr. 9, 621 Abs. 1 Nr. 13 aF ZPO), entfällt somit für die Frage der Zuständigkeit des Gerichts. Sie hat weiterhin Bedeutung für die Anwendbarkeit des § 2 GewSchG, wenn die Überlassung der gemeinsam genutzten Wohnung begehrt wird. Die alleinige Zuständigkeit des Familiengerichts für Anträge nach § 1 GewSchG führt dazu, dass es sich auch mit Angelegenheiten befassen muss, deren Parteien kein familienrechtliches oder auch nur familienähnliches Verhältnis verbindet (Stalking).[1] Umgekehrt ist nunmehr klar, welches Gericht für alle Verfahren nach den §§ 1 und 2 GewSchG zuständig ist, so dass es insoweit zu keiner Verzögerung mehr in den oft eilbedürftigen Verfahren kommen kann. Auch sind die Anforderungen an die Antragsschrift (§ 23) geringer als im Klageverfahren, der Amtsermittlungsgrundsatz (§ 26) entlastet die antragstellende Partei und die Möglichkeit formloser Beweiserhebung (§ 29) beschleunigt das Verfahren. Die Zuständigkeit des Familiengerichts in Gewaltschutzsachen hindert jedoch das Opfer nicht, seine allgemeinen Abwehransprüche nach den §§ 1004, 862, 823 BGB (Rz. 2) mit einer Klage bei einem Zivilgericht geltend zu machen.[2] Wird keine der spezifischen Handlungen behauptet, die den Tatbestand des § 1 GewSchG erfüllen, ist für einen eventuellen Abwehranspruch ohnehin nur das Zivilgericht zuständig.[3]

B. Maßnahmen des Gerichts

I. Gewaltschutz, § 1 GewSchG

Gegenstand der Gewaltschutzsachen sind zum einen **gerichtliche Maßnahmen zum Schutz vor Gewalt und Nachstellungen** (§ 1 GewSchG). Die Vorschrift des § 1 GewSchG selbst ist dabei keine materiellrechtliche Grundlage für die Anordnungen des Gerichts, sie ist vielmehr als verfahrensrechtliche Norm konzipiert, die mögliche Schutzmaßnahmen aufzeigt. Ob materiellrechtlich ein Anspruch gegeben ist, richtet sich allein nach §§ 823 und 1004 BGB.[4] Für bestimmte vorsätzliche Verletzungshandlungen führt § 1 GewSchG die dann möglichen Abwehrmaßnahmen des Gerichts auf, mit denen es in die Rechtspositionen des Täters eingreift. Bei fahrlässigen Handlungen des Verletzers ist weiterhin auf die Ansprüche nach den §§ 823, 1004 BGB zurückzugreifen.[5] Eine verminderte Schuldfähigkeit, etwa infolge Alkoholgenusses, hindert die Sanktionen nach dem GewSchG nicht, § 1 Abs. 3 GewSchG. Ist der Täter aus anderen Gründen als der Einnahme von Rauschmitteln nicht schuldfähig, so ist das GewSchG nicht anwendbar;[6] es können jedoch die allgemeinen Unterlassungsansprüche nach den §§ 823, 1004 BGB bestehen.[7]

Die Maßnahmen des Gerichts können erfolgen, wenn der Täter **vorsätzlich den Körper, die Gesundheit oder die Freiheit einer anderen Person verletzt** hat, § 1 Abs. 1 Satz 1 GewSchG. Dem steht gleich, wenn der Täter mit einer solchen Verletzungshandlung widerrechtlich **gedroht** hat (§ 1 Abs. 2 Satz 1 Nr. 1 GewSchG) oder in die Wohnung oder in das befriedete Besitztum einer anderen Person widerrechtlich und vorsätzlich **eingedrungen** ist (§ 1 Abs. 2 Satz 1 Nr. 2a GewSchG) oder eine andere Person unzumutbar belästigt hat durch wiederholtes **Nachstellen** oder die Nutzung

---

1 OLG Köln v. 28.9.2009 – 21 WF 207/09, FF 2010, 80.
2 Bork/Jacoby/*Schwab*, § 210 FamFG Rz. 12.
3 OLG Köln v. 28.9.2009 – 21 WF 207/09, FF 2010, 80.
4 BT-Drucks. 14/5429, S. 40.
5 Bamberger/Roth/*Reinken*, BGB, § 1 GewSchG Rz. 16.
6 Palandt/*Brudermüller*, § 1 GewSchG Rz. 5; MüKo.BGB/*Krüger*, § 1 GewSchG Rz. 14.
7 OLG Frankfurt v. 20.5.2010 – 5 UF 26/10, FamRZ 2010, 1812.

von **Fernkommunikationsmitteln** (§ 1 Abs. 2 Satz 1 Nr. 2b GewSchG). Nachstellung oder ständige Kommunikation gelten dann nicht als Belästigung, wenn sie der Wahrnehmung berechtigter Interessen dienen, § 1 Abs. 2 Satz 2 GewSchG.

4   Auf Antrag der verletzten Person hat das Gericht die zur Abwendung weiterer Verletzungen **erforderlichen Maßnahmen** zu treffen, § 1 Abs. 1 Satz 1 aE GewSchG. Die Rechtfertigung dieser Maßnahmen erfordert eine **Wiederholungsgefahr**, die jedoch vom Gesetz vermutet wird.[1] Der Täter kann diese Vermutung zwar widerlegen, doch trifft ihn insoweit die Darlegungs- und Beweislast, an die im Interesse der verletzten Person hohe Anforderungen zu stellen sind.[2]

5   Die ua. („insbesondere") möglichen Maßnahmen sind in § 1 Abs. 1 Satz 3 GewSchG aufgeführt:
- Betretungsverbot,
- Näherungsverbot,
- Aufenthaltsverbot,
- Kontaktverbot und
- Abstandsgebot.

6   Auf berechtigte Interessen des Täters, etwa zur Durchführung des Umgangs mit gemeinsamen Kindern, kann das Gericht Rücksicht nehmen, § 1 Abs. 1 Satz 3 aE GewSchG. Die von dem Gericht angeordneten Maßnahmen sind **zu befristen**, § 1 Abs. 1 Satz 2 GewSchG. Dies gilt auch für eA.[3] Deren Geltung kann ggf. zunächst bis zur Entscheidung in der Hauptsache oder auch nur bis zur mündlichen Verhandlung befristet werden. Die Frist kann, uU mehrmals, verlängert werden. Eine Höchstfrist ist nicht vorgesehen. Die Schwere der Verletzung oder eine mehrfache Wiederholung von Rechtsverletzungen können auch eine längere Dauer der Verbote und Gebote rechtfertigen.

II. Überlassung der Wohnung, § 2 GewSchG

7   Die Tat nach § 1 Abs. 1 Satz 1 GewSchG kann zum anderen zur Folge haben, dass der Täter der verletzten Person die **gemeinsam genutzte Wohnung überlassen** muss, § 2 Abs. 1 GewSchG.

8   Anders als die verfahrensrechtliche Norm des § 1 GewSchG gewährt die Regelung des § 2 GewSchG der verletzten Person einen materiellrechtlichen Anspruch auf Überlassung der gemeinsam genutzten Wohnung zum Schutz vor weiteren Gewalttaten.[4] Dazu müssen der Täter und die verletzte Person die Wohnung nicht nur gemeinsam nutzen, sondern auch einen **auf Dauer angelegten gemeinsamen Haushalt führen**, § 2 Abs. 1 GewSchG. Dies schließt eine bloße Wohngemeinschaft („WG") von dem Schutz der Vorschrift aus. Geschützt ist jede Form einer Lebensgemeinschaft, sofern sie aufgrund innerer Bindungen der Partner über eine reine Wohn- und Wirtschaftsgemeinschaft hinausgeht.[5] Dies entspricht der Regelung in § 563 Abs. 2 Satz 4 BGB (zum Eintrittsrecht des Partners nach Tod des Mieters). Der Schutz gilt natürlich auch und vor allem für Ehegatten und Lebenspartner. Umstritten ist aber, ob für diese die Regeln in § 1361b BGB und § 14 LPartG vorgehen, sobald sie getrennt leben oder zumindest eine Trennungsabsicht besteht.[6] Es wird jedoch auch die Ansicht vertreten, dass Eheleute und Lebenspartner insoweit ein Wahlrecht haben.[7] IdR wer-

---

1 Bamberger/Roth/*Reinken*, BGB, § 1 GewSchG Rz. 19.
2 OLG Brandenburg v. 20.4.2005 – 9 UF 27/05, OLGReport 2005, 952 = MDR 2006, 157 = NJW-RR 2006, 220.
3 OLG Naumburg v. 4.8.2004 – 14 WF 152/04, ZFE 2005, 35.
4 Palandt/*Brudermüller*, BGB, § 2 GewSchG Rz. 1.
5 BT-Drucks. 14/5429, S. 30.
6 So die hM, vgl. *Götz/Brudermüller*, Die gemeinsame Wohnung, Rz. 259; OLG Naumburg v. 30.7.2009 – 3 UF 126/09, n.v.
7 Vgl. *Haußleiter/Schulz*, Vermögensauseinandersetzung bei Trennung und Scheidung, Kap. 10 Rz. 47 unter Bezugnahme auf *Schumacher*, FamRZ 2002, 645 (653); *Kemper*, Der Rechtsstreit um Wohnung und Hausrat, Rz. 197; Erman/*Kroll-Ludwigs*, § 1361b BGB Rz. 16 aE.

den die Regelungen der §§ 1361b BGB, 14 LPartG für den Ehegatten/Lebenspartner günstiger, weil weitreichender sein. Lediglich der erleichterte Vollzug einer eA durch eine von Amts wegen eingeleitete Zustellung lässt sich nach wie vor nur im Gewaltschutzverfahren erreichen (§ 214 Abs. 2 FamFG, früher § 64b Abs. 3 Satz 6 FGG). Die in der Wohnung lebenden **Kinder** führen in aller Regel nicht mit ihren Eltern einen gemeinsamen Haushalt, sondern sind nur Mitbewohner.[1] Dies trifft auch meist noch für die erwachsenen Kinder zu, solange sie in der Ausbildung oder Berufsanfänger sind. Denn eine gemeinsame Führung des Haushalts erfordert gemeinsame Verantwortung für den Haushalt in all seinen finanziellen, rechtlichen und tatsächlichen Angelegenheiten.[2]

Voraussetzung für einen Anspruch auf Überlassung der Wohnung nach § 2 GewSchG ist eine widerrechtliche **Verletzungshandlung** iSv. § 1 Abs. 1 GewSchG, also eine Verletzung des Körpers, der Gesundheit oder der Freiheit des Mitbewohners. Die Tat muss sich aber nicht in der Wohnung ereignet haben.[3] Hat der Täter mit einer solchen Handlung nur **gedroht**, so kann die Überlassung der Wohnung dann verlangt werden, wenn dies erforderlich ist, um eine **unbillige Härte** zu vermeiden, § 2 Abs. 6 Satz 1 GewSchG. Der Maßstab für die unbillige Härte ist der gleiche wie in § 1361b BGB.[4] Die berechtigte Annahme bevorstehender Gewalt indiziert dabei grundsätzlich eine unbillige Härte.[5] Eine unbillige Härte kann aber auch dann gegeben sein, wenn das Wohl von im Haushalt lebenden Kindern beeinträchtigt ist, § 2 Abs. 6 Satz 2 GewSchG. Es ist dabei gleich, wem die Kinder familiär verbunden sind. Ihre Gefährdung rechtfertigt auch die Überlassung der Wohnung gegenüber dem Eigentümer der Wohnung.[6] Gerade wenn ein Nachweis von Gewaltanwendung nicht gelingt, kann die Zuweisung der Wohnung im Interesse der Kinder geboten sein.[7]

9

Die Anordnung auf Überlassung der Wohnung an die verletzte Person zur alleinigen Benutzung ist zu befristen, § 2 Abs. 2 Satz 1 GewSchG. Eine Verlängerung der **Befristung** ist zwar nicht ausdrücklich allgemein vorgesehen, aber auch nicht – wenn sich dies nachträglich als dringend erforderlich erweist – ausgeschlossen.[8] Die Befristung darf sechs Monate nicht überschreiten, wenn der Täter allein oder mit einem Dritten an der Wohnung berechtigt ist, sei es dinglich oder aufgrund eines Mietvertrages, § 2 Abs. 2 Satz 2 GewSchG. Diese Frist kann um höchstens weitere sechs Monate verlängert werden, wenn die verletzte Person keinen anderen angemessenen Wohnraum beschaffen konnte, es sei denn, dem stehen überwiegende Belange des Täters (oder des berechtigten Dritten) entgegen, § 2 Abs. 2 Satz 3 GewSchG. Eine Befristung ist hingegen entbehrlich, wenn der Täter weder dinglich noch schuldrechtlich an der Wohnung berechtigt ist. Die Begründung einer nichtehelichen Lebensgemeinschaft lässt nicht in jedem Falle auf eine – stillschweigende – Begründung eines Mitmiet- oder auch nur eines Untermietverhältnisses schließen.[9] Die Überlassung der Wohnung an die hieran allein berechtigte verletzte Person ist somit nicht nur vorübergehend, sondern im Ergebnis sogar endgültig.[10]

10

Der Anspruch auf Überlassung der Wohnung ist jedoch gem. § 2 Abs. 3 GewSchG ausgeschlossen, wenn
– weitere Verletzungen nicht zu besorgen sind, es sei denn, dass der verletzten Person das weitere Zusammenleben mit dem Täter wegen der Schwere der Tat nicht zuzumuten ist,

11

---

1 *Schulz*/Hauß, Familienrecht, GewSchG Rz. 27; Zöller/*Lorenz*, § 210 FamFG Rz. 16.
2 Vgl. *Schumacher*, FamRZ 2002, 645 (650).
3 Bamberger/Roth/*Reinken*, BGB, § 2 GewSchG Rz. 6.
4 BT-Drucks. 14/5429, S. 32.
5 Palandt/*Brudermüller*, BGB, § 2 GewSchG Rz. 14; Zöller/*Lorenz*, § 210 FamFG Rz. 18.
6 Vgl. OLG Stuttgart v. 27.11.2003 – 18 WF 190/03, FamRZ 2004, 876.
7 Vgl. OLG Celle v. 10.11.2005 – 10 UF 268/05, FamRZ 2006, 1143.
8 *Schulz*/Hauß, Familienrecht, GewSchG Rz. 30; Bork/Jacoby/*Schwab*, § 210 FamFG Rz. 22.
9 Bamberger/Roth/*Reinken*, BGB, § 2 GewSchG Rz. 13.
10 *Schulz*/Hauß, Familienrecht, GewSchG Rz. 34.

§ 210

- die verletzte Person nicht innerhalb von drei Monaten nach der Tat die Überlassung der Wohnung schriftlich vom Täter verlangt,
- der Überlassung der Wohnung an die verletzte Person besonders schwerwiegende Belange des Täters entgegenstehen.

12 Im Falle der Überlassung der Wohnung hat der Täter alles zu unterlassen, was geeignet ist, die Ausübung des Nutzungsrechts zu erschweren oder zu vereiteln, § 2 Abs. 4 GewSchG. Dies entspricht der Regelung in § 1361b Abs. 3 Satz 1 BGB. Das danach **gebotene Verhalten** kann das Gericht durch besondere Anordnungen präzisieren, sofern solche Anordnungen nicht schon nach § 1 GewSchG ergangen und ausreichend sind.[1] Dies kann ein Verbot sein, die Wohnung wieder zu betreten[2] oder sich ihr auf eine bestimmte geringe Distanz zu nähern.[3] Auch kann ein Kündigungsverbot ausgesprochen werden.[4] Ein Veräußerungsverbot ist jedoch nicht möglich, da die Überlassung der Wohnung nur zur vorübergehenden Nutzung erfolgen darf, ohne dass in die Eigentumsverhältnisse eingegriffen werden kann.[5]

13 Der an der Wohnung (mit)berechtigte Täter kann von der verletzten Person eine **Nutzungsvergütung** verlangen, soweit dies der Billigkeit entspricht, § 2 Abs. 5 GewSchG. Dies entspricht der Regelung in § 1361b Abs. 3 Satz 2 BGB. Die Nutzungsvergütung kann auch noch nach Erledigung der Hauptsache beansprucht werden.[6] Im Rahmen der Billigkeitsabwägung ist zu beachten, dass bei einer Wohnungsüberlassung nach § 2 GewSchG unter den nicht verheirateten bzw. verpartnerten Parteien in aller Regel kein Anspruch auf Unterhalt besteht, bei dessen Bemessung der Nutzwert der Wohnung schon hätte berücksichtigt werden können. Deshalb sollte die Mittellosigkeit der verletzten Person nicht dazu führen, dass allein deshalb von der Festsetzung einer Vergütung aus Billigkeitsgründen abgesehen wird, da dies mittelbar einen – auch vom Gewaltschutz nicht legitimierten – unterhaltsähnlichen Tatbestand bewirken würde.[7] Vielmehr sollte dann die Festsetzung der Nutzungsvergütung durch das Gericht die zuständige Sozialbehörde dazu bewegen, die Vergütung als Wohnkosten iSd. Sozialhilfe-Vorschriften zu übernehmen.

14 Sind **minderjährige Kinder** die Opfer von Gewalt, die von einer sorgeberechtigten Person ausgeht, so sind die nötigen Maßnahmen nach den §§ 1666, 1666a BGB zu treffen, § 3 Abs. 1 GewSchG. Dies kann zur Wegweisung des sorgeberechtigten Täters aus der Wohnung oder auch aus der Nähe des Kindes führen, vgl. § 1666 Abs. 3 Nr. 3 und 4 BGB. Sorgeberechtigt sind nicht nur die Eltern oder ein Pfleger oder Vormund, sondern auch der Ehegatte eines allein sorgeberechtigten Elternteils gem. § 1687b BGB („kleines Sorgerecht"). Geht hingegen die Gewalt von Dritten (etwa dem Lebensgefährten der Mutter) aus, so ist das GewSchG anwendbar. Gleiches gilt grundsätzlich, wenn Kinder gegen ihre Eltern oder andere Sorgeberechtigte Gewalt verüben. Doch sind dann Maßnahmen nach dem GewSchG nur möglich, wenn sie erforderlich sind, vgl. § 1 Abs. 1 Satz 1 GewSchG. Vorrangig sind zunächst alle Maßnahmen nach dem KJHG zur Unterstützung der betroffenen Eltern gegenüber ihrem gewalttätigen Kind. Soll hingegen ein Kind vor der Gewalt geschützt werden, die von einer umgangsberechtigten Person (§ 1685 BGB) ausgeht, so können Schutzmaßnahmen alternativ nach § 1 GewSchG, §§ 1685, 1684 BGB oder nach § 1666 Abs. 4 BGB zu ergreifen sein.[8]

15 Die Anordnungen des Gerichts nach § 1 Abs. 1 Satz 1 und 3, auch Abs. 2 Satz 1 GewSchG sind **strafbewehrt**, § 4 GewSchG. Voraussetzung der Strafbarkeit ist, dass der Beschluss des Gerichts dem Täter wirksam zugestellt wurde, so dass er von den

---

1 Zöller/*Lorenz*, § 210 FamFG Rz. 22.
2 OLG Köln v. 12.9.2002 – 14 WF 171/02, FamRZ 2003, 319.
3 OLG Stuttgart v. 27.11.2003 – 18 WF 190/03, OLGReport 2004, 133 = FamRZ 2004, 876.
4 *Brudermüller*, FuR 2003, 433.
5 Vgl. *Weinreich*, FuR 2007, 145 (148).
6 OLG Hamm v. 23.6.2005 – 1 WF 135/05, FamRZ 2006, 50 = FamRB 2006, 113 (*Müller*).
7 *Götz/Brudermüller*, Die gemeinsame Wohnung, Rz. 294.
8 Vgl. Bork/Jacoby/*Schwab*, § 210 FamFG Rz. 9.

Anordnungen Kenntnis hatte.[1] Zur allgemeinen Strafbarkeit des Stalkings vgl. § 238 StGB.

C. Verfahren

Ob ein Gewaltschutzverfahren oder im Falle der Wohnungsüberlassung an einen Ehegatten oder Lebenspartner eine Ehewohnungssache iSd. § 200 gewollt ist (s. Rz. 8), ist dem **Antrag** zu entnehmen.[2] Die Notwendigkeit eines Antrags, die für Gewaltschutzsachen anders als bei Ehewohnungssachen (§ 203) hier nicht eigens formuliert ist, ergibt sich aus § 1 Abs. 1 Satz 1 GewSchG, nach dem die erforderlichen Maßnahmen von dem Gericht „auf Antrag der verletzten Person" zu treffen sind. Die unterschiedlichen Anträge nach den §§ 1 und 2 GewSchG können in einem Verfahren geltend gemacht werden.[3] Der verfahrenseinleitende Antrag nach § 23 ist ein reiner Verfahrensantrag, der das Familiengericht sachlich nicht bindet. Er soll die nach § 23 erforderlichen Mindestangaben enthalten. Dazu gehört auch eine zustellungsfähige Anschrift des Antragsgegners, die nach einem polizeilichen Wohnungsverweis oft nicht bekannt, aber regelmäßig für die Wirksamkeit der beantragten Anordnungen durch ordnungsgemäße Bekanntgabe an den Antragsgegner notwendig ist.[4] Die besonderen Anforderungen an die Antragsschrift gem. § 203 gelten hier nicht, doch kann die Angabe, ob Kinder im gemeinsamen Haushalt leben, für die Abwägung nach § 2 Abs. 6 Satz 2 GewSchG von Bedeutung sein. Der Antrag kann auch zu Protokoll der Geschäftsstelle gestellt werden, § 25. Es besteht kein Anwaltszwang in Gewaltschutzverfahren, vgl. § 114.[5] Diese können nicht Folgesache eines Scheidungsverfahrens sein, vgl. § 137. Der Antrag kann auch auf Erlass einer (isolierten) **eA** nach den §§ 49 ff. gerichtet werden. § 214 Abs. 1 wiederholt dies und konkretisiert für Gewaltschutzverfahren, wann idR ein dringendes Bedürfnis iSd. § 49 Abs. 1 anzunehmen ist.

16

Dem Gericht obliegt hinsichtlich der entscheidungserheblichen Tatsachen die **Ermittlung von Amts wegen**, § 26.[6] Es wird sich oft auf einen Einsatzbericht der Polizei bzw. deren Wohnungsverweis stützen können (vgl. zB § 34a PolG-NW). Der Polizei sind umgekehrt die Anordnungen des Gerichts nach Maßgabe des § 216a mitzuteilen. Eine **mündliche Verhandlung** ist dem Gericht freigestellt, § 32 Abs. 1 Satz 1, erst recht im Verfahren auf Erlass einer eA, § 51 Abs. 2 Satz 2. Vor Erlass einer eA ist im Hinblick auf den Schutzzweck des Verfahrens eine vorherige **Anhörung** des Antragsgegners nicht in jedem Falle opportun. Im Zweifel soll der Opferschutz zunächst Vorrang vor dem Recht des Antragsgegners auf rechtliches Gehör haben. Nicht zuletzt deshalb wurde auch die – inzwischen weggefallene – Regelung des § 13 Abs. 2 HausrVO, dass der Richter auf eine gütliche Einigung der Parteien hinzuwirken habe, ausdrücklich nicht in das Gewaltschutzverfahren übernommen.[7] Der Vorschlag einer Mediation ist jedoch grundsätzlich möglich, wie § 36a Abs. 1 Satz 2 erkennen lässt. Einer Verweisung an den Güterichter nach § 36 Abs. 5 dürfte jedoch die Bezugnahme auf § 36 Abs. 1 Satz 2 in Abs. 5 Satz 3 entgegenstehen.

17

Im Falle der Verhandlung kann das Gericht das **persönliche Erscheinen** der Beteiligten anordnen, § 33 Abs. 1 Satz 1. Doch sollte gerade in Gewaltschutzsachen die Möglichkeit einer getrennten Anhörung der Beteiligten erwogen werden, § 33 Abs. 1 Satz 2. Nach einer Gewalttat kann auch von einer persönlichen Anhörung des Opfers

18

---

1 BGH v. 15.3.2007 – 5 StR 536/06, BGHSt 51, 257 = FamRZ 2007, 812.
2 Zöller/*Lorenz*, § 210 FamFG Rz. 15; vgl. dazu auch OLG Bamberg v. 16.2.2011 – 7 UF 37/11, FamRZ 2011, 1419 m. Anm. *Gottwald*.
3 Bork/Jacoby/*Schwab*, vor § 210 FamFG Rz. 3.
4 Mögliche Lösungswege für dieses Problem zeigt *Cirullies*, FamRZ 2012, 1854 auf.
5 Zur Beiordnung eines Anwalts im Gewaltschutzverfahren vgl. OLG Celle v. 13.1.2010 – 17 WF 149/09, FamRZ 2010, 1267; OLG Bremen v. 7.4.2010 – 4 WF 47/10, MDR 2010, 768 = NJW 2010, 2067.
6 OLG Köln v. 17.9.2010 – 4 WF 169/10 (n.v.) verlangt jedoch Glaubhaftmachung der Eilbedürftigkeit und der behaupteten Gewalttätigkeiten.
7 BT-Drucks. 14/5429, S. 35; vgl. jetzt § 36 Abs. 1 Satz 2.

abzusehen sein, wenn davon erhebliche Nachteile für seine Gesundheit zu besorgen sind, § 34 Abs. 2.

19 Die Entscheidung ergeht durch **Beschluss**, § 38 Abs. 1 Satz 1, der zu begründen ist, § 38 Abs. 3 Satz 1, wenn nicht nach Maßgabe von § 38 Abs. 4 bis 6 davon abgesehen werden kann. Über die Kosten ist gem. § 81 zu entscheiden. Der Verfahrenswert ist nach § 49 FamGKG festzusetzen. Werden sowohl Anträge nach § 1 GewSchG als auch nach § 2 GewSchG gestellt, ist deren Wert jeweils gesondert festzustellen.[1] Der Beschluss hat eine Rechtsmittelbelehrung nach § 39 zu enthalten. Zur Notwendigkeit einer **Befristung der Anordnung** vgl. §§ 1 Abs. 1 Satz 2, 2 Abs. 2 GewSchG.[2] Der Beschluss wird auch in Gewaltschutzsachen grundsätzlich erst mit Rechtskraft wirksam, § 216 Abs. 1 Satz 1. Die Rechtskraft tritt mit Ablauf der Rechtsmittelfrist (§ 63) ein, § 45. Das Gericht soll aber in Gewaltschutzverfahren regelmäßig die **sofortige Wirksamkeit** anordnen, § 216 Abs. 1 Satz 2, und kann zugleich die Zulässigkeit der Vollstreckung vor einer Zustellung an den Antragsgegner verfügen, § 216 Abs. 2. Eine rechtskräftige Entscheidung ist nach Maßgabe von § 48 abänderbar.[3] Soll im Falle der Wohnungszuweisung die Befristung verlängert werden, kann dies schon nach den (geringeren) Voraussetzungen des § 2 Abs. 2 Satz 3 GewSchG möglich sein. In allen anderen Fällen ist eine wesentliche Änderung der Sachlage Voraussetzung für eine Änderung nach § 48.[4] § 48 gilt schon nach seinem Wortlaut nicht für Vergleiche,[5] die im Gewaltschutzverfahren auch nicht vom Gericht angestrebt werden sollen, § 36 Abs. 1 Satz 2.

20 Die **Vollstreckung** erfolgt nach den Regeln der §§ 86 ff., insbesondere § 95 (Anwendung der ZPO). Dies entspricht der bisherigen Regelung in § 64b Abs. 4 FGG. Bei Anordnungen nach § 1 GewSchG ist auch § 96 Abs. 1, bei Überlassung der Wohnung § 96 Abs. 2 zu beachten. Für eA ist nunmehr ausdrücklich klargestellt, dass sie idR keiner Klausel bedürfen, § 53 Abs. 1.[6]

21 Kosten/Gebühren: Gericht: In Gewaltschutzsachen entstehen Gebühren nach den Nrn. 1320 bis 1328 KV FamGKG. Die Fälligkeit der Gebühren tritt nach § 11 Abs. 1 FamGKG mit der Beendigung des Verfahrens ein. Als Kostenschuldner kommt primär der Entscheidungsschuldner (§ 24 Nr. 1 FamGKG) in Frage, jedoch auch der Antragsteller (§ 21 Abs. 1 Satz 1 FamGKG). Im erstinstanzlichen Verfahren ist die Antragstellerhaftung durch § 21 Abs. 1 Satz 2 Nr. 1 FamGKG ausgeschlossen. Der Wert bestimmt sich nach § 49 FamGKG. Danach beträgt der Wert in Sachen nach § 1 GewSchG 2000 Euro, in solchen nach § 2 GewSchG 3000 Euro. Sind diese Festwerte nach den besonderen Umständen des Einzelfalls unbillig, kann das Gericht einen höheren oder einen niedrigeren Wert festsetzen. **RA:** In einer Gewaltschutzsache stehen dem RA Gebühren nach Teil 3 VV RVG zu.

211 Örtliche Zuständigkeit
Ausschließlich zuständig ist nach Wahl des Antragstellers
1. **das Gericht, in dessen Bezirk die Tat begangen wurde,**
2. **das Gericht, in dessen Bezirk sich die gemeinsame Wohnung des Antragstellers und des Antragsgegners befindet oder**
3. **das Gericht, in dessen Bezirk der Antragsgegner seinen gewöhnlichen Aufenthalt hat.**

A. Allgemeines	1	C. Örtlich zuständige Gerichte	4
B. Örtliche Zuständigkeit	2	I. Gericht des Tatorts	5

---

1 OLG Dresden v. 21.10.2005 – 23 WF 775/05, FamRZ 2006, 803.
2 OLG Saarbrücken v. 19.5.2010 – 6 UF 38/10, FamRZ 2010, 1810; OLG Jena v. 6.9.2011 – 1 UF 223/11, FamRZ 2012, 1226.
3 Keidel/*Giers*, § 210 FamFG Rz. 8.
4 Bork/Jacoby/*Schwab*, § 210 FamFG Rz. 22.
5 Vgl. Bork/Jacoby/*Schwab*, vor § 200 FamFG Rz. 36.
6 Anders noch OLG Karlsruhe v. 19.9.2007 – 20 WF 104/07, FamRZ 2008, 291 = FamRB 2008, 105 (*Giers*); vgl. auch *Looff*, FamRZ 2008, 1391.

II. Gericht der gemeinsamen Wohnung . . 6
III. Gericht des gewöhnlichen Aufenthalts 7
D. Unzuständigkeit 8
E. Internationale Zuständigkeit 10

A. Allgemeines

Die Vorschrift bestimmt das in Gewaltschutzsachen örtlich zuständige Familiengericht. Die (alleinige) **sachliche Zuständigkeit** des Familiengerichts ergibt sich aus §§ 23a Abs. 1 Nr. 1, 23b Abs. 1 GVG, nachdem Gewaltschutzsachen nunmehr uneingeschränkt als Familiensachen gelten, § 111 Nr. 6. Eine teilweise bzw. zeitweilige Zuständigkeit der Zivilgerichte in Gewaltschutzsachen (vgl. §§ 23a Nr. 7, 23b Abs. 1 Nr. 8a aF GVG) besteht nicht mehr, soweit eine Abwehr von Gewalt nach den §§ 1 und 2 GewSchG gem. den Vorschriften dieses Abschnitts möglich ist. Weiter gehende Abwehransprüche nach den §§ 823, 1004 BGB oder auch Schadensersatz sind hingegen weiterhin vor den Zivilgerichten geltend zu machen; für (ehemalige) Verlobte, Ehegatten und Lebenspartner ist dieser „Zivilstreit" als sonstige Familiensache (§ 266 Abs. 1) bzw. Lebenspartnerschaftssache (§ 269 Abs. 1) vor dem Familiengericht zu führen, § 112 Nr. 3.[1]

1

B. Örtliche Zuständigkeit

Die Regelung der **örtlichen Zuständigkeit** ist ausschließlich. Sie entspricht im Wesentlichen dem bisherigen § 64b Abs. 1 FGG, ist aber deutlich lesbarer formuliert. Unter den nach den drei Anknüpfungspunkten zuständigen Gerichten hat der Antragsteller die freie **Wahl**. Er ist also nicht an die Reihenfolge der Aufzählung gebunden, wie dies etwa § 122 für Ehesachen vorgibt. Gleichwohl ist die Auswahl auf diese Aufzählung beschränkt, da sie ausschließlich gilt. Die Beteiligten können weder durch Vereinbarung noch durch rügeloses Verhandeln einen anderen Gerichtsstand begründen.[2] Es gibt auch nicht den weiteren Gerichtsstand der rechtshängigen Ehesache, da eine dem § 202 vergleichbare Vorschrift über eine Abgabe an das Gericht der Ehesache fehlt. Das Wahlrecht entspricht somit in seinem Umfang dem Wahlrecht nach § 35 ZPO, auf das bisher § 64b Abs. 1 FGG verwiesen hat. Es wird durch die Stellung eines Antrags bei einem zuständigen Gericht ausgeübt. Wird der Antrag bei einem unzuständigen Gericht gestellt, kann das Wahlrecht noch im Rahmen eines Verweisungsantrags (§ 3) ausgeübt werden.[3] Auch das Aufsuchen der Rechtsantragsstelle eines (auch) zuständigen Gerichts lässt das Wahlrecht unberührt.[4] Das Wahlrecht wird nicht durch einen isolierten Antrag auf Erlass einer eA verbraucht. Da das Verfahren der eA, auch wenn eine Hauptsache anhängig ist, nunmehr ein selbständiges Verfahren ist (§ 51 Abs. 3 Satz 1), kann bei einer späteren Einleitung der Hauptsache (vgl. § 52) das Wahlrecht erneut ausgeübt werden.[5]

2

Das Wahlrecht wird nicht dadurch – etwa zur Kostenersparnis – eingeschränkt, dass der Antragsteller Verfahrenskostenhilfe (§ 76) in Anspruch nehmen will.[6]

3

C. Örtlich zuständige Gerichte

Der Antragsteller hat die Wahl, das (ausschließlich) örtlich zuständige Gericht zu wählen, in dessen Bezirk

4

– die Tat begangen wurde,
– sich die gemeinsame Wohnung des Antragstellers und des Antragsgegners befindet oder
– der Antragsgegner seinen gewöhnlichen Aufenthalt hat.

---

1 Vgl. *Kemper*, FamRB 2009, 53 (54).
2 Zöller/*Lorenz*, § 211 FamFG Rz. 1.
3 Vgl. Zöller/*Lorenz*, § 211 FamFG Rz. 4.
4 OLG Brandenburg v. 17.8.2010 – 9 AR 4/10, FamRZ 2011, 56.
5 S. Zöller/*Lorenz*, § 211 FamFG Rz. 5.
6 OLG Karlsruhe v. 21.7.2005 – 17 W 30/05, OLGReport 2005, 820 = Rpfleger 2006, 23 = NJW 2005, 2718.

4a   Das vom Antragsteller gewählte Gericht ist nicht darauf beschränkt, nur die seine Zuständigkeit begründenden Umstände zu prüfen; es hat vielmehr die Angelegenheit umfassend zu prüfen, § 17 Abs. 2 Satz 2 GVG.[1]

I. Gericht des Tatorts

5   Der Antragsteller kann sich an das Gericht am Tatort wenden, Nr. 1. Dies entspricht dem bisherigen Verweis in § 64b Abs. 1 FGG auf § 32 ZPO. **Tatort** ist jeder Ort, an dem auch nur eines der wesentlichen Tatbestandsmerkmale verwirklicht wurde. Dies kann sowohl der Handlungsort als auch der Erfolgsort sein.[2] Bei körperlicher Gewalt werden beide Orte idR identisch sein, doch tritt der Verletzungserfolg ebenso an anderer Stelle, insbesondere am Wohnort des Verletzten ein.[3] Damit eröffnet sich auch bei einer anderenorts begangenen Gewalttat mit Verletzungsfolgen für den Antragsteller der Gerichtsstand am eigenen Wohnort als Tatort. Im Falle von Nachstellungen iSv. § 1 Abs. 2 Satz 1 Nr. 2b GewSchG, insbesondere wenn sie unter Verwendung von Fernkommunikationsmitteln erfolgen, fallen Handlungsort und Erfolgsort regelmäßig auseinander.

II. Gericht der gemeinsamen Wohnung

6   Der Antragsteller kann sich weiter an das Gericht wenden, in dessen Bezirk sich die **gemeinsame Wohnung** des Antragstellers und des Antragsgegners befindet, Nr. 2. Dies entspricht dem bisherigen 2. Halbs. in § 64b Abs. 1 FGG. Damit ist der regelmäßig durch den Wohnsitz bestimmte allgemeine Gerichtsstand des § 12 ZPO auch ein möglicher Gerichtsstand im Gewaltschutzverfahren. Die gemeinsame Wohnung muss jedoch nicht auch der Wohnsitz des Antragstellers und/oder des Antragsgegners sein. Kommt es in der regelmäßig gemeinsam genutzten Ferienwohnung zu Gewalttaten, kann dies die Zuständigkeit des Gerichts am Ferienort begründen. Es wäre jedoch rechtsmissbräuchlich,[4] nach einem gewalttätigen Streit in der Hauptwohnung das Gericht am entfernt liegenden Ort der Ferienwohnung anzurufen. In der gemeinsamen Wohnung müssen die Parteien nicht in jedem Fall einen auf Dauer angelegten gemeinsamen Haushalt führen, wie dies § 2 GewSchG voraussetzt. Für Anträge nach § 1 GewSchG ist die Zuständigkeit wegen der gemeinsamen Wohnung schon dann gegeben, wenn eine abgeschlossene Wohneinheit regelmäßig von beiden Parteien zu Wohnzwecken genutzt wird. Dies ist auch bei einer bloßen Wohngemeinschaft gegeben.

III. Gericht des gewöhnlichen Aufenthalts

7   Der Antragsteller kann sich schließlich an das Gericht am gewöhnlichen Aufenthaltsort des Antragsgegners wenden, Nr. 3. Dies entspricht im Wesentlichen der früheren Verweisung auf den allgemeinen Gerichtsstand der §§ 12 ff. ZPO in § 64b Abs. 1 FGG. Analog zur Anknüpfung in Ehesachen (§ 122, früher § 606 ZPO) wird jetzt zusammenfassend auf den **gewöhnlichen Aufenthalt** des Antragsgegners abgestellt. Bestimmend für den gewöhnlichen Aufenthalt einer Person ist, wo sie den Schwerpunkt ihrer Bindungen, ihren Daseinsmittelpunkt hat.[5] Dies ist regelmäßig am Ort der Wohnung. Es muss dort nicht zugleich ein Wohnsitz begründet sein.[6] Entscheidend ist die tatsächliche, auf eine gewisse Dauer angelegte Präsenz an einem Ort, und sei es nur, um dort wiederholt zu nächtigen.[7] Der gewöhnliche Aufenthalt muss entweder bereits von einer gewissen Dauer sein oder es muss zumindest eine

---

1 Vgl. Zöller/*Vollkommer*, § 32 ZPO Rz. 20 mwN.
2 BGH v. 28.2.1996 – XII ZR 181/93, BGHZ 132, 105 (111) = FamRZ 1996, 601.
3 Vgl. BGH v. 14.12.1989 – 1 ARZ 700/89, NJW 1990, 1533; KG v. 1.6.2006 – 28 AR 28/06, NJW 2006, 2336.
4 Vgl. dazu Zöller/*Vollkommer*, § 35 ZPO Rz. 4.
5 St. Rspr., vgl. BGH v. 5.6.2002 – XII ZB 74/00, FamRZ 2002, 1182 (1183).
6 Zöller/*Lorenz*, § 122 FamFG Rz. 3.
7 Zöller/*Lorenz*, § 122 FamFG Rz. 5.

gewisse Dauer beabsichtigt sein.[1] Einen gewöhnlichen Aufenthalt hat also die Person nicht, die bewusst immer nur vorübergehend an einem Ort lebt.[2] Lebt sie dagegen gleichmäßig wechselnd an verschiedenen Orten, ist ein gewöhnlicher Aufenthalt an mehreren Orten möglich.[3] Ein nur vorübergehender Aufenthaltswechsel lässt den gewöhnlichen Aufenthalt idR nicht entfallen.[4] Bei einem Wechsel in ein Frauenhaus kommt es deshalb darauf an, ob nur ein vorübergehender Aufenthalt gewollt ist oder ob er auf unbestimmte Dauer ohne Rückkehroption angelegt ist.[5] Zu den allgemeinen Grundsätzen sowie Einzelheiten bei der Bestimmung des gewöhnlichen Aufenthalts s. auch § 122 Rz. 2 ff.

D. Unzuständigkeit

Die örtliche Zuständigkeit ist von Amts wegen zu prüfen. Fehlt sie, so ist die Sache gem. § 3 Abs. 1 – nach Anhörung der Beteiligten – an das zuständige Gericht zu verweisen. Können, wie hier, mehrere Gerichte örtlich zuständig sein, so ist dem Antragsteller Gelegenheit zu geben, von seinem Wahlrecht Gebrauch zu machen, § 3 Abs. 2 Satz 1. Unterbleibt eine Wahl, so ist die Sache an das vom angerufenen Gericht bestimmte Gericht zu verweisen, § 3 Abs. 2 Satz 2. **8**

Ein einmal zuständiges Gericht bleibt zuständig, auch wenn das vom Antragsteller gewählte zuständigkeitsbestimmende Merkmal später wegfällt, § 2 Abs. 2. Ein unzuständiges Gericht wird zuständig, wenn vor einer Verweisung der Sache der Zuständigkeitsmangel durch Veränderung der Umstände behoben wird.[6] **9**

E. Internationale Zuständigkeit

Ist ein deutsches Gericht für das Gewaltschutzverfahren örtlich zuständig, so ist es gem. § 105 auch international zuständig (zu den Einzelheiten s. § 105 Rz. 13 f.). Auf die Schutzanordnungen anlässlich einer Wohnungszuweisung ist deutsches Recht anzuwenden, Art. 17a EGBGB. **10**

212 *Beteiligte*
In Verfahren nach § 2 des Gewaltschutzgesetzes ist das Jugendamt auf seinen Antrag zu beteiligen, wenn ein Kind in dem Haushalt lebt.

A. Allgemeines

Die Vorschrift entspricht der fast gleich lautenden Regelung in § 204 Abs. 2. **1**

B. Beteiligung Dritter

In Gewaltschutzsachen können über Antragsteller und Antragsgegner hinaus auch **Dritte zu beteiligen** sein, § 7. Es besteht jedoch keine Notwendigkeit, Vermieter oder Eigentümer der nach § 2 GewSchG zu überlassenden Wohnung gem. § 7 Abs. 2 Nr. 1 als rechtlich unmittelbar Betroffene zu beteiligen, da in den Verfahren auf Überlassung der von den Parteien gemeinsam genutzten Wohnung nur eine vorübergehende Regelung über die Nutzung der Wohnung getroffen wird, ohne in die rechtlichen Beziehungen zu Vermieter oder Eigentümer einzugreifen. Die Regelung des § 204 Abs. 1 ist deshalb an dieser Stelle nicht wiederholt. **2**

Wegen der in Gewaltschutzsachen regelmäßig gegebenen Intimität der Beziehungen zwischen Antragsteller und Antragsgegner können Dritte nicht deshalb beteiligt **3**

---

1 BGH v. 29.10.1980 – IVb ZB 586/80, BGHZ 78, 293 (300) = FamRZ 1981, 135; vgl. Zöller/*Lorenz*, § 122 FamFG Rz. 4.
2 OLG Stuttgart v. 10.4.1984 – 15 UF 39/81, FamRZ 1982, 84.
3 Zöller/*Lorenz*, § 122 FamFG Rz. 9.
4 BGH v. 3.2.1993 – XII ZB 93/90, FamRZ 1993, 798.
5 Zöller/*Lorenz*, § 122 FamFG Rz. 4 mwN.
6 Vgl. Zöller/*Lorenz*, § 122 FamFG Rz. 17; Zöller/*Lorenz*, § 211 FamFG Rz. 4.

werden, weil diese von der Gewalt oder der Bedrohung in gleicher Weise betroffen sind.[1] Die oft jeweils sehr persönlichen Beziehungen zwischen Täter und Opfer sollen jeweils gesondert betrachtet werden. Die betroffene dritte Person muss vielmehr durch eigene Antragstellung klarstellen, ob und wie sie sich gegen die erfahrene Gewalt oder Bedrohung wehren will. Die Beeinträchtigungen von direkt oder indirekt betroffenen Kindern sind in Verfahren nach § 2 GewSchG ohnehin zu beachten.

C. Beteiligung des Jugendamts

4 Lebt ein **Kind im gemeinsamen Haushalt** von Antragsteller und Antragsgegner, so ist in Verfahren nach § 2 GewSchG auf Überlassung der gemeinsam genutzten Wohnung das **Jugendamt nur auf** seinen **Antrag** auch formell zu beteiligen. Dies entspricht der Regelung in Ehewohnungssachen (§ 204 Abs. 2) und allgemein in Kindschaftssachen (§ 162 Abs. 2). Zuvor ist das Jugendamt in diesen Sachen auf jeden Fall gem. § 213 Abs. 1 anzuhören, ohne dass es allein dadurch bereits Beteiligter wird (§ 7 Abs. 6). Das Jugendamt kann als Behörde auch nicht von Amts wegen gem. § 7 Abs. 3 als Beteiligter hinzugezogen werden.[2]

5 Dem nach § 213 Abs. 1 anzuhörenden Jugendamt ist die Entscheidung mitzuteilen, § 213 Abs. 2 Satz 1. Das Jugendamt ist unabhängig davon, ob es sich als Beteiligter bestellt hat, gem. § 213 Abs. 2 Satz 2 in jedem Falle zur Beschwerde befugt.

213 *Anhörung des Jugendamts*
(1) In Verfahren nach § 2 des Gewaltschutzgesetzes soll das Gericht das Jugendamt anhören, wenn Kinder in dem Haushalt leben. Unterbleibt die Anhörung allein wegen Gefahr im Verzug, ist sie unverzüglich nachzuholen.
(2) Das Gericht hat in den Fällen des Absatzes 1 Satz 1 dem Jugendamt die Entscheidung mitzuteilen. Gegen den Beschluss steht dem Jugendamt die Beschwerde zu.

1 Unabhängig von seiner Stellung als Beteiligter, die nur auf Antrag eintritt (§ 212), ist das Jugendamt in Gewaltschutzsachen anzuhören, wenn es um die Überlassung der gemeinsam genutzten Wohnung nach § 2 GewSchG geht. Die **Anhörung des Jugendamts** ist notwendig, wenn Kinder in dem Haushalt leben, Abs. 1 Satz 1. Dieser Umstand sollte deshalb schon in der Antragsschrift angegeben werden (vgl. § 203 Abs. 3 in Ehewohnungssachen). Die Anhörung des Jugendamts ist nicht mehr davon abhängig, ob das Familiengericht die Absicht hat, einen Antrag auf Überlassung der Wohnung abzulehnen (so bisher § 49a Abs. 2 FGG). Diese Regelung wollte der Bundesrat beibehalten, da er sonst wegen der starken Belastung der Jugendämter eine erhebliche Verzögerung der idR eilbedürftigen Gewaltschutzsachen befürchtete.[3] Die jetzt geltende Vorschrift ist aber – anders als sonst in familiengerichtlichen Verfahren des 2. Buches[4] – nur als Soll-Vorschrift ausgestaltet, wie die Gesetzesbegründung ausdrücklich betont.[5] Demnach ist eine Anhörung des Jugendamts nicht in jedem Falle zwingend vorgeschrieben, vielmehr kann sie vor allem entfallen, wenn der Antrag auf Zuweisung der Ehewohnung ersichtlich unbegründet ist;[6] es wäre dann verfehlt, die Kinder durch das Auftreten des Jugendamts unnötig zu beunruhigen. Es kann aber durchaus ein Anlass bestehen, das Jugendamt dennoch einzuschalten, wenn ein Antrag unzureichend, weil nur aus der subjektiven Sicht des Antragstellers begründet worden ist, ohne die gem. § 2 Abs. 6 Satz 2 GewSchG durchaus beachtlichen Belange der betroffenen Kinder zu erwähnen. Eine unterlassene Anhörung des Jugendamts ist aber angesichts der Herabstufung zur Soll-Vorschrift nicht mehr in

---

1 Zöller/*Lorenz*, § 212 FamFG Rz. 3.
2 BT-Drucks. 16/6038, S. 179.
3 BT-Drucks. 16/6308, S. 381.
4 Vgl. §§ 162 Abs. 1, 194 Abs. 1 Satz 1.
5 BT-Drucks. 16/6308, S. 251.
6 Vgl. BayObLG v. 5.9.1986 – 1 Z 41/86, FamRZ 1987, 87 (88); Zöller/*Lorenz*, § 213 FamFG Rz. 2.

jedem Fall ein schwerer Verfahrensfehler, der stets zur Aufhebung der Entscheidung führt.[1] Wegen Gefahr im Verzug kann die gebotene Anhörung des Jugendamts zunächst unterbleiben, ist aber unverzüglich nachzuholen, Abs. 1 Satz 2 (so auch bisher schon § 49a Abs. 3 FGG iVm. § 49 Abs. 4 FGG).

Das Jugendamt ist seinerseits zur **Mitwirkung** verpflichtet, vgl. § 50 Abs. 1 Satz 2 SGB VIII. Das Familiengericht hat jedoch keine Befugnis, eine konkrete Mitwirkungshandlung des Jugendamts anzuordnen. Dem Jugendamt selbst obliegt allein die Entscheidungskompetenz über die Art und Weise seiner Mitwirkung.[2] Es kann sogar zu dem Entschluss kommen, im gerichtlichen Verfahren untätig bleiben zu wollen, sollte aber wenigstens diese Entscheidung dem Gericht nebst Gründen mitteilen. Anders als dem Sachverständigen in Kindschaftssachen (§ 163 Abs. 1) darf dem Jugendamt keine Frist gesetzt werden. Es kann in Gewaltschutzsachen auch nicht an das Beschleunigungsgebot des § 155 erinnert werden, da dieses nur für Kindschaftssachen gilt.

Gem. Abs. 2 Satz 1 ist die **Entscheidung** über die Wohnungssache, wenn Kinder in dem Haushalt leben, dem Jugendamt mitzuteilen, also unabhängig davon, ob das Jugendamt auf seinen Antrag Beteiligter des Verfahrens geworden ist (§ 212). Die Mitteilungspflicht gilt auch dann, wenn das Gericht in Eilfällen ohne Anhörung des Jugendamts entschieden hat, obwohl der Verweis in Abs. 2 Satz 1 die Vorschrift über die unterbliebene Anhörung in Abs. 1 Satz 2 ausspart. Die Begründung des Gesetzentwurfs[3] zur parallelen Vorschrift des § 205 lässt aber erkennen, dass die Gliederung der dortigen Vorschrift ursprünglich einen eigenen Absatz für die Regelung in Abs. 1 Satz 2 vorsah. Die Verweisung in Abs. 2 Satz 1 will also erkennbar nur auf den Umstand „Kinder im Haushalt" Bezug nehmen.

Das Jugendamt ist in jedem Falle – auch ohne den Status als Beteiligter und ohne eigene Beschwer (§ 59) – zur **Beschwerde** gegen die Entscheidung berechtigt, Abs. 2 Satz 2.

Kosten: RA: Findet ein Anhörungstermin statt, fällt die Terminsgebühr nach Nr. 3104 VV RVG an.

214 *Einstweilige Anordnung*

(1) Auf Antrag kann das Gericht durch einstweilige Anordnung eine vorläufige Regelung nach § 1 oder § 2 des Gewaltschutzgesetzes treffen. Ein dringendes Bedürfnis für ein sofortiges Tätigwerden liegt in der Regel vor, wenn eine Tat nach § 1 des Gewaltschutzgesetzes begangen wurde oder auf Grund konkreter Umstände mit einer Begehung zu rechnen ist.
(2) Der Antrag auf Erlass der einstweiligen Anordnung gilt im Fall des Erlasses ohne mündliche Erörterung zugleich als Auftrag zur Zustellung durch den Gerichtsvollzieher unter Vermittlung der Geschäftsstelle und als Auftrag zur Vollstreckung; auf Verlangen des Antragstellers darf die Zustellung nicht vor der Vollstreckung erfolgen.

A. Allgemeines

Die Vorschrift entspricht im Wesentlichen dem früheren § 64b Abs. 3 Satz 1 FGG. Abs. 1 enthält die Möglichkeit, auf Antrag im Wege der eA eine vorläufige Regelung nach den §§ 1 und 2 GewSchG zu erlassen. Ergänzend dazu wird konkretisiert, wann ein Bedürfnis für ein sofortiges Tätigwerden regelmäßig vorliegt. Abs. 2 wiederholt die Regelung des § 64b Abs. 3 Satz 6 FGG, dass der Antrag auf Erlass einer eA zugleich als Auftrag zur Zustellung und Vollstreckung gilt, der von der Geschäftsstelle zu vermitteln ist.

---

1 So noch OLG Köln v. 31.3.1995 – 25 UF 53/95, FamRZ 1995, 1593 zu § 49a Abs. 1 FGG; Keidel/Giers, § 213 FamFG Rz. 2.
2 *Münder* ua., FK-SGB VIII, vor § 50 Rz. 6–10.
3 BT-Drucks. 16/6308, S. 250.

B. Einstweilige Anordnung, Absatz 1

2 Abs. 1 Satz 1 wiederholt im Grunde nur, dass entsprechend den allgemeinen Regeln der §§ 49 ff. das Gericht durch eA eine vorläufige Maßnahme treffen kann. Deshalb sah ihn auch der Bundesrat als entbehrlich an.[1] Abs. 1 Satz 1 stellt jedoch zumindest klar, dass die vorläufige Maßnahme nur **auf Antrag** getroffen werden soll. Aus dem Vergleich mit der früheren Vorschrift des § 64b Abs. 3 Satz 1 FGG ergibt sich auch, dass kein Verfahren zur Hauptsache anhängig oder zumindest ein Antrag auf Bewilligung von Verfahrenskostenhilfe für ein solches Verfahren eingereicht sein muss. Dies trägt dem Umstand Rechnung, dass nunmehr die Verfahren auf Erlass einer eA als **selbstständige Verfahren** geführt werden, wenn eine Hauptsache anhängig ist, § 51 Abs. 3 Satz 1. Der Antrag auf Erlass einer eA ist gem. § 51 Abs. 1 Satz 2 zu begründen, und die Voraussetzungen für die Anordnung sind glaubhaft zu machen. Dazu genügt es in Gewaltschutzsachen oft, einen Polizeibericht und/oder ärztliche Atteste beizufügen.[2]

3 Das Verfahren auf Erlass einer eA bestimmt sich nach den Vorschriften der §§ 49–57. Gem. § 49 Abs. 1 kann durch eA eine vorläufige Maßnahme getroffen werden, wenn für ein sofortiges Tätigwerden **ein dringendes Bedürfnis** besteht. Der Begriff des dringenden Bedürfnisses wird für die Gewaltschutzverfahren in Abs. 1 Satz 2 konkretisiert. Es liegt demnach idR vor, wenn eine **Tat nach § 1 GewSchG** (vgl. dazu § 210 Rz. 2) begangen wurde oder aufgrund konkreter Umstände mit einer Begehung zu rechnen ist. Wurde also bereits eine Tat nach § 1 GewSchG begangen, so indiziert dies regelmäßig das Bedürfnis für ein sofortiges Tätigwerden des Gerichts.[3] Die alternative Voraussetzung, dass aufgrund konkreter Umstände **mit einer Begehung zu rechnen** ist, nimmt auf die Bedrohungssituationen iSv. § 1 Abs. 2 Satz 1 Nr. 1 GewSchG und auch § 2 Abs. 6 GewSchG Bezug. Gemeint ist damit, dass auch eine Androhung von Gewalt bereits den Erlass einer eA rechtfertigen kann, wenn mit der Begehung der angedrohten Tat auch zu rechnen ist.[4]

4 Die Entwurfsbegründung will die Gesetzesformulierung hingegen so verstehen, dass der Erlass einer eA in einer Gewaltschutzssache auch dann möglich sei, wenn aufgrund konkreter Umstände mit der Begehung einer Tat nach § 1 GewSchG zu rechnen ist. So solle eine Sicherungsanordnung im Wege der eA auch dann möglich sein, wenn ein Antragsgegner **angekündigt** hat, am nächsten Tag in die Wohnung des Antragstellers einzudringen, und zu diesem Zweck bereits konkrete Vorbereitungen getroffen hat.[5] Damit könnte im Wege der eA mehr verhindert werden als im Hauptsacheverfahren gem. § 1 Abs. 2 Satz 1 Nr. 2a GewSchG geahndet werden kann. Dies scheint mit dem Grundsatz, dass aufgrund eA nicht mehr als zur Hauptsache erlangt werden kann, kaum vereinbar, da auch eA einer materiellrechtlichen Grundlage bedürfen.[6]

5 Die vorbeugende **Schutzanordnung** lässt sich aber ggf. als Maßnahme nach § 49 Abs. 2 rechtfertigen. Schon dem bisherigen Recht waren in § 620 ZPO weiter gehende Regelungsbefugnisse, als sie das materielle Recht gewährte, nicht fremd.[7]

6 Ob über die in Abs. 1 Satz 2 genannten Indikatoren hinaus ein dringendes Bedürfnis für ein Tätigwerden besteht, ist nach den Umständen des Einzelfalles zu beurteilen. Nach Gewalttaten wird ein **Regelungsbedürfnis** sicher nur selten verneint werden können, etwa wenn eine Wiederholungsgefahr aufgrund besonderer Umstände mit einiger Sicherheit ausgeschlossen werden kann. Das dringende Bedürfnis entfällt jedoch regelmäßig, wenn die verletzte Person sich mit dem Täter wieder versöhnt. In

---

1 BT-Drucks. 16/6308, S. 382.
2 Vgl. BT-Drucks. 14/5429, S. 36.
3 Vgl. *Ehinger*, FPR 2010, 567, 571.
4 Vgl. die Stellungnahme des BR in BT-Drucks. 16/6308, S. 382.
5 Stellungnahme der BReg. in BT-Drucks. 16/6308, S. 418.
6 BVerfG v. 7.11.2005 – 1 BvR 1178/05, FamRZ 2006, 257; vgl. auch OLG Köln v. 26.7.2010 – 4 WF 128/10, FamRZ 2011, 132.
7 Zöller/*Philippi*, 27. Aufl., § 620 ZPO Rz. 6.

Bedrohungssituationen ist entscheidend, wie ernst die Drohung genommen werden kann. Es müssen schon konkrete Umstände feststellbar sein, dass mit einer Begehung der angekündigten Tat zu rechnen ist.

Auch wenn bei der Prüfung des Bedürfnisses für den Erlass einer eA an eine (drohende) Tat nach § 1 GewSchG angeknüpft wird, so ist damit nicht nur eine Schutzanordnung nach § 1 GewSchG als vorläufige Regelung möglich, sondern auch eine eA auf Überlassung der gemeinsam genutzten **Wohnung** nach § 2 GewSchG, da auch diese schon materiellrechtlich entweder eine solche Tat nach § 1 Abs. 1 Satz 1 GewSchG (§ 2 Abs. 1 GewSchG) oder zumindest die Drohung nach § 1 Abs. 2 Satz 1 Nr. 1 GewSchG (§ 2 Abs. 6 GewSchG) voraussetzt.

7

Wenn das Gericht ein dringendes Bedürfnis für ein sofortiges Tätigwerden annimmt, so hat es in gleicher Weise nach pflichtgemäßem Ermessen zu prüfen, ob aufgrund einer glaubhaft gemachten Gefahrenlage von einer **mündlichen Verhandlung** vor Erlass des Beschlusses abzusehen ist.[1] Die mündliche Verhandlung ist im Verfahren auf Erlass einer eA dem Gericht freigestellt, § 51 Abs. 2 Satz 2.[2] Eine Verhandlung kann zur Aufklärung des Sachverhalts notwendig sein, vgl. § 33 Abs. 1 Satz 1. Dann sollte aber auch erwogen werden, die Beteiligten getrennt anzuhören, § 33 Abs. 1 Satz 2. Nach schweren Verletzungen kann von der Anhörung des Opfers schon wegen zu besorgender erheblicher Nachteile für seine Gesundheit gem. § 34 Abs. 2 abzusehen sein.

8

C. Vollstreckungsauftrag, Absatz 2

Die eA wird gem. § 40 Abs. 1 mit Bekanntgabe an den Antragsgegner wirksam und damit vollstreckbar.[3] Sie bedarf keiner Vollstreckungsklausel, § 53 Abs. 1. Das Gericht kann die Vollstreckung schon vor Zustellung an den Verpflichteten zulassen, § 53 Abs. 2. Wie bisher schon nach § 64b Abs. 3 Satz 6 FGG gilt der Antrag auf Erlass einer eA im Falle der Entscheidung ohne mündliche Verhandlung zugleich als **Antrag auf Zustellung und** ggf. auch **Vollstreckung** durch den Gerichtsvollzieher, den die Geschäftsstelle vermitteln soll. Dies erleichtert und beschleunigt die Vollziehung der Schutzanordnungen durch den oft unkundigen Antragsteller. Er kann auch verlangen, dass die Zustellung nicht vor der Vollstreckung erfolgen darf, § 214 Abs. 2, 2. Halbs. Es widerspricht dabei dem erklärten Ziel einer Beschleunigung der Abläufe, wenn als vermittelnde Geschäftsstelle die des Vollstreckungsgerichts (§ 753 Abs. 2 ZPO) angesehen wird, der die zu vollstreckende Entscheidung von der Geschäftsstelle des Familiengerichts in entsprechender Anwendung des § 129a Abs. 2 Satz 1 ZPO unverzüglich zur Weitergabe an den Gerichtsvollzieher zu übergeben sei.[4] Die Stellung der jetzigen Vorschrift im 7. Abschnitt des 2. Buchs über die Verfahren in Familiensachen sollte nunmehr deutlich machen, dass als die Vollstreckung **vermittelnde Geschäftsstelle die des Familiengerichts** gemeint ist.[5] Die Vollziehung der eA kann nach den Vorgaben des § 96 auch wiederholt erfolgen.[6] Eine strafrechtliche Ahndung der Zuwiderhandlung gegen Gewaltschutzanordnungen nach § 4 GewSchG setzt eine wirksame Zustellung des Beschlusses an den Verpflichteten voraus, bloße Kenntnis vom Beschluss genügt nicht.[7]

9

D. Verfahren der einstweiligen Anordnung

Für das Verfahren auf Erlass einer eA ist das Gericht der Hauptsache **zuständig**, § 50 Abs. 1, ggf. das Beschwerdegericht, § 50 Abs. 1 Satz 2, 2. Halbs. In besonders dringenden Fällen kann auch das Gericht am Ort des Bedürfnisses zuständig sein, wenn

10

---

1 BT-Drucks. 16/6308, S. 252.
2 Zur Ladungsfrist vgl. OLG Frankfurt v. 16.8.2012 – 5 UF 221/12, FamRZ 2013, 316.
3 *Giers*, FPR 2010, 564; OLG Hamm v. 6.1.2011 – 8 WF 322/10, FamRZ 2011, 830.
4 So noch Keidel/*Weber*, 15. Aufl., § 64b FGG Rz. 32.
5 So jetzt auch Keidel/*Giers*, § 214 FamFG Rz. 6; Bahrenfuss/*von Milczewski*, § 214 FamFG Rz. 12; Zöller/*Lorenz*, § 214 FamFG Rz. 13; Bork/Jacoby/*Schwab*, § 214 FamFG Rz. 5.
6 Johannsen/Henrich/*Götz*, § 214 FamFG Rz. 12.
7 BGH v. 10.5.2012 – 4 StR 122/12, FamRZ 2012, 1216.

sich etwa das Opfer in einem Krankenhaus oder einer Reha-Klinik aufhält, § 50 Abs. 2. Ansonsten kann der Antragsteller eines der nach § 211 zuständigen Gerichte wählen.

11 Der Antragsteller hat den **Antrag** zu begründen und die Voraussetzungen für die Anordnung glaubhaft zu machen, § 51 Abs. 1 Satz 2. Das Verfahren ist nach den Vorschriften für die Hauptsache durchzuführen mit Rücksicht auf die Besonderheiten des einstweiligen Rechtsschutzes, § 51 Abs. 2. Es ist ein **selbständiges Verfahren**, auch wenn die Hauptsache bereits anhängig ist, § 51 Abs. 3 Satz 1. Von einer mündlichen Verhandlung kann abgesehen werden, § 51 Abs. 2 Satz 2. Dazu dürfte in Gewaltschutzsachen regelmäßig Anlass bestehen, vgl. Rz. 8. Zugleich mit der Entscheidung durch Beschluss (§ 38) kann das Gericht die zu ihrer Durchführung erforderlichen Anordnungen treffen, § 49 Abs. 2 Satz 3 (vgl. auch § 215). Über die Kosten ist nach den allgemeinen Vorschriften (§§ 81, 83) zu entscheiden, § 51 Abs. 4. Der Verfahrenswert ist nach § 49 FamGKG iVm. § 41 FamGKG regelmäßig auf den halben Wert der Hauptsache festzusetzen.

12 War bei Erlass der eA die **Hauptsache** noch nicht anhängig, so ist diese auf Antrag einzuleiten, § 52 Abs. 1 Satz 1. Das Gericht kann aber in der eA eine Frist von bis zu drei Monaten bestimmen, vor deren Ablauf ein Antrag auf Einleitung des Hauptsacheverfahrens unzulässig ist, § 52 Abs. 1 Satz 2 und 3. Weiter kann das Gericht auf Antrag eine Frist von bis zu drei Monaten bestimmen, innerhalb derer der Antragsteller des Verfahrens auf Erlass der eA einen Antrag zur Hauptsache oder zumindest einen Antrag auf Bewilligung von Verfahrenskostenhilfe für die Hauptsache stellen muss, § 52 Abs. 2. Lässt der Antragsteller diese Frist verstreichen, so ist die eA aufzuheben, § 52 Abs. 2 Satz 3. Hat die eA den angestrebten Erfolg bewirkt, kann die Verfolgung des gleichen Ziels in einem Hauptsacheverfahren mutwillig sein,[1] dies selbst dann, wenn im Hauptsacheverfahren weiter gehende Beweismittel angeführt werden.[2]

13 Die eA Anordnung ist wie eine Endentscheidung (§ 48) **abänderbar**, § 54 Abs. 1. War die eA im Gewaltschutzverfahren als Familiensache (§ 111 Nr. 6) ohne mündliche Verhandlung ergangen, so ist auf Antrag aufgrund mündlicher Verhandlung erneut zu entscheiden, § 54 Abs. 2. Dies gilt auch für den Fall, dass der Erlass der eA durch Beschluss abgelehnt wurde.[3] Ist das Verfahren der eA bei dem Beschwerdegericht anhängig, ist eine Abänderung oder Aufhebung der angefochtenen Entscheidung durch das Familiengericht unzulässig, § 54 Abs. 4. Für Vergleiche sieht § 48 keine Abänderungsmöglichkeit vor.[4] In Gewaltschutzsachen soll das Gericht auch nicht auf eine Einigung hinwirken, § 36 Abs. 1 Satz 2.

14 Die **Vollstreckung** der eA kann das Gericht, auch das Rechtsmittelgericht, durch unanfechtbaren Beschluss aussetzen oder beschränken, § 55 Abs. 1. Die eA tritt mit Ablauf der in ihr bestimmten Frist oder bei Wirksamwerden einer anderweitigen Regelung, insbesondere einer Endentscheidung **außer Kraft**, § 56 Abs. 1. Zur Notwendigkeit einer **Befristung der Anordnung** vgl. §§ 1 Abs. 1 Satz 2, 2 Abs. 2 GewSchG.[5] Da Gewaltschutzsachen nur auf Antrag eingeleitet werden (§ 1 Abs. 1 Satz 1 GewSchG), treten eA in diesen Verfahren auch dann außer Kraft, wenn der Antrag zur Hauptsache zurückgenommen, rechtskräftig abgewiesen oder übereinstimmend für erledigt erklärt wird oder die Erledigung der Hauptsache anderweitig eingetreten ist, § 56 Abs. 2. Das Außerkrafttreten der eA ist auf Antrag durch Beschluss auszusprechen, § 56 Abs. 3.

---

1 So OLG Zweibrücken v. 18.11.2009 – 2 WF 215/09, FamRZ 2010, 666; OLG Celle v. 10.5.2010 – 10 WF 147/10, FamRZ 2010, 1586; vgl. auch OLG Stuttgart v. 25.1.2010 – 18 WF 5/10, FamRZ 2010, 1266; aA OLG München v. 14.2.2012 – 26 WF 128/12, FamRZ 2012, 1234.
2 OLG Frankfurt v. 7.7.2011 – 3 WF 150/11, FamRZ 2012, 144.
3 BT-Drucks. 16/6308 S. 201; Johannsen/Henrich/*Götz*, § 214 FamFG Rz. 14.
4 So früher schon OLG Rostock v. 6.11.2008 – 10 UF 122/08, FamRZ 2009, 997.
5 Vgl. OLG Saarbrücken v. 19.5.2010 – 6 UF 38/10, FamRZ 2010, 1810.

EA in Gewaltschutzsachen sind, wenn sie aufgrund mündlicher Verhandlung ergangen sind, **anfechtbar**, § 57 S. 2 Nr. 4. War die eA ohne mündliche Verhandlung ergangen, so ist zunächst der Antrag nach § 54 Abs. 2 zu stellen. Eine Beschwerde ist innerhalb der 2-Wochen-Frist des § 63 Abs. 2 Nr. 1 zu erheben.[1] 15

Kosten/Gebühren: Gericht: Für eA in Gewaltschutzsachen entstehen Gebühren nach Nr. 1420 ff. KV FamGKG. Die Gebühren fallen neben den Gebühren für das Hauptsacheverfahren an. Im Verfahren über den Erlass einer eA und über deren Aufhebung oder Änderung werden die Gebühren nur einmal erhoben (Vorbem. 1.4 KV FamGKG). Die Gebühren werden mit Beendigung des Verfahrens fällig (§ 11 Abs. 1 FamGKG). Der Wert bestimmt sich nach § 41 FamGKG. Er ist idR unter Berücksichtigung der geringeren Bedeutung gegenüber der Hauptsache zu ermäßigen. Dabei ist von der Hälfte des für die Hauptsache bestimmten Werts (§ 49 FamGKG) auszugehen. Als Kostenschuldner kommen primär der Entscheidungs- oder Übernahmeschuldner in Frage (§ 24 Nr. 1 und 2 FamGKG), daneben aber auch der Antragsteller (§ 21 Abs. 1 Satz 1 FamGKG). Im erstinstanzlichen Verfahren ist die Antragstellerhaftung durch § 21 Abs. 1 Satz 2 Nr. 1 FamGKG ausgeschlossen. **RA:** Das Verfahren über den Erlass einer eA ist nach § 17 Nr. 4 Buchst. b RVG gegenüber der Hauptsache eine besondere Angelegenheit, für die die Gebühren nach Teil 3 entstehen. Das Verfahren über den Erlass einer eA und das Verfahren über deren Aufhebung oder Änderung sind eine Angelegenheit (§ 16 Nr. 5 RVG). § 41 FamGKG ist nach § 23 Abs. 1 Satz 1 RVG auch für die RA-Gebühren maßgebend. **Gerichtsvollzieher:** Die Zustellung durch den GV löst eine Gebühr in Höhe von 10 Euro (Nr. 100 KV GvKostG) aus. Es besteht keine Vorschusspflicht (§ 4 Abs. 1 Satz 3 GvKostG). Die Kosten für die Vollstreckung der eA sind abhängig vom Inhalt der Anordnung. 16

215 Durchführung der Endentscheidung

In Verfahren nach § 2 des Gewaltschutzgesetzes soll das Gericht in der Endentscheidung die zu ihrer Durchführung erforderlichen Anordnungen treffen.

A. Allgemeines

Die Vorschrift entspricht dem früheren § 15 HausrVO, der gem. § 64b Abs. 2 Satz 4 FGG auch in Gewaltschutzsachen nach § 2 GewSchG anzuwenden war. Sie setzt bereits eine **Endentscheidung** (§ 38 Abs. 1 Satz 1) voraus. Diese ergeht stets als Beschluss, § 116 Abs. 1, welcher zu begründen ist (§ 38 Abs. 3 Satz 1), es sei denn, dass nach Maßgabe von § 38 Abs. 4–6 davon abgesehen werden kann. Über die Kosten ist gem. § 81 zu entscheiden. Der Verfahrenswert ist nach § 49 FamGKG festzusetzen. Der Beschluss hat eine Rechtsmittelbelehrung nach § 39 zu enthalten. Er wird in Gewaltschutzsachen grundsätzlich erst **mit Rechtskraft wirksam**, § 216 Abs. 1 Satz 1. Die Rechtskraft tritt mit Ablauf der Rechtsmittelfrist (§ 63) ein, § 45. Eine rechtskräftige Endentscheidung ist nach Maßgabe von § 48 abänderbar. In Gewaltschutzsachen soll jedoch das Gericht regelmäßig die **sofortige Wirksamkeit** der Endentscheidung anordnen, § 216 Abs. 1 Satz 2. 1

Die **Vollstreckung** erfolgt nach den Regeln der §§ 86 ff., vor allem § 95 (Anwendung der ZPO). Dies entspricht der Verweisung in § 64b Abs. 4 FGG aF, die insbesondere die §§ 885, 890, 891 und 892a ZPO erwähnte. Bei eA ist auch § 96 Abs. 2 zu beachten. Gegenüber dem Rechtszustand seit Einführung des GewSchG ergibt sich somit keine Veränderung. Für eA ist nunmehr ausdrücklich klargestellt, dass sie idR keiner Klausel bedürfen, § 53 Abs. 1.[2] 2

B. Ergänzende Anordnungen

Nach § 215 soll das Gericht in Verfahren auf Überlassung der gemeinsam genutzten Wohnung in der Endentscheidung die zu ihrer Durchführung erforderlichen Anordnungen treffen. Das Gericht soll also in der Beschlussformel nicht nur den herzustellenden Endzustand beschreiben, sondern den Parteien erforderlichenfalls auch den Weg dorthin aufzeigen und hierzu Hilfestellungen geben. Diese dienen vor allem der Erleichterung und **Sicherung der Vollstreckung**, ohne dass es dazu eines beson- 3

---

1 OLG Zweibrücken v. 8.10.2010 – 6 WF 196/10, ZFE 2011, 33.
2 Anders noch OLG Karlsruhe v. 19.9.2007 – 20 WF 104/07, FamRZ 2008, 291 = FamRB 2008, 105 (*Giers*); vgl. auch *Looff*, FamRZ 2008, 1391.

deren Antrags bedarf. Die Anordnungen können sich auch gegen Dritte richten, etwa einen in der Wohnung lebenden weiteren Mitbewohner.[1] Die Anordnungen sind hier zwar nur für Endentscheidungen vorgesehen, sind aber auch bei eA nach §§ 214, 49 ff. sinnvoll und nützlich.

4 Bei Überlassung der Wohnung ist an die Anordnung der (vorübergehenden) **Räumung**, aber auch an die Einräumung einer Räumungsfrist zu denken. Die Frist ist nach billigem Ermessen zu bestimmen, wobei zu bedenken ist, dass eine Vollstreckung grundsätzlich erst mit Rechtskraft der Endentscheidung (§ 216 Abs. 1 Satz 1) erfolgen kann. Regelmäßig soll aber das Gericht die sofortige Wirksamkeit anordnen, § 216 Abs. 1 Satz 2; eine Räumungsfrist erübrigt sich dann, es sei denn, das Gericht bewilligt eine Räumungsfrist, die kürzer ist als die Beschwerdefrist nach § 63. Dem Antragsteller, dem die Wohnung zu überlassen ist, kann aufgegeben werden, die Umzugskosten des Weichenden zu übernehmen, sofern dies billig erscheint.

5 Weitere **mögliche Anordnungen** gegen den Antragsgegner:
– bei Auszug seine persönlichen Sachen mitzunehmen;
– der Antragstellerin den Zugang zur Wohnung zu gewähren und ihr sämtliche Schlüssel zu Wohnung, Haustür, Keller und Garage herauszugeben;
– sich der Wohnung nicht auf weniger als 50m zu nähern;
– das Mietverhältnis an der gemeinsamen Wohnung nicht zu kündigen oder in sonstiger Weise zu beenden.[2]

6 Soweit Anordnungen nach § 2 Abs. 1 GewSchG inhaltlich den nach § 1 GewSchG möglichen Anordnungen entsprechen, sollte ihre **Vollstreckung** entgegen dem engen Wortlaut auch nach § 96 Abs. 1 erfolgen können.[3]

7 Nicht möglich ist es, bereits in der Endentscheidung den Gerichtsvollzieher zur Anwendung von Gewalt zu ermächtigen (§ 96 Abs. 1 FamFG; früher § 892a ZPO), da diese vollstreckungsrechtliche Maßnahme nicht im Erkenntnisverfahren getroffen werden kann.[4] Hierauf kann nur in den Gründen der Entscheidung hingewiesen werden, ebenso auf die Strafbarkeit einer Zuwiderhandlung (gegen Anordnungen nach § 1 GewSchG) nach § 4 GewSchG.

8 Weitere Anordnungen sind als vorläufige Maßnahme zur **Sicherung der Verhältnisse** (§ 49 Abs. 2) recht häufig:
– das Verbot, den Ehegatten zu bedrohen, zu misshandeln oder zu belästigen;
– die Untersagung, Haushaltsgegenstände wegzuschaffen oder die Wohnung zu betreten;
– die Aufgabe, neu eingebaute Schlösser wieder zu entfernen oder einen Schlüssel zur Tür herzugeben.[5]

9 In besonderen Fällen kann wegen der vorangegangenen bedrohlichen Situation zwischen Vater und Mutter die vorübergehende **Aussetzung des Umgangs** des Vaters mit den Kindern geboten sein.[6]

216 Wirksamkeit; Vollstreckung vor Zustellung
(1) Die Endentscheidung in Gewaltschutzsachen wird mit Rechtskraft wirksam. Das Gericht soll die sofortige Wirksamkeit anordnen.

---

1 Zöller/*Lorenz*, § 215 FamFG Rz. 3.
2 Bork/Jacoby/*Schwab*, § 215 FamFG Rz. 3.
3 Zöller/*Lorenz*, § 215 FamFG Rz. 4.
4 OLG Naumburg v. 28.11.2006 – 3 UF 91/06, n.v.
5 Vgl. OLG Brandenburg v. 24.4.2003 – 10 WF 49/03, FamRZ 2004, 477; OLG Köln v. 12.9.2002 – 14 WF 171/02, FamRZ 2003, 319.
6 Vgl. AG Bremen v. 8.8.2008 – 63 F 2261/08, Streit 2008, 139; zur Kollision von Kontaktverbot und Umgangsrecht s. a. *Bruns*, FamRZ 2012, 1024 (1027).

(2) Mit der Anordnung der sofortigen Wirksamkeit kann das Gericht auch die Zulässigkeit der Vollstreckung vor der Zustellung an den Antragsgegner anordnen. In diesem Fall tritt die Wirksamkeit in dem Zeitpunkt ein, in dem die Entscheidung der Geschäftsstelle des Gerichts zur Bekanntmachung übergeben wird; dieser Zeitpunkt ist auf der Entscheidung zu vermerken.

A. Allgemeines	1	II. Anordnung der sofortigen Wirksamkeit, Absatz 1	3
B. Wirksamkeit		III. Vollstreckung vor Zustellung, Absatz 2	5
I. Rechtskraft	2	C. Vollstreckung	8

A. Allgemeines

Die Vorschrift enthält die Verfahrensregeln, die § 64b Abs. 2 FGG aF zu Gewaltschutzsachen vorsah, soweit sie nicht schon in § 215 übernommen worden sind. 1

B. Wirksamkeit

I. Rechtskraft

Abs. 1 entspricht weitgehend der Regelung in § 209 Abs. 2 zu Ehewohnungs- und Haushaltssachen. Abs. 1 Satz 1 entspricht dabei zugleich dem früheren § 16 Abs. 1 Satz 1 HausrVO. 2

Die Entscheidung des Gerichts muss wirksam sein, um vollstreckbar zu sein, § 86 Abs. 2. Endentscheidungen in Gewaltschutzsachen werden – insoweit abweichend von § 40 Abs. 1 – grundsätzlich erst **mit Rechtskraft wirksam** und damit vollstreckbar, Abs. 1 Satz 1. Die Rechtskraft tritt mit Ablauf der Rechtsmittelfrist (§ 63) ein, § 45; der Fristablauf auch für weitere beschwerdeberechtigte Beteiligte wie das Jugendamt (§ 213 Abs. 2 Satz 2) ist zu beachten. 2a

II. Anordnung der sofortigen Wirksamkeit, Absatz 1

Für Entscheidungen nach dem GewSchG konnte schon früher ihre **sofortige Wirksamkeit** angeordnet werden (§ 64b Abs. 2 Satz 2 FGG aF). Dies wird hier in Abs. 1 Satz 2 wiederholt, jedoch mit dem Unterschied, dass anstelle der bisherigen Kann-Vorschrift die neue Regelung als Soll-Vorschrift formuliert ist.[1] Der Gesetzgeber geht davon aus, dass bei Entscheidungen, die dem Schutz vor weiterer Gewalt dienen sollen, die Anordnung der sofortigen Wirksamkeit regelmäßig indiziert ist. Dies wird jetzt in gleicher Weise auch bei der Zuweisung einer Wohnung unter Ehegatten nach § 1361b BGB so gesehen (§ 209 Abs. 2 Satz 2). Das Gericht soll also bei allen Anordnungen in Gewaltschutzsachen, sowohl in den Verfahren nach § 1 GewSchG als auch in denen nach § 2 GewSchG, regelmäßig die sofortige Wirksamkeit der Endentscheidung anordnen, Abs. 2 Satz 1.[2] Sieht das Gericht im Einzelfall von der Anordnung der sofortigen Wirksamkeit ab, hat es dies im Beschluss zu begründen (§ 38 Abs. 3 Satz 1).[3] 3

Im Verfahren auf Erlass einer eA wird die Entscheidung des Gerichts gem. dem Grundsatz des § 40 Abs. 1 mit Bekanntgabe an den Antragsgegner wirksam und damit vollstreckbar.[4] Die eA bedarf regelmäßig keiner Vollstreckungsklausel, § 53 Abs. 1. In Gewaltschutzsachen kann das Gericht die Vollstreckung der eA außerdem schon vor Zustellung an den Verpflichteten zulassen (§ 53 Abs. 2). 4

III. Vollstreckung vor Zustellung, Absatz 2

Abs. 2 Satz 1 lässt es zu, dass auch Endentscheidungen in Gewaltschutzsachen vor ihrer Bekanntgabe an den Antragsgegner im Wege der Zustellung vollstreckt wer- 5

---

1 BT-Drucks. 16/6308, S. 252.
2 Johannsen/Henrich/*Götz*, § 216 FamFG Rz. 2.
3 Bork/Jacoby/*Schwab*, § 216 FamFG Rz. 7.
4 OLG Hamm v. 6.1.2011 – 8 WF 322/10, FamRZ 2011, 111.

den können. Das Gericht kann dazu die **Zulässigkeit einer Vollstreckung vor der Zustellung** anordnen, wie dies schon § 64b Abs. 2 Satz 2, 2. Halbs. FGG aF vorsah. Das setzt jedoch voraus, dass zugleich die sofortige Wirksamkeit der Entscheidung gem. Abs. 1 Satz 2 angeordnet wird. Erst beide Anordnungen machen eine Vollstreckung vor der Bekanntgabe an den Antragsgegner möglich. Mit dieser Möglichkeit sollen zum Schutz der antragstellenden Partei Situationen vermieden werden, in denen der Antragsgegner die Bekanntgabe der Entscheidung zum Anlass nimmt für weitere Gewalttaten, Belästigungen oder Bedrohungen. Beide Anordnungen machen auch dann Sinn, wenn nach einer Wegweisung durch die Polizei der aktuelle Aufenthalt des Antragsgegners nicht bekannt ist, so dass die Entscheidung schon vor einer Bekanntgabe an den Antragsgegner wirksam und vollstreckbar ist.[1] Für die vollstreckungserleichternden Anordnungen ist kein Antrag der schutzbedürftigen Partei erforderlich. Ihre entsprechende Anregung sollte das Gericht regelmäßig zu den Anordnungen nach Abs. 1 Satz 2 und Abs. 2 Satz 1 veranlassen. Wenn die Umstände für die Zeit bis zum Eintritt der Rechtskraft der Entscheidung eine weitere Verletzung der durch die §§ 1 und 2 GewSchG geschützten Rechtsgüter befürchten lassen, kann das Familiengericht die beiden Anordnungen auch von Amts wegen treffen.[2] Eine strafrechtliche Ahndung der Zuwiderhandlung gegen Gewaltschutzanordnungen nach § 4 GewSchG setzt eine wirksame Zustellung des Beschlusses an den Verpflichteten voraus, bloße Kenntnis vom Beschluss genügt nicht.[3]

6   Im Falle der Anordnung der sofortigen Wirksamkeit der Entscheidung wird diese bereits in dem Zeitpunkt der **Übergabe an die Geschäftsstelle** des Gerichts zum Zwecke der Bekanntgabe wirksam, Abs. 2 Satz 2. Die Übergabe setzt voraus, dass die Entscheidung abgesetzt und vom Richter unterschrieben ist.[4] Mit der Übergabe muss vom Richter der Übergang der Entscheidung aus seinem Bereich in den Bereich der Geschäftsstelle gewollt sein.

7   Der **Zeitpunkt der Übergabe** muss auf der Entscheidung vermerkt werden, Abs. 2 Satz 2, 2. Halbs. Dies ist regelmäßig Aufgabe der Geschäftsstelle. Ist die Geschäftsstelle nicht besetzt, kann auch der Richter den Vermerk anbringen,[5] doch entfaltet die Entscheidung erst dann eine reale Wirkung, wenn sie den Beteiligten bekannt ist bzw. von ihnen tatsächlich vollzogen wird.

C. Vollstreckung

8   Die **Vollstreckung** von Gewaltschutzanordnungen erfolgt weiterhin nach der ZPO, §§ 95, 96. Dies entspricht der früheren Regelung des § 64b Abs. 4 FGG, die insbesondere auf die §§ 885, 890 und 891 ZPO verwies. Der Regelungsgehalt des § 892a ZPO findet sich jetzt in § 96 Abs. 1 wieder. Die Vollstreckung erfolgt grundsätzlich nach Zustellung und Rechtskraft der Entscheidung, es sei denn, ihre sofortige Wirksamkeit und Vollstreckbarkeit wurde angeordnet, Abs. 1 Satz 2 und Abs. 2. Eine mit der Überlassung der Wohnung angeordnete Räumung der gemeinsamen Wohnung wird nach § 885 ZPO vollstreckt. Eine wiederholte Einweisung des Besitzes ist während der Geltungsdauer einer eA nach § 2 GewSchG möglich, § 96 Abs. 2 (früher § 885 Abs. 1 Satz 3 und 4 ZPO), jedoch nicht mehr nach zwischenzeitlicher Versöhnung; der Titel sollte herausgegeben werden.[6]

9   Bei einer andauernden **Zuwiderhandlung** gegen Unterlassungsanordnungen kann der Berechtigte einen Gerichtsvollzieher hinzuziehen, § 96 Abs. 1 (früher § 892a ZPO), der notfalls Gewalt anwenden oder die Polizei hinzuziehen darf (§ 758 Abs. 3 ZPO). Daneben ist die Verhängung eines Ordnungsgeldes oder von Ordnungshaft gem. § 890 ZPO möglich. Die Anordnung von Erzwingungshaft nach § 888 ZPO kommt hin-

---

1 Johannsen/Henrich/*Götz*, § 216 FamFG Rz. 4; Zöller/*Lorenz*, § 216 FamFG Rz. 5.
2 Vgl. Bork/Jacoby/*Schwab*, § 216 FamFG Rz. 8.
3 BGH v. 10.5.2012 – 4 StR 122/12, FamRZ 2012, 1216.
4 Vgl. Keidel/*Meyer-Holz*, 15. Aufl., vor §§ 8–18 FGG Rz. 19.
5 So für Betreuungs- und Unterbringungssachen *Rink*, FamRZ 1992, 1011 (1113); vgl. Zöller/*Lorenz*, § 216 FamFG Rz. 6.
6 KG v. 2.5.2005 – 16 UF 53/05, FamRZ 2006, 49.

gegen nicht in Betracht.¹ Die Verhängung der Ordnungsmittel muss zuvor durch gerichtliche Entscheidung angedroht worden sein, § 890 Abs. 2 ZPO. Eine Androhung im Vergleich der Parteien genügt nicht.² Die Festsetzung eines Ordnungsgeldes ist auch neben einer bereits verhängten Kriminalstrafe zulässig, doch ist bei der Höhe des Ordnungsgeldes die Strafe zu berücksichtigen.³

Wurde eine **eA** ohne mündliche Verhandlung erlassen, so gilt der Antrag auf Erlass der eA zugleich bereits als **Auftrag** an den Gerichtsvollzieher zur Zustellung und ggf. auch Vollstreckung, der durch die Geschäftsstelle zu vermitteln ist, § 214 Abs. 2. Dies erleichtert und beschleunigt die Vollziehung der Schutzanordnungen durch den oft unkundigen Antragsteller. Er kann auch verlangen, dass die Zustellung nicht vor der Vollstreckung erfolgen darf, § 214 Abs. 2, 2. Halbs. 10

§ 216a Mitteilung von Entscheidungen

Das Gericht teilt Anordnungen nach den §§ 1 und 2 des Gewaltschutzgesetzes sowie deren Änderung oder Aufhebung der zuständigen Polizeibehörde und anderen öffentlichen Stellen, die von der Durchführung der Anordnung betroffen sind, unverzüglich mit, soweit nicht schutzwürdige Interessen eines Beteiligten an dem Ausschluss der Übermittlung, das Schutzbedürfnis anderer Beteiligter oder das öffentliche Interesse an der Übermittlung überwiegen. Die Beteiligten sollen über die Mitteilung unterrichtet werden.

A. Allgemeines

Die Vorschrift wurde auf Anregung des Bundesrats in das FamFG aufgenommen.⁴ Die Bundesregierung stimmte dem nur im Grundsatz zu, da die Regelung systematisch der Vorschrift des § 15 EGGVG über die Mitteilungen in Zivilsachen zuzuordnen sei.⁵ Der Rechtsausschuss des Bundestages hielt ebenfalls eine bundeseinheitliche Rechtsgrundlage für eine Pflicht zur Mitteilung von Anordnungen nach dem Gewaltschutzgesetz an die Polizeibehörden und andere öffentliche Stellen (an dieser Stelle) für erforderlich.⁶ Die Einordnung der Vorschrift in den Abschnitt über das Verfahren in Gewaltschutzsachen ist auch nicht systemwidrig, da die Mitteilungspflichten in Zivilsachen überwiegend nicht zentral im 2. Abschnitt des EGGVG (§§ 12 ff.) geregelt sind, sondern jeweils bereichsspezifisch,⁷ wie dies § 13 Abs. 1 Nr. 1 EGGVG zulässt. 1

B. Mitteilungspflichten in Gewaltschutzsachen

Die Vorschrift begründet eine **Mitteilungspflicht** des Gerichts in Gewaltschutzsachen. Dies geht über den Vorschlag des Bundesrats hinaus, der nur die Zulässigkeit einer solchen Mitteilung vorsah.⁸ Denn es war umstritten, ob § 17 EGGVG bereits eine ausreichende Rechtsgrundlage für die Übermittlung darstellt.⁹ Einige Bundesländer hatten deshalb – teils nur eingeschränkte – Mitteilungspflichten für die Gerichte in ihre Polizeigesetze aufgenommen.¹⁰ Der Rechtsausschuss sah es über die angestrebte Klarstellung der Zulässigkeit von Mitteilungen an die Polizei hinaus als notwendig an, nicht nur eine Pflicht zur Mitteilung an die Polizei, sondern auch an weitere öffentliche Stellen, die von der Durchführung der Anordnung betroffen sind, vorzusehen.¹¹ 2

---

1 OLG Bremen v. 7.12.2006 – 4 WF 138/06, FamRZ 2007, 1033.
2 OLG Frankfurt v. 6.3.2006 – 6 WF 33/06, NJW-RR 2006, 1441.
3 OLG Schleswig v. 17.7.2006 – 13 WF 118/06, NJW 2006, 3578.
4 BT-Drucks. 16/6308, S. 382, dort noch als § 216 Abs. 3.
5 BT-Drucks. 16/6308, S. 418.
6 BT-Drucks. 16/9733, S. 296.
7 Zöller/*Lückemann*, vor §§ 12–22 EGGVG Rz. 3.
8 BT-Drucks. 16/6308, S. 382.
9 BT-Drucks. 16/6308, S. 383.
10 Vgl. zB § 34a Abs. 6 PolG NW; Überblick bei *Naucke-Lömker*, NJW 2002, 3525.
11 BT-Drucks. 16/9733, S. 296.

3 Das Gericht hat **alle Entscheidungen** in Gewaltschutzsachen zumindest der zuständigen Polizeibehörde unverzüglich mitzuteilen. Dies betrifft sowohl Anordnungen nach § 1 GewSchG als auch die Anordnung der Wohnungsüberlassung nach § 2 GewSchG und gilt für Endentscheidungen ebenso wie für vorangehende eA gem. § 214. Weiter sind auch alle späteren Änderungen und auch die Aufhebung der Gewaltschutzanordnung mitzuteilen. Dies alles soll die **Polizei** in die Lage versetzen, die Einhaltung der gerichtlichen Anordnungen im Rahmen der ihr obliegenden Gefahrenabwehr wie auch der Strafverfolgung zuverlässig überwachen zu können. Denn ein Verstoß gegen eine Anordnung nach § 1 GewSchG ist gem. § 4 GewSchG strafbewehrt. Ein Verstoß gegen die Anordnung der Wohnungsüberlassung kann als Hausfriedensbruch nach § 123 StGB zu ahnden sein. Dies alles kann die Polizei nur leisten, wenn sie zuverlässig und prompt darüber informiert ist, dass überhaupt eine wirksame gerichtliche Anordnung besteht und auch ob und in welchem Umfang sie noch in Kraft ist.

4 Das Gericht hat **unverzüglich** die Entscheidungen in Gewaltschutzsachen mitzuteilen. Hat das Gericht – wie regelmäßig – die sofortige Wirksamkeit und Vollstreckung der Anordnung gem. § 216 Abs. 2 oder eine sofort vollziehbare eA (§ 53 Abs. 2) erlassen, ist die Entscheidung bei Herausgabe an die Beteiligten auch zugleich an die Polizei zu übermitteln. Wird eine Endentscheidung in Gewaltschutzsachen erst mit Rechtskraft wirksam (§ 216 Abs. 1 Satz 1), ist die gerichtliche Anordnung erst dann mitzuteilen.[1]

5 Die Entscheidungen in Gewaltschutzsachen sind auch **anderen öffentlichen Stellen** mitzuteilen, die von der Durchführung betroffen sind. Der Rechtsausschuss des Bundestages hat in der Begründung zu dieser Erweiterung der Mitteilungspflicht als in Betracht kommende andere öffentliche Stellen „insbesondere Schulen, Kindergärten und Jugendhilfeeinrichtungen in öffentlich-rechtlicher Trägerschaft" benannt. Diese Aufzählung ist enger als die Definition der öffentlichen Stellen in § 2 BDSG, auf die teilweise verwiesen wird.[2] Die genannten Einrichtungen kommen als Empfänger der Mitteilungen vor allem dann in Betracht, wenn in der nach § 2 GewSchG zu überlassenden Wohnung auch Kinder leben, deren Wohl beeinträchtigt ist (§ 2 Abs. 6 Satz 2 GewSchG) und zu ihrem Schutz flankierende Schutzanordnungen gem. § 215 getroffen worden sind. Solche Schutzanordnungen können Näherungsverbote gegenüber den Kindern auch in Schule und Kindergarten sein oder Kontaktverbote während der Freizeit der Kinder. Den genannten Institutionen dürfen die Entscheidungen aber nur übermittelt werden, wenn sie sich in öffentlich-rechtlicher Trägerschaft befinden. Dies schließt vor allem die zahlreichen Einrichtungen in freier Trägerschaft aus. Als weitere andere öffentliche Stellen kommen vor allem die Ordnungsbehörden und andere Überwachungsstellen in Betracht. In allen Fällen ist den öffentlichen Stellen nur eine abgekürzte Ausfertigung ohne Entscheidungsgründe zu übermitteln, MiZi Teil 2, 4. Abschn. XI Abs. 2.[3]

6 Von einer Mitteilung **ist abzusehen**, wenn schutzwürdige Interessen eines Beteiligten an dem Ausschluss der Übermittlung (das hier im Gesetzestext gesetzte Komma ist sinnentstellend) das Schutzbedürfnis anderer Beteiligter oder das öffentliche Interesse an der Übermittlung überwiegen, Satz 1, 2. Halbs. Von der Mitteilung an Polizei und andere öffentliche Stellen sollen idR die Beteiligten des Verfahrens unterrichtet werden. Davon soll wiederum im Einzelfall abgesehen werden, wenn etwa der Antragsgegner nicht den Aufenthaltsort des Antragstellers oder betroffener Kinder erfahren soll, er diesen aber durch die Kenntnis vom Empfänger der Mitteilung ausfindig machen könnte.[4]

7 Die konkrete Ausgestaltung der Datenübermittlung wurde einer genaueren Festlegung in der Anordnung über Mitteilungen in Zivilsachen (MiZi) überlassen, s. Rz. 5

---

1 Zöller/*Lorenz*, § 216a FamFG Rz. 4.
2 Vgl. Johannsen/Henrich/*Götz*, § 216a FamFG Rz. 6.
3 Zöller/*Lorenz*, § 216a FamFG Rz. 6; vgl. Keidel/*Giers*, § 216a FamFG Rz. 2.
4 BT-Drucks. 16/9733, S. 296; Johannsen/Henrich/*Götz*, § 216a FamFG Rz. 9.

aE. Die Verfügung zur Ausführung der Übermittlung soll nach Ansicht des Bundesrates der Urkundsbeamte der Geschäftsstelle treffen.[1] Dies entspricht der allgemeinen Regel.[2] In Zweifelsfällen oder bei einem Absehen von der Übermittlung gem. Satz 1 aE hat der Richter zu entscheiden.[3] Gleiches gilt, wenn von der Unterrichtung der Beteiligten über die Mitteilung (Satz 2) abgesehen werden soll.

Abschnitt 8
Verfahren in Versorgungsausgleichssachen

Vorbemerkung

Literatur: *Bergner*, Der reformierte VA – Die wichtigsten materiellen Neuerungen, NJW 2009, 1169 f.; *Bergner*, Der reformierte VA – Verfahrensrecht, Übergangsrecht und anzuwendendes altes bzw. neues Recht, NJW 2009, 1233 f.; *Borth*, Versorgungsausgleich in anwaltlicher und familiengerichtlicher Praxis, 6. Aufl. Neuwied 2012; *Borth*, Der Regierungsentwurf für ein Gesetz zur Strukturreform des Versorgungsausgleichs, FamRZ 2008, 1797 f.; *Borth*, Das Gesetz zur Strukturreform des VA, FamRZ 2009, 562 f.; *Borth*, Zulässigkeit einer offenen Beschlussfassung beim Ausgleich von Anrechten der betrieblichen Altersversorgung und privaten Rentenversicherung, FamRZ 2011, 337 ff.; *Dörr*, Zur Abänderung von Versorgungsausgleichsentscheidungen nach § 10a VAHRG, NJW 1988, 97; *Friederici*, Die Praxis des Versorgungsausgleichs, Neuwied 2011; *Gutdeutsch*, Zum externen Ausgleich fondsgebundener Versorgungen, FamRB 2011, 57 ff.; *Hauß*, Versorgungsausgleich und Verfahren in der anwaltlichen Praxis, Köln 2004; *Wick*, Der Versorgungsausgleich, 3. Aufl. Berlin 2013; *Wick*, Der Versorgungsausgleich nach der Strukturreform, FuR 2009, 482 ff.

Das materielle Recht des Versorgungsausgleichs ist nahezu zeitgleich mit dem Familienverfahrensrecht grundlegend reformiert worden. Das Gesetz zur Strukturreform des Versorgungsausgleichs (VAStrRefG)[4] trat wie das FGG-RG am 1. September 2009 in Kraft. **1**

Durch die allgemeine Übergangsvorschrift des § 48 VersAusglG[5] wird im Zusammenspiel mit Art. 111 des FGG-RG ein Gleichlauf zwischen dem neuen materiellen Recht und den auf dieses neue Recht zugeschnittenen neuen verfahrensrechtlichen Bestimmungen geschaffen. **2**

Gem. § 48 Abs. 3 VersAusglG sind seit dem 1. September 2010 alle Versorgungsausgleichssachen, in denen noch keine erstinstanzliche Endentscheidung ergangen ist, so- **3**

---

[1] BT-Drucks. 16/6308, S. 383.
[2] Vgl. MiZi, Erster Teil, Nr. 3 Abs. 2.
[3] Vgl. MiZi, Erster Teil, Nr. 2 Abs. 2; Zöller/*Lorenz*, § 216a FamFG Rz. 4.
[4] V. 3.4.2009, BGBl. I, S. 700.
[5] § 48 VersAusglG
Allgemeine Übergangsvorschrift
(1) In Verfahren über den Versorgungsausgleich, die vor dem 1. September 2009 eingeleitet worden sind, ist das bis dahin geltende materielle Recht und Verfahrensrecht weiterhin anzuwenden.
(2) Abweichend von Absatz 1 ist das ab dem 1. September 2009 geltende materielle Recht und Verfahrensrecht anzuwenden in Verfahren, die 1. am 1. September 2009 abgetrennt oder ausgesetzt sind oder deren Ruhen angeordnet ist oder 2. nach dem 1. September 2009 abgetrennt oder ausgesetzt werden oder deren Ruhen angeordnet wird.
(3) Abweichend von Absatz 1 ist in Verfahren, in denen am 31. August 2010 im ersten Rechtszug noch keine Endentscheidung erlassen wurde, ab dem 1. September 2010 das ab dem 1. September 2009 geltende materielle Recht und Verfahrensrecht anzuwenden.

wie alle mit diesen Verfahren im Verbund stehenden Scheidungs- und Folgesachen[1] nach neuem Recht zu entscheiden. Ist lediglich eine Teil-Endentscheidung (nach altem Recht) ergangen,[2] sind die von dieser Teilentscheidung nicht erfassten Anrechte nach neuem Recht zu teilen.

4   Das alte Recht ist somit seit dem 1. September 2010 nur noch auf in der Beschwerdeinstanz anhängige Verfahren anwendbar, die
    – vor dem 1. September 2009 eingeleitet wurden und
    – in denen vor dem 1. September 2010 eine erstinstanzliche Endentscheidung ergangen ist.
    – Auf diese – erstinstanzlich nach altem Recht entschiedenen – Verfahren ist auch im Falle einer Abtrennung in der Beschwerdeinstanz weiter altes Recht anzuwenden.[3]
    – Auf erstinstanzlich nach neuem Recht entschiedene Verfahren ist dagegen auch dann (weiter) neues Recht anwendbar, wenn der Aussetzungsbeschluss im Beschwerdeverfahren aufgehoben und der Aufhebungsbeschluss erst nach dem 31.8.2009 wirksam wurde.[4]

5   Maßgeblich für den Zeitpunkt der Verfahrenseinleitung iSd. § 48 VersAusglG ist bei Versorgungsausgleichsverfahren, die im Scheidungsverbund amtswegig einzuleiten und zu entscheiden sind (§ 623 Abs. 1 Satz 3 aF ZPO bzw. § 137 Abs. 2 Satz 2 FamFG), der Eingang des Scheidungsantrags bei Gericht. Bei Versorgungsausgleichsverfahren, die auf Antrag durchgeführt werden,[5] bestimmt der Eingang des entsprechenden Antrags bei Gericht den Zeitpunkt der Verfahrenseinleitung.

6   Die Voraussetzungen für die Abänderung von Entscheidungen über den Versorgungsausgleich, die nach altem Recht ergangen sind, sind in §§ 51 und 52 VersAusglG geregelt. Diese Vorschriften werden im Anhang zu § 227 kommentiert.

7   Für Verfahren zur Korrektur der Auswirkung des VA in besonderen Fällen (§§ 4–10 VAHRG aF), die jetzt durch §§ 32–38 VersAusglG geregelt und als Verfahren über die „Anpassung nach Rechtskraft" bezeichnet werden, sieht **§ 49 VersAusglG**[6] ausnahmslos die Anwendung des alten Rechts vor, wenn der verfahrenseinleitende Antrag bis zum 31.8.2009 bei dem früher allein zuständigem Versorgungsträger (§ 9 Abs. 1 VAHRG aF) gestellt wurde. Das alte Recht bleibt damit – abweichend von der allgemeinen Übergangsregelung des § 48 VersAusglG – auch dann anwendbar, wenn das Verfahren ausgesetzt ist (oder war) oder sich an das behördliche Verfahren ein ge-

---

1   Art. 111 Abs. 5 FGG-RG.
2   Dies ist beispielsweise denkbar, wenn Anrechte auf Zusatzversorgung für Beschäftigte im öffentlichen Dienst auszugleichen waren. Hier konnte wegen der vom BGH mit Beschluss v. 14.11.2007 – IV ZR 74/06 festgestellten Teilnichtigkeit der Versorgungssatzung ein vollständiger öffentlich-rechtlicher VA nicht durchgeführt werden. Wenn die Höhe des nach § 1587b aF BGB (Splitting oder Quasisplitting) durchzuführenden Ausgleichs vom Wert des Anrechts auf Zusatzversorgung nicht beeinflusst wurde, konnte jedoch ein Teilausgleich vorgenommen werden (s. Rahm/Künkel/*Wagner*, Kap. V, Rz. 236.1 ff.). Die teilnichtige Satzung haben die Tarifpartner im öffentlichen Dienst zwischenzeitlich mit dem Änderungstarifvertrag Nr. 5 zum Tarifvertrag Altersversorgung (ATV) bzw. zum Altersvorsorge-TVKommunal (ATV-K) vom 30. Mai 2011 geändert.
3   BGH v. 14.3.2012 – XII ZB 436/11, FamRB 2012, 175 (*Schwamb*). Der Wortlaut des § 48 Abs. 2 VersAusglG und des Art. 111 Abs. 4 FGG-RG, der allein auf die Abtrennung abstellt, wird vom BGH teleologisch reduziert.
4   BGH v. 26.10.2011 – XII ZB 567/10, FamRB 2012, 39 (*Norpoth*).
5   ZB ein Verfahren ausländischer Staatsangehöriger auf „Wertausgleich bei der Scheidung", das nach einer Scheidung im Ausland eingeleitet wird (Art. 17 Abs. 3 EGBGB), oder der VA nach der Aufhebung einer Ehe.
6   **§ 49 VersAusglG**
    Übergangsvorschrift für Auswirkungen des Versorgungsausgleichs in besonderen Fällen
    Für Verfahren nach den §§ 4 bis 10 des Gesetzes zur Regelung von Härten im Versorgungsausgleich, in denen der Antrag beim Versorgungsträger vor dem 1. September 2009 eingegangen ist, ist das bis dahin geltende Recht weiterhin anzuwenden.

Die Übergangsregelung des § 49 VersAusglG betrifft folgende Verfahren: **8**
- Wegfall der Versorgungskürzung (§ 4 VAHRG) oder Rückerstattung eingezahlter Beiträge (§ 7 VAHRG[2]) bzw. Kapitalbeträge (§ 8 VAHRG[3]) wegen Vorversterbens des Ausgleichsberechtigten, der noch keine oder nur geringfügige Leistungen bezogen hat, im VersAusglG geregelt in § 37 und § 38;
- Suspension bzw. Anpassung der Versorgungskürzung bei Bestehen einer Unterhaltsverpflichtung des Ausgleichspflichtigen gegenüber dem Ausgleichsberechtigten (§ 5 VersAusglG), im VersAusglG geregelt in § 33 und § 34.

Für die **Wiederaufnahme** ausgesetzter Verfahren ersetzt § 50 VersAusglG[4] die Bestimmungen des VAÜG, das zum 1. September 2009 außer Kraft getreten ist.[5] Inhaltlich entspricht § 50 VersAusglG weitgehend der Regelung des § 2 Abs. 2, 3 VAÜG. Geändert bzw. ergänzt wurden der Zeitpunkt der Antragstellung (§ 50 Abs. 2 VersAusglG) und der Verpflichtung zur amtswegigen Wiederaufnahme des Verfahrens bis zum 1. September 2014. Zudem ist die Antragsbefugnis der Hinterbliebenen entfallen. **9**

Durch § 54 VersAusglG wird die Fortgeltung von gesetzlichen Bestimmungen, die den VA betreffen und für Ehen, die vor dem 1. Juli 1977 geschlossen wurden, von Bedeutung sein können, bestimmt. Die betreffenden Normen sind als Fußnote abgedruckt.[6] Auf eine nähere Erläuterung wird in Anbetracht der äußerst geringen forensischen Bedeutung dieser Normen verzichtet. **10**

---

1 Die Fortgeltung des alten Rechts auch für ausgesetzte Verfahren hat der Gesetzgeber für sachgerecht erachtet, weil der Zuständigkeitswechsel für Anträge auf Versorgungsanpassung wegen Unterhalts (§ 33 f. VersAusglG, früher § 5 VAHRG) vom Versorgungsträger (§ 9 VAHRG) zum Familiengericht (§ 34 Abs. 1 VersAusglG) bei anhängigen Verfahren vermieden werden sollte (BT-Drucks. 16/10144, S. 87).

2 § 7 VAHRG regelte die Rückerstattung von Beiträgen, die aufgrund des VA zur Begr. von Anrechten – etwa nach § 3b Abs. 1 Nr. 2 VAHRG – in die gesetzliche Rentenversicherung eingezahlt worden sind, wenn aus den hierdurch begründeten Anrechten keine oder nur eine geringe Rente gezahlt wurde.

3 § 8 VAHRG regelte die Rückzahlung von Kapitalbeträgen, die zur Abwendung von Renten- oder Pensionskürzungen in die gesetzliche Rentenversicherung oder eine Beamtenversorgung eingezahlt wurden, wenn aus dem durch die Kürzung erworbenen Anrecht keine oder nur eine geringe Rente gezahlt wurde.

4 § 50 VersAusglG
Wiederaufnahme von ausgesetzten Verfahren nach dem Versorgungsausgleichs-Überleitungsgesetz
(1) Ein nach § 2 Abs. 1 Satz 2 des Versorgungsausgleichs-Überleitungsgesetzes ausgesetzter Versorgungsausgleich
1. ist auf Antrag eines Ehegatten oder eines Versorgungsträgers wieder aufzunehmen, wenn aus einem im Versorgungsausgleich zu berücksichtigenden Anrecht Leistungen zu erbringen oder zu kürzen wären;
2. soll von Amts wegen spätestens bis zum 1. September 2014 wieder aufgenommen werden.
(2) Der Antrag nach Absatz 1 Nr. 1 ist frühestens sechs Monate vor dem Zeitpunkt zulässig, ab dem aufgrund des Versorgungsausgleichs voraussichtlich Leistungen zu erbringen oder zu kürzen wären.

5 Art. 22 VAStrRefG v. 3.4.2009, BGBl. I, S. 700.

6 **Artikel 12 Nr. 3 Satz 1, 4 und 5 EheRefG** v. 14.6.1976 (BGBl. I, S. 1421):
(Satz 1): Für die Scheidung der Ehe und die Folgen der Scheidung gelten die Vorschriften dieses Gesetzes auch dann, wenn die Ehe vor seinem Inkrafttreten geschlossen worden ist.
(Satz 4): Die §§ 1587 bis 1587p des Bürgerlichen Gesetzbuchs idF von Artikel 1 Nr. 20 sind auf Ehen, die nach den bisher geltenden Vorschriften geschieden worden sind, nicht anzuwenden.
(Satz 5): Das Gleiche gilt für Ehen, die nach dem Inkrafttreten dieses Gesetzes geschieden werden, wenn der Ehegatte, der nach den Vorschriften dieses Gesetzes einen Ausgleichsanspruch hätte, von dem anderen vor Inkrafttreten dieses Gesetzes durch Übertragung von Vermögensgegenständen für künftige Unterhaltsansprüche endgültig abgefunden worden ist oder wenn die nach den Vorschriften dieses Gesetzes auszugleichenden Anwartschaften oder

217 *Versorgungsausgleichssachen*

Versorgungsausgleichssachen sind Verfahren, die den Versorgungsausgleich betreffen.

A. Allgemeines

1 „Versorgungsausgleichssachen" werden durch § 1 und § 111, die an die Stelle des § 621 Abs. 1 Nr. 6 aF ZPO getreten sind, als Familiensachen, die nicht Familienstreitsachen (§ 112) sind, definiert und in den Anwendungsbereich des FamFG einbezogen. § 217 ergänzt die vorgenannten Normen um eine **Legaldefinition**.

2 Die Bestimmungen des FamFG nehmen zusammen mit § 23b GVG eine **Zuständigkeitsabgrenzung** innerhalb der **ordentlichen Gerichtsbarkeit** vor. Von der Legaldefinition des § 217 nicht erfasst werden Verfahren, die nicht in den Regelungsbereich des FamFG fallen wie zB Streitigkeiten zwischen dem Berechtigten und dem Versorgungsträger über die Höhe oder den Beginn einer Versorgung, die der Zuständigkeit der jeweiligen Fachgerichtsbarkeit (allgemeine Zivil-,[1] Sozial-,[2] Verwaltungs-[3] oder Arbeitsgerichtsgerichtsbarkeit[4]) zugewiesen sind. Zu Abgrenzungsproblemen in Verfahren auf Teilhabe an der Hinterbliebenenversorgung s. unten Rz. 11.

B. Inhalt der Vorschrift

3 Welche Verfahren „den VA betreffen", bestimmt sich nach den Vorschriften des materiellen Rechts, also § 1587 BGB und dem VersAusglG. Erfasst werden danach Verfahren, die den Ausgleich von Versorgungsanrechten zwischen geschiedenen Ehegatten nach Maßgabe des VersAusglG zum Gegenstand haben oder mit dem Versorgungsausgleich in sachlichem Zusammenhang stehen.

4 Verfahren, die die Teilung der während einer Lebenspartnerschaft erworbenen Anrechte oder Auskunftsansprüche über diese Anrechte zum Gegenstand haben, zählen nicht zu den Versorgungsausgleichssachen, sondern zu den Lebenspartnerschaftssachen (§ 269 Abs. 1 Nr. 7); hier sind gem. § 270 Abs. 1 iVm. § 111 Nr. 7 die für Versorgungsausgleichssachen geltenden Verfahrensvorschriften entsprechend anwendbar.

5 Die wichtigsten Versorgungsausgleichssachen sind:[5]

6 – Verfahren zur Durchführung des **Wertausgleichs bei der Scheidung**.[6] Nach der Reform des VA durch das VAStrRefG sind die „**interne Teilung**"[7] als Regelausgleichsform und die „**externe Teilung**",[8] die als strukturelle Ausnahme nur unter bestimmten Voraussetzungen[9] vorgesehen ist, an die Stelle der früheren Aus-

---

Aussichten auf eine Versorgung Gegenstand eines vor Inkrafttreten dieses Gesetzes abgeschlossenen Vertrags sind.
Artikel 4 § 4 VersAuglMaßnG v. 8.12.1986 (BGBl. I, S. 2317):
Liegt das Ende der Ehezeit vor dem 1. Juli 1977, so ist für die Anwendung des § 3b Abs. 1 Nr. 1, der §§ 10a Abs. 2 Satz 2 und des § 10b des Gesetzes zur Regelung von Härten im Versorgungsausgleich als monatliche Bezugsgröße der Wert von 1 850 Deutsche Mark zugrunde zu legen.

1 Bei einem Streit über Anrechte aus privaten Versicherungsverträgen.
2 Bei einem Streit über Anrechte der GRV.
3 Bei einem Streit über Beamtenpensionen.
4 Bei einem Streit über Anrechte der betrieblichen Altersversorgung.
5 Die folgende Aufzählung nennt die wichtigsten VA-Verfahren und erhebt keinen Anspruch auf Vollständigkeit.
6 Der in §§ 9 bis 19 VersAusglG geregelte „Wertausgleich bei der Scheidung" tritt an die Stelle des in §§ 1587a bis 1587e BGB geregelten „Wertausgleichs", der allgemein als öffentlich-rechtlicher Versorgungsausgleich bezeichnet wurde.
7 §§ 10 bis 13 VersAusglG: Zulasten des Anrechts der ausgleichspflichtigen Person wird bei demselben Versorgungsträger ein Anrecht für die ausgleichsberechtigte Person übertragen.
8 §§ 14 bis 17 VersAusglG: Zulasten des Anrechts der ausgleichspflichtigen Person wird bei einem anderen Versorgungsträger ein Anrecht für die ausgleichsberechtigte Person begründet.
9 §§ 14 Abs. 2, 16 und 17 VersAusglG.

gleichsformen[1] im „öffentlich-rechtlichen Versorgungsausgleich" getreten. Ein Verfahren über den Wertausgleich bei der Scheidung liegt auch vor, wenn das Gericht nach Sachprüfung bindend feststellt, dass ein Wertausgleich bei der Scheidung – beispielsweise wegen kurzer Ehe oder eines wirksam vereinbarten Ausschlusses – nicht stattfindet.[2] Gleiches gilt für (Beschwerde)Verfahren, bei denen sich der Streit auf die Höhe der vom Versorgungsträger gem. § 13 VersAusglG in Ansatz gebrachten Teilungskosten, deren Angemessenheit vom FamG zu prüfen ist, beschränkt.[3]

– Entscheidungen über den Ausgleich einer bereits laufenden, privaten Versorgung wegen Invalidität nach § 28 VersAusglG. 7

– Verfahren zur Regelung von **Ausgleichsansprüchen nach der Scheidung**,[4] die nur auf Antrag des Ausgleichsberechtigten durchgeführt werden (§ 223). Diese Verfahren werden im Regelfall nach Rechtskraft der Scheidung als isolierte Familiensachen eingeleitet, können jedoch, sofern die Anspruchsvoraussetzungen[5] bereits zum Zeitpunkt der Scheidung vorliegen, auch im Scheidungsverbund anhängig gemacht werden. Durch die Reform des VA hat sich die Bedeutung des schuldrechtlichen Ausgleichs nach der Scheidung verringert, weil nun der vollständige dingliche Ausgleich der Anrechte (Wertausgleich bei der Scheidung) in einem wesentlich größeren Umfang möglich ist.[6] Auch nach neuem Recht ist ein vollständiger dinglicher Ausgleich aller Anrechte nicht möglich, wenn auszugleichenden Anrechten die Ausgleichsreife (§ 19 VersAusglG) fehlt. Für diese Fälle sieht auch das VersAusglG nachgelagerte Ausgleichsmöglichkeiten vor, die vom VersAusglG als **Ausgleichsansprüche nach der Scheidung** bezeichnet werden. Dies sind: 8

– Der Anspruch auf eine schuldrechtliche **Ausgleichsrente**[7] (§ 20 VersAusglG), dessen Sicherung durch die **Abtretung des** gegenüber dem Versorgungsträger bestehenden **Rentenanspruchs**[8] (§ 21 VersAusglG) und dessen Abfindung durch eine **Kapitalzahlung**[9] (§ 23 VersAusglG). 9

– Der – neu geschaffene – Anspruch auf **Ausgleich von Kapitalzahlungen** (§ 22 VersAusglG). Da mit der Reform des VA auch auf eine Kapitalleistung gerichtete Anrechte iSd. BetrAVG (Anrechte auf betriebliche Altersversorgung) oder des AltZertG (sog. „Riester-Renten") nach dem VersAusglG auszugleichen sind (§ 2 Abs. 2 Nr. 3 VersAusglG), wurde für den Fall, dass eine vollständige Teilung dieser auf eine Kapitalzahlung gerichteten Anrechte im Wertausgleich bei der Scheidung nicht möglich ist, mit § 22 VersAusglG ein schuldrechtlicher Ausgleichsanspruch geschaffen. 10

– Der nach altem Recht als „verlängerter schuldrechtlicher VA" bezeichnete Anspruch nach dem Tode des Ausgleichspflichtigen, der nun anschaulicher als „Teil- 11

---

1 Splitting und Quasisplitting (§ 1587b BGB), das analoge Quasisplitting (§ 1 Abs. 3 VAHRG), die Realteilung (§ 1 Abs. 2 VAHRG) und der erweiterte Ausgleich (§ 3b Abs. 1 VAHRG).
2 So auch Horndasch/Viefhues/*Kemper*, § 217 FamFG Rz. 8. Auch für die (bindende) Feststellung, dass ein Wertausgleich bei der Scheidung nicht stattfindet, fallen deshalb Gerichts- und Anwaltsgebühren an (vgl. OLG Karlsruhe v. 26.5.2010 – 16 WF 82/10, NJW 2010, 2445; *Wagner*, FamRB 2010, 233; OLG Düsseldorf v. 15.6.2010 – II-7 WF 10/10, BeckRS 2010, 15158).
3 AA Horndasch/Viefhues/*Kemper*, § 217 FamFG Rz. 15.
4 Geregelt in §§ 20 bis 26 VersAusglG.
5 Nach § 20 VersAusglG kann ein „Ausgleichsanspruch nach der Scheidung" geltend gemacht werden, wenn der ausgleichspflichtige Beteiligte eine Rente aus dem auszugleichenden Anrecht bezieht und der ausgleichsberechtigte Beteiligte eine Rente bezieht, die Regelaltersgrenze erreicht hat oder die Voraussetzungen für den Bezug einer Invaliditätsrente erfüllt (doppelter Rentenfall).
6 So sind die Höchstbetragsgrenzen des § 3b VAHRG aF und des § 1587b Abs. 5 aF BGB weggefallen.
7 Früher geregelt in §§ 1587f und 1587g BGB.
8 Früher geregelt in § 1587i Abs. 1 BGB.
9 Früher geregelt in §§ 1587l bis 1587n BGB. Die Abfindung kann auch schon geltend gemacht werden, wenn die Voraussetzungen des § 20 Abs. 1 VersAusglG (doppelter Rentenfall) noch nicht erfüllt sind, BGH v. 17.4.2013 – XII ZB 371/12, FamRB 2013, 209 (*Wagner*).

habe an der **Hinterbliebenenversorgung**" bezeichnet wird und in den §§ 25¹ und 26 VersAusglG² geregelt ist. Für Streitigkeiten zwischen der Witwe des Berechtigten und dem Versorgungsträger bleibt es allerdings bei der Zuständigkeit der Fachgerichte (s. oben, Rz. 2), denen das zu Grunde liegende Versorgungsverhältnis unterliegt. Die dort betriebenen Verfahren sind jedoch auszusetzen, bis das FamG über den Umfang der Kürzung infolge des verlängerten VA entschieden hat.³

12 – Verfahren, durch die rechtskräftige Entscheidungen über den VA **abgeändert** werden. Die Abänderungsvoraussetzungen sind für Entscheidungen, die nach altem Recht über den „**öffentlich-rechtlichen VA**" ergangen sind, in §§ 51, 52 VersAusglG⁴ und für Entscheidungen über den „**Wertausgleich bei der Scheidung**" nach dem VersAusglG in §§ 225, 226 geregelt. Die Abänderung von Entscheidungen über „**Ausgleichsansprüche nach der Scheidung**" bzw. den **schuldrechtlichen VA** ist gem. § 227 Abs. 1 unter den in der allgemeinen Abänderungsvorschrift des § 48 (s. § 227 Rz. 2 f.) normierten Voraussetzungen möglich.

13 – Anträge der Parteien, Hinterbliebenen und Versorgungsträger auf **Auskunft über Versorgungsanwartschaften**. Die materielle Auskunftspflicht, die in § 4 VersAusglG geregelt ist, kann im Rahmen eines der Scheidung vorgelagerten **isolierten Verfahrens** geltend gemacht werden. Dies kann zur vorbereitenden Sachaufklärung, zur Vorbereitung einer Vereinbarung über den VA oder zur Prüfung eines Ausgleichsanspruchs nach der Scheidung zweckmäßig sein. Ob für die **Geltendmachung des materiellen Auskunftsanspruchs im Scheidungsverbund** ein Rechtsschutzinteresse besteht, erscheint zweifelhaft. Dies wurde nach altem Recht unter Hinweis auf die erweiterte Vollstreckbarkeit des Auskunftsurteils bejaht.⁵ Da jedoch nach der Reform des VA auch der verfahrensrechtliche Auskunftsanspruch nach § 220 durch die (ersatzweise) Verhängung von Zwangshaft durchsetzt werden kann (s. § 220 Rz. 26, § 35 Rz. 3 ff.), sind nun Gründe für die Geltendmachung des materiellen Auskunftsanspruchs im laufenden Scheidungsverfahren jedenfalls im Regelfall⁶ nicht mehr ersichtlich.⁷

14 – Neu in die Zuständigkeit des Familiengerichts fällt die Entscheidung über die **Anpassung von Versorgungskürzungen** nach Rechtskraft wegen **Unterhalts** (§§ 33, 34 VersAusglG). Da nunmehr eine Versorgungskürzung bei Unterhaltszahlung nicht mehr in voller Höhe ausgesetzt,⁸ sondern nur noch (höchstens) iHd. bestehenden Unterhaltspflicht angepasst wird, wurde die Entscheidungszuständigkeit von dem Versorgungsträger⁹ auf das Familiengericht verlagert.

15 – **Feststellungsansprüche** betreffend die **Wirksamkeit von Vereinbarungen** zum Versorgungsausgleich sowie Anträge über die **Abänderung** getroffener Vereinbarungen, deren Zulässigkeit und Verfahren sich gem. § 227 Abs. 2 nach den Vorschriften der §§ 225 und 226 richtet (s. § 227 Rz. 7 f.).

16 – **Bereicherungsrechtliche Ausgleichsansprüche** nach Endentscheidungen in Erstverfahren bei Leistungsbezug sowie nach Abänderungs-¹⁰ oder Anpassungsent-

---

1 Der Anspruch gegen den Versorgungsträger, vormals geregelt in § 3a Abs. 1 VAHRG.
2 Der Anspruch gegen den Witwer oder die Witwe bei ausländischen Versorgungsträgern, früher geregelt in § 3a Abs. 5 VAHRG.
3 So zutreffend zum alten Recht: *Wagenitz*, FamRZ 1987, 1 ff.. Da § 226 Abs. 5 VersAusglG der alten Regelung des § 3a Abs. 4 Satz 1 VAHRG entspricht, wird sich hieran nichts ändern.
4 Kommentiert im Anhang zu § 225 bis 227.
5 OLG Hamm v. 25.6.2001 – 5 UF 150/01, FamRZ 2002, 103: die Entscheidung weist auf die Möglichkeit der Zwangshaftanordnung hin; aA OLG München v. 30.1.1997 – 16 WF 507/97, FamRZ 1998, 224.
6 Zu den Ausnahmefällen, in denen ein Rechtsschutzinteresse bestehen kann, s. § 220 Rz. 5.
7 So auch *Bergner*, NJW 2009, 1233 (1234).
8 So nach altem Recht gem. §§ 5 und 6 VAHRG.
9 Nach § 9 VAHRG aF.
10 ZB: Abänderungsentscheidungen nach § 225, 226, die bereits mit dem auf die Antragstellung folgenden Monat wirksam werden (§ 226 Abs. 4).

scheidungen[1] mit Rückwirkung, da hier der Versorgungsträger bis zum Ende des auf die Kenntnis der Rechtskraft folgenden Monats mit befreiender Wirkung an die bisher berechtigte Person in der bisherigen Höhe leisten kann. Der Ausgleich von ohne Rechtsgrund geleisteten Beträgen erfolgt nach den Grundsätzen des Bereicherungsrechts (§ 30 Abs. 3 VersAusglG, § 816 BGB; s. § 226 Rz. 11).

Da Versorgungsausgleichssachen keine Familienstreitsachen (§ 112) sind, kommen ausschließlich die Verfahrensvorschriften des FamFG zur Anwendung. **17**

Verfahren über den Wertausgleich bei der Scheidung werden im Regelfall von Amts wegen im Scheidungsverbund eingeleitet (§ 137 Abs. 2 Satz 1 Nr. 1, Abs. 2 Satz 2). Wenn dies – beispielsweise nach einer Scheidung im Ausland oder der Aufhebung einer Ehe – nicht erfolgt ist, muss die Einleitung eines nachgelagerten isolierten Verfahrens beantragt werden. Alle anderen Versorgungsausgleichssachen werden (isoliert oder als Folgesache) auf Antrag eingeleitet. **18**

Im Verbund erstreckt sich die Rücknahme des Scheidungsantrags auch auf die Folgesache VA; im Falle der Abweisung des Scheidungsantrags wird die Folgesache VA gegenstandslos (§ 141, 142). Eine Abtrennung aus dem Zwangsverbund kann unter den Voraussetzungen des § 140[2] erfolgen; das Verfahren bleibt nach der Abtrennung Folgesache; werden mehrere Folgesachen abgetrennt, bilden diese einen neuen (Rest-)Verbund. Das gilt nicht für die nach altem Recht eingeleiteten Verfahren, die nach ihrer Abtrennung gem. Art 111 FGG-RG nach neuem Recht fortgeführt werden.[3] **19**

Anwaltszwang besteht für alle Beteiligten vor dem Bundesgerichtshof (§ 114 Abs. 2) und in Verfahren, die als Folgesachen geführt werden, für die Ehegatten auch vor dem Familiengericht und dem Oberlandesgericht (§ 114 Abs. 1). **20**

Das Beteiligungsgebot des § 7 wird in Versorgungsausgleichssachen durch § 219 konkretisiert. Den beteiligten Versorgungsträgern sind nur die sie betreffenden Schriftsätze mitzuteilen oder zuzustellen (§ 139). Der Amtsermittlungsgrundsatz (§ 28) verpflichtet das Gericht nicht, besondere, vom Normalfall abweichende Umstände wie zB die Möglichkeit der groben Unbilligkeit des Ausgleichs) von sich aus aufzuklären, solange nicht konkrete Anhaltspunkte aktenkundig sind; die beteiligten Ehegatten stecken mit ihrem Vortrag den Rahmen der Ermittlungen ab. Endentscheidungen ergehen durch Beschluss (§§ 38 ff., 116 Abs. 1), werden mit Rechtskraft (§ 224 Abs. 1), im Verbund frühestens mit der Rechtskraft des Scheidungsausspruchs (§ 148) wirksam und sind mit der Beschwerde und (bei Zulassung) der Rechtsbeschwerde anfechtbar (§ 58 ff). Ein Verzicht auf Rechtsmittel gegen den Scheidungsausspruch und Anschlussrechtsmittel gegen die Folgesache VA ist möglich (§ 144). Die Verfahrenskostenhilfebewilligung erstreckt sich in einem Verbundverfahren auf eine (im Zwangsverbund stehende) Versorgungsausgleichssache, soweit eine Erstreckung nicht ausdrücklich ausgeschlossen wird (§ 149). **21**

Kosten/Gebühren: Gericht: In Versorgungsausgleichssachen entstehen Gebühren nach den Nrn. 1320 bis 1328 KV FamGKG. Die Gebühr entsteht auch, wenn nach § 224 Abs. 3 festgestellt wird, dass der VA nicht stattfindet (§ 224 Rz. 22). Die Fälligkeit der Gebühren tritt § 11 Abs. 1 FamGKG mit der Beendigung des Verfahrens ein. Als Kostenschuldner kommt primär der Entscheidungsschuldner (§ 24 Nr. 1 FamGKG) in Frage, jedoch auch der Antragsteller (§ 21 Abs. 1 Satz 1 FamGKG). Der Wert bestimmt sich nach § 50 FamGKG. Er beträgt für jedes Anrecht 10 Prozent, bei Ausgleichsansprüchen nach der Scheidung für jedes Anrecht 20 Prozent des in drei Monaten erzielten Nettoeinkommens der Ehegatten, in jedem Falle jedoch mindestens 1 000 Euro. In Verfahren über einen Auskunftsanspruch oder über die Abtretung von Versorgungsansprüchen beträgt der Verfahrenswert 500 Euro. Sind diese Festwerte nach den besonderen Umständen des Einzelfalls **22**

---

1 Verfahren auf Anpassung wegen Unterhalt, Invalidität und Tod der ausgleichsberechtigten Person, die mit dem auf die Antragstellung folgenden Monat wirksam werden (§§ 34 Abs. 3, 36 Abs. 3 und 38 Abs. 2 VersAusglG).
2 Die Voraussetzungen für eine Abtrennung wurden gegenüber dem alten Recht (§ 628 aF ZPO) deutlich abgeschwächt.
3 BGH v. 16.2.2011 – XII ZB 261/10, NJW 2011, 1141.

unbillig, kann das Gericht einen höheren oder einen niedrigeren Wert festsetzen. **RA:** In einer Versorgungsausgleichssache stehen dem RA Gebühren nach Teil 3 VV RVG zu.

218 Örtliche Zuständigkeit
Ausschließlich zuständig ist in dieser Rangfolge:
1. während der Anhängigkeit einer Ehesache das Gericht, bei dem die Ehesache im ersten Rechtszug anhängig ist oder war;
2. das Gericht, in dessen Bezirk die Ehegatten ihren gemeinsamen gewöhnlichen Aufenthalt haben oder zuletzt gehabt haben, wenn ein Ehegatte dort weiterhin seinen gewöhnlichen Aufenthalt hat;
3. das Gericht, in dessen Bezirk ein Antragsgegner seinen gewöhnlichen Aufenthalt oder Sitz hat;
4. das Gericht, in dessen Bezirk ein Antragsteller seinen gewöhnlichen Aufenthalt oder Sitz hat;
5. das Amtsgericht Schöneberg in Berlin.

A. Allgemeines 1	II. Allgemeines zur örtlichen Zuständigkeit 4
B. Inhalt der Vorschrift	III. Zuständigkeit des Gerichts der Ehesache (Nr. 1) 5
I. Internationale, sachliche und funktionelle Zuständigkeit 3	IV. Nachrangige Zuständigkeitsregelungen (Nr. 2 bis 5) 10

A. Allgemeines

1 Die Zuständigkeitsregelung, die nach früherem Recht für VA-Folgesachen im Verbundverfahren in § 621 ZPO und für isolierte Verfahren in § 45 FGG geregelt war, wird nun in einer Norm zusammengefasst, die die allgemeinen Bestimmungen des § 2 zur örtlichen Zuständigkeit ergänzt.

2 Durch § 218 Nr. 1 bis 5 wird eine **Rangfolge** von Gerichtsständen für Versorgungsausgleichssachen gesetzlich vorgeschrieben, die jeweils eine Zuständigkeit nur begründen, wenn die Voraussetzungen aller ranghöheren Nummern nicht erfüllt sind. Ein Wahlrecht zwischen den Gerichtsständen besteht nicht.

B. Inhalt der Vorschrift

I. Internationale, sachliche und funktionelle Zuständigkeit

3 § 218 regelt die örtliche Zuständigkeit innerhalb der deutschen Gerichtsbarkeit. Die internationale Zuständigkeit der deutschen Gerichtsbarkeit bestimmt sich für isolierte Versorgungsausgleichssachen nach § 102 (s. § 102 Rz. 7–12) und für Versorgungsausgleichssachen im Scheidungsverbund nach § 98 (s. § 98 Rz. 44). Die sachliche Zuständigkeit des Amtsgerichts als erstinstanzliches Gericht, des Oberlandesgerichts als Beschwerdeinstanz und des Bundesgerichtshofs als Rechtsbeschwerdeinstanz folgt aus §§ 23a, 119 Abs. 1 Nr. 1a, 133 GVG. Die funktionelle Zuständigkeit des Familiengerichts innerhalb des Amtsgerichts und der Familiensenate innerhalb des Oberlandesgerichts beruht auf §§ 23b, 119 Abs. 2 GVG.

II. Allgemeines zur örtlichen Zuständigkeit

4 Die Voraussetzungen für die örtliche Zuständigkeit müssen bei Antragstellung oder amtswegiger Einleitung des Verfahrens vorliegen. Eine einmal begründete Zuständigkeit besteht auch bei einer nachträglichen Veränderung der sie begründenden Umstände fort (perpetuatio fori, § 2 Abs. 2; vgl. § 2 Rz. 29 ff.). Auch nach der Wiederaufnahme eines ausgesetzten oder abgetrennten Verfahrens bleibt die bei der Verfahrenseinleitung begründete Zuständigkeit erhalten.[1]

Wird eine Versorgungsausgleichssache bei einem örtlich unzuständigen Gericht anhängig, hat sich dieses für unzuständig zu erklären und die Sache an das zuständige Gericht zu verweisen (§ 3 Abs. 1). Der Beschluss ist grundsätzlich[2] nicht anfechtbar und für das als zuständig bezeichnete Gericht bindend (§ 3 Abs. 3). Sind mehrere Gerichte zuständig, besteht ein Wahlrecht des antragstellenden Beteiligten (§ 3 Abs. 2).

III. Zuständigkeit des Gerichts der Ehesache (Nr. 1)

Durch Nr. 1 wird ab **Anhängigkeit** der **Ehesache (§ 121)**[3] die Zuständigkeit des Gerichts der Ehesache für Versorgungsausgleichssachen begründet. Diese Zuständigkeitsbündelung entspricht der früheren gesetzlichen Regelung des § 621 Abs. 2 aF ZPO und betrifft neben Verfahren zur Durchführung des **Wertausgleichs bei der Scheidung**,[4] die im Regelfall[5] amtswegig einzuleiten sind, wenn eine Ehescheidung anhängig gemacht wird (§ 137 Abs. 2 Satz 2), auch alle anderen Versorgungsausgleichssachen (s. § 217 Rz. 5–16) sowie eA in Versorgungsausgleichssachen.

Auch für Anträge auf **Auskunft, Feststellung der Wirksamkeit** einer Vereinbarung nach §§ 6 ff. VersAusglG und auf **Ausgleichsansprüche nach der Scheidung**[6] ist deshalb bis zum rechtskräftigen Abschluss des Scheidungsverfahrens das erstinstanzlich mit der Ehesache befasste Gericht ausschließlich zuständig.

Die Ehesache wird mit der **Einreichung der Antragsschrift anhängig** (§ 124). Die Einreichung eines VKH-Antrags genügt nicht.[7] Die Anhängigkeit endet durch **Rücknahme** des Scheidungsantrags, dem **Tod** eines Ehegatten (§ 131) oder der **Rechtskraft** des Scheidungsausspruchs.[8] Wenn die Ehesache in der Beschwerdeinstanz oder Rechtsbeschwerdeinstanz anhängig ist, bleibt für neue Versorgungsausgleichssachen das erstinstanzliche Gericht zuständig.

Auch die Anhängigkeit einer Ehesache vor einem örtlich unzuständigen Gericht begründet dessen örtliche Zuständigkeit für Folgesachen.[9]

Für Versorgungsausgleichssachen, die bereits bei **anderen Gerichten anhängig** sind, während eine Ehesache anhängig wird,[10] wird die **Abgabe** an das Gericht der Ehesache – anders als bei Kindschafts-, Ehewohnungs-, Unterhalts- und Güter-

---

1 OLG Jena v. 1.3.2011 – 11 Sa 1/11, FamRZ 2011, 1677; OLG Naumburg v. 4.2.2011 – 8 AR 2/11.
2 Eine Ausnahme gilt bei schwerwiegenden Verfahrensfehlern wie der Verletzung des rechtlichen Gehörs oder Willkür, s. § 3 Rz. 22.
3 Ein Antrag auf Scheidung, Aufhebung der Ehe oder auf Feststellung des Bestehens oder Nichtbestehens einer Ehe. Ein Wiederaufnahmeverfahren nach § 118 FamFG iVm. §§ 578 ff. ZPO ist keine Ehesache, OLG Karlsruhe v. 26.5.1995 – 2 WF 61/95 (zum alten Recht).
4 Der in Kap. 2 Abschnitt 2 des VersAusglG geregelte dingliche Ausgleich von Anrechten.
5 Bei Scheidungen mit Auslandsbezug ist der VA unter den Voraussetzungen des Art 17 Abs. 3 Satz 2 EGBGB nur auf Antrag durchzuführen.
6 Die „Ausgleichsansprüche nach der Scheidung", geregelt in §§ 20 bis 26 VersAusglG, treten an die Stelle der früheren „schuldrechtlichen VA" (s. § 217 Rz. 6 bis 9). Da diese Ansprüche nur unter besonderen Voraussetzungen geltend gemacht werden können (§ 20 Abs. 1 und 2 VersAusglG), werden sie nur in seltenen Ausnahmefällen bereits mit der Scheidung beantragt werden können, etwa bei Parteien im Rentenalter, die ausländische Anrechte erworben haben.
7 So Musielak/*Borth*, 6. Aufl., § 621 ZPO Rz. 12 zum alten Recht; Zöller/*Lorenz*, § 218 FamFG Rz. 3.
8 So BGH v. 29.1.1986 – IVb ARZ 56/85, FamRZ 1986, 454 (zum alten Recht).
9 Zöller/*Phillipi*, 27. Aufl., § 621 ZPO Rz. 86c (zum alten Recht).
10 Diese Konstellation ist selten, da der VA erst mit der Scheidung durchgeführt werden kann. Vermutlich hat der Gesetzgeber aus diesem Grunde auf eine Abgabevorschrift verzichtet. Es ist jedoch denkbar, dass zur Vorbereitung einer Vereinbarung ein Auskunftsanspruch nach § 4 VersAusglG oder die Feststellung der Wirksamkeit oder Unwirksamkeit einer bereits geschlossenen Vereinbarung bereits vor Einleitung des Scheidungsverfahrens rechtshängig gemacht wird.

rechtssachen sowie sonstigen Familiensachen[1] – nicht vorgeschrieben, kann jedoch nach allgemeinen Vorschriften (§ 4) erfolgen.

IV. Nachrangige Zuständigkeitsregelungen (Nr. 2 bis 5)

10 Die **Nr. 2 bis 5** entsprechen weitgehend der früheren Regelung in § 45 FGG.

11 Vorrangig zuständig ist das **Gericht des gemeinsamen gewöhnlichen Aufenthalts** der Ehegatten (Nr. 2).[2] Der „gewöhnliche Aufenthaltsort" ist der Ort, an dem sich eine Person tatsächlich längere Zeit aufhält und den Schwerpunkt seiner sozialen, wirtschaftlichen und familiären Beziehungen hat; eine vorübergehende Abwesenheit ist unschädlich.[3] Nach einem Aufenthaltswechsel kann bereits nach kurzer Zeit am neuen Ort ein gewöhnlicher Aufenthaltsort begründet werden, wenn der Aufenthalt dort auf längere Dauer angelegt ist.[4]

12 Ehegatten haben ihren **gemeinsamen** Aufenthalt an einem Ort, wenn dieser den Mittelpunkt des ehelichen Lebens bildet. Haben die Ehegatten zwar den gleichen gewöhnlichen Aufenthaltsort, **leben** dort jedoch voneinander **getrennt**, wird dort ein gemeinsamer Aufenthalt nicht begründet.[5] Ehegatten können mehrere gemeinsame, gewöhnliche Aufenthaltsorte haben; dies hat zur Folge, dass mehrere Gerichte örtlich zuständig werden können. Die Zuständigkeit eines Gerichts bestimmt sich dann nach § 2 Abs. 1, wonach das zuerst mit der Sache befasste Gericht zuständig ist.

13 Fehlt ein gemeinsamer gewöhnlicher Aufenthalt, ist nach Nr. 2, 2. Alt. der **letzte gemeinsame Aufenthalt** im Inland maßgebend, wenn wenigstens einer der Ehegatten bei Antragstellung im Bezirk dieses Gerichts seinen gewöhnlichen Aufenthalt hat.

14 Hat bei Antragstellung keiner der Ehegatten seinen gewöhnlichen Aufenthalt im Bezirk des letzten gemeinsamen Aufenthaltsortes oder haben die Ehegatten seit der Heirat im Inland einen gemeinsamen gewöhnlichen Aufenthalt nicht gehabt, bestimmt sich die Zuständigkeit nach den Nr. 3 bis 5.

15 Danach ist zunächst das Gericht, in dessen Bezirk der **Antragsgegner seinen gewöhnlichen Aufenthalt** oder – falls der Antragsgegner eine juristische Person ist – seinen **Sitz** hat, zuständig (Nr. 3).

16 Hat auch der Antragsgegner keinen gewöhnlichen Aufenthalt oder Sitz im Inland oder ist der Aufenthaltsort des Antragsgegners unbekannt,[6] ist der **gewöhnliche Aufenthalt oder Sitz des Antragstellers** maßgebend (Nr. 4).

17 Sofern eine Zuständigkeit nach Nr. 2 bis 4 nicht begründet ist, ist das **Amtsgericht Schöneberg** in Berlin-Schöneberg zuständig (Nr. 5). Eine Abgabemöglichkeit wie in § 36 Abs. 2 Satz 2 FGG aF ist im FamFG nicht vorgesehen.

219 Beteiligte
Zu beteiligen sind
1. die Ehegatten,
2. die Versorgungsträger, bei denen ein auszugleichendes Anrecht besteht,
3. die Versorgungsträger, bei denen ein Anrecht zum Zweck des Ausgleichs begründet werden soll, und
4. die Hinterbliebenen und die Erben der Ehegatten.

---

1 §§ 153, 202, 233, 263 und 268.
2 Zum Begriff des „gewöhnlichen Aufenthalts" s. § 122 Rz. 4 ff.; zum Begriff des „gemeinsamen gewöhnlichen Aufenthalts" s. § 122 Rz. 27 ff.
3 BGH v. 5.2.1975 – IV ZR 103/73 (st. Rspr.), FamRZ 1975, 272; BGH v. 29.10.1980 – IVb ZB 586/80, FamRZ 1981, 135 f.; BGH v. 5.6.2002 – XII ZB 74/00, FamRZ 2002, 1182 ff.; OLG Hamm v. 5.5.1989 – 1 WF 167/89.
4 BGH v. 29.10.1980 – IVb ZB 586/80, FamRZ 1981, 135 f.; OLG Saarbrücken v. 30.5.1990 – 9 WF 76/90, FamRZ 1990, 1119 (Frauenhaus).
5 MüKo.ZPO/*Stein*, § 218 FamFG Rz. 16.
6 MüKo.ZPO/*Stein*, § 218 FamFG Nr. 20.

A. Allgemeines 1	II. Die Ehegatten (Nr. 1) 5
B. Inhalt der Vorschrift	III. Die Hinterbliebenen und Erben (Nr. 4) 6
I. Allgemeines 4	IV. Versorgungsträger (Nr. 2 und 3) 10

A. Allgemeines

Durch § 219 wird die gesetzliche Regelung des § 7, der eine Legaldefinition des Beteiligtenbegriffs in Form einer Generalklausel enthält, für Versorgungsausgleichssachen näher ausgestaltet. Das in § 7 Abs. 2 Nr. 1 enthaltene Kriterium der Unmittelbarkeit (s. § 7 Rz. 24–28) wird durch § 219 für Versorgungsausgleichssachen dahin konkretisiert, dass diejenigen Versorgungsträger Beteiligte sind, bei denen Anrechte, auf die sich die gerichtliche Entscheidung auswirkt, bestehen oder bei denen Anrechte begründet werden. Dies entspricht der Abgrenzung, die der BGH zum Beteiligtenbegriff nach alten Recht[1] entwickelt hat. Ein Versorgungsträger wurde nach der Rechtsprechung zum alten Recht als materiell beteiligt angesehen, wenn die Entscheidung über den öffentlich-rechtlichen VA mit einem Eingriff in seine Rechtsstellung verbunden war, ohne dass es auf eine finanzielle Mehrbelastung ankam.[2] Das war idR nach altem Recht bei der Übertragung von Anrechten aus einem bestehenden Anrecht,[3] der Begründung eines neuen Sozialversicherungsverhältnisses und der inhaltlichen Veränderung eines bestehenden Verhältnisses[4] der Fall. Soweit das bei einem Versorgungsträger bestehende Anrecht hingegen nur als Rechnungsposten in die Ausgleichsbilanz einfloss, ohne unmittelbar zur Durchführung des VA herangezogen zu werden, war dieser Versorgungsträger am Verfahren nicht materiell beteiligt.[5] Deshalb konnte ein Versorgungsträger beispielsweise nicht rügen, dass das bei ihm bestehende Anrecht nicht im Wege des erweiterten Ausgleichs nach § 3b VAHRG aF ausgeglichen wurde.

Nach der Strukturreform des VA und der Abkehr vom Prinzip des Einmalausgleichs der Wertdifferenz aller Anrechte der Parteien über die gesetzliche Rentenversicherung hat der Gesetzgeber den unmittelbaren Beteiligtenbegriff auf das neue Ausgleichssystem übertragen.

Neben den Ehegatten (Nr. 1) und ihren Hinterbliebenen und Erben (Nr. 4) sind nunmehr die Versorgungsträger, bei denen Anrechte auszugleichen sind (Nr. 2) oder bei denen – im Wege der externen Teilung, §§ 14 ff. VersAusglG – ein Anrecht begründet wird (Nr. 3) beteiligt, da der Wertausgleich in deren Rechtsstellung eingreift.

B. Inhalt der Vorschrift

I. Allgemeines

Auch von § 219 nicht genannte Personen und Stellen, deren Recht durch das Verfahren unmittelbar betroffen wird, sind gem. § 7 Abs. 2 als Beteiligte hinzuzuziehen.

Die Beteiligung erfolgt von Amts wegen. Eine Kann-Beteiligung auf Antrag gem. § 7 Abs. 3 ist in Versorgungsausgleichssachen gesetzlich nicht vorgesehen.

Die Rechtsstellung der am Verfahren Beteiligten wird von zahlreichen Vorschriften des FamFG[6] ausgestaltet. In Versorgungsausgleichssachen von besonderer Bedeutung sind die Verpflichtung des Gerichts zur Bekanntgabe von Dokumenten

---

1 Gesetzlich geregelt war die Beteiligung nach altem Recht in § 53b Abs. 2 FGG, § 11 Abs. 1 VAHRG, § 3a Abs. 9 VAHRG und § 10a Abs. 4 VAHRG.
2 BGH v. 14.10.1981 – IVb ZB 593/80, FamRZ 1982, 36; BGH v. 12.11.1980 – IVb ZB 712/80, FamRZ 1981, 132; OLG Zweibrücken v. 11.10.1984 – 6 UF 34/84, FamRZ 1985, 614.
3 Jetzt geregelt in § 219 Nr. 2.
4 Jetzt geregelt in § 219 Nr. 3.
5 BGH v. 18.1.1989 – IVb ZB 208/87, FamRZ 1989, 369.
6 §§ 3 Abs. 1, 4, 9 Abs. 4, 10 Abs. 1 und 2, 12, 13, 14 Abs. 2, 15, 22, 23 Abs. 1 und 2, 35, 27, 38, 30 Abs. 4, 32, 33, 34, 36, 37, 41, 70 Abs. 1, 81 Abs. 1 und 2.

($ 15)[1] und zur Bekanntgabe von Entscheidungen ($ 41) sowie die Befugnis der beteiligten Versorgungsträger, Anträge zu stellen und Rechtsmittel gegen Entscheidungen einzulegen.

II. Die Ehegatten (Nr. 1)

5   Zu beteiligen an Versorgungsausgleichssachen sind immer die **Ehegatten**, da deren Rechtsstellung durch den VA sachnotwendig betroffen ist.

Ist eine Versorgungssache als Folgesache anhängig,[2] müssen sich die Ehegatten anders als die beteiligten Versorgungsträger bereits vor dem Amtsgericht und dem Oberlandesgericht von einem Rechtsanwalt vertreten lassen ($ 114 Abs. 1).

Die anwaltliche Vertretung ist gem. $ 114 Abs. 1 Nr. 7 nicht erforderlich für den Antrag auf Durchführung des VA nach kurzer Ehe ($ 3 Abs. 3 VersAusglG), die Wahl des Zielversorgungsträgers bei der externen Teilung eines Anrechts ($ 15 Abs. 1 VersAusglG) und die Zustimmung des ausgleichspflichtigen Beteiligten zur Wahl des Zielversorgungsträgers bei steuerlichen Nachteilen ($ 15 Abs. 3 VersAusglG).

III. Die Hinterbliebenen und Erben (Nr. 4)

6   Die **Hinterbliebenen** sind zu beteiligen, wenn ihre Rechtsstellung tangiert ist.

Betroffen sind zum einen die Fälle, in denen beim Tod des Ausgleichspflichtigen noch nicht alle Anrechte ausgeglichen sind. An die Stelle der schuldrechtlichen Ausgleichsansprüche, die mit dem Tod des Ausgleichspflichtigen erlöschen ($ 31 Abs. 3 VersAusglG), tritt ein Anspruch auf **Teilhabe an der Hinterbliebenenversorgung**[3] gegen den Versorgungsträger ($ 25 VersAusglG) oder gegen die Witwe oder den Witwer des Ausgleichspflichtigen ($ 26 VersAusglG). Bei der Geltendmachung dieser Ansprüche, die an die Stelle des **verlängerten schuldrechtlichen VA** nach $ 3a VAHRG aF getreten sind, muss die Witwe oder der Witwer des Ausgleichspflichtigen am Verfahren beteiligt werden. Gleiches gilt für Verfahren zur Abänderung[4] von Entscheidungen über die Teilhabe an der Hinterbliebenenversorgung.

7   Auch in **Abänderungsverfahren** des „öffentlich-rechtlichen" VA nach altem Recht[5] oder des Wertausgleichs bei der Scheidung nach neuem Recht,[6] die nach dem Tode eines Ehegatten durchgeführt werden, sind Rechtspositionen der Hinterbliebenen regelmäßig tangiert.

8   Einstweilen frei.

9   In **Anpassungsverfahren nach dem Tod der ausgleichsberechtigten** Person ($$ 37, 38 VersAusglG) ist im Gegensatz zum alten Recht[7] ein Anpassungsanspruch der **Hinterbliebenen** des Ausgleichspflichtigen **nicht mehr vorgesehen**. Nach Auffassung des Gesetzgebers[8] besteht kein schutzwürdiges Interesse der Hinterbliebenen an der Rückgängigmachung einer Versorgungskürzung, die sich nicht oder nur für geringe Zeit für die ausgleichsberechtigte Person auswirkte. Ein **vom Ausgleichspflichtigen** geltend gemachter **Anpassungsspruch** wegen Unterhalt, Invalidität oder Tod des Ausgleichsberechtigten fällt jedoch in den Nachlass und kann von den Erben weiterverfolgt werden.[9]

---

1 Insbesondere die den VA betreffenden Schriftsätze der beteiligten Ehegatten.
2 Eine Versorgungsausgleichssache, die im Scheidungsverbund eingeleitet wurde, bleibt auch nach ihrer Abtrennung Folgesache ($ 137 Abs. 5 FamFG). Dies gilt nicht für die nach altem Recht eingeleiteten Verfahren, die nach ihrer Abtrennung gem. Art 111 Abs. 4 FGG-RG nach neuem Recht als selbständige Familiensachen fortgeführt werden (vgl. $ 137 Rz. 49).
3 Der Anspruch ist auf den Betrag beschränkt, den der Ausgleichsberechtigte als Hinterbliebenenversorgung erhalten hätte, wenn seine Ehe mit dem Ausgleichspflichtigen bis zu dessen Tode angedauert hätte.
4 Die Zulässigkeitsvoraussetzungen sind geregelt in $ 227 Abs. 1 iVm. $ 48 Abs. 1.
5 Die Zulässigkeitsvoraussetzungen sind geregelt in $$ 51 ff. VersAusglG, kommentiert im Anhang zu $ 225 bis 227.
6 Die Zulässigkeitsvoraussetzungen sind geregelt in $$ 225, 226.
7 Früher geregelt in $ 4 Abs. 1 VAHRG.
8 BT-Drucks. 16/10144, S. 76, 77.
9 $$ 34 Abs. 4, 36 Abs. 3 und 38 Abs. 2 VersAusglG.

Die **Erben** sind zu beteiligen, wenn ein Ehegatte **nach Rechtskraft der Scheidung**, aber **vor Rechtskraft** der Entscheidung über den **Wertausgleich** verstirbt. Bei dieser Sachlage kann der überlebende Ehegatte seine Ansprüche gegen die **Erben** des Verstorbenen geltend machen (§ 31 Abs. 1 Satz 1 VersAusglG[1]), sofern er in der Gesamtbetrachtung überwiegend ausgleichsberechtigt war (§ 31 Abs. 2 VersAusglG). Gleiches gilt für **Abänderungsverfahren**, in denen der Antragsgegner verstirbt (§ 226 Abs. 5 Satz 3, § 52 Abs. 1 VersAusglG). Auch die vererblichen[2] Ansprüche auf **Anpassung nach Rechtskraft** können von den Erben des Anpassungsberechtigten weiter verfolgt werden. 9a

IV. Versorgungsträger (Nr. 2 und 3)

Zu beteiligen sind nach Nr. 2 die Versorgungsträger, bei denen ein auszugleichendes Anrecht besteht. Der vorzunehmende Ausgleich kann im Wege der **internen** (§§ 10 ff. VersAusglG) oder der **externen Teilung** (§§ 14 ff. VersAusglG) erfolgen. 10

Darüber hinaus werden vom Wortlaut der Nr. 2 auch Verfahren über **Ausgleichsansprüche nach der Scheidung** erfasst (§§ 20 f. VersAusglG). Hier ist jedoch – in Anlehnung an den zum bisherigen Recht entwickelten unmittelbaren Beteiligungsbegriff – eine Beteiligung auf die Fälle zu **beschränkten**, in denen die **Rechtsstellung** des **Versorgungsträgers** durch die Ausgleichsanordnung **tangiert** werden kann. Dies ist beispielsweise der Fall, wenn ein Anspruch auf Teilhabe an der Hinterbliebenenversorgung gegen den Versorgungsträger geltend gemacht wird (§ 25 VersAusglG, hierzu näher § 217 Rz. 11). 11

Versorgungsträger, bei denen zum Zwecke des Ausgleichs ein Anrecht begründet werden soll, sind nach Nr. 3 zu beteiligen. Betroffen sind hier die **Versorgungsträger**, die der **Berechtigte** bei Vorliegen der Voraussetzungen des § 14 VersAusglG auswählt (§ 15 Abs. 1 und 2 VersAusglG). Wird die **Wahl nicht** oder nicht **wirksam ausgeübt** (§ 15 Abs. 3 VersAusglG), ist der Auffangversorgungsträger, also der zuständige Träger der gesetzlichen Rentenversicherung oder bei Anrechten auf betriebliche Altersversorgung die Versorgungsausgleichskasse[3] zu beteiligen. Bei der externen Teilung eines Anrechts aus einem **öffentlich-rechtlichen Dienst- oder Amtsverhältnis** nach § 16 VersAusglG[4] erfolgt die externe Teilung kraft Gesetzes immer in die **gesetzliche Rentenversicherung**. Zu beteiligen ist hier der Träger eines bereits bestehenden Anrechts oder – wenn ein solches nicht vorhanden ist – die Deutsche Rentenversicherung Bund, die jedenfalls bis zur Vergabe einer Versicherungsnummer vorläufig zuständig ist (§ 127 Abs. 1 Satz 2 SGB VI). 12

Das Erfordernis der Beteiligung ist auf der Grundlage des aktuellen Verfahrensstandes zu beurteilen. Es kann – beispielsweise beim Träger der Zielversorgung einer externen Teilung – erst im Verlauf des Verfahrens entstehen oder – beispielsweise bei nicht ausgleichsreifen Anrechten – im Verlauf eines Verfahrens entfallen. 13

---

1 Früher § 1587e Abs. 4 BGB.
2 §§ 34 Abs. 4, 36 Abs. 3 und 38 Abs. 2 VersAusglG.
3 Die **Versorgungsausgleichskasse** wurde zum 1.9.2009 als Auffang-Versorgungsträger geschaffen, über den gem. § 15 Abs. 5 Satz 2 VersAusglG eine externe Teilung von Anrechten auf betriebliche Altersversorgung zu vollziehen ist, wenn der ausgleichsberechtigte Ehegatte sein Wahlrecht nach § 15 VersAusglG nicht wirksam ausgeübt hat (Gesetz zur Änderung des Vierten Buches Sozialgesetzbuch, zur Errichtung einer Versorgungsausgleichskasse und anderer Gesetze v. 15.7.2009, BGBl. I, S. 1939). Am 4.11.2009 haben insgesamt 38 Lebensversicherer, die mehr als 80 % der Kapitalanlagen der deutschen Lebensversicherungsbranche abdecken, die Versorgungsausgleichskasse (als Pensionskasse iSd. § 118a VAG) gegründet. Nach der Genehmigung durch die Bundesanstalt für Finanzdienstleistungsaufsicht (BaFin) wurde der Geschäftsbetrieb am 24.3.2010 aufgenommen.
4 In § 16 VersAusglG wird eine gesetzlich vorgesehene Sonderform der externen Teilung geregelt, die obligatorisch über die gesetzliche Rentenversicherung durchgeführt wird und dem Quasisplitting nach bisherigem Recht vergleichbar ist. Der externe Ausgleich ist auf die beamtenrechtlichen Anrechte beschränkt, die (noch) nicht intern ausgeglichen werden können.

Da im reformierten VA grundsätzlich jedes Anrecht einzeln ausgeglichen wird, sind zunächst im Regelfall **alle Träger**, bei denen die Ehegatten in der Ehezeit **Anrechte erwirtschaftet** haben, als Beteiligte hinzuzuziehen.

14 Eine **Beteiligtenstellung entsteht ausnahmsweise nicht**, soweit bereits bei Einleitung des Verfahrens feststeht, dass ein Ausgleich von Anrechten
- aufgrund einer wirksamen Parteienvereinbarung (§ 6 VersAusglG) oder
- wegen kurzer Ehezeit (§ 3 Abs. 3 VersAusglG)

nicht stattfindet.[1] Die von dem Ausschluss betroffenen Versorgungsträger müssen somit nicht am Verfahren beteiligt werden. Ihre Auskunftsverpflichtung bleibt hiervon unberührt.

15 Die Beteiligtenstellung der **Zielversorgungsträger** entsteht, sobald der ausgleichsberechtigte Beteiligte sein Wahlrecht nach § 15 Abs. 1 VersAusglG, § 222 Abs. 1 ausübt oder sobald feststeht, dass das Wahlrecht nicht wirksam ausgeübt wurde, da dann der nach § 15 Abs. 4 VersAusglG vorgesehene Versorgungsträger zum Zielversorgungsträger wird. Dies gilt nicht für die externe Teilung nach § 16 VersAusglG, da hier die Deutsche Rentenversicherung als Zielversorgungsträger kraft Gesetzes feststeht.

16 Die Beteiligtenstellung eines Versorgungsträgers entfällt im Laufe des Verfahrens, sobald das Gericht feststellt, dass das dort bestehende Anrecht
- wegen **Unbilligkeit** infolge nicht ausgleichsfähiger ausländischer Anrechte auf der Gegenseite (§ 19 Abs. 3 VersAusglG);
- wegen grober Unbilligkeit (§ 27 VersAusglG),
- aufgrund einer Vereinbarung nach § 6 VersAusglG oder
- aus anderen Gründen[2]

nicht auszugleichen ist. Das gilt auch in den Fällen, in denen nur der (dingliche) Wertausgleich bei der Scheidung wegen fehlender Ausgleichsreife[3] oder aufgrund einer Vereinbarung unterbleibt.

Die Versorgungsträger der Anrechte, die
- wegen **Geringfügigkeit der Wertdifferenz** zwischen den beiderseitigen **Anrechten gleicher Art** (§ 18 Abs. 1 VersAusglG) oder des **Ausgleichswerts** eines einzelnen Anrechts (§ 18 Abs. 2 VersAusglG),

nicht ausgeglichen wurden, bleiben dagegen Beteiligte, weil sie durch den Ausschluss **beschwert** sein können (s. hierzu § 228 Rz. 4a).

17 In der **Beschwerdeinstanz** sind alle Versorgungsträger, bei denen ein erstinstanzlich ausgeglichenes Anrecht besteht oder bei denen durch die erstinstanzliche Entscheidung ein Anrecht begründet wurde, sowie die Versorgungsträger, deren Rechtsstellung bei einem Erfolg des Beschwerdeangriffs betroffen wäre, zu beteiligen.

Dies gilt auch dann, wenn die erstinstanzliche Entscheidung nur hinsichtlich eines bestimmten Anrechts angefochten wird. Hier beschränkt sich zwar der Gegenstand des Beschwerdeverfahrens auf das den Beschwerdeangriff betreffende Anrecht. Die Ehegatten und die übrigen Versorgungsträger haben jedoch die Möglichkeit, sich der Beschwerde anzuschließen und so den Gegenstand des Beschwerdeverfahrens zu erweitern.

Inwieweit in Versorgungsausgleichssachen eine nicht gegen den Beschwerdeführer gerichtete Anschlussbeschwerde nach § 66 FamFG unbefristet möglich ist, ist strei-

---
1 So auch MüKo.ZPO/*Stein*, § 219 FamFG Rz. 21, 22; Friederici/Kemper/*Götsche*, § 219 FamFG Rz. 5.
2 Beispiel: Ein Ehezeitanteil wurde nicht erworben oder ein nicht zertifiziertes Anrecht aus einem privaten Versicherungsvertrag ist auf die Zahlung eines Kapitalbetrags gerichtet.
3 In Ergebnis ähnlich: Friederici/Kemper/*Götsche*, § 219 FamFG Rz. 5, wo die Auffassung vertreten wird, dass ein Versorgungsträger bei fehlender Ausgleichsreife des Anrechts gar nicht zu beteiligen ist.

tig.¹ Selbst wenn man der Auffassung folgt, dass sich eine Anschlussbeschwerde nur gegen den Beschwerdeführer richten darf, sind jedenfalls die Ehegatten unbeschränkt und unbefristet berechtigt, sich der Beschwerde anzuschließen.

Die Versorgungsträger aller Anrechte, die nicht Gegenstand des Beschwerdeverfahrens sind, müssen jedoch informiert werden, dass ein Beschwerdeverfahren eingeleitet worden ist. Weitere Beteiligungshandlungen müssen nur vorgenommen werden, wenn und soweit der Gegenstand des Beschwerdeverfahrens durch Einlegung einer Anschlussbeschwerde auch tatsächlich erweitert wird.

Wird der **Ausgleich** eines Anrechts **lediglich nicht vollzogen**, weil es mit einem Anrecht gleicher Art der Gegenseite verrechnet wird (§ 10 Abs. 2 VersAusglG), **bleibt** der Versorgungsträger des zu verrechnenden Anrechts **verfahrensbeteiligt**. 18

Dies ist beispielsweise der Fall, wenn **beide Ehegatten** Anrechte bei Versorgungsträgern erworben haben, die eine **Vereinbarung** über die **Verrechnung** von wechselseitig erworbenen **Anrechten** im VA (iSd. § 10 Abs. 2 Satz 2 VersAusglG) geschlossen haben.² In diesem Fall wird der VA nach § 10 Abs. 2 VersAusglG durch **Verrechnung des wertniederen Anrechts** und durch Ausgleich des werthöheren Anrechts – wie nach altem Recht – nur iHd. hälftigen Wertdifferenz vollzogen. Gleichwohl bleibt auch der **Versorgungsträger**, dessen Anrecht **nur verrechnet** wird, weiter nach Nr. 2 **verfahrensbeteiligt**.³ 19

Der vorstehend beschriebene Ausgleich durch Verrechnung findet beispielsweise zwischen den Bundes-⁴ oder Regionalträgern⁵ der **gesetzlichen Rentenversicherung** statt.⁶ 20

Die Endentscheidung muss – sowohl in erstinstanzlichen Verfahren als auch in Beschwerdeverfahren – nur den Versorgungsträgern iSd § 41 FamFG bekannt gegeben werden, die durch die Entscheidung beschwert sein können.⁷ Dies ist der Fall, wenn das dort bestehende Anrecht geteilt oder gem. § 18 VersAusglG vom Ausgleich ausgeschlossen wurde oder wenn dort ein Anrecht begründet wurde. Nur diese Versorgungsträger sind als weitere Beteiligte ins Rubrum aufzunehmen. Alle anderen zum Verfahren hinzugezogenen Versorgungsträger müssen immer davon in Kenntnis gesetzt werden, dass das bei ihnen bestehende Anrecht nicht ausgeglichen wurde. 21

Soweit auskunftspflichtige Versorgungsträger nicht zu Verfahrensbeteiligten werden oder ihre Beteiligtenstellung im Laufe des Verfahrens entfallen ist, reicht es aus, sie hierüber formlos zu informieren. Eine Bekanntgabe der Endentscheidung (§ 41) an die **nicht mehr beteiligten** Versorgungsträger ist nicht erforderlich, um die Beschwerdefrist in Lauf zu setzen (§ 63 Abs. 3). 22

Versäumt das Gericht die Beiziehung eines Beteiligten zum Verfahren, kann dieser einen Antrag auf Hinzuziehung stellen. Entspricht das Gericht einem Antrag auf Hinzuziehung nicht, ist dies durch einen mit der sofortigen Beschwerde anfechtbaren Beschluss auszusprechen (§ 7 Abs. 5). 23

---

1 Gegen die Zulässigkeit: OLG Zweibrücken v. 24.1.2011 – 2 UF 43/10, BeckRS 2011, 04108, mit ausführlicher Darstellung des Meinungsstandes; für eine unbefristete Anschlussmöglichkeit jedenfalls der Ehegatten: KG v. 25.3.2011 – 13 UF 229/10, BeckRS 2011, 11586.
2 ZB bei verschiedenen Versorgungswerken.
3 BGH v. 23.1.2013 – XII ZB 491/11, Tz. 11, FamRZ 2013, 610.
4 § 125 Abs. 2 SGB VI: Deutsche Rentenversicherung Bund und Knappschaft-Bahn-See.
5 § 125 Abs. 1 Satz 2 SGB VI: Deutsche Rentenversicherung Baden-Württemberg, Bayern Süd, Berlin-Brandenburg, Braunschweig-Hannover, Hessen, Mitteldeutschland, Nord, Nordbayern, Oldenburg-Bremen, Rheinland, Rheinland-Pfalz, Saarland, Schwaben, Westfalen.
6 Die bei verschiedenen Trägern der gesetzlichen Rentenversicherung bestehenden Anrechte gelten gem. § 120f SGB VI – mit Ausnahme von angleichungsdynamischen Anrechten und Anrechten und Anrechten der knappschaftlichen Rentenversicherung – als „Anrechte gleicher Art" iSd. § 10 Abs. 2 VersAusglG; der Ausgleich erfolgt durch interne Teilung, wobei das Ausgleichsanrecht bei dem Träger begründet wird, bei dem das weniger werthaltige Anrecht besteht.
7 Ähnlich Friederici/Kemper/*Götsche*, § 219 FamFG Rz. 8.

§ 220 Verfahrensrechtliche Auskunftspflicht

(1) Das Gericht kann über Grund und Höhe der Anrechte Auskünfte einholen bei den Personen und Versorgungsträgern, die nach § 219 zu beteiligen sind, sowie bei sonstigen Stellen, die Auskünfte geben können.
(2) Übersendet das Gericht ein Formular, ist dieses bei der Auskunft zu verwenden. Satz 1 gilt nicht für eine automatisiert erstellte Auskunft eines Versorgungsträgers.
(3) Das Gericht kann anordnen, dass die Ehegatten oder ihre Hinterbliebenen oder Erben gegenüber dem Versorgungsträger Mitwirkungshandlungen zu erbringen haben, die für die Feststellung der in den Versorgungsausgleich einzubeziehenden Anrechte erforderlich sind.
(4) Der Versorgungsträger ist verpflichtet, die nach § 5 des Versorgungsausgleichsgesetzes benötigten Werte einschließlich einer übersichtlichen und nachvollziehbaren Berechnung sowie der für die Teilung maßgeblichen Regelungen mitzuteilen. Das Gericht kann den Versorgungsträger von Amts wegen oder auf Antrag eines Beteiligten auffordern, die Einzelheiten der Wertermittlung zu erläutern.
(5) Die in dieser Vorschrift genannten Personen und Stellen sind verpflichtet, gerichtliche Ersuchen und Anordnungen zu befolgen.

A. Allgemeines 1	2. Inhalt der Auskunft (Absatz 4) ... 15
B. Inhalt der Vorschrift	III. Mitwirkungsverpflichtung (Absatz 3) . 22
I. Auskunftspflichtige (Absatz 1) 5	IV. Durchsetzung (Absatz 5) 26
II. Form und Inhalt der Auskunftspflicht	V. Rechtsmittel 27
1. Form der Auskunftserteilung (Absatz 2) 13	

A. Allgemeines

1 Die Vorschrift fasst die **verfahrensrechtliche Auskunftsverpflichtung** der Ehegatten, Hinterbliebenen, Erben, Versorgungsträger und sonstigen Stellen, die nach altem Recht in § 11 Abs. 2 VAHRG und § 53b Abs. 2 Satz 2 FGG geregelt war, zusammen. Der Adressatenkreis ist gegenüber dem alten Recht unverändert geblieben. Die verfahrensrechtliche Auskunftsverpflichtung besteht in allen Verfahren, in denen über den (dinglichen oder schuldrechtlichen) Ausgleich von Anrechten oder über die Abänderung einer Ausgleichsentscheidung zu befinden ist.

2 Die verfahrensrechtliche Auskunftspflicht besteht – anders als die materiellrechtliche Auskunftsverpflichtung nach § 4 VersAusglG – **gegenüber dem Gericht** und konkretisiert die Verpflichtung der Beteiligten und sonstigen Stellen zur Unterstützung des Gerichts bei der amtswegigen Sachverhaltsaufklärung (§ 26). Ob die Einholung von Auskünften zur Prüfung der Wirksamkeit einer Parteivereinbarung (§§ 6 Abs. 2, 8 Abs. 1 VersAusglG) geboten ist, hängt von den Umständen des Einzelfalles ab und liegt im Ermessen des Gerichts. Ist die Wirksamkeit bereits auf der Grundlage des Parteivortrags feststellbar, kann auf die mit nicht unerheblichem Zeit- und Verwaltungsaufwand verbundene Einholung von Auskünften oftmals verzichtet werden.

3 Abs. 1 enthält die Befugnis des Gerichts, Auskünfte einzuholen und nennt – durch Bezugnahme auf § 219 – die möglichen Adressaten gerichtlicher Auskunftsersuchen. Durch Abs. 2 und Abs. 4 werden die Anforderungen an Form und Inhalt der zu erteilenden Auskunft näher bestimmt. Abs. 3 erweitert die Auskunftsverpflichtung der Ehegatten und Hinterbliebenen zu einer Mitwirkungsverpflichtung. Abs. 5 schließlich verpflichtet die Personen und Stellen zur Erfüllung der gerichtlichen Anordnungen.

4 Die **Auskunft** des Trägers der Rentenversicherung stellt (mangels Bindungswirkung) **keinen Verwaltungsakt** dar; sie ist vielmehr ein Unterfall der amtlichen Auskunft, die nach § 29 Abs. 1 eingeholt wird und die Zeugenvernehmung des in Betracht kommenden Sachbearbeiters über die tatsächlichen Grundlagen einer Versorgungsanwartschaft ersetzt; sie enthält weiterhin eine sachverständige Äußerung über die rentenrechtliche Bewertung der Anwartschaft. Ein Anspruch des Versorgungsträgers auf Entschädigung nach dem ZSEG besteht nicht.

B. Inhalt der Vorschrift

I. Auskunftspflichtige (Absatz 1)

Die Auskunftsverpflichtung der **Ehegatten, Hinterbliebenen und Erben** nach § 4 Abs. 1 VersAusglG, die (subsidiäre) Auskunftsverpflichtung der Versorgungsträger nach § 4 Abs. 2 VersAusglG sowie das nach **§ 109 SGB VI** bestehende **Informationsrecht des gesetzlich Versicherten** über alle **rentenrelevanten Daten** gegenüber der Deutschen Rentenversicherung werden durch § 220 um eine verfahrensrechtliche Auskunftsverpflichtung **gegenüber dem Gericht** ergänzt. Der **materielle Auskunftsanspruch** nach § 4 VersAusglG, § 1605 Abs. 2, 3 BGB besteht grundsätzlich unabhängig von der verfahrensrechtlichen Verpflichtung nach § 220 und kann vorbereitend im isolierten Verfahren geltend gemacht werden. Ob nach der Reform des VA weiter ein Rechtsschutzinteresse an der Geltendmachung des materiellen Anspruchs **im Verbund** besteht, ist jedoch jedenfalls im Regelfall **zweifelhaft**.[1] Dies dürfte allenfalls in Ausnahmefällen zu bejahen sein, wenn – beispielsweise bei ausländischen Anrechten – die materiellen Auskunftsansprüche der beteiligten Ehegatten weiter reichen als die verfahrensrechtliche Auskunftspflicht.[2]

5

Die Auskunftsverpflichtung trifft die **Hinterbliebenen oder Erben**, soweit nach dem Tod eines (oder beider) Ehegatten noch gerichtliche Regelungen zu den Versorgungsanrechten der (geschiedenen) Ehegatten zu treffen sind.

6

Dies ist beispielsweise der Fall in Verfahren, in denen der geschiedene ausgleichsberechtigte Ehegatte gegen den Versorgungsträger oder den Witwer bzw. die Witwe des verstorbenen Ausgleichspflichtigen Ansprüche auf **Teilhabe an der Hinterbliebenenversorgung** geltend macht (§ 25, 26 VersAusglG[3]), sowie in Abänderungs-[4] und Anpassungsverfahren nach Rechtskraft der Entscheidung zum VA, die nach dem Tode eines Ehegatten durchgeführt werden (vgl. hierzu ausführlich § 219 Rz. 6–9).

7

Wenn ein Ehegatte nach Rechtskraft der Scheidung, aber vor dem rechtskräftigen Abschluss des Wertausgleichs bei der Scheidung stirbt, kann dies – soweit zum Zeitpunkt des Todes der entscheidungserhebliche Sachverhalt noch nicht aufgeklärt ist – zu einer Auskunftsverpflichtung der **Erben**, gegen die das Verfahren fortzusetzen ist (§ 31 Abs. 1 VersAusglG), führen.

8

Verstirbt der zum Ausgleich verpflichtete Ehegatte, nachdem ihm durch das Gericht die Auskunftserteilung aufgegeben wurde, tritt Erledigung der Hauptsache ein; das mögliche Auskunftsbegehren gegen den Erben betrifft einen anderen Verfahrensgegenstand.[5]

9

---

1 Nach altem Recht wurde ein Rechtsschutzbedürfnis in der obergerichtlichen Rechtsprechung überwiegend bejaht (OLG Hamm v. 25.6.2001 – 5 UF 150/01, BeckRS 2006, 02970; OLG Nürnberg v. 16.9.1994 – 7 WF 2967/94, BeckRS 1994, 31138001; aA OLG München v. 30.1.1997 – 16 WF 507/97, BeckRS 1997, 31158611). Dies wurde jedoch damit begründet, dass nach § 33 FGG aF nur ein Zwangsgeld festgesetzt, nicht aber die ersatzweise Zwangshaft angeordnet werden konnte, wenn das Zwangsgeld nicht beitreibbar war. Da diese Möglichkeit nun besteht, dürfte ein Rechtsschutzbedürfnis jedenfalls im Regelfall nicht mehr begründbar sein; so auch *Bergner*, NJW 2010, 1233, 1234.
2 So Horndasch/Viefhues/*Kemper*, § 220 FamFG Rz. 9, der jedoch das Rechtsschutzinteresse unter Berufung auf die Rspr. zum alten Recht jedenfalls im Regelfall bejaht.
3 Nach altem Recht: Verlängerter schuldrechtlicher VA, § 3a VAHRG.
4 Zulässigkeitsvoraussetzungen und Durchführungsbestimmungen sind für die Abänderung von Entscheidungen, die nach altem Recht ergangen sind, in §§ 51, 52 VersAusglG und für Entscheidungen, die nach den Bestimmungen des VersAusglG ergangen sind, in §§ 225, 226 geregelt.
5 BGH v. 13.11.1985 – IVb ZB 112/82, NJW-RR 86, 369.

10 Neben den Ehegatten, Hinterbliebenen und Erben sind auch die nach § 219 zu beteiligenden **Versorgungsträger** auskunftspflichtig. Die Bezugnahme auf § 219, die erst durch das VAStrRefG in das FamFG aufgenommen wurde, ist gesetzgeberisch missglückt. Die **Auskunftsverpflichtung** der Versorgungsträger muss **weiter** gehen **als** deren **Verfahrensbeteiligung**. Ob ein Versorgungsträger am Verfahren zu beteiligen ist, kann oftmals erst geprüft und entschieden werden, wenn alle Auskünfte vorliegen.[1] Versorgungsträger, die nicht am Verfahren zu beteiligen sind, sind aber jedenfalls als sonstige Stelle zur Auskunft verpflichtet (s. Rz. 11).

11 **Sonstige Stellen,** die ebenfalls Auskunft über den Bestand oder die Höhe eines Anrechts erteilen können, sind beispielsweise **Arbeitgeber,** die **Träger von Entgeltersatzleistungen** wie z.B. die **Bundesagentur für Arbeit** oder **Krankenkassen**, soweit diese zur Klärung des Versicherungsverlaufs in der gesetzlichen Rentenversicherung beitragen können, sowie die Verbindungsstellen der gesetzlichen Rentenversicherung, wenn ausländische Anrechte aufzuklären sind. Weiter können auch – wie bereits ausgeführt, Rz. 10 – **Versorgungsträger**, die **nicht** als **Verfahrensbeteiligte** nach § 219 in Betracht kommen, jedenfalls als „sonstige Stelle" zur Auskunft verpflichtet sein. Das betrifft beispielsweise Unternehmen, bei denen eine auf Kapitalleistung gerichtete Lebensversicherung[2] unterhalten wird. Hier muss jedenfalls über die Vertragsdaten, die für die Zuordnung des Anrechts in den Zugewinn- oder den Versorgungsausgleich erheblich sind, Auskunft erteilt werden.

12 Allein durch die Auskunftsverpflichtung erlangen – wie nach bisherigem Recht[3] – weder die „sonstigen Stellen" noch die Versorgungsträger die Stellung eines Verfahrensbeteiligten (§ 7 Abs. 6, s. auch § 219 Rz. 9 ff.).

II. Form und Inhalt der Auskunftspflicht

1. Form der Auskunftserteilung (Absatz 2)

13 Durch Abs. 2 wird die **Form der Auskunftserteilung** geregelt. Alle Auskunftspflichtigen haben grundsätzlich die vom Gericht übersandten Formulare für die Auskunftserteilung zu verwenden. Diese Verpflichtung, die im alten Recht nicht existierte, soll eine **vollständige** und EDV-gerechte **Erteilung** der Auskünfte **sicherstellen,** Nachfragen des Gerichts über nicht mitgeteilte, aber erhebliche Daten vermeiden und so die **Durchführung** des VA **beschleunigen** und erleichtern.

14 Eine **Ausnahme** von dieser Verpflichtung besteht nach Abs. 2 Satz 2 für große Versorgungsträger wie die **gesetzliche Rentenversicherung** oder **größere** betriebliche **Versorgungswerke**, die für die Erstellung ihrer Auskünfte **elektronische Datenverarbeitungssysteme** verwenden. Hier würde die Verpflichtung zur Verwendung der gerichtlichen Formulare einen zusätzlichen Verwaltungsaufwand bedeuten, dem kein Nutzen für das gerichtliche Verfahren gegenübersteht. Auch die **automatisiert** erstellten Auskünfte müssen **inhaltlich** den gesetzlichen **Anforderungen entsprechen** und alle Informationen enthalten, die das Gericht für das Verfahren benötigt.

2. Inhalt der Auskunft (Absatz 4)

15 Abs. 4 konkretisiert den **Inhalt** der von den Versorgungsträgern zu erteilenden Auskunft durch einen Verweis auf § 5 VersAusglG. Nach §§ 5 Abs. 1 VersAusglG ist der (nach §§ 39 ff. VersAusglG zu ermittelnde) **Ehezeitanteil** des zu teilenden Anrechts in der für das Versorgungssystem maßgeblichen Bezugsgröße zu berechnen.

---

1 Wenn beispielsweise die Parteien den Ausschluss des VA vereinbart haben, wird das Gericht idR zur Durchführung der Inhaltskontrolle die Auskünfte aller Versorgungsträger einholen; sofern der Ausschluss wirksam ist und der VA nicht durchgeführt wird, sind die Versorgungsträger jedoch nicht am Verfahren zu beteiligen.
2 Eine auf Kapitalleistung gerichtete Lebensversicherung fällt nicht in den VA, soweit es sich nicht um ein Anrecht iSd. BetrAVG oder des AltZertG handelt (§ 2 Abs. 2 Nr. 3 VersAusglG).
3 RGRK/*Wick*, § 11 VAHRG Rz. 5.

Darüber hinaus ist ein Vorschlag für die Bestimmung des **Ausgleichswerts**[1] zu unterbreiten (§ 5 Abs. 3 VersAusglG). Werden der Ehezeitanteil und der Ausgleichswert nicht als Kapitalwert angegeben, ist zusätzlich der **korrespondierende Kapitalwert** mitzuteilen.[2]

Wie sich aus § 5 Abs. 1 VersAusglG und im Umkehrschluss aus § 51 Abs. 2 VersAusglG ergibt, ist in der **gesetzlichen Rentenversicherung** – außer in Abänderungsverfahren von Altentscheidungen – die Mitteilung des **ehezeitlichen Rentenwerts** nicht mehr erforderlich, da die Übertragung von Anrechten im Wege der internen Teilung in Entgeltpunkten und die (allenfalls theoretisch denkbare) Begründung von Anrechten im Wege der externen Teilung zulasten der DRV in Form eines Kapitalbetrags erfolgt. Die Auskunft der Träger der gesetzlichen Rentenversicherung enthält gleichwohl weiter eine Umrechnung des Ausgleichswertes in einen Rentenbetrag, was die Verständlichkeit der Auskunft für die Ehegatten erhöht.

Bei Anrechten aus einem öffentlich-rechtlichen Dienstverhältnis (**Beamtenversorgung**) werden der **Ehezeitanteil** und der Ausgleichswert als Rentenwert angegeben, der gem. § 16 VersAusglG durch interne Teilung übertragen oder im Wege der externen Teilung in die gesetzliche Rentenversicherung dort als Anrecht begründet und in Entgeltpunkte umgerechnet wird (§ 16 Abs. 3 VersAusglG).[3]

Weil die Auskunft des Versorgungsträgers das Gericht nicht von seiner Verpflichtung zur amtswegigen Prüfung entlastet, muss diese zudem eine **nachvollziehbare Berechnung** für die obigen Werte enthalten (Abs. 4 Satz 1). Dazu gehört ua. die Benennung des angewandten **versicherungsmathematischen Berechnungsverfahrens** sowie der grundlegenden Annahmen der Berechnung, insbesondere des Zinssatzes und der angewandten Sterbetafeln. Zur Offenlegung von Geschäftsgeheimnissen (etwa spezifische geschäftsinterne Kalkulationen) ist der Versorgungsträger nicht verpflichtet.

Zudem sind bei Anrechten auf berufsständische Versorgung, betriebliche Altersversorgung und aus privaten Versicherungsverträgen die **vertraglichen** oder **satzungsrechtlichen Grundlagen**[4] der Versorgung mitzuteilen. Soweit diese Grundlagen nicht bereits aus anderen Verfahren gerichtsbekannt sind, genügt ein Verweis auf die bereits eingereichten Unterlagen.

Die mitgeteilten Berechnungen und vertraglichen oder satzungsrechtlichen Grundlagen müssen das Gericht in die Lage versetzen, zu prüfen, ob die vorgeschlagene Teilung den gesetzlichen Bestimmungen entspricht. Dies ist der Fall, wenn der Ehezeitanteil den gesetzlichen Bestimmungen (§§ 39 ff. VersAusglG) entsprechend errechnet wurde, bei der Berechnung des Ausgleichswerts die gesetzlichen, vertragli-

---

1 Nach der Legaldefinition des § 1 Abs. 2 VersAusglG ist der Ausgleichswert der hälftige Wert des Ehezeitanteils (abzüglich etwaiger Teilungskosten).
2 Der korrespondierende Kapitalwert (§ 47 VersAusglG) ist der Betrag, der aufzubringen wäre, um ein Anrecht in Höhe des Ausgleichswerts (§ 5 Abs. 3 VersAusglG) für die berechtigte Person bei dem Versorgungsträger zu begründen. Er wird bei Anrechten in der GRV mit Hilfe des Umrechnungsfaktors (EP in Beiträge) ermittelt. Für Beamtenversorgungen sind die Berechnungsgrundlagen der GRV entsprechend anzuwenden (§ 47 Abs. 3 VersAusglG); der Rentenbetrag des Ausgleichswerts ist somit durch den ARW zu teilen, und die so ermittelten (fiktiven) EP sind dann mit dem Umrechnungsfaktor „EP in Beiträge" zu multiplizieren. Bei Anrechten der betrieblichen Altersversorgung – ausgenommen die ZVK-Versorgungen – entspricht der korrespondierende Kapitalwert dem Übertragungswert (§ 4 Abs. 5 BetrAVG) des zu begründenden Anrechts. Bei allen anderen Anrechten entspricht der korrespondierende Kapitalwert dem versicherungsmathematisch ermittelten Barwert des Ausgleichswertes (§ 47 Abs. 5 VersAusglG).
3 Die Anrechte aus Beamtenverhältnis auf Widerruf sowie aus einem Dienstverhältnis einer Soldatin oder eines Soldaten auf Zeit werden stets extern geteilt (§ 16 Abs. 2 VersAusglG). Alle übrigen Anrechte aus öffentlich-rechtlichen Dienst- und Amtsverhältnissen sind extern zu teilen, soweit die interne Teilung nicht vorgesehen ist (§ 16 Abs. 1 VersAusglG). Die interne Teilung ist bisher nur für die in die Gesetzgebungskompetenz des Bundes fallenden Beamtenverhältnisse gesetzlich geregelt durch das Bundesversorgungsteilungsgesetz (BVersTG) vom 3. April 2009 (BGBl. I S. 700).
4 Die Mitteilungspflicht der „für die Teilung maßgeblichen Regelungen" wurde auf Empfehlung des Rechtsausschusses in den Gesetzestext aufgenommen (BT-Drucks. 16/11903, S. 48, 117).

chen oder satzungsrechtlichen Bestimmungen beachtet wurden und die Teilungskosten (§ 13 VersAusglG) angemessen sind. Sofern die Teilungsgrundlage untergesetzlich (also durch Vertrag, Satzung, Versorgungsordnung etc.) geregelt ist, hat das Gericht zudem zu prüfen, ob diese den Anforderungen des § 11 VersAusglG[1] genügt.

18 Sofern der auskunftspflichtige Versorgungsträger mit anderen Versorgungsträgern Vereinbarungen über die gegenseitige Verrechnung von Anrechten[2] (§ 10 Abs. 2 Satz 2 VersAusglG; s. § 219 Rz. 18 ff.) geschlossen hat, ist auch dies mitzuteilen.

19 Abs. 4 Satz 2 stellt klar, dass das Gericht in Zweifelsfällen oder bei unvollständig erteilten Auskünften befugt ist, den Versorgungsträger zu ergänzenden Auskünften aufzufordern. Dies wird regelmäßig erforderlich sein, wenn ein Beteiligter dies aus nachvollziehbaren Gründen beantragt.[3]

20 Die Ergänzung oder Erläuterung kann – nach Wahl des Gerichts – durch eine schriftliche Ergänzung bzw. Erläuterung oder eine mündliche Erläuterung durch einen zum Termin geladenen Vertreter des Versorgungsträgers erfolgen.

21 Im Interesse einer Verfahrensbeschleunigung sollte ein Versorgungsträger, der gem. § 14 Abs. 2 Nr. 2 (ggf. iVm. § 17) VersAusglG für die externe Teilung des bei ihm bestehenden Anrechts optieren möchte, **bereits** zusammen mit der **Auskunftserteilung** eine entsprechende Erklärung abgeben, was in der forensischen Praxis auch häufig geschieht. Das Teilungsverlangen kann jedoch auch zu einem späteren Zeitpunkt, nämlich entweder bis zum Ablauf einer vom Gericht gesetzten Frist (§ 222) oder – falls eine Fristsetzung unterbleibt – bis zum Abschluss des Verfahrens erklärt werden.

III. Mitwirkungsverpflichtung (Absatz 3)

22 Durch Abs. 3 wird die Auskunftsverpflichtung der Ehegatten, Hinterbliebenen und Erben zu einer **Mitwirkungsverpflichtung** erweitert,[4] die die amtswegige Sachverhaltsaufklärung in der forensischen Praxis erheblich erleichtert.

23 Insbesondere bei den gesetzlichen Rentenanwartschaften wird die Ermittlung des Ehezeitanteils für das Gericht und alle am Verfahren Beteiligten effizienter gestaltet, wenn das Gericht nicht alle zur Kontenklärung erforderlichen Unterlagen[5] von den **Versicherten** anfordert und dann an die Versorgungsträger weiterleitet, sondern die Versicherten zur Abgabe aller Erklärungen und Vorlage aller Unterlagen **unmittelbar** beim **Versorgungsträger** auffordert. Während nach der alten gesetzlichen Regelung Mitwirkungshandlungen der Versicherten gegenüber dem Versorgungsträger nur angeregt, aber nicht angeordnet und zwangsweise durchgesetzt werden konnten, bietet Abs. 2 Satz 1 nun diese Möglichkeit. Anders als die in § 149 Abs. 4 SGB VI enthaltene Mitwirkungsverpflichtung des Versicherten bei der Klärung des Versicherungskontos besteht die **Verpflichtung** zu Mitwirkungshandlungen im Rahmen des familiengerichtlichen Verfahrens **gegenüber** dem **Gericht** und kann nach § 35 zwangsweise durchgesetzt werden (s. Rz. 26).

---

1 Anforderungen nach § 11 VersAusglG: eigenständiges Anrecht mit einer dem auszugleichenden Anrecht entsprechenden Sicherung, in gleicher Höhe, mit gleicher Wertentwicklung und gleichem Risikoschutz; dieser kann gegen eine Altersversorgung beschränkt werden, wenn Unterschiede im Risikoschutz durch einen zusätzlichen Ausgleich kompensiert werden.
2 Nach § 10 Abs. 2 Satz 2 VersAusglG kann die Teilung von wechselseitig bei verschiedenen Versorgungsträgern erworbenen Anrechten durch Verrechnung vollzogen werden, soweit entsprechende Vereinbarungen bestehen.
3 Die verfahrensrechtliche Auskunftspflicht besteht gleichwohl nur gegenüber dem Gericht.
4 Nach der obergerichtlichen Auslegung des früheren § 11 Abs. 2 Satz 1 VAHRG begründete diese Norm keine Verpflichtung zu Mitwirkungshandlungen (nach OLG Brandenburg v. 25.3. 1997 – 10 WF 21/97, FamRZ 1998, 681 f. bestand keine Verpflichtung, einen Kontenklärungsantrag auszufüllen).
5 ZB Antrag auf Anerkennung von Kindererziehungszeiten, Entgeltbescheinigung des Arbeitgebers, Kontenklärungsantrag etc.

Die in Abs. 2 Satz 2 des ursprünglichen Normtextes[1] enthaltene nicht abschließende Aufzählung möglicher Auflagen wurde mit die Änderung der Norm durch das VAStrRefG mit der Begründung gestrichen, dass der Versorgungträger im Einzelfall mitteilen werde, welche Mitwirkungshandlungen der Parteien erforderlich seien und das Gericht dann entsprechende Anordnungen treffen könne.[2]

24

Die folgenden Mitwirkungshandlungen **gegenüber dem Versorgungsträger** sind für die Klärung des Versicherungsverlaufs in der gesetzlichen Rentenversicherung von zentraler Bedeutung:
- Angabe aller für die ehezeitliche Kontenklärung erheblichen Tatsachen (zB alle erforderlichen Angaben zum schulischen und beruflichen Werdegang);
- Vorlage von Urkunden und Beweismitteln (zB Schulzeugnisse, Belege über Zeiten der Arbeitslosigkeit, Entgeltbescheinigung des Arbeitgebers für noch nicht gemeldete Versicherungszeiten etc.);
- Stellung von Anträgen (zB Antrag auf Anerkennung von Kindererziehungszeiten oder Antrag auf Kontenklärung).

25

IV. Durchsetzung (Absatz 5)

Durch Abs. 5 wird gegenüber den in Abs. 1 genannten Adressaten eine Auskunfts- und Mitwirkungsverpflichtung nach Maßgabe der Abs. 2 bis 4 begründet. Damit stellt der Gesetzgeber zum einen klar, dass sich die Auskunftspflichtigen nicht auf Pflichten zur Amtsverschwiegenheit oder ein Zeugnisverweigerungsrecht (§ 29 Abs. 2) berufen können. Zum anderen wird die Grundlage zur zwangsweisen Durchsetzung der Auskunftsverpflichtung nach § 35 Abs. 1 durch die Festsetzung eines Zwangsgeldes bis 25 000 Euro (§ 35 Abs. 3) oder Zwangshaft[3] geschaffen, worauf in der Auskunfts- bzw. Mitwirkungsanordnung hinzuweisen ist (§ 35 Abs. 2).

26

Voraussetzung für die zwangsweise Durchsetzung ist zudem, dass das Gericht die durchzusetzende Handlung (Auskunftserteilung oder Mitwirkung) hinreichend klar bestimmt hat.[4]

V. Rechtsmittel

Die Anordnung der Auskunftsverpflichtung ist als Zwischenentscheidung nicht anfechtbar.[5] Gegen die Verhängung eines Zwangsgeldes wegen der Nichtbefolgung einer angeordneten Auskunftsverpflichtung findet die sofortige Beschwerde statt (§ 35 Abs. 5).

27

221 Erörterung, Aussetzung

(1) **Das Gericht soll die Angelegenheit mit den Ehegatten in einem Termin erörtern.**
(2) **Das Gericht hat das Verfahren auszusetzen, wenn ein Rechtsstreit über Bestand oder Höhe eines in den Versorgungsausgleich einzubeziehenden Anrechts anhängig ist.**
(3) **Besteht Streit über ein Anrecht, ohne dass die Voraussetzungen des Absatzes 2 erfüllt sind, kann das Gericht das Verfahren aussetzen und einem oder beiden Ehegatten eine Frist zur Erhebung der Klage setzen. Wird diese Klage nicht oder nicht rechtzeitig erhoben, kann das Gericht das Vorbringen unberücksichtigt lassen, das mit der Klage hätte geltend gemacht werden können.**

---

1 BGBl. I, S. 2008, 2626 f.
2 S. BT-Drucks. 16/6308, S. 253.
3 Für den Fall, dass das Zwangsgeld nicht beigetrieben werden kann, § 35 Abs. 1.
4 OLG Hamm v. 16.3.2011 – II-8 WF 296/10, FamRZ 2011, 1682 (Ls).
5 So auch *Wick*, Versorgungsausgleich, Rz. 152; Schwab/*Streicher*, Handbuch des Scheidungsrechts, I Rz. 643.

A. Allgemeines 1	II. Aussetzung (Absätze 2 und 3) 8
B. Inhalt der Vorschrift	III. Anfechtbarkeit 15
I. Erörterungsgebot (Absatz 1) 3	

A. Allgemeines

1 Abs. 1 ersetzt die Regelung des § 53b Abs. 1 FGG, **beschränkt** jedoch abweichend von der alten Gesetzeslage die als **Soll-Bestimmung** vorgegebene mündliche Erörterung **auf die Ehegatten**. Ob auch die beteiligten Versorgungsträger zu der mündlichen Erörterung hinzugezogen werden, steht nach § 32 Abs. 1 im Ermessen des Gerichts. Durch diese Neuregelung wird der Tatsache, dass die beteiligten Versorgungsträger in der forensischen Praxis im Regelfall auf die Teilnahme an mündlichen Erörterungsterminen verzichten, Rechnung getragen.

2 Die in **Abs. 2 und 3** geregelte Aussetzung des Verfahrens tritt an die Stelle des § 53c FGG; die Regelung wurde klarstellend geändert, ohne dass damit eine Änderung des Regelungsinhalts verbunden ist.

B. Inhalt der Vorschrift

I. Erörterungsgebot (Absatz 1)

3 Der Anwendungsbereich des Anhörungsgebots erstreckt sich auf alle Erstverfahren und Abänderungsverfahren, die den Wertausgleich bei der Scheidung oder Ausgleichsansprüche nach der Scheidung zum Gegenstand haben und auf Verfahren in allen Instanzen.

In den (erstinstanzlichen) Verfahren – insbesondere dem **Wertausgleich bei der Scheidung** –, die als Folgesachen im Scheidungsverbund durchgeführt werden, hat § 221 im Hinblick auf die bereits für die Ehesache bestehende, weiter gehende Verpflichtung des Gerichts zur **persönlichen Anhörung** der Ehegatten (§ 128 Abs. 1), die sich aufgrund des Verbundprinzips (§ 137 Abs. 1) auch auf die zusammen mit der Ehesache zu verhandelnden Folgesachen erstrecken muss, keine praktische Bedeutung.

4 Einstweilen frei.

5 Mit der Anhörung sollen das rechtliche Gehör gewahrt, der Sachverhalt aufgeklärt und – in geeigneten Fällen – die Herbeiführung einer gütlichen Einigung erleichtert werden. Eine Entscheidung ergeht – anders als bei einer notwendigen mündlichen Verhandlung gem. § 128 ZPO – auf der Grundlage des Ergebnisses der Anhörung und des gesamten Akteninhalts.

6 Mit dem reformierten materiellen Versorgungsausgleichsrecht hat die Erörterung an Bedeutung gewonnen, weil sich die Spielräume für Ermessensentscheidungen des Gerichts und für Vereinbarungen der Ehegatten erweitert haben. So kann das Gericht im Rahmen der **Erörterung** bei entsprechenden Anhaltspunkten auf die Möglichkeiten hinweisen, zweckmäßige Vereinbarungen zu schließen.[1] Auch bei **Ermessens- oder Billigkeitsentscheidungen**, etwa der Durchführung des Ausgleichs trotz geringer Werte nach § 18 VersAusglG, einer Ausgleichssperre wegen Unbilligkeit nach § 19 Abs. 3 VersAusglG oder einer **Härtefallprüfung** nach § 27 VersAusglG, ist die Erörterung aller maßgeblichen Gesichtspunkte mit den Beteiligten idR angezeigt.

6a Die Durchführung einer mündlichen Erörterung ist nur als Soll-Bestimmung vorgegeben. Der Verzicht hierauf ist deshalb nicht zwingend ein **Verfahrensverstoß**, sondern nur dann, wenn hierdurch tragende Verfahrensprinzipien wie die **Verpflichtung zur Amtsermittlung (§ 26)**[2] oder das rechtliche Gehör verletzt werden. Ist dagegen – insbesondere in der Beschwerdeinstanz – das rechtliche Gehör gewahrt, der Sachverhalt auch hinsichtlich der für die Ermessens- und Billigkeitsentscheidungen maßgeb-

---

[1] So auch *Bergner*, NJW 2009, 1233 (1234).
[2] OLG Koblenz v. 7.6.1985 – 13 UF 1429/84, NJW-RR 1986, 306.

lichen Tatsachen hinreichend aufgeklärt und eine Einigung nicht zu erwarten, bestehen gegen einen Verzicht auf die mündliche Erörterung keine Bedenken, solange keiner der Beteiligten Einwendungen hiergegen erhebt.

Die Hinterbliebenen und Erben werden vom Anhörungsgebot nach Abs. 1 nicht erfasst. Ihre mündliche Anhörung steht somit – wie die Anhörung der beteiligten Versorgungsträger – im Ermessen des Gerichts. Wenn in den Verfahren, an denen Hinterbliebene oder Erben beteiligt sind, Ermessensentscheidungen (beispielsweise nach § 32 Abs. 2 VersAusglG) getroffen werden müssen, spricht dies für eine mündliche Anhörung der Hinterbliebenen bzw. Erben.[1]

II. Aussetzung (Absätze 2 und 3)

Die Abs. 2 und 3 regeln die Frage einer Aussetzung des Verfahrens, wenn die Entscheidung über den VA von einer in einem anderen Verfahren zu treffenden Entscheidung abhängt, das zwischen einem beteiligten Versorgungsträger und einem Ehegatten vor einem Fachgericht geführt wird oder zu führen wäre. Sie soll voneinander **abweichende Ergebnisse vermeiden** und dem Familiengericht den Rückgriff auf die Entscheidung des für das jeweilige Anrecht zuständigen **Fachgerichts** ermöglichen. Die Bestimmungen erweitern das im Ermessen des Gerichts stehende Aussetzungsgebot des § 21.

Problematisch ist die Frage der **Aussetzung bei einem Streit über die Höhe des Ehezeitanteils**, **Ausgleichswerts** oder korrespondierenden **Kapitalwerts** eines Anrechts. Soweit der Streit seine Ursache in der vom Versorgungsträger vorgenommenen **Bewertung** des **Bestandes** oder der **Höhe** des Anrechts hat, liegt die Entscheidungszuständigkeit bei dem **Fachgericht**; das Verfahren vor dem Familiengericht ist nach Maßgabe der nachstehenden Ausführungen auszusetzen. Die vom Versorgungsträger vorgenommene **Berechnung** des **Kapitalwerts**, **Ausgleichswerts** und des **Ehezeitanteils** ist dagegen vom **Familiengericht** abschließend zu prüfen und ggf. zu korrigieren. Die Berechnungen des Versorgungsträgers sind für das Familiengericht nicht bindend, wie § 5 Abs. 3 VersAusglG für den Ausgleichswert und den Kapitalwert ausdrücklich klarstellt.

Bei einem Streit über den Bestand oder die Höhe eines Anrechts sind folgende Fallkonstellationen zu unterscheiden:

Nach Abs. 2 ist eine **Aussetzung zwingend** vorgeschrieben, wenn ein **Verfahren** vor dem Fachgericht **bereits anhängig** ist oder während des Verfahrens über den VA anhängig wird. An rechtskräftige Urteile der Fachgerichte ist das Familiengericht nur **gebunden,** wenn sie unter allen Beteiligten Wirkung entfalten.[2]

Solange ein Rechtsstreit über den Bestand des Anrechts **noch nicht anhängig** ist, kann das Gericht die Streitfrage selbst entscheiden oder von der **Möglichkeit** des Abs. 3 Satz 1, den betroffenen Beteiligten unter Fristsetzung zur gerichtlichen Klärung aufzufordern und das Verfahren zunächst bis zum Ablauf der Frist **auszusetzen**, Gebrauch machen. Hierfür wird eine Klage vor einem Sozial-, Arbeits- oder Verwaltungsgericht in Betracht kommen. Bei der Ermessensausübung wird das Familiengericht zu beachten haben, dass eine fachgerichtliche Klärung regelmäßig vorzugswürdig ist, weil eine familiengerichtliche Entscheidung nur die Ehegatten und nicht den Versorgungsträger bindet.

Wird die Klage innerhalb der Frist erhoben, ist das Verfahren nach Abs. 2 zwingend auszusetzen. Wird die Klage **nicht fristgemäß** erhoben, ist bei der Entscheidung der Streitfrage die Pflicht des Gerichts zur Amtsermittlung dahin eingeschränkt, dass das Vorbringen, das mit der Klage hätte geltend gemacht werden können, unberücksichtigt bleiben kann. Es steht nach Abs. 3 Satz 2 **im Ermessen** des Gerichts, ob

---

[1] Keidel/*Weber*, § 220 FamFG Rz. 5, erwägt bei dieser Sachverhaltskonstellation eine analoge Anwendung des § 221 Abs. 1.
[2] Keidel/*Weber*, 15. Aufl., § 53c FGG Rz. 4.

es das anderweitig gerichtlich klärbare Vorbringen nun unberücksichtigt lässt oder selbst den Versuch einer Aufklärung unternimmt.[1]

13 Wird die Klage **nach Ablauf der Frist**, aber **vor Abschluss des Verfahrens** noch erhoben, muss das Gericht entscheiden, ob die Streitfrage selbst entschieden oder das Verfahren nach Abs. 2 bis zur fachgerichtlichen Entscheidung **ausgesetzt** wird. Bei dieser Ermessensentscheidung sind der Grund der verspäteten Klageerhebung und der Umfang der zu erwartenden Verfahrensverzögerung zu berücksichtigen und gegen die Vorzüge einer Verfahrensaussetzung – der Vermeidung abweichender Ergebnisse – abzuwägen.

14 Neben § 221 Abs. 2, 3 bleiben die allgemeinen verfahrensrechtlichen Aussetzungsmöglichkeiten, beispielsweise nach den §§ 21 und 136 FamFG, unberührt.

III. Anfechtbarkeit

15 Die Entscheidung über die Aussetzung des Verfahrens ist als Zwischenentscheidung mit der Beschwerde nach § 58 ff nicht anfechtbar. Es spricht jedoch vieles dafür, in analoger Anwendung des § 21 Abs. 2 die Anfechtung mit der sofortigen Beschwerde zuzulassen.[2] Anfechtbar ist danach sowohl die aussetzende als auch die eine Aussetzung ablehnende Entscheidung.[3] Zum Beschwerdeverfahren s. § 21 Rz. 14 ff.

16 **Kosten/Gebühren: Gericht:** Die Entscheidung des Gerichts über die Aussetzung löst keine Kosten aus (§ 1 Satz 1 FamGKG). Das Verfahren bis zur Aussetzung und nach der Aussetzung bildet eine Einheit. **RA:** Das Verfahren bis zur Aussetzung und nach der Aussetzung ist eine Angelegenheit. Der RA kann die Gebühren nur einmal fordern (§ 15 Abs. 2 Satz 1 RVG). Findet ein Anhörungstermin statt, fällt die Terminsgebühr nach Nr. 3104 VV RVG an.

222 *Durchführung der externen Teilung*

(1) **Die Wahlrechte nach § 14 Abs. 2 und § 15 Abs. 1 des Versorgungsausgleichsgesetzes sind in den vom Gericht zu setzenden Fristen auszuüben.**
(2) **Übt die ausgleichsberechtigte Person ihr Wahlrecht nach § 15 Abs. 1 des Versorgungsausgleichsgesetzes aus, so hat sie in der nach Absatz 1 gesetzten Frist zugleich nachzuweisen, dass der ausgewählte Versorgungsträger mit der vorgesehenen Teilung einverstanden ist.**
(3) **Das Gericht setzt in der Endentscheidung den nach § 14 Abs. 4 des Versorgungsausgleichsgesetzes zu zahlenden Kapitalbetrag fest.**
(4) **Bei einer externen Teilung nach § 16 des Versorgungsausgleichsgesetzes sind die Absätze 1 bis 3 nicht anzuwenden.**

A. Allgemeines 1	III. Durchführung der externen Teilung (Absatz 3) 14
B. Inhalt der Vorschrift	
I. Fristsetzung (Absatz 1) 5	IV. Externe Teilung von Anrechten aus öffentlich-rechtlichen Dienst- oder Amtsverhältnissen (§ 16 VersAusglG), Absatz 4 18
II. Einverständnis des Zielversorgungsträgers (Absatz 2) 11	

A. Allgemeines

1 Die Vorschrift schafft den verfahrensrechtlichen Rahmen für die Durchführung der externen Teilung.

---

1 In der Literatur (Keidel/*Weber*, § 221 FamFG Rz. 11) wird die Auffassung vertreten, dass nur in seltenen Fällen – zB zur Vermeidung umfangreicher Ermittlungen – der Ausschluss von Vorbringen in Betracht komme.
2 So auch Keidel/*Weber*, § 221 FamFG Rz. 12.
3 Horndasch/Viefhues/*Reinken*, § 21 FamFG Rz. 10; Keidel/*Sternal*, § 21 FamFG Rz. 32.

Durch die externe Teilung – geregelt in §§ 14 bis 17 VersAusglG – wird durch gerichtliche Entscheidung zulasten des auszugleichenden Anrechts ein **neues Anrecht** für den Ausgleichsberechtigten bei einem **anderen Versorgungsträger**, der von der ausgleichsberechtigten Person bestimmt werden kann (§ 15 VersAusglG), begründet. Die externe Teilung nach § 14 VersAusglG ist im VersAusglG nur als **subsidiäre Ausgleichsform** vorgesehen, die nur unter bestimmten Voraussetzungen (§ 14 Abs. 2 und § 17 VersAusglG bzw. § 16 VersAusglG) – durchzuführen ist.

Die Besonderheiten der externen Teilung machen besondere verfahrensrechtliche Regelungen für deren Durchführung erforderlich, die in § 222 zusammengefasst wurden.

§ 222 findet nur bei externen Teilungen nach §§ 14, 15 VersAusglG Anwendung. Die in § 16 VersAusglG[1] gesetzlich angeordnete externe Teilung von Anrechten aus einem **öffentlich-rechtlichen** Dienst- oder Amtsverhältnis richtet sich – wie das Quasisplitting im alten Recht – nach den für das auszugleichende Anrecht maßgeblichen Regelungen und den Bestimmungen des SGB VI.[2] § 222 findet hier **keine Anwendung** (s. Rz. 18 ff.).

B. Inhalt der Vorschrift

I. Fristsetzung (Absatz 1)

Abs. 1 enthält die Befugnis des Gerichts, für Erklärungen, mit denen Voraussetzungen für die externe Teilung eines Anrechts nach § 14 VersAusglG herbeigeführt oder der Träger der Zielversorgung nach § 15 VersAusglG bestimmt werden soll, **Fristen zu setzen**.

Die **Voraussetzungen** für die Durchführung der externen Teilung können einmal nach § 14 Abs. 2 **Nr. 1** VersAusglG durch eine **Vereinbarung** zwischen dem Versorgungsträger und der ausgleichsberechtigten Person geschaffen werden. In diesem Fall müssen die zum Abschluss der Vereinbarung erforderlichen **übereinstimmenden**, mit Bezug aufeinander abgegebenen **Erklärungen** innerhalb der vom Gericht gesetzten Frist vorliegen.

Bei Anrechten, deren Ausgleichswert die in § 14 Abs. 2 **Nr. 2** VersAusglG genannten Höchstbeträge[3] nicht übersteigt, genügt eine **einseitige Erklärung des Versorgungsträgers** – das Teilungsverlangen –, um die Voraussetzungen für eine externe Teilung herbeizuführen. Bei Anrechten auf betriebliche Altersversorgung aus einer Direktzusage oder einer Unterstützungskasse[4] gilt die wesentlich höhere Wertgrenze des § 17 VersAusglG.[5]

Die Versorgungsträger, die eine externe Teilung der bei ihnen bestehenden Versorgungen wünschen, erhalten bereits auf dem vom Gericht übersandten Auskunftsformular Gelegenheit, nach § 14 Abs. 2 Nr. 2 VersAusglG für die Durchführung der externen Teilung optieren, ein Angebot zum Abschluss einer Vereinbarung nach § 14

---

[1] In den Anwendungsbereich des § 16 VersAusglG fallen Anrechte von Soldaten auf Zeit oder Beamten auf Widerruf sowie alle Anrechte aus öffentlich-rechtlichen Amts- und Dienstverhältnissen, für die eine interne Teilung (noch) nicht vorgesehen ist, was z. Zt. noch bei Anrechten von allen Landes- und Kommunalbeamten der Fall ist.

[2] Dem Versicherungskonto des Berechtigten wird der in Entgeltpunkte umgerechnete Ausgleichsbetrag zugeschlagen (§§ 76, 264a SGB VI); die Versorgung des Ausgleichspflichtigen wird um den Nominalbetrag der begründeten Versorgungsanrechte gekürzt (§ 57 Abs. 1 BeamtVG).

[3] Der Ausgleichswert darf bei Anrechten, bei denen der Rentenwert die maßgebliche Bezugsgröße ist, 2 % der Bezugsgröße (2013: 53,90 Euro) und in allen anderen Fällen als Kapitalwert 240 % der Bezugsgröße nach § 18 Abs. 1 SGB VI (2013: 6 468 Euro) – nicht überschreiten.

[4] Sog. „interner Durchführungsweg", im Gegensatz zu Anrechten aus einem externen Durchführungsweg (Direktversicherung, Pensionskasse oder Pensionsfond).

[5] Die die Beitragsbemessungsgrenze in der allgemeinen Rentenversicherung nach den §§ 159 und 160 SGB VI (2013: 69 600 Euro).

Abs. 2 Nr. 1 VersAusglG abzugeben oder eine bereits abgeschlossene Vereinbarung mit dem Ausgleichsberechtigten vorzulegen.

9 Die **Wahl der Zielversorgung** erfolgt durch einseitige Erklärung der ausgleichsberechtigten Person gegenüber dem Gericht (§ 15 Abs. 1 VersAusglG). Zum Inhalt dieser Erklärung s. Rz. 11 f.

10 Die Fristsetzung nach Abs. 1 dient der **Förderung des Verfahrens**. Alle Fristen sind **Ausschlussfristen**,[1] deren Verlängerung (auf Antrag) im pflichtgemäßen Ermessen des Gerichts steht. Werden **Erklärungen** nach § 14 VersAusglG **nicht fristgemäß** abgegeben, ist die Durchführung der externen Teilung **ausgeschlossen**; das betreffende Anrecht wird dann intern geteilt (§§ 10 ff. VersAusglG). **Unterbleibt** die Benennung einer **Zielversorgung** nach § 15 Abs. 1 VersAusglG, (nebst der nach Abs. 2 erforderlichen Einverständniserklärung des Zielversorgungsträgers) erfolgt der externe Ausgleich nach § 15 Abs. 3 VersAusglG über die **gesetzliche Rentenversicherung** oder – bei Anrechten auf betriebliche Altersversorgung – über die Versorgungsausgleichskasse (§ 15 Abs. 5 Satz 2 VersAusglG).[2]

10a Macht das Gericht von der Möglichkeit zur Fristsetzung keinen Gebrauch, muss es im Rahmen seiner Pflichten zur Verfahrensleitung (§ 28) den Ausgleichsberechtigten dazu auffordern, sich bezüglich der Wahl einer Zielversorgung zu erklären.[3]

II. Einverständnis des Zielversorgungsträgers (Absatz 2)

11 Abs. 2 bestimmt die Voraussetzungen für eine wirksame **Wahl des Zielversorgungsträgers** durch die ausgleichsberechtigte Person. Zur **Ausübung des Wahlrechts** gehört zunächst die **Mitteilung** der einschlägigen **Daten des Zielversorgungsträgers**, die das Gericht zur hinreichend bestimmten Fassung des Tenors benötigt. Hierzu gehören die genaue **Bezeichnung des Versicherungsunternehmens** und die **Policennummer eines bereits bestehenden Vorsorgevertrags**, wenn dieser ausgebaut werden soll.[4]

12 Zudem muss dem Gericht fristgemäß die **Bereitschaft** des gewählten Versorgungsträgers zur Begründung oder zum Ausbau eines Anrechts **nachgewiesen** werden. Ist für die Abgabe der Erklärungen nach § 15 Abs. 1 VersAusglG eine Frist nach Abs. 1 gesetzt, muss somit neben der Auswahlerklärung auch die Einverständniserklärung des Versorgungsträgers fristgemäß vorliegen.[5] Ohne Fristsetzung genügt die Vorlage spätestens bis zur Entscheidung.

13 Die Auswahl des Zielversorgungsträgers ist nur **wirksam**, wenn die Zielversorgung eine angemessene Altersversorgung gewährleistet (§ 15 Abs. 2 VersAusglG), was bei Anrechten der gesetzlichen Rentenversicherung, der Betrieblichen Altersversorgung und bei zertifizierten Altersvorsorgeverträgen[6] kraft Gesetzes unwiderleglich vermutet wird (§ 15 Abs. 4 VersAusglG). Führt die Wahl der Zielversorgung zu steuerlichen Nachteilen bei der ausgleichspflichtigen Person, muss diese der Wahl der Zielversorgung zustimmen. Eine solche Zustimmungserklärung muss nicht innerhalb

---

1 AA offenbar MüKo.ZPO/Stein, § 222 Rz. 23, der die Berücksichtigung einer Einigung des Versorgungsträgers mit der ausgleichsberechtigten Person in das Ermessen des Gerichts stellt.
2 Die **Versorgungsausgleichskasse** wurde zum 1.9.2009 als Auffang-Versorgungsträger geschaffen, über den eine externe Teilung von Anrechten auf betriebliche Altersversorgung zu vollziehen ist, wenn der ausgleichsberechtigte Ehegatte sein Wahlrecht nach § 15 VersAusglG nicht wirksam ausgeübt hat (Gesetz zur Änderung des Vierten Buches Sozialgesetzbuch, zur Errichtung einer Versorgungsausgleichskasse und anderer Gesetze v. 15.7.2009, BGBl. I, S. 1939). Am 4.11.2009 haben insgesamt 38 Lebensversicherer, die mehr als 80 % der Kapitalanlagen der deutschen Lebensversicherungsbranche abdecken, die Versorgungsausgleichskasse (als Pensionskasse iSd. § 118a VAG) gegründet. Nach der Genehmigung durch die Bundesanstalt für Finanzdienstleistungsaufsicht (BaFin) wurde der Geschäftsbetrieb am 24.3.2010 aufgenommen.
3 BGH v. 6.2.2013 – XII ZB 204/11, FamRZ 2013, 773.
4 BT-Drucks. 10/1044, S. 95.
5 BT-Drucks. 10/1044, a.a.O.
6 Vgl. § 5 AltZertG v. 26.6.2001.

einer nach § 222 gesetzten Frist abgegeben werden; dies kann bis zum Abschluss des Verfahrens erfolgen.[1]

III. Durchführung der externen Teilung (Absatz 3)

Die externe Teilung erfolgt durch den Transfer von Vorsorgevermögen und die Begründung eines Anrechts iHd. des Ausgleichswerts[2] bei dem Zielversorgungsträger[3] (§ 14 Abs. 1 VersAusglG). Abs. 3 ordnet an, dass das Gericht im Tenor seiner Entscheidung den **Betrag festsetzen** muss, den der Versorgungsträger der ausgleichspflichtigen Person gem. § 14 Abs. 4 VersAusglG an den **Zielversorgungsträger zu zahlen** hat. Der zu zahlende **Kapitalbetrag** entspricht bei Versorgungen mit Kapitalwert als Bezugsgröße dem Ausgleichswert und bei den übrigen Versorgungen dem korrespondierenden Kapitalwert.[4]

14

Der BGH hat aus dem Gebot der Halbteilung die grundsätzliche Verpflichtung des Ausgleichsversorgungsträgers, den Ausgleichsbetrag ab Ehezeitende in Höhe des Rechnungszinses des auszugleichenden Anrechts zu verzinsen, hergeleitet.[5] Die Verzinsungspflicht endet mit der Rechtskraft der Entscheidung über den VA.[6] Das gilt – nachdem das SGB VI zum 1.1.2013 geändert wurde[7] – nunmehr auch uneingeschränkt für die externe Teilung durch Begründung eines Anrechts in der GRV.[8] Die Verzinsung ist im Regelfall auch dann anzuordnen, wenn die früheren Ehegatten den auszugleichenden Betrag durch Vereinbarung herabgesetzt haben.[9]

14a

Die externe Teilung ist zum einen – wie die interne Teilung – ein **richterlicher Gestaltungsakt**, durch den der Wert des auszugleichenden Anrechts um den Ausgleichswert unmittelbar verringert und bei dem Zielversorgungsträger ein Anrecht für die ausgleichsberechtigte Person begründet oder erweitert wird.

15

Die Anrechte für die berechtigte Person werden grundsätzlich unabhängig von der Zahlung des Kapitalbetrags an den Träger der Zielversorgung begründet. Wird die externe Teilung jedoch über die GRV als „Auffangversorgungsträger" durchgeführt, weil eine Zielversorgung nicht (wirksam) bestimmt wurde (§ 15 Abs. 3 VersAusglG), erwirbt die ausgleichsberechtigte Person das begründete Anrecht erst mit dem Eingang des Ausgleichsbetrages bei der GRV (§ 120g SGB VI).[10]

16

Die Festsetzung des Ausgleichsbetrags enthält **zudem** einen **Leistungsbefehl**, der zugunsten des Trägers der Zielversorgung bei dem Träger der Ausgleichsversorgung **vollstreckt** werden kann.[11]

17

---

1 Friederici/Kemper/*Götsche*, § 222 FamFG Rz. 14.
2 Regelmäßig der hälftige Wert des auszugleichenden Anrechts, soweit keine Kürzung vorzunehmen ist.
3 Die Zielversorgung wird – wie bei Rz. 8 ausgeführt – entweder bei dem vom Berechtigten nach § 15 Abs. 1 und 2 VersAusglG bestimmten Versorgungsträger oder bei der gesetzlichen Rentenversicherung (§ 15 Abs. 3 VersAusglG) begründet.
4 Zum korrespondierenden Kapitalwert (§ 47 VersAusglG) s. § 220 Rz. 15, Fn. 2.
5 BGH v. 7.9.2011 – XII ZB 546/10, FamRZ 2011, 1785.
6 Eine Verzinsung über die Rechtskraft der Entscheidung hinaus ist nach höchstrichterlicher Rspr. nicht anzuordnen, BGH v. 6.2.2013 – XII ZB 204/11, FamRZ 2013, 733.
7 § 76 Abs. 4 Satz 4 SGB VI wurde durch Art. 2 Nr. 2 des Gesetzes zu Änderungen im Bereich der geringfügigen Beschäftigung v. 5.12.2012, BGBl. I, S. 2467 mit Wirkung zum 1.1.2013 eingefügt: Im Falle einer Verzinsungsanordnung entfällt nun die rückwirkende Partizipation des Ausgleichsberechtigten an der Wertentwicklung des begründeten Anrechts in der GRV ab Ehezeitende gem. § 76 Abs. 4 Satz 2 SGB VI.
8 Zur Tenorierung nach der Gesetzeslage bis zum 31.12.2012 s. OLG Frankfurt v. 8.11.2012 – 4 UF 189/12, FamRB 2013, 6 (*Wagner*).
9 BGH v. 23.1.2013 – XII ZB 515/12, NJW 2013, 1239.
10 Die Vorschrift des § 120g SGB VI dient dem Schutz der GRV, da das Anrecht für die berechtigte Person in den Fällen, in denen die GRV als „Auffangversorgung" dient, ohne das Einverständnis des Versorgungsträgers begründet werden kann.
11 BT-Drucks. 16/10144, S. 96. A. A. (zumindest für die externe Teilung fondsgebundener Versorgungen): *Gutdeutsch*, FamRB 2011, 57 ff.: Zum Ausgleich von Wertschwankungen zwischen dem Ehezeitende und dem Vollzug der Teilung sei auf den Zeitpunkt des Vollzugs der Teilungsanordnung abzustellen. Da der Wert des Anrechts zum Zeitpunkt des Vollzugs beim Er-

IV. Externe Teilung von Anrechten aus öffentlich-rechtlichen Dienst- oder Amtsverhältnissen (§ 16 VersAusglG), Absatz 4

18 Durch Abs. 4 wird **klarstellend** zum Ausdruck gebracht, dass die Abs. 1 bis 3 bei der externen Teilung von Anrechten aus einem öffentlich-rechtlichen Dienst- oder Amtsverhältnis nicht anwendbar sind.

19 Die externe Teilung der vorgenannten Anrechte richtet sich nach der Sonderregelung des § 16 VersAusglG, die eine externe Teilung in die GRV für Anrechte von Widerrufsbeamten und Zeitsoldaten (Abs. 2) sowie für andere Anrechte aus öffentlich-rechtlichen Amts- und Dienstverhältnissen, für die eine interne Teilung nicht vorgesehen ist,[1] anordnet.

20 Da die §§ 14 und 15 VersAusglG durch die Sonderregelung des § 16 VersAusglG verdrängt werden und keine Anwendung finden, sind auch die verfahrensrechtlichen Bestimmungen des § 222 Abs. 1 und 2, die die Ausübung der Wahlrechte nach §§ 14 und 15 VersAusglG regeln, nicht anzuwenden.

21 Auch einer Zahlungsanordnung nach § 14 Abs. 4 VersAusglG bedarf es nicht, weil die Erstattungspflicht an den Träger der gesetzlichen Rentenversicherung kraft Gesetzes (§ 225 SGB VI) besteht.

22 Die Gestaltungswirkung der gerichtlichen Entscheidung entspricht der Wirkung des Quasisplittings nach altem Recht.[2]

223 *Antragserfordernis für Ausgleichsansprüche nach der Scheidung*
Über Ausgleichsansprüche nach der Scheidung nach den §§ 20 bis 26 des Versorgungsausgleichsgesetzes entscheidet das Gericht nur auf Antrag.

A. Allgemeines

1 Ein **vollständiger Ausgleich** aller Anrechte im Wertausgleich bei der Scheidung ist auch nach der Reform des VA weiterhin **nicht immer möglich**.[3] Der **nachgelagerte Ausgleich** (nach altem Recht: schuldrechtlicher VA[4] und verlängerter schuldrechtlicher VA[5]) der bei der Scheidung noch nicht ausgleichsreifen Anrechte[6] sowie der Anrechte, deren Wertausgleich bei der Scheidung im Hinblick auf ausländische Anrechte der Gegenseite gem. § 19 Abs. 3 VersAusglG ausgeschlossen wurde, wird nach der Reform des VA als „**Ausgleichsanspruch nach der Scheidung**" bezeichnet und ist in §§ 20 bis 26 des VersAusglG geregelt.

2 Für die Geltendmachung der vorstehend beschriebenen Ansprüche normiert § 223 ein Antragserfordernis.

---

lass der Entscheidung noch nicht bekannt sei, könne mit der Zahlungsanordnung kein Zahlungstitel geschaffen werden, sondern nur ein Zahlungsanspruch, der bei einem Streit über die Höhe des „Vollzugswertes" durch ein nachgelagertes Verfahren vor dem allgemeinen Zivilgericht tituliert werden müsse.

1 Dies ist bisher nur für die Versorgungsansprüche von Bundesbeamten vorgesehen (Art. 5 des VAStrRefG).
2 Dem Versicherungskonto des Berechtigten wird der in Entgeltpunkte umgerechnete Ausgleichsbetrag zu geschlagen (§§ 76, 264a SGB VI); die Versorgung des Ausgleichspflichtigen wird um den Nominalbetrag der begründeten Versorgungsanrechte gekürzt (§ 57 Abs. 1 BeamtVG).
3 Der Ausgleich kann insbesondere bei fehlender Ausgleichsreife einzelner Anrechte (§ 19 VersAusglG) nicht vollständig durchgeführt werden.
4 §§ 1587f, 1587i und 1587l aF BGB.
5 § 3a VAHRG aF.
6 Nach § 19 VersAusglG: verfallbare Anrechte (§ 19 Abs. 2 Nr. 1 VersAusglG), degressive Bestandteile von Anrechten (§ 19 Abs. 2 Nr. 2 VersAusglG), Anrechte, deren dinglicher Ausgleich bei der Scheidung nicht wirtschaftlich wäre (§ 19 Abs. 2 Nr. 4 VersAusglG) sowie ausländische Anrechte.

B. Inhalt der Vorschrift

I. Geltungsbereich

Gegenstand eines auf **Ausgleichsansprüche nach der Scheidung** gerichteten Verfahrens können folgende Ansprüche sein:

Ein Anspruch auf die Zahlung einer **Ausgleichsrente** aus einem nicht vollständig dinglich ausgeglichenen Anrecht (§ 20 VersAusglG, früher § 1587f bis h BGB). Dieser Anspruch kann verbunden werden mit dem Verlangen auf **Abtretung** des Versorgungsanspruchs gegen den Versorgungsträger (§ 21 VersAusglG, früher § 1587i BGB). Anstelle der Ausgleichsrente kann unter bestimmten Voraussetzungen eine **Kapitalabfindung** verlangt werden (§ 24 VersAusglG, früher § 1587l BGB). Nach dem Tod des Ausgleichspflichtigen setzen sich die vorstehenden Ansprüche in einem Anspruch auf **Teilhabe an der Hinterbliebenenversorgung**,[1] der im Regelfall gegen den Versorgungsträger (§ 25 VersAusglG, früher § 3a Abs. 1 VAHRG) und bei ausländischen Versorgungen gegen die Witwe zu richten ist (§ 26 VersAusglG, früher § 3a Abs. 5 VAHRG), fort.

Da nach dem VersAusglG auch **auf Kapitalzahlung gerichtete Anrechte** nach dem BetrAVG und dem AltZertG in den VA (§ 2 Abs. 2 Nr. 3 VersAusglG) fallen, kann gem. § 23 VersAusglG auch der nachgelagerte schuldrechtliche Ausgleich dieser Anrechte in Form einer Kapitalzahlung verlangt werden, sofern ein (vollständiger) Ausgleich bei der Scheidung wegen fehlender Ausgleichsreife nicht erfolgen konnte.

II. Antragsinhalt

Der nach § 223 erforderliche Antrag ist ein Verfahrensantrag und muss deshalb einen bezifferten Ausgleichsanspruch nicht angeben.[2] Er ist jedoch gem. § 23 Abs. 1 zu begründen, damit das Gericht Anknüpfungspunkte für seine amtswegige Sachverhaltsermittlung hat. Die Begründung muss die anspruchsbegründenden Tatsachen enthalten, also insbesondere Angaben zu dem Anrecht, dessen schuldrechtlicher Ausgleich verlangt wird, der Entscheidung über den Wertausgleich bei der Scheidung (bzw. den öffentlich-rechtlichen VA nach altem Recht) und den Voraussetzungen nach § 20 Abs. 1 und 2 VersAusglG (doppelter Rentenfall).

Es liegt zudem im Interesse des antragstellenden Beteiligten, die ihm bekannten Beweismittel zu benennen und die Erstentscheidung über den Wertausgleich bei der Scheidung vorzulegen.

C. Antragserfordernis für andere Versorgungsausgleichssachen

In Verfahren über den Wertausgleich bei der Scheidungen **mit Auslandsbezug** ist der VA unter den Voraussetzungen des Art 17 Abs. 3 Satz 2 EGBGB auch im Verbund nur auf Antrag durchzuführen, wenn für die Scheidung nicht das deutsche Recht zur Anwendung kommt oder keiner der Ehegatten bei Rechtshängigkeit des Scheidungsantrags Angehöriger eines Staates ist, dessen Recht den VA kennt.

Auch wenn der Wertausgleich bei der Scheidung – zB nach einer Eheaufhebung oder einer Scheidung im Ausland – in einem der Scheidung nachgelagerten, isolierten Verfahren durchgeführt werden soll, muss dieses durch einen Antrag eingeleitet werden.[3]

Das Antragserfordernis für Abänderungsverfahren folgt aus § 226 Abs. 1, für die Abänderung von Altentscheidungen aus § 52 Abs. 1 VersAusglG iVm. § 226 Abs. 1.

Verfahren auf Anpassung nach Rechtskraft werden gem. § 34 Abs. 2 VersAusglG (Anpassung wegen Unterhalts), § 36 Abs. 2 VersAusglG (Anpassung wegen Invalidi-

---

1 Früher der sog. verlängerte schuldrechtliche VA.
2 MüKo.ZPO/*Stein*, § 223 FamFG Rz. 4.
3 Dies folgt im Umkehrschluss aus § 137 Abs. 2 Satz 2 FamFG.

tät) und § 38 Abs. 1 Satz 2 VersAusglG (Anpassung wegen Todes der ausgleichsberechtigten Person) nur auf Antrag durchgeführt.

11 Für Auskunftsverfahren ergibt sich das Antragserfordernis aus der Natur der Sache, da der Anspruch auf Auskunft im vollen Umfang disponibel ist.

12 Für die Wiederaufnahme der nach § 2 VAÜG ausgesetzten Verfahren besteht ein Antragserfordernis, wenn eine Fortsetzung vor dem 1.9.2014 gewünscht wird (§ 50 VersAusglG).

224 Entscheidung über den Versorgungsausgleich

(1) Endentscheidungen, die den Versorgungsausgleich betreffen, werden erst mit Rechtskraft wirksam.
(2) Die Endentscheidung ist zu begründen.
(3) Soweit ein Wertausgleich bei der Scheidung nach § 3 Abs. 3, den §§ 6, 18 Abs. 1 oder Abs. 2 oder § 27 des Versorgungsausgleichsgesetzes nicht stattfindet, stellt das Gericht dies in der Beschlussformel fest.
(4) Verbleiben nach dem Wertausgleich bei der Scheidung noch Anrechte für Ausgleichsansprüche nach der Scheidung, benennt das Gericht diese Anrechte in der Begründung.

A. Allgemeines 1	III. Begründungspflicht bei fehlender Ausgleichsreife (Absatz 4) 12
B. Inhalt der Vorschrift	
I. Wirksamkeit (Absatz 1) 2	IV. Feststellende Entscheidung bei (Teil-)Ausschluss des VA (Absatz 3) . 18
II. Begründung der Entscheidung (Absatz 2) 8	

A. Allgemeines

1 Abs. 1, der dem früheren § 53g Abs. 1 FGG entspricht, regelt die **Wirksamkeit** von **Endentscheidungen** über den VA, die abweichend vom Grundsatz des § 40 Abs. 1 erst **mit Rechtskraft** eintritt. Durch Abs. 2 wird für Endentscheidungen – wie in der alten Regelung des § 53b FGG – abweichend von § 38 Abs. 4 eine **generelle Begründungspflicht** normiert. Abs. 3 passt die alte Regelung des § 53d FGG an das neue materielle Versorgungsausgleichsrecht an[1] und bestimmt – über den Regelungsgehalt der alten Regelung hinaus – dass ein (Teil-)**Ausschluss** des VA in der **Beschlussformel** festzustellen ist. Hierdurch wird klargestellt, dass eine Entscheidung über den (Teil-)Ausschluss **in Rechtskraft** erwächst. Abs. 4 legt schließlich dem Gericht die Verpflichtung auf, alle bei dem Wertausgleich bei der Scheidung **nicht vollständig geteilten Anrechte** in den Gründen der Entscheidung zu **benennen**.

B. Inhalt der Vorschrift

I. Wirksamkeit (Absatz 1)

2 Die **Wirksamkeit**, also die Entfaltung der Rechtswirkungen, tritt nach **Abs. 1** bei **Endentscheidungen, die den VA betreffen**, erst mit **formeller Rechtskraft**[2] ein. Ein nach Maßgabe eines Teilausschlusses durch Scheidungsfolgenvereinbarung (§§ 6 bis 8 VersAusglG) durchgeführter VA wird unabhängig vom Bestand der zugrunde lie-

---

1 Nach der Reform des VA entfällt zum einen das Genehmigungserfordernis für Scheidungsfolgenvereinbarungen (früher § 1587o Abs. 2 BGB). Wie bisher sind jedoch die formellen und materiellen Wirksamkeitsvoraussetzungen, jetzt geregelt in §§ 7 und 8 VersAusglG, von Amts wegen zu prüfen.
2 Die formelle Rechtskraft (§ 45) tritt ein, sobald die Endentscheidung über den VA mit (ordentlichen) Rechtsmitteln – Beschwerde (§ 58 ff.) und Rechtsbeschwerde (§ 70 ff.) – nicht mehr angefochten werden kann, frühestens nach Ablauf der Beschwerdefrist (§ 63).

genden Vereinbarung rechtskräftig.[1] Das gilt auch für die Feststellung, dass der durch Vereinbarung ausgeschlossene VA nicht stattfindet.

Endentscheidungen (Legaldefinition: § 38 Abs. 1 Satz 1) sind Entscheidungen, durch die Entscheidung der Verfahrensgegenstand ganz oder teilweise erledigt wird (s. § 58 Rz. 5 ff.). **Zwischenentscheidungen** in Angelegenheiten des VA, wie zB der Aussetzungsbeschluss nach § 221 Abs. 2 und 3, werden nach den allgemeinen Bestimmungen mit der Bekanntgabe wirksam (§ 40 Abs. 1). 3

Die Entscheidung muss **den VA betreffen**. Erfasst werden damit alle Endentscheidungen in Versorgungsausgleichssachen iSd. § 217 (s. näher § 217, Rz. 5–13). 4

Bei Entscheidungen, die nach rechtskräftiger Scheidung der beteiligten Ehegatten in isolierten oder abgetrennten Verfahren (§ 140) ergehen, tritt die formelle Rechtskraft nach allgemeinen Grundsätzen mit Ablauf der Rechtsmittelfrist ein. Betroffen sind beispielsweise Entscheidungen über den „Wertausgleich bei der Scheidung", die **nach** einer Scheidung im Ausland oder **nach** einer Eheaufhebung nicht im Scheidungsverbund ergehen, sowie bei isolierten Verfahren, die **Ausgleichsansprüche nach der Scheidung**[2] oder die **Anpassung nach Rechtskraft** (§ 32 ff. VersAusglG) zum Gegenstand haben, sowie bei **Abänderungsverfahren**.[3] 5

Endentscheidungen über den VA, die nach § 137 Abs. 1 Satz 1, Abs. 2 Nr. 1 **als Folgesache** zusammen mit dem Scheidungsausspruch **im Scheidungsverbund** ergehen, werden **nicht vor** der **Rechtskraft des Scheidungsausspruchs** (§ 148; s. § 148 Rz. 1, 7 ff.)[4] und dem Ablauf von **Anschlussbeschwerdefristen** (§ 145) wirksam. Voraussetzung für die Wirksamkeit ist somit die formelle Rechtskraft der Folgesache Versorgungsausgleich, die formelle Rechtskraft des Scheidungsausspruchs und der Ablauf aller Anschlussbeschwerdefristen in allen angefochtenen Verfahren des Verbundes. 6

Für Abänderungsentscheidungen und Entscheidungen in Anpassungsverfahren, die in die sachliche Zuständigkeit des Familiengerichts fallen, werden die Bestimmungen über die Wirksamkeit durch das materielle Recht[5] ergänzt. Die Wirksamkeit tritt in diesen Verfahren zwar auch mit Rechtskraft der Entscheidung ein, entfaltet jedoch Rückwirkung zum ersten Tag des Monats, der auf die Antragstellung folgt. 7

Wird die erstinstanzliche Entscheidung nur beschränkt – zB hinsichtlich einzelner Teilungsanordnungen – angefochten, so tritt nach der hier vertretenen Ansicht bei den nicht angefochtenen Entscheidungsteilen keine Teilrechtskraft ein.[6] Die Gegenansicht[7] verkennt, dass die Anfechtung nur einzelner Entscheidungsteile zwar den Gegenstand des Beschwerdeverfahrens wirksam beschränkt, aber wegen der unbefristeten Anschlussmöglichkeit der beteiligten (geschiedenen) Ehegatten nicht die Teilrechtskraft der nicht angefochtenen Entscheidungsteile zur Folge haben kann. 7a

---

1 BGH v. 31.7.2002 – XII ZB 102/00, MDR 2002, 1373 (nach altem Recht).
2 Eine Entscheidung über Ausgleichsansprüche nach der Scheidung nach § 20 bis 26 VersAusglG ist im Scheidungsverbund in der Mehrzahl der Fälle nicht möglich, weil der schuldrechtliche VA erst dann verlangt werden kann, wenn beide Ehegatten eine weitere Versorgung erlangt haben oder wenn der ausgleichspflichtige Ehegatte eine Versorgung erlangt hat und der andere Ehegatte wegen Krankheit oder anderer Gebrechen oder Schwäche seiner körperlichen oder geistigen Kräfte auf nicht absehbare Zeit eine ihm nach Ausbildung und Fähigkeit zumutbare Erwerbstätigkeit nicht ausüben kann oder das 65. Lebensjahr vollendet hat.
3 Zu den prozessualen Voraussetzungen für die Zulässigkeit und das Verfahren s. §§ 225, 226 sowie §§ 51, 52 VersAusglG (kommentiert im Anhang zu § 225–227).
4 § 148 ersetzt die Regelung des § 629d ZPO.
5 Zur Wirksamkeit von Abänderungsverfahren s. § 226 Abs. 4, dort Rz. 9, und § 52 VersAusglG (Anhang zu § 226 und 227, dort Rz. 19), zur Wirksamkeit von Entscheidungen in Anpassungsverfahren s. § 34 Abs. 3, § 36 Abs. 3 und § 38 Abs. 2 VersAusglG.
6 So auch OLG Oldenburg v. 29.8.2012 – 14 UF 22/11, FamRZ 2013, 136; OLG Frankfurt v. 7.12. 2011 – 4 UF 203/11, juris.
7 OLG Schleswig, v. 2.8.2011 – 10 UF 242/10, SchlHA 2012, 108 mwN.

II. Begründung der Entscheidung (Absatz 2)

8 Für Endentscheidungen besteht bereits nach § 38 Abs. 3 Satz 1 ein Begründungsgebot, vom dem allerdings in § 38 Abs. 4 Ausnahmen vorgesehen sind. Durch die Spezialregelung des Abs. 2 wird die Möglichkeit, nach Maßgabe des § 38 Abs. 4 von der Begründung einer Endentscheidung abzusehen, für Endentscheidungen über den VA ausgeschlossen. Die **Begründung ist also auch dann erforderlich**, wenn die Entscheidung dem **übereinstimmenden Willen aller Beteiligten entspricht** (§ 38 Abs. 4 Nr. 2) und/oder die Beteiligten auf Rechtsmittel verzichtet haben (§ 38 Abs. 4 Nr. 3).

9 Einstweilen frei.

10 Von Bedeutung ist die generelle Begründungspflicht nach Abs. 2 nur für **erstinstanzliche** Endentscheidungen. In der Beschwerdeinstanz besteht bereits nach § 69 Abs. 2 eine ausnahmslose Begründungspflicht. In der Rechtsbeschwerdeinstanz ist § 74 Abs. 7 lex specialis gegenüber § 224 Abs. 2.

11 Die Begründung muss die tragenden tatsächlichen und rechtlichen Gesichtspunkte enthalten und erkennen lassen, wie das Gericht zu seiner Entscheidung gelangt ist. Eine Trennung in Tatbestand und Entscheidungsgründe ist nicht erforderlich. Die Berechnung der Versorgungsträger ist nur in die Begründung aufzunehmen, wenn die Entscheidung von der Berechnung eines Versorgungsträgers abweicht oder ein Beteiligter die Richtigkeit der Berechnung in Zweifel zieht. Ansonsten genügt eine Bezugnahme auf die Auskünfte der Versorgungsträger.

Können nicht alle Anrechte vollständig im Wertausgleich bei der Scheidung ausgeglichen werden, stellt Abs. 4 zusätzliche Anforderungen an den Inhalt und den Umfang der Begründung (s. unten, Rz. 12 ff.).

III. Begründungspflicht bei fehlender Ausgleichsreife (Absatz 4)

12 Abs. 4 konkretisiert den **Umfang** der **Begründungspflicht** des Gerichts für den Fall, dass ein **vollständiger Ausgleich** aller Versorgungsanrechte mit der Scheidung wegen fehlender Ausgleichsreife **nicht möglich** (oder nicht wirtschaftlich) ist. Dies ist (gem. § 19 VersAusglG) der Fall bei

– Anrechten, die zum Zeitpunkt der Entscheidung über den Wertausgleich bei der Scheidung noch nicht hinreichend verfestigt sind,[1]
– degressiven Bestandteilen einer Versorgung,
– Anrechten, deren Teilung für den Berechtigten nicht wirtschaftlich wäre und
– ausländischen Anwartschaften, wobei in diesem Fall auch Anrechte der Gegenseite aus Gründen der Billigkeit vom Wertausgleich bei der Scheidung ausgeschlossen werden können.

Auch durch eine **Parteivereinbarung** können Anrechte unter Vorbehalt von Ausgleichsansprüchen nach der Scheidung vom Wertausgleich bei der Scheidung ausgeschlossen werden (§ 6 Abs. 1 Nr. 3 VersAusglG).

13 Durch Abs. 4 wird das Gericht verpflichtet, diejenigen Anrechte, die nicht dinglich geteilt werden können, aber noch nach §§ 20 ff. VersAusglG schuldrechtlich auszugleichen sind, in der Begründung der Endentscheidung ausdrücklich zu benennen.

14 Der Hinweis auf die nicht ausgeglichenen Anrechte hat keine konstitutive Wirkung und ist nicht anfechtbar. Er soll die Ehegatten und ihre Bevollmächtigten darauf hinweisen, dass ein vollständiger Ausgleich noch nicht stattgefunden hat und ein Anspruch des Berechtigten auf Ausgleichsanspruch nach der Scheidung (§ 19 Abs. 4, §§ 20 bis 26 VersAusglG) beantragt werden kann (§ 223), sobald die besonderen Voraussetzungen[2] hierfür erfüllt sind.

---

[1] Hauptanwendungsfall ist die Verfallbarkeit von Anrechten der betrieblichen Altersversorgung.
[2] Ein Ausgleich nach der Scheidung kann gem. § 20 Abs. 1 und 2 VersAusglG beantragt werden, sobald die antragsberechtigte Person eine laufende Versorgung bezieht oder die Bezugsvoraussetzungen wegen Alters oder Invalidität erfüllt und die ausgleichspflichtige Person eine Versorgung aus dem auszugleichendem Anrecht bezieht.

Zudem erleichtert die Benennung der nicht vollständig ausgeglichenen Anrechte in Folgeverfahren die Feststellung, in welchem Umfang ein VA bereits stattgefunden hat.

Das erkennende Gericht im Verfahren über Ausgleichsansprüche nach der Scheidung ist an die Feststellungen über den nicht vollständigen Ausgleich im Verfahren über den Wertausgleich bei der Scheidung zwar nicht gebunden, wird die Entscheidungsbegründung in diesem Verfahren jedoch idR zur Sachverhaltsaufklärung heranziehen.

Obwohl gesetzlich nicht vorgeschrieben, erscheint es zweckmäßig, den Vorbehalt von Ausgleichsansprüchen nach der Scheidung **auch in den Tenor** aufzunehmen, etwa durch den Zusatz: „Im Übrigen findet ein Wertausgleich bei der Scheidung nicht statt" oder „Im Übrigen bleiben Ausgleichsansprüche nach der Scheidung vorbehalten".

IV. Feststellende Entscheidung bei (Teil-)Ausschluss des VA (Absatz 3)

Durch die Regelung des Abs. 3 wird das Gericht verpflichtet, im Falle eines Ausschlusses oder Teilausschlusses des Wertausgleichs bei der Scheidung
- wegen einer kurzen Ehezeit (§ 3 Abs. 3 VersAusglG),
- aufgrund einer wirksamen Vereinbarung der Eheleute über den VA (§§ 6 bis 8 VersAusglG),
- wegen geringfügiger Wertunterschiede oder Ausgleichswerte (§ 18 Abs. 1 oder Abs. 2 VersAusglG) oder
- wegen grober Unbilligkeit (§ 27 VersAusglG)

den (Teil-)Ausschluss im Tenor der Entscheidung **festzustellen.** Die Aufzählung des Abs. 3 wird in der Kommentarliteratur als **abschließend** angesehen,[1] was jedoch **zweifelhaft** erscheint. Wenn beispielsweise das Gericht nach Sachprüfung feststellt, dass beide beteiligten Ehegatten keine Anrechte erworben haben, wird man in entsprechender Anwendung des Abs. 3 ebenfalls eine Verpflichtung zur Feststellung, dass ein VA nicht stattfindet, annehmen.

Eine feststellende Entscheidung nach Abs. 3 im Tenor ist dagegen **nicht geboten** wenn der VA bei Scheidungen mit **Auslandsbezug** gem. § 17 Abs. 3 Satz 2 EGBGB nur auf Antrag durchzuführen ist und ein Antrag nicht gestellt wurde, da hier eine materiellrechtliche Prüfung nicht stattfindet und die im Scheidungsverbund unterbliebene Durchführung des VA in einem nachgelagerten isolierten Verfahren jederzeit nachgeholt werden kann. Wird die Feststellung, dass der VA gem. Art 17 Abs. 3 Satz 2 EGBGB nicht stattfindet, gleichwohl in den Tenor aufgenommen, erwächst diese nicht in Rechtskraft.[2]

Auch bei fehlender Ausgleichsreife, Unbilligkeit nach § 19 Abs. 3 VersAusglG[3] oder einer Parteivereinbarung, die Ausgleichsansprüche nach der Scheidung vorbehält,[4] muss im Tenor nicht nach Abs. 3 festgestellt werden, dass der Wertausgleich bei der Scheidung nicht stattfindet.[5] Hier ist eine Tenorierung jedoch zulässig und erscheint auch sinnvoll.

Da die frühere Regelung des § 53d FGG nur feststellte, dass der VA im Umfang eines wirksamen Ausschlusses nicht stattfindet, wurde die entsprechende gerichtliche Feststellung in der älteren höchstrichterlichen Rechtsprechung **nur als deklaratorischer Hinweis** auf die Rechtsfolge des § 53d Satz 1 FGG angesehen, der nicht in

---
1 Keidel/*Weber*, § 224 FamFG Rz. 8; Horndasch/Viefhues/*Kemper*, § 224 FamFG Rz. 6.
2 OLG Bremen v. 26.4.2012 – 5 UF 107/12, FamRZ 2013, 224.
3 Nach § 19 Abs. 3 VersAusglG kann vom dinglichen Ausgleich eines an sich ausgleichsreifen Anrechts abgesehen werden, wenn und soweit ein dinglicher Teilausgleich im Hinblick auf die nicht ausgleichsreifen ausländischen Anrechte eines Ehegatten unbillig erscheint (s. hierzu Rahm/Künkel/*Wagner*, Kap 8 B Rz. 84f.).
4 S. § 6 Abs. 1 Nr. 3 VersAusglG.
5 MüKo.ZPO/*Stein*, § 224 FamFG Rz. 30.

Rechtskraft erwächst und einer Fortsetzung des Verfahrens nicht entgegenstand, sofern sich die Nichtigkeit der Vereinbarung zu einem späteren Zeitpunkt herausstellte.[1] Von dieser Rechtsprechung ist der BGH bereits unter der Geltung des alten Rechts teilweise abgerückt und hat entschieden, dass die Feststellung, dass ein VA nicht stattfindet, in Rechtskraft erwachse, wenn sie auf einer umfassenden materiell-rechtlichen Prüfung beruhe.[2]

22 Die Regelung des Abs. 3 stellt nunmehr klar, dass der gerichtlichen Entscheidung, die einen vollständigen oder teilweisen Ausschluss des VA feststellt, **immer** eine **materielle Prüfung** vorausgehen muss.[3] Die Rechtskraftfähigkeit folgt damit nach neuem Recht bereits aus der gesetzlichen Regelung.

Für die feststellende Entscheidung nach Abs. 3, dass ein VA nicht stattfindet, fallen deshalb auch eine Gerichtsgebühr und eine Anwaltsgebühr aus dem Wert des VA an.[4]

23 Der **Tenor** der Entscheidung kann lauten: „Der Versorgungsausgleich[5] findet nicht statt", bei einem Teilausschluss: „Im Übrigen findet ein Versorgungsausgleich nicht statt" oder „Hinsichtlich des Anrechts... findet ein Versorgungsausleich nicht statt".

24 Bei den nicht von der Teilung ausgeschlossenen Anrechten muss der Tenor folgende Angaben enthalten:

Bei einer internen Teilung im Wertausgleich bei der Scheidung sind der ausgleichspflichtige und der ausgleichsberechtigte **Ehegatte**, der beteiligte **Versorgungsträger** (§ 219 Nr. 2 und 3), die **Höhe** der übertragenen oder begründeten **Rentenanwartschaft** sowie der Bezugszeitpunkt für die Übertragung anzugeben.

Wenn die Grundlage des geteilten Anrechts untergesetzlich (also durch Satzung, Versorgungsordnung oder Vertrag) geregelt ist, muss auch die Fassung oder das Datum der Versorgungsregelung, die der Entscheidung zugrunde liegt, in den Tenor aufgenommen werden.[6]

Bei Durchführung einer externen Teilung ist zudem in den Tenor aufzunehmen, dass der Träger des auszugleichenden Anrechts verpflichtet ist, den Ausgleichsbetrag an den Zielversorgungsträger zu zahlen (§ 14 Abs. 4 VersAusglG, 222 Abs. 3; s. § 222 Rz. 14 ff.). Soweit der Ausgleichsversorgungsträger zur Verzinsung des zu zahlenden Betrages verpflichtet ist (s. § 222 Rz. 14a), ist auch dies in den Tenor aufzunehmen. Eine Benennung der maßgeblichen Versorgungsordnung in der Beschlussformel der gerichtlichen Entscheidung ist hier nicht erforderlich.[7]

Bei Ausgleichsansprüchen nach der Scheidung (§§ 20 bis 26 VersAusglG) wird die **Zahlungsverpflichtung** an den Berechtigten durch Leistungsbeschluss tenoriert.

Vorbemerkungen zu § 225 und § 226

1 Die Vorschriften des § 225 und des § 226 bestimmen den verfahrensrechtlichen Rahmen für die Abänderung von Entscheidungen über den nach neuem Recht durchgeführten **Wertausgleichs bei der Scheidung**. Für Entscheidungen zum VA, die nach altem Recht ergangen sind, sind die Zulässigkeitsvoraussetzungen für eine Abände-

---

1 BGH v. 20.2.1991 – XII ZB 125/88, FamRZ 1991, 679; BGH v. 6.3.1991 – XII ZB 88/90, FamRZ 1991, 681; BGH v. 27.10.1993 – XII ZB 158/91, FamRZ 1994, 96 f.
2 BGH v. 22.10.2008 – XII ZB 110/06, FamRZ 2009, 215.
3 BT-Drs. 10/144, S. 96.
4 OLG Karlsruhe v. 26.5.2010 – 16 WF 82/10, NJW 2010, 2445.
5 Wenn ein Anrecht insgesamt vom Ausgleich ausgeschlossen wurde und auch Ausgleichsansprüche nach der Scheidung nicht mehr geltend gemacht werden können, sollte in der Beschlussformel „der Versorgungsausgleich" und nicht „der Wertausgleich bei der Scheidung" ausgeschlossen werden.
6 BGH v. 26.1.2011 – XII ZB 504/10, NJW 2011, 1139.
7 BGH v. 23.1.2013 – XII ZB 541/12, NJW 2013, 869.

rung in den Übergangsvorschriften des VersAusglG (§§ 51, 52 VersAusglG, kommentiert im Anhang zu § 225 bis § 227) geregelt.

Nach altem Recht bestand in einer Vielzahl von Fällen das Bedürfnis nach einer nachträglichen Korrektur des öffentlich-rechtlichen VA. Im Erstverfahren konnte ein vollständiger Ausgleich oft nicht vorgenommen werden, weil die Höhe des zulässigen Ausgleichsbetrags beschränkt war.[1] Zudem wurde mit der nach § 1587a Abs. 3 BGB aF durchzuführenden Umbewertung (Dynamisierung) der wirtschaftliche Wert von nicht volldynamischen Anrechten oftmals nicht zutreffend bestimmt. Wenn Anrechte zum Zeitpunkt der Entscheidung nicht, nicht in voller Höhe oder nicht mit ihrem tatsächlichen Wert in die Ausgleichsbilanz einflossen, hatte das wegen des Grundprinzips des Einmalausgleichs regelmäßig Auswirkungen auf die Höhe des (Gesamt-)Ausgleichsbetrags und machte dessen nachträgliche Korrektur erforderlich. **2**

Durch § 10a VAHRG wurde deshalb die nachträgliche **Abänderung** von Entscheidungen in einem **weiten Umfang** zugelassen. Die Abänderung einer Entscheidung über den Wertausgleich war nach § 10a Abs. 1 Nr. 1 VAHRG aF[2] möglich, wenn der zum Zeitpunkt der Abänderungsentscheidung ermittelte Wertunterschied von dem im Erstverfahren errechneten Wertunterschied wesentlich abwich. Des Weiteren war die Abänderung möglich, wenn ein als verfallbar behandeltes Anrecht unverfallbar geworden war[3] oder nachträglich ein öffentlich-rechtlicher VA möglich wurde.[4] Im Abänderungsverfahren wurden sämtliche Ehezeitanteile neu berechnet und danach erneut saldiert. Es kam zur sog. **Totalrevision**. Nicht ausreichend für eine Korrektur nach altem Recht war lediglich die Geltendmachung von Härtegründen iSd. § 1587c aF BGB, die auf bereits im Erstverfahren abgeschlossenen Tatbeständen beruhten.[5] **3**

Das Erfordernis einer nachträglichen Änderung ist mit der Reform des VA im großen Umfang entfallen, da nun jedes Anrecht grundsätzlich **einzeln** durch **interne oder externe Teilung** ausgeglichen wird. Dieses Teilungsprinzip bewirkt, dass jeder Ehegatte an der **nachehelichen Wertentwicklung** der geteilten Anrechte grundsätzlich **in gleicher** (oder nahezu gleicher) **Weise partizipiert**;[6] das Erfordernis einer Abänderung bei unterschiedlicher Wertentwicklung der einbezogenen Anrechte entfällt damit. Das Prinzip des **Einzelausgleichs** macht zudem eine **Neuberechnung des gesamten** VA entbehrlich, wenn sich nur der Wert einzelner Anrechte nachträglich geändert hat. Auch bei **fehlender Ausgleichsreife** einzelner Anrechte reicht es nunmehr aus, **die Teilung** der **nicht ausgeglichenen Anrechte** schuldrechtlich **nachzuholen**[7] (§§ 20 bis 26 VersAusglG). Der bisherige Abänderungsgrund des § 10a Abs. 1 Nr. 2 VAHRG (nachträgliche Unverfallbarkeit eines Anrechts) kann deshalb entfallen. Auch der Abänderungsgrund des § 10a Abs. 1 Nr. 3 VAHRG (nachträglicher öffentlich-rechtlicher Ausgleich eines Anrechts) ist jetzt entbehrlich, weil im reformierten VA alle teilungsreifen Anrechte auch dinglich teilbar sind. **4**

---

1 Der Höchstbetrag nach § 1587a Abs. 5 BGB begrenzte den durch Splitting und Quasisplitting zulässigen Ausgleich. Durch § 3b Abs. 1 Nr. 1 VAHRG aF wurde der erweiterte Ausgleich zusätzlich auf 2 % der Bezugsgröße nach § 18 SGB IV begrenzt.
2 § 10a Abs. 1 Nr. 1 VAHRG bildete die wichtigste Fallgruppe der Abänderungsverfahren, die praktisch „sämtliche denkbaren Gründe" erfasste (so MüKo.BGB/*Dörr*, § 10a VAHRG Rz. 16).
3 Nach § 10a Abs. 1 Nr. 2 VAHRG aF.
4 Nach § 10a Abs. 1 Nr. 3 VAHRG aF.
5 BGH v. 11.10.2006 – XII ZB 39/03, FamRZ 2007, 360.
6 Die gleiche Teilhabe an der Versorgungsdynamik ist zwar nur bei der – als Regelfall vorgesehenen – internen Teilung sicher gewährleistet. Die Unterschiede in der Dynamik, die eine externe Teilung mit sich bringen kann, sind von den Parteien – nach dem Willen des Gesetzgebers (BT-Drucks. 16/10144, S. 97) – jedoch hinzunehmen, weil sie entweder die externe Teilung durch eine entsprechende Vereinbarung akzeptiert haben (§ 14 Abs. 2 Nr. 1 VersAusglG) oder der Wert des externen Anrechts gering ist (§ 14 Abs. 2 Nr. 2 VersAusglG).
7 Die Durchführung des schuldrechtlichen VA war nach altem Recht ausreichend, wenn auf Seiten des Ausgleichspflichtigen verfallbare Anrechte vorhanden waren. Wenn dagegen Anrechte des Ausgleichsberechtigten zum Zeitpunkt der Erstentscheidung noch verfallbar waren, führte dies zu einer nachträglichen Verringerung des Ausgleichsbetrags, die in einem Abänderungsverfahren geltend gemacht werden musste.

4a Mit dem neuen Recht ist auch die Möglichkeit entfallen, den ausgleichspflichtigen Ehegatten zur Begründung eines Anrechts durch Beitragszahlung zu verpflichten. Mit dem Wegfall dieser Ausgleichsform entfallen auch Anordnungen des Familiengerichts, die dem Ausgleichspflichtigen die Ratenzahlung des Einzahlungsbetrages gestatten oder das Ruhen von Einzahlungsverpflichtungen anordnen, sowie das Bedürfnis zur Abänderung solcher Anordnungen.[1]

5 Auch nach neuem Recht muss jedoch eine Abänderungsmöglichkeit eröffnet werden, um zu verhindern, dass die beteiligten Ehegatten trotz nachträglicher Veränderungen der im VA geteilten Anrechte an dem Ergebnis der Ursprungsentscheidung festgehalten werden. Dem auch aus verfassungsrechtlichen Gründen bestehenden Bedürfnis[2] nach einer Abänderungsmöglichkeit trägt die Regelung der §§ 225, 226 Rechnung.

Die übersichtlichere Gestaltung der nun auf zwei Normen aufgeteilten Regelung des Abänderungsverfahrens nach § 225 und § 226 ist aufgrund des geringeren Abänderungsbedarfs mit einer **inhaltlichen Änderung** verbunden worden, die **die Möglichkeiten der Abänderung** gegenüber dem alten Recht **einschränkt**. Eine Änderung der beschlossenen Teilung ist nur noch bei Anrechten aus den Regelsicherungssystemen (§ 32), deren Ausgleichswert sich aufgrund **nachträglicher** Änderungen mit Rückwirkung **wesentlich verändert** hat, zulässig. Damit werden die Abänderungsvoraussetzungen an die Voraussetzungen des § 323 ZPO sowie an § 238 FamFG[3] angenähert. Die hiernach weiter bestehenden Möglichkeiten der Abänderung sollen der kraft Verfassung bestehenden Verpflichtung des Gesetzgebers, die **Möglichkeit einer Korrektur** in dem vom BVerfG geforderten Umfang[4] zu eröffnen, Rechnung tragen. Die Verfassungsmäßigkeit der neuen Abänderungsregelung wird in der Literatur jedoch Zweifel gezogen.[5]

6 Die **Abkehr** von der „**Totalrevision**" bedeutet nicht, dass Fehler bei der Durchführung des Ausgleichs oder der Berechnung des Ehezeitanteils in der Erstentscheidung beibehalten werden müssen. Wie nach altem Recht kann im Rahmen der Abänderung eine **Fehlerkorrektur** erfolgen, die jetzt allerdings auf das Anrecht, dessen Wert sich wesentlich geändert hat, **beschränkt** ist.

7 Eine Übersicht über die Änderungen im Abänderungsverfahren enthält die nachfolgende Übersicht:[6]

§§ 225, 226 FamFG	§ 10a VAHRG
Antragsberechtigung	
Ehegatten, Hinterbliebene, Versorgungsträger (§ 226 Abs. 1 FamFG)	entsprechend (§ 10a Abs. 4 VAHRG)
Zulässigkeit der Antragstellung	
frühestens sechs Monate vor dem (ggf. erst aufgrund der Abänderung zu erwartenden) Bezug einer laufenden Versorgung (§ 226 Abs. 2 FamFG)	Vollendung des 55. Lebensjahres oder Versorgungsbezug (§ 10a Abs. 5 VAHRG)

---

1 Auch das Bedürfnis auf Abänderung von Stundungs- oder Ratenzahlungsanordnungen, die nach altem Recht ergangen sind, spielt in der forensischen Praxis keine Rolle.
2 So auch MüKo.ZPO/*Stein*, vor §§ 225 ff. FamFG Rz. 3.
3 Abänderung von gerichtlichen Entscheidungen in Unterhaltssachen, s. § 238 Rz. 65 f.
4 BVerfG v. 16.11.1992 – 1 BvL 17/89, FamRZ 1993, 161.
5 Schulte-Bunert/Weinreich/*Rehme*, § 225 FamFG Rz. 27 ff. mit ausführlicher Darstellung des Meinungsstandes.
6 *Bergner*, NRW 2009, 1233 (1234 f.).

§§ 225, 226 FamFG	§ 10a VAHRG
Abänderungsvoraussetzungen	
Abänderung nur für Anrechte der Regelsicherung iSd § 32 VersAusglG zulässig (§ 225 Abs. 1 FamFG)	keine Einschränkung
rechtliche/tatsächliche Veränderungen *nach* Ehezeitende mit Auswirkung auf den Ausgleichswert eines Anrechts, die zu einer wesentlichen Wertänderung führen (§ 225 Abs. 2 FamFG)	Berücksichtigung aller ehezeitbezogenen Änderungen einschließlich der Berichtigung von Fehlern der Erstentscheidung (§ 10a Abs. 1 VAHRG) bei wesentlicher Abweichung (Totalrevision)
wesentliche Wertänderung muss mindestens *5 %* des bisherigen Ausgleichswertes betragen und *1 %* der monatlichen Bezugsgröße nach § 18 Abs. 1 SGB IV am Ehezeitende bei Rentenbetrag als Bezugsgröße, sonst 120 % der monatlichen Bezugsgröße übersteigen (§ 225 Abs. 3 FamFG)	wesentliche Abweichung muss *10 %* der durch die Erstentscheidung insgesamt übertragenen/begründeten Anrechte übersteigen, mindestens jedoch *0,5 %* der monatlichen Bezugsgröße nach § 18 Abs. 1 SGB IV (§ 10a Abs. 2 VAHRG)
Härteklausel	
§ 226 Abs. 3 FamFG iVm. § 27 VersAusglG	§ 10a Abs. 3 VAHRG
Abänderung	
Abänderung des einzelnen veränderten Anrechts (§ 225 Abs. 2 FamFG)	Totalrevision mit neuem Ausgleichsbetrag unter Berücksichtigung aller Änderungen (§ 10a Abs. 1, 2 VAHRG)
Wirkung der Abänderungsentscheidung	
ab Monatsbeginn nach Antragstellung (§ 226 Abs. 4 FamFG)	entsprechend (§ 10a Abs. 7 Satz 1 VAHRG)

225 *Zulässigkeit einer Abänderung des Wertausgleichs bei der Scheidung*
(1) Eine Abänderung des Wertausgleichs bei der Scheidung ist nur für Anrechte im Sinne des § 32 des Versorgungsausgleichsgesetzes zulässig.
(2) Bei rechtlichen oder tatsächlichen Veränderungen nach dem Ende der Ehezeit, die auf den Ausgleichswert eines Anrechts zurückwirken und zu einer wesentlichen Wertänderung führen, ändert das Gericht auf Antrag die Entscheidung in Bezug auf dieses Anrecht ab.
(3) Die Wertänderung nach Absatz 2 ist wesentlich, wenn sie mindestens 5 Prozent des bisherigen Ausgleichswerts des Anrechts beträgt und bei einem Rentenbetrag als maßgeblicher Bezugsgröße 1 Prozent, in allen anderen Fällen als Kapitalwert 120 Prozent der am Ende der Ehezeit maßgeblichen monatlichen Bezugsgröße nach § 18 Abs. 1 des Vierten Buches Sozialgesetzbuch übersteigt.
(4) Eine Abänderung ist auch dann zulässig, wenn durch sie eine für die Versorgung der ausgleichsberechtigten Person maßgebende Wartezeit erfüllt wird.
(5) Die Abänderung muss sich zugunsten eines Ehegatten oder seiner Hinterbliebenen auswirken.

A. Allgemeines 1	III. Wesentlichkeit der Änderung (Absatz 3) 9
B. Inhalt der Vorschrift	IV. Abänderung unabhängig von der
I. Abänderungsfähige Anrechte (Absatz 1) 2	Wesentlichkeitsgrenze (Absatz 4) . . . 10
II. Nachträgliche Änderungen mit Rückwirkung auf die Ehezeit (Absatz 2) . . 5	V. Vorteilhaftigkeit der Abänderung (Absatz 5) 11

A. Allgemeines

1 Durch § 225 werden die prozessualen Voraussetzungen für die Durchführung eines Abänderungsverfahrens bestimmt. Die Möglichkeit der Abänderung wird auf einen bestimmten Kreis von Anrechten beschränkt (Abs. 1), bei denen Veränderungen mit Rückwirkung (Abs. 2) zu einer wesentlichen (Abs. 3) oder für den Ausgleichsberechtigten bedeutsamen (Abs. 4) Veränderung des Ehezeitanteils geführt haben. Zudem muss sich die Abänderung zugunsten eines Ehegatten oder dessen Hinterbliebenen auswirken.

B. Inhalt der Vorschrift

I. Abänderungsfähige Anrechte (Absatz 1)

2 Durch Abs. 1 wird bestimmt, dass nur Anrechte aus den „**Regelsicherungssystemen**" (§ 32 VersAusglG), also
- der gesetzlichen Rentenversicherung,
- der Beamtenversorgung,
- der berufsständischen Versorgung oder vergleichbarer Versorgungssysteme,[1]
- der Alterssicherung der Landwirte und
- der Versorgungssysteme der Abgeordneten

  für eine nachträgliche Anpassung in Betracht kommen.

3 Für alle anderen Anrechte, also insbesondere für Anrechte aus der betrieblichen Altersvorsorge und Anrechte aus privaten Alters- und Invaliditätsvorsorgeverträgen, sieht der Gesetzgeber kein Bedürfnis für eine nachträgliche Änderung und begründet dies damit, dass bei kapitalgedeckten Anrechten eine nachträgliche, auf die Ehezeit zurückwirkende Änderung nicht vorstellbar sei. Bei anderen Anrechten sei eine Änderung des – quotal zu bestimmenden – Ehezeitanteils nur zugunsten des ausgleichsberechtigten Ehegatten möglich und könne über „Ausgleichsansprüche nach der Scheidung"[2] ausgeglichen werden.[3] Gegen diese Beschränkung der Abänderungsmöglichkeit werden in der Literatur verfassungsrechtliche Bedenken erhoben.[4]

4 In der forensischen Praxis sind von diesem Änderungsausschluss insbesondere Anrechte auf betriebliche Altersversorgung, die bei Durchführung des Wertausgleichs bei der Scheidung noch der Höhe nach verfallbar sind (zB endbezügeabhängige Versorgungen), betroffen. Die aus nachehelichen Einkommenssteigerungen resultierenden Wertsteigerungen des Ehezeitanteils sind bei Ehezeitende noch verfallbar, also nicht ausgleichsreif. Der Ausgleich nachehelicher Veränderungen des unverfallbaren Anteils kann, da die betriebliche Altersversorgung nicht zu den Regelsicherungssystemen des § 32 gehört, nicht im Abänderungsverfahren, sondern nur als Ausgleichsanspruch nach der Scheidung geltend gemacht werden.[5]

---

1 Der berufsständischen Versorgung stehen Versorgungen gleich, die zu einer Befreiung von der gesetzlichen Sozialversicherungspflicht führen können.
2 §§ 20 bis 26 VersAusglG
3 So BT-Drucks. 16/10144, S. 98.
4 Schulte-Bunert/Weinreich/*Rehme*, § 225 FamFG Rz. 29 ff. mit ausführlicher Darstellung des Meinungsstandes.
5 Berechnungsbeispiel in FA-FamR/*Gutdeutsch*/*Wagner*, Kap 7, Rz. 228.

II. Nachträgliche Änderungen mit Rückwirkung auf die Ehezeit (Absatz 2)

Eine Entscheidung[1] über die Teilung eines Anrechts der obigen Versorgungen ist gem. Abs. 2 dann abänderbar, wenn sich **nachträglich rechtliche oder tatsächliche Umstände** geändert haben, die für die **Bewertung** des Ausgleichswerts eines Anrechts **maßgeblich** sind. Wie im alten Recht muss ein **Bezug zur Ehezeit** gegeben sein. Das Stichtagsprinzip[2] gilt fort.

Zu denken ist an **Rechtsänderungen** wie neue rentenrechtliche Bestimmungen oder Neuregelungen im Beamtenversorgungsrecht sowie **tatsächliche Änderungen** wie die nachträgliche Zuerkennung von **Kindererziehungszeiten**, Änderungen der **maßgebenden Versorgungsordnung**, die vorzeitige Dienstunfähigkeit, durch die sich das **Zeit-Zeit-Verhältnis** bei der Berechnung des Ehezeitanteils ändert, das **Ausscheiden des Beamten** aus dem Dienst,[3] die Wertänderung von **beitragsfreien Zeiten** in der gesetzlichen Rentenversicherung, **die in die** Ehezeit fallen,[4] sowie die Zurückerstattung von zu Unrecht gezahlten Pflichtbeiträgen zur ges. Rentenversicherung.[5]

Demgegenüber besteht **kein Bezug zur Ehezeit** bei der Übernahme als Beamter auf Lebenszeit, der Erhöhung der Dienstbezüge, die auf einer **Beförderung**, der Eingruppierung in eine **höhere Dienstaltersstufe** oder einer **Besoldungserhöhung** beruht, einer erst **später erkennbaren groben Unbilligkeit** nach § 27 VersAusglG,[6] soweit die die grobe Unbilligkeit begründenden Tatbestände zum Zeitpunkt der Erstentscheidung bereits abgeschlossen waren, einer nachehelichen Vereinbarung und einer fehlerhaften Anwendung des IPR.[7] Ob der vorzeitige Eintritt in den Ruhestand unter Hinnahme eines Versorgungsabschlags keinen Abänderungsgrund darstellt,[8] erscheint fraglich.

Auch die Herabsetzung des Höchstbetrags der Beamtenversorgung von 75 % auf 71,75 % ab dem 1.1.2003 ist kein Anlass für die nachträgliche Korrektur einer Teilungsentscheidung.[9]

Rechtsanwendungsfehler[10] und die Nichteinbeziehung von Anrechten in die Ausgleichsberechnung des Ursprungsverfahrens („vergessene oder verheimlichte An-

---

1 Erfasst werden nur Entscheidungen nach dem VersAusglG; die Abänderung von Entscheidungen, die nach altem Recht ergangen sind, ist in §§ 51, 52 VersAusglG geregelt. Diese Vorschriften werden im Anhang zu §§ 225 bis 227 kommentiert.
2 Alle für die Höhe der Versorgung maßgeblichen Daten werden zum Ende der Ehezeit festgeschrieben (§ 5 Abs. 2 Satz 1 VersAusglG). Zum alten Recht s. BGH v. 1.7.1981 – IVb ZB 659/80, FamRZ 1981, 856 f.; BGH v. 14.7.1982 – IVb ZB 865/81, FamRZ 1982, 1005 f.; BGH v. 13.5.1987 – IVb ZB 118/82, FamRZ 1987, 918 f.
3 So OLG Oldenburg v. 11.6.2012 – 13 UF 56/12, FamRZ 2012, 1945. Beim Ausscheiden aus dem Dienst wird ein Beamter nachversichert. Die an die Stelle der Beamtenversicherung tretende Rentenanwartschaft bei der GRV hat eine geringere Höhe als die Beamtenversorgung.
4 Durch den Erwerb von Beitragszeiten nach der Ehezeit ändert sich die Bewertung der beitragsfreien Zeiten.
5 BGH v. 28.9.2005 – XII ZB 31/03, FamRZ 2005, 2055.
6 BGH v. 11.10.2006 – XII ZB 39/03, FamRZ 2007, 360; BGH v. 2.10.1996 – XII ZB 96/93, FamRZ 1996, 1540; OLG Hamm v. 4.6.2002 – 3 UF 364/01, FamRZ 2003, 236; OLG Celle v. 27.1.2003 – 10 UF 174/02, FamRZ 2003, 1291. Das gilt selbst dann, wenn sie bei der Erstentscheidung vorbehalten wurde. Wenn bereits andere Gründe die Abänderung rechtfertigen, ist in deren Rahmen eine neue Billigkeitsprüfung durchzuführen (§ 226 Abs. 3), wobei jedoch Gründe, die bereits zum Zeitpunkt des Wertausgleichs bei der Scheidung bekannt waren, unberücksichtigt bleiben (zum alten Recht: KG v. 25.2.2005 – 18 UF 259/02, FamRZ 2005, 1487, OLG Zweibrücken v. 15.6.2007 – 6 UF 53/07, FamRZ 2007, 1750 m. krit. Anm. d. Red.). Nach der neuen Rspr. des BGH kann ein erst nachträglich bekannt gewordener Härtegrund jedenfalls eine Erhöhung des Ausgleichs hindern BGH v. 11.10.2006 – XII ZB 39/03, FamRZ 2007, 360.
7 OLG Stuttgart v. 31.7.2001 – 15 UF 204/01, FamRZ 2002, 614. Auch die rechtsirrige Durchführung des VA zwischen Ausländern kann nicht korrigiert werden, BGH v. 25.5.2005 – XII ZB 185/01, FamRZ 2005, 1467.
8 So OLG Koblenz v. 5.2.2007 – 13 UF 726/06, FamRZ 2007, 1248.
9 Durch die Absenkung ändert sich allein der Abflachungsbetrag, der jedoch als nicht ausgleichsreifer Bestandteil der Versorgung (§ 19 Abs. 2 Nr. 2 VersAusglG) nicht Gegenstand des Wertausgleichs bei der Scheidung ist.
10 OLG Koblenz v. 23.11.2012 – 13 UF 592/12, NJW 2013, 1171.

rechte") sind nach überwiegender Ansicht kein Abänderungsgrund.[1] Nach der hier vertretenen Ansicht bleibt der schuldrechtliche Ausgleich der vergessenen oder verheimlichten Anrechte jedoch möglich.[2]

8   Bei der externen Teilung eines Anrechts stellt eine **unterschiedliche Wertentwicklung** der auszugleichenden Versorgung und der Zielversorgung **keinen Abänderungsgrund** dar.[3]

III. Wesentlichkeit der Änderung (Absatz 3)

9   Abs. 3, der an die Stelle von § 10a Abs. 2 Satz 2 VAHRG getreten ist, enthält wie die frühere Regelung eine absolute und eine relative Wesentlichkeitsgrenze, die für eine Abänderung grundsätzlich kumulativ überschritten werden müssen. Die wesentliche Änderung muss

– mindestens 5 % des bisherigen Ausgleichswerts – bezogen auf den Ausgleichswert des abzuändernden Anrechts – betragen
und
– 1 % der **zum Ende der Ehezeit maßgeblichen** Bezugsgröße nach § 18 Abs. 1 SGB IV (bei Anrechten, bei denen der Rentenwert die Bezugsgröße bildet) oder 120 % der Bezugsgröße nach § 18 SGB IV[4] (bei den übrigen Anrechten).

überschreiten. Da sich die Abänderung jetzt auf das wertverändernde Anrecht beschränkt, beziehen sich auch die **Wesentlichkeitsgrenzen** nicht mehr auf den Gesamtausgleichsbetrag, sondern auf die Änderung des Ausgleichswerts des einzelnen Anrechts. Die Grenzwerte wurden gegenüber der früheren Regelung (§ 10a Abs. 1 Satz 2 VAHRG) verändert; die relative Wesentlichkeitsgrenze wurde von 10 % auf 5 % abgesenkt und die absolute Wesentlichkeitsgrenze von 0,5 % auf 1 % der Bezugsgröße angehoben.

IV. Abänderung unabhängig von der Wesentlichkeitsgrenze (Absatz 4)

10   Abs. 4, der § 10a Abs. 2 Nr. 2 VAHRG entspricht, eröffnet wie die alte Regelung die Möglichkeit der Abänderung unabhängig von der Wesentlichkeitsgrenze, wenn die Änderung durch die Anrechnung der im VA übertragenen Anrechte nach § 52 SGB VI zur Erfüllung einer Wartezeit,[5] beispielsweise nach § 50 SGB VI, § 237a SGB VI oder § 243b SGB VI führt.

Die besondere Voraussetzungen für den Bezug einer **Erwerbsminderungsrente** (drei Jahre versicherungspflichtige Tätigkeit in den letzten fünf Jahren, § 43 Abs. 1 Nr. 2 und Abs. 2 Nr. 2 SGB VI) kann durch die im VA zugerechneten Wartezeiten **nicht** erfüllt werden.

V. Vorteilhaftigkeit der Abänderung (Absatz 5)

11   Abs. 5 entspricht dem früheren § 10a Abs. 2 Nr. 3 VAHRG. Die Regelung soll verhindern, dass von einem **Versorgungsträger** ein Abänderungsantrag gestellt wird, der

---

1 Johannsen/Henrich/*Holzwarth*, § 51 VersAusglG, Rz. 2; *Götsche*, FamRB 2012, 122 (123); OLG Saarbrücken v. 26.3.2010 – 6 WF 33/10, FamRZ 2010, 1909; KG Berlin v. 12.6.2012 – 13 UF 199/11, FamFR 2012, 444; Müko.ZPO/*Stein*, § 225 FamFG, Rn. 19; OLG Oldenburg v. 20.9.2012 – 14 UF 96/12, NJW 2012, 3795; Bedenken gegen den Ausschluss äußert *Borth*, FamRZ 2012, 337 ff.
2 Dies wird in der Rspr. z.T. mit dem Argument abgelehnt, dass der schuldrechtliche Ausgleich nicht der Fehlerkorrektur diene (OLG Oldenburg v. 20.9.2012 – 14 UF 96/12, NJW 2012, 3795; BGH v. 28.10.1992 – XII ZB 114/91, FamRZ 1993, 304).
3 BT-Drucks. 16/10144, S. 97.
4 Im Jahr 2013 beträgt die Bezugsgröße nach § 18 SGB IV 2 695 Euro monatlich; 1 % der Bezugsgröße entspricht somit 26,95 Euro; 120 % der Bezugsgröße entsprechen 3 234 Euro.
5 Die Wartezeiten in der gesetzlichen Rentenversicherung betragen fünf Jahre als Voraussetzung für den Bezug der Altersrente, 20 Jahre als Voraussetzung für den Bezug einer Rente wegen voller Erwerbsminderung, 25 Jahre als Voraussetzung für den Bezug einer Altersrente für langjährig unter Tage beschäftigte Bergleute und einer Altersrente für Bergleute vom 50. Lebensjahr an, 35 Jahre für den Bezug der Altersrente langjährig Versicherter und Schwerbehinderter und 15 Jahre für eine Altersrente wegen Arbeitslosigkeit (§ 243b SGB VI) und eine Altersrente für Frauen, die vor 1952 geboren sind (§ 237a SGB VI).

sich **nur zu dessen Gunsten** auswirkt.[1] Dies ist beispielsweise der Fall, wenn ein beteiligter Versorgungsträger nach dem Tod eines Ehegatten eine Abänderung beantragt, die sich für den überlebenden Ehegatten negativ auswirkt.[2] Unschädlich ist dagegen, dass eine Änderung, die sich zugunsten eines Ehegatten auswirkt, auch den wirtschaftlichen Interessen eines Versorgungsträgers entgegenkommt.

Das Begünstigungserfordernis ist auch erfüllt, wenn ein Ehegatte mit der Geltendmachung eines Ausgleichs nach der Scheidung (§ 20 VersAusglG) eine vergleichbare Verbesserung erreichen könnte wie durch eine Abänderung des Wertausgleichs bei der Scheidung.

Die Ausschlussregelung des Abs. 5 greift zudem dann ein, wenn beide Ehegatten die Abänderung unterschiedlicher Anrechte erstreben und die gegenläufigen Änderungen sich neutralisieren würden. **12**

Kosten/Gebühren: Gericht: Das Verfahren über eine Abänderung einer Entscheidung gilt als besonderes Verfahren (§ 31 Abs. 2 Satz 1 FamGKG), so dass nochmals Gerichtskosten entstehen. **RA:** Das Abänderungsverfahren ist eine neue Angelegenheit, für das der RA die Gebühren erneut fordern kann. **13**

§ 226 Durchführung einer Abänderung des Wertausgleichs bei der Scheidung

(1) **Antragsberechtigt sind die Ehegatten, ihre Hinterbliebenen und die von der Abänderung betroffenen Versorgungsträger.**
(2) Der Antrag ist frühestens sechs Monate vor dem Zeitpunkt zulässig, ab dem ein Ehegatte voraussichtlich eine laufende Versorgung aus dem abzuändernden Anrecht bezieht oder dies aufgrund der Abänderung zu erwarten ist.
(3) § 27 des Versorgungsausgleichsgesetzes gilt entsprechend.
(4) Die Abänderung wirkt ab dem ersten Tag des Monats, der auf den Monat der Antragstellung folgt.
(5) Stirbt der Ehegatte, der den Abänderungsantrag gestellt hat, vor Rechtskraft der Endentscheidung, hat das Gericht die übrigen antragsberechtigten Beteiligten darauf hinzuweisen, dass das Verfahren nur fortgesetzt wird, wenn ein antragsberechtigter Beteiligter innerhalb einer Frist von einem Monat dies durch Erklärung gegenüber dem Gericht verlangt. Verlangt kein antragsberechtigter Beteiligter innerhalb der Frist die Fortsetzung des Verfahrens, gilt dieses als in der Hauptsache erledigt. Stirbt der andere Ehegatte, wird das Verfahren gegen dessen Erben fortgesetzt.

A. Allgemeines	1	III. Härtefallregelung (Absatz 3)	6
B. Inhalt der Vorschrift		IV. Wirksamkeit (Absatz 4)	9
I. Antragsberechtigung (Absatz 1)	2	V. Tod des Antragstellers oder Antragsgegners (Absatz 5)	12
II. Antragszeitpunkt (Absatz 2)	4		

A. Allgemeines

§ 226 enthält besondere Regelungen für die Durchführung des Abänderungsverfahrens. Abs. 1 regelt die Antragsberechtigung und entspricht dem alten § 10a Abs. 4 VAHRG. Abs. 2 ersetzt die Regelung des § 10a Abs. 5 VAHRG und regelt die zeitliche Beschränkung für die Beantragung einer Abänderungsentscheidung. Durch Abs. 3 wird der Anwendungsbereich der Härtefallregelung des § 27 VersAusglG auf Abänderungsverfahren erstreckt. Durch Abs. 4 wird schließlich – entsprechend der Regelung des § 10a Abs. 7 Satz 1 VAHRG aF – die Wirksamkeit von Abänderungsentscheidungen geregelt. Abs. 5 ersetzt die Regelung des § 10a Abs. 10 VAHRG aF und trifft Regelungen über den Fortgang des Verfahrens nach dem Tod eines Beteiligten. **1**

---

1 Zur früheren Regelung gleichen Inhalts: BT-Drucks. 10/5447, S. 19.
2 Friederici/Kemper/*Götsche*, § 225 FamFG Rz. 32.

B. Inhalt der Vorschrift

I. Antragsberechtigung (Absatz 1)

2 Zur Einleitung eines Abänderungsverfahrens ist stets ein Antrag erforderlich. Neben den **Ehegatten** haben auch die **Hinterbliebenen**[1] des Verpflichteten und des Berechtigten[2] ein Antragsrecht. Das ist dann von Bedeutung, wenn der Ehegatte selbst vor dem zulässigen Antragszeitpunkt (Abs. 2) verstirbt.

3 Das außerdem den **Versorgungsträgern** eingeräumte Antragsrecht soll nach der Vorstellung des Gesetzgebers zur inhaltsgleichen gesetzlichen Regelung des § 10a Abs. 4 VAHRG aF[3] Manipulationen der Ehegatten zulasten der Versorgungsträger verhindern, etwa bei einer nachträglichen Erhöhung des Ausgleichsbetrags in einem Zeitpunkt vor Eintritt des Berechtigten in das Rentenalter, aber nach Beginn des Bezugs von Rente oder Pension durch den Verpflichteten. Die nach altem Recht bestehenden Zweifel am Sinngehalt dieser Regelung[4] dürften sich erledigt haben, nachdem mit der Reform des VA die Besitzstandsregelungen des § 101 Abs. 3 SGB VI und des § 57 Abs. 1 Satz 2 BeamtVG (Rentnerprivileg und Pensionärsprivileg) entfallen sind.

II. Antragszeitpunkt (Absatz 2)

4 Abs. 2 regelt, ab welchem Zeitpunkt ein Antrag auf Abänderung nach § 226 zulässig ist. Gegenüber der früheren Regelung in § 10a Abs. 5 VAHRG ist die Möglichkeit, bereits nach Vollendung des 55. Lebensjahres eines Ehegatten die Abänderung zu beantragen, entfallen. Gleichzeitig wird die Antragstellung bereits **sechs Monate vor** dem erwarteten **Rentenbeginn** gestattet. Die mit dieser Neugestaltung beabsichtigte Verschiebung von Abänderungsverfahren auf einen kurz vor dem Leistungsanfall gelegenen Zeitpunkt soll eine konzentrierte **Berücksichtigung sämtlicher Änderungen** bis zum Renteneintritt in **einem Verfahren** ermöglichen[5] und die Durchführung unnötiger weiterer Abänderungsverfahren vermeiden. Der Zeitpunkt entspricht zudem der Regelung in § 50 Abs. 2 VersAusglG[6] und § 120d SGB VI.[7]

5 Die Möglichkeit der Antragstellung beginnt sechs Monate vor dem Beginn des Leistungsbezuges aus dem Anrecht, dessen Abänderung beantragt wird. Führt erst die beantragte Abänderung zu einer Leistungsberechtigung, beispielsweise durch die Erfüllung der Wartezeit durch die Erhöhung des Ausgleichswerts und der damit verbundenen Wartezeitgutschrift gem. § 52 SGB VI, ist der Zeitpunkt maßgeblich, zu dem ein Leistungsbezug aus dem abgeänderten Anrecht zu erwarten ist.

III. Härtefallregelung (Absatz 3)

6 Der Verweis in Abs. 3 auf die Härtefallregelung des § 27 VersAusglG, die den Ausschluss des VA bei grober Unbilligkeit ermöglicht, ersetzt die Billigkeitsregelung des alten § 10a Abs. 3 VAHRG und ermöglicht es dem Gericht, die Billigkeit der zu treffenden Abänderungsentscheidung zu prüfen und so und aufgrund besonderer Umstände von einer schematischen Abänderung abzusehen. § 27 VersAusglG hat folgenden Wortlaut:

---

1 Die Hinterbliebenen sind die Abkömmlinge und – soweit vorhanden – der neue Ehegatte oder Lebenspartner des Verstorbenen.
2 BT-Drucks. 10/6369, S. 22 für die inhaltsgleiche Regelung des § 10a Abs. 4 VAHRG aF.
3 BT-Drucks. 10/5447, S. 19.
4 Hierzu eingehend Staudinger/*Rehme*, § 10a VAHRG, Rz. 96; Soergel/*Hohloch*, § 10a VAHRG, Rz. 27.
5 Die Regelung folgt einer Empfehlung des 15. Deutschen Familiengerichtstages.
6 § 50 Abs. 2 VersAusglG regelt die Antragsbefugnis zur Wiederaufnahme eines nach dem VAÜG ausgesetzten Verfahrens.
7 § 120c und § 120d SGB VI (idF ab 1.1.2008) regeln die Antragsbefugnis zur Abänderung des Rentensplittings gegenüber dem Versorgungsträger.

„Ein Versorgungsausgleich findet ausnahmsweise nicht statt, soweit er grob unbillig wäre. Dies ist nur der Fall, wenn die gesamten Umstände des Einzelfalls es rechtfertigen, von der Halbteilung abzuweichen."

Bei der vorzunehmenden Gesamtschau der beiderseitigen Verhältnisse der Ehegatten hat das Gericht im Einzelfall „ein dem Zweck des Versorgungsausgleichs und den Verfassungsnormen, insbesondere den Art. 6 Abs. 1, Art. 3 Abs. 2 GG entsprechendes Ergebnis zu erzielen, das ungerechte Schematisierungen vermeidet".[1]

Von Bedeutung sind insbesondere der nacheheliche Erwerb von Anrechten, die jeweilige Bedürftigkeit, die Gründe für die Veränderung des Ehezeitanteils und damit des Ausgleichswerts. Dabei sind nur solche Umstände berücksichtigungsfähig, die nachträglich entstanden sind. Die bereits bei der Erstentscheidung vorliegenden, aber nicht geltend gemachten bzw. nicht berücksichtigten Umstände sind im Abänderungsverfahren nicht berücksichtigungsfähig, auch wenn sie erst nachträglich bekannt geworden sind; dies gilt jedoch nicht, soweit sich der Ausgleichspflichtige gegen eine Erhöhung des Ausgleichswertes verteidigt.[2]

Ein Ausschluss der Abänderung ist beispielsweise bei einem **erheblichen wirtschaftlichen Ungleichgewicht** in Betracht zu ziehen. Dieses ist anzunehmen, wenn der durch die Abänderung Begünstigte in erheblich besseren wirtschaftlichen Verhältnissen lebt als der durch die Abänderung Belastete und seinen Lebensbedarf auch ohne die Erhöhung des abzuändernden Anrechts bestreiten könnte, während der durch die Abänderung Belastete auf das betreffende Anrecht in seiner bisherigen Höhe für die Deckung seines angemessenen Lebensbedarfs dringend angewiesen ist. Dabei sind auch Unterhaltsverpflichtungen des Ausgleichspflichtigen, die gegenüber dem Ausgleichsberechtigten mindestens gleichrangig sind, zu berücksichtigen.

IV. Wirksamkeit (Absatz 4)

Abs. 4 entspricht der früheren Regelung des § 10a Abs. 7 Satz 1 VAHRG. Die Abänderung wird gem. § 224 Abs. 1 mit Rechtskraft wirksam (s. § 224 Rz. 1–7a), entfaltet ihre rechtsgestaltende Wirkung jedoch nicht ex nunc, sondern – wie in den Anpassungsverfahren nach § 34 Abs. 3, § 36 Abs. 3 und § 38 Abs. 2 VersAusglG – rückwirkend ab dem ersten Tag des Monats, der auf den Monat der **Antragstellung** folgt. Damit wird gewährleistet, dass die Wirkung der Abänderung nicht von der Dauer des Verfahrens, sondern nur vom Zeitpunkt der Antragstellung – dem Eingang des Antrags bei Gericht – abhängt.[3]

Die Vorschriften zum Schutz des Versorgungsträgers vor Doppelleistungen, die infolge der Rückwirkung in der Zeit zwischen Antragstellung und Rechtskraft der Abänderungsentscheidung eintreten könnten,[4] sind nun in § 30 VersAusglG enthalten.

Der Versorgungsträger kann danach bis zum Ende des auf seine Kenntnis von der Rechtskraft der Abänderungsentscheidung folgenden Monats, mit befreiender Wirkung Leistungen an die bisher berechtigte Person erbringen (§ 30 Abs. 2 VersAusglG). Die infolge der (rückwirkenden) Abänderung ohne Rechtsgrund erbrachten Leistungen sind nach den Grundsätzen des Bereicherungsrechts[5] zwischen den Ehegatten bzw. Hinterbliebenen auszugleichen (§ 30 Abs. 3 VersAusglG).

V. Tod des Antragstellers oder Antragsgegners (Absatz 5)

Die Regelung in Abs. 5 entspricht inhaltlich § 10a Abs. 10 VAHRG, wurde jedoch an die Systematik des neuen VA angepasst. Anders als in verschiedenen anderen Verfahren, wo das Verfahren im Fall des Todes als erledigt gilt (§§ 131, 181, 208 FamFG),

---

1 So BGH v. 21.3.1979 – IV ZB 142/78, FamRZ 1979, 477 zu § 1587c aF BGB.
2 BGH v. 11.10.2006 – XII ZB 39/09, FamRZ 2007, 360.
3 MüKo.ZPO/*Stein*, § 226 FamFG Rz. 13.
4 Nach altem Recht geregelt in § 10a Abs. 7 Satz 2 VAHRG.
5 Rechtsgrundlage ist § 816 Abs. 2 BGB, weil der Versorgungsträger mit befreiender Wirkung (§ 30 Abs. 1 Satz 1, Abs. 2 VersAusglG) an den Ehegatten, dessen Berechtigung aufgrund der Abänderungsentscheidung entfallen ist, geleistet hat.

differenziert Abs. 5 danach, ob der antragstellende Ehegatte (Abs. 5 Satz 1 und 2) oder der andere Ehegatte (Abs. 5 Satz 3) während eines Abänderungsverfahrens verstirbt.

13 Im ersteren Fall – beim Tod des antragstellenden Ehegatten – wird das Verfahren nur auf Verlangen der **Hinterbliebenen** des Verstorbenen das Verfahren **fortgesetzt**. Stirbt der Antragsgegner, so ist das Verfahren **gegen** dessen **Erben** als Prozessstandschafter **fortzusetzen**, denn die begehrte Änderung kann sich für den antragstellenden Ehegatten künftig noch auswirken.

14 Gegenüber der bisherigen Regelung wurde die **Frist für das Fortsetzungsverlangen** der Hinterbliebenen nach Abs. 5 Satz 1, 2 von drei Monaten auf **einen Monat** verkürzt. Die Verkürzung der Frist rechtfertigt sich durch die neu in die gesetzliche Regelung aufgenommene Benachrichtigungspflicht des Gerichts. Die Frist beginnt für einen Beteiligten erst zu laufen, wenn ihm der gerichtliche Hinweis zugeht.

15 Nach **Versäumung** der Frist können die antragsberechtigten **Hinterbliebenen** des Antragstellers ggf. ein **eigenständiges** Verfahren einleiten, wobei sich die Rückwirkung (nach Abs. 4) dann jedoch nach der Antragstellung im neuen Verfahren bestimmt.

227 *Sonstige Abänderungen*

(1) Für die Abänderung einer Entscheidung über Ausgleichsansprüche nach der Scheidung nach den §§ 20 bis 26 des Versorgungsausgleichsgesetzes ist § 48 Abs. 1 anzuwenden.
(2) Auf eine Vereinbarung der Ehegatten über den Versorgungsausgleich sind die §§ 225 und 226 entsprechend anzuwenden, wenn die Abänderung nicht ausgeschlossen worden ist.

A. Allgemeines

1 Abs. 1 bestimmt die – früher im materiellen Recht des VA verstreut geregelten[1] – Abänderungsvoraussetzungen für Entscheidungen über Ausgleichsansprüche nach der Scheidung, dem früheren „schuldrechtlichen VA". In Abs. 2 sind die in § 10a Abs. 9 VAHRG aF geregelten Abänderungsvoraussetzungen für Vereinbarungen über den VA geregelt (Abs. 2).

B. Inhalt der Vorschrift

I. Abänderung von Entscheidungen über Ausgleichsansprüche nach der Scheidung (Absatz 1)

2 Die Abänderung einer Entscheidung über **Ausgleichsansprüche nach der Scheidung** ist nach der allgemeinen Vorschrift des § 48 Abs. 1 möglich. Dort ist geregelt, dass rechtskräftige Endentscheidungen mit **Dauerwirkung** wegen **wesentlicher nachträglicher Veränderungen** bei Tatsachen- oder Rechtsgrundlagen aufgehoben oder geändert werden können (s. § 48 Rz. 4–9).

In den Anwendungsbereich des § 227 Abs. 1 fallen sowohl Entscheidungen über den „schuldrechtlichen VA" und den „verlängerten schuldrechtlichen VA" nach altem Recht als auch Entscheidungen über Ausgleichsansprüche nach der Scheidung und auf Teilhabe an der Hinterbliebenenversorgung gem. § 20 ff. VersAusglG.

3 Entscheidungen, die nicht die Zahlung einer Rente, sondern eines **Kapitalbetrags** anordnen, können wegen **fehlender Dauerwirkung** nicht abgeändert werden. Betroffen sind Ansprüche

---

1 Die Abänderungsvoraussetzungen waren geregelt in §§ 1587g Abs. 3, 1587i Abs. 3 BGB und § 3a Abs. 6 VAHRG.

- auf Ausgleich von Kapitalzahlungen (§ 23 VersAusglG) aus nicht ausgeglichenen Anrechten nach dem BetrAVG oder dem AltZertG, die auf eine Kapitalzahlung gerichtet sind und nach der Reform nicht mehr im Zugewinnausgleich, sondern im VA ausgeglichen werden,[1]
- auf Abfindung einer Rente (früher §§ 1587l bis 1587n BGB, jetzt § 24 VersAusglG).

Nach alter Gesetzeslage waren die Abänderungsvoraussetzungen für Entscheidungen über den schuldrechtlichen VA oder den verlängerten schuldrechtlichen VA im materiellen Versorgungsausgleichsrecht geregelt.[2] Von den früheren Fallkonstellationen verbleiben nach der Reform des VA folgende Entscheidungen mit Dauerwirkung als möglicher Gegenstand eines Abänderungsverfahrens: **4**

- Entscheidungen über eine **schuldrechtliche Ausgleichsrente** (früher § 1587g BGB, jetzt § 20 VersAusglG) und die **Abtretung** der gegen den Versorgungsträger bestehenden Ansprüche (früher § 1587i BGB, jetzt § 21 VersAusglG) und
- Entscheidungen über die **Teilhabe an der Hinterbliebenenversorgung** (§§ 25 und 26 VersAusglG), dem vormaligen „verlängerten schuldrechtlichen VA" (§ 3a VAHRG aF)

Einstweilen frei. **5**

Im Anwendungsbereich des § 227 kommen als wesentliche nachträgliche Änderungen alle **tatsächlichen** und **rechtlichen** Veränderungen, die **Auswirkungen** auf die **Höhe** der schuldrechtlich geteilten Rente haben, in Betracht. Auch die Änderung der höchstrichterlichen Rechtsprechung kann eine Abänderung rechtfertigen.[3] **6**

In der Kommentarliteratur wird eine Veränderung erst als **wesentlich** angesehen, wenn sie zu einer Veränderung des Ausgleichswertes um mehr als 10 % führt.[4] Nach der hier vertretenen Auffassung sollte sich die Zulässigkeit der Abänderung schuldrechtlicher Ausgleichsansprüche an den für dingliche Teilungsentscheidungen geltenden Bestimmungen (§ 225 Abs. 3) orientieren. Danach wäre bereits eine Änderung von 5 % des bisherigen Ausgleichswerts, mindestens jedoch 1 % der Bezugsgröße nach § 18 Abs. 1 SGB IV[5] als wesentlich anzusehen.

II. Abänderung von Vereinbarungen über den VA (Absatz 2)

Die Zulässigkeit und das Verfahren für die Abänderung von Vereinbarungen über den VA bestimmen sich nach §§ 225 und 226 FamFG, Abänderungsmaßstab nach altem Recht waren die entsprechend anwendbaren Vorschriften des § 10a Abs. 1 bis 8 VAHRG.[6] **7**

Die Abänderungsvoraussetzungen der §§ 225, 226 gelten nach dem Wortlaut des § 227 auch für Vereinbarungen, die vor dem 1.9.2009 geschlossen wurden. Falls erforderlich, sind hier für die Abänderung die in §§ 51, 52 VersAusglG niedergelegten Grundsätze ergänzend heranzuziehen.[7] Vereinbarungen über Ausgleichsansprüche nach der Scheidung, die ebenfalls vom Wortlaut des § 227 Abs. 2 erfasst sind, sollten – da §§ 225, 226 auf diese Entscheidungen ersichtlich nicht zugeschnitten sind – nach Maßgabe des § 48 abgeändert werden.[8]

Die Abänderung ist bei Vereinbarungen möglich, soweit sie nicht vertraglich ausgeschlossen ist. Auf der Grundlage der Vereinbarung muss sich feststellen lassen, welche Leistung zur Erfüllung des Anspruchs auf VA vereinbart wurde, damit diese **8**

---

1 § 2 Abs. 2 Nr. 3 VersAusglG.
2 §§ 1587g Abs. 3 (für Entscheidungen über eine schuldrechtliche Ausgleichsrente), 1587i Abs. 3 BGB (für Entscheidungen über die Abtretung von Ansprüchen gegen den Versorgungsträger), § 3a Abs. 6 VAHRG (für Entscheidungen über den verlängerten schuldrechtlichen VA).
3 MüKo.ZPO/*Stein*, § 227 FamFG Rz. 6.
4 MüKo.ZPO/*Stein*, § 227 FamFG Rz. 7.
5 2013: 26,95 Euro.
6 Entsprechend anwendbar gem. § 10a Abs. 9 VAHRG aF.
7 Weitergehend MüKo.ZPO/*Stein*, § 227 FamFG Rz. 12, der eine Abänderung von Altvereinbarung ausschließlich nach Maßgabe der §§ 51, 52 VersAusglG befürwortet.
8 So auch MüKo.ZPO/*Stein*, § 227 FamFG Rz. 5.

ggf. angepasst werden kann. Weitere Voraussetzung für eine Abänderung ist, dass der Vereinbarung ein Rechenwerk zugrunde lag, welches eine Quantifizierung der eingetretenen Veränderung erlaubt. Lag der Vereinbarung nur eine **grobe Schätzung** zugrunde, so wird eine Abänderung nur dann in Betracht kommen, wenn diese Schätzung sich als gänzlich falsch erweist, weil geringere – also nicht wesentliche – Abweichungen nach § 225 Abs. 3 hinzunehmen sind.

9 Die Zulässigkeitsvoraussetzungen nach §§ 225, 226 gehen als **Spezialregelungen** den allgemeinen Regeln zur Vertragsanpassung wegen Fehlens oder Wegfalls der Geschäftsgrundlage vor.[1]

10 **Kosten/Gebühren: Gericht:** Das Verfahren über eine Abänderung einer Entscheidung gilt als besonderes Verfahren (§ 31 Abs. 2 Satz 1 FamGKG), so dass nochmals Gerichtskosten entstehen. **RA:** Das Abänderungsverfahren ist eine neue Angelegenheit, für das der RA die Gebühren erneut fordern kann.

Anhang zu §§ 225–227
Übergangsbestimmungen für die Abänderung von Entscheidungen, die nach dem alten Recht ergangen sind

51 *VersAusglG Zulässigkeit einer Abänderung des öffentlich-rechtlichen Versorgungsausgleichs*

(1) Eine Entscheidung über einen öffentlich-rechtlichen Versorgungsausgleich, die nach dem Recht getroffen worden ist, das bis zum 31. August 2009 gegolten hat, ändert das Gericht bei einer wesentlichen Wertänderung auf Antrag ab, indem es die in den Ausgleich einbezogenen Anrechte nach den §§ 9 bis 19 teilt.
(2) Die Wertänderung ist wesentlich, wenn die Voraussetzungen des § 225 Abs. 2 und 3 des Gesetzes über das Verfahren in Familiensachen und in den Angelegenheiten der freiwilligen Gerichtsbarkeit vorliegen, wobei es genügt, dass sich der Ausgleichswert nur eines Anrechts geändert hat.
(3) Eine Abänderung nach Absatz 1 ist auch dann zulässig, wenn sich bei Anrechten der berufsständischen, betrieblichen oder privaten Altersvorsorge (§ 1587a Abs. 3 oder 4 des Bürgerlichen Gesetzbuchs in der bis zum 31. August 2009 geltenden Fassung) der vor der Umrechnung ermittelte Wert des Ehezeitanteils wesentlich von dem dynamisierten und aktualisierten Wert unterscheidet. Die Aktualisierung erfolgt mithilfe der aktuellen Rentenwerte der gesetzlichen Rentenversicherung. Der Wertunterschied nach Satz 1 ist wesentlich, wenn er mindestens 2 Prozent der zum Zeitpunkt der Antragstellung maßgeblichen monatlichen Bezugsgröße nach § 18 Abs. 1 des Vierten Buches Sozialgesetzbuch beträgt.
(4) Eine Abänderung nach Absatz 3 ist ausgeschlossen, wenn für das Anrecht nach einem Teilausgleich gemäß § 3b Abs. 1 Nr. 1 des Gesetzes zur Regelung von Härten im Versorgungsausgleich noch Ausgleichsansprüche nach der Scheidung gemäß den §§ 20 bis 26 geltend gemacht werden können.
(5) § 225 Abs. 4 und 5 des Gesetzes über das Verfahren in Familiensachen und in den Angelegenheiten der freiwilligen Gerichtsbarkeit gilt entsprechend.

A. Vorbemerkung 1	III. Wertunterschiede durch die Dynamisierung eines Anrechts (Absätze 3 und 4) 8
B. Inhalt der Vorschrift	
I. Zulässigkeit der Abänderung 3	IV. Berechnung der Abänderung 16
II. Wertänderung durch die nachträgliche Änderung eines Anrechts (Absatz 2) . 6	V. Vorteilhaftigkeit der Abänderung (Absatz 5) 18

---
1 Johannsen/Henrich/*Hahne*, § 10a VAHRG Rz. 52 (zum alten Recht).

A. Vorbemerkung

Der verfahrensrechtliche Rahmen für die Abänderung von Entscheidungen über den öffentlich-rechtlichen Versorgungsausgleich, die nach altem Recht ergangen sind, erfordert eine besondere gesetzliche Regelung. Aufgrund der großen strukturellen Veränderungen, die die Reform des VA mit sich gebracht hat, sind die auf das neue Recht zugeschnittenen Vorschriften über die Abänderung von Entscheidungen (§§ 225 und 226 FamFG) auf die Abänderung von Altentscheidungen nicht anwendbar. Auch die weitere Anwendung der bisherigen Abänderungsbestimmung (§ 10a VAHRG) wäre nicht praktikabel gewesen, weil dies die Fortgeltung des alten Rechts in Abänderungsverfahren noch über Jahrzehnte festgeschrieben hätte, was weder für die Verfahrensbeteiligten noch für die Anwaltschaft und die Gerichtsbarkeit zumutbar gewesen wäre.

Da eine Abänderungsmöglichkeit für Altentscheidungen schon aus verfassungsrechtlichen Gründen eröffnet werden muss,[1] hat der Gesetzgeber mit den §§ 51 und 52 VersAusglG Abänderungsbestimmungen für Altentscheidungen geschaffen und diese nicht in das FamFG eingegliedert, sondern als Übergangsvorschriften in das VersAusglG aufgenommen.

B. Inhalt der Vorschrift

I. Zulässigkeit der Abänderung

Eine Altentscheidung wird bei einer **wesentlichen Wertänderung** auf Antrag (Abs. 1) abgeändert, wobei die Wertänderung auf nachträglichen Veränderungen mit Rückwirkung iSd. § 225 Abs. 2 bei mindestens einem Anrecht oder auf Wertverzerrungen durch die Dynamisierung eines der betroffenen Anrechte (Abs. 3) beruhen kann.

Die Wertänderung muss grundsätzlich die **Wesentlichkeitsgrenzen** nach Abs. 2 oder Abs. 3 übersteigen. Dies ist nach **Abs. 5 iVm. § 225 Abs. 4 FamFG** ausnahmsweise nicht erforderlich, wenn die Abänderung dazu führt, dass eine **Wartezeit**, beispielsweise nach den §§ 50, 237a oder 243b SGB VI, erfüllt wird.

Da nach den Strukturprinzipien des neuen VA nicht mehr ein Einmalausgleich aller Anrechte stattfindet, sondern alle einzubeziehenden Anrechte gesondert geteilt werden, ist auch für die Zulässigkeit der Abänderung abweichend von dem vormals geltenden § 10a Abs. 1 und 2 VAHRG nun allein entscheidend, ob sich der Ausgleichswert (**mindestens**) **eines Anrechts wesentlich geändert**, hat. Ob sich der gesamte Wertunterschied nach Saldierung der Ehezeitanteile geändert hat, ist dagegen für die Zulässigkeit des Abänderungsverfahrens nicht entscheidungserheblich.

II. Wertänderung durch die nachträgliche Änderung eines Anrechts (Absatz 2)

Abs. 2 definiert den Begriff der wesentlichen Wertänderung durch Verweisung auf § 225 Abs. 2 und 3 FamFG als eine über die Wesentlichkeitsgrenzen des § 225 Abs. 3 FamFG hinausgehende **nachträgliche Änderung rechtlicher** oder **tatsächlicher Umstände**, die für die Bewertung des Ausgleichswerts eines Anrechts maßgeblich sind (zur näheren Erläuterung s. § 225 Rz. 5 ff.).

Rechtsanwendungsfehler[2] und die Nichteinbeziehung von Anrechten in die Ausgleichsberechnung des Ursprungsverfahrens („vergessene oder verheimlichte Anrechte") sind nach überwiegender Ansicht kein Abänderungsgrund.[3] Selbst wenn die

---

1 So die Rspr. des BVerfG zur Erforderlichkeit von nachträglichen Abänderungsmöglichkeiten im Rahmen des bislang geltenden Rechts (BVerfG v. 16.11.1992 – 1 BvL 17/89, FamRZ 1993, 161).
2 OLG Koblenz v. 23.11.2012 – 13 UF 592/12, NJW 2013, 1171.
3 Johannsen/Henrich/*Holzwarth*, § 51 VersAusglG Rz. 2; *Götsche*, FamRB 2012, 122 (123); OLG Saarbrücken v. 26.3.2010 – 6 WF 33/10, FamRZ 2010, 1909; KG Berlin v. 12.6.2012 – 13 UF 199/11, FamFR 2012, 444; Müko. ZPO/*Stein*, § 225 FamFG, Rz. 19; OLG Oldenburg v. 20.9.2012 – 14 UF 96/12, NJW 2012, 3795; Bedenken gegen den Ausschluss äußert *Borth*, FamRZ 2012, 337 ff.

Wertänderung anderer Anrechte die Möglichkeit der Abänderung eröffnet, sind die vergessenen Anrechte nicht in den Ausgleich einzubeziehen (s. Rz. 16f.).

7   Die **absolute** Wesentlichkeitsgrenze (1 % der **bei Ende der Ehezeit maßgeblichen** Bezugsgröße nach § 18 Abs. 1 SGB IV) und die **relative Wesentlichkeitsgrenze** des § 225 Abs. 3 FamFG (mindestens 5 % des bisherigen Ausgleichswerts des jeweils abzuändernden Anrechts), müssen **kumulativ** überschritten werden (s. § 225 Rz. 9).

III. Wertunterschiede durch die Dynamisierung eines Anrechts (Absätze 3 und 4)

8   Nach Abs. 3 kann auch die unzutreffende Bestimmung des wirtschaftlichen Wertes eines nicht volldynamischen Anrechts[1] bei dessen Dynamisierung,[2] also der nach altem Recht erfolgten Umbewertung[3] zur Beantragung einer Abänderung berechtigen, wenn der ehezeitliche Nominalwert des Anrechts von dessen dynamisierten Wert, der im Umfang der Steigerung des aktuellen Rentenwerts seit Ehezeitende erhöht (= aktualisiert) wurde, wesentlich abweicht.

9   Vergleichsmaßstab für die Wesentlichkeit der Wertänderung sind damit
   – der zum Zeitpunkt der abzuändernden Entscheidung vom Versorgungsträger mitgeteilte bzw. vom Gericht ermittelte (nicht dynamisierte) Nominalwert des Ehezeitanteils des Anrechts und
   – der Wert, der sich ergibt, wenn der dynamisierte Wert des Ehezeitanteils durch den aktuellen Rentenwert bei Ehezeitende dividiert und mit dem aktuellen Rentenwert zum Zeitpunkt der Antragstellung im Abänderungsverfahren multipliziert wird.

10 Für die Zulässigkeitsprüfung wird dabei fingiert, dass sich der Nominalwert des Anrechts nicht geändert hat. Das FamG muss deshalb **für die Zulässigkeitsprüfung keine neuen Auskünfte** einholen. Diese werden erst dann benötigt, wenn die Zulässigkeit des Antrags festgestellt ist und der VA neu berechnet werden muss.

11 Der Wertunterschied ist **wesentlich** iSd. Abs. 1, wenn der Nominalwert den dynamisierten und aktualisierten Ehezeitanteil des Anrechts um einen Betrag von mindestens **zwei Prozent** der bei Antragstellung maßgeblichen monatlichen **Bezugsgröße nach § 18 Abs. 1 SGB IV**[4] übersteigt. Diese Abweichung entspricht wirtschaftlich der absoluten Wesentlichkeitsgrenze des § 225 Abs. 3 FamFG von einem Prozent der Bezugsgröße, weil sich der Ausgleichswert nur um die Hälfte des Wertunterschieds des Ehezeitanteils verändert. Maßgeblich ist hier – im Gegensatz zu Veränderungen nach Abs. 2 – die **bei Antragstellung** (im Abänderungsverfahren) maßgebliche Bezugsgröße.

Beispiel:

Antragstellung im Abänderungsverfahren	15. Februar 2011
Ehezeitende	31. Juli 2002
Alter der ausgleichspflichtigen Person bei Ehezeitende	56 Jahre
Ehezeitanteil des leistungsdynamischen Anrechts auf betriebliche Altersversorgung (Monatsrente)	**120 Euro**
Barwert: 7,7 × 150 % (Barwertfaktor nach Tabelle 1 der BarwertVO, erhöht um 50 % gem. § 2 Abs. 2 Satz 4 BarwertVO) × 120 Euro × 12 =	16 632 Euro
Dynamisierter Rentenwert: 16 632 Euro × 0,0001835894 (Umrechnungsfaktor Beiträge in EP) × 25,86 € (aktueller Rentenwert bei Ehezeitende) =	78,96 Euro
Aktualisierter dynamisierter Rentenwert: 78,96 Euro/25,86 × 27,20 =	**83,05 Euro.**

---

[1] Anrechte, deren Wert (im Anwartschaft- oder Leistungsstadium) nicht in gleicher oder nahezu gleicher Weise stieg wie der Wert der „Referenzanrechte" aus der gesetzlichen Rentenversicherung und Beamtenversorgung (§ 1587a Abs. 4 aF BGB).
[2] Zur Dynamisierung eingehend: Rahm/Künkel/*Wagner*, Kap. V, Rz. 281 ff.
[3] Die Umbewertung erfolgte in der Form, dass das in der Ehezeit angesparte Deckungskapital oder der mit Hilfe der BarwertVO ermittelte Barwert eines Anrechts fiktiv in die gesetzliche RV eingezahlt wurde. Der Rentenbetrag, der sich durch die Einzahlung des Deckungskapitals oder Barwerts ergäbe, floss in die Ausgleichsbilanz ein.
[4] Aktueller Wert (2013): 53,90 Euro.

Der Wertunterschied zwischen dem im Ursprungsverfahren mitgeteilten Nominalwert des Ehezeitanteils der Versorgung und dem aktualisierten dynamischen Rentenwert liegt mit 120 Euro –83,05 Euro = 36,95 Euro unterhalb der maßgeblichen Wesentlichkeitsgrenze von 2 % der Bezugsgröße nach § 18 Abs. 1 SGB IV (bei Antragstellung, 2011: 51,10 Euro), so dass eine Abänderung nicht zulässig ist.

Abs. 4 schließt die nach Abs. 3 zulässige Abänderung für Anrechte aus, für die noch „Ausgleichsansprüche nach der Scheidung"[1] geltend gemacht werden können, weil sie im Wege des erweiterten Wertausgleichs nach § 3b Abs. 1 Nr. 1 VAHRG aF nur teilweise – bis zur Höhe des Höchstbetrags (2 % der Bezugsgröße nach § 18 SGB IV) – ausgeglichen und im Übrigen auf den Ausgleich nach der Scheidung verwiesen wurden. 12

Betroffen sind meist Anrechte auf betriebliche Altersversorgung, die oftmals nicht vollständig ausgeglichen werden konnten, weil ihr hälftiger Ehezeitanteil den Höchstbetrag nach § 3b Abs. 1 Nr. 1 VAHRG aF überschritten hat oder ihr Ehezeitanteil zum Zeitpunkt der Erstentscheidung noch teilweise der Höhe nach verfallbar war. 13

Auf die dynamisierungsbedingte Wertverzerrung eines nur teilweise ausgeglichenen Anrechts kann die Zulässigkeit eines Abänderungsverfahrens nicht gestützt werden. Soweit das Abänderungsverfahren jedoch bereits aus einem anderen Grund zulässig ist,[2] greift der Ausschluss nach § 51 Abs. 4 VersAusglG nicht ein. 14

Die Einschränkung des Abs. 4 wurde in die gesetzliche Regelung aufgenommen, weil der „Wertausgleich nach der Scheidung" nach Einschätzung des Gesetzgebers gegenüber einem Abänderungsverfahren mit einem wesentlich geringeren Aufwand verbunden sei. Das Abänderungsverfahren mache eine vollständige Neuberechnung des VA erforderlich, während der (schuldrechtliche) „Wertausgleich nach der Scheidung" sich auf das nicht vollständig ausgeglichene Anrecht beschränke und dabei den nach altem Recht erfolgten Teilausgleich seiner tatsächlichen Wertentwicklung entsprechend berücksichtige.[3] 15

IV. Berechnung der Abänderung

Wenn die Abänderungsvoraussetzungen vorliegen, ist der VA nach den Bestimmungen des **neuen Rechts** – also durch die gesonderte Teilung aller einzubeziehenden Anrechte nach §§ 9 bis 19 VersAusglG – **durchzuführen**. Diese „Totalrevison" entspricht dem Konzept des vormals geltenden § 10a VAHRG, wobei abweichend von der alten Regelung **nur** die **Anrechte** in den VA einbezogen werden, die **bereits** in die Ausgleichsbilanz der **Ursprungsentscheidung** eingeflossen sind. 16

Anrechte, die in der Ursprungsentscheidung unberücksichtigt geblieben sind, können somit auch im Abänderungsverfahren nicht mehr in den VA einbezogen werden. Das Gleiche gilt für Anrechte, deren Einbeziehung das neue Recht erst ermöglicht (auf Kapitalleistungen gerichtete Anrechte iSd. BetrAVG [Betriebliche Altersversorgungen] oder des AltZertG [„Riester – Verträge"], s. § 2 Abs. 2 Nr. 3, 2. Halbs. VersAusglG).[4] 17

Ein schuldrechtlicher Ausgleich der Anrechte bleibt nach der hier vertretenen Ansicht jedoch möglich.[5] Bei den vorstehenden, auf Kapitalleistungen gerichteten Anrechten, die zum Zeitpunkt der Ursprungsentscheidung noch über den Zugewinnausgleich auszugleichen waren, darf der schuldrechtliche Ausgleich jedoch nicht zu einer Doppelberücksichtigung führen.

---

1 § 20–26 VersAusglG, nach altem Recht der „schuldrechtliche Versorgungsausgleich" nach §§ 1587f BGB ff.
2 Beispielsweise kann bei einem in der Vorentscheidung ausgeglichenen Anrecht eine wesentliche nachträgliche Wertänderung iSd. § 51 Abs. 2 VersAusglG eingetreten sein.
3 BT-Drucks. 16/10144, S. 90.
4 So auch OLG Jena v. 18.12.2012 – 1 UF 324/12.
5 Dies wird in der Rspr. z.T. mit dem Argument abgelehnt, dass der schuldrechtliche Ausgleich nicht der Fehlerkorrektur diene (OLG Oldenburg v. 20.9. 2012 – 14 UF 96/12, NJW 2012, 3795; BGH v. 28.10.1992 – XII ZB 114/91, FamRZ 1993, 304).

V. Vorteilhaftigkeit der Abänderung (Absatz 5)

18 Nach Abs. 5 iVm. § 225 Abs. 5 FamFG unterbleibt eine Abänderung, die sich nicht **zugunsten** eines **Ehegatten** oder seiner **Hinterbliebenen auswirkt**. Hauptanwendungsfall für das Vorteilhaftigkeitsgebot ist ein nach dem Tod eines Ehegatten durch einen Versorgungsträger eingeleitetes Verfahren, das sich nur zugunsten des Versorgungsträgers auswirkt (s. § 225 Rz. 11 ff.). Eine Abänderung ist jedoch auch ausgeschlossen, wenn gegenläufige Änderungen bei der Teilung der einzelnen Anrechte in ihrer Gesamtheit zum wirtschaftlich selben Ergebnis führen würden wie die Ursprungsentscheidung.

52 *VersAusglG Durchführung einer Abänderung des öffentlich-rechtlichen Versorgungsausgleichs*

(1) Für die Durchführung des Abänderungsverfahrens nach § 51 ist § 226 des Gesetzes über das Verfahren in Familiensachen und in den Angelegenheiten der freiwilligen Gerichtsbarkeit anzuwenden.
(2) Der Versorgungsträger berechnet in den Fällen des § 51 Abs. 2 den Ehezeitanteil zusätzlich als Rentenbetrag.
(3) Beiträge zur Begründung von Anrechten zugunsten der ausgleichsberechtigten Person sind unter Anrechnung der gewährten Leistungen zurückzuzahlen.

I. Durchführungsbestimmungen des § 226 FamFG (Absatz 1)

19 Die Verweisung von Abs. 1 auf die Durchführungsbestimmungen des § 226 FamFG betrifft

- die Antragsberechtigung[1] (§ 226 Abs. 1 FamFG),
- den frühest zulässigen Antragszeitpunkt[2] (§ 226 Abs. 2 FamFG), wobei die Voraussetzung des baldigen Rentenbezugs nur für eines der Anrechte, die in das Abänderungsverfahren einzubeziehen sind, erfüllt sein muss,
- die Anwendung der Härtefallbestimmung des § 27 VersAusglG (§ 226 Abs. 3 FamFG),
- den Zeitpunkt der Wirksamkeit der Abänderung[3] (§ 226 Abs. 4 FamFG) sowie
- die Regelungen für den Fall, dass einer der Ehegatten während des Abänderungsverfahrens stirbt[4] (§ 226 Abs. 5 FamFG).

Zur näheren Erläuterung wird auf die Kommentierung des § 226 FamFG verwiesen.

II. Auskunftspflicht des Versorgungsträgers (Absatz 2)

20 Durch Abs. 2 wird die **verfahrensrechtliche Auskunftspflicht** des Versorgungsträgers (§ 220 FamFG) im Abänderungsverfahren nach § 51 VersAusglG **erweitert**. Hier hat der Versorgungsträger – über die nach § 220 FamFG fortbestehende Auskunftsverpflichtung hinaus – den Ehezeitanteil des abzuändernden Anrechts **auch als Rentenbetrag** mitzuteilen. Dieser ist nach den veränderten rechtlichen bzw. tatsächlichen Bedingungen, aber zum Stichtag Ehezeitende zu ermitteln. Nachehezeitliche Bestandteile, Karrieresprünge etc. sind also nicht zu berücksichtigen.[5]

21 Durch den mitgeteilten Rentenbetrag wird den beteiligten früheren Ehegatten die Prüfung, ob und in welchem Umfang sich der Wert der einbezogenen Anrechte verändert hat, wesentlich erleichtert, weil die abzuändernde Entscheidung den aus-

---

1 Antragsberechtigt sind Ehegatten, Hinterbliebene und Versorgungsträger.
2 Der Antrag kann frühestens sechs Monate vor dem voraussichtlichen Leistungsbeginn gestellt werden.
3 Die Abänderung ist ab dem ersten Tag des auf die Antragstellung folgenden Monats wirksam.
4 Bei Tod der antragstellenden Partei: Option auf Verfahrensfortführung für die übrigen Beteiligten; bei Tod der Gegenseite: Verfahrensfortsetzung gegen die Erben.
5 Hierzu ausführlich FA-FamR/*Gutdeutsch/Wagner*, Kap. 7, Rz. 338–340.

zugleichenden Betrag nach altem Recht auf der Grundlage von Rentenbeträgen ermittelt hat.

Neben dem als Rentenbetrag angegebenen Ehezeitanteil werden auch die nach § 220 Abs. 4 FamFG iVm. § 5 VersAusglG mitzuteilenden Werte (den Ehezeitanteil in der für das Anrecht maßgeblichen Bezugsgröße, einen Vorschlag für den Ausgleichswert und – soweit die Bezugsgröße des Anrechts nicht ein Kapitalwert ist – den korrespondierender Kapitalwert nach § 47 VersAusglG) im Abänderungsverfahren benötigt, da das Gericht die Abänderung nach neuem Recht durchzuführen hat. 22

Die Auskunft wird – wie bereits ausgeführt (Rz. 10) – im vorstehend beschriebenen Umfang erst für die Durchführung der Abänderung benötigt. Für die Prüfung der Zulässigkeit nach § 51 Abs. 3 VersAusglG ist keine neue Auskunft des Versorgungsträgers erforderlich, da die Höhe der Wertverzerrung auf der Grundlage der im Ursprungsverfahren vorliegenden Auskünfte errechnet werden kann (s. Rz. 10). 23

III. Erstattung von Beitragseinzahlungen (Absatz 3)

Abs. 3, der die Regelung des § 10a Abs. 8 VAHRG ersetzt,[1] regelt die **Erstattung von Beitragszahlungen**, die zur Begründung von Anrechten geleistet worden sind. Diese Zahlungen, die der Verpflichtete aufgrund einer Entscheidung des FamG – etwa gem. § 3b Abs. 1 Nr. 2 VAHRG – geleistet hat, sind im Falle einer Abänderung nach § 51 VersAusglG zurückzugewähren, da der reformierte VA den Ausgleich durch Beitragseinzahlung nicht mehr vorsieht. 24

Anders als nach der alten gesetzlichen Regelung ist künftig eine gerichtliche Anordnung der Rückerstattung nicht mehr erforderlich, da diese **Verpflichtung** nun als unmittelbare Rechtsfolge der Abänderung **kraft Gesetzes** besteht. Alle Leistungen, die der Versorgungsträger aus dem durch Beitragseinzahlung begründeten Anrecht erbracht hat, sind auf den zu erstattenden Betrag anzurechnen. 25

228 Zulässigkeit der Beschwerde
In Versorgungsausgleichssachen gilt § 61 nur für die Anfechtung einer Kostenentscheidung.

A. Allgemeines

Die Vorschrift entspricht der früheren Regelung des § 621e ZPO, die eine Mindestbeschwer in Versorgungsausgleichssachen ebenfalls nicht vorsah. 1

B. Inhalt der Vorschrift

Abweichend von der Regelung des § 61, nach der in vermögensrechtlichen Angelegenheiten die Beschwerde nur zulässig ist, wenn der Wert des Beschwerdegegenstandes 600 Euro übersteigt oder das Gericht des ersten Rechtszuges die Beschwerde zugelassen hat, ist in Versorgungsausgleichssachen die Beschwerde gegen die Hauptsacheentscheidung ohne Beschränkung durch eine Mindestbeschwer zulässig. Bei einer isolierten Anfechtung der Kostenentscheidung bleibt es – wenn die Beschwerde nicht zugelassen wurde – bei der in § 61 festgelegten Mindestbeschwer. 2

Innere Rechtfertigung für die wertunabhängige Zulassung der Beschwerde in VA-Sachen ist zum einen die Erwägung, dass den Versorgungsträgern die Wahrnehmung der Interessen der Versichertengemeinschaft im Beschwerdeverfahren auch weiterhin unabhängig von der Höhe der Beschwer möglich bleiben soll. Zudem ist nach Abschluss des erstinstanzlichen Verfahrens oftmals nicht quantifizierbar, in welche 3

---

1 Zur alten gesetzlichen Regelung: *Dörr*, NJW 1988, 97 (103).

§ 228 Verfahren in Familiensachen

Höhe ein Beteiligter durch die angefochtene Entscheidung beschwert wird.[1] Es wäre unbillig, das Zulässigkeitsrisiko bei derart gelagerten Sachverhalten dem Beschwerdeführer aufzubürden.

Wird eine im Verbund entschiedene Versorgungsausgleichssache mit der Beschwerde angefochten und die Beschwerde auf die Ehesache und/oder andere Folgesachen erstreckt, ist die Zulässigkeit der Beschwerde in Bezug auf die Versorgungsausgleichssache und die anderen angefochtenen Familiensachen getrennt zu prüfen.

I. Beschwerdeberechtigung

4   Die Beschwerdeberechtigung, also die Beeinträchtigung eigener Rechte (§ 59 Abs. 1), ist für einen beteiligten Versorgungsträger bereits gegeben, wenn die angefochtene Entscheidung zu einem Gesetz nicht vorgesehenen Eingriff in seine Rechtsstellung führt; auf eine finanzielle Mehrbelastung kommt es nicht an.[2]

4a   Noch nicht abschließend geklärt ist die Rechtsfrage, unter welchen Umständen ein Versorgungsträger beschwert ist, wenn das dort bestehende Anrecht nicht ausgeglichen wird.

Nach dem bis zum 31.8.2008 geltenden Recht wurde die Beschwer des Versorgungsträgers bejaht, wenn das dort bestehende Anrecht versehentlich[3] oder aufgrund einer rechtsfehlerhaften Anwendung der alten Bagatellklausel[4] nicht in den Versorgungsausgleich einbezogen wurde. Als für Versorgungsträger grundsätzlich nicht beschwerdefähig wurde dagegen die Anwendung von Härteregelungen und der vollständige oder teilweise Ausschluss des Ausgleichs aufgrund einer Parteivereinbarung angesehen; eine Beschwer des Versorgungsträgers wurde in diesen Fällen nur dann bejaht, wenn bei der Modifikation des Ausgleichs systemimmanente Schranken des Versorgungsausgleichs nicht beachtet wurden.[5]

4b   Überträgt man diese Leitgedanken auf das neue Recht, wird man einen Versorgungsträger nicht als beschwert ansehen können, wenn das Gericht das dort bestehende Anrecht als nicht ausgleichsreif ansieht[6] oder aufgrund einer Billigkeitskorrektur (§ 19 Abs. 3 VersAusglG, § 27 VersAusglG) oder einer Parteivereinbarung nicht ausgleicht.[7] Gleiches gilt für die gerichtliche Ermessensentscheidung, ein Anrecht gem. § 18 VersAusglG nicht auszugleichen.[8]

4c   Bejaht das Gericht hingegen rechtsfehlerhaft die tatbestandlichen Voraussetzungen des § 18 VersAusglG, beschwert dies den Versorgungsträger, bei dem das Anrecht besteht.[9] Ein Eingriff in die Rechtsstellung des Versorgungsträgers ist zudem dann zu bejahen, wenn das Gericht ein aus zwei Teilversicherungen bestehendes Anrecht

---

1 Wenn beispielsweise einer der Versorgungsträger seine Auskunft auf der Grundlage eines falschen Ehezeitendes erteilt hat, kann die Höhe der Fehlberechnung erst bestimmt werden, wenn im Beschwerdeverfahren eine korrigierte Auskunft eingeholt worden ist. S. hierzu auch BT-Drucks. 16/6308, S. 254.
2 BGH v. 7.3.2012 – XII ZB 599/10, FamRZ 2012, 851; BGH v. 31.10.2012 – XII ZB 588/11, FamRZ 2013, 207; BGH v. 23.1.2013 – XII ZB 491/11, FamRZ 2013, 610; MüKo.ZPO/*Stein*, § 228 FamFG Rz. 4.
3 BGH v.18.2.2009 – XII ZB 221/06, FamRZ 2009, 853 f.
4 BGH v. 12.10.1988 – IVb ZB 185/87.
5 so OLG Dresden v. 19.1.1996 – 11 UF 402/95, FamRZ 1996, 742.
6 OLG Nürnberg v. 18.4.2012 – 10 UF 230/12, FamRZ 2013, 40.
7 Vgl. Keidel/*Meyer-Holz*, § 59 Rz. 73; Schulte-Bunert/Weinreich/*Unger*, § 59 Rz. 18; Johannsen/Henrich/*Althammer*, § 59 FamFG Rz. 12; *Borth*, Versorgungsausgleich, Rz. 1216.
8 OLG Schleswig v. 14.9.2012 – 12 UF 188/11, FamRZ 12, 378.
9 BGH v. 9.1.2013 – XII ZB 550/11, FamRZ 2013, 612; OLG Celle v. 15.11.2011 – 10 UF 256/11, FamRZ 2012, 717 (falscher Ehezeitanteil); OLG Stuttgart v. 15.6.2011 – 15 UF 129/11, FamRZ 2012, 303 (Saldierung eines Anrechts der allgemeinen Rentenversicherung mit einem Anrecht der knappschaftlichen Rentenversicherung); aA OLG Schleswig v. 14.9.2011 – 12 UF 188/11, FamRZ 2012, 378.

bei einem Versorgungsträger uneinheitlich behandelt und nur eines der Teilanrechte vom Ausgleich ausschließt.[1]

Auch ein Versorgungsträger, der nicht den Ausschluss, sondern den Nichtausschluss des bei ihm bestehenden Anrechts rügt, kann nach Maßgabe der vorstehenden Ausführungen in seinen Rechten betroffen sein. **4d**

Die beteiligten Ehegatten sind dagegen nur beschwert, wenn die Entscheidung zu einer im Gesetz nicht vorgesehenen wirtschaftlichen Belastung führt. Der Ausgleichspflichtige ist somit beschwert, wenn der Ausgleichswert zu hoch bemessen wird oder ein (zB wegen Parteivereinbarung, Geringfügigkeit, fehlender Ausgleichsreife oder grober Unbilligkeit) vom VA auszuschließendes Anrecht ausgeglichen wird. Der Ausgleichsberechtigte ist beschwert, wenn der Ausgleichswert zu niedrig bemessen wird, ein gebotener Ausgleich unterbleibt, ein intern zu teilendes Anrecht durch externe Teilung ausgeglichen wird oder bei der externen Teilung der wirksam gewählte Zielversorgungsträger nicht berücksichtigt wird. **4e**

II. Anschlussbeschwerde

Die nicht beschwerdeführenden Beteiligten können sich (auch nach Ablauf der Beschwerdefrist) einer eingelegten Beschwerde gem. § 66 anschließen. Bei Beschwerden, die von Versorgungsträgern eingelegt wurden, hat der BGH nach altem Recht die Anschlussbeschwerde eines beteiligten Ehegatten als unzulässig angesehen.[2] Diese Rechtsprechung kann unter dem neuen Recht keine Geltung mehr beanspruchen.[3] Die von einem Versorgungsträger eingelegte Beschwerde ist gegenständlich idR.[4] auf die Teilung des bei diesem Versorgungsträger bestehenden Anrechts gerichtet. Für die Einlegung der Anschlussbeschwerde besteht bei dieser Sachlage jedenfalls immer dann ein Rechtsschutzbedürfnis, wenn sie den Beschwerdegegenstand auf weitere Anrechte ausweitet. **5**

229 *Elektronischer Rechtsverkehr zwischen den Familiengerichten und den Versorgungsträgern*

(1) Die nachfolgenden Bestimmungen sind anzuwenden, soweit das Gericht und der nach § 219 Nr. 2 oder 3 beteiligte Versorgungsträger an einem zur elektronischen Übermittlung eingesetzten Verfahren (Übermittlungsverfahren) teilnehmen, um die im Versorgungsausgleich erforderlichen Daten auszutauschen. Mit der elektronischen Übermittlung können Dritte beauftragt werden.
(2) Das Übermittlungsverfahren muss
1. bundeseinheitlich sein,
2. Authentizität und Integrität der Daten gewährleisten und
3. bei Nutzung allgemein zugänglicher Netze ein Verschlüsselungsverfahren anwenden, das die Vertraulichkeit der übermittelten Daten sicherstellt.
(3) Das Gericht soll dem Versorgungsträger Auskunftsersuchen nach § 220, der Versorgungsträger soll dem Gericht Auskünfte nach § 220 und Erklärungen nach § 222 Abs. 1 im Übermittlungsverfahren übermitteln. Einer Verordnung nach § 14 Abs. 4 bedarf es insoweit nicht.
(4) Entscheidungen des Gerichts in Versorgungsausgleichssachen sollen dem Versorgungsträger im Übermittlungsverfahren zugestellt werden.

---

1 OLG Karlsruhe v. 18.5.2012 – 18 UF 324/11, FamRZ 2013, 306.
2 BGH v. 3.10.1984 – IVb ZB 42/82.
3 AA MüKo.ZPO/*Stein*, § 228 FamFG Rz. 8, der die Rspr. zum alten Recht wohl auch unter dem neuen Recht weiter für anwendbar hält.
4 Das gilt ausnahmsweise nicht, wenn der Versorgungsträger den Ausschluss eines Anrechts, das mit bei ihm unterhaltenen Anrecht gem. § 10 Abs. 2 VersAusglG verrechnet wird, rügt (vgl. OLG Düsseldorf v. 24.3.2011 – II-8 UF 203/10, BeckRS 2011, 07435).

(5) Zum Nachweis der Zustellung einer Entscheidung an den Versorgungsträger genügt die elektronische Übermittlung einer automatisch erzeugten Eingangsbestätigung an das Gericht. Maßgeblich für den Zeitpunkt der Zustellung ist der in dieser Eingangsbestätigung genannte Zeitpunkt.

A. Allgemeines

1   Die Vorschrift, die auf Vorschlag des Bundesrates[1] und des Rechtsausschusses[2] in das FamFG aufgenommen wurde, enthält die rechtlichen Grundlagen für den elektronischen Rechtsverkehr zwischen den Familiengerichten und den Versorgungsträgern. Die Norm schafft nur die Möglichkeit der Teilnahme an einem elektronischen Übermittlungsverfahren und schreibt diese nicht verpflichtend vor. Haben sich ein Versorgungsträger und die Justiz aber zur Teilnahme entschieden, soll das elektronische Übermittlungsverfahren gem. Abs. 3 und 4 auch genutzt werden.

2   In Nordrhein-Westfalen wurde der elektronische Datenaustausch mit der Deutschen Rentenversicherung bereits seit April 2008 von einzelnen Amtsgerichten getestet. Seit 2012 ist die Abwicklung der wichtigsten Geschäftsvorfälle zum Versorgungsausgleich über EGVP möglich.

2a   Durch das Gesetz zur Förderung des elektronischen Rechtsverkehrs mit den Gerichten[3] soll mit Wirkung ab 2018 die Nutzung elektronischer Kommunikationsmittel im Schriftverkehr zwischen Gerichten und Anwälten oder Behörden erleichtert und zT verpflichtend vorgeschrieben werden. Die Auswirkungen der geplanten gesetzlichen Neuregelung auf den elektronischen Rechtsverkehr zwischen Gerichten und Versorgungsträgern dürfte jedoch gering sein.

B. Inhalt der Vorschrift

3   Abs. 1 eröffnet die Möglichkeit zu der **Nutzung eines elektronischen Übermittlungsverfahrens**. Dessen Ausführung darf auch einem Dritten als beliehenen Unternehmer übertragen werden, der als beliehener Unternehmer den Akt der Zustellung übernehmen und als Eingangsstelle für Zustellungen an das Gericht dienen kann.

4   Abs. 2 legt die **Anforderungen** fest, die ein Übermittlungsverfahren erfüllen muss. Der nach Nr. 1 geforderte bundeseinheitliche Standard wird beispielsweise durch das elektronische Gerichts- und Verwaltungspostfach (EGVP),[4] mit dem bereits der elektronische Rechtsverkehr in Handelsregistersachen abgewickelt wird, erfüllt. Nach Nr. 2 müssen
- die **Authentizität**, also der sichere Nachweis der Urheberschaft, und
- die **Integrität** der Daten, also deren Schutz vor ungewollter nachträglicher Veränderung,

gewährleistet sein. Dies ist nach den RL des EGVP ebenfalls gewährleistet. Nach Nr. 3 sind die Daten schließlich bei der Nutzung allgemein zugänglicher Netze zu **verschlüsseln**.

5   Auf das Erfordernis einer Verordnungsermächtigung wurde – anders als bei der Einführung elektronischer Akten und Dokumente nach § 14 – für die Einführung eines elektronischen Übermittlungssystems verzichtet (Abs. 3 Satz 2), weil der Nutzerkreis des Übermittlungssystems überschaubar ist und die technischen Einzelheiten zwischen den Nutzern und dem Betreiber einvernehmlich festgelegt werden können.

6   Sofern ein elektronisches Übermittlungssystem verfügbar ist, besteht nach Abs. 3 und 4 für die teilnehmenden Versorgungsträger und Gerichte eine grundsätzliche

---

1 BT-Drucks. 16/10144, S. 120 ff.
2 BT-Drucks. 16/11903, S. 53, 118 f.
3 Bei Drucklegung am 19.8.2013 verabschiedet, aber noch nicht verkündet (s. Einl. Rz. 45a).
4 Dies ist eine spezielle Übertragungssoftware, die vom Bund kostenlos zur Verfügung gestellt wird (www.egvp.de). In das EGVP ist eine spezielle, besonders sichere Verschlüsselungssoftware integriert, die die übermittelten Daten automatisch vor unbefugter Kenntnisnahme während des Transports schützt.

Verpflichtung zur Nutzung dieses Übertragungsweges, durch die das gerichtliche Ermessen eingeschränkt wird. Die Nutzungsverpflichtung erstreckt sich nicht nur auf die Übermittlung des gerichtlichen Auskunftsersuchens, sondern auch auf die Übermittlung der Auskunft durch den Versorgungsträger (Abs. 3). Abs. 3 Satz 2 ist mit Wirkung zum 1.1.2018 aufgehoben worden.[1]

Auch die Bekanntgabe der gerichtlichen Entscheidung an den Versorgungsträger hat grundsätzlich über das elektronische Übermittlungssystems zu erfolgen (Abs. 4). Das Ermessen der Geschäftsstelle bei der Wahl der Zustellungsform wird somit für die Zustellung von Entscheidungen in Versorgungsausgleichssachen an die Versorgungsträger eingeschränkt. Die elektronische Übermittlung ist eine förmliche Zustellung, die die Anforderungen des § 41 Abs. 1 Satz 2[2] erfüllt. 7

Wird der elektronische Übermittlungsweg unter Verstoß gegen Abs. 3 Satz 1 nicht genutzt, führt dies nicht zur Unwirksamkeit der Auskunftsersuchen, Erklärungen und Auskünfte, da Abs. 3 Satz 1 nur eine Ordnungsvorschrift ist.[3] 8

Auch wenn gerichtliche Entscheidungen dem Versorgungsträger unter Verstoß gegen Abs. 4 nicht über das elektronische Übermittlungssystem bekannt gegeben werden, führt dies nicht zur Unwirksamkeit der Zustellung.[4] 9

Abs. 5 erleichtert den Nachweis der Zustellung von Entscheidungen an Versorgungsträger. Zum förmlichen Nachweis des Zugangs genügt die automatisch erzeugte Eingangsbestätigung des elektronischen Postfachs des Versorgungsträgern, während nach den allgemeinen Vorschriften (§ 15 Abs. 1 FamFG iVm. § 174 Abs. 3 Satz 2 ZPO) ein mit qualifizierter elektronischer Signatur versehenes elektronisches Empfangsbekenntnis erforderlich ist (s. § 15, dort Rz. 44f.). 10

230 *(aufgehoben[5])*

Abschnitt 9
Verfahren in Unterhaltssachen

Literatur: *Bergschneider*, Was bringt die FGG-Reform?, Vortrag zum 17. DFGT 2007, www.dfgt.de; *Borth*, Die Reform des Verfahrens in Familiensachen, FamRZ 2007, 1925; *Borth*, Einführung in das Gesetz zur Reform des Verfahrens in Familiensachen und in den Angelegenheiten der freiwilligen Gerichtsbarkeit v. 17.12.2008 (FGG-ReformG); *Brudermüller*, Zur Abänderbarkeit von DDR-Unterhaltstiteln, FamRZ 1995, 915; *Büte*, Die Rückforderung überzahlten Unterhalts, FuR 2006, 193; *Büte*, Das Gesetz zur Reform des Verfahrens Familiensachen und in den Angelegenheiten der freiwilligen Gerichtsbarkeit (FamFG), FuR 2008, 537 und FuR 2008, 583; *Büte*, Verfahrenskostenhilfe, Anwaltszwang und Ausnahmen, FPR 2009, 14; *Büte*, Die Vollstreckung in Familienstreitsachen, insbesondere Unterhaltssachen, FuR 2010, 124; *Bundesrechtsanwaltskammer*, Stellungnahme zum RefE eines Gesetzes zur Reform des Verfahrens in Familiensachen und in den Angelegenheiten der freiwilligen Gerichtsbarkeit (FGG-Reformgesetz), FPR, Beilage zu Heft 11/2006; *Ernst*, Europäischer Vollstreckungstitel für unbestrittene Forderungen, JurBüro 2005, 568; *Giers*, Die Vollstreckung familienrechtlicher Entscheidungen nach dem FamFG, FPR 2006, 438; *Giers*, Die Vollstreckung in Familiensachen ab dem 1.9.2009, FamRB 2009, 87; *Giers*, Das vereinfachte Verfahren über den Unterhalt Minderjähriger, FamRB 2009, 247; *Götsche/Vief-*

---

1 Art. 2 Nr. 5, Art. 26 Abs. 1 des Gesetzes zur Förderung des elektronischen Rechtsverkehrs mit den Gerichten, bei Drucklegung am 19.8.2013 verabschiedet, aber noch nicht verkündet (s. Einl. Rz. 45a).
2 § 41 Abs. 1 ordnet die förmliche Zustellung an, wenn ein anfechtbarer Beschl. dem Willen des Adressaten nicht entspricht.
3 So auch Keidel/*Weber*, § 229 FamFG Rz. 7; Horndasch/Viefhues/*Kemper*, § 229 FamFG Rz. 14.
4 So auch Keidel/*Weber*, § 229 FamFG Rz. 8; Horndasch/Viefhues/*Kemper*, § 229 FamFG Rz. 16.
5 Durch Art. 2 Nr. 6 des VAStrRefG v. 3.4.2009, BGBl. I, S. 700.

hues, Einstweilige Anordnungen nach dem FamFG, ZFE 2009, 124; *Graba*, Zur Abänderung der Jugendamtsurkunde, FamRZ 2005, 678; *Graba*, Abänderungsklage gegen eine Jugendamtsurkunde, FF 2009, 235; *Graba*, Probleme bei der Abänderung von Unterhaltstiteln, FPR 2011, 158; *Griesche*, Die vorläufige Vollstreckbarkeit in Unterhaltssachen nach Inkrafttreten des FamFG; FamRB 2009, 258; *Groß*, Systematik der Kostenregelungen für Familiensachen im FamFG, Verfahrenskostenhilfe, Anwaltszwang, FPR 2006, 430; *Gutjahr*, Reform des Verfahrensrechts in Familiensachen durch das FamFG – Rechtsmittel in Familiensachen, FPR 2006, 433; *Hütter/Kodal*, Die Grundlinien des Familienstreitverfahrens, insbesondere des Unterhaltsverfahrens, FamRZ 2009, 917; *Jacoby*, Der RegE für ein FamFG, FamRZ 2007, 1703; *Jüdt*, Muster und Erläuterungen zu einem Antrag auf Abänderung eines notariellen Schuldanerkenntnisses, FuR 2009, 666; *Kemper*, Das Verfahren in der ersten Instanz nach dem FamFG, FamRB 2008, 345; *Kemper*, Die allgemeinen Vorschriften für das Verfahren in Familiensachen – Übersicht über die Regelungen des ersten Abschnitts des zweiten Buchs des FamFG, FamRB 2009, 53; *Kindermann*, Die Abänderung von Unterhaltstiteln, FF-FamFG spezial, 2009, 18; *Klein*, Reform des einstweiligen Rechtsschutzes, FuR 2009, 241, *Löhnig/Heiß*, Die Neuregelung des einstweiligen Rechtsschutzes nach dem FamFG – die einstweilige Anordnung nach §§ 49 ff. FamFG, FamRZ 2009, 1102 ff.; *Maass*, Freiwillige Gerichtsbarkeit – Der Entwurf für ein „Gesetz zur Reform des Verfahrens in Familiensachen und in den Angelegenheiten der freiwilligen Gerichtsbarkeit" – ein gelungener Versuch einer umfassenden Verfahrensreform?, ZNotP 2006, 282; *Maurer*, Die Rechtsmittel in Familiensachen nach dem FamFG, FamRZ 2009, 465; *Maurer*, Zur Anwendung von § 48 Abs. 1 FamFG in Familiensachen, FamRZ 2009, 1792; *Menne/Grundmann*, Das neue Unterhaltsrecht: Einführung, Gesetzgebungsverfahren, Materialien, 2008; *Rasch*, Verfahren in Unterhaltssachen, FPR 2006, 426; *Rausch*, Vereinfachte Unterhaltsvollstreckung in der EU mit dem neuen Europäischen Vollstreckungstitel, FuR 2005, 437; *Rellermeyer*, Europäische Vollstreckungstitel für unbestrittene Forderungen, Rpfleger 2005, 389; *Riegner*, Probleme der internationalen Zuständigkeit und des anwendbaren Rechts bei der Abänderung deutscher Unterhaltstitel nach dem Wegzug des Unterhaltsberechtigten ins EU-Ausland, FamRZ 2005, 1799; *Roessink*, Das Verfahren in Unterhaltssachen nach dem FamFG, FamRB 2009, 117; *Roßmann*, Das neue Unterhaltsverfahren nach dem FamFG, ZFE 2008, 245; *Roßmann*, Auskunft im Unterhaltsverfahren, ZFE 2009, 444; *Roßmann*, Einstweilige Unterhaltsanordnung – Anspruchsvoraussetzungen und Rechtsschutz, ZFE 2010, 86; *Schael*, Die Statthaftigkeit von Beschwerde und sofortiger Beschwerde nach dem neuen FamFG, FPR 2009, 11; *Schael*, Das FamFG und die Beschwerde gegen Endentscheidungen, FPR 2009, 195; *Schürmann*, Die einstweilige Anordnung nach dem FamFG, FamRB 2008, 375; *Schürmann*, Die Rechtsmittel nach dem FamFG, FamRB 2009, 24; *Schürmann*, Die Verfahrenskostenhilfe nach dem FamFG, FamRB 2009, 58; *Schürmann*, Das FamFG-Verfahren in Unterhaltssachen, FuR 2009, 130; *Schumacher/Grün*, Das neue Unterhaltsrecht minderjähriger Kinder, FamRZ 1998, 778; *Schwamb*, Beschwerde nach FamFG und ZPO, Anm. zu den Beiträgen von Zimmermann, FamRZ 2009, 377 ff. und Maurer, FamRZ 2009, 465 ff., FamRZ 2009, 1033; *Streicher*, Rechtsprechungsübersicht zum FamFG, FamRZ 2011, 509 ff. und FamRZ 2011, 749 ff.; *van Els*, Übergang ins streitige Verfahren nach Teilfeststellung von Unterhaltsansprüchen, FamRZ 2007, 1659; *Viefhues*, Praxisprobleme bei tituliertem Minderjährigenunterhalt und Eintritt der Volljährigkeit des Kindes, FF 2008, 294; *Vogel*, Das Vereinfachte Verfahren zur Festsetzung des Unterhalts Minderjähriger, FF 2009, 285; *Vorwerk*, Einstweilige Anordnung, Beschluss, Rechtsmittel und Rechtsmittelbelehrung nach dem FGG-RG, FPR 2009, 8; *Vossenkämper*, Der Kindesunterhalt nach neuem Recht ab 1.1.2008, FamRB 2008, 201; *Winkler*, Beurkundungsgesetz, 16. Aufl. 2008; *Wolfsteiner*, Die vollstreckbare Urkunde, 2. Aufl. 2006.

A. Überblick zu Abschnitt 9

I. Systematik

1   Das Gesetz zur Reform des Verfahrens in Familiensachen und in den Angelegenheiten der freiwilligen Gerichtsbarkeit (FGG-RG) enthält in Art. 1 das Gesetz über das Verfahren in Familiensachen und in den Angelegenheiten der freiwilligen Gerichtsbarkeit (FamFG). Das FamFG beinhaltet eine vollständige Neukodifizierung des Rechts der freiwilligen Gerichtsbarkeit und des familiengerichtlichen Verfahrens.

2   Der Allgemeine Teil des FamFG (Buch 1) tritt an die Stelle der §§ 1 bis 34 FGG aF. Er gilt nicht nur für die weiteren Bücher des FamFG, sondern gem. § 1 für alle Angelegenheiten, die durch Bundes- oder Landesgesetz den Gerichten der **freiwilligen Gerichtsbarkeit** übertragen sind. Die Bücher 2 bis 6 des FamFG erfassen den bisher im FGG geregelten Kernbereich der freiwilligen Gerichtsbarkeit. Buch 3 des FamFG enthält das Verfahren in Betreuungs- und Unterbringungssachen, Buch 4 das Verfahren in Nachlasssachen und Teilungssachen, Buch 5 das Verfahren in Registersachen sowie unternehmensrechtlichen Verfahren (früher: Handelssachen). In Buch 6 wird

das Verfahren in weiteren Angelegenheiten der freiwilligen Gerichtsbarkeit geregelt. Das bisher in einem eigenen Gesetz kodifizierte Verfahren in Freiheitsentziehungssachen ist nun in Buch 7 neu aufgenommen worden. Buch 8 enthält das Aufgebotsverfahren, das bisher in Buch 9 der ZPO geregelt war. Buch 9 beinhaltet Schlussvorschriften.

Das **Buch 2** (§§ 111 bis 270) enthält das **Verfahren in Familiensachen**. Die Vorschriften über das Verfahren in Familiensachen, die bisher in Buch 6 der ZPO enthalten waren, sind durch Art. 29 Nr. 15 FGG-RG ersatzlos aufgehoben worden. Das FamFG fasst die Vorschriften aus dem 6. Buch der ZPO, einige weitere spezifisch familienverfahrensrechtliche Vorschriften aus der ZPO und darüber hinaus insbesondere die im FGG, der Hausratsverordnung und in sonstigen Gesetzen enthaltenen Vorschriften über das familiengerichtliche Verfahren unter Berücksichtigung der in der höchstrichterlichen Rechtsprechung entwickelten Grundsätze neu in einem Gesetz zusammen. Die Grundstruktur des familiengerichtlichen Verfahrens mit dem Verbundprinzip (§ 137, Verbund von Scheidungs- und Folgesachen) bleibt erhalten.[1]

Das FamFG enthält in § 111 Nr. 1 bis 11 eine Aufzählung der einzelnen **Familiensachen**. Dazu zählen Ehesachen, Kindschaftssachen, Abstammungssachen, Adoptionssachen, Ehewohnungs- und Haushaltssachen, Gewaltschutzsachen, Versorgungsausgleichsverfahren, **Unterhaltssachen**, Güterrechtssachen, sonstige Familiensachen und Lebenspartnerschaftssachen. Gegenüber den ersatzten Katalogen in § 23b Abs. 1 Satz 2 aF GVG und in dem früheren § 621 Abs. 1 ZPO[2] hat sich inhaltlich insbesondere durch die Einführung des **Großen Familiengerichts** und die damit verbundene Abschaffung des Vormundschaftsgerichts eine Erweiterung des Kreises der Familiensachen um die Adoptionssachen und im Bereich der sonstigen Familiensachen ergeben. Zu den sonstigen Familiensachen zählen gem. § 266 nunmehr auch die Zivilrechtsstreitigkeiten, die wie die Ansprüche unter verheirateten oder ehemals verheirateten Personen und aus dem Eltern-Kind-Verhältnis eine besondere Nähe zu familienrechtlich geregelten Rechtsverhältnissen aufweisen.[3] Die sonstigen Familiensachen umfassen nun die in der Praxis häufig vorkommenden Auseinandersetzungen zwischen den Ehegatten außerhalb des Güterrechts, insbesondere Streitigkeiten um ehebedingte Zuwendungen, Auseinandersetzung einer Miteigentumsgemeinschaft, Auflösung einer Innengesellschaft, Gesamtschuldnerausgleich, Ansprüche auf Mitwirkung bei der gemeinsamen steuerlichen Veranlagung, Aufteilung von Steuerguthaben sowie Auseinandersetzungen zwischen einem Ehegatten und dessen Eltern oder den Eltern des anderen Ehegatten, zB um die Rückabwicklung von Zuwendungen der Schwiegereltern.

Neu eingeführt worden ist in § 112 Nr. 1 bis 3 der Begriff der **Familienstreitsachen**. Hierunter fällt ein Großteil der bisherigen ZPO-Familiensachen, nämlich bestimmte Unterhaltssachen, Güterrechtssachen und sonstige Familiensachen. Die Definitionsnormen für Unterhaltssachen (§ 231), Güterrechtssachen (§ 261) und sonstige Familiensachen (§ 266) sind jeweils zweigeteilt. In deren Abs. 1 sind die Verfahren genannt, die zu der Kategorie der **Familienstreitsachen** gehören. In Abs. 2 der jeweiligen Vorschrift sind die Verfahren aufgeführt, die zu den Verfahren der **freiwilligen Gerichtsbarkeit** gehören. Die Reform hat die schon aus der alten Rechtslage bekannte Unterscheidung zwischen ZPO- und FGG-Familiensachen beibehalten. Das Verfahren in den ehemaligen ZPO-Familiensachen, die nunmehr als Familienstreitsachen bezeichnet werden, richtet sich auch weiterhin überwiegend nach den Vorschriften der ZPO.

Für jede einzelne **Art der Familiensache** aus dem Katalog des § 111 Nr. 1 bis 11 hat das FamFG einen entsprechenden **Abschnitt** kodifiziert. Die für die verschiedenen Familiensachen verwendeten Bezeichnungen werden jeweils in der ersten Vorschrift des entsprechenden Abschnitts näher definiert.

---

1 Begr. RegE, BT-Drucks. 16/6308, S. 163; *Borth*, FamRZ 2007, 1925 (1926); *Jacoby*, FamRZ 2007, 1703 (1704).
2 Vgl. Art. 22 Nr. 8 und Art. 29 Nr. 15 FGG-RG.
3 *Jacoby*, FamRZ 2007, 1703 (1704); *Kemper*, FamRB 2009, 53.

7   Abschnitt 1 (§§ 111 bis 120) in Buch 2 enthält allgemeine Vorschriften für die Familiensachen. Abschnitt 2 (§§ 121 bis 150) regelt Verfahren in Ehesachen und Verfahren in Scheidungssachen und Folgesachen, Abschnitt 3 (§§ 151 bis 168a) Verfahren in Kindschaftssachen, Abschnitt 4 (§§ 169 bis 185) Verfahren in Abstammungssachen, Abschnitt 5 (§§ 186 bis 199) Verfahren in Adoptionssachen, Abschnitt 6 (§§ 200 bis 209) Verfahren in Ehewohnungs- und Haushaltssachen, Abschnitt 7 (§§ 210 bis 216a) Verfahren in Gewaltschutzsachen, Abschnitt 8 (§§ 217 bis 230) Verfahren in Versorgungsausgleichssachen, **Abschnitt 9 (§§ 231 bis 260) Verfahren in Unterhaltssachen**, Abschnitt 10 (§§ 261 bis 265) Verfahren in Güterrechtssachen, Abschnitt 11 (§§ 266 bis 268) Verfahren in sonstigen Familiensachen und Abschnitt 12 (§§ 269 bis 270) Verfahren im Lebenspartnerschaftssachen.

8   Abschnitt 9 gilt für **selbständige Unterhaltssachen und Folgesachen**. Wenn Unterhalt gem. § 137 Abs. 2 Nr. 2 im Scheidungsverbund geltend gemacht wird, sind – wie nach altem Recht – die Vorschriften über Verfahren in Ehesachen, Verfahren in Scheidungssachen und Folgesachen, die nun in Abschnitt 2 (§§ 121 bis 150) enthalten sind, zusätzlich zu beachten.

9   Für den Bereich der **Familienstreitsachen**, also auch für die **Unterhaltssachen** des § 231 Abs. 1, ist das Ziel des Reformgesetzgebers, durch eine Zusammenfassung aller familienrechtlichen Verfahrensvorschriften, eine formale Ordnung und eine Vereinfachung derselben gerade das unübersichtliche Nebeneinander verschiedener Verfahrensordnungen zu beseitigen,[1] nicht erreicht worden.[2] Das Ineinandergreifen von mehreren Teilen des Verfahrensrechts, nämlich des Allgemeinen Teils des FamFG, der allgemeinen Vorschriften für das Verfahren in Familienstreitsachen mit Verweisungen auf die ZPO und auf die besonderen Vorschriften der §§ 231 ff. für die Unterhaltssachen, die wiederum Ausnahmen hinsichtlich der aus der ZPO anzuwendenden Vorschriften enthalten, wird Fehlern bei der Rechtsanwendung Vorschub leisten.[3]

II. Normzweck

10 Der Abschnitt 9 enthält spezielle Verfahrensvorschriften für Unterhaltssachen.

In **Unterabschnitt 1** sind in den **§§ 231 bis 245** insbesondere die örtliche Zuständigkeit des Gerichts, die Vertretung eines Kindes durch einen Beistand, die verfahrensrechtlichen Auskunftspflichten der Beteiligten und Dritter, die Abänderung von Unterhaltstiteln, die verschärfte Haftung, die einstweilige Einstellung der Vollstreckung, die Kostenentscheidung, die Einwendungen bei Volljährigkeit des Kindes sowie die Vollstreckung von Titeln im Ausland geregelt.

Die **§§ 246 bis 248 im Unterabschnitt 2** enthalten besondere Vorschriften für die eA.

Das in **Unterabschnitt 3 in den §§ 249 bis 260** geregelte vereinfachte Verfahren über den Unterhalt Minderjähriger entspricht den Regelungen der früheren §§ 645 ff. ZPO idF des Gesetzes zur Änderung des Unterhaltsrechts.[4]

B. Anwendbare Verfahrensvorschriften

11 Für die überwiegende Zahl der betroffenen Unterhaltssachen richtet sich das Verfahren wie nach der alten Rechtslage nach den Vorschriften der ZPO. So sind gem. § 113 Abs. 1 in Unterhaltssachen nach § 231 Abs. 1 an Stelle der §§ 2 bis 37, 40 bis 45, 46 Satz 1 und 2 sowie §§ 47 und 48 sowie der §§ 76 bis 96 die allgemeinen Vorschriften der Zivilprozessordnung (§§ 1 bis 252 ZPO) und die Vorschriften über das Verfahren vor den Landgerichten (§§ 253 bis 494a ZPO) anzuwenden. Nach § 113 Abs. 2 gelten in Familienstreitsachen die Vorschriften der Zivilprozessordnung über den Urkunden- und Wechselprozess und über das Mahnverfahren (§§ 592 bis 605a und § 688 bis 703d) entsprechend. § 227 Abs. 3 ZPO ist in Familienstreitsachen nicht anzuwenden, § 113

---

1 Begr. RegE, BT-Drucks. 16/6308, S. 162.
2 *Maass*, ZNotP 2006, 282 (284); *Bergschneider*, Veröffentlichungen des 17. DFGT 2007, www.dfgt.de, S. 12.
3 *Rasch*, FPR 2006, 426 (427).
4 Gesetz v. 21.12.2007, BGBl. I, S. 3189.

Abs. 3. Vor der Anwendung der Vorschriften der ZPO ist aber stets zu prüfen, ob sich in Abschnitt 9 eine speziellere Norm zu der jeweiligen Materie findet.

Beispiel: 12
Nach § 113 Abs. 1 gelten in Familienstreitsachen, also auch in selbständigen Unterhaltssachen nach § 231 Abs. 1, bezüglich der **Kostentragungspflicht** nicht die Regelungen des Allgemeinen Teils des FamFG in Buch 1, dh. die §§ 80 bis 85, sondern die allgemeinen Vorschriften der Zivilprozessordnung, mithin die §§ 91 ff. ZPO. Diese Vorschriften sind gleichwohl nicht anzuwenden, denn § 243 enthält für Unterhaltssachen eine spezielle Kostenregelung nach billigem Ermessen.[1] Wenn Unterhalt im Scheidungsverbund als Folgesache geltend gemacht wird, ist die Kostenregelung des § 150, die § 93a aF ZPO nachgebildet ist, als Spezialregelung zu §§ 91 ff. ZPO und zu § 243 FamFG einschlägig.[2]

Hinsichtlich der Einzelheiten s. die Kommentierung zu den jeweiligen Vorschriften dieses Abschnitts.

Für die Familienstreitsachen des § 231 Abs. 1 ergeben sich durch das FamFG im 13 Verhältnis zu den Vorschriften der ZPO insbesondere dadurch **Modifikationen**, dass das Urteil durch die Entscheidungsform des Beschlusses ersetzt worden ist und dass an die Stelle der Rechtsmittel der Zivilprozessordnung diejenigen des FamFG treten, nämlich die Beschwerde und die Rechtsbeschwerde. Eine wesentliche Veränderung für das Verfahren stellt auch die Verpflichtung der Gerichte dar, künftig unter bestimmten Voraussetzungen die für die Unterhaltsberechnung erforderlichen Auskünfte vom Gegner und ggf. von Dritten selbst einzuholen. Der Abschnitt 9 enthält ferner spezielle Vorschriften für die Abänderung von Entscheidungen und sonstigen Titeln in Unterhaltssachen. Die Vorschriften orientieren sich an der früheren Fassung des § 323 ZPO unter Einbeziehung der speziellen Bedürfnisse der Praxis und der Rechtsprechung des BGH.[3]

Unterabschnitt 1
Besondere Verfahrensvorschriften

231 *Unterhaltssachen*
(1) Unterhaltssachen sind Verfahren, die
1. die durch Verwandtschaft begründete gesetzliche Unterhaltspflicht,
2. die durch Ehe begründete gesetzliche Unterhaltspflicht,
3. die Ansprüche nach § 1615l oder § 1615m des Bürgerlichen Gesetzbuchs betreffen.
(2) Unterhaltssachen sind auch Verfahren nach § 3 Abs. 2 Satz 3 des Bundeskindergeldgesetzes und § 64 Abs. 2 Satz 3 des Einkommensteuergesetzes. Die §§ 235 bis 245 sind nicht anzuwenden.

A. Allgemeines			II. Durch die Ehe begründete Unterhaltspflicht	11
I. Entstehung	1		III. Unterhaltsansprüche der nichtehelichen Mutter	19
II. Systematik	2		IV. Anwendbare Vorschriften	20
III. Normzweck	3		C. Unterhaltssachen der freiwilligen Gerichtsbarkeit, Absatz 2	
B. Familienstreitsachen, Absatz 1	4			
I. Unterhaltspflicht unter Verwandten	5		I. Definition	56
1. Kindesunterhalt	6		II. Anwendbare Vorschriften	57
2. Enkelunterhalt und Unterhalt entfernterer Abkömmlinge	7		III. Gegenstandswert, Gebühren	63
3. Elternunterhalt	8			
4. Rechtsnachfolge	9			

---

1 Begr. RegE, BT-Drucks. 16/6308, S. 259.
2 Begr. RegE, BT-Drucks. 16/6308, S. 233.
3 Begr. RegE, BT-Drucks. 16/6308, S. 254.

A. Allgemeines

I. Entstehung

1 § 231 Abs. 1 Nr. 1 entspricht dem früheren § 621 Abs. 1 Nr. 4 ZPO.
§ 231 Abs. 1 Nr. 2 entspricht dem früheren § 621 Abs. 1 Nr. 5 ZPO.
§ 231 Abs. 1 Nr. 3 entspricht dem früheren § 621 Abs. 1 Nr. 11 ZPO.
§ 231 Abs. 2 hat keine Entsprechung im alten Recht. Die Vorschrift modifiziert § 64 Abs. 2 Satz 3 EStG aF und § 3 Abs. 2 Satz 3 BKGG aF.

II. Systematik

2 Diese erste Vorschrift des Abschnitts 9 zählt enumerativ die Verfahren auf, die unter den Begriff **Unterhaltssachen** fallen.

III. Normzweck

3 Die Vorschrift führt die Bezeichnung **Unterhaltssachen** als Gesetzesbegriff ein. Der Begriff der Unterhaltssachen umfasst nicht nur die (ZPO-)Unterhaltssachen im bisherigen Sinne, sondern auch das Verfahren der freiwilligen Gerichtsbarkeit nach § 3 Abs. 2 Satz 3 BKKG und § 64 Abs. 2 Satz 3 EStG zur Bestimmung der für das **Kindergeld bezugsberechtigten Person**.

Die Vorschriften über Unterhaltssachen sind gem. § 270 Abs. 1 Satz 2, § 269 Abs. 1 Nr. 8 und 9 iVm. § 111 Nr. 8 auf Verfahren, die die gesetzliche Unterhaltspflicht für ein gemeinschaftliches minderjähriges **Kind der Lebenspartner** oder die durch die **Lebenspartnerschaft begründete gesetzliche Unterhaltspflicht** zum Gegenstand haben, **entsprechend anzuwenden**.

Wegen evtl. mit den Unterhaltssachen materiell zusammenhängender Streitigkeiten vgl. § 111 Rz. 10 ff.

B. Familienstreitsachen, Absatz 1

4 Die in Abs. 1 genannten Verfahren gehören zur Kategorie der **Familienstreitsachen** iSd. § 112. Für sie sind gem. § 113 Abs. 1 Satz 1 im Wesentlichen die Vorschriften der ZPO maßgebend. Diese treten, soweit keine speziellen Vorschriften des FamFG eingreifen, nach § 113 Abs. 1 Satz 2 an die Stelle der Bestimmungen des FamFG. Einzelheiten s. unten unter Rz. 20.

Für die Kindergeldverfahren zur Bestimmung des Bezugsberechtigten sind die Vorschriften des 1. Buches des FamFG sowie die §§ 232 bis 234 anzuwenden. Einzelheiten s. unten unter Rz. 57.

I. Unterhaltspflicht unter Verwandten

5 § 231 Abs. 1 Nr. 1 betrifft die durch **Verwandtschaft** begründete gesetzliche Unterhaltspflicht und entspricht dem früheren § 621 Abs. 1 Nr. 4 ZPO. Umfasst ist die gesetzliche Unterhaltspflicht zwischen Verwandten in auf- und absteigender Linie (§§ 1601 ff. BGB).

1. Kindesunterhalt

6 Erfasst sind vor allem die Unterhaltsansprüche minderjähriger oder volljähriger Kinder gegenüber ihren Eltern. Dies gilt auch, wenn die gesetzliche Unterhaltspflicht für ein Kind **vertraglich** – zB in einem Scheidungsfolgenvertrag anlässlich der Scheidung der Eltern – geregelt ist und der Vertrag lediglich in Konkretisierung der gesetzlichen Vorschriften erfolgt.[1] Zu dieser Kategorie gehört auch der familienrechtliche **Ausgleichsanspruch** eines Elternteils gegen den anderen wegen erbrachter, dem anderen obliegender gesetzlicher Unterhaltsleistungen sowie **Freistellung** hiervon.[2] Die

---

[1] BGH v. 29.1.1997 – XII ZR 221/95, FamRZ 1997, 545.
[2] BGH v. 30.8.1978 – IV ARZ 45/78, NJW 1978, 2297 und BGH v. 29.11.1979 – IV ARZ 99/78, NJW 1979, 552 zu § 621 Nr. 4 ZPO; OLG Köln v. 28.7.2011 – 25 WF 178/11, FamRZ 2012, 574; **aA** OLG Bremen v. 6.1.2010 – 4 AR 3/09, juris.

Abänderung einer Unterhaltsbestimmung, die nach § 1612 Abs. 2 Satz 2 aF BGB in einem gesonderten Verfahren zu erfolgen hatte, ist nach der Streichung der Vorschrift durch das Gesetz zur Neuregelung des Unterhaltsrechts ab dem 1.1.2008 als Vorfrage in dem Verfahren auf Zahlung von Barunterhalt für ein Kind geltend zu machen. Unterhaltssachen iSd. § 231 Abs. 1 Nr. 1 sind auch Verfahren, in denen Ansprüche von einem Elternteil gegen den anderen in **gesetzlicher Verfahrensstandschaft** gem. § 1629 Abs. 3 BGB für das Kind geltend gemacht werden.

Für das Verfahren gegen den Unterhaltspflichtigen und Insolvenzschuldner auf **Feststellung** gem. § 302 InsO, dass dem Unterhaltsgläubiger der titulierte Unterhaltsanspruch (hier **Kindesunterhalt**) gegen den Unterhaltsschuldner auch aus **unerlaubter Handlung** gem. § 823 Abs. 2 BGB iVm. § 170 StGB zusteht, ist kraft Sachzusammenhangs mit dem Unterhaltsanspruch das Familiengericht sachlich zuständig.[1]

2. Enkelunterhalt und Unterhalt entfernterer Abkömmlinge

Die Unterhaltspflicht durch Verwandtschaft erfasst auch Streitigkeiten über Unterhaltspflichten, die Großeltern oder entferntere Vorfahren (zB Urgroßeltern) gegenüber ihren Abkömmlingen ab dem zweiten Grade, gleich ob ehelich oder nichtehelich (§§ 1601, 1606 Abs. 2, 1607 BGB), betreffen.

3. Elternunterhalt

Ansprüche der Eltern nach § 1601 BGB gegenüber den leiblichen Kindern und den ihnen gem. § 1754 Abs. 1 und 2, 1754 Abs. 4 BGB gleichgestellten Adoptivkindern sind Unterhaltssachen nach § 231 Abs. 1 Nr. 1. Hierzu zählen nicht Streitigkeiten aus **Leibrentenversprechen**, die an Eltern unabhängig von deren Bedürftigkeit (§ 1602 BGB) zum Ausgleich einer Vermögensübertragung erfolgen. Enthält eine **vertragliche Regelung** über „Unterhalt" zwischen **Kindern und Eltern** anlässlich einer Grundstücksschenkung hinsichtlich der gesetzlichen Voraussetzungen, des Umfangs und des Erlöschens des Anspruchs die im gesetzlichen Unterhaltsrecht vorgegebenen Grundsätze ganz oder mit unerheblichen Modifikationen, so handelt es sich um eine Vereinbarung zu einer gesetzlichen Unterhaltspflicht iSd. § 231 Abs. 1 Nr. 1.[2]

4. Rechtsnachfolge

Das Familiengericht ist gem. § 231 für Ansprüche **von Rechtsnachfolgern** der ursprünglichen Unterhaltsberechtigten bei **übergegangenen oder übergeleiteten** Unterhaltsansprüchen zuständig. Dies betrifft Regressansprüche von Dritten, zB von **Großeltern** oder entfernteren Vorfahren nach §§ 1584 Satz 2, 1607 Abs. 2 Satz 2 BGB; von **Trägern der BAföG-Leistungen** gem. § 37 BAföG; von **Sozialbehörden** gem. § 94 SGB XII; § 7 UVG; § 33 SGB II.[3] Erfasst ist bei **Scheinvaterschaft** der auf den Scheinvater übergegangene Unterhaltsanspruch des Kindes gegen seinen Erzeuger (§ 1607 Abs. 3 BGB).[4] Ob zur Unterhaltspflicht auch der **Kostenerstattungsanspruch des Scheinvaters** für das Ehelichkeitsanfechtungsverfahren gegen den Erzeuger gehört, ist streitig, wird aber überwiegend bejaht.[5]

Nicht anwendbar ist die Vorschrift für einen Antrag des Jugendamts auf **Herausgabe des Kindesunterhaltstitels** gegen die Mutter wegen eines Anspruchsübergangs nach § 7 Abs. 1 UVG.[6] Zu Feststellungsklagen der Unterhaltsvorschussbehörden bei Insolvenz des Unterhaltsschuldners vgl. oben Rz. 6.

---

1 OLG Hamm v. 31.5.2012 – 1 WF 90/12, FamRZ 2013, 67; KG v. 30.8.2011 – 18 WF 93/11, FamRZ 2012, 138; OLG Köln v. 28.1.2012 – 25 UF 250/11, FamRZ 2012, 1836; OLG Hamm v. 19.3.2012 – 8 UF 285/11, BeckRS 2012, 09554 und juris; aA OLG Rostock v. 14.1.2011 – 10 WF 4/11, juris.
2 OLG Frankfurt v. 24.1.2012 – 4 U 143/11, FamFR 2012, 400.
3 Zum Umfang des Übergangs vgl. BGH v. 1.12.2010 – XII ZR 19/09, FamRZ 2011, 197.
4 BGH v. 22.10.2008 – XII ZR 46/07, FamRZ 2009, 32; OLG Brandenburg v. 1.2.2007 – 10 WF 279/06, FamRZ 2007, 1994.
5 Dafür BGH v. 27.1.1988 – IVb ZR 12/87, FamRZ 1988, 387; OLG Koblenz v. 8.1.1999 – 15 SmA 1/99, FamRZ 1999, 658; **aA** BGH v. 20.12.1978 – IV ARZ 106/78, NJW 1979, 660; OLG Jena v. 22.11.2002 – 12 SA 10/02, FamRZ 2003, 1125.
6 OLG Celle v. 5.2.2002 – 17 AR 4/02, JAmt 2002, 272.

Anträge **gegen Rechtsnachfolger** von Unterhaltsverpflichteten (zB §§ 1361 Abs. 4 Satz 4, 1360a Abs. 3, 1586b, 1615 Abs. 1 BGB) sind ebenfalls Unterhaltssachen iSd. § 231.[1]

II. Durch die Ehe begründete Unterhaltspflicht

11 § 231 Abs. 1 Nr. 2 regelt die durch Ehe begründete gesetzliche Unterhaltspflicht und entspricht dem alten § 621 Abs. 1 Nr. 5 ZPO. Der Ehegattenunterhalt betrifft die gesetzliche **Unterhaltspflicht bei Zusammenleben** (§§ 1360 bis 1360b BGB, bei **Getrenntleben** (§ 1361 ff. BGB) und **nach der Auflösung der Ehe** (§§ 1569 bis 1586b BGB, §§ 58 ff. EheG iVm. Art. 12 Nr. 3 Abs. 2 1. EheRG). Umfasst sind auch Ansprüche auf **Freistellung** von der Unterhaltspflicht, ferner auf **Schuldbefreiung, Schadensersatz und Bereicherungsausgleich**, wenn ihre Wurzel im unterhaltsrechtlichen Verhältnis zu suchen ist,[2] Ansprüche auf Zahlung[3] und Rückzahlung[4] eines **Verfahrenskostenvorschusses** gem. §§ 1360a Abs. 4, 1361 Abs. 4 Satz 4 BGB, auf Erstattung außergerichtlicher Kosten für geltend gemachte Unterhaltsansprüche,[5] **Schadensersatzansprüche** wegen Verletzung der Unterhaltspflicht,[6] ferner aus Unterhaltsvergleichen,[7] auf Ausgleich von geleistetem Unterhalt, den der andere Elternteil hätte leisten müssen,[8] ferner **Ansprüche auf Feststellung**, dass kein Anspruch auf nachehelichen Unterhalt besteht.[9] Erfasst von der Vorschrift sind schließlich auch Ansprüche aus **Krankenversicherungsleistungen** für den unterhaltsberechtigten Ehegatten.[10] Unter Nr. 2 fallen auch Streitigkeiten um die Zahlung einer **Morgengabe** nach ausländischem Recht.[11] Erfasst sind auch **Auskunfts- und Belegansprüche** und übergegangene Unterhaltsansprüche (zB § 33 SGB II, § 94 SGB XII, § 1584 Satz 2 BGB).

12 Nicht zum Ehegattenunterhalt gehören die sehr seltenen **rein vertraglich begründeten Unterhaltsvereinbarungen**, die nicht die gesetzliche Unterhaltspflicht konkretisieren.[12] Für die Abgrenzung zwischen dem gesetzlichen und einem vertraglichen Unterhaltsanspruch kommt es weder auf den subjektiven Willen der Eheleute zur Schaffung einer eigenständigen Regelung an noch auf das Maß der zum Nachteil eines Ehegatten vereinbarten Abweichung vom Gesetzesrecht. Entscheidend ist allein, ob die vertragliche Regelung hinsichtlich der Voraussetzungen, des Umfangs und des Erlöschens des Anspruchs die im gesetzlichen Unterhaltsrecht vorgegebenen Grundsätze aufnimmt und für den konkreten Fall – wenn auch mit erheblichen Modifikationen – abbildet.[13] Für die Annahme einer selbständigen, rein vertraglichen und vom gesetzlichen Unterhaltsanspruch völlig gelösten Unterhaltsvereinbarung müssen daher besondere Anhaltspunkte vorliegen.[14] Auch Streitigkeiten hinsichtlich der **Übertragung** eines **Kfz-Schadensfreiheitsrabatts** gehören nicht zum Ehegattenunterhalt,[15] es handelt sich um sonstige Familiensachen nach § 266 Abs. 1 Nr. 2.

13 Vor Inkrafttreten des FamFG gehörten dagegen Streitigkeiten hinsichtlich der nach § 1353 BGB zu beurteilenden Verpflichtung, einer **gemeinsamen Veranlagung zur Einkommensteuer** oder einem Antrag auf Ermäßigung der Lohnsteuer zuzustim-

---

1 Zöller/*Lorenz*, § 231 FamFG Rz. 6.
2 BGH v. 9.2.1994 – XII ARZ 1/94, NJW 1994, 1416.
3 OLG Koblenz v. 26.10.1981 – 13 UF 679/81, FamRZ 1982, 402.
4 OLG Stuttgart v. 15.7.1980 – 18 UF 106/0, FamRZ 1981, 1036.
5 OLG Braunschweig v. 17.4.1979 – 1 W 3/79, FamRZ 1979, 719.
6 AG Charlottenburg v. 14.1.1993 – 142 F 3551/91, FamRZ 1993, 714.
7 BGH v. 3.5.1978 – IV ARZ 26/78, BGHZ 71, 264.
8 BGH v. 30.8.1978 – IV ARZ 45/78, NJW 1978, 2297.
9 OLG Hamm v. 4.3.1982 – 3 UF 390/81, FamRZ 1982, 721.
10 BGH v. 9.2.1994 – XII ZR 221/95, FamRZ 1994, 626.
11 OLG Düsseldorf v. 3.1.1997 – 1 UF 111/96, FamRZ 1998, 623; KG v. 11.9.1987 – 3 WF 5304/87, FamRZ 1988, 296.
12 BGH v. 23.1.1985 – IVb ARZ 63/84; FamRZ 1985, 367; OLG Hamm v. 20.8.1990 – 29 W 101/89, FamRZ 1991, 443.
13 BGH v. 5.11.2009 – XII ZR 103/07, FamRZ 2009, 219.
14 BGH v. 4.8.2004 – XII ZB 38/04, FamRZ 2004, 1546 (1547).
15 OLG Köln v. 16.7.2002 – 14 WF 113/02, FamRZ 2003, 622; *Wever*, FF 2009, 13 (15).

men, **nicht zu den Unterhaltssachen**. Aus dem Wesen der Ehe ergibt sich für beide Ehegatten die aus § 1353 Abs. 1 BGB abzuleitende Verpflichtung, die finanziellen Lasten des anderen Teils nach Möglichkeit zu vermindern, soweit dies ohne Verletzung eigener Interessen möglich ist. Ein Ehegatte ist deshalb dem anderen gegenüber verpflichtet, in eine von diesem verlangte Zusammenveranlagung zur Einkommensteuer einzuwilligen, wenn dadurch die Steuerschuld des anderen verringert und der auf Zustimmung in Anspruch genommene Ehegatte keiner zusätzlichen steuerlichen Belastung ausgesetzt wird.[1] Der Anspruch eines Ehegatten auf Zustimmung zur steuerlichen Zusammenveranlagung richtet sich nach Eröffnung des Insolvenzverfahrens über das Vermögen des anderen Ehegatten gegen den Insolvenzverwalter.[2]

Diese Streitigkeiten waren bis zum 31.8.2009 nicht den Familiengerichten zugewiesen, sondern von den allgemeinen Zivilabteilungen der Amtsgerichte bzw. dem Landgericht zu entscheiden. **Seit dem 1.9.2009 sind diese Streitigkeiten** unter § 266 Abs. 1 Nr. 2 („aus der Ehe herrührende Ansprüche") als **sonstige Familiensachen** erfasst.[3]

Nach dem bis zum 31.8.2009 geltenden Recht gehörten auch der Anspruch eines Ehegatten auf Zustimmung des anderen Ehegatten zur Durchführung des begrenzten **Realsplittings** (§ 10 Abs. 1 Nr. 1 EStG)[4] und **Streitigkeiten wegen Verweigerung der Zustimmung** sowie aus Vereinbarungen über die Erstattung der **Mehrbelastung**[5] zu den Unterhaltssachen. Der BGH hat dem Erstattungsanspruch wegen Nachteilen aus der Zustimmung zum Realsplitting auch unterhaltsrechtlichen Charakter beigemessen, weil er eine Ausprägung des Grundsatzes von Treu und Glauben im Rahmen des zwischen geschiedenen Eheleuten bestehenden gesetzlichen Unterhaltsverhältnisses darstellt, der Sicherung des Unterhaltsanspruchs dient und deshalb den gleichen Schutz wie dieser genießt, ohne indessen selbst ein Unterhaltsanspruch zu sein.[6]

Uneinigkeit besteht über die Frage, ob die Streitigkeiten im Zusammenhang mit dem **steuerlichen Realsplitting** wie nach der früheren Rechtslage zu den **Unterhaltsstreitigkeiten** zählen oder ob sie seit dem 1.1.2009 auch als **sonstige Familiensachen** iSd. § 266 Abs. 1 Nr. 2 zu qualifizieren sind.[7] Der Reformgesetzgeber stellt zu § 266 in erster Linie auf die aus § 1353 BGB herzuleitenden Ansprüche ab. Aus dem Wortlaut der Begründung ist nicht erkennbar, ob der Gesetzgeber die bisherige Rechtslage fortschreiben wollte. Es ist daher davon auszugehen, dass die mit dem Realsplitting zusammenhängenden Fragen weiterhin als Unterhaltssachen iSv. § 231 Abs. 1 zu qualifizieren sind.[8]

Zum Teil wird für die Einordnung als Unterhaltssache oder sonstige Familiensache zwischen **Mitwirkungsansprüchen** und **Ansprüchen wegen Verletzung dieser Pflichten** unterschieden. Sofern die (ehemaligen) Ehegatten um die aus § 1353 Abs. 1

---

1 BGH v. 13.10.1976 – IV ZR 104/74, FamRZ 1977, 38 (40); BGH v. 4.11.1987 – IV b ZR 83/86 – FamRZ 1988, 143 (144); BGH v. 12.6.2002 – XII ZR 288/00 – FamRZ 2002, 1024 (1025) m. Anm. v. *Bergschneider* FamRZ 2002, 1181; BGH v. 3.11.2004 – XII ZR 128/02, FamRZ 2005, 182 (183); BGH v. 23.5.2007 – XII ZR 250/04, FamRZ 2007, 1229 m. Anm. v. *Engels*; BGH v. 18.11.2009 – XII ZR 173/06, FamRZ 2010, 269 (270).
2 BGH v. 18.5.2011 – XII ZR 67/09, MDR 2011, 917.
3 BT-Drucks. 16/6308, S. 262; OLG Bremen v. 30.3.2011 – 5 UF 6/11, juris; zur materiellen Rechtslage vgl. BGH v. 18.11.2011 – IX ZR 240/07, FamRZ 2011, 210 m. Anm. v. *Schlünder* und *Geißler*, FamRZ 2011, 211.
4 OLG Hamm v. 14.5.1986 – 10 UF 717/85, FamRZ 1987, 489; BGH v. 17.10.2007 – XII ZR 146/05, FamRZ 2008, 40; anders aber bei sonstigen Ansprüchen auf Abgabe steuerrechtlicher Erklärungen, vgl. OLG Rostock v. 10.9.2003 – 10 WF 142/03, FamRZ 2004, 957.
5 OLG Köln v. 7.8.1986 – 14 UF 55/86, NJW-RR 1987, 456; BGH v. 29.1.1997 – XII ZR 22/95, FamRZ 1997, 544.
6 BGH v. 17.10.2007 – XII ZR 146/05, FamRZ 2008, 40; BGH v. 29.1.1997 – XII ZR 221/95, FamRZ 1997, 544 (545f.); BGH v. 23.3.1983 – IVb ZR 369/81, FamRZ 1983, 576; BGH v. 11.5.2005 – XII ZR 108/02, FamRZ 2005, 1162 (1164).
7 Keidel/*Weber*, § 231 FamFG Rz. 9; Musielak/*Borth*, § 231 FamFG Rz. 8 und § 266 FamFG Rz. 2ff.
8 Keidel/*Weber*, § 231 FamFG Rz. 9; *Hoppenz*, § 231 FamFG Rz. 5; Johannsen/Henrich/*Maier*, § 231 FamFG Rz. 8.

Satz 2 BGB abzuleitende Mitwirkungspflicht streiten, soll es sich der Sache nach um eine sonstige Familiensache iSd. § 266 Abs. 1 Nr. 2 handeln. Dagegen sollen Ausgleichs- und Zahlungsansprüche aus der Durchführung des Realsplittings als Unterhaltssachen gem. § 231 Abs. 1 Nr. 2 zu qualifizieren sein.[1]

17 Es ist fraglich, ob die Differenzierung zutreffend und angesichts der besonderen Vorschrift des § 266 Abs. 1 Nr. 2 noch erforderlich ist. Zwar handelt es sich bei den genannten Ansprüchen im Zusammenhang mit dem steuerlichen Realsplitting, namentlich den Schadensersatzansprüchen des Unterhaltspflichtigen wegen unberechtigter Verweigerung der Zustimmung zur Geltendmachung des Realsplittings sowie den Ansprüchen des Unterhaltsberechtigten auf Erstattung von Steuernachteilen (§ 10 Abs. 1 Nr. 1 EStG), um **unterhaltsrechtliche Nebenpflichten**,[2] bei denen das Steuerrecht eine Unterhaltspflicht eines (ehemaligen) Ehegatten voraussetzt. Andererseits haben solche Ansprüche idR nur eine mittelbare Auswirkung auf die Leistung von Unterhalt. Auch ist die Einordnung der Ansprüche nicht immer zweifelsfrei. So kann der Anspruch des Unterhaltsberechtigten gegen den Unterhaltspflichtigen auf Freistellung von Nachteilen aus dem steuerlichen Realsplitting, der idR vor der Durchführung des Realsplittings geltend gemacht wird, als Mitwirkungsanspruch oder als Folgeanspruch aus dem Realsplitting angesehen werden. Sämtliche Ansprüche im Zusammenhang mit steuerlichen Belangen sollten daher als sonstige Familiensachen iSd. § 266 Abs. 1 Nr. 2 erfasst werden.

18 Sowohl bei den sonstigen Familiensachen als auch bei den Unterhaltssachen handelt es sich um Familienstreitsachen. Auf die sonstigen Familiensachen sind gem. § 113 Abs. 1 die Vorschriften der ZPO anzuwenden. Für die Unterhaltssachen gilt das Gleiche; darüber hinaus sind aber noch die besonderen Verfahrensvorschriften nach den §§ 231 ff. zu beachten.

Zu den Ansprüchen der Rechtsnachfolger der Unterhaltsberechtigten sowie den Ansprüchen gegen Rechtsnachfolger der Unterhaltsverpflichteten s. oben Rz. 9.

III. Unterhaltsansprüche der nichtehelichen Mutter

19 Die in **§ 231 Abs. 1 Nr. 3** aufgeführten Unterhaltsansprüche der nichtehelichen Mutter oder des nichtehelichen Vaters nach § 1615l BGB und die Ansprüche der Erben der nichtehelichen Mutter nach § 1615m BGB waren in dem früheren § 621 Abs. 1 Nr. 11 ZPO normiert. Es handelt sich um Ansprüche anlässlich der Geburt eines Kindes auf Unterhalt (§ 1615l BGB) und auf Ersatz der Beerdigungskosten für die Mutter, wenn die Erben der Mutter sie nicht bezahlen können (§ 1615m BGB).

IV. Anwendbare Vorschriften

20 In den hier geregelten Familienstreitsachen sind für das Verfahren teilweise die Vorschriften der ZPO und teilweise die Vorschriften des FamFG anzuwenden. Zur Feststellung, welche Vorschrift für welche Verfahrensfrage im Einzelnen einschlägig ist, empfiehlt es sich, zunächst die besonderen Verfahrensvorschriften des Abschnitts 9 zu prüfen. Wenn die dortigen Vorschriften keine Regelung zu der gesuchten Problematik enthalten, ist auf § 113 zu rekurrieren.

21 § 113 Abs. 1 ordnet für Ehesachen und **Familienstreitsachen** die entsprechende Anwendung der allgemeinen Vorschriften der ZPO (§§ 1 bis 252 ZPO) und der Vorschriften der ZPO über das Verfahren vor den Landgerichten (§§ 253 bis 494a ZPO) an. Diese Vorschriften treten an die Stelle der entsprechenden, ausdrücklich genannten Vorschriften aus dem Allgemeinen Teil des FamFG (Buch 1). Gem. § 113 Abs. 1 **sind in Familienstreitsachen die §§ 2 bis 37, 40 bis 45, 46 Satz 1 und 2, §§ 47 und 48 sowie 76 bis 96**[3] **nicht** anzuwenden. Für die Familienstreitsachen ist damit ein Großteil der Verfahrensvorschriften des Allgemeinen Teils des FamFG ausgeschlossen. Dies

---

1 Horndasch/Viefhues/*Boden/Cremer*, § 266 FamFG Rz. 16.
2 BGH v. 23.3.1983 – IVb ZR 369/81, FamRZ 1983, 576.
3 Die unterlassene Erwähnung von § 96a dürfte auf einem Redaktionsfehler beruhen, vgl. auch *Fölsch*, Familienstreitsachen – Ehesachen – fG-Familiensachen, FF-FamFG spezial 2009, 2 (4).

gilt zunächst für die Abschnitte 1 und 2 aus dem Allgemeinen Teil von Buch 1. Es handelt sich insbesondere um die Vorschriften über die örtliche Zuständigkeit, die Beteiligten, die Aktenführung, die Vorschriften über die Bekanntgabe von Entscheidungen, die Wiedereinsetzung, die Vorschriften über den Verfahrensbeginn, die Beweisaufnahme und die Verfahrensbeendigung durch Vergleich. Die örtliche Zuständigkeit für Unterhaltssachen bestimmt sich nach § 232. Hinsichtlich der einzelnen in den weiteren genannten Materien anzuwendenden Verfahrensvorschriften wird auf die Kommentierung zu den §§ 113 bis 120 verwiesen.

Nicht anzuwenden in Verfahren in Unterhaltssachen sind ferner die §§ 40 bis 45, 46 Satz 1 und 2 sowie §§ 47 und 48, dh. die Vorschriften über die Bekanntgabe und die Rechtskraft von Beschlüssen sowie die Gehörsrüge. Hier sind die entsprechenden Vorschriften der ZPO anzuwenden, insbesondere §§ 319, 321, 321a, 329, 578 bis 591, 705, 706 ZPO.[1] 22

Ausgeschlossen ist auch eine Anwendung der §§ 76 bis 96, dh. auch der Vorschriften des FamFG über die Verfahrenskostenhilfe. Für die Familienstreitsachen, also auch für Unterhaltssachen iSd. § 231 Abs. 1, gelten die Vorschriften der ZPO über die **Prozesskostenhilfe** (§§ 114 ff. ZPO) kraft der Generalverweisung in § 113 Abs. 1 uneingeschränkt.[2] Wegen § 113 Abs. 5 Nr. 1 ist bei der Anwendung der Vorschriften der ZPO jedoch der Terminus **Verfahrenskostenhilfe** zu verwenden.[3] 23

Eine wichtige Änderung für das Verfahren in Unterhaltssachen ist die Einführung des **Anwaltszwangs** für **selbständige Familienstreitsachen**, dh. auch für isolierte Unterhaltssachen vor dem Familiengericht, § 114 Abs. 1.[4] Die Vorschrift, die sich im Übrigen an § 78 aF ZPO anlehnt, hat den **Anwaltszwang auf erstinstanzliche Unterhaltsstreitigkeiten erstreckt**. Dieser galt bisher nur für Ehesachen und Folgesachen in allen Instanzen, für isolierte Güterrechtsverfahren sowie für die dritte Instanz bei isolierten Familiensachen, deren Verfahren sich ausschließlich nach dem FGG richtete (§ 78 Abs. 2, 3 aF ZPO, § 29 Abs. 1 FGG aF).[5] Ungeachtet der Tatsache, dass schon im Jahr 2005 in 64,8 % aller Verwandtenunterhaltssachen und in 86,0 % aller Ehegattenunterhaltssachen beide Parteien anwaltlich vertreten waren, ist die Einführung des Anwaltszwangs bereits für das erstinstanzliche Verfahren in selbständigen Unterhaltssachen zu begrüßen, denn das Unterhaltsverfahren hat für die Beteiligten häufig erhebliche Auswirkungen oder sogar existenzielle Folgen. Die anwaltliche Vertretung dient insbesondere dem Schutz des Unterhaltsberechtigten und gewährleistet zudem Waffengleichheit der Beteiligten untereinander.[6] 24

Ausgenommen vom **erstinstanzlichen Anwaltszwang** in Ehesachen und Folgesachen und in Familienstreitsachen sind die in § 114 Abs. 3 und 4 genannten Fälle und Verfahren. § 114 Abs. 3 enthält das Behördenprivileg. Der Vertretung durch einen Rechtsanwalt bedarf es gem. § 114 Abs. 4 Nr. 1 nicht in Verfahren der eA,[7] ferner nicht, wenn ein Beteiligter durch das Jugendamt als Beistand (§ 1712 BGB), Vormund oder Ergänzungspfleger vertreten ist (Nr. 2), für die Zustimmung zur Scheidung, zur Rücknahme des Scheidungsantrags und für den Widerruf der Zustimmung zur Scheidung (Nr. 3), für einen Antrag auf Abtrennung einer Folgesache von der Scheidung (Nr. 4), im Verfahren über die Verfahrenskostenhilfe (Nr. 5), in den Fällen des § 78 Abs. 3 ZPO, dh. in Verfahren vor einem beauftragten oder ersuchten Richter 25

---

1 BT-Drucks. 16/10144, S. 93.
2 Begr. RegE, BT-Drucks. 16/6308, S. 214.
3 Wie hier *Roessink*, FamRB 2009, 117 (119); *Schürmann*, FuR 2009, 130 (132); *Schürmann*, FamRB 2009, 58; **aA** *Schael*, FPR 2009, 11; *Borth*, FamRZ 2009, 157 (162).
4 *Kemper*, FamRB 2008, 345 (347) und FamRB 2009, 295 (297).
5 *Groß*, FPR 2006, 430.
6 Begr. RegE, BT-Drucks. 16/6308, S. 224; ablehnend *Häußermann*, Stellungnahme zum FGG-RG, http://www.bundestag.de/ausschuesse/a06/anhoerungen/29_FGG_Teil_1/04_Stellungnahmen/index.html.
7 Kritisch hierzu *Rakete-Dombek*, Stellungnahme zum FGG-RG, Teil II: familiengerichtliches Verfahren, ebenso *Bergschneider*, Stellungnahme zum FGG-RG, beide http://www.bundestag.de/ausschuesse/a06/anhoerungen/29_FGG_Teil_1/04_Stellungnahmen/index.html.

und für Verfahrenshandlungen, die zu Protokoll der Geschäftsstelle erklärt werden können (Nr. 6) sowie für verschiedene Anträge beim Versorgungsausgleich (Nr. 7). Für das vereinfachte Verfahren über den Unterhalt Minderjähriger gilt § 257 Satz 1. Danach können im vereinfachten Verfahren die Anträge und Erklärungen ohne Anwalt vor dem Urkundsbeamten der Geschäftsstelle abgegeben werden.

26 Aus Buch 1 des FamFG sind für das Verfahren in Unterhaltssachen die §§ 38 und 39 anwendbar. Diese Vorschriften aus dem Allgemeinen Teil des FamFG sind jedoch nur heranzuziehen, soweit sich aus den allgemeinen Vorschriften (§§ 111 bis 120) des Buches 2 – Verfahren in Familiensachen – keine Abweichungen ergeben. Nach § 116 Abs. 1 iVm. § 38 Abs. 3 hat das Gericht in Familiensachen stets durch einen grundsätzlich zu begründenden **Beschluss**[1] zu entscheiden. Der Beschluss ist an die Stelle des früheren Urteils getreten. **Urteile** gibt es nach dem FamFG weder in Ehe- noch in Familienstreitsachen. Hinsichtlich der **Form und des Inhalts des Beschlusses** gilt § 38. Er unterliegt nicht den strikten Erfordernissen an den Inhalt des Urteils nach den § 313ff. ZPO. Nach § 39 ist dem Beschluss eine **Rechtsbehelfsbelehrung** beizufügen. Diese muss die Bezeichnung des statthaften Rechtsmittels oder Rechtsbehelfs, die Angabe des für die Entgegennahme zuständigen Gerichts, dessen vollständige Anschrift sowie die bei der Einlegung einzuhaltende Form und Frist und den Hinweis auf einen bestehenden Anwaltszwang enthalten. Sie muss mit ihrem zwingenden Inhalt verständlich sein.[2] Einer Rechtsbehelfsbelehrung bedürfen auch Zwischenentscheidungen, die in entsprechender Anwendung der Vorschriften der ZPO über die sofortige Beschwerde anfechtbar sind.

Beschlüsse, die aufgrund einer mündlichen Verhandlung ergehen, werden gem. § 113 Abs. 1 Satz 2 FamFG iVm. §§ 310 bis 312 ZPO durch **Verkündung erlassen**, vgl. § 116 Rz. 12. Der Nachweis für die erfolgte Verkündung kann in diesen Fällen nach § 113 Abs. 1 Satz 2 FamFG iVm. §§ 165 Satz 1, 160 Abs. 3 Nr. 7 ZPO nur durch das Protokoll geführt werden.[3] Die Verkündung der Endentscheidung in Ehesachen und Familienstreitsachen erfolgt gem. § 173 GVG in jedem Falle öffentlich.

27 Seine Rechtsprechung, dass eine **fehlerhafte Rechtsmittelbelehrung** bei anwaltlicher Vertretung unschädlich, dh **kein** Grund für eine Wiedereinsetzung nach § 113 Abs. 1 Satz 2, § 117 Abs. 5 Satz 5 FamFG iVm. §§ 233 ff. ZPO ist, weil ein Rechtsanwalt eine fehlerhafte Belehrung erkennen muss,[4] hat der BGH nun konkretisiert. Ist eine zB nach § 39 gesetzlich vorgeschriebene Rechtsbehelfserklärung inhaltlich unzutreffend, ist darauf abzustellen, ob es sich ausgehend vom Kenntnisstand eines Rechtsanwalts um eine offenkundig falsche Belehrung handelt. In einem solchen Fall kommt eine Wiedereinsetzung nicht in Betracht. Als offenkundig hat der BGH die Frage des **Anwaltszwangs** angesehen. Ein in Familiensachen tätiger Anwalt muss eine insoweit unrichtige Belehrung erkennen, weil das Bestehen und die Reichweite des Anwaltszwangs zu seinen Grundkenntnissen gehören sollten.[5] **Fehlt** eine gesetzlich vorgeschriebene Rechtsbehelfsbelehrung, ist zwar § 17 Abs. 2 FamFG in Ehesachen und Familienstreitsachen trotz der §§ 113 Abs. 1 Satz 1, 117 Abs. 5 FamFG analog anzuwenden. Es fehlt aber nicht an einem **Verschulden des Rechtsanwalts**, weil dieser seinen Mandanten über die Rechtsmittelmöglichkeiten zu informieren hat.[6]

Enthält eine Entscheidung eines Oberlandesgerichts in einer Familienstreitsache, mit der die Rechtsbeschwerde zum Bundesgerichtshof zugelassen worden ist, entgegen § 39 FamFG nicht die erforderliche Rechtsbehelfsbelehrung, kann Wiedereinsetzung in den vorigen Stand nur bei Kausalität zwischen der fehlenden Rechtsbehelfsbelehrung und der Fristversäumung gewährt werden. Hieran fehlt es nicht nur bei einem anwaltlich vertretenen Beteiligten, sondern auch bei einer Behörde,

---

1 Zu den Einzelheiten eines Unterhaltsbeschlusses vgl. *Rasch*, FPR 2010, 150.
2 BGH v. 23.6.2010 – XII ZB 82/10, FamRZ 2010, 1425 m. Anm. v. *Rüntz*; vgl. BT-Drucks. 16/6308, S. 183.
3 BGH v. 13.6.2012 – XII ZB 592/11, FamRZ 2012, 1287.
4 BGH v. 23.6.2010 – XII ZB 82/10, FamRZ 2010, 1425 m. Anm. v. *Rüntz*.
5 BGH v. 13.6.2012 – XII ZR 592/11, FamRZ 2012, 1287; *Ahn-Roth*, FamRB 2012, 385 (390).
6 BGH v. 13.6.2012 – XII ZR 592/11, FamRZ 2012, 1287.

die sich im Verfahren vor dem BGH von einem Mitarbeiter mit der Befähigung zum Richteramt vertreten lässt.[1]

Endentscheidungen in **Familienstreitsachen** werden gem. § 116 Abs. 3 mit **Rechtskraft** wirksam. Das Gericht kann die **sofortige Wirksamkeit** anordnen. Soweit die Endentscheidung eine Verpflichtung zur Leistung von Unterhalt enthält, soll das Gericht die sofortige Wirksamkeit mit der Folge einer sofortigen Vollstreckbarkeit nach § 120 Abs. 2 anordnen. Mit § 116 Abs. 3 Satz 3 wird die Bedeutung des Unterhalts zur Sicherung des Lebensbedarfs zum Ausdruck gebracht. Durch die Neuregelung ist das Rechtsinstitut der vorläufigen Vollstreckbarkeit in Familienstreitsachen entbehrlich geworden.[2]

Die **Vollstreckung** in Familienstreitsachen erfolgt nicht nach den Vorschriften in Buch 1 des FamFG, sondern gem. § 120 Abs. 1 entsprechend den Vorschriften der ZPO über die Zwangsvollstreckung (§§ 704 bis 915h ZPO) mit den sich aus § 120 Abs. 2 Satz 2 ergebenden Abweichungen (zB einstweilige Einstellung der Zwangsvollstreckung nach den §§ 707 Abs. 1, 719 Abs. 1 ZPO ohne Sicherheitsleistung).[3] Bei der Vollstreckung von Beschlüssen sind aus dem 8. Buch der ZPO die **§§ 708 bis 713 nicht anwendbar**, die §§ 714 bis 720a ZPO nur eingeschränkt.[4]

Die Frage, welche Rechtsmittel gegen Endentscheidungen des Gerichts statthaft sind, regeln im Allgemeinen Teil des FamFG (Buch 1) die §§ 58 bis 75. Das allgemeine Beschwerdeverfahren ist in §§ 58 bis 69, die Rechtsbeschwerde in §§ 70 bis 75 geregelt. Für die Rechtsmittel in Ehe- und Familienstreitsachen gelten diese Vorschriften nur, soweit sich aus § 117 keine besonderen Bestimmungen ergeben. Die Regeln über die Anhörungsrüge sind erstinstanzlich als auch im Beschwerdeverfahren anzuwenden (§ 113 Abs. 1 FamFG, § 321a ZPO).[5]

Gegenüber der ZPO, die die Berufung, die Revision, die sofortige Beschwerde, die befristete Beschwerde und die Rechtsbeschwerde kennt, stellen die Vorschriften des FamFG eine Vereinfachung des Rechtsmittelrechts dar. Die in den §§ 58 bis 69 FamFG neu konzipierte **Beschwerde** erfüllt nach der Einbeziehung der Familienstreitsachen in das Rechtsmittelrecht des FamFG **die Funktion der** früher nach der ZPO zulässigen **Berufung**. Die Beschwerde ist gem. § 58 Abs. 1 nunmehr das einheitliche **Hauptsacherechtsmittel** auch gegen erstinstanzliche Endentscheidungen in Ehesachen und in Familienstreitsachen.[6]

Entscheidet das Familiengericht nicht nach dem anwendbaren neuen Verfahrensrecht durch Beschluss, sondern fehlerhaft nach dem alten Verfahrensrecht durch Urteil, wird nach dem Grundsatz der **Meistbegünstigung** auch durch die Einlegung einer Beschwerde beim Amtsgericht die Rechtsmittelfrist gewahrt.[7]

Zwischen- und Nebenentscheidungen sind **grundsätzlich nicht selbständig anfechtbar**. Dies entspricht der alten Rechtslage. Solche Entscheidungen sind entweder überhaupt nicht oder aber nur zusammen mit der Hauptsacheentscheidung anfechtbar. So ist zB eine im **einstweiligen Anordnungsverfahren** ergangene Entscheidung über die **Kosten** oder über die **Verfahrenskostenhilfe** nicht anfechtbar, soweit auch die ergangene Endentscheidung nach § 57 nicht angefochten werden kann.[8] Abweichend von diesem Grundsatz sieht das FamFG an verschiedenen Stellen die **sofortige Beschwerde** in entsprechender Anwendung der §§ 567 bis 572 ZPO

---

1 BGH v. 27.2.2013 – XII ZB 6/13, juris; BGH v. 23.11.2011 – IV ZB 15/11, FamRZ 2012.
2 Begr. RegE, BT-Drucks. 16/6308, S. 224.
3 Begr. RegE, BT-Drucks. 16/6308, S. 226; *Giers*, FPR 2006, 438 und FamRB 2009, 87 (88); *Griesche*, FamRB 2009, 258 (260, 261); *Büte*, FuR 2010, 124 (126).
4 Begr. RegE, BT-Drucks. 16/6308, S. 226.
5 *Maurer*, FamRZ 2009, 465 (479).
6 Begr. RegE, BT-Drucks. 16/6308, S. 203.
7 BGH v. 15.8.2012 – XII ZR 80/11, FamRZ 2012, 1785; BGH v. 6.4.2011 – XII ZB 553/10, FamRZ 2011, 966 und BGH v. 29.2.2012 – XII ZB 198/11, FamRZ 2012, 783.
8 OLG Hamm v. 10.2.2010 – 2 WF 12/10, FamRZ 2010, 1467; KG v. 6.12.2010 – 16 UF 151/10, MDR 2011, 232.

vor. Das Verfahren sieht idR eine 14-tägige Beschwerdefrist, den originären Einzelrichter sowie im Übrigen ein weitgehend entformalisiertes Rechtsmittelverfahren vor, in dem neue Tatsachen und Beweismittel zu berücksichtigen sind. Welche nicht instanzbeendenden Beschlüsse mit der sofortigen Beschwerde anfechtbar sind, ergibt sich aus der jeweiligen Bezugnahme des FamFG auf die ZPO (zB Verfahrenskostenhilfebeschlüsse, § 113 Abs. 1 FamFG, § 127 Abs. 2 ZPO).[1]

33 Aus § 117 ergeben sich **Besonderheiten für das Beschwerdeverfahren** in Ehe- und Familienstreitsachen, die sich an die Vorschriften für die Berufung des allgemeinen Zivilprozessrechts anlehnen und die allgemeinen Vorschriften für das Beschwerdeverfahren in den §§ 58 bis 69 modifizieren.

34 Nach § 58 Abs. 2 können grundsätzlich auch die Entscheidungen, die einer Endentscheidung vorausgegangen sind, im Beschwerderechtszug überprüft werden. Die Vorschrift lehnt sich an § 512 ZPO idF des Gesetzes zur Reform des Zivilprozesses v. 27.7. 2001[2] an. Anfechtbar mit der Endentscheidung sind Beweis-, Verbindungs- und Trennungsbeschlüsse.[3] Ausgenommen von der Überprüfung mit der Endentscheidung sind solche Entscheidungen, die nicht anfechtbar oder mit der sofortigen Beschwerde anfechtbar sind. Dies betrifft zB die Entscheidungen über die Ablehnung einer Gerichtsperson, die Zuständigkeit des angegangenen Gerichts oder die Übertragung auf den Einzelrichter.[4]

35 Gem. § 61, der der Regelung des § 511 Abs. 2 Nr. 1 ZPO für die Statthaftigkeit der Berufung entspricht, ist eine Beschwerde mit vermögensrechtlichen Verfahrensgegenständen, also auch in Unterhaltssachen, nur zulässig, wenn der **Wert des Beschwerdegegenstandes 600 Euro** übersteigt.

36 Dieser Wert gilt grundsätzlich auch für die **Anfechtbarkeit von Kosten- und Auslagenentscheidungen**.[5] Die Angleichung ist nach der Begründung des Reformgesetzgebers erfolgt, weil es keinen wesentlichen Unterschied für die Beschwer eines Beteiligten ausmachen soll, ob er sich gegen eine Kosten- oder Auslagenentscheidung oder gegen eine ihn wirtschaftlich belastende Entscheidung in der Hauptsache wendet.[6] Im Einzelnen war es streitig, ob sich die Anfechtbarkeit isolierter Kostenentscheidungen in Ehe- und Familienstreitsachen nach §§ 58, 61, 117[7] oder nach § 243 FamFG iVm. §§ 91a Abs. 2, 99 Abs. 2, 269 Abs. 5, 567 ZPO richtet.[8] Wegen der Verweisung in § 113 Abs. 1 Satz 2 und der damit verbundenen Anwendung der §§ 91a Abs. 2, 99 Abs. 2, 269 Abs. 5 ZPO ist bei isolierter Anfechtung von Kosten- und Auslagenentscheidungen in Unterhaltssachen nach § 231 Abs. 1 das statthafte Rechtsmittel die **sofortige Beschwerde** mit einem **Mindestbeschwerdewert von 200,01 Euro** (§ 567 Abs. 2 ZPO) (im Einzelnen s. Kommentierung zu § 243).[9]

37 **§ 61 Abs. 2 und 3** eröffnen für den Bereich der vermögensrechtlichen FamFG-Sachen die Möglichkeit einer **Zulassungsbeschwerde** unter bestimmten Voraussetzungen. Die Vorschrift entspricht inhaltlich dem § 511 Abs. 4 ZPO. Gem. Abs. 3 Nr. 1 hat das erstinstanzliche Gericht die Beschwerde zuzulassen, wenn die Rechtssache grundsätzliche Bedeutung hat oder die Fortbildung des Rechts oder die Sicherung einer einheitlichen Rechtsprechung eine Entscheidung des Beschwerdegerichts erfordert. Die Anfechtbarkeit einer Entscheidung ist hiernach nur zulässig, wenn dem

---

1 Begr. RegE, BT-Drucks. 16/6308, S. 203.
2 BGBl. I, S. 1887.
3 Begr. RegE, BT-Drucks. 16/6308, S. 204.
4 Begr. RegE, BT-Drucks. 16/6308, S. 204.
5 OLG Oldenburg v. 2.6.2010 – 14 UF 45/10, FuR 2010, 531.
6 Begr. RegE, BT-Drucks. 16/6308, S. 204.
7 So OLG Oldenburg v. 1.6.2010 – 13 UF 36/10, FamRZ 2010, 1831 m. Anm. v. *Götz* S. 1832; OLG Oldenburg v. 2.6.2010 – 14 UF 45/10, FuR 2010, 531; im Einzelnen vgl. die Ausführungen zu § 243.
8 *Schael*, FPR 2009, 195 (196); OLG Köln v. 8.11.2010 – 4 WF 193/10, juris; OLG Nürnberg v. 9.6. 2010 – 11 WF 172/10, FamRZ 2010, 1837 (sonstige Familiensache); vgl. auch Bumiller/Harders, § 243 FamFG Rz. 9; Zöller/*Herget*, § 243 FamFG Rz. 9; Johannsen/Henrich/*Maier*, § 243 FamFG Rz. 11; *Bömelburg*, FPR 2010, 153; vgl. auch die Kommentierung zu § 243.
9 BGH v. 28.9.2011 – XII ZB 2/11, FamRZ 2011, 1933.

Rechtsstreit eine über den Einzelfall hinausgehende Bedeutung zukommt oder wenn das Gericht des ersten Rechtszugs in einer Rechtsfrage von einer obergerichtlichen Entscheidung abweicht bzw. eine obergerichtliche Entscheidung der Rechtsfrage noch nicht erfolgt ist und Anlass besteht, diese Rechtsfrage einer Klärung zugänglich zu machen.[1] Nach Abs. 3 Nr. 2 ist klargestellt, dass eine Zulassung nur in Betracht kommt, wenn eine Wertbeschwerde nicht statthaft ist. Die Zulassung ist für das Beschwerdegericht bindend. Die Nichtzulassung der Beschwerde ist nicht anfechtbar. Bei Entscheidungen des Rechtspflegers über die Nichtzulassung ist die Erinnerung nach § 11 RPflG gegeben.[2]

Nach § 62 ist unter bestimmten Voraussetzungen – schwerwiegende Grundrechtseingriffe, Wiederholungsgefahr – eine Entscheidung in FamFG-Sachen auch dann noch mit der **Beschwerde** anfechtbar, wenn sich der **Verfahrensgegenstand** nach Erlass der Entscheidung **erledigt** hat.

38

§ 63 Abs. 1 bestimmt, dass die **Beschwerde** gegen eine erstinstanzliche Entscheidung binnen einer **Frist** von **einem Monat** zu erheben ist.[3] Nach § 63 Abs. 2 verkürzt sich die Frist auf zwei Wochen, wenn sich die Beschwerde gegen eine eA oder einen Beschluss, der die Genehmigung eines Rechtsgeschäfts zum Gegenstand hat, richtet. Die Frist beginnt nach § 63 Abs. 3 jeweils mit der schriftlichen Bekanntgabe des Beschlusses an die Beteiligten, spätestens mit Ablauf von fünf Monaten nach Erlass des Beschlusses. Die Regelung dient der Harmonisierung der Prozessordnungen und lehnt sich inhaltlich an § 517 1. Halbs. ZPO an, der für den Fristbeginn auf die Zustellung der Entscheidung abstellt.[4]

39

Eine wichtige Abweichung zu § 519 ZPO stellt § 64 Abs. 1 FamFG dar. Die **Beschwerde** kann wirksam **nur noch** bei dem Gericht eingelegt werden, dessen Entscheidung angefochten wird **(judex a quo)**. Die **Möglichkeit**, auch bei dem Beschwerdegericht **(judex ad quem)** Beschwerde einzulegen, **ist entfallen**. Durch die Einführung einer allgemeinen Rechtsmittelbelehrung gem. § 39 wird sichergestellt, dass der Beschwerdeführer ausreichend darüber informiert wird, bei welchem Gericht er sich gegen die erstinstanzliche Entscheidung wenden kann.[5] Der ablehnenden Auffassung, die das Gericht der ersten Instanz nur noch auf die Funktion als Transporteur der Beschwerde reduziert sieht,[6] ist entgegenzuhalten, dass die neue Verfahrensweise der Beschleunigung des Beschwerdeverfahrens dient, denn die nach früherer Rechtslage erforderliche Anforderung der Akten seitens des Beschwerdegerichts vom Gericht der ersten Instanz (die Einlegung der Beschwerde erfolgte in den weitaus überwiegenden Fällen beim Beschwerdegericht) ist entfallen, weil das Amtsgericht die Akten nunmehr sogleich mit der Beschwerdeschrift an das Beschwerdegericht versendet.

40

Nach dem ursprünglichen Gesetzestext war unklar, ob der **Verfahrenskostenhilfeantrag** für eine **beabsichtigte Beschwerde** beim Eingangsgericht oder beim Rechtsmittelgericht[7] gestellt werden muss. Nach einer zutreffenden Entscheidung des OLG Bremen sollte der Antrag auf Bewilligung von Verfahrenskostenhilfe für eine **beabsichtigte Beschwerde** (jedenfalls) **bis zur Weiterleitung der Verfahrensakten** an das Beschwerdegericht zur Entscheidung über das Rechtsmittel bei dem Gericht eingereicht werden, dessen Entscheidung angefochten werden soll.[8] Seit dem 1.1.2013 ist

41

---

1 Vgl. hierzu BGH v. 20.4.2010 – XII ZB 128/09, FamRZ 2010, 964; BGH v. 23.3.2011 – XII ZB 436/10, FamRZ 2011, 882.
2 Begr. RegE, BT-Drucks. 16/6308, S. 205.
3 Zustimmend *Schnitzler*, Stellungnahme zum FGG-RG, http://www.bundestag.de/ausschuesse/a06/anhoerungen/29_FGG_Teil_1/04_Stellungnahmen/index.html; ablehnend *Bohnert*, Stellungnahme zum FGG-RG, http://www.bundestag.de/ausschuesse/a06/anhoerungen/29_FGG_Teil_1/04_Stellungnahmen/index.html.
4 Begr. RegE, BT-Drucks. 16/6308, S. 206.
5 Begr. RegE, BT-Drucks. 16/6308, S. 206.
6 *Schnitzler* und *Bergschneider*, Stellungnahmen zum FGG-RG, http://www.bundestag.de/ausschuesse/a06/anhoerungen/29_FGG_Teil_1/04_Stellungnahmen/index.html.
7 So OLG Frankfurt v. 27.4.2012 – 2 UF 107/12, NJW 2012, 2817.
8 OLG Bremen v. 12.1.2011 – 4 UF 123/10, FamFR 2011, 84.

durch eine weiteres Änderungsgesetz zum FamFG[1] klargestellt, dass das Verfahrenskostenhilfegesuch beim Ausgangsgericht angebracht werden muss.

42 In **Familienstreitsachen** ist der **Beschwerdeführer** nach § 117 Abs. 1 abweichend von der allgemeinen Regel („soll") des § 65 Abs. 1 **verpflichtet**, einen bestimmten **Sachantrag zu stellen** und sein **Rechtsmittel** fristgemäß, dh. zwei Monate nach der schriftlichen Bekanntgabe des Beschlusses bzw. spätestens fünf Monate nach Erlass des Beschlusses, **zu begründen**. Die Begründung ist beim Beschwerdegericht einzureichen. Wenn sich die Beschwerde gegen eine Endentscheidung in einer Ehesache oder einer Familienstreitsache richtet, ist die Einlegung zur Niederschrift der Geschäftsstelle ausgeschlossen. Durch § 64 Abs. 2 Satz 2 wird sichergestellt, dass der Anwaltszwang in Familienstreitsachen sich auch auf die Einlegung der Beschwerde bezieht.

43 Bei **Versäumung der Frist** zur Einlegung und Begründung der Beschwerde und der Rechtsbeschwerde sind nach § 117 Abs. 5 **die §§ 233 und 234 Abs. 1 Satz 2 ZPO** entsprechend anzuwenden.[2] Die Monatsfrist des § 234 Abs. 1 Satz 2 ZPO zur Nachholung der Beschwerdebegründung beginnt, wenn einem Beschwerdeführer nach Bewilligung von Verfahrenskostenhilfe Wiedereinsetzung in den vorigen Stand wegen der Versäumung der Beschwerdefrist gewährt wird, nach der Rechtsprechung des 11. Zivilsenats des BGH erst mit der Mitteilung der Wiedereinsetzungsentscheidung. Denn Ursache für die Verhinderung ist nicht die Mittellosigkeit der Partei, sondern die fehlende Entscheidung über die Wiedereinsetzung in den vorigen Stand wegen der Versäumung der Beschwerdefrist.[3]

44 § 66 regelt die **Anschlussbeschwerde**, § 67 den **Verzicht** und die **Rücknahme** der Beschwerde. Die Anschlussbeschwerde kann in Unterhaltssachen unbefristet eingelegt werden. Sie ist nicht auf bestimmte Verfahrensgegenstände beschränkt.[4] Damit ist die nach alter Rechtslage bestehende Streitfrage, ob in Unterhaltssachen wegen § 524 Abs. 2 Satz 3 ZPO eine Anschlussberufung in allen Fällen ohne Beachtung einer Frist eingelegt werden kann[5] oder ob dies nur bei einer Veränderung der Verhältnisse während der Berufungsinstanz möglich ist,[6] iSd. ersten Auffassung entschieden worden.

45 Eine **Abhilfemöglichkeit** hat das Gericht, dessen Beschluss angefochten wird, in Familiensachen gem. **§ 68 Abs. 1 Satz 2 nicht**, denn dieser entspricht inhaltlich den alten Regelungen über die befristete Beschwerde, dh. § 621e Abs. 3, § 318 ZPO.[7]

46 Das Oberlandesgericht als **Beschwerdegericht** entscheidet grundsätzlich durch den mit drei Richtern besetzten Senat.[8] Die Entscheidung kann aber gem. § 68 Abs. 4 dem **Einzelrichter** ganz oder zur Vorbereitung übertragen werden, wobei die Voraussetzungen der §§ 526, 527 ZPO entsprechend gelten. Dies betrifft sowohl Beschwerden gegen Endentscheidungen als auch gegen Neben- oder Zwischenentscheidungen. Die Regelung erfasst den fakultativen Einzelrichtereinsatz. Der obligatorische Einzelrichter nach § 568 ZPO, der zum 1.1.2002 durch die ZPO-Reform eingeführt wurde, dürfte danach nur noch in den Fällen zum Einsatz kommen, in denen das FamFG di-

---

1 Art. 6 des Gesetzes zur Einführung einer Rechtsbehelfsbelehrung im Zivilprozess und zur Änderung anderer Vorschriften v. 5.12.2012, BGBl. I, 2418 ff.
2 Nach dem zunächst verabschiedeten Wortlaut des Gesetzes bezog sich die Verweisung auf die Monatsfrist des § 234 Abs. 1 Satz 2 ZPO auch auf die Fälle der Versäumung einer Frist zur Einlegung der Beschwerde, obwohl in diesen Fällen nach § 234 Abs. 1 Satz 1 ZPO eine zweiwöchige Frist gilt. Diesen Fehler hat der Gesetzgeber durch das sog. FGG-RG-Reparaturgesetz v. 30.7.2009, BGBl. I, S. 2449, beseitigt.
3 BGH v. 19.6.2007 – XI ZB 40/06, FamRZ 2007, 1640; aA BGH v. 6.5.2008 – VI ZB 16/07, FamRZ 2008, 1520.
4 Begr. RegE, BT-Drucks. 16/6308, S. 206.
5 *Klinkhammer*, FF 2006, 95; Eschenbruch/*Klinkhammer*, Teil 5 Rz. 156; BGH v. 28.1.2009 – XII ZR 119/07, FamRZ 2009, 579.
6 *Born*, NJW 2005, 3038 (3040).
7 Begr. RegE, BT-Drucks. 16/6308, S. 207.
8 *Maurer*, FamRZ 2009, 465 (476).

rekt oder indirekt auf die Vorschriften der ZPO über die **sofortige Beschwerde** (§§ 567 bis 572 ZPO) verweist. Für das Verfahrenskostenhilfeverfahren in Familienstreitsachen erklärt § 113 Abs. 1 die Vorschriften der §§ 114 ff. ZPO für uneingeschränkt anwendbar. Nach § 127 Abs. 2 Satz 2 ZPO ist gegen Entscheidungen über die Verfahrenskostenhilfe die sofortige Beschwerde statthaft, wenn der Streitwert in der Hauptsache 600 Euro übersteigt und das Gericht nicht ausschließlich die persönlichen oder wirtschaftlichen Voraussetzungen für die Verfahrenskostenhilfe verneint hat. Für das Beschwerdeverfahren gelten die §§ 567 ff. ZPO, mithin auch die Vorschrift des § 568 ZPO über den **originären Einzelrichter**.

Nach § 117 Abs. 1 Satz 4, § 522 Abs. 1 Satz 1 ZPO hat das Beschwerdegericht zunächst stets die **Zulässigkeit der Beschwerde** zu prüfen. Das Beschwerdegericht kann die Beschwerde gem. § 117 Abs. 1 Satz 4 in entsprechender Anwendung des § 522 Abs. 1 Satz 2 ZPO als unzulässig verwerfen, wenn sie nicht in der gesetzlichen Form und Frist eingelegt und/oder nicht form- und fristgerecht begründet wurde. Diese Entscheidung kann mit der Rechtsbeschwerde angefochten werden, ohne dass diese zugelassen werden muss, § 117 Abs. 1 Satz 4, § 522 Abs. 1 Satz 4 ZPO. **47**

Nach § 117 Abs. 2 Satz 2 bedarf es **keiner Güteverhandlung** in Beschwerdeverfahren. Das **Beschwerdegericht** hat in Familienstreitsachen gem. §§ 117 Abs. 3, 68 Abs. 3 Satz 2 die Möglichkeit, nach vorherigem Hinweis **von der Durchführung eines Termins**, einer mündlichen Verhandlung oder einzelnen Verfahrenshandlungen **abzusehen**, wenn diese bereits im ersten Rechtszug vorgenommen wurden und von einer neuen Vornahme keine zusätzlichen Erkenntnisse zu erwarten sind. Dies ist insbesondere dann der Fall, wenn die Beschwerde bereits nach dem schriftsätzlichen Vorbringen des Beschwerdeführers aussichtslos erscheint. Die Beschwerde kann dann zurückgewiesen werden. Nach dem Willen des Reformgebers soll dieses Verfahren im Ergebnis dem Verfahren gem. § 522 Abs. 2 ZPO entsprechen und ebenso wie dieses auf eine einfachere Erledigung von vornherein aussichtsloser Beschwerden abzielen.[1] Nach der Fassung des § 68 Abs. 3 Satz 2 ist das **Beschwerdegericht** jedoch nicht wie bei § 522 Abs. 2 ZPO auf die Zurückweisung der Beschwerde beschränkt, sondern **kann** dem **Rechtsmittel ganz oder teilweise stattgeben**. Ein einstimmiger Beschluss ist hierbei nicht erforderlich. Der Kritik, die Verweisung auf § 68 Abs. 3 Satz 2 in § 117 Abs. 3 stehe im Widerspruch zu dem Grundsatz, dass das Beschwerdeverfahren in Familienstreitsachen als volle Tatsacheninstanz ausgestaltet sei,[2] ist nicht zuzustimmen. Die mündliche Verhandlung in zweiter Instanz stellt keinen Selbstzweck dar. Ein unmittelbarer Dialog zwischen den Beteiligten und dem Gericht ist nicht in jedem Fall erforderlich, zB wenn die der Entscheidung des Amtsgerichts zugrunde liegenden Tatsachen unstreitig sind, die Beteiligten nur um eine Rechtsfrage streiten und das Beschwerdegericht eine von der Entscheidung der ersten Instanz abweichende rechtliche Auffassung vertritt. **48**

Die **Zurückweisung von Angriffs- und Verteidigungsmitteln** richtet sich nach § 115. Dieser entspricht inhaltlich den früher in §§ 615, 621d ZPO enthaltenen Grundsätzen, die weniger streng als § 296 Abs. 1, 4 ZPO sind. Der Reformgesetzgeber war der Auffassung, dass einige Vorschriften der ZPO über die Berufung, insbesondere die grundsätzliche Bindung des Gerichts an erstinstanzliche Feststellungen (§ 529 Abs. 1 ZPO), die Pflicht des Gerichts zur Zurückweisung verspäteten Vorbringens (§ 531 Abs. 2 ZPO), die Einschränkung der Anschlussberufung (§ 524 Abs. 2 ZPO) und der weit gehende Ausschluss von Klageänderung, Aufrechnung und Widerklage (§ 533 ZPO) den Bedürfnissen des familiengerichtlichen Verfahrens nicht gerecht werden. Da die genannten Vorschriften davon ausgehen, dass im Zivilprozess über einen abgeschlossenen Lebenssachverhalt gestritten wird, passen sie nicht auf das familiengerichtliche Verfahren, das häufigen Veränderungen des Sachverhalts, insbesondere bei den Einkommens- und Vermögensverhältnissen in Unterhaltssachen, unterliegt. Nach der Intention des Reformgesetzgebers sind solche Änderungen be- **49**

---

1 Gegenäußerung der BReg., BT-Drucks. 16/6308, S. 412.
2 *Rasch*, FPR 2006, 426 (427) zu § 71 Abs. 3 Satz 2 FamFG-RefE; kritisch auch *Maurer*, FamRZ 2009, 465 (476).

reits im Rechtsmittelverfahren und nicht erst in einem neuen Verfahren zu berücksichtigen. Aus diesem Grund ist die Rechtsmittelinstanz in Familienstreitsachen als **volle zweite Tatsacheninstanz** ausgestaltet.[1] Angriffs- und Verteidigungsmittel sind abweichend von den allgemeinen Vorschriften (§ 296 ZPO) zuzulassen. Dies bezieht sich gem. § 115 auch auf die Zulassung verspäteten Vorbringens in der zweiten Instanz, so dass die **strengeren Präklusionsvorschriften** der §§ 530, 531 Abs. 1, 2 ZPO – wie ehemals bei §§ 615, 621d ZPO – **nicht anwendbar** sind.[2] Das Beschwerdeverfahren in Familienstreitsachen bleibt gleichwohl ein **Streitverfahren**, für das der **Beibringungsgrundsatz** gilt, denn gem. § 68 Abs. 3 Satz 1, § 113 Abs. 1 finden auf das weitere Verfahren in der Beschwerdeinstanz die Vorschriften über das erstinstanzliche Verfahren vor den Landgerichten Anwendung.[3] Die Frage der Berücksichtigung von **Vorbringen nach Schluss der mündlichen Verhandlung** ist daher über § 113 Abs. 1 Satz 2 nach § 296a ZPO zu beurteilen (s. oben *Helms*, § 115 Rz. 2).

50 Gem. § 117 Abs. 2 gelten die §§ 514, 516 Abs. 3, 521 Abs. 2, 524 Abs. 2 Satz 2 und 3, 528, 538 Abs. 2 und 539 ZPO entsprechend. Danach kann eine **Versäumnisentscheidung** (§ 539 ZPO) ergehen. Bei einer Verurteilung zu künftig wiederkehrenden Leistungen gilt die **Frist** des § 524 Abs. 2 Satz 2 ZPO für die Erhebung der **Anschlussbeschwerde** nicht. Das Beschwerdegericht ist an die Beschwerdeanträge gebunden. Die erstinstanzliche Entscheidung darf nur insoweit abgeändert werden, als eine Abänderung beantragt ist. Damit gilt auch das Verbot der Schlechterstellung. Eine **Aufhebung** des Beschlusses und des Verfahrens und **Zurückverweisung** der Sache an das Gericht des ersten Rechtszuges darf nur in bestimmten Fällen (unzulässige Teilentscheidung, § 301 ZPO) und idR nur auf Antrag erfolgen. Im Übrigen entscheidet das Beschwerdegericht durch **Beschluss**, der gem. § 69 Abs. 2 begründet werden muss.

Wegen der weiteren Einzelheiten des Beschwerdeverfahrens wird auf die Kommentierungen zu § 117 und § 69 verwiesen.

51 Hinsichtlich des **Rechtsbeschwerdeverfahrens** ist mangels einer Sonderregelung in §§ 111 auf die **§§ 70 bis 74**, für die **Sprungrechtsbeschwerde** auf § **75** abzustellen. Nach § 70 Abs. 1 ist die Rechtsbeschwerde nur dann statthaft, wenn sie das Beschwerdegericht oder das Oberlandesgericht im ersten Rechtszug in dem Beschluss zugelassen hat.[4] Über die Zulassung hat das Beschwerdegericht von Amts wegen zu entscheiden.[5] § 70 Abs. 2 regelt die Fälle, in denen eine Rechtsbeschwerde zuzulassen ist. In § 70 Abs. 3 Nr. 1 bis 3 sind die Fälle genannt, in denen eine Rechtsbeschwerde ohne Zulassung statthaft ist. Ausgeschlossen ist eine Rechtsbeschwerde gegen einen Beschluss im Verfahren über die Anordnung, Abänderung oder Aufhebung einer eA oder eines Arrests, § 70 Abs. 4. Eine **Nichtzulassungsbeschwerde** iSd. § 543 Abs. 1 Nr. 2 ZPO **ist nicht vorgesehen**. Für Verfahren nach altem Recht (vgl. Art. 111 FGG-RG) ist die Nichtzulassungsbeschwerde gem. § 26 Nr. 9 EGZPO ohnehin bis zum 1. Januar 2020 ausgeschlossen. Dieser Rechtszustand ist durch die ersatzlose Streichung des § 26 Nr. 9 EGZPO durch Art. 28 Nr. 3 FGG-RG Dauerrecht geworden.[6] Dies steht mit der Verfassung in Einklang.[7] Das Rechtsbeschwerdegericht ist nach § 70 Abs. 2 Satz 2 ebenso wie das Beschwerdegericht (§ 61 Abs. 3 Satz 2) an die Zulassung gebunden. Übersteigt der Wert des Gegenstands einer Beschwerde gegen die Entscheidung über die Kosten 200 Euro nicht, ist dem Rechtsbeschwerdegericht

---

1 Begr. RegE, BT-Drucks. 16/6308, S. 224.
2 *Borth*, FamRZ 2007, 1925 (1931).
3 Begr. RegE, BT-Drucks. 16/6308, S. 207, 225.
4 Ablehnend zum Erfordernis der Zulassung vgl. BRAK, Stellungnahme zum RefE, Beilage zu FPR Heft 11/2006, S. 16; *Schnitzler, Flügge* und *Bohnert*, Stellungnahmen zum FGG-RG, http://www.bundestag.de/ausschuesse/a06/anhoerungen/29_FGG_Teil_1/04_Stellungnahmen/index.html; zustimmend *Vorwerk*, Stellungnahme zum FGG-RG, Allgemeines Verfahrensrecht, http://www.bundestag.de/ausschuesse/a06/anhoerungen/29_FGG_Teil_1/04_Stellungnahmen/index.html.
5 Begr. RegE, BT-Drucks. 16/6308, S. 209.
6 Zustimmend *Borth*, Stellungnahme zum FGG-RG, http://www.bundestag.de/ausschuesse/a06/anhoerungen/29_FGG_Teil_1/04-Stellungnahmen/index.html.
7 BGH v. 31.8.2005 – XII ZR 14/03, FamRZ 2005, 1902; *Gutjahr*, FPR 2006, 433.

trotz Zulassung der Rechtsbeschwerde eine Entscheidung in der Sache aber im Hinblick auf den rechtskräftigen Abschluss des Verfahrens verwehrt.[1]

Die Vorschriften des Abschnitts 4 in den §§ 49 bis 57 über die eA sind gem. § 119 auch in Familienstreitverfahren über Unterhalt nach § 231 Abs. 1 anzuwenden, soweit in den besonderen Vorschriften der §§ 246 bis 248 keine abweichenden vorrangigen Regelungen enthalten sind. Hinsichtlich der Einzelheiten wird auf die Kommentierung zu § 246 verwiesen.

52

§ 113 Abs. 2 ordnet in **Familienstreitsachen** die Geltung der **Vorschriften der ZPO** (§§ 688 bis 703d) über den **Urkunden- und den Wechselprozess** und über das **Mahnverfahren** an. Danach können Zahlungsansprüche auch in Familienstreitsachen nach den Vorschriften der ZPO über das Mahnverfahren geltend gemacht werden. In diesen Verfahren ist gem. § 690 Abs. 1 Nr. 5 ZPO das Amtsgericht – Familiengericht – als das für das streitige Verfahren zuständige Gericht anzugeben, um insbesondere in güterrechtlichen Streitigkeiten und in sonstigen bürgerlichen Rechtsstreitigkeiten, die künftig den Familiengerichten zugewiesen sind, deutlich zu machen, dass eine Zuständigkeit des Amtsgerichts gegeben ist, obwohl der Streitwert die Grenze für die allgemeine sachliche Zuständigkeit des Amtsgerichts (5000 Euro) übersteigt.

53

Nach **§ 113 Abs. 3** ist in Ehesachen und Familienstreitsachen § 227 Abs. 3 ZPO nicht anzuwenden. Das bedeutet, dass nach der Abschaffung der Gerichtsferien für Termine in der Zeit v. 1. Juli bis 31. August eines jeden Jahres **kein Anspruch auf Terminsverlegung** besteht. Der Gesetzgeber geht wie auch nach altem Recht (§ 227 Abs. 3 Nr. 3 ZPO) davon aus, dass Ehesachen und Familienstreitsachen (bisheriger Begriff: Familiensachen) einem Beschleunigungsbedürfnis unterliegen.

54

§ 113 Abs. 5 ordnet an, dass an die Stelle bestimmter zivilprozessualer Bezeichnungen die entsprechenden **Bezeichnungen des FamFG-Verfahrens** treten. Eine solche Vorschrift gab es bisher in § 621 Abs. 3 ZPO lediglich für Ehesachen. Der Reformgesetzgeber will mit dieser Vorschrift die Begrifflichkeit innerhalb des neuen Gesetzes vereinheitlichen. An die Stelle der Bezeichnungen Prozess oder Rechtsstreit tritt nach § 113 Abs. 5 Nr. 1 die Bezeichnung **Verfahren**. An die Stelle der Bezeichnung Klage tritt nach Nr. 2 die Bezeichnung **Antrag**, ferner nach Nr. 3 die Bezeichnung **Antragsteller** statt Kläger. Der Beklagte wird nach Nr. 4 als **Antragsgegner** bezeichnet und die Partei gem. Nr. 5 als **Beteiligter**.

55

C. Unterhaltssachen der freiwilligen Gerichtsbarkeit, Absatz 2

I. Definition

§ 231 Abs. 2 modifiziert § 64 Abs. 2 Satz 3 EStG aF und § 3 Abs. 2 Satz 3 BKGG aF. Danach waren Streitigkeiten über die Bestimmung des Bezugsberechtigten für das Kindergeld vom Vormundschaftsgericht zu entscheiden. Nunmehr sind die nach dem Bundeskindergeldgesetz und dem Einkommensteuergesetz vorgesehenen Verfahren zur Bestimmung der für das Kindergeld bezugsberechtigten Person gem. § 231 Abs. 2 Satz 1 ebenfalls Unterhaltssachen. Maßgebend hierfür ist der enge tatsächliche und rechtliche Zusammenhang mit Verfahren, die den Unterhalt des Kindes[2] betreffen. Nach § 1612b BGB haben das Kindergeld und damit auch die Frage, wer hierfür bezugsberechtigt ist, unmittelbaren Einfluss auf die Höhe des geschuldeten Unterhalts.[3] Das **zuständige Gericht** für diese Verfahren ist jetzt das **Familiengericht**.

56

Zu beachten ist, dass eine **Entscheidung** über die Bestimmung des Bezugsberechtigten durch das Familiengericht nach § 231 Abs. 2 **nicht** erfolgen kann, wenn die Kindeseltern lediglich über die **Frage streiten, in wessen Haushalt das Kind aufgenom-

---

1 BGH v. 22.6.2010 – VI ZB 10/10, FamRZ 2010, 1329 (LS).
2 OLG Jena v. 14.2.2013 – 2 WF 642/12, juris; zur Frage des Bezugsberechtigten, wenn das Kind volljährig ist, vgl. LG Berlin v. 8.4.2011 – 87 T 261/09, FamRZ 2011, 1764.
3 Begr. RegE, BT-Drucks. 16/6308, S. 255.

men war, Denn über die tatsächlichen Voraussetzungen des Obhutsprinzips haben die Familienkassen in eigener Zuständigkeit zu entscheiden.[1]

II. Anwendbare Vorschriften

57   Die in § 231 Abs. 2 genannten Angelegenheiten sind keine **Familienstreitsachen**, sondern wie bisher **Verfahren der freiwilligen Gerichtsbarkeit** (jetzt Familiensachen der freiwilligen Gerichtsbarkeit genannt). Die §§ 235 bis 245 sind gem. § 231 Abs. 2 Satz 2 auf diese Verfahren nicht anwendbar, weil sie Regelungen enthalten, die für ein streitiges Verfahren typisch sind. Das Verfahren in Unterhaltssachen nach § 231 Abs. 2 richtet sich in erster Linie nach den Vorschriften des Buches 1 (§§ 1 bis 110).

58   Aus den besonderen Verfahrensvorschriften für Verfahren in Unterhaltssachen sind nur die **§§ 232 bis 234** anwendbar.[2] Es handelt sich um die örtliche Zuständigkeit (§ 232), die Abgabe an das Gericht der Ehesache (§ 233) sowie die Vertretung eines Kindes durch einen Beistand (§ 234). Die Unterabschnitte 2 (§§ 246 bis 248) und 3 (§§ 249 bis 260) aus dem Abschnitt 9 – Verfahren in Unterhaltssachen – sind nicht anwendbar, weil die genannten Vorschriften andere Streitgegenstände regeln.

59   In den Verfahren nach § 231 Abs. 2 sind die Vorschriften über die Entscheidung des Gerichts durch **Beschluss** in § 38 unmittelbar anwendbar. Anders als der in den Verfahren in Familienstreitsachen ergehende Beschluss (§ 116 Abs. 3) wird der **Beschluss** über die Frage des Bezugsberechtigten für das Kindergeld gem. § 40 Abs. 1 nicht erst mit Rechtskraft, sondern schon **mit der Bekanntgabe** an den Beteiligten, für den er seinem wesentlichen Inhalt nach bestimmt ist, **wirksam**.

60   Zuständig für die Verfahren nach § 231 Abs. 2 sind die Familiengerichte, nicht mehr die Finanzgerichte. Bei den Familiengerichten sind gem. § 25 Nr. 2a RPflG die **Rechtspfleger** funktionell zuständig, soweit nicht ein Verfahren nach § 231 Abs. 1 anhängig ist.

61   Hinsichtlich der **Rechtsmittel** sind die **§§ 58 bis 75** unmittelbar anzuwenden. Endentscheidungen des Rechtspflegers des Familiengerichts können mit der Beschwerde nach § 58 angefochten werden.[3] Bei der Entscheidung nach § 64 Abs. 2 Satz 3 EStG handelt es sich um eine vermögensrechtliche Angelegenheit. Eine Beschwerde ist nur dann eröffnet, wenn der Wert des Beschwerdegegenstandes 600 Euro übersteigt.[4]

62   Ebenfalls anzuwenden sind die **Vorschriften über die Verfahrenskostenhilfe**, dh. die **§§ 76 bis 78**. Hinsichtlich der Voraussetzungen verweist § 76 Abs. 1 auf die entsprechenden Bestimmungen der §§ 114 ff. ZPO. Die Bewilligung von Verfahrenskostenhilfe ist in § 77, die Beiordnung eines Rechtsanwalts in § 78 geregelt. Beschlüsse im Verfahrenskostenhilfeverfahren sind mit der **sofortigen Beschwerde** anfechtbar. Für die Beschwerde gelten gem. § 76 Abs. 2 die Vorschriften der §§ 567 bis 572, 127 Abs. 2 bis 4 ZPO entsprechend. Sie ist binnen eines Monats einzulegen und nur zulässig, wenn gegen einen Beschluss in der Hauptsache die Beschwerde wegen Überschreitens der Beschwerdesumme von 600 Euro zulässig wäre oder wenn das Gericht lediglich, dh. ohne Prüfung der Erfolgsaussicht, die persönlichen oder wirtschaftlichen Voraussetzungen für die Prozesskostenhilfe ganz oder teilweise verneint hat.

---

1 OLG München v. 7.6.2011 – 33 UF 21/11, NJW-RR 2011, 1082; OLG Nürnberg v. 16.2.2011 – 7 WF 161/11, FamRZ 2011, 1243; OLG Jena v. 5.5.2011 – 1 WF 87/11, FamRZ 2011, 1534; aA OLG Celle v. 19.4.2011 – 10 WF 109/11, NJW-RR 2012, 1351.
2 Begr. RegE, BT-Drucks. 16/6308, S. 255.
3 KG v. 12.7.2010 – 16 UF 79/10, Rpfleger 2010, 664.
4 OLG Celle v. 31.5.2011 – 10 UF 297, FamRZ 2011, 1616.

III. Gegenstandswert, Gebühren

Kosten/Gebühren: Gericht: In Unterhaltssachen, die Familienstreitsachen sind, entstehen Gebühren nach den Nrn. 1210 bis 1229 KV FamGKG. In Unterhaltssachen, die nicht Familienstreitsachen sind, entstehen Gebühren nach den Nrn. 1320 bis 1328 KV FamGKG. Im erstinstanzlichen vereinfachten Verfahren wird die Entscheidungsgebühr (Nr. 1210 KV FamGKG) mit der Entscheidung fällig (§ 9 Abs. 2 FamGKG). Eine Vorauszahlungspflicht besteht nicht. Die Gebühr schuldet regelmäßig der Antragsgegner als Entscheidungsschuldner (§ 24 Nr. 1 FamGKG), daneben haftet der Antragsteller (§ 21 Abs. 1 Satz 1 FamGKG). In den übrigen Unterhaltssachen, die Familienstreitsachen sind, tritt die Fälligkeit der Gebühren nach § 9 Abs. 1 FamGKG mit Eingang des Antrags ein. Es besteht Vorauszahlungspflicht nach § 14 Abs. 1 Satz 1 FamGKG. Als Kostenschuldner kommt primär der Entscheidungs- oder Übernahmeschuldner (§ 24 Nr. 1 und 2 FamGKG) in Frage, jedoch auch der Antragsteller (§ 21 Abs. 1 Satz 1 FamGKG). In Unterhaltssachen, die nicht Familienstreitsachen sind, wird die Verfahrensgebühr Nr. 1320 KV FamGKG mit Beendigung des Verfahrens fällig (§ 11 Abs. 1 FamGKG). Als Kostenschuldner kommt primär der Entscheidungs- oder Übernahmeschuldner (§ 24 Nr. 1 und 2 FamGKG) in Frage, jedoch auch der Antragsteller (§ 21 Abs. 1 Satz 1 FamGKG).

Der Wert bestimmt sich nach § 51 FamGKG. In Unterhaltssachen, die Familienstreitsachen sind und wiederkehrende Leistungen betreffen, wird der Wert für den laufenden Unterhalt nach dem Unterhalt bemessen, der für die ersten zwölf Monate nach Einreichung des Unterhaltsantrags gefordert wird. Dabei ist der tatsächlich geforderte Unterhaltsbetrag einschließlich freiwilliger Zahlungen zugrunde zu legen. Der Einreichung des Unterhaltsantrags steht die Einreichung eines Antrags auf Bewilligung der Verfahrenskostenhilfe gleich, wenn der Unterhaltsantrag alsbald nach Mitteilung der Entscheidung über den Antrag oder über eine alsbald eingelegte Beschwerde eingereicht wird. Dies gilt auch im vereinfachten Verfahren über den Unterhalt Minderjähriger. Ist der Zeitraum, für den Unterhalt begehrt wird, geringer als zwölf Monate, so ist der auf diesen Zeitraum entfallende Betrag maßgebend. Werden für die maßgeblichen 12 Monate unterschiedliche Beträge verlangt, sind die jeweils tatsächlichen geltend gemachten Beträge zu berücksichtigen. Höhere oder niedrigere Unterhaltsbeträge, die für spätere – also über 12 Monate hinausgehende – Zeiträume gefordert werden, wirken sich auf den Wert nicht aus. Unterhaltsansprüche von Mutter und Kind betreffen verschiedene Gegenstände, es findet Wertaddition statt (§ 33 Abs. 1 Satz 1 FamGKG). Dies gilt bei der Geltendmachung von Unterhalt für die Dauer des Getrenntlebens und nachehelichem Unterhalt entsprechend. Bei Unterhaltsansprüchen nach den §§ 1612a bis 1612c BGB (Mindestunterhalt) ist als Monatsbetrag der zum Zeitpunkt der Einreichung des Antrags geltende Mindestunterhalt nach der zu diesem Zeitpunkt maßgebenden Altersstufe zugrunde zu legen. Die bei Einreichung des Antrags fälligen Beträge werden dem Wert hinzugerechnet.

In einer Unterhaltssache nach § 231 Abs. 2 beträgt der Wert 300 Euro (§ 51 Abs. 3 FamGKG). **(AG) RA:** In einer Unterhaltssache stehen dem RA Gebühren nach Teil 3 VV RVG zu.

232 Örtliche Zuständigkeit

(1) Ausschließlich zuständig ist
1. für Unterhaltssachen, die die Unterhaltspflicht für ein gemeinschaftliches Kind der Ehegatten betreffen, mit Ausnahme des vereinfachten Verfahrens über den Unterhalt Minderjähriger, oder die die durch die Ehe begründete Unterhaltspflicht betreffen, während der Anhängigkeit einer Ehesache das Gericht, bei dem die Ehesache im ersten Rechtszug anhängig ist oder war;
2. für Unterhaltssachen, die die Unterhaltspflicht für ein minderjähriges Kind oder ein nach § 1603 Abs. 2 Satz 2 des Bürgerlichen Gesetzbuchs gleichgestelltes Kind betreffen, das Gericht, in dessen Bezirk das Kind oder der Elternteil, der auf Seiten des minderjährigen Kindes zu handeln befugt ist, seinen gewöhnlichen Aufenthalt hat; dies gilt nicht, wenn das Kind oder ein Elternteil seinen gewöhnlichen Aufenthalt im Ausland hat.

(2) Eine Zuständigkeit nach Absatz 1 geht der ausschließlichen Zuständigkeit eines anderen Gerichts vor.

(3) Sofern eine Zuständigkeit nach Absatz 1 nicht besteht, bestimmt sich die Zuständigkeit nach den Vorschriften der Zivilprozessordnung mit der Maßgabe, dass in den Vorschriften über den allgemeinen Gerichtsstand an die Stelle des Wohnsitzes der gewöhnliche Aufenthalt tritt. Nach Wahl des Antragstellers ist auch zuständig
1. für den Antrag eines Elternteils gegen den anderen Elternteil wegen eines Anspruchs, der die durch Ehe begründete gesetzliche Unterhaltspflicht betrifft, oder wegen eines Anspruchs nach § 1615l des Bürgerlichen Gesetzbuchs das Gericht, bei dem ein Verfahren über den Unterhalt des Kindes im ersten Rechtszug anhängig ist;

2. für den Antrag eines Kindes, durch den beide Eltern auf Erfüllung der Unterhaltspflicht in Anspruch genommen werden, das Gericht, das für den Antrag gegen einen Elternteil zuständig ist;
3. das Gericht, bei dem der Antragsteller seinen gewöhnlichen Aufenthalt hat, wenn der Antragsgegner im Inland keinen Gerichtsstand hat.

A. Allgemeines	II. Gerichtsstand für Verfahren auf Zahlung von Kindesunterhalt ohne Anhängigkeit einer Ehesache, Abs. 1 Nr. 2 . . 8
I. Entstehung 1	
II. Systematik 2	III. Vorrangige Zuständigkeit, Absatz 2 . . 12
III. Normzweck 3	IV. Weitere Gerichtsstände, Abs. 3 Satz 1 14
B. Arten der Gerichtsstände	V. Wahlmöglichkeiten des Antragstellers 15
I. Gerichtsstand während der Anhängigkeit einer Ehesache, Abs. 1 Nr. 1 4	VI. Sachliche und internationale Zuständigkeit 23

A. Allgemeines

I. Entstehung

1 § 232 Abs. 1 Nr. 1 entspricht weitgehend dem früheren § 621 Abs. 2 Satz 1 Nr. 4 ZPO.
§ 232 Abs. 3 Satz 2 Nr. 1 entspricht dem früheren § 642 Abs. 3 ZPO.
§ 232 Abs. 3 Satz 2 Nr. 2 entspricht dem früheren § 35a ZPO.
§ 232 Abs. 3 Satz 2 Nr. 3 entspricht dem früheren § 23a ZPO.

II. Systematik

2 Die Vorschrift regelt im Unterschied zum früheren § 621 ZPO nur die **örtliche Zuständigkeit** der Gerichte für Unterhaltssachen. Bei Auslandsberührung ist der Vorrang internationaler Regelungen (auch) zur örtlichen Zuständigkeit zu beachten.[1] Zur **internationalen Zuständigkeit** wird auf die Kommentierung zu § 105 sowie auf den Anhang zu § 110 verwiesen.

III. Normzweck

3 Die in § 232 geregelte Zuständigkeit bezieht sich nunmehr auch auf privilegierte volljährige Kinder iSd. § 1603 Abs. 2 Satz 2 BGB, die minderjährigen Kindern gleichgestellt sind. Sie enthält zudem eine Klarstellung mehrerer unter dem früheren § 642 ZPO streitiger Fragen. Der Zweck dieser umfassenden Zuständigkeitsregelung liegt darin, alle rechtlichen Angelegenheiten einer Familie bei einem Gericht zu konzentrieren, damit die Verfahren mit der größtmöglichen Sachkenntnis und mit geringem verfahrensmäßigem Aufwand erledigt werden können. Durch § 232 wird auch die örtliche Zuständigkeit für den Erlass eA geregelt, denn gem. § 50 Abs. 1 Satz 1 richtet sich die Zuständigkeit der Gerichte für den Erlass eA nach der Zuständigkeit der Hauptsache. Problematisch ist die Bestimmung der Zuständigkeit für ein einstweiliges Anordnungsverfahren, wenn das minderjährige Kind **nach Anhängigkeit** eines auf Zahlung von Kindesunterhalt gerichteten Hauptsacheverfahrens **umzieht**. Das gleiche Problem besteht bei (isolierten) Verfahren auf Ehegattenunterhalt. Nach Sinn und Zweck der Vorschrift, eine Verfahrenskonzentration herbeizuführen, sollte für solche Fälle das Hauptsachengericht zuständig sein.

B. Arten der Gerichtsstände

I. Gerichtsstand während der Anhängigkeit einer Ehesache, Abs. 1 Nr. 1

4 Abs. 1 Nr. 1 enthält einen **ausschließlichen** Gerichtsstand für Unterhaltssachen, die die Unterhaltspflicht für ein gemeinschaftliches Kind der Ehegatten betreffen, so-

---

1 Zur EuUntVO und §§ 26, 28 AUG vgl. Andrae, NJW 2011, 2545 (2546).

wie für Unterhaltssachen, die die durch die Ehe begründete Unterhaltspflicht betreffen.[1] Letztere betreffen wie in § 231 Nr. 1 die **gesetzlichen Unterhaltsansprüche** und die **Ansprüche aus einem Vertrag**, soweit durch diesen die gesetzliche Unterhaltspflicht konkret geregelt und/oder modifiziert wird. Von der Zuständigkeitsregelung erfasst sind auch die mit den Unterhaltsansprüchen im Sachzusammenhang stehenden Hilfs-, Neben- und Schadensersatzansprüche, ebenso Ausgleichsansprüche und schließlich Ansprüche aus übergegangenen Ansprüchen (vgl. § 231 Rz. 5 ff.).

Der nacheheliche Unterhalt und der Kindesunterhalt können für den Fall der Scheidung geltend gemacht werden. Diese Angelegenheiten gehen dann gem. § 137 Abs. 2 in den Scheidungsverbund. Der Trennungsunterhalt nach § 1361 BGB ist nicht verbundfähig. Das Verfahren wird aber ebenfalls vom Gericht der Ehesache entschieden. Während der Anhängigkeit einer Ehesache ist das Gericht, bei dem die Ehesache im ersten Rechtszug anhängig ist oder war, zuständig. 5

Die Anhängigkeit einer Ehesache beginnt mit der Einreichung einer Antragsschrift, § 124. Nicht ausreichend ist die Einreichung eines Verfahrenskostenhilfegesuchs.[2] Sie endet mit der Rücknahme des Antrags, § 141 Satz 1, bei übereinstimmenden Erledigungserklärungen, mit rechtskräftigem Abschluss des Verfahrens oder bei Tod eines Ehegatten, § 131. Auch wenn ein Verfahren längere Zeit nicht betrieben wird (§ 7 AktO), es nach § 136 ausgesetzt oder sein Ruhen angeordnet wird,[3] bleibt es anhängig mit der Folge, dass auch die Konzentrationswirkung der Ehesache nicht endet. Aus dem Wortlaut „Ehesache im ersten Rechtszug ist oder war" ergibt sich, dass die Konzentrationswirkung für das erstinstanzliche Gericht auch dann bestehen bleibt, wenn sich die Ehesache in der Beschwerdeinstanz befindet. Die Vorschrift entspricht inhaltlich weitgehend dem bisherigen Recht. Endet die Ehesache, bevor das Unterhaltsverfahren entschieden ist, verbleibt es nach dem Grundsatz der perpetuatio fori bei der Zuständigkeit des § 232 Abs. 1 Nr. 1, wenn das Verfahren fortgeführt werden soll, vgl. § 141 Satz 2. 6

Ausgenommen von dieser Zuständigkeitsregelung sind die **vereinfachten Verfahren über den Unterhalt Minderjähriger**. Soweit die bisherige Zuständigkeitsregelung in § 621 Abs. 2 Satz 1 Nr. 4 ZPO „Verfahren zur Abänderung von Unterhaltstiteln" ausgenommen hatte, handelte es sich um ein Redaktionsversehen. Gemeint waren vereinfache Verfahren über den Unterhalt Minderjähriger.[4] Für diese Verfahren ist gem. § 232 Abs. 1 Nr. 2 das Gericht zuständig, in dessen Bezirk das Kind oder der Elternteil, der auf Seiten des minderjährigen Kindes zu handeln befugt ist, seinen gewöhnlichen Aufenthalt (zur Definition des gewöhnlichen Aufenthalts s. die Kommentierung zu § 122) hat oder ein Amtsgericht, dessen Zuständigkeit gem. § 260 Abs. 1 durch die jeweilige Landesregierung bestimmt worden ist. Wenn das vereinfachte Verfahren nach §§ 254, 255 auf Antrag eines Beteiligten in das streitige Verfahren übergeht und bei einem anderen Gericht eine Ehesache anhängig wird oder ist, wechselt die Zuständigkeit. Das mit der Unterhaltssache befasste Amtsgericht hat die Sache gem. § 233 an das Gericht der Ehesache abzugeben. 7

II. Gerichtsstand für Verfahren auf Zahlung von Kindesunterhalt ohne Anhängigkeit einer Ehesache, Abs. 1 Nr. 2

Abs. 1 Nr. 2 sieht für Verfahren, die den Kindesunterhalt betreffen und hinsichtlich derer eine Zuständigkeit nach Nr. 1 nicht gegeben ist, wie bisher die Zuständigkeit des Gerichts vor, in dessen Bezirk das Kind oder der zuständige Elternteil seinen gewöhnlichen Aufenthalt hat.[5] Die Regelung **verdrängt** den **allgemeinen Gerichtsstand** des oder – bei beidseitiger Barunterhaltspflicht der Eltern – **der Unterhaltspflichtigen**. Dies gilt aber **nicht**, wenn ein Elternteil **im Ausland** seinen allgemeinen Gerichts- 8

---

[1] Hierzu vgl. die Kommentierung zu § 231.
[2] Musielak/*Borth*, § 232 FamFG Rz. 4.
[3] BGH v. 24.3.1993 – XII ARZ 3/93, NJW-RR 1993, 898.
[4] Begr. RegE, BT-Drucks. 16/6308, S. 255; Johannsen/Henrich/*Sedemund-Treiber*, Eherecht, 2003, § 621 ZPO Rz. 49.
[5] Begr. RegE, BT-Drucks. 16/6308, S. 255.

§ 232

stand hat, Abs. 1 Nr. 2 letzter Halbs.[1] Geregelt ist ferner in Nr. 2 die Anknüpfung an den allgemeinen Gerichtsstand des Elternteils, der das Kind gesetzlich vertritt. Die Regelung stellt bei der Bezeichnung des Elternteils, der für das Kind handelt, nicht mehr auf die gesetzliche Vertretung, sondern allgemein auf die Handlungsbefugnis in der Unterhaltsangelegenheit ab. Auf diese Weise werden nicht nur die Fälle des § 1629 Abs. 2 Satz 2 BGB, der das **Alleinvertretungsrecht** des Elternteils festlegt, in dessen Obhut sich das Kind befindet, sondern auch die Fälle der Verfahrensstandschaft nach § 1629 Abs. 3 Satz 1 BGB mit umfasst.[2] Wenn sich das Kind bei gemeinsamer elterlicher Sorge in der **Obhut** beider Elternteile befindet (**Wechselmodell**) und die Betreuungs- und Erziehungsleistungen der Elternteile gleich lang sind, muss der Elternteil, der gegen den anderen für das Kind Barunterhalt geltend machen will, sich notfalls durch eine Entscheidung des Familiengerichts nach § 1628 BGB ermächtigen oder einen Pfleger bestellen lassen (§§ 1693, 1697, 1909 BGB). Die Frage des Alleinvertretungsrechts bezüglich des Unterhalts für das Kind deckt sich insoweit mit der Frage der Zuständigkeit des Gerichts. Abzustellen ist zunächst auf die Behauptung des antragenden Elternteils, der andere Elternteil sei ganz oder teilweise barunterhaltspflichtig. Die Darlegungs- und Beweislast für das Alleinvertretungsrecht, dh. für eine überwiegende Betreuung des antragstellenden Elternteils, und damit auch für die Zuständigkeit des Gerichts, hat der Antragsteller.[3]

Der Gerichtsstand des § 232 Abs. 1 Nr. 2 ist auch dann nach dem gewöhnlichen Aufenthalt des **nichtehelichen** Kindes zu bestimmen, wenn der Sozialleistungsträger aus übergegangenem Recht Kindesunterhalt geltend macht. Dies gilt auch für einen auf den Sozialleistungsträger übergegangenen Auskunftsanspruch nach § 1605 BGB.[4]

9 Haben bei einem gegen **mehrere minderjährige Kinder** gerichteten Abänderungsantrag des Unterhaltspflichtigen nach §§ 238, 239 diese Kinder **unterschiedliche Gerichtsstände** (§ 232 FamFG, § 642 Abs. 1 Satz 1 aF ZPO), sind mehrere Familiengerichte zuständig. Die Bestimmung eines gemeinsamen Gerichtsstands kann gem. § 113 Abs. 1 FamFG iVm. § 36 Abs. 1 Nr. 3 ZPO erfolgen.[5]

10 Neu ist die einem praktischen Bedürfnis folgende **Einbeziehung der privilegierten volljährigen Kinder** iSd. § 1603 Abs. 2 Satz 2 BGB, die minderjährigen Kindern gleichgestellt sind. Die Erweiterung der örtlichen Zuständigkeit auf privilegierte Volljährige wurde bisher in einem großen Teil der Fälle schon dadurch praktiziert, dass in Fällen der Streitgenossenschaft von minderjährigen Kindern und privilegierten Volljährigen eine Annexzuständigkeit nach § 642 Abs. 3 ZPO angenommen wurde und der Rechtsstreit in vielen Fällen den einheitlichen Unterhalt für die Zeit vor und nach Eintritt der Volljährigkeit zum Inhalt hatte.[6]

11 Unter den Wortlaut des Abs. 1 („das Kind betreffen") fallen **alle Anträge, die den Unterhalt eines Kindes** betreffen. Dies sind nicht nur Leistungsanträge, sondern auch **Abänderungsanträge** nach §§ 238, 239, Verfahren auf Erlass einer eA Anordnung nach § 246, **Vollstreckungsgegenanträge** nach § 767 ZPO, **negative Feststellungsanträge**, die gegen das Kind gerichtet sind, sowie **Auskunftsanträge** nach § 1605 Abs. 1 BGB. Unter die Regelung fallen auch Anträge von Leistungsträgern bei übergeleiteten Unterhaltsansprüchen (§§ 33 SGB II, 94 SGB XII, § 7 UVG). Einbezogen sind auch Ansprüche aus Unterhaltsvereinbarungen, die die gesetzlichen Unterhalts-

---

1 OLG Frankfurt v. 11.1.2012 – 1 UFH 43/11, FamRZ 2012, 1508.
2 Begr. RegE, BT-Drucks. 16/6308, S. 255; kritisch zu dieser Begrifflichkeit *Klinkhammer*, www.bundestag.de/ausschuesse/a06/anhoerungen/29_FGG_Teil_1/04_Stellungnahmen/index.html.
3 OLG Hamburg v. 13.4.2000 – 2 UF 77/99, FamRZ 2001, 1235.
4 OLG Naumburg v. 25.1.2011 – 8 AR 4/11, juris; OLG Rostock v. 25.3.2010 – 10 UHF 1/09, FamRZ 2010, 1264.
5 BGH v. 26.11.1997 – XII AZR 20/97, FamRZ 1998, 361; OLG Rostock v. 25.3.2010 – 10 UFH 1/09, MDR 2010, 997.
6 OLG Oldenburg v. 5.4.2005 – 2 WF 70/05, OLGReport 2005, 348; OLG Hamm v. 29.1.2003 – 8 WF 1/03, FamRZ 2003, 1126; *Klinkhammer*, Stellungnahme zum FamFG-E, Buch 2, www.bundestag.de/ausschuesse/a06/anhoerungen/29_FGG_Teil_1/04_Stellungnahmen/index.html.

vorschriften lediglich modifizieren, bei Schadensersatzansprüchen wegen Nichterfüllung nach § 1613 Abs. 1 Satz 1 BGB oder bei Verzug und Rückforderungsansprüchen. **Nicht erfasst sind familienrechtliche Ausgleichsansprüche** zwischen den Kindeseltern oder Ausgleichsansprüche nach § 1607 Abs. 2 Satz 2 BGB, denn diesbezüglich geht es nicht um die Durchsetzung des Unterhalts für das Kind zur Sicherung seines Lebensunterhalts. Solche Ansprüche sind sonstige Ansprüche iSd. § 266.

Ob Abs. 1 Nr. 2 auch im Fall der **Ersatzhaftung der Großeltern** nach § 1607 Abs. 1, 2 BGB anwendbar ist oder insoweit gem. Abs. 3 Nr. 1 die Vorschriften der ZPO über den allgemeinen Gerichtsstand (§§ 13 ff. ZPO) gelten, wird unterschiedlich beurteilt.[1] Da auch insoweit eine Unterhaltssache vorliegt, die die Unterhaltsbedürftigkeit des Kindes betrifft, und Abs. 1 Nr. 2 nicht nach der Person des Unterhaltspflichtigen differenziert, wird eine Anwendbarkeit befürwortet.[2]

III. Vorrangige Zuständigkeit, Absatz 2

§ 232 Abs. 2 ordnet den **Vorrang der in Abs. 1 vorgesehenen ausschließlichen Zuständigkeit** gegenüber **anderen ausschließlichen** Gerichtsständen an. Die Kollision mehrerer ausschließlicher Gerichtsstände hatte in der Vergangenheit, insbesondere bei Vollstreckungsgegenklagen, zu Streitigkeiten geführt. Für den Fall der **Vollstreckungsgegenklage** wurde bislang ein Vorrang des nach §§ 767 Abs. 1, 802 ZPO ausschließlich zuständigen Gerichts des ersten Rechtszugs angenommen.[3] Mit der Neuregelung räumt das Gesetz den nach Abs. 1 Nr. 1 und 2 maßgeblichen Anknüpfungskriterien und der hierauf gegründeten ausschließlichen Zuständigkeit den Vorrang ein. Der Reformgesetzgeber ist zu Recht der Auffassung, dass die Fallkenntnis des Gerichts des Vorprozesses insbesondere nach Ablauf einer längeren Zeitspanne oder im Fall eines Richterwechsels nicht mehr von ausschlaggebender Bedeutung ist. Soweit die nach Abs. 1 nunmehr zuständigen anderen Gerichte auf die Kenntnis des Inhalts der Akten des Vorprozesses angewiesen sind, können sie sich diese durch Beiziehung der Akten von den Gerichten des Vorprozesses verschaffen.[4]

Der Vorrang des Gerichtsstands des § 232 Abs. 1 Nr. 2 vor dem allgemeinen Gerichtsstand des Unterhaltspflichtigen kann uU für den Unterhaltsberechtigten negative Auswirkungen haben. Ist der Unterhaltsschuldner gewalttätig oder befindet sich der andere Elternteil in einem Zeugenschutzprogramm, so kann der Unterhaltsschuldner durch die ausschließliche Zuständigkeit des § 232 Abs. 1 Nr. 2 uU den Wohnort des Kindes bzw. der Mutter/des Vaters herausfinden. Dem könnte mit der Einführung eines Wahlgerichtsstands am gewöhnlichen Aufenthaltsort des Unterhaltspflichtigen begegnet werden.[5]

IV. Weitere Gerichtsstände, Abs. 3 Satz 1

§ 232 Abs. 3 Satz 1 verweist für den Fall, dass eine vorrangige ausschließliche Zuständigkeit nach Abs. 1 nicht gegeben ist, auf die Vorschriften der ZPO zur örtlichen Zuständigkeit (§§ 12 bis 34 ZPO). Aus Gründen der Vereinheitlichung ist in den Vorschriften über den allgemeinen Gerichtsstand der **gewöhnliche Aufenthalt** (vgl. insbesondere §§ 12 bis 16 ZPO) **an die Stelle des Wohnsitzes getreten.**

V. Wahlmöglichkeiten des Antragstellers

Nach § 232 Abs. 3 Satz 2 Nr. 1 bis 3 hat der Antragsteller eine **Wahlmöglichkeit** zwischen den allgemeinen Gerichtsständen der ZPO und den dort geregelten zusätzlichen Gerichtsständen. Sinn dieser Vorschrift ist eine **Zuständigkeitskonzentration** zur Vermeidung einander widersprechender materiell-rechtlicher Entscheidungen, wenn die Höhe eines Unterhaltsanspruchs von derjenigen eines anderen Unterhalts-

---

1 Für eine Anwendbarkeit Musielak/*Borth*, § 232 FamFG Rz. 8; dagegen Zöller/*Lorenz*, § 232 FamFG Rz. 9.
2 Ebenso OLG Hamm v. 26.10.2012 – 6 WF 232/12, BeckRS 2012, 25135 und juris.
3 BGH v. 22.8.2001 – XII ARZ 3/01, FamRZ 2001, 1705.
4 Begr. RegE, BT-Drucks. 16/6308, S. 255.
5 Interner Änderungsvorschlag des BMFSFJ bzw. des DIJuF zu § 232 FamFG (Stand 22.7.2010).

spruchs abhängt und ein Gericht über den einen und ein anderes über den anderen Anspruch entscheidet.

16 § 232 Abs. 3 Satz 2 Nr. 1 entspricht inhaltlich dem früheren § 642 Abs. 3 ZPO. Danach ist – wenn keine Ehesache anhängig ist (§ 232 Abs. 1 Nr. 1) – für einen Antrag eines Elternteils gegen den anderen Elternteil wegen eines Anspruchs, der die durch Ehe begründete gesetzliche Unterhaltspflicht betrifft, oder wegen eines Anspruchs nach § 1615l BGB auch das Gericht zuständig, bei dem ein Verfahren über den **Unterhalt des Kindes** im ersten Rechtszug anhängig ist. Dem Regelungsbereich unterfallen nicht nur **Leistungsanträge** auf Unterhalt oder Rückforderung von Unterhalt, sondern auch **Abänderungsanträge** bezogen auf Unterhaltsbeschlüsse, Urkunden und Vereinbarungen nach §§ 238 ff. (Aktiv- und Passivverfahren), **Auskunftsanträge** gem. § 1605 Abs. 1 BGB, Verfahren nach § 1613 Abs. 1 Satz 1 BGB, Verfahren nach §§ 246, 50 ff. auf **Erlass einer eA**, **Vollstreckungsgegenanträge** nach § 120 Abs. 1 FamFG, § 767 ZPO, gegen das Kind gerichtete **negative Feststellungsanträge**,[1] Anträge von Leistungsträgern nach dem **Übergang von Unterhaltsansprüchen** (zB §§ 33 SGB II, 94 SGB XII, 7 UVG). Auch ein **vereinfachtes Verfahren** nach §§ 249 ff. begründet eine Wahlzuständigkeit nach § 232 Abs. 3 Satz 2 Nr. 1.

17 Der Wahlgerichtsstand setzt Anhängigkeit des Kindesunterhaltsverfahrens voraus. Die Vorschrift greift daher nur ein, wenn zeitlich **zuerst das Verfahren zum Kindesunterhalt anhängig** gemacht wurde. Die Wahlmöglichkeit besteht nur während der Anhängigkeit eines Verfahrens über Kindesunterhalt in der ersten Instanz, dh. längstens bis zur Verkündung (nicht bis zur Rechtskraft) einer Endentscheidung iSd. § 38. Rechtshängigkeit ist nicht erforderlich.

18 Die **Anhängigkeit beginnt** mit dem Eingang der Antragsschrift bei Gericht. Das Erstverfahren muss noch nicht zugestellt sein. Ob auch ein **isoliertes Verfahrenskostenhilfegesuch** ohne gleichzeitige Einreichung eines Unterhaltsantrags (sog. bedingter Antrag) ausreicht, ist umstritten.[2] Hiergegen spricht, dass ein Antrag bedingungsfeindlich ist und die Formulierung, ein Antrag solle nur für den Fall der Bewilligung von Verfahrenskostenhilfe gestellt werden, als Begehren, die Antragsschrift erst nach der Bewilligung von Verfahrenskostenhilfe zuzustellen (vgl. § 253 ZPO), zu verstehen ist. Anhängigkeit des Antrags tritt dadurch nicht ein (vgl. oben *Helms*, § 124 Rz. 2). Für das vereinfachte Verfahren nach §§ 249 ff. tritt Anhängigkeit gem. § 255 Abs. 2 ab dem Zeitpunkt ein, in dem dieses in ein streitiges Verfahren übergeht.[3]

19 Soweit der Antrag auf ehelichen oder nachehelichen Unterhalt oder Unterhalt der nichtehelichen Mutter oder des nichtehelichen Vaters bei dem Gericht erhoben wird, bei dem der Antrag auf Kindesunterhalt anhängig ist, kann durch die Regelung des Abs. 3 Satz 1 Nr. 1 eine **Verbindung der Verfahren** (§ 147 ZPO) erfolgen.

20 Die **Anhängigkeit** des Verfahrens wegen Kindesunterhalts **endet**, wenn der Antrag zurückgenommen wird (§ 269 Abs. 3 ZPO), bei beiderseitiger Erledigungserklärung, durch Abschluss eines Vergleichs oder mit der Verkündung eines die erste Instanz beendenden Beschlusses (§ 38).

21 Die frühere Streitfrage, ob § 642 Abs. 3 ZPO auch gilt, wenn sowohl minderjährige als auch **volljährige privilegierte** Geschwister unter 21 Jahren auf Unterhalt antragen, hat keine Bedeutung mehr, weil privilegiert volljährige Kinder gem. **§ 232 Abs. 1 nunmehr ausdrücklich einbezogen worden sind.** Die Zuständigkeitsbestimmung gilt jedoch nicht für unterhaltsberechtigte **volljährige nicht privilegierte** Kinder. In diesen Fällen ist idR nach den §§ 12 und 13 ZPO der gewöhnliche Aufenthalt des Unterhaltsschuldners maßgeblich. Eine Möglichkeit, diese Verfahren mit Verfahren über den Unterhalt minderjähriger Kinder zu verbinden, besteht nicht. Der Anregung der

---

[1] Str., wie hier Musielak/*Borth*, § 232 FamFG Rz. 8, 14.
[2] Dafür Musielak/*Borth*, § 232 FamFG Rz. 13; dagegen Zöller/*Lorenz*, § 232 FamFG Rz. 11.
[3] Thomas/Putzo/*Hüßtege*, § 255 FamFG Rz. 5.

Praxis, eine einheitliche örtliche Zuständigkeit für die Unterhaltsansprüche mehrerer Kinder gegen einen Unterhaltsschuldner zu schaffen, wenn minderjährige bzw. volljährige privilegierte und volljährige nicht privilegierte Kinder als Unterhaltsgläubiger in Betracht kommen, oder eine Abgabe des Verfahrens des volljährigen Kindes an das ausschließlich zuständige Gericht, bei dem ein Verfahren zur Regelung des Unterhalts eines minderjährigen oder volljährigen privilegierten Kindes anhängig ist, vorzusehen,[1] ist der Reformgesetzgeber nicht gefolgt. Eine solche Regelung wurde angesichts des Nachrangs der Unterhaltsansprüche von volljährigen nicht privilegierten Kindern und der Möglichkeit, durch eine erzwungene Zuständigkeitskonzentration volljährige Kinder, die aus einer früheren anderen Beziehung des Unterhaltsgläubigers stammen („Patchwork-Familie"), zu benachteiligen, für nicht tunlich erachtet.[2]

§ 232 Abs. 3 Satz 2 Nr. 2 begründet einen **Wahlgerichtsstand** für den **Antrag eines Kindes**, durch den beide Eltern auf Erfüllung der Unterhaltspflicht in Anspruch genommen werden. Beide Elternteile müssen gemeinschaftlich (§ 113 Abs. 1 FamFG, § 59 ZPO), aber nicht notwendig gleichzeitig in Anspruch genommen werden. Wenn das Kind minderjährig ist, darf kein Elternteil der alleinige gesetzliche Vertreter des Kindes sein, weil für solche Fälle § 232 Abs. 1 Nr. 2 gilt. Der Wahlgerichtsstand des § 232 Abs. 3 Satz 2 Nr. 2 wird bedeutsam, wenn das Kind nicht bei den Eltern, sondern in der Obhut eines Dritten (zB Großeltern) lebt und die an verschiedenen Orten lebenden Kindeseltern jeweils auf Zahlung von Barunterhalt in Anspruch genommen werden sollen. Gleiches gilt im Fall eines volljährigen, nicht nach § 1603 Abs. 2 Satz 2 BGB privilegierten Kindes (zB Student), das beide Elternteile, gleich ob verheiratet oder nicht, als Teilschuldner anteilig (§ 1606 Abs. 3 Satz 1 BGB) für den Barunterhalt in Anspruch nimmt. 22

Der Antrag kann auch an das **Gericht, das für den Antrag gegen einen Elternteil zuständig** ist, gerichtet werden. Die Vorschrift entspricht dem früheren § 35a ZPO. Sie begründet für einen Elternteil einen zuständigen Gerichtsstand. Für das Kind wird die Rechtsverfolgung dadurch einfacher und günstiger. Das Ausscheiden eines Antragsgegners nach Rechtshängigkeit ist, auch wenn dies der zuständigkeitsbegründende Elternteil war, unerheblich, § 113 Abs. 1 FamFG, § 261 Abs. 3 Nr. 2 ZPO.

VI. Sachliche und internationale Zuständigkeit

Für den Bereich der **Europäischen Union war bisher** hinsichtlich der **internationalen Zuständigkeit** vorrangig Art. 5 Nr. 2 EuGVVO[3] zu beachten. Seit dem 18.6.2011 richten sich die internationale Zuständigkeit und die Anerkennung und Vollstreckung von Entscheidungen sowie die Zusammenarbeit in Unterhaltssachen nach der Europäischen Unterhaltsverordnung (**EuUntVO**[4]) und den hierzu ergangenen Durchführungsbestimmungen, insbesondere dem Auslandsunterhaltsgesetz – AUG.[5] Hierzu im Einzelnen, insbesondere auch zu weiteren Regelungen über die Zusammenarbeit der europäischen Staaten in Unterhaltssachen (HUntÜ)[6] und den **Übergangsregelungen** s. die Kommentierung zu § 105 sowie im Anhang nach § 110. 23

§ 232 Abs. 3 Satz 2 Nr. 3 entspricht inhaltlich dem bisherigen § 23a ZPO. Danach ist für Anträge nach Wahl des Antragstellers das Gericht, bei dem er selbst seinen ge- 24

---

1 Stellungnahme des Bundesrates, BT-Drucks. 16/6308, S. 382; zustimmend *Klinkhammer*, www.bundestag.de/ausschuesse/a06/anhoerungen/29_FGG_Teil_1/04_Stellungnahmen.
2 Gegenäußerung der BReg., BT-Drucks. 16/6308, S. 418.
3 Das EuGVVO (Verordnung [EG] Nr. 44/2001 des Rates über die gerichtliche Zuständigkeit und die Anerkennung und Vollstreckung von Entscheidungen in Zivil- und Handelssachen v. 22.12. 2000, „Brüssel I") hat das EuGVÜ (Brüsseler Übereinkommen über die gerichtliche Zuständigkeit und die Vollstreckung gerichtlicher Entscheidungen in Zivil- und Handelssachen v. 9.10. 1978) seit dem 1.3.2002 ersetzt, Art. 68 EuGVVO.
4 ABl. EU 2008 Nr. LPartG 7/1.
5 AUG v. 23.5.2011, BGBl. I, S. 898; vgl. OLG Köln v. 11.1.2012 – 27 WF 194/11, FamRZ 2012, 1509; OLG Frankfurt v. 11.1.2012 – 1 UHF 43/11, FamRZ 2012, 1508.
6 V. 23.11.2007, vgl. Anhang 6 zu § 110 FamFG.

wöhnlichen Aufenthalt hat, zuständig, wenn der Antragsgegner im Inland keinen Gerichtsstand hat und **keine vorrangige Zuständigkeit nach Art. 5 Nr. 2 EuGVVO** bzw. der EuUntVO **vorliegt**.[1] Die Vorschrift gilt für gesetzliche und vertragliche Unterhaltsansprüche und grundsätzlich für **Anträge aller Art**, dh. auch **Abänderungsanträge** nach §§ 238, 239. Hinsichtlich der Einzelheiten für Verfahren mit Auslandsbezug s. Anhang nach § 110.

25 Die **sachliche Zuständigkeit** der Gerichte für Familiensachen ergibt sich aus §§ 23a Abs. 1 Nr. 1 GVG. Danach sind für die Bearbeitung von Familiensachen die Amtsgerichte zuständig. Der Sammelbegriff der Familiensachen ist in § 111 definiert. Innerhalb der Amtsgerichte sind nach § 23b GVG die Abteilungen für Familiensachen funktional zuständig. § 23b GVG enthält keine abschließende Regelung der funktionalen Zuständigkeit. So werden insbesondere anderweitige Regelungen der funktionalen Zuständigkeit wie zB im Internationalen Familienrechtsverfahrensgesetz (IntFamRVG) nicht ausgeschlossen.[2]

233 Abgabe an das Gericht der Ehesache

Wird eine Ehesache rechtshängig, während eine Unterhaltssache nach § 232 Abs. 1 Nr. 1 bei einem anderen Gericht im ersten Rechtszug anhängig ist, ist diese von Amts wegen an das Gericht der Ehesache abzugeben. § 281 Abs. 2 und 3 Satz 1 der Zivilprozessordnung gilt entsprechend.

A. Allgemeines
 I. Entstehung 1
 II. Systematik 2
 III. Normzweck 3
B. Abgabe und Bindungswirkung
 I. Abgabe der Unterhaltssache, Satz 1
  1. Unterhaltssache nach § 232 Abs. 1 Nr. 1 FamFG 4
  2. Rechtshängigkeit der Ehesache, Voraussetzungen 8
  3. Verfahrensstand der abzugebenden Unterhaltssache 9
  4. Verfahren 10
  5. Folgen der Abgabe 11
 II. Bindungswirkung der Abgabe, Satz 2
  1. Bindungswirkung der Abgabe bei nachfolgender Ehesache 12
  2. Bindungswirkung der Abgabe bei bereits anhängiger Ehesache 14
  3. Bindungswirkung der Abgabe bei Fehlen einer Ehesache 16
  4. Kosten 17

A. Allgemeines

I. Entstehung

1 § 233 entspricht dem vormaligen § 621 Abs. 3 ZPO.

II. Systematik

2 Die Vorschrift gehört zu den Zuständigkeitsvorschriften für Unterhaltssachen. Vgl. auch die parallelen Regelungen in § 153 (für Kindschaftssachen), § 202 (für Wohnungszuweisungssachen), § 263 (für Güterrechtssachen) und in § 268 (für sonstige Familiensachen).

III. Normzweck

3 Geregelt wird die verpflichtende Abgabe von Unterhaltssachen nach § 232 Abs. 1 Nr. 1 an ein anderes Gericht zur Ermöglichung einer Entscheidungskonzentration. Wegen § 113 Abs. 1 Satz 1 ist § 4 nicht anzuwenden.

---

1 Vgl. zu § 23a ZPO Zöller/*Vollkommer*, § 23a ZPO Rz. 2; zu § 232 FamFG Thomas/Putzo/*Hüßtege*, § 232 FamFG Rz. 15.
2 Begr. RegE, BT-Drucks. 16/6308, S. 319.

B. Abgabe und Bindungswirkung

I. Abgabe der Unterhaltssache, Satz 1

1. Unterhaltssache nach § 232 Abs. 1 Nr. 1 FamFG

Wenn eine **Ehesache** (zum Begriff vgl. § 121) bei einem deutschen Gericht rechtshängig wird, während eine **Unterhaltssache** nach § 232 Abs. 1 Nr. 1 (dh. betreffend die Unterhaltspflicht für ein gemeinschaftliches Kind und die durch die Ehe begründete gesetzliche Unterhaltspflicht) bei einem anderen deutschen Gericht im 1. Rechtszug anhängig ist, erfolgt **von Amts wegen** eine **Abgabe** der Unterhaltssache an das Gericht der Ehesache. Die nachfolgende Rechtshängigkeit der Ehesache begründet eine neue Zuständigkeit für die Unterhaltssache. Der Vorrang der örtlichen Zuständigkeit der Ehesache stellt eine Durchbrechung des Grundsatzes der perpetuatio fori (vgl. § 2 Abs. 2 FamFG, § 261 Abs. 3 Nr. 2 ZPO) dar. Zwischen ausländischen und deutschen Gerichten findet keine Abgabe statt. Eine Verweisung, wie sie in § 621 Abs. 3 ZPO für die ZPO-Verfahren geregelt war, sieht der neue Gesetzestext nicht mehr vor. [4]

Die Unterhaltssachen nach § 232 Abs. 1 Nr. 1 umfassen die **durch die Ehe begründete Unterhaltspflicht**. Mangels Differenzierung in § 232 Abs. 1 Nr. 1 werden alle aus der Ehe resultierenden Unterhaltsansprüche erfasst, also auch Ansprüche auf **Trennungsunterhalt** (§ 1361 BGB) und auf **Geschiedenenunterhalt** (§§ 1569 ff. BGB). Abzugeben an das Gericht der Ehesache sind auch **einstweilige Anordnungsverfahren** (§§ 49 ff., 246 ff.), in denen Unterhalt für die Zeit vor der Scheidung verlangt wird.[1] Es ist daher nicht erforderlich, dass die abzugebenden Unterhaltsverfahren verbundfähig iSd. § 137 Abs. 1 sind. [5]

Zu den Unterhaltssachen nach § 232 Abs. 1 Nr. 1 zählen Verfahren, die die **Unterhaltspflicht für ein gemeinschaftliches Kind** der Ehegatten betreffen. Das vereinfachte Verfahren über den Unterhalt Minderjähriger ist ebenfalls an das Gericht der Ehesache abzugeben, sobald es gem. §§ 254, 255 in das streitige Verfahren übergeleitet worden ist. [6]

Auch **Zwangsvollstreckungsverfahren**, die eine Unterhaltssache iSd. § 232 Abs. 1 Nr. 1 betreffen, sind nach § 233 abzugeben, weil die Zuständigkeit des Gerichts der Ehesache nach § 232 Abs. 2 derjenigen des Verfahrensgerichts des 1. Rechtszug für Vollstreckungsabwehranträge (§§ 767 Abs. 1, 802 ZPO) vorgeht (vgl. § 232 Rz. 7). [7]

2. Rechtshängigkeit der Ehesache, Voraussetzungen

Voraussetzung für eine Abgabe ist die **Rechtshängigkeit der Ehesache**, dh. die **Antragsschrift muss zugestellt worden sein** (§ 113 Abs. 1 Satz 2 FamFG, §§ 261 Abs. 1, 253 Abs. 1 ZPO). Es reicht nicht aus, wenn im VKH-Verfahren dem Antragsgegner der Entwurf einer Antragsschrift nur zur Stellungnahme übersandt worden ist.[2] Die überzuleitende **Unterhaltssache** braucht nur **anhängig** zu sein. Die Anhängigkeit[3] beginnt mit Einreichung der Antragsschrift (wegen der Begrifflichkeit vgl. § 113 Abs. 5 Nr. 1 bis 5: Die Begriffe Prozess oder Rechtsstreit, Klage, Kläger, Beklagter, Partei sind durch die Bezeichnungen Verfahren, Antrag, Antragsteller, Antragsgegner und Beteiligter ersetzt worden). Die Abgabe der Unterhaltssache kann nach der ratio der Vorschrift, eine gemeinsame Erledigung sämtlicher anhängiger Familiensachen zu ermöglichen, nur bis zum **Erlass der Entscheidung** erfolgen, nicht mehr danach.[4] [8]

---

1 Johannsen/Henrich/*Maier*, § 233 FamFG Rz. 3.
2 BGH v. 10.10.1952 – V ZR 159/51, BGHZ 7, 268.
3 Zu Beginn und Ende der Anhängigkeit vgl. die Kommentierung zu § 124.
4 Keidel/*Weber*, § 233 FamFG Rz. 5.

3. Verfahrensstand der abzugebenden Unterhaltssache

9   Abgegeben wird nur eine **Unterhaltssache** (§ 232 Abs. 1 Nr. 1), die **in erster Instanz anhängig** ist. Nicht übergeleitet werden in der Rechtsmittelinstanz anhängige Familiensachen, denn der fortgeschrittene Verfahrensstand verbietet einen Wechsel der Zuständigkeit. Anderes gilt nur, wenn die Rechtsmittelinstanz die Sache an das Familiengericht zurückverweist. Dann muss zugleich eine Abgabe an das Gericht der Ehesache erfolgen.[1] Wenn das Familiengericht eine sofortige Beschwerde (zB eine Verfahrenskostenhilfebeschwerde) dem Beschwerdegericht vorlegt, obwohl bereits eine Ehesache bei einem anderen Gericht rechtshängig geworden ist, hebt das Beschwerdegericht die Entscheidung des Familiengerichts über die Vorlegung der Beschwerde auf und gibt das Verfahren an das Gericht der Ehesache ab.[2] Wenn in einer Unterhaltssache, die an ein anderes Familiengericht abzugeben ist, **vor Rechtshängigkeit** der Ehesache eine sofortige Beschwerde hinsichtlich einer Nebenentscheidung (zB **Verfahrenskostenhilfe**) beim OLG eingeht, ist nach zum Teil vertretener Auffassung[3] die Beschwerdesache in der Rechtsmittelinstanz anhängig geworden, so dass das OLG über die Beschwerde zu entscheiden und erst danach eine Abgabe der Sache durch das Familiengericht zu erfolgen hat. Nach wohl überwiegender Auffassung, der zuzustimmen ist,[4] geht die Rechtsmittelzuständigkeit in solchen Fällen auf das Beschwerdegericht des übernehmenden Gerichts über, weil das Verfahren noch in erster Instanz anhängig sei, auch wenn wegen der teilweisen Versagung von Verfahrenskostenhilfe Beschwerde eingelegt wurde. Maßgebend für die Beurteilung der Frage, ob die Konzentrationswirkung zum Zuge komme, sei nicht der Zeitpunkt der Überleitung, sondern derjenige des Eintritts der Rechtshängigkeit der Ehesache, weil die Zuständigkeit nicht davon abhängig sein dürfe, wann das mit der Unterhaltssache befasste Gericht des ersten Rechtszuges die Mitteilung des Gerichts der Ehesache über die dort eingetretene Rechtshängigkeit erhalte und danach die Überleitung beschließe.

4. Verfahren

10   Das Gericht, bei dem die Unterhaltssache anhängig ist, hat das Verfahren **von Amts wegen** an dasjenige Gericht abzugeben, bei dem die Ehesache rechtshängig ist. Die Abgabe kann **ohne mündliche Verhandlung** (§ 113 Abs. 1 Satz 2 FamFG, § 128 Abs. 4 ZPO) erfolgen; den Beteiligten ist dann jedoch zuvor **rechtliches Gehör** in schriftlicher Form zu gewähren.[5] Damit das Gericht der Ehesache von der Unterhaltssache Kenntnis erlangt, hat der Antragsteller des Scheidungsverfahrens gem. § 133 Abs. 1 Nr. 3 Angaben zu anderweitig anhängigen Familiensachen zu machen. Diese Regelung bezweckt eine Konzentration der Entscheidungen bei einem Gericht. Dies dient der Beschleunigung der Verfahren und soll einander widersprechende Entscheidungen verhindern.

5. Folgen der Abgabe

11   Mit dem Erlass des Abgabebeschlusses und dem Eingang der Akten bei dem im Beschluss bezeichneten Gericht wird das Verfahren bei dem Gericht der Ehesache anhängig, § 233 Satz 2 FamFG iVm § 281 Abs. 2 Satz 3 ZPO. Die abgegebene Unterhaltssache gelangt in den **Scheidungsverbund** und wird gem. § 137 Abs. 2 Nr. 2 iVm. Abs. 4 automatisch zu einer Folgesache, wenn die Voraussetzungen des **§ 137 Abs. 2** erfüllt sind, dh. wenn eine Entscheidung für den Fall der Scheidung zu treffen ist. Das ist nur der Fall, wenn der Antragsteller der übergeleiteten Sache erklärt, dass er eine Entscheidung nur für den Fall der Scheidung begehrt. Ansonsten bleibt das ab-

---

1 OLG Hamburg v. 2.3.1993 – 7 UF 88/92, NJW-RR 1993, 1286; BGH v. 7.3.2001 – XII ARZ 2/01, NJW 2001, 1499.
2 AA Zöller/*Lorenz*, § 233 FamFG Rz. 5.
3 Zöller/*Philippi*, 27. Aufl., § 621 ZPO Rz. 94; aA Zöller/*Lorenz*, § 233 FamFG Rz. 5.
4 BGH v. 7.3.2001 – XII ARZ 2/01, FamRZ 2001, 618; Keidel/*Weber*, § 233 FamFG Rz. 6; Johannsen/Henrich/*Maier*, § 233 FamFG Rz. 3.
5 Zöller/*Lorenz*, § 233 FamFG Rz. 6.

gegebene Unterhaltsverfahren ein **selbständiges Verfahren** bei dem Gericht der Ehesache. Die Regelung des § 137 Abs. 2 entspricht im Wesentlichen dem bisherigen § 623 Abs. 1 Satz 1 ZPO, die des § 137 Abs. 4 dem bisherigen § 623 Abs. 5 ZPO.[1] Hinsichtlich der Einzelheiten s. die Kommentierung zu § 137.

II. Bindungswirkung der Abgabe, Satz 2

1. Bindungswirkung der Abgabe bei nachfolgender Ehesache

Nach § 281 Abs. 2 ZPO können Anträge und Erklärungen zur Zuständigkeit des Gerichts vor dem Urkundsbeamten der Geschäftsstelle abgegeben werden. Der **Beschluss über die Abgabe** ist wie ein Beschluss über eine Verweisung **unanfechtbar**. Die Unterhaltssache wird bei dem im Beschluss bezeichneten Gericht mit Eingang der Akten anhängig. Der Abgabebeschluss ist für dieses Gericht **bindend**. Die Bindungswirkung der Abgabe bezieht sich lediglich auf das Amtsgericht, nicht auf die Abteilung für Familiensachen des Gerichts. Wenn – was seit Inkrafttreten des FamFG nur noch selten vorkommen dürfte – keine Familiensache vorliegt, kann das Familiengericht die Sache an eine andere Abteilung des Amtsgerichts abgeben. **12**

Streitig war nach der früheren Rechtslage, ob eine Bindungswirkung der Verweisung (jetzt: Abgabe) eintritt, wenn das Gericht der Ehesache zuvor **fehlerhaft** eine Familiensache (jetzt: Unterhaltssache) an ein anderes Familiengericht verwiesen hatte. Wegen des Vorrangs des § 621 Abs. 3 ZPO, jetzt § 232 Abs. 2, sollte eine Verweisung iSd. § 281 Abs. 2 Satz 4 ZPO trotz des eindeutigen Wortlauts **nicht bindend** sein.[2] Die Gegenauffassung verneinte eine fortdauernde Bindungswirkung nur dann, wenn eine Familiensache (jetzt: Unterhaltssache) zunächst bindend verwiesen und dann erst eine Ehesache bei dem verweisenden Gericht rechtshängig wurde. Nur in solchen Fällen sollte die verwiesene Sache zurückverwiesen werden dürfen.[3] **13**

Der erstgenannten Auffassung ist zu folgen, weil § 232 Abs. 2 **eine ausschließliche Zuständigkeit** regelt und dieser der Vorrang vor der Bindungswirkung einer fehlerhaften Verweisung eingeräumt werden sollte.[4]

2. Bindungswirkung der Abgabe bei bereits anhängiger Ehesache

Wenn eine Unterhaltssache unter Verletzung der ausschließlichen Zuständigkeit des § 232 Abs. 1 vor einem deshalb unzuständigen Gericht anhängig gemacht wird, ist die weitere Verfahrensweise streitig. Zum Teil wird vertreten, die Sache sei von Amts wegen an das Gericht der Ehesache abzugeben, weil § 621 Abs. 3 ZPO, jetzt § 233 Satz 1, entsprechend gelte.[5] Nach anderer Auffassung[6] ist ein solcher Antrag als unzulässig abzuweisen oder nur auf Antrag des Antragstellers an das zuständige Gericht zu verweisen. Da der Gesetzgeber diesen Sachverhalt in Kenntnis des Streits nicht in § 233 geregelt hat, dürfte der zweiten Auffassung zu folgen sein. **14**

Uneinigkeit besteht auch darüber, ob in einem solchen Fall nach der Abgabe dem Antragsteller gem. § 281 Abs. 3 Satz 2 ZPO die Mehrkosten auferlegt werden dürfen, weil er ein Verfahren vor einem unzuständigen Gericht eingeleitet hatte.[7] **15**

---

1 Begr. RegE, BT-Drucks. 16/6308, S. 230.
2 Thomas/Putzo/*Hüßtege*, ZPO, 30 Aufl., § 621 ZPO Rz. 44; unter Verweisung auf OLG Hamm v. 10.8.1999 – 2 UF 266/99, FamRZ 2000, 841; nunmehr Thomas/Putzo/*Hüßtege*, § 233 FamFG Rz. 4; aA Zöller/*Philippi*, 27. Aufl., § 621 ZPO Rz. 99.
3 Zöller/*Lorenz*, § 233 FamFG Rz. 7.
4 Ebenso Johannsen/Henrich/*Maier*, § 233 FamFG Rz. 3; Thomas/Putzo/*Hüßtege*, § 233 FamFG Rz. 4.
5 Thomas/Putzo/Hüßtege, § 233 FamFG Rz. 4.
6 Zöller/*Lorenz*, § 233 FamFG Rz. 2; KG v. 12.11.1979 – 3 WF 3982/79, FamRZ 1980, 470.
7 So Thomas/Putzo/*Hüßtege*, 30. Aufl., § 621 ZPO Rz. 45; Zöller/*Lorenz*, § 233 FamFG Rz. 2; **aA** Thomas/Putzo/*Hüßtege*, § 233 FamFG Rz. 5.

3. Bindungswirkung der Abgabe bei Fehlen einer Ehesache

16 Wenn ein Familiengericht irrtümlich eine Unterhaltssache an ein anderes Familiengericht abgibt, bei dem keine Ehesache rechtshängig ist, bindet dies nicht; die Sache kann zurückgegeben werden.[1]

4. Kosten

17 Die bis zur Abgabe entstandenen Kosten werden in entsprechender Anwendung des § 281 Abs. 3 Satz 1 ZPO als Teil der Kosten beim Gericht der Ehesache behandelt. Dem Antragsteller sollen keine zusätzlichen Kosten entstehen, denn die Abgabe von Amts wegen aus Gründen des Sachzusammenhangs ist von der Anrufung eines unzuständigen Gerichts iSd. § 281 Abs. 3 Satz 2 ZPO zu unterscheiden.

18 **Kosten/Gebühren: Gericht:** Die Abgabe der Sache löst keine Kosten aus (§ 1 Satz 1 FamGKG). Das Verfahren wird jeweils kostenrechtlich so behandelt, als wäre es von Anfang an bei dem übernehmenden Gericht anhängig gewesen (§ 6 Abs. 1 Satz 2 und 1 FamGKG). Gelangt die abgegebene Sache in den Verbund, ist § 44 FamGKG anzuwenden. **RA:** Die gebührenrechtlichen Folgen einer Abgabe des Verfahrens an ein anderes Gericht regelt § 20 RVG. Die Verfahren vor dem abgebenden und vor dem übernehmenden Gericht sind ein Rechtszug (§ 20 Satz 1 RVG). Tritt in beiden Verfahrensteilen derselbe RA auf, kann er die Gebühren nur einmal fordern, da er gebührenrechtlich in derselben Angelegenheit tätig geworden ist (§ 15 Abs. 2 RVG). Sind verschiedene RAe aufgetreten, hat jeder RA die durch seine Tätigkeit entstandenen Gebühren verdient.

§ 234 *Vertretung des Kindes durch einen Beistand*

Wird das Kind durch das Jugendamt als Beistand vertreten, ist die Vertretung durch den sorgeberechtigten Elternteil ausgeschlossen.

A. Allgemeines
  I. Entstehung 1
  II. Systematik 2
  III. Normzweck 3
B. Inhalt der Vorschrift
  I. Regelungsbereich der Beistandschaft
    1. Beistand 4
    2. Anwendungsbereich der Beistandschaft
      a) Feststellung der Vaterschaft ... 4a
      b) Geltendmachung von Unterhaltsansprüchen 4b
  II. Rechtsfolgen der Beistandschaft im Unterhaltsverfahren 4c

A. Allgemeines

I. Entstehung

1 § 234 entspricht dem alten § 53a ZPO.

II. Systematik

2 Die prozessuale Vorschrift enthält eine Sonderregelung zur gesetzlichen Vertretung des Kindes in Unterhaltssachen. § 12 ist gem. § 113 Abs. 1 Satz 1 nicht anwendbar. Eine gleich lautende Vorschrift für Verfahren in Abstammungssachen enthält § 173.

III. Normzweck

3 Die Vorschrift schließt die gesetzliche Vertretung des sorgeberechtigten Elternteils zugunsten der alleinigen Vertretung des Kindes durch das Jugendamt als Beistand aus.

---

[1] BGH v. 27.3.1996 – XII ARZ 1/96, NJW-RR 1996, 897.

B. Inhalt der Vorschrift

I. Regelungsbereich der Beistandschaft

1. Beistand

§ 234 ist nur anwendbar, solange eine Beistandschaft des Jugendamts (§ 1712 BGB) besteht. Eine solche kann von dem alleinsorgeberechtigten Elternteil und von dem Elternteil beantragt werden, in dessen Obhut sich das minderjährige Kind befindet (§ 1713 Abs. 1 BGB).

4

2. Anwendungsbereich der Beistandschaft

a) Feststellung der Vaterschaft

Die Beistandschaft bezieht sich nach § 1712 Abs. 1 Nr. 1 BGB auf die Feststellung der Vaterschaft. Zu diesem Aufgabenkreis gehören alle Handlungen, die die Anerkennung (§ 1592 Nr. 2 BGB) oder gerichtliche Feststellung der Vaterschaft (§ 1592 Nr. 3 BGB) betreffen. Dagegen werden die Vaterschaftsanfechtung (§§ 1599 ff. BGB) und die Klage auf Feststellung der Unwirksamkeit eines Vaterschaftsanerkenntnisses (§ 1598 BGB) davon nicht erfasst.[1]

4a

b) Geltendmachung von Unterhaltsansprüchen

Zu dem Aufgabenkreis gehören lediglich Ansprüche des Kindes aus §§ 1601 ff. BGB, nicht jedoch Unterhaltsersatzansprüche des öffentlichen Rechts aus Renten, Arbeitslosengeld II oder nach dem UVG.[2] Die Befugnis des Beistandes umfasst die außergerichtliche und gerichtliche Geltendmachung, vorbereitende Auskunftsersuchen (§ 1605 BGB), Verfahren auf Erlass eA, vereinfachte Verfahren (§§ 249 ff. FamFG), Abänderungsverfahren nach §§ 238 ff., die Zwangsvollstreckung sowie Passivverfahren, dh. die Abwehr eines Herabsetzungsantrags des Unterhaltspflichtigen.[3]

4b

Nicht erfasst von der Beistandschaft ist die Befugnis zur Abwehr von Unterhaltsansprüchen gegen das Kind.[4]

II. Rechtsfolgen der Beistandschaft im Unterhaltsverfahren

Beteiligter (früher: Partei) in dem Unterhaltsverfahren ist das verfahrensunfähige Kind (§ 52 ZPO). Der sorgeberechtigte Elternteil ist in diesem Verfahren Dritter.[5] Das Jugendamt als Beistand hat insoweit die Stellung als alleiniger gesetzlicher Vertreter des Kindes. Durch die Beistandschaft wird die elterliche Sorge nicht eingeschränkt, § 1716 Satz 1 BGB. Es erfolgt lediglich aus verfahrensrechtlichen Gründen eine **Konzentration der Verfahrensführung beim Beistand (Jugendamt) als alleinigem Vertreter des Kindes im Interesse einer widerspruchsfreien Verfahrensführung**.[6] Im Verfahren haben – wenn es zu einander widersprechenden Handlungen des Jugendamts und des antragstellenden Elternteils kommen sollte – die Verfahrenshandlungen des Beistands Vorrang (§§ 1716 Satz 2, 1915 Abs. 1 BGB).[7] Eine Benachteiligung des antragstellenden Elternteils ist damit nicht verbunden, denn dieser kann nach § 1715 Abs. 1 BGB die Beistandschaft durch einfache schriftliche Erklärung beenden.

4c

Während des Getrenntlebens von Eltern und/oder der Anhängigkeit einer Ehesache besteht gem. § 1629 Abs. 3 Satz 1 BGB eine gesetzliche Verfahrensstandschaft eines Elternteils zur Durchsetzung von Kindesunterhalt. Damit soll vermieden werden, dass das Kind eine eigene Beteiligtenstellung erhält, solange die Eltern noch mit-

5

---

1 RegE BT-Drucks. 13/892, S. 37; OLG Nürnberg v. 20.10.2000 – 11 WF 3908/00, FamRZ 2001, 705.
2 Vgl. MüKo.BGB/*v. Sachsen Gessaphe*, § 1712 Rz. 11.
3 OLG Celle v. 2.9.2004 – 15 WF 209/04, JAmt 2004, 544; *Hoffmann* in: jurisPK-BGB, 6. Aufl. 2012, § 1712 BGB Rz. 14.
4 MüKo.BGB/*v. Sachsen Gessaphe*, § 1712 Rz. 12.
5 Zöller/*Lorenz*, § 234 FamFG Rz. 4.
6 Begr. RegE, BT-Drucks. 13/892, S. 47.
7 OLG Naumburg v. 27.9.2005 – 3 WF 172/05, FamRZ 2006, 1223.

einander verheiratet sind. In solchen Fällen kann eine Geltendmachung von Unterhaltsansprüchen weder im Verbundverfahren noch außerhalb des Scheidungsverfahrens durch einen Beistand erfolgen, denn sonst hätte das Kind entgegen der gesetzlichen Regelung des § 1629 Abs. 3 BGB doch eine eigene Beteiligtenstellung.[1]

6 Wenn das Jugendamt im Rahmen der Beistandschaft für das Kind einen Antrag stellt, sind alle Zustellungen dorthin ist zu richten. War das Verfahren von einem Elternteil als gesetzlicher Vertreter eingeleitet worden, findet bei einem Eintritt des Jugendamts in das Verfahren ein **Wechsel in der Person des gesetzlichen Vertreters** statt. Der Eintritt erfolgt durch einen zuzustellenden Schriftsatz, § 113 Abs. 1 FamFG, § 250 ZPO. Durch die Beistandschaft erlangt das Jugendamt die Stellung eines Verfahrensbeteiligten. Die Beteiligung richtet sich nach §§ 172 Abs. 2, 176 Abs. 1 FamFG.[2] Erklärungen des Jugendamts sind nunmehr vorrangig vor denen des Sorgeberechtigten zu beachten.

7 Die Beistandschaft des Jugendamtes in einem Kindesunterhaltsverfahren endet nach Auffassung des OLG Hamm gem. § 1918 Abs. 3 iVm. § 1716 BGB mit dem Abschluss des Verfahrens, mithin mit der Rechtskraft eines Unterhaltsfestsetzungsbeschlusses. Für ein etwaiges Abänderungsverfahren sei eine neue Beistandschaft einzurichten.[3] Nach aA, der zu folgen ist, wird vertreten, dass im Unterhaltsbereich die Beistandschaft des Jugendamtes nicht mit der Rechtskraft des Unterhaltsfestsetzungstitels enden solle. Denn das hätte zur Folge, dass Antragsteller und Kind bei einer später notwendig werdenden Anpassung des Unterhaltstitels ohne Unterstützung blieben. Allein der Eintritt der Rechtskraft des Unterhaltsfestsetzungsbeschlusses führe noch nicht zu einer Beendigung der Aufgaben des Beistandes, denn zum Aufgabenkreis der Beistandschaft gehörten auch die Zwangsvollstreckung, die Entgegennahme und Weiterleitung von Unterhaltsbeträgen sowie die spätere Anpassung von Unterhaltstiteln.[4]

8 Nach Beendigung der Beistandschaft und damit der gesetzlichen Vertretung des Jugendamts durch eine Erklärung des Elternteils gem. § 1715 BGB ist der sorgeberechtigte Elternteil alleiniger gesetzlicher Vertreter. Bei Eintritt der Volljährigkeit endet die Beistandschaft automatisch.[5] Das volljährige Kind erlangt die volle Verfahrensfähigkeit iSd. § 52 ZPO; dieser Umstand ist vom Gericht von Amts wegen zu berücksichtigen, § 56 ZPO.

9 Macht das Jugendamt unter Berufung auf das Bestehen einer Beistandschaft im Namen minderjähriger Kinder Unterhaltsansprüche geltend, obwohl zum Zeitpunkt der Verfahrenseinleitung die Voraussetzungen für eine Beistandschaft nicht vorliegen, weil das Obhutsverhältnis des die Beistandschaft beantragenden Elternteils weggefallen ist, haftet es als **vollmachtloser Vertreter** für die Verfahrenskosten.[6]

235 *Verfahrensrechtliche Auskunftspflicht der Beteiligten*

(1) Das Gericht kann anordnen, dass der Antragsteller und der Antragsgegner Auskunft über ihre Einkünfte, ihr Vermögen und ihre persönlichen und wirtschaftlichen Verhältnisse erteilen sowie bestimmte Belege vorlegen, soweit dies für die Bemessung des Unterhalts von Bedeutung ist. Das Gericht kann anordnen, dass der Antragsteller und der Antragsgegner schriftlich versichern, dass die Auskunft wahrheitsgemäß und vollständig ist; die Versicherung kann nicht durch einen Vertreter erfolgen. Mit der Anordnung nach Satz 1 oder Satz 2 soll das Gericht eine an-

---

1 Zöller/*Lorenz*, § 234 FamFG Rz. 5.
2 BT-Drucks. 16/6308, S. 245.
3 OLG Hamm v. 11.9.2012 – 6 WF 113/12, BeckRS 2013, 00472.
4 Vgl. OLG Hamm v. 7.2.2003 – 9 UF 63/02, JAmt 2004, 144; NK-BGB/*Zempel*, § 1715 Rz. 12 und § 1716 Rz. 9; OLG Celle v. 20.3.2013 – 10 WF 90/13, juris; *Knittel*, FamRZ 2013, 800.
5 OLG Celle v. 14.3.2013 – 10 WF 76/13, juris; OLG Karlsruhe v. 8.8.2000 – 2 WF 99/00, JAmt 2001, 302 = OLGReport 2001, 150.
6 OLG Celle v. 10.4.2012 – 10 UF 65/12, MDR 2012, 1168.

gemessene Frist setzen. Zugleich hat es auf die Verpflichtung nach Absatz 3 und auf die nach den §§ 236 und 243 Satz 2 Nr. 3 möglichen Folgen hinzuweisen.
(2) Das Gericht hat nach Absatz 1 vorzugehen, wenn ein Beteiligter dies beantragt und der andere Beteiligte vor Beginn des Verfahrens einer nach den Vorschriften des bürgerlichen Rechts bestehenden Auskunftspflicht entgegen einer Aufforderung innerhalb angemessener Frist nicht nachgekommen ist.
(3) Antragsteller und Antragsgegner sind verpflichtet, dem Gericht ohne Aufforderung mitzuteilen, wenn sich während des Verfahrens Umstände, die Gegenstand der Anordnung nach Absatz 1 waren, wesentlich verändert haben.
(4) Die Anordnungen des Gerichts nach dieser Vorschrift sind nicht selbständig anfechtbar und nicht mit Zwangsmitteln durchsetzbar.

A. Allgemeines	1. Art und Umfang der Auskunft 11
I. Entstehung 1	2. Vorlage von Belegen 12
II. Systematik 2	3. Abgabe einer Versicherung 13
III. Normzweck 3	4. Procedere des Gerichts 14
B. Regelungsbereich der Vorschrift	II. Obligatorische Auskunftsbeschaffung durch das Gericht, Absatz 2 19
I. Anwendbarkeit der Vorschrift	
1. Anwendungsbereich 6	III. Verpflichtung zur ungefragten Information, Absatz 3 23
2. Auskunftspflichten 8	
II. Auskunftspflicht, Vorlage von Belegen, Absatz 1	V. Unanfechtbarkeit von Entscheidungen, Absatz 4 26

Literatur: *Bömelburg*, Offenbarungspflichten im Unterhaltsrecht, FF 2012, 240; *Hütter/Kodal*, Die Grundlinien des Familienstreitverfahrens, FamRZ 2009, 917; *Klein*, Der Auskunftsanspruch nach § 235 FamFG, FPR 2011, 9; *Roßmann*, Auskunft im Unterhaltsstufenverfahren, ZFE 2009, 444; *Sarres*, Auskunftsregeln im FamFG und Verfahrensbeschleunigung, FuR 2010, 390; *Viefhues*, Verfahrensrechtliche Auskunftspflichten nach dem FamFG, FPR 2010, 162.

A. Allgemeines

I. Entstehung

§ 235 Abs. 1 Satz 1 entspricht inhaltlich im Wesentlichen dem früheren § 643 Abs. 1 ZPO.

§ 235 Abs. 1 Satz 4 erweitert die Hinweispflicht des früheren § 643 Abs. 2 Satz 2 ZPO.

II. Systematik

Die Vorschrift beinhaltet die verfahrensrechtliche Auskunftspflicht der Beteiligten, die sich aus dem Verfahrensrechtsverhältnis der Beteiligten zum Gericht ableitet.

III. Normzweck

In Unterhaltsverfahren erfordert eine **zutreffende Unterhaltsberechnung** eine ausreichende Kenntnis des Gerichts über die Einkommens- und Vermögensverhältnisse der Beteiligten. Zur Beschleunigung und Förderung des Verfahrens kann das Familiengericht effiziente konkrete Maßnahmen ergreifen, um den Unterhalt richtig bemessen zu können. Zugleich kann sich durch die von Amts wegen angeforderten Unterlagen die Qualität der richterlichen Entscheidung verbessern. Die in § 235 Abs. 2 geregelte Pflicht des Gerichts, unter bestimmten Voraussetzungen bei den Beteiligten Auskünfte über das Einkommen und das Vermögen einzuholen, soll zum einen den Zweck verfolgen, die materielle Richtigkeit der zu treffenden Unterhaltsentscheidung sicherzustellen, und zum anderen, Stufenklagen weitestgehend entbehrlich zu machen und damit das Unterhaltsverfahren zu straffen.[1]

---

1 Musielak/*Borth*, § 235 FamFG Rz. 2.

4 Angesichts der Bedeutung von Unterhaltsleistungen für den Berechtigten und angesichts dessen, dass ungenügende Unterhaltszahlungen zu einem erhöhten Bedarf an öffentlichen Leistungen führen können, besteht nach der Intention des Gesetzgebers über das private Interesse des Unterhaltsgläubigers hinaus ein öffentliches Interesse an einer sachlich richtigen Entscheidung in Unterhaltsverfahren. Dieses Interesse gebiete es, den **Beibringungsgrundsatz teilweise einzuschränken**, wenn der Verpflichtete sich seiner materiell-rechtlichen Auskunftspflicht gegenüber dem Berechtigten zu entziehen versuche. Die durch das Gericht angeordnete Verpflichtung zur Auskunftserteilung soll regelmäßig eine sowohl für den Beteiligten als auch für das Gericht aufwändige Stufenklage entbehrlich machen. Denn während eine Stufenklage idR zwei Termine erfordert (Auskunft und Zahlung), verlangt die Anordnung der Auskunft nicht zwingend eine mündliche Verhandlung.[1] Die verfahrensrechtlichen Auskunftspflichten nach §§ 235, 236 geben dem Unterhaltsgläubiger nur zusätzliche Möglichkeiten; sie beseitigen nicht sein **Rechtsschutzinteresse** an einem **Auskunftsantrag** nach §§ 1580, 1605 BGB und ggf. einer Stufenklage.[2]

5 Nach dem Wortlaut der Begründung besteht nunmehr, anders als nach altem Recht, eine **Pflicht der Gerichte** zur Amtsermittlung, wenn ein Beteiligter einen **Antrag nach § 235 Abs. 2** stellt. Eine Ermächtigung der Gerichte zu einer generellen Amtsermittlung (wie zB §§ 26, 27 FamFG für Familiensachen, die nicht Familienstreitsachen sind) enthält die Vorschrift jedoch nicht. Sie ist lediglich als Erweiterung der Befugnisse nach § 273 Abs. 2 Nr. 1 ZPO im Hinblick auf die Ermittlung des Einkommens in Unterhaltsverfahren zu verstehen. Nach zum Teil vertretener Auffassung kann eine Aufforderung des Gerichts nach § 235 Abs. 1 FamFG von Amts wegen oder auf Antrag nach § 235 Abs. 2 FamFG erst dann erfolgen, wenn ein bezifferter Leistungsantrag rechtshängig ist.[3]

Die Bundesregierung und ihr folgend der Bundestag sind dabei anders als der Bundesrat, einige Sachverständige[4] und die Richterschaft[5] davon ausgegangen, dass die Ermittlungspflicht des Gerichts nach § 235 Abs. 2 (und nach § 236 Abs. 2) nicht zu einer Mehrbelastung der Gerichte führen wird.[6] Ob sich die Erwartung der Bundesregierung erfüllt hat, ist noch nicht erforscht, aber sehr zweifelhaft. Denn den Gerichten obliegt es nämlich nicht nur, die Auskunft anzufordern. Sie sind auch gezwungen, die Unterlagen zu überprüfen, fehlende Belege nachzufordern und auf Lücken in der Auskunft hinzuweisen.[7] Die **Regelung in § 235 Abs. 2** erscheint auch deshalb **unpraktikabel**, weil das Gericht in diesem Rahmen Feststellungen darüber treffen muss, ob vorgerichtlich ausreichend Auskunft erteilt worden ist, was im Einzelfall durchaus schwierig sein kann. Es besteht hierbei die Gefahr, dass die Beteiligten sich damit begnügen, bei Gericht veraltete Unterlagen einzureichen, irgendeinen Unterhaltsbetrag geltend machen und das Gericht im Übrigen auf die Amtsermittlungspflicht verweisen. Die Vermischung von Beweislastregeln nach der ZPO mit der Amtsermittlungspflicht hinsichtlich der Auskunft widerspricht dem grundsätzlich auch in Unterhaltssachen weiterhin geltenden **Beibringungsgrundsatz**.[8] Zudem kann es durchaus sein, dass das Gericht sich in der Lage sieht, das Verfahren ohne zusätzliche Auskünfte zu

---

1 Vgl. Begr. RegE, BT-Drucks. 16/6308, S. 255.
2 Musielak/*Borth*, § 235 FamFG Rz. 3; *Roßmann*, ZFE 2009, 444 (450).
3 AG Reinbek v. 12.4.2011 – 10 F 144/10, FamRZ 2011, 1807; *Götz*, NJW 2010, 897.
4 *Ohr* und *Klinkhammer*, Stellungnahmen zum FGG-RG, Teil II: familiengerichtliches Verfahren, beide http://www.bundestag.de/ausschuesse/a06/anhoerungen/29_FGG_Teil_1/04_Stellungnahmen/index.html.
5 Stellungnahme des Deutschen Richterbundes zum RefE eines Gesetzes zur Reform des Verfahrens in Familiensachen und den Angelegenheiten der freiwilligen Gerichtsbarkeit von Juni 2006 (dort zu §§ 246, 247 des Entwurfs), www.drb.de/cms/Index.php?id=145&L=0&0=;Borth, FamRZ 2007, 1925.
6 Begr. RegE, BT-Drucks. 16/6308, S. 418.
7 Zu § 235 Abs. 2 vgl. die Stellungnahme des Bundesrates, BT-Drucks. 16/6308, S. 383; **aA** Schulte-Bunert/Weinreich/*Klein*, § 235 FamFG Rz. 13.
8 Stellungnahme des BR, BT-Drucks. 16/6308, S. 384; *Rakete-Dombek*, Stellungnahme zum FGG-RG, Teil II: familiengerichtliches Verfahren, http://www.bundestag.de/ausschuesse/a06/anhoerungen/29_FGG_Teil_1/04_Stellungnahmen/index.html.

entscheiden. In diesem Falle führt ein Antrag des Antragstellers nach § 235 Abs. 2 zu zusätzlicher Verzögerung.

B. Regelungsbereich der Vorschrift

I. Anwendbarkeit der Vorschrift

1. Anwendungsbereich

Die Vorschrift regelt die Auskunftspflicht in Unterhaltsstreitigkeiten der Beteiligten gegenüber dem Gericht, soweit in diesen ein **gesetzlicher Unterhaltsanspruch** in einem **Familienstreitverfahren** (§ 231 Abs. 1 Nr. 1 bis 3) geltend gemacht wird.[1] Sie gilt aber auch bei **Bereicherungsverfahren** auf Rückzahlung von zu viel gezahltem Unterhalt, bei **Abänderungsverfahren** (§§ 238 bis 240) und **Anträgen aus übergeleitetem Recht** (§§ 33 SGB II, 94 SGB XII, 7 UntVorschG, 37 BAföG).[2] Im Verfahren der eA ist die Vorschrift entsprechend ihrer Zielsetzung, nämlich Beschleunigung des Verfahrens, anwendbar. Dies gilt insbesondere vor dem Hintergrund, dass das neue einstweilige Anordnungsverfahren (§§ 246 bis 248 iVm. §§ 49ff.) nach der Vorstellung des Gesetzgebers ein Hauptsacheverfahren in vielen Fällen überflüssig machen soll.[3] Zudem ist über den Antrag auf Erlass einer eA in Unterhaltssachen nach § 246 Abs. 2 idR aufgrund einer mündlichen Verhandlung zu entscheiden. Die Anordnung zur Auskunftserteilung kann dann ohne zeitliche Verzögerung bereits mit der Terminierung erfolgen.[4]

Nicht anwendbar ist § 235 für Unterhaltssachen nach § 231 Abs. 2, mithin für solche, die zu den Familiensachen der freiwilligen Gerichtsbarkeit gehören (§ 231 Abs. 2 Satz 2).

Gleiches gilt für Unterhaltsansprüche, die im **vereinfachten Verfahren** geltend gemacht werden. Dies ergibt sich, anders als nach früherem Recht, nicht unmittelbar aus dem Gesetz. Das vereinfachte Verfahren enthält jedoch Spezialregelungen hinsichtlich der Auskunftsverpflichtung des Unterhaltspflichtigen (vgl. § 252 Abs. 2). Zudem wäre es mit dessen Ziel einer schnellen Titelschaffung nicht vereinbar, zunächst Auskünfte einzuholen, zumal das antragstellende Kind im vereinfachten Verfahren das 1,2-fache des Mindestunterhalts seiner Altersstufe verlangen kann, ohne das Einkommen des Unterhaltspflichtigen im Einzelnen darlegen zu müssen.[5]

2. Auskunftspflichten

Materiell-rechtliche Auskunftspflichten ergeben sich zB beim Verwandtenunterhalt (insbesondere Kindesunterhalt) aus § 1605 Abs. 1 BGB und hinsichtlich der durch die Ehe begründeten gesetzlichen Unterhaltspflicht aus § 1361 Abs. 4 BGB iVm. § 1605 BGB bzw. §§ 1570ff. iVm. §§ 1580, 1605 Abs. 1 BGB. Es besteht auch eine Verpflichtung der zusammen lebenden Ehegatten, sich über die für die Höhe des Familienunterhalts gem. §§ 1360, 1360a, 1353 Abs. 1 Satz 2 iVm. § 1605 Abs. 1 BGB maßgeblichen finanziellen Verhältnisse zu informieren, insbesondere dann, wenn ein Ehegatte gegenüber einem Kind aus einer anderen Verbindung auf Unterhalt in Anspruch genommen wird.[6] Ähnliches dürfte für die Fälle gelten, in denen es nach der Drittelmethode[7] auf die hypothetischen Unterhaltsansprüche eines neuen Ehegatten des Unterhaltspflichtigen ankommt.[8] Für Ansprüche nach §§ 1615l, 1615m

---

1 Baumbach/*Hartmann*, § 235 FamFG Rz. 3.
2 Zöller/*Lorenz*, § 235 FamFG Rz. 1; Thomas/Putzo/*Hüßtege*, § 235 FamFG Rz. 2.
3 Vgl. Begr. RegE, BT-Drucks. 16/6308, S. 201; ebenso Wendl/*Schmitz*, § 10 Rz. 57; *Fest*, NJW 2012, 428 (431); aA. Keidel/*Weber*, § 235 FamFG Rz. 3; Zöller/*Lorenz*, § 235 FamFG Rz. 1.
4 Wendl/*Schmitz*, § 10 Rz. 57.
5 RegE des KindUG, BT-Drucks. 13/7338, S. 35 (zu § 643 ZPO); vgl. auch die Kommentierung zu §§ 249ff.
6 BGH v. 2.6.2010 – XII ZR 124/08, FamRZ 2011, 21.
7 Vgl. hierzu BVerfG v. 25.1.2011 – 1 BvR 918/10, FamRZ 2011, 437 m. Anm. *Borth*, FamRZ 2011, 445.
8 BGH v. 18.11.2009 – XII ZR 65/09, FamRZ 2010, 111 (112); BGH v. 30.7.2008 – XII ZR 177/06, FamRZ 2008, 1911 m. Anm. *Maurer*, FamRZ 2008, 1919; BGH v. 6.2.2008 – XII ZR 14/06, FamRZ

BGB ergibt sich die Verpflichtung aus § 1615l Abs. 3 BGB, der auf § 1605 BGB verweist. Beim Elternunterhalt ergibt sich ein Auskunftsanspruch zwischen Geschwistern auch über die Einkünfte ihrer Ehepartner aus § 242 BGB.[1] Bei der Berechnung des Unterhalts eines volljährigen Kindes kann sich aus § 242 BGB eine Auskunftspflicht der Eltern untereinander ergeben, wenn damit die Einbeziehung des Kindes in die Auseinandersetzung (zB Abänderungsverfahren betreffend den Ehegattenunterhalt) vermieden wird.[2] In einem von einem Elternteil gegen das volljährige Kind eingeleiteten Abänderungsverfahren hat nur das Kind, nicht aber der Abänderungsantragsteller, einen Auskunftsanspruch gegen den anderen Elternteil, weil es dessen Einkommens- und Vermögensverhältnisse sowie dessen Haftungsquote darlegen muss, um seinen fortdauernden Anspruch auf Unterhalt begründen zu können.[3]

9   Unanwendbar ist § 235 in den Fällen, in denen eine **Auskunftspflicht unzweifelhaft nicht besteht**, weil der Unterhaltsverpflichtete unstreitig unbeschränkt leistungsfähig[4] oder das **Bestehen einer Auskunftspflicht als solcher** nach §§ 1605, 1580 BGB zwischen den Beteiligten **in Streit** ist. Das ist der Fall, wenn ein wechselseitiger **Unterhaltsverzicht** vorliegt und ein Einsatzzeitpunkt nicht gewahrt ist,[5] ebenso, wenn die Beteiligten über das Bestehen einer Unterhaltsverpflichtung dem Grunde nach wegen einer behaupteten vollständigen **Verwirkung** des Unterhaltsanspruchs oder anderer Gründe streiten, denn in solchen Fällen geht es (zunächst) nicht um die **Höhe** des Unterhalts. Das Gericht kann Auskunft und die Vorlage von Belegen in jedem Fall nur insoweit verlangen, als dies für die **Bemessung** des Unterhalts von Bedeutung ist.[6]

10   Das Auskunftsbegehren kann ggf. in der **zweiten Instanz** wiederholt werden, wenn sich die Verhältnisse bei den Beteiligten verändert haben, sei es durch besondere Ereignisse oder lediglich durch Zeitablauf.[7]

II. Auskunftspflicht, Vorlage von Belegen, Absatz 1

1. Art und Umfang der Auskunft

11   Die sich aus § 235 Abs. 1 Satz 1 ergebende prozessuale Pflicht zur Erteilung einer Auskunft entspricht dem Umfang nach einer Auskunftserteilung nach § 1605 Abs. 1 BGB. Sie bezieht sich auf alle Einkommensquellen und sämtliches Vermögen sowohl des Unterhaltsverpflichteten als auch des Unterhaltsberechtigten. Geschuldet wird entsprechend §§ 259 Abs. 1, 260 Abs. 1 BGB eine **systematische Zusammenstellung** von Einkünften iSv. § 1603 BGB und Vermögen.[8] Nicht ausreichend ist eine Erteilung der relevanten Auskünfte in verschiedenen, über ein Dreivierteljahr verteilten Schriftsätzen.[9] Auskunft ist auch zu erteilen über die persönlichen und wirtschaftlichen Verhältnisse, soweit dies für die Bemessung des Unterhalts von Bedeutung ist. Anzugeben sind daher auch der Familienstand, die Geburt eines Kindes,[10] die Eheschließung oder die Scheidung des Unterhaltspflichtigen,[11] das Bestehen einer nichtehelichen Partnerschaft, das Vorhandensein eines Eigenheims, Angaben zum erlernten Beruf und zur Erwerbsbiografie[12] sowie sonstige unterhaltsrelevante Um-

---

2008, 968 (972f.); BGH v. 29.1.2003 – XII ZR 92/01, FamRZ 2003, 590 (592); vgl. auch *Klinkhammer*, FamRZ 2010, 1777.
1   BGH v. 7.5.2003 – XII ZR 229/00, FamRZ 2003, 1836.
2   BGH v. 9.12.1987 – IVb ZR 5/87, NJW 1988, 1906.
3   OLG Hamm v. 13.9.2012 – 6 UF 49/12, juris; OLG Karlsruhe v. 9.1.2009 – 18 UF 207/08, FamRZ 2009, 1497.
4   BGH v. 25.10.2006 – XII ZR 141/04, FamRZ 2007, 117 (118); vgl. auch BGH v. 17.4.2013 – XII ZB 329/12, FamRZ 2013, 1027.
5   *Maier*, FamRZ 2005, 1509.
6   Begr. RegE, BT-Drucks. 16/6308, S. 255.
7   Musielak/*Borth*, § 235 FamFG Rz. 2.
8   OLG Köln v. 7.5.2002 – 4 WF 59/02, FamRZ 2003, 235; Palandt/*Brudermüller*, § 1605 BGB Rz. 9 mwN.
9   OLG Hamm v. 28.10.2005 – 11 WF 328/05, FamRZ 2006, 865.
10 MüKo.ZPO/*Dötsch*, § 235 FamFG Rz. 9.
11 MüKo.ZPO/*Dötsch*, § 235 FamFG Rz. 9.
12 *Viefhues*, FPR 2010, 162 (163).

stände.¹ Insoweit geht der verfahrensrechtliche Auskunftsanspruch weiter als der aus §§ 1361 Abs. 4 Satz 4, 1605, 1580 BGB folgende materiell-rechtliche Anspruch.²

2. Vorlage von Belegen

Die Pflicht zur Vorlage bestimmter Belege wie der monatlichen Lohn-, Verdienst- bzw. Gehaltsbescheinigungen (mit Angabe der Brutto- und Nettobeträge einschließlich aller Zuschläge), Lohnsteuerkarten, Lohnsteuerbescheinigungen, ggf. Arbeitsverträge, Steuerbescheide, Bescheide über Sozialleistungen (Arbeitslosengeld, Krankengeld, Sozialhilfe, Leistungen nach den Aus- und Fortbildungsfördergesetzen, Rentenbescheide oder Ähnliches), Zinsbescheinigungen, Bescheinigungen über sonstige Kapitaleinkünfte, Bescheinigungen über Einkünfte aus Vermietung und Verpachtung, Bilanzen, Gewinn- und Verlustrechnungen, Einnahmen-Überschussrechnungen, Bestandsverzeichnisse über Vermögensgegenstände usw.³ beinhaltet nur die Vorlage vorhandener Belege, **nicht** jedoch die **Pflicht zur Erstellung von Belegen**.⁴

12

3. Abgabe einer Versicherung

§ 235 Abs. 1 Satz 2 ermöglicht es dem Gericht, von dem Antragsteller oder dem Antragsgegner eine **schriftliche Versicherung** anzufordern, dass er die Auskunft wahrheitsgemäß und vollständig erteilt hat. Die Versicherung muss durch den Beteiligten selbst abgegeben werden; insbesondere kann er sich hierzu nicht eines Vertreters, auch nicht eines Verfahrensbevollmächtigten, bedienen, es sei denn, letzterer tritt als Bote auf.⁵ Die Möglichkeit, von einem Beteiligten eine ausdrückliche **eigenhändige Versicherung** über die Richtigkeit der Auskunft zu verlangen, gab es im früheren Recht nicht. Mit der Neuregelung der Auskunftspflichten will der Gesetzgeber die nach seiner Auffassung zeitintensiven Stufenklagen in möglichst weitergehendem Umfang entbehrlich machen. Die neu eingeführte Pflicht zur Versicherung soll zum Teil die Funktion der zweiten Stufe einer Stufenklage, dh. die einer Versicherung an Eides statt, erfüllen. Weil nach der Einschätzung des Gesetzgebers die zweite Stufe in Unterhaltssachen oftmals nicht beschritten wird, erachtet er es trotz der Kritik aus der Praxis⁶ als ausreichend, dass das Gericht zunächst eine schriftliche Versicherung verlangen kann, die von dem Verpflichteten selbst abgegeben werden muss.⁷ Offengeblieben ist das Verhältnis der **schriftlichen Versicherung** zur **eidesstattlichen Versicherung**. Da das Gericht nach der Gesetzesbegründung „zunächst" eine schriftliche Versicherung einfordern kann, die nicht strafbewehrt ist,⁸ muss es auch die Abgabe einer eidesstattlichen Versicherung unter den Voraussetzungen des § 259 BGB verlangen können. Eine bewusste falsche Auskunft und unrichtige Versicherung ist jedoch auch unabhängig von einer Strafbarkeit nach § 156 StGB unter dem Gesichtspunkt des Betruges nach § 263 StGB zu prüfen.⁹

13

4. Procedere des Gerichts

Das Gericht entscheidet nach seinem pflichtgemäßen Ermessen über die Frage, welche konkreten Maßnahmen zur Förderung des Verfahrens erforderlich sind, mithin, welche Auskünfte zu erteilen und welche Belege von den Beteiligten vorzulegen sind. Ein **Antrag** eines Beteiligten ist hierzu **nicht erforderlich**. Der Umfang der Auskunft sollte in der Aufforderung durch das Gericht möglichst konkret bestimmt sein.

14

---

1 Palandt/*Brudermüller*, § 1605 BGB Rz. 8 mwN.
2 Keidel/*Weber*, § 235 FamFG Rz. 5a.
3 Vgl. hierzu im Einzelnen Palandt/*Brudermüller*, § 1605 BGB Rz. 9.
4 Ebenso Keidel/*Weber*, § 235 FamFG Rz. 5; Zöller/*Lorenz*, § 235 FamFG Rz. 7.
5 Vgl. BGH v. 28.11.2007 – XII ZB 225/05, FamRZ 2008, 600; Thomas/Putzo/*Hüßtege*, § 235 FamFG Rz. 7; *Klein*, FPR 2011, 9; *Viefhues*, FPR 2010, 162 (163).
6 *Ohr* und *Vorwerk*, Stellungnahmen zum FGG-RG, Teil II: familiengerichtliches Verfahren, beide http://www.bundestag.de/ausschuesse/a06/anhoerungen/29_FGG_Teil_1/04_Stellungnahmen/index.html.
7 Begr. RegE, BT-Drucks. 16/6308, S. 255.
8 *Hütter/Kodal*, FamRZ 2009, 917 (920).
9 Baumbach/*Hartmann*, § 235 FamFG Rz. 6.

Arbeitnehmer müssen regelmäßig Auskunft über die Einkommensverhältnisse des letzten Jahres vor Klageerhebung erteilen. Dabei wird auf das zuletzt abgelaufene Kalenderjahr oder auf die dem Unterhaltszeitraum vorausgehenden 12 Monate abgestellt.[1] Bei **Selbständigen** hat sich die Auskunft wegen der oft erheblichen Schwankungen des Gewinns über einen längeren Zeitraum zu erstrecken. Dabei werden üblicherweise die letzten drei Jahre vor Klagezustellung zugrunde gelegt; möglich ist aber auch ein längerer Zeitraum, zB fünf Jahre.[2]

15 Mit einer Anordnung zur Auskunftserteilung und/oder Vorlage bestimmter Belege sowie zur Abgabe einer Versicherung soll das Gericht nach § 235 Abs. 1 Satz 3 den Beteiligten eine angemessene **Frist zur Erfüllung** setzen. Von der Fristsetzung kann im Ausnahmefall abgesehen werden, etwa wenn feststeht, dass der Beteiligte, an den sich die Auflage richtet, bestimmte Informationen oder Belege ohne eigenes Verschulden nicht kurzfristig erlangen kann.[3]

16 Das Gericht ist nach § 235 Abs. 1 Satz 4 verpflichtet, auf die **Pflicht zur ungefragten Information** nach Abs. 4 sowie auf die nach § 236 und § 243 Satz 2 Nr. 3 möglichen **Folgen einer Nichterfüllung** der gerichtlichen Auflagen, nämlich Einholung einer Auskunft und Anforderung von Belegen bei Dritten bzw. die Verpflichtung zur Tragung von Kosten, **hinzuweisen**. Die Hinweispflicht ist wegen der geänderten Struktur der Vorschriften über die Auskunftspflicht gegenüber der früheren Regelung des § 643 Abs. 2 Satz 2 ZPO erweitert worden.[4] Die **Aufforderung zur Auskunft**, die **Fristsetzung** und die **Hinweise** sollten in Schriftform erfolgen und **zugestellt** werden (§ 113 Abs. 1 FamFG iVm. § 329 Abs. 2 ZPO).[5]

17 Die **Anordnung** des Gerichts zur **Auskunftserteilung** und zur **Versicherung der Richtigkeit** ist als **Zwischenentscheidung**[6] **nicht selbständig anfechtbar**, § 235 Abs. 4. Kommt der Beteiligte der Aufforderung nicht nach, hat das Gericht ebenso wie nach früherem Recht (§ 643 ZPO) keine Möglichkeit, Zwangsmittel einzusetzen. Es verbleiben lediglich die Druckmittel nach §§ 236 und 243 Satz 2 Nr. 3. Danach kann das Gericht die Auskünfte selbst von den in § 236 Abs. 1 genannten Dritten (Arbeitgebern, Sozialleistungsträgern, Rentenversicherungsträgern, Versicherungsunternehmen, Finanzämtern) einholen. Den Ungehorsam des oder der Beteiligten kann es zudem mit der Kostenfolge des § 243 Satz 2 Nr. 3 ahnden.

18 Eine gerichtliche Aufforderung[7] könnte wie folgt lauten:

Muster:

In der Familiensache – A gegen B

hat die 3. Abteilung des Amtsgerichts – Familiengericht – XY

am 1. Oktober 2011 beschlossen:

I.

Dem Beteiligten A wird gem. § 235 Abs. 1 FamFG aufgegeben,

1.

Auskunft zu geben über die Höhe seiner **Einkünfte aus nichtselbständiger Arbeit**

für die Zeit vom ... bis ...

durch Vorlage einer systematischen Aufstellung

und die erteilte Auskunft zu belegen durch

---

1 OLG Dresden v. 9.12.2004 – 21 UF 486/04, FamRZ 2005, 1195.
2 BGH v. 30.1.1985 – IVb ZR 70/83, FamRZ 1985, 471; Wendl/*Dose*, § 1 Rz. 1170.
3 Begr. RegE, BT-Drucks. 16/6308, S. 256.
4 Begr. RegE, BT-Drucks. 16/6308, S. 256.
5 Ebenso Zöller/*Lorenz*, § 235 FamFG Rz. 17; Thomas/Putzo/*Hüßtege*, § 235 FamFG Rz. 10; aA wohl Johannsen/Henrich/*Maier*, § 235 FamFG Rz. 13, die als Form für die Aufforderung zur Auskunftserteilung nicht den Beschluss, sondern eine gerichtliche Verfügung vorschlagen.
6 Begr. RegE, BT-Drucks. 16/6308, S. 256.
7 Die umfassende Aufforderung für die verschiedenen Einkommensquellen kann gekürzt werden, soweit eine oder mehrere Einkommensarten (zB Einkünfte aus selbständiger Arbeit oder Gewerbe) unstreitig ausscheiden.

- sämtliche Lohn- bzw. Gehaltsabrechnungen für die Monate ... bis..., aus denen sich das Brutto- und Nettoeinkommen einschließlich aller Ab- und Zuschläge wie 13. und 14. Gehalt, Urlaubsgeld, Weihnachtsgeld, Arbeitnehmersparzulage, vermögenswirksame Leistungen, Gratifikationen, Provisionen, Spesen, Fahrtkostenerstattungen, sonstige geldwerte Leistungen des Arbeitgebers, Sachbezüge (zB Kost, freie Logis, Firmenfahrzeug, Energiedeputate) usw. ergeben
- die Lohnsteuerkarte(n) für das Jahr.../die Jahre...
- die Lohnsteuerbescheinigung(en) für das Jahr.../die Jahre...
- sämtliche Steuerbescheide, die in den Jahren... bis... ergangen sind
- sämtliche Bescheide über öffentliche Leistungen wie Arbeitslosengeld, Krankengeld, Sozialhilfe, Elterngeld, Leistungen nach den Aus- und Fortbildungsfördergesetzen, Rentenbescheide, Rentenanpassungsbescheide oder Ähnliches

2.
Auskunft zu geben über **Kapitaleinkünfte**
für die Zeit vom ... bis ...
durch Vorlage eines spezifizierten und nach Jahren systematisch geordneten Verzeichnisses
und die erteilte Auskunft zu belegen durch
- Jahresbescheinigungen über Kapitalerträge und Veräußerungsgewinne (zB aus Sparguthaben, Pfandbriefen, Bundesschatzbriefen, Festgeldguthaben)
- Bescheinigungen über sonstige Kapitaleinkünfte (zB aus Beteiligungen an Gesellschaften) und Einkommensteuererklärungen

3.
Auskunft zu geben über Einkünfte aus Vermietung und Verpachtung
für die Zeit vom ... bis ...
durch Vorlage eines spezifizierten und nach Jahren und einzelnen Mietobjekten systematisch geordneten Verzeichnisses
und die erteilte Auskunft zu belegen durch
- Bescheinigungen oder Journale über Einnahmen und Ausgaben
- Anlagen V und evtl. Erläuterungen zu den Einkommensteuererklärungen

4.
Auskunft zu geben über das Einkommen aus selbständiger Arbeit, Gewerbe und/oder Land- und Forstwirtschaft
für die Zeit vom ... bis ...
durch Vorlage eines spezifizierten und nach Jahren systematisch geordneten Verzeichnisses
und die erteilte Auskunft zu belegen durch
vollständige Bilanzen, Gewinn- und Verlustrechnungen für die Jahre ...
- Einnahmen-Überschussrechnungen für die Jahre ...
- Betriebswirtschaftliche Auswertungen für die Jahre ...
- Bestandsverzeichnisse über das betriebliche Anlagevermögen und dessen steuerliche Abschreibung
- sämtliche Steuerbescheide, die in den Jahren ... bis ... ergangen sind (sofern noch nicht vorliegend: Steueranmeldungen oder Steuervorauszahlungsbescheide)

5.
Auskunft zu geben über **sein Vermögen**
für die Zeit vom ... bis ...
durch Vorlage eines spezifizierten Verzeichnisses
und die erteilte Auskunft zu belegen durch
- Bestandsverzeichnisse über alle aktiven und passiven Vermögenswerte im In- und Ausland, soweit nicht durch **Nr. 4** erfasst

6.
Auskunft zu geben über seine persönlichen und wirtschaftlichen Verhältnisse, insbesondere Familienstand
- das Bestehen einer nichtehelichen Partnerschaft
- die Selbstnutzung einer mietfreien Wohnung oder eines Eigenheims
- sonstige unterhaltsrelevante Umstände.

für die Zeit vom ... bis ...

III.

Frist: Zwei Wochen nach Zugang dieses Beschlusses.

IV.

Sofern der Antragsgegner dieser Aufforderung nicht fristgem. nachkommen sollte, wird das Familiengericht die erforderlichen Auskünfte über die Höhe der Einkünfte bei den in § 236 FamFG genannten Stellen einholen. Der Antragsgegner wird darauf hingewiesen, dass eine nicht oder nicht vollständige Befolgung dieser Aufforderung bei der nach Abschluss des Verfahrens zu treffenden **Kostenentscheidung** gem. § 243 Satz 2 Nr. 3 FamFG **zu seinem Nachteil berücksichtigt** werden kann.

Im Hinblick auf die Rechtsprechung des BGH zu den erweiterten Auskunftspflichten[1] sollte sich die vorgerichtliche Auskunftsaufforderung in den Fällen, in denen es auf die Einkommensverhältnisse des neuen Ehepartners des Unterhaltspflichtigen ankommt, auch ausdrücklich auch auf die Mitteilung über das **Einkommen dieses Partners** erstrecken.

II. Obligatorische Auskunftsbeschaffung durch das Gericht, Absatz 2

19 Nach Abs. 2 ist das **Gericht** zur **Einholung einer Auskunft** und einer schriftlichen Versicherung **verpflichtet**, wenn ein Beteiligter dies beantragt und der andere Beteiligte **vor Beginn des Verfahrens** einer nach den Vorschriften des bürgerlichen Rechts bestehenden **Auskunftspflicht** entgegen einer eigenständigen und schlüssigen (insbesondere Angabe des genauen Unterhaltsanspruchs und des Zeitraumes, für die Auskunft verlangt wird, vgl. obiges Muster)[2] Aufforderung des Unterhaltsberechtigten innerhalb einer angemessenen **Frist** nicht nachgekommen ist.[3] Durch die Vorschrift soll für den **Auskunftsberechtigten** ein zusätzlicher **Anreiz** geschaffen werden, sich die benötigten **Informationen** von der Gegenseite zunächst **außergerichtlich zu beschaffen**.[4]

20 Eine dem Abs. 2 entsprechende Verpflichtung zur Beschaffung der Auskünfte existierte im früheren Recht nicht. Maßgebend für die Schaffung dieser Vorschrift war für den Gesetzgeber das Bestreben, ein Stufenverfahren **weitgehend entbehrlich** zu machen. Aus der Sicht des Beteiligten, der zur Berechnung des Unterhalts Informationen von der Gegenseite benötigt, soll ein effektiver Mechanismus vorgehalten werden. Angesichts der oftmals existenziellen Bedeutung von Unterhaltsleistungen für den Berechtigten und angesichts dessen, dass ungenügende Unterhaltszahlungen zu einem erhöhten Bedarf an öffentlichen Leistungen führen können, besteht nach Auffassung des Gesetzgebers über das private Interesse des Unterhaltsgläubigers hinaus auch ein öffentliches Interesse an einer sachlich richtigen Entscheidung in Unterhaltsangelegenheiten.[5]

21 Ob sich die Vorschrift in der Praxis bewähren wird, bleibt abzuwarten. Wenn sich der Unterhaltspflichtige nachhaltig weigert, Auskünfte zu erteilen sowie Belege vorzulegen, das Gericht mangels Kenntnis der näheren Verhältnisse (zB Einkünfte aus Schwarzarbeit, Depot in der Schweiz, Bargeld im Kleiderschrank) die Auskünfte auch nicht gem. § 236 selbst einholen kann, bleibt dem Unterhaltsberechtigten zur Beschaffung der erforderlichen Informationen nur der Weg über eine **Stufenklage** verbunden mit der Drohung, einen Antrag auf Abgabe einer strafbewehrten eidesstattlichen Versicherung zu stellen.[6] Die zum Teil vorgeschlagene Möglichkeit, einen Antrag nach § 235 und zugleich einen unbezifferten Leistungsantrag zu stellen,[7] ist der Sache nach eine andere Form der Stufenklage. Die Zulässigkeit eines solchen Vor-

---

1 BGH v. 2.6.2010 – XII ZR 124/08, FamRZ 2011, 21.
2 Johannsen/Henrich/*Maier*, § 235 FamFG Rz. 10; *Sarres*, FuR 2010, 390 (392).
3 *Klein*, FPR 2011, 9 (10).
4 Begr. RegE, BT-Drucks. 16/6308, S. 256.
5 Begr. RegE, BT-Drucks. 16/6308, S. 256.
6 So zutreffend *Ohr* und *Vorwerk*, Stellungnahmen zum FGG-RG, Teil II: familiengerichtliches Verfahren, beide http://www.bundestag.de/ausschuesse/a06/anhoerungen/29_FGG_Teil_1/04_Stellungnahmen/index.html.
7 *Roßmann*, ZFE 2009, 444 (453).

gehens dürfte zu verneinen sein, weil sich die Auskunftspflicht der Beteiligten nach § 235 erst aus dem Verfahrensrechtsverhältnis herleitet und für dieses gem. § 113 Abs. 1 FamFG iVm. § 253 ZPO ein **bezifferter Leistungsantrag** erforderlich ist.[1]

Insbesondere muss geklärt werden, wie die gerade in Familienstreitsachen häufig vorkommenden **Verfahrenskostenhilfeanträge** beschieden werden können. Denn wenn der Unterhaltsberechtigte und sein Verfahrensbevollmächtigter das Einkommen der Gegenseite nicht kennen, können sie nicht ins Blaue hinein[2] irgendeinen bezifferten Antrag stellen. Für einen solchen Antrag, der ohne Unterlagen nicht sinnvoll begründet werden kann, müsste nach einer gem. § 113 Abs. 1 FamFG, § 114 ZPO durchzuführenden Prüfung der Erfolgsaussichten für die Rechtsverfolgung die Verfahrenskostenhilfe mangels Vorliegens der Voraussetzungen verweigert werden. Es bietet sich daher für den Unterhaltsberechtigten an, zunächst die Voraussetzungen des § 235 Abs. 2 darzulegen und einen Antrag auf Verfahrenskostenhilfe für diesen Antrag und für einen später noch genau zu beziffernden Unterhalt zu stellen.[3] Bei in der Praxis oft vorhandener ungefährer Kenntnis von der Einkommenssituation des Unterhaltspflichtigen könnte zunächst ein vorläufiger Unterhaltsbetrag geltend gemacht und mit einem Antrag nach § 235 verbunden werden.

III. Verpflichtung zur ungefragten Information, Absatz 3

Der Adressat einer Auflage nach Abs. 1 ist nach Abs. 3 verpflichtet, das Gericht über **wesentliche Veränderungen** derjenigen Umstände **unaufgefordert** zu informieren, die Gegenstand der Auflage waren. Wann eine Veränderung wesentlich ist, ist anhand der gleichen Kriterien wie bei § 238 Abs. 1 Satz 2 und Abs. 4 zu beurteilen (vgl. § 238 Rz. 73). Die Bewertung, ob eine Veränderung wesentlich ist, obliegt dem Gericht und nicht dem Beteiligten. Daher sollte der Auskunftspflichtige dem Gericht im eigenen Interesse jede nicht völlig geringfügige Veränderung mitteilen. Dies gilt insbesondere bei beengten wirtschaftlichen Verhältnissen, weil in solchen Fällen die Wesentlichkeitsschwelle gering anzusetzen sein kann.

Diese Verpflichtung zu einer ungefragten Information gab es im früheren Verfahrensrecht nicht. Sie konnte sich nur aus den jeweiligen materiellen Unterhaltsvorschriften iVm. dem Grundsatz von Treu und Glauben (§ 242 BGB) ergeben.[4] Die hier geregelte verfahrensrechtliche Verpflichtung ist dem Umfang nach durch die inhaltliche Anknüpfung an den Gegenstand einer gegenüber den Beteiligten bereits ergangenen Auflage begrenzt, dh. die Mitteilungspflicht bezieht sich nur auf Veränderungen von Umständen, die mit der gerichtlichen Aufforderung abgefragt worden sind. Sie soll der Beschleunigung des Verfahrens dienen.[5]

Eine **generelle Informationspflicht außerhalb des laufenden Verfahrens** ist dagegen im Gesetz nicht enthalten. Der BGH hat eine solche in Ausnahmefällen vor allem aus vorangegangenem Tun bejaht.[6] Eine Einschränkung dieser Rechtsprechung durch § 235 Abs. 3 ist nicht anzunehmen.[7]

Für den Fall, dass der Adressat einer gerichtlichen Aufforderung seiner Verpflichtung zu einer unaufgeforderten Mitteilung von wesentlichen Veränderungen nicht nachkommt, sieht § 235 keine Sanktionen vor. Das Verhalten kann jedoch nach § 243 Nr. 3 im Rahmen der Kostenentscheidung berücksichtigt werden. Ein Verstoß gegen die Mitteilungspflicht seitens des Unterhaltsberechtigten kann wie bisher wegen der nach § 138 Abs. 1 ZPO bestehende verfahrensrechtlichen Wahrheitspflicht[8] während eines laufenden Verfahrens nach materiellem Recht uU dazu führen, dass eine **Unter-**

---

1 *Götz*, NJW 2010, 897 (900); AG Reinbek v. 12.4.2011 – 10 F 144/10, FamRZ 2011, 1807.
2 **AA** offenbar *Roßmann*, ZFE 2008, 245, 247.
3 Vgl. auch *Borth*, FamRZ 2007, 1925 (1934).
4 BGH v. 16.4.2008 – XII ZR 107/06, FamRZ 2008, 1325; BGH v. 19.5.1999 – XII ZR 210/97, FamRZ 2000, 153; Wendl/*Wönne*, § 6 Rz. 607.
5 Begr. RegE, BT-Drucks. 16/6308, S. 256.
6 BGH v. 25.11.1987 – IVb ZR 96/86, NJW 1988, 1965.
7 *Borth*, FamRZ 2007, 1925 (1934).
8 Vgl. *Schürmann*, FuR 2009, 130 (135).

haltsvereinbarung nach § 123 BGB **angefochten** werden kann[1] oder es zu einer **Verwirkung** eines Unterhaltsanspruchs kommt.[2]

V. Unanfechtbarkeit von Entscheidungen, Absatz 4

26 Die Anordnungen des Gerichts zur Auskunftserteilung sind nicht selbständig anfechtbar. Wie das Gericht vorzugehen hat, wenn es die Voraussetzungen des § 235 Abs. 2 als nicht gegeben ansieht, ist nicht ausdrücklich geregelt. Eine – ggf. nach einem entsprechenden Hinweis auf Mängel der Antragstellung – erfolgte ablehnende Entscheidung ist als **Zwischenentscheidung** nicht selbständig anfechtbar. Im Beschwerdeverfahren kann die unberechtigte Ablehnung eines Antrags nach § 235 Abs. 2 als **Verfahrensfehler** gerügt und eine Aufhebung der Endentscheidung und Zurückweisung des Verfahrens an das Gericht des ersten Rechtszuges gem. § 69 Abs. 1 Satz 2 beantragt werden.[3]

236 Verfahrensrechtliche Auskunftspflicht Dritter

(1) Kommt ein Beteiligter innerhalb der hierfür gesetzten Frist einer Verpflichtung nach § 235 Abs. 1 nicht oder nicht vollständig nach, kann das Gericht, soweit dies für die Bemessung des Unterhalts von Bedeutung ist, über die Höhe der Einkünfte Auskunft und bestimmte Belege anfordern bei
1. Arbeitgebern,
2. Sozialleistungsträgern sowie der Künstlersozialkasse,
3. sonstigen Personen oder Stellen, die Leistungen zur Versorgung im Alter und bei verminderter Erwerbsfähigkeit sowie Leistungen zur Entschädigung und zum Nachteilsausgleich zahlen,
4. Versicherungsunternehmen oder
5. Finanzämtern.
(2) Das Gericht hat nach Absatz 1 vorzugehen, wenn dessen Voraussetzungen vorliegen und der andere Beteiligte dies beantragt.
(3) Die Anordnung nach Absatz 1 ist den Beteiligten mitzuteilen.
(4) Die in Absatz 1 bezeichneten Personen und Stellen sind verpflichtet, der gerichtlichen Anordnung Folge zu leisten. § 390 der Zivilprozessordnung gilt entsprechend, wenn nicht eine Behörde betroffen ist.
(5) Die Anordnungen des Gerichts nach dieser Vorschrift sind für die Beteiligten nicht selbständig anfechtbar.

A. Allgemeines	
I. Entstehung 1	
II. Systematik 2	
III. Normzweck 3	
B. Voraussetzungen, Auskunftspflichtige, Inhalt der Auskunft	
I. Voraussetzungen, Absatz 1 4	
II. Auskunftspflichtige Personen und Stellen, Abs. 1 Nr. 1 bis 5 7	
1. Arbeitgeber, Abs. 1 Nr. 1 8	
2. Sozialleistungsträger, Künstlersozialkasse, Abs. 1 Nr. 2 9	
3. Sonstige Personen oder Stellen, Abs. 1 Nr. 3 10	
4. Versicherungsunternehmen, Abs. 1 Nr. 4 11	
5. Finanzämter, Abs. 1 Nr. 5 12	
III. Inhalt der Auskunft, Auskunftspflicht	
1. Art der Auskunft 13	
2. Pflicht der Personen und Stellen zur Auskunft, Absatz 4 14	
IV. Procedere des Gerichts, Absätze 2 und 3 16	
V. Rechtsbehelfe 20	

---

1 BGH v. 19.5.1999 – XII ZR 210/97, FamRZ 2000, 153.
2 *Schürmann*, FuR 2009, 130 (134).
3 *Hütter/Kodal*, FamRZ 2009, 917 (920); *Roßmann*, ZFE 2009, 444 (451).

A. Allgemeines

I. Entstehung

§ 236 Abs. 1 entspricht im Ausgangspunkt dem früheren § 643 Abs. 2 Satz 1 ZPO, weist jedoch einige Veränderungen auf. Die in § 236 zu den Nr. 1 bis 5 genannten Personen und Stellen entsprechen den im vormaligen § 643 Abs. 2 Satz 1 Nr. 1 und 3 ZPO genannten Dritten.

§ 236 Abs. 4 entspricht dem früheren § 643 Abs. 3 ZPO.

II. Systematik

Die Vorschrift beinhaltet die verfahrensrechtliche Auskunftspflicht Dritter.

III. Normzweck

Die Bestimmung regelt die Befugnisse, die das Gericht hat, wenn ein Beteiligter die gem. § 235 Abs. 1 verlangte Auskunft nicht oder nicht vollständig erteilt oder die angeforderten Belege nicht vorlegt. Zum Anwendungsbereich s. § 235 Rz. 6. Das Gericht kann dann selbst Auskunft einholen über die Höhe der Einkünfte bei den in Nr. 1 bis 5 erwähnten Personen und Stellen. Durch die gesetzliche Regelung wird insbesondere den datenschutzrechtlichen Bestimmungen Rechnung getragen. Das Familiengericht wird idR auf die ausdrückliche gesetzliche Regelung dieser Vorschrift hinweisen müssen, weil der Auskunftspflichtige sich ansonsten auf die einschlägigen datenschutzrechtlichen Bestimmungen des jeweiligen Bundeslandes oder der Bundesrepublik berufen könnte.[1]

B. Voraussetzungen, Auskunftspflichtige, Inhalt der Auskunft

I. Voraussetzungen, Absatz 1

Wenn ein Beteiligter innerhalb der gem. § 235 Abs. 1 hierfür gesetzten Frist der Anordnung zur Erteilung von Auskünften und Vorlage von Belegen **nicht oder nicht vollständig** nachkommt, kann das Familiengericht bestimmte Auskünfte und Belege bei Dritten anfordern. Die Formulierung des einleitenden Satzteils entspricht zum Teil der Formulierung in § 235 Abs. 1 Satz 1. Es ergibt sich jedoch eine Abweichung insoweit, als das **Vermögen** und die **persönlichen und wirtschaftlichen Verhältnisse nicht vom Auskunftsrecht des Gerichts** gegenüber Dritten **umfasst** sind. Die Beschränkung des Auskunftsrechts auf die **Einkünfte** eines Beteiligten soll, auch vor dem Hintergrund des Antragsrechts nach Abs. 2, nach der Begründung des Gesetzgebers eine Ausforschung verhindern und den Umfang der Inanspruchnahme der an dem Verfahren nicht beteiligten Dritten begrenzen. Dabei wird davon ausgegangen, dass der Bestand des Vermögens zu einem bestimmten Stichtag für die Berechnung des Unterhalts nur eine untergeordnete Rolle spielt und Erträge des Vermögens, wie zB Zinsen, von dem Begriff der Einkünfte umfasst sind.[2]

Voraussetzung für die Einholung von Auskünften durch das Gericht ist ferner, dass das Familiengericht den **Beteiligten** zum Schutz seiner Persönlichkeitssphäre[3] **mit der Aufforderung zur Erfüllung der Auskunfts- und Belegpflicht nach § 235 Abs. 1 darauf hingewiesen hat, dass es bei Nichterfüllung innerhalb** der gesetzten Frist die notwendigen Auskünfte selbst einholen kann (im Einzelnen vgl. die Kommentierung zu § 235). Denn dem Beteiligten soll durch die Pflicht zur Belehrung die Möglichkeit gegeben werden, die **Auskunft freiwillig** zu erteilen. Dadurch kann er verhindern, dass der Dritte durch die Anordnung des Gerichts Kenntnis davon erhält, dass der Beteiligte in eine gerichtliche Auseinandersetzung um Unterhalt involviert ist.[4]

Ebenso wie bei § 235 **darf die Auskunft nicht selbst in Streit stehen oder entbehrlich sein.** Eine Auskunft ist entbehrlich, wenn sie den Unterhaltsanspruch nicht be-

---

[1] MAH Familienrecht/*Friederici*, § 5 Rz. 53.
[2] Begr. RegE, BT-Drucks. 16/6308, S. 256.
[3] Musielak/*Borth*, § 236 FamFG Rz. 5, 11.
[4] RegE des KindUG, BT-Drucks. 13/7338, S. 36 (zu § 643 ZPO).

einflussen kann. Das ist der Fall, wenn die Leistungsfähigkeit des Unterhaltsverpflichteten nicht streitig ist oder der Unterhaltsanspruch aus sonstigen Gründen (zB Ausschluss durch notariellen Vertrag, Verwirkung) nicht besteht.

II. Auskunftspflichtige Personen und Stellen, Abs. 1 Nr. 1 bis 5

7 Der in den Nr. 1 bis 5 aufgeführte Katalog der verfahrensrechtlich zur Auskunft verpflichteten Dritten ist vollzählig und abschließend. Dem Gericht ist es verwehrt, von anderen als den genannten Auskunftsgebern, zB von Banken,[1] Informationen einzuholen.[2]

Nach der Neuregelung gibt es keine dem bisherigen § 643 Abs. 2 Satz 1 Nr. 2 ZPO entsprechende Vorschrift mehr. Die Auskunftsmöglichkeit hinsichtlich des zuständigen **Rentenversicherungsträgers** sowie der Versicherungsnummer eines Beteiligten gegenüber der Datenstelle der Rentenversicherungsträger, die vom Verband der Deutschen Rentenversicherungsträger verwaltet wird, ist entfallen, weil der Gesetzgeber hierfür kein nennenswertes praktisches Bedürfnis mehr gesehen hat.[3]

1. Arbeitgeber, Abs. 1 Nr. 1

8 Arbeitgeber iSd. dieser Vorschrift sind nicht nur **zivilrechtliche** Arbeitgeber nach § 2 ArbGG, also solche, die aufgrund eines Beschäftigungsvertrags Arbeitsleistungen verlangen können und dem Arbeitnehmer dafür ein Entgelt schulden, sondern auch die **öffentlich-rechtlichen** Dienstherren, weil der Begriff funktional zu verstehen ist.[4] Im Einzelfall können sich Abgrenzungsschwierigkeiten ergeben, wenn die für ein Arbeitsverhältnis typische Weisungsbefugnis nicht besteht (zB bei Handelsvertretern).[5]

2. Sozialleistungsträger, Künstlersozialkasse, Abs. 1 Nr. 2

9 Auskunftspflichtig sind auch die Sozialleistungsträger iSd. § 12 SGB I, dh. die in den §§ 18 bis 29 SGB I genannten Körperschaften, Anstalten und Behörden, sowie die Künstlersozialkasse, §§ 37 ff. KSVG. Das Auskunftsersuchen kann sich dabei sowohl auf die Sozialleistung als auch auf einzelne Berechnungselemente der (künftigen) Sozialleistung oder ihr zugrunde liegende tatsächliche Verhältnisse (vornehmlich Arbeitsentgelt oder -einkommen) beziehen, soweit diese für die Bemessung eines Unterhaltsanspruchs von Bedeutung sind. Die ausdrückliche Erwähnung der Künstlersozialkasse ist im Interesse der Normenklarheit und der Abstimmung mit dem Sozialdatenschutz (§ 35 Abs. 1 Satz 4 SGB I) erfolgt. Nicht erwähnt als Auskunftsadressat ist der Postrentendienst der Deutschen Post AG (früher: Deutsche Bundespost), weil dieser Auskünfte nur in einem maschinellen Verfahren erteilt und die Gerichte die hierfür erforderlichen technischen Voraussetzungen nicht erfüllen. Rechtsgrundlage für die Übermittlung von Sozialdaten ist § 74 Nr. 1a SGB X.[6]

3. Sonstige Personen oder Stellen, Abs. 1 Nr. 3

10 In Nr. 3 werden in Form eines Auffangtatbestands weitere auskunftspflichtige Stellen in Abhängigkeit von der Funktion der Leistungen, die sie erbringen, aufgeführt. Hierbei handelt es sich im Wesentlichen um die in § 69 Abs. 2 Nr. 1 SGB X genannten Einrichtungen, deren Leistungen der Alters- und Erwerbsminderungsversorgung, der Entschädigung für eine besondere Opferlage oder dem Nachteilsausgleich dienen (Leistungen nach dem Lastenausgleichsgesetz, dem Bundesentschädigungsgesetz, dem Gesetz über die Entschädigung für Stafverfolgungsmaßnahmen, dem Unterhaltssicherungsgesetz, den Beamtenversorgungsgesetz und den Vorschriften, die auf das Beamtenversorgungsgesetz verweisen, dem Soldatenversorgungs-

---

[1] *Hütter/Kodal*, FamRZ 2009, 917 (920).
[2] Thomas/Putzo/*Hüßtege*, § 236 FamFG Rz. 4.
[3] Begr. RegE, BT-Drucks. 16/6308, S. 256.
[4] Baumbach/*Hartmann*, § 236 FamFG Rz. 7; RegE des KindUG, BT-Drucks. 13/7338, S. 35 (zu § 643 ZPO).
[5] BeckOK Hahne/Munzig/*Schlünder*, § 236 FamFG Rz. 3.
[6] RegE des KindUG, BT-Drucks. 13/7338, S. 35 (zu § 643 ZPO).

gesetz, dem Anspruchs- und Anwartschaftsüberführungsgesetz und den Vorschriften der Länder über die Gewährung von Blinden- und Pflegegeldleistungen).

Erfasst werden unabhängig von der Organisationsform der auskunftsfähigen Stelle auch private, betriebliche oder berufsständische Träger der Alters- und Erwerbsminderungsversorgung iSd. § 69 Abs. 2 Nr. 2 SGB X.[1] Solche Träger sind die Versorgungseinrichtungen der Selbständigen (Rechtsanwälte, Steuerberater, Wirtschaftsprüfer, Architekten, Ärzte usw.), ebenso die Träger der privaten betrieblichen Altersversorgungen nach dem betrieblichen Altersvorsorgegesetz, zB die Träger der Zusatzversorgung des öffentlichen Dienstes und sonstige Unterstützungskassen. Erfasst werden auch die Träger einer privaten Rentenversicherungsleistung aus einer Lebensversicherung.[2]

4. Versicherungsunternehmen, Abs. 1 Nr. 4

Auskunftspflichtig sind auch privatrechtlich organisierte Versicherungsunternehmen, soweit sie Leistungen gewähren, die unterhaltsrechtlich beachtlich sind, jedoch keine Versorgung iSv. Nr. 3 darstellen, dh. nicht als laufende wiederkehrende Rente, sondern in Form einer Kapitalleistung aus einer Kapitallebensversicherung gezahlt werden.[3]

5. Finanzämter, Abs. 1 Nr. 5

Anders als nach früherem Recht (§ 643 Abs. 2 Nr. 3 ZPO) ist die Auskunftsverpflichtung der Finanzbehörden nicht mehr auf Rechtsstreitigkeiten, die den Unterhaltsanspruch minderjähriger Kinder betreffen, beschränkt. Nach der amtlichen Begründung des Gesetzes ist der Steuerpflichtige idR aufgrund materiellen Rechts zur Auskunftserteilung über seine Einkünfte gegenüber dem Gegner verpflichtet. Wird die Auskunft nicht erteilt, verhält er sich pflichtwidrig und ist daher in geringerem Maße schutzwürdig. Durch die unbeschränkte Auskunftspflicht wird das öffentliche Interesse daran, dass der Steuerpflichtige gegenüber den Finanzbehörden alle für die Besteuerung erheblichen Umstände wahrheitsgemäß und umfassend offenbart, damit keine Steuerausfälle eintreten, nicht stärker beeinträchtigt als nach der bisherigen Rechtslage, weil der Pflichtige auch seinerzeit damit rechnen musste, dass das Finanzamt Auskünfte erteilt. Der Wegfall der Begrenzung der Auskunftsverpflichtung rechtfertigt sich auch deshalb, weil Unterhaltsansprüche der Mutter oftmals mit denen minderjähriger Kinder im selben Verfahren geltend gemacht werden und die Mutter darüber hinaus in Unterhaltsprozessen des Kindes in Vertretung des Kindes oder in Prozessstandschaft für dieses handelt und dadurch von dem Ergebnis einer Anfrage an das Finanzamt ohnehin regelmäßig Kenntnis erlangt.[4]

Es ist zu begrüßen, dass der Gesetzgeber die Bedenken, die er hinsichtlich der Wahrung des Steuergeheimnisses (§ 30 Abs. 1 AO) noch bei der Schaffung des Kindesunterhaltsgesetzes hatte,[5] nunmehr aufgegeben hat. **Bedauerlich** ist jedoch, dass sich die **Auskunftspflicht der Finanzämter** und sonstiger Dritter **nur** auf die **Einkünfte** und **nicht** auch auf das **Vermögen** und die sonstigen **persönlichen und wirtschaftlichen Verhältnisse** eines Beteiligten bezieht. Denn nur durch eine umfassende Informationspflicht des Dritten kann dem öffentlichen Interesse an einer sachlich richtigen Entscheidung in Unterhaltsangelegenheiten wirkungsvoll Rechnung getragen werden.

Für die Rechtsstreitigkeiten, die den Unterhaltsanspruch eines minderjährigen Kindes betreffen, stellt die **Neuregelung** sogar eine **Verschlechterung**[6] dar, denn nach

---

1 RegE des KindUG, BT-Drucks. 13/7338, S. 36 (zu § 643 ZPO).
2 Musielak/Borth, § 236 FamFG Rz. 6.
3 RegE des KindUG, BT-Drucks. 13/7338, S. 36 (zu § 643 ZPO).
4 Begr. RegE, BT-Drucks. 16/6308, S. 256.
5 Beschlussempfehlung und Bericht, BT-Drucks. 13/9596, S. 51.
6 Klinkhammer, Stellungnahme zum FGG-RG, Teil II: familiengerichtliches Verfahren, http://www.bundestag.de/ausschuesse/a06/anhoerungen/29_FGG_Teil_1/04_Stellungnahmen/index.html.

dem aufgehobenen § 643 Abs. 2 Nr. 3 ZPO erstreckte sich die Auskunft nicht nur auf die Einkünfte, sondern auch auf das Vermögen. Es wäre auch insoweit wünschenswert gewesen, eine umfassende verfahrensrechtliche Auskunftspflicht Dritter zu normieren. Dies gilt insbesondere vor dem Hintergrund, dass die Aufforderung zur **Auskunftserteilung** nach § 235 Abs. 1 an die Beteiligten **nicht mit Zwangsmitteln durchsetzbar ist**, § 235 Abs. 4, und der Unterhaltsberechtigte dadurch gezwungen sein kann, zur Beschaffung von Informationen hinsichtlich des Vermögens und der persönlichen Verhältnisse doch noch eine Stufenklage gegen den Unterhaltspflichtigen zu erheben.

III. Inhalt der Auskunft, Auskunftspflicht

1. Art der Auskunft

13   Das Familiengericht kann die jeweiligen auskunftspflichtigen Dritten auffordern, die benötigten Auskünfte über die Höhe der Einkünfte eines Beteiligten zu erteilen und hierzu die entsprechenden Belege vorzulegen. Bei **Arbeitnehmern** wird der Arbeitgeber idR aufgefordert werden, eine **systematische Zusammenstellung** über das gesamte Einkommen seines Arbeitnehmers einschließlich aller Zuschläge und Abzüge in den **letzten 12 Monaten**, die dem Unterhaltszeitraum vorangehen, oder dem letzten Kalenderjahr, vorzulegen. Bei **Selbständigen** wird das Gericht insbesondere von den Finanzämtern die **Bilanzen, die Einnahmen-Überschuss-Rechnungen, die Einkommensteuererklärungen sowie eventuelle Steuerbescheide** für einen dem Unterhaltszeitraum vorangehenden Dreijahres- oder Fünfjahreszeitraum anfordern. Zur Formulierung einer Aufforderung im Einzelnen wird auf das Muster in der Kommentierung zu § 235 verwiesen.

2. Pflicht der Personen und Stellen zur Auskunft, Absatz 4

14   Die in § 236 Abs. 1 genannten Personen und Stellen sind verpflichtet, der gerichtlichen Anordnung Folge zu leisten. Sie müssen die verlangte Auskunft erteilen und können sich wegen des Vorrangs des Unterhaltsinteresses[1] dem Gericht gegenüber nicht auf ihr Zeugnisverweigerungsrecht, ihre Verschwiegenheitspflicht, das Steuergeheimnis oder den Datenschutz berufen. Ob diese Regelung einer verfassungsgerichtlichen Prüfung standhält, ist zweifelhaft, denn Aussage- und Zeugnisverweigerungsrechte genießen ebenso wie Geheimhaltungsinteressen Dritter den Schutz der Grundrechte.[2]

Nach § 236 Abs. 4 Satz 2 FamFG iVm. § 390 ZPO sind die für Zeugen geltenden Vorschriften über die Folgen einer unberechtigten Verweigerung des Zeugnisses – Kostenauferlegung, Verhängung von **Ordnungsgeld,** ersatzweise **Ordnungshaft**, sowie Anordnung von Zwangshaft – entsprechend anzuwenden.[3] Eines Antrags bedarf es hierfür nicht. Der Betroffene kann die Beschlüsse des Gerichts über die Anordnung der Kostentragung, der Verhängung von Ordnungsgeld usw. mit der **sofortigen Beschwerde** überprüfen lassen, § 390 Abs. 3 ZPO.

15   Ausgenommen von der Anwendung des § 390 ZPO sind **Behörden**, weil bei diesen davon auszugehen ist, dass sie ihrer gesetzlichen Auskunftsverpflichtung, soweit rechtlich und tatsächlich möglich, nachkommen werden.[4] Bei einer Weigerung der Behörde kann sich das Gericht nur im Wege einer Dienstaufsichtsbeschwerde an die übergeordnete Stelle wenden.[5]

---

1 BGH v. 10.8.2005 – XII ZB 63/05, FamRZ 2005, 1987.
2 Johannsen/Henrich/*Maier*, § 236 FamFG Rz. 13.
3 RegE des KindUG, BT-Drucks. 13/7338, S. 36 (zu § 643 ZPO); Begr. RegE, BT-Drucks. 16/6308, S. 257.
4 RegE des KindUG, BT-Drucks. 13/7338, S. 36 (zu § 643 ZPO); Begr. RegE, BT-Drucks. 16/6308, S. 257.
5 Baumbach/*Hartmann*, § 236 FamFG Rz. 12.

IV. Procedere des Gerichts, Absätze 2 und 3

Das Gericht entscheidet nach seinem **pflichtgemäßen Ermessen** über die Frage, ob ein Beteiligter seiner Verpflichtung nach § 235 Abs. 1 nicht oder nicht vollständig nachgekommen ist, ob ein Vorgehen nach § 236 Abs. 1 in Betracht kommt, welche Auskünfte einzuholen und welche Belege von dem Dritten vorzulegen sind. 16

Nach § 236 Abs. 2 ist das **Gericht verpflichtet**, bestimmte Auskünfte bei Dritten anzufordern, sofern die Voraussetzungen des Abs. 1 erfüllt sind und der andere Beteiligte des Unterhaltsverfahrens einen entsprechenden Antrag stellt. Es handelt sich hierbei um eine Parallelregelung zu § 235 Abs. 2. Auf die diesbezügliche Kommentierung wird verwiesen. Wenn das Gericht die erforderliche Auskunft trotz eines ordnungsgemäßen Antrags nicht einholt, liegt ein wesentlicher Verfahrensfehler vor, der von den Beteiligten im Beschwerdeverfahren gerügt werden und nach § 117 Abs. 2 Satz 1 FamFG iVm. § 538 Abs. 2 Satz 1 Nr. 1 ZPO zur Aufhebung und Zurückverweisung führen kann.[1] 17

Die **Aufforderung** zur Auskunft sollte in Schriftform erfolgen und dem auskunftspflichtigen Dritten bei einer etwaigen Fristsetzung **zugestellt** werden (§ 113 Abs. 1 FamFG iVm. § 329 Abs. 2 ZPO).[2] 18

Die **Anordnung** zur Einholung von Auskünften und Belegen bei Dritten hat das Gericht – entsprechend der Verfahrensweise nach dem Erlass eines Beweisbeschlusses – **den Beteiligten** nach § 236 Abs. 3 **mitzuteilen**. Die Vorschrift dient der Information der Beteiligten, damit diese über den Stand des Verfahrens Kenntnis haben.[3] 19

V. Rechtsbehelfe

Die **Anordnungen des Gerichts** an Dritte zur Auskunftserteilung und Vorlage von Belegen ist **für die Beteiligten** ebenso wie eine Anordnung nach § 235 Abs. 1 als Zwischenentscheidung **nicht selbständig anfechtbar**, § 236 Abs. 5. 20

Der **Ausschluss der isolierten Anfechtbarkeit gilt** jedoch nach dem Willen des Gesetzgebers[4] ausdrücklich **nicht** für die nicht am Verfahren beteiligten auskunftspflichtigen **Dritten**, weil sie nicht wie die Beteiligten die Möglichkeit haben, die Rechtmäßigkeit einer Anordnung nach Abs. 1 inzident im Rechtsmittelverfahren überprüfen zu lassen. Welcher Rechtsbehelf den Dritten zur Verfügung steht, ergibt sich aus § 236 nicht. Sofern man eine Anordnung nach § 236 Abs. 1 für den betroffenen Dritten als **Endentscheidung**[5] iSd. § 38 Abs. 1 auffasst, kommt eine Beschwerde nach § 58 in Betracht. Qualifiziert man sie jedoch – wie gegenüber den Beteiligten des Verfahrens – als **Zwischenentscheidung**, wäre eine sofortige Beschwerde der zutreffende Rechtsbehelf. Zur Annahme der Statthaftigkeit der sofortigen Beschwerde fehlt es jedoch an einer Bezugnahme des FamFG auf die ZPO.[6] Aus § 113 Abs. 1 FamFG iVm. § 567 ZPO kann die Statthaftigkeit nicht hergeleitet werden, denn § 567 Abs. 1 ZPO verweist insoweit seinerseits auf eine ausdrückliche Bestimmung im Gesetz. Da nach der Begründung des Gesetzgebers die Anordnung anfechtbar sein soll, dürfte es sich um eine Gesetzeslücke handeln. Daher wird vorgeschlagen, entsprechend der Regelung in § 390 Abs. 3 ZPO die **sofortige Beschwerde** als den statthaften Rechtsbehelf anzunehmen.[7]

---

1 *Hütter/Kodal*, FamRZ 2009, 917 (920); *Roßmann*, ZFE 2009, 444 (451).
2 *Hütter/Kodal*, FamRZ 2009, 917 (920); *Roßmann*, ZFE 2009, 444 (451); *Zöller/Lorenz*, § 236 FamFG Rz. 9.
3 Begr. RegE, BT-Drucks. 16/6308, S. 256.
4 Begr. RegE, BT-Drucks. 16/6308, S. 257.
5 Thomas/Putzo/*Hüßtege*, § 236 FamFG Rz. 11; *Viefhues*, FPR 2010, 162 (167).
6 Vgl. die Ausführungen zu den einzelnen Rechtsbehelfen in Begr. RegE, BT-Drucks. 16/6308, S. 203.
7 Ebenso Keidel/*Weber*, § 236 FamFG Rz. 11; **aA** *Zöller/Lorenz*, § 236 FamFG Rz. 17: keine isolierte Anfechtbarkeit.

237 Unterhalt bei Feststellung der Vaterschaft

(1) Ein Antrag, durch den ein Mann auf Zahlung von Unterhalt für ein Kind in Anspruch genommen wird, ist, wenn die Vaterschaft des Mannes nach § 1592 Nr. 1 und 2 oder § 1593 des Bürgerlichen Gesetzbuchs nicht besteht, nur zulässig, wenn das Kind minderjährig und ein Verfahren auf Feststellung der Vaterschaft nach § 1600d des Bürgerlichen Gesetzbuchs anhängig ist.
(2) Ausschließlich zuständig ist das Gericht, bei dem das Verfahren auf Feststellung der Vaterschaft im ersten Rechtszug anhängig ist.
(3) Im Fall des Absatzes 1 kann Unterhalt lediglich in Höhe des Mindestunterhalts und gemäß den Altersstufen nach § 1612a Abs. 1 Satz 3 des Bürgerlichen Gesetzbuchs und unter Berücksichtigung der Leistungen nach § 1612b oder § 1612c des Bürgerlichen Gesetzbuchs beantragt werden. Das Kind kann einen geringeren Unterhalt verlangen. Im Übrigen kann in diesem Verfahren eine Herabsetzung oder Erhöhung des Unterhalts nicht verlangt werden.
(4) Vor Rechtskraft des Beschlusses, der die Vaterschaft feststellt, oder vor Wirksamwerden der Anerkennung der Vaterschaft durch den Mann wird der Ausspruch, der die Verpflichtung zur Leistung des Unterhalts betrifft, nicht wirksam.

A. Allgemeines	2. Einwendungsausschluss 8
I. Entstehung 1	IV. Verfahren, Entscheidung
II. Systematik 2	1. Verfahren 9
III. Normzweck 3	2. Entscheidung 10
B. Voraussetzungen	V. Vollstreckbarkeit, Wirksamkeit der Unterhaltsfestsetzung, Absatz 4 11
I. Zulässigkeit des Verfahrens, Absatz 1 4	
II. Zuständiges Gericht, Absatz 2 5	VI. Abänderung einer Entscheidung über Unterhalt bei Feststellung der Vaterschaft, Anfechtbarkeit
III. Unterhaltsfestsetzung, Absatz 3	1. Abänderung 13
1. Umfang und Dauer der Unterhaltsfestsetzung 6	2. Rechtsmittel 14

A. Allgemeines

I. Entstehung

1 § 237 ist an die Stelle des alten § 653 ZPO getreten.

II. Systematik

2 Die Vorschrift gehört zu den speziellen Regelungen für bestimmte Unterhaltssachen.

III. Normzweck

3 § 237 ermöglicht es einem Kind, bereits vor Feststellung der Vaterschaft einen Antrag auf Zahlung von Unterhalt zu stellen. Es handelt sich um ein **Hauptsacheverfahren**, während die §§ 247, 248 lediglich den Erlass eA schon vor der Geburt des Kindes bzw. bei Anhängigkeit eines Vaterschaftsfeststellungsverfahrens ermöglichen. Anders als nach dem aufgehobenen § 653 ZPO ist das Verfahren nach § 237 nicht mehr notwendigerweise Teil des auf Feststellung der Vaterschaft gerichteten Abstammungsverfahrens, sondern ein **selbständiges Verfahren**. Dieses kann gem. § 179 Abs. 1 Satz 2 mit dem Verfahren auf Feststellung der Vaterschaft verbunden werden. Es bleibt jedoch anders als nach altem Recht auch in diesem Fall eine Unterhaltssache, auf die die hierfür geltenden Verfahrensvorschriften anzuwenden sind und nicht etwa diejenigen des Abstammungsverfahrens (§§ 169 ff.).[1]

---

[1] Begr. RegE, BT-Drucks. 16/6308, S. 257; OLG Hamm v. 11.5.2011 – 8 UF 257/10, FamRZ 2012, 146.

B. Voraussetzungen

I. Zulässigkeit des Verfahrens, Absatz 1

Abs. 1 regelt die Zulässigkeit eines auf **Unterhaltszahlung gerichteten Hauptsacheantrags** für den Fall, dass die Vaterschaft des in Anspruch genommenen Mannes nach § 1592 Nr. 1 BGB (Ehemann der Mutter) und § 1592 Nr. 2 BGB (Vaterschaft anerkannt) oder § 1593 BGB (Vaterschaftsvermutung bei bestimmter Empfängniszeit) nicht besteht. Damit ist gemeint, dass die Vaterschaft nach diesen Vorschriften (noch) nicht feststeht. Der **Antrag** auf Zahlung von Unterhalt ist in diesem Fall nur **zulässig, wenn zugleich ein Verfahren auf Feststellung der Vaterschaft anhängig** ist.[1] Durch die von der Vorgängervorschrift abweichende Formulierung will der Gesetzgeber deutlicher als bisher zum Ausdruck bringen, dass es sich bei dem Verfahren nach § 237, ähnlich wie bei der eA nach § 248, um eine Durchbrechung des Grundsatzes des § 1600d Abs. 4 BGB handelt, wonach die Rechtswirkungen der Vaterschaft grundsätzlich erst von dem Zeitpunkt an geltend gemacht werden können, an dem diese rechtskräftig festgestellt sind.[2]

Bei einer Anerkennung der Vaterschaft im Vaterschaftsfeststellungsverfahren kann der Unterhaltsantrag vor oder nach der Verbindung mit dem Feststellungsverfahren auf Antrag in ein gewöhnliches Unterhaltsverfahren gem. § 231 Abs. 1 Nr. 1 übergeleitet werden. Das hat den Vorteil, dass die Beschränkungen zur Höhe des Unterhalts nach § 237 Abs. 3 Satz 1 und der Einwendungsausschluss des § 237 Abs. 2 Satz 3 nicht mehr gelten.

Sofern eine Vaterschaftsanerkennung während eines noch laufenden Verfahrenskostenhilfeverfahrens für die Feststellung der Vaterschaft und den Unterhaltsantrag erfolgt, entfällt die Erfolgsaussicht für das Verfahren nach § 237; das Kind kann seinen Unterhaltsanspruch nur noch als Leistungsantrag nach § 231 Abs. 1 Nr. 1 verfolgen.[3]

II. Zuständiges Gericht, Absatz 2

Für die Unterhaltssache ist nach der speziellen, die anderen Zuständigkeitsvorschriften verdrängenden Regelung des Abs. 2 das Gericht ausschließlich zuständig (§ 170), bei dem das Verfahren auf Feststellung der Vaterschaft (§ 169 Nr. 1) im **ersten Rechtszug** anhängig ist. Dabei ist es für die Annexzuständigkeit hinsichtlich des Unterhaltsverfahrens unerheblich, ob das Abstammungsverfahren bei dem nach § 170 tatsächlich örtlich zuständigen Gericht anhängig ist. Die Regelung des Abs. 2 soll sicherstellen, dass eine **Verbindung** beider Verfahren nach § 179 Abs. 1 Satz 2 erfolgen kann.[4] Wird nach Einreichung des Unterhaltsantrags und **vor** einer Verbindung mit dem Vaterschaftsfeststellungsverfahren die Vaterschaft des Antragsgegners rechtskräftig festgestellt, bleibt das Unterhaltsverfahren zulässig.[5]

Geht ein **erster Antrag auf Festsetzung des Unterhalts** nach § 237 erst ein, nachdem ein Beteiligter gegen die erstinstanzliche Entscheidung im Abstammungsverfahren **Beschwerde** eingelegt hat, ist nicht das Beschwerdegericht, sondern wegen der Selbständigkeit des Unterhaltsverfahrens das für die Vaterschaftsfeststellung zuständige örtliche Gericht berufen.[6] Damit soll auch ein Auseinanderfallen der Rechtsmittelzuständigkeit vermieden werden.[7]

---

1 Offengelassen von OLG Dresden v. 14.9.2010 – 24 UF 647/10, juris.
2 Begr. RegE, BT-Drucks. 16/6308, S. 257.
3 Keidel/*Weber*, § 237 FamFG Rz. 8.
4 Begr. RegE, BT-Drucks. 16/6308, S. 257.
5 Schulte-Bunert/Weinreich/*Schwonberg*, § 237 FamFG Rz. 6.
6 Wendl/*Schmitz*, § 10 Rz. 117.
7 Schulte-Bunert/Weinreich/*Schwonberg*, § 237 FamFG Rz. 6

III. Unterhaltsfestsetzung, Absatz 3

1. Umfang und Dauer der Unterhaltsfestsetzung

6 § 237 Abs. 3 Satz 1 entspricht im Wesentlichen dem aufgehobenen § 653 Abs. 1 Satz 1 ZPO. Die Regelung ermöglicht eine **Festsetzung des Unterhalts** für ein **minderjähriges Kind** maximal iHd. **Mindestunterhalts** entsprechend den Altersstufen nach § 1612a Abs. 1 Satz 3 BGB iVm. § 36 Nr. 4 EGZPO und unter Berücksichtigung der kindbezogenen Leistungen nach den §§ 1612b oder 1612c BGB. Der Unterhalt wird **dynamisch** festgesetzt. Nach dem eindeutigen Wortlaut ist es für das Kind nicht möglich, wie im vereinfachten Verfahren (§ 249 ff.) das 1,2-fache des Mindestunterhalts festsetzen zu lassen. Mit der Beschränkung soll wie nach altem Recht eine Mehrbelastung der Gerichte durch Ermittlungen zur Höhe des Unterhalts vermieden werden.[1] Im Umfang des Mindestunterhalts wird der Bedarf für das Kind gesetzlich vermutet. Ein **bezifferter (statischer) Unterhaltsantrag** ist ebenfalls **nicht zulässig**, § 237 Abs. 3 Satz 1.[2] Auch **Mehrbedarf** und **Sonderbedarf** kann im Verfahren nach § 237 nicht verlangt werden.

7 Nach **§ 237 Abs. 3 Satz 2** kann auch ein **geringerer Unterhalt** als der jeweilige Mindestunterhaltsbetrag verlangt werden. Hierdurch soll vermieden werden, dass das Kind nach einem erfolgreichen Abänderungsverfahren des Vaters mit vermeidbaren Kosten belastet wird.[3] Der Vater ist nicht gehindert, einen höheren Unterhalt anzuerkennen.

Der **Kindesunterhalt** kann **rückwirkend** von der Geburt an **verlangt werden**, weil es wegen der fehlenden Vaterschaftsfeststellung gem. § 1613 Abs. 2 Nr. 2a BGB aus rechtlichen Gründen an der Geltendmachung des Unterhaltsanspruchs gehindert war (vgl. unten Rz. 10). Eine **zeitliche Befristung** für die Zukunft ist gesetzlich **nicht vorgesehen**.

2. Einwendungsausschluss

8 Im Übrigen kann nach **§ 237 Abs. 2 Satz 3**, der dem aufgehobenen § 653 Abs. 1 Satz 3 ZPO entspricht, eine **Herabsetzung oder Erhöhung** des Unterhalts **nicht** verlangt werden, weil eine gerichtliche Auseinandersetzung über den individuellen Unterhalt solange nicht möglich ist, wie die Vaterschaft nicht rechtskräftig festgestellt ist.[4] Der potentielle Vater ist daher mit dem **Einwand mangelnder oder eingeschränkter Leistungsfähigkeit** ausgeschlossen.[5] Für die Geltendmachung solcher Einwendungen steht das **Abänderungsverfahren** nach § 240 zur Verfügung.

Andere Einwendungen, die nicht die Unterhaltshöhe, sondern den Unterhaltsanspruch als solchen betreffen, sind im Verfahren nach § 237 ebenfalls ausgeschlossen; sie können nur im Korrekturverfahren durchgesetzt werden. Dies gilt namentlich für den Einwand, der Unterhaltsanspruch sei **verjährt**,[6] **verwirkt**[7] oder **erfüllt**.[8] Vom Einwendungsausschluss erfasst ist auch der **Forderungsübergang** wegen der Gewährung subsidiärer Sozialleistungen (§ 33 Abs. 2 SGB II, § 94 Abs. 1 SBG XII, § 7 Abs. 1 UVG),[9] der Einwand der **Barunterhaltspflicht beider Elternteile** wegen einer Betreuung des Kindes durch Dritte[10] und der Einwand der **unbilligen Härte** einer vollständi-

---

1 BT-Drucks. 13/9596, S. 54.
2 OLG Naumburg v. 6.9.2001 – 8 UF 248/00, FamRZ 2002, 838 zu § 653 aF ZPO; Schulte-Bunert/Weinreich/*Schwonberg*, § 237 FamFG Rz. 4.
3 Thomas/Putzo/*Hüßtege*, § 237 FamFG Rz. 7.
4 BT-Drucks. 13/7338, S. 42.
5 BGH v. 2.10.2002 – XII ZR 346/00, FamRZ 2003, 304; OLG Brandenburg v. 29.9.2004 – 9 UF 119/04, FamRZ 2005, 1844; Thomas/Putzo/*Hüßtege*, § 236 FamFG Rz. 8; Zöller/*Lorenz*, § 237 FamFG Rz. 6.
6 OLG Brandenburg v. 29.9.2004 – 9 UF 119/04, FamRZ 2005, 1843 (1844).
7 OLG Karlsruhe v. 11.3.2002 – 16 UF 139/01, FamRZ 2002, 1262.
8 BGH v. 7.5.2003 – XII ZR 140/01, FamRZ 2003, 1095; BGH v. 2.10.2002 – XII ZR 346/00, FamRZ 2003, 304; Keidel/*Weber*, § 237 FamFG Rz. 7.
9 Ebenso Johannsen/Henrich/*Maier*, § 237 FamFG Rz. 7.
10 Schulte-Bunert/Weinreich/*Schwonberg*, § 237 FamFG Rz. 5.

gen Leistung hinsichtlich des Unterhalts für zurückliegende Zeiträume nach § 1613 Abs. 3 iVm. § 1613 Abs. 2 Nr. 2 BGB.

Ob der **Einwendungsausschluss** gleichermaßen für die Fälle gilt, in denen die **Leistungsunfähigkeit** des potentiellen Vaters oder die **Erfüllung** des Unterhaltsanspruchs **feststeht** oder **unstreitig** ist,[1] ist fraglich. In solchen Fällen sollte das Rechtsschutzbedürfnis für den Antrag des Kindes nach § 237 wegen missbräuchlicher Ausnutzung des gesetzlichen Einwendungsausschlusses verneint werden.[2]

IV. Verfahren, Entscheidung

1. Verfahren

Da es sich bei den Unterhaltsverfahren nach § 237 um ein selbständiges Verfahren handelt, sind die Verfahrensvorschriften der §§ 231 ff. für das **streitige Unterhaltsverfahren** (§ 112 Nr. 1) anzuwenden. Der für das Abstammungsverfahren geltende Amtsermittlungsgrundsatz (§ 177) findet auf das Unterhaltsverfahren nach § 237 keine Anwendung, denn es gelten nach § 113 Abs. 1 die Vorschriften der ZPO und damit auch der Beibringungsgrundsatz. Für das Unterhaltsverfahren besteht gem. §§ 112 Nr. 1, 114 Abs. 1 Anwaltszwang. Das Kind kann sich durch das Jugendamt als Beistand vertreten lassen, § 114 Abs. 4 Nr. 2. Zu beachten sind die sich aus § 237 Abs. 1 ergebenden Einschränkungen hinsichtlich der Antragstellung und die für den Antragsgegner **ausgeschlossenen Einwendungen** (vgl. oben Rz. 8). Im Übrigen können die Beteiligten wie in einem isolierten Unterhaltsverfahren über den Verfahrensgegenstand disponieren. Im Wege eines **Vergleichs** können sich die Beteiligten ohne die Beschränkung des § 237 Abs. 3 auf einen Unterhaltsbetrag einigen. Dieser kann bei beschränkter Leistungsfähigkeit des Antragsgegners unterhalb des Mindestunterhalts bzw. bei guten wirtschaftlichen Verhältnissen höher sein. Nach Wahl kann ein **dynamisierter Unterhalt** oder ein **Festbetrag** tituliert werden.[3]

2. Entscheidung

Der Antragsgegner kann den Unterhalt in beliebiger Höhe anerkennen; das Gericht erlässt dann einen **Anerkenntnisbeschluss** (§§ 38, 113 Abs. 1 Satz 2, 116 Abs. 1 FamFG, § 307 ZPO). Möglich ist auch eine Entscheidung im **Versäumnisverfahren** (§§ 38, 113 Abs. 1 Satz 2, 116 Abs. 1 FamFG, §§ 330, 331 ZPO).

Die kontradiktorische Entscheidung über den Unterhalt ergeht gem. § 116 Abs. 1 ebenfalls durch **Beschluss**. Das Familiengericht beschließt, dass der Vater Unterhalt iHd. Mindestunterhalts entsprechend dem Alter des Kindes (§ 1612a Abs. 1 BGB), vermindert oder erhöht um die nach §§ 1612b, 1612c BGB anzurechnenden Leistungen, zu zahlen hat. Der Vater hat den Unterhalt gem. § 1613 Abs. 2 Nr. 2a BGB vom Tag der Geburt des Kindes an zu zahlen. Danach kann Unterhalt für die Vergangenheit auch für den Zeitraum verlangt werden, in dem der Unterhaltspflichtige aus rechtlichen Gründen an der Geltendmachung des Unterhaltsanspruchs gehindert war. Eine solche Verhinderung ergibt sich aus § 1600d Abs. 4 BGB für die Zeit zwischen dem Tag der Geburt und der rechtskräftigen Feststellung der Vaterschaft.[4]

Bei der Fassung des Beschlusses ist zu beachten, dass dieser hinsichtlich der Feststellung der Vaterschaft einer **Begründung** bedarf. Hinsichtlich der Regelung zum Unterhalt kann eine **Begründung entbehrlich** sein, wenn die Voraussetzungen nach § 113 Abs. 1 iVm. §§ 313a, 313b ZPO vorliegen.

Über die Kosten des Unterhaltsverfahrens ist nach § 243 zu entscheiden. Bei einer Verbindung des Vaterschaftsfeststellungsverfahrens mit dem Unterhaltsverfahren ist eine einheitliche Kostenentscheidung unter Beachtung der Grundsätze aus den §§ 81 ff. einerseits und § 243 andererseits zu treffen.[5]

---

1 So OLG Köln v. 20.1.2003 – 14 WF 195/02, FamRZ 2003, 1018; OLG Dresden v. 24.6.2002 – 22 UF 250/02, FamRZ 2003, 161; aA OLG Brandenburg v. 23.3.2000 – 9 UF 289/98, FamRZ 2000, 1581.
2 Baumbach/*Hartmann*, zu § 653 aF ZPO Rz. 3.
3 Schulte-Bunert/Weinreich/*Schwonberg*, § 237 FamFG Rz. 7.
4 BT-Drucks. 13/7338, S. 31.
5 Vgl. hierzu *Schneider*, ZKJ 2009, 444.

V. Vollstreckbarkeit, Wirksamkeit der Unterhaltsfestsetzung, Absatz 4

11 Vor der **Rechtskraft** des Beschlusses, der die Vaterschaft gem. § 1600d BGB feststellt, wird der Ausspruch, der die Verpflichtung zur Leistung des Unterhalts betrifft, nicht wirksam. Dieses Kriterium entspricht dem früheren § 653 Abs. 2 ZPO. Hinzugekommen ist zusätzlich das Kriterium des Wirksamwerdens der **Anerkennung der Vaterschaft**. Auch in dem Fall, in dem die Vaterschaftsanerkennung (§§ 1594 bis 1598 BGB) während des Verfahrens auf Vaterschaftsfeststellung erfolgt, steht die Vaterschaft in rechtlicher Hinsicht fest, so dass der Eintritt der Wirksamkeit der Unterhaltsverpflichtung gerechtfertigt ist.[1] Die Abhängigkeit des Wirksamwerdens des Unterhaltstitels von der Statusentscheidung ist im **Tenor** des Unterhaltstitels auszusprechen.[2]

12 Der **Beschluss** ermöglicht ab Rechtskraft des Beschlusses, mit dem die Vaterschaft festgestellt wird, unmittelbar die **Vollstreckung** iHd. Mindestunterhalts. Eine Anordnung der sofortigen Wirksamkeit des Beschlusses (§§ 116 Abs. 3 Satz 2, 3, 120 Abs. 2 Satz 1) scheidet aus.[3] Die früher umstrittene Frage, ob der Beschluss zur Festsetzung des Unterhalts vom Tage der Rechtskraft der Vaterschaftsfeststellung an vorläufig vollstreckbar zu erklären war, soweit der Antragsgegner zu Unterhaltszahlungen verurteilt worden war,[4] stellt sich nicht mehr, weil durch die Vorschrift des § 116 das Rechtsinstitut der vorläufigen Vollstreckbarkeit in Familienstreitsachen entbehrlich geworden ist.[5] Das Kind kann nach § 248 im Wege der eA bis zum rechtskräftigen Abschluss des Verfahrens eine **vorläufige Regelung des Unterhalts** beantragen.

Die **Beschlussformel** könnte zB lauten:

Der Antragsgegner hat dem Antragsteller 100 % des Mindestunterhalts entsprechend der jeweiligen Altersstufe nach § 1612a Abs. 1 Satz 3 BGB abzüglich des jeweiligen hälftigen Kindergeldes nach § 1612b BGB für ein erstes Kind zu zahlen.

Die Vollstreckung aus diesem Titel findet erst mit Rechtskraft der Vaterschaftsfeststellung statt.

Oder:

Der Beschluss ist mit Wirkung vom ... vollstreckbar.

Die Kostenentscheidung richtet sich nach § 243.

VI. Abänderung einer Entscheidung über Unterhalt bei Feststellung der Vaterschaft, Anfechtbarkeit

1. Abänderung

13 Die **Abänderbarkeit** einer rechtskräftigen Endentscheidung nach § 237 richtet sich für die Beteiligten nach § 240. Abs. 1 dieser Vorschrift entspricht inhaltlich dem aufgehobenen § 654 Abs. 1 ZPO (Abänderungsklage, Korrekturklage).[6] Für den Unterhaltspflichtigen, der eine rückwirkende Abänderung des Unterhaltstitels begehrt, ist die Monatsfrist des § 240 Abs. 2 zu beachten, weil ansonsten eine Abänderung nur für die Zeit ab Rechtshängigkeit des Antrags zulässig ist. Hinsichtlich der Einzelheiten siehe die Kommentierung zu § 240.

2. Rechtsmittel

14 Hat das Amtsgericht in einem Beschluss über die Vaterschaftsfeststellung und den Unterhalt entschieden, kann Beschwerde gegen beide Verfahrensgegenstände eingelegt werden. Für die gegen die Abstammungsentscheidung gerichtete Be-

---

1 Begr. RegE, BT-Drucks. 16/6308, S. 257.
2 OLG Brandenburg v. 21.11.2002 – 9 UF 27/02, FamRZ 2003, 617 (618).
3 So auch Zöller/*Lorenz*, § 237 FamFG Rz. 10; Thomas/Putzo/*Hüßtege*, § 237 FamFG Rz. 9, 10; aA Keidel/*Weber*, § 237 FamFG Rz. 9.
4 OLG Brandenburg v. 21.11.2002 – 9 UF 27/02, FamRZ 2003, 617.
5 Begr. RegE, BT-Drucks. 16/6308, S. 224.
6 Begr. RegE, BT-Drucks. 16/6308, S. 258.

schwerde gelten die §§ 58 ff, für die Beschwerde in der Unterhaltssache gelten die §§ 58 ff. mit den Besonderheiten des § 117. Der Beschluss nach § 237 kann auch isoliert mit der Beschwerde (§§ 58 ff., 117) angefochten werden. Im Beschwerdeverfahren gelten die gleichen Einschränkungen hinsichtlich der Einwendungen zur Höhe des Unterhalts und der sonstigen Einwendungen wie im ersten Rechtszug. Eine Anfechtung im Beschwerdeweg ist daher idR nicht zielführend; vorzuziehen ist das Abänderungsverfahren nach § 240.[1]

VII. Gegenstandswert, Kosten, Gebühren

Der Wert für das selbständige Unterhaltsverfahren richtet sich nach § 51 FamGKG. Er ergibt sich aus dem 12-fachen Betrag des Mindestunterhalts nach Einreichung des Antrags abzüglich der nach §§ 1612b und 1612c BGB anzurechnenden Beträge. Für Unterhaltsansprüche nach den §§ 1612a bis 1612c BGB (Mindestunterhalt) ist als Monatsbetrag der zum Zeitpunkt der Einreichung des Antrags geltende Mindestunterhalt nach der zu diesem Zeitpunkt maßgebenden Altersstufe zugrunde zu legen. Hinzu kommen die bei Einreichung des Antrags fälligen Unterhaltsbeträge, § 51 Abs. 1 und 2 FamGKG. Der Wert für das Vaterschaftsfeststellungsverfahren richtet sich nach § 47 Abs. 1 Satz 1 FamGKG und beträgt 2 000 Euro. Werden die Verfahren auf Unterhalt und auf Vaterschaftsfeststellung verbunden, ist nach § 33 Abs. 1 Satz 2 FamGKG der höhere Wert maßgebend.

Kosten/Gebühren: Gericht: Für das Unterhaltsverfahren bei Feststellung der Vaterschaft entstehen Gebühren nach den Nrn. 1220 bis 1229 KV FamGKG. Die Fälligkeit tritt nach § 9 Abs. 1 FamGKG mit Eingang des Antrags ein. Es besteht Vorauszahlungspflicht nach § 14 Abs. 1 Satz 1 FamGKG. Als Kostenschuldner kommt primär der Entscheidungs- oder Übernahmeschuldner (§ 24 Nr. 1 und 2 FamGKG) in Frage, jedoch auch der Antragsteller (§ 21 Abs. 1 Satz 1 FamGKG). Wird die Unterhaltssache mit der Abstammungssache verbunden, bleiben die bereits entstandenen Gebühren bestehen, so dass für das nunmehr verbundene Verfahren insgesamt ggf. mehrere Verfahrensgebühren berechnet werden können. **RA:** In einer Unterhaltssache stehen dem RA Gebühren nach Teil 3 VV RVG zu. Bis zur einer Verbindung mit der Abstammungssache liegen gebührenrechtlich zwei verschiedene Angelegenheiten vor. Die bis zur Verbindung in den verschiedenen Angelegenheiten entstandenen Gebühren bleiben unberührt. Der RA hat die Verfahrensgebühr jeweils nach dem Einzelwert der Verfahren verdient. Terminsgebühren, die vor der Verbindung entstanden sind, bleiben ebenfalls bestehen. Im Verhältnis zum verbundenen Verfahren bilden die Einzelverfahren jeweils dieselbe Angelegenheit, so dass Terminsgebühren nur einmal entstehen können (§ 15 Abs. 1 Satz 1 RVG). Terminsgebühren können also nach Verbindung nur hinsichtlich solcher Verfahrensteile entstehen, für die vor Verbindung keine Terminsgebühr angefallen ist. Ist für einen Verfahrensteil vor Verbindung und für einen anderen nach Verbindung eine Terminsgebühr zu berechnen, so ist eine Terminsgebühr nach dem Gesamtwert entstanden.

238 Abänderung gerichtlicher Entscheidungen

(1) Enthält eine in der Hauptsache ergangene Endentscheidung des Gerichts eine Verpflichtung zu künftig fällig werdenden wiederkehrenden Leistungen, kann jeder Teil die Abänderung beantragen. Der Antrag ist zulässig, sofern der Antragsteller Tatsachen vorträgt, aus denen sich eine wesentliche Veränderung der der Entscheidung zugrunde liegenden tatsächlichen oder rechtlichen Verhältnisse ergibt.
(2) Der Antrag kann nur auf Gründe gestützt werden, die nach Schluss der Tatsachenverhandlung des vorausgegangenen Verfahrens entstanden sind und deren Geltendmachung durch Einspruch nicht möglich ist oder war.
(3) Die Abänderung ist zulässig für die Zeit ab Rechtshängigkeit des Antrags. Ist der Antrag auf Erhöhung des Unterhalts gerichtet, ist er auch zulässig für die Zeit, für die nach den Vorschriften des bürgerlichen Rechts Unterhalt für die Vergangenheit verlangt werden kann. Ist der Antrag auf Herabsetzung des Unterhalts gerichtet, ist er auch zulässig für die Zeit ab dem Ersten des auf ein entsprechendes Auskunfts- oder Verzichtsverlangen des Antragstellers folgenden Monats. Für eine mehr als ein Jahr vor Rechtshängigkeit liegende Zeit kann eine Herabsetzung nicht verlangt werden.

---

1 Bork/Jacoby/Schwab/*Kodal*, § 237 FamFG Rz. 12.

(4) Liegt eine wesentliche Veränderung der tatsächlichen oder rechtlichen Verhältnisse vor, ist die Entscheidung unter Wahrung ihrer Grundlagen anzupassen.

A. Allgemeines	
I. Entstehung	1
II. Systematik	2
III. Normzweck	3
IV. Rechtsnatur	4
B. Anwendungsbereich	
I. Gerichtliche Entscheidungen in der Hauptsache	5
II. Abänderung sonstiger Unterhaltstitel	12
1. Vergleiche	13
2. Vollstreckbare Urkunden	15
3. Unterhaltsfestsetzungsbeschlüsse im vereinfachten Verfahren	16
4. Beschlüsse über Unterhalt bei Feststellung der Vaterschaft	17
5. Einstweilige Anordnungen	18
III. Abänderung nicht titulierter Unterhaltsvereinbarungen	20
C. Verhältnis zu anderen Rechtsbehelfen	21
I. Abgrenzung zum Leistungsantrag	24
II. Abgrenzung zum Antrag auf Nachforderung	29
III. Abgrenzung zu Rechtsmitteln	
1. Beschwerde	34
2. Anschlussbeschwerde	35
3. Einspruch	37
4. Rechtsbeschwerde	38
IV. Abgrenzung zum Vollstreckungsabwehrantrag	39
1. Anwendungsfälle für einen Vollstreckungsabwehrantrag	41
2. Anwendungsfälle für einen Abänderungsantrag	42
3. Sonderfall Erstattungsantrag bei rückwirkendem Rentenbezug durch den Unterhaltsberechtigten	43
V. Abgrenzung zum negativen Feststellungsantrag	44
D. Zulässigkeit des Abänderungsantrags	
I. Allgemeine Verfahrensvoraussetzungen	
1. Sachliche, örtliche und internationale Zuständigkeit des Gerichts	47
2. Keine anderweitige Rechtshängigkeit	57
3. Rechtsschutzbedürfnis	
a) Vorrang eines Rechtsmittels	58
b) Abänderungsantrag des Unterhaltsgläubigers	59
c) Abänderungsantrag des Unterhaltsschuldners	60
4. Verfahrensführungsbefugnis, Beteiligte	62
II. Besondere Verfahrensvoraussetzungen	63
1. Abzuändernder Titel	64
2. Identität des Verfahrensgegenstandes und der Beteiligten	
a) Identität des Verfahrensgegenstandes	67
b) Identität der Beteiligten	70
aa) Verfahrensstandschaft	71
bb) Forderungsübergang	72
3. Behauptete nachträgliche wesentliche Veränderung	
a) Vortrag wesentlicher Veränderungen	73
b) Der Begriff „Tatsachen"	74
c) Anforderungen an die Darlegung	75
d) Vortrag bei fiktiven Verhältnissen	76
e) Vortrag bei Abänderung eines Anerkenntnisbeschlusses	77
f) Vortrag bei Abänderung eines Versäumnisbeschlusses	78
E. Begründetheit des Abänderungsantrags	
I. Wesentliche Veränderung der unterhaltsrelevanten Verhältnisse	79
1. Änderung der tatsächlichen Verhältnisse	82
2. Änderung der rechtlichen Verhältnisse	83
II. Nachträgliche Veränderung, Präklusion von Abänderungsgründen, Absatz 2	
1. Allgemeines	86
2. Zeitliche Zäsur	89
3. Im Erstverfahren nicht berücksichtigte Tatsachen	91
4. Versäumnisbeschluss als abzuändernde Entscheidung	96
5. Anerkenntnisbeschluss als abzuändernde Entscheidung	102
6. Mehrere Abänderungsverfahren	103
7. Sonderfall Befristung und Begrenzung des Unterhalts nach § 1578b BGB	
a) Grundsätze	104
b) Abänderung von Alttiteln aus der Zeit vor dem 1.1.2008	108
III. Darlegungs- und Beweislast	111
F. Entscheidung über den Abänderungsantrag	
I. Prüfungsumfang, Bindung an die abzuändernde Entscheidung	116
II. Anpassungsmaßstab	122
III. Rückwirkende Abänderung	123
IV. Inhalt der Abänderungsentscheidung	
1. Form der Entscheidung	133
2. Wirksamkeit, Vollstreckbarkeit, Rechtsmittel	137
V. Gegenstandswert, Kosten, Gebühren	138

Literatur: *Brudermüller*, Zur Abänderbarkeit von DDR-Unterhaltstiteln, FamRZ 1995, 915; *Graba*, Die Abänderung von Unterhaltstiteln, 4. Aufl. 2011; *Graba*, Die Abänderung von Unterhaltstiteln nach dem FamFG, FPR 2010, 159; *Graba*, Probleme bei der Abänderung von Unterhaltstiteln, FPR 2011, 158; *Dose*, Ausgewählte Fragen der Unterhaltsrechtsreform, FamRZ 2007, 1289; *Gottwald*, Die Abänderung von Unterhaltstiteln im neuen Gewand, in: Festschrift für Hahne, 2012; *Hoppenz*, Die Abänderung von Unterhaltstiteln aufgrund einer Änderung der höchstrichterlichen Rechtsprechung, in: Festschrift für Hahne, 2012; *Soyka*, Die Abänderungsklage im Unterhaltsrecht, 2. Aufl. 2005; *Riegner*, Probleme der internationalen Zuständigkeit und des anwendbaren Rechts bei der Abänderung deutscher Unterhaltstitel nach dem Wegzug des Unterhaltsberechtigten ins EU-Ausland, FamRZ 2005, 1799.

A. Allgemeines

I. Entstehung

§ 238 basiert auf der Grundstruktur des § 323 ZPO in der vor dem 1.9.2009 gültigen Fassung.   **1**

II. Systematik

Anders als nach früherem Recht (§ 323 Abs. 1 bis 4 aF ZPO) sind die prozessualen Voraussetzungen für eine Abänderung eines Unterhaltstitels nun in mehreren Vorschriften, unterschieden jeweils nach der Art des Unterhaltstitels, geregelt. § 238 enthält eine Spezialregelung für die Abänderung gerichtlicher Entscheidungen in Unterhaltssachen, § 239 für Vergleiche und Urkunden und schließlich § 240 für Unterhaltstitel bei Feststellung der Vaterschaft nach § 237 sowie im vereinfachten Verfahren nach § 253. Mit der Aufteilung auf mehrere Vorschriften wollte der Gesetzgeber nicht die Rechtslage verändern, sondern erreichen, dass sich diese stärker als bisher aus dem Gesetzeswortlaut ergibt.[1]   **2**

Die Vorschrift des § 238 ist in vier Absätze gegliedert. Abs. 1 und Abs. 3 betreffen die Zulässigkeit des Abänderungsantrags, Abs. 2 die Tatsachenpräklusion für den Antragsteller und Abs. 4 die Begründetheit des Antrags.[2]

III. Normzweck

Beim Unterhalt handelt es sich um eine wiederkehrende Leistung (vgl. § 258 ZPO). Mit einem Antrag auf Zahlung von Unterhalt kann der Antragsteller Ansprüche geltend machen, die noch nicht im Zeitpunkt der Einleitung des Verfahrens, sondern erst in einem in der Zukunft liegenden Zeitpunkt erfüllt werden müssen. Die Endentscheidung, die dem Antrag stattgibt, bezieht sich auf eine künftige Rechtslage, so dass das Gericht die Entwicklung der Verhältnisse für die ganze Wirkungsdauer der Entscheidung vorausschauend beurteilen muss.[3] Da sich die persönlichen und wirtschaftlichen Verhältnisse der Beteiligten abweichend von der richterlichen Prognose entwickeln können und es aus Gründen der Gerechtigkeit den Beteiligten gestattet sein muss, eine notwendige Korrektur der Ursprungsentscheidung zu fordern, hat die Frage der Abänderbarkeit getroffener gerichtlicher Entscheidungen und auch sonstiger Unterhaltstitel eine zentrale Bedeutung für das Unterhaltsverfahrensrecht. Welches prozessuale Mittel für eine Abänderung einzusetzen ist, richtet sich nach der Art des Titels und den Abänderungsgründen. **§ 238 bietet einen geeigneten Rechtsbehelf für die Abänderung gerichtlicher Entscheidungen.** Die Vorschrift ist ebenso wie § 323 ZPO ein prozessualer Anwendungsfall des in § 313 BGB normierten allgemeinen Rechtsgedankens der clausula rebus sic stantibus.[4] Sie stellt keine materielle Anspruchsgrundlage dar.[5]   **3**

---

1 Begr. RegE, BT-Drucks. 16/6308, S. 257.
2 Begr. RegE, BT-Drucks. 16/6308, S. 257.
3 BGH v. 8.1.1981 – VI ZR 128/79, NJW 1981, 819 zur Abänderungsklage nach § 323 aF ZPO.
4 BGH v. 21.2.2001 – XII ZR 276/98, FamRZ 2001, 1364 zur Abänderungsklage nach § 323 aF ZPO.
5 Thomas/Putzo/*Hüßtege*, § 238 FamFG Rz. 3.

IV. Rechtsnatur

4 Der Abänderungsantrag nach § 238 ist ein **verfahrensrechtlicher Gestaltungsantrag** zur Beseitigung der innerverfahrensrechtlichen Bindung. Er ermöglicht die Durchbrechung der materiellen Rechtskraft und eine Anpassung des Unterhaltstitels an die veränderte Rechtslage.[1] Soweit mit dem Antrag eine Neufestsetzung der Leistungspflicht erstrebt wird, handelt es sich auch um einen **Leistungsantrag**.[2] Wenn der Antragsteller eine gänzliche Beseitigung der durch den abzuändernden Unterhaltstitel ausgesprochenen Leistungspflicht begehrt, ist der Antrag zugleich als **negativer Feststellungsantrag** (§ 256 ZPO) aufzufassen. Ein positiver Feststellungsantrag kann nicht mit einem Abänderungsantrag verbunden werden, weil dadurch eine Abänderung des Titels nicht erlangt werden kann und deshalb das Rechtsschutzinteresse für einen Feststellungsantrag fehlt.[3]

B. Anwendungsbereich

I. Gerichtliche Entscheidungen in der Hauptsache

5 § 238 trifft für den **Bereich des Unterhalts** eine **Sonderregelung** für die Fälle, in denen der Antragsgegner durch eine **gerichtliche Entscheidung** verpflichtet wurde, **künftig wiederkehrende Leistungen**[4] zu erbringen. Für rein vertragliche Unterhaltsansprüche, die nicht nur die gesetzlichen Unterhaltsvorschriften modifizieren, und sonstige wiederkehrende Leistungen außerhalb des Unterhalts (zB Schadensersatzrenten) sind die allgemeinen **zivilprozessualen Vorschriften** der §§ 323, 323a und 323b ZPO anzuwenden. Auch eine eigenständig gewollte vertragliche Unterhaltsregelung ist als **Familiensache** iSd. §§ 111 Nr. 8, 112 Nr. 1 FamFG und damit als Entscheidung iSv. § 238 zu qualifizieren, wenn die vertragliche Unterhaltsregelung nicht auf einer Novation des Anspruchsgrundes beruht, sondern hinsichtlich der Voraussetzungen, des Umfangs und des Erlöschens des Anspruchs die im gesetzlichen Unterhaltsrecht vorgegebenen Grundsätze aufnimmt und abbildet, auch wenn dies unter erheblichen Modifikationen geschieht.[5]

In § 238 Abs. 1 Satz 1 sind diejenigen gerichtlichen Entscheidungen bezeichnet, die einer Abänderung zugänglich sind. An die Stelle des **Urteils** ist der Begriff der **Endentscheidung** getreten. Die Legaldefinition hierfür findet sich in § 38 Abs. 1. Danach liegt eine Endentscheidung vor, soweit durch die Entscheidung eines Gerichts der Verfahrensgegenstand ganz oder teilweise erledigt wird. Endentscheidungen sind, sofern das ab dem 1.9.2009 geltende neue Recht anzuwenden ist (s. dazu Rz. 6), nach § 38 Abs. 1 nicht mehr durch Urteil, sondern durch Beschluss zu treffen.

6 Nach der **Übergangsvorschrift** in Art. 111 Abs. 1 Satz 2 FGG-RG, die für alle mit dem FGG-RG in Kraft tretenden Vorschriften gilt, sind die neuen Vorschriften des FamFG auf Abänderungs-, Verlängerungs- und Aufhebungsverfahren anzuwenden, die **nach** dem **Inkrafttreten des FamFG** am **1.9.2009 eingeleitet** worden sind. Die **vor** dem Inkrafttreten des FamFG geltenden Vorschriften für die Abänderung von Unterhaltstiteln (§ 323 aF ZPO) sind noch auf die Verfahren anzuwenden, die am 1. September 2009 bereits eingeleitet waren oder deren Einleitung beantragt war. Es reicht aus, dass der das Verfahren einleitende Antrag vor dem 1.9.2009 bei dem erstinstanz-

---

1 BGH v. 8.6.2005 – XII ZR 294/02, FamRZ 2005, 1479 zur Abänderungsklage nach § 323 aF ZPO.
2 BGH v. 3.5.2001 – XII ZR 62/99, FamRZ 2001, 1140 zur Abänderungsklage nach § 323 aF ZPO.
3 BGH v. 3.5.2001 – XII ZR 62/99, FamRZ 2001, 1140 zur Abänderungsklage nach § 323 aF ZPO.
4 *Graba*, FPR 2011, 158 (159).
5 BGH v. 5.11.2008 – XII ZR 103/07, FamRZ 2009, 219.

lichen Gericht eingegangen ist. Auf die Zustellung kommt es nicht an.[1] Die **Übergangsregelung** erstreckt sich einheitlich auf die Durchführung des Verfahrens **in allen Instanzen** gleichermaßen. Ist das Verfahren in erster Instanz noch nach dem bisherigen Recht eingeleitet worden, so erfolgt auch die Durchführung des Rechtsmittelverfahrens nach dem bisher geltenden Recht. Dies betrifft auch den nach bisherigem Recht geltenden Instanzenzug.[2]

Hinsichtlich der Frage der Behandlung von **Prozesskostenhilfeanträgen**, die vor dem 1.9.2009 eingegangen sind, hat der BGH zunächst für den Fall einer vor dem 1.9.2009 eingegangenen Klage und einer danach eingereichten Widerklage entschieden, dass das Verfahren einheitlich zu behandeln sei. Die von der Rechtsbeschwerde aufgeworfene Frage, ob für die Verfahrenseinleitung auf die Einreichung des Prozesskostenhilfeantrags oder auf die Anhängigkeit oder Rechtshängigkeit des Hauptsachenantrags abzustellen ist, hat der BGH ausdrücklich offengelassen.[3] Mit seiner Entscheidung vom 29.2.2012 hat er klargestellt, dass allein die Einreichung einer Antragsschrift zur Bewilligung von Prozess- oder Verfahrenskostenhilfe nicht zu einer Verfahrenseinleitung iSv. Art. 111 Abs. 1 FGG-RG führt.[4] 7

Als **neue Verfahren** iSd. § 111 FGG-RG sind auch Verfahren zur Abänderung eines Titels in Unterhaltssachen anzusehen. Wird also ein Verfahren zur **Abänderung eines Unterhaltstitels**, der noch nach altem Recht erlassen wurde, **nach Inkrafttreten** des FGG-RG eingeleitet bzw. wird dessen Einleitung beantragt, richten sich die prozessualen Voraussetzungen für eine Abänderung nach den §§ 238 bis 240.[5] Nach früherem Recht erlassene **Urteile** über wiederkehrende Leistungen sind daher, wenn das **Abänderungsverfahren nach dem 1.9.2009 eingeleitet** wird, unter den Voraussetzungen des § 238 abänderbar. 8

§ 238 ist jedoch nicht anwendbar auf Abänderungsverfahren, die vor dem 1.9.2009 eingeleitet und dann nicht weiter betrieben wurden. Das **bloße Nichtbetreiben** eines Verfahrens steht einer **gerichtlichen Anordnung** über das **Ruhen des Verfahrens** iSd. Art. 111 Abs. 3 FGG-RG **nicht** gleich.[6] 8a

Nach § 238 abänderbar sind nicht nur Titel nach dem FamFG, sondern auch nach früherem Recht ergangene **Leistungsurteile, Anerkenntnisurteile**,[7] **Versäumnisurteile nach Schluss der Einspruchsfrist**[8] und **DDR-Urteile**.[9] Unter § 238 fallen auch **Abänderungsurteile** nach § 323 aF ZPO, selbst wenn darin eine früher erkannte Unterhaltsrente gestrichen worden ist.[10] 9

---

1 OLG Celle v. 28.12.2009 – 17 W 100/09 (Prozesskostenhilfeantrag reicht aus), FamRZ 2010, 1003; Giers, FamFR 2009, 167; *Schürmann*, FamFR 2010, 42; *Schürmann*, FuR 2010, 425; aA OLG Stuttgart v. 29.4.2010 – 12 W 17/10, FamRZ 2010, 1686; OLG Braunschweig v. 26.11.2009 – 1 W 57/09, FamRZ 2010, 1101; offengelassen v. BGH v. 3.11.2010 – XII ZB 197/10 Tz. 11, FamRZ 2011, 100.
2 Begr. RegE, BT-Drucks. 16/6308, S. 359; BGH v. 3.11.2010 – XII ZB 197/10, FamRZ 2011, 100; BGH v. 1.3.2010 – II ZB 1/10, FamRZ 2010, 639; BGH v. 29.9.2010 – XII ZR 205/08, NJW 2010, 3582; BGH v. 25.11.2009 – XII ZR 8/08, FamRZ 2010, 192; BGH v. 18.11.2009 – XII ZR 65/09, FamRZ 2010, 111; OLG Köln v. 21.9.2009 – 16 Wx 121/09, FamRZ 2009, 1852; OLG Stuttgart v. 22.10.2009 – 18 UF 233/09, juris; OLG Schleswig v. 21.10.2009 – 2 W 152/09, FamRB 2009, 396 (LS); OLG Dresden v. 20.10.2009 – 3 W 1077/09, juris; OLG Düsseldorf v. 24.9. 2009 – I-3 Wx 187/09, juris; vgl. auch *Schwamb*, FamRB 2010, 27; aA *Geimer*, FamRB 2009, 386.
3 BGH v. 3.11.2010 – XII ZB 197/10, FamRZ 2011, 100.
4 BGH v. 29.2.2012 – XII ZB 198/11, FamRZ 2012, 783; BGH v. 29.5.2013 – XII ZB 374/11, juris.
5 Begr. RegE, BT-Drucks. 16/6308, S. 359.
6 BGH v. 30.1.2013 – XII ZB 74/11, FamRZ 2013, 615; BT-Drucks. 16/11903, S. 23, 57, 61 f.; BT-Drucks. 16/10144, S. 127; OLG Celle v. 10.11.2010 – 10 UF 222/10, FamRZ 2011, 587.
7 BGH v. 31.10.2001 – XII ZR 292/99, FamRZ 2002, 88.
8 OLG Hamm v. 24.6.1992 – 5 UF 237/90, FamRZ 1992, 1201; OLG Hamm v. 25.9.1996 – 12 WF 381/96, FamRZ 1997, 433; Zöller/*Lorenz*, § 238 FamFG Rz. 2; Thomas/Putzo/*Hüßtege*, § 238 FamFG Rz. 9.
9 BGH v. 25.1.1995 – XII ZR 247/93, FamRZ 1995, 544; OLG Brandenburg v. 15.10.1996 – 10 WF 103/96, FamRZ 1997, 1342; *Brudermüller*, FamRZ 1995, 915.
10 BGH v. 28.3.2007 – XII ZR 163/04, FamRZ 2007, 983; BGH v. 3.11.2004 – XII ZR 120/02, FamRZ 2005, 101; OLG Hamm v. 14.12.2006 – 1 WF 312/06, FamRZ 2007, 1032.

10 Eine **ausländische Entscheidung (zB Urteil)** über Unterhalt kann in einem Abänderungsverfahren nach § 238 abgeändert werden, wenn der Titel im Inland anzuerkennen ist[1] und die deutschen Gerichte international zuständig sind. Zur internationalen Zuständigkeit s. die Kommentierungen zu § 232 und § 105 sowie Anhang nach § 110. Fehlt dem Titel die Wirksamkeit, muss statt eines Abänderungsantrags ein Leistungsantrag oder ggf. ein Feststellungsantrag gestellt werden.

11 Eine Anwendung des § 238 auf ausländische Urteile setzt voraus, dass das Recht des ausländischen Urteilsstaats eine Anpassung von wiederkehrenden Leistungen an veränderte Verhältnisse geregelt hat.[2] Die **verfahrensrechtlichen Voraussetzungen** der Abänderbarkeit eines ausländischen Urteils richten sich nach § 238[3] (lex-fori-Prinzip). Hinsichtlich der inhaltlichen Abänderung, dh. hinsichtlich der Höhe der Anpassung des Unterhalts, ist das jeweilige **materielle Recht** anzuwenden. Für den Bereich der Europäischen Union bestehen Sondervorschriften, insbesondere die EuUntVO und das Haager Protokoll über das auf Unterhaltspflichten anzuwendende Recht (HUntP),[4] zu beachten. Einzelheiten hierzu s. im Anhang zu § 110.

II. Abänderung sonstiger Unterhaltstitel

12 Anders als nach früherem Recht (§ 323 Abs. 1 bis 4 aF ZPO) ist die Abänderbarkeit von Unterhaltstiteln nicht mehr nur in einer Vorschrift geregelt, sondern in den **§§ 238 bis 240**.

1. Vergleiche

13 Für die Abänderung von **Vergleichen** nach § 794 Abs. 1 Nr. 1 ZPO ist nicht § 238, sondern **§ 239** maßgebend. Gleiches gilt für vollstreckbar erklärte Anwaltsvergleiche und vollstreckbar erklärte Schiedssprüche, wenn es sich um Unterhaltstitel, dh. um wiederkehrende Leistungen, handelt.

14 **Privatschriftliche Unterhaltsvereinbarungen** und **außergerichtliche Vergleiche** der Parteien schaffen keinen Vollstreckungstitel.[5] Sie können grundsätzlich **nicht** im Wege eines Abänderungsverfahrens nach § 238 oder § 239 abgeändert werden.[6] Im Einzelnen s. Rz. 20 sowie die Kommentierung zu § 239.

2. Vollstreckbare Urkunden

15 Die Abänderung vollstreckbarer Urkunden gem. § 794 Abs. 1 Nr. 5 ZPO, dh. **notarieller Urkunden** und nach §§ 60, 59 Abs. 1 Satz 1 Nr. 3 SGB VIII errichteter **Jugendamtsurkunden**, richtet sich nach **§ 239**.

3. Unterhaltsfestsetzungsbeschlüsse im vereinfachten Verfahren

16 Unterhaltsfestsetzungsbeschlüsse, die im vereinfachten Verfahren über den Unterhalt Minderjähriger (§§ 249 ff.) nach **§ 253** ergehen, sind unter den Voraussetzungen des **§ 240** abänderbar. S. hierzu die Kommentierung zu § 240.

4. Beschlüsse über Unterhalt bei Feststellung der Vaterschaft

17 Nach § 240 richtet sich auch die Abänderbarkeit von Unterhaltsbeschlüssen, die nach § 237 während eines Verfahrens auf Feststellung der Vaterschaft ergangen sind. Hinsichtlich der Einzelheiten wird auf die Kommentierung zu § 240 verwiesen.

---

1 BGH v. 24.9.1980 – IVb ZR 545/80, FamRZ 1980, 1099; zu den Rechtsquellen hinsichtlich der Anerkennung vgl. oben Anhang nach § 110.
2 OLG Köln v. 20.7.2004 – 25 UF 24/04, FamRZ 2005, 534; offengelassen BGH v. 29.4.1992 – XII ZR 40/91, FamRZ 1992, 1062.
3 BGH v. 6.11.1991 – XII ZR 240/90, FamRZ 1992, 298; OLG Köln v. 20.7.2004 – 25 UF 24/04, FamRZ 2005, 534.
4 ABl. EU 2009, L 331/19.
5 BGH v. 21.4.1982 – IVb ZR 741/80, FamRZ 1982, 684 und BGH v. 19.5.1982 – IVb ZR 705/80, FamRZ 1982, 782.
6 Streitig, vgl. OLG Köln v. 2.6.1986 – 21 UF 157/85, FamRZ 1986, 1018.

5. Einstweilige Anordnungen

Nach § 238 abänderbar ist nur eine **Endentscheidung über Unterhalt**, die **in einer** **Hauptsache** ergangen ist. Dadurch wird ausdrücklich klargestellt, dass **Entscheidungen in einstweiligen Anordnungsverfahren** über Unterhalt (§§ 49 ff., 246 bis 248) **nicht** der Abänderung nach § 238 unterliegen. Die Abänderbarkeit derartiger Entscheidungen richtet sich nach **§ 54 Abs. 1**.[1]

18

Die bisherige Unselbständigkeit der eA wirkt sich auch auf das **nach der Übergangsregelung anzuwendende Recht** aus. Wenn in einem Verfahren nach bisherigem Recht ein einstweiliges Anordnungsverfahren **gleichzeitig** mit der Hauptsache eingeleitet oder dessen Einleitung beantragt wird und das Hauptsacheverfahren sodann erst nach Inkrafttreten des FGG-RG betrieben wird, so ist gleichwohl auf das Hauptsacheverfahren nicht das neue Recht anzuwenden. Für die Anwendung des Rechts ist vielmehr allein darauf abzustellen, dass es sich bei eA und Hauptsache nach bisherigem Recht um **ein Verfahren** handelt, so dass **auf die eA und die Hauptsache einheitlich das noch bisher geltende Recht anzuwenden ist**.[2] Die Abänderung einer eA über Unterhalt richtete sich im früheren Recht nach §§ 620b, 644 ZPO.

19

III. Abänderung nicht titulierter Unterhaltsvereinbarungen

Wenn eine Unterhaltsleistung auf einer Vereinbarung der Beteiligten beruht und ein Titel hierüber nicht errichtet worden ist, kann eine Abänderung des nach der Vereinbarung geschuldeten Unterhalts durch den Unterhaltsgläubiger grundsätzlich **nicht im Wege eines Abänderungsverfahrens nach § 323 Abs. 4 aF ZPO, § 238 oder § 239**, sondern nur durch einen **Leistungsantrag** geltend gemacht werden. Eine Ausnahme soll nur dann gelten, wenn die Vereinbarung vertraglich der Regelung über die Abänderung von Unterhaltstiteln unterstellt worden ist oder bei längerer Bindung der Beteiligten an die Vereinbarung,[3] wenn ein beabsichtigter Verfahrensvergleich (früher: Prozessvergleich) nur aus formellen Gründen nicht zu Stande gekommen ist.[4] Nicht anwendbar sind die §§ 238, 239, wenn der Unterhaltsschuldner seine Zahlungen reduziert oder einstellt.[5] Der Unterhalt Begehrende muss in diesen Fällen einen Leistungsantrag stellen. Solange dies noch nicht geschehen ist, kann der Unterhaltsschuldner gegen ein Berühmen des Unterhaltsgläubigers mit einem negativen Feststellungsantrag vorgehen.[6]

20

C. Verhältnis zu anderen Rechtsbehelfen

Die Abgrenzung zwischen den einzelnen Rechtsbehelfen, mit denen ein Unterhaltstitel beseitigt oder abgeändert werden kann, bereitet in vielen Fällen Schwierigkeiten. So können zB in einem zulässig gestellten Abänderungsantrag aus prozessökonomischen Gründen auch Einwendungen nach § 120 FamFG, § 767 ZPO berücksichtigt werden, wenn das Gericht auch für einen Vollstreckungsabwehrantrag zuständig wäre.[7] Die Rechtsprechung zu den Abgrenzungsfällen ist uneinheitlich. Da die Vorschriften des Verfahrensrechts nur der Wahrung der materiellen Rechte der Prozessparteien dienen[8] und die Gerichte nach § 113 FamFG, § 139 ZPO verpflichtet sind, in jeder Lage des Verfahrens auf sachdienliche Anträge hinzuwirken,[9] werden **unklare** oder **unzutreffende Anträge** in der Praxis anhand der Antragsbegründung

21

---

1 Begr. RegE, BT-Drucks. 16/6308, S. 257.
2 Begr. RegE, BT-Drucks. 16/6308, S. 359.
3 BGH v. 27.10.1959 – VI ZR 157/58, FamRZ 1960, 60; OLG Koblenz v. 25.3.1996 – 13 UF 975/95, FamRZ 1997, 24.
4 OLG Köln v. 2.6.1986 – 21 UF 157/85, FamRZ 1986, 1018; Thomas/Putzo/*Hüßtege*, § 239 FamFG Rz. 5.
5 BGH v. 19.5.1982 – IVb ZR 705/80, FamRZ 1982, 782.
6 BGH v. 7.7.1994 – I ZR 30/92, NJW 1994, 3107; OLG Köln v. 21.6.1988 – 27 UF 38/88, FamRZ 1988, 1185.
7 BGH v. 29.11.2000 – XII ZR 165/98, FamRZ 2001, 282.
8 BGH v. 2.7.2004 – V ZR 290/03, FamRZ 2004, 1712.
9 BGH v 7.12.2005 – XII ZR 94/03, FamRZ 2006, 261.

ausgelegt bzw. **umgedeutet**.[1] Möglich ist zB eine Umdeutung eines Leistungsantrags in einen Abänderungsantrag,[2] eines Abänderungsantrags in einen negativen Feststellungsantrag[3] oder eines Vollstreckungsabwehrantrags (§ 767 ZPO) in einen Abänderungsantrag.[4]

22 Hat ein Gericht trotz der Hinweispflicht einen Leistungsantrag auf Unterhalt zurückgewiesen, weil es einen Abänderungsantrag als den richtigen Rechtsbehelf angesehen hat, so ist das gegen die Entscheidung eingelegte Rechtsmittel nicht deshalb unzulässig, weil der Rechtsmittelführer sein Ziel nunmehr mit einem Abänderungsantrag verfolgt.[5]

23 Dem Antragsteller ist zu empfehlen, in jedem unklaren Fall einen **Hilfsantrag** in der jeweils zusätzlich in Betracht kommenden Antragsform (zB Abänderungsantrag, hilfsweise Leistungsantrag) zu stellen.[6]

I. Abgrenzung zum Leistungsantrag

24 Für die Abgrenzung zwischen Abänderungs- und Leistungsantrag (§ 113 Abs. 1 Satz 2 FamFG iVm. § 258 ZPO) kommt es maßgeblich auf die **Rechtskraftwirkung** der vorausgegangenen Entscheidung über künftig fällig werdende wiederkehrende Leistungen an.[7] Ein weiteres Abgrenzungskriterium ist die Frage, ob bei einer neuen Entscheidung die Notwendigkeit besteht, in die frühere Entscheidung einzugreifen.[8] Die Abgrenzung zwischen Abänderungs- und Leistungsantrag ist in Unterhaltsfällen bedeutsam, weil es für einen **Leistungsantrag** weder eine **Bindungswirkung an frühere Feststellungen noch eine Präklusion** gibt.[9]

25 Abgrenzungsprobleme zwischen Abänderungs- und Unterhaltsantrag ergeben sich, wenn ein **erstmaliger Leistungsantrag voll abgewiesen** oder einem **negativen Feststellungsantrag voll stattgegeben** wurde. In diesen Fällen ist für die Zukunft erneut ein Leistungsantrag nach § 113 Abs. 1 FamFG iVm. § 258 ZPO zu stellen, weil es an einer Verurteilung zu künftig fällig werdenden Leistungen gem. § 238 Abs. 1 fehlt und der Entscheidung **keine Prognose** der künftigen Entwicklung zugrunde liegt. Das Urteil hat keine in die Zukunft reichende Rechtskraftwirkung.[10] Das gilt nicht nur, wenn der Leistungsantrag wegen **fehlender Bedürftigkeit** oder **Leistungsfähigkeit** abgelehnt wurde, sondern auch dann, wenn die Ablehnung **mangels Schlüssigkeit** des Antrags erfolgte.[11] Im Gegensatz hierzu beruht ein Beschluss, der einem Antrag auf Zahlung laufenden Unterhalts lediglich teilweise stattgibt, auf einer Prognose. Er erwächst damit auch für die Zukunft in materielle Rechtskraft, die nur mit einem Abänderungsantrag nach § 238 durchbrochen werden kann.[12]

26 Nach einer **Teilabweisung** eines Unterhaltsantrags ist der Abänderungsantrag die richtige Antragsform, weil hier eine Verpflichtung zur Zahlung wiederkehrender Leistungen vorliegt. Dies gilt auch, wenn der Antrag **nur für die Zukunft abgewiesen** wurde, obwohl es an einer Verpflichtung hinsichtlich künftig fälliger Leistungen fehlt.[13] Das Gleiche gilt, wenn im Rahmen eines **Abänderungsantrags** ein Unterhalts-

---

1 BGH v. 2.10.2002 – XII ZR 346/00, FamRZ 2003, 304.
2 BGH v. 29.11.2000 – XII ZR 165/98, FamRZ 2004, 1712.
3 OLG Brandenburg v. 12.7.2001 – 10 WF 45/01, FamRZ 2002, 1497.
4 BGH v. 6.11.1991 – XII ZR 240/90, FamRZ 1992, 298.
5 BGH v. 3.5.2001 – XII ZR 62/99, FamRZ 2001, 1140 zur Berufung.
6 Eschenbruch/*Klinkhammer*, Teil 5 Rz. 345.
7 BGH v 3.11.2004 – XII ZR 120/02, FamRZ 2005, 101.
8 Eschenbruch/*Klinkhammer*, Teil 5 Rz. 345.
9 BGH v. v. 28.3.2007 – XII ZR 163/04, FamRZ 2007, 983.
10 BGH v. 3.11.2004 – XII ZR 120/02, FamRZ 2005, 101.
11 OLG München v. 6.5.2009 – 12 UF 1832/08, FamRZ 2009, 676.
12 BGH v. 3.11.2004 – XII ZR 120/02, FamRZ 2005, 101.
13 BGH v. 26.1.1983 – IVb ZR 347/81, FamRZ 1984, 353; BGH v. 3.11.2004 – XII ZR 120/02, FamRZ 2005, 101; BGH v. 28.3.2007 – XII ZR 163/04, FamRZ 2007, 983.

anspruch auf null reduziert wurde. Auch hier fehlt es an einer Verpflichtung zu künftig fällig werdenden Leistungen. Ob hier der abweisende Teil eine richterliche Prognose dahingehend enthält, dass der Anspruch zu einem bestimmten künftigen Zeitpunkt nicht mehr bestehe, ist fraglich, wird aber wohl (nur für Entscheidungen, nicht für Verfahrensvergleiche, die nur für eine bestimmte Zeit vereinbart werden) zu bejahen sein.[1]

Wenn in einem Abänderungsverfahren der **Abänderungsantrag abgewiesen** wurde, soll dies nach der Rechtsprechung des BGH ebenfalls eine **Prognosewirkung** für die Zukunft erzeugen.[2] Wenn nun ein neuer Abänderungsantrag erhoben wird, ist der letzte Titel, mit dem eine Unterhaltsrente zugesprochen wurde, der Titel, der abgeändert werden muss. Davon zu unterscheiden ist die letzte antragzurückweisende Entscheidung. Sie ist maßgebend für die Bindungswirkung und die Präklusion nach § 238 Abs. 2.[3]

Ein **neuer Leistungsantrag** ist auch dann zulässig, wenn sich die für die frühere Entscheidung maßgebenden Verhältnisse nicht mehr feststellen lassen.[4] Er ist stets notwendig bei einer **Änderung des Streitgegenstandes**. Das ist zB der Fall, wenn Trennungsunterhalt tituliert ist und nun nachehelicher Unterhalt geltend gemacht wird, denn diese Unterhaltsansprüche sind nicht identisch.[5]

II. Abgrenzung zum Antrag auf Nachforderung

Wenn Unterhalt nur im Wege einer **Teilklage** für einen Spitzenbetrag geltend gemacht und tituliert wurde, weil ein freiwilliger **Sockelbetrag** gezahlt worden war,[6] muss der Unterhaltsberechtigte, wenn diese freiwilligen Zahlungen ausbleiben, nunmehr einen **Nachforderungsantrag** (§ 113 Abs. 1 FamFG, § 258 ZPO) stellen.[7] Ein solcher Antrag ist auch dann zu stellen, wenn der Unterhaltsberechtigte **nicht nur** den Sockelbetrag titulieren lassen will, sondern über die Summe von Sockel- und Spitzenbetrag hinaus weitere Unterhaltsbeträge geltend macht.[8] Der hinsichtlich der Erhöhung des Spitzenbetrages an sich richtige Abänderungsantrag tritt in diesen Fällen zugunsten des im Übrigen statthaften Nachforderungs(oder Zusatz-)antrags zurück.

Der Unterhaltsverpflichtete kann eine Veränderung der Verhältnisse im Wege eines **Abänderungsantrags** geltend machen, wenn die erstrebte Herabsetzung der Unterhaltsrente den freiwillig geleisteten Sockelbetrag übersteigt.[9] Gleiches gilt, wenn der Unterhaltsgläubiger eine Erhöhung des Titels über den Spitzenbetrag erreichen will.

In den sonstigen Fällen eines **offenen Teilantrags**, zB bei Geltendmachung nur des **Mindestunterhalts** für ein minderjähriges Kind mit dem Vorbehalt der Nachforderung im Anschluss an die geschuldete Erteilung einer Auskunft über die Einkommens- und Vermögensverhältnisse, ist der Nachforderungsantrag der richtige Rechtsbehelf, weil es sich um einen anderen Verfahrensgegenstand handelt und nicht

---

1 BGH v. 28.3.2007 – XII ZR 163/04, FamRZ 2007, 983; BGH v. 30.1.1985 – IVb ZR 63/83, FamRZ 1985, 376 (377) und v. 3.11.2004 – XII ZR 120/02, FamRZ 2005, 101 (102 f.); Keidel/*Weber*, § 238 FamFG Rz. 10.
2 BGH v. 20.2.2008 – XII ZR 101/05, FamRZ 2008, 872; BGH v. 28.3.2007 – XII ZR 163/04, FamRZ 2007, 983.
3 BGH v. 7.11.2011 – XII ZR 159/09, FamRZ 2012, 288.
4 OLG Hamm v. 10.12.1993 – 5 UF 25/93, FamRZ 1994, 763; Thomas/Putzo/*Hüßtege*, § 238 FamFG Rz. 38.
5 BGH v.14.1.1981 – IVb ZR 575/80, NJW 1981, 978, 979 sowie v. 24.9.1980 – IVb ZR 545/80, NJW 1980, 2811, zum bis 30.6.1977 geltenden § 1361 BGB und zu den §§ 58 ff. EheG.
6 BGH v. 7.12.1994 – XII ZB 112/94, FamRZ 1995, 729.
7 BGH v. 7.11.1990 – XII ZR 9/90, FamRZ 1991, 320.
8 BGH v. 7.11.1990 – XII ZR 9/90, FamRZ 1991, 320.
9 BGH v. 7.12.1994 – XII ZB 112/94, FamRZ 1995, 729.

in die Rechtskraft der Entscheidung eingegriffen wird. Bei einem **verdeckten Teilantrag** ist der restliche Unterhalt nur mit einem Abänderungsantrag geltend zu machen.[1]

32 Ob es sich um einen **Teilantrag** handelt, ist vom Gericht durch **Auslegung** zu ermitteln.[2] Im Zweifel spricht eine **Vermutung** dafür, dass im **Vorverfahren der Unterhalt in voller Höhe** geltend gemacht worden ist.[3] Das gilt auch dann, wenn der geschuldete Kindesunterhalt in einer **Jugendamtsurkunde** nach den §§ 59 Abs. 1 Nr. 3, 60 SGB VIII festgelegt worden ist.[4]

33 Wird nachträglich **Vorsorgeunterhalt** gefordert, so ist dies nur mit einem **Abänderungsantrag** zulässig, weil es sich um einen Teil des Gesamtunterhalts handelt und die Höhe des Vorsorgeunterhalts von der Höhe des Elementarunterhalts abhängt.[5] **Sonderbedarf** muss mit einem Nachforderungsantrag geltend gemacht werden.[6]

III. Abgrenzung zu Rechtsmitteln

1. Beschwerde

34 Da die Rechtskraft einer abzuändernden Entscheidung in der Hauptsache nicht Zulässigkeitsvoraussetzung für einen Abänderungsantrag ist, kann der Abänderungsantrag auch erhoben werden, wenn die Möglichkeit besteht, die erstrebte Änderung des Titels bei einer Veränderung der der erstinstanzlichen Entscheidung zugrunde liegenden Verhältnisse nach Schluss der mündlichen Verhandlung erster Instanz und vor dem Ablauf der Rechtsmittelfrist durch Einlegung eines Rechtsmittels zu erreichen. Gegen Entscheidungen, auf die das neue Recht anzuwenden ist (s. oben Rz. 6), kann nach §§ 58 ff., 117 **Beschwerde** eingelegt werden. Die Wahlmöglichkeit besteht auch, wenn in erster Instanz ein Anerkenntnisbeschluss erlassen wurde und sich nachträglich und vor Rechtskraft der Entscheidung eine wesentliche Änderung der Umstände eingetreten ist.[7] Diese **Wahlmöglichkeit** besteht jedoch **nur solange**, wie eine **Beschwerde noch nicht anhängig** ist. Ein Abänderungsantrag neben einem laufenden Rechtsmittelverfahren ist nicht zulässig.[8] Während des laufenden Rechtsmittelverfahrens kann auch durch **Erweiterung des Antrags** oder durch einen **Gegenantrag** (früher Widerklage) ein höherer Unterhalt verlangt werden. Der Gesetzgeber hat die Rechtsmittelinstanz in Familienstreitsachen als volle zweite Tatsacheninstanz ausgestaltet, damit gerade in Unterhaltssachen die veränderten Einkommens- und Vermögensverhältnisse bereits im Rechtsmittelverfahren berücksichtigt werden können und ein neues Verfahren entbehrlich machen.[9]

2. Anschlussbeschwerde

35 Wenn der Gegner Beschwerde eingelegt hat, muss der Abänderungsberechtigte die veränderten Verhältnisse durch eine (unselbständige) **Anschlussbeschwerde**

---

[1] BGH v. 3.12.2008 – XII ZR 182/06, FamRZ 2009, 314; BGH v. 15.10.1986 – IVb ZR 78/85, FamRZ 1987, 259; BGH v. 25.2.1987 – IVb ZR 36/86, FamRZ 1987, 456 (457); OLG Bremen v. 4.5.2010 – 4 WF 44/10, ZFE 2010, 386; Wendl/*Schmitz*, § 10 Rz. 165.
[2] OLG Köln v. 30.3.1995 – 10 UF 204/94, FamRZ 1996, 354.
[3] BGH v. 3.12.2008 – XII ZR 182/06, FamRZ 2009, 314; BGH v. 15.10.1986 – IVb ZR 78/85, FamRZ 1987, 259.
[4] BGH v. 3.12.2008 – XII ZR 182/06, FamRZ 2009, 314; BGH v. 4.5.2011 – XII ZR 70/09, FamRZ 2011, 1041 Tz. 20, 21; vgl. aber auch BGH v. 2.12.2009 – XII ZR 207/08, FamRZ 2010, 195 Tz. 19.
[5] BGH v. 3.4.1985 – IVb ZR 19/84, FamRZ 1985, 690.
[6] OLG Düsseldorf v. 29.8.1980 – 3 WF 191/80, FamRZ 1981, 76.
[7] OLG Koblenz v. 3.11.1997 – 13 UF 340/97, FamRZ 1998, 915.
[8] BGH v. 6.11.1985 – IVb ZR 74/84, FamRZ 1986, 43; OLG Köln v. 29.11.1996 – 26 WF 130/96, FamRZ 1997, 507.
[9] Begr. RegE, BT-Drucks. 16/6308, S. 225.

gem. § 66, notfalls mit einer Antragserweiterung oder einem Abänderungsgegenantrag, geltend machen.[1] Wenn die Anschließung ihre Wirkung verliert (§ 66), wirkt ein Abänderungsgegenantrag auf den Zeitpunkt der Anschließung zurück.[2] Nach § 117 Abs. 2 FamFG iVm. § 524 Abs. 2 Satz 2 und 3 ZPO gilt bei Unterhaltstiteln auf künftig fällig werdende wiederkehrende Leistungen für die Anschlussbeschwerde **keine Befristung**.

Wenn sich die Umstände **nach Rechtskraft einer Teilentscheidung** während des Rechtsmittelverfahrens über den Rest ändern, so hat der Rechtsmittelgegner die Wahl, eine Abänderung der rechtskräftigen Teilentscheidung mittels eines Abänderungsgegenantrags[3] (früher: Abänderungswiderklage) oder durch einen selbständigen Abänderungsantrag herbeizuführen.[4]

3. Einspruch

Bei einer **Versäumnisentscheidung** geht wegen § 238 Abs. 2 der Einspruch vor.

4. Rechtsbeschwerde

Im Rechtsbeschwerdeverfahren können Änderungen der tatsächlichen Verhältnisse nach dem Ende der mündlichen Verhandlung in der Vorinstanz gem. § 72 Abs. 1 grundsätzlich nicht mehr geltend gemacht werden. In solchen Fällen ist ein **Abänderungsverfahren** nach § 238 durchzuführen. Dieses ist ggf. gem. § 113 Abs. 1 FamFG iVm. § 148 ZPO bis zum rechtskräftigen Abschluss des anderen Verfahrens auszusetzen.[5] Eine ausnahmsweise **Berücksichtigung von Tatsachen**, die sich während des Rechtsbeschwerdeverfahrens ereignen, kommt nur in Betracht, wenn sie **unstreitig** sind oder ihr Vorliegen in der Rechtsbeschwerdeinstanz ohnehin von **Amts wegen zu beachten** ist und schützenswerte Belange der Gegenseite nicht entgegenstehen.[6] Eine weitere Ausnahme ergibt sich dann, wenn auf eine aus anderen Gründen zulässige und begründete Rechtsbeschwerde das Verfahren unter **Aufhebung** des angefochtenen Beschlusses gem. § 74 Abs. 6 Satz 2 an das Beschwerdegericht **zurückverwiesen** wird. Da die Bindungswirkung des § 74 Abs. 6 Satz 4 nicht eingreift, soweit sich dort ein neuer Sachverhalt ergibt, auf den die rechtliche Beurteilung durch das Rechtsbeschwerdegericht nicht zutrifft, kann in der neu eröffneten zweiten Tatsacheninstanz eine Veränderung geltend gemacht werden.[7]

IV. Abgrenzung zum Vollstreckungsabwehrantrag

Ein Abänderungsantrag nach § 238 ist ein Gestaltungsantrag, der sowohl vom Unterhaltsschuldner als auch vom Unterhaltsgläubiger gestellt werden kann und den Unterhaltstitel (Entscheidung in der Hauptsache, dh. Beschluss; nach früherem Recht Urteil) unter Durchbrechung seiner materiellen Rechtskraft an die stets wandelbaren wirtschaftlichen Verhältnisse anpassen soll. Er verlangt eine wesentliche Änderung der Verhältnisse. Der **Vollstreckungsabwehrantrag** gem. § 120 FamFG, § 767 ZPO, der nur vom Unterhaltsschuldner gestellt werden kann, **dient der Beseitigung der Vollstreckbarkeit des früheren Titels**, ohne in die Grundlagen der Unterhaltsbemessung einzugreifen. Es geht allein um die Frage, ob die Zwangsvollstreckung aus dem Titel wegen der nunmehr vorgebrachten materiell-rechtlichen Einwendungen unzulässig (geworden) ist.[8] Der Antrag richtet sich gegen die Voll-

---

1 BGH v. 29.5.2013 – XII ZB 374/11, juris; BGH v. 16.3.1988 – IVb ZR 36/87, FamRZ 1988, 601; BGH v. 1.10.1997 – XII ZR 49/96, FamRZ 1998, 99.
2 BGH v. 11.5.1988 – IVb ZR 42/87, FamRZ 1988, 817.
3 Zur Terminologie vgl. auch oben *Helms*, § 113 Rz. 25.
4 BGH v. 10.3.1993 – XII ZR 191/91, FamRZ 1993, 941; OLG Hamm v. 14.2.1997 – 12 UF 271/96, FamRZ 1997, 890.
5 Musielak/*Borth*, § 238 FamFG Rz. 9.
6 BGH v. 14.10.2009 – XII ZR 146/08, FamRZ 2009, 1990.
7 BGH v. 3.4.1985 – IVb ZR 18/84, FamRZ 1985, 691; Keidel/*Meyer-Holz*, FamFG, § 238 Rz. 50.
8 BGH v. 8.6.2005 – XII ZR 294/02, FamRZ 2005, 1479.

streckbarkeit des Titels schlechthin, nicht nur gegen die Zulässigkeit einzelner Vollstreckungsmaßnahmen.[1] Grundsätzlich ist ein Vollstreckungsabwehrantrag bei rechtsvernichtenden Einwendungen wie Aufrechnung, Erfüllung, Erfüllungssurrogaten, Erlass sowie bei Einreden wie Stundung, Verjährung und Verwirkung zu stellen.

40 Wegen der unterschiedlichen Zielrichtung **schließen sich der Vollstreckungsgegenantrag und der Abänderungsantrag für den gleichen Verfahrensgegenstand grundsätzlich gegenseitig aus.**[2] Aus diesem Grund hat der Unterhaltsschuldner **keine Wahlmöglichkeit** zwischen beiden Rechtsbehelfen, sondern muss sein Rechtsschutzbegehren auf die Antragsart stützen, die dem Ziel seines Begehrens für den entsprechenden Unterhaltszeitraum am besten entspricht.[3] Eine **Umdeutung** eines Vollstreckungsabwehrantrags in einen Abänderungsantrag und umgekehrt **ist möglich** (s. Rz. 21),[4] ebenso eine Verbindung beider Antragsarten im Eventualverhältnis, sofern für alle Ansprüche die Zuständigkeit des gleichen Gerichts besteht.[5] Der nach früherem Recht bestehende Vorrang der ausschließlichen Zuständigkeit des Gerichts des ersten Rechtszugs für die Vollstreckungsabwehrklage (§§ 767 Abs. 1, 802 ZPO) ist in § 232 Abs. 2 für die Unterhaltssachen aufgegeben worden. Nunmehr haben die in § 232 Abs. 1 Nr. 1 und 2 aufgeführten ausschließlichen Zuständigkeiten Vorrang vor der ausschließlichen Zuständigkeit nach den §§ 767 Abs. 1, 802 ZPO.

1. Anwendungsfälle für einen Vollstreckungsabwehrantrag

41 Ein **Vollstreckungsabwehrantrag** ist statthaft, wenn
- ein **Unterhaltstitel** (zB wegen einer unbestimmten Anrechnungsklausel von erbrachten Leistungen) **zu unbestimmt** und damit nicht vollstreckungsfähig ist,[6]
- ein Unterhaltsanspruch **zeitlich beschränkt** war und über die Zeitgrenzen hinaus weiter vollstreckt wird,[7]
- nach Eintritt der **Volljährigkeit des Kindes** und des damit verbundenen Wegfalls der gesetzlichen Vertretung von dem Elternteil aus dem Titel über Kindesunterhalt weiter vollstreckt wird; dies gilt auch für den Unterhaltsrückstand,[8]
- der Unterhaltsanspruch wegen Begründung einer Lebenspartnerschaft oder Tod des Unterhaltsberechtigten entfällt, § 1586 Abs. 1 BGB,
- der Unterhaltsanspruch wegen **Wiederverheiratung** des Unterhaltsberechtigten entfällt, § 1586 Abs. 1 BGB;[9] dies gilt jedoch nicht, wenn eine Abfindung für künftigen Unterhalt gezahlt wurde und der Bedürftige kurze Zeit später eine neue Ehe eingeht,[10]
- **nach Rechtskraft der Scheidung** aus einem **Titel auf Trennungsunterhalt** weiter vollstreckt wird, denn der Anspruch auf Trennungsunterhalt ist mit der Scheidung beendet; für den nachehelichen Unterhalt ist wegen der Verschiedenheit der Verfahrensgegenstände ein neuer Titel erforderlich,[11]
- **Verwirkung** des Unterhaltsanspruchs nach § 1579 BGB oder § 1611 BGB geltend gemacht wird;[12] möglich ist auch ein Abänderungsantrag,[13] s. Rz. 39,

---

1 BGH v. 23.5.1989 – IX ZR 57/88, NJW-RR 1990, 48.
2 Anders noch BGH v. 19.10.1988 – IVb ZR 97/87, FamRZ 1989, 159.
3 BGH v. 8.6.2005 – XII ZR 294/02, FamRZ 2005, 1479; BGH v. 13.7.1988 – IVb ZR 85/87, FamRZ 1988, 1156.
4 BGH v. 27.3.1991 – XII ZR 96/90, NJW-RR 1991, 899.
5 Zöller/*Vollkommer*, zu § 323 ZPO Rz. 17.
6 BGH v. 7.12.2005 – XII ZR 94/03, FamRZ 2006, 261.
7 Wendl/*Schmitz*, § 10 Rz. 1459.
8 OLG München v. 2.5.1997 – 16 UF 822/97, FamRZ 1997, 1493; OLG Köln v. 16.8.1994 – 25 WF 172/94, FamRZ 1995, 308; OLG Hamm v. 17.1.1992 – 5 UF 264/91, FamRZ 1992, 843.
9 OLG Naumburg v. 24.8.2005 – 14 WF 126/05, FamRZ 2006, 1402.
10 BGH v. 10.8.2005 – XII ZR 73/05, FamRZ 2005, 1662; vgl. Anm. v. *Bömelburg*, FF 2005, 323.
11 BGH v. 14.1.1981 – IVb ZR 575/80, FamRZ 1981, 242.
12 BGH v. 29.5.1991 – XII ZR 157/90, FamRZ 1991, 1175.
13 AA Kreidel/*Meyer-Holz*, § 238 FamFG Rz. 41.

- die Beteiligten nach Erlass der Entscheidung in der Hauptsache einen **Unterhaltsverzicht** oder einen **Vollstreckungsverzicht** vereinbart haben,[1]
- **Erfüllung** oder **Erfüllungssurrogate** (zB Leistung von Naturalunterhalt durch den barunterhaltspflichtigen Elternteil während der Ferienzeiten[2] oder während des Aufenthalts des Kindes bei abwechselnder Kinderbetreuung[3]) vorgetragen werden,
- bei einem bestehenden **Unterhaltsrückstand der** Unterhaltsschuldner **Erlass, Verjährung, Verwirkung** des Rückstandes **oder Stundung** vorträgt,[4]
- mit dem Unterhalt **aufgerechnet** wird; hiervon ist die häufig in laufenden Verfahren vorgenommene Verrechnung von Überzahlungen und Nachzahlungen zu unterscheiden, weil es sich hier um eine Saldierung handelt.[5]
- ein Erreichen der Haftungssumme des § 1586b Abs. 1 Satz 3 BGB nach einer Umschreibung des Titels gem. § 113 Abs. 1 Satz 2 FamFG iVm. § 767 ZPO geltend gemacht wird.[6]

2. Anwendungsfälle für einen Abänderungsantrag

Ein **Abänderungsantrag** kann gestellt werden, wenn 42
- der Unterhaltsgläubiger eine **Rente** aus dem Versorgungsausgleich bezieht,[7]
- **Verwirkung** des Unterhaltsanspruchs nach § 1579 BGB oder § 1611 BGB geltend gemacht wird (wegen der verschärften Haftung gem. § 241 FamFG ist diese Antragsart dem Vollstreckungsgegenantrag vorzuziehen),[8]
- eine **Begrenzung des Unterhalts** der Höhe nach oder in zeitlicher Hinsicht gem. § 1578b BGB erstrebt wird,[9]
- der Unterhaltsverpflichtete dem Berechtigten Einkünfte aus der Erbringung von **Versorgungsleistungen** zurechnen will.[10]

3. Sonderfall Erstattungsantrag bei rückwirkendem Rentenbezug durch den Unterhaltsberechtigten

Wenn der unterhaltsberechtigte geschiedene Ehegatte (etwa wegen einer verzögerten Rentenberechnung) Rentennachzahlungen für Zeiträume erhält, in denen er den ungekürzten Unterhalt bezogen hat, ist er dem Unterhaltspflichtigen zum Ausgleich der nachträglich bewilligten Rente verpflichtet, soweit sie die Unterhaltsschuld mindert.[11] Es handelt sich dabei jedoch regelmäßig **nicht** um einen **Bereicherungsanspruch** nach §§ 812 ff. BGB hinsichtlich des auf der Grundlage der ursprünglichen gerichtlichen Entscheidung gezahlten Unterhalts.[12] Für die Zeit der Unterhaltsleistung, für die dem Unterhaltsberechtigten nachträglich eine Rentenleistung bewilligt wird, hat der Verpflichtete vielmehr einen auf **Treu und Glauben** (§ 242 BGB) beruhenden Erstattungsanspruch, dessen Höhe sich danach bemisst, inwieweit sich der Unterhaltsanspruch ermäßigt hätte, wenn die Rente schon während des fraglichen Zeitraums gezahlt worden wäre.[13] Das gilt erst recht, wenn der Unterhalts- 43

---

1 OLG Zweibrücken v. 21.8.2008 – 6 UF 19/08, FamRZ 2009, 142; Wendl/*Schmitz*, § 10 Rz. 154.
2 BGH v. 8.2.1984 – IVb ZR 52/82, FamRZ 1984, 470; eine Erfüllung wird hier nicht angenommen, so dass ein entsprechender Antrag unbegründet ist.
3 BGH v. 21.12.2005 – XII ZR 126/03, FamRZ 2006, 1015.
4 FA-FamR/*Gerhardt*, Kap. 6 Rz. 878.
5 BGH v. 16.6.1993 – XII ZR 6/92, FamRZ 1993, 1186; FA-FamR/*Gerhardt*, Kap. 6 Rz. 878.
6 BGH v. 28.1.2004 – XII 259/01, FamRZ 2004, 614.
7 BGH v. 8.6.2005 – XII ZR 294/02, FamRZ 2005, 1479; anders noch BGH v. 19.10.1988 – IVb ZR 97/87, FamRZ 1989, 159: Vollstreckungsabwehrklage; *Soyka*, FuR 2006, 529 (530).
8 BGH v. 12.3.1997 – XII ZR 153/95, FamRZ 1997, 671; *Heiß*, Anm. zu OLG Zweibrücken v. 5.2.2010 – 2 UF 140/09, BeckRS 2010, 05378, beck-online-FamFR 2010, 302065.
9 BGH v. 5.7.2000 – XII ZR 104/98, FamRZ 2001, 905 zu §§ 1573 Abs. 5, 1578 Abs. 1 S. 2 aF BGB.
10 Wendl/*Schmitz*, § 10 Rz. 155; OLG Bamberg v. 2.12.1998 – 2 UF 203/98, OLGReport 1999, 141.
11 BGH v. 19.12.1989 – IVb ZR 9/89, FamRZ 1990, 269 (272f.).
12 BGH v. 22.4.1998 – XII ZR 221/96, FamRZ 1998, 951.
13 BGH v. 23.3.1983 – IVb ZR 358/81, FamRZ 1983, 574 (575); BGH v. 15.2.1989 – IVb ZR 41/88, FamRZ 1989, 718 (719f.).

gläubiger schon Rente bezieht und in Kenntnis dessen weiterhin die ungeschmälerten titulierten Unterhaltsleistungen entgegennimmt.

Dies steht nicht in Widerspruch zu der wegen § 238 Abs. 3 zunächst fortdauernden Rechtskraft des früheren Unterhaltstitels; denn es geht dabei nicht um eine (unzulässige) rückwirkende Abänderung der früheren Entscheidung als Rechtsgrund für die Unterhaltszahlungen. Der **Erstattungsanspruch** erfasst nicht den geleisteten Unterhalt, sondern einen Teil oder den gesamten Betrag der Rentennachzahlung. Für den Rückzahlungsanspruch kommt es daher nicht darauf an, ob der Bezug der Rente und die Nachzahlung für den entsprechenden Unterhaltszeitraum einen Abänderungsgrund darstellen und dieser nach § 238 Abs. 2 und 3 geltend gemacht werden könnte. Zur Feststellung der Höhe des Erstattungsanspruchs ist im Rahmen der Gesamtbetrachtung die Frage zu prüfen, welcher Unterhaltsanspruch dem Berechtigten bei Berücksichtigung des Rentenbezuges von Anfang an zugestanden hätte.[1]

Zu weiteren Abänderungsgründen s. Rz. 82 bis 85.

V. Abgrenzung zum negativen Feststellungsantrag

44 Die Änderungsanträge nach §§ 238, 239 und 240 dienen der Anpassung der in diesen Vorschriften genannten Unterhaltstitel, dh. gerichtlicher Entscheidungen in der Hauptsache, Vergleichen, Urkunden und Titeln im vereinfachten Verfahren. Im Anwendungsbereich dieser Vorschriften besteht kein Rechtsschutzbedürfnis für einen negativen Feststellungsantrag.[2] Nach dem bis zum 31. August 2009 geltenden Recht hatte der Unterhaltsverpflichtete die Möglichkeit, eine nicht der materiellen Rechtskraft fähige eA nach § 620 Nr. 4, 6 aF ZPO mit einer negativen Feststellungsklage abändern zu lassen.[3] Mit ihr konnte der Unterhaltspflichtige den Bestand des Unterhaltsanspruchs abklären lassen. Gleiches galt für einen Vergleich, der nur eine vorläufige Regelung darstellte. Mit der Abänderungsklage konnte ein in einem einstweiligen Anordnungsverfahren abgeschlossener Vergleich nur dann abgeändert werden, wenn er eine endgültige und über den Umfang des einstweiligen Anordnungsverfahrens hinausgehende Regelung darstellte.[4]

45 Seit Inkrafttreten dieses Gesetzes können eA nach §§ 246 ff. iVm. §§ 49 ff. **unabhängig von einem Hauptsacheverfahren** erwirkt werden. Wenn alle Beteiligten mit der Regelung zufrieden sind, wird ein Hauptsacheverfahren entbehrlich. Eine Abänderung oder Aufhebung von Entscheidungen im einstweiligen Anordnungsverfahren kann nach § 54 erfolgen. Dieser entspricht inhaltlich weitgehend dem früheren § 620b ZPO. Vorbehaltlich einer anders lautenden Bestimmung durch das Gericht führt die Rechtskraft der Ehescheidung nicht zu einem Außerkrafttreten der eA, § 56.[5] Nach § 56 Abs. 1 Satz 2 iVm. Satz 1 kann die eA mit Eintritt der Rechtskraft einer Endentscheidung außer Kraft treten. Um welche Endentscheidungen es sich hier handeln kann, hat der Gesetzgeber nicht näher dargelegt.[6] Es ist daher davon auszugehen, dass die eA nach §§ 246 ff. iVm. §§ 49 ff. nicht nur durch eine Abänderungsentscheidung nach § 54 oder eine Hauptsachenentscheidung nach § 52 abgeändert werden kann, sondern auch durch eine Entscheidung über einen **negativen Feststellungsantrag**.[7]

46 Wird ein gegen eine eA gerichteter negativer Feststellungsantrag (teilweise) abgewiesen, wirkt dieser Beschluss wie ein positiver Leistungsbeschluss. Da er ebenso wie

---

1 BGH v. 8.6.2005 – XII ZR 294/02, FamRZ 2005, 1479.
2 Wendl/*Schmitz*, § 10 Rz. 164.
3 OLG Brandenburg v. 12.7.2001 – 10 WF 45/01, FamRZ 2002, 1497.
4 OLG Brandenburg v. 2.11.1999 – 9 WF 225/99, FamRZ 2000, 1377.
5 Begr. RegE, BT-Drucks. 16/6308, S. 202.
6 Begr. RegE, BT-Drucks. 16/6308, S. 201 bis 203.
7 Zur vergleichbaren Situation bei Arrest vgl. Thomas/Putzo/*Reichold*, § 926 ZPO Rz. 20: Nach Erlass eines Arrestbefehls kann der Schuldner auch negative Feststellungsklage erheben und nach einem obsiegenden Urteil Aufhebung des Arrestbefehls nach § 927 ZPO verlangen. Vgl. auch Scholz/Stein/*Roessink*, Teil O Rz. 429; Johannsen/Henrich/*Brudermüller*, § 238 FamFG Rz. 23; vgl. auch unten § 246 Rz. 10 und 76 ff. mwN.

Letzterer eine entsprechende Rechtskraftwirkung für die Zukunft entfaltet, kann er im Verfahren nach § 238 abgeändert werden.[1]

D. Zulässigkeit des Abänderungsantrags

I. Allgemeine Verfahrensvoraussetzungen

1. Sachliche, örtliche und internationale Zuständigkeit des Gerichts

Die Zuständigkeit richtet sich nach den allgemeinen Regeln (§§ 232, 233 FamFG, §§ 12 ff. ZPO). 47

Die **sachliche Zuständigkeit** der Gerichte für Familiensachen ergibt sich aus §§ 23a Abs. 1 Nr. 1 GVG. Danach sind die Amtsgerichte für die Bearbeitung der Familiensachen zuständig. Der Sammelbegriff der Familiensachen ist in § 111 FamFG definiert. Innerhalb der Amtsgerichte sind nach § 23b GVG die Abteilungen für Familiensachen **funktional** zuständig. § 23b GVG enthält keine abschließende Regelung der funktionalen Zuständigkeit. So werden insbesondere anderweitige Regelungen der funktionalen Zuständigkeit wie zB im Internationalen Familienrechtsverfahrensgesetz (IntFamRVG) nicht ausgeschlossen.[2] Vgl. auch die Kommentierung zu § 110. 48

§ 232 Abs. 1 Nr. 1 enthält einen **ausschließlichen örtlichen** Gerichtsstand für Unterhaltssachen, die die **Unterhaltspflicht für ein gemeinschaftliches Kind** der Ehegatten betreffen sowie für Unterhaltssachen, die die durch die **Ehe begründete Unterhaltspflicht** betreffen. Während der Anhängigkeit einer Ehesache ist das Gericht, bei dem die Ehesache im ersten Rechtszug anhängig ist oder war, zuständig. 49

Für Verfahren, die den **Kindesunterhalt** betreffen und hinsichtlich derer eine Zuständigkeit nach § 232 Abs. 1 Nr. 1 nicht gegeben ist, sieht § 232 Abs. 1 Nr. 2 die Zuständigkeit des Gerichts vor, in dessen Bezirk das Kind oder der zuständige Elternteil seinen **gewöhnlichen Aufenthalt** hat. Neu ist die einem praktischen Bedürfnis folgende Einbeziehung der **privilegierten volljährigen Kinder** iSd. § 1603 Abs. 2 Satz 2 BGB, die minderjährigen Kindern gleichgestellt sind. Die Regelung stellt bei der Bezeichnung des Elternteils, der für das Kind handelt, nicht mehr auf die gesetzliche Vertretung, sondern allgemein auf die Handlungsbefugnis in der Unterhaltsangelegenheit ab. Auf diese Weise werden auch die Fälle der Verfahrensstandschaft nach § 1629 Abs. 3 Satz 1 BGB mit umfasst.[3] 50

Die in **§ 232 Abs. 1** vorgesehenen ausschließlichen Zuständigkeiten haben nach § 232 Abs. 2 **Vorrang** gegenüber anderen ausschließlichen Gerichtsständen. Die Kollision mehrerer ausschließlicher Gerichtsstände hatte in der Vergangenheit, insbesondere bei Vollstreckungsgegenklagen, für die nach früherem Recht ein Vorrang des nach §§ 767 Abs. 1, 802 ZPO ausschließlich zuständigen Gerichts des ersten Rechtszugs angenommen worden war,[4] zu Streitigkeiten geführt. Mit der Neuregelung ist dieser Streit beendet worden. 51

Für den Fall, dass eine Zuständigkeit nach § 232 Abs. 1 nicht gegeben ist, verweist § 232 Abs. 3 Satz 1 auf die Vorschriften der **ZPO zur örtlichen Zuständigkeit** (§§ 12 bis 34 ZPO). Aus Gründen der Vereinheitlichung ist in den Vorschriften über den allgemeinen Gerichtsstand der **gewöhnliche Aufenthalt** (vgl. insbesondere §§ 12 bis 16 ZPO und die Kommentierung zu § 122 FamFG) an die Stelle des Wohnsitzes getreten.[5] Sofern es bei den allgemeinen Zuständigkeitsregeln bleibt, ist eine Prorogation unter den Voraussetzungen des § 38 Abs. 3 ZPO zulässig. Hier kann eine Zuständigkeit auch durch Verlust des Rügerechts (§§ 39, 504 ZPO) eintreten. 52

---

[1] OLG Hamm v. 19.5.1999 – 11 UF 160/98, FamRZ 2000, 544.
[2] Begr. RegE, BT-Drucks. 16/6308, S. 319.
[3] Begr. RegE, BT-Drucks. 16/6308, S. 255; kritisch zu dieser Begrifflichkeit *Klinkhammer*, www.bundestag.de/ausschuesse/a06/anhoerungen/29_FGG_Teil_1/04_Stellungnahmen.
[4] BGH v. 22.8.2001 – XII ARZ 3/01, FamRZ 2001, 1705.
[5] Begr. RegE, BT-Drucks. 16/6308, S. 255.

53 Nach § 232 Abs. 3 Satz 2 Nr. 1 bis 3 hat der Antragsteller eine **Wahlmöglichkeit** zwischen den allgemeinen Gerichtsständen der ZPO und den dort geregelten zusätzlichen Gerichtsständen. § 232 Abs. 3 Satz 2 Nr. 1 entspricht inhaltlich dem früheren § 642 Abs. 3 ZPO. Für den Antrag eines Kindes, durch den beide Eltern auf Erfüllung der Unterhaltspflicht in Anspruch genommen werden, begründet § 232 Abs. 3 Satz 2 Nr. 2 einen Wahlgerichtsstand. Der Antrag kann auch an das Gericht, das für den Antrag gegen einen Elternteil zuständig ist, gerichtet werden. Die Vorschrift entspricht dem § 35a aF ZPO. Im Übrigen wird auf die Kommentierung zu § 232 verwiesen.

54 Deutsche Gerichte müssen in Sachverhalten mit Auslandsbezug (zumindest einer der Beteiligten ist Ausländer oder staatenlos oder hat den Wohnsitz oder Aufenthalt im Ausland) die **internationale Entscheidungszuständigkeit** haben. Hier ist festzustellen, ob durch Gesetz eine Beschränkung der inländischen Gerichtsbarkeit zugunsten der Gerichtsbarkeit ausländischer Staaten vorgesehen ist. Die Regeln der internationalen Entscheidungszuständigkeit sind nationales deutsches Recht. Sie sind zum Teil autonomes deutsches Recht oder in multinationalen Staatsverträgen, in Verordnungen des Rates der EU usw. enthalten. Diese Rechtsgrundlagen beinhalten die Kriterien für die Zulässigkeit des Tätigwerdens der inländischen Gerichte.

55 Für die Staaten der **Europäischen Union**[1] war bislang für den Bereich des Unterhalts hinsichtlich der **internationalen Zuständigkeit** vorrangig Art. 5 Nr. 2 EuGVVO zu beachten.[2] Seit dem **18.6.2011** richten sich die internationale Zuständigkeit und die Anerkennung und Vollstreckung von Entscheidungen sowie die Zusammenarbeit in Unterhaltssachen nach der Europäischen Unterhaltsverordnung (**EuUntVO**[3]) und den hierzu ergangenen Durchführungsbestimmungen, insbesondere dem Auslandsunterhaltsgesetz – AUG.[4] Hierzu im Einzelnen, insbesondere auch zu den **Übergangsregelungen**, s. die Kommentierung zu § 105 sowie im Anhang nach § 110.

56 Außerhalb von Spezialregelungen ist das autonome deutsche Zivilverfahrensrecht noch von dem Grundsatz beherrscht, dass die internationale Entscheidungszuständigkeit aus einer mittelbaren stillschweigende Verweisung auf die Vorschriften über die örtliche Zuständigkeit (§ 105 FamFG) herzuleiten ist; diese sollen als doppelfunktionale Regelungen grundsätzlich sowohl die internationale als auch die örtliche Zuständigkeit begründen. Für diese Regelung gibt es nur noch wenige Anwendungsbereiche.[5]

2. Keine anderweitige Rechtshängigkeit

57 Soweit **Abänderungsverfahren mit gegenläufigem Ziel** nicht nacheinander, sondern gleichzeitig bei verschiedenen Gerichten eingeleitet werden, steht dem zeitlich späteren Verfahren gem. § 261 Abs. 3 Nr. 1 ZPO der Einwand der Rechtshängigkeit des Erstverfahrens entgegen. Im Erstverfahren muss daher ein Abänderungsgegen- (oder: -wider)antrag[6] gestellt werden.[7] Gehen gegenläufige Abänderungsanträge bei dem gleichen Gericht ein, werden sie gem. § 113 Abs. 1 FamFG iVm. § 147 ZPO zu einem Verfahren verbunden.

---

1 Das EuGVVO (Verordnung [EG] Nr. 44/2001 des Rates über die gerichtliche Zuständigkeit und die Anerkennung und Vollstreckung von Entscheidungen in Zivil- und Handelssachen v. 22.12.2000, „Brüssel I") hat das EuGVÜ (Brüsseler Übereinkommen über die gerichtliche Zuständigkeit und die Vollstreckung gerichtlicher Entscheidungen in Zivil- und Handelssachen v. 9.10.1978) seit dem 1.3.2002 ersetzt, Art. 68 EuGVVO.
2 S. hierzu die Kommentierung zu § 232 und §§ 105, 110.
3 ABl. EU 2008 Nr. 7/1.
4 AUG v. 23.5.2011, BGBl. I, S. 898; vgl. OLG Köln v. 11.1.2012 – 27 WF 194/11, FamRZ 2012, 1509; OLG Frankfurt v. 11.1.2012 – 1 UHF 43/11, FamRZ 2012, 1508.
5 *Althammer*, IPRax 2009, 381 (382).
6 Zur Terminologie vgl. auch oben *Helms*, § 113 Rz. 25.
7 BGH v. 23.10.1996 – XII ARZ 13/96, FamRZ 1997, 488; BGH v. 1.10.1997 – XII ZR 49/96, FamRZ 1998, 99.

3. Rechtsschutzbedürfnis

a) Vorrang eines Rechtsmittels

Wenn und soweit sich die für die Bemessung des Unterhalts maßgeblichen Umstände zwar nach dem Schluss der mündlichen Verhandlung, aber zu einem Zeitpunkt geändert haben, in dem der Beteiligte diese Änderung im Rahmen eines von ihm eingelegten **Rechtsmittels** oder mit einem **Anschlussrechtsmittel** geltend machen kann, fehlt das Rechtsschutzinteresse für einen Abänderungsantrag; denn insoweit ist das Rechtsmittel vorrangig.[1]

b) Abänderungsantrag des Unterhaltsgläubigers

Das Rechtsschutzbedürfnis für einen **Abänderungsantrag des Unterhaltsgläubigers** entfällt nicht schon, wenn der Unterhaltsschuldner freiwillig einen über den titulierten Betrag hinaus verlangten Unterhalt leistet.[2] Es fehlt jedoch, wenn lediglich ein über einen freiwillig bezahlten Teil hinausgehender Unterhalt tituliert ist und der Veränderung durch Einschränkung der freiwilligen Leistungen Rechnung getragen werden kann.[3]

c) Abänderungsantrag des Unterhaltsschuldners

Gibt der **Unterhaltsgläubiger den Titel zurück** oder erklärt er in einer Konstellation, in der er den Titel noch zur Vollstreckung von Ansprüchen wegen rückständigen Unterhalts benötigt, er werde von einem bestimmten Zeitpunkt an nicht mehr vollstrecken, dann entfällt ein Rechtsschutzinteresse des Unterhaltsschuldners an einer Abänderung des Titels.[4] Nicht ausreichend ist die Abgabe eines widerruflichen Vollstreckungsverzichts bis zu dem Zeitpunkt, in dem sich die zugrunde liegenden Verhältnisse wieder ändern, wenn der Unterhaltsgläubiger den Titel nicht herausgibt.[5]

Bei einem außergerichtlich erklärten teilweisen **Vollstreckungsverzicht** (Beispiel: Unterhaltstitel über 500 Euro, Vollstreckungsverzicht des Unterhaltsgläubigers iHv. 200 Euro wegen eigenen Einkommens) besteht ein Rechtsschutzbedürfnis für einen Abänderungsantrag lediglich iHv. 300 Euro, nicht jedoch iHd. insgesamt titulierten Forderung von 500 Euro. Der eine Abänderung begehrende Antragsteller muss dies bereits in seinem Abänderungsantrag berücksichtigen.[6]

Formulierungsvorschlag:

Der Beschluss des Amtsgerichts – Familiengericht – xy vom 1.9.2009 (Aktenzeichen: ...) wird unter Berücksichtigung des von dem Antragsgegner am 1.11.2009 erklärten außergerichtlichen Unterhaltsverzichts iHv. 200 Euro dahingehend abgeändert, dass der Antragsteller ab dem 1.12.2009 keinen Unterhalt mehr schuldet.

4. Verfahrensführungsbefugnis, Beteiligte

Die Frage der Verfahrensführungsbefugnis ist mit der Frage, ob der richtige Beteiligte als Antragsgegner in Anspruch genommen wurde, eng verknüpft.[7] Da die Identität der Beteiligten eine besondere Verfahrensvoraussetzung für den Abänderungsantrag ist, wird dieser Komplex zusammenfassend unter Nr. II 2. (s. Rz. 67 ff.) behandelt.

---

1 OLG Koblenz v. 17.11.1987 – 11 UF 1546/86, FamRZ 1988, 302; OLG Köln v. 29.11.1996 – 26 WF 130/96, FamRZ 1997, 507.
2 OLG Zweibrücken v. 12.8.1996 – 5 WF 42/96, FamRZ 1997, 620.
3 BGH v. 31.3.1993 – XII ZR 234/91, MDR 1993, 651.
4 OLG München v. 3.12.1998 – 12 WF 1327/98, FamRZ 1999, 942; OLG Köln v. 25.7.2005 – 4 WF 104/05, FamRZ 2006, 718; OLG Hamm v. 31.1.2006 – 2 WF 12/06, FamRZ 2006, 1855, vgl. auch OLG Brandenburg v. 1.9.2004 – 9 UF 176/04, FamRZ 2005, 536; aA Johannsen/Henrich/*Brudermüller*, § 238 FamFG Rz. 35.
5 OLG Saarbrücken v. 9.6.2009 – 6 WF 55/09, FamRZ 2009, 1938; OLG Karlsruhe v. 20.9.2005 – 16 WF 115/05, FamRZ 2006, 630.
6 FA-FamR/*Gerhardt*, Kap. 6 Rz. 929.
7 BGH v. 17.3.1982 – IV ZR 646/80, NJW 1983, 684.

II. Besondere Verfahrensvoraussetzungen

63 Als besondere Verfahrensvoraussetzungen verlangt ein Abänderungsantrag nach § 238 eine in der Hauptsache ergangene Endentscheidung des Gerichts über eine Verpflichtung zu künftig fällig werdenden wiederkehrenden Leistungen, die Identität des Abänderungsgegenstandes, die Identität der Beteiligten und die Behauptung einer wesentlichen Veränderung der Verhältnisse eines fortbestehenden Titels nach Schluss der mündlichen Verhandlung.

1. Abzuändernder Titel

64 Ein Abänderungsantrag nach § 238 muss sich gegen eine in der Hauptsache ergangene Endentscheidung des Gerichts über eine Verpflichtung zu künftig fällig werdenden **wiederkehrenden Leistungen** richten. Er ist **nicht zulässig** gegen Titel, die den Unterhaltsschuldner zur Zahlung einer **Abfindung** oder eines **einmaligen Sonderbedarfs** verpflichten.[1] Mit wiederkehrenden Leistungen sind nur Unterhaltsleistungen gemeint. Andere Titel über wiederkehrende Leistungen außerhalb des Unterhaltsrechts können mit § 323 ZPO abgeändert werden. Es handelt sich dann um eine allgemeine Zivilprozesssache, nicht um eine Familiensache iSd. § 111 Nr. 8.

65 Titel iSd. § 238 sind auch die nach früherem Recht ergangenen **Leistungsurteile**, **Anerkenntnisurteile**,[2] **Versäumnisurteile nach Schluss der Einspruchsfrist**[3] und **DDR-Urteile**.[4] Unter § 238 fallen auch **Abänderungsurteile** nach § 323 aF ZPO, selbst wenn darin eine früher erkannte Unterhaltsrente gestrichen worden ist.[5] Hinsichtlich der Abänderbarkeit sonstiger Titel (eA, Vergleich, notarielle Urkunde, Jugendamtsurkunde) s. Rz. 12 ff.

66 Wenn ein Ursprungstitel bereits einmal oder mehrfach abgeändert wurde, kann es zweifelhaft sein, welcher Titel abgeändert wird, dh. nur der letzte Titel oder nur der Ausgangstitel oder auch alle anderen Titel. Nach der Rechtsprechung soll grundsätzlich bei mehrfacher Abänderung eines früheren Titels nicht die erste, sondern die letzte Entscheidung Gegenstand des neuen Verfahrens sein.[6] Gleichwohl können Unklarheiten dadurch vermieden werden, dass **in dem Abänderungsantrag eine Abänderung sämtlicher vorausgegangener Titel und Abänderungsentscheidungen begehrt wird**.

2. Identität des Verfahrensgegenstandes und der Beteiligten

a) Identität des Verfahrensgegenstandes

67 Ein zulässiger Abänderungsantrag setzt eine Identität des Verfahrensgegenstandes zwischen Vorverfahren und Abänderungsverfahren voraus.[7] Sie bezieht sich auf das jeweilige Rechtsverhältnis, aus dem der Unterhaltsberechtigte die Verpflichtung des Unterhaltsschuldners zur Erbringung wiederkehrender Leistungen abgeleitet hat. Daher haben auch gegenläufige Abänderungsanträge den gleichen Verfahrensgegenstand.[8]

68 Zwischen **Trennungs- und nachehelichem Ehegattenunterhalt** besteht keine Identität. Ein Titel über Trennungsunterhalt kann nicht in einen Titel auf nachehelichen

---

1 Luthin/*Koch*, Rz. 7287.
2 BGH v. 31.10.2001 – XII ZR 292/99, FamRZ 2002, 88.
3 OLG Hamm v. 24.6.1992 – 5 UF 237/90, FamRZ 1992, 1201; OLG Hamm v. 25.9.1996 – 12 WF 381/96, FamRZ 1997, 433; Zöller/*Lorenz*, § 238 FamFG Rz. 2; Thomas/Putzo/*Hüßtege*, § 238 FamFG Rz. 9.
4 BGH v. 25.1.1995 – XII ZR 247/93, FamRZ 1995, 544; OLG Brandenburg v. 15.10.1996 – 10 WF 103/96, FamRZ 1997, 1342; *Brudermüller*, FamRZ 1995, 936.
5 BGH v. 28.3.2007 – XII ZR 163/04, FamRZ 2007, 983; BGH v. 3.11.2004 – XII ZR 120/02, FamRZ 2005, 101; OLG Hamm v. 14.12.2006 – 1 WF 312/06, FamRZ 2007, 1032.
6 BGH v. 28.2.2007 – XII ZR 37/05, FamRZ 2007, 793.
7 OLG Düsseldorf v. 26.4.1994 – 1 UF 195/93, FamRZ 1994, 1535; Wendl/*Schmitz*, § 10 Rz. 180; Zöller/*Lorenz*, § 238 FamFG Rz. 16.
8 BGH v. 23.10.1996 – XII AZR 13/96, FamRZ 1997, 488.

Unterhalt abgeändert werden. Für den nachehelichen Unterhalt muss sich der Unterhaltsberechtigte im Wege eines neuen Leistungsantrags einen Titel verschaffen.[1] Nach Rechtskraft der Ehescheidung kann sich der Unterhaltsschuldner, wenn weiterhin aus dem Titel auf Trennungsunterhalt vollstreckt wird, mit einem Vollstreckungsgegenantrag (§ 120 FamFG, § 767 ZPO) wehren.

Identität des Verfahrensgegenstandes besteht zwischen dem **Unterhaltsanspruch eines Kindes** gegen seine Eltern vor und nach Eintritt der Volljährigkeit[2] und unabhängig davon, ob die Eltern zunächst noch getrennt lebten und später geschieden wurden. Zur Verfahrensführungsbefugnis vgl. die Ausführungen unter Rz. 62 ff. — 69

b) Identität der Beteiligten

Richtige Beteiligte eines Abänderungsantrags sind die Beteiligten des Vorverfahrens oder die, auf die sich die Rechtskraftwirkung erstreckt.[3] Neben den Beteiligten des Vorverfahrens können infolge eines gesetzlichen Forderungsübergangs auch deren Rechtsnachfolger Antragsteller oder Antragsgegner eines Abänderungsantrags sein. — 70

aa) Verfahrensstandschaft

Wenn ein Titel auf Kindesunterhalt von einem Elternteil während des Getrenntlebens bzw. während der Anhängigkeit einer Ehesache im Rahmen der **gesetzlichen Verfahrensstandschaft** nach § 1629 Abs. 3 BGB (Antrag im eigenen Namen des Elternteils) erwirkt wurde, und **vor Einleitung** des Abänderungsverfahrens die Verfahrensstandschaft nach der **Volljährigkeit des Kindes oder der Scheidung der Ehe der Eltern** weggefallen ist, ist nur das Kind Beteiligter des Abänderungsverfahrens, unabhängig davon, ob es sich um einen Antrag des Kindes oder einen gegen das Kind gerichteten Antrag handelt. Dies gilt auch, wenn der der Unterhaltstitel noch nicht zugunsten des Kindes umgeschrieben worden ist.[4] — 71

Wenn das Kind noch **minderjährig** ist, wird es bei fortbestehender gemeinsamer elterlicher Sorge durch den betreuenden[5] bzw. ansonsten durch den sorgeberechtigten Elternteil vertreten.[6] Entsprechendes gilt für einen zwischen den Eltern geschlossenen Vergleich (der nach § 239 abzuändern ist), ohne dass das unterhaltsberechtigte Kind diesem beizutreten braucht.[7] — 71a

Ein **nach** Wegfall der gesetzlichen Verfahrensstandschaft des § 1629 Abs. 3 Satz 1 BGB durch den ehemaligen Verfahrensstandschafter im eigenen Namen eingereichter Abänderungsantrag ist unzulässig. Gleiches gilt für Anträge des Unterhaltsschuldners gegen den anderen Elternteil, dessen gesetzliche Verfahrensstandschaft für die minderjährigen Kinder erloschen ist.[8] In solchen Fällen kann ggf. die Zulässigkeit eines Beteiligtenwechsels geprüft werden.[9] — 71b

Sofern die Scheidung erst **während eines Abänderungsverfahrens** rechtskräftig wird, kann der das Verfahren betreibende Elternteil dieses in Anwendung des Rechtsgedankens aus § 256 Abs. 2 Satz 1 ZPO bis zu einer rechtskräftigen Entscheidung oder anderweitigen Beendigung, zB durch den Abschluss eines Vergleichs, wei- — 71c

---

1 BGH v. 30.1.1985 – IVb ZR 67/83, FamRZ 1985, 371.
2 BGH v. 21.3.1984 – IVb ZR 72/82, FamRZ 1984, 682.
3 BGH v. 17.3.1982 – IVb ZR 646/80, FamRZ 1982, 588; BGH v. 11.12.1985 – IVb ZR 80/84, FamRZ 1986, 254; Zöller/*Lorenz*, § 238 FamFG Rz. 24; Thomas/Putzo/*Hüßtege*, § 238 FamFG Rz. 28.
4 BGH v. 1.6.1983 – IVb ZR 386/81, FamRZ 1983, 806; OLG Köln v. 7.4.1995 – 25 WF 67/95, FamRZ 1995, 1503; OLG Karlsruhe v. 2.6.1980 – 5 WF 64/80, FamRZ 1980, 1059; OLG Hamm v. 17.8.1990 – 13 WF 253/90, FamRZ 1990, 1375; Wendl/*Schmitz*, § 10 Rz. 51.
5 OLG Naumburg v. 22.2.2007 – 8 UF 185/06, FamRZ 2007, 1334.
6 BGH v. 1.6.1983 – IVb ZR 386/81, NJW 1983, 1976; OLG Hamm v. 17.8.1990 – 13 WF 253/90, FamRZ 1990, 1375; OLG Naumburg v. 22.2.2007 – 8 UF 185/06, FamRZ 2007, 1335.
7 Johannsen/Henrich/*Brudermüller*, § 238 FamFG Rz. 38.
8 Palandt/*Diederichsen*, § 1629 BGB Rz. 61.
9 BGH v. 7.5.2003 – XII ZB 191/02, FamRZ 2003, 1093.

ter in eigenem Namen führen, wenn die elterliche Sorge für das minderjährige Kind keinem anderen als ihm übertragen worden ist.[1]

71d Endet die Verfahrensstandschaft durch den Eintritt der **Volljährigkeit** des Kindes, kann dieses in das Verfahren eintreten bzw. im Passivverfahren im Wege des Beteiligtenwechsels in Anspruch genommen werden.[2]

bb) Forderungsübergang

72 Ist ein Unterhaltsanspruch nach Schaffung des letzten Titels durch gesetzlichen Forderungsübergang auf einen anderen Beteiligten übergegangen, zB nach § 33 Abs. 1 SGB II auf die Arbeitsagentur oder gem. § 94 Abs. 1 Satz 1 SGB XII auf den Sozialhilfeträger, ist dieser bis zur Höhe des übergegangenen Anspruchs Beteiligter für ein Abänderungsverfahren, soweit sich die Rechtskraft eines Urteils zwischen den ursprünglichen Beteiligten nicht auf den Rechtsnachfolger erstrecken würde. Ein Abänderungsantrag ist gegen ihn zu richten. Wenn der **Sozialhilfeträger** auch den **zukünftigen Unterhalt** geltend macht (§ 33 Abs. 3 Satz 2 SGB II, § 94 Abs. 4 Satz 2 SGB XII), ist er bei veränderten Verhältnissen für einen Antrag nach § 238 verfahrensbefugt und aktivlegitimiert, solange er die Ansprüche nicht zurückabgetreten hat, § 33 Abs. 4 Satz 1 SGB II, § 94 Abs. 5 SGB XII.[3] Neben dem Sozialhilfeträger kann auch der Unterhaltsgläubiger als Träger des materiellen Rechts einen Abänderungsantrag stellen.[4] Begehrt in Fällen des Rechtsübergangs der Unterhaltspflichtige eine Abänderung der Entscheidung, muss er den Antrag gegen den Unterhaltsberechtigten als Inhaber des Titels und gegen den öffentlichen Leistungsträger erheben.[5] Dies gilt auch, wenn nur ein Teil des Unterhaltsanspruchs von dem Rechtsübergang auf den öffentlichen Träger erfasst wird.[6]

3. Behauptete nachträgliche wesentliche Veränderung

a) Vortrag wesentlicher Veränderungen

73 Ein Abänderungsantrag ist zulässig, wenn der Antragsteller **behauptet**, es liege eine wesentliche Veränderung der Verhältnisse eines fortbestehenden Titels vor. § 238 Abs. 1 Satz 2 enthält mit leichten sprachlichen Modifizierungen die aus § 323 Abs. 1 aF ZPO bekannte Wesentlichkeitsschwelle (hierzu s. Rz. 80). Das Wesentlichkeitskriterium ist in § 238 Abs. 1 Satz 2 jedoch lediglich **Voraussetzung für die Zulässigkeit** des Abänderungsantrags. Danach ist ein **Abänderungsantrag nur zulässig**, wenn der Antragsteller **Tatsachen vorträgt**, aus denen sich eine **wesentliche Veränderung** der für die Leistungspflicht maßgeblichen Verhältnisse nach Schluss der mündlichen Verhandlung ergibt.[7] **Ob eine solche Veränderung wirklich vorliegt**, ist eine Frage der **Begründetheit**. Ein Abänderungsantrag ist unbegründet, wenn die Abänderung unwesentlich oder nicht nachweisbar ist.[8] Bei der Prüfung der Begründetheit ist § 238 Abs. 4 zu beachten. Dort sind das Kriterium der wesentlichen Veränderung erneut genannt und die bei der Begründetheit des Antrags zu beachtenden Parameter für eine Abänderung der Entscheidung geregelt.[9]

b) Der Begriff „Tatsachen"

74 Durch die Formulierung, dass „Tatsachen" vorzutragen sind, kann es zu Missverständnissen kommen. Denn für die Zulässigkeit einer Abänderungsklage nach dem

---

[1] BGH v. 15.11.1989 – IVb ZR 3/89, FamRZ 1990, 283; vgl. Wendl/*Schmitz*, § 10 Rz. 51.
[2] BGH v. 15.11.1989 – IVb ZR 3/89, FamRZ 1990, 283.
[3] BGH v. 1.3.1992 – XII ZR 1/91, FamRZ 1992, 797; OLG Karlsruhe v. 21.12.2004 – 2 UF 103/04, FamRZ 2005, 1756.
[4] BGH v. 18.3.1992 – XII ZR 1/91, FamRZ 1992, 797.
[5] OLG Brandenburg v. 19.5.2008 – 1 WF 414/07, FamRZ 2009, 67.
[6] OLG Karlsruhe v. 21.12.2004 – 2 UF 103/04, FamRZ 2005, 1756.
[7] Begr. RegE, BT-Drucks. 16/6308, S. 257.
[8] BGH v. 5.9.2001 – XII ZR 108/00, FamRZ 2001, 1687; Thomas/Putzo/*Hüßtege*, § 238 FamFG Rz. 19.
[9] Begr. RegE, BT-Drucks. 16/6308, S. 257.

vor dem 1.9.2009 geltenden Recht reichte es aus, dass sich bei gleichbleibenden Tatsachen lediglich die **höchstrichterliche Rechtsprechung**, zB zur Anrechnungs-/Differenzmethode, oder die Rechtslage geändert hatte. So konnten Rangänderungen aufgrund der am 1.1.2008 in Kraft getretenen Unterhaltsrechtsreform in zulässiger Weise geltend gemacht werden, auch wenn in diesen Fällen lediglich Alttatsachen vorgetragen wurden. Bei der Prüfung war in materieller Hinsicht lediglich das in § 36 Nr. 1 EGZPO normierte Zumutbarkeitskriterium zu prüfen. Der Gesetzgeber wollte mit der Neufassung des Gesetzestextes in § 238 die Zulässigkeitsvoraussetzungen für einen Abänderungsantrag nicht verändern, sondern klarstellen, dass auch eine Veränderung der zugrunde liegenden rechtlichen Verhältnisse, wie etwa der höchstrichterlichen Rechtsprechung, ausreicht.[1] Die **vorzutragende „Tatsache"** kann daher auch **lediglich beinhalten**, es habe sich die **höchstrichterliche Rechtsprechung** oder die **Rechtslage** geändert.[2]

c) Anforderungen an die Darlegung

Viele **Abänderungsanträge scheitern** bereits an der **Schwelle der Zulässigkeit**, weil nicht ausreichend substantiiert vorgetragen wird.

Der Abänderungsantragsteller darf sich bei seinem Vortrag **nicht selektiv auf einen einzelnen Umstand** berufen, der sich seit der Ersttitulierung vermeintlich zu seinen Gunsten geändert hat. Vielmehr muss er bereits im Rahmen der Zulässigkeit auch die **unstreitigen Gesichtspunkte** darlegen. Die Gesamtbeurteilung aller Veränderungen und der unverändert gebliebenen Verhältnisse durch den Abänderungsantragsteller in der Antragsschrift muss erkennen lassen, ob es sich um wesentliche Änderungen iSv. § 238 FamFG (früher § 323 Abs. 1 ZPO) handelt.

Darzulegen sind zunächst die Umstände, die für den **Grund, die Höhe und die Dauer** der Verpflichtung zur Unterhaltsleistung maßgebend waren. Hierzu gehört auch der dem titulierten Unterhalt zugrunde liegende **Rechenweg**. Selbst eine nicht nachvollziehbare Berechnung ist darzutun.[3]

Nicht ausreichend ist ein einseitiger **Vortrag** des Unterhaltspflichtigen **zu einer Verringerung der Bedürftigkeit** des Unterhaltsberechtigten **ohne gleichzeitige Darlegung der eigenen aktuellen Leistungsfähigkeit**. Ein solcher Abänderungsantrag ist unschlüssig, weil nur durch eine Gesamtschau unter Berücksichtigung aller Aspekte über die Berechtigung eines Abänderungsverlangens entschieden werden kann. Aus dem Vortrag des Antragstellers muss sich ergeben, dass „unter dem Strich" das erstrebte Ergebnis herauskommen kann.[4]

Zur Erfüllung der Voraussetzungen für einen schlüssigen Vortrag muss der Rechtsanwalt des Antragstellers, wenn er an dem Vorverfahren nicht beteiligt war und die Unterlagen des Mandanten nicht ausreichen, sich ggf. die gerichtlichen **Akten des Erstverfahrens** besorgen und/oder die **Handakten des früher tätigen Rechtsanwalts**. Ein Beweisangebot „Beiziehung der Verfahrensakten des Amtsgericht..., Az..." ist **ohne gleichzeitigen schlüssigen Vortrag nicht ausreichend**. Es handelt sich um einen Ausforschungsbeweisantrag. Es ist nicht Sache des Familiengerichts, sich aus einem Anlagenkonvolut oder aus den Akten des Vorverfahrens die notwendigen Angaben herauszusuchen; dies obliegt allein dem Abänderungsantragsteller! Erst wenn der Abänderungsantragsteller die Grundlagen des abzuändernden Titels und seiner Abänderungsgründe schlüssig dargelegt hat, obliegt es dem Richter, diese Angaben auf ihre Richtigkeit zu prüfen und zu entscheiden, ob sie eine Abänderung rechtfertigen.

Da ein schlüssiger Vortrag Zulässigkeitsvoraussetzung für den Abänderungsantrag ist, hilft in vielen Fällen auch die **Flucht in die Säumnis** nicht mehr, wenn das Gericht in der mündlichen Verhandlung Bedenken gegen die Zulässigkeit eines Ab-

---

1 Begr. RegE, BT-Drucks. 16/6308, S. 257.
2 Vgl. Klinkhammer, www.bundestag.de/ausschuesse/a06/anhoerungen/29_FGG_Teil_1/04_Stellungnahmen.
3 OLG Brandenburg v. 28.11.2007 – 9 UF 198/07, FamRZ 2008, 797.
4 *Born*, NJW 2007, 2923; Luthin/Koch/*Margraf*, 11. Aufl., Rz. 792.

änderungsantrags äußert. Denn das Verfahren muss in einem solchen Fall **nicht zwingend** durch einen **Versäumnisbeschluss**, sondern kann auch durch einen **kontradiktorischen Beschluss** beendet werden. Gleiches gilt für die **Zurückweisung einer Beschwerde** in der Beschwerdeinstanz.[1]

d) Vortrag bei fiktiven Verhältnissen

76 Ein Abänderungsantragsteller, dessen Unterhaltsverpflichtung nach der Ausgangsentscheidung auf seiner fingierten Leistungsfähigkeit beruht, weil er seinen gut bezahlten **Arbeitsplatz mutwillig aufgegeben** hatte, muss dartun, dass er aus von ihm nicht zu vertretenden Gründen die frühere Arbeitsstelle in der Zeit zwischen der Erstentscheidung und dem Abänderungsantrag ohnehin verloren oder sich sein Einkommen verringert hätte, etwa weil er den Anforderungen aus gesundheitlichen Gründen nicht mehr gewachsen gewesen wäre oder Personal abgebaut worden und er hiervon betroffen gewesen wäre. Nur mit einem solchen Vortrag kann der Antragsteller die frühere Prognose, er hätte ohne sein unterhaltsrechtlich relevantes Fehlverhalten weiterhin die Einkünfte aus seinem früheren Arbeitsverhältnis bezogen, wegen Veränderung der Umstände widerlegen.[2] Nicht ausreichend ist der Vortrag, er gehe inzwischen wieder einer Erwerbstätigkeit nach, mit der aber das frühere Einkommen nicht erzielbar sei.

Grundsätzlich ist auch davon auszugehen, dass eine Prognose und damit eine **fiktive Zurechnung** von Einkünften **nicht nur für einen bestimmten Zeitraum** Geltung hat, wenn die abzuändernde Erstentscheidung keine ausdrückliche Einschränkung dieser Art enthält.[3]

Hat der Unterhaltsschuldner durch **unterhaltsbezogene Mutwilligkeit** (zB Eigenkündigung) seinen Arbeitsplatz verloren, später jedoch eine neue Arbeitsstelle gefunden, aus der er ein etwa gleichhohes Einkommen wie aus seiner früheren Tätigkeit erzielt, und verliert er diese Arbeitsstelle durch betriebsbedingte Kündigung des Arbeitgebers wieder, kann dies **eine fiktive Zurechnung** von Einkünften aus dem Arbeitsverhältnis aber **nicht erneut** auslösen. Denn spätestens durch die Aufnahme eines Arbeitsverhältnisses im Umfang des aufgegebenen mit ähnlich hohen Einkünften ist die für die Prognose und die fiktive Zurechnung von Einkünften bestimmende **Kausalkette** unterbrochen.[4]

Von den oben genannten Konstellationen zu unterscheiden ist der Fall, in dem der **Unterhaltspflichtige** zunächst **schuldlos** seine **Arbeitsstelle verliert** und sich danach nicht in ausreichendem Maße um eine neue Arbeit bemüht, so dass ihm nunmehr fiktiv ein erzielbares Einkommen zugerechnet wird. Die Zurechnung dieses fiktiven Einkommens erfolgt nur solange, wie sich der Unterhaltsschuldner nicht hinreichend um die Erlangung eines neuen Arbeitsverhältnisses bemüht. Der Unterhaltsschuldner hat im Abänderungsverfahren darzulegen, dass er sich seiner Erwerbsobliegenheit entsprechend beworben und dennoch keine Arbeitsstelle erhalten konnte oder lediglich eine solche, deren Entlohnung unter dem Einkommen liegt, das in dem abzuändernden Beschluss zugrunde gelegt worden war.[5]

e) Vortrag bei Abänderung eines Anerkenntnisbeschlusses

77 Wenn ein **Anerkenntnisbeschluss** abgeändert werden soll, ist auf die dem Beschluss zugrunde liegenden tatsächlichen Umstände abzustellen. Dabei kommt es weder auf das damalige Antragsvorbringen noch auf die Beweggründe des Anerkennenden an, sondern nur darauf, ob sich nachträglich eine Änderung der tatsächlichen Verhältnisse ereignet hat.[6] Die Darlegungslast hierfür hat der Antragsteller.[7]

---

1 OLG Köln v. 15.3.2011 – 25 UF 152/10 (nv.).
2 BGH v. 20.2.2008 – XII ZR 101/05, FamRZ 2008, 872; OLG Celle v. 5.6.2008 – 17 UF 11/08, FamRZ 2009, 790.
3 BGH v. 20.2.2008 – XII ZR 101/05, FamRZ 2008, 872.
4 OLG Frankfurt v. 19.7.2007 – 5 WF 131/07, NJW-RR 2008, 888.
5 BGH v. 3.12.2008 – XII ZR 182/06, FamRZ 2009, 314.
6 BGH v. 4.7.2007 – XII ZR 251/04, FamRZ 2007, 1460 m. Anm. v. *Hoppenz*.
7 OLG Brandenburg v. 28.11.2007 – 9 UF 198/07, FamRZ 2008, 797.

f) Vortrag bei Abänderung eines Versäumnisbeschlusses

Bei einem **Versäumnisbeschluss** (hierzu s. Rz. 37) müssen gem. § 238 Abs. 2 FamFG die zur Abänderung Anlass gebenden Umstände **nach dem Ablauf der Einspruchsfrist** entstanden sein; dies ist entsprechend vorzutragen. Seit der Entscheidung des BGH vom 12.5.2010 kommt eine Abänderung nur dann und auch nur insoweit in Betracht, als sich die **zum Zeitpunkt des Erlasses der Versäumnisentscheidung vorliegenden tatsächlichen Verhältnisse** wesentlich geändert haben.[1] Hinsichtlich der abzuändernden Entscheidung wird mithin nicht mehr wie früher auf die seinerzeit als zugestanden geltenden Umstände, sondern auf die tatsächlich bestehenden Verhältnisse abgestellt. Diese sind entsprechend darzulegen.

E. Begründetheit des Abänderungsantrags

I. Wesentliche Veränderung der unterhaltsrelevanten Verhältnisse

Für die Begründetheit eines Abänderungsantrags ist es erforderlich, dass eine **wesentliche Veränderung** der tatsächlichen oder rechtlichen Verhältnisse wirklich vorliegt. In § 238 Abs. 4 wird der Gesichtspunkt der Bindungswirkung, der bislang in § 323 Abs. 1 aF ZPO in der Formulierung „eine entsprechende Abänderung" enthalten war, deutlicher zum Ausdruck gebracht. Mit der Neuformulierung hat der Gesetzgeber keine Veränderung der Rechtslage verbunden.[2]

Für die Beurteilung, ob sich die **Verhältnisse wesentlich geändert** haben, kommt es nicht auf das Ausmaß einzelner veränderter Umstände an, sondern darauf, ob sich die **gesamten** für die Unterhaltsbemessung maßgeblichen Verhältnisse wesentlich geändert haben.[3] Die Wesentlichkeit einer Änderung wird bejaht, wenn sie in einer nicht unerheblichen Weise zu einer anderen Beurteilung des Bestehens, der Höhe oder der Dauer des Anspruchs führt.[4] Eine **Änderung von etwa 10 % des Unterhaltsanspruchs** wird idR als wesentlich angesehen. Der Prozentsatz kann aber bei **beengten wirtschaftlichen Verhältnissen** auch darunter liegen.[5] Die Wesentlichkeitsschwelle des § 238 Abs. 1 Satz 2, Abs. 4 FamFG für einen Abänderungsantrag eines **unterhaltsberechtigten Kindes** auf höheren Unterhalt ist dann überschritten, wenn sich die **Bedarfssätze** geändert haben und der Antragsteller im Wege der Abänderung nicht mehr als das unterhaltsrechtliche Existenzminimum verlangt (Abänderung von Regelbetrag auf Mindestunterhalt).[6]

Anders als § 323 Abs. 1 aF ZPO unterscheidet § 238 Abs. 1 Satz 2 bei den veränderten Verhältnissen zwischen **tatsächlichen** und **rechtlichen** Verhältnissen.

1. Änderung der tatsächlichen Verhältnisse

Häufige Abänderungsgründe sind:
- **Absinken des Einkommens** des Unterhaltspflichtigen mit der Folge des Übergangs von der konkreten Bedarfsermittlung auf eine Quotenberechnung,[7]
- **Änderung der Tabellensätze, RL, Verteilungsschlüssel, Berechnungsmethoden**, denn in der Berufung hierauf liegt die Behauptung, die allgemeinen wirtschaftlichen Verhältnisse hätten sich in einem der Änderung entsprechenden Maße geändert,[8]

---

1 BGH v. 12.5.2010 – XII ZR 98/08, FamRZ 2010, 1150 = FF 2010, 407 m. Anm. v. *Bömelburg*, FF 2010, 410 ff.
2 Begr. RegE, BT-Drucks. 16/6308, S. 258.
3 BGH v. 10.10.1984 – IVb ZR 12/83, FamRZ 1985, 53.
4 BGH v. 26.1.1983 – IVb ZR 347/81, FamRZ 1984, 353.
5 BGH v. 29.1.1992 – XII ZR 239/90, FamRZ 1992, 539; OLG Hamm v. 29.4.2011 – 6 WF 128/11, FamRZ 2012, 53; OLG Hamm v. 11.8.2006 – 11 UF 25/06, NJW 2007, 1217.
6 OLG Hamm v. 29.4.2011 – 6 WF 128/11, FamRZ 2012, 53; OLG Naumburg v. 14.1.2010 – 3 WF 262/09, NJW-Spezial 2010, 389.
7 BGH v. 5.2.2003 – XII ZR 29/00, FamRZ 2003, 849.
8 BGH v. 2.2.2005 – XII ZR 114/03, FamRZ 2005, 608; OLG Hamm v. 30.4.2004 – 11 WF 76/04, FamRZ 2004, 1885; OLG Karlsruhe v. 15.10.2003 – 16 WF 119/03, FamRZ 2004, 1052; vgl. auch BGH v. 23.11.1994 – XII ZR 168/93, FamRZ 1995, 221.

- **Änderungen der Altersstufe**, dh. Erreichen der nächsten Lebensaltersstufe beim Kindesunterhalt,[1]
- **Arbeitslosigkeit**, die nicht nur vorübergehend ist,[2]
- Ausschluss- oder Herabsetzungsgründe nach § 1579 BGB (zB wegen einer verfestigten **nichtehelichen Lebensgemeinschaft**),[3]
- anteilige Barunterhaltspflicht (§ 1606 Abs. 3 BGB) beider Elternteile bei Eintritt der **Volljährigkeit** eines Kindes,[4]
- Bedarfsveränderung wegen **Alters**,[5]
- Erhöhung eines konkret berechneten Bedarfs wegen allgemein gestiegener Lebenshaltungskosten,[6]
- **Erhöhung des Einkommens** des Unterhaltspflichtigen,
- **Erhöhung des Einkommens** des Unterhaltsberechtigten, zB durch Bezug einer (Erwerbsunfähigkeits-)Rente,[7]
- erstmaliger Eintritt oder die Ausweitung von **Erwerbsobliegenheiten**,[8]
- Fehlgehen einer **Prognose**, zB über die Entwicklung der Einkünfte des Unterhaltsschuldners,[9] oder die Entwicklung einer Erkrankung,[10]
- **Hinzutreten weiterer Unterhaltsberechtigter**,[11]
- Überholende Kausalität bei **Einkommensfiktion**, zB wenn der Unterhaltspflichtige, der seine Arbeitsstelle mutwillig aufgegeben hat, geltend macht, er hätte den Arbeitsplatz ohnehin aus betriebsbedingten Gründen verloren,[12]
- **Vaterschaftsanfechtung** durch den Verpflichteten,[13]
- **Versorgungsleistungen** des Unterhaltsberechtigten für einen neuen Partner,[14]
- **Wegfall** einer Unterhaltspflicht,[15]
- **Wiederzusammenleben** getrennter Ehegatten,[16]
- **Wiederverheiratung** des Unterhaltspflichtigen.

2. Änderung der rechtlichen Verhältnisse

83   Eine **Änderung der Gesetzeslage** war in der Rechtsprechung auch für § 323 aF ZPO anerkannt.[17] Sie ist nunmehr durch den Wortlaut des § 238 ausdrücklich erfasst.[18] Gleichzusetzen mit einer Gesetzesänderung ist der Fall einer verfassungskon-

---

1 BGH v. 23.2.2005 – XII ZR 114/03, FamRZ 2005, 608; OLG Karlsruhe v. 15.10.2003 – 16 WF 119/03, FamRZ 2004, 1052.
2 OLG Brandenburg v. 12.1.1995 – 9 UF 90/94, FamRZ 1995, 1220; OLG Dresden v. 25.11.1997 – 10 WF 455/97, FamRZ 1998, 767; Wendl/*Schmitz*, § 10 Rz. 198.
3 BGH v. 5.5.2004 – XII ZR 132/02, FamRZ 2004, 1173; BGH v. 29.11.2000 – XII ZR 165/98, FamRZ 2001, 282.
4 OLG Koblenz v. 9.11.2006 – 7 WF 1042/06, FamRZ 2007, 653.
5 BGH v. 23.11.1994 – XII ZR 168/93, FamRZ 1995, 221.
6 OLG Köln v. 11.10.2012 – 12 UF 130/11, FF 2013, 80.
7 BGH v. 8.6.2005 – XII ZR 294/02, FamRZ 2005, 1479.
8 BGH v. 27.1.2010 – XII ZR 100/08, FamRZ 2010, 538; OLG Bamberg v. 2.12.1998 – 2 UF 203/98, FamRZ 1999, 942; Wendl/*Schmitz*, § 10 Rz. 198.
9 OLG Koblenz v. 24.1.2001 – 9 UF 458/00, FamRZ 2002, 471; OLG Hamm v. 25.6.2008 – 10 UF 12/08.
10 FA-FamR/*Gerhardt*, Kap. 6 Rz. 957.
11 BGH v. 7.12.2011 – XII ZR 159/09, FamRZ 2012, 288 Rz. 18; BGH v. 29.9.2010 – XII ZR 205/08, FamRZ 2010, 1884 Rz. 11f; BGH v. 8.6.2011 – XII ZR 17/09, FamRZ 2011, 1381 Tz. 16; BGH v. 28.1.2009 – XII ZR 119/07, FamRZ 2009, 579.
12 BGH v. 20.2.2008 – XII ZR 101/05, FamRZ 2008, 872.
13 OLG Nürnberg v. 18.1.1996 – 11 WF 24/96, FamRZ 1996, 1090.
14 BGH v. 5.5.2004 – XII ZR 132/02, FamRZ 2004, 1173.
15 OLG Nürnberg v. 18.1.1996 – 11 WF 24/96, FamRZ 1996, 1090.
16 OLG Hamm v. 10.3.1998 – 10 WF 280/97, FamRZ 1999, 30.
17 BGH v. 23.11.2011 – XII ZR 47/10, FamRZ 2012, 197 = FamRB 2012, 35 (*Bömelburg*); Wendl/*Schmitz*, § 10 Rz. 204.
18 Zur Änderung des § 1578b BGB vgl. unter Rz. 107a.

formen Auslegung einer Norm durch das **BVerfG**.[1] Für die Praxis relevant ist insbesondere die Rechtsprechung zur Bedarfsermittlung nach der Dreiteilungsmethode.[2]

Ein Abänderungsgrund ist auch eine **Änderung einer gefestigten höchstrichterlichen Rechtsprechung**, wenn sie eine andere Rechtslage schafft und in ihren Auswirkungen einer Gesetzesänderung nahekommt. Dies ist insbesondere für die geänderte Rechtsprechung des **BGH** zur Berücksichtigung von Kindergartenkosten,[3] zur Bedarfsbemessung eines früher im Haushalt tätigen Ehegatten (Übergang von der Anrechnungs- zur Differenzmethode, sog. Surrogatsrechtsprechung)[4] und zur trennungs- oder scheidungsbedingten Veräußerung des Familienheims[5] zu bejahen.[6] 84

Wie bei einer Gesetzesänderung kann eine Änderung der höchstrichterlichen Rechtsprechung erst für die Unterhaltszeiträume Berücksichtigung finden, die auf die Verkündung der die höchstrichterliche Rechtsprechung ändernden Entscheidung folgen.[7] So hat der BGH zur sog. Dreiteilungsmethode bei der Bedarfsermittlung für den Ehegattenunterhalt entschieden, dass eine Abänderung erst für Zeiträume ab dem 1. Februar 2011 in Betracht komme.[8]

Neue Beweismöglichkeiten oder eine neue abweichende rechtliche Bewertung gleich gebliebener Umstände sind keine Abänderungsgründe.[9] 85

II. Nachträgliche Veränderung, Präklusion von Abänderungsgründen, Absatz 2

1. Allgemeines

Abs. 2 enthält die aus § 323 Abs. 2 aF ZPO bekannte **Tatsachenpräklusion** für den Antragsteller. Der Gesetzgeber hat auf die alte Formulierung „die Klage ist nur insoweit zulässig ..." verzichtet, um dies ausdrücklich klarzustellen. Er hat sich hierbei auf die Parallelvorschrift des § 767 Abs. 2 ZPO bezogen, die von der **Zulässigkeit von Einwendungen** und nicht von der Zulässigkeit der Klage ausgeht.[10] Das Abgrenzungskriterium für die präkludierten Alttatsachen entspricht inhaltlich § 323 Abs. 2 aF ZPO. Mit der etwas veränderten Formulierung sollte lediglich eine Präzisierung und Klarstellung erreicht werden.[11] 86

Der **Abänderungsantragsteller** kann Umstände, die bereits während der Anhängigkeit des Erstverfahrens vorhanden waren (Alttatsachen), in diesem Verfahren versehentlich oder wissentlich nicht vorgetragen wurden und den materiellen Feststellungen der früheren Entscheidung widersprechen, im Abänderungsverfahren nicht mehr geltend machen. Dies gilt unabhängig davon, ob dem Antragsteller diese Umstände bekannt waren oder nicht, denn das **Abänderungsverfahren dient grundsätzlich nicht dazu, Fehler der Erstentscheidung zu korrigieren**, auch nicht aus Gründen der Billigkeit[12] (zu den Ausnahmen s. Rz. 95). Dies würde der Bindungswirkung des abzuändernden Beschlusses widersprechen (im Einzelnen s. unter Rz. 116ff.). 87

Der **Antragsgegner** kann zur Verteidigung des abzuändernden Beschlusses auch im Vorverfahren auch nicht vorgetragene und nicht berücksichtigte Alttatsachen geltend machen, wenn sein Verteidigungsvorbringen dahin geht, es bei der Erstentschei- 88

---

1 BGH v. 12.7.1990 – XII ZR 85/89, FamRZ 1990, 1091.
2 BVerfG v. 25.1.2011 – 1 BvR 918/10, FamRZ 2011, 437.
3 BGH v. 26.11.2008 – XII ZR 65/07, FamRZ 2009, 962.
4 BGH v. 13.6.2001 – XII ZR 343/99, FamRZ 2001, 986.
5 BGH v. 31.10.2001 – XII ZR 292/99, FamRZ 2002, 88.
6 Hinsichtlich weiterer Beispiele zum alten Unterhaltsrecht vgl. FA-FamR/*Gerhardt*, Kap. 6 Rz. 956.
7 BGH v. 28.3.2007 – XII ZR 163/04, FamRZ 2007, 983; BGH v. 14.3.2007 – XII ZR 158/04, FamRZ 2007, 882; BGH v. 28.2.2007 – XII ZR 161/04, FamRZ 2007, 707.
8 BGH v. 20.3.2013 – XII ZR 72/11, juris.
9 Ehinger/Griesche/*Rasch*, Rz. 845a.
10 Begr. RegE, BT-Drucks. 16/6308, S. 257.
11 Begr. RegE, BT-Drucks. 16/6308, S. 257.
12 BGH v. 21.2.2001 – XII ZR 276/98, FamRZ 2001, 1364.

dung zu belassen. Umstände, auf die die Erstentscheidung beruht und die sich nach ihrem Erlass verändert haben, können jedoch erst ab dem Zeitpunkt ihres Eintritts berücksichtigt werden.[1]

Sofern der Antragsgegner einen eigenen **Gegen-/(Wider)antrag** gestellt, mit dem er eine gegenläufige Abänderung geltend machen will, gilt für ihn ebenfalls die Präklusion hinsichtlich der Alttatsachen; auch er kann mit ihnen keine Fehlerkorrektur erreichen[2] (im Einzelnen s. unter Rz. 94).

2. Zeitliche Zäsur

89 Ebenso wie bei § 323 Abs. 2 aF ZPO ist ein Abänderungsantrag nach § 238 Abs. 2 nur zulässig ist, wenn die Gründe, auf die er gestützt wird, erst **nach** der letzten Tatsachenverhandlung im vorausgegangenen Verfahren entstanden sind und durch Einspruch nicht mehr geltend gemacht werden können.[3] Maßgebender Zeitpunkt ist der Tag der mündlichen Verhandlung im zweiten Rechtszug, wenn **im Vorverfahren** Berufung oder – seit dem 1.9.2009 – Beschwerde eingelegt worden ist.[4] Die Verhandlung in der Berufungsinstanz ist nur dann maßgeblich, wenn das Berufungsgericht in der Sache entscheidet, nicht hingegen, wenn die Berufung – vor oder nach mündlicher Verhandlung – zurückgenommen wird. Wird das Rechtsmittel zurückgenommen,[5] zurückgewiesen oder als unzulässig verworfen, ist auf den Schluss der mündlichen Verhandlung erster Instanz abzustellen. Er wird wieder zum maßgebenden Zeitpunkt iSv. § 238 Abs. 2.7.[6]

89a Bei der Prüfung der Präklusion ist ggf. nicht nur der **Abänderungstitel**, sondern auch ein danach in einem Abänderungsverfahren ergangener **Abweisungsbeschluss** zu berücksichtigen. Auch letztere Titel **können** eine Bindungswirkung für die Zukunft erzeugen.[7] Wird nach einem solchen Abweisungsbeschluss ein neuer Abänderungsantrag erhoben, können der Abänderungstitel (dh der letzte Titel, in dem Unterhalt zugesprochen wurde) und der Titel für die materiell-rechtliche Prüfung nach § 238 Abs. 2 und 4 FamFG (Abweisungsbeschluss, der auf der letzten mündlichen Verhandlung basiert, § 238 Abs. 2) auseinanderfallen.[8]

Für die **Präklusionswirkung** des § 238 Abs. 2 kommt es allein darauf an, ob die **Gründe**, auf die ein Abänderungsantrag gestützt wird, **vor oder nach dem Schluss der letzten mündlichen Verhandlung** in der Tatsacheninstanz **entstanden** sind. Für die zeitliche Zäsur ist maßgeblich, **wann die wesentliche Veränderung eingetreten ist**, **nicht** ein eventuell früherer Zeitpunkt, von dem ab eine **Änderung voraussehbar** war (zB Wegfall von Verbindlichkeiten, Veränderung von Steuerklassen, Eintritt in eine andere Altersstufe beim Kindesunterhalt).[9] Nach dem eindeutigen Wortlaut in § 238 Abs. 2 kommt es darauf an, wann die wesentliche **Veränderung** tatsächlich, dh **objektiv**, eingetreten ist, nicht darauf, ob der maßgebliche Umstand erst später bekannt geworden ist.[10] Es ist auch nicht von Bedeutung, ob die vor der letzten mündlichen Verhandlung bereits vorliegenden Gründe schon Gegenstand der richterlichen Beurteilung waren. Eine „Korrektur" der früheren Entscheidung herbeizuführen, ist dem Abänderungsantragsteller verschlossen.[11]

---

1 BGH v. 28.2.2007 – XII ZR 37/05, FamRZ 2007, 793.
2 BGH v. 21.2.2001 – XII ZR 276/98, FamRZ 2001, 1364.
3 BGH v. 20.2.2008 – XII ZR 101/05, FamRZ 2008, 872.
4 BGH v. 27.1.1988 – IVb ZR 14/87, FamRZ 1989, 493.
5 OLG Koblenz v. 30.9.2009 – 9 UF 230/09, FuR 2010, 42.
6 BGH v. 7.12.2011 – XII ZR 159/09, FamRZ 2012, 288.
7 BGH v. 29.5.2013 – XII ZB 374/11, juris; BGH v. 7.12.2011 – XII ZR 159/09, FamRZ 2012, 288; BGH v. 28.3.2007 – XII ZR 163/04, FamRZ 2007, 983; BGH v. 20.2.2008 – XII ZR 101/05, FamRZ 2008, 872.
8 BGH v. 29.5.2013 – XII ZB 374/11, juris; FA-FamR/*Gerhardt*, Kap. 6 Rz. 936, 959, 965.
9 OLG Jena v. 26.5.2009 – 1 WF 105/09, NJW 2009, 2832; **aA** OLG Naumburg v. 13.9.2007 – 3 WF 261/07, FamRZ 2008, 797 (Änderung der Steuerklasse).
10 BGH v. 31.10.2001 – XII ZR 292/99, FamRZ 2002, 88; OLG Karlsruhe v. 15.10.2003 – 16 WF 119/03, FamRZ 2004, 1052 zu § 323 Abs. 2 aF ZPO; OLG Jena v. 26.5.2009 – 1 WF 105/09, FuR 2010, 57.
11 BGH v. 15.10.1986 – IVb ZR 78/85, FamRZ 1987, 259.

Die Präklusion geht aber nicht weiter als die **Rechtskraftwirkung** des Urteils bzw. des Beschlusses, zu deren Ermittlung auch die Entscheidungsgründe heranzuziehen sind.[1] Es ist daher sorgfältig zu prüfen, zu welchen Parametern (zB Umfang der Erwerbsobliegenheit des Unterhaltsberechtigten, Einkommen) die abzuändernde Entscheidung überhaupt eine in Rechtskraft erwachsene **(Prognose)Entscheidung** enthält.[2] Vgl. auch Rz. 103a.

89b

Wenn eine Änderung des Anspruchs auf Kindesunterhalt aufgrund des Eintritts in eine **höhere Altersstufe unmittelbar bevorsteht**, kann dieser Umstand ab dem Zeitpunkt des voraussichtlichen Eintritts in die Erstentscheidung aufgenommen werden, denn es handelt sich nicht um einen bedingten Antrag, sondern um einen Antrag auf künftige (höhere) Leistungen, der gem. § 258 ZPO, § 113 Abs. 1 FamFG zulässig ist.[3]

90

3. Im Erstverfahren nicht berücksichtigte Tatsachen

Die **Präklusion** ist insbesondere bei Umständen, die im Erstverfahren **nicht vorgetragen** wurden, von Bedeutung.

91

Eine Präklusion nach § 238 Abs. 2 ist beim **Abänderungsantragsteller** zB zu bejahen, wenn in dem abzuändernden Titel bestimmte **Einkommensarten (Wohnvorteil, Kapitaleinkünfte, Einkünfte aus Vermietung und Verpachtung)** des Gegners **nicht berücksichtigt** oder wenn schon im Vorverfahren tatsächlich bestehende höhere **Fahrtkosten** (zB nach einem Umzug) des Verpflichteten mangels Mitteilung nicht in vollem Umfang angesetzt wurden.[4] Eine fehlerhafte **Berücksichtigung eines zu hohen Einkommens** führt ebenso zu einer Präklusion[5] wie die Nichtbeanstandung einer **ungenügenden Erfüllung der Erwerbsobliegenheit** eines früheren Ehegatten durch den Unterhaltspflichtigen (zB Billigung der Ausübung einer geringwertigen Tätigkeit der Unterhaltsberechtigten als Bäckereiverkäuferin gegenüber dem erlernten Beruf als Erzieherin).[6] Auch die **Anzahl der Unterhaltsberechtigten** muss im Erstverfahren korrekt ermittelt und berücksichtigt werden; ansonsten tritt im Abänderungsverfahren Präklusion ein.[7]

92

Wenn im Vorverfahren **vorgetragene Umstände keine Bedeutung** erlangt haben, weil das Gericht hierauf nicht abgestellt hat, kann der Beteiligte im Abänderungsverfahren mit allen bereits vorgetragenen Tatsachen erneut gehört werden, soweit sie die Rechtskraft der Ausgangsentscheidung nicht tangieren. Dies ist nur dann der Fall, wenn der Beteiligte im Vorverfahren in vollem Umfang obsiegt hat. Der Unterhaltsgläubiger kann dann gestützt auf Alttatsachen seinen vollen Unterhalt geltend machen.[8] Wenn der Unterhaltspflichtige im Vorverfahren mit einer Zurückweisung des Unterhaltsbegehrens voll durchgedrungen ist, kann er in einem weiteren, aus anderen Gründen zulässigen Abänderungsverfahren die Alttatsachen anführen, um eine Herabsetzung des titulierten Unterhalts zu erreichen, denn durch die Berücksichtigung dieser Umstände muss keine Rechtskraftwirkung beseitigt werden.[9]

93

Die in § 238 Abs. 2 für den **Antragsteller** eines Abänderungsverfahrens angeordnete Präklusion von Abänderungsgründen gilt nicht uneingeschränkt auch für den **Gegner** dieses Verfahrens. Der **Abänderungsgegner** kann zur **Rechtsverteidigung** gegen den Abänderungsantrag des Antragstellers auch Tatsachen vortragen, die beim Erstverfahren bereits vorlagen, dort aber **nicht vorgetragen** (verschwiegen) wurden oder un-

94

---

1 BGH v. 29.5.2013 – XII ZB 374/11, juris; BGH v. 7.12.2011 – XII ZR 159/09; FamRZ 2012, 288; BGH v. 20.2.2008 – XII ZR 101/05, FamRZ 2008, 872, 873; BGH v. 3.11.2004 – XII ZR 120/02, FamRZ 2005, 101, 102 f.
2 BGH v. 7.12.2011 – XII ZR 159/09; FamRZ 2012, 288.
3 Wendl/*Schmitz*, § 10 Rz. 215.
4 BGH v. 14.3.2007 – XII ZR 158/04, FamRZ 2007, 882.
5 BGH v. 12.5.2010 – XII ZR 98/08, FamRZ 2010, 1150.
6 BGH v. 27.1.2010 – XII ZR 100/08, FamRZ 2010, 538; zur Reichweite der Präklusion vgl. BGH v. 7.12.2011 – XII ZR 159/09, FamRZ 2012, 288.
7 OLG Köln v. 18.6.2010 – 4 WF 88/10, juris.
8 BGH v. 3.4.1985 – IVb ZR 19/84, FamRZ 1985, 690.
9 BGH v. 1.10.1997 – XII ZR 49/96, FamRZ 1998, 99.

berücksichtigt blieben, weil sie auf die Entscheidung keinen Einfluss hatten,[1] vgl. auch Rz. 93. Dies gilt aber nur, soweit der Abänderungsgegner die Erstentscheidung verteidigen will, hingegen nicht, wenn er mit einem Abänderungsgegen(-wider)antrag eine Verbesserung erreichen will.[2] Eine Präklusion wird bejaht, wenn der Abänderungsgegner in einem früheren auf Erhöhung gerichteten Verfahren Gründe, die für eine Herabsetzung des Titels sprachen, nicht mit einem Abänderungsgegen(-wider)antrag, sondern erst in einem neuen Verfahren geltend gemacht hatte.[3]

95 Ausnahmen von der **Präklusionswirkung** hat die Rechtsprechung aus **Billigkeitsgründen** zugelassen. Wenn es sich um tatsächliche Vorgänge handelt, die schon **vor dem Schluss der mündlichen Verhandlung** des Vorverfahrens vorhanden waren, jedoch nach Schluss der mündlichen Verhandlung andauern und **fortwirken**, ist der Antragsteller im Abänderungsverfahren nicht durch § 238 Abs. 2 präkludiert. Dies ist bei **betrügerischem Verhalten** des **Unterhaltsberechtigten** der Fall, zB wenn er vor und nach der mündlichen Verhandlung **wesentliche Veränderungen nicht mitteilt** oder **vorhandenes Einkommen und/oder Vermögen verschleiert** hat. Bei einem solchen Verhalten genügt der Abänderungsantragsteller seiner Darlegungslast, wenn er das ihm in zumutbarer Weise Erkennbare vorträgt.[4] Umgekehrt kann sich der Unterhaltspflichtige, der im Erstverfahren sein wirkliches Einkommen verschleiert hat, im Abänderungsverfahren für sein tatsächliches Einkommen nicht auf die Präklusion als Alttatsache berufen.[5] Diese Rechtsprechung sollte ursprünglich durch die Einführung einer Härteklausel in § 238 am Ende von Abs. 2 normiert werden. Nachdem insbesondere der Bundesrat[6] hiergegen erhebliche Bedenken erhoben hatte, weil er in der Ausweitung der Ausnahmefälle eine Einladung an die Verfahrensbeteiligten sah, auch hinsichtlich präkludierter Tatsachen eine Argumentation im Sinne einer groben Unbilligkeit vorzutragen, hat der Gesetzgeber hierauf verzichtet.

4. Versäumnisbeschluss als abzuändernde Entscheidung

96 Wenn es sich bei der Entscheidung im Erstverfahren um eine **Versäumnisentscheidung** gegen den **Antragsgegner** handelt, muss der Abänderungsantragsteller Tatsachen vortragen, die in einem Zeitpunkt eingetreten sind, in dem ein Einspruch gegen die Versäumnisentscheidung nicht mehr erhoben werden konnte.[7]

97 Eine **Versäumnisentscheidung gegen den Antragsgegner** basiert regelmäßig auf dem tatsächlichen Vorbringen des Antragstellers, das als zugestanden gilt (§ 331 Abs. 1 Satz 1 ZPO). Bezugspunkt für ein Abänderungsbegehren war nach früherer Rechtsprechung des BGH dieser Vortrag und nicht die sich davon eventuell unterscheidenden abweichenden tatsächlichen Verhältnisse.[8] Die Auffassung, bei der Abänderung von Versäumnisentscheidungen sei von den durch die Geständniswirkung des § 331 Abs. 1 Satz 1 ZPO fingierten Verhältnissen auszugehen, barg die Gefahr in sich, dass es in einem aus anderen Gründen zulässigen Abänderungsverfahren zu einer Korrektur von Fehlern in der rechtskräftigen Versäumnisentscheidung kommen konnte. Eine solche Korrektur der der abzuändernden Entscheidung vorausgegangenen Fehler soll aber nach ständiger Rechtsprechung des BGH im Abänderungsverfahren gerade nicht möglich sein.[9] Nach seiner Auffassung folgt aus dem Umfang der Rechtskraft die Präklusion nicht rechtzeitig vorgetragener Umstände. Die Präklusion nach § 323 Abs. 2 aF ZPO bzw. § 238 steht mit der Zulässigkeit der Abänderungsklage

---

1 BGH v. 28.2.2007 – XII ZR 37/05, FamRZ 2007, 793.
2 BGH v. 28.2.2007 – XII ZR 37/05, FamRZ 2007, 793.
3 BGH v. 1.10.1997 – XII ZR 49/96, FamRZ 1998, 99.
4 BGH v. 30.5.1990 – XII ZR 57/89, FamRZ 1990, 1095; OLG Koblenz v. 31.7.1997 – 11 UF 337/96, FamRZ 1998, 565.
5 BGH v. 27.6.1984 – IVb ZR 21/83, FamRZ 1984, 997.
6 Stellungnahme des Bundesrates zum RegE, BT-Drucks. 16/6308, S. 384.
7 BGH v. 21.4.1982 – IVb ZR 696/80, FamRZ 1982, 792; *Maurer*, FamRZ 2009, 1792 (1797).
8 BGH v. 5.2.2003 – XII ZR 29/00, FamRZ 2003, 848; BGH v. 9.10.1991 – XII ZR 170/90, FamRZ 1992, 162; OLG Köln v. 18.9.2001 – 14 WF 100/01, FamRZ 2002, 471.
9 BGH v. 20.2.2008 – XII ZR 101/05, FamRZ 2008, 872.

bzw. einem Abänderungsantrag nach § 323 Abs. 1 aF ZPO also in einem untrennbaren Zusammenhang.

Nunmehr erlaubt eine behauptete Änderung der im Erstverfahren einer Versäumnisentscheidung zugrunde gelegten fingierten Verhältnisse nicht mehr generell eine Abänderung nach § 238. Eine Abänderung ist nach der neuen Rechtsprechung des BGH vielmehr lediglich dann und auch nur insoweit möglich, als sich die **seinerzeit, dh zum Zeitpunkt des Erlasses der Versäumnisentscheidung vorliegenden tatsächlichen Verhältnisse** wesentlich geändert haben.[1] Die Entscheidung des BGH ist zu § 323 aF ZPO ergangen, ist aber für Abänderungen nach § 238 FamFG entsprechend anzuwenden.

98

Daher sollte der durch eine Versäumnisentscheidung Beschwerte unbedingt innerhalb der **Einspruchsfrist** prüfen, ob die vom Antragsteller vorgetragenen Verhältnisse, insbesondere die Höhe des unterhaltsrechtlich beachtlichen Einkommens, zutreffend sind. Wenn das nicht der Fall sein sollte, ist ihm dringend anzuraten, alle vor dem Ablauf der Einspruchsfrist entstandenen Abänderungstatsachen mit Einspruch geltend zu machen. Eine Versäumung dieser Obliegenheit hat zur Folge, dass ein nur auf einen Einkommensrückgang gestützter späterer Abänderungsantrag des Unterhaltsschuldners schon nach § 238 Abs. 1 Satz 2 FamFG unzulässig ist, wenn das zum Zeitpunkt des Abänderungsverfahrens maßgebende Einkommen nicht wesentlich von dem zur Zeit des Ausgangsverfahrens wirklich erzielten Einkommen abweicht.

99

Auch wenn sich bei einer Prüfung nach der Methode des BGH ergibt, dass sich die Einkommensverhältnisse auf Seiten des Unterhaltsschuldners nicht wesentlich verändert haben, kann sein gegen den Versäumnisbeschluss gerichteter Abänderungsantrag aus anderen Gründen zulässig sein. In dem zitierten Fall hat der BGH deshalb geprüft, ob sich im Hinblick auf die Dynamik des Unterhaltstitels eine wesentliche Änderung des Bedarfs der Kinder ergeben hatte, die zur Folge hatte, dass der notwendige Selbstbehalt des Unterhaltsschuldners nicht mehr gewahrt war. Dabei hat der BGH – auch wenn dies in der Entscheidung nur mittelbar zum Ausdruck kommt – eine erhebliche Erhöhung des im Februar 2005 bestehenden Gesamtbedarfs erst nach der letzten Erhöhung der Sätze für den Mindestunterhalt zum 1. Januar 2010 angenommen. Dies hat dennoch nicht zur Bejahung einer wesentlichen Änderung der dem Versäumnisurteil zugrunde liegenden Verhältnisse geführt, weil für die Berechnung, ob der notwendige Selbstbehalt des Unterhaltspflichtigen gewahrt ist, das Einkommen zugrundezulegen ist, das sich aus einer Addition des zum Zeitpunkt des Abänderungsbegehren maßgeblichen Nettoeinkommens und des im Erstverfahren nicht durch Einspruch geltend gemachten Einkommensrückgangs in Höhe der Differenz zwischen dem von den Unterhaltsberechtigten vorgetragenen Einkommen des Schuldners und dem seinerzeit objektiv vorhandenen Einkommen ergibt.

100

Bei einer **Versäumnisentscheidung gegen den Antragsteller** kann dieser seinen Anspruch nur auf Tatsachen stützen, die neu nach Rechtskraft der Entscheidung eingetreten sind. Da von dem Zeitpunkt, in dem ein Einspruch nicht mehr möglich war, davon auszugehen ist, dass der Anspruch nicht bestanden hatte, muss der Anspruch mit einem **neuen Leistungsantrag** und nicht mit einem Abänderungsantrag verfolgt werden.[2]

101

5. Anerkenntnisbeschluss als abzuändernde Entscheidung

Soll mit einem Antrag nach § 238 eine **Anerkenntnisentscheidung** (Beschluss nach § 38 Abs. 1 FamFG oder Anerkenntnisurteil nach früherem Recht, § 307 ZPO) abgeändert werden, kommt es auf die der Entscheidung zugrunde liegenden tatsächlichen Umstände, nicht auf die subjektiven Vorstellungen des den Anspruch anerken-

102

---

1 BGH v. 12.5.2010 – XII ZR 98/08, FamRZ 2010, FF 2010, 407 m. Anm. v. *Bömelburg*, FF 2010, 410ff.
2 BGH v. 12.5.2010 – XII ZR 98/08, FamRZ 2010, 1150.

nenden Unterhaltspflichtigen an.[1] Ein Anerkenntnis ist nicht anfechtbar; es kann jedoch widerrufen werden, wenn ein Abänderungs- oder Restitutionsgrund vorliegt.[2] Wenn die Anerkenntnisentscheidung ohne Tatbestand und Entscheidungsgründe ergangen ist (§ 38 Abs. 4 Nr. 1 FamFG, § 313b ZPO) und sich aus den Akten des Vorverfahrens nicht mehr klären lässt, welche tatsächlichen Verhältnisse der Entscheidung zugrunde lagen, muss ein Abänderungsantrag wie ein Erstantrag behandelt werden.[3]

6. Mehrere Abänderungsverfahren

103   Bei **mehreren aufeinander folgenden Abänderungsverfahren** kommt es nur auf eine Änderung der maßgeblichen Verhältnisse seit Schluss der Tatsachenverhandlung des letzten Verfahrens an, und zwar **unabhängig von der Beteiligtenstellung** oder Zielrichtung des Vorverfahrens; entscheidend ist nur die Stellung in dem neuen Abänderungsverfahren.

Hat es der Gegner eines früheren, auf Unterhaltserhöhung gerichteten Abänderungsverfahrens versäumt, die bereits bestehenden, für eine Herabsetzung sprechenden Gründe geltend zu machen, kann er auf diese Gründe keinen neuen Abänderungsantrag stützen. § 238 Abs. 2 stellt damit ebenso wie § 323 Abs. 2 aF ZPO sicher, dass nicht gesonderte Abänderungsverfahren für Erhöhungs- und Herabsetzungsverlangen zur Verfügung stehen, sondern dass der Einfluss veränderter Umstände auf den titulierten Unterhaltsanspruch in einem einheitlichen Verfahren nach beiden Seiten hin geklärt werden muss. Bei einer Aufeinanderfolge von Abänderungsverfahren mit entgegengesetzter Zielrichtung wird dadurch vermieden, dass in jedem Verfahren eine andere Zeitschranke für die Berücksichtigung von Tatsachen gilt und dass es zu einer unzweckmäßigen Verdoppelung von Verfahren über den gleichen Lebenssachverhalt kommt, mit der damit verbundenen Gefahr einander widersprechender gerichtlicher Entscheidungen. Die Beteiligten eines Abänderungsverfahrens können sich nicht auf eine teilweise Geltendmachung von Abänderungsgründen beschränken und die übrigen Gründe einem Nachtragsabänderungsverfahren vorbehalten, denn § 238 Abs. 2 unterliegt nicht der Parteidisposition.[4] Hinsichtlich des Verhältnisses von Abänderungsantrag zur Beschwerde (früher: Berufung) s. oben Rz. 34.

103a   Die **Präklusion** geht aber nicht weiter als die **Rechtskraftwirkung** einer früheren Abänderungsentscheidung. Eine solche kann auch ein den vorausgegangenen Abänderungsantrag ablehnender Beschluss sein. Nach der Rechtsprechung des BGH kann § 238 auch bei antragsablehnenden Beschlüssen zur Anwendung kommen, wenn diese – im Rahmen der Überprüfung der ursprünglichen Prognose – die künftige Entwicklung der Verhältnisse vorausschauend berücksichtigen. Ein späterer Abänderungsantrag stellt dann abermals die Geltendmachung einer von der (letzten) Prognose abweichenden Entwicklung der Verhältnisse dar, für die das Gesetz den Abänderungsantrag vorsieht, um die (erneute) Anpassung an die veränderten Urteilsgrundlagen zu ermöglichen.[5]

Um festzustellen, wie weit die Rechtskraftwirkung einer früheren Abänderungsentscheidung reicht, sind auch deren Entscheidungsgründe heranzuziehen.[6] Ist der frühere Abänderungsantrag als **unschlüssig** abgelehnt worden, enthält er keine aktualisierte **Prognoseentscheidung** mit der Folge, dass insoweit **keine Präklusion** eintreten kann.

---

1 BGH v. 4.7.2007 – XII ZR 251/04, FamRZ 2007, 1459; BGH v. 31.10.2001 – XII ZR 292/99, FamRZ 2002, 88.
2 BGH v. 31.10.2001 – XII ZR 292/99, FamRZ 2002, 88.
3 BGH v. 4.7.2007 – XII ZR 251/04, FamRZ 2007, 1459.
4 BGH v. 1.10.1997 – XII ZR 49/96, FamRZ 1998, 99; BGH v. 17.5.2000 – XII ZR 88/98, FamRZ 2000, 1499.
5 BGH v. 29.5.2013 – XII ZB 374/11, juris; BGH v. 7.12.2011 – XII ZR 159/09, FamRZ 2012, 288; BGH v. 20.2.2008 – XII ZR 101/05, FamRZ 2008, 872 (873); BGH v. 28.3.2007 – XII ZR 163/04, FamRZ 2007, 983 (984).
6 BGH v. 7.12.2011 – XII ZR 159/09, FamRZ 2012, 288; BGH v. 20.2.2008 – XII ZR 101/05, FamRZ 2008, 872 (873); BGH v. 3.11.2004 – XII ZR 120/02, FamRZ 2005, 101 (102 f.).

7. Sonderfall Befristung und Begrenzung des Unterhalts nach § 1578b BGB

a) Grundsätze

Eine **Begrenzung des Aufstockungsunterhalts** aus Billigkeitsgründen nach § 1573 Abs. 5 aF BGB setzte nicht zwingend voraus, dass der Zeitpunkt, ab dem der Unterhaltsanspruch entfällt, bereits erreicht war. Wenn die dafür ausschlaggebenden Umstände bereits eingetreten oder zuverlässig voraussehbar waren, hatte eine Entscheidung über eine Begrenzung nicht in einem späteren Abänderungsverfahren, sondern schon im Ausgangsverfahren zu erfolgen.[1] Dies gilt auch für eine Unterhaltsbegrenzung nach dem seit dem 1.1.2008 geltenden § 1578b BGB. Ob die für eine Begrenzung ausschlaggebenden Umstände bereits im Ausgangsverfahren zuverlässig vorhersehbar sind, lässt sich nur unter Berücksichtigung aller Umstände des Einzelfalles beantworten.[2]

104

Die Darlegungs- und Beweislast für diejenigen Tatsachen, die eine Beschränkung nach § 1578b BGB rechtfertigen sollen, trägt grundsätzlich der Unterhaltsverpflichtete, denn es handelt sich bei der Befristung um eine verfahrensrechtliche Einwendung.[3] Der Unterhaltsberechtigte kann sich aber nicht darauf verlassen, keine Darlegungen machen zu müssen. Denn nach den Grundsätzen zur **sekundären Darlegungslast** kann die Darlegungs- und Beweislast auf den Unterhaltsberechtigten übergehen.[4]

104a

Der Unterhaltspflichtige muss daher zunächst den Umstand darlegen, dass dem Unterhaltsberechtigten keine ehebedingten Nachteile iSv. § 1578b BGB entstanden sind. Die dem Unterhaltspflichtigen insoweit obliegende Darlegungs- und Beweislast erfährt dann Erleichterungen nach den von der Rechtsprechung zum Beweis negativer Tatsachen entwickelten Grundsätzen. Nach diesen Grundsätzen trifft den Unterhaltsberechtigten eine sekundäre Darlegungslast, die im Rahmen von § 1578b BGB zum Inhalt hat, dass der Unterhaltsberechtigte die Behauptung, es seien keine ehebedingten Nachteile entstanden, substantiiert bestreiten und seinerseits darlegen muss, welche konkreten ehebedingten Nachteile entstanden sein sollen. Erst wenn das Vorbringen des Unterhaltsberechtigten diesen Anforderungen genügt, müssen die vorgetragenen ehebedingten Nachteile vom Unterhaltspflichtigen widerlegt werden.[5]

104b

Nach der Rechtsprechung des BGH[6] kann über eine **Unterhaltsbefristung oder -herabsetzung** erst dann abschließend entschieden werden, wenn die Verhältnisse der Ehegatten wirtschaftlich entflochten sind und sich danach abschätzen lässt, ob ehebedingte Nachteile dauerhaft bestehen oder nicht. Deshalb kann insoweit die Entscheidung über eine Befristung und Herabsetzung nach § 1578b BGB hinausgeschoben und einem **späteren Abänderungsverfahren** vorbehalten werden.[7] Die Rechtskraft einer Entscheidung, die das spätere Eingreifen der Folgen des § 1578b BGB offenlässt, schließt dann eine künftige Abänderung nicht aus. Dies gilt selbst dann, wenn über die Folgen des § 1578b BGB richtigerweise im Ausgangsverfahren hätte entschieden werden müssen.[8]

105

Aus dem Umstand, dass eine **abschließende Entscheidung** über die Folgen des § 1578b BGB noch **nicht möglich** ist, folgt aber nicht, dass eine Entscheidung im Aus-

---

1 BGH v. 5.7.2000 – XII ZR 104/98, FamRZ 2001, 905.
2 BGH v. 26.9.2007 – XII ZR 11/05, FamRZ 2007, 2049.
3 BGH v. 14.11.2007 – XII ZR 16/07, FamRZ 2008, 134.
4 BGH v. 14.10.2009 – XII ZR 146/08, FamRZ 2009, 1990; BGH v. 20.10.2010 – XII ZR 53/09, NJW 2010, 3653 mit Anm. *Born* = FamRZ 2010, 2059 mit Anm. *Borth*.
5 BGH v. 11.7.2012 – XII ZR 72/10, FamRZ 2012, 1483; BGH v. 24.3.2010 – XII ZR 175/08, BGHZ 185, 1 = FamRZ 2010, 875 Tz. 23; BGH v. 26.10.2011 – XII ZR 162/09, FamRZ 2012, 93 Tz. 22ff.
6 BGH v. 12.1.2011 – XII ZR 83/08, juris; OLG Hamm v. 31.8.2012 – 3 UF 265/11, FamFR 2012, 487.
7 BGH v. 27.5.2009 – XII ZR 78/08, FamRZ 2009, 1300 Tz. 62f; OLG Hamm v. 28.6.2011 – 2 UF 255/10, FamRZ 2011, 565.
8 BGH v. 29.9.2010 – XII ZR 205/08, FamRZ 2010, 1884 Tz. 27; BGH v. 26.5.2010 – XII ZR 143/08, FamRZ 2010, 1238 Tz. 13, 23 mwN.

gangsverfahren darüber vollständig zurückgestellt werden darf. Vielmehr hat das Gericht insoweit zu entscheiden, als eine Entscheidung aufgrund der gegebenen Sachlage und der zuverlässig voraussehbaren Umstände möglich ist. Das gilt insbesondere für eine bereits **mögliche Entscheidung über die Herabsetzung des Unterhalts** nach § 1578b Abs. 1 BGB. Die materielle Rechtskraft einer solchen Entscheidung und die mit ihr verbundenen Präklusionsfolgen gehen dann nur so weit, als die Entscheidung eine abschließende Beurteilung der gegenwärtigen Sachlage und der zuverlässig voraussehbaren Umstände enthält. Ein auf dieser Grundlage ergangenes Urteil schließt eine spätere Abänderung insbesondere dann nicht aus, wenn zunächst bestehende ehebedingte Nachteile später ganz oder teilweise entfallen sollten.[1]

106   Dass ein auf Seiten eines Unterhaltsberechtigten entstandener **ehebedingter Erwerbsnachteil** im späteren Verlauf wieder **ausgeglichen** oder verringert werden kann, ist kein Grund, von einer **Herabsetzung des Unterhalts** im Erstverfahren abzusehen. Vielmehr besteht darin gerade der Hauptanwendungsfall der Herabsetzung des Unterhalts nach § 1578b Abs. 1 BGB bis auf den angemessenen Lebensbedarf.

107   Von einer Entscheidung über eine **Herabsetzung des Unterhalts** darf auch nicht mit der Begründung abgesehen werden, ein **Zugewinnausgleich** sei noch nicht durchgeführt worden. Auch wenn sich aus dem von dem Unterhaltsberechtigten geltend gemachten Zugewinnausgleich noch Verschiebungen hinsichtlich der beiderseitigen wirtschaftlichen Verhältnisse ergeben können, ist dies kein Hinderungsgrund für eine Entscheidung über die Herabsetzung. Das Gericht hat bei Unklarheit über den Bestand und die Höhe einer Zugewinnausgleichsforderung in seiner Entscheidung den bestehenden Sachstand zugrunde zu legen und auf dieser Basis die erforderliche Billigkeitsabwägung anzustellen. Wenn sich aus einer späteren Durchführung des Zugewinnausgleichs wesentliche Änderungen der wirtschaftlichen Verhältnisse ergeben sollten, ist eine Abänderung des Unterhaltsurteils durch die Erstentscheidung nicht ausgeschlossen.[2]

107a   Die Änderung des Wortlauts des § 1578b Abs. 1 BGB zum 1.3.2013[3] stellt keine inhaltliche Neufassung dar. Der Gesetzgeber hat den Begriff und die Bedeutung der Dauer der Ehe entsprechend der Rechtsprechung des BGH interpretiert.[4] Da nach der Gesetzesbegründung nur eine Klarstellung des bereits in der alten Fassung des § 1578b BGB Gewollten erfolgt ist und nach der Rechtsprechung des BGH die Dauer der Ehe unter dem Gesichtspunkt der fortwirkenden nachehelichen Verantwortung[5] geprüft werden musste, ist mit der Gesetzesänderung keine wesentliche Veränderung der rechtlichen Verhältnisse eingetreten. Eine Abänderung eines bestehenden Titels **allein** wegen der Gesetzesänderung scheidet daher regelmäßig aus.[6]

b) Abänderung von Alttiteln aus der Zeit vor dem 1.1.2008

108   Seit **Inkrafttreten** des **neuen Unterhaltsrechts am 1. Januar 2008** besteht Streit darüber, ob eine bestehende Unterhaltsregelung im Wege eines Abänderungsantrags an das neue Unterhaltsrecht angepasst, dh. begrenzt werden kann, oder ob eine Präklusion zu bejahen ist, wenn eine Befristung des **Aufstockungsunterhalts** schon nach dem bis zum 31.12.2007 geltenden Recht möglich war. Eine Präklusion wird bei Vorliegen der Möglichkeit einer sicheren Prognose (zB kinderlose Ehe) zum Teil für die

---

1 BGH v. 12.1.2011 – XII ZR 83/08, FamRZ 2011, 454; BGH v. 14.4.2010 – XII ZR 89/08, FamRZ 2010, 869 Tz. 38 ff.
2 BGH v. 12.1.2011 – XII ZR 83/08, FamRZ 2011, 454.
3 Durch Art. 3 des Gesetzes zur Durchführung des Haager Übereinkommens vom 23. November 2007 über die internationale Geltendmachung der Unterhltsansprüche von Kindern und anderen Familienangehörigen pp. v. 20.2.2013, BGBl I, S. 273; vgl. auch BT-Drucks. 17/10492.
4 BT-Drucks. 17/11885, S. 6 zu BGH v. 6.10.2010 – XII ZR 202/08, FamRZ 2010, 1971.
5 BT-Drucks. 16/1830, S. 18; BGH v. 26.11.2008 – XII ZR 131/07, FamRZ 2009, 406.
6 BGH v. 20.3.2013 – XII ZR 72/11, juris; *Borth*, FamRZ 2013, 165 (168); Palandt/*Brudermüller*, § 1578b BGB Rz. 9 (Ergänzung); Born, NJW 2013, 561 (565); *Graba*, FamFR 2013, 49 (51); aA wohl *Viefhues*, jurisPR-FamR 2/2013, Anm. 1.

Zeit nach der Entscheidung des BGH v. 12.4.2006[1] mit der Begründung bejaht, der BGH habe in dieser Entscheidung seine Rechtsprechung zur Anwendung der Begrenzungsbestimmungen nach §§ 1573 Abs. 5, 1578 Abs. 1 Satz 2 aF BGB erheblich ausgeweitet.[2] Nach einer Auffassung soll eine Präklusion nicht eingetreten sein, weil die früheren Regelungen[3] Kann-Vorschriften waren, während § 1578b BGB nF zwingendes Recht beinhaltet.

Der BGH[4] hat betont, dass das neue Unterhaltsrecht nur dann zur Abänderung bestehender Titel berechtigt, wenn bestimmte Umstände erst durch die Gesetzesänderung erheblich geworden sind und diese gegenüber der bisherigen Rechtslage zu einer wesentlichen Änderung führt. Deshalb eröffnet § 36 Nr. 1 EGZPO **keine eigenständige Abänderungsmöglichkeit**, sondern stellt lediglich klar, dass die Gesetzesänderung ein Anwendungsfall des § 323 Abs. 1 ZPO – nach neuem Recht des § 238 Abs. 1 Satz 2 FamFG – ist. Denn nach der Gesetzesbegründung handelt es sich hierbei nicht um einen eigenen, neu geschaffenen Abänderungsrechtsbehelf.

108a Voraussetzung für die Abänderung eines vor dem 1.1.2008 rechtskräftig gewordenen Urteils gem. § 36 Nr. 1 EGZPO ist insbesondere, dass die Änderung dem anderen Teil, dh. dem Unterhaltsberechtigten, unter Berücksichtigung seines Vertrauens in die getroffene Regelung zumutbar ist. Dieser Gesichtspunkt ist nach der Rechtsprechung des BGH bereits bei der Prüfung der Billigkeit einer Verlängerung nach § 1570 Abs. 1 Satz 2 und 3, Abs. 2 BGB zu berücksichtigen.[5] Dabei geht es entscheidend um die Frage, wie sehr sich der Unterhaltsberechtigte auf den zur Überprüfung gestellten Unterhaltstitel verlassen darf. Zu berücksichtigen ist hierbei, dass ein Unterhaltstitel nach dem Willen des Gesetzgebers grundsätzlich abänderbar ist. Weiter ist beachtlich, dass das neue Unterhaltsrecht schon lange Zeit vor seinem Inkrafttreten bekannt und öffentlich diskutiert worden ist. Der Unterhaltsberechtigte durfte daher nicht davon ausgehen, dass der Unterhaltsverpflichtete nicht eine Möglichkeit nutzen würde, um die Unterhaltspflicht zu beenden oder herabzusetzen. Schließlich ist zu berücksichtigen, ob der Unterhaltsberechtigte im Vertrauen auf den Fortbestand des Unterhaltstitels Dispositionen getroffen hat, die rückgängig zu machen ihm nicht oder nicht zugleich möglich oder zumutbar sind.[6]

Auch durch **§ 36 Nr. 2 EGZPO** soll nur sichergestellt werden, dass Umstände, die erst durch das neue Recht erheblich geworden sind, in das Verfahren eingeführt werden können.[7]

108b Wurde in einem Unterhaltsvergleich eine spätere Befristung des nachehelichen Unterhalts vorbehalten, diese jedoch in einem **nach** Veröffentlichung des **Urteils des BGH vom 12.4.2006**[8] verhandelten Abänderungsverfahren nicht geltend gemacht, so ergibt sich weder aus der anschließenden Rechtsprechung des BGH noch aus dem Inkrafttreten des § 1578b BGB am 1.1.2008 eine wesentliche Änderung der rechtlichen Verhältnisse.[9]

---

1 BGH v. 12.4.2006 – XII ZR 31/04, FamRZ 2006, 1010.
2 OLG Bremen v. 24.6.2008 – 4 WF 68/08, FPR 2008, 587; OLG Dresden v. 4.7.2008 – 20 WF 574/08, MDR 2008, 1279; *Dose*, FamRZ 2007, 1289 (1296).
3 Zum Streitstand vgl. *Viefhues*, Anm. zu OLG Bremen v. 20.6.2008 – 4 WF 68/08, ZFE 2008, 430 mwN.
4 BGH v. 29.9.2010 – XII ZR 205/08, FamRZ 2010, 1884; BGH v. 18.11.2009 – XII ZR 65/09, FamRZ 2010, 111; vgl. auch BGH v. 25.11.2009 – XII ZR 8/08, FamRZ 2010, 192.
5 BGH v. 20.10.2010 – XII ZR 52/09, FamRZ 2010, 259 Tz. 38; BGH v. 8.6.2011 – XII ZR 17/09, FamRZ 2011, 1381 Tz. 23.
6 BGH v. 29.6.2011 – XII ZR 157/09, FamRZ 2011, 1721 Rz. 26; BGH v. 8.6.2011 – XII ZR 157/09, FamRZ 2011, 1721 Rz. 26; BGH v. 8.6.2011 – XII ZR 17/09, FamRZ 201, 1381 Tz. 23.
7 BGH v. 29.6.2011 – XII ZR 157/09, FamRZ 2011, 1721; BGH v. 8.8.2012 – XII ZR 97/10, FamRZ 2012, 1624 Tz. 14; BGH v. 29.9.2010 – XII ZR 205/08, FamRZ 2010, 1884.
8 BGH v. 12.4.2006 – XII ZR 240/03, FamRZ 2006, 1006.
9 BGH v. 23.5.2012 – XII ZR 147/10, FamRZ 2012, 1284; BGH v. 29.9.2010 – XII ZR 147/10, FamRZ 2012, 1284; BGH v. 29.9.2010 – XII ZR 205/08, FamRZ 2010, 1884; OLG Hamm v. 10.11.2011 – 11 UF 194/10, FamRZ 2012, 1312.

109 Für einen Fall, in dem sich der Unterhaltsanspruch der Berechtigten schon in dem 1997 geführten Vorverfahren allein aus § 1573 Abs. 2 BGB (Aufstockungsunterhalt) ergab, hat der BGH[1] unter Bezugnahme auf die Rechtsprechungsänderung durch das Urteil vom 12.4.2006[2] eine wesentliche Veränderung mit der Begründung verneint, die Neuregelung in § 1578b BGB durch das UÄndG v. 21.12.2007[3] habe die von ihm angewandten Kriterien für eine Befristung des Unterhalts im Rahmen des Aufstockungsunterhalts lediglich gesetzlich klargestellt. Auch die seit dem Senatsurteil vom 30.7.2008[4] im Hinblick auf die Konkurrenz von geschiedener und neuer Ehe geänderte Rechtsprechung und zum Zeitpunkt der Entscheidung anzuwendende Drittelmethode[5] könne nicht für eine zusätzliche wirtschaftliche Entflechtung der geschiedenen Ehegatten angeführt werden, die ihrerseits eine Neubewertung der für die Befristung streitenden Umstände eröffnen könnte. Denn hierbei handele es sich um eine dem Kläger als Unterhaltspflichtigen ohnedies günstige Änderung, die für sich genommen schon zu einer Unterhaltsreduzierung führt. Die weitere Unterhaltspflicht gegenüber seiner jetzigen Ehefrau habe dagegen schon während des Vorprozesses bestanden und im Rahmen der Billigkeitsabwägung nach § 1573 Abs. 5 aF BGB berücksichtigt werden können. Die Unterhaltspflichten gegenüber den Kindern seien seinerzeit bereits bei der Unterhaltsberechnung berücksichtigt worden. Auch das Senatsurteil vom 30.7.2008 lasse sich für eine Zulassung des Befristungseinwands allein aufgrund der gesetzlichen Neuregelung nicht anführen.

110 Insbesondere beim **Betreuungsunterhalt** dürfte eine Begrenzung im Erstverfahren bereits daran scheitern, dass eine **sichere Prognose nicht möglich** sein dürfte.[6] Eine **Präklusion kann dann nicht eintreten.**[7] Gleiches gilt, wenn im Ausgangsbeschluss die Frage der zeitlichen Befristung des Unterhalts bis zum Eintritt des **Rentenfalls** der Beteiligten zurückgestellt worden ist, weil eine sichere Prognose über die Höhe der dann bestehenden Einkünfte nicht getroffen werden konnte.[8]

Praxishinweis:
Für die beratende Praxis ist die Notwendigkeit, so früh und so umfassend wie möglich zur Frage der Befristung vorzutragen, zur Vermeidung einer Haftung[9] von entscheidender Bedeutung, damit die Gerichte bereits im Ausgangsverfahren von Amts wegen die erforderlichen Feststellungen hierzu treffen können.[10] Der BGH hat ausdrücklich darauf hingewiesen, dass für die Frage einer späteren Präklusion die Beteiligtenstellung oder die Zielrichtung des Vorverfahrens unerheblich sei. Das Gesetz stelle nicht nur auf die Erweiterung des Antrags ab, sondern auch auf die Geltendmachung der rechtserheblichen Einwendungen. Damit seien beide Beteiligte angehalten, ihren Standpunkt bereits im Ausgangsverfahren zur Geltung zu bringen.[11]

III. Darlegungs- und Beweislast

111 Die Darlegungs- und Beweislast für eine **wesentliche Veränderung** der Verhältnisse iSd. § 238 trägt der Abänderungsantragsteller. Er hat nicht nur die geänderten Umstände, sondern auch die gesamten wesentlichen Umstände, die für die erste Titulierung maßgebend waren, darzulegen und zu beweisen.[12]

Den Antragsteller, der die Abänderung eines Unterhaltstitels anstrebt und dabei zur Begründung seines Begehrens auch Tatsachen heranzieht, die objektiv bereits in

---

1 BGH v. 18.11.2009 – XII ZR 65/09, FamRZ 2010, 111.
2 BGH v. 12.4.2006 – XII ZR 240/03, FamRZ 2006, 1006.
3 BGBl. I S. 3189.
4 BGH v. 30.7.2008 – XII ZR 126/06, BGHZ 177, 356 = FamRZ 2008, 1911.
5 Vgl. hierzu BVerfG v. 25.1.2011 – 1 BvR 918/10, FamRZ 2011, 437 m. Anm. v. *Borth*, FamRZ 2011, 445 ff.
6 FA-FamR/*Gerhardt*, Kap. 6, Rz. 968.
7 BGH v. 18.3.2009 – XII ZR 74/08, FamRZ 2009, 770.
8 BGH v. 11.8.2010 – XII ZR 102/09, FamRZ 2010, 1637.
9 OLG Düsseldorf v. 18.9.2008 – I-24 U 157/07, FamRZ 2009, 1141; OLG Düsseldorf v. 18.11.2008 – I-24 U 19/08, FuR 2010, 40; vgl. *Vießhues*, jurisPR-FamR 16/2012, Anm. 4.
10 BGH v. 30.11.2011 – XII ZR 34/09, NJW 2012, 1578.
11 BGH v. 23.5.2012 – XII ZR 147/10, FamRZ 2012, 1284, Rz. 14, vgl. auch oben Rz. 103.
12 BGH v. 25.10.2006 – XII ZR 190/03, FamRZ 2007, 200; Wendl/*Schmitz*, § 10 Rz. 242.

der abzuändernden Entscheidung hätten berücksichtigt werden können und müssen, trifft die Darlegungs- und Beweislast für solche Umstände, die die Annahme der Unbilligkeit des Fortbestandes der Präklusionswirkungen begründen könnten.[1]

Wenn eine **wesentliche Änderung** der Verhältnisse feststeht, muss der Abänderungsantragsgegner Tatsachen vortragen und beweisen, die eine Aufrechterhaltung des Titels, zB aufgrund eines anderen Unterhaltstatbestandes, rechtfertigen.[2] Den **Abänderungsantragsgegner** trifft eine Substantiierungspflicht für Änderungen in seiner Sphäre. So muss der Unterhaltspflichtige bei einem auf eine wesentliche Einkommenssteigerung gestützten Erhöhungsbegehren hierauf substantiiert erwidern. Da es nur ihm möglich ist, seine Einkommens- und Vermögensverhältnisse zutreffend darzulegen, kann er sich nicht auf ein bloßes Bestreiten der gegnerischen Behauptungen beschränken.[3]

112

Wenn der **Unterhaltsschuldner** in einem Verfahren bezüglich des **Mindestunterhalts** für minderjährige Kinder seine **fehlende Leistungsfähigkeit** geltend macht, dann hat er nicht nur bei einem **Erstantrag**, sondern auch bei einem **Abänderungsverfahren** die hierfür relevanten Tatsachen vorzutragen und zu beweisen. Denn in § 1603 Abs. 1 BGB ist die mangelnde Leistungsfähigkeit als rechtshindernde Tatsache konzipiert, für die derjenige darlegungs- und beweispflichtig ist, der sich hierauf beruft.[4]

113

In einem Abänderungsverfahren gegen das **volljährig gewordene Kind** trägt dieses die Darlegungs- und Beweislast für die Umstände, die den Fortbestand des Titels rechtfertigen. Wenn der frühere Titel den Unterhalt des minderjährigen Kindes regelte und im Abänderungsverfahren nun erstmals die **Haftungsquote der Eltern** darzulegen und nachzuweisen ist, ist trotz der Identität der Unterhaltsansprüche des minderjährigen und des volljährigen Kindes das Kind hierfür darlegungs- und beweispflichtig.[5] Der eine Abänderung beantragende Elternteil muss den Haftungsanteil des anderen Elternteils darlegen und beweisen, wenn schon der abzuändernde Titel den Unterhalt des volljährigen Kindes und damit auch die jetzt neu zu bestimmende Haftungsquote regelte.[6]

114

In einem Verfahren, in dem ein Ehemann den titulierten Unterhalt für seine Ehefrau wegen einer anteiligen Mithaftung des nichtehelichen Vaters eines Kindes (§ 1606 Abs. 3 BGB analog) herabsetzen lassen will, trägt die Abänderungsgegnerin die Darlegungs- und Beweislast für die jeweiligen Haftungsquoten, mithin auch für die Einkommensverhältnisse des nichtehelichen Vaters.[7]

115

F. Entscheidung über den Abänderungsantrag

I. Prüfungsumfang, Bindung an die abzuändernde Entscheidung

Wenn eine wesentliche Veränderung der tatsächlichen oder rechtlichen Verhältnisse vorliegt, ist die abzuändernde Entscheidung nach § 238 Abs. 4 unter Wahrung ihrer Grundlagen anzupassen. Mit dem gegenüber § 323 Abs. 1 aF ZPO veränderten Wortlaut wollte der Gesetzgeber den Gesichtspunkt der Bindungswirkung, der bis-

116

---

1 OLG Hamm v. 26.5.2011 – 7 UF 1/11, FamRZ 2011, 1953.
2 BGH v. 6.2.2002 – XII ZR 20/00, FamRZ 2002, 536; BGH v. 31.1.1990 – XII ZR 36/89, FamRZ 1990, 496.
3 BGH v 31.1.1990 – XII ZR 36/89, FamRZ 1990, 496.
4 OLG Hamm v. 30.4.2004 – 11 WF 76/04, FamRZ 2004, 1885; OLG Naumburg v. 28.8.2002 – 14 WF 155/02, FamRZ 2003, 1022; vgl. auch Wendl/*Klinkhammer*, § 2 Rz. 230; aA OLG Naumburg v. 14.2.2007 – 8 WF 16/07, FamRZ 2007, 1342.
5 OLG Köln v. 31.7.2012 – 4 UF 57/12, FamFR 2012, 438; OLG Bremen v. 29.6.2011 – 4 WF 51/11, FamRZ 2012, 383; OLG Brandenburg v. 14.1.2003 – 10 UF 302/01, FamRZ 2004, 553; OLG Köln v. 16.6.1999 – 27 UF 243/98, FamRZ 2000, 1043; OLG Hamm v. 25.2.2000 – 11 UF 264/99 FamRZ 2000, 1046; Wendl/*Schmitz*, § 10 Rz. 247 und § 6 Rz. 746; aA OLG Zweibrücken v. 15.12.1999 – 5 UF 114/99, FamRZ 2001, 249.
6 OLG Zweibrücken v. 15.12.1999 – 5 UF 114/99, FamRZ 2001, 249.
7 Wendl/*Schmitz*, § 10 Rz. 247.

her in der Formulierung „eine entsprechende Abänderung" in § 323 Abs. 1 aF ZPO enthalten war, deutlicher zum Ausdruck bringen. Eine Veränderung der Rechtslage ist mit der Neuformulierung nicht verbunden.[1]

117 Die Abänderungsentscheidung ermöglicht nur eine **Anpassung des Unterhalts an die geänderten Verhältnisse unter Wahrung der Grundlagen des abzuändernden Titels**. Die Abänderungsentscheidung hat nicht nur die neuen, nach Schluss der mündlichen Verhandlung veränderten Umstände zu berücksichtigen, sondern auch die in der Erstentscheidung festgestellten und unverändert gebliebenen Verhältnisse (Alttatsachen) einschließlich ihrer rechtlichen Bewertung.[2] Eine freie, von der bisherigen Höhe unabhängige Neufestsetzung des Unterhalts ist nicht möglich. Es besteht eine **Bindungswirkung** an die unverändert gebliebenen Tatsachen, und zwar auch dann, wenn die frühere Tatsachenfeststellung unzutreffend war.[3] Eine Korrektur des titulierten Anspruchs darf nur insoweit erfolgen, als dies durch die veränderten Verhältnisse gerechtfertigt ist. Denn das Abänderungsverfahren dient nur zur **Korrektur von Prognoseentscheidungen, nicht jedoch zur Behebung von Fehlern der Erstentscheidung.**[4] Soweit die Feststellungen der abzuändernden Entscheidung nicht von den Änderungen betroffen sind, bleiben sie für das über den Abänderungsantrag zu befindende Gericht bindend. Die **Rechtskraft der Erstentscheidung** wird auch hinsichtlich **fehlerhafter Feststellungen** durch die Präklusionswirkung des § 238 Abs. 2 sichergestellt. Die Berufung auf die Präklusion steht unter dem Vorbehalt von Treu und Glauben (§ 242 BGB), s. oben Rz. 91. Es ist dem Gericht ferner verwehrt, einen alten Sachverhalt neu **zu bewerten.**[5]

118 Die **rechtliche Bindung** des Abänderungsrichters an die Grundlagen der Erstentscheidung **erfasst** aber nur solche unverändert gebliebenen tatsächlichen Verhältnisse, die der Richter im früheren Verfahren festgestellt und denen er Bedeutung für die Unterhaltsbemessung beigelegt hat. Die Bindung kann sich danach ua. erstrecken auf die **Ermittlung der Einkommensverhältnisse**, die **Einbeziehung fiktiver Einkünfte oder besonderer Belastungen**, auf den **Pauschalabzug berufsbedingter Aufwendungen**,[6] auf einen **konkret ermittelten Lebensbedarf**[7] oder die **Anrechnung oder Nichtanrechnung von bestimmten Einkommensanteilen**, zB Zinsen, Wohnwert[8] oder den Kinderzuschuss zur Rente.[9]

119 **Keine Bindung** besteht **an** Feststellungen in der Erstentscheidung, die aufgrund richterlicher Hilfsmittel oder allgemeiner unterhaltsrechtlicher Bewertungskriterien in die Entscheidung eingeflossen sind. Dazu gehören die von der unterhaltsrechtlichen Praxis entwickelten **Unterhaltsrichtlinien, Tabellen, Verteilungsschlüssel oder sonstigen Berechnungsmethoden** (zB Höhe des Erwerbstätigenbonus 1/7 bzw. 1/10 oder Unterhaltsquoten 3/7 bzw. 1/2 nach Abzug des Bonus[10]). Diese dienen nur zur Ausfüllung der unbestimmten Rechtsbegriffe „angemessener Unterhalt" oder „Unterhalt nach den ehelichen Lebensverhältnissen".[11] Art und Höhe der Besteuerung des in der ersten Entscheidung zugrunde gelegten Nettoeinkommens entfalten ebenfalls keine Bindungswirkung.[12] Gleiches gilt für den Berechnungsansatz für die Ermittlung eines Wohnvorteils bei mietfreiem Wohnen im eigenen Haus.[13]

---

1 Begr. RegE, BT-Drucks. 16/6308, S. 258.
2 BGH v. 28.2.2007 – XII ZR 37/05, FamRZ 2007, 793.
3 BGH v. 5.7.2000 – XII ZR 104/98, FamRZ 2001, 905.
4 Wendl/*Schmitz*, § 10 Rz. 224.
5 BGH v. 21.2.2001 – XII ZR 276/98, FamRZ 2001, 1364.
6 BGH v. 14.3.2007 – XII ZR 158/04, FamRZ 2007, 882.
7 BGH v. 15.11.1989 – IVb ZR 95/88, FamRZ 1990, 280.
8 BGH v. 28.2.2007 – XII ZR 37/05, FamRZ 2007, 793.
9 BGH v. 29.6.1994 – XII ZR 79/93, FamRZ 1994, 1100.
10 BGH v. 14.2.1990 – XII ZR 51/89, FamRZ 1990, 981.
11 BGH v. 29.6.1994 – XII ZR 79/93, FamRZ 1994, 1100; BGH v. 11.1.1984 – IVb ZR 10/82, FamRZ 1984, 374.
12 BGH v. 14.2.1990 – XII ZR 51/89, FamRZ 1990, 981.
13 BGH v. 29.6.1994 – XII ZR 79/93, FamRZ 1994, 1100.

Wenn ein Abänderungsantragsteller, der in dem ersten Unterhaltsverfahren voll erfolgreich war, dort nicht seinen gesamten Unterhaltsbedarf eingefordert hatte, ist er nicht gehindert, mit einem Abänderungsverfahren seinen vollen Unterhalt zu verlangen, wenn die Voraussetzungen für einen Abänderungsantrag aus anderen Gründen vorliegen. So kann zusätzlich zu dem bisherigen **Elementarunterhalt** ein bisher nicht geforderter **Vorsorgebedarf** geltend gemacht werden.[1]

Keine Bindungswirkung besteht ferner für Umstände, die bei der Erstentscheidung zwar voraussehbar, aber vor Schluss der mündlichen Verhandlung noch nicht eingetreten waren und deshalb nicht berücksichtigt wurden, zB der Eintritt des Kindes in eine höhere Altersstufe, vgl. Rz. 82.

II. Anpassungsmaßstab

Ebenso wie § 323 Abs. 1 aF ZPO sieht auch § 238 Abs. 4 eine entsprechende **Anpassung** unter **Wahrung der Grundlagen der Erstentscheidung** und der in ihr zu Tage tretenden Zielrichtung vor. Die Abänderung hat grundsätzlich proportional zu erfolgen, wobei jedoch bei steigenden Einkünften auch eine nur verhältnismäßige Anpassung zu Verzerrungen führen kann.[2] Dies ist der Fall, wenn ein Teil des Einkommens des Unterhaltspflichtigen nicht zur Deckung des Lebensbedarfs, sondern zur Bildung von Rücklagen verwendet wird. Eine rein schematische Erhöhung des Unterhaltsanspruchs würde dann den tatsächlichen Verhältnissen nicht mehr entsprechen.[3]

III. Rückwirkende Abänderung

Nach dem vor dem 1.9.2009 geltenden § 323 Abs. 3 Satz 1 aF ZPO durften Unterhalts**urteile** (nicht die in § 323 Abs. 4 aF ZPO genannten Titel), mit denen eine **Herabsetzung** des Unterhalts ausgesprochen wurde, **nur für die Zeit nach Erhebung der Klage** abgeändert werden. Es kam hier auf den Tag der Klagezustellung, dh. auf die Rechtshängigkeit, an.[4] Auch ein vorgeschaltetes Prozesskostenhilfeverfahren durchbrach die Zeitschranke nicht; es konnte daher nicht auf den Zugang des Gesuchs oder die Mitteilung der Klage abgestellt werden.[5] Um Verzögerungen zu vermeiden, musste der Antragsteller trotz Armut den Gerichtskostenvorschuss einzahlen oder um sofortige Zustellung der Klage nach § 14 Nr. 3 GKG nachsuchen.

Die **Zeitschranke** des § 323 Abs. 3 Satz 1 aF ZPO galt nicht für eine **Klage auf Erhöhung** der in § 323 Abs. 3 Satz 2 aF ZPO genannten Unterhaltsansprüche unter Ehegatten und Verwandten. Eine rückwirkende Abänderung von Unterhaltstiteln konnte nach altem Recht für die Fälle verlangt werden, in denen nach den genannten materiell-rechtlichen Vorschriften Unterhalt auch für die Vergangenheit verlangt werden konnte. Das war insbesondere dann möglich, wenn der Unterhaltsberechtigte den Unterhaltsverpflichteten (zB nach § 1613 BGB) aufgefordert hatte, über seine Einkünfte oder sein Vermögen zum Zwecke der Unterhaltsberechnung Auskunft zu erteilen. Gleiches galt, wenn der Unterhaltsverpflichtete mit der erhöhten Unterhaltszahlung in Verzug gesetzt worden war.[6]

Gegenüber § 323 Abs. 3 aF ZPO enthält **§ 238 Abs. 3**, der ebenfalls die Zeitgrenze, bis zu der eine rückwirkende Abänderung möglich ist, regelt, **mehrere Veränderungen**. Grundsätzlich ist ein Abänderungsantrag gem. § 238 Abs. 3 Satz 1 hinsichtlich des vor dem maßgeblichen Zeitpunkt (Rechtshängigkeit) liegenden Teils **unzulässig**. Maßgeblich ist die Zustellung (§ 113 Abs. 1 Satz 2 FamFG iVm. §§ 253 Abs. 1, 261 ZPO) des Antrags an den Gegner. Eine Abänderung des Titels ist ab dem Tag der Zu-

---

1 BGH v. 11.1.1984 – IVb ZR 10/82, FamRZ 1984, 374; BGH v. 15.10.1986 – IVb ZR 78/85, FamRZ 1987, 259.
2 BGH v. 27.6.1984 – IVb ZR 21/83, FamRZ 1984, 997.
3 Wendl/*Schmitz*, § 10 Rz. 231.
4 BGH v. 19.12.1989 – IVb ZR 9/89, NJW 1990, 709.
5 BGH v. 20.1.1982 – IVb ZR 651/80, NJW 1982, 1050.
6 Ehinger/Griesche/*Rasch*, Rz. 854.

stellung möglich, nicht erst ab dem nächsten Tag oder ab dem auf die Zustellung folgenden Fälligkeitstag.[1]

125a Auch nach neuem Recht genügt weder die Einreichung eines entsprechenden Verfahrenskostenhilfegesuchs noch die bloße Einreichung des Abänderungsantrags bei Gericht.[2] Ein bedürftiger Antragsteller kann unter den Voraussetzungen des § 15 Nr. 3 FamGKG um sofortige Zustellung der Antragschrift ohne vorherige Zahlung der Gebühren für das Verfahren nachsuchen.[3] § 167 ZPO ist nicht entsprechend anwendbar.[4]

126 Wenn der **Abänderungsantrag** auf eine **Erhöhung des Unterhalts** gerichtet ist, ist der Antrag nach § 238 Abs. 3 **Satz 2** abweichend von der Grundregel des Satzes 1 **aber auch zulässig** für die Zeit, für die nach den Vorschriften des bürgerlichen Rechts Unterhalt für die Vergangenheit verlangt werden kann. In Betracht kommen hierbei insbesondere § 1613 Abs. 1 BGB und die hierauf verweisenden sonstigen Vorschriften des materiellen Unterhaltsrechts (§ 1360a Abs. 3 BGB für den Familienunterhalt, § 1361 Abs. 4 Satz 4 BGB für den Getrenntlebensunterhalt, § 1585b Abs. 2 BGB für den nachehelichen Unterhalt). § 238 Abs. 3 Satz 2 entspricht in der Sache daher § 323 Abs. 3 Satz 2 aF ZPO. Anstelle des Verweises auf zahlreiche Gesetzesbestimmungen enthält § 238 Abs. 3 Satz 2 nunmehr eine zusammenfassende Formulierung.

127 Ist ein Antrag auf Abänderung bereits im Rahmen eines Beschwerdeverfahrens durch eine **unselbständige Anschließung** geltend gemacht und durch **Rücknahme der Hauptbeschwerde** gem. § 66 Satz 2 unwirksam geworden, dann ist für einen **danach** erhobenen Abänderungsantrag der Zeitpunkt der Anschließung maßgebend, dh. die Wirkung der Antragstellung in dem neuen Verfahren ist auf den Zeitpunkt der Anschließung im Beschwerdeverfahren zurückzubeziehen.[5] Der Anschließung kommt insoweit eine Vorwirkung zu, auf die sich der Abänderungsantragsteller nach Grundsätzen von Treu und Glauben (§ 242 BGB) nicht beliebig lange Zeit berufen kann. Bis zu welchem Zeitpunkt die Vorwirkung reicht, dh., bis wann der die Abänderung Begehrende nach der Rücknahme des Hauptrechtsmittels und Unwirksamwerden seines Anschlussrechtsmittels den Abänderungsantrag stellen muss, hat der BGH offen gelassen. Ein an § 204 Abs. 2 Satz 1 BGB angelehnter Zeitrahmen von sechs Monaten[6] dürfte zu lang sein. Eine Verfahrenseinleitung innerhalb von fünf Wochen nach Rücknahme des Hauptrechtsmittels hat der BGH als unverzüglich und rechtzeitig angesehen.[7]

128 Ist der Antrag zur Abänderung einer Endentscheidung in der Hauptsache auf **Herabsetzung des Unterhalts** gerichtet, ist er gem. § 238 Abs. 3 Satz 2 **auch zulässig** für die Zeit ab dem Ersten des auf ein entsprechendes Auskunfts- oder Verzichtsverlangen (sog. negative Mahnung) des Antragstellers folgenden Monats. Dies ist eine **zu begrüßende Neuerung**, die im bisherigen Recht keine Entsprechung hatte. Durch die Neufassung wird die Gleichbehandlung von Gläubiger und Schuldner erreicht. Der Gesetzgeber hat damit einer insbesondere in der Literatur[8] verbreitet erhobenen Forderung Rechnung getragen. Das auf eine Herabsetzung gerichtete Verlangen unterliegt spiegelbildlich den Voraussetzungen, für die nach den Vorschriften des bürgerlichen Rechts (§§ 1360a Abs. 3, 1361 Abs. 4 Satz 4, 1585b Abs. 2 BGB) Unterhalt für die Vergangenheit verlangt werden kann. Diese Voraussetzungen ergeben sich nach der Neufassung des § 1585b Abs. 2 BGB durch das Gesetz zur Änderung des Unter-

---

1 BGH v. 19.12.1989 – IVb ZR 9/89, FamRZ 1990, 269; BGH v. 2.7.2004 – V ZR 290/03, FamRZ 2004, 1712 Rz. 18.
2 Begr. RegE, BT-Drucks. 16/6308, S. 258.
3 BGH v. 20.1.1982 – IVb ZR 651/80, FamRZ 1982, 365 Tz. 10.
4 BGH v. 21.4.1982 – IVb ZR 696/80, FamRZ 1982, 792 Tz. 6 (zu der Vorgängervorschrift § 207 ZPO).
5 BGH v. 16.3.1988 – IVb ZR 36/87, FamRZ 1988, 601.
6 Vgl. Keidel/*Meyer-Holz*, § 238 FamFG Rz. 68.
7 BGH v. 16.3.1988 – IVb ZR 36/87, FamRZ 1988, 601 Tz. 18.
8 Vgl. 15. Deutscher Familiengerichtstag (DFGT), Arbeitskreis 5, Brühler Schriften zum Familienrecht, Bd. 13, S. 79.

haltsrechts[1] einheitlich aus § 1613 Abs. 1 BGB. Eine rückwirkende Abänderung von Unterhaltstiteln nach § 238 für den Unterhaltszeitraum **vor** dem 1.9.2009 kommt aber schon aus verfassungsrechtlichen Gründen nicht in Betracht.[2]

Erforderlich ist daher entweder ein **Auskunftsverlangen** mit dem Ziel der Herabsetzung des Unterhalts gegenüber dem Unterhaltsgläubiger oder eine „**negative Mahnung**",[3] also eine **Aufforderung** an den Unterhaltsgläubiger, teilweise oder vollständig **auf den titulierten Unterhalt zu verzichten.** Ein entsprechendes Verlangen muss dem Unterhaltsgläubiger zugegangen sein.[4] Den Anforderungen des § 238 Abs. 3 Satz 3 FamFG genügt eine Mitteilung des Unterhaltsschuldners an den Unterhaltsgläubiger, in der der Unterhaltsschuldner die Einkommensverhältnisse mitteilt und schlüssig darlegt, dass nunmehr kein oder nur noch ein geringerer Unterhalt geschuldet sei, und den Unterhaltsschuldner ernsthaft zu der Erklärung auffordert, den Wegfall oder die Herabsetzung des Unterhalts zu akzeptieren. Die **gleichzeitige Vorlage von Belegen** ist nicht erforderlich. Besteht über die in dem Verzichtsverlangen enthaltenen Angaben zwischen den Beteiligten Streit, ist dieser ggf. in einem gerichtlichen Verfahren zu klären.[5]

129

Für eine **mehr als ein Jahr vor Rechtshängigkeit** liegende Zeit kann eine **Herabsetzung nicht verlangt** werden. § 238 Abs. 3 Satz 4 ist § 1585b Abs. 3 BGB nachgebildet und enthält eine zeitliche Einschränkung für die Geltendmachung eines rückwirkenden Herabsetzungsverlangens. Der Gesetzgeber hat es aus Gründen der Rechtssicherheit für erforderlich gehalten, das Herabsetzungsverlangen zeitlich zu begrenzen. Denn nach seiner Auffassung ist das **Herabsetzungsverlangen rein verfahrensrechtlich** ausgestaltet, während sich die rückwirkende Erhöhung des Unterhalts nach § 238 Abs. 3 Satz 2 nach dem materiellen Recht richte. Bei einer Herabsetzung könne sich die Frage der Verjährung nicht stellen. Eine Verwirkung des Herabsetzungsverlangens komme nur unter den engen, für die Verwirkung eines prozessualen Rechts geltenden Voraussetzungen in Betracht.[6]

130

Überzahlten Unterhalt kann der Unterhaltsschuldner zurückfordern; ab Rechtshängigkeit ist dies nunmehr unter erleichterten Voraussetzungen möglich. Denn nach § 241 haftet der zur Rückzahlung Verpflichtete ab Rechtshängigkeit eines auf Herabsetzung gerichteten Abänderungsantrags nach § 818 Abs. 4 BGB verschärft. Er kann sich dann nicht mehr auf den in den meisten Fällen durchgreifenden Entreicherungseinwand nach § 818 Abs. 3 BGB berufen. Hinsichtlich der Einzelheiten wird auf die **Kommentierung zu § 241** verwiesen.

131

Bei **unschlüssigen oder unzulässigen Abänderungsanträgen** wird vertreten, dass für den Umfang der Abänderung der Zeitpunkt maßgebend sein soll, in dem der Mangel beseitigt wird.[7] Wenn eine Abänderung durch Antragserweiterung oder Abänderungsgegen(-wider)antrag begehrt wird, ist für die Abänderung der in § 261 Abs. 2 ZPO genannte Zeitpunkt maßgebend.[8]

132

IV. Inhalt der Abänderungsentscheidung

1. Form der Entscheidung

Sofern auf das Abänderungsverfahren noch das bis zum 31.8.2009 geltende Verfahrensrecht (insbesondere § 323 ZPO) anzuwenden ist (s. oben unter II.), entscheidet das Familiengericht, wenn die Beteiligten keinen Vergleich schließen, durch **Urteil**. Die Kostenentscheidung richtet sich dann nach den §§ 91 ff. ZPO. Wenn die Abänderungsantragsschrift nach dem 1.9.2009 eingegangen ist, erfolgt die Entscheidung

133

---

1 Gesetz v. 21.12.2007, BGBl. I, S. 3189.
2 OLG Celle v. 5.7.2010 – 10 WF 209/10, FamRZ 2011, 50.
3 Begr. RegE, BT-Drucks. 16/6308, S. 258.
4 Begr. RegE, BT-Drucks. 16/6308, S. 258.
5 OLG Hamburg v. 5.12.2012 – 7 WF 117/12, juris; OLG Hamm v. 27.5.1994 – 11 UF 393/92, FamRZ 1995, 106.
6 Begr. RegE, BT-Drucks. 16/6308, S. 258; BVerfG v. 26.1.1972 – 2 BvR 255/67, BVerfGE 32, 305 ff.
7 Musielak/*Borth*, § 238 FamFG Rz. 58.
8 BGH v. 11.1.1984 – IVb ZR 10/82, FamRZ 1984, 1458 Tz. 7.

gem. § 116 Abs. 1 iVm. § 38 FamFG durch **Beschluss**. Das Rubrum ist gem. § 38 Abs. 2 Nr. 1–3 zu gestalten. Der Beschluss ist grundsätzlich zu begründen und zu unterschreiben, § 38 Abs. 3, 4 und 5.

Da der Beschluss Gegenstand eines weiteren Abänderungsverfahrens werden kann und dann unter Wahrung seiner Grundlagen anzupassen ist (§ 238 Abs. 4), sollte die **Begründung** die der Entscheidung zugrunde gelegten Feststellungen möglichst genau enthalten. Anzugeben sind die Grundlagen der abzuändernden Entscheidung, die veränderten Umstände, die neu hinzugekommenen Verhältnisse und die Bewertung sämtlicher Umstände, die in die Abänderungsentscheidung des Gerichts eingeflossen sind.[1]

Die Abänderungsentscheidung lautet, wenn eine wesentliche Abänderung nicht vorliegt oder nicht erwiesen ist, auf **Zurückweisung des Antrags**.

Der **stattgebende Beschluss** spricht ab Rechtshängigkeit oder dem oben genannten früheren Zeitpunkt (Aufforderung zur Auskunft, negative Mahnung) unter Abänderung der früheren Entscheidung ab diesem Zeitpunkt einen weiteren Anspruch zu. Wird dem Antrag nur teilweise stattzugeben, ist der Antrag im Übrigen zurückzuweisen (abzulehnen). Es kann wie folgt tituliert werden:

134 **Formulierungsvorschlag:**

Der Antragsgegner wird verpflichtet, in Abänderung des Beschlusses des Amtsgerichts – Familiengericht – (bei alten Titeln: des Urteils ...) vom ... ab ... dem ... folgenden monatlichen (Trennungs-; nachehelichen; Kindes-)Unterhalt zu zahlen: ...

135 Sofern Antragsteller als auch Antragsgegner **gegenläufige Ansprüche** geltend machen (der Antragsteller auf Erhöhung des Unterhalts, der Antragsgegner auf Herabsetzung), sind diese **Anträge zu verbinden** und in Form von Antrag und Gegen(-wider)antrag zu führen (vgl. § 33 ZPO). Es ist eine einheitliche Entscheidung zu treffen, weil beide Antragsbegehren in einem einheitlichen Zusammenhang stehen und sich gegenseitig bedingen.[2] Eine **Teilentscheidung** (vertikaler Teilbeschluss) kann allenfalls über einen **zeitlich befristeten Unterhaltszeitraum** ergehen, wenn in diesem Umfang Antrag und Gegenantrag durch Endentscheidung abschließend geregelt sind.[3] Allerdings muss auch hier stets geprüft werden, ob sich in beiden Zeiträumen die gleichen Vorfragen (zB Einkommen eines Selbständigen) stellen. Ist dies nicht auszuschließen, hat der Erlass von Teilbeschlüssen zur Vermeidung von Wertungswidersprüchen zu unterbleiben.[4]

136 Für die **Kostenentscheidung** gilt § 243.[5]

2. Wirksamkeit, Vollstreckbarkeit, Rechtsmittel

137 Die durch den Beschluss abgeänderte frühere Entscheidung ist weiterhin Rechtsgrund für Unterhaltsleistungen, die bis zum Zeitpunkt der Abänderung erbracht wurden. Für die Zeit danach geht der Ersttitel in dem Abänderungsbeschluss auf.[6]

Endentscheidungen werden nach § 120 Abs. 2 mit Wirksamwerden **vollstreckbar**. Nach § 116 Abs. 3 Satz 1 werden Endentscheidungen in Familienstreitsachen, also auch in Unterhaltssachen, mit Rechtskraft wirksam. Das Gericht kann die sofortige Wirksamkeit anordnen. Soweit die Endentscheidung eine Verpflichtung zur Leistung von Unterhalt enthält, **soll das Gericht gem. § 116 Abs. 3 Satz 3 die sofortige Wirksamkeit** anordnen. Durch diese Vorschrift ist das Rechtsinstitut der vorläufigen Vollstreckbarkeit in Familienstreitsachen entbehrlich geworden.[7] Die §§ 708 bis 713 ZPO sind bei der Vollstreckung von Beschlüssen in FamFG-Sachen nicht anwendbar.[8]

---

1 Keidel/*Meyer-Holz*, § 238 FamFG Rz. 102.
2 BGH v. 29.10.1986 – IVb ZR 88/85, FamRZ 1987, 151.
3 OLG Zweibrücken v. 29.11.1994 – 5 UF 25/94, FamRZ 1995, 891.
4 OLG Bremen v. 22.6.2007 – 4 UF 8/07, FamRZ 2007, 2089.
5 OLG Düsseldorf v. 25.5.2011 – 7 UF 1/11, FamRZ 2011, 1953.
6 OLG Karlsruhe v. 22.4.1988 – 16 WF 5/88, FamRZ 1988, 859.
7 Begr. RegE, BT-Drucks. 16/6308, S. 224.
8 Begr. RegE, BT-Drucks. 16/6308, S. 226.

Hinsichtlich der **Einstellung oder Beschränkung der Vollstreckung** aus dem **abzuändernen Unterhaltstitel** in dem auf Herabsetzung des Unterhalts gerichteten Abänderungsverfahren des Schuldners s. § 242, der auch für die Beschwerdeinstanz gilt. Die Einstellung der Zwangsvollstreckung aus **(Erst-)Titeln** über Unterhalt aus einem gewöhnlichen Erkenntnisverfahren (nicht Abänderungsverfahren) richtet sich dagegen nach § 120 Abs. 2 Satz 2 und 3.[1]

137a

Sofern der Wert des Beschwerdegegenstandes 600 Euro (§ 61 Abs. 1) übersteigt, findet gegen die Entscheidung über den Abänderungsantrag die **Beschwerde** gem. § 58 Abs. 1 statt. Bei Nichterreichen des Beschwerdewertes kann das Familiengericht die Beschwerde nach § 61 Abs. 2, 3 zulassen.

137b

V. Gegenstandswert, Kosten, Gebühren

Für den Verfahrenswert gelten die §§ 51, 40 FamGKG (vgl. §§ 42, 49 GKG aF). Der Verfahrenswert eines Abänderungsantrags bestimmt sich nach § 51 FamGKG aus dem Jahresbetrag der geforderten Veränderung zuzüglich verlangter Rückstände vor Anhängigkeit des Verfahrens; der Monat der Anhängigkeit zählt zu den Rückständen, § 51 Abs. 2. Der Einreichung eines Antrags steht die Einreichung eines Antrags auf Bewilligung von Verfahrenskostenhilfe gleich. Im Rechtsmittelverfahren bestimmt sich gem. § 40 Abs. 1 FamGKG der Verfahrenswert nach den Anträgen des Rechtsmittelführers.

138

Kosten/Gebühren: Gericht: Das Verfahren über eine Abänderung einer Entscheidung gilt als besonderes Verfahren (§ 31 Abs. 2 Satz 1 FamGKG), so dass nochmals Gerichtskosten entstehen. **RA:** Das Abänderungsverfahren ist eine neue Angelegenheit, für das der RA die Gebühren erneut fordern kann.

139

239 Abänderung von Vergleichen und Urkunden

(1) Enthält ein Vergleich nach § 794 Abs. 1 Nr. 1 der Zivilprozessordnung oder eine vollstreckbare Urkunde eine Verpflichtung zu künftig fällig werdenden wiederkehrenden Leistungen, kann jeder Teil die Abänderung beantragen. Der Antrag ist zulässig, sofern der Antragsteller Tatsachen vorträgt, die die Abänderung rechtfertigen.
(2) Die weiteren Voraussetzungen und der Umfang der Abänderung richten sich nach den Vorschriften des bürgerlichen Rechts.

A. Allgemeines	III. Voraussetzung für die Abänderung von Vergleichen und vollstreckbaren Urkunden
I. Entstehung 1	
II. Systematik 2	1. Zulässigkeit eines Abänderungsantrags, Abs. 1 Satz 2
III. Normzweck 3	a) Grundsätze 23
B. Inhalt der Vorschrift	b) Anforderungen an die Darlegung bei abzuänderndem Vergleich . . 24c
I. Abzuändernde Titel, Abs. 1 Satz 1 . . . 4	c) Anforderungen an die Darlegung bei abzuändernder Urkunde . . . 24f
1. Vergleiche	aa) Unterhaltsvereinbarung . . 24g
a) Art der Vergleiche	bb) Einseitige Verpflichtungserklärung mit vorhergehender Vereinbarung 26a
aa) Verfahrensvergleich 5	
bb) Anwaltsvergleiche 8	
cc) Privatschriftliche Unterhaltsvereinbarungen 9	cc) Einseitige Verpflichtungserklärung ohne vorhergehende Vereinbarung 26b
b) Vergleich über wiederkehrende Leistungen 11	2. Begründetheit eines Abänderungsantrags, Absatz 2 32
c) Vergleiche, die bereits Gegenstand eines Verfahrens waren . . 13	a) Vergleiche
d) Wirksamkeit des Vergleichs 15	
2. Urkunden 19	aa) Änderungen 33
II. Verhältnis § 239 zum Leistungsantrag 22a	

---

1 Vgl. OLG Hamm v. 30.9.2011 – 10 UF 196/11, FamRZ 2012, 730.

bb) Anpassung 34
cc) Darlegungs- und Beweislast,
Bindung an den alten Titel . 38
dd) Zeitpunkt für die Abänderung 42
b) Urkunden 44a
aa) Unterhaltsvereinbarung . . . 45

bb) Einseitige Verpflichtungs-
erklärung 46
IV. Entscheidung, Vollstreckbarkeit,
Rechtsmittel 50
V. Gegenstandswert, Kosten, Gebühren 54

Literatur: *Graba*, Zur Abänderung der Jugendamtsurkunde, FamRZ 2005, 678

A. Allgemeines

I. Entstehung

1 § 239 entspricht zum Teil dem früheren § 323 Abs. 4 ZPO.

II. Systematik

2 Die Vorschrift enthält eine Spezialregelung für die Abänderung von Vergleichen und Urkunden.

III. Normzweck

3 Bei der Abänderung von Vollstreckungstiteln mit Bindungswirkung (Vergleiche, Urkunden) stellen sich ähnliche Fragen wie bei der Abänderung von Entscheidungen in der Hauptsache. Bis zum 31.8.2009 richtete sich die Abänderung von Vergleichen und Urkunden nach § 323 Abs. 4 aF ZPO. Wegen der Besonderheiten für eine Abänderung dieser Titel hat der Gesetzgeber eine spezielle Vorschrift geschaffen. Die Rechtslage soll sich stärker als bisher unmittelbar aus dem Gesetzeswortlaut selbst ergeben. Durch die Aufteilung der Abänderungsvorschriften auf mehrere Normen sollte die Übersichtlichkeit hinsichtlich der Abänderbarkeit von Titeln erhöht werden.[1]

B. Inhalt der Vorschrift

I. Abzuändernde Titel, Abs. 1 Satz 1

4 **Verfahrensvergleiche** nach § 794 Abs. 1 Nr. 1 ZPO und **vollstreckbare Urkunden** unterliegen ebenfalls der Abänderung, sofern sie eine Verpflichtung zu künftig fällig werdenden wiederkehrenden Leistungen enthalten. Gleiches gilt für **Anwaltsvergleiche** (§§ 796a bis 796c ZPO) und **Jugendamtsurkunden** nach §§ 59, 60 SGB VIII. Da diese Titel keine materielle Rechtskraftwirkung wie eine Endentscheidung in der Hauptsache (jetzt Beschluss, früher Urteil) entfalten, gelten für eine Abänderung andere Voraussetzungen. Zur Abänderung von Titeln im vereinfachten Verfahren s. § 240.

1. Vergleiche

a) Art der Vergleiche

aa) Verfahrensvergleich

5 Nach dem eindeutigen Wortlaut des § 794 Abs. 1 Nr. 1 ZPO fallen unter diese Vorschrift nur **wirksame Verfahrens**(früher: Prozess)**vergleiche**. Dabei handelt es sich um protokollierte (§ 113 Abs. 1 Satz 2 FamFG iVm. §§ 160 ff. ZPO) Vergleiche in streitigen Verfahren oder um solche, die im **schriftlichen Verfahren** nach § 113 Abs. 1 FamFG iVm. § 278 Abs. 6 ZPO zustande gekommen sind.

6 Nach § 239 kann auch ein im **einstweiligen Anordnungsverfahren** geschlossener Vergleich abgeändert werden. Voraussetzung hierfür ist jedoch, dass ein solcher Vergleich nach dem Willen der Beteiligten nicht lediglich eine vorläufige Regelung des

---

[1] Begr. RegE, BT-Drucks. 16/6308, S. 257.

Unterhalts bezweckt, sondern eine **endgültige Einigung** darstellt.[1] Wenn es sich um einen Vergleich handelt, dessen Wirkungen nicht weiter gehen als die einer eA, die ansonsten erlassen worden wäre, kann eine Abänderung nur in dem Verfahren nach § 54 erfolgen.

Vergleiche in **Verfahrenskostenhilfeprüfungsverfahren** nach § 113 Abs. 1 Satz 2 FamFG iVm. § 118 Abs. 1 Satz 3 ZPO sowie Einigungen nach § 29 Abs. 2 FGB-DDR[2] sind nach § 239 abänderbar.

bb) Anwaltsvergleiche

Auch für vollstreckbar erklärte **Anwaltsvergleiche** iSd. §§ 796a bis 796c ZPO fallen unter § 239. Letzteres ergibt sich zwar nicht aus dem Wortlaut des § 239; der Gesetzgeber hat hier eine gebotene Klarstellung unterlassen. Da aber mit der Neufassung des § 239 keine Änderung der materiellen Rechtslage verbunden ist, gelten die zu § 323 Abs. 4 aF ZPO entwickelten Grundsätze weiter. Vollstreckungstitel ist hierbei nicht der Anwaltsvergleich, sondern allein der ihn für vollstreckbar erklärende Beschluss des Gerichts.[3]

cc) Privatschriftliche Unterhaltsvereinbarungen

Privatschriftliche Unterhaltsvereinbarungen und **außergerichtliche Vergleiche** der Parteien schaffen keinen Vollstreckungstitel.[4] Sie können **nicht**[5] im Wege eines Abänderungsverfahrens **nach § 239 abgeändert** werden. Ein Unterhaltsvergleich, der **ohne beiderseitige anwaltliche Vertretung** der Beteiligten im Rahmen einer Scheidungsfolgenvereinbarung abgeschlossen wird, ist wegen der notwendigen anwaltlichen Vertretung nur als außergerichtlicher Vergleich anzusehen.[6] Vor Rechtskraft der Scheidung abgeschlossene Vergleiche zum nachehelichen Unterhalt sind seit dem 1. Januar 2008 formbedürftig, § 1585c BGB.

Wenn eine Unterhaltsleistung auf einer **Vereinbarung der Parteien** beruht und ein **Titel** hierüber **nicht** errichtet worden ist, kann eine Abänderung des nach der Vereinbarung geschuldeten Unterhalts durch den Unterhaltsgläubiger grundsätzlich **nicht** im Wege eines **Abänderungsverfahrens** nach § 323 Abs. 4 aF ZPO, § 238 oder § 239, sondern nur durch einen **Leistungsantrag** geltend gemacht werden. Eine Ausnahme soll nur dann gelten, wenn die **Vereinbarung** vertraglich der **Regelung über die Abänderung von Unterhaltstiteln** unterstellt worden ist[7] oder bei längerer Bindung der Beteiligten an die Vereinbarung,[8] wenn ein beabsichtigter Prozessvergleich aus formellen Gründen nicht zu Stande gekommen ist.[9] Nach aA soll eine vertragliche Regelung, die die Abänderbarkeit den §§ 238, 239 FamFG unterstellt, lediglich dahin zu verstehen sein, dass die vereinbarten Leistungen nach Maßgabe des materiellen Rechts, auf das § 239 Bezug nimmt, abänderbar sein sollen.[10] Nicht anwendbar sind die §§ 238, 239, wenn der Unterhaltsschuldner seine auf der Vereinbarung beruhenden Zahlungen reduziert oder einstellt.[11] Der Unterhalt Begehrende muss in diesen Fäl-

---

1 BGH v. 1.6.1983 – IVb ZR 365/81, FamRZ 1983, 892 (893); OLG Jena v. 29.7.2011 – 1 WF 157/11, FamRZ 2012, 54; OLG Hamm v. 11.7.2011 – 8 WF 167/11, juris; OLG Brandenburg v. 2.11.1999 – 9 WF 225/99, FamRZ 2000, 1377, 1378.
2 BGH v. 2.2.1994 – XII ZR 191/92, FamRZ 1994, 562.
3 BGH v. 7.12.2005 – XII ZR 94/03, FamRZ 2006, 261.
4 BGH v. 21.4.1982 – IVb ZR 741/80, FamRZ 1982, 684; BGH v. 19.5.1982 – IVb ZR 705/80, FamRZ 1982, 782.
5 Streitig, vgl. FA-FamR/*Gerhardt*, Kap. 6, Rz. 942.
6 Johannsen/Henrich/*Brudermüller*, § 239 FamFG Rz. 5.
7 Thomas/Putzo/*Hüßtege*, § 239 FamFG Rz. 5.
8 BGH v. 27.10.1959 – VI ZR 157/58, FamRZ 1960, 60; OLG Koblenz v. 25.3.1996 – 13 UF 975/95, FamRZ 1997, 24.
9 OLG Köln v. 2.6.1986 – 21 UF 157/85, FamRZ 1986, 1018; Zöller/*Lorenz*, § 239 FamFG Rz. 2 iVm. Zöller/*Vollkommer*, § 323a ZPO Rz. 4.
10 BFH v. 3.3.2004 – X R 14/01, NJW 2004, 2997 (zu § 323 ZPO); Keidel/*Meyer-Holz*, § 239 FamFG Rz. 11; Johannsen/Henrich/*Brudermüller*, § 239 FamFG Rz. 7.
11 BGH v. 19.5.1982 – IVb ZR 705/80, FamRZ 1982, 782; *Soyka*, Rz. 146, jeweils zu § 323 Abs. 4 aF ZPO.

len einen Leistungsantrag stellen. Solange dies noch nicht geschehen ist, kann der Unterhaltsschuldner gegen ein Berühmen des Unterhaltsgläubigers mit einem negativen Feststellungsantrag vorgehen.[1]

b) Vergleich über wiederkehrende Leistungen

11 Es muss sich um einen Vergleich handeln, der eine Verpflichtung zu künftig fällig werdenden **wiederkehrenden Leistungen** enthält. Dies ist nicht der Fall, wenn die Parteien eine **Kapitalabfindung**[2] oder einen zeitlich befristeten **Pauschalunterhalt** vereinbart hatten. In einer solchen Konstellation ist bei materiell-rechtlichen Einwendungen nur ein **Vollstreckungsabwehrantrag** nach § 767 ZPO zulässig.[3] Ein Vergleich, nach dem kein Unterhalt zu zahlen ist, enthält ebenso wie ein den Antrag zurückweisender Beschluss keine Regelung über künftig fällig werdende wiederkehrende Leistungen, so dass die erneute Geltendmachung eines Unterhaltsanspruchs mit einem Leistungsantrag (§ 113 Abs. 1 Satz 2 FamFG, § 258 ZPO) und nicht mit einem Abänderungsantrag nach § 239 FamFG durchzusetzen ist.[4]

12 Nach der Rechtsprechung des BGH zu § 323 aF ZPO war eine **Abänderungsklage** statthaft, wenn ein Unterhaltsgläubiger, der einen Titel in Form eines Urteils über seinen Unterhalt erlangt hatte, und dessen **Unterhaltsrente** jedoch später im Wege der Abänderungsklage **aberkannt** worden ist, in der Folgezeit erneut Unterhalt verlangte. Denn das abändernde Urteil beruhte sowohl im Falle der Reduzierung als auch im Falle völliger Streichung der Unterhaltsrente weiterhin auf einer **Prognose** der zukünftigen Entwicklung und stellte den Rechtszustand auch für die Zukunft fest. Diese Rechtsprechung war jedoch auf den Fall des durch **Prozessvergleich** titulierten **Unterhalts**, der nur für einen **bestimmten Zeitraum** vereinbart wurde, für die Zukunft indessen nach der Auffassung der Prozessparteien mangels Bedürftigkeit nicht bestand, nicht übertragbar. Denn die Vereinbarung der Parteien beschränkte sich auf den materiellen Anspruch; sein Nichtbestehen war nicht rechtskräftig festgestellt. Das hatte zur Folge, dass ein weiterer Unterhaltsanspruch des Berechtigten durch **Leistungsklage** (§ 258 ZPO) geltend zu machen war.[5] Da der Gesetzgeber in § 239 keine von dem früheren Recht (§ 323 Abs. 4 aF ZPO) abweichende Rechtslage schaffen wollte,[6] ist diese Rechtsprechung des BGH auch im Geltungsbereich des § 239 zu beachten.[7]

c) Vergleiche, die bereits Gegenstand eines Verfahrens waren

13 Wurde ein durch einen **Vergleich** titulierter Unterhaltsanspruch in einem Abänderungsverfahren durch **Beschluss** nach § 238 oder Urteil nach § 323 aF ZPO „aberkannt", ist der Unterhaltsanspruch mit einem **Leistungsantrag** und nicht mit einem Abänderungsantrag weiter zu verfolgen.[8]

Ein **Abänderungsantrag** soll jedoch die richtige Antragsart sein, wenn die Beteiligten bei Abschluss des Vergleichs erkennbar von einer **Prognose** ausgegangen waren und sich diese später als Fehleinschätzung herausgestellt hat.[9]

14 Wenn ein **erster Abänderungsantrag** gegen einen Vergleich als **unbegründet** zurückgewiesen wurde, bleibt der alte Vergleich weiterhin Abänderungsgrundlage.[10] Wird ein Abänderungsantrag, mit dem eine Reduzierung der Unterhaltsverpflichtung

---

1 BGH v. 7.7.1994 – I ZR 30/92, NJW 1994, 3107; OLG Köln v. 21.6.1988 – 27 UF 38/88, FamRZ 1988, 1185.
2 BGH v. 10.8.2005 – XII ZR 73/05, FamRZ 2005, 1662.
3 OLG Zweibrücken v. 15.9.1998 – 5 UF 86/97, FamRZ 2000, 681.
4 BGH v. 2.6.2010 – XII ZR 138708, FamRZ 2010, 1311, 1312.
5 BGH v. 28.3.2007 – XII ZR 163/04, FamRZ 2007, 983.
6 Begr. RegE, BT-Drucks. 16/6308, S. 258.
7 BGH v. 20.3.2013 – XII ZR 72/11, Tz. 23, juris.
8 OLG Hamm v. 23.4.1999 – 5 UF 429/98, FamRZ 2000, 907.
9 BGH v. 20.2.2008 – XII ZR 101/05, FamRZ 2008, 872; anders aber BGH v. 21.1.2009 – XII ZR 54/06, FamRZ 2009, 762.
10 OLG Karlsruhe v. 10.9.2004 – 2 WF 171/04, FamRZ 2005, 816.

erstrebt wurde, zurückgewiesen, hat der Abänderungsantragsteller bei einem erneuten Abänderungsantrag § 238 Abs. 2 zu beachten.[1] Wenn die Beteiligten einen durch Beschluss (früher Urteil) titulierten Unterhaltsanspruch durch einen Vergleich ausdrücklich aufrechterhalten („Es verbleibt bei der Unterhaltsfestsetzung im Beschluss/Urteil vom ..."), ist Grundlage für eine spätere Abänderung der Beschluss (früher Urteil), für dessen Abänderung § 238 maßgebend ist.[2]

d) Wirksamkeit des Vergleichs

Der abzuändernde Vergleich muss **wirksam** sein. Das setzt voraus, dass die Beteiligten verfahrensfähig und nach materiellem Recht sachbefugt, mithin aktiv und passiv legitimiert, waren. Ein gerichtlicher Vergleich ist wirksam, wenn er gem. § 113 Abs. 1 Satz 2 FamFG iVm. §§ 160 Abs. 3 Nr. 1, 162 Abs. 1, 163 ZPO in einem anhängigen Verfahren **protokolliert** worden ist. Wirksam ist auch ein Vergleich, der im **schriftlichen Verfahren** nach § 113 Abs. 1 Satz 2 FamFG iVm. § 278 Abs. 6 Satz 1 und 2 ZPO geschlossen worden ist (wegen der Wirksamkeitsvoraussetzungen im Einzelnen vgl. die Kommentierung zu § 36).

Wenn ein **Verfahrens-** (früher: **Prozess-)vergleich** nach § 779 BGB **unwirksam** ist (zB nach einer Anfechtung wegen arglistiger Täuschung über die Einkommensverhältnisse des Unterhaltspflichtigen oder wegen Sittenwidrigkeit), kann er **nicht nach § 239 abgeändert** werden; das alte Verfahren ist fortzusetzen.[3]

Der nach § 239 abzuändernde Vergleich muss einen **vollstreckungsfähigen Inhalt** haben. Das setzt voraus, dass er dem Bestimmtheitserfordernis genügt, das an einen Vollstreckungstitel zu stellen ist. In welchem Umfang das der Fall ist, ist ggf. durch Auslegung anhand des protokollierten Inhalts des Vergleichs zu ermitteln. Erforderlich ist, dass der Vergleich den Unterhaltsanspruch ausweist und Inhalt und Umfang der Verpflichtung des Unterhaltsschuldners bezeichnet. Das Bestimmtheitserfordernis ist bei einem Zahlungstitel erfüllt, wenn der zu vollstreckende Unterhaltsanspruch ziffernmäßig festgelegt ist[4] oder sich aus dem Titel ohne weiteres errechnen lässt.[5] **Wertsicherungsklauseln,** die auf den vom Statistischen Bundesamt ermittelten Preisindex für die Lebenshaltungskosten abstellen, sind hinreichend bestimmt; aus ihnen kann vollstreckt werden. Denn die in Bezug genommenen Daten, nämlich die Indizes des Statistischen Bundesamtes, sind leicht und zuverlässig feststellbar und damit offenkundig iSv. § 291 ZPO.[6] Wenn ein Vergleich eine **Anrechnungsklausel** enthält, der mangels Konkretisierung und Bezifferung („unter Anrechnung bereits gezahlter Beträge") nicht zu entnehmen ist, unter Abzug welcher Beträge der Unterhaltsanspruch jeweils zu vollstrecken ist, genügt er dem Bestimmtheitserfordernis nicht. Der Titel ist dann zur Zwangsvollstreckung nicht geeignet.[7]

Soweit eine Regelung in einem **Vergleich unklar** ist, hat das Vollstreckungsorgan den Inhalt des Titels durch **Auslegung** festzustellen.[8] Dabei muss der Titel jedoch aus sich heraus für eine Auslegung genügend bestimmt sein oder jedenfalls sämtliche Kriterien für seine Bestimmbarkeit eindeutig festlegen. Es reicht nicht aus, wenn auf Urkunden Bezug genommen wird, die nicht Bestandteil des Titels sind, oder wenn sonst die Leistung nur aus dem Inhalt anderer Schriftstücke ermittelt werden kann.[9] Bei der Auslegung kommt es nicht in erster Linie auf den übereinstimmenden Wille der Beteiligten an, der den Inhalt eines privatrechtlichen Vertrags bestimmt und für

---

1 BGH v. 29.5.2013 – XII ZB 374/11, juris; BGH v. 7.12.2011 – XII ZR 159/09, FamRZ 2012, 288; BGH v. 20.2.2008 – XII ZR 101/05, FamRZ 2008, 872.
2 BGH v. 19.12.1989 – IVb ZR 9/89, FamRZ 1990, 269.
3 OLG Köln v. 11.8.1998 – 4 UF 44/98, FamRZ 1999, 943; OLG Hamm v. 10.1.1997 – 5 UF 194/96, FuR 1997, 206.
4 BGH v. 24.10.1956 – V ZR 127/55, BGHZ 22, 54 (57).
5 BGH v. 30.6.1983 – V ZB 20/82, BGHZ 88, 62 (65).
6 BGH v. 10.12.2003 – XII ZR 155/01, FamRZ 2004, 531.
7 BGH v. 7.12.2005 – XII ZR 94/03, FamRZ 2006, 261.
8 BGH v. 25.5.2010 – XII ZR 143/08, FamRZ 2010, 1238.
9 BGH v. 6.11.1985 – IVb ZR 73/84, FamRZ 1986, 45 (46).

diesen selbst dann maßgebend bleibt, wenn die Erklärungen der Vertragspartner objektiv eine andere Bedeutung haben sollten. Nach der zu § 323 ZPO ergangenen Rechtsprechung des BGH, die auch für § 239 gilt, ist maßgeblich darauf abzustellen, wie das hierzu berufene Vollstreckungsorgan, in erster Linie also das Vollstreckungsgericht oder auch ein Beschwerdegericht, den Inhalt der zu erzwingenden Leistungen verständigerweise zu verstehen und festzulegen hat.[1]

2. Urkunden

19   Eine **notarielle Urkunde** nach § 794 Abs. 1 Nr. 5 ZPO stellt einen Vollstreckungstitel dar und unterliegt damit dem Abänderungsverfahren nach § 239, wenn sie die Verpflichtung zu künftig fällig werdenden, laufenden Unterhaltsleistungen regelt und sich der Unterhaltsschuldner der sofortigen Zwangsvollstreckung unterworfen hat.[2]

20   Nach § 239 abzuändern sind auch **Urkunden des Jugendamts** nach §§ 59, 60 SGB VIII, mit denen ein kostenloser Unterhaltstitel für minderjährige und volljährige Kinder bis 21 Jahren und Unterhalt gem. § 1615l BGB geschaffen wurde.[3] Solche Urkunden können nicht durch Errichtung einer neuen Urkunde abgeändert werden.[4]

Ein Abänderungsantrag ist unabhängig davon zulässig, ob der Jugendamtsurkunde eine **vertragliche Einigung** zwischen den Beteiligten über die titulierte Forderung zugrunde liegt oder ob die Übernahme der Unterhaltspflicht durch **einseitige Verpflichtungserklärung** des Unterhaltsschuldners erfolgte. Denn der Wortlaut des § 323 Abs. 4 aF ZPO, zu dem die Entscheidung des BGH[5] ergangen war, differenzierte nicht danach, ob der Ausgangstitel streng einseitig errichtet worden oder ob ihm eine verbindliche Vereinbarung vorausgegangen war. Gleiches gilt für § 239; auch er enthält eine solche Differenzierung nicht.

21   **Notarielle Urkunden** und **Jugendamtsurkunden**, die aus der Zeit der Minderjährigkeit des Unterhaltsberechtigten stammen, wirken auch über die Volljährigkeit hinaus fort, es sei denn, es liegt nur eine zeitlich befristete Teiltitulierung vor. Die Tatsache, dass das Kind volljährig geworden ist, hat der Unterhaltsschuldner in einem Abänderungsverfahren geltend zu machen.[6]

22   Ein Abänderungsverfahren nach § 239 ist nur zulässig, wenn die Urkunde einen **wirksamen Zwangsvollstreckungstitel** darstellt. Dafür ist erforderlich, dass der zu vollstreckende Unterhalts nach seinem Betrag festgelegt ist oder sich die Höhe aus der Urkunde ohne weiteres errechnen lässt. Letzteres ist der Fall, wenn die Berechnung mit Hilfe offenkundiger, in der Urkunde in Bezug genommener Daten möglich ist.[7] Dies ist der Fall, wenn der in der Urkunde festgelegte Unterhalt anhand einer Wertsicherungsklausel angepasst werden soll, sofern die Wertsicherungsklausel auf den vom statistischen Bundesamt ermittelten Preisindex für die Lebenshaltungskosten abstellt.[8]

II. Verhältnis § 239 zum Leistungsantrag

22a   Eine **Erhöhung** des Unterhalts muss das berechtigte Kind im Wege eines **Abänderungsantrags** geltend machen.[9] Es kann bei Nichtvorliegen einer Unterhaltsvereinbarung grundsätzlich ohne Bindung an eine vorhandene Urkunde einen höheren Un-

---

1 BGH v. 31.3.1993 – XII ZR 234/91, MDR 1993, 650.
2 BGH v. 16.4.1997 – VIII ZR 239/96, MDR 1997, 776.
3 BGH v. 29.10.2003 – XII ZR 115/01, FamRZ 2004, 24; OLG Brandenburg v. 24.11.2011 – 9 UF 70/11, FamRZ 2012, 1399; OLG Frankfurt v. 30.3.2006 – 3 WF 78/06, OLGReport 2006, 977.
4 OLG Brandenburg v. 12.10.2005 – 9 UF 108/05, JAmt 2006, 264; *Graba*, FamRZ 2005, 678.
5 BGH v. 29.10.2003 – XII ZR 115/01, FamRZ 2004, 24; vgl. auch BGH v. 3.12.2008 – XII ZR 182/06, FamRZ 2009, 314; BGH v. 4.5.2011 – XII ZR 70/90, FamRZ 2011, 1041; differenzierend *Graba*, FamRZ 2005, 678 (679).
6 OLG Köln v. 30.7.2012 – 4 UF 49/12, FamFR 2012, 439.
7 BGH v. 15.12.1994 – IX ZR 255/93, MDR 1995, 520.
8 BFH v. 3.3.2004 – X R 14/01, NJW 2004, 2997.
9 OLG Köln v. 21.3.2001 – 27 UF 36/00, FamRZ 2001, 1716; OLG Düsseldorf v. 18.4.2006 – II-4 UF 18/06, 4 UF 18/06, FamRZ 2006, 1212.

terhalt verlangen.¹ Ein **Leistungsantrag** über den gesamten Unterhaltsbetrag (§ 113 Abs. 1 Satz 2 FamFG iVm. § 258 ZPO) und nicht lediglich über den Nachforderungsbetrag ist nur zulässig, wenn der bereits vorhandene Titel sich eindeutig auf einen Teil des Unterhalts beschränkt.²

Zum Teil wird bei einer Nachforderung von Unterhalt oder einem Mehrbedarf generell ein **Erstantrag** für zulässig gehalten³ oder dem Unterhaltsberechtigten ein **Wahlrecht** zwischen Abänderungsantrag und Erstantrag eingeräumt, wobei ein Rechtsschutz- und Titulierungsinteresse nur hinsichtlich des noch nicht durch Urkunde titulierten (Zusatz-)Betrages bestehen soll.⁴

In der Praxis ist bei solchen Konstellationen die Stellung eines Abänderungsantrags vorzugswürdig. Denn bei Titulierung nur eines Zusatzbetrages in einem separaten (Erst-)Verfahren unterliegen die beiden Titel (bereits vorhandene notarielle oder Jugendamtsurkunde und neuer Titel) sowohl nach früherer als auch heutiger Rechtslage später einer unterschiedlichen Abänderbarkeit, nämlich § 239 hinsichtlich des außergerichtlichen Titels einerseits und § 238 hinsichtlich des ergänzenden gerichtlichen Titels andererseits.⁵

Ein Abänderungsverfahren nach § 239 wird ferner für zulässig erachtet, wenn das unterhaltsberechtigte Kind eine Titulierung seines Anspruchs in **dynamischer Form** verlangt hatte, der Verpflichtete den Titel jedoch in **statischer Form** hat errichten lassen. In solchen Fällen soll auch ohne Änderung der Verhältnisse ein Abänderungsbegehren nach § 239 zulässig sein, weil ansonsten der Unterhaltsverpflichtete die Wahl einer dynamischen Titulierung seitens des Berechtigten durch die Schaffung eines statischen Titels folgenlos unterlaufen könne.⁶ 22b

Hat der Unterhaltspflichtige ohne eine entsprechende Vereinbarung mit dem unterhaltsberechtigten Kind einen auf die **Zeit der Minderjährigkeit** befristeten Titel geschaffen, so hat das Kind einen Anspruch auf unbefristete Festsetzung seines Unterhaltsanspruchs in Form eines dynamisierten Titels über einen bestimmten Prozentsatz des Mindestunterhalts. Hierfür kann es einen **Leistungsantrag** stellen.⁷ 22c

Wenn das Begehren auf eine **Herabsetzung** der Unterhaltspflicht aus der Jugendamtsurkunde gerichtet ist, bedarf es nach der Rechtsprechung des BGH schon deswegen eines **Abänderungsantrags**, weil der vorliegende Unterhaltstitel eingeschränkt werden soll. Das sei nur im Wege eines Abänderungsantrags möglich.⁸ 22d

Ein **Abänderungsantrag** ist auch die richtige Antragsart, wenn ein durch Urkunde des Jugendamts titulierter Kindesunterhalt auf einen Abänderungsantrag des Unterhaltspflichtigen auf Null reduziert worden ist, weil dem letzten Abänderungsbeschluss eine **Prognose** zugrunde liegt.⁹

Für die Abgrenzung des Antrags nach § 239 zu anderen Rechtsbehelfen gelten die gleichen Grundsätze, die für die Abgrenzung eines Abänderungsantrags nach 238 zu sonstigen Rechtsbehelfen dargestellt sind, entsprechend, vgl. § 238 Rz. 21 ff. 22e

---

1 BGH v. 4.5.2011 – XII ZR 70/09, FamRZ 2011, 1041 m. Anm. *Bömelburg*; BGH v. 3.12.2008 – X ZR 182/06, FamRZ 2009, 314; OLG Brandenburg v. 24.11.2011 – 9 UF 70/11, FamRZ 2012, 1399.
2 BGH v. 2.12.2009 – XII ZB 207/08, FamRZ 2009, 314.
3 OLG Hamm v. 17.11.1999 – 5 UF 96/99, FamRZ 2000, 908: Zusatzklage.
4 OLG Zweibrücken v. 22.3.2011 – 6 WF 207710, FamRZ 2011, 1529 m. Anm. *Bömelburg*.
5 Vgl. OLG Zweibrücken v. 4.2.2002 – 1 WF 8/02, FamRZ 2002, 1130.
6 OLG Dresden v. 3.1.2011 – 20 WF 1189/10, FamRB 2011, 144 (*Bömelburg*).
7 OLG Hamm v. 9.2.2011 – 8 WF 37/11, FamRB 2011, 344 (*Bömelburg*).
8 BGH v. 4.5.2011 – XII ZR 70/09, FamRZ 2011, 1041.
9 OLG Hamm v. 14.12.2006 – 1 WF 312/06, FamRZ 2007, 1032.

III. Voraussetzung für die Abänderung von Vergleichen und vollstreckbaren Urkunden

1. Zulässigkeit eines Abänderungsantrags, Abs. 1 Satz 2

a) Grundsätze

23 Hinsichtlich der **örtlichen und sachlichen Zuständigkeit** und der Frage der **richtigen Beteiligten** wird auf die Kommentierung zu § 238 (Rz. 67 ff.) verwiesen. Zu beachten sind hinsichtlich der Aktiv- und Passivlegitimation insbesondere die Auswirkungen einer Rechtsnachfolge bei einem Übergang der titulierten Unterhaltsforderung auf einen Sozialleistungsträger (§ 238 Rz. 72).

24 Die **Anforderungen** an die Zulässigkeit eines Abänderungsantrags entsprechen hinsichtlich der Darlegungslast den Voraussetzungen für den gegen eine Endentscheidung in der Hauptsache gerichteten Abänderungsantrag, denn § 239 Abs. 1 Satz 2 entspricht § 238 Abs. 1 Satz 2 (s. § 238 Rz. 73 ff.). Auch bei der Abänderung eines Vergleichs oder einer vollstreckbaren Urkunde muss der Antragsteller **Tatsachen vortragen, die** – ihre Richtigkeit unterstellt – **die Abänderung des Titels tragen.** Ansonsten ist der Abänderungsantrag **unzulässig.**[1] Der Abänderungsantragsteller darf sich bei seinem Vortrag nicht selektiv auf einen einzelnen Umstand berufen, der sich seit der Ersttitulierung vermeintlich zu seinen Gunsten geändert hat. Vielmehr muss er bereits im Rahmen der Zulässigkeit auch die unstreitigen Gesichtspunkte darlegen. Die Gesamtbeurteilung aller Veränderungen und der unverändert gebliebenen Verhältnisse durch den Abänderungsantragsteller in der Antragsschrift muss erkennen lassen, ob es sich um wesentliche Änderungen iSv. § 238 FamFG (früher § 323 Abs. 1 ZPO) handelt. Diese für den Anwendungsbereich des § 238 FamFG normierten Anforderungen an die Zulässigkeit des Abänderungsantrags gelten entsprechend für Vergleiche und vollstreckbare Urkunden. Allerdings richten sich die für die Beurteilung einer wesentlichen Änderung und der daraus folgenden Anpassung des Titels erforderliche Beurteilung allein nach den Regeln des materiellen Rechts, mithin nach den aus § 313 BGB abgeleiteten Grundsätzen über das Fehlen, die Veränderung oder den Wegfall der Geschäftsgrundlage.

24a **Abweichend** von § 238 Abs. 1 Satz 2 bestimmen sich die Abänderungsvoraussetzungen **nicht** wie bei Endentscheidungen nach der **Wesentlichkeitsschwelle**, sondern allein nach dem **materiellen Recht**; somit primär danach, welche Voraussetzungen die Beteiligten für eine Abänderung vereinbart haben, und im Übrigen nach den Regeln über die **Störung bzw. den Wegfall der Geschäftsgrundlage** (§ 313 BGB).[2] Der Abänderungsantragsteller ist daher nicht gehalten, die Wesentlichkeit der Änderung anhand einer rechnerischen Quote darzulegen. Er muss aber die Gegebenheiten bei Vertragsschluss und die vom Willen beider Beteiligten getragenen Umstände darstellen.

24b Eine der **Präklusionsvorschrift** des § 238 Abs. 2 entsprechende Regelung gibt es für Vergleiche und notarielle Urkunden **nicht**.[3] Einer rückwirkenden Abänderung können nur materiell-rechtliche Gründe entgegenstehen. Für die Zulässigkeit eines Abänderungsantrags genügt daher der **Vortrag einer Änderung**; sie muss nicht nach Schluss der Tatsachenverhandlung des vorausgegangenen Verfahrens entstanden sein.

b) Anforderungen an die Darlegung bei abzuänderndem Vergleich

24c Der Abänderungsantragsteller ist gehalten, substantiiert die **Grundlagen des Vergleichs** darzulegen. Gelingt es dem Antragsteller, der sich auf den Fortfall der Geschäftsgrundlage beruft und hierfür die Darlegungs- und Beweislast hat,[4] bereits

---

[1] BGH v. 5.12.2012 – XII ZB 670/10, FamRZ 2013, 274; Begr. RegE, BT-Drucks. 16/6308, S. 258; vgl. OLG Köln v. 18.7.2008 – 4 WF 82/08, ZFE 2009, 76.
[2] Begr. RegE, BT-Drucks. 16/6308, S. 258; BGH v. 3.12.2008 – XII ZR 182/06, FamRZ 2009, 314.
[3] BGH v. 26.5.2010 – XII ZR 143/08, FamRZ 2010, 1238.
[4] Vgl. § 238 Rz. 75 ff.; BGH v. 15.3.1995 – XII ZR 257/93 FamRZ 1995, 665.

nicht, die Geschäftsgrundlage und deren wesentliche Änderung darzulegen und zu beweisen, ist der Abänderungsantrag abzuweisen, ohne dass es noch auf die Frage ankäme, wie die Beteiligten den titulierten Unterhalt konkret ermittelt haben.[1]

Darzulegen sind zunächst die Umstände, die für den Grund, die Höhe und die Dauer der Verpflichtung zur Unterhaltsleistung maßgebend waren. Hierzu gehört auch der dem titulierten Unterhalt zugrunde liegende **Rechenweg**. Selbst eine nicht nachvollziehbare Berechnung ist dazutun.[2]

Nicht ausreichend ist ein einseitiger **Vortrag** des Unterhaltspflichtigen **zu einer Verringerung der Bedürftigkeit** des Unterhaltsberechtigten **ohne gleichzeitige Darlegung der eigenen aktuellen Leistungsfähigkeit**. Ein solcher Abänderungsantrag ist unschlüssig, weil nur durch eine Gesamtschau unter Berücksichtigung aller Aspekte über die Berechtigung eines Abänderungsverlangens entschieden werden kann. Aus dem Vortrag des Antragstellers muss sich ergeben, dass „unter dem Strich" das erstrebte Ergebnis herauskommen kann.[3]

Zur Erfüllung der Voraussetzungen für einen schlüssigen Vortrag muss der Rechtsanwalt des Antragstellers, wenn er an dem Vorverfahren nicht beteiligt war und die Unterlagen des Mandanten nicht ausreichen, sich ggf. die gerichtlichen **Akten des Erstverfahrens** besorgen und/oder die **Handakten des früher tätigen Rechtsanwalts**. Ein **Beweisangebot** „Beiziehung der Verfahrensakten des Amtsgericht ..., Az ..." ist **ohne gleichzeitigen schlüssigen Vortrag nicht ausreichend**. Es handelt sich um einen Ausforschungsbeweisantrag. Es ist nicht Sache des Familiengerichts, sich aus einem Anlagenkonvolut oder aus den Akten des Vorverfahrens die notwendigen Angaben herauszusuchen; dies obliegt allein dem Abänderungsantragsteller! Erst wenn der Abänderungsantragsteller die Grundlagen des abzuändernden Titels und seiner Abänderungsgründe schlüssig dargelegt hat, obliegt es dem Richter, diese Angaben auf ihre Richtigkeit zu prüfen und zu entscheiden, ob sie eine Abänderung rechtfertigen.

Der Abänderungsantragsteller genügt seiner **Darlegungslast** nicht, wenn er nur auf die Entstehung einer **neuen Unterhaltspflicht** hinweist. Zur **Zulässigkeit des Abänderungsantrags** ist weiter erforderlich, dass die gegenwärtigen persönlichen und wirtschaftlichen Verhältnisse, insbesondere die aktuellen Einkommensverhältnisse dargelegt werden, aus denen sich eine wesentliche Änderung der dem Vergleich zugrunde liegenden Verhältnisse ergibt.[4]

Anderes gilt aber, wenn sich die Beteiligten darauf verständigt haben, dass sich der Unterhaltsanspruch nach Ablauf einer bestimmten Zeit oder Entfallen eines bestimmten Unterhaltstatbestandes, zB des Betreuungsunterhalts, nach den gesetzlichen Bestimmungen richten soll. Dann ist der Vergleich frei abänderbar. Einer Darlegung **der Änderung** der tatsächlichen Verhältnisse bedarf es dann nicht mehr.[5]

Enthält ein **Vergleich über Ehegattenunterhalt** eine Regelung, wonach „einem Beteiligten das Recht **vorbehalten** ist, im Falle einer Abänderung die **Befristung** der Unterhaltsverpflichtung geltend zu machen", ist **Zulässigkeitsvoraussetzung** für eine Abänderung, dass diese aus einem anderen Grund (als der Befristung) vorzunehmen ist. **Der Vorbehalt allein** rechtfertigt kein Abänderungsbegehren. Denn ansonsten könnte ein Beteiligter jederzeit die Abänderung geltend machen und dabei genau die Einwendungen vortragen, die bereits Gegenstand des Ausgangsverfahrens waren.[6]

24d

Gleiches gilt, wenn die **Befristung** des Unterhalts im Vorverfahren **nicht thematisiert** und ein Vergleich abgeschlossen wurde. Allein der Befristungseinwand nach § 1578b Abs. 2 BGB reicht nicht aus,[7] um die Zulässigkeitsvoraussetzungen für ein

---

1 Vgl. Wendl/*Schmitz*, § 10 Rz. 260.
2 OLG Brandenburg v. 28.11.2007 – 9 UF 198/07 FamRZ 2008, 797.
3 *Born*, NJW 2007, 2923; Luthin/Koch/*Margraf*, Rz. 792.
4 OLG Köln v. 29.12.2009 – 4 WF 181/09, FamRZ 2010, 917 (LS).
5 BGH v. 5.12.2012 – XII ZB 670/10, FamRZ 3013, 274.
6 OLG Karlsruhe v. 12.11.2009 – 2 UF 95/09, FamRZ 2010, 1253; vgl. auch BGH v. 26.5.2010 – XII ZR 143/08, FamRZ 2010, 1238.
7 OLG Celle v. 5.1.2012 – 10 UF 235/11, FamRZ 2012, 891.

Abänderungsverfahren hinsichtlich eines Vergleichs nach § 239 zu erfüllen. Ein solches ist vielmehr nur eröffnet, wenn der Antragsteller tatsächliche (zB Einkommensveränderungen) oder rechtliche Änderungen geltend macht, die im Falle ihres Zutreffens eine Abänderung des Titels wegen einer Störung oder des Wegfalls der Geschäftsgrundlage (§ 313 BGB) rechtfertigen. Dem ist zuzustimmen für die Fälle, in denen, wie hier, das Vorverfahren im Herbst 2008 und damit vor der Änderung der Rechtsprechung des BGH zu §§ 1573, 1578 BGB aF[1] und nach Inkrafttreten des neuen Unterhaltsrechts zum 1.1.2008 stattgefunden hatte.

Für vor dem 15.7.2006 bzw. dem 1.1.2008 geschaffene Titel kann nach der Rechtsprechung des **BGH**[2] **je nach Unterhaltstatbestand allein die Änderung seiner Rechtsprechung** zur Befristung/Herabsetzung des nachehelichen Unterhalts bzw. das Inkrafttreten des neuen Unterhaltsrechts ausreichen, um eine zur Vertragsanpassung berechtigende Störung der Geschäftsgrundlage (§ 313 BGB) und damit zugleich die Zulässigkeit eines Abänderungsantrags anzunehmen.

24e Die zum 1.3.2013 in Kraft getretene **Neufassung des § 1578b Abs. 1 BGB**,[3] in der das Tatbestandsmerkmal der Ehedauer als weiterer konkret benannter Billigkeitsmaßstab neben das Bestehen ehebedingter Nachteile getreten ist, hat nur eine klarstellende Funktion. Eine inhaltliche Änderung ist damit nicht verbunden, so dass keine Änderung der Rechtslage und damit kein Wegfall der Geschäftsgrundlage vorliegt.[4]

24f Ist in einem Vergleich geregelt, dass der Unterhaltspflichtige eine über einen bisher freiwillig gezahlten Betrag (**Sockelbetrag**) hinausgehende Unterhaltsrente leistet, stellt der Vergleich regelmäßig einen Vollstreckungstitel nur in Höhe des über den Sockelbetrag hinausgehenden Mehrbetrags (**Spitzenbetrag**) dar. Der Unterhaltspflichtige, der eine Herabsetzung des Unterhalts begehrt, **muss darlegen**, dass die mit dem Abänderungsverfahren angestrebte Reduzierung den freiwillig gezahlten Sockelbetrag übersteigt.[5]

c) Anforderungen an die Darlegung bei abzuändernder Urkunde

24g Die Anforderungen an den Vortrag des Abänderungsantragstellers richten sich bei vollstreckbaren Urkunden danach, ob die Urkunde eine **Unterhaltsvereinbarung** der Beteiligten über den zu zahlenden Unterhalt enthält oder ob ihre Errichtung auf einem **einseitigen Rechtsgeschäft** des Unterhaltspflichtigen ohne eine zugrunde liegende Vereinbarung beruht.

aa) Unterhaltsvereinbarung

24h Wenn die Jugendamtsurkunde auf einer Vereinbarung der Beteiligten beruht, sind wegen der Ähnlichkeit mit einer gerichtlichen oder notariellen Vereinbarung die Grundsätze über die Störung und den Wegfall der Geschäftsgrundlage iSd. § 313 BGB anzuwenden.[6] Der Antragsteller muss die vereinbarten Grundlagen und eine Veränderung darlegen, die schwerwiegend ist und eine Anpassung des Titels rechtfertigt. Denn der einvernehmliche Wille der Beteiligten und ihre Bewertung der Verhältnisse bei Schaffung der Urkunde sind maßgeblich für die Prüfung, ob sich die Geschäftsgrundlage verändert hat. Diese Grundsätze gelten gleichermaßen für den Antrag des Unterhaltsgläubigers wie für den des Schuldners.[7]

---

1 BGH v. 12.4.2006 – XII ZR 240/03, FamRZ 2006, 1006 (FamRZ vom 15.7.2006).
2 BGH v. 5.12.2012 – XII ZB 670/10, FamRZ 2013, 274; BGH v. 23.11.2011 – XII ZR 47/10, FamRZ 2012, 197; BGH v. 21.9.2011 – XII ZR 173/09, FamRZ 2012, 699; BGH v. 8.8.2011 – XII ZR 17/09, FamRZ 2011, 1381 Tz. 16; BGH v. 29.9.2010 – XII ZR 205/08, FamRZ 2010, 1884 Tz. 11 f.; OLG Frankfurt v. 15.6.2012 – 4 UF 134/11, juris; unklar BGH v. 26.5.2010 – XII ZR 143/08, FamRZ 2010, 1238 m. Anm. *Borth*; OLG Brandenburg v. 21.10.2011 – 9 UF 139/11, FamRZ 2012, 985.
3 Aufgrund Art. 3 des Gesetzes v. 20.2.2013, BGBl. I, S. 273.
4 BGH v. 20.3.2013 – XII ZR 72/11, Tz. 35, juris; *Born*, NJW 2013, 561 (562).
5 BGH v. 31.3.1993 – XII ZR 234/91, FamRZ 1993, 945.
6 BGH v. 2.10.2002 – XII ZR 346/00, FamRZ 2003, 304 (306).
7 Wendl/*Schmitz*, § 10 Rz. 278.

Eine Ausnahme hinsichtlich der Anforderungen an die Zulässigkeit eines Abänderungsantrags nach § 239 soll dann bestehen, wenn das unterhaltsberechtigte Kind eine Titulierung seines Anspruchs in dynamischer Form verlangt hatte, der Verpflichtete den Titel beim Jugendamt jedoch in statischer Form hat errichten lassen. In solchen Fällen soll auch ohne Änderung der Verhältnisse ein Abänderungsbegehren nach § 239 zulässig sein, weil ansonsten der Unterhaltsverpflichtete die Wahl einer dynamischen Titulierung seitens des Berechtigten durch die Schaffung eines statischen Titels folgenlos unterlaufen könne.[1] Ob diese Schlussfolgerung zwingend ist, erscheint zumindest zweifelhaft. Das OLG Dresden hat den statischen Titel gemessen an dem anders ausgeübten gesetzlichen Wahlrecht des Unterhaltsberechtigten als nicht wertmäßig gleich oder als „Minus" angesehen, sondern ausdrücklich als etwas *anderes*, das zur Erfüllung des geltend machten Titulierungsinteresses ungeeignet sei. Verfolgt man diesen Ansatz konsequent weiter, läge aber gar kein Titel vor, der abgeändert werden könnte. Dem Begehren des Unterhaltsberechtigten könnte nur durch die Schaffung eines völlig neuen dynamischen Ersttitels aufgrund eines Leistungsantrags, nicht eines Abänderungsantrags, Rechnung getragen werden.

Ein **Abänderungsverfahren** nach § 239 ist **nicht allein deshalb zulässig**, weil der Berechtigte, der sein **Wahlrecht** zugunsten eines **statischen Titels** bereits ausgeübt hatte, jetzt davon abrücken will: Dieser Wunsch reicht ohne eine Änderung der dem Titel zugrunde liegenden Verhältnisse zur Rechtfertigung eines Abänderungsbegehrens nicht aus.[2]

bb) Einseitige Verpflichtungserklärung mit vorhergehender Vereinbarung

Ist die Urkunde durch eine einseitige Verpflichtungserklärung des Unterhaltsverpflichteten ohne eine einvernehmliche Vereinbarung über die Grundlagen für die Bemessung des Unterhalts errichtet worden, ist weiter zu prüfen, ob sich aus den Umständen der Errichtung entnehmen lässt, dass die Beteiligten eine Vereinbarung geschlossen haben, die zur Beendigung des Streits über den Unterhalt auf die Abgabe eines bestätigenden oder deklaratorischen Schuldanerkenntnis durch den Unterhaltsverpflichteten gerichtet war (kausaler Anerkenntnisvertrag).[3] In einem solchen Fall obliegt dem Abänderungsantragsteller wegen der Ähnlichkeit mit einer Unterhaltsvereinbarung die gleiche Darlegungslast wie bei einer Abänderung eines gerichtlichen Vergleichs.[4]

cc) Einseitige Verpflichtungserklärung ohne vorhergehende Vereinbarung

Ist die Urkunde durch eine einseitige Verpflichtungserklärung des Unterhaltsverpflichteten ohne eine einvernehmliche Vereinbarung der Beteiligten errichtet worden und liegt auch kein kausaler Anerkenntnisvertrag vor, ist danach zu unterscheiden, ob der Unterhaltsberechtigte oder der Unterhaltspflichtige eine Abänderung der Urkunde begehrt.

Der Unterhaltspflichtige, der eine Herabsetzung des Titels begehrt, hat neben seinen aktuellen Einkommensverhältnissen auch darzulegen, wie seine Verhältnisse im Zeitpunkt der Titulierung waren, weshalb er einen Einkommensrückgang erlitten hat[5] und deshalb die bisherige Unterhaltsleistung für ihn nach § 242 BGB unzumutbar geworden ist.[6]

---

[1] OLG Dresden v. 3.1.2011 – 20 WF 1189/10, juris = FamRB 2011, 144 (*Bömelburg*); ebenso OLG Hamm v. 20.9.2010 – II-13 WF 207/10, FamRZ 2011, 1158.
[2] OLG Dresden v. 3.1.2011 – 20 WF 1189/10, juris = FamRB 2011, 144 (*Bömelburg*).
[3] BGH v. 11.1.2007 – VII ZR 165/05, NJW-RR 2007, 530; Wendl/*Schmitz*, § 10 Rz. 278.
[4] Keidel/*Meyer-Holz*, § 239 Rz. 25.
[5] OLG Hamm v. 16.11.2011 – 8 UF 96/11, FamFR 2012, 33; OLG Hamm v. 8.6.2011 – 8 UF 252/10, NJOZ 2012, 1303; OLG München v. 8.4.2002 – 16 WF 553/02, FamRZ 2002, 1271; *Borth*, FamRZ 2007, 1925 (1935); *Jüdt*, FuR 2009, 666 (671).
[6] OLG Hamm v. 16.11.2011 – 8 UF 96/11, FamFR 2012, 33; OLG Hamm v. 13.7.2011 – 8 WF 159/11, NJW 2012, 543; OLG Hamm v. 8.6.2011 – 8 UF 252/10, NJOZ 2012, 1303.

Der Unterhaltsgläubiger, der mangels einer zweiseitigen Vereinbarung nicht an die bei der Errichtung der notariellen Urkunde[1] oder der Jugendamtsurkunde[2] vorliegenden Verhältnisse gebunden ist, kann eine Erhöhung des Unterhalts nach den zum Zeitpunkt des Abänderungsbegehrens vorliegenden Umständen und den gesetzlichen Regelungen verlangen. Er hat lediglich vorzutragen, dass sich unter Zugrundelegung der relevanten Tatsachen ein höherer Unterhaltsanspruch als der durch die Urkunde titulierte ergibt.[3]

27–31 Einstweilen frei.

2. Begründetheit eines Abänderungsantrags, Absatz 2

32 Die für die Begründetheit eines Abänderungsantrags erforderliche Beurteilung einer Änderung und dem daraus folgenden Umfang der Anpassung des Unterhaltstitels richtet sich nicht **nach der Wesentlichkeitsschwelle**, sondern allein nach den Regeln des bürgerlichen Rechts.[4] Gerechtfertigt ist eine Änderung zB bei **Fehlen, Veränderung** oder dem **Wegfall der Geschäftsgrundlage**, § 313 BGB.[5]

a) Vergleiche

aa) Änderungen

33 Veränderte Umstände iSd. § 239 sind ebenso wie bei § 238 Einkommenserhöhungen, Einkommensreduzierungen auf Seiten des Unterhaltspflichtigen aus verschiedenen Gründen, zB wegen Verschlechterung des Gesundheitszustands,[6] Bedarfsänderungen, Wegfall von Verbindlichkeiten, Hinzutreten neuer Unterhaltsberechtigter usw. Neben einer Veränderung der **tatsächlichen Umstände** kann eine Abänderung nach § 239 auch bei einer **Veränderung der gesetzlichen Voraussetzungen** für den Unterhalt oder der gefestigten **höchstrichterlichen Rechtsprechung** erfolgen, wenn der Wille der Beteiligten bei der Schaffung des Titels auf der gemeinsamen Erwartung vom Fortbestehen einer bestimmten Gesetzeslage bzw. Rechtsprechung basierte.[7]

bb) Anpassung

34 Eine **Anpassung** des abzuändernden Vergleichs sowie einer notariellen Vereinbarung an veränderte Umstände kann erfolgen, wenn es einem Beteiligten nach Treu und Glauben nicht mehr zugemutet werden kann, an der bisherigen Regelung festgehalten zu werden.[8] Für die Prüfung sind zunächst die **Grundlagen**, die für die Schaffung des abzuändernden Titels maßgebend waren, sorgfältig zu **ermitteln**. Dann ist festzustellen, welche Änderungen eingetreten sind und welche Auswirkungen sich daraus für die Höhe des Unterhalts ergeben.[9] Der in dem ursprünglichen Titel dokumentierte Wille der Beteiligten ist maßgebend für die Art und den Umfang einer Anpassung des Titels. Aus ihm ergibt sich auch, wie die Parteien die der Einigung zugrunde liegenden Verhältnisse bewertet haben.[10]

35 Um die Grundlagen eines Vergleichs bzw. einer notariellen Vereinbarung später ohne Schwierigkeiten feststellen zu können, ist es unbedingt zu empfehlen, in jeder Vereinbarung die **Grundlagen** möglichst **genau fest zu halten**.[11] Da bei einer Abänderung eines Vergleichs keine freie, vom bisherigen Titel unabhängige Neufestsetzung

---

[1] OLG Düsseldorf v. 18.4.2006 – 4 UF 18/06, FamRZ 2006, 1212.
[2] BGH v. 3.12.2008 – XII ZR 182/06, FamRZ 2009, 314 (315).
[3] BGH v. 4.5.2011 – XII ZR 70/09, FamRZ 2011, 1041 Rz. 25.
[4] OLG Hamm v. 8.10.2010 – 5 UF 20/10, juris.
[5] BGH v. 5.9.2001 – XII ZR 108/00, FamRZ 2001, 1687.
[6] OLG Hamm v. 14.3.2012 – 8 WF 25/12, NJW-RR 2012, 1028.
[7] BGH v. 9.6.2004 – XII ZR 308/01, FamRZ 2004, 1357; BGH v. 5.9.2001 – XII ZR 108/00, FamRZ 2001, 1687.
[8] OLG Düsseldorf v. 28.2.2012 – 1 UF 306/11, juris.
[9] BGH v. 5.9.2001 – XII ZR 108/00, FamRZ 2001, 1687.
[10] *Kalthoener/Büttner*, NJW 1998, 2012 (2021).
[11] Ebenso *Heinemann*, FamRB 2010, 184.

des Unterhalts erfolgt,[1] sollten insbesondere die Einkommen der Beteiligten, die bestehenden Verbindlichkeiten nach Grund und Höhe, die berufsbedingten Aufwendungen, Art und Höhe anderweitiger Unterhaltsverpflichtungen und die Anrechnung von kinderbezogenen Leistungen (Kindergeld etc.) aufgenommen werden. Gleiches gilt, wenn bei der Berechnung des Unterhalts von der Rechtslage abweichende Berechnungsmethoden oder Verteilungsschlüssel verwendet werden, Einkommen des Verpflichteten unberücksichtigt oder Einkommen des Berechtigten anrechnungsfrei bleibt. Aufzuführen sind auch Vereinbarungen über die Abänderbarkeit eines Vergleichs.

Die **Vereinbarungen der Parteien** zur Behandlung bestimmter **Einkommensarten** und zur Anwendung spezieller **Berechnungsmethoden** bleiben für eine neue Berechnung des Unterhalts maßgebend.[2] Nur wenn sich die Umstände derartig entwickelt haben, dass dem hierdurch benachteiligten Beteiligten ein Festhalten an dem Vertrag schlechterdings nicht mehr zugemutet werden kann, muss eine Korrektur zugelassen werden. So kann ein anrechnungsfrei gebliebenes Einkommen der Unterhaltsberechtigten anzurechnen sein, wenn das der ursprünglichen Vereinbarung zugrunde liegende Einkommen des Unterhaltsverpflichteten nicht vorwerfbar erheblich abgesunken ist.[3]   36

Wenn eine durch einen Abänderungsantrag angegriffene notarielle Vereinbarung oder ein **Vergleich keine Grundlagen enthält**, muss im Wege der **Auslegung** ermittelt werden, welche Verhältnisse die Beteiligten seinerzeit als wesentlich angesehen und zur Grundlage ihrer Vereinbarung gemacht haben.[4] **Hilfsmittel** hierbei können die Akten des früheren Verfahrens, Schriftsätze früherer Verfahrensbeteiligter, außergerichtliche Schreiben der Beteiligten, Akten des Jugendamts sowie Notarakten sein. Erst danach sind ein Vergleich mit den aktuellen Verhältnissen und eine Beurteilung, welche Auswirkungen den Umständen zukommen sollen, die sich entgegen den Erwartungen der Beteiligten entwickelt haben, vorzunehmen.[5] Nicht zulässig ist es, unter Hinweis auf das Fehlen der Grundlagen der früheren Vereinbarung den Unterhaltsanspruch anhand der aktuellen Einkünfte der Beteiligten neu zu berechnen. Denn dann wäre die für einen Abänderungsantrag notwendige Voraussetzung einer wesentlichen Änderung der Geschäftsgrundlage nicht festgestellt.   37

cc) Darlegungs- und Beweislast, Bindung an den alten Titel

Der Abänderungsantragsteller, der sich auf den Fortfall der Geschäftsgrundlage beruft, trägt hierfür die **Darlegungs- und Beweislast**. Haben sich diese **Grundlagen** allerdings so tief greifend geändert, dass dem Parteiwillen für die vorzunehmende Änderung kein hinreichender Anhaltspunkt mehr zu entnehmen ist, kann in Betracht kommen, die Abänderung ausnahmsweise **ohne fortwirkende Bindung** an die (unbrauchbar gewordenen) Grundlagen des abzuändernden Vergleichs vorzunehmen und – im Falle einer Unterhaltsregelung – den Unterhalt wie bei einer Erstfestsetzung nach den gesetzlichen Vorschriften zu bemessen.[6] Dies gilt auch, wenn die Beteiligten bei Abschluss ihrer Vereinbarung bestimmt haben, dass eine Abänderung nach Ablauf einer bestimmten Frist nur durch Neufestsetzung des Unterhalts ohne Bindung an die Grundlagen verlangt werden kann (zB Neuberechnung bei Veräußerung eines Grundstücks oder bei unsicherer Prognose).[7]   38

Für die Abänderung eines **Vergleichs über nachehelichen Unterhalt** wegen einer **Befristung** des Unterhalts kommt es in erster Linie darauf an, inwiefern der Vergleich   39

---

1 BGH v. 26.5.2010 – XII ZR 143/08, FamRZ 2010, 1238; BGH v. 25.11.2009 – XII ZR 8/08, FamRZ 2010, 192.
2 KG v. 18.12.2003 – 19 UF 258/03, FamRZ 2005, 621.
3 Wendl/*Schmitz*, § 10 Rz. 262.
4 BGH v. 25.11.2009 – XII ZR 8/08, FamRZ 2010, 192.
5 BGH v. 15.3.1995 – XII ZR 257/93, FamRZ 1995, 665.
6 BGH v. 25.11.2010 – XII ZR 8/08, FamRZ 2010, 192; BGH v. 3.5.2001 – XII ZR 62/99, FamRZ 2001, 1140.
7 OLG Zweibrücken v. 15.9.1998 – 5 UF 86/97, FamRZ 2000, 681.

im Hinblick auf eine spätere Befristung eine **bindende Regelung** enthält. Mangels einer entgegenstehenden ausdrücklichen oder konkludenten vertraglichen Regelung ist jedenfalls bei der **erstmaligen Festsetzung des nachehelichen Unterhalts** im Zweifel davon auszugehen, dass die Beteiligten die spätere Befristung des Unterhalts offenhalten wollen. Eine Abänderung des Vergleichs ist insoweit auch ohne eine Änderung der zugrunde liegenden tatsächlichen Verhältnisse und ohne die Bindung an den Vergleich möglich.[1] Die Rechtsprechung des BGH, nach der er bei der Abänderung eines Beschlusses für die Präklusion nach § 238 Abs. 2 FamFG nicht darauf abstellt, ob die Voraussetzungen der Unterhaltsbegrenzung bereits eingetreten waren,[2] sondern darauf, ob die Gründe für eine Unterhaltsbegrenzung bereits zuverlässig vorauszusehen waren, lässt sich auf die Abänderung von Vergleichen nicht ohne weiteres übertragen. Denn im Gegensatz zu einem Beschluss, der eine von Amts wegen vorzunehmende Prüfung der Befristung nach § 1578b Abs. 2 BGB vorauszugehen hat und der auch in dem Fall, dass die Befristung vom Gericht übersehen wurde, Rechtskraftwirkung entfaltet, steht es den Beteiligten eines Vergleichs frei, die zur Zeit des Vergleichsschlusses noch nicht eingreifende Befristung einer späteren Klärung vorzubehalten.[3]

40 Ein Abänderungsgrund liegt nicht vor, wenn zwischen den Beteiligten eine **Unterhaltsabfindung** vereinbart wurde und die Unterhaltsberechtigte anschließend wieder heiratet. Die Vereinbarung einer Abfindung anstelle einer monatlichen Zahlung beinhaltet stets das (Prognose-)risiko, dass die Unterhaltsverpflichtung früher enden kann. Dies gilt unabhängig davon, ob für die Abfindung Ratenzahlung vereinbart wurde und der Zahlungszeitraum zum Zeitpunkt der Wiederverheiratung noch nicht abgelaufen war.[4]

41 Wenn sich aus dem Wortlaut des Vergleichs oder der notariellen Urkunde, ggf. nach einer Auslegung, ergibt, dass die **Vereinbarung unabänderbar** sein soll, **entfällt eine Anpassung**.[5] Dies ist noch nicht der Fall, wenn der Vergleich lediglich einen Festbetrag für den Unterhalt ohne nähere Erläuterung enthält.[6] Die Darlegungs- und Beweislast für den Ausschluss der Abänderbarkeit eines Unterhaltsvergleichs, die nur auf einer ausdrücklichen vertraglichen Vereinbarung beruhen kann, trägt derjenige, der sich darauf beruft.[7]

dd) Zeitpunkt für die Abänderung

42 Die **Abänderbarkeit eines Vergleichs unterliegt nicht einer zeitlichen Beschränkung**. Die Vertragspartner eines Vergleichs können die Kriterien der Abänderbarkeit autonom bestimmen. Einer **rückwirkenden Abänderung** können nur **materiell-rechtliche Gründe** entgegenstehen.

Wird eine **Erhöhung** des Unterhaltsanspruchs geltend gemacht, ist dies unter den Voraussetzungen der §§ 1613 Abs. 1, 1360a Abs. 3, 1361 Abs. 4 Satz 4, 1585b Abs. 2 und 3, 1615 Abs. 3 und 4 BGB möglich. Es genügt die an den Unterhaltspflichtigen gerichtete Aufforderung, Auskunft über seine Einkünfte und sein Vermögen zu erteilen.

Der Unterhaltspflichtige kann eine rückwirkende **Herabsetzung** bei Vorliegen der materiellen Voraussetzungen verlangen; eine **Negativmahnung** entsprechend § 238 Abs. 3 Satz 3 ist **nicht erforderlich**. Auch die Jahresfrist des § 238 Abs. 3 Satz 4 gilt hier nicht. In Fällen, in denen der Unterhaltspflichtige erst nach einer Weile Kenntnis von einem treuwidrigen Verschweigen wesentlicher Änderungen durch den Unterhaltsberechtigten erfährt, kann er bei Vorliegen der Voraussetzungen für eine Verwir-

---

1 BGH v. 26.5.2010 – XII ZR 143/08, FamRZ 2010, 1238.
2 BGH v. 18.11.2009 – XII ZR 65/09, FamRZ 2010, 111 (117) mwN.
3 BGH v. 26.5.2010 – XII ZR 143/08, FamRZ 2010, 1238.
4 BGH v. 10.8.2005 – XII ZR 7 FamRZ 2005, 1662; vgl. auch Anm. v. *Bömelburg*, FF 2005, 321.
5 OLG Hamm v. 3.8.2011 – 8 UF 83/11, FamFR 2012, 106; OLG Köln v. 6.12.2011 – 4 UF 150/11, FamRZ 2012, 987, vgl. auch OLG Brandenburg v. 21.10.2011 – 9 UF 139/11, FamRZ 2012, 985.
6 OLG Koblenz v. 19.7.2005 – 7 WF 338/05, FamRZ 2006, 1147.
7 BGH v. 25.11.2009 – XII ZR 8/08, FamRZ 2010, 192.

kung des Unterhalts (§ 1579 BGB) diesen rückwirkend auf den Zeitpunkt des Verstoßes zurückfordern.[1]

Die Anpassung von Unterhaltsvergleichen, die auf der durch die Entscheidung des BVerfG vom 25.1.2011[2] beanstandeten Rechtsprechung des BGH[3] zur Bedarfsermittlung durch **Dreiteilung** des zur Verfügung stehenden Gesamteinkommens des Unterhaltspflichtigen sowie des früheren und des jetzigen unterhaltsberechtigten Ehegatten beruhen, richtet sich nach den Grundsätzen des Wegfalls der Geschäftsgrundlage. Sie kann jedoch frühestens für Unterhaltszeiträume nach dem 25.1.2011 verlangt werden.[4]

42a

Ist in einem **pauschalen Unterhaltsvergleich keine Geschäftsgrundlage** niedergelegt, kann dies für einen **Ausschluss der Anpassung** an die abweichenden tatsächlichen Verhältnisse **bei Vertragsschluss** sprechen. Die **Abänderbarkeit** wegen Änderung der Geschäftsgrundlage (§ 313 BGB) durch geänderte tatsächliche Verhältnisse **seit Vertragsschluss** oder durch eine Änderung des Gesetzes oder der höchstrichterlichen Rechtsprechung ist dadurch aber regelmäßig **nicht ausgeschlossen**.[5]

43

Eine Änderung der Geschäftsgrundlage ist – wie oben dargelegt – auch bei einer **Änderung der Gesetzeslage** oder **der Rechtsprechung** nach einer Entscheidung des BVerfG zu bejahen.[6] Gleiches gilt für eine grundlegende Änderung der höchstrichterlichen Rechtsprechung, namentlich des BGH, nicht aber der Rechtsprechung der Oberlandesgerichte.[7] Ein **Abänderungsgrund** liegt jedoch erst **ab dem Zeitpunkt** der **entsprechenden Entscheidung** vor. Bei der Änderung der Rechtsprechung des BGH zur Haushaltsführung und Aufnahme einer Erwerbstätigkeit nach der Trennung/Scheidung (Surrogatsrechtsprechung) ist ein Abänderungsgrund erst ab dem 13.6.2001 zu bejahen.[8]

44

Im Falle einer Änderung der Rechtsprechung kann eine **Anpassung** nur dann erfolgen, wenn dies beiden Beteiligten **zumutbar** ist. Abzuwägen sind die Interessen des Unterhaltsberechtigten an einer Neubewertung und des Unterhaltspflichtigen an einer Beibehaltung der bisherigen Grundlagen.[9] Bei der Prüfung ist zu beachten, ob die im Vergleich getroffenen Regelungen, insbesondere bei umfassenden Scheidungsfolgenvereinbarungen (Unterhalt, Zugewinn, Vermögensauseinandersetzung), noch in einem ausgewogenen Verhältnis zueinander stehen.[10] Eine geänderte Rechtsprechung wird daher bei einer Gesamtvereinbarung idR keinen Abänderungsgrund darstellen.[11]

b) Urkunden

Die Kriterien für die Abänderung von vollstreckbaren Urkunden richten sich danach, ob die Urkunde Ausdruck eines **zweiseitigen Rechtsgeschäfts** der Beteiligten über den zu zahlenden Unterhalt ist oder ob ihrer Errichtung lediglich ein **einseitiges Rechtsgeschäft** des Unterhaltspflichtigen zugrunde liegt.

44a

---

1 BGH v. 16.4.2008 – XII ZR 107/06, FamRZ 2008, 1325; Bork/Jacoby/Schwab/*Kodal*, § 239 FamFG Rz. 16.
2 BVerf v. 25.1.2011 – 1 BvR 918/10, FamRZ 2011, 437.
3 BGH v. 30.7.2008 – XII ZR 177/06, BGHZ 177, 35.
4 BGH v. 20.3.2013 – XII ZR 72/11, juris.
5 BGH v. 25.11.2009 – XII ZR 8/08, FamRZ 2010, 192; m. Anm. v. *Hoppenz*, FamRZ 2010, 276; s. auch Anm. v. *Bosch*, FF 2010, 123.
6 BGH v. 28.2.2007 – XII ZR 37/05, FamRZ 2007, 793; BGH v.14.3.2007 – XII ZR 158/07, FamRZ 2007, 882.
7 BGH v. 28.2.2007 – XII ZR 37/05, FamRZ 2007, 793; BVerfG v. 7.10.2003 – 1 BvR 246/93, FamRZ 2003, 1821; BGH v. 5.9.2001 – XII ZR 108/00, FamRZ 2001, 1687.
8 BGH v. 13.6.2001 – XII ZR 343/99, FamRZ 2001, 986.
9 BGH v. 25.11.2009 – XII ZR 8/08, FamRZ 2010, 192; BGH v. 9.6.2004 – XII ZR 308/01, FamRZ 2004, 1357.
10 BGH v. 5.9.2001 – XII ZR 108/00, FamRZ 2001, 1687.
11 OLG Köln v. 6.12.2011 – 4 UF 150/11, FamRZ 2012, 987.

aa) Unterhaltsvereinbarung

45 Die Grundsätze über den Wegfall bzw. die Störung der Geschäftsgrundlage (§ 313 BGB) sind entsprechend anzuwenden, wenn der **Unterhaltstitel** auf einem **übereinstimmenden Parteiwillen** beruht, mithin vertraglich zu Stande gekommen ist. Das ist der Fall, wenn die Beteiligten die Höhe des Unterhalts, zu dessen Zahlung sich der Unterhaltsverpflichtete in einer notariellen Urkunde oder in einer Jugendamtsurkunde verpflichtet hat, vorweg vereinbart hatten. In solchen Fällen besteht eine Bindung beider Parteien.[1]

bb) Einseitige Verpflichtungserklärung

46 Handelt es sich bei der Urkunde um eine **einseitige Unterwerfungserklärung des Unterhaltspflichtigen**, die **nicht auf einer Vereinbarung** der Beteiligten beruht, besteht keine gemeinsame Geschäftsgrundlage. Die Anpassung richtet sich dann mangels einer materiell-rechtlichen Bindung an eine Geschäftsgrundlage nur nach den derzeitigen Verhältnissen und der geltenden Rechtslage.[2]

Weil die einseitig erstellte Jugendamtsurkunde aber regelmäßig zugleich zu einem Schuldanerkenntnis iSd. § 781 BGB führt, ist bei einer spätere Herabsetzung der Unterhaltspflicht die Bindungswirkung dieses Schuldanerkenntnisses zu beachten.[3] Der **Unterhaltspflichtige** kann sich von dem einseitigen Anerkenntnis seiner laufenden Unterhaltspflicht daher nur dann lösen, wenn sich eine nachträgliche Änderung der tatsächlichen Umstände, des Gesetzes oder der höchstrichterlichen Rechtsprechung auf die Höhe seiner Unterhaltspflicht auswirken.

Im Rahmen des Abänderungsantrags des **Unterhaltspflichtigen**, der eine **Herabsetzung** des Titels begehrt, sind daher die aktuellen Einkommensverhältnissen mit denen im Zeitpunkt der Titulierung zu vergleichen und festzustellen, worauf der Einkommensrückgang beruht.[4] Dann ist zu entscheiden, ob die bisherige Unterhaltsleistung für ihn nach **§ 242 BGB** unzumutbar geworden ist.[5]

47 Einstweilen frei.

48 Sofern sich aus der **Urkunde**, die die **einseitige Verpflichtungserklärung** des Unterhaltspflichtigen enthält, oder aus sonstigen Umständen ergibt, dass die Vertragsparteien das Schuldverhältnis ganz oder teilweise dem Streit oder der Ungewissheit entziehen wollten und sich dahingehend **geeinigt** haben, kann das einseitige deklaratorische Schuldanerkenntnis („bestätigendes" Schuldanerkenntnis) der Sache nach ein **vertragliches** kausales Anerkenntnis sein, vgl. oben Rz. 24g ff., Rz. 45. Eine solche vertragliche Einigung muss sich aber anhand eines entsprechenden Angebots sowie dessen Annahme zweifelsfrei feststellen lassen.[6] Liegen diese Voraussetzungen vor, hat der Abänderungsantrag sowohl des Unterhaltspflichtigen als auch des Unterhaltsberechtigten wie bei einer zweiseitigen Unterhaltsvereinbarung Erfolg, wenn ein **Wegfall bzw. eine Störung der Geschäftsgrundlage (§ 313 BGB)** vorliegt.[7]

---

1 BGH v. 3.12.2008 – XII ZR 182/06, FamRZ 2009, 314; BGH v. 2.10.2002 – XII ZR 346/00, FamRZ 2003, 304; *Graba*, FamRZ 2005, 678 (681); *Graba*, FF 2009, 235 (241).
2 BGH v. 4.5.2011 – XII ZR 70/09, FamRZ 2011, 1041; BGH v. 3.12.2008 – XII ZR 182/06, FamRZ 2009, 314; BGH v. 29.10.2003 – XII ZR 115/01, FamRZ 2004, 24; OLG Hamm v. 11.12.2007 – 2 WF 227/07, OLGReport 2008, 350.
3 BT-Drucks. 16/6308, S. 258; BGH v. 4.5.2011 – XII ZR 70/09, FamRZ 2011, 1041; BGH v. 14.2.2007 – XII ZB 171/06, FamRZ 2007, 715 Tz. 11; Wendl/*Schmitz*, § 10 Rz. 280.
4 OLG München v. 8.4.2002 – 16 WF 553/02, FamRZ 2002, 1271; *Borth*, FamRZ 2007, 1925 (1935); *Jüdt*, FuR 2009, 666 (671).
5 Keidel/*Meyer-Holz*, § 239 FamFG Rz. 24.
6 BGH v. 11.1.2007 – VII ZR 165/05, NJW-RR 2007, 530.
7 BGH v. 4.5.2011 – XII ZR 70/09, FamRZ 2011, 1041 Tz. 23; BGH v. 6.2.2008 – XII ZR 14/06, FamRZ 2008, 968 Tz. 26; BGH v. 2.10.2002 – XII ZR 346/00, FamRZ 2003, 304; OLG Brandenburg v. 24.11.2011 – 9 UF 70/11, FamRZ 2012, 1399.

Der **Unterhaltsgläubiger**, der mangels einer zweiseitigen Vereinbarung nicht an die bei der Errichtung der notariellen Urkunde[1] oder der Jugendamtsurkunde[2] vorliegenden Verhältnisse gebunden ist, hat mit seinem Abänderungsantrag Erfolg, wenn sich unter Zugrundelegung der relevanten Tatsachen ein höherer Unterhaltsanspruch als der durch die Urkunde titulierte ergibt.[3] Er kann dann eine **Erhöhung** des Unterhalts im Wege einer Neufestsetzung nach den zum Zeitpunkt des Abänderungsbegehrens vorliegenden Umständen und den gesetzlichen Regelungen verlangen, 49

IV. Entscheidung, Vollstreckbarkeit, Rechtsmittel

Die Abänderungsentscheidung des Gerichts erfolgt ebenso wie bei § 238 durch einen idR zu begründenden **Beschluss** (§ 38). Die **Beschlussformel** sollte, soweit der Abänderungsantrag zulässig und begründet ist, den oder die abzuändernden Unterhaltstitel genau bezeichnen, die neue Höhe des Unterhalts angeben und den Zeitpunkt enthalten, von dem ab die Änderung erfolgt. Gleiches gilt für einen Titel, der einen Wegfall der Unterhaltsverpflichtung ausspricht. Wird dem Antrag des Abänderungsantragstellers nicht in vollem Umfang stattgegeben, ist der Antrag im Übrigen zurückzuweisen. 50

Für die in dem Beschluss (§ 116) zu treffende **Kostenentscheidung** gilt § 243. 51

Eine **Vollstreckung** aus dem abgeänderten Titel ist nur noch hinsichtlich des bis zum Abänderungszeitpunkt fälligen Unterhalts möglich. Für die später fällig werdenden Unterhaltsansprüche ist der Abänderungsbeschluss des Familiengerichts maßgebend, der den gerichtlichen Vergleich bzw. die vollstreckbare Urkunde ersetzt. Das Wirksamwerden der Endentscheidung richtet sich nach § 120 Abs. 2 iVm. § 116 Abs. 3 Satz 1. 52

Gegen die Abänderungsentscheidung ist das Rechtsmittel der **Beschwerde** (§ 117, §§ 58 ff.) statthaft. 53

V. Gegenstandswert, Kosten, Gebühren

Für den **Gegenstandswert** des Verfahrens gelten die § 51, 40 FamGKG (vgl. § 238 Rz. 138). 54

Kosten/Gebühren: Gericht: Das Verfahren über eine Abänderung von Vergleichen und Urkunden ist ein besonderes Verfahren, es entstehen die für Unterhaltssachen vorgesehenen Gerichtskosten. **RA:** Das Abänderungsverfahren ist eine besondere Angelegenheit, für das der RA die Gebühren erneut fordern kann. 55

240 *Abänderung von Entscheidungen nach den §§ 237 und 253*
(1) Enthält eine rechtskräftige Endentscheidung nach § 237 oder § 253 eine Verpflichtung zu künftig fällig werdenden wiederkehrenden Leistungen, kann jeder Teil die Abänderung beantragen, sofern nicht bereits ein Antrag auf Durchführung des streitigen Verfahrens nach § 255 gestellt worden ist.
(2) Wird ein Antrag auf Herabsetzung des Unterhalts nicht innerhalb eines Monats nach Rechtskraft gestellt, so ist die Abänderung nur zulässig für die Zeit ab Rechtshängigkeit des Antrags. Ist innerhalb der Monatsfrist ein Antrag des anderen Beteiligten auf Erhöhung des Unterhalts anhängig geworden, läuft die Frist nicht vor Beendigung dieses Verfahrens ab. Der nach Ablauf der Frist gestellte Antrag auf Herabsetzung ist auch zulässig für die Zeit ab dem Ersten des auf ein entsprechendes Auskunfts- oder Verzichtsverlangen des Antragstellers folgenden Monats. § 238 Abs. 3 Satz 4 gilt entsprechend.

---

1 OLG Düsseldorf v. 18.4.2006 – 4 UF 18/06, FamRZ 2006, 1212.
2 BGH v. 3.12.2008 – XII ZR 182/06, FamRZ 2009, 314 (315).
3 BGH v. 4.5.2011 – XII ZR 70/09, FamRZ 2011, 1041 Tz. 25.

§ 240

A. Allgemeines
I. Entstehung 1
II. Systematik 2
III. Normzweck 4

B. Voraussetzungen
I. Zuständiges Gericht, Anträge 6
II. Anwendungsbereich, Abgrenzung zu anderen Verfahren, Absatz 1 9
III. Frist für den Herabsetzungsantrag, Absatz 2 15
IV. Verfahren, Entscheidung des Gerichts, Rechtsmittel 23
V. Gegenstandswert, Kosten, Gebühren 27

A. Allgemeines

I. Entstehung

1 § 240 Abs. 1 entspricht inhaltlich dem früheren § 654 Abs. 1 ZPO (Korrekturklage), jedoch mit der Einschränkung, dass ein streitiges Verfahren nach § 255 vorgeht.[1]

§ 240 Abs. 2 Satz 1 entspricht inhaltlich dem früheren § 654 Abs. 2 Satz 1 ZPO.

§ 240 Abs. 2 Satz 2 entspricht inhaltlich dem früheren § 654 Abs. 2 Satz 2 ZPO.

§ 240 Abs. 2 Satz 3 hat keine Entsprechung im früheren Recht.

II. Systematik

2 Die Vorschrift regelt einen Sonderfall des Abänderungsverfahrens für rechtskräftige Entscheidungen im Falle der **Unterhaltsfestsetzung im vereinfachten Verfahren über den Unterhalt Minderjähriger** (§ 253 – Festsetzungsbeschluss, früher § 649 ZPO) sowie im Falle des mit dem Statusprozess verbundenen Unterhaltsantrags nach § 237 (**Unterhalt bei Feststellung der Vaterschaft**, früher § 653 ZPO).

3 Der Regelungsgehalt der **früheren §§ 655** (Abänderung des Titels bei wiederkehrenden Unterhaltsleistungen) und **656 ZPO** (Klage gegen Abänderungsbeschluss) wurde **nicht in das neue Recht übernommen**. Der Gesetzgeber war der Auffassung, dass die Anordnung der Kindergeldverrechnung bei der Tenorierung zunehmend in dynamischer Form erfolge, wodurch sich das Bedürfnis für entsprechende Sondervorschriften verringert habe. Soweit sich im Falle einer Erhöhung des Kindergeldes eine Reduktion des Zahlbetrags für den Unterhalt ergebe, sei es dem Verpflichteten zuzumuten, diesen Umstand bei Überschreitung der Wesentlichkeitsschwelle im Wege eines regulären Abänderungsverfahrens geltend zu machen.[2]

III. Normzweck

4 Beschlüsse zur Festsetzung des Unterhalts im vereinfachten Verfahren und Unterhaltsentscheidungen im Vaterschaftsfeststellungsverfahren regeln den Unterhalt für das Kind nur pauschal. Sie ergehen oft ohne konkrete Kenntnis der wirtschaftlichen Verhältnisse des Unterhaltspflichtigen und entsprechen nicht der materiellen Rechtslage. Sowohl der Unterhaltsberechtigte als auch der Unterhaltsverpflichtete müssen eine Möglichkeit haben, den Pauschalunterhalt in einem Nachverfahren den konkreten Gegebenheiten des Einzelfalls anzupassen, mithin eine Korrektur zu erreichen. Das Verfahren nach § 240 gibt einerseits dem Unterhaltsschuldner die Möglichkeit, den Unterhalt auf den Betrag **herabsetzen** zu lassen, der dem Kind nach den individuellen Verhältnissen zusteht, und erlaubt andererseits auch dem Kind die **Heraufsetzung** des Unterhalts über die Grenzen des § 237 Abs. 3 (Mindestunterhalt) bzw. des § 249 Abs. 1 (1,2-fache des Mindestunterhalts) hinaus.

5 Ziel des Abänderungsverfahrens nach § 240 ist es auch, die im vereinfachten Verfahren und im Verfahren nach § 237 erfolgte Festsetzung des Unterhalts mit den Einwendungen anzugreifen, die dort nicht zulässig waren (§ 252, § 237 Abs. 3).[3]

---

[1] Begr. RegE, BT-Drucks. 16/6308, S. 258.
[2] Begr. RegE, BT-Drucks. 16/6308, S. 261.
[3] BGH v. 2.10.2002 – XII ZR 346/00, FamRZ 2003, 304; OLG Bremen v. 29.6.2012 – 4 UF 62/12, BeckRS 2012, 17791 = FamRB 2012, 314 (*Bömelburg*).

B. Voraussetzungen

I. Zuständiges Gericht, Anträge

Die **örtliche Zuständigkeit** des Gerichts für das Abänderungsverfahren richtet sich mangels gesonderter Bestimmungen nach der Zuständigkeit für die jeweiligen Ausgangsverfahren. Für **vereinfachte Verfahren** über den Unterhalt Minderjähriger[1] ist gem. § 232 Abs. 1 Nr. 2 das Gericht **örtlich zuständig**, in dessen Bezirk das Kind oder der Elternteil, der auf Seiten des minderjährigen Kindes zu handeln befugt ist, seinen gewöhnlichen Aufenthalt hat oder ein Amtsgericht, dessen Zuständigkeit gem. § 260 Abs. 1 durch die jeweilige Landesregierung bestimmt worden ist. Für Verfahren nach § 237 gilt die ausschließliche Zuständigkeit nach § 237 Abs. 2. Danach ist für die Unterhaltssache das Gericht, bei dem das Verfahren auf Feststellung der Vaterschaft im ersten Rechtszug anhängig ist, ausschließlich zuständig. Die örtliche Zuständigkeit für das Vaterschaftsfeststellungsverfahren richtet sich nach § 170. Das Abstammungsverfahren kann nach § 179 Abs. 1 mit dem Unterhaltsverfahren nach § 237 verbunden werden.

6

Für den Geltungsbereich des früheren § 654 ZPO war die besondere Verfahrensvorschrift des früheren § 657 ZPO ausgeschlossen. Im Rahmen der Korrekturklage konnten Anträge und Erklärungen nicht vor dem Urkundsbeamten der Geschäftsstelle abgegeben werden.[2] Da § 257 dem früheren § 657 ZPO entspricht,[3] können auch nach neuem Recht Anträge und Erklärungen im Verfahren nach § 240 nicht vor dem Urkundsbeamten der Geschäftsstelle abgegeben werden.

7

Für das Verfahren nach § 654 ZPO bestand gem. § 78 Abs. 2 aF ZPO kein Anwaltszwang.[4] Die Regelung des **Anwaltszwangs** in Familiensachen erfolgt seit dem 1. September 2009 nicht mehr durch § 78 ZPO, sondern in dem neuen § 114 FamFG.[5] Nach § 114 Abs. 1 besteht für die Beteiligten in selbständigen Familienstreitsachen Anwaltszwang vor dem Familiengericht und dem Oberlandesgericht, sofern nicht eine der Ausnahmen des § 114 Abs. 4 Nr. 1 bis 6 vorliegt.

8

II. Anwendungsbereich, Abgrenzung zu anderen Verfahren, Absatz 1

Die Abänderungsmöglichkeit bezieht sich auf die im **vereinfachten Verfahren** nach § 253 erfolgte Festsetzung des Unterhalts. Hinsichtlich der Anwendbarkeit des Verfahrens auf alte Titel nach § 641 ff. ZPO idF bis zum 30.6.1998 vgl. die Rspr. des BGH zum früheren § 654 ZPO.[6]

9

Sofern im vereinfachten Verfahren über den Unterhalt Minderjähriger bereits ein Antrag auf Durchführung des **streitigen Verfahrens nach § 255** gestellt worden ist, ist dieses vorrangig. Eine solche Konstellation kommt bei einem **Teilfestsetzungsbeschluss** nach § 254 Satz 2 in Betracht, denn dieser steht einem Beschluss nach § 253 gleich. Der Unterhaltsgläubiger hat hier grundsätzlich die Wahl zwischen der Einleitung des streitigen Verfahrens nach § 255 und dem Korrekturverfahren nach § 240. Hat er den Antrag nach § 255 gestellt, kann er nicht mehr nach § 240 vorgehen.[7] Ein Abänderungsantrag nach § 240 ist dagegen statthaft, wenn der über die Teilfestsetzung hinausgehende Festsetzungsantrag vom Unterhaltsgläubiger zurückgenommen wird oder ein solcher gem. § 255 Abs. 6 als zurückgenommen gilt.[8]

Da das streitige Verfahren nach § 255 nach der Begründung des Gesetzgebers[9] ungeachtet des insoweit missverständlichen Wortlauts der Vorschrift vorrangig sein

---

1 Begr. RegE, BT-Drucks. 16/6308, S. 255.
2 Baumbach/*Hartmann*, 67. Aufl., § 657 ZPO Rz. 1.
3 Begr. RegE, BT-Drucks. 16/6308, S. 261.
4 Baumbach/*Hartmann*, 67. Aufl., § 654 ZPO Rz. 6.
5 Begr. RegE, BT-Drucks. 16/6308, S. 325.
6 BGH v. 2.10.2002 – XII ZR 346/00, FamRZ 2003, 304.
7 Bork/Jakoby/Schwab/*Kodal*, § 240 FamFG Rz. 4.
8 Johannsen/Henrich/*Brudermüller*, § 240 FamFG Rz. 7.
9 BT-Drucks. 16/6308, S. 258.

soll, wird zutreffend vertreten, dass ein späterer Antrag auf Durchführung des streitigen Verfahrens einen früheren Abänderungsantrag nach § 240 verdrängt.[1]

Auch bei einer **unzulässigen Beschwerde**, zB wegen Versäumung der Monatsfrist nach § 251 Abs. 1 S. 2 Nr. 3 für Einwendungen durch den Unterhaltspflichtigen, besteht nach Vorliegen einer rechtskräftigen Endentscheidung nach § 253 FamFG die Möglichkeit, ein Abänderungsverfahren nach § 240 FamFG zu betreiben.[2]

10 § 240 bezieht sich auch auf die im Zusammenhang mit dem Prozess zur Feststellung der Vaterschaft getroffene **Unterhaltsregelung nach § 237**. Letztere erfolgt auf Antrag des Kindes iHd. Mindestunterhalts und gem. den Altersstufen nach § 1612a Abs. 1 Satz 3 BGB unter Berücksichtigung der kinderbezogenen Leistungen oder über einen geringeren Betrag. Da diese Unterhaltsfestsetzung idR ohne Berücksichtigung der tatsächlichen wirtschaftlichen Verhältnisse erfolgt, können sowohl das unterhaltsberechtigte Kind als auch der Unterhaltspflichtige eine **Erhöhung bzw. Herabsetzung** der jeweiligen Beträge auf der Grundlage der tatsächlichen Verhältnisse verlangen.

11 Die Vorschrift ist nur anwendbar, wenn die Unterhaltsfestsetzung nach **§ 237 oder § 253** in Form einer **rechtskräftigen Endentscheidung** ergangen ist. Wenn die Parteien in einem Verfahren nach § 240 (oder dem früheren § 654 ZPO) einen **Vergleich** geschlossen haben, kann **nicht ein weiteres Abänderungsverfahren nach dieser Vorschrift** angestrengt werden. Da die Beteiligten in dem Vergleich die individuellen Verhältnisse berücksichtigen konnten, kann eine erneute Abänderung nur in einem Verfahren nach **§ 239** (früher § 323 aF ZPO) erfolgen.[3]

12 Wenn der Unterhaltspflichtige zur Vermeidung oder Erledigung eines Verfahrens auf Feststellung der Vaterschaft die Vaterschaft anerkannt und sich ohne Mitwirkung des Kindes durch eine **vollstreckbare Urkunde** verpflichtet hat, Unterhalt iHd. Mindestunterhalts zu zahlen, kann er sich von dem hierin liegenden Anerkenntnis nicht durch ein Abänderungsverfahren nach § 240 lösen. Es fehlt bereits an einer rechtskräftigen Endentscheidung. Darüber hinaus widerspräche sein Verhalten der vorangegangenen Urkundenerrichtung und verstieße gegen den Grundsatz von Treu und Glauben.[4] Verfahrensrechtlich kann der Unterhaltspflichtige nur nach **§ 239** vorgehen.

13 Der Abänderungsantrag nach § 240 entspricht seinem Charakter nach einem **Erstantrag** auf Festsetzung des Unterhalts. Ebenso wie das Verfahren nach dem früheren § 654 ZPO enthält § 240 **keine** dem § 238 Abs. 2 entsprechende **Präklusionsregelung**.[5] Eine Anpassung der Unterhaltsrente ist auch **nicht** davon abhängig, dass sich die **Verhältnisse seit der Festsetzung** im vereinfachten Verfahren bzw. in dem Verfahren zur Festsetzung des Unterhalts bei Feststellung der Vaterschaft **wesentlich geändert** haben.[6] Anders als bei dem Abänderungsverfahren nach § 238 muss der Antragsteller nicht darlegen, dass der im vereinfachten Verfahren festgesetzte Pauschalunterhalt nicht den individuellen Verhältnissen der Beteiligten entspricht. Es erfolgt ebenso wie bei einer Erstfestsetzung eine vollständige **Neuberechnung** und Festsetzung der Unterhaltsrente. Dabei besteht weder eine Bindung des Gerichts an die dem abzuändernden Beschluss zugrunde liegenden tatsächlichen Verhältnisse und rechtlichen Würdigungen noch eine Beschränkung auf die in den Verfahren nach § 237 Abs. 3 und § 249 Abs. 1 geltenden Höchstgrenzen.

14 Die **Darlegungs- und Beweislast** ist wie in einem normalen Unterhaltsverfahren verteilt.[7] Das Kind muss seine Bedürftigkeit beweisen. Der Unterhaltsverpflichtete

---

1 Bork/Jakoby/Schwab/*Kodal*, § 240 FamFG Rz. 4.
2 OLG Bremen v. 29.6.2012 – 4 UF 62/12, BeckRS 2012, 17791 = FamRB 2012, 314 (*Bömelburg*).
3 OLG Naumburg v. 8.2.2005 – 8 WF 25/05, FamRZ 2006, 211.
4 OLG Stuttgart v. 28.11.2000 – 17 UF 246/00, FamRZ 2001, 767.
5 Keidel/*Meyer-Holz*, § 240 FamFG Rz. 3; OLG Naumburg v. 27.2.2006 – 8 WF 25/06, FamRZ 2006, 1395.
6 BGH v. 2.10.2002 – XII ZR 346/00, FamRZ 2003, 304; OLG Hamm v. 28.11.2003 – 11 UF 72/03, FamRZ 2004, 1588; Zöller/*Lorenz*, § 240 FamFG Rz. 1.
7 OLG Karlsruhe v. 21.2.2003 – 20 UF 24/01, FamRZ 2003, 1672.

hat die Darlegungs- und Beweislast für seine mangelnde Leistungsfähigkeit. Sofern das Kind Unterhalt verlangt, der über den Mindestunterhalt von 100 % iSd. § 1612a BGB hinausgeht, obliegt ihm insoweit die Darlegung der Leistungsfähigkeit des Unterhaltsschuldners.[1]

III. Frist für den Herabsetzungsantrag, Absatz 2

§ 240 Abs. 2 Satz 1 entspricht dem früheren § 654 Abs. 2 Satz 1 ZPO. Wenn der Unterhaltspflichtige eine **Herabsetzung** für einen bereits zurückliegenden Zeitraum der Unterhaltsfestsetzung nach § 237 oder § 253 erreichen will, muss er seinen Antrag **innerhalb eines Monats nach Rechtskraft der Unterhaltsfestsetzung** einreichen. Es kommt nach dem jetzt eindeutigen Wortlaut des Gesetzes auf den Zeitpunkt der **Rechtshängigkeit** des Abänderungsantrags an. Soweit es um die Wahrung der Monatsfrist geht, ist gem. § 113 Abs. 1 Satz 2 FamFG die Vorschrift des § 167 ZPO, die eine Rückwirkung der Zustellung auf den Zeitpunkt des Eingangs der Antragsschrift bei Gericht ermöglicht, anwendbar.[2] Keine Rückwirkung tritt bei nachlässigem Verhalten iSd. § 167 ZPO ein. Das ist zB der Fall, wenn der Abänderungsantragsteller es trotz gebotener Zweifel unterlässt, sich rechtzeitig vor Ablauf der Antragsfrist über die zutreffende Anschrift des Kindes zu vergewissern, und es dadurch zu einem verspäteten Eintritt der Rechtshängigkeit kommt.[3] Die **Zustellung** eines Antrags ist jedenfalls dann noch **demnächst** erfolgt, wenn die durch den Antragsteller zu vertretende Verzögerung der Zustellung den Zeitraum von 14 Tagen nicht überschreitet. Bei der Berechnung der Zeitdauer der Verzögerung ist auf die Zeitspanne abzustellen, um die sich der ohnehin erforderliche Zeitraum für die Zustellung des Antrags als Folge der Nachlässigkeit des Antragstellers verzögert.[4]

Die Einreichung eines **Verfahrenskostenhilfegesuchs** des künftigen Antragstellers **reicht nicht** aus,[5] ebenso wenig seine Zustellung.[6] Ob dem Gegner in einem konkreten Fall nur der Verfahrenskostenhilfeantrag mit einem Antragsentwurf oder auch gleichzeitig der Antrag auf Herabsetzung des Unterhalts zugestellt worden ist, richtet sich nach der Verfügung des Familienrichters. Es kommt auf dessen Zustellungsabsicht an, nicht auf die Ausführung durch den Urkundsbeamten der Geschäftsstelle.[7]

Nach Ablauf der Monatsfrist, die nach § 113 Abs. 1 FamFG, § 222 ZPO zu berechnen ist, kann die Herabsetzung nur für die Zeit ab Rechtshängigkeit erfolgen. Wird die Frist versäumt, kann **Wiedereinsetzung** entsprechend § 113 Abs. 1 FamFG iVm. § 233 ZPO gewährt werden.[8]

Die **Zeitschranke** des § 240 Abs. 2 Satz 1 wird jedoch durch die Regelung in § 240 Abs. 2 Satz 3 modifiziert. Danach ist ein nach Ablauf der Monatsfrist gestellter Antrag auf Herabsetzung auch **zulässig** für die Zeit **ab dem Ersten des auf ein entsprechendes Auskunfts- oder Verzichtsverlangen des Antragstellers folgenden Monats**. Wie bei § 238 Abs. 3 Satz 3 soll eine Gleichbehandlung von Gläubiger und Schuldner erreicht werden. Das auf eine Herabsetzung gerichtete Verlangen unterliegt spiegelbildlich den Voraussetzungen, für die nach § 1613 Abs. 1 BGB Unterhalt für die Vergangenheit verlangt werden kann. Erforderlich für eine rückwirkende Herabsetzung des Unterhalts, die nach Ablauf der Monatsfrist geltend gemacht wird, ist ein Auskunftsverlangen mit dem Ziel der Herabsetzung des Unterhalts gegenüber dem Unterhaltsgläubiger oder eine „**negative Mahnung**", dh. die Aufforderung an den Unter-

---

1 OLG Celle v. 20.3.2013 – 10 WF 90/13, juris = FamRB 2013, 251 (*Bömelburg*).
2 OLG Brandenburg v. 25.1.2007 – 10 UF 133/06, FamRZ 2007, 2085.
3 OLG Düsseldorf v. 16.4.2008 – II-8 WF 58/08, FamRZ 2008, 1456.
4 BGH v. 10.2.2011 – VII ZR 185/07, MDR 2011, 560; BGH v. 20.4.2000 – VII ZR 116/99, BauR 2000, 1225.
5 OLG Zweibrücken v. 12.11.2007 – 5 WF 194/07, FamRZ 2008, 799.
6 OLG Hamm v. 6.2.2008 – 10 WF 209/07, FamRZ 2008, 1540.
7 OLG Hamm v. 6.2.2008 – 10 WF 209/07, FamRZ 2008, 1540 (1541).
8 Johannsen/Henrich/*Brudermüller*, § 240 FamFG Rz. 11; Keidel/*Meyer-Holz*, § 240 FamFG Rz. 8.

haltsgläubiger, teilweise oder vollständig auf den titulierten Unterhalt zu verzichten.[1] Für ein wirksames Verzichtsverlangen reicht es aus, wenn der Unterhaltsschuldner den neuen, niedrigeren Unterhaltsbetrag schlüssig darlegt und den Unterhaltsgläubiger auffordert, die Herabsetzung zu akzeptieren. Die vorgerichtliche Vorlage von Belegen zur Rechtfertigung des Herabsetzungsverlangens soll entbehrlich sein.[2]

19 § 240 Abs. 2 Satz 2 entspricht inhaltlich dem bisherigen § 654 Abs. 2 Satz 2 ZPO und regelt das Zusammentreffen eines Erhöhungsverlangens des Unterhaltsberechtigten mit einem Herabsetzungsverlangen des Unterhaltspflichtigen. Wenn innerhalb der Monatsfrist ein Antrag des Kindes auf Erhöhung des Unterhalts anhängig geworden ist, läuft die **Monatsfrist** für die Einreichung eines Herabsetzungsantrages für den Unterhaltsverpflichteten **nicht vor Beendigung des Verfahrens**, sei es durch eine Entscheidung oder durch Rücknahme des Antrags, **über den Antrag des Kindes** ab. Diese Regelung soll den Unterhaltspflichtigen, der im Interesse des Rechtsfriedens zunächst davon abgesehen hat, seinerseits Rechte mit einem Abänderungsantrag geltend zu machen, schützen.[3] Sie ist auch sinnvoll, denn im Falle eines erfolgreichen Erhöhungsverlangens des Unterhaltsberechtigten dürfte idR keine Notwendigkeit mehr für ein Herabsetzungsverfahren bestehen.[4]

20 § 240 Abs. 2 Satz 4 enthält eine § 238 Abs. 3 Satz 4 entsprechende Begrenzung. Danach kann für eine mehr als ein Jahr vor Rechtshängigkeit liegende Zeit eine Herabsetzung nicht verlangt werden. Vgl. hierzu die Kommentierung zu § 238 Rz. 130 ff. Eine Ausnahme von der zeitlichen Beschränkung kann sich in Fällen des **betrügerischen Verhaltens** des Antragsgegners im Vorverfahren ergeben.[5]

20a Unklar ist, ob die absolute Zeitgrenze unabhängig davon gilt, ob der Abänderungsantrag des Schuldners innerhalb oder nach Ablauf der Monatsfrist gestellt worden ist.[6] Wenn man im Hinblick auf die Stellung des § 240 Abs. 2 Satz 4 die Regelung als eine Einschränkung des davor stehenden Satzes 3 des § 240 Abs. 2 versteht, ist ein **nach** Ablauf der Monatsfrist gestellter Antrag auf Herabsetzung auch bei Vorliegen eines früheren Auskunfts- oder Verzichtsverlangens nur begrenzt auf ein Jahr vor Rechtshängigkeit des Abänderungsantrags zulässig.[7] Liegen die Voraussetzungen des § 240 Abs. 2 Satz 1, dh. die Versäumung der dort genannten Monatsfrist, nicht vor, ist die Monatsfrist vielmehr eingehalten, ist nach diesem Verständnis eine unbeschränkte Herabsetzung des Unterhalts für die Vergangenheit zulässig.[8]

20b Gegen einen absoluten Ausschluss einer Herabsetzung des Unterhalts auch bei Einhaltung der Monatsfrist des § 240 Abs. 2 Satz 1 für die Zeiträume, die vor dem in § 238 Abs. 3 Satz 4 genannten Zeitpunkt liegen, bestehen rechtsstaatliche Bedenken. Denn im **vereinfachten Verfahren nach § 249 ff.** ist eine sachliche Überprüfung der Höhe des geltend gemachten Anspruchs nicht vorgesehen. Damit müssten trotz Einhaltung der Monatsfrist Fehler hingenommen werden.[9]

21 § 238 Abs. 3 Satz 4 FamFG steht daher nach zutreffender Auffassung des KG[10] im Wege der teleologischen Reduktion auch einer **Abänderung** eines im **Vaterschaftsfeststellungsverfahren** ergangenen Unterhaltstitels **für frühere Zeiten** jedenfalls dann nicht entgegen, wenn der Unterhaltspflichtige den Herabsetzungsantrag innerhalb der Monatsfrist gestellt hat und das Ergebnis sonst grob unbillig wäre. Auch unter Berücksichtigung, dass die Beteiligten durch die Einhaltung der Jahresfrist zur zeitnahen Geltendmachung ihrer Ansprüche angehalten werden sollen, um Nachteile

---

1 Begr. RegE, BT-Drucks. 16/6308, S. 258 f.
2 OLG Hamburg v. 5.12.2012 – 7 WF 117/12, juris.
3 Begr. RegE zum KindUG, BT-Drucks. 13/7338, S. 43 f.
4 Bahrenfuss/*Schwedhelm*, § 240 FamFG Rz. 5.
5 Vgl. OLG Koblenz v. 31.7.1997 – 11 UF 337/96, FamRZ 1998, 565; s. auch oben § 238 Rz. 84.
6 Keidel/*Meyer-Holz*, § 240 FamFG Rz. 11; Bork/Jacoby/*Schwab*, § 240 FamFG Rz. 7.
7 *Giers*, FamRB 2009, 247 (251); Bumiller/*Harders*, § 240 FamFG Rz. 7.
8 OLG Nürnberg v. 6.2.2012 – 7 WF 17/12, FamRB 2012, 115 (*Bömelburg*).
9 So auch OLG Nürnberg v. 6.2.2012 – 7 WF 17/12; Hutter/*Kodal*, FamRZ 2009, 917 (922).
10 KG v. 23.3.2010 – 17 WF 66/10, ZKJ 2010, 290.

für den Gegner, der mit einer bestimmten Unterhaltshöhe rechne und sich ggf. hohen Nachforderungen oder Rückzahlungsansprüchen ausgesetzt sehen könne, zu vermeiden, hält das KG den Unterhaltsberechtigten nicht für schutzwürdig. Dieser habe bei einem innerhalb des Vaterschaftsfeststellungsverfahrens gestellten Antrag auf Gewährung des Mindestunterhalts mit einer Abänderung rechnen müssen, weil dem Unterhaltspflichtigen den Einwand mangelnder Leistungsfähigkeit abgeschnitten sei. Unter diesen Umständen und im Hinblick auf den früheren § 654 Abs. 2 Satz 1 aF ZPO, der keine zeitliche Begrenzung vorgesehen habe, müsse eine Korrektur zur Vermeidung grob unbilliger Ergebnisse möglich sein. Der teleologischen Reduktion stehe der erklärte Wille des Gesetzgebers nicht entgegen, denn der Verzicht auf die ursprünglich im Gesetz in § 238 Abs. 5 FamFG vorgesehene Härteklausel sei nur zur Vermeidung häufiger Streitigkeiten über den Begriff der groben Unbilligkeit erfolgt.[1]

Ebenso wie der frühere § 654 ZPO sieht § 240 **keine Frist** für den **Antrag des Kindes auf Erhöhung des Unterhalts** vor. Wenn das unterhaltsberechtigte Kind mit einem Abänderungsantrag nach § 240 eine Heraufsetzung des nach § 237 oder § 253 festgesetzten Unterhalts begehrt, ist für die Frage der rückwirkenden Heraufsetzung allein § 1613 BGB maßgebend; es wird nur geprüft, ob die materiell-rechtlichen Voraussetzungen (zB Auskunftsverlangen) für ein rückwirkendes Erhöhungsverlangen vorliegen.[2]

IV. Verfahren, Entscheidung des Gerichts, Rechtsmittel

Anders als der frühere § 654 Abs. 3 ZPO enthält § 240 keine Regelung, nach der **gegenläufige Begehren** auf Abänderung der Unterhaltsfestsetzung, dh. Abänderungsanträge beider Parteien, zum Zwecke gleichzeitiger Verhandlung und Entscheidung **zu verbinden** sind. Ob es sich um ein gesetzgeberisches Versehen handelt oder eine sachliche Änderung gewollt war, erschließt sich aus der amtlichen Begründung zum FamFG nicht. Um die Gefahr widersprechender Entscheidungen zu vermeiden, sollte eine Verbindung der Verfahren nach § 113 Abs. 1 FamFG iVm. § 147 ZPO erfolgen.

Die Entscheidung des Gerichts erfolgt durch Beschluss, §§ 116, 38. In der **Beschlussformel** sollte die abzuändernde Endentscheidung konkret benannt werden. Zur Erleichterung späterer Abänderungen des Unterhalts erscheint es sachdienlich, den neu zu bestimmenden Unterhalt entsprechend § 255 Abs. 4 in einem Gesamtbetrag festzulegen und den ersten (Teil-)Festsetzungsbeschluss insoweit aufzuheben.

Für die **Kostenentscheidung** gilt § 243.

Verfahrenskostenhilfe für einen Antrag auf Herabsetzung des Unterhalts nach § 240 FamFG kann dem Unterhaltsschuldner wegen Mutwilligkeit iSv. § 76 Abs. 1 FamFG, § 114 Satz 1 ZPO nicht bewilligt werden, wenn der Unterhaltsgläubiger ihm mitgeteilt hat, künftig nur noch den reduzierten Unterhalt zu verlangen.[3]

Die **Anfechtbarkeit des Beschlusses** richtet sich nach §§ 117, 58ff., die Abänderbarkeit nach § 238.

V. Gegenstandswert, Kosten, Gebühren

Der für die Festsetzung der Gebühren maßgebliche Verfahrenswert (§ 28 FamGKG) ist nach § 51 Abs. 1 und 2 FamGKG zu ermitteln. Er beläuft sich auf die Differenz zwischen den titulierten Unterhalt und demjenigen, der mit dem Abänderungsantrag im Wege der Erhöhung oder Herabsetzung des Unterhalts geltend gemacht wird.

---

1 Vgl. auch *Hütter/Kodal*, FamRZ 2009, 917 (922); Bork/Jakoby/Schwab/*Kodal*, § 240 FamFG Rz. 8, der die absolute Grenze des § 240 Abs. 2 Satz 4 iVm. § 238 Abs. 3 Satz 4 FamFG für „potenziell rechtsstaatswidrig" hält.
2 Keidel/*Meyer-Holz*, § 240 FamFG Rz. 5; Zöller/*Lorenz*, § 240 FamFG Rz. 7.
3 OLG Hamburg v. 5.12.2012 – 7 WF 117/12, MDR 2013, 161.

28 **Gebühren/Kosten: Gericht:** Das Verfahren über eine Abänderung einer Entscheidung gilt als besonderes Verfahren (§ 31 Abs. 2 Satz 1 FamGKG), so dass nochmals Gerichtskosten entstehen. **RA:** Das Abänderungsverfahren ist eine neue Angelegenheit, für das der RA die Gebühren erneut fordern kann.

Es fällt eine Verfahrensgebühr nach Nr. 3100 VV RVG an, ferner eine Terminsgebühr nach Nr. 3104 VV RVG. Eine Anrechnung der Kosten des vereinfachten Verfahrens findet bei Abänderung eines Beschlusses nach § 253 nicht statt, weil dies nur für das Verhältnis zwischen dem vereinfachten Verfahren und dem streitigen Verfahren bestimmt ist (§ 255 Abs. 5, Nr. 3100 Abs. 1 VV RVG).

241 Verschärfte Haftung

Die Rechtshängigkeit eines auf Herabsetzung gerichteten Abänderungsantrags steht bei der Anwendung des § 818 Abs. 4 des Bürgerlichen Gesetzbuchs der Rechtshängigkeit einer Klage auf Rückzahlung der geleisteten Beträge gleich.

A. Allgemeines
I. Entstehung 1
II. Systematik 2
III. Normzweck 3
B. Rückforderung zu viel gezahlten Unterhalts
I. Überblick 4
II. Einzelne Rückforderungsansprüche
1. Beschluss oder Urteil über Unterhalt

a) Ansprüche aus ungerechtfertigter Bereicherung, § 812 BGB 6
b) Ansprüche aus §§ 823, 826 BGB . 11
c) Erstattungsansprüche gem. § 242 BGB 14
d) Anspruch auf Rückzahlung eines Verfahrenskostenhilfanspruchs 15
2. Vergleiche und vollstreckbare Urkunden 16
3. Einstweilige Anordnungen 18

Literatur: *Bißmaier*, Abänderung Unterhalt – wann und wie?, FF 2012, 102; *Bömelburg*, Das Verfahren zur Abänderung von Unterhaltstiteln nach dem FamFG, FF 2010, 96f; *dies.*, Offenbarungspflichten im Unterhaltsrecht, FF 2012, 240; *Jüdt*, Zum anwaltlichen Unbehagen bei erlassener einstweiliger Unterhaltsanordnung, FuR 2012, 570; *Schlünder*, Analoge Anwendung von § 241 FamFG auf die einstweilige Anordnung?, FamRZ 2010, 2038.

A. Allgemeines

I. Entstehung

1 § 241 hat keine Entsprechung im alten Recht.

II. Systematik

2 Die Vorschrift enthält eine **materiell-rechtliche Regelung** zum Zeitpunkt des Eintritts der **verschärften Bereicherungshaftung**. Die Vorschrift gehört systematisch eigentlich nicht in das Verfahrensrecht, sondern zu § 818 Abs. 4 BGB.[1] Sie gilt **nur für streitige Unterhaltssachen** nach § 231 Abs. 1, nicht für die Unterhaltssachen nach § 231 Abs. 2.

III. Normzweck

3 Durch die Neuregelung wird zur Herbeiführung der verschärften Haftung der bei einem Abänderungsantrag nach bisherigem Recht erforderliche zusätzliche Leistungsantrag auf Rückzahlung überzahlten Unterhalts entbehrlich.

B. Rückforderung zu viel gezahlten Unterhalts

I. Überblick

4 Bei der Rückforderung von überzahltem Unterhalt geht es um die Fälle, in denen der Unterhaltspflichtige unfreiwillig zu viel gezahlt hat, weil der Anspruch zu hoch tituliert war. Freiwillige Mehrleistungen ohne ausdrückliche Erklärung eines Erstat-

---

[1] So zu Recht die Kritik von *Schürmann*, FuR 2009, 130 (134).

tungsbegehrens[1] können beim Familien- und Trennungsunterhalt gem. § 1361 Abs. 4 Satz 4 BGB, 1360b BGB, beim nachehelichen Unterhalt und beim Verwandtenunterhalt nach § 814 BGB nicht zurückverlangt werden.[2] Die Frage der Rückforderung stellt sich insbesondere dann, wenn ein vorhandener Titel (Beschluss, Urteil nach bisherigem Recht, Vergleich oder vollstreckbare Urkunde) rückwirkend abgeändert wurde, weil er wegen der Veränderung der zugrunde liegenden Umstände nicht mehr der Rechtslage entsprach.

Die Rückzahlung überzahlten Unterhalts richtet sich in erster Linie nach den Ansprüchen aus **ungerechtfertigter Bereicherung** gem. § 812 BGB. Daneben können **Schadensersatzansprüche aus dem Vollstreckungsrecht** (zB § 248 Abs. 5 Satz 2, der dem bisherigen § 641g ZPO entspricht, § 120 Abs. 1 FamFG iVm. § 717 Abs. 2 ZPO), aus **unerlaubter Handlung** wegen Prozessbetrugs (§ 823 Abs. 2 BGB iVm. § 263 StGB) bzw. vorsätzlicher sittenwidriger Ausnutzung eines unrichtig gewordenen Vollstreckungstitels (§ 826 BGB) bestehen, bei denen der Entreicherungseinwand wegen der Einordnung des Rückforderungsanspruchs als Schadensersatzanspruch keine Rolle spielt.[3] Erstattungsansprüche aus **§ 242 BGB** können sich auch wegen nachträglicher Bewilligung einer Rente für einen Zeitraum, in dem Unterhalt gezahlt wurde,[4] und aus § 1360a Abs. 4 BGB hinsichtlich eines gezahlten Prozesskostenvorschusses ergeben.[5]

II. Einzelne Rückforderungsansprüche

1. Beschluss oder Urteil über Unterhalt

a) Ansprüche aus ungerechtfertigter Bereicherung, § 812 BGB

Wenn Unterhalt aufgrund eines rechtskräftigen Beschlusses (oder Urteils nach altem Recht) gezahlt wurde, scheidet eine Rückforderung nach Bereicherungsrecht aus, weil die Zahlung aufgrund des Titels mit Rechtsgrund erfolgt ist.[6] Wenn der Titel rückwirkend nach § 238 (früher nach § 323 aF ZPO) abgeändert wird, entfällt nachträglich die Rechtsgrundlage für den bisher geleisteten Unterhalt, § 812 Abs. 1 Satz 2 BGB. Nach § 812 Abs. 1 BGB kann der Unterhaltsschuldner bei ungerechtfertigter Bereicherung Herausgabe des Erlangten bzw. nach § 818 Abs. 2 BGB Wertersatz verlangen. Der Empfänger der Unterhaltsleistung kann jedoch gem. § 818 Abs. 3 BGB einwenden, er sei nicht mehr bereichert. Diese Vorschrift schützt den gutgläubig Bereicherten, der das rechtsgrundlos Empfangene im Vertrauen auf das Fortbestehen des Rechtsgrundes verbraucht hat und daher nicht über den Betrag der bestehen gebliebenen Bereicherung hinaus zur Herausgabe oder zum Wertersatz verpflichtet werden soll. Bei der Überzahlung von Unterhalt kommt es darauf an, ob der Empfänger die Beträge restlos für den Lebensbedarf verbraucht oder sich noch in seinem Vermögen vorhandene Werte – auch in Form anderweitiger Ersparnisse, Anschaffungen oder Tilgung eigener Schulden – verschafft hat.[7] Der **Einwand** des **Wegfalls der Bereicherung** ist für den Unterhaltsgläubiger **idR erfolgversprechend**, denn die Rechtsprechung hat für ihn zum Nachweis der Entreicherung Beweiserleichterungen geschaffen. Nach der Lebenserfahrung spricht bei **unteren und mittleren Einkommen eine tatsächliche Vermutung** dafür, dass das Erhaltene für eine Verbesserung des Lebensstandards ausgegeben wurde. Ein besonderer Verwendungsnachweis ist insoweit entbehrlich.[8]

---

1 Palandt/*Brudermüller*, § 1360b BGB Rz. 3 f.
2 Zu den Voraussetzungen im Einzelnen s. Wendl/*Gerhardt*, § 6 Rz. 200; *Büte*, FuR 2006, 193.
3 Wendl/*Gerhardt*, § 6 Rz. 203.
4 BGH v. 19.12.1989 – IVb ZR 9/89, FamRZ 1990, 269; BGH v. 8.6.2005 – XII ZR 294/02, FamRZ 2005, 1479.
5 BGH v. 7.9.2005 – XII ZR 209/02, FamRZ 2005, 1974.
6 BGH v. 19.12.1984 – IVb ZR 51/83, FamRZ 1985, 368.
7 BGH v. 6.2.2008 – XII ZR 15/06, FamRZ 2008, 968; BGH v. 27.10.1999 – XII ZR 239/97, FamRZ 2000, 751; BGH v. 17.6.1992 – XII ZR 119/91, FamRZ 1992, 1152.
8 BGH v. 30.7.2008 – XII ZR 177/06, FamRZ 2008, 1911; BGH v. 27.10.1999 – XII ZR 239/97, FamRZ 2000, 751; BGH v. 17.6.1992 – XII ZR 119/91, FamRZ 1992, 1152.

7 Auf den **Einwand nach § 818 Abs. 3 BGB** kann sich der Unterhaltsberechtigte aber **nicht berufen**, wenn eine **verschärfte Haftung** nach §§ 818 Abs. 4, 819 Abs. 1 BGB eingreift. Nach § 818 Abs. 4 BGB kann sich der Empfänger einer rechtsgrundlosen Leistung vom Eintritt der Rechtshängigkeit an nicht mehr auf den Wegfall der Bereicherung stützen.[1] Für die Zeit vor Rechtshängigkeit bleibt dem Unterhaltsgläubiger der Entreicherungseinwand erhalten.

Nach dem bis 31.8.2009 geltenden Recht war für die Rechtshängigkeit iSd. § 818 Abs. 4 BGB die Rechtshängigkeit einer negativen Feststellungsklage oder Abänderungsklage nicht ausreichend. Um die **verschärfte Haftung** des § 818 Abs. 4 BGB herbeizuführen, **musste zusätzlich zum Abänderungsantrag** ein auf Rückzahlung gerichteter **gesonderter Leistungsantrag erhoben** werden.[2] Für die Bösgläubigkeit nach § 819 Abs. 1 BGB hinsichtlich des überzahlten Unterhalts reichte die Erhebung einer Abänderungsklage idR nicht aus,[3] sondern erst die Entscheidung des Gerichts im Abänderungsverfahren. Denn die positive Kenntnis der Rechtsgrundlosigkeit muss sich nicht nur auf die Tatsachen, auf denen das Fehlen des Rechtsgrundes beruht, beziehen, sondern auch auf die sich daraus ergebenden Rechtsfolgen, dh. auf eine rechtlich richtige Würdigung.[4] Eine verschärfte Haftung nach § 820 BGB scheidet aus, weil die Vorschrift auf Überzahlungen von Unterhalt weder direkt noch analog anwendbar ist.[5]

8 Einstweilen frei.

9 Da das Rechtsschutzziel des auf Herabsetzung antragenden Unterhaltsschuldners im Fall bereits bezahlter Beträge regelmäßig dahin geht, diese auch zurückzuerlangen, sieht § 241 die Anordnung der **verschärften Haftung (§ 818 Abs. 4 BGB) mit Rechtshängigkeit des auf Herabsetzung gerichteten Abänderungsantrags** vor. Die Einreichung eines Verfahrenskostenhilfeantrags für einen Antrag nach den §§ 238, 239 reicht ebenso wenig wie eine bloße Anhängigkeit des Abänderungsantrags.

Die verschärfte Haftung soll den Justizhaushalten in Fällen der Verfahrenskostenhilfegewährung die Kosten einsparen, die früher für einen zusätzlichen Leistungsantrag anfielen.[6] Ein solcher wird sich aber nicht vermeiden lassen, wenn der zu viel geleistete Unterhalt nicht freiwillig zurückgezahlt wird. Da auch ein begründeter Rückzahlungsanspruch des Unterhaltspflichtigen an einer **faktischen Mittellosigkeit** des Gegners scheitern kann, sollte der Unterhaltspflichtige versuchen, eine **Einstellung der Zwangsvollstreckung** gem. § 242 iVm. § 769 ZPO zu erreichen.[7]

10 Die **Anordnung der verschärften Haftung ab Rechtshängigkeit des Herabsetzungsverlangens** des Verpflichteten hat für den Unterhaltsgläubiger weiter zur Folge, dass von diesem Zeitpunkt an hinsichtlich der überzahlten Unterhaltsleistungen das Aufrechnungsverbot des § 394 BGB, wonach gegen eine unpfändbare Forderung grundsätzlich nicht aufgerechnet werden kann, nicht mehr eingreift. Darüber hinaus hat die neue Regelung **für den Unterhaltsberechtigten** die **praktische Konsequenz**, dass er in den Fällen, in denen der Unterhaltspflichtige trotz Einleitung eines Abänderungsverfahrens den Unterhalt in der bisherigen Höhe weiterzahlt, diesen iHd. angegriffenen Betrages nicht mehr für seinen Unterhalt verwenden darf, sondern für ein eventuelles Rückzahlungsverlangen bereithalten (dh. **sparen**) muss. Hier wird es in vielen Fällen zu einer Inanspruchnahme der öffentlichen Leistungsträger kommen, wobei fraglich ist, ob diese leisten werden, wenn der Unterhaltsberechtigte mit dem

---

1 BGH v. 6.2.2008 – XII ZR 15/06, FamRZ 2008, 968 mwN.
2 BGH v. 30.7.2008 – XII ZR 177/06, FamRZ 2008, 1911; BGH v. 27.10.1999 – XII ZR 239/97, FamRZ 2000, 751; BGH v. 22.4.1998 – XII ZR 221/96, FamRZ 1998, 951; Begr. RegE, BT-Drucks. 16/6308, S. 259.
3 BGH v. 22.4.1998 – XII ZR 221/96, FamRZ 1998, 951; BGH v. 17.6.1992 – XII ZR 119/91, FamRZ 1992, 1152.
4 BGH v. 22.4.1998 – XII ZR 221/96, FamRZ 1998, 951; BGH v. 17.6.1992 – XII ZR 119/91, FamRZ 1992, 1152.
5 BGH v. 22.4.1998 – XII ZR 221/96, FamRZ 1998, 951.
6 Begr. RegE, BT-Drucks. 16/6308, S. 259.
7 *Schürmann*, FuR 2009, 130 (134).

ihm verbleibenden Unterhalt (dh. dem unstreitigen Betrag) oder sogar ganz (wenn der Unterhaltspflichtige meint, nichts mehr zu schulden) sozialhilfebedürftig wird, bis das Verfahren entschieden ist und feststeht, welcher Unterhaltsbetrag tatsächlich geschuldet war.[1]

Zu den „allgemeinen Vorschriften", nach denen sich die verschärfte Haftung gem. § 818 Abs. 4 BGB bestimmt, gehört die **Verzinsungspflicht** nach § 291 iVm. § 288 Abs. 1 BGB. Die zur Rückzahlung fälligen Unterhaltsbeträge sind mit 5 % über dem Basiszinssatz zu verzinsen. Ferner schuldet der Bereicherungsschuldner ggf. Schadensersatz und Herausgabe nach § 292 BGB.

b) Ansprüche aus §§ 823, 826 BGB

Ein Schadensersatzanspruch wegen **Betrugs gem. § 823 Abs. 2 BGB iVm. § 263 StGB** kann bei Verletzung der prozessualen Wahrheitspflicht durch den Unterhaltsberechtigten bestehen. Ein solcher Fall liegt vor, wenn dieser im Unterhaltsverfahren bewusst falsche Angaben zu seinem Einkommen gemacht hat. Die rechtliche Beurteilung dieser Lebenssachverhalte obliegt allein dem Gericht. Auch eine Veränderung der maßgeblichen Verhältnisse während des Verfahrens ist ungefragt mitzuteilen,[2] vgl. auch § 235 Abs. 3 FamFG.

Mit einem Schadensersatzanspruch aus § 826 BGB kann nicht nur **Schadensersatz in Geld**, sondern auch die **Unterlassung der Vollstreckung**[3] und auch die **Herausgabe des Titels** geltend gemacht werden. Ein Anspruch nach § 826 BGB, der zur Durchbrechung der Rechtskraft des Vollstreckungstitels führt, setzt voraus, dass der Geschädigte gegen die mit dem Antrag angegriffene Entscheidung kein Rechtsmittel eingelegt hat.[4] Erforderlich ist weiter eine nicht auf nachlässiger Verfahrensführung des Betroffenen beruhende Unrichtigkeit und Unanfechtbarkeit der Entscheidung, die Kenntnis des vollstreckenden Unterhaltsgläubigers von der Unrichtigkeit sowie besondere Umstände, die das Verhalten des Vollstreckenden als sittenwidrig erscheinen lassen.[5] Dies kann zutreffen in Fällen des **arglistigen Erschleichens** einer inhaltlich unrichtigen oder in der **sittenwidrigen Ausnutzung** einer nicht erschlichenen, wohl aber nachträglich unrichtig gewordenen Entscheidung.[6]

Allein in einer **unterlassenen Offenbarung** verringerter oder weggefallener Bedürftigkeit durch den Unterhaltsgläubiger liegt noch keine Schädigung iSd. § 826 BGB. Der BGH hat eine allgemeine Pflicht zur **ungefragten Offenbarung** veränderter Verhältnisse verneint. Nach Treu und Glauben besteht – da es sich bei § 826 BGB um eine eng begrenzte Ausnahmevorschrift handelt – eine Pflicht zu ungefragter Offenlegung neuer Einkommensverhältnisse nur dann, wenn das Verhalten des Unterhaltsberechtigten, dh. sein Schweigen über eine den Unterhaltsanspruch ersichtlich grundlegende Änderung der wirtschaftlichen Verhältnisse, evident unredlich erscheint.

Das kann dann angenommen werden, wenn der Unterhaltsschuldner aufgrund vorangegangenen Tuns des Unterhaltsgläubigers sowie nach der Lebenserfahrung keine Veranlassung hatte, sich des Fortbestandes der anspruchsbegründenden Umstände durch ein Auskunftsverlangen zu vergewissern. Nimmt der Unterhaltsgläubiger sodann trotz einer für den Schuldner nicht erkennbaren Veränderung seiner wirtschaftlichen Verhältnisse, die den materiell-rechtlichen Unterhaltsanspruch ersichtlich erlöschen lässt, eine festgesetzte Unterhaltsrente weiter entgegen, dann fördert er dadurch den Irrtum, in seinen Verhältnissen habe sich erwartungsgemäß nichts geändert.[7] Bejaht wurde ein Schadensersatzanspruch in einem Fall, in dem

---

1 Vgl. *Rasch*, FPR 2006, 426 (429) zu § 252 RefE.
2 BGH v. 19.5.1999 – XII ZR 210/97, FamRZ 2000, 153; OLG Oldenburg v. 10.6.2011 – 14 UF 3/10, FF 2012, 79.
3 BGH v. 19.2.1986 – IVb ZR 71/84, FamRZ 1986, 450.
4 Palandt/*Sprau*, § 826 BGB Rz 52.
5 BGH v. 24.6.1993 – III ZR 43/92, NJW 1993, 3204; OLG Düsseldorf v. 18.12.1995 – 3 UF 186/95, FamRZ 1997, 827.
6 Thomas/Putzo/*Reichold*, § 322 ZPO Rz. 51 mwN.
7 BGH v. 23.4.1986 – IVb ZR 29/85, FamRZ 1986, 794.

der Bedürftige trotz seines fortgeschrittenen Alters noch eine Arbeitsstelle angenommen hatte, ohne von dem Unterhaltspflichtigen hierzu aufgefordert worden zu sein,[1] ferner bei einer Arbeitsaufnahme durch einen Unterhaltsberechtigten, der zur Zeit der Unterhaltsfestsetzung eine Erwerbsunfähigkeitsrente bezogen hatte.[2]

c) Erstattungsansprüche gem. § 242 BGB

14 Erstattungsansprüche wegen überzahlten Unterhalts können sich gem. § 242 BGB auch bei nachträglicher Bewilligung einer Rente für einen Zeitraum, in dem Unterhalt gezahlt wurde, ergeben.[3] Wenn der Unterhaltsberechtigte (etwa wegen einer verzögerten Rentenberechnung) Rentennachzahlungen für Zeiträume erhält, in denen er schon den ungekürzten Unterhalt bezogen hat, ist der unterhaltsberechtigte geschiedene Ehegatte dem Unterhaltspflichtigen zum Ausgleich der nachträglich bewilligten Rente verpflichtet, soweit sie die Unterhaltsschuld mindert.[4] Soweit Unterhalt für eine Zeit geleistet worden ist, für die dem Unterhaltsberechtigten nachträglich eine Rentenleistung bewilligt wird, kommt nach der Rechtsprechung des BGH kein Bereicherungsanspruch, sondern ein auf Treu und Glauben beruhender Erstattungsanspruch in Betracht, dessen Höhe sich danach bemisst, inwieweit sich der Unterhaltsanspruch ermäßigt hätte, wenn die Rente schon während des fraglichen Zeitraums gezahlt worden wäre. Das gilt erst recht, wenn der Unterhaltsgläubiger schon Rente bezieht und in Kenntnis dessen weiterhin die ungeschmälerten titulierten Unterhaltsleistungen entgegennimmt.[5]

d) Anspruch auf Rückzahlung eines Verfahrenskostenhilfanspruchs

15 Ein vom Gegner gem. § 1360a Abs. 4 BGB gezahlter Verfahrenskostenvorschuss kann von diesem zurückgefordert werden, wenn sich die wirtschaftlichen Voraussetzungen des Empfängers, unter denen er verlangt werden konnte, wesentlich gebessert haben oder wenn die Rückzahlung aus anderen Gründen der Billigkeit entspricht.[6] Dies kann der Fall sein nach der Durchführung eines Zugewinnausgleichsverfahrens[7] oder wenn das Gericht die Leistung des Prozesskostenvorschusses angeordnet hat, weil es von falschen Einkommensverhältnissen ausgegangen ist.[8]

2. Vergleiche und vollstreckbare Urkunden

16 Vergleiche nach § 794 Abs. 1 Nr. 1 ZPO und vollstreckbare Urkunden (§ 794 Abs. 1 Nr. 5 ZPO), zu denen auch die Urkunden des Jugendamts (§§ 59, 60 SGB VIII) zählen, stellen ebenfalls eine **Rechtsgrundlage** für die Unterhaltszahlung dar. Auch sie müssen in einem Verfahren nach § 239 förmlich abgeändert werden, damit eine Rückforderung nach § 812 Abs. 1 Satz 2 BGB erfolgen kann.[9] Ob eine rückwirkende Abänderung erfolgen kann, richtet sich gem. § 239 Abs. 2 nach materiellem Recht, dh. nach den Regelungen des BGB, hier in erster Linie nach den Grundsätzen über die Störung bzw. den Wegfall der Geschäftsgrundlage und die Grundsätze über das Schuldanerkenntnis.[10]

17 Da bei Vergleichen eine erhöhte Verpflichtung zur gegenseitigen Rücksichtnahme vorliegt, kann ein **Schadensersatzanspruch wegen Betrugs** gem. § 823 Abs. 2 BGB iVm. § 263 StGB entstehen, wenn in einem Vergleich vereinbart wurde, dass der Unterhaltsgläubiger einen bestimmten Betrag anrechnungsfrei hinzuverdienen darf und

---

1 BGH v. 25.11.1987 – IVb ZR 96/86, FamRZ 1988, 270.
2 BGH v. 19.2.1986 – IVb ZR 71/84, FamRZ 1986, 450.
3 BGH v. 8.6.2005 – XII ZR 294/02, FamRZ 2005, 1479.
4 BGH v. 19.12.1989 – IVb ZR 9/89, FamRZ 1990, 269 (272 f.).
5 BGH v. 23.3.1983 – IVb ZR 358/81, FamRZ 1983, 574, 575 und BGH v. 15.2.1989 – IVb ZR 41/88, FamRZ 1989, 718 (719).
6 BGH v. 14.2.1990 – XII ZR 39/89, FamRZ 1990, 491; OLG Köln v. 18.1.1991 – 25 UF 139/90, FamRZ 1991, 842.
7 BGH v. 7.9.2005 – XII ZR 209/02, FamRZ 2005, 1974.
8 FA-FamR/*Gerhardt*, Kap. 6 Rz. 850.
9 BGH v. 17.6.1992 – XII ZR 119/91, FamRZ 1992, 1152; Wendl/*Gerhardt*, § 6 Rz. 234.
10 Begr. RegE, BT-Drucks. 16/6308, S. 258.

dieser dem Unterhaltsschuldner verschweigt, dass seine Einkünfte diesen Betrag inzwischen deutlich übersteigen. In einem solchen Fall hat der BGH eine Verpflichtung zur ungefragten Information bejaht.[1] Diese Grundsätze gelten auch bei einer Aufnahme oder einer Ausweitung einer Erwerbstätigkeit, wenn der Unterhaltsgläubiger hiervon keine Kenntnis haben konnte.[2]

3. Einstweilige Anordnungen

Nach § 246 Abs. 1 kann das Gericht durch eA die Verpflichtung zur Zahlung von Unterhalt regeln. Anders als nach früherem Recht ist die Anhängigkeit eines Hauptsacheverfahrens, dh. einer Ehesache, eines isolierten Unterhaltsverfahrens oder die Einreichung eines entsprechenden Antrags auf Bewilligung von Prozesskostenhilfe nicht mehr Voraussetzung für das einstweilige Anordnungsverfahren. Die Einleitung des Hauptsacheverfahrens erfolgt auf Antrag des Anordnungsgegners, idR des Unterhaltsverpflichteten, § 52 Abs. 2. Das Verfahren richtet sich gem. § 119 Abs. 1 nach den §§ 49 ff. mit den Modifikationen des § 246. Es entspricht im Übrigen den alten Regelungen der §§ 620 ff. ZPO. Ebenso wie bei den aufgehobenen Vorschriften fehlen in den neuen Vorschriften über die eA Regelungen, die den §§ 248 Abs. 5 Satz 2 FamFG, 717 Abs. 2, 945 ZPO entsprechen, so dass mangels analoger Anwendbarkeit dieser Regelungen[3] Schadensersatzansprüche aus dem Vollstreckungsrecht ausscheiden.[4] Der Gesetzgeber hat auch bei der Schaffung des neuen FamFG das Risiko des Ehegatten, der eine eA erwirkt und aus ihr vollstreckt, bewusst klein halten und den einstweiligen Rechtsschutz erleichtern wollen. Deshalb hat er in § 119 Abs. 1 Satz 2 eine **entsprechende Anwendung des § 945 ZPO in Unterhaltssachen** bewusst ausgeschlossen.[5] Ein Vollstreckungsschadensersatzanspruch besteht nach § 248 Abs. 5 Satz 2 FamFG nur bei eA im Vaterschaftsfeststellungsverfahren, wenn feststeht, dass der in Anspruch genommene Mann nicht der Vater des Kindes ist.

18

In Betracht kommen aber Ansprüche aus **Bereicherungsrecht**. Eine zunächst notwendige Abänderung einer Entscheidung im einstweiligen Anordnungsverfahren kann allerdings nicht mit einem Abänderungsverfahren nach § 238 erreicht werden, denn ausweislich der Begründung des Gesetzgebers richtet sich die Abänderbarkeit derartiger Entscheidungen nach § 54 Abs. 1.[6] Möglich ist auch ein Antrag auf Einleitung des Hauptsacheverfahrens nach § 52. Ob der Eintritt der verschärften Haftung nach § 241 allein für auf Herabsetzung gerichtete Änderungsanträge nach §§ 238, 239 gilt[7] oder auch bei Herabsetzungsanträgen in anderen Abänderungsverfahren, zB nach § 240 oder nach § 54, eingreift, ist unklar. Wegen der vergleichbaren Interessenlage sollte die Vorschrift zumindest **analog** anwendbar sein.[8] Denn ansonsten wäre der Unterhaltsschuldner wie nach bisherigem Recht gezwungen, zur Herbeiführung der verschärften Haftung entweder im Abänderungsverfahren nach § 54 Abs. 1 hinsichtlich der Entscheidung im einstweiligen Anordnungsverfahren hilfsweise einen **Leistungsantrag auf Rückzahlung** zu stellen oder einen **isolierten Rückforderungsantrag** zu stellen und in diesem Verfahren die Wirkung einer eA zu beseitigen, denn auch ein auf einen Bereicherungsantrag ergehender Beschluss stellt eine anderwei-

19

---

1 BGH v. 29.1.1997 – XII ZR 257/95, FamRZ 1997, 483.
2 BGH v. 16.4.2008 – XII ZR 107/06, FamRZ 2008, 1325.
3 Begr. RegE, BT-Drucks. 16/6308, S. 226; zu § 620 ff. ZPO BGH v. 27.10.1999 – XII ZR 239/97, FamRZ 2000, 751.
4 Für eine analoge Anwendbarkeit des § 945 ZPO vgl. *Roßmann*, ZFE 2008, 245 (251).
5 Vgl. zur alten Rechtslage BGH v. 27.10.1999 – XII ZR 239/97, FamRZ 2000, 751.
6 Begr. RegE, BT-Drucks. 16/6308, S. 257.
7 So *Roßmann*, ZFE 2008, 245 (250).
8 Ebenso *Klein*, FuR 2009, 241 (249); Schulte-Bunert/Weinreich/*Klein*, § 241 FamFG Rz. 4; Gießler/Soyka, Vorläufiger Rechtsschutz in Familiensachen, Rz. 158; Götsche/Viefhues, ZFE 2009, 124 (134); *Roßmann*, ZFE 2010, 86 (92); *Schlünder*, FamRZ 2010, 2038 (2041); Johannsen/Henrich/*Büte*, § 54 FamFG Rz. 15; aA *Dose*, Einstweiliger Rechtsschutz in Familiensachen, Rz. 529; *Kindermann*, FF-FamFG spezial 2009, 18; Keidel/*Meyer-Holz*, § 241 FamFG Rz. 4: analoge Anwendung nur bei einem negativen Feststellungsantrag; ähnlich *Rüntz/Viefhues*, FamRZ 2010, 1285 (1291).

tige Regelung iSd. § 56 Abs. 1 dar. Das Kriterium der anderweitigen Regelung wurde aus dem früheren § 620f Abs. 1 Satz 1 ZPO in das neue Recht übernommen.[1]

20 **Ohne eine direkte oder analoge Anwendung** von § 241 bei Abänderungsverfahren nach § 54 tritt die verschärfte Haftung nach § 818 Abs. 4 BGB erst mit der **Rechtshängigkeit des Rückforderungsantrags** ein. Einen solchen Antrag kann der Verpflichtete zugleich mit einem Antrag auf Einleitung des Hauptsacheverfahrens durch den Unterhaltsberechtigten nach § 52 Abs. 2 verbinden. Möglich ist in diesen Fällen nach der Rechtsprechung des BGH auch die Gewährung der Überzahlung als zins- und tilgungsfreies Darlehen, verbunden mit der Verpflichtung, auf Rückzahlung zu verzichten, falls es beim zugesprochenen Unterhalt bleibt. Der Unterhaltsberechtigte ist nach Treu und Glauben verpflichtet, sich auf eine solche Gestaltung einzulassen.[2]

21 **Rückforderungsanträge** müssen **genau beziffert** werden.[3] Anzugeben ist die exakte Höhe des monatlich überzahlten Unterhalts. Beispiel: „Die Antragsgegnerin wird verpflichtet, den zuviel geleisteten monatlichen Unterhalt zurückzuzahlen, und zwar für Mai 2013 iHv. 300 Euro, für Juni 2010 iHv ... Euro, etc". Ob auch ein dem § 113 Abs. 1 Satz 2 FamFG iVm. § 258 ZPO entsprechender Antrag („Die Antragsgegnerin wird verpflichtet, den seit Mai 2013 iHv. 300 Euro – zu viel – geleisteten monatlichen Unterhalt zurückzuzahlen"), möglich ist, wird unterschiedlich beurteilt.[4]

242 Einstweilige Einstellung der Vollstreckung

Ist ein Abänderungsantrag auf Herabsetzung anhängig oder hierfür ein Antrag auf Bewilligung von Verfahrenskostenhilfe eingereicht, gilt § 769 der Zivilprozessordnung entsprechend. Der Beschluss ist nicht anfechtbar.

A. Allgemeines	2. Entsprechende Anwendung 5
I. Entstehung 1	II. Verfahren, Entscheidung durch Beschluss, Satz 1
II. Systematik 2	1. Zuständigkeit 7
III. Normzweck 3	2. Antrag 9
B. **Einstweilige Einstellung der Zwangsvollstreckung bei Abänderungsanträgen**	3. Weiteres Verfahren, Entscheidung . 12
	4. Wirkungsdauer 17
I. Voraussetzungen, Satz 1	III. Rechtsmittel, Satz 2 20
1. Unmittelbarer Anwendungsbereich 4	IV. Kosten, Gegenstandswert, Gebühren 22

A. Allgemeines

I. Entstehung

1 § 242 hat keine ausdrückliche gesetzliche Entsprechung im früheren Prozessrecht. Es wurde § 769 ZPO analog angewendet.

II. Systematik

2 Die Vorschrift gehört zu den Vollstreckungsregelungen für Unterhaltssachen. Sie ist bei **Abänderungsverfahren nach §§ 238 bis 240** anwendbar, wenn es um die Einstellung der Zwangsvollstreckung **aus dem abzuändernden Titel** (Beschluss, Vergleich, Urkunde) geht.

---

1 Begr. RegE, BT-Drucks. 16/6308, S. 202.
2 BGH v. 11.8.2010 – XII ZR 102/09, FamRZ 2010, 1637 Tz. 56.
3 OLG Köln v. 13.3.2003 – 14 WF 5/03, FamRZ 2004, 39; OLG Nürnberg v. 4.1.2004 – 10 WF 4042/03, FamRZ 2004, 1734.
4 Bejahend BGH v. 17.6.1992 – XII ZR 119/91, FamRZ 1992, 1152 Tz. 20; Wendl/*Gerhardt*, § 6 Rz. 223; zweifelnd OLG Köln v. 13.3.2003 – 14 WF 5/03, FamRZ 2004, 39; *Schlünder*, FamRZ 2010, 2038 (2041, Fn. 41).

Befindet sich ein **Abänderungsverfahren** in der **Beschwerdeinstanz**, ist zu unterscheiden: Hat das Amtsgericht den Abänderungsantrag zurückgewiesen, findet die Zwangsvollstreckung weiter aus dem abzuändernden Titel statt. Eine Einstellung kann nach § 242 FamFG iVm. § 769 ZPO erfolgen.

Ist der zugrunde liegende Titel durch die erstinstanzliche Entscheidung abgeändert worden, findet die Zwangsvollstreckung aus dieser Entscheidung des Familiengerichts statt. Die Einstellung der Zwangsvollstreckung ist nach § 120 Abs. 2 Satz 3 FamFG iVm. §§ 707 und 719 ZPO möglich.[1]

Bei **Verfahren zur erstmaligen Titulierung von Unterhalt** kann das Familiengericht in der Endentscheidung nicht nur die sofortige Wirksamkeit nach § 116 Abs. 3 Satz 2 anordnen, sondern auch zugleich die Zwangsvollstreckung gem. § 120 Abs. 2 Satz 2 einstellen oder beschränken. In diesen Verfahren kann eine Einstellung in der Beschwerdeinstanz nach § 120 Abs. 2 Satz 3 FamFG iVm. §§ 707 Abs. 1 und 719 Abs. 1 ZPO erfolgen.[2] Wegen der Voraussetzungen im Einzelnen vgl. die Kommentierung zu § 120.

III. Normzweck

Der Gesetzgeber hat durch diese Vorschrift eine bereits seit längerem bestehende Rechtsprechung des BGH zur Frage der einstweiligen Einstellung der Zwangsvollstreckung und zur Anfechtbarkeit[3] von Entscheidungen derartiger Beschlüsse gesetzlich normiert.[4]

B. Einstweilige Einstellung der Zwangsvollstreckung bei Abänderungsanträgen

I. Voraussetzungen, Satz 1

1. Unmittelbarer Anwendungsbereich

Da für **Verfahren in Unterhaltssachen** nach § 231 Abs. 1 (nicht nach § 231 Abs. 2) hinsichtlich der **Abänderung von Titeln** über eine Verpflichtung zu künftig fällig werdenden wiederkehrenden Unterhaltsleistungen jetzt nicht mehr die §§ 323 ff. ZPO, sondern die §§ 238 bis 240 gelten,[5] ist § 769 ZPO für die auf **Herabsetzung der Verpflichtung zur Leistung von Unterhalt** gerichteten Verfahren entsprechend anzuwenden.[6] Im Fall der Anhängigkeit eines auf Herabsetzung gerichteten **Abänderungsantrags** oder der Einreichung eines diesbezüglichen **Antrags auf Bewilligung von Verfahrenskostenhilfe gilt § 769 ZPO** entsprechend. Nach § 769 Abs. 1 Satz 1 ZPO kann das Prozessgericht auf Antrag anordnen, dass bis zum Erlass des Urteils über die in §§ 767, 768 ZPO bezeichneten Einwendungen die Zwangsvollstreckung gegen oder ohne Sicherheitsleistung eingestellt oder nur gegen Sicherheitsleistung fortgesetzt werde und dass Vollstreckungsmaßregeln gegen Sicherheitsleistung aufzuheben seien. Die Vorschrift über den Erlass von eA zur Einstellung der Zwangsvollstreckung gilt in den Fällen der §§ 767, 768, 771, 785, 786, 805 ZPO und bei anderen Titeln als Urteilen, soweit auf die §§ 724 bis 793 ZPO verwiesen wird. Die Anwendung von § 769 ZPO, dh. die einstweilige Einstellung der Zwangsvollstreckung durch Erlass einer eA, wurde nach der Rechtsprechung auch für Abänderungsklagen iSd. § 323 ZPO idF bis 31.8.2009, der auch Verfahren in Unterhaltssachen erfasste, für zulässig erachtet. Das FamFG hat die Anwendung des § 769 ZPO für Abänderungsverfahren erstmals gesetzlich kodifiziert. Neu[7] ist auch, dass eine eA zur Einstellung der Zwangsvollstreckung schon dann ergehen kann, wenn noch kein Antrag (früher: Klage) auf

---

1 OLG Rostock v. 7.3.2011 – 10 UF 219/10, FamRZ 2011, 1679.
2 OLG Hamburg v. 26.4.2012 – 2 UF 48/12, FamRB 2012, 279 (*Großmann*); OLG Bremen v. 21.9.2010 – 4 UF 94/10, FamRZ 2011, 322.
3 BGH v. 17.10.2005 – II ZB 4/05, NJW-RR 2006, 286.
4 Begr. RegE, BT-Drucks. 16/6308, S. 259.
5 Begr. RegE, BT-Drucks. 16/6308, S. 325.
6 Begr. RegE, BT-Drucks. 16/6308, S. 326.
7 Vgl. zur alten Rechtslage OLG Naumburg v. 29.2.2000 – 14 WF 28/00, FamRZ 2001, 839.

Herabsetzung eingereicht ist, sondern lediglich ein **Antrag auf Bewilligung von Verfahrenskostenhilfe** für einen solchen Antrag.

2. Entsprechende Anwendung

5   Ist der Unterhalt durch eA (§ 246 FamFG) tituliert, kann der Unterhaltsschuldner die Einstellung der Zwangsvollstreckung während eines **Aufhebungs- oder Abänderungsverfahrens** nach § 54 **nicht** nach § 242, sondern gem. § 55 beantragen.

6   Dagegen ist § 242 entsprechend anwendbar, wenn sich der Unterhaltsschuldner mit einem **negativen Feststellungsantrag** gegen eine eA über laufende Unterhaltsleistungen wehrt. In diesem Verfahren kann er zugleich einen Antrag auf Einstellung der Zwangsvollstreckung nach § 242 stellen. Gleiches gilt, wenn sich der negative Feststellungsantrag gegen einen nur eine vorläufige Regelung enthaltenen **Vergleich** aus einem einstweiligen Anordnungsverfahren richtet.[1]

II. Verfahren, Entscheidung durch Beschluss, Satz 1

1. Zuständigkeit

7   Sachlich zuständig ist das **Verfahrensgericht** (früher: Prozessgericht) des ersten Rechtszuges,[2] bei dem der Abänderungsantrag anhängig oder ein Verfahrenskostenhilfeantrag zur Einleitung eines Abänderungsverfahrens eingereicht worden ist. Es kommt nicht darauf an, ob das angerufene Gericht tatsächlich für die Hauptsache zuständig ist, denn auch nach dessen Entscheidung über die einstweilige Einstellung ist eine Verweisung der Sache nach § 113 Abs. 1 Satz 2 FamFG, § 281 ZPO noch möglich.[3] Das mit der Hauptsache befasste **Rechtsmittelgericht** kann die Anordnung ebenfalls erlassen, weil § 769 Abs. 1 Satz 1 ZPO nur das Prozessgericht und nicht das Gericht des ersten Rechtszuges erwähnt.[4] Nach Auffassung des OLG Hamm[5] reicht es aber nicht aus, wenn das Beschwerdegericht lediglich mit einer sofortigen Beschwerde im Verfahrenskostenhilfeverfahren befasst ist. In einem solchen Fall soll es hinsichtlich eines mit einem Abänderungsantrag verbundenen Antrags auf einstweilige Einstellung der Zwangsvollstreckung (§§ 242 FamFG, 769 ZPO) bei der Zuständigkeit des mit der Hauptsache befassten Amtsgerichts verbleiben. Das **Rechtsbeschwerdegericht** kann einen Einstellungsbeschluss grundsätzlich nur dann erlassen, wenn ein entsprechender Antrag schon in der Beschwerdeinstanz gestellt wurde.[6] Zur örtlichen Zuständigkeit s. § 232.

8   Nach § 769 Abs. 2 Satz 1 ZPO kann in dringenden Fällen das **Vollstreckungsgericht** eine eA zur Einstellung der Zwangsvollstreckung erlassen. Ein dringender Fall ist anzunehmen, wenn das Verfahrensgericht nicht mehr rechtzeitig entscheiden kann, bevor eine Vollstreckungsmaßnahme durchgeführt wird, die nicht mehr rückgängig gemacht werden kann.

2. Antrag

9   Der Unterhaltsschuldner muss einen begründeten **Einstellungsantrag** stellen und die das Abänderungsbegehren begründenden **Tatsachen glaubhaft** machen (§ 113 Abs. 1 Satz 2 FamFG, § 769 Abs. 1 Satz 3 ZPO, § 294 ZPO).

10 Solange sich das Abänderungsverfahren noch im **Verfahrenskostenhilfeantragsstadium** befindet, kann der Antrag auf Einstellung der Zwangsvollstreckung von dem Unterhaltsschuldner zusammen mit dem Antrag auf Gewährung von Verfahrenskos-

---

1 OLG Karlsruhe v. 27.10.2003 – 2 UF 107/03, NJW 2004, 859; Keidel/*Meyer-Holz*, § 242 FamFG Rz. 16; Horndasch/Viefhues/*Roßmann*, § 242 FamFG Rz. 3.
2 Baumbach/*Hartmann*, § 242 FamFG Rz. 1; zu Anträgen nach §§ 719, 712 ZPO vgl. BGH v. 23.10.2007 – XI ZR 449/06, WuM 2008, 50; BGH v. 4.6.2008 – XII ZR 55/08, NJW-RR 2008, 1038.
3 Thomas/Putzo/*Seiler*, § 769 ZPO Rz. 3; Keidel/*Meyer-Holz*, § 242 FamFG Rz. 5.
4 Musielak/*Borth*, § 242 FamFG Rz. 3.
5 OLG Hamm v. 27.10.2010 – 8 WF 124/10, juris.
6 BGH v. 22.11.2006 – XII ZR 58/04, BeckRS 2006, 15204.

tenhilfe zur Niederschrift bei der Geschäftsstelle gestellt werden, § 114 Abs. 4 Nr. 1. Ist das Abänderungsverfahren bereits anhängig, gilt der dort gem. § 114 Abs. 1 bestehende **Anwaltszwang** für den Antrag auf Einstellung der Zwangsvollstreckung.[1]

Dem **Unterhaltsgläubiger** kann **Verfahrenskostenhilfe** für die Verteidigung gegen den Antrag auf einstweilige Einstellung der Zwangsvollstreckung vor Rechtshängigkeit der Hauptsache (Abänderung) bewilligt werden. Für die Rechtsverteidigung in der Hauptsache kann ihm Verfahrenskostenhilfe erst dann gewährt werden, wenn der Abänderungsantrag rechtshängig ist; seine bloße Anhängigkeit genügt nicht.[2]

Eine weitere allgemeine Zulässigkeitsvoraussetzung für den Antrag auf Einstellung der Zwangsvollstreckung ist gem. § 242 FamFG, § 769 ZPO ein **Rechtschutzbedürfnis**. Ein solches ist gegeben, sobald eine vollstreckbare Ausfertigung des Titels erteilt ist oder beantragt werden kann[3] und solange die Vollstreckung nicht vollständig beendet ist. Nicht erforderlich ist, dass die Zwangsvollstreckung bereits begonnen hat. Ein Rechtschutzinteresse ist zu verneinen, wenn keine Vollstreckung droht. Dies kann der Fall sein, wenn der Unterhaltsgläubiger zugesichert hatte, aus dem Titel für eine gewisse Zeit (zB ein Stillhalteabkommen bei Vergleichsverhandlungen) oder überhaupt nicht mehr zu vollstrecken. Ist die Vollstreckung bereits beendet, so ist der Antrag unzulässig.[4]

3. Weiteres Verfahren, Entscheidung

Die Entscheidung über den Erlass einer eA ergeht gem. § 769 Abs. 3 ZPO nach Gewährung **rechtlichen Gehörs** (Art. 103 Abs. 1 GG) für den Gegner durch **Beschluss**. Eine mündliche Verhandlung muss nicht zwingend erfolgen (§ 113 Abs. 1 Satz 2 FamFG, § 128 Abs. 4 ZPO). Der Beschluss soll begründet werden, damit die Ausübung des richterlichen Ermessens nachgeprüft werden kann.[5] Der Einstellungsbeschluss muss wegen der Unanfechtbarkeit grundsätzlich nicht zugestellt werden (§ 113 Abs. 1 Satz 2 FamFG, § 329 Abs. 2 Satz 1 ZPO).[6]

Die Entscheidung nach § 769 ZPO ist in das pflichtgemäße Ermessen des Gerichts gestellt. Bei der Entscheidung sind insbesondere die **Erfolgsaussichten des Abänderungsantrags** zu prüfen, weil eine Aussicht auf Erfolg des Verfahrens Einstellungsvoraussetzung ist.[7] Die Erfolgsaussicht des Abänderungsbegehrens ist vom Gericht summarisch nach der zum Zeitpunkt der Entscheidung bestehenden Aktenlage zu prüfen. Der Abänderungsantrag muss stets zulässig sein. Um den vorhandenen Vollstreckungstitel nicht zu entwerten, ist zumindest eine hinreichende, entsprechend § 114 ZPO bestehende Aussicht auf Erfolg zu verlangen.[8] Hierbei ist zu berücksichtigen, dass der Unterhaltsberechtigte auf den Unterhalt zur Bestreitung seines Lebensbedarfs idR dringend angewiesen ist. Eine Sicherheitsleistung kann dem Bedürfnis des Unterhaltsgläubigers idR nicht gerecht werden. Andererseits sind dadurch die Möglichkeiten einer Rückforderung (§§ 812 ff. BGB), wenn sich die Zahlungen im Nachhinein als unberechtigt oder überhöht erweisen, eingeschränkt (vgl. aber § 241 FamFG). Im Rahmen der Prüfung der Erfolgsaussicht für einen Abänderungsantrag ist eine Beweisantizipation zulässig; insbesondere kann die Eignung eines Beweisantritts berücksichtigt werden.

Zu beachten ist, dass die Einstellungsentscheidung nicht weiter gehen darf als die Entscheidung in der Hauptsache. Bei Abänderungsanträgen nach § 238 ist insbesondere § 238 Abs. 3 zu berücksichtigen. Wenn in der Hauptsache die Unterhaltsverpflichtung nach § 238 Abs. 3 Satz 1 zeitlich erst ab Zustellung des Abänderungsantrags (Rechtshängigkeit) herabgesetzt werden kann, ist diese Zeitgrenze ebenfalls

---

1 Keidel/*Meyer-Holz*, § 242 FamFG Rz. 3.
2 OLG Hamm v. 7.2.2011 – 8 WF 271/10, FamRZ 2011, 1317.
3 MüKo.ZPO/*Schmidt*, § 769 ZPO Rz. 21.
4 MüKo.ZPO/*Schmidt*, § 769 ZPO Rz. 21.
5 OLG Frankfurt v. 22.10.1998 – 24 W 58/98, MDR 1999, 504; Zöller/*Herget*, § 769 ZPO Rz. 6.
6 AA MüKo.ZPO/*Schmidt*, § 769 ZPO Rz. 27.
7 OLG Zweibrücken v. 19.11.2001 – 2 WF 91/01, FamRZ 2002, 556 mwN.
8 Johannsen/Henrich/*Maier*, § 242 FamFG Rz. 5.

maßgebend für den Einstellungsantrag. Gleiches gilt für den Fall, dass eine Herabsetzung des Unterhalts nach § 238 Abs. 3 Satz 3 bereits ab dem Ersten des auf ein entsprechendes Auskunfts- oder Verzichtsverlangen des Antragstellers folgenden Monats begehrt werden kann.[1]

15 Das Gericht kann die Zwangsvollstreckung gegen oder ohne **Sicherheitsleistung** einstellen, die Fortsetzung der Zwangsvollstreckung von einer Sicherheitsleistung abhängig machen und die Aufhebung der Zwangsvollstreckung gegen Sicherheit anordnen. Sofern die Gesamtvollstreckung ohne Sicherheitsleistung eingestellt werden soll, muss der Antragsteller gem. § 769 Abs. 1 Satz 2 ZPO glaubhaft machen, dass er zu einer Sicherheitsleistung nicht in der Lage ist und die Rechtsverfolgung durch ihn hinreichende Aussicht auf Erfolg bietet.

16 **Tenorierung:**
Die Zwangsvollstreckung gegen den Antragsteller aus dem (*Titel genau bezeichnen*, zB Beschluss des Amtsgerichts – Familiengericht – XY vom ...) wird ohne (*oder:* gegen Sicherheitsleistung iHv. ... Euro; *die Höhe ist nach dem Schaden zu bemessen, der dem Gläubiger entstehen kann*) bis zum Erlass des Beschlusses eingestellt.

4. Wirkungsdauer

17 Die Einstellungsanordnung des Verfahrensgerichts wird sofort wirksam, sofern nichts anderes bestimmt ist.[2] Sie wirkt, wenn sie nicht befristet ist, bis zum **Erlass** des Beschlusses über den Abänderungsantrag.[3] Fall die Einstellungsanordnung bis zum **rechtskräftigen** Abschluss des Abänderungsverfahrens wirksam bleiben soll, muss dies gem. § 113 Abs. 1 Satz 2 FamFG, § 770 ZPO in der Hauptsacheentscheidung ausdrücklich geregelt werden.[4] Einer besonderen Aufhebung der Anordnung nach Erlass des Beschlusses bedarf es nicht; zur Vermeidung einer missbräuchlichen Verwendung des Einstellungsbeschlusses ist sie jedoch zu empfehlen.

18 Eine **Aufhebung oder Abänderung** des erlassenen Beschlusses wegen einer Veränderung der tatsächlichen Voraussetzungen, zB neuer Erkenntnisse in der Hauptsache, Aufstockung einer Sicherheit etc., ist auf Antrag jederzeit möglich.[5]

19 Das **Vollstreckungsgericht** hat in dem zu begründenden Beschluss eine Frist zu setzen, innerhalb der die Entscheidung des Verfahrensgerichts beizubringen ist. Die Frist wird erst mit der Entscheidung des Verfahrensgerichts, nicht bereits durch die Antragstellung beim Verfahrensgericht gewahrt. Mit der Entscheidung des Verfahrensgerichts, spätestens jedoch mit dem Ablauf der Frist, tritt die Anordnung des Vollstreckungsgerichts außer Kraft.[6]

III. Rechtsmittel, Satz 2

20 Der **Beschluss** des **Verfahrensgerichts** ist **unanfechtbar**.[7] Dies gilt auch, wenn der Erlass einer eA zur Einstellung der Zwangsvollstreckung abgelehnt wird.[8] Gleiches gilt, soweit der Beschluss im Rahmen eines Vollstreckungsabwehrantrags (§ 120 FamFG, § 767 ZPO) ergeht.[9] Auch eine außerordentliche Beschwerde wegen greifbarer Gesetzwidrigkeit findet nicht statt.[10] Eine gleichwohl eingelegte Beschwerde

---

1 Friederici/Kemper/*Viefhues*, § 242 FamFG Rz. 3.
2 MüKo.ZPO/*Schmidt*, § 769 ZPO Rz. 286.
3 Baumbach/*Hartmann*, § 242 FamFG Rz. 1, § 769 ZPO Rz. 7.
4 MüKo.ZPO/*Schmidt*, § 769 ZPO Rz. 29.
5 Thomas/Putzo/*Seiler*, § 769 ZPO Rz. 16.
6 Thomas/Putzo/*Seiler*, § 769 ZPO Rz. 14.
7 BGH v. 17.10.2005 – II ZB 4/05, NJW-RR 2006, 286; KG v. 5.10.2010 – 19 UF 72/10, FamRZ 2010, 583.
8 OLG Naumburg v. 31.1.2006 – 14 WF 10/06, FamRZ 2006, 1289; OLG Naumburg v. 28.2.2008 – 4 WF 15/08, juris; OLG Bremen v. 31.5.2005 – 2 W 39/05, MDR 2006, 229.
9 OLG Zweibrücken v. 16.3.2010 – 6 WF 57/10, FamRZ 2010, 1003 (wobei dort aber statt § 120 FamFG der gem. § 113 Abs. 1 FamFG nicht anwendbare § 95 FamFG zitiert wird).
10 BGH v. 11.5.2005 – XII ZB 189/03, MDR 2005, 927; BGH v. 21.4.2004 – XII ZB 279/03, FamRZ 2004, 1191.

ist durch das Beschwerdegericht zu verwerfen. Nach zum Teil vertretener Auffassung[1] hat dies durch den Senat in seiner vollen Besetzung (§ 122 GVG) zu erfolgen, weil § 242 Satz 2 eine autonome Regelung über die Unanfechtbarkeit enthalte.

Sofern in dringenden Fällen das Vollstreckungsgericht durch den **Rechtspfleger** entschieden hat (§ 769 Abs. 2 ZPO, § 20 Nr. 17 RPflG), findet die befristete Erinnerung nach § 11 Abs. 2 Satz 1 RPflG statt. Diese ist nach der Neufassung des § 11 Abs. 2 Satz 1 RPflG in Verfahren nach dem FamFG innerhalb der für die Beschwerde, im Übrigen innerhalb der für die sofortige Beschwerde geltenden Frist einzulegen. Über die Beschwerde hat der Richter abschließend zu entscheiden, denn gegen eine Entscheidung des Richters wäre ein Rechtsmittel nicht statthaft gewesen.[2] 21

IV. Kosten, Gegenstandswert, Gebühren

Der **Beschluss** über die einstweilige Einstellung der Zwangsvollstreckung oder ihre Ablehnung enthält **keine Kostenentscheidung**. Die Kosten sind solche des anhängigen Verfahrens. Für dieses gilt § 243. Falls nach einer Entscheidung des Vollstreckungsgerichts nach § 769 Abs. 2 ZPO ein Abänderungs- oder Herabsetzungsverfahren bei dem Verfahrensgericht nicht stattfindet, handelt es sich um Kosten der Zwangsvollstreckung, § 788 Abs. 1 Satz 1 ZPO.[3] 22

Die **Beschwerdeentscheidung** über ein **unzulässiges Rechtsmittel** gegen einen erstinstanzlichen Beschluss zur Zwangsvollstreckung ist aber mit einer **Kostenentscheidung**[4] zu versehen; diese richtet sich nach § 243.[5]

Kosten/Gebühren: Gericht: Für die Einstellung der Vollstreckung entstehen keine Gerichtskosten. **RA:** Das Verfahren über die Einstellung der Vollstreckung gehört nach § 19 Abs. 1 Satz 2 Nr. 11 RVG zum Erkenntnisverfahren, wenn nicht eine abgesonderte mündliche Verhandlung hierüber stattfindet. Findet eine solche Verhandlung statt, erhält der Verfahrensbevollmächtigte zusätzlich eine Verfahrensgebühr nach Nr. 3328 und eine Terminsgebühr nach Nr. 3104 VV RVG (Vorbemerkung 3.3.6 VV RVG). Für den RA, der nicht Verfahrensbevollmächtigter ist, fehlt es an einer Gebührenregelung im RVG. Dieser erhält in analoger Anwendung die Gebühren nach Nrn. 3328 und 3104 VV RVG. 23

243 *Kostenentscheidung*

Abweichend von den Vorschriften der Zivilprozessordnung über die Kostenverteilung entscheidet das Gericht in Unterhaltssachen nach billigem Ermessen über die Verteilung der Kosten des Verfahrens auf die Beteiligten. Es hat hierbei insbesondere zu berücksichtigen:
1. das Verhältnis von Obsiegen und Unterliegen der Beteiligten, einschließlich der Dauer der Unterhaltsverpflichtung,
2. den Umstand, dass ein Beteiligter vor Beginn des Verfahrens einer Aufforderung des Gegners zur Erteilung der Auskunft und Vorlage von Belegen über das Einkommen nicht oder nicht vollständig nachgekommen ist, es sei denn, dass eine Verpflichtung hierzu nicht bestand,
3. den Umstand, dass ein Beteiligter einer Aufforderung des Gerichts nach § 235 Abs. 1 innerhalb der gesetzten Frist nicht oder nicht vollständig nachgekommen ist, sowie
4. ein sofortiges Anerkenntnis nach § 93 der Zivilprozessordnung.

A. Allgemeines	**B. Anwendbarkeit der ZPO-Kostenvorschriften, Satz 1** 4
I. Entstehung 1	
II. Systematik 2	I. Beendigung des Verfahrens durch Sachentscheidung des Gerichts 5
III. Normzweck 3	

---

1 KG v. 5.10.2010 – 19 UF 72/10, FamRZ 2011, 583.
2 Musielak/*Lackmann*, § 769 ZPO Rz. 6.
3 Thomas/Putzo/*Seiler*, § 769 ZPO Rz. 21.
4 OLG Zweibrücken v. 16.3.2010 – 6 WF 57/10, FamRZ 2010, 1003.
5 KG v. 5.10.2010 – 19 UF 72/10, FamRZ 2011, 583.

II. Beendigung des Verfahrens auf andere Weise
1. Vergleich 7
2. Übereinstimmende Erledigung eines Antrags 9
3. Rücknahme eines Antrags 10
4. Kostenentscheidung im Beschwerdeverfahren 13
C. Kriterien für die Kostenentscheidung, Satz 2

I. Verhältnis von Obsiegen und Unterliegen, Satz 2 Nr. 1 16
II. Vorprozessuales Verhalten eines Beteiligten, Satz 2 Nr. 2 19
III. Nichtbefolgung von gerichtlichen Anordnungen, Satz 2 Nr. 3 22
IV. Sofortiges Anerkenntnis, Satz 2 Nr. 4 . 23
V. Anfechtung einer Kostenentscheidung 30

Literatur: *Bömelburg,* Die Kostenentscheidung im Unterhaltsrecht, FPR 2010, 153; *Finke,* Die Kostenentscheidung in Familiensachen nach dem FamFG im Überblick, FPR 2010, 331; *Giers,* Kostenentscheidungen in Familiensachen einschließlich Rechtsmittel, FPR 2012, 250; *Keske,* Rechtsmittel gegen Kostenentscheidungen, FPR 2010, 339; *Keske,* Das neue Kostenrecht in Familiensachen, FuR 2010, 433 und 498.

A. Allgemeines

I. Entstehung

1   § 243 hat keine direkte Entsprechung im alten Recht.

II. Systematik

2   Die Vorschrift enthält eine Sonderregelung[1] über die **Kostenverteilung** in Unterhaltssachen iSd. § 231 Abs. 1 Nr. 1 bis 3. Die Vorschrift ist in allen Unterhaltsverfahren, die zu den Familienstreitsachen gehören, anwendbar, auch im vereinfachten Verfahren nach den §§ 249 ff.[2]

Für die Unterhaltssachen, die **keine** Familien**streit**sachen sind, gilt jedoch die spezielle Kostenregelung des § 243 nicht; anwendbar sind die allgemeinen Kostenvorschriften im 1. Buch (§§ 80 ff. FamFG). § 243 kodifiziert wesentliche Gesichtspunkte verschiedener ZPO-Kostenvorschriften und ersetzt insbesondere den durch Art. 29 Nr. 4 FGG-RG aufgehobenen § 93d ZPO.[3] Wenn Unterhalt als Folgesache (§ 137) geltend gemacht ist, wird § 243 durch § 150 (Kosten in Scheidungssachen und Folgesachen) verdrängt.[4]

2a   § 243 und insbesondere die Vorschrift des § 243 Satz 2 Nr. 2 FamFG ist auf die parallele Fallgestaltung in einer Güterrechtssache nach hM **nicht analog** anwendbar.[5]

III. Normzweck

3   Hinsichtlich der **Kosten in Unterhaltsverfahren** waren nach altem Recht die §§ 91 bis 93a und die Sondervorschrift des § 93d ZPO anzuwenden. In einem Verfahren über einmalige Leistungen konnte und kann das Verhältnis des Obsiegens und Unterliegens anhand des Streitwertes relativ zuverlässig ermittelt werden. In Unterhaltssachen war dies nicht der Fall. Dem Dauercharakter der Verpflichtung konnte bei der Streitwertermittlung nur begrenzt Rechnung getragen werden, weil der Streitwert idR auf das 12-fache des verlangten monatlichen Unterhalts begrenzt war (vgl. zB §§ 42, 47 GKG). Da der Gesetzgeber mit den neuen Wertvorschriften für die Unterhaltssachen und das Rechtsmittelverfahren (§§ 51, 40 FamGKG) die alten Regelungen des Gerichtskostengesetzes im Wesentlichen übernommen hat, kann auch nach geltender Rechtslage eine lediglich an der Streitwertbemessung orientierte Verteilung der Kosten häufig nicht zu einem angemessenen Ergebnis führen. Um dieser Problematik Rechnung zu tragen und den Gerichten die Handhabung der Kosten-

---

1 Kritisch zu der Systematik der Kostenregelungen *Schürmann,* FuR 2009, 130 (135).
2 OLG Köln v. 22.12.2011 – 4 UFH 4/11, FamRZ 2012, 1164.
3 Begr. RegE, BT-Drucks. 16/6308, S. 325.
4 Begr. RegE, BT-Drucks. 16/6308, S. 233.
5 OLG Bamberg v. 10.8.2012 – 2 WF 151/12, juris mwN.

entscheidung in Unterhaltssachen flexibler und weniger formal zu ermöglichen, hat der Gesetzgeber § 243 geschaffen.

B. Anwendbarkeit der ZPO-Kostenvorschriften, Satz 1

Die Vorschriften der Zivilprozessordnung über die Kosten**verteilung** (§§ 91 ff. ZPO) sind in Unterhaltssachen nicht anzuwenden. Es gilt insoweit (zur Frage, welche Regelungen für die Anfechtbarkeit einer Kostenentscheidung gelten, s. unter Rz. 30 ff.) ausschließlich § 243, nach dem die Gerichte über die Kosten in Unterhaltssachen nach billigem Ermessen zu entscheiden haben. Jede Kostenentscheidung in Unterhaltsverfahren muss eine Ermessensprüfung[1] enthalten und **wird** damit zu einer **individuellen Einzelfallentscheidung**.[2] Welche Gesichtspunkte bei der Billigkeitsentscheidung zu berücksichtigen sind, ergibt sich aus § 243 Satz 2 Nr. 1 bis 4. Durch das Wort „insbesondere" wird aber klargestellt, dass die in den Nr. 1 bis 4 aufgezählten Gesichtspunkte nicht abschließend sind und andere, hier nicht erfasste Gesichtspunkte der ZPO-Kostenvorschriften bei der Billigkeitsabwägung berücksichtigt werden können und müssen. Das Gericht ist allerdings grundsätzlich in der Bewertung frei, welche Gewichtung es den einzelnen Kriterien verleihen will und wie es damit letztlich die Kostenquote ermittelt.[3] So kann zB in der Rechtsmittelinstanz auch der Rechtsgedanke des § 97 Abs. 2 ZPO, nach dem der obsiegenden Partei die Kosten des Rechtsmittelverfahrens ganz oder teilweise aufzuerlegen sind, wenn sie aufgrund eines neuen Vorbringens obsiegt, das sie in einem früheren Rechtszug geltend zu machen imstande war, in die Kostenentscheidung einfließen.[4]

I. Beendigung des Verfahrens durch Sachentscheidung des Gerichts

Alle **Endentscheidungen** nach dem FamFG ergehen gem. § 116 Abs. 1 durch **Beschluss**. Der Inhalt des Beschlusses ergibt sich aus § 38. In dem Beschluss können die gleichen Regelungen getroffen werden wie in einem Urteil. Der Beschluss muss eine Kostenentscheidung enthalten, § 113 Abs. 1 iVm. § 308 Abs. 2 ZPO.[5] In den Unterhaltsverfahren des § 231 Abs. 1 verdrängt § 243 als spezielle Regelung über die **Verteilung der Kosten** die allgemeinen Regeln, dh. die §§ 91 ff. ZPO.[6] Dies gilt auch für das vereinfachte Verfahren über den Unterhalt Minderjähriger nach §§ 249 ff.[7]

Das Verfahren der eA gem. §§ 49 ff. FamFG ist seit dem 1.9.2009 ein selbständiges Verfahren. Es setzt nach dem geltenden Recht nicht mehr voraus, dass ein Hauptsacheverfahren bzw. ein entsprechender Verfahrenskostenhilfeantrag anhängig ist. Das Gericht entscheidet wie bisher über einen Antrag auf Erlass einer eA durch Beschluss, §§ 51 Abs. 2, 38 Abs. 1 Satz 1 FamFG. Die Entscheidung stellt wegen der Unabhängigkeit des einstweiligen Anordnungsverfahrens von einem Hauptsacheverfahren eine Endentscheidung dar, die mit einer **Kostenentscheidung** versehen werden muss.[8] Für die Kosten des Verfahrens der eA gelten gem. § 51 Abs. 4 die allgemeinen Vorschriften. Da die allgemeinen Vorschriften im 1. Buch (§§ 80 ff.) nach § 113 Abs. 1 Satz 1 in Unterhaltssachen nicht anzuwenden sind (s. oben) und die Kostenvorschriften der ZPO durch § 243 verdrängt werden, ist auch für Verfahren einer eA § 243 anwendbar (s. auch § 246 Rz. 16).[9]

Für die **Kostenentscheidung im Arrestverfahren** zur Sicherung eines Unterhaltsanspruchs ist § 243 ebenfalls anzuwenden und nicht die §§ 113 Abs. 2 FamFG, 91 ff.

---

1 BGH v. 28.9.2011 – XII ZB 2/11, FamRZ 2011, 1933.
2 Kritisch hierzu vgl. die Stellungnahme des Deutschen Richterbundes vom Juni 2006 (zu § 254 des RefE des FamFG-RG, der wörtlich § 243 entspricht), www.drb.de.
3 BGH v. 28.9.2011 – XII ZB 2/11, FamRZ 2011, 1933.
4 Begr. RegE, BT-Drucks. 16/6308, S. 259.
5 *Schürmann*, FuR 2009, 130 (135); Keidel/*Meyer-Holz*, § 38 FamFG Rz. 52; Zöller/*Feskorn*, § 38 FamFG Rz. 10; oben *Abramenko*, § 38 Rz. 13.
6 BGH v. 28.9.2011 – XII ZB 2/11, FamRZ 2011, 1933; OLG Stuttgart v. 10.1.2011 – 15 WF 2/11, juris.
7 OLG Hamm v. 2.2.2011 – 8 WF 251/10, juris.
8 *Löhnig/Heiß*, FamRZ 2009, 1102 (1005).
9 *Schürmann*, FamRB 2008, 375 (379).

ZPO. Die allgemeinen Kostenvorschriften der ZPO werden nach der hier vertretenen Auffassung durch die Sonderregelung des § 243 FamFG verdrängt.[1] Das Arrestverfahren ist eine Familienstreitsache iSv. § 112. Auch wenn nicht der Unterhaltsanspruch selbst, sondern seine zwangsweise Sicherung Verfahrensgegenstand ist, bleibt der Bezug zum Unterhalt erhalten. Dass dann je nach zu sicherndem Anspruch (zB Unterhalt, Güterrecht, sonstige Familiensache) unterschiedliche Kostenvorschriften zur Anwendung kommen, ist hinnehmbar, weil das FamFG an zahlreichen Stellen unterschiedliche Kostenvorschriften enthält.[2]

II. Beendigung des Verfahrens auf andere Weise

1. Vergleich

7 § 243 regelt die Kostenentscheidung für einen in einem Unterhaltsverfahren abgeschlossenen Vergleich nicht ausdrücklich. Da nach § 243 Abs. 1 Satz 1 aber die Anwendung der Kostenvorschriften der ZPO ausgeschlossen ist, fällt die Entscheidung über die **Kostenverteilung** bei jeder Art der Beendigung eines Unterhaltsverfahrens unter § 243 FamFG.

Durch die Formulierung „insbesondere" in § 243 Abs. 1 Satz 2 FamFG hat der Gesetzgeber klargestellt, dass auch andere Aspekte als die ausdrücklich in den Nrn. 1 bis 4 genannten berücksichtigt werden können.

Für den Fall, dass die Beteiligten in einer Unterhaltssache einen **Vergleich** ohne Kostenregelung schließen, ist nach der Rechtsprechung des BGH § 243 anzuwenden. Bei der gem. § 243 nach billigem **Ermessen** zu treffenden Kostenentscheidung ist die gesetzliche Wertung des § 98 ZPO (Kostenaufhebung) neben den weiteren, in § 243 Satz 2 als Regelbeispiele aufgeführten Gesichtspunkten zu berücksichtigen. Denn die Vorschrift ersetzt als lex specialis zu den Kostenbestimmungen der ZPO die Vorschriften über die Verteilung der Kosten.[3]

Gleiches gilt für die Kosten des durch Vergleich erledigten Rechtsstreits – hier des Verfahrens –, soweit nicht über sie bereits rechtskräftig erkannt ist.

8 Bei einem **außergerichtlichen Vergleich** wird nach der hM[4] § 98 ZPO für die Prozesskosten entsprechend angewendet, wenn damit ein Prozess erledigt wird. Es ist kein Grund ersichtlich, weshalb § 243 FamFG iVm. dem Rechtsgedanken aus § 98 ZPO nicht ebenso auf außergerichtliche Vergleiche in Unterhaltssachen angewendet werden könnte. Eine Ausnahme gilt jedoch dann, wenn sich ein Antragsteller in einem außergerichtlichen Vergleich, der keine Regelung über die Kosten enthält, verpflichtet, den Antrag oder ein Rechtsmittel zurückzunehmen. Wenn in einem solchen Fall der Vergleich im Wesentlichen eine Anerkennung der Forderung bzw. der angefochtenen Entscheidung zum Inhalt hat, kann sich durch Auslegung des Vergleichs ergeben, dass statt des Rechtsgedankens des § 98 ZPO durch konkludente Vereinbarung der Parteien die §§ 269 Abs. 3 bzw. § 516 Abs. 3 ZPO zur Anwendung kommen sollten.[5]

2. Übereinstimmende Erledigung eines Antrags

9 Zum Teil wird bei übereinstimmender Erledigung eines Antrags die Anwendung des Rechtsgedankens des § 91a ZPO befürwortet.[6] Nach aA, der zuzustimmen ist, ist ein Rückgriff auf § 91a Abs. 1 Satz 1 ZPO nicht erforderlich, weil § 243 Satz 1 FamFG

---

[1] KG v. 28.3.2013 – 18 UF 72/13, BeckRS 2013, 07109; aA OLG Stuttgart v. 26.8.2011 – 17 UF 167/11, FamRZ 2012, 324.
[2] Vgl. zur unterschiedlichen Anfechtbarkeit von Kostenentscheidungen BGH v. 28.9.2011 – XII ZB 2/11, FamRZ 2011, 1933.
[3] BGH v. 28.9.2011 – XII ZB 2/11, FamRZ 2011, 1933; OLG Saarbrücken v. 29.4.2013 – 6 WF 77/13, juris.
[4] BGH v. 15.3.2006 – XII ZR 209/05, FamRZ 2006, 853; OLG Karlsruhe v. 3.5.2007 – 16 WF 81/07, FamRZ 2007, 1583.
[5] Vgl. BGH v. 25.5.1988 – VIII ZR 148/87, NJW 1989, 39; Musielak/*Wolst*, § 98 ZPO Rz. 6; Thomas/Putzo/*Hüßtege*, § 98 ZPO Rz. 9; Zöller/*Herget*, § 98 ZPO Rz. 6.
[6] OLG Köln v. 11.7.2012 – 11 U 30/12; Keidel/*Giers*, § 243 FamFG Rz. 2.

selbst eine Entscheidung nach billigem Ermessen vorschreibt.[1] Die Spezialität von § 243 ergibt sich nach der hier vertretenen Auffassung aus den Grundsätzen, die der BGH zu der Kostenentscheidung bei einem Vergleich entwickelt hat.[2]

Da in § 243 FamFG der Fall der übereinstimmenden Erledigung der Hauptsache nicht ausdrücklich aufgeführt ist, sollte bei der zu treffenden Billigkeitsentscheidung ebenso wie bei § 91a ZPO auf den Sach- und Streitstand zum Zeitpunkt der Abgabe der Erledigungserklärungen abgestellt werden.

3. Rücknahme eines Antrags

Für die Kostenverteilung bei Rücknahme eines Unterhaltsantrags gibt es keine spezielle Vorschrift. § 83 Abs. 2 gilt gem. § 113 Abs. 1 Satz 1 nicht für Familienstreitsachen. Daher ist § 243 entsprechend der Rechtsprechung des BGH für den Fall, dass die Beteiligten in einer Unterhaltssache einen Vergleich (s. oben Rz. 7) ohne Kostenregelung schließen,[3] auch bei der Rücknahme anwendbar.[4] Zum Teil wird bei Rücknahme die Kostenentscheidung jedoch auf § 269 Abs. 3 ZPO gestützt.[5]   10

Die Fälle der Rücknahme eines Antrags auf Zahlung von Unterhalt durch den Antragsteller nach einer **unterlassenen oder unzureichenden** vorverfahrensrechtlichen **Auskunftserteilung** durch den Antragsgegner sind bereits durch § 243 Satz 2 Nr. 2 erfasst.[6] Die Kosten des Verfahrens sind hier idR abweichend von dem Rechtsgedanken des § 269 Abs. 3 Satz 2 ZPO (Kosten bei Klagerücknahme) dem Antragsgegner aufzuerlegen.[7]

Die kostenrechtlichen Folgen der Rücknahme eines Unterhaltsantrags bei einer unterlassenen oder mangelhaften Auskunftserteilung nach einer gerichtlichen Aufforderung (§ 235 Abs. 1 FamFG, früher § 643 ZPO) war nach früherem Recht nicht durch § 93d ZPO geregelt, weil sie für die Frage der Veranlassung zur Einleitung eines Verfahrens nicht maßgebend war. Da § 243 Satz 2 Nr. 3 FamFG nach der Begründung des Gesetzgebers Sanktionscharakter hat,[8] muss bei der Billigkeitsabwägung nicht in erster Linie darauf abgestellt werden, ob durch die Nichterteilung oder unzureichenden Erteilung der Auskunft Mehrkosten entstanden sind (welche?) oder ob bei Erfüllung der gerichtlichen Auflage das Verfahren zügiger hätte abgeschlossen werden können.[9]   11

Für sonstige Fälle einer Rücknahme von Anträgen, die nicht von § 243 Nr. 2 und 3 erfasst werden, kann der Rechtsgedanke des § 269 Abs. 3 ZPO herangezogen werden.[10]   12

4. Kostenentscheidung im Beschwerdeverfahren

Nach § 243 FamFG richtet sich auch die Entscheidung über die Kostenverteilung in der Rechtsmittelinstanz, dh. für das **Beschwerdeverfahren**[11] (§§ 58 ff.) und für das **Rechtsbeschwerdeverfahren** (§§ 70 ff.). In der Rechtsmittelinstanz kann auch der Rechtsgedanke des § 97 Abs. 2 ZPO, nach dem der obsiegenden Partei die Kosten des Rechtsmittelverfahrens ganz oder teilweise aufzuerlegen sind, wenn sie aufgrund   13

---

1 Zöller/Herget, § 243 FamFG Rz. 7.
2 BGH v. 28.9.2011 – XII ZB 2/11, FamRZ 2011, 1933; aA OLG Köln v. 30.8.2012 – 4 WF 102/12, BeckRS 2012, 22238.
3 BGH v. 28.9.2011 – XII ZB 2/11, FamRZ 2011, 1933.
4 Vgl. Begr. RegE, BT-Drucks. 16/6308, S. 325; OLG Celle v. 12.3.2012 – 10 WF 62/12, FamRZ 2012, 1744; OLG Köln v. 22.12.2011 – 4 UFH 4/11, FamRZ 2012, 1164.
5 Keidel/Giers, § 243 FamFG Rz. 2; Johannsen/Henrich/Maier, § 243 FamFG Rz. 11.
6 vgl. OLG Frankfurt v. 24.2.2000 – 6 WF 36/00, FamRZ 2000, 1516; OLG Naumburg v. 7.12.1999 – 3 WF 191/99, FamRZ 2001, 844.
7 OLG Celle v. 12.3.2012 – 10 WF 62/12, FamRZ 2012, 1744.
8 Begr. RegE, BT-Drucks. 16/6308, S. 259.
9 AA Keidel/Giers, § 243 FamFG Rz. 6.
10 Keidel/Giers, § 243 FamFG Rz. 2.
11 KG v. 29.6.2010 – 19 UF 28/10, NJW 2010, 3588; KG v. 5.10.2010 – 19 UF 72/10, juris; OLG Jena v. 27.9.2010 – 1 WF 327/10, FuR 2011, 115 (116).

eines neuen Vorbringen obsiegt, das sie in einem früheren Rechtszug geltend zu machen imstande war, in die Kostenentscheidung einfließen.[1]

14 Die Folgen der **Rücknahme einer Beschwerde** ergeben sich aus § 117 Abs. 2 FamFG iVm. § 516 Abs. 3 ZPO. Der Beschwerdeführer hat die Kosten der Beschwerdeinstanz zu tragen. Dies ist entsprechend § 516 Abs. 3 S. 2 ZPO durch einen Beschluss, der keines Antrags bedarf, auszusprechen. Gleiches gilt für den in § 516 Abs. 3 ZPO bestimmten Verlust des eingelegten Rechtsmittels.

15 Eine entsprechende Regelung für die **Rücknahme der Rechtsbeschwerde** fehlt; daher wird aufgrund § 74 Abs. 4 FamFG eine Anwendung von § 22 FamFG vertreten (s. oben § 74 Rz. 12).

C. Kriterien für die Kostenentscheidung, Satz 2

I. Verhältnis von Obsiegen und Unterliegen, Satz 2 Nr. 1

16 Zu berücksichtigen ist das Verhältnis von Obsiegen und Unterliegen der Beteiligten, einschließlich der Dauer[2] der Unterhaltsverpflichtung. Das Verhältnis von Obsiegen und Unterliegen bestimmt sich zunächst nach dem Begehren des Antragstellers, dh. seinen Anträgen, und der Höhe der Verurteilung des Antragsgegners.

Beispiel:
Wenn bei einem unbegrenzt verlangten Unterhalt von 500 Euro lediglich 250 Euro zugesprochen werden, liegt ein hälftiges Obsiegen/Unterliegen vor. Bei einer unbegrenzten Dauer der Unterhaltsverpflichtung wäre von jedem Beteiligten die Hälfte der Kosten zu tragen. Wenn die Unterhaltsverpflichtung jedoch, wie es nach dem seit dem 1.1.2008 geltenden § 1578b BGB für den nachehelichen Unterhalt häufig erfolgt, auf einige Jahre begrenzt wird, muss dies kostenrechtlich berücksichtigt werden, wobei die für die Begrenzung anzusetzende Quote von der Dauer der Unterhaltsverpflichtung abhängt. Sie ist umso niedriger, je länger Unterhalt gezahlt werden muss.[3]

17 Eine Entscheidung des BGH zu der Frage der Kostenverteilung bei einer Anwendung von § 243 Satz 2 Nr. 1 im Falle einer **Befristung von Unterhaltsansprüchen** ist zum neuen Unterhaltsrecht – soweit ersichtlich – noch nicht ergangen. Das Gesetz eröffnet hier hinsichtlich der Kostenverteilung einen weiten Ermessensspielraum. In der Regel wird eine Kostenquotelung in Betracht kommen, wenn der unbefristet beantragte Unterhalt zwar für einen Zeitraum von mehr als 12 Monaten nach dem Antragseingang zugesprochen, aber für die weitere Zukunft befristet wird.[4] Zur Bestimmung der Kostenquote nach dem Verhältnis von Obsiegen und Unterliegen bei wiederkehrenden Leistungen hat die Rechtsprechung[5] in der Vergangenheit vereinzelt eine wirtschaftliche Betrachtungsweise vorgenommen und nicht auf den nach dem früheren § 42 GKG zugrunde zu legenden Streitwert, sondern auf einen fiktiven, nach § 9 ZPO errechneten Streitwert abgestellt, mithin statt 12 Monaten einen Zeitraum von 42 Monaten zugrunde gelegt. Wenn man dieser Auffassung gefolgt, ergäbe sich für das Beispiel eine Kostenquote iHv. 29 % zu 71 % (zugesprochener Betrag: 24 × 250 Euro = 6 000 Euro; geforderter Betrag: 42 × 500 Euro = 21 000 Euro).

18 Ein ähnliches Problem ergibt sich, wenn der Antrag hinsichtlich eines geringen Rückstands für wenige Monate vor Antragseinreichung abgewiesen, im Übrigen jedoch ein unbegrenzter laufender Unterhalt zugesprochen wird. Durch die Begrenzung der Wertbemessung für den laufenden Unterhalt auf 12 Monate wird der Rückstandszeitraum bei der Bestimmung der Kostenquote viel stärker gewichtet als der Zeitraum für den laufenden Unterhalt. Daher wird in entsprechender Anwendung

---

1 Begr. RegE, BT-Drucks. 16/6308, S. 259.
2 Diese hat keinen Einfluss auf die Höhe des Streitwerts, vgl. § 51 FamGKG; *Schürmann*, FuR 2009, 130 (136).
3 Ebenso OLG Stuttgart v. 7.2.2013 – 11 UF 184/12, BeckRS 2013, 03612.
4 Vgl. zu § 1573 Abs. 5 aF BGB *Christl*, FamRZ 1986, 627; zu § 243 FamFG Keidel/*Giers*, § 243 FamFG Rz. 3; *Krause*, FamRB 2009, 123, 124.
5 OLG Brandenburg v. 30.11.2005 – 10 WF 215/05, FamRZ 2007, 67; OLG Nürnberg v. 25.10.1999 – 10 UF 1425/99, FamRZ 2000, 687.

des Rechtsgedankens aus § 92 Abs. 2 ZPO vorgeschlagen, in solchen Fällen lediglich auf den laufenden Unterhalt abzustellen und keine Kostenquotelung vorzunehmen.[1]

II. Vorprozessuales Verhalten eines Beteiligten, Satz 2 Nr. 2

Nr. 2 ist § 93d aF ZPO nachgebildet und bewertet das vorprozessuale Verhalten des Verpflichteten. Dieser soll angehalten werden, **vor Beginn des Verfahrens** bereitwillig und umfassend (zB auch über Abzüge und Belastungen[2]) **Auskunft** zu erteilen, wenn grundsätzlich eine **Auskunfts- und Unterhaltspflicht** besteht, damit Unterhaltsansprüche bereits außergerichtlich geklärt und festgelegt werden können.[3] Die in § 243 vorausgesetzte materiell-rechtliche Auskunftspflicht ist für den Verwandtenunterhalt in § 1605 Abs. 1 BGB geregelt. Getrennt lebende Ehegatten sind gem. § 1361 Abs. 4 Satz 4, § 1605 Abs. 1 BGB gegenseitig auskunftspflichtig, Geschiedene nach § 1580 BGB. Auch derjenige, der als Vater gem. § 1600d BGB vermutet wird (vgl. § 237), ist verpflichtet, Auskunft über sein Einkommen zu erteilen.[4] Auskunftspflichten von Eltern und Geschwistern untereinander können sich aus § 242 BGB ergeben, wenn die Auskunft erforderlich ist, um die Haftungsanteile für den Kindes- oder Elternunterhalt ermitteln zu können.[5] § 243 Satz 2 Nr. 2 erfasst jedoch nicht nur gesetzliche Auskunftspflichten, sondern auch solche, die sich aus einem Vertrag ergeben, zB aus einem Unterhaltsvergleich. Die Verpflichtung zur ungefragten Information über spätere Einkommensänderungen ergibt sich nach der Rechtsprechung des BGH aus der vertraglichen Treuepflicht nach Abschluss eines solchen gerichtlichen Vergleichs.[6] Andere leiten sie unabhängig von der Art des Unterhaltstitels schon aus dem unterhaltsrechtlichen Treuverhältnis her.[7] Die unterhaltsrechtliche Auskunftspflicht über die Einkommensverhältnisse beinhaltet nicht die Darlegung von Erwerbsbemühungen.[8] Zum konkreten Inhalt der Auskunftspflicht im Einzelnen wird auf die Ausführungen zu § 235 verwiesen.

Kommt der Verpflichtete dieser Auskunftspflicht durch Nichterteilung oder unvollständige oder falsche Erteilung der Auskunft nicht nach und kann er diese Unterlassung nicht hinreichend **entschuldigen**, hat er die Kosten zu tragen, weil er es zu verantworten hat, dass ein Verfahren eingeleitet werden musste.[9] Aus dem Gesetzeswortlaut iVm. der Gesetzesbegründung[10] ergibt sich, dass derjenige, der für sich eine günstige Kostenregelung reklamiert, darlegen und nachweisen muss, dass der Gegner zur Erteilung der Auskunft und Vorlage von Belegen verpflichtet war und dieser Verpflichtung nicht oder nicht vollständig nachgekommen ist. Der in Anspruch genommene Gegner ist darlegungs- und nachweispflichtig für den Umstand, dass eine Verpflichtung zur Auskunftserteilung nicht bestand oder dass ihn kein Verschulden an der Nichterteilung oder der unzureichenden vorgerichtlichen Auskunftserteilung trifft.

Eine Verpflichtung zur Kostentragung besteht auch dann, wenn die im Verfahren erteilte Auskunft dazu führt, dass der Antrag auf Zahlung von Unterhalt zurückgenommen wird.[11] Dies ist adäquat, denn es kommt nach dieser Vorschrift nicht auf das Ergebnis des Verfahrens, sondern das vorverfahrensrechtliche Verhalten des An-

---

1 Zöller/*Herget*, § 243 FamFG Rz. 2.
2 OLG Köln v. 12.4.1999 – 27 WF 37/98, FamRZ 2000, 622.
3 OLG Brandenburg v. 10.7.2002 – 9 WF 74/02, FamRZ 2003, 239; AG Ludwigslust v. 26.10.2004 – 5 F 48/03, FamRZ 2005, 643.
4 OLG Frankfurt v. 4.3.2008 – 5 WF 36/08, FamRZ 2008, 1643.
5 Wendl/*Dose*, § 1 Rz. 1161, 1162.
6 BGH v. 16.4.2008 – XII ZR 107/06, FamRZ 2008, 1325.
7 *Büttner*, FF 2008, 15; *Hoppenz*, FamRZ 1989, 337, 338 f.; Wendl/*Dose*, § 1 Rz. 1199 ff.
8 KG v. 29.5.2007 – 19 WF 76/07, FamRZ 2008, 530.
9 Begr. RegE, BT-Drucks. 16/6308, S. 259; OLG Celle v. 12.3.2012 – 10 WF 62/12, FamRZ 2012, 1744.
10 Begr. RegE, BT-Drucks. 16/6308, S. 259.
11 BGH v. 28.9.2011 – XII ZB 2/11, FamRZ 2011, 1933, Tz. 23; vgl. zu § 93c ZPO OLG Frankfurt v. 4.3.2008 – 5 WF 36/08, FamRZ 2008, 1643; OLG Frankfurt v. 24.2.2000 – 6 WF 35/00, FamRZ 2000, 1516; OLG Naumburg v. 7.12.1999 – 3 WF 191/99, FamRZ 2001, 844.

tragsgegners an. Die **unterlassene** oder **ungenügende Auskunftserteilung wird** stärker als bisher **kostenrechtlich sanktioniert**.[1]

21a Das Verhalten des zu entsprechender Auskunft verpflichteten Schuldners hat auch Auswirkungen auf die **Verfahrenskostenhilfe**. Unterlässt es der Antragsgegner anläßlich der Prüfung der Bewilligung von Verfahrenskostenhilfe zugunsten des Antragstellers ohne triftigen Grund, in einer rechtzeitigen Stellungnahme Einwendungen geltend zu machen, mit denen er ohne weiteren Aufwand ein Hauptsacheverfahren verhindern könnte, kann seine spätere Rechtsverteidigung als verfahrenskostenhilferechtlich mutwillig iSv. § 113 Abs. 1 Satz 2 FamFG iVm. § 114 ZPO beurteilt werden.[2]

21b § 243 Satz 2 Nr. 2 ist auf die parallele Fallgestaltung in einer Güterrechtssache nach hM **nicht analog** anwendbar.[3]

III. Nichtbefolgung von gerichtlichen Anordnungen, Satz 2 Nr. 3

22 Diese Regelung stellt eine kostenrechtliche Sanktion für die Nichtbefolgung oder nicht fristgerechte Befolgung der **im Verfahren von dem Familiengericht** getroffenen Anordnung hinsichtlich der Erteilung einer Auskunft über Einkünfte, Vermögen, persönliche und wirtschaftliche Verhältnisse sowie der Verpflichtung zur Vorlage von Belegen und der schriftlichen Versicherung über die Wahrheitsgemäßheit und Vollständigkeit der Auskunft nach § 235 Abs. 1 Satz 1 und 2 dar. Neben der Aufforderung zur Auskunftserteilung und deren Nichterfüllung ist weitere Voraussetzung für eine Belastung des Verpflichteten mit den Kosten, dass das Gericht dem Beteiligten für die Erfüllung seiner Auskunftspflicht eine angemessene Frist (§ 235 Abs. 1 Satz 3) gesetzt und ihn auf die mögliche nachteilige Kostenfolge nach Nr. 3 hingewiesen (§ 235 Abs. 1 Satz 4) hat. Zu den Voraussetzungen eines gerichtlichen Vorgehens nach § 235 Abs. 1 im Einzelnen vgl. die Kommentierung dort. Die Pflicht zur Tragung der Kosten ist quasi ein Substitut für die fehlende Durchsetzbarkeit der Verpflichtung nach § 235. Ähnliche Regelungen finden sich in § 156 Abs. 1 Satz 5 iVm. § 81 Abs. 2 Nr. 5 und in § 135 Abs. 1 Satz 1 iVm. § 150 Abs. 4 Satz 2.

IV. Sofortiges Anerkenntnis, Satz 2 Nr. 4

23 Wenn der Antragsgegner ein sofortiges Anerkenntnis iSd. § 93 ZPO abgibt, muss der Antragsteller dennoch die Kosten tragen, wenn der Antragsgegner nicht durch sein Verhalten zur Einleitung des Verfahrens Veranlassung gegeben hat.[4] Damit schützt die Regelung leistungswillige Antragsgegner vor den Kosten.

24 Der BGH hat in seiner Entscheidung vom 2.12.2009,[5] die zum früheren Recht ergangen ist, jedoch ausdrücklich auch für § 243 Geltung haben soll, ausgeführt, dass ein Unterhaltsgläubiger grundsätzlich auch dann ein Rechtsschutzinteresse an der vollständigen Titulierung seines Unterhaltsanspruchs hat, wenn der Schuldner den vollen Unterhalt bisher regelmäßig und rechtzeitig gezahlt hat. Der Grund liegt darin, dass der Schuldner seine freiwilligen Zahlungen jederzeit einstellen kann und der Unterhaltsgläubiger auf laufende pünktliche Unterhaltsleistungen angewiesen ist. Im Falle einer regelmäßigen Zahlung des vollen geschuldeten Unterhalts durch den Schuldner gibt dieser jedoch nur dann Anlass zur Einleitung eines Verfahrens, wenn er vorher vergeblich zur außergerichtlichen Titulierung des Unterhaltsanspruchs aufgefordert wurde.[6]

25 Streitig war bisher, ob der Unterhaltsverpflichtete **Anlass** zu einem Verfahren auf den vollen Unterhalt gibt, wenn er nur den Spitzenbetrag nicht zahlt, mithin nur

---

1 Begr. RegE, BT-Drucks. 16/6308, S. 259.
2 OLG Celle v. 12.8.2011 – 10 WF 299/10, FamRZ 2012, 47 mwN zum Streitstand.
3 OLG Bamberg v. 10.8.2012 – 2 WF 151/12, juris mwN.
4 OLG Köln v. 8.11.2010 – II-4 WF 193/10, FamRZ 2011, 579.
5 BGH v. 2.12.2009 – XII ZB 207/08, FamRZ 2010, 195.
6 BGH v. 2.12.2009 – XII ZB 207/08, FamRZ 2010, 195; OLG Oldenburg v. 23.1.2003 – 2 WF 4/03, FamRZ 2003, 1575.

Teilleistungen erbringt oder ob dies ohne vorherige Aufforderung zur Titulierung des freiwillig gezahlten Teils nur hinsichtlich des nicht gezahlten Teils galt. Zum Teil wurde die Auffassung vertreten, ein Unterhaltsschuldner, der nur Teilleistungen auf den geschuldeten Unterhalt erbringe, gebe durch sein Verhalten hinsichtlich des vollen Unterhaltsanspruchs Veranlassung zur Einreichung der Klage iSv. § 93 ZPO.[1] Nach aA gab ein Unterhaltsverpflichteter im Umfang eines freiwillig gezahlten Teilbetrags auf den geschuldeten Unterhalt keine Veranlassung zur Klage, wenn er nicht vorprozessual aufgefordert worden war, diesen Teilbetrag titulieren zu lassen. In einem anschließenden Rechtsstreit war ein sofortiges Anerkenntnis iSd. § 93 ZPO möglich, soweit der Unterhaltsschuldner zuvor nicht zur Titulierung des Sockelbetrags aufgefordert worden war.[2] Es wurde auch vertreten, dass der Unterhaltsschuldner Veranlassung zur Erhebung der gesamten Klage gegeben habe, wenn der geschuldete Unterhalt erheblich über dem tatsächlich gezahlten Unterhalt lag.[3]

Der BGH hat sich in seiner Entscheidung vom 2.12.2009[4] der zuerst genannten Auffassung angeschlossen. Bei **Teilzahlungen** des Unterhaltsschuldners besteht hinsichtlich des nicht gezahlten Teils des Unterhalts schon deshalb ein Titulierungsinteresse, weil erst der Titel dem Unterhaltsgläubiger die Vollstreckung ermöglicht. Aber ein solches besteht – ebenso wie bei der Zahlung des vollen Unterhalts – auch bezüglich des freiwillig gezahlten Teilbetrags. Bei Teilleistungen scheidet in einem Rechtsstreit die Möglichkeit eines sofortigen Anerkenntnisses auf den vollen Unterhalt aus. Der Unterhaltsschuldner gibt dem Unterhaltsgläubiger nämlich durch die Teilzahlung und die damit zum Ausdruck kommende Ablehnung der Zahlung des gesamten Unterhalts Anlass zur Einleitung eines Verfahrens hinsichtlich des gesamten Unterhalts, ohne dass es auf eine vorherige Aufforderung zur außergerichtlichen Titulierung ankommt. Denn nach der Auffassung des BGH ist es dem Unterhaltsgläubiger wegen der zu erwartenden Schwierigkeiten bei einer Vollstreckung und der unterschiedlichen späteren Abänderbarkeit der Titel nicht zumutbar, zweigleisig vorzugehen, dh. einen außergerichtlich errichteten Titel über den vom Schuldner anerkannten Teilunterhalt entgegenzunehmen und hinsichtlich des restlichen streitigen Unterhaltsbetrags einen ergänzenden gerichtlichen Titel zu erwirken.

Achtung: Für die unterhaltsrechtliche Praxis bedeutet die Entscheidung des BGH, dass der Unterhaltsschuldner bei streitiger Höhe des Unterhalts das Risiko einer falschen Berechnung trägt. Für die Anwaltschaft stellt dies ein hohes Regressrisiko dar.[5]

26

Wenn ein Unterhaltspflichtiger, der den geschuldeten **Kindesunterhalt** für ein Kind, das das 21. Lebensjahr noch nicht vollendet hat, regelmäßig gezahlt hat, **vor der Einleitung eines Verfahrens nicht** zur Errichtung einer kostenfreien Jugendamtsurkunde nach § 59 Abs. 1 Nr. 3 SGB VIII aufgefordert worden ist, kann er den Unterhaltsanspruch auch **nach Gewährung von Verfahrenskostenhilfe** für den Antragsteller „sofort" anerkennen. Er hat keine Veranlassung zur Einleitung des Verfahrens gegeben.[6]

27

Die Möglichkeit zur Erstellung eines kostenfreien Titels besteht nach § 59 Abs. 1 Nr. 4 SGB VIII auch für **Unterhaltsansprüche eines nichtehelichen Elternteils** gem.

---

1 OLG Zweibrücken v. 4.2.2002 – 2 WF 8/02, FamRZ 2002, 1130; OLG Köln v. 4.2.2002 – 27 WF 232/01, OLGReport 2002, 384 und v. 29.6.1998 – 27 WF 35/98, NJW-RR 1998, 1703; OLG Düsseldorf v. 1.7.1991 – 3 WF 40/91, FamRZ 1991, 1207; OLG Koblenz v. 28.2.1986 – 15 WF 970/85, FamRZ 1986, 826; Zöller/*Herget*, § 243 FamFG Rz. 5 mwN.
2 OLG Oldenburg v. 23.1.2003 – 2 WF 4/03, FamRZ 2003, 1575; OLG Nürnberg v. 10.8.1999 – 10 WF 2504/99, FamRZ 2000, 621; OLG Braunschweig v. 4.5.1998 – 1 WF 40/98, OLGReport 1998, 332; OLG Hamburg v. 26.6.1992 – 2 UF 90/91, FamRZ 1993, 101; OLG München v. 31.3.1992 – 2 WF 549/92, OLGReport 1992, 25.
3 OLG Oldenburg v. 23.1.2003 – 2 WF 4/03, FamRZ 2003, 1575; OLG Nürnberg v. 30.1.2001 – 10 WF 124/01, FamRZ 2002, 252; OLG Düsseldorf v. 23.6.1993 – 5 WF 85/93, FamRZ 1994, 117; OLG Hamm v. 19.11.1992 – 5 WF 153/92, FamRZ 1993, 712.
4 BGH v. 2.12.2009 – XII ZB 207/08, FamRZ 2010, 195.
5 *Viefhues*, jurisPR-FamR 2/2010 Anm. 4.
6 OLG Koblenz v. 26.1.2010 – 7 WF 1083/09, FamRZ 2010, 1105.

§ 1615l BGB. Hat sich der Unterhaltsschuldner ohne Vorbehalte außergerichtlich zur Titulierung verpflichtet, kann er in einem Unterhaltsverfahren nach § 243 Satz 2 Nr. 4 sofort anerkennen.

Nicht kostenfrei errichtet werden können Titel über **Ehegattenunterhalt**. Der Unterhaltsschuldner ist in solchen Fällen materiellrechtlich nicht zur Tragung der Titulierungskosten verpflichtet.[1] Bei einer außergerichtlichen Aufforderung zur Titulierung eines regelmäßig und pünktlich gezahlten Unterhalts, über dessen Höhe kein Streit besteht, muss der Unterhaltsgläubiger zugleich seine Bereitschaft erklären, dass er die Kosten der Titulierung übernimmt. Der Unterhaltsschuldner gibt nur dann Anlass zu einem Unterhaltsverfahren, wenn er der außergerichtlichen Aufforderung zu einer für ihn kostenfreien Titulierung nicht nachkommt.[2]

Die Vergünstigung des sofortigen Anerkenntnisses kommt dem Unterhaltsschuldner dagegen nicht zugute, wenn er der vorgerichtlichen Aufforderung zur kostenfreien Titulierung des Unterhaltsanspruchs durch Errichtung einer Jugendamtsurkunde erst **im laufenden Verfahren** nachgekommen ist. Dass die zur Ermittlung seiner eigenen Einkünfte erforderlichen Unterlagen im Zeitpunkt der Einleitung des gerichtlichen Verfahrens noch nicht vorgelegen haben, ist dabei unerheblich.[3]

Im **Verfahrenskostenhilfeverfahren** ist ein Anerkenntnis des unterhaltspflichtigen Antragsgegners zur Herbeiführung einer für ihn günstigen Kostenentscheidung nicht möglich. Hier hat der Unterhaltsschuldner einen Unterhaltstitel erstellen zu lassen und ihn vorzulegen. Erst dann kann er beantragen, der Antragstellerseite die Verfahrenskostenhilfe zu versagen. Gibt der Unterhaltspflichtige dagegen durch seine Antragstellung zu erkennen, nicht zur Unterhaltszahlung bereit zu sein, hat er das Entstehen vermeidbarer Gebühren provoziert, so dass die Voraussetzungen des § 93 ZPO nicht mehr vorliegen.[4]

28 Umgekehrt gibt ein **Unterhaltsberechtigter Veranlassung** für ein Abänderungsverfahren, wenn er weiß, dass er nicht mehr unterhaltsbedürftig ist und gleichwohl vollstreckt.[5] Gleiches gilt, wenn ein Unterhaltsgläubiger erklärt, aus einem abzuändernden Titel nur noch in eingeschränkter Höhe zu vollstrecken, aber nicht bereit ist, den abzuändernden Titel an den Unterhaltsschuldner herauszugeben und sich an dessen Stelle eine weitere vollstreckbare Ausfertigung mit einer eingeschränkten Vollstreckungsklausel erteilen zu lassen.[6] Keinen Anlass für die Einleitung eines Abänderungsverfahrens gibt ein Unterhaltsgläubiger, wenn er sich mit einer vorübergehenden Herabsetzung des titulierten Betrags einverstanden erklärt und der Unterhaltsschuldner, der gleichwohl auf einer Abänderung des Titels besteht, den Gläubiger vor der Inanspruchnahme gerichtlicher Hilfe nicht aufgefordert hat, an einer Anpassung des Titels mitzuwirken.[7]

29 Ein **sofortiges Anerkenntnis** muss bereits **in** der **Antragserwiderung** erfolgen, nicht erst in der ersten mündlichen Verhandlung, an der der Antragsgegner teilnimmt.[8] Ein trotz schlüssigen Antrags erst nach der Beweisaufnahme in der mündlichen Verhandlung abgegebenes Anerkenntnis ist kein sofortiges.[9]

Im **schriftlichen Verfahren** muss das Anerkenntnis im ersten Schriftsatz, im **schriftlichen Vorverfahren** (§ 276 ZPO) bis zum Ablauf der Antragserwiderungsfrist, wenn die Verteidigungsanzeige keinen auf eine Abweisung des Antrags gerichteten Sachantrag enthält, erfolgen.[10]

---

1 KG v. 1.3.2011 – 13 UF 263/10, FamRZ 2011, 131; OLG Hamm v. 20.12.2006 – 2 WF 269/06, FamRZ 2007, 1660.
2 KG v. 1.3.2011 – 13 UF 263/10, FamRZ 2011, 1319.
3 OLG Hamm v. 30.1.2013 – 9 WF 256/12, BeckRS 2013, 03176.
4 OLG Jena v. 27.9.2010 – 1 WF 327/10, FuR 2011, 115 (116).
5 OLG Frankfurt v. 4.8.2000 – 1 WF 136/00, FamRZ 2001, 502.
6 OLG Karlsruhe v. 20.9.2005 – 16 WF 115/05, FamRZ 2006, 630.
7 OLG Oldenburg v. 15.2.2011 – 14 UF 213/10, juris.
8 BGH v. 30.5.2006 – VI ZB 64/05, FamRZ 2006, 1189.
9 OLG München v. 6.4.2010 – 2 WF 307/10, AGS 2010, 409.
10 BGH v. 30.5.2006 – VI ZB 64/05, FamRZ 2006, 1189.

Ob ein sofortiges Anerkenntnis angenommen werden kann, wenn der **Antragsgegner** in einem vorangehenden **Verfahrenskostenhilfeverfahren keine Stellungnahme** abgibt, ist streitig.[1] Wenn der Unterhaltsgläubiger im Verfahrenskostenhilfeverfahren einem Antrag des Unterhaltsschuldners auf Verfahrenskostenhilfe für einen Vollstreckungsgegenantrag zunächst entgegentritt und erst nach Bewilligung der Verfahrenskostenhilfe und Zustellung des Antrags ein Anerkenntnis abgibt, das einen Verzicht auf die Rechte aus dem Unterhaltstitel beinhaltet, handelt es sich nicht um ein sofortiges Anerkenntnis. Das gilt selbst dann, wenn der Unterhaltsschuldner den Unterhaltsgläubiger, der aufgrund des bestehenden Unterhaltstitels einen Pfändungs- und Überweisungsbeschluss erwirkt hat und vollstreckt, vor Stellung des Verfahrenskostenhilfegesuchs nicht aufgefordert hat, auf die Rechte aus dem titulierten Unterhaltsanspruch zu verzichten und den Titel herauszugeben.[2]

Die Beweislast für ein sofortiges Anerkenntnis hat nach hM der Antragsgegner.[3]

V. Anfechtung einer Kostenentscheidung

Wenn in einer Unterhaltssache der in einer Endentscheidung iSd. § 38 enthaltene Tenor zur **Hauptsache** mit dem zulässigen Rechtsmittel angefochten wird, kann **gleichzeitig** die **Kostenentscheidung angegriffen** werden. 30

Eine **isolierte Anfechtung** einer Kosten- und einer Auslagenentscheidung nach § 243 FamFG bei **gleichzeitiger Akzeptanz der Entscheidung in der Hauptsache** ist – anders als in den Verfahren der freiwilligen Gerichtsbarkeit, also den Familiensachen nach § 111 Nr. 2–7 FamFG[4] – nach § 113 Abs. 1 Satz 2 FamFG iVm. § 99 Abs. 1 ZPO grundsätzlich ausgeschlossen.[5] Eine Ausnahme gilt nur für eine isolierte Anfechtung der Kostenentscheidung bei einem **sofortigen Anerkenntnis** nach § 99 Abs. 2 ZPO.[6] 31

Wegen der Subsidiarität der §§ 58 ff. FamFG in den Familienstreitsachen[7] und der Verweisung in § 113 Abs. 1 Satz 2 FamFG auf die ZPO ist die Kostenentscheidung nach überwiegender Auffassung in einer Unterhaltssache (anders als bei Entscheidungen nach § 83[8]) **nicht** mit einer **Beschwerde** nach § 58 FamFG, sondern mit der **sofortigen Beschwerde** gem. §§ 567 ff. ZPO anfechtbar.[9]

Liegt nur eine isolierte Kostenentscheidung vor, weil die Hauptsache ohne gerichtliche Entscheidung beendet wurde, ist bei **übereinstimmender Erledigung** über 32

---

1 Für eine Anwendung vgl. zu § 93 ZPO OLG Hamm v. 5.9.2003 – 10 WF 170/03, FamRZ 2004, 466; OLG Karlsruhe v. 20.7.2009 – 18 WF 64/09 und 65/09, FF 2009, 461; dagegen OLG Karlsruhe v. 22.7.2003 – 16 WF 74/03, FamRZ 2004, 1659; OLG Stuttgart v. 31.8.2011 – 17 UF 194/11, FamRZ 2012, 809.
2 OLG Stuttgart v. 31.8.2011 – 17 UF 194/11, FamRZ 2012, 809.
3 OLG Hamm v. 7.4.2004 – 7 WF 49/04, MDR 2004, 1078.
4 Vgl. oben § 150 Rz. 19; Zöller/*Feskorn*, § 58 FamFG Rz. 5 und Zöller/*Herget*, § 81 FamFG Rz. 14; OLG Stuttgart v. 3.11.2009 – 18 UF 243/09, juris.
5 OLG Stuttgart v. 10.1.2011 – 15 WF 2/11, juris; OLG Oldenburg v. 8.10.2010 – 4 WF 226/10, juris; *Bömelburg*, FPR 2010, 153 (158); Keidel/*Meyer-Holz*, vor § 58 FamFG Rz. 95; *Keske*, FPR 2010, 339 (342); aA OLG Oldenburg v. 2.6.2010 – 14 UF 45/10, FuR 2010, 531.
6 OLG Köln v. 8.11.2010 – 4 WF 193/10, FamRZ 2011, 759.
7 BT-Drucks. 16/12717, S. 71; bei den Familiensachen der freiwilligen Gerichtsbarkeit (§ 11 Nr. 2–7 FamFG) ist streitig, ob §§ 58 ff. FamFG anwendbar sind, wenn es sich um eine isolierte Kostenentscheidung nach übereinstimmender Erledigung oder Rücknahme eines Antrags oder einer Beschwerde handelt: dafür BT-Drucks. 16/12717, S. 71; Zöller/*Feskorn*, § 58 FamFG Rz. 4; dagegen *Schael*, FPR 2009, 11 und 195; Zöller/*Herget*, § 82 FamFG Rz. 5.
8 *Schwamb*, FamRZ 2009, 1033 (1034).
9 BT-Drucks. 16/12717, S. 71; BGH v. 28.9.2011 – XII ZB 2/11, FamRZ 2011, 1933; OLG Köln v. 8.11.2010 – 4 WF 193/10, FamRZ 2011, 579; KG v. 29.6.2010 – 19 UF 28/10, NJW 2010, 3588; OLG Nürnberg v. 9.6.2010 – 11 WF 172/10, FamRZ 2010, 1837 (sonstige Familiensache); *Schael*, FPR 2009, 11 (13); Zöller/*Herget*, § 243 FamFG Rz. 9; Bumiller/*Harders*, § 243 FamFG Rz. 9; Johannsen/Henrich/*Maier*, § 243 FamFG Rz. 11; *Bömelburg*, FPR 2010, 153 (158); Keidel/*Meyer-Holz*, vor § 58 FamFG Rz. 95; *Keske*, FPR 2010, 339 (342); *Schael*, FPR 2009, 195 (196); *Schwamb*, FamRZ 2009, 1033; aA KG v. 1.3.2011 – 13 UF 263/10; *Schürmann*, FuR 2010, 425 (428).

§ 113 Abs. 1 Satz 2 FamFG das Rechtsmittelrecht der ZPO, hier § 91a Abs. 2 ZPO,[1] und bei einer **Rücknahme eines Antrags** § 269 Abs. 5 ZPO[2] anwendbar.

Beide Vorschriften bestimmen als statthaftes Rechtsmittel ebenfalls die **sofortige Beschwerde** nach §§ 567 ff. ZPO.[3] Zum Teil wird die Beschwerde nach §§ 58 ff. FamFG als das statthafte Rechtsmittel angesehen.[4]

32a Diese Streitfrage hat der BGH nach Würdigung sämtlicher Auslegungskriterien dahin entschieden, dass isolierte Kostenentscheidungen in Ehe- und Familienstreitsachen, die nach **streitloser Hauptsachenregelung** erfolgen, mit der **sofortigen Beschwerde** nach § 567 ff. ZPO anfechtbar sind.[5]

32b **Nicht anfechtbar** sind selbständige **Kostenentscheidungen** im Verfahren über eine eA nach dem FamFG, sofern nicht eine der Ausnahmen des § 57 Satz 2 Nr. 1 bis 5 eingreift. Das Verfahren der eA auf Unterhalt und auf Zahlung eines Verfahrenskostenvorschusses zählt nicht zu diesen Ausnahmetatbeständen. Der Unanfechtbarkeit liegt der in den Bestimmungen der §§ 127 Abs. 2 Satz 2, 99 Abs. 1, 91a, Abs. 2 Satz 2 sowie 269 Abs. 5 ZPO zum Ausdruck gekommene Rechtsgedanke zugrunde, dass das Beschwerdemittelgericht nicht über den Umweg von Nebenentscheidungen mit der Frage der Erfolgsaussicht befasst werden soll, wenn die Hauptsache nicht zu ihm gelangen kann.[6]

33 Nach der Begründung des Gesetzgebers[7] soll allerdings der in § 61 aufgeführte **Mindestwert** des Beschwerdegegenstandes von 600 Euro in vermögensrechtlichen Angelegenheiten, mithin auch in Unterhaltssachen,[8] auch für die Anfechtbarkeit von Kosten- und Auslagenentscheidungen gelten, weil es keinen wesentlichen Unterschied für die Beschwer eines Beteiligten ausmachen soll, ob er sich gegen eine Kosten- oder Auslagenentscheidung oder gegen eine ihn wirtschaftlich belastende Entscheidung in der Hauptsache wendet. In nichtvermögensrechtlichen Angelegenheiten (zB Sorgerecht) gibt es diese Mindestbeschwer nicht.

Nach der Entscheidung des **BGH** ist davon auszugehen, dass die **Mindestbeschwer** für eine sofortige Beschwerde bei Anfechtung einer isolierten Kosten- und Auslagenentscheidung gem. § 567 Abs. 2 ZPO ebenso wie bei § 57 Abs. 2 FamGKG bei **200,01 Euro** und nicht bei 600 Euro liegt.[9]

34 Die **Überprüfungsmöglichkeit des Beschwerdegerichts** hinsichtlich der Bemessung der Kostenquote ist auf die Frage beschränkt, ob das erstinstanzliche Gericht von dem ihm eingeräumten **Ermessen** fehlerfrei Gebrauch gemacht hat. Denn der Sinn des eingeräumten Ermessens würde verfehlt, wenn das Beschwerdegericht berechtigt und verpflichtet wäre, ein vom erstinstanzlichen Gericht fehlerfrei ausgeübtes Ermessen durch eine eigene Ermessensentscheidung zu ersetzen. Das Be-

---

[1] OLG Jena v. 27.9.2010 – 1 WF 327710, FuR 115; aA OLG Köln v. 30.8.2012 – 4 WF 102/12, BeckRS 2012, 22238.
[2] OLG Köln v. 22.12.2011 – 4 UFH 4/11, FamRZ 2012, 1164; OLG Frankfurt v. 10.5.2010 – 5 WF 50/10, FamRZ 2010, 1696.
[3] BT-Drucks. 16/12717, S. 71; OLG Nürnberg v. 9.6.2010 – 11 WF 172/10, FamRZ 2010, 1837; OLG Bamberg v. 10.1.2011 – 2 WF 320/10, FamRZ 2011, 1244; OLG Saarbrücken v. 11.10.2010 – 6 UF 72/10, NJW-RR 2011, 369; aA Keidel/*Giers*, FamFG, § 243 Rz. 11: Beschwerde nach §§ 58 ff. FamFG.
[4] OLG Oldenburg v. 1.6.2010 – 13 UF 36/10, FamRZ 2010, 1831 mit Anm. *Götz*, S. 1832; OLG Oldenburg v. 2.6.2010 – 14 UF 45/10, FuR 2010, 531; OLG Oldenburg v. 15.2.2011 – 14 UF 213/10, NJW-RR 2011, 661; OLG Hamm v. 29.10.2010 – 2 WF 249/10, FamRZ 2011, 582; Keidel/*Giers*, FamFG, § 243 Rz. 11; MüKo.ZPO/*Dötsch*, § 243 FamFG Rz. 11; *Rüntz/Viefhues*, FamRZ 2010, 1286 (1292).
[5] BGH v. 28.9.2011 – XII ZB 2/11, FamRZ 2011, 1933; nunmehr auch OLG Hamm v. 27.6.2012 – 2 WF 70/12; FamRZ 2012, 1829 unter Aufgabe der früheren Senatsrechtsprechung.
[6] OLG Zweibrücken v. 15.6.2011 – 2 WF 25/11, FamRZ 2012, 50; OLG Naumburg v. 21.9.2006 - 3 WF 141/06, FamRZ 2007, 1035.
[7] Begr. RegE, BT-Drucks. 16/6308, S. 204.
[8] OLG Stuttgart v. 4.8.2011 – 18 UF 223/11, FamRZ 2012, 50; Keidel/*Meyer-Holz*, § 61 FamFG Rz. 3.
[9] BGH v. 28.9.2011 – XII ZB 2/11, FamRZ 2011, 1933.

schwerdegericht kann die Entscheidung nur auf Ermessensfehler in Form des Ermessensfehlgebrauchs oder der Ermessensüberschreitung überprüfen, mithin darauf, ob das erstinstanzliche Gericht von dem ihm eingeräumten Ermessen einen ungesetzlichen Gebrauch gemacht hat. Das kann der Fall sein, wenn es die für die Ermessensentscheidung maßgeblichen Tatsachen verfahrensfehlerhaft nicht ermittelt oder sonst unberücksichtigt gelassen hat.[1]

Bei der für die **Bewilligung von Verfahrenskostenhilfe** anzustellenden Beurteilung der Mutwilligkeit der Rechtsverteidigung im Hinblick auf unterlassene rechtzeitige Auskunftserteilung durch den Unterhaltsverpflichteten ist das Beschwerdegericht nach der Rechtsprechung des BGH[2] auch an die inzwischen eingetretene Rechtskraft der nach Erledigung der Hauptsache ergangenen isolierten Kostenentscheidung gebunden, die dem Antragsgegner gem. § 243 Satz 2 Nr. 2 die gesamten Verfahrenskosten auferlegt.[3] 34a

244 Unzulässiger Einwand der Volljährigkeit

Wenn der Verpflichtete dem Kind nach Vollendung des 18. Lebensjahres Unterhalt zu gewähren hat, kann gegen die Vollstreckung eines in einem Beschluss oder in einem sonstigen Titel nach § 794 der Zivilprozessordnung festgestellten Anspruchs auf Unterhalt nach Maßgabe des § 1612a des Bürgerlichen Gesetzbuchs nicht eingewandt werden, dass die Minderjährigkeit nicht mehr besteht.

A. Allgemeines	B. Regelungsinhalt der Vorschrift
I. Entstehung 1	I. Anwendungsbereich 4
II. Systematik 2	II. Voraussetzungen und Rechtsfolgen . . 6
III. Normzweck 3	

A. Allgemeines

I. Entstehung

§ 244 entspricht dem bisherigen § 798a ZPO. 1

II. Systematik

Die Vorschrift gehört zu den Vollstreckungsregelungen für Unterhaltssachen. 2

III. Normzweck

Dem Kind soll die Zwangsvollstreckung aus einem Unterhaltstitel über den Eintritt der Volljährigkeit hinaus ermöglicht werden, bis der Titel durch ein Abänderungsverfahren (§§ 238 bis 240) korrigiert worden ist. Durch die sprachliche Neufassung wird klargestellt, dass die Regelung nur Einwände gegen die Vollstreckung aus einem entsprechenden Titel ausschließen will, nicht aber gegen den Anspruch als solchen. 3

B. Regelungsinhalt der Vorschrift

I. Anwendungsbereich

Die Vorschrift ist anwendbar auf **Vollstreckungstitel** wie Beschlüsse nach dem FamFG (zB Unterhaltsbeschlüsse nach §§ 231 Abs. 1 Nr. 1, 38 und Festsetzungsbeschlüsse im vereinfachten Verfahren nach § 253) sowie Titel iSd. § 794 ZPO (ins- 4

---

1 OLG Hamm v. 5.11.2012 – 2 WF 179/12, juris; OLG Hamm v. 26.6.2012 – 2 WF 70/12, FuR 2012, 614; OLG Saarbrücken v. 27.7.2011 – 6 UF 94/11, FamRZ 2012, 472.
2 BGH v. 7.3.2012 – XII ZB 391/10, FamRZ 2012, 964 ff.
3 OLG Celle v. 15.3.2013 – 10 WF 86/13, juris.

besondere Vergleiche iSd. § 794 Abs. 1 Nr. 1 ZPO, vollstreckbare Urkunden iSd. § 794 Abs. 1 Nr. 5 ZPO), die die Unterhaltszahlung an ein minderjähriges Kind als Prozentsatz des Mindestunterhalts für die jeweilige Altersstufe bemessen, **sog. dynamische Titel** (vor dem 1.1.2008: Unterhalt als Vomhundertsatz eines oder des jeweiligen Regelbetrags nach der Regelbetrag-Verordnung, § 1612a aF BGB; Gleiches gilt für Titel, die gem. Art. 5 § 1 KindU auf das seit 1.7.1998 geltende Recht umgestellt worden sind[1]).

5   Streitig ist, ob die Vorschrift auch auf **nicht dynamische** unbefristete Titel (Titel über Individualunterhalt) angewendet werden kann.[2] Zu § 798a ZPO entsprach dies der Intention des Gesetzgebers.[3] Im Hinblick auf den Wortlaut („nach Maßgabe des § 1612a BGB") wird eine Beschränkung auf dynamisierte Titel angenommen.[4] Unabhängig davon, dass auch der aufgehobene § 798a ZPO dem Wortlaut nach nur Unterhaltstitel „iSd. § 1612a BGB" erfasste und statische Unterhaltstitel über Kindesunterhalt wegen der Identität des Unterhaltsanspruchs volljähriger Kinder mit dem minderjähriger Kinder materiell über den Beginn der Volljährigkeit bis zu einer Abänderung hinaus fortwirken,[5] ist eine entsprechende Anwendung im Interesse der Rechtsklarheit und der Einheitlichkeit der Rechtsanwendung zu bejahen.

II. Voraussetzungen und Rechtsfolgen

6   Das Kind muss von dem Schuldner als Elternteil auch nach Vollendung des 18. Lebensjahres (Eintritt der Volljährigkeit) Unterhalt gem. §§ 1601 ff. BGB verlangen können. In diesem Fall kann der Unterhalt in der in dem unbefristeten Titel festgesetzten Höhe weiter vollstreckt werden. Dem Schuldner steht es frei, wegen einer Änderung der Verhältnisse, zB der Mithaftung des anderen Elternteils,[6] oder des vermeintlichen Wegfalls des Unterhaltsanspruchs (§ 1602 BGB) ein **Abänderungsverfahren** nach §§ 238 ff. durchzuführen.[7]

Beteiligter des Abänderungsverfahrens ist nunmehr das volljährige Kind, auch wenn der Unterhaltstitel in der Zeit der Minderjährigkeit von dem betreuenden Elternteil in **Verfahrensstandschaft** gem. § 1629 Abs. 3 BGB erwirkt wurde (vgl. hierzu § 238 Rz. 71).[8] Im Hinblick auf die seit Volljährigkeit erhöhte Erwerbsobliegenheit des Kindes und die seit diesem Zeitpunkt bestehende Mithaftung des anderen Elternteils für den Barunterhalt ist das volljährig gewordene Kind in dem Abänderungsverfahren darlegungs- und beweispflichtig sowohl für den Fortbestand des Unterhaltsanspruchs als auch für den Umfang der Mithaftung des anderen Elternteils.[9]

Ein **Vollstreckungsabwehrantrag** nach § 120 FamFG iVm. § 767 ZPO **nur** mit der Einwendung, der Titel sei unwirksam, weil die Minderjährigkeit nicht mehr bestehe, ist unzulässig.[10] Aus dem gleichen Grund ist der **Erlass einer eA** zur Einstellung der Zwangsvollstreckung (§ 242 FamFG iVm. § 769 ZPO) ausgeschlossen.[11] Anträge nach § 120 FamFG iVm. § 769 ZPO sind gegenüber einem Titel iSd. § 244 FamFG jedoch in-

---

1 BGH v. 4.10.2005 – VII ZB 21/05, NJW-RR 2006, 217.
2 Für eine Anwendung OLG Hamm v. 18.7.2007 – 7 WF 140/07, FamRZ 2008, 291; *Stollenwerk*, FamRZ 2006, 873 (874); *Pütz*, FamRZ 2006, 1558 (1559); *Viefhues*, FF 2008, 294 (295), jeweils zu § 798a ZPO; Thomas/Putzo/*Hüßtege*, § 244 FamFG Rz. 3; dagegen Zöller/*Lorenz*, § 244 FamFG Rz. 4; Keidel/*Giers*, § 244 FamFG Rz. 4; Johannsen/Henrich/*Maier*, § 244 FamFG Rz. 3; unklar OLG Hamm v. 28.10.2011 – 8 UF 160/11, FamRZ 2012, 993; OLG Hamm v. 16.11.2011 – 8 UF 96/11, juris.
3 Vgl. Gesetzesmaterialien zu § 798a ZPO, BT-Drucks. 13/7338, S. 45.
4 Johannsen/Henrich/*Maier*, § 244 FamFG Rz. 3.
5 BGH v. 26.10.2005 – XII ZR 34/03, FamRZ 2006, 99.
6 OLG Bremen v. 29.6.2011 – 4 WF 51/11, FamRZ 2012, 383.
7 OLG Köln v. 30.7.2012 – 4 UF 49/12, FamFR 2012, 439.
8 OLG Hamm v. 16.11.2011 – 8 UF 96/11, FamFR 2012, 33; OLG Saarbrücken v. 9.3.2007 – 9 WF 19/07, FamRZ 2007, 1829.
9 OLG Köln v. 31.7.2012 – 4 UF 57/12, FamFR 2012, 438.
10 OLG Hamm v. 28.10.2011 – 8 WF 160/11, FamRZ 2012, 993; OLG Nürnberg v. 1.2.2010 – 7 WF 45/10, MDR 2010, 576.
11 Zöller/*Lorenz*, § 244 FamFG Rz. 5.

soweit zulässig, als **andere Gründe** als der Eintritt der Volljährigkeit (zB Erfüllung, Wegfall der Bedürftigkeit, Verjährung, Verwirkung) geltend gemacht werden.[1]

Wenn ein Elternteil aus einem Titel auf Zahlung von Unterhalt an ein minderjähriges Kind, den er aufgrund der ihm zustehenden gesetzlichen Vertretungsmacht erwirkt hat, nach Eintritt der Volljährigkeit des Kindes weiter vollstreckt, kann der Schuldner den Wegfall der gesetzlichen Vertretungsmacht mit einer **Erinnerung** nach § 766 ZPO geltend machen.[2]

245 Bezifferung dynamisierter Unterhaltstitel zur Zwangsvollstreckung im Ausland

(1) Soll ein Unterhaltstitel, der den Unterhalt nach § 1612a des Bürgerlichen Gesetzbuchs als Prozentsatz des Mindestunterhalts festsetzt, im Ausland vollstreckt werden, ist auf Antrag der geschuldete Unterhalt auf dem Titel zu beziffern.
(2) Für die Bezifferung sind die Gerichte, Behörden oder Notare zuständig, denen die Erteilung einer vollstreckbaren Ausfertigung des Titels obliegt.
(3) Auf die Anfechtung der Entscheidung über die Bezifferung sind die Vorschriften über die Anfechtung der Entscheidung über die Erteilung einer Vollstreckungsklausel entsprechend anzuwenden.

A. Allgemeines	B. Unterhaltstitel, zuständige Stellen, Absätze 1 und 2
I. Entstehung 1	I. Anwendbarkeit 4
II. Systematik 2	II. Verfahren 5
III. Normzweck 3	III. Rechtsbehelfe, Absatz 3 ... 8
	IV. Gegenstandswert, Kosten, Gebühren 10

A. Allgemeines

I. Entstehung

§ 245 entspricht dem alten § 790 ZPO idF des Gesetzes zur Änderung des Unterhaltsrechts.[3] Dessen Vorgängervorschrift war durch Art. 1 Nr. 6 des EG-Vollstreckungstitel-Durchführungsgesetzes v. 18.8.2005[4] mit Wirkung v. 21.10.2005 eingeführt worden. **1**

II. Systematik

Die Vorschrift gehört zu den speziellen Regelungen für die Zwangsvollstreckung von Unterhaltstiteln im Ausland. **2**

III. Normzweck

Sie will eine Vollstreckung von Unterhaltstiteln im Ausland erleichtern und trägt insbesondere der sich aus Art. 4 Nr. 2 der EG-Vollstreckungstitel-VO[5] ergebenden Voraussetzung Rechnung, nach der sich ein europäischer Vollstreckungstitel auf eine Forderung zur Zahlung einer bestimmten Geldsumme beziehen muss. Für die **3**

---

1 OLG Brandenburg v. 12.7.2010 – 10 UF 115/10, FamRZ 2012, 1223; Keidel/*Giers*, § 244 FamFG Rz. 5.
2 OLG Nürnberg v. 1.2.2010 – 7 WF 45/10, MDR 2010, 576.
3 Gesetz v. 21.12.2007, BGBl. I, S. 3189.
4 BGBl. I 2005, S. 2477.
5 Verordnung (EG) Nr. 805/2004 des Europäischen Parlaments und des Rates zur Einführung eines europäischen Vollstreckungstitels für unbestrittene Forderungen v. 31.4.2004, ABl. L 143, S. 15, geändert durch VO Nr. 1869/2005 v. 16.11.2005, ABl. L 300, S. 6.

Mitgliedstaaten der EuUntVO[1] oder des LGVÜ II[2] gilt § 245 über § 72 AUG[3] entsprechend. Anträge auf Bezifferung nach dieser Vorschrift können aber auch gestellt werden, wenn ein Titel in einem Staat vollstreckt werden soll, der nicht zur Europäischem Gemeinschaft gehört. Da es zweifelhaft ist, ob **dynamisierte Unterhaltstitel** in diesem Sinne hinreichend bestimmt sind, weil in ihnen der Unterhalt nicht als konkreter Betrag, sondern als **Prozentsatz des Mindestunterhalts** aufgeführt ist und sich der Zahlbetrag nur unter Zuhilfenahme deutscher Vorschriften ermitteln lässt,[4] könnten sich ohne Bezifferung Schwierigkeiten bei der Klärung des Anspruchsumfangs und damit verbunden Probleme bei der Vollstreckung ergeben.

Einzelheiten zur Vollstreckung im Ausland, insbesondere nach der Europäischen Unterhaltsverordnung s. im Anhang zu § 110.

B. Unterhaltstitel, zuständige Stellen, Absätze 1 und 2

I. Anwendbarkeit

4   Die Vorschrift ist nur auf **dynamisierte Unterhaltstitel** nach § 1612a BGB anwendbar, wenn sie im Ausland vollstreckt werden sollen. Dies sind insbesondere gerichtliche Entscheidungen und Vergleiche, Titel, die im vereinfachten Verfahren nach §§ 249 ff. erwirkt wurden, Urkunden des Jugendamts nach §§ 59, 60 SGB VIII, konsularische oder notarielle Urkunden nach § 794 Abs. 1 Nr. 5 ZPO. Erfasst werden nicht nur die Titel, für die die EG-Vollstreckungstitel-VO gilt, sondern sämtliche **Unterhaltstitel**, wenn sie im Ausland vollstreckt werden sollen.[5] Die Vorschrift soll auch auf die dynamisierte Kindergeldanrechnung nach § 1612b BGB anwendbar sein.[6]

II. Verfahren

5   Die Stelle, die für die Klauselerteilung zuständig wäre, hat auch die Bezifferung vorzunehmen. Beim Familiengericht ist der **Rechtspfleger** gem. § 25 Nr. 2b RPflG funktionell zuständig, bei vollstreckbaren Urkunden das **Jugendamt** (§ 60 Satz 3 Nr. 1 SGB VIII) oder der **Notar** (§ 797 Abs. 2 ZPO)), bei konsularischen Urkunden das **Amtsgericht Berlin-Schöneberg** (§ 10 Abs. 3 Nr. 5 Satz 2 KonsularG).

6   Die **Bezifferung** des geschuldeten Unterhalts erfolgt nur **auf Antrag**. Anwaltszwang besteht nicht, § 114 Abs. 4 Nr. 6 FamFG iVm. § 78 Abs. 3 ZPO. Der Antrag selbst muss nicht beziffert sein.[7] Wenn Unterhalt auch für die Vergangenheit vollstreckt werden soll und mehrfache Anpassungen des Mindestunterhalts erfolgt sind, empfiehlt es sich jedoch, die einzelnen Zeiträume getrennt nach den jeweiligen Unterhaltsbeträgen aufzuführen. Im Antrag muss ferner angegeben werden, dass es sich um einen dynamischen Titel handelt und dass dieser im Ausland vollstreckt werden soll.[8]

7   Vor einer Entscheidung ist wegen Art. 103 GG der **Schuldner anzuhören**.[9] Damit der Anschein eines weiteren Vollstreckungstitels vermieden wird, ist die Bezifferung auf dem Titel oder auf einem mit diesem fest verbundenen Dokument vorzunehmen.[10]

III. Rechtsbehelfe, Absatz 3

8   Der **Unterhaltsgläubiger** kann gegen eine abgelehnte oder zu niedrige Bezifferung durch den Rechtspfleger (der Sache nach ein Beschluss) mit der sofortigen Be-

---

1 EuUntVO v. 18.12.2008, ABl 2009, L 7, S.1, s. oben Anh. 3 zu § 110.
2 LGVÜ II v. 30.10.2007, ABl 2009, L 147, 5, s. oben Anh. 4 zu § 110.
3 AUG v. 23.5.2011, BGBl I, S. 898, s. oben Anh. 2 zu § 110.
4 BR-Drucks. 88/05, S. 21.
5 Thomas/Putzo/*Hüßtege*, § 245 FamFG Rz. 3; *Rausch*, FuR 2005, 437 (438).
6 *Enst*, JurBüro 2005, 568 (573); Thomas/Putzo/*Hüßtege*, § 245 FamFG Rz. 3.
7 Zöller/*Geimer*, § 245 FamFG Rz. 5.
8 MüKo.ZPO/*Dötsch*, § 245 FamFG Rz. 5.
9 Musielak/*Borth*, § 245 FamFG Rz. 3.
10 Begr., BT-Drucks. 15/5222, S. 12.

schwerde (§§ 567 ff. ZPO, § 11 Abs. 2 RPflG), in den übrigen Fällen mit einer befristeten Erinnerung gem. § 11 Abs. 2 RPflG vorgehen.[1] Gegen Entscheidungen des Notars, die eine notarielle Amtshandlung darstellen, hat der Gläubiger ein Beschwerderecht nach § 54 BeurkG.[2] Streitig ist die Form des Rechtsbehelfs, wenn das Jugendamt entschieden hat. Da die Entscheidung dem Wesen nach ein Verwaltungsakt ist, soll lediglich die Anfechtungsklage nach § 40 ff. VwGO zulässig sein.[3] Nach der Gegenmeinung findet gem. § 1 Abs. 2 BeurkG unmittelbar die Beschwerde nach § 54 BeurkG statt.[4] Eine dritte Auffassung hält daneben ein Vorgehen nach §§ 797 Abs. 5, 731 ZPO für statthaft.[5] Nach der Begründung des Gesetzgebers zu § 54 BeurkG[6] bestimmt sich die Anfechtung nach der VwGO, weil durch § 1 Abs. 2 iVm. § 54 BeurkG der Rechtsweg zu den ordentlichen Gerichten nicht ausdrücklich eröffnet wird, wie dies nach § 40 Abs. 1 VwGO erforderlich wäre. Im Interesse einer Vereinheitlichung des Rechtsweges sollte jedoch auch der Gläubiger die Möglichkeit haben, nach §§ **797 Abs. 5, 731 ZPO** vorzugehen.

Der **Schuldner** kann gegen die Bezifferung als solche oder gegen ihre Höhe gem. § 732 ZPO **Erinnerung** einlegen.[7] Bei Urkunden des Notars oder des Jugendamts entscheidet hierüber das für den jeweiligen Sitz zuständige Amtsgericht, § 797 Abs. 3 ZPO, § 60 Satz 3 Nr. 2 SGB VIII.[8]

9

IV. Gegenstandswert, Kosten, Gebühren

Kosten/Gebühren: Gericht: Für das Verfahren entstehen keine Gebühren. Für die sofortige Beschwerde entsteht eine Gebühr in Höhe von 60 Euro nach Nr. 1912 KV FamGKG, wenn die Beschwerde verworfen oder zurückgewiesen wird. Wird die Beschwerde nur teilweise verworfen oder zurückgewiesen, kann das Gericht die Gebühr nach billigem Ermessen auf die Hälfte ermäßigen oder bestimmen, dass eine Gebühr nicht zu erheben ist. **RA:** Das Verfahren gehört zum Rechtszug (§ 19 Abs. 1 Satz 2 Nr. 8 RVG). Der RA, der im zugrunde liegenden Erkenntnisverfahren tätig geworden ist, erhält keine besondere Gebühr. Für das Beschwerdeverfahren entstehen immer zusätzlich Gebühren nach Nrn. 3500 und 3513 VV RVG. Der RA, der nur im Verfahren zur Bezifferung dynamisierten Unterhalts tätig wird, erhält, da es sich um eine Tätigkeit in der Vollstreckung handelt, die Gebühren nach Nrn. 3309 und 3310 VV RVG. Bei dem Verfahren handelt es sich um eine die Vollstreckung vorbereitende Handlung, die zusammen mit sich anschließenden Vollstreckungsmaßnahmen eine Angelegenheit bildet (§ 19 Abs. 2 Nr. 1 RVG). Der Gegenstandswert bestimmt sich nach § 25 RVG.

10

Unterabschnitt 2
Einstweilige Anordnung

246 *Besondere Vorschriften für die einstweilige Anordnung*
(1) Das Gericht kann durch einstweilige Anordnung abweichend von § 49 auf Antrag die Verpflichtung zur Zahlung von Unterhalt oder zur Zahlung eines Kostenvorschusses für ein gerichtliches Verfahren regeln.
(2) Die Entscheidung ergeht aufgrund mündlicher Verhandlung, wenn dies zur Aufklärung des Sachverhalts oder für eine gütliche Beilegung des Verfahrens geboten erscheint.

---

1 Baumbach/*Hartmann*, § 790 ZPO Rz. 5 und § 724 ZPO Rz. 13; Zöller/*Geimer*, § 790 ZPO Rz. 7; Musielak/*Lackmann*, § 790 ZPO Rz. 3.
2 *Wolfsteiner*, Rz. 47.8; Thomas/Putzo/*Hüßtege*, § 245 FamFG Rz. 7: daneben wahlweise Klage nach § 731 ZPO.
3 *Winkler*, § 54 BeurkG Rz. 1; *Jansen*, § 54 BeurkG Rz. 3; KG v. 20.11.1973 – 1 WF 120/73, NJW 1974, 910; *Weber*, DRiZ 1970, 45 (49).
4 *Wolfsteiner*, Rz. 47.24; *Rellermeyer*, Rpfleger 2005, 389 (400).
5 Thomas/Putzo/*Hüßtege*, § 245 FamFG Rz. 7; Keidel/*Maier*, § 245 FamFG Rz. 3.
6 BT-Drucks. V, 3282, S. 41.
7 Zöller/*Geimer*, § 245 FamFG Rz. 6; *Rellermeyer*, Rpfleger 2005, 389 (403); Thomas/Putzo/*Hüßtege*, § 245 FamFG Rz. 7: daneben soll auch eine Klage nach § 768 ZPO möglich sein.
8 Zöller/*Geimer*, § 245 FamFG Rz. 6.

§ 246

A. Allgemeines
I. Entstehung ... 1
II. Systematik ... 2
III. Normzweck ... 3
B. Anwendungsbereich
I. Überblick ... 4
II. Unterhalt ... 6
  1. Ehegattenunterhalt ... 7
  2. Kindesunterhalt ... 12
  3. Unterhalt der nichtehelichen Mutter oder des nichtehelichen Vaters ... 14
  4. Elternunterhalt, Verwandtenunterhalt ... 16
III. Kostenvorschuss
  1. Allgemeines ... 17
  2. Anspruchsberechtigte
    a) Verwandte ... 20
      aa) Kinder ... 21
      bb) Eltern und Großeltern ... 23
    b) Ehegatten, Lebenspartner ... 24
    c) Partner einer nichtehelichen Lebensgemeinschaft ... 26
  3. Anspruchsvoraussetzungen
    a) Wichtige persönliche Angelegenheiten ... 27
    b) Billigkeit, Leistungsfähigkeit des Verpflichteten ... 29
C. Anwendbare Vorschriften
I. Allgemeine und besondere Vorschriften ... 32
II. Unabhängigkeit der einstweiligen Anordnung ... 34
D. Verfahren
I. Zuständiges Gericht ... 35
II. Kein Anwaltszwang ... 39
III. Voraussetzungen für den Erlass einer einstweiligen Anordnung
  1. Kein Anordnungsgrund (dringendes Bedürfnis für sofortiges Tätigwerden) erforderlich ... 40
  2. Regelungsbedürfnis ... 41
IV. Gang des Verfahrens
  1. Einleitung des Verfahrens ... 47
  2. Verfahrensgrundsätze ... 51
  3. Mündliche Verhandlung ... 54
V. Beendigung des Verfahrens
  1. Prüfungsumfang ... 57
  2. Vergleich, Anerkenntnis ... 58
  3. Entscheidung durch Beschluss, Inhalt
    a) Inhalt der einstweiligen Anordnung ... 59
    b) Entscheidung durch Beschluss ... 62
  4. Kostenentscheidung, Rechtsbehelfsbelehrung ... 64
VI. Vollstreckung ... 69
VII. Aufhebung oder Änderung der Entscheidung
  1. Allgemeines ... 70
  2. Die Abänderung nach § 54 FamFG ... 71
  3. Verhältnis zu sonstigen Rechtsbehelfen
    a) Abänderung gerichtlicher Entscheidungen, § 238 FamFG ... 75
    b) Negativer Feststellungsantrag, § 113 Abs. 1 FamFG iVm. § 256 ZPO ... 76
    c) Vollstreckungsabwehrantrag, § 120 Abs. 1 FamFG iVm. § 767 ZPO ... 79
VIII. Einleitung des Hauptsacheverfahrens ... 80
IX. Außerkrafttreten der einstweiligen Anordnung ... 84
X. Rechtsmittel gegen eine einstweilige Anordnung ... 93
XI. Schadensersatzansprüche ... 94
XII. Gegenstandswert, Kosten, Gebühren ... 95

Literatur: *Bömelburg*, Die einstweilige Anordnung in Unterhaltssachen iSd. § 231 Abs. 1 FamFG, FF 2011, 355; *Bißmaier*, FamFG: Einstweilige Anordnung in Unterhaltssachen, JAmt 2010, 209; *Fest*, Einstweilige Anordnung in Unterhaltssachen, NJW 2012, 428; *Götsche/Viefhues*, Einstweilige Anordnungen nach dem FamFG, ZFE 2009, 124; *Schürmann*, Die einstweilige Anordnung nach dem FamFG, FamRB 2008, 375; *Vorwerk*, Einstweilige Anordnung, Abschluss, Rechtsmittel und Rechtsmittelbelehrung nach dem FGG-RG, FPR 2009, 8; *Roßmann*, Einstweilige Unterhaltsanordnung – Anspruchsvoraussetzungen und Rechtsschutz, ZFE 2010, 86; *von Swieykowski-Trzaska*, Die einstweilige Anordnung im Unterhaltsstreitverfahren, FPR 2010, 167.

A. Allgemeines

I. Entstehung

1 § 246 hat keine direkte Entsprechung im früheren Recht. Die wesentlichen Regelungsgehalte der durch Art. 29 Nr. 7 und Nr. 15 FGG-RG aufgehobenen § 620 Satz 1 Nr. 4 und 6 ZPO (Unterhalt für minderjährige Kinder und Ehegatten), § 644 ZPO (Unterhalt für Verwandte, Ehegatten, nichteheliche Mutter), § 620 Satz 1 Nr. 10 ZPO

(Kostenvorschuss für die Ehesache und die Folgesachen) sowie § 127a ZPO (Prozesskostenvorschuss in einer Unterhaltssache) sind in § 246 enthalten.[1]

II. Systematik

Die Vorschrift enthält **besondere** und damit vorrangig zu beachtende **Vorschriften für die eA in Unterhaltssachen** iSd. § 231 Abs. 1.[2] 2

III. Normzweck

§ 246 modifiziert gegenüber § 49 die Voraussetzungen für den Erlass einer eA. Die 3
eA hat eine **rein verfahrensrechtliche Natur**. Sie schafft lediglich einen **Vollstreckungstitel** wegen eines als bestehend angenommenen Unterhaltsanspruchs. Der materiell-rechtliche Anspruch ist zwar Grundlage, aber nicht Streitgegenstand des einstweiligen Anordnungsverfahrens. Der materielle Unterhaltsanspruch selbst wird durch einen Antrag auf Erlass einer eA nicht rechtshängig. Der Erlass einer eA nimmt dem Unterhaltsberechtigten daher nicht das **Rechtsschutzbedürfnis für die Schaffung eines Titels in einem Hauptsacheverfahren**.[3] Er kann hierfür **Verfahrenskostenhilfe** beanspruchen. Im Einzelnen vgl. Rz. 80.

Da § 246 Unterhaltsansprüche und den Verfahrenskostenvorschuss bei Anhängigkeit einer Ehesache und für isolierte Unterhaltsverfahren erfasst, hat sich die Rechtsanwendung vereinfacht, weil insbesondere die Konkurrenz zwischen den früheren §§ 127a und 620 ff. ZPO nicht mehr besteht.

B. Anwendungsbereich

I. Überblick

§ 246 Abs. 1 enthält die Befugnis des Gerichts, abweichend von § 49 durch eA die 4
Verpflichtung zur Zahlung von laufendem (nicht rückständigem, vgl. Rz. 42) **Unterhalt** oder zur Zahlung eines Kostenvorschusses für ein gerichtliches Verfahren zu regeln, soweit eine materiell-rechtliche Grundlage besteht (s. unter II und III.). In **Lebenspartnerschaftssachen** gem. § 269 Abs. 1 Nr. 8 und 9 ist § 246 über die Verweisung in § 270 Abs. 1 Satz 2 iVm. § 111 Nr. 8 entsprechend anwendbar.

Da nach dem Wortlaut des § 246 die eA auf **Zahlung** von Unterhalt gerichtet sein 5
muss, kann ein **Auskunftsanspruch** aus §§ 1605, 1361 Abs. 4 Satz 4, 1580 BGB nicht durch eine eA nach dieser Vorschrift geregelt werden. Hinsichtlich der **Auskunftspflichten** nach § 235 Abs. 1 und 2 sowie § 252 Abs. 2 kommt ein Erlass einer eA nach § 49 in Betracht, sofern ein dringendes Bedürfnis für eine Auskunftserteilung besteht.[4]

II. Unterhalt

Durch eine eA nach § 246 kann jeder Anspruch auf einen **gesetzlich geschuldeten** 6
Unterhalt für Ehegatten, geschiedene Ehepartner, Lebenspartner, die nichteheliche Mutter und den nichtehelichen Vater, Kinder und Verwandte geregelt werden. Erfasst ist auch ein **vertraglich vereinbarter** Unterhalt, soweit er lediglich eine Modifizierung des gesetzlichen geschuldeten Unterhalts darstellt. Neben dem Elementarunterhalt können im Wege der eA auch **Sonderbedarf** und **Mehrbedarf** geltend gemacht werden. Der Erlass einer eA setzt eine **materiell-rechtliche Anspruchsgrundlage** für den Unterhalt voraus. Als Rechtsgrundlage kann auch ein **Unterhaltsanspruch** nach **ausländischem Recht** (vgl. hierzu Anhang nach § 110) in Betracht kommen.

---

1 Begr. RegE, BT-Drucks. 16/6308, S. 325.
2 Begr. RegE, BT-Drucks. 16/6308, S. 255; aA Baumbach/*Hartmann*, § 246 FamFG Rz. 3, wonach § 246 auch für Verfahren nach § 231 Abs. 2 FamFG gelten soll.
3 OLG Hamm v. 19.1.2011 – 10 WF 201/10, FamRZ 2011, 1157; *Roßmann*, ZFE 2010, 86 (88).
4 Baumbach/*Hartmann*, § 246 FamFG Rz. 7; Johannsen/Henrich/*Maier*, § 246 FamFG Rz. 12.

1. Ehegattenunterhalt

7 Die materiell-rechtlichen Grundlagen für den Ehegattenunterhalt (§ 231 Abs. 1 Nr. 2) sind die §§ 1360 ff., 1361 ff., 1569 ff. BGB.

8 Der Anspruch auf **Familienunterhalt**, insbesondere auf das **Haushalts- bzw. Wirtschaftsgeld**,[1] und das sich an der Höhe des Familieneinkommens orientierende **Taschengeld**[2] für einen Ehegatten ergibt sich bei bestehender Lebensgemeinschaft aus §§ 1360, 1360a BGB.

9 Der in der Praxis wichtigere **Getrenntlebensunterhalt** hat seine Grundlage in § 1361 Abs. 1 BGB. Er richtet sich nach den maßgebenden ehelichen Lebensverhältnissen und den Erwerbs- und Vermögensverhältnissen der Ehegatten. Im Rahmen des einstweiligen Anordnungsverfahren kann sowohl Unterhalt nach einer Quote (3/7 oder 9/10) oder aufgrund einer **konkreten Bedarfsberechnung** verlangt werden. Neben dem laufenden Unterhalt in Form einer monatlich im Voraus zu zahlenden Geldrente (§ 1361 Abs. 4 BGB, **Elementarunterhalt**) kann auch ein **Sonderbedarf** (zB unvorhergesehene Krankheitskosten) geltend gemacht werden. Ob in einstweiligen Anordnungsverfahren auch **Altersvorsorgeunterhalt** ab Rechtshängigkeit des Scheidungsantrags verlangt werden kann, ist umstritten, aber zu bejahen.[3]

10 Eine eA über den **Trennungsunterhalt** wirkt, sofern sie nicht gem. § 56 Abs. 1 Satz 1 ausdrücklich befristet ist, über den Zeitpunkt der Rechtskraft der Ehesache hinaus.[4] Die Nichtidentität[5] zwischen dem Anspruch auf Trennungsunterhalt und den Anspruch auf nachehelichen Unterhalt wirkt sich hinsichtlich der verfahrensrechtlichen Regelung des Unterhalts im Verfahren der eA **nicht** aus. Der Eintritt der Rechtskraft der Scheidung stellt keine anderweitige Erledigung der Hauptsache iSd. § 56 Abs. 1 dar. Der Unterhaltspflichtige hat jedoch die Möglichkeit, nach § 54 Abs. 1 einen Antrag auf Aufhebung der eA oder einen negativen Feststellungsantrag zu stellen.[6]

11 Ansprüche auf Zahlung von **nachehelichem Unterhalt** ergeben sich aus den §§ 1569 ff. BGB. Sie umfassen ebenfalls den Elementarbedarf, den Mehrbedarf, den Sonderbedarf sowie einen Anspruch auf Altersvorsorgeunterhalt (§ 1578 Abs. 2 BGB). Zum Unterhaltsbedarf gehören auch die Kosten für eine angemessene **Krankenversicherung** nach § 1578 Abs. 2 BGB.

2. Kindesunterhalt

12 Im Wege einer eA kann auch der sich aus § 1610 Abs. 1 BGB ergebende volle Unterhalt für ein **minderjähriges Kind** geltend gemacht werden. Da nach der Trennung der Eltern diesen die elterliche Sorge ohne eine abweichende gerichtliche Entscheidung gemeinsam zusteht, kann derjenige Elternteil, in dessen **Obhut** sich das minderjährige Kind befindet, gem. § 1629 Abs. 2 Satz 2 und Abs. 3 BGB Unterhaltsansprüche in **Verfahrensstandschaft** gegen den anderen Elternteil geltend machen. Gegenstand der Unterhaltsfestsetzung ist der Anspruch des Kindes mit der Folge, dass eine Entscheidung oder ein Vergleich unmittelbar für und gegen das Kind wirkt, § 1629 Abs. 3 Satz 2 BGB. Sind die Eltern nicht (mehr) miteinander verheiratet, kann der Obhutselternteil den Unterhalt des Kindes als gesetzlicher Vertreter geltend machen.

---

1 OLG Celle v. 12.5.1998 – 18 UF 236/97, FamRZ 1999, 162.
2 BGH v. 5.10.2006 – XII ZR 197/02, FamRZ 2006, 1827; BGH v. 21.1.1998 – XII ZR 140/96, FamRZ 1998, 608; OLG Celle v. 12.5.1998 – 18 UF 236/97, FamRZ 1999, 162.
3 Dafür Schulte-Bunert/Weinreich/*Schwonberg*, § 246 FamFG Rz. 14; Zöller/*Lorenz*, § 246 FamFG Rz. 16; dagegen Musielak/*Borth*, § 246 FamFG Rz. 15.
4 Keidel/*Giers*, § 246 FamFG Rz. 9; Wendl/*Schmitz*, § 10 Rz. 398, 450; **aA** *Dose*, Rz. 25, 469; Schulte-Bunert/Weinreich/*Schwonberg*, § 246 FamFG Rz. 2.
5 BGH v. 7.11.1990 – XII ZR 129/89, FamRZ 1991, 180 (181); BGH v. 9.2.1983 – IVb ZR 343/81, FamRZ 1983, 355.
6 Keidel/*Giers*, § 246 FamFG Rz. 10.

Der Unterhalt umfasst die **laufenden Geldbeträge**, den **Mehrbedarf** (zB Kindergartenkosten,[1] Schulgeld für eine Privatschule,[2] Nachhilfeunterricht,[3] Kosten für eine angemessene private Krankenversicherung krankheitsbedingte Mehrkosten, Kosten für eine Ausbildung zum Konzertpianisten,[4] Kosten für den Reitsport[5] oder einen dem Kind überlassenen Hund[6]) sowie **Sonderbedarf.** Sonderbedarf ist nach der Definition des § 1613 Abs. 2 BGB ein unregelmäßiger, außergewöhnlich hoher Bedarf. Darunter ist ein überraschender und der Höhe nach nicht abschätzbar auftretender Bedarf zu verstehen. Unregelmäßig ist dabei ein Bedarf, der nicht mit Wahrscheinlichkeit vorauszusehen war und deshalb bei der Bedarfsplanung und der Bemessung der laufenden Unterhaltsrente nicht berücksichtigt werden konnte.[7] Sonderbedarf sind zB die Kosten für eine kieferorthopädische Behandlung,[8] **nicht** aber für Klassenfahrten und Schüleraustauschprojekte[9] oder Konfirmation.[10]

13

Will das **volljährige Kind** Unterhalt aus §§ 1601 ff BGB geltend machen, muss es wegen der Barunterhaltspflicht beider Elternteile die sich aus den Einkommen der Eltern ergebenden Haftungsquoten darlegen und glaubhaft machen.[11]

3. Unterhalt der nichtehelichen Mutter oder des nichtehelichen Vaters

Zu den Unterhaltssachen nach § 231 Abs. 1 Nr. 3 zählen die Ansprüche aus § 1615l und § 1615m BGB. Für das Anordnungsverfahren nach § 246 ist lediglich der **Betreuungsunterhalt** nach § 1615l Abs. 2 Satz 2 BGB relevant. Dieser entspricht hinsichtlich der kindbezogenen Voraussetzungen, nicht aber in Bezug auf die elternbezogenen Gründe und die Höhe des Anspruchs, im Wesentlichen dem nachehelichen Anspruch nach § 1570 BGB.[12] Ein Anspruch auf Zahlung von **Altersvorsorgeunterhalt** besteht nicht. Vom Unterhaltspflichtigen zu tragen sind jedoch auch die Kosten für eine angemessene **Kranken- und die Pflegeversicherung**.[13]

14

Für die Mutterschutzzeiten nach § 1615l Abs. 1 Satz 1 BGB kann die werdende Mutter ihren Unterhaltsanspruch in einstweiligen Anordnungsverfahren nach **§ 247** geltend machen. Während eines anhängigen Vaterschaftsfeststellungsverfahrens kann sie den Unterhalt für das Kind und ihren eigenen Unterhalt in einem Anordnungsverfahren nach **§ 248** (s. dort) verfolgen.

15

4. Elternunterhalt, Verwandtenunterhalt

Der Unterhaltsanspruch von Eltern gegen ihre Kinder ergibt sich aus den **§§ 1601 ff. BGB**. Sofern Eltern unterhaltsbedürftig werden, treten in der Praxis regelmäßig Sozialhilfeträger in Vorleistung mit der Folge, dass wegen des Bezugs öffentlicher Leistungen ein gesetzlicher Forderungsübergang stattfindet. Der Übergang betrifft jedoch nur den Unterhalt für die Vergangenheit, weil die Ansprüche erst mit erfolgter Hilfeleistung übergehen. In den überwiegenden Fällen wird ein Anspruch auf Elternunterhalt in einem nachfolgenden Regressverfahren durchgesetzt. Ob diese Möglichkeit das Regelungsbedürfnis für eine eA entfallen lässt,[14] ist aber fraglich. Der

16

---

1 BGH v. 26.11.2008 – XII ZR 65/07, FamRZ 2009, 964.
2 OLG Karlsruhe v. 21.9.2007 – 5 UF 3/07, FamRZ 2008, 1209.
3 OLG Düsseldorf v. 8.7.2005 – II-3 UF 21/05, FuR 2005, 565.
4 BGH v. 11.4.2001 – XII ZR 152/99, NJWE-FER 2001, 253.
5 OLG Naumburg v. 26.4.2007 – 3 UF 26/07, FamRZ 2008, 177.
6 OLG Bremen v. 29.4.2010 – 4 WF 41/10, FamRZ 2011, 43.
7 BGH v. 11.4.2001 – XII ZR 152/99, NJWE-FER 2001, 253.
8 OLG Frankfurt v. 21.7.2010 – 4 UF 55/10, FamRZ 2011, 570; OLG Köln v. 15.6.2010 – 4 UF 19/10, ZFE 2011, 31; OLG Celle v. 4.12.2007 – 10 UF 166/07, FamRZ 2008, 1884; aA Eschenbruch/Kinkhammer/*Wohlgemuth*, Kap. 3 Rz. 88.
9 OLG Hamm v. 21.12.2010 – 2 WF 285/10, NJW 2011, 1087.
10 BGH v. 15.2.2006 – XII ZR 4/04, FamRZ 2006, 612.
11 BGH v. 9.1.2002 – XII ZR 34/00, FamRZ 2002, 815.
12 BGH v. 16.7.2008 – XII ZR 109/05, FamRZ 2008, 1739.
13 OLG München v. 12.1.2006 – 16 UF 1643/05, FuR 2006, 187; Palandt/*Brudermüller*, § 1615l BGB Rz. 22.
14 Schulte-Bunert/Weinreich/*Schwonberg*, § 246 FamFG Rz. 16.

Sozialleistungsträger kann mit einem Antrag auf Erlass einer eA auf Zahlung von Unterhalt die Bedürftigkeit der Eltern des Unterhaltsverpflichteten ganz oder teilweise beseitigen und damit die eigene Einstandspflicht entfallen lassen.[1] Da § 246 ein dringendes Bedürfnis für ein sofortiges Tätigwerden nicht voraussetzt, kann ein Regelungsbedürfnis wohl nicht verneint werden.

III. Kostenvorschuss

1. Allgemeines

17 Der Regelungsbereich des § 246 Abs. 1, 2. Alt. umfasst nach überwiegender Auffassung[2] alle Unterhaltssachen iSd. § 231 Abs. 1 und 2, also auch solche, die nicht Familienstreitsachen gem. § 112 Nr. 1 sind.

18 Ein kurzfristig durchsetzbarer Anspruch auf Verfahrenskostenvorschuss führt zur Verneinung der Bedürftigkeit bei der Prüfung eines Antrags auf Bewilligung von **Verfahrenskostenhilfe**, denn dieser Anspruch zählt zum Vermögen iSd. § 115 Abs. 2 ZPO. Wird in Familiensachen Verfahrenskostenhilfe beantragt, ist daher immer zunächst zu prüfen, ob nicht ein Anspruch auf Verfahrenskostenvorschuss gegen den Antragsgegner besteht. Kommt ein Anspruch des Beteiligten auf Verfahrenskostenvorschuss in Betracht, muss er daher darlegen, dass der Vorschusspflichtige den Vorschuss nicht aufbringen kann oder es ihm nicht zuzumuten ist, den Vorschuss geltend zu machen.[3]

19 Auch der **Vorschussanspruch gegen den Sozialleistungsträger** gehört zum Vermögen des Antragstellers und schließt nach § 115 Abs. 2 ZPO die Gewährung von Verfahrenskostenhilfe aus. Hiervon betroffen sind allerdings nur die bis zur Antragstellung rückständigen Unterhaltsbeträge. Für die Geltendmachung laufenden Unterhalts ab Rechtshängigkeit des Unterhaltsverfahrens ist einem Antragsteller Verfahrenskostenhilfe zu bewilligen, soweit für das Verfahren eine hinreichende Erfolgsaussicht besteht und er selbst bedürftig ist.[4]

2. Anspruchsberechtigte

a) Verwandte

20 Beim **Verwandtenunterhalt** gilt der Anspruch auf Leistung eines Verfahrenskostenvorschusses als unterhaltsrechtlicher Sonderbedarf iSd. § 1613 Abs. 2 BGB.

aa) Kinder

21 **Minderjährige Kinder** haben gegen ihre Eltern einen Anspruch auf Verfahrenskostenvorschuss nach § 1603 BGB.[5] Die Eltern schulden den Vorschuss auch dann, wenn sie ihn zwar nicht in einer Summe zahlen können, aber bei einer eigenen Verfahrensführung zu Ratenzahlungen (§ 115 Abs. 1 ZPO) in der Lage wären. Dem vorschussberechtigten Kind kann in diesem Fall Verfahrenskostenhilfe auch nur gegen entsprechende Ratenzahlung bewilligt werden. Für die Anordnung einer Ratenzahlung ist zusätzlich festzustellen, dass der in Anspruch genommene Elternteil iSd. Unterhaltsrechts leistungsfähig ist.[6] Hierzu vgl. Rz. 31.

Zu beachten ist, dass neben dem **barunterhaltspflichtigen** Elternteil auch der **betreuende** Elternteil vorschusspflichtig ist, sofern eine ausreichende Leistungsfähigkeit besteht. Die sich aus § 1606 Abs. 3 Satz 2 BGB ergebende Befreiung vom Barunterhalt für den betreuenden Elternteil gilt nur für den normalen Lebensbedarf, nicht aber für den **Sonderbedarf** Verfahrenskostenvorschuss.[7]

---

1 Johannsen/Henrich/*Maier*, § 246 Rz. 4.
2 Vgl. Keidel/*Giers*, § 246 FamFG Rz. 2; Johannsen/Henrich/*Maier*, § 246 FamFG Rz. 3.
3 BGH v. 10.7.2008 – VII ZB 25/08, FamRZ 2008, 1842.
4 BGH v. 2.4.2008 – XII ZB 266/03, FamRZ 2008, 1159.
5 OLG Oldenburg v. 2.1.2012 – 11 WF 286/11, NdsRpfl 2012, 100.
6 OLG Dresden v. 31.1.2013 – 20 WF 36/13, juris.
7 OLG Koblenz v. 1.12.1999 – 13 WF 697/99, FamRZ 2001, 632.

Volljährige Kinder sind ebenfalls vorschussberechtigt, soweit sie noch **keine eigene Lebensstellung** erlangt haben. Dies trifft regelmäßig zu, wenn sie **Ausbildungsunterhalt** geltend machen,[1] nicht aber, wenn sie sich scheiden lassen wollen.[2] Für **privilegierte volljährige** Kinder (§ 1603 Abs. 2 Satz 2 BGB), mithin solche, die unter 21 Jahre alt sind, im Haushalt der Eltern oder eines Elternteils leben und sich in der allgemeinen Schulausbildung befinden, gelten die für minderjährige Kinder anwendbaren Grundsätze.

bb) Eltern und Großeltern

Den Eltern[3] und Großeltern[4] stehen gegen ihre Kinder und Enkel keine Ansprüche auf Verfahrenskostenvorschuss zu. Der der Verpflichtung zur Leistung eines Kostenvorschusses zugrunde liegende Rechtsgedanke einer besonderen unterhaltsrechtlichen Verantwortung und eines besonderen Näheverhältnisses wird für die genannten Personen verneint.[5]

b) Ehegatten, Lebenspartner

Bei **Ehegatten** ergibt sich der materiell-rechtliche Anspruch aus § 1360a Abs. 4 iVm. § 1361 Abs. 4 Satz 4 BGB als Teil der Verpflichtung zur Leistung von Familienunterhalt bei einer intakten Ehe oder von Trennungsunterhalt.[6] Entsprechendes gilt über die Verweisung in § 5 Satz 2 LPartG für die den Anspruch eines Lebenspartners bei einer eingetragenen Lebenspartnerschaft.

Zwischen **geschiedenen Eheleuten** bestehen keine Ansprüche auf Kostenvorschuss, weil § 1578 BGB eine entsprechende Verpflichtung nicht enthält. § 1360a Abs. 4 BGB ist für den nachehelichen Unterhalt auch nicht entsprechend anwendbar, weil diese unterhaltsrechtliche Beziehung nicht in gleichem Umfang Ausdruck einer besonderen Verantwortung des Verpflichteten für den Berechtigten ist, die derjenigen von Ehegatten vergleichbar ist.[7]

c) Partner einer nichtehelichen Lebensgemeinschaft

Kein Anspruch auf Kostenvorschuss besteht zwischen den Partnern einer nichtehelichen Lebensgemeinschaft, weil es insoweit an einer gesetzlichen Unterhaltspflicht mangelt. Soweit die Mutter gegen den Vater des Kindes, mit dem sie nicht verheiratet ist, einen Anspruch aus § 1615l Abs. 1, 2 BGB hat, besteht zwar eine gesetzliche Unterhaltsregelung. Da jedoch in § 1615l Abs. 3 Satz 1 BGB eine Verweisung auf § 1360 Abs. 4 BGB fehlt, besteht auch in diesen Fällen keine Vorschusspflicht. Eine analoge Anwendung der Vorschrift dürfte nicht angezeigt sein, weil die Unterhaltspflicht gegenüber einem nichtehelichen Partner nicht weiter gehen kann als bei geschiedenen Ehegatten.[8]

3. Anspruchsvoraussetzungen

a) Wichtige persönliche Angelegenheiten

Ein Anspruch auf Kostenvorschuss besteht nur für die Führung von **gerichtlichen Verfahren** (nicht für eine nur außergerichtliche Tätigkeit wie zB Mediation), die wichtige persönliche Angelegenheiten betreffen. Geschäftliche Angelegenheiten des Anspruchsberechtigten sind hiervon abzugrenzen.

Nicht alle Verfahren, die für die wirtschaftliche und soziale Stellung des Betroffenen erhebliche Bedeutung haben, sind als persönliche Angelegenheiten iSd. § 1360a

---

1 BGH v. 23.3.2005 – XII ZB 13/05, FamRZ 2005, 883 (885).
2 OLG Düsseldorf v. 15.7.1992 – 2 WF 121/92, FamRZ 1992, 1320.
3 OLG München v. 23.10.1992 – 26 WF 605/91, FamRZ 1993, 821 (823).
4 AA OLG Koblenz v. 9.9.1996 – 15 W 503/96, FamRZ 1997, 681.
5 Zöller/*Geimer*, § 115 ZPO Rz. 67d.
6 OLG Saarbrücken v. 24.5.2012 – 6 UF 148/11 NJW-RR 2012, 1092.
7 BGH v. 23.3.2005 – XII ZB 13/05, FamRZ 2005, 883 (885).
8 NK-BGB/*Schilling*, § 1615l BGB Rz. 50.

Abs. 4 BGB einzustufen. Bei Eheleuten ist es erforderlich, dass das gerichtliche Verfahren mit den aus der Ehe erwachsenen persönlichen oder wirtschaftlichen Bindungen und Beziehungen in Zusammenhang steht.[1] Der Bezug zu den persönlichen Beziehungen bedeutet jedoch nicht, dass die Angelegenheit zusätzlich ihre Wurzeln in der neuen Ehe haben muss; es reicht ein Bezug zu der alten Ehe.[2] Eine neu verheiratete Frau hat für ein Verfahren auf rückständigen Trennungsunterhalt und Zugewinn gegen ihren geschiedenen Ehemann einen Anspruch auf Kostenvorschuss gegen den neuen Ehemann, weil der Unterhaltsanspruch gegen den früheren Ehemann und der Zugewinn zu den persönlichen Angelegenheiten iSd. § 1360a Abs. 4 Satz 1 BGB gehören.[3]

Zu den persönlichen Angelegenheiten gehören alle Familiensachen iSd. § 111 FamFG.[4]

28   Zu diesen zählen zB:
– Strafverfahren (§ 1360 Abs. 4 Satz 2 BGB),
– Unterhaltssachen aufgrund gesetzlicher Unterhaltsvorschriften (§§ 1360 ff., 1569 ff., 1601 ff. BGB), unabhängig von der Art des Verfahrens (Leistungsantrag, Abänderung, Auskunft, negative Feststellung, Vollstreckungsabwehr, Wiederaufnahme, Rückforderung von Unterhalt, Arrest, vereinfachtes Verfahren)[5]
– Verfahren über rein vertragliche Unterhaltsansprüche (analoge Anwendung des § 246 Abs. 1 BGB),[6]
– Schadensersatzansprüche wegen Verletzung höchstpersönlicher Rechtsgüter,[7] Arzthaftung,[8]
– Insolvenzverfahren mit Restschuldbefreiung,[9]
– Arbeitsgerichtliche Verfahren, soweit sie eine Bestandsstreitigkeit (Kündigung) betreffen,[10]
– Sozialgerichtliche Verfahren,[11]
– Unterhalt und Zugewinn aus früherer Ehe.[12]

Keine höchstpersönlichen Angelegenheiten sind zB
– Mietangelegenheiten,[13]
– Streitigkeiten aus dem Gesellschaftsrecht,[14]
– Erbschaftsangelegenheiten.[15]

b) Billigkeit, Leistungsfähigkeit des Verpflichteten

29   Ein Anspruch auf Verfahrenskostenvorschuss besteht nur, wenn dies der Billigkeit entspricht. Hierzu gehört, dass die beabsichtigte **Rechtsverfolgung oder Rechtsverteidigung Erfolg versprechend** und nicht mutwillig ist. Es gelten insoweit die gleichen Kriterien wie bei einer Entscheidung über einen Anspruch auf Verfahrenskostenhilfe. Bei offensichtlicher Aussichtslosigkeit und Mutwilligkeit der Rechts-

---

1 BGH v. 24.7.2003 – IX ZB 539/02, FamRZ 2003, 1651.
2 BGH v. 25.11.2009 – XII ZB 46/09, FamRZ 2010, 189 Tz. 10.
3 BGH v. 25.11.2009 – XII ZB 46/09, FamRZ 2010, 189.
4 Palandt/*Brudermüller*, § 1360a BGB Rz. 7 ff.
5 BGH v. 23.3.2005 – XII ZB 13/05, FamRZ 2005, 883; OLG Saarbrücken v. 24.5.2012 – 6 UF 148/11 NJW-RR 2012, 1092.
6 Musielak/*Borth*, § 246 FamFG Rz. 20.
7 OLG München v. 6.9.2006 – 1 W 2126/06, FamRZ 2007, 911.
8 OLG Schleswig v. 1.8.2008 – 4 U 52/08, FamRZ 2009, 897; **aA** Zöller/Lorenz, § 246 FamFG Rz. 13: nur eA nach § 49 FamFG.
9 BGH v. 25.1.2007 – IX ZB 6/06, FamRZ 2007, 722.
10 BAG v. 5.4.2006 – 3 AZB 61/04, FamRZ 2006, 1117.
11 LSG Thüringen v. 16.6.1997 – L 2 Kn 44/97, JurBüro 1999, 199.
12 BGH v. 25.11.2009 – XII ZB 46/09, FamRZ 2010, 189.
13 OLG Frankfurt v. 24.8.2000 – 4 WF 71/00, FamRZ 2001, 1148.
14 BGH v. 30.1.1964 – VII ZR 5/63, FamRZ 1964, 197 (198).
15 OLG Köln v. 14.11.1978 – 2 W 402/78, FamRZ 1979, 178.

verfolgung scheidet ein Verfahrenskostenvorschussanspruch aus, weil es dem Verpflichteten nicht zumutbar ist, einen von vornherein aussichtslosen Prozess vorzufinanzieren.[1]

Bei der Beurteilung der Billigkeit sind auch die **persönlichen Beziehungen** zwischen Anspruchssteller und Anspruchsgegner zu berücksichtigen. Der Umstand, dass der Verfahrensgegner dem Antragsteller einen Kostenvorschuss leisten muss, begründet allein keine Unbilligkeit.[2] Richtet sich ein Hauptsacheverfahren gegen den geschiedenen Ehegatten (zB Zugewinnausgleich), kann hierfür der neue Ehegatte vorschusspflichtig sein.[3]

Der in Anspruch genommene **Unterhaltspflichtige** muss hinreichend **leistungsfähig** sein. Ob hierbei generell auf den notwendigen oder den angemessenen Selbstbehalt abzustellen ist, wird unterschiedlich beurteilt. Der BGH berücksichtigt bei minderjährigen und privilegiert volljährigen Kindern den notwendigen Selbstbehalt für Erwerbstätige (derzeit nach der DT, Stand 1.1.2013: 1 000 Euro).[4] Gegenüber nicht privilegierten volljährigen Kindern beträgt der Selbstbehalt derzeit 1200 Euro, gegenüber Ehegatten 1 100 Euro. Kann der Verpflichtete den Vorschuss nicht in einer Summe aufbringen, muss er ihn ratenweise zahlen.[5] Aus Gründen der Billigkeit ist lediglich eine weitergehende Ratenzahlungsbelastung, als sie nach § 115 Abs. 1 ZPO in Betracht käme, ausgeschlossen.[6]

C. Anwendbare Vorschriften

I. Allgemeine und besondere Vorschriften

Nach § 119 Abs. 1 Satz 1, der sich in Buch 2, Abschnitt 1, somit in den **allgemeinen Vorschriften** für das Verfahren in Familiensachen befindet, sind in Familienstreitsachen die Vorschriften des FamFG über die eA, dh. die in Buch 1 – Allgemeiner Teil – Abschnitt 4 enthaltenen §§ 49 ff., anzuwenden. Insofern ist der vorläufige Rechtsschutz für alle Verfahrensgegenstände des Familienrechts einheitlich ausgestaltet.[7] Der Erlass einer **einstweiligen Verfügung** nach den Vorschriften der ZPO (§§ 935 bis 942 ZPO) ist im gesamten Anwendungsbereich des FamFG, dh. auch in Unterhaltssachen, **ausgeschlossen**, weil das FamFG an keiner Stelle auf diese Vorschriften verweist.[8] Angeordnet ist in § 119 Abs. 1 Satz 2 lediglich eine entsprechende Geltung des § 945 ZPO in den Familienstreitsachen nach § 112 Nr. 2 (Güterrechtssachen) und Nr. 3 (sonstige Familiensachen), nicht aber in Unterhaltssachen. § 119 Abs. 2 Satz 1 sieht – wie im früheren Recht[9] – vor, dass in Familienstreitsachen neben der eA auch der persönliche oder der **dingliche Arrest** des Schuldners **möglich** ist. Die Geltung der diesbezüglichen Vorschriften der ZPO ordnet § 119 Abs. 2 Satz 2 ausdrücklich an.[10]

In **Unterhaltssachen** sind neben den allgemeinen Vorschriften im FamFG (§§ 49 ff.) die **Sondervorschriften** der §§ **246 ff.** über die eA zu beachten. Anders als nach den aufgehobenen Vorschriften des 6. Buches der ZPO über die eA (vgl. insbesondere §§ 620 bis 620g, 621g, 644 aF ZPO) ist die Anhängigkeit einer Ehesache, eines isolierten Unterhaltsverfahrens oder die Einreichung eines entsprechenden Antrags auf Bewilligung von Verfahrenskostenhilfe nicht mehr Voraussetzung für das einstweilige Anordnungsverfahren.[11]

---

1 BGH v. 7.2.2001 – XII ZB 2/01, FamRZ 2001, 1363.
2 BGH v. 7.2.2001 – XII ZB 2/01, FamRZ 2001, 1363.
3 BGH v. 25.11.2009 – XII ZB 46/09, FamRZ 2010, 189.
4 BGH v. 4.8.2004 – XII ZA 6/04, FamRZ 2004, 1633.
5 OLG Saarbrücken v. 24.5.2012 – 6 UF 148/11, NJW-RR 2012, 1092.
6 BGH v. 4.8.2004 – XII ZA 6/04, FamRZ 2004, 1633.
7 Begr. RegE, BT-Drucks. 16/6308, S. 225.
8 Begr. RegE, BT-Drucks. 16/6308, S. 226.
9 Vgl. Zöller/*Vollkommer*, § 916 ZPO Rz. 8.
10 Begr. RegE, BT-Drucks. 16/6308, S. 226.
11 Begr. RegE, BT-Drucks. 16/6308, S. 259.

II. Unabhängigkeit der einstweiligen Anordnung

34 Das **Verfahren der eA** ist selbst dann ein **selbständiges Verfahren**, wenn gleichzeitig das Hauptsacheverfahren anhängig ist, § 51 Abs. 3 Satz 1 FamFG. Die verfahrensmäßige Trennung von Hauptsache und eA entspricht der Situation bei Arrest und einstweiliger Verfügung nach den §§ 916 ff. ZPO. Durch die Beseitigung der Hauptsachenabhängigkeit der eA im früheren Familienverfahrensrecht werden die Verfahrensordnungen harmonisiert. Mit der Neukonzeption wollte der Gesetzgeber das Institut der eA stärken. Es vereint die Vorteile eines vereinfachten und eines beschleunigten Verfahrens.[1] Sofern weder ein Beteiligter noch das Gericht von Amts wegen ein Hauptsacheverfahren einleiten, fallen die diesbezüglichen Kosten nicht mehr an. Zudem sind die formalen Hürden für die Erlangung von einstweiligem Rechtsschutz verringert worden. Die **Wahlmöglichkeit** bezüglich der Einleitung einer Hauptsache in Antragsachen (§ 52) und der Einleitung eines Abänderungsverfahrens nach § 54 stärkt die **Verfahrensautonomie** der Beteiligten.[2] Die Ermöglichung einer von der Hauptsache unabhängigen eA bedeutet keine Verringerung des Rechtsschutzes. Denn in Antragsverfahren steht den Beteiligten die Einleitung eines Hauptsacheverfahrens frei; in Amtsverfahren hat das Gericht die Pflicht zu überprüfen, ob die Einleitung eines Hauptsacheverfahrens von Amts wegen erforderlich ist.[3]

D. Verfahren

I. Zuständiges Gericht

35 Die Zuständigkeit für den Erlass einer eA richtet sich nach § 50. Danach ist, wenn eine Hauptsache anhängig ist, dieses Gericht zuständig, ansonsten in erster Linie das **Gericht**, das für die **Hauptsache** in erster Instanz zuständig wäre, **§ 50 Abs. 1 Satz 1**. In Unterhaltssachen ist das **zuständige Gericht** nach §§ 232, 233 zu bestimmen. Dieser Gleichlauf mit der Hauptsache ist aus verfahrensökonomischen Gründen sinnvoll und geboten. **§ 50 Abs. 1 Satz 2** betrifft den Fall, dass eine Hauptsache anhängig ist. Grundsätzlich ist in dieser Konstellation für die eA das Gericht zuständig, bei dem die Hauptsache im ersten Rechtszug anhängig ist oder war. Durch die verfahrensrechtliche Selbständigkeit einer eA kann sich ein **Auseinanderfallen der Zuständigkeit** für die Hauptsache und die eA ergeben. Dies kann der Fall sein, wenn in einem Verfahren auf Kindesunterhalt nach Einleitung eines Hauptsacheverfahrens der gewöhnliche Aufenthalt des Kindes wechselt und erst dann eine eA beantragt wird. In einem solchen Fall stehen sich **zwei Zuständigkeiten** gegenüber. Das Verfahren der eA ist nach § 50 Abs. 1 Satz 2 am Gericht der bereits anhängigen Hauptsache einzuleiten, während § 232 Abs. 1 Nr. 2 eine ausschließliche Zuständigkeit am Ort des gewöhnlichen Aufenthalts vorsieht. Wenn man dem in § 232 Abs. 2 normierten Vorrang der Zuständigkeit nach § 232 vor jeder anderen ausschließlichen Zuständigkeit und damit auch vor § 50 Abs. 1 Satz 2 folgt, müssen die Verfahren an unterschiedlichen Gerichten geführt werden. Da eine Abgabe aus wichtigem Grund nach § 4 in Unterhaltssachen nicht möglich ist, weil § 4 gem. § 113 Abs. 1 in Familienstreitsachen nicht anwendbar ist[4] und eine doppelte Befassung der Gerichte mit denselben Gegenstand wenig sinnvoll erscheint, sollte das Verfahren der eA im Hinblick auf die Hauptsache für erledigt erklärt werden (s. oben *Stößer* § 50 Rz. 5).[5]

36 Für den Zeitraum zwischen Beginn und Ende der **Anhängigkeit der Hauptsache beim Beschwerdegericht** ist Letzteres grundsätzlich auch für das einstweilige Anordnungsverfahren zuständig. Anderes gilt nur in den Fällen, in denen eine **Unterhaltssache** in Form eines **Stufenantrags** anhängig ist und gegen die Entscheidung zur Auskunftsstufe Beschwerde eingelegt wurde; hier verbleibt der noch unbezifferte Leistungsantrag in der ersten Instanz anhängig.

---

1 AA *Vorwerk*, FPR 2009, 8, 9 wegen der mangelnden Rechtskraftfähigkeit der eA; kritisch auch *Schürmann*, FuR 2009, 130 (139).
2 OLG Jena v. 27.9.2010 – 1 WF 327/10, FamRZ 2010, 491 (492).
3 Begr. RegE, BT-Drucks. 16/6308, S. 199.
4 Keidel/*Giers*, § 50 FamFG Rz. 8; *Rüntz/Viefhues*, FamRZ 2010, 1285, 1291.
5 Zöller/*Feskorn*, § 50 FamFG Rz. 5.

Das erstinstanzliche Gericht ist auch dann für den Erlass einer eA auf **Zahlung eines Verfahrenskostenvorschusses** zuständig, wenn das Verfahren in der Beschwerdeinstanz anhängig ist. Denn für eine Zuständigkeit nach § 50 Abs.1 Satz 2 fehlt es an der Identität der Verfahrensgegenstände.[1] Anders als nach früherem Recht handelt es sich bei dem Verfahren auf Zahlung eines Kostenvorschusses nicht mehr unabhängig vom Verfahrensgegenstand um ein unselbständiges Annexverfahren zu dem bereits anhängigen Verfahren. Die frühere Regelung des § 620a Abs. 4 Satz 2, 3 ZPO, nach der die Zuständigkeit des Berufungs- bzw. Beschwerdegerichts gegeben war, wenn das Hauptsacheverfahren in der Rechtsmittelinstanz anhängig war, ist wegen der Selbständigkeit der eA nicht in das FamFG übernommen worden. Deshalb gelten für alle Verfahren auf Erlass einer eA unabhängig vom Verfahrensgegenstand die allgemeinen Zuständigkeitsvorschriften. Diese schließen eine Zuständigkeit des Beschwerdegerichts aus, sofern sich die Verfahrensgegenstände von Hauptsache und eA nicht entsprechen.[2] Angesichts des engen Sachzusammenhangs des Kostenvorschusses mit dem Unterhaltsverfahren als Hauptsache ist eine gespaltene Zuständigkeit nicht zweckmäßig.[3] Dies rechtfertigt es jedoch nicht, die gesetzliche Systematik des Anordnungsverfahrens und die zwingenden Zuständigkeitsvorschriften zu umgehen.[4]

Während der **Anhängigkeit der Hauptsache beim Rechtsbeschwerdegericht** ist das **Gericht erster Instanz** für das einstweilige Anordnungsverfahren zuständig.[5]

Aus § 50 Abs. 2 ergibt sich in Anlehnung an § 942 Abs. 1 ZPO die grundsätzlich gegebene **Eilzuständigkeit** für besonders dringende Fälle und die Verpflichtung des angegangenen Gerichts, das Verfahren unverzüglich an das nach Abs. 1 zuständige Gericht abzugeben. Damit die nach § 50 Abs. 1 maßgebliche Zuständigkeitsregelung nicht unterlaufen wird, sind an die Fälle, für die die Eilzuständigkeit eröffnet wird, tatbestandlich erhöhte Voraussetzungen zu stellen. Die Eilzuständigkeit ist daher nur in besonders dringenden Fällen und stets bei einem Amtsgericht gegeben, da dort flächendeckend ein Bereitschaftsdienst eingerichtet ist.[6]

II. Kein Anwaltszwang

Für das einstweilige Anordnungsverfahren verweist § 119 Abs. 1 Satz 1 iVm. § 51 Abs. 2 Satz 1 auf die für die Hauptsache geltenden Verfahrensvorschriften. Nach § 114 Abs. 1 müssen sich die Ehegatten in Ehesachen und Folgesachen und die Beteiligten in selbständigen Familiensachen vor dem Familiengericht und dem Oberlandesgericht durch einen Rechtsanwalt vertreten lassen. Eine Ausnahme vom Anwaltszwang regelt § 114 Abs. 4 Nr. 1 für das Verfahren der eA. Hier bedarf es **nicht der Vertretung durch einen Rechtsanwalt**. Die Regelung entspricht dem früheren § 620a Abs. 2 Satz 2 ZPO[7] iVm. dem bisherigen § 78 Abs. 5 ZPO.[8] Nach der Trennung des einstweiligen Anordnungsverfahrens vom Hauptsacheverfahren sind jedoch, anders als nach früherem Recht,[9] nicht nur das schriftliche Verfahren, sondern alle Verfahrensabschnitte, mithin auch der Antrag auf mündliche Verhandlung und diese selbst vom Anwaltszwang ausgenommen.[10]

---

1 OLG Oldenburg v. 23.8.2011 – 14 UHF 2/11, FamRZ 2012, 390.
2 OLG Oldenburg v. 23.8.2011 – 14 UHF 2/11, FamRZ 2012, 390.
3 Schulte-Bunert/Weinreich/*Schwonberg*, § 246 FamFG Rz. 35.
4 OLG Oldenburg v. 23.8.2011 – 14 UHF 2/11, FamRZ 2012, 390.
5 Begr. RegE, BT-Drucks. 16/6308, S. 200.
6 Begr. RegE, BT-Drucks. 16/6308, S. 200; aA Schulte-Bunert/Weinreich/*Schwonberg*, § 50 FamFG Rz. 11.
7 Dieser lautete: Der Antrag kann zu Protokoll der Geschäftsstelle erklärt werden.
8 Jetzt: § 78 Abs. 3 ZPO; Begr. RegE, BT-Drucks. 16/6308, S. 224.
9 Vgl. Zöller/*Philippi*, 27. Aufl., § 620a ZPO, Rz. 9, 9a.
10 *Schürmann*, FamRB 2008, 375 (377); *Büte*, FPR 2009, 14 (15).

III. Voraussetzungen für den Erlass einer einstweiligen Anordnung

1. Kein Anordnungsgrund (dringendes Bedürfnis für sofortiges Tätigwerden) erforderlich

40 § 246 Abs. 1 enthält die Befugnis des Gerichts, durch eA die **Verpflichtung zur Zahlung von Unterhalt** oder zur **Zahlung eines Kostenvorschusses** für ein gerichtliches Verfahren (zB § 1360a Abs. 4 iVm. § 1361 Abs. 4 Satz 4 BGB) zu regeln. Die Vorschrift modifiziert gegenüber § 49 die Voraussetzungen für den Erlass einer eA. Anders als nach § 49 Abs. 1 ist ein **dringendes Bedürfnis** für ein sofortiges Tätigwerden **nicht erforderlich**. Der nach § 49 erforderliche Verfügungsgrund für den Erlass einer eA, nämlich die Unzumutbarkeit des Zuwartens bis zu einer Entscheidung in einer etwaigen Hauptsache wegen der zu erwartenden erheblichen Nachteile, muss nicht vorliegen.

2. Regelungsbedürfnis

41 Voraussetzung ist aber wie bei dem aufgehobenen § 620 ZPO ein **Regelungsbedürfnis**.[1] Ein solches fehlt zB, wenn eine vorherige Zahlungsaufforderung an den Verpflichteten nicht erfolgt ist, ein **Unterhaltstitel** bereits **vorliegt** oder der **Verpflichtete** den Unterhalt **freiwillig zahlt** und eine Zahlungseinstellung nicht angekündigt ist.[2]

42 Ein **Regelungsbedürfnis** besteht idR nicht, wenn **Unterhalt für die Vergangenheit** geltend gemacht wird. Unterhalt, der vor Antragstellung fällig geworden ist, kann im Anordnungsverfahren daher grundsätzlich nicht zugesprochen werden, selbst wenn die materiell-rechtlichen Voraussetzungen des Verzugs nach den §§ 1613 Abs. 1, 1585b Abs. 2 BGB vorliegen. Die Auffassung, in Ausnahmefällen könne ein Regelungsbedürfnis vorliegen, wenn der Unterhaltsberechtigte wegen in der Vergangenheit ausgebliebener Unterhaltszahlungen Verbindlichkeiten (Mietschulden, Aufnahme eines Darlehens) begründet habe,[3] ist abzulehnen, denn das Anordnungsverfahren ist nicht zur Beilegung von Streitigkeiten aus zurückliegenden Zeiten geschaffen worden, sondern zur Sicherstellung des aktuellen Unterhaltsbedarfs des Anspruchstellers.

43 Sofern der Unterhaltsberechtigte **Sozialleistungen** bezieht, die gegenüber den Unterhaltspflichten subsidiär sind, findet ein **gesetzlicher Forderungsübergang** statt (§ 33 Abs. 1 SGB II, § 94 Abs. 1 Satz 1 SGB XII, § 7 Abs. 1 UVG). Der Unterhaltsberechtigte hat trotz des Bezuges von Sozialleistungen ein **Regelungsbedürfnis** für den Erlass einer eA, denn es besteht für ihn ein begründetes und anerkennenswertes Interesse, den Unterhalt **künftig** von dem Unterhaltspflichtigen und nicht von den Sozialleistungsträger zu erhalten. Sein Antrag auf zukünftige, noch nicht den Sozialhilfeträger übergegangene Ansprüche entspricht dem in § 2 Abs. 1 BSHG aF (§ 2 Abs. 1 SGB XII) verankerten Selbsthilfegrundsatz.[4] Der Antragsteller muss in einem solchen Fall ebenso wie bei einem Leistungsantrag für seine Ansprüche zwischen Anhängigkeit des Anordnungsverfahrens und mündlicher Verhandlung oder Entscheidung des Familiengerichts die Zahlung des Unterhalts in Höhe der empfangenen Leistungen an den Sozialleistungsträger beantragen.[5]

44 Auch die **Rückforderung gezahlten Unterhalts** kann aus diesem Grund im Anordnungsverfahren nicht durchgesetzt werden; hierfür ist ein Leistungsantrag erforderlich (zu den Anspruchsgrundlagen vgl. die Kommentierung zu § 241).[6] Gleiches gilt für einen **familienrechtlichen Ausgleichsanspruch**.[7]

---

1 *Borth*, FamRZ 2007, 1925 (1929); *Büte*, FuR 2008, 537 (539).
2 Ebenso Zöller/*Lorenz*, § 246 FamFG Rz. 3.
3 *Gießler/Soyka*, Rz. 509; *van Els*, FamRZ 1990, 581; Keidel/*Giers*, § 246 FamFG Rz. 4; *Schürmann*, FamRZ 2009, 375 (377).
4 BGH v. 2.4.2008 – XII ZB 266/03, FamRZ 2008, 1159 (1162).
5 BGH v. 2.4.2008 – XII ZB 266/03, FamRZ 2008, 1159 (1162).
6 Schulte-Bunert/Weinreich/*Schwonberg*, § 246 FamFG Rz. 8.
7 Schulte-Bunert/Weinreich/*Schwonberg*, § 246 FamFG Rz. 14.

Kein **Regelungsbedürfnis** besteht für einen Anspruch auf **Zustimmung zum begrenzten Realsplitting** und die Mitwirkung an der **gemeinsamen Steuererklärung**.[1]

Wenn der Berechtigte einen **Kostenvorschuss** geltend macht, muss er diesen nicht nur zur Führung eines bevorstehenden Rechtsstreits benötigen, sondern auch zuvor den Verpflichteten vergeblich zur Zahlung eines Vorschusses aufgefordert haben.[2] Ein **Regelungsbedürfnis** kann fehlen, wenn der Antrag auf Erlass einer eA mangels Erfolgsaussicht des beabsichtigten Verfahrens offensichtlich unbegründet ist, weil § 246 Abs. 1 keinen weitergehenden Rechtsschutz als bei der Bewilligung von Verfahrenskostenhilfe gewährt.[3] Ob dies in gleicher Weise gilt, wenn bei fiktiv angenommener Leistungsfähigkeit mangels konkretem Einkommen und Vermögen keine aktuelle Vollstreckungsmöglichkeit besteht,[4] ist fraglich, weil sich die Verhältnisse durch Annahme einer ausreichend dotierte Stelle oder einer Erbschaft etc. auch zeitnah verändern können. Ein Regelungsbedürfnis nach § 246 Abs. 1, 2. Alt. für einen Kostenvorschuss besteht bis zum Abschluss des geplanten oder bereits anhängigen gerichtlichen Verfahrens. Dabei ist es unerheblich, dass die Gebühren für die anwaltliche Tätigkeit bereits angefallen sind.[5] Nach Abschluss der Instanz oder nach Beendigung des Verfahrens durch Vergleich oder in anderer Weise kann ein Kostenvorschuss nicht mehr verlangt werden. Da die Kostentragungspflicht nach §§ 81 ff. 113 Abs. 1 FamFG iVm. § 91 ZPO unabhängig von dem Anspruch auf Zahlung eines Kostenvorschusses besteht,[6] kann der Vorschussberechtigte aus einer eA auch nach Beendigung des von ihm geführten Verfahren die Zwangsvollstreckung betreiben. Dies gilt selbst dann, wenn der den Vorschuss Begehrende in der Hauptsache die Kosten zu tragen hat.[7]

IV. Gang des Verfahrens

1. Einleitung des Verfahrens

In **Antragsverfahren**, zu denen auch Unterhaltsverfahren zählen, kann eine eA nach § 51 Abs. 1 Satz 1 **nur auf Antrag** ergehen.[8] Der Antrag muss auf Zahlung eines **konkreten Unterhaltsbetrags** bzw. eines **Kostenvorschusses in einer bestimmten Höhe** gerichtet sein, § 113 Abs. 1 FamFG iVm. § 253 Abs. 2 ZPO. Beim **Kostenvorschuss** umfasst der Antrag regelmäßig die gesamten für das gerichtliche Verfahren notwendigen und fälligen Kosten (Gerichtskosten und außergerichtliche Kosten). Sofern der Verpflichtete nach seinen wirtschaftlichen Verhältnissen nicht in der Lage ist, den gesamten Betrag in einer Summe aufzubringen, kann die Zahlung eines Kostenvorschusses auch in **Raten** verlangt werden.[9] In dem selbstständigen Verfahren zur Geltendmachung eines Kostenvorschusses für ein Hauptsacheverfahren kann, sofern der Verpflichtete zuvor vergeblich zur Leistung eines Kostenvorschusses aufgefordert worden ist, zugleich auch ein Kostenvorschuss für dieses Verfahren selbst beantragt werden.[10]

Der Antragsteller hat den **Antrag zu begründen** und die Voraussetzungen für die Anordnung glaubhaft zu machen, § 51 Abs. 1 Satz 2. In Unterhaltssachen sind die Anforderungen an die Glaubhaftmachung abhängig von der Höhe des begehrten Unterhalts. Je höher dieser ist, umso weitergehende Anforderungen sind zu stellen.

In **Kostenvorschusssachen** ist es Sache des Unterhaltsberechtigten, die Erfolgsaussichten seines beabsichtigten Verfahrens schlüssig darzulegen und hierfür Beweis

---
1 Ebert, Einstweiliger Rechtsschutz in Familiensachen, § 2 Rz. 26.
2 OLG Köln v. 27.3.1990 – 4 UF 19/90, FamRZ 1990, 768.
3 BGH v. 7.2.2001 – XII ZB 2/01, FamRZ 2001, 1363.
4 OLG Hamm v. 9.6.1986 – 7 UF 676/85, FamRZ 1986, 919.
5 OLG Zweibrücken v. 13.7.2001 – 6 UF 32/01, OLGReport 2002, 179.
6 BGH v. 10.7.1985 – IVb ZR 37/84, FamRZ 1986, 40.
7 BGH v. 15.5.1985 – IVb ZR 33/84, FamRZ 1985, 802.
8 Begr. RegE, BT-Drucks. 16/6308, S. 200.
9 BGH v. 4.8.2004 – XII ZA 6/04, FamRZ 2004, 1633.
10 Musielak/Borth, § 246 FamFG Rz. 33.

anzutreten. Das gilt jedenfalls für alle Verfahren, in denen es auf eine Prüfung der Erfolgsaussicht ankommt. Anders ist dies in Statusverfahren zu beurteilen, in denen das Interesse der Beteiligten und das öffentliche Interesse an der Feststellung des Status eines Betroffenen im Vordergrund steht. Gleiches gilt in Strafverfahren.[1]

50 Die für die **Glaubhaftmachung** zulässigen Beweismittel bestimmen sich in Familienstreitsachen nach **§ 113 Abs. 1 FamFG iVm. § 294 ZPO**.[2] Die Glaubhaftmachung ist eine Beweisführung, die dem Richter einen geringeren Grad von Wahrscheinlichkeit vermitteln soll. Die Erhebung ist nicht an die Formen der ZPO gebunden, muss aber sofort möglich sein, dh. im Zeitpunkt der Entscheidung über das Gesuch. Es gibt grundsätzlich (Ausnahmen: §§ 273 und 118 Abs. 2 Satz 3 ZPO) **keine Ladung von Zeugen, Beiziehung von Urkunden oder Einholung von Auskünften.** Alle Beweismittel müssen von den Beteiligten zur Stelle gebracht sein. Außer den üblichen Beweismitteln sind Versicherung an Eides statt des Beteiligten oder Dritter mit eigener Darstellung der glaubhaft zu machenden Tatsachen,[3] anwaltliche Versicherung des Verfahrensbevollmächtigten über Vorgänge, die er während seiner Tätigkeit wahrgenommen hat, und die Vorlage nicht beglaubigter Kopien von Schriftstücken zulässig. Das Gericht prüft den Beweiswert der vorgelegten Beweismittel (zB Einkommensunterlagen) frei, wobei eine Behauptung allerdings schon dann glaubhaft gemacht ist, wenn eine überwiegende Wahrscheinlichkeit dafür besteht, dass sie zutrifft.[4] Welche Anforderungen an die Begründung eines Antrags genau zu stellen sind, kann nur im Einzelfall bestimmt werden. Bei der Prüfung ist zu berücksichtigen, dass es sich um ein summarisches Eilverfahren handelt.[5]

2. Verfahrensgrundsätze

51 Im Übrigen richtet sich das **Verfahren** gem. **§ 51 Abs. 2 Satz 1 nach den Vorschriften**, die für eine entsprechende **Hauptsache** gelten, soweit sich nicht aus den Besonderheiten des einstweiligen Rechtsschutzes etwas anderes ergibt. In Unterhaltsverfahren sind nach § 113 Abs. 1 die allgemeinen zivilprozessualen Verfahrensgrundsätze, insbesondere der **Beibringungsgrundsatz**, anwendbar. Eine zur Feststellung der entscheidungserheblichen Tatsachen erforderliche Ermittlung führt das Familiengericht **nicht von Amts wegen** (§ 26) durch.

52 Dem **Antragsgegner** ist gem. Art. 103 Abs. 1 GG **rechtliches Gehör** zu gewähren. Das Familiengericht hat ihm eine **angemessene Frist**, die regelmäßig nicht unter zwei Wochen liegen dürfte, zu setzen, vor deren Ablauf keine Entscheidung ergehen darf. Der Antragsgegner kann ebenso wie der Antragsteller seine Einwendungen in geeigneter Form (vgl. Rz. 50) glaubhaft machen. Da ein Hauptsacheverfahren nicht mehr zwingend notwendig ist, liegt es im Interesse der Beteiligten, ausgehend von dem beiderseitigen Vortrag bereits im Verfahren der eA den Versuch zu unternehmen, eine gütliche Einigung zu finden oder eine Entscheidung herbeizuführen, mit der der Streit dauerhaft beigelegt werden kann.[6]

53 Zu den **Besonderheiten** des einstweiligen Anordnungsverfahrens gehören typischerweise die Eilbedürftigkeit des Verfahrens und dessen summarischer Zuschnitt. Aus diesem Grunde kommen die Anordnung des **Ruhens des Verfahrens** oder die **Einholung eines schriftlichen Sachverständigengutachtens** im Regelfall **nicht** in Betracht.[7]

3. Mündliche Verhandlung

54 Das Gericht kann nach **§ 51 Abs. 2 Satz 2** ohne **mündliche Verhandlung** durch grundsätzlich zu begründenden Beschluss (§§ 119, 51 Abs. 2 Satz 1, 116, 38, 39) ent-

---

1 BGH v. 7.2.2001 – XII ZB 2/01, FamRZ 2001, 1363.
2 Begr. RegE, BT-Drucks. 16/6308, S. 200.
3 BGH v. 11.9.2003 – IX ZB 37/03, NJW 2003, 3558.
4 BGH v. 11.9.2003 – IX ZB 37/03, NJW 2003, 3558.
5 Begr. RegE, BT-Drucks. 16/6308, S. 200.
6 MüKo.ZPO/*Dötsch*, § 246 FamFG Rz. 3.
7 Begr. RegE, BT-Drucks. 16/6308, S. 200.

scheiden. Die Entscheidung, ob eine mündliche Verhandlung durchgeführt wird, steht im Ermessen des Gerichts. In **Unterhaltssachen** ergeht die **Entscheidung** über einen Antrag auf Erlass einer eA nach **§ 246 Abs. 2 aufgrund nicht öffentlicher (§ 170 GVG) mündlicher Verhandlung**, wenn dies zur Aufklärung des Sachverhalts oder für eine gütliche Beilegung des Verfahrens geboten erscheint. Die Vorschrift betont die Bedeutung der mündlichen Verhandlung im Verfahren der eA in Unterhaltssachen und trägt damit dem Umstand Rechnung, dass das Ziel einer Verfahrensbeschleunigung in Unterhaltssachen nicht in der Weise im Vordergrund steht wie in anderen Bereichen des einstweiligen Rechtsschutzes. In der mündlichen Verhandlung können nach Auffassung des Gesetzgebers offen gebliebene Gesichtspunkte geklärt und die in Unterhaltssachen nicht selten vorkommenden Rechts- und Einschätzungsfragen erörtert werden. Darüber hinaus erleichtert die Verhandlungssituation das Zustandekommen von Vereinbarungen. Beim Abschluss eines Vergleichs in einem Anordnungsverfahren sollte durch eine entsprechende Formulierung klargestellt werden, ob nur das Anordnungsverfahren erledigt werden soll oder auch ein bereits anhängiges oder geplantes Hauptsacheverfahren.[1] Eine Entscheidung ohne mündliche Verhandlung kommt daher nur in einfach gelagerten oder besonders eilbedürftigen Fällen in Betracht.[2]

Wenn das Gericht **ohne mündliche Verhandlung** entschieden hat, ist auf Antrag aufgrund mündlicher Verhandlung erneut zu entscheiden, § 54 Abs. 2. Ein solcher Antrag kommt insbesondere dann in Betracht, wenn ein Antrag auf Erlass einer eA im schriftlichen Verfahren zurückgewiesen wurde oder nur einen Teilerfolg hatte. Das Verhältnis zwischen einem Antrag auf Abänderung nach § 54 Abs. 1 und einem Antrag nach § 54 Abs. 2 ist ebenso wie in der Vorgängervorschrift des § 620b ZPO unklar. Wie nach früherem Recht sind aber Änderungsanträge nach § 54 Abs. 1 jedenfalls dann unzulässig, wenn das ursprüngliche Anordnungsverfahren noch nicht abgeschlossen ist. Dies ist der Fall, wenn ein Antrag nach § 54 Abs. 2 anhängig ist.[3] Ein Abänderungsantrag nach § 54 Abs. 1 kann (auch) als Antrag auf mündliche Verhandlung nach § 54 Abs. 2 angesehen werden.[4]

Nach § 51 Abs. 3 Satz 2 können die im einstweiligen Anordnungsverfahren gewonnenen **Verfahrensergebnisse** in einem **Hauptsacheverfahren verwertet** werden. Einzelne Verfahrenshandlungen müssen nicht wiederholt werden, wenn von deren erneuter Vornahme keine zusätzlichen Erkenntnisse zu erwarten sind. Die Vorschrift dient der Verfahrensökonomie. So muss eine zwingende persönliche Anhörung, wenn eine solche im Anordnungsverfahren bereits stattgefunden hat, im Hauptsacheverfahren nicht wiederholt werden, sofern der Anzuhörende nach Überzeugung des Gerichts den Sachverhalt bereits umfassend dargelegt hat. Nicht verzichtet werden soll jedoch nach dem Willen des Gesetzgebers auf einen Termin zur mündlichen Verhandlung in dem Hauptsacheverfahren.[5]

V. Beendigung des Verfahrens

1. Prüfungsumfang

Die Prüfung der sachlichen Voraussetzungen für den Erlass einer eA durch das Familiengericht bezieht sich auf den **materiell-rechtlichen Anspruch** auf Unterhalt bzw. Kostenvorschuss und die sich aus § 246 Abs. 1 ergebenden verfahrensrechtlichen Anforderungen. Entgegen dem eindeutigen Wortlaut der Vorschrift („kann") hat der Antragsteller einen Anspruch auf die Entscheidung des Gerichts. Wenn die sachlichen Voraussetzungen für den Erlass einer eA vorliegen, reduziert sich das Ermessen des Gerichts auf Null.[6]

---

1 *von Swieykowski-Trzaska*, FPR 2010, 167 (169).
2 Begr. RegE, BT-Drucks. 16/6308, S. 260.
3 Johannsen/Henrich/*Maier*, § 246 FamFG Rz. 9; **aA** Thomas/Putzo/*Reichold*, § 54 FamFG Rz. 6.
4 *Götsche/Viefhues*, ZFE 2009, 124 (128).
5 Begr. RegE, BT-Drucks. 16/6308, S. 200.
6 Musielak/*Borth*, § 246 FamFG Rz. 35; **aA** Johannsen/Henrich/*Maier*, § 246 FamFG Rz. 12.

2. Vergleich, Anerkenntnis

58 Die Beteiligten können in dem Verfahren auf Erlass einer eA einen **Vergleich** schließen. Dieser hat grundsätzlich keine weiter gehende Wirkung als eine gerichtliche Entscheidung durch Beschluss. Den Beteiligten steht es jedoch im Anordnungsverfahren frei, nicht nur dieses durch Vergleich zu beenden, sondern gleichzeitig auch eine **Regelung der Hauptsache** zu treffen (vgl. oben Rz. 52). Um später Auslegungsschwierigkeiten zu vermeiden, sollte in dem Vergleichstext ausdrücklich klargestellt werden, dass der Vergleich auch eine Regelung des materiellen Unterhalts beinhaltet. Nach der Art der Vereinbarung ist später zu entscheiden, ob eine Abänderung nach § 54 (Vergleich zur Beendigung nur des Anordnungsverfahrens) oder nach § 239 (Vergleich enthält eine Einigung über den materiell-rechtlichen Unterhaltsanspruch) in Betracht kommt.

3. Entscheidung durch Beschluss, Inhalt

a) Inhalt der einstweiligen Anordnung

59 Anders als § 49 Abs. 1, der für die eA auf der Rechtsfolgenseite eine Begrenzung auf vorläufige Maßnahmen vorsieht, enthält § 246 eine solche Einschränkung nicht. In Unterhaltssachen oder Angelegenheiten zur Zahlung eines Kostenvorschusses für ein gerichtliches Verfahren kann das Gericht die **Zahlung anordnen**. Wie nach früherem Recht **kann** daher durch eine eA der **volle laufende Unterhalt ab Antragseingang**, nicht für die Vergangenheit, **ohne zeitliche Begrenzung** zuerkannt werden, soweit die Voraussetzungen dafür glaubhaft gemacht worden sind.[1] Dies gilt sowohl für den Ehegattenunterhalt (§§ 1360, 1361, 1569 ff. BGB) als auch für den Kindesunterhalt (§§ 1601 ff. BGB) und den Unterhalt der nichtehelichen Mutter oder des nichtehelichen Vaters (§ 1615l BGB). Von der Möglichkeit, vollen laufenden Unterhalt ohne zeitliche Begrenzung zuzusprechen, wird das Gericht Gebrauch machen, wenn ansonsten das Ziel des einstweiligen Anordnungsverfahrens, nämlich ein Hauptsacheverfahren überflüssig zu machen, nicht erreicht werden kann.[2] **Ausnahmen** hiervon rechtfertigen sich dann, wenn der Antragsgegner wegen der Eilbedürftigkeit vor Erlass der eA nicht gehört worden ist.[3] Je nach Ablauf des Verfahrens, Qualität der Glaubhaftmachung und Höhe des begehrten Unterhalts kann das Gericht zunächst durch Teilentscheidung nur einen bestimmten Betrag, zB einen Mindestbetrag, zusprechen und den Rest ggf. nach Durchführung einer mündlichen Verhandlung titulieren. In dem ersten Beschluss sollte dann aber zum Ausdruck kommen, dass das Gericht sich eine **Nachbesserung** vorbehält.[4]

60 Die Interessen des Unterhaltsschuldners werden durch die Möglichkeit zur Erzwingung eines Hauptsacheverfahrens nach § 52 Abs. 2 und durch den Antrag auf Aufhebung oder Änderung der Entscheidung nach § 54 gewahrt. Eine **Befristung** ist aber nicht ausgeschlossen, vgl. § 56 Abs. 1 Satz 1.[5]

61 Bei der Entscheidung hat das Gericht gem. § 113 Abs. 1 FamFG iVm. §§ 307, 308 ZPO die Sachanträge der Beteiligten zu beachten. Es kann nicht mehr, sondern lediglich weniger Unterhalt bzw. Kostenvorschuss als beantragt zusprechen. Der Unterhalt ist regelmäßig als **monatliche Zahlung** anzuordnen. Daneben können auch einmalige und zusätzliche Beträge zugesprochen werden.

b) Entscheidung durch Beschluss

62 Die **Entscheidung** über den Antrag auf Erlass einer eA ergeht durch **Beschluss**. Da es sich um eine Endentscheidung iSd. § 38 Abs. 1 handelt, muss der Beschluss den

---

1 *Schürmann*, FamRB 2008, 375 (377) und FuR 2009, 130 (139); Begr. RegE, BT-Drucks. 16/6308, S. 260; *Borth*, FamRZ 2009, 157 (161).
2 *Musielak/Borth*, § 246 FamFG Rz. 5.
3 *Gießler/Soyka*, Rz. 373.
4 *Van Els*, Anm. zu OLG Jena v. 27.9.2010 – 1 WF 327/10, FamRZ 2010, 491, in FamRZ 2010, 492.
5 Vgl. auch *Roßmann*, ZFE 2010, 86 (89); Horndasch/Viefhues/*Roßmann*, FamFG, § 246 Rz. 18; *Götsche/Viefhues*, ZFE 2009, 124 (126).

formalen Voraussetzungen des § 38 genügen.[1] Er ist zu begründen und mit einer Rechtsbehelfsbelehrung zu versehen, § 39.[2] Die Entscheidung ergeht auf der Grundlage aller dem Familiengericht zur Verfügung stehenden Erkenntnisse. Eine Versäumnisentscheidung ist ausgeschlossen, § 51 Abs. 2 Satz 3. Der Sachvortrag des Antragstellers gilt nicht als zugestanden, weil die Anwendung von § 331 Abs. 1 Satz 1 ZPO ausgeschlossen ist. Damit der Antragsgegner nicht durch seine Säumnis die Entscheidung verhindern kann, erlässt das Gericht die Anordnung auf der Grundlage der vorliegenden Unterlagen, dh. nach Aktenlage.[3]

Der Erlass eines **Anerkenntnisbeschlusses** ist nicht gem. 51 Abs. 2 ausgeschlossen; insoweit ist über § 113 Abs. 1 der § 307 ZPO entsprechend anwendbar. Ausgenommen sind lediglich Ehesachen, vgl. § 113 Abs. 4 Nr. 6.

4. Kostenentscheidung, Rechtsbehelfsbelehrung

Nach § 51 Abs. 4 gelten für die **Kosten des Verfahrens** der eA die allgemeinen Vorschriften. Anzuwenden sind die für die verschiedenen Verfahren des FamFG jeweils geltenden Vorschriften über die Kostengrundentscheidung.[4] Die Kostenentscheidung in Unterhaltssachen und daher auch in Kostenvorschusssachen richtet sich nach § 243.[5] Nach früherem Recht waren die Kosten der eA idR Teil der Kosten der Hauptsache (vgl. § 620g aF ZPO). Durch die verfahrensrechtliche Selbständigkeit des einstweiligen Anordnungsverfahrens ist nunmehr eine **Kostenentscheidung notwendig**,[6] soweit nicht in einer entsprechenden Hauptsache von einer Kostenentscheidung abgesehen werden kann. Die von der Hauptsache getrennte kostenrechtliche Behandlung des einstweiligen Anordnungsverfahrens hat den Vorteil, dass die diesbezüglichen Kosten sogleich nach Beendigung dieses Verfahrens abgerechnet werden können.[7]

Der Beschluss ist gem. § 39 mit einer **Rechtsbehelfsbelehrung** zu versehen, die über die Regelung in § 57 (Rechtsmittel) unterrichtet. Zusätzlich kann über die Möglichkeit eines Antrags auf mündliche Verhandlung nach § 54 Abs. 2 und über das Antragsrecht zur Einleitung des Hauptsacheverfahrens nach § 52 belehrt werden. Zwingend ist dies nicht.[8]

Einstweilen frei.

VI. Vollstreckung

Die Vollstreckung einer Entscheidung im einstweiligen Anordnungsverfahren richtet sich nach §§ 119, 120, 53, 55. Eine **Vollstreckungsklausel** ist grundsätzlich **nicht erforderlich**.

VII. Aufhebung oder Änderung der Entscheidung

1. Allgemeines

Die eA schafft nur einen **Vollstreckungstitel**, ohne das diesem zugrunde liegende Rechtsverhältnis zwischen den Parteien verbindlich zu gestalten. Der Rechtszustand wird nur vorläufig geregelt. Die getroffenen Regelungen erlangen daher keine materielle Rechtskraft.[9] Die Entscheidung über die eA wird jedoch formell rechtskräftig und bildet für die Zeit ihrer Geltung einen Vollstreckungstitel. Dies hindert nicht die

---

1 OLG Stuttgart v. 12.10.2009 – 16 WF 193/09, FamRB 2009, 374 (*Schürmann*).
2 Str., weil der Beschluss nicht anfechtbar ist, vgl. *Schürmann*, Anm. zu OLG Stuttgart v. 12.10.2009 – 16 WF 193/09, FamRB 2009, 374.
3 *Klein*, FuR 2009, 241 (246); *Götsche/Viefhues*, ZFE 2009, 124 (127).
4 Begr. RegE, BT-Drucks. 16/6308, S. 201.
5 OLG Saarbrücken v. 24.5.2012 – 6 UF 148/11 NJW-RR 2012, 1092.
6 So auch *Schürmann*, FamRB 2008, 375 (379); *Roßmann*, ZFE 2010, 86 (89).
7 Begr. RegE, BT-Drucks. 16/6308, S. 201.
8 Str., vgl. § 51 FamFG Rz. 14; Zöller/*Feskorn*, § 51 FamFG Rz. 11 mwN.
9 Vgl. zum früheren Recht *Dose*, Rz. 42.

rückwirkende **Aufhebung oder Änderung** der eA. Der Beschluss hat somit eine geringere Bestandskraft als eine in der Hauptsache ergangene Endentscheidung.[1]

2. Die Abänderung nach § 54 FamFG

71   Die **Überprüfung** sowie die Aufhebung oder Änderung von Entscheidungen im einstweiligen Anordnungsverfahren richtet sich nach § 54. Dieser entspricht inhaltlich weitgehend dem früheren § 620b ZPO. Die **weit reichende Abänderungsmöglichkeit** ist in Familiensachen der **Ersatz für** die regelmäßig **nicht gegebene Anfechtbarkeit** (s. Rz. 93).[2] Wenn ein entsprechendes Hauptsacheverfahren nur auf Antrag eingeleitet werden kann, ist das Gericht befugt, auf Antrag die Entscheidung in der einstweiligen Anordnungssache aufzuheben oder zu ändern, § 54 Abs. 1 Satz 1 und 2. Ausnahmsweise ist nach § 54 Abs. 1 Satz 3 kein Abänderungsantrag erforderlich, wenn die Entscheidung ohne vorherige Durchführung einer notwendigen Anhörung ergangen ist; in diesem Fall kann das Gericht die Entscheidung ebenfalls von Amts wegen aufheben oder ändern. Sie soll sicherstellen, dass das Ergebnis der Anhörung in jedem Fall, also auch wenn kein Antrag gestellt ist, umgesetzt werden kann. Zugleich wird die Bedeutung der Anhörung damit hervorgehoben.[3] Zum Verhältnis von § 54 Abs. 1 und § 54 Abs. 2 s. dort. Die Abänderungsmöglichkeit des § 54 Abs. 1 ist nachrangig gegenüber einem Antrag auf Durchführung einer mündlichen Verhandlung gem. § 54 Abs. 2, wenn zuvor keine mündliche Verhandlung stattgefunden hat. Zwischen § 54 und dem Antrag auf Einleitung des Verfahrens zur Hauptsache nach § 52 besteht Gleichrang.

72   Für die Abänderung ist das **erlassende Gericht zuständig**, es sei denn, die Sache wurde vorher an ein anderes Gericht abgegeben oder verwiesen; dann ist dieses zuständig, § 54 Abs. 3. Diese Regelung weicht von der des früheren § 620b Abs. 3 ZPO iVm. § 620a Abs. 4 ZPO ab, weil nunmehr das einstweilige Anordnungsverfahren unabhängig von einer Ehesache ist.[4] Die Zuständigkeit bleibt auch dann bestehen, wenn sich zwischenzeitlich die sie begründenden Umstände geändert haben.[5] Während der Anhängigkeit der einstweiligen **Anordnungssache beim Beschwerdegericht** ist eine Aufhebung oder Änderung der angefochtenen Entscheidung durch das erstinstanzliche Gericht unzulässig, § 54 Abs. 4, denn während der Anhängigkeit der Sache beim Beschwerdegericht ist **nur Letzteres** zur Abänderung befugt.

73   Eine **Abänderung** kommt nur in Betracht, wenn sich nach Erlass der eA **neue Tatsachen** ergeben haben. Für eine neue Entscheidung auf der Grundlage unveränderter Tatsachen dürfte das Rechtsschutzbedürfnis fehlen.[6]

74   Bei Anhängigkeit eines Abänderungsantrags kann das Gericht die **Vollstreckung aussetzen**, § 55 Abs. 1. Die Aussetzung oder Beschränkung der Vollstreckung kann wie nach bisherigem Recht auch von Amts wegen erfolgen und von Bedingungen oder Auflagen abhängig gemacht werden, insbesondere auch von einer Sicherheitsleistung. Über einen Antrag auf Aussetzung der Vollziehung ist vorab zu entscheiden, § 55 Abs. 2. Die Entscheidung über die Aussetzung der Vollstreckung ist nicht anfechtbar.

3. Verhältnis zu sonstigen Rechtsbehelfen

a) Abänderung gerichtlicher Entscheidungen, § 238 FamFG

75   EA können nicht nach § 238 Abs. 1 abgeändert werden, weil diese Vorschrift nur die Abänderung von **in der Hauptsache** ergangenen Endentscheidungen vorsieht.

---

1 Johannsen/Henrich/*Maier*, vor §§ 246–248 FamFG Rz. 6.
2 Begr. RegE, BT-Drucks. 16/6308, S. 201.
3 Begr. RegE, BT-Drucks. 16/6308, S. 202.
4 Begr. RegE, BT-Drucks. 16/6308, S. 202.
5 Begr. RegE, BT-Drucks. 16/6308, S. 202.
6 Ebenso Zöller/*Lorenz*, § 246 FamFG Rz. 32; *Schürmann*, FamRB 2008, 375 (380); *Götsche/Viefhues*, ZFE 2009, 124 (130); *Roßmann*, ZFE 2010, 86 (90).

b) Negativer Feststellungsantrag, § 113 Abs. 1 FamFG iVm. § 256 ZPO

Ob der Unterhaltsberechtigte **neben §§ 52, 54** einen Unterhaltsantrag nach §§ 253, 258 ZPO stellen kann, um gegenüber der eA eine Verbesserung zu erreichen, ist nach der Begründung des Gesetzgebers ebenso unklar wie die Frage, ob die §§ 52, 54 dem Unterhaltsschuldner weiter gestatten, sich gegen eine eA mit einem **negativen Feststellungsantrag** zu wehren, wenn sich die Verhältnisse, die der Festsetzung des Unterhalts zur Zeit des Erlasses der eA zugrunde lagen, geändert haben.[1] Die Frage ist auch in der Literatur streitig.[2]

Das Abänderungsverfahren nach § 54 Abs. 1 ist ebenso wie das Ursprungsverfahren ein summarisches Verfahren. Die Abänderungsentscheidung tritt an die Stelle der ursprünglichen eA. Da der Unterhaltsschuldner ein Recht auf eine rechtskräftige Entscheidung über den materiellen Unterhaltsanspruch hat, **schließt der Abänderungsantrag nach § 54 Abs. 1 ein Rechtsschutzbedürfnis für einen negativen Feststellungsantrag nach § 256 ZPO nicht aus.**[3] Auch die Möglichkeit der Einleitung des Hauptsacheverfahrens gem. § 52 Abs. 2 Satz 1 beseitigt nicht das Rechtsschutzinteresse, denn der Unterhaltsberechtigte muss das Hauptsacheverfahren erst nach Ablauf der ihm hierfür gesetzten Frist, die maximal drei Monate betragen kann, einleiten. Das bedeutet, dass der Unterhaltsschuldner gezwungen ist, für diese Zeit Unterhaltsleistungen zu erbringen, obwohl ein materiell-rechtlicher Unterhaltsanspruch nicht mehr besteht. Auch die Möglichkeit, neben der Einleitung des Hauptsacheverfahrens einen Abänderungs- oder Aufhebungsantrag nach § 54 Abs. 1 zu stellen, ist für den Unterhaltsschuldner kein ausreichender Schutz, weil dieses Verfahren zum vorläufigen Rechtsschutz gehört und nur summarischen Charakter hat.[4] Nur wenn der Unterhaltsgläubiger einen nicht mehr einseitig zurücknehmbaren Leistungsantrag gestellt hat, kann eine eA nicht mehr mit einem negativen Feststellungsantrag angegriffen werden.[5]

Da nicht davon auszugehen ist, dass der Gesetzgeber die Rechtsschutzmöglichkeiten der Beteiligten einschränken wollte und § 56 Abs. 1 Satz 1 für das Außerkrafttreten einer eA auf das aus dem früheren § 620f Abs. 1 Satz 1 ZPO übernommene Kriterium einer anderweitigen Regelung abstellt,[6] spricht vieles dafür, einen negativen Feststellungsantrag. weiterhin für zulässig zu erachten.

c) Vollstreckungsabwehrantrag, § 120 Abs. 1 FamFG iVm. § 767 ZPO

Weiter zulässig sein dürfte nach zutreffender Auffassung auch die Vollstreckungsabwehrklage nach § 767 ZPO gegen eine eA in einer Unterhaltssache, wenn der Unterhaltsverpflichtete rechtshemmende oder rechtsvernichtende Einwendungen gegen den Titel (zB Erfüllung, Wiederheirat, Übergang des Anspruchs auf den Träger der Sozialhilfe[7]) hat.[8] Denn ein Vollstreckungsgegenantrag ist lediglich ein prozessualer Gestaltungsantrag. Durch ihn wird nicht die eA als solche beseitigt, sondern nur die Vollstreckbarkeit des Titels. Aus diesem Grund besteht zum Abänderungsverfahren nach § 54 keine Konkurrenz. Nach aA sollen Einwendungen nur mit einem Abänderungsantrag nach § 54 Abs. 1 bzw. mit einem negativen Feststellungsantrag geltend gemacht werden können, weil § 794 ZPO die eA nicht mehr erwähnt, so dass über

---

1 Für den Vorrang der §§ 52, 54 vgl. *Roßmann*, ZFE 2008, 245 (248); *Götsche/Viefhues*, ZFE 2009, 124 (130); anders aber *Roßmann*, ZFE 2010, 86 (89).
2 Für Zulässigkeit des negativen Feststellungsantrags Keidel/*Giers*, § 246 FamFG Rz. 8 und § 56 FamFG Rz. 4; *Roßmann*, ZFE 2010, 86 (91); Schulte-Bunert/Weinreich/*Schwonberg*, § 246 FamFG Rz. 18; dagegen Thomas/Putzo/*Hüßtege*, § 246 FamFG Rz. 9; FA-FamR/*Gerhardt*, Kap. 6 Rz. 839.
3 OLG Jena v. 29.7.2011 – 1 WF 157/11, FamRZ 2012, 54; OLG Hamm v. 11.7.2011 – 8 WF 167/11, juris: negativer Feststellungsantrag in der Hauptsache.
4 *Roßmann*, ZFE 2010, 86 (93).
5 Thomas/Putzo/*Hüßtege*, § 246 FamFG Rz. 9.
6 Begr. RegE, BT-Drucks. 16/6308, S. 202.
7 OLG Koblenz v. 23.10.2000 – 13 UF 200/00, FamRZ 2001, 1625.
8 Keidel/*Giers*, § 246 FamFG Rz. 8; Johannsen/Henrich/*Maier*, vor § 246 FamFG Rz. 10; Hk FamFG/*Stockmann*, § 51 FamFG Rz. 34.

§ 795 ZPO keine entsprechende Anwendung von § 767 ZPO mehr in Betracht komme.[1]

VIII. Einleitung des Hauptsacheverfahrens

80 Nach der Abschaffung der nach früherem Recht bestehenden Abhängigkeit des Verfahrens der eA vom Hauptsacheverfahren erfolgt die Einleitung des Letzteren nach § 52 nur noch **auf Antrag** eines Beteiligten. Wenn alle Beteiligten mit der einstweiligen Regelung zufrieden sind, ist ein Hauptsacheverfahren überflüssig.

Der materielle Unterhaltsanspruch selbst wird aber durch die eA nicht rechtshängig, denn sie hat rein verfahrensrechtliche Natur. Der Erlass einer eA nimmt **dem Unterhaltsberechtigten** daher **nicht das Rechtsschutzbedürfnis für ein gleichzeitiges oder nachfolgendes Hauptsacheverfahren**.[2] Er kann hierfür **Verfahrenskostenhilfe** beanspruchen. Eine derartige Rechtsverfolgung ist iSd. § 113 Abs. 1 Satz 2 FamG iVm. § 114 ZPO jedenfalls dann nicht mutwillig, wenn neben dem bereits titulierten Unterhaltstitel ein höherer Unterhalt geltend gemacht wird oder Anhaltspunkte dafür gegeben sind, dass der Unterhaltspflichtige den festgesetzten Unterhalt nicht zahlen oder sogar rückwirkend die Abänderung verlangen wird.[3]

In Verfahren, die nur auf Antrag eingeleitet werden, mithin in Unterhaltsverfahren, hat das Gericht nach § 52 Abs. 2 Satz 1 auf Antrag eines Beteiligten, der durch die eA in seinen Rechten beeinträchtigt ist, gegenüber demjenigen, der die eA erwirkt hat, anzuordnen, dass er die Einleitung des Hauptsacheverfahrens oder die Gewährung von Verfahrenskostenhilfe hierfür beantragt. Dieser Antrag **des Unterhaltspflichtigen** kann erst nach der gerichtlichen Entscheidung über den Erlass der eA und nicht bereits mit der Antragserwiderung im Anordnungsverfahren gestellt werden, weil nach dem Wortlaut des Gesetzes die gerichtliche Maßnahme „erlassen" sein muss. Ein verfrühter Antrag soll als unzulässig zu verwerfen sein.[4] Der Antrag nach § 52 stellt keinen Rechtsbehelf dar, denn die eA beinhaltet keine endgültige Entscheidung in der Sache, sondern schafft einen Vollstreckungstitel. Der Antrag nach § 52 ist darauf gerichtet, eine Sachentscheidung herbeizuführen. Aus diesem Grunde müssen die Beteiligten eines einstweiligen Anordnungsverfahrens über das Antragsrecht gem. § 39 belehrt werden.[5] Das Gericht hat zur Stellung des Antrags eine Frist zu bestimmen, die sich an den Umständen des Einzelfalles zu orientieren hat, jedoch höchstens drei Monate betragen darf.

81 Wenn der Antragsteller den Antrag fristgemäß stellt, jedoch die Verfahrensgebühr nicht einzahlt, bleibt das Hauptsacheverfahren in einem Schwebezustand, weil § 14 Abs. 1 FamGKG eine Zustellung der Antragsschrift erst nach der Zahlung der Gebühren vorsieht. Daher sollte zum Schutze des Antragsgegners gefordert werden, dass auch der Vorschuss innerhalb der vom Gericht gesetzten Frist eingezahlt werden muss.

82 Der fruchtlose Ablauf der Frist hat nach § 52 Abs. 2 Satz 3 zwingend die Aufhebung der eA zur Folge. Dies hat das Gericht durch **unanfechtbaren Beschluss** auszusprechen.[6] Dieser hat zur Folge, dass die Grundlage für alle beigetriebenen Zahlungen rückwirkend entfällt.[7] Dem Unterhaltsschuldner steht in diesem Fall ein Bereicherungsanspruch zu.[8]

83 Das Gesetz enthält keine Regelung, wer im Fall der Aufhebung der eA die **Kosten** zu tragen hat. Ein Beschluss, der die Aufhebung einer eA ausspricht, ist als Teil des Verfahrens der eA anzusehen. Da § 51 Abs. 4 für das Verfahren der eA eine eigene Kos-

---

1 *Roßmann*, ZFE 2010, 86 (93); FA-FamR/*Gerhardt*, Kap.6 Rz. 893.
2 OLG Hamm v. 19.1.2011 – 10 WF 201/10, FamRZ 2011, 1157; *Roßmann*, ZFE 2010, 86 (88).
3 OLG Hamm v. 19.1.2011 – 10 WF 201/10, FamRZ 2011, 1157.
4 *Götsche/Viefhues*, ZFE 2009, 124 (129); aA *Schürmann*, FamRB 2008, 375 (380).
5 Begr. RegE, BT-Drucks. 16/6308, S. 201.
6 Begr. RegE, BT-Drucks. 16/6308, S. 201.
7 BGH v. 22.3.1989 – IVb ZA 2/89, FamRZ 1989, 850.
8 BGH v. 27.10.1999 – XII ZR 239/97, FamRZ 2000, 751.

tenentscheidung unter Anwendung der allgemeinen Vorschriften, mithin der jeweiligen Vorschriften über die Kostengrundentscheidung in den einzelnen Abschnitten, vorschreibt,[1] ist für Unterhaltsverfahren, mithin auch für eA, die spezielle Regelung des § 243 anzuwenden. Bei der nach billigem Ermessen zu treffenden Abwägung könnte dann der Rechtsgedanke des § 926 ZPO[2] einfließen, nach dem der Antragsteller die Kosten des Arrestverfahrens zu tragen hat, wenn er keinen Hauptsacheantrag stellt.

IX. Außerkrafttreten der einstweiligen Anordnung

Das **Außerkrafttreten** der eA hinsichtlich der Verpflichtung zur Zahlung von Unterhalt oder zur Zahlung eines Kostenvorschusses für ein gerichtliches Verfahren bestimmt sich nach § 56.[3] Danach gilt eine eA grundsätzlich unbefristet, wenn das Gericht nicht ausdrücklich ihre Wirksamkeit nur für eine bestimmte Zeit anordnet. Bei einer Befristung tritt die eA nur durch den Zeitablauf außer Kraft. In den anderen Fällen bleibt sie solange in Kraft, bis eine **anderweitige Regelung** wirksam wird, § 56 Abs. 1. Als anderweitige Regelung ist eine gerichtliche oder außergerichtliche Vereinbarung der Beteiligten[4] oder eine Endentscheidung in einem mit dem einstweiligen Anordnungsverfahren **deckungsgleichen Hauptsacheverfahren** anzusehen. Anders als nach dem früheren § 620f ZPO tritt die eA daher nicht mehr bei Rücknahme, Abweisung oder Erledigung einer zwischen den Beteiligten geführten **Ehesache** außer Kraft. Dies hat seinen Grund in der Unabhängigkeit des einstweiligen Anordnungsverfahrens. Aus demselben Grund führt auch, vorbehaltlich einer anders lautenden Bestimmung durch das Gericht, die Rechtskraft der Ehescheidung nicht zu einem Außerkrafttreten einer im Scheidungsverfahren ergangenen eA.[5] Obwohl diese die Zahlung von Trennungsunterhalt betraf[6] und zwischen dem Anspruch auf Trennungsunterhalt und dem Nachscheidungsunterhalt keine Identität besteht, wirkt die eA zur Vermeidung eines regelungslosen Zustandes nach der Scheidung weiter fort.[7] Sie umfasst dann den nachehelichen Unterhalt. Der Schuldner kann dann einen Antrag auf Aufhebung nach § 54 stellen.[8] Zum Teil wird nur ein **negativer Feststellungsantrag** als der richtige Rechtsbehelf angesehen, solange der Gläubiger keinen Leistungsantrag erhoben hat.[9]

Die Entscheidung über einen nur in die Vollstreckbarkeit betreffenden Vollstreckungsabwehrantrag nach § 120 Abs. 1 iVm. § 767 ZPO stellt keine anderweitige Regelung dar.[10]

Nach **§ 56 Abs. 1 Satz 1** wird für das Außerkrafttreten einer eA auf das **Wirksamwerden einer anderweitigen Regelung** abgestellt. Im Falle eines gerichtlich festgesetzten früheren Zeitpunkts ist dieser für das Außerkrafttreten maßgeblich. Wenn es sich bei der anderweitigen Regelung um eine Endentscheidung in einer Familienstreitsache handelt, tritt die eA mit Eintritt der **Rechtskraft der Endentscheidung** außer Kraft, § 56 Abs. 1 Satz 2.[11]

Wenn die Endentscheidung in der Hauptsache Trennungsunterhalt noch nicht rechtskräftig ist und dem Unterhaltsgläubiger nach der Entscheidung ein geringerer Unterhalt zusteht als in der eA tituliert ist, besteht die Gefahr, dass der Schuldner

---

1 Begr. RegE, BT-Drucks. 16/6308, S. 201.
2 Vgl. *Klinkhammer*, Stellungnahme zum FGG-RG, Teil II: familiengerichtliches Verfahren, http://www.bundestag.de/ausschuesse/a06/anhoerungen/29_FGG_Teil_1/04_Stellungnahmen/index.html.
3 Begr. RegE, BT-Drucks. 16/6308, S. 260.
4 *Götsche/Viefhues*, ZFE 2009, 124 (132); oben *Stößer*, § 56 Rz. 2.
5 Begr. RegE, BT-Drucks. 16/6308, S. 202.
6 BGH v. 9.2.1983 – IVb ZR 343/81, FamRZ 1983, 355; BGH v. 7.11.1990 – XII ZR 129/89, FamRZ 1991, 180.
7 BGH v. 14.1.1981 – IVb ZR 575/80, FamRZ 1981, 242.
8 Keidel/*Giers*, § 246 Rz. 9; Thomas/Putzo/*Hüßtege*, § 246 FamFG Rz. 3.
9 Musielak/*Borth*, § 246 FamFG Rz. 11.
10 Keidel/*Giers*, § 56 FamFG Rz. 4 und § 246 FamFG Rz. 8.
11 BGH v. 27.10.1999 – XII ZR 239/97, FamRZ 2000, 751 zu § 620f aF ZPO.

aus der eA weiter in Anspruch genommen wird. Der Unterhaltsschuldner hat die Möglichkeit, einen Antrag auf Aufhebung der eA nach § 54 zu stellen.[1]

88 Eine Besonderheit ergibt sich für die Fälle, in denen die Wirksamkeit bei Endentscheidungen in einer Familienstreitsache erst zu einem späteren Zeitpunkt eintritt, wie dies etwa in § 148 für Entscheidungen in **Folgesachen** vorgesehen ist. In solchen Fällen ist auf den Zeitpunkt des Wirksamwerdens der Endentscheidung abzustellen.[2] Grundsätzlich tritt die eA mit Rechtskraft der Scheidung außer Kraft, wenn das Gericht mit der Scheidung über den nachehelichen Unterhalt als Folgesache entschieden hat. Die Anordnung der sofortigen Wirksamkeit nach § 116 Abs. 3 Satz 2 genügt hierfür nicht.[3] Wenn das Gericht die sofortige Wirksamkeit einer Hauptsacheentscheidung angeordnet hat, bestehen für die Zeit bis zum Eintritt der Rechtskraft zwei selbständige Vollstreckungstitel, nämlich die noch nicht rechtskräftige Endentscheidung in der Unterhaltsfolgesache und die einstweilige Unterhaltsanordnung, so dass eine doppelte Vollstreckung droht.[4]

89 In Antragsverfahren tritt die eA nach § 56 Abs. 2 Nr. 1 bis 4 auch dann außer Kraft, wenn der **Antrag in der Hauptsache zurückgenommen** oder **rechtskräftig abgewiesen** wird, die Hauptsache übereinstimmend für **erledigt** erklärt oder die Erledigung der Hauptsache anderweitig (zB durch den Tod eines Beteiligten) eingetreten ist. Dem ist der Fall, dass das Verfahren auf Erlass einer eA übereinstimmend für erledigt erklärt wird, gleichzustellen (s. oben *Stößer*, § 56 Rz. 8).

90 Das Gericht hat auf Antrag das **Außerkrafttreten durch Beschluss** auszusprechen. In dem Beschluss sollte im Hinblick auf mögliche Vollstreckungsmaßnahmen der genaue Zeitpunkt angegeben werden, an dem die eA wirkungslos geworden ist.[5] Der Beschluss ist mit der Beschwerde anfechtbar, § 56 Abs. 3. Ob für die Einlegung der Beschwerde die Monatsfrist des § 63 Abs. 1[6] oder die zweiwöchige Frist des § 63 Abs. 2 Nr. 1 gilt, ist unklar. Nach der Begründung des Gesetzgebers zu § 57[7] legt § 63 Abs. 2 Nr. 1 die Beschwerdefrist für den Fall der Anfechtung einer im einstweiligen Anordnungsverfahren ergangenen Entscheidung auf zwei Wochen fest. Da die Vorschrift unabhängig davon gilt, welcher Art die angefochtene Entscheidung ist, liegt es nahe, für Beschwerden nach § 56 Abs. 3 auch die kürzere Frist anzuwenden.

91 Das Gesetz enthält keine ausdrückliche Regelung, wer im Fall des **Außerkrafttretens der eA** die **Kosten** zu tragen hat. Einer entsprechenden Anregung,[8] im Hauptsacheverfahren nach § 56 neben der Kostenregelung für das Hauptsacheverfahren auf Antrag auch die Kostenentscheidung im Verfahren auf eA nachträglich zu ändern, ist der Gesetzgeber nicht gefolgt. Daraus könnte man schließen, dass es nach seinem Willen[9] – wegen der neuen verfahrensrechtlichen Selbständigkeit der eA von der Hauptsache – bei der Kostenregelung in der eA verbleiben soll, auch wenn dies in Einzelfällen zu unbilligen Ergebnissen führen kann, zB wenn ein Hauptsacheantrag abgewiesen wird, weil die Unterhaltsbedürftigkeit von Vornherein nicht bestanden hatte, oder wenn der Antragsteller seinen Antrag in der Hauptsache zurückgenommen hat.

92 Zu erwägen ist eine **entsprechende Anwendung von § 243 Nr. 1**. Denn § 51 Abs. 4 schreibt für das Verfahren der eA eine eigene Kostenentscheidung vor. Anzuwenden sind die allgemeinen Vorschriften. Damit sind die jeweiligen Vorschriften über die

---

1 Keidel/*Giers*, § 56 FamFG Rz. 4; FamVerf/*v. Swieykowski-Trzaska*, § 1 Rz. 450.
2 Begr. RegE, BT-Drucks. 16/6308, S. 202.
3 Oben *Stößer*, § 56 Rz. 3 mwN.
4 *Gießler*, FPR 2006, 422 (426); *Schürmann*, FamRB 2008, 375 (381).
5 Begr. RegE, BT-Drucks. 16/6308, S. 202.
6 Vgl. *Schürmann*, FamRB 2008, 375 (382).
7 Begr. RegE, BT-Drucks. 16/6308, S. 203.
8 *Klinkhammer*, Stellungnahme zum FGG-RG, Teil II: familiengerichtliches Verfahren, http://www.bundestag.de/ausschuesse/a06/anhoerungen/29_FGG_Teil_1/04_Stellungnahmen/index.html.
9 Begr. RegE, BT-Drucks. 16/6308, S. 201.

Kostengrundentscheidung in den einzelnen Abschnitten gemeint.[1] Für Unterhaltsverfahren, mithin auch für eA, gilt die spezielle Regelung des § 243. Ein Beschluss, der das Außerkrafttreten einer eA ausspricht, sollte dem Verfahren der eA zugeordnet werden. Dann könnte in den oben genannten Fällen eine Kostenentscheidung in dem feststellenden Beschluss unter Berücksichtigung des Rechtsgedankens des § 243 Nr. 1 erfolgen.

X. Rechtsmittel gegen eine einstweilige Anordnung

Entscheidungen im Verfahren der eA nach § 246 sind **nicht anfechtbar**, denn im Katalog des § 57 ist eine Anfechtbarkeit nicht vorgesehen. Die begrenzte Anfechtbarkeit von Entscheidungen im Verfahren der eA entspricht im Wesentlichen der früheren Rechtslage, die in § 620c ZPO geregelt war.[2] Da die Entscheidung in der Hauptsache nicht der Anfechtung nach § 57 FamFG unterliegt, kann auch ein Beschluss im einstweiligen Anordnungsverfahren, der die Bewilligung von **Verfahrenskostenhilfe** mangels hinreichender Erfolgsaussicht versagt, nicht mit der sofortigen Beschwerde angefochten werden.[3] Denn die Beschwerde bezüglich der Verfahrenskostenhilfe kann nicht weitergehen als die in dem Verfahren der eA selbst. Dies gilt auch für die **Entscheidung über die Kosten** des einstweiligen Anordnungsverfahrens.[4]

93

XI. Schadensersatzansprüche

In Unterhaltssachen ist die Anwendung des § 945 ZPO nach Aufhebung einer eA gem. § 119 Abs. 1 Satz 2 FamFG nicht vorgesehen. Der Unterhaltsschuldner hat gegen den Unterhaltsgläubiger keinen Schadensersatzanspruch aus dem Vollstreckungsrecht. Der Gesetzgeber hat sich bei der Schaffung des FamFG an der Rechtsprechung des BGH[5] orientiert, der eine entsprechende Anwendung des § 945 ZPO im Geltungsbereich der früheren §§ 644, 620ff. ZPO abgelehnt hat.[6] Wegen eventueller sonstiger Ansprüche, insbesondere Rückzahlungsansprüche wegen überzahlten Unterhalts, des Unterhaltsschuldners vgl. die Kommentierung zu § 241, dort Rz. 4ff.

94

XII. Gegenstandswert, Kosten, Gebühren

Die Festsetzung des **Gegenstandswertes** in einer einstweiligen **Unterhaltssache** richtet sich nach § 41 FamGKG. Danach ist im Verfahren der eA der Wert idR unter Berücksichtigung der geringeren Bedeutung gegenüber der Hauptsache zu ermäßigen. Es ist von der Hälfte des für die Hauptsache bestimmten Werts auszugehen.[7] Aus der Formulierung „in der Regel" ist zu entnehmen, dass im Einzelfall sowohl eine Erhöhung als auch eine Reduzierung des Werts möglich ist.[8] Für die eA auf Unterhalt, die früher den festen 6-Monats-Wert hatte (§ 53 Abs. 2 aF GKG), ist die Bezugnahme auf § 51 FamGKG zur Berücksichtigung eines Rückstandes jedenfalls für die Zeit, die von der eA umfasst wird, mithin ab Einreichung des Antrags, möglich.[9]

95

In einem einstweiligen **Anordnungsverfahren auf Zahlung eines Verfahrenskostenvorschusses** ist der geltend gemachte Betrag Ausgangspunkt für die Festsetzung

95a

---

1 Begr. RegE, BT-Drucks. 16/6308, S. 201.
2 Begr. RegE, BT-Drucks. 16/6308, S. 202.
3 Vgl. BGH v. 18.5.2011 – XII ZB 265/10, MDR 2011, 805.
4 OLG Zweibrücken v. 15.6.2011 – 2 UF 25/11, FamRZ 2012, 50; OLG Hamburg v. 26.11.2010 – 7 UF 154/10, FamRZ 2011, 754; OLG Köln v. 7.5.2010 – 21 WF 87/10, n.v.; OLG Hamm v. 10.2.2010 – 2 WF 12/10, FamRZ 2010, 1467; KG v. 6.12.2010 – 16 UF 151/10, MDR 2011, 232; oben *Stößer*, § 57 Rz. 11; Zöller/*Geimer*, § 127 ZPO Rz. 47; Thomas/Putzo/*Reichold*, § 57 FamFG Rz. 1.
5 BGH v. 27.10.1999 – XII ZR 239/97, FamRZ 2000, 751.
6 Begr. RegE, BT-Drucks. 16/6308, S. 226.
7 OLG Bamberg v. 7.11.2011 – 2 WF 300/11, FamRZ 2012, 41.
8 BT-Drucks. 16/6308, S. 395; OLG Stuttgart v. 22.11.2010 – 11 WF 133/10, FamRZ 2011, 757; OLG Köln v. 22.11.2010 – 4 WF 228/10, FamRZ 2011, 758; OLG Celle v. 8.11.2010 – 15 WF 287/10, FamRZ 2011, 757; OLG Brandenburg v. 18.3.2010 – 9 WF 58/10, FPR 2010, 363; OLG Düsseldorf v. 23.2.2010 – 3 WF 15/10, FPR 2010, 363.
9 *Groß*, FPR 2010, 305 (308); *Witte*, FPR 2010, 316 (317).

des Gegenstandswerts. Eine Halbierung des Wertes nach § 41 FamGGKG kommt nicht in Betracht, wenn die vom Antragsteller erstrebte Zahlung des Verfahrenskostenvorschusses im Falle des Erfolgs des von ihm betriebenen Verfahrens ein Hauptsacheverfahren auf Zahlung des Vorschusses überflüssig macht.[1]

96 Bei einer **Kostenquotelung** kommt die Anrechnung eines unstreitig geleisteten Verfahrenskostenvorschusses im Kostenfestsetzungsverfahren nur in Betracht, wenn der Vorschuss den Kostenerstattungsanspruch des Empfängers übersteigt. In diesem Fall kann eine Anrechnung erfolgen, wenn und soweit der Vorschuss und ein bestehender Kostenerstattungsanspruch zusammen über die dem Vorschussempfänger entstandenen Kosten hinausgehen.[2]

97 **Kosten/Gebühren: Gericht:** Für eA in Unterhaltssachen entstehen Gebühren nach Nrn. 1420ff. KV FamGKG. Die Gebühren fallen neben den Gebühren für das Hauptsacheverfahren an. Im Verfahren über den Erlass einer eA und über deren Aufhebung oder Änderung werden die Gebühren nur einmal erhoben (Vorbem. 1.4 KV FamGKG). Die Gebühren werden mit Beendigung des Verfahrens fällig (§ 11 Abs. 1 FamGKG). Als Kostenschuldner kommen primär der Entscheidungs- oder der Übernahmeschuldner in Frage (§ 24 Nr. 1 und 2 FamGKG), daneben aber auch der Antragsteller (§ 21 Abs. 1 Satz 1 FamGKG). **RA:** Das Verfahren über den Erlass einer eA ist nach § 17 Nr. 4 Buchst. b RVG gegenüber der Hauptsache eine besondere Angelegenheit, für die Gebühren nach Teil 3 VV RVG entstehen. Die Verfahren über den Erlass einer eA und über deren Aufhebung oder Änderung sind eine Angelegenheit (§ 16 Nr. 5 RVG). § 41 FamGKG ist nach § 23 Abs. 1 Satz 1 RVG auch für die RA-Gebühren maßgebend.

Eine **Terminsgebühr** nach VV 3104 Abs. 1 RVG fällt nicht an, wenn ohne mündliche Verhandlung entschieden wird, weil eine solche gem. § 246 Abs. 2 im einstweiligen Anordnungsverfahren zur Regelung des Unterhalts nicht vorgeschrieben, sondern in das pflichtgemäße Ermessen des Gerichts gestellt ist.[3]

247 *Einstweilige Anordnung vor Geburt des Kindes*

(1) Im Wege der einstweiligen Anordnung kann bereits vor der Geburt des Kindes die Verpflichtung zur Zahlung des für die ersten drei Monate dem Kind zu gewährenden Unterhalts sowie des der Mutter nach § 1615l Abs. 1 des Bürgerlichen Gesetzbuchs zustehenden Betrags geregelt werden.

(2) Hinsichtlich des Unterhalts für das Kind kann der Antrag auch durch die Mutter gestellt werden. § 1600d Abs. 2 und 3 des Bürgerlichen Gesetzbuchs gilt entsprechend. In den Fällen des Absatzes 1 kann auch angeordnet werden, dass der Betrag zu einem bestimmten Zeitpunkt vor der Geburt des Kindes zu hinterlegen ist.

A. Allgemeines	II. Antragsberechtigte, Absatz 2 Satz 1 . . 7
I. Entstehung 1	III. Verfahren
II. Systematik 2	1. Glaubhaftmachung, Vaterschaftsvermutung, Abs. 2 Satz 2 9
III. Normzweck 3	2. Anordnungsgrund, Bedürftigkeit . . 11
B. Voraussetzungen	3. Zuständigkeit 12
I. Anwendungsbereich und Anspruchsumfang, Absatz 1	4. Entscheidung 14
1. Höhe und Dauer des Kindesunterhalts 4	5. Rechtsmittel 17
2. Höhe und Dauer des Unterhalts für die Mutter 6	6. Antrag auf Einleitung der Hauptsache, auf mündliche Verhandlung, Abänderung 18
	7. Außerkrafttreten, Schadensersatz . 22

---

1 OLG Bamberg v. 13.5.2011 – 2 WF 102/11, juris; OLG Schleswig v. 21.11.1977 – 8 WF 198/77 (juris); OLG Karlsruhe v. 19.2.1979 – 16 WF 87/78, juris.
2 BGH v. 9.12.2009 – XII ZB 79/06, FamRZ 2010, 452.
3 OLG Köln v. 27.4.2012 – 4 WF 22/12, AGS 2012, 519.

A. Allgemeines

I. Entstehung

§ 247 hat keine direkte Entsprechung im früheren Recht. Die Vorschrift übernimmt den verfahrensrechtlichen Gehalt des durch Art. 50 Nr. 25 FGG-RG aufgehobenen § 1615o BGB.

II. Systematik

Die Vorschrift enthält besondere Vorschriften für die Geltendmachung von Unterhalt für das Kind und die Mutter vor Geburt des Kindes. § 247 ist **nachrangig** gegenüber § 248, sobald dessen Voraussetzungen, nämlich Anhängigkeit eines Verfahrens auf Vaterschaftsfeststellung nach § 1600d BGB, vorliegen.[1] Ein Antrag nach § 247 kann nach Einleitung eines Vaterschaftsfeststellungsverfahrens zu einem Antrag nach § 248 umgestellt werden. Anders als nach früherem Recht erfolgt eine Sicherung des Unterhalts für die Mutter und das Kind nicht mehr durch eine einstweilige Verfügung, sondern durch eine eA.

III. Normzweck

Ebenso wie nach dem früheren § 1615o BGB soll mit § 247 im Interesse der Mutter und des Kindes die Zahlung von Unterhalt in der besonderen Situation kurz vor und nach der Geburt in einem beschleunigten und möglichst einfach zu betreibenden Verfahren vorläufig sichergestellt werden.[2]

B. Voraussetzungen

I. Anwendungsbereich und Anspruchsumfang, Absatz 1

1. Höhe und Dauer des Kindesunterhalts

Die Regelung legt ausdrücklich fest, dass der **Kindesunterhalt** für die **ersten drei Lebensmonate** sowie der **Unterhaltsanspruch der Mutter** nach § 1615l BGB, der in seinem Tatbestand eine zeitliche Begrenzung enthält, auch **vor der Geburt** des Kindes geltend gemacht und zugesprochen werden können. Von dem in Anspruch genommenen Mann kann daher nicht eingewandt werden, das unterhaltsberechtigte Kind sei noch nicht geboren. Ein Anordnungsantrag nach § 247 ist **nicht** mehr **zulässig**, wenn seit der Geburt **mehr als drei Monate** verstrichen sind. Der Antrag kann daher lediglich bis zum Ablauf der ersten drei Monate nach der Geburt des Kindes gestellt werden. Er darf sich auch nur auf diesen Zeitraum beziehen, weil es nur in dieser Zeit um die erleichterte Sicherung des Unterhalts des Kindes in der vom Gesetz unterstellten besonderen Notsituation geht.[3] Die nach der Geburt innerhalb der Dreimonatsfrist **vor** der Stellung des Antrags bereits fälligen Beträge sind **rückständiger** Unterhalt; sie können aber (abweichend von den allgemeinen Bestimmungen, vgl. § 246 Rz. 42) wegen der ausdrücklichen gesetzlichen Regelung zuerkannt werden.

Der Antrag auf Erlass einer eA für den **Kindesunterhalt** ist mangels Kenntnis der Antragsteller von den konkreten Einkommensverhältnissen des Unterhaltspflichtigen regelmäßig auf den **Mindestunterhalt** der ersten Altersstufe gem. § 1612a Abs. 1 Satz 3 Nr. 1 BGB gerichtet.[4] Eine Beschränkung der Höhe nach besteht aber nicht, weil im einstweiligen Anordnungsverfahren nach § 246 FamFG der volle Unterhalt gefordert werden kann.[5] Der zu titulierende Unterhalt kann auch einen voraussichtlich entstehenden **Mehr- oder Sonderbedarf** (§ 1613 Abs. 2 BGB) umfassen, zB eine Säug-

---

1 Zöller/*Lorenz*, § 247 FamFG Rz. 2.
2 Begr. RegE, BT-Drucks. 16/6308, S. 260.
3 AG Berlin-Charlottenburg v. 24.6.1082 – 5 C 248/82, FamRZ 1983, 305; Staudinger/*Engler*, 2000, § 1615o BGB Rz. 13.
4 Thomas/Putzo/*Hüßtege*, § 247 FamFG Rz. 3; Keidel/*Giers*, § 247 FamFG Rz. 6; Zöller/*Lorenz*, § 247 FamFG Rz. 5.
5 Ebenso Johannsen/Henrich/*Maier*, § 247 FamFG Rz. 6; aA Thomas/Putzo/*Hüßtege*, § 247 FamFG Rz. 3.

lingsausstattung oder notwendige Aufwendungen bei einem bereits festgestellten Embryonalschaden.[1]

2. Höhe und Dauer des Unterhalts für die Mutter

6 Das Maß des zu gewährenden **Unterhalts für die Mutter** bestimmt sich nach ihrer **Lebensstellung** und richtet sich grundsätzlich nach dem Einkommen, das sie ohne die Geburt des Kindes zur Verfügung hätte, §§ 1615l Abs. 3 Satz 1, 1610 Abs. 1 BGB. Dabei wird jedoch ihre Lebensstellung und damit ihr Unterhaltsbedarf durch den Halbteilungsgrundsatz begrenzt.[2] Der Unterhaltsbedarf wegen Betreuung eines nichtehelich geborenen Kindes bemisst sich nach der neueren Rechtsprechung des BGH jedenfalls nach einem Mindestbedarf in Höhe des Existenzminimums, der unterhaltsrechtlich mit dem notwendigen Selbstbehalt eines Nichterwerbstätigen[3] pauschaliert werden kann.[4] Der Unterhaltsanspruch umfasst nach § 1615l Abs. 1 Satz 2 auch die Kosten, die infolge der Schwangerschaft oder der Entbindung (Schwangerschaftskleidung, Arztkosten, Kosten für eine Hebamme, Krankenhauskosten, Aufwendungen für Medikamente) außerhalb des in § 1615l Abs. 1 Satz 1 BGB genannten Zeitraums (s. Rz. 4) anfallen.

Die **Dauer des Unterhaltsanspruchs** der Mutter richtet sich nach § 1615l Abs. 1 Satz 1 BGB; sie beträgt insgesamt 14 Wochen, davon sechs Wochen vor und acht Wochen nach der Geburt. Der Grund für die zeitliche Beschränkung liegt darin, dass erst nach der Geburt ein Vaterschaftsfeststellungsverfahren anhängig gemacht werden kann. Das Gericht, bei dem das Verfahren auf Feststellung der Vaterschaft anhängig ist, erlässt auf Antrag gem. § 248 eine zeitlich unbegrenzte eA zur Sicherstellung des Unterhalts.

II. Antragsberechtigte, Absatz 2 Satz 1

7 Nach Satz 1 kann der **Antrag** hinsichtlich des Unterhalts für das Kind auch **durch die Mutter** gestellt werden. Dadurch wird die Handlungsbefugnis der Mutter für das einstweilige Anordnungsverfahren auf den Zeitraum vor der Geburt des Kindes erweitert. Da die elterliche Sorge erst mit der Geburt beginnt, wäre für den davor liegenden Zeitraum ohne diese Regelung die Bestellung eines Pflegers erforderlich.[5] Bei minderjährigen Schwangeren kann der Antrag durch die gesetzlichen Vertreter gestellt werden. **Antragsteller** kann auch das **Jugendamt** als Beistand sein, § 1712 Abs. 1 Nr. 2 BGB.

8 Ein Vater ist im Verfahren nach § 247 nicht antragsberechtigt. Zwar kann auch ein Vater gegen die Mutter Unterhaltsansprüche gem. § 1615l BGB geltend machen. § 247 verweist jedoch nur auf § 1615l Abs. 1 BGB, der sich allein auf schwangerschafts- und entbindungsbedingte Ansprüche bezieht, nicht auf § 1615l Abs. 4 BGB.

Es besteht im einstweiligen Anordnungsverfahren **kein Anwaltszwang**, § 114 Abs. 4 Nr. 1.

III. Verfahren

1. Glaubhaftmachung, Vaterschaftsvermutung, Abs. 2 Satz 2

9 Der Antrag auf Erlass einer eA ist gem. § 51 Abs. 1 Satz 2 zu begründen. Die einzelnen Anordnungsvoraussetzungen sind vom Antragsteller glaubhaft zu machen, § 51 Abs. 2 Satz 2, 113 Abs. 1 Satz 2 FamFG iVm. § 294 ZPO.

---

1 Thomas/Putzo/*Hüßtege*, § 247 FamFG Rz. 3; zum früheren Recht vgl. Palandt/*Diederichsen*, 67. Aufl., § 1615o BGB Rz. 2 mwN.
2 BGH v. 15.12.2004 – XII ZR 121/03, FamRZ 2005, 442.
3 Düsseldorfer Tabelle, Stand 1.1.2013, B. V. Nr. 1: 800 Euro.
4 BGH v. 13.1.2010 – XII ZR 123/08, FamRZ 2010, 444; BGH v. 16.12.2009 – XII ZR 50/08, FamRZ 2010, 357; vgl. auch BGH v. 16.7.2008 – XII ZR 109/05, BGHZ 177 (272, 287) = FamRZ 2008, 1738.
5 Begr. RegE, BT-Drucks. 16/6308, S. 260.

Die **Vaterschaft** des in Anspruch Genommenen muss nach Abs. 2 Satz 2 nicht **10** rechtskräftig feststehen; die Geltung der abstammungsrechtlichen Vaterschaftsvermutung wird für die Unterhaltssache ausdrücklich angeordnet. Zur Sicherung einer baldigen Unterhaltszahlung genügt daher **Glaubhaftmachung** der **Schwangerschaft und des Zeitpunkts der Geburt,** die Anerkennung des in Anspruch genommenen Mannes bzw. die Vaterschaftsvermutung des § 1600d Abs. 2 und Abs. 3 BGB.[1] Die Regelung ist notwendig, weil § 248 und damit auch dessen Abs. 3 nicht eingreifen. Ein Vaterschaftsfeststellungsverfahren nach § 248 kann erst nach der Geburt des Kindes durchgeführt werden.

§ 1600d Abs. 2 und 3 BGB lautet:

(2) Im Verfahren auf gerichtliche Feststellung der Vaterschaft wird als Vater vermutet, wer der Mutter während der Empfängniszeit beigewohnt hat. Die Vermutung gilt nicht, wenn schwerwiegende Zweifel an der Vaterschaft bestehen.

(3) Als Empfängniszeit gilt die Zeit von dem 300. bis zu dem 181. Tage vor der Geburt des Kindes, mit Einschluss sowohl des 300. als auch des 181. Tages. Steht fest, dass das Kind außerhalb des Zeitraums des Satzes 1 empfangen worden ist, so gilt dieser abweichende Zeitraum als Empfängniszeit.

Die **Vaterschaftsvermutung** kann nach § 1600d Abs. 2 Satz 2 BGB durch schwerwiegende Zweifel **erschüttert** werden. Die Umstände (zB Mehrverkehr der Frau, Sterilisation oder Zeugungsunfähigkeit des in Anspruch Genommenen), die die schwerwiegenden Zweifel am Bestehen der Vaterschaft begründen sollen, sind vom Antragsgegner glaubhaft zu machen.

2. Anordnungsgrund, Bedürftigkeit

Eine **Gefährdung des Unterhaltsanspruchs** und damit ein dringendes Bedürfnis **11** für ein Einschreiten muss ebenso wie nach früherem Recht und nach den zu § 246 FamFG geltenden Grundsätzen (s. § 246 Rz. 40) **nicht glaubhaft** gemacht werden, wohl aber die **Bedürftigkeit** des Kindes bzw. der Mutter. Daran fehlt es, wenn die Mutter oder mütterliche Verwandte den Unterhalt aufbringen können.[2] Sozialhilfeleistungen und Leistungen nach dem UVG lassen das Bedürfnis nicht entfallen.[3]

3. Zuständigkeit

Sachlich zuständig ist das Amtsgericht – Familiengericht (§ 23a Abs. 1 Nr. 1 GVG). **12** Örtlich zuständig ist – mangels einer konkreten Regelung – aus verfahrensökonomischen Gründen wie bisher das Gericht, bei dem das Verfahren auf Feststellung der Vaterschaft anhängig zu machen ist, vgl. §§ 248 Abs. 2, 170. Nach aA soll sich die örtliche Zuständigkeit nach § 232 richten.[4]

Für das Verfahren im Übrigen sind die zu § 246 ausgeführten Grundsätze entspre- **13** chend anzuwenden, denn § 246 enthält die grundlegenden Regelungen für eA, die die Zahlung von Unterhalt zum Inhalt haben. Die nachfolgenden §§ 247 und 248 enthalten spezielle Vorschriften für besondere Konstellationen. **Eine mündliche Verhandlung** über einen Antrag auf Erlass einer eA nach § 247 ist nach Maßgabe des § 246 Abs. 2 erforderlich. Angesichts der Eilbedürftigkeit der Verfahrens und der fortgeschrittenen Schwangerschaft der werdenden Mutter bei einem vor der Geburt des Kindes gestellten Antrag wird eine mündliche Verhandlung nur in Ausnahmefällen und dann nur sehr zeitnah nach Eingang des Antrags in Betracht kommen.

4. Entscheidung

Die Entscheidung ergeht durch Beschluss, §§ 119 Abs. 1, 51 Abs. 2, 38 Abs. 1, der **14** grundsätzlich zu **begründen** und **bekannt zu geben** (§ 113 Abs. 1 Satz 2 FamFG iVm. § 329 ZPO) ist. Das Gericht setzt den zu zahlenden Unterhalt im Wege einer Leis-

---

1 Keidel/*Giers*, § 247 FamFG Rz. 8; Thomas/Putzo/*Hüßtege*, § 247 FamFG Rz. 3.
2 HM, vgl. OLG Koblenz v. 5.4.2006 – 13 WF 261/06, FamRZ 2006, 1137 mwN.
3 Ebenso Zöller/*Lorenz*, § 247 FamFG Rz. 4.
4 Gießler/*Soyka*, Kap. 1 Rz. 498; Keidel/*Giers*, § 247 FamFG Rz. 7.

tungsanordnung und ggf. einen **Verfahrenskostenvorschuss**[1] fest. Der geforderte Unterhalt für die ersten drei Monate nach der Geburt kann als Gesamtbetrag geltend gemacht werden.

15 Nach § 247 Abs. 2 Satz 3 kann das Gericht anordnen, dass der Betrag zu einem bestimmten Zeitpunkt vor der Geburt des Kindes zu **hinterlegen** ist. Diese Möglichkeit war bereits im bisherigen § 1615o Abs. 1, 2 BGB vorgesehen. Angesichts des Regelungszwecks der Norm, nämlich der kurzfristigen Sicherung des Unterhalts, sollte die Hinterlegung die Ausnahme und die Anordnung der Zahlung der Regelfall sein.[2]

16 Die gem. § 51 Abs. 4 wegen der Selbständigkeit der eA zu treffenden **Kostenentscheidung** richtet sich nach § 243.

5. Rechtsmittel

17 Die Entscheidung über den Antrag auf Erlass einer eA ist **nicht** mit der **Beschwerde** gem. § 57 **anfechtbar**. Aus diesem Grunde kommt auch eine Aussetzung der Vollstreckung wegen einer (nicht statthaften) Beschwerde nach § 55 nicht in Betracht.

6. Antrag auf Einleitung der Hauptsache, auf mündliche Verhandlung, Abänderung

18 Da für das Verfahren nach § 247 **kein** entsprechendes **Hauptsacheverfahren** zur Verfügung steht, scheidet ein Antrag nach § 52 Abs. 2 aus.

19 Wenn die Entscheidung über den Antrag auf Erlass einer eA ohne mündliche Verhandlung ergangen ist, hat das Familiengericht gem. § 54 Abs. 2 auf Antrag aufgrund **mündlicher Verhandlung** erneut zu entscheiden. Dabei ist es unerheblich, ob das Gericht eine positive Regelung getroffen oder ein Antrag ganz oder teilweise zurückgewiesen hat.

20 Nach § 54 Abs. 1 Satz 1 kann ein Antrag auf **Aufhebung oder Änderung** der Entscheidung gestellt werden. Dieser Antrag setzt voraus, dass eine entscheidungserhebliche Änderung der Verhältnisse geltend gemacht wird. Ein Abänderungsantrag nach § 238 ist nicht statthaft.

21 Mit einem Aufhebungs- oder Abänderungsantrag oder einem Antrag auf Durchführung einer mündlichen Verhandlung kann gem. § 55 die **Aussetzung der Vollstreckung** der eA beantragt werden. Ein Antrag auf Anordnung der Aussetzung der Vollstreckung wird im Hinblick auf das besondere Schutzbedürfnis der Antragsteller kurz vor und nach der Geburt lediglich dann Erfolg haben können, wenn schwerwiegende Zweifel an der Vaterschaft (zB Zeugungsunfähigkeit) hinreichend glaubhaft gemacht sind.

7. Außerkrafttreten, Schadensersatz

22 Das Außerkrafttreten der eA richtet sich nach § 56 Abs. 1 und 2. Anders als § 248 Abs. 5 Satz 1 enthält § 247 keinen besonderen Tatbestand für das Außerkrafttreten.

23 Ein Anspruch auf Schadensersatz aus dem Vollstreckungsrecht steht dem Antragsgegner anders als nach § 248 Abs. 5 Satz 2 nicht zu. Eine Rückforderung überzahlten Unterhalts wegen ungerechtfertigter Bereicherung nach § 812 Abs. 1 Satz 1, 1. Alt. BGB wird idR an dem Einwand des Wegfalls der Bereicherung (§ 818 Abs. 3 BGB) scheitern, wenn der Antragsteller die erhaltenen Beträge vollständig für seinen Lebensbedarf verbraucht hat.

24 **Muster:**
(1) Für den Unterhalt der Frau:
An das Amtsgericht – Familiengericht –
...

---

1 OLG Düsseldorf v. 20.2.1995 – 3 W 580/94, FamRZ 1995, 1426; vgl. § 246 Abs. 1.
2 Begr. RegE, BT-Drucks. 16/6308, S. 260.

Antrag auf Erlass einer einstweiligen Anordnung
In Sachen
der Frau ...,
– Antragstellerin –,
– Verfahrensbevollmächtigte: Rechtsanwältin ... –
gegen
Herrn ...,
– Antragsgegner –,
(evtl.) – Verfahrensbevollmächtigter: Rechtsanwalt ... –
wird namens und in Vollmacht der Antragstellerin der Erlass einer einstweiligen Anordnung beantragt:
1. Dem Antragsgegner wird aufgegeben, an die Antragstellerin Unterhalt iHv. 2 310 Euro in drei gleichen Raten wie folgt zu zahlen:
   Die erste Rate sofort nach der Geburt des Kindes; die zweite und die dritte Rate spätestens zum dritten Kalendertag des nächsten und übernächsten Monats.
2. Der Antragstellerin wird unter Beiordnung von Rechtsanwältin ... ratenfreie Verfahrenskostenhilfe für das einstweilige Anordnungsverfahren bewilligt.

Begründung:
Die Antragstellerin ist seit dem ... schwanger. Sie wird voraussichtlich am ... niederkommen.
Glaubhaftmachung: Bescheinigung des Gynäkologen ... vom ...
Der Antragsgegner ist der Erzeuger des Kindes. Er hat der Antragstellerin während der gesetzlichen Empfängniszeit beigewohnt. Am ... haben die Beteiligten in der Besenkammer des Hotels, in dem die Antragstellerin bis zum Ende des 7. Schwangerschaftsmonats aushilfsweise gearbeitet hat, den Geschlechtsverkehr ausgeübt. In der Zeit danach hat die Antragstellerin weder mit dem Antragsgegner noch mit einem anderen Mann den Geschlechtsverkehr ausgeübt.
Glaubhaftmachung: Eidesstattliche Versicherung der Antragstellerin vom ...
Die Antragstellerin hat derzeit kein Einkommen. Sie bezieht Sozialleistungen. Mit dem Antrag macht die Antragstellerin für sich Unterhalt gem. § 1615l Abs. 1 BGB geltend.
Der Antragsgegner, der die Vaterschaft zu Unrecht bestreitet, verfügt nach eigenen Angaben über ein Monatseinkommen von mindestens 3 000 Euro netto. Er ist in der Lage, an die Antragstellerin einen Betrag iHv. 800 Euro, der dem derzeitigen Existenzminimum nach der Düsseldorfer Tabelle entspricht, zu zahlen.
Glaubhaftmachung: Eidesstattliche Versicherung der Antragstellerin vom ...
Hinsichtlich des Antrags auf Gewährung von Verfahrenskostenhilfe wird auf die Erklärung über die persönlichen und wirtschaftlichen Verhältnisse der Antragstellerin sowie auf die beigefügten Unterlagen, insbesondere den Bescheid der Stadt ... vom ... verwiesen.
Rechtsanwältin

(2) Für den Unterhalt des (noch ungeborenen) Kindes:
An das Amtsgericht – Familiengericht –
...

Antrag auf Erlass einer einstweiligen Anordnung
In Sachen des noch ungeborenen Kindes der Frau ..., als gesetzliche Vertreterin ihres noch ungeborenen Kindes
– Antragsteller –,
– Verfahrensbevollmächtigte: Rechtsanwältin ... –
gegen
Herrn ...,
– Antragsgegner –,
(evtl.) – Verfahrensbevollmächtigter: Rechtsanwalt ... –
wird namens und in Vollmacht des Antragstellers der Erlass einer einstweiligen Anordnung beantragt:
1. Dem Antragsgegner wird aufgegeben, an das antragstellende Kind zu Händen der Kindesmutter Frau ... Unterhalt iHv. 675 Euro in drei gleichen Raten wie folgt zu zahlen:
   Die erste Rate sofort nach der Geburt des Kindes; die zweite und die dritte Rate spätestens zum dritten Kalendertag des nächsten und übernächsten Monats.

2. Dem Antragsteller wird unter Beiordnung von Rechtsanwältin ... ratenfreie Verfahrenskostenhilfe für das einstweilige Anordnungsverfahren bewilligt.

Begründung:

Die Frau ist seit dem ... schwanger. Sie wird voraussichtlich am ... niederkommen.

Glaubhaftmachung: Bescheinigung des Gynäkologen ... vom ...

Der Antragsgegner ist der Erzeuger des Kindes. Er hat der Frau ... während der gesetzlichen Empfängniszeit beigewohnt. Am ... haben die beide in der Besenkammer des Hotels, in dem Frau ... bis zum Ende des 7. Schwangerschaftsmonats aushilfsweise gearbeitet hat, den Geschlechtsverkehr ausgeübt. In der Zeit danach hat Frau ... weder mit dem Antragsgegner noch mit einem anderen Mann den Geschlechtsverkehr ausgeübt.

Glaubhaftmachung: Eidesstattliche Versicherung der Frau ... vom ...

Frau ... hat derzeit kein Einkommen. Sie bezieht Sozialleistungen. Mit dem Antrag wird Kindesunterhalt nach § 1601 ff. BGB geltend gemacht.

Der Antragsgegner, der die Vaterschaft zu Unrecht bestreitet, verfügt nach eigenen Angaben über ein Monatseinkommen von mindestens 3 000 Euro netto. Er ist in der Lage, an den Antragsteller Kindesunterhalt nach der ersten Einkommensgruppe, erste Altersstufe der Düsseldorfer Tabelle, Stand 1.1.2013, iHv. 225 Euro (Tabellenbetrag 317 Euro abzüglich anteiliges Kindergeld iHv. 92 Euro), zu zahlen.

Glaubhaftmachung: Eidesstattliche Versicherung der Frau ... vom ...

Hinsichtlich des Antrags auf Gewährung von Verfahrenskostenhilfe wird auf die beigefügten Unterlagen Bezug genommen.

Rechtsanwältin

25 Kosten/Gebühren: S. Anmerkung zu § 246 Rz. 96.

§ 248 Einstweilige Anordnung bei Feststellung der Vaterschaft

(1) Ein Antrag auf Erlass einer einstweiligen Anordnung, durch den ein Mann auf Zahlung von Unterhalt für ein Kind oder dessen Mutter in Anspruch genommen wird, ist, wenn die Vaterschaft des Mannes nach § 1592 Nr. 1 und 2 oder § 1593 des Bürgerlichen Gesetzbuchs nicht besteht, nur zulässig, wenn ein Verfahren auf Feststellung der Vaterschaft nach § 1600d des Bürgerlichen Gesetzbuchs anhängig ist.

(2) Im Fall des Absatzes 1 ist das Gericht zuständig, bei dem das Verfahren auf Feststellung der Vaterschaft im ersten Rechtszug anhängig ist; während der Anhängigkeit beim Beschwerdegericht ist dieses zuständig.

(3) § 1600d Abs. 2 und 3 des Bürgerlichen Gesetzbuchs gilt entsprechend.

(4) Das Gericht kann auch anordnen, dass der Mann für den Unterhalt Sicherheit in bestimmter Höhe zu leisten hat.

(5) Die einstweilige Anordnung tritt auch außer Kraft, wenn der Antrag auf Feststellung der Vaterschaft zurückgenommen oder rechtskräftig zurückgewiesen worden ist. In diesem Fall hat derjenige, der die einstweilige Anordnung erwirkt hat, dem Mann den Schaden zu ersetzen, der ihm aus der Vollziehung der einstweiligen Anordnung entstanden ist.

A. Allgemeines	III. Antragsvoraussetzungen, Vaterschaftsvermutung 8
I. Entstehung 1	IV. Zuständiges Gericht, Absatz 2; Verfahren 12
II. Systematik 2	V. Sicherheitsleistung, Absatz 4; Kosten des Verfahrens 16
III. Normzweck 3	VI. Rechtsbehelfe, Abänderung, Außerkrafttreten, Abs. 5 Satz 1 18
B. Zulässigkeit des Antrags, Absätze 1 und 3	VII. Vollstreckung, Schadensersatz, Abs. 5 Satz 2 22
I. Anwendungsbereich 4	
II. Antrag 7	

A. Allgemeines

I. Entstehung

§ 248 hat keine direkte Entsprechung im früheren Recht. Es werden zum Teil Regelungen der durch Art. 29 Nr. 15 FGG-RG aufgehobenen §§ 641d, 641f und 641g ZPO übernommen. 1

II. Systematik

Die Vorschrift gehört zu den Spezialvorschriften für den Erlass einer eA in Unterhaltssachen. Abs. 1 ergänzt § 246 durch die Einführung einer zusätzlichen Zulässigkeitsvoraussetzung für bestimmte Fälle von eA, die den Unterhalt betreffen.[1] Das einstweilige Anordnungsverfahren nach § 248 ist selbständig (§ 51 Abs. 1 Satz 1) und kann neben einem Hauptsacheverfahren nach § 237 eingeleitet werden. 2

III. Normzweck

Die Vorschrift durchbricht die Sperrwirkung des § 1600d Abs. 4 BGB, wonach die Rechtswirkungen der Vaterschaft grundsätzlich erst vom Zeitpunkt der rechtskräftigen Feststellung an geltend gemacht werden können.[2] 3

B. Zulässigkeit des Antrags, Absätze 1 und 3

I. Anwendungsbereich

Wenn die Vaterschaft eines Mannes nicht nach § 1592 Nr. 1 BGB (Ehemann der Kindesmutter), § 1592 Nr. 2 BGB (Vaterschaft anerkannt) oder § 1593 BGB (Geburt des Kindes innerhalb von 300 Tagen nach Auflösung der Ehe durch Tod) feststeht, ist ein Antrag auf Erlass einer eA zur Sicherung des Unterhalts für das Kind oder dessen Mutter nur zulässig, wenn ein **Verfahren auf Feststellung der Vaterschaft** nach § 1600d BGB anhängig ist. Trotz des Wortlauts ändert die Regelung des Abs. 1 nichts an der **Selbständigkeit beider Verfahren**. Anders als nach früherem Recht (§ 641d ZPO), ist das einstweilige Anordnungsverfahren nicht Teil des Verfahrens auf Feststellung der Vaterschaft. 4

Anders als nach § 641d aF ZPO ist in Abs. 1 nur die **Anhängigkeit eines Verfahrens** auf Feststellung der Vaterschaft erwähnt, **nicht** jedoch der Fall, dass zunächst lediglich ein **Antrag auf Bewilligung von Verfahrenskostenhilfe** für ein solches Verfahren eingereicht ist. Da nicht davon auszugehen ist, dass der Gesetzgeber mit der Neuregelung die Rechtsposition der Mutter und des Kindes verschlechtern wollte, dürfte es sich um ein Redaktionsversehen handeln, so dass die Einreichung eines **Verfahrenskostenhilfeantrages** zur Erfüllung der Zulässigkeitsvoraussetzung für das einstweilige Anordnungsverfahren genügen muss (vgl. auch § 52 Abs. 2).[3] Nach Eintritt der **Rechtskraft des Beschlusses im Vaterschaftsfeststellungsverfahren** oder bei anderweitigem Ende des Verfahrens (zB Rücknahme, übereinstimmende Erledigungserklärungen, Erledigung nach § 181) ist der Antrag nicht mehr zulässig. Über einen zuvor eingereichten Antrag kann jedoch vorbehaltlich § 248 Abs. 4 nach Eintritt der Rechtskraft entschieden werden. 5

Ebenso wie bei § 641d aF ZPO hat der Gesetzgeber keine Regelung dazu getroffen, ob die Vorschrift auch bei einer Anfechtung der Vaterschaft, bei einer Anerkennung der Vaterschaft durch den Vater oder bei einem negativen Feststellungsgegenantrag anwendbar ist. Die wohl hM[4] zur alten Rechtslage lehnte eine entsprechende Anwendung des früheren § 641d ZPO auf die genannten Verfahren ab. Da dem Gesetzgeber die Streitfrage bekannt gewesen sein dürfte und eine ausdrückliche Regelung auch im FamFG fehlt, ist davon auszugehen, dass sich der **Anwendungsbereich des § 248** 6

---

1 Begr. RegE, BT-Drucks. 16/6308, S. 260.
2 Begr. RegE, BT-Drucks. 16/6308, S. 260.
3 So auch Keidel/*Giers*, § 248 FamFG Rz. 3; aA Zöller/*Lorenz*, § 248 FamFG Rz. 2.
4 Zum Streitstand vgl. Musielak/*Borth*, ZPO, 6. Aufl., § 641d ZPO Rz. 1 mwN.

nur auf einen **positiven Feststellungsantrag** oder einen Feststellungsgegenantrag auf Bestehen der Vaterschaft bezieht.

II. Antrag

7 Voraussetzung für eine eA ist ein **Antrag des Kindes oder der Mutter** (vgl. § 1600e Abs. 1 BGB). Der Antrag auf Erlass einer eA ist also nicht nur durch die Beteiligten des Verfahrens zur Feststellung der Vaterschaft möglich. Die Kindesmutter kann den Antrag für sich selbst erst für die Zeit nach der Geburt des Kindes stellen.[1] Für das Kind kann sie ihn zugleich als gesetzliche Vertreterin (§ 1626a Abs. 2 BGB) stellen. **Anwaltszwang besteht nicht**, § 114 Abs. 4 Nr. 1. Der Antrag kann auch zu Protokoll der Geschäftsstelle erklärt werden, § 113 Abs. 1 FamFG iVm. § 129 Abs. 2 ZPO.[2]

III. Antragsvoraussetzungen, Vaterschaftsvermutung

8 Da § 248 eine Ergänzung zu § 246 darstellt und diese Vorschrift wiederum die in § 49 geregelten allgemeinen Voraussetzungen für den Erlass einer eA modifiziert, ist ein dringendes Bedürfnis für ein sofortiges Tätigwerden in der Unterhaltssache nicht erforderlich. Der Antragsteller muss in seiner Antragsbegründung die **Beiwohnung** in der Empfängniszeit **darlegen und glaubhaft** machen (§ 51 Abs. 1). Nach der in § 248 Abs. 3 angeordneten entsprechenden Geltung der Vorschriften des § 1600d Abs. 2 und 3 BGB wird dann entsprechend der Regelung für das Verfahren auf gerichtliche Feststellung der **Vaterschaft** der Antragsgegner als der Vater **vermutet**. Die ausdrückliche Erwähnung der Vorschriften des § 1600d Abs. 2 und 3 BGB ist erforderlich, weil anders als nach bisherigem Recht das einstweilige Anordnungsverfahren über den Unterhalt nunmehr nicht mehr Teil des Hauptsacheverfahrens auf Feststellung der Vaterschaft ist und der bisherige Rechtszustand aufrecht erhalten werden soll.[3]

9 Ein unstreitiger **Mehrverkehrseinwand** des Antragsgegners reicht zur **Entkräftung der Vaterschaftsvermutung** aus,[4] wenn das Kind nicht andere Umstände glaubhaft macht, die für die Vaterschaft des Gegners sprechen, zB der Nachweis durch ein medizinisches Gutachten, dass ein anderer potentieller Vater ausscheidet.[5] Wenn im Vaterschaftsfeststellungsverfahren eine Beweiserhebung angeordnet ist, kann es zur Vermeidung von Nachteilen für den Antragsteller, dh. einer Abweisung, geboten sein, die Entscheidung über den Antrag auf den Erlass einer eA zunächst zurückzustellen, bis das Ergebnis der Beweisaufnahme vorliegt.[6] Sofern der Antragsteller auf einer sofortigen Entscheidung über den Antrag auf Erlass einer eA besteht und die **Vaterschaft wenig glaubhaft** erscheint, kann das Gericht statt auf Zahlung nur auf **Leistung einer Sicherheit** erkennen.[7]

10 Auch wenn das Kriterium der Notwendigkeit des Erlasses einer eA im Gegensatz zum früheren Recht nicht mehr ausdrücklich erwähnt wird, muss der Antragsteller die materiellen **Voraussetzungen für** einen **Unterhaltsanspruch**, insbesondere seine Bedürftigkeit, **dartun** und **glaubhaft** machen. Diese Kriterien betreffen die materielle Berechtigung eines Unterhaltsanspruchs und dürfen nicht mit dem nur nach dem Recht der einstweiligen Verfügung (§§ 935ff. ZPO) notwendigen **Verfügungsgrund**[8] verwechselt werden. Einen **Anordnungsgrund** nach § 49, dh. ein dringendes Bedürfnis für ein sofortiges Tätigwerden, ist in Unterhaltssachen nach den auch für § 248 geltenden Regelungen in § 246 **nicht** erforderlich.

Die materiellen Voraussetzungen für einen Unterhaltsanspruch nach §§ 1601, 1615l BGB liegen nicht vor, wenn die Mutter oder das Kind über eigenes Vermögen oder

---

1 *Büttner*, FamRZ 2000, 781 (785).
2 *Zöller/Lorenz*, § 248 FamFG Rz. 4.
3 Begr. RegE, BT-Drucks. 16/6308, S. 260.
4 OLG Karlsruhe v. 26.10.2000 – 2 UF 256/99, FamRZ 2001, 931.
5 *Baumbach/Hartmann*, 67. Aufl., § 641d ZPO Rz. 8.
6 *Zöller/Lorenz*, § 248 FamFG Rz. 5.
7 *Johannsen/Henrich/Maier*, § 248 FamFG Rz. 10.
8 Begr. RegE, BT-Drucks. 16/6308, S. 199.

Einkommen verfügen.[1] Nicht ausreichend ist aber eine Leistung der Eltern der Kindesmutter an diese zur Deckung des Unterhalts. Die **Bedürftigkeit** der Unterhaltsberechtigten entfällt auch nicht durch den Bezug von Sozialhilfeleistungen, denn diese sind subsidiär gegenüber einem Unterhaltsanspruch.[2] Bei einem **Übergang der Unterhaltsansprüche** auf Dritte (zB Sozialamt) bleiben die Mutter und das Kind antragsberechtigt, denn sie allein haben die Sachlegitimation.[3] Die Bedürftigkeit fehlt jedoch, wenn der Unterhaltsschuldner den Unterhalt zahlt.

Hinsichtlich der **Höhe des Unterhaltsanspruchs** bedarf es keiner Glaubhaftmachung, wenn lediglich Kindesunterhalt iHd. Mindestunterhalts nach § 1612a Abs. 1 BGB und kein Mehr- oder Sonderbedarf (§ 1613 Abs. 2 BGB) geltend gemacht wird. Wenn die Kindesmutter für sich selbst Unterhalt begehrt, so ist für ihren Bedarf gem. §§ 1615l Abs. 3 Satz 1, 1610 Abs. 1 BGB ihre Lebensstellung maßgebend. Dabei kommt es darauf an, in welchen wirtschaftlichen Verhältnissen sie bisher gelebt hat.[4] War sie vor der Geburt des Kindes erwerbstätig, wurde ihre Lebensstellung durch das erzielte Einkommen geprägt. Auch bei früherer nichtehelicher Lebensgemeinschaft zwischen den Eltern kommt grundsätzlich keine Teilhabe an der Lebensstellung des unterhaltspflichtigen anderen Elternteils in Betracht, sofern nicht – ausnahmsweise – ein nachhaltiges Unterhalten durch den Kindesvater vorgelegen hat.[5] Wenn eine verheiratete oder geschiedene Mutter zusätzlich zu ehelichen Kindern ein nichteheliches Kind betreut, wird ihre Lebensstellung nach Maßgabe der ehelichen Lebensverhältnisse bestimmt, selbst wenn diese unter den Mindestbedarfssätzen liegen.[6] Die den Bedarf bestimmenden Kriterien sind von der Kindesmutter darzulegen und glaubhaft zu machen.

IV. Zuständiges Gericht, Absatz 2; Verfahren

Zuständig für die Entscheidung über den Antrag auf Erlass einer eA in den Fällen des Abs. 1 ist aus verfahrensökonomischen Gründen das **Gericht**, bei dem das **Verfahren auf Feststellung der Vaterschaft** (§§ 169ff. FamFG) anhängig ist, nicht jedoch das Gericht, das nach der allgemeinen Zuständigkeitsregelung (§ 50 Abs. 1 FamFG – Gericht der Hauptsache, mithin der Unterhaltssache) für den Erlass von eA zuständig wäre. Das für Abstammungssachen örtlich zuständige Gericht bestimmt sich nach § 170 FamFG. Wenn gegen eine Entscheidung des erstinstanzlichen Gerichts in der Vaterschaftsfeststellungssache Beschwerde eingelegt wird, bevor über einen dort gleichzeitig gestellten anhängigen Antrag auf Erlass einer eA entschieden worden ist, bleibt das erstinstanzliche Gericht für den Antrag nach dem sinngemäß anwendbaren Grundsatz der perpetuatio fori (vgl. § 2 Abs. 2 FamFG und § 261 Abs. 3 Nr 2 ZPO) weiterhin zuständig.[7]

Während der **Anhängigkeit der Abstammungssache beim Beschwerdegericht** ist dieses für einen **erstmals** in der zweiten Instanz gestellten Antrag auf Erlass einer eA zuständig. Für einen **vor Einlegung der Beschwerde** gestellten, aber noch nicht beschiedenen Anordnungsantrag bleibt das erstinstanzliche Gericht zuständig.[8] Streitig ist die Zuständigkeit, wenn das Abstammungsverfahren beim Rechtsbeschwerdegericht anhängig ist. Zum Teil wird vertreten, dem Beschwerdegericht (OLG) als Tatsachengericht falle die Zuständigkeit zum Erlass einer eA wieder zu.[9] Nach aA,

---

1 OLG Koblenz v. 5.4.2006 – 13 WF 261/06, FamRZ 2006, 1137; *Büttner*, FamRZ 2000, 785.
2 OLG Düsseldorf v. 25.6.1993 – 3 W 243/93, FamRZ 1994, 111.
3 Vgl. OLG Düsseldorf v. 15.12.1993 – 3 W 544/93, NJW-RR 1994, 709; Zöller/*Lorenz*, § 248 FamFG Rz. 6.
4 BGH v. 17.1.2007 – XII ZR 104/03, FamRZ 2007, 1303.
5 OLG Bremen v. 20.2.2008 – 4 WF 175/07, NJW 2008, 1745.
6 BGH v. 17.1.2007 – XII ZR 104/03, FamRZ 2007, 1303.
7 BGH v. 2.4.1980 – IVb AZR 513/80, FamRZ 1980, 670.
8 Schulte-Bunert/Weinreich/*Schwonberg*, § 248 FamFG Rz. 9.
9 Johannsen/Henrich/*Maier*, § 248 FamFG Rz. 7 (die in Fn. 5 gen. Zitatstelle betreffend eine Entscheidung eines LG).

der zu folgen sein dürfte, ist während der Anhängigkeit des Verfahrens auf Vaterschaftsfeststellung das erstinstanzliche Gericht zuständig (s. § 50 Rz. 3).[1]

14 Für das Verfahren, das zu den Familienstreitverfahren iSd. § 112 Nr. 1 gehört, gelten gem. §§ 51 Abs. 2, 246 die für den Erlass einer eA in Unterhaltssachen maßgeblichen Bestimmungen. Die vorgetragenen Voraussetzungen für den Erlass einer eA sind **glaubhaft** zu machen (s. Rz. 8 ff.) Eine **mündliche Verhandlung** ist anders als nach früherem Recht nicht mehr zwingend erforderlich. Nach § 246 Abs. 2 soll eine Entscheidung in einem einstweiligen Anordnungsverfahren in Unterhaltssachen jedoch aufgrund mündlicher Verhandlung ergehen, wenn dies zur Aufklärung des Sachverhalts oder für eine gütliche Beilegung des Verfahrens geboten erscheint. Da der Gesetzgeber mit dieser Vorschrift die Bedeutung der mündlichen Verhandlung betonen und die Möglichkeit des Zustandekommens von Vereinbarungen erleichtern wollte,[2] sollte eine Entscheidung ohne mündliche Verhandlung nur in einfach gelagerten oder besonders eilbedürftigen Fällen erfolgen. Eine **Beweisaufnahme** kann nur durch präsente Beweismittel erfolgen (§ 51 Abs. 1 Satz 2, 113 Abs. 1 FamFG iVm. § 294 ZPO; vgl. oben zu § 246 Rz. 50).

15 Die Entscheidung ergeht durch **Beschluss**, §§ 119 Abs. 1, 51 Abs. 2, 38 Abs. 1, der grundsätzlich zu begründen und bekannt zu geben ist, § 38 Abs. 3 und 4. Das Gericht setzt den **Unterhalt** im Wege einer Leistungsanordnung und ggf. einen **Verfahrenskostenvorschuss**[3] oder eine **Sicherheitsleistung** fest.

Die Parteien können auch einen **Vergleich** abschließen. Bei Abschluss eines Vergleichs in einem Anordnungsverfahren sollte durch die Formulierung klargestellt werden, ob nur das **Anordnungsverfahren** erledigt werden soll oder auch ein **Hauptsacheverfahren** nach § 237, sei es bereits anhängig oder zur Vermeidung eines entsprechenden Verfahrens.[4]

V. Sicherheitsleistung, Absatz 4; Kosten des Verfahrens

16 Das Gericht hat die Möglichkeit, für den Unterhalt als **Minus** zu einer Zahlungsanordnung eine Sicherheitsleistung in Höhe eines bestimmten Betrages anzuordnen. Diese Vorschrift ist dem früheren § 641d Abs. 1 Satz 2 ZPO nachgebildet.[5] Die Anordnung einer Sicherheitsleistung (bei der es sich nicht um eine verfahrensrechtliche Sicherheitsleistung handelt) statt einer Zahlung kommt in Betracht, wenn der Lebensunterhalt der Mutter oder des Kindes durch die Mutter oder mütterliche Verwandte gewährleistet ist oder Unterhaltsvorschussleistungen bezogen werden und nicht auszuschließen ist, dass eine spätere Durchsetzung der rückständigen Unterhaltsansprüche nicht gesichert ist.[6] Sicherheitsleistungen erfolgen gem. § 113 Abs. 1 Satz 2 FamFG iVm. § 108 ZPO idR durch **Bankbürgschaft**[7] oder Einzahlung auf ein Sperrkonto des Jugendamts oder des Kindes.[8]

17 Die wegen der Selbständigkeit des Verfahrens zu treffende **Kostenentscheidung** richtet sich nach §§ 51 Abs. 4, 243.

VI. Rechtsbehelfe, Abänderung, Außerkrafttreten, Abs. 5 Satz 1

18 Die nach früherem Recht (§ 641d Abs. 3 ZPO) bestehende Möglichkeit, gegen eine vom Amtsgericht erlassene eA sofortige Beschwerde einzulegen, ist entfallen. **Entscheidungen** in **Verfahren der eA** in Familiensachen sind gem. der allgemeinen Regelung in § 57 Satz 1, die mangels einer Spezialregelung in Buch 2 (Verfahren in Familiensachen), Abschnitt 1 (Allgemeine Vorschriften, § 119 Abs. 1) und Abschnitt 9

---

1 Keidel/*Giers*, § 248 FamFG Rz. 8.
2 Begr. RegE, BT-Drucks. 16/6308, S. 260.
3 OLG Düsseldorf v. 20.2.1995 – 3 W 580/94, FamRZ 1995, 1426; vgl. § 246 Abs. 1.
4 *Von Swieykowski-Trzaska*, FPR 2010, 167.
5 Begr. RegE, BT-Drucks. 16/6308, S. 260.
6 OLG Düsseldorf v. 25.6.1993 – 3 W 243/93, FamRZ 1994, 111.
7 Zöller/*Lorenz*, § 248 FamFG Rz. 7.
8 OLG Düsseldorf v. 25.6.1993 – 3 W 243/93, FamRZ 1994, 111.

(Verfahren in Unterhaltssachen, §§ 231 bis 260) anzuwenden ist, **nicht anfechtbar**. Eine der in § 57 Satz 2 Nr. 1 bis 5 geregelten Ausnahmen liegt nicht vor. Aus diesem Grunde kommt auch eine Aussetzung der Vollstreckung wegen einer (nicht statthaften) Beschwerde nach § 55 nicht in Betracht.

Die **Abänderung** der eA richtet sich nach § 54. S. hierzu die Kommentierung dort und zu § 246. Ein Abänderungsverfahren nach § 238 ist nicht statthaft, weil § 54 vorrangig ist. **19**

Einen **Hauptsacheantrag** nach § 52 Abs. 1 Satz 1 kann der **Antragsgegner** lediglich hinsichtlich der Zahlung von **Kindesunterhalt** stellen. Der Antragsteller ist dann gehalten, einen Antrag auf Unterhalt bei Feststellung der Vaterschaft gem. § 237 zu stellen. Die Entscheidung über einen solchen Unterhaltsantrag wird gem. § 237 Abs. 4 erst mit der Rechtskraft des Beschlusses, der die Vaterschaft feststellt oder bei gültiger Anerkennung der Vaterschaft durch den Mann wirksam. Das Unterhaltsverfahren nach § 237 kann gem. § 179 Abs. 1 Satz 2 mit dem Abstammungsverfahren verbunden werden. § 237 betrifft nur Verfahren über Kindesunterhalt. Einen Titel über Unterhalt für sich selbst kann die Kindesmutter abgesehen von den einstweiligen Rechtsschutzmöglichkeiten nach den §§ 247 und 248 erst dann erwirken, wenn die Vaterschaft des Antragsgegners, dh des Mannes, aufgrund rechtskräftiger Feststellung oder Anerkennung feststeht.

Das **Außerkrafttreten** der eA bestimmt sich nach § 56.[1] Ergänzt wird die dortige Regelung durch § 248 Abs. 5 Satz 1, der zwei zusätzliche Fälle des Außerkrafttretens der eA in Unterhaltssachen enthält. Danach tritt eine eA auch außer Kraft, wenn der **Antrag auf Feststellung der Vaterschaft zurückgenommen** oder **rechtskräftig zurückgewiesen worden** ist. Beide Konstellationen haben ihren Grund in der Koppelung der eA an das Abstammungsverfahren. Die Vorschrift entspricht inhaltlich, bis auf das neue Erfordernis der Rechtskraft im Fall der Abweisung, dem aufgehobenen § 641f ZPO.[2] Der Gesetzgeber hat das Erfordernis der Rechtskraft einer abweisenden Entscheidung über den Antrag auf Vaterschaftsfeststellung aufgenommen, weil es sich bei der Verknüpfung des einstweiligen Anordnungsverfahrens mit dem Abstammungsverfahren in erster Linie um einen formalen Gesichtspunkt handelt. Die Frage, ob das Bestehen der Vaterschaft auch nach Erlass einer abweisenden Entscheidung in der Abstammungssache noch als hinreichend wahrscheinlich angesehen werden kann, ist im einstweiligen Anordnungsverfahren eigenständig auf der Grundlage des dort maßgeblichen Verfahrensstoffs zu beurteilen.[3] Bei sich ergebenden erheblichen Zweifeln an der Vaterschaft, zB nach **Vorliegen eines Abstammungsgutachtens** im Vaterschaftsfeststellungsverfahrens, kann das Gericht die eA durch Beschluss gem. **§ 54 aufheben** oder die **Vollstreckung nach § 55 aussetzen**. **20**

Bei **Tod eines der Beteiligten** im Vaterschaftsfeststellungsverfahren vor der Rechtskraft der Entscheidung über dieses Verfahren tritt eine eA in **analoger Anwendung** des § 248 Abs. 5 Satz 1 außer Kraft. Diese Auffassung wurde bereits zu der Vorgängervorschrift § 641f ZPO vertreten. Der Gesetzgeber des FamFG hat den Fall des Todes eines Beteiligten in § 181 geregelt. Danach wird das Verfahren nach einem Hinweis des Gerichts bei Tod eines Beteiligten nur fortgesetzt, wenn ein anderer Beteiligter innerhalb einer Frist von einem Monat dies durch Erklärung gegenüber dem Gericht verlangt. Ist dies nicht der Fall, gilt das Verfahren als in der Hauptsache für erledigt. Auch wenn der Gesetzgeber den in § 181 geregelten Erledigungstatbestand des Todes eines Beteiligten in **§ 56 Abs. 2**, **nicht** aber in **§ 248 Abs. 5 Satz 1** geregelt hat, spricht dies nicht gegen das Vorliegen einer planwidrigen Unvollständigkeit des Gesetzes.[4] Angesichts der vielfachen Lücken, Fehlbezeichnungen (Prozesskostenhilfe statt Verfahrenskostenhilfe, sofortige Beschwerde statt Beschwerde) und Unstimmigkeiten des Gesetzes, die bereits zu mehreren Reparaturgesetzen geführt haben, erscheint die Argumentation mit der Weitsichtigkeit des Gesetzgebers nicht **21**

---

1 Vgl. oben die Kommentierung von *Stößer* zu § 56.
2 Begr. RegE, BT-Drucks. 16/6308, S. 260.
3 Begr. RegE, BT-Drucks. 16/6308, S. 261.
4 **AA** Zöller/*Lorenz*, § 248 FamFG Rz. 12.

überzeugend. Bis zu einer höchstrichterlichen Klärung dieser Frage sollte im Fall des Todes eines Beteiligten ein ggf. notwendiger **Feststellungantrag** oder **Vollstreckungsgegenantrag** vorsorglich mit einem **(Hilfs-)Antrag auf Aufhebung** der eA nach § 54 Abs. 1 verbunden werden.

VII. Vollstreckung, Schadensersatz, Abs. 5 Satz 2

22 Die Vollstreckung einer eA nach § 248 erfolgt in gleicher Weise wie die Vollstreckung der sonstigen eA in Unterhaltssachen (§ 246) nach § 120 Abs. 1 entsprechend den Vorschriften der ZPO über die Zwangsvollstreckung. Einer Vollstreckungsklausel bedarf es gem. § 119 Abs. 1 Satz 1 nur in den Fällen des § 53 Abs. 1.

In Unterhaltssachen ist die Anwendung des § 945 ZPO nach Aufhebung einer eA gem. § 119 Abs. 1 Satz 2 FamFG nicht vorgesehen. Der Unterhaltsschuldner hat gegen den Unterhaltsgläubiger grundsätzlich keinen **Schadensersatzanspruch** aus dem Vollstreckungsrecht. Eine **Ausnahme** stellt **§ 248 Abs. 5 Satz 2** dar; er entspricht inhaltlich dem aufgehobenen § 641g ZPO und enthält eine materiell-rechtliche Anspruchsgrundlage. Nach einer **Rücknahme** oder rechtskräftigen **Zurückweisung des Vaterschaftsfeststellungsantrags** hat derjenige, der die eA erwirkt hat, dem Mann den Schaden zu ersetzen, der diesem aus der Vollziehung der eA oder einer Sicherheitsleistung[1] entstanden ist.

Eine **analoge Anwendung** dieser Vorschrift wird bejaht, wenn der Unterhalt durch eine die Anordnung ersetzende Vereinbarung festgelegt wurde oder wenn nach dem Tod einer Partei das Gericht nach § 1600e Abs. 2 BGB den Antrag auf Feststellung der Vaterschaft abweist,[2] nicht aber, wenn eine Erledigung der Hauptsache durch ein Vaterschaftsanerkenntnis erfolgt ist.[3] Ob eine analoge Anwendung auch geboten ist, wenn einem vom Scheinvater erhobenen negativen Feststellungsantrag stattgegeben wird, hängt davon ab, ob man § 248 in solchen Fällen für anwendbar hält (vgl. oben Rz. 6).[4] Eine analoge Anwendung kommt nicht in Betracht, wenn zwar die Vaterschaft bestätigt wird, jedoch der durch die eA festgesetzte Unterhalt zu hoch war. Der Antragsgegner ist dann auf die allgemeinen Möglichkeiten (§§ 812ff. BGB) für eine Rückforderung zu viel gezahlten Unterhalts zu verweisen.[5]

Der Schadensersatzanspruch wird nicht durch die Möglichkeit des Rückgriffs des Mannes gegen den tatsächlichen Erzeuger des Kindes nach § 1607 Abs. 3 BGB eingeschränkt. Soweit der Mann vom wirklichen Vater Ersatz für geleistete Unterhaltszahlungen erhält,[6] verringert sich sein Schaden und damit die Ersatzpflicht des Kindes. Das Kind kann, wenn es Schadensersatz leistet, die Rückübertragung des nach § 1607 Abs. 3 BGB übergegangenen Unterhaltsanspruchs im Wege des Vorteilsausgleichs verlangen und dann gegen den Erzeuger selbst vorgehen.[7]

Der Anspruch auf Schadensersatz ist eine Unterhaltssache iSd. § 231 Nr. 1 und/oder Nr. 3 FamFG.[8]

23 **Muster:**

An das Amtsgericht – Familiengericht –
...

Antrag auf Erlass einer einstweiligen Anordnung
In Sachen
1. der Frau ...
– Antragstellerin zu 1) –,

---

1 Ebenso Zöller/*Lorenz*, § 248 FamFG Rz. 13.
2 Zöller/*Lorenz*, § 248 FamFG Rz. 13.
3 Baumbach/*Hartmann*, 67. Aufl., § 641g ZPO Rz. 1.
4 Für eine Anwendbarkeit MüKo.ZPO/*Dötsch*, § 248 FamFG Rz. 13.
5 MüKo.ZPO/*Dötsch*, § 248 FamFG Rz. 13.
6 Der Scheinvater kann im Regressprozess gegen den mutmaßlichen Erzeuger des Kindes die Vaterschaft des Beklagten unter Durchbrechung der Rechtsausübungssperre des § 1600d Abs. 4 BGB inzident feststellen lassen, BGH v. 16.4.2008 – XII ZR 144/06, FamRZ 2008, 1424.
7 Zöller/*Lorenz*, § 248 FamFG Rz. 13.
8 Johannsen/Henrich/*Maier*, § 248 FamFG Rz. 12; Keidel/*Giers*, § 248 FamFG Rz. 13.

2. des Kindes Maximilian Fröhlich, geb. am 1. Februar 2013, gesetzlich vertreten durch die Antragstellerin zu 1),
– Antragstellerin zu 2) –,
– Verfahrensbevollmächtigte zu 1) und 2): Rechtsanwältin ... –
gegen
Herrn ...,
– Antragsgegner –,
(evtl.) – Verfahrensbevollmächtigter: Rechtsanwalt ... –
wird namens und in Vollmacht der Antragsteller der Erlass einer einstweiligen Anordnung beantragt:
1. Dem Antragsgegner wird aufgegeben, an die Antragstellerin zu 1) Unterhalt iHv. 800 Euro monatlich ab dem 1. Februar 2013 zu zahlen.
2. Dem Antragsgegner wird aufgegeben, an das antragstellende Kind zu 2) zu Händen der Kindesmutter Frau ... Unterhalt iHv. 225 Euro monatlich ab dem 1. Februar 2013 zu zahlen:
3. Den Antragstellern wird unter Beiordnung von Rechtsanwältin ... ratenfreie Verfahrenskostenhilfe für das einstweilige Anordnungsverfahren bewilligt.

Begründung:
Die Antragstellerin zu 1) ist die Mutter des am 1. Februar 2013 geborenen Antragstellers zu 2).
Glaubhaftmachung: Geburtsurkunde
Der Antragsgegner ist der Vater des Kindes. Er hat der Antragstellerin während der gesetzlichen Empfängniszeit beigewohnt. Am ... haben die Beteiligten in der Besenkammer des Hotels, in dem die Antragstellerin bis zum Ende des 7. Schwangerschaftsmonats aushilfsweise gearbeitet hat, den Geschlechtsverkehr ausgeübt. In der Zeit danach hat die Antragstellerin weder mit dem Antragsgegner noch mit einem anderen Mann den Geschlechtsverkehr ausgeübt. Da der Antragsgegner die Vaterschaft bestreitet, hat die Antragstellerin zu 1) ein Vaterschaftsfeststellungsverfahren vor dem hiesigen Amtsgericht eingeleitet. Das Verfahren trägt das Aktenzeichen ...

Glaubhaftmachung: Eidesstattliche Versicherung der Antragstellerin vom ...
Kopie der Antragsschrift vom ...

Die Antragstellerin zu 1) hat derzeit keine Einkünfte außer Erziehungsgeld. Sonstige unterhaltspflichtige Dritte sind nicht vorhanden. Mit dem Antrag zu 1. macht die Antragstellerin für sich Unterhalt gem. § 1615l BGB geltend, weil sie wegen der Betreuung von Maximilian keiner Erwerbstätigkeit nachgehen kann. Das antragstellende Kind begehrt Kindesunterhalt. Einstweilen wird nur der Mindestunterhalt nach der Düsseldorfer Tabelle, Stand 1.1.2013 (317 Euro abzgl. anteiliges Kindergeld 92 Euro), geltend gemacht.
Der Antragsgegner, der die Vaterschaft zu Unrecht bestreitet, verfügt nach eigenen Angaben über ein Monatseinkommen von mindestens 3 000 Euro netto. Er ist in der Lage, sowohl an die Antragstellerin einen Betrag iHv. 800 Euro als auch Kindesunterhalt in der begehrten Höhe zu zahlen.
Glaubhaftmachung: Eidesstattliche Versicherung der Antragstellerin vom ...
Hinsichtlich des Antrags auf Gewährung von Verfahrenskostenhilfe wird auf die beigefügten Unterlagen verwiesen.
Rechtsanwältin

Kosten/Gebühren: Es entstehen die Verfahrensgebühren nach den Nrn. 1420, 1421 KV FamGKG. Vgl. im Übrigen die Anmerkungen zu § 246 Rz. 96. **24**

Vorbemerkungen zu §§ 249–260

A. Rechtsentwicklung

Die Regelungen der früheren §§ 645 bis 660 ZPO über das vereinfachte Verfahren über den Unterhalt Minderjähriger, das durch Art. 3 Nr. 9 **KindUG** ab dem 1.7.1998 eingeführt worden war, betrafen Unterhaltsansprüche minderjähriger Kinder, die mit dem in Anspruch genommenen Elternteil nicht in einem Haushalt leben. Die §§ 249 bis 260 entsprechen inhaltlich den §§ 645 ff. aF ZPO idF der durch das Unterhaltsrechtsände- **1** rungsgesetz[1] zum 1.1.2008 angepassten Form.[2] Eine Ausnahme bilden die §§ 655 und 656 aF ZPO, die nicht übernommen wurden, und die §§ 653, 654 aF ZPO, die außerhalb dieses Unterabschnittes in §§ 237 und 240 geregelt sind. Der frühere § 655 ZPO sah vor, dass auf wiederkehrende Unterhaltsleistungen gerichtete Vollstreckungstitel, in denen Kindergeldleistungen zu berücksichtigen waren, auf Antrag im vereinfachten Verfahren durch Beschluss abgeändert werden konnten, wenn sich ein für die Berechnung dieses Betrages maßgeblicher Umstand geändert hatte. Nach § 656 aF ZPO konnte im Wege der Klage eine entsprechende Abänderung des nach § 655 aF ZPO ergangenen Beschlusses verlangt werden. Der Gesetzgeber hat den Regelungsgehalt dieser Vorschriften nicht in das FamFG übernommen, weil die Anordnung der Kindergeldverrechnung bei der Tenorierung zunehmend in dynamisierter Form erfolgt und sich dadurch das Bedürfnis für entsprechende Sondervorschriften verringert hat. Im Fall einer Erhöhung des Kindergeldes ergibt sich in der überwiegenden Zahl der Fälle zudem eine Reduktion des Zahlbetrages für den Unterhalt. Nach Auffassung des Gesetzgebers ist es dem Verpflichteten zuzumuten, diesen Umstand bei Überschreitung der Wesentlichkeitsschwelle im Wege des regulären Abänderungsverfahrens geltend zu machen. Eine Übernahme der genannten Regelungen in das FamFG hat der Gesetzgeber auch wegen der Komplexität der Regelungen und des aufwändigen Mechanismus der Abänderungsverfahren nach den §§ 656 und 323 Abs. 5 aF ZPO abgelehnt.[3]

2 Im Laufe des Gesetzgebungsverfahrens hatte der Bundesrat vorgeschlagen, an Stelle des vereinfachten Unterhaltsverfahrens ein Verfahren einzuführen, das weitgehend den Vorschriften des Mahnverfahrens entspricht und eine automatisierte Bearbeitung ermöglicht. Die Bundesregierung nahm diese Anregung des Bundesrates auf, hielt es jedoch nicht für angezeigt, diese grundlegende Änderung des Verfahrens in das laufende Gesetzgebungsverfahren einzubeziehen,[4] obwohl mit einer Neuregelung eine erhebliche Verschlankung der entsprechenden Vorschriften hätte erreicht werden können.[5]

B. Verhältnis zu anderen Verfahren

3 Der Unterhaltsanspruch des minderjährigen Kindes kann **nach Wahl im vereinfachten Verfahren** oder durch einen **Leistungsantrag** geltend gemacht werden.[6] Da die Art der zu erwartenden Einwendungen des Antragsgegners idR nicht vorhersehbar ist und das vereinfachte Verfahren in ein streitiges Verfahren nach § 255 übergehen kann, fehlt einem Leistungsantrag nicht das Rechtsschutzbedürfnis. Ein Antrag auf Gewährung von Verfahrenskostenhilfe (§ 113 FamFG iVm. § 114 ZPO) für dieses Verfahren ist aus den gleichen Gründen nicht mutwillig.[7]

4 Wenn das bedürftige Kind sofort Mittel benötigt, bietet das Verfahren auf Erlass einer **eA** nach § 246 FamFG eine zügigere Möglichkeit als das vereinfachte Verfahren, einen Titel zu erlangen. Dies gilt insbesondere für die Rechtslage ab dem 1.1.2009, weil ein Antrag auf Erlass einer eA im Gegensatz zu der früheren Regelung nach der ZPO nicht mehr die Anhängigkeit eines Hauptsacheverfahrens oder eines Antrags auf Bewilligung von Verfahrenskostenhilfe voraussetzt. Zu beachten ist jedoch, dass nach § 57 FamFG eine Beschwerde gegen eine eA in einer Unterhaltssache nicht zu-

---

1 BT-Drucks. 16/1830.
2 *Lucht*, FuR 2010, 197; *Giers*, FamRB 2009, 247; *Vogel*, FF 2009, 285.
3 Begr. RegE, BT-Drucks. 16/6308, S. 261.
4 Gegenäußerung der BReg. zur Stellungnahme des Bundesrates, Begr. RegE, BT-Drucks. 16/6308, S. 419.
5 Stellungnahme des Bundesrates v. 6.7.2007, BT-Drucks. 16/6308, S. 384.
6 BT-Drucks. 13/7338, S. 37.
7 OLG Naumburg v. 25.3.1999 – 3 WF 92/99, FamRZ 1999, 1670; OLG Köln v. 5.11.2001 – 21 WF 208/01, OLGReport 2002, 58; Thomas/Putzo/*Hüßtege*, vor § 249 FamFG Rz. 8; **aA** OLG Hamm v. 9.2.1999 – 2 WF 17/99, FamRZ 1999, 995; offenlassend für den Fall, dass der Unterhaltsschuldner mangelnde Leistungsfähigkeit einwendet, OLG Rostock v. 30.5.2006 – 10 WF 239/05, FamRZ 2006, 1394.

lässig ist. Eine Aufhebung oder Änderung der Entscheidung im einstweiligen Anordnungsverfahren kann nur nach § 54 FamFG erfolgen.

Sofern über den Unterhaltsanspruch des minderjährigen Kindes bereits ein Gericht **5** entschieden hat, ein gerichtliches Verfahren anhängig ist oder **ein zur Zwangsvollstreckung geeigneter Titel** (Vergleich nach § 794 Abs. 1 Nr. 1 ZPO; notarielle Urkunde iSd. § 794 Abs. 1 Nr. 5 ZPO) **vorliegt** (§ 249 Abs. 2), **ist das vereinfachte Verfahren nicht statthaft.** Das gilt auch dann, wenn der Unterhalt aus dem Titel nicht mehr vollstreckt werden kann, weil in dem stark formalisierten vereinfachten Verfahren weder geprüft werden kann, ob sich die für die Unterhaltsbemessung maßgeblichen Verhältnisse geändert haben,[1] noch ob aus dem Titel weiter vollstreckt werden kann.[2]

Die **Abänderung von Unterhaltstiteln** minderjähriger Kinder – gleich welcher Art – über wiederkehrende Leistungen bei Veränderungen der Kindergeldleistungen kann abweichend von dem bis zum Inkrafttreten des FamFG geltenden Recht nach dem Wegfall der Regelungen der §§ 655 und 656 ZPO (s. oben unter A.) nicht mehr durch ein vereinfachtes Verfahren erreicht werden, sondern nur noch – ebenso wie bei Veränderungen sonstiger Umstände (zB der Leistungsfähigkeit des Unterhaltsverpflichteten) – durch Abänderungsverfahren nach den §§ 238 bis 240 erfolgen. Gegen eine rechtskräftige Festsetzung des Unterhalts im vereinfachten Verfahren nach § 253 Abs. 1 (und in dem Verfahren auf Feststellung der Vaterschaft nach § 237 Abs. 1) kann gem. § 240 ein **Abänderungsantrag** (früher Korrekturklage) mit dem Ziel einer Erhöhung des Unterhalts oder eine Herabsetzung des Unterhalts gestellt werden.

Unterabschnitt 3
Vereinfachtes Verfahren über den Unterhalt Minderjähriger

249 *Statthaftigkeit des vereinfachten Verfahrens*
(1) Auf Antrag wird der Unterhalt eines minderjährigen Kindes, das mit dem in Anspruch genommenen Elternteil nicht in einem Haushalt lebt, im vereinfachten Verfahren festgesetzt, soweit der Unterhalt vor Berücksichtigung der Leistungen nach § 1612b oder § 1612c des Bürgerlichen Gesetzbuchs das 1,2-fache des Mindestunterhalts nach § 1612a Abs. 1 des Bürgerlichen Gesetzbuchs nicht übersteigt.
(2) Das vereinfachte Verfahren ist nicht statthaft, wenn zum Zeitpunkt, in dem der Antrag oder eine Mitteilung über seinen Inhalt dem Antragsgegner zugestellt wird, über den Unterhaltsanspruch des Kindes entweder ein Gericht entschieden hat, ein gerichtliches Verfahren anhängig ist oder ein zur Zwangsvollstreckung geeigneter Schuldtitel errichtet worden ist.

A. **Allgemeines**
  I. Entstehung 1
  II. Systematik 2
  III. Normzweck 3
  IV. Zuständigkeit 4
  V. Verfahrenskostenhilfe 5
B. **Voraussetzungen des vereinfachten Verfahrens, Absatz 1**
  I. Gegenstand: Minderjährigenunterhalt
    1. Unterhaltsberechtigte 6
    2. Höhe des Unterhalts 9
  3. Unterhalt für die Vergangenheit, Zinsen 10
  4. Ausländisches Unterhaltsstatut . . . 11
  II. Antragsteller 12
  III. Rechtsnachfolge 12a
  IV. Antragsgegner 13
  V. Wechsel des Kindes in den Haushalt des anderen Elternteils 13b
C. **Keine anderweitige Anhängigkeit eines Unterhaltsverfahrens, Absatz 2** 15
D. **Gegenstandswert, Kosten** 18

---

1 OLG Karlsruhe v. 27.8.1999 – 2 WF 52/99, FamRZ 2000, 1159.
2 OLG München v. 17.5.2010 – 4 WF 416/10, FamRZ 2011, 48 (49).

§ 249

Literatur: *Lucht*, Das vereinfachte Verfahren über den Unterhalt Minderjähriger, FuR 2010, 197; *Giers*, Das vereinfachte Verfahren über den Unterhalt Minderjähriger nach dem FamFG, FamRB 2009, 247; *Vogel*, Das vereinfachte Verfahren zur Festsetzung des Unterhalts Minderjähriger, FF 2009, 285.

A. Allgemeines

I. Entstehung

1   § 249 entspricht inhaltlich dem früheren § 645 ZPO.

II. Systematik

2   Die Vorschrift gehört zu den speziellen Regelungen für das vereinfachte Unterhaltsverfahren. Dieses gehört zu den Familienstreitsachen iSd. § 112 Nr. 1. Anzuwenden sind die besonderen Verfahrensvorschriften der §§ 250 bis 260 und im Übrigen die ZPO in dem durch § 113 Abs. 1 Satz 2 bestimmten Umfang. Das vereinfachte Verfahren über den Unterhalt Minderjähriger kann **nicht Folgesache im Verbund eines Scheidungsverfahrens** sein, § 137 Abs. 2 Nr. 2.

III. Normzweck

3   Das Verfahren soll unterhaltsberechtigten ehelichen und nichtehelichen minderjährigen Kindern ermöglichen, ihren Unterhaltsanspruch in dynamisierter Form im Beschlussweg **ohne Anwaltszwang** (§§ 257 Satz 1, 114 Abs. 4 Nr. 6 FamFG iVm. § 78 Abs. 3 ZPO) in einem einfachen Verfahren festsetzen zu lassen. Vollstreckungstitel ist der gem. § 253 erlassene Festsetzungsbeschluss. Die Zwangsvollstreckung erfolgt nach § 120 Abs. 1, 2 Satz 1 iVm. den Vorschriften der ZPO (§§ 704 ff. ZPO). Nach der Überleitung des vereinfachten Verfahrens in das streitige Verfahren ist bei Anhängigkeit einer Ehesache das Verfahren nach § 233 von Amts wegen an das nun zuständige Gericht der Ehesache abzugeben. Denn die in § 232 Abs. 1 Nr. 1 geregelte Ausnahme trifft auf das streitige Verfahren, das jetzt einem gewöhnlichen Unterhaltsverfahren entspricht, nicht mehr zu.[1]

IV. Zuständigkeit

4   **Sachlich** zuständig ist gem. § 23a Abs. 1 Nr. 1 GVG das Familiengericht. Die **örtliche** Zuständigkeit richtet sich nach dem gewöhnlichen Aufenthalt des Kindes oder des handlungsbefugten Elternteils, § 232 Abs. 1 Nr. 2 bzw. § 232 Abs. 3, sofern keine landesrechtliche Spezialzuweisung nach § 260 vorliegt. Es handelt sich um ein schematisiertes Verfahren, das in 1. Instanz von dem **funktionell** zuständigen Rechtspfleger bearbeitet wird (§ 25 Nr. 2c RPflG = § 20 Nr. 10 aF RPflG). Dieser prüft die Angaben des Antragstellers nicht auf ihr tatsächliches Vorliegen. Sie werden als richtig unterstellt, solange der Antragsgegner keine Einwände erhebt, vgl. § 252.

V. Verfahrenskostenhilfe

5   Anwendbar sind auf das Verfahren nicht die §§ 76 bis 78, sondern gem. § 113 Abs. 1 die §§ 114 ff. ZPO. Die **Beiordnung eines Rechtsanwalts** ist nach überwiegender Auffassung in der obergerichtlichen Rechtsprechung[2] angesichts der mit dem Verfahren verbundenen rechtlichen Schwierigkeiten[3] sowohl für den **Antragsteller**[4] als auch den **Antragsgegner**[5] erforderlich und geboten. Dies ist, worauf das OLG Oldenburg[6]

---

1   Johannsen/Henrich/*Maier*, § 249 FamFG Rz. 19; **aA** wohl Keidel/*Giers*, § 249 FamFG Rz. 7.
2   OLG Schleswig v. 21.12.2006 – 8 WF 255/06, MDR 2007, 736; Thomas/Putzo/*Hüßtege*, vor § 249 FamFG Rz. 9 mwN.
3   OLG Zweibrücken v. 7.3.2005 – 6 WF 175/04, FamRZ 2006, 212; OLG Frankfurt v. 13.3.2007 – 2 WF 111/07, FamRZ 2008, 420; *Vogel*, FF 2009, 285 (297); Zöller/*Lorenz*, ZPO, § 250 FamFG Rz. 1 mwN.
4   OLG Schleswig v. 21.12.2006 – 8 WF 255/06, MDR 2007, 736.
5   OLG Hamm v. 24.5.2011 – 2 WF 100/11, FamRZ 2011, 1745; OLG Oldenburg v. 14.12.2010 – 13 WF 154/10, NJW-Spezial 2011, 189; OLG Frankfurt v. 13.3.2007 – 2 WF 111/07, FamRZ 2008, 420.
6   OLG Oldenburg v. 14.12.2010 – 13 WF 154/10 NJW-Spezial 2011, 189.

zu Recht hingewiesen hat, insbesondere für den Antragsgegner deshalb zutreffend, weil diesem in dem Formulartext, den er gem. § 259 Abs. 2 FamFG ausfüllen muss,[1] die Möglichkeit rechtlicher Beratung ausdrücklich empfohlen wird. Daraus ergibt sich, dass der Verordnungsgeber bei der Abfassung des Formulars selbst davon ausgegangen ist, dass ein rechtlicher Laie ohne rechtliche Beratung nicht ermitteln kann, in welcher Höhe er zur Zahlung von Kindesunterhalt verpflichtet ist.

B. Voraussetzungen des vereinfachten Verfahrens, Absatz 1

I. Gegenstand: Minderjährigenunterhalt

1. Unterhaltsberechtigte

Gegenstand des vereinfachten Unterhaltsverfahrens sind **Unterhaltsansprüche der minderjährigen Kinder**, die mit dem in Anspruch genommenen Elternteil nicht in einem Haushalt[2] zusammenleben (§ 1612a BGB). Unter die Regelung fallen auch **verheiratete Minderjährige**, obgleich sie gem. § 1609 Nr. 4 BGB unterhaltsrechtlich nachrangig sind.[3] Das Verfahren findet **keine** Anwendung auf Unterhaltsansprüche bei Antragstellung bereits **volljähriger Kinder**. Auch volljährige Kinder, die in bestimmten Fällen minderjährigen Kindern gleichstehen (sog. **privilegiert volljährige Kinder** iSd. § 1603 Abs. 2 Satz 2 BGB) können ihren Unterhaltsanspruch **nicht** im vereinfachten Verfahren nach §§ 249 ff. festsetzen lassen.[4] Eine entsprechende Anwendung der § 249 ff. auf Unterhaltsansprüche privilegiert volljähriger Kinder kommt nicht in Betracht, weil dem Reformgesetzgeber dieses Problem bekannt war und er eine Anpassung der verfahrensrechtlichen Position an die durch § 1603 Abs. 2 Satz 2 BGB erfolgte unterhaltsrechtliche Gleichstellung nicht vorgenommen hat.[5]

6

Die **Minderjährigkeit** muss lediglich bei der Antragstellung vorliegen, denn nach dem Wortlaut des § 249 kann „auf Antrag" der Unterhalt eines minderjährigen Kindes im vereinfachten Verfahren festgesetzt werden, und nicht etwa „auf Antrag eines minderjährigen Kindes". Das Gesetz stellt daher auf die Art des zu titulierenden Unterhaltsanspruchs ab, ohne die Befugnis zur Antragstellung von besonderen Eigenschaften des Antragstellers abhängig zu machen.[6]

7

Obwohl das vereinfachte Verfahren nur für den Unterhaltsanspruch minderjähriger Kinder anwendbar ist, muss ein nach §§ 249 ff. geschaffener **Titel nicht bis zur Vollendung des 18. Lebensjahres begrenzt** werden, weil auch im vereinfachten Verfahren ein Individualanspruch festgesetzt wird, der über das 18. Lebensjahr hinaus bestehen kann, vgl. § 244.[7] Streitig ist, ob in dem vereinfachten Verfahren in den Fällen, in denen das Kind **während des Verfahrens volljährig wird**, nur noch der Unterhalt für die Zeit der Minderjährigkeit geltend gemacht werden kann oder ob das Verfahren darüber hinaus auch für den laufenden Bedarf zur Verfügung steht, weil § 1612a Abs. 3 BGB hinsichtlich der dritten Altersstufe keine Begrenzung bis zur Volljährigkeit des Kindes enthält.[8] Der von den Befürwortern herangezogene Rechtsgedanke des § 244 passt hier nicht, weil § 244 von einem schon bestehenden Titel ausgeht. In der og Konstellation soll aber ein Titel erst noch geschaffen werden. Daher erscheint es zur Vermeidung einer Verfahrensverzögerung oder eines Abänderungsverfahrens sinnvoller, das vereinfachte Verfahren **nur** für den bis zum Eintritt der Volljährigkeit fälligen Unterhalt für zulässig zu erachten. Einer anteiligen Haftung des bislang betreuenden Elternteils für den Barunterhalt des volljährigen Kindes

8

---

1 Vgl. Anlage 2 der Kindesunterhalt-Formularverordnung idF der Vierten Verordnung zur Änderung der Kindesunterhalt-Formularverordnung v. 17.7.2009, BGBl. I, 2134 ff.
2 OLG Saarbrücken v. 22.8.2012 – 6 WF 359/12, juris.
3 Keidel/*Giers*, § 249 FamFG Rz. 3.
4 *Vogel*, FF 2009, 285 (287); OLG Brandenburg v. 24.8.2001 – 10 UF 158/01, FamRZ 2002, 1346 (zu § 645 ZPO).
5 Keidel/*Giers*, § 249 FamFG Rz. 3.
6 BGH v. 21.12.2005 – XII ZB 258/03, FamRZ 2006, 402.
7 OLG Brandenburg v. 26.7.2006 – 9 UF 118/06, FamRZ 2007, 484.
8 Für die Zulässigkeit der Geltendmachung des laufenden Unterhalts BGH v. 21.12.2005 – XII ZB 258/03, FamRZ 2006, 402; OLG Koblenz v. 31.3.2006 – 9 UF 16/06, OLGReport 2006, 632; **aA** OLG Naumburg FamRZ 2002, 1048; Johannsen/Henrich/*Maier*, § 249 Rz. 2.

nach § 1606 Abs. 3 Satz 1 BGB sollte bereits im Antrag Rechnung getragen werden, um Einwendungen des Antragsgegners und einer mit Kostennachteilen verbundenen Überleitung in das streitige Verfahren vorzubeugen.[1]

2. Höhe des Unterhalts

9 Das Kind bzw. der Obhutselternteil (vgl. Rz. 6) hat die Wahl, ob es in dem vereinfachten Verfahren einen **statischen**, mithin gleichbleibenden konkret bezifferten Festbetrag gem. § 1612 Abs. 1 BGB oder einen **dynamischen Betrag** für die drei Altersgruppen nach § 1612a Abs. 1 BGB geltend macht.[2] Der veränderliche Betrag stellt den Mindestunterhalt nach § 1612a Abs. 1 BGB in Höhe eines bestimmten Prozentsatzes dar. Der Mindestunterhalt ist nach dem Alter des Kindes gestaffelt. Die Unterhaltsbeträge werden regelmäßig angepasst. Seit dem 1.1.2008 gibt es nur noch den Prozentsatz des jeweils altersabhängigen Mindestunterhalts.

Geltend gemacht werden können Unterhaltsansprüche, soweit sie vor dem Vorwegabzug des Kindergelds das 1,2-fache **(120 %) des Mindestunterhalts**[3] nach § 1612a Abs. 1 BGB nicht übersteigen. Diese vor Anrechnung des Kindergelds zu ermittelnden **Höchstbeträge** belaufen sich für die Zeit ab 1.1.2013[4] gem. §§ 1612a BGB in der 1. Altersstufe auf 381 Euro, in der 2. Altersstufe auf 437 Euro und in der 3. Altersstufe auf 512 Euro.

3. Unterhalt für die Vergangenheit, Zinsen

10 In dem vereinfachten Verfahren können unter den Voraussetzungen des § 1613 BGB auch **rückständige Unterhaltsbeträge** festgesetzt werden, vgl. § 250 Abs. 1 Nr. 4 und 5. Damit soll vermieden werden, dass allein wegen des rückständigen Unterhalts ein zusätzlicher Leistungsantrag eingereicht werden muss.[5] Ob ein minderjähriges Kind im vereinfachten Verfahren ausschließlich rückständigen Unterhalt titulieren lassen kann, ist fraglich, weil das Verfahren in erster Linie zügig den laufenden Unterhaltsbedarf des Kindes sichern soll.[6] Es spricht nichts dagegen, dem Kind die **Wahl zwischen dem vereinfachten Verfahren** und einem **Mahnverfahren** nach § 113 Abs. 2 FamFG iVm. §§ 688ff. ZPO zu lassen.[7] In der Beschwerdeinstanz kann – wenn in erster Instanz laufender Unterhalt antragsgemäß festgesetzt wurde – nicht erstmals rückständiger Unterhalt geltend gemacht werden; die Beschwerde ist mangels hinreichender Beschwer unzulässig.[8]

10a Festgesetzt werden können auch gesetzliche **Verzugszinsen** (§ 288 Abs. 1 BGB – fünf Prozentpunkte über dem Basiszinssatz) ab dem Zeitpunkt der Zustellung des Festsetzungsantrages (als verzugsbegründender Vorgang, §§ 251 Abs. 1, 286 Abs. 1 Satz 2 BGB) bezogen auf den zu dieser Zeit rückständigen Unterhalt. Die Festsetzung rückständiger Verzugszinsen und Nebenkosten, zB Mahnkosten, ist ausgeschlossen, weil in diesem auf größtmögliche Beschleunigung angelegten Verfahren kein Raum für eine materielle Verzugsprüfung ist.[9] Das vereinfachte Verfahren ist eine Alternative zum normalen Antragsverfahren, denn in dem vereinfachten Unterhaltsverfahren kann das Kind seinen Bedarf bis zum 1,2-fachen des Mindestunter-

---

1 MüKo.ZPO/*Macco*, § 249 FamFG Rz. 10.
2 BGH v. 28.5.2008 – XII ZB 34/05, FamRZ 2008, 1428; vgl. OLG Köln v. 1.9.2008 – 21 WF 203/08 (n.v.) zur Dynamisierung des Kindergeldes; OLG Hamm v. 4.10.2010 – 5 WF 151/10, juris; OLG Celle v. 29.1.2009 – 10 WF 29/09, JAmt 2009, 210; AG Wolfsburg v. 10.9.2003 – 17 FH 3006/03, JAmt 2004, 443; Palandt/*Brudermüller*, § 1612a BGB Rz. 4; Wendl/*Scholz*, § 8 Rz. 275; DIJuF-Rechtsgutachten, JAmt 2004, 423; **aA** OLG Dresden v. 3.11.2004 – 20 UF 0703/04, JAmt 2004, 607 (Ls); OLG Oldenburg v. 12.5.2006 – 4 UFH 2/06 (n.v.).
3 Zur Umrechnung der vor dem 1.1.2008 geltenden Regelbeträge vgl. Düsseldorfer Tabelle, Abschnitt E.
4 Düsseldorfer Tabelle, Stand 1.1.2013.
5 BT-Drucks. 13/7338, S. 38.
6 OLG Naumburg v. 4.11.2001 – 8 WF233/01, FamRZ 2002, 1045.
7 Vgl. Keidel/*Giers*, § 249 FamFG Rz. 4.
8 OLG Brandenburg v. 14.8.2001 – 10 UF 133/01, FamRZ 2002, 1263.
9 BGH v. 28.5.2008 – XII ZB 34/05, FamRZ 2008, 1428; OLG Koblenz v. 3.2.2005 – 7 UF 985/04, FamRZ 2005, 2000.

halts durch Beschluss festsetzen lassen, ohne den Antrag begründen und das Einkommen des Unterhaltspflichtigen darlegen und beweisen zu müssen.[1] Zudem ist dem Antragsgegner im vereinfachten Verfahren die Berufung auf eine mangelnde Leistungsfähigkeit durch das vorgeschriebene Formular für seine Einwendungen (§ 252), mit dem er eine umfassende Auskunft über seine persönlichen und wirtschaftlichen Verhältnisse erteilen muss, sehr erschwert.

4. Ausländisches Unterhaltsstatut

Ob das vereinfachte Verfahren über den Unterhalt Minderjähriger auch durchgeführt werden kann, um einen auf **ausländischem Sachrecht** beruhenden Unterhaltsanspruch durchzusetzen, ist umstritten. Die Möglichkeit wird für die Fälle, in denen der Unterhalt als statischer Betrag (also ohne Dynamisierung und bedarfsdeckende Kindergeldanrechnung iSd. §§ 1612a, 1612b BGB) verlangt wird, mit dem Argument bejaht, es komme nicht darauf an, dass § 1612a Abs. 1 BGB nur bei der Geltung deutschen Sachrechts zur Anwendung komme, weil diese Regelung in § 249 FamFG nur als Bezugsgröße, nicht aber als Anspruchsgrundlage genannt werde.[2] Zu folgen sein dürfte der Auffassung, dass das Verfahren nicht anwendbar ist, soweit der Unterhaltsanspruch nach ausländischem Recht zu beurteilen ist, denn die §§ 249 ff. FamFG knüpfen an den Mindestunterhalt als materielle Berechtigung für den Unterhalt, dh. an einen formalisierten Unterhaltstatbestand, an.[3] Zur internationalen Zuständigkeit deutscher Gerichte und zu dem anwendbaren Recht für die in der Bundesrepublik Deutschland lebenden ausländischen Kinder vgl. Anhang zu § 110 FamFG.

II. Antragsteller

Antragsteller in dem Verfahren ist entweder der **alleinsorgeberechtigte Elternteil** oder, im Falle gemeinsamer elterlicher Sorge, der Elternteil, in dessen **Obhut** sich das Kind befindet, dh. in dessen Haushalt es lebt (§ 1629 Abs. 2 Satz 2 BGB). Wenn die Eltern des minderjährigen Kindes miteinander verheiratet sind, kann der Elternteil, solange die Eltern getrennt leben oder eine Ehesache zwischen ihnen anhängig ist, den Antrag nur im eigenen Namen als gesetzlicher **Verfahrensstandschafter** stellen (§ 1629 Abs. 3 BGB). Sind die Eltern nicht miteinander verheiratet, muss der Elternteil, in dessen Obhut das Kind lebt, den Antrag im Namen des Kindes als dessen gesetzlicher Vertreter stellen (§ 1629 Abs. 2 Satz 2 BGB). Wenn die **elterliche Sorge** während des Verfahrens **auf** den **Antragsgegner übertragen** wird, wird das vereinfachte Verfahren **unzulässig**.[4]

Das **Verfahren bleibt** dagegen **statthaft**, wenn das Kind zwischen Antragstellung und Entscheidung volljährig wird.[5] In diesem Fall endet die Verfahrensstandschaft oder die gesetzliche Vertretung des betreuenden Elternteils. Das Kind muss dem Verfahren beitreten und nun sich selbst vertreten.[6]

III. Rechtsnachfolge

Antragsberechtigt sind im vereinfachten Verfahren auch **Dritte, auf die der Unterhaltsanspruch des Kindes übergegangen** ist (zB nach § 33 SGB II, § 94 SGB XII, § 1607 BGB, § 7 UVG)[7], nicht jedoch für Ansprüche gegen Dritte (zB ersatzweise Haf-

---

1 BGH v. 6.2.2002 – XII ZR 20/00, FamRZ 2002, 536; *Vossenkämper*, FamRZ 2008, 201 (209).
2 So OLG Karlsruhe v. 2.5.2006 – 20 WF 45/06, FamRZ 2006, 1393 zu § 645 ZPO; aA *Bischoff*, IPrax 2002, 511; Keidel/*Giers*, § 249 FamFG Rz. 16; Johannsen/Henrich/*Maier* § 249 FamFG Rz. 16; Thomas/Putzo/*Hüßtege*, vor § 249 FamFG Rz. 2.
3 Vgl. Wendl/*Schmitz*, § 10 Rz. 638.
4 OLG Karlsruhe v. 25.4.2000 – 2 WF 30/00, FamRZ 2001, 767.
5 BGH v. 21.12.2005 – XII ZB 258/03, FamRB 2006, 143.
6 OLG Köln v. 29.9.1999 – 27 UF 189/99, FamRZ 2000, 678 (679); vgl. auch OLG Naumburg v. 27.3.2002 – 3 WF 57/02, FamRZ 2003, 160 zur Verfahrensweise bei Eintritt der Volljährigkeit vor Zustellung des Antrags.
7 OLG Hamm v. 4.10.2010 – 5 EF 151/10, FamRZ 2011, 409; OLG Brandenburg v. 20.8.2001 – 9 UF 128/01, FamRZ 2002, 545.

tende nach § 1607 BGB).[1] Sofern ein Land, das einem Kind Unterhaltsvorschuss gewährt hat und auf das der Unterhaltsanspruch übergegangen ist, im vereinfachten Verfahren eine Unterhaltsfestsetzung beantragt, kommt es nicht darauf an, ob die Sozialleistung zu Recht erfolgt ist.[2]

12b Im vereinfachten Verfahren können Unterhaltsvorschussleistungen auch wegen zukünftig übergehender Unterhaltsansprüche gem. §§ 7 Abs. 4 Satz 1 UVG festgesetzt werden. Da die Unterhaltsleistung gem. § 3 UVG längstens für 72 Monate gezahlt wird, darf der Unterhalt auch nur für diese Zeit festgesetzt werden.[3] Eine Klausel für Titel im vereinfachten Unterhaltsverfahren kann auch für zukünftig fällig werdenden Unterhalt erteilt werden.[4]

IV. Antragsgegner

13 Das vereinfachte Verfahren ist auf eine Lebenssituation zugeschnitten, bei der ein Elternteil **räumlich getrennt** von dem Kind lebt. Das Verfahren ist daher nur zulässig, wenn die Eltern getrennte Haushalte haben. Antragsgegner ist dann der Elternteil, mit dem das Kind **nicht** in einem **Haushalt** lebt. Dies ist dann der Fall, wenn das Kind seinen **Lebensmittelpunkt** im Haushalt des anderen Elternteils hat. Nicht im Haushalt des Antragsgegners lebt das Kind, wenn es sich zB im Einverständnis mit der sorgeberechtigten Mutter zum Zwecke des **Umgangs** regelmäßig am Wochenende beim Vater aufhält, denn ein bloßer Umgangsaufenthalt verlagert den Lebensmittelpunkt des Kindes nicht.[5] Wenn die Eltern ein **echtes Wechselmodell** praktizieren, dh. das Kind in etwa gleich langen Zeiträumen abwechselnd in den jeweiligen Haushalten eines Elternteils lebt, sind die Voraussetzungen des § 249 nicht erfüllt.[6]

13a Leben die Eltern zwar iSv. § 1567 Abs. 2 BGB getrennt, aber noch **in der ehelichen Wohnung** im **gleichen Haushalt**, dh. wirtschaften sie noch gemeinsam (zB Zahlung der Miete durch Kindesvater, der Lebensmittel durch die Mutter), ist das Verfahren unzulässig, weil sich bei den nicht vollständig getrennten Haushalten Barunterhalt und eine Deckung des Unterhaltsbedarfs in Natur überlagern.[7] Macht der Antragsgegner substantiiert geltend, er habe während des Zeitraums, für den Unterhalt verlangt wird, mit den Kindern in einem Haushalt gelebt, hat im vereinfachten Verfahren jede weitergehende Prüfung, ob die vorgebrachte Einwendung sachlich begründet und unterhaltsrechtlich erheblich ist, zu unterbleiben. Eine Beweiserhebung darüber, ob die gegenteilige Behauptung des Antragstellers zutrifft, ist mit dem beschleunigten Verfahren unvereinbar.[8] Soll das Verfahren fortgesetzt werden, muss der Antragsteller gem. § 255 Abs. 1 Satz 2 einen Antrag auf Überleitung in das **streitige Verfahren** stellen. Unterlässt es das innerhalb der Frist von sechs Monaten, gilt der Antrag als zurückgenommen, § 255 Abs. 6. Der Einwand des Antragsgegners, es habe noch ein gemeinsamer Haushalt bestanden, ist jedoch nicht erheblich, wenn es an einer plausiblen Darstellung der Lebenssituation im streitigen Zeitraum mangelt. In einem solchen Fall kann der Einwand mit dem Festsetzungsbeschluss zurückgewiesen werden.[9]

V. Wechsel des Kindes in den Haushalt des anderen Elternteils

13b Wenn das minderjährige Kind während des Verfahrens dauerhaft **in den Haushalt des anderen Elternteils wechselt**, wird das Verfahren unzulässig. Unterhaltsansprü-

---

1 Palandt/*Brudermüller*, § 1607 BGB Rz. 4; Eschenbruch/*Klinkhammer*, Teil 5 Rz. 278.
2 OLG Köln v. 12.9.2005 – 14 UF 114/05, FamRZ 2006, 431.
3 OLG Zweibrücken v. 2.3.2007 – 6 WF 29/07, FamRZ 2008, 289.
4 OLG Schleswig v. 21.5.2007 – 15 WF 136/07, OLGR Schleswig 2008, 242.
5 OLG Hamm v. 26.2.1993 – 7 UF 429/92, FamRZ 1994, 529.
6 OLG Celle v. 11.2.2003 – 15 WF 20/03, JAmt 2003, 321 = FamRZ 2003, 1475.
7 OLG Oldenburg v. 23.8.2012 – 14 WF 147/12; 14 WF 148/12 und 14 WF 149/12, FamRB 2012, 342 (*Bömelburg*); OLG Saarbrücken v. 22.8.2012 – 6 WF 359/12, BeckRS 2012, 19664; KG v. 21.11. 2005 – 16 UF 4/05, FuR 2006, 132; Wendl/*Schmitz*, § 10 Rz. 637; Schulte-Bunert/Weinreich/*Klein*, § 249 FamFG Rz. 6.
8 KG v. 21.11.2005 – 16 UF 4/05, FuR 2006, 132.
9 OLG Oldenburg v. 23.8.2012 – 14 WF 147/12; 14 WF 148/12 und 14 WF 149/12, FamRB 2012, 342 (*Bömelburg*).

che für die Zeit bis zu dem Wechsel des Aufenthalts kann der andere Elternteil dann nur noch geltend machen, wenn er das alleinige Sorgerecht hat.[1] Nach aA wird das Verfahren, wenn das Kind und der Antragsgegner während des vereinfachten Verfahrens in denselben Haushalt ziehen, von dem Einzug an unzulässig, für den Zeitraum davor soll es jedoch uneingeschränkt zulässig bleiben.[2] Dem ist zuzustimmen, weil die Situation vergleichbar ist mit dem Fall, in dem das Kind während des Verfahrens volljährig wird. Dieser Umstand lässt nach der Rechtsprechung des BGH[3] die Zulässigkeit nicht entfallen, vgl. oben Rz. 8.

Einstweilen frei. 14

C. Keine anderweitige Anhängigkeit eines Unterhaltsverfahrens, Absatz 2

Das vereinfachte Verfahren ist nur für eine **erstmalige Titulierung von Unterhaltsansprüchen** vorgesehen.[4] Es darf zum Zeitpunkt, in dem der Antrag oder eine Mitteilung über seinen Inhalt dem Antragsgegner zugestellt wird, **kein gerichtliches Verfahren anhängig** sein oder eine **gerichtliche Entscheidung** oder ein **sonstiger Vollstreckungstitel (Vergleich, § 794 Abs. 1 Nr. 1 ZPO, notarielle Urkunde, § 794 Abs. 1 Nr. 5 ZPO)** existieren. Dies gilt unabhängig davon, ob aus diesem Titel noch vollstreckt werden kann.[5] Denn das sehr schematisierte vereinfachte Verfahren, das Einwendungen des Unterhaltsschuldners nur in eng begrenztem Umfang zulässt, ist nicht dazu geeignet, Urteile oder bestehende Unterhaltstitel zu überprüfen. Deshalb findet das vereinfachte Verfahren auch dann nicht statt, wenn zuvor ein **Unterhaltsantrag** als **unbegründet** – nicht als unzulässig[6] – abgewiesen worden ist.[7] Eine Entscheidung iSv. § 249 Abs. 2 ist auch ein (Teil-)Anerkenntnisurteil, selbst wenn der Unterhaltsberechtigte danach auf seine Rechte aus diesem Titel wirksam verzichtet hat.[8] Ein als unzulässig zurückgewiesener Antrag im vereinfachten Verfahren (§ 250 Abs. 2) stellt kein Verfahrenshindernis dar, denn der Antrag kann neu gestellt werden.[9] Auch ein anhängiges oder schon rechtskräftig abgeschlossenes **Verfahren zur Auskunftserteilung (§ 1605 BGB)** macht das Verfahren nicht unzulässig, auch wenn ein Auskunftsantrag abgewiesen wurde.[10] 15

Ob ein vorangegangenes oder noch anhängiges Verfahren auf **Erlass einer eA (§ 246)** zur vorläufigen Regelung des Unterhalts der Statthaftigkeit des vereinfachten Verfahrens entgegensteht, ist vom BGH noch nicht entschieden. Nach überwiegender Auffassung[11] sind beide Verfahren nebeneinander zulässig, weil **vorläufige** und **endgültige** Regelungen unterschiedliche Verfahrensgegenstände darstellen. Da nach Inkrafttreten des FamFG die Anhängigkeit eines isolierten Unterhaltsverfahrens im Gegensatz zum bisherigen Recht nicht mehr Voraussetzung für das einstweilige Anordnungsverfahren ist, hat dieses einen neuen Stellenwert erhalten. Wenn der Unterhaltsschuldner keinen Hauptsachantrag (§ 52 Abs. 2 Satz 1) und auch keinen Abänderungsantrag (§ 54) stellt, tritt die eA nicht außer Kraft (§ 56) und macht das vereinfachtes Unterhaltsverfahren überflüssig. Da das Kind jedoch nur im vereinfachten Verfahren bis 120 % des Mindestunterhalts ohne Begründung, dh. ohne Darle- 15a

---

1 Luthin/Koch/*Seidel*, Rz. 7324; **aA** Zöller/*Lorenz*, § 249 FamFG Rz. 2; OLG Brandenburg v. 27.1.2003 – 10 UF 259/02, FamRZ 2004, 273.
2 KG v. 11.6.2009 – 16 WF 383/08, FamRZ 2009, 1847; Wendl/*Schmitz*, § 10 Rz. 638.
3 BGH v. 21.12.2005 – XII ZB 258/03, FamRB 2006, 143 (*Bißmaier*).
4 OLG Naumburg v. 5.11.2001 – 8 WF 233/01, FamRZ 2002, 1045.
5 OLG München v. 17.5.2010 – 4 WF 416/10, FamRZ 2011, 48.
6 Zöller/*Lorenz*, ZPO, § 249 FamFG Rz. 7.
7 OLG München v. 17.9.1998 – 12 WF 1142/98, FamRZ 1999, 450 (451); OLG Stuttgart v. 10.11.1999 – 17 UF 343/99, OLGReport 2000, 142 (143); Zöller/*Lorenz*, § 249 FamFG Rz. 7.
8 OLG München v. 17.9.1998 – 12 WF 1142/98, FamRZ 1999, 450.
9 Zöller/*Lorenz*, § 249 FamFG Rz. 7.
10 Begr. RegE des KindUG, BT-Drucks. 13/7338, S. 38; **aA** wohl Johannsen/Henrich/*Maier*, § 249 FamFG Rz. 15.
11 OLG München v. 22.5.2000 – 12 WF 754/00, FamRZ 2000, 1580; Keidel/*Giers*, § 249 FamFG Rz. 14; Zöller/*Lorenz*, § 249 FamFG Rz. 7; Johannsen/Henrich/*Maier*, § 249 FamFG Rz. 18; *Gießler*, FamRZ 2001, 1269 (1271); **aA** *Vogel*, FF 2009, 285 (289); *Götschke*, ZFE 2009, 124 (126).

gung der Leistungsfähigkeit des Unterhaltsschuldners, verlangen kann, und der Schuldner mit seinen Einwendungen lediglich im Rahmen der §§ 252 Abs. 3, 256 Satz 2 gehört wird, kann sich das vereinfachte Verfahren im Einzelfall auch bei Vorliegen einer eA als vorteilhafter erweisen. Ein Festsetzungsbeschluss gem. § 253 stellt eine anderweitige Regelung iSd. § 56 dar, mit deren Wirksamwerden die eA außer Kraft tritt.[1]

16 Wenn der Unterhaltspflichtige **nach** der Einleitung des vereinfachten Verfahrens einen Unterhaltstitel, zB eine **Jugendamtsurkunde** (§ 59 Abs. 1 Nr. 3 SGB VIII), errichten lässt, bleibt das Verfahren **zulässig,** denn aus dem Wortlaut des § 249 Abs. 2 ergibt sich, dass das vereinfachte Verfahren nicht statthaft ist, wenn ein zur Zwangsvollstreckung geeigneter Titel **„errichtet worden"** ist", mithin, dass bei Einleitung des Verfahrens bereits ein derartiger Titel bestanden haben muss.[2]

17 Der Antragsteller hat das Verfahren für **erledigt** zu erklären, wenn der **verlangte Unterhaltsbetrag** tituliert wurde.[3] Versäumt er dies, ist sein Antrag als unzulässig abzuweisen. Ist durch den nachträglich geschaffenen Titel nur ein **geringerer Unterhaltsbetrag** als im vereinfachten Verfahren verlangt tituliert worden, besteht die Gefahr einer **teilweisen Doppeltitulierung,** wenn man das vereinfachte Verfahren weiter in vollem Umfang für zulässig hält. Dies hat der Gesetzgeber ausweislich der Begründung zu der inhaltsgleichen Vorgängervorschrift § 645 Abs. 2 ZPO zwar in Kauf genommen und insoweit auf die Möglichkeit eines Vollstreckungsgegenantrags hingewiesen.[4] Da aber nach dem Zweck des § 249 Abs. 2 nur verhindert werden soll, dass der durch den Festsetzungsantrag alarmierte Unterhaltspflichtige das Verfahren nachträglich boykottieren und insbesondere die mit Einwendungen verbundene Auskunftspflicht umgehen kann, indem er nachträglich noch einen Jugendamtstitel beurkunden lässt,[5] reicht es aus, wenn man bei einer **Teiltitulierung** das Verfahren weiter als zulässig ansieht, jedoch von einer **Teilerledigung** ausgeht. Auf entsprechenden Hinweis des Rechtspflegers hat der Antragsteller seinen Festsetzungsantrag anzupassen, um das Verfahren fortsetzen zu können.[6]

D. Gegenstandswert, Kosten

18 Der Verfahrenswert ist nach § 51 Abs. 1 und 2 FamGKG zu bestimmen. Soweit Unterhaltsansprüche nicht in einem festen Betrag, sondern nach § 1612a BGB geltend gemacht werden, dh. in Höhe des Prozentsatzes des Mindestbetrags (**dynamischer Unterhalt**), kommt es nicht auf die der Antragseinreichung folgenden 12 Monate an. **Maßgebend** ist nach § 51 Abs. 1 Satz 2 FamGKG vielmehr das **12-fache desjenigen Monatsbetrags, der zum Zeitpunkt der Einreichung des Festsetzungsantrags** gilt, also der verlangte jeweilige prozentuale Mindestunterhalt, der sich nach der zum Zeitpunkt der Einreichung maßgebenden Altersstufe errechnet. Auch wenn das Kind innerhalb der maßgeblichen verfahrenswertrelevanten 12 Monate eine **höhere Altersstufe** erreicht, verändert sich der Verfahrenswert nicht. Soweit der insgesamt verlangte Unterhalt allerdings geringer ist als das 12-fache des aktuellen Betrags, gilt nur der verlangte Betrag (§ 51 Abs. 1 Satz 1 GKG). Das kann der Fall sein, wenn Unterhalt für weniger als 12 Monate beansprucht wird oder für die maßgebenden 12 Monate unterschiedliche Beträge verlangt werden.

Der Einreichung des Antrags steht die Einreichung eines Antrags auf Bewilligung der Verfahrenskostenhilfe gleich, wenn der Antrag alsbald nach Mitteilung der Entscheidung über den Antrag eingereicht wird.

Die bei Einreichung des Festsetzungsantrags bzw. eines Antrags auf Verfahrenskostenhilfe (§ 51 Abs. 2 Satz 2 FamGKG) fälligen Beträge sind hinzuzurechnen.

---

1 Keidel/*Giers*, § 249 FamFG Rz. 14.
2 OLG München v. 30.10.2000 – 12 WF 1318/00, FamRZ 2001, 1076; **aA** OLG Naumburg v. 5.11.2001 – 8 WF 233/01, FamRZ 2002, 1045.
3 Zöller/*Lorenz*, § 249 FamFG Rz. 4; MAH Familienrech*t*/*Bömelburg*, § 6 Rz. 168.
4 BT-Drucks. 14/7349, S. 23; OLG München v. 30.10.2000 – 12 WF 1318/00, FamRZ 2001, 1076.
5 BT-Drucks. 14/7349, S. 23.
6 Wendl/*Schmitz*, § 10 Rz. 644.

Überwiegend wird angenommen, dass das gem. § 1612b BGB bedarfsdeckend anzurechnende **Kindergeld abzuziehen** ist, so dass es nur auf den Zahlbetrag ankommt (s. § 51 FamGKG Rz. 11).[1]

Kosten/Gebühren: Gericht: Im erstinstanzlichen vereinfachten Verfahren wird die Entscheidungsgebühr (Nr. 1210 KV FamGKG) mit der Entscheidung fällig (§ 9 Abs. 2 FamGKG). Die Gebühr entsteht nicht, wenn die Festsetzung nach § 254 Satz 2 erfolgt. Die Gebühr fällt ebenfalls nicht an, wenn auf Antrag das streitige Verfahren durchgeführt wird (§ 255), dann entsteht die Gebühr nach Nr. 1220 KV FamGKG. Eine Vorauszahlungspflicht besteht nicht. Die Gebühr schuldet regelmäßig der Antragsgegner als Entscheidungsschuldner (§ 24 Nr. 1 FamGKG), daneben haftet der Antragsteller (§ 21 Abs. 1 Satz 1 FamGKG). **RA:** Im vereinfachten Verfahren stehen dem RA Gebühren nach Teil 3 VV RVG zu. 19

250 *Antrag*

(1) Der Antrag muss enthalten:
1. die Bezeichnung der Beteiligten, ihrer gesetzlichen Vertreter und der Verfahrensbevollmächtigten;
2. die Bezeichnung des Gerichts, bei dem der Antrag gestellt wird;
3. die Angabe des Geburtsdatums des Kindes;
4. die Angabe, ab welchem Zeitpunkt Unterhalt verlangt wird;
5. für den Fall, dass Unterhalt für die Vergangenheit verlangt wird, die Angabe, wann die Voraussetzungen des § 1613 Abs. 1 oder Abs. 2 Nr. 2 des Bürgerlichen Gesetzbuchs eingetreten sind;
6. die Angabe der Höhe des verlangten Unterhalts;
7. die Angaben über Kindergeld und andere zu berücksichtigende Leistungen (§ 1612b oder § 1612c des Bürgerlichen Gesetzbuchs);
8. die Erklärung, dass zwischen dem Kind und dem Antragsgegner ein Eltern-Kind-Verhältnis nach den §§ 1591 bis 1593 des Bürgerlichen Gesetzbuchs besteht;
9. die Erklärung, dass das Kind nicht mit dem Antragsgegner in einem Haushalt lebt;
10. die Angabe der Höhe des Kindeseinkommens;
11. eine Erklärung darüber, ob der Anspruch aus eigenem, aus übergegangenem oder rückabgetretenem Recht geltend gemacht wird;
12. die Erklärung, dass Unterhalt nicht für Zeiträume verlangt wird, für die das Kind Hilfe nach dem Zwölften Buch Sozialgesetzbuch, Sozialgeld nach dem Zweiten Buch Sozialgesetzbuch, Hilfe zur Erziehung oder Eingliederungshilfe nach dem Achten Buch Sozialgesetzbuch, Leistungen nach dem Unterhaltsvorschussgesetz oder Unterhalt nach § 1607 Abs. 2 oder Abs. 3 des Bürgerlichen Gesetzbuchs erhalten hat, oder, soweit Unterhalt aus übergegangenem Recht oder nach § 94 Abs. 4 Satz 2 des Zwölften Buches Sozialgesetzbuch, § 33 Abs. 2 Satz 4 des Zweiten Buches Sozialgesetzbuch oder § 7 Abs. 4 Satz 1 des Unterhaltsvorschussgesetzes verlangt wird, die Erklärung, dass der beantragte Unterhalt die Leistung an oder für das Kind nicht übersteigt;
13. die Erklärung, dass die Festsetzung im vereinfachten Verfahren nicht nach § 249 Abs. 2 ausgeschlossen ist.

(2) Entspricht der Antrag nicht den in Absatz 1 und den in § 249 bezeichneten Voraussetzungen, ist er zurückzuweisen. Vor der Zurückweisung ist der Antragsteller zu hören. Die Zurückweisung ist nicht anfechtbar.

(3) Sind vereinfachte Verfahren anderer Kinder des Antragsgegners bei dem Gericht anhängig, hat es die Verfahren zum Zweck gleichzeitiger Entscheidung zu verbinden.

Für den Antrag muss das vom Bundesministerium der Justiz eingeführte Antragsformular verwendet werden, vgl. hierzu § 259 Abs. 2 und die dortigen Anmerkungen. Dieses ist im Internet abrufbar unter http://www.bmj.de/DE/Recht/Rechtspflege/Familiengerichtliches Verfahren/Kindesunterhalt/_doc/artikel.html. Die Vierte Veränderung zur Änderung der Kindesunterhalt-Formularverordnung vom 17.7.2009 (BGBl. I, S. 2134) ist am 1.9.2009 in Kraft getreten.

---

[1] Hartmann, § 51 FamGKG Rz. 15; OLG Köln v. 5.3.2008 – 4 WF 33/08, FamRZ 2008, 1645; OLG Brandenburg v. 20.8.2002 – 10 WF 42/02, FamRZ 2004, 962; OLG München v. 9.11.2004 – 12 WF 1676/04, FamRZ 2005, 1766 (je zum früheren Recht); **aA** Johannsen/Henrich/*Maier*, § 249 FamFG Rz. 23.

§ 250

Verfahren in Familiensachen

An das
Amtsgericht-Familiengericht
PLZ, Ort

Raum für Geschäftsnummer des Gerichts

Antragsgegner/in

– Bitte beachten Sie die Hinweise in dem Merkblatt zu diesem Formular –

Antrag auf Festsetzung von Unterhalt

Es sind _____ Ergänzungsblätter beigefügt

Ergänzungsblatt zum Antrag auf Festsetzung von Unterhalt
für ein weiteres Kind
– Bitte ausfüllen erst ab Zeile 5 (Name des Kindes) –

A Antragsteller/in: Elternteil, im eigenen Namen

Kind, vertreten durch: _____ Elternteil _____ Beistand

Vorname, Name, Anschrift des Elternteils, in dessen Obhut das Kind lebt

Vorname, Name, PLZ, Wohnort des minderjährigen Kindes _____ geboren am

Beistand/Verfahrensbevollmächtigter

Es wird beantragt, den Unterhalt, den der/die Antragsgegner/in an das Kind zu zahlen hat, im vereinfachten Verfahren wie folgt festzusetzen:

Unterhalt nach §1612a Abs. 1 des Bürgerlichen Gesetzbuches **veränderlich**	Unterhalt **gleichbleibend**	Soweit unter „beginnend ab" Unterhalt für die Vergangenheit verlangt wird, liegen die Voraussetzungen, unter denen **Unterhalt für die Vergangenheit** geltend gemacht werden kann, seither vor. Auf diesen Unterhalt sind seit dem unter „beginnend ab" bezeichneten Zeitpunkt bis heute gezahlt.
beginnend ab	beginnend ab _____ € mtl.	
in Höhe von _____ Prozent des Mindestunterhalts der jeweiligen Altersstufe	beginnend ab _____ € mtl.	
	beginnend ab _____ € mtl.	_____ €

Es werden zusätzlich gesetzliche Verzugszinsen ab Zustellung des Festsetzungsantrags in Höhe von 5 Prozentpunkten über dem Basiszinssatz aus einem rückständigen Unterhaltsbetrag von _____ € beantragt.

Das Kind hat ein monatliches Bruttoeinkommen von: _____ € Belege sind beigefügt.

Die kindbezogenen Leistungen (z.B. Kindergeld) erhält: _____ die Mutter _____ der Vater _____ andere Person (Bezeichnung)

Die kindbezogenen Leistungen (z.B. Kindergeld) betragen: ab _____ € mtl. ab _____ € mtl.
Es handelt sich um das _____ gemeinschaftliche Kind.

Für das Verfahren wird Verfahrenskostenhilfe beantragt. Die Beiordnung von Rechtsanwalt/Rechtsanwältin
Eine Erklärung zu den Voraussetzungen ihrer Bewilligung ist beigefügt. _____ wird beantragt.

Der/Die Antragsgegner/in wurde zur Erteilung der Auskunft über Einkünfte und Vermögen aufgefordert am _____
Er/Sie ist dieser Verpflichtung nicht oder nur unvollständig nachgekommen.

Der/Die Antragsgegner/in wurde zur Unterhaltszahlung aufgefordert am _____ €

Es wird beantragt, die von dem/der Antragsgegner/in an den/die Antragsteller/in zu erstattenden Kosten laut zweifach beiliegender Aufstellung (zuzüglich Zinsen) festzusetzen auf.

Zwischen Kind und Antragsgegner/in besteht ein Eltern-Kind-Verhältnis.

Das Kind lebt mit dem auf Unterhaltsleistung in Anspruch genommenen Elternteil nicht in einem Haushalt und hat für Zeiträume, für die der Unterhalt festgesetzt werden soll, weder Leistungen nach dem Zweiten, Achten oder Zwölften Buch Sozialgesetzbuch oder dem Unterhaltsvorschussgesetz noch Unterhalt von einer verwandten oder dritten Person im Sinne des § 1607 Abs. 2 oder 3 BGB erhalten. Soweit solche Leistungen erbracht worden sind, sind gesetzlich übergegangene Ansprüche auf das Kind treuhänderisch rückübertragen.

Über den Unterhaltsanspruch hat bisher weder ein Gericht entschieden noch ist über ihn ein gerichtliches Verfahren anhängig oder ein Vollstreckungstitel (z.B. Beschluss über Unterhalt, Vergleich, notarielle Urkunde, Urkunde vor dem Jugendamt) errichtet worden.

Ort, Datum _____ Unterschrift Antragst./gesetzl. Vertreter/Verfahrensbevollm. _____ Aufgenommen von (Dienststelle, Name, Unterschrift)

Blatt 1: Antrag nach § 249 FamFG

2040 | Bömelburg

Verfahren in Unterhaltssachen § 250

Amtsgericht-Familiengericht

Seite 1

Geschäftsnummer des Gerichts
Bei Schreiben an das Gericht bitte stets angeben

Sehr geehrte/r _____

Das **Amtsgericht-Familiengericht** übermittelt Ihnen hiermit
- die Abschrift eines Antrages, mit dem Sie als **Antragsgegner bzw. Antragsgegnerin** des Kindes im vereinfachten Verfahren auf Zahlung von Unterhalt in Anspruch genommen werden,
- beiliegend ein Erklärungsformular (3fach), auf dem Sie bei dem Gericht Einwendungen erheben können.

Das Gericht teilt Ihnen auf der folgenden Seite 2 mit, in welcher Höhe nach dem Antrag der Unterhalt festgesetzt werden kann und was Sie in dem Verfahren beachten müssen. →

☐ **Antrag auf Festsetzung von Unterhalt**	– Abschrift –	☐ **Ergänzungsblatt zum Antrag auf Festsetzung von Unterhalt** für ein weiteres Kind
Es sind _____ Ergänzungsblätter beigefügt.		– Bitte ausfüllen erst ab Zeile 5 (Name des Kindes) –

A **Antragsteller/in:** ☐ Elternteil, im eigenen Namen

☐ Kind, vertreten durch: ☐ Elternteil ☐ Beistand

Vorname, Name, Anschrift des Elternteils, in dessen Obhut das Kind lebt

Vorname, Name, PLZ, Wohnort des minderjährigen Kindes | geboren am

Beistand/Verfahrensbevollmächtigter

Es wird beantragt, den Unterhalt, den der/die Antragsgegner/in an das Kind zu zahlen hat, im vereinfachten Verfahren wie folgt festzusetzen:

Unterhalt nach §1612a Abs.1 des Bürgerlichen Gesetzbuches **veränderlich**	Unterhalt **gleichbleibend**	Soweit unter „beginnend ab" Unterhalt für die Vergangenheit verlangt wird, liegen die Voraussetzungen,
beginnend ab	beginnend ab € mtl.	unter denen **Unterhalt für die Vergangenheit** geltend gemacht werden kann, seither vor.
in Höhe von _____ Prozent des Mindestunterhalts der jeweiligen Altersstufe	beginnend ab € mtl.	Auf diesen Unterhalt sind seit dem unter „beginnend ab" bezeichneten Zeitpunkt bis heute gezahlt €
	beginnend ab € mtl.	

Es werden zusätzlich gesetzliche Verzugszinsen ab Zustellung des Festsetzungsantrags in Höhe von 5 Prozentpunkten über dem Basiszinssatz aus einem rückständigen Unterhaltsbetrag von € beantragt.

Das Kind hat ein monatliches Bruttoeinkommen von: € ☐ Belege sind beigefügt

Die kindbezogenen Leistungen (z.B. Kindergeld) erhält: ☐ die Mutter ☐ der Vater ☐ andere Person (Bezeichnung)

Die kindbezogenen Leistungen (z.B. Kindergeld) betragen: ab _____ € mtl. ab _____ € mtl.
Es handelt sich um das _____ gemeinschaftliche Kind.

☐ Für das Verfahren wird Verfahrenskostenhilfe beantragt.
Eine Erklärung zu den Voraussetzungen ihrer Bewilligung ist beigefügt. Die Beiordnung von Rechtsanwalt/Rechtsanwältin _____ wird beantragt

☐ Der/Die Antragsgegner/in wurde zur Erteilung der Auskunft über Einkünfte und Vermögen aufgefordert am: _____
Er/Sie ist dieser Verpflichtung nicht oder nur unvollständig nachgekommen.

☐ Der/Die Antragsgegner/in wurde zur Unterhaltszahlung aufgefordert am: _____
Es wird beantragt, die vom der/dem Antragsgegner/in an den/die Antragsteller/in zu erstattenden Kosten €
laut zweifach beiliegender Aufstellung (zuzüglich Zinsen) festzusetzen auf:

Zwischen Kind und Antragsgegner/in besteht ein Eltern-Kind-Verhältnis.
Das Kind lebt mit dem auf Unterhaltsleistung in Anspruch genommenen Elternteil nicht in einem Haushalt und hat für Zeiträume, für die der Unterhalt festgesetzt werden soll, weder Leistungen nach dem Zweiten, Achten oder Zwölften Buch Sozialgesetzbuch oder dem Unterhaltsvorschussgesetz noch Unterhalt von einer verwandten oder dritten Person im Sinne des § 1607 Abs. 2 oder 3 BGB erhalten. Soweit solche Leistungen erbracht worden sind, sind gesetzlich übergegangene Ansprüche auf das Kind treuhänderisch rückübertragen.
Über den Unterhaltsanspruch hat bisher weder ein Gericht entschieden noch ist über ihn ein gerichtliches Verfahren anhängig oder ein Vollstreckungstitel (z.B. Beschluss über Unterhalt, Vergleich, notarielle Urkunde, Urkunde vor dem Jugendamt) errichtet worden.

Ort, Datum _____ | Unterschrift Antragst. / gesetzl. Vertreter / Verfahrensbevollm. _____ | Aufgenommen von (Dienststelle, Name, Unterschrift) _____

Blatt 2: Abschrift für Antragsgegner/in nach § 251 FamFG

Bömelburg | 2041

§ 250 — Verfahren in Familiensachen

Seite 2

Nach dem Bürgerlichen Gesetzbuch hat ein Kind Anspruch auf **angemessenen**, seiner Lebensstellung entsprechenden Unterhalt. Der Unterhalt umfasst den gesamten Lebensbedarf des Kindes einschließlich der Kosten einer angemessenen Vorbildung zu einem Beruf. Er ist monatlich im Voraus zu zahlen.

Von einem Elternteil, mit dem es nicht in einem Haushalt lebt, kann ein minderjähriges Kind den angemessenen Unterhalt nach seiner Wahl *entweder* in Höhe eines – vorbehaltlich späterer Änderung – **gleichbleibenden Monatsbeitrages** oder **veränderlich als Prozentsatz** des jeweiligen Mindestunterhalts nach § 1612a Abs.1 des Bürgerlichen Gesetzbuchs verlangen. Der festgelegte Mindestunterhalt ändert sich in regelmäßigen Zeitabständen. Der Mindestunterhalt ist nach dem Alter des Kindes gestaffelt, und zwar für die Zeit bis zur Vollendung des sechsten Lebensjahres (**erste Altersstufe**), die Zeit vom siebten bis zur Vollendung des zwölften Lebensjahres (**zweite Altersstufe**) und für die Zeit vom dreizehnten Lebensjahr an (**dritte Altersstufe**). Er beträgt:

vom	bis	1. Altersstufe, €	2. Altersstufe, €	3. Altersstufe, €	
					Der Mindestunterhalt deckt im Allgemeinen den bei einfacher Lebenshaltung erforderlichen Bedarf des Kindes. Im vereinfachten Verfahren ist die Festsetzung des Unterhalts bis zur Höhe des 1,2fachen (120%) des Mindestunterhalts nach § 1612a Abs.1 des Bürgerlichen Gesetzbuchs zulässig.

Auf den Ihnen in Abschrift mitgeteilten Antrag kann der Unterhalt wie folgt festgesetzt werden:

Der zum Ersten jeden Monats zu zahlende Unterhalt kann festgesetzt werden:				
Vorname des Kindes	für die Zeit	Veränderlich gemäß dem Mindestunterhalt nach § 1612a Abs.1 des Bürgerlichen Gesetzbuchs		gleichbleibend
	ab	auf	% des Mindestunterhalts der **ersten** Altersstufe	auf € mtl.
	ab	auf	% des Mindestunterhalts der **zweiten** Altersstufe	auf € mtl.
	ab	auf	% des Mindestunterhalts der **dritten** Altersstufe	auf € mtl.

Berücksichtigung kindbezogener Leistungen	
Gleichbleibend Der für das Kind festgesetzte Unterhalt **vermindert** sich (Betrag mit Minuszeichen)/ **erhöht** sich (Betrag mit Pluszeichen) um anteilige kindbezogene Leistungen wie folgt:	**Veränderlich** (nur bei Kindergeld) a) Der für das Kind festzusetzende Unterhalt vermindert sich um zu berücksichtigendes Kindergeld für ein 1./2./3./4. oder weiteres Kind. Zu berücksichtigen ist das hälftige/volle Kindergeld, derzeit: €
ab um € mtl.	
ab um € mtl.	b) Der für das Kind festzusetzende Unterhalt erhöht sich um das hälftige/volle Kindergeld für ein 1./2./3./4. oder weiteres Kind, derzeit: €
ab um € mtl.	

Der rückständige Unterhalt kann festgesetzt werden für die Zeit	vom	bis	auf €
Es werden zusätzlich gesetzliche Verzugszinsen ab Zustellung des Festsetzungsantrags aus einem rückständigen Unterhaltsbetrag von _____ € festgesetzt.			

Das Gericht hat nicht geprüft, ob angegebenes Kindeseinkommen schon berücksichtigt ist oder bedarfsmindernd zu berücksichtigen ist.

Wenn Sie **innerhalb eines Monats** nach der Zustellung dieser Mitteilung Einwendungen in der vorgeschriebenen Form **nicht** erheben, kann über den Unterhalt in der angegebenen Höhe ein Festsetzungsbeschluss ergehen, aus dem die Zwangsvollstreckung betrieben werden kann.

Einwendungen können Sie erheben **gegen** die Zulässigkeit des vereinfachten Verfahrens, **gegen** den Zeitpunkt des Beginns der Unterhaltszahlung, **gegen** die vorstehend angekündigte Festsetzung des Unterhalts, soweit Sie geltend machen können, dass die dann mitgeteilten Zeiträume oder Beträge nicht dem Antrag entsprechend berechnet sind, dass der Unterhalt nicht höher als beantragt festgesetzt werden darf oder dass kindbezogene Leistungen nicht oder nicht richtig berücksichtigt worden sind, **gegen** die Auferlegung der Kosten, und wenn Sie zur Einleitung des Verfahrens keinen Anlass gegeben haben und dem Gericht mitteilen, dass Sie sich zur Zahlung des Unterhalts in der beantragten Höhe verpflichten.

Andere Einwendungen sind nur zulässig, wenn Sie dem Gericht mitteilen, inwieweit Sie zur Unterhaltsleistung bereit sind und dass Sie sich insoweit zur Erfüllung des Unterhaltsanspruchs verpflichten. Den Einwand eingeschränkter oder fehlender Leistungsfähigkeit kann das Gericht nur zulassen, wenn Sie außerdem die nach dem beigefügten Formular verlangten **Auskünfte über Ihre persönlichen und wirtschaftlichen Verhältnisse erteilen und Belege über Ihre Einkünfte vorlegen**.

Die Einwendungen müssen dem Gericht auf einem Formular der beigefügten Art zweifach – mit einer Abschrift für den/die Antragsteller/in – mitgeteilt werden. Das Formular ist bei jedem Amtsgericht erhältlich.

Hilfe beim Ausfüllen des Formulars leisten Angehörige der rechtsberatenden Berufe, jedes Amtsgericht und gegebenenfalls das Jugendamt. Beim Jugendamt oder Amtsgericht wird das Formular nach Ihren Angaben **kostenlos** für Sie ausgefüllt. **Bringen Sie dazu bitte unbedingt die notwendigen Unterlagen und Belege mit.**

Mit freundlichen Grüßen

_____
Rechtspfleger/in

Datum dieser Mitteilung	Telefon
Anschrift des Gerichts	

Blatt 2: Abschrift für Antragsgegner/in nach § 251 FamFG

A. Allgemeines
I. Entstehung 1
II. Systematik 2
III. Normzweck 2a
IV. Form des Antrags 3
V. Verfahrenskostenhilfe 4
B. Inhalt des Antrags, Absatz 1
I. Namen, Adressen, Abs. 1 Nr. 1 (Rz. 2 bis 6 des Formulars) 5
II. Amtsgericht, Abs. 1 Nr. 2 (Rz. 1 des Formulars) 6
III. Geburtsdatum des Kindes, Abs. 1 Nr. 3 (Rz. 5 des Formulars) 7
IV. Beginn der Unterhaltszahlung, Abs. 1 Nr. 4 und 5 (Rz. 7 des Formulars) . . . 8
V. Höhe des verlangten Unterhalts, Abs. 1 Nr. 6 (Rz. 7 des Formulars) 10
VI. Zu berücksichtigende Leistungen, Abs. 1 Nr. 7 (Rz. 9 des Formulars) . . . 11
VII. Eltern-Kind-Verhältnis, Abs. 1 Nr. 8 (Rz. 12 des Formulars) 12
VIII. Haushalt, Abs. 1 Nr. 9 (Rz. 12 des Formulars) 13
IX. Einkommen des Kindes, Abs. 1 Nr. 10 (Rz. 8 des Formulars) 14
X. Anspruchsart, Abs. 1 Nr. 11 (Rz. 12 des Formulars) 15
XI. Erklärung über Sozialhilfeleistungen, Abs. 1 Nr. 12 (Rz. 12 des Formulars) . 16
XII. Statthaftigkeit des vereinfachten Verfahrens, Abs. 1 Nr. 13 (Rz. 12 des Formulars) 17
C. Zurückweisung des Antrags, Absatz 2 18
D. Verfahren mehrerer Kinder, Absatz 3 23

A. Allgemeines

I. Entstehung

§ 250 entspricht dem früheren § 646 ZPO idF des Gesetzes zur Änderung des Unterhaltsrechts.[1] **1**

II. Systematik

Die Vorschrift gehört zu den Regelungen für die Durchführung des vereinfachten Verfahrens über den Unterhalt Minderjähriger. **2**

III. Normzweck

Die Vorschrift beinhaltet die Anforderungen, die ein Antrag auf Unterhaltsfestsetzung im vereinfachten Verfahren erfüllen muss. In Abs. 1 werden unter den Nr. 1 bis 13 die Angaben aufgeführt, die in dem Festsetzungsantrag enthalten sein müssen. Abs. 2 regelt die Zurückweisung des Antrags, der nicht den Voraussetzungen des Abs. 1 und des § 249 entspricht. Abs. 3 ordnet die Verbindung mehrerer Verfahren an. **2a**

IV. Form des Antrags

Das vereinfachte Verfahren über den Unterhalt Minderjähriger wird **nur auf Antrag** eingeleitet, § 249 Abs. 1. Es unterliegt **nicht** dem **Anwaltszwang** (§§ 114 Abs. 4 Nr. 6, 257 FamFG iVm. § 78 Abs. 3 ZPO). **Antragsberechtigt** sind das minderjährige Kind, der Elternteil, in dessen Obhut es lebt, als dessen Prozessstandschafter, oder ein Dritter, auf den der Unterhaltsanspruch übergegangen ist (zB ein Verwandter oder ein Land oder eine Kommune). Für den Antrag ist das eingeführte **Formular** (§ 259 Abs. 2, vgl. zu den Ausnahmen dort Rz. 5) zu verwenden. Der Antrag ist ein bestimmender Schriftsatz und muss daher unterschrieben werden (§ 113 Abs. 1 FamFG iVm. § 130 Nr. 5 ZPO).[2] Er kann ohne Zustimmung des Antragsgegners **zurückgenommen** werden, solange der Festsetzungsbeschluss gem. § 253 noch nicht ergangen ist.[3] **3**

V. Verfahrenskostenhilfe

Der Antragsteller kann den Antrag auf Bewilligung von Verfahrenskostenhilfe zugleich mit dem Antrag auf Festsetzung von Unterhalt stellen (vgl. Rz. 10 des Formulars). Da das vereinfachte Verfahren insbesondere für juristische Laien nicht so einfach ist, wie sein Name vermuten lässt, besteht bei einer **Verfahrenskostenhilfebe-** **4**

---

1 Gesetz v. 21.12.2007, BGBl. I, S. 3189.
2 OLG Düsseldorf v. 5.7.2001 – 6 UF 62/01, FamRZ 2002, 547.
3 Zöller/*Lorenz*, § 250 FamFG Rz. 1 in Analogie zu § 696 Abs. 4 ZPO.

willigung trotz des nicht bestehenden Anwaltszwangs sowohl für den Antragsteller als auch für den Antragsgegner regelmäßig ein Anspruch auf die **Beiordnung** eines **Rechtsanwalts** gem. § 121 Abs. 2 ZPO.[1] Denn der Antragsteller dürfte weder in der Lage sein, das unterhaltsrechtlich zu berücksichtigende Einkommen des Antragsgegners zu schätzen noch den zutreffenden Mindestunterhalt bis zur Grenze des § 249 Abs. 1 zu ermitteln. Für den Antragsgegner stellt das Ausfüllen des Einwendungsvordrucks höhere Anforderungen als ein Antragserwiderungsschriftsatz. Diese können idR auch nicht mit Hilfe der Geschäftsstelle des Familiengerichts oder der Rechtsantragsstelle bewältigt werden.[2]

B. Inhalt des Antrags, Absatz 1

I. Namen, Adressen, Abs. 1 Nr. 1 (Rz. 2 bis 6 des Formulars)

5   Anzugeben sind die genauen Namen und Vornamen von Antragsteller und Antragsgegner sowie ihre Anschriften. Ohne Anschrift des Antragstellers ist der Antrag unzulässig.[3] Eine Ausnahme kann sich nur bei einem nach strengen Kriterien zu beurteilenden Geheimhaltungsinteresse ergeben. Der bloße Hinweis auf eine beim Einwohnermeldeamt bestehende Auskunftssperre reicht nicht aus.[4] Wenn das Kind selbst Antragsteller ist, müssen neben seinem Namen und seiner Anschrift auch Name und Anschrift des **gesetzlichen Vertreters** (§ 1629 Abs. 2 Satz 2 BGB) angegeben werden. Bei einer Antragstellung in **Verfahrensstandschaft** (§ 1629 Abs. 3 BGB) sind auch Angaben zu dem unterhaltsberechtigten Kind zu tätigen. Eventuelle Verfahrensbevollmächtigte sind ebenfalls zu bezeichnen.

II. Amtsgericht, Abs. 1 Nr. 2 (Rz. 1 des Formulars)

6   Der Festsetzungsantrag ist gem. § 232 Abs. 1 Nr. 2 an das Amtsgericht – Familiengericht – zu richten, in dessen Bezirk das Kind oder der Elternteil, der auf Seiten des minderjährigen Kindes zu handeln befugt ist, seinen **gewöhnlichen Aufenthalt** hat, oder an ein Amtsgericht, dessen Zuständigkeit gem. § 260 Abs. 1 durch die jeweilige Landesregierung bestimmt worden ist. Diese Zuständigkeit besteht ohne Rücksicht auf die Anhängigkeit einer Ehesache, denn § 232 Abs. 1 Nr. 1 schließt die Verfahren über den Unterhalt Minderjähriger ausdrücklich aus.[5]

III. Geburtsdatum des Kindes, Abs. 1 Nr. 3 (Rz. 5 des Formulars)

7   Die Angabe des Geburtsdatums soll die Festsetzung des Mindestunterhalts nach der zutreffenden **Altersstufe** iSd. § 1612a Abs. 1 Satz 3 Nr. 1 bis 3 BGB ermöglichen.

IV. Beginn der Unterhaltszahlung, Abs. 1 Nr. 4 und 5 (Rz. 7 des Formulars)

8   Der Antragsteller muss angeben, von welchem Tag an er Unterhalt verlangt. Gem. § 1613 Abs. 1 Satz 2 BGB wird der Unterhalt materiell-rechtlich ab dem Ersten des Monats geschuldet, in dem der Berechtigte, um seinen Unterhaltsanspruch geltend zu machen, den Verpflichteten aufgefordert hat, Auskunft über sein Einkommen und Vermögen zu geben, in dem der Verpflichtete in Verzug gekommen oder der Unterhaltsanspruch rechtshängig geworden ist. Da der Schuldner idR zur Auskunft aufgefordert und/oder gemahnt wurde, besteht zur Zeit der Antragstellung ein Anspruch auf Zahlung von **rückständigem Unterhalt** neben dem Anspruch auf laufenden Un-

---

1   OLG Nürnberg v. 14.3.2001 – 10 WF 858/01, FamRZ 2001, 1715; OLG Brandenburg v. 21.2.2002 – 10 WF 149/01, FamRZ 2002, 1199; OLG Naumburg 27.8.2001 – 14 WF 125/01, FamRZ 2002, 892; OLG Zweibrücken v. 7.3.2005 – 6 WF 175/04, FamRZ 2006, 212; OLG Schleswig v. 21.12.2006 – 8 WF 255/06, NJW-RR 2007, 774; OLG Frankfurt v. 13.3.2007 – 2 WF 111/07, FamRZ 2008, 420; OLG Oldenburg v. 14.12.2010 – 13 WF 154/10, NJW-Spezial 2011, 189; OLG Hamm v. 27.5.2011 – 2 WF 100/11, FamRZ 2011, 1745; Zöller/*Lorenz*, § 250 FamFG Rz. 1 mwN.; Thomas/Putzo/*Seiler*, § 121 ZPO Rz. 5; *Giers*, FamRB 2009, 247 (248); *Vogel*, FF 2009, 285 (297).
2   So zutreffend Eschenbruch/*Klinkhammer*, Teil 5 Rz. 287.
3   OLG Hamm v. 3.5.2000 – 3 UF 54/00, FamRZ 2001, 107.
4   OLG Hamm v. 3.5.2000 – 3 UF 54/00, FamRZ 2001, 107.
5   Begr. RegE, BT-Drucks. 16/6308, S. 255.

terhalt. Die Rückstände sind nachvollziehbar zu erläutern, zB durch die Angabe, wann die **Aufforderung zur Auskunftserteilung** oder **Mahnung** dem Schuldner zugegangen ist. Die Vorlage von Belegen hierzu ist nicht erforderlich.[1]

Wenn der Antragsteller **lediglich Unterhalt für die Zukunft** verlangt, genügt es, wenn er beantragt, ihm Unterhalt vom Ersten des Monats an zuzusprechen, an dem der eingereichte Antrag dem Antragsgegner zugestellt werden wird. Die Angabe eines Datums ist dann entbehrlich.[2]

Wenn der Antragsteller **nur rückständigen Unterhalt** geltend machen will, kann er dieses Ziel nicht mit dem vereinfachten Verfahren, sondern nur im Wege eines Leistungsantrags (§ 113 Abs. 1 Satz 2 FamFG iVm. § 253 ZPO) verfolgen.[3]

Rückständige Verzugszinsen aus der Zeit **vor** der Zustellung des Festsetzungsantrags können im vereinfachten Verfahren **nicht** geltend gemacht werden.[4] Die gesetzlichen Verzugszinsen können aber **ab** dem Zeitpunkt der Zustellung des Festsetzungsantrags auf den zu dieser Zeit **rückständigen Unterhalt** festgesetzt werden, § 251 Abs. 1 (früher: § 647 Abs. 1 ZPO). Die Festsetzung **künftiger Verzugszinsen** auf noch nicht fällige Unterhaltsraten ist nicht möglich. Das ergibt sich daraus, dass Verzugszinsen, die verlangt werden können, wenn wiederkehrende Leistungen nicht erbracht werden, vom zukünftigen Zahlungsverhalten des Gläubigers abhängen und deshalb in ihrer Entstehung ungewiss sind. Die Verzugszinsen sind daher keine wiederkehrenden Leistungen iSv. § 258 ZPO, so dass sie nur bei Besorgnis der Leistungsverweigerung nach § 259 ZPO zugesprochen werden können. Solche Fragen können aber im vereinfachten Verfahren nicht geklärt werden.[5]

9

V. Höhe des verlangten Unterhalts, Abs. 1 Nr. 6 (Rz. 7 des Formulars)

Der Antragsteller muss angeben, in welcher Höhe er den Unterhalt verlangt. Der Kindesunterhalt kann gem. § 1612 Abs. 1 BGB durch Entrichtung einer **gleichbleibenden Geldrente** oder gem. § 1612a Abs. 1 BGB in Form eines **Prozentsatzes des jeweiligen Mindestunterhalts** gewährt werden. Dementsprechend unterscheidet das Antragsformular in Spalten 1 und 2 zwischen dem dynamisierten, dh. gem. den Altersstufen nach § 1612a Abs. 1 Satz 3 Nr. 1 bis 3 BGB veränderlichen Unterhalt, und einem gleichbleibenden (statischen) Unterhaltsbetrag. Falls der Schuldner in der Vergangenheit gleichbleibend oder sporadisch Zahlungen erbracht hat, sollte der künftige Unterhalt nach den amtlichen Empfehlungen zum Ausfüllen des Formulars[6] als dynamisierter Unterhalt nach den Altersstufen iSd. § 1612a BGB verlangt werden (Spalte 1 des Vordrucks). Die Festsetzung eines Prozentsatzes des Mindestunterhalts mit einer Staffelung nach den Altersstufen hat den Vorteil, dass das Kind einen altersbedingt höheren Unterhaltsbedarf ohne Abänderung des Titels geltend machen kann.[7] Eine Festsetzung des laufenden Unterhalts für minderjährige Kinder in dynamisierter Form ist auch zugunsten der Unterhaltsvorschusskasse möglich.[8] Ein rückständiger Unterhalt kann neben dem dynamisierten laufenden Unterhalt betragsmäßig vor Anrechnung des Kindergelds als statischer Unterhalt in Spalte 2 eingetragen werden.

10

VI. Zu berücksichtigende Leistungen, Abs. 1 Nr. 7 (Rz. 9 des Formulars)

Die gem. §§ 1612b und 1612c BGB zu berücksichtigenden Leistungen müssen nach Grund und Betrag genannt werden, wenn es sich nicht um **Kindergeld** handelt. Bei

11

---

1 Keidel/*Giers*, § 250 FamFG Rz. 5.
2 OLG Brandenburg v. 14.8.2001 – 10 UF 133/01, FamRZ 2002, 1263.
3 Zöller/*Lorenz*, § 250 FamFG Rz. 3; Thomas/Putzo/*Hüßtege*, § 250 FamFG Rz. 2.
4 BGH v. 28.5.2008 – XII ZB 34/05, FamRZ 2008, 1428; OLG Koblenz v. 3.2.2005 – 7 UF 985/04, FamRZ 2005, 2000; Zöller/*Lorenz*, § 250 FamFG Rz. 3.
5 BGH v. 28.5.2008 – XII ZB 34/05, FamRZ 2008, 1428; weitergehend Baumbach/*Hartmann*, § 250 FamFG Rz. 8.
6 Vgl. Nr. 7 der amtlichen Ausfüllhinweise.
7 Wendl/*Schmitz*, § 10 Rz. 640.
8 OLG Hamm v. 4.10.2010 – 5 WF 151/10, FamRZ 2011, 409.

Kindergeld muss die Bezugsberechtigung angegeben werden. Hinsichtlich des Kindergelds wird überwiegend vertreten, eine Bezifferung sei nicht erforderlich, die Angabe, es handele sich um das Kindergeld für ein erstes, zweites Kind etc., reiche aus.[1] Auch bzgl. des Kindergelds ist nach dem Formular[2] die Angabe der vollen Beträge und nicht nur des zu berücksichtigenden Anteils erforderlich. Der BGH hat die Angabe „... abzüglich des jeweiligen hälftigen Kindesgeldes für ein erstes Kind" ausreichen lassen.[3]

VII. Eltern-Kind-Verhältnis, Abs. 1 Nr. 8 (Rz. 12 des Formulars)

12   Die Erklärung betrifft die **Abstammung** des Kindes. Ein Eltern-Kind-Verhältnis besteht immer zwischen dem Kind und der Frau, die es geboren hat, § 1591 BGB. Zwischen dem Kind und seinem Vater besteht es, wenn der Vater bei der Geburt des Kindes mit der Mutter verheiratet war, die Vaterschaft anerkannt hat oder wenn diese gerichtlich festgestellt ist, § 1592 BGB. Die Art der Vaterschaft, zB ein Anerkenntnis mit Datum und Ort der Beurkundung, muss im Antrag angegeben werden. Vor einem Anerkenntnis oder einer gerichtlichen Feststellung können die Rechtswirkungen der Vaterschaft noch nicht geltend gemacht werden, § 1600d Abs. 4 BGB; das vereinfachte Verfahren ist dann noch nicht statthaft.[4] Ein adoptiertes Kind (§ 1754 BGB) kann seinen Unterhalt auch im vereinfachten Verfahren geltend machen, weil auch dadurch eine Eltern-Kind-Beziehung begründet wird.[5]

VIII. Haushalt, Abs. 1 Nr. 9 (Rz. 12 des Formulars)

13   Der Antrag muss die Erklärung enthalten, dass das Kind nicht mit dem Antragsgegner in einem Haushalt lebt. Diese Erklärung ist notwendig zum Nachweis der Statthaftigkeit des vereinfachten Verfahrens, § 249 Abs. 1 Satz 1 FamFG iVm. § 1612a Abs. 1 Satz 1 BGB. Zu der Frage des Wohnens in einem Haushalt, zum Wechselmodell und zu den Folgen, wenn das Kind und der Antragsgegner während des vereinfachten Verfahrens zusammenziehen, s. § 249 Rz. 12 ff.

IX. Einkommen des Kindes, Abs. 1 Nr. 10 (Rz. 8 des Formulars)

14   Der Antragsteller muss das Bruttoeinkommen des Kindes angeben.[6] Es ist gem. § 1602 Abs. 2 BGB bei der Berechnung der Unterhaltshöhe berücksichtigen. Bei der Festsetzung des Unterhalts durch den Rechtspfleger wird das Einkommen jedoch nicht berücksichtigt, vgl. § 251 Abs. 1 Satz 2 Nr. 2.[7] Der Unterhaltsschuldner soll anhand dieser Angabe überprüfen können, ob er dem Kind Unterhalt in der beantragten Höhe schuldet und entscheiden, ob er insoweit Einwendungen iSd. § 252 erheben will.[8]

X. Anspruchsart, Abs. 1 Nr. 11 (Rz. 12 des Formulars)

15   Diese Erklärung dient zum Nachweis der **Aktivlegitimation**[9] des Antragstellers, denn Unterhalt kann nicht nur das Kind aus eigenem Recht, sondern auch ein Träger von Sozialleistungen oder ein sonstiger Dritter (§ 1607 Abs. 2, 3 BGB) aus **übergegangenem Recht** geltend machen.[10] Wenn Unterhaltsleistungen nach §§ 7 UVG, 94 SGB XII, 33 SGB II gewährt wurden, können die Träger die Forderung im vereinfachten Verfahren geltend machen und auch aus übergegangenem Recht Unterhalt für

---

1 Thomas/Putzo/*Hüßtege*, § 250 FamFG Rz. 2; Keidel/*Giers*, § 250 FamFG Rz. 7; Johannsen/Henrich/*Maier*, § 250 FamFG Rz. 10.
2 KindUFV v. 17.7.2009, BGBl. I, S. 2134.
3 BGH v. 28.5.2008 – XII ZB 34/05, FamRZ 2008, 1428.
4 Zöller/*Lorenz*, § 250 FamFG Rz. 5.
5 MüKo.ZPO/*Macco*, § 250 FamFG Rz. 6.
6 BT-Drucks. 14/7349, S. 25.
7 BT-Drucks. 14/7349, S. 25.
8 MüKo.ZPO/*Macco*, § 250 FamFG Rz. 7.
9 Begr. Rechtsausschuss, BT-Drucks. 14/7349, S. 25.
10 OLG Zweibrücken v. 18.7.2003 – 6 WF 26/03, FamRZ 2004, 1796.

die Zukunft verlangen.¹ So ist zB das Jugendamt, das dem Kind Unterhaltsvorschussleistungen gezahlt hat, antragsberechtigt.² Erforderlich ist die Erklärung, dass der beantragte Mindestunterhalt die an oder für das Kind gewährte Leistung nicht übersteigt (§ 33 Abs. 3 SGB II), vgl. § 250 Abs. 1 Nr. 12. Daneben bleibt das betroffene Kind berechtigt, die Differenz zwischen der Unterhaltsvorschussleistung und seinem höheren individuellen Unterhalt in einem vereinfachten Verfahren zu verfolgen.³

Hat der Sozialhilfeträger den auf ihn übergegangenen Unterhaltsanspruch auf das Kind **rückübertragen**, kann dieses ihn gerichtlich geltend machen (§ 33 Abs. 4 SGB II, § 94 Abs. 5 SGB XII, § 7 Abs. 4 Satz 2 UVG).

XI. Erklärung über Sozialhilfeleistungen, Abs. 1 Nr. 12 (Rz. 12 des Formulars)

Die Erklärung nach Abs. 1 Nr. 12 1. Alt. dient ebenfalls zum Nachweis der **Aktivlegitimation** des Antragstellers. Durch diese Angabe soll vermieden werden, dass Unterhalt geltend gemacht wird, der bereits auf Dritte (Sozialhilfeträger, Verwandte) übergegangen ist, ferner, dass der Dritte nicht mehr erhält, als er geleistet hat.⁴ Solche Leistungen sind zB Hilfe nach dem SGB XII, Sozialgeld nach dem SGB II, Erziehung- und Eingliederungshilfe nach SGB VIII, Unterhaltsvorschussleistungen oder Unterhalt nach § 1607 Abs. 2 und 3 BGB.

Der Träger der Sozialleistungen muss nach Abs. 1 Nr. 12 2. Alt. für jeden Monat gesondert prüfen, ob der Unterhalt seine Leistungen nicht übersteigt. Er kann für die Vergangenheit und für die Zukunft bis zur Höhe der bisherigen monatlichen Aufwendungen Kindesunterhalt verlangen und muss dann erklären, dass der beantragte Unterhalt künftig die Leistungen nicht übersteigen wird, die er dem Kind bisher gewährt hat (§ 94 Abs. 4 Satz 2 SGB XII, § 7 UVG).

XII. Statthaftigkeit des vereinfachten Verfahrens, Abs. 1 Nr. 13 (Rz. 12 des Formulars)

Der Antragsteller muss erklären, dass über den Unterhaltsanspruch des Kindes noch kein gerichtliches Verfahren stattgefunden hat, noch kein zur Zwangsvollstreckung geeigneter Schuldtitel errichtet worden und kein Verfahren über den Unterhalt anhängig ist, § 249 Abs. 2.

C. Zurückweisung des Antrags, Absatz 2

Der Rechtspfleger, der gem. § 25 Nr. 2c RPflG funktionell zuständig ist, prüft vor der Anhörung des Antragsgegners, ob das vereinfachte Verfahren zulässig ist, dh. die allgemeinen Verfahrensvoraussetzungen und die besonderen Voraussetzungen des Abs. 1 Nr. 1 bis 11 vorliegen.

Entspricht der Antrag nicht den in §§ 249, 250 bezeichneten gesetzlichen Voraussetzungen, weist der Rechtspfleger ihn ohne mündliche Verhandlung durch einen begründeten Beschluss (§ 38 Abs. 3) zurück. Trotz der sich aus § 21 Abs. 1 Satz 1 FamGKG ergebenden Haftung des Antragstellers für die Kosten des Verfahrens ist nach diesseitiger Auffassung eine Kostenentscheidung erforderlich, weil § 21 FamGKG lediglich die Gebühren und Auslagen der Staatskasse betrifft, nicht aber die außergerichtlichen Kosten des Antragstellers.⁵ Der Beschluss ist gem. § 113 Abs. 1 Satz 2 FamFG, § 329 Abs. 2 Satz 2 ZPO zuzustellen.

Beispiele:
Die Leistung, die das Kind fordert, betrifft nicht den Unterhalt. Der geforderte Unterhalt übersteigt das 1,2-fache des Mindestunterhalts der maßgeblichen Altersstufe. Das Kind lebt im Haushalt des Antragsgegners.

---

1 OLG Zweibrücken v. 18.7.2003 – 6 WF 26/03, FamRZ 2004, 1796.
2 OLG Köln v. 12.9.2005 – 14 UF 114/05, FamRZ 2006, 431.
3 OLG München v. 24.9.2001 – 12 WF 1217/01, FamRZ 2002, 547.
4 Thomas/Putzo/*Hußtege*, § 250 FamFG Rz. 2.
5 § 81 FamFG ist entgegen der Auffassung von Baumbach/*Hartmann*, § 250 Rz. 17 in Unterhaltsverfahren nicht anwendbar, § 113 Abs. 1 Satz 1 FamFG.

Kein Hindernis ist die Vollendung des 18. Lebensjahres durch das Kind während des Verfahrens; dieses bleibt statthaft und die Unterhaltsfestsetzung ist nicht auf die Zeit bis zur Volljährigkeit zu beschränken.[1]

19 Bei **behebbaren Mängeln** wird der Antrag jedoch erst zurückgewiesen, wenn die Mängel trotz eines Hinweises nicht behoben wurden, § 250 Abs. 2 Satz 2. Der **Antragsgegner** ist in einem solchen Fall vor der Zurückweisung nicht zu hören, denn ein unzulässiger Antrag sollte wegen der Gefahr eines möglichen Kostenerstattungsanspruchs des Antragsgegners nicht zugestellt werden. Bei **nicht behebbaren** Mängeln (zB einem fehlenden Eltern-Kind-Verhältnis) ist ebenfalls lediglich dem Antragsteller, nicht jedoch dem Antragsgegner, vor der Zurückweisung rechtliches Gehör zu gewähren.[2]

20 Wenn das angerufene **Gericht** örtlich **unzuständig** ist, hat der Rechtspfleger eine Verweisung an das zuständige Gericht (§ 113 Abs. 1 Satz 1 FamFG iVm. § 281 ZPO) anzuregen und den Antragsgegner hierzu anzuhören. Eine Abgabe oder Verweisung von Amts wegen kommt nicht in Betracht.

21 Die vollständige Zurückweisung des Antrags ist **nicht** mit der **Beschwerde** nach § 256 anfechtbar. Der zurückweisende Beschluss ist zu begründen und mit einer Rechtsbehelfsbelehrung (§ 39) zu versehen, damit der Antragsteller eine **befristete Erinnerung** an den Richter (§ 11 Abs. 2 Satz 1 RPflG)[3] erheben kann. Erst der Beschluss des Richters ist unanfechtbar. Der Antragsteller kann jedoch statt einer Erinnerung oder nach Zurückweisung durch den Richter einen **neuen, nachgebesserten Antrag** stellen. § 249 Abs. 2 steht dem nicht entgegen (vgl. § 249 Rz. 15).

22 Wenn nur eine **Teilzurückweisung** des Antrags vorliegt, ist nach der Rechtsprechung des BGH unter bestimmten Voraussetzungen[4] die Beschwerde nach § 256 zulässig. Der Antragsteller kann aber nur die Beschwerdegründe des § 256 geltend machen.

D. Verfahren mehrerer Kinder, Absatz 3

23 Wenn bei demselben Gericht im ersten Rechtszug gleichzeitig vereinfachte Verfahren **mehrerer Kinder** desselben Antragsgegners anhängig sind, sind sie zwingend[5] zum Zwecke gleichzeitiger Entscheidung zu verbinden. Die Vorschrift dient dem Interesse an einer Geringhaltung der Kosten[6] und der Verfahrenswirtschaftlichkeit; sie soll widersprüchliche Entscheidungen bei gleichen Beteiligten vermeiden.[7] Gleiches gilt für Verfahren, die zur selben Zeit in der Beschwerdeinstanz anhängig sind. Es ist nicht erforderlich, dass die Kinder aus einer Verbindung stammen.[8] § 250 Abs. 3 ist auch auf parallele vereinfachte Verfahren anzuwenden, in denen die Unterhaltsvorschusskasse übergegangene Unterhaltsansprüche von Geschwistern gegenüber dem gleichen Elternteil verfolgt.[9]

24 Ist eine Verbindung der Verfahren unterblieben, hat das Gericht gem. § 20 Abs. 1 Satz 1 FamGKG die Nichterhebung der durch die getrennte Verfahrensführung bedingten Mehrkosten anzuordnen.[10]

---

1 BGH v. 21.12.2005 – XII ZB 258/03, FamRZ 2006, 402; Zöller/*Lorenz*, § 250 FamFG Rz. 13; str., vgl. § 249 Rz. 8 mwN.
2 Ebenso Keidel/*Giers*, § 250 FamFG Rz. 13; aA Baumbach/*Hartmann*, § 250 FamFG Rz. 17.
3 BGH v. 28.5.2008 – XII ZB 34/05, FamRZ 2008, 1428.
4 BGH v. 28.5.2008 – XII ZB 34/05, FamRZ 2008, 1428.
5 OLG Celle v. 2.5.2011 – 10 UF 88/11 und v. 4.5.2011 – 10 WF 118/11, FamRB 2011, 246 (*Bömelburg*); Thomas/Putzo/*Hüßtege*, § 250 FamFG Rz. 7; MüKo.ZPO/*Macco*, § 250 FamFG Rz. 11.
6 Begr. BT-Drucks. 13/7338, S. 39.
7 OLG Oldenburg v. 23.8.2012 – 14 WF 147/12, 14 WF 148/12 und 14 WF 149/12, FamRB 2012, 342 (*Bömelburg*); MüKo.ZPO/*Macco*, § 250 FamFG Rz. 11.
8 Musielak/*Borth*, § 250 FamFG Rz. 4.
9 OLG Celle v. 2.5.2011 – 10 UF 88/11, FamRB 2011, 246 (*Bömelburg*).
10 OLG Celle v. 2.5.2011 – 10 UF 88/11, FamRB 2011, 246 (*Bömelburg*).

§ 251 Maßnahmen des Gerichts

(1) Erscheint nach dem Vorbringen des Antragstellers das vereinfachte Verfahren zulässig, verfügt das Gericht die Zustellung des Antrags oder einer Mitteilung über seinen Inhalt an den Antragsgegner. Zugleich weist es ihn darauf hin,
1. ab welchem Zeitpunkt und in welcher Höhe der Unterhalt festgesetzt werden kann; hierbei sind zu bezeichnen:
   a) die Zeiträume nach dem Alter des Kindes, für das die Festsetzung des Unterhalts nach dem Mindestunterhalt der ersten, zweiten und dritten Altersstufe in Betracht kommt;
   b) im Fall des § 1612a des Bürgerlichen Gesetzbuchs auch der Prozentsatz des jeweiligen Mindestunterhalts;
   c) die nach § 1612b oder § 1612c des Bürgerlichen Gesetzbuchs zu berücksichtigenden Leistungen;
2. dass das Gericht nicht geprüft hat, ob der verlangte Unterhalt das im Antrag angegebene Kindeseinkommen berücksichtigt;
3. dass über den Unterhalt ein Festsetzungsbeschluss ergehen kann, aus dem der Antragsteller die Zwangsvollstreckung betreiben kann, wenn er nicht innerhalb eines Monats Einwendungen in der vorgeschriebenen Form erhebt;
4. welche Einwendungen nach § 252 Abs. 1 und 2 erhoben werden können, insbesondere, dass der Einwand eingeschränkter oder fehlender Leistungsfähigkeit nur erhoben werden kann, wenn die Auskunft nach § 252 Abs. 2 Satz 3 in Form eines vollständig ausgefüllten Formulars erteilt wird und Belege über die Einkünfte beigefügt werden;
5. dass die Einwendungen, wenn Formulare eingeführt sind, mit einem Formular der beigefügten Art erhoben werden müssen, das auch bei jedem Amtsgericht erhältlich ist.

Ist der Antrag im Ausland zuzustellen, bestimmt das Gericht die Frist nach Satz 2 Nr. 3.

(2) § 167 der Zivilprozessordnung gilt entsprechend.

A. Allgemeines	I. Zustellung des Antrags, Abs. 1 Satz 1 . 4
I. Entstehung 1	II. Hinweise, Abs. 1 Satz 2 5
II. Systematik 2	III. Auslandszustellung, Abs. 1 Satz 3 ... 11
III. Normzweck 3	C. Anwendung der ZPO, Absatz 2 12
B. Verfahren des Gerichts, Absatz 1	

A. Allgemeines

I. Entstehung

§ 251 entspricht dem früheren § 647 ZPO idF des Gesetzes zur Änderung des Unterhaltsrechts.[1]

II. Systematik

Die Vorschrift gehört zu den Durchführungsbestimmungen für das vereinfachte Verfahren über den Unterhalt Minderjähriger.

III. Normzweck

Der Rechtspfleger, der bei dem Familiengericht für die Bearbeitung des vereinfachten Verfahrens zuständig ist (§ 25 Nr. 2c RPflG), hat den Antrag auf Festsetzung des Unterhalts nach Prüfung der Zulässigkeit des vereinfachten Verfahrens (§ 250 Abs. 2) dem Antragsgegner zur Wahrung des rechtlichen Gehörs zur Kenntnis zu bringen und ihm zugleich verschiedene Hinweise zu erteilen.

---

1 Gesetz v. 21.12.2007, BGBl. I, S. 3189.

B. Verfahren des Gerichts, Absatz 1

I. Zustellung des Antrags, Abs. 1 Satz 1

4 Dem Antragsgegner ist von Amts wegen eine Abschrift oder eine Mitteilung über den Inhalt des Antrags (insbesondere bei Berichtigung oder Ergänzung des Antrags) förmlich gem. § 113 Abs. 1 FamFG iVm. § 329 Abs. 2 Satz 2 ZPO **zuzustellen**. Die Zustellung richtet sich nach den § 113 Abs. 1 FamFG iVm. §§ 166 ff. ZPO. Eine öffentliche Zustellung nach § 185 ZPO ist zulässig. Zur Zustellung im Ausland siehe Rz. 11. Mit der Zustellung sind dem Antragsgegner die in Abs. 1 Satz 2 Nr. 1 bis 5 aufgeführten **Hinweise** zu erteilen.

Die Zustellung setzt die Äußerungsfristen nach Abs. 1 Satz 2 Nr. 3 und Satz 3 in Lauf. Die genannten Fristen sind keine Ausschlussfristen. Der Rechtspfleger hat gem. § 252 Abs. 3 die Einwendungen des Antragsgegners zu berücksichtigen, solange der Festsetzungsbeschluss nicht **verfügt** ist. Vgl. hierzu § 252 Rz. 15 und unten Rz. 8.

Fehlt eine förmliche Zustellung des Antrags, darf keine Festsetzung des Unterhalts erfolgen.[1] Eine gleichwohl erfolgte Festsetzung kann mit der Rüge eines schweren Verfahrensfehlers nach § 256 angegriffen werden.[2]

II. Hinweise, Abs. 1 Satz 2

5 Der Rechtspfleger unterrichtet den Antragsgegner unter Beifügung eines Vordrucks (§ 259) über den **Inhalt** und die **Folgen eines Festsetzungsbeschlusses** (§ 253) sowie über die **Art der möglichen Einwendungen** und die hierfür bestimmte Form.

6 Nach **§ 251 Abs. 1 Satz 2 Nr. 1** sind der Beginn der Unterhaltszahlung und ihre Höhe anzugeben. Dabei müssen nach **Buchst. a** die Zeiträume nach dem **Alter des Kindes**, für die eine Festsetzung des Unterhalts nach dem Mindestunterhalt der ersten, zweiten und dritten Altersstufe in Frage kommt, bezeichnet werden. Im Fall des § 1612a Abs. 1 BGB muss nach **Buchst. b** neben dem konkreten Unterhaltsbetrag auch der entsprechende **Prozentsatz** des jeweiligen Mindestunterhalts dargelegt werden. Nach **Buchst. c** ist der Antragsgegner darauf hinzuweisen, dass das Kindergeld und die sonstigen regelmäßig wiederkehrenden kindbezogenen Leistungen iSd. §§ 1612b, 1612c BGB zu berücksichtigen sind. Ermöglicht wird eine dynamische Tenorierung dergestalt, dass die genannten Leistungen nicht mit einem festen Betrag, sondern mit dem jeweils gültigen Satz von dem Unterhalt abgezogen werden.[3]

7 Mit **§ 251 Abs. 1 Satz 2 Nr. 2** wird der Antragsgegner darüber unterrichtet, dass der Rechtspfleger nicht geprüft hat, ob das gem. § 250 Abs. 1 Nr. 10 im Antrag **anzugebende Einkommen des Kindes** bei der Unterhaltsberechnung von dem Antragsteller berücksichtigt wurde.

8 Nach **§ 251 Abs. 1 Satz 2 Nr. 3** erfährt der Unterhaltspflichtige, dass ein Festsetzungsbeschluss gem. § 253 ergehen kann, der einen Vollstreckungstitel iSd. §§ 116, 120[4] darstellt, wenn er nicht innerhalb eines Monats ab Zustellung des Antrags Einwendungen erhebt. Bei der Frist, die nach § 222 ZPO zu berechnen ist, handelt es sich **nicht** um eine **Ausschlussfrist**, weil das Gericht Einwendungen gem. § 252 Abs. 3 auch nach Fristablauf zu berücksichtigen hat, solange der Festsetzungsbeschluss noch nicht **verfügt**, dh. vom Familiengericht noch nicht zur Kenntnis der Parteien herausgegangen ist.[5] Näheres vgl. § 252 Rz. 15.

---

1 OLG Naumburg v. 4.12.2000 – 8 WF 208/00, OLGReport 2001, 327.
2 OLG Celle v. 21.9.2011 – 17 UF 161/11, FamRZ 2012, 141; Zöller/*Lorenz*, § 256 FamFG Rz. 3; Keidel/*Giers*, § 256 FamFG Rz. 1.
3 BT-Drucks. 14/7349, S. 26; OLG Hamm v. 4.10.2010 – 5 WF 151/10, FamRZ 2011, 409.
4 § 794 Abs. 1 Nr. 2a ZPO ist aufgehoben worden durch Art. 29 Nr. 20 FGG-RG v. 17.12.2008, BGBl I, S. 2586.
5 HM, OLG Karlsruhe v. 27.8.1999 – 2 WF 52/99, FamRZ 2000, 1159; OLG Frankfurt v. 4.8.2000 – 5 WF 112/99, FamRZ 2001, 109; OLG Hamm v. 18.10.2004 – 4 UF 217/04, FamRZ 2006, 44; KG v. 8.11.2005 – 19 UF 101/05, FamRZ 2006, 1209; OLG Hamm v. 29.9.2006 – 11 UF 198/06, FamRZ 2007, 836; Zöller/*Lorenz*, § 251 FamFG Rz. 13; **aA** OLG Brandenburg v. 12.3.2001 – 9 UF 26/01, FamRZ 2001, 1078: Unterzeichnung durch den Rechtspfleger reicht.

Nach der Verfügung des Festsetzungsbeschlusses ist eine **Wiedereinsetzung** in die Monatsfrist nach § 251 Abs. 1 Satz 2 Nr. 3 durch das Amtsgericht oder das Beschwerdegericht **nicht möglich**, weil es sich bei der Frist des § 251 Abs. 1 Nr. 3 FamFG nicht um eine Frist iSd. § 233 ZPO handelt.[1]   8a

Die Hinweispflicht bezieht sich nach **§ 251 Abs. 1 Satz 2 Nr. 4** auch auf die Art der nach § 252 Abs. 1 und 2 zulässigen Einwendungen. Dabei muss dem Antragsgegner deutlich vor Augen geführt werden, dass er seine **fehlende oder eingeschränkte Leistungsfähigkeit** nur dann wirksam geltend machen kann, wenn er die von ihm nach § 252 Abs. 2 Satz 3 geschuldete Auskunft über seine Einkünfte, sein Vermögen und seine persönlichen und wirtschaftlichen Verhältnisse im Übrigen unter Verwendung des vorgeschriebenen Formulars (§ 259) erteilt und zugleich über seine Einkünfte Belege, wie zB Lohnabrechnungen, Einkommensteuerbescheide oÄ., vorlegt. Dieser Hinweis hat besondere Bedeutung, denn wegen des Novenverbots hinsichtlich der Einwendungen nach § 252 Abs. 2 ZPO können Versäumnisse bei der Ausfüllung des amtlichen Formulars im Beschwerdeverfahren nicht mehr repariert werden.[2]   9

In **§ 251 Abs. 1 Satz 2 Nr. 5** wird klargestellt, dass bei eingeführtem Formularzwang die Einwendungen nur mittels des beigefügten Formulars erhoben werden können und dass sich der Antragsgegner ggf. weitere Exemplare bei jedem Amtsgericht beschaffen kann.[3]   10

III. Auslandszustellung, Abs. 1 Satz 3

Wenn der Antragsgegner im Ausland wohnt, gelten die §§ 183 ff. ZPO. Wenn der Antragsgegner nicht entsprechend § 184 Abs. 1 ZPO innerhalb der vom Gericht bestimmten Frist einen Zustellungsbevollmächtigten benennt, können spätere Zustellungen nach § 184 Abs. 1 ZPO durch Aufgabe zur Post erfolgen; im Übrigen gelten die Zustellungserleichterungen des § 183 Abs. 1 ZPO. Die in Satz 3 vorgesehene Äußerungsfrist, die nach Satz 2 Nr. 3 mindestens einen Monat beträgt, kann je nach den Gegebenheiten in dem zuzustellenden Land verlängert werden, vgl. § 184 Abs. 2 Satz 2 ZPO.   11

Die in § 184 ZPO geregelte Befugnis des Gerichts, bei einer Zustellung im Ausland nach § 183 ZPO anzuordnen, dass bei fehlender Bestellung eines Verfahrensbevollmächtigten ein inländischer Zustellungsbevollmächtigter zu benennen ist und andernfalls spätere Zustellungen durch Aufgabe zur Post bewirkt werden können, erstreckt sich jedoch lediglich auf die Zustellungen im Ausland, die gem. § 183 Abs. 1 bis 4 ZPO nach den bestehenden völkerrechtlichen Vereinbarungen vorzunehmen sind. Dagegen gilt diese Anordnungsbefugnis nicht für Auslandszustellungen, die nach den gem. § 183 Abs. 5 ZPO unberührt bleibenden Bestimmungen der **EuZVO** vorgenommen werden.[4]   11a

C. Anwendung der ZPO, Absatz 2

Die **Verjährung des Unterhaltsanspruchs** wird entsprechend § 167 ZPO durch die Einreichung des Festsetzungsantrags, dh. durch den Eingang des Antrags in der gesetzlich vorgeschriebenen Form (§ 259 Abs. 2) oder der Erklärung zu Protokoll (§ 257) **unterbrochen**, wenn seine wirksame **Zustellung demnächst** erfolgt.[5] Der Auffassung, die Rechtshängigkeit der Unterhaltsforderung werde erst nach Eingang des Antrags auf Durchführung des streitigen Verfahrens (§ 255 Abs. 3) fingiert,[6] ist nicht zu folgen,   12

---

1 OLG Bremen v. 29.6.2012 – 4 UF 62/12, JAmt 2012, 535.
2 MAH Familienrecht/*Bömelburg*, § 6 Rz. 176.
3 Thomas/Putzo/*Hüßtege*, § 251 FamFG Rz. 8.
4 BGH v. 2.2.2011 – VIII ZR 190/00, NJW 2011, 1885; zum Text der Verordnung vgl. Thomas/Putzo/*Hüßtege*, Anhang zu § 1071 ZPO; Geltung der EuZVO in der Bundesrepublik Deutschland ab dem 31.5.2001, Art. 25.
5 Ebenso Keidel/*Giers*, § 251 FamFG Rz. 4; Thomas/Putzo/*Hüßtege*, § 251 FamFG Rz. 10; Zöller/*Lorenz*, § 251 FamFG Rz. 5.
6 So BGH v. 28.5.2008 – XII ZB 34/05, FamRZ 2008, 1428; Johannsen/Henrich/*Maier*, § 251 FamFG Rz. 8.

weil in einem solchen Fall der Sinn der Vorschrift, nämlich Schutz des Antragstellers, leerliefe. Die Voraussetzung einer demnächst erfolgten Zustellung liegt nicht vor, wenn der **Antrag** auf Festsetzung des Unterhalts **unvollständig und/oder fehlerhaft** war, erst nach einem Hinweis (§ 250 Abs. 2 Satz 2) durch das Gericht berichtigt und dann erst dem Antragsgegner in korrigierter Form zugestellt worden ist.[1]

252 *Einwendungen des Antragsgegners*
(1) Der Antragsgegner kann Einwendungen geltend machen gegen
1. die Zulässigkeit des vereinfachten Verfahrens;
2. den Zeitpunkt, von dem an Unterhalt gezahlt werden soll;
3. die Höhe des Unterhalts, soweit er geltend macht, dass
   a) die nach dem Alter des Kindes zu bestimmenden Zeiträume, für die der Unterhalt nach dem Mindestunterhalt der ersten, zweiten und dritten Altersstufe festgesetzt werden soll, oder der angegebene Mindestunterhalt nicht richtig berechnet sind,
   b) der Unterhalt nicht höher als beantragt festgesetzt werden darf,
   c) Leistungen der in § 1612b oder § 1612c des Bürgerlichen Gesetzbuchs bezeichneten Art nicht oder nicht richtig berücksichtigt worden sind.

Ferner kann er, wenn er sich sofort zur Erfüllung des Unterhaltsanspruchs verpflichtet, hinsichtlich der Verfahrenskosten geltend machen, dass er keinen Anlass zur Stellung des Antrags gegeben hat. Nicht begründete Einwendungen nach Satz 1 Nr. 1 und 3 weist das Gericht mit dem Festsetzungsbeschluss zurück, ebenso eine Einwendung nach Satz 1 Nr. 2, wenn ihm diese nicht begründet erscheint.

(2) Andere Einwendungen kann der Antragsgegner nur erheben, wenn er zugleich erklärt, inwieweit er zur Unterhaltsleistung bereit ist und dass er sich insoweit zur Erfüllung des Unterhaltsanspruchs verpflichtet. Den Einwand der Erfüllung kann der Antragsgegner nur erheben, wenn er zugleich erklärt, inwieweit er geleistet hat und dass er sich verpflichtet, einen darüber hinausgehenden Unterhaltsrückstand zu begleichen. Den Einwand eingeschränkter oder fehlender Leistungsfähigkeit kann der Antragsgegner nur erheben, wenn er zugleich unter Verwendung des eingeführten Formulars Auskunft über
1. seine Einkünfte,
2. sein Vermögen und
3. seine persönlichen und wirtschaftlichen Verhältnisse im Übrigen
   erteilt und über seine Einkünfte Belege vorlegt.

(3) Die Einwendungen sind nur zu berücksichtigen, solange der Festsetzungsbeschluss nicht verfügt ist.

A. Allgemeines	
I. Entstehung	1
II. Systematik	2
III. Normzweck	3
B. Überblick, Einwendungsform	4
C. Art der Einwendungen, Absatz 1 . . .	6
I. Zulässigkeit des vereinfachten Verfahrens, Abs. 1 Satz 1 Nr. 1	7
II. Verzug, Abs. 1 Satz 1 Nr. 2	8
III. Höhe des Unterhalts, Anrechnung kindbezogener Leistungen, Abs. 1 Satz 1 Nr. 3a bis c	9
IV. Verfahrenskosten, Abs. 1 Satz 2	10
V. Verfahren, Abs. 1 Satz 3	11
D. Andere Einwendungen, Absatz 2	
I. Überblick	12
II. Zulässigkeitsvoraussetzungen für die Einwendungen	13
E. Zeitliche Befristung der Einwendungen, Absatz 3	15

---
[1] MüKo.ZPO/*Macco*, § 251 FamFG Rz. 5.

A. Allgemeines

I. Entstehung

§ 252 entspricht dem früheren § 648 ZPO idF des Gesetzes zur Änderung des Unterhaltsrechts.[1] 1

II. Systematik

Die Vorschrift hat als Spezialvorschrift Vorrang vor allgemeineren prozessualen Grundsätzen. Sie regelt Art und Umfang der Einwendungen des Unterhaltsschuldners. 2

III. Normzweck

Das vereinfachte Verfahren ist geschaffen worden, um dem Unterhaltsgläubiger auf schnellem Weg einen Titel zu verschaffen. Um dem Vereinfachungs- und Beschleunigungsgrundsatz des Verfahrens Rechnung zu tragen, darf der Antragsgegner im vereinfachten Verfahren nur bestimmte Einwendungen erheben.[2] 3

B. Überblick, Einwendungsform

Es besteht keine Möglichkeit für den Antragsgegner, die Einwendungen iSv. § 252 zu umgehen und sogleich die Durchführung des streitigen Verfahrens nach § 255 zu beantragen. Denn § 255 Abs. 1 Satz 1 verweist ausdrücklich auf § 254. Danach ist der Übergang zum streitigen Verfahren nur eröffnet, wenn und soweit der Antragsgegner beachtliche Einwendungen erhoben, die mit diesen Einwänden verbundenen Auskünfte erteilt und die erforderlichen Verpflichtungserklärungen abgegeben hat.[3] 4

Es ist zwischen **zwei Arten von Einwendungen** zu unterscheiden. Wenn der Antragsgegner die in **Abs. 1** aufgezählten Einwendungen erhebt, hat das Gericht **deren Zulässigkeit und Begründetheit** zu prüfen, bei Einwendungen nach **Abs. 2** nur ihre **Zulässigkeit**. 5

Die Erklärungen des Antragsgegners, die auch durch den **Urkundsbeamten der Geschäftsstelle** (§ 257) und im Falle des Abs. 2 auch durch das **Jugendamt** (§ 59 Abs. 1 Nr. 9 SGB VIII) oder einen Notar (§ 62 Abs. 1 Nr. 2 BeurkG) aufgenommen werden können, müssen schriftlich und bei Formularzwang gem. § 259 unter Verwendung des **amtlichen Formulars** erfolgen.[4] Eine eigenhändige **Unterschrift** des Unterhaltspflichtigen in dem Formular ist nicht erforderlich, wenn sein Bevollmächtigter es einem Schriftsatz beifügt.[5] Nicht ausreichend zur Einhaltung des Formularzwangs ist jedoch ein Schriftsatz mit einer Bezugnahme auf Belege als Anlagen.[6] Anderes gilt nur bei einem vollständig ausgefüllten Formular mit unvollständig beigefügten Belegen[7] oder bei bloßen Ausfüllungsfehlern. In solchen Fällen hat der Rechtspfleger einen Hinweis nach § 139 ZPO zu erteilen und dem Antragsgegner Gelegenheit zur Nachbesserung zu geben.[8]

C. Art der Einwendungen, Absatz 1

Der Antragsgegner kann im vereinfachten Verfahren nur die in Abs. 1 abschließend aufgeführten Einwendungen uneingeschränkt geltend machen. 6

---

1 Gesetz v. 21.12.2007, BGBl. I, S. 3189.
2 OLG Brandenburg v. 29.9.2004 – 9 UF 119/04, FamRZ 2005, 1844.
3 Thomas/Putzo/*Hüßtege*, § 252 FamFG Rz. 9.
4 OLG Köln v. 2.5.2012 – 4 WF 46/12, FamRZ 2012, 1822; OLG Nürnberg v. 20.10.2003 – 11 WF 2581/03, FamRZ 2004, 475; OLG Karlsruhe v. 16.2.2000 – 2 WF 132/99, FamRZ 2001, 107; OLG Koblenz v. 28.7.2000 – 13 UF 417/00, FamRZ 2001, 1079.
5 OLG Hamm v. 29.4.2005 – 11 UF 73/05, FamRZ 2006, 211.
6 OLG Nürnberg v. 20.10.2003 – 11 WF 2581/03, FamRZ 2004, 475.
7 AA OLG Brandenburg v. 15.12.2003 – 9 UF 209/03, FamRZ 2004, 1587.
8 OLG Karlsruhe v. 21.6.2006 – 2 WF 77/06, FamRZ 2006, 1548.

I. Zulässigkeit des vereinfachten Verfahrens, Abs. 1 Satz 1 Nr. 1

7 Mit dieser Einwendung kann der Antragsgegner das Fehlen allgemeiner Verfahrensvoraussetzungen (s. Allgemeine Vorschriften der ZPO, § 113 Abs. 1 FamFG, §§ 1 ff. ZPO) und den Mangel einer besonderen Voraussetzung des vereinfachten Verfahrens nach §§ 249, 250 rügen. Das Vorliegen der internationalen Zuständigkeit ist eine Frage der Zulässigkeit des Verfahrens.[1] Eine allgemeine Verfahrensvoraussetzung kann fehlen, wenn das Kind nicht ordnungsgemäß vertreten ist, dh durch den richtigen **gesetzlichen Vertreter**, oder das Bestehen einer Verfahrensstandschaft gem. § 1629 Abs. 3 BGB nicht beachtet worden ist.[2]

Der Antragsgegner kann auch die Richtigkeit der tatsächlichen Angaben im Antrag angreifen. So kann er einwenden, es existiere bereits ein **Unterhaltstitel** oder das Kind habe in dem Zeitraum, für den Unterhalt verlangt wird, Sozialleistungen iSv. § 250 Abs. 1 Nr. 12 bezogen.[3] Denn das vereinfachte Verfahren ist unzulässig, wenn die Angaben in dem Festsetzungsantrag nicht der Wahrheit entsprechen und die richtigen Angaben eine Festsetzung nicht rechtfertigen.[4] Macht der Antragsgegner substantiiert geltend, er habe während des Zeitraums, für den Unterhalt verlangt wird, **mit den Kindern in einem Haushalt gelebt,** betrifft dieser Einwand unmittelbar die Statthaftigkeit des Verfahrens nach § 249.[5]

Die **Errichtung eines Titels**, zB einer Jugendamtsurkunde gem. § 59 Abs. 1 Nr. 3 SGB VIII, **nach Zustellung des Festsetzungsantrags** fällt nicht unter Nr. 1, denn das Verfahren bleibt statthaft. In einem solchen Fall hat der Rechtspfleger den Antragsteller zu befragen, ob er sein Begehren iHd. titulierten Betrages für **erledigt** erklärt (s. § 249 Rz. 17).[6] Der Unterhalt ist dann iHd. Betrages festzusetzen, der nach Abzug des erledigten Betrages übrig bleibt.[7] Wenn das Kind während des Verfahrens **volljährig** wird, bleibt ein während der Minderjährigkeit begonnenes Verfahren statthaft.[8]

II. Verzug, Abs. 1 Satz 1 Nr. 2

8 Die Einwendung betrifft den Fall, dass Unterhalt gem. § 1613 BGB für die Vergangenheit erst von einem späteren Zeitpunkt an verlangt werden kann, mithin das Vorliegen der Voraussetzungen des Verzuges. Die Rügen einer unterlassenen zeitlichen Begrenzung auf das 18. Lebensjahr[9] oder ein Befristung des Anspruchs (zB UVG: bis zur Vollendung des 12. Lebensjahres des Kindes)[10] fallen nicht hierunter, ebensowenig der Einwand der **Verwirkung**. Er ist als andere Einwendung iSd. § 252 Abs. 2 geltend zu machen.[11]

III. Höhe des Unterhalts, Anrechnung kindbezogener Leistungen, Abs. 1 Satz 1 Nr. 3a bis c

9 **Einwendungen zur Höhe des Unterhalts** können nur in den in Satz 1 Nr. 3a bis c aufgeführten Fällen erhoben werden, denn die Aufzählung ist abschließend.[12] Nach **Buchst. a** kann der Antragsgegner einwenden, der Unterhalt sei nach einer unzutref-

---

1 OLG Köln v. 11.9.2012 – 25 WF 195/12, juris.
2 OLG Köln v. 29.9.1999 – 27 UF 189/99, FamRZ 2000, 678.
3 OLG Jena v. 28.1.2013 – 1 WF 590/12, juris.
4 OLG Brandenburg v. 1.2.2001 – 10 UF 11/01, FamRZ 2002, 1345; OLG Brandenburg v. 20.8.2001 – 9 UF 128/01, FamRZ 2002, 545.
5 OLG Oldenburg v. 23.8.2012 – 14 WF 147/12; 14 WF 148/12 und 14 WF 149/12 - FamRB 2012, 342 (*Bömelburg*); OLG Saarbrücken v. 22.8.2012 – 6 WF 359/12, BeckRS 2012, 19664.
6 Zöller/*Lorenz*, § 254 FamFG Rz. 4; MAH Familienrecht/*Bömelburg*, § 6 Rz. 172; OLG Dresden v. 19.5.1999 – 20 WF 97/99, FamRZ 2000, 679; OLG München v. 30.10.2000 – 12 WF 1318/00, FamRZ 2001, 1076; aA OLG Karlsruhe v. 27.8.1999 – 2 WF 52/99, FamRZ 2000, 1159.
7 OLG Karlsruhe v. 21.6.2006 – 2 WF 77/06, FamRZ 2006, 1548.
8 BGH v. 21.12.2005 – XII ZB 258/03, FamRZ 2006, 402.
9 OLG Stuttgart v. 24.2.2000 – 18 UF 83/00, FamRZ 2000, 1161 (Erinnerung gem. § 11 RPflG).
10 BGH v. 25.8.2008 – XII ZB 104/06, FamRZ 2008, 1433 Rz. 11.
11 KG v. 23.6.2009 – 18 WF 140/09, FamRB 2009, 306 (*Giers*).
12 OLG Zweibrücken v. 16.11.1999 – 6 WF 152/99, JAmt 2001, 91.

fenden Altersstufe (zB bei falscher Angabe des Geburtsdatums des Kindes) festgesetzt oder in Abweichung vom Mindestunterhalt berechnet worden. **Buchst. b** betrifft sonstige Berechnungsfehler des Rechtspflegers, die zu einer höheren Festsetzung als beantragt führen könnten (Grundsatz der ne ultra petita). Nach **Buchst. c** kann eingewendet werden, das Kindergeld oder andere kindbezogene Leistungen (§§ 1612b, 1612c BGB) seien in zu geringem Maße auf die Unterhaltsrente angerechnet worden. Nicht unter Nr. 3c fällt der Einwand, eine von dem Festsetzungsantrag des Unterhaltsgläubigers abweichende außergerichtliche Vereinbarung getroffen zu haben.[1]

Der Einwand, die Einkommensverhältnisse des Unterhaltsschuldners rechtfertigten den geltend gemachten Unterhaltsbedarf von mehr als 100 % des Mindestunterhalts nicht, betrifft eine sog. doppelrelevante Tatsache (Bedarfsbestimmung und Leistungsfähigkeit). Er stellt keinen zulässigen Einwand zur Unterhaltshöhe iSv. § 252 Abs. 1 Satz 1 Nr. 3, sondern einen materiellrechtlichen Einwand iSv. § 252 Abs. 2 dar und ist in der Form des § 252 Abs. 2 Satz 3 vorzubringen.[2]

IV. Verfahrenskosten, Abs. 1 Satz 2

Wenn der Antragsgegner sich nach Erhalt des Festsetzungsantrages sofort zur Erfüllung des Unterhaltsanspruchs verpflichtet, kann er hinsichtlich der Verfahrenskosten geltend machen, dass er **keinen Anlass** zur Stellung des Antrags gegeben habe. Die Voraussetzungen für eine Kostenentscheidung nach **§ 243 Satz 2 Nr. 4** zu Lasten des Antragstellers, die idR in dem Festsetzungsbeschluss (§ 253) erfolgt, liegen vor, wenn dieser den Antragsgegner vor Beginn des Verfahrens nicht zu freiwilliger Zahlung des geschuldeten Mindestunterhalts und zur Schaffung eines entsprechenden Unterhaltstitels aufgefordert hatte. Die Darlegungs- und Beweislast hierfür trägt der Unterhaltsschuldner.[3]

V. Verfahren, Abs. 1 Satz 3

Wenn das Gericht eine Einwendung für zulässig hält, ist dem Antragsteller Gelegenheit zur Stellungnahme und ggf. zur Nachbesserung des Antrags zu geben. Sodann hat der Rechtspfleger zu prüfen, ob die vorgetragenen Tatsachen begründet sind. Es ist noch nicht geklärt, ob der Rechtspfleger verpflichtet ist, die Begründetheit von Einwendungen ggf. durch eine Beweisaufnahme zu klären. Zum Teil wird die Auffassung vertreten, streitige Punkte seien mit den Mitteln des Strengbeweises (§ 113 FamFG, § 286 ZPO) zu klären.[4] Nach aA werden Urkunden (zB eine Abstammungsurkunde) als Beweismittel herangezogen.[5] Da die Durchführung einer mündlichen Verhandlung freigestellt ist, jedoch wegen des Beschleunigungsgrundsatzes[6] nur in seltenen Fällen erfolgen wird, dürfte eine Beweisaufnahme durch Vernehmung von Zeugen ausscheiden. Bei der Beurteilung hat der **Rechtspfleger** in den Fällen des **Satz 1 Nr. 1 und 3 kein Ermessen**. Wenn die Einwendungen unbegründet sind, hat er sie mit dem Festsetzungsbeschluss (§ 253) zurückzuweisen. Sind die Einwendungen begründet, ergeht kein Festsetzungsbeschluss. Der Antragsteller ist nach § 254 hierauf hinzuweisen. Beide Parteien haben die Möglichkeit, einen Antrag auf Durchführung des streitigen Verfahrens zu stellen, § 255 Abs. 1.[7]

Macht der Antragsgegner geltend, er habe mit dem Kind in dem streitigen Zeitraum in einem Haushalt gelebt und deshalb sei das Verfahren nicht statthaft iSd.

---

1 OLG Naumburg v. 15.3.1999 – 3 WF 15/99, FamRZ 2000, 360.
2 OLG Celle v. 21.9.2011 – 17 UF 161/11, FamRZ 2012, 141.
3 OLG Brandenburg v. 17.2.2000 – 10 UF 27/00, FamRZ 2000, 1159.
4 MüKo.ZPO/*Macco*, § 252 FamFG Rz. 10; **aA** Zöller/*Lorenz*, § 252 FamFG Rz. 4.
5 OLG Brandenburg v. 20.8.2001 – 9 UF 128/01, FamRZ 2002, 545; zustimmend *Lucht*, FuR 2010, 197, 201.
6 BGH v. 28.5.2008 – XII ZB 34/05, FamRZ 2008, 1428, 1430.
7 **AA** Thomas/Putzo/*Hüßtege*, § 252 FamFG Rz. 10: Begründete Einwendungen gegen die Zulässigkeit des vereinfachten Verfahrens nach Abs. 1 S. 1 Nr. 1 sollen zur Zurückweisung des Festsetzungsantrags führen. Hiergegen soll wegen § 250 Abs. 2 S. 3 die befristete Rechtspflegererinnerung statthaft sein; ebenso Baumbach/*Hartmann*, § 252 FamFG Rz. 13.

§ 249, hat jede weitergehende Prüfung, ob die vorgebrachte Einwendung sachlich begründet und unterhaltsrechtlich erheblich ist, zu unterbleiben. Eine Beweiserhebung darüber, ob die gegenteilige Behauptung des Antragstellers zutrifft, ist mit dem beschleunigten Verfahren unvereinbar.[1] Soll das Verfahren fortgesetzt werden, muss der Antragsteller gem. § 255 Abs. 1 Satz 2 einen Antrag auf Überleitung in das **streitige Verfahren** stellen. Unterlässt es das innerhalb der Frist von 6 Monaten, gilt der Antrag als zurückgenommen, § 255 Abs. 6. Der Einwand des Antragsgegners, es habe noch ein gemeinsamer Haushalt bestanden, ist jedoch nicht erheblich, wenn es an einer plausiblen Darstellung der Lebenssituation im streitigen Zeitraum mangelt. In einem solchen Fall kann der Einwand mit dem Festsetzungsbeschluss zurückgewiesen werden.[2]

Bei den Einwendungen betreffend den rückständigen Unterhalt, insbesondere hinsichtlich des Verzugs des Unterhaltsschuldners (**Satz 1 Nr. 2**), hat der **Rechtspfleger** einen **Beurteilungsspielraum**. Wenn der Unterhaltsschuldner zB den **Zugang einer Mahnung** bestreitet, kann er diesen Einwand auf der Grundlage des Parteivorbringens und etwaiger präsenter Beweismittel (zB eidesstattliche Versicherung für die Absendung der Mahnung, Posteinlieferungsschein) ohne weitere Beweisaufnahme zurückweisen und den Festsetzungsbeschluss antragsgem. erlassen, wenn er es für unwahrscheinlich hält, dass das von dem Antragsteller vorzulegende Mahnschreiben mit der Angabe des Zeitpunkts der Mahnung gem. § 250 Abs. 1 Nr. 5 nicht zugegangen ist.[3] Das Amtsgericht hat aber darzutun, aus welchen Gründen es den behaupteten Nichtzugang der Mahnung für unwahrscheinlich hält.[4] **Gegen den Festsetzungsbeschluss** kann der Antragsgegner gem. § 256 **Beschwerde** einlegen.

D. Andere Einwendungen, Absatz 2

I. Überblick

12 Abs. 2 erfasst **materiell-rechtliche Einwendungen**, die gegen den Unterhaltsanspruch bestehen können. Sie betreffen insbesondere die **fehlende oder geringere eigene Leistungsfähigkeit** des Antragsgegners (Satz 3) oder die Erfüllung (Satz 2). Daneben kann der Antragsgegner aber noch andere Einwendungen (Satz 1) geltend machen, zB die **fehlende Bedürftigkeit** des Kindes wegen des Vorhandenseins von eigenen Einkünften oder Vermögen (§ 1602 Abs. 2 BGB) oder die **vorrangige Haftung eines anderen Unterhaltsschuldners**, zB des anderen Elternteils, anderer Verwandter oder des aktuellen oder früheren Ehegatten des verheirateten minderjährigen Kindes. Möglich ist auch die Behauptung, **nicht Vater des Kindes** und deshalb materiell-rechtlich nicht zur Zahlung von Unterhalt verpflichtet zu sein.[5] Für solche Einwendungen kann der Antragsgegner bei Formularzwang (vgl. Rz. 5) das unter lit. H im Formular ZP 364 vorgesehene Feld benutzen.[6]

12a Das Argument des Unterhaltspflichtigen, für die Kinder würden keine Leistungen nach dem UVG mehr erbracht, ist weder eine Einwendung iSd. § 252 Abs. 1 FamFG noch iSd. § 252 Abs. 2 FamFG.[7] Sofern kein Antrag auf Durchführung des streitigen Verfahrens nach § 255 FamFG gestellt worden ist, steht hierfür das Abänderungsverfahren nach § 240 FamFG zur Verfügung.

12b Sofern ein Land, das einem Kind Unterhaltsvorschuss gewährt hat und auf das der Unterhaltsanspruch übergegangen ist, im vereinfachten Verfahren eine Unterhaltsfestsetzung beantragt, kommt es nicht darauf an, ob die Sozialleistung zu Recht er-

---

1 KG v. 21.11.2005 – 16 UF 4/05, FuR 2006, 132.
2 OLG Oldenburg v. 23.8.2012 – 14 WF 147/12, 14 WF 148/12 und 14 WF 149/12, FamRB 2012, 342 (*Bömelburg*).
3 Begr. RegE KindUG, BT-Drucks. 13/7338, S. 55 und 58.
4 OLG Rostock v. 29.3.2010 – 10 WF 14/10 und 10 WF 22/10, FamRZ 2010, 1458 (1459).
5 OLG Köln v. 2.5.2012 – 4 WF 46/12; OLG Brandenburg v. 20.8.2001 – 9 UF 128/01, FamRZ 2002, 545.
6 OLG Köln v. 2.5.2012 – 4 WF 46/12.
7 OLG Hamm v. 2.2.2011 – 8 WF 251/10, FamRB 2011, 377 (*Bömelburg*).

A. Allgemeines

I. Entstehung

1 § 253 entspricht zum Teil dem früheren § 649 ZPO.

II. Systematik

2 Die Vorschrift gehört zu den Verfahrensregelungen für das vereinfachte Verfahren über den Unterhalt Minderjähriger.

III. Normzweck

3 Geregelt werden die Voraussetzungen für den Erlass eines Festsetzungsbeschlusses.

B. Voraussetzungen des Festsetzungsbeschlusses

I. Wartefrist

4 Nach der Zustellung des Antrags hat der Rechtspfleger zunächst die Monatsfrist des § 251 Abs. 1 Satz 2 Nr. 3 abzuwarten. Dies gilt auch dann, wenn der Antragsgegner vor Ablauf der Frist Einwendungen erhebt, die nach § 252 Abs. 2 unzulässig[1] oder die nach § 252 Abs. 1 Satz 3 iVm. Satz 1 Nr. 1 bis 3 zwar zulässig, aber nicht begründet sind. Denn der Unterhaltspflichtige kann innerhalb der Frist weitere erhebliche Einwendungen nachreichen.[2] Wendet sich der Unterhaltsschuldner an das Amtsgericht, um dort die von ihm verlangten Erklärungen abzugeben, ist dieses nach § 257 FamFG verpflichtet, die amtlich eingeführten Formulare selbst auszufüllen. Dem Unterhaltsschuldner können Mängel beim Ausfüllen des Formulars nicht entgegengehalten werden, wenn das Amtsgericht seiner Verpflichtung aus § 257 nicht nachgekommen ist.[3] Gleiches gilt für den Fall, dass sich der Schuldner zwecks Ausfüllung des Formulars an das Jugendamt wendet.[4]

Wenn eine **Rüge der Zulässigkeit** des vereinfachten Verfahrens zutreffend ist, muss dem Antragsteller Gelegenheit gegeben werden, diese Einwendung durch Berichtigung oder Ergänzung seines Antrags zu entkräften.[5] Die Festsetzung des Unterhalts unterbleibt, wenn der Rechtspfleger eine Einwendung für beachtlich hält. Es ist dann nach §§ 254, 255 zu verfahren. Sofern der Antragsteller nicht innerhalb von sechs Monaten die Durchführung des streitigen Verfahrens beantragt, gilt sein Antrag gem. § 255 Abs. 6 als zurückgenommen.

II. Verfahren

5 Der Festsetzungsbeschluss kann **ohne mündliche Verhandlung** ergehen, weil diese dem Rechtspfleger freigestellt ist, § 113 Abs. 1 FamFG iVm. § 128 Abs. 4 ZPO. Da das Ziel des vereinfachten Verfahrens eine rasche Festsetzung des Unterhalts ist, sollte eine mündliche Verhandlung nur in Fällen stattfinden, in denen zu erwarten ist, dass der Antragsteller auf einen erheblichen Einwand des Antragsgegners seinen Antrag berichtigt und der Einwand dann gegenstandslos wird.[6] In einer mündlichen Verhandlung kann ein Anerkenntnis[7] abgegeben und ein Vergleich[8] geschlossen werden. Die Einigung kann auch über einen höheren Betrag als das 1,2-fache des Mindestunterhalts erfolgen.[9]

---

1 Vgl. OLG Saarbrücken v. 26.1.2011 – 9 UF 124/10, juris.
2 Zöller/*Lorenz*, § 253 FamFG Rz. 1.
3 OLG Oldenburg v. 10.7.2012 – 14 WF 89/12, BeckRS 2012, 20222.
4 OLG Oldenburg v. 10.7.2012 – 14 WF 89/12, BeckRS 2012, 20222.
5 Musielak/*Borth*, § 253 FamFG Rz. 1.
6 Begr. RegE KindUG, BT-Drucks. 13/7338, S. 41.
7 OLG Brandenburg v. 5.12.2006 – 9 UF 183/06, FamRZ 2007, 837.
8 Zöller/*Lorenz*, § 253 FamFG Rz. 2; Thomas/Putzo/*Hüßtege*, § 253 FamFG Rz. 2.
9 Zöller/*Lorenz*, § 253 FamFG Rz. 2.

E. Zeitliche Befristung der Einwendungen, Absatz 3

Die **Frist** zur Erhebung von Einwendungen, die nach **§ 251 Abs. 1 Satz 2 Nr. 3** einen Monat und bei einer Zustellung im Ausland gem. § 251 Abs. 1 Satz 3 je nach Festsetzung durch das Gericht länger läuft, ist keine Ausschlussfrist. Das Gericht hat die Einwendungen des Antragsgegners auch nach Fristablauf zu berücksichtigen, solange der Festsetzungsbeschluss noch nicht **verfügt** (Abvermerk der Kanzlei), dh. vom Familiengericht noch nicht zur Kenntnis der Parteien aus dem inneren Geschäftsbetrieb des Gerichts herausgegangen ist.[1] Mit der hM ist die Vorschrift in diesem Sinne auszulegen, weil nach der Intention des Gesetzgebers ein aufwändiges Abänderungsverfahren gem. § 240 vermieden werden soll.[2] Der Antragsgegner hat die **Darlegungs- und Beweislast** für einen **rechtzeitigen Eingang** seiner Einwendungen vor der Herausgabe des Festsetzungsbeschlusses; jegliche Zweifel gehen zu seinen Lasten.[3] Hat der Unterhaltspflichtige die Einwendungen nach § 252 Abs. 2 nicht bis zur Verfügung des Festsetzungsbeschlusses vorgetragen, ist eine **Wiedereinsetzung** in die versäumte Monatsfrist nach § 251 Abs. 1 Satz 2 Nr. 3, über die angesichts des Vorliegens einer Familienstreitsache iSd. § 231 Abs. 1 nach den § 113 Abs. 1 S. 2 FamFG iVm. §§ 233, 234 ZPO zu entscheiden wäre, **nicht möglich**, weil es sich bei der Frist des § 251 Abs. 1 Nr. 3 FamFG nicht um eine Frist iSd. § 233 ZPO handelt.[4]

15

Versäumt der Antragsgegner die Erhebung von Einwendungen nach § 252 Abs. 2 (zB zu seiner beschränkten oder fehlenden Leistungsfähigkeit oder zur Erfüllung) in der **ersten Instanz**, ist er hiermit **auch für die Beschwerdeinstanz präkludiert**.[5] Soweit die Beschwerde auch auf neue Tatsachen gestützt werden kann, gilt dies nicht für die Einwendungen nach § 252 Abs. 2.

16

253 *Festsetzungsbeschluss*

(1) Werden keine oder lediglich nach § 252 Abs. 1 Satz 3 zurückzuweisende oder nach § 252 Abs. 2 unzulässige Einwendungen erhoben, wird der Unterhalt nach Ablauf der in § 251 Abs. 1 Satz 2 Nr. 3 bezeichneten Frist durch Beschluss festgesetzt. In dem Beschluss ist auszusprechen, dass der Antragsgegner den festgesetzten Unterhalt an den Unterhaltsberechtigten zu zahlen hat. In dem Beschluss sind auch die bis dahin entstandenen erstattungsfähigen Kosten des Verfahrens festzusetzen, soweit sie ohne weiteres ermittelt werden können; es genügt, wenn der Antragsteller die zu ihrer Berechnung notwendigen Angaben dem Gericht mitteilt.

(2) In dem Beschluss ist darauf hinzuweisen, welche Einwendungen mit der Beschwerde geltend gemacht werden können und unter welchen Voraussetzungen eine Abänderung verlangt werden kann.

A. Allgemeines	II. Verfahren 5
I. Entstehung 1	III. Inhalt des Festsetzungsbeschlusses, Abs. 1 Satz 1 bis 3, Abs. 2
II. Systematik 2	1. Rubrum und Tenor 6
III. Normzweck 3	2. Kostenentscheidung 8
B. Voraussetzungen des Festsetzungsbeschlusses	3. Rechtsbehelfsbelehrung 9
	4. Vollstreckung 10
I. Wartefrist 4	5. Rechtsbehelfe 11

---

1 HM, OLG Karlsruhe v. 27.8.1999 – 2 WF 52/99, FamRZ 2000, 1159; OLG Frankfurt v. 4.8.2000 – 5 WF 112/99, FamRZ 2001, 109; OLG Hamm v. 18.10.2004 – 4 UF 217/04, FamRZ 2006, 44; KG v. 8.11.2005 – 19 UF 101/05, FamRZ 2006, 1209; OLG Hamm v. 29.9.2006 – 11 UF 198/06, FamRZ 2007, 836; KG v. 2.8.2007 – 16 WF 183/07, FamRZ 2007, 2088; **aA** OLG Brandenburg v. 12.3.2001 – 9 UF 26/01, FamRZ 2001, 1078: Unterzeichnung durch den Rechtspfleger reicht.
2 OLG Hamm v. 18.10.2004 – 4 UF 217/04, FamRZ 2006, 44.
3 OLG Hamm v. 18.10.2004 – 4 UF 217/04, FamRZ 2006, 44.
4 OLG Bremen v. 29.6.2012 – 4 UF 62/12, FamRB 2012, 314 (*Bömelburg*).
5 OLG Saarbrücken v. 23.6.2010 – 9 UF 45/10, FamRZ 2011, 49.

folgt ist.¹ Soweit sich aus dem Einwand der Unrechtmäßigkeit der Hilfegewährung zugleich **Bedenken gegen die Aktivlegitimation des Landes** herleiten lassen und damit Bedenken gegen seine materielle Berechtigung, Ansprüche im eigenen Namen geltend zu machen, liegt eine Einwendung iSv. § 252 Abs. 2 vor. Solche Einwendungen aus materiellem Recht kann der Antragsgegner allerdings nur erheben, wenn er zugleich erklärt, inwieweit er zur Unterhaltsleistung bereit ist und dass er sich zur Erfüllung des Unterhaltsanspruchs verpflichtet, vgl. Rz. 12.

Durch die Vorschrift soll dem Unterhaltsschuldner ein nachfolgendes Abänderungsverfahren erspart werden. Zudem soll ein streitiges Verfahren nach § 255 verhindert werden und, falls dies nicht möglich ist, der Streitstoff für ein solches weitgehend vorgeklärt werden.² Über die Einwendungen wird im vereinfachten Verfahren nicht entschieden; es erfolgt lediglich eine Prüfung, ob sie in **zulässiger Form** erhoben wurden.³ Unzulässig erhobene Einwendungen (Rz. 6 ff.) stehen dem Erlass des Festsetzungsbeschlusses (§ 253) nicht entgegen und werden mit ihm ausdrücklich zurückgewiesen.⁴ Sind die Einwendungen zulässig erhoben, ist der Antragsteller gem. § 254 Satz 1 und 3 hierüber und nach § 255 Abs. 1 Satz 2 über die Möglichkeit der Einleitung des streitigen Verfahrens zu informieren. Der Erlass eines Festsetzungsbeschlusses kann ganz oder teilweise abgelehnt werden. Das weitere Verfahren richtet sich nach §§ 254 Satz 2, 255.

12c

II. Zulässigkeitsvoraussetzungen für die Einwendungen

Mit der Erhebung der Einwendungen nach Abs. 2 muss der **Antragsgegner zugleich erklären**, inwieweit, dh. in welcher Höhe, er zu einer Unterhaltsleistung bereit ist. Er hat hierzu eine entsprechende Verpflichtungserklärung abzugeben.⁵ Der Unterhaltsschuldner soll sich zu diesem Zeitpunkt ggf. rechtlich beraten lassen, um Klarheit über seine Verpflichtungen zu erlangen.⁶ Wenn der Antragsgegner darlegt, er sei, zB wegen des unverschuldeten Wegfalls seines Einkommens, gänzlich leistungsunfähig, ist darin auch die stillschweigende Erklärung zu sehen, keinen Unterhalt zu zahlen.⁷ Voraussetzung für die Annahme einer konkludenten Erklärung bei **unzureichender oder fehlender Leistungsfähigkeit** nach Satz 3 ist aber eine konkrete Darlegung der Einkünfte, der Vermögensverhältnisse und der persönlichen und wirtschaftlichen Verhältnisse des Antragsgegners.

13

Die Auskunft muss durch das vollständig ausgefüllte amtliche Formular nebst Belegen in deutscher Sprache oder bei einem im Ausland lebenden Unterhaltspflichtigen auf Verlangen des Gerichts in übersetzter Form⁸ (§ 142 Abs. 3 ZPO) **erfolgen**. Bei der Erteilung der Auskunft muss der Antragsgegner größtmögliche Sorgfalt walten lassen. Der bloße Hinweis auf die Eröffnung eines Verbraucherinsolvenzverfahrens reicht nicht aus.⁹

Problematisch ist, dass das amtliche Formular, das der Antragsgegner benutzen muss, keine ausdrückliche Rubrik für die vollständige Leistungsunfähigkeit vorsieht. Es weist im 1. und im 3. Abschnitt nur darauf hin, dass der Antragsgegner bei Leistungsunfähigkeit gehalten ist, in seiner Verpflichtungserklärung „0" in das zugehörige Betragsfeld einzutragen. Daher wird teilweise vertreten, bei insgesamt fehlender

---

1 OLG Köln v. 12.9.2005 – 14 UF 114/05, FamRZ 2006, 431.
2 BT-Drucks. 13/7338, S. 40.
3 BT-Drucks. 13/7338, S. 40.
4 Thomas/Putzo/*Hüßtege*, § 252 FamFG Rz. 11; **aA**: stillschweigende Zurückweisung: Musielak/ Borth, § 252 FamFG Rz. 6.
5 OLG Brandenburg v. 28.4.2003 – 10 UF 78/03, FamRZ 2004, 475; OLG Köln v. 12.9.2005 – 14 UF 114/05, FamRZ 2006, 432.
6 BT-Drucks. 13/7338, S. 41.
7 OLG Brandenburg v. 15.12.2003 – 9 UF 209/03, FamRZ 2004, 1587; OLG Koblenz v. 29.11.2004 – 7 UF 900/04, FamRZ 2005, 915; OLG Hamm v. 29.4.2005 – 11 UF 73/05, FamRZ 2006, 211; Thomas/Putzo/*Hüßtege*, § 252 FamFG Rz. 9.
8 OLG München v. 30.6.2004 – 16 WF 1157/04, FamRZ 2005, 381; OLG Nürnberg v. 20.10.2003 – 11 WF 2581/03, FamRZ 2004, 475.
9 OLG Koblenz v. 29.11.2004 – 7 UF 900/04, FamRZ 2005, 915.

Leistungsfähigkeit brauche eine Erklärung gem. § 252 Abs. 2 Satz 1 FamFG nicht abgegeben zu werden.[1] Es wird auch eine formlose Erklärung für zulässig angesehen.[2] Wenn der Unterhaltspflichtige schon mit mehreren Schriftsätzen unter Beifügung des erforderlichen Formulars mitgeteilt hat, dass er den Einwand fehlender Leistungsfähigkeit erheben will und nur 0 Euro zahlen kann, reicht das aus, auch wenn er in dem zur Akte gereichten Formular unter „G" kein Kreuz gesetzt hat.[3]

Eine in dem Formular grundsätzlich vorgesehene eigenhändige Unterschrift des Antragsgegners ist entbehrlich, wenn das Formular als Anlage zu einem unterschriebenen Schriftsatz des Verfahrensbevollmächtigten eingereicht wird, der hierauf Bezug nimmt.[4]

Die zur Ausfüllung des Formulars notwendigen Erklärungen können auch vom Urkundsbeamten der Geschäftsstelle aufgenommen werden (§ 257).

Die gem. den Anforderungen in dem Formular „Einwendungen gegen die Unterhaltsfestsetzung" vorgesehenen beizufügenden Belege über die Einkünfte des aktuellen Jahres und des Vorjahres[5] müssen vollständig und lesbar sein. Die Beifügung **teilweise geschwärzter Kontoauszüge** ist **nicht ausreichend**.[6] Belege über Werbungskosten sind nicht entbehrlich.[7] Ggf. hat das Gericht den Antragsgegner gem. § 139 ZPO auf eine unvollständig ausgefüllte Erklärung hinzuweisen und ihm Gelegenheit zu geben, diese zu ergänzen.[8]

14   Macht der Antragsgegner **Erfüllung** geltend (Satz 2), muss er für jedes Kind getrennt darlegen, welche monatlichen Beträge er für welche Zeiträume gezahlt hat. Verbleiben in der Vergangenheit noch Zeiträume, für die nicht gezahlt wurde und/oder eine Differenz zwischen dem geleisteten und dem von dem Antragsteller geforderten Unterhalt, muss der Antragsgegner sich verpflichten, die Unterhaltsrückstände zu zahlen oder den Einwand des Fehlens einer weiter gehenden Leistungsfähigkeit nach Satz 3 mit entsprechenden Belegen oder ggf. eine fehlende Bedürftigkeit des Kindes nach Satz 1 geltend machen.[9] Ist die Einwendung in zulässiger Form erhoben worden und bestreitet der Antragsteller die Zahlung, schließt sich das Verfahren nach § 254 an. Eine Beweisaufnahme erfolgt nicht, weil über die Begründetheit dieser Einwendung nicht entschieden wird.[10]

Praxishinweis:
Versäumt der Antragsgegner im Festsetzungsverfahren vor dem Rechtspfleger die Erhebung von Einwendungen nach § 252 Abs. 2, ist er nach § 256 Satz 2 mit der erstmaligen Geltendmachung von Einwendungen nach § 252 Abs. 2 im Beschwerdeverfahren **präkludiert**.[11] Er kann also seine **Beschwerde nicht erstmals** darauf stützen, er sei nicht oder nur beschränkt leistungsfähig. Gleiches gilt für den Einwand der teilweisen oder vollständigen **Erfüllung** des Unterhaltsanspruchs.[12] Die genannten Einwendungen können auch nicht mehr im Erinnerungsverfahren geprüft werden, vgl. § 256 Rz. 20.

---

1 OLG Dresden v. 1.6.1999 – 20 WF 258/99, FamRZ 2000, 1031; OLG Düsseldorf v. 12.9.2000 – 5 UF 160/00, FamRZ 2001, 765; OLG Brandenburg v. 2.11.2000 – 9 UF 229/00, FamRZ 2001, 766, 767. OLG Naumburg v. 2.7.2001 – 8 W 71/01, Rpfleger 2001, 591; OLG Frankfurt v. 20.9.2001 – 3 WF 149/01, FamRZ 2002, 835; OLG Hamm v. 8.7.1999 – 8 WF 219/99, FamRZ 2000, 360 und v. 29.4.2005 – 11 UF 73/05, FamRZ 2006, 211.
2 OLG Bamberg v. 7.6.2000 – 2 UF 138/00, FamRZ 2001, 108, 109.
3 OLG Celle v. 14.3.2012 – 10 UF 252/11, Rpfleger 2012, 556; OLG Oldenburg v. 23.12.2011 – 11 WF 278/11, FamRB 2012, 248 (*Bömelburg*).
4 OLG Hamm v. 29.4.2005 – 11 UF 73/05, FamRZ 2006, 211.
5 Hierzu kritisch, wenn Unterhalt nur für das laufende Jahr verlangt wird, *Gottwald*, Anm. zu OLG Brandenburg v. 15.4.2003 – 10 UF 77/03, FamRZ 2004, 273, FamRZ 2004, 274.
6 OLG Brandenburg v. 15.12.2003 – 9 UF 209/03, FamRZ 2004, 1587.
7 Zöller/*Lorenz*, § 252 FamFG Rz. 12; Baumbach/*Hartmann*, § 252 FamFG Rz. 9.
8 OLG Karlsruhe v. 21.6.2006 – 2 WF 77/06, FamRZ 2006, 1548; Thomas/Putzo/*Hüßtege*, § 252 FamFG Rz. 9.
9 OLG Stuttgart v. 14.9.2012 – 11 WF 205/12, BeckRS 2012, 24291; MüKo.ZPO/*Macco*, § 252 FamFG Rz. 5.
10 BT-Drucks. 13/7338, S. 40.
11 OLG Saarbrücken v. 23.6.2010 – 9 UF 45/10, FamRZ 2011, 49 (50); vgl. unten § 256 Rz. 18.
12 OLG Hamm v. 2.2.2011 – 8 WF 251/10, FamRB 2011, 377 (*Bömelburg*).

III. Inhalt des Festsetzungsbeschlusses, Abs. 1 Satz 1 bis 3, Abs. 2

1. Rubrum und Tenor

Nach § 253 Abs. 1 Satz 2 ist in dem Beschluss ein Zahlungsausspruch erforderlich, weil er Vollstreckungstitel ist. Neben den **formellen Angaben** (Bezeichnung der Parteien, ihrer gesetzlichen Vertreter und Prozessbevollmächtigten, Bezeichnung des Gerichts, des Rechtspflegers, des Datums des Erlasses oder des Verkündungstermins) muss er die Unterhaltsbeträge, die Zeiträume und die Fälligkeitsdaten enthalten, ferner die Anrechnung des Kindergeldes und sonstiger kindbezogener Leistungen. 6

Eine **dynamische Tenorierung** kann zB wie folgt erfolgen:
Der Antragsgegner hat an dem am 7.2.2009 geborenen Antragsteller zu Händen der Kindesmutter zum 1. eines jeden Monats im Voraus eine Unterhaltsrente
– ab dem 1.1.2013 iHv. 100 % des Mindestunterhalts der Altersstufe 1,
– ab dem 1.2.2014 iHv. 100 % des Mindestunterhalts der Altersstufe 2,
– ab dem 1.2.2021 iHv. 100 % des Mindestunterhalts der Altersstufe 3
gem. § 1612a Abs. 1 BGB abzüglich der Hälfte des jeweiligen gesetzlichen Kindergeldes für ein erstes Kind zu zahlen.[1] Die sofortige Wirksamkeit des Beschlusses wird angeordnet.

Auch im **Mangelfall** kann das minderjährige Kind verlangen, dass sein Unterhalt gem. § 1612a Abs. 1 BGB als Prozentsatz vom Mindestunterhalt der jeweiligen Altersstufe festgesetzt wird.[2] 7

Festgesetzt werden können mit dem Beschluss auch Verzugszinsen gem. § 288 BGB ab Zustellung des Festsetzungsantrags, § 250, jedoch lediglich für den zu dieser Zeit rückständigen Unterhalt. Eine Festsetzung künftiger Verzugszinsen ist nicht möglich, weil im vereinfachten Verfahren eine Klärung der Voraussetzungen des § 259 ZPO nicht erfolgen kann.[3]

Eine **Befristung des Titels** auf den Zeitpunkt der Vollendung des 18. Lebensjahres des minderjährigen Kindes ist **nicht** vorzunehmen.[4] Erfolgt sie gleichwohl, kann sie nicht mit der Beschwerde nach § 256, sondern nur mit der Erinnerung nach § 11 Abs. 2 Satz 1 RPflG angegriffen werden.[5]

Ein Unterhaltsfestsetzungsbeschluss kann gem. § 113 Abs. 1 FamFG iVm. § 319 ZPO berichtigt werden.[6]

2. Kostenentscheidung

In dem Festsetzungsbeschluss ist nach § 253 Abs. 1 Satz 3 eine **Kostenentscheidung** zu treffen. Die Kosten sind dem Grunde nach unter Berücksichtigung der in § 243 erwähnten Kriterien zu verteilen.[7] Kommt es nicht zum Erlass eines Festsetzungsbeschlusses, weil der Antragsteller den Antrag auf Festsetzung im vereinfachten Verfahren zurückgenommen hat, richtet sich die Kostenentscheidung ebenfalls nach § 243.[8] Die Kostenentscheidung kann auch die Höhe der erstattungsfähigen Kosten (Gerichtskosten, Rechtsanwaltsgebühren, Auslagen der Partei) des Verfahrens festsetzen, wenn diese ohne weiteres ermittelt werden können, weil der Antragsteller die hierfür notwendigen Angaben gemacht und der Antragsgegner sie nicht 8

---

1 OLG Hamm v. 4.10.2010 – 5 WF 151/10, FamRZ 2011, 409; zu den verschiedenen Anträgen vgl. MAH Familienrecht/*Bömelburg*, § 6 Rz. 73.
2 OLG Hamm v. 13.2.2004 – 11 WF 197/03, FamRZ 2004, 1587.
3 BGH v. 28.5.2008 – XII ZB 34/05, FamRZ 2008, 1428.
4 OLG Brandenburg v. 26.7.2006 – 9 UF 118/06, FamRZ 2007, 484.
5 BGH v. 28.5.2008 – XII ZB 104/06, FamRZ 2008, 1433.
6 OLG Celle v. 4.5.2011 – 10 WF 118/11, juris: Abzug des vollen statt des anteiligen Kindergeldes bei UVG-Leistungen.
7 OLG Köln v. 22.12.2011 – 4 UFH 4/11, FamRZ 2012, 1164; OLG Naumburg v. 6.6.2011 – 3 UF 37/11, juris; KG v. 11.10.2010 – 19 UF 70/10, FamRZ 2011, 394.
8 OLG Köln v. 22.12.2011 – 4 UFH 4/11, FamRZ 2012, 1164.

bestritten hat. Ansonsten erfolgt ein gesondertes Kostenfestsetzungsverfahren (§ 113 Abs. 1 FamFG iVm. §§ 103 ff. ZPO).

3. Rechtsbehelfsbelehrung

9 Dem **Festsetzungsbeschluss**, der den Beteiligten **zuzustellen** ist (§ 113 Abs. 1 FamFG iVm. § 329 Abs. 3 ZPO), ist eine **Rechtsbehelfsbelehrung** beizufügen. Es ist darauf hinzuweisen, welche Einwendungen nach § 252 Abs. 1 und 2 im Beschwerdeverfahren vorgebracht werden können. Der Hinweis auf die zulässigen Einwendungen muss ausreichend spezifiziert sein und sollte deshalb den Wortlaut des § 252 Abs. 1 und 2 beinhalten.[1] Die Beteiligten sind ferner auf die Möglichkeit und die Voraussetzungen einer **Abänderung** des Festsetzungsbeschlusses nach § 240 Abs. 1 und 2[2] hinzuweisen. Die Belehrungspflicht umfasst auch die isolierte Anfechtbarkeit der Kostenfestsetzung nach Grund und Höhe oder iVm. Einwendungen gegen den sachlichen Inhalt des Festsetzungsbeschlusses.[3] Nach §§ 113 Abs. 1, 39 hat die Rechtsbehelfsbelehrung einen Hinweis auf die Form und die Frist für die Beschwerde zu enthalten (§§ 63, 64).

Ob eine unterbliebene Rechtsmittelbelehrung folgenlos bleibt[4] oder der Beschluss vom Beschwerdegericht wegen eines Verfahrensfehlers aufgehoben und zurückverwiesen werden sollte,[5] ist umstritten. Dem Betroffenen ist aber bei Versäumung der Beschwerdefrist Wiedereinsetzung in den vorigen Stand zu gewähren (§ 113 Abs. 1 FamFG iVm. § 233 ZPO).[6]

4. Vollstreckung

10 Der Festsetzungsbeschluss ist abweichend von der vor Inkrafttreten des FamFG geltenden Rechtslage[7] nicht bereits automatisch vor Eintritt der Rechtskraft **vollstreckbar**. Denn nach § 120 Abs. 2 sind Endentscheidungen mit Wirksamwerden vollstreckbar. Die Wirksamkeit tritt nach § 116 Abs. 3 Satz 1 aber erst mit der Rechtskraft ein. Eine Vollstreckung aus dem Festsetzungsbeschluss kann daher erst erfolgen, wenn das Gericht nach § 116 Abs. 3 Satz 2 seine sofortige Wirksamkeit angeordnet hat. Diese Anordnung hat idR zu erfolgen, weil der Beschluss eine Verpflichtung zur Leistung von Unterhalt enthält, § 116 Abs. 3 Satz 3. Wegen der eigenständigen Vollstreckungsregelung im FamFG bedarf es einer gesonderten Erwähnung dieser Beschlüsse in § 794 Abs. 1 ZPO nicht mehr; der frühere § 794 Abs. 1 Nr. 2a ZPO ist ersatzlos entfallen.[8] Soll eine **Vollstreckung im Ausland** erfolgen, ist ein dynamisierter Unterhaltstitel auf Antrag gem. § 245 Abs. 1 zu beziffern.

Der Antragsgegner kann nach § 120 Abs. 2 Satz 2 gegen eine Vollstreckung vor Rechtskraft des Beschlusses vorgehen. Nach § 120 Abs. 2 Satz 2 muss der Antragsgegner jedoch glaubhaft machen, dass die Vollstreckung ihm einen nicht zu ersetzenden Nachteil bringen würde. Im **Beschwerdeverfahren** kann das Beschwerdegericht nach § 64 Abs. 3 im Wege einer eA die **Vollziehung des angefochtenen Beschlusses aussetzen**. Im Rahmen eines **Abänderungsverfahrens** nach § 240 kann der Antragsgegner gem. § 242 FamFG iVm. § 769 ZPO eine **einstweilige Einstellung der Zwangsvollstreckung** beantragen.

---

1 Zutreffend Thomas/Putzo/*Hüßtege*, § 253 FamFG Rz. 9.
2 Frühere Korrekturklage nach § 654 aF ZPO.
3 Thomas/Putzo/*Hüßtege*, § 253 FamFG Rz. 9.
4 Thomas/Putzo/*Hüßtege*, § 253 FamFG Rz. 9.
5 OLG Naumburg v. 22.2.2001 – 14 WF 189/00, FamRZ 2001, 1464.
6 Thomas/Putzo/*Hüßtege*, § 253 FamFG Rz. 9.
7 § 794 Abs. 1 Nr. 2a ZPO ist aufgehoben worden durch Art. 29 Nr. 20 FGG-RG v. 17.12.2008, BGBl I, S. 2586.
8 Begr. RegE, BT-Drucks. 16/6308, S. 326; OLG Brandenburg v. 12.7.2011 – 10 UF 115/10, FamRZ 2012, 1223.

5. Rechtsbehelfe

Beide Beteiligten können nach § 256 Beschwerde gegen den Festsetzungsbeschluss erheben. Möglich ist auch ein Abänderungsantrag nach § 240. In diesem Verfahren wird der geschuldete Unterhalt ohne Bindung an die Festsetzung im vereinfachten Verfahren ermittelt. **11**

§ 254 Mitteilungen über Einwendungen

Sind Einwendungen erhoben worden, die nach § 252 Abs. 1 Satz 3 nicht zurückzuweisen oder die nach § 252 Abs. 2 zulässig sind, teilt das Gericht dem Antragsteller dies mit. Es setzt auf seinen Antrag den Unterhalt durch Beschluss fest, soweit sich der Antragsgegner nach § 252 Abs. 2 Satz 1 und 2 zur Zahlung von Unterhalt verpflichtet hat. In der Mitteilung nach Satz 1 ist darauf hinzuweisen.

A. Allgemeines	II. Einwendungen nach § 252 Abs. 2 5
I. Entstehung 1	C. Weiteres Verfahren
II. Systematik 2	I. Teilanerkenntnis des Antragsgegners 6
III. Normzweck 3	II. Teilrücknahme bzw. Korrektur des
B. Zulässige Einwendungen 4	Festsetzungsantrags, Erledigung ... 8
I. Einwendungen nach § 252 Abs. 1 Satz 1 4a	III. Nichtbetreiben des Verfahrens 9

A. Allgemeines

I. Entstehung

§ 254 entspricht dem früheren § 650 ZPO. **1**

II. Systematik

Die Vorschrift gehört zu den Durchführungsbestimmungen für das vereinfachte Verfahren über den Unterhalt Minderjähriger. **2**

III. Normzweck

§ 254 regelt das weitere Verfahren des Gerichts, wenn kein Festsetzungsbeschluss ergangen ist, weil Einwendungen erhoben wurden, die nicht nach § 252 Abs. 1 Satz 3 zurückzuweisen sind oder die nach § 252 Abs. 2 zulässig sind. Bei Fehlen von Einwendungen oder bei unzulässigen Einwendungen richtet sich das Verfahren jedoch nach § 253 Abs. 1. Gleiches gilt, wenn der Antragsteller nach einer zulässigen und begründeten Einwendung des Antragsgegners seinen Festsetzungsantrag den Einwendungen anpasst, dh. nachbessert. **3**

B. Zulässige Einwendungen

Das Gericht teilt dem Antragsteller mit, welche Einwendungen der Antragsgegner erhoben hat und dass diese nicht nach § 252 Abs. 1 Satz 3 zurückzuweisen sind oder nach § 252 Abs. 2 zulässig sind. Einwendungen, die nach § 252 Abs. 1 Satz 3 nicht zurückzuweisen sind, sind solche nach § 252 Abs. 1 Satz 1 Nr. 1 bis 3. **4**

I. Einwendungen nach § 252 Abs. 1 Satz 1

Soweit der Antragsgegner Einwendungen nach § 252 Abs. 1 Satz 1 erhoben hat, ist der Rechtspfleger verpflichtet, diese Einwendungen auf ihre Zulässigkeit und ihre Begründetheit hin zu prüfen. Einwendungen nach § 252 Satz 1 Nr. 1 hinsichtlich der Zulässigkeit des vereinfachten Verfahrens und nach § 252 Abs. 1 Satz 1 Nr. 1 betreffend die Höhe des Unterhalts kann er mit dem Festsetzungsbeschluss zurückweisen, wenn er von deren Unbegründetheit überzeugt ist. Eine Einwendung nach § 252 Abs. 1 Satz 1 Nr. 2 betreffend den Zeitpunkt, von dem an Unterhalt gezahlt werden **4a** soll, kann ebenso zurückgewiesen werden, wenn sie dem Rechtspfleger nicht begründet erscheint (im Einzelnen vgl. Kommentierung zu § 252).

II. Einwendungen nach § 252 Abs. 2

5 Einwendungen, die nach § 252 Abs. 2 zulässig sind, betreffen den Einwand **eingeschränkter oder fehlender Leistungsfähigkeit.** Der Antragsgegner muss gem. § 252 Abs. 2 mit seinen Einwendungen zugleich erklären, inwieweit er zur Unterhaltsleistung bereit ist und dass er sich insoweit zur Erfüllung des Unterhaltsanspruchs verpflichtet. Den Einwand der Erfüllung kann der Antragsgegner nur erheben, wenn er zugleich erklärt, inwieweit er geleistet hat und dass er sich verpflichtet, einen darüber hinausgehenden Unterhaltsrückstand zu begleichen. Den Einwand eingeschränkter oder fehlender Leistungsfähigkeit muss der Antragsgegner unter **Verwendung des eingeführten Formulars** erheben und zugleich Auskunft über seine Einkünfte, sein Vermögen sowie seine persönlichen und wirtschaftlichen Verhältnisse im Übrigen erteilen und über seine Einkünfte Belege vorlegen.

Die **Mitteilung des Gerichts** über die Einwendungen und der Hinweis auf die Möglichkeit des Übergangs in das streitige Verfahren setzt nach § 255 Abs. 6 die Frist für einen Antrag auf Durchführung des streitigen Verfahrens in Lauf und sollte deshalb **zugestellt** werden.[1] Die Prüfung des Rechtspflegers bezieht sich nur auf die Frage, ob die Einwendungen in der zulässigen Form (§ 252) erhoben wurden; eine Entscheidung über die Begründetheit der Einwendungen erfolgt nicht.[2]

C. Weiteres Verfahren

I. Teilanerkenntnis des Antragsgegners

6 Wenn der **Antragsgegner** den geltend gemachten Unterhalt **teilweise anerkannt** und sich insoweit zur Zahlung verpflichtet hat, muss der Antragsteller darauf **hingewiesen** werden, dass der Unterhalt auf Antrag in dieser Höhe festgesetzt werden kann. Weiter ist der Antragsteller auf die Möglichkeit des Übergangs ins streitige Verfahren hinsichtlich des nicht anerkannten Teils hinzuweisen, § 255 Abs. 1 Satz 2.[3] Der Antragsgegner erhält keine Mitteilung.

7 Wenn der Antragsteller es – ggf. nach einem Hinweis – beantragt, setzt das Gericht den anerkannten Teil des Unterhalts fest (**Teilfestsetzungsbeschluss**). Bei einer Festsetzung ist in dem Beschluss keine Kostenentscheidung zu treffen, denn ebenso wie bei einem Teilurteil wird über die Kosten im anschließenden streitigen Verfahren entschieden, § 255 Abs. 5.[4]

II. Teilrücknahme bzw. Korrektur des Festsetzungsantrags, Erledigung

8 Wenn der Antragsteller auf die Einwendungen des Antragsgegners hin eine Teilfestsetzung erwirkt und seinen über die Teilfestsetzung hinausgehenden Antrag ausdrücklich oder konkludent (ggf. durch den Rechtspfleger zu klären) zurücknimmt, kann ein Festsetzungsbeschluss nach § 253 ergehen. Die außergerichtlichen Kosten werden dann gequotelt, § 243 Satz 2 Nr. 1.[5] Die Gerichtskosten fallen bei teilweiser Antragsrücknahme nur aus dem verringerten Verfahrenswert an, denn nur insoweit wird eine Entscheidung getroffen. Eine Kostenentscheidung gem. § 243 ist auch zu treffen, wenn die Beteiligten das Verfahren für erledigt erklären, soweit der Antrag des Antragstellers über die Teilfestsetzung hinausgegangen ist.

---

1 Thomas/Putzo/*Hüßtege*, § 254 FamFG Rz. 2; aA Zöller/*Lorenz*, § 254 FamFG Rz. 8; BGH v. 1.12. 1976 – IV ZB 43/76, NJW 1977, 717 zur vergleichbaren Problematik bei § 620 aF (bzw. danach § 614 aF) ZPO und BGH v. 5.11.1984 – II ZB 3/84, VersR 1985, 69 zu § 234 ZPO.
2 OLG Brandenburg v. 5.12.2006 – 9 UF 189/06, FamRZ 2007, 837; Zöller/*Lorenz*, § 254 FamFG Rz. 7.
3 *Van Els*, FamRZ 2007, 1659.
4 Zöller/*Lorenz*, § 254 FamFG Rz. 9; Thomas/Putzo/*Hüßtege*, § 254 FamFG Rz. 4; *Schumacher/ Grün*, FamRZ 1998, 778.
5 Zöller/*Lorenz*, § 254 FamFG Rz. 9.

III. Nichtbetreiben des Verfahrens

Wird weder ein Antrag auf Erlass eines Teilfestsetzungsantrags noch auf Übergang in das streitige Verfahren gestellt, legt der Rechtspfleger die Akte, weil das Verfahren ruht, nach Ablauf von sechs Monaten weg (§ 7 AktO). Gem. § 255 Abs. 6 gilt der Festsetzungsantrag sechs Monate nach Zugang der Mitteilung als zurückgenommen. 9

Kosten/Gebühren: Gericht: Bei einer Festsetzung nach Satz 2 fällt die Gebühr Nr. 1210 KV FamGKG nicht an. 10

255 *Streitiges Verfahren*

(1) Im Fall des § 254 wird auf Antrag eines Beteiligten das streitige Verfahren durchgeführt. Darauf ist in der Mitteilung nach § 254 Satz 1 hinzuweisen.
(2) Beantragt ein Beteiligter die Durchführung des streitigen Verfahrens, ist wie nach Eingang eines Antrags in einer Unterhaltssache weiter zu verfahren. Einwendungen nach § 252 gelten als Erwiderung.
(3) Das Verfahren gilt als mit der Zustellung des Festsetzungsantrags (§ 251 Abs. 1 Satz 1) rechtshängig geworden.
(4) Ist ein Festsetzungsbeschluss nach § 254 Satz 2 vorausgegangen, soll für zukünftige wiederkehrende Leistungen der Unterhalt in einem Gesamtbetrag bestimmt und der Festsetzungsbeschluss insoweit aufgehoben werden.
(5) Die Kosten des vereinfachten Verfahrens werden als Teil der Kosten des streitigen Verfahrens behandelt.
(6) Wird der Antrag auf Durchführung des streitigen Verfahrens nicht vor Ablauf von sechs Monaten nach Zugang der Mitteilung nach § 254 Satz 1 gestellt, gilt der über den Festsetzungsbeschluss nach § 254 Satz 2 oder die Verpflichtungserklärung des Antragsgegners nach § 252 Abs. 2 Satz 1 und 2 hinausgehende Festsetzungsantrag als zurückgenommen.

A. Allgemeines	D. Eintritt der Rechtshängigkeit, Absatz 3 12
I. Entstehung 1	E. Einbeziehung eines Teilfestsetzungs-
II. Systematik 2	beschlusses, Absatz 4 13
III. Normzweck 3	F. Ausschlussfrist, Rücknahmefiktion,
B. Voraussetzungen für die Durchführung	Absatz 6 14
des streitigen Verfahrens, Absatz 1 .. 4	G. Kosten (Absatz 5), Gebühren 15
C. Durchführung des streitigen Verfah-	
rens, Absatz 2 6	

A. Allgemeines

I. Entstehung

§ 255 entspricht dem früheren § 651 ZPO. 1

II. Systematik

Die Vorschrift regelt ähnlich wie § 696 ZPO für das Mahnverfahren bei rechtzeitigem Widerspruch den Übergang vom vereinfachten Unterhaltsverfahren in das streitige Verfahren. 2

III. Normzweck

Die Vorschrift bezweckt eine möglichst einfache und rasche Abwicklung des Übergangs vom vereinfachten Verfahren in das streitige Verfahren und dessen Durchführung. Sie schließt an die Regelung des § 254 Satz 1 an. 3

B. Voraussetzungen für die Durchführung des streitigen Verfahrens, Absatz 1

§ 255 setzt voraus, dass der Antrag auf Festsetzung des Unterhalts im vereinfachten Verfahren zulässig ist, mithin nicht bereits nach § 250 Abs. 2 Satz 2 zurückgewie- 4 sen wurde, und dass ein Festsetzungsbeschluss in der beantragten Form nicht erlassen werden kann, weil der Antragsgegner Einwendungen erhoben hat, die nach § 252 Abs. 1 Satz 3 nicht zurückzuweisen oder die nach § 252 Abs. 2 zulässig sind. Wenn und soweit dies der Fall ist, kann ebenso wie beim Mahnverfahren (vgl. § 696 Abs. 1 ZPO) auf Antrag ein streitiges Verfahren stattfinden. Ein Teilfestsetzungsbeschluss nach § 254 Satz 2 steht einem streitigen Verfahren nicht entgegen, weil ein solcher nur einen Teil des Anspruchs erfasst.

5   Erst wenn diese Voraussetzungen erfüllt sind, können **beide Beteiligten** die Durchführung des streitigen Verfahrens **beantragen**. Ein Übergang von Amts wegen findet nicht statt. Den Beteiligten soll Gelegenheit gegeben werden, sich außergerichtlich zu einigen.[1] Der Antragsgegner wird jedoch regelmäßig kein Interesse an einer Antragstellung und Unterhaltsfestsetzung haben.[2] Ein vor Eintritt der dargestellten Voraussetzungen gestellter Antrag auf Durchführung des streitigen Verfahrens ist nicht zulässig. Insbesondere ist es dem Antragsgegner verwehrt, statt Einwendungen iSd. § 252 zu erheben sogleich die Durchführung des streitigen Verfahrens zu beantragen, denn es soll eine Blockierung des vereinfachten Verfahrens durch den Gegner verhindert werden.[3] Bei einem gleichwohl gestellten Antrag wird der Unterhalt in der beantragten Höhe festgesetzt.[4] Der **Antragsteller** ist zusammen mit der Mitteilung über die erhobenen Einwendungen (§ 254) auf das **Antragsrecht** hinsichtlich des streitigen Verfahrens **hinzuweisen** (Abs. 1 Satz 2).

C. Durchführung des streitigen Verfahrens, Absatz 2

6   Der Antrag auf Übergang in das streitige Verfahren ist unter **Verwendung** des vorgesehenen **Formulars** (§ 138) schriftlich zu stellen. Er kann gem. § 257 vor dem Urkundsbeamten der Geschäftsstelle abgegeben werden, dh. es besteht **insoweit kein Anwaltszwang** (§§ 114 Abs. 4 Nr. 6, 257 iVm. § 78 Abs. 3 ZPO, § 13 RPflG). Nach dem Übergang in das streitige Verfahren müssen sich die Beteiligten jedoch gem. § 114 Abs. 1 anwaltlich vertreten lassen.

7   Da der Antrag auf Durchführung des streitigen Verfahrens keine Antragsschrift darstellt, ist er dem anderen Beteiligten gem. § 113 Abs. 1 FamFG iVm. § 270 Satz 1 ZPO nicht zuzustellen, sondern **formlos** mitzuteilen.[5] Jeder Beteiligte kann den von ihm gestellten Antrag bis zum Beginn der mündlichen Verhandlung des Antragsgegners zur Hauptsache zurücknehmen (§ 113 Abs. 2 FamFG iVm. § 696 Abs. 4 ZPO). Das **streitige** Verfahren ist entsprechend § 696 Abs. 3 ZPO als nicht rechtshängig geworden anzusehen. Das **vereinfachte** Verfahren bleibt im Gegensatz zu einem Mahnverfahren (vgl. § 696 Abs. 4 Satz 3 ZPO) bis zum Ablauf der sechsmonatigen Frist des § 255 Abs. 6 FamFG rechtshängig.[6] Ein zurückgenommener Antrag auf Durchführung des streitigen Verfahrens kann daher, sofern die Rücknahme nicht zugleich auch den Antrag auf Festsetzung des Unterhalts im vereinfachten Verfahren erfassen sollte, innerhalb der Frist wiederholt werden.

8   Nach Eingang des Antrags ist vom Gericht wie nach dem Eingang eines Antrags in einer regulären Unterhaltssache weiter zu verfahren. Zunächst ist die Sache mit dem Antrag auf ein streitiges Verfahren von dem Rechtspfleger an die zuständige Abteilung des Familiengerichts abzugeben, denn funktionell ist nunmehr der Richter zuständig. Das Verfahren erhält ein neues Aktenzeichen (F statt FH, in 2. Instanz UFH).

9   Der Antrag des Antragstellers auf Unterhaltsfeststellung im vereinfachten Verfahren (nicht der Antrag nach § 255) gilt für das streitige Verfahren als **Antragsschrift**

---

1 BT-Drucks. 13/7338, S. 42.
2 Wendl/*Schmitz*, § 10 Rz. 688.
3 BT-Drucks. 14/7349, S. 26; MüKo.ZPO/*Macco*, § 255 FamFG Rz. 1.
4 Zöller/*Lorenz*, § 255 FamFG Rz. 1.
5 Keidel/*Giers*, § 255 FamFG Rz. 3; Zöller/*Lorenz*, § 255 FamFG Rz. 2.
6 Johannsen/Henrich/*Maier*, § 255 FamFG Rz. 3.

iSd. § 113 Abs. 5 Nr. 2, die Einwendungen des Antragsgegners gelten als **Antragserwiderung** (§ 252 Abs. 2 Satz 2).

Der Familienrichter bestimmt nunmehr die weitere Vorgehensweise. Ein **schriftliches Vorverfahren** nach § 113 Abs. 1 FamFG iVm. § 276 ZPO findet **nicht** statt.[1] Wenn durch die weit gehenden Auskunfts- und Darlegungspflichtigen des Antragsgegners im Rahmen seiner Einwendungen schon im vereinfachten Verfahren eine Klärung des Streitstoffes erfolgt ist, wird sogleich ein **Termin zur mündlichen Verhandlung** (§ 113 Abs. 1 FamFG iVm. § 272 Abs. 2 ZPO) bestimmt. Andernfalls erfolgen gem. §§ 113 Abs. 1, 235, 236 FamFG iVm. §§ 139, 273 ZPO zunächst verfahrensleitende Anordnungen zur Herbeiführung vollständiger Erklärungen und sachdienlicher Anträge.

Der Antragsteller kann im streitigen Verfahren im Wege einer Antragserweiterung **höheren Unterhalt als 120 %** des Mindestunterhalts verlangen, weil § 249 Abs. 1 nicht mehr eingreift. Zu beachten ist jedoch, dass die für das Kind im vereinfachten Verfahren bestehenden **Darlegungs- und Beweiserleichterungen** nach dem Übergang in das streitige Verfahren nicht mehr gelten. Das Kind muss nun nach den allgemeinen Regeln für ein Unterhaltsverfahren seinen aus den Einkommens- und Vermögensverhältnissen des barunterhaltspflichtigen Elternteils abzuleitenden Bedarf iSd. § 1610 BGB nachprüfbar darlegen, soweit es höheren als den Mindestunterhalts (100 %) verlangt.[2]

D. Eintritt der Rechtshängigkeit, Absatz 3

Abs. 3 sieht eine rückwirkende Rechtshängigkeit ab Zustellung des Festsetzungsantrags,[3] dh. ab Antragstellung im vereinfachten Verfahren vor, soweit es um identische Ansprüche geht.[4] Wenn und soweit im streitigen Verfahren ein höherer Unterhalt als mit dem Antrag auf Durchführung des vereinfachten Verfahrens geltend gemacht wird, treten die Wirkungen der Rechtshängigkeit hinsichtlich des erweiterten Teils erst mit Zustellung des Schriftsatzes ein.[5]

Wenn der Antrag nach Abs. 1 nicht vor dem Ablauf von sechs Monaten nach dem Zugang der Mitteilung nach § 254 erfolgt, greift die in Abs. 6 geregelte Ausschlussfrist ein.[6] Ein nach Ablauf der Frist von sechs Monaten eingegangener Antrag führt nur dann zu einer rückwirkenden Rechtshängigkeit, wenn in der Mitteilung nach Abs. 1 der Hinweis auf das streitige Verfahren unterblieben oder die Mitteilung nicht zugegangen ist.[7]

E. Einbeziehung eines Teilfestsetzungsbeschlusses, Absatz 4

Die Endentscheidung über das streitige Verfahren ergeht durch Beschluss nach § 38, gegen den die Beschwerde gem. § 58 Abs. 1 statthaft ist. Wenn der Antragsgegner nach § 252 Abs. 2 Satz 1 den im vereinfachten Verfahren geltend gemachten Unterhalt teilweise anerkannt hat und dieser insoweit durch Beschluss festgesetzt wurde, soll das Familiengericht nach Abs. 4 bei darüber hinausgehenden Unterhaltsleistungen den Unterhalt in einem **Gesamtbetrag** zusammenfassen. Wegen des Erfordernisses der Titelklarheit ist der **Teilfestsetzungsbeschluss** insoweit aufzuheben. Dies gilt jedoch nur für zukünftige Unterhaltsansprüche. Für Teilfestsetzungsbeschlüsse nach § 254 Satz 2, die einen **anderen Zeitabschnitt** erfassen, zB nur rückständigen Unterhalt, gilt dies nicht. Hier besteht nicht das Erfordernis der Schaffung eines einheitlichen Unterhaltstitels zur Erleichterung der Zwangsvollstreckung.[8]

---

1 Keidel/*Giers*, § 255 FamFG Rz. 5.
2 BGH v. 6.2.2002 – XII ZR 20/00, FamRZ 2002, 536; Wendl/*Schmitz*, § 10 Rz. 689.
3 BGH v. 6.4.2011 – XII ZB 553/10, FamRZ 2011, 966.
4 MüKo.ZPO/*Macco*, § 255 FamFG Rz. 5; Thomas/Putzo/*Hüßtege*, § 255 FamFG Rz. 8.
5 MüKo.ZPO/*Macco*, § 255 FamFG Rz. 5.
6 BT-Drucks. 14/7349, S. 26.
7 Baumbach/*Hartmann*, § 255 FamFG Rz. 4.
8 BT-Drucks. 13/7338, S. 42; Thomas/Putzo/*Hüßtege*, § 255 FamFG Rz. 9; Zöller/*Lorenz*, § 255 FamFG Rz. 4.

F. Ausschlussfrist, Rücknahmefiktion, Absatz 6

14 Nach Ablauf von sechs Monaten nach Zugang der Mitteilung nach § 254 **fingiert** das Gesetz die **Zurücknahme** eines über die Unterhaltsfestsetzung hinausgehenden (streitigen) Antrags. Mit der relativ langen Frist soll den Beteiligten ermöglicht werden, eine außergerichtliche Einigung zu erzielen, ehe der Antrag auf Übergang in das streitige Verfahren gestellt wird.[1]

Wenn in der Mitteilung nach Abs. 1 der Hinweis auf das streitige Verfahren unterblieben oder die Mitteilung nicht zugegangen ist, läuft die Frist nicht. Gleiches gilt, wenn weder ein Festsetzungsbeschluss ergangen noch eine Verpflichtungserklärung nach § 252 Abs. 2 abgegeben worden ist. Der Antrag auf ein streitiges Verfahren kann in diesen Fällen auch später gestellt werden.[2]

Wird innerhalb der Sechsmonatsfrist weder ein Antrag auf **Teilfestsetzung** nach § 254 Satz 2 gestellt, obwohl der Antragsgegner diesen unstreitigen Teil des geltend gemachten Unterhalts anerkannt hat, noch die Durchführung des streitigen Verfahrens beantragt, bleibt der nicht streitige Teil des Verfahrens anhängig. Der Rechtspfleger legt die Akten nach § 7 AktO nach Ablauf von sechs Monaten weg. Der Antragsteller kann aber auch später noch das Verfahren wieder aufnehmen und die Teilfestsetzung beantragen.[3]

14a Macht der Antragsgegner substantiiert Einwendungen geltend, die die Statthaftigkeit des Verfahrens (§ 249 Abs. 1) betreffen, zB das Bestehen eines gemeinsamen Haushaltes mit den Kindern im Unterhaltszeitraum, darf der Rechtspfleger keine sachliche Prüfung der Einwendung vornehmen. Soll das Verfahren fortgesetzt werden, muss der Antragsteller einen Antrag auf Überleitung in das streitige Verfahren stellen. Lehnt er dies ab, ist der Festsetzungsantrag gem. § 250 Abs. 2 zurückzuweisen. Es wird auch erwogen, die Ablehnung der Antragstellers, einen Überleitungsantrag zu stellen, als Rücknahme des Festsetzungsantrags aufzufassen.[4] Jedenfalls nach Ablauf der Sechsmonatsfrist gilt der Antrag als zurückgenommen.[5]

Wenn ein streitiges Verfahren nach § 255 Abs. 6 nicht stattfindet, entscheidet auf Antrag eines oder beider Beteiligten der Rechtspfleger über die Kosten nach § 243. Die Ermessensausübung hat unter Beachtung des Rechtsgedankens aus § 269 Abs. 3, 4 ZPO zu erfolgen.[6] Die Anfechtbarkeit der isolierten Kostenentscheidung oder deren Ablehnung richtet sich in diesem Fall nach §§ 256, 113 Abs. 1 FamFG iVm. §§ 269, 567–572 ZPO; statthaftes Rechtsmittel ist die sofortige Beschwerde.[7]

G. Kosten (Absatz 5), Gebühren

15 Nach einem Übergang in das streitige Verfahren sind die Kosten des vereinfachten Verfahrens als Teil der Kosten des streitigen Verfahrens zu behandeln (vgl. §§ 281 Abs. 3 Satz 1, 696 Abs. 1 Satz 5 ZPO). Für die Kostenentscheidung im Beschluss gilt im Übrigen § 243 FamFG, nicht § 113 Abs. 1 Satz 2 FamFG iVm. §§ 91 ff. ZPO.[8]

Die **Gerichtsgebühren** für das vereinfachte Verfahren ergeben sich aus Hauptabschnitt 2, Abschnitt 1 der Anlage 1 zu § 3 FamGKG, für das streitige Verfahren aus Hauptabschnitt 2, Abschnitt 1 der Anlage 2 zu § 3 FamGKG.[9] Ihre Höhe bestimmt sich nach dem gem. § 51 Abs. 1 und 2 FamGKG zu bestimmenden Verfahrenswert.

---

1 Musielak/*Borth*, § 255 FamFG Rz. 3.
2 MüKo.ZPO/*Macco*, § 255 FamFG Rz. 6.
3 Zöller/*Lorenz* § 255 FamFG Rz. 3.
4 OLG Oldenburg v. 23.8.2012 – 14 WF 147/12, FamRB 2012, 342 (*Bömelburg*).
5 OLG Oldenburg v. 23.8.2012 – 14 WF 147/12, FamRB 2012, 342 (*Bömelburg*).
6 OLG Oldenburg v. 23.8.2012 – 14 WF 147/12, FamRB 2012, 342 (*Bömelburg*); Thomas/Putzo/*Hüßtege*, § 255 FamFG Rz. 11.
7 OLG Oldenburg v. 23.8.2012 – 14 WF 147/12, FamRB 2012, 342 (*Bömelburg*); vgl. § 256 Rz. 5; Wendl/*Schmitz*, § 10 Rz. 682.
8 Vgl. BGH v. 28.9.2011 – XII ZB 2/11, FamRZ 2011, 1933; **aA** Keidel/*Giers*, § 255 FamFG Rz. 8.
9 HK-FamGKG/*Volpert*, Nr. 1210 KV Rz. 6.

Kosten/Gebühren: Gericht: Wenn das streitige Verfahren durchgeführt wird, gilt auch kostenrechtlich das Verfahren als mit der Zustellung des Festsetzungsantrags rechtshängig geworden. Es entsteht die Gebühr nach Nr. 1220 KV FamGKG. Eine Vorauszahlungspflicht besteht nicht. Die Gebühr schuldet regelmäßig der Antragsgegner als Entscheidungsschuldner (§ 24 Nr. 1 FamGKG), daneben haftet der Antragsteller (§ 21 Abs. 1 Satz 1 FamGKG). **RA:** Die Verfahrensgebühr nach Nr. 3100 VV RVG für das vereinfachte Verfahren wird auf die im nachfolgenden streitigen Verfahren nach § 255 entstehende Verfahrensgebühr angerechnet (Abs. 1 der Anm. zu Nr. 3100 VV RVG). Nach Durchführung eines Termins zur mündlichen Verhandlung entsteht eine Terminsgebühr nach Nr. 3104 VV RVG.

16

256 Beschwerde

Mit der Beschwerde können nur die in § 252 Abs. 1 bezeichneten Einwendungen, die Zulässigkeit von Einwendungen nach § 252 Abs. 2 sowie die Unrichtigkeit der Kostenentscheidung oder Kostenfestsetzung, sofern sie nach allgemeinen Grundsätzen anfechtbar sind, geltend gemacht werden. Auf Einwendungen nach § 252 Abs. 2, die nicht erhoben waren, bevor der Festsetzungsbeschluss verfügt war, kann die Beschwerde nicht gestützt werden.

A. Allgemeines	1. Einlegung
I. Entstehung 1	a) Frist 8a
II. Systematik 2	b) Form 8b
III. Normzweck 3	2. Beschwerdebegründung 8c
B. Abgrenzung Beschwerde, Erinnerung,	a) Frist 8d
Abänderungsantrag 4	b) Form 8e
C. Beschwerdeverfahren	3. Verfahren, Beschwerdegericht ... 9
I. Allgemeine Zulässigkeitsvoraussetzungen 8	II. Zulässige Beschwerdegründe 10
	III. Beschwerdeentscheidung 20
	IV. Rechtsbeschwerde 21

A. Allgemeines

I. Entstehung

§ 256 entspricht dem früheren § 652 Abs. 2 ZPO; der frühere § 652 Abs. 1 ZPO ist nicht übernommen worden.

1

II. Systematik

Die Vorschrift gehört zu den Verfahrensbestimmungen für das vereinfachte Verfahren über den Unterhalt Minderjähriger.

2

III. Normzweck

Geregelt wird der gegen den Festsetzungsbeschluss statthafte Rechtsbehelf.

3

B. Abgrenzung Beschwerde, Erinnerung, Abänderungsantrag

Gegen Festsetzungsbeschlüsse nach § 253 und Teilfestsetzungsbeschlüsse nach § 254 Satz 2 ist anders als nach früherem Recht (sofortige Beschwerde, § 567 ZPO) nun die **Beschwerde** (§§ 58 ff., 117)[1] in beschränkter Form statthaft. Zu den zulässigen Beschwerdegründen s. Rz. 10 ff. Die Beschwerde richtet sich unmittelbar gegen die Entscheidung des Rechtspflegers (§ 25 Nr. 2c RPflG).

4

Mit der **Beschwerde** können die Beteiligten die **Kostengrundentscheidung anfechten** (vgl. § 243). Dabei sind die sich aus § 113 Abs. 1 FamFG iVm. §§ 91a, 99, 269 ZPO ergebenden Einschränkungen bei der Anfechtbarkeit von Kostenentscheidungen zu beachten. Die Regelung in § 256 Satz 1 ist unklar, weil nach früherem Recht sowohl der Festsetzungsbeschluss als auch Kostenentscheidungen mit der sofortigen Be-

5

---

1 KG v. 11.10.2010 – 19 UF 70/10, FamRZ 2011, 394.

schwerde anfechtbar waren. **Isolierte** Kostenentscheidungen in Ehe- und Familienstreitsachen, die nach streitloser Hauptsacheregelung erfolgen, sind nach der Rechtsprechung des BGH mit der sofortigen Beschwerde nach den §§ 567 ff. ZPO anfechtbar.[1] § 256 Satz 1 ist daher so zu verstehen werden, dass eine selbständige (alleinige) Anfechtung einer Kostenentscheidung, die im Rahmen eines sachlichen (streitigen) Festsetzungsbeschlusses ergangen ist, durch die Beschwerde den genannten Einschränkungen unterliegt, dh. nur unter den Voraussetzungen der § 113 Abs. 1 Satz 2 FamFG iVm. § 99 Abs. 2 ZPO in Betracht kommt.[2]

Für die Anfechtung der Kostenfestsetzung gilt das Gleiche. Nach aA[3] erfolgt die Anfechtung nach § 113 Abs. 1 Satz 2 FamFG iVm. § 104 Abs. 3 ZPO. Statthaftes Rechtsmittel soll nicht die Beschwerde nach § 256 FamFG, sondern die sofortige Beschwerde nach §§ 567 ff. ZPO mit dem Mindestbeschwerdewert von 200,01 Euro (§ 567 Abs. 2 ZPO) sein.[4]

Wenn der Beschwerdewert (s. Rz. 7) nicht erreicht wird, ist statt der Beschwerde die **Erinnerung** gem. § 11 Abs. 2 RPflG statthaft.

6 Hat der Rechtspfleger den **Antrag** auf Erlass eines Festsetzungsbeschlusses **vollständig zurückgewiesen**, ist dies nicht mit der Beschwerde anfechtbar, § 250 Abs. 2 Satz 3. Es findet nur die **Rechtspflegererinnerung** statt, § 11 Abs. 2 RPflG.[5] Der Beschluss des Familienrichters ist unanfechtbar.[6] Es besteht jedoch die Möglichkeit eines **Abänderungsantrags** nach § 240. Gegen eine nur **teilweise Zurückweisung** des Antrags auf Erlass eines Festsetzungsbeschlusses wird die Beschwerde für zulässig gehalten,[7] im Einzelnen vgl. unter Rz. 12.

7 Ist die **Beschwerde** nach den allgemeinen verfahrensrechtlichen Vorschriften **nicht zulässig**, zB weil der Beschwerdewert von 600 Euro (§ 61) nicht erreicht ist, findet die **Erinnerung** nach § 11 Abs. 2 RPflG statt, die innerhalb der Frist für die Beschwerde einzulegen ist.[8] Der Beschwerdewert des § 61 gilt auch für die Anfechtbarkeit von Kosten- und Auslagenentscheidungen.[9] Sofern man hier die sofortige Beschwerde als das statthafte Rechtsmittel ansieht (vgl. Rz. 5), beträgt der Beschwerdewert 200,01 Euro.

C. Beschwerdeverfahren

I. Allgemeine Zulässigkeitsvoraussetzungen

8 Das Beschwerdeverfahren richtet sich nach den §§ 58 ff. FamFG.

1. Einlegung

a) Frist

8a Die Beschwerde ist innerhalb einer **Frist von einem Monat** seit der schriftlichen Bekanntgabe (§ 113 Abs. 1 FamFG iVm. § 329 Abs. 2 Satz 2 ZPO) des Festsetzungsbeschlusses zu erheben, § 63 Abs. 1, 3.

b) Form

8b Die Beschwerde kann gem. § 64 Abs. 1 wirksam nur noch bei dem Gericht eingelegt werden, dessen Entscheidung angefochten wird, mithin beim Familiengericht. Die Möglichkeit, auch bei dem Beschwerdegericht Beschwerde einzulegen, ist entfallen.

---

1 BGH v. 28.9.2011 – XII ZB 2/11, FamRZ 2011, 1933.
2 Keidel/Giers, § 256 FamRZ Rz. 5.
3 Wendl/*Schmitz*, § 10 Rz. 682 mwN; Zöller/*Lorenz*, § 256 FamFG Rz. 13.
4 Wendl/*Schmitz*, § 10 Rz. 682 mwN.
5 OLG Koblenz v. 3.2.2005 – 7 UF 985/04, FamRZ 2005, 2000.
6 Thomas/Putzo/*Hüßtege*, § 256 FamFG Rz. 9.
7 OLG Zweibrücken v. 18.7.2003 – 6 WF 26/03, FamRZ 2004, 1796; **aA** OLG Koblenz v. 3.2.2005 – 7 UF 985/04, FamRZ 2005, 2000; differenzierend BGH v. 28.5.2008 – XII ZB 104/06, FamRZ 2008, 1433 und BGH v. 28.5.2008 – XII ZB 34/05, FamRZ 2008, 1428.
8 Johannsen/Henrich/*Maier*, § 256 FamFG Rz. 2.
9 Begr. RegE, BT-Drucks. 16/6308, S. 204, vgl. hierzu § 231 Rz. 23.

Die Beschwerde kann schriftlich oder zu Protokoll der Geschäftsstelle beim Ausgangsgericht eingelegt werden, denn gem. § 257 können Anträge und Erklärungen im vereinfachten Verfahren grundsätzlich (Einzelheiten vgl. § 257) vor dem Urkundsbeamten der Geschäftsstelle abgegeben werden. Ein **Anwaltszwang** besteht **nicht**, § 114 Abs. 4 Nr. 6 FamFG iVm. § 78 Abs. 3 ZPO, § 64 Abs. 2 Satz 2 FamFG gilt nur in Verfahren, die dem Anwaltszwang unterliegen.[1]

2. Beschwerdebegründung

Gem. §§ 111 Nr. 8, 231 Abs. 1 Nr. 1, 112 Nr. 1, 117 Abs. 1 Satz 1 ist die Beschwerde zu begründen.

a) Frist

Die Frist zur Begründung beträgt gem. § 117 Abs. 1 Satz 3, 4 zwei Monate ab Bekanntgabe (Zustellung) des schriftlichen Festsetzungsbeschlusses, längstens fünf Monate nach Erlass, § 38 Abs. 3 Satz 2. Sie kann nach § 117 Abs. 1 Satz 4 FamFG iVm. § 520 Abs. 2 Satz 2, 3 ZPO verlängert werden. Eine Wiedereinsetzung bei versäumter Beschwerdefrist richtet sich nach § 117 Abs. 5 FamFG iVm. §§ 233, 234 Abs. 1 Satz 2 ZPO.

b) Form

Die Begründung erfolgt durch Einreichung eines Schriftsatzes beim Beschwerdegericht, § 117 Abs. 1 Satz 2, oder zu Protokoll der Geschäftsstelle, da gem. § 257 Anträge und Erklärungen im vereinfachten Verfahren grundsätzlich (Einzelheiten vgl. § 257) auch in der Beschwerdeinstanz vor dem Urkundsbeamten der Geschäftsstelle abgegeben werden können.

3. Verfahren, Beschwerdegericht

Eine **Abhilfemöglichkeit** des Rechtspflegers beim Familiengerichts besteht nicht,[2] § 68 Abs. 1 Satz 2.[3] **Beschwerdegericht** ist das **OLG**, § 119 Abs. 1 Nr. 1a GVG. Anders als nach früherem Recht (§ 568 ZPO) ist der Einzelrichter nicht mehr originär zuständig, sondern erst nach einer Übertragung gem. § 68 Abs. 4 FamFG.

II. Zulässige Beschwerdegründe

§ 256 regelt die im Beschwerdeverfahren zulässigen Einwendungen abschließend. Mit der Beschwerde können nur die **Unzulässigkeit des vereinfachten Festsetzungsverfahrens** (§ 252 Abs. 1 Satz 1 Nr. 1),[4] eine unrichtige **Berechnung des Unterhalts nach Zeitraum und Höhe** (§ 252 Abs. 1 Satz 1 Nr. 2 und 3) und eine Unrichtigkeit **der Kostengrundentscheidung** (§ 252 Abs. 1 Satz 2) oder der **Kostenfestsetzung** geltend gemacht werden. Ferner kann der Beschwerdeführer rügen, dass das Amtsgericht die **Zulässigkeit von Einwendungen nach § 252 Abs. 2** unrichtig beurteilt habe. Hierzu gehört auch die Geltendmachung der Rechtzeitigkeit des Zugangs der Einwendungen vor Erlass des Festsetzungsbeschlusses.[5] Wird eine Beschwerde nicht auf diese Anfechtungsgründe gestützt, ist sie **unzulässig**.[6]

---

1 Gesetz zur Modernisierung von Verfahren im anwaltlichen und notariellen Berufsrecht, zur Errichtung einer Schlichtungsstelle der Rechtsanwaltschaft sowie zur Änderung sonstiger Vorschriften, sog. FGG-RG-Reparaturgesetz v. 30.7.2009, BGBl. I, S. 2449 (s. auch BT-Drucks. 16/12717, S. 69); Keidel/*Giers*, § 256 FamFG Rz. 11; Thomas/Putzo/*Hüßtege*, § 256 FamFG Rz. 3; aA Johannsen/Henrich/*Maier*, § 256 FamFG Rz. 5.
2 KG v. 11.10.2010 – 19 UF 70/10, FamRZ 2011, 394.
3 § 68 Abs. 1 Satz 2 entspricht inhaltlich den aufgehobenen Regelungen über die befristete Beschwerde, dh. §§ 621e Abs. 3, 318 aF ZPO, vgl. Begr. RegE, BT-Drucks. 16/6308, S. 207.
4 ZB bei Zusammenleben des Pflichtigen in einem Haushalt mit den Kindern, OLG Oldenburg v. 23.8.2012 – 14 WF 147/12, 14 WF 148/12 und 14 WF 149/12 – FamRB 2012, 342 (*Bömelburg*); OLG Saarbrücken v. 22.8.2012 – 6 WF 359/12, BeckRS 2012, 19664.
5 OLG Köln v. 2.11.2000 – 27 UF 236/00, FamRZ 2001, 1464.
6 BGH v. 28.5.2008 – XII ZB 104/06, FamRZ 2008, 1433; OLG Karlsruhe v. 30.7.2012 – 18 WF 19/12, juris; Zöller/*Lorenz* § 256 FamFG Rz. 3; Thomas/Putzo/*Hüßtege*, § 256 FamFG Rz. 6.

11 Die **Einschränkungen** nach § 256 **gelten** nach ganz überwiegender Auffassung in Rechtsprechung und Literatur gleichermaßen für die **Beschwerde des Antragsgegners und des Antragstellers**.[1] Dem steht nicht entgegen, dass es sich bei den in § 256 genannten Einwendungen gem. § 252 ZPO um solche handelt, die im Vorverfahren nur von dem Antragsgegner geltend gemacht werden können, denn insoweit sind sowohl der Wortlaut der Vorschrift als auch die Begründung des Gesetzgebers[2] eindeutig.[3]

So kann ein Festsetzungsbeschluss, der eine Bestimmung zur **Bedingung und Befristung** des Unterhaltsanspruchs enthält, die als **Teilzurückweisung** des Festsetzungsantrages anzusehen ist, von dem **Antragsteller nicht** mit der Beschwerde angegriffen werden.[4] Da solche Beschwerdegründe in § 256 nicht aufgeführt sind, ist nur die Erinnerung nach § 11 Abs. 2 RPflG statthaft. Über diese entscheidet dann – im Falle der Nichtabhilfe durch den Rechtspfleger – gem. § 11 Abs. 2 Satz 3 RPflG der Familienrichter. Gegen dessen Entscheidung ist kein Rechtsmittelzug mehr eröffnet. Bei einer mit der Beschwerde nicht anfechtbaren Befristung des Unterhaltsanspruchs im Festsetzungsbeschluss kann der Antragsteller seinen Unterhaltsanspruch für den Zeitraum nach Fristende mit einem Leistungsantrag weiter verfolgen.[5]

12 Das Rechtsmittel der **Beschwerde** steht dem **Antragsteller** aber zu, wenn er geltend macht, der Unterhalt sei abweichend von seinem Antrag **zu niedrig festgesetzt** (**Teilfestsetzung** mit teilweiser Zurückweisung des Antrags, § 254 Satz 2) worden.[6] Gleiches gilt, wenn der Antragsteller geltend macht, das Amtsgericht habe statt der beantragten Festsetzung in dynamisierter Form einen statischen Unterhaltsbetrag festgesetzt.[7]

Eine Beschwerde des **Antragstellers** ist nach der Rechtsprechung des BGH[8] bei einer **Teilzurückweisung** des Festsetzungsantrags auch dann zulässig, wenn die **Gefahr** besteht, dass die Überprüfung des Festsetzungsbeschlusses durch den Familienrichter (auf eine Erinnerung des Antragstellers) und durch das OLG (auf eine Beschwerde des Antragsgegners) zu **widersprechenden Entscheidungen** führen könnte, denn in solchen Fällen ist eine Zusammenführung der Entscheidungskompetenzen geboten. Dem Antragsteller ist dann die Beschwerde als statthaftes Rechtsmittel zu eröffnen. Eine solche Konstellation kann bei der Ablehnung der Festsetzung von **Verzugszinsen** entstehen. Würde der Familienrichter im Rahmen einer befristeten Erinnerung des Antragstellers mit der Frage der Zulässigkeit einer Festsetzung von Zinsen im vereinfachten Verfahren befasst, könnte es dazu kommen, dass der Familienrichter auf die Erinnerung des Antragstellers Verzugszinsen auf Unterhaltsrückstände festsetzt, die nach einer zugunsten des Antragsgegners ergehenden Beschwerdeentscheidung des OLG nicht bestehen.

13 Mit der Beschwerde kann der **Antragsteller** seinen **Antrag** aber **nicht erweitern**, zB erstmals einen Unterhaltsrückstand einfordern.[9]

14 Mit der Beschwerde können nur **formelle Fehler** des Rechtspflegers gerügt werden, denn eine materielle Überprüfung des Unterhaltsanspruchs findet über § 256

---

1 BGH v. 28.5.2008 – XII ZB 104/06, FamRZ 2008, 1433; Zöller/*Lorenz* § 256 FamFG Rz. 5; Thomas/Putzo/*Hüßtege*, § 256 FamFG Rz. 5; Johannsen/Henrich/*Maier*, § 256 FamFG Rz. 6.
2 BT-Drucks. 13/7338, S. 42.
3 BGH v. 28.5.2008 – XII ZB 104/06, FamRZ 2008, 1433.
4 BGH v. 28.5.2008 – XII ZB 104/06, FamRZ 2008, 1433.
5 BGH v. 28.5.2008 – XII ZB 104/06, FamRZ 2008, 1433.
6 BGH v. 28.5.2008 – XII ZB 104/06, FamRZ 2008, 1433; OLG München v. 24.9.2001 – 12 WF 1217/01, FamRZ 2002, 547; Thomas/Putzo/*Hüßtege*, § 256 FamFG Rz. 5; aA OLG Naumburg v. 10.7.2002 – 3 WF 98/02, FamRZ 2003, 690.
7 OLG Köln v. 1.9.2008 – 21 WF 203/08 (n.v.) zur dynamischen Festsetzung bzgl. des anzurechnenden Kindergelds; OLG Hamm v. 4.10.2010 – 5 WF 151/10, juris.
8 BGH v. 28.5.2008 – XII ZB 34/05, FamRZ 2008, 1428.
9 OLG Brandenburg v. 14.8.2001 – 10 UF 133/01, FamRZ 2002, 1264.

nicht statt. Hierfür ist das Abänderungsverfahren nach § 240 (früher: Korrekturklage nach § 654 ZPO) vorgesehen.[1]

Der **Antragsgegner** kann rügen, er habe kein Kind mit diesem **Geburtsdatum**, denn dies betrifft die Zulässigkeit des vereinfachten Verfahrens.[2] Geltend gemacht werden können auch eine **fehlerhafte Berechnung** des Unterhalts nach Zeitraum und Höhe oder eine unzutreffende Anrechnung des Kindergeldes.[3] Zulässig ist auch die Einwendung, der Antragsgegner habe ein dem Festsetzungsbeschluss zugrunde liegendes **Anerkenntnis** nicht oder nicht wirksam abgegeben.[4] Diese Einwendung des **Antragsgegners** gegen den Festsetzungsbeschluss fällt zwar nicht unter den Katalog der Einwendungen in § 252. Die Rechtsprechung nimmt in diesem Fall jedoch das Fehlen einer wesentlichen Verfahrensvoraussetzung an und lässt die Beschwerde zu.[5]

Über den Wortlaut des § 256 FamFG hinaus kann der Schuldner mit der Beschwerde ferner auch **schwerwiegende Verfahrensmängel** rügen. Dazu gehört die fehlende oder fehlerhafte Zustellung des Festsetzungsantrages mit den gem. § 251 Abs. 1 Satz 2 zu erteilenden Hinweisen.[6]

Nicht zulässig ist der Einwand des **Antragsgegners**, er sei im Festsetzungsbeschluss nicht mit seiner zutreffenden **Anschrift** aufgeführt. Gleiches gilt für die Einwendung, das Kind wohne an einem anderen Ort als in dem Festsetzungsbeschluss angegeben.[7]

Nicht zulässig ist die Beschwerde des **Antragsgegners** hinsichtlich der Einwendung, **Leistungen nach dem UVG** würden für das Kind seit einem bestimmten Zeitraum nicht mehr erbracht, denn es handelt sich weder um eine in § 252 Abs. 1 noch um eine in § 252 Abs. 2 bezeichnete Einwendung.[8]

Die Beschwerde kann in beschränktem Umfang auf **neue Tatsachen** gestützt werden, § 65 Abs. 3. Der Beschwerdeführer kann die in § 252 Abs. 1 (nicht die in § 252 Abs. 2) aufgeführten Einwendungen auch dann rügen, wenn er im Anhörungsverfahren keine entsprechenden Einwendungen erhoben hatte.[9]

Nach § 256 Satz 2 ist der Antragsgegner aber mit der erstmaligen Geltendmachung von **Einwendungen nach § 252 Abs. 2** im Beschwerdeverfahren **präkludiert**.[10] Sofern der Unterhaltspflichtige im vereinfachten Verfahren daher nicht bis zur Verfügung des Festsetzungsbeschlusses in erster Instanz Einwendungen nach § 252 Abs. 2 vorgetragen hat, kann er seine Beschwerde **nicht** erstmals darauf stützen, er sei **nicht oder nur beschränkt leistungsfähig**. Gleiches gilt für den Einwand der teilweisen oder vollständigen **Erfüllung** des Unterhaltsanspruchs.[11]

Eine **Wiedereinsetzung** in die Monatsfrist nach § 251 Abs. 1 Satz 2 Nr. 3 durch das Amtsgericht oder das Beschwerdegericht ist nicht möglich, weil es sich bei der Frist des § 251 Abs. 1 Nr. 3 FamFG nicht um eine Frist iSd. § 233 ZPO handelt.[12]

---

1 Wendl/*Schmitz*, § 10 Rz. 683.
2 OLG Brandenburg v. 1.2.2001 – 10 UF 11/01, FamRZ 2002, 1345.
3 OLG Brandenburg v. 31.8.2001 – 10 UF 10/00, FamRZ 2002, 1263.
4 OLG Brandenburg v. 31.8.2001 – 10 UF 10/00, FamRZ 2002, 1263; OLG Stuttgart v. 16.1.2001 – 16 UF 445/00, FamRZ 2002, 329; OLG Brandenburg v. 5.12.2006 – 9 UF 189/06, FamRZ 2007, 838.
5 OLG Brandenburg v. 5.12.2006 – 9 UF 189/06, FamRZ 2007, 837; OLG Stuttgart v. 16.1.2001 – 16 UF 445/00, FamRZ 2002, 329.
6 OLG Celle v. 21.9.2011 – 17 UF 161/11, FamRZ 2012, 141; Zöller/*Lorenz*, § 256 FamFG Rz. 3; Keidel/*Giers*, § 256 FamFG Rz. 1.
7 OLG Brandenburg v. 1.2.2001 – 10 UF 11/01, FamRZ 2002, 1345.
8 OLG Hamm v. 2.2.2011 – 8 WF 251/10, FamRZ 2011, 1414.
9 Zöller/Lorenz, § 256 FamFG Rz. 4.
10 OLG Saarbrücken v. 23.6.2010 – 9 UF 45/10, FamRZ 2011, 49 (50).
11 OLG Hamm v. 2.2.2011 – 8 WF 251/10, FamRZ 2011, 1414.
12 OLG Bremen v. 29.6.2012 – 4 UF 62/12, JAmt 2012, 535.

18b Bei Vorliegen einer unzulässigen Beschwerde besteht nach Vorliegen einer rechtskräftigen Endentscheidung nach § 253 FamFG die Möglichkeit, ein Abänderungsverfahren nach § 240 FamFG zu betreiben.[1]

19 Wenn der Antragsgegner den **Einwand der fehlenden oder eingeschränkte Leistungsfähigkeit** oder der Erfüllung **bereits im Anhörungsverfahren** vor dem Familiengericht **geltend gemacht** hatte, kann er mit der **Beschwerde** nur rügen, der Rechtspfleger habe diese Einwendungen zu Unrecht, zB wegen einer vermeintlich unvollständigen Ausfüllung des vorgeschriebenen Formulars oder einer unzureichenden Erklärung, inwieweit er künftig zu Unterhaltsleistung bereit sei, als unzulässig zurückgewiesen. **Nicht zulässig** ist es, Auskünfte und Belege zur fehlenden Leistungsfähigkeit im Beschwerdeverfahren nachzureichen.[2]

19a Hatte der Antragsgegner in erster Instanz **Erfüllung** eingewandt, ist die **Beschwerde nur zulässig**, wenn er erklärt hatte, inwieweit er künftig zu Unterhaltsleistung bereit sei, wenn er sich insoweit zur Erfüllung des Unterhaltsanspruchs verpflichtet hatte, wenn er seine Zahlungen dargelegt und sich verpflichtet hatte, einen darüber hinausgehenden Unterhaltsrückstand zu begleichen.[3] In der Beschwerdeinstanz wird insoweit nur geprüft, ob die von dem Unterhaltspflichtigen rechtzeitig erhobenen Einwendungen vom Rechtspfleger zutreffend behandelt wurden.[4]

III. Beschwerdeentscheidung

20 Die **Beschwerdeentscheidung** ergeht durch **Beschluss des Senats oder des Einzelrichters, wenn** die Entscheidung gem. § 68 Abs. 4 auf ihn übertragen wurde.

Sind keine zulässigen Einwendungen geltend gemacht worden, ist die Beschwerde in vollem Umfang unzulässig und wird ebenso wie bei nicht fristgerechter Einlegung **verworfen**.

20a Die **unzulässigen Einwendungen** (insbesondere der präkludierte Einwand der mangelnden Leistungsfähigkeit) können auch **nicht mehr im Erinnerungsverfahren** geprüft werden. Soweit die OLGe Köln[5] und Frankfurt[6] in diesen Fällen die jeweiligen Vorlagebeschlüsse des AG – Familiengericht – aufgehoben und das Verfahren zur erneuten Entscheidung unter Hinweis auf die Rechtsprechung des BGH[7] an den Familienrichter der ersten Instanz zurückverwiesen haben, kann dem nicht gefolgt werden. Die Begründung, nach der Rechtsprechung des BGH finde die Rechtspflegererinnerung gem. § 11 Abs. 2 Satz 1 RPflG statt, weil die erhobene Beschwerde gem. §§ 252 Abs. 3, 256 Satz 2 unzulässig sei,[8] ist unzutreffend. Aus der Entscheidung des BGH ergibt sich eine solche Konsequenz nicht zwingend. Der BGH hat in seinen zum alten Recht ergangenen, aber für das seit dem 1.9.2009 geltende Recht fortwirkenden Beschlüssen v. 28.5.2008[9] ausgeführt, dass gegen Entscheidungen des Rechtspflegers, gegen die ein Rechtsmittel nach den allgemeinen verfahrensrechtlichen Vorschriften nicht gegeben ist, die Erinnerung nach § 11 Abs. 2 Satz 1 RPflG stattfinde. Ein Rechtsmittel iSd. § 11 Abs. 2 Satz 1 RPflG sei danach nicht gegeben, wenn ein solches nicht statthaft ist oder zwar statthaft, aber im Einzelfall unzulässig sei. Letztgenannte Voraussetzungen liegen z.B. vor, wenn, wie in den Fällen des BGH, ein Antragsteller (!) eines vereinfachten Unterhaltsfestsetzungsverfahrens keine Möglichkeit hat, die an sich statthafte sofortige Beschwerde gegen den Festsetzungsbeschluss in zulässiger Weise einzulegen, weil ihm mit seinen Einwänden keine An-

---

1 OLG Bremen v. 29.6.2012 – 4 UF 62/12, JAmt 2012, 535.
2 Thomas/Putzo/*Hüßtege*, § 256 FamFG Rz. 6.
3 OLG Stuttgart v. 14.9.2012 – 11 WF 205/12, BeckRS 2012, 24291; OLG Hamm v. 2.2.2011 – 8 WF 251/10 FamRZ 2011, 1414); OLG Köln v. 3.4.2001 – 25 UF 34/00, FamRZ 2002, 33.
4 OLG Koblenz v. 28.3.2003 – 13 UF 169/03, JAmt 2003, 502.
5 OLG Köln v. 30.3.2012 – 26 UHF 3/12, FamRB 2012, 314 (*Bömelburg*).
6 OLG Frankfurt v. 1.9.2011 – 3 UF 217/11, FamRB 2012, 314 (*Bömelburg*).
7 BGH v. 28.5.2008 – XII ZB 104/06, FamRB 2008, 299 (*Giers*).
8 Ebenso Keidel/*Giers*, 17. Aufl., § 256 FamFG Rz. 13.
9 BGH v. 28.5.2008 – XII ZB 104/06, FamRZ 2008, 1433 und BGH v. 28.5.2008 – XII ZB 34/05, FamRZ 2008, 1428.

fechtungsgründe nach § 652 Abs. 2 ZPO, jetzt § 252 Abs. 2 FamFG, zur Seite stehen. Da die Beschwerde für bestimmte Einwendungen des Antragstellers nicht zulässig ist und es für ihn auch keine andere Möglichkeit gibt, die Entscheidung des Rechtspflegers überprüfen zu lassen, muss grundsätzlich über die Erinnerung des Antragstellers im Fall der Nichtabhilfe durch den Rechtspfleger gem. § 11 Abs. 2 Satz 3 RPflG der Familienrichter entscheiden. Nur dann ist gewährleistet, dass die Entscheidung des Rechtspflegers der richterlichen Überprüfung unterzogen und insoweit der verfassungsrechtlichen Rechtsschutzgarantie (Art. 19 Abs. 4 GG) Genüge getan wird.[1] Diese Überlegung trifft aber – wie das OLG Bremen[2] zu Recht entschieden hat – auf die Fälle des §§ 252 Abs. 3, 256 Satz 2 nicht zu.[3] Nach der Ratio des § 11 Abs. 2 RPflG muss es stets eine Möglichkeit geben, eine Entscheidung des Rechtspflegers zu überprüfen. Eine solche stellt für den Unterhaltspflichtigen insbesondere das Korrekturverfahren nach § 240 FamFG dar. Die gesetzliche Bezeichnung „Abänderung" täuscht darüber hinweg, dass der Abänderungsantrag seinem Charakter nach einem Erstantrag auf Festsetzung von Unterhalt entspricht. Ebenso wie das Verfahren nach dem früheren § 654 ZPO enthält § 240 keine dem § 238 entsprechende Präklusionsregelung. Wie bei einer Erstfestsetzung erfolgt eine vollständige Neuberechnung und Festsetzung der Unterhaltsrente (vgl. oben § 240 Rz. 13). Würde man in den o.g. Fällen die Rechtspflegererinnerung gem. § 11 Abs. 2 Satz 1 RPflG stattfinden lassen, liefe dies nicht nur dem Beschleunigungsgedanken des vereinfachten Verfahrens zuwider. Hinzu käme, dass dem erstinstanzlichen Richter – wenn er die verspätet vorgetragene Leistungsfähigkeit im Erinnerungsverfahren prüfen müsste – hinsichtlich der materiellen Rechtslage eine weitergehende Prüfungskompetenz als dem Beschwerdegericht zugestanden würde. Das wäre nicht mit dem Willen des Gesetzgebers, hier der Ratio des § 252 Abs. 3, der eine zeitliche Grenze setzt, vereinbar.

20b Wenn die Beschwerde **sowohl unzulässige als auch zulässige** Beschwerdegründe enthält, ergeht über die zulässigen Einwendungen eine Sachentscheidung. Hinsichtlich der unzulässigen Einwendungen soll der Ausspruch, dass sie nach § 256 Satz 2 nicht vorgebracht werden können, ausreichen.[4] Um Unklarheiten zu vermeiden, wird jedoch eine ausdrückliche Verwerfung der Beschwerde im Übrigen empfohlen. Eine unbegründete Beschwerde ist **zurückzuweisen**.

20c Das Beschwerdegericht kann bei einer begründeten Beschwerde den Festsetzungsbeschluss unter den Voraussetzungen des § 117 Abs. 2 FamFG iVm. § 538 Abs. 2 ZPO aufheben und die erneute Entscheidung dem Rechtspfleger übertragen.

20d Nach zT vertretener Auffassung **hat** das Beschwerdegericht in dem Fall, in dem in erster Instanz erhobene Einwendungen bei Erlass des Festsetzungsbeschlusses zu Unrecht unberücksichtigt geblieben sind, in der gem. § 89 Abs. 1 Satz 1 zu treffenden eigenen Sachentscheidung den Festsetzungsbeschluss ersatzlos aufzuheben. Wegen der Besonderheit des vereinfachten Verfahrens nach §§ 252 Abs. 2, 254, 255 sei eine materiellrechtliche Prüfung nicht möglich; diese sei dem streitigen Verfahren vorbehalten.[5]

IV. Rechtsbeschwerde

21 Nach § 70 Abs. 1 ist die Rechtsbeschwerde nur dann statthaft, wenn das Beschwerdegericht sie zugelassen hat. Sie scheidet aber aus, wenn bereits die Erstbeschwerde nach § 256 unzulässig war. Auch die sich aus § 70 Abs. 2 Satz 2 ergebende Bindung des Rechtsbeschwerdegerichts an eine Zulassung führt zu keinem anderen Ergebnis, weil eine nach dem Gesetz unanfechtbare Entscheidung nicht durch den Ausspruch der Zulassung einer Anfechtung unterworfen werden kann.[6]

---

1 Vgl. hierzu BVerfG v. 18.1.2000 – 1 BvR 321/96, BVerfGE 101, 397 [407 f.] = FamRZ 2000, 731.
2 OLG Bremen v. 29.6.2012 – 4 UF 62/12, FamRB 2012, 314 (*Bömelburg*); vgl. auch OLG Hamburg v. 29.6.2012 – 4 UF 62/12, JAmt 2012, 535.
3 Vgl. auch *Bassenge/Roth*, 12. Aufl., § 11 RPflG Rz. 13 sowie zum früheren Recht 10. Aufl., Rz. 12.
4 Zöller/*Lorenz* ZPO, § 256 FamFG Rz. 16.
5 OLG Karlsruhe v. 30.7.2012 – 18 WF 19/12, FamRZ 2013, 562.
6 BGH v. 28.5.2008 – XII ZB 104/06, FamRZ 2008, 1433 Rz. 5.

§ 257 Verfahren in Familiensachen

22 **Kosten/Gebühren: Gericht:** Im Beschwerdeverfahren entstehen Gebühren nach den Nrn. 1211 oder 1212 KV FamGKG. Die Gebühr wird mit Eingang der Rechtsmittelschrift fällig (§ 9 Abs. 1 FamGKG). Eine Vorauszahlungspflicht besteht nicht. Die Gebühr schuldet der Entscheidungsschuldner (§ 24 Nr. 1 FamGKG). Daneben haftet der Beschwerdeführer als Antragsteller der Instanz (§ 21 Abs. 1 Satz 1 FamGKG). Nr. 1212 KV FamGKG sieht für den Fall der Beendigung des Beschwerdeverfahrens ohne Endentscheidung eine verminderte Verfahrensgebühr vor. Der Wert bestimmt sich nach § 40 FamGKG. **RA:** Im Beschwerdeverfahren stehen dem RA Gebühren nach Teil 3 Abschnitt 2 Unterabschnitt 1 VV RVG (Nrn. 3200 bis 3205) zu (Vorbem. 3.2.1 Nr. 2 Buchst. b VV RVG).

257 *Besondere Verfahrensvorschriften*

In vereinfachten Verfahren können die Anträge und Erklärungen vor dem Urkundsbeamten der Geschäftsstelle abgegeben werden. Soweit Formulare eingeführt sind, werden diese ausgefüllt; der Urkundsbeamte vermerkt unter Angabe des Gerichts und des Datums, dass er den Antrag oder die Erklärung aufgenommen hat.

A. Allgemeines	**B. Kein Anwaltszwang, Satz 1**
I. Entstehung 1	I. Anwendungsbereich 4
II. Systematik 2	II. Art der Erklärung, Wirksamwerden
III. Normzweck 3	**C. Formulare, Satz 2** 5

A. Allgemeines

I. Entstehung

1 § 257 entspricht dem früheren § 657 ZPO.

II. Systematik

2 Die Vorschrift gehört zu den Durchführungsbestimmungen für das vereinfachte Verfahren über den Unterhalt Minderjähriger.

III. Normzweck

3 Für die Beteiligten, dh. insbesondere den Antragsteller und den Antragsgegner, wird durch das Absehen vom Anwaltszwang (§ 114 Abs. 4 Nr. 6 FamFG iVm. § 78 Abs. 3 ZPO) eine Erleichterung für die Beteiligung an dem Verfahren geschaffen.

B. Kein Anwaltszwang, Satz 1

I. Anwendungsbereich

4 Die Vorschrift gilt für alle Anträge und sonstigen Erklärungen, die im vereinfachten Verfahren **erstinstanzlich und im Beschwerdeverfahren** (§ 252)[1] abgegeben werden. Die Regelung des § 257 Satz 1 gilt auch für den **Antrag auf Durchführung des streitigen Verfahrens** gem. § 255 Abs. 1 und die **Rücknahme** eines solchen Antrags, **nicht** jedoch **für das streitige Verfahren selbst**, § 255 Abs. 2, und für **Abänderungsanträge** gem. § 240 (früher: Korrekturklagen, § 654 ZPO).[2]

II. Art der Erklärung, Wirksamwerden

4a Erklärungen und Anträge können durch Schriftsatz (§ 129 ZPO) oder mündlich vor dem Urkundsbeamten der Geschäftsstelle des zuständigen Familiengerichts oder eines jeden Amtsgerichts, auch eines örtlich unzuständigen (§ 129a ZPO), abgegeben

---

1 § 64 Abs. 2 wird insoweit verdrängt, vgl. hierzu die Beschlussempfehlung des Rechtsausschusses zu dem sog. FGG-RG-Reparaturgesetz (BT-Drucks. 16/12717, S. 69); ebenso Musielak/Borth, § 257 FamFG Rz. 1; Thomas/Putzo/*Hüßtege*, § 257 FamFG Rz. 2; **aA** Johannsen/Henrich/Maier, § 257 FamFG Rz. 3 und § 256 Rz. 5; *Hütter/Kodal*, FamRZ 2009, 917 (918); OLG Brandenburg v. 12.4.2012 – 13 WF 56/12, FamRZ 2012, 1894.
2 Thomas/Putzo/*Hüßtege*, § 257 FamFG Rz. 3.

werden. Nach § 113 Abs. 1 iVm. § 129a Abs. 2 Satz 1 ZPO tritt die Wirkung der Erklärung in einem solchen Fall jedoch erst mit dem Eingang des Protokolls beim zuständigen Gericht ein.

Die Urkundsperson beim Jugendamt ist gem. § 59 Abs. 1 Nr. 9 SGB VIII befugt, eine Erklärung des auf Unterhalt in Anspruch genommenen Elternteils nach § 252 (früher § 648 ZPO) aufzunehmen.

C. Formulare, Satz 2

Wenn nach § 259 Abs. 2 **Formularzwang** besteht, müssen die Formulare von den Beteiligten verwendet werden. Der Urkundsbeamte der Geschäftsstelle **füllt die Formulare aus** und vermerkt nach Unterschrift des Antragstellers unter Angabe des Datums und des Gerichts, dass er den Antrag bzw. die Erklärung aufgenommen hat. Dieser Pflicht genügt der Urkundsbeamte nur, wenn er das amtliche Formular in allen Punkten so sorgfältig und vollständig ausfüllt, dass der Unterhaltsschuldner mit seinen Einwendungen nicht aus formalen Gründen ausgeschlossen wird.[1] Soweit für Anträge und Erklärungen keine Formulare eingeführt sind, nimmt der Urkundsbeamte der Geschäftsstelle sie zu Protokoll.[2]

5

258 Sonderregelungen für maschinelle Bearbeitung

(1) In vereinfachten Verfahren ist eine maschinelle Bearbeitung zulässig. § 690 Abs. 3 der Zivilprozessordnung gilt entsprechend.
(2) Bei maschineller Bearbeitung werden Beschlüsse, Verfügungen und Ausfertigungen mit dem Gerichtssiegel versehen; einer Unterschrift bedarf es nicht.

A. Allgemeines	III. Normzweck 3
I. Entstehung 1	B. Maschinelle Bearbeitung, Absatz 1 . . 4
II. Systematik 2	C. Gerichtssiegel, Absatz 2 6

A. Allgemeines

I. Entstehung

§ 258 entspricht im Wesentlichen dem früheren § 658 ZPO.

1

II. Systematik

Die Vorschrift gehört zu den Durchführungsbestimmungen für das vereinfachte Verfahren über den Unterhalt Minderjähriger.

2

III. Normzweck

Durch eine maschinelle Bearbeitung soll das Verfahren vereinfacht und beschleunigt werden.

3

B. Maschinelle Bearbeitung, Absatz 1

Die Vorschrift entspricht dem § 689 Abs. 1 Satz 2 ZPO für das Mahnverfahren. Die Einführung einer maschinellen Bearbeitung steht den Landesjustizverwaltungen frei.

4

§ 258 Abs. 1 Satz 2 verweist auf § 690 Abs. 3 ZPO. Dieser lautet in der seit dem 1.12. 2008 geltenden Fassung:[3]

5

„Der Antrag kann in einer nur maschinell lesbaren Form übermittelt werden, wenn diese dem Gericht für seine maschinelle Bearbeitung geeignet erscheint. Wird der Antrag von einem

---
1 OLG Oldenburg v. 10.7.2012 – 14 WF 89/12, juris.
2 Thomas/Putzo/*Hüßtege*, § 257 FamFG Rz. 4.
3 Art. 10 Nr. 8 des 2. JuMoG v. 22.12.2006, BGBl. I 2006, 3416 und Art. 8a und b RBerNG v. 12.12. 2007, BGBl. I 2007, 2840.

Rechtsanwalt oder einer registrierten Person nach § 10 Abs. 1 Satz 1 Nr. 1 des Rechtsdienstleistungsgesetzes gestellt, ist nur diese Form der Antragstellung zulässig. *Der Antrag kann unter Nutzung des elektronischen Identitätsnachweises nach § 18 des Personalausweisgesetzes oder § 78 Absatz 5 des Aufenthaltsgesetzes gestellt werden.*[1] Der handschriftlichen Unterzeichnung bedarf es nicht, wenn in anderer Weise gewährleistet ist, dass der Antrag nicht ohne den Willen des Antragstellers übermittelt wird."

Nach dieser Vorschrift sind Rechtsanwälte und Personen, die Inkassodienstleistungen erbringen,[2] seit dem 1.12.2008 verpflichtet, die Antragstellung in einer maschinell lesbaren Form vorzunehmen. Die maschinell lesbare Form bedeutet Übermittlung auf elektronischen Datenträgern, insbesondere Disketten, CD-ROM etc. (Datenträgeraustausch). Der Datenträger kann dem Gericht übergeben werden. Möglich ist auch eine datenträgerlose Übermittlung der Antragsdaten, sofern die Art der Aufzeichnung mit den Empfangsmöglichkeiten des zuständigen Gerichts korrespondiert (Online-Verfahren). Der handschriftlichen Unterzeichnung bedarf es bei der maschinellen Bearbeitung nicht.

C. Gerichtssiegel, Absatz 2

6 Die für Entscheidungen und ihre Ausfertigungen notwendigen Unterschriften (vgl. § 329 iVm. § 317 Abs. 3 ZPO) werden durch ein Gerichtssiegel, das aufgedruckt wird, ersetzt.[3]

§ 259 Formulare

(1) **Das Bundesministerium der Justiz wird ermächtigt, zur Vereinfachung und Vereinheitlichung der Verfahren durch Rechtsverordnung mit Zustimmung des Bundesrates Formulare für das vereinfachte Verfahren einzuführen. Für Gerichte, die die Verfahren maschinell bearbeiten, und für Gerichte, die die Verfahren nicht maschinell bearbeiten, können unterschiedliche Formulare eingeführt werden.**
(2) **Soweit nach Absatz 1 Formulare für Anträge und Erklärungen der Beteiligten eingeführt sind, müssen sich die Beteiligten ihrer bedienen.**

A. Allgemeines

I. Entstehung

1 § 259 entspricht dem früheren § 659 ZPO.

II. Systematik

2 Die Vorschrift gehört zu den Durchführungsbestimmungen für das vereinfachte Verfahren über den Unterhalt Minderjähriger.

III. Normzweck

3 Die Verwendung von einheitlichen Vordrucken dient der Vereinfachung und Vereinheitlichung des Verfahrens sowohl bei der maschinellen als auch bei der herkömmlichen Bearbeitungsweise.

B. Formulare, Absatz 1

4 Für den Antrag auf Festsetzung von Unterhalt nach den §§ 249, 250 und für die Einwendungen des § 252 gegen diesen Antrag wurden durch Art. 1 der KindUVV v. 19.6.1998[4] zu den Vorgängervorschriften (§§ 645, 646 und 648 ZPO) Formulare (s. Abdruck bei § 250) eingeführt. Seit 1.9.2009 gilt die Vierte Verordnung zur Änderung der

---

1 Satz 3 eingefügt mit Wirkung zum 1.1.2014 durch Art. 1 Nr. 19 des Gesetzes zur Förderung des elektronischen Rechtsverkehrs mit den Gerichten, bei Drucklegung am 19.8.2013 verabschiedet, aber noch nicht verkündet (s. Einl. Rz. 45a).
2 Zöller/*Vollkommer*, § 690 ZPO Rz. 22.
3 Thomas/Putzo/*Hüßtege*, § 258 FamFG Rz. 4.
4 BGBl. I 1998, S. 1364, Kindesunterhalt-Vordruckverordnung.

Kindesunterhalt-Formularverordnung vom 17.7.2009[1] idF vom 7.10.2009.[2] Das Antragsformular, das Einwendungsformular und das Merkblatt können von der Homepage des Bundesministeriums der Justiz[3] kostenfrei heruntergeladen werden.

C. Formularzwang, Absatz 2

Die Verwendung der eingeführten Formulare steht den Beteiligten nicht frei; sehen sie von der Verwendung ab, kann ihr Vortrag nicht verwertet werden.[4] Auch bei Erklärungen gegenüber dem Urkundsbeamten der Geschäftsstelle (§ 257 Satz 2) sind die Formulare zu verwenden. Der Formularzwang gilt nach § 1 Abs. 2 KindUFV nur dann nicht, wenn die Träger der **Sozialhilfe, des Sozialgeldes**, der öffentlichen Jugendhilfe, das Land bzw. die **Unterhaltsvorschussstellen** und die in § 1607 Abs. 2, 3 BGB genannten **Verwandten** die auf sie übergegangenen Unterhaltsansprüche im vereinfachten Verfahren geltend machen.[5]

5

Ein ohne Formular eingereichter **Antrag auf Unterhaltsfestsetzung** ist nach § 256 als unzulässig zurückzuweisen, wenn der Antragsteller trotz Beanstandung durch das Gericht seinen Antrag nicht auf einem Formular wiederholt, § 250 Abs. 2 Satz 2, 3.

Auch der **Antragsgegner** muss für seine Einwendungen das Formular benutzen. Die Darstellung der Einkünfte in einem Schriftsatz unter Beifügung von Belegen kann die Vorlage des eingeführten Formulars nicht ersetzen.[6] Verletzt der Antragsgegner diese Pflicht, kann er auch im Beschwerdeverfahren mit dem qualifizierten Einwand der Leistungsunfähigkeit nicht mehr durchdringen, § 256.[7] Um seine Interessen an der Überprüfung des Festsetzungsbeschlusses auf seine inhaltliche Richtigkeit zu wahren, muss der Unterhaltsschuldner seine Einwendungen dann in einem Abänderungsverfahren nach § 240 geltend machen.[8]

Wegen der Einzelheiten zur Ausfüllung des Formulars vgl. § 252 Rz. 5.

260 Bestimmung des Amtsgerichts

(1) Die Landesregierungen werden ermächtigt, die vereinfachten Verfahren über den Unterhalt Minderjähriger durch Rechtsverordnung einem Amtsgericht für die Bezirke mehrerer Amtsgerichte zuzuweisen, wenn dies ihrer schnelleren und kostengünstigeren Erledigung dient. Die Landesregierungen können die Ermächtigung durch Rechtsverordnung auf die Landesjustizverwaltungen übertragen.

(2) Bei dem Amtsgericht, das zuständig wäre, wenn die Landesregierung oder die Landesjustizverwaltung das Verfahren nach Absatz 1 nicht einem anderen Amtsgericht zugewiesen hätte, kann das Kind Anträge und Erklärungen mit der gleichen Wirkung einreichen oder anbringen wie bei dem anderen Amtsgericht.

A. Allgemeines

I. Entstehung

§ 260 entspricht dem früheren § 660 ZPO.

1

---

1 BGBl. I 2009, S. 2134, Kindesunterhalt-Formularverordnung.
2 BGBl. I 2009, S. 3557.
3 http://www.bmj.de/DE/Recht/Rechtspflege/FamiliengerichtlichesVerfahren/Kindesunterhalt/_doc/artikel.html.
4 BT-Drucks. 13/7338, S. 49.
5 *Vossenkämper*, FamRZ 2008, 201 (209).
6 OLG Nürnberg v. 20.10.2003 – 11 WF 2581/03, FamRZ 2004, 475; *Vogel*, FF 2009, 285 (294).
7 OLG Köln v. 2.5.2012 – 4 WF 46/12, MDR 2012, 1420; OLG Celle v. 14.3.2012 – 10 UF 252/11, FamRZ 2012, 1820; OLG Saarbrücken v. 26.1.2011 – 9 UF 124/10, OLGReport 21/2011 Anm. 5; OLG Karlsruhe v. 16.2.2000 – 2 WF 132/99, FamRZ 2001, 107; OLG Nürnberg v. 20.10.2003 – 11 WF 2581/03, FamRZ 2004, 475; Zöller/*Lorenz*, § 259 FamFG Rz. 2.
8 OLG Saarbrücken v. 26.1.2011 – 9 UF 124/10, OLG Report 21/2011 Anm. 5.

II. Systematik

2 Die Vorschrift gehört zu den Zuständigkeitsvorschriften für Unterhaltssachen.

III. Normzweck

3 Da im vereinfachten Verfahren nach § 258 eine maschinelle Bearbeitung zulässig ist, hat der Gesetzgeber die Möglichkeit vorgesehen, die örtliche Zuständigkeit bei wenigen Amtsgerichten zu konzentrieren. § 260 schafft hierfür die Grundlage.

Von der Möglichkeit einer Zuständigkeitskonzentration hat zB Sachsen-Anhalt Gebrauch gemacht. Dort ist das Amtsgericht Halle für die Bezirke aller Amtsgerichte zuständig.[1] Gleiches gilt für Bayern.[2]

B. Zuständiges Gericht

I. Amtsgericht, Absatz 1

4 Das von einer Landesregierung oder einer Landesjustizverwaltung bestimmte Gericht ist auch für die anderen Amtsgerichtsbezirke das für die Bearbeitung der vereinfachten Verfahren zuständige Gericht iSd. § 232. Die hier bestimmte Zuständigkeit gilt **nur** für das **vereinfachte Verfahren**. Für das **streitige Verfahren** iSd. § 255 gilt die Zuständigkeitskonzentration nicht; für dieses ist das in § 232 Abs. 1 Nr. 2, Abs. 3 bestimmte Gericht zuständig, so dass das Verfahren ggf. an dieses Amtsgericht abzugeben ist.[3]

II. Empfangszuständigkeit, Absatz 2

5 Nach Abs. 2 besteht eine Empfangszuständigkeit des eigentlich gem. § 232 zuständigen Amtsgerichts für Anträge und Erklärungen des Kindes. Denn durch die Verlagerung der Zuständigkeit auf ein möglicherweise weit entferntes Gericht soll dem Kind im vereinfachten Verfahren kein Nachteil entstehen. Die Wirkung einer vor einem anderen als dem nach Abs. 1 bestimmten Gericht vorgenommenen Verfahrenshandlung tritt abweichend von § 113 Abs. 1 FamFG iVm. § 129a Abs. 2 ZPO unmittelbar und nicht erst nach Übermittlung an das zuständige Gericht ein. Die **fristwahrende Wirkung** einer Verfahrenshandlung greift **nur für das Kind, nicht auch für andere Antragsteller**,[4] ein. Zum Teil wird jedoch vertreten, die Regelung gelte auch zugunsten eines Elternteils, der in gesetzlicher Verfahrensstandschaft (§ 1629 Abs. 3 Satz 1 BGB) für das Kind handelt.[5] Der eindeutige Wortlaut der Vorschrift („das Kind") spricht jedoch dagegen. Bereits zu der Vorgängervorschrift § 660 aF ZPO wurde gefordert, diese Regelung auf den Verfahrensstandschafter sowie auch auf den Gegner des Kindes analog anzuwenden.[6] Der Gesetzgeber hat diese Anregung bisher nicht aufgegriffen. Aus Gründen der Chancengleichheit wird die Analogie befürwortet, so dass eine Ergänzung der Vorschrift erfolgen sollte.

---

1 Verordnung über die gerichtliche Zuständigkeit für vereinfachte Verfahren über den Unterhalt Minderjähriger v. 8.3.2006 (GVBl. LSA 2006, 76) idF der Verordnung v. 20.6.2007 (GVBl. LSA S. 205).
2 § 5 der Verordnung über gerichtliche Zuständigkeiten im Bereich des Staatsministeriums der Justiz und für Verbraucherschutz (Gerichtliche Zuständigkeitsverordnung Justiz – GZVJu) v. 11.6.2012 (GVBl 2012, 295).
3 Thomas/Putzo/*Hüßtege*, § 260 FamFG Rz. 3.
4 Keidel/*Giers*; § 260 FamFG Rz. 2; Zöller/*Lorenz*, § 260 FamFG Rz. 2.
5 Vgl. Musielak/*Borth*, § 260 FamFG Rz. 2; Johannsen/Henrich/*Maier*, § 260 FamFG Rz. 2.
6 Zöller/*Lorenz*, § 260 FamFG Rz. 2.

Abschnitt 10
Verfahren in Güterrechtssachen

261 *Güterrechtssachen*
(1) Güterrechtssachen sind Verfahren, die Ansprüche aus dem ehelichen Güterrecht betreffen, auch wenn Dritte an dem Verfahren beteiligt sind.
(2) Güterrechtssachen sind auch Verfahren nach § 1365 Absatz 2, § 1369 Absatz 2, den §§ 1382, 1383, 1426, 1430 und 1452 des Bürgerlichen Gesetzbuchs sowie nach § 1519 des Bürgerlichen Gesetzbuchs in Verbindung mit Artikel 5 Absatz 2, Artikel 12 Absatz 2 Satz 2 und Artikel 17 des Abkommens vom 4. Februar 2010 zwischen der Bundesrepublik Deutschland und der Französischen Republik über den Güterstand der Wahl-Zugewinngemeinschaft.

A. Allgemeines	d) Ansprüche aus dem ehelichen Güterrecht 23
I. Entstehung 1	3. Keine Güterrechtssachen nach Absatz 1 29
II. Systematik 3	4. Güterrechtssachen nach Absatz 1 bei Anwendung ausländischen Rechts und internationaler Vereinbarungen 39
III. Normzweck 6	
B. Inhalt der Vorschrift	
I. Güterrechtssachen nach Absatz 1	
1. Auslegung 7	5. Das Verfahren in Güterrechtssachen nach Absatz 1 46
2. Bestimmung der Güterrechtssachen nach Absatz 1	II. Güterrechtssachen nach Absatz 2
a) Bedeutung der zutreffenden Einordnung 9	1. Allgemeines 50
b) Einzelfragen 10	2. Güterrechtssachen nach Absatz 2 im Einzelnen 55
c) Beteiligung Dritter 21	

A. Allgemeines

I. Entstehung

Die Vorschrift entspricht im Kern § 621 Abs. 1 Nr. 8[1] und 9 aF ZPO, bezieht aber darüber hinaus auch Verfahren nach § 1365 Abs. 2, § 1369 Abs. 2 sowie nach §§ 1426, 1430 und 1452 BGB, für die nach früherem Recht die Vormundschaftsgerichte zuständig waren, in den Kreis der Güterrechtssachen ein. Durch das „Gesetz zu dem Abkommen vom 4. Februar 2010 zwischen der Bundesrepublik Deutschland und der Französischen Republik über den Güterstand der Wahl-Zugewinngemeinschaft"[2] wurde Abs. 2 um bestimmte vergleichbare Verfahren bei Bestehen des deutsch-französischen Wahlgüterstands erweitert. 1

Im ursprünglichen RefE (2005) umfasste die Definitionsnorm[3] zusätzlich noch die entsprechenden Verfahrensgegenstände aus dem lebenspartnerschaftlichen Güterrecht, was seit dem zweiten RefE (2006) nicht mehr der Fall ist (zum Begriff der Lebenspartnerschaftssachen im RefE [2005] vgl. die Erläuterungen zu § 269 Rz. 2). Im Übrigen ist die Vorschrift im **Gesetzgebungsverfahren** des FGG-RG unverändert geblieben. 2

---

1 Zur Gesetzgebungsgeschichte dieser nunmehr aufgehobenen Norm bleibt bemerkenswert, dass der RegE zum 1. EheRG hierbei zunächst auch „sonstige vermögensrechtliche Ansprüche der Ehegatten gegeneinander" einbezogen hatte (BT-Drucks. 7/650, S. 23), eine Erweiterung, die der damalige Gesetzgeber, dem Votum des Rechtsausschusses des Deutschen Bundestages (BT-Drucks. 7/4361, S. 59) folgend, dann aber nicht übernommen hatte. Vgl. heute § 266 Abs. 1.
2 Vgl. BGBl. II, 2012, 178 ff., in Kraft seit 1.5.2013 (BGBl. II, 2013, 431); zum Regierungsentwurf vgl. BT-Drucks. 17/5126.
3 § 272 FamFG idF des RefE (2005).

II. Systematik

3 Die Norm unterscheidet in Anlehnung an die frühere Aufteilung aus § 621 Abs. 1 Nr. 8 und 9 aF ZPO **zwei Gruppen von Verfahren**: Abs. 1 nennt diejenigen Güterrechtssachen, die der Kategorie der Familienstreitsachen angehören, Abs. 2 enthält eine Aufzählung der Güterrechtssachen, die vollständig dem Verfahrensrecht des Buches 1 des FamFG unterliegen und damit zur Kategorie der Familiensachen der freiwilligen Gerichtsbarkeit[1] gehören. Die Regelungstechnik des Abs. 2 („sind auch") wurde aus § 623 Abs. 2, 3 aF ZPO übernommen.

4 Durch das FamFG neu eingeführt wurde der **gemeinsame Oberbegriff** der Güterrechtssachen. Durch derartige, weitgehend aus sich selbst heraus verständliche Begriffe soll die Lesbarkeit des Gesetzes verbessert und die diesbezügliche Unzulänglichkeit des früheren Rechtszustands[2] beseitigt werden. Der Oberbegriff als ein sowohl Familienstreitsachen als auch Familiensachen der freiwilligen Gerichtsbarkeit umfassendes Element sollte darüber hinaus ein Zeichen der – äußeren – Vereinheitlichung des Familienverfahrensrechts sein.[3]

5 § 261 steht an der Spitze des Abschnitts 10, der in Ergänzung des Buches 1 und des Abschnitts 1 des Buches 2[4] einige spezielle Verfahrensregeln für Güterrechtssachen enthält. Dieser **Standort** wurde im Interesse einer einheitlichen Gestaltung der einzelnen Abschnitte des Buches 2 gewählt, auch sollte eine Aneinanderreihung von Begriffsbestimmungen an einer Stelle in den allgemeinen Vorschriften vermieden werden. Der Standort hat allerdings zur Folge, dass der Begriff Güterrechtssachen bereits an vor der Definition liegenden Stellen im FamFG verwendet wird.[5]

III. Normzweck

6 Die Vorschrift definiert den Begriff der **Güterrechtssache**. Die Norm dient damit der Abgrenzung
- der Güterrechtssachen von den Nichtfamiliensachen,
- der Güterrechtssachen von anderen Familiensachen (vgl. § 111) und
- der Güterrechtssachen, die Familienstreitsachen sind (§ 112 Nr. 2), von den Güterrechtssachen, die Familiensachen der freiwilligen Gerichtsbarkeit sind.

6a Die Einordnung eines Verfahrens in diese Kategorien ist von Bedeutung für die Bestimmung des Rechtswegs (§ 13 GVG), für die sachliche Zuständigkeit des Gerichts (§ 23a Abs. 1 Nr. 1 GVG), für die Zuständigkeit des Rechtspflegers (§§ 3, 25 RPflG), für die Anwendbarkeit des FamFG (§ 1), zahlreicher einzelner Verfahrensvorschriften aus dem FamFG[6] oder aus anderen Gesetzen und für die Anwendung des Kostenrechts des FamGKG (§ 1 FamGKG).

B. Inhalt der Vorschrift

I. Güterrechtssachen nach Absatz 1

1. Auslegung

7 Der Wortlaut des § 261 Abs. 1 ist praktisch identisch mit dem des § 621 Abs. 1 Nr. 8 aF ZPO. Selbst der sachlich nicht erforderliche Zusatz „auch wenn Dritte an dem

---

[1] „Familiensachen der freiwilligen Gerichtsbarkeit" sind Familiensachen, auf die der Allgemeine Teil (Buch 1) des FamFG in vollem Umfang anwendbar ist; nicht darunter fallen nach § 113 Abs. 1 Ehesachen – und die korrespondierenden Lebenspartnerschaftssachen – (§ 121, § 269 Abs. 1 Nr. 1, 2) sowie Familienstreitsachen (§ 112); der Begriff findet sich etwa in der Überschrift zu Hauptabschnitt 3 des KV (Anlage 1) zum FamGKG; vgl. auch § 14 Nr. 2 IntFamRVG.
[2] Vgl. *Bosch*, FamRZ 1980, 1 (8): „ärgerniserregende Lektüre".
[3] Vgl. *Meyer-Seitz/Kröger/Heiter*, FamRZ 2005, 1430 (1433) unter Nennung weiterer gemeinsamer Elemente.
[4] Das FamFG selbst kennt zwar die Bezeichnung „Allgemeiner Teil" für das Buch 1, nicht aber das Gegenstück „Besonderer Teil".
[5] Vgl. §§ 112 Nr. 2, 137 Abs. 2 Nr. 4, § 140 Abs. 1, Abs. 2 Nr. 1.
[6] Vgl. etwa §§ 112 Nr. 2, 137 Abs. 2 Nr. 4, 140 Abs. 1, Abs. 2 Nr. 1 sowie §§ 261 ff.

Verfahren beteiligt sind" wurde bewusst beibehalten, um nicht zu dem Rückschluss Anlass zu geben, es sei eine Änderung des Kreises der betroffenen Verfahren beabsichtigt. Bei der Auslegung des Abs. 1 kann also weiter auf die **zu § 621 Abs. 1 Nr. 8 aF ZPO ergangenen Entscheidungen** zurückgegriffen werden,[1] etwa für die Frage, in welchen Fällen eine Güterrechtssache kraft Sachzusammenhangs vorliegt.

Die einzelnen Bestimmungen des § 621 Abs. 1 aF ZPO wurden früher oftmals weit ausgelegt, um im Ergebnis zu der für sachgerecht gehaltenen Zuständigkeit des Familiengerichts zu gelangen.[2] Mit der Einführung des großen Familiengerichts, insbesondere der sonstigen Familiensachen nach § 266 Abs. 1, ist gerade **im Bereich der Güterrechtssachen** das Bedürfnis für eine extensive Auslegung der Definitionsnorm entfallen. Dieser systematische Gesichtspunkt spricht für eine **behutsame Korrektur**, nicht hinsichtlich der allgemeinen Regeln, die sich für die Zuordnung herausgebildet haben, aber insoweit, als bislang in Einzelfällen das Vorliegen einer güterrechtlichen Streitigkeit in besonders weitgehendem Umfang angenommen wurde.[3]

2. Bestimmung der Güterrechtssachen nach Absatz 1

a) Bedeutung der zutreffenden Einordnung

Der Frage, ob eine Güterrechtssache vorliegt oder nicht, kommt weiterhin **Bedeutung** zu, da bei Nichtvorliegen der Voraussetzungen des § 261 das Verfahren nicht unbedingt eine Familiensache nach anderen Vorschriften sein muss, so dass die Einordnung auch über die Zuständigkeit der Familiengerichte entscheidet. Zwar sind für Güterrechtssachen nach § 261 Abs. 1 und für die oft alternativ in Betracht kommenden sonstigen Familiensachen nach § 266 Abs. 1 gleichermaßen die Familiengerichte zuständig und weitgehend dieselben Verfahrensregelungen anzuwenden. Jedoch bestehen auch Unterschiede. So können sonstige Familiensachen, anders als Güterrechtssachen, nicht Folgesache sein und damit nicht in den Scheidungsverbund einbezogen werden.

b) Einzelfragen

Wegen der allgemeinen, alle Familiensachen betreffenden **Fragen der Zuordnung**, etwa dazu, in welchen Fällen eine Familiensache kraft Sachzusammenhangs vorliegt, wird auf die Erläuterungen zu § 111 verwiesen. Die nachfolgenden Ausführungen und die hierzu angeführten Entscheidungen betreffen speziell die für die Abgrenzung der Güterrechtssachen nach Abs. 1 bedeutsamen Gesichtspunkte.

Welche **Art von Verfahren** als Güterrechtssachen nach Abs. 1 in Betracht kommen, muss dem Gesamtzusammenhang der gerichtsverfassungsrechtlichen und verfahrensrechtlichen Regelungen entnommen werden. Zunächst muss das Verfahren **Zivilsache iSd. § 13 GVG** sein, es darf also **kein anderer Rechtsweg** als derjenige zu den ordentlichen Gerichten – und damit zu den Familiengerichten – gegeben sein. Weiter darf es sich **nicht um ein Verfahren der freiwilligen Gerichtsbarkeit iSd. § 23a Abs. 2 GVG** handeln. Diese Verfahren bilden, wie sich aus §§ 13 und 23a Abs. 1 GVG ergibt, nunmehr eine eigenständige, von den Familiensachen abgegrenzte Gruppe. **Familiensachen der freiwilligen Gerichtsbarkeit** (zu diesem Begriff vgl. oben Rz. 3 Fn. 4) können, auch wenn sie in Abs. 2 nicht genannt sind, aber dennoch Bezug zum Güterrecht haben, ebenfalls keine Güterrechtssachen nach Abs. 1 sein, was sich aus der Systematik des § 261 und der Einordnung der Verfahren nach § 261 Abs. 1 als Familienstreitsachen ergibt (§ 112 Nr. 2, § 113 Abs. 1).

Für die Einordnung ist die **Verfahrensart nicht entscheidend**. Daher sind Güterrechtssachen nicht nur Hauptsacheverfahren, einschließlich diesbezüglicher Wieder-

---

[1] Vgl. allg. *Meyer-Seitz/Kröger/Heiter*, FamRZ 2005, 1430 (1432).
[2] Vgl. Stein/Jonas/*Schlosser*, § 621 ZPO Rz. 33: „Man sollte die einschlägigen Normen soweit wie irgend möglich zugunsten der Zuständigkeit des Familiengerichts interpretieren."
[3] Für eine stärkere Einschränkung Keidel/*Giers*, § 261 FamFG Rz. 9; dass weniger Verfahren als bisher über die Einordnung als Güterrechtssache in den Verbund einbezogen werden können, war jedoch nicht Absicht des Gesetzgebers.

§ 261

aufnahmeverfahren (§ 118), sondern auch Verfahren des einstweiligen Rechtsschutzes, wie etwa Verfahren der eA[1] oder Arrestverfahren (§ 119 Abs. 2).[2] Wie Güterrechtssachen zu behandeln sind auch Angelegenheiten der Verfahrenskostenhilfe[3] (§ 113 Abs. 1 FamFG iVm. §§ 114 ff. ZPO) sowie bestimmte Vollstreckungsverfahren in Bezug auf eine Güterrechtssache.[4] Nichtvermögensrechtliche Streitigkeiten können allerdings keine Güterrechtssachen sein.[5]

13 Ob ein Verfahren Familiensache ist, also der Rechtsweg zu den Familiengerichten gegeben ist, richtet sich nach neuerer Rechtsprechung des BGH,[6] entgegen einer früher verbreiteten Auffassung,[7] **nicht stets allein nach dem Tatsachenvortrag des Antragstellers**. Vielmehr ist zu unterscheiden:

- Sofern die zuständigkeitsbegründenden Tatsachen zugleich notwendige Tatbestandsmerkmale des geltend gemachten Anspruchs sind (**doppelrelevante Tatsachen**),[8] kommt es weiterhin allein auf den Vortrag des Antragstellers an; das Verteidigungsvorbringen des Antragsgegners ist in diesem Fall ohne Bedeutung.[9]
- Soweit die zuständigkeitsbegründenden Tatsachen **nicht zugleich** notwendige Tatbestandsmerkmale des geltend gemachten Anspruchs sind, kann die Entscheidung über den Rechtsweg hingegen nur auf unbestrittene oder bewiesene Tatsachen gestützt werden; dies bedeutet, dass im Fall des substantiierten Bestreitens über diese Tatsachen **Beweis erhoben** werden muss; der Antragsteller trägt die Beweislast.

13a Allerdings werden im Bereich des § 261 (anders als im Rahmen des § 266[10]) die für die Einordnung als Güterrechtssache entscheidenden Tatsachen **oftmals doppelrelevant** sein, so dass dann der Tatsachenvortrag des Antragstellers maßgeblich ist. Macht der Antragsteller vor dem Familiengericht einen Anspruch nach § 1368 BGB gegen einen familienfremden Dritten geltend und hält dieser das allgemeine Zivilgericht für zuständig,[11] da die tatsächlichen Voraussetzungen des § 1368 BGB nicht gegeben seien, so sind diese Tatsachen doppelrelevant; nach dem somit allein maßgeblichen Vortrag des Antragstellers liegt eine Familiensache nach § 261 Abs. 1 vor. Streitet demgegenüber ein Ehegatte mit einem Dritten über Ansprüche aus einem mit dem anderen Ehegatten geschlossenen Vertrag,[12] so wird die Frage, ob mit dem Vertrag auch güterrechtliche Regelungen getroffen werden sollten (vgl. nachfolgend Rz. 27 – 28), nicht doppelrelevant sein, mit der Folge, dass darüber im Streitfall vorab im Rahmen der Zuständigkeitsprüfung Beweis zu erheben ist.

13b Die **rechtliche Bewertung** der nach den vorgenannten Grundsätzen ermittelten Tatsachengrundlage obliegt weiterhin allein dem Gericht.[13]

---

1 OLG Stuttgart v. 20.2.2012 – 17 UF 396/11, 17 WF 1/12, FamRZ 2012, 1410.
2 OLG Brandenburg v. 21.12.2010 – 9 WF 350/10, juris (Antrag nach § 765a ZPO gegen Vollstreckung einer güterrechtlichen Auskunftsverpflichtung).
3 Vgl. OLG Frankfurt v. 7.9.2010 – 5 WF 208/10, juris (Verfahrenskostenhilfe für Stufenantrag Zugewinnausgleich).
4 Vgl. Rz. 19, 20, 36. Zur Einordnung von Zwischenverfahren, vollstreckungsrechtlichen Verfahren, Verfahren über die Verfahrenswertfestsetzung, Kostenfestsetzungs- und sonstigen kostenrechtlichen Nebenverfahren sowie Verfahren der Rechtshilfe vgl. die Erl. zu § 111.
5 Kissel/*Mayer*, 5. Aufl., § 23a GVG Rz. 46.
6 BGH v. 5.12.2012 – XII ZB 652/11, FamRZ 2013, 281 ff. m. Anm. *Heiter*.
7 Vgl. OLG Düsseldorf v. 1.12.2011 – 10 W 149/11, FamRZ 2012, 475 ff. mwN, *Musielak/Borth*, § 111 FamFG Rz. 5; *Wever*, Vermögensauseinandersetzung der Ehegatten außerhalb des Güterrechts, Rz. 30 sowie der *Verf*. in der 2. Aufl. Rz. 13.
8 Näher zur Doppelrelevanz zuständigkeitsbegründender Tatsachen vgl. BGH v. 27.10.2009 – VIII ZB 42/08, NJW 2010, 873 ff.
9 OLG Köln v. 29.1.2004 – 14 W 1/04, FamRZ 2004, 1584.
10 Vgl. *Heiter*, FamRZ 2013, 283.
11 Ein Fall des § 266 Abs. 1 Nr. 3 liegt nicht vor, da sich der Anspruch nicht gegen eine der dort genannten Personen richtet.
12 Beispiel: BGH v. 16.12.1982 – IX ZR 88/81, FamRZ 1983, 156 (Ehevertrag mit Regelungen zugunsten Dritter).
13 BGH v. 27.10.2009 – VIII ZB 42/08, NJW 2010, 873 ff. Rz. 14.

Kann der Anspruch auf **mehrere Anspruchsgrundlagen** gestützt werden, wird wie folgt zu unterscheiden sein: Kommt neben der Einordnung als Güterrechtssache auch die Annahme einer Nichtfamiliensache oder einer sonstigen Familiensache nach § 266 Abs. 1 in Betracht, wird das Verfahren **im Zweifel als Güterrechtssache** anzusehen sein. Dies folgt im ersten Fall aus der diesbezüglichen Rechtsprechung des BGH,[1] im letzteren Fall aus der Subsidiaritätsklausel des § 266 Abs. 1 aE. Kommt jedoch neben der Einordnung als Güterrechtssache das Vorliegen einer anderen, nicht von § 266 Abs. 1 umfassten Familiensache in Betracht, wird der **Schwerpunkt** den Ausschlag geben.

14

Die **Aufrechnung** mit einem güterrechtlichen Anspruch in einem Verfahren vor dem allgemeinen Zivilgericht ist zulässig.[2] Grundsätzlich ebenso zulässig ist die in einem güterrechtlichen Verfahren erklärte Aufrechnung mit einer nicht-familienrechtlichen Gegenforderung.[3] Das Familiengericht kann über die zur Aufrechnung gestellte nicht-familienrechtliche Gegenforderung selbst entscheiden[4] oder nach § 148 ZPO iVm. § 113 Abs. 1 vorgehen.

15

Eine Familiensache und eine Nicht-Familiensache können **nicht miteinander verbunden** werden.[5] In einer Familiensache ist ein **Widerklageantrag** über einen nicht-familienrechtlichen Anspruch unzulässig.[6] Gleiches gilt in einer allgemeinen Zivilsache von einer Widerklage, die einen als Familiensache einzuordnenden Anspruch zum Gegenstand hat.[7] Folge ist die Abtrennung, die auch noch im Rechtsmittelverfahren erfolgen kann, und – auf Antrag – Verweisung an das zuständige Gericht; ein erstmals im **Rechtsmittelverfahren** erhobener nicht-familienrechtlicher Widerklageantrag ist als unzulässig abzuweisen.[8] Wird erstmals im zweiten Rechtszug ein nicht in die Zuständigkeit der Familiengerichte fallender Anspruch[9] geltend gemacht und das Rechtsmittel im Übrigen zurückgenommen, ist das Verfahren jedoch unter Aufrechterhaltung der bisherigen Entscheidung auf Antrag an das zuständige erstinstanzliche Gericht, zB das LG, zu verweisen.[10]

16

Werden eine Familiensache und eine Nichtfamiliensache im Wege von **Haupt- und Hilfsantrag** geltend gemacht, so ist zunächst das Gericht zuständig, das zur Entscheidung über den Hauptantrag berufen ist. Eine Verweisung oder Abgabe wegen des Hilfsanspruchs kann erst nach abweisender Entscheidung über den Hauptantrag erfolgen.[11]

17

Wird **Schadensersatz** für die Verletzung einer güterrechtlich einzuordnenden Verpflichtung oder **Rückgewähr** der auf einen güterrechtlichen Anspruch erbrachten Leistung – (zB § 812 BGB)[12] gefordert, so ist auch das diesbezügliche Verfahren Güterrechtssache.

18

Vollstreckungsabwehranträge[13] nach § 767 ZPO sind Güterrechtssachen, wenn der angegriffene Titel aus einer Güterrechtssache stammt.[14] Gleiches gilt für einen auf § 826 BGB gestützten Klageantrag gegen einen güterrechtlichen Vollstreckungstitel.[15]

19

---

1 BGH v. 10.11.1982 – IVb ARZ 44/82, FamRZ 1983, 155 = NJW 1983, 1913.
2 BGH v. 19.10.1988 – IVb ZR 70/87, FamRZ 1989, 166.
3 OLG Köln v. 18.12.1991 – 26 UF 78/91, FamRZ 1992, 450; vgl. näher die Erl. zu § 111.
4 BGH v. 19.10.1988 – IVb ZR 70/87, FamRZ 1989, 166.
5 BGH v. 8.11.1978 – IV ARZ 73/78, FamRZ 1979, 215; vgl. näher die Erl. zu § 111.
6 BGH v. 8.11.1978 – IV ARZ 73/78, FamRZ 1979, 215; BGH v. 29.1.1986 – IVb ZR 8/85, FamRZ 1986, 347.
7 BGH v. 8.11.1978 – IV ARZ 73/78, FamRZ 1979, 215; *Walter*, FamRZ 1983, 363.
8 OLG Düsseldorf v. 22.12.1981 – 6 UF 54/81, FamRZ 1982, 511.
9 Vgl. jedoch § 266.
10 OLG Köln v. 5.3.1990 – 21 UF 151/89, FamRZ 1990, 644.
11 BGH v. 5.3.1980 – IV ARZ 5/80, FamRZ 1980, 554; BGH v. 8.7.1981 – IVb ARZ 532/81, FamRZ 1981, 1047.
12 OLG Hamm v. 17.10.1979 – 5 WF 484/79, FamRZ 1979, 1036.
13 Zur Terminologie vgl. § 113 Abs. 5 Nr. 2.
14 BGH v. 15.10.1980 – IVb ZR 503/80, FamRZ 1981, 19.
15 OLG Karlsruhe v. 8.12.1981 – 16 WF 181/81, FamRZ 1982, 400.

§ 261   Verfahren in Familiensachen

20   Im Fall des **Drittwiderspruchsantrags** nach § 771 ZPO kommt es demgegenüber nicht darauf an, ob der Titel, gegen den sich der Antrag richtet, aus einer Familiensache (Güterrechtssache) stammt, sondern darauf, ob das mit dem Verfahren geltend gemachte „die Veräußerung hindernde Recht" im Familienrecht bzw. im Güterrecht wurzelt.[1] Eine solche Rechtsposition, die etwa einer Teilungsversteigerung des Familienheims entgegengesetzt werden kann, kann sich im Fall der Zugewinngemeinschaft aus § 1365 BGB ergeben. Entgegen einer früher teilweise vertretenen Ansicht[2] dürfte das Verfahren nach § 771 ZPO in diesem Fall als Güterrechtssache anzusehen sein.[3]

c) Beteiligung Dritter

21   Dass Dritte, also andere Personen als die Ehegatten, **gleich in welcher Weise**, etwa als Beteiligter iSd. § 113 Abs. 5 Nr. 5,[4] als Nebenintervenient oder als Streitgenosse,[5] an dem Verfahren beteiligt sind, steht nach dem Gesetzeswortlaut der Einordnung als Güterrechtssache nach § 261 Abs. 1 nicht entgegen. Diese Klarstellung ist der Sache nach entbehrlich, da das FamFG, wie sich bei Betrachtung der neu hinzugekommenen Verfahrensgegenstände[6] ohne weiteres ergibt, keinen Grundsatz enthält, wonach Familiensachen vorbehaltlich besonderer Regelungen nur Verfahren zwischen Ehegatten und ihren Kindern sein könnten.[7] Die diesbezüglichen Überlegungen zum früheren Recht, die ohnehin bereits eine Vielzahl von Ausnahmen vorsahen, sind mit der Reform gegenstandslos geworden.

22   Der Gesetzeswortlaut spricht von der Beteiligung Dritter **an dem Verfahren**, und nicht, wie § 266 Abs. 1 Nr. 1 und 3, an dem zu Grunde liegenden materiell-rechtlichen Rechtsverhältnis. Eine Drittbeteiligung an dem Rechtsverhältnis ist im vorliegenden Zusammenhang ohnehin stets unschädlich. Eine Verfahrensbeteiligung Dritter in Güterrechtssachen kann sich beispielsweise ergeben als Folge der (vorwiegend materiell-rechtlichen) Regelungen der §§ 1368, 1369 Abs. 3, 1390 BGB, der §§ 1437 Abs. 2, 1459 Abs. 2, 1480, 1495 BGB[8] oder aufgrund einer güterrechtlich zu qualifizierenden Vereinbarung, durch die Ansprüche Dritter begründet werden.[9] Ist die Güterrechtssache Folgesache und wird ein Dritter Beteiligter des Verfahrens, so ist die Folgesache nach Maßgabe des § 140 Abs. 1 vom Verbund **abzutrennen**.

d) Ansprüche aus dem ehelichen Güterrecht

23   Ausgangspunkt für die Zuordnung eines Anspruchs ist nicht eine abstrakte Definition des Begriffs Güterrecht, sondern die konkrete Einordnung der Regelungen im materiellen Recht. Ansprüche aus dem ehelichen Güterrecht sind daher zunächst solche, die aus den **§§ 1363 bis 1563 BGB** hergeleitet werden (vgl. auch Rz. 29 ff., 50 ff.).

24   Hierzu gehören aus dem Recht des gesetzlichen Güterstandes der **Zugewinngemeinschaft** etwa Verfahren
– über Ansprüche auf Unterlassung einer Verfügung über das Vermögen im Ganzen (§ 1365 Abs. 1 BGB)[10] oder über Haushaltsgegenstände (§ 1369 Abs. 1, 3 BGB),

---

1 BGH v. 5.6.1985 – IVb ZR 34/84, FamRZ 1985, 903 (zum Übernahmerecht nach § 1477 Abs. 2 BGB).
2 OLG Stuttgart v. 10.12.1981 – 18 WF 374/81, FamRZ 1982, 401; *Sudhof*, FamRZ 1994, 1152.
3 OLG Hamburg v. 9.3.2000 – 2 WF 23/00, FamRZ 2000, 1290; OLG München v. 4.8.1999 – 3 W 2133/99, FamRZ 2000, 365 (LS); OLG Köln v. 7.1.2000 – 25 UF 194/99, FamRZ 2000, 1167 (LS); OLG Bamberg v. 8.12.1999 – 2 WF 159/99, FamRZ 2000, 1167 (LS); vgl. jedoch BGH v. 14.6.2007 – V ZB 102/06, FamRZ 2007, 1634 ff. (Vollstreckungserinnerung bei Drittrecht aus § 1365 BGB; hierfür wäre das Vollstreckungsgericht und nicht das Familiengericht zuständig).
4 Vgl. BGH v. 24.6.1981 – IVb ZR 523/81, FamRZ 1981, 1045.
5 Vgl. BGH v. 12.3.1980 – IV ZR 102/78, FamRZ 1980, 551.
6 Vgl. etwa Gewaltschutzsachen nach § 210 und die sonstigen Familiensachen nach § 266.
7 Vgl. aber noch BGH v. 20.12.1978 – IV ARZ 106/78, FamRZ 1979, 218.
8 Vgl. auch Keidel/*Giers*, § 261 FamFG Rz. 7.
9 BGH v. 16.12.1982 – IX ZR 88/81, FamRZ 1983, 156.
10 OLG Stuttgart v. 26.1.2012 – 17 AR 1/12, FamRZ 2012, 1073; OLG Frankfurt v. 19.12.1985 – 3 UF 358/85, FamRZ 1986, 275; vgl. auch die Nachweise zu Rz. 20.

- über die Feststellung der Unwirksamkeit einer entsprechenden Verfügung,[1]
- auf Rückgabe eines aufgrund der unwirksamen Verfügung erlangten Gegenstandes, auch durch Dritte (§ 1368 BGB),[2]
- auf Zahlung der Zugewinnausgleichsforderung (§ 1378 BGB), auch in den Fällen des § 1371 Abs. 2, 3 BGB,
- über Ansprüche auf Auskunft (§ 1379 BGB), auch wenn sie noch auf § 242 BGB gestützt werden,[3] einschließlich der Ansprüche auf Vorlage bestimmter Belege und auf Wertermittlung,
- über Ansprüche auf vorzeitigen Zugewinnausgleich (§§ 1385, 1386 BGB) und
- über Herausgabeansprüche gegen Dritte (§ 1390 BGB).

Aus dem Recht des Wahlgüterstandes der **Gütergemeinschaft** sind als Güterrechtssachen nach § 261 Abs. 1 anzusehen[4] beispielsweise Verfahren 25
- über Ansprüche, mit denen der Gläubiger eines Ehegatten den anderen aufgrund der Vorschriften über die Haftung im Rahmen der Gütergemeinschaft in Anspruch nimmt,[5]
- über Ansprüche auf Nutzungsentschädigung für eine in das Gesamtgut eingebrachte Wohnung,[6]
- über Ansprüche auf Mitwirkung an der Verwaltung oder der Auseinandersetzung des Gesamtgutes, Ansprüche auf Übernahme von in das Gesamtgut eingebrachten Gegenständen (§ 1477 Abs. 2 BGB) oder auf Erstattung des Werts dieser Gegenstände (§ 1478 BGB),
- über Ansprüche auf Zustimmung zu einem Auseinandersetzungsplan oder
- über Ansprüche im Rahmen der Auseinandersetzung der nach dem Tod eines Ehegatten mit den Erben des verstorbenen Ehegatten bestehenden Liquidationsgemeinschaft.[7]

Ansprüche im Zusammenhang mit der Beendigung der Eigentums- und Vermögensgemeinschaft nach **§§ 39 bis 41 FGB-DDR** sind ebenfalls güterrechtlicher Natur.[8] In den Fällen der Beendigung der Ehe durch Tod eines Ehegatten muss jedoch die eheliche Vermögensgemeinschaft (§ 39 FGB-DDR) nachweisbar fortbestehen, da andernfalls eine Zuständigkeit des Familiengerichts nicht gegeben ist.[9] 26

---

1 BGH v. 24.6.1981 – IVb ARZ 523/81, FamRZ 1981, 1045; OLG Hamm v. 10.8.2000 – 22 W 38/00, MDR 2001, 219.
2 BGH v. 24.6.1981 – IVb ARZ 523/81, FamRZ 1981, 1045; OLG Stuttgart v. 26.1.2012 – 17 AR 1/12, FamRZ 2012, 1073; LG Stuttgart v. 21.11.2011 – 18 O 395/11, FamRZ 2012, 569 (LS) sowie juris (zur Unanwendbarkeit des § 281 ZPO bei der Rechtswegverweisung zwischen Zivilkammer und Familiengericht vgl. Heiter, FamRZ 2013, 283 [284]); OLG Frankfurt v. 19.12.1985 – 3 UF 358/85, FamRZ 1986, 275.
3 BGH v. 29.10.1981 – IX ZR 92/80, FamRZ 1982, 27; vgl. auch OLG Düsseldorf v. 25.4.1985 – 3 WF 55/85, FamRZ 1985, 721 (Auskunft zur Vorbereitung von Ansprüchen nach §§ 1368, 1369 BGB gegen Dritte).
4 Vgl. hierzu auch MüKo.ZPO/*Bernreuther*, § 621 ZPO Rz. 104f.
5 BGH v. 12.3.1980 – IV ZR 102/78, FamRZ 1980, 551.
6 OLG Köln v. 14.12.1992 – 16 W 62/92, FamRZ 1993, 713.
7 BGH v. 26.11.1997 – XII ARZ 34/97, FamRZ 1999, 501.
8 BGH v. 20.3.1991 – XII ZR 202/90, FamRZ 1991, 794; BGH v. 12.6.1991 – XII ZR 241/90, FamRZ 1991, 1174; BGH v. 5.6.2002 – XII ZR 194/00, FamRZ 2002, 1097 (Klagenhäufung mit Anspruch auf Zugewinnausgleich, auch zur Unzulässigkeit eines Teilurteils in diesem Fall); KG v. 30.1.1992 – 16 UF 5325/91, FamRZ 1992, 566; *Dörr*, NJW 1992, 952.
9 AG Tempelhof-Kreuzberg v. 28.1.2010 – 159 F 8955/08, FamRZ 2010, 1262 (zu § 23b Abs. 1 Nr. 9 aF GVG; die rein erbrechtliche Auseinandersetzung wäre auch von § 266 Abs. 1 nicht umfasst, vgl. dessen Halbs. 2).

27 Ansprüche aus dem ehelichen Güterrecht sind darüber hinaus solche, die ihre Grundlage in **Vereinbarungen** haben, durch die
(1) güterrechtliche Verhältnisse geregelt,
(2) güterrechtliche Ansprüche modifiziert oder
(3) güterrechtliche Beziehungen auseinandergesetzt[1] werden.[2]

27a Der Streit über die Erfüllung, die Wirksamkeit[3] oder die Auslegung einer Vereinbarung der genannten Art ist Güterrechtssache. Dies gilt auch, wenn in der Vereinbarung Ansprüche zugunsten Dritter begründet oder geregelt werden.[4] Im Fall (1) muss die Vereinbarung Rechtsfolgen auslösen, die nur durch eine Änderung des bestehenden Güterstandes herbeigeführt werden können, auch wenn sie sich nur auf einen einzelnen Gegenstand beziehen.[5] Ein Fall nach (2) oder (3) ist etwa gegeben, wenn zur Abgeltung güterrechtlicher Ansprüche, beispielsweise als Gegenleistung für den Ausschluss des Zugewinnausgleichs, andere Leistungen versprochen werden.[6] Erfolgt mit der Aufhebung der Zugewinngemeinschaft eine Übertragung von einzelnen Vermögensgegenständen aus anderen Gründen als zur Auseinandersetzung des Zugewinns, kann der erforderliche **güterrechtliche Bezug** der Vereinbarung fehlen.[7] Im Fall einer bereits zuvor bestehenden Gütertrennung bestehen keine zu regelnden oder zu modifizierenden güterrechtlichen Ansprüche oder Beziehungen.[8]

28 Nach der Rechtsprechung des BGH ist ein Verfahren über eine Vereinbarung zur Auseinandersetzung sowohl der güterrechtlichen als auch der allgemein-vermögensrechtlichen Beziehungen der Ehegatten Familiensache (güterrechtlicher Art, § 621 Abs. 1 Nr. 8 aF ZPO), wenn sich die **Regelungen nicht trennen lassen**.[9] Zwar sind die letztgenannten Ansprüche zwischen den Ehegatten im Zusammenhang mit der Beendigung der Ehe idR nun ebenfalls Familiensachen (vgl. § 266 Abs. 1 Nr. 3), jedoch ändert sich dadurch für die Zuordnung eines Verfahrens über eine „gemischte" Vereinbarung wenig; der Vorrang der güterrechtlichen Zuordnung ergibt sich nun aus der Subsidiaritätsklausel am Ende des § 266 Abs. 1.

3. Keine Güterrechtssachen nach Absatz 1

29 Ansprüche, die ihre Grundlage im Recht der **allgemeinen Ehewirkungen** (§§ 1353 bis 1362 BGB) haben, also in Vorschriften, die unabhängig von dem jeweiligen Güterstand gelten, sind keine Güterrechtssachen. Vgl. auch die Erläuterungen zu § 266 Abs. 1 Nr. 2. Zu § 1357 Abs. 2 Satz 1 BGB vgl. § 266 Abs. 2

30 Streitigkeiten über den **erhöhten Erbteil** nach § 1371 Abs. 1 BGB oder um neben dem Zugewinnausgleich bestehende **Pflichtteilsansprüche** nach § 1371 Abs. 2 oder 3 BGB sind trotz des Standorts der Regelungen im Recht des Zugewinnausgleichs nicht als Güterrechtssachen anzusehen.[10] Eine Verbindung von Klageanträgen auf Zahlung des Zugewinnausgleichs und auf Zahlung des Pflichtteils ist daher nicht

---

1 BGH v. 25.6.1980 – IVb ARZ 505/80, FamRZ 1980, 878.
2 BGH v. 28.6.1978 – IV ARZ 47/78, NJW 1978, 1923; BGH v. 5.3.1980 – IV ARZ 5/80, FamRZ 1980, 554; BGH v. 13.1.1982 – IVb ARZ 571/81, FamRZ 1982, 262; BGH v. 29.9.1983 – IX ZR 107/82, FamRZ 1984, 35.
3 BGH v. 26.9.1979 – IV ARZ 11/79, NJW 1980, 193; BGH v. 9.7.1980 – IVb ARZ 536/80, FamRZ 80, 989.
4 BGH v. 16.12.1982 – IX ZR 88/81, FamRZ 1983, 156.
5 BGH v. 28.6.1978 – IV ARZ 47/78, NJW 1978, 1923; BayObLG v. 19.8.1983 – Allg Reg 29/83, FamRZ 1983, 1248.
6 BGH v. 13.1.1982 – IVb ARZ 571/81, FamRZ 1982, 262; BGH v. 15.10.1980 – IVb ZR 503/80, FamRZ 1981, 19; BGH v. 24.9.1980 – IVb ZR 501/80, FamRZ 1980, 1106; BGH v. 16.12.1982 – IX ZR 88/81, FamRZ 1983, 156; BGH v. 25.6.1980 – IVb ARZ 505/80, FamRZ 1980, 878; OLG Karlsruhe v. 29.11.1978 – 5 W 140/78, FamRZ 1979, 56; OLG Rostock v. 22.9.2003 – 10 WF 134/03, FamRZ 2004, 650 („Schuldschein" über Ausgleichszahlung).
7 OLG Hamm v. 7.11.2000 – 2 UF 447/00, FamRZ 2001, 1002 (Schutz vor Zugriff der Gläubiger).
8 OLG Frankfurt v. 29.1.1996 – 1 UF 206/95, FamRZ 1996, 949.
9 Vgl. BGH v. 25.6.1980 – IVb ARZ 505/80, FamRZ 1980, 878; BGH v. 15.10.1980 – IVb ZR 503/80, FamRZ 1981, 19.
10 BayObLG v. 17.4.2003 – 1 Z AR 33/03, FamRZ 2003, 1569; Soergel/*Lange*, § 1371 BGB Rz. 36.

möglich.¹ Verfahren über den Anspruch erbberechtigter Abkömmlinge des Verstorbenen, die nicht aus der durch den Tod aufgelösten Ehe stammen, auf Gewährung der Mittel für eine angemessene Ausbildung nach § 1371 Abs. 4 BGB, sind keine Güterrechtssachen.²

Dass der Verfahrensgegenstand, etwa das Bestehen eines Aktiv- oder Passivanspruchs, **Auswirkungen auf die Zugewinnausgleichsforderung** hat, weil der Anspruch zum Anfangs- oder Endvermögen gehört, macht das Verfahren noch nicht zur Güterrechtssache.³ Der Streit über eine Zuwendung wird auch nicht deshalb zur Güterrechtssache, weil eine Anrechnungsbestimmung nach § 1380 BGB getroffen wurde.⁴ 31

Leben die Ehegatten im Güterstand der **Gütertrennung**, bestehen keine spezifisch güterrechtlichen Ansprüche (zu Vereinbarungen, durch die der gesetzliche Güterstand aufgehoben wird, vgl. Rz. 27 ff.).⁵ 32

Güterrechtsregisterverfahren⁶ sind keine Güterrechtssachen, sondern Registersachen (vgl. § 374 Nr. 5), und damit Angelegenheiten der freiwilligen Gerichtsbarkeit und keine Familiensachen (vgl. § 23a Abs. 2 Nr. 3 GVG). Verfahren auf Auseinandersetzung einer Gütergemeinschaft nach § 373 sind ebenfalls keine Familiensachen (vgl. § 23a Abs. 2 Nr. 2 GVG). 33

Verfahren über schuldrechtliche, sachenrechtliche oder erbrechtliche Ansprüche, die den **Güterstand unberührt** lassen, sind keine Güterrechtssachen.⁷ Dies gilt etwa für die Auseinandersetzung einer Gesellschaft⁸ oder einer Miteigentumsgemeinschaft⁹ zwischen den Ehegatten oder sonstiger beiderseitiger Beteiligungen an einzelnen Vermögensgegenständen¹⁰ oder für Streitigkeiten über die Rückgewähr von Zuwendungen oder über ein dem anderen Ehegatten gewährtes Darlehen.¹¹ 34

Auch der Streit aus einer Vereinbarung, die nicht die in Rz. 27 ff. genannten Anforderungen erfüllt, ist keine Güterrechtssache.¹² Dasselbe gilt, wenn in einer Vereinbarung zwar güterrechtliche Bestimmungen getroffen werden, die aber von weiteren Regelungen in derselben **Vereinbarung abtrennbar** sind; der Streit über diese abtrennbaren weiteren Regelungen ist keine Güterrechtssache.¹³ 35

Verfahren, die dem **Vollstreckungsgericht** zugewiesen sind, sind keine Familiensachen (vgl. die Erläuterungen zu § 111).¹⁴ Dies gilt für die Zuständigkeiten des Vollstreckungsgerichts nach den Vorschriften der ZPO, muss entsprechend aber auch für Verfahren nach dem ZVG gelten,¹⁵ also etwa für das Verfahren der Teilungsversteigerung. 36

Keine Güterrechtssache ist die **Honorarklage** eines Anwalts für ein güterrechtliches Mandat, auch dann nicht, wenn der Anspruch im Gerichtstand des Hauptprozesses (§ 34 ZPO) geltend gemacht wird.¹⁶ 37

---

1 BayObLG v. 17.4.2003 – 1 Z AR 33/03, FamRZ 2003, 1569.
2 Soergel/*Lange*, § 1371 BGB Rz. 59; *Mayer*, FPR 2004, 83 (87).
3 OLG Hamm v. 15.2.2002 – 10 UF 216/01, FamRZ 2003, 97; OLG Köln v. 29.1.2004 – 14 W 1/04, FamRZ 2004, 1584; BayObLG v. 21.10.1982 – Allg Reg 39/82, FamRZ 1983, 198.
4 BayObLG v. 21.10.1982 – Allg. Reg. 39/82, FamRZ 1983, 198.
5 OLG Hamm v. 25.5.1992 – 8 WF 160/92, FamRZ 1993, 211; OLG Stuttgart v. 6.5.2003 – 16 AR 2/03, OLGReport 2003, 409; BayObLG v. 26.3.1981 – Allg. Reg. 26/81, FamRZ 1981, 688.
6 Vgl. hierzu *Heinemann*, FamRB 2011, 194 ff.
7 Vgl. BGH v. 28.6.1978 – IV ZB 82/78, FamRZ 1978, 674; BGH v. 28.6.1978 – IV ARZ 47/78, NJW 1978, 1923.
8 OLG Stuttgart v. 26.9.1984 – 4 U 60/84, FamRZ 1985, 83.
9 OLG Stuttgart v. 6.5.2003 – 16 AR 2/03, OLGReport 2003, 409.
10 OLG Naumburg v. 23.7.2008 – 8 AR 6/08, FamRZ 2008, 2215 (Ausgleichsanspruch wegen unerlaubter Verfügung über gemeinsames Kontoguthaben).
11 BGH v. 15.10.1980 – IVb ZR 503/80, FamRZ 1981, 19.
12 OLG Hamm v. 7.11.2000 – 2 UF 447/00, FamRZ 2001, 1002.
13 BGH v. 26.3.1980 – IV ARZ 14/80, FamRZ 1980, 671; BGH v. 15.10.1980 – IVb ZR 503/80, FamRZ 1981, 19; BGH v. 3.12.1980 – IVb ZR 628/80, FamRZ 1981, 247; OLG Hamm v. 7.11.2000 – 2 UF 447/00, FamRZ 2001, 1002.
14 BGH v. 31.1.1979 – IV ARZ 111/78, FamRZ 1979, 421 sowie BGH v. 14.6.2007 – V ZB 102/06, FamRZ 2007, 1634 ff.
15 Vgl. § 1 ZVG.
16 BGH v. 29.1.1986 – IVb ZR 8/85, FamRZ 1986, 347.

38 Soweit ein Verfahren im konkreten Fall nicht zu den Güterrechtssachen nach § 261 Abs. 1 zählt, ist weiter zu prüfen, ob eine **sonstige Familiensache nach § 266 Abs. 1** vorliegt.

4. Güterrechtssachen nach Absatz 1 bei Anwendung ausländischen Rechts und internationaler Vereinbarungen

39 Ob ein Verfahren über nach ausländischem Sachrecht zu beurteilende Ansprüche Güterrechtssache ist, beurteilt sich nach der **lex fori**.[1] Maßgeblich ist daher im Ausgangspunkt das Verständnis des inländischen Rechts.[2] Problematisch ist insbesondere die Einordnung von Rechtsinstituten, die dem deutschen Recht unbekannt sind. Der bisweilen anzutreffende Satz, dass Ansprüche nach ausländischem Recht auch dann ehegüterrechtlich einzuordnen sein können, wenn es der vergleichbare Sachverhalt im deutschen Recht nicht ist, enthält kein inhaltliches Kriterium und führt nicht weiter.[3] Streitig ist, ob der Auslegungsgesichtspunkt der systematischen Einordnung in der Rechtsordnung des ausländischen Staates Berücksichtigung finden kann.[4] Letztlich wird es entscheidend darauf ankommen, ob die ausländische Anspruchsnorm eine den entsprechenden inländischen Normen **vergleichbare Funktion** hat.[5]

40 Auch wenn der Wortlaut des § 261 Abs. 1 auf das materielle Recht Bezug nimmt, geht es bei der Frage, ob eine „Güterrechtssache" vorliegt, um die Ermittlung von Inhalt und Reichweite einer dem **Verfahrensrecht** angehörenden Norm mit dem Ziel, eine sachgerechte Bestimmung der anwendbaren (deutschen) Verfahrensvorschriften zu treffen.[6] Dem Verfahrensrecht gegenüber sind die Kollisionsnormen des IPR eigenständig auszulegen, schon weil sich andere Abgrenzungsfragen zu jeweils benachbarten Vorschriften ergeben.[7] Dass ein auf ausländische Normen gestützter Anspruch in den Anwendungsbereich der Art. 15 EGBGB fällt, ist daher weder eine notwendige noch eine hinreichende Bedingung dafür, dass das Verfahren eine Güterrechtssache ist.[8]

41 Bei der Prüfung, ob die Funktion der Normen vergleichbar ist, wird im deutschen Recht neben dem materiellen Güterrecht **auch die verfahrensrechtliche Funktion** des Begriffs der Güterrechtssachen, insbesondere im Rahmen des neu gestalteten Gefüges der Familiensachen, mit zu berücksichtigen sein. Erweist sich die ausländische Regelung als mit einem der Fälle funktional vergleichbar, in denen nach deutschem Recht keine Güterrechtssache vorliegt (vgl. Rz. 29 ff.), so spricht dies gegen das Vorliegen einer Güterrechtssache.[9]

42 Bei Heranziehung der in diesem Bereich bislang ergangenen Entscheidungen ist besonders darauf zu achten, **welches Sachrecht** in dem konkreten Fall zur Anwendung berufen war und ob die insoweit zugrunde gelegte Rechts- und Gesetzeslage weiterhin unverändert besteht.

43 In der Praxis hat sich als problematisch erwiesen, ob Verfahren auf **Rückgängigmachung von Zuwendungen** oder **Herausgabe einzelner Gegenstände nach türki-**

---

1 OLG Frankfurt v. 14.3.1988 – UFH 4/86, FamRZ 1989, 75; OLG Hamm v. 25.5.1992 – 8 WF 160/92, FamRZ 1993, 211.
2 Wieczorek/Schütze/*Kemper*, § 621 ZPO Rz. 94.
3 Palandt/*Thorn*, Einl. v. Art. 3 EGBGB Rz. 27 stellt bei der Qualifikation im IPR darauf ab, in welchem systematischen Zusammenhang das deutsche materielle Recht die betreffende Frage regeln würde.
4 Palandt/*Thorn*, Einl. v. Art. 3 EGBGB Rz. 27 aE (verneinend); Stein/Jonas/*Schlosser*, § 621 ZPO Rz. 33; OLG Hamm v. 25.5.1992 – 8 WF 160/92, FamRZ 1993, 211 (bejahend).
5 MüKo.BGB/*Sonnenberger*, Einl. IPR Rz. 504, 501 ff.; *Geimer*, Internationales Zivilprozessrecht, Rz. 313; *Nagel/Gottwald*, Internationales Zivilprozessrecht, § 5 Rz. 88.
6 Vgl. MüKo.BGB/*Sonnenberger*, Einl. IPR Rz. 443.
7 Vgl. im Verfahrensrecht etwa die Abgrenzung von § 261 Abs. 1 zu § 266 Abs. 1.
8 Auf Art. 15 EGBGB abstellend jedoch OLG Hamm v. 10.4.1992 – 4 WF 47/92, FamRZ 1992, 963.
9 Vgl. etwa OLG Frankfurt v. 19.11.1985 – 3 UF 294/84, IPRax 1986, 239.

schem Recht als güterrechtliche Angelegenheiten anzusehen sind.[1] Die Frage tritt insbesondere auf in Bezug auf eine Aussteuer,[2] persönliche Gegenstände eines Ehegatten,[3] Haushaltsgegenstände,[4] Geldzuwendungen oder Verlobungs- oder Hochzeitsgeschenke des anderen Ehegatten oder seiner Familie.[5] Das Vorliegen einer güterrechtlichen Streitigkeit wird in diesen Fällen überwiegend verneint.[6]

Dem Institut der **Mitgift nach griechischem Recht** soll güterrechtliche Funktion zukommen,[7] so dass danach ein Verfahren auf Rückgewähr entsprechender Leistungen Güterrechtssache wäre.

44

Streitig, aber auch von den Umständen des Einzelfalls abhängig, war lange Zeit die Einordnung der **Morgengabe** islamischen Rechts. Diese wurde teils unterhaltsrechtlich,[8] teils güterrechtlich qualifiziert.[9] Der **BGH**, der die Frage der Einordnung lange Zeit offengelassen hatte,[10] hat nun für eine nach iranischem Recht vereinbarte Morgengabe unter eingehender Auseinandersetzung mit den in Rechtsprechung und Literatur vertretenen Ansichten angenommen, dass es sich um eine **allgemeine Ehewirkung** handelt, die Art. 14 EGBGB zu unterstellen ist.[11] Auch wenn die kollisionsrechtliche Einordnung keine zwingende Vorgabe bedeutet, spricht die Entscheidung des BGH eher dagegen, diesbezügliche Streitigkeiten verfahrensrechtlich als Güterrechtssachen iSd. § 261 Abs. 1 anzusehen. Bereits zuvor wurde vertreten, dass der Anspruch auf Zahlung der Morgengabe nach dem iranischen ZGB nicht von der Beendigung der Ehe abhängig ist und daher nicht als Folgesache im Scheidungsverbund geltend gemacht werden kann.[12]

45

Dieselben Kriterien wie bei der Anwendung ausländischen Rechts sind bei Ansprüchen aus dem deutsch-französischen Güterstand der Wahl-Zugewinngemeinschaft[13] anzuwenden.[14]

45a

5. Das Verfahren in Güterrechtssachen nach Absatz 1

Güterrechtssachen nach Abs. 1 sind **Familienstreitsachen** (§ 112 Nr. 2). Für die Frage, welche Vorschriften für ein Verfahren anwendbar sind, sind die Gliederung des FamFG sowie die zentrale Bestimmung des § 113 Abs. 1 zu beachten. Wichtigstes Ordnungsprinzip im FamFG ist das der Spezialität: speziellere, also nur für einen Teilbereich geltende (bzw. zusätzliche Voraussetzungen enthaltende) Regelungen gehen allgemeineren vor. Im Einzelnen gilt Folgendes:

46

Die in **Buch 1** enthaltenen **allgemeinen Vorschriften** des FamFG, die nach § 1 im Ausgangspunkt für alle Familiensachen Geltung beanspruchen, werden in § 113

47

---

1 Grundlegend: OLG Hamm (4. FamS) v. 10.4.1992 – 4 WF 47/92, FamRZ 1992, 963; OLG Hamm (4. FamS) v. 14.4.1994 – 4 UF 109/93, FamRZ 1994, 1259 (jeweils bejahend) sowie demgegenüber OLG Hamm (8. FamS) v. 25.5.1992 – 8 WF 160/92, FamRZ 1993, 211; OLG Stuttgart v. 19.3.1996 – 17 AR 5/96, FamRZ 1997, 1085 (jeweils verneinend).
2 OLG Köln v. 29.6.1994 – 26 WF 84/94, FamRZ 1994, 1476 (verneinend).
3 OLG Frankfurt v. 14.3.1988 – UFH 4/86, FamRZ 1989, 75 (verneinend).
4 OLG Köln v. 29.6.1994 – 26 WF 84/94, FamRZ 1994, 1476 (verneinend).
5 OLG Köln v. 18.2.1994 – 27 W 2/94, FamRZ 1995, 236 (verneinend); vgl. auch LG Tübingen v. 4.2.1992 – 3 O 476/89, FamRZ 1992, 1437.
6 Vgl. die og. Entscheidungen sowie Wieczorek/Schütze/*Kemper*, § 621 ZPO Rz. 94.
7 OLG Karlsruhe v. 4.2.1987 – 16 WF 52/86, IPRax 1988, 294.
8 KG v. 12.11.1979 – 3 WF 3982/79, FamRZ 1980, 470; KG v. 11.9.1987 – 3 WF 5304/87, FamRZ 1988, 296; OLG Celle v. 17.1.1997 – 22 W 107/96, FamRZ 1998, 374.
9 OLG Köln v. 29.10.1981 – 14 UF 13/81, IPRax 1983, 73; OLG Bremen v. 9.8.1979 – 5 III AR 9/79b, FamRZ 1980, 606.
10 BGH v. 14.10.1998 – XII ZR 66/97, FamRZ 1999, 217; BGH v. 28.1.1987 – IVb ZR 10/86, FamRZ 1987, 463 mwN.
11 BGH v. 9.12.2009 – XII ZR 107/08, FamRZ 2010, 533.
12 KG v. 6.10.2004 – 3 WF 177/04, FamRZ 2005, 1685.
13 Vgl. BGBl. II, 2012, 178 ff., in Kraft seit 1.5.2013 (BGBl. II, 2013, 431).
14 So die Begr. des RegE eines Gesetzes über den Güterstand der Wahl-Zugewinngemeinschaft, BT-Drucks. 17/5126, S. 9; zur Wahl-Zugewinngemeinschaft vgl. auch *Heinemann*, FamRB 2012, 129 ff.; *Meyer*, FamRZ 2010, 612 ff.; *Jäger*, DNotZ 2010, 804 ff.

Abs. 1 Satz 1 für Familienstreitsachen zu erheblichen Teilen für nicht anwendbar erklärt. Anwendbar aus Buch 1 des FamFG bleiben danach insbesondere noch die Vorschriften über die Entscheidung durch Beschluss und die Rechtsbehelfsbelehrung (§§ 38, 39), über die eA (§§ 49 bis 57), über die Rechtsmittel (§§ 58 bis 75) sowie über Verfahren mit Auslandsbezug (§§ 97 bis 110).

48 Nach § 113 Abs. 1 Satz 2 gelten in Familienstreitsachen statt dessen die **allgemeinen Vorschriften der ZPO** und die Vorschriften der ZPO über das Verfahren vor den Landgerichten entsprechend, also die Vorschriften der §§ 1 bis 494a ZPO – vorbehaltlich der nach der vorigen und den nachfolgenden Rz. anwendbaren, spezielleren Bestimmungen des FamFG.

48a Die nach den beiden vorigen Rz. anwendbaren Vorschriften des FamFG und der ZPO werden durch speziellere und damit vorrangige **Sonderregelungen** aus dem **Buch 2** des FamFG modifiziert. Dies sind zunächst die §§ 111 bis 120.[1] So bestimmt etwa § 113 Abs. 3, dass kein Anspruch auf Terminsverlegung nach § 227 Abs. 3 ZPO besteht, § 113 Abs. 5 erstreckt die aus dem Recht der freiwilligen Gerichtsbarkeit bekannte Terminologie auf die anwendbaren ZPO-Vorschriften, § 114 bestimmt, dass sich die Beteiligten in selbständigen Familienstreitsachen, von wenigen Ausnahmen abgesehen, vor dem Familiengericht und vor dem Oberlandesgericht durch einen Rechtsanwalt vertreten lassen müssen und § 115 schränkt die – sich zB aus nach § 113 Abs. 1 grundsätzlich anwendbaren Vorschriften der ZPO ergebende – Möglichkeit der Zurückweisung von Angriffs- und Verteidigungsmitteln deutlich ein. § 116 Abs. 3 bestimmt, dass Endentscheidungen in Familienstreitsachen erst mit Rechtskraft wirksam werden, wenn nicht das Gericht die sofortige Wirksamkeit anordnet, § 117 modifiziert das Rechtsmittelverfahren in Familienstreitsachen gegenüber §§ 58 ff. in zahlreichen Punkten und § 119 Abs. 2 ordnet die Geltung der Vorschriften über den Arrest an. § 120 enthält nähere Bestimmungen zur Vollstreckung.

48b Für **Güterrechtssachen** sind die §§ 262 ff.[2] als noch speziellere Vorschriften zu beachten. Soweit Güterrechtssachen zugleich **Folgesachen** einer Scheidung sind, gelten schließlich §§ 121 ff.,[3] insbesondere § 137 ff.

49 **Zusammengefasst** und vereinfacht ergibt sich für Familienstreitsachen und damit auch für Güterrechtssachen nach § 261 Abs. 1 folgendes Bild: Das **erstinstanzliche Hauptsacheverfahren** bis zur Endentscheidung (Beschluss nach § 38 FamFG) folgt **der ZPO**. Das **Rechtsmittelverfahren** richtet sich zwar primär nach den §§ 58 ff., 117, ergänzend kommen aber nach § 68 Abs. 3 Satz 1 die Vorschriften über das Verfahren im ersten Rechtszug zur Anwendung. Das Verfahren der **eA** richtet sich nach §§ 49 ff., ergänzend kommen aber nach § 51 Abs. 2 Satz 1 die Vorschriften über das Verfahren in der Hauptsache zur Anwendung.

II. Güterrechtssachen nach Absatz 2

1. Allgemeines

50 § 261 Abs. 2 enthält, anders als Abs. 1, keine abstrakte Definition, sondern eine **Aufzählung** einzelner Verfahren. Diese ist nicht etwa deshalb überflüssig, weil die Vorschriften über die genannten Verfahren ihren Standort ohnehin im Titel über das eheliche Güterrecht des Buches 4 des BGB haben. Dies ist auch in Verfahren nach §§ 1411, 1491 Abs. 3, 1492 Abs. 3 und 1493 Abs. 2 BGB der Fall, und dennoch handelt es sich dabei nicht um Güterrechtssachen, sondern je nach Fallgestaltung um Kindschaftssachen oder um Betreuungssachen.[4] Zu Güterrechtsregisterverfahren vgl. Rz. 33. Die den genannten Verfahren entsprechenden Verfahren aufgrund des inzwischen in Kraft getretenen (vgl. Rz. 1) Gesetzes über den deutsch-französischen Gü-

---

1 Buch 2 Abschnitt 1.
2 Buch 2 Abschnitt 10.
3 Buch 2 Abschnitt 2.
4 Vgl. hierzu die Begr. des RegE, BT-Drucks. 16/6308, S. 261.

terstand der **Wahl-Zugewinngemeinschaft** fallen nun ebenfalls unter Abs. 2.[1] Große praktische Relevanz werden sie nicht erlangen.

Das **Verfahren** in Güterrechtssachen nach § 261 Abs. 2 richtet sich nach dem Allgemeinen Teil (Buch 1) des FamFG (vgl. § 1). Die speziellen Regelungen des § 262 zur örtlichen Zuständigkeit und des § 263 zur Abgabe an das Gericht der Ehesache sind auch auf Verfahren nach § 261 Abs. 2 anzuwenden. Anwaltszwang besteht nach § 114 Abs. 1 vor dem Familiengericht und dem Oberlandesgericht nur für die Ehegatten, wenn das Verfahren Folgesache ist; Ausnahmen regelt § 114 Abs. 4.

Güterrechtssachen nach § 261 Abs. 2 können gem. § 137 Abs. 2 Nr. 4 auch **Folgesachen** sein und damit in den Verbund einbezogen werden. In der Praxis wird dies, mit Ausnahme der Verfahren nach §§ 1382, 1383 BGB, jedoch kaum vorkommen.

Nach § 25 Nr. 3 RPflG[2] ist der **Rechtspfleger** in Güterrechtssachen zuständig für Entscheidungen nach §§ 1382, 1383 BGB, mit Ausnahme derjenigen nach §§ 1382 Abs. 5 und 1383 Abs. 3 BGB, sowie für die Ersetzung der Zustimmung nach § 1452 BGB. Dies gilt auch für die vergleichbaren Verfahren nach dem Gesetz über die deutsch-französische Wahl-Zugewinngemeinschaft.[3] Für die übrigen Güterrechtssachen ist der Richter zuständig.

Diese Aufspaltung der Zuständigkeit zwischen Richter und Rechtspfleger ist nicht sachgerecht und die Auswahl der übertragenen Verfahren ist nicht überzeugend.[4] Es hätte sich angeboten, gerade im Rahmen der Reform, durch die das große Familiengericht eingeführt wurde, anstelle einer Fortschreibung des bisherigen Zustands eine Bereinigung vorzunehmen und die punktuellen Zuweisungen aufzugeben zugunsten einer einheitlichen Zuständigkeit des Familienrichters, jedenfalls für alle in § 261 Abs. 2 aufgezählten Verfahren. Eine **Konzentration auch der funktionalen Zuständigkeit** würde sich vorteilhaft auswirken, da Zuständigkeitszweifel und Abgaben (§ 5 Abs. 1 Nr. 2, Abs. 3, § 6 RPflG) vermieden werden könnten und da der Richter die Beteiligten und deren Verhältnisse oft bereits aus weiteren Familienverfahren kennt, was die Bearbeitung insgesamt und die Erzielung verfahrensübergreifender Gesamtlösungen erleichtert.

2. Güterrechtssachen nach Absatz 2 im Einzelnen

Verfahren nach § 1365 Abs. 2 BGB haben die Ersetzung der nach § 1365 Abs. 1 BGB erforderlichen Zustimmung des anderen Ehegatten zu einem Rechtsgeschäft über das Vermögen im Ganzen zum Gegenstand. Entsprechendes gilt in den Fällen des § 1369 Abs. 2 BGB bei Rechtsgeschäften über Haushaltsgegenstände. Der Beschluss, durch den die Zustimmung ersetzt wird, wird nach § 40 Abs. 3 Satz 1 grundsätzlich, also sofern das Gericht nicht wegen Gefahr im Verzug ausnahmsweise die sofortige Wirksamkeit anordnet, abweichend von der Regel des § 40 Abs. 1 erst mit Rechtskraft wirksam.

Ebenfalls zum Recht des gesetzlichen Güterstandes gehören Verfahren nach §§ 1382, 1383 BGB über die Stundung der Ausgleichsforderung bzw. die Übertragung von Vermögensgegenständen. Vgl. hierzu auch die Erläuterungen zu §§ 264, 265.

Verfahren nach §§ 1426, 1430 und 1452 BGB aus dem Recht der Gütergemeinschaft haben die Ersetzung einer erforderlichen Zustimmung des anderen Ehegatten zu einem Rechtsgeschäft über das Gesamtgut im Ganzen, über zum Gesamtgut gehörende Grundstücke usw. oder zu einem Rechtsgeschäft, das zur ordnungsgemäßen Besorgung der persönlichen Angelegenheiten eines Ehegatten oder zur ordnungsgemäßen Verwaltung des Gesamtguts erforderlich ist, zum Gegenstand. Zur Wirksamkeit des in dem Verfahren ergangenen Beschlusses vgl. § 40 Abs. 3.

---

1 Vgl. die Begr. des RegE eines Gesetzes über den Güterstand der Wahl-Zugewinngemeinschaft, BT-Drucks. 17/5126, S. 9 („vergleichbar") sowie *Jäger*, DNotZ 2010, 804 (823).
2 Vgl. die Begr. des RegE zu § 25 RPflG, BT-Drucks. 16/6308, S. 323.
3 § 25 Nr. 3c RPflG n.F.
4 Ebenso Keidel/*Giers*, § 261 FamFG Rz. 17 („unverständlich").

§ 262 Verfahren in Familiensachen

58 **Kosten/Gebühren: Gericht:** In Güterrechtssachen nach Abs. 1, die Familienstreitsachen sind, entstehen Gebühren nach den Nrn. 1220 bis 1229 KV FamGKG. Die Fälligkeit der Gebühren tritt nach § 9 Abs. 1 FamGKG mit Eingang des Antrags ein. Es besteht Vorauszahlungspflicht nach § 14 Abs. 1 Satz 1 FamGKG, also wenn es sich um eine selbständige Familienstreitsache handelt (§ 261 Abs. 1), nicht hingegen bei Folgesachen. Als Kostenschuldner kommt primär der Entscheidungs- oder Übernahmeschuldner (§ 24 Nr. 1 und 2 FamGKG) in Frage, jedoch auch der Antragsteller (§ 21 Abs. 1 Satz 1 FamGKG). In Güterrechtssachen nach Abs. 2, die keine Familienstreitsachen sind, entstehen Gebühren nach den Nrn. 1320 bis 1328 KV FamGKG. Die Fälligkeit der Gebühren tritt nach § 11 Abs. 1 FamGKG mit der Beendigung des Verfahrens ein. Als Kostenschuldner kommt primär der Entscheidungs- oder Übernahmeschuldner (§ 24 Nr. 1 und 2 FamGKG) in Frage, jedoch auch der Antragsteller (§ 21 Abs. 1 Satz 1 FamGKG). Der Wert bestimmt sich nach § 42 FamGKG (Auffangwert), ggf. auch § 35 FamGKG. **RA:** In einer Güterrechtssache stehen dem RA Gebühren nach Teil 3 VV RVG zu.

262 Örtliche Zuständigkeit

(1) Während der Anhängigkeit einer Ehesache ist das Gericht ausschließlich zuständig, bei dem die Ehesache im ersten Rechtszug anhängig ist oder war. Diese Zuständigkeit geht der ausschließlichen Zuständigkeit eines anderen Gerichts vor.

(2) Im Übrigen bestimmt sich die Zuständigkeit nach der Zivilprozessordnung mit der Maßgabe, dass in den Vorschriften über den allgemeinen Gerichtsstand an die Stelle des Wohnsitzes der gewöhnliche Aufenthalt tritt.

A. Allgemeines 1	II. Örtliche Zuständigkeit im Übrigen (Absatz 2) 10
B. Inhalt der Vorschrift	III. Veränderung zuständigkeitsrelevanter Umstände 16
I. Örtliche Zuständigkeit während der Anhängigkeit einer Ehesache (Absatz 1) 5	IV. Internationale Zuständigkeit 19

A. Allgemeines

1 Die Vorschrift regelt die **örtliche Zuständigkeit** für alle Güterrechtssachen nach § 261 Abs. 1 und 2.[1] Sie entspricht für die früher in § 621 Abs. 1 Nr. 8 und 9 aF ZPO genannten Angelegenheiten der Regelung des § 621 Abs. 2 aF ZPO, mit Ausnahme der sich aus § 262 Abs. 1 Satz 2 und Abs. 2, 2. Halbs. ergebenden Modifikationen. Für die Verfahren nach § 261 Abs. 2, soweit sie nicht von § 621 Abs. 1 Nr. 9 aF ZPO erfasst waren, können sich gegenüber dem früheren § 45 FGG im Einzelfall Abweichungen ergeben.

2 Zweck des § 262 Abs. 1 ist die **Konzentration aller Güterrechtssachen** bei dem Gericht der Ehesache (Zuständigkeitskonzentration). Der Gesetzgeber hat diesen Gedanken noch verstärkt durch die Einführung des Abs. 1 Satz 2, wonach die Zuständigkeit des Gerichts der Ehesache auch der ausschließlichen Zuständigkeit eines anderen Gerichts vorgeht.

3 Mit § 262, der nicht zwischen Güterrechtssachen, die Familienstreitsachen sind, und Güterrechtssachen der freiwilligen Gerichtsbarkeit unterscheidet, sollen die Regelungen über die örtliche Zuständigkeit **vereinheitlicht** werden. Zudem wird, wie auch in anderen Vorschriften des neuen Familienverfahrensrechts über die örtliche Zuständigkeit, der mit Problemfragen belastete Rechtsbegriff des Wohnsitzes weitgehend[2] durch das Kriterium des gewöhnlichen Aufenthalts ersetzt.

4 Daran, dass Regelungen zur örtlichen Zuständigkeit in völkerrechtlichen Vereinbarungen oder in Rechtsakten der Europäischen Gemeinschaft **vorrangig** zu beachten sind, erinnert § 97.

---

1 Vgl. Begr. des RegE, BT-Drucks. 16/6308, S. 262.
2 Vgl. Rz. 13.

B. Inhalt der Vorschrift

I. Örtliche Zuständigkeit während der Anhängigkeit einer Ehesache (Absatz 1)

Bei der **Ehesache** kann es sich um eine Scheidungssache oder um eine andere Ehesache nach § 121 handeln; ob in der Ehesache inländisches oder ausländisches Sachrecht zur Anwendung kommt, ist gleichgültig. Die Ehesache muss nur dieselbe Ehe betreffen, auf die sich auch das güterrechtliche Verfahren bezieht. Bei mehreren Ehesachen ist § 123 zu beachten. Ehesache ist auch ein diesbezügliches Wiederaufnahmeverfahren.[1] Eine nach Rechtskraft der Scheidung infolge einer Abtrennung noch anhängige Folgesache allein steht einer Ehesache nicht gleich.[2] Die Einreichung eines Verfahrenskostenhilfeantrags für eine Ehesache, ohne dass auch die Ehesache selbst anhängig gemacht wird, genügt nicht.[3]

Die **Anhängigkeit** der Ehesache setzt nach allgemeinen Grundsätzen die Einreichung einer Antragsschrift bei Gericht voraus (vgl. § 124). Die Anhängigkeit muss bei einem inländischen Gericht bestehen und darf noch nicht beendet sein, etwa durch Rücknahme des (Scheidungs-)Antrags, durch Tod eines Ehegatten (vgl. § 131) oder durch Eintritt der Rechtskraft der in der Sache getroffenen Endentscheidung[4] (für Scheidungssachen unter Berücksichtigung der §§ 144, 145). Ein faktisches oder angeordnetes Ruhen oder eine Aussetzung (§ 136) des Eheverfahrens oder das Weglegen der Akten nach der AktO lassen die Anhängigkeit nicht entfallen.[5]

Ist die Ehesache in erster Instanz anhängig, ist dasselbe **Familiengericht** auch für die Güterrechtssache örtlich zuständig. Ist die Ehesache in einer höheren Instanz anhängig, ist nach Abs. 1 Satz 1 das Familiengericht zuständig, bei dem die Ehesache **in erster Instanz anhängig** war. Darauf, ob das Familiengericht für die Ehesache auch zuständig ist oder war, kommt es nicht an.[6] Im Fall des Rechtsmissbrauchs, etwa bei bewusster Einreichung eines verfrühten Scheidungsantrags, kann die Berufung auf die Vorschrift ausgeschlossen sein.[7]

Es handelt sich nach dem Gesetz um eine **ausschließliche Zuständigkeit**, mit der Folge, dass die Vereinbarung eines abweichenden Gerichtsstandes unwirksam ist (§ 40 Abs. 2 ZPO). Die ausschließliche Zuständigkeit ist eine solche höheren Ranges, da sie der ausschließlichen Zuständigkeit eines anderen Gerichts[8] vorgeht (Abs. 1 Satz 2). Mit dieser Regelung korrigierte der Gesetzgeber eine nicht für sachgerecht gehaltene Rechtsprechung des BGH zur Konkurrenz der ausschließlichen Gerichtsstände.[10]

Eine sogleich beim Gericht der Scheidungssache anhängig gemachte Güterrechtssache wird in den Fällen des § 137 Abs. 2 ohne weiteres zur **Folgesache** und damit in den Verbund einbezogen. Wird eine zunächst bei einem anderen Gericht anhängig gewesene Güterrechtssache an das Gericht der Scheidungssache verwiesen oder abgegeben, wird sie mit Anhängigkeit beim Gericht der Scheidungssache zur Folgesache, § 137 Abs. 4.

II. Örtliche Zuständigkeit im Übrigen (Absatz 2)

Im Übrigen, also soweit eine Ehesache nicht anhängig ist, bestimmt sich die örtliche Zuständigkeit in allen Güterrechtssachen (§ 261 Abs. 1 und 2) nach den **Vor-**

---

1 Keidel/*Giers*, § 262 FamFG Rz. 2.
2 BGH v. 7.10.1981 – IVb ZR ARZ 556/81, FamRZ 1982, 43.
3 So § 124; OLG Köln v. 8.6.1998 – 14 WF 80/98, FamRZ 1999, 29; Keidel/*Giers*, § 262 FamFG Rz. 3.
4 Vgl. OLG Frankfurt v. 7.9.2010 – 5 WF 208/10, juris.
5 BGH v. 24.3.1993 – XII ARZ 3/93, NJW-RR 1993, 898.
6 Zöller/*Philippi*, 27. Aufl., § 621 ZPO Rz. 86b.
7 KG v. 23.6.1989 – 13 UF 3051/98, FamRZ 1989, 1105.
8 Etwa nach § 120 Abs. 1 iVm. § 767 Abs. 1, 802 ZPO.
9 Vgl. die Begr. des RegE zu der vergleichbaren Regelung des § 232 Abs. 2, BT-Drucks. 16/6308, S. 255.
10 Vgl. BGH v. 6.2.1980 – IV ARZ 84/79, FamRZ 1980, 346.

schriften der ZPO. Dies betrifft nicht nur die in der ZPO – auch außerhalb der §§ 12 bis 40 ZPO – geregelten allgemeinen und besonderen ausschließlichen und nicht ausschließlichen **Gerichtstände**,[1] sondern **auch andere Vorschriften**, die die örtliche Zuständigkeit betreffen. Nur dieses Verständnis wird der gesetzgeberischen Intention einer einheitlichen Zuständigkeitsregelung für alle Güterrechtssachen nach § 261 Abs. 1 und 2 gerecht. Zu den weiteren Vorschriften, die die örtliche Zuständigkeit regeln, sind jedenfalls § 35 ZPO zum Wahlrecht des Antragstellers, §§ 36, 37 ZPO über die gerichtliche Bestimmung der Zuständigkeit und §§ 38 bis 40 ZPO über Vereinbarungen zur örtlichen Zuständigkeit zu rechnen. In Verfahren nach § 261 Abs. 2 dürften jedenfalls die Regelungen des § 2 („örtliche Zuständigkeit") durch die vorgenannten Normen iVm. der **spezielleren Regelung des § 262 Abs. 2** verdrängt werden. Der auch die örtliche Zuständigkeit bestimmende Grundsatz der *perpetuatio fori* gilt für Güterrechtssachen aus dem Bereich der freiwilligen Gerichtsbarkeit nach § 262 Abs. 2 iVm. § 261 Abs. 3 Nr. 2 ZPO jedenfalls **ab Übermittlung** des einleitenden Antrags an den Gegner, unklar ist, ob er darüber hinaus bereits ab dem Zeitpunkt der Befassung des Gerichts (§ 2 Abs. 2) gilt.[2]

11 Vorschriften über die örtliche Zuständigkeit in Spezialgesetzen **außerhalb der ZPO** sind von der Verweisung des Abs. 2 nach dem eindeutigen Wortlaut nicht erfasst. Sie können dennoch anwendbar sein, sofern sie im konkreten Fall tatbestandlich einschlägig sind. § 262 Abs. 2 steht dem nicht entgegen, da die Vorschrift **keine abschließende Regelung** enthält.

12 In Güterrechtssachen nach § 261 Abs. 1 wirkt § 262 Abs. 2 wegen § 113 Abs. 1 Satz 2 im Wesentlichen nur **deklaratorisch**. Bei Güterrechtssachen der freiwilligen Gerichtsbarkeit (§ 261 Abs. 2) hat § 262 Abs. 2 hingegen konstitutive Wirkung. Es bedarf in diesen Verfahren naturgemäß einer **entsprechenden** Anwendung der ZPO-Vorschriften über die örtliche Zuständigkeit.

13 Bei der Anwendung der §§ 13, 15 Abs. 1 und 16 ZPO tritt an die Stelle des Wohnsitzes der **gewöhnliche Aufenthalt**.[3] In anderen Zuständigkeitsvorschriften, die nicht den „allgemeinen Gerichtsstand" betreffen, bleibt es hingegen beim Begriff des Wohnsitzes.

14 In der Praxis wird die größte Bedeutung dem **allgemeinen Gerichtsstand** nach § 13 ZPO zukommen. Entscheidend ist danach, dass der gewöhnliche Aufenthalt des Antragsgegners im Bezirk des angerufenen Gerichts liegt.

15 Die umstrittene Frage, ob der **Gerichtsstand des Erfüllungsorts** nach § 29 ZPO auch bei Streitigkeiten über Verträge anzuwenden ist, die familienrechtliche Rechtsverhältnisse betreffen bzw. gesetzliche Ansprüche aus dem Bereich des Familienrechts ausgestalten, wird zu verneinen sein.[4] Der BGH hat eine Anwendung des § 29 ZPO „jedenfalls" für das Verlöbnis abgelehnt.[5] Auch die Anwendbarkeit der §§ 31 und 32 ZPO in Güterrechtssachen wird teilweise verneint.[6]

III. Veränderung zuständigkeitsrelevanter Umstände

16 Die Regelung des § 261 Abs. 3 Nr. 2 ZPO (**perpetuatio fori**) ist nach § 262 Abs. 2 in allen Güterrechtssachen anzuwenden; eine Durchbrechung dieses Grundsatzes enthält § 263. Ein zunächst unzuständiges Gericht kann durch nachträgliche Veränderung der die Zuständigkeit bestimmenden Umstände zuständig werden.

---

1 Die §§ 23a und 35a ZPO wurden durch Art. 29 Nr. 2 FGG-RG aufgehoben.
2 Vgl. zum früheren Recht BGH v. 29.1.1986 – IVb ARZ 56/85, FamRZ 1986, 454.
3 Vgl. die Erläuterungen zu § 122.
4 Ebenso OLG Dresden v. 21.4.1999 – 20 UF 715/98, FamRZ 2000, 543; Zöller/*Vollkommer*, § 29 ZPO Rz. 10; *Mankowski*, IPRax 1997, 173 mwN; aA Stein/Jonas/*Roth*, § 29 ZPO Rz. 8, Wieczorek/Schütze/*Hausmann*, § 29 ZPO Rz. 10.
5 BGH v. 28.2.1996 – XII ZR 181/03, FamRZ 1996, 601; vgl. auch *Erbarth*, FPR 2011, 89 (95) mwN.
6 Keidel/*Giers*, § 262 FamFG Rz. 4.

Sind Güterrechtssache und **Ehesache** bei verschiedenen Gerichten **anhängig**, so gilt für die Güterrechtssache Folgendes: Tritt die Anhängigkeit der Ehesache **vor Rechtshängigkeit** der Güterrechtssache ein, wird nach § 262 Abs. 1 das Gericht der Ehesache auch für die Güterrechtssache örtlich ausschließlich zuständig, und die Güterrechtssache ist dorthin formlos abzugeben bzw. weiterzuleiten,[1] oder, falls sie inzwischen rechtshängig geworden ist, nach § 281 ZPO zu verweisen. Tritt die Anhängigkeit der Ehesache hingegen **nach Rechtshängigkeit** der Güterrechtssache ein, so gilt zunächst § 261 Abs. 3 Nr. 2 ZPO. Wird die Ehesache danach auch rechtshängig, ist die Güterrechtssache nach § 263 von Amts wegen an das Gericht der Ehesache abzugeben.

Endet die Anhängigkeit der Ehesache, so gilt für die weiterhin anhängige Güterrechtssache Folgendes: Endet die Anhängigkeit der Ehesache **vor Rechtshängigkeit** der Güterrechtssache, richtet sich die örtliche Zuständigkeit für die Güterrechtssache fortan nicht mehr nach § 262 Abs. 1, sondern nach Abs. 2.[2] Sofern sich danach die Zuständigkeit eines anderen Gerichts ergibt, ist die Güterrechtssache dorthin formlos abzugeben, oder, falls die Güterrechtssache inzwischen rechtshängig geworden ist, nach § 281 ZPO zu verweisen. Endet die Anhängigkeit der Ehesache **nach Rechtshängigkeit** der Güterrechtssache, hat dies auf die örtliche Zuständigkeit des Gerichts, bei dem die Güterrechtssache rechtshängig ist, nach § 261 Abs. 3 Nr. 2 ZPO keinen Einfluss mehr.[3]

IV. Internationale Zuständigkeit

Die **internationale Zuständigkeit** für Güterrechtssachen folgt, sofern keine Spezialregelungen bestehen, grundsätzlich der örtliche Zuständigkeit (§ 105); ist die Güterrechtssache Folgesache, so ist § 98 maßgeblich. Auf die Erläuterungen zu diesen Vorschriften wird verwiesen.

263 Abgabe an das Gericht der Ehesache

Wird eine Ehesache rechtshängig, während eine Güterrechtssache bei einem anderen Gericht im ersten Rechtszug anhängig ist, ist diese von Amts wegen an das Gericht der Ehesache abzugeben. § 281 Abs. 2 und 3 Satz 1 der Zivilprozessordnung gilt entsprechend.

A. Allgemeines 1	1. Anhängigkeit einer Güterrechtssache 3
B. Inhalt der Vorschrift	2. Rechtshängigkeit einer Ehesache . 9
I. Voraussetzungen	II. Rechtsfolgen 11

A. Allgemeines

Die Vorschrift ordnet die **Abgabe einer Güterrechtssache** an das Gericht der Ehesache an. § 263 entspricht weitgehend § 621 Abs. 3 aF ZPO und § 64 Abs. 2 FGG aF, jedoch enthält das FamFG statt einer zentralen Regelung mehrere gleich lautende Normen „vor Ort", also im Verfahrensrecht derjenigen Familiensachen, in denen die Abgabe zu veranlassen ist. Vor dem Hintergrund des § 262 Abs. 1 ist § 263 für die Zeit ab Rechtshängigkeit der Güterrechtssache als Durchbrechung des Grundsatzes der perpetuatio fori anzusehen.

Der **Zweck** des § 263 ist in seinem Anwendungsbereich derselbe wie der der Vorgängervorschriften: Alle Verfahren der genannten Art sollen beim Gericht der Ehe-

---
1 Vgl. Zöller/*Greger*, § 281 ZPO Rz. 7; MüKo.ZPO/*Prütting*, § 281 ZPO Rz. 24.
2 Vgl. BGH v. 17.9.1980 – IVb ARZ 550/80, FamRZ 1981, 23.
3 Vgl. BGH v. 4.2.1998 – XII ARZ 35/97, FamRZ 1998, 609 mwN.

sache **konzentriert** werden,[1] auch wenn die Ehesache erst nachträglich rechtshängig wird und unabhängig davon, ob im Fall der Ehescheidung das abzugebende Verfahren in den Verbund einbezogen wird oder nicht. Dieser Grundgedanke, der mit der Schaffung des großen Familiengerichts auch im Bereich weiterer Verfahren umgesetzt[2] und damit durch den Gesetzgeber noch bekräftigt wurde, erfordert eine großzügige, also „abgabefreundliche" Auslegung der Vorschrift.

B. Inhalt der Vorschrift

I. Voraussetzungen

1. Anhängigkeit einer Güterrechtssache

3   Die Güterrechtssache nach § 261 Abs. 1 oder 2, wozu auch Verfahren des einstweiligen Rechtsschutzes gehören (vgl. §§ 49 ff., 119)[3], muss **anhängig** sein. In Verfahren nach § 261 Abs. 1 ist hierfür nach allgemeinen ZPO-Grundsätzen die Einreichung einer Antragsschrift[4] bei Gericht maßgeblich. In Verfahren nach § 261 Abs. 2, auf die der Allgemeine Teil des FamFG in vollem Umfang anzuwenden ist, wird nach dem Normzweck ebenfalls von einem möglichst frühen Zeitpunkt der Anhängigkeit auszugehen sein, also dem Eingang des Antrags (§ 23 Abs. 1)[5] oder einer Anregung (§ 24 Abs. 1) bei Gericht oder der Vornahme der ersten verfahrensbezogenen Handlung durch das Gericht.

4   a) Auf die **Zuständigkeit** oder Unzuständigkeit des Gerichts, bei dem die Güterrechtssache zuerst anhängig ist, **kommt es nicht an**, zumal § 263 insoweit keine Vorgaben enthält und Güterrechtssachen nach dem Zweck der Norm soweit wie möglich beim Gericht der Ehesache konzentriert werden sollen.

5   Dass das Gericht der Güterrechtssache für diese zunächst örtlich sogar **ausschließlich** zuständig war (etwa nach § 767 Abs. 1 iVm. § 802 ZPO), steht einer Abgabe an das Gericht der Ehesache daher nicht entgegen;[6] für diese Sichtweise spricht nunmehr besonders die neu eingeführte Regelung des § 262 Abs. 1 Satz 2.

6   Auch dass die Güterrechtssache zunächst an das Gericht **verwiesen** worden war, bei dem sie nun, zum Zeitpunkt des Eintritts der Rechtshängigkeit der Ehesache, anhängig ist, ändert an der Verpflichtung zur Abgabe an das Gericht der Ehesache nichts, selbst dann nicht, wenn die anfängliche Verweisung durch dasselbe Gericht erfolgt war, bei dem später die Ehesache rechtshängig geworden ist;[7] die speziellere Regelung über die Abgabe (§ 263) setzt sich gegenüber der Bindungswirkung einer früheren Verweisung durch. Dies sollte stets auch im Fall einer § 263 widersprechenden Verweisung der Güterrechtssache an ein anderes Gericht als das der Ehesache gelten.[8]

7   War das Gericht, bei dem die Güterrechtssache anhängig ist, bereits vor Eintritt der Rechtshängigkeit der Ehesache örtlich **unzuständig**, hat ab diesem Zeitpunkt sogleich die Abgabe von Amts wegen an das Gericht der Ehesache nach der spezielleren Vorschrift des § 263 zu erfolgen und nicht etwa eine Verweisung nach § 281 ZPO.[9] Der ursprüngliche Mangel der Zuständigkeit ist durch die eingetretene

---

1   Vgl. BGH v. 22.5.1985 – IVb ARZ 15/85, FamRZ 1985, 800 sowie BGH v. 7.3.2001 – XII ARZ 2/01, FamRZ 2001, 618.
2   Vgl. § 268.
3   Johannsen/Henrich/*Götz*, § 263 FamFG Rz. 2.
4   Zur Terminologie vgl. § 113 Abs. 5 Nr. 2.
5   Vgl. BGH v. 29.1.1986 – IVb ARZ 56/85, FamRZ 1986, 454.
6   AA zum früheren Recht BGH v. 6.2.1980 – IV ARZ 84/79, FamRZ 1980, 346; MüKo.ZPO/*Bernreuther*, § 621 ZPO Rz. 171; Wieczorek/Schütze/*Kemper*, § 621 ZPO Rz. 132.
7   OLG Hamm v. 10.8.1999 – 2 UF 266/99, FamRZ 2000, 841; Zöller/*Philippi*, 27. Aufl., § 621 ZPO Rz. 99; aA noch Wieczorek/Schütze/*Kemper*, § 621 ZPO Rz. 132.
8   OLG Frankfurt v. 10.11.1987 – 1 UFH 22/87, FamRZ 1988, 184; aA Zöller/*Philippi*, 27. Aufl., § 621 ZPO Rz. 99 mwN.
9   Im letztgenannten Sinne noch Johannsen/Henrich/*Sedemund-Treiber*, 4. Aufl., § 621 ZPO Rz. 8; Wieczorek/Schütze/*Kemper*, § 621 ZPO Rz. 128.

Rechtshängigkeit der Ehesache nunmehr überholt, die Kostenfolge des § 281 Abs. 3 Satz 2 ZPO wäre in diesem Fall nicht mehr gerechtfertigt, ebenso wenig eine Abweisung bei unterlassener Stellung eines Verweisungsantrags.

b) Die Güterrechtssache muss nach dem Wortlaut des § 263 Satz 1 noch **im ersten Rechtszug anhängig** sein, ist sie im Rechtsmittelzug anhängig, ist eine Abgabe nicht mehr zulässig.[1] Im Fall einer Aufhebung und Zurückverweisung hat das Oberlandesgericht das güterrechtliche Verfahren bei zwischenzeitlichem Eintritt der Rechtshängigkeit der Ehesache sogleich an das Familiengericht der Ehesache überzuleiten.[2] In jedem Fall darf eine abschließende Entscheidung in der Güterrechtssache noch nicht ergangen sein.[3]

8

2. Rechtshängigkeit einer Ehesache

Weiter muss **eine Ehesache** nach Anhängigkeit der Güterrechtssache rechtshängig werden. Bei der Ehesache kann es sich um eine Scheidungssache oder um eine andere Ehesache nach § 121 handeln; ob auf das Verfahren inländisches oder ausländisches Sachrecht zur Anwendung kommt, ist gleichgültig. Die Ehesache muss nur dieselbe Ehe betreffen, auf die sich auch das güterrechtliche Verfahren bezieht. Bei mehreren Ehesachen ist § 123 zu beachten. Die Rechtshängigkeit (§ 113 Abs. 1 Satz 2 iVm. § 261 Abs. 1 ZPO) muss bei einem inländischen Gericht bestehen und darf noch nicht beendet sein. Darauf, ob das Gericht, bei dem die Ehesache rechtshängig ist, für diese auch zuständig ist, kommt es nicht an,[4] zumal der Wortlaut des § 263 keine diesbezügliche Einschränkung enthält und der Zweck der Vorschrift gegen eine solche spricht. Teilweise wird eine entsprechende Anwendung des § 263 bei noch nicht rechtshängiger, aber bereits anhängiger Ehesache befürwortet.[5]

9

Das Gericht der Ehesache sollte das Gericht, bei dem die Güterrechtssache anhängig ist, möglichst frühzeitig von der Rechtshängigkeit der Ehesache **informieren**. Entsprechendes gilt für die Verfahrensbeteiligten. Auch diesem Zweck dient das Erfordernis der Angabe weiterer anhängiger Verfahren (auch Güterrechtssachen) in der Scheidungsantragsschrift nach § 133 Abs. 1 Nr. 3.[6]

10

II. Rechtsfolgen

Das Gericht, bei dem die Güterrechtssache anhängig ist, hat das Verfahren von Amts wegen, ohne dass es eines Antrags oder einer Anregung bedürfte, **an das Gericht der Ehesache abzugeben**. Ein Ermessensspielraum besteht nicht. Der Begriff der Abgabe wird dabei sowohl in Güterrechtssachen nach § 261 Abs. 1 als auch in den Verfahren der freiwilligen Gerichtsbarkeit nach § 261 Abs. 2 verwendet. Auch in derartigen Verfahren kommen nach § 263 Satz 2 die Vorschriften des § 281 Abs. 2 und Abs. 3 Satz 1 ZPO über die Verweisung zur Anwendung, und nicht etwa die entsprechenden Bestimmungen des § 3. Die Abgabe erfolgt stets durch Beschluss, der für das Gericht, an das das Verfahren abgegeben wurde, bindend ist. Den Beteiligten ist rechtliches Gehör zu geben, einer mündlichen Verhandlung bedarf es nicht.[7] Für Anträge und Erklärungen zur Frage der Abgabe besteht kein Anwaltszwang.[8] Der Be-

11

---

1 Vgl. BGH v. 22.5.1985 – IVb ARZ 15/85, FamRZ 1985, 800; zum Fall der Beschwerde, die sich nicht gegen eine Endentscheidung richtet, vgl. jedoch BGH v. 7.3.2001 – XII ARZ 2/01, FamRZ 2001, 618.
2 Vgl. BGH v. 27.2.1980 – IV ZR 198/78, FamRZ 1980, 444.
3 Vgl. BGH v. 22.5.1985 – IVb ARZ 15/85, FamRZ 1985, 800.
4 Vgl. OLG Karlsruhe v. 14.12.2006 – 16 UF 155/06, FamRZ 2007, 740; OLG Hamm v. 10.8.1999 – 2 UF 266/99, FamRZ 2000, 841; vgl. jedoch KG v. 23.6.1989 – 13 UF 3051/98, FamRZ 1989, 1105 (Rechtsmissbrauch durch Stellung eines offensichtlich unbegründeten Scheidungsantrags).
5 Johannsen/Henrich/*Götz*, § 263 FamFG Rz. 3.
6 Da eine Abgabe bei Rechtshängigkeit jeder Ehesache zu erfolgen hat, wäre die Regelung des § 133 Abs. 1 Nr. 3 besser in § 124 aufgenommen worden.
7 Dies folgt für Familienstreitsachen aus § 113 Abs. 1 Satz 2 FamFG iVm. § 128 Abs. 4 ZPO.
8 Vgl. § 263 Satz 2 FamFG iVm. § 281 Abs. 2 Satz 1 ZPO sowie § 114 Abs. 4 Nr. 6 FamFG iVm. § 78 Abs. 3 ZPO.

schluss, in dem die Abgabe ausgesprochen wird, ist **nicht anfechtbar**.[1] Für den Fall der Ablehnung einer von einem Beteiligten erstrebten Abgabe[2] wird dasselbe gelten; dieses Verständnis entspricht dem Bestreben des Gesetzgebers, eine verfahrensverzögernde isolierte Anfechtung von Zwischenentscheidungen im FamFG im Regelfall nicht mehr zuzulassen.[3]

12 Das Verfahren vor und nach der Abgabe bildet ebenso wie im Fall des § 281 ZPO eine **Einheit**; Verfahrenshandlungen vor dem früher befassten Gericht wirken auch nach der Abgabe fort, frühere gerichtliche Entscheidungen bleiben wirksam. Die in der Güterrechtssache **vor der Abgabe entstandenen Kosten** sind Teil der Kosten des Gerichts der Ehesache.[4] § 281 Abs. 3 Satz 2 ZPO, wonach dem Kläger die entstandenen Mehrkosten auch dann aufzuerlegen sind, wenn er obsiegt, ist nicht anzuwenden.[5]

13 Handelt es sich bei der Ehesache um eine Scheidungssache, wird das abgegebene Verfahren nach § 137 Abs. 4 ohne weiteres **in den Verbund einbezogen**, sofern die Voraussetzungen des § 137 Abs. 2 erfüllt sind.

14 Die Abgabe der Güterrechtssache ist für das Gericht der Ehesache zwar grundsätzlich bindend, eine **weitere Überleitung** ist aber nicht ausgeschlossen, etwa wenn die Ehesache ihrerseits an ein anderes Gericht verwiesen werden muss.

15 Mit der Abgabe an das Gericht der Ehesache wird das diesem übergeordnete OLG für die Entscheidung über eine zuvor in der Güterrechtssache eingelegte, nicht die Endentscheidung betreffende **Beschwerde** zuständig.[6]

16 **Kosten/Gebühren: Gericht:** Die Abgabe der Sache löst keine Kosten aus (§ 1 Satz 1 FamGKG). Das Verfahren wird jeweils kostenrechtlich so behandelt, als wäre es von Anfang an bei dem übernehmenden Gericht anhängig gewesen (§ 6 Abs. 1 S. 2 und 1 FamGKG). Gelangt die abgegebene Sache in den Verbund, ist § 44 FamGKG anzuwenden. **RA:** Die gebührenrechtlichen Folgen einer Abgabe des Verfahrens an ein anderes Gericht regelt § 20 RVG. Die Verfahren vor dem abgebenden und vor dem übernehmenden Gericht sind ein Rechtszug (§ 20 Satz 1 RVG). Tritt in beiden Verfahrensteilen derselbe RA auf, kann er die Gebühren nur einmal fordern, da er gebührenrechtlich in derselben Angelegenheit tätig geworden ist (§ 15 Abs. 2 RVG). Sind verschiedene RAe aufgetreten, hat jeder RA die durch seine Tätigkeit entstandenen Gebühren verdient.

264 *Verfahren auf Stundung und auf Übertragung von Vermögensgegenständen*

(1) In den Verfahren nach den §§ 1382 und 1383 des Bürgerlichen Gesetzbuchs sowie nach § 1519 des Bürgerlichen Gesetzbuchs in Verbindung mit Artikel 12 Absatz 2 Satz 2 und Artikel 17 des Abkommens vom 4. Februar 2010 zwischen der Bundesrepublik Deutschland und der Französischen Republik über den Güterstand der Wahl-Zugewinngemeinschaft wird die Entscheidung des Gerichts erst mit Rechtskraft wirksam. Eine Abänderung oder Wiederaufnahme ist ausgeschlossen.
(2) In dem Beschluss, in dem über den Antrag auf Stundung der Ausgleichsforderung entschieden wird, kann das Gericht auf Antrag des Gläubigers auch die Verpflichtung des Schuldners zur Zahlung der Ausgleichsforderung aussprechen.

A. Allgemeines 1	2. § 1383 BGB 12
B. Inhalt der Vorschrift	II. Grundzüge des Verfahrens
I. Verfahrensrechtliche Konstellationen	1. Das Verfahren im Allgemeinen . . . 14
1. § 1382 BGB 5	

---

1 Vgl. § 263 Satz 2 FamFG iVm. § 281 Abs. 2 Satz 2 ZPO.
2 Vgl. BGH v. 27.1.2004 – VI ZB 33/03, MDR 2004, 698; vgl. nunmehr § 17a Abs. 6 GVG: die Verweisung an eine andere Abteilung erfolgt durch Beschluss, gegen den die (sofortige) Beschwerde zulässig ist.
3 BT-Drucks. 16/6308 S. 203.
4 Vgl. § 263 Satz 2 FamFG iVm. § 281 Abs. 3 Satz 1 ZPO.
5 Abweichend im Fall der entsprechenden Anwendung des § 263 vor Rechtshängigkeit der Ehesache Johannsen/Henrich/*Götz*, § 263 FamFG Rz. 4.
6 BGH v. 7.3.2001 – XII ARZ 2/01, FamRZ 2001, 618.

2. Entscheidung (Absatz 2), Vollstreckung 18		4. Abänderung, Wiederaufnahme . . . 24	
3. Rechtsmittel 23		5. Einstweiliger Rechtsschutz 26	

A. Allgemeines

§ 264 ist die Nachfolgeregelung zu **§ 53a Abs. 2 FGG aF**. § 264 Abs. 1 Satz 1 entspricht im Wesentlichen § 53a Abs. 2 Satz 1 FGG aF. § 264 Abs. 1 Satz 2 enthält einen bislang nicht ausdrücklich geregelten Ausschluss der Abänderung und der Wiederaufnahme des Verfahrens. § 264 Abs. 2 übernimmt den Regelungsgehalt des § 53a Abs. 2 Satz 2 FGG aF. Nicht übernommen wurden die Sonderregelungen des § 53a Abs. 1, 3 und 4 FGG aF, da das FamFG zu den dort behandelten Fragen nunmehr allgemeine Verfahrensvorschriften enthält. **1**

Der **Normtext** des § 264 Abs. 1 Satz 1 und Abs. 2 ist seit dem RefE (2005) im Gesetzgebungsverfahren des FGG-RG unverändert geblieben. Die Regelung des § 264 Abs. 1 Satz 2 lautete als § 275 Abs. 1 Satz 2 RefE (2006) [bzw. RefE (2005)] noch wie folgt: „Die [Vorschriften der] §§ 48 bis 52 sind nicht anzuwenden". Im Zuge der nunmehr erfolgten Einführung des deutsch-französischen Güterstands der Wahl-Zugewinngemeinschaft wurden die Überschrift und Abs. 1 Satz 1 geändert und die den §§ 1382, 1383 BGB entsprechenden Verfahren aufgrund des Abkommens über die Wahl-Zugewinngemeinschaft mit einbezogen.[1] **2**

§ 264 beinhaltet spezielle, die Vorschriften des Buches 1 und der §§ 261 bis 263 ergänzende Regelungen insbesondere für Verfahren nach §§ 1382, 1383 BGB.[2] Es handelt sich dabei um Güterrechtssachen nach § 261 Abs. 2 und damit um **Familiensachen der freiwilligen Gerichtsbarkeit**; die für Familienstreitsachen geltenden Vorschriften sind nicht anzuwenden. **3**

Die §§ 1382, 1383 BGB wurden geschaffen, um Unbilligkeiten des Zugewinnausgleichs für den Schuldner im Hinblick auf den Zeitpunkt der Fälligkeit der Ausgleichsforderung und für den Gläubiger im Hinblick auf deren Natur als bloße Geldforderung abmildern zu können.[3] Mit den §§ 264, 265 sollte in Bezug auf die dort geregelten verfahrensrechtlichen Fragen – vorbehaltlich erforderlich werdender Anpassungen an die Systematik des FamFG – die **bisherige Rechtslage beibehalten** werden, so dass auf die Erkenntnisse zu den Vorgängervorschriften weiterhin zurückgegriffen werden kann. **4**

B. Inhalt der Vorschrift

I. Verfahrensrechtliche Konstellationen

1. § 1382 BGB

a) Wenn ein Verfahren über die Ausgleichsforderung nicht anhängig ist, muss unterschieden werden: **5**

aa) Ist die Ausgleichsforderung ausdrücklich oder nach dem Verhalten des Schuldners **bestritten**, so ist ein Antrag nach § 1382 BGB unzulässig,[4] jedenfalls ist eine Stundungsentscheidung ausgeschlossen.[5] **6**

bb) Ist die Ausgleichsforderung **unbestritten**, kann ein Verfahren nach § 1382 Abs. 1 BGB durchgeführt werden. Als unbestritten anzusehen ist die Forderung auch dann, wenn über sie, etwa nach Abschluss eines diesbezüglichen Verfahrens, ein **7**

---

1 Vgl. BGBl. II, 2012, 178 ff., BGBl. II, 2013, 431; zum Regierungsentwurf vgl. BT-Drucks. 17/5126.
2 Vgl. zu diesen Bestimmungen etwa *Schwolow*, FuR 2012, 398 ff.
3 BT-Drucks. 2/3409, S. 13.
4 Jansen/*Wick*, § 53a FGG Rz. 5; Staudinger/*Thiele*, Bearbeitung 2007, § 1382 BGB Rz. 36.
5 Dass die Forderung unbestritten ist, wird teilweise nicht als Zulässigkeitsvoraussetzung sondern als Voraussetzung einer Sachentscheidung angesehen, so Jansen/*Wick*, § 53a FGG Rz. 8.

rechtskräftiger Titel vorliegt.[1] Zuständig für das Stundungsverfahren ist grundsätzlich der **Rechtspfleger** (§ 25 Nr. 3b RPflG). Das Gericht kann nach § 264 Abs. 2 auf Antrag des Gläubigers auch die unstreitige Verpflichtung zur Zahlung der Ausgleichsforderung aussprechen. Ist die Ausgleichsforderung hinsichtlich eines **Teilbetrags** unbestritten, kann insoweit eine Entscheidung über den Stundungsantrag ergehen, ein darüber hinausgehender Antrag nach § 1382 Abs. 1 ist mangels Anhängigkeit eines Verfahrens über die Ausgleichsforderung (s. a)) unzulässig.[2]

8 Das Verfahren über den Stundungsantrag kann entweder unabhängig von einer Scheidungssache („isoliert") oder unter den Voraussetzungen des § 137 als **Folgesache** im Verbund geführt werden. Dass die (unstreitige) Ausgleichsforderung noch nicht entstanden ist (vgl. § 1378 Abs. 3 Satz 1 BGB), steht einem Stundungsantrag nach allgemeinen Grundsätzen nicht entgegen, wenn er als Folgesache geführt wird.[3] In diesem Fall kann es naturgemäß nicht bei der in § 25 Nr. 3b RPflG bestimmten Zuständigkeit des Rechtspflegers bleiben.[4] Geht man von einer originären Zuständigkeit des Rechtspflegers aus, so müsste dieser das Verfahren erst dem Richter vorlegen (Pflicht zur Vorlage nach §§ 5, 6 RPflG), bevor es in den Verbund einbezogen werden kann.[5] Den Vorzug verdient die Auffassung, dass in Folgesachen wegen der Einheitlichkeit des Verbundverfahrens dessen speziellere Regelungen den allgemeinen Vorschriften über die Zuständigkeitsverteilung vorgehen, so dass von Anfang an allein die **Zuständigkeit des Richters** gegeben ist.[6]

9 cc) **Bestreitet** der Schuldner die bei Einleitung des Verfahrens auf Stundung noch unstreitige Ausgleichsforderung **nachträglich**, kann die von ihm begehrte Stundungsentscheidung in diesem Verfahren, soweit nicht noch ein Verfahren über die Ausgleichsforderung eingeleitet wird, zulässigerweise nicht mehr ergehen.[7] Zur Vermeidung einer Abweisung wird der Schuldner seinen Stundungsantrag zurücknehmen oder für erledigt erklären müssen.[8]

10 b) Ist ein **Verfahren über die Ausgleichsforderung anhängig**, so kann der Antrag auf Stundung nur in diesem Verfahren gestellt werden (§ 1382 Abs. 5 BGB), eine Antragstellung als Hilfsantrag genügt.[9] Der Stundungsantrag muss spätestens in der letzten mündlichen Verhandlung der letzten Tatsacheninstanz gestellt werden.[10] Beide Angelegenheiten bleiben verfahrensmäßig selbständig, die Entscheidung erfolgt jedoch in demselben Beschluss (§ 265). Das Verfahren über die Ausgleichsforderung kann entweder eine isolierte Güterrechtssache nach § 261 Abs. 1 oder eine Güterrechtsfolgesache (vgl. § 137 Abs. 2 Nr. 4) sein. Zuständig ist in jedem Fall der **Richter** (arg. § 25 Nr. 3b RPflG). Ist über einen **Teilbetrag** der Ausgleichsforderung ein Verfahren anhängig, während der andere Teil unstreitig ist, wird über die Stundung einheitlich in dem Verfahren über die Forderung zu entscheiden sein.[11]

11 c) Wird nach Einleitung des Stundungsverfahrens ein Verfahren über die **Ausgleichsforderung anhängig**, kann eine Stundungsentscheidung nach § 1382 Abs. 1

---

1 Jansen/*Wick*, § 53a FGG Rz. 9; in diesem Fall müssen sich allerdings die den Antrag rechtfertigenden Gründe erst nachträglich ergeben haben, vgl. Staudinger/*Thiele*, Bearbeitung 2007, § 1382 BGB Rz. 45; Johannsen/Henrich/*Jaeger* § 1382 BGB Rz. 12, 13; OLG Naumburg v. 29.4. 2002 – 14 WF 57/02, FamRZ 2003, 375.
2 Keidel/*Weber*, 15. Aufl., § 53a FGG Rz. 5.
3 Palandt/*Brudermüller*, § 1382 BGB Rz. 5.
4 An dieser Konstellation zeigt sich, dass die Zuständigkeitsverteilung zwischen Richter und Rechtspfleger im Familienrecht in einigen Bereichen nicht sachgerecht geregelt ist; vgl. auch die Erläuterungen zu § 261 Rz. 54.
5 Vgl. Keidel/*Weber*, 15. Aufl., § 53a FGG Rz. 3 mwN.
6 Ebenso im Ergebnis Jansen/*Wick*, § 53a FGG Rz. 4 mwN.
7 Jansen/*Wick*, § 53a FGG Rz. 4, 8.
8 Keidel/*Weber*, 15. Aufl., § 53a FGG Rz. 5 mwN; Staudinger/*Thiele*, Bearbeitung 2007, § 1382 BGB Rz. 11.
9 Johannsen/Henrich/*Jaeger* § 1382 BGB Rz. 12.
10 Johannsen/Henrich/*Jaeger* § 1382 BGB Rz. 12.
11 Jansen/*Wick*, § 53a FGG Rz. 4; Staudinger/*Thiele*, Bearbeitung 2007, § 1382 BGB Rz. 36.

BGB zulässigerweise ebenfalls nicht mehr ergehen. Das Stundungsverfahren wird auf Antrag an das Gericht des Verfahrens über die Ausgleichsforderung abzugeben sein.[1]

2. § 1383 BGB

Ist ein **Verfahren über die Ausgleichsforderung nicht anhängig**, kann ein Verfahren nach § 1383 Abs. 1 BGB durchgeführt werden. Darauf, ob die Ausgleichsforderung unbestritten ist oder nicht, kommt es für die Zulässigkeit des Antrags nach § 1383 Abs. 1 BGB zwar nicht an; jedoch muss die Forderung jedenfalls in der Höhe feststehen, die dem für den zu übertragenden Gegenstand anzurechnenden Betrag entspricht, andernfalls ist der Übertragungsantrag des Gläubigers als unbegründet zurückzuweisen.[2] Für das Verfahren ist der **Rechtspfleger** zuständig (§ 25 Nr. 3b RPflG), sofern es keine Folgesache ist. Im Übrigen gilt das zu Rz. 5 ff. Gesagte entsprechend. 12

Ist ein **Verfahren über die Ausgleichsforderung anhängig**, so kann der Antrag auf Übertragung nur in diesem Verfahren gestellt werden (§ 1383 Abs. 3 iVm. § 1382 Abs. 5 BGB). Im Übrigen gilt das zu Rz. 10 f. Gesagte entsprechend. 13

II. Grundzüge des Verfahrens

1. Das Verfahren im Allgemeinen

Die **örtliche Zuständigkeit** ergibt sich für Verfahren nach §§ 1382, 1383 BGB aus §§ 262, 263. Dieselben Regelungen sind auch für Verfahren über die Ausgleichsforderung maßgeblich, was besonders im Hinblick auf § 1382 Abs. 5 BGB, auch iVm. § 1383 Abs. 3 BGB, sachgerecht ist. Ggf. ist das Verfahren über den Stundungs- bzw. Übertragungsantrag an das Gericht des nachträglich eingeleiteten Verfahrens über die Ausgleichsforderung abzugeben.[3] 14

Die Anforderungen an den verfahrenseinleitenden **Antrag** ergeben sich zunächst aus § 23 (Sollvorschrift). In den Fällen des § 1382 BGB ist ein bestimmter Sachantrag nicht erforderlich, aber möglich; der Antrag kann auf einen Teil der Ausgleichsforderung beschränkt werden. Im Verfahren nach § 1383 BGB muss der Gläubiger hingegen die Gegenstände, deren Übertragung er begehrt, in dem Antrag bezeichnen (§ 1383 Abs. 2 BGB). Stets kann der Antrag nach § 22 Abs. 1 bis zur Rechtskraft der Endentscheidung zurückgenommen werden. Anträge nach § 1382 und § 1383 BGB sind nebeneinander möglich, die diesbezüglichen Verfahren können verbunden werden. Ist der Streit über die Ausgleichsforderung als Folgesache in der Beschwerdeinstanz anhängig, können Anträge nach §§ 1382, 1383 BGB, die nur als Angriffs- bzw. Verteidigungsmittel anzusehen sind, dort noch erstmals gestellt werden.[4] 15

Für Verfahren nach §§ 1382, 1383 BGB besteht nach § 114 Abs. 1 vor dem Familiengericht und dem Oberlandesgericht grundsätzlich **kein Anwaltszwang**. Ist das Verfahren nach §§ 1382, 1383 BGB jedoch **Folgesache**, müssen sich die Ehegatten mit Ausnahme der in § 114 Abs. 4 genannten Fälle **durch einen Rechtsanwalt vertreten lassen**. 16

In Verfahren nach §§ 1382, 1383 BGB ist das Gericht zur **Amtsermittlung** und sind die Beteiligten **zur Mitwirkung verpflichtet** (§§ 26, 27). Wer als **Beteiligter** hinzuzuziehen ist, ergibt sich aus § 7. 17

2. Entscheidung (Absatz 2), Vollstreckung

In den Fällen des § 1382 BGB entscheidet das Gericht über die **Stundung** der Forderung, wobei es die Stundung insgesamt ablehnen, nur einen Teilbetrag stunden, bestimmte Zahlungstermine festsetzen und eine Verfallklausel aufnehmen kann. Das 18

---

1 *Bassenge*/Roth, 11. Aufl., § 53a FGG Rz. 2.
2 Staudinger/*Thiele*, Bearbeitung 2007, § 1383 BGB Rz. 18.
3 Jansen/*Wick*, § 53a FGG Rz. 3 „so folgt die örtliche Zuständigkeit selbstverständlich derjenigen für den Rechtsstreit".
4 Zöller/*Philippi*, 27. Aufl., § 623 ZPO Rz. 29d.

Gericht entscheidet zudem nach billigem Ermessen über Höhe und Fälligkeit der Zinsen (§ 1382 Abs. 2 BGB) sowie auf Antrag über eine Sicherheitsleistung (§ 1382 Abs. 3 BGB).

19   Nach § 264 Abs. 2 kann das Gericht im Fall des § 1382 BGB auf Antrag des Gläubigers der unbestrittenen Ausgleichsforderung in die Entscheidung auch den **Ausspruch über die Verpflichtung zur Zahlung** aufnehmen, und ihm damit einen Vollstreckungstitel verschaffen. Ob dabei die Stundung bewilligt oder abgelehnt wird, ist gleichgültig, solange die Entscheidung iSd. Abs. 2 nicht in einer Abweisung des Antrags als unzulässig besteht.[1]

20   In den Fällen des § 1383 BGB spricht das Gericht, sofern es den Antrag nicht ablehnt, die Verpflichtung des Schuldners aus, bestimmte **Gegenstände** (Sachen, Rechte) auf den Gläubiger zu übertragen. Es ist dabei an die vom Antragsteller bezeichneten Gegenstände gebunden und darf nicht die Übertragung anderer Sachen anordnen. Zugleich ist von Amts wegen der **Betrag** festzusetzen, der auf die Ausgleichsforderung anzurechnen ist, wobei keine Bindung an insoweit etwa gestellte Anträge besteht.[2] Eine § 264 Abs. 2 entsprechende Möglichkeit der Titulierung der unstreitigen (Teil-)Forderung besteht in den Fällen des § 1383 BGB nicht.

21   Mit der Endentscheidung in den Fällen der §§ 1382, 1383 BGB trifft das Gericht auch eine **Kostenentscheidung**, die sich in isolierten Verfahren nach §§ 80 ff. und im Verbundverfahren nach § 150 richtet. Der Beschluss ist stets zu begründen und mit einer Rechtsbehelfsbelehrung zu versehen, §§ 38, 39. Die Bekanntgabe des Beschlusses richtet sich in isolierten Verfahren nach § 41. Im Verbundverfahren wird die Endentscheidung verkündet (vgl. § 173 Abs. 1 GVG).

22   Die „Entscheidung" in den Fällen der §§ 1382, 1383 BGB, gemeint ist die Endentscheidung,[3] wird nach § 264 Abs. 1 Satz 1, abweichend von § 40 Abs. 1, erst **mit Rechtskraft wirksam**. Hierdurch wird der Gleichlauf mit der Regelung des § 116 Abs. 3 Satz 1 hergestellt, die für Güterrechtssachen gilt, die Familienstreitsachen sind. Eine Anordnung der sofortigen Wirksamkeit ist in § 264 nicht vorgesehen. Handelt es sich um eine Folgesache, ist bezüglich des Zeitpunkts der Wirksamkeit zudem § 148 zu beachten.

22a Die **Vollstreckung** der Entscheidung im isolierten fG-Verfahren nach § 1382 Abs. 1 BGB erfolgt gem. § 95 nach den Vorschriften der ZPO. In den Fällen des § 1382 Abs. 5 BGB, also soweit eine Güterrechtssache nach § 261 Abs. 1 anhängig ist, gilt hinsichtlich der Ausgleichsforderung nach § 120 im Ergebnis dasselbe.

3. Rechtsmittel

23   Gegen Endentscheidungen in Verfahren nach §§ 1382, 1383 BGB, auch in den Fällen des § 137 und des § 265, und unabhängig davon, ob der Richter oder der Rechtspfleger entschieden hat, ist die **Beschwerde nach § 58 ff.** gegeben, sowie die Rechtsbeschwerde nach §§ 70 ff. Das weitere Rechtsmittel zum BGH ist also, anders als früher,[4] auch in Verfahren nach §§ 1382, 1383 BGB eröffnet; der Gesetzgeber folgt nicht länger der Überlegung, dass Rechtsmittel in als weniger bedeutsam angesehenen Materien vom BGH fern gehalten werden sollten.[5] Eine **Abhilfe** durch das Gericht, das den angefochtenen Beschluss erlassen hat, ist nach § 68 Abs. 1 Satz 2 **ausgeschlossen**.

4. Abänderung, Wiederaufnahme

24   Eine **Abänderung** gem. § 48 Abs. 1 ist in den Fällen der §§ 1382, 1383 BGB nach § 264 Abs. 1 Satz 2 ausgeschlossen. Dem umfassenden Wortlaut der Norm zufolge müsste darüber hinaus jede Abänderung ausgeschlossen sein. Aus der Begründung

---

1 Jansen/*Wick*, § 53a FGG Rz. 24 mwN.
2 Jansen/*Wick*, § 53a FGG Rz. 28.
3 Keidel/*Weber*, 15. Aufl., § 53a FGG Rz. 16.
4 Vgl. § 629a Abs. 1 aF ZPO sowie § 621e Abs. 2 Satz 1 aF ZPO, auch iVm. § 629a Abs. 2 aF ZPO.
5 Zöller/*Philippi*, 27. Aufl., § 621a ZPO Rz. 51.

des RegE¹ wird aber deutlich, dass eine Abänderung nach § 1382 Abs. 6 BGB² möglich sein soll.³

Abgeändert werden kann nach **§ 1382 Abs. 6 BGB** auch eine die Stundung ablehnende Entscheidung. Nach Ablauf der in der Entscheidung enthaltenen Stundungsdauer kann nach § 1382 Abs. 6 BGB erneut Stundung („Verlängerung") beantragt werden.⁴ Einer Entscheidung steht eine in einem Vergleich oder in einem sonstigen Vollstreckungstitel enthaltene Stundungsregelung gleich. Der Ausspruch zur Zahlung der Ausgleichsforderung nach § 264 Abs. 2 unterliegt jedoch nicht der Abänderung.⁵ Das Abänderungsverfahren ist ein isoliertes Verfahren, auch wenn die vorangegangene Stundungsregelung nach § 1382 Abs. 5 BGB oder im Verbund ergangen ist; es handelt sich stets um eine Güterrechtssache der freiwilligen Gerichtsbarkeit nach § 261 Abs. 2. Eine § 1382 Abs. 6 BGB entsprechende Abänderungsregelung besteht in den Fällen des § 1383 BGB nicht.

24a

§ 264 Abs. 1 Satz 2 enthält weiter einen **Ausschluss der Wiederaufnahme** des Verfahrens. In der Begründung des RegE ist ausgeführt, die Norm stehe in Übereinstimmung mit der früheren Rechtslage.⁶ Ob dies zutrifft, ist sehr fraglich.⁷ Der Ausschluss war bereits in den beiden Referentenentwürfen enthalten (vgl. Rz. 2). Er war damals erforderlich, da unter der Überschrift „Wiederaufnahme" zunächst eine Bestimmung vorgesehen war, nach der der Bestand einer Entscheidung unter wesentlich erleichterten Voraussetzungen in Frage gestellt werden konnte.⁸ Mit dem Wegfall dieser Vorschrift und der – sachgerechten – Rückkehr zu den Wiederaufnahmeregeln der ZPO im RegE ist die Notwendigkeit eines Ausschlusses der erweiterten „Wiederaufnahme" entfallen, eine Anpassung des § 264 Abs. 1 Satz 2, etwa durch Streichung der Worte „oder Wiederaufnahme", unterblieb jedoch. Angesichts dessen erscheint es auch vertretbar, in den Fällen der §§ 1382, 1383 BGB die Wiederaufnahme nach § 48 Abs. 2 zuzulassen.⁹

25

5. Einstweiliger Rechtschutz

Für das Verfahren der eA gelten auch in den Fällen der §§ 1382, 1383 BGB die **allgemeinen Vorschriften** der §§ 49 ff. Insbesondere ist ein solches Verfahren unabhängig von der Anhängigkeit einer Hauptsache möglich. Möglich ist in den Fällen des § 1382 BGB etwa ein vorläufiger Zahlungsaufschub, ggf. iVm. einer Regelung über Verzinsung und Sicherheitsleistung. In den Fällen des § 1383 BGB kommt etwa ein Verfügungsverbot hinsichtlich des Gegenstandes, dessen Übertragung der Gläubiger begehrt, oder die Anordnung der Hinterlegung in Betracht. In beiden genannten Fällen kann die Zwangsvollstreckung aus einem Zahlungstitel des Gläubigers der Ausgleichsforderung vorläufig eingestellt werden.¹⁰

26

265 *Einheitliche Entscheidung*
Wird in einem Verfahren über eine güterrechtliche Ausgleichsforderung ein Antrag nach § 1382 Abs. 5 oder § 1383 Abs. 3 des Bürgerlichen Gesetzbuchs gestellt, ergeht die Entscheidung durch einheitlichen Beschluss.

---

1 BT-Drucks. 16/6308, S. 262; krit. Johannsen/Henrich/*Götz*, § 264 FamFG Rz. 4 ff.
2 Eingehend zu diesem Verfahren Jansen/*Wick*, § 53a FGG Rz. 37 ff. sowie Keidel/*Weber*, 15. Aufl., § 53a FGG Rz. 18 f.
3 Ebenso Palandt/*Brudermüller*, § 1382 BGB Rz. 7.
4 Zum Vorstehenden vgl. Johannsen/Henrich/*Jaeger*, § 1382 BGB Rz. 13.
5 Vgl. Johannsen/Henrich/*Jaeger*, § 1382 BGB Rz. 13.
6 BT-Drucks. 16/6308, S. 262.
7 Johannsen/Henrich/*Götz*, § 264 FamFG Rz. 4; Keidel/*Weber*, 15. Aufl., § 53a FGG Rz. 20.
8 Vgl. § 51 RefE (2005) und § 51 RefE (2006); uU hätte danach bereits die Beibringung eines „neuen", iSd. Antragstellers aussagenden Zeugen für eine Wiederaufnahme ausreichen können.
9 Vgl. zu dieser Problematik auch Johannsen/Henrich/*Götz*, § 264 FamFG Rz. 4.
10 Zum möglichen Inhalt einer eA vgl. Jansen/*Wick*, § 53a FGG Rz. 16 sowie Keidel/*Weber*, 15. Aufl., § 53a FGG Rz. 10.

A. Allgemeines

1 § 265 entspricht inhaltlich § 621a Abs. 2 Satz 1 aF ZPO, die Veränderungen beschränken sich auf eine Anpassung an die Begrifflichkeit und Entscheidungsformen des FamFG. Eine § 621a Abs. 2 Satz 2 iVm. § 629a Abs. 2 aF ZPO entsprechende Bestimmung zur Statthaftigkeit der befristeten Beschwerde bei isolierter Anfechtung des in der einheitlichen Entscheidung enthaltenen Ausspruchs nach §§ 1382, 1383 BGB konnte mit der Vereinheitlichung des Rechtsmittelrechts in Familiensachen entfallen.

2 Der Normtext des § 265 ist seit dem RefE (2005) im **Gesetzgebungsverfahren** des FGG-RG unverändert geblieben. Wegen des sachlichen Zusammenhangs wäre eine Zusammenfassung von § 264 und § 265 zu einem Paragrafen denkbar gewesen.

3 Das Verfahren (in § 1382 Abs. 5 BGB: „Rechtsstreit"[1]) über die güterrechtliche Ausgleichsforderung ist nach § 261 Abs. 1, § 112 Nr. 2 stets Familienstreitsache. Die in § 265 enthaltene Anordnung einer einheitlichen Entscheidung macht Verfahren nach § 1382 oder § 1383 BGB nicht zu Familienstreitsachen, sie bleiben verfahrensrechtlich eigenständige Familiensachen der freiwilligen Gerichtsbarkeit.[2] Soweit für beide Verfahren unterschiedliche Vorschriften gelten, die sich sinnvoller Weise nicht auf ein Verfahren beschränken lassen, wird insgesamt diejenige Regelung anzuwenden sein, die die **weiter gehenden Anforderungen** enthält.

B. Inhalt der Vorschrift

4 Zwar ergeht die Endentscheidung sowohl in Familienstreitsachen als auch in Familiensachen der freiwilligen Gerichtsbarkeit durch **einheitlichen Beschluss**, wobei die Vorschriften über die Begründung (§ 38 Abs. 2 bis 6) und die Rechtsbehelfsbelehrung (§ 39) auch in beiden Kategorien von Verfahren anzuwenden sind. Jedoch können bezüglich des Beschlusses zu weiteren Fragen **unterschiedliche Regelungen** bestehen. So sind etwa die §§ 40 und 41 in Familienstreitsachen nicht anzuwenden (§ 113 Abs. 1 Satz 1), an ihre Stelle treten die entsprechend anzuwendenden Vorschriften der ZPO, etwa über das Erfordernis der **Verkündung** usw. In Familienstreitsachen kann das Gericht nach § 116 Abs. 3 die **sofortige Wirksamkeit** des Beschlusses anordnen, für die Verfahren der freiwilligen Gerichtsbarkeit nach §§ 1382, 1383 BGB sieht § 264 Abs. 1 Satz 1 („wird ... erst mit der Rechtskraft wirksam") diese Möglichkeit hingegen nicht vor. Auch für den einheitlichen Beschluss nach § 265 gilt: Soweit unterschiedliche Vorschriften gelten, die sich nicht auf einen Teil des Beschlusses beschränken lassen, wird insgesamt diejenige Regelung anzuwenden sein, die die weiter gehenden formalen Anforderungen enthält.

5 Der Beschluss nach § 265 enthält eine einheitliche, die Kosten beider Verfahren umfassende **Kostenentscheidung**.[3]

6 Gegen den einheitlichen Beschluss nach § 265 ist ebenfalls die **Beschwerde** nach §§ 58 ff. statthaft, sowie die Rechtsbeschwerde unter den Voraussetzungen der §§ 70 ff. Dies gilt jeweils unabhängig davon, ob der Beschluss insgesamt oder nur der Ausspruch nach §§ 1382, 1383 BGB angefochten werden soll. Die besonderen **Rechtsmittelvorschriften für Familienstreitsachen** (vgl. etwa § 117) werden für das gesamte Rechtsmittelverfahren anzuwenden sein, wenn nicht eindeutig ausschließlich der den Antrag nach § 1382 Abs. 5 oder § 1383 Abs. 3 BGB betreffende Teil der einheitlichen Entscheidung angefochten ist, also insbesondere dann, wenn auch die güterrechtliche Ausgleichsforderung angegriffen ist oder dies nicht auszuschließen oder wenn der Umfang der Anfechtung unklar ist. Die Vorschrift des § 265 gilt auch für die Ent-

---

1 Die Ersetzung des Begriffs „Rechtsstreit" durch „Verfahren" in § 1382 Abs. 5 BGB wäre naheliegend.
2 Ebenso Bork/Jacoby/Schwab/*Burger*, § 265 FamFG Rz. 3; Staudinger/*Thiele*, Bearbeitung 2007, § 1382 BGB Rz. 37; MüKo.ZPO/*Bernreuther*, 3. Aufl. § 621a ZPO Rz. 19.
3 Vgl. Jansen/*Wick*, § 53a FGG Rz. 32.

scheidung in einem Beschwerdeverfahren,[1] sofern es nicht allein die Ausgleichsforderung oder allein den Ausspruch nach § 1382 Abs. 5 oder § 1383 Abs. 3 BGB umfasst.

Im Übrigen wird zum Verfahren in Güterrechtssachen, insbesondere in Angelegenheiten nach §§ 1382, 1383 BGB, auf die Erläuterungen zu §§ 261 bis 264 verwiesen. **7**

Fraglich ist, ob neues Recht (§ 265) oder altes Recht (§ 621a Abs. 2 aF ZPO) anzuwenden ist, wenn eines der beiden in der einheitlichen Entscheidung zusammengeführten Verfahren vor dem 1.9.2009 und das andere danach eingeleitet wurde (vgl. die **Übergangsvorschrift Art. 111 Abs. 1 FGG-RG**). Das Vorbild des § 621a Abs. 2 aF ZPO („Urteil") und die auf das „Hauptverfahren" ausgerichtete, Funktion der Verfahren nach § 1382 Abs. 5, § 1383 Abs. 3 BGB sprechen dafür, unabhängig vom Zeitpunkt der Einleitung, einheitlich[2] das **für das Verfahren über die Ausgleichsforderung** geltende (alte oder neue) Recht anzuwenden. **8**

Abschnitt 11
Verfahren in sonstigen Familiensachen

266 *Sonstige Familiensachen*
(1) Sonstige Familiensachen sind Verfahren, die
1. Ansprüche zwischen miteinander verlobten oder ehemals verlobten Personen im Zusammenhang mit der Beendigung des Verlöbnisses sowie in den Fällen der §§ 1298 und 1299 des Bürgerlichen Gesetzbuchs zwischen einer solchen und einer dritten Person,
2. aus der Ehe herrührende Ansprüche,
3. Ansprüche zwischen miteinander verheirateten oder ehemals miteinander verheirateten Personen oder zwischen einer solchen und einem Elternteil im Zusammenhang mit Trennung oder Scheidung oder Aufhebung der Ehe,
4. aus dem Eltern-Kind-Verhältnis herrührende Ansprüche oder
5. aus dem Umgangsrecht herrührende Ansprüche

betreffen, sofern nicht die Zuständigkeit der Arbeitsgerichte gegeben ist oder das Verfahren eines der in § 348 Abs. 1 Satz 2 Nr. 2 Buchstabe a bis k der Zivilprozessordnung genannten Sachgebiete, das Wohnungseigentumsrecht oder das Erbrecht betrifft und sofern es sich nicht bereits nach anderen Vorschriften um eine Familiensache handelt.
(2) Sonstige Familiensachen sind auch Verfahren über einen Antrag nach § 1357 Abs. 2 Satz 1 des Bürgerlichen Gesetzbuchs.

A. Allgemeines	b) Prüfungskriterien; verfahrensrechtliche Konstellationen 16
I. Entstehung 1	c) Zuständigkeitsfragen 25
II. Systematik	d) Die von Absatz 1 umfassten „Ansprüche" 29
1. Überblick 3	
2. Sonstige Familiensachen und Verbund 5	e) Die Ausschlussklausel des Absatz 1 31
3. Regelungstechnik 7	2. Sonstige Familiensachen im Einzelnen
III. Normzweck 10	
B. Inhalt der Vorschrift	a) Ansprüche im Zusammenhang mit der Beendigung des Verlöbnisses (Nr. 1)
I. Sonstige Familiensachen nach Absatz 1	
1. Allgemeine Fragen	aa) Voraussetzungen 34
a) In Betracht kommende Verfahren; Prüfungsreihenfolge 13	bb) Beispiele 37

---
1 *Bumiller*/Harders, § 265 FamFG Rz. 2.
2 Vgl. die Argumentation des BGH zum Erfordernis der einheitlichen Anwendung entweder nur alten oder nur neuen Rechts in vergleichbarem Zusammenhang, BGH v. 3.11.2010 – XII ZB 197/10, FamRZ 2011, 100 Rz. 11.

b) Ansprüche aus der Ehe (Nr. 2)
   aa) Voraussetzungen 40
   bb) Beispiele 41
c) Ansprüche im Zusammenhang mit der Beendigung der Ehe (Nr. 3)
   aa) In Betracht kommende Verfahren 46
   bb) Zusammenhang 47
   cc) Umfasster Personenkreis . . 52
   dd) Beispiele 54
d) Ansprüche aus dem Eltern-Kind-Verhältnis (Nr. 4) 56

e) Ansprüche aus dem Umgangsrecht (Nr. 5) 58
II. Sonstige Familiensachen nach Absatz 2
   1. Verfahren nach § 1357 Abs. 2 Satz 1 BGB 60
   2. Einbeziehung weiterer Verfahren? . . 62
C. Sonstige Fragen
   I. Rechtsschutzversicherung für sonstige Familiensachen 63
   II. Richterliche Bearbeitungszeit für sonstige Familiensachen 66

Literatur: *Burger*, Die sonstigen Familiensachen nach dem FamFG, FamRZ 2009, 1017 ff.; *Heiter*, Das Verfahren in sonstigen Familiensachen nach dem FamFG, FamRB 2010, 121 ff.; *Löhnig*, Sonstige Familiensachen als Verwirklichung des Großen Familiengerichts, FPR 2011, 65 ff.; *Hilbig*, Abgrenzungsfragen hinsichtlich der Zuständigkeit der Familiengerichte, FPR 2011, 68 ff.

A. Allgemeines

I. Entstehung

1 § 266 enthält die Definition einer **neuen Gruppe von Familiensachen** und führt so zu einer Erweiterung der Zuständigkeit des Familiengerichts. Die Bestimmung ist ein wesentliches Element des nunmehr verwirklichten **großen Familiengerichts**.[1]

2 Die Struktur der Vorschrift und die Fassung der Ausschlussgründe sind seit dem RefE (2005) unverändert geblieben. Im Gesetzgebungsverfahren zum FGG-RG hat der Normtext im ersten Teil der Vorschrift **geringfügige Veränderungen** erfahren.

II. Systematik

1. Überblick

3 Sonstige Familiensachen nach § 266 Abs. 1 sind Familienstreitsachen (§ 112 Nr. 3), das in § 266 Abs. 2 genannte Verfahren ist Familiensache der freiwilligen Gerichtsbarkeit. Dieselbe Grundstruktur findet sich auch in den Definitionsnormen §§ 231 und 261. § 266 enthält eine **abschließende Aufzählung** der sonstigen Familiensachen.[2] Die Gruppe der sonstigen Familiensachen nach § 266 Abs. 1 hat **Auffangfunktion**; gegenüber den übrigen Familiensachen ist sie subsidiär. Abs. 2 hat keine Auffangfunktion. Die spezielleren Vorschriften über sonstige Lebenspartnerschaftssachen nach § 269 Abs. 2 und 3 gehen § 266 vor.

3a Trotz der weitgehenden Anwendbarkeit von ZPO-Vorschriften in Verfahren nach § 266 Abs. 1 (vgl. § 113 Abs. 1) bestehen **bedeutsame Unterschiede** dieser Familiensachen zu bürgerlichen Rechtsstreitigkeiten:
- sachlich ausschließlich zuständig ist **stets das Amtsgericht**, auch bei Werten über 5 000 Euro (§ 23a Abs. 1 GVG);
- das Erfordernis einer vorhergehenden **Schlichtung** nach § 15a EGZPO besteht nicht, auch nicht in den landesgesetzlich bestimmten Fällen (§ 15a Abs. 1 EGZPO, zB Bagatellverfahren mit einem Wert bis 750 Euro oder Verfahren wegen Verletzung der persönlichen Ehre);

---

1 Die Einführung des großen Familiengerichts entsprach einer weit verbreiteten Forderung, vgl. hierzu die Begr. des RegE, BT-Drucks. 16/6308, S. 168 f.; *Meyer-Seitz/Kröger/Heiter*, FamRZ 2005, 1430 (1432 f.); *Hahne*, FamRZ 2002, 921; *Kahl*, FGPrax 2004, 160 (162); *Wever*, FamRZ 2001, 268 und FF 2008, 399. Kritisch äußerte sich der Deutsche Verein für öffentliche und private Fürsorge e.V. in seiner Stellungnahme v. 7.12.2005; er sieht die Gefahr, dass die Familiengerichte überfrachtet werden. Vgl. auch die krit. Ausf. von *Linke* und *Lüke*, ZZP 117 (2004), 445, 446. Zur geschichtlichen Entwicklung des Familiengerichts und des großen Familiengerichts vgl. *Löhnig*, FPR 2011, 65 ff.
2 Johannsen/Henrich/*Jaeger*, § 266 FamFG Rz. 3.

- bei gleichzeitiger Anhängigkeit einer Ehesache ist das **Gericht der Ehesache** örtlich ausschließlich zuständig (§ 267 Abs. 1); wird nachträglich eine Ehesache bei einem anderen Gericht rechtshängig, muss das Verfahren dorthin abgegeben werden (§ 268);
- ist bei dem Familiengericht bereits eine dieselben Personen betreffende Familiensache anhängig, wird das Verfahren **demselben Richter** zugeteilt (§ 23b Abs. 2 GVG);
- es besteht im Hauptsacheverfahren stets **Anwaltszwang, bereits vor dem Amtsgericht** (§ 114 Abs. 1);
- die mündliche Verhandlung ist in aller Regel **nicht öffentlich** (§ 170 Abs. 1 GVG);
- die Geltung der **Präklusionsvorschriften** ist stark eingeschränkt (§ 115[1]);
- die Endentscheidung ergeht stets in Form eines **Beschlusses** (§§ 38, 39).
- Die eA nach §§ 48 ff. tritt an die Stelle der einstweiligen Verfügung, mit einigen verfahrensmäßigen Unterschieden; die im einstweiligen Anordnungsverfahren in einer sonstigen Familiensache ergangene Endentscheidung ist nach § 57 ausnahmslos **nicht anfechtbar**.
- Die Endentscheidung des Familiengerichts in der Hauptsache ist nicht mit der Berufung sondern mit der **Beschwerde zum OLG** nach §§ 58 ff., § 117 anfechtbar. Gegen die Beschwerdeentscheidung ist die Rechtsbeschwerde zum BGH nur statthaft, wenn sie durch das OLG zugelassen wurde (vgl. § 70); es gibt **keine Nichtzulassungsbeschwerde**.

Diese Unterschiede müssen bei der anwaltlichen Beratung und beim Vortrag des Antragstellers zur Zuständigkeitsfrage (Familiensache nach § 266 Abs. 1 oder reine Zivilsache) bereits vor Einleitung eines Verfahrens beachtet werden.

Alle sonstigen Familiensachen nach § 266 Abs. 1 und 2 fallen in die Zuständigkeit des **Richters**, eine Zuständigkeit des Rechtspflegers ist nicht vorgesehen, auch nicht in den Fällen des Abs. 2.[2]

2. Sonstige Familiensachen und Verbund

Verfahren nach § 266 Abs. 1 und 2 sind in § 137 nicht erwähnt und können daher von vornherein **nicht Folgesache** sein, also nicht in den Verbund mit einer Scheidungssache einbezogen werden. Der RegE nennt als Grund für die Nichtaufnahme der sonstigen Familiensachen in den Kreis der möglichen Folgesachen eine „denkbare Überfrachtung des Verbundverfahrens".[3] Angesichts dessen, dass in Verbundverfahren außer dem Versorgungsausgleich statistisch betrachtet nur eine sehr geringe Zahl weiterer Folgesachen anhängig ist,[4] kann jedoch von einer möglichen Überfrachtung keine Rede sein, die Begründung ist nicht überzeugend.

Zwar werden die von § 266 umfassten Ansprüche, anders als die in § 137 Abs. 2 genannten Ausgleichsmechanismen, häufig nicht tatbestandlich an die Scheidung der Ehe anknüpfen, jedoch sind auch im Anwendungsbereich des § 266 Abs. 1 Nr. 3 „für den Fall der Scheidung" bestehende Ansprüche, etwa auf vertraglicher Grundlage, denkbar. Aber auch andere allgemein-vermögensrechtliche Ansprüche können für einen Ehegatten mit den in § 137 Abs. 2 Nr. 1 bis 4 genannten Ansprüchen **mindestens gleich bedeutend** sein, etwa wenn letztere vertraglich ausgeschlossen sind. Dem hätte durch die Schaffung einer auf die Fälle des § 266 Abs. 1 Nr. 3 bei Ansprüchen **nur zwischen den Ehegatten im Fall der Scheidung** begrenzten, **flexiblen Einbeziehungsregelung** nach dem Vorbild des § 137 Abs. 3, die neben dem rechtzeitigen Antrag eines Ehegatten auch eine gerichtliche Überprüfung der Einbeziehungsfrage vor-

---

1 Zur Anwendung dieser Vorschrift in einer sonstigen Familiensache vgl. OLG Köln v. 4.7.2011 - 4 UF 200/10, NJW-RR 2011, 1447.
2 Vgl. §§ 3, 25 RPflG idF des Art. 23 FGG-RG.
3 BT-Drucks. 16/6308, S. 230.
4 Vgl. Statistisches Bundesamt, Fachserie 10 Reihe 2.2 (Rechtspflege, Familiengerichte) 2011 S. 18; www.destatis.de.

sieht, Rechnung getragen werden können. Dies wäre auch kein Verstoß gegen die Systematik des § 137, da Folgesachen (zB solche nach § 137 Abs. 3) nicht notwendig voraussetzen, dass eine Entscheidung gerade für den Fall der Scheidung zu treffen ist.

3. Regelungstechnik

7   Der Gesetzgeber hat in § 266 Abs. 1 auf eine Aneinanderreihung einzelner Verfahrensgegenstände verzichtet; eine solche wäre zu umfangreich ausgefallen und die Gefahr, wesentliche Fallgestaltungen zu übersehen und damit erneut „zu kurz zu springen", wäre zu groß gewesen. Die Norm enthält auch keine Definition in Form einer Generalklausel. Damit folgt der Gesetzgeber der Erkenntnis, dass sich der Begriff der Familiensachen durch eine solche nicht sachgerecht bestimmen lässt. Insbesondere stellen weder die familienrechtliche Natur des streitigen Rechtsverhältnisses noch der Kreis der durch dieses Rechtsverhältnis betroffenen Personen oder die Einordnung als vermögensrechtlicher Anspruch für sich genommen ein ausreichendes Abgrenzungskriterium dar;[1] auch der unscharfe Begriff des „Nebengüterrechts" hilft nicht weiter. Daher wurde in Abs. 1 stattdessen eine **kombinierte** Regelungstechnik gewählt:

8   Abs. 1 enthält in seinem ersten Teil **fünf abstrakt beschriebene Gruppen**, wobei die Definition entweder an die spezifisch familienrechtliche Natur des streitigen Rechtsverhältnisses (Nr. 2, 4 und 5) oder an den „Zusammenhang" mit der Beendigung eines familienrechtlich geregelten Rechtsverhältnisses anknüpft (Nr. 1 und 3). Nur in den letztgenannten Fällen erfolgt eine Einschränkung nach den auf der Aktiv- oder Passivseite des Rechtsverhältnisses (nicht: des Verfahrens) stehenden Personen.

9   In seinem zweiten Teil enthält Abs. 1 **Ausschlussgründe** in Form eines Katalogs spezieller Sachgebiete. Gehört das Verfahren zu einem dieser Bereiche, ist es keine sonstige Familiensache nach Abs. 1. Die künftige Handhabung der umfangreichen Regelung könnte erleichtert werden, wenn Abs. 1 in zwei Sätze aufgeteilt würde.

III. Normzweck

10 § 266 bestimmt den Begriff der **sonstigen Familiensache**. Die Norm dient damit der Abgrenzung
– der sonstigen Familiensachen von den Nichtfamiliensachen,
– der sonstigen Familiensachen von anderen Familiensachen (vgl. § 111) und
– der sonstigen Familiensachen, die Familienstreitsachen sind (vgl. § 112 Nr. 3), von den sonstigen Familiensachen, die Familiensachen der freiwilligen Gerichtsbarkeit sind.

Die Einordnung eines Verfahrens in diese Kategorien ist von Bedeutung für die Bestimmung des Rechtswegs (§ 13 GVG), für die sachliche Zuständigkeit des Gerichts (§ 23a Abs. 1 Nr. 1 GVG), für die Anwendbarkeit des FamFG (§ 1), zahlreicher einzelner Verfahrensvorschriften aus dem FamFG oder aus anderen Gesetzen und für die Anwendung des neuen Kostenrechts (§ 1 FamGKG).

11 Mit den Kriterien des § 266 Abs. 1 hat sich der Gesetzgeber bewusst an den Regelungen im **materiellen Familienrecht** orientiert: Einbezogen sind nur Ansprüche, die ihren Grund unmittelbar in einem familienrechtlich geregelten Rechtsverhältnis haben, und Ansprüche, die mit der Beendigung eines familienrechtlich geregelten Rechtsverhältnisses in Zusammenhang stehen.[2]

12 Diese Grundentscheidung ist auch bei der Auslegung der Vorschrift und bei der Behandlung von Zweifelsfällen zu berücksichtigen; eine **analoge Anwendung des § 266 Abs. 1 auf andere Gemeinschaften ist daher nicht möglich**. Dies gilt auch, wenn

---

1 Vgl. aber noch BGH v. 20.12.1978 – IV ARZ 106/78, FamRZ 1979, 218 (219).
2 Vgl. die Begr. des RegE, BT-Drucks. 16/6308, S. 262 („Regelungsgegenstände des Familienrechts").

zwischen den Beteiligten eine „sozial-familiäre Beziehung" oder ein „personaler Grundkonflikt" besteht oder bestand; beides ist nach Wortlaut und Zweck des Gesetzes für das Vorliegen oder Nichtvorliegen einer sonstigen Familiensache ohne Bedeutung. Ansprüche zwischen Personen, die in einer **nichtehelichen Lebensgemeinschaft** zusammenleben oder -gelebt haben, ohne dass eine familienrechtliche Sonderbeziehung (etwa ein Verlöbnis) vorliegt, erfüllen die Voraussetzungen des § 266 nicht.

B. Inhalt der Vorschrift

I. Sonstige Familiensachen nach Absatz 1

1. Allgemeine Fragen

a) In Betracht kommende Verfahren; Prüfungsreihenfolge

Welche Verfahren als sonstige Familiensachen nach § 266 Abs. 1 grundsätzlich in Betracht kommen, ist dem Gesamtzusammenhang der gerichtsverfassungsrechtlichen und verfahrensrechtlichen Regelungen zu entnehmen. Zunächst muss das Verfahren „Zivilsache" iSd. § 13 GVG sein, es darf also **kein anderer Rechtsweg** als der zu den ordentlichen Gerichten – und damit zu den Familiengerichten – gegeben sein. Somit scheiden bereits an dieser Stelle Verfahren aus, für die der speziellere Rechtsweg zu den Verfassungs-, Verwaltungs-, Sozial-, Finanz- oder Arbeitsgerichten gegeben ist.

Weiter darf es sich **nicht um ein Verfahren der freiwilligen Gerichtsbarkeit nach § 23a Abs. 2 GVG** handeln. Diese Verfahren bilden, wie sich aus §§ 13 und 23a Abs. 1 GVG ergibt, nunmehr eine eigenständige Gruppe und können von vornherein keine Familiensachen sein.

Aus der Systematik des § 266 iVm. § 112 Nr. 3 ergibt sich, dass für Abs. 1 von vornherein **alle Familiensachen der freiwilligen Gerichtsbarkeit** (zu diesem Begriff vgl. die Erl. zu § 261 Rz. 3 Fn. 2) **ausscheiden**. Dieser Aspekt überschneidet sich mit einem weiteren Ausschlusskriterium, das aus der Subsidiaritätsregelung des § 266 Abs. 1 folgt: Das zu prüfende Verfahren darf **nicht bereits nach anderen Vorschriften Familiensache** (gleich welcher Art) sein.[1] Sind alle diese Bedingungen erfüllt, kann § 266 Abs. 1 zur Anwendung kommen. Sind die Voraussetzungen dieser Vorschrift dann auch erfüllt, ist das Verfahren eine **sonstige Familiensache nach § 266 Abs. 1**.

b) Prüfungskriterien; verfahrensrechtliche Konstellationen

Auch im Bereich der neu geschaffenen Gruppe der sonstigen Familiensachen kann, soweit nicht spezielle Auslegungsgesichtspunkte für § 266 hinzutreten, auf die **allgemeinen Grundsätze über die Bestimmung von Familiensachen** zurückgegriffen werden, die sich auf der Grundlage des bisherigen Rechts herausgebildet haben.[2] Dies gilt etwa für die Kriterien, nach denen eine Familiensache kraft Sachzusammenhangs vorliegt. Am ehesten vergleichbar sind dabei die **Güterrechtssachen** (nach § 261 Abs. 1). Dass sich durch die weite Fassung der Voraussetzungen des § 266 Abs. 1 Nr. 1 und 3 („im Zusammenhang mit") einige bei anderen Familiensachen auftretende Abgrenzungsprobleme nicht in derselben Weise stellen, ändert daran nichts. Auf die Erläuterungen zu § 111 und zu § 261 wird verwiesen. Folgenden Gesichtspunkten kommt besondere Bedeutung zu:

Ob ein Verfahren – sonstige – Familiensache ist, also der Rechtsweg zu den Familiengerichten gegeben ist, richtet sich nach der **Rechtsprechung des BGH**,[3] entgegen einer früher verbreiteten Auffassung,[4] nicht stets nach dem Tatsachenvortrag des Antragstellers. Vielmehr ist nunmehr zu unterscheiden:

---

1 Also § 111 Nr. 1 bis 9 oder 11, § 266 Abs. 2.
2 § 266 Abs. 1 verwendet, wie früher § 621 Abs. 1 ZPO und wie andere Definitionsnormen des FamFG, das eine weite Auslegung ermöglichende Wort „betreffen".
3 BGH v. 5.12.2012 – XII ZB 652/11, FamRZ 2013, 281 ff. m. Anm. *Heiter*.
4 Vgl. OLG Düsseldorf v. 1.12.2011 – 10 W 149/11, FamRZ 2012, 475 ff. mwN; *Musielak/Borth*, FamFG, § 111 Rz. 5; *Wever*, Vermögensauseinandersetzung der Ehegatten außerhalb des Güterrechts, Rz. 30 sowie der *Verf.* in der 2. Aufl. Rz. 17.

- Sofern die zuständigkeitsbegründenden Tatsachen zugleich notwendige Tatbestandsmerkmale des geltend gemachten Anspruchs sind (**doppelrelevante Tatsachen**),[1] kommt es weiterhin allein auf den Vortrag des Antragstellers an; das Verteidigungsvorbringen des Antragsgegners ist in diesem Fall ohne Bedeutung.
- Soweit die zuständigkeitsbegründenden Tatsachen **nicht zugleich** notwendige Tatbestandsmerkmale des geltend gemachten Anspruchs sind, kann die Entscheidung über den Rechtsweg hingegen nur auf unbestrittene oder bewiesene Tatsachen gestützt werden; dies bedeutet, dass im Fall des substantiierten Bestreitens über diese Tatsachen **Beweis erhoben** werden muss; der Antragsteller trägt die Beweislast.

Beispiel:[2]
Die Frage des Bestehens eines Verlöbnisses iSd. § 266 Abs. 1 Nr. 1 FamFG ist doppelrelevant, wenn der Antragsteller einen Anspruch nach §§ 1298 oder 1301 BGB geltend macht, da dort das Verlöbnis Tatbestandmerkmal ist, das Bestehen oder Nichtbestehen eines Verlöbnisses ist hingegen nicht doppelrelevant, wenn ein Anspruch auf Freistellung von gesamtschuldnerisch eingegangenen Verbindlichkeiten geltend gemacht wird. Das Kriterium des **Zusammenhangs** in § 266 Abs. 1 Nr. 1 und 3 FamFG ist im Regelfall **nicht doppelrelevant**, da der vom Antragsteller geltend gemachte Anspruch etwa auf Rückgewähr einer Schenkung, Freistellung oder Schadenersatz tatbestandlich unabhängig davon ist, ob ein Zusammenhang mit Trennung oder Scheidung besteht oder nicht.

Die **rechtliche Bewertung** der nach den vorgenannten Grundsätzen ermittelten Tatsachengrundlage obliegt in allen Fällen weiterhin allein dem Gericht.[3]

18 Kann derselbe Anspruch im prozessualen Sinne auf **mehrere Anspruchsgrundlagen** gestützt werden, von denen nur eine unter § 266 Abs. 1 fällt, oder liegt sonst ein Zweifelsfall bei der Zuordnung vor, wird wie folgt zu unterscheiden sein: Kommt neben der Einordnung als sonstige Familiensache das Vorliegen einer **anderen Familiensache** nach § 111 in Betracht, geht diese Zuordnung vor, da § 266 Abs. 1 subsidiär ist. Kommt neben einer sonstigen Familiensache auch die Annahme einer Nichtfamiliensache in Betracht, wird das Verfahren **im Zweifel als sonstige Familiensache** anzusehen sein.[4]

19 Eine Familiensache und eine Nichtfamiliensache können **nicht miteinander verbunden oder im Wege der Klagenhäufung** im selben Verfahren geführt werden. Dies gilt auch im Bereich der sonstigen Familiensachen. In einer Familiensache ist daher auch ein **Widerklageantrag** über einen nicht-familienrechtlichen Anspruch unzulässig. Die Nichtfamiliensache ist abzutrennen und an das zuständige Gericht bzw. die zuständige Abteilung zu verweisen; ein erstmals im Rechtsmittelverfahren erhobener nicht-familienrechtlicher Widerklageantrag ist als unzulässig abzuweisen.

19a Ob in der besonderen Konstellation, dass in einem am 1.9.2009 bei einem **Zivilgericht** rechtshängigen Prozess, der nach neuem Recht unter § 266 Abs. 1 gefallen wäre, nach dem 1.9.2009 in erster Instanz oder in der Rechtsmittelinstanz eine unter § 266 Abs. 1 fallende **Widerklage** erhoben oder eine unter § 266 Abs. 1 fallende **Erweiterung der Klage** beantragt werden kann, für die das Zivilgericht inzwischen eigentlich nicht mehr zuständig wäre,[5] ist noch nicht abschließend geklärt. Im Fall einer Widerklage kann ggf. nach § 145 Abs. 2 verfahren werden. Wird in einem bereits vor dem Stichtag beim **Familiengericht** anhängigen Verfahren nach dem 1.9.2009 „in zulässiger Weise" eine unter § 266 Abs. 1 fallende **Widerklage** erhoben, richtet sich auch bezüglich der Widerklage das anwendbare Verfahrensrecht (Art. 111 Abs. 1 FGG-RG) nach dem

---

1 Näher zur Doppelrelevanz zuständigkeitsbegründender Tatsachen vgl. BGH v. 27.10.2009 – VIII ZB 42/08, NJW 2010, 873 ff.
2 *Heiter*, FamRZ 2013, 283.
3 BGH v. 27.10.2009 – VIII ZB 42/08, NJW 2010, 873 ff. Rz. 14.
4 Vgl. für Güterrechtssachen BGH v. 10.11.1982 – IVb ARZ 44/82, FamRZ 1983, 155.
5 Dafür aus Gründen der Prozessökonomie OLG Frankfurt (4. Zivilsenat) v. 3.5.2010 – 4 W 6/10, FamRZ 2010, 1581, dagegen wohl der 19. Zivilsenat, OLG Frankfurt v. 18.11.2009 – 19 W 74/09, FamRZ 2010, 481, krit. hierzu *Kühner*, FamRB 2010, 79.

durch die Klage eingeleiteten Verfahren.[1] Das Verfahren sei **einheitlich zu behandeln** und könne insbesondere im Hinblick auf Rechtsmittel nicht sinnvoll in Klage- und Widerklage-Verfahren aufgeteilt werden.[2] Entsprechendes wie bei der Widerklage dürfte bei einem vor dem Stichtag beim Familiengericht anhängigen Verfahren auch bei einer nach dem 1.9.2009 erfolgenden Klageerweiterung um einen unter § 266 Abs. 1 fallenden Verfahrensgegenstand gelten, jedenfalls wenn es sich um einen Fall des § 264 ZPO handelt.[3]

Werden eine Familiensache nach § 266 Abs. 1 und eine Nichtfamiliensache im Wege von **Haupt- und Hilfsantrag** geltend gemacht, so ist zunächst das Gericht zuständig, das zur Entscheidung über den Hauptantrag berufen ist. Eine Verweisung oder Abgabe wegen des Hilfsanspruchs kann erst erfolgen, wenn der Hauptantrag rechtskräftig abgewiesen ist. 20

Die in einem familiengerichtlichen Verfahren, etwa in einer sonstigen Familiensache, erklärte **Aufrechnung** mit einer nicht-familienrechtlichen Gegenforderung ist zulässig und ändert nichts an der Einordnung als Familiensache. Das Familiengericht kann über die zur Aufrechnung gestellte nicht-familienrechtliche Gegenforderung selbst entscheiden oder nach § 148 ZPO vorgehen. 21

Bei **Vollstreckungsabwehranträgen** nach § 767 ZPO wird auf den angegriffenen Titel, bei **Drittwiderspruchsanträgen** nach § 771 ZPO auf das „die Veräußerung hindernde Recht" abzustellen sein. Zur Zuständigkeit für Verfahren nach § 767 ZPO, wenn der Ausgangstitel noch von einem Zivilgericht stammt, aber die Kriterien des § 266 Abs. 1 vorliegen (Zivilgericht als Prozessgericht oder Familiengericht?), vgl. nachf. Rz. 26. 22

Die dem **Vollstreckungsgericht** zugewiesenen Verfahren sind keine Familiensachen,[4] auch keine sonstigen Familiensachen nach § 266 Abs. 1. Dies gilt für die Zuständigkeiten des Vollstreckungsgerichts nach den Vorschriften der ZPO und nach dem ZVG,[5] also etwa auch für das Verfahren der Teilungsversteigerung. 23

Für die Einordnung ist die **Verfahrensart nicht entscheidend**. Als sonstige Familiensachen nach § 266 Abs. 1 kommen daher neben Hauptsacheverfahren auch Verfahren des **einstweiligen Rechtsschutzes**[6] oder Mahnverfahren sowie Verfahren über die Verfahrenskostenhilfe für eine Angelegenheit nach § 266 Abs. 1 in Betracht. 24

c) Zuständigkeitsfragen

Den mit der Zuständigkeit verschiedener Gerichte oder Abteilungen zusammenhängenden Problemen[7] kommt im Bereich der sonstigen Familiensachen nach § 266 Abs. 1 besondere Bedeutung zu, zumal die Abgrenzung zu den allgemeinen Zivilsachen oft nicht einfach zu bewerkstelligen ist. Es empfiehlt es sich, ein Gesuch usw. **im Zweifel an das Familiengericht** zu richten, das dann die Einordnung in die Kriterien des § 266 FamFG auch vor dem Hintergrund bisher anhängiger Familienverfahren vornehmen kann. Die Handhabung innerhalb der Gerichte sollte aus demselben Grund dahin gehen, dass ein eingehendes Gesuch in dazu Anlass gebenden Zweifelsfällen zunächst dem Familiengericht vorgelegt wird. Dies bedeutet jedoch nicht, dass die einzelnen Kriterien so auszulegen wären, dass im Zweifel immer eine Familiensache vorliegen würde (vgl. Rz. 32). 25

---

1 BGH v. 3.11.2010 – XII ZB 197/10, FamRZ 2011, 100 (Klage und Widerklage betreffen das Unterhaltsrecht).
2 BGH v. 3.11.2010 – XII ZB 197/10, FamRZ 2011, 100 Rz. 11.
3 Vgl. OLG Frankfurt (4. Zivilsenat) v. 3.5.2010 – 4 W 6/10, FamRZ 2010, 1581 (einheitliches Verfahren iSd. Art. 111 FGG-RG); abw. wohl der 19. Zivilsenat, OLG Frankfurt v. 18.11.2009 – 19 W 74/09, FamRZ 2010, 481.
4 BGH v. 31.1.1979 – IV AZR 111/78, FamRZ 1979, 421.
5 Vgl. Zöller/*Stöber*, § 869 ZPO Rz. 1.
6 OLG Nürnberg v. 28.12.2011 – 12 W 2359/11, FamRZ 2012, 559.
7 Zu Abgabe, Verweisung und Zuständigkeitsstreitigkeiten vgl. die Erl. zu § 111 Rz. 50 ff.

26 Ob altes oder neues Recht anzuwenden ist (Art. 111 FGG-RG), entscheidet in den meisten unter § 266 Abs. 1 fallenden Verfahren zugleich auch die Frage, ob das Zivilgericht oder das Familiengericht **zuständig** ist. Allein die Einreichung eines **Antrags auf Prozess- oder Verfahrenskostenhilfe** (ohne Einreichung eines Antrags in der Sache selbst bzw. unter Beifügung nur eines diesbezüglichen Entwurfs) führt noch **nicht zu einer Einleitung des Verfahrens** iSd. Art. 111 Abs. 1 FGG-RG.[1] Der Eingang eines Antrags auf Erlass eines Mahnbescheids reicht hierfür jedoch aus.[2] Zur Problematik einer in Altverfahren nach dem Stichtag erhobenen **Widerklage** bzw. erklärten Klagerweiterung um einen heute unter § 266 Abs. 1 fallenden Verfahrensgegenstand vgl. oben Rz. 19a. Wird ein vor dem 1.9.2009 eingeleitetes, einen heute unter § 266 Abs. 1 fallenden Verfahrensgegenstand (z.B. Gesamtschuldnerausgleich zwischen geschiedenen Ehegatten) betreffendes **Zivilverfahren nach dem Stichtag ausgesetzt oder zum Ruhen gebracht,** hat dies **nicht** den Wechsel des anwendbaren Rechts und der gerichtlichen Zuständigkeit zur Folge, da Art. 111 Abs. 3 FGG-RG nur Verfahren erfasst, die zuvor bereits „Familiensachen" waren. Stammt der mit einem **Vollstreckungsgegenantrag (§ 767 ZPO)** angegriffene Titel noch von einem Zivilgericht, liegen jedoch hinsichtlich des neuen Klagantrags die Voraussetzungen des § 266 Abs. 1 vor, so handelt es sich trotz des scheinbar entgegenstehenden Wortlauts des § 767 Abs. 1 ZPO um eine Familiensache und nicht um eine allgemeine Zivilsache.[3] Dies folgt daraus, dass Art. 111 Abs. 1, 2 FGG-RG auch für die Zuständigkeitsfrage gegenüber § 767 ZPO vorrangige Sonderregelungen enthält.

26a Hält die zunächst angerufene Zivilkammer des Landgerichts das Verfahren für eine Familiensache, so betrifft dies die Frage des zutreffenden Rechtswegs mit der Folge, dass **§ 17a GVG anzuwenden** ist, und **nicht § 281 ZPO**.[4] Dass dabei statt des Landgerichts das Amtsgericht Eingangsgericht ist, bedeutet nicht, dass die Überleitung nach der bei Verfehlung der sachlichen Zuständigkeit einschlägigen Vorschrift vorzunehmen wäre. Dies folgt daraus, dass §§ 17a ff. GVG vorrangig anzuwendende Spezialvorschriften enthalten. Zudem ist die Frage des Rechtswegs logisch vor derjenigen nach der sachlichen Zuständigkeit zu prüfen; letztere ist nach Verneinung des Rechtswegs für das angerufene Gericht nicht mehr zu beantworten. Das Gesagte gilt auch im umgekehrten Fall einer Verweisung durch das Familiengericht an die Zivilkammer. Beide vorgenannten Überleitungsvorschriften weisen Unterschiede auf; der bedeutsamste liegt darin, dass nach § 281 Abs. 2 Satz 2 ZPO ein Verweisungsbeschluss unanfechtbar wäre, nach § 17a Abs. 4 GVG hingegen die **Beschwerde** möglich ist, nach Zulassung durch das Beschwerdegericht auch die Rechtsbeschwerde zum BGH.

27 Die Frage, ob **innerhalb des Amtsgerichts** das Familiengericht oder eine andere Abteilung zuständig ist, ist eine der (gesetzlich geregelten) Geschäftsverteilung bzw. der funktionalen Zuständigkeit. Insoweit kann eine der gesetzlichen Regelung widersprechende Zuständigkeit des Familiengerichts oder der Zivilabteilung von vornherein weder durch Vereinbarung der Parteien noch durch rügelose Einlassung begründet werden.[5]

28 Ein beim Familiengericht anhängiges Verfahren, für das die allgemeine Zivilabteilung zuständig ist, oder ein dort anhängiges Verfahren, das vor das Familiengericht gehört, ist innerhalb desselben Gerichts nach § 17a Abs. 6 GVG iVm. § 17a Abs. 2 und

---

1 BGH v. 29.2.2012 – XII ZB 198/11, FamRZ 2012, 783; ebenso bereits 2. Aufl. Rz. 26 mwN.
2 OLG Brandenburg v. 3.5.2010 – 9 AR 13/09, FamRZ 2010, 2093.
3 Vgl. BGH v. 17.10.1979 – IV ARZ 42/79, FamRZ 1980, 47; wie hier *Stockmann*, jurisPR-FamR 7/2010 Anm. 3 unter C a.E.; aA wohl OLG Hamm v. 22.12.2009 – II-2 Sdb (FamS) Zust 31/09, FamRZ 2010, 920 (zu „Prozessgericht des ersten Rechtszuges" in § 890 ZPO bei der Vollstreckung einer noch durch das Zivilgericht getroffenen Entscheidung in einer Gewaltschutzsache); unklar Zöller/*Herget* § 767 ZPO Rz. 10 („keine Änderung der Rechtslage durch das FamFG").
4 Zu Abgabe, Verweisung und Zuständigkeitsstreitigkeiten vgl. die Erl. zu § 111 Rz. 50 ff., hier insbes. Rz. 58; zur vorliegenden Problematik OLG Stuttgart v. 26.1.2012 – 17 AR 1/12, FamRZ 2012, 1073 f. sowie FamRB 2012, 184 f. (LS m. Anm. *Frank*).
5 Zöller/*Vollkommer*, § 38 ZPO Rz. 3; Zöller/*Philippi*, 27. Aufl., § 621 ZPO Rz. 72.

4 GVG nach Anhörung der Beteiligten von Amts wegen **durch Beschluss an die zuständige Abteilung zu verweisen**; für diese ist der Beschluss bindend. Die bisherige Praxis der formlosen Abgabe gehört insoweit der Vergangenheit an. Die Beteiligten können den Beschluss mit der sofortigen Beschwerde nach den Vorschriften der jeweils anzuwendenden Verfahrensordnung anfechten. Für die Familienabteilungen eines Amtsgerichts untereinander gilt die Neuregelung des § 17a Abs. 6 GVG nicht.[1] Insoweit bestimmt § 23b Abs. 2 Satz 2 GVG, dass im Fall der nachträglichen Rechtshängigkeit einer Ehesache Familiensachen, die denselben Personenkreis oder ein gemeinschaftliches Kind der Ehegatten betreffen, an die Abteilung abzugeben sind, bei der die Ehesache rechtshängig geworden ist.

d) Die von Absatz 1 umfassten „Ansprüche"

Der Begriff **Ansprüche** in § 266 Abs. 1 Nr. 1 bis 5 entspricht nicht dem Anspruchsbegriff des Bürgerlichen Gesetzbuchs (vgl. § 194 Abs. 1 BGB). Eine Beschränkung auf schuldrechtliche Rechtspositionen wäre mit dem Ziel, ein großes Familiengericht für Streitigkeiten aller Art[2] zu schaffen, nicht vereinbar. Der Begriff ist daher weit auszulegen, er muss **jedes Rechtsverhältnis und jede materiell-rechtliche Rechtsposition** umfassen, auch dingliche oder sonstige absolute Rechte sowie Gestaltungsrechte. 29

Darauf, ob der Anspruch vermögensrechtlicher Natur ist, kommt es nicht an.[3] Die Neuregelung umfasst bewusst nicht nur die Vermögensauseinandersetzung der Ehegatten außerhalb des Güterrechts, sondern es können gerade **auch nichtvermögensrechtliche Angelegenheiten** sonstige Familiensachen nach § 266 Abs. 1 sein. Die Begründung des RegE nennt diesbezüglich etwa Streitigkeiten zwischen Ehegatten wegen Beleidigungen oder wegen der Herausgabe höchstpersönlicher Gegenstände wie Fotografien oder Tagebücher.[4] 30

e) Die Ausschlussklausel des Absatz 1

Als erster der im zweiten Teil des § 266 Abs. 1 aufgeführten Ausschlussgründe ist bestimmt, dass für das Verfahren nicht die **Arbeitsgerichte** zuständig sein dürfen. Im Fall der Zuständigkeit der Arbeitsgerichte ist bereits der Rechtsweg zu den ordentlichen Gerichten nicht gegeben,[5] so dass von vornherein keine Familiensache vorliegen kann (vgl. Rz. 13). Mit der Formulierung wird also lediglich an die vorrangige Prüfung des **Rechtswegs** erinnert. Dies erschien wegen der praktischen Relevanz der Frage angezeigt. Erforderlich für die Zuständigkeit der Arbeitsgerichte ist das Vorliegen eines Arbeitsvertrags zwischen den Ehegatten.[6] In den Fällen der Mitarbeit eines Ehegatten im Geschäft des anderen kommt es also entscheidend auf die Anspruchsgrundlage für den gestellten Antrag an.[7] Bei Vorliegen eines Arbeitsvertrags sind die Arbeitsgerichte zuständig etwa für Lohnansprüche, Feststellungsanträge in Bezug auf den Bestand des Arbeitsverhältnisses, Schadensersatzansprüche in engem Zusammenhang mit dem Arbeitsverhältnis oder Herausgabeansprüche in Bezug auf dabei erlangte Gegenstände. 31

Das Verfahren darf weiterhin nicht eines der in § 348 Abs. 1 Satz 2 Nr. 2 Buchst. a bis k ZPO genannten Sachgebiete, das Wohnungseigentumsrecht oder das Erbrecht betreffen. Dies gilt **auch dann**, wenn im Einzelfall für die Bearbeitung des Falles spe- 32

---

1 Vgl. die Begr. des RegE, BT-Drucks. 16/6308, S. 318.
2 Im Rahmen der tatbestandlichen Voraussetzungen des § 266.
3 Anders noch die in einer frühen Phase der Entwurfsarbeiten angestellten Überlegungen, vgl. die Rede der damaligen Bundesjustizministerin v. 17.9.2003 vor dem 15. Deutschen Familiengerichtstag („Familienvermögenssachen", „alle vermögensrechtlichen Rechtsstreitigkeiten, deren Ergebnis für den Unterhalts- oder Güterrechtsprozess von Bedeutung sein kann").
4 BT-Drucks. 16/6308, S. 262.
5 Vgl. §§ 2, 48 ArbGG sowie BGH v. 19.12.1996 – III ZB 105/96, NJW 1998, 909. Vgl. auch die Erl. zu Rz. 13.
6 *Hilbig*, FPR 2011, 68 f.
7 Zu möglichen Anspruchsgrundlagen vgl. *Hilbig*, FPR 2011, 68 ff.

zielle Kenntnisse¹ in den genannten Rechtsbereichen nicht erforderlich sind. Bei der Prüfung, ob ein Verfahren eines der die Zuständigkeit des Familiengerichts ausschließenden Rechtsgebiete „betrifft", bietet es sich an, zunächst die Grundsätze, nach denen sich bestimmt, ob eine Familiensache „kraft Sachzusammenhangs" vorliegt, spiegelbildlich anzuwenden. Dabei ist, in gleicher Weise wie bei **demselben Begriff im ersten Halbsatz**, ein **großzügiger Maßstab** anzulegen.[2] Dies ergibt sich auch daraus, dass der bewusst verwendete Begriff „betrifft" im FamFG, verglichen mit den Formulierungen „... zum Gegenstand hat" oder „Verfahren nach ...", **die geringsten Anforderungen an den Zusammenhang** mit der jeweils genannten Materie stellt. Ein Grundsatz, dass „im Zweifel" gerade die speziellere Regelung[3] der Ausschlussklausel nicht eingreifen soll, besteht schon wegen der Verwendung desselben weiten Begriffs wie im ersten Halbsatz des Absatzes 1 **nicht**.[4] Ist eine wesentliche Vorfrage oder ein Teil des Verfahrensgegenstandes[5] einer der genannten Spezialmaterien zuzurechnen, wird ein „Betreffen" nicht verneint werden können.

32a Das Verfahren darf nicht die in § 348 Abs. 1 Satz 2 Nr. 2 Buchst. a bis k ZPO genannten Sachgebiete betreffen. § 348 Abs. 1 ZPO lautet:

(1) Die Zivilkammer entscheidet durch eines ihrer Mitglieder als Einzelrichter. Dies gilt nicht, wenn
1. das Mitglied Richter auf Probe ist und noch nicht über einen Zeitraum von einem Jahr geschäftsverteilungsplanmäßig Rechtsprechungsaufgaben in bürgerlichen Rechtsstreitigkeiten wahrzunehmen hatte oder
2. die Zuständigkeit der Kammer nach dem Geschäftsverteilungsplan des Gerichts wegen der Zuordnung des Rechtsstreits zu den nachfolgenden Sachgebieten begründet ist:
    a) Streitigkeiten über Ansprüche aus Veröffentlichungen durch Druckerzeugnisse, Bild- und Tonträger jeder Art, insbesondere in Presse, Rundfunk, Film und Fernsehen;
    b) Streitigkeiten aus Bank- und Finanzgeschäften;
    c) Streitigkeiten aus Bau- und Architektenverträgen sowie aus Ingenieurverträgen, soweit sie im Zusammenhang mit Bauleistungen stehen;
    d) Streitigkeiten aus der Berufstätigkeit der Rechtsanwälte, Patentanwälte, Notare, Steuerberater, Steuerbevollmächtigten, Wirtschaftsprüfer und vereidigten Buchprüfer;
    e) Streitigkeiten über Ansprüche aus Heilbehandlungen;
    f) Streitigkeiten aus Handelssachen im Sinne des § 95 des Gerichtsverfassungsgesetzes;
    g) Streitigkeiten über Ansprüche aus Fracht-, Speditions- und Lagergeschäften;
    h) Streitigkeiten aus Versicherungsvertragsverhältnissen;
    i) Streitigkeiten aus den Bereichen des Urheber- und Verlagsrechts;
    j) Streitigkeiten aus den Bereichen der Kommunikations- und Informationstechnologie;
    k) Streitigkeiten, die dem Landgericht ohne Rücksicht auf den Streitwert zugewiesen sind.

Das **Erbrecht** ist noch nicht allein deshalb betroffen, weil ein Ehegatte verstorben ist.[6] Dem Erbrecht zuzurechnen sind etwa Verfahren über testamentarische Ansprüche oder Verfahren nach § 1371 Abs. 1 BGB,[7] Verfahren über den Pflichtteilsanspruch nach § 1371 Abs. 2, 3 BGB oder Verfahren zur Auseinandersetzung einer Erbengemeinschaft, auch wenn an dieser (nur oder auch) beide Ehegatten beteiligt sind. Es reicht aus, dass das Verfahren das Erbrecht nicht unerheblich mitbetrifft.[8]

---

1 Diesen Gesichtspunkt nennt die Begr. des RegE; BT-Drucks. 16/6308, S. 263.
2 Welche Auswirkungen die Entscheidung BGH v. 5.12.2012 – XII ZB 652/11, FamRZ 2013, 281 ff. auf diese Frage hat, ist noch unklar, vgl. *Heiter* FamRZ 2013, 283; zu den in der Literatur vorgeschlagenen Vorgehensweisen zur Bestimmung, ob ein Verfahren eines der genannten Rechtsgebiete „betrifft", vgl. eingehend *Hilbig*, FPR 2011, 68 (73).
3 BT-Drucks. 16/6308, S. 263 („Der Gesichtspunkt der Spezialität setzt sich hier ... durch").
4 Zutr. *Hilbig*, FPR 2011, 68 (73); aA wohl Keidel/*Giers*, § 266 FamFG Rz. 10; MüKo.ZPO/*Erbarth*, § 266 FamFG Rz. 9.
5 Schulte-Bunert/Weinreich/*Rehme*, § 266 FamFG Rz. 9.
6 *Hilbig*, FPR 2011, 68 (73); vgl. auch die Begr. des RegE, BT-Drucks. 16/6308, S. 262 („im Wege der Rechtsnachfolge auf einen Dritten übergegangen").
7 *Hilbig*, FPR 2011, 68 (74) mwN.
8 MüKo.ZPO/*Erbarth*, § 266 FamFG Rz. 24.

Das **Wohnungseigentumsrecht** ist auf jeden Fall dann betroffen, wenn eine Streitigkeit nach § 43 WEG vorliegt.[1] Im Hinblick auf die in diesem Rechtsbereich regelmäßig in besonderem Maße erforderlichen Spezialkenntnisse und die weite Fassung des Wortes „betrifft" dürfte auch bei einer **bedeutsamen Vorfrage** aus dem Wohnungseigentumsrecht die Ausschlussklausel eingreifen und damit die familiengerichtliche Zuständigkeit zurücktreten.[2] Dasselbe wird gelten, wenn ein **Teil des Verfahrensgegenstandes** dem Wohnungseigentumsrecht zuzuordnen ist.

Das Verhältnis zu anderen Familiensachen ist im Sinne eines Vorrangs derselben durch die **Subsidiaritätsklausel** am Ende des § 266 Abs. 1 geregelt. Der Vorrang besteht auch dann, wenn es sich um eine andere Familiensache kraft Sachzusammenhangs handelt. § 269 enthält Spezialregelungen für den Fall der Lebenspartnerschaft, die gegenüber § 266 Abs. 1 ohnehin vorrangig sind.

2. Sonstige Familiensachen im Einzelnen

a) Ansprüche im Zusammenhang mit der Beendigung des Verlöbnisses (Nr. 1)

aa) Voraussetzungen

§ 266 Abs. 1 Nr. 1 nennt Verfahren, die Ansprüche im Zusammenhang mit der Beendigung des Verlöbnisses betreffen. Dazu, welche Verfahren hierbei grundsätzlich in Betracht kommen und zum Begriff der Ansprüche vgl. die Erl. zu Rz. 13 ff., 29 f.

Ein Verlöbnis kann auf verschiedene Weise beendet werden, etwa durch nachfolgende Eheschließung, Tod eines Verlobten, Rücktritt, Aufhebungsvertrag, Eintritt einer auflösenden Bedingung oder nachträgliche Unmöglichkeit. Nr. 1 umfasst, anders als Nr. 3, **alle Fälle der Beendigung**, auch soweit sie typischerweise nicht mit einem Konflikt zwischen den betroffenen Personen einhergehen. Zu dem in allen Fällen der Nr. 1 bestehenden Erfordernis des **Zusammenhangs** mit der Beendigung des Verlöbnisses wird auf die eingehenden Erl. zu Rz. 47 ff. verwiesen.

Nr. 1 enthält eine Einschränkung auf die miteinander verlobten oder ehemals miteinander[3] verlobten **Personen**; nur in den Fällen der §§ 1298, 1299 BGB kann nach dem Gesetzeswortlaut der Anspruch auch zwischen einem ehemals Verlobten und einer dort genannten dritten Person bestehen. Das **materiell-rechtliche Rechtsverhältnis** muss zwischen den genannten Personen zum **Zeitpunkt seiner Entstehung**[4] bestanden haben. Darauf, wer an dem gerichtlichen Verfahren beteiligt ist, kommt es nicht an. Insbesondere ist es unschädlich, dass der einmal zwischen den genannten Personen entstandene Anspruch auf Aktiv- oder Passivseite auf Dritte übergegangen ist oder im Verfahren von Dritten geltend gemacht wird.

bb) Beispiele

Die Begründung des RegE nennt neben **den speziellen Ansprüchen** nach §§ 1298, 1299 BGB (Ersatz von in Erwartung der Ehe getätigten Aufwendungen oder sonstigen Maßnahmen) auch Ansprüche auf **Rückgewähr** von Geschenken oder sonstigen Zuwendungen. Denkbar sind auch Ansprüche mit dem Ziel der Auflösung bereits bestehender gemeinsamer Berechtigungen oder Verpflichtungen der (ehemals) Verlobten, Ansprüche aufgrund von unerlaubten Handlungen anlässlich der Beendigung des Verlöbnisses oder nichtvermögensrechtliche Ansprüche.[5] Auch der Streit um einen in der Verlobungszeit angeschafften PKW kann unter Nr. 1 fallen.[6] Nr. 1 kann auch einschlägig sein bei Verfahren über Ansprüche, die ein vorheriges Zusammenle-

---

1 *Heinemann*, MDR 2009, 1026 (1027).
2 Thomas/Putzo/*Hüßtege*, § 266 FamFG Rz. 2.
3 Dieses Wort fehlt im Gesetzestext.
4 Vgl. Begr. des RegE, BT-Drucks. 16/6308, S. 262.
5 Zu verschiedenen in Betracht kommenden materiell-rechtlichen Ansprüchen sowie zum Gerichtstand (keine Anwendung des § 29 ZPO) vgl. MüKo.ZPO/*Erbarth*, § 266 FamFG Rz. 27 ff. sowie *Erbarth*, FPR 2011, 89 ff.
6 LG Mainz v. 16.5.2012 – 3 O 50/12, FamRZ 2013, 68.

ben¹ **der Verlobten** betreffen,² dies gilt jedoch nicht uneingeschränkt, denn es muss (zumindest nach dem Tatsachenvortrag des Antragstellers) nicht nur ein Verlöbnis vorliegen, sondern ein Bezug gerade zu dessen Beendigung bestehen.

38 Von Nr. 1 können auch Verfahren auf **Feststellung** des Bestehens oder Nichtbestehens eines Verlöbnisses erfasst sein, sofern ein inhaltlicher Zusammenhang mit der Beendigung des Verlöbnisses (etwa Streit um die Wirksamkeit des zur Beendigung führenden Rechtsakts) und ein zeitlicher Zusammenhang in dem Rz. 47 ff. genannten Sinne bestehen.

39 Zur **Ausschlussklausel** des § 266 Abs. 1 vgl. die Erläuterungen zu Rz. 31 ff. Das Verfahren ist danach keine sonstige Familiensache, wenn eine Miterbengemeinschaft oder eine Handelsgesellschaft zwischen den Verlobten aufgelöst werden soll.

b) Ansprüche aus der Ehe (Nr. 2)

aa) Voraussetzungen

40 § 266 Abs. 1 Nr. 2 umfasst lediglich **unmittelbar aus der Ehe** herrührende³ Ansprüche. Dazu, welche Verfahren hierbei grundsätzlich in Betracht kommen, und zum Begriff der Ansprüche vgl. die Erl. zu Rz. 13 ff., 29 f. Insbesondere fallen Ehesachen nach § 121 und ehebezogene Familiensachen der freiwilligen Gerichtsbarkeit (vgl. § 266 Abs. 2) nicht unter Nr. 2. Unterhaltsrechtliche oder güterrechtliche Ansprüche beruhen, wie die meisten Scheidungsfolgen, auf besonderen Anspruchsgrundlagen und folgen nicht „unmittelbar" aus der Ehe, abgesehen davon, dass im Fall einer diesbezüglichen Familiensache der subsidiäre § 266 Abs. 1 ohnehin nicht zur Anwendung kommt. Nr. 2 setzt nicht eine „intakte Ehe" voraus; ob der Anspruch während der Ehe oder nach Beendigung derselben entstanden ist, ist, sofern die übrigen Kriterien erfüllt sind, gleichgültig.⁴ Einschränkungen in persönlicher Hinsicht bestehen bei Nr. 2 nicht. Insbesondere ist es gleichgültig, gegen wen der geltend gemachte Anspruch gerichtet ist.⁵

bb) Beispiele

41 In Betracht kommen für Nr. 2 insbesondere aus **§ 1353 BGB** hergeleitete Ansprüche persönlicher oder vermögensrechtlicher Art sowie Schadenersatzansprüche im Fall der Verletzung von Ehepflichten, die nicht dem höchstpersönlichen Bereich zuzuordnen sind (zum Sorgfaltsmaßstab vgl. § 1359 BGB).

42 Zu nennen sind etwa der Anspruch auf Auskunft oder Information gegenüber dem anderen Ehegatten,⁶ der Anspruch auf Mitwirkung bei der gemeinsamen steuerlichen Veranlagung von Ehegatten⁷ und der Schadenersatzanspruch bei Verletzung dieser Pflicht. Sofern einer Teilungsversteigerung des im Miteigentum beider Ehegatten stehenden Familienheims unter Berufung auf § 1353 BGB⁸ (nicht etwa § 1365 BGB, vgl. hierzu § 261 Rz. 22) widersprochen wird, kann ebenfalls ein Fall der Nr. 2 gegeben sein. Auch ein Anspruch auf Übertragung eines Pkw-Schadensfreiheitsrabatts fällt idR⁹ unter Nr. 2.¹⁰

---

1 Vgl. etwa BGH v. 13.4.2005 – XII ZR 296/00, FamRZ 2005, 1151.
2 *Burger*, FamRZ 2009, 1017 (1018).
3 Vgl. zu diesem Begriff *Burger*, FamRZ 2009, 1017 (1018).
4 AA Baumbach/*Hartmann*, § 266 FamFG Rz. 11, 12.
5 Vgl. die Begr. des RegE, BT-Drucks. 16/6308, S. 262.
6 *Burger*, FamRZ 2009, 1017 (1019).
7 *Pasche*, FPR 2011, 79 ff.; Palandt/*Brudermüller*, § 1353 BGB Rz. 12 mwN; vgl. auch *Schlünder/Geißler*, Anm. zu BGH v. 18.11.2010 – IX ZR 240/07, FamRZ 2011, 210 (212): dass sich der Anspruch auf Zustimmung gegen den Insolvenzverwalter über das Vermögen des anderen, mit dem Anspruchsteller weiter zusammenlebenden Ehegatten richtet, ist für Nr. 2 unschädlich.
8 Vgl. hierzu *Brudermüller*, FamRZ 1996, 1516.
9 Vgl. *Wever* FamRZ 2011, 413 (424) Fn. 110.
10 AG Olpe v. 7.1.2010 – 22 F 6/10, FamRZ 2010, 919 mwN (Anspruch aus § 1353 Abs. 1, § 242 BGB).

Weiter gehören hierzu Ansprüche, durch die der Schutz des **räumlich-gegenständ-** **43** **lichen Bereichs der Ehe** gegenüber dem anderen Ehegatten oder gegenüber Dritten verwirklicht werden soll (§ 823 Abs. 1, § 1004 BGB; Ehestörungsklagen)[1] sowie diesbezügliche Schadensersatzansprüche.[2]

Auch der auf § 1353 BGB gestützte Anspruch auf **Herstellung des ehelichen Le-** **44** **bens** sowie der als „negative Herstellungsklage" anzusehende Antrag auf **Feststellung des Rechts zum Getrenntleben** sind Verfahren nach Nr. 2.[3] Entsprechende Verfahren haben nur noch eine geringe Bedeutung. Diese hing früher auch mit dem Zugang zum Mittel der von einer Ehesache abhängigen eA zusammen (vgl. § 620 Nr. 5 aF ZPO), ein Aspekt, der mit der Einführung des hauptsacheunabhängigen einstweiligen Rechtsschutzes durch das FamFG entfallen ist. Durch die Reform werden die Verfahren nicht abgeschafft,[4] sie sind aber keine Ehesachen mehr. Dies hat zur Folge, dass die diesbezüglichen verfahrensrechtlichen Besonderheiten nicht mehr maßgeblich sind, dies gilt insbesondere für den Grundsatz der Amtsermittlung.[5] Es gelten nunmehr die allgemeinen Verfahrensregeln für Familienstreitsachen (§§ 113 ff.), einschließlich des zivilprozessualen Beibringungsgrundsatzes. Zum Ausschluss der Vollstreckung vgl. § 120 Abs. 3.

In den vorgenannten Fällen werden die Voraussetzungen der **Ausschlussklausel** **45** des Abs. 1 idR nicht erfüllt sein.

c) Ansprüche im Zusammenhang mit der Beendigung der Ehe (Nr. 3)

aa) In Betracht kommende Verfahren

§ 266 Abs. 1 Nr. 3, der in praktischer Hinsicht bei weitem bedeutsamste Fall des **46** § 266 Abs. 1, erfasst Verfahren, die Ansprüche **im Zusammenhang** mit Trennung, Scheidung oder Aufhebung der Ehe betreffen. Dazu, welche Verfahren hierbei grundsätzlich in Betracht kommen und zum Begriff der Ansprüche vgl. Erl. zu Rz. 13 ff., 29 f. Fällt ein Anspruch bereits unter die spezieller gefassten und damit vorrangigen Vorschriften des § 266 Abs. 1 Nr. 2, 4 oder 5, kommt es auf die Voraussetzungen der Nr. 3, insbesondere auf das Kriterium des Zusammenhangs nicht mehr an.

bb) Zusammenhang

Der Begriff des Zusammenhangs hat, worauf in der Begründung des RegE aus- **47** drücklich hingewiesen wird, eine **inhaltliche und eine zeitliche Komponente** (str.).[6] Beide müssen kumulativ erfüllt[7] sein, was schon daraus folgt, dass bei der Feststellung, ob ein Zusammenhang vorliegt, **alle Umstände** des Einzelfalls zu berücksichtigen sind.[8]

Der erforderliche **inhaltliche Zusammenhang** kann rechtlicher oder wirtschaftli- **48** cher Art sein. Trennung, Scheidung oder Aufhebung der Ehe müssen jedenfalls in tatsächlicher oder rechtlicher Hinsicht **ursächlich** sein für die geltend gemachte Rechtsfolge.[9] Dass die Ansprüche „ihren Grund unmittelbar" in der Ehe haben oder aus diesem Rechtsverhältnis „herrühren", ist für Nr. 3 nicht erforderlich.[10] Als **Indiz** für das Bestehen eines inhaltlichen Zusammenhangs wurde es angesehen, dass An-

---

1 *Stein*, FPR 2011, 85 (88).
2 Vgl. Palandt/*Brudermüller*, Einf. vor § 1353 BGB Rz. 5, 6; Palandt/*Sprau*, § 823 BGB Rz. 17.
3 Vgl. die Begr. des RegE, BT-Drucks. 16/6308, S. 226; *Stein*, FPR 2011, 85 ff.
4 Die Kritik an den genannten Verfahren halten für unberechtigt *Bergerfurth/Rogner*, Der Ehescheidungsprozess, Rz. 501 ff.
5 Vgl. die Begr. des RegE, BT-Drucks. 16/6308, S. 226.
6 BT-Drucks. 16/6308, S. 262; ausdrücklich offengelassen in BGH v. 5.12.2012 – XII ZB 652/11, FamRZ 2013, 281 ff. Rz. 37; zutr. *Burger*, FamRZ 2009, 1017 (1019).
7 *Meyer-Seitz/Kröger/Heiter*, FamRZ 2005, 1430 (1437).
8 BGH v. 5.12.2012 – XII ZB 652/11, FamRZ 2013, 281 ff. Rz. 22.
9 BGH v. 5.12.2012 – XII ZB 652/11, FamRZ 2013, 281 ff. Rz. 29.
10 Das Erfordernis der Unmittelbarkeit besteht nur in einer der beiden Gruppen von Verfahren des § 266 Abs. 1 (Nr. 2, 4, 5), vgl. BT-Drucks. 16/6308, S. 262.

sprüche für die Zeit ab der Trennung geltend gemacht werden.[1] Der inhaltliche Zusammenhang kann in Zweifelsfällen **großzügig bejaht** werden.[2] Bei nahe liegenden und häufig vorkommenden Folgen oder Begleiterscheinungen der Beendigung einer Ehe wird das Kriterium idR erfüllt sein. Dies gilt auch, soweit Ansprüche von Eltern gegen einen (früheren) Ehegatten zu beurteilen sind.[3]

49 Ein inhaltlicher Zusammenhang wird etwa in folgenden Fällen gegeben sein:[4]
- Aufteilung gemeinsamer Rechte oder Pflichten in Einzelberechtigungen bzw. Einzelverpflichtungen
- Geltendmachung von sonstigen Folgen der Trennung, Scheidung oder Aufhebung der Ehe, beispielsweise im Hinblick auf frühere Dispositionen
- Ansprüche aus tatsächlichen oder rechtlichen Vorgängen anlässlich der Trennung, Scheidung oder Aufhebung der Ehe.

49a Das Erfordernis eines **Zusammenhangs in zeitlicher Hinsicht** hat seinen Grund nicht nur in der oftmals mit zunehmender Zeitdauer geringeren Intensität und Bedeutung des zugrundeliegenden persönlichen Konflikts, sondern auch in dem mit der Schaffung des großen Familiengerichts verfolgten **Zweck**, der § 266 Abs. 1 Nr. 3 prägt und begrenzt: Mehrere zusammenhängende Verfahren sollen bei einem Spruchkörper konzentriert, Kenntnisse des Gerichts aus anderen Verfahren sollen nutzbar gemacht und **verfahrensübergreifende Gesamtlösungen** sollen erleichtert werden. Diese Gesichtspunkte sind in aller Regel bei einem Verfahren, das Jahre nach Abschluss der anlässlich der Beendigung der Ehe erfolgenden Auseinandersetzung der Ehegatten anhängig gemacht wird, nicht mehr einschlägig und können daher die von den allgemeinen Regeln abweichende Zuweisung eines Verfahrens an das Familiengericht nicht mehr rechtfertigen.

49b In der Literatur wird die **zeitliche Komponente** des Zusammenhangs teils anerkannt[5] aber auch häufig kritisiert.[6] Ein ähnliches Bild ergibt eine quantitative Betrachtung der veröffentlichten Rechtsprechung: die Zahl der ablehnenden Entscheidungen der Zivilgerichte[7] und, ihnen folgend, auch der Familiengerichte,[8] ist zweifellos größer als die Zahl der Entscheidungen, die auch die zeitliche Komponente berücksichtigen.[9] Der **BGH** hat die Frage, ob bei der erforderlichen Gesamtbetrachtung auch der Zeitaspekt zu berücksichtigen ist, unter Hinweis darauf, dass in dem von ihm zu entscheidenden Fall „ersichtlich auch ein zeitlicher Zusammenhang" besteht, ausdrücklich **offengelassen**.[10]

49c Die **Kritik** am zeitlichen Aspekt des Zusammenhangs ist widersprüchlich, da sie das Fehlen einer festen Zeitgrenze beanstandet, aber die erheblichen Unsicherheiten,

---

1 BGH v. 5.12.2012 – XII ZB 652/11, FamRZ 2013, 281 ff. Rz. 35 mwN.; zu weiteren Argumenten, auf die der BGH im entschiedenen Fall den sachlichen Zusammenhang stützt, vgl. Rz. 34.
2 BGH v. 5.12.2012 – XII ZB 652/11, FamRZ 2013, 281 ff. Rz. 29; *Burger*, FamRZ 2009, 1017 (1018 f.).
3 Enger wohl OLG Frankfurt v. 21.1.2011 – 19 W 67/10, FamRZ 2011, 1421.
4 *Meyer-Seitz/Kröger/Heiter*, FamRZ 2005, 1430 (1437).
5 Thomas/Putzo/*Hüßtege*, § 266 FamFG Rz. 5; Bumiller/*Harders*, § 266 FamFG Rz. 1; *Burger*, FamRZ 2009, 1017 (1019); *Hilbig*, FPR 2011, 68 (70).
6 Wiederholt etwa von *Wever*, FF 2008, 399 ff., FF 2012, 427 (432) sowie in seinen Rechtsprechungsübersichten; vgl. auch Th. A. *Heiß*, FamFR 2010, 292 ff.; *Heinemann*, MDR 2009, 1026 (1027); Keidel/*Giers*, § 266 FamFG Rz. 14; MüKo.ZPO/*Erbarth*, § 266 FamFG Rz. 26; Schulte-Bunert/Weinreich/*Rehme*, § 266 FamFG Rz. 12; offenlassend *Götz/Brudermüller*, NJW 2010, 5 (11).
7 Vgl. OLG Zweibrücken v. 5.1.2012 – 1 W 2/12, FamRZ 2012, 1816; OLG Stuttgart v. 10.1.2011 – 13 W 69/10, FamRB 2011, 143; OLG Frankfurt v. 21.1.2011 – 19 W 67/10, FamRZ 2011, 1421; OLG Frankfurt v. 3.5.2010 – 4 W 6/10, FamRZ 2010, 1581.
8 OLG Hamm v. 15.10.2010 – 4 WF 123/10, FamRZ 2011, 392; OLG Hamm v. 8.2.2011 – 2 WF 208/10, FamFR 2011, 212; ablehnende Entscheidungen von OLG und LG werden aufgezählt bei *Heinemann*, FamRB 2013, 78 (79) und *Wever* FF 2012, 427 (432) FN 25.
9 Vgl. OLG Düsseldorf v. 1.12.2011 – 10 W 149/11, FamRZ 2012, 475 Rz. 17; OLG Celle v. 11.4.2013 – 17 WF 74/13 Rz. 12, juris; AG Holzminden v. 13.5.2010 – 12 F 104/10, FamRZ 2010, 1758.
10 BGH v. 5.12.2012 – XII ZB 652/11, FamRZ 2013, 281 ff. Rz. 37.

die mit dem Aspekt des inhaltlichen Zusammenhangs mit Trennung und Scheidung verbunden sind, hinzunehmen bereit ist. Auch in anderen Fällen enthalten Zuständigkeitsvorschriften **unbestimmte Rechtsbegriffe**, ohne dass dies gegen den Grundsatz des gesetzlichen Richters verstoßen würde. Wenn man sich dem Problem erst einmal in der Sache stellt, werden sich inhaltliche Kriterien für den Zeitaspekt herausbilden, wie dies etwa bei dem Begriff der „kurzen Ehe" auch der Fall war. Weiter ist nicht zu befürchten, dass bei Dauerrechtsverhältnissen, etwa der laufenden Zahlung von Nutzungsvergütung für eine Wohnung, die gerichtliche Zuständigkeit nach einer gewissen Zeit wechseln könnte, da der zeitliche Zusammenhang durch dieses Rechtsverhältnis weiter aufrechterhalten bleibt; erst nach dessen Beendigung würde eine wie auch immer zu bemessende Zeitspanne überhaupt zu laufen beginnen. Dass ein Beteiligter, der etwas glaubt fordern zu können, damit in manipulativer Absicht, um statt zum Familiengericht zum Landgericht zu gelangen (von dem er auch nicht weiß, ob die zuständige Kammer für ihn günstiger entscheiden wird), viele Jahre zuwartet, ist so fernliegend, dass dieser Gedanke die Auslegung nicht bestimmen sollte. Durch das Fehlen einer festen Zeitgrenze wäre ein solches Kalkül ohnehin kaum möglich und bei der Zeitgrenze des Art. 111 Abs. 1 FGG-RG wurde die Möglichkeit der Wahl der Zuständigkeit durch bloßes Zuwarten auch nicht beanstandet. Schließlich hat das aus der Begründung des Regierungsentwurfs ersichtliche Verständnis des Begriffs des Zusammenhangs in § 266, das mit den Kriterien für „Familiensachen kraft Sachzusammenhangs" erkennbar nicht identisch sein sollte, entgegen einer teilweise vertretenen Ansicht, auch im **Gesetzeswortlaut** Niederschlag gefunden. Abweichend etwa von der Formulierung der Zuständigkeitsvorschrift des § 2 Abs. 1 Nr. 4, Abs. 3 ArbGG („in rechtlichem oder unmittelbar wirtschaftlichem Zusammenhang") enthält der Begriff in § 266 Abs. 1 gerade **keine einschränkenden Zusätze**. Es ist daher nicht gerechtfertigt, einen Aspekt, den es gibt, bei der Gesamtbetrachtung von vornherein von jeder Berücksichtigung auszuschließen.

Ob ein **Zusammenhang in zeitlicher Hinsicht** gegeben ist, lässt sich nur im Einzelfall und mit Blick auf den weiteren Teilaspekt des inhaltlichen Zusammenhangs bestimmen. Solange die **Ehe besteht**, kann nach dem Gesetzeswortlaut, der auch die Scheidung erwähnt, der Zusammenhang in zeitlicher Hinsicht nicht fehlen, auch nicht bei mit völliger wirtschaftlicher Entflechtung verbundenem langem Getrenntleben der Ehegatten. Solange noch weitere gerichtliche Verfahren zwischen den Ehegatten in Bezug auf die Scheidungsfolgen anhängig sind, wird ein Zusammenhang idR weiterhin bestehen, auch wenn die Beendigung der Ehe bereits längere Zeit zurückliegt. Ein Fortdauern der vermögensmäßigen Auseinandersetzung der Ehegatten lässt nach dem Sinn der Regelung den zeitlichen Zusammenhang fortbestehen.[1] Daraus folgt, dass es eine Bestimmtheit im Sinn einer festen Zeitspanne ab Beendigung der Ehe nicht geben kann. Wird allerdings viele Jahre nach Beendigung der Ehe und nachdem die **wirtschaftliche Entflechtung** der Ehegatten praktisch **abgeschlossen** war, noch einmal ein Verfahren eingeleitet, besteht ein solcher Zusammenhang nicht mehr.

Das Bestehen eines Zusammenhangs in zeitlicher Hinsicht sollte in Zweifelsfällen ebenfalls **großzügig bejaht** werden. Dieser Aspekt ist ein Korrektiv, um vor dem Hintergrund der weit gefassten Nr. 3 in Fällen, in denen formal ein inhaltlicher Zusammenhang gegeben ist, der Zweck des großen Familiengerichts (s.o.) die Befassung des Familiengerichts aber nicht mehr rechtfertigt, dessen Zuständigkeit verneinen zu können. Zu denken ist etwa an Verfahren, in denen viele Jahre nach Ende der gesamten Scheidungsauseinandersetzung die Erben eines Ehegatten den anderen auf Auseinandersetzung eines einzelnen, bislang übersehenen, beiden vormaligen Ehegatten gehörenden Gegenstandes in Anspruch nehmen. Da es um die Zuordnung dieses Verfahrens bereits bei dessen Einleitung geht, kommt es auf fehlende Erfolgsaussichten infolge Verjährung oder Verwirkung nicht an. Wichtig erscheint die Erkenntnis, dass die **beiden Aspekte** des Zusammenhangs, der inhaltliche und der zeitliche, nicht isoliert betrachtet werden dürfen, sondern **sich gegenseitig beeinflussen**.[2] Ist im konkre-

---
1 Nicht berücksichtigt von Johannsen/Henrich/*Jaeger*, § 266 FamFG Rz. 15.
2 Zutreffend *Hilbig*, FPR 2011, 68 (70).

ten Fall einer in höherem Maße verwirklicht, werden an den anderen geringere Anforderungen zu stellen sein, und umgekehrt.

51 Das Kriterium des (inhaltlichen und zeitlichen) Zusammenhangs bezieht sich auf **sämtliche** unter Nr. 3 fallenden Ansprüche, nicht nur auf die unmittelbar vor diesem Kriterium genannten Ansprüche zwischen einem (früheren) Ehegatten und einem Elternteil.[1]

cc) Umfasster Personenkreis

52 Nr. 3 erfasst Ansprüche zwischen miteinander verheirateten oder ehemals miteinander verheirateten Personen, gleich ob die Ehe im Inland oder im Ausland geschlossen und ggf. geschieden oder aufgehoben wurde. Weiter sind umfasst Ansprüche zwischen einem (früheren) Ehegatten und einem Elternteil. Der Begriff **Elternteil** umfasst sowohl den eigenen Elternteil eines Ehegatten als auch den Elternteil des anderen Ehegatten.[2] Dass **beide Elternteile** derselben Person betroffen sind, ist unschädlich. Eine analoge Erweiterung des genannten Personenkreises ist nicht möglich. Obwohl die Behandlung von Zuwendungen der Schwiegereltern nach den Regeln über unbenannte Zuwendungen gesetzgeberisches Motiv für die Einbeziehung auch der Eltern in Nr. 3 war,[3] ändert die Aufgabe der diesbezüglichen Rechtsprechung durch den BGH[4] nichts am Verständnis der Gesetz gewordenen Textfassung.

53 Der Anspruch, also das **materiell-rechtliche Rechtsverhältnis**, muss zwischen den in Rz. 52 genannten Personen zum **Zeitpunkt seiner Entstehung**[5] bestanden haben. Dass an dem Rechtsverhältnis, etwa an der BGB-Gesellschaft, die anlässlich der Trennung auseinandergesetzt werden soll, außer den Ehegatten oder ggf. den Eltern auch noch dritte Personen beteiligt sind, ist für die Einordnung als Familiensache nach § 266 Abs. 1 unschädlich. Im Fall der Beteiligung (ggf. mehrerer) Dritter wird aber der Zusammenhang mit Trennung oder Scheidung besonders zu überprüfen sein.

53a Darauf, wer an dem gerichtlichen **Verfahren** beteiligt ist, kommt es **nicht** an. Insbesondere ist es unschädlich, dass der einmal zwischen den genannten Personen entstandene Anspruch auf Aktiv- oder Passivseite auf Dritte (zB auf Erben eines Ehegatten) übergegangen ist oder im Verfahren von Dritten geltend gemacht wird oder dass an dem Verfahren außer den Ehegatten und den Eltern auch noch dritte Personen beteiligt sind.

dd) Beispiele

54 Unter § 266 Abs. 1 Nr. 3 können insbesondere Verfahren fallen, die, unabhängig vom Güterstand, die nachfolgend aufgeführten Ansprüche[6] betreffen. Auch bei typischen Fallkonstellationen muss aber jeweils geprüft werden, ob die Voraussetzungen der Nr. 3 im Einzelfall tatsächlich erfüllt sind.

Eigentum, Besitz
– Anspruch auf Zustimmung zu einer bestimmten (Neu-)Regelung der Verwaltung und Benutzung eines im **Miteigentum** der Ehegatten stehenden Gegenstandes,
– Anspruch auf **Überlassung der Ehewohnung**[7] oder von Haushaltsgegenständen, sofern das Verfahren nicht unter § 200 fällt,[8]

---

1 Vgl. die Begr. des RegE, BT-Drucks. 16/6308, S. 263.
2 Vgl. die Begr. des RegE, BT-Drucks. 16/6308, S. 263.
3 BT-Drucks. 16/6308, S. 263.
4 BGH v. 3.2.2010 – XII ZR 189/06, FamRZ 2010, 958.
5 Vgl. die Begr. des RegE, BT-Drucks. 16/6308, S. 262.
6 Vgl. auch die zum materiellen Recht nutzbringenden Rechtsprechungsübersichten von *Wever*, FamRZ 2010, 237ff., FamRZ 2011, 413ff. und FamRZ 2012, 416ff.
7 OLG Nürnberg v. 5.2.2013 – 9 WF 1821/12, FamRB 2013, 145 (*Heinemann*) sowie juris (Anspruch auf Mitbenutzung der früheren Ehewohnung); AG Bad Iburg v. 14.12.2009 – 5 F 596/09, FamRZ 2010, 1350 (Anspruch nach §§ 823, 1004 BGB analog).
8 Vgl. hierzu Johannsen/Henrich/*Jaeger* Rz. 12 mit Fn. 69.

- Anspruch auf Zahlung von **Nutzungsentgelt** bei im Alleineigentum eines Ehegatten oder im Miteigentum beider Ehegatten stehenden Gegenständen, sofern das Verfahren nicht unter § 200 fällt,[1]
- Anspruch gegen den anderen Ehegatten auf **Herausgabe persönlicher Gegenstände**,[2]
- Ansprüche auf **Ersatz von Aufwendungen** oder Verwendungen, die für eine Immobilie eines oder beider Ehegatten getätigt wurden,[3] oder auf künftige Tragung derartiger Lasten,
- Anspruch auf **Übertragung** des Anteils an einer Immobilie,[4] Anspruch auf sonstige **Auflösung von Miteigentum** der Ehegatten, etwa durch Versteigerung oder durch Teilung in Natur,
- Ansprüche in Bezug auf Verteilung des **Erlöses aus der Versteigerung** oder sonstigen Veräußerung einer gemeinsamen Immobilie,[5]
- ggf. auch sonstige Ansprüche aus dem **Eigentum oder Besitz** gegenüber dem anderen Ehegatten[6] oder der Streit zwischen beiden, wer Eigentümer eines Gegenstandes ist.[7]

Verbindlichkeiten

- Ansprüche wegen Auseinandersetzung von **Gesamtschulden** der Ehegatten,[8] etwa nach § 426 BGB oder mittels eines Freistellungsanspruchs,[9]
- Ansprüche wegen **Freistellung** von Verbindlichkeiten, die ein Ehegatte allein eingegangen ist,[10]
- Anspruch auf **Rückzahlung eines Darlehens**, auch wenn dieses vor Eheschließung gewährt wurde,[11] nicht jedoch bei Fälligkeit des Rückzahlungsanspruchs unabhängig von Trennung und Scheidung, etwa allein wegen Zeitablaufs (vgl. auch Rz. 55),
- Anspruch auf Mitwirkung beim Abschluss eines (neuen) **Darlehensvertrags**.

---

1 OLG Zweibrücken v. 5.1.2012 – 1 W 2/12, FamRZ 2012, 1410; zu Abgrenzungsproblemen in diesem Bereich auch *Erbarth*, FamRZ 2012, 1302 (Anm. zu OLG Stuttgart v. 25.7.2011 – 7 W 41/11, FamRZ 2012, 33); vgl. auch *Neumann*, FamRB 2010, 357 (Anspruch nach § 745 Abs. 2 BGB).
2 AG Meldorf v. 10.11.2009 – 81 C 33/09, FamRZ 2010, 482 (Anspruch nach § 985 BGB; über den PKH-Antrag hatte noch die Zivilabteilung entschieden).
3 Keidel/*Giers*, § 266 FamFG Rz. 15.
4 OLG Braunschweig v. 21.12.2011 – 1 W 47/11, FamRZ 2012, 1816.
5 OLG Frankfurt v. 3.5.2010 – 4 W 6/10, FamRZ 2010, 1581.
6 OLG Hamm v. 15.10.2010 – 4 WF 123/10, FamRZ 2011, 392; LG Stralsund v. 21.12.2010 – 6 O 369/10, FamRZ 2011, 1673 (Anspruch aus § 1004 BGB auf Unterlassung einer angekündigten Sanierung eines im gemeinsamen Eigentum stehenden Gebäudes); der aA des AG Tempelhof-Kreuzberg v. 13.4.2010 – 108 F 7737/10, NJW 2010, 2445 (Besitzschutz zwischen getrennt lebenden Ehegatten) kann nicht gefolgt werden, vgl. auch *Wever*, FamRZ 2011, 413 (414); *Neumann*, FamRB 2010, 103 (Streit zwischen getrennt lebenden Ehegatten um den Hund, § 985 BGB).
7 LG Mainz v. 16.5.2012 – 3 O 50/12, FamRZ 2013, 68 (Streit um das Eigentum an einem PKW zwischen ehemals Verlobten).
8 OLG Braunschweig v. 26.11.2009 – 1 W 57/09, FamRZ 2010, 1101; OLG Stuttgart v. 29.4.2010 – 12 W 17/10, FamRZ 2010, 1686; auch wenn das Darlehen schon vor der Eheschließung aufgenommen wurde, LG Halle v. 9.1.2013 – 4 O 604/12, juris.
9 OLG Jena v. 25.8.2011 – 1 WF 246/11, FamRZ 2012, 372; OLG Hamm v. 8.2.2011 – 2 WF 208/10, FamRZ 2011, 1421 (LS); OLG Celle v. 28.12.2009 – 17 W 100/09, FamRZ 2010, 1003.
10 OLG Celle v. 28.12.2009 – 17 W 100/09, FamRZ 2010, 1003.
11 OLG Frankfurt v. 21.3.2011 – 14 UH 9/11, FamRZ 2011, 1238; nicht überzeugend OLG Frankfurt v. 18.1.2011 – 14 W 118/10, juris (kein Zusammenhang bei Darlehensgewährung vor der Trennung trotz danach erfolgter Kündigung).

Konten, Forderungen

- Ansprüche wegen der **Aufteilung von Guthaben** auf gemeinsamen Konten[1] oder Depots sowie von sonstigen Forderungen der Ehegatten (Gesamtgläubigerausgleich),[2] etwa von Leistungsansprüchen aus einem Versicherungsvertrag,[3]
- Anspruch auf **Zustimmung** zu einer bestimmten Verfügung über ein gemeinsames „Und-Konto" der Ehegatten,[4]
- Ausgleichs- oder Schadensersatzansprüche wegen **unerlaubter Kontoverfügungen** zB wegen Überschreitung einer Kontovollmacht.

Zuwendungen

- Ansprüche auf Rückgewähr von **Schenkungen** zwischen den Ehegatten
- Ansprüche auf Rückgewähr oder Ausgleich **ehebedingter Zuwendungen** sowie Ansprüche auf Sicherung des Rückgewähranspruchs[5]
- Ansprüche auf Ausgleich von **Leistungen eines Ehegatten im Betrieb** des anderen,[6] soweit nicht die Zuständigkeit der Arbeitsgerichte gegeben ist,
- Ansprüche auf Rückübertragung eines dem vormaligen **Schwiegerkind** zugewandten Anteils an einem Grundstück[7] oder auf Rückgabe eines sonstigen Gegenstandes

Gesellschaft

- Ansprüche zwischen den Ehegatten wegen Auflösung einer zwischen ihnen bestehenden **Gesellschaft bürgerlichen Rechts**,[8] nicht aber im Fall einer Miterbengemeinschaft oder einer Handelsgesellschaft (vgl. hierzu § 348 Abs. 1 Satz 2 Nr. 2 Buchst. f ZPO),
- Ansprüche zwischen den Ehegatten aus einer **Ehegatteninnengesellschaft**, insbesondere im Zusammenhang mit deren Auflösung.

Steuern

- Anspruch auf Zustimmung zum **begrenzten Realsplitting**,
- Ansprüche aus auf Aufteilung von Steuerschulden oder Steuererstattungen.[9]

Schadenersatz

- **Schadensersatzansprüche** zwischen Ehegatten,[10] etwa wegen unerlaubter Handlung, bei Straftaten, sittenwidriger Schädigung oder Körperverletzung, auch dann, wenn Schadenersatzansprüche aus Verlust oder Zerstörung von Haushaltsgegenständen, aus einer unberechtigten Verfügung über Gegenstände oder einem Verschweigen von Anrechten im Versorgungsausgleich[11] herrühren, jeweils sofern ein Zusammenhang mit der Beendigung der Ehe besteht, wobei ein Zusammenhang bei fahrlässiger Schädigung zweifelhaft sein kann,
- Schadensersatzansprüche wegen **Unterschieben eines Kindes**, etwa aus § 826 BGB oder § 823 Abs. 2 BGB iVm. § 263 StGB.

---

1 OLG München v. 20.12.2011 – 2 UF 1740/11, FamRZ 2012, 1643.
2 OLG Celle v. 11.4.2013 – 17 WF 74/13, juris (vereinnahmte Mieten und Leistungen einer Lebensversicherung).
3 KG v. 20.10.2011 – 13 W 12/11, FamRZ 2013, 68; *Burger* FamRZ 2009, 1017 ff.
4 OLG Nürnberg v. 9.6.2010 – 11 WF 172/10, FamRZ 2010, 1837.
5 OLG Nürnberg v. 28.12.2011 – 12 W 2359/11, FamRZ 2012, 896.
6 Vgl. MüKo.ZPO/*Erbarth*, § 266 FamFG Rz. 8.
7 LG Bonn v. 17.3.2010 – 15 O 312/09, FamRZ 2010, 1686.
8 Vgl. OLG München v. 20.12.2011 – 2 UF 1740/11, FamRZ 2012, 1643; OLG Stuttgart v. 10.1.2011 – 13 W 69/10, FamRZ 2011, 1420.
9 *Pasche*, FPR 2011, 79 (80 f.).
10 OLG Düsseldorf v. 21.9.2009 – 11 W 55/09, FamRZ 2010, 325; LG Magdeburg v. 1.7.2010 – 5 O 644/10, juris (Schadensersatzanspruch wegen unberechtigter Liquidierung einer Lebensversicherung der Klägerin durch den Beklagten).
11 *Többen*, jurisPR-FamR 5/2013 Anm 3.

Sonstiges

- Mietrechtliche Ansprüche,[1] zwischen den Ehegatten, ggf. auch zwischen den Eltern des einen und dem anderen (früheren) Ehegatten, wobei in allen Fällen der Zusammenhang mit Trennung oder Scheidung hier besonders sorgfältig zu prüfen sein wird, Ansprüche auf **Unterhaltsleistungen** im weitesten Sinne, sofern sie, etwa wegen ihrer **rein vertraglichen** Grundlage, ausnahmsweise nicht unter § 231 fallen,
- Anspruch auf **Feststellung**, dass eine zur **Insolvenztabelle** festgestellte Forderung aus einer vorsätzlichen unerlaubten Handlung (z.B. Unterhaltspflichtverletzung) beruht (str.),[2]
- Ansprüche gegen den anderen Ehegatten auf **Unterlassung** oder Widerruf von Behauptungen,
- mit den vorgenannten Fällen vergleichbare Ansprüche nach **ausländischem Recht**,[3] wobei aber auch bei der Prüfung, ob ein Ausschlussgrund nach § 266 Abs. 1 gegeben ist, ein „entsprechender" bzw. funktional vergleichbarer Fall nach ausländischem Recht ausreichen wird,
- Ansprüche aus **Vereinbarungen**, etwa der Ehegatten untereinander (zB Scheidungsvereinbarungen), über alle vorgenannten Fragen.

Nicht unter § 266 Abs. 1 Nr. 3 fallen soll ein Anspruch der Schwiegereltern auf Rückzahlung eines **wegen Zahlungsverzugs gekündigten Darlehens** gegen den früheren Schwiegersohn, selbst wenn die Tochter mithaftet und ggf. zum Gesamtschuldnerausgleich verpflichtet ist.[4]

d) Ansprüche aus dem Eltern-Kind-Verhältnis (Nr. 4)

§ 266 Abs. 1 Nr. 4 nennt Verfahren, die aus dem Eltern-Kind-Verhältnis herrührende Ansprüche betreffen. Erforderlich ist, dass die Ansprüche „**ihren Grund unmittelbar**" im Eltern-Kind-Verhältnis haben.[5] Ein bloßer Zusammenhang mit diesem genügt nicht.[6] Dazu, welche Verfahren für § 266 Abs. 1 grundsätzlich in Betracht kommen, und zum Begriff der Ansprüche vgl. die Erl. zu Rz. 13 ff., 29 f. Insbesondere fallen Familiensachen der freiwilligen Gerichtsbarkeit, wie etwa Kindschaftssachen nach § 151, Abstammungssachen nach § 169 oder Adoptionssachen nach § 186 von vornherein nicht unter § 266 Abs. 1, ohne dass es hierzu eines Rückgriffs auf die Subsidiaritätsregelung am Ende des § 266 Abs. 1 bedürfte.

Der in Nr. 4 verwendete Begriff des Herrührens bedeutet, dass das rechtliche[7] (nicht das persönliche oder soziale)[8] Eltern-Kind-Verhältnis, also insbesondere in Gestalt der für dieses Rechtsverhältnis bestehenden **Spezialregelungen** oder hieraus folgenden besonderen **Pflichten oder Rechtspositionen**, für den Anspruch ursächlich ist.[9]

Einschränkungen **in persönlicher Hinsicht** bestehen nach dem Wortlaut der Bestimmung nicht, solche können sich aber aus dem Kriterium der Unmittelbarkeit

---

1 BGH v. 5.12.2012 – XII ZB 652/11, FamRZ 2013, 281 ff. mwN; *Wever*, FamRZ 2010, 237; *Heinemann*, MDR 2009, 1026 (1027); aA *Götz/Brudermüller*, NJW 2010, 5 (10). Zum Anspruch auf Zustimmung gegen den anderen Ehegatten zur Kündigung eines Mietverhältnisses vgl. OLG Köln v. 4.10.2010 – 4 UF 154/10, FamRZ 2011, 891.
2 OLG Hamm v. 19.3.2012 – 8 UF 285/11, FamRZ 2012, 1741 Rz. 16; aA Unterhaltssache nach § 231 kraft Sachzusammenhangs, vgl. OLG Hamm v. 19.3.2012 – 8 UF 285/11, FamRZ 2012, 1741 Rz. 15.
3 OLG München v. 20.12.2011 – 2 UF 1740/11, FamRZ 2012, 1643 (trust nach US-Recht).
4 OLG Frankfurt v. 21.1.2011 – 19 W 67/10, FamRZ 2011, 1421 (fraglich, soweit die Zahlungseinstellung aufgrund der Trennung erfolgte); nicht überzeugend OLG Frankfurt v. 18.1.2011 – 14 W 118/10, juris (kein Zusammenhang iSd § 266 Abs. 1 bei Darlehensgewährung vor der Trennung trotz danach erfolgter Kündigung).
5 BT-Drucks. 16/6308, S. 262.
6 BT-Drucks. 16/6308, S. 263.
7 BT-Drucks. 16/6308, S. 262 rechte Spalte („familienrechtlich geregelten Rechtsverhältnis").
8 OLG Hamm v. 20.9.2012 – 14 WF 177/12, FamRZ 2013, 574 („besonderes Vertrauensverhältnis").
9 Vgl. auch OLG Zweibrücken v. 19.1.2011 – 7 W 64/10, NJW-RR 2011, 584.

(s.o.) ergeben. Das **Kind**, auf das sich das Rechtsverhältnis bezieht, kann **minderjährig oder volljährig**, ehelich oder nichtehelich, leiblich oder adoptiert sein. Die **Eltern** können sorgeberechtigt oder nicht sorgeberechtigt sein, das Eltern-Kind-Verhältnis geht über die elterliche Sorge hinaus. Fraglich erscheint hingegen, ob amtierende oder ehemalige Pfleger oder Vormünder[1] sowie die Pflegeperson im Fall des § 1630 Abs. 3 BGB unter den Rechtsbegriff der „Eltern" fallen.[2] Es kommen für Nr. 4 vermögensrechtliche oder nichtvermögensrechtliche Ansprüche der Eltern oder eines Elternteils gegen ihr Kind oder Ansprüche des Kindes gegen seine Eltern oder einen Elternteil in Betracht, sowie Ansprüche zwischen beiden Elternteilen.[3] Ggf. muss einem minderjährigen Kind in einem Verfahren gegen einen Elternteil ein Ergänzungspfleger bestellt werden (§ 1629 Abs. 2 Satz 1 iVm. § 1795 Abs. 1 Nr. 3 BGB), wofür ebenfalls die Familiengerichte zuständig sind (gesondertes Verfahren gem. § 151 Nr. 5).

57a Aus dem Eltern-Kind-Verhältnis können sich Ansprüche[4] des Kindes auf **Schadenersatz nach der Anspruchsgrundlage des § 1664 BGB** ergeben,[5] die unter Nr. 4 fallen,[6] etwa im Fall der missbräuchlichen, auch nicht von § 1649 BGB gedeckten Verwendung von Kindesvermögen. Unter Nr. 4 fallen auch auf sonstige Anspruchsgrundlagen gestützte Schadenersatzansprüche (und sonstige Sekundäransprüche) des Kindes wegen Verletzung der Aufsichtspflicht oder sonstiger spezifischer Pflichten aus dem Eltern-Kind-Verhältnis oder der elterlichen Sorge.[7] Auch der Anspruch auf **Herausgabe des Kindesvermögens und Rechnungslegung nach § 1698 BGB** fällt unter Nr. 4.[8] Denkbar sind auch Streitigkeiten um eine Ausstattung iSd § 1624 Abs. 1 BGB.[9] Auch Aufwendungsersatzansprüche der Eltern nach § 1648 BGB fallen unter Nr. 4. In Betracht kommen weiter Ansprüche auf Schadenersatz wegen Verletzung des absoluten Rechts (§ 823 Abs. 1 BGB) der **elterlichen Sorge**, wie etwa Detektivkosten, die von einem Elternteil zur Auffindung eines ihm von dem anderen Elternteil entzogenen Kindes aufgewandt wurden.[10] Auch ein Verfahren wegen der Herausgabe persönlicher Gegenstände des Kindes oÄ kann unter Nr. 4 fallen.[11]

57b **Nicht** unter Nr. 4 fallen Ansprüche der Eltern gegen das Kind auf Rückgabe einer Schenkung[12] sowie Verfahren zwischen Eltern und Kindern, die sonstige **rein vertraglich** begründete[13] oder erbrechtliche[14] Ansprüche betreffen. Dasselbe dürfte von bereicherungsrechtlichen und allgemein-deliktischen Ansprüchen ohne spezifischen Bezug zum Eltern-Kind-Verhältnis (vgl. die in Rz. 57a genannten Fälle) gelten, sowie für Ansprüche Dritter nach § 832 BGB;[15] dass der **Haftungsmaßstab** des § 1664 BGB Anwendung findet, führt allein noch nicht zum Vorliegen der Voraussetzungen der Nr. 4.[16] Dass Verfahren wegen eines Anspruchs des einen gegen den anderen Eltern-

---

1 Diese Rechtsinstitute sind gesondert von den Bestimmungen über die Verwandtschaft in Abschnitt 3 des Buches 4 des BGB geregelt.
2 So, ohne inhaltliche Begründung, LG Koblenz v. 3.9.2010 – 12 T 103/10, FamRZ 2011, 109.
3 Vgl. Johannsen/Henrich/*Jaeger* Rz. 16.
4 Zu weiteren für Nr. 4 in Betracht kommenden materiell-rechtlichen Ansprüchen vgl. *Heiß*, FPR 2011, 96 ff.
5 Vgl. die Begr. des RegE, BT-Drucks. 16/6308, S. 263.
6 LG Ellwangen v. 21.9.2010 – 3 O 18/10, FamRZ 2011, 739.
7 Johannsen/Henrich/*Jaeger* Rz. 16.
8 OLG Dresden v. 26.4.2011 – 17 W 400/11, FamRZ 2012, 146.
9 *Burger*, FamRZ 2009, 1017 (1020).
10 Zu dem Anspruch vgl. BGH v. 24.4.1990 – IV ZR 110/89, FamRZ 1990, 966.
11 Vgl. OLG Frankfurt v. 8.10.2008 – 6 UF 120/08, ZKJ 2009, 129 mit Anm. *Stockmann*, jurisPR-FamR 8/2009 Anm. 2 (Herausgabe eines Bonusheftes für Zahnarztbehandlungen), hierzu auch *Giers*, FamRB 2009, 176 f.; aA (§ 266 Abs. 1 Nr. 3) *Wever*, FamRZ 2010, 237 (248).
12 OLG Hamm v. 20.9.2012 – 14 WF 177/12, FamRZ 2013, 574; *Burger*, FamRZ 2009, 1017 (1020); vgl. demgegenüber aber *Maurer*, FamRZ 2013, 281.
13 OLG Hamm v. 20.9.2012 – 14 WF 177/12, FamRZ 2013, 574; OLG Zweibrücken v. 19.1.2011 – 7 W 64/10, NJW-RR 2011, 584.
14 Vgl. auch die Ausschlussfälle des § 266 Abs. 1 aE; hierzu oben Rz. 32, 32a.
15 Keidel/*Giers*, § 266 FamFG Rz. 17; Johannsen/Henrich/*Jaeger*, § 266 FamFG Rz. 16.
16 Keidel/*Giers*, § 266 FamFG Rz. 17.

teil auf Erstattung von Beerdigungskosten für das gemeinsame Kind fallen ebenfalls nicht unter Nr. 4,[1] es dürfte sich hierbei, jedenfalls sofern der Anspruch nicht gegen den Erben gerichtet ist (§ 1968 BGB), um Unterhaltssachen handeln (vgl. § 1615 Abs. 2 BGB).

e) Ansprüche aus dem Umgangsrecht (Nr. 5)

58 § 266 Abs. 1 Nr. 5 nennt Verfahren, die aus dem Umgangsrecht herrührende Ansprüche betreffen. Erforderlich ist, dass die Ansprüche „**ihren Gund unmittelbar**" im Umgangsrecht als Rechtsverhältnis haben.[2] Dazu, welche Verfahren für § 266 Abs. 1 grundsätzlich in Betracht kommen, und zum Begriff der Ansprüche vgl. die Erl. zu Rz. 13 ff., 29 f. Insbesondere fallen Familiensachen der freiwilligen Gerichtsbarkeit, wie etwa Kindschaftssachen nach § 151 Nr. 2 von vornherein nicht unter § 266 Abs. 1, ohne dass es hierzu eines Rückgriffs auf die Subsidiaritätsregelung am Ende des § 266 Abs. 1 bedürfte.

59 Für Nr. 5 kommt insbesondere der Anspruch auf **Schadensersatz wegen Vereitelung des Umgangsrechts**[3] in Betracht.[4] Der Gesetzgeber hat damit die frühere entgegenstehende Rechtsprechung zur Zuständigkeitsfrage korrigiert. Unter Nr. 5 können auch Verfahren fallen, die Ansprüche zwischen den Eltern über nicht unterhaltsrechtlich ausgeglichene Kosten der Ausübung des Umgangs betreffen.[5] Vor dem Hintergrund der Verpflichtung nach § 1684 Abs. 2 BGB soll auch ein Anspruch auf **Schmerzensgeld wegen der unwahren Behauptung**, der andere Elternteil habe beim Abholen des Kindes zum Zweck des Umgangs randaliert und Gegenstände beschädigt, worauf durch die hinzugerufenen Polizeibeamten ein Strafverfahren eingeleitet wurde,[6] unter Nr. 5 fallen (str.). In den vorgenannten Fällen wird die **Ausschlussklausel** am Ende des Abs. 1 (vgl. hierzu die Erl. bei Rz. 31 f.) idR nicht eingreifen.

II. Sonstige Familiensachen nach Absatz 2

1. Verfahren nach § 1357 Abs. 2 Satz 1 BGB

60 § 266 Abs. 2 nennt nur das Verfahren über einen Antrag nach **§ 1357 Abs. 2 Satz 1 BGB**. Die Vorschrift betrifft die gerichtliche Aufhebung von Beschränkungen der Schlüsselgewalt durch einen Ehegatten.[7] Es handelt sich um eine vom Güterstand unabhängige „allgemeine Ehewirkung", weshalb das Verfahren keine Güterrechtssache ist. Für dieses Verfahren war vor Inkrafttreten des FamFG das Vormundschaftsgericht zuständig. Das Verfahren ist keine Familienstreitsache, sondern wie bisher ein Verfahren der freiwilligen Gerichtsbarkeit, so dass die Vorschriften des Buches 1 in vollem Umfang zur Anwendung kommen, ergänzt durch §§ 267, 268.[8] Da kein Fall des § 9 vorliegt, sind Minderjährige im ersten Rechtszug nicht selbst verfahrensfähig,[9] sie handeln durch ihren gesetzlichen Vertreter. Für das Verfahren ist nach § 114 vor dem AG und dem OLG die Vertretung durch einen Rechtsanwalt nicht erforderlich.

---

1 Keidel/*Giers*, § 266 FamFG Rz. 18; vgl. LG Münster v. 9.1.2008 – 1 T 60/07, FamRZ 2009, 431.
2 BT-Drucks. 16/6308, S. 262.
3 BGH v. 19.6.2002 – XII ZR 173/00, FamRZ 2002, 1099; vgl. auch OLG Karlsruhe v. 21.12.2001 – 5 UF 78/01, FamRZ 2002, 1056 und OLG Frankfurt v. 29.4.2005 – 1 UF 64/05, NJW-RR 2005, 1339 (Umgangsrecht ist absolutes Recht iSd. § 823 BGB), sowie vgl. auch *Bernau*, FamRZ 2007, 248 mwN sowie *Steinberger/Lecking*, MDR 2009, 960 ff. mwN.
4 Ebenso die Begr. des RegE, BT-Drucks. 16/6308, S. 263.
5 *Heiß*, FPR 2011, 96 (99).
6 LG Essen v. 17.12.2007 – 3 O 442/07, FamRZ 2008, 2032.
7 Zum materiellen Recht und zum Verfahren vgl. *Pabst*, FPR 2011, 82.
8 Zum Verfahren in den Fällen des § 1357 Abs. 2 Satz 1 BGB insgesamt vgl. *Pabst*, FPR 2011, 82 ff.
9 *Heiter*, FamRZ 2009, 85 Fn. 8; die Vorschrift des § 60 FamFG betrifft lediglich das Rechtsmittelverfahren.

61 Mangels einer die Übertragung auf den Rechtspfleger anordnenden Vorschrift[1] entscheidet der **Richter**.[2] Das nach § 267 örtlich zuständige Gericht kann auf Antrag die Bestimmung des anderen Ehegatten ganz oder teilweise aufheben. Der aufhebende Beschluss wird nach § 40 Abs. 3 Satz 1 grundsätzlich erst mit Rechtskraft wirksam; ordnet das Gericht nach § 40 Abs. 3 Satz 2 wegen Gefahr im Verzug die sofortige **Wirksamkeit** an, wird der Beschluss mit Bekanntgabe an den Antragsteller wirksam.

2. Einbeziehung weiterer Verfahren?

62 § 266 Abs. 2 nennt lediglich ein konkretes Verfahren und hat damit, anders als Abs. 1, seinem Wortlaut nach keine Auffangfunktion. Jedoch ist eine Erweiterung im Wege der **Analogie nicht ausgeschlossen**. Hierzu muss eine planwidrige „Lücke" im Gesetz vorliegen. Ist dies der Fall, wird eine Einbeziehung weiterer Verfahren in den Kreis der sonstigen Familiensachen nach § 266 Abs. 2 insbesondere dann in Betracht kommen, wenn ein Verfahren, für das das Familiengericht zuständig sein soll und das weder Ehesache noch Familienstreitsache ist, keiner der übrigen Gruppen von Familiensachen sachgerecht zugeordnet werden kann.

C. Sonstige Fragen

I. Rechtsschutzversicherung für sonstige Familiensachen

63 Die Frage, ob Angelegenheiten nach § 266 vom **Leistungsumfang einer Rechtsschutzversicherung** umfasst sind, ist oftmals problematisch und kann nicht einheitlich beantwortet werden. Nach § 3 Abs. 2g) ARB 2008 besteht Rechtsschutz nicht für die Wahrnehmung rechtlicher Interessen „aus dem Bereich des Familien-, Lebenspartnerschafts- und Erbrechts, soweit nicht Beratungs-Rechtsschutz gem. § 2k) besteht." Daneben können weitere spezifische Voraussetzungen zu erfüllen sein (vgl. etwa § 4 Abs. 1 ARB 2008[3]) oder Leistungsausschlüsse (etwa nach § 3 ARB 2008) eingreifen. Nach § 2k) ARB 2008 umfasst der Versicherungsschutz je nach Vereinbarung „Beratungs-Rechtsschutz im Familien-, Lebenspartnerschafts- und Erbrecht. Je nach Vereinbarung umfasst der Versicherungsschutz Beratungs-Rechtsschutz im Familien-, Lebenspartnerschafts- und Erbrecht für Rat oder Auskunft eines in Deutschland zugelassenen Rechtsanwaltes in familien-, lebenspartnerschafts- und erbrechtlichen Angelegenheiten, wenn diese nicht mit einer anderen gebührenpflichtigen Tätigkeit des Rechtsanwaltes zusammenhängen." Dafür, ob eine Angelegenheit dem Bereich des Familienrechts zuzuordnen ist, **kommt es nicht auf das Verfahrensrecht, sondern das materielle Recht an**.[4] Die Einbeziehung früher rein zivilrechtlicher Angelegenheiten in den Kreis der Familiensachen durch das FamFG führt also nicht zum (nachträglichen) Entstehen eines Leistungsausschlusses. Die Zugehörigkeit zu der einen oder anderen in § 266 aufgezählten Fallgruppe allein stellt kein geeignetes Abgrenzungskriterium dar. Vielmehr muss die maßgebliche Anspruchsgrundlage dem Familienrecht (Buch 4 des BGB sowie familienrechtliche Spezialgesetze) angehören.[5] Teilweise wird auf den „Kern" des Verfahrens oder darauf abgestellt, ob dieses „unmittelbar" oder „überwiegend" im Familienrecht wurzelt. Nicht entscheidend ist die Rechtsnatur etwa erhobener Einwendungen[6] oder dass der Ausgang des (beabsichtigten) Verfahrens Auswirkungen auf Unterhaltsansprüche oder auf die güterrechtliche Auseinandersetzung haben kann.[7]

---

1 Auch vor der Reform war das Verfahren dem Richter vorbehalten, § 14 Abs. 1 Nr. 1 aF RPflG.
2 Ebenso *Pabst*, FPR 2011, 82 (83).
3 Vgl. hierzu OLG Saarbrücken v. 6.3.2002 – 5 U 757/01, FamRZ 2003, 95.
4 OLG Saarbrücken v. 6.3.2002 – 5 U 757/01, FamRZ 2003, 95 (auch zum Kriterium des familienrechtlichen „Gepräges" eines Verfahrens); OLG Köln v. 7.11.1991 – 5 U 50/91, r+s 1991, 429; LG Bremen v. 14.6.2012 – 6 T 294/12, VersR 2012, 1297; AG Bremen v. 1.2.2013 – 16 C 13/12, juris.
5 LG Kassel v. 27.1.1994 – 1 S 667/93, VersR 1994, 1418.
6 LG Kassel v. 27.1.1994 – 1 S 667/93, VersR 1994, 1418; LG Landau v. 12.11.2007 – 1 S 16/07, VersR 2008, 390; aA wohl AG Düsseldorf v. 10.3.1995 – 20 C 18837/94, r+s 1996, 231.
7 OLG Saarbrücken v. 6.3.2002 – 5 U 757/01, FamRZ 2003, 95.

Nach diesen Kriterien dürften folgende Angelegenheiten dem **Bereich des Familienrechts** iSd § 3 Abs. 2g), § 2k) ARB 2008 zuzurechnen sein, so dass entweder kein Rechtsschutz oder (im Fall einer entsprechenden Vereinbarung) nur Beratungs-Rechtsschutz in Betracht kommt:

- Ansprüche aus Verlöbnis (§ 1298 BGB),[1]
- Ansprüche aus einem im Scheidungsverfahren geschlossenen Vergleich, soweit darin güterrechtliche oder unterhaltsrechtliche Beziehungen geregelt werden,[2]
- Schadenersatzansprüche wegen Verletzung familienrechtlicher Beziehungen.

Danach werden Angelegenheiten nach § 266 Abs. 1 Nr. 2, 4 und 5 sowie nach § 266 Abs. 2 oftmals dem Bereich des Familienrechts im Sinn der ARB angehören.

Demgegenüber dürften folgende Angelegenheiten **nicht dem Bereich des Familienrechts** iSd § 3 Abs. 2g), § 2k) ARB 2008 zuzurechnen sein:[3]

- Geltendmachung der Mithaftung des Ehegatten des Schuldners nach § 1357 BGB,[4]
- Widerruf einer Schenkung,[5]
- Ausgleichsansprüche wegen eines von den Ehegatten als Gesamtschuldnern aufgenommenen Darlehens,[6]
- Auseinandersetzung einer BGB-Gesellschaft,[7]
- Auseinandersetzung einer Miteigentumsgemeinschaft nach Bruchteilen, auch wenn die Auseinandersetzung aus Anlass der Ehescheidung erfolgt,[8] jedoch kann § 2c ARB zu beachten sein,
- Streitigkeiten aus Verträgen, die nicht unmittelbar familienrechtlicher Natur sind,[9]
- Geltendmachung von Schadensersatz (§ 826 BGB) wegen verweigerter Zustimmung zum freihändigen Verkauf einer gemeinsamen Immobilie der geschiedenen Ehegatten.[10]

Für zahlreiche praktisch wichtige unter § 266 Abs. 1 Nr. 3 fallende Verfahren dürften damit im Ergebnis die genannten Beschränkungen der Leistungspflicht des Rechtsschutzversicherers **nicht** eingreifen. Hierauf werden sich die Familiengerichte einstellen müssen.

II. Richterliche Bearbeitungszeit für sonstige Familiensachen

Für Verfahren nach § 266 Abs. 1 FamFG am Amtsgericht ist im System der Personalbedarfsberechnung (pebb§y) eine **richterliche Bearbeitungszeit** von **170 Minuten** vorgesehen. Der genannte Wert umfasst jeweils auch die Vorbereitung des Falles und die Abfassung der Endentscheidung, er gilt auch, wenn eine Beweisaufnahme oder mehrere Verhandlungstermine durchzuführen sind. Soweit die Zivilkammer des

---

1 *Prölss/Martin/Armbrüster* VVG, 28. Aufl., § 3 ARB 2008 Rz. 57; AG Düsseldorf v. 10.3.1995 – 20 C 18837/94, r+s 1996, 231.
2 *Prölss/Martin/Armbrüster* VVG, 28. Aufl., § 3 ARB 2008 Rz. 56, 58; OLG Düsseldorf v. 29.5.1984 – 4 U 181/83, VersR 1985, 635; LG Mannheim v. 10.12.1987 – 5 S 125/87, ZfSch 1988, 46; LG Bonn v 15.1.1985 – 15 O 386/84, ZfSch 1985, 148.
3 *Prölss/Martin/Armbrüster* VVG, 28. Aufl., § 3 ARB 2008 Rz. 59 mwN.
4 AG Rastatt v. 26.10.1995 – 1 C 352/95, VersR 1996, 1100 (Honorarklage eines Zahnarztes).
5 OLG Hamm v. 25.2.1983 – 20 W 99/82, VersR 1983, 1025.
6 OLG Saarbrücken v. 6.3.2002 – 5 U 757/01, FamRZ 2003, 95; LG Landau v. 12.11.2007 – 1 S 16/07, VersR 2008, 390.
7 OLG Köln v. 7.11.1991 – 5 U 50/91, r+s 1991, 429.
8 AG Coburg v. 16.2.1995 – 11 C 1333/94, VersR 1996, 186 (Auskehr des Erlösanteils nach Verkauf der gemeinsamen Immobilie).
9 OLG Saarbrücken v. 6.3.2002 – 5 U 757/01, FamRZ 2003, 95.
10 LG Stuttgart v. 9.7.2020 – 16 O 193/10, auch zur Reichweite des Ausschlusses nach § 3 Abs. 2g) ARB.

Landgerichts zuständig ist, ist für **dasselbe Verfahren** eine Bearbeitungszeit von 480 Minuten vorgesehen.[1]

67 **Kosten/Gebühren: Gericht:** In sonstigen Familiensachen nach Abs. 1, die Familienstreitsachen sind, entstehen Gebühren nach den Nrn. 1220 bis 1229 KV FamGKG. Die Fälligkeit der Gebühren tritt nach § 9 Abs. 1 FamGKG mit Eingang des Antrags ein. Es besteht erstinstanzlich Vorauszahlungspflicht nach § 14 Abs. 1 Satz 1 FamGKG. Als Kostenschuldner kommt primär der Entscheidungs- oder Übernahmeschuldner (§ 24 Nr. 1und 2 FamGKG) in Frage, jedoch auch der Antragsteller (§ 21 Abs. 1 Satz 1 FamGKG). In der sonstigen Familiensache nach Abs. 2, die keine Familienstreitsache ist, entstehen Gebühren nach den Nrn. 1320 bis 1328 KV FamGKG. Die Fälligkeit der Gebühren tritt nach § 11 Abs. 1 FamGKG mit der Beendigung des Verfahrens ein. Als Kostenschuldner kommt primär der Entscheidungs- oder Übernahmeschuldner (§ 24 Nr. 1 und 2 FamGKG) in Frage, jedoch auch der Antragsteller (§ 21 Abs. 1 Satz 1 FamGKG). Der Wert bestimmt sich nach § 42 FamGKG (Auffangwert), ggf. auch § 35 FamGKG. **RA:** In einer sonstigen Familiensache stehen dem RA Gebühren nach Teil 3 VV RVG zu.

267 Örtliche Zuständigkeit

(1) Während der Anhängigkeit einer Ehesache ist das Gericht ausschließlich zuständig, bei dem die Ehesache im ersten Rechtszug anhängig ist oder war. Diese Zuständigkeit geht der ausschließlichen Zuständigkeit eines anderen Gerichts vor.

(2) Im Übrigen bestimmt sich die Zuständigkeit nach der Zivilprozessordnung mit der Maßgabe, dass in den Vorschriften über den allgemeinen Gerichtsstand an die Stelle des Wohnsitzes der gewöhnliche Aufenthalt tritt.

Es wird auf die Erläuterungen zu § 262 verwiesen.

268 Abgabe an das Gericht der Ehesache

Wird eine Ehesache rechtshängig, während eine sonstige Familiensache bei einem anderen Gericht im ersten Rechtszug anhängig ist, ist diese von Amts wegen an das Gericht der Ehesache abzugeben. § 281 Abs. 2 und 3 Satz 1 der Zivilprozessordnung gilt entsprechend.

Es wird auf die Erläuterungen zu § 263 verwiesen.

Abschnitt 12
Verfahren in Lebenspartnerschaftssachen

269 Lebenspartnerschaftssachen

(1) Lebenspartnerschaftssachen sind Verfahren, welche zum Gegenstand haben:
1. die **Aufhebung der Lebenspartnerschaft** aufgrund des Lebenspartnerschaftsgesetzes,
2. die **Feststellung des Bestehens oder Nichtbestehens** einer Lebenspartnerschaft,
3. die **elterliche Sorge**, das **Umgangsrecht** oder die **Herausgabe** in Bezug auf ein gemeinschaftliches Kind,
4. die **Annahme als Kind** und die **Ersetzung der Einwilligung** zur Annahme als Kind,

---

1 Angaben zu den pebb§y-Bearbeitungszeiten nach *Herrler*, DRiZ 2009, 240 f. Soweit bekannt, hat das baden-württembergische Justizministerium, nachdem eine Einigung mit den übrigen Bundesländern nicht erzielt werden konnte, für Baden-Württemberg mit Wirkung ab 1.7.2011 die pebb§y-Bearbeitungszeiten der vom FamFG betroffenen Verfahren um 10 % erhöht. Zu der ungünstigen Pensenbewertung der Familiensachen nunmehr auch *Wever*, FF 2012, 427 (431) und *Wellenhofer*, JuS 2013, 464 (465).

5. Wohnungszuweisungssachen nach § 14 oder § 17 des Lebenspartnerschaftsgesetzes,
6. Haushaltssachen nach § 13 oder § 17 des Lebenspartnerschaftsgesetzes,
7. den Versorgungsausgleich der Lebenspartner,
8. die gesetzliche Unterhaltspflicht für ein gemeinschaftliches minderjähriges Kind der Lebenspartner,
9. die durch die Lebenspartnerschaft begründete gesetzliche Unterhaltspflicht,
10. Ansprüche aus dem lebenspartnerschaftlichen Güterrecht, auch wenn Dritte an dem Verfahren beteiligt sind,
11. Entscheidungen nach § 6 des Lebenspartnerschaftsgesetzes in Verbindung mit § 1365 Abs. 2, § 1369 Abs. 2 und den §§ 1382 und 1383 des Bürgerlichen Gesetzbuchs,
12. Entscheidungen nach § 7 des Lebenspartnerschaftsgesetzes in Verbindung mit den §§ 1426, 1430, 1452 des Bürgerlichen Gesetzbuchs oder mit § 1519 des Bürgerlichen Gesetzbuchs und Artikel 5 Absatz 2, Artikel 12 Absatz 2 Satz 2 oder Artikel 17 des Abkommens vom 4. Februar 2010 zwischen der Bundesrepublik Deutschland und der Französischen Republik über den Güterstand der Wahl-Zugewinngemeinschaft.

(2) Sonstige Lebenspartnerschaftssachen sind Verfahren, welche zum Gegenstand haben:
1. Ansprüche nach § 1 Abs. 4 Satz 2 des Lebenspartnerschaftsgesetzes in Verbindung mit den §§ 1298 bis 1301 des Bürgerlichen Gesetzbuchs,
2. Ansprüche aus der Lebenspartnerschaft,
3. Ansprüche zwischen Personen, die miteinander eine Lebenspartnerschaft führen oder geführt haben, oder zwischen einer solchen Person und einem Elternteil im Zusammenhang mit der Trennung oder Aufhebung der Lebenspartnerschaft,

sofern nicht die Zuständigkeit der Arbeitsgerichte gegeben ist oder das Verfahren eines der in § 348 Abs. 1 Satz 2 Nr. 2 Buchstabe a bis k der Zivilprozessordnung genannten Sachgebiete, das Wohnungseigentumsrecht oder das Erbrecht betrifft und sofern es sich nicht bereits nach anderen Vorschriften um eine Lebenspartnerschaftssache handelt.

(3) Sonstige Lebenspartnerschaftssachen sind auch Verfahren über einen Antrag nach § 8 Abs. 2 des Lebenspartnerschaftsgesetzes in Verbindung mit § 1357 Abs. 2 Satz 1 des Bürgerlichen Gesetzbuchs.

A. Allgemeines
  I. Entstehung 1
  II. Systematik 3
  III. Normzweck 6

B Inhalt der Vorschrift
  I. Die einzelnen Lebenspartnerschaftssachen
    1. Lebenspartnerschaftssachen nach Absatz 1
      a) Aufhebung der Lebenspartnerschaft 8
      b) Feststellung des Bestehens oder Nichtbestehens einer Lebenspartnerschaft 9
      c) Elterliche Sorge, Umgangsrecht, Kindesherausgabe 10
      d) Annahme als Kind und Ersetzung der Einwilligung zur Annahme . 14
      e) Wohnung, Haushaltsgegenstände 16
      f) Versorgungsausgleich 18
      g) Kindesunterhalt, durch die Lebenspartnerschaft begründete Unterhaltspflicht 19
      h) Güterrecht 23
    2. Verfahren nach den Absätzen 2 und 3 (sonstige Lebenspartnerschaftssachen) 25

Literatur: *Heiter*, Das Verfahren in Lebenspartnerschaftssachen nach dem FamFG, FamRB 2010, 22 ff.

A. Allgemeines

I. Entstehung

1 § 269 enthält eine Aufzählung derjenigen Gegenstände, die als Lebenspartnerschaftssachen bezeichnet werden und ebenfalls zu den Familiensachen gehören.[1] Die Norm **entspricht § 661 Abs. 1 aF ZPO**, jedenfalls im Ausgangspunkt. Der Kreis der Lebenspartnerschaftssachen wurde im Zuge der Schaffung des großen Familiengerichts durch Einbeziehung von Materien erweitert, für die zuvor die allgemeinen Zivilgerichte[2] oder die Vormundschaftsgerichte[3] zuständig waren. Nicht mehr ausdrücklich aufgeführt sind die in § 661 Abs. 1 Nr. 3 aF ZPO genannten Verfahren über die Verpflichtung zur Fürsorge und Unterstützung in der partnerschaftlichen Lebensgemeinschaft; diese sind nunmehr von der Regelung über die sonstigen Lebenspartnerschaftssachen nach § 269 Abs. 2 Nr. 2 umfasst.

2 Im **Gesetzgebungsverfahren** des FGG-RG waren die verfahrensrechtlichen Bestimmungen für Lebenspartnerschaftssachen insgesamt erheblichen **Veränderungen** unterworfen: Zunächst, im RefE (2005), umfasste der Begriff der Lebenspartnerschaftssachen nur Verfahren auf Aufhebung der Lebenspartnerschaft und auf Feststellung des Bestehens oder Nichtbestehens einer Lebenspartnerschaft,[4] er konnte damit als Gegenstück zum Begriff der Ehesachen angesehen werden.[5] Die übrigen, heute von § 269 umfassten Verfahren wurden im RefE (2005) nicht als Lebenspartnerschaftssachen bezeichnet, sondern gehörten zu der jeweils inhaltlich entsprechenden Art von Familiensachen (zB Unterhaltssachen, Versorgungsausgleichssachen); sie waren von den jeweiligen Definitionsnormen am Beginn des betreffenden Abschnitts des Buches 2 ausdrücklich mit umfasst, und die letzte Vorschrift des Abschnitts[6] ordnete die entsprechende Anwendung der einschlägigen Verfahrensvorschriften an. Auf eine katalogmäßige Aufzählung konnte damit verzichtet werden. Diese allein aus gesetzessystematischen Gründen erfolgte weitgehende Eingliederung und Angleichung wurde mit dem – nach dem Wechsel der politischen Mehrheiten in der 16. Legislaturperiode veröffentlichten – RefE (2006) wieder zurückgenommen. Der neue Entwurf konzentrierte die Regelungen für Lebenspartnerschaftssachen auf zwei Normen[7] im letzten Abschnitt des Buches 2 mit der aus § 661 aF ZPO bekannten verdichteten Regelungstechnik. Der RegE übernahm diese Fassung mit geringfügigen sprachlichen Änderungen.[8] Aufgrund der Beratungen im Rechtsausschuss des Deutschen Bundestages wurde noch eine weitere Gruppe von Lebenspartnerschaftssachen („die Annahme als Kind und die Ersetzung der Einwilligung zur Annahme als Kind", § 269 Abs. 1 Nr. 4) eingefügt.[9] Durch das Gesetz über den deutsch-französischen Güterstand der Wahl-Zugewinngemeinschaft[10] wurden die den bislang in Abs. 1 Nr. 12 aufgeführten Verfahren sachlich entsprechenden Verfahren bei Bestehen des Güterstandes der Wahl-Zugewinngemeinschaft mit einbezogen.

II. Systematik

3 Die grundsätzliche **Dreiteilung** des Verfahrensrechts in Familiensachen[11] erfasst auch die Querschnittsgruppe[12] der Lebenspartnerschaftssachen: Die in § 112 auf-

---

1 § 111 Nr. 11.
2 § 269 Abs. 2.
3 Vgl. § 269 Abs. 1 Nr. 4, 11 (teilweise) und 12 sowie Abs. 3.
4 § 159 RefE (2005).
5 *Meyer-Seitz/Kröger/Heiter*, FamRZ 2005, 1430 (1435).
6 §§ 175, 218, 242, 256, 277, 282 FamFG idF des RefE (2005).
7 §§ 281, 282 RefE (2006).
8 §§ 269, 270 RegE (BT-Drucks. 16/6308).
9 BT-Drucks. 16/9733, S. 107, 296.
10 Vgl. BGBl. II, 2012, 178 ff., in Kraft seit 1.5.2013 (BGBl. II, 2013, 431); zum Regierungsentwurf vgl. BT-Drucks. 17/5126.
11 *Meyer-Seitz/Kröger/Heiter*, FamRZ 2005, 1430 (1433), noch auf der Grundlage des RefE (2005) und des dargestellten anderen Verständnisses des Begriffs Lebenspartnerschaftssachen.
12 Zur Regelungstechnik vgl. *Heiter*, FamRZ 2010, 22 f.

geführten Lebenspartnerschaftssachen sind **Familienstreitsachen**; in diesen Fällen werden die Vorschriften des Buches 1 nach Maßgabe der §§ 113 ff. zum großen Teil durch Regelungen der ZPO ersetzt. In Lebenspartnerschaftssachen nach § 269 Abs. 1 Nr. 1 und 2 sind gem. § 270 Abs. 1 Satz 1 die für **Ehesachen** nach § 121 Nr. 1 und 3 geltenden Vorschriften entsprechend anzuwenden; das bedeutet, dass grundsätzlich der Verfahrensrahmen der ZPO maßgeblich ist, der aber durch Sondervorschriften, etwa über die Amtsermittlung oder den Verbund, modifiziert wird. Die übrigen Lebenspartnerschaftssachen sind **Familiensachen der freiwilligen Gerichtsbarkeit** (zu diesem Begriff vgl. § 261 Rz. 3 Fn. 2); für sie gelten umfassend die Vorschriften des Buches 1.

Die in § 269 Abs. 1 bis 3 **abschließend**[1] aufgezählten Fallgruppen schließen einander aus, ein Verfahren kann also **nicht zugleich mehreren Nummern oder Absätzen** zugeordnet werden. Die sonstigen Lebenspartnerschaftssachen nach § 269 Abs. 2 sind dabei gegenüber den anderen Lebenspartnerschaftssachen **subsidiär**. Eine analoge Anwendung des § 269 auf nicht eingetragene faktische Lebensgemeinschaften, auch zwischen Personen gleichen Geschlechts, scheidet aus. 4

Die in § 269 Abs. 1 genannten **Lebenspartnerschaftssachen können nicht zusätzlich mit den Begriffen des § 111 Nr. 1 bis 10 bezeichnet werden**. So sind etwa Lebenspartnerschaftssachen nach § 269 Abs. 1 Nr. 9 nicht zugleich auch Unterhaltssachen. Zwar könnten vereinzelte sprachliche Ungenauigkeiten[2] in § 269 Abs. 1 Nr. 6 zu Zweifeln Anlass geben. Jedoch entspricht die Erstreckung der Begriffe des § 111 Nr. 1 bis 10 auf die Fälle der Lebenspartnerschaft nicht dem Willen des Gesetzgebers, wie das Schicksal der diesbezüglichen Regelungen des RefE (2005) (vgl. Rz. 2) zeigt. Daher ist etwa in §§ 3 Nr. 2a, 14 Abs. 1 sowie 25 RPflG nach der Bezeichnung der einzelnen Familiensachen auch konsequent von „entsprechenden Lebenspartnerschaftssachen" die Rede. § 270 führt nicht zu einer Anwendung der Bezeichnungen der in § 111 Nr. 1–10 genannten Familiensachen auf Lebenspartnerschaftssachen. Vielmehr zeigt gerade § 111, dass Lebenspartnerschaftssachen mit den übrigen Bezeichnungen auf derselben Stufe steht und sich die Begriffe gegenseitig ausschließen. Nur die Gruppe der „sonstigen Lebenspartnerschaftssachen" nach § 269 Abs. 2 und 3 hat im Gesetz eine eigene Bezeichnung erhalten. 5

III. Normzweck

§ 269 definiert den Begriff der **Lebenspartnerschaftssache**. Die Norm dient damit der Abgrenzung 6
- der Lebenspartnerschaftssachen von den Nichtfamiliensachen,
- der Lebenspartnerschaftssachen von anderen Familiensachen (§ 111) und
- der Lebenspartnerschaftssachen, die Familienstreitsachen sind (vgl. § 112), von den Lebenspartnerschaftssachen, die Familiensachen der freiwilligen Gerichtsbarkeit sind.

Die Einordnung eines Verfahrens in diese Kategorien ist von Bedeutung für die Bestimmung des Rechtswegs (§ 13 GVG), für die sachliche Zuständigkeit des Gerichts (§ 23a Abs. 1 Nr. 1 GVG), für die Zuständigkeit des Rechtspflegers (§§ 3, 14, 25 RPflG), für die Anwendbarkeit des FamFG (§ 1), zahlreicher einzelner Verfahrensvorschriften aus dem FamFG oder aus anderen Gesetzen und für die Anwendung des neuen Kostenrechts (§§ 1, 5 FamGKG). 6a

Die Bestimmung lässt, wie die Vorgängerregelung, das Bemühen des Gesetzgebers um eine weit gehende **formale Gleichbehandlung** von Ehe und Lebenspartnerschaft im Verfahrensrecht erkennen. Jedoch bestehen im Wortlaut der Definitionen der einzelnen Lebenspartnerschaftssachen im Vergleich zu den Definitionen der entspre- 7

---

1 Ebenso MüKo.ZPO/*Rauscher*, § 269 FamFG Rz. 8.
2 Wie etwa die Verwendung des Begriffs Aufhebungssachen in § 103 Abs. 2 und Haushaltssachen; jedoch umfasst die Legaldefinition in § 200 Abs. 2, anders noch als § 208 RefE (2005), die Verfahren nach §§ 13 und 17 LPartG gerade nicht.

chenden Familiensachen nach § 111 Nr. 1 bis 10 **Unterschiede**,[1] die vom Rechtsanwender zu respektieren sind, zumal die Voraussetzungen für eine Erweiterung des § 269 im Wege der Analogie nach der im Rahmen der Reform erfolgten Überarbeitung des Wortlauts der Vorschriften nicht vorliegen.[2] Dem überarbeiteten Wortlaut wird vielmehr eine größere Bedeutung zukommen, als dies nach früherem Recht der Fall war.[3]

B. Inhalt der Vorschrift

I. Die einzelnen Lebenspartnerschaftssachen

1. Lebenspartnerschaftssachen nach Absatz 1

a) Aufhebung der Lebenspartnerschaft

8   § 269 Abs. 1 Nr. 1 ist wortgleich mit § 661 Abs. 1 Nr. 1 aF ZPO. Zur Lebenspartnerschaft vgl. § 1 LPartG. Hiervon umfasst sind auch vergleichbare Rechtsinstitute nach ausländischem Recht.[4] Bei der Aufhebung einer Lebenspartnerschaft handelt es sich um ein **gemischtes Rechtsinstitut**. Es entspricht zwar teilweise der Ehescheidung, wie ein Vergleich des § 15 Abs. 2 Satz 1 LPartG mit den Regelungen über die Ehescheidung zeigt, jedoch sieht § 15 Abs. 2 Satz 2 LPartG auch Aufhebungsgründe vor, die den Eheaufhebungsgründen entsprechen. Die Formulierung „nach dem Lebenspartnerschaftsgesetz" bedeutet nicht, dass Verfahren auf Auflösung vergleichbarer Rechtsinstitute nach ausländischem Recht[5] von der Anwendung des § 269 Abs. 1 Nr. 1 ausgeschlossen wären.[6] Zu den in den Fällen des § 269 Abs. 1 Nr. 1 anwendbaren Verfahrensvorschriften vgl. § 270 Abs. 1 Satz 1.

b) Feststellung des Bestehens oder Nichtbestehens einer Lebenspartnerschaft

9   § 269 Abs. 1 Nr. 2 ist wortgleich mit § 661 Abs. 1 Nr. 2 aF ZPO. Im Gegensatz zu § 121 Nr. 3 wird dem Wortlaut nach nicht vorausgesetzt, dass das **Feststellungsverfahren** eine Lebenspartnerschaft „zwischen den Beteiligten" betrifft. Im Übrigen kann auf die Erläuterungen zu § 121 Nr. 3 verwiesen werden. Das Verfahren ermöglicht eine Klärung des Status der betreffenden Personen, zumal die Frage des Bestehens, nicht anders als im Fall der Ehe,[7] häufig Vorfrage für weitere Rechtsverhältnisse ist. Auch hier dürften vergleichbare Rechtsinstitute nach ausländischem Recht mit umfasst sein.[8] Nicht von Nr. 2 umfasst ist das Verfahren zur Anerkennung ausländischer Entscheidungen über den Bestand einer Lebenspartnerschaft.[9] Die Frage des Bestehens oder Nichtbestehens kann auch in anderen Verfahren inzident geklärt werden.[10] Zu den in den Fällen des § 269 Abs. 1 Nr. 2 anwendbaren Verfahrensvorschriften vgl. § 270 Abs. 1 Satz 1.

c) Elterliche Sorge, Umgangsrecht, Kindesherausgabe

10   § 269 Abs. 1 Nr. 3 bezeichnet die Verfahrensgegenstände elterliche Sorge, Umgangsrecht oder Herausgabe in Bezug auf ein **gemeinschaftliches Kind**. Die Vorschrift entspricht inhaltlich § 661 Abs. 1 Nr. 3a bis 3c aF ZPO. Um ein „gemeinschaftli-

---

1   MüKo.ZPO/*Rauscher*, § 269 FamFG Rz. 4.
2   Vgl. *Heiter*, FamRB 2010, 22 (23).
3   Zu letzterem Gesichtspunkt vgl. *Brudermüller*, in: Was gehen den Staat Ehe und Partnerschaft an? 35. Rheinhäuser Juristengespräche im Gedenken an Karl Michaelis, 2002, S. 101.
4   Vgl. OLG Zweibrücken v. 21.3.2011 – 3 W 170/10, FamRZ 2011, 1526.
5   Zu kollisionsrechtlichen Fragen vgl. *Wagner*, IPrax 2001, 281 ff.; *Henrich*, FamRZ 2002, 137 ff.
6   MüKo.ZPO/*Rauscher*, § 269 FamFG Rz. 9, 12.
7   Eingehend zur Klage auf Feststellung des Bestehens oder Nichtbestehens einer Ehe *Habscheid/Habscheid*, FamRZ 1999, 480 ff.; vgl. auch OLG Hamm v. 7.1.1980 – 8 U 196/79, FamRZ 1980, 706.
8   MüKo.ZPO/*Rauscher*, § 269 FamFG Rz. 9, 12; AG Münster v. 20.1.2010 – 56 F 79/09, FamRZ 2010, 1580 f. (zu § 17b EGBGB); *Vlassopoulou*, FamFR 2010, 167.
9   MüKo.ZPO/*Rauscher*, § 269 FamFG Rz. 13.
10   *Bruns/Kemper*, Lebenspartnerschaftsrecht, § 661 ZPO Rz. 14.

ches Kind" in diesem Sinne handelt es sich, wenn das Kind im Rechtssinne von beiden Lebenspartnern abstammt, etwa wenn das leibliche Kind eines Lebenspartners durch den anderen Lebenspartner adoptiert wurde (§ 9 Abs. 7 LPartG).[1]

Im Übrigen entsprechen die **Rechtsbegriffe** des § 269 Abs. 1 Nr. 3 (elterliche Sorge, Umgangsrecht, Herausgabe) denen des § 151 Nr. 1 bis 3, sie sind daher im Ausgangspunkt in gleicher Weise auszulegen. Auf die Erläuterungen zu § 151 wird verwiesen. Die Regelungen des § 9 Abs. 1, 3 LPartG über die Befugnis zur Mitentscheidung betreffen Kinder nur „eines" Lebenspartners, diesbezügliche Verfahren sind daher nicht umfasst. Unter § 269 Abs. 1 Nr. 3 fallen hingegen Verfahren, die die Feststellung des Bestehens oder Nichtbestehens der (gemeinsamen oder alleinigen) elterlichen Sorge zum Gegenstand haben,[2] sofern ein gemeinschaftliches Kind der Lebenspartner betroffen ist.

11

Die **in § 151 Nr. 4 bis 8 genannten Materien**, also die Vormundschaft, die Pflegschaft, die Unterbringung und die Aufgaben nach dem JGG, sind in § 269 nicht erwähnt und daher **keine Lebenspartnerschaftssachen**. Auch wenn ein diesbezügliches Verfahren ein gemeinschaftliches Kind der Lebenspartner betrifft, handelt es sich um eine Kindschaftssache, nicht um eine Lebenspartnerschaftssache.[3] Dass nach § 270 Abs. 1 Satz 2 die in Kindschaftssachen jeweils geltenden Vorschriften entsprechend anzuwenden sind, ändert daran nichts, da die Norm voraussetzt, dass eine der in § 269 Abs. 1 Nr. 3 bis 12 genannten Lebenspartnerschaftssachen vorliegt.

12

Verfahren über die elterliche Sorge, das Umgangsrecht oder die Kindesherausgabe, die ein **nicht-gemeinschaftliches Kind** betreffen, sind ebenfalls **nicht von § 269 Abs. 1 Nr. 3 erfasst**, auch dann nicht, wenn das Kind im Haushalt von Lebenspartnern lebt, ein Elternteil eine Lebenspartnerschaft führt,[4] oder ein Lebenspartner als Antragsteller oder in sonstiger Weise am Verfahren beteiligt ist. Es handelt sich auch hier um Kindschaftssachen nach § 151.[5]

13

d) Annahme als Kind und Ersetzung der Einwilligung zur Annahme

§ 269 Abs. 1 Nr. 4 nennt die Annahme als Kind und die Ersetzung der Einwilligung zur Annahme als Kind. Eine entsprechende Vorschrift war in § 661 Abs. 1 aF ZPO nicht enthalten, da die Verfahren vor Inkrafttreten des FamFG in die Zuständigkeit des Vormundschaftsgerichts fielen. Die Vorschrift, von deren Wortlaut für sich genommen auch Verfahren erfasst wären, an denen kein Lebenspartner beteiligt ist, ist einschränkend dahin auszulegen, dass **nur die Fälle des § 9 Abs. 6 und 7 LPartG** umfasst sind.[6] Dies ergibt sich aus dem Standort in § 269 und dem Erfordernis der Abgrenzung zu § 186 Nr. 1 und 2. Zudem erwähnt die Begründung des Rechtsausschusses nur „Regelungen zur Adoption durch Lebenspartner gem. § 9 Abs. 6 LPartG".[7] Verfahren auf **Ersetzung der Einwilligung** zur Annahme als Kind sind solche nach §§ 1748 und 1749 Abs. 1 Satz 2 BGB[8] iVm. den Regelungen des LPartG.

14

Die Rechtsbegriffe des § 269 Abs. 1 Nr. 4 entsprechen denen des § 186 Nr. 1 und 2 und sind wie diese auszulegen. Auf die Erläuterungen zu § 186 Nr. 1 und 2 wird verwiesen. Die **in § 186 Nr. 3 und 4 genannten Materien**, insbesondere die Aufhebung des Annahmeverhältnisses, sind in § 269 nicht erwähnt und daher **keine Lebenspartner-**

15

---

1 MüKo.ZPO/*Rauscher*, § 269 FamFG Rz. 14; welche Änderungen sich bei der Umsetzung der Entscheidung des BVerfG v. 19.2.2013 – 1 BvL 1/11, 1 BvR 3247/09, FamRZ 2013, 521 ff. (Sukzessivadoption durch Lebenspartner) ergeben, ist noch nicht absehbar.
2 OLG Stuttgart v. 7.11.2007 – 16 WF 181/07, FamRZ 2008, 539.
3 AA Musielak/*Borth*, § 269 FamFG Rz. 4.
4 Vgl. MüKo.ZPO/*Coester-Waltjen*, 3. Aufl., § 661 ZPO Rz. 5.
5 Ebenso MüKo.ZPO/*Rauscher*, § 269 FamFG Rz. 15.
6 Welche gesetzlichen Änderungen sich bei der Umsetzung der Entscheidung des BVerfG v. 19.2. 2013 – 1 BvL 1/11, 1 BvR 3247/09, FamRZ 2013, 521 ff. (Sukzessivadoption durch Lebenspartner) ergeben, ist noch nicht absehbar.
7 BT-Drucks. 16/9733, S. 296; vgl. auch MüKo.ZPO/*Rauscher*, § 269 FamFG Rz. 18.
8 Zur Parallelregelung § 186 Nr. 2 vgl. Begr. RegE, BT-Drucks. 16/6308, S. 247.

schaftssachen, auch nicht in den Fällen des § 9 Abs. 6 und 7 LPartG; vielmehr handelt es sich um Adoptionssachen.[1]

e) Wohnung, Haushaltsgegenstände

16 § 269 Abs. 1 Nr. 5 und 6 nennen Verfahren nach §§ 14 oder 17 LPartG in Bezug auf die **Wohnung der Lebenspartner** und Verfahren nach § 13 oder 17 LPartG in Bezug auf **Haushaltsgegenstände** der Lebenspartner. § 269 Abs. 1 Nr. 5 und 6 entspricht inhaltlich § 661 Abs. 1 Nr. 5 aF ZPO und ist das Gegenstück zu § 200. Ergänzend wird auf die Erläuterungen zu dieser Vorschrift verwiesen.

17 **Keine Lebenspartnerschaftssachen** sind Verfahren über Ansprüche aus dem Gewaltschutzgesetz, auch wenn ein diesbezüglicher Anspruch von einem Lebenspartner gegen den anderen geltend gemacht wird.

f) Versorgungsausgleich

18 § 269 Abs. 1 Nr. 7 nennt den **Versorgungsausgleich der Lebenspartner** (vgl. § 20 LPartG). Die Vorschrift ist wortgleich mit § 661 Abs. 1 Nr. 4a aF ZPO und entspricht für die Fälle der Lebenspartnerschaft der Bestimmung des § 217. Auf die Erläuterungen zu dieser Vorschrift wird verwiesen. Ergänzend ist zu berücksichtigen, dass in § 269 Abs. 1 die gegenüber § 217 („Verfahren, die... betreffen") engere Formulierung „Verfahren, welche zum Gegenstand haben" verwendet wird. Verfahren nach § 269 Abs. 1 Nr. 7 sind bei Anhängigkeit eines Verfahrens auf Aufhebung der Lebenspartnerschaft idR Folgesachen.

g) Kindesunterhalt, durch die Lebenspartnerschaft begründete Unterhaltspflicht

19 § 269 Abs. 1 Nr. 8 nennt die gesetzliche Unterhaltspflicht für ein **gemeinschaftliches** (vgl. Rz. 10) **minderjähriges Kind der Lebenspartner**. Die Vorschrift entspricht § 661 Abs. 1 Nr. 3d aF ZPO, wobei zur Klarstellung die Worte „der Lebenspartner" hinzugefügt wurden. § 269 Abs. 1 Nr. 9 erfasst **die durch die Lebenspartnerschaft begründete** gesetzliche Unterhaltspflicht (vgl. §§ 5, 12, 16 LPartG) und ist wortgleich mit § 661 Abs. 1 Nr. 4 aF ZPO. Einbezogen sind jeweils auch die zugehörigen Verfahren kraft Sachzusammenhangs nach allgemeinen Regeln.

20 **Keine Lebenspartnerschaftssachen** sind Verfahren, die die Unterhaltspflicht für ein **volljähriges** gemeinschaftliches Kind der Lebenspartner zum Gegenstand haben. Wird das minderjährige gemeinschaftliche Kind während des Verfahrens volljährig, dürfte das Verfahren seine Eigenschaft als Lebenspartnerschaftssache nicht verlieren, zumal auch der Streitgegenstand derselbe bleibt.

21 Die in § 231 Abs. 2 genannten Verfahren[2] über die **Bestimmung des Berechtigten, an den das Kindergeld auszuzahlen ist**, sind von § 269 Abs. 1 Nr. 8 nicht umfasst und damit **keine Lebenspartnerschaftssachen**, auch dann nicht, wenn es um den Bezug des Kindergeldes für ein gemeinschaftliches Kind der Lebenspartner geht. Dies folgt aus der Begründung des RegE, wonach § 269 Abs. 1 Nr. 8[3] dem § 661 Abs. 1 Nr. 3d aF ZPO entspricht;[4] diese Vorschrift umfasste nicht die Bestimmung des Kindergeldbezugsberechtigten, zumal für diese Verfahren bislang das Vormundschaftsgericht zuständig war.[5] Auch sind nach § 112 Nr. 1 alle unter § 269 Abs. 1 Nr. 8 fallenden Angelegenheiten **Familienstreitsachen**, eine Zuordnung, mit der die Einbeziehung der Verfahren nach § 231 Abs. 2 unvereinbar wäre.

---

1 AA Musielak/*Borth*, § 269 FamFG Rz. 5.
2 Verfahren nach § 3 Abs. 2 Satz 3 BKGG und § 64 Abs. 2 Satz 3 EStG.
3 Entspricht § 269 Abs. 1 Nr. 7 idF des RegE.
4 BT-Drucks. 16/6308, S. 264.
5 Die diesbezüglichen Änderungen im BKGG und EStG sind enthalten in Art. 90 und 104 FGG-RG.

Zu den in den Fällen des § 269 Abs. 1 Nr. 8 und 9 anwendbaren Verfahrensvorschriften vgl. § 270 Abs. 1 Satz 2. Die Verfahren sind nach § 112 Nr. 1 ausnahmslos **Familienstreitsachen**.

h) Güterrecht

§ 269 Abs. 1 Nr. 10 nennt Ansprüche aus dem **lebenspartnerschaftlichen Güterrecht** (vgl. §§ 6, 7 LPartG). Die Vorschrift ist wortgleich mit § 661 Abs. 1 Nr. 6 aF ZPO und das Gegenstück zu § 261 Abs. 1. § 269 Abs. 1 Nr. 11 und 12 erweitern die frühere Regelung des § 661 Abs. 1 Nr. 7 aF ZPO und umfassen die in § 261 Abs. 2 aufgeführten Verfahrensgegenstände. Auf die Erläuterungen zu § 261 wird verwiesen. Bei der Anwendung von Erkenntnissen zu § 261 Abs. 1 ist zu berücksichtigen, dass demgegenüber in § 269 Abs. 1 die engere Formulierung „Verfahren, welche zum Gegenstand haben" verwendet wird. Durch das inzwischen in Kraft getretene Gesetz über den deutsch-französischen Güterstand der Wahl-Zugewinngemeinschaft (vgl. Rz. 1) wurden die entsprechenden Verfahren aufgrund des Abkommens über die Wahl-Zugewinngemeinschaft in Nr. 12 mit einbezogen.[1]

Zu den in den Fällen des § 269 Abs. 1 Nr. 10 bis 12 anwendbaren Verfahrensvorschriften vgl. § 270 Abs. 1 Satz 2. Verfahren nach § 269 Abs. 1 Nr. 10 sind **Familienstreitsachen**, was sich aus § 112 Nr. 2 ergibt. Verfahren nach § 269 Abs. 1 Nr. 11 und 12 sind **Familiensachen der freiwilligen Gerichtsbarkeit**.

2. Verfahren nach den Absätzen 2 und 3 (sonstige Lebenspartnerschaftssachen)

§ 269 Abs. 2 hat keinen Vorläufer im bisherigen Familienverfahrensrecht,[2] die Vorschrift ist den Regelungen des § 266 Abs. 1 Nr. 1 bis 3 nachgebildet, wenn auch hier wiederum gewisse Unterschiede im Wortlaut bestehen. So erfasst § 269 Abs. 2 Nr. 1, abweichend von § 266 Abs. 1 Nr. 1, lediglich Ansprüche nach §§ 1298 bis 1301 BGB.[3] Eine bloße „Flüchtigkeit der Gesetzesformulierung"[4] liegt hierbei jedoch nicht vor. Der weiter gefasste § 269 Abs. 2 Nr. 2 umfasst auch die bislang in § 661 Abs. 1 Nr. 3 aF ZPO angesprochenen Verfahren über die Verpflichtung zur Fürsorge und Unterstützung in der partnerschaftlichen Lebensgemeinschaft.[5] In § 109 Abs. 4 Nr. 2 sind diese Verfahren überflüssigerweise ausdrücklich erwähnt, obwohl sie als Familienstreitsachen (vgl. § 112 Nr. 3) bereits unter § 109 Abs. 4 Nr. 1 fallen.

Verfahren über Ansprüche aus dem Eltern-Kind-Verhältnis oder aus dem Umgangsrecht (vgl. § 266 Abs. 1 Nr. 4 und 5) sind in § 269 Abs. 2 nicht erwähnt und damit **keine Lebenspartnerschaftssachen**, auch wenn sie sich auf ein gemeinschaftliches Kind der Lebenspartner beziehen. Die Verfahren sind dann direkt § 266 Abs. 1 zuzuordnen.

Alle Verfahren nach § 269 Abs. 2 sind **Familienstreitsachen** (§ 112 Nr. 3). Zu den anwendbaren Verfahrensvorschriften vgl. § 270 Abs. 2. Wegen der Einzelheiten kann auf die Erläuterungen zu § 266 verwiesen werden.

Die Vorschrift des **§ 269 Abs. 3** ist § 266 Abs. 2 nachempfunden. Auf die Erläuterungen hierzu wird verwiesen. Zu den anwendbaren Verfahrensvorschriften vgl. § 270 Abs. 2. Die Verfahren sind **Familiensachen der freiwilligen Gerichtsbarkeit**.

Kosten/Gebühren: Gericht: Nach § 5 FamGKG sind in Lebenspartnerschaftssachen für
1. Verfahren nach Absatz 1 Nr. 1 die Vorschriften des FamGKG für das Verfahren auf Scheidung der Ehe,
2. Verfahren nach Absatz 1 Nr. 2 die Vorschriften des FamGKG für das Verfahren auf Feststellung des Bestehens oder Nichtbestehens einer Ehe zwischen den Beteiligten,
3. Verfahren nach Absatz 1 Nr. 3 bis 12 die Vorschriften des FamGKG für Familiensachen nach § 111 Nr. 2, 4, 5 und 7 bis 9 und

---

1 Vgl. die Begr. des RegE, BT-Drucks. 17/5126, S. 9.
2 Vgl. jedoch § 661 Abs. 1 Nr. 3 aF ZPO.
3 *Burger*, FamRZ 2009, 1017 (1021).
4 MüKo.ZPO/*Rauscher*, § 269 FamFG Rz. 37.
5 Vgl. die Begr. des RegE, BT-Drucks. 16/6308, S. 263.

§ 270 Verfahren in Familiensachen

4. Verfahren nach den Absätzen 2 und 3 die Vorschriften des FamGKG für sonstige Familiensachen nach § 111 Nr. 10
entsprechend anzuwenden.
RA: In Lebenspartnerschaftssachen stehen dem RA Gebühren nach Teil 3 VV RVG zu.

270 Anwendbare Vorschriften

(1) In Lebenspartnerschaftssachen nach § 269 Abs. 1 Nr. 1 sind die für Verfahren auf Scheidung geltenden Vorschriften, in Lebenspartnerschaftssachen nach § 269 Abs. 1 Nr. 2 die für Verfahren auf Feststellung des Bestehens oder Nichtbestehens einer Ehe zwischen den Beteiligten geltenden Vorschriften entsprechend anzuwenden. In den Lebenspartnerschaftssachen nach § 269 Abs. 1 Nr. 3 bis 12 sind die in Familiensachen nach § 111 Nr. 2, 4, 5 und 7 bis 9 jeweils geltenden Vorschriften entsprechend anzuwenden.

(2) In sonstigen Lebenspartnerschaftssachen nach § 269 Abs. 2 und 3 sind die in sonstigen Familiensachen nach § 111 Nr. 10 geltenden Vorschriften entsprechend anzuwenden.

A. Allgemeines 1	II. Besonderheiten bei einzelnen Lebenspartnerschaftssachen
B. Inhalt der Vorschrift	1. Aufhebung der Lebenspartnerschaft 7
I. Verfahren in Lebenspartnerschaftssachen im Allgemeinen	2. Feststellung des Bestehens oder Nichtbestehens einer Lebenspartnerschaft 10
1. Entsprechend anwendbare Vorschriften 2	
2. Entsprechende Anwendung 5	III. Spezialregelungen 13

A. Allgemeines

1 § 270 ordnet für alle Lebenspartnerschaftssachen die entsprechende Anwendung der in den jeweils vergleichbaren Familiensachen nach § 111 Nr. 1–10 geltenden Vorschriften an. Die Norm **entspricht in ihrer Funktion § 661 Abs. 2 aF ZPO**. Zu den Veränderungen im Gesetzgebungsverfahren vgl. die Erläuterungen zu § 269 Rz. 2. § 270 besteht nicht aus einer Generalklausel, sondern ist in drei Einzelregelungen aufgeteilt, die jeweils an bestimmte Gruppen von Verfahren nach § 269 anknüpfen. Als spezielle Regelung für Lebenspartnerschaftssachen verdrängt § 270 vollständig den allgemeineren § 1, der für Familiensachen grundsätzlich die direkte Anwendung der Vorschriften des FamFG vorsieht.

B. Inhalt der Vorschrift

I. Verfahren in Lebenspartnerschaftssachen im Allgemeinen

1. Entsprechend anwendbare Vorschriften

2 § 270 ordnet für Lebenspartnerschaftssachen die (entsprechende) Anwendung von Vorschriften an, die für bestimmte andere Verfahren gelten. Aus dem Zusammenhang der Regelungen und der Überschrift des Abschnitts 12 ergibt sich, dass von der Bestimmung nur **verfahrensrechtliche Vorschriften** umfasst sind. Gemeint sind grundsätzlich alle in den genannten Familiensachen anwendbaren Verfahrensvorschriften, **unabhängig von ihrem Standort**, also ohne Rücksicht darauf, ob es sich um Vorschriften des FamFG oder anderer Gesetze handelt.[1] Trotz dieses umfassenden Anwendungsbereichs des § 270 wurde in einigen Normen[2] die Anwendung für Lebenspartnerschaftssachen ausdrücklich angeordnet. Soweit § 270 die in einer Gruppe von Verfahren (zB Kindschaftssachen nach §§ 111 Nr. 2, 151) maßgeblichen Vorschriften

---

[1] Vgl. die Begr. des RegE, BT-Drucks. 16/6308, S. 264.
[2] § 3 Nr. 2a, § 14 Abs. 1, § 25 RPflG idF des Art. 23 FGG-RG erwähnen jeweils ausdrücklich „entsprechende Lebenspartnerschaftssachen"; zu § 25 RPflG vgl. auch BT-Drucks. 16/9733, S. 225, 301. Vgl. im Übrigen auch § 103, § 112.

zur Anwendung berufen, bezieht sich dies lediglich auf Vorschriften, die für die jeweils einschlägige Untergruppierung (zB Verfahren auf Kindesherausgabe, § 151 Nr. 3) gelten.

Verfahrensregelungen des **überstaatlichen Rechts**, also etwa in völkerrechtlichen Vereinbarungen oder in Rechtsakten der Europäischen Gemeinschaft, sind nach den besonderen für sie maßgeblichen Grundsätzen auszulegen. Allein danach richtet sich, ob für den Fall der Ehe geschaffene Rechtssätze auf die Lebenspartnerschaft (entsprechend) anwendbar sind.[1] Ist dies nicht der Fall, kann die einzelstaatliche Vorschrift des § 270 eine entsprechende Anwendbarkeit überstaatlicher Normen nicht bewirken.

Die Rechtsfolge des § 270 ist ausgeschlossen, soweit im Verfahrensrecht zu einem Regelungsbereich oder zur Frage der Anwendung einer Vorschrift bereits eine abschließende, **speziellere Regelung** existiert. Hiervon ist auszugehen, wenn die Auslegung einer Vorschrift ergibt, dass der Fall der Lebenspartnerschaft mit geregelt ist, etwa weil er ausdrücklich erwähnt ist. Dies gilt beispielsweise für die unter Rz. 13 ff. aufgeführten Vorschriften und Bereiche. Hier ist der Geltungsbereich für die Fälle der Lebenspartnerschaft bereits festgelegt, eine auf § 270 gestützte darüber hinausgehende Übertragung ehebezogener Regelungen auf die Lebenspartnerschaft ist nicht möglich.

2. Entsprechende Anwendung

§ 270 ordnet die **entsprechende** Anwendung bestimmter Verfahrensvorschriften an. Bei diesem Vorgang muss ein Grundproblem des Verfahrensrechts in Lebenspartnerschaftssachen behoben werden, das darin liegt, dass sich der Gesetzgeber auf eine **pauschale Verweisung** auf die vorhandenen, ursprünglich ohne Berücksichtigung der Fälle der Lebenspartnerschaft geschaffenen Regelungen beschränkt hat. Das Recht betrachtet Lebenspartner nicht von deren Standpunkt aus, sondern aus dem Blickwinkel der Ehe.[2] Rechtlichen oder tatsächlichen Besonderheiten muss somit im Rahmen der entsprechenden Anwendung Rechnung getragen werden. Angesichts dessen ist bei der entsprechenden Anwendung von einem **weiten Spielraum** auszugehen.

Die entsprechende Anwendung geschieht in einem ersten Schritt dadurch, dass bei der entsprechend anzuwendenden Norm die besonderen **Rechtsinstitute und Begriffe des Lebenspartnerschaftsrechts** an die Stelle der in der Sache vergleichbaren Rechtsinstitute und Begriffe gesetzt werden. Für die erforderliche Anpassung der Norm an den neuen Anwendungsbereich reicht diese formale Ersetzung jedoch nicht aus, der Gesetzgeber hat sich, anders als in § 113 Abs. 5, auch nicht auf eine bloße Anordnung des Ersetzens von Begriffen beschränkt. Daher ist in einem zweiten Schritt der Inhalt der Norm nach allgemeinen Auslegungsgrundsätzen zu ermitteln, und zwar in dem konkreten, neuen Regelungszusammenhang. Bei diesem Vorgang können auch die im Fall der Lebenspartnerschaft bestehenden speziellen Gesichtspunkte und Interessen Berücksichtigung finden.

II. Besonderheiten bei einzelnen Lebenspartnerschaftssachen

1. Aufhebung der Lebenspartnerschaft

In Lebenspartnerschaftssachen nach § 269 Abs. 1 Nr. 1 (Aufhebung der Lebenspartnerschaft) sind die für Verfahren auf **Scheidung der Ehe** geltenden Vorschriften entsprechend anzuwenden (§ 270 Abs. 1 Satz 1). Über Lebenspartnerschaftssachen nach § 269 Abs. 1 Nr. 1 und Folgesachen ist also im **Verbund** zusammen zu verhandeln und zu entscheiden. Folgesachen können von vornherein nur Lebenspartnerschaftssachen sein, nicht hingegen andere Familiensachen nach § 111 Nr. 1 bis 10;[3] im Übrigen sind die entsprechend angewandten Kriterien des § 137 maßgeblich.

---
1 Vgl. die Erl. zu § 98.
2 *Kaiser*, JZ 2001, 617.
3 *Bruns/Kemper*, Hk-Lebenspartnerschaftsrecht, § 661 ZPO Rz. 188 ff.; *Weber*, ZFE 2003, 78, 81.

8 Obwohl es sich bei der Aufhebung der Lebenspartnerschaft um ein gemischtes Rechtsinstitut handelt (vgl. § 269 Rz. 8), sind die speziellen Vorschriften für den Fall der Aufhebung einer Ehe, wie §§ 129 und 132, nach § 270 Abs. 1 Satz 1 nicht zur Anwendung berufen.

9 § 15 Abs. 2 Satz 2 LPartG ermöglicht die Aufhebung der Lebenspartnerschaft auch in Fällen, die zur Aufhebung einer Ehe führen. Nach dem Wortlaut des § 270 Abs. 1 Satz 1 wäre auch insoweit zB der Verbund oder eine Aussetzung des Verfahrens zum Zweck der Inanspruchnahme einer Beratung[1] denkbar. Diese über das Eherecht hinausgehende Erschwerung der Auflösung der Lebenspartnerschaft wird vom Zweck des § 270 jedoch nicht gefordert. Liegt also **ausschließlich der Aufhebungsgrund des § 15 Abs. 2 Satz 2 LPartG** vor, wird das Gericht im Wege der teleologischen Reduktion des § 270 Abs. 1 Satz 1 auch von der Anwendung der besonderen Vorschriften über das Verfahren in Scheidungssachen (§§ 133 ff.) absehen können.[2]

2. Feststellung des Bestehens oder Nichtbestehens einer Lebenspartnerschaft

10 Nach § 270 Abs. 1 Satz 1 sind in Verfahren auf **Feststellung des Bestehens oder Nichtbestehens einer Lebenspartnerschaft** die für Verfahren nach § 121 Nr. 3 geltenden Vorschriften entsprechend anzuwenden. Dies betrifft insbesondere die für Ehesachen allgemein geltenden Bestimmungen, nicht hingegen Vorschriften für Scheidungssachen oder Verfahren auf Aufhebung der Ehe. Die Sonderregelung des § 129 Abs. 2 Satz 3 ist nicht anzuwenden, da nach § 15 Abs. 1 LPartG nur die Lebenspartner, nicht aber die Verwaltungsbehörde oder eine dritte Person einen Antrag auf Aufhebung der Lebenspartnerschaft stellen können.[3]

11 Im Feststellungsverfahren gilt der **uneingeschränkte Amtsermittlungsgrundsatz** nach § 127 Abs. 1, da die in § 127 Abs. 2 und 3 enthaltenen Einschränkungen in den Feststellungsverfahren nicht anwendbar sind. Lässt sich trotz Ausschöpfung aller Ermittlungsansätze nicht mit hinreichender Sicherheit aufklären, ob eine Lebenspartnerschaft besteht oder nicht, gelten auch im Fall des negativen Feststellungsantrags die diesbezüglichen Beweislastregeln.[4] Die hiervon abweichende, aus Art. 6 Abs. 1 GG abgeleitete Regel, dass ein Antrag auf Feststellung des Nichtbestehens einer Ehe bei verbleibender Unklarheit über den Bestand der Ehe abzuweisen ist,[5] gilt im entsprechenden Fall der Lebenspartnerschaft nicht.[6]

12 Feststellungsverfahren können nach § 126 Abs. 1 auch mit Verfahren auf Aufhebung der Lebenspartnerschaft verbunden werden, auch im Wege des Widerklageantrags. Die Konstellation des § 126 Abs. 3 kann im Fall der Lebenspartnerschaft nicht entstehen.

III. Spezialregelungen

13 Die **internationale Zuständigkeit** für Lebenspartnerschaftssachen hat in § 103 eine eigene Regelung gefunden. Auf die Erläuterungen zu dieser Vorschrift wird verwiesen.

14 Dazu, ob das Verfahren nach § 107[7] zur **Anerkennung ausländischer Entscheidungen** in Ehesachen auf ausländische Entscheidungen über die Aufhebung einer Lebenspartnerschaft oder über die Feststellung des Bestehens oder Nichtbestehens einer Lebenspartnerschaft entsprechend anzuwenden ist oder ob insoweit § 108 FamFG zur Anwendung kommt,[8] vgl. die Erläuterungen zu § 107.

---

1 Vgl. § 136, früher § 614 aF ZPO.
2 Vgl. auch MüKo.ZPO/*Rauscher*, § 270 FamFG Rz. 4.
3 Palandt/*Brudermüller*, § 15 LPartG Rz. 10.
4 Zöller/*Greger*, § 256 ZPO Rz. 18.
5 Wieczorek/Schütze/*Kemper*, § 638 ZPO Rz. 6.
6 *Bruns/Kemper*, Hk-Lebenspartnerschaftsrecht, § 661 ZPO Rz. 369.
7 Vgl. früher Art. 7 § 1 FamRÄndG.
8 MüKo.ZPO/*Rauscher*, § 269 FamFG Rz. 13 sowie § 107 Rz. 4; *Niethammer-Jürgens*, FamRBint 2009, 80 (84).

In § 112 Nr. 1 bis 3 ist explizit geregelt, welche Lebenspartnerschaftssachen **Familienstreitsachen** sind. 15

In den Vorschriften des **RPflG** über die Aufgabenverteilung zwischen Richter und Rechtspfleger sind die davon mit umfassten Lebenspartnerschaftssachen ausdrücklich erwähnt. 16

Zur entsprechenden Anwendung von kostenrechtlichen Vorschriften in Lebenspartnerschaftssachen vgl. § 5 **FamGKG**. 17

Buch 3
Verfahren in Betreuungs- und Unterbringungssachen

Vorbemerkungen zu §§ 271 bis 341

Literatur: *Bienwald*, Zur Beteiligung des Betreuten an den Genehmigungsverfahren nach § 1908i Abs. 1 Satz 1, §§ 1802 ff. BGB, RPfleger 2009, 613; *Bienwald*, Zu Auftrag und Interessenlage eines Verfahrenspflegers in Betreuungssachen, RPfleger 2012, 309; *Bienwald*, Metamorphose einer Behörde, FamRZ 2013, 258; *Bork*, Die Prozessfähigkeit nach neuem Recht, MDR 1991, 97; *Brosey*, Die Würdigung von Sachverständigengutachten in Betreuungs- und Unterbringungssachen unter Berücksichtigung aktueller Rechtsprechung; *Bruckner*, Vereinfacht das MDK-Gutachten das Verfahren?, BtMan 2006, 195; *Deinert/Lütgens*, Die Vergütung des Betreuers, Handbuch der Vergütungs- und Aufwendungsregelungen, 6. Aufl. 2012; *Dodegge*, Die Entwicklung des Betreuungsrechts bis Anfang Oktober 2010, BtPrax 2010, 251; *Formella*, Das Einführungsgespräch, BtPrax 1995, 198; *Fröschle*, Betreuungsrecht 2005, Systematische Darstellung der Änderungen nach dem 2. BtÄndG mit Praxishinweisen, 2005; *Fröschle*, Fehler bei der Sachverhaltsermittlung in Betreuungssachen, FamRZ 2012, 88; Heidelberger Kommentar zum Betreuungs- und Unterbringungsrecht, Stand 90. Aktualisierung April 2013 (zit.: HK-BUR/*Bearbeiter*); *Harm*, Rechtsstellung, Rechtsmacht und Aufgaben des Verfahrenspflegers, BtPrax 2012, 189; *Helms*, Der Widerruf und die Anfechtung wechselbezüglicher Verfügungen bei Geschäfts- und Testierunfähigkeit, DNotZ 2003, 104; *Knittel*, Betreuungsgesetz, Kommentar und Rechtssammlung, Loseblatt; *Jürgens/Lesting/Marschner/Winterstein*, Betreuungsrecht kompakt, 7. Aufl. 2011; *Oberloskamp*, Die Qualifikation des Sachverständigen gem. § 68b FGG, BtPrax 1998, 18; *Paßmann*, Wahlrecht und Betreuungsbedürftigkeit, BtPrax 1998, 6; *Roesenow*, Honorarvereinbarung und Ermessensvergütung bei vermögenden Betreuten, BtMan 2005, 212; *Schmidt-Recla/Diener*, Zwangsmittel in Betreuungs- und Unterbringungsverfahrenspflegschaften, RPfleger 2010, 696; *Sonnenfeld*, Das Betreuungsverfahren nach dem FamFG, RPfleger 2009, 361; *Stackmann*, Keine richterliche Anordnung von Sterbehilfe, NJW 2003, 1568; *Thar*, Gesprächsführung mit verwirrten Menschen im Betreuungsverfahren, FPR 2012, 41; *Vennemann*, Der Betreuungsrichter an der (zu) kurzen Leine – zur Verhältnismäßigkeit im (Betreuungs-)verfahrensrecht, BtPrax 1994, 93; *Walther*, Betreuungsbehörde und Verfahrenspflegschaften, BtPrax 2004, 225; *Zimmermann*, Das Wahlrecht des Betreuten, FamRZ 1996, 79; *Zinsmeister*, Zur Einflussnahme rechtlicher Betreuerinnen und Betreuer auf die Verhütung und Familienplanung der Betreuten, BtPrax 2012, 227.

Das dritte Buch des FamFG befasst sich mit allen Verfahren, für die nach § 23c Abs. 1 GVG die **Betreuungsgerichte** zuständig sind. Es handelt sich dabei ausnahmslos nicht um Familiensachen, sondern solche der **freiwilligen Gerichtsbarkeit**, auch wenn überwiegend materielles Familienrecht zur Anwendung kommt. 1

Die **Dreigliederung** in Betreuungssachen, Unterbringungssachen und betreuungsgerichtliche Zuweisungssachen spiegelt die alte Dreigliederung des zweiten Abschnitts des FGG in Vormundschafts- und Familiensachen, Betreuungssachen und Unterbringungssachen wider. Vormundschaften sind freilich keine Angelegenheiten der freiwilligen Gerichtsbarkeit mehr, sondern gehören im System des FamFG zu den Kindschaftssachen (§ 151 Nr. 4). Übrig geblieben sind Pflegschaftssachen, die durch § 1915 Abs. 1 Satz 3 BGB dem Betreuungsgericht zugewiesen werden, falls sie weder Minderjährige noch eine Leibesfrucht[1] betreffen (s. auch §§ 151 Nr. 5, 340 Nr. 1). 2

§§ 271 und 340 regeln die Konkurrenz der drei Abschnitte dahin, dass der mittlere über Unterbringungssachen der **speziellste** ist, die Vorschriften über Betreuungssachen ihm gegenüber subsidiär sind. Der Abschnitt über betreuungsgerichtliche Zuweisungssachen stellt ohnehin nur eine **Auffangregelung** dar (s. § 340 Rz. 2). 3

---

[1] Nur die Pflegschaft für noch ungeborene, aber schon gezeugte Kinder ist Familiensache. Sofern – zB wegen §§ 2113, 2120 BGB – ein noch nicht gezeugtes Kind der Vertretung bedarf, ist die Pflegschaft für einen unbekannten Beteiligten nach § 1913 BGB und dem Betreuungsgericht zugewiesen.

4 In einer Vielzahl von Normen wird auf **die zuständige Behörde** verwiesen. Ihr werden teils Verfahrensrechte eingeräumt, teils werden Mitteilungspflichten des Gerichts ihr gegenüber begründet, und teils wird sie als Vollstreckungsorgan für gerichtliche Verfügungen bezeichnet. Die Aufgaben dieser Behörde sind im **Betreuungsbehördengesetz** wie folgt beschrieben:

§ 1

Welche Behörde auf örtlicher Ebene in Betreuungsangelegenheiten zuständig ist, bestimmt sich nach Landesrecht. Diese Behörde ist auch in Unterbringungsangelegenheiten im Sinne des § 312 Nr. 1 und 2 des Gesetzes über das Verfahren in Familiensachen und in den Angelegenheiten der freiwilligen Gerichtsbarkeit zuständig.

§ 2

Zur Durchführung überörtlicher Aufgaben oder zur Erfüllung einzelner Aufgaben der örtlichen Behörde können nach Landesrecht weitere Behörden vorgesehen werden.

§ 3

(1) Örtlich zuständig ist diejenige Behörde, in deren Bezirk der Betroffene seinen gewöhnlichen Aufenthalt hat. Hat der Betroffene im Geltungsbereich dieses Gesetzes keinen gewöhnlichen Aufenthalt, ist ein solcher nicht feststellbar oder betrifft die Maßnahme keine Einzelperson, so ist die Behörde zuständig, in deren Bezirk das Bedürfnis für die Maßnahme hervortritt. Gleiches gilt, wenn mit dem Aufschub einer Maßnahme Gefahr verbunden ist.

(2) Ändern sich die für die örtliche Zuständigkeit nach Absatz 1 maßgebenden Umstände im Laufe eines gerichtlichen Betreuungs- oder Unterbringungsverfahrens, so bleibt für dieses Verfahren die zuletzt angehörte Behörde allein zuständig, bis die nunmehr zuständige Behörde dem Gericht den Wechsel schriftlich anzeigt.

§ 4

Die Behörde berät und unterstützt Betreuer und Bevollmächtigte auf ihren Wunsch bei der Wahrnehmung ihrer Aufgaben, die Betreuer insbesondere auch bei der Erstellung des Betreuungsplans.

§ 5

Die Behörde sorgt dafür, dass in ihrem Bezirk ein ausreichendes Angebot zur Einführung der Betreuer *und der Bevollmächtigten*[1] in ihre Aufgaben und zu ihrer Fortbildung vorhanden ist.

§ 6

(1) Zu den Aufgaben der Behörde gehört es auch, die Tätigkeit einzelner Personen sowie von gemeinnützigen und freien Organisationen zugunsten Betreuungsbedürftiger anzuregen und zu fördern. Weiterhin fördert sie die Aufklärung und Beratung über Vollmachten und Betreuungsverfügungen.

(2) Die Urkundsperson bei der Betreuungsbehörde ist befugt, Unterschriften oder Handzeichen auf Vorsorgevollmachten oder Betreuungsverfügungen öffentlich zu beglaubigen. Dies gilt nicht für Unterschriften oder Handzeichen ohne dazugehörigen Text. Die Zuständigkeit der Notare, anderer Personen oder sonstiger Stellen für öffentliche Beurkundungen und Beglaubigungen bleibt unberührt.

(3) Die Urkundsperson soll eine Beglaubigung nicht vornehmen, wenn ihr in der betreffenden Angelegenheit die Vertretung eines Beteiligten obliegt.

(4) Die Betreuungsbehörde hat geeignete Beamte und Angestellte zur Wahrnehmung der Aufgaben nach Absatz 2 zu ermächtigen. Die Länder können Näheres hinsichtlich der fachlichen Anforderungen an diese Personen regeln.

(5) Für jede Beglaubigung nach Absatz 2 wird eine Gebühr von 10 Euro erhoben; Auslagen werden gesondert nicht erhoben. Aus Gründen der Billigkeit kann von der Erhebung der Gebühr im Einzelfall abgesehen werden.

(6) Die Landesregierungen werden ermächtigt, durch Rechtsverordnung die Gebühren und Auslagen für die Beratung und Beglaubigung abweichend von Absatz 5 zu regeln. Die Landesregierungen können die Ermächtigung nach Satz 1 durch Rechtsverordnung auf die Landesjustizverwaltungen übertragen.

---

[1] Gilt ab 1.7.2014, s. Rz. 4a.

§ 7

(1) Die Behörde kann dem Betreuungsgericht Umstände mitteilen, die die Bestellung eines Betreuers oder eine andere Maßnahme in Betreuungssachen erforderlich machen, soweit dies unter Beachtung berechtigter Interessen des Betroffenen nach den Erkenntnissen der Behörde erforderlich ist, um eine erhebliche Gefahr für das Wohl des Betroffenen abzuwenden.
(2) Der Inhalt der Mitteilung, die Art und Weise ihrer Übermittlung und der Empfänger sind aktenkundig zu machen.
(3) (weggefallen)

§ 8

Die Behörde unterstützt das Betreuungsgericht. Dies gilt insbesondere für die Feststellung des Sachverhalts, den das Gericht für aufklärungsbedürftig hält, und für die Gewinnung geeigneter Betreuer. Wenn die Behörde vom Betreuungsgericht dazu aufgefordert wird, schlägt sie eine Person vor, die sich im Einzelfall zum Betreuer oder Verfahrenspfleger eignet. Die Behörde teilt dem Betreuungsgericht den Umfang der berufsmäßig geführten Betreuungen mit.

§ 9

Die Aufgaben, die der Behörde nach anderen Vorschriften obliegen, bleiben unberührt. Zuständige Behörde im Sinne dieser Vorschriften ist die örtliche Behörde.

Durch das „Gesetz zur Stärkung der Funktionen der Betreuungsbehörde"[1] werden ab dem 1.7.2014 die §§ 4 und 8 wie folgt neu gefasst, der folgende § 9 eingefügt und der bisherige § 9 zu § 10 umnummeriert: **4a**

§ 4

(1) Die Behörde informiert und berät über allgemeine betreuungsrechtliche Fragen, insbesondere über eine Vorsorgevollmacht und über andere Hilfen, bei denen kein Betreuer bestellt wird.
(2) Wenn im Einzelfall Anhaltspunkte für einen Betreuungsbedarf nach § 1896 Absatz 1 des Bürgerlichen Gesetzbuchs bestehen, soll die Behörde der betroffenen Person ein Beratungsangebot unterbreiten. Diese Beratung umfasst auch die Pflicht, andere Hilfen, bei denen kein Betreuer bestellt wird, zu vermitteln. Dabei arbeitet die Behörde mit den zuständigen Sozialleistungsträgern zusammen.
(3) Die Behörde berät und unterstützt Betreuer und Bevollmächtigte auf deren Wunsch bei der Wahrnehmung von deren Aufgaben, die Betreuer insbesondere auch bei der Erstellung des Betreuungsplans.

§ 8

(1) Die Behörde unterstützt das Betreuungsgericht. Dies umfasst insbesondere folgende Maßnahmen:
1. die Erstellung eines Berichts im Rahmen der gerichtlichen Anhörung (§ 279 Absatz 2 des Gesetzes über das Verfahren in Familiensachen und in den Angelegenheiten der freiwilligen Gerichtsbarkeit),
2. die Aufklärung und Mitteilung des Sachverhalts, den das Gericht über Nummer 1 hinaus für aufklärungsbedürftig hält, sowie
3. die Gewinnung geeigneter Betreuer.
(2) Wenn die Behörde vom Betreuungsgericht dazu aufgefordert wird, schlägt sie eine Person vor, die sich im Einzelfall zum Betreuer oder Verfahrenspfleger eignet. Steht keine geeignete Person zur Verfügung, die zur ehrenamtlichen Führung der Betreuung bereit ist, schlägt die Behörde dem Betreuungsgericht eine Person für die berufsmäßige Führung der Betreuung vor und teilt gleichzeitig den Umfang der von dieser Person derzeit berufsmäßig geführten Betreuungen mit.

§ 9

Zur Durchführung der Aufgaben werden Personen beschäftigt, die sich hierfür nach ihrer Persönlichkeit eignen und die in der Regel entweder eine ihren Aufgaben entsprechende Ausbildung erhalten haben (Fachkräfte) oder über vergleichbare Erfahrungen verfügen.

---

[1] Bei Drucklegung am 19.8.2013 verabschiedet, aber noch nicht verkündet (s. Einl. Rz. 45a).

5 Landesrecht weist die Aufgaben der Betreuungsbehörde überwiegend **kommunalen Gebietskörperschaften** zu.[1]

6 Bundesgesetzlich nicht geregelt ist, welche Behörde in den Unterbringungssachen des § 312 Nr. 3 und in betreuungsgerichtlichen Zuweisungssachen die zuständige ist. Für die **Unterbringungssachen** des § 312 Nr. 3 ist das die durch Landesrecht bestimmte Unterbringungsbehörde.[2] Falls in **betreuungsgerichtlichen Zuweisungssachen** die Mitwirkung einer Behörde in Frage kommt, sollte man davon ausgehen, dass auch dort die Betreuungsbehörde – und nicht etwa wegen § 53 SGB VIII das Jugendamt – zuständig ist. Einerseits ist das Jugendamt nach dem Wortlaut der Neufassung nur noch dem Familiengericht gegenüber zur Mitwirkung verpflichtet. Andererseits lässt die Öffnungsklausel in § 9 Satz 1 BtBG den Spielraum, auch in den in § 340 genannten Verfahren eine Mitwirkungspflicht der Betreuungsbehörde anzunehmen.

A. Betreuungssachen

7 Der Abschnitt über Betreuungssachen umfasst die §§ 271 bis 311, die eine nicht durch Zwischenüberschriften verdeutlichte **Binnengliederung** aufweisen:

8 §§ 271 bis 277 sind **allgemeine Vorschriften**, die für alle Betreuungssachen gelten, soweit nicht einzelne Vorschriften darin (wie zB § 274 Abs. 3 und 4) Einschränkungen enthalten.

9 Die darauf folgenden §§ 278 bis 285 betreffen dagegen nur:
- das Verfahren zur Betreuerbestellung, und zwar das **Einheitsverfahren** nach §§ 1896 bis 1900 BGB, in dem die Anordnung der Betreuung und die Bestellung des (ersten) Betreuers zusammenfallen,[3]
- das Verfahren zur **Anordnung eines Einwilligungsvorbehalts**.
  In anderen Verfahren sind sie nur anwendbar, soweit auf sie verwiesen wird.

10 § 19 Abs. 1 Satz 1 Nr. 1 RPflG gibt dem Landesgesetzgeber die Möglichkeit, das Einheitsverfahren **aufzuspalten**. Geschieht dies, so gelten die §§ 278 bis 285 nach § 19 Abs. 3 RPflG für das Anordnungsverfahren. Für das anschließende isolierte Betreuerbestellungsverfahren passen diese Vorschriften dagegen nicht. Dort sollte § 296 Abs. 2 analog angewendet werden.[4]

11 Die §§ 286 bis 288 beziehen sich auf die **Endentscheidung** in Betreuungssachen und enthalten Modifikationen der §§ 38 bis 41. Der Anwendungsbereich dieser Normen ist uneinheitlich. Teilweise gelten sie unmittelbar für alle, teilweise nur für besonders aufgezählte Betreuungssachen, wobei hierauf dann teilweise woanders wieder verwiesen wird.

12 Die §§ 289 und 290 betreffen **Verrichtungen des Betreuungsgerichts**, die nach Abschluss eines Bestellungsverfahrens und teilweise auch anderer Verfahren erforderlich werden können.

---

1 Nämlich den (Land-)kreisen oder Stadtkreisen/kreisfreien Städten, teils auch kreisangehörigen Städten oder Gemeinden. In Berlin sind die Bezirksämter zuständig, in Hamburg die Behörde für Arbeit, Gesundheit und Soziales, eine übersichtliche Zusammenstellung findet sich bei BtKomm/*Dodegge*, J Rz. 89 ff.
2 Auch das sind überwiegend die Stadt- und Landkreise, teils auch kreisangehörige Gemeinden (in Hessen: alle über 7500 Einwohner), jedoch mit mehr Ausnahmen: In Brandenburg und Thüringen ist der Sozialpsychiatrische Dienst zuständig, in Hamburg die Gesundheitsbehörde, in Bremen, Mecklenburg-Vorpommern und Nordrhein-Westfalen die Ordnungsbehörde (Ortspolizeibehörde). In Berlin sind auch hierfür die Bezirksämter zuständig. Soweit in Baden-Württemberg außerdem das Zentrum für Psychiatrie einen Antrag zur Unterbringung stellen kann, wird es dadurch wohl nicht zur zuständigen Behörde, OLG Karlsruhe v. 12.8.1994 – 11 Wx 48/94, BtPrax 1994, 213.
3 BGH v. 18.5.2011 – XII ZB 671/10, BtPrax 2011, 169 mwN.
4 *Fröschle*, Betreuungsrecht 2005, Rz. 890; Jurgeleit/*Bučić*, § 272 FamFG Rz. 15.

Die §§ 291 bis 299 regeln das Verfahren in **bestimmten anderen Betreuungssachen**, zum Teil durch eigenständige Verfahrensregeln, zum Teil durch Verweisungen auf die für die Erstbestellung geltenden Vorschriften. **13**

Für alle übrigen Betreuungssachen gelten für den ersten Rechtszug demnach nur die §§ 272 bis 277, teilweise auch § 288 und ansonsten die Vorschriften des ersten Buches FamFG. Ob die **persönliche Anhörung** des Betroffenen zur Wahrung rechtlichen Gehörs notwendig ist, ist dann nach § 34 Abs. 1 Nr. 1 zu entscheiden, ob er zur Sachaufklärung geladen werden soll, nach § 33 Abs. 1 Satz 1 (s. aber § 278 Rz. 7b). Ob er **ärztlich** untersucht oder sogar begutachtet werden muss, entscheidet sich nach §§ 26, 29, 30. Wer wozu sonst **anzuhören** ist, bestimmt sich nach Art. 103 Abs. 1 GG und nach § 37 Abs. 2. **14**

Ungeregelt ist insbesondere das Verfahren über die **Herausgabe** des Betreuten an den Betreuer und den **Umgang** von Dritten mit dem Betreuten nach §§ 1908i Abs. 1 Satz 1, 1632 Abs. 1 und 2 BGB. Dass der Betroffene dabei zur Gewährung rechtlichen Gehörs aber **regelmäßig persönlich angehört** werden muss, folgt aus der Schwere des Eingriffs in seinen persönlichen Lebensbereich.[1] **15**

Die §§ 300 bis 302 treffen Bestimmungen über eA zu bestimmten Verfahrensgegenständen. Sie sind nicht als abschließend anzusehen. Soweit sie nicht greifen, kommt der Erlass von eA grundsätzlich auch nach allgemeinen Vorschriften (§§ 49ff.) in Frage, falls das der entsprechende Verfahrensgegenstand zulässt (s. § 300 Rz. 8f.). **16**

Ungeregelt ist das Verfahren zum Erlass **vorläufiger Maßnahmen** nach §§ 1908i Abs. 1 Satz 1, 1846 BGB (s. dazu § 300 Rz. 10ff.). Aus § 334 folgt allerdings, dass auch solche vorläufigen Maßnahmen Unterbringungssachen sind, soweit sie eine Freiheitsentziehung beinhalten. Dementsprechend ist das Verfahren nach § 298 zu beachten, wenn sich die vorläufige Maßnahme auf eine der in § 1904 BGB genannten Entscheidungen bezieht (s. im Übrigen § 298 Rz. 5). Es handelt sich nicht um eA iSv. § 49, weil es an einer dazugehörigen Hauptsache fehlt. **17**

Die §§ 303 bis 306 betreffen **Rechtsmittel** in Betreuungssachen, sie ergänzen und modifizieren die allgemeinen Regeln in §§ 58ff. **18**

§ 307 ermöglicht unter bestimmten Voraussetzungen die **Kostenübernahme** (auch der Auslagen des Betroffenen) auf die Staatskasse und ergänzt dadurch § 81 Abs. 1 Satz 2. **19**

Die §§ 308 bis 311 schließlich regeln **Mitteilungen** des Betreuungsgerichts an Behörden oder andere Gerichte. Für Mitteilungen an das Betreuungsgericht gilt § 22a. Mitteilungen von einem Betreuungsgericht an ein anderes oder vom Betreuungs- an das Familiengericht können sowohl § 308 als auch § 22a unterfallen (s. § 308 Rz. 5). **20**

B. Geltung für betreuungsgerichtliche Zuweisungssachen

Ob und inwieweit die §§ 272 bis 311 (auf § 271 wird in § 341 verwiesen) auch in **betreuungsgerichtlichen Zuweisungssachen** anzuwenden sind, entzieht sich einer einheitlichen Antwort. **21**

Zum Teil wird das (zB in § 16 Abs. 4 VwVfG) **spezialgesetzlich angeordnet**. **22**

§ 298 ist auch für das Verfahren über die Genehmigung einer **Erklärung des Bevollmächtigten** nach § 1904 BGB anwendbar, da die Vorschrift dies ausdrücklich bestimmt. **23**

Es wäre nicht sinnvoll, über die **Entschädigung eines Pflegers** in einem anderen Verfahren als demjenigen über die des Vormunds oder des Betreuers (also entsprechend §§ 292, 168) zu entscheiden (s. § 292 Rz. 3). Daher ist § 292 Abs. 1 für die Entschädigung eines Pflegers entsprechend anzuwenden. Ob § 292 Abs. 2 dem Landesgesetzgeber das Recht gibt, auch für Pfleger einen Formularzwang einzuführen, ist dagegen zweifelhaft. **24**

---

1 OLG Frankfurt v. 23.1.2003 – 20 W 479/02, FGPrax 2003, 81.

25 Für die Pflegschaften nach §§ 1910, 1912 und 1913 BGB können aber im Übrigen die Vorschriften über Betreuungssachen vielfach von vornherein nicht angewendet werden. Dass zB weder § 275 noch § 278 oder § 280 passen, ja wohl noch nicht einmal § 274 Abs. 1 Nr. 1 Sinn ergibt, ist klar, und auch die Nützlichkeit eines Verfahrenspflegers ist ziemlich zweifelhaft.[1] Von den in Rz. 22 bis 24 genannten Fällen abgesehen, sollte man daher davon ausgehen, dass in betreuungsgerichtlichen Zuweisungssachen die §§ 272 bis 311 **grundsätzlich nicht gelten**, sondern sich das Verfahren im Übrigen ganz nach dem ersten Buch des FamFG richtet.

Abschnitt 1
Verfahren in Betreuungssachen

§ 271 Betreuungssachen

Betreuungssachen sind
1. Verfahren zur Bestellung eines Betreuers und zur Aufhebung der Betreuung,
2. Verfahren zur Anordnung eines Einwilligungsvorbehalts sowie
3. sonstige Verfahren, die die rechtliche Betreuung eines Volljährigen (§§ 1896 bis 1908i des Bürgerlichen Gesetzbuchs) betreffen, soweit es sich nicht um eine Unterbringungssache handelt.

A. Allgemeines		I. Explizit genannte Verfahren (Nr. 1 und 2)	3
I. Bedeutung	1	II. Andere Betreuungssachen (Nr. 3)	6
II. Normgeschichte	2	C. Anhang: Zuständigkeiten des Rechtspflegers in Betreuungssachen	23
B. Inhalt der Vorschrift			

A. Allgemeines

I. Bedeutung

1 Die Norm enthält eine **Definition der Betreuungssachen**. Ihre praktische Bedeutung ist gering. Im Betreuungsverfahren ist es nach wie vor das materielle Recht, das die funktionale Zuständigkeit der Zivilabteilung von derjenigen des Betreuungsgerichts abgrenzt (s. v.a. Rz. 19 ff.). Die Norm ist in Aufbau und Formulierung verunglückt. Die beiden ersten Nummern sind obsolet. Die Verwendung von Plural im Haupt-, dagegen Singular im Nebensatz in Nr. 3 ist schlechter Sprachstil und die „rechtliche Betreuung von Volljährigen" ist tautologisch, da es eine rechtliche Betreuung von Minderjährigen nicht gibt.

II. Normgeschichte

2 Die Norm hat keinen unmittelbaren Vorgänger im FGG. Betreuungssachen waren im früheren § 65 Abs. 1 FGG – sprachlich besser – als „Verrichtungen, die die Betreuung betreffen" klassifiziert. Mit der Neufassung soll die Bedeutung der in Nr. 1 und 2 genannten Verfahren besonders betont werden.[2]

---

[1] Vgl. aber OLG Hamm v. 7.9.2010 – 15 W 111/10, DNotZ 2011, 223: Im Verfahren zur Erteilung einer Genehmigung nach §§ 1915 Abs. 1 Satz 1, 1821 BGB soll die Bestellung eines Verfahrenspflegers erforderlich sein, damit den unbekannten Erben die Entscheidung nach § 40 Abs. 3 bekannt gegeben werden kann.

[2] BT-Drucks. 16/6308, S. 164; weshalb die Aufzählung dann mit der in § 70 Abs. 3 Satz 1 Nr. 1 nicht übereinstimmt, ist allerdings ein Geheimnis des Gesetzgebers.

B. Inhalt der Vorschrift

I. Explizit genannte Verfahren (Nr. 1 und 2)

In Nr. 1 wird das Verfahren zur Bestellung eines Betreuers genannt. Gemeint ist – ebenso wie in § 70 Abs. 3 Satz 1 Nr. 1 – nur die **Erstbestellung eines Betreuers** – die zugleich die Anordnung der Betreuung enthält.[1]

Eines der zentralen Anliegen des BtG war es, die aus dem Vormundschaftsrecht überkommene Spaltung des Verfahrens in eines zur Anordnung der Vormundschaft (§ 1774 BGB) und ein zweites zur Auswahl und Bestellung des Vormunds (§§ 1775 ff. BGB) zu beenden.[2] Es ist streitig, ob Verfahren zur **isolierten Anordnung einer Betreuung** denkbar sind. Anzudeuten scheinen dies § 15 Abs. 1 Satz 1 Nr. 5 und 6 RPflG, indem sie die Anordnung einer Betreuung in bestimmten Fällen dem Richter vorbehalten, ohne für diese Fälle auch die Betreuerbestellung mit zu erwähnen.[3] Jedenfalls kann Landesrecht dies einführen (§ 19 Abs. 1 Satz 1 Nr. 1 RPflG). Dann betrifft Nr. 1 nur die Anordnung der Betreuung durch den Richter, die anschließende Auswahl und Bestellung des Betreuers durch den Rechtspfleger fällt unter Nr. 3.

Nr. 2 nennt das Verfahren zur **Anordnung eines Einwilligungsvorbehalts**, das § 1903 Abs. 1 Satz 1 BGB dem Betreuungsgericht zuweist. Es ist ein eigenständiges Verfahren, das nach § 20 mit demjenigen zur Betreuerbestellung verbunden, aber auch isoliert geführt werden kann, vor allem wenn die Notwendigkeit zur Anordnung eines Einwilligungsvorbehalts erst nach der Betreuerbestellung bekannt wird.

II. Andere Betreuungssachen (Nr. 3)

Nr. 3 schließlich definiert als Betreuungssachen auch alle anderen die rechtliche Betreuung betreffenden Verfahren und verweist dazu auf den Gesetzesabschnitt über die Rechtliche Betreuung im BGB (§§ 1896 bis 1908i). Darunter fallen zunächst alle in diesem Abschnitt des BGB **explizit dem Betreuungsgericht zugewiesenen Aufgaben** (soweit sie nicht schon in Nr. 1 und 2 aufgezählt werden), nämlich
- die Genehmigung einer Entscheidung des Betreuers über medizinische Behandlungen (§ 1904 Abs. 1 Satz 1 und Abs. 2 BGB),
- die Genehmigung der Einwilligung des Betreuers in die Sterilisation des Betreuten (§ 1905 Abs. 3 Satz 1 BGB),
- die Genehmigung der Kündigung oder rechtsgeschäftlichen Aufhebung des Mietvertrags über die Wohnung des Betreuten (§ 1907 Abs. 1 BGB),
- die Genehmigung eines den Betreuten langfristig bindenden Dauerschuldverhältnisses sowie der Vermietung von Wohnraum (§ 1907 Abs. 3 BGB),
- die Genehmigung einer Ausstattung aus dem Vermögen des Betreuten (§ 1908 BGB),
- die Entlassung des Betreuers (§ 1908b BGB),
- die Neubestellung eines Betreuers bei fortdauernder Betreuung (§ 1908c BGB),
- jede sonstige isolierte Bestellung eines Betreuers ohne Änderung des Umfangs der Aufgabenkreise (zB nach § 1899 Abs. 4 BGB),
- die Aufhebung der Betreuung (§ 1908d Abs. 1 Satz 1, Abs. 2 Satz 1 BGB),
- die Einschränkung der Aufgabenkreise des Betreuers (§ 1908d Abs. 1 Satz 2, Abs. 2 Satz 3 BGB),
- die Erweiterung der Aufgabenkreise des Betreuers (§ 1908d Abs. 3 BGB),

---

1 BGH v. 19.12.2012 – XII ZB 241/12, BtPrax 2013, 78 (Ls.); BGH v. 9.2.2011 – XII ZB 364/10, FGPrax 2011, 118; ebenso Jurgeleit/*Bučić*, § 271 FamFG Rz. 2; aA (auch Betreuerwechsel fällt unter Nr. 1): 1. Aufl. Rz. 3; Keidel/*Budde*, § 271 FamFG Rz. 2.
2 BT-Drucks. 11/4528, S. 91.
3 Für die Möglichkeit der isolierten Anordnung der Betreuung in diesem Spezialfall: *Fröschle*, Anh. II zu § 1 FamFG Rz. 36; anders Jürgens/*Kretz*, § 15 RPflG Rz. 14.

- die Einschränkung oder Erweiterung eines Einwilligungsvorbehalts (§ 1908d Abs. 4 BGB),
- die Einschränkung der den nächsten Angehörigen und dem Vereins- und Behördenbetreuer nach §§ 1857a, 1852 Abs. 2, 1853, 1854 BGB zustehenden Befreiungen (§ 1908i Abs. 2 Satz 2 BGB).

7 Obwohl das Gesetz dort nur „das Gericht" nennt, ohne dies näher zu spezifizieren, gehört auch ohne Zweifel hierher noch:
- die Anordnung der Erstellung eines Betreuungsplans (§ 1901 Abs. 4 Satz 2 BGB).

8 Genehmigungen nach § 1904 Abs. 5 BGB sind betreuungsgerichtliche Zuweisungssachen,[1] Genehmigungen nach § 1906 BGB Unterbringungssachen.

9 Soweit § 1908i Abs. 1 Satz 1 BGB zahllose Vorschriften außerhalb des Abschnitts über die rechtliche Betreuung für entsprechend anwendbar erklärt und diese Vorschriften Angelegenheiten **dem Familiengericht** zuweisen, ist das dahin zu lesen, dass sie bei entsprechender Anwendung im Betreuungsrecht ebenfalls dem Betreuungsgericht zugewiesen sein sollen. Es fehlt zwar ein dies klarstellender Zusatz, wie § 1915 Abs. 1 Satz 3 BGB ihn für das Pflegschaftsrecht enthält. Ein entsprechender Wille des Gesetzgebers ergibt sich aber aus § 299. Demnach sind Betreuungssachen ferner
- Streitigkeiten über die Herausgabe des Betreuten an den Betreuer (§ 1632 Abs. 1 BGB),
- Streitigkeiten zwischen dem Betreuer und einem Dritten über den Umgang des Dritten mit dem Betreuten (§ 1632 Abs. 2 BGB),
- Bestellung und Entlassung eines Gegenbetreuers (§ 1792 BGB), inklusive aller sich sonst auf die Gegenbetreuung beziehenden Verfahren,
- die Entziehung der Vertretungsmacht (§ 1796 BGB),
- die Entscheidung von Meinungsverschiedenheiten zwischen mehreren Betreuern (§§ 1797 Abs. 1 Satz 2, 1798 BGB),
- die Überwachung und Entgegennahme des Vermögensverzeichnisses und ggf. die Anordnung, es von dritter Seite erstellen zu lassen (§ 1802 Abs. 1 und 3 BGB),
- die Genehmigung der Abweichung von einer Anordnung desjenigen, der dem Betreuten Vermögen unentgeltlich zugewendet hat, oder die Ersetzung von dessen Zustimmung zu einer solchen Abweichung (§ 1803 Abs. 2 und Abs. 3 Satz 2 BGB),
- die Genehmigung einer mündelsicheren und die Gestattung einer andersartigen Geldanlage (§§ 1810, 1811 BGB), soweit dafür das Gericht und nicht der Gegenbetreuer zuständig ist,
- die Genehmigung der Verfügung über Forderungen und Wertpapiere (§ 1812 Abs. 2 und 3 BGB),
- die Befreiung von den in §§ 1806 bis 1811 BGB genannten Verpflichtungen (§ 1817 BGB),
- die Anordnung der Hinterlegung von Wertsachen (§ 1818 BGB),
- die Genehmigung von Rechtsgeschäften der in §§ 1819, 1820, 1821, 1822 Nr. 1 bis 4 und Nr. 5 bis 13 BGB genannten Art,
- die Genehmigung des Beginns eines Erwerbsgeschäfts auf den Namen des Betreuten durch den Betreuer (§ 1823 BGB),
- die Genehmigung der Überlassung von Gegenständen an den Betreuten zu seiner freien Verfügung, über die der Betreuer seinerseits nur mit Genehmigung des Betreuungsgerichtes verfügen dürfte (§ 1824 BGB),
- die Erteilung einer allgemeinen Ermächtigung des Betreuers zur Vornahme der in §§ 1812, 1822 Nr. 8 bis 10 BGB genannten Geschäfte (§ 1825 BGB),

---

[1] *Damrau/Zimmermann*, § 217 FamFG Rz. 4 wollen sie unter Nr. 3 rechnen, dabei übersehend, dass sie keine Betreuung „betreffen", weil weder eine existiert noch eingerichtet werden soll.

- die Beratung des Betreuers und die Aufsicht über ihn (§§ 1837 Abs. 1 bis 3, 1839 BGB),
- die Entgegennahme und Prüfung des Jahresberichts und der jährlichen Rechnungslegung (§ 1840 bis 1843 BGB),
- die Anordnung von einstweiligen Maßnahmen anstelle eines verhinderten oder noch nicht bestellten Betreuers (§ 1846 BGB), soweit sie nicht mit Freiheitsentziehung verbunden sind,[1]
- die Prüfung der Schlussrechnung (§ 1892 Abs. 2 BGB),
- die Rückforderung der Bestellungsurkunde (§ 290) nach Ende der Betreuung (§ 1893 Abs. 2 Satz 1 BGB).

Dasselbe dürfte für diejenigen Angelegenheiten gelten, die in den Vorschriften, auf die in § 1903 Abs. 1 Satz 2 BGB verwiesen wird, **dem Familiengericht** zugewiesen sind, nämlich 10

- die Genehmigung der Ermächtigung des Betreuten, trotz Einwilligungsvorbehalts ein Erwerbsgeschäft selbständig zu führen (§ 112 Abs. 1 BGB) und die Genehmigung der Rücknahme einer solchen Ermächtigung (§ 112 Abs. 2 BGB),
- die Ersetzung der Ermächtigung des Betreuten, trotz Einwilligungsvorbehalts Rechtsgeschäfte in Bezug auf ein Dienst- oder Arbeitsverhältnis selbständig vorzunehmen (§ 113 Abs. 2 BGB).

Im FamFG selbst werden **dem Betreuungsgericht** zugewiesen: 11
- die Genehmigung des Antrags des Betreuers auf Scheidung oder Aufhebung der Ehe des Betreuten (§ 125 Abs. 2 Satz 2),
- die Entscheidung über ein Verlangen des Betreuten, dass der zum Betreuer bestellte Betreuungsverein oder die zum Betreuer bestellte Betreuungsbehörde mit der Erledigung seiner Angelegenheiten eine andere als die bisher damit betraute Person beauftragen möge (§ 291).

Schließlich sind auch **alle weiteren Verfahren**, die **an anderer Stelle** des BGB oder in Spezialgesetzen **dem Betreuungsgericht** zugewiesen werden, Betreuungssachen iSv. § 271 Nr. 3, wenn sie eine rechtliche Betreuung betreffen.[2] Ist dies nicht der Fall, sind sie betreuungsgerichtliche Zuweisungssachen iSv. § 340. Beispiele hierfür sind 12
- einige Genehmigungen im Ehegüterrecht nach §§ 1411 Abs. 2 Satz 2 Halbs. 2, 1484 Abs. 2 Satz 3, 1491 Abs. 3 Satz 2, 1492 Abs. 3 Satz 2 BGB sowie eine Gestattung nach § 1493 Abs. 2 Satz 3 BGB,
- die Genehmigung von Erklärungen des Betreuers im Rahmen eines Vaterschaftsanerkenntnisses (§ 1596 Abs. 1 Satz 3 Halbs. 2 BGB),
- einige Genehmigungen im Erbrecht nach §§ 2282 Abs. 2 Halbs. 2, 2290 Abs. 3 Satz 2, 2347 Abs. 1 Satz 2 BGB.

Die Zuweisung an das **Familiengericht in manchen Spezialgesetzen** kann ebenfalls als eine solche an das Betreuungsgericht gelesen werden, soweit das Verfahren einen Volljährigen betrifft. Dass zB § 3 Abs. 1 Satz 2 TSG so zu verstehen ist, folgt schon aus § 15 Abs. 1 Satz 1 Nr. 9 RPflG, in dem die Genehmigung zur Namens- oder Geschlechtsänderung nach dem TSG als Angelegenheit bezeichnet wird, die dem Betreuungsgericht zugewiesen sein kann, obwohl § 3 Abs. 1 Satz 2 TSG nur das Familiengericht erwähnt. Weitere, ähnliche Versehen des Gesetzgebers sind nicht ausgeschlossen. 13

---

[1] Sonst handelt es sich um eine Unterbringungssache, vgl. § 334.
[2] AA Keidel/*Budde*, § 340 FamFG Rz. 4; Jurgeleit/*Bučić*, § 340 FamFG Rz. 7, die sie als betreuungsgerichtliche Zuweisungssachen verstanden wissen wollen. Das wäre richtig, würde man die Aufzählung in § 271 Nr. 3 als abschließend betrachten. Richtiger scheint mir, die entscheidende Abgrenzung darin zu sehen, ob ein Verfahren eine Rechtliche Betreuung „betrifft" (dann Betreuungssache) oder gänzlich unabhängig von einer solchen dem Betreuungsgericht zugewiesen wird (dann betreuungsgerichtliche Zuweisungssache); wie hier Fröschle/*Locher*, § 271 FamFG Rz. 2.

14 Für Verfahren mit dem Ziel, den Antrag des geschäftsunfähigen Betreuten zu seiner **Annahme als Kind** zu ersetzen, wenn der Betreuer sich weigert, ihn zu stellen, kann dasselbe aber nicht angenommen werden. Dass eine solche Ersetzung möglich sein muss, folgt daraus, dass § 1768 Abs. 1 Satz 2 BGB nur § 1746 Abs. 1 und 2 BGB, nicht aber auch dessen Abs. 3 von der Generalverweisung in § 1768 Abs. 1 Satz 1 BGB ausnimmt. Da für die Annahme eines Volljährigen aber nicht die Einwilligung des Kindes, sondern dessen Antrag erforderlich ist, kann § 1746 Abs. 3 BGB nur dahin gelesen werden, dass dieser Antrag vom Gericht ersetzt werden kann.[1] Welches Gericht dafür zuständig ist, ist fraglich. Vor dem FGG-RG war dies keine Frage, weil das Vormundschaftsgericht für Betreuungs- und Adoptionssachen gleichermaßen zuständig war. Nunmehr ist eine **Zuständigkeit des Familiengerichts** anzunehmen, und zwar eine Adoptionssache entsprechend § 186 Nr. 2, denn aus dieser Norm geht hervor, dass nach der Absicht des Gesetzgebers das Familiengericht nicht nur über die Adoption selbst, sondern auch über die Schaffung ihrer formellen Voraussetzungen entscheiden können soll.

15 Verfahren, die **den Aufwendungsersatz und die Vergütung** des Betreuers betreffen, werden im BGB nicht ganz eindeutig dem Betreuungsgericht zugewiesen. Das Familiengericht erwähnen § 1835 Abs. 1a BGB und §§ 1, 2 VBVG, das Betreuungsgericht erwähnt überhaupt nur § 10 Abs. 3 VBVG. Dass es sich aber jedenfalls bei
– der Festsetzung der vom Betreuten, seinen Erben oder der Staatskasse an den Betreuer zu leistenden Zahlungen (§§ 1835, 1835a, 1836 BGB iVm. §§ 1, 4 bis 10 VBVG) und
– der Festsetzung von Zahlungen des Betreuten oder seiner Erben an die Staatskasse wegen der von dieser übernommenen Entschädigungen (§ 1836e BGB) um Betreuungssachen handelt,[2] folgt aus § 292.
Dass außerdem die Feststellung der Berufsmäßigkeit des Betreuers (§ 1836 Abs. 1 Satz 3 BGB iVm. § 1 Abs. 1 VBVG) ebenfalls dem Betreuungsgericht obliegt, folgt schon daraus, dass sie – jedenfalls grundsätzlich – „bei der Bestellung" zum Betreuer zu erfolgen hat.

16 Die Geltendmachung eines solchen Entschädigungsanspruchs ist auch dann noch Betreuungssache, wenn eine **Rechtsnachfolge** auf Seiten des Betreuers eingetreten ist.[3] Der Grund für die Zuweisung dieser Angelegenheiten an die freiwillige Gerichtsbarkeit liegt in der Natur des Anspruchs und nicht – wie bei Familiensachen – im Bestehen des Betreuungsverhältnisses zwischen den Beteiligten. Das zeigt sich darin, dass die Festsetzung dem Betreuungsgericht auch nach Eintritt eines Erbfalls auf Seiten des Betreuten noch obliegt.[4] Die Fachkompetenz des Betreuungsgerichts für die besonderen in §§ 1835 bis 1836e BGB und §§ 1 bis 9 VBVG geregelten Entschädigungsansprüche ist also der entscheidende Zuweisungsgrund. Eine Rechtsnachfolge – auf welcher Seite auch immer – ändert hieran nichts.

17 Aus eben diesem Grund ist die Geltendmachung von Vergütungs- und Aufwendungsersatzansprüchen des Betreuers **auf anderer Rechtsgrundlage** – zB aufgrund eines zwischen Betreuer und Betreutem abgeschlossenen Honorarvertrags[5] oder aufgrund einer Geschäftsführung ohne Auftrag des Betreuers (§§ 683 Satz 1, 670 BGB) –

---

1 Allg. M., s. MüKo.BGB/*Maurer*, § 1768 Rz. 4 mwN.
2 Zur Einordnung als Betreuungssache nach dem FGG: OLG Karlsruhe v. 4.11.2002 – 11 Wx 52/02, FamRZ 2003, 405.
3 OLG Düsseldorf v. 5.1.2010, 1 – 25 Wx 71/09, BtPrax 2010, 84 (dort auch zur Abtretbarkeit des Anspruchs trotz § 49b Abs. 4 Satz 2 BRAO); *Fröschle*, Anh. zu § 292 FamFG Rz. 9; aA *Deinert/Lütgens*, 4. Aufl. Rz. 1318.
4 BayObLG v. 14.3.2001 – 3 Z BR 28/01, FamRZ 2001, 866.
5 Zur Abdingbarkeit der §§ 1908i Abs. 1 Satz 1, 1836 Abs. 1 Satz 3 iVm. §§ 1ff. VBVG: AG Hildesheim v. 14.11.2005 – 72 XVII F 383, BtMan 2005, 233 und *Rosenow*, BtMan 2005, 212 (217f.); nur in Ausnahmefällen zulassen will solche Vereinbarungen jedoch OLG München v. 22.2.2008 – 33 Wx 34/08, FamRZ 2008, 1560; ähnlich auch BGH v. 21.10.2009 – XII ZB 66/08, BtPrax 2010, 30.

keine Betreuungssache.[1] Für die Prüfung der Wirksamkeit und die Auslegung eines Honorarvertrags ist das Betreuungsgericht ebenso wenig besonders fachlich kompetent wie für die Feststellung der Voraussetzungen einer berechtigten Geschäftsführung ohne Auftrag. Wären auch Ansprüche aus anderen Anspruchsgrundlagen dem Betreuungsgericht zugewiesen, wäre es im Übrigen auch inkonsequent, die Prüfung von Einwendungen gegen den Anspruch im Vergütungsverfahren vor dem Betreuungsgericht einzuschränken.[2] Auch mit **Regressansprüchen** auf anderer Rechtsgrundlage (zB § 823 Abs. 2 BGB iVm. § 263 StGB) verhält es sich nicht anders.[3]

Für die Festsetzung von **Zinsen** auf die Entschädigungsansprüche ist jedoch das Betreuungsgericht zuständig, und zwar unabhängig davon, ob die Zinsen mit der Hauptforderung oder isoliert geltend gemacht werden.[4] **18**

Andere Ansprüche im Verhältnis zwischen Betreuer und Betreutem sind keine dem Betreuungsgericht zugewiesenen Angelegenheiten – und zwar auch dann nicht, wenn sich die Anspruchsgrundlage im Betreuungsrecht bzw. im entsprechend anwendbaren Vormundschaftsrecht findet. Der Wortlaut von § 271 ist in dieser Beziehung zwar nicht eindeutig, vor allem wenn man ihn mit § 151 vergleicht, der von vornherein klarstellt, dass er keine Zuweisung an das Familiengericht vornimmt, sondern sie vielmehr voraussetzt. Der denklogisch mögliche Umkehrschluss, dass § 271 Zuweisungsnorm ist, würde aber in Widersprüche führen, was die Intentionen des Gesetzgebers angeht. Dessen Ziel war es, mit dem FGG-RG ein „großes" Familiengericht[5] zu bilden. Dass dabei auch ein „großes Betreuungsgericht" beabsichtigt war, sagt der Entwurf nicht.[6] Keinesfalls aber kann dem Gesetzgeber ein Betreuungsgericht vorgeschwebt haben, das noch „größer" als das Familiengericht ist. Es widerspräche daher den dem Gesetz zu Grunde liegenden Intentionen, § 271 anders auszulegen als § 151. **19**

Gewöhnliche Zivilsachen sind daher Ansprüche auf: **20**
– Schadensersatz wegen verzögerter bzw. verweigerter Betreuungsübernahme (§§ 1908i Abs. 1 Satz 1, 1787 Abs. 1 BGB) oder pflichtwidriger Amtsführung (§§ 1908i Abs. 1 Satz 1, 1833 BGB),
– Zinsen wegen Verwendung von Betreutenvermögen für eigene Zwecke (§§ 1908i Abs. 1 Satz 1, 1834 BGB),
– Herausgabe des vom Betreuer verwalteten Vermögens nach Ende der Betreuung (§§ 1908i Abs. 1 Satz 1, 1890 Satz 1 Teil 2 BGB).

Die **Schlussrechnung** (§§ 1908i Abs. 1 Satz 1 1890 Satz 1 Teil 1 BGB) ist zwar dem Betreuungsgericht gegenüber zu erbringen (§ 1892 Abs. 1 BGB). § 1892 Abs. 2 BGB beschränkt dessen Tätigkeit aber auf die Prüfung und Feststellung der rechnerischen und sachlichen Richtigkeit. Daraus folgt, dass der Anspruch des Betreuten auf Erteilung der Schlussrechnung, wenn sein genauer Inhalt streitig bleibt, ebenfalls als Zivilsache verhandelt werden muss. Der Betreute, der eine Ergänzung oder Berichtigung verlangt, muss daher eine Zivilklage erheben.[7] **21**

Der aus § 1901 Abs. 2 bis 4 BGB folgende Anspruch des Betreuten, dass der Betreuer die Betreuung **seinem Wohl und seinen Wünschen entsprechend** führt, ist **22**

---

1 Für vereinbartes Honorar: *Fröschle*, Anh. zu § 292 FamFG Rz. 41, für Ansprüche aus Geschäftsführung ohne Auftrag: OLG Hamm v. 16.3.2006 – 15 W 355/05, FGPrax 2006, 161; *Deinert/Lütgens*, Rz. 1528; s. aber LG Bayreuth v. 4.3.2011 – 42 T 3/11, BeckRS 2011 Nr. 22537.
2 S. hierzu BGH v. 11.4.2012 – XII ZB 459/10, BtPrax 2012, 163; Keidel/*Engelhardt*, § 168 FamFG Rz. 21.
3 LG Kassel v. 22.3.2013 – 3 T 81/13, BeckRS 2013 Nr. 06100.
4 OLG Hamm v. 12.11.2002 – 15 W 150/02, BtPrax 2003, 81; *Fröschle*, Anh. zu § 292 FamFG Rz. 2; aA: OLG Celle v. 11.3.2002 – 10 W 1/02, FamRZ 2002, 1431.
5 BT-Drucks. 16/6308, S. 168.
6 Nach BT-Drucks. 16/6308, S. 170 ist vielmehr „keine grundlegende Neuausrichtung" des Betreuungsverfahrens beabsichtigt gewesen.
7 OLG Stuttgart v. 4.10.2000 – 8 W 470/99, BtPrax 2001, 79; MüKo.BGB/*Wagenitz* § 1890 BGB Rz. 9.

auch nicht dem Betreuungsgericht zugewiesen. Wegen der Möglichkeit zur Anregung eines Aufsichtsverfahrens (§§ 1908i Abs. 1 Satz 1, 1837 Abs. 2 BGB) fehlt dem Betreuten jedoch das Rechtsschutzinteresse an einer diesen Anspruch betreffenden Zivilklage.

C. Anhang: Zuständigkeiten des Rechtspflegers in Betreuungssachen

23 Drei verschiedene Vorschriften bestimmen über die Verteilung der Zuständigkeit in Betreuungssachen zwischen Richter und Rechtspfleger:

24 § 3 Nr. 2b RPflG weist Betreuungssachen dem Rechtspfleger zu. § 15 RPflG enthält Richtervorbehalte. § 19 Abs. 1 Satz 1 Nr. 1 RPflG gestattet dem Landesgesetzgeber, von den Richtervorbehalten des § 15 RPflG teilweise abzuweichen.

25 Man muss daher zwischen **drei verschiedenen Verfahrensarten** unterscheiden: denjenigen, die – nach der Grundregel – dem Rechtspfleger obliegen (Rechtspflegersachen), denjenigen, die ohne Abweichungsmöglichkeit dem Richter vorbehalten sind (zwingende Richtersachen) und denjenigen, die zwar nach Bundesrecht dem Richter vorbehalten sind, die Landesrecht aber dem Rechtspfleger zuweisen kann (fakultative Richtersachen).

26 **Zwingende Richtersachen** sind:
- die Anordnung der Betreuung inklusive der Festlegung der Aufgabenkreise,
- alle den Bestand dieser Anordnung betreffenden Verfahren (Überprüfung und Verlängerung der Betreuung, Einschränkung oder Erweiterung der Aufgabenkreise),
- alle die Anordnung, den Umfang oder den Bestand eines Einwilligungsvorbehalts betreffenden Verfahren (Anordnung, Überprüfung, Verlängerung, Einschränkung, Erweiterung),
- die Genehmigung einer Erklärung des Betreuers zu medizinischen Behandlungen.
- Streitigkeiten, die die Herausgabe des Betreuten oder den Umgang mit ihm betreffen, und Verfahren über die Entscheidung von Meinungsverschiedenheiten zwischen mehreren Betreuern (§ 15 Abs. 1 Satz 1 Nr. 7 RPflG),
- Genehmigungen nach dem KastrG und dem TSG (§ 15 Abs. 1 Satz 1 Nr. 8 und 9 RPflG),
- die Genehmigung des Scheidungs- oder Aufhebungsantrags für eine Ehe oder Lebenspartnerschaft (§ 15 Abs. 1 Satz 1 Nr. 10 RPflG).

27 Dass § 19 Abs. 1 Satz 1 Nr. 1 RPflG außerdem die **zwangsweise Vorführung** des Betreuten im Betreuungsverfahren zwingend dem Richter zuweist, dient lediglich der Klarstellung. Solche Maßnahmen haben freiheitsentziehenden Charakter iSv. § 4 Abs. 2 Nr. 2 RPflG und obliegen daher unter keinen Umständen dem Rechtspfleger.[1] Deshalb erwähnt § 15 RPflG sie auch nicht.

28 **Fakultative Richtersachen** sind:
- die isolierte Erstbestellung und Auswahl des Betreuers,
- die Entlassung des Betreuers nach § 1908b Abs. 1, 2 und 5 BGB (§ 15 Abs. 1 Satz 1 Nr. 1 RPflG), einschließlich der Auswahl und Bestellung eines neuen Betreuers,
- die Neubestellung eines Betreuers nach dem Tod des Vorgängers (§ 15 Abs. 1 Satz 1 Nr. 2 RPflG),
- jeweils einschließlich der Feststellung der Berufsmäßigkeit des bestellten Betreuers.[2]

29 Die Bundesländer machen von der in § 19 Abs. 1 Satz 1 Nr. 1 RPflG erteilten Ermächtigung nur vorsichtigen Gebrauch. In **Bayern** ist der Rechtspfleger für die Bestellung eines weiteren Betreuers wegen rechtlicher Verhinderung des ersten Betreuers und für die Neubestellung eines Betreuers nach dem Tod des Vorgängers zustän-

---

[1] HK-BUR/*Rink*, § 14 RPflG Rz. 15; Bassenge/*Roth*, § 4 RPflG Rz. 16.
[2] BayObLG v. 3.5.2001 – 3 Z BR 85/01, BtPrax 2001, 204; Jurgeleit/*Bučić*, § 272 FamFG Rz. 10.

dig.[1] In **Rheinland-Pfalz** ist nach § 1 Abs. 1 RPflAÜVO der Richter praktisch nur noch für die Erstbestellung zuständig.

Von den in § 15 Abs. 1 Satz 1 Nr. 1 bis 3 RPflG genannten, teils zwingenden, teils fakultativen Richterzuständigkeiten gilt nach § 15 Abs. 1 Satz 2 RPflG **die Gegenausnahme**, dass der Rechtspfleger doch zuständig ist, wenn das Verfahren nur den in § 1896 Abs. 3 BGB genannten Aufgabenkreis erfasst (sog. Kontroll- oder Vollmachtsbetreuung).[2]

30

Keine Klarheit herrscht darüber, ob für die **Bestellung eines Gegenbetreuers** nach §§ 1908i Abs. 1 Satz 1, 1792 BGB der Richter oder der Rechtspfleger zuständig ist, wenn sie nicht zusammen mit der Betreuerbestellung erfolgt. Richtigerweise ist die Zuständigkeit des Rechtspflegers anzunehmen.[3] Das entspricht dem Wortlaut des Gesetzes und ist im Hinblick darauf, dass der Gegenbetreuer in die Aufsicht des Betreuers eingeschaltet wird, die ja ebenfalls dem Rechtspfleger obliegt, konsequent.

31

Alle anderen Betreuungssachen sind **Rechtspflegersachen**. Das hindert allerdings den Richter nicht, sie nach § 6 RPflG an sich zu ziehen und mit einer Richtersache zu verbinden, wenn ein ausreichend enger Zusammenhang mit einer solchen besteht.

32

Kosten/Gebühren: Gericht: Die Gerichtsgebühren für Betreuungssachen sind in Teil 1 Hauptabschnitt 1 KV GNotKG bestimmt (Nrn. 11100 ff.). In Vorbem. 1.1 Abs. 1 ist zugunsten des Betroffenen eine Vermögensfreigrenze bestimmt. Von dem Betroffenen können Kosten (siehe für die Auslagen Vorbem. 3.1 Abs. 2 KV GNotKG) nur erhoben werden, soweit sein Vermögen diese Grenze überschreitet. Es ist nur solches Vermögen nach Abzug der Verbindlichkeiten zu berücksichtigen, das einen Betrag von 25 000 Euro übersteigt, dabei wird ein von dem Betreuten oder seinen Angehörigen bewohntes Hausgrundstück nicht berücksichtigt. Ist Gegenstand der Maßnahme ein Teil des Vermögens, so wird höchstens dieser Teil des Vermögens berücksichtigt.

33

Für eine Dauerbetreuung, die das Vermögen oder Teile des Vermögens betrifft, fällt eine vermögensabhängige Jahresgebühr an (Nrn. 11101 KV GNotKG). Es wird eine Gebühr von 10 Euro je angefangene 5 000 Euro Vermögen, mindestens 200 Euro, erhoben. Für die Gebühr wird das Vermögen nur insoweit berücksichtigt, als es nach Abzug der Verbindlichkeiten mehr als 25 000 Euro beträgt, dabei wird ein von dem Betreuten oder seinen Angehörigen bewohntes Hausgrundstück nicht berücksichtigt. Für das bei der Einleitung der Betreuung laufende und das folgende Kalenderjahr wird nur eine Jahresgebühr erhoben.

Für eine nichtvermögensrechtliche Dauerbetreuung fällt nach Nr. 11102 KV GNotKG eine Gebühr in Höhe von 300 Euro an, jedoch nicht mehr als bei einer das Vermögen erfassenden Betreuung zu erheben wäre. Für das bei der Einleitung der Betreuung laufende und das folgende Kalenderjahr wird nur eine Jahresgebühr erhoben

Für Betreuungen für einzelne Rechtshandlungen fällt eine wertabhängige Gebühr mit einem Gebührensatz von 0.5 an (Nr. 11103 KV GNotKG). Die Gebühr für eine Betreuung für einzelne Rechtshandlungen darf eine Gebühr für eine Dauerbetreuung nicht übersteigen.

Für alle übrigen Verfahren entsteht eine Wertgebühr mit einem Gebührensatz von 0,5 nach Nr. 11100 KV GNotKG, soweit sie nicht in Abs. 2 der Anm. zu Nr. 11100 KV GNotKG genannt sind.

Der Wert der Gebühren nach den Nrn. 11100, 11103 KV GNotKG ist nach §§ 36 Abs. 2, 60, 63 GNotKG zu bestimmen.

Die Gebühr Nr. 11100 KV GNotKG wird bei Beendigung des Verfahrens fällig (§ 9 Abs. 1 GNotKG), Kostenschuldner ist vorrangig der Entscheidungs- oder Übernahmeschuldner (§ 27 Nr. 1 und 2 GNotKG), in Verfahren die nur auf Antrag eingeleitet werden können, auch der Antragsteller des Verfahrens (§ 22 Abs. 1 GNotKG).

Die Jahresgebühren nach den Nrn. 11101, 11102 KV GNotKG werden jeweils nach § 8 GNotKG erstmals bei Anordnung und später jeweils zu Beginn eines Kalenderjahres fällig. Die Fälligkeit der Gebühr nach Nr. 11103 KV GNotKG bestimmt sich nach § 9 GNotKG. Die Gebühr nach Nrn. 11101 bis 11103 KV GNotKG schuldet der Betroffene (§ 23 Nr. 1 GNotKG).

RA: Vertritt ein RA einen Beteiligten in einem Betreuungsverfahren, stehen ihm Gebühren nach Teil 3 VV RVG zu. Stellt der RA lediglich einen Antrag, steht ihm nur die verminderte Verfahrensgebühr nach Nr. 3001 VV RVG (vgl. Nr. 3 des Gebührentatbestandes) zu.

---

1 VO v. 15.3.2006, BayGVBl. 2006, 170.
2 BGH v. 23.2.2011 – XII ZB 505/10, BtPrax 2011, 127.
3 LG Bonn v. 29.12.1992 – 5 T 207/92, Rpfleger 1993, 233, *Fröschle*, Anh. II zu § 1 FamFG Rz. 34; Jürgens/*Kretz*, § 15 RPflG Rz. 39; für Richterzuständigkeit in allen Fällen: HK-BUR/*Rink*, § 14 RPflG Rz. 3; Jurgeleit/*Bučić*, § 272 FamFG Rz. 10; Bassenge/*Roth*, § 15 RPflG Rz. 3.

§ 272 Örtliche Zuständigkeit

(1) Ausschließlich zuständig ist in dieser Rangfolge:
1. das Gericht, bei dem die Betreuung anhängig ist, wenn bereits ein Betreuer bestellt ist;
2. das Gericht, in dessen Bezirk der Betroffene seinen gewöhnlichen Aufenthalt hat;
3. das Gericht, in dessen Bezirk das Bedürfnis der Fürsorge hervortritt;
4. das Amtsgericht Schöneberg in Berlin, wenn der Betroffene Deutscher ist.

(2) Für einstweilige Anordnungen nach § 300 oder vorläufige Maßregeln ist auch das Gericht zuständig, in dessen Bezirk das Bedürfnis der Fürsorge bekannt wird. Es soll die angeordneten Maßregeln dem nach Absatz 1 Nr. 1, 2 oder Nr. 4 zuständigen Gericht mitteilen.

A. Allgemeines	1. Originäre Zuständigkeit (Abs. 1 Nr. 2 bis 4) 7
I. Örtliche Zuständigkeit 1	2. Akzessorische Zuständigkeit (Abs. 1 Nr. 1) 14
II. Sachliche und funktionale Zuständigkeit 2	II. Eilzuständigkeit (Absatz 2) 19
III. Internationale Zuständigkeit 4	C. Sachliche und örtliche Zuständigkeit in Württemberg 23
B. Inhalt der Vorschrift 5	
I. Regelzuständigkeit (Absatz 1) 6	

A. Allgemeines

I. Örtliche Zuständigkeit

1 § 272 regelt die örtliche Zuständigkeit für alle Betreuungssachen und kraft Verweisung in § 341 auch für Betreuungsgerichtliche Zuweisungssachen.

II. Sachliche und funktionale Zuständigkeit

2 Die **sachliche Zuständigkeit** der Amtsgerichte für Betreuungssachen erster Instanz folgt aus § 23a Abs. 2 Nr. 1 GVG. Nach § 23c GVG besteht die Pflicht, beim Amtsgericht ein Betreuungsgericht als besondere Abteilung einzurichten. Für **Beschwerden** gegen Entscheidungen der Betreuungsgerichte ist die Zivilkammer des Landgerichts zuständig (§ 72 Abs. 1 GVG), für **Rechtsbeschwerden** gegen Entscheidungen in Betreuungssachen ein Zivilsenat des Bundesgerichtshofs (§ 133 GVG). Der Rechtszug unterscheidet sich damit von dem der Familiengerichte, in dem das Oberlandesgericht die mittlere Instanz bildet. Außer für Betreuungssachen und betreuungsgerichtliche Zuweisungssachen gilt dieser Rechtszug auch noch für Unterbringungs- und Freiheitsentziehungssachen. Der Gesetzgeber wollte durch die Zuständigkeit der Landgerichte dafür sorgen, dass Betreute einen einfacheren Zugang zur Beschwerde – nämlich ein Gericht in größerer Nähe zu ihrem Wohnort – behalten.[1] Inwiefern dies ausgerechnet für Betreuungs- und Unterbringungssachen besonders relevant sein soll, ist jedoch nicht klar, vor allem nicht, warum volljährige Untergebrachte hier anders (besser?) behandelt werden sollen als minderjährige. Wegen der **Besonderheiten für Württemberg** s. Rz. 23 ff.

3 Zur **Zuständigkeit der Gerichtsperson** enthält § 23c Abs. 2 Satz 2 GVG die Regel, dass beim Betreuungsgericht kein **Proberichter im ersten Jahr** tätig sein darf. Das schließt – anders als früher – Unterbringungssachen ein, gilt aber nicht für die höheren Instanzen.[2] In Beschwerdesachen können solche Proberichter allerdings als Einzelrichter ohnehin nicht tätig sein (s. § 68 Rz. 32). Zu den Zuständigkeiten des **Rechtspflegers** s. § 271 Rz. 23 ff.

---

1 BT-Drucks. 16/6308, S. 319.
2 BT-Drucks. 16/6308, S. 319 spricht dafür, dass dem Gesetzgeber die inhaltliche Änderung, die er vornahm, nur zum Teil bewusst war.

III. Internationale Zuständigkeit

Die **internationale Zuständigkeit** für Betreuungssachen ist vorrangig im Haager Erwachsenenschutzübereinkommen und im Übrigen in § 104 geregelt (zu den Einzelheiten s. dort). 4

B. Inhalt der Vorschrift

Die Norm begründet in Abs. 1 eine Regelzuständigkeit für Betreuungsverfahren aller Art und in Abs. 2 für bestimmte eilige Maßnahmen eine nicht ausschließliche Sonderzuständigkeit (Eilzuständigkeit). 5

I. Regelzuständigkeit (Absatz 1)

Nach dem Wortlaut von Abs. 1 wird die Regelzuständigkeit auf vier verschiedene Arten bestimmt, die in einem Rangverhältnis zueinander stehen. Tatsächlich aber betrifft Abs. 1 Nr. 1 gar nicht alle Arten von Betreuungsverfahren. Man unterscheidet daher besser zwischen der **originären Zuständigkeit** für das die Betreuung begründende **Erstverfahren** (Abs. 1 Nr. 2 bis 4) und der **akzessorischen Zuständigkeit** für alle späteren, dieselbe Betreuung betreffenden **Folgeverfahren** (Abs. 1 Nr. 1). 6

1. Originäre Zuständigkeit (Abs. 1 Nr. 2 bis 4)

a) Für das Verfahren zur Einrichtung einer Betreuung, nämlich der ersten Betreuerbestellung, die zugleich die Anordnung der Betreuung enthält, ist nach Abs. 1 Nr. 2 das Betreuungsgericht örtlich zuständig, in dessen Bezirk der Betroffene seinen **gewöhnlichen Aufenthalt** hat. Darunter versteht man den tatsächlichen Lebensmittelpunkt. Mit dem Wohnsitz braucht er nicht identisch zu sein (s. zu den weiteren Einzelheiten § 122 Rz. 4 ff.). 7

b) Hat der Betroffene keinen gewöhnlichen Aufenthalt im Inland, ist nach Abs. 1 Nr. 3 das Gericht am **Ort des Fürsorgebedürfnisses** zuständig. Wo das ist, ist davon abhängig, wofür der Betreuer sorgen soll, also welche Angelegenheiten für den Betreuten zu besorgen sein werden. Ist ein Betreuer für persönliche Angelegenheiten notwendig, entsteht das Fürsorgebedürfnis idR an dem Ort, an dem der Betroffene sich tatsächlich aufhält.[1] Ist es ein bestimmter Vermögensgegenstand, den der Betroffene nicht verwalten kann, entsteht es dort, wo der Gegenstand belegen ist.[2] Ist es eine einzelne Angelegenheit, die der Betroffene nicht wahrnehmen kann, kommt es darauf an, wo der Betreuer tätig werden muss. Ist der Betreuer zu bestellen, weil eine Angelegenheit von einer Vorsorgevollmacht nicht erfasst ist, ist jedoch auch das Gericht am gewöhnlichen Aufenthaltsort des Bevollmächtigten zuständig.[3] 8

Das Fürsorgebedürfnis ist hier **doppelrelevante Tatsache**. Für die Zuständigkeitsbestimmung nach Abs. 1 Nr. 3 genügt es daher, dass das Bestehen eines Fürsorgebedürfnisses möglich ist und im Betreuungsverfahren geprüft werden soll. Ob es tatsächlich besteht, ist erst in dem Verfahren zu prüfen. 9

Maßgeblicher Zeitpunkt für die Bestimmung der Zuständigkeit nach Abs. 1 Nr. 3 ist der des „Hervortretens" des Fürsorgebedürfnisses.[4] Damit ist der Zeitpunkt gemeint, zu dem der Regelungsbedarf dem Gericht bekannt wird. 10

Entstehen Fürsorgebedürfnisse verschiedener Art **an mehreren Orten**, sind alle davon betroffenen Gerichte nach Abs. 1 Nr. 3 zuständig. Ihre Zuständigkeit ist jeweils umfassend. Sie beschränkt sich nicht auf das örtlich vorhandene Fürsorgebedürfnis.[5] Welchem der Gerichte der Vorrang zukommt, bestimmt sich nach § 2 Abs. 1[6] und, wenn ein drittes Gericht mit der Sache zuerst befasst ist, nach § 3 Abs. 2. 11

---

1 *Damrau/Zimmermann*, § 272 FamFG Rz. 29.
2 OLG München v. 22.9.2010 – 33 AR 12/10, FamRZ 2011, 399; *Knittel*, § 272 FamFG Rz. 22.
3 OLG München v. 22.9.2010 – 33 AR 12/10, FamRZ 2011, 399.
4 Zwischen „hervortreten" in Abs. 1 Nr. 3 und „bekannt werden" in Abs. 2 Satz 1 soll nach BT-Drucks. 16/9733, S. 371 kein inhaltlicher Unterschied bestehen.
5 Fröschle/*Locher*, § 272 FamFG Rz. 17.
6 OLG München v. 22.9.2010 – 33 AR 12/10, FamRZ 2011, 399.

§ 272 Verfahren in Betreuungs- und Unterbringungssachen

12 c) Besteht weder ein gewöhnlicher Aufenthalt noch ein Fürsorgebedürfnis im Inland, wird es oft schon am Rechtsschutzinteresse für die Betreuerbestellung fehlen. Besteht ein solches ausnahmsweise, ist das **Amtsgericht Schöneberg in Berlin** örtlich zuständig, wenn der Betroffene Deutscher ist (Abs. 1 Nr. 4). Für Betroffene, die keine Deutschen sind, besteht in diesem Fall schon gar keine internationale Zuständigkeit im Inland (s. § 104 Rz. 16 ff.).

13 Deutscher iSv. Abs. 1 Nr. 4 ist nicht nur, wer die deutsche Staatsangehörigkeit besitzt.[1] Statusbesitz iSv. Art. 116 GG genügt. Für Staatenlose gilt ansonsten Art. 5 Abs. 2 EGBGB, der eine Zuständigkeitsbegründung über Abs. 1 Nr. 4 ausschließt.

2. Akzessorische Zuständigkeit (Abs. 1 Nr. 1)

14 Für alle weiteren Verfahren, die dieselbe Betreuung betreffen (Folgeverfahren) ist nach Abs. 1 Nr. 1 das Gericht örtlich zuständig, bei dem die Betreuung **anhängig** ist. Anhängig sein muss die Betreuung als **Bestandsverfahren**, nicht das Erstverfahren, das auch rechtskräftig abgeschlossen sein kann. Abs. 1 Nr. 1 will alle Tätigkeiten, die dieselbe Betreuung betreffen, bei einem Gericht bündeln. Dieses Ziel würde nicht erreicht, würde Abs. 1 Nr. 1 nur Folgeverfahren betreffen, die vor dem rechtskräftigen Abschluss des Erstverfahrens anhängig werden.

15 Die Anwendung von Abs. 1 Nr. 1 erfordert außerdem, dass ein Betreuer **bereits bestellt** ist. Dafür soll nach hM der Erlass der Entscheidung ausreichen, Wirksamkeit nicht erforderlich sein.[2] Ob das Gericht des Erstverfahrens seine Zuständigkeit zu Recht oder zu Unrecht angenommen hat, ist für Abs. 1 Nr. 1 ohne Bedeutung.[3]

16 Nach Einrichtung einer Betreuung gilt Abs. 1 Nr. 1 für alle Folgeverfahren, die **dieselbe Betreuung** betreffen. Das gilt auch noch, wenn die Betreuung als solche schon beendet ist (zB für das Verfahren zur Prüfung der Schlussrechnung oder zur Festsetzung noch ausstehender Entschädigungsansprüche des Betreuers). Wird nach der Aufhebung der Betreuung später eine **Neueinrichtung** geprüft, ist dies aber ein neues Erstverfahren, für das Abs. 1 Nr. 2 bis 4 gilt.

17 Das Verfahren zum Erlass einer eA nach § 300 kann seinerseits Folge- oder Erstverfahren sein. Ist schon ein Betreuer bestellt, gilt Abs. 1 Nr. 1 neben Abs. 2. Sonst gilt Abs. 1 Nr. 2 bis 4 und ebenfalls Abs. 2, soweit nicht das Gericht am Ort des Fürsorgebedürfnisses ohnehin nach Abs. 1 Nr. 3 zuständig ist.

18 Ist ein vorläufiger Betreuer durch eA bestellt, stellt sich die Frage, welches Gericht für die **Einleitung des Hauptsacheverfahrens** zuständig ist. Dies bestimmt sich m.E. nach Abs. 1 Nr. 2 bis 4 und nicht nach Abs. 1 Nr. 1, da im Eilverfahren nicht die Zuständigkeit für die Hauptsache vorweggenommen werden kann. So lange kein Hauptsacheverfahren anhängig ist, gilt für Folgeverfahren, die die vorläufige Betreuung betreffen, aber Abs. 1 Nr. 1. Wird im Hauptsacheverfahren die Betreuerbestellung abgelehnt, bleibt das Eilgericht für die Abwicklung der die vorläufige Betreuung betreffenden Folgeverfahren zuständig.[4]

II. Eilzuständigkeit (Absatz 2)

19 Eine nicht ausschließliche Sonderzuständigkeit am **Ort des Fürsorgebedürfnisses** begründet Abs. 2 Satz 1 für
– eA nach § 300,
– vorläufige Maßregeln.

---

1 Dass der Betroffene auch Deutscher ist, genügt, MüKo.ZPO/*Schmidt-Recla*, § 272 FamFG Rz. 14.
2 HK-BUR/*Bauer*, § 272, 2 FamFG Rz. 21; *Damrau/Zimmermann*, § 272 FamFG Rz. 21; *Knittel*, § 272 FamFG Rz. 13; *Fröschle/Locher*, § 272 FamFG Rz. 6; *Bassenge*/Roth, § 272 FamFG Rz. 3; *Jürgens/Kretz*, § 65 FGG Rz. 3; *Jurgeleit/Bućić*, § 272 FamFG Rz. 3; aA: *Jansen/Sonnenfeld*, § 65 FGG Rz. 13.
3 OLG München v. 17.7.2007 – 33 AR 007/07, FamRZ 2008, 76.
4 OLG Frankfurt v. 18.2.2013 – 20 W 24/13, BeckRS 2013 Nr. 08881.

20 Damit sind jedenfalls die vorläufigen Maßregeln **nach §§ 1908i Abs. 1 Satz 1, 1846 BGB** gemeint, die das Gesetz früher ausdrücklich erwähnte. Soweit die Begründung zum RegE[1] unter vorläufigen Maßregeln auch solche „nach Art. 24 Abs. 3 EGBGB" zählen will, wird dabei verkannt, dass dies nur eine Kollisionsnorm ist, die auf deutsches Recht verweist,[2] und keine Rechtsgrundlage zum Erlass von Entscheidungen darstellt, die sich vielmehr auch in diesem Fall sachrechtlich nur auf §§ 1908i Abs. 1 Satz 1, 1846 BGB stützen können. Nicht völlig klar ist, ob Abs. 2 auch für **andere eA** des Betreuungsgerichts, also solche, die direkt auf § 49 gestützt sind, gilt (s. hierzu § 300 Rz. 8). Dem Zweck der Norm würde eine solche weite Auslegung des Begriffs der „vorläufigen Maßregeln" jedenfalls gerecht.[3] Nimmt man das nicht an, folgt eine entsprechende Eilzuständigkeit aus § 50 Abs. 2 nur bei besonderer Dringlichkeit.

21 Für die **Auslegung von Abs. 2** gilt – trotz geringfügig anderer Formulierung – das schon zu Abs. 1 Nr. 3 (Rz. 8 ff.) Geschriebene. Dass zwischen „Hervortreten" und „Bekanntwerden" kein Unterschied besteht, folgt aus Abs. 2 Satz 2.

22 Die **Eilzuständigkeit endet** grundsätzlich mit dem Erlass der eiligen Maßnahme. Für die in §§ 289, 290 genannten Verrichtungen ist das Eilgericht jedoch noch zuständig, wenn es einen vorläufigen Betreuer bestellt hat.[4] Hat es nach § 301 Abs. 1 von der Anhörung des Betroffenen abgesehen, muss es diese noch selbst nachholen, falls er nicht inzwischen in den Bezirk des nach Abs. 1 zuständigen Gerichts zurückgekehrt ist.[5]

22a Die getroffene Eilmaßnahme ist dem nach Abs. 1 zuständigen Gericht **mitzuteilen**. Ist im Eilverfahren ein Betreuer bestellt worden, ist das Eilverfahren als Bestandsverfahren an das nach Abs. 1 zuständige Gericht **abzugeben**, sobald alle im Bezirk des Eilgerichts dringend erforderlichen Verfahrenshandlungen vorgenommen worden sind.[6] Rechtliches Gehör braucht dazu nicht gewährt zu werden.[7] Das nach Abs. 1 zuständige Gericht[8] muss in eigener Zuständigkeit prüfen, ob es ein Hauptsacheverfahren einleitet. Eine Verpflichtung dazu besteht nur auf Antrag eines Beteiligten (vgl. § 52 Abs. 1).[9]

C. Sachliche und örtliche Zuständigkeit in Württemberg

23 Baden-Württemberg hat von der in Art. 147 EGBGB enthaltenen Ermächtigung, die dem Betreuungsgericht zugewiesenen Verfahren anderen als gerichtlichen Behörden zuzuweisen, dahin Gebrauch gemacht, dass im **württembergischen Landesteil**[10] neben den Amtsgerichten beamtete Notare im Landesdienst (Bezirksnotare) als Betreuungsgerichte tätig sind (§ 36 Satz 1 LFGG). Die **Notariate** sind grundsätzlich sachlich zuständig (§ 36 Satz 2 LFGG). Diese landesrechtlichen Besonderheiten werden ab dem 1.1.2018 **wegfallen**.

24 Nur bestimmte Verfahren und Entscheidungen in **Betreuungssachen** sind durch § 37 LFGG **den Amtsgerichten** zugewiesen, nämlich
– die Zwangsvorführung vor den Gutachter oder den Bezirksnotar und die Unterbringung zur Untersuchung nach §§ 278 Abs. 5 bis 7, 283, 284,

---

1 BT-Drucks. 16/6308, S. 264.
2 *Damrau/Zimmermann*, § 272 FamFG Rz. 36; *Knittel*, § 65 FGG Rz. 19.
3 Fröschle/*Locher*, § 272 FamFG Rz. 20; der Gesetzgeber hat sich nach BT-Drucks. 16/6308, S. 264 nicht vorgestellt, durch die abstraktere Formulierung den Tatbestand der Norm erweitert zu haben.
4 OLG Frankfurt v. 21.1.2013 – 20 W 407/12, BeckRS 2013 Nr. 08882.
5 OLG Frankfurt v. 2.4.2009 – 20 W 104/09, FGPrax 2009, 161.
6 OLG Frankfurt v. 21.1.2013 – 20 W 407/12, BeckRS 2013 Nr. 08882 (entgegen OLG Frankfurt v. 26.10.2011 – 20 W 464/11, FamRZ 2012, 1240); HK-BUR/*Bauer* §§ 272, 2 FamFG Rz. 27a.
7 *Damrau/Zimmermann*, § 272 FamFG Rz. 38.
8 In Frage kommt freilich nur eine Zuständigkeit nach Abs. 1 Nr. 1, 2 und Nr. 4, letzteres ist wegen § 2 Abs. 2 möglich; vgl. auch Bork/Jacoby/Schwab/*Heiderhoff*, § 272 FamFG Rz. 9.
9 AA *Damrau/Zimmermann*, § 272 FamFG Rz. 38.
10 Das sind nach § 1 Abs. 4 LFGG die Bezirke des OLG Stuttgart, des AG Maulbronn und des Bezirksnotariats Schwenningen.

– Verfahren, die Streitigkeiten über die Herausgabe von oder den Umgang mit einem Betreuten betreffen,
– alle einen Einwilligungsvorbehalt betreffenden Entscheidungen,
– die Bestellung eines Betreuers für dienstrechtliche Angelegenheiten,
– die Erteilung einer Genehmigung nach §§ 1596 Abs. 1 Satz 3 Halbs. 2, 1904 oder 1905 BGB,
– der Erlass von einstweiligen Maßregeln anstelle des verhinderten oder noch nicht bestellten Betreuers (§§ 1908i Abs. 1 Satz 1, 1846 BGB), wenn davon eine ärztliche Maßnahme betroffen ist.

25 Die örtliche Zuständigkeit der Notariate wie der Amtsgerichte richtet sich jeweils nach § 272. Für die **akzessorische Zuständigkeit** (Abs. 1 Nr. 1) gilt zusätzlich Folgendes: Für das Erstverfahren zur Betreuerbestellung ist in aller Regel das Notariat zuständig. Abs. 1 Nr. 1 ist in Württemberg dann so zu lesen, dass sich die akzessorische Zuständigkeit des Amtsgerichts für ihm vorbehaltene Folgeverfahren nach dem Sitz des Notariats richtet, bei dem die Betreuung anhängig ist.[1] Ist die Betreuung, weil sie dienstrechtliche Angelegenheiten umfasst, bei einem Amtsgericht anhängig, ist Abs. 1 Nr. 1 dahin zu lesen, dass sie auch die sachliche Zuständigkeit erfasst. Folgeverfahren, die diese Betreuung betreffen, sind bei demselben Amtsgericht zu führen.

§ 273 Abgabe bei Änderung des gewöhnlichen Aufenthalts

Als wichtiger Grund für eine Abgabe im Sinne des § 4 Satz 1 ist es in der Regel anzusehen, wenn sich der gewöhnliche Aufenthalt des Betroffenen geändert hat und die Aufgaben des Betreuers im Wesentlichen am neuen Aufenthaltsort des Betroffenen zu erfüllen sind. Der Änderung des gewöhnlichen Aufenthalts steht ein tatsächlicher Aufenthalt von mehr als einem Jahr an einem anderen Ort gleich.

A. Allgemeines 1	III. Regelbeispiele 7
B. Inhalt der Vorschrift	IV. Folgen der Abgabe 14
I. Verhältnis zu § 4 3	C. Verfahren 15
II. Gegenstand der Abgabe 5	

A. Allgemeines

1 § 273 scheint auf den ersten Blick nur eine unselbständige Ergänzung von § 4 zu bilden. Das würde jedoch gegenüber der Vorgängernorm (§ 65a FGG) eine nicht beabsichtigte Einschränkung der Abgabemöglichkeiten darstellen. Es ist in ihn daher die Möglichkeit zur **Abgabe eines Bestandsverfahrens** hineinzulesen, s. Rz. 5 f.

2 Die Norm hat, was die **Abgabe eines anhängigen Verfahrens** angeht, keinen eigenständigen Charakter. Sie ergänzt nur § 4 um zwei Regelbeispiele für das Vorliegen eines wichtigen Grundes für die Abgabe.

B. Inhalt der Vorschrift

I. Verhältnis zu § 4

3 Ein anhängiges Verfahren kann nach § 4 Satz 1 vom örtlich zuständigen Gericht (abgebendes Gericht) an ein anderes Gericht (Abgabegericht) abgegeben werden. Einzige Voraussetzung hierfür ist ein **wichtiger Grund** für die Abgabe.[2] Das Fehlen der weiter in § 4 Satz 1 genannten Voraussetzung (Übernahmebereitschaft des Abga-

---
1 Fröschle/*Locher*, § 272 FamFG Rz. 9.
2 *Prütting* (oben § 4 Rz. 7) verlangt zudem, dass das Abgabegericht für die Sache ebenfalls zuständig sein soll. Das ist zu § 65a FGG nicht so gesehen worden, zudem auch mit Satz 2 kaum zu vereinbaren.

begerichts) kann durch Entscheidung eines übergeordneten Gerichts nach § 5 Nr. 5 überwunden werden. Wegen der Einzelheiten hierzu s. die Kommentierung zu §§ 4, 5.

Der wichtige Grund ist ein unbestimmter Rechtsbegriff, der der Ausfüllung im Einzelfall bedarf. § 273 gibt hierfür eine Auslegungshilfe in Form von **Regelbeispielen**.[1] Liegen sie vor, ist ein wichtiger Grund idR anzunehmen, braucht also nicht mehr besonders begründet zu werden. Umgekehrt ist aber auch bei Erfüllung eines der Regelbeispiele nicht zwingend abzugeben, sondern kann aus anderen Gründen ausnahmsweise dennoch davon abgesehen werden.[2]

II. Gegenstand der Abgabe

§ 4 Satz 1 lässt die Abgabe „der Sache" zu. Damit ist für gewöhnlich ein bestimmtes Verfahren gemeint (s. § 4 Rz. 10), was für ein **anhängiges Erstverfahren** nicht weiter problematisch ist.

Nachdem ein Betreuer rechtskräftig bestellt wurde, ist das Bestellungsverfahren abgeschlossen und kann nicht mehr abgegeben werden. Es bleibt jedoch die Betreuung als sog. **Bestandsverfahren** so lange anhängig, bis die Betreuung aufgehoben wurde oder auf andere Weise geendet hat. Auch die Abgabe dieses Bestandsverfahrens ist möglich,[3] dann mit der Folge, dass das Abgabegericht nach § 272 Abs. 1 Nr. 1 für alle Folgeverfahren zuständig wird.[4]

III. Regelbeispiele

Das Regelbeispiel des Satzes 1 ist erfüllt, wenn zwei Voraussetzungen kumulativ vorliegen. Die erste davon ist dahin formuliert, dass sich der gewöhnliche Aufenthalt des Betroffenen „geändert" haben muss. Das ist missverständlich, denn es kann keinen Unterschied machen, ob er sich vorher in einem anderen Gerichtsbezirk, im Ausland oder überhaupt nirgends gewöhnlich aufgehalten hat. Allein entscheidend ist, dass der Betroffene im Zeitpunkt der Abgabe seinen **gewöhnlichen Aufenthalt** im Bezirk des Abgabegerichts hat.[5] Es ist nicht wichtig, wie lange er ihn dort schon hat oder für wie lange er ihn dort voraussichtlich noch haben wird.[6]

Die zweite Voraussetzung ist, dass die **Aufgaben des Betreuers** im Wesentlichen – also weit überwiegend – an diesem (neuen) Aufenthaltsort des Betreuten zu erfüllen sind oder – nach seiner Bestellung – voraussichtlich sein werden. Daran fehlt es zB, wenn der Betreuer noch im Bezirk des abgebenden Gerichts seinen Sitz hat und die Betreuung einen häufigen persönlichen Kontakt zum Betreuten voraussetzt. Gerade in Vermögensbetreuungen werden oft auch nach einem Umzug des Betreuten in einen anderen Bezirk noch viele Tätigkeiten am früheren Wohnort anfallen. Bei den Aufgabenkreisen Gesundheitsfürsorge und Aufenthaltsbestimmung kann jedoch davon ausgegangen werden, dass der Betreuer zum Wohl des Betreuten an dessen Aufenthaltsort tätig werden muss.[7]

Sind **mehrere Betreuer** bestellt, die überwiegend in verschiedenen Bezirken tätig werden müssen, kommt es darauf an, wo insgesamt der Schwerpunkt ihrer Aufgaben liegt. Eine **Teilabgabe** der Betreuung kommt nicht in Betracht.[8]

Oft wird der Aufenthaltswechsel auch einen **Betreuerwechsel** erforderlich machen. Ist die Behörde oder ein Behördenbetreuer bestellt, ist dies wegen der dann wechselnden örtlichen Zuständigkeit der Betreuungsbehörde (vgl. § 3 BtBG) sogar zwin-

---

1 AA (selbständiger Abgabegrund): MüKo.ZPO/*Schmidt-Recla*, § 273 FamFG Rz. 3.
2 Bork/Jacoby/Schwab/*Heiderhoff*, § 273 FamFG Rz. 2.
3 OLG Frankfurt v. 21.1.2013 – 20 W 407/12, BeckRS 2013 Nr. 08882.
4 Vgl. BT-Drucks. 16/6308, S. 264, wonach die Abgabemöglichkeit aus §§ 4, 273 der früheren nach § 65a FGG entsprechen soll.
5 An einen bestimmten Ort in diesem Bezirk braucht das nicht geknüpft zu sein: OLG Köln v. 3.4.2006 – 16 Wx 52/06, FGPrax 2006, 162 (für einen Obdachlosen).
6 OLG Stuttgart v. 6.6.2011 – 8 AR 7/11, FGPrax 2011, 326.
7 OLG Stuttgart v. 6.6.2011 – 8 AR 7/11, FGPrax 2011, 326.
8 BT-Drucks. 16/6308, S. 264.

gend der Fall. In diesem Fall dürfte die Abgabe erst nach dem Betreuerwechsel zulässig sein, weil nicht der alte, sondern erst der neue Betreuer das Erfordernis des Satzes 1 erfüllt.[1]

11 Der Begründung eines gewöhnlichen Aufenthalts steht es nach Satz 2 gleich, wenn der Betreute sich für länger als **ein Jahr tatsächlich** an einem bestimmten Ort aufhält. Das soll Unklarheiten darüber vermeiden, ob dort schon ein gewöhnlicher Aufenthalt begründet ist.[2] Auch dieses zweite Regelbeispiel ist nur erfüllt, wenn außerdem die Betreuertätigkeiten an diesem Aufenthaltsort zu entfalten sind.[3]

12 Trotz Erfüllung eines Regelbeispiels unterbleibt die Abgabe, wenn ihr andere **bedeutsame Gründe entgegenstehen**. Das ist zB für den Fall angenommen worden, dass der persönlich schwierige Betreute zu dem bisher zuständigen Richter besonderes Vertrauen gefasst hat.[4] Auch kann der Abgabe entgegenstehen, dass die Betreuung seit dem Aufenthaltswechsel über Jahre hinweg ohne Probleme beim bisherigen Gericht weitergeführt wurde.[5] Der Abgabe kann ferner entgegenstehen, dass der Betreuer ihr mit beachtenswerten Gründen widerspricht.[6] Kein Hindernis ist es dagegen, dass der neue Aufenthaltsort des Betroffenen trotz Lage in einem anderen Gerichtsbezirk immer noch näher zum abgebenden Gericht liegt.[7]

13 **Unerledigte Amtshandlungen** sind kein grundsätzliches Abgabehindernis.[8] Es muss jedoch in einer Gesamtabwägung geprüft werden, ob mehr für oder gegen die Abgabe spricht. Dabei geben Zweckmäßigkeitsüberlegungen den Ausschlag.[9]

IV. Folgen der Abgabe

14 Die Abgabe des Bestandsverfahrens bewirkt, dass danach für alle **Folgeverfahren** die akzessorische Zuständigkeit aus § 272 Abs. 1 Nr. 1 beim Abgabegericht besteht, diejenige beim abgebenden Gericht erlischt. Alle **später anhängig werdenden** Folgeverfahren sind demnach beim Abgabegericht zu führen. Folgeverfahren, die zum Zeitpunkt der Abgabe schon **anhängig sind**, können wegen § 2 Abs. 2 entweder vom abgebenden Gericht zu Ende geführt oder ihrerseits nach §§ 4, 273 mit abgegeben werden.[10] Ein noch unerledigtes Folgeverfahren steht demnach der Abgabe auch dann nicht mehr entgegen, wenn seine Fortführung durch das Abgabegericht untunlich wäre. Es kann dann beim abgebenden Gericht isoliert zu Ende geführt werden.

C. Verfahren

15 Die Abgabe eines **anhängigen Verfahrens** ist Zwischenentscheidung. Für sie ist der Rechtspfleger zuständig, wenn er auch für die Durchführung des abgegebenen Verfahrens zuständig ist. Umstritten ist, wer für die **Abgabe des Bestandsverfahrens** zuständig ist. Überwiegend wird die Auffassung vertreten, dies sei allgemein Richtergeschäft,[11] weil ja die Zuständigkeit auch für alle etwaigen Richtergeschäfte damit

---

1 OLG Schleswig v. 20.3.1992 – 2 W 20/92, MDR 1992, 584.
2 Jürgens/*Kretz*, § 273 FamFG Rz. 4.
3 OLG Schleswig v. 11.10.2005 – 2 W 192/05, BtPrax 2006, 37.
4 BayObLG v. 18.8.1999 – 3 Z AR 23/99, FamRZ 2000, 1299.
5 LG Lüneburg v. 13.8.2007 – 8 T 59/07, FamRZ 2008, 443.
6 LG Berlin v. 8.2.2007 – 84 AR 4/07, NJOZ 2007, 4174.
7 OLG Hamm v. 23.3.2010 – 15 Sdb 1/10, FGPrax 2010, 214.
8 KG v. 6.10.2011 – 1 AR 13/11, FGPrax 2012, 19 zum noch ausstehenden „Schlussbericht" (den das Gesetz allerdings gar nicht kennt), aA OLG Stuttgart v. 12.9.2011 – 8 AR 12/11, BtPrax 2011, 271; OLG Brandenburg v. 31.3.2000 – 9 AR 9/00, NJW-FER 2000, 322.
9 BayObLG v. 10.11.2001 – 3 Z AR 50/01; BayObLG v. 21.8.1996 – 3 Z AR 59/96, FamRZ 1997, 439; Keidel/*Budde*, § 273 FamFG Rz. 5.
10 Nach alter Rechtslage waren sie mit übergegangen: BayObLG v. 27.11.1996 – 3 Z AR 89/96, BtPrax 1997, 114, dem dürfte nun aber § 2 Abs. 2 entgegenstehen, der für jedes anhängige Verfahren gilt.
11 OLG Zweibrücken v. 10.3.2010 – 2 AR 6/10, FGPrax 2010, 169; OLG Zweibrücken v. 25.4.2008 – 2 AR 7/08, FGPrax 2008, 210; OLG Frankfurt v. 22.1.2007 – 20 W 24/07, FGPrax 2007, 119; KG v. 29.8.1995 – I AR 44/95, BtPrax 1996, 107; BayObLG v. 26.11.1992 – 3 Z AR 135/92, FamRZ 1993, 445; *Bassenge*/Roth, § 273 FamFG Rz. 2.

wechselt. Die Gegenauffassung[1] hält den Richter nur für zuständig, wenn tatsächlich ein anhängiges Richtergeschäft von der Abgabe mit erfasst wird.

Der letztgenannten Auffassung ist der Vorzug zu geben, da die Abgabe als solche nun einmal nicht zu den dem Richter vorbehaltenen Entscheidungen gehört und Betreuungssachen grundsätzlich dem Rechtspfleger übertragen sind. Die Abgabe des Bestandsverfahrens obliegt also **grundsätzlich dem Rechtspfleger**. Anhängige Folgesachen kann der Rechtspfleger aber nur mit abgeben, wenn sie ebenfalls ihm obliegen, andernfalls ist hierfür der Richter zuständig. Soll die Betreuung zusammen mit solchen Folgesachen abgegeben werden, kann dies wegen Sachzusammenhangs nach § 6 RPflG auch insgesamt der Richter tun. 16

Für die **Erklärung der Übernahmebereitschaft** beim Abgabegericht muss dann dasselbe gelten.[2] 17

Zu dem bei der Abgabe zu beachtenden **Verfahren** s. im Übrigen § 4 Rz. 23 ff. 18

Kosten/Gebühren: Gericht: Die Abgabe der Sache selbst löst keine Kosten aus. Das Verfahren wird kostenrechtlich so behandelt, als wäre es von Anfang an bei dem übernehmenden Gericht anhängig gewesen (§ 5 Abs. 1 Satz 2 und 1 GNotKG). **RA:** Die gebührenrechtlichen Folgen der Abgabe des Verfahrens an ein anderes Gericht regelt § 20 RVG. Die Verfahren vor dem abgebenden und vor dem übernehmenden Gericht sind ein Rechtszug (§ 20 Satz 1 RVG). Tritt in beiden Verfahrensteilen derselbe RA auf, kann er die Gebühren nur einmal fordern, da er gebührenrechtlich in derselben Angelegenheit tätig geworden ist (§ 15 Abs. 2 RVG). Sind verschiedene RAe aufgetreten, hat jeder RA die durch seine Tätigkeit entstandenen Gebühren verdient. 19

274 Beteiligte
(1) Zu beteiligen sind
1. der Betroffene,
2. der Betreuer, sofern sein Aufgabenkreis betroffen ist,
3. der Bevollmächtigte im Sinne des § 1896 Abs. 2 Satz 2 des Bürgerlichen Gesetzbuchs, sofern sein Aufgabenkreis betroffen ist.
(2) Der Verfahrenspfleger wird durch seine Bestellung als Beteiligter zum Verfahren hinzugezogen.
(3) Die zuständige Behörde ist auf ihren Antrag als Beteiligte in Verfahren über
1. die Bestellung eines Betreuers oder die Anordnung eines Einwilligungsvorbehalts,
2. Umfang, Inhalt oder Bestand von Entscheidungen der in Nummer 1 genannten Art
hinzuzuziehen.
(4) Beteiligt werden können
1. in den in Absatz 3 genannten Verfahren im Interesse des Betroffenen dessen Ehegatte oder Lebenspartner, wenn die Ehegatten oder Lebenspartner nicht dauernd getrennt leben, sowie dessen Eltern, Pflegeeltern, Großeltern, Abkömmlinge, Geschwister und eine Person seines Vertrauens,
2. der Vertreter der Staatskasse, soweit das Interesse der Staatskasse durch den Ausgang des Verfahrens betroffen sein kann.

A. Allgemeines	1	III. Andere unmittelbar in ihren Rechten betroffene Personen	12
B. Beteiligte in Betreuungssachen	6	IV. Betreuer (Abs. 1 Nr. 2)	16
I. Antragsteller	7	V. Bevollmächtigter (Abs. 1 Nr. 3)	22
II. Betroffener (Abs. 1 Nr. 1)	11		

---

1 OLG Köln v. 4.1.2006 – 16 Wx 1/06, FGPrax 2006, 72; OLG Hamm v. 7.10.1993 – 15 Sbd 70/93, BtPrax 1994, 36 (LS); HK-BUR/*Bauer*, §§ 273, 4 FamFG Rz. 6 ff.; *Fröschle*, Anh. II zu § 1 FamFG Rz. 47; Keidel/*Sternal* § 4 FamFG Rz. 35.
2 Für Anwendung derselben Regeln auf die Erklärung der Übernahmebereitschaft (konsequenterweise allerdings Richterzuständigkeit angenommen): OLG München v. 28.11.2007 – 33 AR 22/07, FGPrax 2008, 67.

VI. Verfahrenspfleger (Absatz 2) 28	VIII. Nahestehende Personen (Abs. 4 Nr. 1) 41
VII. Betreuungsbehörde (Absatz 3) 30	IX. Vertreter der Staatskasse (Abs. 4 Nr. 2) 49

A. Allgemeines

1 § 274 regelt, wer in Betreuungssachen jedenfalls als Beteiligter hinzuzuziehen ist.

2 Es handelt sich nicht um eine **abschließende Spezialregelung**. § 7 bleibt daneben anwendbar.[1]

3 Abs. 1 und 2 gelten für **alle Betreuungssachen**, Abs. 3 und 4 sind nur in den dort erwähnten Verfahren anwendbar. Entscheidend ist dort der **Verfahrensgegenstand**, auf das Verfahrensergebnis kommt es nicht an.

4, 5 Einstweilen frei.

B. Beteiligte in Betreuungssachen

6 Wer an einer Betreuungssache beteiligt oder zu beteiligen ist (zum Verfahren bei der Hinzuziehung als Beteiligte und zu ihrer Form s. § 7 Rz. 62 ff.), richtet sich **grundsätzlich nach § 7**. Es ist dies daher zunächst nach § 7 Abs. 1 und Abs. 2 Nr. 1 zu bestimmen. § 274 Abs. 1 und 3 stellen Ausfüllungsnormen zu § 7 Abs. 2 Nr. 2 dar. § 274 Abs. 4 enthält eine Ausfüllungsnorm zu § 7 Abs. 3. § 274 Abs. 2 regelt die Verfahrensstellung des Verfahrenspflegers und wäre in § 276 besser aufgehoben.

I. Antragsteller

7 In Betreuungssachen, die auf Antrag eingeleitet werden, ist nach § 7 Abs. 1 der Antragsteller **Beteiligter kraft Gesetzes**, ohne dass es seiner Hinzuziehung durch das Gericht bedarf. Antragsverfahren sind oder können sein

(1) das Verfahren zur Einrichtung einer Betreuung (§ 1896 Abs. 1 BGB),

(2) die Entlassung des Betreuers wegen Unzumutbarkeit der Weiterführung des Amtes (§ 1908b Abs. 2 BGB),

(3) die Entlassung eines Vereins- oder Behördenbetreuers im Falle des § 1908b Abs. 4 BGB,

(4) die Herausgabe des Betreuten durch einen Dritten und die Regelung des Umgangs des Betreuten mit einem Dritten (§§ 1908i Abs. 1 Satz 1, 1632 Abs. 1 bis 3 BGB),

(5) die Erteilung der in §§ 1908i Abs. 1 Satz 1, 1817 BGB vorgesehenen Befreiungen,

(6) die Festsetzung von Entschädigungszahlungen an den Betreuer (§§ 292 Abs. 1, 168 Abs. 1 Satz 1).

8 Antragsbefugt ist in einem Antragsverfahren nach (1) der Betroffene, nach (2), (4) und (5) der Betreuer, nach (3) der Betreuungsverein oder die Betreuungsbehörde und einen Antrag nach (6) können der Betreuer, der Gegenbetreuer und der Betreute stellen.

8a Eine Besonderheit bilden Verfahren, die auf **Verlangen** des Betroffenen eingeleitet werden müssen. Es gibt davon zwei, nämlich

– den Betreuerwechsel nach § 1908b Abs. 3 BGB und

– die Überprüfung der Personalentscheidung des Betreuungsvereins oder der Betreuungsbehörde nach § 291.

Wie das in das System der §§ 23, 24 FamFG passt, ist bislang nicht entschieden worden. M. E. ist das Verlangen im Wesentlichen wie ein Antrag zu behandeln, ohne dass aber die Förmlichkeiten des § 23 FamFG gelten würden. Ein Betroffener, der ein solches Verlangen dem Gericht übermittelt, ist daher ebenfalls Beteiligter kraft Gesetzes nach § 7 Abs. 1, nicht lediglich Muss-Beteiligter iSv. §§ 7 Abs. 2 Nr. 1, 274 Abs. 1 Nr. 1.

---

1 BT-Drucks. 16/6308, S. 179.

Rechtsmittelverfahren sind ebenfalls Antragsverfahren. Für den **Rechtsmittelführer** gilt daher ebenfalls § 7 Abs. 1. 9

Alle anderen Betreuungssachen sind **reine Amtsverfahren**, in denen verfahrenseinleitende Anträge unzulässig und ggf. in Anregungen nach § 24 umzudeuten sind (s. dazu § 24 Rz. 1). Das gilt insbesondere auch für Verfahren zur Genehmigung von Handlungen des Betreuers. Sie setzen zwar voraus, dass dieser die Vornahme einer solchen Handlung wenigstens beabsichtigt, nicht aber, dass er die Genehmigung förmlich beantragt. 10

II. Betroffener (Abs. 1 Nr. 1)

Nach dem Willen des Gesetzgebers soll Abs. 1 Nr. 1 neben § 7 Abs. 2 Nr. 1 anwendbar sein.[1] Indes ergibt sich aus dem Begriff des „Betroffenen", dass die Normen deckungsgleich sind, Abs. 1 Nr. 1 also nur **deklaratorischen Charakter** hat. Ist der Betreute von einem Verfahren nicht in seinen Rechten betroffen, so ist er auch nicht „Betroffener" iSv. Abs. 1 Nr. 1.[2] Er muss daher zB an einem Verfahren zur Entschädigung des Betreuers aus der Staatskasse nicht beteiligt werden, falls nicht zugleich über einen Regress gegen ihn nach §§ 1908i Abs. 1 Satz 1, 1836e BGB entschieden werden soll.[3] 11

III. Andere unmittelbar in ihren Rechten betroffene Personen

Auch **andere Personen** können iSv. § 7 Abs. 2 Nr. 1 in ihren Rechten betroffen sein und sind dann zu beteiligen.[4] Betroffen ist, in wessen Rechte die vom Gericht in dem Verfahren geprüfte Maßnahme oder ihr Unterlassen unmittelbar eingreift, wer also im Falle einer falschen Entscheidung einen unmittelbaren Rechtsverlust erleiden würde. 12

Das ist zB der Dritte, wenn eine Betreuung **im unmittelbaren Drittinteresse** notwendig ist,[5] etwa weil ein Gläubiger des Betroffenen andernfalls durch dessen Prozessunfähigkeit an der Durchsetzung seiner Forderung gehindert wäre,[6] oder wenn jemand, der in einer Rechtsbeziehung zum Betroffenen steht, ihm zustehende Gestaltungsrechte (Anfechtung, Rücktritt, Widerruf, Kündigung) wegen dessen Geschäftsunfähigkeit ohne Betreuerbestellung nicht wirksam ausüben kann.[7] Ist dergleichen dem Gericht bekannt, muss es einen solchen Dritten nach § 7 Abs. 2 Nr. 1 als Beteiligten zum Verfahren hinzuziehen. In einem Verfahren zur **Genehmigung eines Vertrags** ist der andere Vertragspartner nicht unmittelbar in seinen Rechten betroffen,[8] ebenso wenig der Ehegatte des Betreuten im Verfahren zur Genehmigung des Scheidungsantrags nach § 125 Abs. 2 Satz 2.[9] 13

Die **nächsten Angehörigen** des Betreuten können durch das Verfahren in ihrem Grundrecht aus Art. 6 Abs. 1 oder 2 GG betroffen sein. Wann das genau der Fall ist, ist wenig klar. Jedenfalls folgt aus Art. 6 Abs. 2 Satz 1 GG ein Recht der Eltern, vorrangig als Betreuer ihres volljährigen Kindes in Betracht gezogen zu werden.[10] Ehegatten und Kindern dürfte dasselbe Vorrecht aus Art. 6 Abs. 1 GG zustehen, anderen Personen dagegen nicht, denn entferntere Verwandte, Lebenspartner und außereheliche Lebensgefährten gehören nicht zur von Art. 6 Abs. 1 GG geschützten Familie.[11] 14

---

1 BT-Drucks. 16/6308, S. 264.
2 AA Bork/Jacoby/Schwab/*Heiderhoff*, § 274 FamFG Rz. 3.
3 Jansen/*Sonnenfeld*, § 56g FGG Rz. 36; *Fröschle* Anh. zu § 292 FamFG Rz. 15.
4 BT-Drucks. 16/6308, S. 264.
5 Nur mittelbare Betroffenheit reicht nicht: KG v. 10.9.2002 – 1 W 244/02, OLGReport 2003, 320.
6 BGH v. 19.1.2011 – XII ZB 326/10, FamRZ 2011, 465.
7 BayObLG v. 13.2.1998 – 4 Z BR 14/98, FamRZ 1998, 922; BayObLG v. 25.9.1997 – 3 Z BR 343/97, NJW-RR 1998, 1459; BayObLG v. 27.2.1996 – 3 Z BR 337/95, BtPrax 1996, 106.
8 OLG Rostock v. 17.5.2006 – 3 W 137/05, NJW-RR 2006, 1229.
9 OLG München v. 13.9.2006 – 33 Wx 138/06, FGPrax 2006, 266; KG v. 27.9.2005 – 1 W 169/04, FGPrax 2006, 18.
10 BVerfG v. 20.3.2006 – 1 BvR 1702/01, BtPrax 2006, 228 = NJW-RR 2006, 1009.
11 S. zum Schutzbereich von Art. 6 Abs. 1 GG zB BVerfG v. 18.4.1989 – 2 BvR 1169/84, NJW 1989, 2195.

Eltern, Ehegatten und Kinder des Betreuten sind daher – unabhängig von Abs. 4 Nr. 1 – nach § 7 Abs. 2 Nr. 1 an einem Verfahren zur Betreuerbestellung zu beteiligen, wenn und soweit feststeht, dass ein Betreuer zu bestellen ist und sie selbst ihre Ernennung zum Betreuer anstreben.[1] Für den Ehegatten kann sich die unmittelbare Betroffenheit außerdem aus einem Eingriff in die **eheliche Lebensgemeinschaft** (§ 1353 Abs. 1 Satz 2 BGB) ergeben, freilich nur, soweit die Ehegatten nicht iSv § 1567 BGB getrennt leben.[2]

15 Die **indirekte Betroffenheit** eines Grundrechts reicht aber nicht. Am Verfahren zur Erweiterung des Aufgabenkreises auf die Umgangsbestimmung sind die Angehörigen daher noch nicht zu beteiligen, denn das schränkt ihren Umgang mit dem Betroffenen noch nicht ein und gegen unberechtigte Eingriffe des Betreuers können sie sich noch in einem späteren Verfahren (nach §§ 1908i Abs. 1 Satz 1, 1632 Abs. 2 bzw. 1837 Abs. 2 BGB) wehren.[3] Wegen der nur indirekten Betroffenheit wird die Beteiligung Dritter auch in Genehmigungsverfahren in aller Regel ausscheiden (s. § 299 Rz. 10).

IV. Betreuer (Abs. 1 Nr. 2)

16 Nach Abs. 1 Nr. 2 ist der Betreuer als Beteiligter hinzuzuziehen, wenn das Verfahren seinen **Aufgabenkreis** betrifft. Dies gilt sowohl für Verfahren, die den Aufgabenkreis als solchen betreffen, also zB eines zur Erweiterung oder Einschränkung des Aufgabenkreises,[4] als auch für Verfahren, die eine Angelegenheit zum Gegenstand haben, die zum Aufgabenkreis gehört. Auch die Anordnung eines Einwilligungsvorbehalts für Angelegenheiten, die zum Aufgabenkreis gehören, betrifft diesen Aufgabenkreis.

17 In praktisch allen Verfahren, in denen ein Betreuer schon bestellt ist, wird der Aufgabenkreis des Betreuers in irgendeiner Weise betroffen sein. Der Betreuer ist daher regelmäßig nach Abs. 1 Nr. 2 hinzuzuziehen. Wenn **mehrere Betreuer** mit unterschiedlichen Aufgabenkreisen (Nebenbetreuer) bestellt sind, ist nur jeweils derjenige zu beteiligen, dessen Aufgabenkreis das Verfahren betrifft.[5] An einem Verfahren zur Genehmigung einer Geldanlage nach §§ 1908i Abs. 1 Satz 1, 1810 BGB ist zB nur der Vermögensbetreuer zu beteiligen, nicht auch derjenige, der für die Gesundheitsangelegenheiten zuständig ist.

18 Die **Bestellung** und die **Entlassung** des Betreuers betreffen ihn in eigenen Rechten, weswegen er an Verfahren mit diesem Ziel schon nach § 7 Abs. 2 Nr. 1 zu beteiligen ist. Im Bestellungsverfahren gilt dies ab dem Zeitpunkt, zu dem sich die Auswahlentscheidung **auf seine Person konkretisiert**.[6] Das ist spätestens der Fall, wenn er nach seiner Übernahmebereitschaft iSv. § 1898 Abs. 2 BGB gefragt wird, denn daraus ist zu schließen, dass das Gericht seine Bestellung ernsthaft in Erwägung zieht.

19 Die **Aufhebung der Betreuung** berührt den Betreuer nicht in eigenen Rechten, wohl aber betrifft sie seinen Aufgabenkreis als solchen, weshalb er an einem Verfahren der Überprüfung mit dem Ziel der Aufhebung oder Verlängerung der Betreuung (§§ 294 Abs. 3, 295 Abs. 2) ebenfalls nach Abs. 1 Nr. 2 zu beteiligen ist.

20 Abs. 1 Nr. 2 spielt keine Rolle in Verfahren, in denen der Betreuer schon **als Antragsteller** ohne Hinzuziehung Beteiligter ist (s. dazu Rz. 7f.).

21 Auch die Beteiligung des **Gegenbetreuers** kann nach Abs. 1 Nr. 2 notwendig sein. Einen eigenständigen, vom Gericht festzusetzenden „Aufgabenkreis" hat er zwar nicht, wohl aber hat er Aufgaben, vor allem diejenige, die Ordnungsmäßigkeit der Vermögensverwaltung des Betreuers zu überwachen (vgl. §§ 1908i Abs. 1 Satz 1, 1799, 1842 BGB). Jedenfalls ist er zu beteiligen, wenn seine Genehmigung zu einem Ge-

---

1 AA allerdings BGH v. 30.3.2011 – XII ZB 692/10, BtPrax 2011, 176.
2 MüKo.ZPO/*Schmidt-Recla*, § 274 FamFG Rz. 6.
3 Vgl. BayObLG v. 26.2.2003 – 3 Z BR 243/02, BtPrax 2003, 178.
4 BT-Drucks. 16/6308, S. 265.
5 BT-Drucks. 16/6308, S. 265.
6 BT-Drucks. 16/6308, S. 265.

schäft des Betreuers nach §§ 1908i Abs. 1 Satz 1, 1810 Satz 1 Halbs. 2, 1812 Abs. 2 BGB ersetzt werden soll. Aus Abs. 1 Nr. 2 folgt m.E. auch eine Pflicht zur Beteiligung des Gegenbetreuers in Verfahren, in denen er **nach materiellem Recht anzuhören** ist (§§ 1908i Abs. 1 Satz 1, 1826 BGB), da eben dies seinen Aufgabenkreis betrifft. Aus § 7 Abs. 6 folgt nichts anderes, denn Abs. 1 Nr. 2 verdrängt ihn insoweit als speziellere Regelung.

V. Bevollmächtigter (Abs. 1 Nr. 3)

Nach Abs. 1 Nr. 3 ist ein „Bevollmächtigter iSd. § 1896 Abs. 2 Satz 2 BGB" zu beteiligen, soweit sein „Aufgabenkreis" betroffen ist. 22

Bevollmächtigter iSv. § 1896 Abs. 2 Satz 2 BGB ist, wessen Vollmacht eine Betreuung ganz oder teilweise entbehrlich macht. Um eine echte Vorsorgevollmacht, von der erst im Betreuungsfall Gebrauch gemacht werden kann oder darf, muss es sich nicht handeln. Auch eine sofort wirksame Generalvollmacht kann die Betreuung entbehrlich machen. Oft wird erst im Laufe des Verfahrens geklärt werden, ob die Vollmacht die Betreuung wirklich entbehrlich macht. Dann genügt für die Beteiligung des Bevollmächtigten, dass dies – als doppelrelevante Tatsache – möglich ist. Auch bei **Zweifeln an der Wirksamkeit** der Vollmacht ist – aus demselben Grund – der (mögliche) Bevollmächtigte zu beteiligen.[1] 23

Der Begriff des **Aufgabenkreises** ist dem Betreuungsrecht entnommen und dem Recht der Stellvertretung (§§ 164 ff. BGB) ebenso fremd wie dem Auftragsrecht (§§ 662 ff. BGB), das meistens das Kausalverhältnis der Vollmacht beherrscht. Gemeint sein könnte damit zweierlei, nämlich 24

– dass der Bevollmächtigte zu beteiligen ist, wenn der Verfahrensgegenstand von seiner Vollmacht umfasst ist oder
– dass der Bevollmächtigte zu beteiligen ist, wenn der Verfahrensgegenstand zu den Angelegenheiten gehört, die der Bevollmächtigte nach dem der Vollmacht zugrunde liegenden Rechtsverhältnis zu erledigen berufen ist.

Da nur ersteres für das Gericht einfach festzustellen ist, ist die Auslegung im erstgenannten Sinne vorzuziehen. Betrifft das Verfahren irgendeine der Angelegenheiten, für die die Vollmacht **Vertretungsmacht** begründet, ist der Bevollmächtigte zu beteiligen. 25

Der Gesetzgeber war offenbar der Meinung, der Bevollmächtigte könne im Betreuungsverfahren **in eigenen Rechten** betroffen sein, wenn das Betreuungsverfahren das Ziel der Bestellung eines Überwachungsbetreuers oder eines Betreuers zum Widerruf der Vollmacht hat.[2] Das ist jedoch nicht so.[3] Durch die Bestellung eines Überwachungsbetreuers oder eines Betreuers zum Widerruf der Vollmacht wird die Rechtsstellung des Bevollmächtigten nicht verändert.[4] Es wird nur für diejenigen Rechte gegenüber dem Bevollmächtigten, für die bisher der Vollmachtgeber zuständig war, ein Betreuer bestellt. Das greift in Rechte des Vollmachtgebers,[5] nicht des Bevollmächtigten, ein. 26

Nach Abs. 1 Nr. 3 ist nun in solchen Verfahren jedenfalls der Bevollmächtigte selbst zu beteiligen. Ob er daneben, wie dies bisher für möglich gehalten wurde,[6] auch noch **den Vollmachtgeber vertreten** kann, klärt die Norm nicht. Die Vertretung eines Beteiligten durch einen der anderen Beteiligten ist im Allgemeinen möglich (s. 27

---

1 *Damrau/Zimmermann*, § 274 FamFG Rz. 5; Jurgeleit/*Bučić*, § 274 FamFG Rz. 17.
2 BT-Drucks. 16/6308, S. 265.
3 BayObLG v. 9.4.2003 – 3 Z BR 242/02, FGPrax 2003, 171; OLG Stuttgart v. 1.8.1994 – 8 W 260/94, FamRZ 1995, 427; HK-BUR/Bauer § 69g FGG Rz. 62; Fröschle/*Guckes*, § 303 FamFG Rz. 29; aA: OLG Zweibrücken v. 30.8.2002 – 3 W 152/02, FGPrax 2002, 260.
4 BayObLG v. 9.4.2003 – 3 Z BR 242/02, FGPrax 2003, 171; BayObLG v. 15.9.2000 – 1 Z BR 75/00, FamRZ 2001, 453.
5 Vgl. BVerfG v. 10.10.2008 – 1 BvR 1415/08, BtPrax 2009, 27.
6 BayObLG v. 9.4.2003 – 3 Z BR 242/02, FGPrax 2003, 171.

§ 10 Abs. 2 Nr. 2), würde aber hier praktisch stets zu einer **doppelten Verfahrensstellung** des Bevollmächtigten führen. Möglicherweise ist Abs. 1 Nr. 3 daher so gemeint, dass der Bevollmächtigte *nur* selbst Beteiligter sein soll und den Betroffenen nicht vertreten kann.

VI. Verfahrenspfleger (Absatz 2)

28   Nach Abs. 2 wird der Verfahrenspfleger durch seine Bestellung – wohl also mit Wirksamwerden seiner Bestellung (§ 40 Abs. 1: Bekanntgabe an den Verfahrenspfleger) – **Beteiligter**. Einer gesonderten Hinzuziehung bedarf es nicht.[1] Die Hinzuziehung ist in seiner Bestellung zu sehen.

29   Nach altem Recht war der Verfahrenspfleger nicht als Verfahrensbeteiligter gesehen worden, sondern als **Vertreter** des Betroffenen im Verfahren[2] („Vertreter eigener Art"). Das ist er nun nicht mehr. Er soll nun als Beteiligter fremde Interessen – nämlich die des Betroffenen – im eigenen Namen wahrnehmen. Damit gibt ihm Abs. 2 letztlich die Stellung eines **Beteiligten kraft Amts**,[3] nicht etwa die eines Verfahrensstandschafters, der zwar ebenfalls fremde Rechte im eigenen Namen geltend machen, dabei aber auch eigene Interessen verfolgen kann.[4] Zu den möglichen weiteren Konsequenzen dieser Änderung der Rechtsstellung s. § 276 Rz. 13.

VII. Betreuungsbehörde (Absatz 3)

30   Die Betreuungsbehörde ist **auf ihren Antrag** in den in Abs. 3 genannten Verfahren als Beteiligte hinzuzuziehen. Die exakte Reichweite der Norm ist nicht ganz leicht einzugrenzen:

31   In Abs. 3 Nr. 1 nennt das Gesetz Verfahren zur
– Bestellung eines Betreuers, womit auch hier nur die erste Bestellung eines Betreuers (§ 1896 BGB) gemeint ist, die die **Anordnung der Betreuung** mitumfasst[5] und
– **Anordnung eines Einwilligungsvorbehalts.**

Abs. 3 Nr. 2 nennt sodann Verfahren über Umfang, Inhalt oder Bestand der in Abs. 3 Nr. 1 genannten Anordnungen.

32   Der **Umfang** der Betreuung oder des Einwilligungsvorbehalts (Abs. 3 Nr. 2, Alt. 1) ist der Gegenstand von Verfahren zur **Erweiterung** oder **Einschränkung** der Aufgabenkreise eines Betreuers oder des Kreises der einwilligungsbedürftigen Willenserklärungen.[6]

33   Der **Inhalt eines Einwilligungsvorbehalts** kann sich nicht ändern. Er ist gesetzlich festgelegt. Nur sein Umfang unterliegt der Disposition des Gerichts. Rätsel gibt auf, welche Verfahren den **Inhalt einer Betreuung** (Abs. 3 Nr. 2, Alt. 2) betreffen. Jedenfalls dürfte die **Person des Betreuers** dazu rechnen, so dass hierher Verfahren über
– die Entlassung eines Betreuers (§ 1908b BGB),
– dessen Neubestellung nach Tod oder Entlassung (§ 1908c BGB),
– die Bestellung eines zusätzlichen Betreuers (§ 1899 BGB) ohne gleichzeitige Erweiterung des Aufgabenkreises (sonst ist auch der Umfang betroffen),

---

1 BT-Drucks. 16/6308, S. 265.
2 BVerfG v. 7.6.2000 – 1 BvR 23/00, FamRZ 2000, 1280; Jansen/*Sonnenfeld*, § 67 FGG Rz. 54; *Knittel*, § 67 FGG Rz. 2; Keidel/*Kayser*, 15. Aufl., § 67 FGG Rz. 15; BtKomm/*Roth*, 2. Aufl. A Rz. 130; *Fröschle*, 1. Aufl. § 67 FGG Rz. 27, 29; Jurgeleit/*Meier*, § 67 FGG Rz. 13; Jürgens/*Mertens*, § 67 FGG Rz. 12; der Gesetzgeber hat das Problem anscheinend gar nicht gesehen: Er meint, die Rechtsstellung des Verfahrenspflegers im FamFG entspreche derjenigen im FGG, vgl. BT-Drucks. 16/6308, S. 265.
3 So auch BtKomm/*Roth* A Rz. 142.
4 Die Stellung, die HK-BUR/*Bauer*, § 276 FamFG Rz. 117, 123 dem Verfahrenspfleger geben will, wird nicht recht deutlich („Pfleger eigener Art"); nach *Knittel*, § 276 FamFG Rz. 18 und *Harm*, BtPrax 2012, 189 soll er noch immer im Namen des Betroffenen agieren.
5 BGH v. 9.2.2011 – XII ZB 364/10, NJW-RR 2011, 580 (zu § 70 Abs. 3 Satz 1 Nr. 1).
6 BT-Drucks. 16/6308, S. 265.

– die Bestellung eines Gegenbetreuers (§§ 1908i Abs. 1 Satz 1, 1792 BGB)¹

rechnen. Für solche Verfahren gilt zum Teil § 296, zum Teil folgen sie nur den allgemeinen Vorschriften.

Hierzu dürften auch noch Verfahren gehören, die besondere **Eigenschaften des Betreuers** abändern, also 34

– Verfahren zur Weiterführung einer Vereins- oder Behördenbetreuung als Privatperson (sog. Umwandlungsbeschluss, § 1908b Abs. 4 Satz 2 und 3 BGB) und
– Verfahren zur nachträglichen Feststellung der Berufsmäßigkeit der Betreuung oder zur Aufhebung dieser Feststellung mit Wirkung für die Zukunft (§§ 1908i Abs. 1 Satz 1, 1836 Abs. 1 Satz 3 BGB iVm. § 1 Abs. 1 VBVG).

Der **Bestand** der Betreuung oder des Einwilligungsvorbehalts ist Gegenstand von Verfahren zu deren Aufhebung oder Verlängerung.² 35

Damit hat die Betreuungsbehörde jedenfalls in allen Verfahren der in §§ 293 bis 296 bezeichneten Art ein **Beteiligungsrecht**. 36

Kein Beteiligungsrecht hat die Betreuungsbehörde dagegen in Verfahren, die die **Genehmigung einer Rechtshandlung** des Betreuers zum Gegenstand haben. Solche Genehmigungserfordernisse schränken weder die Aufgaben des Betreuers ein, noch erweitert die erteilte Genehmigung seine Vertretungsbefugnisse. Es handelt sich schlicht um Wirksamkeits- oder Rechtmäßigkeitsvoraussetzungen der entsprechenden Handlungen. Sie betreffen daher weder Umfang noch Inhalt der Betreuung.³ 37

Wenn die Betreuungsbehörde in einem solchen Verfahren ihre Hinzuziehung **beantragt**, so ist sie hinzuzuziehen. Beantragt sie dies nicht, darf sie nicht hinzugezogen werden. Die Behörde soll – auch im Hinblick auf eine mögliche Kostenfolge⁴ – das Recht haben, über ihre Beteiligung selbst zu entscheiden. Daraus folgt, dass sie ihren Beteiligungsantrag auch in jeder Lage des Verfahrens **zurücknehmen** und dadurch aus dem Verfahren wieder ausscheiden kann.⁵ 38

Nach § 7 Abs. 4 muss die Behörde wegen ihres Beteiligungsrechts über die Einleitung eines jeden unter Abs. 3 fallenden Verfahrens **unterrichtet** und – bei einer Fachbehörde sinnloserweise – über ihr Antragsrecht belehrt werden. 39

Der Beteiligungsantrag ist kein verfahrenseinleitender Antrag und unterliegt daher nicht der Form des § 23. Das kann zu der Frage führen, ob Erklärungen einer Behörde **als Antrag auszulegen** sind. Dafür kann der Rechtsgedanke des § 7 Abs. 6 mit umgekehrter Richtung herangezogen werden: Daraus, dass die Behörde in der Sache eine Stellungnahme abgibt oder einen Entscheidungsvorschlag unterbreitet, folgt noch nicht, dass sie ihre Hinzuziehung als Beteiligte beantragt. Nur wenn die Behörde deutlich macht, dass sie ihre Stellungnahme nicht nur als Vorschlag an das Gericht, sondern als **behördliche Willensäußerung** verstanden wissen will, kann darin zugleich ein Beteiligungsantrag gesehen werden. 40

VIII. Nahestehende Personen (Abs. 4 Nr. 1)

In den in Abs. 3 genannten Verfahren (s. dazu Rz. 31 ff.) kann das Gericht **auf ihren Antrag oder von Amts wegen** (vgl. § 7 Abs. 3) als Beteiligte ferner hinzuziehen: 41

– den Ehegatten oder Lebenspartner des Betroffenen, soweit beide nicht dauernd getrennt leben,
– seine Eltern, Pflegeeltern, Großeltern, Abkömmlinge und Geschwister,
– eine Person seines Vertrauens.

---

1 AA *Damrau/Zimmermann*, § 274 FamFG Rz. 11.
2 BT-Drucks. 16/6308, S. 265.
3 AA *Damrau/Zimmermann*, § 274 FamFG Rz. 13 für Genehmigungen nach §§ 1904, 1905 BGB.
4 Vgl. BT-Drucks. 16/6308, S. 179.
5 So auch *Damrau/Zimmermann*, § 274 FamFG Rz. 9.

42 Hat das Betreuungsgericht eine der genannten Personen beteiligt, so behält sie die Beteiligtenstellung bis zum **rechtskräftigen Abschluss** des Verfahrens in allen Instanzen.[1]

43 **Ehegatten**, **Eltern** und **Kinder** des Betroffenen können uU auch schon nach § 7 Abs. 2 Nr. 1 von Amts wegen zu beteiligen sein (s. Rz. 14). Dann findet Abs. 4 auf sie keine Anwendung.

44 **Pflegeeltern** sind Personen, die ein fremdes Kind in familienähnlicher Weise im eigenen Haushalt betreuen und erziehen.[2] Es spielt keine Rolle, ob dies im Rahmen einer Leistung der Jugendhilfe (nach §§ 27, 33, 35a oder 41 SGB VIII), aufgrund eines Vertrags oder auch nur tatsächlich geschieht.[3] Unklar ist, ob das Pflegeverhältnis noch bestehen muss.[4] Wenn maßgeblicher Grund für die Erwähnung der Pflegeeltern deren „Nähe zum Betroffenen" ist,[5] muss es m.E. genügen, dass ein solches Pflegeverhältnis bis zum Eintritt der Volljährigkeit bestanden hat. Zur Zulässigkeit eines Beteiligungsantrags genügt die Behauptung eines Pflegeverhältnisses. Sein tatsächlicher Bestand ist ggf. im Zwischenverfahren nach § 7 Abs. 5 zu klären.

45 Schwierigkeiten bereitet die Bestimmung, wer als **Person des Vertrauens** des Betroffenen gelten kann und wie das Gericht dies feststellen soll. In § 68a Satz 3 FGG war dies deshalb unproblematisch, weil eine Anhörung von Vertrauenspersonen ein **Verlangen des Betroffenen** voraussetzte. Es spricht viel dafür, dies als ungeschriebenes Tatbestandsmerkmal auch künftig vorauszusetzen. Andernfalls könnte jeder mit der Behauptung, der Betroffene vertraue ihm, zumindest das Zwischenverfahren des § 7 Abs. 5 einleiten. Person des Vertrauens ist daher nur, wen der Betroffene im Betreuungsverfahren als solche benennt.[6] Benennt er mehrere, entscheidet das Gericht nach seinem Ermessen, wie viele und wen es beteiligt.

46 Die Beteiligung eines Angehörigen darf nur erfolgen, wenn sie sachgerecht und verfahrensfördernd ist, also **im wohlverstandenen Interesse des Betroffenen** liegt.[7] Kann er sich zu ihr äußern, ist er dazu anzuhören. Es ist jedoch – außer bei der Vertrauensperson (s. Rz. 45) – zulässig, eine der genannten Personen auch gegen seinen Willen zu beteiligen, wenn erkennbar ist, dass dieser Wille seinen objektiven Interessen widerspricht.[8] Äußert der Betroffene den Wunsch, jemanden zu beteiligen, ist das ein Indiz dafür, dass die Beteiligung auch seinen Interessen entspricht. In der **Benennung** eines Verwandten als Betreuer liegt zugleich der Wunsch, ihn am Verfahren zu beteiligen.[9]

47 Der in Abs. 4 Nr. 1 genannte Personenkreis ist nach § 7 Abs. 4 über die Einleitung eines jeden der in Abs. 3 genannten Verfahren **zu unterrichten** und über das Recht zu belehren, die Beteiligung zu beantragen. Das ist auf Personen beschränkt, die dem Gericht bekannt sind. Die Mitteilungspflicht dürfte nachträglich entstehen, wenn dem Gericht während des Verfahrens, zB durch den Sozialbericht der Betreuungsbehörde, solche Personen bekannt werden.

---

1 BGH v. 11.4.2012 – XII ZB 531/11, FamRZ 2012, 1049.
2 Zum Begriff der Familienpflege s. ausführlich MüKo.BGB/*Huber*, § 1630 BGB Rz. 17.
3 BGH v. 4.7.2001 – XII ZB 161/98, NJW 2001, 3337.
4 Dafür: Jansen/*Sonnenfeld*, § 68a FGG Rz. 15.
5 So BT-Drucks. 11/4528, S. 174 zu § 68a FGG.
6 LG Koblenz v. 15.3.2010 – 2 T 131/10, BeckRS 2011 Nr. 01804; AG Frankfurt aM v. 23.1.2012 – 49 XVII 2048/11, FamRZ 2012, 1411.
7 BGH v. 15.2.2012 – XII ZB 133/11, NJW-RR 2012, 770.
8 BT-Drucks. 16/6308, S. 266; aA MüKo.ZPO/*Schmidt-Recla* § 274 FamFG Rz. 14, der eine Hinzuziehung von Angehörigen nur auf ausdrücklichen Wunsch des Betroffenen zulassen will; ähnlich AG Frankfurt aM v. 23.1.2012 – 49 XVII 2048/11, FamRZ 2012, 1411, wonach die Hinzuziehung aber auch in Frage kommen soll, wenn der Betroffene sich nicht dazu äußern kann und ihm andernfalls erhebliche Nachteile drohen.
9 BGH v. 15.2.2012 – XII ZB 133/11, NJW-RR 2012, 770.

Die Beteiligung der in Abs. 4 genannten Personen liegt auch bei Vorliegen aller Voraussetzungen **im pflichtgemäßen Ermessen** des Gerichts. Das Beschwerdegericht kann sie nur auf Ermessensfehler prüfen.[1]

IX. Vertreter der Staatskasse (Abs. 4 Nr. 2)

Nach Abs. 4 Nr. 2 kann das Gericht den Vertreter der Staatskasse als Beteiligten zu allen Verfahren hinzuziehen, deren Ausgang die **Interessen der Staatskasse** betrifft. Nimmt man das wörtlich, geht es außerordentlich weit, da sehr viele Verfahren im Ergebnis zu Zahlungsansprüchen gegen die Staatskasse aus §§ 1835 Abs. 4, 1835a Abs. 3 BGB oder § 1 Abs. 2 VBVG oder auch zum Wegfall, der Verringerung oder Erhöhung solcher Ansprüche führen können.

Die in einem Verfahren entstehenden **Kosten** begründen jedenfall nicht schon ein Interesse iSv. Abs. 4 Nr. 2, weil die Staatskasse sonst an schlechtweg jedem Verfahren beteiligt werden könnte, was der Gesetzgeber dann auch so formuliert hätte.

Im Übrigen spricht aber viel dafür, Abs. 4 Nr. 2 so auszulegen, dass das Beteiligungsrecht der Staatskasse mit dem **Beschwerderecht** aus § 304 Abs. 1 übereinstimmt,[2] so wie die Beteiligung der Betreuungsbehörde nach Abs. 3 ja dieselben Verfahren betrifft, in denen der Betreuungsbehörde auch nach § 303 Abs. 2 ein Beschwerderecht zusteht. Die Beteiligung des Vertreters der Staatskasse ist daher möglich,
- wenn die Endentscheidung von der Anwendung einer Norm abhängt, die – zumindest auch – den Schutz der Staatskasse vor unnötigen Ausgaben bezweckt (§ 304 Rz. 15) oder
- das Verfahren Zahlungen der Staatskasse oder an die Staatskasse unmittelbar zum Gegenstand hat (§ 304 Rz. 16).

Die Beteiligung des Vertreters der Staatskasse liegt **im pflichtgemäßen Ermessen** des Gerichts, das nach der Gesetzesbegründung durch das Erfordernis, fiskalische Interessen im Verfahren zu berücksichtigen, „konkretisiert" wird.[3] Das dürfte bedeuten, dass das Gericht den Vertreter der Staatskasse **in Zweifelsfällen** zu beteiligen hat. An einem Betreuerbestellungsverfahren wird man ihn zB nicht beteiligen, wenn es zu der Bestellung eines Berufsbetreuers (§ 1897 Abs. 6 Satz 1 BGB) gar keine erkennbare Alternative gibt.

Anders als die Betreuungsbehörde kann die Staatskasse ihre Beteiligung nicht durch einen Beteiligungsantrag erzwingen, sondern – wie die in Abs. 4 Nr. 1 genannten Personen – lediglich das Zwischenverfahren nach § 7 Abs. 5. Auch der Vertreter der Staatskasse muss von der Einleitung eines der in Rz. 51 genannten Verfahrens nach § 7 Abs. 4 **unterrichtet** und – sinnloserweise – über das Recht belehrt werden, seine Beteiligung zu beantragen.

Abs. 4 regelt die Beteiligung des Vertreters der Staatskasse in erster Instanz **abschließend**. § 7 Abs. 2 Nr. 1 ist nicht auf ihn anwendbar, denn eigene „Rechte" hat die Staatskasse nicht.[4] Auch für Verfahren über die Anordnung von Zahlungen aus der Staatskasse bleibt es daher bei dem gerichtlichen Ermessen. Hat der Vertreter der Staatskasse **Beschwerde** eingelegt (zu seiner Beschwerdebefugnis s. § 304 Abs. 1), ist er jedoch im Beschwerdeverfahren Beteiligter nach § 7 Abs. 1.

275 *Verfahrensfähigkeit*
In Betreuungssachen ist der Betroffene ohne Rücksicht auf seine Geschäftsfähigkeit verfahrensfähig.

---

1 BGH v. 15.2.2012 – XII ZB 133/11, NJW-RR 2012, 770.
2 So wohl auch *Damrau/Zimmermann*, § 274 FamFG Rz. 25.
3 BT-Drucks. 16/6308, S. 266.
4 OLG Hamm v. 28.8.2000 – 15 W 57/00, BtPrax 2000, 265.

A. Allgemeines

1 Die Norm gilt für alle Betreuungssachen. Im Erstverfahren zur Betreuerbestellung enthält sie allerdings nur eine Selbstverständlichkeit. In einem Verfahren, das die Handlungsfähigkeit eines Beteiligten zum Gegenstand hat, muss dieser Beteiligte als verfahrensfähig behandelt werden. Die eigentliche Bedeutung der Norm ist daher, dass sie **alle Betreuungssachen** iSv. § 271 erfasst, einschließlich aller damit zusammenhängenden Nebenverfahren.[1] Vorgängernorm ist § 66 FGG.

2 Methodisch gesehen handelt es sich um eine **Fiktion**.[2] Wer nicht geschäftsfähig – und daher nach § 9 auch nicht verfahrensfähig – ist, wird im Betreuungsverfahren so behandelt, als wäre er zur freien Willensbestimmung fähig.

3 Das Verhältnis zu § 1896 Abs. 1 Satz 2 BGB ist unklar. Die Wirksamkeit eines vom Betroffenen selbst gestellten Betreuungsantrags folgt unschwer auch aus § 275. Materiellrechtliche Konsequenzen – für die der Unterschied eine Rolle spielen könnte – hat der Antrag keine.

B. Inhalt der Vorschrift

I. Anwendungsbereich

4 § 275 ordnet zunächst an, dass **Geschäftsunfähigkeit** des Betroffenen iSv. § 104 Nr. 2 BGB in **allen Betreuungssachen** generell unbeachtet bleibt. Das gilt für alle Instanzen und schließt auch die Fähigkeit ein, die letztinstanzliche Entscheidung mit einer **Verfassungsbeschwerde** anzugreifen.[3]

5 Es scheint allgemeine Meinung zu sein, dass die Vorschrift in gleicher Weise die Behandlung eines **Minderjährigen** als volljährig anordnet, also auch für den Betroffenen in einem Verfahren gilt, das nach § 1908a BGB zur vorsorglichen Betreuerbestellung vor Vollendung des 18. Lebensjahres führen soll.[4] So selbstverständlich ist das aber nicht. Minderjährigkeit und die in § 104 Nr. 2 BGB genannten Beeinträchtigungen sind unterschiedliche Gründe, die volle Teilnahme am Rechtsverkehr nicht zuzulassen. Sie enthalten keine Abstufung. Ein argumentum a maiore ad minus dahin, dass die Fiktion einem beschränkt Geschäftsfähigen erst recht zugebilligt werden muss,[5] ist daher nicht zwingend.

6 Dennoch spricht viel dafür, auch die Beschränkung der Geschäftsfähigkeit **unbeachtet** zu lassen. Die Norm soll sicherstellen, dass kein Volljähriger einen Betreuer hat, ohne Gelegenheit gehabt zu haben, aktiv am Verfahren teilzunehmen.[6] Da auch im Verfahren nach § 1908a BGB die Wirkung der Entscheidung beim volljährigen Betroffenen eintreten wird, muss er dann aber auch dieses Verfahren selbst aktiv beeinflussen können. Aus diesem Grunde ist auch Minderjährigkeit entsprechend § 275 unbeachtlich.

II. Rechtsfolgen

7 Als echte Fiktion ordnet § 275 an, den Betroffenen in jeder Hinsicht als verfahrensfähig zu behandeln. Daraus folgt:

8 **Verfahrenshandlungen** des Betroffenen[7] sind stets **wirksam** und nicht allein deshalb unzulässig, weil sie seinem freien Willen nicht entsprechen. Die Gefahr, dass der Betroffene selbstschädigende Verfahrenshandlungen vornimmt, nimmt das Gesetz in

---

1 BayObLG v. 11.7.2001 – 3 Z BR 203/01, FamRZ 2002, 764; s. zur Rechtslage vor Inkrafttreten des BtG Jansen/*Sonnenfeld*, § 66 FGG Rz. 1.
2 Fröschle/*Guckes*, § 275 FamFG Rz. 4.
3 VerfG Brandenburg v. 26.8.2011 – VfgBbg 18/11, BeckRS 2011 Nr. 54123.
4 HK-BUR/*Bauer*, §§ 275, 9 FamFG Rz. 3; Jansen/*Sonnenfeld*, § 66 FGG Rz. 14; BtKomm/*Roth*, A Rz. 137.
5 So allerdings Fröschle/*Guckes*, § 275 FamFG Rz. 3.
6 BT-Drucks. 11/4528, S. 170.
7 Verfahrensanleitende Anträge, Betreuervorschläge, Befangenheitsanträge, Rechtsmittel usw., *Knittel*, § 275 FamFG Rz. 8.

Kauf. Handelt er gegen seine eigenen Interessen, kann das allenfalls Anlass sein, einen Verfahrenspfleger zu bestellen.

Der Betroffene kann auf disponible Verfahrensrechte auch wirksam **verzichten**.[1] Er kann daher sowohl auf Rechtsmittel verzichten als auch einen gestellten Antrag zurücknehmen. Eben deshalb hat der Gesetzgeber einige wichtige Rechte des Betroffenen als nicht disponibel ausgestaltet. So folgt zB aus § 281 Abs. 1 Nr. 1, dass er auf die **Einholung eines Sachverständigengutachtens** nur eingeschränkt und auf die Einholung eines ärztlichen Zeugnisses an dessen Stelle gar nicht verzichten kann. Auch auf die in § 278 Abs. 1 genannten Verfahrenshandlungen kann der Betroffene nicht wirksam verzichten (s. aber § 278 Rz. 7a). Die Unverzichtbarkeit der **Bestellung eines Verfahrenspflegers** folgt schließlich aus deren Zweck, die durch § 275 geschaffene Gefahr der Selbstschädigung auszugleichen (s. § 276 Rz. 7).[2]

9

Das Gericht bleibt jedoch zu der Prüfung berechtigt und verpflichtet, ob eine vom **natürlichen Willen** des Betroffenen getragene Verfahrenshandlung überhaupt vorliegt.[3] Dafür ist es unwichtig, ob der Betroffene sich der Tragweite und Folgen seines Handelns bewusst war.[4] Es ist aber sehr wohl erforderlich, dass er eine Verfahrenshandlung dieser Art vornehmen wollte, also dass er mindestens erkennen konnte, was er tat. Die Gegenansicht,[5] die eine solche Prüfung ausschließen will, verkennt, dass es dabei nicht um die von § 275 entschiedene Frage der Wirksamkeit einer Rechtshandlung geht, sondern darum, ob eine Rechtshandlung überhaupt vorgenommen wurde.[6]

10

Auch die Erteilung einer **Verfahrensvollmacht** ist Verfahrenshandlung und unterfällt § 275.[7] Sie ist wirksam und berechtigt den Bevollmächtigten zur Vertretung des Betroffenen, auch wenn der Betroffene die Folgen einer solchen Bevollmächtigung nicht erkennen konnte. Sie ist jedoch unwirksam, wenn der Betroffene nicht wenigstens den natürlichen Willen bilden konnte, von dem Bevollmächtigten vertreten zu werden, weil er nur ein ihm in keiner Weise verständlich gemachtes Dokument eine Unterschrift geleistet hat. Auch ob der Verfahrensbevollmächtigte tatsächlich die Interessen des Betroffenen vertritt, ist hierbei zunächst irrelevant. Allenfalls kann das Gegenteil bedeuten, dass trotz des Auftretens eines Bevollmächtigten ein Verfahrenspfleger zu bestellen ist (s. § 276 Rz. 53).

11

Da die Fiktion des § 275 nur Verfahrenshandlungen erfasst, gilt sie eigentlich nur für die Verfahrensvollmacht als solche, nicht für das ihr zugrunde liegende **Kausalgeschäft**. Der Bevollmächtigte wäre, bliebe man bei diesem Ergebnis stehen, als Geschäftsführer ohne Auftrag anzusehen, soweit er von der Vollmacht Gebrauch macht. Damit aber wäre dem Betroffenen im Zweifel wenig gedient. Deshalb ist anzunehmen, dass die Fiktion des § 275 nicht nur die Verfahrensvollmacht umfasst, sondern auch den dem Bevollmächtigten erteilten **Auftrag** zur Vertretung im Verfahren bzw., wenn er einen Anwalt oder Notar einschaltet, den **Geschäftsbesorgungsvertrag**.[8]

12

---

1 HK-BUR/*Bauer*, §§ 275, 9 FamFG. 9; Keidel/*Budde*, § 275 Rz. 7; BtKomm/*Roth*, A Rz. 135; Fröschle/*Guckes*, § 275 FamFG Rz. 9; Jurgeleit/*Meier*, § 275 FamFG Rz. 4; Jürgens/*Kretz*, § 275 FamFG Rz. 5; aA *Damrau/Zimmermann*, § 275 FamFG Rz. 5; *Knittel*, § 275 FamFG Rz. 10, die „nachteilige" Verfahrenshandlungen wegen der Schutzfunktion des § 275 nicht gelten lassen wollen. Das verkennt aber, dass Verfahrenshandlungen nicht ohne weiteres in vorteilhaft oder nachteilig sortiert werden können. Das Einlegen eines unbegründeten Rechtsmittels kann wesentlich nachteiliger sein als der Verzicht darauf.
2 HK-BUR/*Bauer*, §§ 275, 9 FamFG Rz. 9.
3 BayObLG v. 3.3.2004 – 3 Z BR 268/03, NJOZ 2004, 2915; OLG Saarbrücken v. 9.2.1999 – 5 W 397/98, BtPrax 1999, 153; HK-BUR/*Bauer*, §§ 275, 9 FamFG Rz. 9 f.; aA Bork/Jacoby/Schwab/*Heiderhoff*, § 275 Rz. 3.
4 OLG Köln v. 16.10.2000 – 1 Wx 141/00, n.v.
5 OLG Schleswig v. 7.11.2006 – 2 W 162/06, FGPrax 2007, 130.
6 S. auch AG Mannheim v. 4.5.2012, Ha 2 XVII 523/11, BeckRS 2012 Nr. 13339.
7 KG v. 19.11.2009 – 1 W 49/09, BtPrax 2010, 90; BayObLG v. 27.1.2003 – 3 Z BR 217/02, FamRZ 2003, 784.
8 HK-BUR/*Bauer*, §§ 275, 9 FamFG Rz. 7; *Knittel*, § 275 FamFG Rz. 9; Jansen/*Sonnenfeld*, § 66 FGG Rz. 16; Fröschle/*Guckes*, § 275 FamFG Rz. 5; zweifelnd BtKomm/*Roth*, A Rz. 136; aA Mü-

Auch die Wirksamkeit dieses Vertrags als solche bleibt daher von Geschäftsunfähigkeit oder Minderjährigkeit unberührt.

13 Man sollte diese Fiktion jedoch nicht weiter reichen lassen, als für eine zweckentsprechende Vertretung erforderlich. **Honorarvereinbarungen** werden von ihr daher nicht erfasst.[1] Sie sind bei Geschäftsunfähigkeit des Betroffenen nach § 105 Abs. 1 BGB, bei Minderjährigkeit nach § 108 BGB zu beurteilen, ggf. mit der Folge, dass stattdessen das gesetzliche Honorar bzw. die übliche Vergütung (§ 612 Abs. 2 BGB) geschuldet wird.

14 Auch **Vorbereitungshandlungen** für ein noch nicht eingeleitetes Verfahren müssen als von § 275 erfasst angesehen werden, denn sonst würde das Recht des Betroffenen, in Betreuungssachen aktiv zu werden, ebenfalls entscheidend verkürzt.[2] Er kann daher auch wirksam Verfahrenskostenhilfe beantragen oder Beratungshilfe in einer Betreuungssache in Anspruch nehmen und einem Anwalt den Auftrag erteilen, einen Antrag an das Betreuungsgericht zu prüfen.

15 § 275 erfasst schließlich die **Inempfangnahme** von Bekanntgaben aller Art.[3] Ist dem Betroffenen ein Schriftstück übermittelt worden, so ist es ihm ohne Rücksicht darauf ordnungsgemäß bekannt gegeben, ob er es verstanden hat oder verstehen konnte.

16 Auch **Zustellungen** an den Betroffenen sind trotz Geschäftsunfähigkeit stets wirksam,[4] aber auch erforderlich, um die Beschwerdefrist auszulösen.[5] Das dürfte nach neuem Recht auch gelten, soweit die Zustellung nach § 95 Abs. 1 Nr. 1 FamFG iVm. § 750 Abs. 1 ZPO allgemeine Voraussetzung der **Zwangsvollstreckung** gegen ihn ist.[6] Die Zustellung an den Verfahrenspfleger statt an den Betroffenen kommt jedenfalls nicht mehr in Frage, da der Verfahrenspfleger kein Vertreter des Betroffenen ist, die Zustellung an ihn also dem § 170 Abs. 1 Satz 1 ZPO gar nicht mehr genügen würde. Will man nicht verlangen, dass dem geschäftsunfähigen Betreuten ein zweiter Betreuer einzig zu dem Zweck bestellt werden muss, seinem ersten Betreuer die Vollstreckung wegen seiner Vergütungsforderung zu ermöglichen, sollte man nunmehr annehmen, dass auch noch im Zwangsvollstreckungsverfahren aus dem Beschluss in einer Betreuungssache § 275 die Anwendung von § 170 Abs. 1 Satz 2 ZPO hindert.

17 Eine offene Frage ist, ob § 275 auch die Abgabe von **materiellrechtlichen Erklärungen** im Verfahren deckt, zB die Erhebung der Einrede der Verjährung in einem Verfahren über den Regress der Staatskasse nach §§ 1908i Abs. 1 Satz 1, 1836e BGB. M.E. ist das sehr zweifelhaft. Sicherheitshalber sollte der Betreuer solche Handlungen im Namen des Betreuten wiederholen. Vom Verfahrenspfleger kann er insoweit nicht vertreten werden.[7]

276 *Verfahrenspfleger*

(1) Das Gericht hat dem Betroffenen einen Verfahrenspfleger zu bestellen, wenn dies zur Wahrnehmung der Interessen des Betroffenen erforderlich ist. Die Bestellung ist in der Regel erforderlich, wenn
1. von der persönlichen Anhörung des Betroffenen nach § 278 Abs. 4 in Verbindung mit § 34 Abs. 2 abgesehen werden soll oder

---

Ko.ZPO/*Schmidt-Recla*, § 275 FamFG Rz. 3 (Innenverhältnis zum Verfahrensbevollmächtigten folgt §§ 677 ff. BGB).

1 Fröschle/*Guckes*, § 275 FamFG Rz. 5; aA HK-BUR/*Bauer*, §§ 275, 9 FamFG Rz. 7, der hier notfalls Nichtigkeit der Honorarvereinbarung nach § 138 BGB annehmen will.
2 Fröschle/*Guckes*, § 275 FamFG Rz. 6.
3 *Bassenge*/Roth, § 275 FamFG Rz. 2.
4 BayObLG v. 8.12.1999 – 3 Z BR 353/99, NJW-RR 2001, 724; HK-BUR/*Bauer*, §§ 275, 9 FamFG Rz. 5; Jansen/*Sonnenfeld*, § 66 FGG Rz. 10.
5 BGH v. 4.5.2011 – XII ZB 632/10, NJW-RR 2011, 1011.
6 AA zur früheren Rechtslage *Fröschle*, 1. Aufl. § 66 FGG Rz. 8.
7 BGH v. 22.8.2012 – XII ZB 474/11, NJW 2012, 3509.

2. Gegenstand des Verfahrens die Bestellung eines Betreuers zur Besorgung aller Angelegenheiten des Betroffenen oder die Erweiterung des Aufgabenkreises hierauf ist; dies gilt auch, wenn der Gegenstand des Verfahrens die in § 1896 Abs. 4 und § 1905 des Bürgerlichen Gesetzbuchs bezeichneten Angelegenheiten nicht erfasst.

(2) Von der Bestellung kann in den Fällen des Absatzes 1 Satz 2 abgesehen werden, wenn ein Interesse des Betroffenen an der Bestellung des Verfahrenspflegers offensichtlich nicht besteht. Die Nichtbestellung ist zu begründen.

(3) Wer Verfahrenspflegschaften im Rahmen seiner Berufsausübung führt, soll nur dann zum Verfahrenspfleger bestellt werden, wenn keine andere geeignete Person zur Verfügung steht, die zur ehrenamtlichen Führung der Verfahrenspflegschaft bereit ist.

(4) Die Bestellung eines Verfahrenspflegers soll unterbleiben oder aufgehoben werden, wenn die Interessen des Betroffenen von einem Rechtsanwalt oder einem anderen geeigneten Verfahrensbevollmächtigten vertreten werden.

(5) Die Bestellung endet, sofern sie nicht vorher aufgehoben wird, mit der Rechtskraft der Endentscheidung oder mit dem sonstigen Abschluss des Verfahrens.

(6) Die Bestellung eines Verfahrenspflegers oder deren Aufhebung sowie die Ablehnung einer derartigen Maßnahme sind nicht selbständig anfechtbar.

(7) Dem Verfahrenspfleger sind keine Kosten aufzuerlegen.

A. Allgemeines 1	b) Bestellung eines Betreuers für alle Angelegenheiten (Abs. 1 Satz 2 Nr. 2) 37
B. Inhalt der Vorschrift 3	
I. Pflicht zur Bestellung eines Verfahrenspflegers (Absätze 1 und 2)	II. Eignung zum Verfahrenspfleger (Absatz 3) 41
1. Grundregel (Abs. 1 Satz 1) 6	
a) Interessenwahrnehmung durch den Betroffenen selbst 9	III. Vertretung durch einen Bevollmächtigten (Absatz 4) 53
b) Interessenwahrnehmung durch anderen Verfahrensbeteiligten . 13	IV. Beendigung der Verfahrenspflegschaft (Absatz 5) 57
c) Interessenwahrnehmung nicht erforderlich 18	V. Anfechtbarkeit (Absatz 6) 62
2. Regelbestellung (Abs. 1 Satz 2, Abs. 2) 21	VI. Kostenfreiheit (Absatz 7) 71
a) Absehen von persönlicher Anhörung (Abs. 1 Satz 2 Nr. 1) 25	C. Verfahren 75

A. Allgemeines

Die Norm entspricht im Wesentlichen § 67 FGG aF idF nach dem 2. BtÄndG ab 1. Juli 2005. Damals wurde der Vorrang der Ehrenamtlichkeit eingefügt (jetzt § 276 Abs. 3 FamFG) und die Regelung der Entschädigung in eine eigenständige Vorschrift (jetzt § 277 FamFG) ausgegliedert. **1**

Anwendungsbereich der Norm sind **alle Betreuungssachen** mit Ausnahme der Verfahren zur Genehmigung medizinischer Entscheidungen, für die Sondervorschriften (§§ 297 Abs. 5, 298 Abs. 2) gelten. Es kommt für die Anwendung der Grundregel im Übrigen weder auf den Verfahrensgegenstand noch auf das Verfahrensergebnis an (zum Anwendungsbereich der Regelbeispiele des Abs. 1 Satz 2 s. Rz. 21 ff.). **2**

B. Inhalt der Vorschrift

Der Verfahrenspfleger ist, wie aus § 274 Abs. 2 folgt, **Beteiligter kraft Amtes** mit **allen Rechten und Pflichten** eines Beteiligten,[1] die er zwar im Interesse des Betroffenen, aber nicht in dessen Namen, sondern im eigenen Namen auszuüben hat (s. im Einzelnen § 274 Rz. 29). Der Verfahrenspfleger ist aber auf die Geltendmachung von **Verfahrensrechten** des Betroffenen beschränkt. Materiell-rechtliche Erklärungen ab- **3**

---

1 Und zwar inklusive der Verfahrensförderpflicht des § 27: BT-Drucks. 16/6308, S. 265.

geben, z.B. sich auf die Verjährung von Ansprüchen berufen, die nach §§ 1908i Abs. 1 Satz 1, 1836e BGB auf die Staatskasse übergegangen sind, kann er nicht.[1]

4 **Rechtliches Gehör** wird dem Verfahrenspfleger also nicht etwa **stellvertretend** für den Betroffenen gewährt, wenn und weil es dem Betroffenen selbst nicht gewährt werden kann,[2] sondern es wird ihm **anstelle** des Betroffenen gewährt. M. E. folgt aus dem Gesetz nicht, dass dies nur beim Verfahrenspfleger angenommen werden kann (dazu näher Rz. 13 ff.).

5 Da der Verfahrenspfleger die Interessen des Betroffenen wahrnimmt, ist er zu allen Fragen – spätestens vor Erlass der Endentscheidung (§ 37 Abs. 2) – **anzuhören**, zu denen auch dem Betroffenen rechtliches Gehör gewährt werden muss; in welcher Form, bestimmt das Gericht. Alle Verfahrenshandlungen nimmt er **im eigenen Namen** vor. Das lässt das Recht des Betroffenen, selbst zu handeln, unberührt. Der Verfahrenspfleger kann ein Recht, auf das der Betroffene verzichtet hat, ausüben und umgekehrt. Nur Rechte, die das Gesetz erkennbar dem Betroffenen persönlich reserviert (wie das Vorschlagsrecht aus § 1897 Abs. 4 BGB),[3] kann der Verfahrenspfleger nicht ausüben.

I. Pflicht zur Bestellung eines Verfahrenspflegers (Absätze 1 und 2)

1. Grundregel (Abs. 1 Satz 1)

6 Das Betreuungsgericht ist nach der stets anwendbaren Grundregel aus Abs. 1 Satz 1 zur Bestellung eines Verfahrenspflegers immer verpflichtet, wenn dies zur Wahrnehmung der Interessen des Betroffenen **erforderlich** ist.[4] Es darf keinen Verfahrenspfleger bestellen, wenn der Betroffene zur Wahrnehmung seiner Interessen eines solchen nicht bedarf.[5]

7 Der Verfahrenspfleger ist – notwendiges – **Ausgleichsinstrument** zur Fiktion des § 275: Eine aufgrund Krankheit oder Behinderung bestehende tatsächliche Unfähigkeit des Betroffenen, seine Interessen wahrzunehmen, wird ignoriert. Zum Ausgleich dafür stellt das Gericht sicher, dass ein anderer die Interessen des Betroffenen im Verfahren wahrnimmt.[6] Ähnlich wie der Betreuer zur Verwirklichung des Gleichheitsgebots im allgemeinen Rechtsverkehr dient, dient der Verfahrenspfleger zur Verwirklichung des Gleichheitsgebots im betreuungsgerichtlichen Verfahren. Wer in seiner Handlungsfähigkeit tatsächlich eingeschränkt ist, hat Anspruch auf die Einrichtung einer Handlungsorganisation, die ihn mit demjenigen, der solchen Einschränkungen nicht unterliegt, so weit, wie das überhaupt möglich ist, gleichstellt.[7] Dabei dürfte der Gestaltungsspielraum des Gesetzgebers ausreichen, um vorzusehen, dass dies nicht durch einen Vertreter, sondern einen Beteiligten kraft Amts geschieht.

8 Den **Zeitpunkt der Bestellung** legt das Gesetz nicht fest. Ein Verfahrenspfleger ist unverzüglich zu bestellen, wenn feststeht, dass die Voraussetzungen von Abs. 1 Satz 1 vorliegen.[8] Er darf aber nicht vorsorglich oder gar routinemäßig bestellt werden, bevor das Gericht dies überhaupt geprüft hat. Er muss jedenfalls vor Erlass der Endentscheidung bestellt werden und dies – wegen § 37 Abs. 2 – so rechtzeitig, dass er zu allen bis dahin gesammelten Ermittlungsergebnissen gehört werden kann.[9] Das Prinzip der Gewährung rechtlichen Gehörs kann es uU erfordern, eine förmliche Zeugen- oder Sachverständigenvernehmung im Beisein des Verfahrenspflegers zu wie-

---

1 BGH v. 22.8.2012 – XII ZB 474/11, NJW 2012, 3509.
2 Vgl. zum alten Recht *Knittel*, § 67 FGG Rz. 2.
3 OLG Hamm v. 30.5.1996 – 15 W 122/96, BtPrax 1996, 189.
4 Keidel/*Budde*, § 276 FamFG Rz. 3; aA (Ermessen eröffnet) Jurgeleit/*Meier*, § 276 FamFG Rz. 6.
5 LG Berlin v. 15.9.2006 – 82 T 336/06, NJOZ 2007, 445.
6 BT-Drucks. 15/2494, S. 40; Fröschle/*Guckes*, § 276 FamFG Rz. 3; dazu, dass nach Art. 103 Abs. 1 GG sogar grundsätzlich geboten ist: HK-BUR/*Bauer*, § 276 FamFG Rz. 99 ff.
7 *Lipp*, Freiheit und Fürsorge, S. 141 ff.
8 Jurgeleit/*Meier*, § 276 FamFG Rz. 8.
9 HK-BUR/*Bauer*, § 276 FamFG Rz. 22; Jansen/*Sonnenfeld*, § 67 FGG Rz. 33; Keidel/*Budde*, § 276 Rz. 9; Jürgens/*Kretz*, § 276 FamFG Rz. 12.

derholen, wenn sie vor seiner Bestellung stattgefunden hat. Dasselbe gilt für die Anhörung des Betroffenen, weil der Verfahrenspfleger hier ein Anwesenheitsrecht hat (s. auch § 278 Rz. 15a).

a) Interessenwahrnehmung durch den Betroffenen selbst

Ein Verfahrenspfleger ist nicht erforderlich, wenn der Betroffene nicht nur rechtlich, sondern auch tatsächlich in der Lage ist, seine eigenen Interessen **selbst wahrzunehmen**.

Der Betroffene kann seine Interessen jedenfalls nicht ausreichend wahrnehmen, wenn und soweit sein **rechtliches Gehör verkürzt** wird,[1] auch und gerade, wenn das Gesetz dies ausnahmsweise zulässt, so zB, wenn das Gericht nach § 288 Abs. 1 davon absieht bzw. absehen will, ihm die Entscheidungsgründe bekannt zu geben.[2]

Ansonsten muss das Gericht anhand des konkreten Verfahrensgegenstandes und des Zustands des Betroffenen **im Einzelfall** prüfen, ob er zur Wahrnehmung seiner Interessen in dem Verfahren in der Lage ist. Das ist er, wenn er den Verfahrensgegenstand und dessen Bedeutung für seine Rechte erfassen, dazu einen freien Willen bilden und diesen in verständlicher Weise äußern kann.[3] Bei einem Behinderten kann das zB von der Komplexität des Verfahrensgegenstandes abhängen, bei einem Wahnkranken davon, ob sein Wahnsystem den Verfahrensgegenstand erfasst. Je bedeutender der Verfahrensgegenstand ist und je gravierender die Einschränkungen des Betroffenen sind, desto eher wird der Verfahrenspfleger erforderlich sein.[4] Es genügt, wenn das Gericht den Betroffenen durch entsprechende Erläuterung der Sache zur ausreichenden Wahrnehmung seiner Interessen in die Lage versetzt. Es reicht nicht, wenn er sich zwar vordergründig äußern, aber nicht verständlich machen kann.[5]

Keinen Verfahrenspfleger braucht der Betreute, soweit er nach der Sondervorschrift des § 303 Abs. 4 im Beschwerdeverfahren von seinem **Betreuer** oder **Bevollmächtigten vertreten wird**.

b) Interessenwahrnehmung durch anderen Verfahrensbeteiligten

Da auch der Verfahrenspfleger die Interessen des Betroffenen nicht in dessen Namen, sondern im eigenen Namen zu vertreten berufen ist, ist davon auszugehen, dass es auch genügt, wenn **ein anderer Verfahrensbeteiligter** die Interessen des Betroffenen wahrnimmt.[6] Dazu genügt dessen Anhörung freilich nicht. Er muss zum Verfahren iSv. § 7 Abs. 2 oder 3 als Beteiligter hinzugezogen worden sein.

Personen, die aufgrund ihrer **Betroffenheit in eigenen Rechten** (nach § 7 Abs. 2 Nr. 1) Verfahrensbeteiligte sind, dürften ausscheiden, soweit nicht die Übereinstimmung ihrer Interessen mit denen des Betroffenen positiv feststeht.

---

1 BGH v. 8.6.2011 – XII ZB 43/11, NJW 2011, 2577; BGH v. 11.8.2010 – XII ZB 138/10, BtPrax 2010, 278 (jeweils zur Nichtbekanntgabe eines Gutachtens); KG v. 16.9.2008 – 1 W 259/08, OLG-Report KG 2008, 983; OLG München v. 27.6.2006 – 33 Wx 89/06, BtMan 2006, 206; OLG München v. 17.10.2005 – 33 Wx 043/05, BtPrax 2006, 35; Fröschle/*Guckes*, § 276 FamFG Rz. 3; HK-BUR/*Bauer*, § 276 FamFG Rz. 96f. und *Bassenge*/Roth, § 276 FamFG Rz. 2 für weitere Beispiele.
2 Jansen/*Sonnenfeld*, § 67 FGG Rz. 21; BtKomm/*Roth*, A Rz. 139.
3 BGH v. 29.6.2011 – XII ZB 19/11, FGPrax 2011, 232; OLG Köln v. 16.1.2002 – 16 Wx 274/01, FamRZ 2003, 171.
4 OLG Hamm v. 21.1.1993 – 15 W 139/93, BtPrax 1993, 135; HK-BUR/*Bauer*, § 276 FamFG Rz. 79; Jansen/*Sonnenfeld*, § 67 FGG Rz. 11; BtKomm/*Roth*, A Rz. 138.
5 *Knittel*, § 276 FamFG Rz. 22.
6 Nach BayObLG v. 7.10.1993 – 3 Z BR 222/93, FamRZ 1994, 320 sollte es bisher schon ausreichen, dass eine nach § 68a FGG anzuhörende Person die Interessen des Betroffenen ausreichend wahrnimmt. Die Bedenken, die *Knittel*, § 67 FGG Rz. 16 dazu äußert (nämlich die fehlender Verfahrensrechte), können nun durch die förmliche Beteiligung nach Abs. 4 Nr. 1 überwunden werden.

15 Ob eine förmliche Beteiligung der **Betreuungsbehörde** genügt, ist ebenfalls sehr zweifelhaft, da diese zumindest von Gesetzes wegen nicht den Interessen des Betroffenen verpflichtet ist, sondern, wenn sie sich beteiligt, damit öffentliche Interessen verfolgen kann und darf. Immerhin scheint das Gesetz aber davon auszugehen, dass ein Interessengegensatz nicht zwingend besteht, andernfalls es die Bestellung der Betreuungsbehörde zum Verfahrenspfleger nicht in § 277 Abs. 1 Satz 3 als Option erwähnen würde. Das Gericht kann die Betreuungsbehörde aber ohnehin nicht von Amts wegen beteiligen (s. § 274 Rz. 38). Stellt sie einen Beteiligungsantrag, muss ggf. ihrem Antrag entnommen werden, ob sie damit Interessen des Betroffenen verfolgen will oder andere.

16 Am ehesten kann daher die Beteiligung von **Angehörigen** oder einer vom Betroffenen selbst benannten **Vertrauensperson** in Anwendung von § 274 Abs. 4 Nr. 1 die Bestellung eines Verfahrenspflegers entbehrlich machen, vor allem deshalb, weil diese Personen ohnehin nur als Beteiligte herangezogen werden dürfen, wenn sie Interessen des Betroffenen verfolgen (s. § 274 Rz. 46). Stellt sich später heraus, dass sie dies nicht tun, ist die Bestellung eines Verfahrenspflegers ggf. nachzuholen.

17 Auch die Beteiligung des **Gegenbetreuers** (dazu § 274 Rz. 21) kann die Bestellung eines Verfahrenspflegers entbehrlich machen, wenn das Verfahren nicht die Gegenbetreuung selbst betrifft, also vor allem in den in §§ 1908i Abs. 1 Satz 1, 1826 BGB erwähnten Verfahren.

c) Interessenwahrnehmung nicht erforderlich

18 Schließlich sind Situationen denkbar, in denen die Interessen des Betroffenen zwar weder von ihm selbst noch von einem anderen Beteiligten gewahrt werden können, dies aber auch **nicht erforderlich** ist. Das ist zB früher allgemein für das Verfahren der weiteren Beschwerde angenommen worden, weil dort nur Rechtsfragen entschieden werden und es daher auf die Mitteilung oder den Vortrag von Tatsachen nicht mehr ankommt.[1] Da die Verfahrenspflegschaft nach Abs. 5 nun aber ohnehin durch alle Instanzen wirksam bleibt, ist dies nicht mehr von Bedeutung.

19 Kein Verfahrenspfleger soll ferner erforderlich sein, wenn das **Verfahrensergebnis von vornherein feststeht** und von ihm nicht beeinflusst werden könnte, seine Bestellung also **rein formalen Charakter** hätte.[2] Das soll z.B. der Fall sein, wenn eine Beschwerde des Betreuten offensichtlich unbegründet ist[3] oder von ihm eine Neuentscheidung bei offensichtlich unveränderter Sachlage beantragt wird.[4] Auch im Verfahren zur Entlassung eines Betreuers, der wegen Pflichtwidrigkeiten offensichtlich zu entlassen ist, soll die Bestellung eines Verfahrenspflegers u.U. entbehrlich sein.[5] Schließlich kann im Verfahren zur Festsetzung einer **Entschädigungspauschale** nach § 1835a BGB oder §§ 4, 5 VBVG das Ergebnis feststehen, zB wenn der Betreute offensichtlich Heimbewohner und nicht mittellos ist.

20 Wenn in einer vermögensrechtlichen Angelegenheit die Kosten der Verfahrenspflegschaft den Wert des Verfahrensgegenstandes übersteigen, ist die Verfahrenspflegschaft **aus wirtschaftlichen Gründen** nicht erforderlich.[6] Der Betroffene könnte dann durch die Bestellung eines Verfahrenspfleger ja immer nur Geld verlieren.

2. Regelbestellung (Abs. 1 Satz 2, Abs. 2)

21 In den in Abs. 1 Satz 2 genannten Situationen macht das Gesetz die Bestellung eines Verfahrenspflegers **zur Regel**. Zugleich bestimmt Abs. 2 Satz 1, unter welchen Voraussetzungen die Regel eine **Ausnahme** duldet: Das Gericht ist zur Bestellung eines Verfahrenspflegers nicht verpflichtet, wenn sie zur Wahrnehmung der Interessen des

---

1 OLG Köln v. 28.7.1999 – 16 Wx 81/99, BeckRS 1999, Nr. 30068546.
2 Bork/Jacoby/Schwab/*Heiderhoff*, § 276 FamFG Rz. 2.
3 BayObLG v. 27.1.1994 – 3 Z BR 303/93, BtPrax 1994, 108 (LS).
4 BGH v. 29.6.2011 – XII ZB 19/11, FGPrax 2011, 232.
5 BayObLG v. 18.12.2002 – 3 Z BR 200/02, NJOZ 2003, 631.
6 Fröschle/*Guckes*, § 276 FamFG Rz. 27; ähnlich Jansen/*Sonnenfeld*, § 67 FGG Rz. 14.

Betroffenen offensichtlich nicht erforderlich ist. Sie darf nur unterbleiben, wenn eindeutig und von vornherein feststeht, dass eine der unter Rz. 9 bis 20 beschriebenen Situationen vorliegt. Das Gericht darf dies nicht erst untersuchen. Nur wenn von Anfang an ohne jeden Zweifel klar ist, dass die Interessen des Betroffenen auch ohne Verfahrenspfleger ausreichend gewahrt sind, kann hier die Bestellung unterbleiben.

22 Damit ist der **Zeitpunkt der Bestellung** hier auch ein anderer: Der Verfahrenspfleger ist **sofort** zu bestellen, wenn die Voraussetzungen von Abs. 1 Satz 2 vorliegen und nicht Abs. 2 Satz 1 greift.[1]

23 Das Gericht steht ferner unter **Begründungszwang**. Es muss die Nichtbestellung eines Verfahrenspflegers in seiner Endentscheidung begründen (Abs. 2 Satz 2). Ein Umkehrschluss dahin, dass die Entscheidung über die Verfahrenspflegerbestellung ansonsten nicht begründet werden muss, ist nicht zulässig (s. dazu Rz. 78).

24 Mit den beiden Regelfällen in Abs. 1 Satz 2 ist **kein einheitlicher Regelungszweck** verbunden. Nr. 1 ist ein Anwendungsfall des schon unter Rz. 10 genannten Gedankens: Ein Betroffener, dem rechtliches Gehör nicht gewährt werden kann, kann schon deshalb seine Interessen nicht in ausreichendem Umfang selbst wahrnehmen.[2] Nr. 2 soll dagegen sicherstellen, dass die Interessen des Betroffenen in Verfahren gewahrt sind, die für ihn von herausragender Bedeutung sind.[3]

a) Absehen von persönlicher Anhörung (Abs. 1 Satz 2 Nr. 1)

25 Der erste in Abs. 1 Satz 2 genannte Regelfall entsteht, wenn das Gericht „nach § 278 Abs. 4 iVm. § 34 Abs. 2" von der **persönlichen Anhörung** des Betroffenen absehen will.

26 Nach § 34 Abs. 1 ist die persönliche Anhörung eines Beteiligten erforderlich, wenn
- rechtliches Gehör anders nicht ausreichend gewährt wird (§ 34 Abs. 1 Nr. 1) oder
- eine Spezialvorschrift sie vorschreibt (§ 34 Abs. 1 Nr. 2).

27 Im Betreuungsrecht existieren **mehrere Spezialvorschriften**, die die persönliche Anhörung des Betroffenen vorschreiben, nämlich
- § 278 Abs. 1 Satz 1 für den Fall, dass ein Betreuer (erstmals) bestellt oder ein Einwilligungsvorbehalt angeordnet wird,
- § 296 Abs. 2 Satz 1 für den Fall der Neubestellung eines Betreuers nach Tod oder Entlassung des Vorgängers,
- § 297 Abs. 1 Satz 1 vor der Genehmigung einer sonstigen medizinischen Maßnahme,
- § 298 Abs. 1 Satz 1 vor der Genehmigung einer gefährlichen Heilbehandlung,
- § 299 Satz 2 vor der Erteilung einer Genehmigung nach § 1907 Abs. 1 oder 3 BGB,
- § 300 Abs. 1 Satz 1 Nr. 4 vor dem Erlass einer eA.

28 § 278 Abs. 1 Satz 1 gilt außerdem in Verfahren über die Erweiterung der Betreuung oder des Einwilligungsvorbehalts und über die Verlängerung einer Betreuung oder des Einwilligungsvorbehalts entsprechend (vgl. §§ 293 Abs. 1, 295 Abs. 1).

29 Das Gesetz kennt eine ganze Reihe von Gründen, aus denen die sonst vorgeschriebene persönliche Anhörung unterbleiben kann. Zwei davon erwähnt § 34 Abs. 2, auf einen dieser beiden Gründe wird wiederum in § 278 Abs. 4 Bezug genommen. Bei **enger, wortlautgetreuer Auslegung** ist also nur das Unterbleiben der persönlichen Anhörung aus diesem einen Grund im Regelfall nach Abs. 1 Satz 2 Nr. 1, nämlich die durch ein Sachverständigengutachten untermauerte Feststellung, dass die persönliche Anhörung für den Betroffenen mit der Gefahr von Nachteilen für seine Gesundheit verbunden wäre.

---

1 HK-BUR/*Bauer*, § 276 FamFG Rz. 21.
2 Jansen/*Sonnenfeld*, § 67 FGG Rz. 20.
3 BT-Drucks. 11/4528, S. 171.

30 Der erklärten **Absicht des Gesetzgebers** entspricht dies freilich nicht. Er ist vielmehr davon ausgegangen, dass § 278 Abs. 4 iVm. § 34 Abs. 2 inhaltlich § 68 Abs. 2 FGG aF entspricht, folglich auch beide in § 34 Abs. 2 genannten Gründe für ein Absehen von der persönlichen Anhörung als Regelfall gelten sollten. Es spricht daher viel dafür, dass Abs. 1 Satz 2 Nr. 1 denselben Anwendungsbereich wie § 67 Abs. 1 Satz 2 Nr. 1 FGG aF haben soll:[1] Regelfall ist deshalb das Absehen von der durch § 278 Abs. 1 Satz 1 vorgeschriebenen persönlichen Anhörung aus **einem der in § 34 Abs. 2 genannten Gründen**.[2]

31 Das bedeutet: Wie vorher auch **liegt ein Regelfall nur vor**, wenn § 278 Abs. 1 Satz 1 die Anhörung vorschreibt, also nur vor
- der Erstbestellung eines Betreuers,
- der Anordnung eines Einwilligungsvorbehalts,
- der Erweiterung der Betreuung oder des Einwilligungsvorbehalts und
- der Verlängerung der Betreuung oder des Einwilligungsvorbehalts.

32 Ferner ist Regelfall nur das Absehen aus einem der in § 34 Abs. 2 genannten Gründe, nämlich
- wegen offensichtlicher Unfähigkeit des Betroffenen, sich zu äußern oder
- wegen gesundheitlicher Nachteile der Anhörung für den Betroffenen.

33 Sieht das Gericht dagegen aus einem anderen Grund, zB nach § 293 Abs. 2 oder – soweit dies zulässig ist (s. dazu § 278 Rz. 34) – nach § 34 Abs. 3 von der persönlichen Anhörung ab, ist die Notwendigkeit der Verfahrenspflegerbestellung nach Abs. 1 Satz 1 zu beurteilen.[3]

34 Im Verfahren zur Erteilung von **Genehmigungen nach §§ 1904 Abs. 2, 1905 Abs. 2 BGB** (Nichteinwilligung in eine medizinische Behandlung, Einwilligung in die Sterilisation) ist ein Verfahrenspfleger immer zu bestellen, ohne Rücksicht auf die Erforderlichkeit (s. § 297 Rz. 24, § 298 Rz. 10). In Verfahren zur Erteilung von **Genehmigungen nach §§ 1904 Abs. 1, 1907 BGB** richtet sich die Verfahrenspflegerbestellung dagegen ausschließlich nach Abs. 1 Satz 1 (s. auch § 299 Rz. 11 und § 298 Rz. 10), auch wenn die persönliche Anhörung unterbleibt. Für die in § 299 Satz 1 genannten Verfahren ist die persönliche Anhörung schon gar nicht zwingend vorgeschrieben, sondern in das gelenkte Ermessen des Gerichts gestellt (vgl. § 299 Rz. 14).

35 Fraglich ist die Situation in Verfahren über eA. ME sind die dortigen Vorschriften über Anhörungen nur als Modifikation, nicht als abschließende Sondervorschriften zu den für den jeweiligen Verfahrensgegenstand geltenden allgemeinen Regeln zu lesen (s. § 300 Rz. 28). Auch dort ist daher Abs. 1 Satz 2 Nr. 1 einschlägig, wenn aus einem der in § 34 Abs. 2 genannten Gründe von der persönlichen Anhörung des Betroffenen abgesehen wird. Geschieht dies zunächst wegen Gefahr im Verzug nicht (§ 301 Abs. 1), kommt es darauf an, ob auch von der Nachholung abgesehen werden soll.

36 Abs. 1 Satz 2 Nr. 1 greift nicht, wenn die Bestellung eines Verfahrenspflegers zur Wahrnehmung der Interessen des Betroffenen **offensichtlich nicht erforderlich** ist (Abs. 2 Satz 1). Das ist, wenn er nicht persönlich angehört wird, nur in zwei Fällen denkbar:[4]

---

[1] Nach BT-Drucks. 16/6308, S. 266 sollen Abs. 1 und 2 denselben Inhalt wie § 67 Abs. 1 Satz 1 bis 4 FGG aF haben.
[2] AA MüKo.ZPO/*Schmidt-Recla*, § 276 FamFG Rz. 6.
[3] Das wird außer im Fall des § 34 Abs. 3 aus den unter Rz. 10 genannten Gedanken heraus regelmäßig zu bejahen sein, OLG Brandenburg v. 5.4.2007 – 11 Wx 4/07, FamRZ 2007, 1688; OLG Frankfurt v. 18.3.1997 – 20 W 342/96, BtPrax 1997, 201.
[4] Keine Ausnahme wollen zulassen: Jansen/*Sonnenfeld*, § 67 FGG Rz. 27; MüKo.ZPO/*Schmidt-Recla*, § 276 FamFG Rz. 13; Keidel/*Budde*, § 276 FamFG Rz. 9; Letzterer hält Abs. 2 wegen Verstoßes gegen Art. 103 Abs. 1 GG für verfassungswidrig. Die von mir gegebenen Beispiele zeigen aber, dass es Fälle geben kann, in denen das Recht auf rechtliches Gehör auch ohne Verfahrenspfleger gewahrt bleibt.

- Der Betroffene kann seine Interessen **in einer anderen Form** der Anhörung (zB in schriftlicher Form) ausreichend selbst wahrnehmen.
- Die Interessen des Betroffenen werden in ausreichender Weise von einem **anderen Verfahrensbeteiligten** wahrgenommen (oben Rz. 13 ff.).

b) Bestellung eines Betreuers für alle Angelegenheiten (Abs. 1 Satz 2 Nr. 2)

Der zweite Regelfall, den Abs. 1 Satz 2 nennt, ist die Bestellung eines Betreuers **für alle Angelegenheiten**. Es genügt, dass dies **Verfahrensgegenstand** ist, also eine Betreuung für alle Angelegenheiten geprüft, zB ein entsprechend weiter Gutachtensauftrag erteilt wird.[1] Eine Betreuung für alle Angelegenheiten liegt nicht nur vor, wenn der Aufgabenkreis so bezeichnet wird. Es reicht, wenn die im Aufgabenkreis aufgezählten Angelegenheiten alle sind, die für den Betroffenen überhaupt zu erledigen sind,[2] er also iSv. § 1896 Abs. 2 Satz 1 BGB für weitgehend unfähig gehalten wird, eigene Angelegenheiten zu besorgen. Abs. 1 Satz 2 ist nach dem damit verbundenen Zweck auch schon anzuwenden, wenn dem Betroffenen ein kleiner, unbedeutender Teil seiner Angelegenheiten zur eigenen Wahrnehmung überlassen bleiben soll.[3]

37

Abs. 1 Satz 2 Nr. 2 gilt schon nach seinem eigenen Wortlaut ferner für Verfahren zur **Erweiterung des Aufgabenkreises** des Betreuers auf alle Angelegenheiten. Im Übrigen ist er nach seiner ratio legis (s. Rz. 24) entsprechend anzuwenden, wenn das Verfahren die (isolierte) Anordnung eines **Einwilligungsvorbehalts** für oder dessen (isolierte) Erweiterung auf alle Angelegenheiten betrifft.[4] Aufgrund der Verweisung in § 295 Abs. 1 Satz 1 gilt er auch für das Überprüfungsverfahren mit dem Ziel der **Verlängerung** einer entsprechenden Maßnahme.

38

Diese ratio legis erfordert allerdings auch eine Einschränkung: Die **Neubestellung** eines Betreuers nach § 1908c BGB bei unverändertem, umfassendem Aufgabenkreis fällt nicht unter Abs. 1 Satz 2 Nr. 2, wenn sie nicht mit einem anderen Verfahrensgegenstand (zB zur Verlängerung der Betreuung) verbunden wird.

39

Der Betroffene, der für – mindestens möglicherweise – unfähig gehalten wird, irgendeine seiner wesentlichen Angelegenheiten zu besorgen, wird wohl kaum in der Lage sein, seine eigenen Interessen im Verfahren zu vertreten. Die Einleitung eines Verfahrens von Amts wegen setzt aber voraus, dass das Gericht dies immerhin für möglich hält. Es bleiben dennoch zwei Fallkonstellationen, in denen auch bei einem Regelfall nach Abs. 1 Satz 2 Nr. 2 ausnahmsweise kein Verfahrenspfleger erforderlich ist, nämlich

40

- wenn die Interessen des Betroffenen offensichtlich durch einen **anderen Verfahrensbeteiligten** ausreichend wahrgenommen werden (dazu Rz. 13 ff.),
- wenn der Betroffene einen **offensichtlich unbegründeten Antrag** mit dem Ziel seiner Betreuung in allen Angelegenheiten gestellt hat. Auf die offensichtlich unbegründete Anregung eines Dritten darf das Gericht schon gar kein Verfahren einleiten. Hat es das dennoch getan, ist auch dort die Verfahrenspflegerbestellung nach Abs. 2 Satz 1 entbehrlich.

II. Eignung zum Verfahrenspfleger (Absatz 3)

Das Gesetz trifft keine Bestimmung dazu, unter welchen Voraussetzungen sich jemand zum Verfahrenspfleger eignet. Auch bestimmt das Gesetz nicht, wer überhaupt **fähig** ist, Verfahrenspfleger zu sein. Geht man davon aus, dass § 277 die Entschädigung vollständig regeln will, kommen alle dort genannten Konstellationen, aber auch

41

---

1 OLG Zweibrücken v. 6.2.2003 – 3 W 144/02, FamRZ 2003, 1126.
2 OLG München v. 23.3.2005 – 33 Wx 14/05, Rpfleger 2005, 429; VG Neustadt v. 10.6.99 – 3 L 1535/99, FamRZ 2000, 1049; LG Zweibrücken v. 20.7.1999 – 4 T 167/99, BtPrax 1999, 244; HK-BUR/*Bauer*, § 276 FamFG Rz. 93; aA Jansen/*Sonnenfeld*, § 67 FGG Rz. 23.
3 BGH v. 4.8.2010 – XII ZB 167/10, NJW-RR 2011, 2; BGH v. 28.9.2011 – XII ZB 16/11, BtPrax 2011, 257.
4 HK-BUR/*Bauer*, § 276 FamFG Rz. 96.

nur diese, in Frage. Das wären dann diejenigen, die auch für die Betreuerbestellung gelten, nämlich
- eine natürliche Person, die die Verfahrenspflegschaft ehrenamtlich (§ 277 Abs. 1 Satz 1) oder im Rahmen ihrer Berufsausübung (§ 277 Abs. 1 Satz 1, Abs. 2, Abs. 3) führt,
- die Betreuungsbehörde[1] (§ 277 Abs. 1 Satz 2),
- ein anerkannter Betreuungsverein (§ 277 Abs. 1 Satz 2),
- der Mitarbeiter eines anerkannten Betreuungsvereines als Vereinsverfahrenspfleger (§ 277 Abs. 4 Satz 1),
- ein Bediensteter der Betreuungsbehörde als Behördenverfahrenspfleger (§ 277 Abs. 4 Satz 2).

42 Verfahrenspfleger kann nur sein, wer selbst **verfahrensfähig** ist. Das folgt schon daraus, dass der Verfahrenspfleger Beteiligter ist. Ob hierzu **Volljährigkeit** erforderlich ist, ist nicht einfach zu entscheiden. § 9 Nr. 3 greift zwar nicht, da das Verfahren ja nicht die Person des Verfahrenspflegers betrifft. § 9 Nr. 2 könnte aber greifen, denn da der Verfahrensgegenstand den Verfahrenspfleger nicht selbst betrifft, würde er nach § 107 BGB darüber ohne Zustimmung seiner Eltern disponieren können. Auf die Entscheidung dieser verfahrensrechtlichen Frage kommt es aber womöglich gar nicht an.

43 Mangels irgendwelcher im Gesetz genannter Eignungskriterien ist nämlich im Übrigen auf das **allgemeine Pflegschaftsrecht** zurückzugreifen, so dass sich die Eignung letztlich nach den für den Vormund genannten Kriterien (§§ 1915 Abs. 1 Satz 1, 1779 Abs. 2, 1780, 1781, 1784 BGB) richtet. Nicht bestellt werden darf demnach, wer
- minderjährig oder geschäftsunfähig ist (§§ 1780, 1781 Nr. 1 BGB),
- einen Betreuer hat (§ 1781 Nr. 2 BGB),
- als Beamter oder Religionsdiener nicht über eine eventuell erforderliche Nebentätigkeitsgenehmigung verfügt (§ 1784 BGB).

44 Im Übrigen ist eine Person auszuwählen, die sich nach ihren persönlichen Verhältnissen und den Umständen des Falles zum Verfahrenspfleger **eignet** (§ 1779 Abs. 2 Satz 1 BGB), wobei auf die **Bindungen des Betroffenen** Rücksicht zu nehmen ist (§ 1779 Abs. 2 Satz 2 BGB).

45 Worin die **Eignung zum Verfahrenspfleger** besteht, ergibt sich aus der Interpretation seiner **Aufgaben**. Richtigerweise ist die Aufgabe des Verfahrenspflegers wiederum aus dem Grund abzuleiten, aus dem er bestellt wird: weil der Betroffene zwar rechtlich, aber nicht tatsächlich in der Lage ist, seine Interessen selbst wahrzunehmen. Der Verfahrenspfleger dient dem Ausgleich eines krankheits- oder behinderungsbedingten Defizits. Damit muss er im Grundsatz nicht mehr können als so zu handeln, wie der Betroffene es tun würde, wenn er in seinen Fähigkeiten nicht eingeschränkt wäre (s. zum diesbezüglichen Streitstand ausführlich § 277 Rz. 13 ff.). Aus Abs. 3 folgt jedenfalls, dass ein Laie ohne besondere juristische Fachkenntnisse immerhin theoretisch in der Lage sein muss, Verfahrenspfleger zu sein, was die Anforderungen an die Eignung einigermaßen eingrenzt.

46 Er braucht daher zunächst **keine besonderen Rechtskenntnisse** zu besitzen,[2] sondern nur diejenigen eines interessierten Bürgers. Nur wenn die Rechtslage so komplex ist, dass ein juristischer Laie damit überfordert wäre und seinerseits einen

---

[1] Soweit dies früher streitig war (vgl. dazu *Walther*, BtPrax 2004, 225 mwN), ist dem schon seit dem 2. BtÄndG durch § 67a Abs. 1 Satz 3 FGG der Boden entzogen gewesen, LG Ingolstadt v. 2.4.2007 – 12 T 565/07, FamRZ 2007, 1365; Jansen/*Sonnenfeld*, § 67a FGG Rz. 25; aA aber anscheinend nach wie vor HK-BUR/*Bauer*, § 276 FamFG Rz. 37; MüKo.ZPO/*Schmidt-Recla*, § 276 FamFG Rz. 17 hält die Bestellung einer Institution oder ihrer Mitarbeiter nur für zulässig, wenn sie als Betreuer nicht in Betracht kommen.
[2] Jurgeleit/*Meier*, § 276 FamFG Rz. 9; konsequenterweise aA: HK-BUR/*Bauer*, § 276 FamFG Rz. 30; Jansen/*Sonnenfeld*, § 67 FGG Rz. 37f.

Rechtsanwalt einschalten würde, ist es erforderlich, von vornherein einen Rechtsanwalt oder jedenfalls einen Volljuristen zum Verfahrenspfleger zu bestellen.[1]

Der Verfahrenspfleger muss allerdings in der Lage sein, die subjektiven Interessen des Betroffenen zu erkennen. Das setzt die Fähigkeit zur **Kommunikation mit dem Betroffenen** voraus. Auch das wird für gewöhnlich ein interessierter Bürger leisten können, doch können Krankheit oder Behinderung die Kommunikation so erschweren, dass dazu besondere Kenntnisse im Umgang mit entsprechend eingeschränkten Personen erforderlich sein können. 47

Im Einzelfall können somit **besondere Fachkenntnisse** erforderlich sein, im Allgemeinen sind sie es aber nicht,[2] so dass sich jeder volljährige interessierte Bürger grundsätzlich auch zum Verfahrenspfleger eignet. 48

Fehlende Eignung kann sich vor allem aus **Interessenkollisionen** ergeben. Wer ein eigenes Interesse am Ausgang des Verfahrens hat, darf nicht zum Verfahrenspfleger bestellt werden.[3] Die abstrakte Möglichkeit abweichender Interessen genügt dafür allerdings nicht.[4] Auch der schon bestellte Betreuer eignet sich nicht zum Verfahrenspfleger.[5] Die Bestellung des bisherigen Verfahrenspflegers zum Betreuer ist zumindest problematisch.[6] 49

Die Bestellung einer natürlichen Person genießt **Vorrang** vor derjenigen der Betreuungsbehörde oder eines Betreuungsvereines. Die Bestellung eines ehrenamtlichen Verfahrenspfleger hat Vorrang vor derjenigen einer Person, die die Verfahrenspflegschaft berufsmäßig führt (Abs. 3). Nur wenn **keine geeignete ehrenamtliche Einzelperson** zur Verfügung steht, darf ein Berufsverfahrenspfleger (dazu, was das ist s. § 277 Rz. 29 ff.) bestellt werden. Das Gericht muss dazu feststellen, dass entweder kein ehrenamtlicher Verfahrenspfleger zur Übernahme bereit ist oder sich die dazu allenfalls bereiten Personen in dem konkreten Fall nicht zum Verfahrenspfleger eignen.[7] 50

Die **Betreuungsbehörde** ist auf Anforderung des Gerichts zum Vorschlag eines geeigneten Verfahrenspflegers verpflichtet (§ 8 Satz 3, künftig § 8 Abs. 2 Satz 1 BtBG). Kann sie keinen Vorschlag machen, wird sie selbst bestellt. 51

Übernahmebereitschaft ist – außer bei der Betreuungsbehörde – erforderlich. Das steht nicht ausdrücklich im Gesetz, folgt aber aus der Formulierung von Abs. 3 a.E. Eine Pflicht zur Übernahme besteht nicht.[8] Verfahrenspflegschaften erfordern eine zu spezielle Tätigkeit, als dass § 1787 BGB nach § 1915 Abs. 1 Satz 1 BGB darauf entsprechend angewendet werden könnte. Dass ein Mitarbeiter der Betreuungsbehörde oder eines Betreuungsvereins nicht ohne Zustimmung der Institution bestellt werden kann, folgt schon aus deren Personalhoheit, ohne dass es einer Verweisung auf § 1897 Abs. 2 BGB bedarf.[9] 52

III. Vertretung durch einen Bevollmächtigten (Absatz 4)

Nach Abs. 4 Satz 1 ist kein Verfahrenspfleger erforderlich, wenn der Betroffene durch einen Rechtsanwalt oder anderen geeigneten Verfahrensbevollmächtigten vertreten wird. Die Bestellung „soll" dann unterbleiben. Eine schon erfolgte Bestellung „soll" aufgehoben werden. Das ist nicht dahin zu lesen, dass dem Gericht ein **Ermes-** 53

---

1 BVerfG v. 7.6.2000 – 1 BvR 111/00, BtPrax 2000, 254; BtKomm/*Roth*, A Rz. 141.
2 So auch die Begr. zum 2. BtÄndG: BT-Drucks. 15/2494, S. 41.
3 Fröschle/*Guckes*, § 276 FamFG Rz. 40.
4 LG Ingolstadt v. 2.4.2007 – 12 T 565/07, FamRZ 2007, 1365.
5 BayObLG v. 27.1.1994 – 3 Z BR 303/93, BtPrax 1994, 108 (LS).
6 Nach *Knittel*, § 276 FamFG Rz. 37 soll das möglich sein, wirft aber die Frage auf, wie er dann die Einlegung eines Rechtsmittels gegen die Bestellung ohne Interessenkonflikt prüfen können soll.
7 *Knittel*, § 276 FamFG Rz. 50.
8 Jansen/*Sonnenfeld*, § 67 FGG Rz. 42; Damrau/*Zimmermann*, § 276 FamFG Rz. 23; *Knittel*, § 276 FamFG Rz. 38.
9 So iE auch Jansen/*Sonnenfeld*, § 67 FGG Rz. 44.

senssspielraum verbleibt.[1] Auch im Verfahren genießt die Privatautonomie Vorrang vor der Rechtsfürsorge durch das Gericht. Das Gericht darf – und muss – aber prüfen, ob die Interessen des Betroffenen durch den Bevollmächtigten in seinem Namen auch **tatsächlich ausreichend wahrgenommen** werden. Ist das nicht der Fall[2] oder nimmt er gar die Interessen eines Dritten wahr,[3] bleibt es bei dem in Abs. 1 Satz 1 normierten Erfordernis einer Verfahrenspflegschaft.[4]

53a Zeigt der bisherige Verfahrensbevollmächtigte an, dass er den Betroffenen **nicht mehr vertritt**, muss die Bestellung eines Verfahrenspflegers nachgeholt werden.[5] Das zwingt allerdings nicht zur Wiederholung von Verfahrenshandlungen, zu denen der bisherige Verfahrensbevollmächtigte ordnungsgemäß hinzugezogen war.

54 Ob sich jemand **zum Bevollmächtigten eignet**, bestimmt sich nach § 10. Die Eignung der dort genannten Personen ist zu unterstellen, so lange sie nicht nach § 10 Abs. 3 Satz 3 von der Vertretung ausgeschlossen worden sind. Die Bestellung nur eines **Beistands** iSv. § 12 genügt für die Anwendung von Abs. 4 nicht. Es ist aber im Rahmen der Anwendung von Abs. 1 Satz 1 zu prüfen, ob der Beistand den Betroffenen in die Lage versetzt, seine Interessen ausreichend selbst wahrzunehmen.

55 Der **Betroffene** kann eine **Verfahrensvollmacht** in jeder Lage des Verfahrens selbst erteilen (s. § 275 Rz. 11). Er muss allerdings in der Lage sein, den *natürlichen* Willen zur Bevollmächtigung eines anderen zu bilden (s. § 275 Rz. 10). Aus dem **Schriftformerfordernis** (§ 11 Satz 1) folgt nichts anderes. Ggf. ist die dem Betroffenen nicht mögliche Unterschrift durch eine der in § 126 Abs. 1, 3 und 4 BGB genannten Alternativen zu ersetzen.

56 Ein **gesetzlicher Vertreter** des Betroffenen kann ebenfalls in seinem Namen eine Verfahrensvollmacht erteilen.[6]

IV. Beendigung der Verfahrenspflegschaft (Absatz 5)

57 Die Verfahrenspflegschaft kann **aufgehoben** werden. Grund für die Aufhebung kann – außer dem in Abs. 4 gesondert geregelten Fall – nur sein, dass die Voraussetzungen von Abs. 1 Satz 1 nicht mehr vorliegen, das Gericht also nachträglich feststellt, dass ein Verfahrenspfleger für die Wahrnehmung der Interessen des Betroffenen **nicht erforderlich** ist. Stellt sich dies heraus, ist die Aufhebung der Verfahrenspflegschaft in jeder Lage des Verfahrens möglich.[7]

58 Der Verfahrenspfleger kann auch **entlassen** werden, wenn sich seine mangelnde Eignung herausstellt.[8] In diesem Fall ist entsprechend § 1908c BGB ein neuer Verfahrenspfleger an seiner Stelle zu bestellen.

59 Die Verfahrenspflegschaft endet mit **Rechtskraft der Endentscheidung** (§ 45), jedoch ist er zur Erhebung einer Verfassungsbeschwerde gegen die letztinstanzliche Entscheidung noch berufen.[9] Sie endet ferner mit jeder anderen Beendigung des Ver-

---

1 So aber die hM: Jansen/*Sonnenfeld*, § 67 FGG Rz. 29; Knittel, § 276 FamFG Rz. 51; Keidel/*Budde*, § 276 FamFG Rz. 14.
2 OLG Hamm v. 30.8.1994 – 15 W 237/94, BtPrax 1995, 70.
3 KG v. 6.2.2004 – 1 W 33/04, FGPrax 2004, 117.
4 *Damrau/Zimmermann*, § 276 FamFG Rz. 29 schlagen vor, die zu § 143 StPO entwickelten Grundsätze über die Bestellung eines Pflichtverteidigers trotz Wahlverteidigung entsprechend heranzuziehen.
5 BGH v. 28.9.2011 – XII ZB 16/11, BtPrax 2011, 257.
6 Zu § 158 Abs. 5 in diesem Sinne: Keidel/*Engelhardt*, § 158 FamFG Rz. 40.
7 HK-BUR/*Bauer*, § 276 FamFG Rz. 53; Jansen/*Sonnenfeld*, § 67 FGG Rz. 60; BtKomm/*Roth*, A Rz. 145; Fröschle/*Guckes*, § 276 FamFG Rz. 60 (entsprechende Anwendung von § 1919 BGB); auch die Aufhebung wird mit Bekanntgabe an den Verfahrenspfleger wirksam: OLG Brandenburg v. 11.9.2007 – 10 WF 201/07, FamRZ 2008, 78; Bassenge/Roth, § 276 FamFG Rz. 11.
8 Nicht jedoch wegen pflichtwidrigen Verhaltens, denn das Gericht überwacht seine Tätigkeit nicht; BT-Drucks. 11/4528, S. 171; Knittel, § 276 FamFG Rz. 19; BtKomm/*Roth*, A Rz. 144; aA Jansen/*Sonnenfeld*, § 67 FGG Rz. 61.
9 BVerfG v. 22.5.2013 – 1 BvR 372/13, BeckRS 2013, Nr. 53060.

fahrens, die – je nach Verfahrensgegenstand – durch Antragsrücknahme (§ 22 Abs. 1), Beendigungserklärung (§ 22 Abs. 3) oder Vergleich (§ 36) eintreten kann. Mit dem **Tod des Betroffenen** ist die Verfahrenspflegschaft ebenfalls beendet.[1]

Der Verfahrenspfleger kann eine Beschwerde gegen die Endentscheidung nicht nur einlegen und durchführen, seine Bestellung gilt vielmehr uneingeschränkt auch für das Verfahren über die **Beschwerde und Rechtsbeschwerde**, die ein anderer Beteiligter eingelegt hat. Daher kommt die Verfahrenspflegerbestellung durch das Beschwerdegericht nur noch in Ausnahmekonstellationen (dazu Rz. 64) in Frage. 60

Nur in Ausnahmefällen kann der Betroffene **Verfahrenskostenhilfe** beantragen und die **Beiordnung eines Rechtsanwalts** verlangen. Im Regelfall wird dies durch die Möglichkeit der Verfahrenspflegerbestellung ausgeschlossen (s. dazu § 78 Rz. 3). 61

V. Anfechtbarkeit (Absatz 6)

Bestellung wie Nichtbestellung eines Verfahrenspflegers sind nach Abs. 6 **nicht isoliert anfechtbar**.[2] Für die Aufhebung der Verfahrenspflegschaft bzw. die Ablehnung ihrer Aufhebung kann nichts anderes gelten.[3] 62

Ein **Rechtsmittel gegen die Endentscheidung** kann jedoch darauf gestützt werden, dass die Entscheidung über die Verfahrenspflegerbestellung falsch war (§ 58 Abs. 2), da Abs. 6 sie nicht für unanfechtbar erklärt. 63

Ist die Bestellung eines Verfahrenspflegers **zu Unrecht unterblieben**, so kann – und muss – sie in zweiter Instanz nachgeholt werden, denn sonst ist das rechtliche Gehör des Betroffenen verletzt.[4] Es genügt auch, wenn er im Beschwerdeverfahren von einem Verfahrensbevollmächtigten vertreten wird, erst im Rechtsbeschwerdeverfahren reicht das nicht mehr.[5] Ausnahmsweise dürfte auch eine Zurückverweisung an die erste Instanz nach § 69 Abs. 1 Satz 2 möglich sein, falls das Gericht sonst förmliche Beweisaufnahmen unter Hinzuziehung des Verfahrenspflegers wiederholen müsste. 64

Für das **Rechtsbeschwerdeverfahren** als solches braucht der Betroffene zwar wegen dessen Eigenart als reine Rechtsinstanz keinen Verfahrenspfleger (s. Rz. 18). Dagegen kann das Rechtsbeschwerdegericht wohl kaum je ausschließen, dass die angegriffene Entscheidung auf der Nichtbestellung des Verfahrenspflegers beruht, es wird diese folglich aufheben und die Sache zurückverweisen – womöglich sogar an das Amtsgericht (§ 74 Abs. 6 Satz 2). 65

Ist die Endentscheidung unanfechtbar, kann die Notwendigkeit der Verfahrenspflegerbestellung auch mit der **Gehörsrüge** (§ 44) geltend gemacht werden. 66

Ist ein Verfahrenspfleger dagegen **zu Unrecht bestellt** worden, so ergibt sich hieraus ein unschädliches „Zuviel" an rechtlichem Gehör, auf dem die Entscheidung inhaltlich nicht beruhen kann.[6] Der mit der Bestellung verbundene – dann unrechtmäßige – Einblick einer weiteren Person in die persönlichen Daten des Betroffenen ist ohnehin irreparabel. Allerdings darf das Gericht die durch die Verfahrenspflegschaft entstandenen **Gerichtskosten nicht erheben** (§ 21 GNotKG).[7] 67

Unklar ist, ob **der Verfahrenspfleger** seine Bestellung oder die Ablehnung seines Antrags auf Entlassung anfechten kann. Jedenfalls dem Wortlaut nach scheint Abs. 6 auch dies auszuschließen. Gegen eine Bestellung, zu der er gar nicht gehört wurde, steht ihm jedenfalls die Gehörsrüge (§ 44) zu. Ansonsten ist die Unanfechtbarkeit der 68

---

1 OLG Frankfurt v. 28.10.2009 – 20 W 151/09, FGPrax 2010, 70.
2 Zum alten Recht s. BGH v. 12.6.2003 – XII ZB 169/99, BtPrax 2003, 266.
3 BT-Drucks. 16/6308, S. 266; zum früheren Recht OLG Hamburg v. 15.10.1996 – 2 Wx 100/96, FamRZ 1997, 1293.
4 BayObLG v. 2.4.2004 – 3 Z BR 43/04, FGPrax 2004, 124.
5 *Knittel*, § 276 FamFG Rz. 45, weil keine Tatsacheninstanz mehr.
6 *Fröschle/Guckes*, § 276 FamFG Rz. 33.
7 LG Berlin v. 15.9.2006 – 82 T 336/06, NJOZ 2007, 445; *Fröschle*, Anh. zu § 85 FamFG Rz. 40.

Bestellung für ihn wohl schon deshalb erträglich, weil er weder zum Tätigwerden gezwungen noch mit Kosten belastet werden kann (s. Rz. 71 ff.).[1]

69 Auch für die Entscheidung über die **Auswahl** des Verfahrenspflegers oder die **Entlassung und Bestellung** eines anderen Verfahrenspflegers gilt Abs. 6: Dass die vom Gericht ausgewählte Person ungeeignet war, kann nur mit einem Rechtsmittel gegen die Endentscheidung geltend gemacht werden.

70 Ob die Verfahrenspflegerbestellung **durch den Rechtspfleger** mit der befristeten Erinnerung nach § 11 Abs. 2 RPflG angegriffen werden kann,[2] ist zweifelhaft. Abs. 6 macht sie nicht zu einer unanfechtbaren Entscheidung im Sinne dieser Vorschrift, schließt vielmehr nur die selbständige Anfechtung aus. § 11 Abs. 2 RPflG soll nur verhindern, dass Entscheidungen des Rechtspflegers keiner richterlichen Kontrolle mehr unterliegen. Dazu ist die selbständige Anfechtbarkeit von Zwischenentscheidungen aber nicht notwendig.[3]

VI. Kostenfreiheit (Absatz 7)

71 Nach Abs. 7 dürfen dem Verfahrenspfleger **keine Kosten auferlegt** werden. Das nimmt vom Wortlaut her auf die Kostenentscheidung (§ 81) Bezug. Weder § 81 Abs. 1, 2 noch §§ 83, 84 können eine Kostenentscheidung gegen den Verfahrenspfleger rechtfertigen.

72 Entgegen der Gesetzesbegründung[4] sollte man es jedoch für zulässig halten, dem Verfahrenspfleger Kosten aufzuerlegen, die nach § 81 Abs. 4 auch **einem Dritten** auferlegt werden könnten, denn es besteht kein Grund, ihn besser zu behandeln als einen am Verfahren gar nicht Beteiligten.

73 Von einer ihn **kraft Gesetzes** treffenden Kostenschuld nimmt Abs. 7 den Verfahrenspfleger nicht aus. Bedeutsam werden kann hier nur die Kostentragungspflicht aus § 22 Abs. 1 GNotK in einem von ihm selbst eingeleiteten **Antragsverfahren**. Hierfür kommt nur ein Rechtsmittelverfahren in Frage, doch ist nach § 25 Abs. 2 GNotKG auch dieses für ihn kostenfrei, wenn er das Rechtsmittel im Interesse des Betroffenen eingelegt hat. Übrig bleiben daher nur Rechtsmittel, die er **im eigenen Interesse** einlegt, so zB – wenn man das entgegen der hier vertretenen Auffassung (vgl. § 277 Rz. 27) für zulässig hält – gegen die Nichtfeststellung seiner Berufsmäßigkeit.

74 Es bleibt eine Unklarheit: Der Verfahrenspfleger kann zwar die ihm entstandenen Kosten erstattet verlangen (§ 277 Abs. 1 Satz 1). Er kann darauf aber keinen Vorschuss fordern (§ 277 Abs. 1 Satz 2). Wenn er zugunsten des Betroffenen **Rechtsbeschwerde** einlegen will, muss er einen beim BGH zugelassenen Anwalt beauftragen (vgl. § 10 Abs. 4). Man wird dem Verfahrenspfleger kaum zumuten können, dessen Vorschuss aus eigenem Vermögen auszulegen. Dem Verfahrenspfleger ist daher **Verfahrenskostenhilfe** für das Rechtsbeschwerdeverfahren ohne Rücksicht auf seine eigenen Einkommens- und Vermögensverhältnisse zu gewähren. Auf die Einkommens- und Vermögensverhältnisse des Betroffenen kann es allerdings ebenso wenig ankommen, da der Verfahrenspfleger auf dessen Vermögen ja keinen Zugriff hat.

74a Abs. 7 schließt es nicht aus, dem Verfahrenspfleger Kosten eines Nebenverfahrens aufzuerlegen, an dem er im **eigenen Interesse** beteiligt war,[5] etwa in einem seine Vergütung betreffenden Beschwerdeverfahren.[6] Für pflichtwidriges Handeln kann der

---

1 AA AG Neuruppin v. 28.12.2011 – 23 XVII 102/11, BeckRS 2012 Nr. 14931: Für den Verfahrenspfleger sei seine Bestellung Endentscheidung.
2 So BayObLG v. 30.8.2002 – 3 Z BR 163/02, FamRZ 2003, 189; *Knittel*, § 276 FamFG Rz. 64; Jürgens/*Mertens*, § 276 FamFG Rz. 20.
3 Und zwar auch nicht, wie *Knittel*, § 67 FamFG Rz. 64 meint, wegen der Kostenbelastung, denn dieses Problem löst § 21 GNotKG.
4 Nach BT-Drucks. 16/6308, S. 266 soll einzig mögliche Sanktion gegen einen unsinnige Kosten produzierenden Verfahrenspfleger seine Entlassung sein.
5 *Damrau/Zimmermann* § 276 FamFG Rz. 56.
6 OLG Celle v. 7.8.2012, ZKJ 2012, 489 (zum gleichlautenden § 158 Abs. 8 FamFG); *Sonnenfeld*, RPfleger 2009, 361, 363.

Verfahrenspfleger außerdem dem Betroffenen **materiellrechtlich** auf Schadensersatz haften (§§ 1915 Abs. 1 Satz 1, 1833 BGB).[1]

C. Verfahren

Das Gesetz regelt die Zuständigkeit für die Bestellung des Verfahrenspflegers nicht gesondert. Aus Abs. 6 wird jedoch deutlich, dass sie eine Zwischenentscheidung ist, für die sich die Zuständigkeit **nach der Hauptsache** richtet. Für die Verfahrenspflegerbestellung ist in Verfahren, die vor dem Rechtspfleger geführt werden, dieser zuständig, sonst der Richter.[2]

75

Sachlich zuständig ist für die Bestellung wie für die Entlassung des Verfahrenspflegers die Instanz, in der die Sache anhängig ist. Auch beim Landgericht ist dafür „das Gericht" zuständig, also die Kammer oder im Falle des § 68 Abs. 4 der Einzelrichter, nicht der Vorsitzende.[3]

76

Vor der Bestellung ist der Betroffene **anzuhören**,[4] falls die Unmöglichkeit seiner Anhörung nicht gerade Grund für die Verfahrenspflegerbestellung ist.[5] Ob das Gericht einen Hinweis auf Abs. 4 erteilen muss,[6] ist sehr zweifelhaft. Aus § 28 folgt eine solche Pflicht jedenfalls nicht.

77

Die Bestellung erfolgt durch Beschluss, der entsprechend § 40 Abs. 1 mit der Bekanntgabe an den Verfahrenspfleger **wirksam** wird.[7] Als nicht gesondert anfechtbare Zwischenentscheidung braucht der Beschluss eine **Begründung** nicht zu enthalten. Wird kein Verfahrenspfleger bestellt, obwohl dies in Frage gekommen wäre, ist dies jedoch – unabhängig von Abs. 2 Satz 2 – in der Endentscheidung zu begründen.[8]

78

Kosten/Gebühren: Gericht: Die Bestellung eines Verfahrenspflegers und deren Aufhebung sind Teil des Verfahrens, für das der Pfleger bestellt worden ist. Bestellung und Aufhebung sind gebührenfrei (Vorbem. 1 Abs. 3 KV GNotKG). Die an den Verfahrenspfleger gezahlten Beträge sind gerichtliche Auslagen des zugrunde liegenden Verfahrens (Nr. 31015 KV GNotKG). Von dem Betroffenen können diese Auslagen nur nach Maßgabe des § 1836c BGB erhoben werden.

79

277 Vergütung und Aufwendungsersatz des Verfahrenspflegers

(1) Der Verfahrenspfleger erhält Ersatz seiner Aufwendungen nach § 1835 Abs. 1 bis 2 des Bürgerlichen Gesetzbuchs. Vorschuss kann nicht verlangt werden. Eine Behörde oder ein Verein erhält als Verfahrenspfleger keinen Aufwendungsersatz.

(2) § 1836 Abs. 1 und 3 des Bürgerlichen Gesetzbuchs gilt entsprechend. Wird die Verfahrenspflegschaft ausnahmsweise berufsmäßig geführt, erhält der Verfahrenspfleger neben den Aufwendungen nach Absatz 1 eine Vergütung in entsprechender Anwendung der §§ 1, 2 und 3 Abs. 1 und 2 des Vormünder- und Betreuervergütungsgesetzes.

(3) Anstelle des Aufwendungsersatzes und der Vergütung nach den Absätzen 1 und 2 kann das Gericht dem Verfahrenspfleger einen festen Geldbetrag zubilligen, wenn die für die Führung der Pflegschaftsgeschäfte erforderliche Zeit vorhersehbar und

---

1 BGH v. 22.7.2009 – XII 77/06, NJW 2009, 2814; Bork/Jacoby/Schwab/*Heiderhoff*, § 276 FamFG Rz. 17.
2 Allg. M., vgl. nur HK-BUR/*Bauer*, § 276 FamFG Rz. 5f.; Jansen/*Sonnenfeld*, § 67 FGG Rz. 46; *Knittel*, § 276 FamFG Rz. 41; Fröschle/*Guckes*, § 276 FamFG Rz. 35; Jurgeleit/*Meier*, § 276 FamFG Rz. 3.
3 BayObLG v. 14.10.1993 – 3 Z BR 207/93, BtPrax 1994, 30: Bestellung durch den Vorsitzenden ist unwirksam.
4 HK-BUR/*Bauer*, § 276 FamFG Rz. 18; Jurgeleit/*Meier*, § 276 FamFG Rz. 9.
5 Jansen/*Sonnenfeld*, § 67 FGG Rz. 48; *Knittel*, § 276 FamFG Rz. 42.
6 So Jansen/*Sonnenfeld*, § 67 FGG Rz. 48; Jurgeleit/*Meier*, § 276 FamFG Rz. 9.
7 HK-BUR/*Bauer*, § 276 FamFG Rz. 45; Jansen/*Sonnenfeld*, § 67 FGG Rz. 52; *Knittel*, § 276 FamFG Rz. 43.
8 OLG Karlsruhe v. 4.11.2003 – 11 Wx 52/02, FGPrax 2003, 30; BayObLG v. 3.7.1998 – 4 Z BR 81/98, FamRZ 1999, 873; Jansen/*Sonnenfeld*, § 67 FGG Rz. 53; Fröschle/*Guckes*, § 276 FamFG Rz. 34.

ihre Ausschöpfung durch den Verfahrenspfleger gewährleistet ist. Bei der Bemessung des Geldbetrags ist die voraussichtlich erforderliche Zeit mit den in § 3 Abs. 1 des Vormünder- und Betreuervergütungsgesetzes bestimmten Stundensätzen zuzüglich einer Aufwandspauschale von 3 Euro je veranschlagter Stunde zu vergüten. In diesem Fall braucht der Verfahrenspfleger die von ihm aufgewandte Zeit und eingesetzten Mittel nicht nachzuweisen; weiter gehende Aufwendungsersatz- und Vergütungsansprüche stehen ihm nicht zu.

(4) Ist ein Mitarbeiter eines anerkannten Betreuungsvereins als Verfahrenspfleger bestellt, stehen der Aufwendungsersatz und die Vergütung nach den Absätzen 1 bis 3 dem Verein zu. § 7 Abs. 1 Satz 2 und Abs. 3 des Vormünder- und Betreuervergütungsgesetzes sowie § 1835 Abs. 5 Satz 2 des Bürgerlichen Gesetzbuchs gelten entsprechend. Ist ein Bediensteter der Betreuungsbehörde als Verfahrenspfleger für das Verfahren bestellt, erhält die Betreuungsbehörde keinen Aufwendungsersatz und keine Vergütung.

(5) Der Aufwendungsersatz und die Vergütung des Verfahrenspflegers sind stets aus der Staatskasse zu zahlen. Im Übrigen gilt § 168 Abs. 1 entsprechend.

A. Allgemeines
  I. Anwendungsbereich und Grundsätze ... 1
  II. Übersicht ... 4
B. Inhalt der Norm
  I. Aufwendungsersatz in konkreter Form (Absatz 1) ... 7
  II. Vergütung des berufsmäßigen Verfahrenspflegers
    1. Vergütung nach Aufwand (Absatz 2) ... 25
    a) Berufsmäßige Führung von Verfahrenspflegschaften ... 26
    b) Höhe der Vergütung ... 33
    c) Ausschlussfrist ... 44
    2. Pauschalentschädigung (Absatz 3) ... 45
    3. Entschädigung nach dem RVG ... 58
  III. Mitarbeiter von Vereinen und Behörden (Absatz 4) ... 63
  IV. Schuldner und Geltendmachung (Absatz 5) ... 69

A. Allgemeines

I. Anwendungsbereich und Grundsätze

1 § 277 regelt die Entschädigung des Verfahrenspflegers. Er gilt unmittelbar für den Verfahrenspfleger in **Betreuungssachen** und kraft der Verweisung in § 318 auch für denjenigen in **Unterbringungssachen**. Abs. 1 gilt nach § 158 Abs. 7 Satz 1 außerdem für die Entschädigung des **ehrenamtlichen Verfahrensbeistands**. Für den berufsmäßigen Verfahrensbeistand trifft § 158 Abs. 7 Sätze 2 bis 5 eine eigenständige Regelung. Wird in **anderen Verfahren**, für die das FamFG gilt, ein Verfahrenspfleger bestellt, dürfte mangels einer anderen Regelung ebenfalls § 277 entsprechend gelten.[1] Schließlich gilt § 277 anstelle von §§ 1835 ff. BGB auch noch für die Entschädigung des **Umgangspflegers** (s. § 1684 Abs. 3 Satz 6 BGB).

2 Die Prinzipien, denen die Norm folgt, sind, dass der Verfahrenspfleger grundsätzlich **wie ein Vormund** zu entschädigen ist und dass dadurch **Gerichtskosten** entstehen (vgl. Nr. 31015 KV GNotKG).[2] Daraus folgt:

– Schuldner der Entschädigungsansprüche des Verfahrenspflegers ist stets **die Staatskasse**.

– Das Entschädigungsverfahren ist **kostenrechtlicher Natur**, auch wenn es zum Teil im FamFG geregelt ist.

– Der Betroffene – oder auch andere Beteiligte – schulden für die an den Verfahrenspfleger gezahlten Beträge **Kostenersatz** nur nach Maßgabe des GNotKG.

3 Die Behandlung der Entschädigungsansprüche des Verfahrenspflegers als Gerichtskosten findet ihren Widerpart in § 276 Abs. 7, der – konsequenterweise – den Verfahrenspfleger **von Kosten freistellt** (s. § 276 Rz. 71 ff.).

---

[1] So OLG Köln v. 1.10.2011 – 2 Wx 2/11, BeckRS 2012 Nr. 01113 zum Verfahrenspfleger in einem Verfahren zur Genehmigung eines Rechtsgeschäfts des Nachlasspflegers.
[2] Und zwar auch beim Umgangspfleger, vgl. AG Koblenz v. 17.8.2011 – 207 F 117/11, BeckRS 2011 Nr. 21601.

II. Übersicht

§ 277 unterscheidet nicht weniger als fünf verschiedene Typen von Verfahrenspflegern, für die er unterschiedliche Regelungen bereithält. Hinzu kommt ein sechster Typus, den das BVerfG am Wortlaut des Gesetzes vorbei entwickelt hat (vgl. Rz. 58), so dass insgesamt **sechs Typen von Verfahrenspflegern** zu unterscheiden sind.

Das Gesetz unterscheidet im Übrigen zwischen **Aufwendungsersatz**, das ist der Ersatz barer oder geldwerter Aufwendungen unter Ausschluss der Arbeitszeit, und **Vergütung** als der Entschädigung des Arbeitseinsatzes. § 1835 Abs. 3 BGB, der diese Unterscheidung im Vormundschaftsrecht zT verschwimmen lässt, wird in § 277 nicht in Bezug genommen.

Die folgende Tabelle gibt einen **Überblick über die unterschiedlichen Typen von Verfahrenspflegern** und den Ort, an dem die jeweilige Entschädigungsregelung zu finden ist:

Typus	Aufwendungsersatz	Vergütung
Betreuungsbehörde oder Betreuungsverein als Verfahrenspfleger	nein (Abs. 1 Satz 3)	nein (Abs. 2 Satz 1 iVm. § 1836 Abs. 3 BGB)
Behördenbediensteter als Verfahrenspfleger	nein (Abs. 4 Satz 3)	
Vereinsmitarbeiter als Vereinsverfahrenspfleger	wie beim Berufsverfahrenspfleger (Abs. 4 Satz 1), jedoch steht der Anspruch dem Verein zu (Abs. 4 Satz 2 iVm. § 7 Abs. 1 Satz 2 VBVG)	
berufsmäßiger Verfahrenspfleger	nach konkretem Aufwand (Abs. 1 Satz 1 iVm. § 1835 Abs. 1 BGB)	nach konkretem Aufwand (Abs. 1 Satz 1 iVm. § 1836 Abs. 1 BGB und §§ 1 bis 3 VBVG)
	als Pauschale (Abs. 3 Satz 2)	als Pauschale (Abs. 3 Satz 1)
Rechtsanwalt als Verfahrenspfleger bei anwaltstypischer Tätigkeit	nach dem RVG	
nicht berufsmäßiger Verfahrenspfleger	nach konkretem Aufwand (Abs. 1 Satz 1)	nein (Abs. 2 Satz 1 iVm. § 1836 Abs. 1 Satz 1 BGB)

B. Inhalt der Norm

I. Aufwendungsersatz in konkreter Form (Absatz 1)

Abs. 1 Satz 1 verweist wegen des Aufwendungsersatzes auf § 1835 BGB, wonach Ersatz für konkret angefallene **geldwerte Aufwendungen** verlangt werden kann. Die Norm gilt für
- nicht berufsmäßige Verfahrenspfleger,
- Berufsverfahrenspfleger, soweit sie nicht pauschal (dazu Rz. 45 ff.) oder nach dem RVG (dazu Rz. 58 ff.) zu entschädigen sind,
- Vereinsverfahrenspfleger (s. Abs. 4 Satz 1), für die außerdem § 1835 Abs. 5 Satz 2 BGB gilt (Abs. 4 Satz 2).

Kein Aufwendungsersatz wird gezahlt, wenn ein Betreuungsverein, die Betreuungsbehörde oder ein Behördenverfahrenspfleger bestellt wurde.

9 Auf den Aufwendungsersatz ist **§ 1835 BGB** ohne dessen Absätze 3 und 4 und Abs. 5 Satz 1 entsprechend anzuwenden.

10 Abs. 1 Satz 2 schließt jedoch das Verlangen eines **Vorschusses** aus.

11 Ersetzt werden nach Abs. 1 Satz 1 iVm. §§ 1835 Abs. 1 Satz 1 Halbs. 1, 670 BGB alle Aufwendungen, die „ein sorgfältig arbeitender, gewissenhafter Verfahrenspfleger zur Wahrnehmung seiner Aufgaben als notwendig" angesehen hätte.[1] Entscheidend ist eine ex-ante-Betrachtung.[2] Stellt sich nachträglich die Sinnlosigkeit eines Aufwandes heraus, schließt das den Anspruch nicht aus.

12 Welche Tätigkeiten für die Führung der Verfahrenspflegschaft erforderlich sind, hängt stark davon ob, worin man die **Aufgabe des Verfahrenspflegers** sieht. Nicht entschädigt wird er für Tätigkeiten, die er vor seiner Bestellung[3] oder nach Beendigung seines Amtes noch vorgenommen hat.

13 Im Betreuungsverfahren überwiegt die Ansicht, der Verfahrenspfleger sei in erster Linie Vertreter der **objektiven Interessen** des Betroffenen[4] und habe allenfalls außerdem eine Mittlerrolle.[5] Sieht man das so, muss man dem Verfahrenspfleger auch eigene Ermittlungstätigkeit zugestehen.[6]

14 Für den Verfahrenspfleger des alten § 50 FGG dagegen ging die Rechtsprechung zuletzt eindeutig dahin, dass er die **subjektiven Interessen** des Kindes zu vertreten habe und als dessen „Sprachrohr" dem Gericht gegenüber fungiere.[7] Nicht anders sehen das für den Verfahrenspfleger auch im Betreuungsverfahren im Übrigen die Begründung zum 2. BtÄndG und das BVerfG.[8] Das engt die Aufgaben entsprechend ein.

15 Ich halte letzteres generell für richtig. Zweck der Verfahrenspflegschaft ist nicht die Bereitstellung eines neutralen Wächters über das Verfahren, sondern die des Ausgleichs von tatsächlichen Defiziten des Betroffenen in der Wahrnehmung seiner Verfahrensrechte. Der Verfahrenspfleger hat daher die Aufgabe, den Anspruch des Betroffenen auf **rechtliches Gehör** sicherzustellen und einerseits darauf hinzuwirken, dass er im Verfahren selbst ausreichend zu Wort kommt, andererseits seine **subjektiven Interessen** zu vertreten. Zumindest muss das in Fällen gelten, in denen dem Betroffenen ein Betreuer bereits bestellt ist, dessen Aufgabenkreis den Verfahrensgegenstand umfasst, denn in einem solchen Verfahren ist es der Betreuer, der die objektiven Interessen des Betroffenen zu vertreten hat.[9] Hierzu ist ein weiterer Interessenvertreter nicht erforderlich. Allenfalls im Erstverfahren, also solange er noch keinen Betreuer hat, kann er neben den subjektiven auch die objektiven Interessen des Betroffenen zu vertreten haben.[10]

16 Damit ist – neben der Teilnahme an Gerichtsterminen und Beweisaufnahmen – „erforderlich" im Regelfall nicht mehr und nicht weniger als die **Gesprächsführung**

---

1 OLG Brandenburg v. 9.6.2008 – 9 WF 81/08, FGPrax 2008, 239.
2 Ein „weites Ermessen", wie HK-BUR/*Bauer*, § 277 FamFG Rz. 53 annehmen will, folgt daraus aber mE nicht.
3 Die beim Umgangspfleger durch mündliche Verpflichtung geschieht, OLG Saarbrücken v. 12.9.2011 – 6 UF 132, 11, FamRZ 2012, 888, denn § 1684 Abs. 3 BGB enthält keine § 274 Abs. 2 vergleichbare Regelung.
4 BGH v. 25.6.2003 – XII ZB 169/99, BtPrax 2003, 166; HK-BUR/*Bauer*, § 276 FamF Rz. 121; *Knittel*, § 276 FamFG Rz. 18; BtKomm/*Roth*, A Rz. 142; Jürgens/*Kretz*, § 276 FamFG Rz. 18.
5 Vgl. *Knittel*, § 276 FamFG FGG Rz. 18; ähnlich Bork/Jacoby/Schwab/*Heiderhoff*, § 276 FamFG Rz. 7 („Dolmetscher").
6 So zB Jurgeleit/*Meier*, § 276 FamFG Rz. 13; dagegen: Damrau/*Zimmermann*, § 276 FamFG Rz. 54.
7 OLG Frankfurt v. 24.6.2009 – 5 WF 139/09, FamRZ 2009, 1770; OLG Brandenburg v. 9.6.2008 – 9 WF 81/08, FGPrax 2008, 239; OLG Dresden v. 12.2.2003 – 22 WF 641/01, FamRZ 2003, 877.
8 BT-Drucks. 15/2494, S. 107; BVerfG v. 9.3.2004 – 1 BvR 455/02, FamRZ 2004, 1267, ähnlich auch schon die Begr. zum 1. BtÄnd: vgl. BT-Drucks. 13/7158, S. 36, dort allerdings mit der problematischen Ansicht, wenn der Betroffene sich überhaupt nicht äußern könne, brauche ihm rechtliches Gehör auch durch einen Verfahrenspfleger nicht gewährt zu werden.
9 BGH v. 22.7.2009 – XII ZR 77/06, NJW 2009, 2814; Fröschle/*Guckes*, § 276 FamFG Rz. 51.
10 Generell für diese Doppelrolle aber *Harm*, BtPrax 2012, 189 (190 f.).

mit dem Betreuten und die **Information** über den Sach- und Streitstand, wie er dem Gericht vorliegt. Weitere Aufgaben hat der Verfahrenspfleger nicht und kann das Gericht ihm (anders als beim Verfahrensbeistand, s. § 158 Rz. 45 ff.) auch nicht übertragen.[1]

Das Betreuungsgericht verfügt über einen gewissen **Beurteilungsspielraum** bei der Frage, welche Tätigkeiten der Verfahrenspfleger für erforderlich halten durfte, es darf dabei nicht „kleinlich" vorgehen.[2] Der Verfahrenspfleger muss daher mit seinem Entschädigungsantrag die einzelnen Tätigkeiten so genau bezeichnen, dass das Gericht diesen Spielraum ausschöpfen kann.[3] Nicht plausiblen Aufwand kann das Gericht kürzen,[4] ebenso Aufwand, den der Verfahrenspfleger bei Aufbietung der erforderlichen Sorgfalt hätte leicht vermeiden können.[5] Kürzung auf einen durchschnittlich erforderlichen Aufwand ist aber unzulässig.[6] Abrechnungsfähig ist nur der unmittelbar für das Verfahren notwendige Aufwand, dagegen z.B. keine Supervision, die der Verfahrenspfleger in Anspruch nimmt.[7]

17

Hat das Betreuungsgericht den Verfahrenspfleger ausdrücklich mit etwas beauftragt, was eigentlich nicht zu seinen Pflichten gehört, ist es im Entschädigungsverfahren unter dem Gesichtspunkt des **Verbots widersprüchlichen Verhaltens** daran gehindert, sich auf Letzteres zu berufen. Es muss den Verfahrenspfleger dann auch für diese Tätigkeiten aus der Staatskasse entschädigen[8] und die dadurch entstehenden zusätzlichen Gerichtskosten wegen falscher Sachbehandlung niederschlagen (§ 21 GNotKG). Das gilt auch, wenn das Gericht den Eindruck erweckt hat, der Verfahrenspfleger werde auch schon für Tätigkeiten vergütet, die er vor seiner Bestellung entfaltet.[9]

18

Aufwendungen sind so genau wie möglich anzugeben und zu belegen. Lediglich für die **Verwendung des eigenen Pkw** lässt § 1835 Abs. 1 Satz 1 Halbs. 2 BGB die für gerichtliche Sachverständige vorgesehene Pauschalierung zu: Hierfür können 0,30 Euro je gefahrenem Kilometer abgerechnet werden. Im Übrigen ist § 287 ZPO entsprechend anzuwenden: Kann der Verfahrenspfleger seine Kosten nicht in allen Details belegen, kann das Gericht sie auf der Grundlage der von ihm mitgeteilten Daten **schätzen**, falls sich aus diesen eine ausreichende Schätzgrundlage ergibt.

19

Der Anspruch aus Abs. 1 Satz 1 unterliegt einer **materiellrechtlichen Ausschlussfrist** von 15 Monaten (§ 1835 Abs. 1 Satz 3 BGB). Das Gericht kann eine abweichende (= längere oder kürzere) Frist bestimmen, die nicht unter zwei Monaten liegen darf (§ 1835 Abs. 1a Satz 1 BGB). Wird ein Antrag auf Aufwendungsersatz nicht innerhalb der Frist gestellt, erlischt der Anspruch.[10]

20

Die Frist hat keinen prozessualen Charakter. **Wiedereinsetzung** in den vorigen Stand ist bei Fristversäumung daher nicht möglich. Nur wenn das Gericht selbst die Fristversäumung durch sein Verhalten provoziert hat, kann es unzulässige Rechtsausübung sein, sich auf sie zu berufen.[11] Hierbei ist zu beachten, dass das Gericht auf die Folgen der Fristversäumnis nur hinweisen muss, wenn es eine abweichende Frist festsetzt (§ 1835 Abs. 1a Satz 2 BGB), nicht aber, wenn es – wie in der Praxis meist – bei der gesetzlichen Frist verbleibt.[12]

21

---

1 *Bienwald*, RPfleger 2012, 309 (310 f.).
2 OLG Brandenburg v. 9.6.2008 – 9 WF 81/08, FGPrax 2008, 239.
3 *Knittel*, § 277 FamFG Rz. 26.
4 Vgl. zB OLG Koblenz v. 14.7.2009 – 13 UF 530/08, BeckRS 2009, 24454: unglaubwürdiger Zeitaufwand von 90 Minuten für ein Schreiben von lediglich einer Seite.
5 Vgl. zB LG Münster v. 23.7.2009 – 5 T 298/09, FamRZ 2010, 150 (LS): vergeblicher Zeitaufwand durch unterlassene Terminsabsprache.
6 OLG Frankfurt v. 24.6.2009 – 5 WF 139/09, FamRZ 2009, 1770.
7 OLG Koblenz v. 25.4.2012 – 9 UF 918/10, BeckRS 2012 Nr. 10566.
8 OLG Brandenburg v. 15.11.2007 – 9 WF 139/07, FamRZ 2008, 641.
9 OLG Saarbrücken v. 12.9.2011 – 6 UF 132/11, FamRZ 2012, 888; OLG Koblenz v. 19.11.2009 – 11 WF 905/09, FamRZ 2010, 1173.
10 *Fröschle/Guckes*, § 277 FamFG Rz. 6.
11 OLG Frankfurt v. 9.7.2001 – 20 W 522/00, BtPrax 2001, 257.
12 *Damrau/Zimmermann*, § 277 FamFG Rz. 15.

22 Fristwahrend ist nur ein **schlüssig bezifferter Antrag** (§ 1835 Abs. 1a Satz 4 BGB). Solange die Frist nicht abgelaufen ist, kann das Gericht sie auch nachträglich noch **verlängern** (§ 1835 Abs. 1a Satz 3 BGB). Hierfür genügt es, wenn ein Verlängerungsantrag innerhalb der Frist eingegangen ist.[1] Die Frist ist dann bis zur Entscheidung über diesen Verlängerungsantrag entsprechend § 206 BGB als gehemmt anzusehen, falls dem Verlängerungsantrag später stattgegeben wird. Wird er abgelehnt, verbleibt es beim Erlöschen des Anspruchs wegen Fristversäumung. Über die Verlängerung ist nach **pflichtgemäßem Ermessen** zu entscheiden.

23 Die **Frist beginnt** für jede einzelne Aufwendung gesondert mit dem Ende des Tages zu laufen, an dem die Aufwendungen entstanden sind.[2] § 193 BGB ist anwendbar. Die Abrechnung kann jederzeit erfolgen. Üblicherweise wird damit allerdings bis zum Verfahrensabschluss gewartet.

24 Der Anspruch auf Aufwendungsersatz ist nach §§ 256 Satz 1, 246 BGB vom Tag der Aufwendungen an mit 4 % zu **verzinsen**.[3]

II. Vergütung des berufsmäßigen Verfahrenspflegers

1. Vergütung nach Aufwand (Absatz 2)

25 Für die Vergütung des Verfahrenspflegers gelten nach Abs. 2 Satz 1 außer § 1836 Abs. 1 und 3 BGB noch eine Reihe von Vorschriften aus dem **Vormünder- und Betreuervergütungsgesetz** entsprechend. Diese lauten:

§ 1 VBVG – Feststellung der Berufsmäßigkeit und Vergütungsbewilligung

(1) Das Familiengericht hat die Feststellung der Berufsmäßigkeit gemäß § 1836 Abs. 1 Satz 2 des Bürgerlichen Gesetzbuchs zu treffen, wenn dem Vormund in einem solchen Umfang Vormundschaften übertragen sind, dass er sie nur im Rahmen seiner Berufsausübung führen kann, oder wenn zu erwarten ist, dass dem Vormund in absehbarer Zeit Vormundschaften in diesem Umfang übertragen sein werden. Berufsmäßigkeit liegt im Regelfall vor, wenn

1. der Vormund mehr als zehn Vormundschaften führt oder
2. die für die Führung der Vormundschaften erforderliche Zeit voraussichtlich 20 Wochenstunden nicht unterschreitet.

(2) Trifft das Familiengericht die Feststellung nach Absatz 1 Satz 1, so hat es dem Vormund oder Gegenvormund eine Vergütung zu bewilligen. Ist der Mündel mittellos im Sinne des § 1836d des Bürgerlichen Gesetzbuchs so kann der Vormund die nach Satz 1 zu bewilligende Vergütung aus der Staatskasse verlangen.

§ 2 VBVG – Erlöschen der Ansprüche

Der Vergütungsanspruch erlischt, wenn er nicht binnen 15 Monaten nach seiner Entstehung beim Familiengericht geltend gemacht wird; die Geltendmachung des Anspruchs gegenüber dem Familiengericht gilt dabei auch als Geltendmachung gegenüber dem Mündel. § 1835 Abs. 1a des Bürgerlichen Gesetzbuchs gilt entsprechend.

§ 3 VBVG – Stundensatz des Vormunds

(1) Die dem Vormund nach § 1 Abs. 2 zu bewilligende Vergütung beträgt für jede Stunde der für die Führung der Vormundschaft aufgewandten und erforderlichen Zeit 19,50 Euro. Verfügt der Vormund über besondere Kenntnisse, die für die Führung der Vormundschaft nutzbar sind, so erhöht sich der Stundensatz

1. auf 25 Euro, wenn diese Kenntnisse durch eine abgeschlossene Lehre oder eine vergleichbare abgeschlossene Ausbildung erworben sind;
2. auf 33,50 Euro, wenn diese Kenntnisse durch eine abgeschlossene Ausbildung an einer Hochschule oder durch eine vergleichbare abgeschlossene Ausbildung erworben sind.

Eine auf die Vergütung anfallende Umsatzsteuer wird, soweit sie nicht nach § 19 Abs. 1 des Umsatzsteuergesetzes unerhoben bleibt, zusätzlich ersetzt.

---

1 MüKo.BGB/*Wagenitz*, § 1835 BGB Rz. 30.
2 HK-BUR/*Bauer*, § 276 FamFG Rz. 86; *Fröschle/Guckes*, § 277 FamFG Rz. 6.
3 BayObLG v. 18.10.2000 – 3 Z BR 314/00, BtPrax 2001, 39.

(2) Bestellt das Familiengericht einen Vormund, der über besondere Kenntnisse verfügt, die für die Führung der Vormundschaft allgemein nutzbar und durch eine Ausbildung im Sinne des Absatzes 1 Satz 2 erworben sind, so wird vermutet, dass der Vormund diese Kenntnisse auch für die Führung der dem Vormund übertragenen Vormundschaft nutzbar sind. Dies gilt nicht, wenn das Familiengericht aus besonderen Gründen bei der Bestellung des Vormundes etwas anderes bestimmt.

...

a) Berufsmäßige Führung von Verfahrenspflegschaften

26 Die in Bezug genommenen Normen enthalten zunächst den **Grundsatz der Unentgeltlichkeit** (§ 1836 Abs. 1 Satz 1 BGB). Vergütung wird nur gewährt, wenn das Betreuungsgericht feststellt, dass der Verfahrenspfleger sein Amt ausnahmsweise **berufsmäßig** führt (§ 1836 Abs. 1 Satz 2 BGB). Sobald diese Feststellung getroffen wurde, steht nach § 1 Abs. 2 Satz 1 VBVG dem Verfahrenspfleger ein **Anspruch** auf die gesetzliche Vergütung zu. Der Anspruch richtet sich nach Abs. 5 Satz 1 stets **gegen die Staatskasse** (§ 1 Abs. 2 Satz 2 VBVG ist nicht anwendbar). Daher ist konsequenterweise[1] auch eine Erhöhung der Stundensätze ausgeschlossen[2] (auf § 3 Abs. 3 VBVG verweist Abs. 2 Satz 1 nicht).

27 Nach dem Wortlaut von § 1836 Abs. 1 Satz 2 BGB muss die Feststellung der Berufsmäßigkeit **bei der Bestellung** des Verfahrenspflegers, also spätestens mit dem Wirksamwerden des Beschlusses über seine Bestellung getroffen werden.[3] Nach der Rechtsprechung soll allerdings auch eine nachträgliche Feststellung im Verfahren nach Abs. 5 iVm. § 168 genügen, um den Vergütungsanspruch zu begründen.[4] Das ist zwar im Hinblick auf den Gesetzeswortlaut zweifelhaft,[5] jedoch verfahrensökonomisch sinnvoll, da andernfalls ein Zwischenstreit über die Feststellung der Berufsmäßigkeit das Verfahren verzögern könnte. Konsequenterweise muss dann angenommen werden, dass auch für die Feststellung der Berufsmäßigkeit § 276 Abs. 6 gilt. Sie ist **nicht selbständig anfechtbar**, sondern nur zusammen mit der Entscheidung über die Bewilligung der Vergütung.[6]

28 Die **Feststellung der Berufsmäßigkeit** steht nicht im Ermessen des Gerichts. Sie ist vielmehr immer zu treffen, wenn die Übernahme der Verfahrenspflegschaft zu einem selbständig ausgeübten Beruf des Verfahrenspflegers gehört. Das kann unter mehreren Gesichtspunkten[7] der Fall sein:

29 **aa)** Berufsmäßiger Verfahrenspfleger ist jedenfalls jeder, der gerade wegen des Berufs, den er ausübt, zum Verfahrenspfleger bestellt wird.[8] Das kann von einem **Rechtsanwalt** grundsätzlich angenommen werden.[9] Es gilt jedoch auch, wenn zB ein niedergelassener Psychologe zum Verfahrenspfleger bestellt wird, weil man von ihm

---

1 BtKomm/*Dodegge*, F Rz. 233 Fn. 662 hält das nicht für ganz logisch, weil der Betroffene für die Beträge in Anspruch genommen werden könne, wenn er vermögend ist, aber erstens ist das gar nicht sicher und zweitens existiert die Regressmöglichkeit auch beim Vormund (§ 1836e BGB), ohne dass sich dort aus ihr die Möglichkeit zur Erhöhung der Stundensätze ergäbe.
2 Keidel/*Budde*, § 277 FamFG Rz. 6; Jurgeleit/*Maier*, § 277 FamFG Rz. 16.
3 Keidel/*Budde*, § 277 FamFG Rz. 5.
4 OLG Naumburg v. 11.11.2009 – 4 WF 52/09, BtPrax 2010, 96 (LS); OLG Brandenburg v. 6.1.2004 – 10 WF 251/03, FamRZ 2004, 1403; OLG Dresden v. 28.6.2002 – 10 WF 269/02, OLG-NL 2002, 239; OLG Köln v. 13.6.2001 – 27 WF 70/01, BeckRS 2004 Nr. 11480.
5 HK-BUR/*Bauer*, § 277 FamFG Rz. 37 will daher die nachträgliche Feststellung auch nur im Wege der Beschwerde gegen den Bestellungsbeschluss ermöglichen; Jansen/*Sonnenfeld*, § 67a FGG Rz. 14, BtKomm/*Dodegge*, F Rz. 233 will sie zulassen, wenn sie versehentlich unterblieben ist. Auch dann sei sie Teil des Bestellungsverfahrens, Jansen/*Sonnenfeld*, § 67a FGG Rz. 14.
6 Bassenge/*Roth*, § 277 FamFG Rz. 12; Keidel/*Budde*, § 277 FamFG Rz. 5; Bahrenfuss/*Brosey* § 277 FamFG Rz. 4; aA Knittel, § 277 FamFG Rz. 24: für den Verfahrenspfleger ist die unterlassene Feststellung selbständig anfechtbar.
7 Fröschle/*Guckes*, § 277 FamFG Rz. 10.
8 HK-BUR/*Bauer*, § 277 FamFG Rz. 42; MüKo.ZPO/*Schmidt-Recla*, § 277 FamFG Rz. 12; Jurgeleit/*Maier*, § 277 FamFG Rz. 14 hält das sogar für das ausschlaggebende Kriterium.
9 OLG Hamm v. 11.5.2006 – 15 W 472/05, BtPrax 2006, 187 (für Betreuungen); HK-BUR/*Bauer*, § 277 FamFG Rz. 43.

erwartet, dass er die Kommunikation mit einem besonders schwierigen Betroffenen besser bewältigen wird. In diesem Fall kommt es auf den Umfang der von dem entsprechenden Berufsträger geführten Verfahrenspflegschaften nicht an. Auch wer nur eine einzige Verfahrenspflegschaft führt, kann diese berufsmäßig führen.

30 bb) Nach § 1 Abs. 1 Satz 1 VBVG ist berufsmäßiger Verfahrenspfleger außerdem jeder, der Verfahrenspflegschaften in einem **Umfang** führt, wie er regelmäßig nur im Rahmen einer Berufsausübung bewältigt werden kann. § 1 Abs. 1 Satz 2 VBVG gibt hierfür zwei **Regelbeispiele**, nämlich
- die Führung von mehr als zehn Verfahrenspflegschaften (gleichzeitig) und
- den regelmäßigen Einsatz von mehr als 20 Wochenarbeitsstunden.

31 Ist eines dieser Regelbeispiele erfüllt, muss das Gericht grundsätzlich davon ausgehen, dass der Umfang der Tätigkeit die Kriterien des § 1 Abs. 1 Satz 1 VBVG erfüllt. Es genügt auch, wenn das Gericht annehmen kann, der Verfahrenspfleger werde diese Kriterien „in absehbarer Zeit" erfüllen. Berufseinsteiger sind demnach auch schon als berufsmäßige Verfahrenspfleger anzusehen, falls anzunehmen ist, dass ihnen der Berufseinstieg gelingen wird. „Absehbar" soll in etwa der Zeitraum eines Jahres sein.[1]

32 cc) Verfahrenspflegschaften, andere Pflegschaften, Verfahrensbeistandschaften, Vormundschaften und Rechtliche Betreuungen sind außerdem als **einander verwandte Tätigkeiten** anzusehen. Deshalb reicht es auch, wenn sie in einem **Gesamtumfang** übernommen werden, der die Kriterien des § 1 Abs. 1 VBVG erfüllt.[2] Wer Betreuungen oder Vormundschaften berufsmäßig führt, übernimmt daher eine Verfahrenspflegschaft ebenfalls ohne weiteres berufsmäßig.

b) Höhe der Vergütung

33 Die **Höhe der Vergütung** bestimmt sich nach § 3 Abs. 1 und 2 VBVG. Für jede Stunde des Tätigwerdens, die der Verfahrenspfleger für erforderlich halten durfte (s. dazu Rz. 11 ff.) kann er einen **festen Stundensatz** verlangen, der von seinem Ausbildungsstand abhängt.

34 Der **höchste Stundensatz** von 33,50 Euro gilt für Verfahrenspfleger, die über eine abgeschlossene Hochschul- oder vergleichbare Ausbildung verfügen (§ 3 Abs. 1 Satz 2 Nr. 2 VBVG).

35 Ein **mittlerer Stundensatz** von 25 Euro gilt für Verfahrenspfleger, die über eine abgeschlossene Berufs- oder vergleichbare Ausbildung verfügen (§ 3 Abs. 1 Satz 2 Nr. 1 VBVG).

36 Der **niedrigste Stundensatz** von 19,50 Euro gilt für alle Verfahrenspfleger ohne eine solche Ausbildung (§ 3 Abs. 1 Satz 1 VBVG).

37 Eine Ausbildung wird nur berücksichtigt, wenn sie **nutzbare Fachkenntnisse** vermittelt. Das sind Fachkenntnisse, die für die Führung von Verfahrenspflegschaften nützlich sind. Es ist nicht nötig, dass sie erforderlich sind, um die Verfahrenspflegschaft sachgerecht führen zu können. Es genügt, dass sie den Verfahrenspfleger in die Lage versetzen, seine Aufgaben besser oder effektiver zu bewältigen, als er das ohne diese Fachkenntnisse könnte.[3]

38 Die in der Ausbildung vermittelten Fachkenntnisse müssen zum **Kernstoff** der entsprechenden Ausbildung gehören[4] und über das im Rahmen höherer Schulbildung vermittelte **Grundwissen** hinausgehen.[5] Es genügt nicht, wenn sie im Rahmen der Ausbildung nur gestreift, aber nicht vertieft werden. Juristische Kenntnisse sind

---

1 BtKomm/*Dodegge*, F Rz. 79.
2 HK-BUR/*Bauer*, § 277 FamFG Rz. 49; Fröschle/*Guckes*, § 277 FamFG Rz. 10.
3 BayObLG v. 19.2.2003 – 3 Z BR 211/02, BtPrax 2003, 135; OLG Saarbrücken v. 7.10.2002 – 5 W 238/02, BtPrax 2003, 228; OLG Hamm v. 20.9.2001 – 15 W 210/00, BtPrax 2002, 42.
4 BayObLG v. 19.6.2002 – 3 Z BR 108/02, BtPrax 2002, 216.
5 BGH v. 2.5.2012 – XII ZB 393/11, FuR 2012, 435 = FamRZ 2012, 1133 (LS).

zB kein Kernstoff einer Ausbildung, wenn dort lediglich die Kenntnis von Gesetzesinhalten vermittelt wird, aber nicht die Methoden der Rechtsanwendung durch Subsumtion des Sachverhalts unter eine Norm und die Auslegung von Normen.[1]

Verfügt der Verfahrenspfleger über Fachkenntnisse, die im Allgemeinen für Verfahrenspflegschaften nutzbar sein werden, so wird vermutet, dass sie dies auch für die konkrete Verfahrenspflegschaft sind (§ 3 Abs. 2 Satz 1 VBVG). Das Gericht kann nach § 3 Abs. 2 Satz 2 VBVG bei der Bestellung des Verfahrenspflegers (nicht später) „aus besonderen Gründen etwas anderes" feststellen. Solche Beschlüsse kommen in der Praxis kaum vor. Ihre Bedeutung ist auch nur die, dass dadurch die Vermutung des § 3 Abs. 2 Satz 1 VBVG außer Kraft gesetzt wird. Dem Verfahrenspfleger bleibt die Möglichkeit, die Nützlichkeit seiner Fachkenntnisse dennoch nachzuweisen. In der Praxis hat § 3 Abs. 2 VBVG insgesamt nur eine geringe Bedeutung, denn idR unterliegt die Frage der Nützlichkeit von Fachkenntnissen für die konkrete Verfahrenspflegschaft keinem Zweifel.

Es genügt, dass der Verfahrenspfleger dies Fachkenntnisse hat. Es ist nicht erforderlich, dass er gerade mit Rücksicht auf sie ausgewählt wurde. Letzteres kann allerdings die Berufsmäßigkeit als solche begründen (s. Rz. 29).

Eine **Differenzierung nach einzelnen Tätigkeiten** ist unzulässig. Sind die Fachkenntnisse des Verfahrenspflegers auch nur für manche seiner im Rahmen der konkreten Verfahrenspflegschaft anfallenden Aufgaben nützlich, kann er den erhöhten Stundensatz für seine gesamte Tätigkeit verlangen.

Eine ausdifferenzierte Kasuistik dazu, **welche Fachkenntnisse für die Führung von Verfahrenspflegschaften** allgemein nützlich sind, existiert nicht. Auch zu § 3 Abs. 1 VBVG existiert eine solche Rechtsprechung nicht. Die zu § 4 Abs. 1 VBVG ergangene Rechtsprechung[2] weist Grundlinien auf, die vorsichtig herangezogen werden können, doch muss der andere Schwerpunkt der Tätigkeit hierbei berücksichtigt werden. Verglichen mit einem Betreuer hat der Verfahrenspfleger ja nur eine sehr eingeschränkte Fürsorgeaufgabe. Er soll lediglich dafür sorgen, dass der Betroffene in dem Verfahren Gehör findet und eine seinem Wohl entsprechende Endentscheidung getroffen wird. Hierzu sind jedenfalls **Rechtskenntnisse** nützlich, daneben wohl auch Fachkenntnisse auf dem Gebiet der Gesprächsführung mit Erwachsenen, wie sie in Ausbildungen auf dem Gebiet der **Pädagogik** und der **Sozialen Arbeit**, wohl auch der **Psychologie** und der **Theologie**[3] vermittelt werden. Ökonomische Kenntnisse, wie sie bei Betreuungen sicher allgemein nutzbar sind,[4] können bei Verfahrenspflegschaften dagegen nur bei bestimmten Verfahrensgegenständen (vor allem in betreuungsgerichtlichen Genehmigungsverfahren nach §§ 1907, 1908, 1908i Abs. 1 Satz 1 iVm. 1812, 1819 bis 1824 BGB) zur Erhöhung des Stundensatzes führen. Für medizinische oder pflegerische Kenntnisse dürfte Ähnliches gelten.

Ist die Tätigkeit für den Verfahrenspfleger umsatzsteuerpflichtig, so erhöht sich die Vergütung um die auf sie zu entrichtende **Umsatzsteuer** (§ 3 Abs. 1 Satz 3 VBVG). Das Gesetz trifft keine klare Regelung dazu, ob das auch für die Umsatzsteuer gilt, die der Verfahrenspfleger auf den Aufwendungsersatz nach Abs. 1 zu zahlen hat. Bei der Umsatzsteuer handelt es sich aber letztlich um eine Aufwendung, die nach Abs. 1 Satz 1 zu ersetzen ist.[5] § 3 Abs. 1 Satz 3 VBVG sollte dies – da es früher umstritten war[6] – nur klarstellen. Ein Umkehrschluss aus dieser Norm ist daher nicht möglich.

---

1 BayObLG v. 19.2.2003 – 3 Z BR 211/02, BtPrax 2003, 135.
2 Am ausführlichsten dargestellt bei *Deinert/Lütgens*, ab Rz. 538.
3 OLG Köln v. 25.2.2004 – 16 Wx 27/04, FamRZ 2004, 1604 m. abl. Anm. v. *Bienwald*.
4 S. dazu ausführlich MüKo.BGB/*Fröschle*, § 4 VBVG Rz. 20; *Deinert/Lütgens*, Rz. 511 ff., 538.
5 Inzw. auch einhellige Rspr., MüKo.BGB/*Wagenitz*, § 1835 BGB Rz. 25 mit zahlreichen Nachweisen.
6 Zum Streitstand ausführlich *Deinert/Lütgens*, Rz. 234 ff.

c) Ausschlussfrist

44 Auch für den Vergütungsanspruch aus Abs. 2 gilt eine **Ausschlussfrist** von 15 Monaten, hier entsprechend § 2 VBVG. Wegen deren genauer Bedeutung kann auf die Ausschlussfrist für den Aufwendungsersatz (Rz. 20 ff.) verwiesen werden. Die Regelungen unterscheiden sich vom Inhalt her nicht.

2. Pauschalentschädigung (Absatz 3)

45 Dem iSv. Abs. 2 berufsmäßig tätigen Verfahrenspfleger kann das Gericht **anstelle** von Aufwendungsersatz und Vergütung eine Pauschalentschädigung gewähren. Das setzt die Feststellung der Berufsmäßigkeit voraus. Die Pauschalierung nur des Aufwendungsersatzes ist nicht möglich.

46 Die Gewährung der Pauschale liegt **im Ermessen des Gerichts**. Den Zeitpunkt der Entscheidung setzt das Gesetz nicht fest, da jedoch die Pauschale eine prognostische Schätzung voraussetzt, kommt ihre Festsetzung nicht mehr in Frage, wenn die Tätigkeit des Verfahrenspflegers abgeschlossen ist.[1] Im Übrigen wird es meist auch **ermessensfehlerhaft** sein, von einer dem Verfahrenspfleger zu Anfang in Aussicht gestellten Art der Entschädigung später abzuweichen.[2]

47 Die Entscheidung, eine Pauschale zu gewähren, erfolgt **durch Zwischenentscheidung**, die mit der Bestellung zum Verfahrenspfleger und der Feststellung seiner Berufsmäßigkeit verbunden werden kann. Nur „das Gericht" kann eine Pauschale bewilligen, also nicht der Kostenbeamte im Verwaltungsverfahren. Dieser entscheidet jedoch nach Verfahrensabschluss über die Auszahlung der Pauschale. Eine erneute – zweite – Festsetzung findet nicht mehr statt. Deshalb ist der Beschluss über die Pauschalierung auch **gesondert anfechtbar**. Er ist, was die Vergütung betrifft, Endentscheidung.

48 Die Pauschale ist aufgrund einer Schätzung des **voraussichtlichen Zeitaufwandes** des Verfahrenspflegers zu berechnen. Daraus folgt zweierlei:
– Eine Pauschalentschädigung ist nicht zulässig, wenn und solange dieser Zeitaufwand nicht absehbar ist.
– Das Gericht hat den Zeitaufwand anhand des konkreten Verfahrensgegenstandes zu schätzen. Die Einführung von allgemeinen „Fallpauschalen" mit dem Ziel einer „Mischkalkulation" erlaubt Abs. 3 nicht.

49 Es ist jedoch zulässig, allgemeine Erfahrungswerte zum üblichen Zeitaufwand in gleichartigen Verfahren der Schätzung zugrunde zu legen.[3]

50 Die Pauschale ist **Abgeltungspauschale** (Abs. 3 Satz 3). Der Nachweis eines höheren Zeitaufwandes ist dem Verfahrenspfleger ebenso abgeschnitten wie der Staatskasse der Nachweis, dass der Verfahrenspfleger den geschätzten Zeitrahmen nicht ausgeschöpft hat. Dasselbe gilt für die Aufwendungen, die nach Abs. 3 Satz 2 in die Pauschale einbezogen sind. Das Gericht darf jedoch keine Pauschale festsetzen, wenn es sich nicht sicher sein kann, dass der Verfahrenspfleger auch tatsächlich im erforderlichen Umfang tätig werden wird.

51 Die Pauschale kann **abgeändert** werden, wenn sich seit ihrer Festsetzung die Verhältnisse wesentlich verändert haben (§ 48 Abs. 1). Mit Blick auf Abs. 3 Satz 3 genügt es dafür allerdings nicht, dass der Zeitaufwand sich anders als erwartet entwickelt hat.[4] Es müssen sich vielmehr die der Schätzung zu Grunde liegenden Umstände wesentlich verändert haben, zB dadurch, dass der Verfahrensgegenstand später erheblich ausgedehnt oder die Verfahrenspflegerbestellung vorzeitig aufgehoben wird.

---

1 OLG Frankfurt v. 7.2.2008 – 20 W 438/07, FGPrax 2008, 152; Jansen/*Sonnenfeld*, § 67a FGG Rz. 22; *Knittel*, § 277 FamFG Rz. 32.
2 Der Verfahrenspfleger muss wissen, ob er die Tätigkeit im Einzelnen dokumentieren muss oder nicht, *Deinert/Lütgens*, Rz. 895.
3 BtKomm/*Dodegge*, F Rz. 238; ähnlich Jurgeleit/*Maier*, § 277 FamFG Rz. 19.
4 So aber anscheinend HK-BUR/*Bauer*, § 277 FamFG Rz. 82; ganz gegen Abänderbarkeit: *Damrau/Zimmermann*, § 277 FamFG Rz. 28.

Eine offene Frage ist, ob die Pauschale einmal für das gesamte Verfahren oder für jede Instanz gesondert festzusetzen ist. Der Gesetzeswortlaut scheint Ersteres nahe zu legen. Indessen wäre dann die Vorgabe des Gesetzes, die Pauschale am geschätzten Aufwand zu orientieren, gar nicht zu erfüllen. Kein Gericht kann im Voraus einschätzen, ob gegen seine Endentscheidung ein Rechtsmittel eingelegt werden und welchen Aufwand die Durchführung des Rechtsmittelverfahrens erfordern wird. Deshalb ist eine gesonderte Entscheidung **für jede Instanz** zu fordern.[1] Eine vom Betreuungsgericht festgesetzte Pauschale gilt nur die erstinstanzliche Tätigkeit des Verfahrenspflegers ab.[2] Über die Tätigkeit in den Rechtsmittelinstanzen kann er nach Abs. 1 und Abs. 2 abrechnen, falls nicht dafür ebenfalls eine Pauschale festgesetzt wird. Da der Zeitaufwand nur von dem mit der Sache befassten Gericht geschätzt werden kann, ist die Pauschale für die höheren Instanzen vom jeweiligen **Rechtsmittelgericht** festzusetzen. Dafür spricht auch, dass Abs. 3 die Festsetzung durch „das Gericht", nicht durch das Betreuungsgericht anordnet. 52

Der geschätzte Zeitaufwand ist nach Abs. 3 Satz 1 mit dem für den Verfahrenspfleger nach § 3 Abs. 1 VBVG maßgeblichen **Stundensatz** zu multiplizieren. Dieser wird nach Abs. 3 Satz 2 um 3 Euro für die anfallenden **Aufwendungen** erhöht, es gelten demnach die folgenden Sätze: 53
- 36,50 Euro für Verfahrenspfleger mit nutzbarer Hochschulausbildung,
- 28 Euro für Verfahrenspfleger mit nutzbarer Berufsausbildung und
- 22,50 Euro für alle anderen Verfahrenspfleger.

Die Verweisung ist dahin zu lesen, dass auch hier die anfallende **Umsatzsteuer** zusätzlich zu erstatten ist.[3] 54

Ein Diplom-Sozialarbeiter als Verfahrenspfleger würde bei einem geschätzten Zeitaufwand von drei Stunden folglich 3 × 36,50 Euro zuzüglich 19 % Mehrwertsteuer = 130,31 Euro erhalten. 55

Ob auch für die Pauschalentschädigung eine **Ausschlussfrist** gilt, ist streitig.[4] Eine eindeutige Verweisung auf § 2 VBVG enthält Abs. 3 nicht. Wenn überhaupt, dann folgt eine entsprechende Anwendung von § 1835 Abs. 1 Satz 3 BGB und § 2 VBVG allenfalls daraus, dass die Pauschale „anstelle" der dort genannten Ansprüche gezahlt werden soll. Klar ist allerdings, dass **nach Ablauf** der Ausschlussfrist des § 2 VBVG die Festsetzung einer Vergütung ganz unzulässig ist, auch eine Pauschale kann danach nicht mehr festgesetzt werden. Ist eine Pauschale aber vorher festgesetzt worden, kann § 2 VBVG nicht mehr angewendet werden, denn dann steht fest, was die Staatskasse zu zahlen haben wird, so dass auch ein Bedürfnis für die Ausschlussfrist nicht mehr besteht. Im Übrigen wäre auch unklar, wann denn die Frist beginnen sollte, denn auf einzelne Tätigkeiten kommt es für die Pauschale ja gerade nicht an. 56

Der Anspruch unterliegt nach seiner Festsetzung demnach nur noch der **Verjährung**. Die Verjährungsfrist beträgt jedenfalls drei Jahre. Sie dürfte entsprechend § 2 Abs. 3 JVEG mit dem Ende des Jahres beginnen, in dem die „Hinzuziehung" des Verfahrenspflegers – also sein Amt – endet[5] (s. dazu § 276 Rz. 57 ff.). 57

3. Entschädigung nach dem RVG

Wird ein Rechtsanwalt zum Verfahrenspfleger bestellt, so ist er für **anwaltsspezifische Tätigkeiten** unter Anwendung des RVG zu entschädigen. Das folgt nach einer Entscheidung des BVerfG direkt aus § 1 Abs. 2 Satz 2 RVG iVm. § 1835 Abs. 3 BGB.[6] 58

---

1 So für die Pauschale des berufsmäßigen Verfahrensbeistandes ausdrücklich § 158 Abs. 7 Satz 2.
2 Fröschle/*Guckes*, § 277 FamFG Rz. 22.
3 LG Frankfurt v. 30.11.2009 – 2/28 T 187/09, FamRZ 2010, 921.
4 Dagegen: Fröschle/*Guckes*, § 277 FamFG Rz. 25; MüKo.ZPO/*Schmidt-Recla*, § 277 FamFG Rz. 18; dafür: Jurgeleit/*Maier*, § 277 FamFG Rz. 27.
5 Fröschle/*Guckes*, § 277 FamFG Rz. 25; die hM hält dagegen §§ 195, 199 BGB für anwendbar, HK-BUR/*Bauer*, § 277 FamFG Rz. 87; für Fälligkeit schon mit Erlass der Endentscheidung (also dann wohl für jede Instanz getrennt): MüKo.ZPO/*Schmidt-Recla*, § 277 FamFG Rz. 18.
6 BVerfG v. 7.6.2000 – 1 BvR 111/00, BtPrax 2000, 254.

Die Verfahrenspflegschaft soll dabei nicht an sich schon anwaltsspezifisch sein. Entscheidendes Kriterium ist vielmehr, ob die Rechtslage so komplex ist, dass ein vernünftig denkender juristischer Laie in der Lage des Verfahrenspflegers **einen Rechtsanwalt eingeschaltet** hätte.[1] Das dürfte in Unterbringungssachen häufiger als in Betreuungssachen der Fall sein,[2] ist aber auch in Ersteren nicht die Regel und muss in einer Einzelfallprüfung festgestellt werden.[3] Die Prüfung der Wirksamkeit einer Einwilligung des Betroffenen ist keine anwaltsspezifische Tätigkeit,[4] die Prüfung eines umfangreichen Vertragswerkes ist dagegen eine.[5]

59 Dem anwaltlichen Verfahrenspfleger wird in **Betreuungssachen** regelmäßig eine Geschäftsgebühr (Nr. 2300 VV RVG) zustehen. Kommt es in einem Genehmigungsverfahren zu einer Modifikation des zu genehmigenden Vertrages, fällt eine Einigungsgebühr (Nr. 1000 VV RVG) regelmäßig nicht an, weil die ausstehende Genehmigung keine „Ungewissheit" im Sinne dieser Regelung darstellt.[6] In **Unterbringungssachen** greift der Sondertatbestand der Nr. 6300 VV RVG.[7] Erfüllt der Betroffene die finanziellen Voraussetzungen für die Gewährung von **Verfahrenskostenhilfe**, ist die Entschädigung aus § 1835 Abs. 3 BGB auf die hierfür geltenden Gebührensätze beschränkt.[8]

60 Ein Rechtsanwalt kann verlangen, dass schon vor seiner Bestellung geklärt wird, ob er nach dem RVG entschädigt werden wird. Ist ihm das vom Gericht **zugesichert** worden, ist das Gericht hieran später gebunden.[9] Es kommt dann nicht darauf an, ob er tatsächlich anwaltsspezifische Tätigkeiten entfaltet hat. Sonst ist das für jede einzelne seiner Tätigkeiten im Vergütungsfestsetzungsverfahren gesondert zu prüfen. Gegen die Zusicherung der Staatskasse ist die **Beschwerde** nicht zulässig, da der Anwalt ja sonst aus der Zusicherung angesichts der langen Beschwerdefrist in § 304 Abs. 2 doch keine Sicherheit gewinnen könnte.[10]

61 Der Sache nach bleibt auch eine nach dem RVG berechnete Entschädigung Aufwendungsersatz, der im Verfahren nach Abs. 5 iVm. § 168 geltend zu machen ist.[11] Es gilt die **Ausschlussfrist** von 15 Monaten aus § 1835 Abs. 1 Satz 3 BGB.[12]

62 Abs. 1 verweist nicht auf § 1835 Abs. 3 BGB, so dass für **andere Berufsgruppen** nichts Vergleichbares gilt. Ihnen bleibt immer nur die Abrechnung nach Abs. 1 bis 3.

---

1 Std. Rspr., BGH v. 27.6.2012 – XII ZB 685/11, BtPrax 2012, 205; OLG Rostock v. 23.9.2009 – 10 WF 178/09, RPfleger 2010, 77; OLG München v. 24.6.2008 – 33 Wx 127/08, FGPrax 2008, 207; OLG Düsseldorf v. 28.2.2007 – 25 Wx 53/06, FamRZ 2008, 76; BayObLG v. 30.11.2004 – 3 Z BR 125/04, FGPrax 2005, 21; OLG Düsseldorf v. 29.1.2002 – 75 Wx 75/01, FGPrax 2003, 427; BayObLG v. 16.1.2002 – 3 Z BR 300/01, BtPrax 2002, 121.
2 BtKomm/*Dodegge*, F Rz. 231.
3 OLG Zweibrücken v. 23.8.2001 – 3 W 114/01, BtPrax 2002, 41.
4 OLG München v. 24.6.2008 – 33 Wx 127/08, FGPrax 2008, 207.
5 OLG Hamm v. 9.6.2011 – I-15 Wx 519/10, BtPrax 2011, 220; OLG Düsseldorf v. 28.2.2007 – 25 Wx 53/06, FamRZ 2008, 76.
6 OLG Hamm v. 9.6.2011 – I-15 WX 519/10, BtPrax 2011, 220.
7 BGH v. 13.6.2012 – XII ZB 346/10, BtPrax 2012, 208; BGH v. 12.9.2012 – XII ZB 543/11, NJW 2012, 3728.
8 BGH v. 20.12.2006 – XII ZB 118/03, NJW 2007, 844.
9 BGH v. 17.11.2010 – XII ZB 244/10, NJW 2011, 453; OLG Schleswig v. 24.7.2008 – 15 WF 172/08, NJW-RR 2009, 79; OLG Stuttgart v. 10.1.2003 – 8 W 537/01, NJW-RR 2004, 424; OLG Köln v. 11.5.2001 – 16 Wx 77/01, NJW-FER 2001, 290; aA BayObLG v. 16.1.2002 – 3 Z BR 300/01, FGPrax 2002, 68 (Zusicherung nur bei nachvollziehbarer Begr. bindend).
10 BGH v. 15.5.2013 – XII ZB 283/12, BeckRS 2013, Nr. 11382; für Beschwerdemöglichkeit: OLG Köln v. 11.5.2001 – 16 Wx 77/01, NJW-FER 2001, 290; *Bassenge*/Roth, § 277 FamFG Rz. 3; wie hier auch Jansen/*Sonnenfeld*, § 67a FGG Rz. 8; Jürgens/*Kretz*, § 277 FamFG Rz. 10; Keidel/*Budde*, § 277 FamFG Rz. 12; offen gelassen noch in BGH v. 17.11.2010 – XII ZB 244/10, NJW 2011, 453.
11 Fröschle/*Guckes*, § 277 FamFG Rz. 31.
12 BGH v. 27.6.2012 – XII ZB 685/11, BtPrax 2012, 205; OLG Frankfurt v. 3.9.2003 – 20 W 125/03, NJW 2003, 3642; BayObLG v. 21.5.2003 – 3 Z BR 92/03, FGPrax 2003, 177; OLG Schleswig v. 5.2.2003 – 2 W 198/02, FGPrax 2003, 127; aA *Damrau*/Zimmermann, § 277 FamFG Rz. 39.

III. Mitarbeiter von Vereinen und Behörden (Absatz 4)

Die Entschädigung von anerkannten **Betreuungsvereinen**, die als solche zum Verfahrenspfleger bestellt worden sind, ist ausgeschlossen. Abs. 1 Satz 3 bestimmt, dass ihnen kein Aufwendungsersatz zusteht. Nach Abs. 2 Satz 1 iVm. § 1836 Abs. 3 BGB steht ihnen auch keine Vergütung zu. 63

Ist jedoch ein **Mitarbeiter des Vereins** persönlich zum Betreuer bestellt worden, steht dem Verein hierfür Aufwendungsersatz nach Abs. 1 Satz 1 und Vergütung nach Abs. 2 zu (Abs. 4 Satz 1). Hiervon ausgenommen ist nach Abs. 4 Satz 2 iVm. § 1835 Abs. 5 Satz 2 BGB der (anteilige) allgemeine **Verwaltungsaufwand** einschließlich der (anteiligen) Kosten für die Haftpflichtversicherung des Mitarbeiters. 64

Stattdessen kann das Gericht auch dem Verein für die Tätigkeit des Mitarbeiters eine **Pauschalentschädigung** nach Abs. 3 gewähren. Die in Abs. 4 Satz 2 weiterhin für anwendbar erklärten Bestimmungen aus dem Betreuungsrecht lauten: 65

§ 7 VBVG – Vergütung und Aufwendungsersatz für Betreuungsvereine

(1) [1]... [2]§ 1 Abs. 1 sowie § 1835 Abs. 3 des Bürgerlichen Gesetzbuchs finden keine Anwendung.

...

(3) Der Vereinsbetreuer selbst kann keine Vergütung und keinen Aufwendungsersatz nach diesem Gesetz oder nach den §§ 1835 bis 1836 des Bürgerlichen Gesetzbuchs geltend machen.

§ 1835 Abs. 3 BGB gilt für den Verfahrenspfleger ohnehin nicht. Dieser Teil von § 7 Abs. 1 Satz 2 VBVG ist bedeutungslos. Die Nichtgeltung von § 1 Abs. 1 VBVG besagt, dass die Feststellung der Berufsmäßigkeit nicht erforderlich ist, vielmehr der hauptamtliche Mitarbeiter eines anerkannten Betreuungsvereins in jedem Fall als **berufsmäßiger Verfahrenspfleger** behandelt werden muss.[1] § 7 Abs. 3 VBVG schließt **eigene Ansprüche** des Verfahrenspflegers aus. 66

Die Ansprüche des Vereins decken sich ansonsten mit denen, die ein selbständiger berufsmäßiger Betreuer aus Abs. 1 bis 3 ebenfalls hat. Es kann dazu auf die obigen Ausführungen verwiesen werden. 67

Der **Betreuungsbehörde** stehen Entschädigungsansprüche unter keinen Umständen zu. Wird sie als Institution zum Verfahrenspfleger bestellt, ist dies wie beim Verein durch Abs. 1 Satz 3 und Abs. 2 Satz 1 iVm. § 1836 Abs. 3 BGB ausgeschlossen. Ist ein **Bediensteter** der Behörde persönlich zum Verfahrenspfleger bestellt, schließt Abs. 4 Satz 3 Ansprüche der Behörde aus. Dass in diesem Falle auch der Verfahrenspfleger nichts geltend machen kann, folgt schon daraus, dass er im dienstlichen Auftrag handelt, seine Aufwendungen und sein Zeitaufwand also durch die Dienstbezüge abgegolten sind.[2] 68

IV. Schuldner und Geltendmachung (Absatz 5)

Schuldner der in Abs. 1 bis 4 geregelten Ansprüche ist ohne Rücksicht auf die Vermögensverhältnisse des Betroffenen stets die **Staatskasse** (Abs. 5 Satz 1). Soweit sie den Anspruch befriedigt, entstehen dadurch (und erst dadurch) **gerichtliche Auslagen** (Nr. 31015 KV GNotKG). Für diese haftet **der Betroffene** als Kostenschuldner nur nach Maßgabe von § 1836c BGB, also nur mit dem Teil seines Einkommens und Vermögens, den er auch für eine Betreuervergütung einzusetzen hätte (Anm. zu Nr. 31015 KV GNotKG). Für eventuelle **andere Kostenschuldner** gilt dieses Haftungsprivileg nicht.[3] Die allgemeine Kostenfreiheit des „armen" Betroffenen (Vorbem. 1.1 und 3.1 Abs. 1 KV GNotKG) gilt für die Verfahrenspflegerentschädigung nicht (vgl. Vorbem. 3.1 Abs. 2 KV GNotKG). Endet das Erstverfahren nicht mit der Betreuer- 69

---

1 Fröschle/*Guckes*, § 277 FamFG Rz. 38.
2 Jansen/*Sonnenfeld*, § 67a FGG Rz. 28; *Knittel*, § 277 FamFG Rz. 37; *Bassenge*/Roth, § 277 FamFG Rz. 6.
3 *Fröschle*, Anh. zu § 85 FamFG Rz. 76 f.; BtKomm/*Dodegge* I Rz. 41 ist dagegen der Auffassung, von einem anderen als dem Betroffenen könnten die Verfahrenspflegerkosten gar nicht erhoben werden. Diese Ansicht findet im Gesetzestext keine Stütze.

bestellung, ist der Betroffene schon gar kein Kostenschuldner (vgl. § 23 Nr. 1 KostO) und muss daher auch die Vergütung des Verfahrenspflegers nicht zahlen.

70 Für das **Verfahren** gilt § 168 Abs. 1 entsprechend (Abs. 5 Satz 2). Der Verfahrenspfleger hat daher die Wahl, ob er seine Ansprüche mit einem Antrag auf **Festsetzung** der Vergütung durch Gerichtsbeschluss (§ 168 Abs. 1 Satz 1) oder einem Antrag auf **Zahlbarmachung** im Verwaltungsverfahren (§ 168 Abs. 1 Satz 4) geltend machen will. Die übrigen Sätze des § 168 Abs. 1 sind obsolet, weil es ein besonderes Regressverfahren gegen den Betroffenen hier nicht gibt,[1] sondern die gezahlten Beträge ohne weiteres Gerichtskosten sind (s. Rz. 69). Hat das Gericht durch Beschluss schon eine **bestimmte Pauschalentschädigung** nach Abs. 3 festgesetzt, kommt ein erneuter Gerichtsbeschluss darüber nicht mehr in Frage (s. auch Rz. 47). Nach Ende des Verfahrens ist die Pauschale vielmehr vom Kostenbeamten einfach zur Zahlung anzuweisen.

71 **Örtlich zuständig** ist das Gericht, bei dem der Verfahrenspfleger zuletzt tätig war, nach einer Abgabe der Sache also das übernehmende Gericht. Die **sachliche** Zuständigkeit liegt bei dem Gericht, das den Verfahrenspfleger bestellt hat.[2] Das wird für gewöhnlich das Betreuungsgericht sein. Ist der Verfahrenspfleger erst in der Beschwerdeinstanz bestellt worden, entscheidet aber auch über seine Entschädigung das Landgericht.[3] **Funktional** ist – auch bei Festsetzung durch Beschluss – der **Rechtspfleger** zuständig. denn die Entschädigung des Verfahrenspflegers gehört noch zum Betreuungsverfahren und unterfällt keinem der in § 15 RPflG enthaltenen Richtervorbehalte.[4] Auch beim Landgericht braucht weder die Kammer noch der Einzelrichter zu entscheiden, weil es sich insoweit um eine erstinstanzliche Entscheidung handelt, für die auch dort der Rechtspfleger zuständig ist.

72 Die **Anfechtung** von Entscheidungen über die Entschädigung des Verfahrenspflegers folgt den allgemeinen Vorschriften:[5] Die **Beschwerde** ist ab einem Gegenstandswert von mehr als 600 Euro oder bei Zulassung eröffnet (§ 61). Hat das **Landgericht** über die Entschädigung des erst im Beschwerdeverfahren bestellten Verfahrenspflegers entschieden, ist dies Erstentscheidung, gegen die nach § 119 Abs. 1 Nr. 2 GVG die Beschwerde zum Oberlandesgericht stattfindet.[6] Anders als früher[7] kann das Oberlandesgericht nun die Rechtsbeschwerde zum Bundesgerichtshof zulassen.

278 Anhörung des Betroffenen

(1) Das Gericht hat den Betroffenen vor der Bestellung eines Betreuers oder der Anordnung eines Einwilligungsvorbehalts persönlich anzuhören. Es hat sich einen persönlichen Eindruck von dem Betroffenen zu verschaffen. Diesen persönlichen Eindruck soll sich das Gericht in dessen üblicher Umgebung verschaffen, wenn es der Betroffene verlangt oder wenn es der Sachaufklärung dient und der Betroffene nicht widerspricht.
(2) Das Gericht unterrichtet den Betroffenen über den möglichen Verlauf des Verfahrens. In geeigneten Fällen hat es den Betroffenen auf die Möglichkeit der Vorsorgevollmacht, deren Inhalt sowie auf die Möglichkeit ihrer Registrierung bei dem zentralen Vorsorgeregister nach § 78a Abs. 1 der Bundesnotarordnung hinzuweisen. Das Gericht hat den Umfang des Aufgabenkreises und die Frage, welche Person oder Stelle als Betreuer in Betracht kommt, mit dem Betroffenen zu erörtern.

---

1 Vielmehr erfolgt der Regress im Wege des Kostenansatzes nach § 18 GNotKG, vgl. AG Sinzig v. 29.12.2006 – 2 XVII 1697/00, BeckRS 2007 Nr. 02712; *Knittel*, § 277 FamFG Rz. 39; aA: Jansen/ *Sonnenfeld*, § 67a FGG Rz. 30; die aus der Verweisung auch auf Satz 2 und 3 den Schluss ziehen will, die vom Betroffenen zu erstattenden Auslagen seien durch Beschluss des Betreuungsgerichts festzusetzen.
2 BayObLG v. 24.6.1993 – 3 Z BR 118/93, BtPrax 2003, 180 (LS).
3 AA Bahrenfuss/*Brosey*, § 277 FamFG Rz. 11: stets das Betreuungsgericht.
4 Fröschle/*Guckes*, § 277 FamFG Rz. 33.
5 BT-Drucks. 16/6308, S. 266.
6 AA Fröschle/*Guckes*, § 277 FamFG Rz. 34 (Rechtsbeschwerde zum BGH).
7 BGH v. 20.6.2007 – XII ZB 220/04, NJW-RR 2007, 373.

(3) Verfahrenshandlungen nach Absatz 1 dürfen nur dann im Wege der Rechtshilfe erfolgen, wenn anzunehmen ist, dass die Entscheidung ohne eigenen Eindruck von dem Betroffenen getroffen werden kann.
(4) Soll eine persönliche Anhörung nach § 34 Abs. 2 unterbleiben, weil hiervon erhebliche Nachteile für die Gesundheit des Betroffenen zu besorgen sind, darf diese Entscheidung nur aufgrundlage eines ärztlichen Gutachtens getroffen werden.
(5) Das Gericht kann den Betroffenen durch die zuständige Behörde vorführen lassen, wenn er sich weigert, an Verfahrenshandlungen nach Absatz 1 mitzuwirken.
(6) Gewalt darf die Behörde nur anwenden, wenn das Gericht dies ausdrücklich angeordnet hat. Die zuständige Behörde ist befugt, erforderlichenfalls um Unterstützung der polizeilichen Vollzugsorgane nachzusuchen.
(7) Die Wohnung des Betroffenen darf ohne dessen Einwilligung nur gewaltsam geöffnet, betreten und durchsucht werden, wenn das Gericht dies zu dessen Vorführung zur Anhörung ausdrücklich angeordnet hat. Bei Gefahr im Verzug kann die Anordnung nach Satz 1 durch die zuständige Behörde erfolgen. Durch diese Regelung wird das Grundrecht auf Unverletzlichkeit der Wohnung aus Artikel 13 Absatz 1 des Grundgesetzes eingeschränkt.

A. Allgemeines	III. Durchführung
I. Gesetzessystematik 1	1. Öffentlichkeit 15
II. Anwendungsbereich 2	2. Ort 16
B. Inhalt der Vorschrift 7	IV. Inhalt der Anhörung (Absatz 2) 22
I. Persönliche Anhörung (Abs. 1 Satz 1) 8	V. Rechtshilfe (Absatz 3) 26
II. Verschaffung eines persönlichen Eindrucks (Abs. 1 Satz 2) 11	VI. Verzicht auf die Verfahrenshandlungen des Absatzes 1 (Absatz 4) 30a
	VII. Vorführung des Betroffenen (Absätze 5 bis 7) 37

A. Allgemeines

I. Gesetzessystematik

Die Norm kann nicht isoliert gelesen werden, sondern ergänzt solche des allgemeinen Teils, vor allem §§ 34, 37.[1] Aus allgemeinen Regeln (§§ 37 Abs. 2, 34 Abs. 1 Nr. 1 FamFG) kann eine Pflicht des Gerichts folgen, den Betroffenen vor Verfahrensabschluss erneut persönlich anzuhören. Die Absätze 6 und 7 sind zum 1.1.2013 angefügt worden.[2] Vorher war die Vorführung vermutlich nur „gewaltfrei", dh. ohne Gewaltanwendung und Wohnungsöffnung möglich.[3] **1**

II. Anwendungsbereich

§ 278 gilt **nicht für alle** Betreuungssachen. Er gilt unmittelbar nur für Verfahren **2**
– die zur Erstbestellung eines Betreuers oder
– zur Anordnung eines Einwilligungsvorbehalts führen.

Entscheidend ist das **Verfahrensergebnis**, nicht das Verfahrensziel. Endet das Verfahren mit der Ablehnung einer solchen Maßnahme oder überhaupt ohne Entscheidung in der Sache selbst, so braucht § 278 nicht beachtet worden zu sein.[4] Für die Anhörung des Betroffenen bleibt es dann bei §§ 34, 37 Abs. 2.[5] **3**

---

1 BT-Drucks. 16/6308, S. 267.
2 Durch Art. 6 Nr. 19 des Gesetzes zur Einführung einer Rechtsbehelfsbelehrung im Zivilprozess und zur Änderung anderer Vorschriften v. 5.12.2012, BGBl. I, S. 2418.
3 BT-Drucks. 17/10490, S. 20; s. auch 2. Aufl. Rz. 40.
4 Jansen/Sonnenfeld, § 68 FGG Rz. 3; Knittel, § 278 FamFG Rz. 21; Damrau/Zimmermann, § 278 FamFG Rz. 65; Bassenge/Roth, § 278 FamFG Rz. 1; MüKo.ZPO/Schmidt-Recla, § 278 FamFG Rz. 3.
5 OLG Zweibrücken v. 6.2.2009 – 3 W 5/09, FamRZ 2009, 1180 zur Notwendigkeit persönlicher Anhörung vor Zurückweisung eines vom Betreuten selbst gestellten Antrags zur Betreuerbestellung.

4 § 278 gilt ferner kraft der Generalverweisungen in § 293 Abs. 1 und § 295 Abs. 1 Satz 1 in Verfahren, die zur **Erweiterung** oder **Verlängerung** der Betreuung oder des Einwilligungsvorbehalts (oder – erst recht – beides) führen. Im Falle der Erweiterung sind die Besonderheiten in § 293 Abs. 2 zu beachten. Zur persönlichen Anhörung im Verfahren der eA s. § 300 Rz. 29 ff.

5 **Eigenständige Regelungen** zur persönlichen Anhörung des Betroffenen finden sich in
- § 283 Abs. 2 Satz 2 für die Durchsuchungsanordnung zum Zwecke der Vorführung des Betreuten vor den Gutachter
- § 284 Abs. 1 Satz 2 für die Unterbringung zur Begutachtung,
- § 296 Abs. 1 für die Entlassung des Betreuers gegen den Willen des Betreuten,
- § 296 Abs. 2 für die Neubestellung eines Betreuers nach § 1908c BGB,
- § 297 Abs. 1 für die Genehmigung einer Sterilisation,
- § 298 Abs. 1 Satz 1 für die Genehmigung einer medizinischen Entscheidung,
- § 299 Satz 2 für die Genehmigungen nach § 1907 BGB,
- § 299 Satz 1 für einige andere Genehmigungen im Bereich der Vermögenssorge.

Soweit diese Vorschriften die persönliche Anhörung vorschreiben, ist § 278 **nicht anzuwenden**. Stattdessen greifen die allgemeinen Regeln über die Anhörung von Beteiligten (§§ 33, 34, 37 Abs. 2, s. aber Rz. 7b).

6 Wird ein **Gegenbetreuer** nachträglich bestellt, gilt hierfür § 278 ebenfalls nicht.[1]

6a Im **Beschwerdeverfahren** gilt § 278 mit der sich aus § 68 Abs. 3 Satz 2 ergebenden zusätzlichen Möglichkeit, von der Anhörung abzusehen, wenn sie in erster Instanz durchgeführt wurde und von ihrer Wiederholung keine neuen Erkenntnisse zu erwarten sind. Das setzt voraus, dass sie in erster Instanz ohne Verfahrensfehler durchgeführt wurde[2] und sich die Sachlage seitdem nicht entscheidend verändert hat. Sie muss zB wiederholt werden, wenn der Betroffene mit der Betreuung im Gegensatz zur 1. Instanz nicht mehr einverstanden ist,[3] wenn er im Beschwerdeverfahren erstmals überhaupt[4] oder einen von der ersten Instanz abweichenden[5] Vorschlag nach § 1897 Abs. 4 Satz 1 BGB macht. Das Beschwerdegericht muss **begründen**, warum es von der Wiederholung der Anhörung absieht, es sei denn, das ist offensichtlich.[6]

B. Inhalt der Vorschrift

7 Die Norm regelt **dreierlei:** Sie konkretisiert zum einen den Anspruch des Betroffenen auf **rechtliches Gehör**[7] und ergänzt hierdurch vor allem § 34. Schon aus Abs. 1 Satz 3 folgt, dass sie auch **Beweisvorschrift** sein und dem Gericht einen Teil der durchzuführenden Ermittlungen vorschreiben will.[8] Es soll nämlich den Betroffenen zur Sachverhaltsaufklärung befragen und einen „persönlichen Eindruck" von ihm gewinnen. Der Betroffene ist dadurch (im untechnischen Sinne) sowohl **Auskunftsperson** als auch **Augenscheinsobjekt**.[9] Obwohl die persönliche Anhörung und die Gewinnung eines persönlichen Eindrucks in der Praxis meist zusammenfallen werden,

---

1 BayObLG v. 26.3.2001 – 3 Z BR 5/01, NJOZ 2001, 1482; BayObLG v. 28.10.1993 – 3 Z BR 220/93, FamRZ 1994, 325; HK-BUR/*Bauer*, §§ 278, 34 FamFG Rz. 27; Jurgeleit/*Bučić*, § 278 FamFG Rz. 3.
2 BGH v. 9.11.2011 – XII ZB 286/11, NJW 2012, 317; BGH v. 2.3.2011 – XII ZB 346/10, MDR 2011, 488.
3 BGH v. 16.5.2012 – XII ZB 454/11, FamRZ 2012, 1207.
4 BGH v. 16.3.2011 – XII ZB 601/10, FamRZ 2012, 688.
5 BGH v. 21.11.2012 – XII ZB 384/12, FamRZ 2013, 286.
6 BGH v. 11.4.2012 – XII ZB 504/11, FGPrax 2012, 163.
7 Jansen/*Sonnenfeld*, § 68 FGG Rz. 6; Keidel/*Budde*, § 278 FamFG Rz. 2; Fröschle/*Locher*, § 278 FamFG Rz. 6.
8 HK-BUR/*Bauer*, §§ 278, 34 FamFG Rz. 34; Keidel/*Budde*, § 278 FamFG Rz. 2; BT-Drucks. 16/6303, S. 267 bezeichnet das euphemistisch als „Konkretisierung" der Amtsermittlungspflicht des § 26.
9 Ähnlich HK-BUR/*Bauer*, §§ 278, 34 FamFG Rz. 59.

handelt es sich inhaltlich doch um zwei voneinander unterscheidbare Verfahrenshandlungen, worauf der Wortlaut von Abs. 5 hindeutet.

Einigermaßen unklar ist das **Verhältnis von § 278 zu §§ 33, 34**. Aus § 278 Abs. 4 folgt, dass § 34 Abs. 2 Anwendung finden muss. § 278 im Übrigen als abschließende Spezialregelung zu verstehen[1] ist methodisch denkbar, doch vom Wortlaut des § 278 Abs. 4 her gesehen nicht naheliegend, denn dieser ist zumindest nicht als Rechtsgrundverweisung formuliert. Klar ist allerdings, dass § 33 Abs. 1 Satz 1 durch § 278 Abs. 1 Satz 1 und § 33 Abs. 3 Satz 1 bis 3 durch § 278 Abs. 5 bis 7 verdrängt wird.[2] Im Übrigen spricht jedoch nichts für die Annahme einer solchen verdrängenden Wirkung. Auf die persönliche Anhörung kann daher auch § 34 Abs. 3 angewendet werden,[3] soweit sie nicht für die Sachaufklärung erforderlich ist. Ferner gelten auch § 33 Abs. 1 Satz 2, Abs. 2, Abs. 3 Satz 4 und 5 und Abs. 4, wobei sich die Belehrung des § 33 Abs. 4 auf die Möglichkeit der Vorführung nach § 278 Abs. 5 bis 7 zu beziehen hat.

7a

Wo § 278 weder unmittelbar noch aufgrund einer Verweisung anwendbar ist, bleibt es grundsätzlich bei der **Anwendbarkeit** von §§ 33, 34 auch auf den Betroffenen[4] (s. aber § 297 Rz. 11). Allerdings ist die Verhängung von Ordnungsgeld gegen den Betroffenen auch dann unzulässig, § 33 Abs. 3 Satz 1 und 2 also nicht anwendbar.[5] Andernfalls wäre das Ausbleiben des Betroffenen in einem Anhörungstermin zur Sachaufklärung in solchen, durchweg weniger bedeutenden, Verfahren **schärfer sanktioniert** als in den Verfahren, in denen § 278 Anwendung findet. Möglich ist also auch dort nur die Vorführung des Betroffenen, die dann aber nach § 33 Abs. 3 Satz 3 das **mehrfache Ausbleiben** des Betroffenen im Termin voraussetzt und nicht lediglich dessen „Weigerung", sich anhören zu lassen.

7b

I. Persönliche Anhörung (Abs. 1 Satz 1)

Abs. 1 Satz 1 ist Ausfüllungsnorm zu § 34 Abs. 1 Nr. 2. **Rechtliches Gehör** ist dem Betroffenen im Betreuungsverfahren in der Form der persönlichen Anhörung zu gewähren. Dies muss im Verfahren **mindestens einmal** geschehen. Muss dem Betroffenen danach – wegen der Notwendigkeit der Verwertung späterer Erkenntnisse – erneut rechtliches Gehör gewährt werden (vgl. § 37 Abs. 2), so bestimmt sich die Frage, ob hierfür eine neuerliche persönliche Anhörung notwendig ist, nach § 34 Abs. 1 Nr. 1.

8

Die persönliche Anhörung dient zugleich der **Sachverhaltsermittlung**, ist also auch **Ermittlungstätigkeit**. Es gelten § 27 Abs. 2 und § 28 Abs. 1. Das Gericht ist verpflichtet, darauf hinzuwirken, dass der Betroffene sich vollständig und wahrheitsgemäß zum Sachverhalt äußert. Erzwingen kann es dies nicht. Eine Belehrung darüber, dass er sich nicht zu äußern brauche, ist aber entbehrlich, weil sie der Rechtslage nicht entspricht.

9

Das Gericht ist nicht daran gehindert, den Betroffenen nach § 30 FamFG iVm. § 445 ff. ZPO **förmlich als Beteiligten** zu vernehmen. In diesem – und nur in diesem – Fall ist er auf sein Recht zur Aussageverweigerung (§§ 446, 453 Abs. 2 ZPO) hinzuweisen.

10

---

1 So die hM in der Literatur, vgl. *Schmidt-Recla/Diener*, RPfleger 2010, 696; Bork/Jacoby/Schwab/*Heiderhoff* § 278 FamFG Rz. 11; *Bassenge*/Roth § 278 FamFG Rz. 13; HK-BUR/*Bauer* §§ 278, 34 FamFG Rz. 41; mit etwas anderer Begr. auch Fröschle/*Locher* § 34 FamFG Rz. 15. Wäre § 278 Abs. 4 als Verweisung zu verstehen, dürfte aber auch § 34 Abs. 2 Alt. 2 nicht gelten.
2 BT-Drucks. 16/6308, S. 191.
3 BGH v. 11.8.2010 – XII ZB 171/10, FamRZ 2010, 1650.
4 So zB für die Anhörung nach § 296: Fröschle/*Locher*, § 296 FamFG Rz. 5; *Bassenge*/Roth, § 296 FamFG Rz. 3; Jurgeleit/*Bučić*, § 296 FamFG Rz. 7; aA (kein Zwang möglich) BayObLG v. 14.6.1995 – 3 Z BR 51/95, BtPrax 1995, 182; Jansen/*Sonnenfeld*, § 69i FGG Rz. 40; *Knittel*, § 296 FamFG Rz. 10; wieder anders (§ 68 Abs. 3 FGG = jetzt § 278 Abs. 5 entsprechend anwendbar) BayObLG v. 14.4.1994 – 3 Z BR 39/94, BtPrax 1994, 171; HK-BUR/*Hoffmann*, § 69i FGG Rz. 84.
5 AA Jurgeleit/*Bučić*, § 296 FamFG Rz. 7 (wobei dort fälschlich noch, wie in § 33 Abs. 1 Satz 1 FGG, von „Zwangsgeld" die Rede ist).

II. Verschaffung eines persönlichen Eindrucks (Abs. 1 Satz 2)

11 Das Gericht ist außerdem verpflichtet, sich von dem Betroffenen einen persönlichen Eindruck zu verschaffen. Es handelt sich dabei der Sache nach um eine **Augenscheinseinnahme**.[1] Das Gericht muss den Betroffenen unmittelbar sinnlich wahrnehmen, also sehen und hören können. Durch eine Trennscheibe ist dies (zB bei Ansteckungsgefahren) möglich. Die Übertragung durch Medien (Kamera und Mikrofon) genügt jedoch nicht.

12 Auch für die Eindruckverschaffung gilt § 29. Es ist daher – entgegen verbreiteter Ansicht – durchaus zulässig, den Betroffenen **ohne sein Wissen** zu beobachten, um sich einen Eindruck von ihm zu verschaffen. Die Gegenansicht[2] verkennt, dass der Grundsatz der Parteiöffentlichkeit (richtig: Beteiligtenöffentlichkeit) nur für die förmliche Beweisaufnahme (§ 30) gilt, nicht für die Gewinnung von Erkenntnissen im Freibeweisverfahren.[3] Freilich müssen der Betroffene selbst und die anderen Verfahrensbeteiligten schon wegen § 37 Abs. 2 nachträglich über die heimliche Beobachtung und die hierbei gewonnenen Erkenntnisse informiert werden. Die Pflicht zur persönlichen Anhörung wird durch heimliche Beobachtung im Übrigen nicht erfüllt.

13 Der unmittelbare Eindruck muss **im Verfahren gewonnen** worden sein. Es genügt nicht, dass der Richter aus einem anderen Verfahren schon einen persönlichen Eindruck von dem Betroffenen hat.[4]

14 Das Gericht ist auch hier nicht gehindert, eine **förmliche Beweisaufnahme** nach § 30 anzuordnen. Es gelten dann die §§ 371 ff. ZPO.

III. Durchführung

1. Öffentlichkeit

15 Verfahrenshandlungen des Gerichts nach Abs. 1 sind **nicht öffentlich** (§ 170 Abs. 1 Satz 1 GVG), falls das Gericht nicht nach § 170 Abs. 1 Satz 2 GVG etwas anderes bestimmt. Der Betroffene kann verlangen, dass eine[5] **Person seines Vertrauens** dabei anwesend ist (§ 170 Abs. 1 Satz 3 GVG). Das gilt unabhängig von dem Recht aus § 12, zur Anhörung mit einem Beistand oder Verfahrensbevollmächtigten zu erscheinen (s. § 12 Rz. 3). Die Person des Vertrauens iSv. § 170 Abs. 1 Satz 3 GVG muss die Anforderungen des § 12 nicht erfüllen. **Beteiligte** haben kein Anwesenheitsrecht,[6] das Gericht kann sie jedoch ohne weiteres zulassen. Der Betroffene kann – wie die anderen Beteiligten auch – der Herstellung der Öffentlichkeit widersprechen (vgl. § 170 Abs. 1 Satz 2 GVG), nicht jedoch der Anwesenheit der Beteiligten.

15a Der **Verfahrenspfleger** hat ein Recht zur Anwesenheit bei Verfahrenshandlungen nach Abs. 1.[7] Wird er erst nach ihrer Ausführung bestellt, müssen sie daher wiederholt werden.[8] Dasselbe gilt, wenn der **Verfahrensbevollmächtigte** des Betroffenen vom Anhörungstermin nicht unterrichtet worden ist.[9]

2. Ort

16 Abs. 1 Satz 3 schreibt vor, dass die Eindruckverschaffung in der üblichen Umgebung des Betroffenen stattfinden soll, wenn

---

1 BtKomm/*Roth*, A Rz. 147; Fröschle/*Locher*, § 278 FamFG Rz. 3; Jurgeleit/*Bučić*, § 278 FamFG Rz. 13.
2 HK-BUR/*Bauer*, §§ 278, 34 FamFG Rz. 133; MüKo.ZPO/*Schmidt-Recla*, § 287 FamFG Rz. 36.
3 Keidel/*Sternal*, § 29 FamFG Rz. 23.
4 OLG Köln v. 30.3.2007 – 16 Wx 70/07, BtMan 2007, 157 (LS).
5 Bis zur Grenze des Rechtsmissbrauchs auch mehrere, *Damrau/Zimmermann*, § 278 FamFG Rz. 14.
6 OLG Hamm v. 12.5.2009 – 15 Wx 1-4/09, FGPrax 2009, 217; aA *Dodegge*, BtPrax 2010, 251 f. für Angehörige, die am Verfahren beteiligt sind.
7 Jurgeleit/*Bučić*, § 278 FamFG Rz. 18; Bassenge/*Roth*, § 278 FamFG Rz. 17.
8 BGH v. 2.3.2011 – XII ZB 346/10, MDR 2011, 488.
9 BGH v. 9.11.2011 – XII ZB 286/11, NJW 2012, 317.

- der Betroffene dies verlangt oder
- es der Sachaufklärung dient und der Betroffene nicht widerspricht.

Übliche Umgebung ist der Ort, an dem der Betroffene seinen Lebensmittelpunkt hat. Der Begriff deckt sich mit dem des gewöhnlichen Aufenthalts[1] (dazu ausf. § 122 Rz. 4 ff.). Fehlt es an einem solchen Ort, weil der Betroffene keinen Lebensmittelpunkt hat, geht Abs. 1 Satz 3 ins Leere. Dasselbe gilt, wenn der Betroffene zwar über eine solche übliche Umgebung verfügt, sich zurzeit des Verfahrens dort aber nicht aufhält. Ist die Eindruckverschaffung in dieser üblichen Umgebung nicht möglich, kann sie an jedem anderen Ort durchgeführt werden.[2] Das Verfahren braucht nicht ausgesetzt zu werden, bis dies wieder möglich ist. 17

Dem **Verlangen** des Betroffenen, ihn in seiner gewohnten Umgebung anzuhören, soll entsprochen werden. Seinem Verlangen, an einem anderen Ort, zB dem seines nur vorübergehenden Aufenthalts oder an einem „neutralen" Ort, angehört zu werden, braucht das Gericht dagegen nicht zu folgen. Möglich ist freilich auch dies, solange die Vorschriften über die Nichtöffentlichkeit des Verfahrens dabei eingehalten werden können.[3] Dem Gericht bleibt ein gewisser **Ermessensspielraum**, dem Verlangen nicht zu folgen.[4] Das kommt vor allem in Frage, wenn durch die Anhörung am Ort der üblichen Umgebung eine unangemessene Verfahrensverzögerung entstünde.[5] 18

Der Betroffene kann der Durchführung der Eindruckverschaffung in seiner gewöhnlichen Umgebung auch **widersprechen**. Dann darf sie nicht dort geschehen. Der Betroffene ist stattdessen ins Gerichtsgebäude zu laden.[6] Den Widerspruch kann der Betroffene jederzeit, auch noch kurz vor Beginn der Anhörung, erklären. Eine gegen den Willen des Betroffenen in seiner Wohnung durchgeführte Anhörung ist fehlerhaft und muss wiederholt werden.[7] 19

Hat der Betroffene die Durchführung der Eindruckverschaffung in seiner üblichen Umgebung weder verlangt noch ihr widersprochen, führt das Gericht sie dort durch, wenn es **der Sachaufklärung dient**. Zum Teil wird dazu behauptet, das sei regelmäßig der Fall, weil sich aus der Umgebung des Betroffenen stets wichtige Erkenntnisse für das Verfahren werden gewinnen lassen.[8] Das verkennt jedoch den rechtlichen Maßstab für die Frage, ob etwas der Sachaufklärung dient. Das Gericht hat nämlich nur die **entscheidungserheblichen** Tatsachen aufzuklären (§ 26). Was die Endentscheidung nicht beeinflusst, braucht es nicht zu wissen, und es dient nicht der Sachaufklärung, es festzustellen. Entscheidend ist daher, ob das Gericht in der Lage ist, die Betreuungsbedürftigkeit und ggf. ihr Ausmaß ohne Kenntnis der persönlichen Umgebung des Betroffenen festzustellen. Kann es dies, braucht es sie nicht aufzusuchen.[9] 20

Ist der Betroffene **nicht transportfähig**, kommt es auf Abs. 1 Satz 3 nicht an. Er ist dann stets dort aufzusuchen, wo er sich befindet, gleichgültig, ob es sich um seine übliche oder eine andere Umgebung handelt. Im Rahmen der allgemeinen Sachaufklärungspflicht des § 26 kann das Gericht verpflichtet sein, den Ort, an dem der Betroffene lebt, dennoch (dann ohne den Betroffenen) in Augenschein zu nehmen. 21

---

1 Fröschle/*Locher*, § 278 FamFG Rz. 5.
2 Das kann auch dazu dienen, eine unbefangenere Gesprächsathmosphäre als im Gerichtsgebäude herzustellen, *Thar*, FPR 2012, 41 (43).
3 Daher zB keine Anhörung am Arbeitsplatz im Beisein von Kollegen, BtKomm/*Roth*, A Rz. 149.
4 OLG Düsseldorf v. 12.6.1996 – 25 Wx 8/96, FGPrax 1996, 184; *Knittel*, § 278 FamFG Rz. 22; Fröschle/*Locher*, § 278 FamFG Rz. 3; Jürgens/*Kretz*, § 278 FamFG Rz. 3; aA (Abweichung nur bei missbräuchlichem Verlangen) Jansen/*Sonnenfeld*, § 68 FGG Rz. 18.
5 HK-BUR/*Bauer*, §§ 278, 34 FamFG Rz. 61 will das Gericht dagegen für verpflichtet halten, eine zulässigerweise an anderem Ort durchgeführte Anhörung auf Verlangen des Betroffenen in dessen üblicher Umgebung fortzusetzen. Das geht mir zu weit.
6 Bork/Jacoby/Schwab/*Heiderhoff*, § 278 FamFG Rz. 4.
7 BGH v. 17.10.2012 – XII ZB 181/12, FamRZ 2013, 31.
8 HK-BUR/*Bauer*, §§ 278, 34 FamFG Rz. 87 ff.; Jansen/*Sonnenfeld*, § 68 FGG Rz. 33; Jurgeleit/*Bučić*, § 278 FamFG Rz. 13.
9 Ähnlich wie hier: MüKo.ZPO/*Schmidt-Recla*, § 278 FamFG Rz. 15.

IV. Inhalt der Anhörung (Absatz 2)

22 Abs. 2 ergänzt die allgemeinen Normen über die Gewährung rechtlichen Gehörs (hier vor allem § 28 Abs. 1). Der Betroffene ist über den **möglichen Verlauf** des Verfahrens aufzuklären (Abs. 2 Satz 1), und es sind mit ihm zu **erörtern** (Abs. 2 Satz 3)
- der Umfang des Aufgabenkreises (bzw. des Kreises der einwilligungsbedürftigen Geschäfte) und
- die als Betreuer (konkret) in Frage kommenden Personen und Stellen, einschließlich eines vom Betroffenen selbst stammenden Vorschlags.[1]

23 Da die Anhörung der Gewährung rechtlichen Gehörs dient, muss sich das Gericht bei ihr auf die Erlebniswelt und die kognitiven Fähigkeiten des Betroffenen einstellen.[2]

24 Aus der systematischen Stellung in § 278 könnte folgen, dass Abs. 2 sich auf den **Inhalt der persönlichen Anhörung** nach Abs. 1 Satz 1 bezieht.[3] Das führt jedoch in einen Widerspruch: Über den „möglichen Verlauf des Verfahrens" kann das Gericht den Betroffenen nur in einem frühen Verfahrensstadium aufklären, soll dies überhaupt sinnvoll sein.[4] Die in Abs. 2 Satz 3 beschriebenen Fragen können aber erst am Verfahrensende – vor allem nicht vor Einholung des Gutachtens – sinnvoll erörtert werden. Somit ist Abs. 2 von Abs. 1 unabhängig zu lesen:[5] Die in Abs. 2 Satz 1 genannten Hinweise sind in geeigneter Form **zu Verfahrensbeginn** zu geben. Die in Abs. 2 Satz 3 vorgeschriebene Erörterung ist **vor Verfahrensabschluss** durchzuführen. Ob beides eine persönliche Anhörung erfordert oder nicht, bestimmt sich nach § 34 Abs. 1 Nr. 1, und nur, wenn bis dahin noch keine persönliche Anhörung iSv. Abs. 1 Satz 1 stattgefunden hat, ist das am Ende des Verfahrens zu deren Inhalt zu machen.

25 In „geeigneten Fällen" ist der Betroffene außerdem auf die Möglichkeiten zur Errichtung und Registrierung einer **Vorsorgevollmacht** hinzuweisen (Abs. 2 Satz 2). Geeignet sind dafür nur Fälle unzweifelhaft bestehender Geschäftsfähigkeit des Betroffenen, denn schon wenn die Geschäftsfähigkeit zurzeit der Vollmachtserrichtung zweifelhaft ist, wird dies die Vollmacht im Rechtsverkehr so stark entwerten, dass eine Betreuerbestellung durch sie nicht entbehrlich wird.[6] Die **Registrierung** der Vollmacht bei der Notarkammer ist in diesem Zusammenhang kaum noch sinnvoll. Sie soll ja nur sicherstellen, dass das Gericht von der Vollmacht erfährt, wenn es ein Betreuungsverfahren einleitet. Hier ist das Verfahren schon eingeleitet und wird zur Betreuerbestellung führen, falls der Betroffene sich nicht innerhalb des laufenden Verfahrens zur Errichtung der Vollmacht entschließt.

V. Rechtshilfe (Absatz 3)

26 Abs. 3 regelt die Durchführung der in Abs. 1 genannten Verfahrenshandlungen durch den **ersuchten Richter** (§§ 156 ff. GVG). Sie ist zulässig, wenn anzunehmen ist, dass das Gericht eine Entscheidung in der Sache auch ohne eigenen unmittelbaren Eindruck von dem Betroffenen wird treffen können. Die Entscheidung hierüber obliegt dem ersuchenden Gericht. Das ersuchte Gericht darf sie nicht treffen und die Rechtshilfe mit der Begründung ablehnen, die Voraussetzungen des Abs. 3 lägen nicht vor.[7]

---

1 BGH v. 16.3.2011 – XII ZB 601/10, FamRZ 2012, 688.
2 Weitergehende Hinweise auf die Gesprächsführung gibt *Thar*, FPR 2012, 41.
3 So Bork/Jacoby/Schwab/*Heiderhoff*, § 278 FamFG Rz. 6.
4 *Knittel*, § 278 FamFG Rz. 32.
5 Hierauf deutet die zu Abs. 2 in BT-Drucks. 16/6308, S. 267 gegebene Begr. hin.
6 BGH v. 15.12.2010 – XII ZB 165/10, NJW 2011, 925.
7 OLG München v. 29.7.2005 – 33 AR 24/05, BtPrax 1005, 199 (LS); OLG Köln v. 2.5.2003 – 16 Wx 107/03, FamRZ 2004, 818, etwas anderes gilt nur bei rechtsmissbräuchlichem Ersuchen, das nicht nur evident unrichtig ist, sondern erkennbar mit Wiederholungswillen gestellt wird, OLG Schleswig v. 22.3.1995 – 2 W 29/95, BtPrax 1995, 145.

Eng am Wortlaut orientiert ausgelegt würde Abs. 3 m.E. nur wiedergeben, was ohnehin gilt:[1] Wenn es auf die persönliche Würdigung der Angaben des Betroffenen ankommt, ist das erkennende Gericht schon nach § 26 verpflichtet, die Anhörung selbst durchzuführen. Der BGH setzt jedoch die strenge Linie der Rechtsprechung zur alten Norm fort und geht davon aus, dass Rechtshilfe nur in **Ausnahmefällen** in Frage kommt.[2] Soweit das früher außerdem von Anfang an offensichtlich sein musste,[3] gilt das nun aber nicht mehr. Es genügt, wenn sich erst aus der Rechtshilfevernehmung ergibt, dass eine (weitere) persönliche Vernehmung nicht mehr erforderlich ist. 27

Liegen die Voraussetzungen des Abs. 3 nicht vor, muss das Gericht entweder die Verfahrenshandlungen nach Abs. 1 selbst durchführen oder – zB bei besonders großer Entfernung – die Sache nach § 4 an ein ortsnäheres Gericht **abgeben**. Die Notwendigkeit der persönlichen Anhörung im Bezirk des Abgabegerichts kann ein wichtiger Grund für die Abgabe sein.[4] 28

Für den Einsatz eines **beauftragten Richters** gelten die allgemeinen Regeln. Das ist logisch, denn die Kammer kann ja auch das gesamte Verfahren einem ihrer Mitglieder als Einzelrichter übertragen (vgl. § 68 Rz. 31). 29

Für die **internationale Rechtshilfe** gilt Abs. 3 nicht.[5] Hält sich der Betroffene im Ausland auf, ist seine Anhörung stets im Rechtshilfewege zulässig, zumal die persönliche Durchführung durch das erkennende Gericht ganz davon abhinge, ob der Aufenthaltsstaat dergleichen überhaupt zulässt. 30

VI. Verzicht auf die Verfahrenshandlungen des Absatzes 1 (Absatz 4)

Von den in Abs. 1 genannten Verfahrenshandlungen kann das Gericht zunächst unter den Voraussetzungen des § 51 Abs. 3 Satz 2 absehen, nämlich wenn sie in einem vorangegangenen Verfahren zum Erlass einer eA schon stattgefunden haben und von ihrer erneuten Vornahme keine zusätzlichen Erkenntnisse zu erwarten sind.[6] 30a

Die persönliche Anhörung des Betroffenen ist nach § 34 Abs. 2 Alt. 1 ausnahmsweise entbehrlich, wenn sie für ihn **gesundheitsgefährdend** wäre. Abs. 4 schreibt vor, dass das Gericht die Feststellung einer solchen Gesundheitsgefährdung nur aufgrund eines **Sachverständigengutachtens** treffen darf. Der Sachverständige muss den Voraussetzungen des § 280 Abs. 1 Satz 2 genügen. Die Begutachtung braucht nicht im Wege der förmlichen Beweisaufnahme erfolgt zu sein (§ 30). Formlose Anhörung des Sachverständigen (§ 29) genügt. Das Absehen von der persönlichen Anhörung setzt andernfalls drohende schwere gesundheitliche Nachteile voraus[7] und ist ultima ratio. Kann sie unter besonderen Vorkehrungen ohne erhebliche Gesundheitsgefahr durchgeführt werden,[8] geht dies vor. 31

Die persönliche Anhörung des Betroffenen kann ferner unterbleiben, wenn der Betroffene offensichtlich **nicht in der Lage** ist, seinen Willen zu äußern (§ 34 Abs. 2 Alt. 2). Gemeint ist damit sein natürlicher Wille. § 34 Abs. 2 Alt. 2 greift nicht schon, wenn der Betroffene nichts Sinnvolles zur Sache äußern kann, sondern erst, wenn er entweder überhaupt nichts oder jedenfalls nichts irgendwie auf die Sache Bezogenes 32

---

1 Die Vorgängernorm war insoweit strenger formuliert, allerdings ohne dass dem Gesetzgeber dies deutlich gewesen wäre, BT-Drucks. 16/6308, S. 267.
2 BGH v. 16.3.2011 – XII ZB 601/10, FamRZ 2012, 688; zum alten Recht ähnlich: OLG Hamm v. 30.5.1996 – 15 W 122/96, BtPrax 1996, 189.
3 Siehe hierzu Jansen/*Sonnenfeld*, § 68 Rz. 51; Keidel/*Budde*, § 278 Rz. 10; so noch immer: Jurgeleit/*Bučić*, § 278 FamFG Rz. 21.
4 OLG Stuttgart v. 3.7.1996 – 8 AR 29/96, BtPrax 1996, 191; HK-BUR/*Bauer*, §§ 278, 34 FamFG Rz. 101.
5 Bork/Jacoby/Schwab/*Heiderhoff*, § 278 FamFG Rz. 5.
6 *Damrau/Zimmermann*, § 278 FamFG Rz. 8.
7 OLG Karlsruhe v. 16.10.1998 – 11 Wx 98/98, FamRZ 1999, 670; noch strenger MüKo.ZPO/ *Schmidt-Recla*, § 278 Rz. 39 („unumkehrbare oder lebensgefährliche Schäden").
8 ZB nach Gabe von Medikamenten: OLG Karlsruhe v. 16.10.1998 – 11 Wx 98/98, FamRZ 1999, 670.

zu äußern imstande ist.¹ So verstanden, handelt es sich im Grunde um eine Selbstverständlichkeit.² Jemanden „anzuhören", der nichts zur Sache sagen kann, ist evident unsinnig. Nach altem Recht (§ 68 Abs. 2 Nr. 2 FGG) war vorgeschrieben, dass das Gericht dies aufgrund seines unmittelbaren Eindrucks von dem Betroffenen feststellt. Dies schreibt die Neufassung nun streng genommen nicht mehr vor.³ In der Sache ändert sich dadurch aber nicht viel, denn die Anhörungsunfähigkeit macht nur die Anhörung nach Abs. 1 Satz 1, nicht auch die Eindruckverschaffung nach Abs. 1 Satz 2 entbehrlich.⁴ Bei nur **vorübergehender Verständigungsunfähigkeit** ist die persönliche Anhörung nicht entbehrlich.⁵ Ggf. muss inzwischen eine beschleunigte eA (§ 301) erlassen werden.

33 Wird von der persönlichen Anhörung nach § 34 Abs. 2 abgesehen, bedeutet dies eine Verkürzung des rechtlichen Gehörs, die die Bestellung eines **Verfahrenspflegers** notwendig macht (vgl. § 276 Rz. 10).

34 Die persönliche Anhörung kann außerdem entfallen, wenn der Betroffene einem dazu anberaumten Termin **unentschuldigt ferngeblieben** ist (§ 34 Abs. 3).⁶ Er muss mit der Ladung auf diese mögliche Rechtsfolge seines Ausbleibens hingewiesen worden sein (vgl. zu den Einzelheiten § 34 Rz. 32). Darin steckt keine Verkürzung des rechtlichen Gehörs, vielmehr dessen mangelnde Wahrnehmung durch den Betroffenen. Ein notwendiger Fall der Verfahrenspflegschaft entsteht durch diese Vorgehensweise daher nicht. Das Gericht ist nicht berechtigt, aus der verweigerten Mitwirkung **Schlüsse** zu ziehen.⁷

35 Unter welchen Voraussetzungen das Gericht sich ausnahmsweise auch einen **persönlichen Eindruck** von dem Betroffenen (Abs. 1 Satz 2) nicht verschaffen muss, regelt § 34 nicht unmittelbar. § 34 Abs. 2 Alt. 1 iVm. § 278 Abs. 4 kann aber **entsprechend angewendet** werden, wenn schon von der Konfrontation mit dem Gericht eine gesundheitliche Gefahr für den Betroffenen ausgeht, selbst wenn er dabei nicht befragt wird.⁸ Dafür spricht, dass auch in anderen Zusammenhängen Gesundheitsgefahren für den Betroffenen ein Grund sein können, auf Verfahrensschritte zu verzichten. Die Einhaltung von Verfahrensnormen muss dem Schutz höherwertiger Rechtsgüter des Betroffenen weichen, wenn diese es erfordern. Es müssen dazu aber alle dem Gesetz entsprechenden Alternativen ausscheiden. Hier kommt zB die Einrichtung zunächst nur einer vorläufigen Betreuung durch eA in Frage, denn § 300 Abs. 1 Satz 1 Nr. 4 schreibt nur die persönliche Anhörung vor, nicht auch die Verschaffung eines persönlichen Eindrucks von dem Betroffenen (s. auch § 300 Rz. 29).

36 Die entsprechende Anwendung von § 34 Abs. 3 auch auf die **Verschaffung des persönlichen Eindrucks** dürfte in Frage kommen, wenn sich die Vorführung des Betroffenen an der fehlenden Verhältnismäßigkeit scheitert (s. dazu Rz. 38). Jedenfalls kann der Erlass einer dem Sach- und Streitstand entsprechenden Endentscheidung nicht daran scheitern, dass der Betroffene entgegen seiner Pflicht aus § 27 Abs. 2 die ordnungsgemäße Durchführung des Verfahrens mit allen Mitteln torpediert.

VII. Vorführung des Betroffenen (Absätze 5 bis 7)

37 Abs. 5 enthält die Ermächtigung des Gerichts, die Vorführung des Betroffenen durch die zuständige Behörde anzuordnen, wenn die Durchführung der nach Abs. 1 Satz 1 und 2 vorgeschriebenen Verfahrenshandlungen an seiner **Weigerung** scheitert.

---

1 HK-BUR/*Bauer*, §§ 278, 34 FamFG Rz. 138 ff.
2 *Damrau/Zimmermann*, § 278 FamFG Rz. 64; MüKo.ZPO/*Schmidt-Recla*, § 278 FamFG Rz. 37.
3 *Fröschle/Locher*, § 278 FamFG Rz. 29; obwohl der Gesetzgeber selbst dies anzunehmen scheint, vgl. BT-Drucks. 16/6308, S. 192; ebenso Bork/Jacoby/Schwab/*Heiderhoff*, § 278 FamFG Rz. 7.
4 Jansen/*Sonnenfeld*, § 68 FGG Rz. 24.
5 *Fröschle*, § 34 FamFG Rz. 34.
6 BGH v. 11.8.2010 – XII ZB 171/10, FamRZ 2010, 1650.
7 MüKo.ZPO/*Schmidt-Recla*, § 278 FamFG Rz. 17.
8 Dafür: HK-BUR/*Bauer*, §§ 278, 34 FamFG Rz. 133; *Knittel*, § 278 FamFG Rz. 47; Fröschle/*Locher*, § 68 FGG Rz. 9; dagegen: Jansen/*Sonnenfeld*, § 68 FGG Rz. 24.

Das kann aus einer entsprechenden Äußerung von ihm folgen, aber auch daraus, dass er mehrfach zu Anhörungen nicht erscheint. Anders als in § 33 Abs. 3 Satz 3 ist das mehrfache unentschuldigte Ausbleiben aber keine notwendige Voraussetzung der Vorführung, erforderlich ist, dass das Gericht aus seinem Verhalten schließen kann, er werde freiwillig zu keiner Anhörung erscheinen.[1] Abs. 5 ist gegenüber § 33 Abs. 3 Satz 1 bis 3 **abschließende Spezialregelung**. Das Erscheinen des Betroffenen darf mit anderen Mitteln nicht erzwungen werden.

Der Grundsatz der **Verhältnismäßigkeit** ist zu beachten. Steht der Eingriff in die Rechte des Betroffenen, den die Vorführung beinhaltet, außer Verhältnis zum Verfahrensgegenstand, darf sie nicht angeordnet werden.[2] **38**

Die Vorführung geschieht durch die **Betreuungsbehörde**.[3] Damit soll sichergestellt werden, dass im Umgang mit kranken und behinderten Menschen geschultes Fachpersonal sie durchführt.[4] **39**

Nach Abs. 6 kann das Betreuungsgericht die Betreuungsbehörde zur **Gewaltanwendung** und nach Abs. 7 kann es sie auch zur **Wohnungsöffnung und -durchsuchung** ermächtigen. Anders als in § 283 Abs. 3 Satz 2 ist eine vorherige persönliche Anhörung des Betroffenen zu beiden Maßnahmen nicht vorgesehen. Das ist insofern logisch, als es ja gerade die Anhörung ist, die mit den Maßnahmen erzwungen werden soll. Dem Betroffenen ist **rechtliches Gehör** vor den Entscheidungen nach Abs. 6, 7 überhaupt nicht gesondert zu gewähren. Es ist vielmehr mit dem nach § 33 Abs. 4 zu gebenden Hinweis (vgl. Rz. 43) bereits gewährt worden. **40**

Wäre die Vorführung bzw. die Durchsuchung **unverhältnismäßig**,[5] kann das Gericht in Anwendung des Rechtsgedankens des § 34 Abs. 3 Satz 1 ausnahmsweise ohne die nach Abs. 1 vorgeschriebenen Verfahrenshandlungen entscheiden. Entsprechend § 34 Abs. 3 Satz 2 ist der Betroffene hierauf vorher hinzuweisen. **41**

Das Gesetz regelt die **Anfechtbarkeit** der Vorführungsanordnung nicht. Nach hier vertretener Auffassung (s. Rz. 7b) ist jedoch § 33 Abs. 3 Satz 5 anwendbar.[6] Es ist folglich die **sofortige Beschwerde** dagegen statthaft, s. § 33 Rz. 42. Nichts anderes gilt für die Wohnungsöffnung. **42**

Die Vorführung kann nur **der Richter** anordnen, auch wenn für das Verfahren im Übrigen der Rechtspfleger zuständig ist und sie vor den Rechtspfleger erfolgen soll. Das folgt aus § 4 Abs. 2 Nr. 2 RPflG und – indirekt – auch aus § 19 Abs. 1 Satz 1 Nr. 1 RPflG. Eine vorherige **Androhung** der Vorführung sieht das Gesetz nicht vor. Soll der Betroffene vorgeführt werden, weil er einem Termin unentschuldigt ferngeblieben ist, setzt das aber voraus, dass ihm mit der Ladung **ein Hinweis** nach § 33 Abs. 4 erteilt worden ist. Auch die Anordnung der Gewaltanwendung oder der Wohnungsdurchsuchung ist nur zulässig, wenn auf diese mögliche Folge nach § 33 Abs. 4 hingewiesen worden ist. **43**

Da die Vorführung auf Anordnung des Gerichts erfolgt und die Betreuungsbehörde hier als Vollstreckungsorgan tätig wird, gehören die **Kosten der Vorführung** **44**

---

1 BayObLG v. 16.7.1997 – 3 Z BR 272/97, NJW-RR 1998, 437.
2 OLG Stuttgart v. 20.6.2006 – 8 W 140/06, FGPrax 2007, 47; HK-BUR/*Bauer*, §§ 278, 34 FamFG Rz. 161.
3 Und zwar auch bei Minderjährigen, so nun auch: HK-BUR/*Bauer*, §§ 278, 34 FamFG Rz. 170. Nicht gefolgt werden kann ihm darin, dass das Jugendamt wegen seiner besonderen Fachkunde hinzuzuziehen sei. Das verkennt, dass im SGB VIII eine entsprechende Aufgabenzuweisung fehlt.
4 BT-Drucks. 11/4528, S. 172 f.
5 ZB weil von dieser erhebliche Gesundheitsgefahren ausgehen, Fröschle/*Locher*, § 278 FamFG Rz. 27.
6 Nach *Schmidt-Recla*/*Diener*, RPfleger 2010, 696, 701 kann § 33 Abs. 3 Satz 5 hier zur Vermeidung von Widersprüchen entsprechend angewendet werden; aA *Damrau*/*Zimmermann*, § 278 FamFG Rz. 78; Bahrenfuss/*Brosey*, § 278 FamFG Rz. 7 (Beschwerde nur bei willkürlicher Entscheidung statthaft).

§ 279

zu den Gerichtskosten und sind der Betreuungsbehörde aus der Gerichtskasse zu erstatten.[1] Sie sind gerichtliche Auslagen iSv. Nr. 31008/1 KV GNotKG.[2]

279 Anhörung der sonstigen Beteiligten, der Betreuungsbehörde und des gesetzlichen Vertreters

(1) Das Gericht hat die sonstigen Beteiligten vor der Bestellung eines Betreuers oder der Anordnung eines Einwilligungsvorbehalts anzuhören.
(2) Das Gericht hat die zuständige Behörde vor der Bestellung eines Betreuers oder der Anordnung eines Einwilligungsvorbehalts anzuhören, wenn es der Betroffene verlangt oder es der Sachaufklärung dient.
(3) Auf Verlangen des Betroffenen hat das Gericht eine ihm nahestehende Person anzuhören, wenn dies ohne erhebliche Verzögerung möglich ist.
(4) Das Gericht hat im Fall einer Betreuerbestellung oder der Anordnung eines Einwilligungsvorbehalts für einen Minderjährigen (§ 1908a des Bürgerlichen Gesetzbuchs) den gesetzlichen Vertreter des Betroffenen anzuhören.

A. Allgemeines 1	III. Anhörung einer Vertrauensperson (Absatz 3) 21
B. Inhalt der Vorschrift	
I. Anhörung der sonstigen Verfahrensbeteiligten (Absatz 1) 7	IV. Anhörung des gesetzlichen Vertreters (Absatz 4) 27
II. Anhörung der Betreuungsbehörde (Absatz 2) 11	C. Rechtshilfe 31

A. Allgemeines

1 § 279 ist an die Stelle von § 68a FGG getreten. Mit dem „Gesetz zur Stärkung der Funktionen der Betreuungsbehörde"[3] wird **am 1.7.2014 folgende Neufassung des Abs. 2 in Kraft treten:**[4]

(2) Das Gericht hat die zuständige Behörde vor der Bestellung eines Betreuers oder der Anordnung eines Einwilligungsvorbehalts anzuhören. Die Anhörung vor der Bestellung eines Betreuers soll sich insbesondere auf folgende Kriterien beziehen:
1. *persönliche, gesundheitliche und soziale Situation des Betroffenen,*
2. *Erforderlichkeit der Betreuung einschließlich geeigneter anderer Hilfen (§ 1896 Absatz 2 des Bürgerlichen Gesetzbuchs),*
3. *Betreuerauswahl unter Berücksichtigung des Vorrangs der Ehrenamtlichkeit (§ 1897 des Bürgerlichen Gesetzbuchs) und*
4. *diesbezügliche Sichtweise des Betroffenen.*

2 Die Norm ist in Aufbau und Formulierung verunglückt. Während Abs. 1 und Abs. 4 Anhörungen betreffen, die in erster Linie der **Gewährung rechtlichen Gehörs** dienen, ist das bei den in Abs. 2 und Abs. 3 genannten Anhörungen gerade nicht der Fall. Sie dienen ausschließlich der Sachverhaltsaufklärung. Sind die Betreuungsbehörde oder die Vertrauensperson zugleich nach § 274 Abs. 3 bzw. Abs. 4 Nr. 1 am Verfahren beteiligt worden, gilt für sie auch Abs. 1.

2a Anhörung bedeutet, dass das Gericht eine **Gelegenheit zur Stellungnahme** geben muss.[5] Die Form, in der dies geschieht, steht im pflichtgemäßen Ermessen des Gerichts (vgl. im Einzelnen Rz. 8). Ist in zumutbarer Weise Gelegenheit zur Stellung-

---
1 Str., wie hier OLG Köln v. 26.7.2004 – 16 Wx 119/04, BtMan 2005, 105; LG Saarbrücken v. 27.6.2012 – 5 T 250/12, BtPrax 2012, 219 (LS) = BeckRS 2012 Nr. 16611 (Volltext); Fröschle/*Locher*, § 278 FamFG Rz. 36; aA LG Limburg v. 1.12.1997 – 7 T 225/97, BtPrax 1998, 116.
2 Insoweit aA, nämlich für Anwendung von Nr. 31013 und Nr. 31009/2 GNotKG): LG Saarbrücken v. 27.6.2012 – 5 T 250/12, BtPrax 2012, 219 (LS); Jurgeleit/*Bučić*, § 278 FamFG Rz. 39.
3 Bei Drucklegung am 19.8.2013 verabschiedet, aber noch nicht verkündet (s. Einl. Rz. 45a).
4 Stand des Gesetzesbeschlusses v. 7.6.2013, BT-Drucks 17/13419; 17/13952.
5 BT-Drucks 17/13419 S. 10.

nahme gegeben worden, hat das Gericht seine Pflicht aus § 279 erfüllt, auch wenn keine Stellungnahme abgegeben wird. Ob das Gericht wegen der fehlenden Stellungnahme weitere Ermittlungen anstellen muss, richtet sich nach § 26.

§ 279 **gilt unmittelbar** nur für Verfahren zur Erstbestellung eines Betreuers und zur Anordnung eines Einwilligungsvorbehalts. Das folgt allerdings nicht eindeutig aus dem insoweit völlig verunglückten Wortlaut, sondern nur aus der Gesetzessystematik,[1] denn nur so ergeben die Verweisungen auf (den ganzen!) § 279 in anderen Vorschriften einen Sinn. 3

Kraft **Verweisung** gilt § 279 außerdem für 4
die Erweiterung der Betreuung oder des Einwilligungsvorbehalts (§ 293 Abs. 1),
die Aufhebung oder Einschränkung der Betreuung oder des Einwilligungsvorbehalts (§ 294 Abs. 1),
die Verlängerung der Betreuung oder des Einwilligungsvorbehalts (§ 295 Abs. 1) und
die Neubestellung eines Betreuers nach Tod oder Entlassung des Vorgängers (§ 296 Abs. 2 Satz 3).

Für das Verfahren über die Genehmigung einer Sterilisation und einer medizinischen Entscheidung existieren **eigenständige Regelungen** (§§ 297 Abs. 2 und 3, 298 Abs. 1 Satz 2 und 3, Abs. 2). 5

Genau wie bei § 278 ist für die Anwendbarkeit das **Verfahrensergebnis**, nicht das Verfahrensziel entscheidend. Endet das Verfahren mit der **Ablehnung** der Erstbestellung eines Betreuers oder auch der beantragten Aufhebung der Betreuung, braucht § 279 nicht beachtet worden zu sein. Lediglich im Überprüfungsverfahren bei Fristablauf ist er stets zu beachten, weil er bei jedem Verfahrensergebnis – entweder über § 295 Abs. 1 oder über § 294 Abs. 1 – zur Anwendung kommt. Die Pflicht zur Anhörung der **Beteiligten** zu den für die Endentscheidung relevanten Erkenntnissen folgt jedoch unabhängig von der Anwendbarkeit des § 279 aus Art. 103 Abs. 1 GG und § 37 Abs. 2. 6

B. Inhalt der Vorschrift

I. Anhörung der sonstigen Verfahrensbeteiligten (Absatz 1)

Die Anhörung des Betroffenen regelt § 278. Dass alle anderen Verfahrensbeteiligten ebenfalls anzuhören sind, ergibt sich schon aus ihrem Anspruch auf die **Gewährung rechtlichen Gehörs**[2] (Art. 103 Abs. 1 GG). Abs. 1 fehlt daher neben §§ 33, 34, 37 Abs. 2 ein eigenständiger Regelungsgehalt. Er stellt lediglich klar, dass das Gericht die Angehörigen des Betroffenen entgegen der alten Rechtslage nicht anzuhören braucht, wenn es sie nicht als Beteiligte hinzugezogen hat und der Betroffene sie auch nicht als Vertrauenspersonen iSv. Abs. 3 benennt. 7

Abs. 1 schreibt die **Form der Anhörung** nicht vor. Sie steht im pflichtgemäßen Ermessen des Gerichts,[3] Gelegenheit zur schriftlichen[4] oder telefonischen[5] Äußerung genügt grundsätzlich. Die Pflicht, auch andere Verfahrensbeteiligte als den Betroffenen persönlich anzuhören, kann sich aber aus § 34 Abs. 1 Nr. 1 ergeben.[6] 8

Sollen Verfahrensbeteiligte zugleich **zur Sachaufklärung** angehört werden, ist § 33 anzuwenden. Ob das erforderlich ist, entscheidet das Gericht nach seinem Ermessen im Rahmen der Amtsermittlungspflicht des § 26. Erzwungen werden kann allerdings nur die Anwesenheit (§ 33 Abs. 2), nicht auch die Aussage (vgl. § 33 Rz. 26). 9

---

1 Der Gesetzgeber wollte den Anwendungsbereich gegenüber der Vorgängernorm nicht erweitern, vgl. BT-Drucks. 16/6308, S. 267f. Das Fehlen jeder Einschränkung in Abs. 3 kann daher nur ein Versehen sein.
2 BT-Drucks. 16/6308, S. 267.
3 BtKomm/*Roth*, A Rz. 161; Fröschle/*Locher*, § 279 FamFG Rz. 4.
4 KG v. 26.1.1992 – 1 W 7060/94, BtPrax 1995, 106.
5 Jansen/*Sonnenfeld*, § 68a FGG Rz. 23; Damrau/Zimmermann, § 279 FamFG Rz. 8.
6 *Damrau/Zimmermann*, § 279 FamFG Rz. 9.

10   Verfahrensbeteiligte können nicht förmlich als Zeugen vernommen werden. Hält das Gericht ihre förmliche Vernehmung für erforderlich, kommt nur eine **Beteiligtenvernehmung** nach § 30 FamFG iVm. § 445 ff. ZPO in Frage. Auch dann steht ihnen ein Aussageverweigerungsrecht zu (s. § 446 ZPO).

II. Anhörung der Betreuungsbehörde (Absatz 2)

11   Abs. 2 schreibt die Anhörung der Betreuungsbehörde auch für den Fall, dass sie ihre Beteiligung nicht beantragt vor, wenn
   – der Betroffene es verlangt[1] oder
   – es der Sachaufklärung dient.

12   Ist die Betreuungsbehörde **Verfahrensbeteiligte** (s. dazu § 274 Rz. 30 ff.), so ist sie unabhängig hiervon auch nach Abs. 1 anzuhören.

13   Unabhängig von § 279 kann sich eine Pflicht zur Anhörung der Betreuungsbehörde schließlich auch noch aus § 1897 Abs. 7 BGB ergeben, wenn das Gericht bei einem Betreuer erstmals in seinem Bezirk **die Berufsmäßigkeit** des zu bestellenden Betreuers feststellen will.[2]

14   Die Anwendung von § 33 auf die Betreuungsbehörde scheidet aus, und zwar schon, weil sie **als Institution** anzuhören ist, so dass die Pflicht einer bestimmten Person zum Erscheinen nicht begründet werden kann. Über die Form der Beteiligung entscheidet das Gericht im Übrigen nach pflichtgemäßem Ermessen.

15   Wird die Betreuungsbehörde nach Abs. 2 angehört, ist dies (formlose) **Beweiserhebung**, gleichgültig, ob das Gericht es von Amts wegen oder auf Verlangen des Betroffenen anordnet. Es gilt § 29. Das Gericht kann der Behörde aufgeben, bestimmte Ermittlungen zur Feststellung des Sachverhalts durchzuführen. Die Behörde ist nach § 8 BtBG auf Anforderung des Gerichts dazu verpflichtet,[3]
   – es bei der Sachverhaltsaufklärung zu unterstützen,
   – einen geeigneten Betreuer vorzuschlagen.

16   Die Pflicht reicht nicht weiter als die Erkenntnismittel der Betreuungsbehörde. So ist zB niemand zur Erteilung von Auskünften an die Betreuungsbehörde verpflichtet. Nur das Gericht kann im Wege der förmlichen Zeugenvernehmung (§ 30 FamFG iVm. §§ 373 ff. ZPO) Aussagen erzwingen.

17   Die Betreuungsbehörde als solche kann auch nicht in der Rolle des **Sachverständigen** gehört werden, da Sachverstand nur personenbezogen festgestellt werden kann und Institutionen als solchen nicht zukommt (s. auch § 280 Rz. 17), jedoch kommt sowohl die formlose Anhörung als auch die förmliche Vernehmung eines bestimmten, sachverständigen Mitarbeiters der Behörde in Frage, und zwar sowohl als Sachverständiger als auch als sachverständiger Zeuge.

18   Der **Sachaufklärung** dient die Anhörung der Betreuungsbehörde, wenn das Gericht bei der Behörde vorhandene oder von ihr zu ermittelnde Erkenntnisse für die Endentscheidung benötigt. Vor allem kann die Behörde oft besser als das Gericht selbst oder der medizinische Sachverständige beurteilen, ob die Krankheit oder Behinderung des Betroffenen zur Unfähigkeit führt, eigene Angelegenheiten zu besorgen, oder zu der Gefahr, dass er selbstschädigende Willenserklärungen abgibt. Auch zur Frage der Entbehrlichkeit der Betreuung wegen des Vorhandenseines ausreichender anderer Hilfe (§ 1896 Abs. 2 Satz 1 BGB) kann die Behörde Erkenntnisse haben oder gewinnen.

---

[1] Bork/Jacoby/Schwab/*Heiderhoff*, § 279 FamFG Rz. 24, meint, der Betroffene solle auf das Recht, dies zu verlangen, hingewiesen werden. Mir leuchtet nicht ein, woraus sich das ergeben sollte.
[2] Bahrenfuss/*Brosey*, § 279 FamFG Rz. 4.
[3] HK-BUR/*Bauer*, § 279 FamF Rz. 19.

Die Behörde ist nach § 7 Abs. 4 Satz 1 über jedes eingeleitete Verfahren der in § 274 Abs. 3 genannten Art zu **unterrichten**. Sie kann dies nicht nur dazu nutzen, ihre Beteiligung zu beantragen, sondern ggf. auch dazu, von sich aus eine Stellungnahme zur Sache abzugeben. 19

Die Behörde ist – außer, falls das Gericht es verlangt, zur Person des Betreuers – nicht verpflichtet, einen **Entscheidungsvorschlag** zu unterbreiten. Unterbreitet sie einen, soll sie deutlich machen, ob es sich dabei nur um einen Vorschlag handelt oder ob sie damit ihren Willen deutlich machen will, eine bestimmte Entscheidung herbeizuführen, was als Beteiligungsantrag zu werten wäre (vgl. § 274 Rz. 40). 20

Mit Inkrafttreten der Neufassung (s. Rz. 1) wird die Anhörung der Betreuungsbehörde in den Verfahren, auf die § 279 unmittelbar anzuwenden ist, **schlechthin zwingend** vorgeschrieben (vgl. Rz. 1). Das soll dazu beitragen, dass neue Betreuungen als bisher durch andere Hilfen vermieden werden, für deren Vermittlung die Betreuungsbehörde sorgen soll.[1] Abs. 2 Satz 2 regelt, worauf sich die Stellungnahme der Betreuungsbehörde regelmäßig beziehen soll, wenn es um die Erstbestellung eines Betreuers geht. Die dort genannten Themen haben aber nur beispielhaften Charakter. Das Gericht kann abweichende Fragen stellen.[2] 20a

Mit der Neufassung von Abs. 2 wird auch § 8 BtBG entsprechend angepasst (s. vor § 271 Rz. 4a). Die Betreuungsbehörde ist danach ihrerseits **verpflichtet**, dem Gericht einen Bericht zu den in Abs. 2 S. 2 genannten Kriterien vorzulegen. Es bleibt allerdings dabei, dass das Gericht keine Möglichkeit hat, die Vorlage eines solchen Berichtes zu erzwingen (s. oben Rz. 14). Ist er nach diesen Vorgaben „unvollständig" oder fehlt er ganz, muss das Gericht prüfen, ob es die fehlende Sachaufklärung durch **eigene Ermittlungstätigkeit** nachholen muss. Das richtet sich aber ganz nach § 26. Einen im konkreten Fall nicht entscheidungserheblichen Umstand braucht das Gericht nicht allein deshalb aufzuklären, weil Abs. 2 Satz 2 ihn erwähnt. 20b

III. Anhörung einer Vertrauensperson (Absatz 3)

Der Betroffene kann eine Person seines Vertrauens benennen, die das Gericht grundsätzlich anzuhören hat. Es sollte angenommen werden, dass der Betroffene auch mehrere Personen mit derselben Rechtsfolge benennen kann.[3] Dazu, dass auch dies – trotz des unterschiedlichen Wortlauts von Abs. 3 – nicht für alle Betreuungssachen gilt, s. Rz. 3. Es kommt nicht darauf an, ob das Gericht die Vernehmung dieser Person für sachdienlich hält. Ebenso wenig darf es prüfen, ob zwischen dem Betroffenen und der benannten Person tatsächlich eine Vertrauensbeziehung besteht.[4] 21

Das Verlangen bindet das Gericht nur, wenn die ladungsfähige **Anschrift** der Person ohne weiteres festzustellen ist. Das Gericht braucht keine Ermittlungen dazu anzustellen.[5] 22

Das Gericht kann eine von dem Betroffenen benannte Vertrauensperson auch als **Beteiligten** zum Verfahren hinzuziehen (§ 274 Abs. 4 Nr. 1). Ist dies geschehen, gilt Abs. 1, nicht Abs. 3. Die Anhörung hat dann auch zu geschehen, wenn sie zu einer erheblichen Verzögerung des Verfahrens führt. Ggf. muss zunächst durch eA eine vorläufige Maßnahme getroffen werden. 23

---

1 BT-Drucks 17/13419 S. 7.
2 BT-Drucks 17/13419 S. 10; kritisch v.a. zu § 279 Abs. 2 Satz 2 Nr. 1 zu Recht *Bienwald*, FamRZ 2013, 258, 259: Die umfassende Aufklärung der gesamten persönlich, gesundheitlichen und sozialen Situation des Betroffenen bildet einen nicht zu rechtfertigenden Eingriff in seine Privatsphäre, wenn sie über das für die Sachentscheidung Relevante hinausgeht.
3 Str., wie hier Jansen/*Sonnenfeld*, § 68a FGG Rz. 21; Fröschle/*Locher*, § 279 FamFG Rz. 11; HK-BUR/*Bauer*, § 279 FamFG Rz. 64; Jürgens/*Mertens*, § 279 FamFG Rz. 5; aA Jurgeleit/*Bučić*, § 279 FamFG Rz. 12 ohne einen Hinweis darauf, wie das Gericht unter mehreren Benannten auswählen soll.
4 HK-BUR/*Bauer*, § 279 FamFG Rz. 63; Fröschle/*Locher*, § 279 FamFG Rz. 11; auch, ob das Verlangen „querulatorisch" ist, sollte grundsätzlich keine Rolle spielen, anders aber anscheinend Bork/Jacoby/Schwab/*Heiderhoff*, § 279 FamFG Rz. 5.
5 Jansen/*Sonnenfeld*, § 68a FGG Rz. 21; *Knittel*, § 279 FamFG Rz. 15.

24 Die Pflicht zur Anhörung der Vertrauensperson entfällt ansonsten, wenn sie das Verfahren **erheblich verzögern** würde.[1] Das soll verhindern, dass der Betroffene durch Benennung von kaum oder nur schwer erreichbaren Vertrauenspersonen eine Endentscheidung verhindert.[2] Es erlaubt dem Gericht auch, von der Anhörung abzusehen, wenn der Betroffene die Vertrauensperson ohne zureichenden Grund verspätet benennt. Eine Verzögerung wird das Gericht nur feststellen können, wenn die Sache im Übrigen **entscheidungsreif** ist.[3] Ansonsten aber kommt es auf den Zeitpunkt des Verlangens nicht an. Es ist stets zu beachten, solange die Endentscheidung nicht erlassen wurde.

25 Unabhängig von Abs. 3 kann der Betroffene die Anhörung von Zeugen **zu Beweiszwecken** beantragen. Das Gericht hat dann im Rahmen der Amtsermittlungspflicht des § 26 nach pflichtgemäßem Ermessen zu entscheiden, ob die Anhörung erforderlich ist. Ist sie es, ist sie auch dann durchzuführen, wenn dies das Verfahren erheblich verzögert. Ggf. muss dann der Erlass einer eA geprüft werden. Bleibt unklar, ob der Betroffene eine Person als Vertrauensperson oder als Zeugen benennt, sollte das Gericht im Zweifel davon ausgehen, dass er beides beabsichtigt.

26 §§ 33, 34 finden keine Anwendung, da sie nur für Beteiligte gelten. Hält das Gericht die Aussage der vom Betroffenen benannten Person zur Sachaufklärung für erforderlich, kann es sie aber durch Anordnung ihrer förmlichen Zeugenvernehmung (§ 30 FamFG iVm. §§ 373 ff. ZPO) erzwingen,[4] soweit es sich nicht um einen nach § 383 ZPO zur Verweigerung des Zeugnisses Berechtigten handelt.[5]

IV. Anhörung des gesetzlichen Vertreters (Absatz 4)

27 Ist der Betroffene noch **minderjährig**, ist nach Abs. 4 zudem sein gesetzlicher Vertreter anzuhören. Das sind die Eltern, sofern ihnen die elterliche Sorge zusteht, sonst der Vormund. Ein Pfleger ist anzuhören, wenn sein Wirkungskreis sich mit dem voraussichtlichen Aufgabenkreis des Betreuers bzw. dem Kreis der einwilligungsbedürftigen Angelegenheiten überschneidet.[6]

28 Eltern, die ihre eigene Ernennung zum Betreuer anstreben, sind in eigenen Rechten (aus Art. 6 Abs. 2 Satz 1 GG) betroffen und daher als Beteiligte zum Verfahren hinzuziehen (s. § 274 Rz. 14). In diesem Fall ergibt sich die Pflicht zu ihrer Anhörung schon aus Abs. 1.

29 Weder § 1908a BGB noch § 275 schränken die gesetzliche Vertretung ein. Die Anhörung nach Abs. 4 dient daher letztlich der **Gewährung rechtlichen Gehörs** an den minderjährigen Betroffenen.[7] Für diesen selbst gilt § 278.

30 Der gesetzliche Vertreter des Betroffenen ist beweisrechtlich **als Beteiligter** zu behandeln (§ 455 ZPO). Auch für die Anhörung nach Abs. 4 gelten daher die §§ 33, 34. Eine Zeugenvernehmung kommt nicht in Betracht, ggf. aber die förmliche Beteiligtenvernehmung nach § 30 FamFG iVm. §§ 445 ff. ZPO.

C. Rechtshilfe

31 Die Durchführung von Verfahrenshandlungen nach § 279 im Wege der Rechtshilfe ist ohne die für die persönliche Anhörung des Betroffenen geltenden Einschränkun-

---

1 „Erheblich" bedeutet: um mehrere Wochen, HK-BUR/*Bauer*, § 279 FamFG Rz. 68; Fröschle/*Locher*, § 279 FamFG Rz. 11; Jurgeleit/*Bučić*, § 279 FamFG Rz. 12.
2 BT-Drucks. 11/4528, S. 174.
3 Fröschle/*Locher*, § 279 FamFG Rz. 11; Jurgeleit/*Bučić*, § 279 FamFG Rz. 12.
4 *Bassenge*/Roth, § 279 FamFG Rz. 1.
5 Bei einem Berufsgeheimnisträger (§ 383 Abs. 1 Nr. 6 ZPO) ist jedoch zu beachten, dass in seiner Benennung durch den Betroffenen regelmäßig seine Entbindung von der Schweigepflicht zu sehen sein dürfte.
6 Jansen/*Sonnenfeld*, § 68a FGG Rz. 12 für den Aufenthaltsbestimmungspfleger; die dort genannte Ansicht, der Inhaber nur der Personensorge sei auch zu hören, wenn lediglich eine Betreuer für Vermögensangelegenheiten bestellt wird, geht mE zu weit.
7 HK-BUR/*Bauer*, § 279 FamFG Rz. 15; Jansen/*Sonnenfeld*, § 68a FGG Rz. 11; Fröschle/*Locher*, § 279 FamFG Rz. 10.

gen **zulässig**. Hängt die Entscheidung allerdings entscheidend von der Glaubwürdigkeit der Angaben einer anzuhörenden Person ab, kann aus § 26 folgen, dass die Vernehmung vom erkennenden Gericht durchzuführen ist.

280 *Einholung eines Gutachtens*

(1) Vor der Bestellung eines Betreuers oder der Anordnung eines Einwilligungsvorbehalts hat eine förmliche Beweisaufnahme durch Einholung eines Gutachtens über die Notwendigkeit der Maßnahme stattzufinden. Der Sachverständige soll Arzt für Psychiatrie oder Arzt mit Erfahrung auf dem Gebiet der Psychiatrie sein.
(2) Der Sachverständige hat den Betroffenen vor der Erstattung des Gutachtens persönlich zu untersuchen oder zu befragen.
(3) Das Gutachten hat sich auf folgende Bereiche zu erstrecken:
1. das Krankheitsbild einschließlich der Krankheitsentwicklung,
2. die durchgeführten Untersuchungen und die diesen zugrunde gelegten Forschungserkenntnisse,
3. den körperlichen und psychiatrischen Zustand des Betroffenen,
4. den Umfang des Aufgabenkreises und
5. die voraussichtliche Dauer der Maßnahme.

Zur Ergänzung des Abs. 2 zum 1.7.2014 s. Rz. 4.

A. Allgemeines	
I. Entstehungsgeschichte 1	1. Diagnose und Prognose (Abs. 3 Nr. 1) 27
II. Anwendungsbereich 5	2. Erkenntnisgrundlagen (Abs. 3 Nr. 2) 28
B. Inhalt der Vorschrift	3. Angabe des Krankheitszustands (Abs. 3 Nr. 3) 29
I. Förmlicher Sachverständigenbeweis (Abs. 1 Satz 1) 8	4. Umfang und Dauer der Betreuung (Abs. 3 Nr. 4 und 5) 30
II. Person des Sachverständigen (Abs. 1 Satz 2) 16	V. Bedeutung des Gutachtens für die Endentscheidung 32
III. Erkenntnisquellen (Absatz 2) 22	**C. Verfahrensfragen** 33
IV. Inhalt des Gutachtens (Absatz 3) . . . 25	

A. Allgemeines

I. Entstehungsgeschichte

Die §§ 280 bis 284 regeln die Einholung eines **ärztlichen Sachverständigengutachtens** in Betreuungssachen und machen sie in bestimmten Fällen zur Pflicht. Dies soll verhindern, dass Gerichte das Vorliegen der Voraussetzungen des § 1896 Abs. 1 BGB bzw. § 1903 Abs. 1 BGB allzu bereitwillig und ohne nähere Prüfung annehmen. Vor Inkrafttreten des BtG war ein Sachverständigengutachten zwar im Entmündigungsverfahren zwingend vorgeschrieben (§ 655 aF ZPO), nicht aber vor der Anordnung einer Gebrechlichkeitspflegschaft.

Der Zwang zur Einholung eines Gutachtens ging von Anfang an **zu weit**. Es ist ureigene Aufgabe des Gerichts, zu beurteilen, der Einholung welcher Beweise es zur hinreichenden Aufklärung der gesetzlichen Tatbestandsmerkmale der anzuwendenden Norm bedarf. Ob er dazu eines Gutachtens bedarf, sollte der Richter im Rahmen pflichtgemäßen Ermessens selbst entscheiden können.[1] Zwingende Beweisvorschriften sind dem deutschen Recht sonst fast völlig fremd und das mit gutem Grund. § 280 kann den Richter dazu zwingen, eine Begutachtung des Betroffenen gegen dessen Widerstand womöglich durch geschlossene Unterbringung (§ 284) zu erzwingen, obwohl er das Gutachten zur Sachaufklärung überhaupt nicht für erforderlich hält,[2] weil – zB – die psychische Krankheit durch Vernehmung des behandelnden Arztes als sachverständigen Zeugen schon zur Überzeugung des Gerichts nachgewiesen ist.

---
[1] Kritisch dazu auch *Vennemann*, BtPrax 1994, 93; Jansen/*Sonnenfeld*, § 68b FGG Rz. 4.
[2] *Damrau/Zimmermann*, § 280 FamFG Rz. 2 meinen, das sei in 90 % der praktischen Fälle so.

3   Der Gesetzgeber hat denn auch sowohl mit dem 1. BtÄndG mit Wirkung v. 1.1. 1999 als auch mit dem 2. BtÄndG mit Wirkung v. 1.7.2005 die Pflicht zur Einholung eines Gutachtens beschränkt: Am 1.1.1999 wurde der Anwendungsbereich durch die jetzt in § 293 Abs. 2 FamFG enthaltene Ausnahme eingeschränkt. Am 1.7.2005 wurde die jetzt in § 282 FamFG enthaltene zusätzliche Ausnahme eingeführt, nachdem sowohl dort[1] als auch in den Beratungen zum FGG-RG[2] sehr viel weiter gehende Ausnahmen diskutiert worden waren. Das Grundproblem ist jedoch nicht beseitigt, was sich vor allem dadurch zeigt, dass der Betroffene es in der Hand hat, ein reguläres Verfahren ganz unmöglich zu machen, braucht er doch nur die Beantwortung jeglicher Fragen des Sachverständigen zu verweigern, damit ein der Vorschrift des § 280 Abs. 2 genügendes Gutachten nicht zu Stande kommen kann.

4   Durch das „Gesetz zur Stärkung der Funktionen der Betreuungsbehörde" (s. § 279 Rz. 1) wird Abs. 2 mit Wirkung vom **1.7.2014** um folgenden zweiten Satz ergänzt:

Das Ergebnis einer Anhörung nach § 279 Absatz 2 Satz 2 hat der Sachverständige zu berücksichtigen, wenn es ihm bei Erstellung seines Gutachtens vorliegt.

II. Anwendungsbereich

5   §§ 280 bis 284 gelten **unmittelbar** für den Fall der Bestellung eines Betreuers und den der **Anordnung eines Einwilligungsvorbehalts**. Er ist aber nur auf Betreuerbestellungen anzuwenden, die die **Anordnung der Betreuung** mit enthalten (s. auch § 296 Rz. 23).[3]

6   Wie bei §§ 278, 279 kommt es auch hier nicht auf den Verfahrensgegenstand, sondern ausschließlich auf das **Verfahrensergebnis** an. Will das Gericht die Betreuerbestellung oder die Anordnung eines Einwilligungsvorbehalts ablehnen, darf es dies grundsätzlich ohne Gutachten tun, selbst wenn es seine Entscheidung auf das Fehlen einer psychischen Krankheit stützt. Die Notwendigkeit, ein förmliches Gutachten einzuholen, kann sich allerdings immer aus §§ 26, 30 ergeben.[4]

7   §§ 280 bis 284 gelten ferner aufgrund der Generalverweisungen in §§ 293 Abs. 1, 295 Abs. 1 Satz 1 für Verfahren, die mit einer **Erweiterung** oder **Verlängerung** der Betreuung oder des Einwilligungsvorbehalts enden. Hierbei sind die sich aus § 293 Abs. 2 und § 295 Abs. 1 Satz 2 ergebenden Besonderheiten zu beachten.

7a   **Eigenständige** Vorschriften zur Gutachtenseinholung gelten für
 – die Genehmigung der Sterilisation (§ 297 Abs. 6) und
 – die Genehmigung (anderer) medizinischer Entscheidungen (§ 298 Abs. 3).

Für die dort vorgeschriebenen Begutachtungen finden §§ 280 bis 284 FamFG **keine Anwendung**. Sie können insbesondere nicht durch Vorführung (§ 283) oder Unterbringung (§ 284) erzwungen werden. Soweit das Erscheinen des Betroffenen in einem Termin erzwungen werden kann, kann das freilich auch dazu genutzt werden, ihn in dem Termin von einem Sachverständigen beobachten zu lassen.[5]

---

[1] Die Bund-Länder-Arbeitsgruppe zur Vorbereitung des 2. BtÄndG erwog zunächst, die Begutachtungspflicht bei Altersdemenz nicht mehr greifen zu lassen, rückte hiervon aber in ihrem Schlussbericht wieder ab. Der Gesetzgeber selbst wollte darüber hinaus die Verwertung von Gutachten aus anderen Verfahren allgemein zulassen, wovon am Ende nur der jetzige § 282 übrig blieb, s. zu all dem ausführlich *Fröschle*, Betreuungsrecht 2005 Rz. 991 ff.
[2] Hier hatte der BR vorgeschlagen, von einer Begutachtung abzusehen, wenn die Krankheit oder Behinderung angeboren und unveränderlich und dies durch zwei ärztliche Zeugnisse belegt ist, s. BT-Drucks. 16/6303, S. 386.
[3] Vgl. BayObLG v. 14.6.1995 – 3 Z BR 51/95, BtPrax 1995, 182 zur Unanwendbarkeit von § 68b Abs. 3 FGG beim Betreuerwechsel.
[4] Jürgens/*Kretz*, § 280 FamFG Rz. 1.
[5] Vgl. BGH v. 17.2.2010 – XII ZB 68/09, FamRZ 2010, 725 = BGHZ 184, 269 zum Sorgerechtsverfahren.

B. Inhalt der Vorschrift

I. Förmlicher Sachverständigenbeweis (Abs. 1 Satz 1)

§ 280 Abs. 1 Satz 1 konkretisiert § 30 Abs. 2: Bevor es (erstmals) einen Betreuer bestellt oder einen Einwilligungsvorbehalt anordnet, hat das Gericht ein Sachverständigengutachten einzuholen, und zwar als förmliche Beweisaufnahme nach den Vorschriften der ZPO über den **Sachverständigenbeweis** (§§ 402 ff. ZPO).[1] Das ist schon zum alten Recht so gesehen worden[2] und wird nunmehr im Gesetz klargestellt.[3] Unterlässt das Betreuungsgericht verfahrensfehlerhaft die Einholung des Gutachtens, kann und muss dies **im Beschwerdeverfahren nachgeholt** werden.[4]

8

In welcher **Form** das Gericht den Sachverständigenbeweis erhebt, liegt innerhalb der von der ZPO eröffneten Möglichkeiten in seinem pflichtgemäßen Ermessen.[5] Es kann daher nach der Zweckmäßigkeit im Einzelfall entscheiden, ob es
– ein schriftliches Gutachten (§ 411 ZPO) einholt oder
– den Sachverständigen in einem Termin iSv. § 32 förmlich vernimmt.

9

Auch die Vernehmung des Sachverständigen durch ein anderes Gericht im Wege der Rechtshilfe ist uneingeschränkt zulässig.

Wird der Sachverständige vernommen, muss das Gericht den Grundsatz der **Beweisöffentlichkeit** wahren. Alle Beteiligten, insbesondere der Betroffene[6] und sein Verfahrenspfleger oder Verfahrensbevollmächtigter, sind zum Termin zu laden und müssen Gelegenheit haben, den Sachverständigen zu befragen und zu seinen Ausführungen Stellung zu nehmen. Der Betroffene ist gem. § 34 Abs. 3 zu belehren. Das **Terminsprotokoll** bzw. der Vermerk über den Termin muss das Gutachten mit dem vollen, nach Abs. 3 vorgeschriebenen Inhalt wiedergeben.[7] Es dürfte zweckmäßig sein, es den Sachverständigen selbst diktieren zu lassen, damit Missverständnisse vermieden werden.

10

Wird ein **schriftliches Gutachten** eingeholt, ist es allen Beteiligten vollständig mit Gelegenheit zur Stellungnahme zuzuleiten.[8] Ist davon auszugehen, dass der Betroffene es nicht verstehen wird, ist er nach § 34 Abs. 1 Nr. 1 zu einem **Anhörungstermin** über das Gutachten zu laden, wobei dies mit der Anhörung des Betroffenen zur Sache selbst verbunden werden kann.

11

Nach § 411a ZPO kann die schriftliche Begutachtung durch die **Verwertung eines Gutachtens** ersetzt werden, das von einem Gericht oder einer Staatsanwaltschaft **in einem anderen Verfahren** eingeholt worden ist, wenn dieses Gutachten den inhaltlichen Anforderungen des § 280 Abs. 3 FamFG entspricht.[9] Bleiben hierbei Fragen offen, kann das durch eine Ergänzung des Gutachtens nach §§ 411 Abs. 3, 412 Abs. 1

12

---

1 Die an die Besonderheiten des FG-Verfahrens anzupassen sind, BT-Drucks. 16/6308, S. 268.
2 HK-BUR/*Rink*, § 68b FGG Rz. 19; *Knittel*, § 68b FGG Rz. 12; Bienwald/Sonnenfeld/Hoffmann, § 68b FGG Rz. 15; Fröschle/*Locher*, § 68b FGG Rz. 5; Jurgeleit/*Bučić*, § 68b FGG Rz. 6.
3 BT-Drucks. 16/6308, S. 268.
4 BGH v. 19.1.2011 – XII ZB 256,10, FGPrax 2011, 156.
5 OLG Brandenburg v. 31.3.2000 – 9 AR 9/00, NJW-FER 2000, 322; BtKomm/*Roth*, A Rz. 163; Jurgeleit/*Bučić*, § 280 FamFG Rz. 24; aA (schriftliches Gutachten die Regel): HK-BUR/*Rink*, § 68b FGG Rz. 4 ff. (unter Hinweis auf eine Reihe von seiner Ansicht nach möglichen Ausnahmefällen); Jansen/*Sonnenfeld*, § 68b FGG Rz. 22; *Knittel*, § 280 FamFG Rz. 26; Jürgens/*Kretz*, § 280 FamFG Rz. 6; Fröschle/*Locher*, § 280 FamFG Rz. 17. Auch BT-Drucks. 16/6308, S. 268 geht davon aus, dass die „mündliche Erörterung" des Gutachtens für das Betreuungsverfahren „nicht ohne weiteres" passe, ohne dies freilich irgendwie zu begründen.
6 OLG Schleswig v. 18.7.2007 – 2 W 93/07, BtPrax 2008, 43.
7 KG v. 28.11.2006 – 1 W 446/05, BtPrax 2007, 86; OLG Brandenburg v. 8.5.2000 – 9 AR 8/00, FamRZ 2001, 38.
8 OLG Düsseldorf v. 25.3.1996 – 25 Wx 58/95, BtPrax 1996, 188; BayObLG v. 22.7.1993 – 3 Z BR 83/93, BtPrax 1993, 208.
9 BGH v. 16.11.2011 – XII ZB 6/11, NVwZ 2012, 360; *Damrau/Zimmermann*, § 280 FamFG Rz. 7.

ZPO bereinigt werden.[1] Nicht ausreichend sind – vom Fall des § 282 abgesehen – aber Privatgutachten und von Verwaltungsbehörden verfasste oder in Auftrag gegebene gutachtliche Stellungnahmen.[2]

12a Die Verwertung nach § 411a ZPO setzt voraus, dass dem Betroffenen hierzu vorab **rechtliches Gehör** gewährt und Gelegenheit gegeben wurde, von seinem Ablehnungsrecht aus § 411 Abs. 4 ZPO Gebrauch zu machen.[3]

13 Stets ist darauf zu achten, dass der Betroffene **ausreichend Zeit** hat, um sich zum Gutachten zu äußern. Das kann er nur, wenn ihm ein schriftliches Gutachten rechtzeitig vor dem Anhörungstermin übermittelt worden ist. Bei einem mündlich erteilten Gutachten kann es notwendig sein, ihm eine Frist zur schriftsätzlichen Stellungnahme – nach Zuleitung des Protokolls – einzuräumen, wenn er sich ad hoc zu dem Gutachten nicht äußern kann oder will,[4] oder im Termin zur Anhörung des Gutachters gar nicht anwesend ist.[5]

14 Von der Zuleitung des Gutachtens an den Betroffenen kann **ausnahmsweise abgesehen** werden, wenn und soweit nach der Aussage des Sachverständigen die Gefahr besteht, dass er hierdurch[6] einen gesundheitlichen Schaden erleidet (s. auch § 288 Rz. 7).[7] Dann ist das Gutachten aber in jedem Fall anstelle des Betroffenen einem anderen Verfahrensbeteiligten, der seine Interessen vertritt, zuzuleiten. Aus dem gleichen Grund kann davon abgesehen werden, den Betroffenen zum Termin zur mündlichen Erstattung oder Erörterung des Gutachtens zu laden.[8] Notfalls muss das Gericht nunmehr einen Verfahrenspfleger bestellen und ihn statt des Betroffenen entsprechend beteiligen (s. § 276 Rz. 10). Der Verfahrenspfleger hat das Gutachten in geeigneter Form mit dem Betroffenen zu besprechen.[9]

15 Äußert ein Beteiligter Bedenken gegen das schriftliche Gutachten, die das Gericht nicht selbst ausräumen kann, oder hat das Gericht selbst solche Bedenken, so muss es im Rahmen seiner Amtsaufklärungspflicht (§ 26)

– einen Termin zur **mündlichen Erörterung** des Gutachtens durch den Sachverständigen bestimmen (§ 411 Abs. 3 ZPO) oder

– eine **ergänzende Begutachtung** durch denselben oder einen anderen Sachverständigen anordnen (§ 412 Abs. 1 ZPO).

Die **formlose Anhörung** des behandelnden Arztes genügt nicht.[10]

15a Der **Zeitpunkt** der Gutachtenseinholung liegt an und für sich im pflichtgemäßen Ermessen des Gerichts.[11] Da jedoch schon die Begutachtung einen erheblichen Eingriff in die Grundrechte des Betroffenen darstellt, darf kein Gutachten angeordnet

---

1 Im Ergebnis – ohne Bezugnahme auf § 411a ZPO – ebenso OLG Rostock v. 15.8.2006 – 3 W 58/06, FamRZ 2007, 1767: Ein Jahr altes Gutachten aus früherem Verfahren reicht, wenn mehrere aktuelle ärztliche Stellungnahmen zusätzlich vorliegen.
2 BGH v. 21.11.2012 – XII ZB 306/12, FamRZ 2012, 211 (von der Unterbringungsbehörde in Auftrag gegebenes Gutachten); KG v. 27.6.2006 – 1 W 177/06, FGPrax 2006, 260 (Stellungnahme des sozialpsychiatrischen Dienstes).
3 BGH v. 26.11.2011 – XII ZB 6/11, NVwZ 2012, 630.
4 HK-BUR/*Rink*, § 68b FGG Rz. 44.
5 BGH v. 6.7.2011 – XII ZB 616/10, NJW-RR 2011, 1505.
6 Nach KG v. 28.3.2006 – 1 W 71/06, FGPrax 2006, 159, soll auch ein mittelbarer Schaden genügen, der dadurch eintritt, dass der paranoide Betroffene aufgrund der Kenntnis des Gutachtens den Kontakt zu seiner letzten Vertrauensperson abbricht; dort hat das freilich keine Rolle mehr gespielt, weil der Schaden zur Zeit der Entscheidung schon eingetreten war, das Gutachten daher in jedem Fall hätte bekannt gegeben werden müssen; für die Nichtbekanntgabe der Entscheidungsgründe soll nach OLG Frankfurt v. 20.5.2003 – 20 W 161/03, BtPrax 2003, 222 eine nur mittelbare Gefährdung dagegen nicht ausreichen.
7 OLG München v. 22.9.2005 – 33 Wx 159/05, BtPrax 2005, 231.
8 OLG Schleswig v. 18.7.2007 – 2 W 93/07, BtPrax 2008, 43.
9 BGH v. 8.6.2011 – XII ZB 43/11, NJW 2011, 2577; BGH v. 11.8.2010 – XII ZB 138/10, BtPrax 2010, 278.
10 BGH v. 14.12.2011 – XII ZB 171/11, NJW-RR 2012, 385.
11 So erneut ausdrücklich BT-Drucks. 17/13419, S. 11.

werden, so lange keine zureichenden tatsächlichen Anhaltspunkte dafür bestehen, dass die ins Auge gefasste Betreuungsmaßnahme erforderlich ist. Auf die Mitteilungen von Dritten allein darf sich das Gericht nicht stützen.

Vor der Anordnung der Begutachtung ist dem Betroffenen **rechtliches Gehör** zu gewähren. Schon die Begutachtung als solche – auch wenn dabei kein Zwang ausgeübt wird[1] – hat eine stigmatisierende Wirkung und greift daher in Grundrechte ein, darf folglich nicht angeordnet werden, ohne dass dem Betroffenen die Einleitung eines Betreuungsverfahrens, die beabsichtigte Begutachtung[2] und die Person des Gutachters[3] vorher mitgeteilt wurden.

II. Person des Sachverständigen (Abs. 1 Satz 2)

Beweisthema des Gutachtens ist die „Notwendigkeit" der Betreuung bzw. des Einwilligungsvorbehalts, damit das Vorliegen der Voraussetzungen des § 1896 Abs. 1 Satz 1 BGB bzw. des § 1903 Abs. 1 Satz 1 BGB. Beide Vorschriften enthalten jedoch mehrere Voraussetzungen, nämlich jeweils die des Vorliegens einer Krankheit oder Behinderung und die der Auswirkungen dieser Krankheit oder Behinderung auf die sozialen Fähigkeiten des Betroffenen. Es ist zum alten Recht streitig gewesen, ob dies zwingend von einem ärztlichen Sachverständigen begutachtet werden musste[4] oder ob nicht die Einholung eines **Sozialgutachtens** den Anforderungen des Gesetzes ebenfalls gerecht werden konnte.[5] Der Gesetzgeber hat nun – mit der bisherigen Rspr. – den Streit dahin geklärt, dass das zwingende förmliche Gutachten des § 280 ein **ärztliches Gutachten** sein muss.[6] Ob dazu noch weitere Gutachten – wie etwa ein Sozialgutachten – erforderlich sind, hat das Gericht allein nach § 26 zu entscheiden.

Die ZPO lässt es nicht zu, den Gutachtensauftrag einer **Institution** zu erteilen, Sachverständiger kann nur eine natürliche Person sein.[7]

Der Gutachter soll **Arzt für Psychiatrie** sein oder zumindest Erfahrungen auf dem Gebiet der Psychiatrie besitzen. Die abgeschlossene Facharztausbildung verlangt das Gesetz nicht zwingend, fehlt sie, müssen die Fachkenntnisse aber entsprechend belegt sein.[8] **Erfahrungen auf dem Gebiet der Psychiatrie** müssen, falls sie nicht (zB wegen langjähriger Tätigkeit in einer psychiatrischen Klinik) evident sind, dokumentiert werden, sich also aus dem schriftlichen Gutachten bzw. den Aussagen des Gutachters ergeben.

Das „Soll" in Abs. 1 Satz 2 ist dahin zu lesen, dass auch **ein anderer Arzt** Gutachter sein kann, wenn er die zur Beurteilung des konkreten Falles erforderliche Sachkunde unzweifelhaft besitzt. Das wird man – wie schon nach früherem Recht – allgemein von den bayerischen Landgerichtsärzten[9] annehmen können. Sonst wird es von der festzustellenden Störung abhängen. Abs. 1 Satz 2 passt von vornherein nicht,

---

1 Dann freilich erst recht: BVerfG v. 30.4.2010 – 1 BvR 2797/09, FamRZ 2010, 1145.
2 BVerfG v. 12.1.2011 – 1 BvR 2157/10, FamRZ 2011, 272; BVerfG v. 26.10.2010 – 1 BvR 2538/10, BtPrax 2011, 28; BVerfG v. 12.1.2011 – 1 BvR 2539/10, NJW 2011, 1275.
3 Bahrenfuss/*Brosey*, § 280 FamFG Rz. 6.
4 So die st. Rspr., zB BayObLG v. 28.3.2001 – 3 Z BR 71/01, BtPrax 2001, 166; ferner *Knittel*, § 68b FGG Rz. 12; Fröschle/*Locher*, § 68b FGG Rz. 2.
5 So *Oberloskamp*, BtPrax 1998, 18; Jansen/*Sonnenfeld*, § 68b FGG Rz. 14; für bestimmte Fälle auch HK-BUR/*Rink*, § 68b FGG Rz. 98; in Verlängerungs- oder Erweiterungsverfahren will das Jurgeleit/*Bučić*, § 280 FamFG Rz. 10 auch immer noch zulassen; wieder anders Bienwald/Sonnenfeld/Hoffmann, § 68b FGG Rz. 15; Jürgens/*Mertens*, § 68b FGG Rz. 4: bei Betreuerbestellung wegen einer Behinderung könne ein Pädagoge oder Psychologe zu bestellen sein.
6 Mindestens folgt das aus § 281 FamFG, vgl. *Fröschle*, FamRZ 2012, 1209; HK-BUR/*Rink* § 68b FGG Rz. 97.
7 OLG Düsseldorf v. 30.11.1988 – 3 WF 220/88, FamRZ 1989, 1101; Zöller/*Greger*, § 402 ZPO Rz. 6; HK-BUR/*Rink*, § 68b FGG Rz. 22; Jansen/*Sonnenfeld*, § 68b FGG Rz. 18.
8 BGH v. 19.1.2011 – XII ZB 256/10, BtPrax 2011, 129; BayObLG v. 8.10.1992 – 3 Z BR 105/92, BtPrax 1993, 30.
9 So zum alten Recht: BayObLG – 3 Z BR 343/96, NJW-RR 1997, 1501.

wenn die Betreuung aufgrund einer **Behinderung** angeordnet werden soll.[1] Es ist dann stattdessen ein Arzt zu beauftragen, der Erfahrung mit der entsprechenden Art von Behinderungen besitzt,[2] zB bei geistigen bzw. seelischen Behinderungen ein **Neurologe**,[3] bei Demenz auch ein Amtsarzt.[4] Die Beauftragung eines Gutachters, der nicht die Voraussetzungen von Abs. 1 Satz 2 erfüllt, ist als Ausnahme in der Endentscheidung besonders **zu begründen**.[5] Es liegt jedoch kein Verfahrensfehler vor, wenn der Sachverständige tatsächlich Arzt für Psychiatrie ist und dies den Beteiligten lediglich nicht mitgeteilt wurde.[6]

20   Der Gutachter kann von jedem Beteiligten unter den in §§ 406 Abs. 1, 41, 42 ZPO genannten Voraussetzungen **abgelehnt** werden[7] und zwar – wie aus § 412 Abs. 2 ZPO folgt – auch noch nach Erstattung des Gutachtens. Es gilt das dafür in § 406 Abs. 2 bis 5 ZPO beschriebene Verfahren.

21   **Vorbefassung** mit dem Patienten ist – anders als nach § 329 Abs. 2 Satz 2 – kein Ausschluss- oder Ablehnungsgrund. Der Arzt, der den Betroffenen zu anderen Zwecken als zu seiner Begutachtung untersucht hat, unterliegt zwar wegen der dabei getroffenen Feststellungen der ärztlichen **Schweigepflicht** und darf sie nur mit einer wirksamen Einwilligung des Patienten oder dessen gesetzlichen Vertreters für das Gutachten verwerten.[8] Das Gericht braucht dies jedoch nicht zu beachten, weil aus einem Verstoß gegen die ärztliche Schweigepflicht **kein Verwertungsverbot** für das Gutachten folgt.[9]

III. Erkenntnisquellen (Absatz 2)

22   Der Sachverständige muss den Betroffenen **in eigener Person** zeitnah[10] eingehend[11] **untersucht und befragt** haben, und zwar zum Zwecke der Gutachtenserstattung, nicht irgendwann vorher.[12] Er darf sein Gutachten weder allein auf die Aktenlage noch auf Untersuchungen und Befragungen durch Dritte stützen.[13] Der Betroffene ist – wohl anders als früher[14] – nach § 27 Abs. 1 **zur Mitwirkung verpflich-**

---

1 So Jürgens/*Kretz* § 280 FamFG Rz. 4 für körperliche Behinderungen (Facharzt oder Psychologe).
2 *Brosey*, BtPrax 2011, 141 (143); siehe auch BT-Drucks. 16/9733, S. 371, wobei der Gesetzgeber es allerdings versäumt hat, das irgendwie im Gesetzestext selbst zum Ausdruck zu bringen; für Unanwendbarkeit der alten Rspr. auf die Betreuung wegen körperlicher Behinderung: *Bassenge*/Roth, § 280 FamFG Rz. 8.
3 Früher hat das der Rspr. auch für die Feststellung einer psychischen Krankheit genügt, vgl. BayObLG – 3 Z BR 343/96, NJW-RR 1997, 1501; BayObLG v. 8.10.1992 – 3 Z BR 105/92, BtPrax 1993, 30, doch dürfte dem nun der Boden entzogen sein.
4 BGH v. 9.2.2011 – XII ZB 526/10, BtPrax 2011, 127.
5 BGH v. 16.5.2012 – XII ZB 454/11, FamRZ 2012, 1207; BGH v. 22.8.2012 – XII ZB 141/12, FamRZ 2012, 1796.
6 BGH v. 21.11.2012 – XII ZB 270/12, FamRZ 2013, 288 und BGH v. 21.11.2012 – XII ZB 296/12, FamRZ 2013, 285.
7 OLG München v. 12.12.2005 – 33 Wx 144/05, FamRZ 2006, 557.
8 KG v. 28.11.2006 – 1 W 279/06, BtPrax 2007, 137; die Einwilligung des Verfahrenspflegers genügt nicht, *Knittel*, § 280 FamFG Rz. 19; BtKomm/*Roth*, A Rz. 165.
9 BGH v. 15.9.2010 – XII ZB 383/10, NJW 2011, 520; BGH v. 18.5.2011 – XII ZB 47/11, FGPrax 2011, 202; aA Jansen/*Sonnenfeld*, § 68b FGG Rz. 18; *Knittel*, § 280 FamFG Rz. 20.
10 OLG Brandenburg v. 8.5.2000 – 9 Wx 7/00, FamRZ 2001, 40; BayObLG v. 23.4.1999 – 3 Z BR 73/99, BtPrax 1999, 195.
11 Eine Kurzexploration am Fenster genügt nicht: OLG Köln v. 23.2.2000 – 16 Wx 33/00, FamRZ 2001, 310.
12 BayObLG v. 23.4.1999 – 3 Z BR 73/99, BtPrax 1999, 195; OLG Köln v. 16.9.1998 – 16 Wx 121/98, NJWE-FER 1999, 90.
13 Hilfskräfte kann er aber darin einbeziehen, wenn er für deren Tätigkeit die Verantwortung übernimmt: OLG Brandenburg v. 8.5.2000 – 9 Wx 7/00, FamRZ 2001, 40.
14 Vgl. Jansen/*Sonnenfeld*, § 68b FGG Rz. 49; Jurgeleit/*Bučić*, § 280 FamFG Rz. 28 hält eine Weigerung des Betroffenen, bei der Begutachtung mitzuwirken, noch immer für rechtens, mE verwechselt er dabei die Frage der Verpflichtung als solcher mit derjenigen der Erzwingbarkeit.

tet.[1] Er kann mit den in §§ 283, 284 geregelten Mitteln dazu gezwungen werden, die Untersuchung passiv zu dulden.[2] Ist das ausnahmsweise unverhältnismäßig (s. dazu § 283 Rz. 10) oder ist auch auf diesem Wege eine der Vorschrift entsprechende Begutachtung unmöglich (zB weil der Betroffene sich nicht befragen lässt[3] oder schon aufgrund seines Zustands gar nicht befragt werden kann), genügt ausnahmsweise auch ein Gutachten, das sich auf **die sonst zugänglichen Befunde** stützt.

Abs. 2 schließt die zusätzliche Befragung oder Untersuchung durch andere Personen nicht aus. Vor allem, wo die Kompetenz des Gutachters nicht genügt, kann das Gericht ihm die Einholung eines **Untergutachtens** (zB durch einen Psychologen) gestatten, wenn er andernfalls die gestellten Beweisfragen nicht ausreichend beantworten zu können angibt. Es ist jedoch nicht zulässig, den gesamten Auftrag „weiterzureichen", zB indem der Chefarzt einer Klinik die Begutachtung ganz einem seiner Oberärzte überträgt. In jedem Fall muss in dem Gutachten klargestellt werden, welche Feststellungen der Sachverständige selbst getroffen hat und welche er durch Dritte hat treffen lassen (§ 407a Abs. 2 ZPO). 23

Das Recht, sich im Verfahren eines **Beistands** zu bedienen (§ 12), gilt auch für die Begutachtung. Der Betroffene kann darauf bestehen, in Anwesenheit seines Beistands untersucht zu werden.[4] 24

Inwieweit das Gericht dem Sachverständigen zur Vorbereitung des Gutachtens **Akteninhalte** zur Kenntnis gibt, liegt in seinem pflichtgemäßen Ermessen. Liegt eine **Stellungnahme der Betreuungsbehörde** iSv. § 279 Abs. 2 Satz 2 dem Sachverständigen schon vor, muss er sie nach dem am 1.7.2014 in Kraft tretenden Abs. 2 Satz 2 auch verwerten (s. Rz. 4). Hierdurch wird die **Reihenfolge der Ermittlungen** nicht vorgeschrieben.[5] Eine erst später eingehende Stellungnahme der Betreuungsbehörde zwingt auch nicht zur Einholung eines Ergänzungsgutachtens, es sei denn, das wäre aus inhaltlichen Gründen erforderlich. 24a

IV. Inhalt des Gutachtens (Absatz 3)

Die Begutachtung soll dazu dienen, die **Notwendigkeit** der Betreuung oder des Einwilligungsvorbehalts festzustellen (Abs. 1 Satz 1). Sie muss sich daher auf alle Voraussetzungen der §§ 1896 Abs. 1 Satz 1, 1903 Abs. 1 Satz 1 BGB beziehen, zu denen ein Arzt überhaupt fachkundige Ausführungen machen kann.[6] Fragen, die nicht zu den medizinischen gehören, hat das Gericht dagegen – ggf. nach Durchführung weiterer Beweisaufnahmen – selbst zu beantworten.[7] 25

Lehnt der Betroffene die Betreuerbestellung ab, muss sich das Gutachten auch zu den Voraussetzungen des § 1896 Abs. 1a BGB verhalten, also darlegen, inwieweit der 26

---

1 Das schließt es mE aus, zwischen einer Gutachtensanordnung, die den Betroffenen bindet, und einem schlichten Gutachtensauftrag, der ihn zu nichts verpflichten soll, noch zu unterscheiden; Letzterer soll laut BGH v. 23.1.2008 – XII ZB 209/06, BtPrax 2008, 120 stets unanfechtbar sein. Die – dort wohl letztlich vermisste – Außenwirkung ergibt sich nun aus § 27 Abs. 1.
2 Körperliche Eingriffe braucht er nicht zu dulden: HK-BUR/*Rink*, § 68b FGG Rz. 67; Jurgeleit/*Bučić*, § 280 FamFG Rz. 18; Jürgens/*Mertens*, § 280 FamFG Rz. 8.
3 OLG München v. 2.6.2005 – 33 Wx 47/05, BtPrax 2005, 154.
4 OLG Zweibrücken v. 2.3.2000 – 3 W 35/00, FGPrax 2000, 109.
5 BT-Drucks 17/13419, S. 11.
6 Bork/Jacoby/Schwab/*Heiderhoff*, § 280 FamFG Rz. 7 will auch beim Gutachter gewisse Rechtskenntnisse als gegeben voraussetzen, doch verlangt sie zu Recht vom Gericht, den Rechtsausführungen des Gutachtes nicht ohne weiteres zu folgen. M, ist eine *rechtliche* Würdigung, die der Gutachter vorgenommen hat, in jeder Hinsicht irrelevant.
7 Die „Notwendigkeit der Maßnahme" ist, worauf *Damrau/Zimmermann*, § 272 FamFG Rz. 6 zutreffend hinweisen, eine Rechtsfrage.

Betroffene zur **freien Willensbestimmung** zu dieser Frage fähig ist.[1] Dagegen spielt die allgemeine **Geschäftsfähigkeit** iSv. § 104 BGB regelmäßig keine Rolle.[2]

26a Den Anforderungen des Abs. 3 genügt ein Gutachten nur, wenn es Art und Ausmaß der Erkrankung des Betroffenen anhand der Vorgeschichte, der durchgeführten Untersuchungen und der sonstigen Erkenntnisse darstellt und **wissenschaftlich begründet**,[3] damit es vom Gericht auf Plausibilität und Übereinstimmung mit den veröffentlichten Erkenntnissen medizinischer Wissenschaft überprüft werden kann.[4] Diese Anforderungen konkretisiert Abs. 3 im Einzelnen wie folgt:

1. Diagnose und Prognose (Abs. 3 Nr. 1)

27 Das Gutachten soll zum Krankheitsbild und der – bisherigen wie weiteren – Krankheitsentwicklung Stellung nehmen (Abs. 3 Nr. 1), also zunächst eine ärztliche **Diagnose** und **Prognose** enthalten. Die Diagnose muss wissenschaftlichen Standards entsprechen, insbesondere entsprechend **klassifiziert** und **differentialdiagnostisch abgeklärt** sein.[5] Eine **Verdachtsdiagnose** genügt nicht.[6]

27a Abs. 3 Nr. 1 ist nur wörtlich zu nehmen, wenn die Betreuung oder der Einwilligungsvorbehalt aufgrund einer psychischen Krankheit angeordnet werden soll. Andernfalls hat der Arzt stattdessen Art und Ausmaß der **Behinderung** des Betroffenen und Rehabilitationsmöglichkeiten darzulegen.

2. Erkenntnisgrundlagen (Abs. 3 Nr. 2)

28 Abs. 3 Nr. 2 ordnet eine Selbstverständlichkeit an, nämlich dass das Gutachten die **Erkenntnisgrundlagen**, auf denen es beruht, nennen muss. Dies gilt für alle Sachverständigengutachten.[7] Auch Sachverständigenbeweise muss das Gericht würdigen, dh. sie einer kritischen Prüfung auf ihren wahrscheinlichen Wahrheitsgehalt unterziehen. Hierzu muss es wissen, auf welchen tatsächlichen Feststellungen das Gutachten beruht und welche wissenschaftlichen Erkenntnisse der Sachverständige auf diese Feststellungen angewendet hat. Ist das Gutachten auf **unbewiesene Behauptungen** Dritter gestützt, muss das Gericht sie selbst aufklären,[8] wenn sie vom Betroffenen bestritten werden; wegen § 30 Abs. 3 grundsätzlich per Strengbeweis.

3. Angabe des Krankheitszustands (Abs. 3 Nr. 3)

29 Wenig klar ist, was Abs. 3 Nr. 3 meint. Die **erhobenen Befunde** muss der Gutachter schon nach Abs. 3 Nr. 2 mitteilen, die Diagnose nach Abs. 3 Nr. 1. Was aber – außer den Befunden und der Diagnose – noch unter den Begriff des „psychiatrischen Zustands" fallen soll, ist nicht klar, womöglich nur die genaue Angabe des derzeitigen Krankheitszustands innerhalb des – ebenfalls nach Abs. 3 Nr. 1 schon insgesamt darzustellenden – Krankheitsverlaufs. Inwieweit schließlich der „körperliche Zustand" des Betroffenen für die Betreuungsentscheidung überhaupt generell von Bedeutung sein soll, ist noch weniger klar. Soll die Untersuchung nicht völlig unverhältnismäßig

---

1 St. Rspr., vgl. nur BGH v. 14.3.2012 – XII ZB 502/11, FGPrax 2012, 110; BGH v. 9.2.2011 – XII ZB 526/10, FGPrax 2011, 119; OLG Hamm v. 13.7.1999 – 15 W 145/99, BtPrax 1999, 238; Jansen/*Sonnenfeld*, § 68b FamFG Rz. 11.
2 Soweit *Knittel*, § 280 FamFG Rz. 34 den Gutachter auch hierzu regelmäßig befragen will, um dem Betreuer später den Beweis zu erleichtern, ist das zwar praktisch gedacht, doch macht es die Frage deshalb im Verfahren nicht aufklärungsbedürftig. Auch im Amtsermittlungsverfahren dürfen sich die Ermittlungen aber eben nur auf die aufklärungsbedürftigen Tatsachen erstrecken.
3 BGH v. 21.11.2012 – XII ZB 270/12, FamRZ 2013, 288.
4 *Fröschle*, FamRZ 2012, 88; BGH v. 9.11.2011 – XII ZB 286/11, FamRZ 2012, 104 nennt „innere Logik und Schlüssigkeit". Das ist dasselbe.
5 BGH v. 19.1.2011 – XII ZB 256/10, FGPrax 2011, 156.
6 BGH v. 16.5.2012 – XII ZB 584/11, FGPrax 2012, 199.
7 Alles andere wäre kein Gutachten, sondern nur eine ärztliche Stellungnahme: BayObLG v. 28.3.2001 – 3 Z BR 71/01, BtPrax 2001, 166; OLG Brandenburg v. 31.3.2000 – 9 AR 9/00, NJW-FER 2000, 322.
8 BGH v. 21.11.2012 – XII ZB 114/12, FamRZ 2013, 287.

sein, darf das Gericht **körperliche Befunde** überhaupt nur erheben lassen, soweit sie für die Feststellung der Voraussetzungen von § 1896 Abs. 1 Satz 1 BGB bzw. § 1903 Abs. 1 Satz 1 BGB von Bedeutung sind. Kommt von vornherein nur eine Vermögensbetreuung in Frage, ist der körperliche Gesundheitszustand des Betroffenen normalerweise irrelevant. Vermutlich ist Abs. 3 Nr. 3 daher nur dahin auszulegen, dass der Sachverständige die von ihm **festgestellten** körperlichen Befunde in dem Gutachten mitteilen muss, was aber wiederum schon aus Abs. 3 Nr. 2 folgen dürfte.

4. Umfang und Dauer der Betreuung (Abs. 3 Nr. 4 und 5)

Soweit das Gutachten zum notwendigen **Umfang** und zur notwendigen **Dauer** der Betreuung bzw. des Einwilligungsvorbehalts Stellung nehmen soll (Abs. 3 Nr. 4 und 5), ist das so zu lesen, dass dies für die **medizinischen Aspekte** gilt, die für diese Fragen von Bedeutung sind. Ein Arzt ist in der Frage der sozialen Auswirkungen einer Krankheit oder Behinderung nur eingeschränkt fachkundig. Das Gutachten muss daher nur mitteilen, welche Bereiche des Denkens oder der Willensbildung von der Krankheit beeinflusst werden und inwiefern und in welchem Zeitraum eine Besserung des Krankheitszustands erwartet werden kann.[1] Die Schlussfolgerung hieraus, wie lange und wie weitgehend die Maßnahme nach §§ 1896 Abs. 1 Satz 1, 1903 Abs. 1 Satz 1 BGB zu sein hat, ist vom Gericht zu ziehen, ggf. nach Einholung weiterer Beweise.[2] Betreuung und Einwilligungsvorbehalt sind keine ärztlichen Therapieformen, bei denen Dosis und Behandlungsdauer Gegenstand ärztlicher Sachkunde wären.

Angesichts der seltenen Ausnahmefälle, in denen das in Frage kommt, sollte der Gutachter **nicht routinemäßig** danach gefragt werden, ob die Voraussetzungen des § 34 Abs. 2 Alt. 1 oder des § 288 Abs. 1 vorliegen.[3]

V. Bedeutung des Gutachtens für die Endentscheidung

§ 280 schreibt nur eine bestimmte Beweiserhebung vor, ändert aber nichts daran, dass das Gericht in **freier Beweiswürdigung** aller gewonnenen und verwertbaren Erkenntnisse darüber entscheidet, welche Endentscheidung zu treffen ist, und das Gutachten – wie alle anderen Beweise – einer kritischen Würdigung unterziehen muss.[4] Es ist weder an ein positives Gutachtensergebnis gebunden noch durch ein indezisives Gutachten daran gehindert, auf seiner Grundlage eine positive Sachentscheidung zu treffen. Es darf dabei lediglich Denkgesetze nicht verletzen und sich keine überlegene Sachkunde anmaßen. Will es die ermittelten Tatsachen medizinisch anders beurteilen als der Sachverständige, darf es dies allerdings nicht tun, ohne von den Möglichkeiten der §§ 411 Abs. 3, 412 Abs. 1 ZPO Gebrauch gemacht zu haben.[5] Hat das Gericht aber zB außer dem Sachverständigen auch noch einen sachverständigen Zeugen gehört, darf es durchaus auch diesem anstelle des Sachverständigen folgen.

C. Verfahrensfragen

Die Anordnung der Begutachtung ist keine nach § 58 Abs. 1 anfechtbare Endentscheidung.[6] Zum alten Recht hat der BGH zwar einmal angenommen, schon die schlichte, nicht mit der Androhung von Zwangsmitteln verbundene Anordnung der Begutachtung könne bei **objektiver Willkür** ausnahmsweise anfechtbar sein,[7] doch ist das noch zum FGG geschehen, in dem Zwischenverfügungen nicht allgemein der

---

1 *Jürgens/Lesting/Marschner/Winterstein*, Rz. 432.
2 Kritisch zu dieser Vorgabe auch *Bienwald*/Sonnenfeld/Hoffmann, §§ 280 – 284 FamFG Rz. 26.
3 Anders aber die hM: HK-BUR/*Rink*, § 68b FGG Rz. 29; Jansen/*Sonnenfeld*, § 68b FGG Rz. 12; Jurgeleit/*Bučić*, § 280 FamFG Rz. 12; Jürgens/*Mertens*, § 280 FamFG Rz. 17.
4 OLG Zweibrücken v. 8.4.2004 – 3 W 26/04, FamRZ 2004, 1897; BayObLG v. 22.7.1993 – 3 Z BR 83/93, BtPrax 1993, 208.
5 BGH v. 27.3.2001 – VI ZR 18/00, NJW 2001, 2791; BayObLG v. 25.11.1993 – 3 Z BR 190/93, BtPrax 1994, 59.
6 So schon zum alten Recht zB OLG Stuttgart v. 8.11.2002 – 8 W 427/02, FGPrax 2003, 72 mwN.
7 BGH v. 23.1.2008 – XII ZB 209/06, BtPrax 2008, 120.

Anfechtung entzogen waren. Die Rechtslage hat sich durch die jetzige Rechtsmittelsystematik erheblich verändert. Die Anordnung der Begutachtung an sich ist **nicht selbständig anfechtbar** (§ 58 Abs. 2).[1] Der **sofortigen Beschwerde** unterliegen allerdings Beschlüsse über die Unterbringung zur Beobachtung (§ 284 Abs. 3 Satz 2) und mE auch Anordnungen nach § 283 (s. zur Begründung § 283 Rz. 22).

34 **Kosten/Gebühren: Gericht:** Für die Erstattung des Gutachtens steht dem Arzt eine Vergütung nach dem JVEG zu. Die gezahlte Vergütung ist eine gerichtliche Auslage nach Nr. 31005 KV GNotKG.

281 Ärztliches Zeugnis; Entbehrlichkeit eines Gutachtens

(1) Anstelle der Einholung eines Sachverständigengutachtens nach § 280 genügt ein ärztliches Zeugnis, wenn
1. der Betroffene die Bestellung eines Betreuers beantragt und auf die Begutachtung verzichtet hat und die Einholung des Gutachtens insbesondere im Hinblick auf den Umfang des Aufgabenkreises des Betreuers unverhältnismäßig wäre oder
2. ein Betreuer nur zur Geltendmachung von Rechten des Betroffenen gegenüber seinem Bevollmächtigten bestellt wird.

(2) § 280 Abs. 2 gilt entsprechend.

A. Allgemeines

1 § 281 regelt die **Ersetzbarkeit** des nach § 280 Abs. 1 Satz 1 vorgeschriebenen Gutachtens durch ein ärztliches Zeugnis.[2]

2 **Anwendbar** ist § 281 in allen Verfahren, in denen § 280 direkt oder kraft Verweisung anzuwenden ist (vgl. § 280 Rz. 5 ff.). Er betrifft nur die **Betreuerbestellung**. Das vor der Anordnung eines **Einwilligungsvorbehalts** einzuholende Gutachten kann niemals durch ein ärztliches Zeugnis ersetzt werden (wohl aber uU vor seiner Erweiterung oder Verlängerung, s. § 293 Rz. 7 ff. und § 295 Rz. 8 ff.), denn Abs. 1 Nr. 2 betrifft nur die Bestellung eines Kontrollbetreuers (nicht die theoretisch mögliche Anordnung eines Einwilligungsvorbehalts für Willenserklärungen im Innenverhältnis zwischen Vollmachtgeber und Bevollmächtigtem) und Abs. 1 Nr. 1 setzt einen Antrag des Betroffenen voraus. Ein Einwilligungsvorbehalt kann aber nicht auf Antrag eingerichtet werden.

B. Inhalt der Vorschrift

I. Ersetzbarkeit des Gutachtens (Absatz 1)

1. Verzicht des Betroffenen (Abs. 1 Nr. 1)

3 Der Betroffene kann auf die Einholung eines Sachverständigengutachtens **verzichten**, wenn er die Betreuung – mindestens in dem tatsächlich angeordneten Umfang – selbst beantragt hat. Beides setzt wegen § 1896 Abs. 1 Satz 2 BGB und § 275 FamFG Geschäftsfähigkeit nicht voraus.[3]

4 a) Der **Antrag** ist verfahrenseinleitender Antrag und soll daher den **Formerfordernissen** des § 23 genügen. Auch wenn bereits ein Betreuungsverfahren von Amts wegen eingeleitet wurde, muss erst die Überleitung ins Antragsverfahren bewirkt werden, damit Abs. 1 Nr. 1 greifen kann. Die Rechtslage unterscheidet sich durch die Einführung von § 23 von der früheren, nach der auch ein vom Betreuten geäußerter Wunsch, rechtlich betreut zu werden, als formloser Antrag genügte.[4] Formlose Anträge sind zwar auch weiterhin nicht wirkungslos (vgl. § 23 Rz. 9 f.), doch darf das Ge-

---
1 BVerfG v. 7.12.2010 – 1 BvR 2157/10, FamRZ 2011, 272.
2 BT-Drucks. 16/6308, S. 268.
3 Auch keine Einsichtsfähigkeit in die „Bedeutung seiner Antragstellung", so aber Bork/Jacoby/Schwab/*Heiderhoff*, § 281 FamFG Rz. 2; Bedenken hieran sind bei der Prüfung der Frage der Unverhältnismäßigkeit der Begutachtung besser aufgehoben.
4 OLG Hamm v. 7.6.2001 – 15 W 52/01, BtPrax 2001, 213.

richt nun nicht mehr unterstellen, eine schlichte Willensäußerung, die der Form des § 23 nicht entspricht, sei dennoch ein Antrag.[1]

b) Der **Verzicht** auf das Gutachten ist dagegen schlichte Verfahrenshandlung und kann **in jeder Form** geäußert werden. Auch in der Weigerung, sich begutachten zu lassen, kann ein konkludenter Verzicht auf das Gutachten liegen.[2] Der Antrag wie auch der Verzicht auf die Begutachtung können vom Betroffenen bis zur Entscheidung wieder **zurückgenommen** werden. Der **Verfahrenspfleger** kann den Verzicht für den Betroffenen weder erklären[3] noch zurücknehmen. Sein **Verfahrensbevollmächtigter** kann dies jedoch in seinem Namen tun.[4]

Aus Abs. 1 Nr. 1 folgt im Umkehrschluss, dass der Betroffene, der die Betreuung nicht beantragt hat, auf das Gutachten **nicht verzichten** kann. Aus dem Kontext des Abs. 1 Nr. 1 folgt außerdem, dass der Betroffene auf die Einholung eines **ärztlichen Zeugnisses** ebenfalls nicht wirksam verzichten kann.[5]

c) Dritte Voraussetzung ist, dass die Einholung eines Gutachtens **unverhältnismäßig** wäre. Das vom Gesetz gegebene **Regelbeispiel** („insbesondere") stellt dies in einen Zusammenhang mit dem Umfang des Aufgabenkreises, für das die Betreuung erforderlich ist.[6] Bei einem geringfügigen Aufgabenkreis wird daher die Unverhältnismäßigkeit idR gegeben sein.[7] Sonst kann sie sich auch aus dem Eingriff in die Rechte des Betroffenen ergeben, der in der Begutachtung liegt.[8] Schließlich spielt für die Abwägung im Rahmen der Verhältnismäßigkeit eine Rolle, ob der Betroffene die Bedeutung seines Antrags auf Betreuerbestellung und des Verzichts auf das Gutachten überhaupt in vollem Umfang verstanden hat.[9]

Soweit die Literatur meint, das Gericht sei an den Verzicht nicht **gebunden**,[10] ist das falsch. Denn das hieße ja, dass das Gericht den Betroffenen gegen seinen Willen einer unverhältnismäßigen Begutachtung unterziehen darf. Hier wird Ermessen mit der Auslegung des unbestimmten Rechtsbegriffs der Unverhältnismäßigkeit verwechselt.

Ist der Sachverhalt durch das ärztliche Zeugnis nicht hinreichend aufgeklärt, kann ein Gutachten außerdem nach § 26 erforderlich bleiben.

2. Bestellung eines Vollmachtsbetreuers (Abs. 1 Nr. 2)

Auch ohne Antrag des Betroffenen und Verzicht auf das Gutachten ist es durch ein ärztliches Zeugnis ersetzbar, wenn **ausschließlich** ein Betreuer mit dem in § 1896 Abs. 3 BGB beschriebenen Aufgabenkreis (sog. Kontroll- oder Vollmachtsbetreuer) bestellt wird. Ein solcher Betreuer kann den Betroffenen während laufender Vollmacht lediglich gegenüber seinem Bevollmächtigten vertreten, insbesondere:
– diesem Weisungen erteilen (§ 665 BGB),
– von ihm Auskunft und Rechnungslegung verlangen (§ 666 BGB).

---

1 AA *Damrau/Zimmermann*, § 281 FamFG Rz. 9 („aktiver Wunsch" genügt).
2 AA *Damrau/Zimmermann*, § 281 FamFG Rz. 10.
3 HK-BUR/*Rink/Walther*, § 68b FGG Rz. 54; *Fröschle/Locher*, § 281 FamFG Rz. 2.
4 HK-BUR/*Rink/Walther*, § 68b FGG Rz. 53.
5 *Bassenge*/Roth, § 281 FamFG Rz. 2.
6 Allein auf den Aufgabenkreis wollen Keidel/*Budde*, § 281 FamFG Rz. 5 und Jürgens/*Mertens*, § 281 FamFG Rz. 4 abstellen.
7 Für eine Orientierung an § 293 Abs. 2 Satz 2 dafür, was nicht mehr geringfügig ist: HK-BUR/ *Rink*, § 68b FGG Rz. 58.
8 Jansen/*Sonnenfeld*, § 68b FGG Rz. 33; weil nämlich schon der Umstand der psychiatrischen Begutachtung zu gesellschaftlichem Ansehensverlust führen kann, s. BGH v. 23.1.2008 – XII ZB 209/06, BtPrax 2008, 120; die hierduch gegebene „Belastung" des Betroffenen gegen den Aufgabenkreis abwägen will Jurgeleit/*Bučić*, § 281 FamFG Rz. 9.
9 Jansen/*Sonnenfeld*, § 68b FGG Rz. 32; MüKo.ZPO/*Schmidt-Recla*, § 281 FamFG Rz. 8.
10 So MüKo.ZPO/*Schmidt-Recla*, § 281 FamFG Rz. 7; *Fröschle/Locher*, § 281 FamFG Rz. 2; BtKomm/*Roth*, A Rz. 168.

Zu den genannten Rechten gehört grundsätzlich auch das zum Widerruf des der Vollmacht zu Grunde liegenden Auftrags (§ 671 Abs. 1 BGB) oder auch der Vollmacht selbst (§ 168 Abs. 2 BGB). Hieran wird sich dann aber regelmäßig die Anordnung einer umfassenden Betreuung anschließen, für die das Gutachten nachzuholen ist.

11 Die Ausnahme in Abs. 1 Nr. 2 rechtfertigt sich aus der **relativen Geringfügigkeit** des Aufgabenkreises, nicht jedoch daraus, dass eine solche Vollmachtsbetreuung nicht in Rechte des Betroffenen eingreifen würde,[1] denn auch die oben genannten Kontrollrechte stehen dem Betroffenen zu, und es ist ein Eingriff in seine Entscheidungsfreiheit, wenn sie einem Betreuer neben ihm zustehen.[2]

II. Ärztliches Zeugnis

12 Anstelle des nach Abs. 1 entbehrlichen Gutachtens ist ein ärztliches Zeugnis einzuholen. Zur **Qualität** dieses Zeugnisses schweigt das Gesetz weitgehend. Abs. 2 stellt lediglich klar, dass auch das ärztliche Zeugnis auf einer zeitnahen[3] Befragung und Untersuchung des Betroffenen beruhen muss, die der Arzt **in eigener Person** vorgenommen hat.[4] Nicht erforderlich ist, dass dies eigens zum Zweck der Erstellung des Zeugnisses geschehen ist. Künftig muss der Arzt außerdem einen ihm bekannt gegebenen Bericht der Betreuungsbehörde berücksichtigen (vgl. § 280 Rz. 24a).

13 Da das ärztliche Zeugnis nach Abs. 1 an die Stelle des Gutachtens tritt, muss es dieses **funktional ersetzen** können. Es muss daher zur **Notwendigkeit** der Betreuung Aufschlüsse liefern. Es braucht nicht so ausführlich zu sein wie ein Gutachten, muss sich aber zu den in § 280 Abs. 3 Nr. 1, 4 und 5 genannten Umständen des Falles verhalten und die erhobenen Befunde, auf denen die Einschätzung des Arztes beruht, jedenfalls grob schildern.[5] Keineswegs genügt ein Zeugnis, das nur Diagnose und Betreuungsbedürftigkeit behauptet, ohne dafür eine Tatsachengrundlage anzugeben.[6]

14 Auch die **Qualifikation des Arztes** wird im Gesetz nicht präzisiert. Sie muss jedenfalls von einer Art sein, die den Aussagen des Arztes **Beweiswert** für die Frage der Notwendigkeit der Betreuung verleiht.[7] Dafür ist eine Facharztausbildung nicht notwendig, wohl aber eine Tätigkeit, aus der eine gewisse Erfahrung mit entsprechenden Krankheitsbildern oder Behinderungen folgt. Das Zeugnis eines Allgemeinarztes wird dem idR genügen, das eines Facharztes für entferntere Bereiche der Medizin, zB eines Orthopäden,[8] dagegen nicht.

14a Der das Zeugnis ausstellende Arzt ist von seiner Verfahrensstellung her **Zeuge**, nicht Sachverständiger. Er kann daher nicht entsprechend § 406 ff. ZPO abgelehnt werden, auch nicht, wenn das Gericht das ärztliche Zeugnis bei ihm anfordert. Gründe, die für eine Befangenheit sprechen, sind vielmehr bei der Beweiswürdigung in Betracht zu ziehen.[9]

15 Genügt das Zeugnis diesen Voraussetzungen, ist die förmliche Begutachtung entbehrlich, und zwar auch dann, wenn das Gericht sich aufgrund des Zeugnisses noch keine abschließende Überzeugung bilden kann. Das Gericht bleibt dann zwar nach § 26 zu **weiteren Ermittlungen** verpflichtet, kann diese aber nach § 29 in jeder zweckmäßigen Form durchführen, soweit nicht ein Fall des § 30 Abs. 2 vorliegt.

---

1 So aber BT-Drucks. 11/4528, S. 174; *Jürgens/Lesting/Marschner/Winterstein*, Rz. 437.
2 Und nicht nur, wie Jansen/*Sonnenfeld*, § 68b FGG Rz. 35 anscheinend meint, wegen des Widerrufsrechts, s. auch BVerfG v. 10.10.2008 – 1 BvR 1415/08, BtPrax 2009, 27; Bork/Jacoby/Schwab/ *Heiderhoff*, § 281 FamFG Rz. 3 will deshalb verlangen, dass das ärztliche Zeugnis gerade auch die Ernsthaftigkeit und Eigenständigkeit des Kontrollwunsches bestätigt.
3 OLG Köln v. 17.6.2006 – 16 Wx 95/06, FGPrax 2006, 232.
4 OLG Frankfurt v. 30.7.2004 – 20 W 299/04, FGPrax 2005, 23; OLG Hamm v. 13.7.1999 – 15 W 145/99, BtPrax 1999, 238.
5 BT-Drucks. 11/4528, S. 174.
6 OLG Hamm v. 13.7.1999 – 15 W 145/99, BtPrax 1999, 238.
7 Was in Anwendung von § 26 zu entscheiden ist, Jurgeleit/*Bučić*, § 281 FamFG Rz. 11; *Bassenge*/ Roth, § 281 FamFG Rz. 5.
8 OLG Zweibrücken v. 5.6.2002 – 3 W 89/02, BtPrax 2003, 80.
9 KG v. 5.5.2009 – 1 W 430/07, FGPrax 2009, 186.

Beigebracht werden kann das Zeugnis von jedem Verfahrensbeteiligten, ggf. auch 16
von einem Nichtbeteiligten, der die Betreuung anregt, etwa der Betreuungsbehörde.[1]
Nur der Betroffene kann den Arzt aber von seiner **Schweigepflicht** entbinden. Auch
das Gericht kann ein ärztliches Zeugnis anfordern,[2] den Betroffenen aber nicht zur
Mitwirkung zwingen, auch nicht etwa auffordern, das Attest selbst beizubringen.[3]
Weigert dieser sich, an der Erstellung eines ärztlichen Zeugnisses mitzuwirken, bleibt
die Einholung eines förmlichen Sachverständigengutachtens nach § 280 erforderlich.

Die Literatur geht davon aus, dass das Zeugnis **in schriftlicher Form** vorliegen 17
muss.[4] Das ist dem Gesetz so nicht zu entnehmen. Für das ärztliche Zeugnis gilt vielmehr § 29,[5] es kann auch in der Form der formlosen Anhörung eines Arztes oder –
erst recht – im Wege der förmlichen Vernehmung des Arztes als sachverständiger
Zeuge (§ 30 FamFG iVm. § 414 ZPO) eingeholt werden. In jedem Fall müssen die Verfahrensbeteiligten **Gelegenheit zur Stellungnahme** gehabt haben (§ 37 Abs. 2). Dazu
muss ihnen das Zeugnis übersandt worden sein. Die Nichtbekanntgabe an den Betroffenen wegen Gesundheitsgefahr dürfte auch hier nur in Frage kommen, wenn
diese von einem Sachverständigen festgestellt worden ist (vgl. § 280 Rz. 14).

282 Vorhandene Gutachten des Medizinischen Dienstes der Krankenversicherung

(1) Das Gericht kann im Verfahren zur Bestellung eines Betreuers von der Einholung eines Gutachtens nach § 280 Abs. 1 absehen, soweit durch die Verwendung eines bestehenden ärztlichen Gutachtens des Medizinischen Dienstes der Krankenversicherung nach § 18 des Elften Buches Sozialgesetzbuch festgestellt werden kann, inwieweit bei dem Betroffenen infolge einer psychischen Krankheit oder einer geistigen oder seelischen Behinderung die Voraussetzungen für die Bestellung eines Betreuers vorliegen.
(2) Das Gericht darf dieses Gutachten einschließlich dazu vorhandener Befunde zur Vermeidung weiterer Gutachten bei der Pflegekasse anfordern. Das Gericht hat in seiner Anforderung anzugeben, für welchen Zweck das Gutachten und die Befunde verwandt werden sollen. Das Gericht hat übermittelte Daten unverzüglich zu löschen, wenn es feststellt, dass diese für den Verwendungszweck nicht geeignet sind.
(3) Kommt das Gericht zu der Überzeugung, dass das eingeholte Gutachten und die Befunde im Verfahren zur Bestellung eines Betreuers geeignet sind, eine weitere Begutachtung ganz oder teilweise zu ersetzen, hat es vor einer weiteren Verwendung die Einwilligung des Betroffenen oder des Pflegers für das Verfahren einzuholen. Wird die Einwilligung nicht erteilt, hat das Gericht die übermittelten Daten unverzüglich zu löschen.
(4) Das Gericht kann unter den Voraussetzungen der Absätze 1 bis 3 von der Einholung eines Gutachtens nach § 280 insgesamt absehen, wenn die sonstigen Voraussetzungen für die Bestellung eines Betreuers zur Überzeugung des Gerichts feststehen.

A. Allgemeines

§ 282 regelt die Entbehrlichkeit des nach § 280 vorgeschriebenen Gutachtens für 1
den Fall, dass das Gericht ein **Pflegegutachten** des MDK verwerten kann. Es handelt
sich dabei um eine Kompromisslösung aus dem 2. BtÄndG, nachdem im Gesetzgebungsverfahren eine sehr viel weiter gehende Einschränkung der Begutachtungspflicht diskutiert worden war (s. § 280 Rz. 3).

---

1 Fröschle/*Locher*, § 281 FamFG Rz. 6; Jurgeleit/*Bučić*, § 281 FamFG Rz. 11.
2 HK-BUR/*Rink*, § 68b FGG Rz. 15; Fröschle/*Locher*, § 281 FamFG Rz. 6; Jurgeleit/*Bučić*, § 281 FamFG Rz. 11; *Bassenge*/Roth, § 281 FamFG Rz. 4; aA: *Bienwald*/Sonnenfeld/Hoffmann, §§ 280–284 FamFG Rz. 23; BtKomm/*Roth*, A Rz. 169; Bork/Jacoby/Schwab/*Heiderhoff*, § 281 FamFG Rz. 4.
3 BGH v. 2.2.2011 – XII ZB 467/10, NJW 2011, 1289.
4 Ausdrücklich allerdings nur MüKo.ZPO/*Schmidt-Recla*, § 281 FamFG Rz. 2.
5 *Bienwald*/Sonnenfeld/Hoffmann, §§ 280–284 FamFG Rz. 20.

2 Als Ausnahme zu § 280 teilt er dessen **Anwendungsbereich** (s. dazu § 280 Rz. 5 ff.), jedoch beschränkt auf Verfahren, die die **Betreuerbestellung** betreffen. Wie bei § 281 ist auch hier anzunehmen, dass er Anwendung findet, soweit über die Erweiterung (§ 293 Abs. 1) oder Verlängerung (§ 295 Abs. 1) der Betreuung zu entscheiden ist, auch dort freilich nicht, wenn es zugleich um einen Einwilligungsvorbehalt geht. § 282 gilt nicht, soweit andere Vorschriften eigenständige Begutachtungspflichten enthalten.

3 Wird die Bestellung eines Betreuers wegen nur **körperlicher Behinderung** erwogen, greift § 282 nach seinem Wortlaut nicht.[1] Ganz logisch ist das nicht, denn gerade eine solche Behinderung wird sich aus dem Pflegegutachten klar ergeben können.

B. Inhalt der Vorschrift

4 Genau wie § 281 lässt es auch § 282 unter bestimmten Voraussetzungen (dazu II.) zu, dass das Gericht **kein förmliches Sachverständigengutachten** in Auftrag gibt. Es bleibt im Rahmen des § 26 zur vollständigen Aufklärung des Sachverhalts verpflichtet, doch ist es hinsichtlich der Form der Sachverhaltsaufklärung dann frei.

5 Das Gericht muss ein **bestimmtes Verfahren** (dazu I.) beachten, wenn es von der in § 282 eröffneten Möglichkeit Gebrauch machen will. Eine Verpflichtung hierzu besteht nicht, zumal das Verfahren umständlich ist und die Endentscheidung verzögern kann. In der Praxis spielt § 282 daher auch keine große Rolle.

I. Verfahren (Absätze 2 und 3)

6 Will das Gericht die Anwendung von § 282 in Erwägung ziehen, hat es dafür zunächst bei der Pflegekasse das dort vorhandene Gutachten **anzufordern** (Abs. 2 Satz 1) Die Anforderung hat unter Hinweis auf den Verwendungszweck („Betreuungsverfahren für...") zu geschehen (Abs. 2 Satz 2). Die Pflegekasse ist nach §§ 94 Abs. 2 SGB XI, 76 Abs. 2 Nr. 3 SGB X zur Übersendung des Gutachtens verpflichtet.

7 Der nächste Schritt besteht in der **Eignungsprüfung** durch das Gericht (Abs. 2 Satz 3, Abs. 3 Satz 1). Diese ist darauf gerichtet, festzustellen, ob das Gutachten wenigstens teilweise diejenigen Feststellungen trifft, die in einem Gutachten nach § 280 Abs. 3 zu treffen wären. Nur wenn es dazu führt, dass das Gericht kein (vollständiges) Gutachten nach § 280 mehr einholen muss, um seiner Aufklärungspflicht zu genügen, ist es verwertbar.

8 Ist das Gutachten **unverwertbar**, ist es aus der Akte zu tilgen (Abs. 2 Satz 3). Dazu muss es nicht notwendigerweise „gelöscht", sondern kann auch einfach an die Pflegekasse zurückgesandt werden.[2] Entgegen dem Gesetzeswortlaut sollte es jedoch in den Akten verbleiben, wenn das Gericht die **Ablehnung** der Betreuung darauf gestützt hat.

9 Ist das Gutachten in dem genannten Sinne verwertbar, ist im dritten Schritt die **Zustimmung des Betroffenen** zur Verwertung einzuholen (Abs. 3 Satz 1). Die Reihenfolge ist zwingend.[3] Das Gericht kann zwar schon von der Anforderung absehen, wenn der Betroffene und sein Verfahrenspfleger klarstellen, dass sie einer Verwertung unter keinen Umständen zustimmen werden. Eine im Voraus erteilte Zustimmung genügt den Anforderungen des Abs. 3 Satz 1 aber nicht. Der Betroffene muss nach Übersendung und Bekanntgabe des Gutachtens prüfen können, ob er der Verwertung zustimmt. Deswegen ist ihm[4] und auch dem Verfahrenspfleger[5] **Einsichtnahme** in das übersandte Gutachten zu gewähren, wenn sie es vor der Entscheidung über die Zustimmung verlangen.

---

1 Man kann nicht, wie *Bienwald*/Sonnenfeld/Hoffmann, §§ 280–284 FamFG Rz. 6 unterstellen, dass dann regelmäßig die Voraussetzungen des § 281 Abs. 1 Nr. 1 vorliegen werden, abgesehen davon, dass das Verfahren nach § 282 ja auch ein ärztliches Zeugnis entbehrlich machen kann.
2 BT-Drucks. 15/4874, S. 29.
3 AA Fröschle/*Locher*, § 282 FamFG Rz. 2.
4 BT-Drucks. 15/4874, S. 29.
5 *Knittel*, § 282 FamFG Rz. 27.

Statt der Zustimmung des Betroffenen genügt nach dem Gesetz auch die des **Verfahrenspflegers**. Umstritten ist, unter welchen Umständen dies der Fall ist. Der Gesetzgeber selbst ist davon ausgegangen, dass das von der Einwilligungsfähigkeit des Betroffenen – also dessen natürlicher Einsichtsfähigkeit in die Bedeutung der Zustimmung – abhängt.[1] Es ist jedoch fraglich, ob das Gericht hierzu ohne ein Gutachten überhaupt etwas feststellen kann. Es sollte daher – wortlautgetreu – davon ausgegangen werden, dass die Zustimmung des Verfahrenspflegers die des Betroffenen stets ersetzen kann,[2] nicht etwa nur, wenn der Betroffene sich nicht äußern kann[3] oder will.[4] **10**

Wird die **Zustimmung nicht erteilt**, muss das Gutachten wiederum aus den Akten getilgt werden (Abs. 3 Satz 2). **11**

II. Entbehrlichkeit der förmlichen Begutachtung (Absätze 1 und 4)

1. Inhaltliche Anforderungen an ein verwertbares Pflegegutachten

Das Pflegegutachten ist **verwertbar**, wenn es geeignet ist, das Gericht vom Vorliegen der Voraussetzungen für die Betreuerbestellung – oder vom Gegenteil[5] – ganz oder zumindest teilweise zu überzeugen (Abs. 1). Das kann sich – wie aus Abs. 3 Satz 1 folgt – sowohl auf die im Gutachten gezogenen sachverständigen Schlussfolgerungen als auch auf die dort wiedergegebenen Befunde beziehen, aus denen das Gericht – in den Grenzen der Denkgesetze – demnach auch eigene Schlussfolgerungen ziehen darf. **12**

Es muss sich nach dem klaren Gesetzeswortlaut um ein **ärztliches Gutachten** handeln. Von vornherein nicht verwertbar sind Gutachten, die ausschließlich von Pflegesachverständigen erstattet wurden, die in der Praxis weit überwiegen.[6] **13**

Wie aus Abs. 4 folgt, muss das Gericht hierbei das Vorliegen zumindest der psychischen Krankheit oder der Behinderung **aus dem Gutachten heraus** feststellen können.[7] Es kann sich wegen der übrigen Voraussetzungen der Betreuerbestellung seine Überzeugung dann auch aus den anderen Ermittlungsergebnissen (zB der Anhörung des Betroffenen) bilden. Nur wenn das Gutachten zu keiner der Voraussetzungen des § 1896 Abs. 1 Satz 1 BGB dezisiv ist, ist es insgesamt unverwertbar. **14**

Weitere Anforderungen enthält das Gesetz nicht. Sie zu machen entspricht auch nicht dem Ziel, mit dem die Ausnahme eingeführt worden war. **15**

Das gilt zunächst für das **Alter** des Gutachtens. § 293 Abs. 2 Satz 1 Nr. 1 dient anderen Zwecken und kann hier nicht entsprechend angewendet werden.[8] Bei einer länger zurückliegenden Begutachtung ist zwar Vorsicht geboten. Sie lässt auf den jetzigen Zustand nicht immer Schlussfolgerungen zu. Auch aus einem mehr als sechs Monate alten Pflegegutachten können sich aber zB Art und Ausmaß einer Behinderung noch immer zweifelsfrei ergeben. **16**

---

1 BT-Drucks. 15/4874, S. 29; dem folgend *Bienwald*/Sonnenfeld/Hoffmann, §§ 280–284 FamFG Rz. 6; Jürgens/*Kretz*, § 282 FamFG Rz. 5; *Fröschle*, Betreuungsrecht 2005, Rz. 1003; noch strenger *Brucker*, BtMan 2006, 195, 205, der bei Einwilligungsfähigkeit die Zustimmung des Betroffenen und des Verfahrenspflegers für erforderlich hält; ebenso wohl Bahrenfuss/*Brosey*, § 282 FamFG Rz. 3.
2 Jansen/*Sonnenfeld*, § 68b FGG Rz. 42; *Bassenge*/Roth, § 282 FamFG Rz. 7, § 15 Rz. 21; wohl auch Keidel/*Budde*, § 282 FamFG Rz. 6, letzterer allerdings mit erheblichen Bedenken gegen die Regelung und auch mit dem – richtigen – Hinweis, ein Verfahrenspfleger werde wohl kaum pflichtgemäß handeln, wenn er sich über den erklärten Widerstand des Betroffenen hinwegsetzt.
3 So aber Fröschle/*Locher*, § 282 FamFG Rz. 3.
4 Bork/Jacoby/Schwab/*Heiderhoff*, § 282 FamFG Rz. 3 hält die Einwilligung des Verfahrenspflegers nicht für ausreichend, wenn der Betroffene selbst sie ausdrücklich verweigert hat.
5 *Bassenge*/Roth, § 282 FamFG Rz. 8.
6 S. *Brucker*, BtMan 2006, 195, 198.
7 Jansen/*Sonnenfeld*, § 68b FGG Rz. 45; Jurgeleit/*Bučić*, § 282 FamFG Rz. 4.
8 AA Fröschle/*Locher*, § 282 FamFG Rz. 5; Jurgeleit/*Bučić*, § 282 FamFG Rz. 5.

17 Eine **persönliche Untersuchung und Befragung** ist auch bei Pflegegutachten üblich. Dass sie sich nicht auf die Voraussetzungen des § 1896 Abs. 1 Satz 1 BGB bezogen haben kann, folgt aus der Natur der Sache und ist daher unschädlich.

18 Auch der **Inhalt** des Gutachtens muss § 280 Abs. 3 nicht entsprechen, weil es mit einer ganz anderen Zielsetzung erstellt worden ist. Das Gutachten soll das Ausmaß der Pflegebedürftigkeit feststellen, mehr nicht. Nur, aber auch immer, wenn hieraus ohne Verstoß gegen Denkgesetze Rückschlüsse auf die Betreuungsbedürftigkeit zulässig sind, ist es verwertbar.

19 Ist das Pflegegutachten verwertbar, kann das Gericht von der Einholung eines förmlichen Sachverständigengutachtens **absehen** (Abs. 1). Es kann hiervon ganz absehen, auch wenn das Pflegegutachten nur Teilaufschlüsse liefert, vorausgesetzt, die übrigen Feststellungen sind – auf anderem Wege – ebenfalls zur Überzeugung des Gerichts getroffen (Abs. 4). Hierfür gelten §§ 26, 29, 30, nicht § 280. Das Gericht ist nicht gehindert, ein förmliches Ergänzungsgutachten einzuholen, muss dies aber nur unter den Voraussetzungen des § 30 Abs. 3, also wenn ein Beteiligter bestreitet, dass diejenigen Voraussetzungen der Betreuerbestellung, zu denen das Pflegegutachten keine Aufschlüsse liefert, vorliegen.

§ 283 Vorführung zur Untersuchung

(1) Das Gericht kann anordnen, dass der Betroffene zur Vorbereitung eines Gutachtens untersucht und durch die zuständige Behörde zu einer Untersuchung vorgeführt wird. Der Betroffene soll vorher persönlich angehört werden.
(2) Gewalt darf die Behörde nur anwenden, wenn das Gericht dies ausdrücklich angeordnet hat. Die zuständige Behörde ist befugt, erforderlichenfalls die Unterstützung der polizeilichen Vollzugsorgane nachzusuchen.
(3) Die Wohnung des Betroffenen darf ohne dessen Einwilligung nur gewaltsam geöffnet, betreten und durchsucht werden, wenn das Gericht dies zu dessen Vorführung zur Untersuchung ausdrücklich angeordnet hat. Vor der Anordnung ist der Betroffene persönlich anzuhören. Bei Gefahr im Verzug kann die Anordnung durch die zuständige Behörde ohne vorherige Anhörung des Betroffenen erfolgen. Durch diese Regelung wird das Grundrecht auf Unverletzlichkeit der Wohnung aus Artikel 13 Abs. 1 des Grundgesetzes eingeschränkt.

A. Allgemeines 1	C. Verfahrensfragen
B. Inhalt der Vorschrift	I. Anhörung 19
I. Vorführung vor den Sachverständigen (Absatz 1) 4	II. Wirksamkeit und Anfechtung 21
II. Gewaltanwendung (Absatz 2) 13	III. Keine Zuständigkeit des Rechtspflegers 23
III. Durchsuchung (Absatz 3) 15	IV. Kosten 24

A. Allgemeines

1 Vorgängernorm ist § 68b Abs. 3 FGG aF. Die Abs. 2 und 3 sind zum 1.1.2013 geändert und um das Zitat nach Art. 19 Abs. 1 Satz 2 GG in Abs. 3 Satz 4 ergänzt worden.[1]

2 Die Norm bezieht sich auf das **nach § 280** zwingend einzuholende Gutachten. Sie gilt aufgrund der Verweisungen in § 293 Abs. 1 und § 295 Abs. 1 auch für die dort genannten Verfahren (s. auch § 280 Rz. 7).

3 §§ 283, 284 gelten für das nach § 321 in **Unterbringungssachen** einzuholende Gutachten entsprechend (§ 322).

---

[1] Durch Art. 6 Nr. 20 des Gesetzes zur Einführung einer Rechtsbehelfsbelehrung im Zivilprozess und zur Änderung anderer Vorschriften v. 5.12.2012, BGBl. I, S. 2418.

B. Inhalt der Vorschrift

I. Vorführung vor den Sachverständigen (Absatz 1)

Unter „Vorführung" wird klassischerweise das **zwangsweise Verbringen** einer Person an einen anderen Ort verstanden. Das impliziert an und für sich schon die Gewaltanwendung, wie sie aber nach Abs. 2 erst besonders angeordnet werden soll. Der Gesetzgeber wollte dadurch die – seiner Ansicht nach bestehende – Unlogik beseitigen, dass die Gewaltanwendung in § 326 Abs. 2 richterlich angeordnet werden musste, hier dagegen ohne weiteres erlaubt war.[1]

Es muss daher davon ausgegangen werden, dass der Begriff der „Vorführung" hier ein anderer als der übliche und mit dem der „Zuführung" in § 326 Abs. 2 identisch ist,[2] also nicht mehr beinhaltet als die **Organisation des Transports**. Ohne Ermächtigung nach Abs. 2 begründet die Anordnung der Vorführung daher lediglich die Pflicht der Betreuungsbehörde, den Betroffenen zum Zwecke der Untersuchung zu Hause abzuholen und zum Sachverständigen zu bringen. Sie kann nur vollzogen werden, wenn der Betroffene der Aufforderung der Behörde, mitzukommen, freiwillig folgt.

Die Anordnung ist **erledigt**, sobald der Betroffene beim Sachverständigen eingetroffen ist. Lässt er sich dort nicht untersuchen oder befragen, kann dies nicht erzwungen werden (zu seiner davon unabhängig bestehenden Mitwirkungspflicht s. § 280 Rz. 22).[3] Es ist dann vielmehr zu prüfen, ob eine Unterbringung zur Beobachtung nach § 284 nötig ist.

Zuständig für die Vorführung ist die **Betreuungsbehörde**, in deren Bezirk der Betroffene im Zeitpunkt der Einleitung des Verfahrens seinen gewöhnlichen bzw. tatsächlichen Aufenthalt hatte (§ 3 Abs. 2 BtBG). Die Betreuungsbehörde wird hier anstelle des Gerichtsvollziehers als staatliches Vollzugsorgan tätig, weil sie (jedenfalls im Idealfall[4]) über im Umgang mit kranken und behinderten Menschen geschultes Personal verfügt.[5]

Zu den **Voraussetzungen der Vorführungsanordnung** schweigt das Gesetz. § 278 Abs. 5 ist hier entsprechend heranzuziehen: Sie ist nur zulässig, wenn der Betroffene sich weigert, an einer Untersuchung mitzuwirken. Das wird idR daraus folgen, dass er zu einem Untersuchungstermin nicht erschienen ist oder den Sachverständigen nicht in die Wohnung gelassen hat. Zwingende Voraussetzung ist ein solcher vergeblicher Untersuchungsversuch aber nicht, wenn auf seine voraussichtliche Vergeblichkeit aus anderen Umständen geschlossen werden kann.[6]

Die Vorführung ist nur zulässig, wenn eine dem Gesetz entsprechende Begutachtung nicht auch **auf andere Weise** sichergestellt werden kann, zB durch Befragung des Betroffenen durch den Sachverständigen im Anhörungstermin.[7]

Die Vorführung darf außerdem nur angeordnet werden, wenn sie **verhältnismäßig** ist.[8] Das ist sie nicht, wenn keine ausreichenden tatsächlichen Anhaltspunkte für die Betreuungsbedürftigkeit des Betroffenen bestehen, die Einrichtung einer Betreuung nur für einen vergleichsweise unbedeutenden Aufgabenkreis geprüft wird[9] oder nur

---

1 BT-Drucks. 16/6808, S. 268.
2 So ist wohl auch BT-Drucks. 16/6808, S. 268 zu verstehen.
3 BT-Drucks. 16/6808, S. 268; dass § 283 Abs. 1 Satz 1 nur die Untersuchung, nicht die Befragung nennt, bedeutet im Übrigen aber nicht, dass er mangels Notwendigkeit der Erhebung körperlicher Befunde nicht vorgeführt werden dürfte, HK-BUR/*Rink*, § 68b FGG Rz. 69.
4 Erst mit Inkrafttreten des Gesetzes zur Stärkung der Funktionen der Betreuungsbehörde wird § 9 BtBG n. F. die Pflicht zur Beschäftigung von Fachpersonal bei den Betreuungsbehörden enthalten (vgl. vor § 271 Rz. 4a).
5 BT-Drucks. 11/4528, S. 175; BT-Drucks. 16/6308, S. 268.
6 Fröschle/*Locher*, § 283 FamFG Rz. 5; aA Jurgeleit/*Bučić*, § 283 FamFG Rz. 6.
7 Fröschle/*Locher*, § 283 FamFG Rz. 7.
8 Jürgens/*Kretz*, § 283 FamFG Rz. 2; Bork/Jacoby/Schwab/*Heiderhoff*, § 283 FamFG Rz. 2.
9 OLG Stuttgart v. 30.6.2006 – 8 W 140/06, FGPrax 2007, 47 (Betreuer zu Vertretung in anwaltsgerichtlichem Verfahren), allerdings auch mit der Überlegung, dass die fehlende Möglichkeit, in einem anderen Verfahren eine Begutachtung zu erzwingen, nicht über ein Betreuungsverfahren umgangen werden dürfe.

noch ein Obergutachten eingeholt werden soll.[1] In den beiden letzten Fällen darf dann das Gericht seine Entscheidung ausnahmsweise auf die Erkenntnisse stützen, die der Sachverständige aus den Akten und durch die Teilnahme an einem Anhörungstermin gewonnen hat. Im erstgenannten Fall ist die Einrichtung einer Betreuung ohne Begutachtung abzulehnen.

11 Der Betroffene soll vor der Anordnung der Vorführung dazu **persönlich angehört** werden (Abs. 1 Satz 2). Das wird das Gericht zweckmäßigerweise mit seiner persönlichen Anhörung zur Sache selbst verbinden, da es ja sein kann, dass es ihn auch hierzu vorführen lassen muss. Ganz zwingend ist die persönliche Anhörung nicht, doch bedarf es guter Gründe, um von ihr ausnahmsweise absehen zu können. Ein – nunmehr – vorhandenes Eilbedürfnis genügt als Begründung nicht, wenn das Verfahren schon einige Zeit andauert.[2] Zweckmäßigerweise wird das Gericht, das den Betroffenen zur Vorführung anhört, ihn vorsorglich auch zu einer eventuellen Durchsuchungsanordnung anhören (s. dazu Rz. 17a).

12 Eine besondere **Androhung** der Vorführung ist vom Gesetz nicht vorgesehen. Auch ein Hinweis entsprechend § 33 Abs. 4 ist nicht vorgeschrieben, dürfte aber sinnvoll sein.

II. Gewaltanwendung (Absatz 2)

13 Die Behörde kann vom Gericht zur **Gewaltanwendung** ermächtigt werden. Dies liegt im Ermessen des Gerichts. Es wird davon Gebrauch machen, wenn zu erwarten ist, dass der Betroffene sich von der Überredungskunst der Betreuungsbehörde allein nicht zum Erscheinen beim Sachverständigen bewegen lassen wird.

14 Die Betreuungsbehörde kann **polizeiliche Vollzugshilfe** in Anspruch nehmen (Abs. 2 Satz 2). Ob sie diese benötigt, entscheidet sie selbst. Hierzu ist eine richterliche Ermächtigung nicht erforderlich. Abs. 2 Satz 2 enthält jedoch keine Ermächtigung für polizeiliches Handeln. Die Voraussetzungen hierfür ergeben sich vielmehr aus den landesrechtlichen Bestimmungen über die Vollzugshilfe der Polizei bei der Anwendung **Unmittelbaren Zwanges** (zB in §§ 47ff. PolG-NRW). Voraussetzung ist dabei stets, dass die ersuchende Behörde über keine ausreichenden Dienstkräfte für den Vollzug der Maßnahme verfügt. Das wiederum ist eine Frage der Ausstattung der Betreuungsbehörden, ggf. auch von deren Recht abhängig, sich der Hilfe eines kommunalen Vollzugsdienstes zu bedienen. Gehen von dem Betroffenen besondere Gefahren aus, ist er zB bewaffnet, ist die Polizei stets zur Vollzugshilfe verpflichtet. In jedem Fall ist die Unterstützung durch die Polizei ultima ratio[3] und kommt nur in Frage, wenn die Vorführung anders nicht vollzogen werden kann.

III. Durchsuchung (Absatz 3)

15 Die Öffnung und Durchsuchung der Wohnung des Betroffenen muss vom Gericht **ausdrücklich angeordnet** worden sein.[4] Die Durchsuchung darf – wie Abs. 3 Satz 1 nun auch vom Wortlaut her klarstellt – nur zu dem Zweck angeordnet werden, den Betroffenen **festzunehmen** und zum Gutachter zu verbringen. Es ist nicht zulässig, die Begutachtung vor Ort auf diese Weise zu erzwingen.[5]

16 **Ohne Durchsuchungsbeschluss** darf der Betroffene in seiner Wohnung nur ergriffen werden, wenn er oder ein anderer Wohnungsinhaber sie freiwillig geöffnet hat. Es wird freilich weder dem Betroffenen noch der Betreuungsbehörde zugemutet werden können, die Wohnung zu belagern, bis der Betroffene sie verlässt. Daher sollte die Durchsuchungsanordnung regelmäßig mit der Ermächtigung zur Gewaltanwendung verbunden sein,[6] es sei denn, der Betroffene hält sich ohnehin nicht in seiner Wohnung auf.

---

1 LG München I v. 17.4.2007 – 22 T 22305/05, FamRZ 2007, 2008.
2 BVerfG v. 30.4.2010 – 1 BvR 2797/09, FamRZ 2010, 1145.
3 BT-Drucks. 16/6308, S. 268.
4 BT-Drucks. 16/6803, S. 386.
5 BGH v. 17.10.2012 – XII ZB 181/12, FamRZ 2013, 31.
6 So auch Bork/Jacoby/Schwab/*Heiderhoff*, § 283 FamFG Rz. 5.

Hat die Betreuungsbehörde Anhaltspunkte dafür, dass der Betroffene nach Einholen eines Durchsuchungsbeschlusses nicht mehr anzutreffen sein wird und ist die Sache auch sonst eilbedürftig, so besteht **Gefahr im Verzug** und die Betreuungsbehörde darf die Wohnung des Betroffenen nach Abs. 3 Satz 2 auch ohne entsprechenden Beschluss öffnen und durchsuchen. Hierüber kann sie in eigener Zuständigkeit entscheiden. Die verfassungsrechtlichen Vorgaben an die Annahme von Gefahr im Verzug sind allerdings streng.[1]

17

Vor der gerichtlichen Anordnung der Durchsuchung ist der Betroffene **persönlich anzuhören**, auch wenn das vor Erlass der Gewaltanordnung unterblieben ist (Abs. 3 Satz 2). Die Anhörung kann bei Gefahr im Verzug unterbleiben. Obwohl der Sachverhalt suggeriert, dass das nur die Betreuungsbehörde unterlassen kann, die die Anordnung selbst trifft, scheint der Gesetzgeber das dahin gemeint zu haben, dass auch das Gericht wegen **Gefahr im Verzug** von der vorherigen Anhörung absehen kann.[2] Das ist auch sinnvoll, denn der Grad der Eilbedürftigkeit kann so sein, dass er die Einschaltung des Gerichts zwar erlaubt, die vorherige – ggf. ihrerseits erzwungene – Anhörung des Betroffenen zur Durchsuchung aber nicht.

17a

Die Durchsuchung der **Wohnung eines Dritten** kann das Gericht nicht anordnen. Hält der Betroffene sich als bloßer Gast in der Wohnung eines Dritten auf, der nicht bereit ist, ihn zum Zwecke der Vorführung herauszugeben, muss zuerst eine **Herausgabeverfügung** gegen diesen Dritten auf der Grundlage von §§ 1908i Abs. 1 Satz 1, 1632 Abs. 1 BGB erlassen werden. Ist noch kein Betreuer bestellt, kann das Betreuungsgericht sie auf §§ 1908i Abs. 1 Satz 1, 1846 BGB stützen. Da es sich dabei um eine Endentscheidung handelt, richtet sich die Zulässigkeit der Wohnungsdurchsuchung dann nach § 91 Abs. 1.

18

C. Verfahrensfragen

I. Anhörung

Der Betroffene soll zur Vorführung vorher persönlich angehört werden (s. Rz. 11). Das gilt aber nur für die Vorführung als solche. Zur **Gewaltanwendung** braucht er nicht gesondert angehört zu werden, weil er damit rechnen muss, dass das Gericht eine Vorführung auch mit den geeigneten Mitteln vollziehen wird. Dennoch muss er zur Wohnungsöffnung nach Abs. 3 Satz 2 grundsätzlich angehört werden (s. Rz. 17a).

19

Die Anhörung der **Betreuungsbehörde** ist entbehrlich, da sie hier als staatliches Vollzugsorgan und nicht im Rahmen kommunaler Selbstverwaltung tätig werden soll.

20

II. Wirksamkeit und Anfechtung

Beschlüsse nach § 283 werden gem. § 40 Abs. 1 mit der **Bekanntgabe an den Betroffenen wirksam**.[3]

21

Die Frage der **Anfechtbarkeit** der in § 283 enthaltenen Anordnungen lässt das Gesetz ungeregelt. Da es sich ausnahmslos um Zwischenverfügungen, nicht um Endentscheidungen handelt, soll daraus auch ihre **Unanfechtbarkeit** folgen,[4] wie sie in der Vorgängernorm ausdrücklich angeordnet war.[5] Die Frage ist dennoch offen. Der BGH hat zur Vorgängernorm bezweifelt, ob es verfassungsgemäß ist, dass ein an sich gegebenes Rechtsmittel systemwidrig ausgeschlossen wird, obwohl ein schwerwiegender Grundrechtseingriff vorliegt.[6] Das ist hier aber erneut der Fall, denn der Allgemeine Teil eröffnet in §§ 33 Abs. 3 Satz 5, 35 Abs. 5 gegen auf Zwischenverfügungen beruhende Zwangsmaßnahmen ja gerade ein Rechtsmittel, das nun wieder hier aus-

22

---

1 S. dazu zB BVerfG v. 20.2.2001 – 2 BvR 1444/00, BVerfGE 103, 142 = NJW 2001, 1121.
2 BT-Drucks. 17/10490, S. 20.
3 BT-Drucks. 16/6308, S. 269.
4 S. zB Keidel/*Budde* § 283 FamFG Rz. 9.
5 BT-Drucks. 16/6308, S. 387, 420.
6 BGH v. 23.1.2008 – XII ZB 209/06, BtPrax 2008, 120.

nahmsweise nicht gegeben wäre. Daher ist eine **verfassungskonforme Korrektur** des Gesetzes dahin geboten, dass der Betroffene die Zwangsmaßnahmen des § 283 entsprechend §§ 33 Abs. 3 Satz 5, 35 Abs. 5 mit der **sofortigen Beschwerde** anfechten kann.[1] Zumindest muss es dabei bleiben, dass die Beschwerde im Falle der **Willkür** ausnahmsweise statthaft ist, so wenn das Gericht ein Gutachten erzwingen will, obwohl tatsächliche Anhaltspunkte für die Betreuungsbedürftigkeit des Betroffenen gar nicht vorliegen[2] oder § 283 Abs. 3 in einem Verfahren angewendet wird, für das er gar nicht gilt.[3]

III. Keine Zuständigkeit des Rechtspflegers

23   Ein erzwungener Ortswechsel ist Freiheitsentziehung iSv. § 4 Abs. 2 Nr. 2 RPflG und kann daher nur vom **Richter** angeordnet werden, auch wenn der Rechtspfleger (ausnahmsweise) für das Verfahren sonst zuständig ist.[4] Das gilt – wie sich aus § 19 Abs. 1 Satz 1 Nr. 1 RPflG ergibt[5] – für alle nach § 283 zu treffenden Entscheidungen, also auch für die schlichte (gewaltfreie) Vorführung.

IV. Kosten

24   Die bei der Betreuungsbehörde entstehenden Kosten (zB für einen Schlüsseldienst) sind **gerichtliche Auslagen** iSv. Nr. 31008/1 KV GNotKG, da die Betreuungsbehörde hier nur als gerichtliches Vollzugsorgan tätig wird[6] (s. auch § 278 Rz. 44).

284 *Unterbringung zur Begutachtung*

**(1) Das Gericht kann nach Anhörung eines Sachverständigen beschließen, dass der Betroffene auf bestimmte Dauer untergebracht und beobachtet wird, soweit dies zur Vorbereitung des Gutachtens erforderlich ist. Der Betroffene ist vorher persönlich anzuhören.
(2) Die Unterbringung darf die Dauer von sechs Wochen nicht überschreiten. Reicht dieser Zeitraum nicht aus, um die erforderlichen Erkenntnisse für das Gutachten zu erlangen, kann die Unterbringung durch gerichtlichen Beschluss bis zu einer Gesamtdauer von drei Monaten verlängert werden.
(3) § 283 Abs. 2 und 3 gilt entsprechend. Gegen Beschlüsse nach den Absätzen 1 und 2 findet die sofortige Beschwerde nach den §§ 567 bis 572 der Zivilprozessordnung statt.**

A. Allgemeines 1	III. Vorführung zur Unterbringung (Abs. 3 Satz 1) 13
B. Inhalt der Vorschrift	IV. Anfechtbarkeit (Abs. 3 Satz 2) 15
I. Voraussetzungen der Unterbringung (Absatz 1) 3	C. **Weitere Verfahrensfragen** 19
II. Dauer der Unterbringung (Absatz 2) . 10	

---

1 *Schmidt-Recla/Diener*, RPfleger 2010, 696, 701 hält ein argumentum a minore ad maius für zulässig; jedenfalls eine Durchsuchungsanordnung hielt Jansen/*Sonnenfeld*, § 68b FGG Rz. 51 zum alten Recht mit guten Argumenten für anfechtbar, mE kann hier aber nun nicht mehr differenziert werden.
2 BGH v. 23.1.2008 – XII ZB 209/06, BtPrax 2008, 120; OLG München v. 6.4.2009 – 1 U 5249/08, FamRZ 2009, 1863 (LS); LG Verden v. 18.3.2010 – 1 T 36/10, BtPrax 2010, 243; LG Saarbrücken v. 7.1.2009 – 5 T 596/08, BtPrax 2009, 143.
3 BayObLG v. 14.6.1995 – 3 Z BR 51/95, BtPrax 1995, 182.
4 Die gegenteilige Auffassung von HK-BUR/*Rink*, § 68b FGG Rz. 17 übersieht, dass der Begriff der „Freiheitsentziehung" in § 4 Abs. 2 Nr. 2 RPflG nicht mit dem des Art. 104 Abs. 1 GG identisch ist, sie ist aber auch spätestens durch § 19 Abs. 1 Satz 1 Nr. 1 RPflG überholt.
5 Jurgeleit/*Bučić*, § 283 FamFG Rz. 4.
6 *Knittel*, § 283 FamFG Rz. 8 f.; aA LG Frankenthal v. 27.7.2009 – 1 T 144/09, BeckRS 2009 Nr. 88859.

A. Allgemeines

§ 284 entspricht inhaltlich dem früheren Recht.[1] Hinzugekommen ist die Regelung über die Anfechtbarkeit der Unterbringungsanordnung (Abs. 3 Satz 2), die im alten Recht nicht erforderlich war.[2]

Der **Anwendungsbereich** des § 284 deckt sich mit demjenigen des § 283 (s. dort Rz. 2 f.). § 284 erlaubt die Unterbringung des Betroffenen zur Beobachtung als **Hilfsmittel** für die nach § 280 Abs. 1 oder § 321 Abs. 1 vorgeschriebene Begutachtung.

B. Inhalt der Vorschrift

I. Voraussetzungen der Unterbringung (Absatz 1)

Die Unterbringung setzt voraus, dass sie erforderlich ist, weil ansonsten **kein aussagekräftiges Gutachten** erstattet werden könnte, ein solches aber nach § 280 Abs. 1 oder § 321 Abs. 1 zwingend vorgeschrieben ist. Dafür kommen zwei Arten von Sachverhalten in Frage:

– Der Gutachter vermag aufgrund der Befragung und Untersuchung keine ausreichenden Erkenntnisse zu gewinnen, zB weil der Betroffene an der Befragung nicht mitwirkt oder eine eingehende Untersuchung verweigert oder weil sich aus dieser Untersuchung noch kein deutliches Bild über das Vorliegen einer Krankheit ergibt.

– Die Befragung und Untersuchung ist ohne vorherige Unterbringung nicht möglich, zB weil der Betroffene nur in einem zu stark alkoholisierten Zustand vorgefunden werden kann.

Eine Unterbringung darf jedoch auch in solchen Fällen nicht angeordnet werden, wenn der Betroffene **freiwillig** bereit ist, sich zur Beobachtung in ein Krankenhaus zu begeben.

Auch die Unterbringung muss **verhältnismäßig** sein, damit sie angeordnet werden darf. Das ist sie nicht, wenn keine konkreten Anhaltspunkte für die Notwendigkeit der Betreuung oder des Einwilligungsvorbehalts bestehen[3] oder das Gericht nicht die anderen Möglichkeiten, zu einer verwertbaren ärztlichen Stellungnahme zu gelangen, wenigstens versucht hat.[4] Auch kann sie außer Verhältnis zum Verfahrensgegenstand als solchem stehen (vgl. auch § 283 Rz. 10).[5]

Die Notwendigkeit der Unterbringung muss durch die **Äußerung eines Sachverständigen** (§ 29) belegt sein. Das braucht nicht der Gutachter zu sein. Die Qualifikation zum Gutachter nach § 280 Abs. 1 Satz 2 muss er aber besitzen.[6] Eine Äußerung nach Aktenlage genügt.[7] Sie muss nachvollziehbar darlegen, weshalb der Sachverständige ohne die Unterbringung kein Gutachten wird erstellen können.[8]

Abs. 1 Satz 2 schreibt vor, dass der Betroffene zur Frage seiner Unterbringung **persönlich anzuhören** ist. Das ist eine ausschließlich zum Zwecke der Gewährung rechtlichen Gehörs vorgeschriebene Anhörung iSv § 34 Abs. 1 Nr. 2. Erscheint der Betroffene zum Anhörungstermin nicht und ist er vorher über diese Folge belehrt worden,

---

1 BT-Drucks. 16/6308, S. 268.
2 S. BT-Drucks. 16/6308, S. 387.
3 OLG Saarbrücken v. 28.9.2004 – 5 W 236/04, BeckRS 2005 Nr. 01473.
4 BayObLG v. 18.3.2004 – 3 Z BR 253/03, FGPrax 2004, 250.
5 Zu weitgehend mE MüKo.ZPO/*Schmidt-Recla*, § 284 FamFG Rz. 3, der die Unterbringung überhaupt nur für verhältnismäßig hält, wenn die beabsichtigte Betreuungsmaßnahme zur Abwendung einer schweren Gesundheitsgefahr erforderlich ist.
6 HK-BUR/*Rink*, § 68b FGG Rz. 81; Jansen/*Sonnenfeld*, § 68b FGG Rz. 55; *Knittel*, § 284 FamFG Rz. 12; Fröschle/*Locher*, § 284 FamFG Rz. 2; Jurgeleit/*Bučić*, § 284 FamFG Rz. 6.
7 *Knittel*, § 284 FamFG Rz. 12; Fröschle/*Locher*, § 284 FamFG Rz. 2; MüKo.ZPO/*Schmidt-Recla*, § 284 FamFG Rz. 4; aA Jurgeleit/*Bučić*, § 284 FamFG Rz. 9, der verlangt, dass sich der Gutachter zumindest einen persönlichen Eindruck von dem Betroffenen verschafft haben muss.
8 OLG Saarbrücken v. 28.9.2004 – 5 W 236/04, BeckRS 2005 Nr. 01473.

§ 284

kann die Unterbringung daher ohne persönliche Anhörung angeordnet werden (§ 34 Abs. 3).[1]

7 Hat der Betroffene einen **Verfahrenspfleger**, ist auch dieser anzuhören. Dasselbe gilt für Personen, die das Gericht nach § 274 Abs. 4 Nr. 1 im Interesse des Betroffenen als Verfahrensbeteiligte hinzugezogen hat. Andere Verfahrensbeteiligte brauchen nur angehört zu werden, wenn sie durch die Unterbringung in eigenen Rechten betroffen sind, was beim nicht getrennt lebenden Ehegatten der Fall ist, denn die Unterbringung greift in die eheliche Lebensgemeinschaft (§ 1353 Abs. 1 Satz 2 BGB) ein.

8 § 284 Abs. 1 ermächtigt nur zur **Freiheitsentziehung** und **Beobachtung** des Betroffenen. Er darf in der Unterbringungseinrichtung ohne seine wirksame Einwilligung weder behandelt noch über den Gutachtensauftrag hinaus untersucht werden.

9 Über den **Unterbringungsort** hat das Gericht zu entscheiden, es kann die Entscheidung nicht dem Sachverständigen überlassen.[2]

II. Dauer der Unterbringung (Absatz 2)

10 Die Unterbringung hat auf **bestimmte Dauer** zu erfolgen, die in dem Beschluss anzugeben ist. Gemeint ist hier die Dauer der Unterbringung, gerechnet vom Tag der Aufnahme in die Unterbringungseinrichtung bis zur Entlassung. Auf das Beschlussdatum kommt es nicht an. Ein Beschluss, der die Unterbringungsdauer nicht bestimmt, ist unvollständig und kann erst nach einer Ergänzung durch das Gericht vollzogen werden.

11 Die Höchstdauer, bis zu der eine Unterbringung angeordnet werden darf, beträgt **sechs Wochen** (Abs. 2 Satz 1). Das wird wohl kaum jemals erforderlich sein, um die notwendigen Feststellungen zu treffen.[3] Wenn sich das Gegenteil während der Unterbringung herausstellt, kann das Gericht sie durch eine zweite, gesonderte Entscheidung auf bis zu insgesamt **drei Monate** verlängern. Innerhalb dieser Grenze dürfte auch die mehrfache Verlängerung und mehrfache Unterbringung theoretisch möglich sein. Für das Verlängerungsverfahren sind wiederum die oben (Rz. 5 ff.) genannten Verfahrenshandlungen erforderlich.[4]

12 Die Unterbringung darf aber auf keinen Fall länger als notwendig **vollzogen** werden.[5] Sobald der Sachverständige alle notwendigen Erkenntnisse gewonnen hat, hat er die Entlassung des Betroffenen zu veranlassen. Einer gerichtlichen Entscheidung bedarf es nicht. Wird dem Gericht bekannt, dass die Unterbringung nicht weiter notwendig ist, hat es in entsprechender Anwendung von § 330 Satz 1 seinen Beschluss aufzuheben.

III. Vorführung zur Unterbringung (Abs. 3 Satz 1)

13 Für die Vorführung des Betroffenen zum Vollzug der Unterbringung gilt § 283 Abs. 2 und 3 entsprechend. Es ist dafür die **Betreuungsbehörde** zuständig. Sie darf **Gewalt** nur aufgrund besonderer richterlicher Ermächtigung anwenden. Die Durchsuchung der Wohnung des Betroffenen muss ebenfalls ausdrücklich angeordnet werden, damit sie zulässig ist (s. zu all dem § 283 Rz. 13 ff.).

14 Auf § 283 Abs. 1 Satz 2 wird nicht verwiesen. Zur mit der Vorführung verbundenen Gewaltanwendung braucht der Betroffene daher nicht gesondert **angehört** zu werden, wohl aber zur Wohnungsöffnung (§ 283 Abs. 3 Satz 2). Die Ermächtigungen nach Abs. 3 Satz 1 iVm. § 283 Abs. 2 und 3 können auch schon **im Unterbringungsbeschluss enthalten** sein.

---

1 AA MüKo.ZPO/*Schmidt-Recla*, § 284 FamFG Rz. 5; Jurgeleit/*Bučić*, § 284 FamFG Rz. 11.
2 Fröschle/*Locher*, § 284 FamFG Rz. 3.
3 Regelmäßig werden zwei Wochen reichen, HK-BUR/*Rink*, § 68b FGG Rz. 89.
4 AA Jansen/*Sonnenfeld*, § 68b FGG Rz. 59; *Knittel*, § 284 FamFG Rz. 16: erneute Anhörung nicht zwingend vorgeschrieben.
5 BayObLG v. 18.3.2004 – 3 Z BR 253/03, FGPrax 2004, 250: Eine Klarstellung im Beschl. ist möglich, aber wohl nicht nötig.

IV. Anfechtbarkeit (Abs. 3 Satz 2)

Gegen den Unterbringungsbeschluss – und gegen einen Verlängerungsbeschluss – findet die **sofortige Beschwerde** zum Landgericht nach §§ 567 ff. ZPO statt. Die Frist hierfür beträgt zwei Wochen ab Zustellung (§ 569 ZPO). Wer beschwerdeberechtigt ist, richtet sich nach § 59. Es ist dies der Betroffene, ggf. auch sein Ehegatte[1] (s. Rz. 7). Ein schon bestellter Betreuer wird nicht in eigenen Rechten berührt, kann aber wegen § 303 Abs. 4 im Namen des Betroffenen Beschwerde einlegen, wenn sein Aufgabenkreis die Aufenthaltsbestimmung umfasst. 15

Die Beschwerde hat grundsätzlich **keine aufschiebende Wirkung** (§ 570 Abs. 1 ZPO). Das Betreuungsgericht und das Landgericht können jedoch den Vollzug bis zur Beschwerdeentscheidung aussetzen. Der Vollzug der Unterbringung nimmt der Beschwerde nicht das **Rechtsschutzinteresse**, sie kann mit dem Ziel der Feststellung der Rechtswidrigkeit durchgeführt werden.[2] Anders ist das aber, wenn sie nicht vollzogen wurde und der Betroffene sich zwischenzeitlich **freiwillig** hat **untersuchen** lassen.[3] 16

Gegen die Beschwerdeentscheidung findet **Rechtsbeschwerde** zum Bundesgerichtshof statt, wenn das Beschwerdegericht sie zugelassen hat. Das wird nicht etwa durch § 70 Abs. 4 ausgeschlossen, denn die Unterbringung nach § 284 hat keinen nur vorläufigen Charakter. Ihr Zweck ist vielmehr mit der Begutachtung endgültig erreicht. 17

Den auf Abs. 3 Satz 1 iVm. § 283 Abs. 2 und 3 gestützten Ermächtigungen zur **Gewaltanwendung** und zur **Wohnungsdurchsuchung** fehlt der selbständige Charakter, sie sind nur Nebenentscheidungen zum Unterbringungsbeschluss. Sie können daher nicht selbständig angefochten werden, sondern nur zusammen mit diesem. 18

C. Weitere Verfahrensfragen

Der **Rechtspfleger** kann eine Unterbringung wegen § 4 Abs. 2 Nr. 2 RPflG nicht anordnen. In einem Verfahren, für das der Rechtspfleger zuständig ist, wird die Unterbringung aber auch in aller Regel nicht verhältnismäßig sein. 19

Kosten/Gebühren: Gericht: Die Kosten einer Unterbringung nach § 284 und auch einer für die Begutachtung nötigen freiwilligen Unterbringung gehören zu den besonderen Kosten des Sachverständigen iSv. § 12 Abs. 1 Satz 2 Nr. 1 JVEG. Das Gericht hat sie zunächst zu übernehmen, soweit nicht § 1 Abs. 2 JVEG greift. Eine Finanzierung über die Krankenversicherung scheidet schon deshalb aus, weil eine Behandlung oder Untersuchung des Betroffenen durch die Anordnung nicht gedeckt ist (s. Rz. 8). Hat allerdings zugleich auch eine Behandlung stattgefunden, bleibt die Krankenkasse zur Zahlung verpflichtet.[4] Ist ein Kostenschuldner vorhanden, hat er die Unterbringungskosten nach Nr. 31005 KV GNotKG zu tragen. Für das Beschwerdeverfahren fällt eine Gebühr in Höhe von 60 Euro an (Nr. 19116 KV GNotKG), für das Rechtsbeschwerdeverfahren eine solche in Höhe von 120 Euro (Nr. 19126 KV GNotKG). Diese Gebühren entstehen nur für den Fall, dass das Rechtsmittel verworfen oder zurückgewiesen wird. Wird das Rechtsmittel nur teilweise verworfen oder zurückgewiesen, kann das Gericht die Gebühr nach billigem Ermessen auf die Hälfte ermäßigen oder bestimmen, dass eine Gebühr nicht zu erheben ist. Ist die Rechtsbeschwerde vom Betroffenen oder in seinem Interesse eingelegt worden, werden Kosten in keinem Fall erhoben (§ 25 Abs. 2 GNotKG). **RA:** Für das Beschwerdeverfahren entstehen Gebühren nach den Nrn. 3500, 3513 VV RVG, im Rechtsbeschwerdeverfahren nach Nrn. 3502, 3516 VV RVG. 20

285 *Herausgabe einer Betreuungsverfügung oder der Abschrift einer Vorsorgevollmacht*
In den Fällen des § 1901c des Bürgerlichen Gesetzbuchs erfolgt die Anordnung der Ablieferung oder Vorlage der dort genannten Schriftstücke durch Beschluss.

---

1 HK-BUR/*Rink*, § 68b FGG Rz. 93; nach Jansen/*Sonnenfeld*, § 68b FGG Rz. 61 auch der Lebenspartner; so klar erscheint das inzwischen nicht, denn dessen Rechtsposition ist sowohl einfachrechtlich (vgl. § 2 LPartG mit § 1353 Abs. 1 Satz 2 BGB) als auch verfassungsrechtlich (Art. 2 Abs. 1 GG gegenüber Art. 6 Abs. 1 GG) deutlich schwächer.
2 BayObLG v. 18.3.2004 – 3 Z BR 253/03, FGPrax 2004, 250.
3 BVerfG v. 14.6.1998 – 2 BvR 2227/96, NJW 1998, 2813.
4 OLG Frankfurt v. 20.8.2008 – 20 W 145/08, FGPrax 2008, 275.

A. Allgemeines

1 § 285 ersetzt § 69e Abs. 1 Satz 2 FGG. Die – fehlerhafte – Verweisung auf § 1901a BGB ist zum 1.1.2013 korrigiert worden.[1]

B. Bedeutung der Vorschrift

2 Nach § 1901c BGB ist derjenige, der eine **Betreuungsverfügung** besitzt, verpflichtet, sie dem Betreuungsgericht abzuliefern, sobald dort ein Verfahren zur Betreuerbestellung anhängig ist. Wer im Besitz einer **Vorsorgevollmacht** ist, muss (auf seine Kosten) eine Abschrift herstellen und abgeben.

3 § 285 bestimmt, dass über das Bestehen dieser Pflicht im Betreuungsverfahren eine **Zwischenentscheidung** ergehen kann. Es handelt sich nicht um ein selbständiges Verfahren.[2] Hiervon ist zumindest der Gesetzgeber ausgegangen, da er für die Vollstreckung auf § 35, nicht auf §§ 84 ff. verweist (vgl. Rz. 5) Der Dritte, gegen den sich eine Entscheidung nach § 285 richtet, wird hierdurch nicht zum Verfahrensbeteiligten. Zuständig ist der **Rechtspfleger** hierfür nur, wenn er es auch für die Endentscheidung ist,[3] beim Landgericht die Kammer oder der Einzelrichter, nicht der Vorsitzende.

4 Da die in § 1901c BGB geregelten Pflichten nicht eingeschränkt sind, findet vor dem Erlass eines Beschlusses nach § 285 **keine Verhältnismäßigkeitsprüfung** statt, wohl aber im Rahmen der Vollstreckung.

4a Auf **Notare und Behörden** findet die Norm keine Anwendung.[4] Von dort werden die entsprechenden Unterlagen vielmehr im Wege der Amtshilfe angefordert.

5 Die **Vollstreckung** richtet sich, weil es sich nicht um eine Endentscheidung handelt, nach § 35.[5] Das Gericht kann **Zwangsgeld oder -haft** verhängen, wenn es in dem Beschluss hierauf hingewiesen hat[6] (§ 35 Abs. 1, 2), oder stattdessen den **Gerichtsvollzieher** mit der Wegnahme beauftragen (§ 35 Abs. 4). Wird die Vorsorgevollmacht nicht vorgefunden, kann von dem Verpflichteten eine **eidesstattliche Versicherung** über ihren Verbleib verlangt werden (§ 35 Abs. 4 FamFG iVm. § 883 Abs. 2 ZPO).

5a Eine Betreuungsverfügung bleibt bei den Akten. Von einer Vorsorgevollmacht hat der Gerichtsvollzieher auf Kosten des Verpflichteten eine Kopie zu fertigen (§ 35 Abs. 4 FamFG iVm. § 887 ZPO) und das Original zurückzugeben. Gegen Vollstreckungsmaßnahmen steht dem Verpflichteten die **sofortige Beschwerde** zu (§ 35 Abs. 5).

6 Dass der Dritte ein Dokument der genannten Art besitzt, muss zur Überzeugung des Gerichts **feststehen**.[7] Hat das Gericht nur **Gründe für die Annahme**, es sei so, konnte es ihn früher zu einer eidesstattlichen Versicherung zwingen. Das geht nicht mehr.[8] Es kann ihn nur noch im Wege der **förmlichen Zeugenvernehmung** (§ 30 FamFG iVm. §§ 373 ff. ZPO) zur Aussage zwingen, falls ihm nicht – zB als Angehörigem des Betroffenen – ein Zeugnisverweigerungsrecht zusteht.

7 Vor Erlass eines Beschlusses nach § 285 ist derjenige **anzuhören**, der zur Herausgabe verpflichtet werden soll. Das folgt unmittelbar aus Art. 103 Abs. 1 GG.

---

1 Durch Art. 6 Nr. 21 des Gesetzes zur Einführung einer Rechtsbehelfsbelehrung im Zivilprozess und zur Änderung anderer Vorschriften v. 5.12.2012, BGBl. I, S. 2418.
2 So aber *Bienwald*/Sonnenfeld/Hoffmann, § 285 FamFG Rz. 9.
3 *Bienwald*/Sonnenfeld/Hoffmann, § 285 FamFG Rz. 8; Fröschle/*Locher*, § 285 FamFG Rz. 4; aA *Knittel*, § 285 FamFG Rz. 13.
4 HK-BUR/*Bauer*, § 69e FGG Rz. 20; Jansen/*Müller-Lukoschek*, § 83 FGG Rz. 8; Fröschle/*Locher*, § 285 FamFG Rz. 5.
5 BT-Drucks. 16/6308, S. 268.
6 *Knittel*, § 285 FamFG Rz. 6.
7 Fröschle/*Locher*, § 285 FamFG Rz. 2.
8 MüKo.ZPO/*Schmidt-Recla*, § 285 FamFG Rz. 1; der Gesetzgeber war sich der Änderung allerdings nicht bewusst, wie aus der Begr. zu § 358, BT-Drucks. 16/6308, S. 282 folgt.

Als Zwischenentscheidung ist die Ablieferungsanordnung mangels einer besonderen Regelung **nicht isoliert anfechtbar**.[1] Ihre Rechtswidrigkeit kann allerdings auch nicht nach § 58 Abs. 2 mit einem Rechtsmittel gegen die Endentscheidung geltendgemacht werden, da ein rechtswidriger Herausgabebeschluss die Verfahrensbeteiligten nicht berührt und dem Dritten gegen die Endentscheidung kein Rechtsmittel zusteht. Der Dritte kann die Rechtswidrigkeit des Herausgabebeschlusses entsprechend § 58 Abs. 2 aber **im Vollstreckungsverfahren** (dazu Rz. 5) einwenden. Er kann daher die sofortige Beschwerde gegen eine Zwangsmaßnahme (§ 35 Abs. 5) darauf stützen, dass schon die Herausgabe nicht hätte angeordnet werden dürfen. 8

Lehnt das Gericht den Erlass eines Beschlusses nach § 285 zu Unrecht ab, ist dies gleichfalls **nicht gesondert anfechtbar**, kann aber nach § 58 Abs. 2 ein Rechtsmittel gegen die Endentscheidung begründen, wenn sie darauf beruht, dass dem Gericht die Betreuungsverfügung oder die Vorsorgevollmacht nicht vorgelegen hat. 9

Kosten/Gebühren: Gericht: Der Beschluss ist kostenrechtlich Teil des Verfahrens über die Einleitung der Betreuung. Es entstehen keine besonderen Gebühren. 10

286 Inhalt der Beschlussformel

(1) Die Beschlussformel enthält im Fall der Bestellung eines Betreuers auch
1. die Bezeichnung des Aufgabenkreises des Betreuers;
2. bei Bestellung eines Vereinsbetreuers die Bezeichnung als Vereinsbetreuer und die des Vereins;
3. bei Bestellung eines Behördenbetreuers die Bezeichnung als Behördenbetreuer und die der Behörde;
4. bei Bestellung eines Berufsbetreuers die Bezeichnung als Berufsbetreuer.

(2) Die Beschlussformel enthält im Fall der Anordnung eines Einwilligungsvorbehalts die Bezeichnung des Kreises der einwilligungsbedürftigen Willenserklärungen.

(3) Der Zeitpunkt, bis zu dem das Gericht über die Aufhebung oder Verlängerung einer Maßnahme nach Absatz 1 oder Absatz 2 zu entscheiden hat, ist in der Beschlussformel zu bezeichnen.

A. Allgemeines	2. Besondere Eigenschaften des Betreuers (Nr. 2 bis 4) 10
I. Entstehungsgeschichte 1	II. Mindestinhalt bei Anordnung eines Einwilligungsvorbehalts (Absatz 2) . . 15
II. Anwendungsbereich 3	
B. Inhalt der Vorschrift 6	III. Überprüfungsfrist (Absatz 3) 17
I. Mindestinhalt bei Betreuerbestellung (Absatz 1)	**C. Kostenentscheidung** 22
1. Bezeichnung des Aufgabenkreises (Nr. 1) 7	

A. Allgemeines

I. Entstehungsgeschichte

Der Inhalt einer Endentscheidung ist in §§ 38, 39, die auch in Betreuungssachen uneingeschränkt anwendbar sind, ausführlich geregelt. 1

§ 286 enthält einige zusätzliche, darüber hinausgehende Vorschriften zum **zwingenden Inhalt einer Endentscheidung**. 2

---

1 AA (Beschwerde nach § 58 eröffnet, auch bei Ablehnung): *Damrau/Zimmermann*, § 285 FamFG Rz. 9; *Bienwald*/Sonnenfeld/Hoffmann § 285 FamFG Rz. 17.

II. Anwendungsbereich

3 Es gelten **unmittelbar**
– für die Erstbestellung eines Betreuers Abs. 1 und Abs. 3,
– für jede weitere Bestellung eines Betreuers Abs. 1,[1]
– für die Anordnung eines Einwilligungsvorbehalts Abs. 2 und Abs. 3.

Kraft Verweisung gelten die entsprechenden Absätze ferner für die **Erweiterung** (§ 293 Abs. 1) und die **Verlängerung** (§ 295 Abs. 1) einer der genannten Maßnahmen. Entscheidend ist jeweils das Verfahrensergebnis, nicht der Gegenstand. Für alle anderen Endentscheidungen in Betreuungssachen bleibt es, was ihren Inhalt angeht, ganz bei §§ 38, 39.

4 Für **eA** mit dem entsprechenden Inhalt gilt § 286 nicht unmittelbar, aber entsprechend (§ 51 Abs. 3 Satz 2), was sich bei Abs. 3 auswirkt (vgl. Rz. 21).

5 Im **Beschwerdeverfahren** gilt § 286, soweit das Beschwerdegericht eine der genannten Entscheidungen auf die Beschwerde hin trifft, nicht aber, wenn es nur die gegen eine solche Entscheidung gerichtete Beschwerde zurückweist.

B. Inhalt der Vorschrift

6 Die **Bedeutung** der Norm neben § 38 ist zweifelhaft. Eine Endentscheidung muss ihren wesentlichen Inhalt immer schon in der Entscheidungsformel enthalten (vgl. § 38 Rz. 14). Es hätte daher auch gut auf die ersten beiden Absätze ganz verzichtet werden können. Die unreflektierte Übernahme der zT noch stark auf das FGG zugeschnittenen Regelungen führt zu Seltsamkeiten: Für die Einschränkung eines Einwilligungsvorbehalts gilt Abs. 2 zB nicht. Hier folgt der Tenor ganz § 38 und muss daher wohl nur angeben, welches diejenigen Willenserklärungen sind, die ihm nicht mehr unterliegen. Wird der Einwilligungsvorbehalt dagegen ohne Veränderungen verlängert, ist nach Abs. 2 iVm. § 295 Abs. 1 noch einmal sein vollständiger Inhalt in die Entscheidungsformel aufzunehmen. Das ergibt keinen Sinn.

I. Mindestinhalt bei Betreuerbestellung (Absatz 1)

1. Bezeichnung des Aufgabenkreises (Nr. 1)

7 Wegen weiterer damit verknüpfter Rechtsfolgen (vgl. § 309 Rz. 2, 7) ist es sinnvoll, dass das Gericht eine Betreuung für **alle Angelegenheiten** des Betroffenen auch in der Entscheidungsformel als solche bezeichnet.[2] Der Aufgabenkreis muss im Übrigen in der Entscheidungsformel so genau beschrieben sein, dass über den Umfang der Vertretungsmacht des Betreuers **im Rechtsverkehr** möglichst keine Zweifel entstehen können. Dazu reichen Konkretisierungen in den Entscheidungsgründen nicht, weil sie in die Bestellungsurkunde (§ 290) nicht aufgenommen werden.[3]

8 Ist **kein Aufgabenkreis** genannt, so ist eine Betreuung nicht wirksam angeordnet.[4] Der Beschluss ist ohne weiteres wirkungslos, das Verfahren nicht beendet. Fehlt es an der Angabe eines Betreuers, dürfte dagegen die Anordnung der Betreuung als Teilentscheidung wirksam sein.

9 Werden **mehrere Betreuer** bestellt, ist der jeweilige Aufgabenkreis anzugeben, inklusive einer von § 1899 Abs. 3 BGB abweichenden Bestimmung, falls eine solche getroffen wird.[5]

---

1 MüKo.ZPO/*Schmidt-Recla*, § 286 FamFG Rz. 3.
2 Eine nachträgliche Feststellung, das sei so gemeint, ist unzulässig, BayObLG v. 22.10.1996 – 3 Z 178/96, NJW-RR 1997, 834.
3 BayObLG v. 17.3.1994 – 3 Z BR 293/93, FamRZ 1994, 1059.
4 *Knittel*, § 286 FamFG Rz. 8; Bienwald/*Sonnenfeld*/Hoffmann, § 286 FamFG Rz. 18; Fröschle/*Locher*, § 286 FamFG Rz. 8.
5 Jansen/*Sonnenfeld*, § 69 FGG Rz. 8.

2. Besondere Eigenschaften des Betreuers (Nr. 2 bis 4)

Ist der Betreuer unter den Voraussetzungen des § 1897 Abs. 2 Satz 1 BGB zum **Vereinsbetreuer** bestellt worden, muss er nach Abs. 1 Nr. 2 in der Beschlussformel so bezeichnet werden („... wird als Mitarbeiter des ... e.V. zum Vereinsbetreuer für ... bestellt"). Dasselbe gilt nach Abs. 1 Nr. 3, wenn jemand unter den Voraussetzungen des § 1897 Abs. 2 Satz 2 BGB zum **Behördenbetreuer** bestellt wird.   10

Stellt das Gericht die Berufsmäßigkeit des Betreuers bei seiner Bestellung fest (§§ 1908i Abs. 1 Satz 1, 1836 Abs. 1 Satz 2 BGB), muss es ihn nach Abs. 1 Nr. 4 auch ausdrücklich in der Entscheidungsformel als **Berufsbetreuer** bezeichnen.   11

Ist eines davon geschehen, hat das **konstitutive Wirkung**.[1] Selbst wenn dem Verein, bei dem der als Vereinsbetreuer bezeichnete Betreuer angestellt ist, die Anerkennung als Betreuungsverein fehlt, entstehen Vergütungsansprüche des Vereins aus § 7 VBVG.[2] Mit der Bezeichnung als Berufsbetreuer hat das Gericht zugleich die Feststellung nach §§ 1908i Abs. 1 Satz 1, 1836 Abs. 1 Satz 2 BGB bindend getroffen. Sie kann allenfalls mit Wirkung für die Zukunft wieder aufgehoben werden[3] (§ 48).   12

Die versehentlich unterlassene Bezeichnung als Vereins-, Behörden- oder Berufsbetreuer sollte unter dem FGG später mit rückwirkender Kraft **nachgeholt** werden können.[4] Das dürfte nun nur noch in Anwendung von § 42 als **Berichtigung** des Beschlusses zulässig sein.[5] Es muss sich dazu offensichtlich um ein Versehen gehandelt haben, was sich aus den Entscheidungsgründen, aber auch aus anderen, für jedermann offenkundigen Umständen ergeben kann (s. § 42 Rz. 13). Andernfalls ist eine nachträgliche Feststellung der Berufsmäßigkeit und auch die nachträgliche Bestellung der Eigenschaft eines Vereins- oder Behördenbetreuer nur noch unter den Voraussetzungen des § 48 mit Wirkung für die Zukunft möglich. Bis dahin haben die Bestellten als (ehrenamtliche) Einzelbetreuer zu gelten. Eine Vergütung kann nur nach §§ 1908i Abs. 1 Satz 1, 1836 Abs. 2 BGB gewährt werden.   13

Weitere Bezeichnungen, zB des nach § 1899 Abs. 4 BGB bestellten als „Verhinderungsbetreuer" oder des nach §§ 1908i Abs. 1 Satz 1, 1792 Abs. 1 BGB bestellten als „Gegenbetreuer" sind nicht in § 286 vorgeschrieben, doch muss sich auch in einem solchen Falle aus der Urteilsformel der entsprechende Wille des Gerichts zweifelsfrei ergeben, daher ist ihre Verwendung zumindest empfehlenswert.   14

II. Mindestinhalt bei Anordnung eines Einwilligungsvorbehalts (Absatz 2)

Auch die Anordnung eines Einwilligungsvorbehalts ist ohne die ausreichende Bezeichnung der Arten von Rechtsgeschäften, auf die er sich bezieht, unwirksam.[6] Die Rechtsgeschäfte müssen abstrakt so **genau beschrieben** sein, dass sie im Rechtsverkehr allein nach der Entscheidungsformel bestimmbar sind. Die Bezugnahme auf den Aufgabenkreis des Betreuers genügt, wenn der Einwilligungsvorbehalt alle darunter fallenden Geschäfte erfassen soll.   15

Ein Einwilligungsvorbehalt kann sich nur auf Geschäfte beziehen, die **zum Aufgabenkreis** des Betreuers gehören. Reicht er nach der Entscheidungsformel weiter, ist das ohne weiteres wirkungslos. Mit der Einschränkung der Aufgabenkreise des Betreuers kann daher automatisch auch eine Einschränkung des Einwilligungsvorbehalts verbunden sein, auch wenn das in der Entscheidungsformel nicht zum Ausdruck kommt.   16

---
1 Jurgeleit/*Bučić*, § 286 FamFG Rz. 19; *Bassenge*/Roth, § 286 FamFG Rz. 4.
2 KG v. 24.1.2006 – 1 W 172/05, BtPrax 2006, 188 (LS) = BeckRS 2006 Nr. 02218 (Volltext); LG Koblenz v. 23.6.2000 – 2 T 306/00, FamRZ 2001, 303.
3 BayObLG v. 29.9.1999 – 3 Z BR 237/99, NJW-RR 2001, 580.
4 OLG Frankfurt v. 28.4.2003 – 20 W 422/02, BtPrax 2003, 181, die bewusst unterlassene jedoch auch früher nicht: BayObLG v. 1.2.2001 – 3 Z BR 34/01, NJW-RR 2001, 943.
5 Nach BT-Drucks. 16/6308, S. 268f. soll Abs. 1 Nr. 4 verfahrensrechtlich sicherstellen, dass die Feststellung tatsächlich schon mit der Betreuerbestellung getroffen wird, damit über die Vergütungsansprüche Klarheit herrscht.
6 HK-BUR/*Braun*, §§ 286, 38, 39 FamFG Rz. 46; Fröschle/*Locher*, § 286 FamFG Rz. 11.

III. Überprüfungsfrist (Absatz 3)

17 Jede der genannten Entscheidungen muss den Zeitpunkt angeben, zu dem die getroffene Maßnahme spätestens überprüft werden wird. Anzugeben ist ein **konkreter Zeitpunkt**, der aus der Entscheidungsformel entweder direkt hervorgeht („bis zum 15. Mai 2018") oder aus ihr errechnet werden kann („bis spätestens fünf Jahre nach Erlass dieser Entscheidung").

18 Der **spätmöglichste Zeitpunkt**, den das Gericht hierzu festsetzen kann, liegt gem. § 294 Abs. 3 bzw. § 295 Abs. 2 sieben Jahre nach Erlass (nicht: Wirksamwerden) der Entscheidung (zum Unterschied s. § 40 Rz. 7). Nennt der Beschluss einen späteren Zeitpunkt, dürfte seine Berichtigung nach § 42 in Frage kommen, denn die Absicht, einen unzulässig späten Überprüfungszeitpunkt anzuordnen, wird man dem Gericht kaum unterstellen können. Fehlt der Überprüfungszeitpunkt ganz, so ist eine gesetzlich vorgeschriebene Nebenentscheidung nicht getroffen worden, und der Beschluss kann analog § 43 um den Überprüfungszeitpunkt ergänzt werden.[1]

19 Das Gericht wird sich an der auch an den Sachverständigen zu stellenden Frage orientieren, **für welchen Zeitraum die Maßnahme voraussichtlich erforderlich** ist (s. aber § 280 Rz. 30),[2] eine Abweichung hiervon bedarf der Begründung.[3] Der bisherige Krankheitsverlauf ist zu berücksichtigen.[4] Bei einer Betreuung, die nur eine einzelne Angelegenheit betrifft, ist auch entscheidend, bis wann diese voraussichtlich erledigt worden sein kann.[5] Eine Vollmachtsbetreuung wird meist erforderlich sein, so lange die Vollmacht besteht.

20 Die Überprüfungszeitpunkte für die Betreuung und den Einwilligungsvorbehalt brauchen sich **nicht zu decken.**[6] Daher muss auch in der Entscheidung über die isolierte Anordnung eines Einwilligungsvorbehalts ein Überprüfungszeitpunkt genannt werden.[7] Dieser kann sowohl vor als auch nach dem Zeitpunkt für die Überprüfung der Betreuung liegen.[8] Mit der Aufhebung der Betreuung fällt der Einwilligungsvorbehalt allerdings weg und seine (spätere) Überprüfung erledigt sich dadurch. Sonst ist eine **Teilung der Fristsetzung** – etwa nach unterschiedlichen Aufgabenkreisen – nicht zulässig,[9] weil § 294 Abs. 3 – anders als § 294 Abs. 1 – nur die Aufhebung, nicht auch die Einschränkung der Maßnahmen erwähnt.

21 In **eA** ist statt des Überprüfungszeitpunkts derjenige anzugeben, zu dem sie nach § 302 außer Kraft treten soll.[10]

C. Kostenentscheidung

22 Eine Kostenentscheidung ergeht – wie in allen FG-Sachen (vgl. § 81 Abs. 1 Satz 3) – nur, wenn sie **veranlasst** ist. Der Anlass dazu kann sich aus § 307 ergeben, aber auch, weil die Auferlegung der Kosten auf einen Beteiligten der Billigkeit entspricht oder dies zumindest zu prüfen nahe liegt (s. dazu im Einzelnen § 81 Rz. 11 ff.).

287 *Wirksamwerden von Beschlüssen*
(1) **Beschlüsse über Umfang, Inhalt oder Bestand der Bestellung eines Betreuers, über die Anordnung eines Einwilligungsvorbehalts oder über den Erlass ei-

---

1 *Knittel*, § 286 FamFG Rz. 17; anders HK-BUR/*Braun*, §§ 286, 38, 39 FamFG Rz. 52: Endentscheidung anfechtbar.
2 *Knittel*, § 294 FamFG Rz. 19.
3 BGH v. 14.11.2012 – XII ZB 344/12, FamRZ 2013, 284.
4 BayObLG v. 16.12.1994 – 3 Z BR 343/94, BtPrax 1994, 68.
5 BayObLG v. 2.3.1995 – 3 Z BR 309/94, BtPrax 1995, 143; LG Berlin v. 20.10.1992 – 83 T 494/92, BtPrax 1993, 34.
6 HK-BUR/*Braun*, §§ 286, 38, 39 FamFG Rz. 49.
7 BGH v. 25.7.2012 – XII ZB 526/11, FGPrax 2012, 1154.
8 *Fröschle/Locher*, § 286 FamFG Rz. 16.
9 AA HK-BUR/*Rink*, § 69 FGG Rz. 21; Bienwald/*Sonnenfeld*/Hoffmann, § 69 286 FamFG Rz. 30; *Damrau/Zimmermann*, § 286 FamFG Rz. 20; Jurgeleit/*Bučić*, § 294 FamFG Rz. 19.
10 *Fröschle/Locher*, § 286 FamFG Rz. 17.

ner einstweiligen Anordnung nach § 300 werden mit der Bekanntgabe an den Betreuer wirksam.
(2) Ist die Bekanntgabe an den Betreuer nicht möglich oder ist Gefahr im Verzug, kann das Gericht die sofortige Wirksamkeit des Beschlusses anordnen. In diesem Fall wird er wirksam, wenn der Beschluss und die Anordnung seiner sofortigen Wirksamkeit
1. dem Betroffenen oder dem Verfahrenspfleger bekannt gegeben werden oder
2. der Geschäftsstelle zum Zweck der Bekanntgabe nach Nummer 1 übergeben werden.
Der Zeitpunkt der sofortigen Wirksamkeit ist auf dem Beschluss zu vermerken.
(3) Ein Beschluss, der die Genehmigung nach § 1904 Absatz 2 des Bürgerlichen Gesetzbuchs zum Gegenstand hat, wird erst zwei Wochen nach Bekanntgabe an den Betreuer oder Bevollmächtigten sowie an den Verfahrenspfleger wirksam.

A. Allgemeines	1	II. Anordnung der sofortigen Wirksamkeit (Absatz 2)	15
B. Inhalt der Vorschrift		III. Wirksamwerden einer Genehmigung nach § 1904 Abs. 2 BGB (Absatz 3)	25a
I. Bekanntgabe an den Betreuer (Absatz 1)	10	C. Rechtsfolgen der Wirksamkeit	26

A. Allgemeines

Die Norm regelt das **Wirksamwerden** von bestimmten Endentscheidungen in Betreuungssachen. **1**

Sie ist **Spezialvorschrift** zu § 40 Abs. 1 und geht, so weit sie reicht, diesem vor, auch wenn § 40 Abs. 1 in den meisten Fällen zu keinem anderen Ergebnis führen würde als Abs. 1. Der Unterschied liegt vor allem in der Möglichkeit, die Abs. 2 eröffnet und die bei § 40 Abs. 1 fehlt. **2**

Der **Anwendungsbereich** des § 287 Abs. 1 und 2 wird in Abs. 1 auf folgende Endentscheidungen eingegrenzt: **3**
– Beschlüsse über „Umfang, Inhalt oder Bestand" einer Betreuerbestellung,
– die Anordnung eines Einwilligungsvorbehalts und
– eA nach § 300.

Das deckt sich weitgehend mit dem Anwendungsbereich von §§ 274 Abs. 3, 288 Abs. 2 Satz 2 und 303 Abs. 1, nur fehlen die dort überall mit aufgezählten Entscheidungen über „Umfang, Inhalt oder Bestand eines Einwilligungsvorbehalts". ME ist das ein **Versehen**. Es fehlt jedenfalls jeder sachliche Grund dafür, weshalb bei der Aufhebung der Betreuung die Anordnung der sofortigen Wirksamkeit möglich sein soll, bei der Aufhebung des Einwilligungsvorbehalts dagegen nicht. **4**

Gemeint sind daher **alle Verfahren** der in § 274 Abs. 2 genannten Art (vgl. dazu im Einzelnen § 274 Rz. 31 ff.).[1] **5**

Für eA nach § 300 gelten mangels einer Sonderregelung ohnehin die gleichen Normen wie für inhaltlich gleiche Hauptsacheentscheidungen (§ 51 Abs. 3 Satz 2). Die Klarstellung in Abs. 1 erfolgt nur, weil das alte Recht eine solche Sonderregelung enthielt. Auch bei eA ist die Wirksamkeit demnach von der **Bekanntgabe an den Betreuer** abhängig, falls das Gericht nicht von der Möglichkeit des Abs. 2 Gebrauch macht. **6**

Bei **negativen** Entscheidungen ist zu differenzieren: Die Ablehnung der Betreuerbestellung oder der Anordnung eines Einwilligungsvorbehalts fällt nicht unter Abs. 1.[2] Ist aber eine solche Maßnahme erst einmal angeordnet, fällt jede weitere Entscheidung darunter, auch eine negative, denn auch diese betrifft den **Bestand** der **7**

---

[1] So auch *Damrau/Zimmermann*, § 287 FamFG Rz. 9.
[2] HK-BUR/*Braun*, § 287 FamFG Rz. 4; Jurgeleit/*Bučić*, § 287 FamFG Rz. 2.

Maßnahme. Wann negative Entscheidungen wirksam werden, ist aber ohnehin allenfalls für die darin enthaltene Kostenentscheidung von Bedeutung.

8 Abs. 3 schließlich betrifft Entscheidungen, durch die dem Betreuer die Genehmigung zur Verweigerung oder zum Widerruf der Einwilligung in eine **medizinische Behandlung** erteilt werden soll, also ausschließlich Verfahren der in § 298 Abs. 2 genannten Art. Wird dagegen die Einwilligung in eine medizinische Behandlung genehmigt, verbleibt es bei der Anwendung von § 40 Abs. 1 (s. dazu § 298 Rz. 26).

9 § 297 Abs. 7 enthält eine **weitere Spezialvorschrift** zu § 40 (s. § 297 Rz. 34 ff.). Soweit weder § 287 noch § 297 Abs. 7 greift, richtet sich auch in Betreuungssachen die Wirksamkeit von Entscheidungen nach § 40.[1]

B. Inhalt der Vorschrift

I. Bekanntgabe an den Betreuer (Absatz 1)

10 Soweit § 287 gilt, erübrigen sich Überlegungen zu der Frage, an wen sich die Endentscheidung „ihrem wesentlichen Inhalt nach" richtet. Die genannten Beschlüsse werden mit der Bekanntgabe an den Betreuer wirksam. Wird **im Hauptsacheverfahren** ein anderer als der zuvor schon bestellte vorläufige Betreuer bestellt, kommt es auf den endgültigen Betreuer an.[2] Sie bewirkt das Ende des Amts des vorläufigen Betreuers auch ohne dessen Entlassung (§ 56 Abs. 1 Satz 1), die daher, wenn sie erfolgt, nur deklaratorischen Charakter hat.

11 Die **Form** der Bekanntgabe folgt § 41. Der Beschluss ist entweder **schriftlich vollständig** (§ 41 Abs. 1 Satz 1) oder mündlich **durch Verkündung der Entscheidungsformel** (§ 41 Abs. 2 Satz 1) bekanntzugeben. Die formlose Bekanntgabe (zB durch telefonische Übermittlung) genügt – anders als früher[3] – nicht mehr (muss also ggf. durch die Anordnung der sofortigen Wirksamkeit nach Abs. 2 „flankiert" werden). Wird mündlich durch Verkündung bekannt gegeben, ist dies für die Wirksamkeit entscheidend, falls der Betreuer bei der Verkündung anwesend ist. Ist er es nicht, kommt es auch hier auf die – ohnehin nachzuholende (§ 41 Abs. 2 Satz 3) – schriftliche Bekanntgabe an. Wegen der weiteren Einzelheiten wird auf die Kommentierung zu § 41 verwiesen.

12 Erfolgt die Bekanntgabe nicht durch Verkündung in Anwesenheit des Betreuers, ist demzufolge der **Eingang des** schriftlich übersandten **Beschlusses beim Betreuer** bzw. der Zeitpunkt von dessen förmlicher Zustellung an diesen der für die Wirksamkeit entscheidende Zeitpunkt. Die Postzugangsfiktion des § 15 Abs. 2 Satz 2 ist grundsätzlich anwendbar. Steht der tatsächliche Zeitpunkt des Zugangs fest, kommt es aber allein auf diesen an und zwar – trotz anscheinend entgegenstehenden Wortlauts – auch wenn er früher liegt.[4]

13 Die **weiteren** nach § 288 oder § 41 vorgeschriebenen **Bekanntgaben** haben auf die Wirksamkeit der Entscheidung keinen Einfluss.

14 Nicht ganz klar ist, ob die Bestellung oder Entlassung eines **Gegenbetreuers** in unmittelbarer Anwendung von Abs. 1 mit der Bekanntgabe an den Betreuer oder in einer aus §§ 1908i Abs. 1 Satz 1, 1792 Abs. 3, 1895 BGB folgenden entsprechenden Anwendung von Abs. 1 mit der Bekanntgabe an den Gegenbetreuer wirksam wird. Letzteres erscheint mir sinnvoller. Ein Eilbedürfnis, das die Anwendung von Abs. 2 rechtfertigt, dürfte hier stets ausscheiden.

II. Anordnung der sofortigen Wirksamkeit (Absatz 2)

15 Nur soweit Abs. 1 über die Wirksamkeit bestimmt, kann das Gericht nach Abs. 2 die sofortige Wirksamkeit der Entscheidung anordnen. Richtet sich die Wirksamkeit

---

[1] BT-Drucks. 16/6308, S. 269.
[2] HK-BUR/*Braun*, § 287 FamFG Rz. 12; *Bassenge*/Roth, § 287 FamFG Rz. 5.
[3] OLG München v. 24.9.2008 – 33 Wx 179/08, FGPrax 2008, 248.
[4] BGH v. 12.9.2012 – XII ZB 27/12, FGPrax 2012, 280; LG Kassel v. 22.12.2011 – 3 T 444/11, BtPrax 2012, 78.

nach § 40 Abs. 1 oder Abs. 2, ist das nicht möglich.[1] Lediglich § 40 Abs. 3 sieht eine ähnliche Möglichkeit vor (s. dazu § 40 Rz. 18ff.). Für dessen Anwendungsbereich lassen sich jedoch in Betreuungssachen kaum Beispiele finden.[2]

Das Gericht hat die sofortige Wirksamkeit anzuordnen,[3] wenn: **16**
- eine Bekanntgabe an den Betreuer **nicht möglich** ist, zB weil sein Aufenthalt unbekannt ist,[4] oder
- Gefahr im Verzug besteht.

Für die erste Variante dürfte es genügen, wenn die Bekanntgabe an den Betreuer **17** auf **außergewöhnliche Schwierigkeiten** stößt, denn theoretisch kann die Bekanntgabe an den Betreuer immer jedenfalls im Wege der öffentlichen Zustellung (§ 15 Abs. 1 FamFG iVm. § 185ff. ZPO) bewirkt werden.[5] **Gefahr im Verzug** setzt die Feststellung voraus, dass durch die mit der Bekanntgabe an den Betreuer verbundene zeitliche Verzögerung dem Betroffenen[6] oder – bei einer Betreuerbestellung allein im Drittinteresse – dem Dritten ein Schaden droht.

Die Anordnung bedarf – wie aus Abs. 2 Satz 1 Nr. 2 folgt – der **schriftlichen Form** **18** (nur ein Schriftstück kann „übergeben" werden). Sie kann in der Entscheidungsformel des bekannt zu gebenden Beschlusses enthalten sein, aber auch in einem gesonderten Beschluss erlassen werden.[7]

Die sofortige Wirksamkeit muss **vom Gericht** angeordnet werden. Das ist beim Be- **19** treuungsgericht der Richter oder Rechtspfleger, der die bekannt zu gebende Entscheidung erlassen hat, beim Landgericht die Kammer oder der Einzelrichter, nicht aber der Vorsitzende. Die Anordnung ist nicht anfechtbar.[8] Allenfalls kann das Beschwerdegericht nach § 64 Abs. 3 verfahren.[9] Auch § 58 Abs. 2 ist nicht anzuwenden. Vielmehr unterliegt die Anordnung gar keiner Kontrolle durch die nächste Instanz.[10] Ihre Wirksamkeit ist vom Vorliegen der Voraussetzungen des Abs. 2 Satz 1 nicht abhängig.

Die **Bekanntgabe der Anordnung** hat in gleicher Weise zu erfolgen wie die des be- **20** kannt zu gebenden Beschlusses. Wird sie nicht zusammen mit dem Beschluss bekannt gegeben, ist sie **wirkungslos**. Es bleibt dann bei Abs. 1.

Abs. 1 bleibt **daneben anwendbar**. Ist der Beschluss dem Betreuer bekannt gege- **21** ben worden, bevor eine der in Abs. 2 genannten Alternativen stattgefunden hat, ist er damit dennoch wirksam geworden. Die formlose – zB telefonische – Mitteilung ist jedoch keine „Bekanntgabe" (vgl. § 15 Abs. 3).

---

1 Für analoge Anwendung von Abs. 3 Satz 2 in den Fällen des Abs. 2 aber *Abramenko*, oben § 40 Rz. 14.
2 *Fröschle*, § 40 FamFG Rz. 19.
3 Ein Ermessensspielraum besteht nicht, *Knittel*, § 287 FamFG Rz. 16.
4 Jansen/*Sonnenfeld*, § 69a FGG Rz. 18; Jurgeleit/*Bučić*, § 287 FamFG Rz. 6.
5 *Damrau/Zimmermann*, § 287 FamFG Rz. 22.
6 Fröschle/*Locher*, § 287 FamFG Rz. 5, HK-BUR/*Braun*, § 287 FamFG Rz. 18.
7 HK-BUR/*Braun*, § 287 FamFG Rz. 19; Jansen/*Sonnenfeld*, § 69a FGG Rz. 23.
8 Jansen/*Sonnenfeld*, § 69a FGG Rz. 26; *Knittel*, § 287 FamFG Rz. 17 (Überprüfung mit Rechtsmittel gegen die Endentscheidung soll möglich sein, mir scheint jedoch fraglich, ob hierfür dann noch ein Rechtsschutzinteresse bestehen kann); Keidel/*Budde*, § 287 FGG Rz. 11; ob gegen die Anordnung der sofortigen Wirksamkeit durch den Rechtspfleger die befristete Erinnerung nach § 11 Abs. 2 RPflG statthaft ist (so Jansen/*Sonnenfeld*, § 69a FGG Rz. 26), ist mE ebenfalls zweifelhaft, da sie keine Sachentscheidung enthält, sondern nur die Modalitäten des Wirksamwerdens einer anderen Entscheidung betrifft. Jedenfalls ist sie mangels eines Rechtsschutzinteresses nicht mehr zulässig, nachdem die Endentscheidung auch nach Maßgabe von Abs. 1 wirksam geworden wäre, denn auch die erfolgreiche Erinnerung könnte wegen § 47 allenfalls zur Wiederbeseitigung der Wirksamkeit der Hauptsacheentscheidung ex nunc führen.
9 HK-BUR/*Braun*, § 287 FamFG Rz. 25.
10 *Damrau/Zimmermann*, § 287 FamFG Rz. 29; aA MüKo.ZPO/*Schmidt-Recla*, § 287 FamFG Rz. 9, mE übersehend, dass sich die Anordnung der sofortigen Wirksamkeit erledigt hat, sobald die Endentscheidung auch nach Abs. 1 wirksam geworden wäre.

22 Ist die sofortige Wirksamkeit der Endentscheidung angeordnet, wird diese – außerdem (Rz. 21) – **wirksam** durch
- die Bekanntgabe an den Betroffenen,
- die Bekanntgabe an seinen Verfahrenspfleger und
- die Übergabe des Beschlusses an die Geschäftsstelle des Gerichts zum Zwecke der Bekanntgabe an den Betroffenen oder seinen Verfahrenspfleger. Mindestens eins von beidem muss verfügt sein. Die Übergabe zum Zwecke der Bekanntgabe lediglich an den Betreuer genügt nicht.

23 Entscheidend ist, was davon **zuerst** geschieht.[1] Das bedeutet im Ergebnis, dass die beiden ersten Varianten nur im Falle der Verkündung iSv § 41 Abs. 2 Satz 1 von Bedeutung sind. Die **Verkündung** bewirkt die sofortige Wirksamkeit der Entscheidung, wenn entweder der Betroffene oder sein Verfahrenspfleger dabei anwesend ist. Anwesenheit nur des Betreuers genügt für Abs. 2 nicht, führt aber zur Wirksamkeit nach Abs. 1. Anwesend im Rechtssinne ist der Betroffene nicht, wenn er die Entscheidungsformel nicht verstehen kann, weil er nicht hören kann oder sie in einer für ihn unverständlichen Sprache verlesen wird. Auf seine Fähigkeit zur rationalen Verarbeitung des rein sprachlich Verstandenen kommt es wegen § 275 aber nicht an.[2]

24 Der **Geschäftsstelle übergeben** ist die Entscheidung, wenn sie vollständig mit Gründen und unterschrieben[3] zusammen mit der Verfügung, sie bekannt zu geben, mit dem Willen des Richters oder Rechtspflegers in den Einflussbereich des Urkundsbeamten der Geschäftsstelle gelangt. Damit Zweifel über den Wirksamkeitszeitpunkt später ausgeschlossen sind, hat der Urkundsbeamte den Zeitpunkt, zu dem die Entscheidung nach Abs. 2 wirksam geworden ist, auf dem Originalbeschluss **zu vermerken** (Abs. 2 Satz 3). Der Vermerk erbringt den vollen Beweis, dass zu dieser Zeit die Wirksamkeit eingetreten ist (vgl. § 418 Abs. 1 ZPO). Der Gegenbeweis ist möglich, wird aber schwer zu führen sein.

25 Bei anderen als den in Abs. 1 und § 40 Abs. 3 aufgezählten Endentscheidungen ist die Anordnung der sofortigen Wirksamkeit **nicht möglich**. Wird hier ein besonderes Eilbedürfnis gesehen, kann allenfalls eine eA nach den allgemeinen Vorschriften (§§ 49ff.) in Betracht kommen und deren sofortige Vollstreckung mit der Folge der Wirksamkeit ab Erlass (§ 53 Abs. 2 Satz 2) angeordnet werden. Das kann zB in Verfahren über die Herausgabe des Betreuten an den Betreuer (§§ 1908i Abs. 1 Satz 1, 1632 Abs. 1 BGB) von Bedeutung sein (s. auch § 300 Rz. 5).

III. Wirksamwerden einer Genehmigung nach § 1904 Abs. 2 BGB (Abs. 3)

25a Wird dem Betreuer die **Genehmigung** erteilt, seine Einwilligung in eine lebenserhaltende oder zur Vermeidung schwerwiegender Gesundheitsgefahren notwendigen medizinischen Maßnahme **zu verweigern** (§ 1904 Abs. 2 BGB), so soll diese Genehmigung nach Abs. 3 erst zwei Wochen nach ihrer Bekanntgabe an
- den Betreuer oder Vorsorgebevollmächtigten und
- den Verfahrenspfleger

wirksam werden.

25b Die Norm ist § 297 Abs. 7 nachgebildet und dürfte genau wie dort so zu verstehen sein, dass die zweiwöchige Frist erst mit der letzten der beiden Bekanntgaben beginnt (vgl. § 297 Rz. 34). Sie ist mE **verfassungswidrig**, wenn die Behandlung, die un-

---

1 Damrau/Zimmermann, § 287 FamFG Rz. 27; Fröschle/Locher, § 287 FamFG Rz. 9; anders HK-BUR/Braun, § 287 FamFG Rz. 23, die zwischen den drei Varianten des Abs. 2 Satz 1 ein Stufenverhältnis annehmen will, so dass die Übergabe an die Geschäftsstelle nur genügt, wenn weder eine Bekanntgabe an den Betroffenen noch an den Verfahrenspfleger rechtzeitig möglich wäre.
2 LG Nürnberg-Fürth v. 21.12.2006 – 13 T 1059/06, FamRZ 2007, 1269 (LS) = BeckRS 2007 Nr. 12632 (vollständig); Jurgeleit/Bučić, § 287 FamFG Rz. 7; Jürgens/Kretz, § 287 FamFG Rz. 6; aA: Jansen/Sonnenfeld, § 69a FGG Rz. 22.
3 HK-BUR/Braun, § 287 FamFG Rz. 24; Jurgeleit/Bučić, § 287 FamFG Rz. 8; Jürgens/Mertens, § 287 FamFG Rz. 7.

terlassen werden soll, schon begonnen hat, weil die zweiwöchige Wartefrist den Betroffenen dann in seinem Grundrecht auf körperliche Unversehrtheit (Art. 2 Abs. 2 Satz 2 GG) verletzt. Nachdem durch die Genehmigung richterlich festgestellt ist, dass die lebenserhaltende Maßnahme seinem Willen widerspricht, ist es unverhältnismäßig, sie ihm weitere zwei Wochen zuzumuten. Hiergegen kann auch nicht mit der Gewährleistung effektiven Rechtsschutzes argumentiert werden,[1] denn erstens handelt es sich um eine richterliche Entscheidung, so dass Art. 19 Abs. 4 GG hier nicht betroffen ist und zweitens muss der Betroffene auch vor einer Behandlung, die seinem Willen widerspricht, „effektiv" geschützt sein. Stattdessen gilt in solchen Fällen § 40 Abs. 1: Mit der Bekanntgabe an den Betreuer ist die Genehmigung wirksam und die – vorübergehende – Behandlung gegen den Willen des Betroffenen zu beenden.

C. Rechtsfolgen der Wirksamkeit

Die in Abs. 1 und Abs. 3 genannten Verfahren enden – außer im Fall der Ablehnung – mit einer **Gestaltungsentscheidung**. Mit der Wirksamkeit tritt die rechtsgestaltende Wirkung ex nunc ein. Eine **Rückwirkung** kann nicht angeordnet werden.[2] Deshalb beginnt beim Berufsbetreuer der Zeitraum, für den er vergütet wird, auch mit dem Tag, der auf die **Wirksamkeit** der Bestellung folgt. Das Gericht kann auch nicht beschließen, dass seine Entscheidung erst mit Rechtskraft wirksam werden soll (s. § 40 Rz. 9). Ausnahmsweise **mit Verzögerung** tritt die Wirkung im Fall des § 1908a Satz 2 BGB ein, nämlich am 18. Geburtstag des Betroffenen um 0.00 Uhr (§ 187 Abs. 2 Satz 2 BGB). 26

Zur Wirkung einer Aufhebung der Entscheidung s. §§ 47, 306. 27

288 *Bekanntgabe*

(1) Von der Bekanntgabe der Gründe eines Beschlusses an den Betroffenen kann abgesehen werden, wenn dies nach ärztlichem Zeugnis erforderlich ist, um erhebliche Nachteile für seine Gesundheit zu vermeiden.
(2) Das Gericht hat der zuständigen Behörde den Beschluss über die Bestellung eines Betreuers oder die Anordnung eines Einwilligungsvorbehalts oder Beschlüsse über Umfang, Inhalt oder Bestand einer solchen Maßnahme stets bekannt zu geben. Andere Beschlüsse sind der zuständigen Behörde bekannt zu geben, wenn sie vor deren Erlass angehört wurde.

A. Allgemeines

§ 288 befasst sich mit der Bekanntgabe der Endentscheidung an den Betroffenen (Abs. 1) und an die Betreuungsbehörde (Abs. 2). Er enthält keine abschließende Regelung. § 41 ist daneben anwendbar. 1

§ 288 betrifft **alle Endentscheidungen** in Betreuungssachen, wobei Abs. 2 nach Verfahrensgegenständen, nicht nach Beschlussinhalten, differenziert. Für Zwischenentscheidungen dürfte Abs. 1 entsprechend gelten, soweit sie mit Gründen versehen sein müssen. 2

Das Verfahrensergebnis ist nicht entscheidend. Auch **ablehnende** Entscheidungen werden von § 288 erfasst.[3] 3

B. Inhalt der Vorschrift

I. Bekanntgabe an den Betroffenen (Absatz 1)

Nach § 41 müssen dem Betroffenen **alle Entscheidungen** schon deshalb bekannt gegeben werden, weil er Verfahrensbeteiligter ist.[4] Während sie ihm nach altem 4

---

1 So aber *Damrau/Zimmermann*, § 298 FamFG Rz. 38; Bork/Jacoby/Schwab/*Heiderhoff*, § 287 FamFG Rz. 7.
2 OLG Hamm v. 16.3.2006 – 15 W 355/05, FGPrax 2006, 161.
3 AA HK-BUR/*Braun*, §§ 288, 15, 41 FamFG Rz. 5.
4 BT-Drucks. 16/6308, S. 269, übersehend, dass § 41 Abs. 1 Satz 1 nur die Bekanntgabe an die Beteiligten und gerade nicht an sie „selbst" vorschreibt.

Recht „selbst" bekanntzugeben waren, so dass die Bekanntgabe an einen Stellvertreter (Verfahrenspfleger, Verfahrensbevollmächtigten, Zustellungsbevollmächtigten oder gesetzlichen Vertreter) ausschied,[1] folgt sie nun allgemeinen Regeln.[2]

5   Die Bekanntgabe an den Betroffenen kann, soweit er im Verfahren vertreten wird, wie bei jedem anderen Beteiligten auch an den Vertreter geschehen. Hat er einen **Verfahrensbevollmächtigten**, ist dies für die **Zustellung** durch § 15 Abs. 1 FamFG iVm. § 170 Abs. 1 ZPO sogar **vorgeschrieben**. Die Bekanntgabe an den **Verfahrenspfleger** ersetzt diejenige an den Betroffenen dagegen nicht, weil er den Betroffenen nicht vertreten kann (vgl. § 274 Rz. 29). Wegen der weiteren Einzelheiten zur Bekanntgabe wird im Übrigen auf die Kommentierung zu § 15 verwiesen.

6   Abs. 1 erlaubt es, von der **Bekanntgabe der Entscheidungsgründe** an den Betroffenen abzusehen, wenn durch ein ärztliches Zeugnis feststeht, dass dies seiner Gesundheit abträglich wäre.

7   Die Anwendung von Abs. 1 setzt die eindeutige Prognose[3] voraus, dass, falls der Betroffene von den Entscheidungsgründen erfährt, eine **erhebliche Gefahr** für seine Gesundheit droht.[4] Das Gericht hat eine Güterabwägung zwischen der Gesundheit des Betroffenen und seinem Anspruch auf rechtliches Gehör vorzunehmen.[5] Lediglich mittelbare Beeinträchtigungen, die zB dadurch entstehen, dass der Betroffene den Kontakt zu einer Vertrauensperson abbrechen könnte, genügen nicht.[6] Ist es möglich, dem Betroffenen die Gründe in einer anderen geeigneten Form gefahrlos bekannt zu geben, kann das zwar grundsätzlich geschehen,[7] erfordert aber gleichwohl einen Beschluss nach Abs. 1, denn das Gesetz schreibt die schriftliche Bekanntgabe nun in jedem Fall – auch nach vorausgegangener Verkündung – zwingend vor (vgl. § 41 Abs. 2 Satz 4).[8]

8   Die Gesundheitsgefahr muss durch ein **ärztliches Zeugnis** (§ 281 Rz. 12 ff.) belegt sein.

9   Abgesehen werden kann nur von der Bekanntgabe der Gründe. Die **Entscheidungsformel** ist dem Betroffenen in jedem Fall bekannt zu geben.[9]

10 Die Anwendung von Abs. 1 führt zu einer **Verkürzung des rechtlichen Gehörs**. Die Entscheidungsgründe sind statt dem Betroffenen einem Beteiligten bekannt zu geben, der seine Interessen wahrnimmt (vgl. § 276 Rz. 10). Existiert ein solcher nicht, muss das Gericht einen **Verfahrenspfleger** bestellen, um diesem die Gründe bekannt zu geben.[10] Wird er erst dadurch erforderlich, dürfte seine Bestellung erst nach Erlass der Endentscheidung ausnahmsweise keinen Verstoß gegen § 37 Abs. 2 bilden.

11 Wird der Betroffene im Verfahren durch einen **Verfahrensbevollmächtigten** oder, wo dies zulässig ist, **gesetzlich vertreten**, kommt – aus den unter Rz. 5 erwähnten

---

1   OLG München v. 16.5.2007 – 33 Wx 25/07, NJOZ 2007, 3155 (zum gesetzlichen Vertreter); BayObLG v. 8.7.1999 – 3 Z BR 186/99, NJW-RR 2001, 583; Jansen/*Sonnenfeld*, § 69a FGG Rz. 2; HK-BUR/*Hoffmann*, § 69a FGG Rz. 13 (zum Verfahrensbevollmächtigten); Keidel/*Kayser*, § 69a FGG Rz. 2; *Fröschle*, § 69a FGG Rz. 4; Jurgeleit/*Bučić*, § 69a FGG Rz. 4; Jürgens/*Mertens*, § 69a FGG Rz. 2.
2   AA *Damrau/Zimmermann*, § 288 FamFG Rz. 1.
3   Im Zweifel sind ihm die Gründe bekannt zu geben, Jansen/*Sonnenfeld*, § 69a FGG Rz. 5.
4   Die gewöhnlich mit der Bekanntgabe einer Gerichtsentscheidung verbundenen, nervositätsbedingten gesundheitlichen Beeinträchtigungen genügen nicht, BayObLG v. 8.7.1999 – 3 Z BR 186/99, NJW-RR 2001, 583.
5   BayObLG v. 8.7.1999 – 3 Z BR 186/99, NJW-RR 2001, 583.
6   OLG Frankfurt v. 20.5.2003 – 20 W 161/03, BtPrax 2003, 222; s. aber KG v. 28.3.2006 – 1 W 71/06, FGPrax 2006, 159, dem das für eine Nichtbekanntgabe des Gutachtens ausreichen würde.
7   HK-BUR/*Braun*, §§ 288, 15, 41 FamFG Rz. 15 (unter Hinzuziehung einer Vertrauensperson); Keidel/*Budde*, § 288 FamFG Rz. 6 f.
8   Fröschle/*Locher*, § 288 FamFG Rz. 4 Fn. 9.
9   Jansen/*Sonnenfeld*, § 69a FGG Rz. 7; *Jürgens/Lesting/Marschner/Winterstein*, Rz. 463; BtKomm/*Roth*, A Rz. 177; Jurgeleit/*Bučić*, § 288 FamFG Rz. 9.
10 BGH v. 8.6.2011 – XII ZB 43/11, NJW 2011, 2577, 18397; Fröschle/*Locher*, § 288 FamFG Rz. 6.

Gründen – eine Anwendung von Abs. 1 nicht mehr in Frage, da die Bekanntgabe ja dann ohnehin an den Vertreter erfolgt. Es ist dessen Sache, zu entscheiden, ob und wie er den Betroffenen über die Entscheidungsgründe informiert.

Das Gericht[1] entscheidet über die Nichtbekanntgabe der Entscheidungsgründe durch **Beschluss**, der in der Endentscheidung enthalten sein kann. Der **Beschwerde** unterliegt er, da keine Endentscheidung, nicht. Soweit er früher für anfechtbar gehalten wurde,[2] ist das überholt.[3] Hat das Gericht die Nichtbekanntgabe der Gründe zu Unrecht beschlossen, ist dies vielmehr – als Verstoß gegen Art. 103 Abs. 1 GG – mit einem Rechtsmittel gegen die Endentscheidung[4] und, falls ein solches nicht gegeben ist, mit der **Anhörungsrüge** (§ 44) geltend zu machen.

II. Bekanntgabe an die Betreuungsbehörde (Absatz 2)

Ist die Betreuungsbehörde nach § 274 Abs. 3 auf ihren Antrag als **Verfahrensbeteiligte** zum Verfahren hinzugezogen worden, gilt § 41 für die Bekanntgabe auch an sie. Abs. 2 regelt die Bekanntgabe von Endentscheidungen an die Behörde in Verfahren, an denen sie **nicht beteiligt** worden ist.[5]

Der Betreuungsbehörde ist die Endentscheidung in allen Betreuungssachen bekannt zu geben (nicht lediglich mitzuteilen), wenn sie im Verfahren **angehört** worden ist (Abs. 2 Satz 2). Es spielt dafür keine Rolle, ob die Anhörung der Behörde vorgeschrieben war (vgl. dazu § 279 Rz. 11 ff.), auch ob die Behörde sich tatsächlich geäußert oder sonst ein Interesse an der Endentscheidung gezeigt hat, ist nicht entscheidend. Für die Bekanntgabe gilt nur § 15, nicht § 41, denn der betrifft nur Beteiligte.

Auch wenn die Behörde weder angehört noch beteiligt wurde, sind ihr nach Abs. 2 Satz 1 Endentscheidungen bekannt zu geben, die **Bestand, Umfang oder Inhalt** der Betreuerbestellung oder des Einwilligungsvorbehalts betreffen. Das sind die Endentscheidungen in allen Verfahren, an denen die Betreuungsbehörde nach § 274 Abs. 3 **hätte beteiligt werden können** (s. dazu im Einzelnen § 274 Rz. 31 ff.). Auf den Ausgang des Verfahrens kommt es nicht an. Auch ein Beschluss, durch den die Entlassung des Betreuers oder die Aufhebung des Einwilligungsvorbehalts **abgelehnt** wird, ist der Betreuungsbehörde daher stets bekannt zu geben.

Abs. 2 stellt damit zugleich sicher, dass der Betreuungsbehörde jede Entscheidung bekannt gegeben wird, gegen die ihr nach § 303 Abs. 1 die **Beschwerde** zusteht.[6]

Eine **weitere Pflicht** zur Bekanntgabe an die Betreuungsbehörde enthält § 297 Abs. 3 Satz 3. Die Verweisung auf Abs. 2 Satz 1 in § 294 Abs. 1 ist überflüssig, da Entscheidungen in den dort genannten Verfahren ohnehin zu den in Abs. 2 Satz 1 genannten gehören.

III. Sonstige Bekanntgaben

Für die Bekanntgabe an **Verfahrensbeteiligte** gilt § 41 Abs. 1. Danach sind Entscheidungen ihnen immer bekannt zu geben, früher angestellte Überlegungen, ob das die Geheimhaltungsinteressen des Betroffenen verletzen könnte,[7] erübrigen sich nun.

Außer an die Verfahrensbeteiligten und im Falle des Abs. 2 an die Betreuungsbehörde erfolgt jedoch **keine Bekanntgabe**. Auch die (formlose) **Mitteilung** der Entscheidung an Dritte ist nur zulässig, soweit §§ 22a, 304 Abs. 2 oder 308 bis 311 sie vorsehen. In der Bekanntgabe an einen **Kannbeteiligten** ist daher dessen Heranziehung

---

1 Nicht der Vorsitzende, *Bassenge*/Roth, § 288 FamFG Rz. 2.
2 BayObLG v. 8.7.1999 – 3 Z BR 186/99, NJW-RR 2001, 583.
3 AA (Beschwerde nach § 58 statthaft) MüKo.ZPO/*Schmidt-Recla*, § 288 FamFG Rz. 6.
4 *Damrau*/Zimmermann, § 288 FamFG Rz. 23.
5 Bork/Jacoby/Schwab/*Heiderhoff*, § 288 FamFG Rz. 4.
6 BT-Drucks. 16/6308, S. 269.
7 S. dazu zB Bienwald/*Sonnenfeld*/Hoffmann, § 288 FamFG Rz. 3; richtig: Jürgens/*Mertens*, § 288 FamFG Rz. 3: Das ist vor ihrer Hinzuziehung zum Verfahren abzuwägen.

zum Verfahren zu sehen, da dem Gericht nicht unterstellt werden kann, eine unzulässige Bekanntgabe vornehmen zu wollen.[1]

289 Verpflichtung des Betreuers

(1) Der Betreuer wird mündlich verpflichtet und über seine Aufgaben unterrichtet. Das gilt nicht für Vereinsbetreuer, Behördenbetreuer, Vereine, die zuständige Behörde und Personen, die die Betreuung im Rahmen ihrer Berufsausübung führen, sowie nicht für ehrenamtliche Betreuer, die mehr als eine Betreuung führen oder in den letzten zwei Jahren geführt haben.
(2) In geeigneten Fällen führt das Gericht mit dem Betreuer und dem Betroffenen ein Einführungsgespräch.

A. Allgemeines

1   Mit § 289 ist der Kreis der Betreuer, die mündlich verpflichtet werden, einer alten Forderung der Literatur[2] folgend **erheblich eingeschränkt** worden.

2   Die mündliche Verpflichtung hat damit weiter **an Bedeutung verloren**, nachdem sie schon durch das BtG ihren konstitutiven Charakter eingebüßt hatte.

3   Anwendbar ist § 289 nach **jeder Bestellung** eines Betreuers, gleichgültig, ob es sich um die Erstbestellung, die Bestellung eines weiteren Betreuers oder die Neubestellung bei einem Betreuerwechsel handelt.[3] Unklar ist, inwieweit die Norm bei der Bestellung eines **Gegenbetreuers** anwendbar ist.[4] Abs. 2 ist es jedenfalls nicht, denn zwischen Betreutem und Gegenbetreuer braucht keine Kommunikation hergestellt zu werden.[5]

4   **Nicht anwendbar** ist § 289 bei allen Entscheidungen, durch die sich die Person des Betreuers nicht ändert, also bei Erweiterung,[6] Einschränkung oder Verlängerung[7] der Betreuung und auch nicht, wenn eine vorläufige Betreuerbestellung durch Hauptsacheentscheidung bestätigt wird.

B. Inhalt der Vorschrift

I. Mündliche Verpflichtung (Absatz 1)

5   Ein neu bestellter Betreuer ist vom Betreuungsgericht mündlich zu verpflichten und auf seine Aufgaben hinzuweisen (Abs. 1 Satz 1). Das gilt aber nach Abs. 1 Satz 2 nicht[8] für

  – institutionelle Betreuer (Verein oder Behörde, § 1900 BGB),
  – Vereinsbetreuer iSv. § 1897 Abs. 2 Satz 1 BGB,

---

1 AA LG Landau v. 15.6.2010 – 3 T 42/10, NJW-RR 2011, 439.
2 Bienwald/*Sonnenfeld*/Hoffmann, 4. Aufl. § 69b FGG Rz. 11.
3 HK-BUR/*Bauer*, § 289 FamFG Rz. 18; BtKomm/*Dodegge*, B Rz. 130; Fröschle/*Locher*, § 289 FamFG Rz. 4; Jurgeleit/*Bučić*, § 289 FamFG Rz. 2; nach Bork/Jacoby/Schwab/*Heiderhoff*, § 289 FamFG Rz. 5 soll sie auch für die isolierte Anordnung eines Einwilligungsvorbehalts gelten.
4 Dafür: BtKomm/*Dodegge*, B Rz. 130.
5 Bienwald/*Sonnenfeld*/Hoffmann, § 289 FamFG Rz. 14. Ob der Gegenbetreuer zum Einführungsgespräch mit dem Betreuer hinzugezogen werden kann, so Fröschle/*Locher*, § 289 FamFG Rz. 14, ist mE zweifelhaft, wenn, dann allenfalls auf – für ihn – freiwilliger Basis.
6 Str., wie hier: Damrau/*Zimmermann*, § 289 FamFG Rz. 4; Jurgeleit/*Bučić*, § 289 FamFG Rz. 2; Bassenge/Roth, § 289 FamFG Rz. 1; aA Jansen/*Sonnenfeld*, § 69b FGG Rz. 2, 3 (bei jeder Erweiterung); Fröschle/*Locher*, § 289 FamFG Rz. 9 (im Ermessen des Rechtspflegers); Formella, BtPrax 1995, 198, 201 (nur bei gravierenden Änderungen); HK-BUR/*Bauer*, § 289 FamFG Rz. 19 und BtKomm/*Dodegge*, B Rz. 130 (bei nicht nur unwesentlichen Änderungen).
7 HK-BUR/*Bauer*, § 289 FamFG Rz. 20; Fröschle/*Locher*, § 289 FamFG Rz. 9; BtKomm/*Dodegge*, B Rz. 130; Jurgeleit/*Bučić*, § 289 FamFG Rz. 2; Bassenge/Roth, § 289 FamFG Rz. 1.
8 Bei der materiellrechtlichen Pflicht, sie in ihre Aufgaben einzuführen (§§ 1908i Abs. 1 Satz 1, 1837 Abs. 1 Satz 2 BGB), bleibt es auch für diese Betreuer, vgl. Formella, BtPrax 1995, 198, nur ist sie an keine besonderen Formalien geknüpft.

- Behördenbetreuer iSv. § 1897 Abs. 2 Satz 2 BGB,
- Einzelbetreuer, bei denen zugleich nach §§ 1908i Abs. 1 Satz 1, 1836 Abs. 1 Satz 2 BGB die Berufsmäßigkeit festgestellt wird und
- andere Einzelbetreuer, die in den letzten zwei Jahren mehr als eine Betreuung geführt haben.

Letzteres setzt voraus, dass dem Betreuer vorher schon **zwei andere Betreuungen** 6 übertragen waren, von denen keine über zwei Jahre vor der jetzigen Bestellung geendet hat. Maßgeblich dürfte dafür der Zeitpunkt der Wirksamkeit der jetzigen Bestellung sein.

Die Ausnahme der **dritten Betreuung** setzt ebenso wenig wie diejenige für Berufs- 7 betreuer voraus, dass in einer vorangegangenen Betreuung eine mündliche Verpflichtung stattgefunden hat. Beim Berufsbetreuer leuchtet das ein. Seiner ersten Bestellung geht nach § 1897 Abs. 7 BGB eine besondere Eignungsprüfung voraus, in deren Rahmen die Betreuungsbehörde prüfen wird, ob er die Betreuerpflichten kennt. Bei demjenigen, der innerhalb von zwei Jahren die insgesamt dritte Betreuung annimmt, wird diese Kenntnis vom Gesetz nun unterstellt.[1] Hat das Gericht hieran Zweifel, kann es ein Einführungsgespräch nach Abs. 3 führen.

Anders als beim Vormund oder Pfleger (§ 1789 BGB) hat die mündliche Verpflich- 8 tung **keine konstitutive Bedeutung**. Die Wirksamkeit der Bestellung folgt allein § 287.

Die Verpflichtung hat mündlich im direkten Gespräch zu erfolgen. Die persönli- 9 che[2] **Anwesenheit** des Betreuers ist dazu erforderlich. Eine telefonische Verpflichtung genügt nicht.[3] Ggf. kann das Gericht sie aber im Wege der Rechtshilfe durch ein anderes Gericht vornehmen lassen.[4] Der Betreuer ist unter Anordnung des persönlichen Erscheinens zur mündlichen Verpflichtung zu **laden**. Erscheint er nicht, kann das Gericht nach § 33 Abs. 3 vorgehen,[5] falls es ihn nicht entlässt, weil die Weigerung, zur Verpflichtung zu erscheinen, Zweifel an seiner Eignung begründet.[6]

In der Literatur werden die verschiedensten Thesen dazu vertreten, welchen **In-** 10 **halt** der Hinweis des Gerichts auf die Aufgaben des Betreuers haben sollte. Jedenfalls gehört hierzu der Hinweis auf die Inhalte der §§ 1901, 1902 BGB,[7] auf die Grenzen der gesetzlichen Vertretungsmacht (§§ 1908i Abs. 1 Satz 1, 1795, 181 BGB), auf die Genehmigungserfordernisse bei bestimmten wichtigen Geschäften und anderen Handlungen,[8] auf die Pflicht zum jährlichen Bericht über die persönlichen Verhältnisse und, falls die Vermögenssorge zum Aufgabenkreis gehört, auf die Pflicht zur Erstellung eines Vermögensverzeichnisses und zur jährlichen Rechnungslegung.[9] Das Gericht kann sich darauf beschränken, allgemeine Hinweise zu geben und im Übrigen auf ein von ihm ausgehändigtes **Merkblatt** verweisen.[10]

---

1 Und zwar allein aufgrund der Erfahrung, die er mit Betreuungen schon besitzt, BT-Drucks. 16/6308, S. 269. Dass diese auch im Gedächtnis haften bleibt, scheint der Gesetzgeber aber nicht annehmen zu wollen.
2 HK-BUR/*Bauer*, § 289 FamFG Rz. 8; *Knittel*, § 289 FamFG Rz. 5; Keidel/*Budde*, 289 FamFG Rz. 3; Bienwald/*Sonnenfeld*/Hoffmann, § 289 FamFG Rz. 6.
3 KG v. 2.8.1994 – 1 W 1905/93, FamRZ 1994, 1600; *Knittel*, § 289 FamFG Rz. 5; Jürgens/*Kretz*, § 289 FamFG Rz. 1; *Bassenge*/Roth, § 289 FamFG Rz. 2; aA Jansen/*Sonnenfeld*, § 69b FGG Rz. 5; *Damrau*/*Zimmermann*, § 289 FamFG Rz. 2; Bork/Jacoby/Schwab/*Heiderhoff*, § 289 FamFG Rz. 2.
4 HK-BUR/*Bauer*, § 289 FamFG Rz. 12; Fröschle/*Locher*, § 289 FamFG Rz. 5; BtKomm/*Dodegge*, B Rz. 135.
5 HK-BUR/*Bauer*, § 289 FamFG Rz. 15.
6 HK-BUR/*Bauer*, § 289 FamFG Rz. 16; *Damrau*/*Zimmermann*, § 289 FamFG Rz. 4 halten das für näherliegend als die Verhängung von Ordnungsmitteln.
7 Jansen/*Sonnenfeld*, § 69b FGG Rz. 9.
8 Bienwald/*Sonnenfeld*/Hoffmann, § 289 FamFG Rz. 8; Jürgens/*Lesting*/*Marschner*/*Winterstein*, Rz. 469.
9 Fröschle/*Locher*, § 289 FamFG Rz. 7; Jurgeleit/*Bučić*, § 289 FamFG Rz. 5.
10 HK-BUR/*Bauer*, § 289 FamFG Rz. 12; *Knittel*, § 289 FamFG Rz. 8; Fröschle/*Locher*, § 289 FamFG Rz. 8; Jurgeleit/*Bučić*, § 289 FamFG Rz. 6; aA BtKomm/*Dodegge*, B Rz. 133; Jürgens/*Kretz*, § 289 FamFG Rz. 2.

11 Weist die Betreuung **außergewöhnliche Schwierigkeiten** auf, mit denen der Betreuer nicht unbedingt rechnen muss, ist der Betreuer bei der Verpflichtung auch hierauf hinzuweisen.[1] Ansonsten aber braucht das Gericht auf die psychosoziale Seite der Betreuertätigkeit nicht weiter einzugehen,[2] weil ihm dazu schon die Kompetenz fehlt. Es weist den Betreuer ggf. auf die diesbezügliche Beratungs- und Unterstützungspflicht der Betreuungsbehörde aus § 4 Satz 1, künftig § 4 Abs. 3 BtBG hin.

II. Einführungsgespräch (Absatz 2)

12 Das als **Dreiergespräch** zwischen Rechtspfleger, Betreuer und Betroffenem ausgestaltete Einführungsgespräch des Abs. 2 sollte nach der Vorstellung des Gesetzgebers des BtG dazu dienen, ein Vertrauensverhältnis zwischen Betreuer und Betroffenem begründen zu helfen.[3] Ob es dazu wirklich geeignet ist, ist jedoch zweifelhaft. Ob eine Kommunikation zwischen beiden überhaupt möglich ist, sollte das Gericht schon bei der Auswahl des Betreuers geprüft haben. So ist denn mehr als unklar, wann ein iSv. Abs. 2 „geeigneter" Fall vorliegt.[4] Der Rechtspfleger dürfte hierfür einen weiten Beurteilungsspielraum besitzen.[5] Auch die Ansichten, wie oft ein Einführungsgespräch geführt werden muss, gehen sehr weit auseinander.[6]

13 Abs. 2 enthält **keine Einschränkungen**. Ein Einführungsgespräch kann für alle Arten von Betreuungen angeordnet werden. Ist die Behörde oder ein Verein als Institution zum Betreuer bestellt, wird es mit der Person geführt, der die Institution die Führung der Betreuung nach § 1900 Abs. 2, Abs. 4 Satz 2 BGB übertragen hat.

14 Hat das Gericht ein Einführungsgespräch angeordnet, ist **der Betreuer** zum Erscheinen verpflichtet. Das Gericht kann sein persönliches Erscheinen nach § 33 Abs. 1 anordnen und mit den **Ordnungsmitteln** des § 33 Abs. 3 erzwingen,[7] soweit nicht §§ 1908i Abs. 1 Satz 1, 1837 Abs. 3 BGB oder § 1908g Abs. 1 BGB entgegenstehen. Ob der **Betroffene** zum Erscheinen verpflichtet ist, ist zweifelhaft, kann allerdings wohl nun[8] aus § 27 Abs. 1 folgen. Sein Erscheinen zu erzwingen, dürfte aber stets unverhältnismäßig sein.[9]

---

1 BayObLG v. 22.1.2003 – 3 Z BR 185/02, FamRZ 2003, 783; KG v. 2.8.1994 – 1 W 1905/93, FamRZ 1994, 1600.
2 So aber Jansen/*Sonnenfeld*, § 69b FGG Rz. 8.
3 BT-Drucks. 11/4528, S. 176.
4 Vertreten wird: (1) immer, wenn eine Verständigung mit dem Betroffenen möglich ist (*Formella*, BtPrax 1995, 198f.; Bienwald/*Sonnenfeld*/Hoffmann, § 289 FamFG Rz. 16); (2) wenn er seinen Willen kundtun kann (Jansen/*Sonnenfeld*, § 69b FGG Rz. 21); (3) wenn eine Verständigung mit dem Betroffenen möglich ist und der Betreuer „bedeutsame Aufgaben" zu erfüllen hat (Jurgeleit/*Bučić*, § 289 FamFG Rz. 9; Jürgens/*Kretz*, § 289 FamFG Rz. 5; iE ähnlich auch HK-BUR/*Bauer*, § 289 FamFG Rz. 69ff.); (4) wenn gleich zu Beginn der Betreuung Aufgaben zu erledigen sind, die für den Betroffenen von grundlegender Bedeutung sind (Keidel/*Budde*, § 289 FamFG Rz. 6); (5) wenn der Betreute willens und in der Lage ist, ein solches Gespräch zu führen (Bahrenfuss/*Brosey*, § 289 FamFG, Rz. 4; Bork/Jacoby/Schwab/*Heiderhoff*, § 289 FamFG Rz. 6) meint allerdings, gerade wenn er das kann, sei es selten erforderlich.
5 *Knittel*, § 289 FamFG Rz. 10; Fröschle/*Locher* § 290 FamFG Rz. 12. Dagegen sehen Keidel/*Budde*, § 289 FamFG Rz. 6; BtKomm/*Dodegge*, B Rz. 140 und Jürgens/*Kretz*, § 289 FamFG Rz. 5 ein Ermessen als eröffnet an; das findet aber im Gesetz keine Stütze, so zu Recht HK-BUR/*Bauer*, § 289 FamFG Rz.71.
6 *Lantzerath*, BtPrax 1996, 66f. geht davon aus, dass es viel mehr „geeignete Fälle" als tatsächlich geführte Einführungsgespräche gibt und schlägt einen Begründungszwang für das Absehen vom Einführungsgespräch vor. Damrau/Zimmermann, § 289 FamFG Rz. 11 und *Knittel*, § 289 FamFG Rz. 10 meinen dagegen, dass es „in der Regel entbehrlich" sei.
7 HK-BUR/*Bauer*, § 289 FamFG Rz. 74; anders: Jurgeleit/*Bučić*, § 289 FamFG Rz. 13 (Erzwingung mit den in § 35 genannten Mitteln); wieder anders Damrau/Zimmermann, § 289 FamFG Rz. 12 (§ 1837 Abs. 2 BGB anwendbar).
8 Zum alten Recht ist es verneint worden: HK-BUR/*Bauer*, § 69b FGG Rz. 68; Bienwald/*Sonnenfeld*/Hoffmann, 4. Aufl. § 69b FGG Rz. 25.
9 Nach MüKo.ZPO/*Schmidt-Recla*, § 289 FamFG Rz. 10 liegt gar kein „geeigneter Fall" vor, wenn sich der Betreuer oder der Betreute weigert, an dem Gespräch teilzunehmen.

Zum **Inhalt** des Einführungsgesprächs gibt das Gesetz keinen Hinweis. Es soll 15
dazu dienen, zu einer vertrauensvollen Beziehung zwischen Betreuer und Betreutem
beizutragen. Dazu wird es sich empfehlen, über die Rolle des Betreuers, seine Aufgabenkreise und die schon absehbaren Perspektiven für seine Tätigkeit zu sprechen,[1]
doch liegt die Gestaltung des Gesprächs im Ermessen des Gerichts.

C. Verfahrensfragen

Mündliche Verpflichtung und Einführungsgespräch gehören nicht mehr zum Bestellungsverfahren, sondern schon zur **Überwachung** des bestellten Betreuers. Sie 16
setzen die **Wirksamkeit** der Betreuerbestellung voraus, nicht aber deren Rechtskraft.
Zur Zuständigkeit für die in § 289 genannten Verfahrenshandlungen s. § 290 Rz. 15ff.

Die Anordnung des Rechtspflegers, eine mündliche Verpflichtung oder ein Einführungsgespräch durchzuführen, ist für den Betreuer nach § 57 Abs. 1 mit der Beschwerde **anfechtbar**, weil sie unmittelbar eine durchsetzbare Pflicht zum Erscheinen 17
begründet. Sie geht auch keiner anderen Entscheidung voraus und ist damit insoweit
Endentscheidung. Ansonsten kann weder die Entscheidung, eine Handlung nach
§ 289 durchzuführen, noch sie nicht durchzuführen, angefochten werden, weil dadurch niemand in eigenen Rechten verletzt wird.

290 *Bestellungsurkunde*
Der Betreuer erhält eine Urkunde über seine Bestellung. Die Urkunde soll
enthalten:
1. die Bezeichnung des Betroffenen und des Betreuers;
2. bei Bestellung eines Vereinsbetreuers oder Behördenbetreuers diese Bezeichnung und die Bezeichnung des Vereins oder der Behörde;
3. den Aufgabenkreis des Betreuers;
4. bei Anordnung eines Einwilligungsvorbehalts die Bezeichnung des Kreises der einwilligungsbedürftigen Willenserklärungen;
5. bei der Bestellung eines vorläufigen Betreuers durch einstweilige Anordnung das Ende der einstweiligen Maßnahme.

A. Allgemeines 1	II. Bestellung mehrerer Betreuer 8
B. Inhalt der Vorschrift	III. Rückgabe, Abänderung 11
I. Zweck und Inhalt der Bestellungsurkunde 2	IV. Wirkung 13
	C. Verfahren 15

A. Allgemeines

Die Norm ist eine für das Betreuungsrecht modernisierte Version von § 1791 BGB. 1
Dass die Ausstellung der Urkunde im Verfahrensrecht, ihre Rückgabe aber im materiellen Recht geregelt ist (vgl. Rz. 11), ist mehr als unlogisch.

B. Inhalt der Vorschrift

I. Zweck und Inhalt der Bestellungsurkunde

Die in der Praxis meist als „Betreuerausweis" bezeichnete Bestellungsurkunde 2
dient dem Nachweis der Betreuung und des Einwilligungsvorbehalts im Rechtsverkehr.[2] Ihr Inhalt ist daher an die **Erfordernisse des Rechtsverkehrs** anzupassen. Was
ein Dritter, der mit dem Betreuer – oder dem Betreuten – zu tun hat, über die Betreu-

---
1 *Formella*, BtPrax 1995, 198 (199).
2 *Knittel*, § 290 FamFG Rz. 3; Bienwald/*Sonnenfeld*/Hoffmann, § 290 FamFG Rz. 2; Fröschle/*Locher*, § 290 FamFG Rz. 4.

ung wissen muss, ist in die Bestellungsurkunde aufzunehmen. Die Aufzählung im Gesetz ist schon zur Vorgängernorm nicht als abschließend begriffen worden.[1]

3   Die Bezeichnung der **Person** des Betreuers und des Betreuten (Nr. 1) muss für eine eindeutige Identifizierung genügen. Es gilt hier nichts anderes als zur Bezeichnung der Beteiligten im Beschlusseingang (s. dazu § 38 Rz. 8 ff.).

4   Wird ein **Vereins- oder Behördenbetreuer** bestellt, muss der Ausweis nach Nr. 2 darüber Auskunft geben, welche Institution hinter dem Betreuer steht. Wozu das vorgeschrieben ist, ist nicht völlig klar, denn es ist für den Rechtsverkehr eigentlich ohne Belang. Wird **die Institution** nach § 1900 BGB als solche zum Betreuer bestellt, enthält die Bestellungsurkunde nur deren Bezeichnung. Wer für die Institution tatsächlich tätig wird, bestimmt die Institution. Es ist dann auch ihre Sache, ein entsprechendes Dokument auszustellen. Die Aushändigung der der Behörde erteilten Bestellungsurkunde an einen Mitarbeiter oder ein Mitglied dürfte im Übrigen eine konkludente Aufgabenübertragung enthalten, so dass der Rechtsverkehr sich letztlich nur den der Institution erteilten Ausweis vorlegen zu lassen braucht.

5   Die Bestellungsurkunde muss ferner den **Aufgabenkreis** des Betreuers angeben (Nr. 3), da sich daraus nach § 1902 BGB der für den Rechtsverkehr entscheidende **Umfang seiner Vertretungsmacht** ergibt. Hat das Gericht die Vertretungsmacht des Betreuers durch eine Entscheidung nach §§ 1908i Abs. 1 Satz 1, 1796 BGB **eingeschränkt**, ist das daher ebenfalls anzugeben.[2] Nichts anderes gilt, wenn das Gericht die gesetzliche Befreiung von einem Genehmigungserfordernis zurückgenommen (nämlich nach § 1908i Abs. 2 Satz 2 BGB „etwas anderes angeordnet") hat.[3] Die Idee, dem Betreuer mehrere Ausweise für Teilbereiche der Betreuung auszuhändigen,[4] findet im Gesetz keine Stütze.

6   Ist ein **Einwilligungsvorbehalt** angeordnet, so ist er inklusive seines in der Beschlussformel festgelegten Umfangs in die Bestellungsurkunde aufzunehmen (Nr. 4). Das dient dem Nachweis der in den §§ 108 ff. BGB genannten Beschränkungen der Geschäftsfähigkeit des Betreuten.

7   Ist der Betreuer lediglich durch **eA** bestellt – und noch keine Hauptsacheentscheidung ergangen – muss die Bestellungsurkunde schließlich auch noch den Zeitpunkt angeben, zu dem die eA nach § 302 außer Kraft tritt (Nr. 5). Der Überprüfungszeitpunkt nach §§ 294 Abs. 3, 295 Abs. 2 BGB ist dagegen nicht aufzunehmen. Da er keine konstitutive Bedeutung hat (s. § 295 Rz. 3), ist er für den Rechtsverkehr uninteressant.

II. Bestellung mehrerer Betreuer

8   Sind mehrere Betreuer bestellt, erhält grundsätzlich jeder von ihnen eine **eigene Bestellungsurkunde**.[5] Über den durch das Gesetz festgelegten Inhalt hinaus muss sich daraus ergeben, inwiefern die Bestellung mehrerer Betreuer die Vertretungsmacht des einzelnen einschränkt. Überschneiden sich die Aufgabenkreise ganz oder teilweise, muss daher jede Bestellungsurkunde den Hinweis enthalten, dass für den entsprechenden Aufgabenkreis **ein weiterer Betreuer** bestellt ist,[6] es sei denn, das Gericht hat – abweichend von §§ 1908i Abs. 1 Satz 1, 1797 Abs. 1 BGB – dem Betreuer Alleinvertretungsmacht verliehen.

---

1 Bienwald/*Sonnenfeld*/Hoffmann, 4. Aufl. § 69b FGG Rz. 14; BtKomm/*Dodegge*, B Rz. 138.
2 Fröschle/*Locher*, § 290 FamFG Rz. 4.
3 Die Befreiung selbst ist entgegen Bienwald/*Sonnenfeld*/Hoffmann, § 290 FamFG Rz. 9; *Damrau/Zimmermann*, § 290 FamFG Rz. 4 nicht aufzunehmen, da sie sich ohne Schwierigkeiten aus dem Gesetz ableiten lässt.
4 Bienwald/*Sonnenfeld*/Hoffmann, § 290 FamFG Rz. 7; Jurgeleit/*Bučić*, § 290 FamFG Rz. 5; *Jürgens/Lesting/Marschner/Winterstein*, Rz. 472.
5 Fröschle/*Locher*, § 290 FamFG Rz. 5; anders *Damrau/Zimmermann*, § 290 FamFG Rz. 2: gemeinschaftliche Bestellungsurkunde in mehreren Ausfertigungen.
6 HK-BUR/*Bauer*, § 289 FamFG Rz. 58; Bienwald/*Sonnenfeld*/Hoffmann, § 290 FamFG Rz. 4; BtKomm/*Dodegge*, B Rz. 138; Fröschle/*Locher*, § 290 FamFG Rz. 5.

Bei der Bestellung eines **Verhinderungsbetreuers** iSv. § 1899 Abs. 4 BGB ist zu unterscheiden: Wird er wegen einer bereits **bestehenden Verhinderung** bestellt, kann er – so lange diese andauert – uneingeschränkt amtieren. Ihm ist daher eine Bestellungsurkunde ohne besondere Einschränkungen zu erteilen, die er bei Beendigung der Verhinderung zurückzugeben hat, da dadurch sein Amt – auch ohne Entlassung – ohne weiteres endet.[1] Wird der Betreuer dagegen wegen einer **bevorstehenden Verhinderung** vorsorglich bestellt, muss sich aus der Bestellungsurkunde ergeben, dass der Betreuer nur für den Fall dieser Verhinderung bestellt wird.[2] Das führt zwar zu erheblichen Schwierigkeiten in der Praxis, die jedoch lösbar sind. Die früher vertretene Auffassung, dem Haupt- und dem Ersatzbetreuer sei dann nur eine Urkunde zu erteilen, die der Haupt- dem Ersatzbetreuer auszuhändigen habe,[3] bietet keine Lösung mehr, seit mit dem Inkrafttreten des 2. BtÄndG ein Auftrag des Hauptbetreuers nicht mehr ausreicht, damit der Ersatzbetreuer tätig werden kann.

9

Auch der **Gegenbetreuer** erhält eine Bestellungsurkunde[4] (§§ 1908i Abs. 1 Satz 1, 1792 Abs. 4 BGB). Sie dient dem Nachweis seiner Fähigkeit, bestimmte Rechtsgeschäfte des Betreuers zu genehmigen (vgl. zB §§ 1908i Abs. 1 Satz 1, 1812 Abs. 1 BGB). Die Angabe eines Aufgabenkreises (Nr. 3) entfällt jedoch, da der Gegenbetreuer den Betroffenen nicht vertritt. Auch ein Einwilligungsvorbehalt braucht sich aus der Bestellungsurkunde des Gegenbetreuers nicht zu ergeben.

10

III. Rückgabe, Abänderung

Endet das Amt des Betreuers, muss er die Bestellungsurkunde **zurückgeben** (§§ 1908i Abs. 1 Satz 1, 1893 Abs. 2 Satz 1 BGB). Das Gericht hat ihn hierzu unter Anwendung von §§ 1908i Abs. 1 Satz 1, 1837 Abs. 2 Satz 1 aufzufordern und die Rückgabe ggf. nach § 35 Abs. 1, 3 zu **erzwingen**, soweit dem nicht §§ 1908i Abs. 1 Satz 1, 1837 Abs. 3 Satz 2 BGB oder § 1908g Abs. 1 BGB entgegenstehen.[5]

11

Ändert sich einer der Umstände, die in die Bestellungsurkunde einzutragen sind, ist sie ebenfalls zurückzufordern und entsprechend **abzuändern** oder eine neue Bestellungsurkunde mit verändertem Inhalt auszustellen.[6] Dasselbe soll gelten, wenn die Gerichtszuständigkeit sich geändert hat,[7] also die Betreuung als Bestandsverfahren nach §§ 4, 273 an ein anderes Gericht abgegeben wurde. Da dies indessen den Rechtsverkehr nicht weiter betrifft, erscheint es zweifelhaft.

12

IV. Wirkung

Die Bestellungsurkunde genießt weder **öffentlichen Glauben** noch vermag sie sonst einen Rechtsschein zu begründen.[8] Die §§ 172 bis 176 BGB sind auf sie nicht, auch nicht entsprechend, anwendbar.[9] Damit ist zugleich eine entscheidende Schwäche aufgezeigt: Der Rechtsverkehr kann sich auf den Bestand der mit der Bestellungsurkunde dokumentierten Vertretungsmacht nicht verlassen.[10] Jedenfalls bei

13

---

1 Fröschle/*Locher*, § 290 FamFG Rz. 7.
2 LG Stuttgart v. 15.4.1999 – 2 T 71/99, BtPrax 1999, 200; BtKomm/*Dodegge*, B Rz. 139 wollen aufnehmen, dass die Urkunde nur zusammen mit einer Bescheinigung des Hauptbetreuers über seine Verhinderung wirksam ist, doch kann er an der Ausstellung einer solchen ja gerade verhindert sein.
3 HK-BUR/*Bauer*, § 289 FamFG Rz. 59; so noch immer *Damrau/Zimmermann*, § 290 FamFG Rz. 2.
4 Jansen/*Sonnenfeld*, § 69b FGG Rz. 15; aA Fröschle/*Locher*, § 290 FamFG Rz. 6: Gegenbetreuer ist in der Bestellungsurkunde des Betreuers anzugeben.
5 HK-BUR/*Bauer*/*Deinert*, § 1893 BGB Rz. 7.
6 Bienwald/*Sonnenfeld*/Hoffmann, § 290 FamFG Rz. 7; Jurgeleit/*Bučić*, § 290 FamFG Rz. 2.
7 Bienwald/*Sonnenfeld*/Hoffmann, § 290 FamFG Rz. 10; *Damrau/Zimmermann*, § 290 FamFG Rz. 2.
8 BGH v. 30.3.2010 – XII ZR 184/09, BtPrax 2010, 125; *Knittel* § 290 FamFG Rz. 4f.; Jürgens/*Kretz*, § 290 FamFG Rz. 1; Jurgeleit/*Bučić*, § 290 FamFG Rz. 4.
9 HK-BUR/*Bauer*, § 289 FamFG Rz. 62; Bienwald/*Sonnenfeld*/Hoffmann, § 290 FamFG Rz. 2; Keidel/*Budde*, § 290 FamFG FGG Rz. 1; Fröschle/*Locher*, § 290 FamFG Rz. 8; Bassenge/Roth, § 290 FamFG Rz. 1.
10 BtKomm/*Dodegge*, B Rz. 137 meint, das sei im Rechtsverkehr weitgehend nicht bekannt.

wichtigeren Vertragschlüssen wird sich ein Dritter daher die Bestellungsurkunde jedes Mal vorlegen lassen, obwohl ihn auch dies nicht davor schützt, dass ihm eine inhaltlich falsche oder nicht mehr gültige Bestellungsurkunde vorgelegt wird.

14 Hat das Gericht schuldhaft eine unrichtige Bestellungsurkunde ausgestellt oder es unterlassen, sie nach Beendigung des Amts des Betreuers zurückzufordern, kann hieraus allerdings ein **Amtshaftungsanspruch** erwachsen, soweit der Betreute oder ein Dritter dadurch geschädigt wird.[1]

C. Verfahren

15 Für die in §§ 289, 290 genannten Verrichtungen ist der **Rechtspfleger beim Betreuungsgericht** zuständig,[2] gleichgültig, ob sie aufgrund einer Entscheidung des Betreuungsgerichts oder einer übergeordneten Instanz erforderlich werden. Die Verhängung von Zwangshaft oder Ersatzzwangshaft (§ 35 Abs. 1), die Anordnung der Vorführung (§ 33 Abs. 3 Satz 5) oder der Durchsuchung von Räumen des Betreuers (§ 33 Abs. 3 FamFG iVm. §§ 883, 758, 758a ZPO) ist **dem Richter** vorbehalten.

16 In **Württemberg** ist die Lage komplex. Hat das Amtsgericht die Betreuung eingerichtet (nämlich, weil sie dienstrechtliche Angelegenheiten betrifft, vgl. § 272 Rz. 24), ist auch dort der Rechtspfleger beim Betreuungsgericht zuständig. Andernfalls aber ist es stets der **Bezirksnotar**, auch wenn die Verrichtung aufgrund einer Entscheidung des Amtsgerichts (zB der Anordnung eines Einwilligungsvorbehalts) erforderlich wird. Haft oder eine Durchsuchung kann aber auch hier nur das Amtsgericht – und dort der Richter – anordnen.

17 Für die **örtliche Zuständigkeit** gilt § 272. Das **Gericht der eA** ist für die Verrichtungen nach §§ 289, 290 noch zuständig, soweit sie aufgrund der einstweilig angeordneten Maßnahme notwendig sind[3] (s. auch § 272 Rz. 22).

291 *Überprüfung der Betreuerauswahl*

Der Betroffene kann verlangen, dass die Auswahl der Person, der ein Verein oder eine Behörde die Wahrnehmung der Betreuung übertragen hat, durch gerichtliche Entscheidung überprüft wird. Das Gericht kann dem Verein oder der Behörde aufgeben, eine andere Person auszuwählen, wenn einem Vorschlag des Betroffenen, dem keine wichtigen Gründe entgegenstehen, nicht entsprochen wurde oder die bisherige Auswahl dem Wohl des Betroffenen zuwiderläuft. § 35 ist nicht anzuwenden.

A. Allgemeines

1 Die Norm ist nur anwendbar, wenn ein Betreuungsverein nach § 1900 Abs. 1 BGB oder die Betreuungsbehörde nach § 1900 Abs. 4 Satz 1 BGB **als Institution** zum Betreuer bestellt worden ist. Ihr Zweck besteht darin, auch bei Bestellung eines solchen institutionellen Betreuers den Einfluss des Betroffenen darauf sicherzustellen, von welcher natürlichen Person seine Angelegenheiten letztlich besorgt werden.[4]

2 Hintergrund der Norm ist § 1900 Abs. 2 und Abs. 4 Satz 2 BGB, wonach die Institution die Führung der Betreuung **einer Einzelperson** (oder auch mehreren) überträgt. Die Person wird dann für die Institution tätig, die ihrerseits (hierdurch) die Betreuung führt. Das Gesetz legt nicht fest, in welchem Verhältnis die Person zu der Institution stehen muss. Das Innenverhältnis kann ein Arbeitsverhältnis, ein öffentlich-rechtliches oder sonstiges privatrechtliches Dienstverhältnis oder ein Auftrag iSv. §§ 662 ff. BGB sein.

---

1 *Knittel*, § 290 FamFG Rz. 5; *Damrau/Zimmermann*, § 290 FamFG Rz. 6; freilich wegen § 839 Abs. 1 Satz 2 BGB nur, wenn der Betreuer nicht in Anspruch genommen werden kann.
2 *Knittel*, § 290 FamFG Rz. 3; Jansen/*Sonnenfeld*, § 69b FGG Rz. 13.
3 OLG Frankfurt v. 19.8.2004 – 20 W 315/04, FGPrax 2004, 287.
4 BT-Drucks. 11/4528, S. 176.

Die praktische Bedeutung der Norm ist gering, denn Betreuerbestellungen nach § 1900 Abs. 1, Abs. 4 Satz 1 BGB sind überaus selten.[1] 3

B. Inhalt der Vorschrift

§ 291 beschreibt ein **eigenständiges** Verfahren das zu den Betreuungssachen gehört. Um es einzuleiten, bedarf es zwar keines förmlichen Antrags iSv. § 23 FamFG, aber eines **Verlangens des Betroffenen**. Der **Verfahrenspfleger** im Betreuerbestellungsverfahren kann dieses Verlangen weder im eigenen Namen noch im Namen des Betroffenen äußern, und zwar auch nicht, wenn seine Bestellung noch nicht durch Rechtskraft der Betreuerbestellung erloschen ist,[2] denn es handelt sich dabei um ein neues Verfahren, in dem er nur amtiert, wenn er dort wiederum bestellt wird. Er dürfte jedoch berechtigt sein, ein Verlangen des Betroffenen dem Gericht als Bote zu übermitteln. Bevor das Verfahren aufgrund eines solchen Verlangens eingeleitet worden ist, kann er aber gar nicht bestellt werden.[3] Von einem **Verfahrensbevollmächtigten** kann der Betroffene nach den üblichen Regeln vertreten sein. Ob dafür eine neue Verfahrensvollmacht erforderlich ist, hängt von ihrer Formulierung ab. 4

Das **Verlangen** muss den Anforderungen des § 23 nicht genügen, kann vielmehr wie eine Anregung in jeder Form angebracht werden, muss aber vom Betroffenen stammen. Es muss darauf gerichtet sein, die Entscheidung der Institution über die Auswahl der die Betreuung führenden Person zu revidieren. Es muss nicht darauf gerichtet sein, eine bestimmte andere Person zu beauftragen. Nach hM soll es sich nur gegen eine **schon getroffene Auswahlentscheidung**, nicht gegen eine lediglich angekündigte richten können.[4] Das erscheint nicht zwingend. Ein vorbeugender Unterlassungsantrag müsste unter den gleichen Voraussetzungen zulässig sein, unter denen es eine entsprechende Klage im Zivilprozess ebenfalls wäre. Das Verlangen ist an **keine Frist** gebunden. Ist es rechtskräftig zurückgewiesen, kann es erneut angebracht werden, wenn es sich auf neue Gründe stützt. 5

Das Gericht hat über das Verlangen durch **Endentscheidung** (§ 38) zu beschließen. §§ 272 bis 277 sind anwendbar. § 296 gilt nicht, denn das Verfahren lässt die Bestellung der Institution zum Betreuer unberührt.[5] 6

Beteiligt ist der Betroffene schon entsprechend § 7 Abs. 1. Er braucht nicht besonders hinzugezogen zu werden. Außerdem ist nach § 7 Abs. 2 Nr. 1 **die Institution** zu beteiligen, die zum Betreuer bestellt ist. Sie ist schon deshalb in eigenen Rechten betroffen, weil ihre Verpflichtung zur Vornahme einer Handlung beantragt wird. Die von der Institution mit der Betreuung beauftragte Person ist nicht zu beteiligen, weil sie nicht unmittelbar von der Entscheidung betroffen ist.[6] § 274 Abs. 3 und 4 dürften nicht greifen. Zum Inhalt der Betreuung gehört zwar die Personalentscheidung nach § 1900 Abs. 2 BGB. § 274 Abs. 3 würde aber nur greifen, wenn sie zum Inhalt der Bestellung zum Betreuer gehören würde, und das ist nicht der Fall. Die Bestellung betrifft allein die Institution. 7

Die Bestellung eines **Verfahrenspflegers** richtet sich nach § 276 Abs. 1 Satz 1. Der Verfahrenspfleger muss, wenn er erforderlich ist, neu bestellt werden, denn es handelt sich um ein eigenständiges Verfahren (s. auch Rz. 4). 8

---

1 Von 243 644 im Jahr 2011 neu eingerichteten Betreuungen waren 339 solche nach § 1900 Abs. 1 BGB, 325 solche nach § 1900 Abs. 4 Satz 1 BGB (HK-BUR/*Deinert/Walther*, § 1900 BGB Rz. 68, Tab. 1). In nur 0,27 % aller neuen Betreuungen wäre demnach ein Antrag nach § 291 denkbar gewesen.
2 Anders die hM: Jansen/*Sonnenfeld*, § 67c FGG Rz. 5; *Knittel*, § 291 FamFG Rz. 7; *Damrau/Zimmermann*, § 291 FamFG Rz. 5; Fröschle/*Locher*, § 291 FamFG Rz. 3; BtKomm/*Dodegge*, B Rz. 152.
3 Das wiederum hält anscheinend aber Jürgens/*Kretz* § 291 FamFG Rz. 2 für möglich.
4 HK-BUR/*Walther*, § 291 FamFG Rz. 9; *Knittel*, § 291 FamFG Rz. 7.
5 HK-BUR/*Walther*, § 291 FamFG Rz. 9; Jansen/*Sonnenfeld*, § 69c FGG Rz. 10; Keidel/*Budde*, § 291 FamFG Rz. 4; Jurgeleit/*Bučić*, § 291 FamFG Rz. 5; Bassenge/*Roth*, § 291 FamFG Rz. 2.
6 Jansen/*Sonnenfeld*, § 69c FGG Rz. 10; Keidel/*Budde*, § 291 FamFG Rz. 4; Fröschle/*Locher*, § 291 FamFG Rz. 3; Bassenge/*Roth*, § 291 FamFG Rz. 2.

9 Das Verlangen ist nach Satz 1 **begründet**, wenn der institutionelle Betreuer – entgegen § 1900 Abs. 2 Satz 2 BGB – einen Wunsch des Betroffenen ohne wichtigen Grund übergangen hat oder wenn seine Übertragungsentscheidung dem Wohl des Betroffenen zuwiderläuft. Das wiederum ist anzunehmen, wenn die ausgewählte Person, wäre sie selbst Betreuer, nach § 1908b Abs. 1 Satz 1 BGB aus wichtigem Grund entlassen werden müsste.[1]

10 Ist das Verlangen **begründet**, lautet die **Entscheidungsformel** dahin, dass der institutionelle Betreuer verpflichtet wird, eine andere Person auszuwählen.[2] Die hM hält es für unzulässig, dass das Gericht ihn zur Auswahl einer bestimmten Person verpflichtet.[3] Das kann aber nicht richtig sein, wenn das Gericht zu dem Ergebnis kommt, der Wunsch des Betreuten sei zu Unrecht übergangen worden. Damit steht ja zugleich fest, dass jede andere Auswahl als die des Gewünschten wiederum rechtswidrig wäre. In diesem Fall kann das Gericht darum auch die Verpflichtung aussprechen, diese Person zu beauftragen. Ist das Verlangen **unbegründet**, wird es schlicht zurückgewiesen.[4]

11 Eine **Vollstreckung** aus der Endentscheidung ist nach Satz 3 nicht möglich. Der Hinweis auf die Nichtanwendung von § 35 ist wohl ein Redaktionsversehen, denn da es sich um eine Endentscheidung handelt, wäre § 95 Abs. 1 Nr. 3 FamFG iVm § 888 ZPO einschlägig. Weigert sich ein Verein, der Verpflichtung nachzukommen, kann das Gericht allerdings prüfen, ob dies einen wichtigen Grund für seine Entlassung nach § 1908b Abs. 1 Satz 1 BGB bildet.[5]

12 **Von Amts wegen** kann das Gericht zwar kein Verfahren nach § 291 einleiten. Es ist ihm aber unbenommen, die Auswahlentscheidung des institutionellen Betreuers (über die es nach § 1900 Abs. 2 Satz 3 BGB informiert werden muss) zum Gegenstand eines **Aufsichtsverfahrens** nach §§ 1908i Abs. 1 Satz 1, 1837 Abs. 2 BGB zu machen und der Institution aufzugeben, eine pflichtwidrige Auswahlentscheidung zu revidieren. Die Vollstreckung durch Zwangsmittel scheidet wegen §§ 1908i Abs. 1 Satz 1, 1837 Abs. 3 Satz 2 auch dann aus. Bei pflichtwidriger Weigerung, dem Gebot nachzukommen, bleibt auch hier nur die Entlassung des Vereins aus der Betreuung aus wichtigem Grund (§ 1908b Abs. 1 Satz 1 BGB).

C. Weitere Verfahrensfragen

13 Zuständig ist beim Betreuungsgericht nach § 15 Abs. 1 Satz 1 Nr. 3 RPflG **der Richter**, falls die Institution nicht lediglich zum Vollmachtsbetreuer bestellt ist (§ 15 Abs. 1 Satz 2 RPflG). Wird die Auswahlentscheidung im Aufsichtswege geprüft, ist hierfür dagegen **der Rechtspfleger** zuständig.

14 Die Entscheidung ist Endentscheidung, daher mit der **Beschwerde** anfechtbar.[6] Wird das Verlangen zurückgewiesen, kann hiergegen nach dem Rechtsgedanken des

---

1 Fröschle/*Locher*, § 291 FamFG Rz. 4.
2 HK-BUR/*Walther*, § 291 FamFG Rz. 20; aA Bork/Jacoby/Schwab/*Heiderhoff*, § 291 FamFG Rz. 1 (nur unverbindliche Anheimgabe einer Überprüfung).
3 HK-BUR/*Walther*, § 291 FamFG Rz. 16; Jansen/*Sonnenfeld*, § 69c FGG Rz. 9; *Knittel*, § 291 FamFG Rz. 11; Damrau/*Zimmermann*, § 291 FamFG Rz. 8; Fröschle/*Locher*, § 291 FamFG Rz. 5.
4 AA Jansen/*Sonnenfeld*, § 69c FGG Rz. 9; *Knittel*, § 291 FamFG Rz. 9: die Auswahlentscheidung sei dann durch Beschluss zu „bestätigen".
5 Dagegen kann man hieraus mE nicht mit *Knittel*, § 291 FamFG Rz. 13 auf die Ungeeignetheit des Vereins zum Betreuer schließen, denn über die Geeignetheit eines Vereins zum Betreuer wird im Verfahren über dessen Anerkennung nach § 1908f BGB entschieden. Ungeeignetheit müsste nicht nur zur Entlassung, sondern darüber hinaus auch zum Entzug der Anerkennung führen. Die Behörde kann nicht nach § 1908b Abs. 1 BGB entlassen werden, schließlich ist sie schon nach § 1908b Abs. 5 BGB zu entlassen, wenn ein anderer Betreuer zur Verfügung steht. Steht kein anderer zur Verfügung, kann aber ja nur die Behörde Betreuer sein, so zu Recht Jansen/*Sonnenfeld*, § 69c FGG Rz. 12; *Knittel* § 291 FamFG Rz. 13; zur fehlenden Möglichkeit das Jugendamt als Vormund nach § 1886 Alt. 2 BGB zu entlassen s. auch BayObLG v. 20.9.1976 – 1 Z 121/76, BayObLGZ 1976, 247.
6 Damrau/*Zimmermann*, § 291 FamFG Rz. 9; Bork/Jacoby/Schwab/*Heiderhoff*, § 291 FamFG Rz. 4.

§ 59 Abs. 2 nur der Betroffene Beschwerde einlegen. Gegen die dem Verlangen stattgebende Entscheidung steht die Beschwerde nach § 59 Abs. 1 dem institutionellen Betreuer zu, weil sie in seine Personalhoheit bzw. Vertragsfreiheit eingreift. Die **Rechtsbeschwerde** ist zulassungsgebunden.

Kosten/Gebühren: Gericht: Das Verfahren nach § 291 ist **gebührenfrei** (Nr. 1 der Anm. zu Nr. 11100 KV GNotKG). Wegen der Auslagen des Gerichts und der Beteiligten kann eine Kostenentscheidung nach § 82 ergehen. Ansonsten trägt der Betroffene die gerichtlichen Auslagen, falls er hiervon nicht wegen Vorbem. 1.1 Abs. 1 GNotKG befreit ist. Ob das aus § 22 Abs. 1 oder § 23 Nr. 1 GNotKG folgt, kann letztlich dahinstehen.

15

292 *Zahlungen an den Betreuer*

(1) In Betreuungsverfahren gilt § 168 entsprechend.
(2) Die Landesregierungen werden ermächtigt, durch Rechtsverordnung für Anträge und Erklärungen auf Ersatz von Aufwendungen und Bewilligung von Vergütung Formulare einzuführen. Soweit Formulare eingeführt sind, müssen sich Personen, die die Betreuung im Rahmen der Berufsausübung führen, ihrer bedienen und sie als elektronisches Dokument einreichen, wenn dieses für die automatische Bearbeitung durch das Gericht geeignet ist. Andernfalls liegt keine ordnungsgemäße Geltendmachung im Sinne von § 1836 Abs. 1 Satz 2 des Bürgerlichen Gesetzbuchs in Verbindung mit § 1 des Vormünder- und Betreuungsvergütungsgesetzes vor. Die Landesregierungen können die Ermächtigung nach Satz 1 durch Rechtsverordnung auf die Landesjustizverwaltungen übertragen.

A. Allgemeines

Abs. 1 enthält eine Verweisung auf das Entschädigungsverfahren in Vormundschaftssachen. Abs. 2 erlaubt die Einführung eines Formularzwangs für den Antrag des Betreuers auf Einleitung eines solchen Verfahrens.

1

Die Norm bestimmt das Verfahren in **Betreuungssachen**, die
– die **Entschädigung des Betreuers** aus dem Vermögen des Betreuten oder der Staatskasse (§§ 1908i Abs. 1 Satz 1, 1835 bis 1836 BGB iVm. §§ 1, 2, 4 ff. VBVG) und
– die **Ansprüche der Staatskasse gegen den Betreuten** oder seine Erben wegen der an den Betreuer gezahlten Entschädigungen (§§ 1908i Abs. 1 Satz 1, 1836e BGB)
betreffen. Sie gilt nur, soweit es sich hierbei überhaupt um Betreuungssachen handelt (s. dazu § 271 Rz. 15 ff. und § 168 Rz. 4 ff.).

2

Mangels Alternativen ist anzunehmen, dass § 168 auch auf die **Entschädigung eines Pflegers** anzuwenden ist, soweit dafür nach § 1915 Abs. 1 Satz 3 BGB das Betreuungsgericht zuständig ist. Ein solches Verfahren gehört zu den **betreuungsgerichtlichen Zuweisungssachen** nach § 340 Nr. 1. Dafür spricht auch, dass Abs. 1 auf den ganzen § 168, nicht nur auf § 168 Abs. 1 bis 4 verweist.

3

B. Inhalt der Vorschrift

I. Entsprechende Geltung des § 168 (Absatz 1)

Das Verfahren folgt denselben Regeln, wie sie § 168 für das familiengerichtliche Verfahren über die Entschädigung des Vormunds und den Regress der Staatskasse gegen den Mündel aufstellt (s. dazu im Einzelnen die dortige Kommentierung). Die Verweisung betrifft den **Verfahrensinhalt**. Das Verfahren ist dennoch eines des **Betreuungsgerichts**, so dass sich der **Rechtsmittelzug** nach §§ 72 Abs. 1, 133 GVG richtet. Über Beschwerden entscheidet das Landgericht. Die **Kosten** folgen dem GNotKG, nicht dem FamGKG.

4

Die allgemeinen Vorschriften der §§ 272 bis 277 sind anwendbar, soweit § 168 keine Sonderbestimmungen enthält. Die Erforderlichkeit eines **Verfahrenspflegers** richtet sich nach § 276 Abs. 1 Satz 1. Er ist auch im Vergütungsverfahren regelmäßig notwen-

5

dig, wenn dem Betroffenen selbst aufgrund seines Zustands kein rechtliches Gehör gewährt werden kann.[1]

6 Die **Staatskasse** wird niemals in eigenen Rechten, sondern allenfalls in ihren Interessen betroffen. Daher ist sie auch an Verfahren, in denen sie zur Zahlung verpflichtet oder eine Zahlung an sie angeordnet werden soll, nicht zwingend zu beteiligen. Der Vertreter der Staatskasse kann aber nach § 274 Abs. 4 Nr. 2 beteiligt werden. Verlangt der Betreuer ausschließlich Zahlung vom Betreuten, betrifft dies die Staatskasse nicht einmal mittelbar, so dass auch § 274 Abs. 4 Nr. 2 nicht gilt. Der **Betreuer** ist nach § 7 Abs. 2 Nr. 1 zu beteiligen, wenn über seine Ansprüche von Amts wegen oder auf Antrag des Gegenbetreuers oder des Betreuten entschieden wird. Zur Beteiligung **des Betreuten** s. § 274 Rz. 11. Im Fall des § 168 Abs. 3 ist **der Erbe des Betreuten** Beteiligter (vgl. auch § 168 Abs. 4 Satz 2). Ist er unbekannt, wird er von einem **Nachlasspfleger**[2] wirksam vertreten.

7 Die Entschädigung aus der Staatskasse kann auch **im Verwaltungsverfahren** erfolgen (§ 168 Abs. 1 Satz 4). Das Verfahren soll dem JVEG folgen, doch ist keine der dortigen Normen wirklich einschlägig. Vielmehr folgt hieraus nur, dass die Entscheidung durch **Justizverwaltungsakt** ergeht.[3]

II. Ermächtigung zur Einführung von Formularen (Absatz 2)

8 Nach Abs. 2 Satz 1 und 2 können die Länder durch Rechtsverordnung einen **elektronischen Formularzwang** einführen. Soweit dies geschieht, ist der Antrag „als elektronisches Dokument" einzureichen. Hierfür reicht die Einhaltung der **Textform** (§ 126b BGB) aus, da § 23 Abs. 1 S. 4 lediglich Sollvorschrift ist.[4]

9 Ein **nicht in dieser Form** gestellter Antrag ist **unzulässig**. Abs. 2 Satz 3 soll wohl bedeuten, dass er auch die Ausschlussfristen des § 1835 Abs. 1 Satz 3 BGB und § 2 VBVG nicht wahrt; das war in der Vorgängernorm auch schon unglücklich ausgedrückt. Indessen wahrt immer nur ein formgerecht gestellter Antrag eine gesetzliche Frist, so dass dies auch ohne den ominösen Abs. 2 Satz 3 so ist.[5] Der Formularzwang gilt außerdem nur für den Betreuer selbst. Beantragt der Betroffene oder der Gegenbetreuer eine Entscheidung über die Entschädigung des Betreuers, gilt hierfür § 23. Auf einen unzulässigen Antrag hin kann das Gericht die Entschädigung **von Amts wegen** festsetzen.

10 Der Formularzwang kann nur für **berufsmäßige Betreuer** eingeführt werden. Dazu zählen jedenfalls alle Betreuer, deren Berufsmäßigkeit nach §§ 1908i Abs. 1 Satz 1, 1836 Abs. 1 Satz 2 BGB vom Gericht festgestellt wurde. Auf Entschädigungsansprüche von Betreuungsvereinen kann er sich ebenfalls erstrecken, soweit sie auf die Tätigkeit eines **Vereinsbetreuers** iSv. § 1897 Abs. 2 Satz 1 BGB gründen, da der Verein für diese auf die gleiche Weise entschädigt wird wie ein Berufsbetreuer (vgl. § 7 VBVG). Für andere Betreuer können die Länder zwar nach Abs. 2 Satz 1 Formulare einführen, aber keinen Verwendungszwang.

---

1 OLG Karlsruhe v. 16.5.1995 – 18 Wx 6/95, Rpfleger 1996, 27.
2 OLG Stuttgart v. 29.6.2007 – 8 W 245/07, FGPrax 2007, 270; OLG Jena v. 9.1.2006 – 9 W 664/05, FGPrax 2006, 70.
3 *Fröschle*, Anh. zu § 292 FamFG Rz. 22; *Deinert/Lütgens*, Rz. 1486; vgl. auch § 168 Rz. 11.
4 Bahrenfuss/*Brosey*, § 292 FamFG Rz. 3.; *Deinert/Lütgens*, Rz. 1537; aA Fröschle/*Locher*, § 292 FamFG Rz. 4.
5 Die hM (Fröschle/*Locher*, § 292 FamFG Rz. 3; *Bassenge*/Roth, § 292 FamFG Rz. 2) geht davon aus, dass die Ausschlussfrist des § 1835 Abs. 1 Satz 3 BGB vom Formularzwang nicht erfasst wird. Sie spielt wegen § 4 Abs. 2 VBVG allerdings ohnehin eine untergeordnete Rolle. *Damrau/ Zimmermann*, § 292 FamFG Rz. 5 halten die Vorschrift für insgesamt wirkungslos, da sie auch § 2 VBVG nicht zitiere. Bahrenfuss/*Brosey*, § 292 FamFG Rz. 3 wiederum will den Schluss ziehen, schon der elektronische Formularzwang gelte nicht für den Aufwendungsersatz. Das widerspricht aber dem Wortlaut von Abs. 2 Satz 2.

Bis jetzt hat noch **kein Bundesland** von der in Abs. 2 Satz 1 und 2 enthaltenen Ermächtigung Gebrauch gemacht.[1] Eine entsprechende Software befindet sich jedoch in Nordrhein-Westfalen im Erprobungsstadium.[2]

11

C. Verfahrensfragen

Das Entschädigungsverfahren ist eigenständige Betreuungssache, für die mangels Richtervorbehalts stets der **Rechtspfleger** zuständig ist, im Fall des § 168 Abs. 1 Satz 4 der **Kostenbeamte**.

12

Ein Gerichtsbeschluss über die Entschädigung ist Endentscheidung und mit der **Beschwerde** nach §§ 57 ff. anfechtbar. Da das Verfahren kein reines Antragsverfahren ist, steht die Beschwerde jedem zu, der durch sie materiell beschwert ist, dem Betreuer also auch dann, wenn das Gericht seinem Entschädigungsantrag voll entsprochen hat und er die Entschädigung (nun) dennoch für zu niedrig hält. Meist wird die Zulässigkeit der Beschwerde von der **Zulassung** abhängen, denn die Beschwerdesumme wird bei Betreuerentschädigungen selten erreicht sein. Lässt der Rechtspfleger die Beschwerde nicht zu, ist dagegen **Erinnerung** nach § 11 Abs. 2 RPflG möglich. Der Richter und auch der Rechtspfleger können der Erinnerung auch dadurch abhelfen, dass sie die Beschwerde zulassen.[3] Die **Rechtsbeschwerde** ist bei Zulassung ebenfalls statthaft.

13

Gegen die Entscheidung des Kostenbeamten im Verwaltungsverfahren ist **kein Rechtsbehelf** statthaft. Sie ist aber jederzeit, auch ohne Änderung der Verhältnisse, abänderbar.[4] Missfällt sie dem Betreuer, kann er aber nach § 168 Abs. 1 Satz 1 eine Entscheidung durch Beschluss beantragen.

14

Kosten/Gebühren: Gericht: Das Entschädigungsverfahren löst beim Betreuungsgericht **keine Gebühren** aus (Nr. 1 der Anm. zu Nr. 11100 KV GNotKG). Gerichtliche Auslagen trägt nicht nach § 22 Nr. 1 GNotKG der Antragsteller, da die Entscheidung auch von Amts wegen ergehen kann. Wird keine Kostenentscheidung getroffen, fallen sie vielmehr nach § 23 Nr. 1 GNotKG dem Betreuten zur Last.

15

293 *Erweiterung der Betreuung oder des Einwilligungsvorbehalts*
(1) Für die Erweiterung des Aufgabenkreises des Betreuers und die Erweiterung des Kreises der einwilligungsbedürftigen Willenserklärungen gelten die Vorschriften über die Anordnung dieser Maßnahmen entsprechend.
(2) Einer persönlichen Anhörung nach § 278 Abs. 1 sowie der Einholung eines Gutachtens oder ärztlichen Zeugnisses (§§ 280 und 281) bedarf es nicht,
1. wenn diese Verfahrenshandlungen nicht länger als sechs Monate zurückliegen oder
2. die beabsichtigte Erweiterung nach Absatz 1 nicht wesentlich ist.
Eine wesentliche Erweiterung des Aufgabenkreises des Betreuers liegt insbesondere vor, wenn erstmals ganz oder teilweise die Personensorge oder eine der in § 1896 Abs. 4 oder den §§ 1904 bis 1906 des Bürgerlichen Gesetzbuchs genannten Aufgaben einbezogen wird.
(3) Ist mit der Bestellung eines weiteren Betreuers nach § 1899 des Bürgerlichen Gesetzbuchs eine Erweiterung des Aufgabenkreises verbunden, gelten die Absätze 1 und 2 entsprechend.
Zur Ergänzung des Abs. 1 zum **1.7.2014** s. Rz. 6.

---

1 Vier Bundesländer haben jedoch schon von der Möglichkeit des Abs. 2 Satz 4 Gebrauch gemacht, die Ermächtigung an die Landesjustizverwaltung weiterzureichen, vgl. i.E. Keidel/Budde § 292 FamFR Rz. 3.
2 *Deinert/Lütgens*, Rz. 1540.
3 OLG Stuttgart v. 21.1.2010 – 8 WF 14/10, FGPrax 2010, 111; BayObLG. v. 15.10.2003 – 3 Z BR 132/03, FamRZ 2004, 304; OLG Hamm v. 3.2.2000 – 15 W 477/99, BtPrax 2000, 129.
4 LG Detmold v. 26.1.2011 – 3 T 161/10, NJOZ 2011, 537.

§ 293 Verfahren in Betreuungs- und Unterbringungssachen

A. Allgemeines 1
B. Inhalt der Vorschrift
  I. Generalverweisung auf das Betreuerbestellungsverfahren (Absatz 1) 4
  II. Absehen von Verfahrenshandlungen (Absatz 2) 7
    1. Keine Wiederholung innerhalb von sechs Monaten (Abs. 2 Satz 1 Nr. 1) 11
    2. Unwesentliche Erweiterung (Abs. 2 Satz 1 Nr. 2, Satz 2) 18
  III. Bestellung eines weiteren Betreuers (Absatz 3) 27

A. Allgemeines

1 § 293 trifft Regelungen für das Verfahren vor Endentscheidungen, durch die die Betreuung oder der Einwilligungsvorbehalt erweitert wird. Abs. 1 enthält eine Generalverweisung auf das Verfahren über die Anordnung der entsprechenden Maßnahmen. Abs. 2 enthält Modifikationen zu § 278 und § 280. Abs. 3 stellt klar, dass es keinen Unterschied macht, ob den erweiterten Aufgabenkreis der bisherige oder ein zusätzlicher Betreuer übernimmt.

2 Der **Anwendungsbereich** der Norm ist eröffnet, wenn eine der in Abs. 1 genannten Maßnahmen Verfahrensgegenstand ist, nämlich die **Erweiterung der Anordnung** der Betreuung oder des Einwilligungvorbehalts. Auch für die Erweiterung der Betreuungsanordnung gilt das Prinzip der **Einheitsentscheidung**. Verfahrensgegenstand ist immer auch die Frage, wem der zusätzliche Aufgabenkreis übertragen werden soll (Abs. 3).[1] Die bloße **Umverteilung** von Aufgaben zwischen mehreren Betreuern fällt dagegen nicht unter § 293, sondern unter § 296 Abs. 1 und Abs. 2 (s. § 296 Rz. 2). Für die **Neuanordung** eines Einwilligungsvorbehalts nach dessen Aufhebung gelten – auch bei fortbestehender Betreuung – die §§ 278 ff. unmittelbar. Ein Absehen von diesen Verfahrenshandlungen nach Abs. 2 Satz 1 Nr. 1 kommt nicht in Frage.[2]

3 § 293 kann **neben § 295** anwendbar sein, wenn die Anordnung zugleich **erweitert und verlängert** wird (dazu näher § 295 Rz. 2). Gegenüber § 294 Abs. 1 besteht wegen der ausschließlich breiteren Rechtsfolgen Anwendungsvorrang. Wird die Anordnung teilweise erweitert und **zugleich teilweise eingeschränkt**, gilt daher nur § 293.

B. Inhalt der Vorschrift

I. Generalverweisung auf das Betreuerbestellungsverfahren (Absatz 1)

4 § 293 Abs. 1 erklärt im Wege der **Generalverweisung** bei einer Erweiterung der Betreuung oder des Einwilligungsvorbehalts alle Normen für entsprechend anwendbar, die auch im Falle der Anordnung der Betreuung oder des Einwilligungsvorbehalts gelten. Mit „Anordnung der Betreuung" ist die erste Bestellung eines Betreuers gemeint (s. zu diesem Begriff auch § 271 Rz. 3 f.).

5 Das ist **unbedeutend** für all diejenigen Normen, die nach ihrem Inhalt ohnehin schon für alle Betreuungssachen oder für die Erweiterung der Betreuung oder des Einwilligungsvorbehalts gelten, nämlich §§ 272 bis 277 und § 288. **Kraft der Verweisung** in Abs. 1 gelten außerdem **die §§ 278 bis 287** (wegen der Erweiterung des Einwilligungsvorbehalts s. § 287 Rz. 4). §§ 289 und 290 gelten nicht (s. dort).

6 Für die wichtigsten der in Betreuungssachen gegebenen Verfahrensgarantien gilt daher Folgendes:
- Die Pflicht, einen **Verfahrenspfleger** zu bestellen, folgt unmittelbar § 276.
- Die Pflicht zur **persönlichen Anhörung des Betroffenen** und zur Verschaffung eines persönlichen Eindrucks von ihm folgt § 278 mit den in § 293 Abs. 2 geregelten Modifikationen.
- Die Pflicht zur **Anhörung von anderen Personen und Stellen** folgt § 279 ohne Modifikationen. Durch das „Gesetz zur Stärkung der Funktionen der Betreuungsbehörde"[3] wird an Abs. 1 mit Wirkung zum **1.7.2014** folgender Satz angefügt:

---

[1] BGH v. 5.1.2011 – XII ZB 240/10, BtPrax 2011, 81.
[2] BGH v. 25.7.2012 – XII ZB 526/11, NJW-RR 2012, 1154.
[3] Bei Drucklegung am 19.8.2013 verabschiedet, aber noch nicht verkündet (s. Einl. Rz. 45a).

Das Gericht hat die zuständige Behörde nur anzuhören, wenn es der Betroffene verlangt oder es zur Sachaufklärung erforderlich ist.
Damit bleibt es für § 293 im Ergebnis bei der jetzt geltenden Regelung, s. dazu § 279 Rz. 11 ff.

– Die Pflicht zur Einholung eines **Sachverständigengutachtens** folgt §§ 280 bis 284 mit den in § 293 Abs. 2 geregelten Modifikationen.

II. Absehen von Verfahrenshandlungen (Absatz 2)

Abs. 2 schafft eine zusätzliche Möglichkeit, von den in § 278 und § 280 vorgeschriebenen Verfahrenshandlungen abzusehen. Liegen die Voraussetzungen von Abs. 2 Satz 1 vor, entfällt die **unbedingte Pflicht**, diese Verfahrenshandlungen vorzunehmen. Das heißt nicht notwendigerweise, dass damit auch diese Verfahrenshandlungen unterbleiben können. Vielmehr beurteilt sich ihre Notwendigkeit dann ausschließlich nach § 26 und § 34. Ob das Gericht trotz Vorliegens der Voraussetzungen des Abs. 2 eine ärztliche Stellungnahme einholt oder sich einen (erneuten) persönlichen Eindruck von dem Betroffenen verschafft, entscheidet es nach **pflichtgemäßem Ermessen**.[1]

Von der Einhaltung des § 279 wird das Gericht **nicht befreit**.[2] Die nach § 279 vorgesehenen Anhörungen erfordern aber auch bei weitem nicht den Aufwand, der dem Gericht durch §§ 278, 280 auferlegt wird.

Abs. 2 Satz 1 suspendiert das Gericht auch nicht von der **Gewährung rechtlichen Gehörs** an den Betroffenen[3] und alle anderen Beteiligten. Erfordert die Gewährung rechtlichen Gehörs die persönliche Anhörung des Betroffenen, muss das Gericht sie nach § 34 Abs. 1 Nr. 1 durchführen, auch wenn § 278 Abs. 1 wegen Abs. 2 Satz 1 nicht greift. Entbehrlich ist dann allerdings die Verschaffung des unmittelbaren Eindrucks, so dass § 34 Abs. 3 ohne weiteres zur Anwendung kommen kann.

Abs. 2 Satz 1 befreit von der Pflicht der Einholung eines Gutachtens oder eines **ärztlichen Zeugnisses**, je nachdem welche gegeben ist, dh. es ist dann im Ergebnis weder das eine noch das andere erforderlich.[4]

1. Keine Wiederholung innerhalb von sechs Monaten (Abs. 2 Satz 1 Nr. 1)

Verfahrenshandlungen, die weniger als sechs Monate zuvor stattgefunden haben, brauchen nach Abs. 2 Satz 1 Nr. 1 vor einer Erweiterung der Betreuung oder des Einwilligungsvorbehalts nicht wiederholt zu werden. Das ist vom **Tag des Erlasses der neuen Entscheidung** aus zu betrachten.[5] Es kommt nicht darauf an, ob die früheren Verfahrenshandlungen sich schon mit auf den jetzigen Verfahrensgegenstand bezogen haben.[6] Für eine solche, Abs. 2 Satz 1 Nr. 1 weitgehend entwertende, einschränkende Interpretation besteht kein Bedürfnis. Auch wenn die Erweiterung des Aufgabenkreises wegen einer Verschlimmerung der schon gutachtlich festgestellten Erkrankung notwendig ist, kann sich dies aus der früheren Begutachtung im Zusammenhang mit anderen Erkenntnisquellen zweifelsfrei ergeben.

Hat das Gericht den Betroffenen schon mehrfach persönlich angehört, kommt es darauf an, wann das **zuletzt** geschehen ist.

Nicht völlig klar ist, wie die Frist bei der **Begutachtung** zu berechnen ist. Dem Zweck von Abs. 2 Satz 1 Nr. 1, die zeitnahe Wiederholung von Maßnahmen zur Erkenntnisgewinnung zu vermeiden, wird es am ehesten gerecht, für den Fristbeginn

---
1 *Jansen/Sonnenfeld*, § 69i FGG Rz. 13; *Fröschle/Locher*, § 293 FamFG Rz. 3.
2 *Knittel*, § 293 FamFG Rz. 11; *Fröschle/Locher*, § 293 FamFG Rz. 5; *Bassenge*/Roth, § 293 FamFG Rz. 1.
3 *Knittel*, § 293 FamFG Rz. 11; Bahrenfuss/*Brosey*, § 293 FamFG Rz. 4.
4 *Fröschle/Locher*, § 293 FamFG Rz. 4; Jurgeleit/*Bučić*, § 293 FamFG Rz. 8.
5 So auch *Damrau/Zimmermann*, § 293 FamFG Rz. 17.
6 So aber wohl Keidel/*Budde*, § 293 FamFG Rz. 7; *Damrau/Zimmermann*, § 293 FamFG Rz. 16; Jurgeleit/*Bučić*, § 293 FamFG Rz. 6.

auf den Tag der (letzten) Untersuchung des Betroffenen durch den Sachverständigen abzustellen.[1] Aber auch das Abstellen auf den Tag der Ablieferung des Gutachtens[2] wird in der Literatur vertreten.[3]

14 Ist in dem früheren Verfahren in Anwendung von § 281 anstelle eines Gutachtens ein **ärztliches Zeugnis** eingeholt worden, kommt es zunächst darauf an, ob auch in dem neuen Verfahren die Voraussetzungen von § 281 vorliegen, andernfalls nunmehr ein Gutachten eingeholt werden muss, so zB wenn damals wegen § 281 Abs. 1 Nr. 1 ein ärztliches Zeugnis genügte und die Aufgabenkreiserweiterung nun von Amts wegen erfolgt. Genügt auch jetzt ein ärztliches Zeugnis, dürfte für die Sechsmonatsfrist auf die **Abgabe** des früheren Zeugnisses (Eingang bei Gericht) abzustellen sein, denn eine besondere Untersuchung zum Zwecke der Erstattung dieses Zeugnisses ist – anders als bei der Begutachtung – im Gesetz nicht vorgesehen (s. § 281 Rz. 12).

15 Abs. 2 Satz 1 erwähnt die **Verwertung eines MDK-Gutachtens** nicht. Daraus folgt, dass Abs. 2 Satz 1 Nr. 1 nicht greift, wenn in dem früheren Verfahren aufgrund der Verwertbarkeit eines MDK-Gutachtens von der Begutachtung abgesehen worden ist. Vielmehr ist im neuen Verfahren **eigenständig** nach § 282 zu prüfen, ob das MDK-Gutachten auch für die sich jetzt stellende Frage verwertbar ist,[4] und es darf nur verwertet werden, wenn der Betroffene oder der Verfahrenspfleger der Verwertung auch in dem neuen Verfahren zustimmt.

16 Das Absehen von einer Begutachtung steht selbständig neben der aus §§ 280 Abs. 1, 30 Abs. 1 FamFG iVm. § 411a ZPO folgenden Möglichkeit, ein **früheres Gutachten zu verwerten** (s. dazu § 280 Rz. 12 f.).

17 In **welchem Verfahren** die Verfahrenshandlung stattgefunden hat, ist irrelevant, auch, ob sie dort nach § 278 oder § 280 vorgeschrieben war oder vom Gericht ohne eine solche zwingende Bestimmung durchgeführt wurde. Es muss sich jedoch um eine dieselbe Betreuung betreffende **Betreuungssache** gehandelt haben. Dass der erkennende Richter aus einem ganz anderen Verfahren einen persönlichen Eindruck von dem Betroffenen gewonnen hat, genügt auch hier nicht (s. § 278 Rz. 13).

2. Unwesentliche Erweiterung (Abs. 2 Satz 1 Nr. 2, Satz 2)

18 Die in Abs. 2 Satz 1 genannten Verfahrenshandlungen können ferner vor einer unwesentlichen Erweiterung der Betreuung oder des Einwilligungsvorbehalts unterbleiben. Anders als bei Abs. 2 Satz 1 Nr. 1 kommt es dann auch nicht darauf an, ob diese Verfahrenshandlungen **früher stattgefunden** haben. Auch wenn die Betreuung nach § 281 Abs. 1 Nr. 1 auf Antrag des Betroffenen ohne Gutachten eingerichtet wurde, kann sie ohne Begutachtung von Amts wegen unwesentlich erweitert werden.

19 Abs. 2 Satz 2 enthält eine **Teildefinition**,[5] wonach als wesentliche Erweiterungen der Betreuung stets die erstmalige Einbeziehung einer der dort genannten Aufgaben in den Aufgabenkreis des Betreuers anzusehen ist. Wesentlich sind danach:
– Erweiterungen auf persönliche Angelegenheiten irgendwelcher Art, wenn bisher eine reine Vermögensbetreuung bestand,
– die Erweiterung auf Post- oder Fernmeldekontrolle, wenn zuvor keines von beidem zum Aufgabenkreis gehört hat,

---

1 Bienwald/*Sonnenfeld*, § 290 FamFG Rz. 14; *Damrau/Zimmermann*, § 293 FamFG Rz. 17; MüKo.ZPO/*Schmidt-Recla*, § 293 FamFG Rz. 5; Bork/Jacoby/Schwab/*Heiderhoff*, § 293 FamFG Rz. 6.
2 Fröschle/*Locher*, § 293 FamFG Rz. 9.
3 Differenzierend Bahrenfuss/*Brosey*, § 293 FamFG Rz. 4: grundsätzlich gilt Tag der Erstattung des Gutachtens, kein Verzicht auf neues Gutachten aber, wenn Untersuchung zu weit davor liegt.
4 Jansen/*Sonnenfeld*, § 69i FGG Rz. 12.
5 Nämlich Beispiele (BtKomm/*Roth*, A Rz. 183), keine „Regelbeispiele" (so aber BT-Drucks. 11/4528, S. 180). Der Unterschied liegt darin, dass bei Regelbeispielen im Einzelfall auch eine unwesentliche Änderung angenommen werden könnte, obwohl Abs. 2 Satz 2 zutrifft. Das hatte der Gesetzgeber aber erkennbar nicht im Sinn.

- die Erweiterung auf die Gesundheitssorge, wenn sie das Recht zu Entscheidungen der in § 1904 BGB beschriebenen Art beinhaltet,
- jede Erweiterung, die erstmals die Befugnis des Betreuers zu freiheitsentziehenden Maßnahmen iSv. § 1906 Abs. 1 oder 4 BGB begründet.

Nicht unter Satz 2 fällt die Erweiterung der Betreuung innerhalb eines jeden dieser Bereiche. Hier muss die Wesentlichkeit eigens geprüft werden. 20

Soweit Abs. 2 Satz 2 auch die **Einwilligung in die Sterilisation** des Betreuten erwähnt, ist das nur im Rahmen des Abs. 3 von Bedeutung, denn wie sich aus § 1899 Abs. 2 BGB ergibt, kann der Aufgabenkreis des Betreuers hierauf gar nicht erweitert werden, sondern ist dafür stets ein besonderer Betreuer zu bestellen.[1] 21

Dem Wortlaut nach gilt Abs. 2 Satz 2 nur für die Erweiterung des Aufgabenkreises und – wegen der Verweisung in Abs. 3 – für die Bestellung eines zusätzlichen Betreuers mit neuem Aufgabenkreis, nicht aber für die Erweiterung des **Einwilligungsvorbehalts**. Das dürfte indes ein gesetzgeberisches Versehen sein. In der Vorgängernorm (§ 69i Abs. 1 FGG) war überhaupt nur die Erweiterung der Betreuung geregelt. Für die Erweiterung des Einwilligungsvorbehalts galt nach § 69i Abs. 2 FGG der ganze Abs. 1 entsprechend, inklusive des § 69i Abs. 1 Satz 3 FGG, der § 293 Abs. 2 Satz 2 entspricht. Das dürfte dem Gesetzgeber schlicht entgangen sein.[2] Abs. 2 Satz 2 ist daher auch[3] anzuwenden, wenn zwar nicht der Aufgabenkreis, wohl aber ein schon bestehender Einwilligungsvorbehalt in einer entsprechenden Weise erweitert wird.[4] 22

Soweit Abs. 2 Satz 2 nicht greift, hat das Gericht anhand der **Qualität** und der **Quantität** der Erweiterung abzuwägen, ob sie wesentlich ist. 23

Die Wesentlichkeit kann aus der **Bedeutung** der neu übertragenen Angelegenheiten folgen, was von der Rechtsprechung zB für die Erweiterung um die Bestimmung des Umgangs des Betreuten[5] oder die Aufenthaltsbestimmung[6] angenommen wurde. Ähnliches dürfte gelten, wenn zur Post- die Fernmeldekontrolle hinzukommt oder umgekehrt. 24

Die Wesentlichkeit kann aber auch aus dem **Umfang** der zusätzlich übertragenen Angelegenheiten folgen, so zB wenn die Betreuung auf die gesamte Vermögenssorge – oder ein Großteil davon – erweitert wird.[7] Als Beispiel für eine unwesentliche Erweiterung wird zuweilen diejenige auf die Geltendmachung eines einzelnen Anspruchs genannt.[8] Das ist jedoch schief, denn auch da kann sich aus der **Höhe** dieses Anspruchs durchaus die Wesentlichkeit der Angelegenheit ergeben. 25

Die Wesentlichkeit der Erweiterung kann sich außerdem aus der **Kostenfolge** ergeben, die die Umwandlung einer nur die Personensorge betreffenden Betreuung in eine, die auch die Vermögenssorge betrifft, beinhaltet, denn dadurch fällt die Deckelung der Jahresgebühr auf 300 Euro (Nr. 11102 KV GNotKG) weg. 26

---

1 Fröschle/*Locher*, § 293 FamFG Rz. 10. Lt. Bienwald/*Sonnenfeld*/Hoffmann, § 293 FamFG Rz. 15 ff.; Bork/Jacoby/Schwab/*Heiderhoff*, § 297 Rz. 1 sollen für dieses Verfahren die Vorschriften über die Erstbestellung eines Betreuers, also §§ 278 bis 284, unmittelbar gelten. Das ist mit dem Wortlaut von Abs. 2 Satz 2 aber schwerlich in Einklang zu bringen.
2 BT-Drucks. 16/6308, S. 269 enthält keinen Hinweis auf eine Änderungsabsicht.
3 Genau genommen sogar erst recht, denn der Einwilligungsvorbehalt greift stärker in die Rechte des Betroffenen ein als die Betreuung, so zu recht HK-BUR/*Braun*, § 293 FamFG Rz. 40.
4 Bork/Jacoby/Schwab/*Heiderhoff*, § 293 FamFG Rz. 7.
5 BayObLG v. 23.10.2002 – 3 Z BR 180/02, BtPrax 2003, 38.
6 OLG Dresden v. 10.10.2009 – 3 W 1077/09, BtPrax 2010, 96 (LS); LG Aachen v. 11.12.2009 – 3 T 400/09, FamRZ 2010, 836 (LS).
7 HK-BUR/*Braun*, § 293 FamFG Rz. 19; Jansen/*Sonnenfeld*, § 69i FGG Rz. 10; Jürgens/*Kretz*, § 293 FamFG Rz. 6; anders, wenn sie sie schon vorher weitgehend umfasste, BtKomm/*Roth*, A Rz. 183.
8 Fröschle/*Locher*, § 293 FamFG Rz. 11; Jurgeleit/*Bučić*, § 293 FamFG Rz. 8.

III. Bestellung eines weiteren Betreuers (Absatz 3)

27 Da Abs. 1 jede Erweiterung der Anordnung der Betreuung erwähnt, ist Abs. 3 im Grunde genommen überflüssig, denn die Bestellung eines zusätzlichen Betreuers mit einem neuen, dem bisherigen Betreuer nicht übertragenen Aufgabenkreis, enthält eine Erweiterung dieser Anordnung. Zur **Klarstellung** bestimmt Abs. 3, dass hierauf Abs. 1 und 2 ebenfalls anzuwenden sind. Das ist unproblematisch.

28 Die eigentliche Bedeutung von Abs. 3 liegt daher darin, dass er einen Umkehrschluss zulässt: Auf die Bestellung eines weiteren Betreuers **ohne Erweiterung des Aufgabenkreises** sind die Vorschriften, auf die Abs. 1 verweist, **nicht anzuwenden**.[1] Dabei ist zu unterscheiden:
- Wird der weitere Betreuer mit einem Aufgabenkreis betraut, der zugleich dem bisherigen Betreuer entzogen wird, so enthält dies eine **Teilentlassung** des bisherigen Betreuers und es gilt § 296 Abs. 1.[2]
- Tritt der weitere Betreuer als **reiner Mitbetreuer** (§ 1899 Abs. 3 BGB) oder als **Verhinderungsbetreuer** (§ 1899 Abs. 4 BGB) neben den mit unverändertem Aufgabenkreis weiter amtierenden ersten Betreuer, so sind die für alle Betreuungssachen geltenden Vorschriften zu beachten, außerdem diejenigen, die für Entscheidungen über den „Inhalt" der Betreuerbestellung gelten, also §§ 274 Abs. 3, Abs. 4 Nr. 1, 287, 288 Abs. 1 Satz 2, 303 Abs. 1, außerdem auch § 286 Abs. 1. §§ 278 bis 280 gelten dagegen nicht.[3] Letzteres gilt auch, wenn der Betreuer wegen rechtlicher Verhinderung des Betreuers – als sog. **Ergänzungsbetreuer** – bestellt wird,[4] denn die §§ 1908i Abs. 1 Satz 1, 1795, 1796, 181 BGB beschränken nur die Vertretungsmacht, nicht den Aufgabenkreis als solchen. Die Betreuung wird dadurch also nicht zugleich erweitert.

29 Zu dem bei Bestellung eines **Gegenbetreuers** zu beachtenden Verfahren schweigt das Gesetz völlig. Sie dürfte aber keinen anderen Regeln folgen als die Bestellung eines zusätzlichen Betreuers ohne Erweiterung des Aufgabenkreises,[5] weil der Gegenbetreuer zwar Aufgaben (§ 1799 BGB), aber keinen Aufgabenkreis hat. Jedenfalls ist die persönliche Anhörung des Betroffenen nicht zwingend vorgeschrieben.[6]

30 **Kosten/Gebühren: Gericht:** Für das Verfahren entstehen keine Gebühren (Nr. 1 der Anm. zu Nr. 11100 KV GNotKG). Für die Erhebung von Auslagen gilt die Vermögensfreigrenze (Vorbem. 3.1 Abs. 2 i.V.m. Vorbem. 1.1 Abs. 1 KV GNotKG).

§ 294 Aufhebung und Einschränkung der Betreuung oder des Einwilligungsvorbehalts

(1) Für die Aufhebung der Betreuung oder der Anordnung eines Einwilligungsvorbehalts und für die Einschränkung des Aufgabenkreises des Betreuers oder des Kreises der einwilligungsbedürftigen Willenserklärungen gelten die §§ 279 und 288 Abs. 2 Satz 1 entsprechend.

(2) Hat das Gericht nach § 281 Abs. 1 Nr. 1 von der Einholung eines Gutachtens abgesehen, ist dies nachzuholen, wenn ein Antrag des Betroffenen auf Aufhebung der Betreuung oder Einschränkung des Aufgabenkreises erstmals abgelehnt werden soll.

---

1 Bork/Jacoby/Schwab/*Heiderhoff*, § 293 FamFG Rz. 9; § 279 soll nach BtKomm/*Roth* A Rz. 184 anwendbar bleiben.
2 BayObLG v. 17.2.2002 – 3 Z BR 135/02, FamRZ 2002, 1656; OLG Zweibrücken v. 6.2.1998 – 3 W 5/98, FGPrax 1998, 57.
3 BayObLG v. 1.10.1997 – 3 Z BR 352/97, BtPrax 1998, 32 (zur persönlichen Anhörung).
4 Zur Unanwendbarkeit von § 70 Abs. 3 Satz 1 Nr. 1 auf die Bestellung eines Ergänzungsbetreuers: BGH v. 25.5.2011 – XII ZB 283/10, BtPrax 2011, 168.
5 HK-BUR/*Braun*, § 293 FamFG Rz. 55; Keidel/*Budde*, § 293 FamFG Rz. 13; *Knittel*, § 293 FamFG Rz. 17; *Damrau*/*Zimmermann*, § 293 FamFG Rz. 31; Fröschle/*Locher*, § 293 FamFG Rz. 13; Jürgens/*Kretz*, § 293 FamFG Rz. 9; im Ergebnis wohl auch Jansen/*Sonnenfeld*, § 69i FGG Rz. 29, die auf „allgemeine rechtsstaatliche Grundsätze" zurückgreifen will.
6 BayObLG v. 21.4.2004 – 3 Z BR 51/04, FamRZ 2004, 1922; BayObLG v. 28.10.1993 – 3 Z BR 220/93, FamRZ 1994, 325.

(3) Über die Aufhebung der Betreuung oder des Einwilligungsvorbehalts hat das Gericht spätestens sieben Jahre nach der Anordnung dieser Maßnahmen zu entscheiden.
Mit Wirkung zum 1.7.2014 wird Abs. 1 wie folgt gefasst:[1]
(1) Für die Aufhebung der Betreuung oder der Anordnung eines Einwilligungsvorbehalts und für die Einschränkung des Aufgabenkreises des Betreuers oder des Kreises der einwilligungsbedürftigen Willenserklärungen gilt § 279 Absatz 1, 3 und 4 sowie § 288 Absatz 2 Satz 1 entsprechend. Das Gericht hat die zuständige Behörde nur anzuhören, wenn es der Betroffene verlangt oder es zur Sachaufklärung erforderlich ist.

A. Allgemeines

Die Norm bestimmt, welche – außer den allgemein geltenden – Verfahrensvorschriften das Gericht zu beachten hat, wenn es die Betreuung oder den Einwilligungsvorbehalt aufhebt oder einschränkt oder einen Antrag des Betreuten auf Aufhebung oder Einschränkung der Betreuung ablehnt. Abs. 3 ist im Zusammenhang mit § 295 Abs. 2 und § 286 Abs. 3 zu lesen. 1

Eine **getrennte Anwendung** von Abs. 3 und § 295 Abs. 2 kommt nicht in Frage, denn das Verfahren zur Verlängerung der Betreuung hat auch zwangsläufig deren Aufhebung – als kontradiktorisches Gegenteil – zum Gegenstand. Es endet stets entweder mit der Verlängerung oder mit der Aufhebung der Betreuung oder mit der teilweisen Verlängerung und Einschränkung im Übrigen. Nichts anderes gilt für den Einwilligungsvorbehalt. Der Aufbau des Gesetzes ist hier verunglückt. Es wäre sinnvoll gewesen, den Inhalt von § 294 und § 295 in einer Vorschrift zusammenzufassen (s. dazu noch näher Rz. 21). 2

B. Inhalt der Vorschrift

Die **Aufhebung der Betreuung** hat nach § 1908d Abs. 1 Satz 1 BGB jederzeit **von Amts wegen** zu erfolgen, wenn die Voraussetzungen des § 1896 BGB wegfallen. Die Betreuung ist außerdem nach § 1908d Abs. 2 Satz 1 BGB **auf Antrag** des Betreuten aufzuheben, wenn sie auf seinen Antrag eingerichtet worden war und nicht die Voraussetzungen für ihre Anordnung von Amts wegen vorliegen. Dasselbe gilt jeweils für die Einschränkung des Aufgabenkreises (§ 1908d Abs. 1 Satz 2, Abs. 2 Satz 3 BGB). 3

Die **Aufhebung des Einwilligungsvorbehalts** hat ebenfalls von Amts wegen zu erfolgen, wenn die Voraussetzungen für seine Anordnung (§ 1903 Abs. 1 BGB) nicht mehr bestehen, und er ist einzuschränken, wenn sie teilweise weggefallen sind (§ 1908d Abs. 4 BGB). Auf Antrag erfolgt sie dagegen nicht. Ein entsprechender „Antrag" des Betreuten ist nur Anregung iSv § 24. 4

Daraus folgt, dass das Gericht **jederzeit** ein Verfahren zur Überprüfung der Betreuung und ihres Umfangs **einleiten kann**. Anlass hierfür kann eine Anregung des Betroffenen oder auch die eines Dritten sein.[2] Aus Abs. 3 folgt außerdem, dass es ein solches Verfahren vor Ablauf einer vom Gericht hierfür vorher festgesetzten Frist, die höchstens sieben Jahre betragen darf, **einleiten muss**. 5

Daher sind drei Arten von Verfahren zur Überprüfung der Betreuung und des Einwilligungsvorbehalts zu unterscheiden: 6
– das Verfahren zur **Regelüberprüfung**, für das Abs. 1 und § 295 Abs. 1 von Bedeutung sind,
– das Verfahren zur **Anlassüberprüfung** von Amts wegen, für das nur Abs. 1 bedeutsam werden kann und

---

1 Art. 1 Nr. 4 des Gesetzes zur Stärkung der Funktionen der Betreuungsbehörde, bei Drucklegung am 19.8.2013 verabschiedet, aber noch nicht verkündet (s. Einl. Rz. 45a).
2 BayObLG v. 24.11.2004 – 3 Z BR 227/04, BtPrax 2005, 69.

– das **Antragsverfahren** zur Überprüfung der Betreuung, für das Abs. 1 und Abs. 2 einschlägig sein können.

7   Einen **Vorrang des Regelüberprüfungsverfahrens** kennt das Gesetz nicht. Das LG muss über eine Beschwerde gegen die Ablehnung der Aufhebung der Betreuung daher auch dann noch inhaltlich entscheiden, wenn das Regelüberprüfungsverfahren bereits eingeleitet ist.[1]

I. Aufhebung oder Einschränkung der Betreuung oder des Einwilligungsvorbehalts (Absatz 1)

8   Der **Anwendungsbereich** von Abs. 1 beschränkt sich auf Verfahren, die zu einer Aufhebung oder Einschränkung der Betreuung oder des Einwilligungsvorbehalts führen. Entscheidend ist das **Verfahrensergebnis**, nicht das Verfahrensziel. Im Falle der Ablehnung – ohne gleichzeitige Verlängerung – sind daher nur die allgemein geltenden Vorschriften (§§ 272 bis 277) zu beachten.[2]

9   **Bedeutsam** ist hier nur die **Verweisung auf § 279**. Dass vor einer Entscheidung die Verfahrensbeteiligten anzuhören sind (§ 279 Abs. 1), ist allerdings ohnehin selbstverständlich. Die **Beteiligung** von **Angehörigen** und der **Betreuungsbehörde** kommt im Überprüfungsverfahren nach § 274 Abs. 4 Nr. 1 in Frage, da es den Bestand oder den Umfang der Betreuung bzw. des Einwilligungsvorbehalts betrifft. Im Übrigen ist die Betreuungsbehörde auch ohne Beteiligung **anzuhören**, wenn es der Betroffene verlangt oder es der Sachaufklärung dient (s. dazu § 279 Rz. 18), und sind Vertrauenspersonen des Betroffenen unter den Voraussetzungen des § 279 Abs. 3 anzuhören. § 279 Abs. 4 dürfte hier kaum eine Bedeutung haben.[3]

10 § 288 Abs. 2 Satz 1, auf den Abs. 1 ebenfalls verweist, gilt für die Entscheidungen über Bestand und Umfang der Betreuung oder des Einwilligungsvorbehalts schon unmittelbar. Die Verweisung auf ihn ist daher überflüssig.

11 Zur Anwendung auch von § 287 Abs. 1 und Abs. 2 für den Fall, dass ein Einwilligungsvorbehalt aufgehoben oder eingeschränkt wird, s. § 287 Rz. 4.

12 Die §§ 272 bis 277 gelten für **alle Betreuungssachen**, darum sind sie auch hier zu beachten. Vor allem die Bestellung eines **Verfahrenspflegers** kann daher in jedem Überprüfungsverfahren notwendig sein.[4]

13 Die §§ 278 und 280 bis 284 gelten dagegen nicht. Die **Anhörung des Betroffenen** richtet sich nach §§ 33, 34 (s. im Einzelnen § 278 Rz. 7b). Rechtliches Gehör muss ihm jedenfalls gewährt werden,[5] es sei denn, das Gericht gibt seinem Antrag auf Aufhebung der Betreuung ohne weiteres statt.[6]

14 Soweit ein **Sachverständigengutachten** nicht nach Abs. 2 einzuholen ist, ist die Erforderlichkeit eines solchen ebenso wie die der Gewinnung eines **unmittelbaren Eindrucks** von dem Betroffenen nach § 26 zu beurteilen und liegt somit im pflichtgemäßen Ermessen des Gerichts.[7] Zwangsmaßnahmen sind weder nach § 278 Abs. 5

---

1 OLG München v. 24.6.2008 – 33 Wx 118/08, FGPrax 2008, 206.
2 BayObLG v. 26.2.1997 – 3 Z BR 55/97, FamRZ 1998, 323; BayObLG v. 21.7.1994 – 3 Z BR 170/94, FGPrax 1995, 52.
3 Es bleibt die – theoretische – Möglichkeit, dass eine nach § 1908a BGB angeordnete Maßnahme noch vor Eintritt der Volljährigkeit aufgehoben oder eingeschränkt werden soll, vgl. Jansen/Sonnenfeld, § 69i FGG Rz. 20.
4 HK-BUR/*Hoffmann*, § 69i FGG Rz. 34.
5 BtKomm/*Roth*, A Rz. 185; missverständlich BT-Drucks. 16/6308, S. 270: keine Anhörung des Betroffenen nötig, gemeint ist dort eindeutig: keine persönliche Anhörung; aA Jurgeleit/*Bučić*, § 294 FamFG Rz. 6, weil mit der Aufhebung der Betreuung lediglich ein Eingriff in die Rechte des Betreuten beendet werde. Das ist aber falsch, weil der Betreute ein Recht auf die Betreuung hat, wenn sie notwendig ist, er folglich auch durch die Aufhebung einer Betreuung einen Rechtseingriff erfährt, vgl. OLG München v. 20.12.2006 – 33 Wx 248/06, BtPrax 2007, 81.
6 OLG Karlsruhe v. 11.10.1993 – 11 AR 20/93, FamRZ 1994, 449.
7 OLG München v. 22.12.2005 – 33 Wx 176/05, NJW-RR 2006, 512; aA (regelmäßig erforderlich, falls „Antrag" – gemeint Anregung – des Betreuten weder querulatorisch noch offensichtlich begründet) OLG Zweibrücken v. 10.3.1998 – 3 W 46/98, BtPrax 1998, 150.

bis 7,[1] noch nach §§ 283, 284[2] zulässig. Die Vorführung des Betroffenen nach § 33 Abs. 3 Satz 3 dürfte dagegen grundsätzlich in Frage kommen, falls sie verhältnismäßig ist (s. § 278 Rz. 7b).

Wenn das Gericht die Aufhebung der Betreuung ablehnt (ohne sie zugleich zu verlängern), muss es weder ein **Sachverständigengutachten** einholen[3] noch den Betroffenen persönlich anhören,[4] wenn keine zureichenden tatsächlichen Anhaltspunkte dafür bestehen, dass die Betreuungsbedürftigkeit weggefallen ist. Die Aufklärungspflicht gebietet es aber, Verfahrenshandlungen nachzuholen, die im Ausgangsverfahren **rechtsfehlerhaft unterlassen** worden sind.[5]   14a

II. Ablehnung der beantragten Aufhebung (Absatz 2)

Abs. 2 gilt nur für das **Antragsverfahren** des § 1908d Abs. 2 BGB. Er betrifft den in § 1908d Abs. 2 Satz 1 Halbs. 2 BGB geregelten Fall, dass das Gericht einen solchen Antrag des Betroffenen zurückweist, weil die Voraussetzungen für die Anordnung einer Betreuung von Amts wegen vorliegen.   15

Auch Abs. 2 ist nur bei einem bestimmten **Verfahrensergebnis** anzuwenden, nämlich wenn der Antrag abgelehnt wird. Wird ihm stattgegeben, ist jedoch Abs. 1 zu beachten.[6] Wird er teilweise abgelehnt und wird ihm teilweise stattgegeben, so müssen sowohl Abs. 1 als auch Abs. 2 beachtet worden sein.   16

Ein **Antrag des Betroffenen** auf Aufhebung der Betreuung ist nur **statthaft**, wenn auch die Betreuung auf seinen Antrag eingerichtet wurde. Ist schon die Betreuung von Amts wegen eingerichtet worden, kann er ihre Aufhebung **nur anregen**, nicht beantragen. Abs. 2 findet dann keine Anwendung.[7] Ein dennoch gestellter Antrag ist als Anregung zu behandeln.   17

Der Antrag ist, wie § 1908d Abs. 2 Satz 2 BGB klarstellt, aber auch aus § 275 folgt, ohne Rücksicht auf die Geschäftsfähigkeit des Betreuten zulässig. Ein Verfahrensbevollmächtigter kann ihn stellen, nicht jedoch der Verfahrenspfleger, da sein Amt mit der Rechtskraft des Beschlusses über die Betreuerbestellung beendet ist (§ 276 Abs. 5).   18

Abs. 2 gilt außerdem nur für **den ersten abgelehnten Antrag**. Durch ihn verwandelt sich die Betreuung in eine von Amts wegen angeordnete, so dass ein Zweitantrag nicht mehr statthaft und in eine Anregung umzudeuten ist.   19

Hat der Betroffene in dem Verfahren zur Einrichtung der Betreuung auf die **Einholung eines Sachverständigengutachtens verzichtet** und ist es in Anwendung von § 281 Abs. 1 Nr. 1 tatsächlich nicht eingeholt worden, so ist „dies nachzuholen". Damit ist gemeint, dass das Gericht die § 280 bis § 284 vor der Ablehnung des Antrags zu beachten hat.[8] Es muss ein Sachverständigengutachten einholen, soweit das nicht wegen § 281 Abs. 1 Nr. 2 oder § 282 auch im Amtsverfahren unterbleiben kann.[9] Dasselbe kann gelten, wenn bei der Betreuerbestellung – trotz Antrags – ein Gutachten **eingeholt** wurde, das zurzeit des Aufhebungsantrags nicht mehr aktuell genug ist.[10] Zur Nachholung eines verfahrensfehlerhaft nicht eingeholten Gutachtens im Aufhebungsverfahren s. Rz. 14a.   20

---

1 Jansen/*Sonnenfeld*, § 69i FGG Rz. 19.
2 HK-BUR/*Hoffmann*, § 69i FGG Rz. 33; Fröschle/*Locher*, § 294 FamFG Rz. 5; aA anscheinend OLG Frankfurt v. 13.3.1992 – 20 W 83/92, NJW 1992, 1395.
3 BGH v. 2.2.2011 – XII ZB 467/10, NJW 2011, 1289.
4 LG Essen v. 12.8.2010 – 7 T 342/10, BeckRS 2011 Nr. 05296.
5 BGH v. 21.11.2012 – XII ZB 296/12, FamRZ 2013, 285.
6 Fröschle/*Locher*, § 294 FamFG Rz. 7.
7 Damrau/Zimmermann, § 294 FamFG Rz. 16; aA KG v. 27.6.2006 – 1 W 177/06, FGPrax 2006, 260, doch ist diese Entscheidung wegen Rz. 14a aE im Ergebnis richtig.
8 Es kann also auch von den Zwangsmaßnahmen der §§ 283, 284 Gebrauch machen, HK-BUR/ *Hoffmann*, § 69i FGG Rz. 47.
9 HK-BUR/*Hoffmann*, § 69i FGG Rz. 43.
10 OLG München v. 22.12.2005 – 33 Wx 176/05, NJW-RR 2006, 512 (1½ Jahre alt).

III. Regelüberprüfung (Absatz 3)

21 Abs. 3 ist zusammen mit § 286 Abs. 3 und § 295 Abs. 2 zu lesen. Das Gericht ist verpflichtet, jede Betreuung und jeden Einwilligungsvorbehalt einer **Regelüberprüfung** zu unterziehen. Das hat bis zu dem in dem Beschluss über die Anordnung der Maßnahme festgelegten Zeitpunkt zu geschehen, andernfalls wird die Betreuung bzw. der Einwilligungsvorbehalt **formell rechtswidrig** und muss schon deshalb aufgehoben werden, was einer **Neuanordnung** bei Vorliegen der materiellen Voraussetzungen freilich nicht entgegensteht.[1]

22 Das Regelüberprüfungsverfahren muss daher so **rechtzeitig eingeleitet** werden, dass es bis zum Überprüfungszeitpunkt abgeschlossen sein kann. Verzögert es sich unvorhergesehen, kann die Betreuung ggf. durch eA **vorläufig verlängert** worden (str., s. § 295 Rz. 6).

23 Das Regelüberprüfungsverfahren kann zum Ergebnis haben:
- die **Aufhebung** der Betreuung oder des Einwilligungsvorbehalts; es ist dann Abs. 1 zu beachten,
- die **Verlängerung** der Betreuung oder des Einwilligungsvorbehalts; dann ist § 295 Abs. 1 zu beachten.

24 Führt das Regelüberprüfungsverfahren zur **Einschränkung** der Betreuung oder des Einwilligungsvorbehalts, so enthält auch dies eine Verlängerung, so dass § 295 Abs. 1 gilt, der wegen seiner ausschließlich weiteren Rechtsfolgen § 294 Abs. 1 verdrängt.

25 **Überprüfungszeitpunkt** ist in erster Linie der vom Gericht in der Ausgangsentscheidung dafür festgesetzte. Der in Abs. 3 genannte **späteste Zeitpunkt** kommt nur zum Tragen, wenn das Gericht eine Festsetzung entgegen § 286 Abs. 3 ganz unterlassen oder einen Zeitpunkt festgesetzt hat, der später liegt. Die Regelüberprüfung hat in diesem Fall **sieben Jahre nach Erlass** (s. dazu § 38 Abs. 3) der Ausgangsentscheidung[2] abgeschlossen zu sein.

26 Kosten/Gebühren: Gericht: S. Anmerkung zu § 293.

295 Verlängerung der Betreuung oder des Einwilligungsvorbehalts

(1) Für die Verlängerung der Bestellung eines Betreuers oder der Anordnung eines Einwilligungsvorbehalts gelten die Vorschriften über die erstmalige Anordnung dieser Maßnahmen entsprechend. Von der erneuten Einholung eines Gutachtens kann abgesehen werden, wenn sich aus der persönlichen Anhörung des Betroffenen und einem ärztlichen Zeugnis ergibt, dass sich der Umfang der Betreuungsbedürftigkeit offensichtlich nicht verringert hat.
(2) Über die Verlängerung der Betreuung oder des Einwilligungsvorbehalts hat das Gericht spätestens sieben Jahre nach der Anordnung dieser Maßnahmen zu entscheiden.

Mit Wirkung zum **1.7.2014** wird Abs. 1 folgender Satz angefügt:[3]
Das Gericht hat die zuständige Behörde nur anzuhören, wenn es der Betroffene verlangt oder es zur Sachaufklärung erforderlich ist.

A. Allgemeines

1 Abs. 1 enthält eine Generalverweisung auf die Vorschriften über die Anordnung der entsprechenden Maßnahme, die in Satz 2 eine Modifikation zu § 280 enthält. Abs. 2 ist, wie aus § 286 Abs. 3 folgt, mit § 294 Abs. 3 zusammen zu lesen und bestimmt, bis wann spätestens ein Verfahren zur Überprüfung der Betreuung bzw. des

---
1 LG Frankfurt a.M. v. 7.2.2002 – 2/28 T 128/01, FamRZ 2003, 185.
2 AA *Damrau/Zimmermann*, § 294 FamFG Rz 19: Beschlussdatum maßgeblich.
3 Art. 1 Nr. 5 des Gesetzes zur Stärkung der Funktionen der Betreuungsbehörde, bei Drucklegung am 19.8.2013 verabschiedet, aber noch nicht verkündet (s. Einl. Rz. 45a).

Einwilligungsvorbehalts mit dem Ziel der Aufhebung oder Verlängerung durchzuführen ist. Die Höchstfrist für die Überprüfung hatte ursprünglich fünf Jahre betragen und wurde durch das 2. BtÄndG ab dem 1.7.2005 auf sieben Jahre verlängert.

Anwendbar ist Abs. 1 nur, wenn die Betreuung oder der Einwilligungsvorbehalt **tatsächlich verlängert** wird, dann allerdings auch, wenn eine Erweiterung oder Einschränkung damit verbunden ist. Im Falle der **gleichzeitigen Erweiterung** gelten Abs. 1 und § 293 Abs. 1 nebeneinander.[1] Von der Einholung eines Gutachtens kann dann nur abgesehen werden, wenn das sowohl nach Abs. 1 Satz 2 als auch nach § 293 Abs. 2 (oder aber nach §§ 281, 282) zulässig ist. Bei einer **gleichzeitigen Einschränkung** gilt nur Abs. 1, denn er ordnet die gegenüber § 294 Abs. 1 weiter reichenden Rechtsfolgen an.[2]

B. Inhalt der Vorschrift

I. Verlängerung der Betreuung und des Einwilligungsvorbehalts (Abs. 1 Satz 1)

Betreuung und Einwilligungsvorbehalt werden nicht auf bestimmte Zeit angeordnet, insofern ist der Begriff der „Verlängerung" missverständlich. Nach materiellem Recht bestehen Betreuung und Einwilligungsvorbehalt, bis sie aufgehoben werden. Die Verlängerung hat rein **prozessualen Charakter**. Sie bewirkt, dass im Regelüberprüfungsverfahren (s. zu diesem Begriff § 294 Rz. 6) nicht lediglich eine negative Entscheidung ergehen kann, sondern in jedem Fall positiv entweder die Aufhebung der Maßnahme oder ihr Weitergelten anzuordnen ist. Das sind kontradiktorische Gegensätze. Die schlichte Nichtverlängerung ohne Aufhebung oder Nichtaufhebung ohne Verlängerung gibt es nicht.[3] Einen positiven Inhalt hat die Verlängerungsentscheidung insofern, als sie – nach Abs. 1 iVm. § 286 Abs. 3 – eine **Neufestsetzung des Überprüfungszeitpunkts** enthalten muss. Dies ist es auch, was den Begriff „Verlängerung" letztlich rechtfertigt.

Abs. 1 bestimmt in Form einer **Generalverweisung**, dass für die Verlängerung der Betreuung oder des Einwilligungsvorbehalts die gleichen Regeln gelten wie für die erstmalige Anordnung dieser Maßnahmen. Das ist nicht von Bedeutung für Normen, die ohnehin in allen Betreuungssachen anzuwenden sind oder jedenfalls in denen, die den „Bestand" der Betreuung oder des Einwilligungsvorbehalts betreffen, also für §§ 272 bis 277 und §§ 287, 288. Aus Abs. 1 folgt, dass darüber hinaus bei einer Verlängerung der Betreuung auch **§§ 278 bis 286 entsprechend gelten**. §§ 289 und 290 gelten bei einer unveränderten Verlängerung nicht. Hinsichtlich der Anhörung der Betreuungsbehörde gilt ab 1.7.2014 der neu angefügte Satz 3 des Abs. 1, was im Ergebnis bedeutet, dass es für das Verlängerungsverfahren bei der bisherigen Rechtslage (dazu § 279 Rz. 11ff.) bleibt.

Die Gleichstellung der Verlängerung mit der Erstbestellung bedeutet auch, dass sie kein reines Amtsverfahren ist, vielmehr auch auf Antrag des Betroffenen erfolgen kann. Ob § 281 Abs. 2 Nr. 1 greifen kann, hängt nicht davon ab, ob der Betroffene ursprünglich die Betreuung beantragt hat, sondern ob er jetzt **ihre Verlängerung beantragt**. Die von Amts wegen angeordnete Betreuung kann auf Antrag, die auf Antrag angeordnete von Amts wegen verlängert werden.

Aus der Generalverweisung folgt außerdem, dass das Gericht die Verlängerung auch vorläufig durch eA nach § 300 aussprechen kann, wenn es eine Hauptsacheentscheidung vor dem Überprüfungszeitpunkt nicht treffen kann und die in § 300 genannten Voraussetzungen vorliegen. Soweit die Literatur das verneint, weil ein praktisches Bedürfnis fehle,[4] wird dabei übersehen, dass die vorläufige Verlängerung notwendig sein kann, um der Betreuung die sonst mit Verstreichen des Überprüfungszeitpunkts eintretende formelle Rechtswidrigkeit[5] zu nehmen.

---

1 HK-BUR/*Hoffmann*, § 69i FGG Rz. 73; *Bassenge*/Roth, § 295 FamFG Rz. 1.
2 So wohl auch HK-BUR/*Hoffmann*, § 69i FGG Rz. 28.
3 So auch *Damrau*/Zimmermann, § 294 FamFG Rz. 22.
4 HK-BUR/*Hoffmann*, § 69i FGG Rz. 77; *Bassenge*/Roth, § 295 FamFG Rz. 7.
5 S. LG Frankfurt a.M. v. 7.2.2002 – 2/28 T 128/01, FamRZ 2003, 185.

7   Nach der Rechtsprechung ist Abs. 1 Satz 1 außerdem dahin erweiternd auszulegen, dass er auch die **materiellrechtliche Prüfung** beeinflusst. Die Frage eines **Betreuerwechsels** ist daher nach § 1897 BGB zu prüfen, nicht nach § 1908b BGB,[1] was vor allem für einen diesbezüglichen Wunsch des Betroffenen Bedeutung hat: Er ist nach § 1897 Abs. 4 BGB grundsätzlich verbindlich und eröffnet nicht nur nach § 1908b Abs. 3 BGB ein gerichtliches Ermessen.

II. Kein Gutachten bei offensichtlich unverändertem Betreuungsbedarf (Abs. 1 Satz 2)

8   Die Pflicht zur Einholung eines Sachverständigengutachtens wird in Abs. 1 Satz 2 dahin modifiziert, dass außer in den in § 281 genannten beiden Fällen auch dann ein ärztliches Zeugnis genügt, wenn sich aus ihm und der persönlichen Anhörung des Betroffenen insgesamt ergibt, dass sich der Betreuungsbedarf **offensichtlich nicht verringert** hat.

9   Das setzt dreierlei voraus:
  – Dem Gericht muss ein **ärztliches Zeugnis** vorliegen. Die Anforderungen an ein solches entsprechen denen des § 281[2] (s. dort Rz. 12 ff.). Auch hier muss eine zeitnahe persönliche Untersuchung vorausgegangen sein.[3]
  – Das Gericht muss den Betroffenen **persönlich angehört** haben. Es ist daher nicht zulässig, von der persönlichen Anhörung und von der Begutachtung abzusehen. Freilich sollte man hiervon eine Ausnahme machen, wenn das Gericht sich von dem Betroffenen nach § 278 Abs. 1 Satz 2 einen unmittelbaren Eindruck verschafft und sich hierbei seine Anhörungsunfähigkeit erwiesen hat, denn gerade das kann den unveränderten Betreuungsbedarf offensichtlich machen.
  – Aufgrund dieser Verfahrenshandlungen muss der nicht verringerte Betreuungsbedarf **ohne jeden Zweifel** vorliegen.[4] Aus dem Attest und der Anhörung muss sich ergeben, dass sich an der **Diagnose** nichts geändert hat[5] und sein **Zustand** jedenfalls nicht besser geworden ist.

10 Abs. 1 Satz 2 macht es sinnvoll, im Regelüberprüfungsverfahren **zuerst ein ärztliches Zeugnis** einzuholen. Die gängige Praxis, den Betreuer zur Vorlage eines solchen Zeugnisses aufzufordern, ist allerdings inhaltlich wie kostenrechtlich problematisch. Sie berücksichtigt nicht, dass der Betreuer im Überprüfungsverfahren eigenständiger Beteiligter mit möglicherweise anderen Interessen ist. Das Gericht wird daher nicht ausschließen können, dass er ein Zeugnis im eigenen Interesse in Auftrag gegeben hat. Außerdem ist das Honorar des Arztes dann vom Betreuer zu tragen, was auch nicht zumutbar sein dürfte. Jedenfalls kann das Gericht die Verlängerung nicht allein deshalb ablehnen, weil der Betroffene oder der Betreuer kein Attest vorlegen.[6]

11 Der Betreuungsbedarf darf sich gegenüber dem derzeitigen Umfang der Betreuung – nicht: gegenüber dem Inhalt eines früheren Gutachtens – nicht verringert haben. Hat er sich **verringert**, so ist für die Verlängerung ein Gutachten erforderlich, selbst wenn auch dies offensichtlich sein sollte. Das ist einigermaßen seltsam, weil das Gericht ja kein Gutachten bräuchte, um die Betreuung ohne gleichzeitige Verlängerung einzuschränken und auch keines, um sie dann nach einer Einschränkung wieder zu verlängern.[7]

---

1 BGH v. 15.9.2010 – XII ZB 166/10, NJW 2010, 3777 mwN.
2 HK-BUR/*Hoffmann*, § 69i FGG Rz. 79; Keidel/*Budde* § 295 FamFG Rz. 1.
3 OLG Hamm v. 13.7.1999 – 15 W 145/99, BtPrax 1999, 238.
4 Näheres zu dieser Voraussetzung in BayObLG v. 14.4.2004 – 3 Z BR 63/04, BtPrax 2004, 148.
5 *Fröschle*, FamRZ 2012, 88.
6 Die Anforderung eines Attestes beim Beteiligten statt der Einholung durch das Gericht verstößt zudem gegen das Amtsermittlungsprinzip, wenn zureichende Anhaltspunkte für die Notwendigkeit zu Ermittlungen gegeben sind, BGH v. 2.2.2011 – XII ZB 467/10, NJW 2011, 1289.
7 *Damrau/Zimmermann*, § 295 FamFG Rz. 9 wollen für diesen Sonderfall daher einen Vorrang des § 294 Abs. 1 vor § 295 Abs. 1 annehmen. Das erscheint erwägenswert.

Hat sich der Betreuungsbedarf **vergrößert**, ermöglicht zwar Abs. 1 Satz 2 das Absehen von der Begutachtung, doch ist dann ja die Betreuung zu erweitern, so dass § 293 Abs. 1 eingreift. Möglich bleibt ohne Begutachtung eine Verlängerung der Betreuung unter gleichzeitiger **unwesentlicher Erweiterung**, denn dann greifen die Ausnahmen in Abs. 1 Satz 2 und § 293 Abs. 2 Satz 1 Nr. 2 kumulativ.[1]

Soweit Abs. 1 Satz 2 reicht, sind §§ 280 bis 284 unanwendbar. Die Notwendigkeit einer Begutachtung kann **auch aus § 26 nicht** folgen, denn dann wäre der unveränderte Bedarf ja nicht offensichtlich. Das ärztliche Zeugnis genügt dann vielmehr im Zusammenhang mit der Anhörung des Betroffenen als Erkenntnisquelle. Holt das Gericht ein Gutachten ein, obwohl es nach Abs. 1 Satz 2 entbehrlich gewesen wäre, muss es allerdings den Anforderungen an ein Gutachten entsprechen,[2] sonst darf es nicht als solches verwertet werden.[3]

Greift Abs. 1 Satz 2 nicht, gelten die §§ 280 bis 284 **ohne Einschränkungen**. Das Gutachten kann dann auch noch nach § 281 oder § 282 entbehrlich sein, zB wenn der Betroffene **die Verlängerung beantragt** und auf die Begutachtung verzichtet.[4]

III. Überprüfungsfrist (Absatz 3)

Zur Festlegung und Berechnung der Überprüfungsfrist gilt das zu § 286 Abs. 3 und § 294 Abs. 3 Ausgeführte (s. § 286 Rz. 17 ff. und § 294 Rz. 25).

Trifft das Gericht bis zum Überprüfungszeitpunkt **keine Entscheidung**, wird die Betreuung formell rechtswidrig. Sie besteht zwar auch dann fort, muss aber schon deshalb aufgehoben und ggf. neu eingerichtet werden, jedenfalls, wenn die Überschreitung des Zeitpunkts nicht lediglich unbedeutend ist.[5]

Wie aus dem Wort „spätestens" in Abs. 2 folgt, ist auch eine **vorzeitige Verlängerung** der jeweiligen Maßnahme möglich, zB anlässlich eines Betreuerwechsels oder einer vorgenommenen Erweiterung. Auch dafür muss Abs. 1 beachtet worden sein.

Eine spätere **Vorverlegung** des ursprünglich festgesetzten Überprüfungszeitpunkts (also eine Verkürzung der Betreuung) sieht das Gesetz nicht vor. Es besteht dafür aber auch kein praktisches Bedürfnis, da ja die Betreuung jederzeit aufgehoben oder verlängert werden kann, auch schon deutlich vor dem festgelegten Zeitpunkt.

Kosten/Gebühren: Gericht: S. Anmerkung zu § 293.

---

296 Entlassung des Betreuers und Bestellung eines neuen Betreuers

(1) Das Gericht hat den Betroffenen und den Betreuer persönlich anzuhören, wenn der Betroffene einer Entlassung des Betreuers (§ 1908b des Bürgerlichen Gesetzbuchs) widerspricht.
(2) Vor der Bestellung eines neuen Betreuers (§ 1908c des Bürgerlichen Gesetzbuchs) hat das Gericht den Betroffenen persönlich anzuhören. Das gilt nicht, wenn der Betroffene sein Einverständnis mit dem Betreuerwechsel erklärt hat. § 279 gilt entsprechend.

A. Allgemeines 1	II. Neubestellung des Betreuers (Absatz 2) 14
B. Inhalt der Vorschrift 5	III. Anwendbarkeit anderer Vorschriften . 19
I. Entlassung des Betreuers (Absatz 1) . 7	IV. Keine Anwendung auf Umwandlungsbeschlüsse 27

---

1 *Damrau/Zimmermann*, § 295 FamFG Rz. 4.
2 BGH v. 9.11.2011 – XII ZB 286/11, FamRZ 2012, 104; *Diener*, BtPrax 2012, 58 f.
3 Wohl aber uU als ärztliches Zeugnis, *Fröschle*, FamRZ 2012, 88 (89).
4 *Damrau/Zimmermann*, § 295 FamFG Rz. 5.
5 LG Frankfurt a.M. v. 7.2.2002 – 2/28 T 128/01, FamRZ 2003, 185.

A. Allgemeines

1 Die Norm regelt das **Verfahren beim Betreuerwechsel**.

2 **Anwendungsbereich** des § 296 sind Verfahren über
- die Entlassung des Betreuers nach § 1908b BGB (dazu Abs. 1) und
- die Neubestellung eines Betreuers nach § 1908c BGB (dazu Abs. 2).

Unter § 296 Abs. 1 fällt auch die nur **teilweise Entlassung** eines Betreuers, unter § 296 Abs. 2 die Bestellung des Nachfolgers (s. § 293 Rz. 28), unter beide Absätze des § 296 folglich die **Übertragung** eines Teils des Aufgabenkreises von einem auf einen anderen schon bestellten Betreuer.

3 Ihnen ist gemein, dass sie nur das Amt des Betreuers betreffen, die **Anordnung der Betreuung** aber nicht berühren, so dass die §§ 293 bis 295 keine Anwendung finden. Bei einigen Vorschriften, die ihrem Wortlaut nach für die „Bestellung eines Betreuers" oder den „Bestand" einer solchen Bestellung gelten, ist zweifelhaft, ob damit nur die Anordnung der Betreuung oder auch das jeweilige Betreueramt gemeint sein soll. Das kann nur unter Heranziehung des Zwecks der jeweiligen Norm entschieden werden (s. dazu Rz. 19 ff.).

4 Wird anlässlich einer **Betreuerneubestellung** die Betreuung **erweitert**, gilt ausschließlich der weiter gehende § 293, wird sie **eingeschränkt**, ist § 294 Abs. 1 neben § 296 Abs. 2 zu beachten. Wird die Betreuung gleichzeitig **verlängert**, gilt ausschließlich § 295.

B. Inhalt der Vorschrift

5 Die Entlassung des Betreuers und die Neubestellung eines Nachfolgers werden zwar oft zusammenfallen, sind aber im Kern **selbständige Verfahren**. Werden sie nach § 20 verbunden, sind beide Absätze des § 296 zu beachten.

6 Die Norm ist **lückenhaft**, sie regelt lediglich manche Verfahrensaspekte und lässt andere offen. Die Lücke kann aber durch Auslegung des Tatbestands der in Frage kommenden Normen geschlossen werden.

I. Entlassung des Betreuers (Absatz 1)

7 Wird der Betreuer entlassen, schreibt Abs. 1 die **persönliche Anhörung** sowohl des Betreuten als auch des zu entlassenden Betreuers vor, falls der Betreute (nicht: der Betreuer[1]) der Entlassung widerspricht. Es handelt sich um eine **eigenständige Ausfüllungsnorm** zu § 34 Abs. 1 Nr. 2, so dass § 278 keine Anwendung findet, insbesondere ist der Ort der Anhörung nicht festgelegt.

8 Abs. 1 gilt für jede Entlassung eines **Einzelbetreuers**, auch im Verfahren nach § 1908b Abs. 4 BGB.[2] Für die Entlassung des Betreuungsvereins oder der Betreuungsbehörde **als Institution** passt er dagegen nicht, da Institutionen nicht „persönlich" angehört werden können.

9 Da die Spezialregelung in § 278 dann nicht greift, kann das Gericht nach § 33 Abs. 1 das **persönliche Erscheinen des Betreuten** und bei mehrfachem Nichterscheinen auch nach § 33 Abs. 3 Satz 3 seine Vorführung anordnen, freilich nur, wenn die Anhörung des Betreuten zur Sachaufklärung notwendig ist. Ist das nicht der Fall, gilt im Falle seines Ausbleibens nur § 34 Abs. 3[3] (vgl. im Einzelnen § 278 Rz. 7b). Hat der Betroffene den Betreuerwechsel nach § 1908b Abs. 2 BGB selbst verlangt, ist es im Übri-

---

[1] HK-BUR/*Hoffmann*, § 69i FGG Rz. 82; Bork/Jacoby/Schwab/*Heiderhoff*, § 296 FamFG Rz. 3, s. auch Rz. 11.
[2] HK-BUR/*Hoffmann*, § 69i FGG Rz. 88.
[3] Fröschle/*Locher* § 296 FamFG Rz. 5; Jurgeleit/*Bućić* § 296 FamFG Rz. 7 weist zurecht darauf hin, dass im Einzelfall im Nichterscheinen zur Anhörung auch die Rücknahme des Widerspruchs gegen die Entlassung zu sehen sein kann, falls der Betroffene dem Termin fernbleibt und seinen Widerspruch nicht ausdrücklich aufrechterhält.

gen als Rücknahme des Verlangens zu werten, wenn er der Entlassung des bisherigen Betreuers später im Verfahren widerspricht.[1]

Weshalb auch **der Betreuer** persönlich angehört werden muss, ist nicht recht nachvollziehbar. Das kann problematisch werden, wenn er entlassen werden soll, weil er unauffindbar ist, und der Betreute dennoch seiner Entlassung widerspricht. Er muss dann korrekterweise **per öffentlicher Zustellung** zu einem Anhörungstermin geladen und über die Folgen des Ausbleibens iSv. § 34 Abs. 3 belehrt werden, bevor das Gericht eine Endentscheidung treffen kann. Immerhin bleibt in solchen Fällen die Möglichkeit seiner vorläufigen Entlassung durch eA nach § 300 Abs. 2.

10

Die Anhörungspflicht entsteht erst mit dem **Widerspruch des Betreuten** gegen die Entlassung des Betreuers. Solange der Betreute sich dazu überhaupt nicht äußert, greift Abs. 1 nicht.[2] Der Widerspruch des Betreuten ist wegen § 275 unabhängig von seinem Zustand beachtlich. Er ist dem Betreuten persönlich vorbehalten. Ein vom Verfahrenspflegers oder vom Betreuer[3] im Namen des Betreuten erklärter Widerspruch löst die Pflicht des Abs. 1 nicht aus, denn der Zweck der Norm besteht darin, dass das Gericht aufklärt, weshalb der Betreute den Betreuer behalten will. Dazu muss er dies selbst wollen.

11

Der Widerspruch muss **während** des Verfahrens erklärt worden sein. § 296 Abs. 1 will, trotz nicht ganz klaren Wortlauts, den Verfahrensablauf regeln und keine von einem Verfahren losgelöste Anhörungspflicht begründen. Er ist daher nach Verfahrensabschluss nicht mehr beachtlich.[4] Den Widerspruch kann der Betreute auch noch **im Beschwerdeverfahren** erklären, dann mit der Folge, dass die persönlichen Anhörungen vom Landgericht durchgeführt werden müssen.[5] Wird der Widerspruch erst im Verfahren über die Rechtsbeschwerde erklärt, dürfte er dagegen unbeachtlich sein.

12

Rechtliches Gehör ist sowohl dem Betreuten wie auch dem Betreuer – und anderen Beteiligten – stets zu gewähren, doch ist das Gericht außer im Falle des Abs. 1 hinsichtlich der Form, in der es dies gewährt, grundsätzlich frei.[6] Nur wenn es anders nicht effektiv gewährt werden kann, ist auch sonst eine persönliche Anhörung notwendig (§ 34 Abs. 1 Nr. 1).

13

II. Neubestellung des Betreuers (Absatz 2)

Zur Bestellung des neuen Betreuers muss der Betroffene persönlich angehört werden, wenn er ihr nicht in anderer Form bereits **zugestimmt** hat, und zwar nicht nur dem Betreuerwechsel als solchem, sondern auch der Person des neuen Betreuers.[7] Anders als in Abs. 1 genügt hier ein fehlender Widerspruch nicht. Die Wirksamkeit der Zustimmung ist wegen § 275 vom Zustand des Betroffenen nicht abhängig.[8] Die Zustimmung des Verfahrenspflegers genügt nicht. Die Norm soll den persönlichen Einfluss des Betroffenen auf die Betreuerauswahl sicherstellen. Es genügt daher auch nicht, wenn der Verfahrensbevollmächtigte der Bestellung in seinem Namen zustimmt. Da die Zustimmung **an keine Form gebunden** ist, genügt es aber, wenn der Verfahrensbevollmächtigte oder ein Verfahrensbeteiligter die von dem Betroffenen selbst erklärte Zustimmung in dessen Auftrag dem Gericht übermittelt.[9] Das Gericht muss eine solche Behauptung freilich auf ihre Glaubhaftigkeit prüfen.

14

Der Betreute kann den Betreuerwechsel auch unter Vorschlag eines Nachfolgers **verlangen** (§ 1908b Abs. 3 BGB). Das ist kein Antrag iSv. § 23, auch dann sind Entlassung und Neubestellung Amtsverfahren. In dem – daher ebenfalls formlosen – Verlan-

15

---

1 Fröschle/*Locher*, § 296 FamFG Rz. 3.
2 BayObLG v. 14.3.2001 – 3 Z BR 43/01, BtPrax 2001, 163.
3 AA Bork/Jacoby/Schwab/*Heiderhoff*, § 296 FamFG, Rz. 3.
4 *Knittel*, § 296 FamFG Rz. 7.
5 BayObLG v. 22.9.2000 – 3 Z BR 220/00, BtPrax 2001, 37.
6 BayObLG v. 21.5.1993 – 3 Z BR 54/93, BtPrax 1993, 171.
7 OLG Schleswig v. 14.2.2007 – 2 W 18/07, FGPrax 2007, 269; Bork/Jacoby/Schwab/*Heiderhoff*, § 296 FamFG Rz. 5; aA *Damrau/Zimmermann*, § 296 FamFG Rz. 16.
8 Jansen/*Sonnenfeld*, § 69i FGG Rz. 46.
9 BT-Drucks. 13/7158, S. 40.

gen ist denklogisch die Zustimmung zum Betreuerwechsel enthalten, so dass in einem solchen Fall die persönliche Anhörung ebenfalls entbehrlich ist.

16 Auch hier ist – mit den unter § 278 Rz. 7b geschilderten Folgen – **§ 278 nicht anwendbar**.[1]

17 Nach Abs. 2 Satz 2 ist vor der Neubestellung eines Betreuers **außerdem § 279 zu beachten**. Die Pflicht des Gerichts, alle Beteiligten anzuhören (§ 279 Abs. 1), folgt allerdings ohnehin aus allgemeinen Grundsätzen (s. § 279 Rz. 7). Angehörige sind nur anzuhören, wenn sie nach § 274 Abs. 4 Nr. 1 am Verfahren beteiligt werden. Ab dem 1.7.2014 ist die Betreuungsbehörde vor jedem Betreuerwechsel anzuhören (s. § 279 Rz. 20a f.). Allerdings dürfen sich die im § 279 Abs. 2 Satz 2 Nr. 1 und 2 nF genannten Punkte erübrigen.

18 Die Anhörung der **Betreuungsbehörde** ist nach Maßgabe von § 279 Abs. 2, diejenige von Vertrauenspersonen des Betreuten nach Maßgabe von § 279 Abs. 3 erforderlich, zu § 279 Abs. 4 s. § 294 Rz. 9.

III. Anwendbarkeit anderer Vorschriften

19 Die Bestellung eines **Verfahrenspflegers** folgt – wie in allen Betreuungssachen – § 276 Abs. 1 Satz 1.[2] Ein Regelfall nach § 276 Abs. 1 Satz 2 kann nicht eintreten. Auch wenn der Betreuer für alle Angelegenheiten neu bestellt wird, entspricht das doch nicht dem vom Gesetzgeber dort vorausgesetzten Fall eines tief greifenden Eingriffs in Rechte des Betreuten, denn dieser liegt ja in der Betreuung an sich und nicht in der Person des Betreuers.

20 Auch **§ 272 bis § 275** sind unproblematisch anwendbar. Dazu, dass **§ 274 Abs. 3 und Abs. 4 Nr. 1** den Fall der Betreuerneubestellung ebenfalls umfasst, s. § 274 Rz. 33.

21 Die **Unanwendbarkeit von § 278** folgt direkt daraus, dass sowohl Abs. 1 als auch Abs. 2 eine abweichende Regelung trifft.

22 Da Abs. 2 die Anwendung von § 279 ausdrücklich anordnet, Abs. 1 dazu aber schweigt, ist klar, dass die **Anhörung der Betreuungsbehörde** und von **Vertrauenspersonen** nur zur Person des neuen Betreuers, nicht auch zur Entlassung des alten vorgeschrieben ist.[3]

23 Die **Unanwendbarkeit von §§ 280 bis 284** folgt eindeutig aus zwei Umständen: Die §§ 278 bis 284 bilden insofern einen zusammenhängenden Abschnitt des Gesetzes, als sie alle denselben unmittelbaren Anwendungsbereich haben. Dass § 296 die in § 278 und § 279 geregelten Pflichten erwähnt, zu § 280 aber ganz schweigt, legt daher einen Umkehrschluss nahe.[4] Wäre mit „Bestellung eines Betreuers" auch in §§ 278 bis 280 jede Betreuerbestellung gemeint, würde § 296 (wie § 293 Abs. 2 und § 295 Abs. 1 Satz 2) Ausnahmen formulieren anstatt die entsprechenden Verfahrenshandlungen anzuordnen. Zudem ergibt die Einholung eines Sachverständigengutachtens vor der Neubestellung des Betreuers auch inhaltlich keinen Sinn, weil sich dabei keine der Fragen stellt, die das Gutachten nach § 280 Abs. 3 beantworten soll.

24 Die **Entscheidungsformel** muss § 286 Abs. 1 entsprechen, Abs. 2 und 3 dieser Norm sind jedoch nicht einschlägig.

25 **§§ 287 und 288 Abs. 2 Satz 1** sind dagegen anwendbar. Wenn die Entlassung des Betreuers sogar im Wege der eA möglich ist (vgl. § 300 Abs. 2), muss auch die Anordnung der sofortigen Wirksamkeit nach § 287 Abs. 2 möglich sein. Die Betreuungsbehörde wiederum ist gerade in die Auswahlentscheidung des Betreuers eingebunden. Die Mitteilungen nach § 288 Abs. 2 Satz 1 flankieren insofern ihr Beteiligungsrecht aus § 274 Abs. 3 und ihr Beschwerderecht aus § 303 Abs. 1.

---

1 HK-BUR/*Hoffmann*, § 69i FGG Rz. 101.
2 OLG Zweibrücken v. 6.2.1998 – 3 W 5/98, FGPrax 1998, 57; BayObLG v. 9.10.1996 – 3 Z BR 241/96, BtPrax 1997, 37; OLG Hamm v. 21.1.1993 – 15 W 139/93, BtPrax 1993, 135.
3 *Knittel*, § 296 FamFG Rz. 12.
4 So zum alten Recht HK-BUR/*Hoffmann*, § 69i FGG Rz. 97.

Dass bei der Betreuerneubestellung ferner auch §§ 289 und 290 greifen, versteht sich von selbst. 26

Die **Rechtsbeschwerde** gegen eine Entlassung des Betreuers ist nur bei Zulassung durch das Beschwerdegericht statthaft. Auch in § 70 Abs. 3 Satz 1 Nr. 1 ist mit „Bestellung eines Betreuers" nur das Verfahren zur Erstbestellung gemeint.[1] 26a

IV. Keine Anwendung auf Umwandlungsbeschlüsse

Für einen Beschluss nach § 1908b Abs. 4 Satz 2 Satz BGB dahin, dass der bisherige Vereins- oder Behördenbetreuer die Betreuung als Privatperson weiterführt (sog. Umwandlungsbeschluss), sieht das Gesetz **keine besonderen Verfahrensregeln** vor. Es bleibt daher allein bei den §§ 272 bis 277. Weder Abs. 1 noch Abs. 2 ist anwendbar. 27

Kosten/Gebühren: Gericht: S. Anmerkung zu § 293. 28

297 *Sterilisation*

(1) Das Gericht hat den Betroffenen vor der Genehmigung einer Einwilligung des Betreuers in eine Sterilisation (§ 1905 Abs. 2 des Bürgerlichen Gesetzbuchs) persönlich anzuhören und sich einen persönlichen Eindruck von ihm zu verschaffen. Es hat den Betroffenen über den möglichen Verlauf des Verfahrens zu unterrichten.
(2) Das Gericht hat die zuständige Behörde anzuhören, wenn es der Betroffene verlangt oder es der Sachaufklärung dient.
(3) Das Gericht hat die sonstigen Beteiligten anzuhören. Auf Verlangen des Betroffenen hat das Gericht eine ihm nahestehende Person anzuhören, wenn dies ohne erhebliche Verzögerung möglich ist.
(4) Verfahrenshandlungen nach den Absätzen 1 bis 3 können nicht durch den ersuchten Richter vorgenommen werden.
(5) Die Bestellung eines Verfahrenspflegers ist stets erforderlich, sofern sich der Betroffene nicht von einem Rechtsanwalt oder einem anderen geeigneten Verfahrensbevollmächtigten vertreten lässt.
(6) Die Genehmigung darf erst erteilt werden, nachdem durch förmliche Beweisaufnahme Gutachten von Sachverständigen eingeholt sind, die sich auf die medizinischen, psychologischen, sozialen, sonderpädagogischen und sexualpädagogischen Gesichtspunkte erstrecken. Die Sachverständigen haben den Betroffenen vor Erstattung des Gutachtens persönlich zu untersuchen oder zu befragen. Sachverständiger und ausführender Arzt dürfen nicht personengleich sein.
(7) Die Genehmigung wird wirksam mit der Bekanntgabe an den für die Entscheidung über die Einwilligung in die Sterilisation bestellten Betreuer und
1. an den Verfahrenspfleger oder
2. den Verfahrensbevollmächtigten, wenn ein Verfahrenspfleger nicht bestellt wurde.
(8) Die Entscheidung über die Genehmigung ist dem Betroffenen stets selbst bekannt zu machen. Von der Bekanntgabe der Gründe an den Betroffenen kann nicht abgesehen werden. Der zuständigen Behörde ist die Entscheidung stets bekannt zu geben.

A. Allgemeines	1	IV. Ausschluss des ersuchten Richters (Absatz 4)		21
B. Inhalt der Vorschrift	3	V. Bestellung eines Verfahrenspflegers (Absatz 5)		24
I. Persönliche Anhörung und Eindruckverschaffung (Absatz 1)	8	VI. Begutachtung (Absatz 6)		27
II. Anhörung der Betreuungsbehörde (Absatz 2)	16	VII. Wirksamwerden der Genehmigung (Absatz 7)		34
III. Anhörung weiterer Personen (Absatz 3)	18	VIII. Bekanntgabe (Absatz 8)		37
		C. Weiteres zum Verfahren		41

---

1 BGH v. 9.2.2011 – XII ZB 364/10, NJW-RR 2011, 580.

A. Allgemeines

1 Die Norm fasst alle Sondervorschriften zusammen, die der Gesetzgeber für das Verfahren zur Genehmigung der Einwilligung des Betreuers in die **Sterilisation** des Betreuten nach § 1905 Abs. 2 Satz 1 BGB für erforderlich hält.

2 **Anwendbar** ist § 297 nur im **Genehmigungsverfahren**. Der Einwilligung in eine Sterilisation muss stets ein darauf abzielendes Betreuerbestellungsverfahren vorausgehen, weil nach § 1899 Abs. 2 BGB nur ein besonderer, eigens hierfür bestellter Betreuer sie erteilen kann. Für dieses Verfahren gilt § 297 nicht. Es richtet sich vielmehr nach § 293 Abs. 3, denn es handelt sich der Sache nach immer um die Bestellung eines weiteren Betreuers mit zusätzlichem Aufgabenkreis (str., s. § 293 Rz. 21). Aus § 1899 Abs. 2 BGB folgt zugleich, dass ein Betreuer mit dem Aufgabenkreis der Gesundheitsfürsorge oder allgemeinen Personensorge nicht in die Sterilisation einwilligen kann. Denkbar ist allerdings, dass dem Betreuten überhaupt nur für die Entscheidung über seine Sterilisation ein Betreuer bestellt wird. Dann ist das ein Erstbestellungsverfahren, für das die §§ 278 bis 285 gelten. Das Gericht kann Verfahrenshandlungen für beide Verfahren zugleich vornehmen,[1] auch die Verfahren überhaupt verbinden, muss dann allerdings § 293 Abs. 3 und § 297 beachten.

B. Inhalt der Vorschrift

3 Soweit § 297 keine Sonderregeln enthält, gelten auch hier die für Betreuungssachen sonst allgemein geltenden Vorschriften, insbesondere sind die §§ 272 bis 275 anwendbar. Die §§ 278 bis 284 gelten dagegen nicht. Bei den in § 297 enthaltenen Vorschriften stellt sich jeweils die Frage, ob sie allgemein geltende Normen **modifizieren** oder insgesamt **verdrängen**. Das kann aber für die einzelnen Absätze nicht einheitlich beantwortet werden.

4 Zu **beteiligen** sind nach § 7 Abs. 2 Nr. 1, 2 und § 274 Abs. 1 Nr. 1, 2 jedenfalls der **Betroffene** und der **besondere Betreuer**, außerdem, soweit bestellt, nach § 274 Abs. 2 der **Verfahrenspfleger**. Soll die Sterilisation der Abwendung einer dem Betroffenen selbst dienenden Gesundheitsgefahr dienen, ist auch der für die **Gesundheitsfürsorge** zuständige Betreuer nach § 274 Abs. 1 Nr. 2 zu beteiligen, da dann auch sein Aufgabenkreis mitbetroffen ist. Bei Betreuern mit anderen Aufgabenkreisen dürfte das aber nicht in Frage kommen.

5 Soll ein Mann sterilisiert werden, weil die Schwangerschaft **seiner Sexualpartnerin** droht,[2] ist auch diese in eigenen Rechten betroffen, da ja im Fall der Ablehnung der Genehmigung die Bedrohung für sie nicht ausgeräumt werden kann. Sie ist daher nach § 7 Abs. 2 Nr. 1 zu beteiligen. Hat sie ihrerseits einen **Betreuer** für Gesundheitsangelegenheiten, ist dieser nicht nach § 274 Abs. 1 Nr. 2 zu beteiligen, denn das Verfahren betrifft ja nicht diese Betreuung. Er kann sie aber in dem Verfahren gesetzlich vertreten. Auch § 275 gilt für die Partnerin nicht. Ist sie nach den allgemeinen Regeln nicht verfahrensfähig, muss sie nach § 9 Abs. 2 gesetzlich vertreten sein. Da das Verfahren nicht ihre eigene Person betrifft, ist auch eine minderjährige Partnerin nicht verfahrensfähig.

6 Im Verfahren zur Genehmigung der Sterilisation eines Verheirateten ist nach § 7 Abs. 2 Nr. 1 **sein Ehegatte** zu beteiligen, weil die Sterilisation in die eheliche Lebensgemeinschaft eingreift. Andere Angehörige oder Vertrauenspersonen – auch die Betreuungsbehörde – können nicht beteiligt werden, da das Verfahren nicht zu den in § 274 Abs. 3 erwähnten gehört.[3]

---

1 OLG Hamm v. 28.2.2000 – 15 W 50/00, NJW 2001, 1800; *Damrau/Zimmermann*, § 297 FamFG Rz. 3; aA BtKomm/*Roth*, E Rz. 165; *Hoffmann*, BtPrax 2000, 235 (237).
2 Ob das überhaupt zulässig ist, ist umstritten, dafür: MüKo.BGB/*Schwab*, § 1905 BGB Rz. 24; Bamberger/Roth/*Müller*, § 1905 BGB Rz. 6; HK-BUR/*Hoffmann*, § 1905 BGB Rz. 71; *Bienwald/Sonnenfeld/Hoffmann*, § 1905 BGB Rz. 18; dagegen: Erman/*Roth*, § 1905 BGB Rz. 24; Jurgeleit/*Meier*, § 1905 BGB Rz. 16.
3 AA *Knittel* § 297 FamFG Rz. 8.

Die **praktische Bedeutung** von § 297 ist minimal. Das Verfahren ist so aufwendig 7
gestaltet und die materiellrechtlichen Hürden des § 1905 Abs. 1 BGB sind so hoch,
dass Sterilisationen mit Einwilligung des Betreuers praktisch nicht vorgenommen
werden.[1] Es dürfte zu vermuten sein, dass die Praxis das Verfahren umgeht, indem
sie in einer dafür in Frage kommenden Situation die **Einwilligungsfähigkeit** des Betreuten unterstellt und ihn mit seiner Einwilligung statt der eines Betreuers sterilisiert,[2] zumal Sterilisationen gegen den erklärten, auch nur natürlichen Willen des Betroffenen durch § 1905 Abs. 1 Satz 1 Nr. 1 BGB ja ganz verboten werden.

I. Persönliche Anhörung und Eindruckverschaffung (Absatz 1)

Abs. 1 Satz 1 verlangt, dass das Gericht vor Erteilung der Genehmigung den Be- 8
troffenen persönlich anhört und sich einen persönlichen Eindruck von ihm verschafft.
Das entspricht im Kern den in § 278 Abs. 1 Satz 1 und 2 auch für das Betreuerbestellungsverfahren normierten Verfahrenshandlungen. Wie dort gilt Abs. 1 in Abhängigkeit vom **Verfahrensergebnis**. Wird die Genehmigung abgelehnt, richtet sich die Gewährung rechtlichen Gehörs nach §§ 34, 37.

Die **Eindruckverschaffung** ist ein Mittel der Erkenntnisgewinnung, der Sache 9
(nicht auch der Form) nach eine Augenscheinseinnahme am Betreuten (s. dazu ausführlich § 278 Rz. 11). Nicht vorgeschrieben ist in Abs. 1 Satz 1 der Ort, an dem sie zu geschehen hat. Das Gericht ist – anders als bei § 278 – hier frei, so dass die Eindruckverschaffung idR im Gerichtsgebäude geschehen kann und wird.

Die **persönliche Anhörung** dient zugleich dem Erkenntnisgewinn und der Gewäh- 10
rung rechtlichen Gehörs. Auch hier ist das eine eigenständige, von der Eindruckverschaffung gedanklich zu trennende Verfahrenshandlung, auch wenn beides idR zusammenfallen wird.

Fraglich ist das **Verhältnis von Abs. 1 zu §§ 33, 34**. Ohne Hinzuziehung der Genese 11
der Norm müsste Abs. 1 Satz 1 eigentlich – genau wie § 278 – als Ausfüllungsnorm zu
§ 34 Abs. 1 Nr. 2 zu lesen sein: Rechtliches Gehör ist in der Form der persönlichen Anhörung zu gewähren. Wann sie ausnahmsweise unterbleiben kann, folgt dann aus § 34 Abs. 2 und 3. Hiergegen spricht aber, dass in der Vorgängernorm (§ 69d Abs. 3 Satz 1 FGG) lediglich auf § 68 Abs. 1 Satz 1 und 3 FGG, aber nicht auf § 68 Abs. 2 FGG verwiesen wurde, der früher die jetzt in § 34 Abs. 2 bestimmten Ausnahmen enthielt. Damit war früher klar, dass es Ausnahmen nicht gab und der Betroffene immer persönlich angehört worden sein musste.[3] Da der Gesetzgeber hieran nichts ändern wollte,[4] ist davon auszugehen, dass Abs. 1 Satz 1 **abschließende Sondervorschrift** zu §§ 33, 34 sein soll, die daher insgesamt unanwendbar sind.[5]

Zwangsmaßnahmen zur Herbeiführung der Verfahrenshandlungen des Abs. 1 12
Satz 1 sind daher unzulässig. Das folgt im Übrigen auch daraus, dass die Sterilisation ja ihrerseits nicht gegen den natürlichen Willen des Betreuten zulässig ist. Verweigert er die Mitwirkung im Genehmigungsverfahren, kann man daraus auf einen der Sterilisation entgegenstehenden Willen schließen.[6]

Das Gericht muss den Betroffenen daher **in jedem Fall persönlich** zu Gesicht be- 13
kommen und befragt haben. Ob der Betroffene Fragen beantworten konnte oder

---

1 Die Zahl der jährlich nach § 1905 BGB genehmigten Sterilisationen belief sich bis 2009 meist auf zwischen 50 und 150, zuletzt nur noch unter 50. Im Jahre 2011 wurden bei 1 319 361 anhängigen Betreuungen 41 Sterilisationen genehmigt, das entspricht einem Anteil von 0,0031 %; zu den Zahlen: *Deinert*, Betreuungszahlen 2011, BtPrax 2012, 242 (243).
2 So auch *Zinsmeister*, BtPrax 2012, 227, 231, auf der Grundlage einer empirischen Studie zur Lebenssituation behinderter Frauen.
3 S. nur Jansen/*Sonnenfeld*, § 69d FGG Rz. 32.
4 BT-Drucks. 16/6308, S. 270.
5 Bahrenfuss/*Brosey*, § 297 FamFG Rz. 2; Fröschle/*Locher*, § 297 FamFG Rz. 5 f. hält § 33 für anwendbar, § 34 Abs. 2 dagegen nicht; Jurgeleit/*Bučić*, § 297 FamFG Rz. 8, 11, hält dagegen §§ 33 und 34 Abs. 2 für anwendbar.
6 MüKo.ZPO/*Schmidt-Recla*, § 297 FamFG Rz. 15.

wollte, ist freilich irrelevant. Auch wenn § 34 Abs. 2 Nr. 2 nicht gilt, kann das Gesetz doch dem Gericht nicht mehr als einen Anhörungsversuch auferlegen,[1] zumal nach § 1905 Abs. 1 Satz 1 Nr. 1 BGB die positiv erklärte Zustimmung des Betroffenen zur Sterilisation nicht erforderlich ist.

14 Der **Inhalt der Anhörung** ist auf die Tatbestandsvoraussetzungen des § 1905 Abs. 1 BGB zu richten, deren Vorliegen das Gericht feststellen muss. Vor allem muss es erfragen, ob der Betroffene mit seiner Sterilisation **einverstanden** ist. Auch hier ist statt der Anhörung die **förmliche Beteiligtenvernehmung** nach § 30 Abs. 1 FamFG iVm. §§ 445 ff. ZPO möglich.[2]

15 Abs. 1 Satz 2 bestimmt, dass das Gericht den Betroffenen über den möglichen **Verlauf des Verfahrens** aufzuklären hat. Das ist, wie die entsprechende Bestimmung in § 278 Abs. 2 Satz 1, als eigenständige Pflicht zu verstehen, nicht als eine über den Inhalt der persönlichen Anhörung. Der Hinweis kann daher in der persönlichen Anhörung oder außerhalb gegeben werden. Jedenfalls ist er zu Beginn des Verfahrens zu geben.

II. Anhörung der Betreuungsbehörde (Absatz 2)

16 Die Betreuungsbehörde hat kein Recht, beteiligt zu werden, braucht also auch nicht nach § 7 Abs. 4 von dem Genehmigungsverfahren in Kenntnis gesetzt zu werden. Das Gericht muss sie aber nach Abs. 2 anhören, wenn es der Betroffene **verlangt** oder es **der Sachaufklärung dient**. Das entspricht – noch (vgl. § 279 Rz. 1) – der in § 279 Abs. 2 geregelten Anhörungspflicht im Betreuerbestellungsverfahren. Auf die die dortigen Ausführungen (§ 279 Rz. 11 ff.) kann verwiesen werden. Da das Gericht durch Abs. 6 Satz 1 freilich ohnedies zur Einholung eines **Sozialgutachtens** verpflichtet ist, wird es auf die Erkenntnisse der Betreuungsbehörde hier eher als dort verzichten können.

17 Obwohl Abs. 2 es nicht ausdrücklich vorsieht, ist auch hier anzunehmen, dass er nur für den Fall gilt, dass das Gericht die Genehmigung **erteilt**, nicht, wenn es sie ablehnt. Das folgt aus der Genese der Norm: Sie ist früher als Verweisung ausgestaltet gewesen und es ist nicht ersichtlich, dass der Gesetzgeber die Anhörungspflichten gegenüber der damaligen Rechtslage verschärfen wollte.[3]

III. Anhörung weiterer Personen (Absatz 3)

18 Abs. 3 Satz 1 normiert – wie § 279 Abs. 1 – die auch schon aus allgemeinen Verfahrensgrundsätzen folgende Pflicht des Gerichts, alle **Beteiligten** (dazu Rz. 4 ff.) anzuhören. Auch Abs. 3 Satz 1 schreibt die **Form** der Anhörung nicht vor. Aus § 34 Abs. 1 Nr. 1 kann sich allerdings die Pflicht ergeben, eine persönliche Anhörung durchzuführen.

19 Nach Abs. 3 Satz 2 muss das Gericht ferner vom Betreuten benannte **Vertrauenspersonen** anhören, falls das ohne erhebliche Verzögerung des Verfahrens möglich ist. Das entspricht § 279 Abs. 3. Auf die dortigen Ausführungen (§ 279 Rz. 21 ff.) kann verwiesen werden. Nicht möglich ist allerdings die förmliche Beteiligung der Vertrauensperson (s. Rz. 6).

20 Auch Abs. 3 Satz 2 gilt, aus den gleichen Gründen wie bei Abs. 2 (s. Rz. 17), in Abhängigkeit vom **Verfahrensergebnis**. Wird die Genehmigung abgelehnt, brauchen keine Vertrauenspersonen dazu angehört worden zu sein. Die Anhörung der Beteiligten ist jedoch nach allgemeinen Grundsätzen (§§ 34, 37 Abs. 2 FamFG und Art. 103 Abs. 1 GG) auch dann erforderlich.

---

[1] Jansen/*Sonnenfeld*, § 69d FGG Rz. 32.
[2] BT-Drucks. 16/6308, S. 270, nichts anderes kann mit der dort genannten „Anhörung" im „Strengbeweisverfahren" gemeint sein, denn die Anhörung der Parteien gehört nicht zu den Beweismitteln der ZPO.
[3] Vgl. BT-Drucks. 16/6308, S. 270.

IV. Ausschluss des ersuchten Richters (Absatz 4)

Abs. 4 verbietet die Einschaltung eines ersuchten Richters. Dass das nur für die **Rechtshilfe im Inland** gelten kann, ergibt sich aus der fehlenden Zuständigkeit deutscher Gerichte für Diensthandlungen im Ausland, falls nicht ausnahmsweise ein Rechtshilfeabkommen sie zulässt, wogegen ein deutsches Gericht im Inland auch außerhalb seines Bezirks jede Amtshandlung selbst vornehmen kann. 21

Verboten ist die Rechtshilfe für „Verfahrenshandlungen nach den Absätzen 1 bis 3". Das mutet willkürlich an. Einleuchtend ist nur, dass das erkennende Gericht die **persönliche Anhörung** des Betroffenen und die Verschaffung eines persönlichen Eindrucks von ihm nicht delegieren können soll. Warum aber die Anhörung der Beteiligten, einer Vertrauensperson und der Betreuungsbehörde zwar in jeder sonstigen Form, nicht aber in der der Rechtshilfevernehmung erfolgen dürfen, ist wenig verständlich. Noch unverständlicher ist es im Zusammenhang damit, dass das Verbot offenbar die Einholung der in Abs. 6 vorgeschriebenen Gutachten im Rechtshilfewege nicht ausschließt. Praktische Bedeutung hat das alles freilich nicht. Das Gericht wird bei entsprechender Entfernung der anderen Beteiligten eine schriftliche Anhörung durchführen. 22

Ist bei **weiter Entfernung** des Betroffenen vom Sitz des Gerichts die persönliche Anhörung untunlich, kann das ein wichtiger Grund sein, das Genehmigungsverfahren nach § 4 an ein ortsnäheres Gericht **abzugeben**. Anders als nach der früheren Rechtslage kann ein bestimmtes einzelnes Verfahren auch ohne die Betreuung als Bestandsverfahren abgegeben werden (s. § 273 Rz. 14.).[1] 23

V. Bestellung eines Verfahrenspflegers (Absatz 5)

Im Genehmigungsverfahren ist dem Betroffenen ein Verfahrenspfleger zu bestellen, wenn er nicht von einem **Verfahrensbevollmächtigten** vertreten wird. Die Voraussetzungen, unter denen das Auftreten eines Verfahrensbevollmächtigten die Verfahrenspflegschaft entbehrlich macht, dürften – trotz geringfügig anderer Formulierung – denen entsprechen, die auch für § 276 Abs. 4 gelten (s. dort § 276 Rz. 53 ff.).[2] Die jetzt in Abs. 5 stehende Verpflichtung zur Verfahrenspflegerbestellung ist früher in § 67 Abs. 1 FGG mit enthalten gewesen und es ist nicht ersichtlich, dass der Gesetzgeber am Verhältnis der Verfahrenspflegschaft zur Vertretung durch einen Verfahrensbevollmächtigten etwas ändern wollte.[3] Der Hinweis in Abs. 5 ist daher dahin zu lesen, dass er die Geltung von § 276 Abs. 4 anordnet. 24

Abs. 5 **verdrängt** § 276 Abs. 1 und 2. Der Verfahrenspfleger ist ohne Rücksicht auf die Fähigkeit des Betroffenen, seine Interessen selbst zu vertreten, erforderlich. Im Übrigen folgt die Verfahrenspflegschaft aber den **allgemeinen Regeln**. Es gelten daher sowohl § 276 Abs. 3 bis 7 als auch § 277.[4] Auf die dortigen Ausführungen kann verwiesen werden. 25

Da der Verfahrenspfleger ohne weiteres erforderlich ist, ist er **sofort bei Verfahrensbeginn** zu bestellen. Abs. 5 stellt, anders als Abs. 1 bis 3 und 6, nicht auf das Verfahrensergebnis ab. Auch die Ablehnung der Genehmigung ist ohne Beteiligung eines Verfahrenspflegers verfahrensfehlerhaft. Wird der Betroffene später von einem Verfahrensbevollmächtigten vertreten, ist die Verfahrenspflegschaft ggf. wieder **aufzuheben**. 26

VI. Begutachtung (Absatz 6)

Das Gericht hat nach Abs. 6 Satz 1 **Sachverständigengutachten** unterschiedlicher Fachrichtungen einzuholen. **Ausnahmen** hiervon sind nicht vorgesehen. Allerdings 27

---

[1] So auch *Damrau/Zimmermann*, § 297 FamFG Rz. 10.
[2] AA MüKo.ZPO/*Schmidt-Recla*, § 297 FamFG Rz. 6 (nur Verfahrensbevollmächtigter mit Befähigung zum Richteramt macht Verfahrenspfleger entbehrlich).
[3] BT-Drucks. 16/6308, S. 270 spricht von nur „sprachlichen" Änderungen.
[4] AA MüKo.ZPO/*Schmidt-Recla*, § 297 FamFG Rz. 6 (Verfahrenspfleger muss Befähigung zum Richteramt besitzen).

kann das Gericht die Genehmigung ohne Begutachtung **ablehnen**, wenn der Sachverhalt ihm hierfür ausreichend aufgeklärt erscheint, insbesondere, wenn sich schon aus einem der Gutachten zweifelsfrei ergibt, dass die Voraussetzungen des § 1905 Abs. 1 BGB nicht vorliegen (zB weil nach sexualpädagogischen Erkenntnissen keine Schwangerschaft droht oder alternative Methoden der Empfängnisverhütung möglich sind oder weil nach psychiatrischer Erkenntnis der Betroffene nicht dauernd einwilligungsunfähig ist).

28   Alle Sachverständigen müssen den Betroffenen **persönlich untersuchen** oder befragen (Abs. 6 Satz 2). Soweit die Sterilisation wegen einer der Partnerin des Betroffenen drohenden Schwangerschaft erwogen wird, wird man wohl annehmen müssen, dass diejenigen Gutachter, die zu den Gefahren, die dieser Frau drohen, Stellung nehmen sollen, statt des Betroffenen die Frau untersuchen und befragen müssen. Die Mitwirkung des Betroffenen bei der Begutachtung kann nicht erzwungen werden.[1] Scheitert auch nur bei einem der Sachverständigen die persönliche Untersuchung oder Befragung des Betroffenen, ist das Verfahren insgesamt gescheitert. Die Genehmigung kann dann nicht erteilt werden. Für die Partnerin des Betroffenen dagegen gilt § 33. Ihr Erscheinen in einer gerichtlichen Anhörung, an der auch der Sachverständige teilnimmt, kann ggf. erzwungen werden, wenn sie verfahrensfähig ist.

29   Vorgeschrieben sind Gutachten zu den medizinischen, psychologischen, sozialen, sonderpädagogischen und sexualpädagogischen „Gesichtspunkten" des Falles, womit letztlich nur die Tatbestandsmerkmale des § 1905 Abs. 1 BGB gemeint sein können, nämlich:

– dauernde Einwilligungsunfähigkeit des Betroffenen,
– eine (nicht notwendigerweise dem Betroffenen selbst) drohende Schwangerschaft,
– die fehlende Möglichkeit, diese Schwangerschaft in anderer, zumutbarer Weise zu verhindern und
– die von der Schwangerschaft für die Frau, der sie droht, ausgehende Gefahr einer schwerwiegenden Beeinträchtigung ihrer körperlichen oder seelischen Gesundheit.

Wegen § 1905 Abs. 2 Satz 2 BGB ist außerdem aufzuklären, welches die schonendste Sterilisationsmethode ist.[2]

30   Die Gutachten müssen im Wege der **förmlichen Beweisaufnahme** nach §§ 402 ff. ZPO eingeholt werden. Das beinhaltet auch hier die durch § 411a ZPO geschaffene Möglichkeit, Gutachten aus anderen Verfahren, zB dem zur Bestellung des besonderen Betreuers nach § 1899 Abs. 2 BGB, zu verwerten (vgl. § 280 Rz. 12 f.).

31   **Zahl und Qualifikation** der Sachverständigen legt Abs. 6 Satz 1 nicht zwingend fest,[3] jedoch darf keiner der Gutachter die Sterilisation durchführen (Abs. 6 Satz 3). Jedenfalls müssen die Sachverständigen für den entsprechenden Bereich fachkundig sein. Es können mehrere medizinische Gutachten (zB ein gynäkologisches zur Frage der Fertilität und ein psychiatrisches zu der der dauernden Einwilligungsunfähigkeit) notwendig sein. Ebenso ist denkbar, dass ein Sachverständiger Mehrfachkompetenzen aufweist, die es ihm erlauben, zu mehreren der genannten Aspekte (zB den sozialen und den sonderpädagogischen) Stellung zu nehmen.

32   Die Einholung der Gutachten ist ohne Rücksicht darauf vorgeschrieben, ob das Gericht glaubt, entsprechende Erkenntnisse für die Entscheidung der durch § 1905 Abs. 1 BGB aufgeworfenen Fragen zu benötigen. Ggf. muss es die Beweisfrage entsprechend allgemein formulieren („Welche sonderpädagogischen Fragen wirft der Fall auf? Wie sind sie zu beantworten?").

---

1 Jansen/*Sonnenfeld*, § 69d FGG Rz. 39; MüKo.ZPO/*Schmidt-Recla*, § 297 FamFG Rz. 12.
2 HK-BUR/*Hoffmann*, § 297 FamFG Rz. 23.
3 Weniger als zwei dürften aus tatsächlichen Gründen nicht in Frage kommen, BT-Drucks. 11/4528, S. 177.

Sind alle vorgeschriebenen Gutachten eingeholt, hat das Gericht sie in **freier Beweiswürdigung** unter Einbeziehung der sonst gewonnenen Erkenntnisse zu prüfen und für die Entscheidung zu verwerten. Bleiben Fragen offen, können die ergänzende Befragung eines Sachverständigen (§ 411 Abs. 3 ZPO) und die Einholung eines weiteren Gutachtens (§ 412 Abs. 1 ZPO) nötig sein.

VII. Wirksamwerden der Genehmigung (Absatz 7)

Zur Wirksamkeit der Genehmigung ist – abweichend von § 40 – die Bekanntgabe an den besonderen Betreuer und den Verfahrenspfleger oder Verfahrensbevollmächtigten des Betroffenen erforderlich. Erfolgt dies zu verschiedenen Zeitpunkten, ist der **spätere** maßgeblich.[1] Wann die Entscheidung dem Betroffenen bekannt gegeben wurde, beeinflusst die Wirksamkeit nicht.

Rechtskraft der Entscheidung ist nicht erforderlich. Die Sterilisation darf allerdings **frühestens zwei Wochen** nach Wirksamwerden der Genehmigung **durchgeführt** werden (§ 1905 Abs. 2 Satz 2 BGB). Die Frist ist materiellrechtlicher Natur und daher nach §§ 187 ff. BGB zu berechnen. Ihre Länge entsprach früher der Beschwerdefrist für den Betreuer und den Verfahrenspfleger, ist aber mit dem FGG-RG nicht geändert worden, obwohl diese nun einen Monat beträgt. Indessen war dadurch auch damals nicht sichergestellt, dass die Sterilisation erst nach Rechtkraft durchgeführt wird, weil ja die Frist für andere Beteiligte auch damals noch offen sein konnte. Es ist daher keine planwidrige Gesetzeslücke anzunehmen, die zwingen würde, auch hier nun gegen den Gesetzeswortlaut von einer Monatsfrist auszugehen.

Die Durchführung der Sterilisation setzt auch **nach erteilter Genehmigung** voraus, dass die materiellrechtlichen Voraussetzungen des § 1905 Abs. 1 BGB vorliegen, darf daher nicht mehr durchgeführt werden, wenn der Betroffene ihr später widerspricht. Ein solcher Widerspruch ist in der **Beschwerdeeinlegung** durch den Betroffenen zu sehen. Sonst aber hindert das Einlegen einer Beschwerde die Durchführung der Sterilisation nicht. Ist sie durchgeführt, erledigt sich dadurch die Beschwerde in der Hauptsache, denn nach der Durchführung einer medizinischen Behandlung kann die Einwilligung in sie nicht mehr wirksam zurückgenommen werden. Denkbar bleibt die Feststellung der Rechtswidrigkeit der Genehmigung,[2] doch würde auch diese die wirksame Einwilligung nicht rückwirkend beseitigen können.

VIII. Bekanntgabe (Absatz 8)

Für die Bekanntgabe der Entscheidung gilt zunächst § 41, der durch Abs. 8 **lediglich ergänzt** wird. Sie ist allen Beteiligten bekannt zu geben (§ 41 Abs. 1 Satz 1) und denjenigen von ihnen, deren erklärtem Willen sie widerspricht, förmlich zuzustellen (§ 41 Abs. 1 Satz 2).

Abs. 8 Satz 1 ordnet an, dass die Entscheidung außerdem stets **dem Betroffenen selbst** bekannt zu geben ist. Das ist nur von Bedeutung, wenn er von einem Verfahrensbevollmächtigten vertreten wird. Die – für die Wirksamkeit ebenfalls erforderliche – Bekanntgabe an den Verfahrensbevollmächtigten ersetzt hier (anders als sonst, s. § 288 Rz. 5) die Bekanntgabe an den Betroffenen nicht. Aus Abs. 8 Satz 2 folgt die **Unanwendbarkeit von § 288 Abs. 1**.

Außerdem ist die Entscheidung nach Abs. 8 Satz 3 der **Betreuungsbehörde** bekannt zu geben, auch wenn sie nicht nach Abs. 2 angehört wurde.

Abs. 8 gilt für die Entscheidung „über" die Genehmigung, also unabhängig davon, ob die Genehmigung durch die Endentscheidung **erteilt oder abgelehnt** wird.

---

1 OLG Düsseldorf v. 19.9.1995 – 25 Wx 25/95, FamRZ 1996, 375.
2 *Damrau/Zimmermann*, § 297 FamFG Rz. 20.

C. Weiteres zum Verfahren

41 Das Verfahren ist **dem Richter** vorbehalten (§ 15 Abs. 1 Satz 1 Nr. 4 RPflG), in Württemberg dem Amtsgericht. Das gilt auch, wenn das Gericht die Einwilligung nicht genehmigt, sondern nach §§ 1908i Abs. 1 Satz 1, 1846 BGB erteilt, soweit man das überhaupt für zulässig hält.

42 Die Einwilligung in eine Sterilisation ist kein Rechtsgeschäft. Die **Beschwerdefrist** für die Anfechtung der Genehmigung beträgt daher nach § 63 Abs. 1 **einen Monat**, nicht nach § 63 Abs. 2 Nr. 2 zwei Wochen. Die Beschwerdebefugnis folgt aus § 59 Abs. 1.

43 Kosten/Gebühren: Gericht: Für das Verfahren entstehen keine Gebühren (Nr. 1 der Anm. zu Nr. 11100 KV GNotKG). Für die Erhebung von Auslagen gilt die Vermögensfreigrenze (Vorbem. 3.1 Abs. 2 iVm. Vorbem. 1.1 Abs. 1 KV GNotKG). Die Bestellung eines Verfahrenspflegers und deren Aufhebung sind Teil des Verfahrens, für das der Pfleger bestellt worden ist. Bestellung und Aufhebung sind gebührenfrei (Vorbem. 1 Abs. 3 KV GNotKG). Die an den Verfahrenspfleger gezahlten Beträge sind gerichtliche Auslagen des zugrunde liegenden Verfahrens (Nr. 31015 KV GNotKG). Von dem Betroffenen können diese Auslagen nur nach Maßgabe des § 1836c BGB erhoben werden. **RA:** Für die Tätigkeit eines Rechtsanwalts entstehen Gebühren nach Teil 3.

298 Verfahren in Fällen des § 1904 des Bürgerlichen Gesetzbuchs

(1) Das Gericht darf die Einwilligung, die Nichteinwilligung oder den Widerruf einer Einwilligung eines Betreuers oder eines Bevollmächtigten (§ 1904 Absatz 1, 2 und 5 des Bürgerlichen Gesetzbuchs) nur genehmigen, wenn es den Betroffenen zuvor persönlich angehört hat. Das Gericht soll die sonstigen Beteiligten anhören. Auf Verlangen des Betroffenen hat das Gericht eine ihm nahestehende Person anzuhören, wenn dies ohne erhebliche Verzögerung möglich ist.
(2) Die Bestellung eines Verfahrenspflegers ist stets erforderlich, wenn Gegenstand des Verfahrens eine Genehmigung nach § 1904 Absatz 2 des Bürgerlichen Gesetzbuchs ist.
(3) Vor der Genehmigung ist ein Sachverständigengutachten einzuholen. Der Sachverständige soll nicht auch der behandelnde Arzt sein.

A. Allgemeines	1	II. Weitere Anhörungen	15
B. Inhalt der Norm	9	III. Begutachtung	19
I. Anhörung des Betroffenen	11	IV. Weitere Fragen	24

A. Allgemeines

1 Die Norm regelt das Verfahren für die Genehmigung von Entscheidungen des Betreuers oder des Bevollmächtigten über **medizinische Maßnahmen** der in § 1904 Abs. 1 Satz 1 und Abs. 2 BGB genannten Art. Im FGG existierten nur zu den ersteren Regelungen.[1] Für die letzteren war ein Genehmigungserfordernis vom BGH in richterlicher Rechtsfortbildung bejaht worden.[2] Dementsprechend waren auch die dafür geltenden Verfahrensregeln nicht im Gesetz zu finden, sondern nur der Rechtsprechung zu entnehmen.[3]

2 Die Literatur hatte zum Teil befürwortet, das Verfahren für Genehmigungen nach § 1904 Abs. 2 BGB an § 297 anzulehnen.[4] Dem ist der Gesetzgeber – zu Recht – nicht gefolgt. Anders als dort kommt es hier nämlich auch auf eine **schnelle Entscheidung** an. Während des Genehmigungsverfahrens muss der Betreute ja uU vorläufig eine Behandlung hinnehmen, die seinem wirklichen oder mutmaßlichen Willen wider-

---
1 BT-Drucks. 16/6308, S. 270.
2 BGH v. 13.9.1994 – 1 StR 357/94, BGHSt 40, 257; BGH v. 17.3.2002 – XII ZB 2/03, BGHZ 154, 205 = NJW 2003, 1588.
3 BGH v. 17.3.2002 – XII ZB 2/03, BGHZ 154, 205 = NJW 2003, 1588, 1593.
4 Fröschle/*Locher*, § 69d FGG Rz. 23.

spricht. Das ist ein Zustand, der so knapp wie möglich bemessen sein sollte, was die Verfahrensgestaltung beeinflusst. Er erlaubt weder die Einholung aller Beweise im förmlichen Beweisverfahren[1] noch die Einholung eines förmlichen, ausführlichen Sachverständigengutachtens. Die Gefahr, dass Gerichte die Genehmigung **vorschnell erteilen**, ist im Übrigen eher gering. Eher schon besteht die Gefahr, dass sie eine Entscheidung scheuen und das Verfahren in die Länge ziehen, damit sich der Fall womöglich durch den Tod des Betroffenen noch ohne Entscheidung erledigt.

Abs. 1[2] und 3 betreffen alle Verfahren nach § 1904 BGB, Abs. 2 nur solche, in denen es um **die Nichtvornahme gefahrenabwehrender Maßnahmen** (§ 1904 Abs. 2 BGB) geht. 3

Abs. 1 und 3 gelten nur, wenn die jeweilige Genehmigung **erteilt** wird.[3] Abs. 2 ist unabhängig vom Verfahrensergebnis zu beachten.[4] 4

§ 298 ist **entsprechend anzuwenden**, wenn das Gericht die Entscheidung über eine Behandlung nach §§ 1908i Abs. 1 Satz 1, 1846 BGB selbst trifft. 5

Gegenstand des Verfahrens ist im Falle des § 1904 Abs. 1 Satz 1 BGB die Einwilligung des Betreuers in eine medizinische Behandlung, bei deren kunstgerechter Durchführung der Betreute in die Gefahr des Todes oder eines schweren und dauerhaften gesundheitlichen Schadens geraten kann. Genehmigt werden soll hier also eine **Rechtshandlung** des Betreuers. Die Genehmigung ist **Wirksamkeitserfordernis**. Die ohne Genehmigung erteilte Einwilligung nimmt der Behandlung nicht die sich aus der tatbestandsmäßigen Körperverletzung ergebende Rechtswidrigkeit. 6

Dagegen ist im Falle des § 1904 Abs. 2 BGB die Weigerung des Betreuers, die Einwilligung zu einer Behandlung zu erteilen, die eine solche Gefahr abwendet, Verfahrensgegenstand. Hier soll also das **Unterlassen einer Rechtshandlung** genehmigt werden, die ihrerseits erforderlich ist, um der medizinischen Behandlung die Rechtswidrigkeit zu nehmen. Das kann hier bedeuten, dass aus § 1904 Abs. 2 BGB die **vorläufige Rechtmäßigkeit** der Behandlung folgt, in die der Betreuer seine Einwilligung verweigern will. Wird die Genehmigung erteilt, so wird die Weiterbehandlung rechtswidrig, und die begonnene Behandlung muss wieder beendet werden. Wird die Genehmigung verweigert, so wird dadurch zugleich die Einwilligung des Betreuers zur Weiterbehandlung ersetzt.[5] Das sollte zur Klarstellung in die **Entscheidungsformel** aufgenommen werden. 7

Wegen § 1904 Abs. 4 BGB ist die Genehmigung **nicht erforderlich**, wenn zwischen Arzt und Betreuer in einem persönlichen Gespräch (§ 1901b BGB) erlangte Einigkeit darüber herrscht, dass die vom Betreuer getroffene Entscheidung für oder gegen die Behandlung dem wirklichen oder mutmaßlichen Willen des Betreuten entspricht. Wird dennoch die Genehmigung beantragt, kann das Gericht nur ein **Negativattest** (s. zu diesem Begriff § 299 Rz. 6) erteilen. Im Verfahren hierzu hat es jedoch zu prüfen, ob die Entscheidung von Arzt und Betreuer einer plausiblen Interpretation der Wünsche des Betroffenen entspricht.[6] Bietet der Arzt die Behandlung zwar an, weigert sich aber, an dem nach § 1901b BGB vorgeschriebenen Gespräch teilzunehmen, bleibt die Genehmigung erforderlich.[7] 8

---

1 So aber Fröschle/*Locher*, § 298 FamFG Rz. 29.
2 Neu gefasst zum 1.1.2013 durch Art. 6 Nr. 22a des Gesetzes zur Einführung einer Rechtsbehelfsbelehrung im Zivilprozess und zur Änderung anderer Vorschriften v. 5.12.2012, BGBl. I, S. 2418.
3 HK-BUR/*Hoffmann*, § 69d FGG Rz. 27; Jansen/*Sonnenfeld*, § 69d FGG Rz. 23 (für die Begutachtung).
4 AA *Damrau/Zimmermann*, § 298 FamFG Rz. 3.
5 BGH v. 17.3.2002 – XII ZB 2/03, BGHZ 154, 205 = NJW 2003, 1588, 1593.
6 LG Kleve v. 31.5.2010 – 4 T 77/10, BtPrax 2010, 186; LG Oldenburg v. 11.3.2010 – 8 T 180/10, FamRZ 2010, 1470.
7 AG Nordenham v. 20.3.2011 – 9 XVII 8/00, NJOZ 2011, 1275.

B. Inhalt der Norm

9 § 298 regelt Genehmigungsverfahren der genannten Art **nicht abschließend**. Die für alle Betreuungssachen geltenden Vorschriften (§§ 272 bis 277) gelangen auch hier ergänzend zur Anwendung. **Zu beteiligen** sind nach §§ 7 Abs. 2 Nr. 1, 274 Abs. 1 Nr. 1 der Betroffene und nach § 274 Abs. 1 Nr. 2 bzw. Nr. 3 der **Betreuer** bzw. **Bevollmächtigte**, dessen Einwilligung genehmigt werden soll. Die Beteiligung der Betreuungsbehörde und von Angehörigen oder Vertrauenspersonen des Betroffenen ist nicht nach § 274 Abs. 3, Abs. 4 möglich. Zumindest im Verfahren zu einer Genehmigung nach § 1904 Abs. 2 BGB sollte man jedoch den **Ehegatten** des Betroffenen als in eigenen Rechten betroffen ansehen und nach § 7 Abs. 2 Nr. 1 beteiligen.[1]

10 Die Bestellung eines **Verfahrenspflegers** ist bei Genehmigungen nach § 1904 Abs. 2 BGB zwingend vorgeschrieben (Abs. 2).[2] Als Grund dafür gibt der Gesetzgeber an, dass hier „häufig" eine Anhörung des Betroffenen nicht möglich sein werde.[3] Ein wirklich überzeugender Grund ist das nicht, denn wenn der Betroffene tatsächlich nicht angehört werden kann, folgt die Pflicht zur Bestellung eines Verfahrenspfleger ja ohnehin aus § 276 Abs. 1 Satz 1. Wenn er sich aber äußern kann, ist es merkwürdig, dass ihm dann sogar im Falle eines offensichtlich unbegründeten Antrags ein Verfahrenspfleger zur Seite gestellt werden muss. Im Genehmigungsverfahren nach § 1904 Abs. 1 Satz 1 BGB richtet sich die Verfahrenspflegerbestellung ganz nach § 276 Abs. 1 Satz 1.

I. Anhörung des Betroffenen

11 Abs. 1 Satz 1 schreibt vor der Erteilung einer jeden Genehmigung die **persönliche Anhörung** des Betroffenen vor. Das ist, nicht anders als § 278 Abs. 1 Satz 1, nur **Ausfüllungsnorm** zu § 34 Abs. 1 Nr. 2, das Gericht kann daher unter den in § 34 Abs. 2 und 3 genannten Voraussetzungen die Genehmigung auch ohne persönliche Anhörung erteilen. Was die Anwendung von § 33 betrifft, gilt das zu § 278 Rz. 7b Ausgeführte.

12 Der **Ort der Anhörung** ist nicht vorgeschrieben, oft wird der Betroffene aber nicht transportfähig sein und muss dann zwangsläufig an seinem Aufenthaltsort angehört werden. Die Anhörung kann uneingeschränkt auch durch den **ersuchten Richter** erfolgen.

13 Auch zum **Inhalt** der Anhörung macht das Gesetz keine näheren Vorgaben. Soweit sie außer der Gewährung rechtlichen Gehörs auch der Sachaufklärung dient, ist sie vor allem darauf zu richten, die Wünsche und Vorstellungen des Betroffenen nach § 1901a BGB zu ermitteln, und zwar unabhängig vom Ergebnis des nach § 1901b BGB vorgeschriebenen Arztgesprächs.

14 Die Verschaffung eines **unmittelbaren Eindrucks** vom Betroffenen schreibt Abs. 1 Satz 1 nicht zwingend vor. Zumindest in Verfahren nach § 1904 Abs. 2 BGB wird das Gericht dies aber angesichts der Bedeutung der Sache dennoch tun müssen, um seiner Aufklärungspflicht zu genügen.[4]

II. Weitere Anhörungen

15 Vor der Erteilung einer Genehmigung „sollen" die **sonstigen Beteiligten** angehört werden (Abs. 1 Satz 2 und Abs. 2). Das gibt mehrere Rätsel auf:

16 Zum einen ist die Bedeutung des „Sollens" hier fraglich. Einen **Ermessensspielraum** kann es kaum eröffnen, denn Art. 103 Abs. 1 GG lässt es nicht zu, die Gewährung rechtlichen Gehörs in das Ermessen des Gerichts zu stellen, so dass, wer auch nur formell Verfahrensbeteiligter ist, in irgendeiner Form immer gehört werden muss.

---

[1] So auch *Damrau/Zimmermann*, § 298 FamFG Rz. 21.
[2] Jedoch sollte sie auch hier für entbehrlich gehalten werden, wenn der Betroffene durch einen Verfahrensbevollmächtigten vertreten wird, *Damrau/Zimmermann*, § 298 FamFG Rz. 20.
[3] BT-Drucks. 17/11385, S. 26.
[4] *Damrau/Zimmermann*, § 298 FamFG Rz. 19; zur früheren Rechtslage BGH v. 17.3.2002 – XII ZB 2/03, BGHZ 154, 205 = NJW 2003, 1588 (1593).

Zum andern ist schon wenig klar, welche Beteiligten es überhaupt sind, denen nur 17 ein solcherart abgeschwächtes Anhörungsrecht zusteht. Für den **Verfahrenspfleger** kann die Anhörungspflicht nicht abgeschwächt werden, da sonst das rechtliche Gehör des Betroffenen verkürzt würde. § 274 Abs. 3 und Abs. 4 greifen nicht,[1] und der **Betreuer** oder der **Bevollmächtigte** müssen sich irgendwie zur Sache geäußert haben, damit das Verfahren überhaupt eingeleitet werden kann (vgl. dazu § 299 Rz. 9). Ausgerechnet auf die Anhörung des **Ehegatten** zu verzichten, bevor womöglich über die Lebensbeendigung entschieden wird, kann nicht angehen. Denkbar ist dann allenfalls noch, dass die Heilbehandlung den Aufgabenkreis eines Betreuers berührt, der für die Erteilung der Einwilligung nicht zuständig ist, zB wenn dem Bevollmächtigten, dessen Vollmacht die Entscheidung umfasst, ein **Vollmachtsbetreuer** zur Seite gestellt ist. Ein solcher Betreuer ist nach § 274 Abs. 2 Nr. 1 zu beteiligen. Seine Anhörung ist dann nicht zwingend vorgeschrieben.

Nach Abs. 1 Satz 3 sind außerdem diejenigen anzuhören, die der Betroffene **als** 18 **Vertrauenspersonen** benennt. Das entspricht § 279 Abs. 3. Auf die dortigen Ausführungen (§ 279 Rz. 21 ff.) kann verwiesen werden. Die **förmliche Beteiligung** der Vertrauensperson ist im Unterschied zu dort jedoch nicht möglich (s. Rz. 9).

III. Begutachtung

Das Gericht hat ein **Sachverständigengutachten** einzuholen (Abs. 4 Satz 1). Im 19 Umkehrschluss aus § 280 Abs. 1 Satz 1 und § 297 Abs. 6 Satz 1 ist zu folgern, dass das hier nicht durch förmliche Beweisaufnahme geschehen muss, sondern nach § 29 in jeder dem Gericht geeignet erscheinenden Form geschehen kann,[2] also auch durch **formlose Anhörung eines Sachverständigen**, soweit nicht § 30 Abs. 3 eingreift. In jedem Fall ist aber den Beteiligten **Gelegenheit zur Stellungnahme** zu den Ausführungen des Sachverständigen zu geben (§ 37 Abs. 2).

Das Gutachten muss auf die Fragen eingehen, die die Genehmigungspflicht auf- 20 wirft,[3] sich insbesondere zu der **Gefährlichkeit** der Heilbehandlung iSv. § 1904 BGB äußern, wegen § 1904 Abs. 1 Satz 2 BGB ggf. auch dazu, ob aus medizinischer Sicht **Gefahr im Verzug** besteht. Damit das Gericht die nach §§ 1901 Abs. 2 bis 4, 1901a BGB erforderlichen Abwägungen treffen kann, muss das Gutachten außerdem auf die Folgen eingehen, die dem Betroffenen drohen, wenn er nicht behandelt wird. Ist die **Einwilligungsfähigkeit** des Betroffenen zweifelhaft, sollte das Gutachten sich auch hierzu äußern,[4] denn ist er einwilligungsfähig, kommt § 1904 von vornherein nicht zur Anwendung. Der einwilligungsfähige Betreute kann in eine medizinische Behandlung nur selbst einwilligen.

Abs. 2 Satz 1 schreibt nicht vor, dass der Gutachter den Betroffenen persönlich 21 untersucht und befragt. Das Gutachten kann, wenn dies für die notwendigen Feststellungen ausreicht, **nach Aktenlage** erstattet werden.[5] Die Einsichtnahme in die Behandlungsunterlagen wird dazu allerdings mindestens erforderlich sein. Die Untersuchung des Betroffenen durch den Arzt kann nicht erzwungen werden.[6]

---

1 Zu § 274 Abs. 4 aA *Damrau/Zimmermann*, § 274 FamFG Rz. 13.
2 So auch BT-Drucks. 16/6308, S. 270.
3 Bei einer Genehmigung nach § 1904 Abs. 1 Satz 1 BGB also zu den von der Behandlung drohenden Gefahren und zu dem von ihr zu erwartenden Erfolg: LG Saarbrücken v. 23.3.2009 – 5 T 100/09, FamRZ 2009, 1350 (LS).
4 HK-BUR/*Hoffmann*, § 69d FGG Rz. 24, Jansen/*Sonnenfeld*, § 69d FGG Rz. 21; ggf. ist freilich der Gutachter nicht kompetent und es muss ein weiteres Gutachten eingeholt werden, Fröschle/*Locher*, § 298 FamFG Rz. 14; Jurgeleit/*Bučić*, § 298 FamFG Rz. 36; kein Gutachten hierzu halten *Knittel*, § 298 FamFG Rz. 17; MüKo.ZPO/*Schmidt-Recla*, § 298 FamFG Rz. 6 für erforderlich; für stets - nicht nur bei Zweifeln - erforderlich hält es dagegen Bork/Jacoby/Schwab/*Heiderhoff*, § 298 FamFG Rz. 5.
5 Fröschle/*Locher*, § 298 FamFG Rz. 15; aA Jansen/*Sonnenfeld*, § 69d FGG Rz. 23; Jurgeleit/*Bučić*, § 298 FamFG Rz. 40.
6 HK-BUR/*Hoffmann*, § 69d FGG Rz. 26; erzwungen werden kann jedoch das Erscheinen zu einem Termin, an dem auch der Sachverständige teilnimmt über § 33 FGG (jetzt § 33 Abs. 3); Jansen/*Sonnenfeld*, § 69d FGG Rz. 27; Fröschle/*Locher*, § 298 FamFG Rz. 15.

22 Die **Qualifikation des Gutachters** ist gesetzlich nicht geregelt. Er muss jedenfalls Arzt sein, was schon aus Abs. 4 Satz 2, aber auch aus der Natur der Sache folgt.[1] Außerdem muss er für die Behandlung, die genehmigt werden soll, **ausreichende Fachkunde** besitzen.[2]

23 Nach Abs. 4 Satz 2 soll der Gutachter **nicht der behandelnde Arzt** sein. Ausnahmen sind zwar möglich, aber auf besonders gelagerte Einzelfälle zu beschränken, zB weil die Behandlung eine solche ist, bei der überhaupt nur ganz wenige Spezialisten die Fachkunde besitzen, sie durchzuführen oder ein Gutachten darüber zu erstatten.[3] Das Gericht muss es besonders begründen, warum es ausnahmsweise ein Gutachten des behandelnden Arztes eingeholt hat.[4]

IV. Weitere Fragen

24 Genehmigungsverfahren nach § 298 sind **dem Richter** vorbehalten (§ 15 Abs. 1 Satz 1 Nr. 4 RPflG), in Württemberg dem Amtsgericht. Das dürfte auch für die Erteilung der Einwilligung durch das Betreuungsgericht nach §§ 1908i Abs. 1 Satz 1, 1846 BGB gelten.

25 § 1904 Abs. 1 Satz 2 BGB bestimmt, dass bei **Gefahr im Verzug** die Genehmigung nach § 1904 Abs. 1 Satz 1 BGB schon materiellrechtlich nicht erforderlich ist. Das schließt den Erlass von **Eilentscheidungen** aus. Wenn die Behandlung nicht mehr erfolgreich sein kann, nachdem das Genehmigungsverfahren in der Hauptsache abgeschlossen ist, ist Gefahr im Verzug iSv. § 1904 Abs. 1 Satz 2 BGB gegeben. Dieser Zusammenhang dürfte auch der Grund sein,[5] aus dem Genehmigungsverfahren nach § 1904 Abs. 1 BGB schon in der Vergangenheit selten waren.[6] Wegen § 1904 Abs. 4 BGB nehmen sie nun noch einmal stark ab.[7]

26 Die Einwilligung in eine Heilbehandlung ist kein Rechtsgeschäft. Die **Wirksamkeit** einer Genehmigung nach § 1904 Abs. 1 Satz 1 BGB folgt daher § 40 Abs. 1, nicht Abs. 2.[8] Das bedeutet, dass sie mit der **Bekanntgabe an den Betreuer** bzw. Bevollmächtigten wirksam wird, denn da es deren Handlung ist, die genehmigt wird, ist sie ihrem wesentlichen Inhalt nach auch an sie gerichtet.[9] Die vom Gericht nach §§ 1908i Abs. 1 Satz 1, 1846 BGB erteilte Einwilligung wird mit Bekanntgabe an den durchführenden Arzt wirksam. Für die Wirksamkeit von Genehmigungen nach § 1904 Abs. 2 BGB existiert in § 287 Abs. 3 eine **Sonderregelung** (s. § 287 Rz. 25a f.).

27 Weitere Konsequenz ist, dass für die **Beschwerde** die **Monatsfrist** des § 63 Abs. 1, nicht die Zweiwochenfrist aus § 63 Abs. 2 Nr. 1 gilt. Eine Beschwerde ist aber nur zulässig, solange die Behandlung, deren Einwilligung genehmigt wurde, nicht durchgeführt wurde bzw. die Behandlung, deren Nichteinwilligung genehmigt wurde, noch durchgeführt werden kann. Rückwirkend kann die Rechtmäßigkeit ärztlichen Verhaltens nicht mehr beseitigt werden, auch nicht durch eine Feststellung nach § 62, die aber dennoch zulässig bleiben muss.

28 Die **Ablehnung** der Genehmigung kann vom Betreuer bzw. Bevollmächtigten, Verfahrenspfleger und Betroffenen angefochten werden,[10] ihre **Erteilung** dagegen nur

---

1 HK-BUR/*Hoffmann*, § 69d FGG Rz. 23.
2 *Knittel*, § 298 FamFG Rz. 20; Jurgeleit/*Bučić*, § 298 FamFG Rz. 38.
3 HK-BUR/*Hoffmann*, § 69d FGG Rz. 31; *Knittel*, § 298 FamFG Rz. 22 und Jurgeleit/*Bučić*, § 298 FamFG Rz. 38 wollen Personengleichheit nur in Eilfällen zulassen, wenn andernfalls wegen § 1904 Abs. 1 Satz 2 BGB gar kein Verfahren stattfände; MüKo.ZPO/*Schmidt-Recla*, § 298 FamFG Rz. 7 will überhaupt keine Ausnahmen zulassen.
4 OLG Zweibrücken v. 16.11.1999 – 3 W 223/99, NJW 2000, 2750.
5 Jansen/*Sonnenfeld*, § 69d FGG Rz. 27.
6 Im Jahre 2009 kamen auf 1 291 410 anhängige Betreuungen nur 3 481 Genehmigungen nach § 1904 BGB, das entspricht 0,27 %, vgl. HK-BUR/*Deinert*, § 1904 BGB Rz. 38.
7 Allein von 2010 auf 2011 gab es einen Rückgang um 36 %, vgl. *Deinert*, Betreuungszahlen 2011, BtPrax 2012, 242 (243).
8 *Damrau/Zimmermann*, § 298 FamFG Rz. 37.
9 Jansen/*Sonnenfeld*, § 69d FGG Rz. 38.
10 Auch soweit sie damit begründet ist, dass eine Genehmigung nicht erforderlich sei (Negativattest, s. Rz. 8), vgl. LG Oldenburg v. 11.3.2010 – 8 T 180/10, FamRZ 2010, 1470.

vom Betroffenen und seinem Verfahrenspfleger. Dem Betreuer oder Bevollmächtigten fehlt für die Beschwerde das Rechtsschutzinteresse, da er nicht verpflichtet ist, von der Genehmigung auch Gebrauch zu machen.

Zum alten Recht ist eine **Beschwerdebefugnis** der Betreuungsbehörde in Genehmigungsverfahren nach § 1904 Abs. 2 BGB angenommen worden.[1] Das scheitert nun schon am Gesetzeswortlaut und war im Übrigen auch nicht sachgerecht. Die Betreuungsbehörde ist in die Überwachung der Betreuer, zu der die Genehmigungserfordernisse gehören gerade nicht eingebunden. Auch eine Beschwerde der Angehörigen ist nur denkbar, wenn man sie iSv § 59 Abs. 1 für in eigenen Rechten betroffen ansieht – nach hier vertretener Auffassung also nur beim Ehegatten (s. Rz. 9). Im Entwurf zum 3. BtÄndG war eine weite Beschwerdebefugnis der Angehörigen noch vorgesehen.[2] Gesetz geworden ist das aber nicht.

29

Kosten/Gebühren: Gericht: In **Betreuungssachen** ist das Verfahren **gebührenfrei** (Nr. 1 der Anm. zu Nr. 11100 KV GNotKG), gerichtliche Auslagen, vor allem für das Gutachten, können jedoch erhoben werden, soweit nicht Vorbem. 1.1 KV GNotKG greift. In **betreuungsgerichtlichen Zuweisungssachen** fällt außerdem nach Nr. 11100 KV GNotKG **eine halbe Gebühr** an, normalerweise aus dem Regelwert von 5 000 Euro (§ 36 Abs. 3 GNotKG), sie beträgt dann 65,50 Euro. Mangels einer Kostenentscheidung ist Kostenschuldner **der Betroffene** (§ 23 Nr. 1 GNotKG), da es sich nicht um ein Antragsverfahren handelt.

30

§ 299 Verfahren in anderen Entscheidungen

Das Gericht soll den Betroffenen vor einer Entscheidung nach § 1908i Abs. 1 Satz 1 in Verbindung mit den §§ 1821, 1822 Nr. 1 bis 4, 6 bis 13 sowie den §§ 1823 und 1825 des Bürgerlichen Gesetzbuchs persönlich anhören. Vor einer Entscheidung nach § 1907 Abs. 1 und 3 des Bürgerlichen Gesetzbuchs hat das Gericht den Betroffenen persönlich anzuhören.

A. Allgemeines 1	2. Anhörung des Betroffenen 12
B. Inhalt der Vorschrift	3. Anhörung anderer Personen 17
I. Anwendungsbereich 2	4. Weitere Ermittlungen 18
II. Genehmigungsverfahren	C. Bekanntgabe und Wirksamwerden . . 19
1. Allgemeine Verfahrensregeln 8	

A. Allgemeines

Die Vorschrift regelt das Verfahren bei der Erteilung der **betreuungsgerichtlichen Genehmigung** zu einer Rechtshandlung, die der Betreuer im Namen des Betreuten vorzunehmen beabsichtigt, oder einem Vertrag, den er schon in dessen Namen abgeschlossen hat.

1

B. Inhalt der Vorschrift

I. Anwendungsbereich

Der **Anwendungsbereich** der Norm ist begrenzt auf die aufgezählten Verfahren.[3] Satz 1 betrifft
– die Genehmigung von Verfügungs- oder Verpflichtungsgeschäften, die **Grundstücke** betreffen, nach §§ 1908i Abs. 1 Satz 1, 1821 BGB,

2

---

1 LG Hamburg v. 11.4.2005 – 301 T 153/05, FamRZ 2006, 145.
2 Vgl. BT-Drucks 16/8442 S. 5, 19 f.
3 BT-Drucks. 16/6308, S. 270 will anscheinend von einer offenen Aufzählung ausgehen, doch gibt der Gesetzeswortlaut dazu keine Anhaltspunkte. Der Verweis der Materialien auf BT-Drucks. 11/4528, S. 176 gibt dazu im Übrigen auch nichts her. Im Gegenteil wird dort vielmehr gerade ausgeführt, dass für andere als die aufgezählten Genehmigungen § 12 FGG gelten solle, jetzt demnach §§ 26, 34.

- die Genehmigung der verschiedenen in §§ 1908i Abs. 1 Satz 1, 1822 Nr. 1 bis 4 und 6 bis 13 BGB aufgezählten **Geschäfte** (auf § 1822 Nr. 5 BGB verweist das Betreuungsrecht nicht, an seine Stelle tritt § 1907 Abs. 3 Alt. 1 BGB),
- die Genehmigung des Beginns oder der Auflösung eines **Erwerbsgeschäfts** des Betreuten nach §§ 1908i Abs. 1 Satz 1, 1823 BGB und
- die Erteilung einer **allgemeinen Ermächtigung** für die in §§ 1812, 1822 Nr. 8 bis 10 BGB genannten Geschäfte nach §§ 1908i Abs. 1 Satz 1, 1825 BGB; durch die allgemeine Ermächtigung entfällt dann das Erfordernis, die darunter fallenden Einzelgeschäfte zu genehmigen.

3   Satz 2 betrifft
- die Genehmigung der Kündigung der Mietwohnung des Betreuten oder die vertragliche **Beendigung des Mietverhältnisses** (§ 1907 Abs. 1 BGB),
- die Genehmigung von **Dauerschuldverhältnissen**, die den Betreuten über einen längeren Zeitraum als vier Jahre zu wiederkehrenden Leistungen verpflichten (§ 1907 Abs. 3 Alt. 1 BGB) und
- die Genehmigung des **Abschlusses eines Mietverhältnisses** über den Wohnraum des Betreuten auf Vermieterseite (§ 1907 Abs. 3 Alt. 2 BGB).

4   § 1907 Abs. 1 BGB betrifft nur Wohnraum, den der Betreute **selbst bewohnt** oder zuletzt selbst bewohnt hat. Die hM nimmt das auch für § 1907 Abs. 3 Alt. 2 BGB an,[1] doch fällt die Vermietung von sonstigem Wohnraum wegen des Kündigungsschutzes für Mieter auch unter § 1907 Abs. 3 Alt. 1 BGB,[2] falls nicht ein Sonderkündigungsrecht aus § 573a BGB besteht.

5   Obwohl der Wortlaut es nicht eindeutig ergibt, ist davon auszugehen, dass auch § 299 nur beachtet werden muss, wenn das Gericht die Genehmigung oder Ermächtigung **erteilt**. Lehnt es sie ab, bleibt es ganz bei den für alle Betreuungssachen geltenden Vorschriften.

6   Auch für die Erteilung eines sog. **Negativattestes** gelten nur die allgemeinen Vorschriften. Hierunter versteht man einen Beschluss, durch den das Gericht feststellt, dass ein von dem Betreuer beabsichtigtes Geschäft keiner Genehmigung bedarf.[3] Die Zulässigkeit der Ausstellung solcher Negativatteste ergibt sich nicht ohne weiteres aus dem Gesetz. Sie sind aber letztlich als **Zwischenfeststellungsentscheidungen** iSv. § 256 Abs. 2 ZPO zu qualifizieren. Wird eine Genehmigung nicht erteilt, weil das Gericht das Geschäft gar nicht für genehmigungspflichtig hält, haben die Beteiligten ein Interesse daran, dass dies gesondert festgestellt wird. Die **Rechtskraftwirkung** des Negativattestes beschränkt sich allerdings auf die Verfahrensbeteiligten. Im Verhältnis zu dem an dem Geschäft beteiligten Dritten kann die Wirksamkeit des Geschäfts wegen der fehlenden Genehmigung weiterhin bestritten werden.[4] Will der Dritte die Wirksamkeit des Geschäfts auch ohne Genehmigung verbindlich festgestellt wissen, ist das in einem **Zivilprozess** zu klären.

7   Im **Umkehrschluss** folgt aus § 299 ferner, dass in allen anderen Fällen der Genehmigung eines Rechtsgeschäfts oder einer sonstigen Rechtshandlung des Betreuers überhaupt **nur die allgemeinen Vorschriften** gelten (soweit nicht §§ 297, 298 oder 312 ff. einschlägig sind). Die Anhörung des Betroffenen richtet sich dann nach §§ 26, 34. Zur Anwendung von § 33 gilt das unter § 278 Rz. 7b Ausgeführte.

---

1 LG Münster v. 7.12.1993 – 5 T 908/93, BtPrax 1994, 67; Erman/*Roth*, § 1907 BGB Rz. 7; HK-BUR/*Harm*, § 1907 BGB Rz. 14; *Bienwald*/Sonnenfeld/Hoffmann, § 1907 BGB Rz. 56; Jurgeleit/*Neumann*, § 1907 BGB Rz. 40; aA aber MüKo.BGB/*Schwab*, § 1907 BGB Rz. 21.
2 LG Wuppertal v. 18.1.2007 – 6 T 38/07, BtPrax 2008, 91.
3 Jansen/*Sonnenfeld*, § 55 FGG Rz. 13; Keidel/*Meyer-Holz*, § 40 FamFG Rz. 37; Jurgeleit/*Bučić*, § 299 FamFG Rz. 18, für ein Beispiel in Betreuungssachen: LG Münster v. 7.12.1993 – 5 T 908/93, BtPrax 1994, 67.
4 BGH v. 30.11.1965 – V ZR 58/63, BGHZ 44, 325.

II. Genehmigungsverfahren

1. Allgemeine Verfahrensregeln

Es gelten in **allen Genehmigungsverfahren** die §§ 272 bis 277.

Alle Genehmigungsverfahren sind **reine Amtsverfahren**.[1] Ein förmlicher Antrag iSv. § 23 ist nicht erforderlich, der Genehmigungs"antrag" des Betreuers ist nur Anregung iSv. § 24.[2] Die Einleitung des Verfahrens ist allerdings davon abhängig, dass es überhaupt etwas zu genehmigen gibt. Dazu ist es notwendig, dass der Betreuer in irgendeiner Form bekundet, die zu genehmigende Rechtshandlung vornehmen oder, falls er einen Vertrag schon schwebend unwirksam geschlossen hat, ihm Wirksamkeit verleihen zu wollen. Auf **Anregung eines Außenstehenden** kann das Verfahren daher grundsätzlich nicht eingeleitet werden.[3] Eine Ausnahme dürfte gelten, wenn der Betreuer eine Rechtshandlung vornimmt, die er selbst erklärtermaßen für nicht genehmigungsbedürftig hält, und mit der Anregung das Ziel verfolgt wird, eben dies zu klären.[4]

Zu **beteiligen** ist nach §§ 7 Abs. 2 Nr. 1, 274 Abs. 1 Nr. 1 der Betreute und nach § 274 Abs. 1 Nr. 2 der **Betreuer**, dem die Genehmigung oder Ermächtigung erteilt werden soll. Eine Beteiligung von **Angehörigen**, **Vertrauenspersonen**, der **Staatskasse** oder der **Betreuungsbehörde** nach § 274 Abs. 3 und 4 kommt nicht in Frage. Es ist aber bei den in § 1826 BGB genannten Entscheidungen entsprechend § 274 Abs. 1 Nr. 2 der **Gegenbetreuer** zu beteiligen (vgl. § 274 Rz. 21). **Dritte** sind von der Genehmigung in aller Regel nur mittelbar betroffen und scheiden dann als Beteiligte aus, da Genehmigungsverfahren nicht zu den in § 274 Abs. 3 aufgezählten gehören. Das gilt zB für

- denjenigen, mit dem der Betreuer einen zu genehmigenden Vertrag abgeschlossen hat,[5]
- die Erben des Betreuten, dessen Grundstück veräußert werden soll,[6]
- der Nacherbe in dem Verfahren einer Genehmigung der Veräußerung eines dem Betreuten als Vorerben gehörenden Grundstücks, da das Geschäft nach § 2113 Abs. 1 BGB ohne seine Zustimmung ihm gegenüber unwirksam wird, wenn der Betreute verstirbt,[7]
- im Verfahren zur Genehmigung der Wohnungskündigung die mit der Betreuten gemeinsam in der Wohnung lebenden Mitbewohner.[8] Insofern dürfte allerdings für den Ehegatten etwas anderes gelten, da er – anders als andere Mitbewohner – aus § 1353 Abs. 1 Satz 2 BGB eine Recht zum Besitz der Ehewohnung hat, in das die Genehmigung der Kündigung unmittelbar eingreift.

Die Bestellung eines **Verfahrenspflegers** folgt § 276 Abs. 1 Satz 1.[9]

2. Anhörung des Betroffenen

Für die **persönliche Anhörung** des Betroffenen nimmt § 299 eine im Ergebnis dreifache Abstufung vor:
- In den in Satz 2 genannten Verfahren (Rz. 3) **muss** er persönlich angehört werden.
- In den in Satz 1 genannten Verfahren (Rz. 2) **soll** er persönlich angehört werden.

---

1 AA anscheinend BtKomm/*Roth*, E Rz. 160.
2 Jurgeleit/*Bučić*, § 299 FamFG Rz. 5.
3 BVerfG v. 7.1.2009 – 1 BvL 2/05, NJW 2009, 1803.
4 Ebenso *Damrau/Zimmermann*, § 299 FamFG Rz. 4.
5 BayObLG v. 6.7.1995 – 1 Z BR 52/95, FGPrax 1995, 196.
6 OLG Saarbrücken v. 13.10.2000 – 5 W 259/00-95, FGPrax 2001, 70; auch keine Personen, denen ein durch Vormerkung gesicherter Anspruch auf Übertragung des Eigentums an dem Grundstück zusteht, dessen Veräußerung genehmigt werden soll, BayObLG v. 14.5.2003 – 3 Z BR 94/03, BtPrax 2003, 220.
7 OLG Frankfurt v. 22.10.2009 – 20 W 175/09, FGPrax 2010, 27.
8 KG v. 13.10.2009 – 1 W 168/08, BtPrax 2010, 39.
9 BayObLG v. 14.5.2003 – 3 Z BR 94/03, BtPrax 2003, 220.

– In allen anderen Verfahren ist er persönlich anzuhören, wenn ihm rechtliches Gehör auf anderem Wege nicht hinreichend gewährt werden kann (§ 34 Abs. 1 Nr. 1).

13 Die Verschaffung eines **unmittelbaren Eindrucks** ist in keinem Fall vorgeschrieben.

14 Satz 2 ist Ausfüllungsnorm zu § 34 Abs. 1 Nr. 2. Für die **in Satz 1** genannten Verfahren bleibt es dagegen bei § 34 Abs. 1 Nr. 1 und wird nur das Regel-Ausnahme-Verhältnis umgekehrt: Die Erforderlichkeit der persönlichen Anhörung für die Gewährung rechtlichen Gehörs wird unterstellt. Das Gegenteil bedarf der besonderen Begründung im Einzelfall.[1] Sie hat stattzufinden, wenn sie zur Aufklärung der Interessen des Betroffenen erforderlich ist.[2] § 34 Abs. 2 und 3 finden Anwendung. Das Gericht kann daher von der persönlichen Anhörung **absehen**, wenn sie mit **gesundheitlichen Nachteilen** für ihn verbunden wäre oder wenn er offensichtlich **nicht anhörungsfähig** ist. Nach § 34 Abs. 3 kann es auch von ihr absehen, wenn es den Betroffenen zu einem Anhörungstermin **vergeblich geladen** und darauf hingewiesen hat, dass bei Nichterscheinen auch ohne seine Anhörung eine Endentscheidung getroffen werden kann.

15 § 278 gilt für die Anhörung nicht. Rechtshilfe ist daher uneingeschränkt zulässig.[3] Das Erscheinen des Betroffenen kann über die Anordnung des persönlichen Erscheinens nach § 33 Abs. 1, Abs. 3 Satz 3 erzwungen werden, wenn die Anhörung zur Aufklärung des Sachverhalts erforderlich ist (vgl. § 278 Rz. 7b).

16 Im Fall des § 34 Abs. 3 ist dem Betroffenen **rechtliches Gehör** gewährt worden. Sonst muss es ihm ggf. in anderer Form gewährt werden[4] oder es ist ein Verfahrenspfleger zu bestellen, falls das Gericht davon nicht absieht, weil eine Interessenvertretung ausnahmsweise aus anderen Gründen nicht erforderlich ist (vgl. dazu § 276 Rz. 13 ff.).

3. Anhörung anderer Personen

17 Obwohl § 299 es nicht erwähnt, gilt auch hier, dass auch den **anderen Verfahrensbeteiligten** in jedem Fall rechtliches Gehör gewährt werden muss. Das Gericht kann sie auch persönlich anhören, wofür §§ 33, 34 gelten. Folgt man nicht der hier vertretenen Auffassung, dass der **Gegenbetreuer** nach § 274 Abs. 1 Nr. 2 beteiligt werden muss, so ist er doch jedenfalls nach §§ 1908i Abs. 1 Satz 1, 1826 BGB anzuhören.[5]

4. Weitere Ermittlungen

18 In Verfahren zur Genehmigung der **Wohnraumkündigung** nach § 1907 Abs. 1 BGB hat das Gericht ein **Sachverständigengutachten** einzuholen, wenn Zweifel daran bestehen, ob der Betroffene in die Wohnung wird zurückkehren können.[6] Das kann freilich nur gelten, wenn die Entscheidung hiervon auch abhängt. Muss die Wohnung aus zwingenden finanziellen Gründen aufgegeben werden oder will der Betroffene erklärtermaßen nicht mehr in sie zurückkehren, wird das Gericht über die Genehmigung ohne Gutachten entscheiden können.

C. Bekanntgabe und Wirksamwerden

19 Die Bekanntgabe der Entscheidung und ihr Wirksamwerden richten sich nach den **allgemeinen Vorschriften** der §§ 40, 41 (zu den Einzelheiten s. dort). Zuständig ist für

---

1 Jansen/*Sonnenfeld*, § 69d FGG Rz. 7; Jürgens/*Kretz*, § 299 FamFG Rz. 3; *Knittel*, § 69d FGG Rz. 4; anders BtKomm/*Roth*, E Rz. 167 (Anhörung als solche zwar zwingend, aber Form nicht vorgeschrieben); wieder anders Jurgeleit/*Bučić*, § 299 FamFG Rz. 7 (persönliche Anhörung unterbleibt außer aus den in § 34 Abs. 2 genannten Gründen, wenn der Betreute offensichtlich nichts zur Sachaufklärung oder Entscheidungsfindung beitragen kann); HK-BUR/*Harm*, § 299 FamFG Rz. 3 bezweifelt, dass für die Ausnahme, die das „soll" suggeriert, Raum bleibt.
2 BGH v. 25.1.2012 – XII ZB 479/11, FGPrax 2012, 108.
3 OLG Karlsruhe v. 4.11.1993 – 11 AR 28/93, FamRZ 1994, 638.
4 *Bienwald*, RPfleger 2009, 613.
5 Bahrenfuss/*Brosey*, § 299 FamFG Rz. 1.
6 OLG Frankfurt v. 17.11.2005 – 20 W 231/05, FamRZ 2006, 1875; OLG Oldenburg v. 5.7.2002 – 5 W 113/02, NJW-RR 2003, 587.

alle Genehmigungen (außer den in §§ 297, 298 und 312 ff. genannten) **der Rechtspfleger.**

Die Genehmigung für ein einzelnes **Rechtsgeschäft** wird mit Rechtskraft wirksam (§ 40 Abs. 2). Die Genehmigung für eine **tatsächliche Handlung** (wie die Gründung eines Erwerbsgeschäfts) wird dagegen nach § 40 Abs. 1 mit der Bekanntgabe an den Betreuer wirksam. Nicht ganz klar ist, wie es sich mit der **allgemeinen Ermächtigung** des §§ 1908i Abs. 1 Satz 1, 1825 BGB verhält. Da § 40 Abs. 2 nur die Genehmigung „eines" Rechtsgeschäfts erwähnt und als echte Ausnahmevorschrift wohl auch eng auszulegen ist, dürfte es auch hier bei der Grundregel des § 40 Abs. 1 bleiben. Die allgemeine Ermächtigung ist wirksam, sobald sie dem Betreuer bekannt gegeben wurde. 20

Wenn das Gericht eine **Genehmigung des Gegenbetreuers** ersetzt, erteilt es sie an seiner Stelle. Es gilt § 40 Abs. 2. § 40 Abs. 3 ist nicht einschlägig, weil es sich dabei nicht um ein Antragsverfahren handelt. 21

Das Wirksamwerden der Genehmigung ist vom **Wirksamwerden des genehmigten Geschäfts** zu unterscheiden. Hier gilt: 22
– Wird das Geschäft erst vorgenommen, nachdem die Genehmigung wirksam geworden ist, wird es **sofort** wirksam. Ob dem an dem Geschäft beteiligten Dritten die Genehmigung vorgelegt wird, ist nur relevant, wenn es sich um ein einseitiges Geschäft handelt und er es wegen Nichtvorlage der Genehmigung – oder wegen Fehlens eines Rechtskraftzeugnisses[1] – zurückweist (§§ 1908i Abs. 1 Satz 1, 1831 Satz 2 BGB).
– Wird das Geschäft dagegen vor Wirksamkeit der Genehmigung vorgenommen, wird es erst wirksam, wenn der Betreuer dem anderen Vertragspartner eine Ausfertigung des Genehmigungsbeschlusses mit Rechtskraftzeugnis (§ 46) **vorlegt** oder übersendet (§§ 1908i Abs. 1 Satz 1, 1829 Abs. 1 Satz 2 BGB).

Die Endentscheidung unterliegt der **Beschwerde.** Soweit § 40 Abs. 2 greift, beträgt die Beschwerdefrist **zwei Wochen** (§ 63 Abs. 2 Nr. 1), sonst wie üblich **einen Monat.** Nach der Neufassung von § 63 Abs. 2 Nr. 2 gilt die kürzere Frist auch, wenn die Genehmigung **abgelehnt** worden ist. 23

Kosten/Gebühren: Das Genehmigungsverfahren ist in erster Instanz **gebührenfrei.** Die gerichtlichen Auslagen trägt, da es sich um ein Amtsverfahren handelt, mangels einer Kostenentscheidung nach § 23 Nr. 1 GNotKG der **Betroffene,** falls ihn nicht Vorbem. 1.1 KV GNotKG ganz von Kosten freistellt. 24

300 Einstweilige Anordnung

(1) Das Gericht kann durch einstweilige Anordnung einen vorläufigen Betreuer bestellen oder einen vorläufigen Einwilligungsvorbehalt anordnen, wenn
1. dringende Gründe für die Annahme bestehen, dass die Voraussetzungen für die Bestellung eines Betreuers oder die Anordnung eines Einwilligungsvorbehalts gegeben sind und ein dringendes Bedürfnis für ein sofortiges Tätigwerden besteht,
2. ein ärztliches Zeugnis über den Zustand des Betroffenen vorliegt,
3. im Fall des § 276 ein Verfahrenspfleger bestellt und angehört worden ist und
4. der Betroffene persönlich angehört worden ist.

Eine Anhörung des Betroffenen im Wege der Rechtshilfe ist abweichend von § 278 Abs. 3 zulässig.

(2) Das Gericht kann durch einstweilige Anordnung einen Betreuer entlassen, wenn dringende Gründe für die Annahme bestehen, dass die Voraussetzungen für die Entlassung vorliegen und ein dringendes Bedürfnis für ein sofortiges Tätigwerden besteht.

---

1 BT-Drucks. 16/6308, S. 347.

§ 300

A. Allgemeines		1. Zuständigkeit 22
I. Einordnung der Norm	1	2. Beteiligte 27
II. Gegenstand einstweiliger Anordnungen	5	3. Anhörung des Betroffenen 29
		4. Anhörung anderer Personen 33
III. Vorläufige Maßregeln nach §§ 1908i Abs. 1 Satz 1, 1846 BGB	10	5. Weitere Ermittlungen 36
		III. Bekanntgabe und Wirksamkeit 41
B. Inhalt der Vorschrift	13	IV. Abänderung, Anfechtung 42
I. Materielle Voraussetzungen (Abs. 1 Satz 1 Nr. 1, Abs. 2)	14	C. Einleitung und Durchführung des Hauptsacheverfahrens 46
II. Verfahren	20	

A. Allgemeines

I. Einordnung der Norm

1 §§ 300 bis 302 ergänzen die allgemeinen Regeln über eA. Soweit sie nichts Abweichendes bestimmen, gelten die §§ 49 ff. auch für die in § 300 erwähnten Betreuungssachen.[1]

2 Aus der Gesetzessystematik scheint zu folgen, dass die in §§ 300, 301 enthaltenen Bestimmungen alle eA des § 300 betreffen, während sie früher nur für eA der in § 300 Abs. 1 genannten Art galten. Ob das so beabsichtigt war, ist freilich nicht klar (s. § 301 Rz. 1 und § 302 Rz. 1).

3 Nach § 51 Abs. 3 Satz 1 sind Eilverfahren auch der in § 300 genannten Art **selbständige Verfahren**, die weder die Anhängigkeit der Hauptsache voraussetzen noch notwendigerweise bedingen.[2]

4 Sondervorschriften zum **Wirksamwerden** eA enthalten §§ 300 bis 302 – anders als früher – nicht. Daher richtet es sich nach §§ 51 Abs. 2 Satz 1, 287 (s. auch Rz. 41).

II. Gegenstand einstweiliger Anordnungen

5 In Betreuungssachen, die in § 300 nicht erwähnt werden, kann eine eA direkt auf § 49 gestützt werden (s. auch Rz. 8).[3] Das betrifft vor allem Verfahren über die **Herausgabe** des Betreuten an den Betreuer (§§ 1908i Abs. 1 Satz 1, 1632 Abs. 1 BGB), in denen früher eine Eilentscheidung aus ungeschriebenen, allgemeinen Verfahrensgrundsätzen heraus für zulässig gehalten wurde.[4]

6 Der **Anwendungsbereich** des Abs. 1 umfasst unmittelbar eA zur
- Bestellung eines Betreuers, wobei auch hier nur die erste Bestellung gemeint ist, die die **Anordnung der Betreuung** mit einschließt,
- **Anordnung eines Einwilligungsvorbehalts.**

Abs. 1 gilt außerdem aufgrund der Generalverweisung in § 293 Abs. 1 für eA, mit denen die Betreuung[5] oder der Einwilligungsvorbehalt[6] **vorläufig erweitert** wird, auch soweit sie mit der Bestellung eines zusätzlichen Betreuers verbunden sind (§ 293 Abs. 3). Insofern ist § 300 Abs. 1 aber nur entsprechend anwendbar, so dass gegenüber § 300 Abs. 1 Satz 1 Nr. 2 und 4 die Verfahrenserleichterungen des § 293 Abs. 2 greifen. Ob aus der Generalverweisung des § 295 Abs. 1 folgt, dass der Aufgabenkreis auch durch eA **vorläufig verlängert** werden kann, ist streitig (s. dazu § 295 Rz. 6).

7 Abs. 2 betrifft eA zur **Entlassung des Betreuers**, also Verfahren der in § 296 Abs. 1 genannten Art. Da die Anforderungen an das Hauptsacheverfahren nicht hoch sind,

---

1 BT-Drucks. 16/6308, S. 271.
2 BT-Drucks. 16/6308, S. 271.
3 Fröschle/*Locher* § 300 FamFG Rz. 4; MüKo.ZPO/*Schmidt-Recla*, § 300 FamFG Rz. 4.
4 OLG Frankfurt v. 23.1.2003 – 20 W 479/02, FGPrax 2003, 81.
5 HK-BUR/*Braun*, § 300 FamFG Rz. 8; *Knittel*, § 300 FamFG Rz. 11.
6 Jansen/*Sonnenfeld*, § 69f FGG Rz. 3; *Knittel*, § 300 FamFG Rz. 11.

wird der Erlass eA hier nur relativ selten in Betracht kommen.[1] Abs. 2 gilt auch, wenn der Betreuer im Eilverfahren nur teilweise[2] entlassen, also ein Teil seines Aufgabenkreises auf einen anderen Betreuer übertragen werden soll.

Die vorläufige **Aufhebung** oder **Einschränkung** der Betreuung (§ 294), die vorläufige Bestellung eines **neuen Betreuers** nach § 1908c BGB (§ 296 Abs. 2)[3] und auch die vorläufige Bestellung eines **zusätzlichen Betreuers** ohne Erweiterung des Aufgabenkreises[4] ist durch eA zwar ebenfalls möglich, doch gilt für solche Eilverfahren § 300 nicht, sondern sie folgen ganz den §§ 49 ff. 8

Genehmigungen der in §§ 297 bis 299 genannten Art können nicht durch eA erteilt werden. Im Falle des § 1904 Abs. 1 BGB ist die Genehmigung bei Gefahr im Verzug überhaupt entbehrlich. In allen anderen Fällen ist ein Eilbedürfnis, das die vollständige Vorwegnahme der Hauptsache rechtfertigen könnte, nicht denkbar. 9

III. Vorläufige Maßregeln nach §§ 1908i Abs. 1 Satz 1, 1846 BGB

Vorläufige Maßregeln, die das Betreuungsgericht in Anwendung von §§ 1908i Abs. 1 Satz 1, 1846 BGB anstelle des verhinderten oder noch nicht bestellten Betreuers trifft, sind keine eA,[5] sondern **Verfahren eigener Art**. Ihr Charakter ist zwar insofern ein nur vorläufiger, als sie unter dem Vorbehalt einer endgültigen Regelung durch den Betreuer stehen.[6] Die gerichtliche Tätigkeit ist aber mit ihrem Erlass beendet. Es ist Sache des Betreuers zu entscheiden, ob es auch nach seiner Bestellung oder dem Wegfall seiner Verhinderung bei der vom Gericht vorläufig getroffenen Maßnahme verbleiben soll. Für solche Verfahren gelten daher weder § 300 ff. noch §§ 49 ff., sondern lediglich die allgemeinen Verfahrensvorschriften über Betreuungssachen (§§ 272 bis 277). Soweit es sich bei der vorläufigen Maßnahme um eine **Freiheitsentziehung** oder Zwangsbehandlung handeln soll, ist das Verfahren allerdings Unterbringungssache (§ 334) und richtet sich nach §§ 331 bis 333. 10

Die **örtliche Zuständigkeit** für vorläufige Maßnahmen nach §§ 1908i Abs. 1 Satz 1, 1846 BGB ist sowohl bei dem nach § 272 Abs. 1 zuständigen als auch beim Eilgericht des § 272 Abs. 2 gegeben. **Sachlich zuständig** ist das Betreuungsgericht. Die **funktionale Zuständigkeit** liegt grundsätzlich beim Rechtspfleger, sofern er nicht eine Maßnahme anordnet, die, würde sie von einem Betreuer vorgenommen, vom Richter genehmigt werden müsste. Der Richter ist außerdem nach § 15 Abs. 1 Satz 1 Nr. 5 RPflG zuständig, wenn der Betroffene ausländischer Staatsangehöriger ist, über den dortigen Wortlaut hinaus auch, wenn sich die Geltung deutschen Rechts nicht aus Art. 24 EGBGB, sondern aus Art. 13 ErwSÜ ergibt. In **Württemberg** ist das Amtsgericht zuständig, wenn es sich um eine Maßnahme aus dem medizinischen Bereich handelt (§ 37 Abs. 1 Nr. 4 LFGG), sonst der Bezirksnotar. 11

Wird die vorläufige Maßregel noch vor Bestellung eines Betreuers getroffen, ist ein Verfahren zur **Betreuerbestellung** – notfalls auch eines nach Abs. 1 – unverzüglich ein- 12

---

1 Bork/Jacoby/Schwab/*Heiderhoff*, § 300 FamFG Rz. 14.
2 Jansen/*Sonnenfeld*, § 69f FGG Rz. 19; *Knittel*, § 300 FamFG Rz. 27.
3 *Bassenge*/Roth, § 300 FamFG Rz. 2; aA (für Anwendung von Abs. 1): HK-BUR/*Braun*, § 300 FamFG Rz. 6; Jansen/*Sonnenfeld*, § 69i FGG Rz. 49; *Knittel*, § 296 FamFG Rz. 26; Fröschle/*Locher*, § 300 FamFG Rz. 1.
4 Für Geltung von Abs. 1: Jansen/*Sonnenfeld*, § 69f FGG Rz. 3; Fröschle/*Locher*, § 300 FamFG Rz. 1; eine eA für ganz ausgeschlossen hält Jurgeleit/*Bučić*, § 293 FamFG Rz. 19.
5 Keidel/*Budde*, § 300 FamFG Rz. 3; *Knittel*, § 300 FamFG Rz. 39; Jürgens/*Kretz*, § 300 FamFG Rz. 14 nennen auch Entscheidungen nach §§ 1908i Abs. 1 Satz 1, 1846 BGB „einstweilige Anordnung", jedoch gehen auch sie davon aus, dass sich das Verfahren nicht nach § 300 richtet. ME passen auch die §§ 49 bis 56 nicht, denn ein zu einer solchen vorläufigen Maßregel gehörendes Hauptsacheverfahren gibt es nicht.
6 Daher kein Rechtsschutzinteresse mehr an einem Rechtsmittel gegen ihre Aufhebung, nachdem ein Betreuer bestellt ist, OLG Zweibrücken v. 26.2.2003 – 3 W 17/03, FGPrax 2003, 128. In dem genannten Verfahren ist die Maßnahme nach Bestellung des Betreuers durch Beschwerde noch aufgehoben worden, doch schon das dürfte nur deklaratorischen Charakter haben, denn wie sich aus dem mitgeteilten Sachverhalt ergibt, hatte der Betreuer die Anordnung bereits aufgehoben. Damit war sie entfallen und schon die Erstbeschwerde hätte als unzulässig verworfen werden müssen.

zuleiten, es sei denn, das ist infolge des Vollzugs der Maßregel nicht mehr erforderlich.[1] Ansonsten aber muss alsbald ein Betreuer in der Lage sein, die vom Gericht vorweggenommene Entscheidung auf Zweckmäßigkeit zu prüfen und ggf. zu revidieren.[2] Sobald der Betreuer die getroffene Maßnahme aufhebt oder bestätigt, ist die gerichtliche Entscheidung darüber entsprechend § 56 Abs. 1 Satz 1 **erledigt**. Je nach Verfahrensgegenstand kann eine gegen sie gerichtete Beschwerde mit dem Ziel der Feststellung ihrer Rechtswidrigkeit (§ 62) zulässig bleiben.

B. Inhalt der Vorschrift

13 Abs. 1 Satz 1 Nr. 1 und Abs. 2 enthalten eine – identisch formulierte – Regelung über die **materiellen Voraussetzungen** des Erlasses einer eA, während Abs. 1 Satz 1 Nr. 2 bis 4 und Abs. 1 Satz 2 besondere **Verfahrensvorschriften** enthalten, die für die in Rz. 6 beschriebenen eA die Grundregel aus § 51 Abs. 2 Satz 1 modifizieren.

13a Dass die nach Abs. 1 getroffenen Maßnahmen nur **vorläufigen Charakter** haben, ergibt sich schon aus dem Wortlaut der Norm. Für die Entlassung des Betreuers nach Abs. 2 wird in der Literatur das Gegenteil angenommen: Sie sei auch dann **endgültig**, wenn sie durch eA beschlossen wird.[3] Für die Richtigkeit dieser These fehlt ein erkennbarer Grund. Sie würde vielmehr zu einer schwer verständlichen Verkürzung des Rechtsschutzes sowohl für den entlassenen Betreuer als auch für den Betreuten führen. Sie könnten sich dann ja nur mit der Beschwerde gegen die eA wehren, während ihnen bei allen anderen eA auch die Überprüfung im Hauptsacheverfahren offensteht. Zudem entfiele wegen § 70 Abs. 4 eine ganze Instanz. ME ist daher auch bei eA nach Abs. 2 von ihrem nur vorläufigen Charakter auszugehen, sonst besteht die Gefahr, dass der Betreuer aus einem nur summarisch geprüften, lediglich wahrscheinlichen, aber nicht nachgewiesenen Grund (s. Rz. 14) endgültig entlassen bleibt.

I. Materielle Voraussetzungen (Abs. 1 Satz 1 Nr. 1, Abs. 2)

14 Die eA des § 300 setzen dringende Gründe für die Annahme voraus, dass die vorläufig getroffene Regelung sich auch materiell als rechtmäßig erweist. Dies bezeichnet man als **Anordnungsgrundlage**. Das Gericht muss die Voraussetzungen der jeweils einschlägigen materiellrechtlichen Normen (§§ 1896 bis 1900, 1903, 1908b) prüfen (zu einer Ausnahme s. § 301 Rz. 9). Zur vollen Überzeugung des Gerichts brauchen sie aber nicht vorzuliegen.[4] Eine Anordnungsgrundlage ist schon gegeben, wenn konkrete Umstände die erhebliche Wahrscheinlichkeit begründen,[5] dass sie vorliegen.[6] § 300 ist in diesem Punkt strenger als § 49 Abs. 1, der nur verlangt, dass das Tätigwerden „gerechtfertigt" sein muss (s. dazu im Einzelnen § 49 Rz. 5).

15 Weitere Voraussetzung ist ein **Anordnungsgrund**, den das Gesetz dahin beschreibt, dass ein dringendes Bedürfnis für das sofortige Tätigwerden bestehen muss. Das entspricht der in § 49 Abs. 1 zum Anordnungsgrund getroffenen Bestimmung. Es kann daher zu diesem Punkt im Wesentlichen auf die Ausführungen zu § 49 verwiesen werden. Die Vorgängernorm verlangte, dass mit dem Aufschub Gefahr verbunden

---

1 BayObLG v. 15.5.2002 – 3 Z BR 163/00, NJW-RR 2002, 1446.
2 BGH v. 13.2.2002 – XII ZB 191/00, NJW 2002, 1801 (für Unterbringungsanordnung); Fröschle/*Locher*, § 300 FamFG Rz. 4.
3 *Damrau/Zimmermann*, § 302 FamFG Rz. 12; Bork/Jacoby/Schwab/*Heiderhoff*, § 300 FamFG Rz. 1.
4 BayObLG v. 9.4.1997 – 3 Z BR 75/97, BtPrax 1997, 197.
5 BayObLG v. 21.5.1999 – 3 Z BR 125/99, NJW-FER 1999, 297 = FamRZ 1999, 1611 (zur Voraussetzung des § 1896 Abs. 1a BGB für sog. Zwangsbetreuungen); Jansen/*Sonnenfeld*, § 69f FGG Rz. 8; Fröschle/*Locher*, § 300 FamFG Rz. 5; Jürgens/*Kretz*, § 300 FamFG Rz. 5; HK-BUR/*Braun*, § 300 FamFG Rz. 19; „hohe" Wahrscheinlichkeit verlangen dagegen Jurgeleit/*Bučić*, § 300 FamFG Rz. 8; BtKomm/*Roth*, A Rz. 180.
6 Und zwar alle, daher keine vorläufige Betreuerbestellung, wenn zwar die psychische Krankheit feststeht, aber keine ausreichenden Anhaltspunkte für eine Unfähigkeit zur Besorgung eigener Angelegenheiten gegeben sind, OLG Köln v. 13.2.1995 – 16 Wx 26/95, FamRZ 1995, 1083.

war. Das dürfte nichts wesentlich anderes beschreiben.[1] Auch der Anordnungsgrund muss nur **glaubhaft gemacht**, nicht erwiesen sein.

Die Literatur verlangt für die Annahme eines Anordnungsgrundes die Prognose, dass durch den mit der Hauptsacheentscheidung verbundenen Aufschub dem Betroffenen **erhebliche Nachteile** entstünden.[2] Das ist zwar richtig, aber dahin zu ergänzen, dass es auch genügt, wenn solche Nachteile einem anderen entstünden, falls das Gericht eine Entscheidung ausnahmsweise in dessen Interesse zu fällen hat, so zB bei der Entlassung des Betreuers auf eigenen Antrag wegen Unzumutbarkeit der weiteren Amtsführung oder bei der Betreuerbestellung im reinen Drittinteresse.[3] Weder Wortlaut noch Zweck des Abs. 1 Satz 1 Nr. 1 zwingen zu einer engeren Auslegung.[4]

16

Die Dringlichkeit der Betreuerbestellung wird sich dabei idR aus einem **dringenden Regelungsbedürfnis** für eine Angelegenheit des Betreuten ergeben,[5] die Dringlichkeit des **Einwilligungsvorbehalts** daraus, dass selbstschädigende Rechtshandlungen des Betreuten entweder konkret unmittelbar bevorstehen oder wahrscheinlich sind und jederzeit ohne Vorankündigung drohen. Die **Entlassung** des Betreuers kann dringlich sein, wenn er den Betreuten durch pflichtwidriges Verhalten zu schädigen droht, aber auch, weil er nicht mehr tätig werden kann oder will, aber eine Angelegenheit dringend zu regeln ist.[6] Ohne Entlassung des Betreuers ist der Weg für die Neubestellung eines anderen Betreuers – oder den Beschluss einer vorläufigen Maßnahme nach §§ 1908i Abs. 1 Satz 1, 1846 BGB – nicht frei. Der Erlass einer eA muss stets ein zur Abwendung der bestehenden Gefahren **verhältnismäßiges** Mittel darstellen.[7]

17

Anordnungsgrund und Anordnungsgrundlage müssen **kumulativ** vorliegen.[8] Die Dringlichkeit der Gefahr beeinflusst den Umfang der vorzunehmenden Ermittlungs- und sonstigen Verfahrenshandlungen (s. dazu Rz. 20 f. und § 301), verringert aber nicht das Maß der Wahrscheinlichkeit, das zur Feststellung der Anordnungsgrundlage notwendig ist.

18

Der Erlass einer eA setzt außerdem stets voraus, dass **die Hauptsache nicht entscheidungsreif** ist, dort also irgendwelche weiteren Verfahrenshandlungen notwendig sind, die nicht abgewartet werden können. Mit der Endentscheidung im Hauptsacheverfahren ist das Verfahren über den Erlass der eA **erledigt**[9] (z. Beschwerdeverfahren s. Rz. 45).

19

II. Verfahren

Einige Verfahrensregeln sind in Abs. 1 Satz 1 Nr. 2 bis 4 und Satz 2 enthalten. Im Übrigen gelten nach § 51 Abs. 2 Satz 1 die für das jeweilige **Hauptsacheverfahren** geltenden Vorschriften entsprechend. Das sind jedenfalls immer die §§ 273 bis 277, je nach Verfahrensgegenstand außerdem §§ 278 bis 285, oder §§ 293, 295, 296 Abs. 1 inklusive der darin enthaltenen Verweisungen. Das Eilverfahren folgt demnach zunächst dem entsprechenden Hauptsacheverfahren, allerdings steht dies unter dem Vorbehalt der **Vereinbarkeit mit dem Eilbedürfnis**. Hier ist nun zu unterscheiden:

20

---

1 Lt. BT-Drucks. 16/6308, S. 271 soll mit der Umformulierung keine „inhaltliche Neuausrichtung" verbunden sein.
2 Jansen/*Sonnenfeld*, § 69f FGG Rz. 8; Fröschle/*Locher*, § 300 FamFG Rz. 6; *Knittel*, § 300 FamFG Rz. 13; differenzierend Bork/Jacoby/Schwab/*Heiderhoff*, § 300 FamFG Rz. 3 f. (grundsätzlich „gewichtige" Nachteile, bei Einverständnis des Betroffenen mit der Maßnahme genügen dagegen Nachteile von „gewisser Erheblichkeit").
3 Zur Zulässigkeit einer solchen: BGH v. 19.1.2011 – XII ZB 326/10, FamRZ 2011, 465; BayObLG v. 27.2.1996 – 3 Z BR 337/95, BtPrax 1996, 106.
4 Wie hier: *Bork*, MDR 1991, 97, 99; Erman/*Roth*, § 1896 BGB Rz. 54; aA Bienwald/*Sonnenfeld*, § 300 FamFG Rz. 18 (es gehe „offensichtlich" um eine Gefahr für den Betroffenen).
5 ZB: Abschluss eines Mietvertrags, BayObLG v. 9.4.1997 – 3 Z BR 75/97, BtPrax 1997, 197.
6 Fröschle/*Locher*, § 300 FamFG Rz. 17.
7 Jansen/*Sonnenfeld*, § 69f FGG Rz. 8.
8 Bienwald/*Sonnenfeld*/*Hoffmann*, § 300 FamFG Rz. 16.
9 BayObLG v. 18.2.1993 – 3 Z BR 127/92, FamRZ 1993, 720.

- Die in Abs. 1 Satz 1 Nr. 2 bis 4 vorgeschriebenen Verfahrensschritte können in keinem Falle ganz entfallen, inwieweit sie **nachträglich** vorgenommen werden können, bestimmt § 301.
- Alle anderen im Hauptsacheverfahren vorgeschriebenen Verfahrenshandlungen können dagegen entfallen, soweit ihre Vornahme mit dem konkret festgestellten **Eilbedürfnis nicht vereinbar** ist (s. § 51 Rz. 8).

21 Auch der allgemeine Grundsatz **des rechtlichen Gehörs** (Art. 103 Abs. 1 GG und § 37 Abs. 2) darf im Eilverfahren außer Acht gelassen werden, soweit das Eilbedürfnis es erfordert (s. § 51 Rz. 10). Es genügt dann, dass die davon betroffenen Beteiligten rechtliches Gehör im Hauptsacheverfahren erhalten können. Das gilt aber nicht, soweit § 300 Abs. 1 Satz 1 Nr. 3 und 4 die Verfahrensschritte bestimmt, durch die **dem Betroffenen** rechtliches Gehör zu gewähren ist.

1. Zuständigkeit

22 Die **sachliche** und die **örtliche** Zuständigkeit folgen zunächst § 50 Abs. 1. Es ist das **Gericht der Hauptsache** zuständig, wenn diese bereits anhängig ist. Ist sie es nicht, ist es jedes Gericht, das für die Einleitung der Hauptsache zuständig wäre.

23 **Sachlich** ist somit grundsätzlich das **Amtsgericht** als Betreuungsgericht zuständig. Ausnahmsweise ist das **Landgericht** zuständig, wenn das Hauptsacheverfahren dort in der Beschwerdeinstanz anhängig ist. Da das einstweilige Anordnungsverfahren auch dann ein selbständiges Verfahren ist (vgl. § 51 Abs. 3 Satz 1), entscheidet das Landgericht insoweit **in erster Instanz**.

24 Für die **örtliche Zuständigkeit** gilt bei nicht anhängiger Hauptsache § 272 Abs. 1, außerdem stets § 272 Abs. 2, der gegenüber § 50 Abs. 2 Spezialvorschrift ist. Es ist – ohne Rücksicht auf das Maß der Dringlichkeit – stets auch das Gericht am Ort des Fürsorgebedürfnisses zuständig (vgl. § 272 Rz. 19 ff.). Zur Abgabe des einstweiligen Anordnungsverfahrens an das nach § 272 Abs. 1 zuständige Gericht siehe § 272 Rz. 22a).

25 In **Württemberg** richtet sich die sachliche Zuständigkeit nach dem Verfahrensgegenstand der Hauptsache. Das **Notariat** ist für eA über die Bestellung und Entlassung eines Betreuers zuständig (soweit der Aufgabenkreis nicht dienstrechtliche Angelegenheiten umfasst), das **Amtsgericht** für die eA eines Einwilligungsvorbehalts. Dabei ist zu beachten, dass dieser wegen seiner Akzessorietät nicht vor der Betreuerbestellung angeordnet werden kann. Ggf. müssen sich Notariat und Amtsgericht abstimmen, um einigermaßen zeitgleich eA erlassen zu können.

26 Für die **funktionale Zuständigkeit** gilt nichts Besonderes. Der Rechtspfleger ist zuständig, wenn er auch für eine gleich lautende Hauptsacheentscheidung zuständig wäre.

2. Beteiligte

27 Für die Beteiligung am einstweiligen Anordnungsverfahren gelten §§ 7, 274. Bei den **Mussbeteiligten** kann nur von ihrer Anhörung (§ 279 Abs. 1) abgesehen werden, nicht jedoch von der Beteiligung als solcher, die in diesem Fall in der **Bekanntgabe der eA** liegt. Ähnliches gilt für die **Betreuungsbehörde**, wenn sie ihre Beteiligung beantragt hat. Für die **Kannbeteiligten** des § 273 Abs. 4 gilt auch hier § 7 Abs. 5, doch braucht das Gericht die Rechtskraft der Zwischenentscheidung nicht abzuwarten, wenn es einen Beteiligungsantrag ablehnt und das Abwarten mit dem Eilbedürfnis nicht zu vereinbaren wäre. Über die sofortige Beschwerde gegen die Zwischenentscheidung, auch über einen erst dann gestellten Beteiligungsantrag, ist wegen § 52 Abs. 1 Satz 1 auch noch nach Abschluss des Eilverfahrens zu entscheiden.

28 Was die Bestellung eines **Verfahrenspflegers** betrifft, verweist Abs. 1 Satz 1 Nr. 3 auf § 276. Das ist als **Rechtsgrundverweisung** zu verstehen.[1] Ein Verfahrenspfleger ist

---

[1] Jansen/*Sonnenfeld*, § 69f FGG Rz. 10; Keidel/*Budde*, § 300 FamFG Rz. 4.

nur zu bestellen, wenn er nach § 276 Abs. 1 und 2 erforderlich ist. Auch die Regelbeispiele des § 276 Abs. 1 Satz 2 gelten. Die Bedeutung von Abs. 1 Satz 1 Nr. 3 liegt darin, dass das Eilbedürfnis der Bestellung nicht entgegenstehen, sondern – allenfalls – nach § 301 Abs. 1 zu ihrer erst nachträglichen Vornahme führen kann. Ein Umkehrschluss aus Abs. 1 Satz 1 Nr. 3 dahin, dass im Verfahren nach Abs. 2 kein Verfahrenspfleger notwendig ist, ist daher nicht zulässig. Auch dort gilt § 276 Abs. 1 Satz 1,[1] jedoch kann bei besonderer Dringlichkeit die Verfahrenspflegerbestellung ganz entfallen (§ 51 Abs. 2 Satz 1).

3. Anhörung des Betroffenen

Abs. 1 Satz 1 Nr. 4 schreibt die **persönliche Anhörung des Betroffenen** vor. Das ist, wie schon aus Abs. 1 Satz 2 folgt, keine abschließende Spezialregelung zu § 278, der im Übrigen über § 51 Abs. 2 Satz 1 anwendbar bleibt. Das grundsätzliche Verbot der Rechtshilfeanhörung gilt nicht (Abs. 1 Satz 2). § 278 Abs. 2 und 4 bis 7 bleiben aber anwendbar.[2] Der Betroffene kann daher auch im Eilverfahren **vorgeführt** werden,[3] falls das mit dem Eilbedürfnis zu vereinbaren ist. Auch die Verschaffung eines unmittelbaren Eindrucks vom Betroffenen (§ 278 Abs. 1 Satz 2) ist grundsätzlich erforderlich,[4] kann aber bei besonderem Eilbedürfnis entfallen und muss dann auch nicht nachgeholt werden.

29

Von der persönlichen Anhörung kann nicht wegen des Eilbedürfnisses **abgesehen** werden. Auch § 301 Abs. 1 lässt das nicht zu, s. dort Rz. 7. Sie kann aber unter Anwendung von § 34 Abs. 2 unterbleiben, wobei eine Gesundheitsgefährdung in modifizierter Anwendung von § 278 Abs. 4 durch ein **ärztliches Zeugnis** nachgewiesen sein muss.[5] Auch § 34 Abs. 3 ist anwendbar.

30

Ist die vorläufige **Erweiterung** der Betreuung oder des Einwilligungsvorbehalts Gegenstand des Verfahrens, kann die persönliche Anhörung unter den Voraussetzungen des § 293 Abs. 2 entfallen, da das Eilverfahren keinen strengeren Bestimmungen an die Gewährung rechtlichen Gehörs unterliegen kann als die Hauptsache.

31

Das Verfahren zur **Entlassung** eines Betreuers richtet sich auch im Eilverfahren nach § 51 Abs. 2 Satz 1 iVm. § 296 Abs. 1. Eine persönliche Anhörung des Betroffenen ist demnach von vornherein nur notwendig, wenn er der Entlassung des Betreuers widerspricht. Sie kann entfallen, soweit ihre Durchführung mit dem Eilbedürfnis nicht vereinbar ist und braucht auch nicht nach § 301 Abs. 1 Satz 2 nachgeholt zu werden.[6]

32

4. Anhörung anderer Personen

Ist ein **Verfahrenspfleger** bestellt, muss er zur Anordnung oder Erweiterung der Betreuung oder des Aufgabenkreises stets angehört werden (Abs. 1 Satz 1 Nr. 3), ggf. nachträglich (s. § 301 Rz. 7). Die Form der Anhörung ist dem Gericht freigestellt. Im Verfahren zur **Entlassung** des Betreuers ist er dagegen nur anzuhören, soweit das mit dem Eilbedürfnis vereinbar ist (§ 50 Abs. 2 Satz 1).

33

Der **Betreuer** ist im Entlassungsverfahren nach § 50 Abs. 2 Satz 1 iVm § 296 Abs. 1 persönlich anzuhören, wenn der Betroffene seiner Entlassung widerspricht und soweit es mit dem Eilbedürfnis vereinbar ist. Ansonsten ist ihm – wie auch allen anderen Beteiligten – rechtliches Gehör zu gewähren, falls das nicht wiederum aufgrund des Eilbedürfnisses untunlich ist.

34

---

1 *Bassenge*/Roth, § 300 FamFG Rz. 14.
2 Keidel/*Budde*, § 300 FamFG Rz. 4; Fröschle/*Locher*, § 300 FamFG Rz. 8.
3 HK-BUR/*Braun*, § 300 FamFG Rz. 38; Jansen/*Sonnenfeld*, § 69f FGG Rz. 11.
4 Keidel/*Budde*, § 300 FamFG Rz. 4.
5 AA MüKo.ZPO/*Schmidt-Recla*, § 300 FamFG Rz. 13 (§ 278 Abs. 4 ganz unanwendbar, weshalb das aus dem „Eilbedürfnis" folgen soll, bleibt aber unklar).
6 Jurgeleit/*Bučić*, § 300 FamFG Rz. 27.

35 In Verfahren zur Anordnung oder Erweiterung der Betreuung oder des Einwilligungsvorbehalts gilt nach § 50 Abs. 2 Satz 1 außerdem auch § 279 Abs. 2 bis 4: Die dort genannten Personen und Stellen sind unter den dort beschriebenen Voraussetzungen anzuhören, falls dies mit dem Eilbedürfnis vereinbar ist.

5. Weitere Ermittlungen

36 Abs. 1 Satz 1 Nr. 2 schreibt vor, dass dem Gericht ein **ärztliches Zeugnis** vorliegen muss, ehe es per eA einen vorläufigen Betreuer bestellt oder einen vorläufigen Einwilligungsvorbehalt anordnet.

37 Die Norm ist so zu lesen, dass sie **§§ 280 bis 284 modifiziert:** Ein ärztliches Zeugnis kann das Gutachten stets ersetzen, nicht nur in den in § 281 geregelten Fällen.

38 Zur **Qualität** des ärztlichen Zeugnisses verhält sich Abs. 1 Satz 1 Nr. 2 nicht. Nach dem Wortlaut braucht es lediglich den **Zustand** des Betroffenen wiederzugeben. Die hM nimmt an, dass es von gleicher Qualität sein muss wie ein Zeugnis, das nach § 281 das Gutachten ersetzt[1] (s. dazu § 281 Rz. 12 ff.). Das ist mit der Einschränkung richtig, dass das ärztliche Zeugnis hier nicht den vollen Beweis der Notwendigkeit der Maßnahme zu erbringen braucht, sondern die Begründung einer **hohen Wahrscheinlichkeit** genügt (s. Rz. 14). Keineswegs genügt aber eines, das nur den „Zustand" des Betroffenen beschreibt.[2] Jedenfalls muss auch hier die Fachkunde des Arztes offenbar sein und sein Zeugnis auf einer persönlichen Untersuchung des Betroffenen beruhen.[3]

39 Im Verfahren zur **vorläufigen Erweiterung** der Betreuung oder des Einwilligungsvorbehalts ist – ebenso wie in einem entsprechenden Hauptsacheverfahren – das ärztliche Zeugnis entbehrlich, wenn die Voraussetzungen von § 293 Abs. 2 vorliegen. Das folgt daraus, dass § 293 Abs. 1 nur die „entsprechende" Anwendung von § 300 Abs. 1 anordnet und das Eilverfahren keinen strengeren Regeln unterworfen sein kann als das Hauptsacheverfahren.[4]

40 Ob und welche **weiteren Ermittlungen** das Gericht anstellt, liegt in seinem pflichtgemäßen Ermessen (§§ 26, 29, 30 Abs. 1). § 30 Abs. 3 gilt nicht. Auch ausdrücklich bestrittene Tatsachen kann das Gericht im **Freibeweisverfahren** (§ 29) aufklären.[5] Einfache, ohne zeitlichen Aufschub mögliche Ermittlungen darf es aber auch im Eilverfahren nicht unterlassen.[6] Nach § 31 Abs. 1 dürfen **eidesstattliche Versicherungen** entgegengenommen und als Beweismittel verwertet werden (vgl. § 51 Rz. 5).

III. Bekanntgabe und Wirksamkeit

41 Hier gelten gemäß § 51 Abs. 2 Satz 1 die allgemeinen Regeln. In den in § 300 genannten Verfahren richtet sich die Bekanntgabe der Endentscheidung daher nach § 41, wirksam wird sie nach § 287 Abs. 1 mit der **Bekanntgabe an den Betreuer.** Das Gericht kann nach § 287 Abs. 2 die **sofortige Wirksamkeit** mit den dort beschriebenen Folgen anordnen. Für die Anwendung von § 53 Abs. 2 ist kein Raum, da es sich hier ausnahmslos um Gestaltungsentscheidungen handelt, die keinen vollstreckbaren Inhalt haben.

IV. Abänderung, Anfechtung

42 EA können nach § 54 **jederzeit von Amts wegen** mit Wirkung für die Zukunft aufgehoben oder abgeändert werden, gleichgültig, ob sie formell rechtskräftig sind oder

---

1 HK-BUR/*Braun*, § 300 FamFG Rz. 24; Keidel/*Budde*, § 300 FamFG Rz. 4; in „seltenen Fällen" geringere Anforderungen will Jürgens/*Kretz*, § 300 FamFG FGG Rz. 7 genügen lassen.
2 *Knittel*, § 300 FamFG Rz. 15.
3 OLG Frankfurt v. 30.7.2004 – 20 W 299/04, FGPrax 2005, 23; BayObLG v. 21.5.1999 – 3 Z BR 125/99, NJW-FER 1999, 297 = FamRZ 1999, 1611.
4 Fröschle/*Locher*, § 300 FamFG Rz. 7.
5 BayObLG v. 5.4.2004 – 3 Z BR 255/03, FamRZ 2004, 1899.
6 BVerfG v. 23.3.1998 – 2 BvR 2270/96, NJW 1998, 1774.

nicht (s. zu den Einzelheiten bei § 54). Zuständig ist, solange die Hauptsache nicht anhängig ist, das Gericht, das die eA erlassen hat, von da an das Gericht der Hauptsache.

Im Übrigen ist gegen eA des **Betreuungsgerichts** wie gegen deren Ablehnung stets die **Beschwerde** zum Landgericht eröffnet, denn § 57 Abs. 1 Satz 1 schließt sie nur für Familiensachen aus (s. auch § 57 Rz. 14). Bei eA des **Landgerichts** ist zu unterscheiden: 43

– Gegen **Beschwerdeentscheidungen** des Landgerichts im einstweiligen Anordnungsverfahren findet kein Rechtsmittel statt, auch nicht, wenn mit ihnen die einstweilige Anordnung erstmals erlassen wird.
– Entscheidet das Landgericht im einstweiligen Anordnungsverfahren jedoch **als erste Instanz**, weil die Hauptsache bei ihm anhängig ist (s. Rz. 23), so findet nach § 58 Abs. 1 hiergegen die Beschwerde statt. Über sie entscheidet das **Oberlandesgericht** (§ 119 Abs. 1 Nr. 2 GVG).

Die **Rechtsbeschwerde** ist in jedem Fall ausgeschlossen (§ 70 Abs. 4). Sie kann auch nicht zugelassen werden. 44

Die Beschwerde ist grundsätzlich unzulässig, sobald eine sie **überholende Entscheidung** getroffen wird, gleichgültig, ob es sich um eine Hauptsacheentscheidung[1] oder weitere eA[2] iSv. § 302 Abs. 2 handelt. Geschieht dies erst während ihrer Anhängigkeit, ist sie dadurch erledigt. Die Beschwerde kann jedoch unter den Voraussetzungen des § 62 mit dem Ziel der **Feststellung der Rechtswidrigkeit** zulässig bleiben. Wegen § 306 gilt dies alles nicht für Beschwerden gegen die vorläufige Anordnung oder Erweiterung eines **Einwilligungsvorbehalts** (s. § 306 Rz. 18). Sie bleiben zulässig.[3] 45

C. Einleitung und Durchführung des Hauptsacheverfahrens

Eilverfahren sind **selbständige Verfahren** (§ 51 Abs. 3 Satz 1), auch wenn die Hauptsache anhängig ist. **Gleichartige Verfahrenshandlungen** können bei paralleler Anhängigkeit im Eil- und Hauptsacheverfahren verbunden werden. Im Eilverfahren durchgeführte Verfahrenshandlungen können ferner in den durch § 51 Abs. 3 Satz 2 gezogenen Grenzen (s. dazu § 51 Rz. 19) in einem später erst anhängig werdenden Hauptsacheverfahren **verwertet** werden. Die Selbständigkeit bedingt daher nicht notwendigerweise eine mehrfache **persönliche Anhörung des Betroffenen**. Er kann vielmehr im Verfahren der eA zugleich zur Hauptsache angehört werden, auch wenn diese noch nicht anhängig ist. 46

Die Einleitung des Hauptsacheverfahrens hat auf **Antrag eines Beteiligten** zu geschehen (§ 52 Abs. 1 Satz 1, s. § 52 Rz. 2). Die Anordnung einer Sperrfrist (§ 52 Abs. 1 Satz 2) dürfte in Betreuungssachen kaum in Betracht kommen,[4] allenfalls gegen den entlassenen Betreuer bei einer eA nach Abs. 2. Der Antrag ist Verfahrens-, nicht Sachantrag und muss daher § 23 nicht genügen. 47

Im Übrigen liegt die Einleitung eines Hauptsacheverfahrens im **pflichtgemäßen Ermessen** des Gerichts. Es kann es auch bei der eA belassen, wenn dem Fürsorgebedürfnis damit schon vollständig Rechnung getragen ist, also insbesondere, wenn sich die durch eA angeordnete Maßnahme nicht länger als bis zu ihrem Außerkrafttreten nach § 302 als erforderlich erweist. 48

Kosten/Gebühren: Gericht: Für die eA entstehen keine Gebühren (Anm. zu Nr. 16110 KV GNotKG). Für die Erhebung von Auslagen gilt die Vermögensfreigrenze (Vorbem. 3.1 Abs. 2 i.V.m. Vorbem. 1.1 Abs. 1 KV GNotKG). 49

---

[1] BayObLG v. 18.2.1993 – 3 Z BR 127/92, FamRZ 1993, 720.
[2] BayObLG v. 3.1.1994 – 3 Z BR 259/93, BtPrax 1994, 98.
[3] BayObLG v. 16.5.1997 – 3 Z BR 53/97, BtPrax 1997, 198.
[4] *Damrau/Zimmermann*, § 300 FamFG Rz. 52; Bork/Jacoby/Schwab/*Heiderhoff*, § 300 FamFG Rz. 15.

301 *Einstweilige Anordnung bei gesteigerter Dringlichkeit*
(1) Bei Gefahr im Verzug kann das Gericht eine einstweilige Anordnung nach § 300 bereits vor Anhörung des Betroffenen sowie vor Anhörung und Bestellung des Verfahrenspflegers erlassen. Diese Verfahrenshandlungen sind unverzüglich nachzuholen.
(2) Das Gericht ist bei Gefahr im Verzug bei der Auswahl des Betreuers nicht an § 1897 Abs. 4 und 5 des Bürgerlichen Gesetzbuchs gebunden.

A. Allgemeines

1   Der **Anwendungsbereich** von § 301 ist enger als der von § 300: Abs. 1 gilt nur für eA, für die § 300 Abs. 1 Satz 1 Nr. 3 und 4 die persönliche Anhörung des Betroffenen und die Bestellung und Anhörung eines Verfahrenspflegers vorschreiben.[1] Abs. 2 betrifft nur eA, durch die ein vorläufiger Betreuer bestellt wird. ME spricht nichts dagegen, ihn auch im Falle der vorläufigen Bestellung eines zusätzlichen oder neuen Betreuers durch eA nach § 49 entsprechend anzuwenden.

2   § 301 modifiziert die Regeln des § 300 Abs. 1 Satz 1 Nr. 1, 3 und 4 für den Fall, dass Gefahr im Verzug besteht. Die Praxis hat sich angewöhnt, hier von einer **eiligen eA** zu reden.[2] Das ist aber keine eigenständige Kategorie von Eilentscheidung,[3] da hier kein Alles-oder-nichts-Prinzip gilt (s. Rz. 5).

3   Abs. 1 enthält Modifikationen zu den **Verfahrensvorschriften** in § 300 Abs. 1 Satz 1 Nr. 3 und 4. Abs. 2 enthält Modifikationen zur **Anordnungsgrundlage**.

B. Inhalt der Vorschrift

4   Voraussetzung für die Anwendung von Abs. 1 wie Abs. 2 ist, dass nicht nur ein dringendes Bedürfnis zum sofortigen Tätigwerden, sondern **Gefahr im Verzug** besteht. Das ist der Fall, wenn auch schon das Verfahren nach § 300 nicht durchgeführt werden kann, ohne dass dem Betroffenen durch die Verzögerung erhebliche Nachteile drohen würden. Der Entscheidungsmaßstab zum Anordnungsgrund deckt sich daher mit § 300, das Anknüpfungsmoment ist jedoch ein anderes. Dort ist es das Hauptsacheverfahren, hier das gewöhnliche Eilverfahren.[4] Wie auch bei § 300 muss der Anordnungsgrund **glaubhaft gemacht**, nicht bewiesen sein. „Gefahr im Verzug" beschreibt keine erhöhte Gefahrenlage,[5] sondern lediglich ein gesteigertes Eilbedürfnis.[6]

5   Gefahr im Verzug muss für jede der nach Abs. 1 oder Abs. 2 möglichen Erleichterungen **einzeln** vorliegen, andernfalls sie jeweils nicht greifen.

I. Verfahrenserleichterungen (Absatz 1)

6   Abs. 1 Satz 1 lässt den Erlass einer eA zu, bevor
- die Anhörung des Betroffenen (§ 300 Abs. 1 Satz 1 Nr. 4),
- die Bestellung eines Verfahrenspflegers (§ 300 Abs. 1 Satz 1 Nr. 3 iVm. § 276) und
- die Anhörung des Verfahrenspflegers (§ 300 Abs. 1 Satz 1 Nr. 3 iVm. § 279 Abs. 1)

stattgefunden hat. Das ist **einzeln** möglich. Der Verfahrenspfleger kann daher ggf. vor Erlass der eA bestellt, aber in Anwendung von § 301 Abs. 1 erst danach angehört werden.

7   Unterbleiben solche Verfahrenshandlung nach Abs. 1 Satz 1, sind sie **unverzüglich nachzuholen** (Abs. 1 Satz 2). Sie können nicht etwa ganz entfallen. Soll davon ganz abgesehen – also auch auf die Nachholung verzichtet – werden, muss das nach den

---

1   AA HK-BUR/*Braun*, § 301 FamFG Rz. 3.
2   Jansen/*Sonnenfeld*, § 69f FGG Rz. 1; *Knittel*, § 301 FamFG Rz. 5; BtKomm/*Roth*, A Rz. 182; Jürgens/*Mertens*, § 301 FamFG Rz. 1.
3   Anders aber anscheinend BT-Drucks. 16/6308, S. 271.
4   Fröschle/*Locher*, § 301 FamFG Rz. 2; BtKomm/*Roth*, A Rz. 182.
5   So aber wohl Jansen/*Sonnenfeld*, § 69f FGG Rz. 12 („höherer Gefährdungsgrad").
6   BT-Drucks. 16/6308, S. 271; HK-BUR/*Braun*, § 300 FamFG Rz. 8.

allgemeinen Vorschriften (§§ 34 Abs. 2 oder 3, 293 Abs. 2) möglich sein. Werden die Verfahrenshandlungen nicht nachgeholt, wird die eA nachträglich rechtswidrig und ist auf Beschwerde hin aufzuheben.[1] Der Fehler ist zwar grundsätzlich heilbar,[2] aber nicht mehr nach Erledigung der eA.[3]

Abs. 1 Satz 1 erwähnt § 300 Abs. 1 Satz 1 Nr. 2 nicht. Daraus folgt, dass ohne Vorlage eines **ärztlichen Zeugnisses** auch bei Gefahr im Verzug keine eA ergehen darf,[4] es sei denn, es ist wegen § 293 Abs. 2 gar kein ärztliches Zeugnis erforderlich (s. dazu § 300 Rz. 39). 8

II. Vereinfachte Betreuerauswahl (Absatz 2)

Die Auswahl des vorläufigen Betreuers bildet Teil der Anordnungsgrundlage, die zwar summarischer Prüfung unterliegt, aber den in §§ 1897, 1900 BGB genannten Kriterien dennoch zu folgen hat.[5] Zum vorläufigen Betreuer darf nur bestellt werden, wer auch in einem Hauptsacheverfahren wahrscheinlich zu bestellen wäre. Dazu muss vor allem auch seine Geeignetheit entsprechend wahrscheinlich sein. Grundsätzlich ist auch § 1897 Abs. 4 und 5 BGB zu beachten. Da das aber Ermittlungen über die Wünsche, Bindungen und sonstigen Beziehungen des Betreuten voraussetzt, lässt Abs. 2 es zu, § 1897 Abs. 4 und 5 BGB bei Gefahr im Verzug **außer Acht** zu lassen. Das Gericht kann dann 9

– einen Wunsch des Betreuten übergehen, auch ohne festgestellt zu haben, dass die Bestellung des Vorgeschlagenen dem Wohl des Betreuten widerspräche,
– davon absehen, aufzuklären, zu wem der Betreute besondere Bindungen unterhält und ob solche Personen zur Übernahme der Betreuung bereit wären, oder
– einen Betreuer bestellen, ohne aufzuklären, ob Interessenkollisionen bestehen.

Immer ist aber erforderlich, dass dazu überhaupt **besondere Ermittlungen erforderlich** wären. Andernfalls besteht keine Gefahr im Verzug, weil die Beachtung von § 1897 Abs. 4 und 5 BGB das Verfahren nicht verzögern würde.[6] 10

Eine **Nachholungspflicht** gibt es hier nicht.[7] Im Falle eines unter Missachtung von § 1897 Abs. 4 oder 5 BGB ausgewählten vorläufigen Betreuers braucht das Gericht die eA nicht nach § 54 abzuändern, wenn es die notwendigen Ermittlungen nachholen kann oder inzwischen nachgeholt hat. Im **Hauptsacheverfahren** sind § 1897 Abs. 4 und 5 BGB dann jedoch wieder zu beachten, auch wenn kein in § 1908b BGB geregelter Grund vorliegt, den vorläufigen Betreuer zu entlassen.[8] 11

Kosten/Gebühren: Gericht: S. Anmerkung zu § 300. 12

302 Dauer der einstweiligen Anordnung
Eine einstweilige Anordnung tritt, sofern das Gericht keinen früheren Zeitpunkt bestimmt, nach sechs Monaten außer Kraft. Sie kann jeweils nach Anhörung eines Sachverständigen durch weitere einstweilige Anordnungen bis zu einer Gesamtdauer von einem Jahr verlängert werden.

A. Allgemeines

Der **Anwendungsbereich** ist unklar. Bei unbefangener Betrachtung der Gesetzessystematik müsste er alle eA des § 300 betreffen, nicht nur, wie die Vorgängernorm, 1

---

1 OLG Zweibrücken v. 5.6.2002 – 3 W 89/02, BtPrax 2003, 80; Jansen/*Sonnenfeld*, § 69f FGG Rz. 13; in Keidel/*Budde*, § 301 FamFG Rz. 4.
2 LG Frankfurt v. 10.2.1992 – 2/9 T 110/92, NJW 1992, 986.
3 BGH v. 15.2.2012 – XII ZB 389/11, FGPrax 2012, 131.
4 BVerfG v. 2.7.2010 – 1 BvR 2579/08, NJW 2010, 3360.
5 BayObLG v. 22.9.2000 – 3 Z BR 220/00, BtPrax 2001, 37.
6 Jansen/*Sonnenfeld*, § 69f FGG Rz. 14; Bahrenfuss/*Brosey*, § 301 FamFG Rz. 3.
7 BayObLG v. 28.1.2004 – 3 Z BR 257/03, BtPrax 2004, 111; *Bassenge*/Roth, § 301 FamFG Rz. 2.
8 BayObLG v. 2.8.2000 – 3 Z BR 180/00, FamRZ 2001, 252.

solche nach § 300 Abs. 1. Einen rechten Sinn ergibt seine Anwendung auf die vorläufige Betreuerentlassung aber nicht. Wenn weder der Betreuer noch der Betreute einen Antrag nach § 52 Abs. 2 stellen, dann doch deshalb, weil sie sich mit dem Betreuerwechsel abgefunden haben. § 302 ist daher nach seinem Sinn und Zweck dahin auszulegen, dass er (auch weiterhin) nur eA **der in § 300 Abs. 1 bezeichneten Art** betrifft, einschließlich der Fälle, in denen § 300 Abs. 1 entsprechend gilt (Erweiterung und Verlängerung der Betreuung oder des Einwilligungsvorbehalts).

2 Satz 1 begrenzt die **Wirksamkeitsdauer** eA. Satz 2 regelt, inwieweit diese Begrenzung durch den Erlass mehrerer sukzessiver eA umgangen werden kann.

B. Inhalt der Vorschrift

I. Frist für das Außerkrafttreten (Satz 1)

3 § 302 regelt das Außerkrafttreten von eA durch **Fristablauf**. Die Norm ergänzt § 56, der das Außerkrafttreten von eA allgemein regelt und auch in Betreuungssachen gilt. Für die in § 300 genannten eA sind davon jedoch nur § 56 Abs. 1 und Abs. 3 einschlägig.

4 Auch eine eA nach § 300 tritt daher **mit jeder Hauptsacheentscheidung** außer Kraft (§ 56 Abs. 1 Satz 1), gleichgültig, ob diese die eA bestätigt oder die einstweilen angeordnete Maßnahme in der Hauptsache ablehnt. Auf **Antrag eines Beteiligten** stellt das Gericht der eA (nicht: das Hauptsachegericht!) dies durch Beschluss fest (§ 56 Abs. 3 Satz 1). Der Beschluss unterliegt der **Beschwerde** (§ 56 Abs. 3 Satz 2), die **Beschwerdefrist** beträgt wegen § 63 Abs. 2 Nr. 1 **zwei Wochen**. Endet das Hauptsacheverfahren ohne Endentscheidung, bleibt die eA in Kraft, falls sie nicht nach § 54 aufgehoben wird.

5 Die eA tritt ferner zu dem Zeitpunkt außer Kraft, **den das Gericht bestimmt** hat (Satz 1 und § 56 Abs. 1 Satz 1). Eine Eilentscheidung soll nicht länger wirksam sein, als das Eilbedürfnis es rechtfertigt. Ist abzusehen, dass durch die Tätigkeit eines vorläufigen Betreuers die Dringlichkeit für die endgültige Betreuerbestellung entfallen wird, muss das Gericht diese Maßnahme **zeitlich begrenzen**. Der abweichende Zeitpunkt muss im Beschluss bestimmt oder jedenfalls bestimmbar („vier Wochen nach Wirksamwerden") sein, sonst gilt die Sechsmonatsfrist.

6 Anders als früher ist eine solche zeitliche Begrenzung **nicht mehr zwingend vorgeschrieben**. Vielmehr folgt aus Satz 1 nun, dass eine eA **nach sechs Monaten** außer Kraft tritt, wenn das Gericht **keine zeitliche Begrenzung** angeordnet hat. Ein Beschluss, der keine Zeitgrenze enthält, ist daher nicht unvollständig und bedarf keiner Ergänzung.

7 Die Sechsmonatsfrist beginnt mit der **Wirksamkeit**, nicht schon mit dem Erlass der eA.[1] Die Fristberechnung folgt § 16 Abs. 2.

8 Tritt eine eA außer Kraft, ohne dass eine Hauptsacheentscheidung getroffen wird, führt das zur **Wiederherstellung des Rechtszustandes**, der vor ihrem Wirksamwerden bestand. Ein bestellter Betreuer verliert sein Amt, ein vorläufig angeordneter Einwilligungsvorbehalt tritt außer Kraft. Diese Wirkungen treten **ohne Rückwirkung**, nur für die Zukunft ein.

9 In die **Bestellungsurkunde** des Betreuers muss bei einer vorläufigen Betreuung der Zeitpunkt eingetragen werden, zu dem die Bestellung nach § 302 Satz 1 endet, dh. entweder der vom Gericht festgesetzte Zeitpunkt oder derjenige, zu dem die Sechsmonatsfrist endet (s. auch § 290 Rz. 7).

II. Weitere einstweilige Anordnung (Satz 2)

10 Das Gericht kann nach Satz 2 sowohl den gesetzlichen als auch den selbst festgesetzten Zeitpunkt **hinausschieben**. Hierbei ist ein neuer Zeitpunkt für das Außer-

---
[1] *Bassenge*/Roth, § 302 FamFG Rz. 2.

krafttreten zu bestimmen. Bei der Verlängerung kann das Gericht diesen Zeitpunkt **nicht offenlassen**. Fehlt er, ist die Verlängerung unwirksam, wenn sie nicht ergänzt wird. Der Zeitpunkt des Außerkrafttretens darf nicht länger hinausgeschoben werden als **ein Jahr** nach Wirksamwerden der ersten eA.

Die Verlängerung geschieht in der Form der (weiteren) **eA**. Die Voraussetzungen des § 300 Abs. 1 müssen dafür vorliegen. Die entsprechenden Verfahrensbestimmungen (s. § 300 Rz. 20 ff.) sind einzuhalten. § 301 findet keine Anwendung, da die Notwendigkeit der Verlängerung vorhersehbar ist und Gefahr im Verzug darum nicht eintreten kann.[1]

Zusätzlich schreibt Satz 2 die **Anhörung eines Sachverständigen** vor. Hierfür gilt § 29, nicht § 30.[2] Der Sachverständige muss aber die Qualifikation des § 280 Abs. 1 Satz 2 haben, er muss zu den in § 280 Abs. 3 genannten Punkten Stellung nehmen. Ein Sachverständigengutachten ist **nicht erforderlich**, wenn für den Verfahrensgegenstand der eA im Hauptsacheverfahren keines vorgeschrieben ist, denn auch die Verlängerung einer eA kann keinen strengeren Bestimmungen unterworfen sein als die Hauptsache (s. dazu § 300 Rz. 39).

Anders als früher ist die Anhörung eines Sachverständigen nicht erst bei Überschreiten der Sechsmonatsfrist erforderlich, sondern bei **jeder Verlängerung**, gleichgültig wann sie geschieht und ob durch sie die Gesamtdauer von sechs Monaten überschritten wird oder nicht.

Fraglich ist, ob Satz 2 auch gilt, wenn die erste eA außer Kraft getreten ist und später – also nach Unterbrechung – **erneut** eine solche erlassen werden soll. Der Wortlaut legt das nicht nahe. Zweck des § 302 ist aber, die Wirksamkeitsdauer von Eilentscheidungen insgesamt zu begrenzen. Der Betroffene hat ein Recht darauf, dass innerhalb angemessener Frist in der Hauptsache entschieden wird. Daher ist auf **jede weitere eA** mit demselben Gegenstand Satz 2 anzuwenden, wenn nicht zwischenzeitlich eine Hautpsacheentscheidung ergangen war. Die **Jahresfrist** ist aber gehemmt, so lange die Maßnahme nicht mehr wirksam ist.

303 *Ergänzende Vorschriften über die Beschwerde*

(1) Das Recht der Beschwerde steht der zuständigen Behörde gegen Entscheidungen über
1. **die Bestellung eines Betreuers oder die Anordnung eines Einwilligungsvorbehalts,**
2. **Umfang, Inhalt oder Bestand einer in Nummer 1 genannten Maßnahme zu.**

(2) Das Recht der Beschwerde gegen eine von Amts wegen ergangene Entscheidung steht im Interesse des Betroffenen
1. **dessen Ehegatten oder Lebenspartner, wenn die Ehegatten oder Lebenspartner nicht dauernd getrennt leben, sowie den Eltern, Großeltern, Pflegeeltern, Abkömmlingen und Geschwistern des Betroffenen sowie**
2. **einer Person seines Vertrauens zu, wenn sie im ersten Rechtszug beteiligt worden sind.**

(3) Das Recht der Beschwerde steht dem Verfahrenspfleger zu.

(4) Der Betreuer oder der Vorsorgebevollmächtigte kann gegen eine Entscheidung, die seinen Aufgabenkreis betrifft, auch im Namen des Betroffenen Beschwerde einlegen. Führen mehrere Betreuer oder Vorsorgebevollmächtigte ihr Amt gemeinschaftlich, kann jeder von ihnen für den Betroffenen selbständig Beschwerde einlegen.

---

[1] Bork/Jacoby/Schwab/*Heiderhoff*, § 302 FamFG Rz. 4.
[2] Jansen/*Sonnenfeld*, § 69f FGG Rz. 17.

A. Allgemeines 1	IV. Vertretung des Betroffenen im Beschwerdeverfahren (Absatz 4)
B. Inhalt der Vorschrift 4	1. Vertretungsmacht des Betreuers .. 37
I. Beschwerdebefugnis der Betreuungsbehörde (Absatz 1) 9	2. Vertretungsmacht des Bevollmächtigten 48
II. Beschwerdebefugnis dem Betreuten nahestehender Personen (Absatz 2) . 19	C. Weitere Fragen 61
III. Beschwerdebefugnis des Verfahrenspflegers (Absatz 3) 31	

A. Allgemeines

1 § 303 enthält ergänzende Bestimmungen zur Beschwerde, die im Wesentlichen darauf hinauslaufen, dass jeder, der im Interesse des Betroffenen am Verfahren beteiligt worden ist oder hätte beteiligt werden müssen, auch in dessen Interesse die Endentscheidung anfechten können soll.

2 Die Aufnahme des Vorsorgebevollmächtigten in Abs. 4 geht auf einen Vorschlag des Bundesrates zurück, der dadurch eigentlich ein eigenes Beschwerderecht des Bevollmächtigten begründen wollte, letztlich aber nur dessen Befugnis zur Vertretung des Betroffenen hierbei wirklich geregelt hat.[1]

3 § 303 gilt – bis auf Abs. 1 – grundsätzlich für **alle Betreuungssachen**. Abs. 2 betrifft jedoch die dort genannten Personen nur, soweit sie schon in erster Instanz Verfahrensbeteiligte waren (s. Rz. 20).

B. Inhalt der Vorschrift

4 Die Abs. 1 bis 3 ergänzen die Vorschriften des § 59 zur **Beschwerdebefugnis** gegen Endentscheidungen des Betreuungsgerichts. Abs. 4 regelt die Vertretung des Betroffenen im Beschwerdeverfahren. Ob sie darüber hinaus auch eine eigene Beschwerdebefugnis der dort Genannten begründet, ist dagegen, wie schon bei der Vorgängernorm, nicht klar[2] (dazu Rz. 41).

5 Die Norm stellt **keine abschließende Sonderregelung** dar. § 59 bleibt ebenso anwendbar wie die allgemeinen Normen über die Vertretung des Betroffenen, insbesondere schließt der Umstand, dass er nach Abs. 4 vertreten wird, keineswegs aus, dass der Betroffene auch persönlich Beschwerde einlegt oder dafür Verfahrensvollmacht erteilt (s. Rz. 40).

6 Personen, die in §§ 303, 304 nicht genannt werden, können ein Beschwerderecht nur aus der allgemeinen Bestimmung des § 59 Abs. 1 ableiten. Dazu muss die Entscheidung sie **in eigenen Rechten** verletzen. Beispiele hierfür sind selten. So sind zB entferntere Angehörige, auch außereheliche Lebensgefährten[3] durch Betreuungsmaßnahmen nicht in eigenen Rechten betroffen (s. dazu auch § 274 Rz. 12 ff.). Die Verweigerung einer **betreuungsgerichtlichen Genehmigung** betrifft den an dem nicht genehmigten Geschäft beteiligten Dritten ebenfalls nicht, denn er hat kein Recht darauf, dass das Betreuungsgericht das Geschäft genehmigt (s. hierzu auch näher § 299 Rz. 10). Hat er einen Anspruch auf die Vornahme des Geschäfts, mag er den Betreuten darauf verklagen. Die Fiktion des § 894 ZPO umfasst auch eine eventuell erforderliche betreuungsgerichtliche Genehmigung.

7 Die **Nichtbestellung eines Betreuers** ist ausnahmsweise für denjenigen anfechtbar, in dessen Interesse sie zur Herstellung effektiven Rechtsschutzes geboten ist,[4] weil er

---

1 BT-Drucks. 16/6308, S. 387.
2 Nach BT-Drucks. 16/6308, S. 271 soll die ganze Norm nur die Beschwerdebefugnis in Ergänzung zu § 59 Abs. 1 regeln. Man kann sich beim Lesen der Gesetzesbegründung allerdings des Eindrucks nicht erwehren, dass dem Gesetzgeber der Unterschied zwischen einem Beteiligten und dem Vertreter eines Beteiligten nicht stets präsent war, s. auch oben § 274 Rz. 27, 29.
3 OLG Schleswig v. 30.1.2002 – 2 W 5/02, FGPrax 2002, 114; BayObLG v. 22.1.1998 – 4 Z BR 1/98, NJW 1998, 1567.
4 BGH v. 18.4.2012 – XII ZB 624/11, FamRZ 2012, 1131.

wegen der Geschäftsunfähigkeit des Betroffenen ein Recht nur ausüben[1] oder wegen dessen Prozessunfähigkeit nur durchsetzen[2] kann, wenn diesem ein gesetzlicher Vertreter bestellt wird, so zB ein **kündigungswilliger Vermieter**.[3] Fehlende Klagemöglichkeit wegen einer Forderung kann auch genügen,[4] falls sie nicht über § 57 ZPO überwunden werden kann[5] oder wegen § 86 ZPO keine Rolle spielt.[6] Die Beschwerde ist in solchen Fällen aber nur zulässig, wenn der Beschwerdeführer schlüssig behauptet, der Betroffene sei geschäftsunfähig.[7]

Mittelbare Betroffenheit genügt nicht. Das Unterlassen von Aufsichtsmaßnahmen nach §§ 1908i Abs. 1 Satz 1, 1837 Abs. 2 BGB gegen den Betreuer ist daher nur für den Betreuten anfechtbar,[8] da solche nur in dessen Interesse getroffen werden, mag auch ein Dritter sich davon einen Vorteil erhoffen. Ordnet das Betreuungsgericht nach §§ 292 Abs. 1, 168 Abs. 1 Satz 2 an, dass der Betreute aufgrund eines Unterhaltsanspruchs, den er gegen einen Dritten hat, Zahlungen an die Staatskasse leisten muss, so ist das nur für den Betreuten, nicht auch für den Unterhaltsschuldner anfechtbar.[9] Die Anordnung von **Zahlungen aus der Staatskasse** betrifft den Betreuten nur mittelbar und ist daher für ihn nicht anfechtbar.[10]

8

I. Beschwerdebefugnis der Betreuungsbehörde (Absatz 1)

Abs. 1 bildet zusammen mit § 7 Abs. 4, § 274 Abs. 3 und § 288 Abs. 2 Satz 1 ein in sich **stimmiges System** der Beteiligung der Betreuungsbehörde an Betreuungssachen.

9

Trotz geringfügig anderer Formulierung ist davon auszugehen, dass die Kataloge von Betreuungssachen in § 274 Abs. 3 und § 288 Abs. 2 Satz 1 mit demjenigen des Abs. 1 übereinstimmen. Dann gilt für **alle diese Betreuungssachen** einheitlich:

10

- Die Behörde ist von der Einleitung eines Verfahrens unter Hinweis auf ihr Beteiligungsrecht zu benachrichtigen (§ 7 Abs. 4).
- Sie ist auf ihren Antrag – und nur auf ihren Antrag – am erstinstanzlichen Verfahren zu beteiligen (§ 274 Abs. 3).
- ihr ist, auch wenn sie sich nicht beteiligt hat, die Endentscheidung bekannt zu geben (§ 288 Abs. 2 Satz 1).
- Sie kann nach Abs. 1 schließlich, auch wenn sie am erstinstanzlichen Verfahren nicht beteiligt war, die Endentscheidung **mit der Beschwerde anfechten** (Abs. 1).

Die Beschwerdebefugnis der Behörde aus Abs. 1 ist vom **Ausgang des Verfahrens** unabhängig. Sie kann demnach **jede Endentscheidung** in Verfahren anfechten, mit der über die Anordnung einer Betreuung oder eines Einwilligungsvorbehalts oder über Bestand, Umfang oder Inhalt einer solchen Anordnung entschieden wurde; zu den Einzelheiten s. § 274 Rz. 31 ff.

11

Eine **Beschwer** ist nicht erforderlich. Weder braucht die Behörde mit ihrer Beschwerde ein bestimmtes Interesse zu verfolgen[11] noch muss sie dies offen legen. Es

12

---

1 *Helms*, DNotZ 2003, 104, 107 (Widerruf eines gemeinschaftlichen Testaments).
2 BGH v. 19.1.2011 – XII ZB 326/10, FamRZ 2011, 465.
3 BayObLG v. 27.2.1996 – 3 Z BR 337/95, BtPrax 1996, 106.
4 BayObLG v. 25.9.1997 – 3 Z BR 343/94, NJW-RR 1998, 1459.
5 Bamberger/Roth/*Müller*, § 1896 BGB Rz. 36; das hilft dem Vermieter aber zB erst bei der Räumungsklage, nicht schon bei dem materiellrechtlichen Problem des Zugangs der Kündigung.
6 Was bei Zweifeln an der Wirksamkeit der Prozessvollmacht allerdings ein Zwischenurteil nach § 280 ZPO voraussetzt, BGH v. 19.1.2011 – XII ZB 326/10, FamRZ 2011, 465.
7 BayObLG v. 25.9.1997 – 3 Z BR 343/94, NJW-RR 1998, 1459 (dort war die Beschwerde mangels einer solchen Behauptung unzulässig); BayObLG v. 27.2.1996 – 3 Z BR 337/95, BtPrax 1996, 106.
8 LG Stuttgart v. 15.12.2010 – 10 T 365/10, FamRZ 2011, 1091; LG München II v. 28.1.2010 – 6 T 218/10, BtPrax 2010, 194; OLG München v. 13.7.2009 – 33 Wx 5/09, FGPrax 2009, 226; OLG Zweibrücken v. 17.2.2003 – 3 W 23/03, NJW-RR 2003, 870.
9 LG Koblenz v. 18.8.2010 – 2 T 420/10, BeckRS 2010 Nr. 20815.
10 LG Koblenz v. 28.4.2011 – 2 T 183/11, MDR 2011, 1007.
11 S. OLG Hamm v. 11.5.2006 – 15 W 472/05, BtPrax 2006, 187 zur Zulässigkeit einer Beschwerde der Behörde mit dem Ziel, eine Tätigkeit des in erster Instanz ausgewählten Betreuers als Berufsbetreuer zu verhindern.

genügt, dass sie geltend macht, die angefochtene Entscheidung widerspreche der wirklichen Rechtslage. Die Behörde kann nicht dazu verpflichtet werden, von ihrem Beschwerderecht im Interesse eines bei der Auswahl übergangenen Berufsbetreuers Gebrauch zu machen.[1]

13 Die Beschwerde der Behörde ist auch nicht auf Entscheidungen **im Amtsverfahren** begrenzt. Sie kann daher auch eine auf **Antrag des Betroffenen** erfolgte Betreuerbestellung anfechten. Die Behörde soll gerade auch verhindern können, dass objektiv nicht erforderliche Betreuungen auf Drängen des Betroffenen eingerichtet werden.[2] Hat der Betroffene die Betreuung selbst beantragt, kann die Behörde auch die **Ablehnung seines Antrags** anfechten. § 59 Abs. 2 steht nur im Falle des § 1896 Abs. 1 Satz 3 BGB entgegen, da die Betreuung dann nicht von Amts wegen angeordnet werden kann.[3] Legt gegen die Ablehnung eines Antrags nur die Behörde Beschwerde ein, gilt aber im Beschwerdeverfahren § 281 Abs. 1 Nr. 1 nicht mehr.

14 Das neue Recht stellt nicht eindeutig klar, ob eine Beschwerde gegen die Entscheidung möglich ist, durch die das Gericht einer **Anregung** der Behörde zur Betreuerbestellung nicht folgt. Jedenfalls dürfte die Behörde stets ein berechtigtes Interesse an der Mitteilung der Entscheidung iSv § 24 Abs. 2 haben. ME muss sie die Entscheidung auch mit der Beschwerde anfechten können, da sie die gleiche Wirkung hat wie eine ablehnende Entscheidung in der Sache.[4]

15 Die Behörde ist ferner **unabhängig von ihrer Beteiligung** in der Vorinstanz beschwerdeberechtigt. Das gilt nicht nur für die Beschwerde selbst. Die Behörde kann die Beschwerdeentscheidung auch anfechten, wenn sie weder in erster, noch in zweiter Instanz ihre Beteiligung beantragt hat. Das gilt aber nicht, soweit die Beschwerde zurückgewiesen wurde, da dann § 59 Abs. 2 entgegensteht. Es gilt auch nicht, wenn der Beteiligungsantrag der Behörde im **Zwischenverfahren** nach § 7 Abs. 5 **rechtskräftig zurückgewiesen** wurde. Da das nämlich nur darauf gestützt werden kann, dass das Verfahren keines der in § 274 Abs. 3 bezeichneten Art ist, steht damit zugleich rechtskräftig fest, dass der Behörde kein Beschwerderecht zusteht.[5]

16 Ein Beschwerderecht der Betreuungsbehörde kann sich auch aus der Betroffenheit des Trägers der Betreuungsbehörde **in eigenen Rechten** (§ 59 Abs. 1) ergeben (s. § 59 Rz. 24). Vor allem dürften Entscheidungen in Frage kommen, die die Behörde in gleicher Weise betreffen wie einen Betreuer oder Betreuungsverein, zB wegen einer von ihr beanspruchten Aufwandsentschädigung oder Vergütung.[6] Kein Beschwerderecht steht ihr zu, soweit sie als staatliches Vollzugsorgan Anordnungen des Gerichts nach §§ 278 Abs. 5 bis 7, 283, 284 Abs. 3 ausführt.

17 Die **Beschwerdesumme** spielt in den in Abs. 1 genannten Verfahren keine Rolle, denn sie sind niemals reine Vermögensangelegenheiten. Ansonsten gilt § 61 aber auch für die Beschwerde der Behörde.

18 Für die **Rechtsbeschwerde**, einschließlich der Anschluss- und Sprungrechtsbeschwerde, gilt Abs. 1 entsprechend. Die Rechtsbeschwerde ist in den in § 70 Abs. 3 Nr. 1 genannten Betreuungssachen auch für die Behörde nicht an eine Zulassung gebunden. Die Behörde muss im Rechtsbeschwerdeverfahren **nicht von einem Anwalt** vertreten sein, sondern kann sich durch einen der in § 10 Abs. 4 Satz 2 genannten Volljuristen vertreten lassen.

II. Beschwerdebefugnis dem Betreuten nahestehender Personen (Absatz 2)

19 Der **Personenkreis**, der nach § 303 Abs. 2 beschwerdeberechtigt sein kann, stimmt mit demjenigen überein, der nach § 274 Abs. 4 Nr. 1 beteiligt werden und dessen An-

---

1 OVG Lüneburg v. 11.9.2000 – 11 L 1446/00, NJW-FER 2001, 43.
2 BT-Drucks. 16/6308, S. 271.
3 *Damrau/Zimmermann*, § 303 FamFG Rz. 98.
4 Anders jedoch die h.M., vgl. *Ahn-Roth*, oben § 24 FamFG Rz. 11 f. m.w.N.
5 So auch *Damrau/Zimmermann*, § 303 FamFG Rz. 99.
6 Jurgeleit/*Stauch*, § 303 FamFG Rz. 43.

hörung nach § 279 Abs. 1 und 3 geboten sein kann. Wer im Einzelnen dazugehört, ist in der Kommentierung zu § 274 (dort Rz. 41 ff.) nachzulesen.

Das Beschwerderecht steht den in Abs. 2 genannten Personen nur zu, wenn sie schon in der Vorinstanz **am Verfahren beteiligt** worden sind, und zwar entweder in einer auf ihren Antrag ergangenen **Zwischenentscheidung** nach § 7 Abs. 5 oder **formlos von Amts wegen** (s. dazu im Einzelnen § 7 Rz. 62 ff.). Dazu genügt es nicht, dass sie zur Sache **angehört** wurden (vgl. § 7 Abs. 6).[1] Erklärter Zweck dieser Einschränkung ist es, Beschwerden von Angehörigen zu verhindern, die am Verfahren erster Instanz keinerlei Interesse gezeigt haben.[2] Das Gericht muss den Angehörigen daher Gelegenheit geben, ihre Beteiligung zu beantragen (§ 7 Abs. 4), und über einen von ihnen gestellten Beteiligungsantrag im Zwischenverfahren nach § 7 Abs. 5 entscheiden, bevor es die Endentscheidung erlässt. Noch überhaupt nicht klar ist, welche Konsequenzen es hat, wenn das Gericht dies unterlässt. ME gilt dazu folgendes: 20

Zumindest im Hauptsacheverfahren (zur eA s. § 300 Rz. 27) ist ein **Beteiligungsantrag**, der erst nach Erlass der Hauptsacheentscheidung beim Betreuungsgericht eingeht, grundsätzlich nicht mehr rechtzeitig und braucht nicht mehr beschieden zu werden. Hiervon ist aber eine Ausnahme zu machen, wenn ein Angehöriger Beschwerde einlegt, der in erster Instanz einen Beteiligungsantrag ohne sein Verschulden nicht gestellt hat, weil er nicht nach § 7 Abs. 4 über sein **Antragsrecht belehrt** wurde. In diesem Fall ist in der **Einlegung der Beschwerde** ein noch immer rechtzeitiger Beteiligungsantrag zu sehen.[3] 20a

Legt das Betreuungsgericht eine Beschwerde vor, ohne – wenigstens im **Abhilfeverfahren** – über den vom Beschwerdeführer gestellten Beteiligungsantrag entschieden zu haben, so liegt darin zugleich dessen **konkludente Ablehnung**.[4] Da damit dann zugleich die Voraussetzungen für die Statthaftigkeit einer Beschwerde nach § 7 Abs. 5 Satz 2 vorliegen, hat das Beschwerdegericht hierüber **vorab** zu entscheiden, dh. es muss zunächst darüber befinden, ob die Beteiligung der Angehörigen zu Recht abgelehnt wurde. Gibt es der Beschwerde insoweit statt, ist sie auch in der Sache zulässig, weist es sie insoweit als unbegründet zurück, ist sie in der Sache selbst als unzulässig zu verwerfen. Dagegen kann es weder richtig sein, den Nichtabhilfebeschluss aufzuheben,[5] weil dieser gar nicht Gegenstand des Beschwerdeverfahrens ist, noch, die Beschwerde zunächst mit Hinweis darauf als unzulässig zu verwerfen, dass über den nachträglichen Beteiligungsantrag noch zu entscheiden sein wird, wonach dann eine neue Beschwerde – ggf. mit Wiedereinsetzungsantrag – eingelegt werden könne.[6] 20b

Macht der Beschwerdeführer geltend, er sei in erster Instanz durch konkludentes Verhalten des Betreuungsgerichts beteiligt worden, obwohl er in der Entscheidungsformel nicht als Beteiligter aufgeführt ist, so muss er **schlüssig dartun**, wodurch dies geschehen sein soll. Ggf. ist dazu eine dienstliche Stellungnahme des Betreuungsrichters einzuholen. 21

---

1 AA offenbar MüKo.ZPO/*Schmidt-Recla*, § 303 FamFG Rz. 5.
2 BT-Drucks. 16/3608, S. 271 f.
3 LG Landau v. 15.6.2010 – 3 T 42/10, NJW-RR 2011, 439; LG Saarbrücken v. 22.2.2010 – 5 T 87/10, BtPrax 2010, 147; anders aber wohl LG Bielefeld v. 28.4.2011 – 2 T 183/11, FamRZ 2012, 1671 m. krit. Anm. *Deinert*.
4 *Damrau/Zimmermann*, § 274 FamFG Rz. 41 schlagen vor, es immer als konkludente Ablehnung aufzufassen, wenn nicht nach „angemessener Zeit" über einen Beteiligungsantrag entschieden wurde. Mir scheint es richtig, dies erst mit dem letzten möglichen Zeitpunkt, nämlich dem Nichtabhilfebeschluss anzunehmen; BGH v. 30.3.2011 – XII ZB 692/10, BtPrax 2011, 176 lässt die Frage offen.
5 So aber LG Saarbrücken v. 22.2.2010 – 5 T 87/10, BtPrax 2010, 147, das im Übrigen auch die unzureichende Begr. des Nichabhilfebeschlusses mit einer fehlenden Begr. verwechselt. Das Fehlen einer Nichtabhilfeentscheidung zwingt zur Zurückverweisung. Sie kann aber nicht damit ermöglicht werden, dass eine getroffene, aber falsche Nichtabhilfeentscheidung aufgehoben wird.
6 So aber LG Landau v. 15.6.2010 – 3 T 42/10, NJW-RR 2011, 439.

22 Die Beteiligung der in Abs. 2 genannten Personen ist nach § 274 Abs. 4 Nr. 1 nur in den Verfahren zulässig, an denen auch nach § 274 Abs. 3 die Behörde beteiligt werden kann. Indessen stellt Abs. 2 nur auf die **Beteiligung** als solche ab, nicht zugleich auch auf die Verfahrensart. Die in Abs. 2 genannten Personen haben eine Beschwerderecht daher in allen Verfahren, in denen sie tatsächlich als Beteiligte hinzugezogen wurden, gleichgültig, ob zu Recht oder zu Unrecht[1] und auch ohne Rücksicht darauf, ob ihre Beteiligung auf § 274 Abs. 4 Nr. 1 oder auf § 7 Abs. 2 Nr. 1 gestützt wurde.

23 Das Beschwerderecht hängt zudem davon ab, dass die angegriffene Entscheidung **von Amts wegen** ergangen ist. Hat der Betroffene die Bestellung eines Betreuers nach § 1896 Abs. 1 Satz 1 BGB (oder deren Verlängerung[2]) oder die Aufhebung der Betreuung nach § 1908d Abs. 2 Satz 1 BGB beantragt, steht den in Abs. 2 genannten Personen gegen die Entscheidung, durch die dem Antrag stattgegeben wird, die Beschwerde nicht zu. Das gilt auch, wenn die Voraussetzungen für eine Entscheidung von Amts wegen ebenfalls vorlagen.[3] Auch die Betreuerauswahl kann nicht nach Abs. 2 angegriffen werden, wenn die Betreuung auf Antrag des Betroffenen angeordnet worden ist.[4] Das formlos erklärte Einverständnis des Betroffenen kann wegen § 23 nicht mehr ohne weiteres als Antrag gedeutet werden.[5] Die Beschwerde gegen eine später von Amts wegen getroffene Folgeentscheidung (zB einen Betreuerwechsel) ist nicht ausgeschlossen. Ein vom Betroffenen nach § 1908b Abs. 3 BGB verlangter Betreuerwechsel soll aber einer auf Antrag ergangenen Entscheidung gleichstehen.[6]

23a Gegen die **Zurückweisung** eines Antrags des Betroffenen können die Angehörigen grundsätzlich Beschwerde einlegen, denn zurückgewiesen wird ein unbegründeter Antrag von Amts wegen. § 59 Abs. 2 verhindert dies lediglich in den Fällen, in denen die beantragte Entscheidung nicht auch von Amts wegen ergehen kann, also vor allem im Falle des § 1896 Abs. 1 Satz 3 BGB.

24 Auf den **Verfahrensausgang** kommt es ansonsten nicht an. Im Amtsverfahren können die Angehörigen die Ablehnung einer Maßnahme unter den gleichen Voraussetzungen anfechten wie die Maßnahme.

25 Eine eigene Beschwer setzt Abs. 2 so wenig wie Abs. 1 voraus. Die in Abs. 2 genannten Personen müssen jedoch auch mit der Beschwerde die **Interessen des Betroffenen** verfolgen, da sie nur dann am Verfahren beteiligt werden dürfen. Daraus folgt, dass sie eine Entscheidung nicht anfechten können, die den Betroffenen nicht beschwert. Die subjektiven Vorstellungen des Betroffenen sind hierfür freilich irrelevant.[7] Die Beschwerde ist zulässig, wenn der Beschwerdeführer **schlüssig behauptet**, dass die angegriffene Entscheidung den Betroffenen in seinen Rechten verletzt (s. dazu noch näher Rz. 32). Ist die Beschwer durch Erledigung entfallen, kommt eine Beschwerde der Angehörigen mit dem Ziel der **Feststellung der Rechtswidrigkeit** (§ 62) nicht in Betracht, denn dieser Antrag ist höchstpersönlicher Natur und kann nur vom Betreuten selbst gestellt werden[8] (s. auch Rz. 33 für den Verfahrenspfleger).

26 Abs. 2 trifft **keine abschließende Regelung**. Einem Angehörigen kann ein Beschwerderecht auch aus § 59 Abs. 1 zustehen,[9] wenn er schlüssig behauptet, dass die

---

1 BGH v. 11.4.2012 – XII ZB 531/11, FGPrax 2012, 182.
2 OLG München v. 23.4.2008 – 33 Wx 56/08, FGPrax 2008, 157.
3 BayObLG v. 20.3.1998 – 4 Z BR 16/98, BtPrax 1998, 148; OLG Düsseldorf v. 7.10.1997 – 25 Wx 55/97, FamRZ 1998, 510; HK-BUR/*Bauer*, § 69g FGG Rz. 36a; aA Jansen/*Sonnenfeld*, § 69g FGG Rz. 18 (im Zweifel sei dann von einer von Amts wegen ergangenen Entscheidung auszugehen); *Knittel*, § 303 FamFG Rz. 16.
4 OLG Jena v. 28.4.2003 – 6 W 136/03, BeckRS 2003 Nr. 30316703.
5 So aber zur früheren Rechtslage: OLG München v. 23.4.2008 – 33 Wx 56/08, FGPrax 2008, 157; OLG Hamm v. 7.6.2001 – 15 W 52/01, BtPrax 2001, 213.
6 OLG Jena v. 28.4.2003 – 6 W 136/03, BeckRS 2003 Nr. 30316703.
7 AA MüKo.ZPO/*Schmidt-Recla*, § 303 FamFG Rz. 9, der die Beschwerde genau wie die Beteiligung der Anghörigen nur für zulässig hält, wenn sie dem Wunsch des Betroffenen entspricht.
8 BGH v. 24.10.2012 – XII ZB 404/12, FGPrax 2013, 45.
9 BT-Drucks. 16/6308, S. 271.

angegriffene Entscheidung ihn **in eigenen Rechten** verletzt. Es ist dann auch nicht erforderlich, dass er schon im erstinstanzlichen Verfahren als Beteiligter hinzugezogen wurde. Das wäre zwar nach § 7 Abs. 2 Nr. 1 dann eigentlich notwendig gewesen, doch knüpft § 59 Abs. 1 das Beschwerderecht gerade nicht an die formelle Beteiligung. Die aus § 59 Abs. 1 folgende Beschwerdebefugnis ist nicht auf **Amtsverfahren** beschränkt. In reinen Antragsverfahren greift jedoch die Beschränkung aus § 59 Abs. 2.

In eigenen Rechten kann insbesondere der **Ehegatte des Betroffenen** verletzt sein, wenn die Entscheidung in die eheliche Lebensgemeinschaft eingreift.[1] Das setzt zunächst einmal voraus, dass eine solche besteht, die Eheleute also nicht iSv. § 1567 BGB getrennt leben. Wann eine Entscheidung unmittelbar in die eheliche Lebensgemeinschaft eingreift, ist im Übrigen nicht leicht zu entscheiden. Beispiele dafür sind 27

– die Bestellung eines Betreuers, dem die Aufenthaltsbestimmung übertragen ist oder die Aufgabenkreiserweiterung hierauf,
– die Genehmigung der Sterilisation des Betreuten,
– die Genehmigung der Kündigung oder Veräußerung der Ehewohnung, soweit letztere nicht nach § 1365 BGB ohnehin von der Zustimmung des Ehegatten abhängt.

Vor allem aber werden die nächsten Angehörige in eigenen Rechten verletzt, wenn sie trotz Eignung und Übernahmebereitschaft **bei der Betreuerauswahl übergangen** werden, da ihnen aus Art. 6 Abs. 1 und 2 GG ein Recht zusteht, bestellt zu werden[2] (s. dazu näher § 274 Rz. 14). Ein eigenes Recht zur Entlassung eines schon bestellten anderen Betreuers erwächst den nächsten Angehörigen hieraus allerdings nicht.[3] 28

Für **Form und Frist** der Beschwerde gelten die allgemeinen Bestimmungen (zum Fristbeginn für einen nach § 59 Abs. 1 Beschwerdeberechtigten, der in erster Instanz nicht beteiligt worden ist, s. § 63 Rz. 7 a f.). Soweit es sich um eine vermögensrechtliche Angelegenheit handeln kann, muss auch die Beschwerdesumme erreicht oder die Beschwerde zugelassen sein. 29

Abs. 2 gilt für die **Rechtsbeschwerde** entsprechend. Sie ist zulässig, wenn die genannten Personen in der Beschwerdeinstanz Verfahrensbeteiligte waren. Die in erster Instanz unterlassene Beteiligung nach § 274 Abs. 4 Nr. 1 kann auch noch in zweiter Instanz nachgeholt werden (§ 68 Abs. 3), freilich nur, wenn die Beschwerde zulässig ist, also von einem anderen Verfahrensbeteiligten eingelegt wurde, und wenn nicht die Rechtskraft einer Zwischenentscheidung nach § 7 Abs. 5 entgegensteht. 30

III. Beschwerdebefugnis des Verfahrenspflegers (Absatz 3)

Abs. 3 verleiht dem Verfahrenspfleger – seiner Stellung als Beteiligtem kraft Amts (s. § 274 Rz. 29) entsprechend – das Recht, **im eigenen Namen** Beschwerde einzulegen. Die Beschwerde ist von einer eigenen Beschwer des Verfahrenspflegers unabhängig, setzt aber – aus den gleichen Gründen wie in Abs. 2 (dort Rz. 25) – voraus, dass die angefochtene Entscheidung **den Betroffenen beschwert**. 31

Die **subjektive Sicht** des Betroffenen ist dafür nicht maßgeblich. Er wird insbesondere durch ein Zuwenig an **Betreuung** ebenso in seinen Rechten verletzt wie durch ein Zuviel,[4] gleichgültig, ob er die Betreuung selbst gewollt hat oder nicht.[5] Eine zu weit gehende Betreuung greift unzulässig in seine Privatautonomie ein, eine nicht 32

---

1 MüKo.ZPO/*Schmidt-Recla*, § 303 FamFG Rz. 4.
2 BVerfG v. 20.3.2006 – 1 BvR 1702/01, BtPrax 2006, 228; HK-BUR/*Bauer*, § 69g FGG Rz. 58; tendenziell in diese Richtung auch noch BGH v. 4.10.1996 – XII ZB 7/96, BtPrax 1997, 28; a. A. nun aber BGH v. 30.3.2011 – XII ZB 692, 10, BtPrax 2011, 176. Nach OLG Düsseldorf v. 7.10.1997 – 25 Wx 55/97, FamRZ 1998, 510 soll ein solches Recht jedenfalls nicht bestehen, wenn der Betroffene einen anderen Betreuer vorgeschlagen hat.
3 BGH v. 4.10.1996 – XII ZB 7/96, BtPrax 1997, 28; LG Frankenthal v. 6.1.2010 – 1 T 2/10, BeckRS 2010 Nr. 11855.
4 HK-BUR/*Bauer*, § 69g FGG Rz. 16.
5 Daher auch gegen eine auf Antrag eingerichtete Betreuung Beschwerde des Betroffenen möglich: OLG Hamm v. 28.3.1995 – 15 W 9/95, BtPrax 1995, 221.

weit genug gehende Betreuung enthält ihm die Rechtsfürsorge vor, auf die er nach § 1896 BGB auch bei einem entgegenstehenden natürlichen Willen Anspruch hat.[1] Nichts anderes gilt für den **Einwilligungsvorbehalt**. Geht er nicht weit genug, enthält er dem Betreuten den Schutz vor Selbstschädigung vor, auf den er nach § 1903 BGB Anspruch hat.[2] Durch die **Auswahl** eines ungeeigneten Betreuers schließlich ist der Betroffene selbst dann beschwert, wenn sie auf seinen eigenen Wunsch (§ 1897 Abs. 4 BGB) zurückgeht.[3] Der Verfahrenspfleger kann all diese Entscheidungen daher unabhängig davon anfechten, ob sie dem Willen des Betreuten entsprechen oder nicht.

33 Fälle, in denen eine Beschwer des Betroffenen **nicht gegeben** ist, sind nicht häufig. Zu nennen wären Verfahren über die Entschädigung des Betreuers aus der Staatskasse[4] – an denen er mE schon gar nicht zu beteiligen ist (s. § 274 Rz. 11) – oder ein Umwandlungsbeschluss iSv. § 1908b Abs. 4 Satz 2 BGB.[5] Ist die Beschwer des Betroffenen **durch Erledigung** entfallen, kommt eine Beschwerde des Verfahrenspflegers nicht mehr in Betracht. Einen Antrag auf Feststellung der Rechtswidrigkeit (§ 62) kann nur der Betroffene selbst stellen.[6]

34 Der Beschwerde des Verfahrenspflegers kann aber **§ 59 Abs. 2 entgegenstehen**. Das ist vor allem für die Rechtsbeschwerde bedeutsam: Gegen die Zurückweisung einer Beschwerde des Betreuten steht dem Verfahrenspfleger kein Rechtsmittel zu, wenn er sich der Beschwerde nicht angeschlossen hat, und umgekehrt.[7]

35 Abs. 3 gilt für alle Betreuungssachen, in denen von der Vorinstanz ein Verfahrenspfleger **bestellt** wurde. Da § 276 Abs. 1 Satz 1 wiederum in allen Betreuungssachen Anwendung findet, kommt dafür jedes Verfahren in Frage, das überhaupt nach § 271 zu den Betreuungssachen gehört (s. dort Rz. 3 ff.).

36 Soweit die Entscheidung den Verfahrenspfleger **in eigenen Rechten** verletzt, kann er sie nach § 59 Abs. 1 anfechten.[8] Denkbar ist das vor allem bei Entscheidungen, die seine Entschädigung nach § 277 betreffen.[9]

IV. Vertretung des Betroffenen im Beschwerdeverfahren (Absatz 4)

1. Vertretungsmacht des Betreuers

37 Abs. 4 betrifft Betreuungssachen, in denen der Betreuer nach § 274 Abs. 1 Nr. 2 als **Beteiligter** zum Verfahren hinzugezogen werden muss, nämlich Entscheidungen über den Aufgabenkreis des Betreuers als solchen,[10] einen ihn betreffenden Einwilligungsvorbehalt oder die Tätigkeit des Betreuers innerhalb des Aufgabenkreises,[11] insbesondere betreuungsgerichtliche Genehmigungen[12] (s. auch § 274 Rz. 16 ff.). Auf das Verfahrensergebnis kommt es nicht an. Die Entscheidung über eine Erweiterung des Aufgabenkreises „betrifft" diesen auch dann, wenn sie abgelehnt wird. Abs. 4 Satz 1 stellt klar, dass der Betreuer ungeachtet etwaiger Eigeninteressen im Namen des Betreuten gegen die Endentscheidung **Beschwerde** einlegen kann.[13]

---

1 OLG München v. 20.12.2006 – 33 Wx 248/06, BtPrax 2007, 81; BayObLG v. 7.9.2000 – 3 Z BR 210/00, MDR 2001, 94.
2 BayObLG v. 1.12.1999 – 3 Z BR 304/99, NJW-FER 2000, 152.
3 HK-BUR/*Bauer*, § 69g FGG Rz. 41.
4 BayObLG v. 25.7.2003 – 3 Z BR 106/03, FamRZ 2004, 138; BayObLG v. 5.7.2000 – 3 Z BR 149/00, BtPrax 2000, 259.
5 BayObLG v. 12.10.2001 – 3 Z BR 294/01, FamRZ 2002, 767.
6 BGH v. 15.2.2012 – XII ZB 389/11, NJW 2012, 1582.
7 OLG Hamm v. 13.3.2006 – 15 W 53/06, BtPrax 2006, 190.
8 BT-Drucks. 16/6308, S. 272.
9 HK-BUR/*Bauer*, § 69g FGG Rz. 17.
10 BayObLG v. 12.3.1997 – 3 Z BR 47/97, NJW-RR 1997, 967.
11 Keidel/*Budde*, § 303 FamFG Rz. 9.
12 Nach BayObLG v. 8.10.1997 – 3 Z BR 192/92, BtPrax 1998, 72 auch, wenn ein Ergänzungsbetreuer für die Vornahme des zu genehmigenden Geschäfts bestellt wurde, da das nur die Vertretungsmacht, aber nicht den Aufgabenkreis des Betreuers einschränkt.
13 BT-Drucks. 16/6308, S. 272.

38 Voraussetzung ist allerdings, dass die Betreuung **andauert**, weil andernfalls seine Vertretungsmacht geendet hat. Gegen seine vollständige[1] Entlassung oder die vollständige Aufhebung der Betreuung kann der Betreuer daher nicht mehr im Namen des Betreuten Beschwerde einlegen, nachdem die Entscheidung wirksam geworden ist.[2] Nichts anderes würde für ein aus Abs. 4 folgendes eigenes Beschwerderecht des Betreuers (dazu Rz. 41) gelten.[3]

39 Abs. 4 begründet keine Beschwerdebefugnis des Betreuten, die sich vielmehr aus § 59 Abs. 1 ergeben muss.[4] Aus Abs. 4 folgt nur das Recht, des Betreuers, den Betroffenen insoweit gesetzlich[5] zu vertreten. Die Beschwerde des Betreuers ist daher von einer **Beschwer des Betreuten** (s. dazu Rz. 32) abhängig und muss auch sonst als Beschwerde des Betreuten zulässig sein. Da der Betreute die gesetzliche Vertretungsmacht des Betreuers nicht einschränken kann, ist sie aber von eigenen **Verfahrenshandlungen** des Betreuten unabhängig. Der Betreuer kann nach Abs. 4 Beschwerde also auch dann einlegen, wenn der Betreute auf Rechtsmittel verzichtet hat.

40 Eine Beschwerde, die der Betreuer im Namen des Betreuten einlegt, müsste eigentlich nach § 9 Abs. 5 FamFG iVm. § 53 ZPO dazu führen, dass der Betreute im Beschwerdeverfahren als verfahrensunfähig gilt. Zugleich folgt aber aus §§ 68 Abs. 3 Satz 1, 275, dass er als verfahrensfähig zu gelten hat. Letzteres geht als speziellere – weil nur für Betreuungssachen geltende – Norm vor. Der Betroffene bleibt **verfahrensfähig**, kann daher neben der in seinem Namen eingelegten Beschwerde auch im eigenen Namen Beschwerde einlegen oder sich ihr nach § 66 im eigenen Namen anschließen. Auch das ist nicht von Verfahrenshandlungen des Betreuers abhängig. Der Betreuer kann die Beschwerde des Betreuten nur zurücknehmen, soweit er sie in dessen Namen eingelegt hat, und ein Rechtsmittelverzicht des Betreuers im Namen des Betreuten hindert nur die Beschwerdeeinlegung nach Abs. 4, nicht die durch den Betroffenen selbst.

41 Zu erheblichen Zweifelsfragen gibt das Wort „auch" in Abs. 4 Satz 1 Anlass. Teils wird es dahin verstanden, dass der Betreuer damit zugleich eine **eigene Beschwerdebefugnis** in den in Abs. 4 Satz 1 genannten Verfahren erhält,[6] er also stets die Wahl hat, die Beschwerde im Namen des Betreuten, im eigenen Namen oder sogar in beider Namen zugleich einzulegen.[7] Die Gegenansicht[8] interpretiert dies lediglich als Hinweis darauf, dass eine eigene Beschwerdebefugnis des Betreuers aus § 59 Abs. 1 die Vertretung des Betroffenen nicht ausschließt.[9] Diese Ansicht ist vorzuziehen. Es gibt keinen sinnvollen Grund, dem Betreuer die Wahl zu lassen, ob er die Interessen des Betreuten in dessen Namen oder – als **Verfahrensstandschafter** – im eigenen Namen verfolgen will.

42 Ob der Betreuer zugleich **im eigenen Namen** Beschwerde einlegen kann, richtet sich daher ganz nach § 59 Abs. 1. Er muss dazu geltend machen, dass die Endent-

---

1 Bei nur teilweiser Entlassung besteht die Betreuung weiter und demnach bleibt es bei der Geltung von Abs. 4, BayObLG v. 30.7.2003 – 3 Z BR 148/03, BtPrax 2004, 35; aA Jansen/*Sonnenfeld*, § 69g FGG Rz. 35.
2 OLG Düsseldorf v. 6.11.1997 – 25 Wx 80/97, BtPrax 1998, 80; OLG Köln v. 7.10.1996 – 16 Wx 202/96, NJW-RR 1997, 708; BayObLG v. 2.8.1995 – 3 Z BR 112/95, FamRZ 1996, 58; HK-BUR/ *Bauer*, § 69g FGG Rz. 87, 96; aA Bork/Jacoby/Schwab/*Heiderhoff*, § 303 FamFG Rz. 14.
3 Keidel/*Budde*, § 303 FamFG Rz. 6, 8.
4 Keidel/*Budde*, § 303 FamFG Rz. 6, 8; Jurgeleit/*Stauch*, § 303 FamFG Rz. 56.
5 BayObLG v. 30.7.2003 – 3 Z BR 148/03, BtPrax 2004, 35.
6 OLG Schleswig v. 20.4.2005 – 2 W 250/04, FGPrax 2005, 214; OLG Hamm v. 10.7.2000 – 15 W 229/00, FGPrax 2000, 228; so auch *Bassenge*/Roth, § 303 FamFG Rz. 8.
7 Vgl. HK-BUR/*Bauer*, § 69g FGG Rz. 85.
8 OLG Stuttgart v. 25.6.2001 – 8 W 494/99, BtPrax 2001, 255; Jansen/*Sonnenfeld*, § 69g FGG Rz. 34; *Knittel*, § 303 FamFG Rz. 20; Keidel/*Budde* § 303 Rz. 7; *Damrau/Zimmermann*, § 303 FamFG Rz. 148; Fröschle/*Guckes*, § 303 FamFG Rz. 24; Bork/Jacoby/Schwab/*Heiderhoff*, § 303 FamFG Rz. 15.
9 Seltsam differenzierend: HK-BUR/*Bauer*, § 69g FGG Rz. 89a ff. (eigenes Beschwerderecht des Betreuers aus Abs. 4 bei Verfahren zum Einwilligungsvorbehalt und in Genehmigungsverfahren nach §§ 1904, 1905 und 1907 BGB, dagegen keines in anderen Genehmigungsverfahren).

scheidung ihn **in seinen Rechten** verletzt. Das kann zunächst daraus folgen, dass die Entscheidung ihm **Pflichten** auferlegt (Betreuerbestellung,[1] Erweiterung des Aufgabenkreises, Verlängerung der Betreuung, Aufsichtsmaßnahmen nach §§ 1908i Abs. 1 Satz 1, 1837 Abs. 2 BGB[2]). Ferner ist er durch Entscheidungen beschwert, die ihm **Rechte** entziehen oder vorenthalten, die er durch die Betreuerbestellung erworben hat (vollständige[3] oder teilweise[4] Entlassung, Entzug von Vertretungsmacht, Nichtfeststellung der Berufsmäßigkeit[5]). Ausnahmsweise nicht anfechtbar soll die Entlassung des Nachfolgebetreuers sein, wenn sie deshalb erfolgt ist, weil die Beschwerde des Vorgängers gegen dessen Entlassung Erfolg hatte.[6] Das leuchtet nicht ein, denn das ändert nichts daran, dass der Nachfolger durch seine Entlassung beschwert wird. Eine solche Beschwerde ist vielmehr als zwar zulässig, aber offensichtlich unbegründet zu behandeln.[7] Die Verweigerung der **Genehmigung** für eine Rechtshandlung, die er im Namen des Betreuten vornehmen will, kann der Betreuer im eigenen Namen nicht anfechten, weil er kein eigenes Interesse an der Vornahme der Rechtshandlung hat.[8]

43   Der Betreuer hat kein eigenes Recht am **Bestand der Betreuung** als solcher, kann folglich weder die Aufhebung der Betreuung noch die Einschränkung des Aufgabenkreises im eigenen Namen anfechten.[9] Etwas anderes kann gelten, wenn die Aufhebung der Betreuung nur erfolgt, weil der Betreuer zu entlassen ist und die Bestellung eines anderen Betreuers daran scheitert, dass der Betreute dies ablehnt, denn dann geht der Aufhebung der Betreuung die Entlassung gedanklich voraus, auch wenn sich das im Tenor der angefochtenen Entscheidung nicht niederschlägt.[10]

44   Als Verletzung in einem eigenen Recht genügt diejenige in einem **Verfahrensrecht** nicht. Notwendig ist stets eine **materielle oder formelle Beschwer**. Soweit einmal angenommen wurde, der Betreuer könne die Aufhebung der Betreuung anfechten, wenn er zu ihr nicht gehört worden ist,[11] ist das überholt. Vielmehr steht dem Betreuer in einem solchen Fall die Anhörungsrüge (§ 44) zur Verfügung.[12]

45   Eigene Rechte am Bestand oder Umfang eines **Einwilligungsvorbehalts** hat der Betreuer ebenfalls nicht,[13] er kann folglich weder die Anordnung noch die Aufhebung, Verlängerung, Erweiterung oder Einschränkung eines Einwilligungsvorbehalts oder die Ablehnung einer solchen Entscheidung im eigenen Namen anfechten.

---

1   Der Betreuer hat aber nur wegen seiner Bestellung ein Beschwerderecht, nicht wegen der Bestellung eines Betreuers überhaupt, *Bassenge*/Roth, § 303 FamFG Rz. 8, kann Beschwerde also nur mit dem Ziel der Bestellung eines anderen Betreuers einlegen.
2   OLG München v. 4.11.2009 – 33 Wx 285/09, BtPrax 2010, 36; Fröschle/*Guckes*, § 303 FamFG Rz. 24; Jurgeleit/*Stauch*, § 303 FamFG Rz. 56.
3   Jurgeleit/*Stauch*, § 303 FamFG Rz. 56; auch wenn die Betreuung nur mit ganz anderem Aufgabenkreis (zB als Vollmachtsbetreuung) fortdauert, KG v. 27.9.2005 – 1 W 169/05, BtPrax 2006, 39.
4   BayObLG v. 30.7.2003 – 3 Z BR 148/03, BtPrax 2004, 35.
5   BayObLG v. 1.2.2001 – 3 Z BR 34/01, BtPrax 2001, 124; OLG Frankfurt v. 8.1.2001 – 20 W 243/00, FGPrax 2001, 76.
6   OLG Köln v. 13.10.1997 – 16 Wx 242/94, FamRZ 1998, 841; OLG Stuttgart v. 7.7.1995 – 8 W 88/95, FamRZ 1996, 420.
7   So – richtig – BayObLG v. 2.8.1995 – 3 Z BR 112/95, FamRZ 1996, 58; *Knittel*, § 303 FamFG Rz. 22.
8   OLG Stuttgart v. 25.6.2001 – 8 W 494/99, BtPrax 2001, 255; OLG Stuttgart v. 6.5.1997 – 8 W 196/97, BWNotZ 1997, 147; BayObLG v. 24.5.1996 – 3Z BR 104/96, BtPrax 1996, 183; HK-BUR/*Bauer*, § 69g FGG Rz. 85; aA OLG Köln v. 30.11.1998 – 14 Wx 22/98, NJW-RR 1999, 877.
9   OLG München v. 9.11.2005 – 33 Wx 218/05, BtPrax 2006, 33; OLG Köln v. 7.10.1996 – 16 Wx 202/96, NJW-RR 1997, 708; HK-BUR/*Bauer*, § 69g FGG Rz. 87; *Knittel*, § 303 FamFG Rz. 21; Jurgeleit/*Stauch*, § 303 FamFG Rz. 57.
10 OLG München v. 24.8.2006 – 33 Wx 222/05, FGPrax 2006, 264.
11 OLG Düsseldorf v. 6.11.1997 – 25 Wx 80/97, BtPrax 1998, 80.
12 HK-BUR/*Bauer*, § 69g FGG Rz. 97.
13 HK-BUR/*Bauer*, § 69g FGG Rz. 89a.

46 Steht dem Betreuer sowohl ein eigenes Beschwerderecht aus § 59 Abs. 1 als auch das Recht zu, nach Abs. 4 im Namen des Betreuten Beschwerde einzulegen, kann er dies auch **gleichzeitig** nebeneinander tun. Die Stellung des Vertreters eines Beteiligten schließt – wie aus § 10 Abs. 2 Nr. 2 folgt – die gleichzeitige eigene Verfahrensbeteiligung nicht aus. Es handelt sich dabei dann um **zwei Beschwerden**, über die das Gericht unabhängig voneinander zu entscheiden hat, falls nicht eine davon nur hilfsweise eingelegt wurde.

47 Hat der Betroffene **mehrere Betreuer** und betrifft die Entscheidung den Aufgabenkreis eines jeden von ihnen, so kann auch jeder von ihnen – ohne Mitwirkung des anderen – im Namen des Betroffenen Beschwerde einlegen. Abs. 1 Satz 2 verleiht ihnen hierzu – entgegen der sonst geltenden Regel – **Alleinvertretungsmacht**. Das betrifft nur den Fall echter Mitbetreuung nach § 1899 Abs. 3 BGB und gilt nicht in anderen Fällen der Bestellung mehrerer Betreuer[1] (§§ 1899 Abs. 1 Satz 2, Abs. 2 oder Abs. 4 BGB). Dort kann den Betroffenen nur der Betreuer vertreten, dessen Aufgabenkreis betroffen ist.

2. Vertretungsmacht des Bevollmächtigten

48 Da § 274 Abs. 1 Nr. 3 die verfahrensrechtliche Stellung eines Bevollmächtigten iSv. § 1896 Abs. 2 BGB (zur Abgrenzung: § 274 Rz. 23) derjenigen des Betreuers annähert, erscheint es auf den ersten Blick konsequent, auch seine Befugnis, im Namen des Vollmachtgebers Beschwerde einzulegen, derjenigen des Betreuers anzunähern. In Wirklichkeit ist das aber **verfehlt**, weil es – anders als beim Betreuer – die Vollmacht und nicht das Gesetz ist, die den Umfang der Vertretungsmacht festlegt.

49 Die genaue Bedeutung von Abs. 4 Satz 1 ist, was den Bevollmächtigten angeht, daher unklar. Dass die Vollmacht die Vertretung des Bevollmächtigten im Beschwerdeverfahren umfassen kann, war auch vorher anerkannt.[2] Völlig systemwidrig und ein nicht gerechtfertigter Eingriff in die Privatautonomie des Vollmachtgebers wäre die Annahme, dass sie eine Art von gesetzlicher Vertretungsmacht des Bevollmächtigten begründen soll. Der Vollmachtgeber muss berechtigt bleiben zu bestimmen, wobei ihn der Bevollmächtigte vertreten kann und wobei nicht. Abs. 4 Satz 1 ist daher als **Auslegungsregel** zu begreifen. Der Bevollmächtigte ist berechtigt, im Namen des Bevollmächtigten Beschwerde einzulegen, soweit sich aus der Vollmacht nicht das Gegenteil ergibt. Abs. 4 Satz 1 stellt zudem klar, dass § 10 Abs. 2 auf den Vorsorgebevollmächtigten nicht anzuwenden ist.

50 Entsprechend ist Abs. 4 Satz 2 zu deuten. Auch er bedeutet nur, dass der Betroffene, der mehrere Bevollmächtigte ernennt, ihnen **im Zweifel** für die Beschwerdeeinlegung **Alleinvertretungsmacht** verleiht. Ergibt sich eindeutig aus der Vollmacht, dass sie nur gemeinsam Beschwerde einzulegen berechtigt sein sollen, geht das vor.

51 Zur Frage, was der „**Aufgabenkreis**" eines Bevollmächtigten ist – das Stellvertretungsrecht kennt den Begriff ebenso wenig wie das Auftragsrecht – gilt hier das auch schon zu § 274 Abs. 2 Nr. 3 Ausgeführte (vgl. § 274 Rz. 24).

52 Der Bevollmächtigte kann im Übrigen nach Abs. 4 Beschwerde nur einlegen, soweit es **der Betroffene selbst** auch könnte. Die beim Betreuer hier zu machenden Einschränkungen (oben Rz. 39) gelten nicht, denn die Vertretungsmacht des Bevollmächtigten ist nicht vom Vollmachtgeber unabhängig. Hat der Vollmachtgeber wirksam auf Rechtsmittel verzichtet, schließt das folglich die Beschwerde des Bevollmächtigten nach Abs. 4 aus.

53 Offen lässt das Gesetz, ob – und ggf. wogegen – der Bevollmächtigte nach § 59 Abs. 1 **im eigenen Namen** Beschwerde einlegen kann. Dass das Wort „auch" in Satz 1 hier anders zu interpretieren wäre als beim Betreuer, wird man schwerlich annehmen

---

[1] OLG Hamm v. 28.2.2000 – 15 W 50/00, NJW 2001, 1800.
[2] KG v. 27.9.2005 – 1 W 169/05, BtPrax 2006, 39; BayObLG v. 9.4.2003 – 3 Z BR 242/02, FGPrax 2003, 171.

können.¹ Wenn es ihn – entgegen der hier vertretenen Auffassung – zur Verfahrensstandschaft befugt, kann aber auch das nicht weiter reichen als vom Vollmachtgeber vorgegeben.

54   Es hat sich im Übrigen nichts daran geändert, dass der Bevollmächtigte aus der Vollmacht selbst keine Rechte hat, in die eingegriffen werden kann, und dass das Betreuungsgericht auch in das Kausalverhältnis nicht unmittelbar eingreift, wenn es einen Kontrollbetreuer bestellt.² Er kann Entscheidungen des Betreuungsgerichts daher unter keinen Umständen im **eigenen Namen** anfechten.

55   Außerdem fragt sich, welche Auswirkungen ein **Widerruf der Vollmacht** auf die in Abs. 4 geregelte Vertretungsbefugnis hat. Gegen die Bestellung eines Vollmachtsbetreuers, der die Vollmacht dann widerruft, muss nach einer Entscheidung des BVerfG effektiver Rechtsschutz möglich sein.³ Auf welchem Wege das zu erreichen ist, legt das BVerfG nicht fest. Auch aus den Vorschriften des FamFG ergibt sich keine Lösung.

56   Soll ein solcher effektiver Rechtsschutz gegeben sein, darf der Vollmachtswiderruf jedenfalls die Vertretungsmacht nach Abs. 4 **nicht beseitigen**.⁴ Das Recht des Betroffenen, die Beschwerde im eigenen Namen einzulegen, genügt dazu nicht, denn der Betroffene hat ja durch die Vollmacht gerade für den Fall Vorsorge treffen wollen, dass er seine Rechte aus tatsächlichen Gründen nicht mehr selbst wahrnehmen kann. Der Rechtsschutz ist daher nicht effektiv, wenn er nicht über den Bevollmächtigten erreicht werden kann.

57   Auch darf die Beschwerde nicht schon deshalb als unzulässig behandelt werden, weil das Amt des Vollmachtsbetreuers wegen des Widerrufs der Vollmacht oder des der Vollmacht zugrunde liegenden Auftrags bereits beendet ist.⁵ Der Gesetzgeber wollte „sicherzustellen", dass eine vom Bevollmächtigten eingelegte Beschwerde nicht am zwischenzeitlichen Widerruf der Vollmacht scheitert.⁶ Einen Niederschlag im Text des Abs. 4 hat das nicht gefunden. Man wird Abs. 4 jedoch dahin **verfassungskonform auslegen** müssen, dass der Widerruf der Vollmacht durch den Betreuer weder die Vertretungsmacht des Bevollmächtigten noch das Rechtsschutzinteresse für die Beschwerde gegen die Bestellung eben dieses Betreuers beseitigt.⁷

58   Ob es mit dem geltenden Gesetz vereinbar ist, wenn das Betreuungsgericht im Wege der eA das **Ruhen der rechtsgeschäftlichen Vertretungsmacht** bis zur Hauptsacheentscheidung über die Betreuerbestellung anordnet und so den Vollmachtswiderruf vermeidet, ist sehr zweifelhaft. Die Gültigkeit der Vollmacht ist nicht Gegenstand des Betreuerbestellungsverfahrens und eine eA kann sich daher auch nicht auf die Vollmacht beziehen.⁸ Allenfalls käme wohl ein auf §§ 1908i Abs. 1 Satz 1, 1846 BGB gestützter – auflösend bedingter – Widerruf der Vollmacht durch das Betreuungsgericht in Frage.

59   Das allein genügt aber nicht, denn grundsätzlich bleiben Rechtshandlungen eines Betreuers auch dann wirksam, wenn die Beschwerde gegen seine Bestellung Erfolg hat (vgl. § 47). Es ist daher außerdem eine **verfassungskonforme Reduktion** des § 47 für diesen Fall anzunehmen: Wird die Bestellung des Vollmachtsbetreuers auf Be-

---

1 Nach BT-Drucks. 16/9733, S. 297 soll vielmehr „Gleichlauf" zwischen Bevollmächtigtem und Betreuer herrschen.
2 OLG Köln v. 6.12.2010 – 16 Wx 96/10, NotBZ 2011, 298; BayObLG v. 9.4.2003 – 3 Z BR 242/02, FGPrax 2003, 171; BayObLG v. 15.9.2000 – 1 Z BR 75/00, NJW-RR 2001, 297; HK-BUR/*Bauer*, § 69g FGG Rz. 16a; Jansen/*Sonnenfeld*, § 69g FGG Rz. 20; Fröschle/*Guckes*, § 303 FamFG Rz. 29; BtKomm/*Roth*, A Rz. 202; aA OLG Zweibrücken v. 30.8.2002 – 3 W 152/02, FGPrax 2002, 260; *Damrau/Zimmermann*, § 303 FamFG Rz. 171.
3 BVerfG v. 10.10.2008 – 1 BvR 1415/08, BtPrax 2009, 27.
4 So noch zum FGG: OLG Frankfurt v. 27.1.2009 – 20 W 504/08, FGPrax 2009, 67.
5 BVerfG v. 10.10.2008 – 1 BvR 1415/08, BtPrax 2009, 27.
6 BT-Drucks. 16/6308, S. 420.
7 So auch AG Mannheim v. 29.3.2012 – Ha 2 XVII 253/11, BtPrax 2012, 219 (LS); Bahrenfuss/*Brosey*, § 304 FamFG Rz. 10.
8 So LG Bielefeld v. 1.3.2012 – 23 T 118/12, FamRZ 2012, 1671.

schwerde hin aufgehoben, ist ein zwischenzeitlich von ihm erklärter Widerruf der Vollmacht **unwirksam**.[1]

Widerruft der geschäftsfähige **Betroffene** die Vollmacht selbst, endet dagegen die Vertretungsmacht des Bevollmächtigten insgesamt und damit auch nach Abs. 4. Eine danach vom Bevollmächtigten im Namen des Betroffenen eingelegte Beschwerde ist unzulässig, wenn der Betroffene sie nicht genehmigt. Eine zuvor von ihm eingelegte bleibt zwar zulässig, kann aber nur noch vom Betroffenen selbst weiterbetrieben werden. Wegen § 275 ist anzunehmen, dass auch der geschäftsunfähige Betroffene die Vollmacht insoweit widerrufen kann, als sie verfahrensrechtliche Wirkungen hat. Außerdem kann der Betroffene die vom Bevollmächtigten in seinem Namen eingelegte Beschwerde zurücknehmen. 60

C. Weitere Fragen

Abs. 1 bis 4 gelten auch für die **Rechtsbeschwerde** und im Verfahren der eA.[2] Die Beschwerde ist dort jedoch in verkürzter Frist (§ 63 Abs. 2 Nr. 1) einzulegen, und die Rechtsbeschwerde ist ganz ausgeschlossen (§ 70 Abs. 4). 61

Für das **Beschwerdeverfahren** gilt § 68. Das Betreuungsgericht kann der Beschwerde **abhelfen** (§ 68 Abs. 1). Tut es dies nicht, prüft das Beschwerdegericht zunächst die Zulässigkeit der Beschwerde (§ 68 Abs. 2). Ist sie **zulässig**, gelten für das Verfahren nach § 68 Abs. 3 grundsätzlich dieselben Vorschriften wie in erster Instanz, also §§ 273 bis 277, 286 bis 288 und – je nach Verfahrensgegenstand – ggf. auch §§ 278 bis 285, 293 bis 299 und 307. Für Folgeverrichtungen zu einer Betreuerbestellung ist das Betreuungsgericht auch zuständig, wenn das Landgericht die Betreuung erst auf Beschwerde hin eingerichtet hat (vgl. § 290 Rz. 15). 62

Was die Ermittlungstätigkeit angeht, ist das Beschwerdeverfahren **zweite Erstinstanz**, es muss Tatsachen grundsätzlich selbst feststellen und die dazu erforderlichen oder gesetzlich vorgeschriebenen Ermittlungen selbst durchführen, gleichgültig, ob es die Maßnahme, zu deren Erlass eine solche Handlung vorgeschrieben ist, auf die Beschwerde hin erstmals anordnen oder nur die Beschwerde dagegen zurückweisen will. Auch das Beschwerdegericht muss daher zB den Betroffenen grundsätzlich **persönlich anhören** und sich einen unmittelbaren Eindruck von ihm verschaffen, bevor es einen Betreuer bestellt (§§ 68 Abs. 3 Satz 1, 278 Abs. 1). Ausnahmsweise darf es nach § 68 Abs. 3 Satz 2 von einer Wiederholung von Verfahrenshandlungen absehen, die das Betreuungsgericht vorgenommen hat, wenn von der Wiederholung zusätzliche Erkenntnisse nicht zu erwarten sind. Dies muss in der Entscheidung begründet werden.[3] Zum etwa gleich lautenden § 69g Abs. 5 Satz 3 FGG gab es eine reichhaltige Kasuistik dazu, wann das nicht angenommen werden kann.[4] Man wird annehmen können, dass das nunmehr in etwa der Maßstab für die Wiederholung von Verfahrenshandlungen überhaupt ist (s. im Einzelnen dazu auch § 68 Rz. 27 ff.). Zur Frage, wann die persönliche Anhörung zu wiederholen ist, vgl. ausführlich § 279 Rz. 6a. 63

Die Übertragung von Ermittlungshandlungen auf einen **beauftragten Richter** ist – anders als früher – möglich,[5] setzt jedoch voraus, dass das Gericht eine Entscheidung auch treffen kann, ohne dass die ganze Kammer einen unmittelbaren Eindruck gewonnen hat. Wenn sie z.B. beabsichtigt, von den Feststellungen eines Gutachters aufgrund des Anhörungsergebnisses abzuweichen, darf sie das nicht lediglich auf den Eindruck des beauftragten Richters von dem Betroffenen stützen.[6] 64

Kosten/Gebühren: Gericht: Für Beschwerden gegen Endentscheidungen in Betreuungssachen entstehen Gebühren nach den Nrn. 11200 und 11201 KV GNotKG. Der Wert bestimmt sich nach § 62 Abs. 1 und 2 GNotKG. Als Kostenschuldner kommen der Entscheidungs- oder Übernahmeschuldner in Frage (§ 27 Nr. 1 und 65

---

1 Ebenso *Damrau/Zimmermann*, § 303 FamFG Rz. 173.
2 BayObLG v. 28.1.2004 – 3 Z BR 257/03, BtPrax 2004, 111.
3 OLG Zweibrücken v. 28.9.2001 – 3 W 213/01, NJW-RR 2002, 292; OLG Hamm v. 13.7.1999 – 15 W 145/99, BtPrax 1999, 238.
4 Übersichtliche Darstellung zB bei Jurgeleit/*Stauch*, § 303 FamFG Rz. 85.
5 Jurgeleit/*Stauch* § 303 FamFG Rz. 86.
6 BGH v. 9.11.2011 – XII ZB 286/11, NJW 2012, 317.

2 GNotKG), zusätzlich der Beschwerdeführer als Antragsteller der Instanz (§§ 22 Abs. 1, 25 GNotKG). Für den Betroffenen gilt die Vermögensfreigrenze nach Vorbem. 1.1 Abs. 1 KV GNotKG. Vom Beschwerdeführer werden Kosten nicht nach § 22 Abs. 1 GNotKG erhoben, wenn die Beschwerde vom Betroffenen oder in seinem Interesse eingelegt worden ist (§ 25 Abs. 2 GNotKG). **RA:** Für Beschwerden gegen Endentscheidungen wegen des Hauptgegenstands erhält der RA Gebühren nach Teil 3 Abschnitt 2 Unterabschnitt 1 VV RVG (Vorbem. 3.2.1 Nr. 2 Buchst. b VV RVG). Der Wert bestimmt sich nach § 23 Abs. 1 Satz 1 RVG, § 62 Abs. 1 und 2 GNotKG.

304 Beschwerde der Staatskasse

(1) **Das Recht der Beschwerde steht dem Vertreter der Staatskasse zu, soweit die Interessen der Staatskasse durch den Beschluss betroffen sind. Hat der Vertreter der Staatskasse geltend gemacht, der Betreuer habe eine Abrechnung falsch erteilt oder der Betreute könne anstelle eines nach § 1897 Abs. 6 des Bürgerlichen Gesetzbuchs bestellten Betreuers durch eine oder mehrere andere geeignete Personen außerhalb einer Berufsausübung betreut werden, steht ihm gegen einen die Entlassung des Betreuers ablehnenden Beschluss die Beschwerde zu.**
(2) **Die Frist zur Einlegung der Beschwerde durch den Vertreter der Staatskasse beträgt drei Monate und beginnt mit der formlosen Mitteilung (§ 15 Abs. 3) an ihn.**

A. Allgemeines 1	2. Beschwerde in anderen Fällen (Abs. 1 Satz 2) 12
B. Inhalt der Vorschrift 4	II. Beschwerdefrist (Absatz 2) 17
I. Beschwerdebefugnis des Vertreters der Staatskasse (Absatz 1) 5	C. Weitere Fragen 19
1. Beschwerde gegen Nichtentlassung eines Betreuers (Abs. 1 Satz 2) . . . 6	

A. Allgemeines

1 Das Beschwerderecht der Staatskasse ist im Laufe der Zeit immer mehr ausgebaut werden. Während es früher nur für abschließend aufgezählte Einzelfälle galt, enthält Abs. 1 Satz 1 jetzt eine Generalklausel.

2 Einstweilen frei.

3 Abs. 2 enthält mit der verlängerten Frist ein Zugeständnis an fiskalische Interessen.[1] Er kann im Einzelfall zu einem **beträchtlichen Aufschub der Rechtskraft** führen (dazu auch Rz. 18), zumal jeder andere Beschwerdebefugte sich einer Beschwerde der Staatskasse immer noch nach § 66 anschließen kann. Indessen dürfte fehlende Rechtskraft bei den meisten Endentscheidungen in Betreuungssachen schon deshalb nicht allzu problematisch zu sein, weil ihre Wirksamkeit davon nicht abhängt und das FGG vielfach ganz ohne Rechtskraft ausgekommen ist.

B. Inhalt der Vorschrift

4 Abs. 1 regelt die Beschwerdebefugnis des Vertreters der Staatskasse gegen Entscheidungen in Betreuungssachen. Abs. 2 bestimmt dazu eine von § 63 abweichende Beschwerdefrist.

I. Beschwerdebefugnis des Vertreters der Staatskasse (Absatz 1)

5 Abs. 1 enthält in Satz 1 eine **Generalklausel**, die in Satz 2 durch zwei konkret aufgelistete Beispiele für die nach Satz 1 gegebene Beschwerdebefugnis ergänzt wird.[2]

---

1 Nach BT-Drucks. 16/6308, S. 272 soll damit den Bezirksrevisoren ermöglicht werden, ihre bisherige Praxis beizubehalten, sich die Akten in regelmäßigen Abständen vorlegen zu lassen und dann erst zu entscheiden, ob sie gegen Entscheidungen vorgehen wollen. Das erklärt aber höchstens den abweichenden Fristbeginn, nicht die lange Frist.
2 Nach BT-Drucks. 16/6308, S. 272 soll ihnen wohl auch selbständige Bedeutung zukommen, so womöglich, wenn der Abrechnungsbetrug zu Lasten des Betreuten begangen wurde, s. dazu aber Rz. 11.

1. Beschwerde gegen Nichtentlassung eines Betreuers (Abs. 1 Satz 2)

Der Vertreter der Staatskasse kann gegen eine **Endentscheidung**, mit der das Betreuungsgericht die Entlassung eines Betreuers ablehnt, Beschwerde einlegen, wenn er mit der Beschwerde geltend macht: 6

- der Betreuer sei nach § 1908b Abs. 1 Satz 2 Alt. 1 BGB zu entlassen, weil er sich einer vorsätzlichen Pflichtverletzung im Rahmen der Abrechnung seiner Vergütung schuldig gemacht habe oder
- der Betreuer sei nach § 1908b Abs. 1 Satz 3 BGB zu entlassen, weil er die Betreuung berufsmäßig führe und sie von einem oder mehreren geeigneten ehrenamtlichen Betreuern geführt werden könne.

Für die **Zulässigkeit** der Beschwerde genügt es, wenn der Vertreter der Staatskasse dies **schlüssig behauptet**.[1] Das ist der Beschwerdebegründung zu entnehmen. Ob der Betreuer tatsächlich nach einer dieser Normen zu entlassen ist, ist eine Frage der Begründetheit. 7

Ist die Beschwerde zulässig, muss das Gericht die angefochtene Entscheidung aber **in vollem Umfang** überprüfen, also auch dahin, ob der Betreuer ggf. aus anderen Gründen zu entlassen ist. Es genügt, wenn die Entlassungsgründe bis zum Erlass der Beschwerdeentscheidung vorliegen (§ 65 Abs. 3). 8

Abs. 1 Satz 2 verleiht dem Vertreter der Staatskasse **kein Antragsrecht** für das Verfahren erster Instanz. Die Entlassung des Betreuers nach § 1908b Abs. 1 BGB ist reines Amtsverfahren. Der Vertreter der Staatskasse kann die Entlassung jedoch nach § 24 anregen und, wenn das Gericht der Anregung nicht folgt, die **Nichteinleitung des Verfahrens** gleichfalls mit der Beschwerde anfechten, denn die Verfügung, mit der das Gericht der Anregung keine Folge gibt, hat die Wirkung einer Endentscheidung (s. auch § 303 Rz. 14). 9

Die Anfechtung schon **der Bestellung des Betreuers** mit der Behauptung, sie verletzte § 1897 Abs. 6 BGB, fällt nicht unter § 304 Abs. 1 Satz 2,[2] ist aber nach § 304 Abs. 1 Satz 1 zulässig (s. Rz. 15).[3] 10

Die Beschwerde setzt außerdem auch bei Abs. 1 Satz 2 eine **Beschwer der Staatskasse** voraus,[4] die zB fehlt, wenn der nach § 1908b Abs. 1 Satz 2 BGB zu entlassende Betreuer nicht zu Lasten der Staatskasse, sondern zu Lasten des Betreuten falsch abgerechnet hat.[5] 11

2. Beschwerde in anderen Fällen (Abs. 1 Satz 1)

Nach Satz 1 kann der Vertreter der Staatskasse außerdem jede andere Entscheidung in Betreuungssachen anfechten, die **Interessen der Staatskasse betrifft**. An Verfahren, in denen dies möglich ist, kann der Vertreter der Staatskasse nach § 274 Abs. 4 Nr. 2 auch schon in erster Instanz förmlich beteiligt werden[6] (s. § 274 Rz. 51). 12

Das ist im Lichte von Satz 2 auszulegen. Interessen der Staatskasse sind immer – aber auch nur dann – betroffen, wenn das Gericht eine Norm anwendet, die (zumindest auch) den **Schutz der fiskalischen Interessen** des Staates bezweckt.[7] Dass die 13

---

[1] Dazu muss er im Falle des § 1908b Abs. 1 Satz 3 BGB einen konkreten Vorschlag dazu unterbreiten, wer als ehrenamtlicher Betreuer bestellt werden soll, OLG Hamm v. 28.8.2000 – 15 W 57/00, BtPrax 2000, 265; HK-BUR/*Bauer*, § 69g FGG Rz. 75c; Jurgeleit/*Stauch*, § 304 FamFG Rz. 3; *Knittel*, § 304 FamFG Rz. 7.
[2] OLG Schleswig v. 24.3.1999 – 2 W 47/99, BtPrax 1999, 155.
[3] AA *Damrau/Zimmermann*, § 304 FamFG Rz. 6.
[4] BtKomm/*Roth*, A Rz. 207.
[5] HK-BUR/*Bauer*, § 69g FGG Rz. 78; Jansen/*Sonnenfeld*, § 69g FGG Rz. 32; *Fröschle*, Betreuungsrecht 2005, Rz. 488.
[6] Die Beschwerdebefugnis aus Abs. 1 Satz 1 ist nach BT-Drucks. 16/6308, S. 272 „Gegenstück" zur Beteiligungsmöglichkeit als § 274 Abs. 4 Nr. 2.
[7] Etwas weiter als hier: Bork/Jacoby/Schwab/*Heiderhoff*, § 304 Rz. 4 (Beschwerde muss in den „Kompetenzbereich" der Staatskasse gehören); enger: Jurgeleit/*Stauch*, § 304 FamFG Rz. 1 (Staatskasse muss iSv. § 59 Abs. 1 unmittelbar betroffen sein).

Entscheidung lediglich Auswirkungen auf die Staatskasse hat, sei es, dass sie Ausgaben auslöst, sei es, dass sie Einnahmen verhindert, genügt nicht.

14 Die Staatskasse muss durch die Entscheidung überdies **beschwert** sein. Der Vertreter der Staatskasse kann keine Beschwerde zugunsten eines anderen Beteiligten einlegen.

15 Eine auf Satz 1 gestützte Beschwerde ist damit zulässig, wenn der Vertreter der Staatskasse schlüssig behauptet, das Gericht habe eine dem **Schutz der Staatskasse** dienende Norm zu deren Ungunsten falsch angewendet. Außer den beiden in Satz 2 erwähnten Normen dürften solche Schutznormen für die Staatskasse sein:
- § 1897 Abs. 6 Satz 1 BGB,
- § 1899 Abs. 1 Satz 3 BGB,
- §§ 1908i Abs. 1 Satz 1, 1836 Abs. 1 Satz 2 BGB.

16 Außerdem ist der Vertreter der Staatskasse gegen jede Entscheidung beschwerdebefugt, die die Staatskasse **unmittelbar zu Zahlungen verpflichtet** oder durch die festgestellt wird, dass ihr **ein Zahlungsanspruch nicht zusteht**. Das betrifft in erster Linie das Entschädigungsverfahren nach §§ 292, 168. Ob es schon aus § 59 Abs. 1 folgt oder – wegen § 59 Abs. 3 – doch aus Abs. 1 Satz 1 abgeleitet werden muss, kann in Betreuungssachen dahinstehen.

II. Beschwerdefrist (Absatz 2)

17 Abweichend von § 63 Abs. 1 beträgt die Beschwerdefrist für den Vertreter der Staatskasse **drei Monate**.

18 Abweichend von § 63 Abs. 3 beginnt diese Frist mit der **formlosen Mitteilung** der Entscheidung an den Vertreter der Staatskasse. Abs. 2 verweist dazu auf § 15 Abs. 3. Jede Form der Mitteilung ist daher ausreichend, zB auch, dass dem Vertreter der Staatskasse die Akte zur routinemäßigen Überprüfung vorgelegt wird. Sie muss aber auf einer willentlichen Handlung des Gerichts beruhen. Die Frist wird nicht schon dadurch ausgelöst, dass der Vertreter der Staatskasse von der Entscheidung von dritter Seite erfährt.[1] Im Übrigen ist zu unterscheiden:
- Ist der Vertreter der Staatskasse am Verfahren nach § 274 Abs. 4 Nr. 2 beteiligt worden, so ist ihm die Endentscheidung nach § 41 Abs. 1 **bekannt zu geben**. Abs. 2 kann dann allenfalls bewirken, dass die Beschwerdefrist schon vor der Bekanntgabe zu laufen beginnt, wenn sie ihm vorher schon formlos mitgeteilt wird.
- Ist der Vertreter der Staatskasse nicht beteiligt worden, braucht ihm die Endentscheidung weder bekannt gegeben noch sonst mitgeteilt zu werden. Die Frist beginnt dann aber auch **nicht zu laufen**. § 63 Abs. 3 Satz 2 kann auf den Vertreter der Staatskasse schon deshalb nicht angewendet werden, weil es stets möglich ist, ihm eine Entscheidung mitzuteilen. Will das Gericht **Rechtskraft** herbeiführen, muss es daher jede Entscheidung, bei der nach dem oben Gesagten eine Beschwerde der Staatskasse in Frage kommt, dem Vertreter der Staatskasse mitteilen. Zwingend notwendig ist dies allerdings nicht, denn in den wenigen Fällen, in denen die Wirksamkeit nach § 40 Abs. 2 von der Rechtskraft abhängt, kommt eine Beschwerde der Staatskasse ohnehin nicht in Frage.

C. Weitere Fragen

19 Mangels einer ausdrücklichen Einschränkung gilt Abs. 1 auch für **eA** mit entsprechendem Inhalt. Die Beschwerdefrist dürfte auch dann § 304 Abs. 2, nicht § 63 Abs. 2 Nr. 1 folgen, da § 304 Abs. 2 die speziellere Regelung ist. Da eA ohnehin jederzeit abgeändert oder aufgehoben werden können (s. § 300 Rz. 42), stellt das Nichteintreten der formellen Rechtskraft dort eher ein noch geringeres Problem dar.

---

1 Anders BT-Drucks. 16/6308, S. 272, wo ausgeführt wird, die Frist beginne mit der „tatsächlichen Kenntnisnahme". Das steht aber gerade nicht im Gesetz.

§ 304 ist, wie schon die Vorgängernorm, auf die **Rechtsbeschwerde** entsprechend anzuwenden. In den Fällen des § 70 Abs. 3 Nr. 1 ist sie auch für den Vertreter der Staatskasse zulassungsfrei. Allerdings gilt § 59 Abs. 2. Die Zurückweisung der Beschwerde kann auch der Vertreter der Staatskasse nicht anfechten, wenn er nicht Beschwerdeführer war. 20

Kosten/Gebühren: Gericht: Für Beschwerde- und Rechtsbeschwerdeverfahren entstehen Gebühren nach Nr. 19116, 19126 KV GNotKG. Da diese nur bei einem erfolglosen oder zurückgenommenen Rechtsmittel anfallen, bleibt die Beschwerde der Staatskasse wegen ihrer allgemeinen Kostenfreiheit (§ 2 Abs. 1 GNotKG) stets kostenfrei. Auch für eine begründete Beschwerde werden von anderen Beteiligten nach Vorbem. 3.1 Abs. 1 KV GNotKG Auslagen nicht erhoben, da das Beschwerdeverfahren gebührenfrei ist. 21

305 Beschwerde des Untergebrachten
Ist der Betroffene untergebracht, kann er Beschwerde auch bei dem Amtsgericht einlegen, in dessen Bezirk er untergebracht ist.

A. Allgemeines

§ 305 gilt für alle Betreuungssachen. 1

B. Inhalt der Vorschrift

§ 305 enthält eine **Ergänzung** zu § 64 Abs. 1 und 2 und zu § 25 Abs. 2 und 3. Die Beschwerde ist auch in Betreuungssachen grundsätzlich **beim Ausgangsgericht** einzulegen. Wird sie bei einem anderen Gericht eingelegt, ist dieses zur Weiterleitung verpflichtet, doch ist die Frist nur gewahrt, wenn die Beschwerde noch vor ihrem Ablauf beim richtigen Gericht eingeht (s. § 64 Rz. 3). Für den **untergebrachten Betroffenen** macht § 305 hiervon eine Ausnahme. Die Beschwerdefrist wahrt er auch, wenn er die Beschwerde bei dem Amtsgericht einlegt, in dessen Bezirk er untergebracht ist. 2

Die Norm berücksichtigt, dass ein Untergebrachter Schwierigkeiten haben kann, ein auswärtiges Gericht zu erreichen. Ob das tatsächlich noch häufig so ist, ist freilich fraglich. Die Postlaufzeiten im Inland sind kaum noch entfernungsabhängig. Immerhin bleibt die Möglichkeit, einen Ausgang zu nutzen, um die Beschwerde zur Niederschrift der Geschäftsstelle einzulegen oder persönlich einzuwerfen, wenn dies beim örtlichen Gericht geschehen kann. 3

§ 305 gilt ausschließlich für den Betroffenen. Für andere untergebrachte Beschwerdeberechtigte bleibt es bei § 64 Abs. 1. Ihrem Zweck nach ist die Vorschrift außerdem auf den Fall der **persönlichen Beschwerdeerhebung** durch den Betroffenen beschränkt. Wird dieser durch den Betreuer, einen Bevollmächtigten oder einen Verfahrensbevollmächtigten vertreten, gilt § 64 Abs. 1 ohne Einschränkung.[1] Auch für den **Verfahrenspfleger** gilt § 305 nicht.[2] 4

Untergebracht iSv. § 305 soll nur sein, wem aufgrund einer Entscheidung des Betreuungsgerichts die Freiheit entzogen wird, wer also nach §§ 312 ff. oder § 284 untergebracht ist.[3] Weder Wortlaut noch Zweck der Norm zwingen zu einer solch engen Auslegung. Dem Zweck der Norm wird man sogar besser gerecht, wenn man sie auf alle freiheitsentziehend Untergebrachten anwendet, also zB auch auf Strafgefangene, Untersuchungshäftlinge und die Insassen von forensischen Kliniken, Sicherungsverwahranstalten oder Einrichtungen nach dem ThUG. 5

---

[1] Fröschle/*Guckes*, § 306 FamFG Rz. 3; Jurgeleit/*Stauch*, § 305 FamFG Rz. 2; aA HK-BUR/*Bauer*, § 69g FGG Rz. 103; Keidel/*Budde*, § 305 FamFG Rz. 3; *Bassenge*/Roth, § 305 FamFG Rz. 1; Bork/Jacoby/Schwab/*Heiderhoff*, § 305 FamFG Rz. 2.

[2] Jansen/*Sonnenfeld*, § 69g FGG Rz. 39; Fröschle/*Guckes*, § 306 FamFG Rz. 3; *Knittel*, § 305 FamFG Rz. 5; Keidel/*Budde*, § 305 FamFG Rz. 4; Jurgeleit/*Stauch*, § 303 FamFG Rz. 2; aA HK-BUR/*Bauer*, § 69g FGG Rz. 103; *Bassenge*/Roth, § 305 FamFG Rz. 1.

[3] HM: HK-BUR/*Bauer*, § 69g FGG Rz. 104; Jansen/*Sonnenfeld*, § 69g FGG Rz. 39; *Knittel*, § 305 FamFG Rz. 5; wie hier aber: Jurgeleit/*Stauch*, § 305 FamFG Rz. 4; vgl. ferner KG OLGZ 1994, 206 zu § 7 Abs. 4 FEVG (jetzt § 429 Abs. 4 FamFG).

6 Für den **Antrag auf Verfahrenskostenhilfe** für das Beschwerdeverfahren gilt § 305 entsprechend.

C. Weitere Fragen

I. Rechtsbeschwerde

7 Für die Rechtsbeschwerde passt § 305 nicht, weil diese überhaupt nur noch beim Rechtsbeschwerdegericht eingelegt werden kann und einem Anwaltszwang unterliegt.[1] Fraglich kann allenfalls sein, ob nach § 305 der **Antrag auf Verfahrenskostenhilfe** für eine Rechtsbeschwerde beim örtlichen Amtsgericht gestellt werden kann. Dafür besteht aber kein Bedürfnis. Der Antrag wahrt die Beschwerdefrist ohnehin nicht, und auf seiner Unterbringung beruhende Übermittlungsschwierigkeiten kann der Betroffene mit einem Wiedereinsetzungsantrag geltend machen.

II. Unterbringung in Württemberg

8 Befindet sich der Untergebrachte in Württemberg, wird § 305 wohl dahin zu lesen sein, dass die Beschwerde **stets beim örtlichen Amtsgericht** eingelegt werden kann, auch wenn die angefochtene Entscheidung von einem Notariat stammt. Man sollte aber § 305 zudem seinem Zweck entsprechend dahin anwenden, dass die Beschwerde fristwahrend **auch beim örtlichen Notariat** eingereicht werden kann, falls die Entscheidung von einem (anderen) Notariat erlassen wurde oder, wäre sie in Württemberg erlassen worden, von einem Notariat hätte erlassen werden können.

306 *Aufhebung des Einwilligungsvorbehalts*

Wird ein Beschluss, durch den ein Einwilligungsvorbehalt angeordnet worden ist, als ungerechtfertigt aufgehoben, bleibt die Wirksamkeit der von oder gegenüber dem Betroffenen vorgenommenen Rechtsgeschäfte unberührt.

A. Allgemeines 1	II. Rechtsfolge
B. Inhalt der Vorschrift	1. Rechtshandlungen des Betreuten . 11
I. Tatbestandsvoraussetzungen	2. Rechtshandlungen des Betreuers . 14
1. Aufhebung der Anordnung 2	C. Besonderes Rechtsschutzbedürfnis . 18
2. Feststellung der ursprünglichen Rechtswidrigkeit 8	

A. Allgemeines

1 Die Norm betrifft die **materiellrechtlichen Folgen** der Aufhebung eines Einwilligungsvorbehalts und ordnet insoweit – anders als § 47 für die Betreuerbestellung als solche – Rückwirkung an.

B. Inhalt der Vorschrift

I. Tatbestandsvoraussetzungen

1. Aufhebung der Anordnung

2 § 306 kommt zur Anwendung, wenn der Beschluss über die Anordnung eines Einwilligungsvorbehalts ganz oder teilweise[2] aufgehoben wird, weil die Voraussetzungen für seinen Erlass schon im Zeitpunkt des Erlasses nicht bestanden haben.

3 Die **Aufhebung** oder Einschränkung des Einwilligungsvorbehalts nach § 1908d Abs. 4, Abs. 1 BGB fällt von vornherein nicht darunter.[3] Ein solches Verfahren hat

---

[1] Jürgens/*Kretz*, § 305 FamFG.
[2] HK-BUR/*Walther*, § 306 FamFG Rz. 9; Jansen/*Sonnenfeld*, § 69h FGG Rz. 2; Fröschle/*Guckes*, § 307 FamFG Rz. 2; *Bassenge*/Roth, § 306 FamFG Rz. 1.
[3] HK-BUR/*Walther*, § 306 FamFG Rz. 6; Jansen/*Sonnenfeld*, § 69h FGG Rz. 6; Fröschle/*Guckes*, § 307 FamFG Rz. 2; *Bassenge*/Roth, § 306 FamFG Rz. 2; Jürgens/*Kretz*, § 306 FamFG Rz. 4.

den Einwilligungsvorbehalt zum Gegenstand, nicht den ihn anordnenden Beschluss. Das Gericht ist nicht befugt, dessen Rechtswidrigkeit festzustellen.

Der Beschluss über die Anordnung eines Einwilligungsvorbehalts kann unter gleichzeitiger Feststellung seiner Rechtswidrigkeit **aufgehoben** werden: 4
- im Wege der **Abhilfe** nach § 68 Abs. 1,
- durch **Beschwerdeentscheidung** (§§ 69, 74),
- in einem **Wiederaufnahmeverfahren** nach § 48 Abs. 2,
- auf eine **Anhörungsrüge** (§ 44) oder
- durch das BVerfG auf eine erfolgreiche **Verfassungsbeschwerde** hin.

Ist der Einwilligungsvorbehalt durch eA nach § 300 Abs. 1 Satz 1 angeordnet worden, kommt ferner die Aufhebung nach § 54 Abs. 1 Satz 1 dafür in Frage, denn anders als § 48 Abs. 1 setzt sie keine geänderte Sachlage voraus.[1] Das Gericht kann eine eA vielmehr von Amts wegen auch aufheben, weil es sie nachträglich als von Anfang an ungerechtfertigt ansieht. 5

Nicht ganz klar ist, ob es auch unter § 306 fällt, wenn die eA durch eine **abweichende Hauptsacheentscheidung** wirkungslos wird. Bei wörtlicher Auslegung ist das nicht der Fall, denn die Hauptsacheentscheidung beinhaltet die Aufhebung der eA nicht, deren Wirkungen entfallen vielmehr kraft Gesetzes (§ 56 Abs. 1). Dennoch sollte der Fall nicht anders behandelt werden, da die Interessenlage dieselbe ist.[2] Voraussetzung ist freilich auch hier, dass die Hauptsacheentscheidung zur Rechtswidrigkeit der eA eine Feststellung enthält. 6

Wird **die Betreuung aufgehoben**, entfällt der Einwilligungsvorbehalt infolge seiner Akzessorietät, ohne dass er ebenfalls aufgehoben werden muss. Das fällt unter § 306, wenn die Betreuung als von Anfang an ungerechtfertigt aufgehoben wird, denn damit steht zugleich fest, dass auch nie ein Einwilligungsvorbehalt gerechtfertigt gewesen sein kann.[3] 7

2. Feststellung der ursprünglichen Rechtswidrigkeit

Die Wirkung des § 306 tritt nur bei einer Entscheidung ein, die die Ausgangsentscheidung als von Anfang an ungerechtfertigt aufhebt, die folglich die Feststellung enthält, dass sie **zum Zeitpunkt ihres Erlasses rechtswidrig** war. Diese Feststellung braucht nicht in der Entscheidungsformel enthalten zu sein. Sie muss sich dann aber aus den **tragenden Gründen** der Entscheidung ergeben. Eine Feststellung *obiter dictum* genügt nicht, also zB, dass das Gericht den Einwilligungsvorbehalt aufhebt, weil er jedenfalls jetzt nicht erforderlich ist und dann Hilfserwägungen dazu anstellt, dass er es womöglich von Anfang an nicht war. 8

Erfolgt die Aufhebung wegen **geänderter Verhältnisse**, tritt die Wirkung des § 306 nicht ein. 9

Erfolgt sie wegen **Verfahrensfehlern** soll nach der hM § 306 auch nicht greifen.[4] Das ist ungenau. Ohne Entscheidung in der Sache allein aufgrund eines Verfahrensfehlers der Vorinstanz kann das Rechtsmittelgericht gar keine abschließende Entscheidung treffen. Hebt es die Entscheidung auf, ohne die Sache zurückzuverweisen, muss es dies vielmehr auf Sachgründe stützen. Nach diesen richtet sich dann auch die Anwendung von § 306. **Verweist** es die Sache aber zurück, muss das Ausgangsgericht erst noch endgültig über den Einwilligungsvorbehalt entscheiden. Kommt es dabei zum Ergebnis, dass er von Anfang an nicht gerechtfertigt war, sollte § 306 angewendet werden. Bestätigt es ihn oder lehnt es ihn wegen inzwischen geänderter Ver- 10

---

[1] *Damrau/Zimmermann*, § 306 FamFG Rz. 2.
[2] Im Entmündigungsrecht war das in § 115 Abs. 2 aF BGB auch noch ausdrücklich so geregelt.
[3] BayObLG v. 2.6.2004 – 3 Z BR 65/04, FamRZ 2004, 1814; *Damrau/Zimmermann*, § 306 FamFG Rz. 5; aA Jansen/*Sonnenfeld*, § 69h FGG Rz. 7.
[4] Jansen/*Sonnenfeld*, § 69h FGG Rz. 6; Keidel/*Budde*, § 306 FamFG Rz. 2; Fröschle/*Guckes*, § 306 FamFG Rz. 2; Jurgeleit/*Bučić*, § 306 FamFG Rz. 5; Jürgens/*Kretz*, § 306 FamFG Rz. 2.

hältnisse ab, dürfte er wohl allerdings iSd. hM bis zur Entscheidung des Rechtsmittelgerichts wirksam geblieben sein.

II. Rechtsfolge

1. Rechtshandlungen des Betreuten

11 § 306 ordnet mit seiner etwas undeutlichen Formulierung, die Wirksamkeit von Rechtsgeschäften bleibe „unberührt", nichts anderes an als die **materielle Rückwirkung** der Aufhebungsentscheidung. Der Einwilligungsvorbehalt hat infolge von § 306 **zu keiner Zeit Wirkungen** entfaltet. Rechtsgeschäfte, an denen der Betreute persönlich beteiligt war, sind damit
- nicht nach §§ 1903 Abs. 1 Satz 2, 108 Abs. 1 BGB schwebend unwirksam,
- nicht nach §§ 1903 Abs. 1 Satz 2, 108 Abs. 2, 109, 111 BGB nichtig,
- nicht wegen §§ 1903 Abs. 1 Satz 2, 131 Abs. 2 BGB noch nicht wirksam geworden.

12 Ihre Unwirksamkeit kann sich aber trotzdem noch aus §§ 105 Abs. 1 oder 2, 105a Satz 2 oder § 131 Abs. 1 BGB ergeben.

13 Soweit die Auffassung vertreten wird, § 306 sei auf Prozesshandlungen entsprechend anzuwenden,[1] ist dem entgegenzuhalten, dass sich Rückwirkung schlecht mit der in einem Prozess notwendigen Rechtssicherheit verträgt. Außerdem sind Prozesshandlungen des Prozessunfähigen nicht nichtig, sondern lediglich **unzulässig**. Meist genügt es, wenn die Zulässigkeit zum Zeitpunkt der letzten mündlichen Verhandlung gegeben ist. Eine vom Betreuten selbst erhobene Klage wird daher zB zulässig, wenn der Einwilligungsvorbehalt noch vor der letzten mündlichen Verhandlung aufgehoben wird. Das hat mit § 306 aber nichts zu tun. Ist eine Klage wegen der Prozessunfähigkeit des Betroffenen rechtskräftig abgewiesen worden, ändert § 306 hieran nichts.

2. Rechtshandlungen des Betreuers

14 Geschäfte, die **der Betreuer** im Namen des Betroffenen vorgenommen hat oder die gegenüber dem Betreuer vorgenommen wurden, bleiben nach § 47 wirksam, auch wenn mit dem Einwilligungsvorbehalt zugleich die Betreuung aufgehoben wird.

15 Das kann zur **Mehrfachverpflichtung** des Betreuten führen. Kann er davon nur eine erfüllen, wird er von der anderen nach § 275 Abs. 1 BGB frei. Die Literatur meint, dies könne zu Schadensersatzansprüchen führen.[2] Das dürfte aber regelmäßig nicht der Fall sein. Der Betreute verhält sich nicht **schuldhaft**, wenn er einen rechtswidrigen Einwilligungsvorbehalt ignoriert. Zwar wird ihm wegen § 278 Abs. 1 BGB auch ein eventuelles **Verschulden des Betreuers** zugerechnet. Doch wird sich meist auch der Betreuer nicht schuldhaft verhalten, wenn er sich auf einen wirksam angeordneten Einwilligungsvorbehalt beruft, nur weil dieser noch nicht rechtskräftig ist, es sei denn, die Rechtswidrigkeit der Entscheidung lag klar zutage. Dann haftet der Betreute dem Vertragspartner, doch muss der Betreuer ihn im Innenverhältnissen von diesen Ansprüchen freistellen (§§ 1908i Abs. 1 Satz 1, 1833 BGB). Für einen Amtshaftungsanspruch (§ 839 Abs. 1 Satz 1 BGB, Art. 34 Satz 1 GG) ist wegen § 839 Abs. 1 Satz 2 BGB nur Raum, wenn der Betreuer insolvent ist oder wenn der Betreute ein Verschulden des Betreuers weder beweisen noch widerlegen kann.

16 Haben der Betreuer und der Betreute beide über **dasselbe Rechtsobjekt verfügt**, wird davon idR die frühere Verfügung wirksam sein, die spätere ins Leere gehen.[3] Etwas anderes kann sich aber aus den Vorschriften über den **gutgläubigen Erwerb vom Nichtberechtigten** ergeben. Hat zB der Betreuer eine vom Betreuten veräußerte be-

---

1 Jansen/*Sonnenfeld*, § 69h FGG Rz. 4.
2 HK-BUR/*Walther* § 306 FamFG Rz. 12; Jansen/*Sonnenfeld*, § 69h FGG Rz. 9; Fröschle/*Guckes*, § 307 FamFG Rz. 4; Jürgens/*Kretz*, § 306 FamFG Rz. 4.
3 HK-BUR/*Walther*, § 306 FamFG Rz. 12; Fröschle/*Guckes*, § 306 FamFG Rz. 4; Jürgens/*Mertens*, § 306 FamFG Rz. 4.

wegliche Sache unter Berufung auf den Einwilligungsvorbehalt zurückgefordert und anschließend erneut veräußert, ist der zweite Erwerb nach §§ 929 Satz 1, 932 BGB wirksam. Der Betreuer handelt ja nicht in eigenem Namen, sondern aufgrund von (tatsächlich bestehender) Vertretungsmacht. Auch eine Übergabe durch den Betreuten hat stattgefunden, denn der Betreuer besitzt für ihn.

Auch **Rechtshandlungen des Betreuers** in Bezug auf die von § 306 erfassten Geschäfte muss der Betreute sich wegen § 47 als eigene zurechnen lassen. Die Erfüllungsverweigerung des Betreuers unter Berufung auf den Einwilligungsvorbehalt berechtigt daher bei einem gegenseitigen Vertrag den anderen Vertragspartner zum Rücktritt (§ 323 Abs. 1, Abs. 2 Nr. 1 BGB), während Schadensersatzansprüche auch hier idR am fehlenden Verschulden scheitern werden. Ist der Vertrag aufgrund eines Verlangens des Betreuers **rückabgewickelt** worden, kann ein erneutes Erfüllungsverlangen des Betreuten am Einwand widersprüchlichen Verhaltens (§ 242 BGB) scheitern.

17

C. Besonderes Rechtsschutzbedürfnis

§ 306 begründet ein vom Bestand des Einwilligungsvorbehalts unabhängiges Rechtsschutzbedürfnis an der Aufhebung der ihn anordnenden Entscheidung. Eine **Beschwerde** gegen die Anordnung des Einwilligungsvorbehalts ist folglich nicht deshalb unzulässig, weil
- der Einwilligungsvorbehalt inzwischen nach § 1908d Abs. 4, Abs. 1 Satz 1 BGB aufgehoben oder nach § 295 verlängert[1] wurde,
- seine Anordnung per eA inzwischen durch bestätigende Hauptsacheentscheidung[2] oder verlängernde weitere eA überholt ist.

18

Sie kann noch eingelegt werden, nachdem dies geschehen ist und sie **erledigt** sich hierdurch auch nicht in der Hauptsache. Ebenso wenig erledigt sich die Hauptsache durch den Tod des Betroffenen.

19

Zweifelhaft ist allerdings, ob sich für den Betroffenen eine Beschwer allein daraus ergibt, dass das Beschwerdegericht seiner Beschwerde wegen veränderter Umstände stattgibt. Konsequent wäre dies zwar, es fehlt in einem solchen Fall aber an der **formellen Beschwer**, die § 59 Abs. 2 fordert. Ggf. muss der Betroffene die **Feststellung der Rechtswidrigkeit** gesondert beantragen.[3]

20

307 *Kosten in Betreuungssachen*

In Betreuungssachen kann das Gericht die Auslagen des Betroffenen, soweit sie zur zweckentsprechenden Rechtsverfolgung notwendig waren, ganz oder teilweise der Staatskasse auferlegen, wenn eine Betreuungsmaßnahme nach den §§ 1896 bis 1908i des Bürgerlichen Gesetzbuchs abgelehnt, als ungerechtfertigt aufgehoben, eingeschränkt oder das Verfahren ohne Entscheidung über eine solche Maßnahme beendet wird.

A. Allgemeines

Die Norm erweitert die in § 81 Abs. 1 Satz 2 enthaltene Möglichkeit, die Gerichtskosten der Staatskasse aufzuerlegen, auf die beim Betroffenen entstandenen Kosten.

1

---

1 BayObLG v. 10.8.1999 – 3 Z BR 232/99, FamRZ 1999, 1692; BayObLG v. 16.5.1997 – 3 Z BR 53/97, BtPrax 1997, 198.
2 BayObLG v. 2.6.2004 – 3 Z BR 65/04, FamRZ 2004, 1814; OLG Hamm v. 9.12.1992 – 15 W 270/92, FamRZ 1993, 722.
3 OLG München v. 28.7.2008 – 33 Wx 164/08, FGPrax 2008, 209 lässt offen, unter welchen Voraussetzungen ein solch gesonderter Antrag zulässig ist, weil er dort nicht gestellt war und es auch an einem Feststellungsinteresse fehlte. Beim Einwilligungsvorbehalt kann es aber gerade wegen § 306 nicht verneint werden.

2   Der Anwendungsbereich ist mit „Betreuungsmaßnahmen nach §§ 1896 bis 1908i BGB" einigermaßen undeutlich beschrieben. Eine „Maßnahme" des Gerichts liegt jedenfalls nur vor, wenn die Entscheidung **positive Rechtswirkungen** entfaltet, nicht, wenn sie lediglich die Rechtswirkung früherer Entscheidungen aufhebt oder einschränkt. Daher fallen zwar Verfahren zur Bestellung eines Betreuers oder Erweiterung seines Aufgabenkreises darunter, nicht aber solche zur Aufhebung der Betreuung, Entlassung des Betreuers oder Einschränkung seines Aufgabenkreises. Ähnliches gilt für den Einwilligungsvorbehalt.[1] Die Anordnung von **Zwangsmaßnahmen** im Verfahren (§§ 278 Abs. 5 bis 7, 283, 284) steht betreuungsgerichtlichen Maßnahmen gleich.[2]

3   Positive Rechtswirkungen entfalten auch **betreuungsgerichtliche Genehmigungen**. Zur Vorgängernorm hat sich diesbezüglich allerdings die Auffassung durchgesetzt, die Kostenauferlegung auf die Staatskasse komme nicht in Betracht, wenn der Verfahrensgegenstand nicht die persönlichen Rechte des Betroffenen in qualifizierter Weise betreffe,[3] daher sei sie zwar auf Genehmigungsverfahren nach §§ 1904, 1905 BGB anwendbar, nicht aber auf solche nach §§ 1908i Abs. 1 Satz 1, 1821, 1822 BGB.[4] Gegen eine solch enge Auslegung spricht freilich schon der Wortlaut, der § 1908i Abs. 1 Satz 1 BGB zitiert.[5] Es besteht für sie auch kein Bedürfnis. Ob das Verfahren wegen der Grundrechtsbetroffenheit dem Betreuten gesteigerten Anlass gab, Anstrengungen zu seiner Rechtsverteidigung zu unternehmen, kann wesentlich besser und wortlautkonform im Rahmen des Ermessens berücksichtigt werden, das die Norm eröffnet.

4   Nichts anderes kann auch für die **Bestellung eines Ergänzungsbetreuers** gelten. Auch sie ist „Maßnahme" des Betreuungsgerichts.[6] § 307 ist anwendbar. Ihre relativ geringe Bedeutung für die Rechte des Betroffenen ist im Rahmen des durch § 307 eröffneten Ermessens zu berücksichtigen.

B. Inhalt der Vorschrift

5   Die Norm betrifft nur die **notwendigen Auslagen** des Betroffenen (s. zu deren Umfang § 80 Rz. 3 ff.). Die **Gerichtskosten** fallen ohnehin bei der Staatskasse an. Das Gericht kann – auch ohne dass die Voraussetzungen des § 307 vorliegen – in allen Verfahren nach seinem Ermessen anordnen, dass sie auch bei der Staatskasse verbleiben (§ 81 Abs. 1 Satz 2). Sie verbleiben ferner bei der Staatskasse, wenn sie wegen Vorbem. 1.1 zum KV GNotKG gegen den Betroffenen nicht angesetzt werden dürfen und das Gericht sie auch keinem anderen Beteiligten auferlegt hat. Der Staatskasse können die **gesamten Kosten** des Verfahrens nach § 81 Abs. 1 Satz 1 auferlegt werden, wenn der Vertreter der Staatskasse am Verfahren **beteiligt** worden ist.

6   Das Gericht kann nur die **Auslagen des Betroffenen** der Staatskasse auferlegen, nicht diejenigen anderer Beteiligter, auch nicht, wenn sie die Interessen des Betroffenen wahrgenommen haben. Die Auslagen des Verfahrenspflegers gehören zu den Gerichtskosten (s. § 277 Rz. 69). Die dem zwischenzeitlich wirksam (§ 47) tätigen Betreuer gezahlte Entschädigung gehört nicht zu den nach § 307 erstattungsfähigen Auslagen.[7]

7   Ist dem Betroffenen **Verfahrenskostenhilfe ohne Raten** bewilligt worden, hat er kein schutzwürdiges Interesse an einer Kostenauferlegung auf die Staatskasse, da diese seine Auslagen dann ohnehin endgültig trägt.[8]

---

1 BayObLG v. 24.3.1999 – 3 Z BR 81/99, FamRZ 2000, 1523.
2 LG Saarbrücken v. 13.2.2009 – 5 T 596/08, FamRZ 2009, 1517 (LS).
3 Sog. „Grundentscheidungen", HK-BUR/*Hoffmann*, § 13a FGG Rz. 31; Jansen/*v. König*, § 13a FGG Rz. 30.
4 OLG Schleswig v. 10.5.1994 – 2 W 8/94, BtPrax 1994, 142; BtKomm/*Dodegge*, I Rz. 82; *Bassenge/Roth*, § 306 FamFG Rz. 1.
5 So nun auch *Damrau/Zimmermann*, § 307 FamFG Rz. 17; *Jürgens/Kretz*, § 307 FamFG Rz. 3.
6 AA OLG Karlsruhe v. 24.6.1997 – 11 Wx 74/96, NJW-RR 1998, 224.
7 OLG München v. 5.6.2009 – 33 Wx 171/08, FamRZ 2009, 1943.
8 OLG München v. 30.5.2006 – 33 Wx 77/06, FamRZ 2006, 1461.

Ein Verfahren muss **stattgefunden** haben. Folgt das Gericht einer Anregung zur Verfahrenseinleitung nicht, so hat dies keinerlei Kostenfolge.[1] Der Betroffene ist wegen der Kosten seiner – dann noch als außergerichtlich zu betrachtenden – Rechtsverteidigung auf mögliche materiellrechtliche Ansprüche beschränkt, die im Zivilprozess geltend zu machen sind. 8

§ 307 gilt uneingeschränkt auch für **eA**, da sie selbständige Verfahren sind und daher auch über die Kosten selbständig zu entscheiden ist. 9

Die Kostenauferlegung nach § 307 kommt zunächst in Betracht, wenn das Gericht eine Betreuungsmaßnahme ablehnt, also durch **negative Endentscheidung** bestimmt, dass sie nicht getroffen wird. Die Maßnahme muss ganz abgelehnt sein. Es genügt nicht, dass sie in einem geringeren Umfang als zunächst erwogen getroffen wird. 10

Weiter ist § 307 anwendbar, wenn das Gericht eine Betreuungsmaßnahme als von Anfang an ungerechtfertigt **aufhebt**. Das ist nur der Fall, wenn die Aufhebungsentscheidung die Feststellung beinhaltet, dass die die Maßnahme anordnende Entscheidung rechtswidrig war (s. dazu im Einzelnen § 306 Rz. 8 ff.), wobei hier auch die Aufhebung wegen Verfahrensfehlern genügt.[2] Auch genügt es, wenn die Maßnahme **teilweise** aufgehoben wird.[3] Im Rahmen des eröffneten Ermessens kann das Gericht dann die Kosten ganz oder teilweise der Staatskasse auferlegen. 11

Schließlich ist § 307 anwendbar, wenn das Verfahren über die Anordnung einer Maßnahme **ohne Endentscheidung in der Sache** beendet wird, also zB dadurch, dass der Tod des Betroffenen es beendet oder das Gericht lediglich die Erledigung der Hauptsache feststellt. Es muss dies aber das Anordnungsverfahren sein. Endet das **Beschwerdeverfahren** ohne Endentscheidung, kommt die Anwendung von § 307 grundsätzlich nicht in Betracht.[4] Anders ist das, wenn ein Rechtsmittel mit dem Ziel der Feststellung der Rechtswidrigkeit der Ausgangsentscheidung Erfolg hat. Das steht der Aufhebung der Ausgangsentscheidung gleich.[5] 12

Über die Kostenauferlegung auf die Staatskasse entscheidet das Gericht nach **pflichtgemäßem Ermessen**.[6] Entscheidend ist, ob es unter Abwägung aller Umstände des Einzelfalles (inklusive des wirklichen oder mutmaßlichen Verfahrensausgangs) dem Betroffenen zugemutet werden kann, seine Auslagen selbst zu tragen.[7] Das wird umso eher der Fall sein, je mehr der Betroffene dazu beigetragen hat, dass ein Betreuungsverfahren stattfand und je weniger er Anlass zu der Sorge hatte, das Gericht werde eine in seine Freiheitsrechte eingreifende Maßnahme treffen, insbesondere wenn das Gericht sämtliche Verfahrensvorschriften beachtet hat.[8] 13

Die Norm gilt **in allen Instanzen**, ist dabei aber auf die einzelnen Rechtszüge getrennt anzuwenden. Das Beschwerdegericht muss daher jeweils **getrennt prüfen**, ob die Übernahme auf die Staatskasse für die Kosten des Betroffenen aus der ersten In- 14

---

1 Fröschle/*Locher*, § 307 FamFG Rz. 4.
2 OLG Zweibrücken v. 6.2.2003 – 3 W 144/02, FamRZ 2003, 1126.
3 OLG Düsseldorf v. 12.2.1998 – 25 Wx 88/97, FamRZ 2000, 248 (Aufhebung der Betreuerauswahl).
4 KG v. 14.3.2006 – 1 W 298/04, FGPrax 2006, 182; aA BayObLG v. 22.1.2003 – 3 Z BR 185/02, FamRZ 2003, 783; BayObLG v. 22.8.2001 – 3 Z BR 200/01, NJW-RR 2002, 514.
5 OLG München v. 23.3.2009 – 33 Wx 54/09, FGPrax 2009, 113; ebenso bei einer Beschränkung der Beschwerde auf die Kosten nach Erledigung der Hauptsache: OLG München v. 23.1.2008 – 33 Wx 196/07, NJW-RR 2008, 810.
6 Für den Fall, dass die Maßnahme abgelehnt oder aufgehoben wird aA: *Knittel*, § 307 FamFG Rz. 13; *Damrau/Zimmermann*, § 307 FamFG Rz. 28; MüKo.ZPO/*Schmidt-Recla*, § 307 FamFG Rz. 7; Jürgens/*Kretz*, § 307 FamFG Rz. 5. Den Staat quasi als „Gegner" des Betroffenen im Verfahren zu betrachten, wird der Bedeutung der Betreuung auch als Rechtsfürsorge, auf die der Betroffene bei Vorliegen der Voraussetzungen einen Anspruch hat, nicht gerecht.
7 Fröschle/*Locher*, § 307 FamFG Rz. 8; anders: Jurgeleit/*Bučić*, § 307 FamFG Rz. 9; *Bassenge*/ Roth, § 307 FamFG Rz. 6 (Erstattung regelmäßig anzuordnen); ähnlich HK-BUR/*Hoffmann*, § 13a FGG Rz. 40 (geringer Ermessenssspielraum bei Ablehnung oder vollständiger Aufhebung).
8 LG Saarbrücken v. 4.1.2011 – 5 T 522/10, FamRZ 2011, 1094.

stanz und für seine im Beschwerdeverfahren entstandenen Kosten nach § 307 möglich ist und wenn ja, ob sie pflichtgemäßem Ermessen entspricht.

C. Verfahrensfragen

15 Es gilt § 82. Auch die Entscheidung über die Kostentragung durch die Staatskasse ist in die Endentscheidung aufzunehmen. Das wird am besten in der **Entscheidungsformel** klargestellt. Notwendig ist das aber nur, wenn die Kostentragung angeordnet wird. Ordnet das Gericht sie nicht an, genügt es, darauf in den Gründen einzugehen.

16 Es ist auch sinnvoll, die Entscheidung nach § 81 Abs. 1 Satz 2 von derjenigen nach § 307 **getrennt** zu treffen, zumindest sollte die Entscheidungsformel eindeutig zu erkennen geben, dass die Staatskasse die Kosten des Betroffenen und die Gerichtskosten trägt („Kosten werden nicht erhoben. Die notwendigen Auslagen des Betroffenen trägt die Staatskasse.").

17 Da Kostenentscheidungen in Verfahren der freiwilligen Gerichtsbarkeit nicht getroffen werden müssen, kommt die Anwendung von § 43 Abs. 1 auf sie nicht ohne weiteres in Frage. Nur wenn eine Kostenübernahme nach § 307 nahe lag und weder im Tenor noch in den Gründen der Entscheidung abgelehnt wird, kann sie nach § 43 Abs. 1 im Wege der Ergänzung **nachträglich** angeordnet werden.

308 *Mitteilung von Entscheidungen*

(1) Entscheidungen teilt das Gericht anderen Gerichten, Behörden oder sonstigen öffentlichen Stellen mit, soweit dies unter Beachtung berechtigter Interessen des Betroffenen erforderlich ist, um eine erhebliche Gefahr für das Wohl des Betroffenen, für Dritte oder für die öffentliche Sicherheit abzuwenden.
(2) Ergeben sich im Verlauf eines gerichtlichen Verfahrens Erkenntnisse, die eine Mitteilung nach Absatz 1 vor Abschluss des Verfahrens erfordern, hat diese Mitteilung über die bereits gewonnenen Erkenntnisse unverzüglich zu erfolgen.
(3) Das Gericht unterrichtet zugleich mit der Mitteilung den Betroffenen, seinen Verfahrenspfleger und seinen Betreuer über Inhalt und Empfänger der Mitteilung. Die Unterrichtung des Betroffenen unterbleibt, wenn
1. der Zweck des Verfahrens oder der Zweck der Mitteilung durch die Unterrichtung gefährdet würde,
2. nach ärztlichem Zeugnis hiervon erhebliche Nachteile für die Gesundheit des Betroffenen zu besorgen sind oder
3. der Betroffene nach dem unmittelbaren Eindruck des Gerichts offensichtlich nicht in der Lage ist, den Inhalt der Unterrichtung zu verstehen.

Sobald die Gründe nach Satz 2 entfallen, ist die Unterrichtung nachzuholen.
(4) Der Inhalt der Mitteilung, die Art und Weise ihrer Übermittlung, ihr Empfänger, die Unterrichtung des Betroffenen oder im Fall ihres Unterbleibens deren Gründe sowie die Unterrichtung des Verfahrenspflegers und des Betreuers sind aktenkundig zu machen.

A. Allgemeines 1	II. Übermittlung von Erkenntnissen aus dem laufenden Verfahren (Absatz 2) . 10
B. Inhalt der Vorschrift	III. Mitteilungspflichten (Absatz 3) 13
I. Übermittlung der Endentscheidung (Absatz 1) 3	IV. Aktenkundigkeit (Absatz 4) 20
	C. Verfahren 22

A. Allgemeines

1 Die Norm regelt die Übermittlung von in Betreuungssachen gewonnenen Daten zur Gefahrenabwehr. Weitere Übermittlungspflichten sind in §§ 309 und 310 geregelt, wegen des Verhältnisses zu den allgemeinen Datenschutzvorschriften im EGGVG s. § 311 Rz. 8.

§ 308 gilt für **alle Betreuungssachen**. Abs. 1 regelt die Übermittlung von Endentscheidungen, Abs. 2 die Übermittlung von Erkenntnissen des Gerichts aus dem noch laufenden Verfahren. Abs. 3 und 4 enthalten Vorschriften über das bei der Übermittlung zu beachtende Verfahren.

B. Inhalt der Vorschrift

I. Übermittlung der Endentscheidung (Absatz 1)

Die **Endentscheidung** ist vom Gericht an die jeweils zuständige öffentliche Stelle zu übersenden, wenn dies unter Beachtung berechtigter Interessen des Betroffenen zur **Gefahrenabwehr** geboten ist.

Die Übermittlung nach Abs. 1 erfordert eine erhebliche **Gefahr** für
- das Wohl des Betroffenen,
- Dritte oder
- die öffentliche Sicherheit.

Eine Gefahr für die öffentliche Sicherheit besteht, wenn der Verstoß gegen ein Verbotsgesetz oder die Verletzung der geschützten Rechtsgüter eines Bürgers droht. Die zweite Variante dürfte daher letztlich in der dritten aufgehen.[1] Die Gefahr für den Betroffenen braucht jedoch keine für seine Rechtsgüter zu sein. Hier genügt es, dass sein Wohl iSv. § 1901 Abs. 2 BGB bedroht ist.

Bei Mitteilungen an das **Familiengericht** ist zu unterscheiden: Das Betreuungsgericht kann dazu nach § 308 verpflichtet sein, weil eine Gefahr für Minderjährige besteht[2] oder nach § 22a Abs. 1 auch ohne eine solche Gefahr, zB weil der Betreute infolge der Betreuerbestellung als Vormund zu entlassen ist (§§ 1886, 1781 Nr. 2 BGB). Aber auch wenn keine Mitteilungspflicht besteht, kann die Mitteilung immer noch nach § 22a Abs. 2 im Ermessen des Betreuungsgerichts liegen. § 22a kommt ferner als Übermittlungstatbestand für die Übermittlung von Daten an ein **anderes Betreuungsgericht** in Frage.

Die Gefahr muss **erheblich** sein. Das erfordert eine einigermaßen große Wahrscheinlichkeit für den Schadenseintritt.[3] Dringend oder gegenwärtig braucht die Gefahr aber nicht zu sein, eine latente Gefahr genügt.

Außerdem muss die Übermittlung der Endentscheidung **geboten** sein, um die Gefahr abzuwenden. Hier verlangt das Gesetz nicht lediglich (voraussichtliche) Kausalität, sondern außerdem eine **Interessenabwägung**. Das Interesse des Betroffenen, des Dritten oder der Allgemeinheit an der Abwendung der Gefahr[4] muss das Interesse des Betroffenen an der Geheimhaltung der Endentscheidung überwiegen.[5] Dabei ist zu berücksichtigen, dass eine Endentscheidung in Betreuungssachen Umstände offenbart, an deren Geheimhaltung vor allem der Betroffene ein erhebliches Interesse haben kann. Die abzuwendende Gefahr muss daher **einiges Gewicht** haben, damit die Übermittlung der Endentscheidung nach § 308 in Frage kommt.

Abs. 1 eröffnet **keinen Ermessensspielraum**. Liegen seine Voraussetzungen vor, ist die Übermittlung geboten.[6] Zu übermitteln ist jedenfalls die **Entscheidungsformel**,

---

1 Vgl. die in BT-Drucks. 11/4828, S. 182 zur Gefahr für Dritte gegebenen Beispiele, die sämtlich zugleich eine Gefahr für die öffentliche Sicherheit begründen.
2 Stattdessen kommt auch eine Mitteilung an das Jugendamt in Frage, LG Rostock v. 2.4.2003 - 2 T 71/02, BtPrax 2003, 233.
3 In etwa wie hier: Jurgeleit/Bučić, § 308 FamFG Rz. 12 („erheblich wahrscheinlich"); aA Bassenge/Roth, § 308 FamFG Rz. 2 („Wahrscheinlichkeit eines bedeutsamen Schadens").
4 Keidel/Budde, § 308 FamFG Rz. 9 und Jürgens/Kretz, § 308 FamFG Rz. 7 wollen stattdessen gegen das öffentliche Interesse des Adressaten an der Erfüllung seiner jeweiligen Aufgabe abwägen. Das dürfte aber im praktischen Ergebnis auf nichts anderes hinauslaufen. Ungenau jedoch HK-BUR/Hoffmann, § 69k FGG Rz. 11 (Abwägung öffentlicher Interessen gegen private Interessen des Betroffenen), denn das zu schützende Interesse kann auch ein privates – sogar des Betroffenen selbst – sein.
5 Jansen/Sonnenfeld, § 69k FGG Rz. 7; Fröschle/Locher § 308 FamFG Rz. 7.
6 Jurgeleit/Bučić, § 308 FamFG Rz. 5.

meist wird die empfangende Stelle aber auch die Gründe benötigen, um die Gefahr einzuschätzen. Soweit zusätzliche Informationen nötig sind, um die Gefahr abzuwenden, dürfen diese ebenfalls übermittelt werden. Das folgt aus Abs. 2: Wenn das bei Erforderlichkeit schon während des Verfahrens erlaubt ist, muss es bei Verfahrensabschluss erst recht möglich sein.

9 Die **Form** der Übermittlung ist nicht vorgeschrieben. **Adressat** kann jede öffentliche Stelle sein,[1] nicht jedoch eine Privatperson.[2] Ist eine solche gefährdet, kann das Gericht ihr die Endentscheidung daher nicht unmittelbar mitteilen. Es wird sie in diesem Falle der zuständigen Polizeidienststelle übermitteln.

II. Übermittlung von Erkenntnissen aus dem laufenden Verfahren (Absatz 2)

10 Unter den gleichen Voraussetzungen wie die Endentscheidung hat das Gericht nach Abs. 2 auch während des Verfahrens gewonnene Erkenntnisse zu übermitteln. Das ist an die **zusätzliche Voraussetzung** geknüpft, dass eine Übermittlung der Endentscheidung voraussichtlich zu spät käme, um die Gefahr abzuwenden.[3] Im Übrigen gilt das unter Rz. 6 ff. Ausgeführte auch hier.

11 Übermittelt werden die **Erkenntnisse**, die der Adressat benötigt, um die Gefahr abzuwenden. Es kann sich dabei um Aktenbestandteile jeder Art handeln wie Anhörungsprotokolle, Aktenvermerke oder Gutachten. Das Gericht kann aber auch eine Mitteilung über die ihm vorliegenden Erkenntnisse eigens formulieren. Soweit verlangt wird, es müsse sich um „gesicherte" Erkenntnisse handeln,[4] rechtfertigt der Wortlaut der Norm das nicht. Auch ein dringender Verdacht kann die erhebliche Wahrscheinlichkeit einer Gefahr begründen.[5]

12 Nach Abs. 2 dürfen **nur die erforderlichen** Erkenntnisse übermittelt werden. Daten, deren Kenntnis für den Adressaten nicht relevant ist, muss das Gericht entfernen oder in den übermittelten Schriftstücken schwärzen.

III. Mitteilungspflichten (Absatz 3)

13 Abs. 3 Satz 1 verpflichtet das Gericht, von einer nach Abs. 1 oder Abs. 2 erfolgten Datenübermittlung
– den Betroffenen,
– den Verfahrenspfleger und
– den Betreuer
zu unterrichten.

14 **Betreuer** und **Verfahrenspfleger** muss es nur unterrichten, wenn sie bestellt sind. Die Bestellung eines Verfahrenspflegers ist nicht allein deshalb erforderlich, weil eine Übermittlung nach Abs. 1 oder 2 erfolgt, wohl aber, wenn nach Abs. 3 Satz 2 von der Unterrichtung des Betroffenen endgültig abgesehen wird.

15 Die Unterrichtung hat **zugleich mit der Mitteilung** zu erfolgen. Werden ein Betreuer oder ein Verfahrenspfleger erst später bestellt, sind sie zugleich mit ihrer Bestellung zu unterrichten.

16 Von der Unterrichtung des Betroffenen kann nach Abs. 3 Satz 2 unter vier Voraussetzungen abgesehen werden, nämlich wenn

---

1 Sparkassen sind nur der Rechtsform nach öffentlich-rechtliche Körperschaften, ihre Tätigkeit ist nicht hoheitlich, sie scheiden daher als Mitteilungsempfänger aus, HK-BUR/*Hoffmann*, § 69k FGG Rz. 12; BtKomm/*Roth*, A Rz. 190.
2 BT-Drucks. 11/4528, S. 181.
3 Fröschle/*Locher*, § 308 FamFG Rz. 8; Jurgeleit/*Bučić*, § 308 FamFG Rz. 13.
4 So Jansen/*Sonnenfeld*, § 69k FGG Rz. 12; BtKomm/*Roth*, A Rz. 192.
5 Vielmehr ist der Umstand, dass es sich um nicht abschließend bewertete Erkenntnisse handelt, bei der Interessenabwägung mit zu berücksichtigen, HK-BUR/*Hoffmann*, § 69k FGG Rz. 16; Fröschle/*Locher*, § 308 FamFG Rz. 8.

- sie den Zweck des anhängigen **Betreuungsverfahrens** vereiteln würde (Abs. 3 Satz 2 Nr. 1 Alt. 1), zB weil zu befürchten ist, dass der Betroffene anschließend nicht mehr bereit wäre, sich von einem Sachverständigen befragen zu lassen,
- sie den Zweck der **Mitteilung** vereiteln würde (Abs. 3 Satz 2 Nr. 1 Alt. 2), nämlich weil der Empfänger die Gefahr nicht mehr abwenden kann, sobald der Betroffene von der Mitteilung weiß,
- nach ärztlichem Zeugnis anzunehmen ist, dass der Betroffene durch die Mitteilung einen **erheblichen Gesundheitsschaden** erleidet (Abs. 3 Satz 2 Nr. 2) oder
- das Gericht aufgrund des unmittelbaren Eindrucks, den es von dem Betroffenen bereits gewonnen hat, ohne Zweifel feststellen kann, dass er eine solche Mitteilung **nicht verstehen** würde (Abs. 3 Satz 2 Nr. 3).

Unterbleibt die Mitteilung nach Satz 2, so ist sie **nachzuholen**, sobald die Gründe dafür wegfallen (Abs. 3 Satz 3). Das ist bei Abs. 3 Satz 2 Nr. 1 stets irgendwann der Fall und ansonsten möglich. Bestehen die Gründe auf Dauer oder zumindest auf längere Sicht, ist dem Betroffenen ein **Verfahrenspfleger** zu bestellen. 17

Abs. 3 Satz 2 gilt nur für die Mitteilung an den Betroffenen selbst. Die Mitteilung an den Betreuer und den Verfahrenspfleger kann selbst dann nicht unterbleiben, wenn sie das Betreuungsverfahren oder den Zweck der Mitteilung gefährden kann. 18

Hat der Betroffene einen **Verfahrensbevollmächtigten**, so ist die Mitteilung grundsätzlich an ihn zu richten (s. § 288 Rz. 5). Ein Absehen von ihr nach Abs. 3 Satz 2 Nr. 2 und 3 kommt dann nicht in Betracht, wohl aber ein Absehen nach Abs. 3 Satz 2 Nr. 1. 19

IV. Aktenkundigkeit (Absatz 4)

Das Gericht muss die Mitteilung, die Form, in der sie geschehen ist, und den Empfänger aktenkundig machen. Dasselbe gilt für die nach Abs. 3 Satz 1 und Satz 3 vorgeschriebenen Unterrichtungen. Ist die Unterrichtung des Betroffenen nach Abs. 3 Satz 2 unterblieben, muss sowohl dies als auch der Grund dafür aktenkundig gemacht werden. 20

Die Form ist nicht vorgeschrieben. Ein einfacher **Aktenvermerk** genügt. 21

C. Verfahren

Die Datenübermittlung nach §§ 308 bis 310 ist **Justizverwaltungstätigkeit**.[1] Das Gericht hat daher die dazu erlassenen Verwaltungsvorschriften (Kap. XV Nr. 3 MiZi) zu beachten. Danach sind die Mitteilungen nach Abs. 1 und 2 **vom Richter** zu veranlassen (Kap XV Nr. 3 Abs. 2 MiZi). Ist der **Rechtspfleger** für das Verfahren zuständig, veranlasst er auch die Mitteilungen (Kap. I Nr. 3 Abs. 3 Satz 2 MiZi). Die Erledigung kann der Geschäftsstelle überlassen werden. 22

Das weitere Verfahren richtet sich im Übrigen nach §§ 19 ff. EGGVG, vor allem kann sich aus § 20 EGGVG die Pflicht zu **Folgemitteilungen** ergeben. 23

Ob ein und ggf. welcher **Rechtsbehelf** den Beteiligten gegen die Übermittlung ihrer Daten zusteht, ist wenig klar. Ein **Antrag auf gerichtliche Entscheidung** nach §§ 23 ff. EGGVG scheitert daran, dass § 22 Abs. 1 Satz 1 EGGVG ihn ausdrücklich nicht zulässt, wenn die Übermittlungsnorm sich in dem Gesetzesabschnitt befindet, der das betreffende Verfahren regelt.[2] Früher ist zT die **Beschwerde** für statthaft gehalten worden.[3] Nunmehr ist sie es aber nicht mehr, denn die Mitteilung erfolgt weder in einem eigenen Verfahren noch erledigt sie den Verfahrensstoff ganz oder teilweise, ist folglich keine nach § 57 anfechtbare Endentscheidung. Die Entscheidung 24

---

1 AA Jansen/*Sonnenfeld* § 69k FGG Rz. 1; Jurgeleit/*Bučić*, § 308 FamFG Rz. 4; Keidel/*Budde*, § 308 FamFG Rz. 14.
2 AA Fröschle/*Locher* § 308 FamFG Rz. 9.
3 LG Zweibrücken v. 20.7.1999 – 4 T 167/99, BtPrax 1999, 244; Jansen/*Sonnenfeld*, § 69k FGG Rz. 19; dagegen mit überzeugenden Gründen LG Saarbrücken v. 4.6.2009 – 5 T 284/09, FamRZ 2010, 64 (LS) = BeckRS 2010 Nr. 040846 (Volltext).

über die Mitteilung ist folglich **unanfechtbar**.[1] Hat der Rechtspfleger die Übermittlung angeordnet, findet hiergegen allerdings die **Erinnerung** nach § 11 Abs. 2 RPflG statt.

309 Besondere Mitteilungen

(1) Wird beschlossen, einem Betroffenen zur Besorgung aller seiner Angelegenheiten einen Betreuer zu bestellen oder den Aufgabenkreis hierauf zu erweitern, so hat das Gericht dies der für die Führung des Wählerverzeichnisses zuständigen Behörde mitzuteilen. Das gilt auch, wenn die Entscheidung die in § 1896 Abs. 4 und § 1905 des Bürgerlichen Gesetzbuchs bezeichneten Angelegenheiten nicht erfasst. Eine Mitteilung hat auch dann zu erfolgen, wenn eine Betreuung nach den Sätzen 1 und 2 auf andere Weise als durch den Tod des Betroffenen endet oder wenn sie eingeschränkt wird.

(2) Wird ein Einwilligungsvorbehalt angeordnet, der sich auf die Aufenthaltsbestimmung des Betroffenen erstreckt, so hat das Gericht dies der Meldebehörde unter Angabe des Betreuers mitzuteilen. Eine Mitteilung hat auch zu erfolgen, wenn der Einwilligungsvorbehalt nach Satz 1 aufgehoben wird oder ein Wechsel in der Person des Betreuers eintritt.

A. Allgemeines	1	II. Einwilligungsvorbehalt für die Aufenthaltsbestimmung (Absatz 2)	8
B. Inhalt der Norm		III. Inhalt der Mitteilung	13
I. Betreuung für alle Angelegenheiten (Absatz 1)	2	C. Verfahren	14

A. Allgemeines

1   Die Norm regelt zwei Fälle von Mitteilungen des Betreuungsgerichts an **Verwaltungsbehörden**, die diese zum Zwecke der Erfüllung ihrer gesetzlichen Aufgaben benötigen.

B. Inhalt der Norm

I. Betreuung für alle Angelegenheiten (Absatz 1)

2   Wird jemandem ein Betreuer für alle Angelegenheiten bestellt, so verliert er dadurch das aktive und passive **Wahlrecht** im Bund (§§ 13 Nr. 2, 15 Abs. 2 Nr. 1 BWahlG) und nach Maßgabe der insoweit gleich lautenden Landeswahlgesetze auch in den Ländern. Um die Teilnahme von nicht mehr wahlberechtigten Bürgern an Wahlen nach Möglichkeit auszuschließen, hat das Gericht daher sowohl die **Einrichtung** einer solchen Betreuung (Abs. 1 Satz 1) als auch deren **Aufhebung** (Abs. 1 Satz 3) der für die Führung des Wählerverzeichnisses zuständigen Stelle mitzuteilen. Welche das ist, richtet sich nach Landesrecht. Dasselbe gilt für die **Erweiterung** des Aufgabenkreises auf alle Angelegenheiten oder für eine **Einschränkung** des Aufgabenkreises, der zuvor alle Angelegenheiten umfasst hat.

3   Mitzuteilen ist ferner ein Wegfall der Betreuung, der weder durch Tod noch durch Aufhebung eintritt. Der einzig praktische Fall dieser Art ist der der Abgabe der Betreuung an **eine ausländische Behörde** nach §§ 104 Abs. 2, 99 Abs. 3.

4   Die Person des Betreuers ist für das Wahlrecht irrelevant. **Entlassung** und **Neubestellung** des Betreuers bei unverändertem Aufgabenkreis brauchen daher nicht mitgeteilt zu werden.

5   Nach Abs. 1 Satz 2 bleiben die in § 1896 Abs. 4 BGB (Post- und Fernmeldekontrolle) und § 1905 BGB (Sterilisation) genannten Aufgabenkreise außer Betracht. Ent-

---

1 AA: *Damrau/Zimmermann*, § 308 FamFG Rz. 42; MüKo.ZPO/*Schmidt-Recla*, § 308 FamFG Rz. 10; Bork/Jacoby/Schwab/*Heiderhoff*, § 308 FamFG Rz. 9 (Beschwerde nach § 58 statthaft).

scheidungen, die diese betreffen, sind nicht mitzuteilen. Das entspricht der auch in § 13 Nr. 2 BWahlG enthaltenen Einschränkung.

Aus dem **Zweck der Norm** folgt, dass die Mitteilung nur bei **Deutschen** und **EU-Ausländern** erforderlich ist, da andere Betreute ohnehin nicht wahlberechtigt sind.[1] Außerdem braucht das Gericht es nicht mitzuteilen, wenn die Einrichtung der Betreuung oder die Erweiterung des Aufgabenkreises durch **eA** geschieht, denn dadurch entfällt das Wahlrecht noch nicht[2] (s. § 13 Nr. 2 BWahlG). 6

Die Betreuung muss eine **in allen Angelegenheiten** sein. Es herrscht Streit darüber, ob sich dies explizit aus der Entscheidungsformel ergeben muss[3] oder ob es auch genügt, wenn aus den Entscheidungsgründen folgt, dass die Betreuung alle Angelegenheiten erfasst, die für den Betreuten überhaupt zur Erledigung in Frage kommen,[4] ob also eine Einzelaufzählung von Aufgabenkreisen genügen kann. Das sollte man so sehen. Die Gegenauffassung verkennt, dass nicht das Betreuungsgericht über den Verlust des Wahlrechts entscheidet, sondern dieser vielmehr kraft Gesetzes infolge der angeordneten Betreuung eintritt. Im Zweifelsfall hat die Wahlbehörde, nicht das Betreuungsgericht die Kompetenz, hierüber zu befinden.[5] Das Betreuungsgericht hat auch kein Recht, die Interpretation seiner Entscheidung verbindlich festzulegen.[6] Es genügt für die Mitteilungspflicht nach Abs. 1 Satz 1 und 3 daher, wenn **aus den Entscheidungsgründen** folgt, dass es sich um eine Betreuung in allen Angelegenheiten handelt. 7

II. Einwilligungsvorbehalt für die Aufenthaltsbestimmung (Absatz 2)

Der **Meldebehörde** ist es mitzuteilen, wenn das Gericht einen Einwilligungsvorbehalt anordnet, der die Aufenthaltsbestimmung erfasst (Abs. 2 Satz 1). Auch hier gilt das entsprechend, wenn ein schon bestehender Einwilligungsvorbehalt hierauf **erweitert** wird. Zu melden ist auch die **Aufhebung** des Einwilligungsvorbehalts (Abs. 2 Satz 2) oder seine entsprechende **Einschränkung**.[7] 8

Aus der Mitteilung muss sich die **Person des Betreuers** ergeben. Gemeint ist damit der Betreuer mit dem Aufgabenkreis der Aufenthaltsbestimmung. Dementsprechend ist auch ein **Betreuerwechsel** mitzuteilen, solange der entsprechende Einwilligungsvorbehalt besteht (Abs. 2 Satz 2). 9

Der **Regelungsgrund** für Abs. 2 ist umstritten. Der Gesetzgeber selbst begründete die Norm damit, dass die Meldebehörde prüfen können müsse, ob die An- oder Abmeldung durch den Betreuten „rechtmäßig" sei.[8] Das ist teilweise dahin missverstanden worden, es gehe dabei um die Fähigkeit zur Begründung oder Aufhebung eines Wohnsitzes[9] (§§ 7, 8 BGB). Das ist jedoch durchaus zweifelhaft, weil es sich dabei nicht um Willenserklärungen, sondern um geschäftsähnliche Handlungen handelt.[10] 10

---

1 Fröschle/*Locher*, § 309 FamFG Rz. 3.
2 HK-BUR/*Hoffmann*, § 691 FGG Rz. 10; Fröschle/*Locher*, § 309 FamFG Rz. 3; Jurgeleit/*Bučić*, § 309 FamFG Rz. 4; *Bassenge*/Roth, § 309 FamFG Rz. 2.
3 So VG Saarlouis v. 26.6.2009 – 11 L 527/08, NVwZ-RR 2009, 892; *Hellmann*, BtPrax 1999, 229; *Paßmann*, BtPrax 1998, 6, 7; HK-BUR/*Hoffmann*, § 691 FGG Rz. 8; Jansen/*Sonnenfeld*, § 691 FGG Rz. 4; *Damrau*/Zimmermann, § 309 FamFG Rz. 2; Fröschle/*Locher*, § 309 FamFG Rz. 4; Jurgeleit/*Bučić*, § 309 FamFG Rz. 4; *Bassenge*/Roth, § 309 FamFG Rz. 2.
4 So VG Neustadt/Weinstraße v. 10.6.1999 – 3 L 1535/99, FamRZ 2000, 1049; LG Zweibrücken v. 20.7.1999 – 4 T 167/99, BtPrax 1999, 244; *Zimmermann*, FamRZ 1996, 79; Keidel/*Budde*, § 309 FamFG Rz. 2; MüKo.ZPO/*Schmidt-Recla*, § 309 FamFG Rz. 4.
5 VG Saarlouis v. 26.6.2009 – 11 L 527/08, NVwZ-RR 2009, 892 (keine Bindung der Verwaltungsbehörde und des Verwaltungsgerichts an die erfolgte Mitteilung); *Zimmermann*, FamRZ 1996, 79.
6 BayObLG v. 22.10.1996 – 3 Z BR 178/96, BtPrax 1997, 72.
7 Jurgeleit/*Bučić*, § 309 FamFG Rz. 7.
8 BT-Drucks. 11/4528, S. 182.
9 *Klüsener/Rausch* NJW 1993, 617, 620; HK-BUR/*Hoffmann*, § 691 FGG Rz. 13; wohl auch *Damrau*/Zimmermann, § 309 FamFG Rz. 10.
10 Für die Möglichkeit der Erstreckung des Einwilligungsvorbehalts hierauf: OLG Hamm v. 30.8.1994 – 15 W 237/94, BtPrax 1995, 70; Erman/*Roth*, § 1903 BGB Rz. 38.

Andere meinen daher, die Aufenthaltsbestimmung als Teil der tatsächlichen Personensorge könne überhaupt keinem Einwilligungsvorbehalt unterliegen.[1] Das ist aber ebenso wenig richtig, denn es widerspricht erstens schon dem Gesetz[2] und zweitens sind im Rahmen der Aufenthaltsbestimmung durchaus auch Rechtshandlungen möglich, bei denen der Einwilligungsvorbehalt Wirkungen entfaltet,[3] nämlich vor allem Verfahrenshandlungen innerhalb von Verwaltungsverfahren. Soweit ein Einwilligungsvorbehalt reicht, bewirkt er nämlich die Handlungsunfähigkeit des Betreuten im Verwaltungsverfahren (vgl § 12 Abs. 2 VwVfG, § 11 Abs. 2 SGB X). Grund für die Mitteilung nach Abs. 2 ist demnach, dass die Meldebehörde eine An- oder Abmeldung des Betroffenen wegen dessen **Handlungsunfähigkeit** zu ignorieren hat, wenn seine Aufenthaltsbestimmung einem Einwilligungsvorbehalt unterliegt.[4]

11   Nicht harmonisiert ist Abs. 2 allerdings mit den Vorschriften über die **Meldepflicht**, denn diese trifft den Betreuer anstelle des Betreuten nicht erst, wenn ein Einwilligungsvorbehalt angeordnet wird, sondern schon dann, wenn ihm die Aufenthaltsbestimmung überhaupt übertragen wird (vgl. zB § 13 Abs. 3 Satz 3 MeldeG-NRW).[5]

12   Abs. 2 betrifft jede Anordnung des Einwilligungsvorbehalts, auch durch eA,[6] weil auch diese schon zur Handlungsunfähigkeit des Betreuten führt. Der Meldebehörde muss es konsequenterweise auch mitgeteilt werden, wenn die eA verlängert wird oder nach § 56 Abs. 1 durch (andersleutende) Hauptsacheentscheidung außer Kraft getreten ist.

III. Inhalt der Mitteilung

13   Mitzuteilen sind nur die nach Abs. 1 und 2 mitzuteilenden **Umstände**, nicht die komplette Entscheidung, falls das hierfür nicht erforderlich ist. IdR wird dafür die Mitteilung der Entscheidungsformel genügen, falls die Betreuung für alle Angelegenheiten nicht erst aus den Entscheidungsgründen folgt (s. Rz. 7).

C. Verfahren

14   Mitteilungen nach Abs. 1 und 2 veranlasst **der Richter** (Kap. XV Nr. 4 Abs. 3, Nr. 5 Abs. 2 MiZi), zur **Anfechtbarkeit** und zum weiteren Verfahren s. § 308 Rz. 23 f.

§ 310 Mitteilungen während einer Unterbringung

Während der Dauer einer Unterbringungsmaßnahme hat das Gericht dem Leiter der Einrichtung, in der der Betroffene untergebracht ist, die Bestellung eines Betreuers, die sich auf die Aufenthaltsbestimmung des Betroffenen erstreckt, die Aufhebung einer solchen Betreuung und jeden Wechsel in der Person des Betreuers mitzuteilen.

A. Allgemeines

1   Zur systematischen Einordnung der Norm s. § 311 Rz. 8. Allerdings betrifft sie nicht notwendigerweise die Mitteilung an eine öffentliche Stelle. Zwar ist die Unterbringung in einer geschlossenen psychiatrischen Klinik stets öffentlich-rechtlicher Natur.[7] Ein geschlossenes Heim kann aber auch auf rein privatrechtlicher Basis geführt werden. Dann gelten die §§ 22 ff. EGGVG hierfür von vornherein nicht.

---

1 LG Hildesheim v. 29.5.1996 – 5 T 279/96, BtPrax 1996, 230; LG Köln v. 21.4.1992 – 1 T 51/92, BtPrax 1992, 109; Jansen/*Sonnenfeld*, § 691 FGG Rz. 9.
2 *Bienwald*/Sonnenfeld/Hoffmann, § 1903 BGB Rz. 19.
3 Beispiele bei MüKo.BGB/*Schwab*, § 1903 BGB Rz. 20; Fröschle/*Locher*, § 309 FamFG Rz. 7.
4 Ebenso Bork/Jacoby/Schwab/*Heiderhoff* § 309 Rz. 7.
5 Ebenso § 16 Abs. 3 S. 2 RefE zu einem Bundesmeldegesetz, die Länderzuständigkeit für das Melderecht ist durch die Föderalismusreform entfallen, s. Art. 73 Abs. 1 Nr. 3 GG.
6 Fröschle/*Locher*, § 309 FamFG Rz. 8.
7 BGH v. 31.1.2008 – III ZR 186/06, BtPrax 2008, 73.

Auch § 310 betrifft nur **Betreuungssachen**. Für Unterbringungssachen gilt § 338. 2

B. Inhalt der Vorschrift

Von Unterbringungsmaßnahmen ist der Betreuer stets tangiert, wenn ihm die **Aufenthaltsbestimmung** des Betreuten obliegt,[1] denn nur dann kann ihm eine Genehmigung nach § 1906 Abs. 2, Abs. 4 BGB erteilt werden. Auch für Unterbringungsmaßnahmen der in § 312 Nr. 3 genannten Art ist die Kenntnis von der Person des Betreuers wichtig, da es dann auch auf seinen Willen für die Frage ankommt, ob die Unterbringungsmaßnahme infolge Freiwilligkeit entfallen kann. Die Landesgesetze betreffen nämlich nicht nur die Unterbringung des Betroffenen gegen dessen Willen, sondern auch diejenige gegen den Willen seines gesetzlichen Vertreters (s. zB § 10 Abs. 2 PsychKG-NRW). 3

Mitzuteilen sind nach dem Wortlaut der Norm daher: 4
- die **Einrichtung** einer Betreuung, die die Aufenthaltsbestimmung beinhaltet, inklusive der Person des bestellten Betreuers,
- die **Erweiterung** des Aufgabenkreises auf die Aufenthaltsbestimmung,[2]
- die **Aufhebung** der Betreuung,
- die **Einschränkung** des Aufgabenkreises, wenn dadurch die Aufenthaltsbestimmung entfällt, und
- jeder **Wechsel in der Person** des hierfür zuständigen Betreuers.

Es spielt keine Rolle, ob dergleichen durch Hauptsacheentscheidung oder im Wege der eA geschehen ist.[3]

Aus dem Zweck der Norm folgt, dass auch ein **Wegfall der Betreuung** aus anderen Gründen mitzuteilen ist, zB wenn eine eA nach § 56 Abs. 1 außer Kraft tritt. Die Verlängerung der Betreuung braucht nicht mitgeteilt zu werden, wohl aber die **Verlängerung einer eA**, weil diese mit Fristablauf wegfallen würde, jene nicht. 5

Mit der **Dauer der Unterbringungsmaßnahme** ist deren tatsächliche Dauer gemeint. Ist der Betroffene aus der Einrichtung entlassen, entfällt die Mitteilungspflicht, auch wenn der Unterbringungsbeschluss noch nicht aufgehoben ist. 6

Mitzuteilen sind nur die bei Rz. 4 genannten Umstände. Hierfür genügt stets die Übersendung der **Entscheidungsformel** ohne Gründe.[4] Die **Form** der Mitteilung schreibt das Gesetz jedoch nicht vor. 7

Adressat der Mitteilung ist der „Leiter" der Einrichtung, das ist derjenige, der gegenüber allen Mitarbeitern Weisungsbefugnis besitzt. Er kann die Zuständigkeit zur Empfangnahme von Mitteilungen nach § 310 delegieren.[5] 8

C. Verfahren

Mitteilungen nach § 310 veranlasst der **Urkundsbeamte der Geschäftsstelle**[6] (vgl. Kap. XV Nr. 6 Abs. 3 iVm. Kap. I Nr. 3 Abs. 2 MiZi). Ist der Empfänger eine öffentliche Stelle, gelten für das weitere Verfahren die §§ 19 ff. EGGVG. 9

Noch unklarer als bei § 308 ist hier die Frage der **Anfechtbarkeit** der Entscheidung über die Mitteilung. Man sollte hier ausnahmsweise, entgegen dem Wortlaut des § 22 10

---

1 Es genügt auch, wenn ihm nur die Entscheidung über Freiheitsentziehungen obliegt, denn das ist der hier entscheidende Teil der Aufenthaltsbestimmung, Fröschle/*Locher*, § 310 FamFG Rz. 2.
2 Fröschle/*Locher*, § 310 FamFG Rz. 2; Jurgeleit/*Bučić*, § 310 FamFG Rz. 3; Jürgens/*Kretz*, § 310 FamFG Rz. 1; Bassenge/Roth, § 310 FamFG Rz. 2.
3 HK-BUR/*Hoffmann*, § 69m FGG Rz. 6; Jansen/*Sonnenfeld*, § 69m FGG Rz. 6; Fröschle/*Locher*, § 310 FamFG Rz. 2.
4 HK-BUR/*Hoffmann*, § 69m FGG Rz. 2.
5 BT-Drucks. 11/4528, S. 184.
6 Fröschle/*Locher*, § 310 FamFG Rz. 3; Jurgeleit/*Bučić*, § 310 FamFG Rz. 2; aA (Richter zuständig): HK-BUR/*Hoffmann*, § 69m FGG Rz. 2; Jansen/*Sonnenfeld*, § 69m FGG Rz. 8.

EGGVG, den Antrag auf gerichtliche Entscheidung nach §§ 23 ff. EGGVG zulassen, andernfalls eine unanfechtbare Maßnahme des Urkundsbeamten anzunehmen wäre, was wegen Art. 19 Abs. 4 GG mit dem Grundgesetz nicht im Einklang stünde.

311 *Mitteilungen zur Strafverfolgung*

Außer in den sonst in diesem Gesetz, in § 16 des Einführungsgesetzes zum Gerichtsverfassungsgesetz sowie in § 70 Satz 2 und 3 des Jugendgerichtsgesetzes genannten Fällen, darf das Gericht Entscheidungen oder Erkenntnisse aus dem Verfahren, aus denen die Person des Betroffenen erkennbar ist, von Amts wegen nur zur Verfolgung von Straftaten oder Ordnungswidrigkeiten anderen Gerichten oder Behörden mitteilen, soweit nicht schutzwürdige Interessen des Betroffenen an dem Ausschluss der Übermittlung überwiegen. § 308 Abs. 3 und 4 gilt entsprechend.

A. Allgemeines	1	III. Benachrichtigung, Aktenkundigkeit (Satz 2)	17
B. Inhalt der Vorschrift		C. Verfahren	18
I. Besonders geschützte Daten	6		
II. Eingeschränkte Übermittlung (Satz 1)	8		

A. Allgemeines

1 Die Vorschrift enthält:
- eine Verweisung auf § 16 EGGVG
- eine Verweisung auf § 70 Satz 2 und 3 JGG und
- eine Übermittlungsbefugnis zur Strafverfolgung unter bestimmten Voraussetzungen.

2 Es ist zu beachten, dass die §§ 12 bis 22 EGGVG für das Betreuungsgericht unmittelbar gelten. Das „darf nur" ist, soweit diese greifen, daher nicht als Erlaubnis,[1] sondern als **Einschränkung** der gesetzlichen Übermittlungstatbestände zu lesen.

3 Aus § 311 folgt für das Verhältnis der §§ 308 bis 310 zu den **allgemeinen Datenschutzvorschriften** in §§ 13 bis 21 EGGVG daher Folgendes:
- Für die nach § 311 besonders geschützten Daten (s. Rz. 6 f.) kommen ausschließlich die in § 311 erwähnten Übermittlungstatbestände (s. Rz. 8) zum Tragen.
- Für andere Daten kann sich eine Übermittlungspflicht oder -befugnis daneben auch aus §§ 13, 17 EGGVG oder aus ganz anderen Vorschriften ergeben.

4 Ansonsten gelten die §§ 12 bis 22 EGGVG stets ergänzend, soweit in §§ 308 bis 311 etwas nicht geregelt ist, weil § 2 EGGVG den Anwendungsbereich nicht (mehr) auf die streitige Gerichtsbarkeit begrenzt.[2]

5 Die durch Satz 1 in Bezug genommenen Normen lauten:

§ 16 EGGVG

Werden personenbezogene Daten an ausländische öffentliche Stellen oder an über- oder zwischenstaatliche Stellen nach den hierfür geltenden Rechtsvorschriften übermittelt, so ist eine Übermittlung dieser Daten auch zulässig
1. an das Bundesministerium der Justiz und das Auswärtige Amt,
2. ... [*betrifft Strafsachen*]

§ 70 JGG Mitteilungen

Die Jugendgerichtshilfe, in geeigneten Fällen auch das Familiengericht und die Schule werden von der Einleitung und dem Ausgang des Verfahrens unterrichtet. Sie benachrichtigen den Staatsanwalt, wenn ihnen bekannt wird, dass gegen den Beschuldigten noch ein anderes Straf-

---

1 So allerdings Fröschle/*Locher*, § 311 FamFG Rz. 1.
2 BT-Drucks. 16/6308, S. 318.

verfahren anhängig ist. Das Familiengericht teilt dem Staatsanwalt ferner familiengerichtliche Maßnahmen sowie ihre Änderung und Aufhebung mit, soweit nicht für das Familiengericht erkennbar ist, dass schutzwürdige Interessen des Beschuldigten oder des sonst von der Mitteilung Betroffenen an dem Ausschluss der Übermittlung überwiegen.

B. Inhalt der Vorschrift

I. Besonders geschützte Daten

§ 311 betrifft die **persönlichen Daten des Betroffenen**. Damit ist hier der Betroffene des Betreuungsverfahrens (also der Betreute oder derjenige, für den ein Betreuer bestellt werden sollte) gemeint, nicht der von der Datenübermittlung Betroffene, der in §§ 12 ff. EGGVG so bezeichnet wird. 6

Eingeschränkt wird durch § 311 nur die nicht anonymisierte[1] Übermittlung von persönlichen Daten des Betroffenen (besonders geschützte Daten) an öffentliche Stellen. Für **andere Daten** – nämlich all jene, aus denen auf die Person des Betroffenen nicht geschlossen werden kann – gilt § 311 nicht, auch nicht für personenbezogene Daten anderer Beteiligter; dort bleibt es bei der unmittelbaren Anwendung von §§ 13 ff. EGGVG. Die Datenübermittlung an **private Stellen** wird von der Vorschrift auch nicht berührt. Für diese bleibt es auch in Betreuungssachen bei § 13. 7

II. Eingeschränkte Übermittlung (Satz 1)

Die Übermittlung von besonders geschützten Daten ist in zweifacher Weise eingeschränkt. Sie ist **überhaupt nur zulässig**, wenn sie 8
- dem Betreuungsgericht zur Verfolgung einer Straftat oder Ordnungswidrigkeit erforderlich erscheint (§ 17 Nr. 1 EGGVG),
- sich auf § 16 EGGVG oder § 70 Satz 2, 3 JGG oder
- auf eine Norm des FamFG stützt, also auf § 22a[2] oder §§ 308 bis 310.

Andere gesetzliche Übermittlungsbefugnisse gelten ausnahmslos nicht. Doch dürfte die Datenübermittlung mit **Einwilligung** oder mutmaßlicher Einwilligung des Betroffenen nach allgemeinen Grundsätzen dennoch zulässig sein. Diese Einwilligung ist jedoch keine Verfahrenshandlung im Betreuungverfahren, so dass § 275 dafür nicht gilt. 9

§ 16 Nr. 1 EGGVG erlaubt die Mitteilung von Daten an das Bundesministerium der Justiz und das Auswärtige Amt im Rahmen des **Rechtshilfeverkehrs mit dem Ausland**, soweit die jeweils maßgeblichen Vorschriften oder Abkommen dies vorsehen. Vor allem im vertragsfreien Rechtshilfeverkehr ist der diplomatische Dienstweg über die beiden Bundesministerien vorgeschrieben. 10

§ 70 Satz 2 und 3 JGG sehen Mitteilungen des Betreuungsgerichts nicht mehr vor, so dass die Verweisung nur Sinn ergibt, wenn man annimmt, dass die dort für das Familiengericht geregelten Mitteilungspflichten für das Betreuungsgericht **entsprechend gelten**. Dabei ist allerdings zu beachten, dass § 70 JGG im Verfahren gegen Jugendliche, nicht gegen Heranwachsende gilt (vgl. § 109 Abs. 2 JGG). Der verbleibende Anwendungsbereich ist denn auch denkbar gering. Immerhin aber ist es möglich, dass in einem Jugendstrafverfahren gegen einen **zur Tatzeit Jugendlichen**, nunmehr Volljährigen, Betreuungsmaßnahmen eine Rolle spielen können, v.a. wenn ein Betreuer zur Wahrnehmung von Rechten im Strafverfahren bestellt wurde. Mitzuteilen sind: 11
- eine etwaige Kenntnis des Betreuungsgerichts von einem weiteren Ermittlungs- oder Strafverfahren gegen den Betroffenen (kaum praktisch) und
- Maßnahmen, die das Betreuungsgericht getroffen hat.

---

1 *Bassenge*/Roth, § 311 FamFG Rz. 1.
2 Fröschle/*Locher*, § 311 FamFG Rz. 4; aA anscheinend Jürgens/*Kretz*, § 311 FamFG Rz. 2, der nur §§ 308 bis 310 erwähnt.

12 Die Übermittlung von persönlichen Daten des Betroffenen **zur Strafverfolgung** (also nach § 17 Nr. 1 EGGVG) wird durch § 311 außerdem dadurch eingeschränkt, dass sie nicht erfolgen darf, wenn schutzwürdige Interessen des Betroffenen am Unterbleiben der Mitteilung (und damit der Strafverfolgung) überwiegen. § 70 Satz 3 JGG enthält eine gleichlautende Einschränkung, § 70 Satz 2 JGG nicht.

13 Das Interesse des Betroffenen, für eine von ihm begangene Tat nicht verfolgt zu werden, ist kein schutzwürdiges,[1] wohl aber das Interesse daran, dass Aussagen, die er ohne Belehrung über ein Schweigerecht gemacht hat, geheim bleiben. **Schutzwürdige Interessen** können sich außerdem daraus ergeben, dass den Strafverfolgungsbehörden andere persönliche Umstände bekannt werden, die sie für die Strafverfolgung nicht benötigen und an deren Geheimhaltung der Betroffene interessiert ist. Schutzwürdig kann auch das Interesse des Betroffenen daran sein, dass ein Angehöriger, der eine gegen ihn gerichtete Tat begangen hat, dafür nicht verfolgt wird.

14 Bestehen solche schutzwürdigen Interessen, muss das Gericht eine **Interessenabwägung** zwischen diesen und dem Verfolgungsinteresse der Allgemeinheit[2] vornehmen. Letzteres ist umso größer, je gravierender die Tat ist. Eine eventuelle Wiederholungsgefahr ist dagegen nicht bei § 311 zu berücksichtigen, sondern kann allenfalls eine Mitteilungspflicht nach § 308 auslösen.

15 § 311 eröffnet selbst **kein Ermessen**, da er keinen eigenständigen Übermittlungstatbestand mehr enthält. Die Übermittlungen nach § 70 Satz 2 und 3 JGG sind **gebundene Entscheidungen**. Die Übermittlung an das Auswärtige Amt oder das Bundesministerium der Justiz nach § 16 Nr. 1 EGGVG muss erfolgen, wenn die für das **jeweilige Rechtshilfeverfahren** maßgeblichen Vorschriften es vorsehen. Lediglich die Übermittlung zur Strafverfolgung nach § 17 Nr. 1 EGGVG liegt bei Vorliegen der Voraussetzungen im **pflichtgemäßen Ermessen** des Betreuungsgerichts.[3]

16 **Inhalt** und **Adressat** der Mitteilungen richten sich nach der jeweils anzuwendenden Norm. Mitzuteilen sind die jeweils maßgeblichen Umstände, die Form ist nicht vorgeschrieben.

III. Benachrichtigung, Aktenkundigkeit (Satz 2)

17 Satz 2 verweist auf § 308 Abs. 3 und 4, woraus sich ergibt dass
- der Betroffene und ggf. auch sein Betreuer und Verfahrenspfleger über die Mitteilung **zu benachrichtigen** ist, es sei denn, es liegt einer der Fälle des § 308 Abs. 3 Satz 2 vor (s. § 308 Rz. 16),
- das Gericht Form und Inhalt der Mitteilung **aktenkundig** zu machen hat (s. dazu § 308 Rz. 20 f.).

C. Verfahren

18 Über die Mitteilungen nach § 17 Nr. 1 EGGVG und § 70 Satz 2 und 3 JGG entscheidet **der Richter** (Kap. XV Nr. 7 Abs. 2 MiZi), in Verfahren, für die der **Rechtspfleger** zuständig ist, dieser (Kap. I Nr. 3 Abs. 3 Satz 2 MiZi).

19 Die Anordnung der Übermittlung ist nach § 22 Abs. 1 EGGVG mit dem **Antrag auf gerichtliche Entscheidung** nach § 23 ff. EGGVG anfechtbar. Die Übermittlungsbefugnisse folgen hier nämlich nicht aus dem FamFG, sondern teils direkt aus dem EGGVG, teils aus dem JGG. § 311 schränkt sie lediglich ein. Stellt das Oberlandesgericht nachträglich die Rechtswidrigkeit der Datenübermittlung fest, führt dies zur **Unverwertbarkeit** der übermittelten Daten im Strafverfahren (§ 22 Abs. 3 Satz 2 und 3 EGGVG).

---

1 Und zwar entgegen MüKo.ZPO/*Schmidt-Recla*, § 311 FamFG Rz. 3 auch nicht, wenn es von „gesundheitlichen Interessen" flankiert wird. Den Interessenausgleich zwischen dem Strafanspruch der Allgemeinheit und den gesundheitlichen Interessen des Täters haben vielmehr die Strafverfolgungsbehörden zu bewerkstelligen.
2 Jurgeleit/*Bučić*, § 311 FamFG Rz. 2.
3 HK-BUR/*Hoffmann*, § 69n FGG Rz. 7; *Fröschle*/*Locher*, § 311 FamFG Rz. 2; *Bassenge*/Roth, § 311 FamFG Rz. 2.

Abschnitt 2
Verfahren in Unterbringungssachen

312 *Unterbringungssachen*
Unterbringungssachen sind Verfahren, die
1. die Genehmigung einer freiheitsentziehenden Unterbringung und die Genehmigung einer Einwilligung in eine ärztliche Zwangsmaßnahme (§ 1906 Absatz 1 bis 3a des Bürgerlichen Gesetzbuchs) eines Betreuten oder einer Person, die einen Dritten dazu bevollmächtigt hat (§ 1906 Absatz 5 des Bürgerlichen Gesetzbuchs),
2. die Genehmigung einer freiheitsentziehenden Maßnahme nach § 1906 Abs. 4 des Bürgerlichen Gesetzbuchs oder
3. eine freiheitsentziehende Unterbringung und eine ärztliche Zwangsmaßnahme eines Volljährigen nach den Landesgesetzen über die Unterbringung psychisch Kranker betreffen. Auf die ärztliche Zwangsmaßnahme finden die für die Unterbringung in diesem Abschnitt geltenden Vorschriften entsprechende Anwendung, soweit nichts anderes bestimmt ist. Bei der Genehmigung einer Einwilligung in eine ärztliche Zwangsmaßnahme ist die Bestellung eines Verfahrenspflegers stets erforderlich.

A. Allgemeines 1	II. Unterbringungsähnliche Maßnahmen 5
B. Inhalt der Vorschrift	III. Öffentlich-rechtliche Unterbringung . 6
I. Zivilrechtliche Unterbringung 3	IV. Ärztliche Zwangsmaßnahme 8a

A. Allgemeines

Der Abschnitt über das Verfahren in Unterbringungssachen enthält einerseits Vorschriften mit speziell auf die Unterbringung zugeschnittenen Regelungen, zum anderen aber auch Normen, die fast gleichlauten wie die entsprechenden in den allgemeinen Betreuungssachen, sowie schließlich reine Verweisungen. Trotz dieser Differenzierungen regelt Abschnitt 2 das Verfahrensrecht in Unterbringungssachen nicht abschließend. Ergänzend sind sowohl der Allgemeine Teil des FamFG sowie die Vorschriften in allgemeinen Betreuungssachen (Abschnitt 1 des 3. Buches) heranzuziehen. 1

§ 312 definiert wie der ehemalige § 70 Abs. 1 Satz 2 FGG die **Unterbringungssachen**. Das sind **alle Verfahren**, die die Genehmigung einer freiheitsentziehenden Unterbringung oder unterbringungsähnlicher Maßnahmen betreffen. Bereits nach dem Wortlaut ist demnach etwa die ablehnende Entscheidung mit erfasst. Dieses weite Verständnis entspricht der verbreiteten Auffassung, die sich schon zur Legaldefinition des § 70 Abs. 1 Satz 2 FGG herausgebildet hatte,[1] aber im früheren Gesetzeswortlaut („Unterbringungsmaßnahmen") keinen hinreichenden Ausdruck fand, so dass der Gesetzgeber sich im Zuge der Reform zur Klarstellung veranlasst sah.[2] 2

B. Inhalt der Vorschrift

I. Zivilrechtliche Unterbringung

Nr. 1 nennt die zivilrechtliche Unterbringung Volljähriger, deren materiell-rechtliche Voraussetzungen sich in § 1906 Abs. 1–3a und 5 BGB finden. Ergänzt wurde die Vorschrift um die Genehmigung einer Einwilligung in eine ärztliche Zwangsmaßnahme.[3] Diese Änderung war notwendig, da die stationäre Zwangsbehandlung durch die 3

---
1 Vgl. etwa Schulte-Bunert/*Dodegge*, § 312 Rz. 1; *Dodegge*/Roth, G, Rz. 75.
2 BT-Drucks. 16/6308, S. 272.
3 Durch Art. 2 Nr. 1a des Gesetzes zur Regelung der betreuungsrechtlichen Einwilligung in eine ärztliche Zwangsmaßnahme v. 18.2.2013, BGBl. I, S. 266.

höchstrichterliche Rspr. in Ermangelung einer gesetzlichen Vorschrift für unzulässig erklärt worden war. Zu den zivilrechtlichen Unterbringungssachen in diesem Sinne zählt zum einen die **mit einer Freiheitsentziehung verbundene Unterbringung** eines Betreuten, welche wider oder ohne den natürlichen Willen des Betroffenen erfolgt. Begibt sich der – einwilligungsfähige – Betreute freiwillig in ein Heim oder Krankenhaus, so fehlt es an der Freiheitsentziehung, und eine Unterbringungssache ist nicht gegeben. Auch die Unterbringungsgenehmigung einer Person, die einen Dritten zu ihrer mit Freiheitsentziehung verbundenen Unterbringung bevollmächtigt hat, fällt unter Nr. 1 (§ 1906 Abs. 5 BGB). Ob Maßnahmen gem. § 1846 BGB auch unter die Definition fallen,[1] kann dahinstehen, da sie gesondert in § 334 genannt sind.

4   Keiner Genehmigung bedarf hingegen die Unterbringung in einer offenen Pflege- bzw. Alteneinrichtung,[2] da sie nicht mit Freiheitsentziehung verbunden ist. Nicht unter Nr. 1 fällt die Unterbringung zum Zwecke der Untersuchung, um ein Gutachten zu erstellen.

II. Unterbringungsähnliche Maßnahmen

5   In **Nr. 2** werden die Verfahren über die Genehmigung freiheitsentziehender **unterbringungsähnlicher Maßnahmen** (§ 1906 Abs. 4 BGB) ebenfalls als Unterbringungssachen bezeichnet, was inhaltlich der Regelung des § 70 Abs. 1 Satz 2 Nr. 2 FGG aF entspricht. Es handelt sich hierbei um Fallgestaltungen, in denen einem Betreuten, der sich in einer Einrichtung aufhält, mittels körperlicher/mechanischer Hindernisse, medikamentös oder in sonstiger Weise für einen länger andauernden Zeitabschnitt (oder wiederkehrend) die Freiheit entzogen werden soll.[3] Solche unterbringungsähnlichen Maßnahmen liegen nach dem Wortlaut des § 1906 Abs. 4 BGB bei Betreuten vor, die sich in einer Einrichtung befinden, „ohne untergebracht zu sein", zB in einem Krankenhaus oder einer offenen Abteilung (einer anderen Einrichtung). Die Norm wird aber nach ganz überwiegender Auffassung auch angewandt auf **Personen, die bereits geschlossen untergebracht sind**, aber zusätzlich noch – etwa im Bett – fixiert werden sollen.[4] Nicht selten sind Probleme der Abgrenzung: Eine an der Tür einer Abteilung angebrachte Schließvorrichtung könnte unter Abs. 1 oder Abs. 4 des § 1906 BGB fallen. Als Abgrenzungskriterium wurde entwickelt, dass eine individuelle Maßnahme unter Abs. 4 fällt, während solche, die alle Heimbewohner treffen, als Unterbringung gewertet werden.[5] Problematisch wird diese Differenzierung, wenn ein Teil der Patienten den Schließvorgang nicht überwinden können, einzelne aber doch. Die entsprechenden Maßnahmen fallen auch dann unter die Norm, wenn sie von einem Vorsorgebevollmächtigten beantragt werden (§ 1906 Abs. 5 BGB).

III. Öffentlich-rechtliche Unterbringung

6   Nr. 3 nennt schließlich die öffentlich-rechtliche Unterbringung Volljähriger (entsprechend dem früheren § 70 Abs. 1 Satz 2 Nr. 3 FGG). In das Verfahrensrecht der §§ 312 ff. wird somit auch die Unterbringung eines psychisch Kranken nach dem jeweiligen Landesrecht[6] integriert. Allerdings finden sich in Buch 7 einige Sonderregelungen für die öffentlich-rechtliche Unterbringung.

7   Im Gegensatz zu den Vorschriften des § 70 Abs. 1 Satz 2, Nr. 1a und 3 FGG aF trifft § 312 keine Aussage über die Unterbringung **Minderjähriger**. Sowohl die privatrechtliche als auch die öffentlich-rechtliche Unterbringung noch nicht Volljähriger wird nunmehr im Abschnitt über Kindschaftssachen (§ 151 Nr. 6 und 7, § 167) geregelt (Näheres dort). Allerdings verweist § 167 auf das Unterbringungsrecht der §§ 312 ff.,

---

1 Dafür Keidel/*Budde*, § 312 FamFG Rz. 2.
2 Erman/*Roth*, § 1906 BGB Rz. 10.
3 Vgl. Erman/*Roth*, § 1906 BGB Rz. 26 ff.
4 Nw. bei Erman/*Roth*, § 1906 BGB Rz. 26; aA LG Freiburg v. 20.7.2010 – 4 T 133/10, FamRZ 2010, 1846.
5 AG Stuttgart v. 26.11.1996 – XVII 101/96, FamRZ 1997, 704; LG Ulm v. 11.6.2010 – 3 T 49/10, FamRZ 2010, 1764.
6 Abdruck der Ländergesetze bei *Marschner/Volckart* im Anhang.

so dass etwa die Vorschriften über die örtliche Zuständigkeit (§ 313), die eA (§§ 331f.) oder die spezielle Beschwerdevorschrift (§ 335) anzuwenden sind.

Unterbringungsgesetze der Bundesländer: 8

UBG Baden-Württemberg vom 2.12.1991 (GBl. S. 794), UnterbrG Bayern vom 5.4.1992 (GVBl. S. 60), PsychKG Berlin vom 8.3.1985 (GVBl. S. 586), Brandenburgisches PsychKG vom 5.5.2009 (GVBl. I S. 134), PsychKG Bremen vom 19.12.2000 (Brem. GBl. S. 471), Hamburgerisches PsychKG vom 27.9.1995 (GVBl. S. 235), FreihEntzG Hessen vom 19.5.1952 (GVBl. S. 111), PsychKG Mecklenburg-Vorpommern vom 1.6.1993 (GVBl. S. 182), Niedersächsisches PsychKG vom 16.6.1997 (Nds. GVBl. S. 272), PsychKG Nordrhein-Westfalen vom 17.12.1999 (GVBl. S. 662), PsychKG Rheinland-Pfalz vom 17.11.1995 (GVBl. 1995 S. 473), UBG Saarland vom 11.11.1992 (ABl S. 1271), Sächsisches PsychKG vom 10.10.2007 (GVBl. S. 422), PsychKG des Landes Sachsen-Anhalt vom 30.1.1992 (GVBl. S. 88), PsychKG Schleswig-Holstein vom 14.1.2000 (GVBl. II S. 106), Thüringisches PsychKG vom 5.2.2009 (GVBl. 2009, 10).

IV. Ärztliche Zwangsmaßnahme

Ergänzt wurde § 312 um die Genehmigung einer Einwilligung in eine ärztliche Zwangsmaßnahme sowohl bei der betreuungsrechtlichen Unterbringung als auch bei der öffentlich-rechtlichen.[1] In beiden Fällen hatte die höchstrichterliche Rspr. die stationäre Behandlung gegen den Willen des Betroffenen in Ermangelung einer gesetzlichen Vorschrift für unzulässig erklärt. Durch den Rechtsausschuss eingefügt wurde der letzte Satz, wonach für diesen Fall immer die Bestellung eines Verfahrenspflegers erforderlich ist, da der Betroffene ein besonderes Schutzbedürfnis habe (Anspruch auf rechtliches Gehör).[2] 8a

Kosten/Gebühren: Gericht: In erstinstanzlichen Unterbringungssachen werden keine Gebühren erhoben (§ 1 Abs. 1 GNotKG), da keine Gebühren im KV bestimmt sind. Von dem Betroffenen werden als Auslagen nur die an einen Verfahrenspfleger nach Nr. 31015 KV GNotKG gezahlten Beträge erhoben, und zwar nur nach Maßgabe des § 1836c BGB, wenn die Gerichtskosten nicht einem anderen auferlegt worden sind (§ 26 Abs. 3 GNotKG). Im Übrigen werden Auslagen nur von demjenigen erhoben, dem sie durch gerichtliche Entscheidung auferlegt worden sind. **RA:** Vertritt ein RA einen Beteiligten im Verfahren, stehen ihm Gebühren nach den Nrn. 6300 bis 6303 VV RVG zu (Betragsrahmengebühren). Die Gebühren entstehen für jeden Rechtszug. 9

313 Örtliche Zuständigkeit

(1) Ausschließlich zuständig für Unterbringungssachen nach § 312 Nr. 1 und 2 ist in dieser Rangfolge:
1. das Gericht, bei dem ein Verfahren zur Bestellung eines Betreuers eingeleitet oder das Betreuungsverfahren anhängig ist;
2. das Gericht, in dessen Bezirk der Betroffene seinen gewöhnlichen Aufenthalt hat;
3. das Gericht, in dessen Bezirk das Bedürfnis für die Unterbringungsmaßnahme hervortritt;
4. das Amtsgericht Schöneberg in Berlin, wenn der Betroffene Deutscher ist.

(2) Für einstweilige Anordnungen oder einstweilige Maßregeln ist auch das Gericht zuständig, in dessen Bezirk das Bedürfnis für die Unterbringungsmaßnahme bekannt wird. In den Fällen einer einstweiligen Anordnung oder einstweiligen Maßregel soll es dem nach Absatz 1 Nr. 1 oder Nr. 2 zuständigen Gericht davon Mitteilung machen.

(3) Ausschließlich zuständig für Unterbringungen nach § 312 Nr. 3 ist das Gericht, in dessen Bezirk das Bedürfnis für die Unterbringungsmaßnahme hervortritt. Befindet sich der Betroffene bereits in einer Einrichtung zur freiheitsentziehenden Unterbringung, ist das Gericht ausschließlich zuständig, in dessen Bezirk die Einrichtung liegt.

---

1 Durch Art. 2 Nr. 1b, c des Gesetzes zur Regelung der betreuungsrechtlichen Einwilligung in eine ärztliche Zwangsmaßnahme v. 18.2.2013, BGBl. I, S. 266.
2 BT-Drucks. 17/12086, S. 14.

§ 313

(4) Ist für die Unterbringungssache ein anderes Gericht zuständig als dasjenige, bei dem ein die Unterbringung erfassendes Verfahren zur Bestellung eines Betreuers eingeleitet ist, teilt dieses Gericht dem für die Unterbringungssache zuständigen Gericht die Aufhebung der Betreuung, den Wegfall des Aufgabenbereiches Unterbringung und einen Wechsel in der Person des Betreuers mit. Das für die Unterbringungssache zuständige Gericht teilt dem anderen Gericht die Unterbringungsmaßnahme, ihre Änderung, Verlängerung und Aufhebung mit.

A. Allgemeines 1	4. Auffangzuständigkeit (Nr. 4) 9
B. Inhalt der Vorschrift	II. Eilsachen (Absatz 2) 10
I. Örtliche Zuständigkeit (Absatz 1) . . . 4	III. Öffentlich-rechtliche Unterbringungen (Absatz 3) 13
1. Einleitung des Verfahrens (Nr. 1) . . 5	
2. Gewöhnlicher Aufenthalt (Nr. 2) . . 6	IV. Informationspflichten (Absatz 4) . . . 17
3. Ort des Fürsorgebedürfnisses (Nr. 3) 7	V. Internationale Zuständigkeit 20

A. Allgemeines

1 Abs. 1 trifft eine **abgestufte Regelung** zur ausschließlichen **örtlichen Zuständigkeit** bei zivilrechtlichen Unterbringungen. Sie entspricht im Wesentlichen dem früheren § 70 Abs. 2 FGG (iVm. § 65 FGG). Die einzelnen Vorschriften wurden größtenteils lediglich redaktionell/sprachlich überarbeitet, mit der entsprechenden Vorschrift des allgemeinen Betreuungsrechts (§ 272 Abs. 1) harmonisiert[1] und dem Allgemeinen Teil angepasst. Nicht aufgenommen (weder in § 272 Abs. 1 noch in § 313 Abs. 1) wurde die Anknüpfung an eine Erstbefassung eines Gerichts bei örtlicher Zuständigkeit mehrerer Gerichte (iSd. früheren §§ 70 Abs. 2 Satz 2 iVm. 65 Abs. 1 FGG), da eine solche bereits in § 2 Abs. 1 enthalten ist (vgl. § 2 Rz. 16ff.). Sie gilt gem. § 167 auch für die Unterbringung Minderjähriger.

2 Abs. 2 normiert die örtliche Zuständigkeit in Eilsachen und Abs. 3 die für öffentlich-rechtliche Unterbringungen. Abs. 4 regelt die Kommunikation zwischen dem für die Betreuung und dem für die Unterbringung zuständigen Gericht.

3 Die sachliche Zuständigkeit ist in § 23a GVG geregelt. Funktional entscheidet in Unterbringungssachen der Richter.[2] Ein Proberichter im ersten Jahr darf in Betreuungssachen nicht tätig sein (§ 23c Abs. 2 Satz 2 GVG).

B. Inhalt der Vorschrift

I. Örtliche Zuständigkeit (Absatz 1)

4 Die Zuständigkeit bestimmt sich nach der numerischen Reihenfolge des Absatzes.

1. Einleitung des Verfahrens (Nr. 1)

5 Abs. 1 Nr. 1 schließt an den bisherigen § 70 Abs. 2 Satz 1 FGG an und stellt sprachlich jetzt ausdrücklich klar, dass die örtliche Zuständigkeit eines Gerichts bereits begründet ist, sobald bei diesem Gericht ein **Verfahren zur Betreuerbestellung eingeleitet ist**.[3] Diese akzessorische Zuständigkeit (Näheres: § 272 Rz. 14) soll der effizienten Behandlung von entsprechenden Betreuungs- und Unterbringungsverfahren dienen, denn Ermittlungen, die im Zusammenhang mit der Einrichtung der Betreuung vorgenommen wurden, werden idR zumindest teilweise auch verwertbare Erkenntnisse für das Unterbringungsverfahren liefern können. Die nach früherem Recht problematische Frage, ob die örtliche Zuständigkeit des Gerichts erst beginnt, wenn ein Betreuer bestellt wurde,[4] hat sich mit der insoweit eindeutigen Neufassung erledigt. Auf

---

1 BT-Drucks. 16/6308, S. 264.
2 § 14 Abs. 1 Nr. 1 RPflG. Die Notwendigkeit ergibt sich aus Art. 104 Abs. 2 GG.
3 BT-Drucks. 16/6308, S. 272f.
4 Für eine weite Auslegung schon bisher *Dodegge*/Roth, G Rz. 82 mwN über die Gegenansicht; jetzt: Bork/Jakoby/Schwab/*Heiderhoff*, § 313 FamFG Rz. 2; *Dodegge*/Roth, G, Rz. 82.

der anderen Seite kommt eine Unterbringung meist erst nach einer Betreuerbestellung oder gleichzeitig mit ihr in Betracht; eine Ausnahme macht der Fall des § 1846 BGB. In Amtsverfahren (zB Genehmigung einer privatrechtlichen Unterbringung) ist das Gericht mit der **Kenntniserlangung** von Tatsachen, die eventuell für ein Tätigwerden sprechen, „befasst", in Antragsverfahren (idR bei öffentlich-rechtlicher Unterbringung) mit **Stellung eines** entsprechenden **Antrags**.

2. Gewöhnlicher Aufenthalt (Nr. 2)

Ist ein Betreuungsverfahren (noch) nicht eingeleitet, so ist nach **Nr. 2**, die inhaltlich dem bisherigen § 70 Abs. 2 Satz 2 FGG entspricht, das Gericht zuständig, in dessen Bezirk der Betroffene zu der Zeit, zu der das Gericht mit der Sache befasst wird, seinen **gewöhnlichen Aufenthalt** hat, also dort, wo er sich tatsächlich und über einen längeren Zeitraum aufhält, wo er seinen Lebensmittelpunkt hat (vgl. zum Begriff § 122 Rz. 4 ff.). Eine lediglich vorübergehende Abwesenheit ist unschädlich. In Unterbringungssachen sind insbesondere Konstellationen zweifelhaft, in denen sich ein Betroffener eine Zeit lang in einer Klinik befindet.[1] Entscheidend dürfte der Gesichtspunkt sein, ob feststeht, dass der Betroffene wieder an seinen bisherigen Aufenthaltsort zurückkehren kann. Selbst bei einer längeren Abwesenheit bleibt es bis dem Ort, zu dem der Betroffene die stärksten sozialen Beziehungen hat, wenn er dorthin zurückkehren kann und will.[2] Bei dauerhafter Krankenhausunterbringung ist der Bezirk, in dem die Klinik liegt, der gewöhnliche Aufenthalt. Nicht maßgebend ist dagegen der Wohnsitz, weil sich dessen Bestimmung bei eventuellen Mängeln oder Unklarheiten in Bezug auf die Geschäftsfähigkeit des Betroffenen schwierig gestalten kann, wohingegen der gewöhnliche Aufenthaltsort Feststellungen nur tatsächlicher Art erfordert.[3]

6

3. Ort des Fürsorgebedürfnisses (Nr. 3)

Fehlt es an einem gewöhnlichen Aufenthaltsort im Inland oder ist dieser nicht feststellbar, so greift **Nr. 3**, deren Regelungsgehalt dem des § 70 Abs. 2 Satz 2 FGG iVm. § 65 Abs. 2 FGG aF inhaltlich entspricht. Es ist hiernach das Gericht zuständig, in dessen **Bezirk das Bedürfnis für die Unterbringungsmaßnahme hervortritt** (§ 272 Rz. 8 ff.). Dies kann zB der Ort sein, an dem der Betroffene einen Suizidversuch unternommen hat. Oder der Betroffene befindet sich (ohne untergebracht zu sein) in einem Krankenhaus und soll plötzlich nachts fixiert werden.

7

Diese Zuständigkeit besteht nur, wenn der gewöhnliche Aufenthalt nicht feststellbar ist; das ist nicht schon gegeben, wenn die Beurteilung rechtlich schwierig ist. Auf der anderen Seite genügt es, dass ein Bedürfnis möglicherweise gegeben ist; ob die Voraussetzungen tatsächlich vorliegen, hat das – zuständige – Gericht erst zu ermitteln.

8

4. Auffangzuständigkeit (Nr. 4)

Sofern der Betroffene Deutscher ist, aber keine Zuständigkeit nach Nr. 1–3 (kein Unterbringungsbedürfnis im Inland) gegeben ist, so ist nach der **Nr. 4** das Amtsgericht **Schöneberg** in Berlin zuständig. Die Vorschrift entspricht dem bisherigen § 70 Abs. 2 Satz 2 FGG iVm. § 65 Abs. 3 FGG. Von der Regelung erfasst sind im Wesentlichen Deutsche, die im Ausland leben.

9

II. Eilsachen (Absatz 2)

Abs. 2 normiert eine Zuständigkeit in **Eilsachen**. Die Vorschrift entspricht inhaltlich dem bisherigen § 70 Abs. 2 Satz 3 iVm. § 65 Abs. 5 FGG; sie hat lediglich eine sprachliche Überarbeitung erfahren – Eilsachen werden nun abstrakt beschrieben –

10

---

1 Vgl. OLG Stuttgart v. 26.11.1996 – 8 AR 56/96, BtPrax 1997, 161 (zu § 65 FGG).
2 Vgl. OLG München v. 28.7.2006 – 33 Wx 75/06, 33 Wx 075/06, BtPrax 2006, 182; OLG Stuttgart v. 26.11.1996 – 8 AR 56/96, BtPrax 1997, 161.
3 Vgl. Dodegge/*Roth*, A, Rz. 115; Schulte-Bunert/Weinreich/*Rausch*, § 272 Rz. 3 ff.

und wurde mit der entsprechenden betreuungsrechtlichen Vorschrift (§ 272 Abs. 2) harmonisiert (vgl. § 272 Rz. 20 ff.). Ist die Sache eilig, soll eine langwierige Prüfung der Zuständigkeit vermieden und ein rechtzeitiges Tätigwerden ermöglicht und sichergestellt werden.

11 **Vorläufige Maßregeln** sind solche nach Art. 24 Abs. 3 EGBGB (für Ausländer), ferner Verfahren gem. § 1908i Abs. 1 Satz 1 BGB iVm. § 1846 BGB und die eA nach § 331.[1]

12 Es besteht in diesen Eilsachen neben der Zuständigkeit nach Abs. 1 auch eine **örtliche Zuständigkeit** des Gerichts, in dessen Bezirk das **Unterbringungsbedürfnis bekannt** wird. Es geht um Fälle, in denen der Betroffene beispielsweise plötzlich unterbringungsbedürftig wird, weil er sich für eine kurze Therapie in einer entfernten Klinik aufhält. Oder der Betroffene gerät auf einer Reise in eine solche Situation. Entscheidend ist, dass im Zeitpunkt, in dem das Gericht mit der Sache befasst wird, das Bedürfnis zur Unterbringung (noch) besteht. Sobald die dringliche Aufgabe erledigt, das Unterbringungsbedürfnis entfallen ist oder das nach § 313 Abs. 1 zuständige Gericht eine anders lautende Anordnung trifft, muss die Sache an das nach Abs. 1 zuständige Gericht **übersandt** werden. Es handelt sich dabei um eine rein tatsächliche Maßnahme, keine Abgabe im Rechtssinne. Satz 2 normiert eine **Mitteilungspflicht** des eilzuständigen Gerichts bezüglich der angeordneten Maßnahmen gegenüber dem nach Abs. 1 Nr. 1 oder 2 zuständigen Gericht. Denn Letzteres soll von Amts wegen tätig werden können.

III. Öffentlich-rechtliche Unterbringungen (Absatz 3)

13 In **Abs. 3** findet sich eine Regelung zur **örtlichen Zuständigkeit für öffentlich-rechtliche Unterbringungen** iSd. § 312 Nr. 3. Schon der Wortlaut stellt explizit klar, dass es sich um eine **ausschließliche** Zuständigkeit handelt. Diese ist gem. § 313 Abs. 3 Satz 1 bei dem Gericht gegeben, in dessen Bezirk das Bedürfnis für die Unterbringungsmaßnahme hervortritt, in dessen Bezirk also die Tatsachen zu finden sind, aus denen sich das Unterbringungsbedürfnis, etwa eine Gefahr für die öffentliche Sicherheit, ergibt. Entscheidend ist der Zeitpunkt, zu dem die öffentlich-rechtliche Unterbringung beantragt wurde.[2] Deshalb ist es unerheblich, wenn sich später herausstellt, dass die materiell-rechtlichen Voraussetzungen für eine öffentlich-rechtliche Unterbringung nachweislich nicht vorliegen.[3]

14 Ein Bedürfnis für die gesonderte Einrichtung einer Eilzuständigkeit besteht bei der öffentlich-rechtlichen Unterbringung nicht. Für die Regelungen des FamFG ergibt sich dies aus einem Vergleich des Wortlauts des § 313 Abs. 2 Satz 1 (Eilzuständigkeit) mit dem des nahezu identisch lautenden Abs. 3 Satz 1: Beide Vorschriften enthalten eine Zuständigkeitsregelung, die sich auf ein Fürsorgebedürfnis stützt. Für öffentlich-rechtliche Unterbringungsmaßnahmen ist also ohnehin immer schon das Gericht zuständig, das im Rahmen der privatrechtlichen Unterbringung eine Eilzuständigkeit innehat, da die öffentlich-rechtliche Unterbringung idR eilbedürftig ist.[4]

15 Darüber hinaus statuiert § 313 Abs. 3 Satz 2 eine Sonderzuständigkeit für den Fall, dass sich der **Betroffene** im Zeitpunkt der Antragstellung bereits **in einer Einrichtung** zur freiheitsentziehenden Unterbringung **befindet**.[5] In diesem Fall ist nur das Gericht zuständig, in dessen Bezirk die Einrichtung liegt, damit – etwa an Wochenenden – die notwendigen eiligen Unterbringungen erfolgen können.

16 Eine Abgabemöglichkeit bei öffentlich-rechtlicher Unterbringung bestand nach dem früheren § 70 Abs. 3 Satz 1 Halbs. 1 FGG nicht. Laut Gesetzesbegründung soll

---

1 Dafür spricht der eindeutige Wortlaut des § 313 Abs. 2, in dem ausdrücklich von „einstweiligen Anordnungen" die Rede ist.
2 So *Fröschle*, § 313 FamFG Rz. 7.
3 BayObLG v. 1.12.2000 – 3Z AR 36/00, FamRZ 2001, 778 (zum bisherigen § 70 Abs. 5 FGG).
4 BT-Drucks 11/4528, S. 218.
5 OLG Hamm v. 20.5.2008 – 15 Sbd 5/08, BtPrax 2009, 40; OLG Schleswig v. 1.8.2012 – 8 UFH 11/12, SchlHA, 391.

der neue § 340 inhaltlich dieser Vorschrift entsprechen.[1] Der Wortlaut des § 314 umfasst jedoch ohne Ausnahme alle Unterbringungssachen, so dass jetzt wohl davon auszugehen ist, dass auch bei öffentlich-rechtlicher Unterbringung eine Abgabemöglichkeit besteht.[2]

IV. Informationspflichten (Absatz 4)

Soweit es in Abs. 4 um die Unterbringung Volljähriger geht, entspricht er dem ehemaligen § 70 Abs. 7 FGG. Zur Unterbringung Minderjähriger finden sich die entsprechenden Vorschriften im Abschnitt über die Kindschaftssachen (Buch 2 Abschnitt 3, § 167). 17

Geregelt sind in Abs. 4 die **Benachrichtigungs- und Mitteilungspflichten** zwischen demjenigen Gericht, bei dem eine Betreuungssache eingeleitet ist, und dem für Unterbringungssachen zuständigen Gericht, sofern unterschiedliche Zuständigkeiten bestehen. Solche Pflichten bestehen für die **Aufhebung** der Betreuung, den Wegfall des Aufgabenbereichs der „Unterbringung" sowie einen Betreuerwechsel (berichten muss das mit der Betreuungssache befasste Gericht), während das für die Unterbringungssache zuständige Gericht über die Unterbringungsmaßnahme, ihre Änderung, Verlängerung und Aufhebung informieren muss. 18

Die früher in § 70 Abs. 6 FGG geregelte Ermächtigung der Landesregierungen, die Unterbringungssachen bei einem Amtsgericht zu konzentrieren, findet sich aus systematischen Gründen nunmehr in § 23d GVG. 19

V. Internationale Zuständigkeit

Für Unterbringungen (gem. § 1906 Abs. 1 BGB) oder unterbringungsähnliche Maßnahmen (gem. § 1906 Abs. 4 BGB) richtet sich die **internationale Zuständigkeit** nach § 104 (s. die Komm. dort). Die Zuständigkeit eines deutschen Gerichts bei einer öffentlich-rechtlichen Unterbringung (§ 312 Nr. 3) macht davon eine Ausnahme (§ 104 Abs. 3): Hier richtet sich die Zuständigkeit allein danach, wo das Bedürfnis für die Unterbringungsmaßnahme hervortritt bzw. wo der Betreute (bereits) untergebracht ist (§ 313 Abs. 3). 20

314 Abgabe der Unterbringungssache

Das Gericht kann die Unterbringungssache abgeben, wenn der Betroffene sich im Bezirk des anderen Gerichts aufhält und die Unterbringungsmaßnahme dort vollzogen werden soll, sofern sich dieses zur Übernahme des Verfahrens bereit erklärt hat.

A. Allgemeines

Die Vorschrift schafft die Möglichkeit, eine Unterbringungssache an ein anderes Gericht abzugeben. Sie stellt eine Sonderregelung zu § 4 dar[3] und entspricht dem früheren § 70 Abs. 3 Satz 1 Halbs. 1 FGG. In § 327 RefE waren die Voraussetzungen einer Abgabe noch nicht geregelt. 1

B. Inhalt der Vorschrift

I. Voraussetzungen der Abgabe

Für alle Unterbringungssachen besteht die Möglichkeit, sie **isoliert aus wichtigem Grund abzugeben**, wenn der Betroffene sich im Bezirk eines anderen Gerichts aufhält und die Unterbringungsmaßnahme dort vollzogen werden soll.[4] Das kann zB der Fall 2

---

1 BT-Drucks. 16/6308, S. 273.
2 Wie hier: Jürgens/*Marschner*, § 314 FamFG Rz. 7; Jurgeleit/*Diekmann*, § 314 FamFG Rz. 7; Keidel/*Budde*, § 314 FamFG Rz. 2.
3 Die Abgabe wegen Unzuständigkeit ist in § 4 abschließend geregelt.
4 Aber auch eine Abgabe eines akzessorischen Unterbringungsverfahrens ist möglich.

sein, wenn der Betreute fern von seinem Aufenthaltsort akut erkrankt und untergebracht werden muss oder in einer Klinik, die in einem anderen Bezirk liegt, eine Fixierung notwendig wird.[1] Ein „gewöhnlicher Aufenthalt" ist nicht erforderlich.[2] Nach der Rechtsprechung des OLG München[3] zum früheren § 70 Abs. 3 Satz 1, 3 FGG ist die Abgabe unzulässig, wenn die Unterbringung eines Betroffenen beabsichtigt ist, der sich nicht im Bezirk des für den voraussichtlichen Unterbringungsort zuständigen Gerichts aufhält. Das entspricht dem Wortlaut der jetzigen Norm. Das Bedürfnis einer Abgabe auch für den Fall, dass der Betroffene nach der Unterbringungsanordnung in eine andere Klinik verlegt wird, hat der Gesetzgeber nicht anerkannt.

3   Zu der Frage, ob auch **bei beabsichtigter Verlängerung** der Unterbringung eine Abgabe möglich ist, geben weder die Motive noch die Literatur zum alten Recht Aufschluss. Der weit gefasste Wortlaut des § 314, in dem von „Unterbringungssachen" die Rede ist, spricht dafür.

4   Das Tatbestandsmerkmal des wichtigen Grundes taucht in der heutigen Fassung zwar nicht mehr auf; jedoch war dies auch bei § 70 Abs. 3 Satz 1 Halbs. 1 FGG aF zuletzt nicht mehr der Fall. Sinn und Zweck der Vorschrift, nämlich eine „Reiserichter"tätigkeit zu vermeiden, lassen eine Abgabe jedoch nach wie vor nur dann als sinnvoll erscheinen, wenn etwa die Anhörung des Betroffenen wesentlich erleichtert wird und/oder es sich um eine Unterbringungsmaßnahme von gewisser zeitlicher Intensität handelt, für die Folgeentscheidungen zu erwarten sind.[4] Das Gericht hat bei seiner Ermessensentscheidung eine **Abwägung** zu treffen zwischen dem Interesse, für die Unterbringung und die jeweilige andere Maßnahme eine **einheitliche Zuständigkeit** bei einem Gericht zu wahren,[5] und den **Interessen** insbesondere **des Betroffenen**.[6] Ein mögliches Kriterium kann die Notwendigkeit mehrfacher Unterbringung sein.

5   Voraussetzung für die Abgabe ist weiter, dass das Gericht, an das abgegeben werden soll, sich zur Übernahme des Verfahrens **bereit erklärt**. Diese Erklärung ist nicht formgebunden, kann also auch konkludent durch Fortführung des Verfahrens erfolgen.[7]

II. Rechtsfolge

6   Mit erfolgter Abgabe ist das übernehmende Gericht auch für alle Folgesachen und auch für eine eventuell notwendige Verlängerung zuständig. Die Zuständigkeit des abgebenden Gerichts erlischt.

7   Verweigert das Gericht die Übernahme, so bleibt es bei der bisherigen Zuständigkeit. Es besteht die Möglichkeit, die Entscheidung des gemeinschaftlichen oberen Gerichts anzurufen (§ 5 Abs. 1 Nr. 5).[8]

8   Die früher in § 70 Abs. 3 Satz 1 Halbs. 1 FGG enthaltenen Anhörungserfordernisse sind nunmehr gesondert in §§ 319, 320 geregelt.

315 *Beteiligte*
(1) Zu beteiligen sind
1. **der Betroffene,**
2. **der Betreuer,**
3. **der Bevollmächtigte im Sinne des § 1896 Abs. 2 Satz 2 des Bürgerlichen Gesetzbuchs.**

---

1 BT-Drucks. 14/2494, S. 43.
2 KG v. 9.6.2010 – 1 AR 5/10, BtPrax 2010, 235.
3 OLG München v. 22.1.2008 – 33 Wx 10/08, FamRZ 2008, 1117 (LS).
4 Vgl. Keidel/*Budde*, § 314 FamFG Rz. 4.
5 BayObLG v. 5.2.1987, Allg. Reg 7/87, BayObLGZ 1987, 43.
6 *Fröschle*, § 314 FamFG Rz. 7.
7 *Dodegge*/Roth, G, Rz. 88.
8 KG v. 9.6.2010 – 1 AR 5/10, BtPrax 2010, 235; Damrau/*Zimmermann*, § 314 FamFG Rz. 8; Schulte-Bunert/*Dodegge*, § 314 FamFG Rz. 7.

(2) Der Verfahrenspfleger wird durch seine Bestellung als Beteiligter zum Verfahren hinzugezogen.
(3) Die zuständige Behörde ist auf ihren Antrag als Beteiligte hinzuzuziehen.
(4) Beteiligt werden können im Interesse des Betroffenen
1. dessen Ehegatte oder Lebenspartner, wenn die Ehegatten oder Lebenspartner nicht dauernd getrennt leben, sowie dessen Eltern und Kinder, wenn der Betroffene bei diesen lebt oder bei Einleitung des Verfahrens gelebt hat, sowie die Pflegeeltern,
2. eine von ihm benannte Person seines Vertrauens,
3. der Leiter der Einrichtung, in der der Betroffene lebt.
Das Landesrecht kann vorsehen, dass weitere Personen und Stellen beteiligt werden können.

A. Allgemeines 1	1. Angehörige (Satz 1 Nr. 1) 11
B. Inhalt der Vorschrift	2. Person des Vertrauens (Satz 1 Nr. 2) 15
I. Beteiligte Personen (Absatz 1) 2	3. Leiter der Unterbringungseinrichtung (Satz 1 Nr. 3) 17
II. Verfahrenspfleger (Absatz 2) 6	4. Erweiterung durch Landesgesetzgeber (Satz 2) 20
III. Betreuungsbehörde (Absatz 3) 8	
IV. Fakultative Beteiligte (Absatz 4) ... 10	

A. Allgemeines

Die Vorschrift nennt die Personen, die im Unterbringungsverfahren **beteiligt** werden müssen und die beteiligt werden können. Hierbei wird an den Beteiligtenbegriff des § 7, der eine – neue – Legaldefinition enthält, angeknüpft (§ 7 Rz. 1 ff.).[1] Die Vorschrift enthält kleinere Änderungen zum bisherigen § 70d FGG, im RefE (§ 328) waren die Pflegeeltern noch nicht enthalten. 1

B. Inhalt der Vorschrift

I. Beteiligte Personen (Absatz 1)

Abs. 1 zählt die **Personen** auf, die immer **von Amts wegen zu beteiligen** sind (§ 7 Rz. 21 ff.). Der Personenkreis ist etwas kleiner als derjenige, der im Betreuungsverfahren nach § 274 Abs. 1 zu beteiligen ist (§ 274 Rz. 12 ff.). Es fehlen die Großeltern, Geschwister und die Abkömmlinge (außer den Abkömmlingen, bei denen der Betroffene lebt). Die Pflegeeltern sind neu aufgenommen. Eine Abweichung zu § 274 Abs. 1 ergibt sich auch insoweit, als die Beteiligung des Betreuers und des Bevollmächtigten iSd. § 1896 Abs. 2 Satz 2 BGB nicht auf die Fälle beschränkt ist, in denen ihr Aufgabenkreis durch das Verfahren betroffen ist.[2] Der Gesetzgeber geht davon aus, dass jeder Betreuer, egal welchen Aufgabenkreis er hat, von der Unterbringung des Betreuten betroffen wird.[3] Überdies sei eine Erfassung der Aufgabenkreise, die von einer Unterbringungsmaßnahme betroffen sein können, nicht möglich. 2

Zwingend Beteiligte sind demnach der **Betroffene** (Nr. 1), der **Betreuer** (Nr. 2) sowie der **Bevollmächtigte** iSd. § 1896 Abs. 2 Satz 2 BGB (Nr. 3). 3

Schon aufgrund des früher geltenden Rechts ging man davon aus, dass der Betreuer[4] und der Vorsorgebevollmächtigte[5] durch eine Unterbringungsmaßnahme auch dann in ihren eigenen Rechten betroffen sind, wenn ihr Aufgabenkreis die Unterbringung nicht umfasst, weil sie als gesetzliche Vertreter stets Beschränkungen ih- 4

---

1 Zum Beteiligtenbegriff in § 7 vgl. auch: *Zimmermann*, FPR 2009, 5–8.
2 Kritisch, wenn lediglich eine Vermögenssorge besteht: Keidel/*Budde*, § 315 FamFG Rz. 4.
3 BT-Drucks. 16/6308, S. 273; dagegen die Stellungnahme des Bundesrats (BR-Drucks. 309/07, S. 67 f.) mit Gegenäußerung der BReg. (BT-Drucks. 16/6308, S. 420).
4 Das war früher in § 70d Abs. 1 Nr. 3 FGG geregelt.
5 Dieser wurde in § 70d FGG nicht genannt, war aber gleichwohl zu beteiligen: *Bienwald*/Sonnenfeld/Hoffmann, § 70d FGG Rz. 1.

rer Tätigkeit erfahren, wenn eine Unterbringungsmaßnahme im Raum steht, unabhängig davon, welchen Aufgabenkreis sie haben.[1] Auch erscheint es kaum möglich, sämtliche Aufgabenkreise, die von einer Unterbringungsmaßnahme betroffen sein können, randscharf und abschließend zu erfassen.[2]

5 Die obligatorische Beteiligung nach § 7 Abs. 2 Nr. 1 bleibt von den Regelungen in Abs. 1 unberührt. Die Notwendigkeit einer Beteiligung kann sich also aus beiden Vorschriften ergeben.[3]

II. Verfahrenspfleger (Absatz 2)

6 Abs. 2 stellt eine Sondervorschrift für die Beteiligung des **Verfahrenspflegers** in Unterbringungssachen dar. Der Pfleger ist zugleich Beteiligter, wenn er gem. § 276 Abs. 1 im Interesse des Betroffenen bestellt wird (vgl. § 276 Rz. 3 ff.). Schon aus dem Wortlaut des Abs. 2 ergibt sich, dass der Verfahrenspfleger bereits mit dem Akt seiner Bestellung zum Beteiligten wird, ohne dass es eines weiteren Hinzuziehungsaktes bedürfte. Ihm werden mit der Bestellung alle Rechte, zB das Akteneinsichtsrecht nach § 13, eingeräumt, aber auch alle Pflichten auferlegt, so etwa die Mitwirkungspflicht iSd. § 27. Ihm ist Gelegenheit zu geben, sich zu allen Beweismitteln, insbesondere zum Sachverständigengutachten, zu äußern. Eine Pflicht zur Kostentragung besteht wegen §§ 276 Abs. 7, 317 Abs. 7 nicht.

7 Diese Konzeption der Vorschrift entspricht der Beteiligung des Verfahrenspflegers nach dem alten Recht, wonach dessen Beteiligung an allen Verfahrenshandlungen notwendig war.[4] Der Verfahrenspfleger soll die Belange des Betroffenen im Verfahren wahren, hat dessen Willen zu beachten, ist gleichwohl nicht an seine Weisungen gebunden. Insoweit entspricht die Stellung des Verfahrenspflegers insgesamt der schon im Rahmen des FGG geltenden (§ 276 Rz. 1). Der Verfahrenspfleger ist ein Pfleger eigener Art.[5]

III. Betreuungsbehörde (Absatz 3)

8 Abs. 3 behandelt die Hinzuziehung der zuständigen **Behörde**, ist mit der entsprechenden Vorschrift für Betreuungssachen (§ 274 Abs. 3) harmonisiert worden und ersetzt § 70d Abs. 1 Nr. 6 FGG (vgl. § 274 Rz. 30 ff.).

8a Die Beteiligung der Behörde erfolgt nicht von Amts wegen, sondern setzt einen **Antrag der Behörde** voraus. Nur in diesem Fall ist die Hinzuziehung obligatorisch. Das durch das FamFG eingeführte Antragserfordernis bezweckt die Vermeidung unnötiger Beteiligungen sowie dadurch bedingter Zustellungen, Anhörungen oder sonstiger Verfahrenshandlungen. Unberührt bleibt freilich die im Rahmen der Amtsermittlung nach § 26 bestehende Pflicht, die zuständige Behörde anzuhören, sofern dies im Einzelfall geboten erscheint.

9 **Zuständig** für Unterbringungsmaßnahmen nach § 312 Nr. 1 und Nr. 2 ist die Behörde nach dem BtBG bzw. den Landesgesetzen, in den Fällen des § 312 Nr. 3 die jeweilige Landesbehörde nach den Landesgesetzen über die Unterbringung psychisch Kranker. Bei Unterbringung durch einen Bevollmächtigten ist es die Behörde nach dem BtBG.

IV. Fakultative Beteiligte (Absatz 4)

10 Abs. 4 enthält eine Aufzählung der **Personen**, die gem. § 7 Abs. 3 zu dem Unterbringungsverfahren **hinzugezogen werden können** (auch „Kann-Beteiligte" genannt[6]).

---

1 Schulte/Bunert/*Dodegge*, § 315 Rz. 6; MüKo, FamFG/Schmidt-Recla, § 315 FamFG Rz. 4 f.; *Fröschle*, § 315 FamFG Rz. 5 f. (für den Vorsorgebevollmächtigten differenzierend); kritisch Keidel/*Budde*, § 315 FamFG Rz. 4 bei Vollmacht nur für Vermögensangelegenheiten.
2 BT-Drucks. 16/6308, S. 273.
3 BT-Drucks. 16/6308, S. 264.
4 BT-Drucks. 16/6308, S. 265, mwN, s. auch *Bienwald*, Verfahrenspflegschaftsrecht 2002, Rz. 436 ff.; HK-BUR/*Bauer*, § 70d FGG Rz. 20.
5 Vgl. zum Ganzen BT-Drucks. 16/6308, S. 265, mwN.
6 *Zimmermann*, FPR 2009, 7.

1. Angehörige (Satz 1 Nr. 1)

Die Angehörigen des Betroffenen sind genannt, weil sie, so der Gesetzgeber, ein ideelles Interesse am Verfahren hätten, das besonders geschützt werden solle.[1] Die Aufzählung entspricht inhaltlich dem ehemaligen § 70d Abs. 1 Nr. 1, 1a und 2 FGG, soweit es um die einzubeziehenden Angehörigen geht.

Erwähnt sind zunächst der **Ehegatte** und der **Lebenspartner** iSv. § 1 LPartG, die anzuhören sind, sofern kein dauerndes Getrenntleben gegeben ist. Freilich bewirkt die Trennung, die durch die Unterbringungsmaßnahme selbst bedingt ist, noch kein dauerndes Getrenntleben, da der rechtliche Trennungsbegriff der §§ 1565ff. BGB maßgebend ist.[2] Verwertbar bleibt eine vor der Trennung erfolgte Beteiligung.[3]

Der Partner einer **nichtehelichen Lebensgemeinschaft** fällt nicht unter Nr. 1, er kann allenfalls gem. Nr. 2 beteiligt werden.[4]

Pflegeeltern sind anzuhören. Es genügt ein faktisches Familienverhältnis, ein Pflegevertrag muss nicht unbedingt vorliegen. Umstritten war zum alten Recht, ob das **Stiefkind** oder die **Stiefeltern** unter § 70d Abs. 1 Satz 1 Nr. 2 FGG zu fassen waren.[5] Durch die nunmehr erfolgte Hereinnahme der **Pflegeeltern** in die Aufzählung spricht mehr für einen weiteren Begriff der Beteiligtenfähigkeit.[6] Andererseits kann man argumentieren, dass die Aufnahme der Pflegeeltern und das Weglassen der Stiefeltern eine bewusste Entscheidung gewesen sein könnte.[7] Jedenfalls kann Abs. 4 Nr. 2 greifen. **Abkömmlinge** sind zu beteiligen, soweit sie **mit dem Betroffenen zusammenleben**. Das gilt nicht für minderjährige **Kinder** im Elternhaus, denn in diesem Fall leben die Eltern nicht „bei" ihnen[8] (sondern umgekehrt). Insoweit kommen nur volljährige Abkömmlinge in Betracht. „Zusammenleben" verlangt eine häusliche Gemeinschaft, die auch gegeben sein kann, wenn Kinder eine Einliegerwohnung im elterlichen Haus bewohnen.[9]

2. Person des Vertrauens (Satz 1 Nr. 2)

Im Interesse des Betroffenen kann eine bzw. nach Sinn und Zweck können auch mehrere[10] von ihm benannte **Vertrauensperson(en)** am Verfahren beteiligt werden. Hierdurch ist es dem Gericht möglich, im Einzelfall etwa entferntere Verwandte, einen getrennt lebenden Ehegatten oder Lebenspartner oder sonstige Personen, die mit dem Betroffenen eng verbunden sind, einzubeziehen. Die Vertrauensperson muss vom Betroffenen als solche – ggf. konkludent – benannt sein,[11] wobei keine Nachforschungspflicht des Gerichts besteht.

Bei den Personen nach den Nr. 1 und 2 wird in aller Regel zwar keine Verletzung eigener Rechte vorliegen, doch soll durch die vorgesehene Beteiligung einem bestehenden ideellen Interessen dieses Personenkreises am Verfahren Rechnung getragen werden. Da es sich um eine altruistische Beteiligung („**im Interesse des Betroffenen**") handelt, kann ein Verwandter ohne eine eigene Rechtsbetroffenheit keinen Einfluss auf das Verfahren nehmen, wenn dies den Interessen des Betroffenen (aus dessen Sicht) widersprechen würde. Somit muss das Gericht bereits zum Zeitpunkt der Beteiligung von Verwandten die Belange und Wünsche des Betroffenen berücksichtigen. Widerspricht aber der subjektive Wille des Betroffenen seinen objektiven Inte-

---

1 BT-Drucks. 16/6308, S. 273.
2 *Fröschle*, § 315 FamFG Rz. 12.
3 HM, vgl. Schulte-Bunert/*Dodegge*, § 315 FamFG Rz. 12.
4 Vgl. Keidel/*Budde*, § 315 FamFG Rz. 8.
5 Dagegen zB HK-BUR/*Bauer*, § 70d FGG Rz. 24; dafür etwa LG Oldenburg v. 11.10.1995 – 8 T 967/95, FamRZ 1996, 500.
6 So auch Schulte-Bunert/*Dodegge*, § 315 FamFG Rz 15.
7 *Bassenge*, § 315 FamFG Rz. 9; Jurgeleit/*Diekmann*, § 315 FamFG Rz. 7.
8 *Zimmermann*, FamRZ 1990, 1308; *Dodegge*/Roth, G, Rz. 124.
9 *Bassenge*/Roth, § 315 FamFG Rz. 9.
10 *Dodegge*/Roth, G, Rz. 124.
11 Dies wird von Keidel/*Budde*, § 315 FamFG Rz. 8 für schwer verständlich gehalten.

ressen und sprechen Gründe für die Hinzuziehung der Verwandten, so kommt in Ausnahmefällen deren Beteiligung gegen den Willen des Betroffenen in Frage.

3. Leiter der Unterbringungseinrichtung (Satz 1 Nr. 3)

17   Ferner kann der **Leiter der Einrichtung**, in der der Betroffene lebt, beteiligt werden. Hinsichtlich der hinzuzuziehenden Person entspricht die Vorschrift inhaltlich dem früheren § 70d Abs. 1 Nr. 5 FGG. Sie hat lediglich redaktionelle Veränderungen erfahren, um deutlicher zum Ausdruck zu bringen, dass der Leiter der Einrichtung, in der sich der Betroffene üblicherweise aufhält, nicht jedoch der Leiter der Unterbringungsabteilung beteiligt werden kann, was dem Verständnis zum früheren Recht entspricht.[1] Der Leiter kann allerdings sein Beteiligungsrecht auf andere Bedienstete, die den Betroffenen besser kennen, delegieren.[2]

18   Das Gericht muss einem Antrag dieser Personen auf Hinzuziehung nicht entsprechen,[3] allerdings besteht die Möglichkeit der Erhebung der Beschwerde gegen die Antragsablehnung nach § 7 Abs. 3 Satz 3.

19   Die Hinzuziehungsmöglichkeit nach Abs. 4 Satz 1 lässt eine Beteiligung wegen der möglichen Verletzung eigener Rechte unberührt.

4. Erweiterung durch Landesgesetzgeber (Satz 2)

20   Der Satz ermöglicht es dem **Landesgesetzgeber** – sowohl im Rahmen der privatrechtlichen als auch der öffentlich-rechtlichen Unterbringung –, den Kreis der ggf. zu beteiligenden Personen zu erweitern. Die Vorschrift entspricht dem früheren § 70d Abs. 1 Satz 2 FGG mit der Abweichung, dass früher die Anhörung, heute die Beteiligung geregelt werden kann. Einzelne Länder schreiben die Beteiligung des sozialpsychiatrischen Dienstes oder des behandelnden Arztes vor.[4]

316 *Verfahrensfähigkeit*
In Unterbringungssachen ist der Betroffene ohne Rücksicht auf seine Geschäftsfähigkeit verfahrensfähig.

A. Allgemeines

1   Die Vorschrift (= § 329 RefE) regelt die **Verfahrensfähigkeit des Betroffenen in allen Unterbringungssachen**. Sie entspricht inhaltlich dem früheren § 70a FGG, soweit es um die Unterbringung Volljähriger geht. Sie wurde redaktionell mit der Vorschrift über die Verfahrensfähigkeit in Betreuungssachen gem. § 275 (vgl. § 275 Rz. 4 ff.) in Einklang gebracht und ergänzt die allgemeine Regelung zur Verfahrensfähigkeit in § 9.

B. Inhalt der Vorschrift

2   Durch die Norm soll die Rechtsposition des Betroffenen gestärkt werden. Es besteht **volle Verfahrensfähigkeit**, ohne dass es auf die Geschäftsfähigkeit ankäme. Insoweit enthält die Vorschrift eine Fiktion. Auch ein Einwilligungsvorbehalt[5] und die Bestellung eines Verfahrenspflegers[6] beeinträchtigen die Verfahrensfähigkeit nicht. Der Betroffene vermag somit alle Angriffs- und Verteidigungsmittel selbst vorzubringen und Rechtsmittel einzulegen bzw. von Ihnen Gebrauch zu machen. So kann etwa die Antragsstellung bzw. -rücknahme etc. vom Betroffenen selbst vorgenommen wer-

---

1 Vgl. BT-Drucks. 16/6308, S. 273; Jurgeleit/*Diekmann*, § 315 FamFG Rz. 7.
2 BT-Drucks. 11/4528, S. 184; *Dodegge*/Roth, G, Rz. 124.
3 BT-Drucks. 16/6308, S. 265.
4 Nw. bei *Fröschle*, § 315 FamFG Rz. 18.
5 Bork/Jakoby/Schwab/*Heiderhoff*, § 275 FamFG Rz. 3.
6 Keidel/*Budde*, § 275 FamFG Rz. 3.

den, auch wenn sich dies nachteilig auswirkt (§ 275 Rz. 8f.).[1] Darin liegen nicht unerhebliche Risiken für den Betroffenen. Gefahren können sich zB aus der Rücknahme von Rechtsmitteln ergeben.[2] Zu seinem Schutz ist daher ein Verfahrenspfleger zu bestellen.[3] Auch Bekanntmachungen gegenüber dem Betroffenen sind unabhängig von seiner Geschäftsfähigkeit möglich.

Die Verfahrensfähigkeit enthält nach hM auch die Kompetenz zur Bestellung eines Verfahrensbevollmächtigten.[4] Die Auftragserteilung an den Rechtsanwalt durch den Betreuer setzt aber eine Willenserklärung des Vollmachtgebers (= Betreuten) voraus.[5] Das ist bei völliger Geschäftsunfähigkeit (trotz § 316) nicht möglich. Überlegt wird, die Verfahrensfähigkeit auch auf die Auftragserteilung gegenüber dem Rechtsanwalt zu erstrecken (s. dazu § 275 Rz. 12). Dafür spreche, dass der Anwalt sonst ein Geschäftsführer ohne Auftrag wäre. Aus Sicht des Rechtsanwalts mag dieses Ergebnis unschön sein, ist aber auch sonst die Folge, wenn er mit einem Geschäftsunfähigen einen Vertrag schließt. Dies gilt unabhängig vom Betreuungsrecht unstreitig auch für alle Fälle außerprozessualer Vertretung.

3

Für den Betroffenen ist kein Grund ersichtlich, auf den Schutz der §§ 104ff. BGB zu verzichten: Zweck der §§ 275, 316 ist es, dem Betroffenen unabhängig von seinem Geisteszustand zu ermöglichen, sich im Verfahren zu verteidigen. Die Nachteile, die er sich selbst durch unüberlegte Verfahrenshandlungen zufügt, können durch die Bestellung eines Verfahrenspflegers verhindert werden. Das gilt aber nicht für die Beauftragung eines Rechtsanwalts, mit der die Pflicht zur Bezahlung verbunden ist. Es ist nicht Sinn des FamFG, die Schutzvorschriften zugunsten Geschäftsunfähiger außer Kraft zu setzen. Daher muss es hier bei Anwendung der allgemeinen Normen bleiben. Anderenfalls würde man die verfahrensrechtlichen Normen weit über ihren Sinn hinaus zulasten des Betroffenen ausdehnen.

4

Rechtspolitisch problematisch ist die Verfahrensfähigkeit im Hinblick auf die Möglichkeit, eine sog. Freiwilligkeitserklärung abzugeben. Im Falle ihrer Wirksamkeit kann schon nicht von einer Freiheitsentziehung gesprochen werden, so dass auch ein Unterbringungsverfahren nicht durchgeführt wird.[6] Die zum Schutz des Betroffenen vorgesehenen Normen greifen dann nicht ein. Durch die Ausgliederung Minderjähriger aus dem Anwendungsbereich von § 316 wurde dem Institut der Freiwilligkeitserklärung aber ein Großteil seiner Brisanz genommen.

5

317 *Verfahrenspfleger*

(1) Das Gericht hat dem Betroffenen einen Verfahrenspfleger zu bestellen, wenn dies zur Wahrnehmung der Interessen des Betroffenen erforderlich ist. Die Bestellung ist insbesondere erforderlich, wenn von einer Anhörung des Betroffenen abgesehen werden soll.
(2) Bestellt das Gericht dem Betroffenen keinen Verfahrenspfleger, ist dies in der Entscheidung, durch die eine Unterbringungsmaßnahme genehmigt oder angeordnet wird, zu begründen.
(3) Wer Verfahrenspflegschaften im Rahmen seiner Berufsausübung führt, soll nur dann zum Verfahrenspfleger bestellt werden, wenn keine andere geeignete Person zur Verfügung steht, die zur ehrenamtlichen Führung der Verfahrenspflegschaft bereit ist.

---

1 Damrau/*Zimmermann*, § 316 FamFG Rz. 5, verlangt, dass der Betroffene ansatzweise erkennt, worum es geht; ebenso MüKo FamFG/Schmidt-Recla, § 316 FamFG Rz. 5.
2 Keidel/*Budde*, § 275 FamFG Rz. 5.
3 Wie hier: Schulte-Bunert/*Dodegge*, § 316 FamFG Rz. 2; Bork/Jakoby/Schwab/*Heiderhoff*, § 275 FamFG Rz. 4.
4 So die hM: Bassenge/Roth, § 316 FamFG Rz. 2; Keidel/*Budde*, § 275 FamFG Rz. 5; Jurgeleit/*Diekmann*, § 316 FamFG Rz. 2.
5 BayObLG v. 3.3.2004 – 3 Z BR 268/03, FamRZ 2004, 1323 (LS); aA Prütting/Helms/*Fröschle*, § 275 FamFG Rz. 12.
6 Zur Problematik vgl. HK-BUR/*Bauer*, § 70a FGG Rz. 10.

(4) Die Bestellung eines Verfahrenspflegers soll unterbleiben oder aufgehoben werden, wenn die Interessen des Betroffenen von einem Rechtsanwalt oder einem anderen geeigneten Verfahrensbevollmächtigten vertreten werden.
(5) Die Bestellung endet, sofern sie nicht vorher aufgehoben wird, mit der Rechtskraft der Endentscheidung oder mit dem sonstigen Abschluss des Verfahrens.
(6) Die Bestellung eines Verfahrenspflegers oder deren Aufhebung sowie die Ablehnung einer derartigen Maßnahme sind nicht selbständig anfechtbar.
(7) Dem Verfahrenspfleger sind keine Kosten aufzuerlegen.

A. Allgemeines 1	IV. Subsidiarität (Absatz 4) 13
B. Inhalt der Vorschrift 3	V. Ende der Pflegschaft (Absatz 5) 14
I. Erforderlichkeit (Absatz 1) 3	VI. Unanfechtbarkeit (Absatz 6) 15
II. Begründung (Absatz 2) 10	VII. Kosten (Absatz 7) 17
III. Ehrenamt (Absatz 3) 12	

A. Allgemeines

1   Die Vorschrift bestimmt, wann dem Betroffenen in Unterbringungssachen ein Verfahrenspfleger zu bestellen ist. Anwendbar ist sie für alle Unterbringungsentscheidungen.

2   Abs. 1 Satz 1 entspricht inhaltlich dem ehemaligen § 70b Abs. 1 Satz 1 FGG. Es hat lediglich eine redaktionelle Neufassung gegeben, die vor allem einer Harmonisierung mit der entsprechenden Vorschrift über die Bestellung eines Verfahrenspflegers in Betreuungssachen (§ 276 Abs. 1 Satz 1 – vgl. § 276 Rz. 1 ff.) diente. Abs. 2 statuiert eine Begründungspflicht bei Absehen von der Pflegerbestellung, Abs. 3, der im RefE nicht enthalten war, den Vorrang des Ehrenamtes und Abs. 4 die Subsidiarität gegenüber einer gewillkürten Vertretung. Abs. 5 behandelt das Ende der Verfahrenspflegschaft, Abs. 6 die (fehlende) Anfechtbarkeit und Abs. 7 die Kosten.

B. Inhalt der Vorschrift

I. Erforderlichkeit (Absatz 1)

3   1. Die Pflegerbestellung (§ 276 Rz. 6 ff.) hat zu erfolgen, wenn dies zur **Wahrnehmung der Interessen des Betroffenen** erforderlich ist. Die Vorschrift dient auch der Verwirklichung des Gebots auf Wahrung rechtlichen Gehörs (Art. 103 GG). Bei der Genehmigung einer ärztlichen Zwangsmaßnahme ist gem. § 312 Satz 3 stets ein Verfahrenspfleger zu bestellen.

4   **Erforderlichkeit** iSd. Vorschrift ist im Grundsatz immer dann anzunehmen, wenn es nach der allgemeinen Verfahrenssituation geboten erscheint, dass dem Betroffenen ein Dritter als Beistand zur Seite gestellt wird. Die Erforderlichkeit ist ein unbestimmter Rechtsbegriff, ein **Ermessen** des Gerichts **besteht nicht**.[1] Wenn – umgekehrt – die Interessenvertretung keines Pflegers bedarf, hat die Bestellung zu unterbleiben. Denn häufig ist bereits ein Betreuer bzw. Bevollmächtigter vorhanden, der die Rechte des Betroffenen wahrnimmt. Zu berücksichtigen ist allerdings, dass die Unterbringung stark in die Rechte des Betroffenen eingreift, so dass auf eine effektive Interessenvertretung zu achten ist.

5   **Kriterien** sind die Beeinträchtigung durch die Krankheit/Behinderung und die Schwere des Eingriffs, die sich aus der Intensität der Freiheitsentziehung oder dem Eingriff in weitere Grundrechte (körperliche Unversehrtheit) ergeben kann.[2] Zum alten Recht wurde die Bestellung eines Verfahrenspflegers etwa für erforderlich gehalten, wenn eine Verständigung mit dem Betroffenen unmöglich ist,[3] wenn seine Sprachkenntnisse nicht ausreichen, um eine effektive Interessenwahrnehmung zu ge-

---

[1] Keidel/*Budde*, § 317 FamFG Rz. 2.
[2] OLG Karlsruhe v. 7.2.2008 – 19 Wx 44/07, NJW-RR 2008, 813 ff.
[3] BayObLG v. 21.1.1993 – 3 Z BR 169/92, BayObLGZ 1993, 14.

währleisten[1] oder wenn ein derart hoher Grad an Behinderung vorliegt, dass der Betroffene die ihm aus Art. 103 Abs. 1 GG erwachsenden Rechte nicht voll wahrzunehmen vermag.[2] Ferner kann ein Interessenkonflikt zwischen dem Betroffenen und seinem gesetzlichen Vertreter, etwa weil dieser die Unterbringung gegen den Willen des Betroffenen betreibt, die Bestellung eines Pflegers erforderlich machen. Auch aus der besonderen Intensität oder langen Dauer der Unterbringungsmaßnahme wurde die Erforderlichkeit abgeleitet.[3] Schließlich ist die Bestellung erforderlich, wenn eine ärztliche Stellungnahme zur Notwendigkeit einer Unterbringung in Abwesenheit des Betroffenen abgegeben wird.[4] Grundsätzlich lässt sich festhalten, dass bei Unterbringungen die Bestellung der Regelfall ist, das Absehen davon die Ausnahme.[5] Das gilt weniger für unterbringungsähnliche Maßnahmen wie etwa das Abschließen der Tür oder das Anbringen eines Bettgitters.[6]

Der **Zeitpunkt** der Bestellung steht im pflichtgemäßen Ermessen des Gerichts, welches aber möglichst frühzeitig handeln sollte. Der Pfleger muss noch Einfluss auf die Entscheidung nehmen können[7] und soll idR an der abschließenden Anhörung des Betroffenen teilnehmen können.[8]

2. **Abs. 1 Satz 2** wurde im Hinblick auf den Allgemeinen Teil redaktionell überarbeitet. Er entspricht aber inhaltlich dem früheren § 70b Abs. 1 Satz 2 FGG. Der Bundesrat hatte sich für eine Streichung des Regelbeispiels ausgesprochen.[9] Die Bestellung eines **Verfahrenspflegers** ist hiernach **insbesondere** dann erforderlich, wenn von einer Anhörung des Betroffenen abgesehen werden soll. Eine Bestellung kann unterbleiben, sofern die Voraussetzungen des § 34 Abs. 2 iVm. § 319 Abs. 3 vorliegen (§ 34 Rz. 22 ff.). Die Bestellung eines Verfahrenspflegers ist in diesem Falle **zwingend**, ohne dass dem Gericht ein Ermessensspielraum zustünde. Bei fehlender Anhörung geht das Gesetz unwiderleglich davon aus, dass eine effektive Interessenvertretung des Betroffenen eines Verfahrenspflegers bedarf.

Der Pfleger muss selbst vor der Anordnung einer auch nur vorläufigen Unterbringung persönlich angehört werden. Ist seine Anhörung wegen Gefahr im Verzuge ausnahmsweise unterblieben, so muss sie unverzüglich nachgeholt werden.[10] Deshalb ist er auch frühzeitig zu bestellen.[11]

Darüber hinaus ist er an den anderen Verfahrenshandlungen zu beteiligen, vor allem muss er zu einer persönlichen Anhörung des Betroffenen geladen werden.[12]

II. Begründung (Absatz 2)

Abs. 2 deckt sich inhaltlich mit § 70b Abs. 2 FGG aF und wurde nur redaktionell neu gefasst. Wird dem Betroffenen mangels Erforderlichkeit kein Verfahrenspfleger zur Seite gestellt, besteht eine **Begründungspflicht** seitens des Gerichts. Die Begründung hat in der Entscheidung, durch die eine Unterbringungsmaßnahme genehmigt oder angeordnet wird, zu erfolgen – und nicht etwa bereits in einer Zwischenentschei-

---

1 KG Berlin v. 11.7.2006 – 1 W 400/02, FamRZ 2008, 1116 (LS) für die öffentlich-rechtliche Unterbringung.
2 BayObLG v. 21.10.1993 – 3 Z BR 174/93, BayObLGZ 1993, 348.
3 Vgl. zum Ganzen *Dodegge*/Roth, G, Rz. 109 mwN.
4 KG Berlin v. 11.7.2006 – 1 W 400/02, FamRZ 2008, 1116 (LS); s.a. OLG Köln v. 7.11.2007 – 16 Wx 237/07, BtPrax 2008, 35 f.
5 Wie hier: *Dodegge*/Roth G Rz. 109; *Bienwald*/Sonnenfeld/Hoffmann, § 317 Rz. 4 f.; OLG Schleswig v. 29.12.1993 – 2 W 163/93, BtPrax 1994, 62.
6 *Dodegge*/Roth, G, Rz. 110; aA Jürgens/*Marschner*, § 317 FamFG Rz. 5.
7 BGH v. 2.3.2011 – XII ZB 346/10, FamRZ 2011, 805; Schulte-Bunert/*Dodegge* § 317 FamFG, Rz. 11.
8 BGH v. 15.2.2012 – XII ZB 389/11, FamRZ 2012, 619.
9 BR-Drucks. 309/07, S. 69.
10 LG Frankfurt a. M. v. 10.2.1992 – 2/9 T 110/92, NJW 1992, 986.
11 Schulte-Bunert/*Dodegge*, § 317 FamFG Rz. 11.
12 BayObLG v. 20.8.2001 – 3Z BR 250/01, Rpfleger 2002, 24.

dung über die Ablehnung der Bestellung. Die Begründung muss auf den jeweiligen Einzelfall bezogen sein und soll nicht formelhaft erfolgen.[1]

11 Keiner Begründung bedarf es bei Zurückweisung des Antrags auf Genehmigung einer freiheitsentziehenden Maßnahme. Eine solche ist nach Sinn und Zweck nicht erforderlich, da es an einem Eingriff in die Freiheitsrechte des Betroffenen fehlt. Gleichwohl kann im Einzelfall eine Begründung zweckmäßig sein.

III. Ehrenamt (Absatz 3)

12 Abs. 3 entspricht § 276 Abs. 3. In ihm wird der **Vorrang** der Bestellung eines **ehrenamtlichen Verfahrenspflegers** statuiert. Beide Vorschriften entsprechen – bis auf terminologische Unterschiede – wörtlich § 1897 Abs. 6 Satz 1 BGB.[2] Der Vorrang des Ehrenamts[3] beruht zum einen auf **Kostengründen**, es soll aber auch dem im **Betreuungsrecht vorherrschenden Grundsatz der persönlichen Betreuung** hierdurch zur Geltung verholfen werden.[4] Wichtig ist aber immer, dass die Person auch wirklich geeignet ist (zur Geeignetheit ausführlich: § 276 Rz. 41 ff.). Daran fehlt es etwa, wenn Angehörige die Pflegschaft nur sehr rudimentär ausüben können. Erfordert die Wahrnehmung der Interessen des Betroffenen besondere Rechtskunde, kann allerdings ein Rechtsanwalt in Frage kommen.[5]

IV. Subsidiarität (Absatz 4)

13 Inhaltlich entspricht **Abs. 4** dem früheren § 70b Abs. 3 FGG. Er wurde redaktionell neu gefasst und mit der entsprechenden Vorschrift für Betreuungssachen (§ 276 Abs. 4) harmonisiert. Die in dieser Vorschrift an sich enthaltene Anordnung der Aufhebung bzw. des Unterbleibens einer Bestellung für den Fall, dass die Interessen des Betroffenen von einem **Rechtsanwalt** oder einem anderen **geeigneten Verfahrensbevollmächtigten** vertreten werden, ist lediglich eine „Soll"-Vorschrift (die allerdings kein Ermessen eröffnet). Denn es sind Situationen denkbar, in denen der Betroffene den an seine Weisungen gebundenen Rechtsanwalt in nicht sachgerechter Weise lenkt, ihn behindert oder einengt. Gleiches gilt, wenn der Betroffene dazu neigt, den Bevollmächtigten ständig auszutauschen oder wenn der Bevollmächtigte nicht geeignet ist.[6]

V. Ende der Pflegschaft (Absatz 5)

14 Abs. 5 ersetzt den früheren § 70b Abs. 4 FGG, entspricht diesem inhaltlich und hat lediglich eine redaktionelle Neufassung erfahren. Mit Rechtskraft der Endentscheidung oder mit dem sonstigen Abschluss des Verfahrens, welches zB beim Tod des Betroffenen oder bei Rücknahme des Antrags oder Erledigung in der Hauptsache (bspw. durch Entweichen des Untergebrachten) gegeben wäre, **endet** die Verfahrenspflegschaft (s. § 276 Rz. 57 ff.).[7] Eine solche Endentscheidung kann auch in einer isolierten Kostenentscheidung liegen. Die Bestellung durch das Amtsgericht ist demnach nicht auf einen Rechtszug beschränkt (s. § 276 Rz. 60).[8] Daneben ist die Verfahrenspflegschaft in begründeten Fällen durch das Gericht aufhebbar, etwa wenn der Betroffene einen Anwalt beauftragt hat.

---

1 OLG Schleswig v. 29.12.1993 – 2 W 163/93, BtPrax 1994, 62; *Dodegge*/Roth, G, Rz. 116.
2 Dieser galt seit Inkrafttreten des Zweiten Gesetzes zur Änderung des Betreuungsrechts v. 21.4.2005 über die Verweisung im früheren § 67 Abs. 1 Satz 6 FGG.
3 Vgl. BT-Drucks. 15/2494, S. 41.
4 Erman/*Roth*, § 1897 BGB Rz. 9 mwN.
5 Etwa 2/3 der Verfahrenspfleger sind Anwälte, wobei allerdings regional gravierende Unterschiede bestehen (vgl. Betreuungszahlen 2011, Amtliche Erhebung des Bundesamtes für Justiz u.a., S. 22).
6 *Fröschle*, § 317 FamFG Rz. 12.
7 Vgl. zum FGG: *Bumiller*/Winkler, 8. Aufl., § 70b FGG Rz. 1.
8 zur Rechtsbeschwerde: Keidel/*Budde*, § 276 FamFG Rz. 11.

VI. Unanfechtbarkeit (Absatz 6)

Wie sich aus **Abs. 6** ergibt, sind die Entscheidungen im Zusammenhang mit der Bestellung eines Verfahrenspflegers (einschließlich deren Ablehnung) **nicht anfechtbar**. Dies entspricht jedenfalls im Hinblick auf die Bestellung eines Verfahrenspflegers der höchstrichterlichen Rechtsprechung,[1] war allerdings umstritten.[2]

15

Aus der Gesetzesbegründung zum FamFG[3] lässt sich entnehmen, dass der Gesetzgeber inhaltlich zutreffend auch die Aufhebung oder die Ablehnung der Verfahrenspflegerbestellung als den Rechtszug nicht abschließende Zwischenentscheidungen ansieht, da sie – ebenso wenig wie die Bestellung eines Verfahrenspflegers – nicht in einem derartigen Maße in die Rechtssphäre des Betroffenen eingreifen, dass ihre selbständige Anfechtbarkeit notwendig wäre. Im Rechtsmittel gegen die Endentscheidung kann allerdings die unterbliebene Verfahrenspflegerbestellung als Verfahrenspfleger gerügt werden.[4]

16

VII. Kosten (Absatz 7)

In **Abs. 7** wird in Übereinstimmung mit § 276 Abs. 7 festgelegt, dass der Verfahrenspfleger nicht mit **Verfahrenskosten** belegt werden kann. Dies ist interessengerecht, denn der Pfleger wird allein im Interesse des Betroffenen tätig und nimmt nicht seine eigenen Rechte, sondern vielmehr die des Betroffenen wahr. Daher ist er auch nicht Kostenschuldner iSd. § 2 Nr. 1 KostO (vgl. § 276 Rz. 71 ff.). Falls der Verfahrenspfleger im Einzelfall einmal nicht gerechtfertigte Kosten verursacht, kann das Gericht ihn als Reaktion hierauf als Pfleger entlassen.

17

Kosten/Gebühren: Gericht: Die Bestellung eines Verfahrenspflegers und deren Aufhebung sind Teil des Verfahrens, für das der Pfleger bestellt worden ist. Bestellung und Aufhebung sind gebührenfrei (Vorbem. 1 Abs. 3 KV GNotKG). Die an den Verfahrenspfleger gezahlten Beträge sind gerichtliche Auslagen des zugrunde liegenden Verfahrens (Nr. 31015 KV GNotKG). Von dem Betroffenen werden als Auslagen nur nach Maßgabe des § 1836c BGB und nur, wenn die Gerichtskosten nicht einem anderen auferlegt worden sind, erhoben (§ 26 Abs. 3 GNotKG).

18

318 Vergütung und Aufwendungsersatz des Verfahrenspflegers

Für die Vergütung und den Aufwendungsersatz des Verfahrenspflegers gilt § 277 entsprechend.

A. Allgemeines

Die Vorschrift über die Vergütung und den Aufwendungsersatz zugunsten des Verfahrenspflegers (identisch mit § 331 RefE) entspricht inhaltlich dem ehemaligen § 70b Abs. 1 Satz 3 FGG und verweist auf die entsprechende Regelung für Betreuungssachen (§ 277 – vgl. dort Rz. 7 ff.), die ihrerseits mit dem früheren § 67a FGG nahezu wortidentisch ist.

1

B. Inhalt der Vorschrift

Aufwendungsersatz kann sowohl der ehrenamtliche als auch der berufsmäßige Verfahrenspfleger verlangen, dagegen nicht eine Behörde oder ein Verein (§ 277 Abs. 1 Satz 3 – vgl. Tabelle dort Rz. 6). Es findet nach § 277 Abs. 1 Satz 1 eine Erstattung der in § 1835 Abs. 1 und 2 BGB genannten Aufwendungen statt. Ein Anspruch auf Leistung eines Vorschusses steht dem Verfahrenspfleger hingegen ebenso wenig zu (§ 277 Abs. 1 Satz 2) wie auf Ersatz der Kosten für eine angemessene Versicherung oder all-

2

---

1 Vgl. BGH v. 25.6.2003 – XII ZB 169/99, FamRZ 2003, 1275 ff.
2 Vgl. zum früheren Streitstand OLG Brandenburg v. 30.9.2003 – 9 WF 178/03, FGPrax 2004, 53; BGH v. 25.6.2003 – XII ZB 169/99, vorige Fn.; *Bumiller*/Winkler, 8. Aufl., § 70b FGG Rz. 3, § 19 FGG Rz. 6.
3 BT-Drucks. 16/6308, S. 266.
4 *Bassenge*/Roth, § 317 FamFG Rz. 13.

gemeine Verwaltungskosten (§ 1835 Abs. 2 Satz 2 BGB). Grundsätzlich hat der Verfahrenspfleger auch nicht die Möglichkeit, die Auslagenpauschale (§ 1835a BGB) geltend zu machen oder die übliche oder festgelegte Vergütung für gewerbliche oder berufliche Dienste zu beanspruchen. Berufliche Dienste werden grundsätzlich vielmehr nach § 1836 Abs. 1 und 3 BGB, §§ 1 bis 3 VBVG vergütet. Für weitere Einzelheiten hierzu vgl. § 277.

3 Nach § 277 Abs. 3 besteht die Möglichkeit einer Pauschalierung von Aufwendungsersatz und Vergütung im Wege der gerichtlichen Zubilligung eines festen Geldbetrages, sofern der erforderliche Zeitaufwand hinreichend sicher vorhersehbar ist und dieser durch den Verfahrenspfleger auch tatsächlich voll ausgeschöpft werden wird.

319 *Anhörung des Betroffenen*

(1) **Das Gericht hat den Betroffenen vor einer Unterbringungsmaßnahme persönlich anzuhören und sich einen persönlichen Eindruck von ihm zu verschaffen. Den persönlichen Eindruck verschafft sich das Gericht, soweit dies erforderlich ist, in der üblichen Umgebung des Betroffenen.**
(2) **Das Gericht unterrichtet den Betroffenen über den möglichen Verlauf des Verfahrens.**
(3) **Soll eine persönliche Anhörung nach § 34 Abs. 2 unterbleiben, weil hiervon erhebliche Nachteile für die Gesundheit des Betroffenen zu besorgen sind, darf diese Entscheidung nur auf Grundlage eines ärztlichen Gutachtens getroffen werden.**
(4) **Verfahrenshandlungen nach Absatz 1 sollen nicht im Wege der Rechtshilfe erfolgen.**
(5) **Das Gericht kann den Betroffenen durch die zuständige Behörde vorführen lassen, wenn er sich weigert, an Verfahrenshandlungen nach Absatz 1 mitzuwirken.**
(6) **Gewalt darf die Behörde nur anwenden, wenn das Gericht dies ausdrücklich angeordnet hat. Die zuständige Behörde ist befugt, erforderlichenfalls um Unterstützung der polizeilichen Vollzugsorgane nachzusuchen.**
(7) **Die Wohnung des Betroffenen darf ohne dessen Einwilligung nur gewaltsam geöffnet, betreten und durchsucht werden, wenn das Gericht dies zu dessen Vorführung zur Anhörung ausdrücklich angeordnet hat. Bei Gefahr im Verzug kann die Anordnung nach Satz 1 durch die zuständige Behörde erfolgen. Durch diese Regelung wird das Grundrecht auf Unverletzlichkeit der Wohnung aus Artikel 13 Absatz 1 des Grundgesetzes eingeschränkt.**

A. Allgemeines 1	IV. Rechtshilfe (Absatz 4) 15
B. Inhalt der Vorschrift	V. Vorführung (Absatz 5 17
I. Art und Weise der Anhörung (Absatz 1) 2	VI. Gewaltanwendung/Wohnungsöffnung
II. Zwingender Inhalt (Absatz 2) 8	(Absätze 6 und 7) 18
III. Absehen von Anhörung (Absatz 3) . . 10	VII. Wirksamkeit/Folgen eines Verstoßes . 19

A. Allgemeines

1 Die Norm regelt die **Anhörung** des Betroffenen. **In Abs. 1** findet sich die redaktionell neu gefasste und sprachlich an die entsprechende Vorschrift in Betreuungsverfahren (§ 278 Abs. 1) angepasste Entsprechung zum alten § 70c Satz 1 und Satz 2 FGG. Abs. 2 entspricht dem früheren § 70c Satz 3 FGG, Abs. 3 dem früheren § 70c Satz 5 iVm. § 68 Abs. 2 Nr. 1 FGG. Dieser Absatz wurde aus Gründen der Anpassung an den Allgemeinen Teil redaktionell neu gefasst, womit keine inhaltliche Neuausrichtung verbunden sein soll.[1] Abs. 4 entspricht dem ehemaligen § 70c Satz 4 FGG, Abs. 5 dem früheren § 70c Satz 5 iVm. § 68 Abs. 3 FGG und ist wiederum gleich lautend mit der thematisch identisch gelagerten Vorschrift für Betreuungssachen (§ 278

---

1 BT-Drucks. 16/6308, S. 267.

Abs. 5). Die Absätze 6 und 7 wurden eingefügt durch Gesetz v. 5.12.2012,[1] womit die Ergänzung des § 283 (Gewaltanwendung, Wohnungsöffnung) auf das Verfahren in Unterbringungssachen übertragen wird.[2]

B. Inhalt der Vorschrift

I. Art und Weise der Anhörung (Absatz 1)

Die persönliche Anhörung hat mehrere Funktionen: Sie gewährt dem Betroffenen rechtliches Gehör, aber sie dient auch der Sachverhaltsermittlung, ist also Teil der Beweisaufnahme und dies in zweierlei Hinsicht: zum einen, indem der Unterzubringende als Subjekt angehört wird, zum anderen indem er Gegenstand des Augenscheins wird.

Das Gericht muss nicht anhören, falls es dazu tendiert, eine Unterbringungsmaßnahme abzulehnen. Denn in diesem Fall sind keine Grundrechte des Betroffenen tangiert.[3] Sobald es aber doch eine Unterbringung in Erwägung zieht, wird die Anhörung notwendig.

Das Gesetz unterscheidet zwischen Anhörung und der Verschaffung eines **persönlichen** (vormals: „unmittelbaren") **Eindrucks**. Die Änderung soll nach der Gesetzesbegründung rein sprachlicher Natur sein.[4] Jedoch drücken die Formulierungen die beiden beschriebenen Funktionen aus: Die Verschaffung eines Eindrucks ist auf die Inaugenscheinnahme zugeschnitten, bei der der Betroffene eher Objekt ist, während die Anhörung ihn als Subjekt anspricht und den Grundsatz des rechtlichen Gehörs verwirklicht.

Durch die Vorschrift erfährt die Amtsermittlungspflicht des Gerichts nach § 26 eine Konkretisierung. Aus Anhörung und Verschaffung eines persönlichen Eindrucks ergeben sich für das Gericht eigene Erkenntnisquellen zur Sachaufklärung, die für eine sachgerechte Entscheidung wichtig sind und über die Pflicht zur Gewährung rechtlichen Gehörs hinausgehen. „Persönlich" bedeutet, dass eine mündliche Anhörung erfolgt.

Die Inaugenscheinnahme (dazu näher § 278 Rz. 11f.) kann, sofern erforderlich, in der **üblichen Umgebung** des Betroffenen geschehen, also auch in der Einrichtung, in der der Betroffene untergebracht ist. Ein bloßer Treffpunkt unter freiem Himmel fällt nicht hierunter.[5] Ob der Betroffene ein Weigerungsrecht besitzt, in seiner üblichen Umgebung angehört zu werden, war zum FGG umstritten[6] und wird nunmehr überwiegend mit dem systematischen Argument verneint, dass § 278 Abs. 1 S. 3 nicht für anwendbar erklärt ist.[7] Nicht zulässig ist es jedenfalls, den Zutritt zur Wohnung des Betroffenen gewaltsam zu erzwingen.[8] Weigert sich der Betroffene, Dritte in die Wohnung zu lassen, muss die Inaugenscheinnahme im Gericht stattfinden. Auch wenn der Betroffene sich aggressiv in seinem heimischen Umfeld zur Wehr setzt, sollte auf einen persönlichen Eindruck in der üblichen Umgebung verzichtet werden.[9]

Sinnvoll ist es, persönliche Anhörung und Inaugenscheinnahme zu verbinden. Inhalt und Verlauf der Anhörung sind in einem Aktenvermerk festzuhalten (§ 28

---

1 Art. 6 Nr. 23 des Gesetzes zur Einführung einer Rechtsbehelfsbelehrung im Zivilprozess und zur Änderung anderer Vorschriften, BGBl. I, S. 2418.
2 BT-Drucks. 17/12086.
3 Jürgens/*Mertens*, § 319 FamFG Rz. 1; *Bassenge*/Roth, § 319 FamFG Rz. 1.
4 BT-Drucks. 16/6308, S. 267.
5 *Bassenge*/Roth, § 319 FamFG Rz. 5.
6 Dafür Jürgens/*Marschner*, § 70c FGG Rz. 10; dagegen Fröschle/*Locher*, § 319 FamFG Rz. 4; *Dodegge*/Roth, G, Rz. 130.
7 *Bassenge*/Roth, § 319 FamFG Rz. 5; Jurgeleit/*Diekmann*, § 319 FamFG Rz. 2; *Probst*, Rz. 136; *Dodegge*/Roth, G, Rz. 130; Fröschle/*Locher*, § 319 FamFG Rz. 4; aA Jürgens/*Marschner*, § 319 FamFG Rz. 10, was das Betreten der Wohnung angeht (Marschner/*Lesting*, § 319 FamFG Rz. 12).
8 Fröschle/*Locher*, § 319 FamFG Rz. 16.
9 *Dodegge*/Roth, G, Rz. 130.

Abs. 4).[1] Die Anhörung ist nicht öffentlich, der Verfahrenspfleger ist aber hinzuzuziehen.[2]

II. Zwingender Inhalt (Absatz 2)

8   Das Gericht unterrichtet den Betroffenen, nicht zwingend einen etwa vorhandenen Verfahrenspfleger/Bevollmächtigten, **über den möglichen Verfahrensverlauf.** Am zweckmäßigsten geschieht dies mündlich bei der ersten Anhörung.[3] Hierdurch soll dem Beteiligten das Verfahren verständlich gemacht und er soll in die Lage versetzt werden, Argumente, die aus seiner Sicht gegen eine Unterbringung sprechen, vorzubringen.[4] Der Inhalt der Anhörung hat sich ferner zu beziehen auf die **Notwendigkeit einer Unterbringung**, mögliche Alternativen, eine Verfahrenspflegerbestellung und auf eventuell hinzuzuziehende Vertrauenspersonen des Betroffenen.

9   Bisher begründete die Nichtbeachtung im Beschwerdeverfahren idR nicht die weitere Beschwerde, was wohl auch weiterhin entsprechend gilt.

III. Absehen von Anhörung (Absatz 3)

10 Die Vorschrift ist wortidentisch mit der entsprechenden Vorschrift für allgemeine Betreuungssachen (§ 278 Abs. 4), die unter den gleichen Voraussetzungen in Ausnahmefällen das **Absehen von einer persönlichen Anhörung** regelt (s. § 278 Rz. 30a ff.). Die Voraussetzungen sind in § 34 geregelt, zusätzlich verlangt § 319 Abs. 3 ein ärztliches Gutachten.

11 Die Anhörung unterbleibt hiernach (zu den Einzelheiten vgl. § 34 Rz. 22 ff.), wenn hiervon **erhebliche gesundheitliche Nachteile** für den Betroffenen ausgehen, wobei diese Entscheidung nur auf Grundlage eines entsprechenden **ärztlichen Gutachtens** ergehen darf. Für das nach Abs. 3 einzuholende Gutachten gilt § 29. Kurzfristige Beeinträchtigungen des Wohlergehens genügen nicht, es muss sich vielmehr um schwerwiegende Nachteile für die Gesundheit handeln. Von der Anhörung selbst werden nur sehr selten gesundheitliche Gefahren ausgehen,[5] eher schon von einer – zwangsweisen – Vorführung.

12 Die Anhörung unterbleibt ferner, wenn der Betroffene offensichtlich nicht in der Lage ist, seinen Willen kundzutun, womit der natürliche Wille gemeint ist. Entscheidend ist, dass er weder verbal noch nonverbal kommunizieren kann. Dagegen ist die Frage der Sinnhaftigkeit der Äußerungen unerheblich. Die Ausnahme ist nicht etwa schon dann gegeben, wenn eine Verständigung nicht ohne weiteres möglich ist oder der Betroffene seine Lage nicht selbständig zu beurteilen vermag. Denn diese Faktoren stellen gerade einen bedeutsamen Gesichtspunkt des Persönlichkeitsbildes und damit dessen, worüber sich das Gericht bei der Anhörung einen Eindruck verschaffen soll, dar. Entscheidend ist ferner, dass die fehlende Kommunikationsmöglichkeit nicht nur vorübergehender Natur ist.

13 Sofern die Voraussetzungen für ein Absehen von der Anhörung nicht vorgelegen haben, muss diese unverzüglich nachgeholt werden.[6] Ein Zeitraum von fünf Tagen ist hierfür jedenfalls zu lang.[7] Eine rückwirkende Heilung nach erfolgter Unterbringung ist nicht möglich.[8] Die Unterbleibensgründe müssen in der Endentscheidung dargelegt werden.[9] Abgesehen werden kann von der persönlichen Anhörung, nicht vom Verschaffen eines unmittelbaren Eindrucks. Doch wird auch Letzteres für zulässig

---

1 Zum Inhalt: *Dodegge*/Roth, G, Rz. 139.
2 BGH v. 15.2.2012 – XII ZB 389/11, FamRZ 2012, 619.
3 *Bassenge*/Roth, § 319 FamFG Rz. 6.
4 *Dodegge*/Roth, G, Rz. 131.
5 *Lesting* hält dies sogar für ausgeschlossen (Marschner/*Lesting*, § 319 FamFG Rz. 14).
6 Vgl. OLG Schleswig v. 29.12.1993 – 2 W 163/93, SchlHA 1994, 65.
7 BayObLG v. 27.1.2000 – 3 ZBR 64/00, FamRZ 2001, 578.
8 BGH v. 24.6.2009 – 1 StR 201/09, BtPrax 2009, 236; Jurgeleit/*Diekmann*, § 319 FamFG Rz. 8; Marschner/*Lesting*, § 319 FamFG Rz. 18.
9 *Bassenge*/Roth, § 319 FamFG Rz. 7.

gehalten, wenn bereits durch den unmittelbaren Kontakt, etwa mit dem Richter, die beschriebenen gesundheitlichen Gefahren drohen (§ 278 Rz. 35).[1]

Ob die Anhörung auch unterbleiben darf (muss), wenn der Unterzubringende sich weigert (und eventuell zur Wehr setzt), wird im Rahmen der Vorführung behandelt (Rz. 17 f.). **14**

IV. Rechtshilfe (Absatz 4)

Die Verfahrenshandlungen nach § 319 Abs. 1 sollen grundsätzlich („sollen" – kein striktes Verbot) nicht durch einen ersuchten Richter erfolgen, im Inland soll also von der **Rechtshilfe** kein Gebrauch gemacht werden. Die Zulassung von Ausnahmen soll im Rahmen einer verfassungskonformen Auslegung aufgrund der drohenden besonders schwerwiegenden Grundrechtseingriffe in beschränktem Maße erfolgen.[2] Sinn und Zweck der Anordnung ist es, sicherzustellen, dass mindestens ein Mitglied des erkennenden Gerichts an der Inaugenscheinnahme teilnimmt und sich den persönlichen Eindruck verschafft. Eine Ausnahme kann sinnvoll sein bei unterbringungsähnlichen Maßnahmen[3] oder einer einstweiligen Unterbringung.[4] **15**

Im Rahmen des FGG wurde es für zulässig erachtet, dass das Rechtsmittelgericht einen beauftragten Richter einschaltet.[5] Das BVerfG[6] hielt eine erneute Anhörung durch das Rechtsmittelgericht jedenfalls dann unter grundgesetzlichen Gesichtspunkten für nicht erforderlich, wenn hiervon keine neuen Erkenntnisse zu erwarten sind. Dem wird man (bei hinreichender Dokumentation der Rechtshilfeanhörung) beipflichten können, wenn das Krankheitsbild eindeutig und die Kommunikationsfähigkeit des Betroffenen stark eingeschränkt ist, insbesondere bei Verlängerungen.[7] **16**

V. Vorführung (Absatz 5)

Trotz etwaiger **Weigerung** des Betroffenen besteht die Pflicht des Gerichts, den Betroffenen anzuhören, fort. Das Gericht kann für diesen Fall der Weigerung seine **Vorführung** durch die nach § 1 BtBG **zuständige Behörde** anordnen (s. § 278 Rz. 39). Der Gerichtsvollzieher ist hierzu aufgrund des eindeutigen Gesetzeswortlautes nicht befugt, um den sachgerechten Umgang mit psychisch kranken oder behinderten Betroffenen sicherzustellen. Im Einzelfall muss die Vorführung verhältnismäßig sein. Sie sollte vorher angedroht werden. **17**

VI. Gewaltanwendung/Wohnungsöffnung (Absätze 6 und 7)

Die bisher strittige Frage, ob die Vorführung auch gewaltsam erzwungen und die Wohnung des Betroffenen gegen seinen Willen betreten werden kann,[8] ist nunmehr durch den Gesetzgeber positiv entschieden worden, womit einem praktischen Bedürfnis Rechnung getragen wurde. Beides ist – in Parallele zum allgemeinen Betreuungsverfahren – zulässig, setzt aber eine ausdrückliche gerichtliche Entscheidung voraus. Da sowohl die Anwendung von Gewalt als auch das Eindringen in die Wohnung schwere Grundrechtseingriffe bedeuten, muss die Maßnahme verhältnismäßig sein. Zwar geht der Gesetzgeber davon aus, dass die Anhörung des Betroffenen sehr wichtig ist, doch macht bereits Abs. 3 deutlich, dass dies nicht ausnahmslos gelten kann. Daher ist abzuwägen, ob der mit einer Anhörung verbundene Nutzen (gerade auch für den Betroffenen) die mit dem Grundrechtseingriff verbundenen Nachteile überwiegt. Eine Öffnung der Wohnung gegen den Willen des Betroffenen ist bei Gefahr im **18**

---

1 Fröschle/*Locher*, § 278 FamFG Rz. 27.
2 Keidel/*Budde*, § 319 FamFG Rz. 7.
3 Keidel/*Budde*, § 319 FamFG Rz. 7.
4 Dodegge/Roth, G, Rz. 133.
5 BayObLG v. 11.9.1981 – BReg. 3 Z 65/81, BayObLGZ 81, 306 ff.
6 BVerfG v. 29.11.1983 – 2 BvR 704/83, NJW 1984, 1025.
7 Keidel/*Budde*, § 319 FamFG Rz. 10; Dodegge/Roth, G, Rz. 133; aA Jurgeleit/*Diekmann*, § 319 FamFG Rz. 9 („grundsätzlich nicht"); Bienwald/Sonnenfeld/Hoffmann, § 319 FamFG Rz. 13; *Coeppicus*, FamRZ 1992, 16 (23).
8 Vgl. 2. Aufl., Rz. 18.

Verzug auch auf Anordnung der Behörde möglich. Dies darf aber nur zu dem Zweck erfolgen, die Vorführung zur Anhörung zu ermöglichen, nicht um andere Ermittlungen vorzunehmen.

VII. Wirksamkeit/Folgen eines Verstoßes

19 Die Anordnung erlangt Wirksamkeit, sobald sie dem Betroffenen in einfacher Bekanntmachung zur Kenntnis gelangt.

20 Ein Verstoß gegen die Anhörungspflicht führt zur Rechtswidrigkeit der gleichwohl durchgeführten Unterbringung. Eine spätere Nachholung führt nicht zur Heilung dieses Mangels.[1] Scheitert die Anhörung am Widerstand des Betroffenen, muss allerdings eine Entscheidung gleichwohl möglich sein, da eine zwangsweise Durchsetzung der Anhörungspflicht nicht möglich ist.

21 Die Regelungen, die sich mit der Hinzuziehung von Sachverständigen bzw. von Vertrauenspersonen befassten,[2] haben keinen Eingang in die Neuregelung innerhalb des FamFG gefunden. Sie waren wegen § 280 Abs. 2 (persönliche Untersuchung durch Sachverständigen; es gilt Strengbeweisverfahren) und § 12 entbehrlich. Die früher in § 68 Abs. 4 Satz 3 FGG enthaltene Regelung zur Anwesenheit Dritter ist aus systematischen Gründen in § 170 GVG zu finden.[3]

§ 320 *Anhörung der sonstigen Beteiligten und der zuständigen Behörde*
Das Gericht hat die sonstigen Beteiligten anzuhören. Es soll die zuständige Behörde anhören.

A. Allgemeines

1 § 320 ordnet die **Anhörung der zum Verfahren hinzugezogenen Beteiligten** an, was an sich bereits aus den Erfordernissen des Art. 103 Abs. 1 GG folgt,[4] zumindest sofern die Verletzung eigener Rechte im Raum steht.

2 Die Norm knüpft an den früheren § 70d Abs. 1 FGG an. Es fand eine redaktionelle Neufassung statt, um einen weit gehenden Gleichlauf mit der entsprechenden Vorschrift aus dem Betreuungsverfahren (§ 279 Abs. 1 und Abs. 2) sowie mit dem Allgemeinen Teil zu erzielen. Während § 70d FGG die anzuhörenden Personen konkret nannte, knüpft § 320 an ihre Beteiligung an, was durchaus sinnvoll ist. Gegenüber dem RefE wurde die zwingende Anhörung (§ 333) der Behörde in eine Sollvorschrift geändert. Der weiter gehende Vorschlag des Bundesrats, die Behörde nur auf Antrag zu beteiligen, wurde nicht Gesetz.

3 Da die Kindschaftssachen einschließlich der Unterbringung Minderjähriger einheitlich in einem eigenen Abschnitt geregelt sind, wurden die früher nach § 70d Abs. 2 FGG notwendig gewesenen Anhörungen, sofern der Betroffene minderjährig war, nunmehr in § 167 Abs. 4 geregelt (s. dort).

B. Inhalt der Vorschrift

4 Bei § 320 handelt es sich um eine **zwingende**, der Sachaufklärung dienende Norm, die nicht zur Disposition des Gerichts steht. In Bezug auf die Anhörung einer Behörde (s. § 279 Rz. 11 ff.) wurde in Kenntnis der früher geltenden Rechtslage indes ausdrücklich eine „Soll"-Regelung getroffen, so dass in begründeten Ausnahmefällen von einer Anhörung abgesehen werden kann. Eine **Äußerungspflicht** bestand auch schon nach altem Recht **nicht**, da es sich bei den Angehörigen nicht um Zeugen han-

---

1 OLG Hamm v. 10.9.2007 – 15 W 235/07, BtPrax 2008, 37; BayObLG v. 27.7.2000 – 3 Z BR 64/00, FamRZ 2001, 578 f.
2 § 68 Abs. 4 FGG aF.
3 Vgl. zum Ganzen BT-Drucks. 16/6308, S. 267.
4 So jedenfalls die Motive zum FamFG: BT-Drucks. 16/6308, S. 274.

delt.[1] Gegenüber dem früheren § 70d FGG ist der Umfang der Anhörungsnotwendigkeit leicht eingeschränkt.

Unterbleibt die Anhörung, so stellt der Verstoß gegen die zwingende[2] Vorschrift einen Verfahrensfehler dar, auf dem die Entscheidung beruhen kann.[3] Wegen des im Hinblick auf § 319 ähnlich gelagerten Schutzzwecks – die Vorschrift des § 320 dient nicht (vorwiegend) der Gewährung rechtlichen Gehörs,[4] sondern vielmehr der **Sachaufklärung** – erscheint es sachgerecht, die zur Anhörung des Betroffenen (nunmehr § 319) vorgenommene Wertung auch auf das Unterbleiben der Anhörung der sonstigen Beteiligten zu übertragen. Eine gleichwohl angeordnete Unterbringung ist rechtswidrig, denn ihr haftet der Makel einer Freiheitsentziehung ohne Einhaltung des notwendigen Verfahrens an.[5]

321 *Einholung eines Gutachtens*

(1) Vor einer Unterbringungsmaßnahme hat eine förmliche Beweisaufnahme durch Einholung eines Gutachtens über die Notwendigkeit der Maßnahme stattzufinden. Der Sachverständige hat den Betroffenen vor der Erstattung des Gutachtens persönlich zu untersuchen oder zu befragen. Das Gutachten soll sich auch auf die voraussichtliche Dauer der Unterbringung erstrecken. Der Sachverständige soll Arzt für Psychiatrie sein; er muss Arzt mit Erfahrung auf dem Gebiet der Psychiatrie sein. Bei der Genehmigung einer Einwilligung in eine ärztliche Zwangsmaßnahme oder bei deren Anordnung soll der Sachverständige nicht der zwangsbehandelnde Arzt sein.

(2) Für eine Maßnahme nach § 312 Nr. 2 genügt ein ärztliches Zeugnis.

A. Allgemeines

Die Vorschrift regelt die **Einholung eines Gutachtens** in allen Unterbringungssachen. Sie knüpft an den früheren § 70e Abs. 1 FGG an und wurde an den Allgemeinen Teil des FamFG angepasst. Abs. 1 Satz 1 und 2 sind identisch mit § 280 Abs. 1, Abs. 2 Satz 1 (s. dort Rz. 5ff.). Abs. 1 Satz 5 wurde eingefügt durch Gesetz v. 18.2.2013.[6]

B. Inhalt der Vorschrift

I. Gutachten durch Facharzt (Absatz 1)

1. Vor einer Unterbringungsmaßnahme hat das Gericht ein Gutachten einzuholen. Dieses ist im Wege einer förmlichen Beweisaufnahme zu erstellen (vgl. § 280 Rz. 8ff.). Hat die Behörde bereits ein Gutachten des Gesundheitsamtes im Rahmen einer öffentlich-rechtlichen Unterbringung eingeholt, so entbindet dies nicht das Betreuungsgericht von der Pflicht, ein den Anforderungen des § 321 entsprechendes Gutachten einzuholen.[7] Das Gericht hat dem Sachverständigen entsprechende Beweisfragen zu stellen. Dieser hat dann den Betroffenen **persönlich zu untersuchen**. Ein Telefongespräch genügt nicht. Das Gutachten muss dann zeitnah zu dieser Untersuchung erstellt werden, so dass es nicht genügt, auf eine schon etwas länger zurückliegende

---

1 *Bassenge*/Roth, § 320 FamFG Rz. 2.
2 Zum alten Recht wurde teilweise eine analoge Anwendung von § 68a Satz 4 FGG (jetzt § 279 Abs. 3 FamFG) befürwortet.
3 BayObLG v. 23.8.1995 – 3 Z BR 237/95, n.v.; vgl. auch BayObLG v. 6.5.1993 – 3 Z BR 79/93, BayObLGZ 1993, 208 (211).
4 Marschner/*Lesting*, § 320 FamFG Rz. 3.
5 OLG Hamm v. 10.9.2007 – 15 W 235/07, BtPrax 2008, 37; Marschner/*Lesting*, § 320 FamFG Rz. 7.
6 Art. 2 Nr. 2 des Gesetzes zur Regelung der betreuungsrechtlichen Einwilligung in eine ärztliche Zwangsmaßnahme, BGBl. I, S. 266.
7 BGH, v. 21.11.2012 – XII ZB 306/12, FamRZ 2013, 211; zustimmend, aber kritisch de lege ferenda: *Fröschle*, Urt. Anm., FamRZ 2013, 213.

Untersuchung zurückzugreifen.[1] Der persönliche Eindruck muss zum Zwecke der Begutachtung erfolgen, nicht bei Gelegenheit eines anderen Kennenlernens.[2] Eine Abfassung aufgrund der Aktenlage ist nicht ausreichend.[3] Die Hinzuziehung anderer Personen ist denkbar,[4] sollte dann aber im Gutachten deutlich gemacht werden.

3   2. Der Gutachter muss ein Arzt sein, möglichst **Facharzt für Psychiatrie**. Dies ist für Unterbringungssachen – anders als in allgemeinen Betreuungssachen – besonders hervorgehoben, weil die Schwere des Grundrechtseingriffs eine besonders sorgfältige Prüfung verlangt. Es ist allerdings auch ausreichend, wenn er Erfahrung auf psychiatrischem Gebiet hat. Im letzteren Fall muss seine besondere Sachkunde durch das Gericht in der Entscheidung nachgewiesen werden.[5] Dass die Ärzte der Gesundheitsämter diese Sachkunde auf jeden Fall mitbringen, kann nicht generell bejaht werden.[6] Die Selbsteinschätzung des Arztes genügt nicht. Die Auswahl des Gutachters liegt im pflichtgemäßen Ermessen des Gerichts, das allerdings möglichst nicht den Arzt beauftragen sollte, der die Unterbringung angeregt hat. Im Gegensatz zur erstmaligen Betreuerbestellung genügen bereits eingeholte oder mitgereichte Gutachten (bspw. von den Behörden) den Erfordernissen nicht, weil es insoweit an einem Auftrag des Gerichts fehlt.[7] Beauftragt wird eine Einzelperson, nicht eine Institution (Klinik). Es kann auch der behandelnde Arzt sein. Ob der Betroffene ihn von der Verschwiegenheitspflicht entbunden hat, ist nicht vom Gericht zu prüfen; dies hat der Arzt selbst geltend zu machen.[8] Allerdings darf das Gericht nicht sehenden Auges bei einem Verstoß gegen die Verschwiegenheitspflicht mitwirken.[9]

4   Als Gutachter (vgl. § 280 Rz. 16 ff.) kommen vor allem Neurologen, Psychiater und Ärzte, die in der Psychotherapie oder in der Geriatrie arbeiten, in Betracht.[10] Die Gerichte verlangen eine ca. sechsmonatige Tätigkeit in einer entsprechenden Einrichtung. Ist der Sachverständige nicht hinreichend qualifiziert, kann das von ihm angefertigte Gutachten nicht verwertet werden. Das im Rahmen einer **stationären Zwangsbehandlung** notwendige Gutachten soll nicht vom zwangsbehandelnden Arzt stammen (Abs. 1 Satz 5), weil sonst die erwünschte Unvoreingenommenheit gefährdet wäre.[11] Eine nur ausnahmsweise zulässige Abweichung, etwa weil ein externer Sachverständiger nicht schnell genug zu erreichen ist, ist im Genehmigungsbeschluss zu begründen.

5   3. Der **Inhalt des Gutachtens** ist nur teilweise im Gesetz geregelt; dieses verlangt – im Gegensatz zum bisherigen Recht – nunmehr ausdrücklich ein Eingehen auf die **Dauer der Unterbringung**. Damit soll dem Gericht eine Entscheidungshilfe an die Hand gegeben werden, da es ja das Ende der Unterbringung in seinem Beschluss bestimmen muss.[12] Darüber hinaus haben eine Darstellung der Untersuchung zu erfolgen (als Grundlage für die inhaltlich getroffenen Aussagen) und eine möglichst genaue **Beschreibung der Krankheit** einschließlich einer Aussage über die Unfähigkeit des Betroffenen, einen eigenen **freien Willen zu bilden**.[13] Auch über die Notwendig-

---

1 BayObLG v. 23.4.1999 – 3 Z BR 73/99, BtPrax 1999, 195.
2 OLG Köln v. 16.9.1998 – 16 Wx 121/98, FamRZ 1999, 873; zweifelhaft sei „eine Exploration am Fenster" (OLG Köln v. 23.2.2000 – 16 Wx 33/00, FamRZ 2001, 310).
3 OLG Brandenburg v. 8.5.2000 – 9 Wx 7/00, FamRZ 2001, 40; BayObLG v. 23.4.1999 – 3 Z BR 73/99, BtPrax 1999, 195.
4 OLG Brandenburg v. 8.5.2000 – 9 Wx 7/00, FamRZ 2001, 40.
5 BGH v. 15.9.2010 – XII ZB 383/10, FamRZ 2010, 1726; OLG Zweibrücken v. 18.2.2005 – 3 W 17/05, OLGReport 2005, 437.
6 Differenzierend: BayObLG v. 7.7.1997 – 3 Z BR 343/96, FamRZ 1997, 1565 und v. 13.11.1996 – 3 Z BR 278/96, FamRZ 1997, 901; *Dodegge*/Roth, G, Rz. 146 (Näheres zur Qualifikation).
7 BayObLG v. 23.3.2001 – 3 Z BR 71/01, BtPrax 2001, 166.
8 BGH v. 15.9.2010 – XII ZB 383/10, FamRZ 2010, 1726.
9 *Müther*, FamRZ 2010, 1728.
10 Vgl. auch *Dodegge*/Roth, G, Rz. 146.
11 Eingefügt durch Art. 2 Nr. 2 des Gesetzes zur Regelung der betreuungsrechtlichen Einwilligung in eine ärztliche Zwangsmaßnahme v. 18.2.2015, BGBl. I, S. 266; s. auch BT-Drucks 17/12086, S. 14.
12 BR-Drucks. 309/07, S. 616.
13 OLG Hamm v. 11.5.2006 – 15 W 87/06, FGPrax 2006, 230; OLG München v. 10.8.2007 – 33 Wx 154/07, BtPrax 2007, 217 f.

keit der Maßnahmen sowie mögliche alternative Behandlungsmethoden sollte sich das Gutachten auslassen. Es sollte schließlich auch konkrete Angaben, etwa bei einer Maßnahme nach § 1906 Abs. 1 Nr. 1 BGB, zur Selbstgefährdung des Betroffenen enthalten und sich insoweit nicht auf Schlagworte zurückziehen. Werden fremdanamnestische Angaben vom Betroffenen bestritten, muss das Gericht hierüber Beweis erheben.[1]

Das Gutachten wird sinnvollerweise schriftlich erstellt, kann aber dem Gericht auch mündlich vorgetragen werden.[2] Das Gericht ist an das Gutachten nicht gebunden, muss aber eine Abweichung begründen und sich mit der Einschätzung des Gutachters auseinandersetzen. Geschieht dies nicht, ist die Maßnahme rechtswidrig.[3] **6**

II. Ärztliches Zeugnis (Absatz 2)

Die nur leicht redaktionell bearbeitete Vorschrift lässt bei unterbringungsähnlichen Maßnahmen (gem. § 1906 Abs. 4 BGB) statt eines Gutachtens ein **ärztliches Zeugnis** genügen. Letzteres muss nicht im Wege einer förmlichen Beweisaufnahme erstattet werden. Gleichwohl ist auch hier eine entsprechende fachliche Kompetenz des Arztes gefragt (vgl. § 281 Rz. 12 ff.). IdR wird man eine persönliche ärztliche Untersuchung, die zeitnah erfolgt ist, verlangen können. Inhaltlich hat sich das Attest über ähnliche Kriterien wie das Gutachten zu äußern.[4] **7**

Die Auswahl des Gutachters durch das Gericht ist nicht im Wege der Beschwerde angreifbar. Einwände gegen den Inhalt des Gutachtens sind gegenüber dem Gericht zu äußern, das gehalten ist, das Gutachten kritisch zu würdigen. Ggf. kann das Gericht einen weiteren Gutachter beauftragen. **8**

Kosten/Gebühren: Gericht: Für die Erstattung des Gutachtens steht dem Arzt eine Vergütung nach dem JVEG zu. Die gezahlte Vergütung ist eine gerichtliche Auslage nach Nr. 31005 KV GNotKG. Von dem Betroffenen können diese Auslagen nicht erhoben werden (§ 26 Abs. 3 GNotKG). **9**

322 Vorführung zur Untersuchung; Unterbringung zur Begutachtung

Für die Vorführung zur Untersuchung und die Unterbringung zur Begutachtung gelten die §§ 283 und 284 entsprechend.

A. Allgemeines 1	III. Zwangsweise Unterbringung zur Begutachtung 4
B. Inhalt der Vorschrift	IV. Gerichtliche Anordnung 5
I. Zwangsweise Vorführung zur Untersuchung 2	V. Rechtsmittel 6
II. Kein Untersuchungszwang 3	

A. Allgemeines

Die Vorschrift (= § 335 RefE) entspricht inhaltlich dem früheren § 70e Abs. 2 FGG und verweist auf §§ 283 und 284. Sie dient dem Ziel, faktische Schwierigkeiten bei der Erstellung des Gutachtens im Rahmen einer Unterbringung nach § 321 zu überwinden. So kann es zur Einholung eines Gutachtens bei Widerstand des Betroffenen nötig sein, diesen zur Untersuchung vorzuführen und/oder zur Begutachtung unterzubringen. **1**

B. Inhalt der Vorschrift

I. Zwangsweise Vorführung zur Untersuchung

Die Vorführung zur Untersuchung im Rahmen einer Unterbringungsmaßnahme unterliegt durch den Verweis auf §§ 283, 284 den gleichen Regelungen wie im Fall der **2**

---
1 OLG Hamm v. 29.4.2008 – 15 Wx 110/08, FGPrax 2009, 135.
2 OLG Brandenburg v. 31.3.2000 – 9 AR 8/00, FamRZ 2001, 38.
3 BGH v. 14.12.2011 – XII ZB 171/11, FamRZ 2012, 441.
4 *Dodegge*/Roth, G, Rz. 149.

Erstellung eines Gutachtens zur Notwendigkeit einer Betreuung (zu den Einzelheiten vgl. Komm. dort). Es besteht daher auch in Unterbringungsfällen die Möglichkeit **zwangsweiser** Vorführung zur Untersuchung. Voraussetzung ist, dass das Gutachten nicht anders erstattet werden kann. Der Betroffene soll vorher angehört werden. Gewalt soll zur Schonung des Betroffenen grundsätzlich nur von entsprechend ausgebildetem Fachpersonal der Betreuungsbehörde angewandt werden. Als ultima ratio darf diese nach § 283 Abs. 2 Satz 2 aber auch polizeiliche Vollzugshilfe in Anspruch nehmen (§ 283 Rz. 14).

II. Kein Untersuchungszwang

3   Im Gegensatz zur Vorführung darf die **Untersuchung selbst nicht gegen den Willen** des Betroffenen erfolgen.[1] Jegliche Art körperlichen Eingriffs ist im Rahmen der Untersuchung unzulässig. Auch die Beantwortung von Fragen und die Teilnahme an Tests darf nicht erzwungen werden.[2] Insoweit ist der Gutachter auf die freiwillige Kooperation des Betroffenen angewiesen. Wegen dieser klaren Entscheidung des Gesetzgebers muss der Gutachter notfalls aufgrund eines äußeren Eindrucks sein Gutachten erstellen.

III. Zwangsweise Unterbringung zur Begutachtung

4   Ist es für die Erstellung des Gutachtens notwendig, kann der Betroffene unter Beachtung der Verhältnismäßigkeit für die Dauer von sechs Wochen untergebracht und beobachtet werden. Der Zeitraum kann auf eine Gesamtdauer von bis zu drei Monaten verlängert werden, wenn sechs Wochen zur Erkenntniserlangung nicht ausreichen. In Bezug auf die Anwendung von Gewalt gilt das zur Vorführung zur Untersuchung nach § 283 Ausgeführte hier aufgrund § 284 Abs. 3 entsprechend (§ 283 Rz. 13 f.). Die vorherige Anhörung des Betroffenen ist zwingend erforderlich, auch vor einer Verlängerung des Unterbringungszeitraums. Ebenso ist die Anhörung eines Sachverständigen (regelmäßig Facharzt für Psychiatrie) notwendig.

IV. Gerichtliche Anordnung

5   Die Anwendung von Gewalt durch die Behörde darf in beiden Fällen nur aufgrund ausdrücklicher gerichtlicher Anordnung erfolgen. Dies wird – im Gegensatz zu § 68b Abs. 3 FGG aF – unzweifelhaft nach § 283 Abs. 2 sichergestellt (§ 283 Rz. 13). Damit sind Maßnahmen nach § 322 nur unter den gleichen Voraussetzungen wie nach § 326 Abs. 2 möglich.

V. Rechtsmittel

6   Sämtliche gerichtlichen Anordnungen nach § 283 sowie die Anordnung der Vorführung des Betroffenen zur zwangsweisen Unterbringung nach § 284 sind **unanfechtbar**. Eine Ausnahme macht der BGH bei objektiv willkürlicher Anordnung; auch dann soll allerdings die Beschwerde entfallen, wenn der Betroffene nicht zur Duldung verpflichtet wird. Die Anordnung der zwangsweisen Unterbringung selbst unterliegt dem Rechtsmittel der Beschwerde (§§ 58 ff.).

323 *Inhalt der Beschlussformel*
(1) Die Beschlussformel enthält im Fall der Genehmigung oder Anordnung einer Unterbringungsmaßnahme auch
1. die nähere Bezeichnung der Unterbringungsmaßnahme sowie
2. den Zeitpunkt, zu dem die Unterbringungsmaßnahme endet.

(2) Die Beschlussformel enthält bei der Genehmigung einer Einwilligung in eine ärztliche Zwangsmaßnahme oder bei deren Anordnung auch Angaben zur Durchführung und Dokumentation dieser Maßnahme in der Verantwortung eines Arztes.

---

1 BT-Drucks. 16/6308, S. 268.
2 Keidel/*Budde*, § 284 FamFG Rz. 9; Marschner/*Lesting*, § 322 FamFG Rz. 5.

A. Allgemeines	1	II. Endzeitpunkt der Unterbringungsmaßnahme	6
B. Inhalt der Vorschrift			
I. Bezeichnung der Unterbringungsmaßnahme	4	III. Ärztliche Zwangsmaßnahme	6a
		IV. Fehlen der erforderlichen Angaben ..	7

A. Allgemeines

Abs. 1 (identisch mit § 336 RefE) entspricht dem früheren § 70f FGG und bestimmt den Inhalt der Beschlussformel bei Anordnung oder Genehmigung einer Unterbringungsmaßnahme (nicht bei Ablehnung einer solchen), Abs. 2 wurde eingefügt durch Gesetz v. 18.2.2013.[1] **1**

Da der grundsätzliche Inhalt eines Beschlusses nach dem FamFG bereits im Allgemeinen Teil in § 38 Abs. 2 geregelt ist, ergänzt § 323 die dort aufgestellten Erfordernisse (vgl. § 38 Rz. 8 ff.) nur noch um die Elemente, die die Anordnung einer Unterbringungsmaßnahme speziell erfordert. Daher ist zwar der Betroffene im Beschluss gesondert zu bezeichnen (wie vormals gem. § 70f Abs. 1 Nr. 1 FGG), doch eine Pflicht hierzu besteht bereits nach § 38 Abs. 2 Nr. 1 (und ist deshalb nicht in § 323 enthalten – vgl. § 38 Rz. 8). Aus dem gleichen Grund fiel das früher in § 70f Abs. 1 Nr. 4 FGG vorgesehene Erfordernis einer Rechtsmittelbelehrung weg, denn diese ist bereits nach § 39 vorzunehmen. Auch eine besondere Begründung verlangt § 323 nicht mehr (früher § 70f Abs. 2 FGG), ist eine solche doch bereits nach der allgemeinen Vorschrift des § 38 Abs. 3 vorzunehmen (§ 38 Rz. 16 ff.). **2**

Letztlich bleibt nur noch das Erfordernis einer näheren **Bezeichnung der Unterbringungsmaßnahme** sowie des **Zeitpunkts**, zu dem diese endet. Damit entspricht Nr. 1 dem früheren § 70f Abs. 1 Nr. 2 FGG und Nr. 2 dem früheren § 70f Abs. 1 Nr. 3 Halbs. 1 FGG. § 70f Abs. 1 Nr. 3 Halbs. 2 FGG ist aus systematischen Erwägungen nun in § 329 Abs. 1 geregelt. **3**

B. Inhalt der Vorschrift

I. Bezeichnung der Unterbringungsmaßnahme

Bei diesem Erfordernis ist zwischen den verschiedenen Unterbringungsarten des § 312 zu unterscheiden. In den Fällen des § 312 Nr. 1 und 3 ist die **Art der Unterbringungseinrichtung** anzugeben, zB psychiatrische Anstalt, Entziehungsklinik, Rehabilitationseinrichtung.[2] Die konkrete Auswahl der Einrichtung bleibt aber dem Betreuer oder der Behörde überlassen, hierüber muss der Beschluss keine Aussage treffen.[3] Wenn dies in der Praxis dennoch erfolgt, dann aus dem praktischen Aspekt, dass ohnehin keine reale Wahlmöglichkeit besteht, da die Krankenhausgesetze recht konkrete Vorgaben machen. Für die öffentlich-rechtliche Unterbringung gibt es zT landesrechtliche Regelungen, die eine Auswahl begrenzen oder ganz ausschließen. Mit Angabe der Art der Einrichtung soll gewährleistet werden, dass der Betreute in eine für ihn geeignete Einrichtung aufgenommen wird.[4] Bei der Unterbringung zur Durchführung einer Heilbehandlung gem. § 312 Nr. 1 müssen darüber hinaus auch **Art, Inhalt und Dauer der Heilbehandlung** vom Gericht festgelegt werden, da der Zweck der Unterbringung mit Ende der Heilbehandlung entfällt.[5] Es genügt allerdings, wenn sich die Information aus den Gründen entnehmen lässt.[6] Außerdem ist die Be- **4**

---

1 Art. 2 Nr. 3 des Gesetzes zur Regelung der betreuungsrechtlichen Einwilligung in eine ärztliche Zwangsmaßnahme, BGBl. I, S. 266. BGBl. I, S. 266.
2 OLG Köln v. 17.7.2006 – 16 Wx 142/06, OLGReport 2007, 148 f.
3 OLG Zweibrücken v. 25.2.2003 – 3 W 35/03, OLGReport 2003, 230 f.; Keidel/*Budde*, § 323 FamFG Rz. 4.
4 *Bienwald*/Sonnenfeld/Hoffmann, § 323 FamFG Rz. 10.
5 BGH v. 1.2.2006 – XII ZB 236/05, NJW 2006, 1277; OLG Brandenburg v. 1.3.2007 – 11 Wx 7/07, FamRZ 2007, 1127; OLG Düsseldorf v. 29.7.1994 – 3 Wx 406/94, FamRZ 1995, 118.
6 OLG Karlsruhe v. 5.7.2007 – 9 Wx 44/06, OLGReport 2007, 805.

schreibung notwendig, weil sie nur in der konkret beschriebenen Weise gegen den Willen des Betroffenen durchgeführt werden darf.[1]

5   Bei **unterbringungsähnlichen Maßnahmen** (nach § 312 Nr. 2) muss genau ausgeführt werden, welche Maßnahme konkret durchgeführt werden soll, zB Anbringen von Bettgittern, Fixierung, Absperren der Ausgangstür.[2] Eine ausdrückliche Erwähnung der Einrichtung ist nicht erforderlich, denn diese ergibt sich in diesem Fall bereits aus dem Aufenthaltsort des Betreuten. Auch sollte ein ungefährer zeitlicher Rahmen genannt sein, da dieser die Maßnahme charakterisiert (Beispiel: „zur Nachtzeit").[3] Auf der anderen Seite kann (ja muss uU) dem gesetzlichen Vertreter (bzw. dem Bevollmächtigten) auch ein gewisser Spielraum verbleiben.[4]

II. Endzeitpunkt der Unterbringungsmaßnahme

6   Es muss eindeutig festgelegt werden, wann die Unterbringungsmaßnahme endet. Kriterium ist der Zweck der Unterbringung unter Beachtung der Verhältnismäßigkeit.[5] Der Antrag des Betreuers ist nicht verbindlich. Die Bestimmung des Endzeitpunkts kann durch Angabe eines genauen Datums geschehen oder durch Nennung eines Zeitraums mit Anfangszeitpunkt. Fehlt ein solcher Anfangszeitpunkt, so ist Beginn der Erlass der Entscheidung.[6] Das Ende berechnet sich nach § 16. Gem. § 329 Abs. 1 ist zulässige **Höchstdauer** der Unterbringung **ein Jahr**, nur bei offensichtlich langer Unterbringungsbedürftigkeit ist unter erhöhten Anforderungen an gerichtliche Aufklärung, Anhörung und Begründung eine Ausweitung auf zwei Jahre möglich (§ 329 Rz. 6 f.).[7] Mit Ablauf der Frist endet die Maßnahme automatisch.

III. Ärztliche Zwangsmaßnahme

6a   Der Beschluss zur Genehmigung der Einwilligung in eine stationäre ärztliche Zwangsmaßnahme hat auch Angaben zur **Durchführung** und **Dokumentation** der Maßnahme zu enthalten. Diese verfahrensrechtliche Absicherung war bereits in Entscheidungen des BVerfG[8] sowie des BGH[9] angemahnt worden. Sie dienen einerseits der fachgerechten Durchführung der Maßnahme, andererseits einer leichteren Rechtsverfolgung für die Betroffenen bei Verstößen in diesem grundrechtsrelevanten Bereich.

IV. Fehlen der erforderlichen Angaben

7   Fraglich ist, welche Folgen es hat, wenn die von § 323 geforderten Angaben im Beschluss fehlen, insbesondere ob in einem solchen Fall die Entscheidung fehlerhaft und anfechtbar, oder aber unwirksam ist. Man wird differenzieren müssen: Die **Angabe der konkreten Maßnahme ist nicht verzichtbar**. Sonst könnte gegenüber dem Betreuten eine Unterbringungsmaßnahme angeordnet werden, deren konkrete und genaue Auswirkungen er in Ermangelung erforderlicher und vom Gesetz geforderter Angaben nicht abschätzen kann. Das Gesetz fordert gerade die Anordnung einer ganz konkreten Maßnahme,[10] um die Belastung für den Betroffenen und insbesondere den Eingriff in dessen Grundrechte gering zu halten und ihn über das Ausmaß der Unterbringungsmaßnahme nicht im Unklaren zu lassen. Es ist ihm daher zum Schutz seiner Grundrechte nicht zuzumuten, erst ein Anfechtungsverfahren einzuleiten, weshalb ein solcher Beschluss als von vornherein **unwirksam** anzusehen ist.[11]

---

1 *Fröschle*, § 323 FamFG Rz. 8.
2 *Dodegge*/Roth, G, Rz. 158.
3 Eine genaue Uhrzeitangabe ist nicht erforderlich (*Fröschle*, § 323 FamFG Rz. 10).
4 Vgl. *Dodegge*/Roth, G, Rz. 158.
5 *Dodegge*/Roth, G, Rz. 162.
6 BGH v. 9.3.1995 – V ZB 7/95, NJW 1995, 1898.
7 BayObLG v. 25.1.2005 – 3 Z BR 264/04, FamRZ 2005, 1278; OLG München v. 16.2.2005 – 33 Wx 6/05, BtPrax 2005, 113: Dies ist genau zu begründen.
8 BVerfG v. 23.3.2011 – NJW 2011, 2113 Rz. 64.
9 BGH v. 20.6.2012 – XII ZB 99/12, NJW 2012, 2967.
10 Jürgens/*Marschner*, § 323 FamFG Rz. 3 bei unterbringungsähnlichen Maßnahmen.
11 Marschner/*Lesting*, § 323 FamFG Rz. 14.

Fehlt dagegen nur die **Angabe der Dauer**, so ist der Beschluss **nicht nichtig**; eine entsprechende spätere Ergänzung ist zuzulassen.[1]

§ 324 Wirksamwerden von Beschlüssen

(1) Beschlüsse über die Genehmigung oder die Anordnung einer Unterbringungsmaßnahme werden mit Rechtskraft wirksam.
(2) Das Gericht kann die sofortige Wirksamkeit des Beschlusses anordnen. In diesem Fall wird er wirksam, wenn der Beschluss und die Anordnung seiner sofortigen Wirksamkeit
1. **dem Betroffenen, dem Verfahrenspfleger, dem Betreuer oder dem Bevollmächtigten im Sinne des § 1896 Abs. 2 Satz 2 des Bürgerlichen Gesetzbuchs bekannt gegeben werden,**
2. **einem Dritten zum Zweck des Vollzugs des Beschlusses mitgeteilt werden oder**
3. **der Geschäftsstelle des Gerichts zum Zweck der Bekanntgabe übergeben werden.**
Der Zeitpunkt der sofortigen Wirksamkeit ist auf dem Beschluss zu vermerken.

A. Allgemeines 1	II. Sofortige Wirksamkeit (Absatz 2)
B. Inhalt der Vorschrift	1. Anordnung 3
I. Grundsätzliche Wirksamkeit	2. Wirksamkeit 4
(Absatz 1) 2	3. Voraussetzungen 8
	4. Rechtsmittel 9

A. Allgemeines

§ 324, seit dem RefE unverändert, regelt das **Wirksamwerden** von Genehmigungen oder Anordnungen einer Unterbringungsmaßnahme und ersetzt damit den früheren § 70g Abs. 3 FGG. § 324 Abs. 2 entspricht weitgehend § 287 Abs. 2. 1

B. Inhalt der Vorschrift

I. Grundsätzliche Wirksamkeit (Absatz 1)

Nach § 324 werden Beschlüsse über die Genehmigung oder Anordnung einer Unterbringungsmaßnahme (einschließlich der Ablehnung) erst mit (formeller) **Rechtskraft** wirksam, also mit Ablauf der Frist für die Einlegung der Beschwerde (für alle Beschwerdeberechtigten) oder aufgrund eines Rechtsmittelverzichts. Hierin liegt eine wesentliche Abweichung von der allgemeinen Vorschrift des § 40 Abs. 1, wonach ein Beschluss nach dem FamFG im Zeitpunkt der Bekanntgabe an den Beteiligten wirksam wird. Die Vorschrift betrifft sämtliche Unterbringungsarten nach § 312. Nicht erfasst werden die Aufhebung oder die Ablehnung der Aufhebung einer Unterbringung,[2] wohl aber die Verlängerung. 2

Die Rechtsmittelfrist beginnt für jeden Beschwerdeberechtigten mit der schriftlichen Bekanntmachung an ihn (vgl. § 63 Rz. 5 f.).

II. Sofortige Wirksamkeit (Absatz 2)

1. Anordnung

Da bis zur Rechtskraft nach § 63 Abs. 1 bis zu einem Monat vergehen kann und dadurch die Gefahr besteht, dass Interessen und Rechtsgüter des Betroffenen oder Dritter gefährdet werden, sieht § 324 Abs. 2 in diesen Fällen die Möglichkeit der **Anordnung der sofortigen Wirksamkeit** vor (s. § 287 Rz. 15 ff.). Sie kann von Amts wegen oder auf Anregung der Beteiligten nach ausreichender Prüfung der Umstände durch 3

---
1 Wie hier *Fröschle*, § 323 FamFG Rz. 15; *Dodegge*/Roth, G, Rz. 164; *Bienwald*/Sonnenfeld/Hoffmann, § 323 FamFG Rz. 20.
2 Für diese gilt § 40: Wirksamwerden im Zeitpunkt der Bekanntgabe.

das Gericht (auch stillschweigend[1]) erfolgen. Sie stellt in der Praxis die Regel dar,[2] jedenfalls dann, wenn die Unterbringung bereits erfolgt ist oder eine einstweilige Unterbringung angeordnet ist oder angeordnet werden soll.[3]

2. Wirksamkeit

4 § 324 regelt in Abs. 2 nur die **Auswirkungen** auf die Wirksamkeit der Entscheidung. Mit Anordnung der sofortigen Wirksamkeit wird der Beschluss entweder dann wirksam, wenn er mit der Anordnung der sofortigen Wirksamkeit dem **Betroffenen**, dem **Verfahrenspfleger**, dem **Betreuer** oder dem **Bevollmächtigten** iSd. § 1896 Abs. 2 Satz 2 BGB **bekannt gegeben** wird (dies ist bei Anwesenden im Gegensatz zum früheren Recht nach § 41 Abs. 2 Satz 1 auch durch bloßes Verlesen der Beschlussformel möglich). Hierbei wurde im Rahmen der Schaffung des FamFG der Bevollmächtigte iSd. § 1896 Abs. 2 Satz 2 BGB klarstellend ergänzt. Strittig ist, ob die Bekanntgabe an den Betroffenen voraussetzt, dass er diese verstehen kann. Da die Bekanntmachung allein als Akt der Publizität wirkt, kommt es auf ein Verständnis wohl nicht an, da auch die anderen Formen eine Kenntnisnahme durch den Betroffenen nicht voraussetzen.[4] Die Verlesung und die Anwesenheit der Beteiligten müssen vermerkt werden.

5 Wirksamkeit tritt auch ein, wenn Beschluss und Anordnung seiner sofortigen Wirksamkeit **einem Dritten zum Zweck des Vollzugs** des Beschlusses **mitgeteilt** werden. Dritte iSd. Norm können die ausführende Behörde oder eine medizinische oder psychiatrische Einrichtung sein. Befindet sich der Betroffene in einem Heim, so genügt somit die Mitteilung an den Leiter der Einrichtung.

6 Als dritte Möglichkeit können Beschluss und Anordnung Wirksamkeit erlangen, wenn sie der **Geschäftsstelle des Gerichts** zum Zweck der Bekanntgabe **übergeben** werden. Es genügt die Niederlegung in der Geschäftsstelle.

7 Alle drei Möglichkeiten kommen **alternativ**, nicht kumulativ in Betracht. Sind mehrere der Varianten erfüllt, ist auf den frühesten Zeitpunkt abzustellen. Der entsprechende Zeitpunkt ist auf der Entscheidung zu vermerken.

3. Voraussetzungen

8 Da die **Voraussetzungen** für die Anordnung der sofortigen Wirksamkeit vom Gesetz nicht vorgegeben werden, ist auf allgemeine Maßstäbe abzustellen (vgl. § 287 Rz. 16f.). Der sofortige Vollzug muss **dringlich** sein, was immer dann der Fall ist, wenn er zum Wohl des Betroffenen[5] erforderlich ist und ein Abwarten bis zur Rechtskraft **einen erheblichen und unverhältnismäßigen Schaden an dessen Rechtsgütern** herbeiführen würde.[6] Bei konkreter Gefahr einer schweren Selbstschädigung oder einer Selbsttötung ist dies genauso gegeben wie bei einer akuten Behandlungsbedürftigkeit mittels einer Operation. Im Falle öffentlich-rechtlicher Unterbringung (§ 312 Nr. 3) ist die Dringlichkeit danach zu beurteilen, ob eine **erhebliche Gefährdung für die öffentliche Sicherheit** und Ordnung oder für Dritte besteht.[7] Liegen die Voraussetzungen vor, so dürfte das grundsätzlich bestehende Ermessen stark eingeschränkt sein.[8]

4. Rechtsmittel

9 Die Anordnung der sofortigen Wirksamkeit ist **nicht isoliert anfechtbar**.[9]

---

1 BayObLG v. 5.9.2001 – 3 Z BR 172/01, BtPrax 2002, 39f.
2 Keidel/*Budde*, § 324 FamFG Rz. 1.
3 *Dodegge*/Roth, G, Rz. 174.
4 *Fröschle*, § 324 FamFG Rz. 6; Damrau/*Zimmermann*, § 324 Rz. 12; aA MüKo. FamFG/*Schmidt-Recla*, § 324 FamFG Rz. 4.
5 *Fröschle*, § 324 FamFG Rz. 5.
6 *Bienwald*/Sonnenfeld/Hoffmann, § 324 FamFG Rz. 16.
7 *Bienwald*/Sonnenfeld/Hoffmann, § 324 FamFG Rz. 17.
8 Keidel/*Budde*, § 324 FamFG Rz. 1, 3; *Fröschle*, § 324 FamFG Rz. 5.
9 *Dodegge*/Roth, G, Rz. 176.

325 Bekanntgabe

(1) Von der Bekanntgabe der Gründe eines Beschlusses an den Betroffenen kann abgesehen werden, wenn dies nach ärztlichem Zeugnis erforderlich ist, um erhebliche Nachteile für seine Gesundheit zu vermeiden.

(2) Der Beschluss, durch den eine Unterbringungsmaßnahme genehmigt oder angeordnet wird, ist auch dem Leiter der Einrichtung, in der der Betroffene untergebracht werden soll, bekannt zu geben. Das Gericht hat der zuständigen Behörde die Entscheidung, durch die eine Unterbringungsmaßnahme genehmigt, angeordnet oder aufgehoben wird, bekannt zu geben.

A. Allgemeines

§ 325 Abs. 1 entspricht dem früheren § 70g Abs. 1 Satz 2 FGG und ist wortgleich mit § 288 Abs. 1, der sich auf die **Bekanntgabe** von Beschlüssen in Betreuungssachen bezieht (s. § 288 Rz. 1 ff.). Auf das generelle Erfordernis einer Bekanntmachung an den Betroffenen, das noch in § 70g Abs. 1 Satz 1 FGG enthalten war, konnte in § 325 aufgrund der allgemeinen Vorschrift des § 41 Abs. 1 Satz 1 verzichtet werden. § 325 Abs. 2 Satz 1 entspricht in wesentlichen Teilen dem früheren § 70g Abs. 2 Satz 1 FGG, wobei eine Fortschreibung der Bekanntgabe des Beschlusses an den in § 70d FGG aF genannten Personenkreis im Hinblick auf die Regelungen des Beteiligtenbegriffs in § 315 entbehrlich ist. Zur Änderung in § 325 Abs. 2 Satz 2 s. Rz. 10. 1

Die Vorschrift regelt die Bekanntgabe von Beschlüssen sowie die Ausnahmen davon. Die Bekanntgabe ist wichtig **als Zeitpunkt für das Wirksamwerden** und als rechtsstaatliches Erfordernis für die Beteiligten, ua. wegen der Frage eines einzulegenden Rechtsmittels. 2

B. Inhalt der Vorschrift

I. Verzicht auf Bekanntgabe an den Betroffenen (Absatz 1)

Grundsätzlich ist nach § 41 Abs. 1 Satz 1 ein Beschluss dem Betroffenen in vollem Umfang bekannt zu machen. § 325 Abs. 1 sieht hiervon eine **Ausnahme** vor, wonach von der **Bekanntgabe der Gründe** an den Betroffenen abgesehen werden kann, wenn dies nach ärztlichem Zeugnis erforderlich ist, um erhebliche Nachteile für seine Gesundheit zu vermeiden. Bei Anwendung von § 325 Abs. 1 beschränkt sich die Bekanntgabe gegenüber dem Betroffenen allein auf die Entscheidungsformel. 3

Die Voraussetzungen sind eng (s. § 288 Rz. 7 ff.) und müssen durch ein detailliert begründetes **ärztliches Zeugnis** bestätigt werden. In Zweifelsfällen hat eine vollständige Bekanntgabe zu erfolgen.[1] Denn es ist rechtsstaatliches Gebot, den Betroffenen über die Gründe der ihn betreffenden und belastenden Entscheidung zu informieren, um die Entscheidung nachvollziehbar und durchschaubar zu machen. Es ist daher für die Anwendung dieser Ausnahmevorschrift unerlässlich, dass es bei Bekanntmachung der Gründe voraussichtlich zu mehr als unerheblichen Beeinträchtigungen kommt, so dass bloßer Ärger oder zu befürchtende Wutausbrüche genauso wenig ausreichen[2] wie Befürchtungen, das Vertrauensverhältnis des Betreuten zum sozialpsychiatrischen Dienst oder anderen Vertrauenspersonen könne gestört werden.[3] Nur wenn wirkliche gesundheitliche Beeinträchtigungen von gewissem Gewicht zu befürchten sind, etwa die Gefahr einer Depression oder eines Nervenzusammenbruchs, darf auf die Bekanntgabe der Gründe verzichtet werden. 4

Der Verzicht muss auch **erforderlich** sein. Gibt es ein milderes Mittel, etwa in Form der Hinzuziehung medizinischen Personals, eines Psychologen oder einer privaten Vertrauensperson zur Bekanntmachung[4] oder einer angemessenen Formulierung der Gründe,[5] muss hierauf zurückgegriffen werden. 5

---

1 Kritisch gegenüber dieser Ausnahme: Marschner/*Lesting*, § 325 FamFG Rz. 6.
2 Marschner/*Lesting*, § 325 FamFG Rz. 7.
3 OLG Frankfurt v. 20.5.2003 – 20 W 161/03, BtPrax 2003, 222.
4 Marschner/*Lesting*, § 325 FamFG Rz. 7.
5 Damrau/*Zimmermann*, § 325 FamFG Rz. 6.

6 Ob auf die Bekanntgabe verzichtet wird, steht dem Wortlaut nach im Ermessen des Gerichts („kann"). Da die Maßnahme nach Abs. 1 aber ohnehin **ultima ratio** ist, wird bei ärztlich bestätigter, drohender schwerer Gesundheitsgefahr idR von einer Ermessensreduzierung auf null auszugehen sein. Das Gericht hat dann auf die Bekanntgabe der Gründe zu verzichten. Bei Zweifeln, ob eine Gesundheitsgefahr droht, sind die Gründe bekannt zu geben.

II. Bekanntgabe an Leiter der Einrichtung/zuständige Behörde (Absatz 2)

7 1. § 325 Abs. 2 Satz 1 stellt klar, dass ein Beschluss, in dem eine Unterbringungsmaßnahme genehmigt oder angeordnet wird, auch dem **Leiter der Einrichtung**, in der der Betroffene untergebracht werden soll, bekannt zu geben ist. Der Leiter soll frühzeitig mit den nötigen Informationen versorgt werden,[1] um die Aufnahme bestmöglich vorzubereiten. Daher gilt die Pflicht zur Bekanntgabe nach Abs. 2 Satz 1 auch nur für Entscheidungen, die die **Anordnung** oder **Genehmigung** einer Unterbringungsmaßnahme zum Gegenstand haben. Eine Bekanntgabe an den Leiter wird allerdings erst möglich sein, wenn sich der Betreuer für eine bestimmte Einrichtung entschieden hat, denn die konkrete Auswahl ist ihm überlassen (§ 323 Rz. 4). Anders ist dies bei unterbringungsähnlichen Maßnahmen nach § 312 Nr. 2, da sich der Betroffene in diesem Fall bereits in einer Einrichtung aufhält. Mit einer verfassungskonformen Auslegung wird begründet, dass die Bekanntgabe erst bei Vollstreckbarkeit erfolgen soll.[2]

8 Die frühere Unklarheit, wem Beschlüsse, die eine Unterbringungsmaßnahme ablehnen oder aufheben, bekannt zu geben sind,[3] ist durch § 41 Abs. 1 Satz 1 iVm. § 274 weitgehend beseitigt worden, geht doch hieraus eindeutig hervor, dass jeglicher Beschluss, gleich welchen Inhalts, allen Beteiligten bekannt zu geben ist.

9 2. Der **zuständigen Behörde** ist der Beschluss stets bekannt zu geben, wenn damit eine Unterbringungsmaßnahme genehmigt, angeordnet oder aufgehoben wird. Art und Weise der Bekanntgabe sind in § 41 geregelt (vgl. § 41 Rz. 3 f., 15 f.). Durch die Bekanntgabe soll gewährleistet werden, dass insbesondere in Fällen, in denen der Betroffene durch eine Unterbringungsmaßnahme belastet und in seiner Freiheit beschränkt wird, die zuständige Behörde von diesem Umstand Kenntnis erhält und überwachend und unterstützend tätig werden kann. Welche Behörde zuständig ist, richtet sich nach PsychKG bzw. den landesrechtlichen Regelungen zu § 1 Satz 2 BtBG.

10 Fraglich ist, ob das Gleiche auch für eine **ablehnende Entscheidung** gilt. § 325 Abs. 2 Satz 2 soll nach der Gesetzesbegründung inhaltlich dem früheren § 70g Abs. 2 Satz 2 FGG entsprechen und lediglich redaktionell neu gefasst sein. Hieran bestehen bei genauer Betrachtung der Vorschrift Zweifel. War § 70g Abs. 2 Satz 2 FGG allgemein gefasst und bezog sich auf Beschlüsse jeglicher Art, so hat der Gesetzgeber nun ausdrücklich die Beschlüsse konkret benannt, die an die zuständige Behörde bekannt gegeben werden sollen. Es sind Beschlüsse, die eine Unterbringungsmaßnahme genehmigen, anordnen oder aufheben. Vom Wortlaut her fallen damit Entscheidungen, die eine Unterbringungsmaßnahme **ablehnen**, nicht unter diese Vorschrift. Der objektive Inhalt der neu gefassten Vorschrift stimmt daher nicht mit der Gesetzesbegründung überein. Er widerspricht auch den bisher angeführten Gründen für die Existenz des § 70g Abs. 2 Satz 2 FGG aF. Denn dieser wurde so verstanden, dass der Behörde durch diese Vorschrift auch bei ablehnenden Entscheidungen ein Informationsrecht zuerkannt wurde und eine Bekanntgabe stets zu erfolgen hatte, wenn sie zuvor im Verfahren angehört worden war.[4]

---

1 BT-Drucks. 11/4528, 185.
2 Marschner/*Lesting*, § 325 FamFG Rz. 3; Jürgens/*Marschner*, § 325 FamFG Rz. 3.
3 Vgl. Keidel/*Kuntze*, 15. Aufl., § 70g FGG Rz. 5.
4 Vgl. nur BT-Drucks. 11/4528, 185; Keidel/*Kuntze*, 15. Aufl., § 70g FGG Rz. 6; *Bumiller*/Winkler, 8. Aufl., § 70g FGG Rz. 3.

Es wird dem ausdrücklichen **Gesetzeswortlaut** der Vorzug zu geben sein, womit eine Bekanntgabe gegenüber der Behörde bei ablehnenden Entscheidungen nicht erfolgen muss, ganz gleich ob sie zuvor angehört wurde oder nicht.[1] Hierfür besteht auch in den Fällen, in denen keine Anhörung stattfand, oftmals kein Bedürfnis, ist es doch gerade in zivilrechtlichen Unterbringungsverfahren Sache des Betreuers, im Anschluss an die ablehnende Entscheidung die notwendigen Maßnahmen zu treffen. Der Betreute ist nicht schützenswert, da seine Freiheit durch eine ablehnende Entscheidung nicht beeinträchtigt wird, weshalb es auch nicht notwendig ist, die Behörde als zusätzliches Überwachungsinstrument zu informieren und einzuschalten. Die Tatsache, dass für die Behörde die Beschwerdefrist nicht zu laufen beginnt, ist bei einer ablehnenden Entscheidung wenig problematisch. Eine Information würde häufig lediglich unnötigen bürokratischen Aufwand ohne wirklichen Nutzen bedeuten. Die Aufhebung einer Unterbringung ist dagegen bekannt zu machen.[2]

11

Da die Behörde gem. § 320 in Unterbringungssachen immer angehört werden soll,[3] bleibt es in den Verfahren, in denen dies geschehen ist, dem Ermessen des Gerichts vorbehalten, ob es die Entscheidung auch der Behörde gegenüber bekannt gibt oder nicht. Wenn ein nachträgliches Handeln der Behörde erforderlich oder zumindest angebracht erscheint, ist eine Bekanntgabe geboten.

12

326 *Zuführung zur Unterbringung*

(1) Die zuständige Behörde hat den Betreuer oder den Bevollmächtigten im Sinne des § 1896 Abs. 2 Satz 2 des Bürgerlichen Gesetzbuchs auf deren Wunsch bei der Zuführung zur Unterbringung nach § 312 Nr. 1 zu unterstützen.
(2) Gewalt darf die Behörde nur anwenden, wenn das Gericht dies ausdrücklich angeordnet hat. Die zuständige Behörde ist befugt, erforderlichenfalls die Unterstützung der polizeilichen Vollzugsorgane nachzusuchen.
(3) Die Wohnung des Betroffenen darf ohne dessen Einwilligung nur gewaltsam geöffnet, betreten und durchsucht werden, wenn das Gericht dies zu dessen Zuführung zur Unterbringung ausdrücklich angeordnet hat. Vor der Anordnung ist der Betroffene persönlich anzuhören. Bei Gefahr im Verzug kann die Anordnung durch die zuständige Behörde ohne vorherige Anhörung des Betroffenen erfolgen. Durch diese Regelung wird das Grundrecht auf Unverletzlichkeit der Wohnung aus Artikel 13 Absatz 1 des Grundgesetzes eingeschränkt.

A. Allgemeines	1	III. Betreten der Wohnung (Absatz 3)	5
B. Inhalt der Vorschrift		IV. Gerichtliche Genehmigung	6
I. Zuführung zur zivilrechtlichen Unterbringung (Absatz 1)	2	V. Kosten	9
II. Gewaltanwendung (Absatz 2)	4	VI. Öffentlich-rechtliche Unterbringung	10

A. Allgemeines

Die Vorschrift regelt, wer mit welchem Mittel eine Unterbringungsmaßnahme tatsächlich durchführt. Sie entspricht weitgehend dem früheren § 70g Abs. 5 FGG. Ausgenommen ist die Zuführung Minderjähriger zur Unterbringung (geregelt in § 167), so dass § 326 FamFG nur bei Vollzug der Unterbringung Volljähriger Anwendung findet. Die Absätze 2 und 3 sind durch Gesetz vom 5.12.2012[4] neu gefasst worden, um

1

---

1 Wie hier: Marschner/*Lesting*, § 325 FamFG Rz. 3; Fröschle/*Locher*, § 325 FamFG Rz. 6; Damrau/*Zimmermann*, § 325 FamFG Rz. 25; aA Schulte-Bunert/*Dodegge*, § 325 FamFG Rz. 6; Holzer/*Grabow*, § 325 FamFG Rz. 5.
2 Keidel/*Budde*, § 325 FamFG Rz. 3; Jurgeleit/*Diekmann*, § 325 FamFG Rz. 3.
3 Die Einschränkung des früheren § 70g Abs. 2 Satz 2 FGG, dass eine Bekanntgabe nur dann erforderlich ist, wenn im Verfahren Gelegenheit zur Äußerung gegeben wurde, konnte damit wegfallen.
4 Art. 6 Nr. 24 des Gesetzes zur Einführung einer Rechtsbehelfsbelehrung im Zivilprozess und zur Änderung anderer Vorschriften, BGBl. I, S. 2418.

den grundgesetzlichen Anforderungen, insbesondere des Art. 13 GG, Rechnung zu tragen.

B. Inhalt der Vorschrift

I. Zuführung zur zivilrechtlichen Unterbringung (Absatz 1)

2   § 326 betrifft die Fälle einer freiheitsentziehenden Unterbringung gem. § 1906 Abs. 1 bis 3 BGB (s. § 312 Nr. 1 FamFG). Allein dem **Betreuer** obliegt die Zuführung zu einer solchen Unterbringung nach Privatrecht.[1] Auf unterbringungsähnliche Maßnahmen ist die Norm nicht anwendbar, hier ist das Personal der Einrichtung zuständig. Die Zuführung zu einer ambulanten Behandlung wird nicht erfasst. Der Begriff der Zuführung umfasst dabei alle Maßnahmen, die erforderlich sind, um den **Betroffenen in die** unterbringende **Einrichtung** zu **verbringen**. Maßnahmen innerhalb dieser Einrichtung sind vom Anwendungsbereich der Norm nicht mehr erfasst.[2] In erster Linie ist es der Betreuer, der eine Maßnahme vollzieht.

3   Da er aber oft aus tatsächlichen Gründen nicht in der Lage ist, den Betreuten allein in die vorgesehene Einrichtung zu verbringen, lässt § 326 ihm die nötige Unterstützung durch die **Betreuungsbehörde** als Anlaufstelle zukommen. Damit soll auch eine gewisse fachliche Kompetenz gesichert werden. Daher entscheidet die Behörde auch über die Art und Weise der Maßnahme. Die betreuungsbehördliche Hilfe bei der Zuführung zur Unterbringung ist auch dem Bevollmächtigten iSd. § 1896 Abs. 2 Satz 2 BGB zu leisten, wodurch die früher bestehende Regelungslücke[3] geschlossen ist. Die Initiative hat vom gesetzlichen Vertreter (oder Bevollmächtigten) auszugehen, nicht vom Gericht oder Dritten. Die Hilfe kann den Zutritt zur Wohnung betreffen oder den Transport ins Heim, eventuell die Suche nach dem – verschwundenen – Betroffenen.

II. Gewaltanwendung (Absatz 2)

4   Alle zur Durchführung der Zuführung zur Unterbringung erforderlichen Maßnahmen können auch durch Anwendung von Gewalt (**unmittelbarem Zwang**) erfolgen. § 326 Abs. 2 Satz 1 rechtfertigt gewaltsame Freiheitsbeschränkungen des Betreuten, Abs. 3 das **Eindringen** in dessen **Wohnung**. Beides setzt allerdings eine ausdrückliche Entscheidung des Gerichts voraus. Das Gericht hat bei seiner Entscheidung die Grundsätze der Verhältnismäßigkeit zu beachten. Dazu gehört auch die Frage, ob nicht mildere Mittel in Betracht kommen. Die Gewalt wird bei der Zuführung nicht vom Betreuer, sondern zur Schonung des Betroffenen grundsätzlich nur von der Betreuungsbehörde selbst angewandt. Als **Ultima Ratio** darf diese nach § 326 Abs. 2 Satz 2 aber auch **polizeiliche Vollzugshilfe** in Anspruch nehmen, wobei auch die Polizei (abgesehen von polizeirechtlichen Befugnissen) nur dann Gewalt anwenden darf, wenn dies gerichtlich genehmigt worden ist. Der Betreuer selbst darf zwar keine Gewalt anwenden, dennoch ist er allein für die Ausübung von unmittelbarem Zwang im Rahmen der Zuführung zur Unterbringung zuständig und verantwortlich, die Behörde leistet ihm nur auf seinen Wunsch hin Hilfe (Zurverfügungstellung von Material, Fachpersonal und Fachkompetenz).[4] Die Entscheidung für die Notwendigkeit einer Zwangsanwendung obliegt also allein dem Betreuer. Allerdings kann die eingeschaltete Behörde ihre Mitwirkung verweigern, wenn eine gerichtliche Genehmigung fehlt und sie der Ansicht ist, die Voraussetzungen der vorläufigen Unterbringung lägen nicht vor.[5] Ebenso hat Gewaltanwendung zu unterbleiben, wenn der Betreuer sie untersagt, auch wenn die Behörde sie für erforderlich hält. Es handelt sich damit um eine der wenigen **originären gesetzlichen Zwangsbefugnisse des Betreuers** gegenüber dem Betreuten im deutschen Recht.

---

1 *Fröschle*, § 326 FamFG Rz. 3.
2 BT-Drucks. 11/6949, S. 83.
3 *Dodegge*/*Roth*, G, Rz. 180.
4 *Marschner*/*Lesting*, § 326 FamFG Rz. 5.
5 *Fröschle*/*Locher*, § 326 FamFG Rz. 6.

Damit die Vorschrift den verfassungsrechtlichen Ansprüchen des Art. 13 Abs. 2 GG entspricht, wurde Abs. 2 genauer gefasst. Die Vorschrift regelt nur die Gewaltanwendung für die Unterbringung selbst. Wehrt sich der Betroffene aber auch gegen die medizinische Behandlung, so ist für die Gewaltanwendung § 1906 Abs. 2, 3 BGB einschlägig.

III. Betreten der Wohnung (Absatz 3)

Abs. 3 ist redaktionell neu gefasst worden, um dem Gesetzesvorbehalt für Durchsuchungen in Art. 13 Abs. 2 GG besser zu entsprechen. Satz 4 soll dem in Art. 19 Abs. 1 Satz 2 GG enthaltenen Zitiergebot Rechnung tragen. Neu ist darüber hinaus, dass die vorherige persönliche Anhörung des Betroffenen vorgeschrieben wird (Satz 2), von der bei Gefahr im Verzug abgesehen werden kann. Klargestellt ist durch den neuen Wortlaut nunmehr auch, dass der gerichtliche Beschluss das Betreten und gewaltsame Öffnen der Wohnung konkret zum Zwecke der Zuführung zur Unterbringung betreffen muss. Andere Ziele rechtfertigen die Wohnungsöffnung gegen den Willen des Betroffenen nicht. Eine Generalermächtigung ist insoweit nicht ausreichend. Im Übrigen werden nach wie vor die Voraussetzungen nicht konkret genannt. Da es sich um einen Grundrechtseingriff handelt, ist jedoch der Grundsatz der Verhältnismäßigkeit mit allen seinen Auswirkungen (Geeignetheit, Notwendigkeit, Güterabwägung) in jedem Einzelfall zu beachten. 5

IV. Gerichtliche Genehmigung

Es ist zu unterscheiden zwischen dem Verfahren der Genehmigung der Zuführung und dem der Genehmigung der Gewaltanwendung, wobei eine Verbindung beider miteinander möglich und häufig sogar praktisch ist. 6

Für den ersten Fall erteilt das Gericht dem Betreuer auf seinen Antrag hin die erforderliche Genehmigung zur Zuführung. Der Beschluss muss den Betreuten gem. § 89 Abs. 2 auf die möglichen Folgen einer Zuwiderhandlung hinweisen und ist ihm gem. § 41 bekannt zu geben. Durch diesen Hinweis entfällt die ehemals notwendige separate Androhung der Gewaltanwendung.[1] Ob der Betreuer von der Genehmigung Gebrauch macht, steht in seinem Ermessen. 7

Darüber hinaus darf **Gewalt** bei der Zuführung zur Unterbringung aber nur dann angewandt werden, wenn das Gericht dies in einem weiteren eigenständigen Verfahren **ausdrücklich angeordnet** hat.[2] Die Anordnung muss sich dabei auf eine konkrete Maßnahme beziehen und kann nicht formularmäßig erfolgen.[3] Für diesen gesonderten Beschluss gelten die Vollstreckungsvorschriften des Allgemeinen Teils, dh. insbesondere, dass der Betreute gem. § 92 Abs. 1 Satz 2 vorher anzuhören ist. Fraglich ist allerdings, ob der Antrag zur Anordnung der Gewaltanwendung durch den Betreuer/Bevollmächtigten oder die Behörde zu stellen ist. Sinnvollerweise wird man beide für berechtigt halten.[4] Die Anordnung der Gewaltanwendung unterliegt dem Rechtsmittel der Beschwerde (§§ 58 ff.).[5] 8

V. Kosten

Die bei der Zuführung entstehenden Kosten hat die Betreuungsbehörde selbst zu tragen, da es sich um eine Aufgabe handelt, die ihr zugewiesen ist.[6] 9

---

1 BT-Drucks. 16/6308, S. 218.
2 Fröschle/*Locher*, § 326 FamFG Rz. 7; Marschner/*Lesting*, § 326 FamFG Rz. 7.
3 Marschner/*Lesting*, § 326 FamFG Rz. 7.
4 Damrau/*Zimmermann*, Rz. 14 hält einen Antrag nicht für notwendig. Ein förmlicher Antrag ist in der Tat nicht erforderlich, jedoch liegt die Initiative beim Betreuer, nicht beim Gericht, so dass von jenem die Anregung ausgehen muss.
5 *Dodegge*/Roth, G, Rz. 182; Jurgeleit/*Diekmann*, § 326 FamFG Rz. 6; aA Bassenge/*Roth*, § 326 FamFG Rz. 5.
6 *Bassenge*/Roth, § 326 FamFG Rz. 6; MüKo-FamFG/*Schmidt-Recla*, § 326 FamFG Rz. 5; aA Damrau/*Zimmermann*, § 326 FamFG Rz. 11.

VI. Öffentlich-rechtliche Unterbringung

10 § 326 betrifft nur die zivilrechtliche Unterbringung nach Betreuungsrecht. Eine ebenfalls mögliche Zuführung zu einer öffentlich-rechtlichen Unterbringung richtet sich ausschließlich nach den jeweiligen Unterbringungsgesetzen der Länder (Bsp.: § 11 PsychKG Rheinland-Pfalz, Art. 1 UnterbrG Bayern).

327 Vollzugsangelegenheiten

(1) Gegen eine Maßnahme zur Regelung einzelner Angelegenheiten im Vollzug der Unterbringung nach § 312 Nr. 3 kann der Betroffene eine Entscheidung des Gerichts beantragen. Mit dem Antrag kann auch die Verpflichtung zum Erlass einer abgelehnten oder unterlassenen Maßnahme begehrt werden.
(2) Der Antrag ist nur zulässig, wenn der Betroffene geltend macht, durch die Maßnahme, ihre Ablehnung oder Unterlassung in seinen Rechten verletzt zu sein.
(3) Der Antrag hat keine aufschiebende Wirkung. Das Gericht kann die aufschiebende Wirkung anordnen.
(4) Der Beschluss ist nicht anfechtbar.

A. Allgemeines 1	1. Antragsberechtigte 9
B. Inhalt der Vorschrift	2. Antragsgegner 10
I. Antrag auf gerichtliche Entscheidung (Absatz 1) 3	3. Antragsbefugnis/Form/Frist 11
	III. Wirkung des Antrags (Absatz 3) 13
II. Zulässigkeitsvoraussetzungen (Absatz 2) 8	IV. Kein Rechtsmittel (Absatz 4) 14

A. Allgemeines

1 § 327 (= § 340 RefE) entspricht dem früheren § 70l FGG. Veränderungen wurden ausschließlich in sprachlicher und redaktioneller Hinsicht vorgenommen.

2 Gem. dem Verweis auf § 312 Nr. 3 bezieht sich die Vorschrift nur auf die **öffentlich-rechtliche Unterbringung** nach den Unterbringungsgesetzen der Länder. Für den Vollzug und einzelne Maßnahmen im Vollzug hält das Landesrecht die jeweiligen Regelungen bereit. § 327 betrifft nur **Einwendungen** und **Rechtsbehelfe** gegen Maßnahmen zur Regelung einzelner Angelegenheiten im Vollzug der Unterbringung als bundeseinheitliche Regelung.[1] Hiermit wird die Rechtsweggarantie des Art. 19 Abs. 4 GG im Bereich der öffentlich-rechtlichen Unterbringung gewährleistet. Für zivilrechtliche Unterbringungsmaßnahmen ist eine solche Regelung nicht vorgesehen, da hier nicht eine Stelle öffentlicher Gewalt, sondern der privatrechtlich handelnde Betreuer[2] tätig wird und es keiner grundgesetzlichen Anforderungen entsprechenden Rechtsweggarantie bedarf.[3]

B. Inhalt der Vorschrift

I. Antrag auf gerichtliche Entscheidung (Absatz 1)

3 Der Betroffene kann sich gem. § 327 Abs. 1 Satz 1 gegen eine Maßnahme zur Regelung einzelner Angelegenheiten im Vollzug der Unterbringung nach § 312 Nr. 3 wehren, indem er eine **Entscheidung des Gerichts** hierüber **beantragt**. Der Antrag kann auf Aufhebung der Maßnahme oder auf Feststellung der Rechtswidrigkeit (ggf. auch einer vollzogenen Maßnahme) gerichtet sein. Er kann nach § 327 Abs. 1 Satz 2 auch die Verpflichtung zum Erlass einer abgelehnten oder unterlassenen Maßnahme begehren (etwa eine Beurlaubung).[4] Ebenso kann vorbeugend gegen eine zu erwar-

---

1 Fröschle/*Locher*, § 327 FamFG Rz. 1; Jurgeleit/*Diekmann*, § 327 FamFG Rz. 2.
2 *Gernhuber/Coester-Waltjen*, Familienrecht, § 76 V 1 (Rz. 58); *Lipp*, Freiheit und Fürsorge: Der Mensch als Rechtsperson, S. 120.
3 Keidel/*Budde*, § 327 FamFG Rz. 1 f.
4 Jürgens/*Marschner*, § 327 FamFG Rz. 3.

tende Maßnahme vorgegangen werden.[1] Ob eine Regelung nach Abs. 1 die Rechte des Betroffenen verletzt, entscheidet das Gericht durch Beschluss nach Vornahme einer Zulässigkeits- und Begründetheitsprüfung. Zulässigkeits- und Verfahrensfragen werden dabei teilweise von § 327 geregelt.

Bei der Begründetheitsprüfung sind die gesetzlichen Regelungen der Landesunterbringungsgesetze zugrunde zu legen. Entscheidend ist, ob die Maßnahme den Betroffenen in seinen Rechten verletzt (verletzen würde). Im Fall der Rechtswidrigkeit der Vornahme oder des Unterlassens einer Maßnahme stellt das Gericht diese fest, hebt die Maßnahme auf, verpflichtet zu ihrer Durchführung oder untersagt eine solche. 4

Unter dem Begriff der „Regelung einzelner Angelegenheiten" ist die **rechtliche Gestaltung von Lebensverhältnissen mit rechtlicher Wirkung** zu verstehen.[2] Solche Maßnahmen können vom Einrichtungsleiter oder dessen Mitarbeitern ausgeübte oder veranlasste Verwaltungsakte, aber auch schlicht hoheitliches Handeln sein, zB ärztliche Behandlungen, Regelungen zum Postverkehr, zur Mobilfunknutzung oder zu Besuchen etc.[3] Keine Maßnahmen iSd. Vorschrift sind allgemeine Regelungen, wie zB Anstaltsordnungen.[4] Auch Meinungsäußerungen und Ermahnungen[5] fallen nicht hierunter, weil sie keine unmittelbaren Rechtswirkungen entfalten. 5

Die angegriffene Regelung muss **im Vollzug der Unterbringung** erfolgt sein, die Maßnahme muss also aus der Rechtsbeziehung zwischen der Anstalt und dem Untergebrachten aufgrund des Unterbringungsrechts herrühren.[6] Daran fehlt es etwa bei erkennungsdienstlicher Behandlung durch die strafrechtliche Ermittlungsbehörde. 6

Neben einem Antrag nach § 327 hat der Betroffene auch die Möglichkeit von Dienstaufsichtsbeschwerde, Strafanzeige oder zivilrechtlicher Unterlassungs- oder Schadensersatzklage.[7] 7

II. Zulässigkeitsvoraussetzungen (Absatz 2)

Der Antrag unterliegt verschiedenen Zulässigkeitsvoraussetzungen, die nur zum Teil in § 327 Abs. 2 ausdrücklich Erwähnung finden. 8

1. Antragsberechtigte

Problematisch und **umstritten** ist die Frage, wer antragsberechtigt ist. Es gibt Autoren, die davon ausgehen, dass einen Antrag iSd. Norm nur der Untergebrachte stellen kann, weil § 315 Abs. 1 Nr. 1 als Beteiligten den von einer Unterbringungsmaßnahme unmittelbar Betroffenen bezeichnet.[8] Gleiches könnte sich auch aus § 319 Abs. 1 ergeben, denn danach hat das Gericht den „Betroffenen" vor einer Unterbringungsmaßnahme persönlich anzuhören. Es ist aber angebracht, den Begriff des Betroffenen nicht allgemein zu definieren, sondern immer im Zusammenhang mit der jeweils konkreten Norm zu bestimmen. Deshalb ist nach § 327 derjenige als Betroffener anzusehen, der **von einer Maßnahme** zur Regelung einzelner Angelegenheiten im Vollzug der Unterbringung (auch nur **mittelbar**) **betroffen** ist, was nicht zwangsläufig nur der Untergebrachte sein muss. Ansonsten hätte die Norm das Recht zur Anrufung des Gerichts nicht dem „Betroffenen", sondern eben dem „Untergebrachten" zugestehen müssen.[9] Diese Auslegung dient auch einem besseren Schutz des Untergebrachten vor unzulässigen Beschränkungen.[10] Als **betroffene Dritte** kommen zB 9

---

1 Zu den einzelnen Möglichkeiten: Marschner/*Lesting*, § 327 FamFG Rz. 24 ff.
2 Keidel/*Budde*, § 327 FamFG Rz. 4.
3 *Dodegge*/Roth, G, Rz. 268.
4 *Bassenge*/Roth, § 327 FamFG Rz. 2.
5 Damrau/*Zimmermann*, § 327 FamFG Rz. 5.
6 *Dodegge*/Roth, G, Rz. 270.
7 Fröschle/*Locher*, § 327 FamFG Rz. 6.
8 *Bassenge*/Roth, § 327 FamFG Rz. 3; Keidel/*Budde*, § 327 FamFG Rz. 8.
9 Jürgens/*Marschner*, § 70l FGG Rz. 3; Jurgeleit/*Diekmann*, § 327 FamFG Rz. 4; Damrau/*Zimmermann*, § 327 FamFG Rz. 13.
10 Marschner/Lesting, § 327 FamFG Rz. 35.

Verwandte, Freunde oder Anwälte in Betracht, denen der Besuch verwehrt oder deren Post nicht an den Untergebrachten weitergeleitet wird.[1]

2. Antragsgegner

10 Antragsgegner ist die in dem jeweiligen Land für öffentlich-rechtliche Unterbringungsangelegenheiten zuständige **Behörde**, wenn sie die Maßnahme selbst ausgeübt oder veranlasst hat.[2] Bei Maßnahmen innerhalb der **Anstalt oder Einrichtung**, sind diese oder deren **Träger** als Gegner anzusehen,[3] denn die Behörde kann nicht für eine Maßnahme verantwortlich gemacht werden, für die sie überhaupt kein Weisungsrecht besitzt.[4]

3. Antragsbefugnis/Form/Frist

11 Der Betroffene muss geltend machen, durch die Maßnahme, ihre Ablehnung oder Unterlassung **in seinen Rechten verletzt zu sein**, wobei hier keine tatsächliche Rechtsverletzung vorliegen muss, sondern es genügt, eine solche schlüssig vorzutragen. Hiermit soll, wie mit der Klagebefugnis im Verwaltungsverfahrensrecht gem. § 42 Abs. 2 VwGO, der Gefahr von Popularklagen entgegengewirkt werden. Entscheidend ist, dass ein Recht oder ein rechtliches Interesse iSd. Art. 19 Abs. 4 GG betroffen sein kann. Reine Verfahrensfehler genügen nicht.

12 Für den Antrag bestehen **keine Form**- oder **Frist**vorschriften, um den Betroffenen bei Ausübung seiner Rechte nicht unnötig zu behindern. Auch eine Unterschrift ist nicht erforderlich. Ein mündlicher Antrag ist zulässig. Zuständiges Gericht ist das Betreuungsgericht, das die Unterbringung angeordnet hat.

III. Wirkung des Antrags (Absatz 3)

13 Nach Abs. 3 Satz 1 hat der Antrag **keine aufschiebende Wirkung**. Es kommt aber die Anordnung der aufschiebenden Wirkung nach Abs. 3 Satz 2 durch das Gericht in Betracht, wenn die durch die Maßnahme zu erwartenden Folgen **im Nachhinein nicht mehr behebbar** wären und die Belastungen für den Betroffenen im Vergleich zu den Auswirkungen der Anordnung einer sofortigen Vollziehung unverhältnismäßig hoch wären. Geboten ist eine Anordnung nach Abs. 3 nach pflichtgemäßem Ermessen des Gerichts insbesondere bei Zwangs- oder disziplinarischen Maßnahmen.

IV. Kein Rechtsmittel (Absatz 4)

14 Nach Abs. 4 ist der **Beschluss unanfechtbar**, so dass nur bei Grundrechtsverletzungen eine Verfassungsbeschwerde in Betracht zu ziehen ist. Die Annahme, dass bei besonders schweren Verfahrensverstößen und darauf beruhenden Fehlentscheidungen ein Rechtsmittel nach der Fallgruppe der greifbaren Gesetzeswidrigkeit möglich ist,[5] konterkariert die gesetzgeberische Entscheidung,[6] weshalb auch das Argument, Obergerichte akzeptierten erfahrungsgemäß derartige Beschränkungen ihrer Kompetenzen nicht, wenig zu überzeugen vermag.[7] Die Zulässigkeit eines Rechtsmittels wegen „greifbarer Rechtswidrigkeit" ist nur in sehr engen Grenzen zu befürworten, und zwar in Fällen, in denen rechtliches Gehör verweigert wurde. Diese Situation ist aber in § 44 (s. § 44 Rz. 3ff.) geregelt.

15 **Kosten/Gebühren: Gericht:** Für das Verfahren werden keine Gebühren erhoben (§ 1 Abs. 1 GNotKG), da keine Gebühren im KV bestimmt sind. Da in Unterbringungssachen von dem Betroffenen als Auslagen nur die an einen Verfahrenspfleger gezahlten Beträge (§ 26 Abs. 3 GNotKG) erhoben werden können, kommt als Auslagenschuldner nur ein anderer Beteiligter (§§ 22 Abs. 1, 27 Nr. 1 GNotKG) in Betracht.

---

1 Schulte-Bunert/*Dodegge* bezieht „Außenstehende" mit ein (§ 327 Rz. 8).
2 Marschner/*Lesting*, § 327 FamFG Rz. 35.
3 *Dodegge*/Roth, G, Rz. 271; *Bassenge*/Roth, § 327 FamFG Rz. 3.
4 Damrau/*Zimmermann*, § 327 FamFG Rz. 14
5 Vgl. Damrau/*Zimmermann*, § 327 FamFG Rz. 27.
6 BT-Drucks. 11/4528, 187.
7 Für Unanfechtbarkeit auch: *Bassenge*/Roth, § 327 FamFG Rz. 7; *Dodegge*/Roth, G, Rz. 275; Jurgeleit/*Diekmann*, § 327 FamFG Rz. 7.

§ 328 Aussetzung des Vollzugs

(1) Das Gericht kann die Vollziehung einer Unterbringung nach § 312 Nr. 3 aussetzen. Die Aussetzung kann mit Auflagen versehen werden. Die Aussetzung soll sechs Monate nicht überschreiten; sie kann bis zu einem Jahr verlängert werden.

(2) Das Gericht kann die Aussetzung widerrufen, wenn der Betroffene eine Auflage nicht erfüllt oder sein Zustand dies erfordert.

A. Allgemeines 1	III. Auflagen/Befristung 8
B. Inhalt der Vorschrift	IV. Widerruf 11
I. Anwendungsbereich 4	V. Verfahren 12
II. Voraussetzungen 6	

A. Allgemeines

§ 328 entspricht inhaltlich dem früheren § 70k Abs. 1 und 2 FGG und wurde lediglich redaktionell überarbeitet. **1**

Eine Nachfolgevorschrift für § 70k Abs. 3 FGG, der die **Anhörung** der in § 70d FGG aF bezeichneten Personen im Fall der Aussetzung der Vollziehung der Unterbringung sowie deren Widerruf regelte, ist im Hinblick auf den sehr weit gefassten Begriff der Unterbringungssachen nach § 312 sowie die Regelungen zum Beteiligtenbegriff nach § 315 entbehrlich.[1] Inhaltliche Änderungen des Aussetzungsverfahrens oder dessen Widerruf sollen hiermit nicht verbunden sein. **2**

Die Vorschrift dient dem Zweck, einen flexiblen, den jeweiligen tatsächlichen Begebenheiten angepassten Vollzug zu garantieren.[2] Mit Hilfe der Aussetzung der Vollziehung kann durch eine **probeweise Entlassung** die endgültige Beendigung der Unterbringung vorbereitet werden.[3] Dem Gericht soll die Möglichkeit eröffnet werden, insbesondere mit Hilfe von Auflagen, ein kalkulierbares Risiko einzugehen.[4] Es ist nicht Zweck der Vorschrift, bei Ungewissheit über das Vorliegen der Unterbringungsvoraussetzungen Zeit zu gewinnen. **3**

B. Inhalt der Vorschrift

I. Anwendungsbereich

Wie § 327 betrifft auch § 328 ausschließlich die Fälle **öffentlich-rechtlicher Unterbringungen** nach § 312 Nr. 3 und stellt diesbezüglich eine Sondervorschrift dar. Das Gericht kann danach die Vollziehung einer Unterbringung aussetzen. Zu beachten ist, dass hiernach nur die **Aussetzung der Vollziehung** einer bereits angeordneten Maßnahme möglich ist, nicht aber die Aussetzung des Unterbringungsverfahrens selbst.[5] Bewusst wurde die Möglichkeit der Aussetzung des Verfahrens nicht eröffnet, denn sobald die Sache entscheidungsreif ist, muss entschieden werden. Fehlt es an einer Voraussetzung, soll das Verfahren nicht ausgesetzt, sondern die Unterbringungsmaßnahme abgelehnt werden.[6] **4**

Auf zivilrechtliche Unterbringungen ist die Norm nicht anwendbar, da es hier dem privatrechtlich handelnden Betreuer obliegt, die Vollziehung auszusetzen bzw. zu beenden.[7] „Herr des Verfahrens" ist der Betreuer, nicht das Gericht. Eine analoge Anwendung auf diese Fälle kommt wegen der eindeutigen Beschränkung des Gesetzgebers nicht in Betracht, wohl aber eine Orientierung hieran.[8] **5**

---

1 BT-Drucks. 16/6308, S. 275.
2 BT-Drucks. 11/4528, S. 186.
3 Jürgens/*Marschner*, § 328 FamFG Rz. 1.
4 *Dodegge*/Roth, G, Rz. 261.
5 Damrau/*Zimmermann*, § 328 FamFG Rz. 1.
6 BT-Drucks. 11/4528, S. 186.
7 Keidel/*Budde*, § 328 FamFG Rz. 1.
8 OLG Hamm v. 18.8.1999 – 15 W 233/99, FamRZ 2000, 1120.

II. Voraussetzungen

6 Inhaltliche Vorgaben für die Aussetzung der Vollziehung stellt § 328 nicht auf. Eine Entlassung auf Probe kommt aber immer dann in Betracht, wenn die Voraussetzungen für die Unterbringung zwar weiterhin vorliegen, der Zustand des Betroffenen sich aber so gebessert hat, dass (meist unter Auflagen) davon auszugehen ist, dass durch eine Entlassung **keine Gefahr mehr für die öffentliche Sicherheit und Ordnung** besteht. Um dies zu beurteilen, ist eine Prognoseentscheidung des Gerichts erforderlich. Die Anforderungen sind geringer als bei einer endgültigen Entlassung.[1] Steht fest, dass die Voraussetzungen für die Unterbringung nicht mehr bestehen, ist die endgültige Entlassung zu betreiben.

7 Liegen die Voraussetzungen einer Aussetzung vor, so muss das Gericht sie **von Amts wegen** aussprechen. Ein Ermessen steht ihm, entgegen dem Wortlaut des Abs. 1 Satz 1, aufgrund des vorrangigen Zieles, Belastungen für den Betroffenen so schnell wie möglich zu mindern, nicht zu.[2]

III. Auflagen/Befristung

8 Nach Abs. 1 Satz 2 kann die Aussetzung mit **Auflagen** versehen werden, die die Lebensführung des Betroffenen außerhalb der Einrichtung berühren. Hierbei handelt es sich bspw. um die Verpflichtung zur Aufnahme einer ambulanten fachärztlichen Behandlung, die Einnahme von Medikamenten, regelmäßige Meldepflichten oder die Inanspruchnahme externer Hilfen von Sozialverbänden etc. Bei der Einnahme von Medikamenten muss der Betroffene einwilligen.

9 Die Aussetzung soll nach Abs. 1 Satz 3 **sechs Monate** nicht überschreiten, kann aber in Ausnahmefällen bis zu einem Jahr verlängert werden. Dies ist in dem Bestreben begründet, klare Verhältnisse zu schaffen und keine länger andauernden Schwebezustände zuzulassen.[3] Denn ist die Entlassung auf Probe erfolgreich, muss die Unterbringung beendet werden; ist sie es nicht, ist die Erprobung fehlgeschlagen und die Aussetzung zu widerrufen.

10 Die Entscheidung ergeht **von Amts wegen**, der Beschluss hat eventuelle Auflagen konkret zu benennen. Eine spätere Ergänzung ist allerdings möglich.

IV. Widerruf

11 Nach Abs. 2 kann das Gericht die Aussetzung **widerrufen**, wenn der Betroffene eine **Auflage nicht erfüllt** oder sein Zustand dies erfordert (zB bei Gesundheitsverschlechterungen). Hierbei kommt es nicht auf ein Verschulden des Betroffenen an, denn Zweck der öffentlich-rechtlichen Unterbringung ist der verschuldensunabhängige Schutz der öffentlichen Sicherheit und Ordnung. Aus diesem Grund ist der Widerruf bei Verstoß gegen eine Auflage oder Veränderung des Zustands auch nicht zwingend, denn die Voraussetzungen einer Aussetzung können dennoch weiterhin vorliegen (evtl. auch unter Abänderung oder Erweiterung der Auflagen).[4] Nur bei schwerwiegenden Verstößen bzw. Zustandsveränderungen (Rückfall), die zu einer echten Gefahr für die öffentliche Sicherheit und Ordnung werden, kommt daher ein Widerruf in Betracht. Entscheidend ist, ob die aufgestellte Prognose aufgrund neu aufgetretener Tatsachen nicht mehr aufrechterhalten werden kann. Gegen den Widerruf ist die **Beschwerde** zulässig.

V. Verfahren

12 Ausdrückliche Verfahrensanordnungen enthält § 328 nicht. Durch die fehlende Übernahme der früheren Regelung des § 70k Abs. 3 und den dortigen Verweis auf

---

[1] Marschner/*Lesting*, § 328 FamFG Rz. 8.
[2] *Bassenge*/Roth, § 328 FamFG Rz. 3; Marschner/*Lesting*, § 328 FamFG Rz. 9; *Dodegge*/Roth, G, Rz. 264; aAKeidel/*Budde*, § 328 FamFG Rz. 2.
[3] *Dodegge*/Roth, G, Rz. 263.
[4] BayObLG v. 19.11.1993 – 3 Z BR 267/93, FamRZ 1995, 1001; Marschner/*Lesting*, § 328 FamFG Rz. 14.

§ 70d sollten aber keine Änderungen des Verfahrens bewirkt werden. Es gelten daher die **allgemeinen Verfahrensgrundsätze**.[1] Anhörungspflichten ergeben sich nunmehr aus § 315. Ein Antrag ist nicht notwendig, da das Gericht von Amts wegen tätig werden muss. Es entscheidet durch Beschluss, gegen welchen die Beschwerde statthaft ist.

Kosten/Gebühren: Gericht: S. Anmerkung zu § 312.

329 Dauer und Verlängerung der Unterbringung

(1) Die Unterbringung endet spätestens mit Ablauf eines Jahres, bei offensichtlich langer Unterbringungsbedürftigkeit spätestens mit Ablauf von zwei Jahren, wenn sie nicht vorher verlängert wird. Die Genehmigung einer Einwilligung in eine ärztliche Zwangsmaßnahme oder deren Anordnung darf die Dauer von sechs Wochen nicht überschreiten, wenn sie nicht vorher verlängert wird.
(2) Für die Verlängerung der Genehmigung oder Anordnung einer Unterbringungsmaßnahme gelten die Vorschriften für die erstmalige Anordnung oder Genehmigung entsprechend. Bei Unterbringungen mit einer Gesamtdauer von mehr als vier Jahren soll das Gericht keinen Sachverständigen bestellen, der den Betroffenen bisher behandelt oder begutachtet hat oder in der Einrichtung tätig ist, in der der Betroffene untergebracht ist.
(3) Bei der Genehmigung einer Einwilligung in eine ärztliche Zwangsmaßnahme oder deren Anordnung mit einer Gesamtdauer von mehr als zwölf Wochen soll das Gericht keinen Sachverständigen bestellen, der den Betroffenen bisher behandelt oder begutachtet hat oder in der Einrichtung tätig ist, in der der Betroffene untergebracht ist.

A. Allgemeines 1	II. Verfahren bei Verlängerung (Absatz 2)
B. Inhalt der Vorschrift	1. Überblick 7
I. Unterbringungsdauer (Absatz 1)	2. Verfahren 9
1. Höchstgrenze 2	3. Vierjahresfrist 10
2. Einzelfallentscheidung 4	4. Gutachter bei Zwangsbehandlung
3. Anfangs- und Endzeitpunkt 5	(Absatz 3) 12
4. Verlängerungsmöglichkeit 6	

A. Allgemeines

Die Norm regelt die Dauer der Genehmigung einer Unterbringung und einer ärztlichen Zwangsmaßnahme, um Rechtssicherheit bei derart gravierenden grundrechtsbeeinträchtigenden Maßnahmen zu schaffen. Durch Gesetz vom 18.2.2013[2] wurden Abs. 1 ergänzt und Abs. 3 neu angefügt.

B. Inhalt der Vorschrift

I. Unterbringungsdauer (Absatz 1)

1. Höchstgrenze

Abs. 1 bestimmt die zulässige Dauer einer Unterbringungsmaßnahme. Deren Ende muss danach grundsätzlich **höchstens ein Jahr**, nur bei offensichtlich langer Unterbringungsbedürftigkeit **zwei Jahre** nach Erlass der Entscheidung liegen. Zweck der Vorschrift ist es, sicherzustellen, dass die Maßnahme auf den voraussichtlich notwendigen Zeitraum begrenzt wird.[3]

---

1 *Dodegge*/Roth, G, Rz. 266; Marschner/*Lesting*, § 328 FamFG Rz. 16.
2 Art. 2 Nr. 4 des Gesetzes zur Regelung der betreuungsrechtlichen Einwilligung in eine ärztliche Zwangsmaßnahme, BGBl. I, S. 266.
3 Keidel/*Budde*, § 329 FamFG Rz. 1.

3   Das Gericht muss bei Genehmigung einer Unterbringungsmaßnahme von mehr als einem Jahr besonders begründen, warum von der einjährigen Frist abgewichen werden soll.[1] Ein möglicher Grund hierfür kann etwa eine besondere, auf einen längeren Zeitraum angelegte und speziell auf den Betroffenen ausgerichtete Therapie sein.

3a Für den Fall der ärztlichen Zwangsmaßnahme ist die Dauer auf sechs Wochen beschränkt. Der Gesetzgeber beruft sich hinsichtlich der Bemessung auf die Erfahrungswerte der bisherigen Praxis. Eine Verlängerung vor Ablauf ist möglich.

2. Einzelfallentscheidung

4   Die in Abs. 1 festgelegten Fristen sind keine Regelfristen, sondern legen nur die **absoluten Höchstgrenzen** fest.[2] Es muss vom Gericht für jeden Einzelfall individuell entschieden werden, welche Unterbringungsdauer angemessen ist,[3] wobei das Sachverständigengutachten hierfür konkrete Anhaltspunkte liefern wird. Entscheidend sind jeweils der Zweck der Unterbringung und die Prognose, ob er in dem Zeitraum erreicht werden kann. Daher kann die angeordnete Unterbringungsdauer auch deutlich unter einem Jahr liegen. Die Entscheidung über die Dauer steht aber **nicht im Ermessen** des Gerichts. Vielmehr hat es anhand der vorliegenden Informationen und Tatsachen die erforderliche Frist festzustellen und darf diese weder über- noch unterschreiten.[4] Es ist insoweit auch nicht an einen Antrag gebunden.[5]

3. Anfangs- und Endzeitpunkt

5   Es muss eindeutig festgelegt werden, **wann die Unterbringungsmaßnahme endet**. Dies kann durch Angabe eines genauen Datums geschehen oder durch Nennung eines Zeitraums mit Anfangszeitpunkt. Fehlt ein solcher Anfangszeitpunkt, so ist Beginn der Erlass der Entscheidung.[6] Das Ende berechnet sich bei Nennung eines Zeitraums nach § 16.[7] Fehlt im Beschluss das Fristende, so ist er fehlerhaft, es sei denn aus den Gründen lässt sich die Dauer eindeutig ermitteln; eine spätere Nachholung der Angabe heilt die Rechtswidrigkeit (§ 323 Rz. 7).[8]

4. Verlängerungsmöglichkeit

6   Die gesetzlich festgelegten Höchstgrenzen bedeuten nicht, dass eine Unterbringungsmaßnahme nie länger als **zwei Jahre** währen darf. Abs. 1 stellt an seinem Ende klar, dass eine Verlängerung jederzeit vorgenommen werden kann. Ohne eine solche Verlängerung endet die Unterbringungsmaßnahme automatisch mit Ablauf der festgelegten Frist. Unter welchen Voraussetzungen eine Verlängerung möglich ist, regelt Abs. 2.

II. Verfahren bei Verlängerung (Absatz 2)

1. Überblick

7   Es kann notwendig sein, eine bereits genehmigte oder angeordnete Unterbringungsmaßnahme vor Ablauf der bei erstmaliger Genehmigung oder Anordnung zwingend festzulegenden Frist zu **verlängern**. Abs. 2 soll verhindern, dass bei einer solchen Verlängerung der Unterbringungsmaßnahme gerichtliche Routine aufkommt.[9]

---

1 BayObLG v. 20.8.2001 – 3 Z BR 250/01, FamRZ 2002, 629; BayObLG v. 25.1.2005 – 3 Z BR 264/04; FamRZ 2005, 1278; BayObLG v. 16.2.2005 – 33 Wx 006/05, FamRZ 2006, 362; OLG Schleswig v. 1.12.2005 – 2 W 214/05, FGPrax 2006, 138.
2 *Bienwald*/Sonnenfeld/Hoffmann, § 329 FamFG Rz. 5.
3 Fröschle/*Locher*, § 329 FamFG Rz. 2; Jürgens/*Marschner*, § 329 FamFG Rz. 2.
4 Vgl. Marschner/*Lesting*, § 329 FamFG Rz. 4.
5 OLG Schleswig v. 25.3.2003 – 2 W 45/03, FamRZ 2003, 1499.
6 BGH v. 9.3.1995 – V ZB 7/95, NJW 1995, 1898.
7 Marschner/*Lesting*, § 323 FamFG Rz. 10.
8 *Dodegge*/Roth, G, Rz. 164; Damrau/*Zimmermann*, § 329 FamFG Rz. 3; differenzierend: Bassenge/Roth, § 323 FamFG Rz. 4: im Zweifel ein Jahr.
9 BT-Drucks. 11/4528, 186.

Der Beschluss über eine Verlängerung soll daher mit gleicher Intensität und Genauigkeit vorbereitet werden wie die erstmalige Genehmigung oder Anordnung. Dem Betroffenen sollen die gleichen Rechte gewährt werden, und die Anforderungen an den Beschluss sind ebenso hoch anzusiedeln wie zuvor.[1]

Eine Verlängerung kommt nur dann in Betracht, wenn die Voraussetzungen für die Unterbringung zum Endzeitpunkt der erstmaligen Genehmigung oder Anordnung fortbestehen.[2]

2. Verfahren

Für die Verlängerung einer Unterbringungsmaßnahme gelten dieselben Verfahrensgarantien wie im Falle erstmaliger Genehmigung oder Anordnung. **Örtlich zuständig** ist gem. § 313 FamFG regelmäßig das Gericht, welches die Maßnahme angeordnet oder genehmigt hat.[3] Es hat das Verfahren mit allen Anhörungen, Begutachtungen, Bekanntmachungen und Äußerungen zu wiederholen.[4]

3. Vierjahresfrist

Abs. 2 Satz 2 sieht als besonderen Schutz für den Betroffenen vor, dass bei einer Unterbringung von **mehr als vier Jahren** kein Sachverständiger bestellt werden soll, der den Betroffenen bisher behandelt hat oder der in der Einrichtung tätig ist, in der der Betroffene untergebracht ist. Hierdurch soll verhindert werden, dass die Unterbringungsmaßnahme auf Gutachten beruht, die von **Gutachtern** erstellt wurden, an deren **Objektivität** Zweifel bestehen könnten, insbesondere soll auch einem dementsprechenden Verdacht von dem Betroffenen oder dessen Bekannten oder Angehörigen entgegengewirkt werden.[5] Als Gutachter ausgeschlossen ist jeder, der den Betroffenen in den vergangenen Verfahren behandelt oder untersucht hat. Auch Ärzte, die ein ärztliches Zeugnis ausgestellt haben, werden erfasst.[6] Es kommt also dem Wortlaut nach nicht auf eine Behandlung oder Untersuchung innerhalb der letzten vier Jahre an. Bei sehr lange zurückliegenden Untersuchungen oder Behandlungen, etwa vor der Erstunterbringung, wird man nach Sinn und Zweck aber eine Begutachtung durch diesen Gutachter zulassen können.[7] Die Bestimmung ist nicht zwingend („kann"), von ihr darf aber nur in besonderen Ausnahmefällen abgewichen werden, zB weil ein Gutachter kurzfristig ausgefallen und ein anderer qualifizierter Arzt nicht so schnell erreichbar ist.[8]

Die Gesamtdauer von vier Jahren berechnet sich ab Bekanntgabe der ersten Unterbringungsmaßnahme bis zum Endzeitpunkt der beabsichtigten Verlängerung.[9] War der Betroffene zwischendurch entlassen, so ist die Unterbringungszeit davor nicht in die Gesamtdauer von vier Jahren einzubeziehen, dies gilt aber nicht für bloß kurzzeitige Unterbrechungen (Entweichen, kurzer Freigang).[10]

4. Gutachter bei Zwangsbehandlung (Absatz 3)

Der neu eingefügte Abs. 3 fordert bei einer Gesamtdauer der Zwangsbehandlung von mehr als 12 Wochen ein Gutachten eines externen Sachverständigen. Die Norm will einem Automatismus entgegenwirken, weshalb in dieser Situation ein möglichst neutraler Gutachter bestellt werden soll, der bisher noch nicht in das Betreuungsver-

---

1 *Dodegge*/Roth, G, Rz. 221.
2 Marschner/*Lesting*, § 329 FamFG Rz. 10.
3 Fröschle/*Locher*, § 329 FamFG Rz. 7; Keidel/*Budde*, § 329 FamFG Rz.11; aA Damrau/*Zimmermann*, § 329 FamFG Rz. 4: neu zu bestimmen; Bassenge/*Roth*, § 329 FamFG Rz. 4.
4 *Dodegge*/Roth, G, Rz. 221.
5 BT-Drucks. 11/4528, S. 186.
6 Jürgens/*Marschner*, § 329 FamFG Rz. 4.
7 BayObLG v. 7.10.1993 – 3 Z BR 222/93, FamRZ 1994, 320 (321 f.).
8 Marschner/*Lesting*, § 329 FamFG Rz. 17.
9 *Bassenge*/Roth, § 329 FamFG Rz. 6; Fröschle/*Locher*, § 329 FamFG Rz. 10; Bienwald/*Sonnenfeld*/Hoffmann, § 329 FamFG Rz. 7; aA (tatsächliche Unterbringung): Damrau/*Zimmermann*, § 329 FamFG Rz. 5.
10 *Bassenge*/Roth, § 329 FamFG Rz. 6.

fahren involviert war, und zwar weder als Gutachter noch als Arzt in der Einrichtung, in der der Betrofffene untergebracht ist. Falls das Gericht hiervon – ausnahmsweise – abweicht, etwa um einen Gutachter zu bestellen, dessen Beteiligung viele Jahre zurück liegt, ist dies zu begründen.

13 Kosten/Gebühren: Gericht: S. Anmerkung zu § 312.

§ 330 Aufhebung der Unterbringung

Die Genehmigung oder Anordnung der Unterbringungsmaßnahme ist aufzuheben, wenn ihre Voraussetzungen wegfallen. Vor der Aufhebung einer Unterbringungsmaßnahme nach § 312 Nr. 3 soll das Gericht die zuständige Behörde anhören, es sei denn, dass dies zu einer nicht nur geringen Verzögerung des Verfahrens führen würde.

A. Allgemeines 1	II. Verfahren (Satz 2)
B. Inhalt der Vorschrift	1. Allgemeine Verfahrensgrundsätze . 3
I. Wegfall der Voraussetzungen (Satz 1) 2	2. Anhörungspflicht der Behörde . . . 5

A. Allgemeines

1 Die Norm regelt die **Aufhebung** der Unterbringungsmaßnahme. Satz 1 tritt an die Stelle des § 70i Abs. 1 Satz 1 FGG. Satz 2 entspricht dem früheren § 70i Abs. 1 Satz 2 FGG. Änderungen wurden nur in redaktioneller Hinsicht vorgenommen. Von der Schaffung einer Nachfolgevorschrift für § 70i Abs. 1 Satz 3 FGG konnte abgesehen werden, gilt doch für diese Fälle die Bekanntgabevorschrift des § 325 Abs. 2 Satz 2.[1] Der RefE (§ 343) wurde ergänzt um den letzten Halbs.

B. Inhalt der Vorschrift

I. Wegfall der Voraussetzungen (Satz 1)

2 Die Freiheit eines Betroffenen soll nicht länger als unbedingt nötig beeinträchtigt werden.[2] Deshalb stellt Satz 1 die Selbstverständlichkeit klar, dass jede Unterbringungsmaßnahme iSd. § 312 **von Amts wegen aufgehoben** werden muss, wenn ihre materiell-rechtlichen Voraussetzungen entfallen sind. Eine Aufhebung kommt damit nicht nur im Rahmen regelmäßig wiederkehrender Überprüfungen in Betracht, sondern **jederzeit**. Sie hat nach Bekanntwerden des **Wegfalls der Voraussetzungen** zum Schutze des Betroffenen **unverzüglich** zu geschehen.[3] Das Gericht ist aus Satz 1 auch dazu verpflichtet, die Unterbringungsmaßnahme dauerhaft zu beaufsichtigen, um deren Genehmigung oder Anordnung mit Zeitpunkt des Wegfalls der Voraussetzungen aufheben zu können; ihm obliegt hier eine Verfahrensbeobachtungspflicht.[4] Die Pflicht ist unabhängig vom Willen des Betreuers. Die Aufhebung ist auch gegen den Willen des Betroffenen vorzunehmen, sobald die Voraussetzungen entfallen sind. Neben dem Gericht sind gleichzeitig auch der Betreuer (§ 1906 Abs. 3 Satz 1 BGB) und/oder die für die Unterbringung verantwortliche Behörde dazu verpflichtet, die Unterbringung mit Wegfall der Voraussetzungen zu beenden. Auch die unterbringende Einrichtung hat das Vorliegen der Voraussetzungen regelmäßig zu prüfen und ggf. auf eine Aufhebung hinzuwirken.[5] Trotz Beendigung einer Unterbringung hat das Gericht seine Entscheidung aufzuheben, um den Rechtsschein, der von der Entscheidung immer noch ausgeht, zu beseitigen.[6]

---

1 BT-Drucks. 16/6308, S. 275.
2 BT-Drucks. 11/4528, S. 186.
3 Keidel/*Budde*, § 330 FamFG Rz. 1.
4 Damrau/*Zimmermann*, § 330 FamFG Rz. 2.
5 Jürgens/*Marschner*, § 330 FamFG Rz. 3.
6 BayObLG v. 30.3.1995 – 3 Z BR 349/94, BtPrax 1995, 144; Nach einer gewissen Dauer (mehrwöchige Verlegung auf die offene Station) ist eine Genehmigung „verbraucht": OLG Hamm v. 18.8.1999 – 15 W 233/99, NJW-RR 2000, 669.

II. Verfahren (Satz 2)

1. Allgemeine Verfahrensgrundsätze

Abgesehen von § 330 Satz 2 sieht ebenso wie das frühere FGG auch das FamFG keine besonderen Verfahrensregelungen für die Aufhebung einer Unterbringungsmaßnahme vor. Aus diesem Grund gelten die **allgemeinen Verfahrensgrundsätze**, so dass sich etwa die Zuständigkeit für die Aufhebung nach der Zuständigkeit für das Anordnungsverfahren richtet.[1] Über die Notwendigkeit der Einholung von Sachverständigengutachten, Anhörungen oder der Beteiligung anderer Personen und Stellen hat das Gericht nach § 26 von Amts wegen zu befinden.[2] Es gilt allerdings zu bedenken, dass die Aufhebung für den Betroffenen regelmäßig eine entlastende Wirkung entfaltet, so dass die Anforderungen an das Verfahren weniger streng zu handhaben sind als im Falle der Anordnung oder Genehmigung einer Unterbringung.[3] Bei eindeutiger Sachlage ist das Gericht deshalb sogar dazu verpflichtet, Maßnahmen und Verfahrenshandlungen zu unterlassen, die eine Aufhebung der Unterbringung unnötig verzögern würden.[4]

Die Entscheidung über die Aufhebung der Unterbringungsmaßnahme oder deren Ablehnung erfolgt durch Beschluss. Bekanntgabe und Wirksamwerden richten sich nach den allgemeinen Vorschriften der §§ 40, 41. Die Bekanntgabe an die zuständige Behörde richtet sich nach § 325 Abs. 2 Satz 2 (dort Rz. 9 f.).

2. Anhörungspflicht der Behörde

Über diese allgemeinen Grundsätze hinaus stellt Satz 2 klar, dass vor der Aufhebung einer öffentlich-rechtlichen Unterbringungsmaßnahme (§ 312 Nr. 3) die zuständige Behörde anzuhören ist, es sei denn, dies würde zu einer nicht nur geringen Verzögerung des Verfahrens führen. Die Behörde erhält dadurch Gelegenheit, eventuelle **Bedenken** hinsichtlich zu erwartender Gefahren für die öffentliche Sicherheit und Ordnung, die durch Aufhebung der Unterbringung entstehen könnten, rechtzeitig zu äußern.[5]

Satz 2 Halbs. 2 ist Ausdruck des Verhältnismäßigkeitsgrundsatzes. Bei größeren Verzögerungen hat die Anhörung zu unterbleiben, um den Betroffenen nicht länger seiner Freiheit zu berauben, bei nur geringen Verzögerungen stellt das Gesetz die Informationsinteressen der Behörde über das Freiheitsinteresse des Betroffenen, was im Hinblick auf den Schutz der öffentlichen Sicherheit und Ordnung angebracht und hinzunehmen ist.[6]

Die Entscheidung ergeht durch Beschluss und ist mit einer Beschwerde angreifbar (§ 58). Sie wird mit der Bekanntgabe wirksam.

Kosten/Gebühren: Gericht: S. Anmerkung zu § 312.

---

331 *Einstweilige Anordnung*
Das Gericht kann durch einstweilige Anordnung eine vorläufige Unterbringungsmaßnahme anordnen oder genehmigen, wenn
1. dringende Gründe für die Annahme bestehen, dass die Voraussetzungen für die Genehmigung oder Anordnung einer Unterbringungsmaßnahme gegeben sind und ein dringendes Bedürfnis für ein sofortiges Tätigwerden besteht,
2. ein ärztliches Zeugnis über den Zustand des Betroffenen und über die Notwendigkeit der Maßnahme vorliegt; in den Fällen des § 312 Nummer 1 und 3 muss der

---

1 *Dodegge*/Roth, G, Rz. 218.
2 Vgl. Jürgens/*Marschner*, § 330 FamFG Rz. 4.
3 Marschner/*Lesting*, § 330 FamFG Rz. 5.
4 BT-Drucks. 11/4528, 186.
5 Schulte-Bunert/*Dodegge*, § 330 FamFG Rz. 5.
6 Kritisch hierzu: *Bienwald*/Sonnenfeld/Hoffmann, § 330 FamFG Rz. 11.

Arzt, der das ärztliche Zeugnis erstellt, Erfahrung auf dem Gebiet der Psychiatrie haben und soll Arzt für Psychiatrie sein,
3. im Fall des § 317 ein Verfahrenspfleger bestellt und angehört worden ist und
4. der Betroffene persönlich angehört worden ist.

Eine Anhörung des Betroffenen im Wege der Rechtshilfe ist abweichend von § 319 Abs. 4 zulässig.

A. Allgemeines	
I. „Gewöhnliche einstweilige Anordnung" 1	
II. Eigenständiges Verfahren 3	
III. Streichung des § 70h Abs. 1 Satz 3 FGG (Anhörung) 4	
IV. Streichung des § 70h Abs. 1 Satz 2 FGG 5	
B. Inhalt der Vorschrift 6	
I. Eilbedürftigkeit (Satz 1 Nr. 1)	
1. Vorliegen der Voraussetzungen einer Unterbringungsmaßnahme 7	
2. Dringendes Bedürfnis für sofortiges Tätigwerden 8	
3. Antrag auf Genehmigung einer endgültigen Unterbringungsmaßnahme nicht erforderlich 9	
II. Ärztliches Zeugnis (Satz 1 Nr. 2) 10	
III. Verfahrenspfleger (Satz 1 Nr. 3) 11	
IV. Anhörung (Satz 1 Nr. 4) 12	
V. Anhörung anderer Beteiligter 14	
VI. Verhältnismäßigkeit 16	
VII. Erlass der einstweiligen Anordnung . 17	

A. Allgemeines

I. „Gewöhnliche einstweilige Anordnung"

1 Ebenso wie früher das FGG kennt auch das FamFG nach wie vor zwei Arten der eA. Die sog. gewöhnliche eA (vormals § 69f Abs. 1 Nr. 1 FGG) ist nun in § 331 (identisch mit § 344 RefE) geregelt, die sog. eilige eA unter der Bezeichnung „eA bei gesteigerter Dringlichkeit" in § 332. § 331 ersetzt den früheren § 70h Abs. 1 FGG iVm. § 69f Abs. 1 FGG und wurde neu strukturiert. Verwies § 70h Abs. 1 Satz 2 FGG lediglich auf die Voraussetzungen des § 69f Abs. 1 FGG, so nennt § 331 nunmehr sämtliche Voraussetzungen der eA Anordnung einer vorläufigen Unterbringungsmaßnahme selbst. Sie wurden mit den Voraussetzungen einer eA in allgemeinen Betreuungssachen harmonisiert, dh. § 331 entspricht im Wesentlichen § 300 Abs. 1 (s. § 300 Rz. 14 ff., 20 ff.). Nr. 2 wurde neu gefasst durch Gesetz v. 18.2.2013.[1]

2 Während früher mit dem Aufschub der Unterbringung Gefahr verbunden sein musste, wird die gewöhnliche Eilbedürftigkeit fortan mit einem **dringenden Bedürfnis** für ein sofortiges Tätigwerden beschrieben. Nach dem Willen des Gesetzgebers soll hiermit aber keine inhaltliche Neuausrichtung verbunden sein.[2] Der Begriff „Gefahr im Verzug" als die gesteigerte Dringlichkeitsform ist nunmehr in § 332 zu finden.

II. Eigenständiges Verfahren

3 Unterschiede zur ehemaligen Rechtslage ergeben sich auch aus dem Allgemeinen Teil des FamFG. Denn danach ist – entgegen dem früheren Verständnis des FGG – das Verfahren der eA nicht mehr hauptsacheabhängig ausgestaltet. Die eA gilt nicht mehr als vorläufige Regelung, die in einem von Amts wegen einzuleitenden Hauptsacheverfahren durch eine endgültige Maßnahme zu ersetzen ist.[3] Sie ist nun **auch bei Anhängigkeit des Hauptsacheverfahrens ein eigenständiges Verfahren** (§ 51 Abs. 3 Satz 1).[4]

III. Streichung des § 70h Abs. 1 Satz 3 FGG (Anhörung)

4 § 331 sieht eine dem § 70h Abs. 1 Satz 3 FGG entsprechende Verweisung auf die Anhörung Dritter nicht vor. Die Gesetzesbegründung geht diesbezüglich davon aus,

---
1 Art. 2 Nr. 5 des Gesetzes zur Regelung der betreuungsrechtlichen Einwilligung in eine ärztliche Zwangsmaßnahme, BGBl. I, S. 266.
2 BT-Drucks. 16/6308, S. 275 iVm. 271.
3 BT-Drucks. 16/6308, S. 275 iVm. S. 271.
4 *Vorwerk*, FPR 2009, 8.

dass es „einer dem Verweis des bisherigen § 70h Abs. 1 *Satz 2* FGG auf § 70d FGG entsprechenden Vorschrift" nicht mehr bedürfe.[1] Denn rechtliches Gehör sei „den in dem bisherigen § 70d FGG Genannten dann zu gewähren, wenn sie als Beteiligte zum Verfahren hinzugezogen wurden".[2] Die Vorschrift berühre „diese Notwendigkeit der Gehörsgewährung nicht".[3] Hier ist von einem **Redaktionsversehen** auszugehen, denn nicht Satz 2 verwies auf § 70d FGG, sondern der vollständig gestrichene Satz 3. Rechtliches Gehör ist damit nach neuer Gesetzeslage gem. § 320 iVm. § 315 den am Verfahren Beteiligten zu gewähren, in dieser Hinsicht ist die Gesetzesbegründung korrekt. Allerdings wurde außerdem § 70d Satz 3 Halbs. 2 FGG gestrichen, wonach auf die Anhörung der in § 70d FGG Genannten verzichtet werden konnte, wenn Gefahr im Verzug war. Lediglich in der Begründung zu § 332 wird ausgeführt, dass diese Norm § 70h Abs. 1 Satz 3 Halbs. 2 FGG ersetzen solle. Die Möglichkeit eines Anhörungsverzichts der am Verfahren Beteiligten (bis auf die Anhörung des Betroffenen und des Verfahrenspflegers) ist aber auch in dieser Norm nicht zu finden (zu den Konsequenzen Rz. 14f.).

IV. Streichung des § 70h Abs. 1 Satz 2 FGG

Ein Verweis auf die eA in Betreuungssachen (§ 70h Abs. 1 Satz 2 FGG aF) konnte nach der Gesetzesbegründung im Hinblick auf § 51 Abs. 2 unterbleiben.[4] Denn diese Norm bestimmt, dass sich das Verfahren im Grundsatz nach den Vorschriften des Hauptsacheverfahrens richtet.[5] Insbesondere in Bezug auf den Verweis auf 70g FGG aF ist dem zuzustimmen, regelte dieser doch Bekanntmachung und Wirksamkeit von Entscheidungen, deren Voraussetzungen heute aus den Vorschriften über das Hauptsacheverfahren entnommen werden können (§§ 324, 325).

5

B. Inhalt der Vorschrift

§ 331 Satz 1 enthält eine Aufzählung der Verfahrensschritte, die kumulativ zum Erlass einer eA in Unterbringungssachen notwendig sind.

6

I. Eilbedürftigkeit (Satz 1 Nr. 1)

1. Vorliegen der Voraussetzungen einer Unterbringungsmaßnahme

Es müssen dringende Gründe für die Annahme bestehen, dass die Voraussetzungen für die Genehmigung oder Anordnung einer Unterbringungsmaßnahme gegeben sind. Die Voraussetzungen für die Anordnung oder Genehmigung einer Unterbringungsmaßnahme nach § 312 ergeben sich aus § 1906 BGB oder den entsprechenden Landesgesetzen über die Unterbringung psychisch Kranker.[6] Es bedarf also bei der privatrechtlichen Unterbringung der Gefahr der Selbsttötung oder einer erheblichen Gesundheitsgefährdung sowie der fehlenden Fähigkeit, den eigenen Willen frei zu bestimmen. Alternative Voraussetzungen sind die Notwendigkeit einer Heilbehandlung, die ohne Unterbringung nicht durchgeführt werden kann, und eine krankheitsbedingt fehlende Einsichtsfähigkeit des Betroffenen[7] (§ 1906 Abs. 1 BGB). Diese Voraussetzungen müssen nicht zweifelsfrei vorliegen, es genügt vielmehr, wenn **dringende Gründe** dafür sprechen. Es bedarf einer erheblichen Wahrscheinlichkeit,[8] bloße Mutmaßungen genügen nicht.

7

---

1 BT-Drucks. 16/6308, S. 275.
2 BT-Drucks. 16/6308, S. 275.
3 BT-Drucks. 16/6308, S. 275.
4 BT-Drucks. 16/6308, S. 275.
5 BT-Drucks. 16/6308, S. 275.
6 Bei zivilrechtlichen Unterbringungen ist zudem erforderlich, dass bereits ein Betreuer oder Pfleger für den Aufgabenkreis „Unterbringung" oder ein Bevollmächtigter mit einer entsprechenden Vollmacht bestellt ist, der den Antrag auf die vorläufige Unterbringungsmaßnahme stellt; das Gericht hat dann über die Genehmigung derselben zu entscheiden. Soll ein Betroffener nach zivilrechtlichen Vorschriften untergebracht werden und ist ein Betreuer noch nicht bestellt oder nicht erreichbar, so kommt eine Unterbringung auf Anordnung des Gerichts nicht nach § 331, sondern allenfalls nach § 334 iVm. § 1846 BGB in Betracht (§ 334 Rz. 2f.).
7 Vgl. Erman/*Roth*, § 1906 BGB Rz. 16.
8 BayObLG v. 17.9.2004 - 3 Z BR 167/04, FamRZ 2005, 477; *Dodegge*/Roth, G, Rz. 189.

2. Dringendes Bedürfnis für sofortiges Tätigwerden

8   Wie ausgeführt (Rz. 2), wird der Begriff der Gefahr nicht mehr gebraucht und ist durch ein **„dringendes Bedürfnis für ein sofortiges Tätigwerden"** ersetzt worden, was nach der Gesetzesbegründung aber keine inhaltliche Änderung zur Folge haben soll.[1] Gefahr wurde in diesem Zusammenhang so verstanden, dass mit dem Aufschub der Eintritt erheblicher Nachteile für den Betroffenen oder Dritte zu erwarten ist.[2] Man kann davon ausgehen, dass immer dann auch ein dringendes Bedürfnis für ein sofortiges Tätigwerden besteht. Fraglich ist, ob das dringende Bedürfnis auch bei geringeren Beeinträchtigungen (als bei einer Gefahr) gegeben sein kann. In Anbetracht des gesetzgeberischen Willens und der Intensität des mit einer sofortigen Anordnung in Unterbringungssachen verbundenen Eingriffs wird man aber weiterhin davon ausgehen müssen, dass diese Voraussetzung des § 331 Satz 1 Nr. 1 nur dann erfüllt ist, wenn eine gewisse Wahrscheinlichkeit dafür spricht, dass durch den Aufschub **erhebliche Nachteile an wichtigen Rechtsgütern** zu erwarten sind, die ein dringendes Bedürfnis für ein sofortiges Tätigwerden zur Folge haben. Hierfür genügt also – wie bisher – die Glaubhaftmachung dieser Umstände, dh. die volle richterliche Überzeugung muss nicht erfüllt sein.

3. Antrag auf Genehmigung einer endgültigen Unterbringungsmaßnahme nicht erforderlich

9   Da das einstweilige Anordnungsverfahren nunmehr ein vom Hauptsacheverfahren **unabhängiges selbständiges Verfahren** ist (Rz. 3), kommt es entgegen früherer Rechtslage nicht darauf an, dass bereits ein Antrag auf Genehmigung einer endgültigen Unterbringungsmaßnahme gestellt wurde,[3] was sich so auch aus § 51 Abs. 3 Satz 1 und § 52 Abs. 1 Satz 1 ergibt; zumindest muss ein entsprechendes Hauptsacheverfahren konkret geplant sein.[4]

II. Ärztliches Zeugnis (Satz 1 Nr. 2)

10   Dem Gericht muss ein **ärztliches Zeugnis** über den Zustand des Betroffenen vorliegen. Das Gesetz verlangt weder ein Gutachten noch eine persönliche Untersuchung und Befragung des Betroffenen noch einen Arzt mit besonderen Fachkenntnissen auf dem Gebiet der Psychiatrie. In Anbetracht der Intensität des Eingriffs in die Freiheitsrechte des Betroffenen werden aber idR aufgrund des Amtsermittlungsgrundsatzes des § 26 genau diese Voraussetzungen erfüllt sein müssen.[5] Denn dem Gericht muss die Notwendigkeit einer eA in Unterbringungssachen glaubhaft vorgebracht werden, was meist nur dann der Fall sein wird, wenn das ärztliche Zeugnis auf verlässlichen, eindeutigen und nachprüfbaren Grundlagen beruht. Mithin wird regelmäßig ein zumindest **gutachtenähnliches Zeugnis erforderlich** sein, welches auf einer **persönlichen Untersuchung** beruht.[6] Bei Unterbringungen (§ 312 Nr. 1 und 3) sowie einer ärztlichen Zwangsbehandlung (§ 312 Nr. 1) muss das Zeugnis von einem Arzt stammen, der zumindest Erfahrung auf dem Gebiet der Psychiatrie besitzt, idR soll er Arzt für Psychiatrie sein.[7] Das Zeugnis muss zudem Angaben dazu enthalten, warum eine Unterbringung notwendig ist und welche Nachteile ohne eine solche zu erwarten sein werden, da dem Gericht ansonsten die für die Entscheidung erforderlichen Informationen fehlen.[8] Dies ist nunmehr ausdrücklich im Gesetz geregelt.

---

1 BT-Drucks. 16/6308, S. 275 iVm. 271.
2 *Dodegge*/Roth, G, Rz. 192.
3 AA Jürgens/*Marschner*, § 331 FamFG Rz. 3.
4 *Dodegge*/Roth, G, Rz. 189.
5 Jürgens/*Marschner*, § 331 FamFG Rz. 5.
6 Jürgens/*Marschner*, § 331 FamFG Rz. 5; Jurgeleit/*Diekmann*, § 331 FamFG Rz. 4.
7 Marschner/*Lesting*, § 331 FamFG Rz. 11; Jurgeleit/*Diekmann*, § 331 FamFG Rz. 4; differenzierend *Bassenge*/Roth, § 331 FamFG Rz. 5.
8 BayObLG v. 21.5.1999 – 3 Z BR 125/99, FamRZ 1999, 1611 (1612); Fröschle/*Locher*, § 331 FamFG Rz. 6 mwN.

III. Verfahrenspfleger (Satz 1 Nr. 3)

Bei Vorliegen der Voraussetzungen des § 317 (Verfahrenspflegerbestellung – § 317 Rz. 2 ff.) muss dem Betroffenen ein **Verfahrenspfleger** bestellt werden. Dieser ist möglichst auch vom Gericht zur Anhörung des Betroffenen hinzuzuziehen.[1] Bestellung und Anhörung können allenfalls nach § 332 unterbleiben (§ 332 Rz. 3). 11

IV. Anhörung (Satz 1 Nr. 4)

Der Betroffene ist **persönlich anzuhören**, einerseits, weil sie zu den wesentlichen Verfahrensgarantien gehört, andererseits damit das Gericht neben dem ärztlichen Attest und den Ausführungen des Verfahrenspflegers eine ausreichende Grundlage für den Erlass der Entscheidung hat. Die Anhörung kann auch, abweichend von § 319 Abs. 4, im Wege der Rechtshilfe durch den ersuchten Richter erfolgen (§ 331 Satz 2), der den unmittelbaren Eindruck, den er von dem Betroffenen gewonnen hat, aktenkundig machen sollte. Die Anhörung kann unterbleiben, wenn die Voraussetzungen des § 34 Abs. 2 (gesundheitliche Gefahr durch die Anhörung oder Unmöglichkeit der Verständigung) gegeben sind.[2] Fraglich ist, ob die gesundheitliche Gefahr, wie es § 319 Abs. 3 verlangt, durch ein Gutachten nachgewiesen werden muss.[3] Dafür spricht, dass § 319 die Voraussetzungen für Unterbringungssachen gegenüber § 32 verschärft. Andererseits ist § 331 die noch speziellere Norm und erwähnt § 319 nicht.[4] Das ist durchaus sinnvoll, da gerade bei einer eA Eile geboten ist. 12

Darüber hinaus kann auf die Anhörung des Betroffenen nur unter den Voraussetzungen des § 332 verzichtet werden. 13

V. Anhörung anderer Beteiligter

Die oben (Rz. 4) aufgezeigte Änderung eines fehlenden Verweises auf einen Anhörungsverzicht hat zur Konsequenz, dass jeder am Verfahren einer eA Beteiligte zwingend vor Erlass der Entscheidung gem. § 320 angehört werden muss;[5] ein Verzicht ist selbst bei Gefahr im Verzug vom Gesetzeswortlaut nicht gedeckt. Will das Gericht auf Anhörungen Beteiligter verzichten, so hat es nur die Möglichkeit, die betreffenden Personen erst gar nicht als Beteiligte zum Verfahren hinzuzuziehen. Ein solches Ermessen gesteht das Gesetz dem Gericht für die in § 315 Abs. 4 genannten Personen zu, während die in § 315 Abs. 1 bis 3 genannten Personen bei Vorliegen der dort genannten Voraussetzungen zwingend als Beteiligte zum Verfahren hinzuzuziehen sind; zudem ergibt sich eine Anhörungspflicht für den Verfahrenspfleger und den Betroffenen direkt aus § 331 Nr. 3 und 4. 14

Ein Verzicht auf Anhörungen ist nur noch gem. § 332 möglich, und zwar hinsichtlich des Betroffenen und des Verfahrenspflegers. Somit kann als Konsequenz aus der Streichung des § 70h Abs. 1 Satz 3 Halbs. 2 FGG auf eine **Anhörung des Betreuers oder des Bevollmächtigten und der zuständigen Behörde** (wenn sie die Hinzuziehung beantragt hat) nicht verzichtet werden. Es ist davon auszugehen, dass sich der Gesetzgeber dieser Konsequenzen bewusst war. Allein das falsche Gesetzeszitat in der Gesetzesbegründung zu § 331 (s. Rz. 5) kann nicht zu einer anderen inhaltlichen Auslegung führen. Denn in der Begründung zu § 331 wird eindeutig auf die Anhörungspflichten nach neuer Gesetzeslage verwiesen, in der Begründung zu § 332 wird ausgeführt, diese Norm ersetze den ehemaligen § 70h Abs. 1 Satz 3 Halbs. 2 FGG; sie soll also nunmehr regeln, wann auf eine Anhörung Beteiligter verzichtet werden kann und wann nicht. Ein solcher Verzicht kommt also nur bei den in § 332 genannten Personen in Betracht. Dieses Ergebnis ist im Grundsatz auch nachvollziehbar, können 15

---

1 Marschner/*Lesting*, § 331 FamFG Rz. 12.
2 Aufgrund dieser allgemeinen Regelung konnte der Verweis auf den früheren § 69d Abs. 1 Satz 3 FGG wegfallen; vgl. Komm. zu § 34 Rz. 22 ff.
3 In der Literatur wird darauf hingewiesen, dass dieser Ausnahmegrund in der Praxis ohnehin nicht vorkomme (Schulte-Bunert/*Dodegge*, § 331 FamFG Rz. 18).
4 *Bassenge*/Roth, § 331 Rz. 7: ärztliches Zeugnis; Jurgeleit/*Diekmann*, § 331 FamFG Rz. 6.
5 Marschner/*Lesting*, § 331 FamFG Rz. 15.

doch häufig gerade Betreuer (oder Bevollmächtigter) und Behörde in der Eile eines Verfahrens der eA am schnellsten und objektivsten Auskunft über die Situation geben. Eine genauere Sachverhaltsaufklärung durch Anhörung des Betroffenen, des Ehegatten, der Eltern und Kinder etc. kann dagegen, da oftmals langwieriger, dem Hauptsacheverfahren vorbehalten bleiben. Es ist allerdings zu kritisieren, dass der Gesetzgeber diese grundsätzliche Änderung nicht deutlicher herausgestellt und begründet hat.[1]

VI. Verhältnismäßigkeit

16 Bei jeder eA ist von Verfassungs wegen der Verhältnismäßigkeitsgrundsatz zu beachten.[2] Die Freiheit des Betroffenen darf nur aus wichtigem Grund beschränkt werden, der schwerer wiegt als die Rechtsbeeinträchtigung; auch darf es keine milderen Mittel geben, die den gleichen Erfolg herbeiführen würden.

VII. Erlass der einstweiligen Anordnung

17 Liegen die Voraussetzungen des § 331 Satz 1 vor, so hat das Gericht die eA durch Beschluss zu erlassen. Entgegen dem Wortlaut der Norm („kann") steht dem Gericht hierbei **kein Ermessen** zu.

18 Gegen die Entscheidung ist das **Rechtsmittel der Beschwerde** zulässig. §§ 335, 336 ergänzen diesbezüglich die allgemeinen Voraussetzungen (vgl. Komm dort). Es genügt bereits der Anschein einer entsprechenden gerichtlichen Entscheidung.[3]

19 **Kosten/Gebühren: Gericht:** In erstinstanzlichen Unterbringungssachen werden keine Gebühren erhoben (§ 1 Abs. 1 GNotKG), da keine Gebühren im KV bestimmt sind. Die Bestellung eines Verfahrenspflegers und deren Aufhebung sind Teil des Verfahrens, für das der Pfleger bestellt worden ist. Bestellung und Aufhebung sind auch nach Vorbem. 1 Abs. 3 KV GNotKG gebührenfrei. Die an den Verfahrenspfleger gezahlten Beträge sind gerichtliche Auslagen des zugrunde liegenden Verfahrens (Nr. 31015 KV GNotKG). Von dem Betroffenen werden diese Auslagen nur nach Maßgabe des § 1836c BGB und nur, wenn die Gerichtskosten nicht einem anderen auferlegt worden sind, erhoben (§ 26 Abs. 3 GNotKG). **RA:** Das Verfahren über den Erlass einer eA ist nach § 17 Nr. 4 Buchst. b RVG gegenüber der Hauptsache eine besondere Angelegenheit, für die die Gebühren nach den Nrn. 6300 bis 6303 VV RVG entstehen. Die Verfahren über den Erlass einer eA und über deren Aufhebung oder Änderung sind eine Angelegenheit (§ 16 Nr. 5 RVG).

332 *Einstweilige Anordnung bei gesteigerter Dringlichkeit*
Bei Gefahr im Verzug kann das Gericht eine einstweilige Anordnung nach § 331 bereits vor Anhörung des Betroffenen sowie vor Anhörung und Bestellung des Verfahrenspflegers erlassen. Diese Verfahrenshandlungen sind unverzüglich nachzuholen.

A. Allgemeines

1 Die seit dem RefE unveränderte Vorschrift regelt im Gegensatz zu § 331 („gewöhnliche" eA) die **„eilige" eA**, die in Fällen gesteigerter Dringlichkeit unter erleichterten Voraussetzungen erlassen werden kann. Sie ist wortgleich mit der Vorschrift über den Erlass einer eA bei gesteigerter Dringlichkeit in Betreuungssachen (§ 301).

2 Nach der Gesetzesbegründung ersetzt die Vorschrift den früheren § 70h Abs. 1 Satz 3 Halbs. 2 FGG. Damit wurde die eilige eA einer Änderung unterzogen, denn es

---

1 Der Hinweis innerhalb der Begr., dass auf eine Nachfolgevorschrift für § 70h Abs. 1 Satz 3 Halbs. 1 FGG verzichtet werden konnte, weil § 51 Abs. 2 klarstelle, dass sich das Verfahren nach den Vorschriften eines entsprechenden Hauptsacheverfahrens richte (s. oben Rz. 4), bringt keine neuen Erkenntnisse. Letztlich wird damit nur nochmals zum Ausdruck gebracht, dass sich auch die Anhörung der Beteiligten nun nach den Vorschriften über das Hauptsacheverfahren richtet, also nach §§ 315, 320. Die erneute Nennung verwundert, wird aber wohl auf den Fehler zurückzuführen sein, dass zuvor statt § 70h Abs. 1 Satz 3 Halbs. 1 FGG fälschlich § 70h Abs. 1 Satz 2 FGG zitiert wurde.
2 *Dodegge/Roth*, G, Rz. 199; *Marschner/Lesting*, § 331 FamFG Rz. 17.
3 OLG Frankfurt v. 26.11.2009 – 1 UF 307/09, FamRZ 2010, 907.

kann bei Gefahr im Verzug nur auf die Anhörung des Verfahrenspflegers und des Betroffenen verzichtet werden. Auf die Anhörung der am Verfahren Beteiligten (§§ 315, 320) kann hingegen trotz Gefahr im Verzug nicht verzichtet werden. Das Gericht kann allenfalls auf die Beteiligung der in § 315 Abs. 4 Genannten von vornherein verzichten, um eine Anhörungspflicht zu vermeiden. Diese Möglichkeit besteht aber nicht für den zwingend zu beteiligenden Betreuer oder Bevollmächtigten (§ 315 Abs. 1 Nr. 2 und 3) und die zuständige Behörde (§ 315 Abs. 3 – vgl. § 331 Rz. 4f.).

B. Inhalt der Vorschrift

I. Verzicht auf Anhörung (Satz 1)

Das Gericht kann nach § 332 Satz 1 auf die nach § 331 Satz 1 Nr. 3 und 4 erforderliche **Anhörung** (bzw. Bestellung) **des Verfahrenspflegers und des Betroffenen verzichten**, wenn Gefahr im Verzug anzunehmen ist. Die eA kann dann bereits vor Vornahme dieser Verfahrenshandlungen erlassen werden. Damit kann in besonders dringenden Fällen einer durch die Anhörung von Verfahrenspfleger und Betroffenem entstehenden Verzögerung entgegengewirkt werden. Die oben beschriebenen Voraussetzungen des § 331 Satz 1 Nr. 1 und 2 sowie der Verhältnismäßigkeitsgrundsatz sind aber auch für die Fälle der eiligen eA unentbehrlich. 3

Gefahr im Verzug ist anzunehmen, wenn konkrete Gründe dafür vorliegen, dass bereits der durch die Anhörungen bedingte zeitliche Aufschub der Unterbringungsmaßnahme die **Gefahr erheblicher Nachteile für den Betroffenen oder Dritte** mit sich bringen würde.[1] Die Nachteile müssen also unmittelbar drohen. Sie sollten in dem Beschluss dargelegt werden.[2] 4

II. Nachholung (Satz 2)

Der Verzicht gem. Satz 1 führt zu einem zeitlichen Aufschub der Anhörung. § 332 Satz 2 stellt klar, dass sie unverzüglich **nachzuholen** ist. Der Betroffene muss spätestens am darauf folgenden Tag persönlich angehört werden.[3] Beim Verfahrenspfleger wird eine Nachholung innerhalb der nächsten Tage zu erfolgen haben.[4] Eine genaue Frist nennt das Gesetz nicht, die Wortwahl „unverzüglich" hat aber zur Folge, dass die erforderlichen Verfahrenshandlungen ohne schuldhaftes Zögern nachzuholen sind. Gegen die eilige eA nach § 332 ist ein Rechtsmittel nicht gegeben, wohl gegen die mit der Nachholung zu erlassende Entscheidung.[5] 5

Kosten/Gebühren: S. Anmerkung zu § 331. 6

333 *Dauer der einstweiligen Anordnung*
(1) **Die einstweilige Anordnung darf die Dauer von sechs Wochen nicht überschreiten. Reicht dieser Zeitraum nicht aus, kann sie nach Anhörung eines Sachverständigen durch eine weitere einstweilige Anordnung verlängert werden. Die mehrfache Verlängerung ist unter den Voraussetzungen der Sätze 1 und 2 zulässig. Sie darf die Gesamtdauer von drei Monaten nicht überschreiten. Eine Unterbringung zur Vorbereitung eines Gutachtens (§ 322) ist in diese Gesamtdauer einzubeziehen.**
(2) **Die einstweilige Anordnung darf bei der Genehmigung einer Einwilligung in eine ärztliche Zwangsmaßnahme oder deren Anordnung die Dauer von zwei Wochen nicht überschreiten. Bei mehrfacher Verlängerung darf die Gesamtdauer sechs Wochen nicht überschreiten.**

---

1 KG v. 2.10.2007 – 1 W 179/07, BtPrax 2008, 39; Schulte-Bunert/*Dodegge*, § 332 FamFG Rz. 3; Keidel/*Budde*, § 331 FamFG Rz. 10.
2 Keidel/*Budde*, § 332 FamFG Rz. 4.
3 OLG Hamm v. 10.9.2007 – 15 W 235/07, FGPrax 2008, 43; *Dodegge*/Roth, G, Rz. 200; *Bassenge*/Roth, § 332 FamFG Rz. 3; BayObLG v. 27.7.2000 – 3Z BR 64/00, NJW-RR 2001, 654.
4 Marschner/*Lesting*, § 332 FamFG Rz. 7.
5 OLG Zweibrücken v. 15.11.2011 – 6 UF 159/11, FamRZ 2012, 575.

A. Allgemeines	1	III. Mehrfache Verlängerung (Abs. 1	
B. Inhalt der Vorschrift		Satz 3)	5
I. Höchstdauer sechs Wochen (Abs. 1		IV. Gesamtdauer (Abs. 1 Satz 4)	6
Satz 1)	2	V. Unterbringung zur Vorbereitung eines	
II. Einmalige Verlängerung (Abs. 1 Satz 2)	3	Gutachtens (Satz 5)	7
		VI. Ärztliche Zwangsmaßnahme (Absatz 2)	8

A. Allgemeines

1 In § 333 (Abs. 1 identisch mit § 346 RefE) finden sich Regelungen über die **zeitliche Befristung** einer eA in (allen) Unterbringungssachen. Satz 1 entspricht dem früheren § 70h Abs. 2 Satz 1 FGG. Satz 2 und Satz 4 entsprechen dem ehemaligen § 70h Abs. 2 Satz 2 FGG und wurden lediglich redaktionell neu gefasst. Satz 5 entspricht inhaltlich dem früheren § 70h Abs. 2 Satz 3 FGG. Satz 3 enthält eine Klarstellung. Abs. 2 ist eingefügt durch Gesetz v. 18.2.2013.[1]

B. Inhalt der Vorschrift

I. Höchstdauer sechs Wochen (Abs. 1 Satz 1)

2 Die Höchstfrist einer eA beträgt grundsätzlich **sechs Wochen**. Die Frist beginnt mit Wirksamwerden der Entscheidung, was sich wiederum nach § 324 bestimmt. In der Entscheidung ist die genaue Frist zu nennen. Geschieht dies nicht, so gilt die gesetzlich vorgesehene Frist von sechs Wochen.[2] Auch wenn das Gericht die Möglichkeit hat, kürzere Fristen zu bestimmen, so zeigt die Rechtspraxis, dass idR die Höchstfrist von sechs Wochen ausgesprochen wird.[3] Die eA verliert mit Ablauf der Frist ihre Wirksamkeit, ohne dass eine Aufhebung oÄ. erforderlich ist.[4] Sie endet auch, wenn eine Entscheidung in der Hauptsache wirksam wird.[5]

II. Einmalige Verlängerung (Abs. 1 Satz 2)

3 Es besteht die Möglichkeit, dass diese Frist von sechs Wochen nicht ausreicht, so dass eine Verlängerung durch eine weitere eA in Betracht kommt. Die Dauer von sechs Wochen reicht etwa dann nicht aus, wenn gleichzeitig ein Hauptsacheverfahren anhängig ist und innerhalb dessen eine Entscheidung noch nicht getroffen werden kann, zB weil erforderliche Gutachten noch nicht zur Verfügung stehen.

4 Eine Verlängerung ist nach Satz 2 möglich, erfordert aber die Erfüllung bestimmter Voraussetzungen. So muss nun ein **Sachverständiger** zu der Angelegenheit **angehört** werden, auch wenn keine förmliche Beweisaufnahme zu erfolgen hat.[6] Gutachter muss ein Arzt sein, der die Qualifikationen des § 321 Abs. 1 Satz 4 aufweist. Dieser muss sich auch zur weiteren Erforderlichkeit der Unterbringung äußern. Er sollte den Betroffenen persönlich befragen. Darüber hinaus gelten dieselben Voraussetzungen wie für die erste eA, so dass insbesondere grundsätzlich der Betroffene erneut anzuhören ist.[7] Die verlängernde Anordnung kann wiederum als eilige eA nach § 332 ergehen, freilich wird nach bereits sechswöchiger Unterbringung nur noch selten von einer gesteigerten Dringlichkeit wegen Gefahr im Verzug auszugehen sein.

III. Mehrfache Verlängerung (Abs. 1 Satz 3)

5 Satz 3 stellt klar, dass nicht nur eine einmalige, sondern auch eine **mehrfache Verlängerung** unter Beachtung der Voraussetzungen der Sätze 1 und 2 in Betracht

---

1 Art. 2 Nr. 6 des Gesetzes zur Regelung der betreuungsrechtlichen Einwilligung in eine ärztliche Zwangsmaßnahme, BGBl. I, S. 266.
2 *Bassenge*/Roth, § 332 FamFG Rz. 2.
3 Kritisch: Marschner/*Lesting*, § 332 FamFG Rz. 3.
4 Fröschle/*Locher*, § 333 FamFG Rz. 2.
5 KG v. 1.9.1992 – 1 W 4144/92, FamRZ 1993, 84. Geschieht dies nach Einlegung eines Rechtsmittels gegen die eA, so ist insoweit das Verfahren in der Hauptsache erledigt.
6 Keidel/*Budde*, § 333 FamFG Rz. 11; s.a. Damrau/*Zimmermann*, § 333 FamFG Rz. 10.
7 Schulte-Bunert/*Dodegge*, § 333 FamFG Rz. 9.

kommt.[1] Das wurde auch nach altem Recht für zulässig gehalten.[2] Die erneute Anordnung darf wiederum die Höchstdauer von sechs Wochen nicht überschreiten und bedarf der vorherigen Anhörung eines Sachverständigen sowie der Beachtung sämtlicher für die Erstanordnung geltender Verfahrensgrundsätze. Die Verlängerung sollte allerdings die Ausnahme sein, da idR sechs Wochen ausreichen müssten.

IV. Gesamtdauer (Abs. 1 Satz 4)

Gleichzeitig bestimmt Satz 4 aber, dass die Gesamtdauer der eA einen **Zeitraum von drei Monaten** nicht überschreiten darf. Hierbei handelt es sich um die **maximale zeitliche Obergrenze** einer eA in Unterbringungssachen, denn eine eA soll keine dauerhaften Zustände schaffen, sondern in kritischen Phasen ein schnelles kurzfristiges Handeln ermöglichen. Daher ist eine Verlängerung in derselben Angelegenheit über die Dauer von drei Monaten hinaus nicht möglich. Um dieselbe Angelegenheit handelt es sich etwa, wenn das Unterbringung erfordernde Krankheitsbild des Betroffenen im Wesentlichen gleich geblieben ist.[3] Bei der Gesamtdauer werden die Zeiten zusammengerechnet, wenn der Betroffene zunächst öffentlich-rechtlich und anschließend in derselben Sache zivilrechtlich untergebracht wurde.[4] Auch bei Unterbrechungen werden die Zeiten zusammengerechnet; die Drei-Monats-Frist wird dann zu einer Frist von 90 Tagen.[5]

6

V. Unterbringung zur Vorbereitung eines Gutachtens (Abs. 1 Satz 5)

Nach § 322 kann der Betroffene vor der eigentlichen Unterbringung auch zur Vorbereitung eines Gutachtens in einer Unterbringungsangelegenheit untergebracht werden. Satz 5 stellt hierzu klar, dass eine solche Unterbringung mit in die nach § 333 zu berechnende Gesamtdauer einzubeziehen ist, auch wenn sich die einstweilige Unterbringung nicht unmittelbar anschließt. Maßgeblich ist dabei nicht die im Beschluss des Gerichts vorgesehene, sondern die tatsächlich in der Unterbringung zugebrachte Zeit.[6]

7

VI. Ärztliche Zwangsmaßnahme (Absatz 2)

Für die stationäre ärztliche Zwangsmaßnahme gilt eine Frist von nur zwei Wochen. Die absolute Höchstdauer ist an die nun geregelte Höchstfrist des § 329 angepasst (sechs Wochen).

8

334 *Einstweilige Maßregeln*

Die §§ 331, 332 und 333 gelten entsprechend, wenn nach § 1846 des Bürgerlichen Gesetzbuchs eine Unterbringungsmaßnahme getroffen werden soll.

A. Allgemeines 1	1. Gewöhnliche einstweilige Anordnung 6
B. Inhalt der Vorschrift	2. Einstweilige Anordnung bei gestiegener Dringlichkeit 12
I. Voraussetzungen des § 1846 BGB . . . 2	
II. Voraussetzungen einer Unterbringungsmaßnahme nach § 334 iVm. § 1846 BGB	3. Sonstige Verfahrensvorschriften . . 13

A. Allgemeines

Die Vorschrift entspricht inhaltlich dem früheren § 70h Abs. 3 FGG und ist identisch mit § 347 RefE. Sie ordnet an, dass gerichtliche einstweilige Maßregeln in zivil-

1

---

1 BT-Drucks. 16/6308, S. 276.
2 *Dodegge*/Roth, G, Rz. 211.
3 Keidel/*Budde*, § 333 FamFG Rz. 5.
4 Fröschle/*Locher*, § 333 FamFG Rz. 3.
5 Vgl. Keidel/*Budde*, § 333 FamFG Rz. 8.
6 Fröschle/*Locher*, § 333 FamFG Rz. 3.

rechtlichen Unterbringungssachen nach § 1846 BGB den Regeln der §§ 331, 332 und 333 unterliegen.

B. Inhalt der Vorschrift

I. Voraussetzungen des § 1846 BGB

2 § 1846 BGB gilt sowohl für die Vormundschaft als auch für die Betreuung (§ 1908i Abs. 1 Satz 1 BGB). Der Anwendungsbereich erstreckt sich **allein auf zivilrechtliche Unterbringungsmaßnahmen**; sind gleichzeitig die Voraussetzungen einer öffentlich-rechtlichen Unterbringung zu bejahen, geht diese vor.[1]

3 Auch wenn die Voraussetzungen einer öffentlich-rechtlichen Unterbringung nicht vorliegen, gibt es Situationen, in denen der Zustand des Betroffenen ein sofortiges Handeln erforderlich macht. Dann kann es vorkommen, dass ein Eingreifen des eigentlich zuständigen Vertreters nicht möglich ist, etwa weil in diesem Moment überhaupt noch **kein Vormund, Pfleger oder Betreuer bestellt** ist. Das Gericht hätte dann allerdings die Pflicht, diese Bestellung vorzunehmen, doch kann auch diese Alternative scheitern, etwa weil in der Kürze der Zeit **keine geeignete Person gefunden** werden kann. Schließlich kommt es vor, dass zwar ein Betreuer, Pfleger oder Vormund bestellt ist, dieser aber **nicht rechtzeitig erreicht** werden kann, weil er verhindert ist, zB wegen Urlaubs oder Krankheit.[2] Kein Fall der Verhinderung kann darin gesehen werden, dass sich der Betreuer weigert, eine bestimmte Maßnahme vorzunehmen, die das Gericht für erforderlich hält. Der Betreuerwille darf also nicht mit Hilfe des § 1846 BGB umgangen werden.[3] Auch die bloße Unkenntnis des Gerichts von der Anordnung einer Betreuung rechtfertigt keine Maßnahme nach § 1846 BGB, wenn dieser Umstand mit relativ geringem Aufwand hätte in Erfahrung gebracht werden können.[4] Nicht anzuwenden ist § 334, wenn der Betroffene einen Bevollmächtigten (mit einem Aufgabenkreis für Unterbringungsmaßnahmen) hat, der in der Lage ist, eine evtl. notwendige Unterbringung zu veranlassen. Ist er allerdings verhindert, ist das Gericht gem. § 1846 BGB zum Handeln befugt.[5]

4 Unter den genannten Voraussetzungen ermächtigt § 1846 BGB das zuständige Gericht zur eigenen Anordnung der notwendigen Maßregeln, um größeren Schaden von dem Betroffenen abzuwenden. Eine solche Maßnahme soll aber die **Ausnahme** bleiben, so dass nur in dringenden Fällen von dieser Möglichkeit Gebrauch gemacht werden darf.[6] Die Vorschrift hat einen subsidiären Charakter.[7] Die Bestellung eines geeigneten vorläufigen Betreuers ist immer vorrangig. Wenn sie nicht möglich ist, hat das Gericht zumindest unverzüglich eine Betreuerbestellung einzuleiten. Die Anordnung einer Betreuerbestellung zusammen mit der eA ist nach Ansicht des BGH nicht erforderlich, wohl aber die unverzügliche Einleitung der hierfür erforderlichen Maßnahmen,[8] etwa ein Ersuchen um einen Vorschlag einer geeigneten Person.

5 Ist ein gesetzlicher Vertreter weder vorhanden noch bestell- oder erreichbar, so kann das Gericht zunächst alle Maßnahmen treffen, die auch ein Betreuer, Vormund oder Pfleger mit dem entsprechenden Aufgabenkreis treffen könnte. Hierzu gehört auch die vorläufige Unterbringung des Betroffenen (§ 1906 Abs. 1 BGB) oder die Anordnung unterbringungsähnlicher Maßnahmen (§ 1906 Abs. 4 BGB). Nicht möglich ist es, ein pflichtwidriges Betreuerhandeln über § 1846 BGB zu sanktionieren.[9]

---

1 Marschner/*Lesting*, § 334 FamFG Rz. 3.
2 Vgl. BayObLG v. 25.7.2001 – 3 Z BR 102/01, FamRZ 2002, 419, 421.
3 BayObLG v. 15.9.1999 – 3 Z BR 221/99, FamRZ 2000, 566 f.; Erman/*Saar*, § 1846 BGB Rz. 2.
4 OLG Frankfurt v. 4.12.2006 – 20 W 425/06, FamRZ 2007, 673 (674).
5 MüKo.BGB/*Schwab*, § 1906 BGB Rz. 94; Fröschle/*Locher*, § 334 FamFG Rz. 3.
6 BGH v. 13.2.2002 – XII ZB 191/00, FamRZ 2002, 744 (746); OLG Frankfurt v. 4.12.2006 – 20 W 425/06, FamRZ 2007, 673 (674).
7 Jürgens/*Marschner*, § 334 FamFG Rz. 4.
8 BGH v. 13.2.2002 – XII ZB 191/00, FamRZ 2002, 744 ff.; vgl. zum früheren Streitstand: Dodegge/*Roth*, A, Rz. 99.
9 OLG Schleswig v. 16.5.2001 – 2 W 96/01, BtPrax 2001, 211; Schulte-Bunert/*Dodegge*, § 334 FamFG Rz. 6.

II. Voraussetzungen einer Unterbringungsmaßnahme nach § 334 iVm. § 1846 BGB

1. Gewöhnliche einstweilige Anordnung

Soll eine Unterbringungsmaßnahme nach § 1846 BGB angeordnet werden, so müssen die Voraussetzungen einer eA gegeben sein.[1] Der Verweis auf §§ 331, 332, 333 bedeutet nicht, dass die Unterscheidung zwischen § 331 und § 332 aufgehoben ist, vielmehr ist auch im Fall des § 334 die **Abstufung** zwischen einer „gewöhnlichen" eA (§ 331) und einer „eiligen" eA (§ 332) vorzunehmen (§ 331 Rz. 1),[2] wobei überwiegend auch die strengeren Voraussetzungen des § 332 erfüllt sein werden.[3] Zunächst kommt aber immer eine „gewöhnliche" eA nach § 331 in Betracht, auch um die Rechte des Betroffenen so wenig wie möglich zu beeinträchtigen. Danach müssen im Einzelnen folgende Voraussetzungen vorliegen:

a) Es bedarf gem. § 1846 BGB einer irgendwie gearteten **Verhinderung** des gesetzlichen Vertreters. Keine Verhinderung ist gegeben, wenn dem Gericht die Bestellung eines Betreuers unbekannt ist.[4]

b) Es müssen dringende Gründe für die Annahme bestehen, dass die **Voraussetzungen für die Genehmigung einer endgültigen Unterbringungsmaßnahme** gegeben sind. Dies ist der Fall, wenn eine erhebliche Wahrscheinlichkeit besteht, dass ein vorläufiger Betreuer, Vormund oder Pfleger zu bestellen sein wird, der dann auch eine Unterbringungsmaßnahme beantragt wird. Darüber hinaus müssen die materiell-rechtlichen Voraussetzungen der Unterbringungsmaßnahme gegeben sein (§ 1906 Abs. 1 oder 4 BGB).

c) Es muss ein **dringendes Bedürfnis für ein sofortiges Tätigwerden** bestehen. Eine Gefahr wird vom Gesetz zwar nicht mehr gefordert, dies hat allerdings keine inhaltlichen Änderungen zur Folge (vgl. § 331 Rz. 2). Nicht erforderlich ist „Gefahr im Verzug", denn hierauf kommt es nur an, wenn die Anordnung nach § 332 erfolgen soll.[5] Da § 334 aber auch auf § 331 verweist, kann bereits beim Vorliegen dringender Gründe sowie einem dringenden Bedürfnis für ein sofortiges Tätigwerden eine Unterbringung nach § 334 iVm. § 1846 BGB erfolgen. Nur wenn auf die Anhörung des Betroffenen und die Bestellung und Anhörung eines Verfahrenspflegers verzichtet werden soll, kommt es auf das Vorliegen von „Gefahr im Verzug" an.

d) Es muss ein **ärztliches Zeugnis** über den Zustand des Betroffenen vorliegen.

e) Dem Betroffenen ist ein **Verfahrenspfleger zu bestellen**, welcher auch angehört werden muss. Ebenso ist der **Betroffene anzuhören**.[6] Hierauf kann nur verzichtet werden, wenn Gefahr in Verzug ist (vgl. sogleich 2.).

2. Einstweilige Anordnung bei gestiegener Dringlichkeit

§ 334 verweist auch auf § 332, weshalb neben § 331 auch die Möglichkeit einer „eiligen" eA besteht. Es müssen dafür dieselben Voraussetzungen wie bei einer „gewöhnlichen" eA bestehen. Statt eines bloß dringenden Bedürfnisses für ein sofortiges Tätigwerden ist erforderlich, dass **Gefahr im Verzug** vorliegt. Ist dies der Fall, kann auf Bestellung und Anhörung eines Verfahrenspflegers sowie auf die Anhörung des Betroffenen vorläufig verzichtet werden, wobei diese Maßnahmen unverzüglich nachzuholen sind.

3. Sonstige Verfahrensvorschriften

Die Dauer der eA richtet sich im Grundsatz nach § 333, darf also bis zu sechs Wochen betragen. Allerdings soll eine Anordnung nach § 334 iVm. § 1846 BGB die abso-

---

1 *Bassenge*/Roth, § 334 FamFG Rz. 2.
2 Damrau/*Zimmermann*, § 334 FamFG Rz. 6; Erman/*Saar*, § 1846 BGB Rz. 8.
3 MüKo.BGB/*Schwab*, § 1906 BGB Rz. 92.
4 OLG Frankfurt v. 4.12.2006 – 20 W 425/06, FamRZ 2007, 673 ff.
5 MüKo.BGB/*Schwab*, § 1906 BGB Rz. 92; Erman/*Saar*, § 1846 BGB Rz. 8; aA *Zimmermann*, FamRZ 1990, 1308 (1315), der für § 1846 BGB stets „Gefahr im Verzug" voraussetzt.
6 MüKo.BGB/*Schwab*, § 1906 BGB Rz. 91; aA Bienwald/Sonnenfeld/Hoffmann, § 334 FamFG Rz. 4.

lute Ausnahme sein. Daher ist unverzüglich ein gesetzlicher Vertreter zu bestellen oder aufzufinden, der die Maßnahme überprüft[1] und daraufhin selbst über das weitere Vorgehen entscheidet. Deshalb hat die Anordnung einer vorläufigen Unterbringung nur so lange Bestand, bis ein – evtl. vorläufig bestellter – Betreuer, Pfleger oder Vormund die erforderlichen Maßnahmen selbst treffen kann.[2] Die Dauer einer solchen Anordnung wird mithin durch diesen Umstand stark beschränkt;[3] sie dürfte selten über zwei Wochen hinausgehen. Häufig wird verlangt, dem Betroffenen innerhalb weniger Tage einen Betreuer zur Seite zu stellen.[4]

14 Darüber hinaus sind dieselben rechtsstaatlichen Erfordernisse zu beachten wie im Falle einer eA nach § 331 oder § 332, insbesondere auch der **Verhältnismäßigkeitsgrundsatz**. Die Frage, ob auf die Anhörung weiterer Beteiligter verzichtet werden kann, richtet sich ebenfalls nach diesen Normen (§ 331 Rz. 15).

15 Zuständig für Maßnahmen nach § 1846 BGB ist dasselbe Gericht, das für eine eA zuständig wäre.[5] Die Begründung der Maßnahme sollte auch Aufschluss darüber geben, warum kein Betreuer bestellt werden konnte und stattdessen das Gericht entscheiden musste.[6] Die Entscheidung unterliegt dem Rechtsmittel der Beschwerde. Ergänzende Vorschriften hierzu enthalten §§ 335, 336. Die Frage, ob der Betreuer verhindert ist, stellt eine voll überprüfbare Rechtsfrage dar.[7]

335 *Ergänzende Vorschriften über die Beschwerde*
(1) Das Recht der Beschwerde steht im Interesse des Betroffenen
1. **dessen Ehegatten oder Lebenspartner, wenn die Ehegatten oder Lebenspartner nicht dauernd getrennt leben, sowie dessen Eltern und Kindern, wenn der Betroffene bei diesen lebt oder bei Einleitung des Verfahrens gelebt hat, den Pflegeeltern,**
2. **einer von dem Betroffenen benannten Person seines Vertrauens sowie**
3. **dem Leiter der Einrichtung, in der der Betroffene lebt,**
zu, wenn sie im ersten Rechtszug beteiligt worden sind.
(2) Das Recht der Beschwerde steht dem Verfahrenspfleger zu.
(3) Der Betreuer oder der Vorsorgebevollmächtigte kann gegen eine Entscheidung, die seinen Aufgabenkreis betrifft, auch im Namen des Betroffenen Beschwerde einlegen.
(4) Das Recht der Beschwerde steht der zuständigen Behörde zu.

A. Allgemeines 1	II. Verfahrenspfleger (Absatz 2) 7
B. Inhalt der Vorschrift 2	III. Betreuer und Vorsorgebevollmächtigter (Absatz 3) 8
I. Beschwerderecht – Angehörige, Leiter der Einrichtung (Absatz 1)	IV. Betreuungsbehörde (Absatz 4) 9
1. Berechtigter Personenkreis 2	V. Das einzulegende Rechtsmittel 10
2. Beteiligung 4	

A. Allgemeines

1 Die Vorschrift tritt an die Stelle des früheren § 70m Abs. 2 FGG und regelt die **Beschwerdeberechtigung** in Unterbringungssachen. In Abweichung von der ehemaligen Rechtslage wurde der Kreis der beschwerdeberechtigten Personen verkleinert, dies

---

1 Jürgens/*Marschner*, § 334 FamFG Rz. 7; Marschner/*Lesting*, § 334 FamFG Rz. 11.
2 MüKo.BGB/*Schwab*, § 1906 BGB Rz. 95; LG Berlin v. 27.3.1992 – 83 T 94/92, BtPrax 1992, 43 f.
3 Vgl. hierzu Keidel/*Budde*, § 334 FamFG Rz. 4.
4 OLG München v. 28.7.2005 – 33 Wx 139/05, RuP 2006, 91 (93); Damrau/*Zimmermann*, § 334 FamFG Rz. 16.
5 Keidel/*Budde*, § 334 FamFG Rz. 1.
6 Damrau/*Zimmermann*, § 334 FamFG Rz. 17.
7 BayObLG v. 25.7.2001 – 3 Z BP 102/01, FamRZ 2001, 419 (421).

auch im Verhältnis zur Beschwerde in allgemeinen Betreuungssachen (§ 303 Abs. 2). So fehlen als Beschwerdeberechtigte in Unterbringungssachen die Großeltern und die Geschwister des Betroffenen. Diese Beschränkung ist gewollt, damit der Betreute möglichst wenig durch ein Beschwerdeverfahren belastet wird.[1] Auf der anderen Seite wurden die Pflegeltern, die im RefE (§ 348) noch nicht enthalten waren, aufgenommen. In Abs. 3 wurde auf Vorschlag des Bundesrats der Vorsorgebevollmächtigte aufgenommen.

B. Inhalt der Vorschrift

I. Beschwerderecht – Angehörige, Leiter der Einrichtung (Absatz 1)

1. Berechtigter Personenkreis

Abs. 1 gewährt den Personen ein Beschwerderecht, die auch im Verfahren bereits beteiligt wurden (vgl. § 303 Rz. 19 ff.). Es sind dies unter Nr. 1 der **Ehegatte** des Betroffenen oder sein **Lebenspartner** (iSd. LPartG), soweit das Paar nicht dauernd getrennt lebt; eine nur vorübergehende Trennung schadet nicht. Der Lebensgefährte einer sog. nichtehelichen Lebensgemeinschaft ist ebensowenig wie der Verlobte erwähnt. Ferner sind genannt die Eltern oder Kinder des Betroffenen, wenn dieser bei ihnen lebt, wobei es genügt, wenn er zurzeit der Einleitung des Unterbringungsverfahrens bei ihnen gelebt hat. Nicht erfasst ist der umgekehrte Fall, dass minderjährige Kinder beim Betroffenen wohnen. Die Mutter eines unterzubringenden minderjährigen Kindes, die in einem Heim lebt, ist nicht beschwerdeberechtigt.[2] Es genügt eine häusliche Gemeinschaft, dh der Angehörige muss nicht die betroffene Person als alleiniger Wohnungsinhaber aufgenommen haben.[3] Volljährige Kinder, die nicht mit dem Betroffenen zusammenleben, besitzen keine Beschwerdeberechtigung. Neu hinzugekommen sind die Pflegeeltern.

2

Ferner nennt das Gesetz eine vom Betroffenen benannte **Vertrauensperson** (Nr. 2); dabei muss es sich um eine natürliche Person und nicht um eine Organisation handeln. Es kommen auch mehrere Vertrauenspersonen in Betracht.[4] Die Person muss vom Betroffenen benannt werden, und er muss mit deren Beiziehung einverstanden sein. Anders sieht dies bei Minderjährigen aus, auf die § 335 gem. § 167 ebenfalls anzuwenden ist: Hier ist eine Vertrauensperson ggf. auch von Amts wegen anzuhören.[5] Schließlich ist erwähnt der **Leiter der Einrichtung**, in der der Betroffene lebt (Nr. 3). Wer dies ist, bestimmt sich nach der internen Heimorganisation, nicht nach einem festen Begriff. Der Betroffene muss sich mehr als nur kurzfristig in der Einrichtung aufhalten.

3

2. Beteiligung

Die genannten **Personen** müssen **im ersten Rechtszug beteiligt** gewesen sein. Damit soll vermieden werden, dass ein Angehöriger, der zunächst kein Interesse am Verfahren gezeigt hat, später ein Rechtsmittel einlegt. Auch derjenige, auf dessen Beteiligung rechtmäßig verzichtet wurde, besitzt nunmehr kein Beschwerderecht.[6] Anders ist es wohl, wenn eine der in Abs. 1 genannten Personen zu Unrecht in der ersten Instanz nicht beteiligt worden ist. Dann wird man dies – entgegen dem Wortlaut – wohl nicht zum Anlass nehmen dürfen, ihr das Beschwerderecht zu versagen, weil sonst die fehlerhafte Entscheidung über seine Nichtbeteiligung weitere Auswirkungen haben würde.

4

Das Gesetz sagt ausdrücklich, dass das Beschwerderecht nur **im Interesse des Betroffenen** besteht. Die Vorschrift gewährt also keine Mittel zur Geltendmachung ei-

5

---

1 BT-Drucks. 16/6308, S. 276.
2 OLG Hamm v. 21.12.2011 – 8 UF 271/11.
3 Jurgeleit/*Stauch*, § 335 FamFG Rz. 1.
4 Marschner/*Lesting*, § 335 FamFG Rz. 17.
5 OLG Hamm v. 21.12.2011 – 8 UF 271/11.
6 Anders nach dem früher geltenden Recht, das unabhängig von jeglicher Beteiligung das Beschwerderecht gewährte.

gener Rechte. Soweit eigene Rechte einer der in Abs. 1 genannten Personen betroffen sind, kann sich eine Beschwerdeberechtigung aus § 59 ergeben (vgl. § 59 Rz. 2 ff., 26).

6 Dass die Beschwerde nur gegen eine von Amts wegen erlassene Entscheidung zulässig ist, wird in § 335 (im Gegensatz zu § 303) nicht ausdrücklich erwähnt, da dies bei einer Unterbringung immer der Fall ist: Eine mit Freiheitsentziehung verbundene Unterbringung liegt nämlich nicht vor, wenn sie freiwillig, dh. auf Antrag des Betroffenen, erfolgt.[1] Das Beschwerderecht besteht für **alle** Unterbringungsentscheidungen, auch bei Ablehnung oder Aufhebung.

II. Verfahrenspfleger (Absatz 2)

7 Abs. 2 gewährt dem **Verfahrenspfleger** ein Beschwerderecht im Interesse des Betroffenen. Auch wenn das Gesetz dies nicht ausdrücklich sagt, ergibt sich diese Beschränkung aus der Funktion des Pflegers;[2] das Beschwerderecht geht also nicht weiter als das des Betreuten, so dass er keine Beschwerde gegen die Ablehnung einer Unterbringung erheben kann.[3] Auch hat er keine Antragsbefugnis gem. § 62 FamFG.[4]

III. Betreuer und Vorsorgebevollmächtigter (Absatz 3)

8 Abs. 3 gewährt dem **Betreuer** und dem **Vorsorgebevollmächtigten** ein Beschwerderecht, soweit ihr Aufgabenkreis betroffen ist. Der Vorsorgebevollmächtigte wurde noch durch den Rechtsausschuss in das Gesetz aufgenommen. Die Bezugnahme auf den Aufgabenkreis hat lediglich deklaratorischen Charakter, da eine Vertretungsmacht für den Betroffenen ohnehin nur im Aufgabenkreis besteht und die Geltendmachung eigener Rechte durch den Betreuer auch nur im Rahmen des bestehenden Aufgabenkreises möglich ist.

IV. Betreuungsbehörde (Absatz 4)

9 Gem. Abs. 4 besteht wie schon nach früherem Recht ein Beschwerderecht der zuständigen **Betreuungsbehörde**.

V. Das einzulegende Rechtsmittel

10 Die in Abs. 1 bis 3 genannte Beschwerde in Unterbringungssachen ist im Allgemeinen Teil geregelt. Anders als in anderen Familiensachen bleibt das **Landgericht** die Beschwerdeinstanz (§ 72 Abs. 1 Satz 2 GVG, vgl. § 58 Rz. 18),[5] was mit der geringeren räumlichen Entfernung des Landgerichts zum Untergebrachten begründet wird.[6] Dies ist gerechtfertigt, ua. auch, weil die Anhörung des Betroffenen in der üblichen Umgebung dafür spricht, dass ein ortsnahes Gericht zuständig ist. Die Rechtsbeschwerde geht zum BGH (§§ 119 Abs. 1 iVm. 133 GVG), und zwar in Unterbringungssachen ohne Zulassung (§ 70 Abs. 3 Nr. 2).[7]

11 Ein selbständiges Beschwerderecht bei gemeinsamen **Mitbetreuern** für jeden einzelnen Betreuer, wie es in § 303 Abs. 4 Satz 2 für Betreuungssachen grundsätzlich vorgesehen ist,[8] hat der Gesetzgeber in Unterbringungssachen nicht mehr gewollt. Er begründet dies damit, dass „der Betroffene nach einer Entscheidung des Gerichts, insbesondere nach seiner Entlassung unbelastet soll weiterleben können".[9] Mehrere Beschwerden unterschiedlicher Betreuer sollen so vermieden werden.

---

1 Erman/*Roth*, § 1906 BGB Rz. 7.
2 Vgl. Damrau/*Zimmermann*, § 335 FamFG Rz. 85.
3 *Bassenge*/Roth, § 335 FamFG Rz. 4; Fröschle/*Guckes*, § 335 FamFG Rz. 9; vgl. auch BayObLG v. 10.11.2004 – 3 Z BR 212/04, BtPrax 2005, 70; Dodegge/Roth, G, Rz. 236; BayObLG v. 13.3.2002 – 3 Z BR 45/02, BtPrax 2002, 165.
4 BGH v. 15.2.2012 – XII ZB 389/11, FamRZ 2012, 619.
5 S. auch *Schael*, FPR 2009, 11 f.
6 BT-Drucks. 16/6308, S. 319; zustimmend *Knittel*, BtPrax 2008, 100.
7 Kritisch wegen des Wegfalls der weiteren Beschwerde zum OLG: *Knittel*, BtPrax 2008, 101.
8 So auch das frühere Recht in § 69g Abs. 2 FGG.
9 BT-Drucks. 16/6308, S. 276; BT-Drucks. 11/4528, S. 187.

Die Beschwerde in Unterbringungssachen entspricht der in allgemeinen Betreuungssachen: Es ist die Beschwerde mit einer Monatsfrist gegeben (s. § 63 Rz. 3). Die im früheren FGG nicht geregelte Fortsetzungsfeststellungsbeschwerde, die gerade bei Unterbringungen relativ häufig vorkommt, ist nunmehr im Allgemeinen Teil geregelt. Sie ist zulässig bei berechtigtem Interesse, das insbesondere bei einem schwerwiegenden Grundrechtseingriff vorliegt (§ 62 Abs. 2 Nr. 1. s. Komm. dort Rz. 7 ff.); dies wiederum dürfte bei einer Unterbringung der Fall sein. Neu ist die Abhilfemöglichkeit des Gerichts (§ 68 Rz. 2 ff.).

Kosten/Gebühren: Gericht: In Unterbringungssachen entsteht für die Beschwerde eine Gebühr nach Nr. 19116 KV GNotKG und für die Rechtsbeschwerde eine Gebühr nach Nr. 19126 KV GNotKG. Diese Gebühren entstehen nur für den Fall, dass das Rechtsmittel verworfen oder zurückgewiesen wird. Wird das Rechtsmittel nur teilweise verworfen oder zurückgewiesen, kann das Gericht die Gebühr nach billigem Ermessen auf die Hälfte ermäßigen oder bestimmen, dass eine Gebühr nicht zu erheben ist. Von dem Betroffenen werden als Auslagen nur die an einen Verfahrenspfleger (Nr. 31015 KV GNotKG) gezahlten Beträge erhoben, und zwar nur nach Maßgabe des § 1836c BGB, wenn die Gerichtskosten nicht einem anderen auferlegt worden sind (§ 26 Abs. 3 GNotKG). Im Übrigen werden die Gebühren und Auslagen nur vom Antragsteller (§ 22 Abs. 1) oder von demjenigen erhoben, dem sie durch gerichtliche Entscheidung auferlegt worden sind (§ 27 Nr. 1 GNotKG). **RA:** Dem RA stehen für das Beschwerde- und das Rechtsbeschwerdeverfahren Gebühren nach den Nrn. 6300 bis 6303 VV RVG (vgl. die jeweiligen Anmerkungen) zu.

336 *Einlegung der Beschwerde durch den Betroffenen*
Der Betroffene kann die Beschwerde auch bei dem Amtsgericht einlegen, in dessen Bezirk er untergebracht ist.

A. Allgemeines

Die Vorschrift (identisch mit § 349 RefE) normiert eine zusätzliche örtliche Zuständigkeit für das Einlegen der Beschwerde.

B. Inhalt der Vorschrift

Wie in den allgemeinen Betreuungsverfahren (und dem früheren Recht)[1] besteht in allen Unterbringungssachen eine **Wahlzuständigkeit** für das Gericht des **Ortes**, an dem der **Betreute untergebracht ist** (vgl. § 305 Rz. 3 ff.). Das soll der erleichterten Rechtsverfolgung dienen. Am dortigen Amtsgericht kann der Betroffene (oder sein Bevollmächtigter, nicht aber der Verfahrenspfleger) Beschwerde einlegen.[2] Denn der gewillkürte Vertreter muss dem Betroffenen gleichgestellt sein, da auch in diesem Fall der Betroffene es ist, der Beschwerde einlegt. Die Beschränkung auf die persönliche Einlegung der Beschwerde durch den Betroffenen lässt sich begründen (§ 305 Rz. 4),[3] die Höchstpersönlichkeit hätte aber vom Gesetzgeber deutlich zum Ausdruck gebracht werden müssen. Die Beschwerde kann erfolgen zu Protokoll der Geschäftsstelle des Amtsgerichts oder schriftlich (§ 64 Abs. 1; s. Komm. dort Rz. 2 ff.). Im letzteren Fall muss der Verfasser klar erkennbar und im Gegensatz zum bisherigen Recht das Schreiben unterschrieben sein (§ 64 Rz. 11).[4] Es muss nicht mit Beschwerde überschrieben sein, aber erkennen lassen, dass eine bestimmte Entscheidung angegriffen wird. Zum Inhalt s. § 64 Rz. 15 ff.

Über die Beschwerde entscheidet das übergeordnete Landgericht des für die Hauptsache zuständigen Amtsgerichts, nicht das Landgericht des Unterbringungsortes. Ist die Angelegenheit aber an das Gericht des Unterbringungsortes abgegeben worden, so entscheidet dessen übergeordnetes Landgericht. Allerdings besteht keine örtliche Zuständigkeit des Landgerichts für die Einlegung der Beschwerde.

---

1 § 70m Abs. 3 iVm. § 69g Abs. 3 FGG.
2 Marschner/*Lesting*, § 336 FamFG Rz. 2; Keidel/*Budde*, § 305 FamFG Rz. 2; *Bassenge*/Roth, § 305 FamFG Rz. 1.
3 Damrau/*Zimmermann*, § 336 FamFG Rz. 2.
4 BayObLG v. 3.11.2004 – 3 Z BR 190/04 ua., FamRZ 2005, 834.

4 Entscheiden kann auch ein Einzelrichter, dem durch Beschluss der Kammer die Entscheidung gem. § 68 Abs. 4 übertragen wurde (vgl. § 68 Rz. 31 ff.). Die gegenteilige Ansicht (zum alten Recht) hielt dies in Unterbringungssachen nicht für zulässig, weil die Anhörung gem. § 69g Abs. 5 FGG allenfalls in Ausnahmefällen auf den Einzelrichter übertragen werden könne.[1] Diese Auffassung verkennt, dass die Anhörung durch das gesamte Gericht erfolgt, wenn das Verfahren von vornherein auf den Einzelrichter übertragen wurde.[2] Dafür spricht auch die Gesetzesbegründung.[3]

337 Kosten in Unterbringungssachen

(1) In Unterbringungssachen kann das Gericht die Auslagen des Betroffenen, soweit sie zur zweckentsprechenden Rechtsverfolgung notwendig waren, ganz oder teilweise der Staatskasse auferlegen, wenn eine Unterbringungsmaßnahme nach § 312 Nr. 1 und 2 abgelehnt, als ungerechtfertigt aufgehoben, eingeschränkt oder das Verfahren ohne Entscheidung über eine Maßnahme beendet wird.

(2) Wird ein Antrag auf eine Unterbringungsmaßnahme nach den Landesgesetzen über die Unterbringung psychisch Kranker nach § 312 Nr. 3 abgelehnt oder zurückgenommen und hat das Verfahren ergeben, dass für die zuständige Verwaltungsbehörde ein begründeter Anlass, den Unterbringungsantrag zu stellen, nicht vorgelegen hat, hat das Gericht die Auslagen des Betroffenen der Körperschaft aufzuerlegen, der die Verwaltungsbehörde angehört.

A. Allgemeines

1 Die Vorschrift betrifft die Auferlegung von **Kosten** für privatrechtliche (Abs. 1) und für öffentlich-rechtliche Unterbringungsmaßnahmen (Abs. 2). Sie entspricht dem ehemaligen § 13a Abs. 2 Satz 1 und 3 FGG. Die Kostenverteilung in Betreuungssachen selbst ist nunmehr in § 307 geregelt.

B. Inhalt der Vorschrift

I. Privatrechtliche Unterbringung (Absatz 1)

2 Die Auferlegung der Auslagen des Betroffenen auf die **Staatskasse** setzt eine bestimmte Verfahrensbeendigung einer privatrechtlichen Unterbringungssache voraus: Entweder muss die Maßnahme als ungerechtfertigt **abgelehnt** worden sein oder die angeordnete Unterbringung muss **aufgehoben** bzw. **eingeschränkt** worden sein, weil sie so nicht hätte erlassen werden dürfen.[4] Es muss sich jeweils um eine Endentscheidung handeln, eine nur vorläufige Maßnahme rechtfertigt noch keine Kostenerstattung. Es genügt, wenn die Unterbringungsmaßnahme im Rechtsmittelverfahren aufgehoben wurde.

3 Ebenfalls erfasst ist die Verfahrensbeendigung, ohne dass zuvor eine Entscheidung ergangen ist, etwa wenn der Betroffene mit Willen seines Betreuers aus der geschlossenen Abteilung entlassen wird. Stirbt der Betroffene vor Beendigung des Verfahrens, gilt das Gleiche. Anders ist es, wenn er nach Einlegung des Rechtsmittels stirbt, weil hier bereits eine Entscheidung in der ersten Instanz zu seinen Lasten erfolgt war.[5]

4 Die Rechtsfolge besteht darin, dass die **Auslagen des Betroffenen** der Staatskasse auferlegt werden können. Zu den ersetzbaren Auslagen gehören die **Gerichtskosten**

---

1 OLG Rostock v. 30.7.2007 – 3 W 114/07, FamRZ 2007, 80.
2 Wie hier BGH v. 16.4.2008 – XII ZB 37/08, FamRZ 2008, 1341; KG Berlin v. 13.5.2008 – 1 W 91/08, FamRZ 2008, 1976.
3 Die frühere Regelung der Übertragung auf den Einzelrichter wurde bewusst erweitert (BT-Drucks. 16/6308, S. 208), und eine Beschränkung für Unterbringungssachen wird an keiner Stelle erwähnt.
4 Marschner/Lesting, § 337 FamFG Rz. 5.
5 So KG Berlin v. 14.3.2006 – 1 W 298/04, BtPrax 2006, 117.

(§ 128b KostO), die Kosten für den **Verfahrenspfleger** (§ 93a KostO) sowie für den **Anwalt**, wenn dessen Hinzuziehung sinnvoll war, was in Unterbringungssachen häufig der Fall ist.[1] Nicht ersetzbar sind die Unterbringungskosten.[2] Über die Erstattungsfähigkeit wird im gesonderten Festsetzungsverfahren entschieden, es sei denn, das Gericht hat ausdrücklich einen konkreten Teil der Kosten in seinem Beschluss als erstattungsfähig benannt.

Die Entscheidung liegt im pflichtgemäßen **Ermessen** des Gerichts,[3] das hierbei auch das Verhalten des Betroffenen und seines Betreuers zu würdigen hat, zB inwieweit diesen ein Verschulden vorzuwerfen ist.[4] Auf der anderen Seite sind eventuelle Fehler der Betreuungsbehörde bzw. des Gerichts zu bewerten. Das Gericht kann auch nur einen Teil der Kosten der Staatskasse auferlegen. Bei Aufhebung der Entscheidung wegen eines kleinen Verfahrensfehlers wird die Kostenerstattung eher nicht zu gewähren sein.[5]

II. Öffentlich-rechtliche Unterbringung (Absatz 2)

Bei öffentlich-rechtlicher Unterbringung sind zwei Fälle zu unterscheiden: Zum einen die **Ablehnung der Unterbringung** bzw. die Rücknahme des Antrags, zum anderen das Fehlen eines begründeten **Anlasses für einen Unterbringungsantrag**. Liegt eine dieser Varianten vor, hat die Körperschaft, zu der die Betreuungsbehörde gehört, die Kosten zu tragen. Körperschaft ist idR der Landkreis bzw. die kreisfreie Stadt. Die Entscheidung ist bei Vorliegen der Voraussetzung **zwingend**, ein Ermessen besteht dann nicht. Ob die Unterbringungsmaßnahme als unbegründet oder unzulässig abgelehnt worden ist, spielt keine Rolle; es genügt ein Verfahrensfehler.[6]

Die **Erledigung der Hauptsache** (beispielsweise durch Entlassung des Betroffenen) ist von diesem Absatz nach seinem Wortlaut nicht erfasst. Das könnte bedeuten, dass in diesem Fall keine Kostentragungspflicht der Körperschaft in Betracht kommt. Richtigerweise hat aber eine Kostenentscheidung nach billigem Ermessen gem. § 81 Abs. 1, 2 zu erfolgen, wobei § 337 Abs. 2 Satz 3 als Auslegungsmaßstab heranzuziehen ist.[7] Dieses Ergebnis entspricht der Auslegung zum (wortgleichen) früheren Recht (§ 13a Abs. 2 FGG).[8] Hätte der Gesetzgeber eine Änderung gewollt, hätte er den Fall der Erledigung der Hauptsache ausdrücklich geregelt.

Im Übrigen ist eine Analogie für die öffentlich-rechtliche Unterbringung nicht zu befürworten, weil es an einer unbewussten Gesetzeslücke fehlt,[9] etwa für den Fall, dass ein Anlass zur Antragstellung vorgelegen hat.

Die Entscheidung über die Verfahrenskostenhilfe gehört nicht hierher.[10]

Bei der Frage, ob ein **begründeter Anlass** für die Unterbringung bestand, ist auf den **Zeitpunkt der Antragstellung**, nicht den der gerichtlichen Entscheidung abzu-

---

1 OLG Zweibrücken v. 4.4.2003 – 3 W 56/03, FGPrax 2003, 220; Marschner/*Lesting*, § 337 FamFG Rz. 8: „regelmäßig erforderlich".
2 *Dodegge*/Roth, I, Rz. 85; *Bassenge*/Roth, § 337 FamFG Rz. 8.
3 Dodegge/Roth, I, Rz. 84; *Bassenge*/Roth, § 337 FamFG Rz. 7; Fröschle/*Locher*, § 337 FamFG Rz. 2; aA Jürgens/*Marschner*, § 337 FamFG Rz. 2; Marschner/*Lesting*, § 337 FamFG Rz. 7 verneint ein Ermessen bei Ablehnung der Maßnahme oder Aufhebung als von Anfang an ungerechtfertigt (ähnlich: Damrau/*Zimmermann*, § 337 FamFG Rz. 25).
4 *Bassenge*/Roth, § 337 FamFG Rz. 7.
5 OLG Hamm v. 29.5.2001 – 15 W 139/01, BtPrax 2001, 212.
6 OLG Zweibrücken v. 6.2.2003 – 3 W 144/02, FamRZ 2003, 1126.
7 Ähnlich Fröschle/*Locher*, § 337 FamFG Rz. 5; Damrau/*Zimmermann*, § 337 FamFG Rz. 36; Bienwald/*Sonnenfeld*, § 337 FamFG Rz. 11.
8 Danach wurde § 13a Abs. 1 FGG aF auch angewandt, wenn die besonderen Verfahrensbeendigungsgründe gem. § 13a Abs. 2 Satz 3 FGG aF nicht gegeben waren (BayObLG v. 29.4.2003 – 3 Z BR 68/03, FamRZ 2003, 1777 (LS) = BayVBl 2004, 25; Keidel/*Zimmermann*, 15. Aufl., § 13a FGG Rz. 51).
9 Keidel/*Budde*, § 337 FamFG Rz. 6; Bienwald/*Sonnenfeld*, § 337 FamFG Rz. 11; aA (für Analogie): Marschner/*Lesting*, § 337 FamFG Rz. 10; Bahrenfuss/*Grotkopp*, § 337 FamFG Rz. 4.
10 OLG München v. 30.5.2006 – 33 Wx 77/06 ua., BtPrax 2006, 150.

stellen. Kriterien sind, ob die Betreuungsbehörde alle Erkenntnisquellen ausgeschöpft, die erforderlichen Gutachten eingeholt und die Wahrscheinlichkeit des Vorliegens der Voraussetzungen zu Recht angenommen hat. Auf ein Verschulden im technischen Sinn kommt es nicht an. Schwer abschätzbar ist diese Frage häufig bei Selbstmordversuchen, da die Ernsthaftigkeit und damit die Wiederholungsgefahr meistens sehr schwer zu beurteilen sind.[1] Hat die Behörde den Betroffenen nicht angehört, so fehlt es an einem begründeten Anlass für eine Unterbringung.

11 Auch hier gilt, dass die Aufhebung im Rechtsmittelverfahren genügt (vgl. Rz. 2).

III. Rechtsmittel

12 Gegen die Entscheidung ist die befristete Beschwerde gegeben.[2] Beschwerdeberechtigt ist nach einer Entscheidung gem. Abs. 1 die Staatskasse, nach Abs. 2 die Körperschaft, deren Betreuungsbehörde den Antrag auf die Unterbringungsmaßnahme gestellt hat. Bei einer ablehnenden Entscheidung ist der Betreute beschwerdebefugt. Gegen die Kostenfestsetzung ist die sofortige Beschwerde gegeben (§ 85 FamFG, § 104 Abs. 3 ZPO).

338 *Mitteilung von Entscheidungen*
Für Mitteilungen gelten die §§ 308 und 311 entsprechend. Die Aufhebung einer Unterbringungsmaßnahme nach § 330 Satz 1 und die Aussetzung der Unterbringung nach § 328 Abs. 1 Satz 1 sind dem Leiter der Einrichtung, in der der Betroffene lebt, mitzuteilen.

A. Allgemeines

1 Die Vorschrift (= § 351 RefE) bildet die gesetzliche Grundlage für Mitteilungen in Unterbringungssachen und entspricht § 70n FGG aF, indem sie auf die entsprechenden Vorschriften in allgemeinen Betreuungssachen verweist (s. § 308 Rz. 3 ff. und § 311 Rz. 6 ff.). Im Gegensatz zu § 325 (Bekanntmachung) geht es hier nicht um eine Kommunikation zwischen den am Verfahren Beteiligten, sondern um eine Information anderer Gerichte oder Behörden. Wegen des Grundrechts auf informationelle Selbstbestimmung bedarf die Weitergabe personenbezogener Daten einer gesetzlichen Grundlage.[3]

B. Inhalt der Vorschrift

I. Satz 1

2 Verwiesen wird konkret auf die §§ 308 und 311. Ersterer regelt die Mitteilung des Gerichts an andere Gerichte, Behörden oder sonstige öffentliche Stellen und entspricht dem bisherigen § 69k FGG. Zulässig und erwünscht sind solche Mitteilungen vor allem, um damit erhebliche Gefahr vom Betroffenen abzuwenden (zu den Einzelheiten: § 308 Rz. 3 ff.). § 311 regelt die Mitteilung zur Strafverfolgung (§ 311 Rz. 6 ff.). Auch hier besteht ein Ermessen des Gerichts. Die schutzwürdigen Interessen des Betroffenen sind dabei zu berücksichtigen.

3 Auf § 309 wurde nicht verwiesen, weil dort nur Fragen des allgemeinen Betreuungsrechts angesprochen sind, die Unterbringungssachen nicht betreffen. Auf § 310 wurde ebenfalls nicht verwiesen, weil die Vorschrift eine spezielle Situation erfasst, die ohnehin nur für Untergebrachte gilt.

4 Der Betroffene und sein Vertreter sind von der Mitteilung jeweils zu unterrichten.

---

1 Vgl. BayObLG v. 28.4.2004 – 3 Z BR 269/03, FamRZ 2004, 1899.
2 Damrau/*Zimmermann*, § 337 FamFG Rz. 75.
3 Marschner/*Lesting*, § 338 FamFG Rz. 2.

II. Satz 2

Ausdrücklich sagt das Gesetz, dass der **Leiter der Einrichtung**, in der der Betroffene lebt, von der **Aufhebung** oder der **Aussetzung** einer Unterbringung zu unterrichten ist. Das gilt für die private und öffentlich-rechtliche Unterbringung gleichermaßen. Diese Information dient dem Schutz des Betroffenen, der so schnell wie möglich nach einer entsprechenden Entscheidung entlassen werden soll. Dies ist aber nur gewährleistet, wenn auch der Leiter der geschlossenen Abteilung Kenntnis von einem möglichen Aufhebungsbeschluss hat. Aus diesem Grund hat die Mitteilung auch unverzüglich zu erfolgen.[1]

Für die Mitteilungen ist funktional jeweils der Richter zuständig. Die konkrete Art der Übermittlung wird durch die Anordnung über Mitteilungen in Zivilsachen (MiZi) geregelt.

339 *Benachrichtigung von Angehörigen*

Von der Anordnung oder Genehmigung der Unterbringung und deren Verlängerung hat das Gericht einen Angehörigen des Betroffenen oder eine Person seines Vertrauens unverzüglich zu benachrichtigen.

A. Allgemeines

Die Vorschrift wurde durch das FamFG neu geschaffen (als § 351a in den RefE eingfügt) und ergänzt § 315 Abs. 4.

B. Inhalt der Vorschrift

Sie regelt die **Benachrichtigung von Angehörigen** und soll die Vorgabe des Art. 104 Abs. 4 GG erfüllen.[2] Sie übernimmt daher fast wörtlich den GG-Artikel: Danach hat das Gericht bei der Entscheidung über die Anordnung oder Fortdauer einer Freiheitsentziehung unverzüglich einen Angehörigen oder eine Vertrauensperson des Betroffenen zu benachrichtigen. Freiheitsentziehung ist in § 339 die Anordnung oder Genehmigung der Unterbringung sowie deren Verlängerung. Für die Benachrichtigung ist eine Form nicht vorgegeben, sie kann also auch etwa fernmündlich erfolgen.[3] Auch wenn eine schriftliche Benachrichtigung – schon zu Beweiszwecken – sinnvoll sein mag, ist sie weder bei Art. 104 GG noch bei § 114c StPO vorgeschrieben.[4] Unverzüglich heißt, dass das Gericht ohne schuldhaftes Verzögern tätig wird. Normalerweise sollte die Benachrichtigung am nächsten Tag erfolgen. Der Begriff des Angehörigen ist weit zu fassen: Neben dem Ehegatten/Lebenspartner (iSd. LPartG), den Kindern und Eltern kommen auch Partner einer nichtehelichen Lebensgemeinschaft sowie andere Vertrauenspersonen, etwa Freunde in Betracht. Die betreffenden Personen müssen nicht vom Betroffenen benannt werden. Es kommt auch nicht darauf an, dass sie im Verfahren beteiligt waren.[5]

In vielen Fällen wird in der Praxis die Benachrichtigung überflüssig sein, weil die entsprechenden Entscheidungen den Angehörigen bekannt wurden, da sie am Verfahren unmittelbar beteiligt waren (vgl. § 315 Abs. 4). Aber in den Fällen, in denen kein Angehöriger beteiligt wird, greift die Vorschrift ein.

Der Betroffene kann auf die Benachrichtigung **nicht verzichten**, was mit dem Druck, der auf einem Untergebrachten lastet, erklärt wird.[6] Ein Verstoß gegen die Benachrichtigungspflicht hat keine Auswirkung auf die Rechtmäßigkeit der Maßnahme.

---

1 *Bienwald*/Sonnenfeld/Hoffmann, § 338 FamFG Rz. 3; Jürgens/*Marschner*, § 338 FamFG Rz. 2.
2 BT-Drucks. 16/6308, S. 276.
3 AA Damrau/*Zimmermann*, § 339 FamFG Rz. 4.
4 Karlsruher Komm. StPO-*Graf*, § 114b StPO Rz. 6; vgl. auch BVerfG v. 14.5.1963 – 2 BvR 516/62, BVerfGE 16, 119 ff.
5 Marschner/*Lesting*, § 339 FamFG Rz. 2.
6 Schmidt-Bleibtreu/*Schmahl*, GG, Art. 104 GG Rz. 27.

Abschnitt 3
Verfahren in betreuungsgerichtlichen Zuweisungssachen

340 *Betreuungsgerichtliche Zuweisungssachen*
Betreuungsgerichtliche Zuweisungssachen sind
1. Verfahren, die die Pflegschaft mit Ausnahme der Pflegschaft für Minderjährige oder für eine Leibesfrucht betreffen,
2. Verfahren, die die gerichtliche Bestellung eines sonstigen Vertreters für einen Volljährigen betreffen, sowie
3. sonstige dem Betreuungsgericht zugewiesene Verfahren,

soweit es sich nicht um Betreuungssachen oder Unterbringungssachen handelt.

A. Allgemeines

1   Mit der Auflösung des VormG, an dessen Stelle das Betreuungsgericht tritt (§ 23c GVG), wurde es notwendig, auch solche Angelegenheiten, die nicht unmittelbar Betreuungssachen sind, aber der entsprechenden Abteilung (und nicht dem Familienrichter) übertragen werden sollen, dem neuen Betreuungsgericht zuzuweisen. Daher wurde unter dem Sammelbegriff „Betreuungsrechtliche Zuweisungssachen" eine entsprechende Kategorie gebildet.

2   Die Vorschrift (= § 352 RefE) hat eine Auffangfunktion, eine bereits erfolgte Zuweisung als Betreuungs- oder Unterbringungssache in einer anderen Vorschrift geht vor.[1] Nr. 1 und Nr. 2 betreffen Pflegschaften, die nicht dem FamG zugewiesen sind (s. § 151 Nr. 5), Nr. 3 stellt eine Generalklausel auf.

B. Inhalt der Vorschrift

I. Pflegschaften (Nr. 1)

3   Während die Pflegschaften für Minderjährige (§ 1910 BGB) und für eine Leibesfrucht (§ 1912 BGB) dem FamG zugewiesen sind, ist für die übrigen Pflegschaften das Betreuungsgericht zuständig.

4   Dies gilt für den **Abwesenheitspfleger** gem. § 1911 BGB bei einer Person, deren Aufenthalt unbekannt oder die an der Rückkehr an ihren gewöhnlichen Aufenthalt gehindert ist. Eine bestimmte Zeit der Abwesenheit verlangt das Gesetz nicht. Ist eine Person zwar an der Rückkehr gehindert, kann aber vom Ausland aus einen Bevollmächtigten bestellen, so ist eine solche Pflegschaft nicht zulässig.[2]

5   Des Weiteren fällt hierunter die **Pflegschaft für unbekannte Beteiligte** (§ 1913 BGB), etwa in Nachlasssachen oder wenn bei einer Personengesellschaft einzelne Gesellschafter unbekannt sind.

6   Schließlich ist zu erwähnen die **Pflegschaft für ein Sammelvermögen** (§ 1914 BGB), die eine Sachpflegschaft darstellt, allerdings in der Praxis eher selten ist. Es muss sich nicht um Geld handeln, es können auch etwa Kleidung oder Lebensmittel sein.

7   Die Motive nennen darüber hinaus Pflegschaften für Grundstückseigentümer und Inhaber dinglicher Rechte nach § 17 SachenRBerG, soweit nicht feststeht, dass der Beteiligte minderjährig oder nicht geboren ist.[3]

8   Für die Pflegschaften gelten die Verfahrensvorschriften des Allgemeinen Teils.[4]

---
1 Begr. RegE, BT-Drucks. 16/6308, S. 276.
2 Erman/*Roth*, § 1911 BGB Rz. 2.
3 BT-Drucks. 16/6308, S. 276.
4 Vor §§ 271 ff. Rz. 25.

II. Gerichtliche Vertreterbestellung (Nr. 2)

Ebenfalls dem Betreuungsgericht zugewiesen sind Verfahren, in denen einem Volljährigen ein **Vertreter gerichtlich bestellt** wird (der nicht Pfleger ist), weil er aus tatsächlichen Gründen im Verwaltungsverfahren nicht tätig sein kann.[1] Hierunter fallen verschiedene Regelungen vor allem des öffentlichen Rechts wie § 16 VwVerfG, § 62 VwGO, § 207 BauGB, § 15 SGB X, § 81 AO, § 19 FlurbG sowie § 3 BDG. Für das Strafverfahren gilt Ähnliches (§ 292 Abs. 2 StPO). Auch weitere Entscheidungen, die das Vertreterverhältnis betreffen, sind kraft Sachzusammenhangs von Nr. 2 mit erfasst.[2] Für das Verfahren gelten die Vorschriften über die Betreuerbestellung.

III. Gesetzliche Erweiterung (Nr. 3)

Die Zuweisung weiterer Aufgaben an das Betreuungsgericht ist möglich, soweit sich hierfür ein Bedürfnis ergibt. Insoweit ist eine gesetzliche Ermächtigung geschaffen, mit der **weitere Fälle** der Zuständigkeit (durch den Bundesgesetzgeber) zugewiesen werden können. Solche Zuweisungen sind vor allem im BGB erfolgt, etwa für die Genehmigung der Zustimmung des Betreuers zum Abschluss eines Ehevertrages (§ 1411 Abs. 1, 2 BGB), für Genehmigungen im Rahmen der Gütergemeinschaft (§§ 1484 Abs. 2 Satz 3, 1493 Abs. 2 Satz 3 BGB), der Genehmigung der Zustimmung des Betreuers für eine Vaterschaftsanerkennung (§ 1596 Abs. 1 Satz 3 BGB), die Genehmigung der Aufhebung des Erbvertrages (§ 2290 Abs. 3 Satz 2 BGB), die Genehmigung des Erbverzichts (§ 2347 Abs. 1, 2 BGB). Darüber hinaus finden sich weitere Zuweisungen in § 2 Abs. 1 NamÄndG, § 16 Abs. 3 VerschG und § 6 KastrG.[3]

Kosten/Gebühren: Gericht: Die Gerichtsgebühren für betreuungsgerichtliche Zuweisungssachen sind in Teil 1 Hauptabschnitt 1 KV GNotKG bestimmt (Nrn. 11100 ff.). In Vorbem. 1.1 Abs. 1 ist zugunsten des Betroffenen eine Vermögensfreigrenze bestimmt. Von dem Betroffenen können Kosten nur erhoben werden, soweit sein Vermögen diese Grenze überschreitet. Es ist nur solches Vermögen nach Abzug der Verbindlichkeiten zu berücksichtigen, das einen Betrag von 25 000 Euro übersteigt, dabei wird ein von dem Pflegebefohlenen oder seinen Angehörigen bewohntes Hausgrundstück nicht berücksichtigt. Ist Gegenstand der Maßnahme ein Teil des Vermögens, so wird höchstens dieser Teil des Vermögens berücksichtigt.

Für eine Dauerpflegschaft fällt eine vermögensabhängige Jahresgebühr an (Nr. 11104 KV GNotKG) an. Es wird eine Gebühr von 10 Euro je angefangene 5000 Euro Vermögen, mindestens 200 Euro, erhoben. Für die Gebühr wird das Vermögen nur insoweit berücksichtigt, als es nach Abzug der Verbindlichkeiten mehr als 25 000 Euro beträgt, dabei wird ein von dem Pflegebefohlenen oder seinen Angehörigen bewohntes Hausgrundstück nicht berücksichtigt. Für das bei der Einleitung der Pflegschaft laufende und das folgende Kalenderjahr wird nur eine Jahresgebühr erhoben. Bei einer Pflegschaft für mehrere Pflegebefohlene wird die Gebühr für jeden Betroffenen gesondert erhoben.

Für eine Pflegschaft für einzelne Rechtshandlungen fällt eine wertabhängige Gebühr mit einem Gebührensatz von 0,5 an (Nr. 11105 KV GNotKG). Die Gebühr für eine Pflegschaft für einzelne Rechtshandlungen darf eine Gebühr für eine Dauerpflegschaft nicht übersteigen.

Für alle übrigen Verfahren (nach Nr. 2 und 3) entsteht eine Wertgebühr mit einem Gebührensatz von 0,5 nach Nr. 11100 KV GNotKG, soweit sie nicht in Abs. 2 der Anm. zu Nr. 11100 KV GNotKG genannt sind.

Der Wert der Gebühren nach den Nrn. 11100 und 11105 KV GNotKG ist nach §§ 36 Abs. 2, 60, 63 GNotKG zu bestimmen. Für den Verfahrenswert ist regelmäßig der Wert des Gegenstands maßgebend, auf den sich die Rechtshandlung bezieht.

Die Gebühr nach Nr. 11100 KV GNotKG wird bei Beendigung des Verfahrens fällig (§ 9 Abs. 1 GNotKG), Kostenschuldner ist vorrangig der Entscheidungs- oder Übernahmeschuldner (§ 27 Nr. 1 und 2 GNotKG), in Verfahren, die nur auf Antrag eingeleitet werden können, auch der Antragsteller des Verfahrens (§ 22 Abs. 1 GNotKG).

Die Jahresgebühr nach Nr. 11104 KV GNotKG wird nach § 8 GNotKG erstmals bei Anordnung und später jeweils zu Beginn eines Kalenderjahres fällig. Die Fälligkeit der Gebühr nach Nr. 11105 KV GNotKG bestimmt sich nach § 9 GNotKG. Die Gebühr nach Nr. 11105 KV GNotKG schuldet der Betroffene (§ 23 Nr. 1 GNotKG).

RA: Vertritt ein RA einen Beteiligten in einer betreuungsgerichtlichen Zuweisungssache, stehen ihm Gebühren nach Teil 3 VV RVG zu. Stellt der RA lediglich einen Antrag, steht ihm nur die verminderte Verfahrensgebühr nach Nr. 3001 VV RVG (vgl. Nr. 3 des Gebührentatbestandes) zu.

---

1 Jurgeleit/*Bucic*, § 340 FamFG Rz. 5.
2 BT-Drucks. 16/6308, S. 276.
3 Dies wird trotz des entgegenstehenden Wortlauts allgemein so gesehen: Jurgeleit/*Bucic*, § 340 FamFG Rz. 8; Keidel/*Budde*, § 340 FamFG Rz. 4.

341 Örtliche Zuständigkeit
Die Zuständigkeit des Gerichts bestimmt sich in betreuungsgerichtlichen Zuweisungssachen nach § 272.

1   Die Vorschrift (= § 353 RefE) regelt die **örtliche Zuständigkeit** für die betreuungsgerichtlichen Zuweisungssachen und verweist auf § 272. Nach dessen Abs. 1 Nr. 2 ist idR das Gericht des gewöhnlichen Aufenthalts zuständig. Dies stellt vom Wortlaut her eine Abweichung vom früheren Recht dar, wonach für die verschiedenen Pflegschaften spezielle Normen für die örtliche Zuständigkeit existierten (§§ 39, 41 und 42 FGG).

2   Beim **Abwesenheitspfleger** wurde bisher auf den Wohnsitz der abwesenden Person abgestellt. Dies ist auch sinnvoll, weil bei längerer Abwesenheit ein gewöhnlicher Aufenthalt nicht feststellbar ist. Allerdings stellt das Gesetz bei fehlendem gewöhnlichen Aufenthalt auf das Fürsorgebedürfnis ab (§ 272 Nr. 3), was häufig am Wohnsitz des Abwesenden auftreten wird.

3   Bei der **Sachpflegschaft** des § 1914 BGB war der Ort maßgeblich, an dem die Verwaltung des Sammelvermögens geführt wurde (§ 42 FGG aF), was auch der Ort sein konnte, wo das Sammelvermögen verwahrt wird.[1] Dies wird häufig der Ort sein, an dem das Fürsorgebedürfnis besteht (§ 272 Nr. 3), zwingend ist dies jedoch nicht.

4   Im Falle der Pflegschaft **für unbekannte Beteiligte** war es auch bisher schon so, dass auf den Ort abgestellt wurde, an dem das Bedürfnis der Fürsorge hervortritt (§ 41 FGG aF). Dem entspricht § 272 Abs. 1 Nr. 3.

5   Die sachliche Zuständigkeit des Amtsgerichts ergibt sich in allen diesen Fällen aus § 23a Abs. 1 Nr. 2 und Abs. 2 Nr. 1 GVG, die internationale Zuständigkeit aus § 104 (vgl. Komm. dort). Funktional zuständig ist der Rechtspfleger (§ 3 Nr. 2b RPflG), in Einzelfällen der Betreuungsrichter (§ 15 Abs. 1, Nr. 1–9 RPflG).

---

1 Staudinger/*Bienwald*, § 1914 BGB Rz. 11; MüKo.BGB/*Schwab*, § 1914 BGB Rz. 14.

Buch 4
Verfahren in Nachlass- und Teilungssachen

Literatur: *Burandt/Rojahn*, Erbrecht, 2011; *Buschbaum/Kohler*, Vereinheitlichung des Erbkollisionsrechts in Europa, GPR 2010, 106 (Teil 1) und 162 (Teil 2); *Ferid/Firsching/Dörner/Hausmann*, Internationales Erbrecht, 86. Aufl. 2012, Loseblatt; *Firsching/Graf*, Nachlassrecht, 9. Aufl. 2008; *Fröhler*, Das Verfahren in Nachlass- und Teilungssachen nach dem neu geschaffenen FamFG – Eine Bestandsaufnahme unter ergänzender Berücksichtigung des Personenstandsrechtsreformgesetzes, BWNotZ 2008, 183; *Heinemann*, Das neue Nachlassverfahrensrecht nach dem FamFG, ZEF 2009, 8; *Heinemann*, FamFG für Notare, 2009; *Huhn/von Schuckmann*, Beurkundungsgesetz und ergänzende Vorschriften, 5. Aufl. 2009; *Janzen*, Die EU-Erbrechtsverordnung, DNotZ 2012, 484; *Jacoby*, Der Regierungsentwurf für ein FamFG, FamRZ 2007, 1703; *Kroiß*, Das neue Nachlassverfahrensrecht, ZErb 2008, 300; *Lange*, Erbrecht, 2011; *Muscheler*, Die geplanten Änderungen im Erbrecht, Verjährungsrecht und Nachlassverfahrensrecht, ZEV 2008, 105; *Reimann/Bengel/Mayer*, Testament und Erbvertrag, 5. Aufl. 2006; *Remde*, Die Europäische Erbrechtsverordnung nach dem Vorschlag der Kommission vom 14. Oktober 2009, RNotZ 2012, 65; *Richter/Hammel*, Baden-Württembergisches Landesgesetz über die freiwillige Gerichtsbarkeit, 4. Aufl. 1996; *Schaal*, Aktuelle Praxisfragen des Nachlassverfahrensrechts, BWNotZ 2011, 206; *Schotten/Schmellenkamp*, Das Internationale Privatrecht in der notariellen Praxis, 2. Aufl. 2007; *Simon/Buschbaum*, Die neue EU-Erbrechtsverordnung, NJW 2012, 2393; *Süß*, Erbrecht in Europa, 2. Aufl. 2008; *Wagner*, Der Kommissionsvorschlag vom 14.10.2009 zum internationalen Erbrecht: Stand und Perspektiven des Gesetzgebungsverfahrens, DNotZ 2010, 506; *Winkler*, Beurkundungsgesetz, 17. Aufl. 2013; *Zimmermann*, Die Nachlasssachen in der FGG-Reform, FGPrax 2006, 189; *Zimmermann*, Das neue Nachlassverfahrensrecht nach dem FamFG, ZEV 2009, 53; *Zimmermann*, Erbschein und Erbscheinsverfahren, 2. Aufl. 2008.

Abschnitt 1
Begriffsbestimmung; örtliche Zuständigkeit

Literatur: *Althammer*, Verfahren mit Auslandsbezug nach dem neuen FamFG, IPrax 2009, 381; *Bachmayer*, Ausgewählte Problemfelder bei Nachlasssachen mit Auslandsberührung, BWNotZ 2010, 146; *Behr*, Zwangsvollstreckung in den Nachlass, Rpfleger 2002, 2; *Bestelmeyer*, Erbfälle mit Nachlassgegenständen in der ehemaligen DDR, Rpfleger 1992, 229; *Bindseil*, Konsularisches Beurkundungswesen, DNotZ 1993, 5; *Dieckmann*, Übertragung nachlassgerichtlicher Aufgaben auf Notare?, ZRP 2011, 60; *Dörner*, Das deutsch-türkische Nachlassabkommen, ZEV 1996, 90; *Dörner*, EuErbVO: Die Verordnung zum Internationalen Erb- und Erbverfahrensrecht ist in Kraft!, ZEV 2012, 505; *Edenfeld*, Der deutsche Erbschein nach ausländischem Erblasser, ZEV 2000, 482; *Eule*, Probleme bei der Vererbung von Miterbenanteilen in Fällen mit Auslandsberührung, ZEV 2010, 508; *Fetsch*, Die Erbausschlagung bei Auslandsberührung, MittBayNot 2007, 285; *Fetsch*, Auslandsvermögen im Internationalen Erbrecht – Testamente und Erbverträge, Erbschein und Ausschlagung bei Auslandsvermögen –, RNotZ 2006, 1 (Teil 1) bzw. 77 (Teil 2); *Firsching*, Aktuelle Fragen des Erbscheinsrechtes, DNotZ 1960, 565; *Fröhler*, Das Vorausvermächtnis zugunsten des Vorerben und der Erbnachweis vor sowie ab Eintritt des Nacherbfalls, BWNotZ 2005, 1; *Fröhler*, Die erbrechtliche Stellung des längstlebenden Ehegatten in deutsch-schweizerischen Erbfällen, BWNotZ 2008; *Fröhler*, Erbausschlagung und FamFG, BWNotZ 2012, 160; *Fröhler*, Erbausschlagungen von Eltern für ihr minderjähriges Kind, BWNotZ 2013, 88; *Fröhler*, Erbrechtliche Grundzüge und Rahmenurkunden, in Wurm/Wagner/Zartmann, Das Rechtsformularbuch, 16. Aufl. 2011, Kap. 81; *Fröhler*, Notarielles Nachlassverzeichnis, Nachlasssicherung, Gläubigerbefriedigung und Haftungsbeschränkung, in Wurm/Wagner/Zartmann, Das Rechtsformularbuch, 16. Aufl. 2011, Kap. 94; *Fröhler*, Rechtliche Grundlagen und praktische Probleme bei der Führung einer Nachlasspflegschaft, BWNotZ 2011, 2; *Frohn*, Feststellung des Fiskalerbrechts und „Erbenaufgebot", Rpfleger 1986, 37; *Geimer*, Konsularisches Notariat, DNotZ 1978, 3; *Heinemann*, Entgegennahme einer öffentlich beglaubigten Ausschlagungs- bzw. Anfechtungserklärung durch das Wohnsitzgericht, DNotZ 2011, 498; *Heinemann*, Erbschaftsausschlagung: neue Zuständigkeiten durch das FamFG, ZErb 2008, 293; *Heldrich*, Fragen der internationalen Zuständigkeit der deutschen Nachlassgerichte, NJW 1967, 417; *Hermann*, Erbausschlagung bei Auslandsberührung, ZEV 2002, 259; *Johnen*, Die Behandlung von Erbscheinsanträgen mit Auslandsberührung in der notariellen Praxis, MittRhNotK 1986, 57; *Mayer*, Fiskuserbrecht und Erbenermittlung: Probleme des „erbenlosen Nachlasses", ZEV 2010, 445; *Müller*, Abwesenheits-, Nachlasspflegschaft und Pflegschaft für unbekannte Beteiligte, NJW 1956, 652; *Nieder*, Die verbleibende Zuständigkeit des Notars neben dem Rechtspfleger in Grundbuchsachen im badischen Rechtsgebiet, BWNotZ 1990, 111; *Pickernelle/Spreen*, Das internationale Nachlassverfahrensrecht, DNotZ 1967, 195; *Riering*, Internationales Nachlassverfahrensrecht, MittBayNot 1999, 519; *Rellermeyer*, Rechtspflegerrecht nach dem FGG-Reformgesetz, Rpfleger 2009, 349; *Rohlfing/Mittenzwei*, Der Erklärungsgegner bei der Anfechtung eines Erbvertrags oder gemeinschaftlichen Testaments, ZEV 2003, 49; *Roth*, Übertragung nachlassgerichtlicher Aufgaben auf Notare?, ZRP 2010, 187; *Sandweg*, Die von Amts wegen vorzunehmenden Tätigkeiten des Nachlassgerichts gemäß § 41 LFGG, BWNotZ 1979, 25; *Sandweg*, Nachlasssicherung und Erbenermittlung nach dem baden-württembergischen LFGG, BWNotZ 1986, 5; *Schaal*, Internationale Zuständigkeit deutscher Nachlassgerichte nach der geplanten FGG-Reform, BWNotZ 2007, 154; *Schaal*, Schnittstellen notarieller Tätigkeit mit dem Nachlass(verfahrens)recht – Teil 1, notar 2010, 393; *Schäfer*, Das Überweisungszeugnis nach §§ 36, 37 GBO. Ein Überblick, NotBZ 1997, 94; *Schäuble*, Die Erbscheinserteilung in internationalen Erbfällen, ZErb 2009, 200; *Schotten*, Probleme des Internationalen Privatrechts im Erbscheinsverfahren, Rpfleger 1991, 181; *Söbbecke*, Landwirtschaftserbrecht: Die Nordwestdeutsche HöfeO, ZEV 2006, 395; *Tersteegen*, Erbscheinserteilung nach österreichischem Erblasser mit Vermögen nur in Deutschland, ZErb 2007, 339; *Wagner*, Änderungsbedarf im autonomen deutschen internationalen Privatrecht aufgrund der Rom II-Verordnung?, IPRax 2008, 314; *Wittkowski*, Die Beantragung und Erteilung von Erbscheinen in Erbfällen mit Auslandsberührung nach dem FamFG, RNotZ 2010, 102; *Zimmermann*, Die Nachlasspflegschaft und sonstige Nachlassverfahren im FamFG, Rpfleger 2009, 437.

342 Begriffsbestimmung
(1) Nachlasssachen sind Verfahren, die
1. die besondere amtliche Verwahrung von Verfügungen von Todes wegen,
2. die Sicherung des Nachlasses einschließlich Nachlasspflegschaften,
3. die Eröffnung von Verfügungen von Todes wegen,
4. die Ermittlung der Erben,
5. die Entgegennahme von Erklärungen, die nach gesetzlicher Vorschrift dem Nachlassgericht gegenüber abzugeben sind,
6. Erbscheine, Testamentsvollstreckerzeugnisse und sonstige vom Nachlassgericht zu erteilende Zeugnisse,
7. die Testamentsvollstreckung,
8. die Nachlassverwaltung sowie
9. sonstige den Nachlassgerichten durch Gesetz zugewiesene Aufgaben
betreffen.
(2) Teilungssachen sind
1. die Aufgaben, die Gerichte nach diesem Buch bei der Auseinandersetzung eines Nachlasses und des Gesamtguts zu erledigen haben, nachdem eine eheliche, lebenspartnerschaftliche oder fortgesetzte Gütergemeinschaft beendet wurde, und
2. Verfahren betreffend Zeugnisse über die Auseinandersetzung des Gesamtguts einer ehelichen, lebenspartnerschaftlichen oder fortgesetzten Gütergemeinschaft nach den §§ 36 und 37 der Grundbuchordnung sowie nach den §§ 42 und 74 der Schiffsregisterordnung.

A. Überblick	4. Die Ermittlung der Erben (Nr. 4) .. 12
I. Entstehung 1	5. Die Entgegennahme von Erklärungen (Nr. 5) 17
II. Systematik 2	6. Vom Nachlassgericht zu erteilende Zeugnisse (Nr. 6) 26
III. Normzweck 3	7. Die Testamentsvollstreckung (Nr. 7) 32
B. Inhalt der Vorschrift	8. Die Nachlassverwaltung (Nr. 8) ... 37
I. Nachlasssachen (Absatz 1)	9. Sonstige zugewiesene Aufgaben (Nr. 9) 38
1. Die besondere amtliche Verwahrung von Verfügungen von Todes wegen (Nr. 1) 4	II. Teilungssachen (Absatz 2)
2. Die Sicherung des Nachlasses einschließlich Nachlasspflegschaften (Nr. 2) 5	1. Nachlass- und Gütergemeinschaftsauseinandersetzung (Nr. 1) 45
3. Die Eröffnung von Verfügungen von Todes wegen (Nr. 3) 11	2. Zeugnisse bei Gütergemeinschaftsauseinandersetzung (Nr. 2) 47
	III. Übergangsrecht 48

A. Überblick

I. Entstehung

Die Vorschrift wurde durch das FGG-RG gänzlich **neu** geschaffen. Das frühere FGG beinhaltete keine entsprechende Regelung, sondern setzte die jeweilige Begriffsbestimmung voraus.

II. Systematik

Die Regelung **definiert** als erste Vorschrift in Buch 4 ausdrücklich, welche gerichtlichen Aufgaben Nachlass- bzw. Teilungssachen sind und daher von den Verfahrensvorschriften des Buches 4, über § 1 iVm. der Legaldefinition der Angelegenheiten der freiwilligen Gerichtsbarkeit aus § 23a Abs. 2 Nr. 2 GVG von den Regelungen des Allgemeinen Teils in Buch 1 und von der sachlichen Zuständigkeit der Amtsgerichte bzw. Notare nach § 23a Abs. 1 Nr. 2 iVm. Abs. 2 Nr. 2 bzw. Abs. 3 GVG erfasst werden. Innerhalb der Nachlasssachen sind die nach Abs. 1 Nr. 9 genannten sonstigen Aufgaben Auffangtatbestand für alle von Abs. 1 Nr. 1 bis 8 nicht erfassten Nachlassangelegenheiten. Die grundsätzlich abschließende[1] Aufzählung der Nachlasssachen in § 342 Abs. 1 kann jedoch ausnahmsweise um ungeschriebene Tatbestände zu erweitern sein, sofern ausländisches Recht maßgeblich ist und dieses – selbst anderweitige, im deutschen materiellen Erbrecht nicht geregelte, aber diesem nicht wesensfremde (s. dazu § 343 Rz. 176 f.) – nachlassgerichtliche Maßnahmen vorsieht.[2]

III. Normzweck

Die Vorschrift gestaltet den Gesetzesaufbau übersichtlich und damit gem. der allgemeinen Zielsetzung des FamFG auch für einen Laien **anwenderfreundlich**.[3] Entsprechende Begriffsbestimmungen sind in den übrigen Büchern – mit Ausnahme des Allgemeinen Teils aus Buch 1, das in § 1 auf den in § 23a Abs. 2 Nr. 2 GVG definierten Begriff der Angelegenheiten der freiwilligen Gerichtsbarkeit abstellt – enthalten.

B. Inhalt der Vorschrift

I. Nachlasssachen (Absatz 1)

1. Die besondere amtliche Verwahrung von Verfügungen von Todes wegen (Nr. 1)

Die besondere amtliche Verwahrung von Verfügungen von Todes wegen nach Nr. 1 betrifft das gerichtliche **Verfahren nach den §§ 346, 347 Abs. 1, 349 Abs. 2 Satz 2**[4] (s. dazu insbesondere § 346 Rz. 10 ff., § 347 Rz. 11 ff. bzw. § 349 Rz. 27 ff.). Hiervon ist insbesondere die lediglich einfache Aktenweiterverwahrung von zuvor nicht in besonderer amtlicher Verwahrung befindlichen eigenhändigen gemeinschaftlichen Testamenten oder Erbverträgen nach § 27 Abs. 1 AktO[5] (Text s. § 344 Rz. 14) zu unterscheiden. § 349 Abs. 2 stellt nunmehr erstmals ausdrücklich klar, dass eine besondere amtliche Weiterverwahrung nach dem Tod des Erstversterbenden ohne Antrag des Längstlebenden nur bei bereits zuvor erfolgter besonderer amtlicher Verwahrung möglich ist.[6]

---

1 Begr. zum GesetzE der BReg. zu § 1 FamFG, BT-Drucks. 16/6308, S. 174 f., und zu § 342 FamFG, BT-Drucks. 16/6308, S. 277; *Schäuble*, ZErb 2009, 200 (203).
2 *Schäuble*, ZErb 2009, 200 (203).
3 Begr. zum GesetzE der BReg. zum Allgemeinen Teil, BT-Drucks. 16/6308, S. 164.
4 *Bassenge*/Roth, § 342 FamFG Rz. 2.
5 Palandt/*Edenhofer*, 68. Aufl. 2009, § 2273 aF BGB Rz. 6.
6 *Fröhler*, BWNotZ 2008, 183 (189).

2. Die Sicherung des Nachlasses einschließlich Nachlasspflegschaften (Nr. 2)

5 Nach § 1960 Abs. 1 BGB hat das Nachlassgericht bis zur Annahme der Erbschaft im Rahmen eines dafür bestehenden Fürsorgebedürfnisses nach **pflichtgemäßem Ermessen**[1] für die Sicherung des Nachlasses iSd. Nr. 2 zu sorgen.

6 Dabei sind das Anlegen von Siegeln, die amtliche Inverwahrnahme von Nachlassgegenständen, die Sperrung von Konten sowie die Anordnung, Führung und Aufhebung einer Nachlasspflegschaft, die Anordnung der Aufnahme eines Nachlassverzeichnisses und die Hinterlegung von Wertgegenständen die in der Praxis häufigsten und wichtigsten **Sicherungsmittel**.[2] Die gesetzliche Aufzählung nach § 1960 Abs. 2 BGB hat ausschließlich exemplarischen Charakter und ist nicht abschließend.[3] Neben der von Amts wegen anzuordnenden Sicherungspflegschaft iSd. § 1960 Abs. 2 BGB kennt das Gesetz als weitere jedoch nur auf Antrag anzuordnende Nachlasspflegschaften die Prozesspflegschaft nach § 1961 BGB, die den Nachlassgläubigern die gerichtliche Geltendmachung von Ansprüchen ermöglichen soll und bei der das Sicherungsbedürfnis durch das Rechtsschutzinteresse des Gläubigers ersetzt wird, sowie die von § 342 Nr. 8 als lex specialis erfasste Nachlassverwaltung iSd. §§ 1975, 1981 BGB, die einer Haftungsbeschränkung der Erben auf den Nachlass und der Gläubigerbefriedigung dient. Der Nachlasspfleger ist bei einer Sicherungs- bzw. Prozesspflegschaft gesetzlicher Vertreter der unbekannten Erben,[4] der Nachlassverwalter darüber hinaus amtliches Organ mit eigenständigen Parteirechten.[5]

7 Eine **Sicherungsnachlasspflegschaft** iSd. § 1960 Abs. 2 BGB ist gegenüber der Pflegschaft für unbekannte Beteiligte nach § 1913 BGB – bei angeordneter Nacherbfolge gem. § 1913 Satz 2 BGB jedoch erst ab Eintritt des Nacherbfalls[6] – lex specialis und setzt über das erforderliche Sicherungsbedürfnis hinaus insbesondere **Unklarheit** über den endgültigen Erben voraus. Neben oder anstelle der Ungewissheit der Erbschaftsannahme kann sich dies daraus ergeben, dass der Erbe seiner Person nach unbekannt ist. Darunter fällt auch das Unbekanntsein von Erben aufgrund eines Rechtsstreits unter den der Person nach bekannten Erbprätendenten.[7]

8 Das **Verfahren** bei einer Nachlasspflegschaft als betreuungsgerichtliche Zuweisungssache[8] richtet sich nach den §§ 1 bis 110 des Allgemeinen Teils sowie über § 340 Nr. 1 nach den Vorschriften der §§ 275 ff. des Buches 3, wobei vorrangig die Regelungen des Nachlassverfahrensrechts für die sachliche Zuständigkeit des Nachlassgerichts (statt des Betreuungsgerichts) nach § 1962 BGB, die örtliche Zuständigkeit nach §§ 343, 344 Abs. 4[9] und die Beteiligteneigenschaft nach § 345 gelten. Auch nach Inkrafttreten der Verfahrensvorschriften des FamFG setzt eine wirksame Bestellung eines Berufsnachlasspflegers nicht nur dessen Beauftragung, sondern zusätzlich auch dessen Verpflichtung durch das Nachlassgericht iSd. §§ 1915 Abs. 1, 1789 BGB voraus, obschon diese nach § 289 Abs. 1 Satz 2 FamFG für Berufsbetreuer nicht mehr erforderlich ist.[10] Die durch die frühere Regelung des § 75 FGG ausdrücklich vorgesehene Anwendbarkeit der verfahrensrechtlichen Vormundschaftsvorschriften auf Nachlasspflegschaften ist aufgrund der neuen Gesamtsystematik des FamFG entbehrlich geworden und daher ersatzlos entfallen.[11] Vom Nachlassverfahren iSd. Nr. 2

---
1 BayObLG v. 21.11.1917 – Reg. V Nr. 23/1917, BayObLGZ 1918, 123 (129); MüKo.BGB/*Leipold*, § 1960 BGB Rz. 23; Firsching/*Graf*, Rz. 4.560.
2 Firsching/*Graf*, Rz. 4.561; Wurm/Wagner/Zartmann/*Fröhler*, Kap. 94 Rz. 6.
3 OLG Celle v. 20.9.1958 – 10 Wx 9/58, FamRZ 1959, 33 (34).
4 Nach OLG Dresden v. 13.1.1999 – 13 U 2283/98, ZEV 2000, 402 ist der Nachlasspfleger darüber hinaus auch gesetzlicher Vertreter der unbekannten Erbteilserwerber, nach MüKo.BGB/*Leipold*, § 1960 BGB Rz. 31 ist er diesen gegenüber lediglich herausgabepflichtig.
5 Wurm/Wagner/Zartmann/*Fröhler*, Kap. 94 Rz. 18.
6 *Fröhler*, BWNotZ 2011, 2.
7 *Fröhler*, BWNotZ 2011, 2.
8 *Zimmermann*, Rpfleger 2009, 437 (439).
9 Begr. zum GesetzE der BReg. zu § 362, BT-Drucks. 16/6308, S. 283.
10 OLG Stuttgart v. 25.11.2010 – 8 W 460/10, Die Justiz 2011, 138 f.; *Fröhler*, BWNotZ 2011, 2 (4).
11 Begr. zum GesetzE der BReg. zu § 362, BT-Drucks. 16/6308, S. 283.

ist auch das jeweilige Genehmigungsverfahren für Maßnahmen des Nachlasspflegers sowie die Vergütungs- und Auslagenfestsetzung erfasst.

Nachlasspflegschaften unterliegen **materiell-rechtlich** neben den spezialgesetzlichen Normen der §§ 1960 ff. BGB über die Gelenknorm des § 1915 Abs. 1 BGB den vormundschaftsrechtlichen Regelungen der §§ 1773 bis 1895 BGB, unter denen insbesondere den Genehmigungstatbeständen der §§ 1812, 1821, 1822 BGB eine große praktische Bedeutung zukommt. Darüber hinaus sehen landesrechtliche Vorschriften angesichts der großen Haftungsrelevanz der nachlassgerichtlichen Überwachung von Nachlasspflegschaften regelmäßig insbesondere Überprüfungen durch und Vorlagepflichten an die jeweilige Dienstaufsichtsbehörde vor.[1]

Vom Unbekanntsein eines Erben ist der **unbekannte Aufenthalt** einer der Person nach bekannten Erben streng zu unterscheiden.[2] In derartigen Fällen ist nach § 1911 BGB ein Abwesenheitspfleger zu bestellen. Dafür ist jedoch nicht das Nachlass-, sondern nach §§ 23a Abs. 1 Nr. 2 iVm. Abs. 2 Nr. 1, 23c Abs. 1 und 2 GVG, § 340 Nr. 1 das Betreuungsgericht zuständig.

3. Die Eröffnung von Verfügungen von Todes wegen (Nr. 3)

Hierbei handelt es sich um Verfahren nach den **§§ 348 bis 351** (s. dazu § 348 Rz. 12 ff., § 349 Rz. 10 ff., § 350 Rz. 9 ff. bzw. § 351 Rz. 9 ff.). Betroffen sind Einzeltestamente, gemeinschaftliche Testamente und Erbverträge.

4. Die Ermittlung der Erben (Nr. 4)

Mangels entsprechender bundesgesetzlicher Vorschriften besteht eine **allgemeine** nachlassgerichtliche Erbenermittlungspflicht nur dann, wenn und soweit sie landesgesetzlich vorgesehen ist.[3] Dies ist derzeit ausschließlich nach Art. 37 Abs. 1 bay. AGGVG in Bayern bzw. gem. § 41 Abs. 1 LFGG in Baden-Württemberg der Fall. Eine derartige Pflicht entfällt in Bayern jedoch zwingend bei Fehlen von Grundbesitz bzw. grundstücksgleichen Rechten und eines die Beerdigungskosten nicht übersteigenden Nachlasses bzw. in Baden-Württemberg nach Ermessensentscheidung bei unverhältnismäßigem Ermittlungsaufwand oder Geringfügigkeit des Nachlasses.[4]

Darüber hinaus ist das Nachlassgericht jedoch unabhängig von seiner Zugehörigkeit zu einem bestimmten Bundesland ausnahmsweise zur Ermittlung der Erben verpflichtet, wenn **besondere** bundesgesetzlich normierte Tatbestände erfüllt sind.

Hierzu zählt insbesondere die auf die Reichweite des **Erbscheinsantrags** beschränkte Ermittlungspflicht zwecks Überprüfung eines behaupteten Erbrechts nach § 2358 Abs. 1 BGB iVm. § 26. In Bayern und Baden-Württemberg bleibt das Nachlassgericht nach den og. landesgesetzlichen Regelungen auch neben einem mit dem Wirkungskreis „Ermittlung der Erben" eingesetzten Nachlasspfleger zusätzlich allgemein und uneingeschränkt ermittlungspflichtig, in der Praxis vor allem dann, wenn der Nachlasspfleger seiner Ermittlungspflicht nicht nachkommt.[5]

Fällt Grundbesitz in den Nachlass, ergibt sich eine nachlassgerichtliche Erbenermittlungspflicht aufgrund **Ersuchens des Grundbuchamts** nach § 82a Satz 2 GBO, um den Grundbuchberichtigungszwang nach § 82 GBO durchsetzen zu können. Verweigert sich das Nachlassgericht, kann analog § 159 GVG das OLG, zu dessen Bezirk das Nachlassgericht gehört, angerufen werden.[6] Lehnt das OLG eine Stattgabe aus anderen Gründen als dem ordnungsgemäßen Entsprechen des Ersuchens des Grund-

---

1 S. *Fröhler*, BWNotZ 2011, 2 (4) am Beispiel des § 3 Abs. 1 1. VV LFGG BW für Baden-Württemberg.
2 S. dazu *Müller*, NJW 1956, 652.
3 *Frohn*, Rpfleger 1986, 37 (38); *Zimmermann*, Erbschein und Erbscheinsverfahren, Rz. 237.
4 *Sandweg*, BWNotZ 1979, 25 (27); *Sandweg*, BWNotZ 1986, 5 (9); *Richter/Hammel*, § 41 LFGG Rz. 6.
5 OLG Karlsruhe v. 25.11.1993 – 11 AR 23/93, Rpfleger 1994, 255 (256).
6 KG v. 14.11.1968 – 1 W 4092/68, Rpfleger 1969, 57.

buchamts ab und unterstehen Grundbuchamt und Nachlassgericht nicht demselben Oberlandesgericht,[1] kommt eine Beschwerde zum BGH in Betracht, die dogmatisch einer in der ZPO nicht vorgesehenen weiteren Beschwerde und nicht einer Rechtsbeschwerde iSd. §§ 574 ff. ZPO entspricht.[2] Liegt einem Erbschein ausländisches Erbrecht zugrunde, ohne darin zugleich zu benennen, nach dem Erbrecht welchen Landes die Erbfolge bescheinigt ist, beschränkt sich das grundbuchamtliche Ersuchen auf die Ermittlung des maßgeblichen Sachrechts, ohne dass um Einziehung des unvollständigen Erbscheins ersucht werden könnte.[3]

16 Schließlich ist das Nachlassgericht vor Feststellung des **Fiskalerbrechts**, das entweder nach § 1936 BGB als Voll- oder nach § 2105 BGB als Vorerbenstellung ausgestaltet sein kann, nach § 1964 Abs. 1 BGB von Amts wegen[4] iSd. § 26 zur Ermittlung der Erben verpflichtet. Es kann dazu einen Nachlasspfleger einschalten, der sich, wenn eigene Informationsquellen nicht zum Erfolg führen, ggf. durch einen gewerblichen Erbenermittler auf Kosten der Erben unterstützen lassen darf.[5] Abschließend hat nach § 1965 Abs. 1 BGB vor Erlass des Feststellungsbeschlusses, der als Endentscheidung mit der befristeten Beschwerde anfechtbar ist und dem keine Erbscheins-, sondern gem. § 1964 Abs. 2 BGB lediglich eine Vermutungswirkung zukommt, eine öffentliche Aufforderung zur Anmeldung der Erbrechte zu erfolgen. Darüber hinaus besteht eine nachlassgerichtliche Ermittlungspflicht hinsichtlich des Wohnsitzes bzw. gewöhnlichen Aufenthalts und der Staatsangehörigkeit des Erblassers zur Zeit des Erbfalls.[6]

5. Die Entgegennahme von Erklärungen (Nr. 5)

17 Die Regelung erfasst ausschließlich die Entgegennahme der nach **gesetzlicher** Vorschrift dem Nachlassgericht gegenüber abzugebenden Erklärungen. Hierzu zählen insbesondere folgende Vorgänge:

18 – die Ablehnung der **fortgesetzten Gütergemeinschaft** durch den überlebenden Ehegatten bzw. eingetragenen Lebenspartner nach § 1484 Abs. 2 BGB bzw. § 7 LPartG iVm. § 1945 Abs. 1 BGB, der Verzicht auf den Anteil am Gesamtgut der fortgesetzten Gütergemeinschaft durch einen anteilsberechtigten Abkömmling nach § 1491 Abs. 1 BGB, die Aufhebung der fortgesetzten Gütergemeinschaft durch den überlebenden Ehegatten bzw. eingetragenen Lebenspartner nach § 1492 Abs. 1 BGB bzw. § 7 LPartG iVm. § 1492 Abs. 1 BGB,

19 – die **Erbschaftsausschlagung** nach § 1945 Abs. 1 BGB, die gem. § 1957 Abs. 1 BGB als Annahme geltende Anfechtung der Erbschaftsausschlagung oder die Anfechtung der Annahme jeweils nach § 1955 Satz 1 BGB, die Anfechtung der Annahmeanfechtung analog §§ 1945, 1955 BGB,[7] die Anfechtung der speziellen Erbschaftsausschlagung des beschränkten bzw. beschwerten Pflichtteilsberechtigten nach § 2308 Abs. 1 iVm. 1955 Satz 1 BGB – nicht jedoch die nach §§ 2180 Abs. 2 Satz 1, 2308 Abs. 2 Satz 2 BGB gegenüber dem Beschwerten zu erklärende Vermächtnisausschlagung, Anfechtung derselben oder Anfechtung der Vermächtnisannahme –, wobei das Nachlassgericht grundsätzlich nicht zur förmlichen Entscheidung über die Wirksamkeit einer Erbausschlagung außerhalb eines Erbscheinsverfahrens befugt ist,[8]

20 – die Bezugnahme des Erben auf ein bereits vorhandenes **Inventar** nach § 2004 iVm. § 1993 BGB,

---

1 Andernfalls ist eine Beschwerde jeweils nicht statthaft, s. RG v. 19.9.1894 – Beschw. Rep. I. 28/92, RGZ 33, 423 (426).
2 Dazu Zöller/*Lückemann*, § 159 GVG Rz. 5.
3 KG v. 22.4.1977 – 1 AR 10/77, Rpfleger 1977, 307 (308).
4 Erman/*Schlüter*, § 1964 BGB Rz. 2 bzw. § 1965 BGB Rz. 1.
5 *Mayer*, ZEV 2010, 445 (450).
6 MüKo.BGB/*Leipold*, § 1964 BGB Rz. 5.
7 OLG Hamm v. 29.1.2009 – 15 Wx 213/08, Rpfleger 2009, 384 (385 f.).
8 OLG München v. 25.2.2010 – 31 Wx 20/10, Rpfleger 2010, 372 f.; Horndasch/Viefhues/*Heinemann*, § 342 FamFG Rz. 6.

- die **eidesstattliche Versicherung** des Erben auf Verlangen eines Nachlassgläubigers nach § 2006 Abs. 1 BGB,   21

- die **Anfechtung** von Einzeltestamenten sowie – insoweit ausschließlich durch andere Anfechtungsberechtigte als den Erblasser[1] – von gemeinschaftlichen Testamenten oder Erbverträgen nach § 2081 Abs. 1 BGB,[2] die Anfechtung von Erbverträgen durch einen Vertragspartner nach dem Tod des anderen Vertragspartners gem. § 2281 Abs. 2 BGB bzw. von gemeinschaftlichen Testamenten durch einen Testierer nach dem Tod des anderen Testierers analog § 2281 Abs. 2 BGB,   22

- die Anzeige des Vorerben, hilfsweise des Nacherben, über den Eintritt der **Nacherbfolge** nach § 2146 Abs. 1 BGB,   23

- die Annahme, Ablehnung oder Kündigung des **Testamentsvollstreckeramts** nach §§ 2202 Abs. 2 Satz 1, 2226 Satz 2 BGB sowie   24

- die Anzeige einer **Erbschaftsveräußerung** nach §§ 2384 Abs. 1, 2385 BGB.   25

6. Vom Nachlassgericht zu erteilende Zeugnisse (Nr. 6)

Die Regelung erfasst zunächst sämtliche Verfahren betreffend **Erbscheine**, somit insbesondere die Entscheidung über Erbscheinsanträge nach § 352 (s. dazu § 352 Rz. 16 ff.), die eigentliche Erbscheinserteilung iSd. § 2353 BGB und die Einziehung bzw. Kraftloserklärung von Erbscheinen iSd. § 2361 BGB nach § 353 (s. dazu § 353 Rz. 10 ff.).   26

Entsprechendes gilt für Verfahren hinsichtlich **Testamentsvollstreckerzeugnissen**, auf die nach § 354 die §§ 352, 353 bzw. nach § 2368 Abs. 3 BGB § 2361 BGB Anwendung finden (s. dazu § 354 Rz. 3 ff.). Eine Kraftloserklärung kann dabei trotz des durch § 2368 Abs. 3 Halbs. 2 BGB angeordneten mit Amtsbeendigung automatischen Kraftloswerdens des Zeugnisses erforderlich sein, bspw. dann, wenn im Testamentsvollstreckerzeugnis versehentlich die durch den Erblasser verfügte Beschränkung der Amtszeit des Testamentsvollstreckers nicht ausgewiesen und damit auch kein Gutglaubensschutz betroffen ist.[3]   27

Darüber hinaus sind auch diejenigen Verfahren Nachlasssachen, die **sonstige** vom Nachlassgericht zu erteilende Zeugnisse betreffen. Hierzu gehören die von § 354 erfassten Zeugnisse.   28

So hat das Nachlassgericht nach § 1507 BGB dem überlebenden Ehegatten in entsprechender Anwendung der Vorschriften über den Erbschein auf Antrag ein Zeugnis über die **Fortsetzung der Gütergemeinschaft**[4] zu erteilen.   29

Darüber hinaus obliegt dem Nachlassgericht als Nachlasssache auf Antrag die Erteilung von **Überweisungszeugnissen**[5] für die Auseinandersetzung von Erbengemeinschaften gegenständlich beschränkt auf dazu gehörende Grundstücke, Wohnungs- und Teileigentumseinheiten[6] oder Erbbaurechte nach § 36 GBO, Hypotheken, Grundschulden oder Rentenschulden nach § 37 GBO, Schiffe oder Schiffshypotheken nach § 42 SchRegO bzw. Schiffsbauwerke oder Schiffsbauwerkshypotheken nach §§ 74, 42 SchRegO. Nach § 354 sind die Verfahrensvorschriften der §§ 352, 353 entsprechend anwendbar. Ein derartiges Überweisungszeugnis erleichtert die Auseinandersetzung, indem es auch ohne Erbschein die Erbfolge bzw. das Bestehen der Güter-   30

---

1 Der künftige Erblasser muss die Anfechtung zu Lebzeiten des (Vertrags-)Partners vielmehr nach § 143 Abs. 2 BGB durch Erklärung diesem gegenüber in gem. § 2282 Abs. 3 BGB notariell beurkundeter Form anfechten, s. MüKo.BGB/*Leipold*, § 2081 BGB Rz. 5.
2 BayObLG v. 13.5.1983 – BReg. 1 Z 116/82, FamRZ 1983, 1275 (1277). Allgemein dazu *Rohlfing/Mittenzwei*, ZEV 2003, 49.
3 RG v. 10.12.1913 – Rep. V 303/13, RGZ 83, 348 (352); Palandt/*Weidlich*, § 2368 BGB Rz. 10.
4 Musterformulierung bei Firsching/*Graf*, Rz. 4.368.
5 S. dazu *Schäfer*, NotBZ 1997, 94. Musterformulierungen für Überweisungszeugnisse nach §§ 36, 37 GBO finden sich bei Firsching/*Graf*, Rz. 4.383 bis 4.386.
6 Nach allgemeiner Ansicht erfasst die Formulierung „Grundstück" auch Wohnungs- und Teileigentum, s. *Demharter*, § 37 GBO Rz. 3; Hügel/*Zeiser*, § 36 GBO Rz. 1.

gemeinschaft und die für den Rechtsübergang erforderlichen Erklärungen nachweist. Es war zudem nach bisherigem Kostenrecht regelmäßig kostengünstiger als ein Erbschein bzw. ein Testamentsvollstreckerzeugnis, da nach § 111 Abs. 1 KostO aF lediglich die Mindestgebühr maßgebend war. Nach dem 2. KostRModG vom 23.7.2013[1] passt § 41 GNotKG die Kosten für derartige Zeugnisse hingegen einem gegenständlich beschränkten Erbschein an, indem Geschäftswert fortan der Wert der Gegenstände ist, auf die sich der Nachweis der Rechtsfolge erstreckt.[2] Überweisungszeugnisse für die Auseinandersetzung des Gesamtguts einer Gütergemeinschaft unterfallen hingegen nicht der Nr. 6, sondern der speziellen Regelung nach Abs. 2 Nr. 2 (s. dazu Rz. 47).

31   Die frühere Regelung nach § 16 Reichsschuldbuchgesetz,[3] durch die nachlassgerichtliche **Bescheinigungen** zum Nachweis der Verfügungsberechtigung über die im Bundes- bzw. jeweiligen Landesschuldbuch eingetragen, dem Staat gegenüber bestehenden Forderungen vorgesehen waren und insoweit Erbscheinen, Testamentsvollstrecker- und Fortsetzungszeugnissen gleichgestellt wurden, ist durch § 15 Nr. 6 Bundeswertpapierverwaltungsgesetz[4] mit Wirkung zum 1.1.2002 auf Bundesebene und schließlich durch Art. 1 § 9 Abs. 2 Bundesschuldenwesenmodernisierungsgesetz[5] – soweit landesgesetzlich keine frühere Änderung vorgenommen wurde[6] – mit Wirkung zum 1.1.2009 auch auf Länderebene[7] ersatzlos aufgehoben worden. Derartige Bescheinigungen waren zwar den Überweisungszeugnissen insoweit ähnlich, als sie wie diese einen Erbschein bzw. ein Zeugnis nach § 1507 BGB bei der Registereintragung ersetzten und keinen öffentlichen Glauben genossen.[8] Bereits aus der Terminologie „Bescheinigung" ergab sich jedoch eine gegenüber „Zeugnissen" geringfügigere Bedeutung. Insbesondere war anerkannt, dass die Erbscheinsvorschriften auf Bescheinigungen nach § 16 Reichsschuldbuchgesetz keine Anwendung fanden[9] und daher im Gegensatz zu einem Überweisungszeugnis[10] weder eine Einziehung noch eine Kraftloserklärung analog § 2361 BGB, sondern lediglich eine Berichtigung in Betracht kam.

7. Die Testamentsvollstreckung (Nr. 7)

32   Nr. 7 erfasst insbesondere von der Rechtsmittelregelung des § 355 **betroffene Verfahren**. Hierzu gehören nachlassgerichtliche Maßnahmen durch Fristsetzung zur Ausübung des einem Dritten durch den Erblasser überlassenen Rechts zur Bestimmung der Person des Testamentsvollstreckers nach § 2198 Abs. 1 BGB (s. dazu § 355 Rz. 9 ff.) bzw. zur Annahme des Amts durch den ernannten Testamentsvollstrecker nach § 2202 Abs. 3 BGB (s. dazu § 355 Rz. 11 ff.) und durch Entscheidung über Meinungsverschiedenheiten zwischen mehreren Testamentsvollstreckern über die Vornahme eines Rechtsgeschäfts nach § 2224 Abs. 1 Satz 1 Halbs. 2 BGB (s. dazu § 355 Rz. 15 ff.) bzw. über die Außerkraftsetzung von Anordnungen des Erblassers über die Verwaltung des Nachlasses nach § 2216 Abs. 2 Satz 2 BGB (s. dazu § 355 Rz. 23 ff.). Darüber hinaus sind Verfahren über die nachlassgerichtliche Testamentsvollstreckerernennung iSd. § 2200 BGB bzw. die Entlassung eines Testamentsvollstreckers

---

1 BGBl. I 2013, S. 2586.
2 GesetzE der BReg. zu § 41 GNotKG, BT-Drucks. 17/11471, S. 18 (Text) u. S. 166 (Begründung).
3 RGBl. I 1910, S. 840 (844) in der im Bundesgesetzblatt Teil III, Gliederungsnummer 651-1 veröffentlichten bereinigten Fassung, geändert durch Art. 66 des Gesetzes v. 5.10.1994, BGBl. I 1994, S. 2911.
4 BGBl. I 2001, S. 3519 (3524).
5 BGBl. I 2006, S. 1466 (1468 f.).
6 So aber bspw. in Bayern durch Art. 3 Abs. 1 Staatsschuldbuchgesetz v. 20.3.2003 (GVBl. 2003, 302), zuletzt geändert durch Art. 15 G v. 22.12.2006, GVBl. 2006, 1056.
7 So bspw. in Baden-Württemberg bezüglich § 3 des Landesschuldbuchgesetzes v. 11.5.1953 (GBl. 1953, 65) hinsichtlich der darin enthaltenen Verweisung auf § 16 Reichsschuldbuchgesetz.
8 KG v. 10.7.1913 – 1 X 253/13, KGJ 45, 154; Firsching/*Graf*, Rz. 4.374.
9 KG v. 10.7.1913 – 1 X 253/13, KGJ 45, 154; Firsching/*Graf*, Rz. 4.374.
10 Zur entsprechenden Anwendung des § 2361 BGB auf Überweisungszeugnisse nach §§ 36, 37 GBO s. KG v. 10.9.1936 – 1 Wx 376/36, JFG 14, 137 (138 ff.).

nach § 2227 BGB betroffen. Aufgrund prozessgerichtlicher Zuständigkeiten erfasst die Vorschrift jedoch mangels eines diesbezüglichen nachlassgerichtlichen Fristbestimmungsrechts[1] nicht die Ernennung eines Mitvollstreckers bzw. Nachfolgers iSd. § 2199 Abs. 1 bzw. 2 BGB,[2] da § 2199 Abs. 3 ausdrücklich nur auf § 2198 Abs. 1 Satz 2 BGB und damit nicht auf § 2198 Abs. 2 BGB verweist, keine Meinungsverschiedenheiten mehrerer amtierender Testamentsvollstrecker über die Ernennung eines Mitvollstreckers oder Nachfolgers iSd. § 2199 Abs. 1 bzw. 2 BGB, da § 2224 BGB mangels Betroffenheit einer Amtsführungsangelegenheit nicht anwendbar ist,[3] und keine Fragen der Testamentsvollstreckervergütung.[4]

Darüber hinaus ist auch eine **Ernennung** des Testamentsvollstreckers durch das Nachlassgericht nach § 2200 Abs. 1 BGB erfasst. 33

Des Weiteren betrifft Nr. 7 ebenso wie Nr. 5 die **Entgegennahme** der Erklärungen über die Annahme, Ablehnung bzw. Kündigung des Testamentsvollstreckeramts nach §§ 2202 Abs. 2 Satz 1, 2226 Satz 2 BGB, ohne dass einer der beiden gleichermaßen erfüllten Tatbestände vorrangig einschlägig ist. Im Gegensatz dazu ist Nr. 6 für die Erteilung bzw. Einziehung von Testamentsvollstreckerzeugnissen wegen der dortigen ausdrücklichen Benennung sowohl des Testamentsvollstreckerzeugnisses als auch des Erteilungsvorgangs gegenüber Nr. 7 spezieller. 34

Von praktisch besonders wichtiger Bedeutung ist die nachlassgerichtliche Zuständigkeit für die **Entlassung** des Testamentsvollstreckers bei Vorliegen eines wichtigen Grundes nach § 2227 Abs. 1 BGB. 35

Schließlich erfasst Nr. 7 das Verfahren auf **Akteneinsicht** im Zusammenhang mit Testamentsvollstreckung betreffenden Vorgängen, wobei insbesondere die aus § 2228 BGB für die dort genannten Vorgänge maßgebenden erhöhten Anforderungen durch Glaubhaftmachen eines rechtlichen Interesses zu beachten sind. 36

8. Die Nachlassverwaltung (Nr. 8)

Die Regelung betrifft die nur auf Antrag mögliche Anordnung nach § 359 iVm. § 1981 BGB, die Führung samt Genehmigungsverfahren und die Aufhebung nach § 1988 Abs. 2 BGB einer Nachlassverwaltung als nach § 1975 BGB besonderer Unterform der Nachlasspflegschaft[5] – Nr. 8 ist insoweit lex specialis zu Nr. 2 – samt Vergütungsfestsetzung. Die Nachlassverwaltung dient der **Haftungsbeschränkung** auf den Nachlass und der **Befriedigung** der Nachlassgläubiger bei ausreichendem, jedoch unübersichtlichem Nachlass.[6] 37

9. Sonstige zugewiesene Aufgaben (Nr. 9)

Diese Regelung dient als **Auffangtatbestand** für alle diejenigen durch Gesetz zugewiesenen nachlassgerichtlichen Aufgaben, die nicht bereits als Nachlasssachen von den Nrn. 1 bis 8 erfasst werden und zudem keine Teilungssachen nach Abs. 2 sind. 38

Hierunter fallen insbesondere **Fristbestimmungen** zur Ausübung des Bestimmungsrechts bei Vermächtnissen und Auflagen nach § 2151 Abs. 3 Satz 2 BGB (Bestimmung eines von mehreren bedachten Vermächtnisnehmern), § 2153 Abs. 2 Satz 2 BGB (Anteilsbestimmung bei Vermächtnis), § 2154 Abs. 2 Satz 2 BGB (Wahlvermächtnis bei mehreren Gegenständen), § 2155 Abs. 2 BGB (Gattungsvermächtnis) bzw. §§ 2192, 2193 Abs. 3 Satz 3 BGB (Auflage). 39

---

1 MüKo.BGB/*Zimmermann*, § 2199 BGB Rz. 5.
2 AA Keidel/*Zimmermann*, § 342 FamFG Rz. 9.
3 OLG Hamburg v. 10.4.1924 – 1. ZS F 27, OLGR 44, 96; Erman/*Schmidt*, § 2199 BGB Rz. 2; MüKo.BGB/*Zimmermann*, § 2199 BGB Rz. 5; Palandt/*Weidlich*, § 2199 BGB Rz. 8 bzw. § 2224 BGB Rz. 1; aA KG v. 19.6.1913 – 1. ZS Az. n.v., OLGR 30, 209 Fn. 2: nachlassgerichtliche Entscheidungskompetenz.
4 Keidel/*Zimmermann*, § 342 FamFG Rz. 9.
5 *Fröhler*, BWNotZ 2011, 2 (3).
6 S. dazu *Fröhler*, BWNotZ 2011, 2 (3); Wurm/Wagner/Zartmann/*Fröhler*, Kap. 94 Rz. 18 bis 23 sowie M 94.4.

40 Weiter wird die **Stundung des Pflichtteilsanspruchs** nach § 2331a BGB erfasst. Das diesbezügliche Verfahren richtet sich nach der Regelung des § 362, über die das Verfahren aus § 264 für die Stundung der Zugewinnausgleichsforderung nach § 1382 BGB entsprechend gilt (s. dazu § 362 Rz. 12 ff.).

41 Nr. 9 betrifft zudem nachlassgerichtliche Aufgaben bei der **Inventarerrichtung** nach §§ 1993 ff. BGB,[1] insbesondere die Inventarfristbestimmung nach §§ 1994, 1996 BGB, Mitteilung an das Betreuungsgericht nach § 1999 BGB, amtliche Inventaraufnahme nach § 2003 BGB bzw. Protokollierung einer eidesstattlichen Versicherung nach § 361 FamFG iVm. § 2006 BGB (s. dazu § 361 Rz. 10 ff.).

42 Darüber hinaus sind die gesetzlich vorgesehenen **Mitteilungen** einer letztwilligen Stiftungserrichtung nach § 83 BGB, einer Erbschaftsausschlagung bzw. einer gem. § 1957 Abs. 1 BGB als Erbschaftsausschlagung geltenden Annahmeanfechtung jeweils nach § 1953 Abs. 3 BGB, einer gem. § 1957 Abs. 1 BGB als Erbschaftsannahme geltenden Ausschlagungsanfechtung nach § 1957 Abs. 2 BGB, einer Anfechtung einfacher, wechselbezüglicher bzw. vertragsmäßiger letztwilliger Verfügungen aus Einzeltestament, gemeinschaftlichem Testament[2] bzw. Erbvertrag nach §§ 2081 Abs. 2, 2281 Abs. 2 Satz 2 BGB und eines Erbfalls an von Nachlassgrundbesitz betroffene Grundbuchämter nach § 83 GBO, die jederzeit aufhebbare, eine bloße Vermutung und keinen Erbfolgenachweis begründende[3] Feststellung des Fiskalerbrechts nach §§ 1964, 1965 BGB sowie die Veranlassung einer Testamentsablieferung nach § 2259 Abs. 2 BGB sonstige nachlassgerichtliche Aufgaben iSv. Nr. 9.[4]

43 Eine sonstige Aufgabe ist darüber hinaus der **weitere Umgang** mit einer entgegengenommenen Anzeige, insbesondere die Gestattung der Einsicht durch Dritte bei Glaubhaftmachung eines rechtlichen Interesses bezüglich der Anzeige des Vorerben über den Eintritt der Nacherbfolge nach § 2146 Abs. 2 BGB bzw. der Anzeige einer Erbschaftsveräußerung nach §§ 2384 Abs. 2, 2385 BGB. Die eigentliche Entgegennahme der jeweiligen Anzeige wird hingegen durch den spezielleren Tatbestand nach Nr. 5 erfasst (s. dazu Rz. 23 bzw. 25).

44 **Keine** sonstige nachlassgerichtliche Aufgabe iSv. Nr. 9 ist das **Aufgebotsverfahren** nach § 454 zur Ausschließung von Nachlassgläubigern aufgrund des § 1970 BGB, da es sich abweichend von § 23a Abs. 1 Nr. 2 iVm. § 23a Abs. 2 Nr. 2 GVG nicht um eine Nachlasssache, sondern nach § 23a Abs. 1 Nr. 2 iVm. § 23a Abs. 2 Nr. 7 GVG um ein eigenständiges Verfahren handelt[5] und daher anstelle des Nachlassgerichts das Amtsgericht zuständig ist, dem die Angelegenheiten des Nachlassgerichts oblägen, in Baden-Württemberg nach § 454 Abs. 2 Satz 2 dasjenige Amtsgericht, in dessen Bezirk das nach Art. 147 EGBGB iVm. §§ 1 Abs. 1 und 2, 38 LFGG BW als Nachlassgericht berufene staatliche Notariat seinen Sitz hat.[6] Auch das nach § 2 InsO der ausschließlichen Zuständigkeit des Amtsgerichts als Insolvenzgericht unterfallende Nachlassinsolvenzverfahren iSd. §§ 315 ff. InsO zählt nicht zu den sonstigen nachlassgerichtlichen Aufgaben iSv. Nr. 9.[7]

II. Teilungssachen (Absatz 2)

1. Nachlass- und Gütergemeinschaftsauseinandersetzung (Nr. 1)

45 Die Regelung erfasst sämtliche gerichtliche bzw. in durch Auseinandersetzungsantrag ab 1.9.2013 eingeleiteten Teilungssachen notarielle (s. dazu § 343 Rz.141b)

---

1 S. dazu Wurm/Wagner/Zartmann/*Fröhler*, Kap. 94 Rz. 32 bis 34 sowie M 94.65.
2 Zur analogen Anwendbarkeit der erbvertraglichen Vorschrift des § 2281 BGB auf wechselbezügliche Verfügungen in gemeinschaftlichen Testamenten OLG Düsseldorf v. 31.10.2006 – I-3 Wx 154/06, FamRZ 2007, 1272 (1273); Erman/*Schmidt* § 2281 BGB Rz. 1.
3 Erman/*Schlüter* § 1964 BGB Rz. 1.
4 Keidel/*Zimmermann*, § 342 FamFG Rz. 11.
5 Bahrenfuss/*Schaal*, § 342 FamFG Rz. 11; Jansen/Müller-Lukoschek, vor §§ 72 ff. FGG Rz. 3; aA Keidel/*Zimmermann*, § 342 FamFG Rz. 11; Bumiller/*Harders*, § 342 FamFG Rz. 11; Horndasch/Viefhues/*Heinemann*, § 342 FamFG Rz. 15: sonstige Aufgabe iSv. Nr. 9.
6 § 454 Rz. 5; Wurm/Wagner/Zartmann/*Fröhler*, Kap. 94 Rz. 28.
7 Horndasch/Viefhues/*Heinemann*, § 342 FamFG Rz. 11 zu § 342 Nr. 8.

Aufgaben bei der Auseinandersetzung eines Nachlasses, die sich nach den §§ 363 **bis 372** bzw. § 492 aus Abschnitt 3 ergeben, somit insbesondere Verfahren über vorbereitende Vereinbarungen nach § 366 und Auseinandersetzungspläne nach § 368.

Entsprechendes gilt über § 373 Abs. 1 für die Auseinandersetzung ehelicher, lebenspartnerschaftlicher oder fortgesetzter **beendeter Gütergemeinschaften** (s. dazu § 373 Rz. 8 ff.). **46**

2. Zeugnisse bei Gütergemeinschaftsauseinandersetzung (Nr. 2)

Darüber hinaus obliegt dem Nachlassgericht als Teilungssache auf Antrag die Erteilung, Einziehung bzw. Kraftloserklärung[1] von **Überweisungszeugnissen**[2] über die Auseinandersetzung des Gesamtguts einer ehelichen, lebenspartnerschaftlichen oder fortgesetzten Gütergemeinschaft gegenständlich beschränkt auf dazu gehörende Grundstücke, Wohnungs- und Teileigentumseinheiten[3] oder Erbbaurechte nach § 36 GBO, Hypotheken, Grundschulden oder Rentenschulden nach § 37 GBO, Schiffe oder Schiffshypotheken nach § 42 SchRegO bzw. Schiffsbauwerke oder Schiffsbauwerkshypotheken nach §§ 74, 42 SchRegO. Nach § 373 Abs. 2 sind die Verfahrensvorschriften des § 345 Abs. 1 über die Beteiligteneigenschaft sowie der §§ 352, 353 über Erbscheine und § 357 bezüglich Akteneinsicht entsprechend anwendbar. Zu Kostenvorteilen eines Überweisungszeugnisses s. Rz. 30. **47**

III. Übergangsrecht

Zum **Übergangsrecht** nach FGG-RG s. § 343 Rz. 193 ff. **48**

Kosten/Gebühren: Gericht: Die Gebühren in Nachlass- und Teilungssachen sind in Teil 1 Hauptabschnitt 2 KV GNotKG bestimmt. **RA:** Vertritt ein RA einen Beteiligten in einer Nachlass- oder Teilungssache, stehen ihm Gebühren nach Teil 3 VV RVG zu. Stellt der RA lediglich einen Antrag, steht ihm nur die verminderte Verfahrensgebühr nach Nr. 3101 VV RVG (vgl. Nr. 3 des Gebührentatbestandes) zu. **49**

343 Örtliche Zuständigkeit

(1) Die örtliche Zuständigkeit bestimmt sich nach dem Wohnsitz, den der Erblasser zur Zeit des Erbfalls hatte; fehlt ein inländischer Wohnsitz, ist das Gericht zuständig, in dessen Bezirk der Erblasser zur Zeit des Erbfalls seinen Aufenthalt hatte.
(2) Ist der Erblasser Deutscher und hatte er zur Zeit des Erbfalls im Inland weder Wohnsitz noch Aufenthalt, ist das Amtsgericht Schöneberg in Berlin zuständig. Es kann die Sache aus wichtigen Gründen an ein anderes Gericht verweisen.
(3) Ist der Erblasser ein Ausländer und hatte er zur Zeit des Erbfalls im Inland weder Wohnsitz noch Aufenthalt, ist jedes Gericht, in dessen Bezirk sich Nachlassgegenstände befinden, für alle Nachlassgegenstände zuständig.

A. Überblick	2. Wohnsitz
I. Entstehung 1	a) Allgemeines 11
II. Systematik 3	b) Gewählter Wohnsitz
III. Normzweck 6	aa) Begründung
B. Inhalt der Vorschrift	(1) Überblick 13
I. Wohnsitz bzw. Aufenthalt des Erblas-	(2) Niederlassung 14
sers im Inland (Absatz 1)	(3) Domizilwille 21
1. Allgemeines 8	(4) Exterritoriale Deutsche 27
	bb) Aufhebung 31

---

1 Keidel/*Zimmermann*, § 342 FamFG Rz. 13; Horndasch/Viefhues/*Heinemann*, § 342 FamFG Rz. 16.
2 S. dazu *Schäfer*, NotBZ 1997, 94. Musterformulierungen für Überweisungszeugnisse nach §§ 36, 37 GBO finden sich bei Firsching/*Graf*, Rz. 4.383 bis 4.386.
3 Nach allgemeiner Ansicht erfasst die Formulierung „Grundstück" auch Wohnungs- und Teileigentum, s. *Demharter*, § 37 GBO Rz. 3; Hügel/*Zeiser*, § 36 GBO Rz. 1.

- c) Gesetzlicher Wohnsitz
  - aa) Überblick 37
  - bb) Berufs- und Zeitsoldaten .. 38
  - cc) Minderjährige Kinder 41
- d) Mehrfache Wohnsitze 47
- 3. Aufenthalt 51
- 4. Bezugsort 55
- 5. Zeitpunkt 56
- II. Deutscher Erblasser ohne Wohnsitz oder Aufenthalt im Inland (Absatz 2)
  - 1. Überblick 59
  - 2. Deutscher Erblasser 60
  - 3. Weder Wohnsitz noch Aufenthalt des Erblassers im Inland bei Erbfall .. 65
  - 4. Zuständiges Gericht
    - a) Grundsatz 66
    - b) Verweisung 67
- III. Ausländischer Erblasser ohne Wohnsitz bzw. Aufenthalt im Inland (Absatz 3)
  - 1. Überblick 76
  - 2. Ausländischer Erblasser 77
  - 3. Weder Wohnsitz noch Aufenthalt des Erblassers im Inland bei Erbfall .. 79
  - 4. Nachlassbelegenheit im Inland
    - a) Allgemeines 80
    - b) Faktische Inlandsbelegenheit .. 81
    - c) Belegenheitsfiktion 87
    - d) Maßgebender Zeitpunkt 92
  - 5. Umfang der Zuständigkeit 93
- IV. Ersatzzuständigkeit bei Nichtausübung deutscher Gerichtsbarkeit
  - 1. Ausgangsproblematik 95
  - 2. Frühere Rechtslage 97
  - 3. Aktuelle Rechtslage 102
- V. Amtsermittlung 104
- VI. Mehrzahl an örtlich zuständigen Gerichten 106
- VII. Veränderung zuständigkeitsbegründender Umstände
  - 1. Grundsätzliche Kontinuität
    - a) Allgemeines 109
    - b) Verfahrensgegenstand 110
    - c) Maßgebender Zeitpunkt
      - aa) Überblick 112
      - bb) Vorgaben aus § 343 113
      - cc) Sonstige Umstände 117
  - 2. Ausnahme frühere Notzuständigkeit
    - a) Allgemeines 119
    - b) Frühere interlokale deutsch-deutsche Zuständigkeit 120
  - 3. Weiterverwahrung gemeinschaftlicher Testamente bzw. Erbverträge 125
  - 4. Einziehung eines durch ein örtlich unzuständiges Gericht erteilten Zeugnisses 125a
- VIII. Verweisung bei Unzuständigkeit; Rechtsfolge eines Verstoßes 126
- IX. Sachliche Zuständigkeit
  - 1. Allgemeines 129
  - 2. Landesgesetzlicher Vorbehalt
    - a) Nichtgerichtliche Behörde 130
    - b) Nichtbehördliche Zuständigkeit 131
  - 3. Sonderzuständigkeiten
    - a) Landwirtschaftsgerichte 132
    - b) Konsularbeamte 140
    - c) Kapitäne, Reeder und Seemannsämter 141
  - 4. Rechtsfolge bei Fehlen sachlicher Zuständigkeit 141a
  - 5. Zuständigkeitsübertragung auf Notare 141b
- X. Funktionelle Zuständigkeit
  - 1. Vorbehaltsübertragung 142
  - 2. Richtervorbehalt 145
  - 3. Grenzen und Durchbrechung des Richtervorbehalts 147
  - 4. Rechtsfolge bei Fehlen funktioneller Zuständigkeit 151
- XI. Internationale Zuständigkeit
  - 1. Rechtslage bis zum 16.8.2015: Grundsatzregelung nach § 105 ... 152
  - 2. Rechtslage ab 17.8.2015: Vorrang der Europäischen Erbrechtsverordnung 154
    - a) Grundsatzzuständigkeit des gewöhnlichen Aufenthalts 156
    - b) Sonderzuständigkeiten
      - aa) Rechtswahl 157
      - bb) Subsidiäre Zuständigkeit .. 158
      - cc) Notzuständigkeit 159
      - dd) Erbausschlagung und Haftungsbegrenzung 161
      - ee) Übergangsrecht 162
  - 3. Nachlassverfahrensrecht 163
  - 4. Erklärungen im Zusammenhang mit Erbausschlagungen
    - a) Rechtslage bis zum 16.8.2015 .. 171
    - b) Rechtslage ab dem 17.8.2015 ... 175
  - 5. Ausnahmen
    - a) Wesensfremde ausländische Regelung 176
    - b) Inländische Rechtsinstitute unter ausländischem Recht
      - aa) Allgemeines 178
      - bb) Inkompatibles inländisches Rechtsinstitut 179
      - cc) Kompatibles inländisches Rechtsinstitut 180
      - dd) Bilaterale Staatsverträge .. 181
    - c) Nachlassinsolvenz 182
    - d) Frühere Notzuständigkeit 186
  - 6. Rechtsfolge bei Fehlen der internationalen Zuständigkeit 187
- XII. Zeugnisbeschränkung auf Inlandsnachlass
  - 1. Ausgangsproblematik 188
  - 2. Lösungsansätze
    - a) Deutscher Erblasser 189
    - b) Ausländischer Erblasser 190
  - 3. Resümee 191
- XIII. Geschäftsverteilung 192a
- XIV. Übergangsrecht 193

A. Überblick

I. Entstehung

Die Regelungen nach Abs. 1 und 2 **entsprechen** im Wesentlichen dem früheren § 73 Abs. 1 und 2 FGG, wurden jedoch sprachlich und systematisch an die Vorschriften des Allgemeinen Teils über Verweisung und Abgabe (§§ 3 und 4) angeglichen. Abs. 2 Satz 2 sieht statt der früheren Abgabe nach § 73 Abs. 2 Satz 2 Halbs. 1 FGG die Möglichkeit der Verweisung vor, deren Bindungswirkung im Gegensatz zur früheren Regelung des § 73 Abs. 2 Satz 2 Halbs. 2 FGG aus § 3 Abs. 3 Satz 2 folgt.

Nach Abs. 3 wird die örtliche Zuständigkeit bei ausländischen Erblassern ohne Wohnsitz oder Aufenthalt im Inland zum Zeitpunkt des Erbfalls auf den gesamten, auch im Ausland befindlichen Nachlass **ausgedehnt**, wenn sich zumindest *ein*[1] Nachlassgegenstand im Inland befindet (s. Rz. 80). Abweichend von der früheren Regelung des § 73 Abs. 3 FGG ist die örtliche Zuständigkeit damit nicht mehr gegenständlich auf das im Inland belegene Nachlassvermögen beschränkt.[2]

II. Systematik

Die Vorschrift regelt die **allgemeine örtliche** Zuständigkeit in Nachlass- und Teilungssachen. Sie ist somit, wie die Gesetzessystematik zeigt, nicht auf Nachlasssachen beschränkt, sondern erfasst zusätzlich auch Teilungssachen (s. dazu jedoch Rz. 5).[3] Dabei handelt es sich um eine **ausschließliche,** der Verfügung der Beteiligten entzogene Zuständigkeit.[4] Nach Abs. 1 wird unabhängig von der Staatsangehörigkeit des Erblassers auf dessen inländischen Wohnsitz, hilfsweise auf dessen inländischen Aufenthalt zum Zeitpunkt des Erbfalls abgestellt. Fehlt es an beidem, wird zwischen deutschen und ausländischen Erblassern differenziert. Bei deutscher Staatsangehörigkeit ist nach Abs. 2 das Amtsgericht Schöneberg mit Verweisungsmöglichkeit nach § 3, bei ausländischer Staatsangehörigkeit ist nach Abs. 3 jedes Gericht, in dessen Bezirk sich Nachlassgegenstände befinden, für den gesamten Nachlass örtlich zuständig. Zur von der örtlichen Zuständigkeit zu unterscheidenden gerichtsinternen Geschäftsverteilung s. Rz. 192a ff.

Neben § 343 kann ergänzend eine **besondere** örtliche Zuständigkeit bestehen. Dies ist nach § 344 für die besondere amtliche Verwahrung von Verfügungen von Todes wegen, die Sicherung des Nachlasses, die Auseinandersetzung des Gesamtguts einer Gütergemeinschaft bei Zugehörigkeit eines Anteils an dem Gesamtgut zu einem Nachlass und die Entgegennahme bzw. Protokollierung einer Erklärung über Erbausschlagung bzw. Anfechtung der Ausschlagung, Annahme oder Fristversäumung der Fall.

Trotz allgemeiner Geltung des § 343 auch für durch Auseinandersetzungsantrag bis einschließlich 31.8.2013 (zur Zuständigkeit der Notare für ab 1.9.2013 beantragte derartige Verfahren s. Rz. 129 u. 141b) eingeleitete Teilungssachen wird die Auseinandersetzung einer **Gütergemeinschaft** iSd. § 373 Abs. 1 hiervon nicht erfasst. Gehört ein Anteil an dem Gesamtgut einer Gütergemeinschaft zu einem Nachlass, ist nach § 344 Abs. 5 Satz 1 in durch Auseinandersetzungsantrag ab 1.9.2013 (s. Rz. 129 u. 141b) eingeleiteten Verfahren der für die Nachlassauseinandersetzung zuständige Notar auch für die Auseinandersetzung des Gesamtguts der Gütergemeinschaft örtlich zuständig, wobei gleichwohl zwei verschiedene Verfahren bestehen. Andernfalls bestimmt sich die örtliche Zuständigkeit nach dem notariellen Amtssitz im Bezirk des für Ehesachen gem. § 122 Nr. 1 bis 5 zuständigen Gerichts (s. § 344 Rz. 55d ff.). Zur gerichtlichen Zuständigkeit in bis einschließlich 31.8.2013 beantragten Verfahren s. Vorauflage Rz. 5.

---

1 Im Ergebnis ebenso Jansen/*Müller-Lukoschek*, § 73 FGG Rz. 30; *Heinemann*, ZFE 2009, 8 (9); MüKo.ZPO/*Mayer*, § 343 FamFG Rz. 26 u. 28; Horndasch/Viefhues/*Heinemann*, § 343 FamFG Rz. 11.
2 *Fröhler*, BWNotZ 2008, 183 (185).
3 Ebenso MüKo.ZPO/*Mayer*, § 343 FamFG Rz. 1.
4 Keidel/*Zimmermann*, § 343 FamFG Rz. 36.

III. Normzweck

6 Die Vorschrift definiert unmittelbar, welches Gericht in Nachlass- und **bis einschließlich 31.8.2013** eingeleiteten Teilungssachen (zur Zuständigkeit der Notare für ab 1.9.2013 beantragte derartige Verfahren unter einer Restzuständigkeit des Gerichts nach § 492 Abs. 1 Satz 5 bzw. Abs. 2 für die Ausführung der durch den Notar bewilligten öffentlichen Zustellung bzw. die Entscheidung über die Erinnerung gegen Entscheidungen des Notars s. Rz. 129 u. 141b) örtlich allgemein zuständig ist. Die dabei vorgesehene gestufte Anknüpfung an den inländischen Wohnsitz bzw. Aufenthalt des Erblassers, hilfsweise die Zuständigkeit des Amtsgerichts Schöneberg bei deutschen Staatsangehörigen bzw. die Anknüpfung an die Belegenheit zumindest *eines* Nachlassgegenstandes bei ausländischen Staatsangehörigen verfolgt das Ziel möglichst großer örtlicher **Sachnähe**.

7 Zugleich wird aus § 343 mittelbar die **internationale** Zuständigkeit dadurch begründet, dass sich diese unter Aufgabe des Gleichlaufgrundsatzes nunmehr im Wege der Doppelfunktionalität nach § 105 aus der örtlichen Zuständigkeit ableitet (s. dazu Rz. 152 f.), soweit die dann nach Art. 3 Nr. 1 EGBGB für die Rechtsnachfolge von am 17.8.2015 oder danach verstorbenen Personen vorrangige EuErbVO[1] in ihrem Anwendungsbereich keine abweichende Regelung vorsieht (s. dazu Rz. 154 ff.).

B. Inhalt der Vorschrift

I. Wohnsitz bzw. Aufenthalt des Erblassers im Inland (Absatz 1)

1. Allgemeines

8 Abs. 1 knüpft hinsichtlich der allgemeinen örtlichen Zuständigkeit **ungeachtet der Staatsangehörigkeit** des Erblassers an dessen inländischen Wohnsitz, hilfsweise inländischen Aufenthalt zur Zeit des Erbfalls an. Die Staatsangehörigkeit wird damit nur dann relevant, wenn der Erblasser iSd. Abs. 2 und 3 bei seinem Tod im Inland weder Wohnsitz noch Aufenthalt hat.

9 Ob ein **Ausländer** seinen Wohnsitz im Inland hat, richtet sich nach der materiellen lex fori, somit nach deutschem **Sachrecht** und daher nach den Regelungen der §§ 7 ff. BGB.[2] Im Gegensatz dazu ist das **internationale** Privatrecht für die Klärung von Vorfragen aus der Anwendung dieses deutschen Sachrechts maßgebend, bspw. zur Bestimmung der Minderjährigkeit bzw. des Vertretungsrechts für § 11 BGB durch Art. 7 EGBGB.[3] Gleiches gilt für den inländischen Aufenthalt.

10 Nicht ausreichend ist es insbesondere, alleine auf den *letzten* inländischen Wohnsitz bzw. Aufenthalt abzustellen, da es möglich ist, dass dieser wieder aufgegeben und durch einen ausländischen Wohnsitz bzw. Aufenthalt ersetzt wurde, bevor anschließend der Erbfall eingetreten ist. Entscheidend ist vielmehr der inländische Wohnsitz bzw. Aufenthalt **zur Zeit des Erbfalls**. Wo hingegen der Erbe seinen Wohnsitz oder Aufenthalt bzw. welche Staatsangehörigkeit er hat, ist für die örtliche Zuständigkeit des Nachlassgerichts ohne Bedeutung.[4]

2. Wohnsitz

a) Allgemeines

11 Der Wohnsitz des Erblassers bestimmt sich – auch für einen ausländischen Erblasser (s. Rz. 9) – nach den Regelungen der §§ 7, 8, 9 und 11 BGB.[5] Maßgebend ist dabei

---

1 Verordnung (EU) Nr. 650/2012 über die Zuständigkeit, das anzuwendende Recht, die Anerkennung und Vollstreckung von Entscheidungen und die Aufnahme und Vollstreckung öffentlicher Urkunden in Erbsachen sowie zur Einführung eines Europäischen Nachlasszeugnisses idF vom 4.7.2012, ABl. EU 2012, Nr. L 201, S. 107.
2 OLG Frankfurt v. 2.2.1995 – 20 W 36/95, FGPrax 1995, 112; KG v. 16.2.1961 – 1 W 2644/60, FamRZ 1961, 383 (384); *Schäuble*, ZErb 2009, 200 (204); Keidel/*Zimmermann*, § 343 FamFG Rz. 41.
3 *Schäuble*, ZErb 2009, 200 (204 f.); *Bassenge*/Roth, § 343 FamFG Rz. 3.
4 Jansen/*Müller-Lukoschek*, § 73 FGG Rz. 3; MüKo.ZPO/*Mayer*, § 343 FamFG Rz. 3.
5 BayObLG v. 17.12.1984 – 1 ZS AllgReg 94/84, Rpfleger 1985, 66.

grundsätzlich der **räumliche Schwerpunkt** (Mittelpunkt) der gesamten Lebensverhältnisse des Erblassers.[1]

Dabei wird zwischen dem selbständig gewählten Wohnsitz nach §§ 7 bzw. 8 BGB einerseits und dem abgeleiteten gesetzlichen Wohnsitz iSd. §§ 9 bzw. 11 BGB andererseits **unterschieden**. 12

b) Gewählter Wohnsitz

aa) Begründung

(1) Überblick

Der gewählte Wohnsitz wird kumulativ durch eine **objektive** und eine **subjektive** Komponente begründet.[2] Dies geschieht durch Niederlassung an einem Ort, der nach dem Willen des Erblassers dem ständigen Schwerpunkt seiner Lebensverhältnisse dienen soll.[3] 13

(2) Niederlassung

Die tatsächliche Niederlassung setzt dabei eine **selbst genutzte Unterkunft** voraus. Diese muss nicht notwendig in Gestalt einer eigenen Wohnung[4] oder eines für den Alleingebrauch bestimmten abgetrennten Zimmers[5] bestehen. Ausreichend ist bereits die Mitbenutzung eines Wohnraums neben anderen Personen.[6] 14

Dabei muss es sich um eine **ständige** Niederlassung handeln.[7] Ist ein Wohnort bereits objektiv nur für eine vorübergehende Zeit vorgesehen, wird kein Wohnsitz begründet. Ausreichend ist jedoch, den dauerhaft bestimmten Wohnort **etappenweise** zu realisieren, bspw. über anfangs zeitlich begrenzte Unterkünfte, etwa von verschiedenen nur durchgangsweise befristet bezogenen Wohnungsgemeinschaften zu einer unbefristet gemieteten ständigen Einzelwohnung. 15

Maßgebender **Ort des Wohnsitzes** ist dann der durch die Landesgesetzgebung bestimmte, rechtlich abgegrenzte, räumliche Bezirk, in dem sich die ständige Unterkunft des Erblassers befindet, regelmäßig die betroffene Gemeinde, bei Fehlen einer Gemeindezugehörigkeit auch selbständige kleine Ortseinheiten oder einzelne Grundstücke.[8] 16

Dies gilt uneingeschränkt auch für **Ordensangehörige**. Kirchenrechtliche Besonderheiten, wie bspw. eine Wohnsitzfiktion für Ordensschwestern am Sitz des Mutterhauses, sind unbeachtlich.[9] 17

Bei **dauernder Anstaltsunterbringung** iSv. § 1906 BGB wird der Wohnsitz am Ort der Anstalt begründet.[10] 18

An der objektiven Dauerhaftigkeit der Niederlassung fehlt es jedoch aufgrund der tatsächlichen zeitlichen Begrenzung des Aufenthalts insbesondere bei **Wehrpflichtigen** hinsichtlich ihrer Stationierung am Truppenstandort während des befristeten Wehrdienstes.[11] Für Wehrpflichtige wird nach § 9 Abs. 2 BGB zudem kein gesetzlicher soldatischer Wohnsitz begründet. 19

---

1 BGH v. 14.2.1962 – IV ZR 192/61, LM Nr. 3 zu § 7 BGB; BayObLG v. 17.12.1984 – Allg. Reg. 94/84, BayObLGZ 1984, 289 (290); Palandt/*Ellenberger*, § 7 BGB Rz. 1.
2 BVerwG v. 9.11.1967 – VIII C 141/67, NJW 1968, 1059.
3 BayObLG v. 14.2.1962 – IV ZR 192/61, BayObLGZ 1985, 158 (161).
4 BayObLG v. 4.5.1905 – Az. ist n.v., OLGR 12, 238.
5 MüKo.BGB/*Schmitt*, § 7 BGB Rz. 20.
6 BVerwG v. 21.5.1985 – 1 C 52/82, NJW 1986, 674 (675).
7 MüKo.BGB/*Schmitt*, § 7 BGB Rz. 19.
8 RG v. 9.12.1907 – Rep. VI. 276/07, RGZ 67, 191 (194).
9 BayObLG v. 25.11.1960 – Allg. Reg. 71/60, BayObLGZ 1960, 455 (456).
10 OLG Rostock v. 16.6.1915 – Az. ist n.v., OLGR 33, 19; OLG Oldenburg v. 1.3.1899 – Az. ist n.v., SeuffA 55 Nr. 64; MüKo.BGB/*Schmitt*, § 7 BGB Rz. 49.
11 MüKo.BGB/*Schmitt*, § 7 BGB Rz. 28.

20 Gleiches gilt für **Strafgefangene** unabhängig davon, ob eine Verurteilung zu zeitiger Freiheitsstrafe iSd. § 38 StGB[1] oder gar zu lebenslanger Freiheitsstrafe erfolgt ist.[2] Selbst bei lebenslanger Freiheitsstrafe besteht nach § 57a Abs. 1 StGB nach fünfzehnjähriger Verbüßung eine konkrete Aussicht auf Aussetzung des Strafrests zur Bewährung.[3] Ein Wohnsitz wird am Ort der Justizvollzugsanstalt daher ausnahmsweise nur dann begründet, wenn weitere Faktoren hinzutreten, insbesondere ein entsprechender Domizilwille des Strafgefangenen, der regelmäßig fehlen wird und auch – anders als in Fällen endgültiger Ausweisung aus dem Schutzgebiet deutscher Staatsgewalt[4] – durch hoheitlichen Zwang nicht ersetzt werden kann.

(3) Domizilwille

21 Die **Notwendigkeit** eines geschäftsähnlichen[5] Domizilwillens folgt mangels ausdrücklicher Erwähnung in § 7 Abs. 1 BGB zum einen aus einer Analogie zum Tatbestand der Wohnsitzaufhebung gem. § 7 Abs. 3 BGB, in dem diese subjektive Komponente explizit normiert ist, und zum anderen aus § 8 Abs. 1 BGB, nach dem die Wohnsitzbegründung Geschäftsfähigkeit voraussetzt.[6]

22 Ein derartiger Wille erfordert, dass am Ort der Niederlassung der Schwerpunkt der Lebensverhältnisse **dauerhaft** beibehalten werden soll.[7] Dies setzt keine ausdrückliche Erklärung voraus, sondern kann aus dem gesamten Verhalten und den sonstigen Umständen erschlossen werden.[8] Da ein diesbezüglicher Entschluss als innerer Vorgang einer unmittelbaren Erkenntnis Dritter entzogen ist, hat er sich nach außen jedoch durch äußere Umstände zu manifestieren, ohne dass ein endgültiger Verbleib beabsichtigt sein müsste.[9]

23 **Indizien** für den Willen zur dauerhaften Beibehaltung des Lebensmittelpunktes ergeben sich regelmäßig aus einer bereits fortgeschrittenen Dauer des tatsächlichen Aufenthalts bzw. aus dem Bemühen, an dem Wohnort bessere Wohnbedingungen zu finden, bspw. anstelle einer bisher gemeinsam mit Dritten genutzten Unterkunft eine eigene Wohnung zu beziehen.[10] Grundsätzlich ist der unter Aufgabe der bisherigen Wohnung erfolgende Umzug in ein **Hospiz** als Sterbeort auf Dauer ausgerichtet.[11] Entsprechendes gilt für den Einzug in ein **Pflegewohnzentrum**, wenn der Gesundheitszustand eine auf unbegrenzte Dauer angelegte medizinische und pflegerische Betreuung erfordert und keine Möglichkeit einer Veränderung ersichtlich ist.[12]

24 Der erforderliche Domizilwille **fehlt** jedoch, wenn die Niederlassung lediglich mit dem Ziel einer vorübergehenden Wohnungsnahme erfolgt. So begründet insbesondere ein **Student** am Universitätsort nur unter besonderen Umständen seinen Wohnsitz,[13] da sich die für den Willen zu einem ständigen Aufenthalt maßgebende berufliche Entwicklung regelmäßig erst nach Abschluss des Studiums absehen lässt. Entsprechendes gilt für den regelmäßig nicht auf Dauer, sondern lediglich zur vorü-

---

1 BGH v. 19.6.1996 – XII ARZ 5/96, NJW-RR 1996, 1217; BGH v. 21.1.1997 – X ARZ 1283/96, NJW 1997, 1154.
2 BayObLG v. 8.6.1900 – Beschw. Reg. III.158/1900; Soergel/*Fahse*, § 7 BGB Rz. 13.
3 Nach Ablauf der fünfzehnjährigen Mindestverbüßungszeit ist der Täter selbst bei guter Führung nicht automatisch zu entlassen, s. BGH v. 22.12.1982 – 3 StR 437/82, BGHSt 31, 189 (192); *Fischer*, § 57 StGB Rz. 8 mwN.
4 S. RG v. 31.7.1936 – VII 7/36, RGZ 152, 53 (60) bzw. OLG Hamm v. 1.12.1971 – 15a W 511/71, OLGZ 1972, 352 (354f.).
5 BGH v. 14.7.1952 – IV ZB 21/52, BGHZ 7, 104 (109); aA Palandt/*Ellenberger*, § 7 BGB Rz. 7: Rechtsgeschäft.
6 MüKo.BGB/*Schmitt*, § 7 BGB Rz. 24.
7 BVerwG v. 21.5.1985 – 1 C 52/82, NJW 1986, 674.
8 BGH v. 14.7.1952 – IV ZB 21/52, BGHZ 7, 104 (109f.).
9 BVerwG v. 9.11.1967 – VIII C 141/67, NJW 1968, 1059 (1060).
10 BGH v. 30.11.1983 – IVb ARZ 50/83, NJW 1984, 971.
11 OLG Düsseldorf v. 7.1.2002 – 3 Sa 3/01, Rpfleger 2002, 314.
12 OLG Düsseldorf v. 27.8.2009 – I-3 Sa 1/09, FGPrax 2009, 271; OLG Düsseldorf v. 29.10.2012 – I-3 Sa 5/12, FGPrax 2013, 27; Keidel/*Zimmermann*, § 343 FamFG Rz. 41.
13 BVerfG v. 22.6.1990 – 2 BvR 116/90, NJW 1990, 2193 (2194); OLG Düsseldorf v. 6.11.1990 – 6 UF 195/90, FamRZ 1992, 103.

bergehenden medizinischen Versorgung mit alsbaldiger Rückkehr ausgerichteten **Krankenhausaufenthalt** eines Patienten.[1]

Die **polizeiliche Anmeldung** am neuen Wohnort und Abmeldung am früheren Wohnort kann nur gemeinsam mit weiteren Faktoren einen Domizilwillen manifestieren.[2] Ausreichend ist insoweit etwa bei Umzug in ein **Frauenhaus**, jedenfalls bei größerer Entfernung vom bisherigen Wohnort, ein dort unbefristet angelegter Aufenthalt,[3] im Rahmen des Möglichen im Hinblick auf das Alter mitumziehender Kinder deren dortige Schulanmeldung,[4] während eine kurzzeitige, bspw. auf drei Wochen beschränkte Befristung nicht genügt.[5] Hierbei ist jeweils ohne Bedeutung, dass ein Frauenhaus üblicherweise nur dem vorübergehenden Aufenthalt dient, da bereits ein beabsichtigter anschließender Umzug in eine andere Unterkunft im gleichen Ort, bspw. eine Sozialwohnung, ausreicht.[6]

Der Wohnsitz **nicht voll Geschäftsfähiger** wird entweder durch alleinige Bestimmung des gesetzlichen Vertreters nach § 7 BGB oder durch eigene Handlung des nicht voll Geschäftsfähigen begründet bzw. aufgehoben,[7] die dann jedoch nach § 8 Abs. 1 BGB grundsätzlich der Zustimmung des gesetzlichen Vertreters bedarf, der dazu jedoch als Betreuer bzw. Vormund seinerseits hinsichtlich des gerichtlich bestimmten Aufgabenkreises die Berechtigung zur Aufenthalts- bzw. Wohnungsbestimmung benötigt.[8] Von diesem Erfordernis ist ein verheirateter oder verheiratet gewesener nicht geschäftsunfähiger Minderjähriger nach § 8 Abs. 2 BGB befreit, wenn dieser, der das 16. Lebensjahr vollendet haben und dessen künftiger Ehegatte volljährig sein muss, auf seinen Antrag durch das Familiengericht nach § 1303 Abs. 2 BGB von der Notwendigkeit der eigenen Volljährigkeit befreit worden ist,[9] und dessen Wohnsitz der gesetzliche Vertreter dann weder begründen noch aufheben kann.[10] Der Wohnsitz anderer nicht voll geschäftsfähiger, mithin auch niemals verheiratet gewesener minderjähriger Kinder richtet sich gem. § 11 BGB nach dem Wohnsitz ihres Personensorgeberechtigten, mithin regelmäßig der Eltern, hilfsweise eines Vormunds bzw. Pflegers (s. dazu Rz. 41 ff.), soweit nicht nach § 7 iVm § 8 Abs. 1 BGB ein anderer Wohnsitz begründet wird (s. dazu Rz. 43). Ein **Betreuter** bedarf nur dann einer Zustimmung nach § 8 Abs. 1 BGB, wenn er geschäftsunfähig ist oder einem Einwilligungsvorbehalt iSd. § 1903 BGB untersteht, und bestimmt im Übrigen seinen Wohnsitz allein, wobei dann der Betreuer seinerseits bei entsprechend bestimmtem Aufgabenkreis kraft eigener Vertretungsmacht aus § 1902 BGB den Wohnsitz des Betreuten nach § 7 BGB bestimmen kann. Soweit § 8 Abs. 1 BGB einschlägig ist, muss über dessen Wortlaut hinaus anstelle der Zustimmung des gesetzlichen Vertreters die Willensausübung durch denjenigen genügen, der durch den Geschäftsunfähigen bzw. beschränkt Geschäftsfähigen, als dieser noch geschäftsfähig war, rechtsgeschäftlich **bevollmächtigt** worden ist. Dies ergibt sich aus einem Erst-Recht-Schluss zu § 1906 Abs. 5 BGB, nach dem eine Vollmacht einer gesetzlichen Vertretung sogar bei freiheitsentziehender Unterbringung in einer geschlossenen Anstalt gleichsteht. Ist das Vorhandensein der Geschäftsfähigkeit **ungewiss**, wird sie insoweit unterstellt.[11]

---

1 OLG Düsseldorf v. 7.1.2002 – 3 Sa 3/01, Rpfleger 2002, 314; OLG Düsseldorf v. 29.10.2012 – I-3 Sa 5/12, FGPrax 2013, 27; Keidel/*Zimmermann*, § 343 FamFG Rz. 41.
2 BayObLG v. 14.11.1988 – AR 1 Z 75/88, NJW-RR 1989, 262 (263); OLG Düsseldorf v. 29.10.2012 – I-3 Sa 5/12, FGPrax 2013, 27.
3 OLG Karlsruhe v. 10.2.1995 – 2 UF 290/94, NJW-RR 1995, 1220 bei Entfernung von 100 km; OLG Karlsruhe v. 7.5.2009 – 16 WF 61/09, NJW-RR 2009, 1598.
4 OLG Nürnberg v. 8.9.1993 – 11 WF 1097/03, FamRZ 1994, 1104 (1105).
5 BGH v. 14.12.1994 – XII ARZ 33/94, NJW 1995, 1224 (1225).
6 OLG Karlsruhe v. 10.2.1995 – 2 UF 290/94, NJW-RR 1995, 1220; OLG Nürnberg v. 8.9.1993 – 11 WF 1097/03, FamRZ 1994, 1104 (1105).
7 MüKo.BGB/*Schmitt*, § 8 BGB Rz. 1; Staudinger/*Weick*, Neubearbeitung 2004, § 8 BGB Rz. 1.
8 BayObLG v. 12.5.1992 – 1 Z AR 22/92, NJW-RR 1993, 460 (461); OLG Düsseldorf v. 29.10.2012 – I-3 Sa 5/12, FGPrax 2013, 27.
9 MüKo.BGB/*Schmitt*, § 8 BGB Rz. 11; Staudinger/*Weick*, Neubearbeitung 2004, § 8 BGB Rz. 5.
10 MüKo.BGB/*Schmitt*, § 8 BGB Rz. 11.
11 BayObLG v. 24.8.1989 – AR 1 Z 90/89, Rpfleger 1990, 73 (Wohnsitzaufhebung).

(4) Exterritoriale Deutsche

27 Nach der **früheren Regelung des § 3 FGG** wurde unter ausdrücklicher Verweisung auf § 15 ZPO eine örtliche Sonderzuständigkeit begründet, durch die deutsche Staatsangehörige, die im Ausland nach Völkerrecht exterritorial sind, und die im Ausland beschäftigten deutschen Angehörigen des öffentlichen Dienstes so behandelt wurden, als hätten sie ihren **letzten Wohnsitz im Inland** beibehalten. Hilfsweise galt als Wohnsitz der Sitz der Bundesregierung. Von dieser Wohnsitzfiktion wurden als Exterritoriale deutsche Staatsangehörige erfasst, soweit sie Mitglieder einer diplomatischen Mission einschließlich ihres Gefolges bzw. deren im Haushalt lebende Familienangehörige[1] einerseits oder – insoweit ohne dienstliches Personal bzw. Angehörige – Konsularbeamte bzw. deren Bedienstete des Verwaltungs- und des technischen Personals[2] andererseits waren. Exterritorialität bedeutet gegenständliche Befreiung von der ausländischen Gerichtsbarkeit am dortigen ausländischen Dienstort nach Maßgabe des Wiener Übereinkommens über diplomatische Beziehungen v. 6.8.1964[3] bzw. des Wiener Übereinkommens über konsularische Beziehungen v. 24.4.1963.[4] Darüber hinaus waren als deutsche Angehörige des öffentlichen Dienstes Berufskonsuln, Beamte, Angestellte sowie Arbeiter des Bundes, eines Landes, einer Körperschaft bzw. einer Anstalt des öffentlichen Rechts betroffen.[5]

28 Diese Sonderzuständigkeit wurde durch das FGG-RG ohne Angabe von Gründen **ersatzlos aufgehoben**. Auch sieht das FamFG keine generelle Verweisung auf die Vorschriften der ZPO vor, sondern ordnet deren Anwendbarkeit lediglich im Einzelfall, wie bspw. in § 113 Abs. 1 Satz 2 für Ehe- und Familienstreitsachen, ausdrücklich an.

29 Ungeachtet der Frage, ob § 15 ZPO einen allgemeinen Grundsatz zur Bestimmung des Wohnsitzes iSd. § 7 BGB beinhaltet,[6] kommt **keine analoge Anwendung des § 15 ZPO** in Betracht, da dessen frühere ausdrückliche Geltung gezielt aufgehoben wurde.[7] Dies wird ergänzend dadurch untermauert, dass das FGG-RG alle bisher parallel zur früheren Regelung des § 73 Abs. 1 FGG vorhanden gewesenen Primäranknüpfungen an den inländischen Wohnsitz – § 36 Abs. 1 (Vormundschaft), § 36a (Vormundschaft vor der Geburt), §§ 37 iVm. 36 (Ergänzungspfleger), § 39 (Abwesenheitspfleger), §§ 43 iVm. 36 (Sonstige Verrichtungen des Vormundschaftsgerichts), § 43b FGG (Annahme eines Kindes) – durch andere Bezugsparameter, insbesondere den gewöhnlichen Aufenthalt unter teilweiser Hilfszuständigkeit des Amtsgerichts Schöneberg ersetzt hat. Zudem stellt Abs. 2 sicher, dass in Gestalt des Amtsgerichts Schöneberg jedenfalls ein deutsches Gericht örtlich zuständig ist, das ggf. durch Verweisung eine sachnähere örtliche Inlandszuständigkeit begründen kann. Durch die ersatzlose Aufhebung des § 3 FGG bleibt die örtliche Zuständigkeit in Nachlass- und Teilungssachen unter Aufgabe des bisherigen Gleichlaufs mit den Verfahren nach der ZPO zumindest hinsichtlich der Hilfszuständigkeit des Amtsgerichts Schöneberg an andere Verfahren nach dem FamFG angenähert.

30 § 15 ZPO ist damit auf Abs. 1 nicht anwendbar. Ungeachtet dessen ist im jeweiligen Einzelfall **nach den allgemeinen Grundsätzen** des § 7 Abs. 3 BGB (s. dazu Rz. 31 ff.) zu klären, ob ein Angehöriger dieses Personenkreises seinen früheren inländischen Wohnsitz mit Domizilaufgabewillen auf Dauer ausgerichtet aufgehoben hat oder sich nur auf einen vorübergehenden Auslandsaufenthalt eingerichtet und damit seinen bisherigen inländischen Wohnsitz beibehalten hat.[8]

---

1 Zöller/*Lückemann*, § 18 GVG Rz. 1.
2 Zöller/*Lückemann*, § 19 GVG Rz. 1 und 2.
3 BGBl. II 1964, S. 957.
4 BGBl. II 1969, S. 1585.
5 Zöller/*Vollkommer*, § 15 ZPO Rz. 5.
6 Verneinend Soergel/*Fahse*, vor § 7 BGB Rz. 4; aA Palandt/*Ellenberger*, § 7 BGB Rz. 11: entsprechende Anwendung des § 15 Abs. 1 Satz 1 ZPO auf § 7 BGB.
7 Im Ergebnis ebenso *Heinemann*, ZErb 2008, 293 (295); Horndasch/Viefhues/*Heinemann*, § 343 FamFG Rz. 3; Keidel/*Zimmermann*, § 343 FamFG Rz. 41; aA MüKo.ZPO/*Mayer*, § 343 FamFG Rz. 8: analoge Anwenung des § 15 ZPO.
8 So für Exterritoriale grundsätzlich bejahend Soergel/*Fahse*, vor § 7 BGB Rz. 4.

bb) Aufhebung

Nach § 7 Abs. 3 BGB wird der Wohnsitz analog zu seiner Begründung **kumulativ** durch objektive tatsächliche Wohnsitzaufgabe und subjektiven Domizilaufgabewillen aufgehoben. Die vorstehenden Anmerkungen zur Wohnsitzbegründung gelten entsprechend, zumal der dortige subjektive Tatbestand erst aus § 7 Abs. 3 BGB abgeleitet wird (s. Rz. 21).

Ein **Domizilaufgabewille** ist im Falle einer Auswanderung ab dem tatsächlichen Verlassen des Staatsgebietes grundsätzlich zu unterstellen, soweit keine entgegenstehenden Anhaltspunkte vorhanden sind.[1] Kehrt ein ausländischer Wehrpflichtiger unter Auflösung seines Hausstandes und Umzug seiner Familie anlässlich der Ableistung seines Wehrdienstes aus Deutschland in sein Heimatland zurück, gibt er zugleich seinen Wohnsitz auf.[2]

Der nach § 7 Abs. 3 BGB erforderliche freie Domizilaufgabewille wird bei **zwangsweise** angeordneten und durchgeführten Maßnahmen, die infolge aufgenötigten Willens bei Ausweisung oder Vertreibung die dauerhafte Wohnsitzaufgabe herbeigeführt haben, vollumfänglich ersetzt.[3]

Der Domizilaufgabewille fehlt jedoch regelmäßig bei Verlassen des Wohnortes samt des Staatsgebietes aus Furcht vor künftigen Verfolgungsmaßnahmen in der Annahme, im Ausland lediglich **vorübergehend** Aufenthalt zu nehmen und anschließend wieder zurückzukehren, so bspw. anlässlich der Flucht rassisch Verfolgter ab 1938 aus dem Sudetenland[4] oder deutscher Staatsangehöriger in der Zeit bis Ende des Zweiten Weltkriegs aus den ostdeutschen Reichsgebieten.[5]

Als Wohnsitz eines **Verschollenen** iSd. Verschollenheitsgesetzes gilt bis zum Nachweis eines Domizilaufgabewillens der letzte bekannte Wohnsitz fort.[6]

Wird der bisherige Wohnsitz ohne Begründung eines neuen Wohnsitzes aufgehoben, entsteht ein Status der **Wohnungslosigkeit**.[7]

c) Gesetzlicher Wohnsitz

aa) Überblick

Der **abgeleitete** Wohnsitz wird unabhängig von der tatsächlichen ständigen Niederlassung und dem Bestehen eines etwaigen Domizilwillens des Betroffenen ausschließlich kraft gesetzlicher Anordnung begründet.

bb) Berufs- und Zeitsoldaten

So hat ein Berufs- oder Zeitsoldat nach § 9 Abs. 1 Satz 1 BGB seinen gesetzlichen Wohnsitz am **Standort** der regelmäßigen Unterkunft desjenigen Truppenteils, dem er angehört, bzw. nach § 9 Abs. 1 Satz 2 BGB bei einem aktuellen ausländischen Standort am letzten inländischen Standort.[8] Gehört ein Soldat keinem Truppenteil an, ist der Ort der militärischen Dienststelle maßgebend.[9] Wird ein Soldat längere Zeit an einen anderen Truppenteil abkommandiert, ist dessen inländischer Standort gesetzlicher Wohnsitz.[10]

---

1 MüKo.BGB/*Schmitt*, § 7 BGB Rz. 41.
2 OLG München v. 19.10.2010 – 31 Wx 051/10 ZErb 2010, 341 f.
3 RG v. 31.7.1936 – VII 7/36, RGZ 152, 53 (60) für eine 1919 erfolgte Ausweisung aus Südwestafrika nach Deutschland; OLG Hamm v. 1.12.1971 – 15a W 511/71, OLGZ 1972, 352 (354 f.) für deutsche Vertriebene in der Zeit nach Beendigung des Zweiten Weltkriegs aus den ostdeutschen Reichsgebieten.
4 OLG Hamm v. 1.12.1971 – 15a W 511/71, OLGZ 1972, 352 (354 f.).
5 BVerwG v. 29.4.1969 – III C 123/67, WM 1969, 1455 (1456).
6 Jansen/*Müller-Lukoschek*, § 73 FGG Rz. 6.
7 MüKo.BGB/*Schmitt*, § 9 BGB Rz. 44.
8 MüKo.BGB/*Schmitt*, § 9 BGB Rz. 7.
9 Palandt/*Ellenberger*, § 9 BGB Rz. 1.
10 OLG Dresden v. 4.4.1913 – 2 S 24/13, SeuffA Nr. 69, 209; RG v. 18.11.1937 – IV 133/37, JW 1938, 234; Palandt/*Ellenberger*, § 9 BGB Rz. 1; aA MüKo.BGB/*Schmitt*, § 9 BGB Rz. 8: Standort desjenigen Truppenteils bleibt maßgeblich, dem der Soldat weiterhin angehört.

39 Zusätzlich kann der Berufs- bzw. Zeitsoldat nach § 7 Abs. 1 BGB an dem von ihm zu seinem dauerhaften Lebensmittelpunkt bestimmten Ort einen gewählten Wohnsitz begründen. Hierdurch entstehen zugleich Mehrfachwohnsitze.[1]

40 Nach § 9 Abs. 2 BGB unterliegen Soldaten, die den Wehrdienst ausschließlich aufgrund der **Wehrpflicht** leisten, sowie geschäftsunfähige oder beschränkt geschäftsfähige Soldaten iSv. § 8 Abs. 1 BGB keinem abgeleiteten soldatischen Wohnsitz iSd. § 9 Abs. 1 BGB.

cc) Minderjährige Kinder

41 Gem. § 11 BGB ist für ein minderjähriges Kind kraft Gesetzes der Wohnsitz seines **Personensorgeberechtigten** (regelmäßig der Eltern, hilfsweise eines Vormunds bzw. Pflegers) gesetzlicher Wohnsitz.

42 Sind **beide Elternteile** personensorgeberechtigt – dies ist bei verheirateten Eltern regelmäßig nach § 1626 Abs. 1 Satz 1 BGB bzw. § 1626a Abs. 1 Nr. 2 BGB, bei nicht verheirateten Eltern lediglich ausnahmsweise aufgrund einer Sorgeerklärung nach § 1626a Abs. 1 Nr. 1 BGB bzw. nach einer gerichtlichen Sorgerechtsübertragung iSv. § 1672 Abs. 2 BGB der Fall –, begründen sie mit ihrem gemeinsamen Wohnsitz zugleich den gesetzlichen Wohnsitz ihres minderjährigen Kindes. Haben gemeinsam personensorgeberechtigte Eltern zB nach Trennung unterschiedliche Wohnsitze, erhält das Kind – auch wenn es nach der Begründung getrennter Wohnsitze geboren ist[2] – bis zu einer eventuellen gerichtlichen Sorgerechtsübertragung iSv. § 1671 BGB einen entsprechenden gesetzlichen Doppelwohnsitz.[3] Es ist jedoch auch dann von einem gemeinsamen Wohnsitz der Eltern auszugehen, wenn ein davon abweichender Aufenthalt eines Elternteils im Ausland ohne dauerhafte Trennung der Eltern lediglich zwecks Verhinderung der Schulpflicht erfolgt.[4] Die Eltern können dann jedoch gemeinschaftlich nach § 7 iVm. § 8 BGB einen davon abweichenden alleinigen Wohnsitz am Wohnort eines von ihnen[5] bzw. neben oder zusätzlich zu dem bisherigen einen neuen Wohnsitz, bspw. in einer Pflegefamilie,[6] begründen.

43 Ist – nach § 1626a Abs. 2 BGB (nicht verheiratete Mutter ohne Sorgeerklärung), § 1666 BGB (Entziehung des Sorgerechts), §§ 1671, 1672 BGB (Übertragung des Sorgerechts) bzw. §§ 1680, 1681 BGB (Tod bzw. Todeserklärung eines Elternteils; Entziehung des Sorgerechts) – **nur *ein* Elternteil** personensorgeberechtigt, wird nach § 11 Satz 1 Halbs. 2 BGB alleine dessen Wohn- bzw. Doppelwohnsitz gesetzlicher Wohnsitz des Kindes. Der alleinsorgeberechtigte Elternteil kann nach § 7 iVm. § 8 BGB neben oder zusätzlich zu dem bisherigen einen neuen Wohnsitz wählen, bspw. am Ort des durch das Kind ständig besuchten Internats.[7]

44 Steht das Personensorgerecht – nach § 1773 BGB (Vormund) bzw. nach § 1909 BGB (Pfleger) – einem **Dritten** zu, ist nach § 11 Satz 2 BGB dessen Wohnsitz maßgebend. Die vorstehenden Anmerkungen gelten dann entsprechend.

45 Wird der den gesetzlichen Wohnsitz begründende Vertreter des minderjährigen Kindes wohnsitzlos, wird auch das Kind wohnsitzlos,[8] wenn nicht daneben nach § 7 iVm. § 8 BGB ein gewählter Doppelwohnsitz besteht, der nunmehr zum alleinigen Wohnsitz wird.

---

1 BVerwG v. 12.5.1960 – VIII C 120/59, MDR 1960, 1041.
2 KG v. 16.4.1964 – 2 W 564/64, NJW 1964, 1577 (1578).
3 BGH v. 30.11.1983 – IVb ARZ 50/83, NJW 1984, 971; OLG Brandenburg v. 21.3.2003 – 9 AR 9/02, FGPrax 2003, 129; OLG Karlsruhe v. 7.5.2009 – 16 WF 61/09, NJW-RR 2009, 1598.
4 VG Aachen v. 15.4.2011 – 9 K 1917/10, n.v. (vorübergehender Aufenthalt in Belgien).
5 BGH v. 3.11.1993 – XII ARZ 27/93, NJW-RR 1994, 322.
6 OLG Köln v. 30.10.1995 – 16 Wx 186/95, FamRZ 1996, 859 (860); OLG Brandenburg v. 18.12.2008 – 9 UF 64/08, FamRZ 2009, 1499.
7 BayObLG v. 14.11.1988 – AR 1 Z 75/88, NJW-RR 1989, 262 (263).
8 Erman/*Westermann*, § 11 BGB Rz. 2; MüKo.BGB/*Schmitt*, § 11 BGB Rz. 13; Palandt/*Heinrichs*, § 11 BGB Rz. 6; aA Staudinger/*Habermann/Weick*, § 11 BGB Rz. 12.

46 Nach § 11 Satz 3 BGB **verliert** ein minderjähriges Kind seinen gesetzlichen Wohnsitz, soweit nicht ein anderer gesetzlicher Wohnsitz begründet wird (s. dazu Rz. 42 ff.), erst durch gewählte Aufhebung iSd. § 7 Abs. 3 BGB, die während der Minderjährigkeit durch den gesetzlichen Vertreter nach § 8 BGB bzw. nach Erreichen der Volljährigkeit durch das Kind selbst, dessen Bevollmächtigten oder den gesetzlichen Vertreter nach § 8 BGB ausgeübt wird. Insbesondere hebt die Anmeldung eines Kindes durch seine Eltern zu einem mehrjährigen auswärtigen Internatsaufenthalt dessen abgeleiteten Wohnsitz aus § 11 Satz 1 BGB nicht auf.[1] Entsprechendes gilt für einen auswärtigen Aufenthalt des minderjährigen Kindes bis zum dortigen Ausbildungsabschluss.[2] Wird das minderjährige Kind volljährig, verwandelt sich der gesetzliche in einen gewählten Wohnsitz und besteht bis zu dessen Aufgabe fort.[3]

d) Mehrfache Wohnsitze

47 Nach § 7 Abs. 2 BGB kann der **gewählte** Wohnsitz gleichzeitig an mehreren Orten bestehen. Dies setzt voraus, dass der jeweilige Wohnort beim jeweiligen Aufenthaltswechsel Schwerpunkt der Lebensverhältnisse ist.[4] Eine bloße Ausrichtung auf längere Besuche ist nicht ausreichend.[5]

48 Ein Doppelwohnsitz kann zudem insbesondere aus **gesetzlichem** Wohnsitz für das minderjährige Kind bei Trennung seiner gemeinsam personensorgeberechtigten Eltern seinerseits als gesetzlicher Wohnsitz (s. dazu Rz. 42) oder durch Wahl eines zusätzlichen gewillkürten Wohnsitzes (s. dazu Rz. 42) begründet werden.

49 Trotz Verstoßes gegen ein gesetzliches Verbot eines **Wohnsitzwechsels** wird der neue Wohnsitz gleichwohl begründet. Zugleich bleibt jedoch der bisherige Wohnsitz als Doppelwohnsitz bestehen.[6] Derartige gesetzliche Verbote sind ihrerseits nur dann wirksam, wenn sie mit höherrangigem Recht, insbesondere dem europarechtlichen Anspruch auf Freizügigkeit nach Art. 8a EGV und dem Grundrecht auf freie Wahl des Wohnsitzes nach Art. 11 Abs. 1 GG vereinbar sind.[7]

50 Bestehen mehrfache Wohnsitze, ist nach § 2 Abs. 1 unter mehreren örtlich zuständigen Gerichten das **zuerst** mit der Sache befasste Gericht zuständig (s. dazu § 2 Rz. 18 ff.).

3. Aufenthalt

51 Für einen Aufenthalt iSd. § 343 genügt jegliche faktische **Anwesenheit** an einem Ort, der zur Zuständigkeitsbegründung nach Abs. 1 Halbs. 2 im Inland belegen sein muss. Ausreichend ist bereits eine vorübergehende Anwesenheit, etwa bei Todeseintritt während einer Durchreise in einem nicht anhaltenden Verkehrsmittel,[8] ohne dass eine längere Verweildauer erforderlich wäre.[9] Insbesondere wird kein einem Wohnsitz ähnlicher ständiger oder gewöhnlicher Aufenthalt vorausgesetzt.[10]

52 Ausreichend ist ein bloßes **tatsächliches** Verweilen. Subjektive Voraussetzungen wie bspw. Bewusstsein, Wille oder Freiwilligkeit des Handelns bestehen nicht.[11]

---

1 BayObLG v. 14.11.1988 – AR 1 Z 75/88, NJW-RR 1989, 262 (263); Staudinger/*Weick*, Neubearbeitung 2004, § 11 BGB Rz. 11.
2 OVG Saarbrücken v. 29.10.2012 – 3 A 238/12, n.v.
3 MüKo.BGB/*Schmitt*, § 11 BGB Rz. 11.
4 PreußOVG v. 8.2.1916 – Az. ist n.v., OLGR 35, 26.
5 BVerwG v. 21.5.1985 – 1 C 52/82, NJW 1986, 674.
6 Palandt/*Ellenberger*, § 7 BGB Rz. 9.
7 MüKo.BGB/*Schmitt*, § 7 BGB Rz. 33.
8 KG v. 17.10.1972 – AR 54/72, Rpfleger 1973, 96.
9 BayObLG v. 17.1.1978 – Allg. Reg. 58/77, Rpfleger 1978, 180 (181).
10 BayObLG v. 8.11.2002 – 1 Z AR 152/02, Rpfleger 2003, 195.
11 KG v. 13.5.1968 – 1 AR 37/68, Rpfleger 1968, 287 (288); Bumiller/*Winkler*, 8. Aufl., § 73 FGG Rz. 8.

53 Der Aufenthaltsort zum Zeitpunkt des Sterbefalls ist daher mit dem **Sterbeort** identisch.[1] Zum Nachweis genügt grundsätzlich die Sterbeurkunde,[2] deren diesbezügliche Angabe jedoch nicht bindend ist.[3] Bleiben Zweifel, gilt § 5 Abs. 1 Nr. 2.[4]

54 Ein **Wohnsitz im Ausland** schließt die Aufenthaltszuständigkeit im Inland nicht aus.[5]

4. Bezugsort

55 Die örtliche Zuständigkeitsbegründung nach Abs. 1 setzt voraus, dass der Wohnsitz bzw. der Aufenthalt des Erblassers zurzeit des Erbfalls im **Inland** liegt. Für den Wohnsitz ist dies in Abs. 1 ausdrücklich geregelt. Hinsichtlich des Aufenthalts ergibt sich der Inlandsbezug sowohl aus der Verweisung auf den jeweiligen, ausschließlich deutsche Gerichte betreffenden Gerichtsbezirk in Abs. 1 als auch aus dem Wortlaut nach Abs. 2 und Abs. 3.

5. Zeitpunkt

56 Nach dem Wortlaut des Abs. 1 muss der inländische Wohnsitz bzw. Aufenthalt des Erblassers zur Zeit des **Erbfalls** bestanden haben.[6] Da Erblasser bei letztwillig angeordneter Vor- und Nacherbfolge nach Eintritt des Nacherbfalls nicht der Vorerbe, sondern der zunächst vom Vorerben beerbte Erblasser ist,[7] sind auch insoweit die Verhältnisse zur Zeit seines Todes maßgebend.[8]

57 Der Todeszeitpunkt wird regelmäßig durch **Sterbeurkunde** iSd. §§ 60, 54 PStG nachgewiesen.[9]

58 Für **Verschollene** iSd. § 1 Abs. 1 VerschG wird eine Sterbeurkunde durch Todeserklärung nach § 9 Abs. 1 Satz 1 VerschG oder Todeszeitfeststellung nach § 44 Abs. 1 VerschG ersetzt. Bei Auslandsbezug bestimmt sich das maßgebende Recht gem. Art. 9 Satz 1 EGBGB grundsätzlich nach der Staatsangehörigkeit des Verschollenen, soweit nicht unabhängig davon nach Satz 2 wegen berechtigten Interesses deutsches Recht anzuwenden ist. Ist danach deutsches Recht maßgebend, sieht § 12 Abs. 1 und 2 VerschG die internationale Zuständigkeit deutscher Gerichte für deutsche Staatsangehörige bei gewöhnlichem Aufenthalt im Inland oder berechtigtem Interesse vor, die nach § 12 Abs. 3 VerschG lediglich konkurrierend und nicht ausschließlich ist sowie einer Anerkennung ausländischer gerichtlicher Entscheidungen in Verschollenheitssachen nicht entgegensteht.[10] Nach § 13 VerschG ist ein Aufgebotsverfahren eine Angelegenheit der freiwilligen Gerichtsbarkeit. Eine ausländische Todeserklärung wird nach § 108 anerkannt, soweit kein Anerkennungshindernis iSv. § 109 besteht.[11] Liegen mehrere sich widersprechende Todeserklärungen vor, ist die zeitlich zuerst gefertigte Urkunde auch dann maßgeblich, wenn sie im Gegensatz zu einer später erfolgten deutschen Todeserklärung durch eine ausländische Behörde ausgestellt wurde und im Inland anzuerkennen ist.[12]

II. Deutscher Erblasser ohne Wohnsitz oder Aufenthalt im Inland (Absatz 2)

1. Überblick

59 § 343 sieht vor, dass für den Nachlass eines Erblassers mit deutscher Staatsangehörigkeit unabhängig davon, wo er zur Zeit des Erbfalls seinen Wohnsitz oder Aufent-

---

1 BayObLG v. 17.1.1978 – Allg. Reg. 58/77, Rpfleger 1978, 180 (181).
2 *Hermann*, ZEV 2002, 259 (261); Keidel/*Zimmermann*, § 343 FamFG Rz. 45.
3 OLG Frankfurt v. 31.5.2001 – 20 W 75/01 und 105/01, FamRZ 2002, 112 f.
4 *Bassenge*/Roth, § 343 FamFG Rz. 4.
5 BayObLG v. 8.11.2002 – 1 Z AR 152/02, Rpfleger 2003, 195.
6 Jansen/*Müller-Lukoschek*, § 73 FGG Rz. 9; MüKo.ZPO/*Mayer*, § 343 FamFG Rz. 13.
7 Wurm/Wagner/Zartmann/*Fröhler*, Kap. 84 Rz. 1.
8 Jansen/*Müller-Lukoschek*, § 73 FGG Rz. 9; MüKo.ZPO/*Mayer*, § 343 FamFG Rz. 13.
9 MüKo.ZPO/*Mayer*, § 343 FamFG Rz. 13.
10 Palandt/*Heinrichs/Heldrich*, 50. Aufl. 1991, § 12 VerschG Rz. 4.
11 BGH v. 27.10.1993 – XII ZR 140/92, FamRZ 1994, 498.
12 BGH v. 8.1.1965 – BGHZ 43, 80 (83).

halt hatte, immer ein deutsches Gericht zuständig ist. Hierdurch wird die von Art. 25 Abs. 1 EGBGB vorgegebene grundsätzliche Anwendung deutschen Erbrechts sichergestellt.[1] Abs. 2 statuiert dabei eine örtliche **Auffangzuständigkeit**, die gegenüber einer anderweitig begründeten örtlichen Zuständigkeit aus Abs. 1 bzw. § 344 subsidiär ist. Zur Problematik des Wohnsitzes bzw. Aufenthalts des Erblassers zum Zeitpunkt des Erbfalls in ehemaligen deutschen bspw. sudetendeutschen Gebieten s. Rz. 95 ff.

2. Deutscher Erblasser

Ob ein Erblasser bei seinem Tod Deutscher war, richtet sich nach den die deutsche Staatsangehörigkeit regelnden Gesetzen, insbesondere nach dem GG und dem StAG.[2] Danach ist Deutscher, wer die **deutsche Staatsangehörigkeit** besitzt oder anderweitig Deutscher iSv. Art. 116 GG ist. Nach § 3 StAG wird die deutsche Staatsangehörigkeit durch Geburt, Erklärung eines vor dem 1.7.1993 geborenen Kindes eines deutschen Vaters und einer ausländischen Mutter, Annahme als Kind, Ausstellung einer Bescheinigung nach § 15 Abs. 1 oder 2 Bundesvertriebenengesetz, Überleitung als Deutscher ohne deutsche Staatsangehörigkeit iSd. Art. 116 Abs. 1 GG bzw. Einbürgerung erworben. 60

Eine einmal erworbene deutsche Staatsangehörigkeit wird iSd. Abs. 2 solange als **fortbestehend** behandelt, bis ihr Verlust erwiesen ist.[3] Das Gericht hat die Staatsangehörigkeit des Erblassers jedoch von Amts wegen zu ermitteln und zu prüfen (s. dazu Rz. 104).[4] 61

§ 2 der 11. VO zum Reichsbürgergesetz v. 25.11.1941[5] sah vor, dass jüdische Bürger die deutsche Staatsangehörigkeit bei gewöhnlichem Aufenthalt im Ausland verlieren. Diese Regelung ist jedoch aufgrund evidenten Verstoßes gegen das Willkürverbot als fundamentales Prinzip der Gerechtigkeit als von Anfang an **nichtig** anzusehen.[6] Ungeachtet dessen wird ein betroffener Verfolgter selbst dann, wenn er zwischenzeitlich keine andere Staatsangehörigkeit angenommen hat, durch den deutschen Staat nicht als Deutscher betrachtet, solange er sich nicht iSd. Art. 116 Abs. 2 Satz 2 GG auf die deutsche Staatsangehörigkeit beruft.[7] 62

Nach Art. 116 Abs. 2 Satz 2 GG gelten deutsche Staatsangehörige und ihre Abkömmlinge, denen die deutsche Staatsangehörigkeit zwischen dem 30.1.1933 und dem 8.5.1945 aus politischen, rassischen oder religiösen Gründen (unwirksam) entzogen worden ist, rückwirkend nur dann als nicht ausgebürgert, wenn sie keinen entgegengesetzten Willen zum Ausdruck gebracht und nach dem 8.5.1945 ihren Wohnsitz in Deutschland genommen haben. Auch ohne entsprechende Wohnsitzbegründung wird ein betroffener Verfolgter **als Deutscher betrachtet**, wenn er nicht die Möglichkeit hatte, seinen Willen für oder gegen die Beibehaltung der deutschen Staatsangehörigkeit nach außen zum Ausdruck zu bringen. Verfolgte, die vor dem 8.5.1945 verstorben sind, konnten diesen spezifischen Willen nicht mehr ausüben und werden daher als Deutsche betrachtet, soweit kein anderweitiger konkreter Aufgabewille nachgewiesen ist.[8] Gleiches gilt für Verfolgte, die zwischen dem 8.5.1945 und dem Inkrafttreten des GG mit Ablauf des 23.5.1949 verstorben sind.[9] Ein über den 23.5.1949 hinaus lebender Verfolgter, der nicht nach Art. 116 Abs. 2 Satz 2 GG in Deutschland Wohnsitz genommen hat, kann seiner rechtlich zu keinem Zeitpunkt verlorenen deutschen Staatsangehörigkeit damit lediglich mit Wirkung für die Zukunft durch Einbürgerung nach Art. 116 Abs. 2 Satz 1 GG zur Geltung verhelfen. 63

---

1 Jansen/*Müller-Lukoschek*, § 73 FGG Rz. 22.
2 Vom 22.7.1913 (RGBl. S. 583), in der im BGBl. III, Gliederungsnummer 102–1, veröffentlichten bereinigten Fassung, zuletzt geändert durch Gesetz v. 5.2.2009 (BGBl. I, S. 158).
3 BayObLG v. 18.2.1983 – AllgReg 81/82, Rpfleger 1983, 315 (316).
4 OLG Zweibrücken v. 27.9.2001 – 3 W 124/01, MittBayNot 2002, 203 (204).
5 RGBl. I 1941, S. 772.
6 BVerfG v. 14.2.1968 – 2 BvR 557/62, BVerfGE 23, 98 (106 ff.).
7 BVerfG v. 14.2.1968 – 2 BvR 557/62, BVerfGE 23, 98 (106 ff.).
8 BVerfG v. 14.2.1968 – 2 BvR 557/62, BVerfGE 23, 98 (106 ff.).
9 KG v. 24.11.1970 – 1 W 5191/70, OLGZ 1971, 215 (219 f.).

64 Ein Erblasser ist auch dann Deutscher iSv. Abs. 2, wenn er neben der deutschen Staatsangehörigkeit eine **zusätzliche ausländische** Staatsangehörigkeit besitzt.[1]

3. Weder Wohnsitz noch Aufenthalt des Erblassers im Inland bei Erbfall

65 Wegen der Eigenschaft von Abs. 2 als Auffangtatbestand darf der deutsche Erblasser zur Zeit des Erbfalls im Inland (s. dazu Rz. 55) weder Wohnsitz (s. dazu Rz. 11 ff.) noch Aufenthalt (s. dazu Rz. 51 ff.) iSv. Abs. 1 haben. Ausreichend ist für eine Zuständigkeit nach Abs. 2 dabei, dass ein derartiges Bestehen eines inländischen Wohnsitzes oder Aufenthalts **nicht ermittelt** werden kann, das Nichtbestehen muss nicht nachgewiesen sein.[2]

4. Zuständiges Gericht

a) Grundsatz

66 Nach Abs. 2 Satz 1 ist alleine das **Amtsgericht Schöneberg** in Berlin als zentrales Gericht[3] örtlich zuständig, solange dieses nicht durch Verweisung die Zuständigkeit eines anderen Gerichts begründet.

b) Verweisung

67 Das Amtsgericht Schöneberg kann durch Verweisung nach Abs. 2 Satz 2 die örtliche Zuständigkeit eines **anderen Gerichts** begründen.

68 Funktionell ist zur Verweisung nach § 4 Abs. 1 RPflG der **Rechtspfleger** insoweit zuständig, als er nach § 3 Nr. 2 Buchst. c RPflG mangels Richtervorbehalts iSd. § 16 RPflG in der Sache selbst zuständig wäre.

69 Gegenstand der Verweisung ist ausschließlich die betroffene **selbständige einheitliche Sache**.[4] Das für zuständig erklärte Empfängergericht ist damit bspw. für die Erteilung des gegenüber dem Amtsgericht Schöneberg beantragten Erbscheins einschließlich einer späteren Erweiterungen bzw. Einziehung zuständig (s. zur Bestimmung einer einheitlichen selbständigen Sache Rz. 110). Die Verweisung bezieht sich damit nicht auf davon verschiedene weitere Verfahren.

70 Eine Verweisung nach Abs. 2 Satz 2 setzt voraus, dass das Amtsgericht Schöneberg als nach Abs. 2 Satz 1 zentrales Auffanggericht zuständig ist.[5] Daran fehlt es im Falle einer anderweitigen und damit **vorrangigen eigenen** Zuständigkeit, etwa bei Wohnsitz bzw. Aufenthalt eines deutschen Erblassers zur Zeit des Erbfalls innerhalb des allgemeinen Gerichtsbezirks des Amtsgerichts Berlin-Schöneberg nach Abs. 1 oder bei dortiger Belegenheit von Nachlassgegenständen eines ausländischen Erblassers nach Abs. 3.

71 Weiter müssen für die Verweisung **wichtige Gründe** bestehen. Abs. 2 Satz 2 ist insoweit lex specialis gegenüber der allgemeinen Regelung des § 3, die eine Verweisung ausschließlich bei eigener Unzuständigkeit des Gerichts vorsieht. Ob ein wichtiger Grund vorliegt, richtet sich – im früheren § 73 Abs. 2 Satz 2 FGG war statt der heutigen Verweisung eine Abgabe vorgesehen – nach dem verallgemeinerungsfähigen[6] Maßstab des § 4, der wiederum an die frühere Regelung des § 46 Abs. 1 FGG aus dem Vormundschaftsrecht anknüpft. In Nachlass- und Teilungssachen kommt ein wichtiger Grund insbesondere dann in Betracht, wenn das bestimmte Gericht dem Beteiligten bzw. dem Nachlass am nächsten steht oder aus anderen Gründen am ehesten

---

1 KG v. 24.3.1969 – 1 AR 11/69, OLGZ 1969, 285 (287).
2 Ähnlich Keidel/*Winkler*, 15. Aufl. 2003, § 73 FGG Rz. 35 bei Todeserklärung. Die hiesige Konstellation des § 343 Abs. 2 entspricht der vergleichbaren Problematik in § 343 Abs. 3, s. dazu Rz. 79.
3 KG v. 3.2.1966 – 1 AR 9/66, OLGZ 1966, 127.
4 Jansen/*Müller-Lukoschek*, § 73 FGG Rz. 28.
5 OLG Frankfurt v. 16.7.1997 – 2 W 240/97, Rpfleger 1998, 26 (27).
6 Begr. zum GesetzE der BReg. zu § 4, BT-Drucks. 16/6308, S. 175.

zur Bearbeitung in der Lage ist,[1] was auch am Sitz desjenigen Notars der Fall sein kann, der den zu verbescheidenden Erbscheinsantrag beurkundet hat, mit dem die etwaige weitere Korrespondenz zu führen ist und dem die Ausfertigung des beantragten Erbscheins erteilt werden soll,[2] bzw. am Wohnsitz eines persönlich anzuhörenden Beteiligten.[3]

Die Verweisungsbefugnis nach Abs. 2 Satz 2 besteht **in jeder Lage des Verfahrens**, nicht nur vor einem erstmaligen Tätigwerden des Amtsgerichts Schöneberg in der Sache oder nach Abschluss bestimmter Verfahrensabschnitte,[4] sondern auch noch zur Einziehung eines von ihm bereits erteilten Erbscheins.[5]

72

Anstelle von Abs. 2 Satz 2 ist eine allgemeine Verweisung nach § 3 Abs. 1 wegen örtlicher Unzuständigkeit möglich. Dies kommt insbesondere dann in Betracht, wenn das Amtsgericht Schöneberg im Rahmen seiner Ermittlungen feststellt, dass der Erblasser bei seinem Tod seinen Wohnsitz bzw. Aufenthalt im Inland außerhalb des allgemeinen Gerichtsbezirks des Amtsgerichts Schöneberg hatte oder Ausländer war, der im Inland außerhalb des allgemeinen Gerichtsbezirks des Amtsgerichts Schöneberg belegene Nachlassgegenstände hinterlässt, und daher eine vorrangige örtliche Zuständigkeit nach Abs. 1 bzw. Abs. 3 besteht.

73

Gem. § 3 Abs. 3 Satz 1 ist der Verweisungsbeschluss iSv. Abs. 2 bzw. iSd. § 3 Abs. 1 ausdrücklich **unanfechtbar**.[6] Gleiches gilt mangels Vorliegens einer dazu erforderlichen Endentscheidung iSd. §§ 58 Abs. 1, 38 Abs. 1 Satz 1 bei Ablehnung einer Verweisung.[7] Nach § 3 Abs. 1 Satz 1 sind die Beteiligten jedoch vor der Verweisung anzuhören.

74

Nach § 3 Abs. 3 Satz 2 sind Verweisungsentscheidungen iSv. § 343 Abs. 2 Satz 2 bzw. iSd. § 3 Abs. 1 zum Zweck der Verfahrensbeschleunigung durch Vermeidung von Zwischenstreitigkeiten für das als zuständig bezeichnete Gericht **bindend**,[8] das daher weder an das Amtsgericht Schöneberg zurück- noch an ein anderes Gericht weiterverweisen kann.[9] Insoweit ersetzt für die Verweisung nach Abs. 2 Satz 2 die allgemeine Regelung des § 3 Abs. 3 Satz 2 die frühere spezielle Bindungsanordnung nach § 73 Abs. 2 Satz 2 Halbs. 2 FGG. Dies gilt auch im Falle eines Rechtsirrtums oder Verfahrensfehlers, solange nicht ebenso wie unter Geltung der §§ 17a GVG, 281 ZPO aufgrund Fehlens jeglicher rechtlicher Grundlage von objektiver Willkür auszugehen ist,[10] was bspw. bei vorrangiger örtlicher Zuständigkeit des AG Schöneberg aus § 343 Abs. 1 oder Fehlen eigenen Bindungswillens aufgrund unzutreffender Annahme des Erblasserwohnsitzes durch das AG Schöneberg am Sitz desjenigen Gerichts, an das verwiesen worden ist, der Fall sein kann.[11] Wird insoweit über die Bindungswirkung gestritten, gilt § 5 Abs. 1 Nr. 5 analog.[12] Fehlt es danach an einer Bindungswirkung, findet § 3 Abs. 3 Satz 1 keine Anwendung und ist den Beteiligten ausnahmsweise doch die Beschwerde eröffnet.[13]

75

Benennt das Amtsgericht Schöneberg in seiner Verweisungsentscheidung nach § 343 Abs. 2 Satz 2 eine **bestimmte Zweigstelle** eines Amtsgerichts bzw. staatlichen Notariats als übernahmepflichtigen **Adressaten**, ist davon gleichwohl das betroffene (Haupt-)Gericht als Ganzes erfasst, da sich die Verweisungskompetenz nur darauf

75a

---

1 KG v. 2.6.1966 – 1 W 1042/66, OLGZ 1966, 499 (503).
2 KG v. 11.7.2000 – 1 AR 85/00, Rpfleger 2001, 33 (34).
3 Keidel/*Zimmermann*, § 343 FamFG Rz. 66.
4 KG v. 13.1.1969 – 1 AR 2/69, Rpfleger 1969, 133.
5 KG v. 3.2.1966 – 1 AR 9/66, OLGZ 1966, 127 (129).
6 *Heinemann*, ZErb 2008, 293 (295).
7 MüKo.ZPO/*Mayer*, § 343 FamFG Rz. 24; aA Keidel/*Zimmermann*, § 343 FamFG Rz. 68.
8 *Heinemann*, ZErb 2008, 293 (295); Keidel/*Zimmermann*, § 343 FamFG Rz. 66.
9 MüKo.ZPO/*Mayer*, § 343 FamFG Rz. 22.
10 Begr. zum GesetzE der BReg. zu § 4, BT-Drucks. 16/6308, S. 175.
11 OLG Hamm v. 26.5.1975 – 15 Sbd 11/75, Rpfleger 1975, 360; Keidel/*Zimmermann*, § 343 FamFG Rz. 68; Rspr. MüKo.ZPO/*Mayer*, § 343 FamFG Rz. 22.
12 Keidel/*Zimmermann*, § 343 FamFG Rz. 67.
13 Keidel/*Zimmermann*, § 343 FamFG Rz. 68.

beziehen kann, „die Verteilung der Zuständigkeiten zwischen dem Hauptgericht und der Zweigstelle" ausschließlich „eine Angelegenheit der Geschäftsverteilung" ist und die Zweigstellenbenennung insofern lediglich ein bedeutungsloser Zusatz ist.[1]

III. Ausländischer Erblasser ohne Wohnsitz bzw. Aufenthalt im Inland (Absatz 3)

1. Überblick

76 Abs. 3 sieht vor, dass für den Nachlass eines Ausländers, der bei seinem Tod im Inland weder Wohnsitz noch Aufenthalt hat, nur dann ein deutsches Gericht zuständig ist, wenn sich in dessen Bezirk Nachlassgegenstände befinden. Hierdurch wird eine örtliche **Auffangzuständigkeit** statuiert, die gegenüber einer anderweitig begründeten örtlichen Zuständigkeit aus Abs. 1 bzw. § 344 subsidiär ist.

2. Ausländischer Erblasser

77 Ein Erblasser gilt als Ausländer iSv. Abs. 3, wenn er bei seinem Tod nicht Deutscher ist (s. dazu Rz. 60 ff.). Neben Erblassern mit einer nicht deutschen Staatsangehörigkeit zählen hierzu auch **Staatenlose**, die sich während des Erbfalls im Ausland aufhalten.[2] Staatenlose mit letztem Aufenthalt in Deutschland unterliegen hingegen Abs. 1.

78 Besitzt der Erblasser bei seinem Tod neben der ausländischen zusätzlich die **deutsche Staatsangehörigkeit**, ist, wie sich aus der Wertung des Art. 5 Abs. 1 Satz 2 EGBGB ergibt, alleine die deutsche Staatsangehörigkeit maßgebend.[3] Anstelle von Abs. 3 ist dann, soweit beim Erbfall im Inland weder Wohnsitz noch Aufenthalt besteht, Abs. 2 einschlägig.

3. Weder Wohnsitz noch Aufenthalt des Erblassers im Inland bei Erbfall

79 Wegen der Eigenschaft von Abs. 3 als Auffangtatbestand darf der Erblasser zurzeit des Erbfalls im Inland (s. dazu Rz. 55) weder Wohnsitz (s. dazu Rz. 11 ff.) noch Aufenthalt (s. dazu Rz. 51 ff.) iSv. Abs. 1 haben. Ausreichend ist dabei, dass ein derartiges Bestehen eines inländischen Wohnsitzes oder Aufenthalts **nicht ermittelt** werden kann, das Nichtbestehen muss nicht nachgewiesen sein.[4]

4. Nachlassbelegenheit im Inland

a) Allgemeines

80 Anknüpfungspunkt zur Begründung der örtlichen Zuständigkeit ist angesichts des Fehlens einer deutschen Staatsangehörigkeit und eines inländischen Wohnsitzes bzw. Aufenthalts des Erblassers eine Nachlassbelegenheiten im Bezirk des betroffenen Gerichts. Trotz des Wortlauts von Abs. 3, nach dem sich dort „Nachlassgegenstände" befinden müssen, folgt aus dem Regelungszweck der Vorschrift, dass die Belegenheit bereits **eines einzigen** Nachlassgegenstandes ausreichend ist.[5] Auch nach der Begründung des der Vorschrift zu Grunde liegenden Gesetzesentwurfes genügt hierzu „ein Teil der Nachlassgegenstände", um daraus zunächst die örtliche Zuständigkeit zu rechtfertigen und aus dieser sodann nach § 105 die internationale Zuständigkeit abzuleiten.[6]

80a Was Nachlassgegenstand ist, bestimmt sich nach der **lex fori**, bspw. eine Sache iSd. § 90 BGB. Ausgeschlossen sind dabei insbesondere Ansprüche aus Lebensver-

---

1 KG v. 9.8.1974 – 1 AR 35/74, Rpfleger 1974, 399.
2 OLG Hamm v. 21.7.1954 – 15 W 204/54, NJW 1954, 1731 (1732); OLG Bamberg v. 22.3.1951 – AR 10/51, JZ 1951, 510 (511).
3 Im Ergebnis ebenso Jansen/*Müller-Lukoschek*, § 73 FGG Rz. 29.
4 Keidel/*Zimmermann*, § 343 FamFG Rz. 69; MüKo.ZPO/*Mayer*, § 343 FamFG Rz. 25.
5 Im Ergebnis ebenso Jansen/*Müller-Lukoschek*, § 73 FGG Rz. 30; *Heinemann*, ZFE 2009, 8 (9); MüKo.ZPO/*Mayer*, § 343 FamFG Rz. 26 u. 28; *Bachmayer*, BWNotZ 2010, 146 (152); *Wittkowski*, RNotZ 2010, 102 (107).
6 Begr. zum GesetzE der BReg. zu § 343 Abs. 3, BT-Drucks. 16/6308, S. 277.

sicherungsverträgen mit Bezugsrecht iSd. §§ 159 Abs. 2 u. 3, 160 Abs. 2 VVG, die nicht in den Nachlass fallen.[1]

b) Faktische Inlandsbelegenheit

Für bewegliche oder unbewegliche Sachen ist der **tatsächliche Lageort** maßgebend, wenn sich dieser im Inland befindet. Die Belegenheitsfiktion des § 2369 Abs. 2 BGB ist demgegenüber subsidiär,[2] da sie primär einen gegenständlich beschränkten Erbschein nach § 2369 Abs. 1 BGB ermöglichen soll. Für inländische Grundstücke ist daher deren tatsächlicher Lageort und nicht der Sitz des dafür zuständigen Grundbuchamts maßgebend.[3] 81

Ein gesamthänderischer **Erbteil** ist unabhängig davon, ob Grundbesitz Nachlassbestandteil ist, am Sitz des für den Ausgangserblasser örtlich und international zuständigen deutschen Nachlassgerichts belegen.[4] 81a

Für **grundstücksgleiche Rechte** ist auf den tatsächlichen Lageort derjenigen Sache abzustellen, an der die Berechtigung besteht.[5] Ein Erbbaurecht befindet sich daher am Ort des belasteten Grundstücks. 82

Eine **Forderung** befindet sich iSv. Abs. 3 am Wohnsitz des Schuldners. Dies gilt auch dann, wenn die Forderung in Wertpapieren verbrieft ist, aber der Aufbewahrungsort der diesbezüglichen Urkunde und der Schuldnerwohnsitz nicht in demselben Gerichtsbezirk liegen.[6] Zu Ansprüchen iSd. § 2369 Abs. 2 Satz 2 BGB s. Rz. 91. 83

Hinsichtlich **Lastenausgleichsansprüchen** ist gem. § 229 Abs. 1 LAG nach dem Todeszeitpunkt des Erblassers zu unterscheiden: Ist der Erblasser vor dem 1.4.1952 verstorben, gelten die Ansprüche nach § 229 Abs. 1 LAG nicht als Nachlassbestandteil, sondern als unmittelbar in der Person der Erben entstandene persönliche Rechtspositionen, die nur dann Abs. 3 unterfallen, wenn der Erblasser noch zu seinen Lebzeiten geschädigt wurde und die Ansprüche darin ihre Wurzel haben.[7] Erfolgt die Vermögensschädigung erst nach dem Tod des Erblassers, fehlt es hingegen an einer für die Anwendbarkeit von Abs. 3 erforderlichen zumindest mittelbar vererblichen Schädigung.[8] Verstirbt der Erblasser am 1.4.1952 oder später, entstehen die Ansprüche nach § 229 Abs. 1 LAG noch in seiner Person und werden sie Nachlassbestandteil iSv. Abs. 3.[9] Soweit danach Lastenausgleichsansprüche Abs. 3 unterfallen, sind sie am Sitz des zuständigen Ausgleichsamts belegen.[10] 84

---

1 *Bachmayer*, BWNotZ 2010, 146 (152).
2 Jansen/*Müller-Lukoschek*, § 73 FGG Rz. 39; Staudinger/*Herzog*, Neubearbeitung 2010, § 2353 BGB Rz. 60.
3 Jansen/*Müller-Lukoschek*, § 73 FGG Rz. 30, 32 bzw. 39; im Ergebnis ebenso MüKo.ZPO/*Mayer*, § 343 FamFG Rz. 25f.; Horndasch/Viefhues/*Heinemann*, § 343 FamFG Rz. 11; Keidel/*Zimmermann*, § 343 FamFG Rz. 72; Staudinger/*Herzog*, Neubearbeitung 2010, § 2353 BGB Rz. 60: aA – jeweils ohne Erörterung des Wegfalls der noch in § 73 Abs.3 FGG enthaltenen Verweisung auf § 2369 Abs.2 BGB in § 343 Abs. 3 – Keidel/*Zimmermann*, 1. Aufl. 2009, § 343 FamFG Rz. 72 (ab 2. Aufl. 2011 aufgegeben); Bahrenfuss/*Schaal*, § 343 FamFG Rz. 31.
4 Staudinger/*Dörner*, Neubearbeitung 2007, Art. 25 EGBGB Rz. 879; *Schaal*, BWNotZ 2011, 206 f.; aA *DNotI*, Gutachten Abruf-Nr. 103209 vom 7.6.2010: Sitz des für das Grundbuch, in das die betroffene Erbengemeinschaft eingetragen oder einzutragen ist, zuständigen Grundbuchamtes; aA *Eule*, ZEV 2010, 508 (511): am jeweiligen Belegenheitsort von Nachlassvermögen.
5 Keidel/*Zimmermann*, § 343 FamFG Rz. 71.
6 BGH v. 1.2.1952 – I ZR 123/50, BGHZ 5, 35 (38); KG v. 3.2.1961 – 2 W 760/58, NJW 1961, 1214 (1215).
7 BGH v. 20.5.1969 – III ZB 3/67, Rpfleger 1969, 292 (294); BayObLG v. 1.6.1992 – 1 Z AR 30/92, Rpfleger 1992, 486 (487); aA OLG Celle v. 29.4.1971 – 10 Gen 5/70, Rpfleger 1971, 318 (319): Zuständigkeit nach § 7 Abs. 1 Satz 1 ZustErgG.
8 BGH v. 2.2.1972 – IV ZB 73/70, Rpfleger 1972, 214.
9 BayObLG v. 26.2.1991 – AR 1 Z 24/91, FamRZ 1991, 992.
10 BayObLG v. 1.6.1992 – 1 Z AR 30/92, Rpfleger 1992, 486; OLG Hamm v. 8.6.1973 – 15 W 53/72 und 54/72, NJW 1973, 2156; Horndasch/Viefhues/*Heinemann*, § 343 FamFG Rz. 12; anders BGH v. 2.2.1972 – IV ZS 73/70, wenn der Ausgleichsanspruch erst dadurch entstanden ist, dass statt des Erblassers der Antragsteller den Schaden an einem ererbten im Ausland bele-

85 Entsprechendes gilt für Ansprüche nach dem **Reparationsschädengesetz**[1] und dem **Häftlingshilfegesetz**.[2]

86 **Rückerstattungsansprüche** an feststellbaren Vermögensgegenständen, bspw. an Grundbesitz, gelten als am Belegenheitsort des entzogenen Gegenstandes befindlich.[3] Für entsprechende Schadensersatzansprüche ist auf den Entziehungsort abzustellen.[4] Aus diesem jeweiligen Ort begründet sich zudem die Zuständigkeit der jeweiligen Wiedergutmachungsbehörde.[5]

c) Belegenheitsfiktion

87 Abs. 3 sieht im Gegensatz zur früheren Regelung des § 73 Abs. 3 Satz 2 FGG **keinen ausdrücklichen Verweis** mehr auf die durch § 2369 Abs. 2 BGB angeordnete Inlandsbelegenheitsfiktion vor. Nach der Begründung des der Vorschrift zu Grunde liegenden Gesetzentwurfes habe diese Regelung nur noch für eine gegenständliche Beschränkung von Erbscheinen nach § 2369 Abs. 1 BGB, nicht jedoch für die Bestimmung der örtlichen Zuständigkeit eine Bedeutung, da die örtliche Zuständigkeit nicht mehr auf im Inland belegenen Nachlass beschränkt und über § 105 zugleich die internationale Zuständigkeit entsprechend ausgeweitet sei.[6]

88 Diese Prognose lässt jedoch außer Acht, dass es auch Nachlassfälle geben kann, in denen ein ausländischer Erblasser ohne inländischen Wohnsitz oder Aufenthalt keinen im og. Sinn im Inland belegenen, sondern einen tatsächlich im Ausland befindlichen, jedoch in einem deutschen Register eingetragenen Nachlassgegenstand hinterlässt, für den der Erbe einen durch ein deutsches Gericht erteilten Erbschein benötigt. Ohne die Belegenheitsfiktion des § 2369 Abs. 2 BGB wäre weder eine örtliche noch eine sich nach § 105 daraus ableitende internationale Zuständigkeit begründet, die wiederum für die Erteilung eines gegenständlich beschränkten Erbscheins nach § 2369 Abs. 1 BGB Voraussetzung ist. Da § 2369 Abs. 2 BGB in besonderem Maße die zur Registerfortführung benötigte Erbscheinserteilung ermöglichen soll[7] und insgesamt weit auszulegen ist,[8] **gilt die Belegenheitsfiktion** trotz des ersatzlosen Wegfalls einer ausdrücklichen Verweisung auch für die örtliche Zuständigkeit nach Abs. 3, zumal die Gesetzesbegründung die Fortgeltung nicht ausschließt, sondern eine Anwendung lediglich – zu Unrecht – für bedeutungslos hält.[9]

89 Diese Fiktion ist jedoch gegenüber demjenigen Ort, an dem sich eine zum Nachlass gehörende Sache tatsächlich befindet, **subsidiär**.[10]

90 Durch eine deutsche Behörde geführte **Bücher** oder **Register** iSv. § 2369 Abs. 2 Satz 1 BGB sind bspw. Grundbücher, Schiffsregister, Luftfahrzeugregister, Patent-

---

genen Gut erlitten hat; aA (allg. keine Belegenheitszuständigkeit am Sitz der Ausgleichsbehörde bei Anwendbarkeit ausländischen Rechts) OLG Karlsruhe v. 8.6.1973 – 25.5.1961 – ZS Freiburg Az. n.v., BWNotZ 1961, 334 (335).
1 Jansen/*Müller-Lukoschek*, § 73 FGG Rz. 42.
2 BayObLG v. 2.10.1992 – 1 Z AR 118/92, FamRZ 1993, 368.
3 KG v. 6.7.1961 – 1 AR 46/61, Rpfleger 1961, 439.
4 BayObLG v. 26.2.1961 – Allg. Reg. 3/61, BayObLGZ 1961, 79 (80).
5 *Firsching*, DNotZ 1960, 565 (568); KG v. 6.7.1961 – 1 AR 46/61, Rpfleger 1961, 439 (440).
6 Begr. zum GesetzE der BReg. zu § 343 Abs. 3, BT-Drucks. 16/6308, S. 277. Dem folgend MüKo.ZPO/*Mayer*, § 343 FamFG Rz. 26.
7 MüKo.BGB/*Mayer*, § 2369 BGB Rz. 17.
8 *Edenfeld*, ZEV 2000, 482 (483).
9 Begr. zum GesetzE der BReg. zu § 343 Abs. 3, BT-Drucks. 16/6308, S. 277; ebenso Horndasch/Viefhues/*Heinemann*, § 343 FamFG Rz. 11; im Ergebnis ebenso Keidel/*Zimmermann*, § 343 FamFG Rz. 73; Staudinger/*Herzog*, Neubearbeitung 2010, § 2353 BGB Rz. 60; aA MüKo.ZPO/*Mayer*, § 343 FamFG Rz. 25 f.
10 Jansen/*Müller-Lukoschek*, § 73 FGG Rz. 30, 32 bzw. 39; Staudinger/*Herzog*, Neubearbeitung 2010, § 2353 BGB Rz. 60; Keidel/*Zimmermann*, § 343 FamFG Rz. 72; im Ergebnis ebenso MüKo.ZPO/*Mayer*, § 343 FamFG Rz. 25 f.; aA – jeweils ohne Erörterung des Wegfalls der noch in § 73 Abs. 3 FGG enthaltenen Verweisung auf § 2369 Abs. 2 BGB in § 343 Abs. 3 – Keidel/*Zimmermann*, 1. Aufl. 2009, § 343 FamFG Rz. 72 (ab 2. Aufl. 2011 aufgegeben); Bahrenfuss/*Schaal*, § 343 FamFG Rz. 31.

rollen oder Handelsregister.[1] Der Nachlassgegenstand muss noch nicht in das Register oder Buch eingetragen sein. Ausreichend ist bereits die Eintragungsfähigkeit.[2] Die dergestalt registrierte bzw. registrierbare Sache gilt dann, soweit sie nicht selbst im Inland liegt und daher ihr tatsächlicher Lageort vorrangig maßgebend ist, als am Ort der buch- bzw. registerführenden Stelle belegen.[3]

Ansprüche iSv. § 2369 Abs. 2 Satz 2 BGB gelten bei Zuständigkeit eines deutschen Gerichts für die diesbezügliche Klage als im Inland belegen. Die Klagezuständigkeit deutscher Gerichte ergibt sich aus den §§ 13 ff. ZPO nach deren Sitz, die internationale Zuständigkeit folgt aus der EuGVVO.[4] Besondere Bedeutung kommt dabei dem sog. Ausländerforum[5] nach § 23 Satz 1 ZPO als Vermögensgerichtsstand gegen Schuldner zu, die im Inland keinen Wohnsitz haben. Ist für die Klage das Landgericht sachlich zuständig, bestimmt sich die Belegenheit iSv. Abs. 3 nach dem Ort der Kompetenztatsachen und ist im Bezirk desjenigen Amtsgerichts anzunehmen, das bei unterstellter eigener sachlicher Zuständigkeit örtlich zuständig wäre.[6] Richtet sich der Anspruch gegen eine Behörde, begründet deren Sitz die Belegenheit (s. auch Rz. 84).[7] Ansprüche aus Kontoguthaben des Erblassers gelten als am statuarischen Sitz des Kreditinstituts als juristischer Person unabhängig vom Streitwert nach § 17 ZPO belegen, ein besonderer Gerichtsstand der Niederlassung nach § 21 ZPO für eine Filiale dieses Kreditinstituts ist nur dann maßgebend, wenn diese nicht nur ausnahmsweise bzw. auf Weisung des Hauptunternehmens, sondern regelmäßig und selbständig[8] Geschäfte abschließt.[9]

d) Maßgebender Zeitpunkt

Ob sich ein Nachlassgegenstand iSv. Abs. 3 im Inland befindet, ist ausschließlich anhand der Umstände im Zeitpunkt des gerichtlichen **Befasstwerdens** und damit insbesondere nicht des Erbfalls zu prüfen.[10] Das maßgebende Befasstwerden geschieht im Antragsverfahren mit Eingang des Antrags beim Gericht,[11] in von Amts wegen durchzuführenden Verfahren mit gerichtlicher Kenntnisnahme der zur Verfahrenseinleitung verpflichtenden Umstände.[12]

5. Umfang der Zuständigkeit

Das Gericht, in dessen Bezirk sich zumindest *ein* Nachlassgegenstand befindet, ist für **alle Nachlassgegenstände** örtlich zuständig.

Die örtliche Zuständigkeit ist damit abweichend von der früheren Regelung des § 73 Abs. 3 Satz 1 FGG nicht auf die im Inland belegenen Gegenstände beschränkt, sondern erfasst auch den im **Ausland** befindlichen Nachlass. Dies korrespondiert mit der Ausweitung der internationalen Zuständigkeit durch ihre nach § 105 vorgesehene Ableitung aus der örtlichen Zuständigkeit (s. dazu Rz. 152ff.). Nachlassgerichte werden daher nunmehr zunehmend ausländisches Recht anzuwenden haben. Um dadurch eintretende zeitliche Verzögerungen und Kosten[13] zu vermeiden, sieht § 2369 Abs. 1 BGB ua. die Möglichkeit eines auf die im Inland belegenen Nachlassgegenstände beschränkten Erbscheins vor (s. dazu Rz. 188ff.). Dies kann insbesondere dann zu einer erheblichen Verfahrensvereinfachung führen, wenn auf die in Deutsch-

---

1 MüKo.BGB/*Mayer*, § 2369 BGB Rz. 17.
2 MüKo.BGB/*Mayer*, § 2369 BGB Rz. 17.
3 Jansen/*Müller-Lukoschek*, § 73 FGG Rz. 39.
4 *Schaal*, BWNotZ 2011, 206 (207).
5 Zöller/*Vollkommer*, § 23 ZPO Rz. 1.
6 KG v. 12.3.1971 – 1 AR 17/1, Rpfleger 1971, 256.
7 *Bassenge*/Roth, § 343 FamFG Rz. 8.
8 BGH v. 13.7.1987 – II ZR 188/86, NJW 1987, 3081 (3082).
9 *Schaal*, BWNotZ 2011, 206 (207); Zöller/*Vollkommer*, § 21 ZPO Rz. 6 ff.
10 BayObLG v. 4.1.1991 – AR 1 Z 89/90, Rpfleger 1991, 316; KG v. 10.1.1975 – 1 AR 39/74, OLGZ 1975, 293 f.; *Bassenge*/Roth, § 343 FamFG Rz. 6.
11 OLG Hamm v. 26.5.1975 – 15 Sbd 11/75, OLGZ 1975, 413 (414).
12 Begr. zum GesetzE der BReg. zu § 2 Abs. 1, BT-Drucks. 16/6308, S. 175.
13 Dazu *Zimmermann*, FGPrax 2006, 189 (191).

land befindlichen Nachlassgegenstände anders als auf den im Ausland belegenen Nachlass deutsches Recht anwendbar ist (weitere Einzelheiten dazu unter Rz. 188 ff.).[1]

IV. Ersatzzuständigkeit bei Nichtausübung deutscher Gerichtsbarkeit

1. Ausgangsproblematik

95 Wird am Sitz des nach allgemeinen Vorschriften örtlich zuständigen Gerichts deutsche Gerichtsbarkeit nicht mehr ausgeübt, fehlt es nach Abs. 1 an einer Regelung der örtlichen Zuständigkeit, da die dort ursprünglich begründete örtliche Zuständigkeit, die sich aus dem inländischen Wohnsitz bzw. Aufenthalt des Erblassers zum alleine maßgebenden Zeitpunkt des Erbfalls bestimmt, nach dem nunmehr in § 2 Abs. 2 normierten Grundsatz der **perpetuatio fori** zwingend fortgilt (s. dazu Rz. 108 ff.).

96 Anders verhält es sich ausschließlich für den Nachlass eines Erblassers, der im Inland bei seinem Tod weder Wohnsitz hatte noch dort verstorben ist. Handelt es sich dabei um einen deutschen Erblasser, ist die allgemeine örtliche Zuständigkeit des Amtsgerichts Schöneberg nach Abs. 2 eröffnet. Hinsichtlich eines entsprechenden ausländischen Erblassers besteht nach Abs. 3 eine umfassende örtliche Zuständigkeit für den gesamten Nachlass – somit auch für Nachlassbestandteile, die in Gebieten belegen sind, die beim Erbfall zum Inland gehörten, bei Beantragung eines Erbscheins und dadurch ausgelöstem Befasstwerden eines inländischen Gerichts jedoch ausländisches Hoheitsgebiet sind (s. dazu Rz. 96) –, wenn sich im Bezirk eines inländischen Gerichts zum Zeitpunkt des gerichtlichen **Befasstwerdens** zumindest ein Teil des Nachlasses befindet.

2. Frühere Rechtslage

97 Das frühere **Zuständigkeitsergänzungsgesetz**[2] regelte die örtliche Zuständigkeit für Nachlassgerichte besonders, wenn am Sitz des nach allgemeinen Vorschriften örtlich zuständigen Gerichts deutsche Gerichtsbarkeit nicht mehr ausgeübt wurde. Derartige Gerichte waren nach § 1 ZustErgG diejenigen im Gebiet des Deutschen Reiches nach dem Gebietsstand v. 31.12.1937 östlich der Oder-Neiße-Linie, in Danzig, in den ehemaligen eingegliederten Ostgebieten, im Memelland, im Elsaß, in Lothringen, in Luxemburg, Eupen Malmedy, Moresnet, im ehemaligen sudetendeutschen Gebiet, im ehemaligen Protektorat Böhmen und Mähren, im ehemaligen Generalgouvernement und in den ehemaligen Reichskommissariaten Ostland und Ukraine.

98 Im **Zeitpunkt des Erbfalls** musste jedoch ein deutsches Gericht iSd. § 73 FGG örtlich zuständig gewesen sein.[3] Im Protektorat Böhmen und Mähren fehlte aufgrund der Verordnung v. 14.4.1939 in Nachlassangelegenheiten für Protektoratsangehörige ohne deutsche Staatsangehörigkeit eine derartige Zuständigkeit, so dass auf deren Tod daher keine entsprechende Ersatzzuständigkeit bestand.[4]

99 Nach der früheren Regelung des § 7 Abs. 1 Satz 1 ZustErgG war dann jedes Amtsgericht bzw. nach § 21 die nach Landesrecht zuständige nichtgerichtliche Behörde für den gesamten Nachlass ausschließlich örtlich zuständig, in dessen Bezirk sich Nachlassgegenstände **befanden**, ersatzweise bei einem deutschen Erblasser ohne Belegenheit von Nachlassgegenständen im Inland nach dem früheren § 7 Abs. 1 Satz 2 ZustErgG das Amtsgericht Schöneberg in Berlin, das die Sache analog der früheren Regelung des § 73 Abs. 2 Satz 2 FGG aus wichtigen Gründen an ein anderes Gericht verweisen konnte.[5] Bei ausländischen Erblassern ohne inländische Nachlassbelegenheit wurde hingegen keine örtliche Ersatzzuständigkeit begründet.[6]

---

1 *Fröhler*, BWNotZ 2008, 183 (186 f.) mit Beispielen.
2 BGBl. I 1952, S. 407.
3 OLG Hamm v. 1.3.1973 – 15 W 125/72, Rpfleger 1973, 249.
4 RGBl. I 1939, S. 752.
5 BGH v. 21.4.1953 – V ARZ 5/53, BGHZ 9, 270 (271) – dort noch unter Anwendung des § 14 VO v. 31.5.1934, RGBl. I 1934, S. 472.
6 Keidel/*Winkler*, 15. Aufl. 2003, § 73 FGG Rz. 12.

Gem. § 7 Abs. 2 iVm. § 6 Abs. 2 des früheren ZustErgG durfte ein danach zuständiges Gericht erst nach eigener **Anzeige** an das Amtsgericht Schöneberg und dessen Rückmeldung über den Nichteingang weiterer dortiger Anzeigen tätig werden.

Dieses Gesetz ist mit Wirkung zum 25.4.2006 hinsichtlich seiner Vorschriften über die nachlassgerichtlichen Ersatzzuständigkeiten außer Kraft getreten.[1]

3. Aktuelle Rechtslage

Auch nach dem Außerkrafttreten des Zuständigkeitsergänzungsgesetzes besteht ein **Bedarf** für eine inländische örtliche Zuständigkeit. Ist bspw. ein deutscher Staatsangehöriger mit letztem Wohnsitz im ehemaligen sudetendeutschen Gebiet verstorben, in dem beim Erbfall noch deutsche Gerichtsbarkeit ausgeübt wurde, und gehört zu dessen Nachlass im heutigen Inland belegener Grundbesitz, wird ein deutscher Erbschein benötigt, für dessen Erteilung keine örtliche Zuständigkeit geregelt ist.

In derartigen Fällen muss analog Abs. 2 eine Ersatzzuständigkeit des Amtsgerichts Schöneberg bejaht werden.[2] Werden zum o.g. Zeitpunkt der Außerkraftsetzung bereits anhängig gewesene Verfahren fortgesetzt, bleibt das ZustErgG unter der Maßgabe anwendbar, dass als Inland iSd. ZustErgG die heutige Bundesrepublik Deutschland gilt.[3]

V. Amtsermittlung

Das Gericht hat die örtliche Zuständigkeit nach § 26 von Amts wegen **in jeder Verfahrenssituation** sowie in jedem Rechtszug ohne Bindung an vorinstanzliche Feststellungen[4] vor der sich aus ihr nach § 105 ableitenden internationalen Zuständigkeit zu prüfen und dazu alle erforderlichen Ermittlungen durchzuführen. Hierzu gehören insbesondere die für den Wohnsitz und den Aufenthalt des Erblassers, dessen Staatsangehörigkeit[5] sowie die Belegenheit von Nachlassgegenständen maßgebenden Umstände.

Für die **Einstufung** des Erblassers als Deutscher oder Ausländer iSd. § 343 ist es ohne Bedeutung, ob die in Rede stehende Erbfolge deutschem oder ausländischem Erbrecht unterliegt.[6]

VI. Mehrzahl an örtlich zuständigen Gerichten

Ein **Zuständigkeitskonflikt** unter mehreren örtlich zuständigen Gerichten kann insbesondere dadurch entstehen, dass ein Erblasser nach Abs. 1 bei seinem Tod mehrere inländische Wohnsitze hat (s. dazu Rz. 47ff.) oder als Ausländer ohne inländischen Wohnsitz bzw. Aufenthalt nach Abs. 3 Nachlassgegenstände in verschiedenen inländischen Gerichtsbezirken hinterlässt.[7]

Nach § 2 Abs. 1 ist unter mehreren örtlich zuständigen Gerichten das Gericht zuständig, das zuerst mit derselben einheitlichen Angelegenheit (s. dazu Rz. 109) befasst ist. Die Regelung ersetzt damit aus Gründen der Klarheit und größeren Transparenz den nach dem früheren § 4 FGG maßgebenden Zeitpunkt des gerichtlichen Tätigwerdens (s. dazu § 2 Rz. 18ff.). Das maßgebende **Befasstwerden** geschieht im Antragsverfahren mit Eingang des Antrags beim Gericht, in von Amts wegen durchzuführenden Verfahren mit gerichtlicher Kenntnisnahme der zur Verfahrenseinleitung verpflichtenden Umstände.[8]

---

1 Art. 48 des Ersten Gesetzes über die Bereinigung von Bundesrecht im Zuständigkeitsbereich des Bundesministeriums der Justiz, BGBl. I 2006, S. 866 (873).
2 *Zimmermann*, Das neue FamFG, Rz. 615; *Zimmermann*, ZEV 2009, 53 (55).
3 Bumiller/*Harders*, vor § 343 FamFG Rz. 15; Keidel/*Zimmermann*, § 343 FamFG Rz. 46.
4 OLG Zweibrücken v. 27.9.2001 – 3 W 124/01, MittBayNot 2002, 203 (204).
5 BayObLG v. 17.12.1965 – BreG. 1a Z 70/65, BayObLGZ 1965, 457 (459).
6 KG v. 24.3.1969 – 1 AR 11/69, OLGZ 1969, 285 (287).
7 *Bassenge*/Roth, § 343 FamFG Rz. 6.
8 Begr. zum GesetzE der BReg. zu § 2 Abs. 1, BT-Drucks. 16/6308, S. 175.

108 Hilfsweise erfolgt eine **Zuständigkeitsbestimmung** nach § 5 durch das nächsthöhere gemeinsame Gericht.

VII. Veränderung zuständigkeitsbegründender Umstände

1. Grundsätzliche Kontinuität

a) Allgemeines

109 Nach § 2 Abs. 2 bleibt eine einmal begründete örtliche Zuständigkeit trotz späterer Veränderung der zugrunde liegenden Umstände erhalten, wenn sie dieselbe einheitliche Sache betrifft. Hiermit wird der Grundsatz der **perpetuatio fori** im Bereich der freiwilligen Gerichtsbarkeit erstmals ausdrücklich normiert. Die Regelung dient insbesondere der Förderung der Prozessökonomie.[1]

b) Verfahrensgegenstand

110 Die perpetuatio fori gilt jedoch ausschließlich für **dieselbe einheitliche Sache**.[2] Eine Sache in diesem Sinn ist eine Angelegenheit, die Gegenstand eines selbständigen und einheitlichen Verfahrens sein kann.[3] Wann dieselbe oder eine andere Sache betroffen ist, kann nunmehr mit Hilfe der neu geschaffenen Begriffsbestimmung nach § 342 bestimmt werden. Um dieselbe Sache handelt es sich etwa bei weiteren Anträgen zu einem bereits erteilten Erbschein innerhalb desselben Erbscheinsverfahrens, bspw. nach Eintritt der Nacherbfolge oder Wegfall der Testamentsvollstreckung.[4] Gleiches gilt für die Entscheidungen über die Erteilung und spätere Einziehung eines Erbscheins oder Testamentsvollstreckerzeugnisses.[5] Darüber hinaus bleibt ein Nachlassgericht, das einen Erbschein erteilt hat, auch nach zwischenzeitlichem Wegfall zuständigkeitsbegründender Umstände für eine Erweiterung derselben Erbrechtsbezeugung örtlich zuständig.[6]

111 Um **unterschiedliche** Verfahren handelt es sich jedoch bspw. bei der Aufnahme einer Erbscheinsverhandlung oder der Entgegennahme eines Erbscheinsantrags jeweils im Wege der Rechtshilfe einerseits und dem Erbscheinsverfahren nach späterer Abgabe durch das ursprünglich ersuchende an das von diesem ersuchte Gericht andererseits.[7] Gleiches gilt für die Entgegennahme der Sterbefallsanzeige, die Testamentseröffnung und das Erbscheinsverfahren.[8] In diesen Fällen wird auch **keine Vorgriffszuständigkeit** iSd. § 2 Abs. 1 begründet.

c) Maßgebender Zeitpunkt

aa) Überblick

112 Zur Bestimmung des für die Fortdauer der örtlichen Zuständigkeit maßgebenden Zeitpunktes muss zwischen den durch § 343 zwingend auf den Augenblick des Erbfalls fixierten Tatbestandsmerkmalen einerseits und sonstigen Umständen andererseits **differenziert** werden. Nur für zuletzt genannte sonstige Umstände kann auch eine erst nach dem Erbfall eintretende Veränderung relevant sein.

bb) Vorgaben aus § 343

113 Aus § 343 folgt, dass für die Bestimmung der örtlichen Zuständigkeit hinsichtlich des **Wohnsitzes** bzw. des **Aufenthalts** des Erblassers alleine auf die Umstände zum

---

1 Zöller/*Greger*, § 261 ZPO Rz. 12.
2 BayObLG v. 8.12.1980 – 1 Z 96/80, Rpfleger 1981, 112 (113).
3 OLG Frankfurt v. 16.7.1997 – 2 W 240/97, Rpfleger 1998, 26 (27); BayObLG v. 8.12.1980 – 1 Z 96/80, Rpfleger 1981, 112 (113).
4 OLG Dresden v. 19.3.2001 – 7 AR 79/01, Rpfleger 2001, 352.
5 KG v. 29.2.2000 – 1 AR 14/00, Rpfleger 2000, 275 (276); BayObLG v. 8.12.1980 – 1 Z 96/80, Rpfleger 1981, 112 (113).
6 KG v. 28.7.1992 – 1 AR 24/92, Rpfleger 1993, 113.
7 BayObLG v. 8.12.1980 – 1 Z 96/80, Rpfleger 1981, 112 (113).
8 BayObLG v. 4.11.1994 – 1 Z AR 61/94, Rpfleger 1995, 254 (255); Keidel/*Winkler*, § 73 FGG Rz. 51.

Zeitpunkt des Erbfalls abzustellen ist. Die Regelung ordnet damit insoweit die Unbeachtlichkeit früherer Umstände an. Spätere diesbezügliche Veränderungen sind aus tatsächlichen Gründen ausgeschlossen.

Darüber hinaus ist für die erforderliche **Inlandsbelegenheit** (s. dazu Rz. 55) des so bestimmten Wohnsitzes bzw. Aufenthalts nach dem Wortlaut des § 343 ebenfalls ausschließlich der Zeitpunkt des Erbfalls maßgebend. Liegt der Sterbeort des Erblassers beim Erbfall auf inländischem Staatsgebiet, ist dessen spätere Überführung in ausländisches Staatsgebiet daher insoweit unbeachtlich.[1] Hiervon ist jedoch der Umstand streng zu unterscheiden, dass zum Zeitpunkt des Erbfalls unter ausländischer Verwaltung stehende deutsche Gebiete als inländisch behandelt werden, weil sie während des Erbfalls trotz (vorübergehender) ausländischer Verwaltungshoheit deutsches Staatsgebiet geblieben sind.[2] In diesem Fall bestand die Inlandseigenschaft des Wohnsitzes bereits beim Erbfall. Verstarb bspw. 1955 ein Erblasser mit Wohnsitz im Saarland und wird erstmals am 1.9.2009 ein Verfahren eingeleitet, folgt die örtliche Zuständigkeit aus Abs. 1, da der Wohnsitz zurzeit des Erbfalls im Inland lag. Wäre bspw. das Saarland 1955 ausländisches Staatsgebiet gewesen und erst ab 1.1.1957 wieder deutsches Staatsgebiet geworden, könnte hingegen wegen der endgültigen gesetzlichen Fixierung auf die Verhältnisse während des Erbfalls keine örtliche Zuständigkeit aus Abs. 1 begründet werden.

114

Aus Abs. 1 folgt weiter, dass hinsichtlich des maßgebenden Gerichtsbezirks auf den Zeitpunkt des Erbfalls abzustellen ist. Für den inländischen Aufenthalt ergibt sich dies aus dem Wortlaut des Abs. 1 Halbs. 2, für den vorrangigen Wohnsitz im Wege des Erst-Recht-Schlusses. Wird die **Einteilung der Gerichtsbezirke** und damit die gerichtliche Zuständigkeit für den maßgebenden inländischen Wohnsitz bzw. Aufenthalt nach dem Erbfall **unmittelbar** geändert, gilt daher die ursprüngliche örtliche Zuständigkeit desjenigen Gerichts fort, das gem. der zum Zeitpunkt des Erbfalls gültig gewesenen Gerichtsbezirkseinteilung örtlich zuständig war.[3]

115

Wird hingegen die Gemeinde, auf deren Gebiet sich der maßgebende Wohnsitz bzw. Aufenthalt des Erblassers befindet, nach dem Erbfall einem anderen Landkreis, für den wiederum ein anderes Gericht zuständig ist, zugeordnet, ist nunmehr das unverändert für diesen jetzt relevanten Landkreis zuständig gebliebene Gericht örtlich zuständig, wenn die zugrunde liegende **Gebietsreform** vor dem Befasstwerden des Gerichts wirksam geworden ist.[4] Abs. 1 wird nicht verletzt, da die Gerichtsbezirkseinteilung unverändert bleibt, der Zuständigkeitswechsel nur **mittelbar** über eine Gebietsreform eintritt und die Landkreiszugehörigkeit der betroffenen Gemeinde nicht von dem zwingend auf die Zeit des Erbfalls fixierten Wohnsitzbegriff erfasst wird (s. dazu Rz. 112).

116

cc) **Sonstige Umstände**

Nach dem Erbfall eintretende Veränderungen wirken sich auf die örtliche Zuständigkeit nur dann aus, wenn sie den Belegenheitsort von Nachlassgegenständen iSv. Abs. 3 oder eine mittelbar gerichtsbezirksrelevante Gebietszugehörigkeit (s. dazu Rz. 115) betreffen.

117

Auch in diesen Fällen kann sich die örtliche Zuständigkeit ab dem Zeitpunkt nicht weiter verändern, in dem das Gericht mit der betroffenen Sache **befasst** wird.[5] Das maßgebende Befasstwerden geschieht im Antragsverfahren mit Eingang des Antrags

118

---

1 Im Ergebnis ebenso Keidel/*Winkler*, 15. Aufl., § 73 FGG Rz. 51; aA Jansen/*Müller-Lukoschek*, § 73 FGG Rz. 12.
2 OLG Düsseldorf v. 30.5.1968 – 3 W 348/67, OLGZ 1969, 80 (81): v. 23.4.1949 bis 31.7.1963 vorläufig niederländisch verwaltete deutsche Gemeinde Elten; BVerfG v. 21.3.1957 – 1 BvB 2/51, BVerfGE 6, 300 (301): das v. 7.5.1949 bis 31.12.1956 vorläufig französisch verwaltete deutsche Saarland.
3 OLG Dresden v. 19.3.2001 – 7 AR 79/01, Rpfleger 2001, 352.
4 BayObLG v. 30.10.2000 – 1 Z BR 2/00, Rpfleger 2001, 135.
5 BayObLG v. 30.10.2000 – 1 Z BR 2/00, Rpfleger 2001, 135.

beim Gericht, in von Amts wegen durchzuführenden Verfahren mit gerichtlicher Kenntnisnahme der zur Verfahrenseinleitung verpflichtenden Umstände.[1] Die örtliche und nach § 105 damit zugleich internationale Zuständigkeit eines deutschen Gerichts bleibt daher auch dann bestehen, wenn der ausländische Erblasser im Inland bei seinem Tod weder Wohnsitz noch Aufenthalt hatte und nach Eingang des Erbscheinsantrags sämtliche Nachlassgegenstände von Deutschland ins Ausland überführt werden. Soweit die begehrte nachlassgerichtliche Verrichtung im Ausland nicht anerkannt wird, kann dafür jedoch trotz aus § 105 folgender internationaler Zuständigkeit das erforderliche **Rechtsschutzinteresse** fehlen (s. Rz. 167).[2]

2. Ausnahme frühere Notzuständigkeit

a) Allgemeines

119 Eine Perpetuierung der örtlichen Zuständigkeit **entfällt** jedoch ausnahmsweise dann, wenn das Gericht ausschließlich in Wahrnehmung einer Notzuständigkeit tätig geworden ist, zwischenzeitlich die Voraussetzungen für eine Notzuständigkeit entfallen sind und nunmehr ein anderes Gericht zuständig wäre.

b) Frühere interlokale deutsch-deutsche Zuständigkeit

120 Dies gilt insbesondere für Fälle, in denen ein deutscher Erblasser vor dem 3.10.1990 mit Wohnsitz im Gebiet der früheren DDR ohne Vermögen in den alten Bundesländern verstorben ist, ein im Westen lebender Erbe zur Geltendmachung von Lastenausgleichsansprüchen einen Erbschein benötigte, die zuständige Nachlassbehörde in der DDR aufgrund zentraler Anweisung keinen Erbschein erteilte, dieser beantragte Erbschein von dem durch das zunächst analog § 73 Abs. 2 FGG zuständige Amtsgericht Schöneberg mittels Abgabe bestimmten Nachlassgericht erteilt wurde[3] und nunmehr ein weiter gehender Erbschein beantragt wird. Eine ähnliche Konstellation besteht, wenn ein entsprechender Erblasser in den alten Bundesländern Grundbesitz hinterlassen hat, für den durch ein westdeutsches Nachlassgericht analog § 73 Abs. 3 FGG ein gegenständlich beschränkter Erbschein erteilt wurde[4] und nunmehr ein unbeschränkter Erbschein begehrt wird. Da die diesbezügliche Notzuständigkeit von vornherein lediglich vorläufigen Charakter hatte und **nach Herstellung der deutschen Einheit** entfallen ist, findet der Kontinuitätsgrundsatz hier keine Anwendung.[5] Gleiches gilt für die Einziehung eines in früherer Notzuständigkeit erteilten Erbscheins.[6]

121 Gleichwohl bleibt in derartigen Fällen das ursprünglich notzuständige Gericht für die Erteilung **weiterer Erbscheinsausfertigungen** zuständig, da insoweit keine selbständige weitere gerichtliche Verrichtung erfolgt, sondern lediglich die frühere Verrichtung ergänzt wird.[7] Dies gilt jedoch dann nicht, wenn über die Erteilung von Ausfertigungen hinaus über die Notwendigkeit eines neuen Erbscheins zu entscheiden ist.[8]

122 Hat ein in der Zeit v. 1.1.1976 bis 2.10.1990 in den alten Bundesländern verstorbener Erblasser ua. im Gebiet der früheren DDR belegenen Grundbesitz hinterlassen, konnte eine darauf **gegenständlich beschränkte Ausschlagung** nach Art. 3 Abs. 3 aF EGBGB iVm. § 25 Abs. 2 DDR-RAG bis einschließlich 2.10.1990 nur gegenüber einem staatlichen Notariat in der früheren DDR wirksam erklärt werden, da nach Art. 236 § 1 EGBGB § 403 Abs. 2 DDR-ZGB anwendbar war.[9] Wurde jedoch vor dem 3.10.1990

---

1 Begr. zum GesetzE der BReg. zu § 2 Abs. 1, BT-Drucks. 16/6308, S. 175.
2 *Schaal*, BWNotZ 2007, 154 (158); Bahrenfuss/*Schaal*, § 343 FamFG Rz. 6.
3 BGH v. 3.12.1975 – IV ZB 20/75, BGHZ 65, 311 (318).
4 BGH v. 20.5.1969 – III ZB 3/67, BGHZ 52, 123 (139f.).
5 KG v. 17.12.1991 – 1 AR 37/91, Rpfleger 1992, 160 (161).
6 KG v. 23.6.1992 – 1 AR 10/92, Rpfleger 1992, 487.
7 KG v. 17.11.1992 – 1 AR 44/92, Rpfleger 1993, 201.
8 OLG Köln v. 12.8.1996 – 2 Wx 29/96, Rpfleger 1997, 67 (68).
9 BayObLG v. 19.2.1991 – BReg. 1a Z 79/90, NJW 1991, 1237 (1238).

gegenüber dem für den übrigen Nachlass zuständigen westdeutschen Nachlassgericht eine auch den in der früheren DDR belegenen abgespaltenen Grundbesitz erfassende Erbausschlagung abgegeben und lief die Ausschlagungsfrist erst nach dem 2.10.1990 ab, ist die Ausschlagung auch für den früheren DDR-Grundbesitz wirksam.[1]

Eine derartige durch Art. 3 Abs. 3 aF EGBGB bzw. Art. 3a Abs. 2 EGBGB iVm. § 25 Abs. 2 DDR-RAG ausgelöste **innerdeutsche Nachlassspaltung** besteht jedoch ausschließlich für Erbfälle, die während der Zeitspanne v. 1.1.1976 bis 2.10.1990 eintraten,[2] da das RAG-DDR gemeinsam mit dem ZGB am 1.1.1976 in und am 3.10.1990 außer Kraft trat, jedoch gem. Art. 235 § 1 und Art. 236 § 1 EGBGB für diesen Zeitraum auch bei einer Zeugniserteilung Geltung behält, die nach dem 2.10.1990 erfolgt.[3] Ausschließliche Rücküberstragungs- oder Entschädigungsansprüche nach §§ 3 ff. VermG stellen jedoch keine „anderen Rechte an Grundstücken" iSd. § 25 Abs. 2 RAG-DDR dar und begründen daher keine entsprechende Nachlassspaltung.[4] Für Erbfälle vor dem 1.1.1976 gilt hingegen für den gesamten Nachlass bei einem westdeutschen Erblasser das BGB, bei einem ostdeutschen Erblasser das damals dort geltende Recht. Für Erbfälle nach dem 2.10.1990 gilt gem. Art. 230 EGBGB vorbehaltlich der in Art. 235 EGBGB vorgesehenen Ausnahmen für Verfügungen von Todes wegen und nichteheliche Kinder insgesamt das BGB.

123

Der Grundsatz der perpetuatio fori ist in einem einheitlichen deutsch-deutschen Nachlassverfahren, das während der deutschen Teilung eingeleitet und nach Herstellung der deutschen Einheit fortgeführt wird, jedoch dann anwendbar, wenn ein Erbschein während Bestehens der DDR durch ein westdeutsches Nachlassgericht **in originärer Zuständigkeit** bspw. nach § 73 Abs. 3 FGG wegen damaliger Belegenheit von Nachlassgegenständen in den alten Bundesländern – statt in Notzuständigkeit analog § 73 Abs. 2 FGG – erteilt worden ist und nach Herstellung der deutschen Einheit seine Erweiterung auf den in der ehemaligen DDR belegenen Grundbesitz begehrt wird.[5]

124

3. Weiterverwahrung gemeinschaftlicher Testamente bzw. Erbverträge

Die örtliche Zuständigkeit für eine durch § 2273 Abs. 2 Satz 2 bzw. §§ 2300 Abs. 1, 2273 Abs. 2 Satz 2 aF BGB angeordnete erneute amtliche Verwahrung eines bereits zuvor besonders amtlich verwahrten gemeinschaftlichen Testaments bzw. Erbvertrags ist nunmehr in § 344 Abs. 2 und 3 erstmals ausdrücklich geregelt (s. dazu § 344 Rz. 34 ff.). Danach ist das für den **Erstverstorbenen** zuständige Gericht auch für die Weiterverwahrung zuständig, soweit der Längstlebende die Verwahrung nicht bei einem anderen Gericht verlangt.

125

4. Einziehung eines durch ein örtlich unzuständiges Gericht erteilten Zeugnisses

Dasjenige Nachlassgericht, das einen Erbschein, ein Testamentsvollstreckerzeugnis bzw. ein sonstiges Zeugnis iSd. § 354 erteilt hat, ist zu dessen Einziehung bzw. Kraftloserklärung auch dann zuständig, wenn es für die ursprüngliche Erteilung örtlich **unzuständig gewesen** ist.[6]

125a

VIII. Verweisung bei Unzuständigkeit; Rechtsfolge eines Verstoßes

Stellt das Nachlassgericht seine örtliche **Unzuständigkeit** vor einer eigenen Entscheidung fest, hat es sich nach § 3 Abs. 1 durch Beschluss für unzuständig zu erklären und die Sache nach vorheriger Anhörung der Beteiligten (s. § 13 Rz. 14) gem. § 3 Abs. 3 unanfechtbar und mit bindender Wirkung (s. dazu Rz. 75) an das zuständige

126

---

1 KG v. 12.3.1996 – 1 W 4/95, Rpfleger 1996, 456 (457).
2 *Bestelmeyer*, Rpfleger 1992, 229 (230).
3 OLG Zweibrücken v. 20.7.1992 – 3 W 172/91, Rpfleger 1993, 113 (114).
4 BGH v. 4.10.1995 – IV ZB 5/95, BGHZ 131, 22 (27 ff.); Wurm/Wagner/Zartmann/*Fröhler*, Kap. 92 Rz. 40.
5 KG v. 28.7.1992 – 1 AR 24/92, Rpfleger 1993, 113.
6 BayObLG v. 30.4.1975 – 1 Z 118/74, Rpfleger 1975, 304.

Gericht zu **verweisen**, im Falle mehrerer zuständiger Gerichte nach § 3 Abs. 2 an das vom Antragsteller gewählte Gericht, bei Unterbleiben der Wahl bzw. bei amtswegigen Verfahren an das von ihm als angerufenes Gericht bestimmte Gericht (s. § 3 Rz. 17). In Antrags- wie bspw. Erbscheinsverfahren muss sich das angerufene Nachlassgericht im Falle eigener Verneinung seiner örtlichen Zuständigkeit selbst dann von Amts wegen für unzuständig erklären und das Verfahren an das örtlich zuständige Nachlassgericht verweisen, ohne den (bspw. Erbscheins-)Antrag, wenn kein Verweisungsantrag gestellt wurde, als unzulässig verwerfen zu dürfen, da die dort geltende Dispositionsmaxime lediglich ein Verfügungsrecht des Antragstellers über das gesamte Verfahren, nicht jedoch ein Antragserfordernis zur Verweisung begründet.[1] Ausnahmsweise kann das im Verweisungsbeschluss als zuständig bezeichnete Gericht trotz der Regelung nach § 3 Abs. 3 Satz 2 nicht an die Verweisung gebunden sein und das zuständige Gericht nach § 5 Abs. 1 Nr. 4 bestimmen lassen, wenn die Verweisung bspw. mangels Überprüfung und nachvollziehbarer Aufzeigung der für die Unzuständigkeit maßgebenden Umstände objektiv willkürlich und offensichtlich rechtswidrig ist.[2] Eine Verweisung ist nur so lange möglich, wie das Nachlassverfahren beim angerufenen Gericht noch anhängig ist (s. § 3 Rz. 11), nicht mehr jedoch nach dessen Beendigung, so bspw. im Verfahren auf Entgegennahme einer Erbausschlagungserklärung mit der Benachrichtigung der nunmehr berufenen Erben, soweit kein Grund zur Nachlasssicherung besteht.[3]

127 Nach § 2 Abs. 3 sind gerichtliche Handlungen **nicht** deswegen **unwirksam**, weil sie von einem örtlich unzuständigen Gericht vorgenommen worden sind. Dies gilt bspw. für einen Erbschein, der inhaltlich entsprechend der materiellen Rechtslage durch ein örtlich unzuständiges Gericht erteilt wird. Gleichwohl ist eine derartige gerichtliche Handlung trotz ihrer Wirksamkeit und inhaltlichen Richtigkeit wegen des förmlichen Verstoßes gegen die Regeln der örtlichen Zuständigkeit insgesamt **unrichtig**. Selbst ein inhaltlich richtiger, aber durch ein örtlich unzuständiges Gericht erteilter Erbschein ist daher grundsätzlich nach § 2361 Abs. 1 BGB einzuziehen.[4] Im **Rechtsmittelzug** ist jedoch – anders als bei Verstößen gegen die internationale Zuständigkeit (s. dazu Rz. 187) – keine gerichtliche Überprüfung mehr möglich (s. § 105 Rz. 31).

128 Eine Erbscheinseinziehung ist jedoch bei ausschließlichem Verstoß gegen die Regelungen der örtlichen Zuständigkeit dann **ausnahmsweise ausgeschlossen**, wenn sich die örtliche Zuständigkeit des tätig gewordenen Gerichts nicht aus eindeutigen Vorschriften ergibt, bspw. ein deutscher Erblasser vor dem 3.10.1990 mit Wohnsitz im Gebiet der früheren DDR ohne Vermögen in den alten Bundesländern verstorben ist, ein im Westen lebender Erbe zur Geltendmachung von Lastenausgleichsansprüchen einen Erbschein benötigte, die zuständige Nachlassbehörde in der DDR aufgrund zentraler Anweisung keinen Erbschein erteilte und nunmehr analog § 73 Abs. 2 FGG das Amtsgericht Schöneberg örtlich zuständig wurde.[5]

IX. Sachliche Zuständigkeit

1. Allgemeines

129 Durch Art. 22 Nr. 7 FGG-RG[6] ist die Regelung der sachlichen Zuständigkeit in Angelegenheiten der freiwilligen Gerichtsbarkeit erstmals in den Anwendungsbereich des GVG einbezogen worden. Nach § 23a Abs. 1 Nr. 2 iVm. Abs. 2 Nr. 2 GVG sind die **Amtsgerichte** in Nachlass- und in durch Auseinandersetzungsantrag bis einschließlich 31.8.2013 eingeleiteten Teilungssachen – im Gegensatz zu der nach § 23 Nr. 1

---

1 KG v. 4.8.2011 – 1 W 509/11, FGPrax 2011, 260; *Prütting*/Helms, § 3 FamFG Rz. 14; *Bumiller*/Harders, § 3 FamFG Rz. 4; aA Keidel/*Sternal*, § 3 FamFG Rz. 36: ohne Verweisungsantrag Verwerfung des Antrags als unzulässig statt Verweisung.
2 OLG Düsseldorf v. 29.10.2012 – I-3 Sa 5/12, FGPrax 2013, 27.
3 KG v. 29.11.2011 – 1 AR 16/11, FGPrax 2012, 46.
4 OLG Zweibrücken v. 27.9.2001 – 3 W 124/01, MittBayNot 2002, 203 (204); BayObLG v. 30.4.1975 – 1 Z 118/74, Rpfleger 1975, 304.
5 BGH v. 16.1.1976 – IV ZB 26/74, Rpfleger 1976, 174 (175).
6 BGBl. I 2008, S. 2585.

GVG auf einen Streitwert von bis zu 5 000 Euro begrenzten sachlichen Zuständigkeit der Amtsgerichte als Prozessgericht in Zivilsachen – unabhängig vom Gegenstandswert des Nachlasses und – anders als bspw. das Betreuungsgericht – ohne ausdrücklich nach § 23c GVG angeordnete entsprechende Abteilungsbildung[1] sachlich zuständig. Durch Art. 1 iVm. Art. 7 des Gesetzes zur Übertragung von Aufgaben im Bereich der freiwilligen Gerichtsbarkeit auf Notare vom 26.6.2013[2] wurde mittels § 23 Abs. 3 nF GVG die sachliche Zuständigkeit für ab 1.9.2013 beantragte Auseinandersetzungen in Teilungssachen iSd. § 342 Abs. 2 Nr. 1 von den Amtsgerichten auf jeden nach § 344 Abs. 4a bzw. Abs. 5 örtlich zuständigen **Notar** verlagert, wobei auch insoweit eine Restzuständigkeit des Gerichts nach § 492 Abs. 1 Satz 5 bzw. Abs. 2 für die Ausführung der durch den Notar bewilligten öffentlichen Zustellung bzw. die Entscheidung über die Erinnerung gegen Entscheidungen des Notars verbleibt. Die frühere spezialgesetzliche Regelung der sachlichen nachlassgerichtlichen Zuständigkeit gem. § 72 FGG ist damit hinfällig geworden. Nach § 342 Abs. 1 Nr. 1 ist nunmehr auch die noch zu Lebzeiten des späteren Erblassers erfolgende besondere amtliche Verwahrung von Verfügungen von Todes wegen Nachlasssache.[3] Zur von der sachlichen Zuständigkeit zu unterscheidenden gerichtsinternen Geschäftsverteilung s. Rz. 192a ff.

2. Landesgesetzlicher Vorbehalt

a) Nichtgerichtliche Behörde

Soweit aufgrund landesgesetzlicher Vorbehalte anstelle gerichtlicher Behörden bzw. in Baden-Württemberg in den Fällen des § 363 anstelle der Notare oder neben diesen eine andere Institution für die Wahrnehmung nachlassgerichtlicher Aufgaben zuständig ist, sind die Regelungen der §§ 487, 488, 489, 492 und 493 zu beachten. In Baden-Württemberg treten bis zum Abschluss der dortigen Notariatsreform am 31.12.2017 die **staatlichen Notariate** in Nachlass- und in durch Auseinandersetzungsantrag bis einschließlich 31.8.2013 eingeleiteten Teilungssachen nach Art. 147 EGBGB iVm. §§ 1 Abs. 1 und 2, 38 bad-württ. LFGG an die Stelle der Amtsgerichte bzw. für ab 1.9.2013 beantragte Auseinandersetzungen in Teilungssachen iSd. § 342 Abs. 2 Nr. 1 an die Stelle der (freiberuflichen) Notare. Dabei kann jedoch derjenige staatliche Notar als Nachlassrichter aus Befangenheitsgründen ausgeschlossen sein, der in seiner weiteren Funktion als beurkundender Notar eine entscheidungserhebliche letztwillige Verfügung beurkundet hat.[4] Daneben bestehen landesrechtliche Sonderzuständigkeiten der Gemeinden,[5] Gerichtsvollzieher,[6] Polizeibehörden,[7] Ortsgerichtsvorsteher[8] bzw. Notare[9] für die Nachlasssicherung (s. dazu § 344 Rz. 49).

130

---

1 Keidel/*Zimmermann*, § 343 FamFG Rz. 2.
2 BGBl. I 2013, S. 1800. Zur Gesetzesbegründung s. Gesetzentwurf des Bundesrates, BT-Drucks. 17/1469, S. 12 ff., bzw. Beschlussempfehlung und Bericht des Rechtsausschusses, BT-Drucks. 17/13136, S. 28 ff.
3 Zur früheren Regelung nach § 2258a Abs. 1 BGB bzw. 72 FGG, insbesondere während der Übergangsphase nach Inkrafttreten des PStRG zwischen dem 1.1.2009 und 31.8.2009 *Fröhler*, BWNotZ 2008, 183 (184 f.).
4 So bejaht durch OLG Karlsruhe v. 11.4.1989 – 4 W 128/88, NJW-RR 1989, 1095 (insbesondere bei Geltendmachung einer Verletzung der Aufklärungs- und Belehrungspflichten des nunmehr als Nachlassrichter fungierenden, zuvor als der die nun maßgebende Verfügung von Todes wegen beurkundende Urkundsnotar); alleine aus dem Umstand, dass der Nachlassrichter zugleich Urkundsnotar hinsichtlich der maßgebenden Verfügung von Todes wegen ist, verneinend LG Stuttgart v. 1.9.1982 – 1 AR 68/82, BWNotZ 1982, 174 u. LG Stuttgart v. 10.10.1978 – 1 AR 56/78, BWNotZ 1979, 43; Keidel/*Zimmermann*, § 342 FamFG Rz. 4.
5 In Baden-Württemberg nach § 40 bad-württ. LFGG, in Bayern nach Art. 36 bay. AGBGB bzw. im Saarland nach § 54 Abs. 2 saarl. AGJusG.
6 In Brandenburg nach § 10 bbg. GerNeuOG, in Mecklenburg-Vorpommern nach § 10 meck-vorp. GOrgG bzw. in Thüringen nach § 13 thür. AGGVG.
7 In Bremen nach § 5 brem. AGFGG, in Hamburg nach § 3 hamb. FGG bzw. in Rheinland-Pfalz nach § 12 rheinl.-pfälz. LFGG.
8 In Hessen nach §§ 15 f. hess. OrtsgerichtsG.
9 In Rheinland-Pfalz nach § 13 rheinl.-pfälz. LFGG.

b) Nichtbehördliche Zuständigkeit

131 Darüber hinaus bleiben gem. § 487 Abs. 1 Nr. 3 iVm. § 20 Abs. 5 BNotO in durch Auseinandersetzungsantrag bis einschließlich 31.8.2013 eingeleiteten Teilungssachen die landesgesetzlichen Vorschriften unberührt, aufgrund derer die Nachlassauseinandersetzung statt durch Gerichte oder neben diesen durch **Notare** vermittelt wird, wobei diese Zuständigkeit im Gegensatz zu Art. 147 EGBGB[1] keine Behördeneigenschaft voraussetzt (s. dazu § 363 Rz. 4ff.). Ergänzend regelt insoweit § 487 Abs. 1 Nr. 2 eine Erweiterung des landesgesetzlichen Vorbehalts für die Auseinandersetzung einer Gütergemeinschaft nach § 373 (s. dazu § 373 Rz. 4ff.).[2]

3. Sonderzuständigkeiten

a) Landwirtschaftsgerichte

132 Nach § 18 HöfeO sind für die Entscheidung über alle Anträge und Streitigkeiten, die sich in Anwendung der Höfeordnung (HöfeO)[3] ergeben, die **Landwirtschaftsgerichte** zuständig. Hof ist dabei nach § 1 Abs. 1 Satz 1 HöfeO eine im Gebiet der Länder Hamburg, Niedersachsen, Nordrhein-Westfalen und Schleswig-Holstein belegene land- oder forstwirtschaftliche Besitzung samt einer zur Bewirtschaftung geeigneten Hofstelle mit einem Wirtschaftswert von mindestens 10000 Euro, hilfsweise von mindestens 5000 Euro nach § 1 Abs. 1 Satz 3 HöfeO bei Eintragung eines Hofvermerks im Grundbuch. Darüber hinaus können sich aufgrund landesgesetzlicher Regelungen in anderen Bundesländern entsprechende Zuständigkeiten ergeben, insbesondere in Rheinland-Pfalz.[4] Das gerichtliche Verfahren vor dem Landwirtschaftsgericht ist in § 1 Nr. 5 iVm. §§ 14ff. LwVfG geregelt.

133 Die Zuständigkeit der Landwirtschaftsgerichte erfasst dabei insbesondere nach § 18 Abs. 2 HöfeO die Erteilung bzw. Einziehung eines **Hoffolgezeugnisses**, das den Charakter eines auf die Hoffolge beschränkten Erbscheins hat.

§ 18 HöfeO[5] lautet:

(1) Für die Entscheidung über alle Anträge und Streitigkeiten, die sich bei Anwendung der Höfeordnung ergeben, sowie aus Abmachungen der Beteiligten hierüber sind die im Gesetz über das gerichtliche Verfahren in Landwirtschaftssachen vom 21. Juli 1953 (Bundesgesetzbl. I S. 667), zuletzt geändert durch Artikel 2 des Gesetzes vom 8.7.1975 (Bundesgesetzbl. I S. 1863), genannten Gerichte ausschließlich zuständig.

(2) Diese Gerichte sind auch zuständig für die Entscheidung der Frage, wer kraft Gesetzes oder kraft Verfügung von Todes wegen Hoferbe eines Hofes geworden ist, und für die Ausstellung eines Erbscheins. In dem Erbschein ist der Hoferbe als solcher aufzuführen. Auf Antrag eines Beteiligten ist in dem Erbschein lediglich die Hoferbfolge zu bescheinigen.

134 Darüber hinaus ist das Landwirtschaftsgericht auch für die Erteilung bzw. Einziehung eines Erbscheins über den **gesamten Nachlass** mit Hoferbenvermerk[6] zuständig, wenn dazu ein Hof iSd. HöfeO gehört.[7]

---

1 Nach der Begr. zum GesetzE der BReg. zu Art. 147 EGBGB, BT-Drucks. 16/6308, S. 344 sollte die Vorschrift lediglich dahin gehend geändert werden, dass der Vorbehalt bezüglich der früheren Vormundschaftssachen ausschließlich für die jetzigen Betreuungssachen – und damit nicht auch für die Familiensachen – gilt. Die Formulierung „andere Stelle als Gericht" dürfte daher unverändert keine Ermächtigung zur Zuständigkeitsbegründung für nichtbehördliche Institutionen enthalten.
2 Bumiller/*Winkler*, 8. Aufl. 2006, § 193 FGG Rz. 1.
3 BGBl. I 1976, S. 881, 885, BGBl. I 1977, S. 288, zuletzt geändert BGBl. I 2000, S. 897 und BGBl. I 2008, S. 2585. Zum diesbezüglichen Landwirtschaftserbrecht *Söbbecke*, ZEV 2006, 395.
4 BGH v. 27.9.1994 – X ARZ 731/94, Rpfleger 1995, 151: Zuständigkeit des Landwirtschaftsgerichts für die Erteilung eines Hoffolgezeugnisses als Anerbenbescheinigung nach §§ 30, 31 rheinl.-pfälz. HöfeO, Entsprechendes gilt dort darüber hinaus für die Erteilung, Einziehung bzw. Kraftloserklärung eines Erbscheins; Palandt/*Weidlich*, § 2353 BGB Rz. 6.
5 In der Fassung v. 1.7.1976, BGBl. I 1976, 1933, zuletzt geändert durch Gesetz v. 17.12.2008, BGBl. I 2008, 2586.
6 Keidel/*Zimmermann*, § 343 FamFG Rz. 26.
7 BGH v. 8.6.1988 – 1 ARZ 388/88, NJW 1988, 2739 (2740).

Zudem erfasst § 18 Abs. 2 HöfeO auch die Zuständigkeit für einen alleine auf das **hoffreie Vermögen beschränkten Erbschein**.[1]

Weiter ist das Landwirtschaftsgericht analog § 18 Abs. 2 HöfeO auch für die Erteilung bzw. Einziehung eines Zeugnisses über die **Fortsetzung der Gütergemeinschaft** zuständig, wenn zum Gesamthandsvermögen ein Hof gehört.[2]

Nach § 11 HöfeO ist das Landwirtschaftsgericht zur Entgegennahme einer auf den Anfall des Hofes **beschränkten Ausschlagung** zuständig, während eine auch das übrige Vermögen erfassende Ausschlagung insgesamt nur vor dem Nachlassgericht erklärt werden kann.

§ 11 HöfeO[3] lautet:
Der Hoferbe kann den Anfall des Hofes durch Erklärung gegenüber dem Gericht ausschlagen, ohne die Erbschaft in das übrige Vermögen auszuschlagen. Auf diese Ausschlagung finden die Vorschriften des Bürgerlichen Gesetzbuches über die Ausschlagung der Erbschaft entsprechende Anwendung.

Für die Erteilung bzw. Einziehung eines **Testamentsvollstreckerzeugnisses** ist jedoch anstelle des Landwirtschaftsgerichts das Nachlassgericht selbst dann zuständig, wenn ein Hof iSd. der Höfeordnung Nachlassbestandteil ist und daher über den Erbschein samt darin zu vermerkender Testamentsvollstreckungsanordnung das Landwirtschaftsgericht entscheidet.[4]

Ein **landwirtschaftsgerichtliches Zuweisungsverfahren** nach den §§ 13 bis 17, 33 GrdstVG (s. dazu § 363 Rz. 61 ff.) ist bei Vorhandensein eines Hoferben ausgeschlossen.[5]

Für ein **Erbauseinandersetzungsverfahren** iSd. §§ 363 ff. FamFG bleibt das Nachlassgericht selbst dann zuständig, wenn im Übrigen aus den o.g. Gründen eine Zuständigkeit des Landwirtschaftsgerichts besteht.

Soweit keine besondere gesetzliche Zuständigkeitsverlagerung auf die Landwirtschaftsgerichte erfolgt, bleibt es auch in den o.g. Nachlasssachen trotz Zugehörigkeit eines land- bzw. forstwirtschaftlichen Betriebes zum Nachlass bei der sachlichen Zuständigkeit des **Nachlassgerichts**. Dies gilt insbesondere für diejenigen Höfe, die lediglich schuldrechtlichen Übernahmerechten zugunsten sog. Anerben in Teilregionen des südbadischen Landesteils Baden-Württembergs, Bremen und Hessen sowie dem BGB in den übrigen Landesteilen Baden-Württembergs, Bayern, Berlin, Brandenburg, Mecklenburg-Vorpommern, Saarland, Sachsen und Sachsen-Anhalt unterliegen.[6]

b) Konsularbeamte

Verstirbt ein deutscher Erblasser im Ausland, sind deutsche Berufs- oder Honorarkonsularbeamte nach § 9 Abs. 2 und 3 KonsG in ihrem betroffenen Konsularbezirk zur **Nachlassfürsorge** berufen. Ergänzend sind die Regelungen nach Artt. 5g, 73 Wiener Übereinkommen über konsularische Beziehungen zu beachten.[7]

c) Kapitäne, Reeder und Seemannsämter

Nach § 76 iVm. § 52 Abs. 2 SeemG bestehen für den Kapitän, den Reeder und das Seemannsamt spezielle Sicherungspflichten für das Vermögen eines vermissten oder verstorbenen **Besatzungsmitglieds**. Der Kapitän hat die Sachen, bzw. der Reeder das

---
1 BGH v. 8.6.1988 – 1 ARZ 388/88, NJW 1988, 2739 (2740).
2 BGH v. 28.1.1972 – V ZB 29/71, NJW 1972, 582.
3 In der Fassung v. 1.7.1976, BGBl. I 1976, 1933, zuletzt geändert durch Gesetz v. 17.12.2008, BGBl. I 2008, 2586.
4 BGH v. 28.1.1972 – V ZB 29/71, NJW 1972, 582.
5 Palandt/*Weidlich*, § 2042 BGB Rz. 24.
6 Keidel/*Zimmermann*, § 343 FamFG Rz. 22 f.
7 Dazu *Geimer*, DNotZ 1978, 3.

Heuerguthaben dieses Besatzungsmitglieds dem zuständigen Seemannsamt zu übergeben bzw. überweisen, das diese Nachlassgegenstände wiederum den Erben zu übermitteln hat.

4. Rechtsfolge bei Fehlen sachlicher Zuständigkeit

141a Analog der ausdrücklich lediglich die örtliche Zuständigkeit regelnden Vorschrift des § 2 Abs. 3 sind gerichtliche Handlungen **nicht** deswegen **unwirksam**, weil sie von einem sachlich unzuständigen Gericht vorgenommen worden sind.[1] Gleichwohl ist eine derartige gerichtliche Handlung trotz ihrer Wirksamkeit und inhaltlichen Richtigkeit wegen des förmlichen Verstoßes gegen die Regeln der örtlichen Zuständigkeit insgesamt **unrichtig**. Selbst ein inhaltlich richtiger, aber durch ein sachlich unzuständiges Gericht erteilter Erbschein ist daher grundsätzlich nach § 2361 Abs. 1 BGB einzuziehen[2] (s. auch Rz. 126 zur örtlichen Zuständigkeit). Im **Rechtsmittelzug** ist insoweit jedoch – anders als bei Verstößen gegen die internationale Zuständigkeit (s. dazu § 65 Rz. 22) – nach § 65 Abs. 4 keine gerichtliche Überprüfung mehr möglich (s. § 65 Rz. 20).

5. Zuständigkeitsübertragung auf Notare

141b Durch Gesetz zur Übertragung von Aufgaben im Bereich der freiwilligen Gerichtsbarkeit auf Notare vom 26.6.2013[3] wurden folgende Zuständigkeiten von den Amtsgerichten auf Notare verlagert:

- nach § 23 Abs. 3 nF GVG die sachliche Zuständigkeit für ab 1.9.2013 beantragte Auseinandersetzungen in **Teilungssachen** iSd. § 342 Abs. 2 Nr. 1 auf jeden nach § 344 Abs. 4a bzw. Abs. 5 örtlich zuständigen Notar, wobei noch eine Restzuständigkeit des Gerichts nach § 492 Abs. 1 Satz 5 bzw. Abs. 2 für die Ausführung der durch den Notar bewilligten öffentlichen Zustellung bzw. die Entscheidung über die Erinnerung gegen Entscheidungen des Notars verbleibt,
- nach § 2003 Abs. 1 nF BGB die amtliche **Aufnahme des Inventars** auf Antrag des Erben ausschließlich durch einen vom Nachlassgericht beauftragten Notar bzw. bis 31.12.2017 bei landesrechtlicher Übertragung der Nachlassgerichtsaufgaben auf Notare durch den zuständigen Notar selbst,
- nach § 797 Abs. 3 nF ZPO die Entscheidung über die Erteilung einer **weiteren vollstreckbaren Ausfertigung** einer notariellen Urkunde auf den die betroffene Urkunde verwahrenden Notar,
- nach § 21 Abs. 3 nF BNotO die Ausstellung von **Bescheinigungen** über eine durch Rechtsgeschäft begründete Vertretungsmacht,
- nach § 133a GBO dürfen Notare demjenigen, der ihnen ein berechtigtes Interesse iSd. § 12 GBO darlegt, **Grundbuchinhalte** -auch durch Erteilung eines Grundbuchabdrucks- mitteilen,
- nach Art. 239 nF EGBGB wird unter Aufhebung von Art. 148 aF EGBGB den Ländern gestattet, durch Gesetz zu bestimmen, dass der **Antrag auf Erteilung eines Erbscheins** der notariellen Beurkundung bedarf und die **Versicherung an Eides statt** nach § 2356 Abs. 2 Satz 1 BGB nur vor einem Notar abzugeben ist.

Dagegen wird der weitergehende Gesetzentwurf des Bundesrates für eine Ermächtigung der Länder zur Übertragung der nachlassgerichtlichen Aufgaben in Erbscheinsverfahren auf – im Gegensatz zu den schon jetzt bis zum 31.12.2017 nach Art. 147 EGBGB iVm. §§ 1 Abs. 1 und 2, 38 bad-württ. LFGG anstelle der Amtsgerichte allgemein als Nachlassgerichte zuständigen staatlichen Notariaten in Baden-Württemberg – freiberufliche Notare[4] und damit zusammenhängend zur Vermei-

---

[1] Bumiller/*Harders*, § 2 FamFG Rz. 25f.; Keidel/*Sternal*, § 2 FamFG Rz. 30a.
[2] MüKo.BGB/*Mayer*, § 2361 BGB Rz. 12.
[3] BGBl. I 2013, S. 1800. Zur Gesetzesbegründung s. Gesetzentwurf des Bundesrates, BT-Drucks. 17/1469, S. 12ff. bzw. Beschlussempfehlung und Bericht des Rechtsausschusses, BT-Drucks. 17/13136, S. 28ff.
[4] BR-Drucks. 45/10, S. 1ff.; BT-Drucks. 17/1469, S. 7ff.

dung eines eventuellen Verstoßes gegen Art. 92 GG „zur Änderung des Grundgesetzes (Art. 98a)"[1] nach Ablehnung durch den Bundestag[2] vorerst nicht weiterverfolgt. Die nachlassrichterliche Tätigkeit im Erbscheinsverfahren betrifft zwar nicht den traditionellen Kernbereich der Rspr. iSd. Art. 92 GG,[3] unterliegt aber den verfassungsrechtlichen Beschränkungen des Art. 33 Abs. 4 GG, so dass eine derartige Aufgabenübertragung auf (freiberufliche) Notare eine entsprechende verfassungsrechtliche Ermächtigung – wie bspw. durch den im vorerst gescheiterten o.g. Gesetzesentwurf vorgesehenen Art. 98a GG nF – voraussetzen dürfte.[4] Die diesbezüglich weitere rechtspolitische Entwicklung bleibt abzuwarten.[5]

X. Funktionelle Zuständigkeit

1. Vorbehaltsübertragung

Nach § 3 Nr. 2 Buchst. c RPflG ist der **Rechtspfleger** im Wege einer allgemeinen Vorbehaltsübertragung grundsätzlich zur Erledigung der richterlichen Geschäfte funktionell zuständig, soweit nicht aus § 16 RPflG aufgrund dortiger enumerativer nicht analogiefähiger[6] Aufzählung ausnahmsweise ein Richtervorbehalt resultiert (s. Rz. 145), der wiederum nach § 16 Abs. 2 RPflG durch Übertragung mit Bindung an die richterlich mitgeteilte Auffassung (s. Rz. 147) oder frei für die praxisrelevanten Tatbestände (insbesondere bei Vorliegen einer Verfügung von Todes wegen die Erteilung bzw. Einziehung eines Erbscheins- bzw. Testamentsvollstreckerzeugnisses, auch bei Anwendung ausländischen Erbrechts)[7] nach § 16 Abs. 1 Nrn. 6 u. 7 RPflG (s. dazu Rz. 145) gem. landesrechtlicher aufgrund Ermächtigung nach § 19 Abs. 1 Satz 1 Nr. 5 RPflG erlassener Rechtsverordnung[8] eingeschränkt werden kann, wobei insoweit wiederum nach § 19 Abs. 2 RPflG die Vorlagepflicht an den Richter bei Erhebung von Einwendungen zu beachten ist. Es besteht daher eine Vermutung für die funktionelle Rechtspflegerzuständigkeit.[9]

142

Ist **umstritten** oder **ungewiss**, ob ein Geschäft von dem Richter oder dem Rechtspfleger zu bearbeiten ist, entscheidet der Richter nach § 7 RPflG über die Zuständigkeit durch unanfechtbaren Beschluss.

142a

Für Geschäfte bei der Annahme von Testamenten und Erbverträgen zur amtlichen Verwahrung iSd. §§ 346, 347 kann nach § 36b Abs. 1 Satz 1 Nr. 1 RPflG durch Übertragung kraft landesrechtlicher Rechtsverordnung anstelle des Rechtspflegers der **Urkundsbeamte der Geschäftsstelle** funktionell zuständig sein.[10] Die Tat-

142b

---

1 BR-Drucks. 44/10, S. 1 ff.; BT-Drucks. 17/1468, S. 5 ff.
2 BT-Drucks. 17/13136, S. 2.
3 BayObLG v. 23.1.1992 – 2. ZS BReg. 2 Z 169/91, BayObLGZ 1992, 13 (15); Dreier/*Schulze-Fielitz*, Art. 92 GG Rz. 44.
4 *Roth*, ZRP 2010, 187.
5 Kritisch zu diesem Reformvorhaben *Roth*, ZRP 2010, 187 (188) unter Hinweis auf Risiken durch Verfahrensverteuerung aufgrund anfallender Mehrwertsteuerpflicht, Verfahrensverzögerung in anderen Amtsgerichtsabteilung wegen Nachlassaktenaufbewahrung außerhalb der Amtsgerichte, Aufgeben eines funktionierenden Systems, drohende föderale Rechtszersplitterung, Beeinträchtigung richterlicher Unabhängigkeit und Neutralität durch notarielle wirtschaftliche Abhängigkeit von Gebühreneinnahmen und Befangenheit bei Beurkundung betroffener letztwilliger Verfügungen; aA *Dieckmann*, ZRP 2011, 60f. unter Hinweis auf das derzeitige Nachlassgerichtssystem in Baden-Württemberg unter der Zuständigkeit staatlicher Notariate, die allgemein bereits bestehende notarielle Kompetenz zur Abnahme eidesstattlicher Versicherungen in Erbscheinsverfahren und den Fortbestand des Rechtsmittelzuges.
6 BayObLG v. 16.8.1982 – 1 Z 73/82, RPfleger 1982, 423 (424).
7 Arnold/Meyer-Stolte/Herrmann/Hintzen/*Rellermeyer*, § 19 RPflG Rz. 11.
8 So derzeit landesrechtlich umgesetzt: in Hessen (GVBl. I 2008, S. 927); in Mecklenburg-Vorpommern (GVOBl Meckl-Vorp2008, S. 2); in Niedersachsen (NdsGVBl. 2008, S. 221); in Rheinland-Pfalz (GVBl. 2008, S. 81).
9 BayObLG v. 16.8.1982 – 1 Z 73/82, RPfleger 1982, 423 (424).
10 So derzeit landesrechtlich umgesetzt: in Bayern durch § 6 Abs. 1 Nr. 1 GeschStVO, GVBl. 2005, S. 40; in Bremen durch § 1 Nr. 1 RPflAÜVO, GBl. 2006, S. 193; in Hamburg durch § 1 Abs. 1 Nr. 1 RPflAÜVO, GVBl. 2005, S. 200; in Hessen durch § 1 VO GBl. 2003, S. 290; in Nieder-

bestände nach § 346 Abs. 1 Halbs. 2 und Abs. 2 sehen ein gemeinschaftliches Bewirken der Verwahrung durch den Richter und den Urkundsbeamten der Geschäftsstelle vor. Soweit landesrechtlich von der Ermächtigung nach § 36b Abs. 1 Satz 1 Nr. 1 RPflG Gebrauch gemacht wird und daher anstelle des Rechtspflegers, der seinerseits anstelle des Richters nach § 3 Nr. 2 Buchst. c RPflG zuständig ist, ebenfalls der Urkundsbeamte der Geschäftsstelle zuständig wird, müssen zur Wahrung des vorgeschriebenen Vieraugenprinzips zwei unterschiedliche Urkundsbeamte der Geschäftsstelle tätig werden.[1] Zur von der funktionellen Zuständigkeit zu unterscheidenden gerichtsinternen Geschäftsverteilung s. Rz. 192a ff.

143   Gegenüber den Regelungen des RPflG vorrangig sind jedoch die nach den Vorbehalten aus Art. 147 EGBGB bzw. § 487 Abs. 1 Nr. 2 und 3 ergangenen **landesrechtlichen Zuständigkeitsregelungen**, insbesondere in Baden-Württemberg nach Art. 147 EGBGB iVm. §§ 1 Abs. 1 und 2, 38 bad-württ. LFGG für die staatlichen Notariate als Nachlassgericht.

144   Im **badischen** Rechtsgebiet Baden-Württembergs können den staatlichen Notariaten bis zu deren im Zuge der dortigen Notariatsreform bedingten Auflösung zum 1.1.2018 nach § 35 Abs. 1 bis 2 RPflG Rechtspfleger zugewiesen werden, wobei der an die Stelle des Richters tretende (Richter-)Notar nach § 35 Abs. 3 RPflG neben dem Rechtspfleger für die diesem übertragenen Geschäfte zuständig bleibt[2] und nach § 5 bad-württ. LFGG als Nachlassrichter über die Wirksamkeit von ihm als Notar beurkundeter Verfügungen von Todes wegen ohne Ausschluss oder Befangenheit befinden kann.[3]

2. Richtervorbehalt

145   Ein Richtervorbehalt im og. Sinn (s. Rz. 142) besteht insbesondere
- nach § 16 Abs. 1 Nr. 1 iVm. § 14 Abs. 1 Nr. 10 RPflG für die Anordnung einer **Nachlasspflegschaft** oder Nachlassverwaltung bei ausländischer Staatsangehörigkeit des Erblassers,[4] nicht jedoch bei zusätzlicher deutscher Staatsangehörigkeit, inländischem Wohnsitz des Erblassers beim Erbfall, inländischer Testamentserrichtung und Ungewissheit darüber, ob der unbekannte Erbe Ausländer ist.[5]
- nach § 16 Abs. 1 Nr. 1 iVm. § 14 Abs. 1 Nr. 5 RPflG für die Entscheidung bei Meinungsverschiedenheiten mehrerer in gemeinsamer **Mitpflegschaft** nach §§ 1915 Abs. 1, 1797, 1798 BGB bestellter[6] Nachlasspfleger oder Nachlassverwalter,
- nach § 16 Abs. 1 Nr. 2 RPflG für die **Ernennung** eines Testamentsvollstreckers durch das vom Erblasser dazu nach § 2200 BGB ersuchte Nachlassgericht,
- nach § 16 Abs. 1 Nr. 3 RPflG für die Entscheidung über die Außerkraftsetzung letztwillig getroffener **Verwaltungsanordnungen** iSv. § 2216 Abs. 2 Satz 2 BGB zugunsten des Testamentsvollstreckers,

---

sachsen durch § 1 Nr. 1 RPflAÜVO, GVBl. 2005, S. 223; in Rheinland-Pfalz durch § 2 RPflAÜVO, GVBl. 2008, S. 81; in Sachsen-Anhalt durch § 1 Abs. 1 Nr. 1 RPflAÜVO, GVBl. 2004, S. 724; in Thüringen durch § 1 Abs. 1 Nr. 1 RPflAÜVO, GVBl. 2003, S. 319.
1 Begr. zum GesetzE des BRats zu Art. RPflAufgÜG – § 36b Abs. 1 RPflG v. 27.6.2001, BT-Drucks. 14/6457, S. 8; Arnold/Meyer-Stolte/Herrmann/Hintzen/*Rellermeyer*, § 36b RPflG Rz. 3. Der Änderungsvorschlag des Bundesrates zur Aufhebung des Vieraugenprinzips in § 346 Abs. 1 Halbs. 2 und Abs. 2 FamFG, Stellungnahme des BR zum GesetzE der BReg. Nr. 85 (§ 346 Abs. 1), BR-Drucks. 309/07 (Beschl.), S. 71 f., hat sich nicht durchgesetzt.
2 *Nieder*, BWNotZ 1990, 111 f.
3 LG Stuttgart v. 10.10.1978 – 1 AR 56/78, BWNotZ 1979, 43; LG Stuttgart v. 1.9.1982 – 1 AR 68/82, BWNotZ 1982, 174; krit. dazu Arnold/Meyer-Stolte/Herrmann/Hintzen/*Rellermeyer*, § 35 RPflG Rz. 10 f.
4 OLG Hamm v. 21.11.1975 – 15 W 64/75, Rpfleger 1976, 94; Erman/*Schlüter*, § 1960 BGB Rz. 20; Palandt/*Weidlich*, § 1961 BGB Rz. 3; Bassenge/*Roth*, § 16 RPflG Rz. 6; *Fröhler*, BWNotZ 2011, 2 (3); aA MüKo.BGB/*Leipold*, § 1960 BGB Rz. 7; Arnold/Meyer-Stolte/Herrmann/Hintzen/*Rellermeyer*, § 16 RPflG Rz. 13; *Meyer-Stolte*, Rpfleger 1976, 94: kein Richtervorbehalt.
5 BayObLG v. 16.8.1982 – 1 Z 73/82, Rpfleger 1982, 423; Bassenge/*Roth*, § 16 RPflG Rz. 8.
6 S. dazu *Zimmermann*, Die Nachlasspflegschaft, 2. Aufl. 2009, Rz. 147.

- nach § 16 Abs. 1 Nr. 4 RPflG für die Entscheidung über **Meinungsverschiedenheiten** mehrerer Testamentsvollstrecker iSd. § 2224 BGB,
- nach § 16 Abs. 1 Nr. 5 RPflG für die Entscheidung über die **Entlassung** eines Testamentsvollstreckers nach § 2227 BGB,
- nach § 16 Abs. 1 Nr. 6 RPflG für die Erteilung von Erbscheinen bzw. Überweisungszeugnissen iSd. §§ 36, 37 GBO bzw. §§ 42, 47 SchiffsRegO (s. dazu § 342 Rz. 30) bei Vorliegen bzw. lediglich behaupteter[1] aktueller oder früherer Existenz einer **Verfügung von Todes** wegen, selbst wenn gesetzliche Erbfolge eingetreten ist,[2] oder unabhängig von der Existenz einer Verfügungen von Todes wegen **bei möglicher Anwendbarkeit ausländischen Rechts** (insoweit lex specialis zum allgemeinen bloßen Vorlage*recht* des Rechtspfleger bei in Betracht kommender Anwendung ausländischen Rechts nach § 5 Abs. 2 RPflG),
- nach § 16 Abs. 1 Nr. 6 RPflG für die Erteilung von **Testamentsvollstreckerzeugnissen**,
- nach § 16 Abs. 1 Nr. 7 RPflG für die Anordnung der **Einziehung** (nicht aber deren Vollzug s. Rz. 149) von Erbscheinen, Überweisungszeugnissen oder Zeugnissen über die Fortsetzung einer Gütergemeinschaft, soweit sie durch einen Richter erteilt wurden oder wegen einer Verfügung von Todes wegen einzuziehen sind, sowie jeglicher Testamentsvollstreckerzeugnisse, da diesen zwingend eine Verfügung von Todes zugrunde liegt und sie daher stets durch einen Richter erteilt werden.

Die funktionelle Zuständigkeit des Richters beschränkt sich dabei nicht nur auf die abschließenden Entscheidungen, sondern erfasst zudem auch alle **vorbereitenden Maßnahmen**, für die dessen unmittelbarer persönlicher Eindruck maßgebend ist. Insbesondere darf im Falle einer Richterzuständigkeit der Rechtspfleger weder die Beteiligten persönlich anhören[3] noch – sei es durch Frei- oder durch Strengbeweis – die Beweisaufnahme durchführen.[4] Insoweit sind selbst auf § 27 Abs. 1 RPflG iVm. landesrechtlichen Vorschriften basierende vorbereitende Mithilfetätigkeiten von Rechtspflegern unzulässig. In Betracht kommt dann ausschließlich eine Anhörung durch **beauftragte Richter**,[5] soweit es nicht für die Beweiswürdigung auf den persönlichen Eindruck desjenigen ankommt, der die Beweisaufnahme führt.[6] Erlässt trotz funktioneller Zuständigkeit des Richters ein Rechtspfleger eine Zwischenverfügung bspw. zwecks Nachreichung einer bisher fehlenden eidesstattlichen Versicherung zum Erbscheinsantrag, ist dagegen nach § 11 Abs. 2 Satz 1 RPflG das Rechtsmittel der Erinnerung eröffnet, obschon die Zwischenverfügung, wäre sie durch den Richter erlassen worden, nach § 58 nicht anfechtbar gewesen wäre.[7]

3. Grenzen und Durchbrechung des Richtervorbehalts

Nach § 16 Abs. 2 RPflG besteht trotz des von § 16 Abs. 1 Nr. 6 RPflG vorgesehenen Richtervorbehalts bei Vorliegen einer Verfügung von Todes wegen bzw. möglicher Anwendbarkeit ausländischen Rechts eine Rechtspflegerzuständigkeit für die Erteilung eines Erbscheins oder Zeugnisses nach §§ 36, 37 GBO bzw. §§ 42, 74 SchiffsRegO **aufgrund gesetzlicher Erbfolge**, wenn **deutsches Erbrecht anzuwenden** ist und der Richter dem Rechtspfleger die Erbscheins- bzw. Zeugniserteilung **überträgt**, was zumindest durch Aktenvermerk manifestiert werden sollte[8] und nicht isoliert rechtsmittelfähig ist.[9] Dabei setzt eine Erteilung aufgrund gesetzlicher Erbfolge in diesem

---

1 BayObLG v. 22.3.1977 – 1 Z 166/77, Rpfleger 1977, 210; Keidel/*Zimmermann*, § 343 FamFG Rz. 95.
2 *Jung*, Rpfleger 2002, 543; Bassenge/*Roth*, § 16 RPflG Rz. 8.
3 OLG München v. 21.2.1980 – 26 UF 1321/79, Rpfleger 1980, 479.
4 Keidel/*Zimmermann*, § 343 FamFG Rz. 84.
5 BayObLG v. 7.12.1964 – BReg. 1b Z 225/64, FamRZ 1965, 152 (154); Keidel/*Zimmermann*, § 343 FamFG Rz. 85; aA OLG Hamburg v. 4.7.1952 – 2 W 166/52, NJW 1953, 1554 (1555): kein beauftragter Richter zulässig bei persönlicher Anhörung des Ehegatten nach § 74 Abs. 3 EheG aF.
6 BGH v. 27.4.1960 – IV ZR 100/59, BGHZ 32, 233 (237f.).
7 *Zimmermann*, MittBayNot 2012, 290 (231).
8 Arnold/Meyer-Stolte/Herrmann/Hintzen/*Rellermeyer*, § 16 RPflG Rz. 35.
9 OLG Hamm v. 15.9.2011 – I-15 Wx 332/10, FGPrax 2011, 301.

Sinne voraus, dass tatsächlich gesetzliche Erbfolge eingetreten ist, bspw. im Falle unwirksamer oder lediglich Vermächtnisanordnungen enthaltender Verfügungen ohne Erbeinsetzung. § 16 Abs. 2 RPflG ist jedoch unanwendbar, wenn die Verfügung von Todes wegen ihrerseits eine Erbfolge anordnet, selbst wenn diese mit der gesetzlichen Erbfolge übereinstimmt, da dann eine Zeugniserteilung aufgrund gewillkürter statt gesetzlicher Erbfolge erfolgt.[1] Gem. § 16 Abs. 2 Satz 2 RPflG ist der Rechtspfleger nach einer derartigen Übertragung an die mitgeteilte Auffassung des Richters **gebunden**, dass die Erteilung nach gesetzlicher Erbfolge und unter Anwendung deutschen Erbrechts als Sachrecht (mithin nicht lediglich deutschen Kollisionsrechts) zu erfolgen hat.

148 Soweit keine Anwendung ausländischen Rechts möglich ist, unterliegen insbesondere Zeugniserteilungen nach § 1507 BGB bzw. § 16 RSchuldBG und die **Fiskalerbrechtsfeststellung** nach den §§ 1964, 1965 BGB nicht dem Richtervorbehalt, sondern der allgemeinen Rechtspflegerzuständigkeit.[2]

149 Im Gegensatz zu der dem Richter vorbehaltenen Anordnung von Zeugniseinziehungen (s. Rz. 145) ist deren **Vollzug** nach § 33, durch Kraftloserklärung iSd. § 2361 Abs. 2 BGB bzw. Rückforderung der Ausfertigungen eines nach § 2368 Abs. 3 BGB kraft Gesetzes kraftlos gewordenen Testamentsvollstreckerzeugnisses Rechtspflegeraufgabe.[3] Eine Kraftloserklärung kann dabei trotz des durch § 2368 Abs. 3 Halbs. 2 BGB angeordneten mit Amtsbeendigung automatischen Kraftloswerdens des Zeugnisses erforderlich sein, bspw. dann, wenn im Testamentsvollstreckerzeugnis versehentlich die durch den Erblasser verfügte Beschränkung der Amtszeit des Testamentsvollstreckers nicht ausgewiesen und damit auch kein Gutglaubensschutz betroffen ist.[4]

150 Nach § 3 Nr. 2 Buchst. c RPflG ist der Rechtspfleger im Rahmen der **Auseinandersetzungsvermittlung** funktionell uneingeschränkt zuständig. Mit Wirkung zum 1.4.2004 wurde zwischenzeitlich auch der Richtervorbehalt aus § 16 Abs. 1 Nr. 8 RPflG für die Erteilung von Genehmigungen nach § 87 Abs. 2 FGG (jetzt § 368 Abs. 3) aufgehoben.[5] Dieser Vorbehalt war insoweit seinerseits bereits durch die Streichung der Genehmigungstatbestände aus der maßgeblichen Bezugsnorm des § 14 Nr. 9 aF RPflG im Zuge des Betreuungsgesetzes v. 12.9.1990[6] gegenstandslos geworden.

4. Rechtsfolge bei Fehlen funktioneller Zuständigkeit

151 Die funktionelle Zuständigkeit ist **ausschließliche** Zuständigkeit (s. § 2 Rz. 15). Die **Rechtsfolgen eines Verstoßes** gegen die funktionelle Zuständigkeit richten sich nach § 8 RPflG. Gem. § 8 Abs. 1 RPflG sind durch den Richter wahrgenommene Geschäfte auch dann wirksam, wenn sie dem Rechtspfleger übertragen sind. Zugleich können sie trotz der Zuständigkeitsüberschreitung im Rechtsmittelzug nicht aufgehoben werden.[7] Nach § 8 Abs. 5 RPflG ist zudem ein durch den Rechtspfleger wahrgenommenes Geschäft des Urkundsbeamten der Geschäftsstelle wirksam. Auch hier kommt eine Aufhebung im Rechtsmittelweg nicht in Betracht.[8] Entsprechendes gilt nach dem Rechtsgedanken des § 8 Abs. 1 bzw. Abs. 5 RPflG für Geschäfte, die dem Urkundsbeamten der Geschäftsstelle übertragen sind, aber tatsächlich durch den

---

1 KG v. 16.3.2004 – 1 W 458/01, FGPrax 2004, 126; Bassenge/*Roth*, § 16 RPflG Rz. 13.
2 Keidel/*Zimmermann*, § 343 FamFG Rz. 95.
3 Keidel/*Zimmermann*, § 343 FamFG Rz. 99.
4 RG v. 10.12.1913 – Rep. V 303/13, RGZ 83, 348 (352); Palandt/*Weidlich*, § 2368 BGB Rz. 10.
5 BGBl. I 2004, S. 2198.
6 BGBl. I 1990, S. 2002.
7 BGH v. 24.1.2001 – XII ZB 88/99, NJW 2002, 300 (301); LG Göttingen v. 4.7.2003 – 10 T 37/03, NJW-RR 2003, 1353 (1354); LG Mainz v. 3.5.1984 – 8 T 61/84, Rpfleger 1984, 480; Arnold/Meyer-Stolte/*Herrmann*/Hintzen/*Rellermeyer*, § 8 RPflG Rz. 7.
8 OLG Hamm v. 19.1.1989 – 23 W 319/88, Rpfleger 1989, 319; Arnold/Meyer-Stolte/*Herrmann*/Hintzen/*Rellermeyer*, § 8 RPflG Rz. 27.

Richter wahrgenommen werden.[1] Wirksam ist nach § 8 Abs. 2 RPflG zudem ein durch den Rechtspfleger ausgeübtes, grundsätzlich auf ihn übertragbares Geschäft, selbst wenn es nicht konkret übertragen wurde oder nur im Einzelfall, obwohl es ihm – dies folgt zwingend aus § 8 Abs. 4 RPflG – übertragen wurde,[2] nicht übertragbar war. Nach § 8 Abs. 3 RPflG gilt Entsprechendes, wenn ein Geschäft dem Richter entgegen § 5 Abs. 1 RPflG nicht vorgelegt wurde. Derartige Geschäfte sind dann jedoch mit der Beschwerde anfechtbar, soweit sie ihrerseits nicht ausnahmsweise – wie zB der Krafterklärungsbeschluss iSd. § 353 Abs. 3 nach öffentlicher Bekanntmachung – unanfechtbar sind.[3] Nach § 8 Abs. 4 RPflG ist ein durch den Rechtspfleger vorgenommenes Geschäft des Richters hingegen unwirksam, wenn es nach dem RPflG weder übertragen ist noch übertragen werden kann. Hat ein Rechtspfleger einen Erbschein aufgrund gesetzlicher Erbfolge erteilt, wird anschließend erstmals ein Testament entdeckt und ordnet dieses seinerseits eine Erbeinsetzung an, die der gesetzlichen Erbfolge entspricht, so ist der Erbschein nach § 8 Abs. 4 iVm. § 16 Abs. 1 Nr. 6 RPflG mangels Übertragbarkeit iSd. § 16 Abs. 2 BGB anders als bspw. ohne jegliche Erbeinsetzung (s. Rz. 147) unwirksam und nach § 2361 Abs. 1 BGB einzuziehen.[4] Im Gegensatz dazu ist ein durch einen Rechtspfleger erteilter Erbschein nicht allein deshalb als unrichtig einzuziehen, weil stattdessen der Richter lediglich wegen einer ausschließlich behaupteten, jedoch nicht nachgewiesenen Existenz einer Verfügung von Todes wegen zuständig gewesen wäre.[5]

XI. Internationale Zuständigkeit

1. Rechtslage bis zum 16.8.2015: Grundsatzregelung nach § 105

Nur dann, wenn ein deutsches Nachlassgericht international zuständig ist, darf es auch in einer Nachlass- oder Teilungssache mit Auslandsbezug – etwa bei einem ausländischen Erblasser mit Nachlassgegenständen im Inland oder einem deutschen Erblasser mit Nachlassgegenständen im Ausland – tätig werden (s. § 2 Rz. 16). Neben dieser Entscheidungszuständigkeit, die streng von der dem internationalen Privatrecht zugeordneten Klärung des unter mehreren betroffenen Rechtsordnungen richtigerweise anzuwendenden Rechts zu unterscheiden ist, setzt die internationale Zuständigkeit zudem Maßstäbe für die Anerkennung ausländischer Entscheidungen im Inland (s. vor §§ 98–106 Rz. 2). § 105 regelt für andere Verfahren nach dem FamFG als diejenigen der §§ 98 bis 104, somit bis zur Geltung der dann in deren Anwendungsbereich nach Art. 3 Nr. 1 EGBGB vorrangigen EuErbVO[6] für die Rechtsnachfolge von am 17.8.2015 oder danach verstorbenen Personen (s. dazu Rz. 154 ff.) auch für Nachlass- und Teilungssachen aus Buch 4, die internationale Zuständigkeit dahingehend, dass diese **der örtlichen Zuständigkeit im Wege der Doppelfunktionalität folgt**, soweit kein vorrangiges Gemeinschafts- und Konventionsrecht und keine anderweitigen deutschen Sonderregelungen zur internationalen Zuständigkeit entgegenstehen (s. dazu § 105 Rz. 2 f. und 24 f.). Damit ist der früher kraft Richterrechts praktizierte ungeschriebene Gleichlaufgrundsatz, nach dem deutsche Gerichte für Nachlasssachen nur bei Anwendung deutschen Erbrechts (Sachrecht) zuständig seien[7] und

---

1 OLG Köln v. 16.11.1976 – Ss 293/76, Rpfleger 1977, 105; Bassenge/*Roth*, § 8 RPflG Rz. 2; aA OLG Stuttgart v. 9.7.1974 – 8 W 201/74, NJW 1974, 2052; Arnold/Meyer-Stolte/*Herrmann*/Hintzen/*Rellermeyer*, § 8 RPflG Rz. 2: unwirksam.
2 Arnold/Meyer-Stolte/*Herrmann*/Hintzen/*Rellermeyer*, § 8 RPflG Rz. 15.
3 Bumiller/*Winkler*, 8. Aufl., § 7 FGG Rz. 16.
4 KG v. 16.3.2004 – 1 W 458/01, FGPrax 2004, 126.
5 BayObLG v. 28.4.1997 – 1 Z BR 86/97, Rpfleger 1997, 370 (371).
6 Verordnung (EU) Nr. 650/2012 über die Zuständigkeit, das anzuwendende Recht, die Anerkennung und Vollstreckung von Entscheidungen und die Aufnahme und Vollstreckung öffentlicher Urkunden in Erbsachen sowie zur Einführung eines Europäischen Nachlasszeugnisses idF vom 4.7.2012, ABl. EU 2012, Nr. L 201, S. 107.
7 OLG Zweibrücken v. 27.9.2001 – 3 W 124/01, MittBayNot 2002, 203 (204); BayObLG v. 12.12.2000 – 1 Z BR 136/00, NJW-RR 2001, 297; BayObLG v. 13.11.1986 – BReg. 1 Z 4/86, NJW 1987, 1148 (1149); KG v. 4.3.1977 – 1 W 4073/76, OLGZ 1977, 309; Schotten/*Schmellenkamp*, Rz. 340; Erman/*Hohloch*, Art. 25 EGBGB Rz. 45; aA MüKo.BGB/*Birk*, Art. 25 EGBGB Rz. 25; Staudinger/*Dörner*, Art. 25 EGBGB Rz. 849 ff.

der lediglich durch auf inländischen Nachlass beschränkte Fremdrechtszeugnisse nach §§ 2369 Abs. 1, 2368 Abs. 3 Halbs. 1 aFBGB,[1] Ausschlagungsentgegennahmen bei fiktiver Zuständigkeit für einen Fremdrechtserbschein iSd. § 2369 Abs. 1 aF BGB[2] bzw. bei fiktiver Nachlassverbindlichkeitsbelegenheit analog § 2369 Abs. 2 Satz 2 aF BGB,[3] aufgrund von Notzuständigkeiten aus drohender Rechtsverweigerung[4] bzw. für Sicherungsmaßnahmen[5] (s. Rz. 186) durchbrochen wurde, nicht mehr maßgebend. Gegenüber § 105 vorrangig ist jedoch nach Art. 3 Nr. 1 EGBGB neben der insbesondere im Bereich der internationalen Zuständigkeit und des anzuwendenden Rechts erst ab 17.8.2015 geltenden EuErbVO die durch § 12 der Anlage zu Art. 20 des deutsch-türkischen Konsularvertrags vom 28.5.1929 geregelte internationale Zuständigkeit des Gerichts am Ort der Belegenheit unbeweglichen Vermögens.[6] Zur von der internationalen Zuständigkeit zu unterscheidenden gerichtsinternen Geschäftsverteilung s. Rz. 192 a ff. Zur Anerkennung ausländischer Entscheidungen s. § 108 Rz. 16 ff. bzw. 37).

153 Verstirbt ein ausländischer Erblasser mit letztem Wohnsitz bzw. letztem Aufenthalt in Deutschland oder hinterlässt er zumindest Nachlassvermögen in Deutschland und stehen weder vorrangiges Gemeinschafts- und Konventionsrecht noch anderweitige deutsche Sonderregelungen zur internationalen Zuständigkeit entgegen, besteht eine internationale Zuständigkeit eines deutschen Gerichts nach dem Grundsatz der Doppelfunktionalität aus den §§ 105, 343 Abs. 1 bzw. 3 für den **gesamten Nachlass** unabhängig davon, ob und inwieweit dieser einem **ausländischen Erbstatut** unterliegt und das Nachlassgericht daher ausländisches Recht anzuwenden hat. Damit wird eine sog. **Weltzuständigkeit**[7] begründet. Entsprechendes gilt nach Art. 3 a Abs. 2 EGBGB bei einem deutschen Erblasser mit Grundbesitz im Ausland, wenn die dortige Rechtsordnung dafür die Geltung des eigenen Erbrechts beansprucht (s. dazu das Beispiel Frankreich unter Rz. 189). Die internationale Zuständigkeit besteht dabei unabhängig von einer eventuellen Anerkennung der nachlassgerichtlichen Entscheidung im Ausland.[8] Lassen sich auftretende Schwierigkeiten im Erbscheins- bzw. Testamentsvollstreckerzeugnisverfahren durch die Möglichkeit einer Zeugnisbeschränkung auf den inländischen Nachlass nach §§ 2369 Abs. 1, 2368 Abs. 3[9] Halbs. 1 BGB bei entsprechendem Antrag ggf. kompensieren (s. dazu Rz. 189 f.), ist die Ermittlung ausländischen Erbrechts in anderen Verfahren unumgänglich.[10]

2. Rechtslage ab 17.8.2015: Vorrang der Europäischen Erbrechtsverordnung

154 Am 16.8.2012 ist die EuErbVO[11] idF vom 4.7.2012 in Kraft getreten (Text s. Anh. zu § 343), die nach ihrem Art. 83 Abs. 1 insoweit jedoch erst auf die Rechtsnachfolge von Personen Anwendung findet, die am 17.8.2015 oder danach verstorben sind. Sie enthält zur Umsetzung der in den Artt. 61, 65 EG-Vertrag und dem Haager Programm vorgegebenen Ziele für grenzübergreifende internationale Erbfälle Regelungen der internationalen Zuständigkeit bei nachlassgerichtlichen Verrichtungen, des maßgeblichen Erbstatuts, der Anerkennung und Vollstreckung von Entscheidungen und öf-

---

1 Zur früheren Rechtslage nach § 2369 Abs. 1 aF BGB für die Erteilung eines Fremdrechtserbscheins MüKo.BGB/*Mayer*, 4. Aufl., § 2369 BGB Rz. 21 ff.
2 Palandt/*Edenhofer*, 67. Aufl., § 1945 BGB Rz. 7; Süß/*Haas*, Erbrecht in Europa, § 7 Rz. 25; *DNotI*, DNotI-Report, 2005, 170 (172); *Hermann*, ZEV 2002, 259 (260); *Fetsch*, MittBayNot 2007, 285 (286).
3 *Fetsch*, MittBayNot 2007, 285 (286).
4 BayObLG v. 18.9.1967 – BReg. 1b Z 61/67, BayObLGZ 1967, 338; BayObLG v. 2.12.1965 – BReg. 1b 67/65, BayObLGZ 1965, 423 (426 ff.).
5 BayObLG v. 22.2.1963 – BReg. 1 Z 148/62, BayObLGZ 1963, 52 ff.
6 RGBl. 1930 II, S. 747; *Bachmayer*, BWNotZ 2010, 146 (149); *Dörner*, ZEV 1996, 90 (96).
7 *Geisler*, notar 2010, 160; *Wittkowski*, RNotZ 2010, 102 (105 f.).
8 Bahrenfuss/*Schaal*, § 343 FamFG Rz. 9.
9 Durch Art. 50 Nr. 69 FGG-RG wird zwar § 2368 Abs. 2 BGB aufgehoben, eine Umbenennung des Abs. 3 in Abs. 2 unterblieb jedoch.
10 S. *Zimmermann*, FGPrax 2006, 189 (190 f.): Verfahren über die Entlassung eines Testamentsvollstreckers.
11 Verordnung (EU) Nr. 650/2012 idF vom 4.7.2012, ABl. EU 2012, Nr. L 201, S. 107.

fentlichen Urkunden in Erbsachen und eines Europäischen Nachlasszeugnisses, während das materielle Recht unberührt bleibt, und geht auf einen modifizierten Gesetzentwurf der Kommission des Europäischen Parlaments und des Rates vom 14.10. 2009[1] zurück. Eine weitere EU-Initiative zu einem Europäischen Testamentsregister ist angekündigt.[2] Die Regelungen der **EuErbVO** dienen einer zuverlässigen Nachlassvorabregelung durch in der Europäischen Union ansässige Personen und der Wahrung der Rechte von Erben, Vermächtnisnehmern, anderen mit dem Erblasser verbundenen Personen und Nachlassgläubigern. Die Anwendbarkeit der EuErbVO setzt weder die Maßgeblichkeit des Rechts eines (teilnehmenden oder nicht teilnehmenden) Mitgliedsstaats[3] noch voraus, dass der Erblasser Staatsangehöriger eines (teilnehmenden oder nicht teilnehmenden) Mitgliedsstaats ist,[4] sondern knüpft allein an die Betroffenheit eines Mitgliedsstaates von einer Rechtsnachfolge von Todes wegen, insbesondere durch den dortigen gewöhnlichen Aufenthalt des Erblassers im Zeitpunkt seines Todes an. So ist ein deutsches Nachlassgericht bspw. für eine chinesische Staatsangehörige, die bei ihrem Tod den gewöhnlichen Aufenthalt in Deutschland hatte, nach Art. 4 EuErbVO bzw. für einen deutschen Staatsangehörigen, der auch in Deutschland Nachlassvermögen hinterlässt, aber bei seinem Tod den gewöhnlichen Aufenthalt in den USA hatte, nach Art. 10 Abs. 1 Buchst. a EuErbVO insgesamt international zuständig (s. dazu Rz. 158). Von besonderer Bedeutung für nachlassgerichtliche Verfahren sind dabei neben den Bestimmungen der Artt. 20 bis 38 EuErbVO über das Erbstatut (s. dazu § 352 Rz. 100 ff.) und der Artt. 62 bis 73 EuErbVO über das Europäische Nachlasszeugnis (s. dazu § 354 Rz. 22 ff.) insbesondere die Vorschriften der Artt. 4 bis 19 EuErbVO über die Begründung der internationalen Zuständigkeit. 83 eingangs aufgeführte Erwägungsgründe unterstützen die Auslegung der nachfolgenden einzelnen Regelungen.[5]

Im vorangestellten Kap. I wird vorab durch Art. 1 EuErbVO der **sachliche Anwendungsbereich** dieser Verordnung durch Beschränkung auf die „Rechtsnachfolge von Todes wegen" unter gleichzeitigem ausdrücklichen Ausschluss anderweitiger Regelungsgegenstände wie bspw. nach Abs. 2 Buchst. b EuErbVO „Rechts-, Geschäfts- und Handlungsfähigkeit natürlicher Personen" (nach Art. 26 Abs. 1 Buchst. a EuErbVO ist jedoch die Testierfähigkeit erfasst[6]), Buchst. d „Fragen des... Güterrechts" (unklar bleibt daher die Anknüpfung des § 1371 BGB[7]), Buchst. g „unentgeltliche Zuwendungen" bzw. „Versicherungsverträge", Buchst. h „Fragen des Gesellschaftsrechts", Buchst. k „Art der dinglichen Rechte" (Akzeptanz des numerus clausus im Sachenrecht, nach Art. 31 EuErbVO muss jedoch eine Anpassung eines im maßgebenden Recht nicht vorgesehenen dinglichen Rechts erfolgen[8]) bzw. Buchst. l als gegenüber dem o.g. Kommissionsentwurf neue Ausnahme für das Register- und Immobiliarsachenrecht[9] „jede Eintragung von Rechten an beweglichen oder unbeweglichen Vermögensgegenständen in einem Register" fixiert, durch Art. 2 EuErbVO die innerstaatliche Zuständigkeit der Mitgliedsstaaten in Erbsachen unberührt gelassen und durch Art. 3 EuErbVO in der Verordnung verwendete Fachtermini wie bspw. „Rechtsnachfolge von Todes wegen" (s. dazu Rz. 155a), „Entscheidung" (s. dazu Rz. 155b) oder „Gericht" (s. dazu Rz. 155c) definiert. 154a

Die nach ihrem Art. 84 am 16.8.2012 in Kraft getretene, gem. ihrem Art. 83 Abs. 1 insoweit jedoch erst auf die Rechtsnachfolge von am 17.8.2015 oder danach verstor- 155

---

1 KOM (2009) 154. Dazu *DNotI*, DNotI-Report 2009, 186 f.; *BNotK*, BNotK 06/2009 (Beilage zu DNotI-Report 2009 Heft 24), 2.
2 KOM (2009) 154, Begr., S. 2.
3 So ausdrücklich Art. 20 EuErbVO; *Remde*, RNotZ 2012, 65 (75).
4 So ausdrücklich Art. 10 Abs. 1 EuErbVO; *Wagner*, DNotZ 2010, 506 f., der zu Recht ganz allgemein von „Regelungen für internationale Erbfälle" bzw. „Sonderregelungen für Erbfälle mit Auslandsbezug" spricht; *Schaal*, BWNotZ 2013, 29; *Remde*, RNotZ 2012, 65 (75).
5 Verordnung (EU) Nr. 650/2012, ABl. EU 2012, Nr. L 201, S. 107 ff.
6 *Simon/Buschbaum*, NJW 2012, 2393.
7 *Remde*, RNotZ 2012, 65 (69); *Simon/Buschbaum*, NJW 2012, 2393 f.
8 *Janzen*, DNotZ 2012, 484 (487).
9 *Simon/Buschbaum*, NJW 2012, 2393 (2394).

benen Personen anwendbare EuErbVO ist als unmittelbar geltendes Recht nach Art. 3 Nr. 1 EGBGB gegenüber nationalen Regelungen und damit auch gegenüber §§ 105, 343 **vorrangig**.[1] Die Vorschriften sind nach den Erwägungsgründen 82 bzw. 83 für das Vereinigte Königreich und Irland (beide Staaten wurden mittels nicht wahrgenommener opt-in-Option dazu berechtigt, die EuErbVO für und gegen sich zur Geltung zu bringen[2]) sowie für Dänemark weder bindend noch anwendbar.[3]

155a Nach Art. 1 Abs. 1 EuErbVO ist die Europäische Erbrechtsverordnung ausschließlich auf die **Rechtsnachfolge von Todes wegen** anwendbar. Hierunter fällt – nach Erwägungsrund 9 unter Erstreckung auf alle diesbezüglichen zivilrechtlichen Aspekte[4] – gem. Art. 3 Abs. 1 Buchst. a EuErbVO „jede Form des Übergangs von Vermögenswerten, Rechten und Pflichten von Todes wegen, sei es im Wege der gewillkürten Erbfolge durch eine Verfügung von Todes wegen oder im Wege der gesetzlichen Erbfolge". Art. 23 Abs. 2 EuErbVO veranschaulicht dieses Tatbestandsmerkmal der Rechtsnachfolge von Todes wegen exemplarisch, bspw. wie folgt unter den dortigen Buchst.: a) „die Gründe für den Eintritt des Erbfalls", b) „die Berufung des Berechtigten", e) „der Übergang der zum Nachlass gehörenden Vermögenswerte" und j) „die Teilung des Nachlasses" (s. dazu den Gesetzestext im Anh. zu § 343).[5]

155b Die Regelungen zur internationalen Zuständigkeit nach Artt. 4 ff. EuErbVO setzen darüber hinaus „**Entscheidungen** in einer Erbsache" voraus. Darunter ist gem. Art. 3 Abs. 1 Buchst. g EuErbVO „jede von einem Gericht eines Mitgliedstaats in einer Erbsache erlassene Entscheidung ungeachtet ihrer Bezeichnung einschließlich des Kostenfestsetzungsbeschlusses eines Gerichtsbediensteten" zu verstehen.

155c Nach Art. 3 Abs. 2 EuErbVO gelten die Regelungen zur internationalen Zuständigkeit in allen sowohl die streitige als auch die freiwillige Gerichtsbarkeit[6] betreffenden Verfahren vor einem Gericht eines Mitgliedsstaats. Dabei sind auch Notare in diesem Sinne **Gericht**, wenn sie iSd. Art. 3 Abs. 2 EuErbVO gerichtliche Funktionen ausüben, wie bspw. derzeit Amtsnotare in Baden-Württemberg nach Art. 147 EGBGB iVm. §§ 1 Abs. 1 und 2, 38 bad-württ. LFGG an Stelle der Amtsgerichte (s. dazu Rz. 130), mangels gerichtlicher Funktionsausübung jedoch nicht die notarielle Vermittlung einer Nachlassauseinandersetzung (s. dazu Rz. 131).[7] Nach Art. 79 EuErbVO erstellt und aktualisiert die Kommission anhand der von den Mitgliedstaaten vorzulegenden Mitteilungen eine Liste der nach Art. 3 Abs. 2 EuErbVO als Gericht geltenden sonstigen Behörden und Angehörigen von Rechtsberufen in Erbsachen. Soweit die **Anrufung** eines Gerichts maßgebend ist, gilt ein Gericht in von Amts wegen eingeleiteten Verfahren nach Art. 14 Buchst. c EuErbVO mit der Eintragung der Sache beim Gericht als angerufen. Ein iSd. Art. 14 EuErbVO angerufenes international unzuständiges Gericht erklärt sich nach Art. 15 EuErbVO von Amts wegen für unzuständig. Nach Art. 19 EuErbVO können eine im Recht eines Mitgliedstaats vorgesehene einstweilige **bzw. Sicherungsmaßnahmen** auch dann bei den Gerichten dieses Mitgliedstaats beantragt werden, wenn für die Entscheidung in der Hauptsache die Gerichte eines anderen Mitgliedstaats international zuständig sind. Diese ausdrücklich nur für Eilmaßnahmen in dispositiven Antragsverfahren formulierte internationale Zuständigkeit muss erst recht in besonders wichtigen und daher von Amts wegen geführten Verfahren eröffnet sein, in denen Anträge in Anregungen umgedeutet werden können, wie bspw. die vorläufige Sicherstellung der Erbscheinsausfertigungen zu den Nachlassakten während des noch laufenden Erbscheinseinziehungsverfahrens (s. dazu § 353 Rz. 14). Nach Art. 12 Abs. 1 EuErbVO kann das Gericht, wenn zum Nachlass in einem Nichtmitgliedstaat (Drittstaat) belegenes Vermögen gehört, auf Antrag einer Partei eine **Beschränkung** auf den Nachlass ohne dieses drittstaatsbelegene Vermögen be-

---

1 *Bachmayer*, BWNotZ 2010, 146 (157).
2 *Wagner*, DNotZ 2010, 506, 511; *Dörner*, ZEV 2012, 505 (506).
3 Verordnung (EU) Nr. 650/2012, ABl. EU 2012, Nr. L 201, S. 107 (116).
4 Verordnung (EU) Nr. 650/2012, ABl. EU 2012, Nr. L 201, S. 107 (108).
5 *Dörner*, ZEV 2012, 505 (506).
6 *Simon/Buschbaum*, NJW 2012, 2393 (2394).
7 *Janzen*, DNotZ 2012, 484 (490).

schließen, soweit seine Entscheidung für dieses in diesem Drittstaat belegene Vermögen dort voraussichtlich nicht anerkannt bzw. nicht für vollstreckbar erklärt wird.

a) Grundsatzzuständigkeit des gewöhnlichen Aufenthalts

Nach Art. 4 EuErbVO sind für erbrechtliche Entscheidungen vorbehaltlich anderweitiger Regelungen derselben Verordnung die Gerichte desjenigen Mitgliedstaats international zuständig, in dessen Hoheitsgebiet der Erblasser im Zeitpunkt seines Todes den gewöhnlichen Aufenthalt hatte. Hierdurch soll nach Erwägungsrund 27[1] grundsätzlich -soweit der Erblasser nicht nach Art. 22 EuErbVO eine abweichende Rechtswahl getroffen hat- ein Gleichlauf von internationaler Zuständigkeit und anwendbarem Recht eintreten.[2] Der gewöhnliche Aufenthalt des Erblassers muss beim Erbfall **in einem Mitgliedstaat** gewesen sein. Nach Erwägungsgrund 23 ist der gewöhnliche Aufenthalt durch „eine Gesamtbeurteilung der Lebensumstände des Erblassers in den Jahren vor seinem Tod und im Zeitpunkt seines Todes" zu bestimmen, wobei „insbesondere die Dauer und die Regelmäßigkeit des Aufenthaltes des Erblassers in dem betreffenden Staat sowie die damit zusammenhängenden Umstände und Gründe, die eine besonders enge und feste Bindung zu dem betreffenden Staat erkennen lassen sollte, zu berücksichtigen sind.[3] Nach Erwägungsgrund 24 kann „in familiärer und sozialer Hinsicht" der gewöhnliche Aufenthalt ggf. auch im Herkunftsstaat liegen, wenn sich der Erblasser unter Aufrechterhaltung seiner dortigen engen und festen Bindung „aus beruflichen oder wirtschaftlichen Gründen – unter Umständen auch für längere Zeit – in einen anderen Staat begeben hat, um dort zu arbeiten" bzw. wenn er „abwechselnd in mehreren Staaten gelebt hat oder auch von Staat zu Staat gereist ist, ohne sich in einem Staat für längere Zeit niederzulassen", der Herkunftsstaat oder der Ort, an dem sich Vermögensgegenstände des Erblassers befinden, dessen gewöhnlicher Aufenthalt sein.[4] Ziel der Regelung ist die Vermeidung positiver (Zuständigerklärung durch Gerichte mehrerer Mitgliedstaaten) wie negativer (keinerlei gerichtliche Zuständigkeit) Kompetenzkonflikte durch eine nunmehr einheitliche Maßgeblichkeit der in den Mitgliedstaaten am häufigsten verbreiteten Anknüpfung an den gewöhnlichen Aufenthalt des Erblassers im Erbfall.[5]

156

b) Sonderzuständigkeiten

aa) Rechtswahl

Nach Art. 7 EuErbVO sind die Gerichte eines Mitgliedstaats, dessen Recht der Erblasser iSd. Art. 22 EuErbVO gewählt hat, abweichend von Art. 4 bzw. Art. 10 EuErbVO international zuständig, wenn alternativ ein ansonsten international zuständiges Gericht sich nach Art. 6 EuErbVO für unzuständig erklärt hat, eine Gerichtsstandsvereinbarung nach Art. 5 EuErbVO getroffen wurde bzw. nicht mitvereinbarende weitere Beteiligte nach Art. 9 Abs. 1 EuErbVO sich rügelos auf das Verfahren eingelassen haben oder die Vefahrensparteien die Zuständigkeit des angerufenen Gerichts ausdrücklich anerkannt haben. Dabei muss jeweils das Recht eines **Mitgliedstaats** gewählt worden sein. Eine Unzuständigkeitserklärung setzt nach Art. 6 EuErbVO voraus, dass entweder ein Verfahrensbeteiligter einen entsprechenden Antrag stellt und das Gericht aufgrund eigener Ermessensentscheidung die Gerichte des Mitgliedstaats des gewählten Rechts für entscheidungskompetenter erachtet oder die Verfahrensparteien – dann ist die Unzuständigkeitserklärung jedoch zwingend – nach Art. 5 EuErbVO eine Gerichtsstandsvereinbarung getroffen haben. Eine Gerichtsstandsvereinbarung muss gem. Art. 5 Abs. 2 EuErbVO in Schriftform erstellt, datiert und von allen Parteien unterzeichnet sein, wobei elektronische Übermittlung ausreicht. Nach Art. 8 EuErbVO ist das Verfahren durch das nach Art. 4 bzw. Art. 10 EuErbVO international zuständige Gericht zudem von Amts wegen zu

157

---

1 Verordnung (EU) Nr. 650/2012, ABl. EU 2012, Nr. L 201, S. 107 (110).
2 *Dörner*, ZEV 2012, 505 (509).
3 Verordnung (EU) Nr. 650/2012, ABl. EU 2012, Nr. L 201, S. 107 (109).
4 Verordnung (EU) Nr. 650/2012, ABl. EU 2012, Nr. L 201, S. 107 (109).
5 KOM (2009) 154, Erläuterung, S. 5f.

beenden, wenn die Verfahrensbeteiligten eine außergerichtliche einvernehmliche Regelung der Erbsache in dem Mitgliedstaat des nach Art. 22 EuErbVO gewählten Rechts vereinbart haben.

bb) Subsidiäre Zuständigkeit

158 Art. 10 EuErbVO sieht für den Fall, dass der Erblasser anders als nach Art. 4 EuErbVO seinen gewöhnlichen Aufenthalt im Todeszeitpunkt nicht in einem Mitgliedstaat hat, eine subsidiäre internationale Zuständigkeit am **Ort der Belegenheit von Nachlassvermögen für den gesamten Nachlass** vor, wenn dieser Ort in einem Mitgliedstaat liegt und zusätzlich der Erblasser vorrangig bei seinem Tod die Staatsangehörigkeit dieses Belegenheitsmitgliedstaats hat oder nachrangig seinen vorhergehenden gewöhnlichen Aufenthalt in diesem Belegenheitsmitgliedstaat nicht mehr als fünf Jahre vor dem Zeitpunkt der Anrufung dieses Gerichts iSd. Art. 14 EuErbVO (s. Rz. 155) hatte. Ergibt sich aus Art. 10 Abs. 1 EuErbVO keine internationale Zuständigkeit eines Mitgliedstaatsgerichts, begründet Art. 10 Abs. 2 EuErbVO gegenständlich beschränkt auf dieses in einem Mitgliedstaat belegene Nachlassvermögen die internationale Zuständigkeit der Gerichte dieses Mitgliedstaats, bei der Belegenheit von Nachlassvermögen in verschiedenen Mitgliedstaaten somit jeweils die Gerichte jedes Mitgliedstaats für das jeweilige in ihrem Mitgliedstaat belegene Nachlassvermögen.

cc) Notzuständigkeit

159 Ist nach den Artt. 4, 7 und 10 EuErbVO keine internationale Zuständigkeit eines Gerichts eines Mitgliedstaats eröffnet, begründet Art. 11 EuErbVO ausnahmsweise ein **forum necessitatis** (Notzuständigkeit) unter der Voraussetzung, dass die Einleitung bzw. Führung des Verfahrens in einem Nichtmitgliedstaat (Drittstaat) trotz engen Bezugs dahin unmöglich bzw. unzumutbar ist und zu dem daher notzuständigen Gericht des Mitgliedstaats ein ausreichender Bezug besteht. Nach Erwägungsgrund 31 könnte ein derartiger Ausnahmefall bspw. aufgrund eines Bürgerkriegs in dem eigentlich international zuständigen Drittstaat in Betracht kommen.[1] Weiter ist insoweit etwa die persönliche Verfolgung eines Beteiligten vorstellbar.[2]

160 Einstweilen frei.

dd) Erbausschlagung und Haftungsbegrenzung

161 Nach Art. 13 EuErbVO sind neben den nach den og. Regelungen allgemein international zuständigen Gerichten der Mitgliedstaaten für die Entgegennahme von Erklärungen über die Annahme bzw. Ausschlagung einer Erbschaft (s. dazu Rz. 175 und § 344 Rz. 78a) bzw. eines Vermächtnisses sowie zur Begrenzung der Haftung der Erben bzw. Vermächtnisnehmer die Gerichte derjenigen Mitgliedstaaten international zuständig, in denen ein dies **Erklärender** seinen gewöhnlichen Aufenthalt hat.

ee) Übergangsrecht

162 Nach der Übergangsvorschrift des Art. 83 Abs. 1 EuErbVO sind insbesondere die vorstehenden Regelungen zur internationalen gerichtlichen Zuständigkeit, zum anzuwendenden Recht (jedoch mit Ausnahmeregelungen hinsichtlich der Wirksamkeit einer zuvor errichteten Verfügung von Todes wegen bzw. getroffenen Rechtswahl) und zum Europäischen Nachlasszeugnis erst auf die Rechtsnachfolge am **17.8.2015** oder danach verstorbener Personen anwendbar. Für zuvor verstorbene Erblasser richtet sich die internationale Zuständigkeit aus Sicht eines deutschen Nachlassgerichts nach § 105 FamFG iVm. mit den örtlichen Zuständigkeitsvorschriften der §§ 343, 344 FamFG (s. dazu Rz. 152).

---

1 Verordnung (EU) Nr. 650/2012, ABl. EU 2012, Nr. L 201, S. 107 (110).
2 *Dörner*, ZEV 2012, 505 (509).

3. Nachlassverfahrensrecht

Das für das jeweilige Nachlassverfahren einschlägige Recht richtet sich stets nach der **lex fori** (s. dazu vor §§ 98–106 Rz. 37 ff.).[1] soweit nicht ab Geltung der dann in deren Anwendungsbereich nach Art. 3 Nr. 1 EGBGB vorrangigen Regelungen der Artt. 62 ff. EuErbVO[2] für die Rechtsnachfolge von am 17.8.2015 oder danach verstorbenen Personen über die Erteilung eines neben den nationalen Rechtsordnungen alternativ in Betracht kommenden Europäischen Nachlasszeugnisses zu entscheiden ist (s. dazu § 352 Rz. 100 ff.) Ein deutsches Nachlassgericht hat daher im Erbscheinsverfahren die Regelungen der §§ 2353 ff. BGB selbst dann anzuwenden, wenn für die Erbfolge ausländisches Sachrecht maßgeblich ist.[3] Eine ausländische Rechtsfigur kann nur dann in einen deutschen Erbschein aufgenommen werden, wenn sie einem deutschen Rechtsinstitut entspricht und daher zuvor in ein solches übersetzbar ist.[4] Dieser allgemeine Grundsatz gilt auch nach der durch § 105 bewirkten Ausdehnung der internationalen Zuständigkeit in Nachlass- und Teilungssachen trotz Aufgabe des Gleichlaufprinzips unverändert fort.[5] Ob die für das materielle Erbrecht berufene ausländische Rechtsordnung ihrerseits überhaupt einen Erbschein bzw. eine entsprechende Zeugniserteilung kennt, ist dabei unerheblich.[6]

163

Danach dürfen in einen durch ein deutsches Nachlassgericht ausgestellten Erbschein ausschließlich – ggf. nach Transkription[7] angepasst[8] – die nach den §§ 2353 ff. BGB vorgesehenen Angaben aufgenommen werden, die das Erbrecht einer Person bezeugen oder auf die sich die Vermutung des § 2365 BGB bzw. der Gutglaubensschutz der §§ 2366, 2367 BGB erstreckt.[9] Verfügungsbeschränkungen können im Erbschein – anders als nach den §§ 2368, 2208 Abs. 1 BGB im Testamentsvollstreckerzeugnis – gem. §§ 2363, 2364 BGB ausschließlich bei Anordnung einer Nacherbfolge bzw. Testamentsvollstreckung vermerkt werden. Bei ausländischem Erbstatut darf in einen deutschen Erbschein weder ein **Vindikationslegat** noch ein **Legalnießbrauch** aufgenommen werden, da – selbst bei Belegenheit der davon erfassten Nachlassgegenstände in einem ausländischen Staat, dessen sachenrechtliches Einzelstatut im Gegensatz zum deutschen Recht eine unmittelbare dingliche Wirkung vorsieht[10] – der Begünstigte nicht Erbe ist, keine dieser Belastungen eine den Erben beschwe-

164

---

1 Ferid/Firsching/Dörner/Hausmann/*Heusler*, Band II Deutschland, Grdz. C Rz. 231; Bamberger/Roth/*Lorenz*, Art. 25 EGBGB Rz. 70; Staudinger/*Dörner*, Art. 25 EGBGB Rz. 878; Staudinger/*Schilken*, § 2369 BGB Rz. 25; *Schotten/Schmellenkamp*, Rz. 344 Fn. 512.
2 Verordnung (EU) Nr. 650/2012 idF vom 4.7.2012, ABl. EU 2012, Nr. L 201, S. 107.
3 OLG Köln v. 14.7.1982 – 2 Wx 10/82, NJW 1983, 525; BayObLG v. 26.10.1995 – 1 Z BR 163/94, Rpfleger 1996, 199 (202).
4 *Pinckernelle/Spreen*, DNotZ 1967, 195 (204).
5 *Schaal*, BWNotZ 2007, 154 (160). Dies deutet auch die Begr. zum GesetzE der BReg. zu § 105, BT-Drucks. 16/6308, S. 222 an, in der ausdrücklich auf eine möglicherweise abweichend erfolgende Beurteilung der Erbfolge durch den ausländischen Belegenheitsstaat eines Nachlassgegenstandes verwiesen wird.
6 Staudinger/*Dörner*, Art. 25 EGBGB Rz. 878; Firsching/*Graf*, Rz. 2.98.
7 MüKo.BGB/*Mayer*, § 2369 BGB Rz. 27.
8 Erman/*Hohloch*, Art. 25 EGBGB Rz. 53; Firsching/*Graf*, Rz. 2103; Staudinger/*Dörner*, Art. 25 EGBGB Rz. 883; MüKo.BGB/*Mayer*, § 2369 BGB Rz. 27; *v. Bar*, Internationales Privatrecht, Band 2 1991, Rz. 387 f.; aA Soergel/*Zimmermann*, § 2369 BGB Rz. 11; *Gottheiner*, RabelsZ 21 (1956), 36 (71); *Riering*, MittBayNot 1999, 519 (525).
9 OLG Köln v. 14.7.1982 – 2 Wx 10/82, NJW 1983, 525 (526); BayObLG v. 26.10.1995 – 1 Z BR 163/94, Rpfleger 1996, 199 (202).
10 Nach BayObLG v. 26.10.1995 – 1 Z BR 163/94, Rpfleger 1996, 199 (202) ergebe sich die Nichterwähnung eines Legalnießbrauchs nach belgischem Recht in einem Fremdrechtserbschein iSd. § 2369 Abs. 1 aF BGB hinsichtlich der in Deutschland belegenen Nachlassgegenstände daraus, dass die lex rei sitae (deutsches Recht) die vom ausländischen Erbrecht kraft Gesetzes vorgesehene Entstehung des Nießbrauchs sachenrechtlich nicht kenne und daher insoweit lediglich ein schuldrechtlicher Anspruch auf Nießbrauchsbestellung bestehe. Zum sachenrechtlichen Einzelstatut der lex rei sitae bei einem kolumbianischen Vindikationslegat BGH v. 28.9.1994 – IV ZR 95/93, Rpfleger 1995, 213 (214). Kritisch zur Heranziehung des sachenrechtlichen Einzelstatuts der lex rei sitae im Erbscheinsverfahren MüKo.BGB/*Birk*, Art. 25 EGBGB Rz. 343.

rende Nacherbfolge oder Testamentsvollstreckung darstellt, die Zugehörigkeit dieser betroffenen Gegenstände zu dem vom Erbrecht des Erben erfassten Nachlass nicht an der Schutzwirkung der §§ 2365 bis 2367 BGB[1] teilhat und selbst eine **Sondererbfolge** nicht verlautbart werden dürfte.[2] Wenn hingegen in einem Vorerbschein iSd. § 2363 BGB die dem Vorerben vorausvermächtnisweise zugewendeten Nachlassgegenstände als nach § 2110 Abs. 2 BGB von der Nacherbfolge nicht erfasst zu erwähnen sind,[3] beruht dies ausschließlich auf einer besonderen gesetzlichen Begrenzung der allgemeinen nach § 2363 BGB durch Nacherbfolge eintretenden Verfügungsbeschränkung des Vorerben und verkörpert damit gerade keine analogiefähige Begründung einer in den Erbschein aufnehmbaren ungeschriebenen Verfügungsbeschränkung für Vindikationslegate.

165 Ein anglo-amerikanischer „executor" bzw. „trustee" kann nur dann als Testamentsvollstrecker durch Angabe der Testamentsvollstreckung als Resultat einer diesbezüglichen Anpassung bzw. Übersetzung (s. dazu vor §§ 98–106 Rz. 40 ff.) der Rechtsinstitute **„execution"** bzw. **„trust"** iSd. § 2364 BGB in einen deutschen Erbschein aufgenommen werden, wenn er über die Begleichung der Nachlassverbindlichkeiten und die Verteilung des Nachlasses hinaus weitere Aufgaben hat und daher seine durch den Erblasser vorgesehene Rechtsstellung derjenigen eines deutschen Testamentsvollstreckers vergleichbar ist[4] und sich seine Befugnisse auf Deutschland erstrecken.[5]

166 Sieht das maßgebliche ausländische Erbstatut anstelle eines schuldrechtlichen Pflichtteilsrechts ein **Noterbrecht** vor, das erst durch Anerkenntnis der Erben bzw. Rechtskraft eines klageweise zu erstreitenden rechtsgestaltenden Herabsetzungsurteils entsteht, und ist dessen Entstehung zum Zeitpunkt der Erbscheinerteilung mangels Fristablauf noch unsicher, kommt in Anlehnung an die Konstellation bei bedingter Nacherbfolge ein Erbschein gem. dem Inhalt der Verfügung von Todes wegen in Betracht, in dem hinsichtlich einer Nachlassquote in Höhe des nicht verfügbaren Nachlassteils unter Benennung der Noterbberechtigten auf die Möglichkeit der Geltendmachung von Noterbrechten hingewiesen wird.[6] Sobald endgültig feststeht, ob Noterbrechte bestehen, ist dieser Erbschein einzuziehen und auf entsprechenden Antrag durch einen neuen Erbschein – je nach Ergebnis mit oder ohne Noterbrechtsquoten – zu ersetzen.[7]

167 Ausnahmsweise kann jedoch trotz formell bestehender internationaler Zuständigkeit das **Rechtsschutzinteresse** für nachlassgerichtliche Verrichtungen **fehlen**, wenn sich bspw. keine Nachlassgegenstände im Inland befinden und die in Rede stehende gerichtliche Maßnahme im Ausland nicht anerkannt wird.[8] Eine teleologische Reduktion des die internationale Zuständigkeit begründenden Tatbestandes des § 105 dahingehend, dass zusätzlich zu den für § 343 Abs. 1 Halbs. 2 sowie Abs. 3 im Rahmen der örtlichen Zuständigkeit ausreichenden Kriterien des lediglich schlichten Inlands-

---

1 Palandt/*Weidlich*, § 2366 BGB Rz. 5.
2 OLG Köln v. 14.7.1982 – 2 Wx 10/82, NJW 1983, 525 (526): keine Aufnahme eines Vindikationslegats nach kolumbianischem Recht in den Erbschein; aA MüKo.BGB/*Birk*, Art. 25 EGBGB Rz. 343: Aufnahme eines Vindikationslegats als Verfügungsbeschränkung in den Erbschein. Zur Nichtverlautbarung einer Sondererbfolge Palandt/*Edenhofer*, 68. Aufl., § 2353 BGB Rz. 9.
3 KG v. 25.1.1940 – 1 Wx 867/39, JFG 21, 122 (125 f.). Dazu insgesamt *Fröhler*, BWNotZ 2005, 1.
4 Firsching/*Graf*, Rz. 2103. Entsprechendes gilt für ein Testamentsvollstreckerzeugnis nach § 2368 BGB, s. OLG Brandenburg v. 2.4.2001 – 8 Wx 165/2000, FGPrax 2001, 206 (207).
5 *Schaal*, BWNotZ 2007, 154 (160).
6 *Johnen*, MittRhNotK 1986, 57 (69 f.); *Fetsch*, RNotZ 2006, 77 (85); *Schotten/Schmellenkamp*, Rz. 346 mwN.; aA Bamberger/Roth/*Lorenz*, Art. 25 EGBGB Rz. 70: keine Erwähnung von Noterbrechten im Erbschein bis zu deren endgültigem Feststehen; ebenso eine derartige Erwähnung verneinend *Bachmayer*, BWNotZ 2010, 146, (173) unter Hinweis auf Konstellationen bei Erbunwürdigkeit iSd. § 2339 BGB; Staudinger/*Dörner*, Art. 25 EGBGB Rz. 886: Erbschein unter Vorbehalt der Herabsetzungsklage; MüKo.BGB/*Birk*, Art. 25 EGBGB Rz. 346: Erwähnung von Noterbrechten im Erbschein bereits vor deren endgültigem Feststehen.
7 *Schotten/Schmellenkamp*, Rz. 346 mwN.
8 *Schaal*, BWNotZ 2007, 154 (158); Bahrenfuss/*Schaal*, § 343 FamFG Rz. 6.

aufenthalts des Erblassers beim Erbfall bzw. der Nachlassbelegenheit zumindest eines einzigen Nachlassgegenstandes im Inland bei gerichtlichem Befasstwerden weiter ein hinreichender Inlandsbezug in Gestalt des mindestens gewöhnlichen Aufenthalts des Erben im Inland erforderlich sein soll,[1] ist wegen des eindeutigen Wortlauts des § 105 Halbs. 2 einerseits und des im Gesetzgebungsverfahren ausdrücklich dargelegten Ziels der Ausweitung der internationalen Zuständigkeit[2] abzulehnen.[3] Dies ergibt sich auch daraus, dass der Gesetzgeber in Kenntnis der höchstrichterlichen Rspr. zur Tatbestandsreduzierung des Vermögensgerichtsstands nach § 23 Abs. 1 ZPO durch die ungeschriebene Voraussetzung eines hinreichenden Inlandsbezugs[4] in der neu geschaffenen Regelung der nachlassgerichtlichen internationalen Zuständigkeit nach den §§ 105 iVm. 343 FamFG keine entsprechende Einschränkung normiert hat. Soweit sich die internationale Zuständigkeit aus der EuErbVO begründet, ist bereits dort ein hinreichender Inlandsbezug gewährleistet (s. dazu Rz. 156 ff.).

Trotz scheinbar klarer Formulierung des § 105 Halbs. 2 ist zu beachten, dass sich örtliche und internationale Zuständigkeit in verschiedenen Voraussetzungen unterscheiden und damit aus einer örtlichen Zuständigkeit nicht zwangsläufig auch eine internationale Zuständigkeit desselben Nachlassgerichts folgt. Dabei ist zunächst von Bedeutung, dass die örtliche Zuständigkeit nach § 343 als ausschließliche Zuständigkeit ausgestaltet ist (s. Rz. 3), während die internationale Zuständigkeit nach § 106 ausdrücklich **nicht ausschließlich** ist und dies nicht nur für die §§ 98 bis 104, sondern auch für die Fälle der nach § 105 aus der örtlichen Zuständigkeit abgeleiteten internationalen Zuständigkeit gilt (s. § 106 Rz. 2). Weiter kann der in § 2 Abs. 2 verankerte und für die örtliche Zuständigkeit geltende Grundsatz der **perpetuatio fori** wegen der verschiedenartigen Interessenlage nicht ohne weiteres, sondern allenfalls nach einzelfallbezogener Interessenabwägung auf die internationale Zuständigkeit angewendet werden (s. § 105 Rz. 31).[5] Schließlich unterliegen die Voraussetzungen der internationalen Zuständigkeit anders als die der örtlichen Zuständigkeit auch noch in der **Rechtsmittelinstanz** der gerichtlichen Überprüfung (s. vor §§ 98–106 Rz. 7 und § 105 Rz. 31).

Daran anknüpfend richtet sich die **Prüfungsreihenfolge** zwischen örtlicher und internationaler Zuständigkeit jeweils einzelfallbezogen nach dem Kriterium eines praktikablen und verfahrensökonomischen Ergebnisses.[6]

Die Voraussetzungen der internationalen Zuständigkeit sind von Amts wegen in **jeder Verfahrenslage** (s. vor §§ 98–106 Rz. 4) zu überprüfen (zur Überprüfung in der Rechtmittelinstanz s. Rz. 168).

4. Erklärungen im Zusammenhang mit Erbausschlagungen

a) Rechtslage bis zum 16.8.2015

Zur internationalen Zuständigkeit für Maßnahmen im Zusammenhang mit Erbausschlagungen iSd. § 344 Abs. 7 im Rahmen der Rechtsnachfolge von bis zum 16.8. 2015 verstorbenen Personen auch bei Maßgeblichkeit **ausländischen Rechts** s. § 344 Rz. 75.

Zur internationalen Zuständigkeit eines allgemein zuständigen deutschen Nachlassgerichts als **Empfängergericht** iSd. § 344 Abs. 7 Satz 2 als Voraussetzung für die

---

1 *Schäuble*, ZErb 2009, 200 (205 f.).
2 BT-Drucks. 16/6308, S. 222 u. S. 348 f.
3 *Wittkowski*, RNotZ 2010, 102 (108); *Bachmayer*, BWNotZ 2010, 146 (151 f.).
4 BGH v. 2.7.1991 – XI ZR 206/90, NJW 1991, 3092 (3093); BGH v. 18.3.1997 – XI ZR 34/96, NJW 1997, 2885, (2886).
5 KG v. 5.11.1997 – 3 UF 5133/97, NJW 1998, 1565; *Schäuble*, ZErb 2009, 200 (203); Staudinger/*Henrich*, Art. 21 EGBGB Rz. 163 f.; Palandt/*Weidlich*, § 2353 BGB Rz. 10.
6 *Schäuble*, ZErb 2009, 200 (203); Palandt/*Weidlich*, § 2353 BGB Rz. 10; aA, international vor örtlich: Keidel/*Zimmermann*, § 343 FamFG Rz. 48; BayObLG v. 16.7.1957 – BReg. 1 Z 185/56, NJW 1957, 1599; aA, örtlich vor international: Jansen/*v. Schuckmann*, § 1 FGG Rz. 179; KG v. 5.1. 1961 – 1 W 2321/60, NJW 1961, 884; OLG Hamm v. 3.12.1968 – 15 W 506/68, NJW 1969, 385.

internationale Zuständigkeit des Gerichts am Wohnsitz des Ausschlagenden iSd. § 344 Abs. 7 Satz 1 s. § 344 Rz. 75a.

173 Zur Aufteilung des einheitlichen Ausschlagungsverfahrens in **zwei Verfahrensabschnitte** mit veschiedenen Zuständigkeitsregelungen s. § 344 Rz. 76.

174 Zur Maßgeblichkeit des **Amtsermittlungsgrundsatzes** für das Gericht am Wohnsitz des Ausschlagenden bei der Feststellung sämtlicher Zuständigkeitsvoraussetzungen s. § 344 Rz. 78.

b) Rechtslage ab dem 17.8.2015

175 Zu den maßgeblichen Regelungen über die internationale Zuständgkeit nach Art. 13 EuErbVO und die Formgültigkeit nach Art. 28 EuErbVO auf den Tod am 17.8. 2015 oder danach Verstorbener im Anwendungsbereich der EuErbVO s. § 344 Rz. 78a. Zur EuErbVO im Allgemeinen s. Rz. 154 ff.

5. Ausnahmen

a) Wesensfremde ausländische Regelung

176 Ausländisches Recht ist jedoch dann **nicht anwendbar**, wenn und soweit einem deutschen Nachlassgericht eine dem inländischen Nachlassverfahrensrecht unbekannte, durch dieses selbst mittels Anpassung nicht regelbare und damit wesensfremde Tätigkeit abverlangt würde,[1] wie bspw. eine mangels dortigen Vonselbsterwerbs der Erbschaft gerichtlich zu beschließende konstitutive Besitzübertragung des Nachlasses durch Einantwortung nach österreichischem Recht (§§ 797, 819 ABGB).[2] Als nicht wesensfremd gelten bspw. die der Einantwortung vorausgehende nachlassgerichtliche Entgegennahme einer Erbantrittserklärung nach österreichischem Recht, durch die der Erbe Repräsentant des zuvor noch herrenlosen Nachlasses wird (§ 797, 799 ABGB, § 157 AußStrG),[3] die Errichtung eines Inventars bei italienischem Erbstatut[4] bzw. die Entgegennahme einer unter Vorbehalt abgegebenen – ausschlagungsähnlichen[5] – Erklärung der Annahme der Erbschaft bei italienischem Erbstatut,[6] die Entgegennahme einer Testamentsanfechtung,[7] die besondere amtliche Verwahrung eines Testaments,[8] und eine nach ausländischem Erbstatut obligatorische Auseinandersetzungsvermittlung,[9] da diese durch den landesrechtlichen Vorbehalt nach § 487 Abs. 1 Nr. 1 grundsätzlich akzeptiert ist (dazu § 363 Rz. 11), obschon das deutsche Verfahrensrecht auf Bundesebene dafür ein Antragsverfahren vorsieht und landesrechtlich derzeit keine abweichende Regelung besteht (s. dazu § 363 Rz. 34).

---

1 Nach der Begr. zum GesetzE der BReg. zu § 105, BT-Drucks. 16/6308, S. 221 f. gilt der Ausschluss wesensfremder Tätigkeiten auch nach Inkrafttreten des § 105 fort; *Schaal*, BWNotZ 2007, 154 (158); *Althammer*, IPrax 2009, 381 (386).
2 BayObLG v. 2.2.1995 – 1 Z BR 159/94, MittRhNotK 1995, 105 (106); MüKo.ZPO/*Rauscher*, § 105 FamFG Rz. 40; MüKo.BGB/*Mayer*, § 2369 BGB Rz. 40 mit Hinweis auf eine Auslegung des § 28 IPRG dahin, dass wegen Unzuständigkeit der österreichischen Gerichte für in Deutschland belegenen beweglichen Nachlass einerseits und Wesensfremdheit der Einantwortung für deutsches Recht andererseits insoweit letztlich von einer Rückverweisung aus der lex fori (deutsches Recht) auszugehen sei; *Tersteegen*, ZErb 2007, 339 (340); kritisch dazu *Schaal*, BWNotZ 2007, 154 (158) unter Hinweis auf den nachlassgerichtlichen Gestaltungsakt der Ernennung eines Testamentsvollstreckers nach § 2200 BGB iVm. §§ 2200 Abs. 2 BGB, 81 FGG; aA (nicht wesensfremd): *Bachmayer*, BWNotZ 2010, 146 (176; Staudinger/*Dörner*, Art. 25 EGBGB Rz. 852; Süß/*Haunschmidt*, Erbrecht in Europa, 2. Aufl. 2008, Länderteil Österreich Rz. 208.
3 *Schaal*, BWNotZ 2007, 154 (158).
4 BayObLG v. 2.12.1965 – BReg. 1b Z 67/65, BayObLGZ 1965, 423 (432 ff.).
5 MüKo.BGB/*Leipold*, § 1945 BGB Rz. 10.
6 BayObLG v. 2.12.1965 – BReg. 1b Z 67/65, BayObLGZ 1965, 423 (429).
7 MüKo.BGB/*Birk*, Art. 25 EGBGB Rz. 320; Keidel/*Zimmermann*, § 343 FamFG Rz. 60.
8 MüKo.BGB/*Birk*, Art. 25 EGBGB Rz. 320; Keidel/*Zimmermann*, § 343 FamFG Rz. 60.
9 *Pinckernelle/Spreen*, DNotZ 1965, 195 (213 Fn. 73) zur entsprechenden früheren nach § 192 FGG maßgeblich gewesenen landesgesetzlichen Regelung in Bayern; aA Staudinger/*Dörner*, Art. 25 EGBGB Rz. 852.

Vor einer Anwendungsverweigerung muss jedoch **jede Möglichkeit ausgeschöpft** 177 werden, um das inländische Verfahren an die Erfordernisse der ausländischen fremden Sachnorm anzupassen.[1]

b) Inländische Rechtsinstitute unter ausländischem Recht

aa) Allgemeines

Ist auf ein gerichtliches Verfahren ausländisches Erbrecht anzuwenden, stellt sich 178 spiegelbildlich zur Problematik der Anwendbarkeit wesensfremder ausländischer Vorgaben die Frage, ob ergänzend auf inländische, dem anzuwendenden ausländischen Recht nicht bekannte Rechtsinstitute zurückgegriffen werden darf. Hierbei ist je **nach Einzelfall** zu unterscheiden:

bb) Inkompatibles inländisches Rechtsinstitut

Die Anordnung einer **Nachlassverwaltung** durch ein deutsches Gericht gilt dann 179 als unzulässig, wenn sich dieses Rechtsinstitut von den Regelungen des maßgebenden ausländischen Erbstatuts grundlegend unterscheidet,[2] oder staatsvertragliche Regelungen entgegenstehen (s. dazu Rz. 181). Für Nachlässe ab dem 17.8.2015 verstorbener Erblasser kann unter den Voraussetzungen des § 29 EuErbVO ein Nachlassverwalter als Fremdverwalter nach dem Recht des Mitgliedstaats des zuständigen Gerichts auch dann bestellt werden, wenn das auf die Rechtsnachfolge von Todes wegen anzuwendende ausländische Recht keinen Fremdverwalter bzw. keine entsprechenden vermögenserhaltenden und Nachlassgläubiger schützende Befugnisse vorsieht, wobei nach Erwägungsgrund 44 die Veräußerung von Vermögenswerten oder die Begleichung von Verbindlichkeiten nur dann in Betracht kommt, wenn dies nach dem auf die Rechtsnachfolge von Todes wegen anwendbaren Recht zulässig ist.[3] Nach § 29 Abs. 3 EuErbVO können jedoch ausnahmsweise einem Nachlassverwalter alle nach dem Recht des Mitgliedstaats, in dem die Bestellung erfolgt, vorgesehenen Verwaltungsbefugnisse übertragen werden, wenn das auf die Rechtsnachfolge von Todes wegen anzuwendende Recht das Recht eines Nichtmitgliedstaats (Drittstaat) ist, wobei jedoch auch dann das anzuwendende Recht des Drittstaates zu respektieren ist.

cc) Kompatibles inländisches Rechtsinstitut

Ein deutsches Gericht kann jedoch nachlasssichernde Maßnahmen ergreifen,[4] insbesondere eine **Nachlasspflegschaft** iSd. § 1960 BGB zum Zweck der Nachlasssicherung selbst dann anordnen, wenn das berufene ausländische Erbrecht dieses Rechtsinstitut nicht kennt.[5] Darüber hinaus kommt auch eine Nachlassprozesspflegschaft gem. § 1961 BGB in Betracht.[6] Verfügungen von Todes wegen sind stets zu eröffnen.[7] Nach § 2227 BGB kann ein Testamentsvollstrecker entlassen werden.[8] In keinem dieser Fälle dürfen jedoch Staatsverträge entgegenstehen[9] (s. dazu Rz. 181). Für Nachlässe ab dem 17.8.2015 verstorbener Erblasser kann unter den Voraussetzungen des § 29 EuErbVO ein Fremdverwalter nach dem Recht des Mitgliedstaats des zuständigen Gerichts auch dann bestellt werden, wenn das auf die Rechtsnachfolge von Todes wegen anzuwendende ausländische Recht dies bzw. entsprechende vermögenser- 180

---

1 *Heldrich*, NJW 1967, 417 (421).
2 KG v. 4.3.1977 – 1 W 4073/76, OLGZ 1977, 309 (310 f.): Österreich.
3 Verordnung (EU) Nr. 650/2012, ABl. EU 2012, Nr. L 201, S. 107 (111 f.).
4 *Pinckernelle/Spreen*, DNotZ 1967, 195 (200).
5 BGH v. 26.10.1967 – VII ZR 86/65, BGHZ 49, 1 (2).
6 BGH v. 26.10.1967 – VII ZR 86/65, NJW 1968, 353; OLG München v. 23.7.1937 – Wr. 262/37, JFG 16, 98 (100 ff.).
7 Keidel/*Zimmermann*, § 343 FamFG Rz. 60.
8 OLG Frankfurt v. 30.9.1975 – 20 W 128/73, OLGZ 1977, 180 (181 ff.); Keidel/*Zimmermann*, § 343 FamFG Rz. 60; aA für Ernennung eines Testamentsvollstreckers auf Ersuchen des Erblassers OLG Neustadt v. 25.5.1951 – 3 W 14/51, JZ 1951, 644.
9 *Pinckernelle/Spreen*, DNotZ 1967, 195 (200).

haltende und Nachlassgläubiger schützende Befugnisse nicht vorsieht, wobei nach Erwägungsgrund 44 eine – bei einer Nachlasspflegschaft nach deutschem Recht ohnehin nur in seltenen Ausnahmefällen zulässige[1] – Veräußerung von Vermögenswerten oder die Begleichung von Verbindlichkeiten nur dann in Betracht kommt, wenn dies nach dem auf die Rechtsnachfolge von Todes wegen anwendbaren Recht zulässig ist.[2] Nach § 29 Abs. 3 EuErbVO können jedoch ausnahmsweise einem derartigen Verwalter alle nach dem Recht des Mitgliedstaats, in dem die Bestellung erfolgt, vorgesehenen Verwaltungsbefugnisse übertragen werden, wenn das auf die Rechtsnachfolge von Todes wegen anzuwendende Recht das Recht eines Nichtmitgliedstaats (Drittstaat) ist, wobei jedoch auch dann das anzuwendende Recht des Drittstaates zu respektieren ist.

dd) Bilaterale Staatsverträge

181 In verschiedenen bilateralen Staatsverträgen sind bindende Regelungen zur **Nachlasssicherung** und über diesbezügliche **Mitteilungspflichten** normiert. Hierbei handelt es sich insbesondere um Befugnisse des jeweiligen Konsuls desjenigen Staates, dem der ausländische Erblasser angehört.[3]

c) Nachlassinsolvenz

182 Nach § 315 InsO ist für ein Insolvenzverfahren über einen Nachlass **ohne Auslandsbezug** ausschließlich dasjenige Insolvenzgericht örtlich zuständig, in dessen Bezirk zur Zeit des Todes des Erblassers der Mittelpunkt seiner selbständigen Tätigkeit lag, andernfalls ist der Bezirk seines allgemeinen Gerichtsstandes maßgeblich.

183 Bei **Auslandsbezug** unterliegen das Insolvenzverfahren und seine Wirkungen nach § 335 InsO, soweit nichts anderes bestimmt ist, dem Recht des Staates, in dem das Verfahren eröffnet ist. Nach § 343 Abs. 1 InsO wird die Eröffnung eines ausländischen Insolvenzverfahrens anerkannt, soweit nicht nach deutschem Recht die Zuständigkeit für die Eröffnung im Ausland fehlt oder im Ergebnis wesentliche Grundsätze deutschen Rechts unbeachtet bleiben.

184 Nach Art. 3 Abs. 1 EuInsVO Nr. 1346/2000 des Rates v. 29.5.2000[4] sind die Gerichte desjenigen Mitgliedsstaats zur Eröffnung eines Insolvenzverfahrens **international zuständig**, in dessen Gebiet der Schuldner den Mittelpunkt seiner hauptsächlichen Interessen hat. Nach Art. 3 Abs. 2 EuInsVO sind die Gerichte eines anderen Mitgliedsstaats nur dann international zuständig, wenn der Schuldner dort eine Niederlassung hat, wobei die Wirkungen des Verfahrens in einem derartigen Fall auf das in diesem Staat belegene Gebiet beschränkt sind. Die jeweilige örtliche Zuständigkeit folgt dann aus Art. 102 § 1 EGInsO.[5]

185 § 354 InsO lässt ein **Partikularverfahren** über das Inlandsvermögen zu, wenn die Zuständigkeit eines deutschen Gerichts zur Eröffnung eines Insolvenzverfahrens

---

1 *Fröhler*, BWNotZ 2011, 2 (7f.).
2 Verordnung (EU) Nr. 650/2012, ABl. EU 2012, Nr. L 201, S. 107 (111f.).
3 Artt. 11 bis 13 Konsular-Konvention mit Spanien v. 22.2.1870, Art. 1 Konsular-Konvention mit Spanien v. 12.1.1872, Art. 21 Freundschafts-, Handels- und Schifffahrtsvertrag mit Kolumbien v. 23.7.1892, Art. XXIV Freundschafts-, Handels- und Konsularvertrag mit den USA v. 8.12.1923, Art. 8 Abs. 3 Niederlassungsabkommen mit dem Iran v. 17.2.1929, Art. 20 mit Anlage Nachlassabkommen mit der Türkei v. 28.5.1929, Art. 22 Handels- und Schifffahrtsvertrag mit Irland v. 12.5.1930, Art. 18 Handels- und Schifffahrtsvertrag mit Siam (jetzt Thailand) v. 30.12.1937, Art. XXVIII Freundschafts-, Handels- und Schifffahrtsvertrag mit den USA v. 29.10.1954 über die Fortgeltung von Art. XXIV Freundschafts-, Handels- und Konsularvertrag mit den USA v. 8.12.1923, Artt. 21 bis 27 Konsularvertrag mit dem Vereinigten Königreich v. 8.12.1923 bzw. Artt. 25 bis 29 Konsularvertrag mit der Sowjetunion (jetzt Armenien, Aserbaidschan, Belarus, Georgien, Kasachstan, Kirgisistan, Moldau, Russische Föderation, Tadschikistan, Ukraine bzw. Usbekistan) v. 25.4.1958 – Texte jeweils bei Ferid/Firsching/Dörner/Hausmann/Heusler, Band II Deutschland, Texte Abschn. 1. A. II. 2. Nr. 1, 2, 3, 4, 8, 11, 12, 13, 14, 15, 16 und 17.
4 ABl. L 160, S. 1, geänd. ABl. L 100/05, S. 1 und ABl. L 121/06, S. 1.
5 Neugefasst durch Art. 1 G v. 14.3.2003, BGBl. I 2003, S. 345.

über das gesamte Vermögen des Schuldners nicht gegeben ist, der Schuldner jedoch im Inland eine Niederlassung oder sonstiges Vermögen hat.

d) Frühere Notzuständigkeit

Bereits vor Inkrafttreten des § 105 war unter dem Gleichlaufgrundsatz eine gerichtliche Notzuständigkeit anerkannt, wenn nach dem maßgeblichen ausländischen Recht ausschließlich deutsche Behörden zuständig waren, daher eine **Rechtsschutzverweigerung** drohte bzw. ein **Sicherungsbedarf** bestand, das anzuwendende ausländische Recht mit dem deutschen Verfahrensrecht verträglich war und kein Staatsvertrag entgegenstand.[1] 186

6. Rechtsfolge bei Fehlen der internationalen Zuständigkeit

Handelt das Nachlassgericht trotz Fehlens seiner internationalen Zuständigkeit, sind seine Entscheidungen bzw. Maßnahmen analog § 3 Abs. 3 gleichwohl **wirksam** (s. vor §§ 98–106 Rz. 6),[2] aber noch in der Rechtsmittelinstanz **überprüfbar** (s. vor §§ 98–106 Rz. 7). 187

XII. Zeugnisbeschränkung auf Inlandsnachlass

1. Ausgangsproblematik

Die **Abkehr von der Gleichlauftheorie** unter gleichzeitiger Ableitung der internationalen aus der örtlichen Zuständigkeit kann bei Belegenheit von Nachlassgegenständen im Ausland insbesondere in Erbscheins- oder Testamentsvollstreckerzeugnisverfahren vor einem deutschen Nachlassgericht grundsätzlich zu einer erweiterten Anwendung ausländischen Sachrechts (auch) auf im Ausland belegene Nachlassgegenstände führen.[3] Dies gilt sowohl für deutsche als auch für ausländische Erblasser. 188

2. Lösungsansätze

a) Deutscher Erblasser

Bei einem vor dem 17.8.2015 (s. Art. 83 Abs. 1 EuErbVO, s. dazu Rz. 152 ff.) vorstorbenen deutschen Erblasser, der bspw. Grundbesitz in Frankreich hinterlässt, untersteht dieser in Frankreich belegene Grundbesitz nach Art. 3a Abs. 2 EGBGB[4] wegen des diesbezüglichen **Vorrangs** des französischen **Einzelstatuts** französischem Erbrecht,[5] der übrige Nachlass nach Art. 25 Abs. 1 EGBGB deutschem Erbrecht.[6] Nach § 105 iVm. Abs. 1 bzw. Abs. 2 ist das deutsche Nachlassgericht aufgrund seiner örtlichen Zuständigkeit auch international uneingeschränkt zuständig und könnte daher – gäbe es keine gesetzliche Ausnahme – die Erbfolge bzw. das Testamentsvollstreckeramt nur vollständig und damit auch bezüglich des in Frankreich belegenen Grundbesitzes unter Berücksichtigung französischen Rechts bescheinigen. Hierfür wären zwei verschiedene Erbfolgen zu bescheinigen: zum einen nach deutschem Recht mit ausdrücklichem Geltungsausschluss hinsichtlich des in Frankreich belegenen Grundbesitzes, zum anderen nach französischem Recht mit ausdrücklicher Geltungsbeschränkung auf den in Frankreich belegenen Grundbesitz, wobei beide Erbfolgen zweckmäßigerweise in derselben Urkunde zu bezeugen wären.[7] Um dadurch eintretende ungewollte zeitliche Verzögerungen[8] und ggf. Kosten[9] zu vermeiden, 189

---

1 Firsching/*Graf*, Rz. 2.57; *Riering*, MittBayNot 1999, 519 (520); BayObLG v. 18.9.1967 – BReg. 1b Z 61/67, BayObLGZ 1967, 338; BayObLG v. 2.12.1965 – BReg. 1b 67/65, BayObLGZ 1965, 423 (426 ff.); BayObLG v. 22.2.1963 – BReg. 1 Z 148/62, BayObLGZ 1963, 52 ff.
2 Jansen/*v. Schuckmann*, § 1 FGG Rz. 181.
3 Zu den diesbezüglichen Auswirkungen auf nachlassgerichtliche Verfahren mit Auslandsbezug ausf. *Schaal*, BWNotZ 2007, 154 ff.
4 Zur Neufassung des Art. 3 EGBGB in Art. 3 und Art. 3a EGBGB durch das AnpassungsG *Wagner*, IPRax 2008, 314.
5 *Schotten/Schmellenkamp*, Rz. 20.
6 Wurm/Wagner/Zartmann/*Fröhler*, Kap. 81 Rz. 28.
7 *Schotten*, Rpfleger 1991, 181 (189).
8 *Kroiß*, ZErb 2008, 300 (303).
9 Dazu *Zimmermann*, FGPrax 2006, 189, 191.

sieht § 2369 Abs. 1 BGB vor, dass der Antragsteller anstelle einer derartigen vollumfänglichen Bescheinigung ein auf die im Inland belegenen Nachlassgegenstände beschränktes Zeugnis beantragen kann (Formulierungsvorschlag für den Erbschein s. § 352 Rz. 91).[1]

b) Ausländischer Erblasser

190 Entsprechendes kann für einen vor dem 17.8.2015 (s. Art. 83 Abs. 1 EuErbVO, s. dazu Rz. 152 ff.) vorstorbenen ausländischen Erblasser gelten, bspw. für einen schweizerischen Erblasser mit letztem Wohnsitz in der Schweiz, der Grundbesitz in Deutschland, für den nach Art. 25 Abs. 2 EGBGB abweichend von dem hier ansonsten maßgebenden schweizerischen Erbrecht[2] gegenständlich beschränkt deutsches Recht gewählt wurde, und den restlichen Nachlass in der Schweiz hinterlässt. Auch hier ist ein deutsches Nachlassgericht nach § 105 iVm. Abs. 1[3] bzw. Abs. 3[4] international uneingeschränkt zuständig. Nach § 2369 Abs. 1 BGB kann eine Zeugniserteilung nun auf den im Inland befindlichen Nachlass beschränkt werden, im Beispielsfall damit auf den in Deutschland befindlichen und durch **Rechtswahl** deutschem Erbrecht unterstellten Grundbesitz. Hinterlässt der schweizerische Erblasser daneben noch bewegliches Vermögen in Deutschland, gilt für dieses, da insoweit keine Rechtswahl möglich ist, schweizerisches Erbrecht. Dies steht der Erteilung eines auf den inländischen Grundbesitz beschränkten Zeugnisses nach § 2369 Abs. 1 BGB gleichwohl nicht entgegen. Zwar ergibt sich aus dem Wortlaut des § 2369 Abs. 1 BGB, dass eine Beschränkung lediglich für **die** (somit für sämtliche) im Inland befindlichen und damit anders als nach Art. 25 Abs. 2 EGBGB bzw. nach Art. 15 Abs. 2 Nr. 3 EGBGB nicht in offener Weise für (somit auch einzelne) im Inland befindliche Gegenstände möglich ist. Im Falle einer Inlandsnachlassspaltung[5] in jeweils einen dem deutschen Erbrecht und einen dem ausländischen Erbrecht unterstehenden Nachlassteil ist jedoch zur Ermöglichung einer raschen Zeugniserteilung[6] eine Beschränkung auf alle demselben inländischen Spaltnachlass unterliegenden Nachlassgegenstände zulässig (Formulierungsvorschlag für den Erbschein s. § 352 Rz. 93).[7] Im abgewandelten Beispiel kann daher nach § 2369 Abs. 1 BGB ein auf den in Deutschland belegenen, durch Rechtswahl dem deutschen Erbrecht unterstellten Grundbesitz beschränkter Erbschein erteilt werden. Entsprechendes gilt nach § 2368 Abs. 3[8] Halbs. 1 BGB für ein Testamentsvollstreckerzeugnis.[9] Weitere Varianten der Nachlassspaltung können insbesondere durch Beschränkung der Rechtswahl des Erbstatuts auf Teile[10] des inländischen Grundbesitzes (Formulierungsvorschlag für den Erbschein s. § 352 Rz. 94) oder durch Rechtswahl des Güterrechtsstatuts nach Art. 15 Abs. 2 Nr. 3 EGBGB ein-

---

1 *Fröhler*, BWNotZ 2008, 183 (187).
2 Hierzu und zu den sonstigen deutsch-schweizerischen Nachlasskonstellationen ausf. *Fröhler*, BWNotZ 2008, 38 (42 ff.).
3 Wenn der schweizerische Erblasser mit letztem Wohnsitz in der Schweiz, aber letztem Aufenthalt in Deutschland verstirbt.
4 Wenn der schweizerische Erblasser mit letztem Wohnsitz in der Schweiz und letztem Aufenthalt außerhalb Deutschlands verstirbt.
5 Zum Begriff der Nachlassspaltung *Schotten/Schmellenkamp*, Rz. 269.
6 Nach der Begr. zum GesetzE der BReg. zu § 2369 Abs. 1 BGB, BT-Drucks. 16/6308, S. 349, soll insbesondere eine zügige Erteilung eines Erbscheins für den aufgrund Nachlassspaltung deutschem Erbrecht unterliegenden Nachlassteil ermöglicht werden.
7 *Schaal*, BWNotZ 2007, 154, (156 f.); *Fröhler*, BWNotZ 2008, 183 (187); ebenso zur früheren Rechtslage nach § 2369 Abs. 1 aF BGB für die Erteilung eines Fremdrechtserbscheins Mü-Ko.BGB/*Mayer*, 4. Aufl., § 2369 BGB Rz. 23.
8 Durch Art. 50 Nr. 69 FGG-RG wird zwar § 2368 Abs. 2 BGB aufgehoben, eine Umbenennung des Abs. 3 in Abs. 2 unterblieb jedoch.
9 BayObLG v. 13.11.1986 – BReg. 1 Z 4/86, BayObLGZ 1986, 466 (470); Palandt/*Weidlich*, § 2368 BGB Rz. 2.
10 Die Rechtswahl hinsichtlich des Erbstatuts iSv. Art. 25 Abs. EGBGB kann auch bspw. auf ein einzelnes im Inland belegenes Grundstück beschränkt werden, Palandt/*Thorn*, Art. 25 EGBGB Rz. 8; *Dörner*, DNotZ 1988, 86; *Lichtenberg*, DNotZ 1986, 665; *Siehr*, IPrax 1987, 7; aA *Kühne*, IPrax 1987, 73.

treten, soweit sich hierdurch Auswirkungen auf die Erbfolge bezüglich einzelner Nachlassgegenstände ergeben.¹

3. Resümee

§ 2369 Abs. 1 BGB ermöglicht daher nicht mehr lediglich ein Fremdrechts-, sondern auch ein entsprechendes **Eigenrechtszeugnis**, das jeweils auf den in Deutschland belegenen Nachlass beschränkt ist, und kompensiert dadurch die Folgen aus dem Wegfall des vor Inkrafttreten des § 105 FamFG maßgebend gewesenen Gleichlaufprinzips. Zur Zeugniserteilung s. § 352 Rz. 40 ff. bzw. § 354 Rz. 7 ff. Zu diesbezüglichen Tenorierungsvorschlägen s. § 352 Rz. 49 ff. bzw. § 354 Rz. 13 ff. Für ab dem 17.8. 2015 verstorbene Erblasser kommt es nach der EuErbVO im Bereich der internationalen Zuständigkeit (s. Rz. 154 ff.), des Kollisionsrechts (s. § 352 Rz. 100 ff.) und des Nachlasszeugnisses (s. § 352 Rz. 103) zu entsprechenden Veränderungen. Weitere Auswirkungen auf güterrechtliche Vorfragen können im Falle eines Inkrafttretens der durch die Europäische Kommission jeweils am 16.03.2011 vorgeschlagenen Europäischen Güterrechtsverordnung für verheiratete Paare bzw. für eingetragene Partnerschaften eintreten.² 191

Inwieweit durch eine derartige gegenständliche Zeugnisbeschränkung **Kosten** gespart werden können, erscheint dann ungewiss, wenn Nachlassverbindlichkeiten vorhanden sind. Unter Geltung des früheren Fremdrechtszeugnisses iSd. § 2369 Abs. 1 aF BGB war nach § 107 Abs. 2 Satz 3 aF KostO ein Schuldenabzug von dem Wert der inländischen Nachlassgegenstände ausgeschlossen.³ Demgegenüber dürfte § 107 Abs. 2 Satz 3 nF KostO nunmehr einen Schuldenabzug zulassen, da fortan zunächst gem. § 107 Abs. 2 Satz 1 Halbs. 1 KostO der Wert des Gesamtnachlasses abzüglich Nachlassverbindlichkeiten maßgebend ist, aus dem schließlich die durch die gegenständliche Beschränkung nicht betroffenen Nachlassgegenstände herauszurechnen sind.⁴ 192

XIII. Geschäftsverteilung

Von der sachlichen, örtlichen, funktionellen bzw. internationalen Zuständigkeit eines Gerichts ist die durch das jeweilige Gerichtspräsidium nach § 21e GVG vor Beginn des Geschäftsjahres für dessen Dauer zu bestimmende Geschäftsverteilung innerhalb des zuständigen Gerichts streng zu unterscheiden (s. § 2 Rz. 17). Der Geschäftsverteilungsplan konkretisiert als **Akt gerichtlicher Selbstverwaltung sui generis** den jeweiligen gesetzlichen Richter für jeden Einzelfall.⁵ Nach der dem grundrechtsgleichen Recht des Art. 101 Abs. 1 Satz 2 GG entsprechenden Regelung des § 16 Satz 2 GVG darf niemand seinem gesetzlichen Richter entzogen werden. 192a

Rechtspfleger sind keine Richter iSv. § 16 Satz 2 GVG bzw. Art. 101 Abs. 1 Satz 2 GG,⁶ da sie keine rechtsprechende Gewalt iSd. Art. 92 GG ausüben.⁷ 192b

Entscheidet aufgrund **fehlerhafter Anwendung** des Geschäftsverteilungsplans ein nicht ordnungsgemäß besetztes Gericht iSd. Art. 92 GG (s. dazu Rz. 192b), ist dessen Entscheidung – dies gilt allgemein, die ausdrückliche Regelung für Amtsgerichte 192c

---

1 *Fröhler*, BWNotZ 2008, 183 (187); zu den erbrechtlichen Auswirkungen einer derartigen Güterrechtswahl im Allgemeinen und zur Frage einer Erbteilserhöhung nach § 1371 Abs. 1 BGB bei einem im gesetzlichen Güterstand nach deutschem Recht verheirateten Erblasser mit schweizerischer Staatsangehörigkeit im Besonderen *Fröhler*, BWNotZ 2008, 38 (45 ff.).
2 S. dazu FamRBint 2011, 43.
3 OLG Düsseldorf v. 28.3.1985 – 10 W 35/85, JurBüro 1986, 85; Korintenberg/*Lappe*/Bengel/Reimann, § 107 KostO Rz. 54; *Bolkart*, MittBayNot 2009, 268 (274).
4 MüKo.BGB/*Mayer*, § 2369 Abs. 1 BGB Rz. 4.
5 OVG Lüneburg v. 28.10.1983 – 8 C 2/83, NJW 1984, 627; Zöller/*Lückemann*, § 21e GVG Rz. 34.
6 BGH v. 10.12.2009 – V ZB 111/09, NJW-RR, 2010, 1366 (1367 f.); Zöller/*Lückemann*, § 16 GVG Rz. 2.
7 BVerfG v. 20.1.1981 – 2 BvL 2/80, NJW 1981, 1033 (1034); BVerfG v. 18.1.2000 – 1 BvR 321/96, NJW 2000, 1709; BGH v. 10.12.2009 – V ZB 111/09, NJW-RR, 2010, 1366 (1367 f.); Zöller/*Lückemann*, § 16 GVG Rz. 2.

nach § 22d GVG ist nicht abschließend[1] – nicht nichtig[2] und kann lediglich dann mit den allgemeinen Rechtsbehelfen bzw. der Verfassungsbeschwerde nach Art. 93 Abs. 1 Nr. 4a GG erfolgreich angefochten werden, wenn sie über eine bloße falsche Anwendung der Zuständigkeitsnormen hinaus wegen offensichtlicher Unhaltbarkeit bzw. Unverständlichkeit auf Willkür beruht.[3]

XIV. Übergangsrecht

193 Nach Art. 111 Abs. 1 FGG-RG sind übergangsweise anstelle des FGG-RG die vor dessen Inkrafttreten geltenden Vorschriften, somit insbesondere anstelle des FamFG das FGG und hinsichtlich der durch das FGG-RG geänderten anderen Gesetze deren bisherige Fassung (so bspw. für § 2369 Abs. 1 BGB) anzuwenden, soweit das betroffene Verfahren vor dem **1.9.2009** eingeleitet bzw. dessen Einleitung vor dem 1.9.2009 beantragt wurde, bspw. durch Eingang eines Erbscheinsantrags, eines Antrags auf Anordnung einer Prozesspflegschaft iSd. § 1961 BGB, Anregung bzw. Vornahme einer Anhörung[4] zu einer Sicherungspflegschaft iSd § 1960 Abs. 2 BGB jeweils vor dem 1.9. 2009. Neue selbständige Verfahren, auf die im Falle einer Einleitung ab dem 1.9.2009 das FGG-RG anwendbar ist, sind solche, die durch Endentscheidung gem. § 38 Abs. 1 Satz 1 abgeschlossen werden.

194 Im Antragsverfahren ist der Zeitpunkt des Antragseingangs auch dann maßgebend, wenn ein Bevollmächtigter handelt und die **Vollmacht** erst im weiteren Verlauf des Verfahrens nachreicht. Spätere Wiederholungen oder Ergänzungen des Antrags ändern nichts an der alleinigen Relevanz seines ursprünglichen Eingangszeitpunkts.[5]

195 Für den Fall der Einlegung eines Rechtsmittels erst ab dem 1.9.2009 ist umstritten, ob jede Instanz als ein selbständiges Verfahren insbesondere mit der Folge zu behandeln ist, dass sich der Rechtsmittelzug samt Verfahren und anzuwendendem Recht für ein vor dem 1.9.2009 eingeleitetes, durch Entscheidung nach altem Recht abgeschlossenes Verfahren nunmehr gleichwohl nach dem FGG-RG richtet und daher nach § 119 Abs. 1 Nr. 1 GVG nF das Oberlandesgericht anstelle des Landgerichts Beschwerdegericht ist,[6] oder ob für Rechtsmittelzug, Verfahren und anzuwendendes Recht mangels Einschlägigkeit des FGG-RG nach wie vor altes Recht gilt, so dass über eine Beschwerde nach § 19 Abs. 1 FGG das Landgericht als Beschwerdegericht iSd. § 19 Abs. 2 FGG entscheidet.[7] Trotz der damit verbundenen Gefahr einer verzögerten Umsetzung der durch das FGG-RG vorgesehenen wichtigen Gesetzesänderungen und der Notwendigkeit, mangels Rechtsmittelbefristung im FGG auf unbestimmte Dauer zumindest übergangsweise nebeneinander sowohl bei Land- als auch bei Oberlandesgerichten Beschwerdegerichtsspruchkörper vorhalten zu müssen,[8] ist der letztgenannten Ansicht wegen des in der Entwurfsbegründung zu Art. 111 Abs. 1 FGG-RG ausdrücklich formulierten und durch Einfügung des Art. 111 Abs. 2 FGG-RG insoweit nicht veränderten[9] Ziels einer **einheitlichen Handhabung für den**

---

1 Zöller/*Lückemann*, § 22d GVG Rz. 1.
2 Zöller/*Lückemann*, § 16 GVG Rz. 3.
3 BVerfG v. 19.7.1967 – 2 BvR 489/66, NJW 1967, 2151 (2152); Zöller/*Lückemann*, § 16 GVG Rz. 2.
4 *Zimmermann*, Rpfleger 2009, 437, 440.
5 OLG Köln v. 2.11.2009 – 2 Wx 88/09, FGPrax 2009, 287 (288).
6 Zöller/*Geimer*, FamFG Einl Rz. 54; *Prütting*/Helms, 1. Aufl., Art. 111 FGG-RG Rz. 5 (aufgegeben seit der 2. Aufl.).
7 BGH v. 1.3.2010 – II ZB 1/10, FGPRax 2010, 102 (103); OLG Köln v. 2.11.2009 – 2 Wx 88/09, FGPrax 2009, 287 (288); OLG Stuttgart v. 6.2.2012 – 18 UF 67/2010, Die Justiz 2012, 443; MüKo.ZPO/*Pabst*, Art. 111 FGG-RG Rz. 16; *Sternal*, FGPrax 2009, 143; Thomas/Putzo/*Hüßtege*, vor § 606 ZPO Rz. 3; *Prütting*/Helms, Art. 111 FGG-RG Rz. 6.
8 *Sternal*, FGPrax 2009, 242, der zudem zurecht eine Gesetzesergänzung dahingehend anregt, dass im Rahmen der Überleitungsregelungen unter ausdrücklicher Fortgeltung des alten Rechts im weiteren Rechtsmittelzug Rechtsmittel entsprechend dem neuen Recht befristet werden, um die Übergangsphase abzukürzen.
9 Art. 111 Abs. 2 FGG-RG definiert lediglich innerhalb eines Bestandsverfahrens (bspw. eines Betreuuungsverfahrens) nach Art. 111 Abs. 1 FGG-RG durch Endentscheidung abgeschlos-

gesamten Instanzenzug[1] zuzustimmen. Andernfalls würde bspw. ein Nachlassgericht, das erstinstanzlich angesichts § 2369 Abs. 1 aF BGB zu Recht einen Erbscheinsantrag auf Bescheinigung der Erbfolge nach einem mit schweizerischem Wohnsitz verstorbenen schweizerischen Erblasser unter Anwendung schweizerischen Rechts ohne Beschränkung auf das inländische Vermögen zurückgewiesen hat, zweitinstanzlich durch das Beschwerdegericht unter nunmehr berechtigter Anwendung der §§ 105, 343 FamFG iVm. § 2369 Abs. 1 nF BGB zur Erteilung eben dieses beantragten Erbscheins angewiesen werden. In einer derartigen Konstellation müsste der Antragsteller zur Beschleunigung vielmehr seinen vor dem 1.9.2009 gestellten Ausgangsantrag kostenpflichtig zurücknehmen und nach dem 1.9.2009 einen neuen Erbscheinsantrag stellen.

Ein nachlassgerichtliches **Genehmigungsverfahren** ist ein eigenständiges Verfahren iSd. Art. 111 Abs. 2 FGG-RG, für das bei seiner Einleitung durch Antragstellung des Nachlasspflegers ab dem 1.9.2009 die Regelungen des FGG-RG auch dann gelten, wenn das Nachlasspflegschaftsverfahren selbst vor dem 1.9.2009 eingeleitet wurde und seinerseits dem alten Recht unterliegt.[2] 196

Ebenso gilt die nachlassgerichtliche **Ankündigung der Bekanntgabe** des Erbvertragsinhalts an die Schlusserben gegenüber dem Längstlebenden auf den Tod des Erstversterbenden als Endentscheidung iSd. § 38 (s. dazu § 349 Rz. 14),[3] die im Falle eines diesbezüglichen Befasstwerdens ab dem 1.9.2009 auch dann dem neuen Recht unterliegt, wenn das Nachlassgericht mit dem Erbfall vor dem 1.9.2009 bereits in einer anderen Nachlasssache iSd. § 342 Abs. 1, bspw. wegen eines zuvor eingegangenen Erbscheinsantrags nach gesetzlicher Erbfolge, befasst war. 197

Ein **Ablehnungsverfahren** ist mangels Abschlusses durch eine Endentscheidung iSd. § 38 als bloße Zwischenentscheidung kein selbständiges Verfahren iSd. Art. 111 Abs. 1 Satz 1 FGG-RG, so dass hierfür bei Einleitung des Hauptverfahrens vor dem 1.9.2009 trotz Stellung des Ablehnungsgesuchs ab dem 1.9.2009 ebenfalls altes Recht gilt.[4] Entsprechendes gilt für **Akteneinsichtsversagung**[5], **Kostenverfahren**[6] und **Verfahrenskostenhilfe**[7]. 198

Anhang zu § 343

Verordnung (EU) Nr. 650/2012 des Europäischen Parlaments und des Rates vom 4. Juli 2012

über die Zuständigkeit, das anzuwendende Recht, die Anerkennung und Vollstreckung von Entscheidungen und die Aufnahme und Vollstreckung öffentlicher Urkunden in Erbsachen sowie zur Einführung eines Europäischen Nachlasszeugnisses (EuErbVO)[8]

Kapitel I Anwendungsbereich und Begriffsbestimmungen

Artikel 1 Anwendungsbereich

(1) Diese Verordnung ist auf die Rechtsnachfolge von Todes wegen anzuwenden. Sie gilt nicht für Steuer- und Zollsachen sowie verwaltungsrechtliche Angelegenheiten.

(2) Vom Anwendungsbereich dieser Verordnung ausgenommen sind:

---

sene und daher selbständig zu beurteilende Verfahren, s. BGH v. 1.3.2010 – II ZB 1/10, FGPRax 2010, 102 (103); OLG Köln v. 2.11.2009 – 2 Wx 88/09, FGPrax 2009, 287 (288); *Sternal*, FGPrax 2009, 242.
1 Begr. zum GesetzE der BReg. zu Art. 111 FGG-RG, BT-Drucks. 16/6308, S. 359; BGH v. 1.3.2010 – II ZB 1/10, FGPRax 2010, 102 (103); OLG Köln v. 2.11.2009 – 2 Wx 88/09, FGPrax 2009, 287 (288).
2 OLG München v. 27.4.2010 – 4 Wx 9/10, FamRZ 2010, 1760.
3 OLG Zweibrücken v. 27.4.2010 – 4 W 37/10, FGPrax 2010, 245 (246); aA OLG Köln v. 29.10.2010 – 2 Wx 161/10, FGPrax 2011, 49f.
4 OLG Stuttgart v. 16.10.2009 – 8 W 409/09, Die Justiz 2010, 27 (28): Entscheidung gem. § 75 GVG durch die Zivilkammer des Landgerichts als Kollegialgericht.
5 OLG Frankfurt v. 3.2.2011 – 20 W 24/2011, FGPrax 2011, 260 (261).
6 OLG Frankfurt v. 17.6.2010 – 20 W 197/2010, n.v.
7 OLG Frankfurt v. 6.7.2010 – 20 W 251/2010, n.v.
8 ABl. EU 2012, Nr. L 201, S. 107.

a) der Personenstand sowie Familienverhältnisse und Verhältnisse, die nach dem auf diese Verhältnisse anzuwendenden Recht vergleichbare Wirkungen entfalten;

b) die Rechts-, Geschäfts- und Handlungsfähigkeit von natürlichen Personen, unbeschadet des Artikels 23 Absatz 2 Buchstabe c und des Artikels 26;

c) Fragen betreffend die Verschollenheit oder die Abwesenheit einer natürlichen Person oder die Todesvermutung;

d) Fragen des ehelichen Güterrechts sowie des Güterrechts aufgrund von Verhältnissen, die nach dem auf diese Verhältnisse anzuwendenden Recht mit der Ehe vergleichbare Wirkungen entfalten;

e) Unterhaltspflichten außer derjenigen, die mit dem Tod entstehen;

f) die Formgültigkeit mündlicher Verfügungen von Todes wegen;

g) Rechte und Vermögenswerte, die auf andere Weise als durch Rechtsnachfolge von Todes wegen begründet oder übertragen werden, wie unentgeltliche Zuwendungen, Miteigentum mit Anwachsungsrecht des Überlebenden (joint tenancy), Rentenpläne, Versicherungsverträge und ähnliche Vereinbarungen, unbeschadet des Artikels 23 Absatz 2 Buchstabe i;

h) Fragen des Gesellschaftsrechts, des Vereinsrechts und des Rechts der juristischen Personen, wie Klauseln im Errichtungsakt oder in der Satzung einer Gesellschaft, eines Vereins oder einer juristischen Person, die das Schicksal der Anteile verstorbener Gesellschafter beziehungsweise Mitglieder regeln;

i) die Auflösung, das Erlöschen und die Verschmelzung von Gesellschaften, Vereinen oder juristischen Personen;

j) die Errichtung, Funktionsweise und Auflösung eines Trusts;

k) die Art der dinglichen Rechte und

l) jede Eintragung von Rechten an beweglichen oder unbeweglichen Vermögensgegenständen in einem Register, einschließlich der gesetzlichen Voraussetzungen für eine solche Eintragung, sowie die Wirkungen der Eintragung oder der fehlenden Eintragung solcher Rechte in einem Register.

Artikel 2 Zuständigkeit in Erbsachen innerhalb der Mitgliedstaaten

Diese Verordnung berührt nicht die innerstaatlichen Zuständigkeiten der Behörden der Mitgliedstaaten in Erbsachen.

Artikel 3 Begriffsbestimmungen

(1) Für die Zwecke dieser Verordnung bezeichnet der Ausdruck

a) „Rechtsnachfolge von Todes wegen" jede Form des Übergangs von Vermögenswerten, Rechten und Pflichten von Todes wegen, sei es im Wege der gewillkürten Erbfolge durch eine Verfügung von Todes wegen oder im Wege der gesetzlichen Erbfolge;

b) „Erbvertrag" eine Vereinbarung, einschließlich einer Vereinbarung aufgrund gegenseitiger Testamente, die mit oder ohne Gegenleistung Rechte am künftigen Nachlass oder künftigen Nachlässen einer oder mehrerer an dieser Vereinbarung beteiligter Personen begründet, ändert oder entzieht;

c) „gemeinschaftliches Testament" ein von zwei oder mehr Personen in einer einzigen Urkunde errichtetes Testament;

d) „Verfügung von Todes wegen" ein Testament, ein gemeinschaftliches Testament oder einen Erbvertrag;

e) „Ursprungsmitgliedstaat" den Mitgliedstaat, in dem die Entscheidung ergangen, der gerichtliche Vergleich gebilligt oder geschlossen, die öffentliche Urkunde errichtet oder das Europäische Nachlasszeugnis ausgestellt worden ist;

f) „Vollstreckungsmitgliedstaat" den Mitgliedstaat, in dem die Vollstreckbarerklärung oder Vollstreckung der Entscheidung, des gerichtlichen Vergleichs oder der öffentlichen Urkunde betrieben wird;

g) „Entscheidung" jede von einem Gericht eines Mitgliedstaats in einer Erbsache erlassene Entscheidung ungeachtet ihrer Bezeichnung einschließlich des Kostenfestsetzungsbeschlusses eines Gerichtsbediensteten;

h) „gerichtlicher Vergleich" einen von einem Gericht gebilligten oder vor einem Gericht im Laufe eines Verfahrens geschlossenen Vergleich in einer Erbsache;

i) „öffentliche Urkunde" ein Schriftstück in Erbsachen, das als öffentliche Urkunde in einem Mitgliedstaat förmlich errichtet oder eingetragen worden ist und dessen Beweiskraft

i) sich auf die Unterschrift und den Inhalt der öffentlichen Urkunde bezieht und

ii) durch eine Behörde oder eine andere vom Ursprungsmitgliedstaat hierzu ermächtigte Stelle festgestellt worden ist.

(2) Im Sinne dieser Verordnung bezeichnet der Begriff „Gericht" jedes Gericht und alle sonstigen Behörden und Angehörigen von Rechtsberufen mit Zuständigkeiten in Erbsachen, die gerichtliche Funktionen ausüben oder in Ausübung einer Befugnisübertragung durch ein Gericht oder unter der Aufsicht eines Gerichts handeln, sofern diese anderen Behörden und Angehörigen von Rechtsberufen ihre Unparteilichkeit und das Recht der Parteien auf rechtliches Gehör gewährleisten und ihre Entscheidungen nach dem Recht des Mitgliedstaats, in dem sie tätig sind,

a) vor einem Gericht angefochten oder von einem Gericht nachgeprüft werden können und

b) vergleichbare Rechtskraft und Rechtswirkung haben wie eine Entscheidung eines Gerichts in der gleichen Sache.

Die Mitgliedstaaten teilen der Kommission nach Artikel 79 die in Unterabsatz 1 genannten sonstigen Behörden und Angehörigen von Rechtsberufen mit.

Kapitel II Zuständigkeit

Artikel 4 Allgemeine Zuständigkeit

Für Entscheidungen in Erbsachen sind für den gesamten Nachlass die Gerichte des Mitgliedstaats zuständig, in dessen Hoheitsgebiet der Erblasser im Zeitpunkt seines Todes seinen gewöhnlichen Aufenthalt hatte.

Artikel 5 Gerichtsstandsvereinbarung

(1) Ist das vom Erblasser nach Artikel 22 zur Anwendung auf die Rechtsnachfolge von Todes wegen gewählte Recht das Recht eines Mitgliedstaats, so können die betroffenen Parteien vereinbaren, dass für Entscheidungen in Erbsachen ausschließlich ein Gericht oder die Gerichte dieses Mitgliedstaats zuständig sein sollen.

(2) Eine solche Gerichtsstandsvereinbarung bedarf der Schriftform und ist zu datieren und von den betroffenen Parteien zu unterzeichnen. Elektronische Übermittlungen, die eine dauerhafte Aufzeichnung der Vereinbarung ermöglichen, sind der Schriftform gleichgestellt.

Artikel 6 Unzuständigerklärung bei Rechtswahl

Ist das Recht, das der Erblasser nach Artikel 22 zur Anwendung auf die Rechtsnachfolge von Todes wegen gewählt hat, das Recht eines Mitgliedstaats, so verfährt das nach Artikel 4 oder Artikel 10 angerufene Gericht wie folgt:

a) Es kann sich auf Antrag einer der Verfahrensparteien für unzuständig erklären, wenn seines Erachtens die Gerichte des Mitgliedstaats des gewählten Rechts in der Erbsache besser entscheiden können, wobei es die konkreten Umstände der Erbsache berücksichtigt, wie etwa den gewöhnlichen Aufenthalt der Parteien und den Ort, an dem die Vermögenswerte belegen sind, oder

b) es erklärt sich für unzuständig, wenn die Verfahrensparteien nach Artikel 5 die Zuständigkeit eines Gerichts oder der Gerichte des Mitgliedstaats des gewählten Rechts vereinbart haben.

Artikel 7 Zuständigkeit bei Rechtswahl

Die Gerichte eines Mitgliedstaats, dessen Recht der Erblasser nach Artikel 22 gewählt hat, sind für die Entscheidungen in einer Erbsache zuständig, wenn

a) sich ein zuvor angerufenes Gericht nach Artikel 6 in derselben Sache für unzuständig erklärt hat,

b) die Verfahrensparteien nach Artikel 5 die Zuständigkeit eines Gerichts oder der Gerichte dieses Mitgliedstaats vereinbart haben oder

c) die Verfahrensparteien die Zuständigkeit des angerufenen Gerichts ausdrücklich anerkannt haben.

Artikel 8 Beendigung des Verfahrens von Amts wegen bei Rechtswahl

Ein Gericht, das ein Verfahren in einer Erbsache von Amts wegen nach Artikel 4 oder nach Artikel 10 eingeleitet hat, beendet das Verfahren, wenn die Verfahrensparteien vereinbart haben, die Erbsache außergerichtlich in dem Mitgliedstaat, dessen Recht der Erblasser nach Artikel 22 gewählt hat, einvernehmlich zu regeln.

Artikel 9 Zuständigkeit aufgrund rügeloser Einlassung

(1) Stellt sich in einem Verfahren vor dem Gericht eines Mitgliedstaats, das seine Zuständigkeit nach Artikel 7 ausübt, heraus, dass nicht alle Parteien dieses Verfahrens der Gerichtsstandsvereinbarung angehören, so ist das Gericht weiterhin zuständig, wenn sich die Verfahrensparteien,

die der Vereinbarung nicht angehören, auf das Verfahren einlassen, ohne den Mangel der Zuständigkeit des Gerichts zu rügen.

(2) Wird der Mangel der Zuständigkeit des in Absatz 1 genannten Gerichts von Verfahrensparteien gerügt, die der Vereinbarung nicht angehören, so erklärt sich das Gericht für unzuständig. In diesem Fall sind die nach Artikel 4 oder Artikel 10 zuständigen Gerichte für die Entscheidung in der Erbsache zuständig.

Artikel 10 Subsidiäre Zuständigkeit

(1) Hatte der Erblasser seinen gewöhnlichen Aufenthalt im Zeitpunkt seines Todes nicht in einem Mitgliedstaat, so sind die Gerichte eines Mitgliedstaats, in dem sich Nachlassvermögen befindet, für Entscheidungen in Erbsachen für den gesamten Nachlass zuständig, wenn

a) der Erblasser die Staatsangehörigkeit dieses Mitgliedstaats im Zeitpunkt seines Todes besaß, oder, wenn dies nicht der Fall ist,

b) der Erblasser seinen vorhergehenden gewöhnlichen Aufenthalt in dem betreffenden Mitgliedstaat hatte, sofern die Änderung dieses gewöhnlichen Aufenthalts zum Zeitpunkt der Anrufung des Gerichts nicht länger als fünf Jahre zurückliegt.

(2) Ist kein Gericht in einem Mitgliedstaat nach Absatz 1 zuständig, so sind dennoch die Gerichte des Mitgliedstaats, in dem sich Nachlassvermögen befindet, für Entscheidungen über dieses Nachlassvermögen zuständig.

Artikel 11 Notzuständigkeit (forum necessitatis)

Ist kein Gericht eines Mitgliedstaats aufgrund anderer Vorschriften dieser Verordnung zuständig, so können die Gerichte eines Mitgliedstaats in Ausnahmefällen in einer Erbsache entscheiden, wenn es nicht zumutbar ist oder es sich als unmöglich erweist, ein Verfahren in einem Drittstaat, zu dem die Sache einen engen Bezug aufweist, einzuleiten oder zu führen.

Die Sache muss einen ausreichenden Bezug zu dem Mitgliedstaat des angerufenen Gerichts aufweisen.

Artikel 12 Beschränkung des Verfahrens

(1) Umfasst der Nachlass des Erblassers Vermögenswerte, die in einem Drittstaat belegen sind, so kann das in der Erbsache angerufene Gericht auf Antrag einer der Parteien beschließen, über einen oder mehrere dieser Vermögenswerte nicht zu befinden, wenn zu erwarten ist, dass seine Entscheidung in Bezug auf diese Vermögenswerte in dem betreffenden Drittstaat nicht anerkannt oder gegebenenfalls nicht für vollstreckbar erklärt wird.

(2) Absatz 1 berührt nicht das Recht der Parteien, den Gegenstand des Verfahrens nach dem Recht des Mitgliedstaats des angerufenen Gerichts zu beschränken.

Artikel 13 Annahme oder Ausschlagung der Erbschaft, eines Vermächtnisses oder eines Pflichtteils

Außer dem gemäß dieser Verordnung für die Rechtsnachfolge von Todes wegen zuständigen Gericht sind die Gerichte des Mitgliedstaats, in dem eine Person ihren gewöhnlichen Aufenthalt hat, die nach dem auf die Rechtsnachfolge von Todes wegen anzuwendenden Recht vor einem Gericht eine Erklärung über die Annahme oder Ausschlagung der Erbschaft, eines Vermächtnisses oder eines Pflichtteils oder eine Erklärung zur Begrenzung der Haftung der betreffenden Person für die Nachlassverbindlichkeiten abgeben kann, für die Entgegennahme solcher Erklärungen zuständig, wenn diese Erklärungen nach dem Recht dieses Mitgliedstaats vor einem Gericht abgegeben werden können.

Artikel 14 Anrufung eines Gerichts

Für die Zwecke dieses Kapitels gilt ein Gericht als angerufen

a) zu dem Zeitpunkt, zu dem das verfahrenseinleitende Schriftstück oder ein gleichwertiges Schriftstück bei Gericht eingereicht worden ist, vorausgesetzt, dass der Kläger es in der Folge nicht versäumt hat, die ihm obliegenden Maßnahmen zu treffen, um die Zustellung des Schriftstücks an den Beklagten zu bewirken,

b) falls die Zustellung vor Einreichung des Schriftstücks bei Gericht zu bewirken ist, zu dem Zeitpunkt, zu dem die für die Zustellung verantwortliche Stelle das Schriftstück erhalten hat, vorausgesetzt, dass der Kläger es in der Folge nicht versäumt hat, die ihm obliegenden Maßnahmen zu treffen, um das Schriftstück bei Gericht einzureichen, oder

c) falls das Gericht das Verfahren von Amts wegen einleitet, zu dem Zeitpunkt, zu dem der Beschluss über die Einleitung des Verfahrens vom Gericht gefasst oder, wenn ein solcher Beschluss nicht erforderlich ist, zu dem Zeitpunkt, zu dem die Sache beim Gericht eingetragen wird.

Artikel 15 Prüfung der Zuständigkeit

Das Gericht eines Mitgliedstaats, das in einer Erbsache angerufen wird, für die es nach dieser Verordnung nicht zuständig ist, erklärt sich von Amts wegen für unzuständig.

Artikel 16 Prüfung der Zulässigkeit

(1) Lässt sich der Beklagte, der seinen gewöhnlichen Aufenthalt im Hoheitsgebiet eines anderen Staates als des Mitgliedstaats hat, in dem das Verfahren eingeleitet wurde, auf das Verfahren nicht ein, so setzt das zuständige Gericht das Verfahren so lange aus, bis festgestellt ist, dass es dem Beklagten möglich war, das verfahrenseinleitende Schriftstück oder ein gleichwertiges Schriftstück so rechtzeitig zu empfangen, dass er sich verteidigen konnte oder dass alle hierzu erforderlichen Maßnahmen getroffen wurden.

(2) Anstelle des Absatzes 1 des vorliegenden Artikels findet Artikel 19 der Verordnung (EG) Nr. 1393/2007 des Europäischen Parlaments und des Rates vom 13. November 2007 über die Zustellung gerichtlicher und außergerichtlicher Schriftstücke in Zivil- oder Handelssachen in den Mitgliedstaaten (Zustellung von Schriftstücken)[1] Anwendung, wenn das verfahrenseinleitende Schriftstück oder ein gleichwertiges Schriftstück nach der genannten Verordnung von einem Mitgliedstaat in einen anderen zu übermitteln war.

(3) Ist die Verordnung (EG) Nr. 1393/2007 nicht anwendbar, so gilt Artikel 15 des Haager Übereinkommens vom 15. November 1965 über die Zustellung gerichtlicher und außergerichtlicher Schriftstücke im Ausland in Zivil- und Handelssachen, wenn das verfahrenseinleitende Schriftstück oder ein gleichwertiges Schriftstück nach Maßgabe dieses Übereinkommens ins Ausland zu übermitteln war.

Artikel 17 Rechtshängigkeit

(1) Werden bei Gerichten verschiedener Mitgliedstaaten Verfahren wegen desselben Anspruchs zwischen denselben Parteien anhängig gemacht, so setzt das später angerufene Gericht das Verfahren von Amts wegen aus, bis die Zuständigkeit des zuerst angerufenen Gerichts feststeht.

(2) Sobald die Zuständigkeit des zuerst angerufenen Gerichts feststeht, erklärt sich das später angerufene Gericht zugunsten dieses Gerichts für unzuständig.

Artikel 18 Im Zusammenhang stehende Verfahren

(1) Sind bei Gerichten verschiedener Mitgliedstaaten Verfahren, die im Zusammenhang stehen, anhängig, so kann jedes später angerufene Gericht das Verfahren aussetzen.

(2) Sind diese Verfahren in erster Instanz anhängig, so kann sich jedes später angerufene Gericht auf Antrag einer Partei auch für unzuständig erklären, wenn das zuerst angerufene Gericht für die betreffenden Verfahren zuständig ist und die Verbindung der Verfahren nach seinem Recht zulässig ist.

(3) Verfahren stehen im Sinne dieses Artikels im Zusammenhang, wenn zwischen ihnen eine so enge Beziehung gegeben ist, dass eine gemeinsame Verhandlung und Entscheidung geboten erscheint, um zu vermeiden, dass in getrennten Verfahren widersprechende Entscheidungen ergehen.

Artikel 19 Einstweilige Maßnahmen einschließlich Sicherungsmaßnahmen

Die im Recht eines Mitgliedstaats vorgesehenen einstweiligen Maßnahmen einschließlich Sicherungsmaßnahmen können bei den Gerichten dieses Staates auch dann beantragt werden, wenn für die Entscheidung in der Hauptsache nach dieser Verordnung die Gerichte eines anderen Mitgliedstaats zuständig sind.

Kapitel III Anzuwendendes Recht

Artikel 20 Universelle Anwendung

Das nach dieser Verordnung bezeichnete Recht ist auch dann anzuwenden, wenn es nicht das Recht eines Mitgliedstaats ist.

Artikel 21 Allgemeine Kollisionsnorm

(1) Sofern in dieser Verordnung nichts anderes vorgesehen ist, unterliegt die gesamte Rechtsnachfolge von Todes wegen dem Recht des Staates, in dem der Erblasser im Zeitpunkt seines Todes seinen gewöhnlichen Aufenthalt hatte.

(2) Ergibt sich ausnahmsweise aus der Gesamtheit der Umstände, dass der Erblasser im Zeitpunkt seines Todes eine offensichtlich engere Verbindung zu einem anderen als dem Staat hatte,

---

1 ABl. L 324 v. 10.12.2007, S. 79.

dessen Recht nach Absatz 1 anzuwenden wäre, so ist auf die Rechtsnachfolge von Todes wegen das Recht dieses anderen Staates anzuwenden.

Artikel 22 Rechtswahl

(1) Eine Person kann für die Rechtsnachfolge von Todes wegen das Recht des Staates wählen, dem sie im Zeitpunkt der Rechtswahl oder im Zeitpunkt ihres Todes angehört.

Eine Person, die mehrere Staatsangehörigkeiten besitzt, kann das Recht eines der Staaten wählen, denen sie im Zeitpunkt der Rechtswahl oder im Zeitpunkt ihres Todes angehört.

(2) Die Rechtswahl muss ausdrücklich in einer Erklärung in Form einer Verfügung von Todes wegen erfolgen oder sich aus den Bestimmungen einer solchen Verfügung ergeben.

(3) Die materielle Wirksamkeit der Rechtshandlung, durch die die Rechtswahl vorgenommen wird, unterliegt dem gewählten Recht.

(4) Die Änderung oder der Widerruf der Rechtswahl muss den Formvorschriften für die Änderung oder den Widerruf einer Verfügung von Todes wegen entsprechen.

Artikel 23 Reichweite des anzuwendenden Rechts

(1) Dem nach Artikel 21 oder Artikel 22 bezeichneten Recht unterliegt die gesamte Rechtsnachfolge von Todes wegen.

(2) Diesem Recht unterliegen insbesondere:

a) die Gründe für den Eintritt des Erbfalls sowie dessen Zeitpunkt und Ort;

b) die Berufung der Berechtigten, die Bestimmung ihrer jeweiligen Anteile und etwaiger ihnen vom Erblasser auferlegter Pflichten sowie die Bestimmung sonstiger Rechte an dem Nachlass, einschließlich der Nachlassansprüche des überlebenden Ehegatten oder Lebenspartners;

c) die Erbfähigkeit;

d) die Enterbung und die Erbunwürdigkeit;

e) der Übergang der zum Nachlass gehörenden Vermögenswerte, Rechte und Pflichten auf die Erben und gegebenenfalls die Vermächtnisnehmer, einschließlich der Bedingungen für die Annahme oder die Ausschlagung der Erbschaft oder eines Vermächtnisses und deren Wirkungen;

f) die Rechte der Erben, Testamentsvollstrecker und anderer Nachlassverwalter, insbesondere im Hinblick auf die Veräußerung von Vermögen und die Befriedigung der Gläubiger, unbeschadet der Befugnisse nach Artikel 29 Absätze 2 und 3;

g) die Haftung für die Nachlassverbindlichkeiten;

h) der verfügbare Teil des Nachlasses, die Pflichtteile und andere Beschränkungen der Testierfreiheit sowie etwaige Ansprüche von Personen, die dem Erblasser nahe stehen, gegen den Nachlass oder gegen den Erben;

i) die Ausgleichung und Anrechnung unentgeltlicher Zuwendungen bei der Bestimmung der Anteile der einzelnen Berechtigten und

j) die Teilung des Nachlasses.

Artikel 24 Verfügungen von Todes wegen außer Erbverträgen

(1) Die Zulässigkeit und die materielle Wirksamkeit einer Verfügung von Todes wegen mit Ausnahme eines Erbvertrags unterliegen dem Recht, das nach dieser Verordnung auf die Rechtsnachfolge von Todes wegen anzuwenden wäre, wenn die Person, die die Verfügung errichtet hat, zu diesem Zeitpunkt verstorben wäre.

(2) Ungeachtet des Absatzes 1 kann eine Person für die Zulässigkeit und die materielle Wirksamkeit ihrer Verfügung von Todes wegen das Recht wählen, das sie nach Artikel 22 unter den darin genannten Bedingungen hätte wählen können.

(3) [1]Absatz 1 gilt für die Änderung oder den Widerruf einer Verfügung von Todes wegen mit Ausnahme eines Erbvertrags entsprechend. [2]Bei Rechtswahl nach Absatz 2 unterliegt die Änderung oder der Widerruf dem gewählten Recht.

Artikel 25 Erbverträge

(1) Die Zulässigkeit, die materielle Wirksamkeit und die Bindungswirkungen eines Erbvertrags, der den Nachlass einer einzigen Person betrifft, einschließlich der Voraussetzungen für seine Auflösung, unterliegen dem Recht, das nach dieser Verordnung auf die Rechtsnachfolge von Todes wegen anzuwenden wäre, wenn diese Person zu dem Zeitpunkt verstorben wäre, in dem der Erbvertrag geschlossen wurde.

(2) Ein Erbvertrag, der den Nachlass mehrerer Personen betrifft, ist nur zulässig, wenn er nach jedem der Rechte zulässig ist, die nach dieser Verordnung auf die Rechtsnachfolge der einzelnen beteiligten Personen anzuwenden wären, wenn sie zu dem Zeitpunkt verstorben wären, in dem der Erbvertrag geschlossen wurde.

Die materielle Wirksamkeit und die Bindungswirkungen eines Erbvertrags, der nach Unterabsatz 1 zulässig ist, einschließlich der Voraussetzungen für seine Auflösung, unterliegen demjenigen unter den in Unterabsatz 1 genannten Rechten, zu dem er die engste Verbindung hat.

(3) Ungeachtet der Absätze 1 und 2 können die Parteien für die Zulässigkeit, die materielle Wirksamkeit und die Bindungswirkungen ihres Erbvertrags, einschließlich der Voraussetzungen für seine Auflösung, das Recht wählen, das die Person oder eine der Personen, deren Nachlass betroffen ist, nach Artikel 22 unter den darin genannten Bedingungen hätte wählen können.

Artikel 26 Materielle Wirksamkeit einer Verfügung von Todes wegen

(1) Zur materiellen Wirksamkeit im Sinne der Artikel 24 und 25 gehören:

a) die Testierfähigkeit der Person, die die Verfügung von Todes wegen errichtet;

b) die besonderen Gründe, aufgrund derer die Person, die die Verfügung errichtet, nicht zugunsten bestimmter Personen verfügen darf oder aufgrund derer eine Person kein Nachlassvermögen vom Erblasser erhalten darf;

c) die Zulässigkeit der Stellvertretung bei der Errichtung einer Verfügung von Todes wegen;

d) die Auslegung der Verfügung;

e) Täuschung, Nötigung, Irrtum und alle sonstigen Fragen in Bezug auf Willensmängel oder Testierwillen der Person, die die Verfügung errichtet.

(2) Hat eine Person nach dem nach Artikel 24 oder 25 anzuwendenden Recht die Testierfähigkeit erlangt, so beeinträchtigt ein späterer Wechsel des anzuwendenden Rechts nicht ihre Fähigkeit zur Änderung oder zum Widerruf der Verfügung.

Artikel 27 Formgültigkeit einer schriftlichen Verfügung von Todes wegen

(1) Eine schriftliche Verfügung von Todes wegen ist hinsichtlich ihrer Form wirksam, wenn diese:

a) dem Recht des Staates entspricht, in dem die Verfügung errichtet oder der Erbvertrag geschlossen wurde,

b) dem Recht eines Staates entspricht, dem der Erblasser oder mindestens eine der Personen, deren Rechtsnachfolge von Todes wegen durch einen Erbvertrag betroffen ist, entweder im Zeitpunkt der Errichtung der Verfügung bzw. des Abschlusses des Erbvertrags oder im Zeitpunkt des Todes angehörte,

c) dem Recht eines Staates entspricht, in dem der Erblasser oder mindestens eine der Personen, deren Rechtsnachfolge von Todes wegen durch einen Erbvertrag betroffen ist, entweder im Zeitpunkt der Errichtung der Verfügung oder des Abschlusses des Erbvertrags oder im Zeitpunkt des Todes den Wohnsitz hatte,

d) dem Recht des Staates entspricht, in dem der Erblasser oder mindestens eine der Personen, deren Rechtsnachfolge von Todes wegen durch einen Erbvertrag betroffen ist, entweder im Zeitpunkt der Errichtung der Verfügung oder des Abschlusses des Erbvertrags oder gewöhnlichen Aufenthalt hatte, oder

e) dem Recht des Staates entspricht, in dem sich unbewegliches Vermögen befindet, soweit es sich um dieses handelt.

Ob der Erblasser oder eine der Personen, deren Rechtsnachfolge von Todes wegen durch einen Erbvertrag betroffen ist, in einem bestimmten Staat ihren Wohnsitz hatte, regelt das in diesem Staat geltende Recht.

(2) Absatz 1 ist auch auf Verfügungen von Todes wegen anzuwenden, durch die eine frühere Verfügung geändert oder widerrufen wird. Die Änderung oder der Widerruf ist hinsichtlich ihrer Form auch dann gültig, wenn sie den Formerfordernissen einer der Rechtsordnungen entsprechen, nach denen die geänderte oder widerrufene Verfügung von Todes wegen nach Absatz 1 gültig war.

(3) Für die Zwecke dieses Artikels werden Rechtsvorschriften, welche die für Verfügungen von Todes wegen zugelassenen Formen mit Beziehung auf das Alter, die Staatsangehörigkeit oder andere persönliche Eigenschaften des Erblassers oder der Personen, deren Rechtsnachfolge von Todes wegen durch einen Erbvertrag betroffen ist, beschränken, als zur Form gehörend angesehen. Das Gleiche gilt für Eigenschaften, welche die für die Gültigkeit einer Verfügung von Todes wegen erforderlichen Zeugen besitzen müssen

Artikel 28 Formgültigkeit einer Annahme- oder Ausschlagungserklärung

Eine Erklärung über die Annahme oder die Ausschlagung der Erbschaft, eines Vermächtnisses oder eines Pflichtteils oder eine Erklärung zur Begrenzung der Haftung des Erklärenden ist hinsichtlich ihrer Form wirksam, wenn diese den Formerfordernissen entspricht

a) des nach den Artikeln 21 oder 22 auf die Rechtsnachfolge von Todes wegen anzuwendenden Rechts oder

b) des Rechts des Staates, in dem der Erklärende seinen gewöhnlichen Aufenthalt hat.

Artikel 29 Besondere Regelungen für die Bestellung und die Befugnisse eines Nachlassverwalters in bestimmten Situationen

(1) Ist die Bestellung eines Verwalters nach dem Recht des Mitgliedstaats, dessen Gerichte nach dieser Verordnung für die Entscheidungen in der Erbsache zuständig sind, verpflichtend oder auf Antrag verpflichtend und ist das auf die Rechtsnachfolge von Todes wegen anzuwendende Recht ausländisches Recht, können die Gerichte dieses Mitgliedstaats, wenn sie angerufen werden, einen oder mehrere Nachlassverwalter nach ihrem eigenen Recht unter den in diesem Artikel festgelegten Bedingungen bestellen.

Der/die nach diesem Absatz bestellte(n) Verwalter ist/sind berechtigt, das Testament des Erblassers zu vollstrecken und/oder den Nachlass nach dem auf die Rechtsnachfolge von Todes wegen anzuwendenden Recht zu verwalten. Sieht dieses Recht nicht vor, dass eine Person Nachlassverwalter ist, die kein Berechtigter ist, können die Gerichte des Mitgliedstaats, in dem der Verwalter bestellt werden muss, einen Fremdverwalter nach ihrem eigenen Recht bestellen, wenn dieses Recht dies so vorsieht und es einen schwerwiegenden Interessenskonflikt zwischen den Berechtigten oder zwischen den Berechtigten und den Nachlassgläubigern oder anderen Personen, die für die Verbindlichkeiten des Erblassers gebürgt haben, oder Uneinigkeit zwischen den Berechtigten über die Verwaltung des Nachlasses gibt oder wenn es sich um einen aufgrund der Art der Vermögenswerte schwer zu verwaltenden Nachlasses handelt.

Der/die nach diesem Absatz bestellte(n) Verwalter ist/sind die einzige(n) Person(en), die befugt ist/sind, die in den Absätzen 2 oder 3 genannten Befugnisse auszuüben.

(2) Die nach Absatz 1 bestellte(n) Person(en) üben die Befugnisse zur Verwaltung des Nachlasses aus, die sie nach dem auf die Rechtsnachfolge von Todes wegen anzuwendenden Recht ausüben dürfen. Das bestellende Gericht kann in seiner Entscheidung besondere Bedingungen für die Ausübung dieser Befugnisse im Einklang mit dem auf die Rechtsnachfolge von Todes wegen anzuwendenden Recht festlegen.

Sieht das auf die Rechtsnachfolge von Todes wegen anzuwendende Recht keine hinreichenden Befugnisse vor, um das Nachlassvermögen zu erhalten oder die Rechte der Nachlassgläubiger oder anderer Personen zu schützen, die für die Verbindlichkeiten des Erblassers gebürgt haben, so kann das bestellende Gericht beschließen, es dem/den Nachlassverwalter(n) zu gestatten, ergänzend diejenigen Befugnisse, die hierfür in seinem eigenen Recht vorgesehen sind, auszuüben und in seiner Entscheidung besondere Bedingungen für die Ausübung dieser Befugnisse im Einklang mit diesem Recht festlegen.

Bei der Ausübung solcher ergänzenden Befugnisse hält/halten der/die Verwalter das auf die Rechtsnachfolge von Todes wegen anzuwendende Recht in Bezug auf den Übergang des Eigentums an dem Nachlassvermögen, die Haftung für die Nachlassverbindlichkeiten, die Rechte der Berechtigten, gegebenenfalls einschließlich des Rechts, die Erbschaft anzunehmen oder auszuschlagen, und gegebenenfalls die Befugnisse des Vollstreckers des Testaments des Erblassers ein.

(3) Ungeachtet des Absatzes 2 kann das nach Absatz 1 einen oder mehrere Verwalter bestellende Gericht ausnahmsweise, wenn das auf die Rechtsnachfolge von Todes wegen anzuwendende Recht das Recht eines Drittstaats ist, beschließen, diesen Verwaltern alle Verwaltungsbefugnisse zu übertragen, die in dem Recht des Mitgliedstaats vorgesehen sind, in dem sie bestellt werden.

Bei der Ausübung dieser Befugnisse respektieren die Nachlassverwalter jedoch insbesondere die Bestimmung der Berechtigten und ihrer Nachlassansprüche, einschließlich ihres Anspruchs auf einen Pflichtteil oder ihres Anspruchs gegen den Nachlass oder gegenüber den Erben nach dem auf die Rechtsnachfolge von Todes wegen anzuwendenden Recht.

Artikel 30 Besondere Regelungen mit Beschränkungen, die die Rechtsnachfolge von Todes wegen in Bezug auf bestimmte Vermögenswerte betreffen oder Auswirkungen auf sie haben

Besondere Regelungen im Recht eines Staates, in dem sich bestimmte unbewegliche Sachen, Unternehmen oder andere besondere Arten von Vermögenswerten befinden, die die Rechtsnachfolge von Todes wegen in Bezug auf jene Vermögenswerte aus wirtschaftlichen, familiären oder sozialen Erwägungen beschränken oder berühren, finden auf die Rechtsnachfolge von Todes wegen Anwendung, soweit sie nach dem Recht dieses Staates unabhängig von dem auf die Rechtsnachfolge von Todes wegen anzuwendenden Recht anzuwenden sind.

Artikel 31 Anpassung dinglicher Rechte

Macht eine Person ein dingliches Recht geltend, das ihr nach dem auf die Rechtsnachfolge von Todes wegen anzuwendenden Recht zusteht, und kennt das Recht des Mitgliedstaats, in dem das Recht geltend gemacht wird, das betreffende dingliche Recht nicht, so ist dieses Recht soweit erforderlich und möglich an das in der Rechtsordnung dieses Mitgliedstaats am ehesten vergleichbare Recht anzupassen, wobei die mit dem besagten dinglichen Recht verfolgten Ziele und Interessen und die mit ihm verbundenen Wirkungen zu berücksichtigen sind.

Artikel 32 Kommorienten

Sterben zwei oder mehr Personen, deren jeweilige Rechtsnachfolge von Todes wegen verschiedenen Rechten unterliegt, unter Umständen, unter denen die Reihenfolge ihres Todes ungewiss ist, und regeln diese Rechte diesen Sachverhalt unterschiedlich oder gar nicht, so hat keine der verstorbenen Personen Anspruch auf den Nachlass des oder der anderen.

Artikel 33 Erbenloser Nachlass

Ist nach dem nach dieser Verordnung auf die Rechtsnachfolge von Todes wegen anzuwendenden Recht weder ein durch Verfügung von Todes wegen eingesetzter Erbe oder Vermächtnisnehmer für die Nachlassgegenstände noch eine natürliche Person als gesetzlicher Erbe vorhanden, so berührt die Anwendung dieses Rechts nicht das Recht eines Mitgliedstaates oder einer von diesem Mitgliedstaat für diesen Zweck bestimmten Einrichtung, sich das im Hoheitsgebiet dieses Mitgliedstaates belegene Nachlassvermögen anzueignen, vorausgesetzt, die Gläubiger sind berechtigt, aus dem gesamten Nachlass Befriedigung ihrer Forderungen zu suchen.

Artikel 34 Rück- und Weiterverweisung

(1) Unter dem nach dieser Verordnung anzuwendenden Recht eines Drittstaats sind die in diesem Staat geltenden Rechtsvorschriften einschließlich derjenigen seines Internationalen Privatrechts zu verstehen, soweit diese zurück- oder weiterverweisen auf:

a) das Recht eines Mitgliedstaats oder

b) das Recht eines anderen Drittstaats, der sein eigenes Recht anwenden würde.

(2) Rück- und Weiterverweisungen durch die in Artikel 21 Absatz 2, Artikel 22, Artikel 27, Artikel 28 Buchstabe b und Artikel 30 genannten Rechtsordnungen sind nicht zu beachten.

Artikel 35 Öffentliche Ordnung (ordre public)

Die Anwendung einer Vorschrift des nach dieser Verordnung bezeichneten Rechts eines Staates darf nur versagt werden, wenn ihre Anwendung mit der öffentlichen Ordnung (ordre public) des Staates des angerufenen Gerichts offensichtlich unvereinbar ist.

Artikel 36 Staaten mit mehr als einem Rechtssystem – Interlokale Kollisionsvorschriften

(1) Verweist diese Verordnung auf das Recht eines Staates, der mehrere Gebietseinheiten umfasst, von denen jede eigene Rechtsvorschriften für die Rechtsnachfolge von Todes wegen hat, so bestimmen die internen Kollisionsvorschriften dieses Staates die Gebietseinheit, deren Rechtsvorschriften anzuwenden sind.

(2) In Ermangelung solcher interner Kollisionsvorschriften gilt:

a) jede Bezugnahme auf das Recht des in Absatz 1 genannten Staates ist für die Bestimmung des anzuwendenden Rechts aufgrund von Vorschriften, die sich auf den gewöhnlichen Aufenthalt des Erblassers beziehen, als Bezugnahme auf das Recht der Gebietseinheit zu verstehen, in der der Erblasser im Zeitpunkt seines Todes seinen gewöhnlichen Aufenthalt hatte;

b) jede Bezugnahme auf das Recht des in Absatz 1 genannten Staates ist für die Bestimmung des anzuwendenden Rechts aufgrund von Bestimmungen, die sich auf die Staatsangehörigkeit des Erblassers beziehen, als Bezugnahme auf das Recht der Gebietseinheit zu verstehen, zu der der Erblasser die engste Verbindung hatte;

c) jede Bezugnahme auf das Recht des in Absatz 1 genannten Staates ist für die Bestimmung des anzuwendenden Rechts aufgrund sonstiger Bestimmungen, die sich auf andere Anknüpfungspunkte beziehen, als Bezugnahme auf das Recht der Gebietseinheit zu verstehen, in der sich der einschlägige Anknüpfungspunkt befindet.

(3) Ungeachtet des Absatzes 2 ist jede Bezugnahme auf das Recht des in Absatz 1 genannten Staates für die Bestimmung des anzuwendenden Rechts nach Artikel 27 in Ermangelung interner Kollisionsvorschriften dieses Staates als Bezugnahme auf das Recht der Gebietseinheit zu verstehen, zu der der Erblasser oder die Personen, deren Rechtsnachfolge von Todes wegen durch den Erbvertrag betroffen ist, die engste Verbindung hatte.

Artikel 37 Staaten mit mehr als einem Rechtssystem – Interpersonale Kollisionsvorschriften

Gelten in einem Staat für die Rechtsnachfolge von Todes wegen zwei oder mehr Rechtssysteme oder Regelwerke für verschiedene Personengruppen, so ist jede Bezugnahme auf das Recht dieses Staates als Bezugnahme auf das Rechtssystem oder das Regelwerk zu verstehen, das die in diesem Staat geltenden Vorschriften zur Anwendung berufen. In Ermangelung solcher Vorschriften ist das Rechtssystem oder das Regelwerk anzuwenden, zu dem der Erblasser die engste Verbindung hatte.

Artikel 38 Nichtanwendung dieser Verordnung auf innerstaatliche Kollisionen

Ein Mitgliedstaat, der mehrere Gebietseinheiten umfasst, von denen jede ihre eigenen Rechtsvorschriften für die Rechtsnachfolge von Todes wegen hat, ist nicht verpflichtet, diese Verordnung auf Kollisionen zwischen den Rechtsordnungen dieser Gebietseinheiten anzuwenden.

Kapitel IV Anerkennung, Vollstreckbarkeit und Vollstreckung von Entscheidungen

Artikel 39 Anerkennung

(1) Die in einem Mitgliedstaat ergangenen Entscheidungen werden in den anderen Mitgliedstaaten anerkannt, ohne dass es hierfür eines besonderen Verfahrens bedarf.

(2) Bildet die Frage, ob eine Entscheidung anzuerkennen ist, als solche den Gegenstand eines Streites, so kann jede Partei, welche die Anerkennung geltend macht, in dem Verfahren nach den Artikeln 45 bis 58 die Feststellung beantragen, dass die Entscheidung anzuerkennen ist.

(3) Wird die Anerkennung in einem Rechtsstreit vor dem Gericht eines Mitgliedstaats, dessen Entscheidung von der Anerkennung abhängt, verlangt, so kann dieses Gericht über die Anerkennung entscheiden.

Artikel 40 Gründe für die Nichtanerkennung einer Entscheidung

Eine Entscheidung wird nicht anerkannt, wenn

a) die Anerkennung der öffentlichen Ordnung (ordre public) des Mitgliedstaats, in dem sie geltend gemacht wird, offensichtlich widersprechen würde;

b) dem Beklagten, der sich auf das Verfahren nicht eingelassen hat, das verfahrenseinleitende Schriftstück oder ein gleichwertiges Schriftstück nicht so rechtzeitig und in einer Weise zugestellt worden ist, dass er sich verteidigen konnte, es sei denn, der Beklagte hat die Entscheidung nicht angefochten, obwohl er die Möglichkeit dazu hatte;

c) sie mit einer Entscheidung unvereinbar ist, die in einem Verfahren zwischen denselben Parteien in dem Mitgliedstaat, in dem die Anerkennung geltend gemacht wird, ergangen ist;

d) sie mit einer früheren Entscheidung unvereinbar ist, die in einem anderen Mitgliedstaat oder in einem Drittstaat in einem Verfahren zwischen denselben Parteien wegen desselben Anspruchs ergangen ist, sofern die frühere Entscheidung die notwendigen Voraussetzungen für ihre Anerkennung in dem Mitgliedstaat, in dem die Anerkennung geltend gemacht wird, erfüllt.

Artikel 41 Ausschluss einer Nachprüfung in der Sache

Die in einem Mitgliedstaat ergangene Entscheidung darf keinesfalls in der Sache selbst nachgeprüft werden.

Artikel 42 Aussetzung des Anerkennungsverfahrens

Das Gericht eines Mitgliedstaats, vor dem die Anerkennung einer in einem anderen Mitgliedstaat ergangenen Entscheidung geltend gemacht wird, kann das Verfahren aussetzen, wenn im Ursprungsmitgliedstaat gegen die Entscheidung ein ordentlicher Rechtsbehelf eingelegt worden ist.

Artikel 43 Vollstreckbarkeit

Die in einem Mitgliedstaat ergangenen und in diesem Staat vollstreckbaren Entscheidungen sind in einem anderen Mitgliedstaat vollstreckbar, wenn sie auf Antrag eines Berechtigten dort nach dem Verfahren der Artikel 45 bis 58 für vollstreckbar erklärt worden sind.

Artikel 44 Bestimmung des Wohnsitzes

Ist zu entscheiden, ob eine Partei für die Zwecke des Verfahrens nach den Artikeln 45 bis 58 im Hoheitsgebiet des Vollstreckungsmitgliedstaats einen Wohnsitz hat, so wendet das befasste Gericht sein eigenes Recht an.

Artikel 45 Örtlich zuständiges Gericht

(1) Der Antrag auf Vollstreckbarerklärung ist an das Gericht oder die zuständige Behörde des Vollstreckungsmitgliedstaats zu richten, die der Kommission von diesem Mitgliedstaat nach Artikel 78 mitgeteilt wurden.

(2) Die örtliche Zuständigkeit wird durch den Ort des Wohnsitzes der Partei, gegen die die Vollstreckung erwirkt werden soll, oder durch den Ort, an dem die Vollstreckung durchgeführt werden soll, bestimmt.

Artikel 46 Verfahren

(1) Für das Verfahren der Antragstellung ist das Recht des Vollstreckungsmitgliedstaats maßgebend.
(2) Von dem Antragsteller kann nicht verlangt werden, dass er im Vollstreckungsmitgliedstaat über eine Postanschrift oder einen bevollmächtigten Vertreter verfügt.
(3) Dem Antrag sind die folgenden Schriftstücke beizufügen:
a) eine Ausfertigung der Entscheidung, die die für ihre Beweiskraft erforderlichen Voraussetzungen erfüllt;
b) die Bescheinigung, die von dem Gericht oder der zuständigen Behörde des Ursprungsmitgliedstaats unter Verwendung des nach dem Beratungsverfahren nach Artikel 81 Absatz 2 erstellten Formblatts ausgestellt wurde, unbeschadet des Artikels 47.

Artikel 47 Nichtvorlage der Bescheinigung

(1) Wird die Bescheinigung nach Artikel 46 Absatz 3 Buchstabe b nicht vorgelegt, so kann das Gericht oder die sonst befugte Stelle eine Frist bestimmen, innerhalb deren die Bescheinigung vorzulegen ist, oder sich mit einer gleichwertigen Urkunde begnügen oder von der Vorlage der Bescheinigung absehen, wenn kein weiterer Klärungsbedarf besteht.
(2) Auf Verlangen des Gerichts oder der zuständigen Behörde ist eine Übersetzung der Schriftstücke vorzulegen. Die Übersetzung ist von einer Person zu erstellen, die zur Anfertigung von Übersetzungen in einem der Mitgliedstaaten befugt ist.

Artikel 48 Vollstreckbarerklärung

Sobald die in Artikel 46 vorgesehenen Förmlichkeiten erfüllt sind, wird die Entscheidung unverzüglich für vollstreckbar erklärt, ohne dass eine Prüfung nach Artikel 40 erfolgt. Die Partei, gegen die die Vollstreckung erwirkt werden soll, erhält in diesem Abschnitt des Verfahrens keine Gelegenheit, eine Erklärung abzugeben.

Artikel 49 Mitteilung der Entscheidung über den Antrag auf Vollstreckbarerklärung

(1) Die Entscheidung über den Antrag auf Vollstreckbarerklärung wird dem Antragsteller unverzüglich in der Form mitgeteilt, die das Recht des Vollstreckungsmitgliedstaats vorsieht.
(2) Die Vollstreckbarerklärung und, soweit dies noch nicht geschehen ist, die Entscheidung werden der Partei, gegen die die Vollstreckung erwirkt werden soll, zugestellt.

Artikel 50 Rechtsbehelf gegen die Entscheidung über den Antrag auf Vollstreckbarerklärung

(1) Gegen die Entscheidung über den Antrag auf Vollstreckbarerklärung kann jede Partei einen Rechtsbehelf einlegen.
(2) Der Rechtsbehelf wird bei dem Gericht eingelegt, das der betreffende Mitgliedstaat der Kommission nach Artikel 78 mitgeteilt hat.
(3) Über den Rechtsbehelf wird nach den Vorschriften entschieden, die für Verfahren mit beiderseitigem rechtlichem Gehör maßgebend sind.
(4) Lässt sich die Partei, gegen die die Vollstreckung erwirkt werden soll, auf das Verfahren vor dem mit dem Rechtsbehelf des Antragstellers befassten Gericht nicht ein, so ist Artikel 16 auch dann anzuwenden, wenn die Partei, gegen die die Vollstreckung erwirkt werden soll, ihren Wohnsitz nicht im Hoheitsgebiet eines Mitgliedstaats hat.
(5) Der Rechtsbehelf gegen die Vollstreckbarerklärung ist innerhalb von 30 Tagen nach ihrer Zustellung einzulegen. Hat die Partei, gegen die die Vollstreckung erwirkt werden soll, ihren Wohnsitz im Hoheitsgebiet eines anderen Mitgliedstaats als dem, in dem die Vollstreckbarerklärung ergangen ist, so beträgt die Frist für den Rechtsbehelf 60 Tage und beginnt mit dem Tag, an dem die Vollstreckbarerklärung ihr entweder in Person oder in ihrer Wohnung zugestellt worden ist. ³Eine Verlängerung dieser Frist wegen weiter Entfernung ist ausgeschlossen.

Artikel 51 Rechtsbehelf gegen die Entscheidung über den Rechtsbehelf

Gegen die über den Rechtsbehelf ergangene Entscheidung kann nur der Rechtsbehelf eingelegt werden, den der betreffende Mitgliedstaat der Kommission nach Artikel 78 mitgeteilt hat.

Artikel 52 Versagung oder Aufhebung einer Vollstreckbarerklärung

Die Vollstreckbarerklärung darf von dem mit einem Rechtsbehelf nach Artikel 50 oder Artikel 51 befassten Gericht nur aus einem der in Artikel 40 aufgeführten Gründen versagt oder aufgehoben werden. Das Gericht erlässt seine Entscheidung unverzüglich.

Artikel 53 Aussetzung des Verfahrens

Das nach Artikel 50 oder Artikel 51 mit dem Rechtsbehelf befasste Gericht setzt das Verfahren auf Antrag des Schuldners aus, wenn die Entscheidung im Ursprungsmitgliedstaat wegen der Einlegung eines Rechtsbehelfs vorläufig nicht vollstreckbar ist.

Artikel 54 Einstweilige Maßnahmen einschließlich Sicherungsmaßnahmen

(1) Ist eine Entscheidung nach diesem Abschnitt anzuerkennen, so ist der Antragsteller nicht daran gehindert, einstweilige Maßnahmen einschließlich Sicherungsmaßnahmen nach dem Recht des Vollstreckungsmitgliedstaats in Anspruch zu nehmen, ohne dass es einer Vollstreckbarerklärung nach Artikel 48 bedarf.

(2) Die Vollstreckbarerklärung umfasst von Rechts wegen die Befugnis, Maßnahmen zur Sicherung zu veranlassen.

(3) Solange die in Artikel 50 Absatz 5 vorgesehene Frist für den Rechtsbehelf gegen die Vollstreckbarerklärung läuft und solange über den Rechtsbehelf nicht entschieden ist, darf die Zwangsvollstreckung in das Vermögen des Schuldners nicht über Maßnahmen zur Sicherung hinausgehen.

Artikel 55 Teilvollstreckbarkeit

(1) Ist durch die Entscheidung über mehrere Ansprüche erkannt worden und kann die Vollstreckbarerklärung nicht für alle Ansprüche erteilt werden, so erteilt das Gericht oder die zuständige Behörde sie für einen oder mehrere dieser Ansprüche.

(2) Der Antragsteller kann beantragen, dass die Vollstreckbarerklärung nur für einen Teil des Gegenstands der Entscheidung erteilt wird.

Artikel 56 Prozesskostenhilfe

Ist dem Antragsteller im Ursprungsmitgliedstaat ganz oder teilweise Prozesskostenhilfe oder Kosten- und Gebührenbefreiung gewährt worden, so genießt er im Vollstreckbarerklärungsverfahren hinsichtlich der Prozesskostenhilfe oder der Kosten- und Gebührenbefreiung die günstigste Behandlung, die das Recht des Vollstreckungsmitgliedstaats vorsieht.

Artikel 57 Keine Sicherheitsleistung oder Hinterlegung

Der Partei, die in einem Mitgliedstaat die Anerkennung, Vollstreckbarerklärung oder Vollstreckung einer in einem anderen Mitgliedstaat ergangenen Entscheidung beantragt, darf wegen ihrer Eigenschaft als Ausländer oder wegen Fehlens eines inländischen Wohnsitzes oder Aufenthalts im Vollstreckungsmitgliedstaat eine Sicherheitsleistung oder Hinterlegung, unter welcher Bezeichnung es auch sei, nicht auferlegt werden.

Artikel 58 Keine Stempelabgaben oder Gebühren

Im Vollstreckungsmitgliedstaat dürfen in Vollstreckbarerklärungsverfahren keine nach dem Streitwert abgestuften Stempelabgaben oder Gebühren erhoben werden.

Kapitel V Öffentliche Urkunden und gerichtliche Vergleiche

Artikel 59 Annahme öffentlicher Urkunden

(1) Eine in einem Mitgliedstaat errichtete öffentliche Urkunde hat in einem anderen Mitgliedstaat die gleiche formelle Beweiskraft wie im Ursprungsmitgliedstaat oder die damit am ehesten vergleichbare Wirkung, sofern dies der öffentlichen Ordnung (ordre public) des betreffenden Mitgliedstaats nicht offensichtlich widersprechen würde.

Eine Person, die eine öffentliche Urkunde in einem anderen Mitgliedstaat verwenden möchte, kann die Behörde, die die öffentliche Urkunde im Ursprungsmitgliedstaat errichtet, ersuchen, das nach dem Beratungsverfahren nach Artikel 81 Absatz 2 erstellte Formblatt auszufüllen, das die formelle Beweiskraft der öffentlichen Urkunde in ihrem Ursprungsmitgliedstaat beschreibt.

(2) Einwände mit Bezug auf die Authentizität einer öffentlichen Urkunde sind bei den Gerichten des Ursprungsmitgliedstaats zu erheben; über diese Einwände wird nach dem Recht dieses Staates entschieden. Eine öffentliche Urkunde, gegen die solche Einwände erhoben wurden, entfaltet in einem anderen Mitgliedstaat keine Beweiskraft, solange die Sache bei dem zuständigen Gericht anhängig ist.

(3) Einwände mit Bezug auf die in einer öffentlichen Urkunde beurkundeten Rechtsgeschäfte oder Rechtsverhältnisse sind bei den nach dieser Verordnung zuständigen Gerichten zu erheben; über diese Einwände wird nach dem nach Kapitel III anzuwendenden Recht entschieden. Eine öffentliche Urkunde, gegen die solche Einwände erhoben wurden, entfaltet in einem anderen als dem Ursprungsmitgliedstaat hinsichtlich des bestrittenen Umstands keine Beweiskraft, solange die Sache bei dem zuständigen Gericht anhängig ist.

(4) Hängt die Entscheidung des Gerichts eines Mitgliedstaats von der Klärung einer Vorfrage mit Bezug auf die in einer öffentlichen Urkunde beurkundeten Rechtsgeschäfte oder Rechtsverhältnisse in Erbsachen ab, so ist dieses Gericht zur Entscheidung über diese Vorfrage zuständig.

Artikel 60 Vollstreckbarkeit öffentlicher Urkunden

(1) Öffentliche Urkunden, die im Ursprungsmitgliedstaat vollstreckbar sind, werden in einem anderen Mitgliedstaat auf Antrag eines Berechtigten nach dem Verfahren der Artikel 45 bis 58 für vollstreckbar erklärt.

(2) Für die Zwecke des Artikels 46 Absatz 3 Buchstabe b stellt die Behörde, die die öffentliche Urkunde errichtet hat, auf Antrag eines Berechtigten eine Bescheinigung unter Verwendung des nach dem Beratungsverfahren nach Artikel 81 Absatz 2 erstellten Formblatts aus.

(3) Die Vollstreckbarerklärung wird von dem mit einem Rechtsbehelf nach Artikel 50 oder Artikel 51 befassten Gericht nur versagt oder aufgehoben, wenn die Vollstreckung der öffentlichen Urkunde der öffentlichen Ordnung (ordre public) des Vollstreckungsmitgliedstaats offensichtlich widersprechen würde.

Artikel 61 Vollstreckbarkeit gerichtlicher Vergleiche

(1) Gerichtliche Vergleiche, die im Ursprungsmitgliedstaat vollstreckbar sind, werden in einem anderen Mitgliedstaat auf Antrag eines Berechtigten nach dem Verfahren der Artikel 45 bis 58 für vollstreckbar erklärt.

(2) Für die Zwecke des Artikels 46 Absatz 3 Buchstabe b stellt das Gericht, das den Vergleich gebilligt hat oder vor dem der Vergleich geschlossen wurde, auf Antrag eines Berechtigten eine Bescheinigung unter Verwendung des nach dem Beratungsverfahren nach Artikel 81 Absatz 2 erstellten Formblatts aus.

(3) Die Vollstreckbarerklärung wird von dem mit einem Rechtsbehelf nach Artikel 50 oder Artikel 51 befassten Gericht nur versagt oder aufgehoben, wenn die Vollstreckung des gerichtlichen Vergleichs der öffentlichen Ordnung (ordre public) des Vollstreckungsmitgliedstaats offensichtlich widersprechen würde.

Kapitel VI Europäisches Nachlasszeugnis

Artikel 62 Einführung eines Europäischen Nachlasszeugnisses

(1) Mit dieser Verordnung wird ein Europäisches Nachlasszeugnis (im Folgenden „Zeugnis") eingeführt, das zur Verwendung in einem anderen Mitgliedstaat ausgestellt wird und die in Artikel 69 aufgeführten Wirkungen entfaltet.

(2) Die Verwendung des Zeugnisses ist nicht verpflichtend.

(3) Das Zeugnis tritt nicht an die Stelle der innerstaatlichen Schriftstücke, die in den Mitgliedstaaten zu ähnlichen Zwecken verwendet werden. Nach seiner Ausstellung zur Verwendung in einem anderen Mitgliedstaat entfaltet das Zeugnis die in Artikel 69 aufgeführten Wirkungen jedoch auch in dem Mitgliedstaat, dessen Behörden es nach diesem Kapitel ausgestellt haben.

Artikel 63 Zweck des Zeugnisses

(1) Das Zeugnis ist zur Verwendung durch Erben, durch Vermächtnisnehmer mit unmittelbarer Berechtigung am Nachlass und durch Testamentsvollstrecker oder Nachlassverwalter bestimmt, die sich in einem anderen Mitgliedstaat auf ihre Rechtsstellung berufen oder ihre Rechte als Erben oder Vermächtnisnehmer oder ihre Befugnisse als Testamentsvollstrecker oder Nachlassverwalter ausüben müssen.

(2) Das Zeugnis kann insbesondere als Nachweis für einen oder mehrere der folgenden speziellen Aspekte verwendet werden:

a) die Rechtsstellung und/oder die Rechte jedes Erben oder gegebenenfalls Vermächtnisnehmers, der im Zeugnis genannt wird, und seinen jeweiligen Anteil am Nachlass;

b) die Zuweisung eines bestimmten Vermögenswerts oder bestimmter Vermögenswerte des Nachlasses an die in dem Zeugnis als Erbe(n) oder gegebenenfalls als Vermächtnisnehmer genannte(n) Person(en);

c) die Befugnisse der in dem Zeugnis genannten Person zur Vollstreckung des Testaments oder Verwaltung des Nachlasses.

Artikel 64 Zuständigkeit für die Erteilung des Zeugnisses

Das Zeugnis wird in dem Mitgliedstaat ausgestellt, dessen Gerichte nach den Artikeln 4, 7, 10 oder 11 zuständig sind. Ausstellungsbehörde ist

a) ein Gericht im Sinne des Artikels 3 Absatz 2 oder

b) eine andere Behörde, die nach innerstaatlichem Recht für Erbsachen zuständig ist.

Artikel 65 Antrag auf Ausstellung eines Zeugnisses

(1) Das Zeugnis wird auf Antrag jeder in Artikel 63 Absatz 1 genannten Person (im Folgenden „Antragsteller") ausgestellt.

(2) Für die Vorlage eines Antrags kann der Antragsteller das nach dem Beratungsverfahren nach Artikel 81 Absatz 2 erstellte Formblatt verwenden.

(3) Der Antrag muss die nachstehend aufgeführten Angaben enthalten, soweit sie dem Antragsteller bekannt sind und von der Ausstellungsbehörde zur Beschreibung des Sachverhalts, dessen Bestätigung der Antragsteller begehrt, benötigt werden; dem Antrag sind alle einschlägigen Schriftstücke beizufügen, und zwar entweder in Urschrift oder in Form einer Abschrift, die die erforderlichen Voraussetzungen für ihre Beweiskraft erfüllt, unbeschadet des Artikels 66 Absatz 2:

a) Angaben zum Erblasser: Name (gegebenenfalls Geburtsname), Vorname(n), Geschlecht, Geburtsdatum und -ort, Personenstand, Staatsangehörigkeit, Identifikationsnummer (sofern vorhanden), Anschrift im Zeitpunkt seines Todes, Todesdatum und -ort,

b) Angaben zum Antragsteller: Name (gegebenenfalls Geburtsname), Vorname(n), Geschlecht, Geburtsdatum und -ort, Personenstand, Staatsangehörigkeit, Identifikationsnummer (sofern vorhanden), Anschrift und etwaiges Verwandtschafts- oder Schwägerschaftsverhältnis zum Erblasser;

c) Angaben zum etwaigen Vertreter des Antragstellers: Name (gegebenenfalls Geburtsname), Vorname(n), Anschrift und Nachweis der Vertretungsmacht;

d) Angaben zum Ehegatten oder Partner des Erblassers und gegebenenfalls zu(m) ehemaligen Ehegatten oder Partner(n): Name (gegebenenfalls Geburtsname), Vorname(n), Geschlecht, Geburtsdatum und -ort, Personenstand, Staatsangehörigkeit, Identifikationsnummer (sofern vorhanden) und Anschrift;

e) Angaben zu sonstigen möglichen Berechtigten aufgrund einer Verfügung von Todes wegen und/oder nach gesetzlicher Erbfolge: Name und Vorname(n) oder Name der Körperschaft, Identifikationsnummer (sofern vorhanden) und Anschrift;

f) den beabsichtigten Zweck des Zeugnisses nach Artikel 63;

g) Kontaktangaben des Gerichts oder der sonstigen zuständigen Behörde, das oder die mit der Erbsache als solcher befasst ist oder war, sofern zutreffend;

h) den Sachverhalt, auf den Antragsteller gegebenenfalls die von ihm geltend gemachte Berechtigung am Nachlass und/oder sein Recht zur Vollstreckung des Testaments des Erblassers und/oder das Recht zur Verwaltung von dessen Nachlass gründet;

i) eine Angabe darüber, ob der Erblasser eine Verfügung von Todes wegen errichtet hatte; falls weder die Urschrift noch eine Abschrift beigefügt ist, eine Angabe darüber, wo sich die Urschrift befindet;

j) eine Angabe darüber, ob der Erblasser einen Ehevertrag oder einen Vertrag in Bezug auf ein Verhältnis, das mit der Ehe vergleichbare Wirkungen entfaltet, geschlossen hatte; falls weder die Urschrift noch eine Abschrift des Vertrags beigefügt ist, eine Angabe darüber, wo sich die Urschrift befindet;

k) eine Angabe darüber, ob einer der Berechtigten eine Erklärung über die Annahme oder die Ausschlagung der Erbschaft abgegeben hat;

l) eine Erklärung des Inhalts, dass nach bestem Wissen des Antragstellers kein Rechtsstreit in Bezug auf den zu bescheinigenden Sachverhalt anhängig ist;

m) sonstige vom Antragsteller für die Ausstellung des Zeugnisses für nützlich erachtete Angaben.

Artikel 66 Prüfung des Antrags

(1) Nach Eingang des Antrags überprüft die Ausstellungsbehörde die vom Antragsteller übermittelten Angaben, Erklärungen, Schriftstücke und sonstigen Nachweise. Sie führt von Amts wegen die für diese Überprüfung erforderlichen Nachforschungen durch, soweit ihr eigenes Recht dies vorsieht oder zulässt, oder fordert den Antragsteller auf, weitere Nachweise vorzulegen, die sie für erforderlich erachtet.

(2) Konnte der Antragsteller keine Abschriften der einschlägigen Schriftstücke vorlegen, die die für ihre Beweiskraft erforderlichen Voraussetzungen erfüllen, so kann die Ausstellungsbehörde entscheiden, dass sie Nachweise in anderer Form akzeptiert.

(3) Die Ausstellungsbehörde kann – soweit ihr eigenes Recht dies vorsieht und unter den dort festgelegten Bedingungen – verlangen, dass Erklärungen unter Eid oder durch eidesstattliche Versicherung abgegeben werden.

(4) Die Ausstellungsbehörde unternimmt alle erforderlichen Schritte, um die Berechtigten von der Beantragung eines Zeugnisses zu unterrichten. Sie hört, falls dies für die Feststellung des zu

bescheinigenden Sachverhalts erforderlich ist, jeden Beteiligten, Testamentsvollstrecker oder Nachlassverwalter und gibt durch öffentliche Bekanntmachung anderen möglichen Berechtigten Gelegenheit, ihre Rechte geltend zu machen.

(5) Für die Zwecke dieses Artikels stellt die zuständige Behörde eines Mitgliedstaats der Ausstellungsbehörde eines anderen Mitgliedstaats auf Ersuchen die Angaben zur Verfügung, die insbesondere im Grundbuch, in Personenstandsregistern und in Registern enthalten sind, in denen Urkunden oder Tatsachen erfasst werden, die für die Rechtsnachfolge von Todes wegen oder den ehelichen Güterstand oder einen vergleichbaren Güterstand des Erblassers erheblich sind, sofern die zuständige Behörde nach innerstaatlichem Recht befugt wäre, diese Angaben einer anderen inländischen Behörde zur Verfügung zu stellen.

Artikel 67 Ausstellung des Zeugnisses

(1) Die Ausstellungsbehörde stellt das Zeugnis unverzüglich nach dem in diesem Kapitel festgelegten Verfahren aus, wenn der zu bescheinigende Sachverhalt nach dem auf die Rechtsnachfolge von Todes wegen anzuwendenden Recht oder jedem anderen auf einen spezifischen Sachverhalt anzuwendenden Recht feststeht. Sie verwendet das nach dem Beratungsverfahren nach Artikel 81 Absatz 2 erstellte Formblatt.

Die Ausstellungsbehörde stellt das Zeugnis insbesondere nicht aus,

a) wenn Einwände gegen den zu bescheinigenden Sachverhalt anhängig sind oder

b) wenn das Zeugnis mit einer Entscheidung zum selben Sachverhalt nicht vereinbar wäre.

(2) Die Ausstellungsbehörde unternimmt alle erforderlichen Schritte, um die Berechtigten von der Ausstellung des Zeugnisses zu unterrichten.

Artikel 68 Inhalt des Nachlasszeugnisses

Das Zeugnis enthält folgende Angaben, soweit dies für die Zwecke, zu denen es ausgestellt wird, erforderlich ist:

a) die Bezeichnung und die Anschrift der Ausstellungsbehörde;

b) das Aktenzeichen;

c) die Umstände, aus denen die Ausstellungsbehörde ihre Zuständigkeit für die Ausstellung des Zeugnisses herleitet;

d) das Ausstellungsdatum;

e) Angaben zum Antragsteller: Name (gegebenenfalls Geburtsname), Vorname(n), Geschlecht, Geburtsdatum und -ort, Personenstand, Staatsangehörigkeit, Identifikationsnummer (sofern vorhanden), Anschrift und etwaiges Verwandtschafts- oder Schwägerschaftsverhältnis zum Erblasser;

f) Angaben zum Erblasser: Name (gegebenenfalls Geburtsname), Vorname(n), Geschlecht, Geburtsdatum und -ort, Personenstand, Staatsangehörigkeit, Identifikationsnummer (sofern vorhanden), Anschrift im Zeitpunkt seines Todes, Todesdatum und -ort;

g) Angaben zu den Berechtigten: Name (gegebenenfalls Geburtsname), Vorname(n) und Identifikationsnummer (sofern vorhanden);

h) Angaben zu einem vom Erblasser geschlossenen Ehevertrag oder, sofern zutreffend, einem vom Erblasser geschlossenen Vertrag im Zusammenhang mit einem Verhältnis, das nach dem auf dieses Verhältnis anwendbaren Recht mit der Ehe vergleichbare Wirkungen entfaltet, und Angaben zum ehelichen Güterstand oder einem vergleichbaren Güterstand;

i) das auf die Rechtsnachfolge von Todes wegen anzuwendende Recht sowie die Umstände, auf deren Grundlage das anzuwendende Recht bestimmt wurde;

j) Angaben darüber, ob für die Rechtsnachfolge von Todes wegen die gewillkürte oder die gesetzliche Erbfolge gilt, einschließlich Angaben zu den Umständen, aus denen sich die Rechte und/oder Befugnisse der Erben, Vermächtnisnehmer, Testamentsvollstrecker oder Nachlassverwalter herleiten;

k) sofern zutreffend, in Bezug auf jeden Berechtigten Angaben über die Art der Annahme oder der Ausschlagung der Erbschaft;

l) den Erbteil jedes Erben und gegebenenfalls das Verzeichnis der Rechte und/oder Vermögenswerte, die einem bestimmten Erben zustehen;

m) das Verzeichnis der Rechte und/oder Vermögenswerte, die einem bestimmten Vermächtnisnehmer zustehen;

n) die Beschränkungen ihrer Rechte, denen die Erben und gegebenenfalls die Vermächtnisnehmer nach dem auf die Rechtsnachfolge von Todes wegen anzuwendenden Recht und/oder nach Maßgabe der Verfügung von Todes wegen unterliegen;

o) die Befugnisse des Testamentsvollstreckers und/oder des Nachlassverwalters und die Beschränkungen dieser Befugnisse nach dem auf die Rechtsnachfolge von Todes wegen anzuwendenden Recht und/oder nach Maßgabe der Verfügung von Todes wegen.

Artikel 69 Wirkungen des Zeugnisses

(1) Das Zeugnis entfaltet seine Wirkungen in allen Mitgliedstaaten, ohne dass es eines besonderen Verfahrens bedarf.

(2) Es wird vermutet, dass das Zeugnis die Sachverhalte, die nach dem auf die Rechtsnachfolge von Todes wegen anzuwendenden Recht oder einem anderen auf spezifische Sachverhalte anzuwendenden Recht festgestellt wurden, zutreffend ausweist. Es wird vermutet, dass die Person, die im Zeugnis als Erbe, Vermächtnisnehmer, Testamentsvollstrecker oder Nachlassverwalter genannt ist, die in dem Zeugnis genannte Rechtsstellung und/oder die in dem Zeugnis aufgeführten Rechte oder Befugnisse hat und dass diese Rechte oder Befugnisse keinen anderen als den im Zeugnis aufgeführten Bedingungen und/oder Beschränkungen unterliegen.

(3) Wer auf der Grundlage der in dem Zeugnis enthaltenen Angaben einer Person Zahlungen leistet oder Vermögenswerte übergibt, die in dem Zeugnis als zur Entgegennahme derselben berechtigt bezeichnet wird, gilt als Person, die an einen zur Entgegennahme der Zahlungen oder Vermögenswerte Berechtigten geleistet hat, es sei denn, er wusste, dass das Zeugnis inhaltlich unrichtig ist, oder ihm war dies infolge grober Fahrlässigkeit nicht bekannt.

(4) Verfügt eine Person, die in dem Zeugnis als zur Verfügung über Nachlassvermögen berechtigt bezeichnet wird, über Nachlassvermögen zugunsten eines anderen, so gilt dieser andere, falls er auf der Grundlage der in dem Zeugnis enthaltenen Angaben handelt, als Person, die von einem zur Verfügung über das betreffende Vermögen Berechtigten erworben hat, es sei denn, er wusste, dass das Zeugnis inhaltlich unrichtig ist, oder ihm war dies infolge grober Fahrlässigkeit nicht bekannt.

(5) Das Zeugnis stellt ein wirksames Schriftstück für die Eintragung des Nachlassvermögens in das einschlägige Register eines Mitgliedstaats dar, unbeschadet des Artikels 1 Absatz 2 Buchstaben k und l.

Artikel 70 Beglaubigte Abschriften des Zeugnisses

(1) Die Ausstellungsbehörde bewahrt die Urschrift des Zeugnisses auf und stellt dem Antragsteller und jeder anderen Person, die ein berechtigtes Interesse nachweist, eine oder mehrere beglaubigte Abschriften aus.

(2) Die Ausstellungsbehörde führt für die Zwecke des Artikels 71 Absatz 3 und des Artikels 73 Absatz 2 ein Verzeichnis der Personen, denen beglaubigte Abschriften nach Absatz 1 ausgestellt wurden.

(3) Die beglaubigten Abschriften sind für einen begrenzten Zeitraum von sechs Monaten gültig, der in der beglaubigten Abschrift jeweils durch ein Ablaufdatum angegeben wird. In ordnungsgemäß begründeten Ausnahmefällen kann die Ausstellungsbehörde abweichend davon eine längere Gültigkeitsfrist beschließen. Nach Ablauf dieses Zeitraums muss jede Person, die sich im Besitz einer beglaubigten Abschrift befindet, bei der Ausstellungsbehörde eine Verlängerung der Gültigkeitsfrist der beglaubigten Abschrift oder eine neue beglaubigte Abschrift beantragen, um das Zeugnis zu den in Artikel 63 angegebenen Zwecken verwenden zu können.

Artikel 71 Berichtigung, Änderung oder Widerruf des Zeugnisses

(1) Die Ausstellungsbehörde berichtigt das Zeugnis im Falle eines Schreibfehlers auf Verlangen jedweder Person, die ein berechtigtes Interesse nachweist, oder von Amts wegen.

(2) Die Ausstellungsbehörde ändert oder widerruft das Zeugnis auf Verlangen jedweder Person, die ein berechtigtes Interesse nachweist, oder, soweit dies nach innerstaatlichem Recht möglich ist, von Amts wegen, wenn feststeht, dass das Zeugnis oder einzelne Teile des Zeugnisses inhaltlich unrichtig sind.

(3) Die Ausstellungsbehörde unterrichtet unverzüglich alle Personen, denen beglaubigte Abschriften des Zeugnisses gemäß Artikel 70 Absatz 1 ausgestellt wurden, über eine Berichtigung, eine Änderung oder einen Widerruf des Zeugnisses.

Artikel 72 Rechtsbehelfe

(1) Entscheidungen, die die Ausstellungsbehörde nach Artikel 67 getroffen hat, können von einer Person, die berechtigt ist, ein Zeugnis zu beantragen, angefochten werden.

Entscheidungen, die die Ausstellungsbehörde nach Artikel 71 und Artikel 73 Absatz 1 Buchstabe a getroffen hat, können von einer Person, die ein berechtigtes Interesse nachweist, angefochten werden.

Der Rechtsbehelf ist bei einem Gericht des Mitgliedstaats der Ausstellungsbehörde nach dem Recht dieses Staates einzulegen.

(2) Führt eine Anfechtungsklage nach Absatz 1 zu der Feststellung, dass das ausgestellte Zeugnis nicht den Tatsachen entspricht, so ändert die zuständige Behörde das Zeugnis oder widerruft es oder sorgt dafür, dass die Ausstellungsbehörde das Zeugnis berichtigt, ändert oder widerruft.

Führt eine Anfechtungsklage nach Absatz 1 zu der Feststellung, dass die Versagung der Ausstellung nicht gerechtfertigt war, so stellen die zuständigen Justizbehören das Zeugnis aus oder stellen sicher, dass die Ausstellungsbehörde den Fall erneut prüft und eine neue Entscheidung trifft.

Artikel 73 Aussetzung der Wirkungen des Zeugnisses

(1) Die Wirkungen des Zeugnisses können ausgesetzt werden

a) von der Ausstellungsbehörde auf Verlangen einer Person, die ein berechtigtes Interesse nachweist, bis zur Änderung oder zum Widerruf des Zeugnisses nach Artikel 71 oder

b) von dem Rechtsmittelgericht auf Antrag einer Person, die berechtigt ist, eine von der Ausstellungsbehörde nach Artikel 72 getroffene Entscheidung anzufechten, während der Anhängigkeit des Rechtsbehelfs.

(2) Die Ausstellungsbehörde oder gegebenenfalls das Rechtsmittelgericht unterrichtet unverzüglich alle Personen, denen beglaubigte Abschriften des Zeugnisses nach Artikel 70 Absatz 1 ausgestellt worden sind, über eine Aussetzung der Wirkungen des Zeugnisses.

Während der Aussetzung der Wirkungen des Zeugnisses dürfen keine weiteren beglaubigten Abschriften des Zeugnisses ausgestellt werden.

Kapitel VII Allgemeine und Schlussbestimmungen

Artikel 74 Legalisation oder ähnliche Förmlichkeiten

Im Rahmen dieser Verordnung bedarf es hinsichtlich Urkunden, die in einem Mitgliedstaat ausgestellt werden, weder der Legalisation noch einer ähnlichen Förmlichkeit.

Artikel 75 Verhältnis zu bestehenden internationalen Übereinkommen

(1) Diese Verordnung lässt die Anwendung internationaler Übereinkommen unberührt, denen ein oder mehrere Mitgliedstaaten zum Zeitpunkt der Annahme dieser Verordnung angehören und die Bereiche betreffen, die in dieser Verordnung geregelt sind.

Insbesondere wenden die Mitgliedstaaten, die Vertragsparteien des Haager Übereinkommens vom 5. Oktober 1961 über das auf die Form letztwilliger Verfügungen anzuwendende Recht sind, in Bezug auf die Formgültigkeit von Testamenten und gemeinschaftlichen Testamenten anstelle des Artikels 27 dieser Verordnung weiterhin die Bestimmungen dieses Übereinkommens an.

(2) Ungeachtet des Absatzes 1 hat diese Verordnung jedoch im Verhältnis zwischen den Mitgliedstaaten Vorrang vor ausschließlich zwischen zwei oder mehreren von ihnen geschlossenen Übereinkünften, soweit diese Bereiche betreffen, die in dieser Verordnung geregelt sind.

(3) Diese Verordnung steht der Anwendung des Übereinkommens vom 19. November 1934 zwischen Dänemark, Finnland, Island, Norwegen und Schweden mit Bestimmungen des Internationalen Privatrechts über Rechtsnachfolge von Todes wegen, Testamente und Nachlassverwaltung in der geänderten Fassung der zwischenstaatlichen Vereinbarung zwischen diesen Staaten vom 1. Juni 2012 durch die ihm angehörenden Mitgliedstaaten nicht entgegen, soweit dieses Übereinkommen Folgendes vorsieht:

a) Vorschriften über die verfahrensrechtlichen Aspekte der Nachlassverwaltung im Sinne der in dem Übereinkommen enthaltenen Begriffsbestimmung und die diesbezügliche Unterstützung durch die Behörden der dem Übereinkommen angehörenden Staaten und

b) vereinfachte und beschleunigte Verfahren für die Anerkennung und Vollstreckung von Entscheidungen in Erbsachen.

Artikel 76 Verhältnis zur Verordnung (EG) Nr. 1346/2000 des Rates

Diese Verordnung lässt die Anwendung der Verordnung (EG) Nr. 1346/2000 des Rates vom 29. Mai 2000 über Insolvenzverfahren[1] unberührt.

Artikel 77 Informationen für die Öffentlichkeit

Die Mitgliedstaaten übermitteln der Kommission eine kurze Zusammenfassung ihrer innerstaatlichen erbrechtlichen Vorschriften und Verfahren, einschließlich Informationen zu der Art von Behörde, die für Erbsachen zuständig ist, sowie zu der Art von Behörde, die für die Entgegennahme von Erklärungen über die Annahme oder die Ausschlagung der Erbschaft, eines Ver-

---

1 ABl. L 160 v. 30.6.2000, S. 1.

mächtnisses oder eines Pflichtteils zuständig ist, damit die betreffenden Informationen der Öffentlichkeit im Rahmen des Europäischen Justiziellen Netzes für Zivil- und Handelssachen zur Verfügung gestellt werden können.

Die Mitgliedstaaten stellen auch Merkblätter bereit, in denen alle Urkunden und/oder Angaben aufgeführt sind, die für die Eintragung einer in ihrem Hoheitsgebiet belegenen unbeweglichen Sache im Regelfall erforderlich sind.

Die Mitgliedstaaten halten die Informationen stets auf dem neuesten Stand.

Artikel 78 Informationen zu Kontaktdaten und Verfahren

(1) Die Mitgliedstaaten teilen der Kommission bis zum 16. November 2014 mit:

a) die Namen und Kontaktdaten der für Anträge auf Vollstreckbarerklärung gemäß Artikel 45 Absatz 1 und für Rechtsbehelfe gegen Entscheidungen über derartige Anträge gemäß Artikel 50 Absatz 2 zuständigen Gerichte oder Behörden;

b) die in Artikel 51 genannten Rechtsbehelfe gegen die Entscheidung über den Rechtsbehelf;

c) die einschlägigen Informationen zu den Behörden, die für die Ausstellung des Zeugnisses nach Artikel 64 zuständig sind, und

d) die in Artikel 72 genannten Rechtsbehelfe.

Die Mitgliedstaaten unterrichten die Kommission über spätere Änderungen dieser Informationen.

(2) Die Kommission veröffentlicht die nach Absatz 1 übermittelten Informationen im *Amtsblatt der Europäischen Union*, mit Ausnahme der Anschriften und sonstigen Kontaktdaten der unter Absatz 1 Buchstabe a genannten Gerichte und Behörden.

(3) Die Kommission stellt der Öffentlichkeit alle nach Absatz 1 übermittelten Informationen auf andere geeignete Weise, insbesondere über das Europäische Justizielle Netz für Zivil- und Handelssachen, zur Verfügung.

Artikel 79 Erstellung und spätere Änderung der Liste der in Artikel 3 Absatz 2 vorgesehenen Informationen

(1) Die Kommission erstellt anhand der Mitteilungen der Mitgliedstaaten die Liste der in Artikel 3 Absatz 2 genannten sonstigen Behörden und Angehörigen von Rechtsberufen.

(2) Die Mitgliedstaaten teilen der Kommission spätere Änderungen der in dieser Liste enthaltenen Angaben mit. Die Kommission ändert die Liste entsprechend.

(3) Die Kommission veröffentlicht die Liste und etwaige spätere Änderungen im *Amtsblatt der Europäischen Union*.

(4) Die Kommission stellt der Öffentlichkeit alle nach den Absätzen 1 und 2 mitgeteilten Informationen auf andere geeignete Weise, insbesondere über das Europäische Justizielle Netz für Zivil- und Handelssachen, zur Verfügung.

Artikel 80 Erstellung und spätere Änderung der Bescheinigungen und der Formblätter nach den Artikeln 46, 59, 60, 61, 65 und 67

Die Kommission erlässt Durchführungsrechtsakte zur Erstellung und späteren Änderung der Bescheinigungen und der Formblätter nach den Artikeln 46, 59, 60, 61, 65 und 67. Diese Durchführungsrechtsakte werden nach dem in Artikel 81 Absatz 2 genannten Beratungsverfahren angenommen.

Artikel 81 Ausschussverfahren

(1) Die Kommission wird von einem Ausschuss unterstützt. Dieser Ausschuss ist ein Ausschuss im Sinne der Verordnung (EU) Nr. 182/2011.

(2) Wird auf diesen Absatz Bezug genommen, so gilt Artikel 4 der Verordnung (EU) Nr. 182/2011.

Artikel 82 Überprüfung

Die Kommission legt dem Europäischen Parlament, dem Rat und dem Europäischen Wirtschafts- und Sozialausschuss bis 18. August 2025 einen Bericht über die Anwendung dieser Verordnung vor, der auch eine Evaluierung der etwaigen praktischen Probleme enthält, die in Bezug auf die parallele außergerichtliche Beilegung von Erbstreitigkeiten in verschiedenen Mitgliedstaaten oder eine außergerichtliche Beilegung in einem Mitgliedstaat parallel zu einem gerichtlichen Vergleich in einem anderen Mitgliedstaat aufgetreten sind. Dem Bericht werden gegebenenfalls Änderungsvorschläge beigefügt.

Artikel 83 Übergangsbestimmungen

(1) Diese Verordnung findet auf die Rechtsnachfolge von Personen Anwendung, die am 17. August 2015 oder danach verstorben sind.

(2) Hatte der Erblasser das auf seine Rechtsnachfolge von Todes wegen anzuwendende Recht vor dem 17. August 2015 gewählt, so ist diese Rechtswahl wirksam, wenn sie die Voraussetzungen des Kapitels III erfüllt oder wenn sie nach den zum Zeitpunkt der Rechtswahl geltenden Vorschriften des Internationalen Privatrechts in dem Staat, in dem der Erblasser seinen gewöhnlichen Aufenthalt hatte, oder in einem Staat, dessen Staatsangehörigkeit er besaß, wirksam ist.

(3) Eine vor dem 17. August 2015 errichtete Verfügung von Todes wegen ist zulässig sowie materiell und formell wirksam, wenn sie die Voraussetzungen des Kapitels III erfüllt oder wenn sie nach den zum Zeitpunkt der Errichtung der Verfügung geltenden Vorschriften des Internationalen Privatrechts in dem Staat, in dem der Erblasser seinen gewöhnlichen Aufenthalt hatte, oder in einem Staat, dessen Staatsangehörigkeit er besaß, oder in dem Mitgliedstaat, dessen Behörde mit der Erbsache befasst ist, zulässig sowie materiell und formell wirksam ist.

(4) Wurde eine Verfügung von Todes wegen vor dem 17. August 2015 nach dem Recht errichtet, welches der Erblasser gemäß dieser Verordnung hätte wählen können, so gilt dieses Recht als das auf die Rechtsfolge von Todes wegen anzuwendende gewählte Recht.

Artikel 84 Inkrafttreten

Diese Verordnung tritt am zwanzigsten Tag nach ihrer Veröffentlichung im *Amtsblatt der Europäischen Union* in Kraft.

Sie gilt ab dem 17. August 2015, mit Ausnahme der Artikel 77 und 78, die ab dem 16. November 2014 gelten, und der Artikel 79, 80 und 81, die ab dem 5. Juli 2012 gelten.

Diese Verordnung ist in allen ihren Teilen verbindlich und gilt gemäß den Verträgen unmittelbar in den Mitgliedstaaten.

344 Besondere örtliche Zuständigkeit

(1) Für die besondere amtliche Verwahrung von Testamenten ist zuständig,
1. wenn das Testament vor einem Notar errichtet ist, das Gericht, in dessen Bezirk der Notar seinen Amtssitz hat;
2. wenn das Testament vor dem Bürgermeister einer Gemeinde errichtet ist, das Gericht, zu dessen Bezirk die Gemeinde gehört;
3. wenn das Testament nach § 2247 des Bürgerlichen Gesetzbuchs errichtet ist, jedes Gericht.

Der Erblasser kann jederzeit die Verwahrung bei einem nach Satz 1 örtlich nicht zuständigen Gericht verlangen.

(2) Die erneute besondere amtliche Verwahrung eines gemeinschaftli1chen Testaments nach § 349 Abs. 2 Satz 2 erfolgt bei dem für den Nachlass des Erstverstorbenen zuständigen Gericht, es sei denn, dass der überlebende Ehegatte oder Lebenspartner die Verwahrung bei einem anderen Amtsgericht verlangt.

(3) Die Absätze 1 und 2 gelten entsprechend für die besondere amtliche Verwahrung von Erbverträgen.

(4) Für die Sicherung des Nachlasses ist jedes Gericht zuständig, in dessen Bezirk das Bedürfnis für die Sicherung besteht.

(4a) Für die Auseinandersetzung eines Nachlasses ist jeder Notar zuständig, der seinen Amtssitz im Bezirk des Amtsgerichts hat, in dem der Erblasser seinen letzten Wohnsitz hatte. Hatte der Erblasser keinen Wohnsitz im Inland, ist jeder Notar zuständig, der seinen Amtssitz im Bezirk eines Amtsgerichts hat, in dem sich Nachlassgegenstände befinden. Von mehreren örtlich zuständigen Notaren ist derjenige zur Vermittlung berufen, bei dem zuerst ein auf Auseinandersetzung gerichteter Antrag eingeht. Vereinbarungen der an der Auseinandersetzung Beteiligten bleiben unberührt.

(5) Für die Auseinandersetzung des Gesamtguts einer Gütergemeinschaft ist, falls ein Anteil an dem Gesamtgut zu einem Nachlass gehört, der Notar zuständig, der für die Auseinandersetzung über den Nachlass zuständig ist. Im Übrigen ist jeder Notar zuständig, der seinen Amtssitz im Bezirk des nach § 122 Nummer 1 bis 5 zuständigen Gerichts hat. Ist danach keine Zuständigkeit gegeben, ist jeder Notar zuständig, der seinen Amtssitz im Bezirk eines Amtsgerichts hat, in dem sich Gegenstände befinden, die zum Gesamtgut gehören. Absatz 4a Satz 3 und 4 gilt entsprechend.

(6) Hat ein anderes Gericht als das nach § 343 zuständige Gericht eine Verfügung von Todes wegen in amtlicher Verwahrung, ist dieses Gericht für die Eröffnung der Verfügung zuständig.

(7) Für die Entgegennahme einer Erklärung, mit der die Erbschaft ausgeschlagen (§ 1945 Abs. 1 des Bürgerlichen Gesetzbuchs) oder die Ausschlagung angefochten (§ 1955 des Bürgerlichen Gesetzbuchs) wird, ist auch das Nachlassgericht zuständig, in dessen Bezirk der Ausschlagende oder Anfechtende seinen Wohnsitz hat. Die Niederschrift über die Erklärung ist von diesem Gericht an das zuständige Nachlassgericht zu übersenden.

A. Überblick	
I. Entstehung	1
II. Systematik	8
III. Normzweck	11
B. Inhalt der Vorschrift	
I. Zuständigkeit	12
II. Besondere amtliche Verwahrung von Testamenten (Absatz 1)	
1. Allgemeines	13
2. Notarielles Testament	20
3. Nottestament vor Bürgermeister	23
4. Eigenhändiges Testament	25
5. Sonstige Nottestamente	26
6. Konsulartestamente	29
7. Besonderes Erblasserverlangen	32
8. Form von Erklärungen und Anträgen	33b
III. Besondere amtliche Weiterverwahrung eines gemeinschaftlichen Testaments (Absatz 2)	
1. Weiterverwahrung	
a) Regelzuständigkeit	34
b) Abweichendes Verlangen des Längstlebenden	38
2. Erstmalige besondere amtliche Verwahrung auf Veranlassung des Längstlebenden	38b
IV. Besondere amtliche Verwahrung eines Erbvertrags (Absatz 3)	39
V. Nachlasssicherung (Absatz 4)	
1. Allgemeine Zuständigkeit	41
2. Besondere Zuständigkeit	42
3. Sonderzuständigkeiten	49
4. Abwesenheitspfleger	53
5. Ausländischer Erblasser	54
6. Funktionelle Zuständigkeit	55a
7. Geschäftsverteilung	55b
VI. Auseinandersetzung eines Nachlasses (Absatz 4a) und Gesamtgutsauseinandersetzung bei einer Gütergemeinschaft (Absatz 5)	
1. Zuständigkeitsverlagerung auf Notare	55c
2. Auseinandersetzung eines Nachlasses (Absatz 4a)	55d
3. Gesamtgutsauseinandersetzung bei einer Gütergemeinschaft (Absatz 5)	56
VII. Eröffnung durch das vom Nachlassgericht verschiedene Verwahrgericht (Absatz 6)	
1. Amtlich verwahrte Verfügungen von Todes wegen	61
2. Besondere Zuständigkeit	62
3. Weiteres Verfahren	63
4. Ausländischer Erblasser	63a
VIII. Entgegennahmezuständigkeit bei Erbausschlagung (Absatz 7)	
1. Allgemeines	64
2. Betroffene Erklärungen	66
3. Gerichtliche Aufgaben	68
4. Übersendungspflicht	70
5. Zuständigkeit	
a) Örtlich	72
b) Funktionell	74
c) International	
aa) Rechtslage bis zum 16.8.2015	75
bb) Rechtslage ab dem 17.8.2015	78a
d) Geschäftsverteilung	78b
6. Nachlassspaltung	79
7. Entgegennahme durch ein unzuständiges Gericht	81
8. Ersuchtes Gericht	84
9. Gesetzliche Vertretung	
a) Genehmigungsbedürftigkeit	85
b) Erfordernis eines Kontrollvertreters	88
IX. Übergangsrecht	89

A. Überblick

I. Entstehung

1   Abs. 1 **entspricht** den Regelungen des früheren § 73 Abs. 4 und 5 FGG über die örtliche Zuständigkeit für die besondere amtliche Verwahrung von Testamenten, der seinerseits erst durch das PStRG[1] mit Wirkung zum 1.1.2009 unter Übernahme des

---

[1] BGBl. I 2007, S. 122.

Inhalts aus § 2258a Abs. 2 und 3 BGB entstanden ist. Die früher in § 2258a Abs. 1 BGB diesbezüglich normierte sachliche Zuständigkeit wurde durch das PStRG zum 1.1. 2009 unter Hinweis auf § 72 FGG aufgehoben[1] und durch das FGG-RG zum 1.9.2009 erstmals über § 342 Abs. 1 Nr. 1 ausdrücklich als Nachlasssache (s. dazu § 343 Rz. 130) in § 23a Abs. 1 Nr. 2 iVm. Abs. 2 Nr. 2 GVG geregelt.

Abs. 2 wurde **neu** geschaffen, um die früher unter Geltung des FGG noch unklare Rechtslage für die örtliche Zuständigkeit bei Weiterverwahrung eines gemeinschaftlichen Testaments nach dem Tod des Erstverstorbenen zu entscheiden. 2

Abs. 3 **entspricht** der Regelung des früheren § 82b Abs. 1 Satz 1 FGG über die diesbezügliche Anwendung der Vorschriften für Testamente auf Erbverträge, der seinerseits erst durch das PStRG mit Wirkung zum 1.1.2009 unter Übernahme des entsprechenden Inhalts aus § 2300 Abs. 1 BGB entstanden ist. 3

Abs. 4 hat den Regelungsgehalt der früheren Vorschrift des § 74 Satz 1 FGG hinsichtlich der örtlichen Zuständigkeit zur Sicherung des Nachlasses **übernommen**. Die früher in § 74 Satz 2 FGG geregelte Mitteilungspflicht ist nunmehr in § 356 Abs. 2 enthalten. 4

Abs. 4a ist durch das Gesetz zur Übertragung von Aufgaben im Bereich der freiwilligen Gerichtsbarkeit auf Notare vom 26.6.2013[2] neu eingefügt worden und regelt in Anknüpfung an die ebenfalls neue Verlagerung der sachlichen Zuständigkeit für ab 1.9.2013 beantragte Auseinandersetzungen in **Teilungssachen** iSd. § 342 Abs. 2 Nr. 1 von den Amtsgerichten auf Notare die diesbezügliche besondere örtliche Zuständigkeit der **Notare**, wobei noch eine Restzuständigkeit des Gerichts nach § 492 Abs. 1 Satz 5 bzw. Abs. 2 für die Ausführung der durch den Notar bewilligten öffentlichen Zustellung bzw. die Entscheidung über die Erinnerung gegen Entscheidungen des Notars verbleibt. 4a

Abs. 5 entspricht für **bis einschließlich 31.8.2013** beantragte Auseinandersetzungen dem Inhalt des früheren § 99 Abs. 2 FGG für die Auseinandersetzung einer Gütergemeinschaft, wenn ein Anteil an dem Gesamtgut zu einem Nachlass gehört. Hinsichtlich der örtlichen Zuständigkeit für die Auseinandersetzung im Übrigen wird auf die Regelung des § 122 verwiesen, die den früheren § 45 FGG ersetzt hat. Für **ab 1.9. 2013** beantragte diesbezügliche Auseinandersetzungen regelt Abs. 5 nunmehr (s. Rz. 4a) die diesbezügliche besondere örtliche Zuständigkeit der **Notare**. 5

Abs. 6 hat die Regelung des früheren § 2261 Satz 1 BGB über die Eröffnungszuständigkeit des vom Nachlassgericht verschiedenen Verwahrgerichts für sämtliche dort verwahrten Verfügungen von Todes wegen **übernommen**, somit auch für den Erbvertrag. 6

Abs. 7 wurde **neu** geschaffen, um bisher bestehende Unsicherheiten hinsichtlich Zuständigkeit und Fristwahrung bei Erbausschlagungen bzw. damit zusammenhängenden Erklärungen vor dem vom allgemein zuständigen Nachlassgericht verschiedenen Gericht am Wohnsitz des Ausschlagenden auszuschließen. 7

II. Systematik

Die Vorschrift statuiert eine **besondere**, neben § 343 bestehende örtliche Zuständigkeit für bestimmte Nachlass- und Teilungssachen. Dies sind die besondere amtliche Verwahrung einer Verfügung von Todes wegen, deren Eröffnung durch ein von dem nach § 343 zuständigen Gericht verschiedenes Verwahrgericht, die Sicherung des Nachlasses, die Auseinandersetzung des Gesamtguts einer Gütergemeinschaft 8

---

[1] Dazu wegen des ursprünglichen Charakters als gerichtliche Maßnahme zu Lebzeiten des künftigen Erblassers einerseits und mangels ausdrücklicher gesetzlicher Benennung als Nachlasssache andererseits für die Übergangsphase v. 1.1. bis 31.8.2009 kritisch *Fröhler*, BWNotZ 2008, 183 (184 f.).

[2] BGBl. I 2013, S. 1800. Zur Gesetzesbegründung s. Gesetzentwurf des Bundesrates, BT-Drucks. 17/1469, S. 12 ff. bzw. Beschlussempfehlung und Bericht des Rechtsausschusses, BT-Drucks. 17/13136, S. 28 ff.

bei Zugehörigkeit eines Anteils an dem Gesamtgut zu einem Nachlass und die Entgegennahme einer Erbausschlagung bzw. damit zusammenhängender Erklärungen.

9   Dabei werden die in Abs. 1 und 2 enthaltenen Zuständigkeitsregelungen für die besondere amtliche Verwahrung von Testamenten und damit auch von gemeinschaftlichen Testamenten bzw. die besondere amtliche Weiterverwahrung eines gemeinschaftlichen Testaments nach dem Tod des Erstverstorbenen durch Abs. 3 für **Erbverträge** entsprechend für anwendbar erklärt.

10 Nach Abs. 1 Satz 2 bzw. Abs. 2 hat die Verwahrzuständigkeit ausdrücklich **keinen ausschließlichen Charakter**. In Abs. 5 wird zwischen Nachlasszugehörigkeit eines Gesamtgutsanteils mit der Folge der Anwendbarkeit des § 343 und sonstigen Auseinandersetzungen eines Gesamtsguts einer Gütergemeinschaft mit der Zuständigkeit nach § 122 unterschieden. Abs. 6 setzt die Zuständigkeit eines nach der allgemeinen Regelung des § 343 örtlich unzuständigen Gerichts voraus. Die Zuständigkeit nach Abs. 7 ergänzt die allgemeine Zuständigkeit nach § 343.

III. Normzweck

11 Die Vorschrift bezweckt durch besondere örtliche Zuständigkeiten abweichend von der allgemeinen örtlichen Zuständigkeit nach § 343 eine größere **Sachnähe** (Abs. 1, 4, 5 und 6), die **Vermeidung von Verlustgefahren** aus andernfalls vielfach notwendiger Versendung der Nachlassakten samt Testamentsurschriften (Abs. 2) bzw. die **Beseitigung von Unsicherheiten** hinsichtlich Zuständigkeit und Fristwahrung bei Erbausschlagungen bzw. damit zusammenhängenden Erklärungen (Abs. 7).

B. Inhalt der Vorschrift

I. Zuständigkeit

12 Zur sachlichen Zuständigkeit, insbesondere der **Amtsgerichte** bzw. in Baden-Württemberg der staatlichen Notariate als Nachlassgericht, für die insoweit zusätzlich § 46 Abs. 3 bad-württ. LFGG zu beachten ist, s. § 343 Rz. 129 ff.; zur neuen sachlichen Zuständigkeit der **Notare** für ab 1.9.2013 beantragte Auseinandersetzungen in **Teilungssachen** iSd. § 342 Abs. 2 Nr. 1 s. § 343 Rz. 129 iVm. Rz. 141b; zur funktionellen Zuständigkeit s. § 343 Rz. 142 ff.; zur Ableitung der internationalen aus der örtlichen Zuständigkeit s. § 343 Rz. 152 f. bzw. aus der EuErbVO s. § 343 Rz. 154 ff. Zur besonderen örtlichen Zuständigkeit sogleich unter Rz. 13 ff., zur allgemeinen örtlichen Zuständigkeit s. § 343 Rz. 8 ff., zur gerichtsinternen Geschäftsverteilung s. § 343 Rz. 192a ff.

II. Besondere amtliche Verwahrung von Testamenten (Absatz 1)

1. Allgemeines

13 Die Vorschrift regelt die örtliche Zuständigkeit für eine besondere amtliche Verwahrung von Testamenten nach § 346. Hierunter ist eine besonders qualifizierte strenge Verwahrung in einem **verschlossenen Umschlag** zu verstehen, durch die insbesondere ein Schutz vor äußeren Einwirkungen auf die Urkundensubstanz und vor Bekanntwerden des Inhalts gegenüber dazu nicht berechtigten Personen gewährleistet wird.[1]

14 Davon abzugrenzen ist die **gewöhnliche amtliche Aktenverwahrung**, bei der die Verfügung offen und unverschlossen bei den Gerichtsakten verbleibt, bspw. nach § 27 Abs. 11 iVm. § 28 Abs. 4a AktO[2] eine an das Nachlassgericht gem. § 2259 BGB abgelieferte Verfügung von Todes wegen bis zur Eröffnung bzw. ein an das Nachlassgericht gem. § 2259 BGB abgeliefertes gemeinschaftliches Testament nach der Eröffnung.

---

[1] Mot V 296; KG v. 25.4.2007 – Az. ist n.v., OLGR 16, 53 (54).
[2] Abgedruckt in der in Bayern geltenden Fassung v. 16.12.1998 bei Firsching/*Graf*, Anh. 4.

§ 27 Abs. 11 AktO lautet:

(11) Nach Eintritt des Erbfalls richtet sich die (weitere) geschäftliche Behandlung der Verfügungen von Todes wegen nach § 28 Abs. 4a bis 4d.

§ 28 Abs. 4a AktO (im Verordnungstext förmlich noch nicht angepasste inhaltliche Änderungen durch das FGG-RG sind kursiv durch Klammerzusatz dargestellt) lautet:

(4a) Die Vorgänge über die in besondere amtliche Verwahrung genommen Verfügungen von Todes wegen sind nach Eintritt des Erbfalls bei dem Nachlassgericht (aber nicht bei dem die Verfügung von Todes wegen nur verwahrenden Gericht – §§ 2261, 2300 BGB *[jetzt §§ 344 Abs. 6, 350 FamFG]* –) als Nachlassakten unter VI weiterzuführen. Die nach dem Tode des Erblassers an das Nachlassgericht abgelieferten Verfügungen von Todes wegen (§§ 2259, 2300 BGB) werden nicht in die besondere amtliche Verwahrung gebracht, sondern von der Geschäftsstelle zu den auf den Erbfall sich beziehenden Nachlassakten (VI) genommen oder, wenn Nachlassakten noch nicht angelegt sind, in das Erbrechtsregister unter VI eingetragen und bis zur Eröffnung bei den Nachlassakten aufbewahrt. Ein abgeliefertes gemeinschaftliches Testament verbleibt auch nach der Eröffnung bei diesen Akten, wenn der Überlebende nicht die besondere amtliche Verwahrung beantragt. Dasselbe gilt für Erbverträge, die nicht in die besondere amtliche Verwahrung genommen waren.

Die besondere amtliche Verwahrung von Testamenten galt zunächst nicht als Nachlassangelegenheit, da sie faktisch eine gerichtliche Maßnahme zu Lebzeiten des künftigen Erblassers verkörpert und gesetzessystematisch – jeweils vor Inkrafttreten des PStRG zum 1.1.2009 in § 2258a Abs. 1 BGB als notwendige Ergänzung zu § 72 FGG im Rahmen der sachlichen Zuständigkeit und innerhalb der §§ 3 Nr. 2 Buchst. c und 16 Abs. 1 RPflG als separater Regelungsgegenstand für die funktionelle Zuständigkeit – gesondert neben den den Nachlassgerichten obliegenden Verrichtungen aufgeführt wurde.[1] Indem die besondere amtliche Verwahrung durch das PStRG in den Katalog der besonderen örtlichen Zuständigkeit für Nachlass- und Teilungssachen nach § 73 Abs. 4 und 5 FGG aufgenommen und zugleich als separater Regelungsgegenstand innerhalb der funktionellen Zuständigkeit aus den §§ 3 Nr. 2 Buchst. c und 16 Abs. 1 RPflG ersatzlos gestrichen wurde, ordnete sie der Gesetzgeber den Nachlasssachen wenigstens mittelbar zu.[2] Erst mit Inkrafttreten des FamFG zum 1.9.2009 wurde die besondere amtliche Verwahrung von Verfügungen von Todes wegen durch § 342 Abs. 1 Nr. 1 ausdrücklich als **Nachlasssache** definiert. 15

Als Testament gelten dabei nicht nur Einzeltestamente, sondern **auch gemeinschaftliche Testamente** iSd. § 2265 BGB und § 10 Abs. 4 Satz 1 LPartG. Zur örtlichen Zuständigkeit für Erbverträge s. Rz. 39; zur örtlichen Zuständigkeit für die Weiterverwahrung gemeinschaftlicher Testamente bzw. Erbverträge s. Rz. 34 ff. und 40. 16

Eine durch ein örtlich **unzuständiges Gericht** vorgenommene besondere amtliche Verwahrung ist nach § 2 Abs. 3 gleichwohl wirksam. 17

Nach § 23a Abs. 1 Nr. 2 iVm. Abs. 2 Nr. 2 GVG iVm. § 342 Abs. 1 Nr. 1 sind grundsätzlich die Amtsgerichte **sachlich** zuständig. Dazu und zu den landesrechtlichen Ausnahmen s. § 343 Rz. 129 ff., für Baden-Württemberg s. zusätzlich die Übergangsregelung nach § 46 Abs. 3 bad.-württ. LFGG. 18

Nach § 3 Nr. 2 Buchst. c RPflG ist der **Rechtspfleger** funktionell zuständig, soweit nicht über § 36b Abs. 1 Satz 1 Nr. 1 RPflG nach Landesrecht eine diesbezügliche Aufgabenübertragung an den Urkundsbeamten der Geschäftsstelle erfolgt ist (s. dazu § 343 Rz. 142). 19

2. Notarielles Testament

Die notarielle Testamentserrichtung erfolgt nach § 2232 BGB **zur Niederschrift** des Notars, indem der Erblasser dem Notar seinen letzten Willen erklärt oder ihm 20

---

1 MüKo.BGB/*Hagena*, 4. Aufl., § 2258a aF BGB Rz. 5; speziell zur daher nicht eröffneten örtlichen Zuständigkeit nach der damaligen Regelung des § 73 FGG OLG Hamburg v. 20.2.1985 – 2 W 5/85, Rpfleger 1985, 194 und Staudinger/*Baumann*, Neubearb. 2003, § 2258a aF BGB Rz. 5.
2 *Fröhler*, BWNotZ 2008, 183 (184 f.).

21 Nach § 34 Abs. 1 Satz 4 BeurkG muss – der Wortlaut „soll" stellt lediglich klar, dass die Erfüllung dieser Pflicht für das Testament keine Wirksamkeitsvoraussetzung ist[1] – der Notar die **unverzügliche Verbringung** eines derartigen Einzel- oder gemeinschaftlichen Testaments in die besondere amtliche Verwahrung veranlassen. Gegenteilige Anweisungen des Erblassers sind unbeachtlich.[2] Eine Ausnahme gilt jedoch im Fall eines Widerrufs vor Ablieferung des Testaments.[3]

§ 34 BeurkG lautet:

(1) Die Niederschrift über die Errichtujng eines Testaments soll der Notar in einen Umschlag nehmen und diesen mit dem Prägesiegel verschließen. In den Umschlag sollen auch die nach §§ 30 und 32 beigefügten Schriften genommen werden. Auf dem Umschlag soll der Notar den Erblasser seiner Person nach näher bezeichnen und angeben, wann das Testament errichtet worden ist; diese Aufschrift soll der Notar unterschreiben. Der Notar soll veranlassen, dass das Testament unverzüglich in besondere amtliche Verwahrung gebracht wird.

(2) Beim Abschluss eines Erbvertrages gilt Absatz 1 entsprechend, sofern nicht die Vertragschließenden die besondere amtliche Verwahrung ausschließen; dies ist im Zweifel anzunehmen, wenn der Erbvertrag mit einem anderen Vertrag in derselben Urkunde verbunden wird.

(3) Haben die Beteiligten bei einem Erbvertrag die besondere amtliche Verwahrung ausgeschlossen, so bleibt die Urkunde in der Verwahrung des Notars.

22 Für die besondere amtliche Verwahrung ist das Amtsgericht örtlich zuständig, in dessen Bezirk der Notar seinen **Amtssitz** hat. Amtssitz ist der dem Notar nach § 10 Abs. 1 BNotO hierzu zugewiesene Ort. In Städten mit mehr als einhunderttausend Einwohnern kann dies ein bestimmter Stadtteil oder Amtsgerichtsbezirk sein. Hat der Testierende bis zu dem durch Testamentsablieferung ausgelösten Befasstwerden des Gerichts von seinem Wahlrecht nach Abs. 1 Satz 2 Gebrauch gemacht, richtet sich die örtliche Zuständigkeit nach dem Sitz des ausgewählten Gerichts, so dass das Gericht am Amtssitz des beurkundenden Notars dann als bloße Durchleitungsbehörde nicht zur Entgegennahme verpflichtet ist.[4]

3. Nottestament vor Bürgermeister

23 Für die besondere amtliche Verwahrung eines nach den §§ 2249, 2250 Abs. 1 BGB zur Niederschrift vor dem Bürgermeister einer Gemeinde errichteten (Einzel- oder nach § 2266 BGB gemeinschaftlichen) Nottestaments[5] ist das Amtsgericht örtlich zuständig, zu dessen Bezirk die **Gemeinde gehört**.

24 Nach § 2249 Abs. 1 Satz 4 BGB iVm. § 34 Abs. 1 Satz 4 BeurkG hat der Bürgermeister, der insoweit an die Stelle des Notars tritt, die **unverzügliche Verbringung** eines derartigen Testaments in die besondere amtliche Verwahrung zu veranlassen (s. Rz. 21).

4. Eigenhändiges Testament

25 Für die besondere amtliche Verwahrung eines durch eigenhändig ge- und unterschriebene Erklärung des (jeweiligen) Erblassers nach § 2247 BGB bzw. § 2267 BGB errichteten Einzel- bzw. gemeinschaftlichen Testaments ist **jedes Amtsgericht** örtlich zuständig. Sie erfolgt nach § 2248 BGB nur auf Verlangen des Erblassers bzw. beider Erblasser.[6]

---

1 BGH v. 14.8.1989 – NotZ 14/88, DNotZ 1990, 436.
2 BGH v. 14.8.1989 – NotZ 14/88, DNotZ 1990, 436 (437).
3 *Winkler*, § 34 BeurkG Rz. 9.
4 OLG Brandenburg v. 19.6.2007 – 3 Wx 4/07, NJW-RR 2008, 390 (391 f.).
5 Zu den diesbezüglichen Voraussetzungen mit Musterformulierungen Wurm/Wagner/Zartmann/*Fröhler*, Kap. 81 Rz. 56f. und M. 81.7.
6 MüKo.BGB/*Hagena*, 4. Aufl., § 2258a aF BGB Rz. 3.

5. Sonstige Nottestamente

Als weitere Nottestamente kommen das **Dreizeugennottestament** nach § 2250 BGB und das **Nottestament auf See** nach § 2251 BGB in Betracht. Sie haben im Gegensatz zum Bürgermeistertestament jedoch keinen öffentlichen, sondern einen privaten Charakter. 26

Aus diesem Grund findet § 34 Abs. 1 Satz 4 BeurkG keine Anwendung. Eine Verwahrung erfolgt analog § 2248 BGB **nur auf Verlangen** des Erblassers.[1] Auch sie können nach § 2266 BGB als gemeinschaftliches Testament errichtet werden. 27

Analog Abs. 2 Nr. 3 ist **jedes Amtsgericht** für die besondere amtliche Verwahrung örtlich zuständig.[2] 28

6. Konsulartestamente

Nach § 10 Abs. 2 KonsG stehen die vor einem Konsularbeamten aufgenommenen Urkunden[3] den von einem inländischen Notar aufgenommenen Urkunden gleich. Testamente gelten damit als **öffentlich**. 29

§ 10 KonsG[4] lautet:

(1) Die Konsularbeamten sind befugt, über Tatsachen und Vorgänge, die sie in Ausübung ihres Amts wahrgenommen haben, Niederschriften oder Vermerke aufzunehmen, insbesondere
1. vor ihnen abgegebene Willenserklärungen und Versicherungen an Eides statt zu beurkunden,
2. Unterschriften, Handzeichen sowie Abschriften zu beglaubigen oder sonstige einfache Zeugnisse (zB Lebensbescheinigungen) auszustellen.

(2) Die von einem Konsularbeamten aufgenommenen Urkunden stehen den von einem inländischen Notar aufgenommenen gleich.

(3) Für das Verfahren bei der Beurkundung gelten die Vorschriften des Beurkundungsgesetzes vom 28. August 1969 (Bundesgesetzbl. I S. 1513) mit folgenden Abweichungen:
1. Urkunden können auf Verlangen auch in einer anderen als der deutschen Sprache errichtet werden.
2. Dolmetscher brauchen nicht vereidigt zu werden.
3. Die Abschrift einer nicht beglaubigten Abschrift soll nicht beglaubigt werden.
4. Die Urschrift einer Niederschrift soll den Beteiligten ausgehändigt werden, wenn nicht einer von ihnen amtliche Verwahrung verlangt. In diesem Fall soll die Urschrift dem Amtsgericht Schöneberg in Berlin zur amtlichen Verwahrung übersandt werden. Hat sich einer der Beteiligten der Zwangsvollstreckung unterworfen, so soll die Urschrift der Niederschrift dem Gläubiger ausgehändigt werden, wenn die Beteiligten keine anderweitige Bestimmung getroffen haben und auch keiner von ihnen amtliche Verwahrung verlangt hat.
5. Solange die Urschrift nicht ausgehändigt oder an das Amtsgericht abgesandt ist, sind die Konsularbeamten befugt, Ausfertigungen zu erteilen. Vollstreckbare Ausfertigungen können nur von dem Amtsgericht erteilt werden, das die Urschrift verwahrt.

§ 11 KonsG[5] lautet:

(1) Testamente und Erbverträge sollen die Konsularbeamten nur beurkunden, wenn die Erblasser Deutsche sind. Die §§ 2232, 2233 und 2276 des Bürgerlichen Gesetzbuchs sind entsprechend anzuwenden.

(2) Für die besondere amtliche Verwahrung (§§ 34, 34a des Beurkundungsgesetzes, § 342 Abs. 1 Nr. 1 des Gesetzes über das Verfahren in Familiensachen und in den Angelegenheiten der freiwilligen Gerichtsbarkeit) ist das Amtsgericht Schöneberg in Berlin zuständig. Der Erblasser kann jederzeit die Verwahrung bei einem anderen Amtsgericht verlangen.

---

[1] Reimann/Bengel/Mayer/*Voit*, § 2258a aF BGB Rz. 3; Horndasch/Viefhues/*Heinemann*, § 344 FamFG Rz. 13.
[2] MüKo.BGB/*Hagena*, 4. Aufl., § 2258a aF BGB Rz. 2; Horndasch/Viefhues/*Heinemann*, § 344 FamFG Rz. 12; im Ergebnis ebenso Keidel/*Zimmermann*, § 344 FamFG Rz. 6.
[3] S. dazu im Allgemeinen *Geimer*, DNotZ 1978, 3 ff.
[4] In der Fassung v. 19.2.2007, BGBl. I 2007, S. 122, zuletzt geändert am 17.12.2008, BGBl. I 2008, S. 2586.
[5] In der Fassung v. 19.2.2007, BGBl. I 2007, S. 122, zuletzt geändert am 17.12.2008, BGBl. I 2008, S. 2586.

(3) Stirbt der Erblasser, bevor das Testament oder der Erbvertrag an das Amtsgericht abgesandt ist, oder wird eine solche Verfügung nach dem Tode des Erblassers beim Konsularbeamten abgeliefert, so kann dieser die Eröffnung vornehmen. § 348 Abs. 1 und 2 sowie die §§ 349 und 350 des Gesetzes über das Verfahren in Familiensachen und in den Angelegenheiten der freiwilligen Gerichtsbarkeit sind entsprechend anzuwenden.

30 Gem. § 11 Abs. 2 KonsG iVm. § 34 Abs. 1 Satz 4 BeurkG hat der Konsularbeamte die **unverzügliche Verbringung** eines derartigen Testaments in die besondere amtliche Verwahrung zu veranlassen (s. Rz. 21).[1] Insbesondere findet die Ausnahmeregelung nach § 10 Abs. 3 Nr. 4 KonsG, wonach die Urschrift der Urkunde den Beteiligten abweichend von den Regelungen des BeurkG ausgehändigt werden soll, wenn nicht einer von ihnen amtliche Verwahrung verlangt, keine Anwendung, da für Testamente die besondere amtliche Verwahrung anstelle der dort geregelten einfachen amtlichen Verwahrung vorgeschrieben ist.[2] Erbverträge, deren besondere amtliche Verwahrung ausgeschlossen wird, verbleiben im Hinblick auf die Mitteilungspflichten nach § 347 Abs. 3 (in der Fassung bis 31.12.2011) bzw. § 34a Abs. 1 BeurkG (in der Fassung ab 1.1.2012) iVm. § 10 Abs. 3 KonsG in der einfachen Aktenverwahrung des Konsularbeamten.[3] Dieser sollte die Parteien jedoch über die Risiken für den Urkundenbestand in der Auslandsvertretung im Falle von Unruhen bzw. Übergriffen im Gastland[4] und die Möglichkeit der sicheren besonderen amtlichen Verwahrung beim Amtsgericht Schöneberg belehren.

31 Die Zuständigkeitsregelung nach Abs. 1 findet auf derartige Testamente keine Anwendung. Örtlich zuständig ist nach § 11 Abs. 2 Satz 1 KonsG dann vielmehr das **Amtsgericht Schöneberg** in Berlin. Der Erblasser kann nach § 11 Abs. 2 Satz 2 KonsG jederzeit die Verwahrung bei einem anderen Amtsgericht verlangen.

7. Besonderes Erblasserverlangen

32 Der Erblasser kann nach Abs. 1 Satz 2 die Verwahrung bei einem nach Abs. 1 Satz 1 örtlich nicht zuständigen Gericht **jederzeit** formfrei (s. dazu Rz. 34) und ohne Begründung verlangen, somit auch nach bereits bei einem **anderen Gericht** erfolgter besonderer amtlicher Verwahrung[5] und dies nicht nur einmalig, sondern **beliebig oft**, etwa bei einem mehrfachen Wohnsitzwechsel. Dies gilt für alle Testamentsformen, nach § 11 Abs. 2 Satz 2 KonsG auch bezüglich eines vor einem Konsularbeamten errichteten Testaments.

32a Zur Vermeidung mehrfacher **Eröffnungsgebühren** iSd. Nr. 12101 KV GNotKG kann es sich empfehlen, insbesondere nach einem Wohnsitzwechsel mehrere einzelne sich ergänzende Verfügungen von Todes wegen bei demselben Gericht verwahren zu lassen, da die Gebühr bei gleichzeitiger Eröffnung nach Anm. zu Nr. 12101 KV GNotKG nur einmal erhoben wird[6] und selbst durch einen Gerichtswechsel keine Gebühren oder Auslagen ausgelöst werden.[7]

33 Solange beide Erblasser leben, können sie hinsichtlich eines gemeinschaftlichen Testaments die Verwahrung bei einem anderen Gericht nur **gemeinsam** verlangen.[8]

---

1 Staudinger/*Baumann*, Neubearb. 2003, § 2258a aF BGB Rz. 10; Palandt/*Weidlich*, § 2231 BGB Rz. 3; Soergel/*Mayer*, § 2258a aF BGB Rz. 3; Reimann/Bengel/Mayer/*Voit*, § 2258a aF BGB Rz. 3 iVm. § 2231 BGB Rz. 10; Horndasch/Viefhues/*Heinemann*, § 344 FamFG Rz. 4; aA MüKo.BGB/ *Hagena*, 4. Aufl., § 2258a aF BGB Rz. 10.
2 *Winkler*, § 34 BeurkG Rz. 10.
3 Palandt/*Edenhofer*, 50. Aufl. 1991, § 34 BeurkG Rz. 9; aA Huhn/v. Schuckmann/*Armbrüster*, § 34 BeurkG Rz. 25: Aushändigung an Beteiligte oder auf Verlangen eines Beteiligten Übersendung an Amtsgericht Schöneberg zur einfachen amtlichen Verwahrung.
4 Dazu *Bindseil*, DNotZ 1993, 5 (15 f.).
5 Ebenso Bumiller/*Harders*, § 344 Rz. 6; Horndasch/Viefhues/*Heinemann*, § 344 FamFG Rz. 15; Bahrenfuss/*Schaal*, § 344 FamFG Rz. 6; *Schaal*, notar 2010, 393 (394); Staudinger/*Baumann*, Neubearb. 2003, § 2258a aF BGB Rz. 13; aA MüKo.ZPO/*Mayer*, § 344 FamFG Rz. 3: der Natur der Sache nach trotz des Wortlauts „jederzeit" nur bis zum Abschluss der Verwahrung.
6 *Schaal*, notar 2010, 393 (394) zu § 103 Abs. 2 KostO.
7 Keidel/*Zimmermann*, § 344 FamFG Rz. 8.
8 Ebenso Horndasch/Viefhues/*Heinemann*, § 344 FamFG Rz. 15.

Zur örtlichen Zuständigkeit nach dem Tod des Erstversterbenden gem. Abs. 2 s. Rz. 34 ff.; zum erstmaligen Verlangen der besonderen amtlichen Verwahrung eines eigenhändigen gemeinschaftlichen Testaments nach dem Tod des Erstversterbenden durch den Längstlebenden s. Rz. 38b.

Die Verwahrung bei einem iSd. Abs. 1 Satz 2 anderen Gericht kann **wahlweise** bei dem Gericht, dessen Verwahrung begehrt wird, oder bei dem bisherigen Verwahrungsgericht verlangt werden.[1]

33a

8. Form von Erklärungen und Anträgen

Nach § 25 Abs. 1 **können** Erklärungen und Anträge schriftlich oder zur Niederschrift der Geschäftsstelle abgegeben werden. Die Vorschrift dient der Erleichterung des Umgangs nicht anwaltlich vertretener Beteiligter mit dem Gericht. Daneben besteht die Möglichkeit einer elektronischen Übermittlung iSd. § 14 für den Fall, dass die Gerichtsakten nach § 14 Abs. 1 elektronisch geführt werden. § 25 statuiert jedoch, wie der Wortlaut „können" zeigt, keinerlei Formvorgaben, sondern lässt auch eine schriftliche bzw. per Telefax erfolgende Erklärung jeweils ohne Unterschrift und zumindest in Ausnahmefällen sogar eine mündliche Übermittlung genügen, solange nicht anderweitig wie bspw. für die Beschwerde nach § 58 eine besondere Form vorgeschrieben ist und die Identität des Erklärenden feststeht.[2]

33b

III. Besondere amtliche Weiterverwahrung eines gemeinschaftlichen Testaments (Absatz 2)

1. Weiterverwahrung

a) Regelzuständigkeit

Abs. 2 regelt **erstmals** die örtliche Zuständigkeit für eine nach § 349 Abs. 2 Satz 2 erforderliche Weiterverwahrung eines bereits zuvor besonders amtlich verwahrten gemeinschaftlichen Testaments nach dem Tod des Erstverstorbenen. Für die Weiterverwahrung besteht jedoch nach § 349 Abs. 3 nur dann ein Erfordernis, wenn das gemeinschaftliche Testament nicht ausschließlich Anordnungen enthält, die sich wie die alleinige gegenseitige Erbeinsetzung auf den Erbfall des Erstverstorbenen beziehen. Nach Eröffnung iSd. §§ 348, 349 (s. dazu § 348 Rz. 12 ff. und § 349 Rz. 10 ff.) ist bei einem in besonderer amtlicher Verwahrung gewesenen gemeinschaftlichen Testament gem. § 349 Abs. 2 Satz 1 zunächst von den Verfügungen des erstverstorbenen Ehegatten bzw. eingetragenen gleichgeschlechtlichen Lebenspartners eine beglaubigte Abschrift anzufertigen und offen bei den Akten des Erstverstorbenen zu belassen (s. § 349 Rz. 27), um das gemeinschaftliche Testament sodann nach § 349 Abs. 2 Satz 2 wieder zu verschließen und bei dem nach § 344 Abs. 2 Halbs. 1 zuständigen Gericht erneut in die besondere amtliche Verwahrung zurückzubringen.

34

Vor Inkrafttreten dieser Regelung zum 1.9.2009 war die Zuständigkeit für die damals noch von § 2273 Abs. 2 Satz 2 BGB angeordnete Weiterverwahrung zwischen den Obergerichten **umstritten**. Auf der einen Seite wurde unter Berufung insbesondere auf den Wortlaut des früheren § 2273 Abs. 2 Satz 2 BGB, die Nichterwähnung eines Zuständigkeitswechsels in den früheren Regelungen nach § 2258a Abs. 2 BGB bzw. ab 1.1.2009 § 73 Abs. 4 FGG[3] und die Maßgeblichkeit des Bestimmungsrechts des Erblassers aus den früheren Regelungen nach § 2258a Abs. 3 BGB bzw. ab 1.1. 2009 § 73 Abs. 5 FGG[4] die Fortdauer der Zuständigkeit des für die bisherige Verwahrung nach dem früheren § 2258a BGB zuständigen Gerichts vertreten.[5] Die Gegen-

35

---

1 Bahrenfuss/Schaal, § 344 FamFG Rz. 6.
2 Keidel/Sternal, § 23 FamFG Rz. 19; Bumiller/Harders, § 344 FamFG Rz. 6; Prütting/Helms/Ahn-Roth, § 23 FamFG Rz. 10 u. § 25 FamFG Rz. 13; aA Bumiller/Harders, § 25 FamFG Rz. 5; Schaal, notar 2010, 393 (394).
3 BGBl. I 2007, S. 122, 140.
4 BGBl. I 2007, S. 122, 140.
5 BayObLG v. 22.10.1994 – 1 Z AR 76/94, Rpfleger 1995, 300; OLG Saarbrücken v. 21.7.1988 – 5 W 122/88, Rpfleger 1988, 484; OLG Stuttgart Rpfleger v. 24.3.1988 – 8 AR 28/87, 1988, 189 (190);

ansicht hielt das für den Tod des erstverstorbenen Partners zuständige Nachlassgericht analog dem früheren § 2261 Satz 2 BGB aus Gründen der Praktikabilität zur Vermeidung einer andernfalls erforderlichen Versendung der Nachlassakten auch zur Weiterverwahrung für örtlich zuständig.[1]

36 Nach der amtlichen **Begründung** zum ursprünglichen Gesetzentwurf ist für die örtliche Weiterverwahrungszuständigkeit des für den Nachlass des Erstverstorbenen zuständigen Nachlassgerichts iSd. Abs. 2 insbesondere dessen häufig engerer Bezug zum familiären Umfeld des Längstlebenden und die Vermeidung einer andernfalls unumgänglichen Aktenversendung samt damit verbundener Gefahr eines Verlusts beweiserheblicher Testamentsurschriften maßgebend.[2]

37 Die örtliche Zuständigkeit nach Abs. 2 Halbs. 1 ist nur auf diejenigen gemeinschaftlichen Testamente anwendbar, die sich **bereits zuvor in besonderer** amtlicher Verwahrung befunden haben. Zuvor nicht besonders amtlich verwahrte gemeinschaftliche Testamente, die gem. § 2259 BGB abgeliefert werden, verbleiben nach Eröffnung auf den Tod des Erstverstorbenen gem. § 27 Abs. 11 iVm. § 28 Abs. 4a AktO[3] (Text s. Rz. 14) in einfacher Aktenverwahrung bei den diesbezüglichen Nachlassakten, solange nicht der Längstlebende in nunmehr alleiniger Berechtigung nach § 2248 BGB unabhängig von § 344 Abs. 2 doch noch erstmals die besondere amtliche Verwahrung beantragt (s. dazu Rz. 39 f.).[4]

b) Abweichendes Verlangen des Längstlebenden

38 Der Längstlebende kann nach Abs. 2 Halbs. 2 abweichend von Halbs. 1 über die frühere Regelung des § 2258a BGB[5] hinaus die erneute besondere amtliche Verwahrung bei einem **anderen** Amtsgericht verlangen. Obwohl insoweit anders als nach Abs. 1 Satz 2 der ausdrückliche Zusatz „jederzeit" fehlt, ist auch hier eine besondere amtliche Verwahrung bei einem anderen Gericht selbst nach Ausführung der Weiterverwahrung bei dem für den Nachlass des Erstversterbenden zuständigen Gericht möglich,[6] da Abs. 2 Halbs. 2 nach der Gesetzessystematik lediglich die Option eines abweichenden Verwahrungsverlangens aus Abs. 1 Satz 2 auch im Weiterverwahrungsfall nach Abs. 2 Halbs. 1 eröffnen, diese dabei jedoch nicht anderweitig einschränken soll. Ohne die Regelung nach Abs. 2 Halbs. 2 wäre die ebenfalls für gemeinschaftliche Testamente geltende Regelung des Abs. 1 Satz 2 im Weiterverwahrungsfall nicht anwendbar, da das dortige Tatbestandsmerkmal „der Erblasser" das Verlangen beider testierenden Partner voraussetzt, während nach dem Tod des Erstverstorbenen ausschließlich der Längstlebende den anderen Verwahrungsgerichtsort für das gesamte gemeinschaftliche Testament, wenn auch der Sache nach primär für seine eigenen Verfügungen, begehrt. Durch Abs. 2 Halbs. 2 wird daher der Regelungsgehalt des Abs. 1 Satz 2 mittelbar anwendbar. Zudem ist kein sachlicher Grund für eine strengere Behandlung gegenüber den Fällen der anderweitigen Anordnung durch alle Testierenden aus Abs. 1 Satz 2, des sofortigen Verlangens eines anderen Weiterverwahrungsgerichtsorts nach Abs. 2 Halbs. 2 durch den Längstlebenden noch vor der

---

OLG Oldenburg v. 12.9.1986 – 5 AR 17/86, NJW-RR 1987, 265; KG v. 31.3.1981 – 1 AR 18/81, Rpfleger 1981, 304; OLG Köln v. 21.1.1975 – 2 W 88/74, Rpfleger 1975, 248 (249); Palandt/*Edenhofer*, 68. Aufl., § 2273 aF BGB Rz. 5.

1 OLG Zweibrücken v. 29.11.2007 – 2 AR 39/07, FGPrax 2008, 118; OLG Frankfurt v. 11.11.1994 – 20 W 534/94, NJW-RR 1995, 460 (461); OLG Hamm v. 26.3.1990 – 15 Sbd. 2/90, FamRZ 1990, 1161; OLG Karlsruhe v. 22.10.1987 – 5 AR 12/87, BWNotZ 1989, 63; OLG Celle v. 11.10.1978 – 10 Gen 4/78, Rpfleger 1979, 24; Staudinger/*Baumann*, Neubearb. 2003, § 2261 aF BGB Rz. 16; MüKo.BGB/*Hagena*, 4. Aufl., § 2261 aF BGB Rz. 15.

2 Begr. zum GesetzE der BReg. zu § 344 Abs. 2, BT-Drucks. 16/6308, S. 278.

3 Abgedruckt in der in Bayern geltenden Fassung v. 16.12.1998 bei Firsching/*Graf*, Anh. 4.

4 KG v. 2.4.1902 – 1 J 261/02 und 379/02, KGJ 24, B 5 (11); Palandt/*Edenhofer*, 68. Aufl., § 2273 aF BGB Rz. 6; Staudinger/*Kanzleiter*, Neubearb. 2006, § 2273 aF BGB Rz. 17; Erman/*Schmidt*, 12. Aufl., § 2273 aF BGB Rz. 4.

5 Dazu Staudinger/*Baumann*, Neubearb. 2003, § 2258a aF BGB Rz. 13.

6 Keidel/*Zimmermann*, § 344 FamFG Rz. 11; *Schaal*, notar 2010, 393 (395); aA Bumiller/*Harders*, § 344 FamFG Rz. 9.

Weiterverwahrung oder des erstmaligen Antrags auf besondere amtliche Verwahrung durch den Längstlebenden (s. Rz. 38b) ersichtlich und dürfte insoweit mangels eines ansonsten zu erwarten gewesenen ausdrücklichen Hinweises in der Begründung zum Gesetzentwurf für § 344 von einem Redaktionsversehen auszugehen sein.

Daraus folgt weiter, dass der Längstlebende die Weiterverwahrung nicht nur einmalig,[1] sondern **beliebig oft** bei einem jeweils anderen als dem für den Nachlass des Erstversterbenden zuständigen Gericht verlangen kann, etwa bei einem mehrfachen Wohnsitzwechsel. 38a

2. Erstmalige besondere amtliche Verwahrung auf Veranlassung des Längstlebenden

Für diejenigen gemeinschaftlichen Testamente, die sich vor dem Tod des Erstversterbenden nicht in besonderer amtlicher Verwahrung befunden haben, ist die örtliche Zuständigkeit nach Abs. 2 Halbs. 1 nicht eröffnet. Zuvor nicht besonders amtlich verwahrte eigenhändige gemeinschaftliche Testamente, die gem. § 2259 BGB abgeliefert werden, verbleiben vielmehr nach Eröffnung auf den Tod des Erstverstorbenen grundsätzlich gem. § 27 Abs. 11 iVm. § 28 Abs. 4a AktO[2] (Text s. Rz. 14) in einfacher Aktenverwahrung bei den diesbezüglichen Nachlassakten, solange nicht der Längstlebende in nunmehr alleiniger Berechtigung unabhängig von § 344 Abs. 2 nach § 2248 BGB doch noch erstmals nachträglich die besondere amtliche Verwahrung beantragt.[3] Dies wird durch § 344 Abs. 2 nicht ausgeschlossen und kann insbesondere zur Vermeidung einer versehentlichen Bekanntgabe von nach § 349 Abs. 1 nicht bekanntzugebenden Verfügungen bzw. einer Nichteröffnung empfehlenswert sein.[4] Eine derartige alleine durch den Längstlebenden veranlasste erstmalige besondere amtliche Verwahrung eines vor dem Tod des Erstversterbenden nicht in besonderer amtlicher Verwahrung befindlich gewesenen eigenhändigen gemeinschaftlichen Testaments kann durch den Längstlebenden anschließend lediglich dahingehend rückgängig gemacht werden, dass es in die ursprünglich vorgesehene einfache Aktenverwahrung zu den Nachlassakten des Erstverstorbenen gegeben wird. Nach § 2272 BGB ist eine Herausgabe alleine an den Längstlebenden ausgeschlossen. Eine Widerrufswirkung iSd. § 2256 Abs. 1 BGB tritt schon deshalb nicht ein, da es sich um ein eigenhändiges Testament handelt. 38b

Da die erstmalige, alleine durch den Längstlebenden veranlasste besondere amtliche Verwahrung eines eigenhändigen gemeinschaftlichen Testaments keine Weiterverwahrung iSd. Abs. 2 darstellt, sondern vielmehr der Erstverwahrung eines Einzeltestaments ähnlich ist, da sie ausschließlich vom Längstlebenden veranlasst wird und allein in dessen Interesse liegt, folgt die örtliche Zuständigkeit aus einer analogen Anwendung des Abs. 1 Satz 1 Nr. 3. Der Längstlebende kann das eigenhändige gemeinschaftliche Testament zudem analog Abs. 1 Satz 1 Nr. 3 bzw. Abs. 1 Satz 2 nach Belieben aus einer von ihm erstmals nach dem Tod des Erstverstorbenen bewirkten besonderen amtlichen Verwahrung des einen in die besondere amtliche Verwahrung eines anderen Gerichts verbringen. Wählt der Längstlebende hingegen keine erstmalige besondere amtliche Verwahrung oder hebt er eine solche wieder auf, ist das eigenhändige gemeinschaftliche Testament zwingend ohne anderweitige Wahlmöglichkeit in die einfachen Aktenverwahrung zu den diesbezüglichen Nachlassakten des für den Nachlass des Erstverstorbenen zuständigen Gerichts zu nehmen (s. Rz. 37).[5] 38c

---

1 So aber Keidel/*Zimmermann*, § 344 FamFG Rz. 11.
2 Abgedruckt in der in Bayern geltenden Fassung v. 16.12.1998 bei Firsching/*Graf*, Anh. 4.
3 KG v. 2.4.1902 – 1 J 261/02 u. 379/02, KGJ 24, B 5 (11); Palandt/*Edenhofer*, 68. Aufl., § 2273 aF BGB Rz. 6; Staudinger/*Kanzleiter*, Neubearb. 2006, § 2273 aF BGB Rz. 17; Erman/*Schmidt*, 12. Aufl., § 2273 aF BGB Rz. 4.
4 Staudinger/*Kanzleiter*, Neubearb. 2006, § 2273 aF BGB Rz. 17.
5 *Schaal*, notar 2010, 393 (395).

IV. Besondere amtliche Verwahrung eines Erbvertrags (Absatz 3)

39 Für Erbverträge gelten gem. Abs. 3 die Regelungen nach Abs. 1 und Abs. 2 über die besondere amtliche Verwahrung bzw. Weiterverwahrung von gemeinschaftlichen Testamenten **entsprechend**. Nach § 34 Abs. 2 BeurkG (Text s. Rz. 21) ist ein Erbvertrag durch den Notar nach Abschluss der Beurkundung unverzüglich in die besondere amtliche Verwahrung bei Gericht zu bringen, wenn diese nicht durch alle Beteiligten, was jedoch häufig aus Kostengründen geschieht, ausgeschlossen wird. Sobald mit dem Erbvertrag ein Rechtsgeschäft unter Lebenden (zB Vollmacht, Ehe-, Pflege-, Erbverzichts- bzw. Pflichtteilsverzichtsvertrag)[1] verbunden wird, gilt die besondere amtliche Verwahrung im Zweifel als von den Beteiligten ausgeschlossen und ist eine spätere Rückgabe des Erbvertragsteils aus der dann nach § 34 Abs. 3 BeurkG folgenden bloßen einfachen Verwahrung beim Urkundsnotar bzw. bei ausnahmsweise gleichwohl begehrter besonderer amtlicher gerichtlicher Verwahrung aus dieser nach § 2300 Abs. 2 BGB an die Vertragsschließenden nicht mehr möglich, so dass keine Widerrufswirkung iSd. §§ 2300 Abs. 2, 2256 Abs. 1 BGB eintritt und der Erbvertragsteil selbst im Falle dessen zusätzlicher Aufhebung eröffnet werden muss. Dies gilt auch für eine gleichwohl unter Aufhebung des ursprünglich erklärten besonderen amtlichen Verwahrungsverlangens[2] mögliche Rückgabe aus der besonderen amtlichen Verwahrung des Nachlassgerichts in die einfache amtliche Verwahrung des Urkundsnotars.[3] Enthält der Erbvertrag hingegen kein zusätzliches Rechtsgeschäft unter Lebenden, ist eine Rückgabe aus der Verwahrung mit Widerrufswirkung iSd. §§ 2300 Abs. 2, 2256 Abs. 1 BGB möglich, jedoch ausschließlich an alle Vertragsschließenden gemeinschaftlich, höchstpersönlich und gleichzeitig.[4]

39a Entsprechendes gilt, wenn ein Erbvertrag nicht notariell beurkundet, sondern nach § 127a BGB durch ein **Gericht** mittels Vergleichs nach den Vorschriften der ZPO protokolliert wurde.

39b Ein nach § 34 Abs. 3 BeurkG wegen **Ausschluss der besonderen amtlichen Verwahrung** durch die Beteiligten zunächst in der Verwahrung des beurkundenden Notars verbliebener und beim Tod des Erstversterbenden durch den Notar nach § 34a Abs. 3 Satz 1 BeurkG an das für den Erstversterbenden zuständige Nachlassgericht abgelieferter Erbvertrag verbleibt nach Eröffnung auf den Tod des Erstverstorbenen grundsätzlich gem. § 27 Abs. 11 iVm. § 28 Abs. 4a AktO[5] (Text s. Rz. 14) in **einfacher Aktenverwahrung bei den diesbezüglichen Nachlassakten**, solange nicht der Längstlebende doch noch erstmals nachträglich die besondere amtliche Verwahrung beantragt (s. Rz. 40c).

39c Wurde der Erbvertrag von mindestens **drei letztwillig Verfügenden** geschlossen, ist vorbehaltlich eines abweichenden Verlangens, das von allen noch lebenden letztwillig Verfügenden gleichermaßen geäußert werden muss, jeweils das für den zuletzt verstorbenen letztwillig Verfügenden zuständige Nachlassgericht für die Weiterverwahrung zuständig.[6]

40 Wird die besondere amtliche Verwahrung des Erbvertrags nicht von allen Beteiligten iSd. § 34 Abs. 2 BeurkG ausgeschlossen (Text s. Rz. 21), ist nach Abs. 3 iVm. Abs. 1 Nr. 1 das **Gericht am Amtssitz des beurkundenden Notars** zuständig, solange nicht alle Erblasser[7] nach Abs. 3 iVm. Abs. 1 Satz 2 die Verwahrung bei einem anderen Gericht verlangen.

40a Die **Weiterverwahrungs**zuständigkeit des für den Erstversterbenden zuständigen Nachlassgerichts samt abweichendem Bestimmungsrecht des Längstlebenden nach

---

1 S. dazu Wurm/Wagner/Zartmann/*Fröhler*, Kap. 86 Rz. 17f. und Kap. 89 Rz. 10.
2 MüKo.BGB/*Hagena*, 4. Aufl., § 2258b aF BGB Rz. 13.
3 KG v. 31.3.1938 – 1 Wx 117/38, JFG 17, 237 (239f.); OLG Hamm v. 21.1.1974 – 15 W 196/72, DNotZ 1974, 460 (461).
4 Reimann/Bengel/*Mayer*, § 2300 BGB Rz. 35; Palandt/*Weidlich*, § 2300 BGB Rz. 5.
5 Abgedruckt in der in Bayern geltenden Fassung v. 16.12.1998 bei Firsching/*Graf*, Anh. 4.
6 Horndasch/Viefhues/*Heinemann*, § 344 FamFG Rz. 28.
7 *Bassenge*/Roth, § 344 FamFG Rz. 3.

Abs. 3 iVm. Abs. 2 besteht bei Erbverträgen unter den Voraussetzungen des § 349 Abs. 4 und Abs. 3 auch dann, wenn längstlebender Vertragspartner nicht ein ausdrücklich in Abs. 2 genannter Ehegatte oder Lebenspartner, sondern eine **andere Person**, bspw. der Partner aus einer nichtehelichen Lebensgemeinschaft oder ein Geschwisterteil ist bzw. mehrere dieser Personen sind.[1] Zum einen findet Abs. 2 mit seiner auf die für gemeinschaftliche Testamente ausgerichteten Terminologie über Abs. 3 ausdrücklich nicht wörtlich, sondern lediglich entsprechend Anwendung und darf daher an die besonderen Gestaltungsmöglichkeiten des Erbvertragsrechts, die über Ehe und eingetragene Lebenspartnerschaft hinausgehen, angepasst werden. Zum anderen spricht die Gesetzesbegründung anders als der Gesetzeswortlaut verallgemeinernd vom „überlebenden Erblasser".[2]

Sind **mehrere Vertragspartner** vorhanden, kann das Verlangen einer Weiterverwahrung bei einem anderen Gericht nur gemeinsam von allen denjenigen gestellt werden, die in dem Erbvertrag zugleich als Erblasser verfügt haben.[3]   40b

Der Längstlebende kann einen Erbvertrag ebenso wie ein eigenhändiges gemeinschaftliches Testament nach dem Tod des Erstversterbenden **allein** erstmals in die besondere amtliche Verwahrung – und dies auch bei einem von dem Nachlassgericht des Erstversterbenden verschiedenen Verwahrgericht (s. Rz. 38c) – verbringen lassen. Dies gilt selbst dann, wenn die Erbvertragspartner nach § 34 Abs. 2 BeurkG insoweit bereits eine gemeinsame Ausschließungsentscheidung getroffen haben,[4] da diese jeder Beteiligte jederzeit[5] alleine widerrufen kann.[6]   40c

Der Längstlebende kann diese erstmalige besondere amtliche Verwahrung anschließend jedoch lediglich dahingehend **rückgängig** machen, dass die Urkunde in die ursprünglich vorgesehene einfache Aktenverwahrung zu den Nachlassakten des Erstverstorbenen zurückgegeben wird. Nach § 2300 Abs. 2 Satz 2 BGB ist eine Herausgabe allein an den Längstlebenden ausgeschlossen. Zudem tritt insoweit – ähnlich einem zusätzliche Rechtsgeschäfte unter Lebenden enthaltenden Erbvertrag (s. Rz. 39), der im Umkehrschluss zu § 2300 Abs. 2 Satz 1 iVm. § 2256 Abs. 2 BGB ausschließlich aus der besonderen amtlichen in die einfache notarielle Verwahrung des Urkundsnotars zurückgegeben werden kann[7] – keine Aufhebungswirkung iSd. §§ 2300 Abs. 2 Satz 3, 2256 Abs. 1 BGB ein (s. § 346 Rz. 29).   40d

V. Nachlasssicherung (Absatz 4)

1. Allgemeine Zuständigkeit

Nach § 1960 Abs. 1 BGB hat das **Nachlassgericht** bis zur Annahme der Erbschaft im Rahmen eines dafür bestehenden Fürsorgebedürfnisses nach pflichtgemäßem Ermessen[8] für die Sicherung des Nachlasses zu sorgen. Als typische Sicherungsmittel kommen dabei insbesondere das Anlegen von Siegeln, die amtliche Inverwahrnahme, die Sperrung von Konten, die Aufnahme eines Nachlassverzeichnisses und die Anordnung einer Nachlasspflegschaft in Betracht.[9] Die gesetzliche Aufzählung nach § 1960 Abs. 2 BGB hat ausschließlich exemplarischen Charakter und ist nicht abschließend[10] (s. zu weiteren Einzelheiten § 342 Rz. 5 ff.).   41

---

1 *Fröhler*, BWNotZ 2008, 183 (185); im Ergebnis ebenso *Schaal*, notar, 393 (395).
2 Begr. zum GesetzE der BReg. zu § 344 Abs. 2, BT-Drucks. 16/6308, S. 278.
3 *Schaal*, notar, 393 (395).
4 *Heinemann*, FamFG für Notare, Rz. 304.
5 Horndasch/Viefhues/*Heinemann*, § 344 FamFG Rz. 28; aA MüKo.ZPO/*Mayer*, § 344 FamFG Rz. 5; Bumiller/*Harders*, § 344 FamFG Rz. 9: nur bis zur Wiederverschließung.
6 *Heinemann*, FamFG für Notare, Rz. 303.
7 Palandt/*Weidlich*, § 2300 BGB Rz. 3.
8 BayObLG v. 21.11.1917 – Reg. V Nr. 23/1917, BayObLGZ 1918, 123 (129); MüKo.BGB/*Leipold*, § 1960 BGB Rz. 23; Firsching/*Graf*, Rz. 4.560.
9 Firsching/*Graf*, Rz. 4.561; Wurm/Wagner/Zartmann/*Fröhler*, Kap. 94 Rz. 6; *Fröhler*, BWNotZ 2011, 2 ff.
10 OLG Celle v. 20.9.1958 – 10 Wx 9/58, FamRZ 1959, 33 (34).

2. Besondere Zuständigkeit

42 Obwohl im Gegensatz zu Abs. 7 in Abs. 4 die Formulierung „auch" fehlt, ist neben[1] dem gem. § 343 örtlich zuständigen Nachlassgericht **jedes Amtsgericht** zur Nachlasssicherung örtlich zuständig, in dessen Bezirk ein Bedürfnis für die Sicherung besteht.

43 Ein danach zuständiges Gericht ist dann zu allen in diesem Bezirk erforderlichen Sicherungsmaßnahmen **verpflichtet**, ohne an das Nachlassgericht verweisen zu dürfen.[2]

44 Wegen der primär dem Gläubigerinteresse dienenden Ausrichtung der **Prozesspflegschaft** wird deren nach § 1961 BGB auf Gläubigerantrag ergehende Anordnung regelmäßig nicht von der Zuständigkeit nach Abs. 4 erfasst, wobei jeweils eine Einzelfallprüfung geboten ist.[3]

45 Da das Gericht am Ort des Sicherungsbedürfnisses vorbehaltlich abweichender Maßnahmen des Nachlassgerichts tätig wird,[4] darf das allgemein zuständige Nachlassgericht von sich aus eingreifen und eingeleitete Sicherungsmaßnahmen **abändern**.

46 Um die jeweilige Vorgehensweise zu koordinieren, sieht § 356 Abs. 2 eine Verpflichtung des nach Abs. 4 zuständigen Fürsorgegerichts zur **Unterrichtung** des nach § 343 zuständigen Nachlassgerichts vor.

47 Angesichts der ortsbezogenen Begrenztheit der Zuständigkeit nach Abs. 4 muss der **räumliche Wirkungskreis** eines nach § 1960 bestellten Nachlasspflegers auf den betroffenen Gerichtsbezirk beschränkt werden.[5]

48 Werden trotz der grundsätzlichen Beschränkung auf den eigenen Gerichtsbezirk ausnahmsweise mehrere nach Abs. 4 örtlich zuständige Gerichte in derselben Sache dergestalt tätig, dass ihre Sicherungsmaßnahmen nicht miteinander vereinbar sind, ist nach § 2 Abs. 1 das Gericht zuständig, das zuerst insoweit mit der Sache **befasst** (s. dazu § 2 Rz. 18 ff.) gewesen ist.[6]

3. Sonderzuständigkeiten

49 Im Rahmen der Nachlasssicherung bestehen für vorläufige Maßnahmen, bspw. zur Anlegung von Siegeln, über Art. 147 EGBGB ergänzende **landesrechtliche** Sonderzuständigkeiten der Gemeinden,[7] Gerichtsvollzieher,[8] Polizeibehörden,[9] Orts-

---

[1] *Bassenge*/Roth, § 344 FamFG Rz. 6; Keidel/*Zimmermann*, § 344 FamFG Rz. 17.
[2] Keidel/*Zimmermann*, § 344 FamFG Rz. 14.
[3] OLG Frankfurt v. 3.8.1993 – 20 W 293/93, Rpfleger 1994, 67 (keine Zuständigkeit, wenn mit dem Nachlasspfleger lediglich über eine Dienstbarkeitsbestellung verhandelt werden soll); *Zimmermann*, Das neue FamFG, Rz. 626; *Fröhler*, BWNotZ 2011, 2 (7); Keidel/*Zimmermann*, § 344 FamFG Rz. 15; ohne Einzelfallprüfung stets eine derartige Zuständigkeit verneinend OLG Hamm v. 22.1.2008 – 15 W 270/07, FGPrax 2008, 161 (162); OLG Rostock v. 15.1.1901 – Az. ist n.v., OLGR 2, 474; *Behr*, Rpfleger 2002, 2 (3); MüKo.ZPO/*Mayer*, § 344 FamFG Rz. 7; *Bassenge*/Roth, § 344 FamFG Rz. 5; aA (Zuständigkeit bestehe ohne Einzelfallprüfung stets, da auch die Prozesspflegschaft immer ausschließlich die Belange der Erben wahre und daher den Nachlass sichere) OLG Düsseldorf v. 15.12.1953 – 3 W 333/53, JMBl. NRW 1954, 83; MüKo.BGB/*Leipold*, § 1961 BGB Rz. 2; Horndasch/Viefhues/*Heinemann*, § 344 FamFG Rz. 33.
[4] Jansen/*Müller-Lukoschek*, § 74 FGG Rz. 3.
[5] *Bassenge*/Roth, § 344 FamFG Rz. 6. Zur grundsätzlichen Beschränkbarkeit des Wirkungskreises eines Nachlasspflegers zudem KG v. 13.5.1965 – 1 W 1104/65, OLGZ 1965, 259 (260).
[6] Keidel/*Zimmermann*, § 344 FamFG Rz. 16.
[7] In Baden-Württemberg nach § 40 bad-württ. LFGG, in Bayern nach Art. 36 bay. AGBGB bzw. im Saarland nach § 54 Abs. 2 AGJusG.
[8] In Brandenburg nach § 10 bbg. GerNeuOG, in Mecklenburg-Vorpommern nach § 10 meck-vorp. GOrgG bzw. in Thüringen nach § 13 thür. AGGVG.
[9] In Bremen nach § 4 brem. FGG, in Hamburg nach § 3 hamb. FGG bzw. in Rheinland-Pfalz nach § 12 rheinl-pfälz. LFGG.

gerichtsvorsteher[1] bzw. Notare[2] bzw. zur Sicherung amtlicher Schriftstücke eines verstorbenen Beamten.[3]

Beim **Tod eines Notars** bestehen nach § 51 BNotO Sonderzuständigkeiten für die Verwahrung der dienstlichen Akten sowie die Vernichtung der Siegel und Stempel. 50

Zur sachlichen Zuständigkeit von Kapitänen, Reedern bzw. Seemannsämtern beim Tod eines **Besatzungsmitglieds** s. § 343 Rz. 141. 51

Zur sachlichen Zuständigkeit deutscher Konsularbeamten beim Tod eines deutschen Staatsangehörigen **im Ausland** s. § 343 Rz. 140. 52

4. Abwesenheitspfleger

Ist lediglich der Aufenthalt eines der Person nach bekannten Erben unbekannt, ohne dass eine Unklarheit über den endgültigen Erben besteht, muss nach § 1911 BGB ein **Abwesenheitspfleger** bestellt werden. Hierfür ist jedoch anders als bei der Bestellung eines Nachlasspflegers nicht das Nachlass-, sondern nach §§ 23a Abs. 1 Nr. 2 iVm. Abs. 2 Nr. 1, 23c Abs. 1und 2 GVG, § 340 Nr. 1 das Betreuungsgericht sachlich zuständig. 53

5. Ausländischer Erblasser

Zur **internationalen** Zuständigkeit im Rahmen der Nachlasssicherung s. § 343 Rz. 180. 54

Zu **bilateralen Staatsverträgen** über Sicherungsbefugnisse ausländischer Konsularbeamter im Inland und Mitteilungspflichten beim Tod eines ausländischen Staatsangehörigen im Inland s. § 343 Rz. 181. 55

6. Funktionelle Zuständigkeit

Zur funktionellen Zuständigkeit im Rahmen der Nachlasssicherung, insbesondere der grundsätzlichen Zuständigkeit des **Rechtspflegers** nach § 3 Nr. 2 Buchst. c RPflG bzw. dem **Richtervorbehalt** für Ausnahmen nach § 16 Abs. 1 Nr. 1 iVm. § 14 Abs. 1 Nr. 5 und Nr. 10 RPflG s. § 343 Rz. 142 ff. 55a

7. Geschäftsverteilung

Zur **gerichtsinternen** Geschäftsverteilung s. § 343 Rz. 192a ff. 55b

VI. Auseinandersetzung eines Nachlasses (Absatz 4a) und Gesamtgutsauseinandersetzung bei einer Gütergemeinschaft (Absatz 5)

1. Zuständigkeitsverlagerung auf Notare

Durch Art. 1 des Gesetzes zur Übertragung von Aufgaben im Bereich der freiwilligen Gerichtsbarkeit auf Notare vom 26.6.2013[4] wurde mittels § 23a Abs. 3 nF GVG für ab 1.9.2013 beantragte Auseinandersetzungen in Teilungssachen iSd. § 342 Abs. 2 Nr. 1 die sachliche Zuständigkeit von den Amtsgerichten auf Notare verlagert. Die örtliche Zuständigkeit richtet sich für **ab 1.9.2013** beantragte Auseinandersetzungen insoweit ausschließlich nach Abs. 4a (s. Rz. 55d) bzw. Abs. 5 (s. Rz. 56), wobei noch eine Restzuständigkeit des Gerichts, in dessen Amtsgerichtsbezirk der Amtssitz des Notars liegt, nach § 492 Abs. 1 Satz 5 bzw. Abs. 2 für die Ausführung der durch den Notar bewilligten öffentlichen Zustellung bzw. die Entscheidung über die Erinnerung gegen Entscheidungen des Notars verbleibt. Für die bis einschließlich 31.8.2013 beantragten und gem. § 493 nach bisherigem Recht der sachlichen Zuständigkeit der 55c

---

1 In Hessen nach §§ 15 f. hess. OrtsgerichtsG.
2 In Rheinland-Pfalz nach § 13 rheinl-pfälz. LFGG.
3 Bspw. in Hessen nach Art. 23 hess. FGG bzw. in Niedersachsen nach Art. 12 nieders. FGG.
4 BGBl. I 2013, S. 1800. Zur Gesetzesbegründung s. Gesetzentwurf des Bundesrates, BT-Drucks. 17/1469, S. 12 ff. bzw. Beschlussempfehlung und Bericht des Rechtsausschusses, BT-Drucks. 17/13136, S. 28 ff.

Amtsgerichte unterliegenden Teilungsverfahren bleibt hingegen das nach § 343 bzw. Abs. 5 aF (s. Vorauflage Rz. 56 ff.) berufene Amtsgericht örtlich zuständig.

2. Auseinandersetzung eines Nachlasses (Absatz 4a)

55d Für ab 1.9.2013 beantragte Nachlassauseinandersetzungen ist nach Abs. 4a Satz 1 jeder Notar örtlich zuständig, der seinen Amtssitz in demjenigen Amtsgerichtsbezirk hat, in dem der Erblasser seinen **letzten Wohnsitz** hatte. Da insoweit in der Begründung des Gesetzentwurfes des Bundesrats ausdrücklich auf das Wohnsitzprinzip des § 343 Abs. 1 1. Alt. verwiesen[1] und in der Beschlussempfehlung des Bundestags auf den Gleichlauf der dem Nachlassgericht verbliebenen Restzuständigkeit nach § 492 Abs. 1 Satz 5 bzw. Abs. 2 mit derjenigen im vorangegangenen Nachlassverfahren abgestellt wird,[2] ist trotz des Wortlauts „letzten Wohnsitz" der Wohnsitz des Erblassers zur Zeit des Erbfalls maßgeblich (s. dazu § 343 Rz. 10). Aus Satz 2 sowie der Verknüpfung mit Amtsgerichtsbezirk und notariellem Amtssitz folgt zudem, dass es sich dabei um einen **inländischen** Wohnsitz handeln muss. Hatte der Erblasser bspw. bis zur Vollendung seines zweiten Lebensjahres seinen Wohnsitz in Deutschland und anschließend bis zu seinem Tod im achtzigsten Lebensjahr ununterbrochen ausschließlich im Ausland, richtet sich die örtliche Zuständigkeit mangels inländischen Wohnsitzes im Zeitpunkt des Erbfalls nach der Belegenheit von Nachlassgegenständen gem. Satz 2 und nicht kraft letzten Wohnsitzes nach Satz 1. Der notarielle Amtssitz bfindet sich an demjenigen dem Notar zugewiesenen Ort, an dem dieser nach § 10 Abs. 2 BNotO seine Geschäftsstelle zu halten hat. Zur Bestimmung des maßgeblichen Wohnsitzes s. § 343 Rz. 11 ff.

55e Fehlt ein derartiger inländischer Wohnsitz, ist nach Abs. 4a Satz 2 der notarielle Amtssitz in demjenigen Amtsgerichtsbezirk maßgebend, in dem sich **Nachlassgegenstände** befinden. Zur Ermöglichung einer umfassenden Nachlassauseinandersetzung hat die so bestimmte örtliche Zuständigkeit den gesamten Nachlass und damit nicht nur die im maßgeblichen Amtsgerichtsbezirk, sondern auch alle übrigen in anderen Amtsgerichtsbezirken befindlichen Nachlassgegenstände zu erfassen. Ähnlich der Regelung des § 343 Abs. 3 (s. § 343 Rz. 80) muss auch zur Begründung der örtlichen Zuständigkeit nach Satz 2 die Belegenheit lediglich eines einzigen Nachlassgegenstandes ausreichend sein. Im Gegensatz zu § 343 wird jedoch weder zwischen deutschen und ausländischen Erblassern unterschieden noch bei Fehlen eines Wohnsitzes iSv. Satz 1 auf den Aufenthalt des Erblassers zum Zeitpunkt des Erbfalls abgestellt.[3] Zur Bestimmung der Belegenheit von Nachlassgegenständen s. § 343 Rz. 80 ff.

55f Unter allen vorrangig nach Satz 1, hilfsweise nach Satz 2 jeweils zuständigen Notaren mit Amtssitz im maßgebenden Amtsgerichtsbezirk ist nach Satz 3 gem. dem **Prioritätsprinzip** derjenige Notar konkret alleine für die gesamte Nachlassauseinandersetzung örtlich zuständig, bei dem zuerst ein auf Auseinandersetzungsvermittlung gerichteter Antrag eingeht.[4] Erhält ein durch einen weiteren späteren Antrag mit der Auseinandersetzung betrauter und damit unzuständiger Notar von einem früheren Antrag in derselben Nachlasssache an einen zuständigen Notar Kenntnis, hat er sich nach § 492 Abs. 1 Satz 1 iVm. § 3 Abs. 1 für unzuständig zu erklären und das Verfahren an den zuständigen Notar zu **verweisen**[5] bzw. bei anderweitiger Unzuständigkeit ohne Zuständigkeit eines anderen Notars den Antrag **zurückzuweisen**.[6]

55g Nach Satz 4 können sich alle an der Auseinandersetzung Beteiligten auf die konkrete Zuständigkeit eines anderen Notars **einigen**, wobei dieser Notar nach der Gesamtsystematik des Abs. 4a und aufgrund der aus der notariellen Zuständigkeit nach § 492 Abs. 1 Satz 5 bzw. Abs. 2 folgenden gerichtlichen Restzuständigkeit für die Aus-

---

1 BT-Drucks. 17/1469, S. 20 zu Nr. 1 (§ 344) Buchst. a (Abs. 4a).
2 BT-Drucks. 17/13136, S. 30 zu Nr. 2 – neu – (Änderung von § 344 FamFG).
3 BT-Drucks. 17/1469, S. 20 f. zu Nr. 1 (§ 344) Buchst. a (Abs. 4a).
4 BT-Drucks. 17/1469, S. 21 zu Nr. 1 (§ 344) Buchst. a (Abs. 4a).
5 BT-Drucks. 17/13136, S. 30 zu Nr. 2 -neu- (Änderung von § 344 FamFG).
6 BT-Drucks. 17/1469, S. 21 zu Nr. 1 (§ 344) Buchst. a (Abs. 4a).

führung der durch den Notar bewilligten öffentlichen Zustellung bzw. die Entscheidung über die Erinnerung gegen Entscheidungen des Notars aus dem Kreis der jeweils vorrangig nach Satz 1 bzw. hilfsweise nach Satz 2 zuständigen Notare stammen muss. Daher kann durch Vereinbarung nach Satz 4 lediglich das durch die Antragstellung ebenfalls vom Beteiligtenverhalten abhängende Prioritätsprinzip aus Satz 3 außer Kraft gesetzt werden, nicht jedoch die örtliche amtsgerichtsbezirksbezogene Ausgangszuständigkeit.

3. Gesamtgutsauseinandersetzung bei einer Gütergemeinschaft (Absatz 5)

56 Für eine ab 1.9.2013 beantragte Auseinandersetzung des Gesamtguts einer Gütergemeinschaft, von dem ein **Anteil zu einem Nachlass gehört**, ist nach Abs. 5 Satz 1 der gem. Abs. 4a für die Auseinandersetzung des betroffenen Nachlasses zuständige **Notar** örtlich zuständig (s. dazu Rz. 55d ff.). Trotz dieser identischen jeweiligen örtlichen Zuständigkeit des Notars für die Nachlassauseinandersetzungen nach Abs. 4a einerseits und die Gesamtsgutsauseinandersetzung der Gütergemeinschaft mit Nachlassbezug nach Abs. 5 iVm. Abs. 4a anderseits handelt es sich – ebenso wie für bis 31.8.2013 eingeleitete nachlassgerichtliche Verfahren nach § 343 bzw. § 344 Abs. 5 iVm. § 343 – um zwei gänzlich selbständige Verfahren, die dogmatisch streng voneinander zu trennen sind.[1] Gleichwohl ist eine Verbindung beider Verfahren vor demselben Notar zulässig.

56a Für Gesamtgut einer Gütergemeinschaft **ohne Nachlassbezug** ist nach Satz 2 jeder Notar zuständig, der seinen Amtssitz im Bezirk des nach § 122 Nr. 1 bis 5 zuständigen Gerichts hat (s. dazu § 122 Rz. 200 ff.). Ersatzweise ist nach Satz 3 und 4 jeder Notar zuständig, der seinen Amtssitz im Bezirk eines Amtsgerichts hat, in dem sich zum Gesamtgut gehörende Gegenstände befinden, wobei Abs. 4a Satz 3 und 4 entsprechend gelten (s. dazu Rz. 55 ff.).

56b Die jeweilige Regelung setzt eine allgemeine oder fortgesetzte Gütergemeinschaft voraus, die nur dann entsteht, wenn sie durch die Eheleute bzw. eingetragenen Lebenspartner zuvor durch entsprechenden notariell beurkundeten Ehevertrag nach § 1408 BGB bzw. Lebenspartnerschaftsvertrag gem. § 7 LPartG formgerecht **vereinbart** wurde. Zu den verschiedenen Beendigungstatbeständen s. § 373 Rz. 8 ff.

57 Hierbei handelt es sich ebenso wie bei der o.g. Nachlassauseinandersetzung um eine **Teilungssache** iSd. § 342 Abs. 2 Nr. 1.[2]

58 Das **Verfahren** richtet sich gem. § 373 nach den §§ 363 ff.

59 Gegenstand der Auseinandersetzung der Gütergemeinschaft ist ausschließlich das **Gesamtgut** nach den §§ 1416, 1415 BGB bzw. § 7 LPartG, sonstiges Vermögen hingegen selbst dann nicht, wenn es gemeinsam mit dem Gesamtgut auseinandergesetzt würde.[3] Ebenfalls erfasst ist auch der Erlös eines nach § 180 ZVG versteigerten Grundstücks.[4]

60 Für die Auseinandersetzung gelten die **materiell-rechtlichen** Regelungen der §§ 1471 bis 1481 BGB.

VII. Eröffnung durch das vom Nachlassgericht verschiedene Verwahrgericht (Absatz 6)

1. Amtlich verwahrte Verfügungen von Todes wegen

61 Abs. 6 betrifft die örtliche Eröffnungszuständigkeit für in amtlicher Verwahrung befindliche Verfügungen von Todes wegen, somit Einzeltestamente, gemeinschaft-

---

1 OLG Hamm v. 18.2.1966 – 15 W 154/65, DNotZ 1966, 744 (746) zur früheren nachlassgerichtlichen Zuständigkeit.
2 Bahrenfuss/*Schaal*, § 344 FamFG Rz. 18.
3 Keidel/*Zimmermann*, § 344 FamFG Rz. 26.
4 BayObLG v. 23.10.1956 – 1 Z 121/56, NJW 1957, 386 (387).

liche Testamente und Erbverträge,[1] die sich nicht in der Verwahrung des allgemein nach § 343 zuständigen Nachlassgerichts, sondern eines anderen Gerichts befinden. Die Regelung erfasst dabei sowohl **besonders amtlich verwahrte** Verfügungen von Todes wegen – bspw. ein öffentliches Einzeltestament, das vor einem Notar beurkundet wurde, dessen Amtssitz iSd. Abs. 1 Nr. 1 in einem Gerichtsbezirk liegt, der mit dem des beim Tod des Testierers dann allgemein zuständigen Nachlassgerichts nicht übereinstimmt – als auch lediglich in **einfacher Aktenverwahrung** befindliche Dokumente,[2] bspw. ein nach dem Tod des Erstverstorbenen zu dessen Nachlassakten genommenes bereits zuvor nicht besonders amtlich verwahrtes eigenhändiges gemeinschaftliches Testament (s. Rz. 37) bzw. ein bei den dortigen Nachlassakten abgelegter bereits zuvor nicht besonders amtlich verwahrter Erbvertrag (s. Rz. 39b), wenn auf den Tod des Längstlebenden ein anderes Nachlassgericht allgemein zuständig ist, bzw. ein bei einem anderen Nachlassgericht als dem nach § 343 allgemein zuständigen Nachlassgericht ungeachtet dessen örtlicher Unzuständigkeit nach § 2259 Abs. 1 BGB abgeliefertes eigenhändiges Testament.[3]

61a **Andere Gerichte** (bspw. Land-, Oberlandes-, Verwaltungsgerichte), die kein sachlich zuständiges Nachlassgericht sein können, haben bei sich befindliche Verfügungen von Todes wegen nach § 2259 Abs. 2 BGB an das nach § 343 allgemein zuständige Nachlassgericht zur dortigen Eröffnung abzuliefern[4] (s. § 347 Rz. 87 bzw. § 358 Rz. 139).

61b Befindet sich die Verfügung von Todes wegen hingegen bei einer **anderen Abteilung** desselben nach § 343 allgemein zuständigen Gerichts (bspw. in og. einfacher Aktenverwahrung der auf den Tod des Erstverstorbenen zuständigen Abteilung, wenn eine andere Abteilung desselben Amtsgerichts auf den Tod des Längstlebenden zuständig ist), erfolgt nach Abgabe des Dokuments die Eröffnung der Verfügung durch die nach der internen Geschäftsverteilung zuständige Stelle desselben Gerichts (im og. Bsp. durch die für den Längstlebenden zuständige Nachlassabteilung) unmittelbar nach § 348, da kein anderes Gericht iSd. § 344 Abs. 6 beteiligt ist[5] (zur gerichtsinternen Geschäftsverteilung s. § 343 Rz. 192aff.).

2. Besondere Zuständigkeit

62 Nach Abs. 6 ist zur Eröffnung das von dem Nachlassgericht zu unterscheidende **Verwahrgericht** örtlich zuständig, soweit sich bei diesem und nicht bei dem nach § 343 allgemein zuständigen Nachlassgericht eine Verfügung von Todes wegen in besonderer oder einfacher amtlicher Verwahrung befindet. Dieses Verwahrgericht wird nach § 347 Abs. 4 Satz 2 übergangsweise und § 78c BNotO endgültig (jeweils in der Fassung seit 1.1.2012) über den Tod des betroffenen Erblassers benachrichtigt (s. § 347 Rz. 43ff.).

3. Weiteres Verfahren

63 Das Eröffnungsverfahren richtet sich nach § 350 (s. dazu § 350 Rz. 9ff.). Danach ist neben der Vornahme der eigentlichen Eröffnung unter Zurückhaltung einer beglaubigten Abschrift der eröffneten Verfügung und der Urschrift des Eröffnungsprotokolls die Urschrift der eröffneten Verfügung mit einer beglaubigten Abschrift des Eröffnungsprotokolls an das Nachlassgericht zu **übersenden**, während die nach einer in der Praxis üblichen stillen Eröffnung noch ausstehende schriftliche Bekanntgabe iSd. § 348 Abs. 3 Satz 1 dem allgemeinen Nachlassgericht obliegt (s. § 350 Rz. 10 und

---

1 Keidel/*Zimmermann*, § 344 FamFG Rz. 32.
2 Begr. zum GesetzE der BReg. zu § 344 Abs. 6, BT-Drucks. 16/6308, S. 278.
3 Begr. zum GesetzE der BReg. zu § 344 Abs. 6, BT-Drucks. 16/6308, S. 278.
4 Bumiller/*Harders*, § 344 Rz. 15; Horndasch/Viefhues/*Heinemann*, § 344 FamFG Rz. 61; Keidel/ *Zimmermann*, § 344 FamFG Rz. 35.
5 Horndasch/Viefhues/*Heinemann*, § 344 FamFG Rz. 61; Bumiller/*Harders*, § 344 Rz. 15; Bamberger/Roth/*Litzenburger*, 2. Aufl., § 2261 aF BGB Rz. 2; Staudinger/*Baumann*, Neubearbeitung 2003, § 2261 aF BGB Rz. 6; Soergel/*Mayer*, 13. Aufl., § 2261 aF BGB Rz. 2; aA MüKo.BGB/*Hagena*, 4. Aufl., § 2261 aF BGB Rz. 6.

16f.), die dann wiederum erst eine Ausschlagungsfrist iSd. § 1944 Abs. 2 BGB beginnen lässt, wenn nicht die Bekanntgabe mündlich bei Anwesenheit im Eröffnungstermin erfolgt ist.[1]

4. Ausländischer Erblasser

Soweit nach Abs. 6 eine örtliche Zuständigkeit begründet wird, folgt daraus nach § 105 zudem die **internationale** Zuständigkeit des Verwahrgerichts.[2] Daran ändert sich auch dann nichts, wenn bei einem ausländischen Erblasser mangels Wohnsitzes oder Aufenthalts im Zeitpunkt des Erbfalls bzw. mangels Belegenheit zumindest *eines* Nachlassgegenstandes im Inland kein deutsches Nachlassgericht iSd. § 343 allgemein örtlich und damit nach § 105 international zur Entgegennahme der eröffneten Verfügung von Todes wegen zuständig ist, da aufgrund der Eröffnung insoweit anders als bei der Entgegennahme einer Erbausschlagung nach Abs. 7 (s. dazu Rz. 77) keine materiellen Rechtsfolgen ausgelöst werden.[3] In einem derartigen Fall ist die eröffnete Verfügung von Todes wegen statt dessen an die zuständige diplomatische Auslandsvertretung des Heimatstaates des ausländischen Erblassers im Inland zu übersenden.[4]

63a

VIII. Entgegennahmezuständigkeit bei Erbausschlagung (Absatz 7)

1. Allgemeines

Abs. 7 regelt **erstmals** für die Entgegennahme einer Erklärung im Zusammenhang mit einer Erbschaftsausschlagung die ergänzende besondere örtliche Zuständigkeit auch desjenigen Nachlassgerichts, in dessen Bezirk der Erklärende seinen Wohnsitz hat, neben dem allgemein nach § 343 zuständigen Nachlassgericht.

64

Hierdurch werden **frühere Unsicherheiten** hinsichtlich der Wirksamkeit bzw. Rechtzeitigkeit von entsprechenden Erklärungen gegenüber einem anderen als dem nach § 343 örtlich zuständigen Nachlassgericht ausgeräumt, die insbesondere dann bestanden, wenn eine derartige Erklärung gegenüber einem nicht nach §§ 156, 157 GVG von dem örtlich zuständigen Nachlassgericht um Protokollierung ersuchten Gericht abgegeben und dem Erklärenden von diesem Gericht (anstelle einer Weiterleitung an das örtlich zuständige Nachlassgericht) zurückgegeben wird.[5] Diese Zuständigkeitserweiterung wurde erst aufgrund einer entsprechenden Stellungnahme des Deutschen Bundesrates v. 6.7.2007[6] und einer darauf basierenden Beschlussempfehlung des Rechtsausschusses des Deutschen Bundestages v. 23.6.2008 in den Gesetzestext aufgenommen.[7] Kommt das nach Satz 1 zuständige Gericht seiner Übersendungspflicht aus Satz 2 nicht umgehend nach, besteht die Gefahr, dass das allgemein zuständige Nachlassgericht in Unkenntnis einer Ausschlagung einen unrichtigen Erbschein erteilt.[8]

65

2. Betroffene Erklärungen

Nach seinem **Wortlaut** erfasst Abs. 7 Satz 1 ausschließlich Erbausschlagungen iSd. § 1945 Abs. 1 BGB und deren Anfechtung iSd. § 1955 BGB.

66

Gleichwohl gilt die Vorschrift **darüber hinaus** auch für

67

---

1 Palandt/*Weidlich*, § 1944 BGB Rz. 4.
2 Horndasch/Viefhues/*Heinemann*, § 344 FamFG Rz. 61.
3 *Bachmayer*, BWNotZ 2010, 146 (168f.); aA Keidel/*Zimmermann*, § 344 FamFG Rz. 37, der die internationale Zuständigkeit iSd. § 105 offenbar nicht aus der örtlichen Zuständigkeit des § 344 Abs. 6 ableitet und nur bei ihrem Fehlen eine Übersendung der nicht eröffneten Verfügungen an die Heimatbehörden des Erblassers befürwortet.
4 Horndasch/Viefhues/*Heinemann*, § 344 FamFG Rz. 61; *Bachmayer*, BWNotZ 2010, 146 (168f.).
5 S. dazu MüKo.BGB/*Leipold*, § 1945 BGB Rz. 8 mwN.
6 Stellungnahme des BR zum GesetzE der BReg., BR-Drucks. 309/07 (Beschl.), S. 71.
7 Beschlussempfehlung und Bericht des Rechtsausschusses (6. Ausschuss) des BT zu dem GesetzE der BReg., BT-Drucks. 16/9733, S. 297.
8 *Zimmermann*, ZEV 2009, 53 (55).

- die **Anfechtung der Erbschaftsannahme** nach § 1955 Satz 1 Alt. 1, Satz 2 iVm. § 1945 BGB,[1] was entsprechend auch bei § 1643 Abs. 2 Satz 1 BGB anerkannt ist,[2]
- die auf § 1955 BGB verweisende **Anfechtung der Fristversäumnis** nach § 1956 BGB,[3]
- die sich ebenfalls nach § 1955 BGB richtende[4]**Anfechtung der Ausschlagung des Pflichtteilsberechtigten** nach § 2308 Abs. 1 BGB[5] und
- die analog §§ 1945, 1955 BGB der Form der Ausschlagung bedürfende **Anfechtung der Annahmeanfechtung**.[6]

67a Dies ergibt sich zunächst aus dem klar und einschränkungslos formulierten Regelungsziel, dass „eine Niederschrift der Ausschlagungs- bzw. Anfechtungserklärung vor dem örtlich zuständigen Wohnsitzgericht auch ohne ausdrückliches Ersuchen wirksam" sein soll.[7] Zudem gilt die Anfechtung der Annahme nach § 1957 Abs. 1 BGB als Ausschlagung, die wiederum ausdrücklich von Abs. 7 Satz 1 erfasst wird. Wäre eine unterschiedliche Behandlung dieser beiden die gleiche Wirkung entfaltenden Rechtsinstitute gewollt gewesen, hätte es dazu einer ausdrücklichen Begründung bedurft, die jedoch unterblieben ist. Darüber hinaus deuten ein entsprechendes Redaktionsversehen[8] auch die unvollständige Zitierweise hinsichtlich § 1955 BGB, die vergleichsweise späte Aufnahme des Abs. 7 in den Gesetzestext und offensichtliche Gesetzeslücken bei der Formulierung der Entgegennahme bzw. Niederschrift der Erklärung (dazu s. Rz. 69) an.

3. Gerichtliche Aufgaben

68 Nach Abs. 7 Satz 1 ist das Gericht zur **Entgegennahme** der davon erfassten (s. Rz. 66 f.) Erklärungen zuständig. Daher können bei diesem Gericht neben den dort zu Protokoll genommenen Dokumenten auch die durch einen Notar öffentlich beglaubigten Erklärungen fristwahrend eingereicht werden.[9] Je nach Dringlichkeit und Zeitpunkt des Fristablaufs ist am Wohnsitz des Erklärenden häufig nur bei Notaren und nicht bei Nachlassgerichten ein kurzfristiger bzw. außerhalb regelmäßiger Behördensprechzeiten liegender Termin für eine derartige Erklärung möglich, die dann in öffentlich beglaubigter Form mit Unterschriftsbeglaubigung errichtet wird und dem Wohnsitzgericht noch am selben Tag durch dortigen Einwurf fristgerecht zugeht.[10]

---

1 *Heinemann*, ZErb 2008, 293 (295); *Fröhler*, BWNotZ 2012, 160; Horndasch/Viefhues/*Heinemann*, § 344 FamFG Rz. 70; MüKo.ZPO/*Mayer*, § 344 FamFG Rz. 13f; Bahrenfuss/*Schaal*, § 344 FamFG Rz. 24; Bumiller/*Harders*, § 344 FamFG Rz. 16; aA (unter Berufung auf den Wortlaut) Keidel/*Zimmermann*, § 344 FamFG Rz. 52; *Bassenge*/Roth, § 344 FamFG Rz. 13; Burandt/Rojahn/*Kroiß*, § 344 FamFG Rz. 10.
2 Palandt/*Weidlich*, § 1643 BGB Rz. 2.
3 *Heinemann*, ZErb 2008, 293 (295); *Fröhler*, BWNotZ 2012, 160; Horndasch/Viefhues/*Heinemann*, § 344 FamFG Rz. 70; MüKo.ZPO/*Mayer*, § 344 FamFG Rz. 13f; Bahrenfuss/*Schaal*, § 344 FamFG Rz. 24; Bumiller/*Harders*, § 344 FamFG Rz. 16; aA (unter Berufung auf den Wortlaut) Keidel/*Zimmermann*, § 344 FamFG Rz. 52; *Bassenge*/Roth, § 344 FamFG Rz. 13; Burandt/Rojahn/*Kroiß*, § 344 FamFG Rz. 10.
4 Palandt/*Weidlich*, § 2308 BGB Rz. 1.
5 *Heinemann*, ZErb 2008, 293 (295); *Fröhler*, BWNotZ 2012, 160; Horndasch/Viefhues/*Heinemann*, § 344 FamFG Rz. 70; MüKo.ZPO/*Mayer*, § 344 FamFG Rz. 13f; Bumiller/*Harders*, § 344 FamFG Rz. 16; aA (unter Berufung auf den Wortlaut) Keidel/*Zimmermann*, § 344 FamFG Rz. 52; *Bassenge*/Roth, § 344 FamFG Rz. 13; Burandt/Rojahn/*Kroiß*, § 344 FamFG Rz. 10.
6 S. dazu OLG Hamm v. 29.1.2009 – 15 Wx 213/08, Rpfleger 2009, 384 (385 f.).
7 Stellungnahme des BR zum GesetzE der BReg, BR-Drucks. 309/07 (Beschl.), S. 71.
8 Im Ergebnis ebenso *Heinemann*, ZErb 2008, 293 (295); *Fröhler*, BWNotZ 2012, 160 (161); Horndasch/Viefhues/*Heinemann*, § 344 FamFG Rz. 70.
9 *Zimmermann*, Das neue FamFG, Rz. 629; Keidel/*Zimmermann*, § 344 FamFG Rz. 48; MüKo.ZPO/*Mayer*, § 344 FamFG Rz. 15. Bumiller/*Harders*, § 344 FamFG Rz. 16; Horndasch/Viefhues/*Heinemann*, § 344 FamFG Rz. 72; *Fröhler*, BWNotZ 2012, 160 (161); *Heinemann*, DNotZ 2011, 498 (499); *Schaal*, notar 2010, 394 (396); aA *Bestelmeyer*, Rpfleger 2010, 635 (637): Entgegennahme nur der eigenen gerichtlichen Protokollierung entgegen dem Wortlaut des § 344 Abs. 7 Satz 1.
10 *Heinemann*, DNotZ 2011, 498 (499) mit dem Hinweis auf das Beispiel Freitagnachmittag; *Fröhler*, BWNotZ 2012, 160 (161).

Zudem erstreckt sich die Entgegennahmezuständigkeit auch auf eventuelle für die Wirksamkeit der von Abs. 7 Satz 1 erfassten Erklärungen erforderliche familien- bzw. betreuungsgerichtliche Genehmigungen, soweit auch die zu genehmigende Erklärung von diesem Wohnsitzgericht entgegengenommen worden ist, wobei dazu ebenfalls selbst dann auch das allgemein zuständige Nachlassgericht zuständig bleibt, wenn die zu genehmigende Erklärung von dem Wohnsitzgericht entgegengenommen worden ist. Eine Verzögerung bei der Weiterleitung an das nach § 343 zuständige Nachlassgericht verhindert den bereits erfolgten Eintritt der Wirksamkeit der Erklärung nicht.

Obwohl der Wortlaut der Vorschrift ausdrücklich alleine die Entgegennahme der Erklärung benennt, ist das Gericht nach Abs. 7 Satz 1 darüber hinaus auch für deren **Protokollierung** zuständig, da regelmäßig nur diese – anders als die durch einen Notar grundsätzlich nach § 129 BGB in öffentlich beglaubigter statt nach § 128 BGB in beurkundeter Form erstellte Erklärung, die gleichwohl nach Abs. 7 Satz 1 entgegenzunehmen ist (s. Rz. 68) – eine Niederschrift darstellt, deren Übersendung Abs. 7 Satz 2 ausdrücklich vorschreibt.[1] Die Niederschrift erfolgt für sämtliche hier maßgebenden Erklärungen nach § 1945 Abs. 2 BGB iVm. §§ 8 bis 16, 22 bis 26 BeurkG. 69

4. Übersendungspflicht

Nach dem Wortlaut des Abs. 7 Satz 2 ist das Gericht lediglich zur Übersendung der **Niederschrift** über die Erklärung an das zuständige Nachlassgericht verpflichtet. Da notarielle Ausschlagungs- bzw. Anfechtungserklärungen regelmäßig in öffentlich beglaubigter Form erstellt und nicht beurkundet werden, verkörpern sie anders als ein gerichtliches Protokoll keine Niederschrift. 70

Gleichwohl hat das Gericht auch eine **durch den Notar** in öffentlich beglaubigter Form erstellte und dort fristwahrend nach § 1945 Abs. 1 BGB abgegebene Erklärung nach Abs. 7 entgegenzunehmen (s. Rz. 68) und an das zuständige Nachlassgericht weiterzuleiten. Andernfalls würde sich das Gericht der Gefahr einer Haftung aussetzen, da das für die Erbscheinerteilung allgemein zuständige Nachlassgericht angesichts der Regelung nach Abs. 7 Satz 2 auf eine kurzfristige Vorlage vertrauen darf.[2] 71

Soweit sich das Wohnsitzgericht nach Abs. 7 und das allgemein nach § 343 zuständige Nachlassgericht jeweils zur Verwahrung der Urschrift der Ausschlagunserklärung für zuständig erklären, bestimmt nach § 5 Abs. 1 Nr. 3 das nächsthöhere gemeinsame Gericht das zuständige Gericht. Dabei hat mangels Anwendbarkeit des § 45 BeurkG das Wohnsitzgericht nach Abs. 7 Satz 2 stets die **Urschrift** der Niederschrift an das allgemein zuständige Nachlassgericht zur dortigen Aufbewahrung zu übersenden, während es zur Nachweissicherung, einem versandbedingten Verlust vorbeugend und zudem als Belegexemplar eine Ausfertigung der Niederschrift zurückbehalten kann.[3] Mangels Zuständigkeit des Wohnsitzgerichts für weitere nachlassgerichtliche Aufgaben wird dadurch zu dessen Gunsten insbesondere keine Vorgriffszuständigkeit iSd. § 2 Abs. 1 begründet.[4] 71a

Zur Erhebung und Einziehung der diesbezüglichen **Kosten** ist das Wohnsitzgericht iSd. Abs. 7 als dasjenige Gericht zuständig, bei dem das Ausschlagungsverfahren nach § 14 Abs. 1 KostO erstmals anhängig geworden ist, ohne dass die voraussichtlich besseren Wertermittlungsmöglichkeiten des allgemein zuständigen Nachlassgerichts maßgebend sind, wobei die Bestimmung des zuständigen Gerichts 71b

---

1 *Heinemann*, ZErb 2008, 293 (295); *Bestelmeyer*, Rpfleger 2010, 635 (637); *Heinemann*, DNotZ 2011, 498 (499); *Fröhler*, BWNotZ 2012, 160 (161); MüKo.ZPO/*Mayer*, § 344 FamFG Rz. 15; Bahrenfuss/*Schaal*, § 344 FamFG Rz. 25; Horndasch/Viefhues/*Heinemann*, § 344 FamFG Rz. 72.
2 *Heinemann*, ZErb 2008, 293 (296); *Fröhler*, BWNotZ 2012, 160 (161); Horndasch/Viefhues/*Heinemann*, § 344 FamFG Rz. 72.
3 OLG Celle v. 16.2.2010 – 6 AR 1/10, FGPrax 2010, 192f; OLG Hamburg v. 5.3.2010 – 2 AR 10/09, Rpfleger 2010, 373f.; OLG Bremen v. 12.11.2010 – 3 AR 10/10, n.v.; OLG Hamm v. 7.12.2010 – I-15 Sbd 12/10, 15 Sbd 12/10, ZErb 2011, 109 (110f.); *Fröhler*, BWNotZ 2012, 160 (161).
4 Keidel/*Zimmermann*, § 344 FamFG Rz. 45.

nach vorheriger jeweiliger Unzuständigkeitserklärung beider Gerichte aus § 5 Abs. 1 Nr. 4 folgt.[1]

5. Zuständigkeit

a) Örtlich

72 Örtlich zuständig ist nach Abs. 7 Satz 1 das Nachlassgericht, in dessen Bezirk der Ausschlagende bzw. Anfechtende zurzeit der Erklärungsabgabe gegenüber diesem Gericht seinen **Wohnsitz** hat (s. dazu ausf. § 343 Rz. 11 bis 50).

72a Dies gilt auch für den aus **ererbtem Ausschlagungsrecht** nach § 1952 BGB Ausschlagenden bzw. Anfechtenden, für den demnach dessen eigener Wohnsitz und nicht der Wohnsitz des verstorbenen Erben des Ausgangserblassers maßgebend ist.

72b Nicht ausreichend ist im Gegensatz zu § 343 Abs. 1 insbesondere der dortige bloße gewöhnliche Aufenthalt des Erklärenden. Hierbei sind die Tatbestandsvoraussetzungen des Wohnsitzbegriffs, insbesondere das Bestehen eines auf eine dauerhafte Niederlassung ausgerichteten **Domizilwillens** des Erklärenden (s. dazu jeweils § 343 Rz. 11 ff.) sorgfältig zu prüfen.

72c Ist die Erbschaft für ein **minderjähriges Kind** auszuschlagen, dessen Eltern beide personen- wie vermögenssorgeberechtigt sind und jeweils unterschiedliche Wohnsitze haben, besteht für das vertretene Kind ein gesetzlicher Doppelwohnsitz (s. § 343 Rz. 42).

72d Wird in derselben Urkunde nicht nur die Ausschlagung des aktuellen Erben, sondern zusätzlich auch diejenige des aufgrund dessen Ausschlagung in der Erbfolge nächstberufenen Erben aufgenommen, muss zwingend beachtet werden, dass das Wohnsitzgericht für diesen **nächstberufenen Erben** ebenfalls nur dann örtlich zuständig ist, wenn auch dieser im Gerichtsbezirk seinen Wohnsitz hat.

72e Es empfiehlt sich insoweit eine ausdrückliche **Versicherung** jedes Ausschlagenden über seinen Wohnsitz mit **Belehrungshinweisen** (s. dazu den Formulierungsvorschlag Rz. 77).

73 Diese Zuständigkeit ist **nicht ausschließlich**. Aus der Formulierung „auch" in Satz 1 und der Übersendungspflicht aus Satz 2 ergibt sich vielmehr, dass das nach § 343 allgemein zuständige Nachlassgericht daneben örtlich zuständig bleibt. § 2 Abs. 1 ist nicht anwendbar.[2]

b) Funktionell

74 Der **Rechtspfleger** ist nach § 3 Nr. 1 Buchst. f und Nr. 2 Buchst. c RPflG funktionell zuständig.

c) International

aa) Rechtslage bis zum 16.8.2015

75 Die internationale Zuständigkeit für Maßnahmen im Zusammenhang mit Erbausschlagungen iSd. § 344 Abs. 7 ist für den Fall umstritten, dass eine in Rede stehende Ausschlagungs- bzw. Anfechtungserklärung ausländischem Recht unterliegt. Im Wesentlichen werden insoweit drei verschiedene Positionen vertreten: Nach einer ersten Ansicht begründet die örtliche Zuständigkeit aus § 344 Abs. 7 nur dann nach § 105 eine internationale Zuständigkeit eines deutschen Wohnsitzgerichts, wenn deutsches Erbrecht anwendbar ist.[3] Nach anderer Ansicht folgt die internationale Zuständigkeit gem. § 105 unabhängig von der Anwendung deutschen Erbrechts oder einer In-

---

[1] OLG Hamburg v. 5.3.2010 – 2 AR 10/09, Rpfleger 2010, 373 f.
[2] *Heinemann*, ZErb 2008, 293 (299).
[3] *Heinemann*, ZErb 2008, 293 (299); Horndasch/Viefhues/*Heinemann*, § 344 FamFG Rz. 72; Bahrenfuss/*Schaal*, § 344 FamFG Rz. 31 (*Schaal* hat diese Ansicht jedoch zwischenzeitlich aufgegeben, s. Fn. 4); *Bachmayer*, BWNotZ 2010, 146 (153).

landsbelegenheit von Nachlassgegenständen aus der örtlichen Zuständigkeit des
§ 344 Abs. 7.[1] Nach richtiger, vermittelnder Ansicht resultiert die internationale Zuständigkeit zwar unabhängig von der Anwendung deutschen Erbrechts auch bei Maßgeblichkeit ausländischen Erbrechts über § 344 Abs. 7 aus § 105, setzt jedoch voraus, dass Empfängergericht iSd. § 344 Abs. 7 Satz 2 als allgemein zuständiges Nachlassgericht ein deutsches Gericht ist.[2] Dies folgt jeweils unmittelbar aus den gesetzlichen Vorgaben nach § 344 Abs. 7 iVm. § 105. Ein inländisches Gericht ist bis zur Geltung der dann in deren Anwendungsbereich nach Art. 3 Nr. 1 EGBGB vorrangigen EuErbVO[3] für die Rechtsnachfolge von am 17.8.2015 oder danach verstorbenen Personen (s. dazu Rz. 78a) gem. § 105 auch für die Protokollierung und Entgegennahme von Erbausschlagungen bzw. damit zusammenhängenden Anfechtungserklärungen selbst bei Anwendung ausländischen Sachrechts und Belegenheit von Nachlass im Ausland international zuständig, wenn eine örtliche Zuständigkeit besteht (s. dazu § 343 Rz. 152). § 344 Abs. 7 Satz 1 begründet eine derartige Zuständigkeit. Zwar wird im Text des § 344 Abs. 7 Satz 1 der Erbausschlagung der Zusatz „(§ 1945 Abs. 1 des Bürgerlichen Gesetzbuches)" bzw. der Ausschlagungsanfechtung der Zusatz „(§ 1955 des Bürgerlichen Gesetzbuches)" nachgestellt. Daraus folgt jedoch **keine Beschränkung** der Zuständigkeit auf die Entgegennahme von Erklärungen, die ausschließlich deutschem Sachrecht unterliegen.[4] Vielmehr dienen die jeweiligen Klammerzusätze lediglich der inhaltlichen Konkretisierung und erfassen auch dem Wesen nach entsprechende Erklärungen gem. ausländischem Sachrecht,[5] da sich der Regelungszweck des § 344 Abs. 7 Satz 1 nach der amtlichen Begründung darauf beschränkt, gegenüber dem Gericht am Wohnsitz des Ausschlagenden auch ohne ausdrückliches Ersuchen eine wirksame und fristwahrende Erklärung zu ermöglichen,[6] und hierfür sowohl bei inländischem als auch bei ausländischem Erbstatut gleichermaßen ein Bedürfnis besteht. Wäre hingegen durch § 344 Abs. 7 Satz 1 eine Beschränkung auf die Anwendung deutschen Sachrechts und damit eine partielle Fortgeltung des Gleichlaufgrundsatzes beabsichtigt gewesen, obwohl dessen vollständige Außerkraftsetzung im Nachlassverfahren ein zentraler Reformbestandteil des FamFG ist, hätte dies in der Gesetzesbegründung ausdrücklich erwähnt und angesichts dann beste-

---

1 MüKo.ZPO/*Mayer*, 2010, § 344 FamFG Rz. 21; Keidel/*Zimmermann*, § 344 FamFG Rz. 47.
2 Prütting/Helms/*Fröhler*, § 344 FamFG Rz. 75 bis 77; *Fröhler*, BWNotZ 2012, 160 (164); *Schaal*, BWNotZ 2011, 206 (207).
3 Verordnung (EU) Nr. 650/2012 vom 4.7.2012, ABl. EU 2012, Nr. L 201, S. 107.
4 Im Ergebnis insoweit (jedoch ohne die Zuständigkeit eines deutschen Empfängergerichts zu fordern, s. dazu Rz. 173) ebenso Keidel/*Zimmermann*, § 344 FamFG Rz. 47; MüKo.ZPO/*Mayer*, § 344 FamFG Rz. 21; wie hier offenbar auch OLG Hamm v. 2.9.2010 – I-15 W 448/10, ZErb 2011, 111, das anlässlich der Entgegennahme einer Erbausschlagung unter Anwendbarkeit österreichischen Rechts durch das nach §§ 105, 343 zuständige Nachlassgericht die internationale Zuständigkeit deutscher Nachlassgerichte allgemein aus § 105 iVm. §§ 343, 344 bejaht und im konkreten Fall lediglich dahinstehen lässt, ob § 344 Abs. 7 nicht nur für gerichtlich protokollierten, sondern auch für die Entgegennahme einer notariell beglaubigten Erbausschlagung eine (örtliche) Zuständigkeit am Wohnsitz des Ausschlagenden begründet; aA (Beschränkung auf Anwendung deutschen Sachrechts) *Heinemann*, ZErb 2008, 293 (299); Bahrenfuss/*Schaal*, § 344 FamFG Rz. 31; *Bachmayer*, BWNotZ 2010, 146 (153).
5 Derartige lediglich inhaltlich konkretisierende Zusätze sind auch in anderen Normen üblich, ohne dass dadurch eine Anwendbarkeit auf entsprechende Regelungen nach ausländischem Recht ausgeschlossen wäre. S. zu § 621 Abs. 1 Nr. 7 aF ZPO Zöller/*Philippi*, 27. Aufl., § 621 ZPO Rz. 48c: Zuständigkeit des Familiengerichts nach § 621 Abs. 1 Nr. 7 aF ZPO (Regelungen nach der früheren HausratsVO) unabhängig davon, ob ausländisches materielle Recht anzuwenden ist. Ebenso zu § 23b Abs. 1 Satz 2 Nr. 8 aF GVG (Regelungen nach der früheren HausratsVO) OLG Düsseldorf v. 19.4.1995 – 2 UFH 6/95, FamRZ 1995, 1280; aA OLG Köln v. 29.6.1994 – 26 WF 84/94, FamRZ 1994, 1476 zu § 23b Abs. 1 Satz 2 Nr. 8 aF GVG. S. zu § 661 Abs. 1 Nr. 5 und Nr. 7 aF ZPO Zöller/*Geimer*, 27. Aufl., § 661 ZPO Rz. 28 bzw. § 606a ZPO Rz. 43: Allgemein kommt für die Tatbestände nach § 661 Abs. 1 aF ZPO, somit auch für Regelungen nach der früheren HausratsVO bzw. Entscheidungen nach § 6 Abs. 2 Satz 4 LPartG iVm. §§ 1382, 1383 BGB, eine internationale Zuständigkeit eines deutschen Gerichts trotz Anwendung ausländischen Sachrechts in Betracht.
6 Stellungnahme des BR zum GesetzE der BReg., Nr. 84 zu § 344, BR-Drucks. 309/07 (Beschl.), S. 71.

hender gravierender Widersprüche zur genannten gesetzgeberischen Zielsetzung hinsichtlich § 105 FamFG,[1] § 343 Abs. 3 FamFG[2] und § 2369 Abs. 1 BGB[3] erläutert werden müssen. Dies gilt insbesondere dann, wenn im Fall einer Nachlassspaltung demselben Ausschlagenden die Zuständigkeit nach Abs. 7 Satz 1 für den dem deutschen Sachrecht unterliegenden Spaltnachlass eröffnet, hinsichtlich des dem ausländischen Sachrecht unterliegenden Spaltnachlasses jedoch verwehrt sein sollte, obschon die Ausschlagungen für beide Spaltnachlässe vor dem allgemein nach § 343 zuständigen Nachlassgericht bzw. dem förmlich ersuchten Gericht am Wohnsitz des Ausschlagenden erklärt werden könnten. Da entsprechende gesetzgeberische Hinweise fehlen, kann hier nicht von einer Beschränkung auf deutsches Sachrecht ausgegangen werden. Zudem ist anerkannt, dass grundsätzlich abschließende Aufzählungen von nachlassgerichtlichen Verrichtungen[4] nach deutschem Recht ausnahmsweise um ungeschriebene Tatbestände zu erweitern sind, sofern ausländisches Recht maßgeblich ist und dieses – sogar anderweitige, im deutschen materiellen Erbrecht nicht geregelte, diesem jedoch nicht wesensfremde – nachlassgerichtliche Maßnahmen vorsieht.[5] Zur zwingenden Voraussetzung eines allgemein zuständigen deutschen Nachlassgerichts als Empfängergericht iSd. § 344 Abs. 7 Satz 2 für eine internationale Zuständigkeit nach §§ 105, 344 Abs. 7 Satz 1 s. Rz. 76.

75a Die internationale Zuständigkeit des Gerichts am Wohnsitz des Ausschlagenden für Verrichtungen nach § 344 Abs. 7 Satz 1 ist jedoch nur dann eröffnet, wenn ein allgemein zuständiges deutsches Nachlassgericht vorhanden ist, das seinerseits nach § 105 iVm. § 343 international zuständig ist. Dies folgt aus der Regelung des § 344 Abs. 7 Satz 2, die hinsichtlich der Übersendungspflicht des nach § 344 Abs. 7 Satz 1 zuständigen Gerichts eine Empfangszuständigkeit eines allgemein zuständigen deutschen Nachlassgerichts voraussetzt.[6] § 344 Abs. 7 Satz 1 begründet damit insbesondere über den Wohnsitz des Ausschlagenden **keine Ausdehnung der internationalen Zuständigkeit** auf Nachlassfälle, die einen ausländischen Erblasser betreffen, der im Inland weder verstorben ist noch dort bei seinem Tod den Wohnsitz hatte und dessen Nachlass sich bei Befasstwerden des Gerichts nicht wenigstens teilweise im Inland befindet.[7]

76 Die örtliche Zuständigkeitsregelung nach § 344 Abs. 7 Satz 1 bewirkt zudem eine Aufteilung des einheitlichen Ausschlagungsverfahrens in **zwei Verfahrensabschnitte**, in denen jeweils verschiedene Nachlassgerichte tätig werden. Gem. Abs. 7 Satz 1 ist das Nachlassgericht am Wohnsitz des Ausschlagenden zur Protokollierung bzw. Entgegennahme der Erklärung örtlich zuständig. Das iSv. § 344 Abs. 7 Satz 2 entgegennehmende deutsche Nachlassgericht ist für die Mitteilung iSd. § 1953 Abs. 3 Satz 1 BGB, die Einsichtsgewährung gem. § 1953 Abs. 3 Satz 2 BGB und die Aufbewahrung der Ausschlagungsurkunde bei den dort geführten Nachlassakten nach § 343 örtlich zuständig. Hätte der Gesetzgeber die internationale Zuständigkeit für den ersten

---

1 Begr. zum GesetzE der BReg. zu § 105, BT-Drucks. 16/6308, S. 221 (§ 344 Abs. 7 war zu diesem Zeitpunkt noch nicht Bestandteil des Entwurfs): „Auch die nicht anderweitig geregelte internationale Zuständigkeit in Nachlass- und Teilungssachen soll sich nach dem Entwurf gem. § 105 aus der örtlichen Zuständigkeit nach den §§ 343, 344 ergeben. Damit wird der ungeschriebenen sog. Gleichlauftheorie, wonach die deutschen Gerichte nur bei Anwendung deutschen Sachrechts zuständig seien, eine Absage erteilt."
2 Begr. zum GesetzE der BReg. zu § 343 Abs. 3, BT-Drucks. 16/6308, S. 277: § 343 Abs. 3 „ist im Hinblick auf den Wegfall der Beschränkung der Tätigkeit des Nachlassgerichts auf im Inland belegene Gegenstände neu gefasst. Der Entfall dieser Einschränkung beruht auf der gem. § 105 vorgenommenen Absage an die Gleichlauftheorie."
3 Begr. zum GesetzE der BReg. zu § 2369 Abs. 1 BGB, BT-Drucks. 16/6308, S. 349: „Die Gleichlauftheorie, wonach die deutschen Nachlassgerichte nur insoweit zuständig sind, als deutsches Sachrecht auf den Erbfall zur Anwendung kommt, soll abgelöst werden."
4 So bspw. in § 342 Abs. 1, s. dazu § 342 Rz. 2.
5 *Schäuble*, ZErb 2009, 200 (203).
6 So im Ergebnis auch *Rellermeyer*, Rpfleger 2009, 349 (356): zuständiges Nachlassgericht iSv. Abs. 7 Satz 2 ist das nach § 343 zu bestimmende Gericht.
7 Im Ergebnis ebenso *Heinemann*, ZErb 2008, 293 (299), der jedoch eine Beschränkung auf Anwendung deutschen Sachrechts voraussetzt.

Verfahrensabschnitt § 344 iSd. Abs. 7 Satz 1 ausschließen wollen, obschon sie für den zweiten auf die Übersendung iSd. § 344 Abs. 7 Satz 2 folgenden Verfahrensabschnitt nach § 105 iVm. § 343 eröffnet ist, wäre dazu ebenfalls eine ausdrückliche Begründung zu erwarten gewesen. Der Regelungszweck der Vorschrift, auch ohne ausdrückliches Ersuchen eine wirksame und fristwahrende Erklärung gegenüber dem Gericht am Wohnsitz des Ausschlagenden zu ermöglichen,[1] und die Übersendungspflicht nach § 344 Abs. 7 Satz 2 rücken das Nachlassgericht am Wohnsitz des Ausschlagenden in eine Position, die einem ausdrücklich ersuchten Gericht ähnlich ist. Es wird damit gleichsam zum verlängerten Arm des nach § 343 allgemein zuständigen Nachlassgerichts.

Es empfiehlt sich insoweit neben den Angaben zum eigenen Wohnsitz (s. dazu Rz. 72) zudem eine ausdrückliche **Versicherung** des jeweils Ausschlagenden bezüglich der zur Begründung der örtlichen und damit internationalen allgemeinen Zuständigkeit eines deutschen Nachlassgerichts als Empfängergericht iSd. Abs. 7 Satz 2 bzw. der zur Bestimmung des maßgebenden Sachrecht notwendigen Anknüpfungspunkte mit **Belehrungshinweisen**. 77

Formulierungsvorschlag:
Der Ausschlagende versichert hiermit, unter seiner Anschrift ... (Straße, Hausnummer, Postleitzahl, Ort) den räumlichen Schwerpunkt als Mittelpunkt seiner gesamten Lebensverhältnisse mit dem Willen dauerhafter Beibehaltung und damit seinen Wohnsitz iSv. § 344 Abs. 7 FamFG iVm §§ 7ff. BGB zu haben. Über die diesbezüglichen Voraussetzungen wurde aufgeklärt.

Der Ausschlagende versichert hiermit weiter, dass der Erblasser die ... (Nationalität des Erblassers) Staatsangehörigkeit hatte, zum Zeitpunkt seines Todes am ... (Sterbedatum) in ... (Wohnort) den räumlichen Schwerpunkt als Mittelpunkt seiner gesamten Lebensverhältnisse mit dem Willen dauerhafter Beibehaltung und damit seinen Wohnsitz iSd. §§ 7ff. BGB hatte, in ... (Sterbeort) verstorben ist und sich im Inland in ... (Belegenheitsort) derzeit noch ... (Benennung von Nachlassgegenständen) des Erblassers befinden. Im Ausland befinden sich an folgenden Orten folgende Nachlassgegenstände: in ... (ausländischer Belegenheitsort): ... (Benennung von Nachlassgegenständen) und in ... (ausländischer Belegenheitsort): ... (Benennung von Nachlassgegenständen). Über die Voraussetzungen eines Wohnsitzes in diesem Sinne wurde aufgeklärt. Der Ausschlagende weiß, dass die internationale Zuständigkeit des hiesigen Wohnsitzgerichts die internationale Zuständigkeit des deutschen Empfängergerichts nach § 344 Abs. 7 Satz 2 FamFG als allgemein zuständiges deutsches Nachlassgericht im Zeitpunkt des dortigen Eingangs dieser Erklärung voraussetzt. Dies ist dann der Fall, wenn der Erblasser im Bezirk des Empfängergerichts verstorben ist, dort im Zeitpunkt seines Todes seinen Wohnsitz hatte oder bei Eingang dieser Erklärung dort mindestens ein Nachlassgegenstand belegen sein wird.

Zusatz bei vor einem Notar öffentlich beglaubigter Erklärung:
Der Notar soll diese Erklärung fristwahrend bei dem hiesigen nach § 344 Abs. 7 Satz 1 FamFG zuständigen Amtsgericht als Wohnsitzgericht einreichen, das diese Erklärung sodann nach § 344 Abs. 7 Satz 2 FamFG urschriftlich an das allgemein zuständige Nachlassgericht übermitteln möge.

Sämtliche Zuständigkeitsvoraussetzungen einschließlich der erforderlichen internationalen Zuständigkeit des allgemein örtlich zuständigen deutschen Nachlassgerichts iSd. § 105 iVm. § 343 hat das nach Abs. 7 Satz 1 zuständige Gericht gem. § 26 **von Amts wegen zu ermitteln**. Wäre entgegen der hier vertretenen Ansicht von einer Beschränkung auf die Anwendung deutschen Sachrechts auszugehen, müsste das Gericht bereits im Rahmen der Zuständigkeitsprüfung ermitteln, ob – insbesondere aufgrund Rechtswahl, Vorrangs des Belegenheitsstatuts nach Art. 3a Abs. 2 EGBGB oder aufgrund teilweiser Rück- bzw. Weiterverweisung[2] – ein Spaltnachlass vorhanden ist und daher die eigene Zuständigkeit insoweit teilweise beschränkt (so bei bei einem deutschen Erblasser, soweit ausländisches Sachrecht anwendbar ist) bzw. teilweise erst eröffnet würde (so bei bei einem ausländischen Erblasser, soweit deutsches Sachrecht anwendbar ist).[3] 78

---

1 Stellungnahme des BR zum GesetzE der BReg., Nr. 84 zu § 344, BR-Drucks. 309/07 (Beschl.), S. 71.
2 *Fetsch*, MittBayNot 2007, 285 (287f.).
3 S. dazu die Länderübersicht bei *Fetsch*, RNotZ 2006, 77 (91ff.).

bb) Rechtslage ab dem 17.8.2015

78a Nach Art. 13 der am 16.8.2012 in Kraft getretenen EuErbVO[1] (Text s. Anh. zu § 343) sind gem. Art. 83 Abs. 1 beschränkt auf den Tod am 17.8.2015 oder danach verstorbener Personen neben den für die Rechtsnachfolge von Todes wegen (allgemein) zuständigen Gerichten die Gerichte desjenigen Mitgliedstaats, in dem ein Erbe bzw. Vermächtnisnehmer seinen gewöhnlichen Aufenthalt hat, für die Entgegennahme von dessen nach dem auf die Rechtsnachfolge von Todes wegen anzuwendenden Recht möglichen Erklärungen über die Annahme- bzw. Ausschlagung der Erbschaft bzw. des Vermächtnisses international zuständig, wenn diese Erklärungen nach dem Recht dieses Mitgliedstaats vor einem Gericht abgegeben werden können. Nach Art. 28 EuErbVO ist für die Formwirksamkeit die Einhaltung des auf die Rechtsnachfolge von Todes wegen nach Art. 21 oder Art. 22 EuErbVO anzuwendenden Rechts oder des Rechts des Staates (somit nicht zwingend eines Mitgliedstaats) maßgeblich, in dem der Erklärende seinen gewöhnlichen Aufenthalt hat. Diese Regelungen sind als unmittelbar geltendes Recht nach Art. 3 Nr. 1 EGBGB gegenüber nationalen Regelungen und damit auch gegenüber § 105 iVm. § 344 Abs. 7 FamFG vorrangig.[2] Zur EuErbVO im Allgemeinen s. § 343 Rz. 154 ff.

d) Geschäftsverteilung

78b Zur **gerichtsinternen** Geschäftsverteilung s. § 343 Rz. 192a ff.

6. Nachlassspaltung

79 Tritt Nachlassspaltung – insbesondere aufgrund Rechtswahl, Vorrangs des Belegenheitsstatuts nach (nur noch auf die Rechtsnachfolge von Todes wegen bei vor dem 17.8.2015 verstorbenen Personen anwendbarem) Art. 3a Abs. 2 EGBGB oder teilweiser Rück- bzw. Weiterverweisung[3] – ein,[4] kann für jeden Spaltnachlass **gesondert** über die eventuelle Erbausschlagung entschieden werden. Selbst wenn nur einer der beiden Spaltnachlässe überschuldet ist, muss jedoch angesichts der unsicheren Rechtslage bezüglich etwaiger nur auf einen Spaltnachlass fixierter Nachlassverbindlichkeiten gleichwohl mit einer Haftung beider Spaltnachlässe gerechnet werden.[5]

80 Zur Vermeidung von Auslegungsschwierigkeiten sollte daher **ausdrücklich** klargestellt werden, auf welchen Spaltnachlass sich die Ausschlagung bezieht. Weiß der Ausschlagende, dass Nachlassbestandteile im Ausland belegen sind, wird regelmäßig unterstellt werden, dass die Ausschlagung auch das Auslandsvermögen erfassen soll.[6]

7. Entgegennahme durch ein unzuständiges Gericht

81 Wird eine Ausschlagungs- bzw. Anfechtungserklärung von einem **örtlich** unzuständigen Gericht entgegengenommen, gilt sie gleichwohl analog § 2 Abs. 3 als wirksam und fristgerecht beim zuständigen Gericht eingegangen,[7] es sei denn, das Gericht gibt die dadurch unwirksam werdende Erklärung wegen Unzuständigkeit an den Erklärenden zurück.[8]

82 Entsprechendes gilt analog § 2 Abs. 3, wenn die Entgegennahme durch ein **international** unzuständiges Gericht erfolgt.[9]

---

1 Verordnung (EU) Nr. 650/2012 vom 4.7.2012, ABl. EU 2012, Nr. L 201, S. 107.
2 *Fröhler*, BWNotZ 2012, 160 (165); *Bachmayer*, BWNotZ 2010, 146 (157).
3 *Fetsch*, MittBayNot 2007, 285 (287 f.).
4 S. dazu die Länderübersicht bei *Fetsch*, RNotZ 2006, 77 (91 ff.).
5 *Fetsch*, RNotZ 2006, 1 (24).
6 BayObLG v. 18.2.1998 – 1 Z BR 155/97, ZEV 1998, 472 (473); *Fröhler*, BWNotZ 2012, 160 (165).
7 BayObLG v. 22.12.1997 – 1 Z BR 138/97, MittBayNot 1998, 192 (193); *Heinemann*, FamFG für Notare, Rz. 288.
8 Palandt/*Edenhofer*, 68. Aufl., § 1945 BGB Rz. 7 zu § 7 FGG; *Heinemann*, FamFG für Notare, Rz. 289.
9 BayObLG v. 11.3.1994 – 1 Z BR 109/93, NJW-RR 1994, 505 (507).

Dieser jeweils **ursprünglich** aus entsprechender Anwendung des § 7 FGG entwickelte Grundsatz bleibt auch nach Inkrafttreten des § 344 Abs. 7 FamFG relevant,[1] bspw. bei Einreichung einer durch einen Notar öffentlich beglaubigten Erklärung bei dem Gericht desjenigen Ortes, an dem der Ausschlagende zwar seinen gewöhnlichen Aufenthalt, nicht jedoch seinen in Satz 1 vorausgesetzten Wohnsitz (s. dazu § 343 Rz. 11 ff.) hat oder an dem bei ausländischem Erblasser und Maßgeblichkeit ausländischen Sachrechts zwar zur Zeit des Erbfalls, jedoch nicht mehr bei erstmaligem Befasstwerden des allgemein zuständigen Nachlassgerichts Nachlassgegenstände belegen waren.[2]

83

8. Ersuchtes Gericht

Ungeachtet der Regelung des Abs. 7 ist eine nachlassgerichtliche Entgegennahme von Erklärungen im Zusammenhang mit einer Erbschaftsausschlagung auch weiterhin im Wege der **Rechtshilfe** nach §§ 156, 157 GVG möglich,[3] zumal Nachlassgerichte ihre Nachlassakten auch mit dem Ersuchen an das Wohnsitzgericht übersenden, die von den Beteiligten je nach von diesen noch zu treffender Entscheidung gewünschten Erklärungen, insbesondere über Erbscheinsantrag oder Erbausschlagung, zu protokollieren, und entsprechende Erklärungen auch an anderen Orten als dem Wohnsitzort des Erklärenden, etwa am Studienort, der mangels Domizilwillens regelmäßig nicht Wohnsitz iSd. § 344 Abs. 7 FamFG iVm. § 7 BGB ist (s. § 343 Rz. 24),[4] Arbeitsplatzort oder Urlaubsort[5] möglich sein muss.

84

9. Gesetzliche Vertretung

a) Genehmigungsbedürftigkeit

Für eine Erbausschlagungserklärung gelten die allgemeinen Regeln über die **Geschäftsfähigkeit**. Danach kann ein beschränkt geschäftsfähiger Erbe gem. §§ 107, 111 BGB mangels abstrakten lediglich rechtlichen Vorteils nur entweder vertreten durch seinen gesetzlichen Vertreter oder selbst mit dessen Einwilligung die Erbschaft ausschlagen[6] – wird ein gesetzlich vertretenes minderjähriges Kind zwischen Abgabe durch Absendung der Erklärung und deren Zugang volljährig, ist die Erklärung der Eltern gleichwohl analog § 130 Abs. 2 BGB ausreichend[7] –, während eine Erbausschlagung für einen geschäftsunfähigen Erben ausschließlich durch dessen gesetzlichen Vertreter erfolgen kann. Nach § 1629 Abs. 1 Satz 2 BGB vertreten die Eltern ihr Kind gemeinschaftlich. Sind die Eltern bei der Geburt ihres Kindes nicht miteinander verheiratet, vertritt die Mutter das Kind aufgrund alleinigen elterlichen Sorgerechts gem. § 1629 Abs. 1 Satz 3 iVm. § 1626a Abs. 3 BGB grundsätzlich allein, soweit beide Elternteile keine Sorgeerklärung iSd. § 1626a Abs. 1 Nr. 1 BGB abgegeben haben, sie einander nicht geheiratet haben oder das Familiengericht ihnen die elterliche Sorge nicht gem. der zum 19.5.2013 in Kraft getretenen gesetzlichen Neuregelung nach § 1626a Abs. 1 Nr. 3 iVm. Abs. BGB[8] auf Antrag eines Elternteils gemeinsam übertragen hat.

85

Ein Vormund, ein Betreuer bzw. ein Pfleger bedarf für eine Erbausschlagung gem. (§§ 1908i bzw. 1915 BGB iVm.) **§ 1822 Nr. 2 BGB** der familien- bzw. betreuungsgerichtlichen Genehmigung. Obwohl § 1822 Nr. 2 BGB mangels entsprechenden Verweises durch § 1643 Abs. 1 BGB auf die gesetzliche Vertretung minderjähriger Kinder durch die Eltern keine Anwendung findet, erfordert die Ausschlagungserklärung der Eltern bzw. des allein sorge- und damit vertretungsberechtigten Elternteils zu ihrer Wirk-

86

---

1 *Heinemann*, ZErb 2008, 293 (297); Bahrenfuss/*Schaal*, § 344 FamFG Rz. 27; MüKo.ZPO/*Mayer*, § 344 FamFG Rz. 20.
2 *Fröhler*, BWNotZ 2012, 160 (165).
3 Bahrenfuss/*Schaal*, § 344 FamFG Rz. 26.
4 *Fröhler*, BWNotZ 2012, 160 (165 f.).
5 Keidel/*Zimmermann*, § 344 FamFG Rz. 44.
6 MünchKomm. BGB/*Leipold*, § 1945 BGB Rz. 12; *Fröhler*, BWNotZ 2013, 88.
7 OLG Karlsruhe v. 22.7.1965 – 5 W 134/64, OLGZ 1965, 260 (261 f.); *Fröhler*, BWNotZ 2013, 88.
8 BGBl. 2013 I, S. 795.

samkeit gleichwohl gem. **§ 1643 Abs. 2 Satz 1 BGB** grundsätzlich die Genehmigung des Familiengerichts. Die **familiengerichtliche Genehmigung** ist dabei nur dann entbehrlich, wenn das Kind ausschließlich dadurch Erbe geworden ist, dass der allein oder mitvertretende Elternteil seinerseits zuvor die Erbschaft mit Wirkung nach § 1953 Abs. 2 BGB ausgeschlagen hat, ohne neben dem Kind berufen gewesen zu sein. Insbesondere bedarf bspw. die alleinsorgeberechtigte Mutter eines minderjährigen nichtehelichen Kindes bezüglich der von ihr für das Kind erklärten Ausschlagung nach dessen Großeltern väterlicherseits dann der familiengerichtlichen Genehmigung, wenn diesem Kind die Erbschaft aufgrund der Ausschlagung des nichtsorgeberechtigten Vaters angefallen ist.[1] Umgekehrt ist die Ausschlagung für das Kind durch die alleinsorgeberechtigte Mutter auf den Tod deren Eltern nach vorheriger eigener Ausschlagung genehmigungsfrei, wenn das Kind erstmals durch diese Ausschlagung der Mutter Erbe wurde und nicht bereits daneben berufen war. Verstirbt dagegen bspw. der Ehemann, sind die Ehefrau und das Kind nebeneinander Erben und schlägt die Ehefrau ihren Erbteil aus, bedarf die Ausschlagung durch die Ehefrau für das Kind nach § 1643 Abs. 2 Satz 2 Halbs. 2 BGB insgesamt der Genehmigung,[2] da die Ehefrau zunächst neben dem Kind berufen war, das Kind zudem einen originären nicht erst durch Ausschlagung seiner Mutter (der Ehefrau) angefallenen Erbteil hat und die aufgrund der eigenen Ausschlagung der Ehefrau durch den Anfall beim Kind nach § 1953 Abs. 2 BGB rückwirkend auf den Erbfall ausgelöste Erbteilserhöhung gemeinsam mit dessen originärem Erbteil insoweit – anders als in Ansehung hier nicht relevanter Vermächtnisse bzw. Auflagen nach § 1935 BGB – einheitlich behandelt wird, obwohl die durch die Ausschlagung der Ehefrau dem Kind angefallene Erbteilserhöhung ein für sich isoliert betrachtet genehmigungsfreier Tatbestand wäre und die Ausschlagung der Mutter ein wirtschaftliches Ausschlagungserfordernis indiziert.[3]

87 Die jeweilige gerichtliche Genehmigung für die Ausschlagung muss in derartigen Fällen als einseitige amtsempfangsbedürftige Erklärung gemeinsam mit einem Nachweis über deren Bekanntgabe gegenüber dem gesetzlichen Vertreter iSd. § 1643 Abs. 3 iVm. § 1828 BGB **bis zum Ablauf der Ausschlagungsfrist** rechtskräftig beim Nachlassgericht vorliegen.[4] Wird die Erteilung der Genehmigung innerhalb dieser Frist beantragt und verzögert sich daher die Erteilung der gerichtlichen Genehmigung aufgrund des dortigen Verfahrens, kann ein Fall höherer Gewalt iSd. §§ 206, 1944 Abs. 2 Satz 2 BGB vorliegen, der den Lauf der Ausschlagungsfrist hemmt, wobei jedoch die nach Zugang der rechtskräftigen Genehmigung für deren Übermittlung an das Nachlassgericht noch benötigte Zeit nicht in den **Hemmungszeitraum** einbezogen wird und daher der Antrag auf Genehmigungserteilung rechtzeitig vor Fristablauf gestellt werden sollte.[5]

b) Erfordernis eines Kontrollvertreters

88 Innerhalb des Genehmigungsverfahrens bedarf es zur Entgegennahme des Beschlusses über die beantragte familiengerichtliche Genehmigung und für die Entscheidung über die diesbezügliche Erteilung eines Rechtsmittelverzichts bzw. die Einlegung von Rechtsmitteln nach § 9 Abs. 2 FamFG iVm. § 1909 Abs. 1 Satz 1 BGB eines **Ergänzungspflegers** für ein vertretenes geschäftsunfähiges bzw. noch nicht vierzehnjähriges beschränkt geschäftsfähiges minderjähriges Kind. Dies folgt daraus, dass diesem Kind der Beschluss mangels eigener Verfahrensfähigkeit iSd. § 9 Abs. 1

---

[1] OLG Naumburg v. 19.10.2006 – 3 WF 194/06, FamRZ 2007, 1047; Bamberger/Roth/*Veit*, § 1643 BGB Rz. 5.1; *DNotI*, DNotI-Report 2002, 139; *Ivo*, ZEV 2002, 309 (311); *Fröhler*, BWNotZ 2013, 88.
[2] MünchKomm. BGB/*Huber*, § 1643 BGB Rz. 21; Staudinger/*Engler*, § 1643 BGB Rz. 40.
[3] *Fröhler*, BWNotZ 2013, 88 f.; *Fröhler*, BWNotZ 2012, 160 (165 f.); Wurm/Wagner/Zartmann/*Fröhler*, Kap. 93 Rz. 15.
[4] Erman/*Michalski*/*Döll*, § 1643 BGB Rz. 26; Erman/*Saar*, § 1831 BGB Rz. 3; Erman/*Schlüter*, § 1945 BGB Rz. 3.
[5] OLG Frankfurt v. 22.11.1965 – 6 W 153/65, OLGZ 1966, 337 (338 ff.); *Fröhler*, BWNotZ 2013, 88 (90).

nach § 41 Abs. 3 nicht persönlich, wegen dortiger erheblicher generell-abstrakter Interessengegensätze aus den grundrechtsgleichen Rechten auf effektiven Rechtsschutz nach Art. 19 Abs. 4 GG und faires Verfahren nach Art. 2 Abs. 1 GG iVm. Art. 20 Abs. 3 GG (Rechtsstaatsprinzip)[1] auch nicht dem die Genehmigung namens des Vertretenen beantragenden gesetzlichen Vertreter[2] – unabhängig davon, ob dies ein Elternteil oder als Vormund das Jugendamt ist – und schließlich nicht einem Verfahrensbeistand iSd. § 158 Abs. 4 Satz 6 bekannt gegeben werden kann, da dieser kein gesetzlicher Vertreter des Kindes ist und hier das Vermögen statt – wie jedoch für eine Kindschaftssache erforderlich – die Person des Kindes betroffen ist.[3] Die Bekanntgabe erfolgt nach § 164 iVm. § 151 Nr. 1 jedoch gegenüber dem Kind selbst, wenn es das 14. Lebensjahr vollendet hat und nicht gem. § 104 Nr. 2 BGB geschäftsunfähig ist,[4] da es dann nach § 9 Abs. 1 Nr. 3 verfahrensfähig ist und gem. § 60 Abs. 1 ein eigenes selbständiges Beschwerderecht hat (s. dazu § 164 Rz. 4ff.).

IX. Übergangsrecht

Zum **Übergangsrecht** nach FGG-RG s. § 343 Rz. 193ff.

89

Abschnitt 2
Verfahren in Nachlasssachen

Literatur: *Althammer*, Verfahren mit Auslandsbezug nach dem neuen FamFG, IPrax 2009, 381; *Bachmayer*, Ausgewählte Problemfelder bei Nachlasssachen mit Auslandsberührung, BWNotZ 2010, 146; *Bornhofen*, Das Gesetz zur Reform des Personenstandsrechts, StAZ 2007, 33; *Bühler*, Das Geheimhaltungsinteresse des Überlebenden bei der erstmaligen Eröffnung gemeinschaftlicher Verfügungen von Todes wegen, ZRP 1988, 59; *Buschbaum/Simon*, EuErbVO: Das Europäische Nachlasszeugnis, ZEV 2012, 525; *Diehn*, Das Zentrale Testamentsregister, NJW 2011, 481; *Diehn*, Das Zentrale Testamentsregister in der notariellen Praxis, DNotZ 2011, 676; *Dörner*, EuErbVO: Die Verordnung zum Internationalen Erb- und Erbverfahrensrecht ist in Kraft!, ZEV 2012, 505; *Dutta*, Das neue internationale Erbrecht der Europäischen Union – Eine erste Lektüre der Erbrechtsverordnung, FamRZ 2013, 4; *Fahrenkamp*, Bis zu welchem Zeitpunkt kann der Erbe seinen Antrag auf Nachlassverwaltung zurücknehmen?, NJW 1975, 1637; *Fröhler*, Rechtliche Grundlagen und praktische Probleme bei der Führung einer Nachlasspflegschaft, BWNotZ 2011, 2; *Fröhler*, Vor- und Nacherbschaft sowie Vor-, Nach- und Herausgabevermächtnis, in Wurm/Wagner/Zartmann, Das Rechtsformularbuch, 16. Aufl. 2011, Kap. 84; *Gaaz*, Die Reform des Personenstandsrechts – Vision und Wirklichkeit, StAZ 2008, 198; *Görk*, Zentrales Vorsorgeregister und Zentrales Testamentsregister – die Bundesnotarkammer als Registerbehörde, DNotZ 2011, 71; *Haegele*, Einzelfragen zur Testaments-Eröffnung, Rpfleger 1968, 137; *Hilger*, Das Bestimmtheitserfordernis des Erbscheinsantrages, BWNotZ 1992, 113; *Keim*, Die Aufhebung von Erbverträgen durch Rücknahme aus amtlicher oder notarieller Verwahrung, ZEV 2003, 55; *Kordel*, Der Notar als Ermittler, DNotZ 2009, 644; *Kuchinke*, Grundfragen des Erbscheinsverfahrens und des Verkehrsschutzes bei Verfügungen des Scheinerben über Erbschaftsgegenstände, Jura 1981, 281; *Lange*, Das geplante Europäische Nachlasszeugnis, DNotZ 2012, 168; *Litzenburger*, Ist die eidesstattliche Versicherung eines Vorsorgebevollmächtigten im Erbscheinsverfahren zulässig?, ZEV 2004, 450; *Nieder/Kössinger*, Handbuch der Testamentsgestaltung, 4. Aufl. 2011; *Schaal/Grigas*, Der Regierungsentwurf zur Änderung des Erb- und Verjährungsrechtes, BWNotZ 2008, 2; *Schaal*, Schnittstellen notarieller Tätigkeit mit dem Nachlass(verfahrens)recht, notar 2010, 393; *Schäu-

---

1 BVerfG v. 18.1.2000 – 1 BvR 321/96, NJW 2000, 1709, wobei in durch Rechtspfleger geführten Verfahren mangels diesbezüglicher Richtereigenschaft iSd. Art. 92 GG kein Anspruch auf rechtliches Gehör nach Art. 103 Abs. 1 GG eröffnet ist.
2 BVerfG v. 18.1.2000 – 1 BvR 321/96, NJW 2000, 1709 (1710).
3 OLG Celle v. 4.5.2011 – 10 UF 78/11, ZErb 2011, 198; OLG Celle v. 11.9.2012 – 10 UF 56/12, FamRB 2012, 336 (*Stößer*); KG v. 4.3.2010 – 17 UF 5/10, MittBayNot 2010, 482; OLG Köln v. 10.8.2010 – 4 UF 127/10, FamRZ 2011, 231; OLG Karlsruhe v. 5.9.2012 – 20 WF 135/12, n.v.; *Fröhler*, BWNotZ 2013, 88 (90); aA OLG Brandenburg v. 6.12.2010 – 9 UF 61/10, MittBayNot 2011, 240 (Notwendigkeit eines konkreten – nicht nur abstrakten – Interessengegensatzes für Ausschluss der Vertretungsmacht des gesetzlichen Vertreters).
4 KG v. 4.3.2010 – 17 UF 5/10, MittBayNot 2010, 482.

ble, Die Erbscheinserteilung in internationalen Erbfällen, ZErb 2009, 200; *Schopp*, Keine vorläufige Erbscheinseinziehung, Rpfleger 1983, 264; *Simon/Buschbaum*, Die neue EU-Erbrechtsverordnung, NJW 2012, 2393; *van Venrooy*, Zum Sinn des Nachlassinventars, AcP 186, 356; *Walter*, Die Auswirkungen des Personenstandsrechtsreformgesetzes im Bereich des Nachlassrechts, Rpfleger 2008, 611; *Weimar*, Risiken bei der Inventarerrichtung für den Erben, MDR 1979, 726; *Weiß*, Zur Einziehung inkorrekt erteilter Erbscheine, Rpfleger 1984, 389; *Westphal*, Rechtliches Gehör in Nachlaßsachen, Rpfleger 1983, 204; *Will*, Zweimalige Testamentseröffnung? – Zur Frage, ob das in Österreich kundgemachte Testament eines Deutschen in Deutschland abermals zu eröffnen sei –, DNotZ 1974, 273; *Wittkowski*, Die Beantragung und Erteilung von Erbscheinen in Erbfällen mit Auslandsberührung nach dem FamFG, RNotZ 2010, 102; *Zimmermann*, Die Beteiligten im neuen FamFG, FPR 2009, 5.

Unterabschnitt 1
Allgemeine Bestimmungen

345 *Beteiligte*

(1) In Verfahren auf Erteilung eines Erbscheins ist Beteiligter der Antragsteller. Ferner können als Beteiligte hinzugezogen werden:
1. die gesetzlichen Erben,
2. diejenigen, die nach dem Inhalt einer vorliegenden Verfügung von Todes wegen als Erben in Betracht kommen,
3. die Gegner des Antragstellers, wenn ein Rechtsstreit über das Erbrecht anhängig ist,
4. diejenigen, die im Fall der Unwirksamkeit der Verfügung von Todes wegen Erbe sein würden, sowie
5. alle Übrigen, deren Recht am Nachlass durch das Verfahren unmittelbar betroffen wird.

Auf ihren Antrag sind sie hinzuzuziehen.

(2) Absatz 1 gilt entsprechend für die Erteilung eines Zeugnisses nach § 1507 des Bürgerlichen Gesetzbuchs oder nach den §§ 36 und 37 der Grundbuchordnung sowie den §§ 42 und 74 der Schiffsregisterordnung.

(3) Im Verfahren zur Ernennung eines Testamentsvollstreckers und zur Erteilung eines Testamentsvollstreckerzeugnisses ist Beteiligter der Testamentsvollstrecker. Das Gericht kann als Beteiligte hinzuziehen:
1. die Erben,
2. den Mitvollstrecker.

Auf ihren Antrag sind sie hinzuzuziehen.

(4) In den sonstigen auf Antrag durchzuführenden Nachlassverfahren sind als Beteiligte hinzuzuziehen in Verfahren betreffend
1. eine Nachlasspflegschaft oder eine Nachlassverwaltung der Nachlasspfleger oder Nachlassverwalter;
2. die Entlassung eines Testamentsvollstreckers der Testamentsvollstrecker;
3. die Bestimmung erbrechtlicher Fristen derjenige, dem die Frist bestimmt wird;
4. die Bestimmung oder Verlängerung einer Inventarfrist der Erbe, dem die Frist bestimmt wird, sowie im Fall des § 2008 des Bürgerlichen Gesetzbuchs dessen Ehegatte oder Lebenspartner;
5. die Abnahme einer eidesstattlichen Versicherung derjenige, der die eidesstattliche Versicherung abzugeben hat, sowie im Fall des § 2008 des Bürgerlichen Gesetzbuchs dessen Ehegatte oder Lebenspartner.

Das Gericht kann alle Übrigen, deren Recht durch das Verfahren unmittelbar betroffen wird, als Beteiligte hinzuziehen. Auf ihren Antrag sind sie hinzuzuziehen.

A. Überblick		B. Inhalt der Vorschrift	
I. Entstehung	1	I. Allgemeines	
II. Systematik	2	1. Begrenzungsfunktion	9
III. Normzweck	6	2. Hinzuziehung	10

3. Aufhebung der Beteiligung 15a
4. Funktionelle Zuständigkeit 15b
II. Beteiligte in Antragsverfahren
1. Verfahren auf Erteilung eines Erbscheins (Absatz 1)
   a) Zwingend Beteiligte kraft Gesetzes (Satz 1) 16
   b) Beteiligte kraft Hinzuziehung
      aa) Gerichtliches Ermessen (Satz 2)
         (1) Gesetzliche Erben (Nr. 1) 19
         (2) In Betracht kommende gewillkürte Erben (Nr. 2) 23
         (3) Gegner des Antragstellers (Nr. 3) 29
         (4) Erben bei Unwirksamkeit einer Verfügung von Todes wegen (Nr. 4) 31
         (5) Alle übrigen unmittelbar Betroffenen (Nr. 5) 33
      bb) Gerichtliche Pflicht nach Antrag (Satz 3) 39
2. Erteilung eines Fortsetzungs- bzw. Überweisungszeugnisses (Absatz 2) 40
3. Ernennungs- bzw. Zeugniserteilungsverfahren bei Testamentsvollstreckung (Absatz 3)
   a) Testamentsvollstreckerernennung 43
   b) Testamentsvollstreckerzeugnis . 44
   c) Zwingend Beteiligte kraft Gesetzes
      aa) Nach Satz 1 46
      bb) Nach § 7 Abs. 1 48
   d) Beteiligte kraft Hinzuziehung
      aa) Gerichtliches Ermessen (Satz 2)
         (1) Erben (Nr. 1) 49
         (2) Mitvollstrecker (Nr. 2) . 51
      bb) Gerichtliche Pflicht nach Antrag (Satz 3) 53
4. Sonstige Antragsverfahren (Absatz 4)
   a) Beteiligte kraft Hinzuziehung
      aa) Zwingend (Satz 1)
         (1) Nachlasspflegschaft bzw. Nachlassverwaltung (Nr. 1) 54
         (2) Entlassung des Testamentsvollstreckers (Nr. 2) 56
         (3) Bestimmung erbrechtlicher Fristen (Nr. 3) . . 57
         (4) Inventarfristbestimmung (Nr. 4) 58
         (5) Eidesstattliche Versicherung (Nr. 5) 61
      bb) Gerichtliches Ermessen (Satz 2) 63
      cc) Gerichtliche Pflicht nach Antrag (Satz 3) 65
   b) Nach § 7 Abs. 1 66
III. Von Amts wegen durchzuführende Nachlassverfahren
1. Allgemeines 67
2. Beteiligte kraft zwingender Hinzuziehung 68
IV. Übergangsrecht 69

A. Überblick

I. Entstehung

Die Vorschrift ist ebenso wie die korrespondierenden Regelungen in § 7 des Allgemeinen Teils und den übrigen Büchern gänzlich neu geschaffen worden. Damit sieht das normierte Verfahrensrecht der freiwilligen Gerichtsbarkeit **erstmals ausdrücklich** Regelungen zum Beteiligtenbegriff vor. Hierdurch wird die wohl bekannteste Lücke hinsichtlich ausdrücklich normierter rechtsstaatlicher Verfahrensgarantien im früheren FGG geschlossen. Die früher im materiellen Recht enthaltenen Beteiligtenrechte zur Anhörung des zu entlassenden Testamentsvollstreckers nach § 2227 Abs. 2 BGB bzw. des Gegners des Antragstellers bei einem anhängigen Rechtsstreit nach §§ 2360, 2368 Abs. 2 BGB werden durch § 345 Abs. 4 Nr. 2 bzw. Abs. 1 Nr. 3 und Abs. 3 iVm. § 7 Abs. 4 FamFG ersetzt.[1] Zur Entstehungsgeschichte des Beteiligtenbegriffs und der unter Geltung des FGG praktizierten Unterscheidung zwischen formell und materiell Beteiligten s. § 7 Rz. 7 ff.

1

II. Systematik

Die Vorschrift regelt gemeinsam mit § 7 des Allgemeinen Teils die Beteiligteneigenschaft in **Nachlassverfahren**. Zur Beteiligteneigenschaft in Teilungssachen sl. § 363 Rz. 13 ff.

2

---

1 Begr. zum GesetzE der BReg. zu Art. 50 Nr. 60 (§ 2227 Abs. 2 BGB) und Nr. 69 (§§ 2360, 2368 Abs. 2 BGB), BT-Drucks. 16/6308, S. 348.

3 Die Regelungssystematik lässt sich dabei nur aus einer gemeinsamen Betrachtung von § 7 und § 345 erschließen. § 345 ist **lex specialis** gegenüber der zum Allgemeinen Teil gehörenden Regelung des § 7. Dieser Vorrang gilt jedoch ausschließlich für die in § 345 genannten Nachlassverfahren, die allesamt **auf Antrag** durchzuführen sind.

4 Daher wird die Beteiligteneigenschaft in den **von Amts wegen** durchzuführenden Nachlassverfahren und hinsichtlich der in den Antragsnachlassverfahren nach Abs. 3 und Abs. 4 nicht ausdrücklich genannten Antragsteller mangels vorrangiger Spezialregelung ausschließlich durch § 7 bestimmt.[1]

5 Die Vorschrift regelt die Beteiligteneigenschaft für das jeweilige **Antragsverfahren** auf Erteilung eines Erbscheins (Abs. 1), auf Erteilung von Zeugnissen nach § 1507 BGB, §§ 36 und 37 GBO bzw. §§ 42 und 74 SchRegO (Abs. 2), zur Ernennung eines Testamentsvollstreckers bzw. zur Erteilung eines Testamentsvollstreckerzeugnisses (Abs. 3) bzw. in den von Abs. 4 erfassten sonstigen auf Antrag durchzuführenden Nachlassverfahren. Dabei wird jeweils zwischen einer Beteiligteneigenschaft unmittelbar kraft zwingender Anordnung durch Gesetz (Abs. 1 Satz 1, Abs. 2 iVm. Abs. 1 Satz 1 bzw. Abs. 3 Satz 1) und einer solchen kraft konstitutiver Hinzuziehung unterschieden, die ihrerseits zwingend auf gerichtlicher Anordnung (Abs. 4 Satz 1), frei auf gerichtlicher Ermessensentscheidung (Abs. 1 Satz 2, Abs. 2 iVm. Abs. 1 Satz 2, Abs. 3 Satz 2, Abs. 4 Satz 2) oder zwingend auf Antrag des Betroffenen (Abs. 1 Satz 3, Abs. 2 iVm. Abs. 1 Satz 3, Abs. 3 Satz 3, Abs. 4 Satz 3) beruhen kann. Sie wird durch eine kraft zwingender Anordnung durch Gesetz nach § 7 Abs. 1 begründete Beteiligteneigenschaft der Antragsteller aus den Verfahren nach § 345 Abs. 3 und Abs. 4 ergänzt.

III. Normzweck

6 Ein Beteiligter unterscheidet sich als **Verfahrenssubjekt** von anderen Personen insbesondere durch das Privileg, Inhaber besonderer Verfahrensrechte zu sein, bspw. auf Akteneinsicht, Stellen von Beweisanträgen, Empfangen gerichtlicher Hinweise und Abgabe von Stellungnahmen zu den Ergebnissen förmlicher Beweisaufnahme.[2] Daneben unterliegen Beteiligte besonderen Pflichten, insbesondere zum persönlichen Erscheinen auf Anordnung nach § 33 Abs. 1.

7 Die Vorschrift hat die Aufgabe, durch erstmalige ausdrückliche gesetzliche Normierung des Beteiligtenbegriffs **eindeutig** zu regeln, welchen Personen in Nachlassangelegenheiten aufgrund ihrer besonderen Stellung im Verfahren derartige Rechte zustehen. Hierdurch wird einerseits zugunsten der Beteiligten den Anforderungen aus dem Rechtsstaatsprinzip samt dem in Art. 103 Abs. 1 GG garantierten Anspruch auf rechtliches Gehör entsprochen, andererseits im Interesse einer Verfahrensbeschleunigung der Kreis der Beteiligten begrenzt.

8 Als Ergebnis einer Abwägung der miteinander in Einklang zu bringenden Grundsätze des Anspruchs auf rechtliches Gehör einerseits und der Verfahrensökonomie andererseits werden die Mitwirkungsfunktionen der Beteiligten weniger als noch unter Geltung des FGG an der materiell-rechtlichen Betroffenheit als vielmehr an formellem Recht ausgerichtet.[3] Daher wird nach einer zwingend kraft Gesetzes (Abs. 1 Satz 1, Abs. 2 iVm. Abs. 1 Satz 1 bzw. Abs. 3 Satz 1), zwingend durch gerichtliche Hinzuziehung (Abs. 4 Satz 1), frei kraft gerichtlicher Hinzuziehung aufgrund Ermessensentscheidung (Abs. 1 Satz 2, Abs. 2 iVm. Abs. 1 Satz 2, Abs. 3 Satz 2, Abs. 4 Satz 2) bzw. zwingend kraft gerichtlicher Hinzuziehung aufgrund eigenen Antrags der Betroffenen (Abs. 1 Satz 3, Abs. 2 iVm. Abs. 1 Satz 3, Abs. 3 Satz 3, Abs. 4 Satz 3) begründeten Beteiligtenstellung differenziert.

---

1 Begr. zum GesetzE der BReg. zu § 345 allg. und Abs. 3, BT-Drucks. 16/6308, S. 278.
2 *Jacoby*, FamRZ 2007, 1703 (1704); *Zimmermann*, FPR 2009, 5.
3 Begr. zum GesetzE der BReg. zu § 7, BT-Drucks. 16/6308, S. 178.

B. Inhalt der Vorschrift
I. Allgemeines
1. Begrenzungsfunktion

Die Aufzählungen nach § 345 und § 7 definieren die Beteiligten in Nachlassverfahren im Interesse der Prozessökonomie **abschließend**.[1] Das Nachlassgericht darf daher von sich aus keine weiteren Beteiligten hinzuziehen. Demnach werden bspw. im Verfahren auf Erteilung eines Testamentsvollstreckerzeugnisses nach Abs. 3 **Vermächtnisnehmer** nicht beteiligt.

2. Hinzuziehung

Soweit die Beteiligteneigenschaft nicht in Antragsnachlassverfahren nach Abs. 1 Satz 1, Abs. 2 iVm. Abs. 1 Satz 1 bzw. Abs. 3 Satz 1 oder nach Abs. 4 iVm. § 7 Abs. 1 kraft Gesetzes von selbst zwingend entsteht, kann sie ausschließlich durch einen **konstitutiven** gerichtlichen Hinzuziehungsakt begründet werden.

Dabei hat das Nachlassgericht entweder (nach Abs. 1 Satz 2, Abs. 2 iVm. Abs. 1 Satz 2, Abs. 3 Satz 2, Abs. 4 Satz 2) einen **Ermessensspielraum** oder (antragsunabhängig nach Abs. 4 Satz 1 bzw. auf Antrag nach Abs. 1 Satz 3, Abs. 2 iVm. Abs. 1 Satz 3, Abs. 3 Satz 3, Abs. 4 Satz 3) die **Pflicht** zur Hinzuziehung.

Soweit ein Ermessensspielraum besteht, kann das **Unterlassen** der Hinzuziehung nicht angefochten werden.[2] Der Betroffene kann jedoch jederzeit einen Zuziehungsantrag (s. Rz. 13) stellen.

Auf einen **Zuziehungsantrag** nach Abs. 1 Satz 3, Abs. 2 iVm. Abs. 1 Satz 3, Abs. 3 Satz 3, Abs. 4 Satz 3, der auch noch im Beschwerdeverfahren gestellt werden kann,[3] muss die entsprechende Zuziehung erfolgen. Aus dem Umkehrschluss zu § 7 Abs. 5 Satz 1 ergibt sich, dass die Zuziehung keinen förmlichen Beschluss voraussetzt, sondern auch konkludent durch Übersendung von Schriftstücken bzw. Terminsladungen erfolgen kann.[4]

Nach § 7 Abs. 4 sind diejenigen, die in Nachlassverfahren auf Antrag hinzugezogen werden müssen, von der Einleitung des Verfahrens zu benachrichtigen und über ihr Antragsrecht zu belehren. Gem. § 7 Abs. 4 Satz 1 Halbs. 2 beschränkt sich diese Pflicht nach dem Gesetzeswortlaut ausdrücklich auf die dem Gericht bekannten Personen. Zudem wird in der Begründung des Gesetzentwurfes der Bundesregierung ausdrücklich klargestellt, dass das Gericht weder Namen und Anschrift unbekannter Rechtsinhaber ermitteln muss, bei Nichterreichbarkeit in einem Antrag bezeichneter Personen unter der dort angegebenen Anschrift die richtige Anschrift wahlweise selbst ermitteln oder dies dem Antragsteller nach § 27 aufgeben kann und dadurch eine Verfahrensverzögerung vermieden werden soll.[5] Daher besteht grundsätzlich in Durchbrechung des Amtsermittlungsgrundsatzes aus § 26 **keine Pflicht zur Ermittlung** der auf diese Weise zu Beteiligenden (s. § 7 Rz. 58),[6] wobei je nach Einzelfall, Gefährdungsgrad und Schwere der jeweiligen Betroffenheit unter Abwägung der nicht schrankenlos gewährleisteten Maximen des Grundrechts auf rechtliches Gehör aus Art. 103 Abs. 1 GG vor dem Richter[7] bzw. eines rechtsstaatlich und durch Art. 2 Abs. 1 GG gebotenen fairen Gerichtsverfahrens vor dem Rechtspfleger[8] zugunsten eines als Beteiligten Hinzuzuziehenden einerseits mit den ebenfalls aus

---

1 Begr. zum GesetzE der BReg. zu § 7, BT-Drucks. 16/6308, S. 179.
2 Begr. zum GesetzE der BReg. zu § 345 Abs. 2, BT-Drucks. 16/6308, S. 278.
3 *Zimmermann*, Das neue FamFG, Rz. 636.
4 Begr. zum GesetzE der BReg. zur damaligen Fassung des § 7 Abs. 3 Satz 2, BT-Drucks. 16/6308, S. 179; Keidel/*Zimmermann*, § 345 FamFG Rz. 6.
5 Begr. zum GesetzE der BReg. zu § 7 Abs. 4 Satz 1, BT-Drucks. 16/6308, S. 179, und zu § 345 Abs. 5, BT-Drucks. 16/6308, S. 279.
6 So auch Bahrenfuss/*Wick*, § 345 FamFG Rz. 4.
7 BVerfG v. 10.2.1995 – 2 BvR 893/93, NJW 1995, 2095.
8 BVerfG v. 18.1.2000 – 1 BvR 321/96, NJW 2000, 1709 (1710).

denselben Grundsätzen abgeleiteten Ansprüchen der übrigen Beteiligten auf zeitgerechten Rechtsschutz durch Verfahrensökonomie und Verfahrensbeschleunigung andererseits auch einfache, jedenfalls nicht aufwändige Ermittlungen des Nachlassgerichts ohne diesbezüglichen Automatismus geboten sein können.[1]

14a   Soweit die Beteiligung in speziellen Nachlassverfahren, insbesondere bei der Eröffnung von Verfügungen von Todes wegen nach § 348 bzw. der Erteilung von Erbscheinen, Testamentsvollstrecker- und sonstigen Zeugnissen nach §§ 352, 354 **ohne** eine derartige **Beschränkung** auf ausschließlich bekannte Personen geregelt ist, gilt ausnahmsweise nach § 26 der Amtsermittlungsgrundsatz. Stellt sich dabei heraus, dass Beteiligte vorhanden sind, kann jedoch deren genaue Identität bzw. Anschrift etc. nicht ermittelt werden, muss bei dem nach § 340 zuständigen Betreuungsgericht ggf. die Bestellung eines **Pflegers** nach § 1911 bzw. § 1913 BGB angeregt werden,[2] da sich die dort geregelte Beteiligung insoweit anders als bei § 7 Abs. 4 Satz 1 (s. dazu Rz. 14) nicht ausdrücklich auf die dem Gericht bekannten Beteiligten beschränkt, mangels diesbezüglichen Sicherungsbedürfnisses iSd. § 1960 Abs. 2 BGB kommt hingegen keine Nachlasspflegschaft in Betracht.[3] Erst wenn eine derartige Pflegerbestellung scheitert, darf das Verfahren fortgesetzt werden.[4] Zum Fehlen einer nachlassgerichtlichen Beschwerdeberechtigung gegen die betreuungsgerichtliche Ablehnung einer angeregten Pflegerbestellung s. § 348 Rz. 51.

15   Der Beschluss, durch den das Nachlassgericht die Zuziehung trotz Zuziehungsantrags ablehnt, ist nach § 7 Abs. 5 Satz 2 FamFG iVm. §§ 567 bis 572 ZPO analog abweichend von §§ 58, 63 binnen einer Frist von zwei Wochen mit **sofortiger Beschwerde** anfechtbar. Entsprechendes muss bei trotz wiederholter Nachfrage des Antragstellers andauernder, deutlich über eine übliche Bearbeitungszeit hinausgehender Untätigkeit des Gerichts gelten.[5] Nach § 7 Abs. 5 Satz 1 kann auch ein von Amts wegen zu Beteiligender seine Zuziehung beantragen und gegen den Ablehnungsbeschluss sofortige Beschwerde einlegen.

3. Aufhebung der Beteiligung

15a   Soweit dem Nachlassgericht hinsichtlich der Hinzuziehungsentscheidung ein Ermessensspielraum eröffnet ist, kann es einen durch Hinzuziehung konstitutiv entstandenen Beteiligtenstatus durch Aufhebungsbeschluss nach pflichtgemäßem Ermessen ebenfalls konstitutiv wieder **beseitigen** und dadurch angemessen auf Veränderungen reagieren, etwa auf einen ausdrücklich geäußerten Beteiligtenwunsch, über das Verfahren künftig nicht mehr informiert zu werden. Ein entsprechender Aufhebungsbeschluss ist analog § 7 Abs. 5 Satz 2 anfechtbar.[6]

4. Funktionelle Zuständigkeit

15b   Zur **funktionellen** Zuständigkeit s. § 343 Rz. 142 ff.

---

1 Im Ergebnis ebenso MüKo.ZPO/*Mayer*, § 345 FamFG Rz. 8; ähnlich OLG Köln v. 2.11.2009 – 2 Wx 88/09, FGPrax 2009, 287 (289): Ermittlung noch nicht bekannter Kann-Beteiligter *kann* geboten sein (im Leitsatz anders als in den Gründen hingegen: *hat* zu ermitteln); weitergehend Keidel/*Zimmermann*, § 345 FamFG Rz. 17: Ermittlungspflicht bis an die Grenze des Zumutbaren; *Schaal*, notar 2010, 393, (398): unbeschränkte Pflicht zur Ermittlung der Beteiligten im Erbscheinsverfahren insbesonder bei gewillkürter Erbfolge selbst bei erheblicher Verfahrensverzögerung, hilfsweise Anregung einer Pflegerbestellung.
2 MüKo.ZPO/*Muscheler*, § 348 FamFG Rz. 30; *Schaal*, notar 2010, 393, (398) für Erbscheinsverfahren; aA Keidel/*Zimmermann*, § 348 FamFG Rz. 51: keine aufwändige Ermittlung.
3 Keidel/*Zimmermann*, § 348 FamFG Rz. 52; aA MüKo.ZPO/*Muscheler*, § 348 FamFG Rz. 30; Bumiller/*Harders*, § 348 FamFG Rz. 17.
4 Ähnlich *Schaal*, notar 2010, 393, (398) für Erbscheinsverfahren.
5 Keidel/*Zimmermann*, § 345 FamFG Rz. 18: stillschweigende Ablehnung.
6 Keidel/*Zimmermann*, § 345 FamFG Rz. 7.

II. Beteiligte in Antragsverfahren

1. Verfahren auf Erteilung eines Erbscheins (Absatz 1)

a) Zwingend Beteiligte kraft Gesetzes (Satz 1)

Nach Abs. 1 Satz 1 ist in Verfahren auf Erteilung eines Erbscheins der **Antragsteller** kraft Gesetzes Beteiligter, ohne dass es einer konstitutiven gerichtlichen Hinzuziehung bedarf. Beim Erbscheinsantrag treten die §§ 2354, 2355 BGB an die Stelle des § 23 Abs. 1. **16**

Ebenso wie beim Testamentsvollstreckerzeugnis unterfällt auch die **Einziehung** bzw. Kraftloserklärung des Erbscheins **nicht** der Regelung des § 345, sondern § 7 Abs. 2 Nr. 1 (s. dazu Rz. 67f.), da kein Antrags-, sondern ein von Amts wegen zu betreibendes Verfahren betroffen ist. Dies gilt auch dann, wenn die Einziehung bzw. Kraftloserklärung nach § 24 Abs. 1 angeregt wurde. **17**

Maßgebend ist allein die **tatsächliche Antragstellung**. Die Antragsberechtigung hat insoweit keine Bedeutung,[1] da hierüber erst im Laufe des Verfahrens entschieden wird. Daher fehlt einem Antragsberechtigten, der tatsächlich keinen Antrag stellt, die zwingende Beteiligteneigenschaft iSd. Abs. 1 Satz 1, bspw. einem Miterben für einen gemeinschaftlichen Erbschein. Dieser kann jedoch unter den Voraussetzungen des Abs. 1 Satz 2 und Satz 3 Beteiligter sein. Umgekehrt ist ein Antragsteller auch dann zwingend Beteiligter, wenn er nicht antragsberechtigt ist.[2] **18**

b) Beteiligte kraft Hinzuziehung

aa) Gerichtliches Ermessen (Satz 2)

(1) Gesetzliche Erben (Nr. 1)

Als gesetzliche Erben können sowohl diejenigen, deren gesetzliches Erbrecht durch Verfügung von Todes wegen mittels Erhöhung der gesetzlichen Erbquote zugunsten eines Teils von ihnen oder zugunsten Dritter **übergangen** wurde, als auch diejenigen, die kraft gesetzlicher Erbfolge oder aufgrund einer die gesetzliche Erbfolge bestätigenden Verfügung von Todes als Erben **berufen** sind, Beteiligte werden. **19**

Ein **Erbteilserwerber** wird hingegen nicht von Nr. 1, sondern von Nr. 5 erfasst.[3] **20**

Wer gesetzlicher Erbe ist, richtet sich, soweit **deutsches Sachrecht** berufen ist, bei Verwandten nach den §§ 1924 bis 1930 BGB,[4] bei verheirateten oder förmlich verpartnerten Erblassern nach den §§ 1931, 1933, 1371 BGB bzw. § 10 LPartG,[5] für den Fiskus nach § 1936 BGB. Besteht ein Auslandsbezug, müssen vorab die erb- und ggf. güterrechtlichen Regelungen nach dem Internationalen Privatrecht berücksichtigt werden, insbesondere die Artt. 3a, 4, 15 und 25 EGBGB (s. dazu § 343 Rz. 152ff. bzw. 188ff.).[6] Soweit der Erbscheinsantrag nach § 2369 Abs. 1 BGB auf den Inlandsnachlass beschränkt ist, kommt ggf. trotz Auslandsbezugs eine alleinige Anwendung deutschen Sachrechts in Betracht (s. dazu § 343 Rz. 188ff.). **21**

Gesetzliche Miterben kommen auch dann als Beteiligte iSv. Nr. 1 in Betracht, wenn der den Erbscheinsantrag stellende gesetzliche Miterbe statt eines gemeinschaftlichen Erbscheins lediglich einen **Teilerbschein** beantragt.[7] Andernfalls könnten die übrigen gesetzlichen Miterben nicht kontrollieren, dass die zugunsten des An- **22**

---

[1] *Zimmermann*, Das neue FamFG, Rz. 632.
[2] Keidel/*Zimmermann*, § 345 FamFG Rz. 4.
[3] Horndasch/Viefhues/*Heinemann*, § 345 FamFG Rz. 9; zur Differenzierung zwischen Erbe und Erbteilserwerber bezüglich Abs. 4 Satz 2 s. Begr. zum GesetzE der BReg. zu § 345 Abs. 4, BT-Drucks. 16/6308, S. 279.
[4] S. dazu Wurm/Wagner/Zartmann/*Fröhler*, Kap. 81 Rz. 3ff.
[5] S. dazu Wurm/Wagner/Zartmann/*Fröhler*, Kap. 81 Rz. 16f.
[6] S. dazu *Fetsch*, RNotZ 2006, 1ff.; *Fetsch*, RNotZ 2006, 77ff.
[7] AA *Zimmermann*, Das neue FamFG, Rz. 637; Horndasch/Viefhues/*Heinemann*, § 345 FamFG Rz. 8; MüKo.ZPO/*Mayer*, § 345 FamFG Rz. 9.

tragstellers bescheinigte Teilerbquote die ihnen verbleibende Restquote nicht unter Verstoß gegen die Regelungen der gesetzliche Erbfolge ungerechtfertigt reduziert, bspw. aufgrund unrichtiger eidesstattlicher Versicherung bzw. Vorlage gefälschter Personenstandsurkunden.

(2) In Betracht kommende gewillkürte Erben (Nr. 2)

23 Beteiligter iSv. Nr. 2 ist zunächst der in einer Verfügung von Todes wegen **ausdrücklich** als Erbe Benannte.

24 Darüber hinaus erfasst Nr. 2 auch denjenigen letztwillig Begünstigten, dessen Erbenstellung sich erst im Wege der **Auslegung** – auch unter Anwendung einer gesetzlichen Auslegungsregel, bspw. nach § 2069 BGB bzw. § 2087 BGB – feststellen lässt. Dies ergibt sich aus der gesetzlichen Formulierung „in Betracht kommen".

25 Sind mehrere Verfügungen von Todes wegen vorhanden, kann auch derjenige Beteiligter sein, der in einer dieser Verfügungen zum Erben eingesetzt wurde, die anschließend durch eine der anderen Verfügungen ausdrücklich **aufgehoben** wurde. Dies folgt in Anlehnung an die zwischenzeitlich durch § 348 Abs. 3 ersetzte frühere Regelung des § 2262 BGB aus dem Bedürfnis des Betroffenen, die Wirksamkeit der aufhebenden Verfügung überprüfen können zu müssen.

26 Entsprechendes gilt, wenn keine ausdrückliche Aufhebung erfolgt ist, sondern die frühere Verfügung nach § 2258 BGB wegen **sachlicher Unvereinbarkeit** mit einer später errichteten Verfügung aufgehoben ist.

27 **Ersatzerben** können vor Eintritt des Ersatzerbfalls anders als Ersatznacherben vor Eintritt des Ersatznacherbfalls (s. dazu Rz. 36) nicht Beteiligte sein.

28 Die das Beteiligtenrecht auslösende Verfügung muss **vorliegen**. Hieraus folgt das Erfordernis, dass sich die Verfügung gegenständlich bei den Akten befindet. Die Verfügung muss jedoch weder in Urschrift noch in beglaubigter Abschrift vorliegen. Eine einfache Fotokopie ist ausreichend. Der Nachweis der Echtheit kann dem weiteren Verfahren vorbehalten bleiben. Das bloße Behaupten ihrer Existenz ist nach dem eindeutigen Wortlaut der Vorschrift, der sich insbesondere von der Terminologie des Vorhandenseins iSd. § 2354 Nr. 4 BGB unterscheidet, jedoch nicht ausreichend. Insoweit kann sich die Beteiligteneigenschaft jedoch aus Nr. 3 bzw. Nr. 5 ergeben.

(3) Gegner des Antragstellers (Nr. 3)

29 Als Beteiligter kommt auch die gegnerische Partei eines über das Erbrecht anhängigen **Rechtsstreits** in Betracht.

30 Ein derartiger Rechtsstreit setzt Klageerhebung zwischen den Erbprätendenten über das Erbrecht beim Prozessgericht voraus.[1] Die Klage muss **anhängig** sein. Ausreichend ist eine Klage aus § 2018 BGB,[2] eine Anfechtungsklage wegen Erbunwürdigkeit nach § 2342 BGB[3] oder eine Klage wegen einer für das Erbrecht relevanten Vorfrage, bspw. ein Ehescheidungsverfahren.[4] Der Rechtsstreit darf auch vor einem ausländischen Gericht anhängig sein.[5] Die Vorschrift knüpft an § 2354 Abs. 1 Nr. 5 BGB an, durch den dem Nachlassgericht je nach Ermittlungslage vor Erbscheinserteilung die Möglichkeit zur Aussetzung des Nachlassverfahrens bis zu einer Entscheidung im bereits anhängigen Verfahren eröffnet werden soll,[6] und ersetzt zugleich die frühere Regelung des § 2360 BGB.

---

1 OLG München v. 3.11.1936 – Wx. 236/36, JFG 14, 428 (430).
2 KG v. 17.1.1918 – Az. n.v., OLGR 40, 155 Fn. 1e.
3 MüKo.BGB/*Mayer*, § 2354 BGB Rz. 21 Fn. 40.
4 BayObLG v. 4.10.1928 – Reg. III Nr. 101/1928, BayObLGZ 1928, 614 (615); Horndasch/Viefhues/*Heinemann*, § 345 FamFG Rz. 8.
5 KG v. 21.8.1967 – 1 W 959/67, FamRZ 1968, 219 (220).
6 KG v. 21.8.1967 – 1 W 959/67, FamRZ 1968, 219 (220); BayObLG v. 29.7.1969 – BReg. 1b Z 35/69, BayObLGZ 1969, 184 (185f.).

(4) Erben bei Unwirksamkeit einer Verfügung von Todes wegen (Nr. 4)

Bei Unwirksamkeit einer Verfügung von Todes wegen sind Erben im Sinne dieser Vorschrift die **gesetzlichen Erben**,[1] wenn keine weitere letztwillige Verfügung vorhanden ist, die wirksam ist und die gesetzliche Erbfolge ändert. Insoweit tritt die Regelung neben den Tatbestand nach Nr. 1.

Zudem werden **gewillkürte Erben** erfasst, die aufgrund einer weiteren wirksamen letztwilligen Verfügung, die durch die unwirksame Verfügung verdrängt worden wäre, berufen sind. Insoweit tritt die Regelung neben den Tatbestand nach Nr. 2.

(5) Alle übrigen unmittelbar Betroffenen (Nr. 5)

Neben den in Nr. 1 bis 4 ausdrücklich genannten unmittelbar Betroffenen kommen nach dem Auffangtatbestand gem. Nr. 5 auch alle übrigen in ihren Rechten durch die beantragte Erbscheinserteilung unmittelbar Betroffenen als Beteiligte in Betracht. Dies sind insbesondere solche Personen, deren **Verfügungs- oder Anwartschaftsrechte** am Nachlass betroffen werden.

Dies ist bei **Nacherben**[2] der Fall, deren Nacherbanwartschaftsrechte, die insbesondere durch relative Verfügungsbeschränkungen hinsichtlich Grundbesitz und jeglicher Schenkung nach § 2113 BGB geschützt sind, durch Aufnahme von Befreiungsvermerken iSd. § 2136 BGB oder Nichtaufnahme des Nacherbenvermerks gefährdet sein können.

Gleiches gilt für **weitere Nacherben**,[3] die nicht nur gegenüber dem ersten Nacherben, der gegenüber dem weiteren Nacherben insoweit gleichsam die Rolle eines Vorerben einnimmt, sondern auch gegenüber dem eigentlichen Vorerben entsprechend geschützt sind.

Zudem wird auch der **Ersatznacherbe** unmittelbar in seinen Rechten betroffen.[4] Zwar ist für Verfügungen des nicht befreiten Vorerben über Grundbesitz neben der Mitwirkung des Nacherben keine Zustimmung des Ersatznacherben erforderlich.[5] Auch kann der alleinige Nacherbe ohne Zustimmung des Ersatznacherben durch Ausscheidungsvereinbarung Grundbesitz in das freie Vermögen des Vorerben übertragen.[6] Fällt der im Erbschein benannte Nacherbe jedoch zwischen Vor- und Nacherbfall weg, ist nur bei Aufnahme der Ersatznacherbenanordnung im Erbschein sichergestellt, dass nicht unzutreffenderweise auf einen Wegfall der gesamten Nacherbfolgenanordnung geschlossen wird[7] und der Vorerbe unter Vorlage einer Sterbeurkunde des Nacherben als Vollerbe legitimiert erscheint. Die Rechtsstellung des Ersatznacherben vor Eintritt des Nacherbfalls unterscheidet sich daher maßgebend von der des Ersatzerben vor Eintritt des Erbfalls (s. dazu Rz. 27).

Zu Nr. 5 zählt auch ein **Testamentsvollstrecker**, dessen aus § 2205 Satz 2 BGB abgeleitetes Verfügungsrecht das Verfügungsrecht der Erben nach § 2211 Abs. 1 BGB ausschließt. Seine Rechte würden unmittelbar betroffen, wenn die Testamentsvollstreckungsanordnung im beantragten Erbschein nicht vermerkt wäre und der Erbe daher nach § 2211 Abs. 2 BGB gegenüber gutgläubigen Dritten wirksam verfügen könnte. Demgegenüber betrifft das Verfahren zur Erteilung des Testamentsvollstreckerzeugnisses nach Abs. 3 allein den Legitimationsnachweis des Testamentsvollstreckers für dessen eigenes Handeln, ohne unberechtigte Verfügungsmöglichkeiten der Erben zu unterbinden.

---

1 *Zimmermann*, Das neue FamFG, Rz. 640.
2 *Zimmermann*, Das neue FamFG, Rz. 640.
3 S. dazu Wurm/Wagner/Zartmann/*Fröhler*, Kap. 84 Rz. 17 ff.
4 AA Keidel/*Zimmermann*, § 345 FamFG Rz. 24; Horndasch/Viefhues/*Heinemann*, § 345 FamFG Rz. 8.
5 BGH v. 25.9.1963 – V ZR 130/61, BGHZ 40, 115 (119).
6 Wurm/Wagner/Zartmann/*Fröhler*, Kap. 84 Rz. 38 ff. mit Musterformular M. 84.9.
7 MüKo.BGB/*Mayer*, § 2363 BGB Rz. 13.

37a Schließlich sind **Erbeserben, Nachlassverwalter, Nachlassinsolvenzverwalter** und **Gläubiger**, soweit sie einen **Titel** gem. §§ 792, 896 ZPO besitzen,[1] unmittelbar Betroffene iSv. Nr. 5. Dies gilt ebenfalls für **Erbteilspfandgläubiger** und **Erbteilserwerber**,[2] nicht hingegen für Nachlasspfleger,[3] die lediglich gesetzlicher Vertreter der zu beteiligenden unbekannten Erben, anders als Nachlassverwalter jedoch nicht amtlich bestelltes Organ mit eigenen Parteirechten sind.[4]

38 **Schuldrechtlich Berechtigte** kommen mangels unmittelbarer Betroffenheit nicht als Beteiligte in Betracht. Daher sind bspw. Vermächtnisnehmer, soweit sie nicht bei auslegungsbedürftigen letztwilligen Verfügungen möglicherweise Erben bzw. Miterben sein und daher insoweit nach Abs. 1 Satz 2 Nr. 2 als Beteiligte hinzugezogen werden können (s. Rz. 24), nicht von Nr. 5 erfasst.[5] Pflichtteilsberechtigte sind stets gesetzliche Erben iSv. Nr. 1,[6] ggf. zudem durch die Tatbestände der Nrn. 2 bis 4 erfasst, möglicherweise als Miterben auch Antragsteller nach Abs. 1 Satz 1.

bb) Gerichtliche Pflicht nach Antrag (Satz 3)

39 Beantragt ein derartiger Optionsbegünstigter iSv. Satz 2 nach Satz 3 seine Hinzuziehung, **muss** das Gericht diese veranlassen. Es besteht dabei anders als ohne Antrag nach Satz 2 kein Ermessen.

2. Erteilung eines Fortsetzungs- bzw. Überweisungszeugnisses (Absatz 2)

40 Die Regelungen über das Erbscheinserteilungsverfahren gelten nach Abs. 2 **entsprechend** für die Erteilung eines Zeugnisses über die Fortsetzung der Gütergemeinschaft nach § 1507 BGB (s. dazu § 342 Rz. 29), dessen Satz 2 seinerseits die Vorschriften über den Erbschein für entsprechend anwendbar erklärt, und die Überweisungszeugnisse nach §§ 36, 37 GBO bzw. §§ 42, 74 SchRegO (s. dazu jeweils § 342 Rz. 30).

41 Auch hinsichtlich des **Fortsetzungszeugnisses** folgt die zwingende Beteiligteneigenschaft gem. Abs. 2 iVm. Abs. 1 Satz 1 allein aus der tatsächlichen Antragstellung, ohne dass es insoweit auf eine Antragsberechtigung ankäme. Die Antragsberechtigten kommen jedoch als nach Abs. 2 iVm. Abs. 1 Satz 2 Nr. 5 sonstige unmittelbar Betroffene in Betracht. Während des Bestehens der fortgesetzten Gütergemeinschaft sind ausschließlich nach § 1507 Satz 1 BGB der längstlebende Ehegatte, nach §§ 792, 896 ZPO iVm. § 35 Abs. 2 GBO dessen mit vollstreckbarem Titel ausgestattete Gläubiger[7] und nach §§ 1485 Abs. 3, 1416 Abs. 3 BGB der die Grundbuchberichtigung betreibende Abkömmling[8] antragsberechtigt, nach deren Beendigung ist dies jeder am Gesamtgut Berechtigte.[9]

42 Die früheren nachlassgerichtlichen Bescheinigungen nach § 16 **Reichsschuldbuchgesetz**[10] zum Nachweis der Verfügungsberechtigung über die im Bundes- bzw. jeweiligen Landesschuldbuch eingetragenen, dem Staat gegenüber bestehenden Forderungen sind zum 1.1.2002 auf Bundes-[11] und – soweit landesgesetzlich keine frühere

---

1 Keidel/*Zimmermann*, § 345 FamFG Rz. 24.
2 Ebenso *Bassenge*/Roth, § 345 FamFG Rz. 8; aA Keidel/*Zimmermann*, § 345 FamFG Rz. 25.
3 Keidel/*Zimmermann*, § 345 FamFG Rz. 25.
4 *Fröhler*, BWNotZ 2011, 2 (3).
5 Horndasch/Viefhues/*Heinemann*, § 345 FamFG Rz. 9.
6 MüKo.ZPO/*Mayer*, § 345 FamFG Rz. 9.
7 Palandt/*Brudermüller*, § 1507 BGB Rz. 2.
8 Firsching/*Graf*, Rz. 4.365.
9 Firsching/*Graf*, Rz. 4.365: Auf den Tod des längstlebenden Ehegatten auch dessen jeweiliger Erbe.
10 RGBl. I 1910, S. 840 (844) in der im BGBl. Teil III, Gliederungsnummer 651 – 1 veröffentlichten bereinigten Fassung, geändert durch Art. 66 des Gesetzes v. 5.10.1994, BGBl. I 1994, S. 2911.
11 § 15 Nr. 6 Bundeswertpapierverwaltungsgesetz, BGBl. I 2001, S. 3519 (3524).

Änderung vorgenommen wurde[1] – zum 1.1.2009 auf Länderebene[2] ersatzlos aufgehoben worden. § 345 Abs. 3 sieht daher keine entsprechende Regelung vor.

3. Ernennungs- bzw. Zeugniserteilungsverfahren bei Testamentsvollstreckung (Absatz 3)

a) Testamentsvollstreckerernennung

Eine Testamentsvollstreckerernennung kann nach §§ 2197, 2299 BGB durch einseitige Verfügung des Erblassers in einem Einzeltestament, gemeinschaftlichen Testament bzw. Erbvertrag, nach § 2198 BGB durch Bestimmung durch einen Dritten in öffentlich beglaubigter Form gegenüber dem Nachlassgericht, nach §§ 2199, 2198 BGB durch Bestimmung durch den Testamentsvollstrecker im Wege der Mit- oder Nachfolgerernennung in öffentlich beglaubigter Form gegenüber dem Nachlassgericht oder nach § 2200 BGB durch Ernennung **durch das Nachlassgericht** erfolgen. Aufgrund eines offensichtlichen Redaktionsversehens[3] sieht das FGG-RG, anders als für § 2227 Abs. 2 BGB, keine Aufhebung der Sollvorschrift des § 2200 Abs. 2 BGB zur Beteiligtenanhörung vor. Danach sind die Beteiligten möglichst vor der nachlassgerichtlichen Testamentsvollstreckernennung anzuhören. 43

b) Testamentsvollstreckerzeugnis

Neben dem Testamentsvollstreckerzeugnis im engeren Sinn erfasst Abs. 3 – zumindest analog – auch andere die Testamentsvollstreckung betreffende Zeugnisse, insbesondere das nachlassgerichtlich erteilte **Annahmezeugnis**,[4] das weitergehend als eine bloße Annahmebestätigung dem Nachweis der Rechtswirksamkeit der Testamentsvollstreckung über die Annahme dient und seinerseits Testamentsvollstreckerzeugnis im weiteren Sinne ist.[5] 44

Ebenso wie im Erbscheinseinziehungsverfahren unterfällt auch die **Einziehung** bzw. Kraftloserklärung des Testamentsvollstreckerzeugnisses **nicht** der Regelung des § 345, da kein Antrags-, sondern ein von Amts wegen zu betreibendes Verfahren betroffen ist. Dies gilt auch dann, wenn die Einziehung bzw. Kraftloserklärung nach § 24 Abs. 1 angeregt wurde. Insoweit richtet sich die Beteiligtenstellung nach § 7 (s. Rz. 67f.). 45

c) Zwingend Beteiligte kraft Gesetzes

aa) Nach Satz 1

Nach Satz 1 ist in den beiden von Abs. 3 erfassten Verfahren zur Ernennung eines Testamentsvollstreckers und zur Erteilung eines Testamentsvollstreckerzeugnisses der **Testamentsvollstrecker** zwingend Beteiligter. Dies gilt im Zeugniserteilungsverfahren unabhängig davon, ob der Testamentsvollstrecker selbst Antragsteller ist, so bspw. auch im Falle der Antragstellung durch einen mit einem Titel iSd. §§ 792, 896 ZPO ausgestatteten Gläubiger, der im Gegensatz zum Erben ebenfalls antragsberechtigt[6] und dann seinerseits nach § 7 Abs. 1[7] kraft Gesetzes zwingend Beteiligter ist (s. Rz. 48). Darüber hinaus ist auch der auf Ersuchen des Erblassers durch das Nachlassgericht **zur Ernennung vorgesehene Testamentsvollstrecker** kraft Gesetzes zwingend Beteiligter iSd. Abs. 3 Satz 1, obwohl das Ersuchen des Erblassers keinen 46

---

1 So aber bspw. in Bayern durch Art. 3 Abs. 1 Staatsschuldbuchgesetz v. 20.3.2003 (GVBl. 2003, 302), zuletzt geändert durch Art. 15 G. v. 22.12.2006, GVBl. 2006, 1056.
2 So bspw. in Baden-Württemberg bezüglich § 3 des Landesschuldbuchgesetzes v. 11.5.1953 (GBl. 1953, 65) hinsichtlich der darin enthaltenen Verweisung auf § 16 Reichsschuldbuchgesetz.
3 Keidel/*Zimmermann*, § 345 FamFG Rz. 36.
4 *Zimmermann*, Das neue FamFG, Rz. 662; MüKo.ZPO/*Mayer*, § 345 FamFG Rz. 13.
5 Firsching/*Graf*, Rz. 4.459: „seinem Wesen nach Testamentsvollstreckerzeugnis".
6 Palandt/*Weidlich*, § 2368 BGB Rz. 5.
7 Begr. zum GesetzE der BReg. zu § 345 Abs. 3, BT-Drucks. 16/6308, S. 278; MüKo.ZPO/*Mayer*, § 345 FamFG Rz. 13.

vom Wortlaut des § 345 – insoweit aufgrund eines Redaktionsversehens[1] – vorausgesetzten Antrag darstellt, sondern das Ernennungsverfahren von Amts wegen geführt wird.[2]

47 Sind nach den §§ 2197 bis 2200 BGB **mehrere Testamentsvollstrecker** ernannt bzw. bestimmt, ist im Ernennungsverfahren, wie aus Satz 2 Nr. 2 ersichtlich, nur der zu ernennende Testamentsvollstrecker,[3] im Zeugniserteilungsverfahren jeder im Zeugnis aufzuführende Testamentsvollstrecker zwingend Beteiligter.

bb) Nach § 7 Abs. 1

48 Ebenfalls zwingend beteiligt ist nach der allgemeinen Regelung des § 7 Abs. 1, die mangels insoweit vorrangiger Spezialnorm anwendbar ist, jeder **Antragsteller** (s. dazu Rz. 5). Als Antragsteller kommt neben dem ohnehin nach Satz 1 zwingend beteiligten Testamentsvollstrecker insbesondere ein Gläubiger mit Titel nach §§ 792, 896 ZPO in Betracht (s. Rz. 46).[4]

d) Beteiligte kraft Hinzuziehung

aa) Gerichtliches Ermessen (Satz 2)

(1) Erben (Nr. 1)

49 Nach Nr. 1 kann das Gericht die Erben hinzuziehen. Ist während des Verfahrens noch kein Erbschein erteilt und bestehen Zweifel an der Erbenstellung, erfasst die Vorschrift diejenigen Personen, die als gesetzliche oder gewillkürte Erben **in Betracht** kommen.

50 Betrifft die Testamentsvollstreckung nur einzelne und **nicht alle Erbteile**, kommen im Zeugniserteilungsverfahren gleichwohl auch diejenigen Miterben, deren Erbteile durch die Testamentsvollstreckung nicht belastet sind, als Beteiligte in Betracht, wenn der Antrag bspw. mangels Erwähnung einer Einschränkung gleichwohl auch diese Erbteile miterfasst, damit diese Miterben im Verfahren überprüfen können, dass das Zeugnis die Testamentsvollstreckung nicht auch zu Lasten ihrer Erbteile ausweist.[5] Im Ernennungsverfahren sind die durch die Testamentsvollstreckung nicht belasteten Miterben hingegen nicht beteiligt.

(2) Mitvollstrecker (Nr. 2)

51 Soweit nach den §§ 2197 bis 2200 BGB mehrere Testamentsvollstrecker zu ernennen bzw. bestimmen sind, kommt im **Ernennungsverfahren** nach Nr. 2 jeder von ihnen als Beteiligter in Betracht, soweit er nicht in diesem Verfahren ernannt wird und daher bereits nach Satz 1 zwingend Beteiligter ist. Dies gilt, da Nr. 2 pauschal von einem „Mitvollstrecker" spricht, unabhängig davon, welche Anordnungen der Erblasser für die Amtsführung getroffen hat. In Betracht kommen dabei insbesondere das Einstimmigkeitsprinzip bei Gesamtvollstreckung nach § 2224 Abs. 1 BGB, das Mehrheitsprinzip mit Überstimmungsmöglichkeit und die Zuteilung eigenständiger Wirkungskreise.[6]

52 Im **Zeugniserteilungsverfahren** sind alle Testamentsvollstrecker vorrangig nach Satz 1 zwingend Beteiligte.

bb) Gerichtliche Pflicht nach Antrag (Satz 3)

53 Beantragt ein derartiger Optionsbegünstigter iSv. Satz 2 nach Satz 3 seine Hinzuziehung, **muss** das Gericht diese veranlassen. Es besteht dabei anders als ohne Antrag nach Satz 2 kein Ermessen.

---

[1] *Heinemann*, ZFE 2009, 8 (10).
[2] MüKo.ZPO/*Mayer*, § 345 FamFG Rz. 11.
[3] *Zimmermann*, Das neue FamFG, Rz. 644.
[4] Begr. zum GesetzE der BReg. zu § 345, BT-Drucks. 16/6308, S. 278.
[5] AA Keidel/*Zimmermann*, § 345 FamFG Rz. 31.
[6] S. dazu Staudinger/*Reimann*, § 2224 BGB Rz. 5ff.

4. Sonstige Antragsverfahren (Absatz 4)

a) Beteiligte kraft Hinzuziehung

aa) Zwingend (Satz 1)

(1) Nachlasspflegschaft bzw. Nachlassverwaltung (Nr. 1)

Nach Satz 1 ist im Verfahren über eine Nachlasspflegschaft im engeren Sinne der Nachlasspfleger kraft zwingender Hinzuziehung zu beteiligen. Da auch Abs. 4 ausschließlich für Antragsverfahren gilt, erfasst die Regelung nach Nr. 1 trotz seines scheinbar alle Arten von Nachlasspflegschaften betreffenden pauschal formulierten Wortlauts lediglich die in der Praxis relativ seltene **Prozesspflegschaft** nach § 1961 BGB, da die Sicherungspflegschaft nach § 1960 BGB von Amts wegen anzuordnen ist[1] und selbst eine Anregung nach § 24 Abs. 1 das Erfordernis eines Antragsverfahrens nicht ersetzt.[2]

54

Im Verfahren über eine Nachlassverwaltung gem. § 1975 iVm. § 1981 BGB ist der **Nachlassverwalter** kraft zwingender Hinzuziehung zu beteiligen. Hierbei handelt es sich nach § 1981 BGB um ein Antragsverfahren.

55

Dagegen wird nach Anordnung einer Nachlasspflegschaft bzw. Nachlassverwaltung ein etwaiges **Genehmigungsverfahren** unabhängig davon, ob das zugrunde liegende Nachlasspflegschaftsverfahren ein amtswegiges oder ein Antragsverfahren ist, stets von Amts wegen geführt, obwohl die Genehmigung ohne entsprechendes Ersuchen des Nachlasspflegers bzw. Nachlassverwalters nicht erteilt werden darf,[3] und unterliegt daher § 7 Abs. 2 Nr. 1.

55a

(2) Entlassung des Testamentsvollstreckers (Nr. 2)

Nach Nr. 2 ist derjenige Testamentsvollstrecker, der gem. einem dem Nachlassgericht vorliegenden Antrag entlassen werden soll, kraft zwingender Hinzuziehung zu beteiligen. Weitere Testamentsvollstrecker kommen ggf. nach Satz 2 als Beteiligte in Betracht.

56

(3) Bestimmung erbrechtlicher Fristen (Nr. 3)

In Verfahren betreffend die Bestimmung erbrechtlicher Fristen ist derjenige, **dem die Frist bestimmt wird**, kraft zwingender Hinzuziehung zu beteiligen. Hierunter fallen insbesondere Fristbestimmungen zur Ausübung des Bestimmungsrechts bei Vermächtnissen und Auflagen nach §§ 2151 bis 2154 und §§ 2192, 2193 BGB (s. dazu § 342 Rz. 39), bspw. der nach Anordnung des Erblassers bestimmungsberechtigte Beschwerte bzw. Dritte iSd. § 2151 Abs. 1 BGB.

57

(4) Inventarfristbestimmung (Nr. 4)

Bei nachlassgerichtlicher Inventarfristbestimmung ist derjenige, **dem die Frist bestimmt** wird, kraft zwingender Hinzuziehung zu beteiligen. Dies ist als Adressat der Fristbestimmung nach § 1994 Abs. 1 BGB der Erbe bzw. bei Zugehörigkeit der Erbschaft zum Gesamtgut der Gütergemeinschaft des Erben zusätzlich nach § 2008 BGB dessen Ehegatte bzw. eingetragener Lebenspartner, wenn dieser das Gesamtgut allein oder gemeinsam mit dem Erben verwaltet.

58

Nach seinem Wortlaut gilt Nr. 4 auch für die **Fristverlängerung** gem. § 1995 Abs. 3 BGB. Da die Verlängerung der Frist ausschließlich durch den Erben beantragt werden kann, stellt dies eine innerhalb des Abs. 4 besondere Regelung einer Beteiligung kraft zwingender Hinzuziehung nach Antragstellung dar. Anders als in den anderen

59

---

1 Palandt/*Weidlich*, § 1960 BGB Rz. 9.
2 *Fröhler*, BWNotZ 2011, 2 (4).
3 BGH DNotZ 1967, 320, 321 ff.; Palandt/*Diederichsen*, § 1828 BGB Rz. 19; *Fröhler*, BWNotZ 2011, 2 (4); *Jochum/Pohl*, Nachlasspflegschaft, 4. Aufl. 2009, Rz. 562.

Fällen des Abs. 4 wird insoweit die ansonsten einschlägige Regelung des § 7 Abs. 1 verdrängt.

60 Nr. 4 erfasst zudem die wiederum durch den Erben zu beantragende Bestimmung einer **neuen Frist** nach § 1996 Abs. 1 BGB, da sie der Fristverlängerung sehr nahe kommt. Auch diese verkörpert eine gegenüber § 7 Abs. 1 vorrangige Anordnung einer Beteiligung kraft zwingender Hinzuziehung nach Antragstellung.

(5) Eidesstattliche Versicherung (Nr. 5)

61 Bei Abnahme einer eidesstattlichen Versicherung durch das Nachlassgericht ist nach Nr. 5 derjenige kraft zwingender Hinzuziehung zu beteiligen, der die eidesstattliche Versicherung **abzugeben** hat. Diese Regelung betrifft jedoch ausschließlich solche eidesstattlichen Versicherungen, die ein Nachlassverfahren darstellen und für die daher das Nachlassgericht zuständig ist. Hierzu gehört als Nachlasssache iSd. § 361 (s. dazu § 361 Rz. 9 ff.) das Verfahren über die Abgabe einer eidesstattlichen Versicherung durch den Erben auf Verlangen eines Nachlassgläubigers nach § 2006 Abs. 1 BGB. Danach ist der Erbe bzw. bei Zugehörigkeit der Erbschaft zum Gesamtgut der Gütergemeinschaft des Erben zusätzlich nach § 2008 BGB dessen Ehegatte bzw. eingetragener Lebenspartner kraft zwingender Hinzuziehung zu beteiligen, wenn dieser das Gesamtgut allein oder gemeinsam mit dem Erben verwaltet.

62 Sie erfasst jedoch nicht die Verfahren über **weitere Angelegenheiten** der freiwilligen Gerichtsbarkeit iSd. § 410 Nr. 1 nach den §§ 259, 260, 2028 bzw. 2057 BGB,[1] für die sich die Beteiligteneigenschaft nach § 412 Nr. 1 richtet.

bb) Gerichtliches Ermessen (Satz 2)

63 Die Regelung betrifft nicht nur die in Satz 1 Nr. 1 bis 5 genannten, sondern auch **alle übrigen Antragsverfahren** in Nachlassangelegenheiten.[2] Dabei hat der Gesetzgeber angesichts der Vielzahl und Vielgestaltigkeit der betroffenen Verfahren im Gegensatz zu den Regelungen nach Abs. 1 bis 3 von einer ausdrücklichen Aufzählung der einzelnen Verfahren abgesehen.[3]

64 Eine Beteiligteneigenschaft kommt lediglich bei eigener **unmittelbarer Betroffenheit** in Betracht. Dies können bspw. in Verfahren betreffend eine Prozessnachlasspflegschaft bereits ermittelte Miterben bzw. bei Unbekanntsein der Erben allein aufgrund Rechtsstreits unter den der Person nach vollständig bekannten Erbprätendenten[4] alle Erbprätendenten, Erbteilserwerber, Testamentsvollstrecker, Nachlassverwalter, Nachlassinsolvenzverwalter bzw. Nachlassgläubiger, soweit sie nicht bereits als Antragsteller nach § 7 Abs. 1 zwingend Beteiligte sind (s. Rz. 66), sein, in Verfahren über Nachlassverwaltung die Erben, soweit sie nicht bereits als Antragsteller nach § 7 Abs. 1 zwingend Beteiligte sind (s. Rz. 66), in Verfahren über die Außerkraftsetzung von Anordnungen des Erblassers über die Verwaltung des Nachlasses der Testamentsvollstrecker, der Erbe und ggf. der durch die in Rede stehende Anordnung von dem Erben verschiedene unmittelbar Begünstigte oder in Verfahren zur Entscheidung von Meinungsverschiedenheiten zwischen mehreren gesamtvertretungsberechtigten Testamentsvollstreckern allein die Testamentsvollstrecker.[5] Dagegen kommt ein Testamentsvollstrecker, dessen Amt beendet ist, nicht in Betracht.

cc) Gerichtliche Pflicht nach Antrag (Satz 3)

65 Beantragt ein derartiger Optionsbegünstigter iSv. Satz 2 nach Satz 3 seine Hinzuziehung, **muss** das Gericht diese veranlassen. Es besteht dabei anders als ohne Antrag nach Satz 2 kein Ermessen.

---

1 Firsching/*Graf*, Rz. 4.753; Bahrenfuss/*Wick*, § 345 FamFG Rz. 13.
2 Begr. zum GesetzE der BReg. zu § 345 Abs. 4, BT-Drucks. 16/6308, S. 278 f. *Bassenge*/Roth, § 345 FamFG Rz. 13.
3 Begr. zum GesetzE der BReg. zu § 345 Abs. 4, BT-Drucks. 16/6308, S. 279.
4 *Fröhler*, BWNotZ 2011, 2.
5 Begr. zum GesetzE der BReg. zu § 345 Abs. 4, BT-Drucks. 16/6308, S. 279.

b) Nach § 7 Abs. 1

Soweit nicht der Erbe nach § 1995 Abs. 3 bzw. § 1996 Abs. 1 BGB bezüglich der Inventarfrist Fristverlängerung oder Bestimmung einer neuen Frist beantragt und daher nach Abs. 4 Nr. 4 kraft zwingender Hinzuziehung zu beteiligen ist, ist in übrigen Verfahren nach Abs. 4 mangels insoweit vorrangiger Spezialnorm nach der allgemeinen Regelung des § 7 Abs. 1 jeder **Antragsteller** (s. dazu Rz. 5) zwingend beteiligt. Als Antragsteller kommen insbesondere der eine Prozesspflegschaft nach § 1961 BGB beantragende Gläubiger, der eine Nachlassverwaltung nach § 1981 Abs. 1 bzw. 2 Satz 1 BGB beantragende Erbe bzw. Gläubiger, der die Entlassung eines Testamentsvollstreckers nach § 2227 BGB beantragende Erbe, der dies beantragende Vorgänger im Amt, der jedoch wegen der Beendigung seines Testamentsvollstreckeramtes letztlich kein Antragsrecht hat,[1] der die Fristsetzung zur Abgabe einer Bestimmungserklärung nach § 2151 Abs. 3 Satz 2 BGB beantragende potentielle Vermächtnisnehmer und der die Inventarfristbestimmung nach § 1994 Abs. 1 BGB beantragende Nachlassgläubiger in Betracht. Mangels eines gegenüber dem Nachlassgericht gestellten Antrags gehört hierzu jedoch nicht der die Abgabe einer eidesstattlichen Versicherung verlangende Nachlassgläubiger. 66

III. Von Amts wegen durchzuführende Nachlassverfahren

1. Allgemeines

Da die spezialgesetzliche Vorschrift des § 345 ausschließlich Antragsnachlassverfahren erfasst, richtet sich die Beteiligteneigenschaft in von Amts wegen geführten Nachlassverfahren nach der **allgemeinen Regelung des § 7**.[2] Hierzu gehören bspw. Verfahren über nach § 1960 Abs. 2 BGB von Amts wegen angeordnete Sicherungsnachlasspflegschaften als praktischer Regelfall[3] einer Nachlasspflegschaft, etwaige Genehmigungsverfahren sämtlicher Arten von Nachlasspflegschaften im weiteren Sinn, somit auch von auf Antrag angeordneten und damit hinsichtlich ihrer Anordnung und übrigen Führung der Regelung des § 345 Abs. 4 Nr. 1 (s. Rz. 56) unterliegenden Prozesspflegschaften iSd. § 1961 BGB sowie Nachlassverwaltungen, da Genehmigungsverfahren stets von Amts wegen geführt werden, obwohl die Genehmigung ohne entsprechendes Ersuchen des Nachlasspflegers bzw. Nachlassverwalters nicht erteilt werden darf,[4] die Eröffnung von Verfügungen von Todes wegen nach §§ 348, 349, die Einziehung oder Kraftloserklärung von Erbscheinen, Testamentsvollstreckerzeugnissen, Fortsetzungszeugnissen bzw. Überweisungszeugnissen nach den §§ 353, 354. 67

2. Beteiligte kraft zwingender Hinzuziehung

Nach § 7 Abs. 2 Nr. 1 sind diejenigen, deren Recht durch das Verfahren **unmittelbar betroffen** wird (s. dazu § 7 Rz. 24), Beteiligte kraft zwingender Hinzuziehung. Hierzu gehören bspw. die von der Anordnung einer Sicherungsnachlasspflegschaft betroffenen Erben, die von einem Genehmigungsverfahren innerhalb einer bereits angeordneten Sicherungsnachlasspflegschaft, Prozesspflegschaft oder Nachlassverwaltung betroffenen Erben, die im einzuziehenden Erbschein ausgewiesenen Erben sowie diejenigen, die an deren Stelle den Erbschein beantragt haben,[5] oder die im einzuziehenden Testamentsvollstreckerzeugnis ausgewiesenen Testamentsvollstrecker. 68

IV. Übergangsrecht

Zum **Übergangsrecht** nach FGG-RG s. § 343 Rz. 193 ff. 69

---

1 OLG München v. 10.3.2011 – 31 Wx 73/11, n.v.
2 Begr. zum GesetzE der BReg. zu § 345, BT-Drucks. 16/6308, S. 278, Horndasch/Viefhues/*Heinemann*, § 345 FamFG Rz. 4.
3 *Fröhler*, BWNotZ 2011, 2.
4 BGH DNotZ 1967, 320, 321 ff.; Palandt/*Diederichsen*, § 1828 BGB Rz. 19; Fröhler, BWNotZ 2011, 2 (4); *Jochum/Pohl*, Nachlasspflegschaft, 4. Aufl. 2009, Rz. 562.
5 Begr. zum GesetzE der BReg. zu § 345, BT-Drucks. 16/6308, S. 278.

Unterabschnitt 2
Verwahrung von Verfügungen von Todes wegen

346 *Verfahren bei besonderer amtlicher Verwahrung*
(1) Die Annahme einer Verfügung von Todes wegen in besondere amtliche Verwahrung sowie deren Herausgabe ist von dem Richter anzuordnen und von ihm und dem Urkundsbeamten der Geschäftsstelle gemeinschaftlich zu bewirken.
(2) Die Verwahrung erfolgt unter gemeinschaftlichem Verschluss des Richters und des Urkundsbeamten der Geschäftsstelle.
(3) Dem Erblasser soll über die in Verwahrung genommene Verfügung von Todes wegen ein Hinterlegungsschein erteilt werden; bei einem gemeinschaftlichen Testament erhält jeder Erblasser einen eigenen Hinterlegungsschein, bei einem Erbvertrag jeder Vertragschließende.

A. Überblick	**III. Annahme bzw. Herausgabe (Absatz 1)**
I. Entstehung 1	1. Regelungsgegenstand 10
II. Systematik 3	2. Annahme
III. Normzweck 4	a) Anordnung 13
B. Inhalt der Vorschrift	b) Ausführung 17
I. Zuständigkeit 5	3. Hinterlegungsschein 22
II. Beteiligteneigenschaft 9	4. Herausgabe 24
	5. Rechtsmittel 33
	IV. Übergangsrecht 35

A. Überblick

I. Entstehung

1   Die Vorschrift **entspricht** im Wesentlichen der früheren Regelung nach § 82a FGG Abs. 1 bis 3, die ihrerseits erst durch das Personenstandsrechtsreformgesetz (PStRG)[1] mit Wirkung zum 1.1.2009 unter Übernahme des Inhalts aus § 2258b Abs. 1 bis 3 BGB entstanden ist. Zusätzlich übernimmt sie die ebenfalls erst durch das PStRG[2] mit Wirkung zum 1.1.2009 unter teilweiser Übernahme des § 2300 Abs. 1 BGB bzw. unter vollständiger Übernahme des § 2277 BGB entstandene Regelung des § 82b Abs. 1 FGG über die entsprechende Geltung für Erbverträge.

2   **Erstmals** ist ausdrücklich vorgesehen, dass bei einer besonderen amtlichen Verwahrung eines gemeinschaftlichen Testaments jeder Testierende einen eigenen Hinterlegungsschein erhält. Dies war für Erbverträge bereits im übernommenen § 82b Abs. 1 Satz 2 FGG geregelt.

II. Systematik

3   Die Vorschrift regelt das Verfahren bei der **besonderen** amtlichen Verwahrung einer Verfügung von Todes wegen. Abs. 1 beinhaltet die funktionelle Zuständigkeit für die Anordnung und Bewirkung der diesbezüglichen Annahme und Herausgabe, Abs. 2 für den Verwahrungsakt durch Verschluss, während die dienstrechtliche Ausführung jeweils aus § 27 AktO[3] folgt. Die eigentliche Herausgabe ist in den §§ 2256, 2300 Abs. 2 BGB geregelt. Die Sollvorschrift des Abs. 3 betrifft die Erteilung von Hinterlegungsscheinen.

---

1 BGBl. I 2007, S. 122.
2 BGBl. I 2007, S. 122.
3 Abgedruckt in der in Bayern geltenden Fassung v. 16.12.1998 bei Firsching/*Graf*, Anh. 4.

III. Normzweck

Die Vorschrift schafft eine eindeutige Rechtsgrundlage für die besondere amtliche Verwahrung von Verfügungen von Todes wegen unter **sicherer Gewährleistung** der Interessen der öffentlichen Rechtspflege an einem geordneten Verwahrungsverfahren und des künftigen Erblassers an Schutz und Geheimhaltung seines letzten Willens.[1]

B. Inhalt der Vorschrift

I. Zuständigkeit

Zur **sachlichen** Zuständigkeit der Amtsgerichte bzw. in Baden-Württemberg der staatlichen Notariate als Nachlassgericht s. § 343 Rz. 129 ff.

Nach § 3 Nr. 2 Buchst. c RPflG ist anstelle des Richters der Rechtspfleger **funktionell** zuständig, soweit nicht Abs. 1 und Abs. 2 die Zuständigkeit des Urkundsbeamten der Geschäftsstelle vorsehen oder über § 36b Abs. 1 Satz 1 Nr. 1 und Satz 2 RPflG nach Landesrecht (s. dazu § 343 Rz. 142) eine diesbezügliche Aufgabenübertragung an den Urkundsbeamten der Geschäftsstelle erfolgt ist.

Zur besonderen **örtlichen** Zuständigkeit nach § 344 Abs. 1 s. § 344 Rz. 13 ff. bzw. für vor einem Konsularbeamten errichtete Urkunden nach § 11 Abs. 2 KonsG s. § 344 Rz. 29 ff.

Zur **internationalen** Zuständigkeit s. § 343 Rz. 152 ff.

II. Beteiligteneigenschaft

Im Verfahren über die Annahme einer Verfügung von Todes wegen ist bei einem eigenhändigen Einzeltestament iSd. § 2247 BGB bzw. eigenhändigen gemeinschaftlichen Testament iSd. § 2265 BGB bzw. § 10 Abs. 4 Satz 1 LPartG der (jeweilige) künftige Erblasser als **Antragsteller** nach § 7 Abs. 1 zwingend kraft Gesetzes Beteiligter. Bei beurkundeten Einzel- oder gemeinschaftlichen Testamenten bzw. Erbverträgen ist die Urkundsperson, somit der Notar, Bürgermeister bzw. Konsul (s. dazu § 344 Rz. 29), als Antragsteller[2] nach § 7 Abs. 1 zwingend kraft Gesetzes Beteiligter, der künftige Erblasser nach § 345 Abs. 4 Satz 2 bzw. Satz 3 aufgrund unmittelbarer Betroffenheit in eigenen Rechten kraft gerichtlicher Hinzuziehung, die grundsätzlich im gerichtlichen Ermessen liegt, auf Zuziehungsantrag des Betroffenen jedoch zwingend ist (s. dazu § 345 Rz. 65).

III. Annahme bzw. Herausgabe (Absatz 1)

1. Regelungsgegenstand

Die Vorschrift regelt ausschließlich das Verfahren über die **besondere** amtliche Verwahrung von Verfügungen von Todes wegen. Hierunter ist eine besonders qualifizierte strenge Verwahrung in einem verschlossenen Umschlag zu verstehen, durch die insbesondere ein Schutz vor äußeren Einwirkungen auf die Urkundensubstanz und vor Bekanntwerden des Inhalts gegenüber dazu nicht berechtigten Personen gewährleistet wird.[3]

Davon abzugrenzen ist die **gewöhnliche amtliche Aktenverwahrung**, bei der die Verfügung offen und unverschlossen bei den Gerichtsakten verbleibt, bspw. nach § 27 Abs. 11 AktO[4] (Text s. § 344 Rz. 14) eine an das Nachlassgericht gem. § 2259 BGB abgelieferte Verfügung von Todes wegen bis zur Eröffnung bzw. ein an das Nachlassgericht gem. § 2259 BGB abgeliefertes gemeinschaftliches Testament bzw. ein bisher

---

1 Staudinger/*Baumann*, Neubearb. 2003, § 2258b aF BGB Rz. 6; MüKo.BGB/*Hagena*, 4. Aufl., § 2258b aF BGB Rz. 1.
2 KG v. 25.6.1900 – Az. n.v., OLGR 1, 294 (295).
3 KG v. 25.4.1907 – Az. n.v., OLGR 16, 53 (54).
4 Abgedruckt in der in Bayern geltenden Fassung v. 16.12.1998 bei Firsching/*Graf*, Anh. 4.

lediglich in einfacher Verwahrung des Urkundsnotars befindlicher Erbvertrag nach der Eröffnung.

11a Auch zuvor nicht besonders amtlich verwahrte gemeinschaftliche Testamente können nach dem Tod des Erstversterbenden allein durch den **Längstlebenden** in nunmehr alleiniger Berechtigung unabhängig von § 344 Abs. 2 nach § 2248 BGB doch noch **erstmals** nachträglich in die besondere amtliche Verwahrung gebracht werden.[1] Dies wird durch § 344 Abs. 2 nicht ausgeschlossen und kann insbesondere zur Vermeidung einer versehentlichen Bekanntgabe von nach § 349 Abs. 1 nicht bekanntzugebenden Verfügungen bzw. einer Nichteröffnung empfehlenswert sein.[2] Zur diesbezüglichen Herausgabeproblemtik s. Rz. 25.

11b Der Längstlebende kann auch einen **Erbvertrag** ebenso wie ein eigenhändiges gemeinschaftliches Testament nach dem Tod des Erstversterbenden **allein** erstmals in die besondere amtliche Verwahrung verbringen lassen. Dies gilt auch dann, wenn die Erbvertragspartner nach § 34 Abs. 2 BeurkG insoweit bereits eine gemeinsame Ausschließungsentscheidung getroffen haben,[3] da diese jeder Beteiligte jederzeit allein widerrufen kann.[4]

12 Die **Weiterverwahrung** eines in besonderer amtlicher Verwahrung gewesenen gemeinschaftlichen Testaments oder Erbvertrages nach dem Tod des erstverstorbenen Partners richtet sich nach § 349 Abs. 2 Satz 2 bzw. Abs. 4.

2. Annahme

a) Anordnung

13 Die besondere amtliche Verwahrung wird durch gerichtliche Annahmeanordnung **eingeleitet**,[5] die im Gegensatz zu einem Ablehnungsbeschluss mangels förmlicher Bekanntgabe iSd. § 41, Rechtsmittelbelehrung iSd. § 39 und Übersendung einer Beschlussausfertigung, an deren Stelle vielmehr ein schlichter Hinterlegungsschein tritt, bloße **Verfügungseigenschaft** hat, ohne Beschluss als Endentscheidung iSd. § 38 zu sein.[6] Nach Abs. 1 Halbs. 1 ist hierfür allein der Richter zuständig (s. Rz. 6), funktionell an dessen Stelle der Rechtspfleger, soweit für diesen nicht aufgrund landesrechtlicher Delegation der Urkundsbeamte der Geschäftsstelle in eigener Zuständigkeit handelt (s. dazu § 343 Rz. 142).

14 Für **öffentliche**, durch Notare, Bürgermeister oder Konsularbeamte (s. dazu § 344 Rz. 29) errichtete Einzel- oder gemeinschaftliche Testamente hat die Urkundsperson nach § 34 Abs. 1 Satz 4 BeurkG unverzüglich die besondere amtliche Verwahrung zu veranlassen. Gegenteilige Anweisungen des Erblassers sind unbeachtlich.[7] Bei einem Erbvertrag erfolgt die besondere amtliche Verwahrung dann, wenn nicht beide Vertragspartner einvernehmlich die bloße einfache amtliche Verwahrung verlangen.[8]

15 Vorab hat das Gericht bei derartigen öffentlichen Verfügungen von Todes wegen die Beachtung der durch § 34 Abs. 1 Satz 1 bis 3 BeurkG vorgeschriebenen **Förmlichkeiten** zu überprüfen. Danach muss die Urkunde – ggf. unter Beifügung der in §§ 30, 32 BeurkG genannten Schriften – in einem Verwahrumschlag mit unbeschädigtem Prägesiegel verschlossen und dieser beschriftet und unterschrieben sein. Auf eventuelle Mängel hat das Gericht vor der Verwahrungsannahme unter konkreter Beanstan-

---

1 KG v. 2.4.1902 – 1 J 261/02 u. 379/02, KGJ 24, B 5 (11); Palandt/*Edenhofer*, 68. Aufl., § 2273 aF BGB Rz. 6; Staudinger/*Kanzleiter*, Neubearb. 2006, § 2273 aF BGB Rz. 17; Erman/*Schmidt*, 12. Aufl., § 2273 aF BGB Rz. 4.
2 Staudinger/*Kanzleiter*, Neubearb. 2006, § 2273 aF BGB Rz. 17.
3 *Heinemann*, FamFG für Notare, Rz. 304.
4 *Heinemann*, FamFG für Notare, Rz. 303.
5 MüKo.BGB/*Hagena*, 4. Aufl., § 2258b aF BGB Rz. 10.
6 Keidel/*Zimmermann*, § 346 FamFG Rz. 6; MüKo.ZPO/*Muscheler*, § 346 FamFG Rz. 6; aA (Beschluss iSd. § 38, für den § 352 Abs. 1 Satz 2 und 3 analog gelte): Bumiller/*Harders*, § 346 FamFG Rz. 7, 8 und 9; MüKo.BGB/*Hagena*, § 2248 BGB Rz. 11.
7 BGH v. 14.8.1989 – NotZ 14/88, DNotZ 1990, 436 (437).
8 Staudinger/*Baumann*, Neubearb. 2003, § 2258b aF BGB Rz. 23.

dung mit der Aufforderung zur Behebung hinzuweisen. Werden die Mängel nicht beseitigt, hat gleichwohl die besondere amtliche Verwahrung zu erfolgen,[1] da § 34 Abs. 1 BeurkG lediglich Sollvorschriften enthält, deren Nichtbeachtung die Wirksamkeit der Verfügung nicht beeinträchtigen.[2] Nach § 27 Abs. 6 AktO[3] ist der Urkundsperson auf deren Verlangen der Empfang zu bescheinigen.

Eigenhändige (Einzel- oder gemeinschaftliche) Testamente sind nach § 2248 BGB nur auf Verlangen des Erblassers, das formfrei[4] möglich ist, da auch aus § 25 keinerlei Formvorgaben resultieren (s. dazu § 344 Rz. 33b) und auch durch bloße postalische Übersendung[5] oder über einen gegenüber dem Nachlassgericht auftretenden Stellvertreter,[6] auch aufgrund einer **Vorsorgevollmacht**[7], erfolgen kann, in die besondere amtliche Verwahrung zu nehmen. Beim eigenhändigen gemeinschaftlichen Testament ist das Verlangen beider Erblasser erforderlich.[8] Die Annahme darf grundsätzlich nicht von einer Identitätsprüfung abhängig gemacht werden,[9] es sei denn, es liegen konkrete Anhaltspunkte für einen Missbrauchstatbestand vor.[10] Selbst wenn sich das Testament bei Vorlage nicht in einem privaten Umschlag befindet, hat das Nachlassgericht hinsichtlich Form und Inhalt weder Prüfungs- noch Belehrungspflichten.[11] Soweit gleichwohl bei offensichtlichen Formfehlern, insbesondere dem Fehlen der Unterschrift oder bei Abfassung des Textes in Drucker- bzw. Maschinenschrift, ein gerichtlicher Hinweis ergeht, muss dieser jedoch auch ohne Verpflichtung dazu zutreffend sein, um eine Amtspflichtverletzung zu vermeiden.[12]

b) Ausführung

Die Anordnung ist nach Abs. 2 iVm. § 27 Abs. 4 AktO[13] dadurch zu vollziehen, dass die Verfügung in dem mit Siegel verschlossenen Umschlag – öffentliche Urkunden werden bereits nach § 34 Abs. 1 Satz 1 bis 3 BeurkG (Text s. § 344 Rz. 21) in diesem Zustand an das Nachlassgericht übersandt (s. dazu Rz. 15), eigenhändige Testamente sind nach § 27 Abs. 3 AktO[14] mit dem Dienstsiegel zu verschließen und mit einer das Testament näher bezeichnenden Aufschrift zu versehen, die unterschriftlich zu vollziehen ist – unter dem gemeinschaftlichen Verschluss der beiden Verwahrungsbeamten an einem **feuersicheren Ort** in der Nummernfolge des Verwahrungsbuchs aufbewahrt wird.

Das Nachlassgericht führt nach § 27 Abs. 4 AktO[15] ein **besonderes Verwahrbuch**, ein Namensverzeichnis,[16] soweit nicht wie in Niedersachsen im alphabetischen Namensverzeichnis des Erbrechtsregisters die Nummer des Verwahrungsbuchs für Verfügungen von Todes wegen angegeben wird,[17] und nach § 27 Abs. 10 AktO[18] ein

---

1 KG v. 25.4.1907 – Az. n.v., OLGR 16, 53 (55 f.).
2 BGH v. 14.8.1989 – NotZ 14/88, DNotZ 1990, 436.
3 Abgedruckt in der in Bayern geltenden Fassung v. 16.12.1998 bei Firsching/*Graf*, Anh. 4.
4 Staudinger/*Baumann*, Neubearb. 2003, § 2248 BGB Rz. 6; MüKo.BGB/*Hagena*, § 2248 BGB Rz. 5.
5 KG v. 25.6.1900 – Az. n.v., OLGR 1, 294 (295).
6 MüKo.BGB/*Hagena*, § 2248 BGB Rz. 6.
7 OLG München v. 25.6.2012 – 31 Wx 213/12, BWNotZ 2012, 139 f.
8 Staudinger/*Baumann*, Neubearb. 2003, § 2258b aF BGB Rz. 23.
9 KG v. 15.10.1900 – Az. n.v., RJA 1, 146.
10 Staudinger/*Baumann*, Neubearb. 2003, § 2248 BGB Rz. 6.
11 Reimann/Bengel/Mayer/*Voit*, § 2248 BGB Rz. 5.
12 BGH v. 24.6.1993 – III ZR 43/92, NJW 1993, 3204 (3205).
13 Abgedruckt in der in Bayern geltenden Fassung v. 16.12.1998 bei Firsching/*Graf*, Anh. 4.
14 Abgedruckt in der in Bayern geltenden Fassung v. 16.12.1998 bei Firsching/*Graf*, Anh. 4.
15 Abgedruckt in der in Bayern geltenden Fassung v. 16.12.1998 bei Firsching/*Graf*, Anh. 4.
16 So nach § 27 Abs. 4a AktO in der in Bayern geltenden Fassung, abgedruckt bei Firsching/*Graf*, Anh. 4; Horndasch/Viefhues/*Heinemann*, § 346 FamFG Rz. 8.
17 MüKo.BGB/*Hagena*, 4. Aufl., § 2258b aF BGB Rz. 8 und Fn. 13 unter Hinweis auf § 27 Abs. 13 AktO in der für Niedersachsen geltenden Fassung v. 1.12.1996.
18 Abgedruckt in der in Bayern geltenden Fassung v. 16.12.1998 bei Firsching/*Graf*, Anh. 4; Horndasch/Viefhues/*Heinemann*, § 346 FamFG Rz. 8.

Überwachungsverzeichnis hinsichtlich der durch § 351 vorgeschriebenen Eröffnungsfristen.

19 Nach § 27 Abs. 5 AktO[1] ist die tatsächliche Annahme zur Verwahrung auf der Annahmeanordnung zu **vermerken**.

20 Abs. 1 Halbs. 2 und Abs. 2 sehen im Gegensatz zu der zu Grunde liegenden Anordnung ein **gemeinschaftliches** Bewirken der Verwahrung durch den Richter und den Urkundsbeamten der Geschäftsstelle vor. Soweit landesrechtlich von der Ermächtigung nach § 36b Abs. 1 Satz 1 Nr. 1 RPflG Gebrauch gemacht wird und daher anstelle des Rechtspflegers, der seinerseits anstelle des Richters nach § 3 Nr. 2 Buchst. c RPflG zuständig ist, ebenfalls der Urkundsbeamte der Geschäftsstelle zuständig wird (s. dazu § 343 Rz. 142), müssen zur Wahrung des vorgeschriebenen Vieraugenprinzips zwei unterschiedliche Urkundsbeamte der Geschäftsstelle tätig werden.[2]

21 Die **Mitteilungspflichten** sind in § 347 geregelt (s. dazu § 347 Rz. 19ff.).

3. Hinterlegungsschein

22 Nach Abs. 3 erhält der **Erblasser**, bei einem gemeinschaftlichen Testament jeder der beiden Erblasser, beim Erbvertrag jeder – somit auch der nicht selbst letztwillig verfügende, sondern lediglich die bindende Verfügung des anderen Partners annehmende[3] – Vertragsschließende einen eigenen Hinterlegungsschein.

23 Der Hinterlegungsschein besteht nach § 27 Abs. 5 AktO[4] aus einer wörtlichen Abschrift des Eintragungsvermerks in den Spalten 1 und 2 des Verwahrungsbuchs, bei Nottestamenten unter zusätzlichem Hinweis auf § 2252 BGB. Die ursprünglich im Gesetzentwurf als Abs. 3 Satz 2 vorgesehene Regelung, dass der Hinterlegungsschein nach dem Vieraugenprinzip durch Rechtspfleger und Urkundsbeamten zu unterschreiben und sodann zu siegeln sei, ist im Laufe des Gesetzgebungsverfahrens auf Initiative des Bundesrates zur Verfahrensvereinfachung und Entlastung der Gerichte nicht in den endgültigen Gesetzestext aufgenommen worden, da der Hinterlegungsschein „keine rechtliche Bedeutung" habe, sondern „bloßer Service für den Hinterleger" sei. Der Hinterlegungsschein ist daher weder zu unterschreiben noch zu siegeln.[5]

4. Herausgabe

24 Einzel- oder gemeinschaftliche **Testamente** können jederzeit nach § 2256 Abs. 2 und Abs. 3 BGB auf Verlangen des Erblassers aus der besonderen amtlichen Verwahrung ausschließlich nach Abs. 2 Satz 2 höchstpersönlich an diesen[6] – bei gemeinschaftlichen Testamenten auf Verlangen beider Erblasser[7] gleichzeitig höchstpersönlich an diese gemeinschaftlich[8] – zurückgegeben werden.

25 Für **Erbverträge** ist eine derartige Rückgabe nach § 2300 Abs. 2 BGB nur an alle Vertragsschließenden gleichzeitig[9] gemeinschaftlich und lediglich dann möglich,

---

1 Abgedruckt in der in Bayern geltenden Fassung v. 16.12.1998 bei Firsching/*Graf*, Anh. 4.
2 Begr. zum GesetzE des Bundesrats zu Art. RPflAufgÜG – § 36b Abs. 1 RPflG vom 27.6.2001, BT-Drucks. 14/6457, S. 8; Arnold/Meyer-Stolte/Herrmann/Hintzen/*Rellermeyer*, § 36b RPflG Rz. 3. Der Änderungsvorschlag des Bundesrates zur Aufhebung des Vieraugenprinzips in § 346 Abs. 1 Halbs. 2 und Abs. 2 FamFG, Stellungnahme des BR zum GesetzE der BReg. Nr. 85 (§ 346 Abs. 1), BR-Drucks. 309/07 (Beschl.), S. 71 f., hat sich nicht durchgesetzt.
3 MüKo.BGB/*Musielak*, § 2277 BGB Rz. 4. Diese von § 82b Abs. 1 Satz 2 FGG übernommene Regelung sollte durch § 346 nicht geändert werden, s. Begr. zum GesetzE der BReg. zu § 346, BT-Drucks. 16/6308, S. 279.
4 Abgedruckt in der in Bayern geltenden Fassung v. 16.12.1998 bei Firsching/*Graf*, Anh. 4.
5 Stellungnahme des BR zum GesetzE der BReg. Nr. 86 (§ 346 Abs. 3 Satz 2), BR-Drucks. 309/07 (Beschl.), S. 72. Beschlussempfehlung und Bericht des Rechtsausschusses (6. Ausschuss) des BT zu dem GesetzE der BReg. zu § 346, BT-Drucks. 16/9733, S. 297.
6 Palandt/*Weidlich*, § 2248 BGB Rz. 6.
7 MüKo.BGB/*Hagena*, 4. Aufl., § 2258b aF BGB Rz. 11.
8 Palandt/*Weidlich*, § 2248 BGB Rz. 6 und § 2272 BGB Rz. 1.
9 Reimann/Bengel/*Mayer*, § 2300 BGB Rz. 35.

wenn sie ausschließlich Verfügungen von Todes wegen enthalten. Andernfalls – bspw. bei einem aufgrund der Kostenvorteile nach § 46 Abs. 3 KostO in derselben Urkunde mit dem Erbvertrag verbundenen Ehevertrag oder unabhängig von Kostenerwägungen zusätzlich aufgenommene weitere Rechtsgeschäfte unter Lebenden (zB Vollmacht, Pflege-, Erbverzichts- bzw. Pflichtteilsverzichtsvertrag)[1] – kommt lediglich unter Aufhebung des ursprünglich erklärten besonderen amtlichen Verwahrungsverlangens[2] eine Rückgabe aus der besonderen amtlichen Verwahrung des Nachlassgerichts in die einfache notarielle Verwahrung des Urkungsnotars in Betracht.[3] In beiden Konstellationen ist das einvernehmliche Verlangen aller Vertragsschließenden erforderlich. Trotz Fehlens einer ausdrücklichen Verweisung auf § 2256 Abs. 2 Satz 2 BGB darf die Rückgabe im Hinblick auf § 2290 Abs. 2 Satz 1 BGB auch beim Erbvertrag an einen Erblasser nur höchstpersönlich erfolgen,[4] während sich der nicht selbst letztwillig verfügende Vertragspartner vertreten lassen kann.[5]

25a Eine allein durch den **Längstlebenden** veranlasste **erstmalige** besondere amtliche Verwahrung eines vor dem Tod des Erstversterbenden nicht in besondere amtliche Verwahrung genommenen eigenhändigen gemeinschaftlichen Testaments (s. Rz. 11a) bzw. Erbvertrages (s. Rz. 11b) kann durch den Längstlebenden anschließend lediglich dahingehend rückgängig gemacht werden, dass die Urkunde in die ursprünglich vorgesehene einfache Aktenverwahrung zu den Nachlassakten des Erstverstorbenen zurückgegeben wird. Nach § 2272 BGB (gemeinschaftliches Testament) bzw. § 2300 Abs. 2 Satz 2 BGB (Erbvertrag) ist eine Herausgabe allein an den Längstlebenden ausgeschlossen. Für einen Erbvertrag tritt insoweit – ähnlich einem zusätzlich Rechtsgeschäfte unter Lebenden enthaltenden Erbvertrag (s. Rz. 25), der im Umkehrschluss zu § 2300 Abs. 2 Satz 1 iVm. § 2256 Abs. 2 BGB ausschließlich aus der besonderen amtlichen in die einfache notarielle Verwahrung des Urkundsnotars zurückgegeben werden kann[6] – keine Widerrufswirkung iSd. §§ 2300 Abs. 2 Satz 3, 2256 Abs. 1 BGB ein (s. Rz. 29).

26 Trotz Fehlens einer ausdrücklichen Verweisung gilt § 2256 BGB auch für durch **Konsularbeamte** beurkundete Verfügungen.[7]

27 Entsprechend der Annahme geht nach Abs. 1 der tatsächlichen Herausgabe ebenfalls eine **Anordnung** voraus, die im Gegensatz zu einem Ablehnungsbeschluss mangels gerichtlicher Entscheidungskompetenz, förmlicher Bekanntgabe iSd. § 41, Rechtsmittelbelehrung iSd. § 39 und Übersendung einer Beschlussausfertigung wiederum bloße **Verfügungseigenschaft** hat, ohne Beschluss als Endentscheidung iSd. § 38 zu sein.[8] Zur jeweiligen Zuständigkeit s. Rz. 5 ff. Befindet sich ein Erbvertrag, der ausschließlich Verfügungen von Todes wegen enthält, in einfacher notarieller Verwahrung, ist der Notar persönlich[9] für die Rückgabe zuständig.

28 Nach § 2256 Abs. 1 Satz 1 BGB gilt ein öffentliches Einzel- bzw. gemeinschaftliches Testament bei Rückgabe aus der besonderen amtlichen Verwahrung als **widerrufen** bzw. iVm. § 2300 Abs. 2 Satz 3 BGB ein Erbvertrag, der ausschließlich Verfügungen von Todes wegen enthält, bei Rückgabe aus der besonderen amtlichen oder einfachen notariellen Verwahrung als aufgehoben. Voraussetzung ist auch hier, dass der Erblasser, beim gemeinschaftlichen Testament jeder der beiden Erblasser, beim Erbvertrag jeder Vertragsschließende die Rückgabe verlangt hat.[10] Für eigenhändige

---

1 DNotI, DNotI-Report 2010, 40 f.
2 MüKo.BGB/*Hagena*, 4. Aufl., § 2258b aF BGB Rz. 13.
3 KG v. 31.3.1938 – 1 Wx 117/38, JFG 17, 237 (239 f.); OLG Hamm v. 21.1.1974 – 15 W 196/72, DNotZ 1974, 460 (461).
4 MüKo.BGB/*Musielak*, § 2300 BGB Rz. 7.
5 *Keim*, ZEV 2003, 55 (56).
6 Palandt/*Weidlich*, § 2300 BGB Rz. 3.
7 Palandt/*Weidlich*, § 2256 BGB Rz. 3.
8 Keidel/*Zimmermann*, § 346 FamFG Rz. 16; MüKo.ZPO/*Muscheler*, § 346 FamFG Rz. 15; aA Bumiller/*Harders*, § 346 FamFG Rz. 15: zu verlesender und schriftlich bekannt zu gebender Beschluss iSd. § 38.
9 Reimann/Bengel/*Mayer*, § 2300 BGB Rz. 36.
10 MüKo.BGB/*Musielak*, § 2300 BGB Rz. 7.

Testamente tritt nach § 2256 Abs. 3 Halbs. 2 BGB keine Widerrufswirkung ein. Gleichwohl setzt die Rückgabe eines eigenhändigen Testaments Geschäftsfähigkeit des Erblassers bzw. die eines gemeinschaftlichen Testaments **Geschäftsfähigkeit** beider Ehegatten bzw. eingetragenen Lebenspartner voraus.[1]

29 Die für einen Erbvertrag, der nicht ausschließlich Verfügungen von Todes wegen enthält, allein mögliche Rückgabe aus der besonderen amtlichen **in die einfache notarielle Verwahrung** (s. dazu Rz. 25) entfaltet mangels Herausgabe an die Vertragsschließenden keine Aufhebungswirkung.

30 Nach §§ 2256 Abs. 1 Satz 2, 2300 Abs. 2 Satz 3 BGB soll die zurückgebende Stelle den bzw. jeden Erblasser bzw. jeden Vertragsschließenden über die Widerrufs- bzw. Aufhebungsfolge der Rückgabe **belehren**, dies auf der Urkunde vermerken und aktenkundig machen, dass beides geschehen ist.

31 Die lediglich durch § 27 AktO[2] als bloße Verwaltungsanweisung vorgesehene **Vorlage** des Hinterlegungsscheins ist keine Voraussetzung für die Herausgabe iSv. Abs. 1 iVm. §§ 2256, 2300 Abs. 2 BGB.[3]

32 Wird zur Fertigung von Abschriften oder zur **Einsichtnahme** der Verfügung auf Veranlassung eines Erblassers bzw. Vertragsschließenden der Verwahrumschlag geöffnet und die Verfügung von Todes wegen daraus vorübergehend entnommen, stellt dies keine Rückgabe iSd. §§ 2256, 2300 Abs. 2 BGB mit Widerrufs- bzw. Aufhebungswirkung dar,[4] aus Beweisgründen sollte jedoch auf dem Umschlag bzw. der Urkunde ausdrücklich vermerkt werden, dass die Öffnung ausschließlich zur Einsichtnahme und insbesondere nicht zur Rückgabe erfolgt ist.[5] Anschließend erfolgt erneuter Verschluss unter Rückführung an den Verwahrungsort.[6] Bei einem gemeinschaftlichen Testament oder Erbvertrag ist jeder Partner unabhängig von einer eventuellen Zustimmung des anderen allein einsichts- bzw. abschriftsberechtigt.[7] Dem Urkundsnotar steht hingegen kein eigener Anspruch auf Einsicht zu.[8]

5. Rechtsmittel

33 Gegen die durch Beschluss auszusprechende Ablehnung der Verwahrung, bezüglich derer zudem der nach § 34 Abs. 1 Satz 4 BeurkG (Text s. § 344 Rz. 21) die Verwahrung veranlassende Notar für den Testierer beschwerdeberechtigt ist,[9] bzw. Herausgabe durch den **Rechtspfleger** ist nach §§ 58, 63 die befristete Beschwerde eröffnet.[10]

34 Soweit die Entscheidung eines nach § 36b Abs. 1 Satz 1 Nr. 1, Satz 2 RPflG iVm. Landesrecht anstelle des Rechtspflegers ermächtigten **Urkundsbeamten** der Geschäftsstelle angegriffen werden soll, geschieht dies durch eine gem. § 573 Abs. 1 ZPO binnen einer Notfrist von zwei Wochen zulässige sofortige Erinnerung zum Nachlassgericht,[11] ohne dass § 11 RPflG anwendbar ist.[12]

---

1 OLG Hamm v. 1.8.2012 – I-15 W 266/12, FGPrax 2012, 261.
2 Abgedruckt in der in Bayern geltenden Fassung v. 16.12.1998 bei Firsching/*Graf*, Anh. 4.
3 Stellungnahme des BR zum GesetzE der BReg. Nr. 86 (§ 346 Abs. 3), BR-Drucks. 309/07 (Beschl.), S. 72. Beschlussempfehlung und Bericht des Rechtsausschusses (6. Ausschuss) des BT zu dem GesetzE der BReg. zu § 346, BT-Drucks. 16/9733, S. 297; Keidel/*Zimmermann*, § 346 FamFG Rz. 12; MüKo.ZPO/*Muscheler*, § 346 FamFG Rz. 10.
4 Staudinger/*Baumann*, Neubearb. 2003, § 2258b aF BGB Rz. 18.
5 DNotI, DNotI-Report 2010, 212.
6 MüKo.BGB/*Hagena*, 4. Aufl., § 2258b aF BGB Rz. 11.
7 MüKo.BGB/*Hagena*, 4. Aufl., § 2258b aF BGB Rz. 10.
8 KG v. 25.10.1906 – Az. n.v., RJA 8, 36 (37).
9 KG v. 25.4.1907 – Az n.v., OLGR 16, 53.
10 Keidel/*Zimmermann*, § 346 FamFG Rz. 21; MüKo.ZPO/*Muscheler*, § 346 FamFG Rz. 18.
11 Nach § 342 Abs. 1 Nr. 1 ist die Verwahrung nunmehr Nachlasssache.
12 Reimann/Bengel/Mayer/*Voit*, § 2258b aF BGB Rz. 5; Keidel/*Zimmermann*, § 346 FamFG Rz. 21; MüKo.ZPO/*Muscheler*, § 346 FamFG Rz. 18.

IV. Übergangsrecht

Zum **Übergangsrecht** nach FGG-RG s. § 343 Rz. 193 ff. 35

Kosten/Gebühren: Gericht: Für die Annahme einer Verfügung von Todes wegen in die besondere amtliche Verwahrung wird eine Gebühr in Höhe von 75 Euro erhoben (Nr. 12100 KV GNotKG). Schuldner ist der Antragsteller (§ 22 Abs. 1 GNotKG), bei gemeinschaftlichen Testamenten die Antragsteller als Gesamtschuldner (§ 32 Abs. 1 GNotKG). 36

347 Mitteilung über die Verwahrung

(1) Nimmt das Gericht ein eigenhändiges Testament oder ein Nottestament in die besondere amtliche Verwahrung, übermittelt es unverzüglich die Verwahrangaben im Sinne von § 78b Absatz 2 Satz 2 der Bundesnotarordnung elektronisch an die das Zentrale Testamentsregister führende Registerbehörde. Satz 1 gilt entsprechend für eigenhändige gemeinschaftliche Testamente und Erbverträge, die nicht in besondere amtliche Verwahrung genommen worden sind, wenn sie nach dem Tod des Erstverstorbenen eröffnet wurden und nicht ausschließlich Anordnungen enthalten, die sich auf den mit dem Tod des Erstverstorbenen eingetretenen Erbfall beziehen.
(2) Wird ein gemeinschaftliches Testament oder ein Erbvertrag nach § 349 Absatz 2 Satz 2 und Absatz 4 erneut in die besondere amtliche Verwahrung genommen, so übermittelt das nach § 344 Absatz 2 oder Absatz 3 zuständige Gericht die Verwahrangaben an die das Zentrale Testamentsregister führende Registerbehörde, soweit vorhanden unter Bezugnahme auf die bisherige Registrierung.
(3) Wird eine in die besondere amtliche Verwahrung genommene Verfügung von Todes wegen aus der besonderen amtlichen Verwahrung zurückgegeben, teilt das verwahrende Gericht dies der Registerbehörde mit.
(4) Die bei den Standesämtern und beim Amtsgericht Schöneberg in Berlin bestehenden Verzeichnisse über die in amtlicher Verwahrung befindlichen Verfügungen von Todes wegen werden bis zur Überführung in das Zentrale Testamentsregister nach dem Testamentsverzeichnis-Überführungsgesetz von diesen Stellen weitergeführt. Erhält die das Testamentsverzeichnis führende Stelle Nachricht vom Tod des Erblassers, teilt sie dies der Stelle mit, von der die Verwahrungsnachricht stammt, soweit nicht die das Zentrale Testamentsregister führende Registerbehörde die Mitteilungen über Sterbefälle nach § 4 Absatz 1 des Testamentsverzeichnis-Überführungsgesetzes bearbeitet. Die Landesregierungen erlassen durch Rechtsverordnung Vorschriften über Art und Umfang der Mitteilungen nach Satz 2, über den Inhalt der Testamentsverzeichnisse sowie die Löschung der in den Testamentsverzeichnissen gespeicherten Daten. Die Verwendung der Daten ist auf das für die Wiederauffindung der Verfügung von Todes wegen unumgänglich Notwendige zu beschränken. Die Fristen für die Löschung der Daten dürfen die Dauer von fünf Jahren seit dem Tod des Erblassers nicht überschreiten; ist der Erblasser für tot erklärt oder der Todeszeitpunkt gerichtlich festgelegt worden, sind die Daten spätestens nach 30 Jahren zu löschen.
(5) Die Mitteilungen nach Absatz 4 Satz 2 können elektronisch erfolgen. Die Landesregierungen bestimmen durch Rechtsverordnung den Zeitpunkt, von dem an Mitteilungen in ihrem Bereich elektronisch erteilt und eingereicht werden können, sowie die für die Bearbeitung der Dokumente geeignete Form.
(6) Die Landesregierungen können die Ermächtigungen nach Absatz 4 Satz 3 und Absatz 5 Satz 2 durch Rechtsverordnung auf die Landesjustizverwaltungen übertragen.

A. Überblick
I. Entstehung 1
II. Systematik 3
III. Normzweck 8

B. Inhalt der Vorschrift
I. Gerichtliche besondere amtliche Verwahrung (Abs. 1 Satz 1)
  1. Verwahrende Stelle 11

2. Gegenstand der Inverwahrnahme
    a) Eigenhändige Testamente 13
    b) Nottestamente 15
    c) Erstmalige besondere amtliche Verwahrung nach dem Tod des Erstverstorbenen
      aa) Eigenhändiges gemeinschaftliches Testament 17
      bb) Erbvertrag 18
  3. Übermittlungspflicht
    a) Verwahrangaben 19
    b) Übermittlungsvorgang 29
    c) Übermittlungspflicht 31
II. Gerichtliche einfache weitere Aktenaufbewahrung (Abs. 1 Satz 2) 32
III. Gerichtliche besondere amtliche Weiterverwahrung (Absatz 2) 36
IV. Gerichtliche Rückgabe aus der besonderen amtlichen Verwahrung (Absatz 3) 38
V. Übergangs- und Landesregelungen (Absätze 4 bis 6)
  1. Übergangsweiser Fortbestand der bisherigen Verzeichnisse 43
  2. Sterbefallmitteilung der Standesämter an das Zentrale Testamentsregister und Folgebenachrichtigungen 46
  3. Übergangsregelung zur Mitteilung der Nachricht vom Tod des Erblassers 49
  4. Landesrechtliche Ausgestaltung .. 54
VI. Mitteilungspflichten anderer Verwahrstellen 58
VII. Ablieferungspflichten 61

A. Überblick

I. Entstehung

1 Die Vorschrift **entsprach** in ihrer bis zum 31.12.2011 gültigen Fassung im Wesentlichen den Regelungen aus den früheren §§ 82a Abs. 4 bis 8, 82b Abs. 2 FGG, die ihrerseits erst durch das Personenstandsrechtsreformgesetz (PStRG)[1] mit Wirkung zum 1.1.2009 entstanden waren. Dabei übernahm Abs. 1 den Regelungsgehalt des § 82a Abs. 4 FGG, Abs. 2 den des § 82a Abs. 5 FGG, Abs. 3 den des § 82b Abs. 2 FGG und Abs. 4 bis 6 den von § 82a Abs. 6 bis 8 FGG. Da die Vorschrift ausdrücklich alle in besondere amtliche Verwahrung zu nehmenden Verfügungen von Todes wegen erfasste, war die frühere für Erbverträge bestehende Verweisungsnorm des § 82b Abs. 1 Satz 1 FGG entbehrlich geworden. Zu Text, Systematik und Inhalt der bis zum 31.12.2011 gültigen Fassung s. Vorauflage Rz. 3 ff. bzw. 16 ff.

2 Durch das Gesetz zur Modernisierung des Benachrichtigungswesens in Nachlasssachen durch Schaffung des Zentralen Testamentsregisters unter Führung der Bundesnotarkammer und zur Fristverlängerung nach der Hofraumverordnung vom 22.12.2010[2] wurde die Vorschrift mit Wirkung zum 1.1.2012 in Abs. 1 bis 3 **neugefasst**, in Abs. 4 ergänzt und iÜ redaktionell angepasst.

II. Systematik

3 Mit Wirkung ab dem 1.1.2012 regelt die Vorschrift die **gerichtliche Übermittlung** von Angaben über die Verwahrung und diesbezügliche Rückgabe von Verfügungen von Todes wegen an das neu geschaffene, nach § 78 BNotO[3] (Text s. Anh. zu § 347) durch die Bundesnotarkammer geführte **elektronische** Zentrale Testamentsregister, das an die Stelle der bisher bei den Standesämtern manuell über sog. „gelbe Karteikarten" geführten Testamentsverzeichnisse bzw. der beim Amtsgericht Schöneberg in Berlin ebenfalls manuell geführten Hauptkartei für Testamente tritt. Diese Regelung wird durch die nach der zum 1.1.2012 ebenfalls neu gefassten Vorschrift des § 34a BeurkG[4] (Text s. Anh. zu § 347) den Notaren bzw. nach dem bereits zum 28.12.2010 neu gefassten § 78b Abs. 4 BNotO[5] (Text s. Anh. zu § 347) für gerichtliche Vergleiche den Gerichten obliegenden Mitteilungs- bzw. Ablieferungspflichten ergänzt. Darüber hinaus regeln insbesondere die bereits zum 28.12.2010 in Kraft getretenen

---

1 BGBl. I 2007, S. 122.
2 BGBl. I 2010, S. 2255.
3 BGBl. I 2010, S. 2255.
4 BGBl. I 2010, S. 2255 (2257).
5 BGBl. I 2010, S. 2255 (2256).

neuen Vorschriften der §§ 78, 78b bis 78f BNotO[1] (Text s. Anh. zu § 347) und des Gesetzes zur Überführung der Testamentsverzeichnisse und der Hauptkartei beim Amtsgericht Schöneberg in Berlin in das Zentrale Testamentsregister der Bundesnotarkammer (Testamentsverzeichnis-Überführungsgesetz – TVÜG)[2] (Text s. Anh. zu § 347) die Einrichtung und Führung des neuen Zentralen Testamentsregisters durch die Bundesnotarkammer als Registerbehörde.

Abs. 1 erfasst dabei in **besondere amtliche Verwahrung** genommene, eigenhändige Testamente, Nottestamente sowie jeweils nach dem Tod des Erstverstorbenen eröffnete und nicht ausschließlich Verfügungen auf den Tod des Erstverstorbenen beinhaltende eingehändige gemeinschaftliche Testamente bzw. nicht in die besondere amtliche Verwahrung genommene Erbverträge. 4

Abs. 2 dehnt die Übermittlungspflichten für Verwahrangaben auf gemeinschaftliche Testamente und Erbverträge aus, die nach § 349 Abs. 2 Satz 2 **erneut** in die besondere amtliche Verwahrung genommen werden. 5

Abs. 3 betrifft die **Rückgabe** von in besondere amtliche Verwahrung genommenen Verfügungen von Todes wegen. 6

Abs. 4 regelt die weitere **übergangsweise Aufgabenerledigung** der bis zum 31.12. 2011 für die Führung der Testamentsverzeichnisse zuständig gewesenen Standesämter und verpflichtet die Länder zur **Ausgestaltung** der in Abs. 1 bis 3 lediglich als Rahmen vorgegebenen Mitteilungspflichten durch Rechtsverordnung. Abs. 5 ermächtigt die Länder zur elektronischen Ausgestaltung des diesbezüglichen Mitteilungswesens durch Rechtsverordnung. Abs. 6 berechtigt die Landesregierungen zur Übertragung der in Abs. 4 und 5 vorgesehenen Verordnungsermächtigungen auf die Landesjustizverwaltungen. 7

III. Normzweck

Die Vorschrift verkörpert sowohl in ihrer alten als auch in ihrer neuen Fassung die verfassungsrechtlich zwingend erforderliche förmliche **Gesetzesgrundlage** für ein Registrierungs- und Mitteilungssystem über die Verwahrung von Verfügungen von Todes wegen. Zugleich wird ein in den wesentlichen Eckpunkten bundesweit einheitlicher Rahmen für ein Verwahrungsverfahren für Verfügungen von Todes wegen geschaffen, den jedes Bundesland durch Detailregelungen frei ausgestalten kann. 8

Die seit 1.1.2012 geltende Neuregelung bezweckt insbesondere durch Zentralisierung, vollelektronische Automatisierung, Modernisierung und Vereinfachung der Registrierung eine erhebliche Steigerung an **Zeiteinsparung**, **Effizienz** und **Zuverlässlichkeit** bei der Übermittlung erbrechtsrelevanter Urkunden und Daten.[3] Zuvor übliche erhebliche Verzögerungen, so insbesondere bei der Benachrichtigung der Verwahrstellen von oftmals um mehr als ein Jahr,[4] werden künftig vermieden. Zugleich führt die Übernahme der Führung des neuen Zentralen Testamentsregisters durch die Bundesnotarkammer zu einer erheblichen Entlastung der Justiz.[5] Dabei wird das derzeit noch dezentrale, postalisch arbeitende, papiergebundene, aus ca. 15 Millionen auf ca. 5 200 Geburtsstandesämter und die Haupttestamentskartei beim Amtsgericht Schöneberg in Berlin verteilte Karteikarten bestehende[6] durch ein von der Bundesnotarkammer in Berlin zentral geführtes vollelektronisches Benachrichtigungssystem ersetzt. Die Bundesnotarkammer führt bereits seit 2004 – ursprünglich nach §§ 78a bis 78c aF BNotO,[7] nunmehr nach §§ 78 Abs. 2 Nr. 1, 78a, 78d bis 78f BNotO – als Registerbehörde das Zentrale Vorsorgeregister für Vorsorgevollmachten und Betreuungsverfügungen. 9

---

1 BGBl. I 2010, S. 2255 ff.
2 BGBl. I 2010, S. 2255 (2258 ff.).
3 *Görk*, DNotZ 2011, 71 (76).
4 Begr. zum GesetzE des BR zum Allg. Teil, BT-Drucks. 17/2583, S. 10.
5 Begr. zum GesetzE des BR, BT-Drucks. 17/2583, S. 1.
6 Begr. zum GesetzE des BR zum Allg. Teil, BT-Drucks. 17/2583, S. 12.
7 Dazu *Görk*, DNotZ 2011, 71.

10 Zugleich wird durch diese Neufassung die Grundlage für eine Teilnahme Deutschlands an einer beabsichtigten **europaweiten Vernetzung**[1] mit derzeit bereits in 19 anderen europäischen Staaten geführten entsprechenden Testamentsregistern geschaffen, so bspw. in Estland, Frankreich, Kroatien, Luxemburg, den Niederlanden, Österreich und Slowenien.[2]

B. Inhalt der Vorschrift

I. Gerichtliche besondere amtliche Verwahrung (Abs. 1 Satz 1)

1. Verwahrende Stelle

11 Die in Abs. 1 geregelte Pflicht zur Übermittlung von Verwahrangaben beschränkt sich auf das **Gericht**, das die dort genannten Verfügungen von Todes wegen in besondere amtliche Verwahrung nimmt.

12 **Nicht** erfasst ist hiervon jedoch die Meldepflicht **anderer Stellen**. So richtet sich die Übermittlungspflicht von Verwahrdaten für beurkundende Notare (s. dazu aber Rz. 58 f.) nach § 34a Abs. 1 bis 2 BeurkG (Text s. Anh. zu § 347), für beurkundende Konsularbeamten (s. dazu aber Rz. 58 f.) nach § 10 Abs. 3 KonsG (Text s. § 344 Rz. 22) iVm. § 34a Abs. 1 bis 2 BeurkG und von Gerichten für in dortigen Verfahren geschlossene erbfolgerelevante gerichtliche Vergleiche (s. dazu aber Rz. 60) nach § 78b Abs. 4 BNotO (Text s. Anh. zu § 347).

2. Gegenstand der Inverwahrnahme

a) Eigenhändige Testamente

13 Dabei betrifft die hier geregelte gesetzliche Übermittlungspflicht für Verwahrangaben nach Satz 1 primär eigenhändige, nach § 2248 BGB durch den bzw. die Testierer freiwillig in die besondere amtliche Verwahrung gegebene **Einzel- oder gemeinschaftliche** Testamente. Durch den Gesetzgeber werden davon daher im Privatbesitz oder in sonstiger nicht amtlicher Aufbewahrung bspw. eines Rechtsanwalts oder Steuerberaters befindliche eigenhändige Testamente ausgeschlossen, da deren Aufbewahrungsort nicht sicher bekannt ist und für sie lediglich die allgemeine Ablieferungspflicht nach § 2259 Abs. 1 BGB gilt.[3]

14 Der Gesetzgeber hat im Hinblick auf die geringere Fehleranfälligkeit einer direkten Meldung durch die amtliche Beurkundungsperson und den dortigen früheren Registrierungszeitpunkt davon abgesehen, das verwahrende Gericht auch für **notariell** bzw. **konsularisch** (s. dazu Rz. 58 f.) beurkundete Verfügungen von Todes wegen zur Übermittlung von Verwahrangaben zu verpflichten.[4] Gleichwohl soll es dem **Verordnungsgeber** möglich sein, vom verwahrenden Gericht bei Eingang einer beurkundeten Verfügung von Todes wegen zur besonderen amtlichen Verwahrung eine Bestätigungsmeldung an die Registerbehörde zu verlangen, um einen unbemerkten Verlust einer bereits registrierten Urkunde auf dem Weg in die Verwahrung zu vermeiden.[5]

b) Nottestamente

15 Zudem werden von Abs. 1 Satz 1 auch Nottestamente erfasst. Dies sind das **Dreizeugennottestament** nach § 2250 BGB und das **Nottestament auf See** iSd. § 2251 BGB, für deren besondere amtliche Verwahrung analog § 344 Abs. 2 Nr. 3 jedes Amts-

---

1 Dazu Mitteilung der Kommission an das Europäische Parlament, den Rat, den Europäischen Wirtschafts- und Sozialausschuss und den Ausschuss der Regionen: Legislativ- und Arbeitsprogramm der Kommission 2008 vom 23.10.2007, S. 37; Grünbuch Erb- und Testamentsrecht vom 1.3.2005, KOM (2005) 65 endg., S. 12, Frage 36 und 37.
2 *Görk*, DNotZ 2011, 71 (76); Begr. zum GesetzE des BR zum Allg. Teil, BT-Drucks. 17/2583, S. 12.
3 Begr. zum GesetzE des BR zu § 78b BNotO, BT-Drucks. 17/2583, S. 18.
4 Begr. zum GesetzE des BR zu § 34a BeurkG, BT-Drucks. 17/2583, S. 22.
5 Begr. zum GesetzE des BR zu § 34a BeurkG, BT-Drucks. 17/2583, S. 22.

gericht örtlich zuständig ist (s. § 344 Rz. 28).[1] Sie haben im Gegensatz zum Bürgermeistertestament (s. dazu Rz. 16) jedoch keinen öffentlichen, sondern einen rein privaten Charakter und unterliegen daher folgerichtig mangels Verweisung auf § 34 Abs. 1 Satz 4 BeurkG nicht der Pflicht zur besonderen amtlichen Verwahrung, die analog § 2248 BGB nur auf Verlangen des Erblassers erfolgt.[2] Auch derartige Verfügungen von Todes wegen können nach § 2266 BGB als gemeinschaftliches Testament errichtet werden.

Darüber hinaus ist auch das nach den §§ 2249, 2250 Abs. 1 BGB zur Niederschrift vor dem **Bürgermeister** einer Gemeinde errichtete (Einzel- oder nach § 2266 BGB gemeinschaftliche) öffentliche Testament Nottestament iSv. Abs. 1 Satz 1,[3] für dessen besondere amtliche Verwahrung nach § 344 Abs. 1 Satz 1 Nr. 2 dasjenige Amtsgericht örtlich zuständig ist, zu dessen Bezirk die betroffene Gemeinde gehört, und das der insoweit an die Stelle des Notars tretende Bürgermeister nach § 2249 Abs. 1 Satz 4 BGB iVm. § 34 Abs. 1 Satz 4 BeurkG unverzüglich in die besondere amtliche Verwahrung zu verbringen hat (s. § 344 Rz. 24 iVm. § 344 Rz. 21). Dabei steht der öffentliche Charakter des Bürgermeistertestaments der Anwendbarkeit des Abs. 1 Satz 1 nicht entgegen, da § 2249 Abs. 1 Satz 4 BGB anders als bspw. § 10 Abs. 3 KonsG für durch Konsularbeamte beurkundete Testamente nicht (auch) auf die Mitteilungspflichten des § 34a BeurkG, sondern ausschließlich auf andere Vorschriften des BeurkG, insbesondere auf die Pflicht zur sofortigen Inverwahrgabe nach § 34 Abs. 1 Satz 4 BeurkG verweist.[4]

c) Erstmalige besondere amtliche Verwahrung nach dem Tod des Erstverstorbenen

aa) Eigenhändiges gemeinschaftliches Testament

Abs. 1 Satz 1 erfasst zudem diejenigen eigenhändigen gemeinschaftlichen Testamente, die über den ersten Erbfall hinaus auch letztwillige Verfügungen auf den Tod des Längstlebenden enthalten (s. dazu § 349 Rz. 31 f.) und nach dem Tod des Erstversterbenden gem. § 2259 BGB beim Nachlassgericht abgeliefert werden, nach Eröffnung auf den Tod des Erstverstorbenen grundsätzlich gem. § 27 Abs. 11 iVm. § 28 Abs. 4a AktO[5] (Text s. § 344 Rz. 14) in einfacher Aktenverwahrung bei den diesbezüglichen Nachlassakten verbleiben, jedoch durch den Längstlebenden in nunmehr **alleiniger Berechtigung** nach § 2248 BGB bei dem analog § 344 Abs. 1 Satz 1 Nr. 3 zuständigen Gericht erstmals nachträglich in die besondere amtliche Verwahrung gebracht werden (s. dazu § 344 Rz. 38b).[6] Dies kann insbesondere zur Vermeidung einer versehentlichen Bekanntgabe von nach § 349 Abs. 1 nicht bekannt zu gebenden Verfügungen bzw. Nichteröffnung empfehlenswert sein.[7] Hierbei handelt es sich somit insbesondere weder um eine fortdauernde einfache Verwahrung in den Nachassakten des Erstversterbenden nach Abs. 1 Satz 2 noch um eine Weiterverwahrung iSv. Abs. 2.

bb) Erbvertrag

Gleichermaßen gilt Abs. 1 Satz 1 für diejenigen Erbverträge, die über den ersten Erbfall hinaus auch letztwillige Verfügungen auf den Tod des Längstlebenden enthalten (s. dazu § 349 Rz. 31 f.) und nach dem Tod des Erstversterbenden gem. § 2259 BGB iVm. § 34a Abs. 2 Satz 1 BeurkG (bei notarieller Beurkundung) bzw. § 2259 BGB

---

1 MüKo.BGB/*Hagena*, 4. Aufl., § 2258a aF BGB Rz. 2; im Ergebnis ebenso Keidel/*Zimmermann*, § 344 FamFG Rz. 6.
2 Reimann/Bengel/Mayer/*Voit*, § 2258a aF BGB Rz. 3.
3 Zu den diesbezüglichen Voraussetzungen mit Musterformulierungen Wurm/Wagner/Zartmann/ *Fröhler*, Kap. 81 Rz. 56 f. und M. 81.7.
4 Begr. zum GesetzE des BR zu § 344, BT-Drucks. 17/2583, S. 23.
5 Abgedruckt in der in Bayern geltenden Fassung v. 16.12.1998 bei Firsching/*Graf*, Anh. 4.
6 KG v. 2.4.1902 – 1 J 261/02 und 379/02, KGJ 24, B 5 (11); Palandt/*Edenhofer*, 68. Aufl. 2009, § 2273 aF BGB Rz. 6; Staudinger/*Kanzleiter*, Neubearb. 2006, § 2273 aF BGB Rz. 17; Erman/*Schmidt*, 12. Aufl., § 2273 aF BGB Rz. 4.
7 Staudinger/*Kanzleiter*, Neubearb. 2006, § 2273 aF BGB Rz. 17.

iVm. § 10 Abs. 3 KonsG iVm. § 34a Abs. 2 Satz 1 BeurkG (bei Beurkundung durch Konsularbeamten) gem. § 2259 BGB beim Nachlassgericht abgeliefert werden, nach Eröffnung auf den Tod des Erstverstorbenen grundsätzlich gem. § 27 Abs. 11 iVm. § 28 Abs. 4a AktO[1] (Text s. § 344 Rz. 14) in einfacher Aktenverwahrung bei den diesbezüglichen Nachlassakten verbleiben, jedoch durch den Längstlebenden in nunmehr **alleiniger Berechtigung** nach § 2248 BGB bei dem analog § 344 Abs. 1 Satz 1 Nr. 3 zuständigen Gericht erstmals nachträglich in die besondere amtliche Verwahrung gebracht werden (s. dazu § 344 Rz. 40c), was insbesondere zur Vermeidung einer versehentlichen Bekanntgabe von nach § 349 Abs. 1 nicht bekannt zu gebenden Verfügungen bzw. Nichteröffnung empfehlenswert sein kann.[2] Dies gilt auch dann, wenn die Erbvertragspartner nach § 34 Abs. 2 BeurkG insoweit bereits eine gemeinsame Ausschließungsentscheidung getroffen haben,[3] da diese jeder Beteiligte jederzeit allein widerrufen kann.[4] Auch insoweit handelt es sich somit insbesondere weder um eine fortdauernde einfache Verwahrung in den Nachassakten des Erstversterbenden nach Abs. 1 Satz 2 noch um eine Weiterverwahrung iSv. Abs. 2.

3. Übermittlungspflicht

a) Verwahrangaben

19 Nach Abs. 1 Satz 1 hat das Gericht, das die betreffenden og. Verfügungen von Todes wegen in die besondere amtliche Verwahrung nimmt, diesbezügliche Verwahrangaben an die Registerbehörde zu übermitteln. Die Übermittlung ist jedoch **keine Wirksamkeitsvoraussetzung** für die betroffene Verfügung von Todes wegen.[5]

20 Verwahrangaben sind nach § 78b Abs. 2 Satz 2 BNotO (Text s. Anh. zu § 347) „Angaben, die zum Auffinden erbfolgerelevanter Urkunden erforderlich sind." Eine einfache Eignung genügt somit nicht. Vielmehr müssen die Daten hierzu **erforderlich** sein. Daher sind im Wege der Datenbgrenzung so wenige Daten wie möglich, jedoch so viele Daten wie nötig zu übermitteln und registrieren.[6] Derartige konkret erforderliche Angabenparameter sind durch die nach § 78 Abs. 2 Satz 2 BNotO errichtete Testamentsregister-Verordnung (ZTRV) (Text s. Anh. zu § 347) vorgegeben.[7]

21 Die Regelungen wurden durch das Gesetz zum Schutz des Erbrechts und der Verfahrensbeteiligungsrechte **nichtehelicher und einzeladoptierter Kinder** im Nachlassverfahren vom 21.3.2013 modifiziert,[8] um Risiken zu vermeiden, die durch die bis Ende 2008 praktizierte Differenzierung bei Geburtseintragungen zwischen ehelichen Kindern einerseits, die in das anlässlich der Eheschließung angelegte Familienbuch der Eltern eingetragen wurden, und nichtehelichen oder einzeladoptierten Kindern andererseits, für die die Standesämter sog. weiße Karteikarten anlegten, die mit dem Geburtseintrag der Eltern verknüpft wurden. Seit zwischenzeitlicher Aufhebung der diesbezüglichen früheren bundesrechtlichen Allgemeinen Verwaltungsvorschrift im März 2010, die die amtswegige Benachrichtigung der Nachlassgerichte durch die Geburtsstandesämter nach dem Tod eines Elternteils über die Existenz eines nichtehelichen oder einzeladoptierten in weißer Karteikarte vermerkten Kindes vorsah, fehlte eine Rechtsgrundlage zur entsprechenden Vorhaltung und Weitergabe derartiger Informationen an die Nachlassgerichte.[9]

22 Dabei sind nach § 1 ZTRV (Text s. Anh. zu § 347) unter **Abwägung** der jeweils **grundrechtsspezifischen Vorgaben** der Verpflichtung zur Datensparsamkeit iSd. § 3a BDSG aus dem Recht auf informationelle Selbstbestimmung nach Art. 2 Abs. 1 iVm.

---

1 Abgedruckt in der in Bayern geltenden Fassung v. 16.12.1998 bei Firsching/*Graf*, Anh. 4.
2 Staudinger/*Kanzleiter*, Neubearb. 2006, § 2273 aF BGB Rz. 17 (zum eigenhändigen gemeinschaftlichen Testament).
3 *Heinemann*, FamFG für Notare, Rz. 304.
4 *Heinemann*, FamFG für Notare, Rz. 303.
5 *Diehn*, NJW 2011, 481 (482).
6 Begr. zum GesetzE des BR zu § 78b BNotO, BT-Drucks. 17/2583, S. 17.
7 BGBl I 2011, S. 1386; Begr. zum VO-Entwurf BR-Drucks. 349/11, S. 8 ff.
8 BGBl. I 2013, S. 554.
9 Begr. zum GesetzE des BT, BT-Drucks. 17/9427, S. 1 u. 7 ff.

Art. 1 Abs. 1 GG einerseits[1] und der Gewährleistung des Erbrechts aus Art. 14 Abs. 1 GG durch ein funktionsfähiges Registersystem zur Auffindung erbfolgerelevanter Urkunden andererseits[2] insbesondere Familienname, ggf. Geburtsname, Geburtsort, Geburtsdatum, alle Vornamen, Geschlecht, bei Geburtsbeurkundung im Inland Geburtenregisternummer und Geburtsstandesamt, bei Geburt im Ausland Geburtsstaat jeweils des Erblassers sowie Bezeichnung, Art und Datum des erbfolgerelevanten Vorgangs, Bezeichnung und Anschrift der Verwahrstelle, Verwahrkennzeichen und über Abs. 1 Satz 1 hinausgehend Name und Amtssitz einer eventuellen Beurkundungsperson (Notar bzw. Konsularbeamter) maßgebend.[3] Daten der **Eltern** des Erblassers sind nicht speicherfähig.[4] Fehlt bei notarieller Beurkundung eine zur Ermittlung der Geburtenregisternummer geeignete Urkunde, kann diese durch den Notar anlässlich der elektronischen Meldung an das Zentrale Testamentsregister elektronisch beim Geburtsstandesamt angefordert und auf ihrer Grundlage später nachgemeldet werden. **Italienische Ehefrauen** führen als ihren Familiennamen ausschließlich den Geburtsnamen, erhalten bspw. in ihrem Pass auch bei dessen Neuausstellung nach Heirat lediglich den gesonderten amtlichen Vermerk „Coniugata" unter zusätzlicher Angabe des Namens des Ehemannes und sind daher mit ihrem Geburtsnamen als Familiennamen zu registrieren.

Übermittelt werden daher anders als für das Zentrale Vorsorgeregister **keine inhaltlichen** Angaben über eine Verfügung von Todes wegen, sondern ausschließlich die zu deren Auffinden erforderlichen Daten.[5] Nach § 2 Abs. 1 Satz 2 bzw. § 3 Abs. 1 Satz 1 und 3 ZTRV (Text s. Anh. zu § 347) wird bei mehreren von einer Verfügung von Todes wegen betroffenen Erblassern **für jeden Erblasser eine gesonderte Registrierung** vorgenommen.[6] 23

Nach § 78b Abs. 2 Satz 1 BNotO sind **erbfolgerelevante** Urkunden unabhängig von der Einschränkung in Abs. 1 Satz 1 „Testamente, Erbverträge und alle Urkunden mit Erklärungen, welche die Erbfolge beeinflussen können, insbesondere Aufhebungsverträge, Rücktritts- und Anfechtungserklärungen, Erb- und Zuwendungsverzichtsverträge, Ehe- und Lebenspartnerschaftsverträge und Rechtswahlen". Diese Aufzählung ist, wie die vorstehende Formulierung „insbesondere" zeigt, lediglich exemplarisch und nicht abschließend zu verstehen.[7] Eine Richtigstellung **offensichtlicher Unrichtigkeiten** durch Nachtragsvermerk gem. § 44a Abs. 2 BeurkG muss nicht ihrerseits registriert, stattdessen jedoch ggf. zwecks Berichtigung des betroffenen Verwahrdatensatzes nach § 5 Satz 1 Nr. 2 ZTRV mitgeteilt werden.[8] 24

Maßgebend ist somit allein die **abstrakte Möglichkeit** einer Auswirkung auf die Erbfolge. Auf eine konkrete tatsächliche Erbfolgerelevanz kommt es hingegen nicht an, da das Nachlassgericht alle derartigen Urkunden überprüfen und auswerten können muss.[9] Die abtrakte Eignung zur Beeinflussung des gesetzlichen Erbrechts ist bspw. für güterstandsändernde Regelungen zu bejahen, aber für Pflichtteilsverzichtsverträge zu verneinen.[10] 25

Für Testamente und Erbverträge ist dabei noch nicht einmal die abstrakte Erbfolgerelevanz zu überprüfen. Die betreffenden Verwahrangaben sind aufgrund diesbezüglicher formaler Registerpflicht nach § 78b Abs. 2 Satz 1 BNotO unabhängig von ihrem Inhalt immer[11] und daher auch dann in das Zentrale Testamentsregister auf- 26

---

1 *Görk*, DNotZ 2011, 71 (77); *Diehn*, NJW 2011, 481 (482).
2 Begr. zum GesetzE des BR zum Allg. Teil, BT-Drucks. 17/2583, S. 12.
3 *Diehn*, NJW 2011, 481 (482).
4 *Diehn*, DNotZ 2011, 676 (677).
5 *Diehn*, NJW 2011, 481 (482).
6 *Diehn*, DNotZ 2011, 676 (677).
7 *Diehn*, NJW 2011, 481.
8 *Diehn*, DNotZ 2011, 676 (677).
9 Begr. zum GesetzE des BR zu § 78b BNotO, BT-Drucks. 17/2583, S. 17; *Diehn*, NJW 2011, 481.
10 Begr. zum GesetzE des BR zu § 78b BNotO, BT-Drucks. 17/2583, S. 17.
11 Begr. zum GesetzE des BR zu § 78b BNotO, BT-Drucks. 17/2583, S. 17; *Diehn*, NJW 2011, 481; *Diehn*, DNotZ 2011, 676 (677).

zunehmen, wenn sie **ausschließlich Vermächtnisse** enthalten und somit konkret keine Auswirkungen auf die Erbfolge haben.[1] Im Gegensatz dazu sind andere Urkunden als Verfügungen von Todes wegen nach § 78b Abs. 2 Satz 1 Fall 3 BNotO lediglich bei abstrakt möglicher Erbfolgerelevanz materiell registerpflichtig.[2]

27 Der gerichtlichen Übermittlungspflicht nach Abs. 1 Satz 1 unterliegen davon jedoch lediglich die in die besondere amtliche Verwahrung genommenen eigenhändigen **Einzel- und gemeinschaftlichen Testamente** sowie die Nottestamente (s. Rz. 15ff.), während die übrigen Dokumente die Übermittlungspflichten aus Abs. 2 und 3 betreffen.

28 Eine Übermittlungspflicht setzt jedoch voraus, dass die betroffene erbrechtsrelevante Erklärung **zu Lebzeiten des Erblassers abgegeben** worden ist. Daher werden insbesondere Erbausschlagungserklärungen trotz ihrer erbrechtlichen Auswirkungen nicht von der Mitteilungspflicht erfasst.[3]

b) Übermittlungsvorgang

29 Das die besondere amtliche Verwahrung vornehmende Gericht übermittelt die og. Verwahrangaben iSd. § 78b Abs. 2 Satz 2 BNotO **elektronisch** in Echtzeit. Hierfür werden ausschließlich besonders gesicherte Netze genutzt wie bspw. nach § 1 Abs. 1 Satz 1 IT-NetzG die Deutschland-Online Infrastruktur des Verbindungsnetzes.[4] Nach § 78 Abs. 2 Satz 5 Nr. 3 BNotO (Text s. Anh. zu § 347) können mittels der über die Ermächtigung des § 78 Abs. 2 Satz 2 BNotO mit Zustimmung des Bundesrates durch das Bundesministerium der Justiz erlassenen Rechtsverordnung Ausnahmen von der grundsätzlichen Pflicht zur elektronischen Übermittlung in eletronischer Form zugelassen werden, bspw. durch Gestattung der Papierformübermittlung im Falle auftretender technischer Störungen oder bis zur Einrichtung der technischen Voraussetzungen für einen elektronischen Datenaustausch.[5]

30 Übermittlungsempfänger ist die Bundesnotarkammer als die das Zentrale Testamentsregister nach § 78 Abs. 2 Nr. 2 BNotO führende **Registerbehörde**.

c) Übermittlungspflicht

31 Im Gegensatz zur freiwilligen Datenübermittlung an das ebenfalls durch die Bundesnotarkammer geführte Zentrale Vorsorgeregister iSd. §§ 78 Abs. 2 Satz 1 Nr. 1, 78a BNotO besteht nach Abs. 1 Satz 1 hinsichtlich der dem Zentralen Testamentsregister zur Verfügung zu stellenden erbrechtsrelevanten Angaben eine gesetzliche Übermittlungs**pflicht**.[6]

II. Gerichtliche einfache weitere Aktenaufbewahrung (Absatz 1 Satz 2)

32 Satz 1 gilt entsprechend für **gemeinschaftliche eigenhändige Testamente** bzw. **Erbverträge**, die sich bislang nicht in der besonderen amtlichen Verwahrung befunden haben, jedoch über den ersten Erbfall hinaus auch letztwillige Verfügungen auf den Tod des Längstlebenden enthalten, nach dem Tod des Erstversterbenden gem. § 2259 BGB (eigenhändiges gemeinschaftliches Testament) bzw. § 2259 BGB iVm. § 34a Abs. 2 Satz 1 BeurkG (notariell beurkundeter Erbvertrag) bzw. § 2259 BGB iVm. § 10 Abs. 3 KonsG iVm. § 34a Abs. 2 Satz 1 BeurkG (durch Konsularbeamten beurkundeter Erbvertrag) beim Nachlassgericht abgeliefert werden und nach Eröffnung

---

1 Begr. zum GesetzE des BR zu § 78b BNotO, BT-Drucks. 17/2583, S. 17; *Görk*, DNotZ 2011, 71 (77); *Diehn*, NJW 2011, 481.
2 *Diehn*, DNotZ 2011, 676 (677).
3 Begr. zum GesetzE des BR zu § 78b BNotO, BT-Drucks. 17/2583, S. 17; *Görk*, DNotZ 2011, 71 (77); *Diehn*, NJW 2011, 481.
4 *Diehn*, NJW 2011, 481 (482).
5 *Diehn*, NJW 2011, 481 (482); Begr. zum GesetzE des BR zu § 78c BNotO, BT-Drucks. 17/2583, S. 19.
6 Begr. zum GesetzE des BR zu § 78b BNotO, BT-Drucks. 17/2583, S. 17; *Görk*, DNotZ 2011, 71 (77).

auf den Tod des Erstverstorbenen mangels erstmaliger Veranlassung einer besonderen amtlichen Verwahrung durch den Längstlebenden iSv. Abs. 1 Satz 1 (s. dazu § 344 Rz. 38b und § 344 Rz. 40c) gem. § 27 Abs. 11 iVm. § 28 Abs. 4a AktO[1] (Text s. § 344 Rz. 14) in einfacher Aktenverwahrung bei den diesbezüglichen Nachlassakten verbleiben.

Zuständig ist dann das für den **Nachlass des Erstversterbenden** zuständige Nachlassgericht, da das gemeinschaftliche Testament unverändert offen in dessen Akten verbleibt. 33

Hiervon sind nach dem Tod des Erstversterbenden auf Veranlassung des Längstlebenden **erstmals** in die besondere amtliche Verwahrung gebrachte eigenhändige Testamente bzw. Erbverträge zu unterscheiden, deren Datenübermittlung bereits unmittelbar aus Satz 1 und nicht erst über eine entsprechende Anwendung durch Satz 2 resultiert. 34

Eine entsprechende Anwendung von Satz 1 scheidet jedoch dann aus, wenn eigenhändige gemeinschaftliche Testamente bzw. Erbverträge, die sich bisher nicht in besonderer amtlicher Verwahrung befunden haben, nicht auch über den ersten Erbfall hinaus letztwillige Verfügungen auf den Tod des Längstlebenden enthalten. Dies ist insbesondere bei einer **ausschließlichen gegenseitigen Erbeinsetzung** der Fall (s. § 349 Rz. 31f.). 35

III. Gerichtliche besondere amtliche Weiterverwahrung (Absatz 2)

Wenn gemeinschaftliche Testamente bzw. Erbverträge, die sich vor dem Tod des Erstverstorbenen bereits in besonderer amtlicher Verwahrung befunden haben und über den ersten Erbfall hinaus auch letztwillige Verfügungen auf den Tod des Längstlebenden enthalten, nach § 349 Abs. 2 Satz 2 (bei Erbverträgen iVm. Abs. 4) in besonderer amtlicher Verwahrung **weiterverwahrt** werden, hat entweder das für den Erstversterbenden zuständige Nachlassgericht oder im Falle eines Weiterverwahrungsverlangens des Längstlebenden bei einem anderen Amtsgericht dieses andere Gericht als zugleich nach § 344 Abs. 2 (bei Erbverträgen iVm. Abs. 3) zuständiges Weiterverwahrungsgericht die Verwahrangaben (s. Rz. 19 ff.) an die Bundesnotarkammer als die das Zentrale Testamentsregister führende Registerbehörde zu übermitteln. Dadurch wird eine neue Registrierung ausgelöst. 36

Soweit hingegen aufgrund der vor dem Tod des Erstverstorbenen erfolgten besonderen amtlichen Verwahrung bereits eine Registrierung existiert, hat das Weiterverwahrungsgericht bei der Übermittlung auf diese **frühere Registrierung** Bezug zu nehmen. Eine frühere Registrierung kann jedoch nur dann vorhanden sein, wenn die betroffene Verfügung von Todes wegen nach dem 1.1.2012 in die besondere amtliche Verwahrung genommen wurde und daher ein Verwahrdatensatz vorliegt.[2] 37

IV. Gerichtliche Rückgabe aus der besonderen amtlichen Verwahrung (Absatz 3)

Das verwahrende Gericht hat nach Abs. 3 iVm. § 4 Abs. 2 ZTRV der Registerbehörde zudem eine Rückgabe aus der besonderen amtlichen Verwahrung mitzuteilen. Maßgebend für die Richtigkeit des Testamentsregisterinhalts ist dabei allein eine **Veränderung des Verwahrortes**, nicht jedoch die Frage eines rückgabebedingten Wirksambleibens oder Unwirksamwerdens der Verfügung von Todes wegen.[3] 38

Daher ist die Mitteilung nicht nur bei Rückgabe **öffentlicher**, nach § 2232 BGB vor einem Notar, nach § 10 Abs. 2 KonsG vor einem Konsularbeamten[4] oder als Nottestament nach § 2249 BGB vor einem Bürgermeister errichteter Testamente bzw. ausschließlich Verfügungen von Todes wegen enthaltender (bei Verbindung mit Rechtsgeschäften unter Lebenden s. Rz. 42) und in die besondere amtliche Verwahrung 39

---

1 Abgedruckt in der in Bayern geltenden Fassung v. 16.12.1998 bei Firsching/*Graf*, Anh. 4.
2 Begr. zum GesetzE des BR zu § 347, BT-Drucks. 17/2583, S. 23 f.; *Görk*, DNotZ 2011, 71 (77).
3 Begr. zum GesetzE des BR zu § 347, BT-Drucks. 17/2583, S. 24.
4 Zur Geltung der Widerrufswirkung des § 2256 Abs. 1 Satz 1 BGB auch für Konsulartestamente Palandt/*Weidlich* § 2256 BGB Rz. 3.

gegebener Erbverträge erforderlich, die nach § 2256 Abs. 1 Satz 1 BGB (bei Erbverträgen iVm. § 2300 Abs. 2 Satz 2 BGB) aufgrund Rücknahme aus der besonderen amtlichen Verwahrung als widerrufen gelten.

40 Vielmehr muss das bisher verwahrende Gericht auch die Rückgabe **eigenhändiger** Testamente, einschließlich Dreizeugentestamente iSd. §§ 2050, 2051 BGB melden, obwohl sie nach § 2256 Abs. 3 BGB auf die Wirksamkeit dieser Testamente ohne Einfluss ist.[1]

41 Zur Meldepflicht von Notaren nach § 34a Abs. 2 BeurkG bzw. Konsularbeamten nach § 10 Abs. 3 KonsG iVm. § 34a Abs. 2 BeurkG bei der Rückgabe von **Erbverträgen**, die ausschließlichVerfügungen von Todes wegen enthalten, **aus der einfachen notariellen bzw. konsularischen Verwahrung** s. Rz. 59.

42 Sobald mit dem Erbvertrag jedoch ein **Rechtsgeschäft unter Lebenden** (zB Vollmacht, Ehe-, Pflege-, Erbverzichts- bzw. Pflichtteilsverzichtsvertrag)[2] **verbunden** wird, ist nach § 2300 Abs. 2 BGB eine spätere Rückgabe des Erbvertragsteils weder aus der regelmäßig aus § 34 Abs. 2 BeurkG (bei Beurkundung durch einen Konsularbeamten iVm. § 10 Abs. 3 KonsG, s. dazu § 344 Rz. 30) folgenden einfachen notariellen bzw. konsularischen Verwahrung beim Urkundsnotar bzw. dem beurkundenden Konsularbeamten noch aus einer ausnahmsweise gleichwohl begehrten besonderen amtlichen gerichtlichen Verwahrung an die Vertragspartner möglich (s. dazu § 344 Rz. 39 f.).[3] In Betracht kommt dann jedoch eine Rückgabe aus der gerichtlichen besonderen amtlichen in die einfache notarielle bzw. konsularische Verwahrung ohne Auslösung von Widerrufswirkungen iSd. § 2300 Abs. 2 BGB. Dies ist der Registerbehörde nach Abs. 3 durch das Verwahrgericht zu übermitteln, da die Verwahrstelle wechselt.

V. Übergangs- und Landesregelungen (Absätze 4 bis 6)

1. Übergangsweiser Fortbestand der bisherigen Verzeichnisse

43 Die Standesämter und das Amtsgericht Schöneberg in Berlin sind nach Abs. 4 Satz 1 übergangsweise zur **Weiterführung** ihrer Verzeichnisse über erbrechtsrelevante Daten so lange verpflichtet, bis deren vollständige Überführung nach dem Testamentsverzeichnis-Überführungsgesetz (TVÜG) (Text s. Anh. zu § 347) in das von der Bundesnotarkammer in Berlin als Registerbehörde geführte Zentrale Testamentsregister abgeschlossen ist. Danach haben Abs. 4 bis 6 keine Bedeutung mehr.[4]

44 Seit 1.1.2012 übermitteln verwahrende Gerichte nach Abs. 1 bis 3, beurkundende Notare nach § 34a Abs. 1 und 2 BeurkG (Text s. Anh. zu § 347), beurkundende Konsularbeamten nach § 10 Abs. 3 KonsG (Text s. § 344 Rz. 21) iVm. § 34a Abs. 1 und 2 BeurkG und Gerichte für nach § 160 Abs. 3 Nr. 1 ZPO bzw.§ 278 Abs. 6 ZPO in dortigen Verfahren geschlossene erbfolgerelevante gerichtliche Vergleiche iSd. § 127a BGB nach § 78b Abs. 4 BNotO (Text s. Anh. zu § 347) gem. § 2 ZTRV die Verwahrangaben ausschließlich an die das Zentrale Testamentsregister führende Registerbehörde. Derartige Verwahrangaben gehen daher dann nicht mehr in Papierform mit gelber Karteikarte bei den Standesämtern oder dem Amtsgericht Schöneberg in Berlin, sondern ausschließlich elektronisch beim Zentralen-Testamentsregister der Bundesnotarkammer ein.[5]

45 Im Gegensatz dazu werden jedoch Verwahrangaben, die vor Inkrafttreten der og. Neuregelungen am 1.1.2012, somit **bis spätestens 31.12.2011 abgesandt** werden, noch mit gelber Karteikarte an die nach altem Recht zuständigen Standesämter bzw. das Amtsgericht Schöneberg in Berlin adressiert.[6]

---

1 Begr. zum GesetzE des BR zu § 347, BT-Drucks. 17/2583, S. 24.
2 S. dazu Wurm/Wagner/Zartmann/*Fröhler*, Kap. 86 Rz. 17 f. und Kap. 89 Rz. 10.
3 Palandt/*Weidlich*, § 2300 BGB Rz. 3.
4 Begr. zum GesetzE des BR zu § 347, BT-Drucks. 17/2583, S. 24.
5 *Diehn*, NJW 2011, 481 (484).
6 Begr. zum GesetzE des BR zu § 347, BT-Drucks. 17/2583, S. 24.

2. Sterbefallmitteilung der Standesämter an das Zentrale Testamentsregister und Folgebenachrichtigungen

Seit 1.1.2012 haben die zuständigen Standesämter einschließlich das Standesamt I in Berlin nach § 78c BNotO die Registerbehörde mit den in § 6 ZTRV genannten Daten über den Tod, die Todeserklärung oder die gerichtliche Feststellung der Todeszeit einer Person zu benachrichtigen (Sterbefallmitteilung), damit diese **von Amts wegen** das Zentrale Testamentsregister auf betroffene Verwahrangaben überprüft und sodann nach § 7 ZTRV automatisch ggf. das zuständige Nachlassgericht bzw. die betroffenen verwahrenden Stellen (Gerichte, Notare bzw. Konsularbeamte) unverzüglich über Sterbefall bzw. Verwahrangaben elektronisch benachricht.[1]

Dabei kann für die Benachrichtigung **notarieller Verwahrstellen** bezüglich der Notardaten, insbesondere im Hinblick auf diesbezügliche Veränderungen bspw. in Folge Amtserlöschens, durch elektronischen Datenabgleich mit den durch die Notarkammern gepflegten Notarverzeichnissen eine tagesaktuelle Überprüfung gewährleistet werden.[2]

Im Rahmen der Folgebenachrichtigung des Nachlassgerichts wird diesem durch ergänzende Mitteilung der benachrichtigten Verwahrstellen und verwahrten Urkunden eine **Überwachungsmöglichkeit** hinsichtlich der Erfüllung dortiger Ablieferungsverpflichtungen eröffnet.[3]

3. Übergangsregelung zur Mitteilung der Nachricht vom Tod des Erblassers

Die **Standesämter** und das **Amtsgericht Schöneberg** in Berlin sind nach Abs. 4 Satz 2 übergangsweise über den 1.1.2012 hinaus zur Mitteilung der Nachricht vom Tod des Erblassers an die jeweilige Stelle, von der die Verwahrungsnachricht stammt, so lange verpflichtet, bis das neu geschaffene Zentrale Testamentsregister die Bearbeitung der Mitteilung über Sterbefälle nach § 4 Abs. 1 TVÜG übernimmt. Für die Standesämter, nicht jedoch für das Amtsgericht Schöneberg, folgt dies zudem bereits aus § 42 Abs. 2 und 3 PStV.[4]

Eine **Sterbefallmitteilung** ist nach § 78c BNotO als Mitteilung über den Tod, die Todeserklärung oder die gerichtliche Feststellung der Todeszeit einer Person legaldefiniert.

§ 4 Abs. 1 TVÜG (Text s. Anh. zu § 347) sieht eine Übernahme dieser Bearbeitung durch das Zentrale Testamentsregister für diejenigen Mitteilungen über Sterbefälle vor, deren Beurkundung oder Aufnahme als Hinweis **weniger als acht Tage** vor dem Übernahmestichtag iSd. § 2 Abs. 1 TVÜG wirksam wurde.

Nach § 2 Abs. 1 TVÜG ist **Übernahmestichtag** der durch die Registerbehörde den Standesämtern und dem Amtsgericht Schöneberg in Berlin als Übergebern mit einem Vorlauf von mindestens acht Wochen mitgeteilte Tag der Übernahme der Verwahrnachrichten, frühestens der 9.1.2012.

Mit Erreichen der vollständigen Funktionsfähigkeit des Zentralen Testamentsregisters voraussichtlich zum Jahresende 2015 könnte die **Amtsermittlungspflicht** nach § 351 hinfällig werden.[5]

4. Landesrechtliche Ausgestaltung

Nach Abs. 4 Satz 3 bis 5 werden die Länder zur jeweiligen **Ausgestaltung** der in § 347 lediglich als Rahmenvorgabe enthaltenen Kriterien über Erhebung, Verwendung und Löschung der mit den Testamentsverzeichnissen in Zusammenhang stehenden Daten durch eigene Rechtsverordnungen verpflichtet.[6] Hierbei sind ins-

---

1 Begr. zum GesetzE des BR zu § 347, BT-Drucks. 17/2583, S. 18.
2 *Diehn*, NJW 2011, 481 (483).
3 *Diehn*, NJW 2011, 481 (483).
4 Begr. zum GesetzE des BR zu § 347, BT-Drucks. 17/2583, S. 24.
5 Begr. zum GesetzE des BR zu § 347, BT-Drucks. 17/2583, S. 24.
6 S. zB bad-württ. Nachlassbenachrichtigungsverordnung v. 5.12.2008, GBl. 2008, S. 493.

besondere das Grundrecht auf informationelle Selbstbestimmung aus Art. 2 Abs. 1 iVm. Art. 1 Abs. 1 GG[1] und der daran ausgerichteten Verhältnismäßigkeitsgrundsatz streng zu wahren.[2] Danach dürfen nur die Identifizierungsdaten des Erblassers, die Verfügungsart und das Datum der Inverwahrnahme mitgeteilt werden. Die Daten sind spätestens fünf Jahre nach dem Tod des Erblassers bzw. 30 Jahre nach dessen Toterklärung bzw. der gerichtlichen Festlegung des Todeszeitpunktes zu löschen.

55   Abs. 5 berechtigt die Länder zur Einführung einer **elektronischen** Übermittlung ohne Rahmenvorgaben für die Signaturqualität, den Zeitpunkt der Umstellung oder die für die Bearbeitung der Dokumente geeignete Form.[3]

56   Nach Abs. 6 werden die Landesregierungen zur **Übertragung** der in Abs. 4 und 5 vorgesehenen Verordnungsermächtigungen auf die Landesjustizverwaltungen berechtigt.[4]

57   Nach Abschluss der vollständigen Überführung aller zuvor bei den Standesämtern und dem Amtsgericht Schöneberg in Berlin geführten Verzeichnisse über erbrechtsrelevante Daten nach dem TVÜG (Text s. Anh. zu § 347) in das von der Bundesnotarkammer in Berlin als Registerbehörde geführte Zentrale Testamentsregister haben Abs. 4 bis 6 keine Bedeutung mehr.[5]

VI. Mitteilungspflichten anderer Verwahrstellen

58   Nach § 34a Abs. 1 BeurkG (Text s. Anh. zu § 347) sind Notare bzw. nach § 10 Abs. 3 KonsG (Text s. § 344 Rz. 29) iVm. § 34a Abs. 1 BeurkG Konsularbeamte iVm. §§ 2, 4 ZTRV zur elektronischen Mitteilung der Verwahrangaben iSd. § 78b Abs. 2 Satz 1 BNotO (s. dazu Rz. 31 ff.) nach **Errichtung** oder beurkundeter **Änderung** einer erbfolgerelevanten Urkunde iSd. § 78b Abs. 2 Satz 2 BNotO (s. dazu Rz. 24 ff.) verpflichtet:

59   Nach § 34a Abs. 2 BeurkG (Text s. Anh. zu § 347) sind Notare bzw. nach § 10 Abs. 3 KonsG (Text s. § 344 Rz. 29) iVm. § 34a Abs. 2 BeurkG Konsularbeamte iVm. § 4 ZTRV zur elektronischen Mitteilung der **Rückgabe von Erbverträgen**, die ausschließlich Verfügungen von Todes wegen enthalten und nicht in die besondere amtliche gerichtliche Verwahrung gegeben wurden, aus der einfachen notariellen bzw. konsularischen Verwahrung verpflichtet. Zur Rückgabe von ausschließlich Verfügungen von Todes wegen enthaltenden Erbverträgen aus der besonderen amtlichen Verwahrung an die Vertragspartner s. Rz. 41, zur Rückgabe von mit Rechtsgeschäften unter Lebenden verbundenen Erbverträgen aus der besonderen amtlichen Verwahrung in die einfache Aufbewahrung der Urkundsperson s. Rz. 42.

60   Nach § 78b Abs. 4 BNotO (Text s. Anh. zu § 347) haben Prozessgerichte für nach § 160 Abs. 3 Nr. 1 ZPO bzw. § 278 Abs. 6 ZPO in dortigen Verfahren geschlossene erbfolgerelevante gerichtliche Vergleiche iSd. § 127a BGB nach vorheriger Einholung der maßgebenden Daten beim Erblasser unverzüglich die zugehörigen Verwahrangaben iSd. § 78b Abs. 2 Satz 1 BNotO (s. dazu Rz. 19 ff.) an die das Zentrale Testamentsregister führende Registerbehörde zu übermitteln. Insoweit ist keine elektronische Übermittlung vorgeschrieben, sondern eine Papier- bzw. Telefaxmeldung zulässig.[6] Hierbei handelt es sich insbesondere um in einem der grundsätzlich vorgeschriebene Form der notariellen Beurkundung nach § 127a BGB ersetzenden gerichtlichen Vergleich nach den §§ 127a, 2274, 2276 BGB geschlossene Erbverträge[7] bzw. dort nach den §§ 127a, 2346 BGB protokollierte Erbverzichtsverträge.[8]

---

1 BVerfG v. 15.12.1983 – 1 BvR 209, 269, 362, 420, 440, 484/83, BVerfGE 65, 1 (43).
2 Begr. zum GesetzE der BReg. zu § 82a Abs. 6 FGG, BT-Drucks. 16/1831, S. 56.
3 Begr. zum GesetzE der BReg. zu § 82a Abs. 7 FGG, BT-Drucks. 16/1831, S. 56.
4 S. zB § 2 Nr. 9 bad.-württ. Subdelegationsverordnung Justiz v. 7.9.1998, GBl. 1998, S. 561, zuletzt geändert am 11.3.2008, GBl. 2008, S. 101.
5 Begr. zum GesetzE des BR zu § 347, BT-Drucks. 17/2583, S. 24.
6 *Diehn*, NJW 2011, 481 (482).
7 OLG Düsseldorf v. 14.12.2006 – 8 U 724/05, NJW 2007, 1290 (1291).
8 Keidel/*Zimmermann*, § 347 BGB Rz. 15n.

VII. Ablieferungspflichten

Nach § 34a Abs. 3 BeurkG (Text s. Anh. zu § 347) sind Notare bzw. nach § 10 Abs. 3 KonsG (Text s. § 344 Rz. 29) iVm. § 34a Abs. 3 BeurkG Konsularbeamte zur Ablieferung von **in ihrer einfachen Verwahrung befindlichen** erbfolgerelevanter Urkunden verpflichtet. [61]

Davon wird nach Eintritt des Erbfalls gem. § 34a Abs. 3 Satz 1 BeurkG zunächst ein nicht in die besondere amtliche Verwahrung gegebener **Erbvertrag** ebenso wie ein mit anderen erfasst, der zum grundsätzlichen Verbleib in der gerichtlichen Aktenverwahrung **urschriftlich** bei dem für den Nachlass des Erstversterbenden zuständigen Nachlassgericht abzuliefern ist, wobei der Längstlebende später auch erstmals die gerichtliche besondere amtliche Verwahrung verlangen kann (s. dazu Rz. 18). Eine entsprechende Pflicht zur Ablieferung der Urschrift besteht trotz eventueller Geheimhaltungsinteressen der Beteiligten zudem für Erbverträge, die mit einem **Rechtsgeschäft unter Lebenden** (zB Vollmacht, Ehe-, Pflege-, Erbverzichts- bzw. Pflichtteilsverzichtsvertrag)[1] **verbunden** sind (s. Rz. 42),[2] da die in § 2300 Abs. 2 BGB für Rücknahmen aus der amtlichen bzw. notariellen Verwahrung ausdrücklich genannte Beschränkung auf ausschließlich Verfügungen von Todes wegen enthaltende Erbverträge in der hier maßgeblichen auf die Ablieferungspflicht nach § 2259 BGB verweisenden Regelung des § 2300 Abs. 1 BGB fehlt und es sich damit nicht lediglich um sonstige erbfolgerelevante Urkunden (s. dazu Rz. 63) handelt. [62]

Darüber hinaus sind nach Eintritt des Erbfalls gem. § 34a Abs. 3 Satz 2 BeurkG **sonstige Urkunden**, deren Erklärungen die Erbfolge ändern können, durch Übersendung einer **beglaubigten Kopie** unter Zurückbehalten der Urschrift als Mitteilung an das Nachlassgericht zu übersenden. [63]

Erbfolgerelevante registrierte **Prozessvergleiche** iSd. § 78b Abs. 4 BNotO sind, soweit sie einen Erbvertrag enthalten, nach Eintritt des Erbfalls gem. §§ 2259 Abs. 2, 2300 Abs. 1 BGB (s. § 358 Rz. 13) in Urschrift abzuliefern bzw., wenn sie durch eine andere Abteilung desselben Amtsgerichts protokolliert wurden, durch die Nachlassabteilung dieses Amtsgerichts zu eröffnen.[3] Für sonstige erbrechtsrelevante Urkunden ist nach Eintritt des Erbfalls lediglich eine beglaubigte Kopie an das Nachlassgericht zu übersenden. [64]

Für urschriftlich oder in (beglaubigter Abschrift) übersandte Urkunden hat das Zentrale Testamentsregister als Empfänger den **Eingang zu bestätigen**.[4] [65]

Anhang 1 zu § 347

Bundesnotarordnung (BNotO)[5]
– Auszug –

§ 78

(1) ...

(2) Die Bundesnotarkammer führt als Registerbehörde je ein automatisiertes elektronisches Register über

1. Vorsorgevollmachten und Betreuungsverfügungen nach § 78a (Zentrales Vorsorgeregister) und
2. die Verwahrung erbfolgerelevanter Urkunden und sonstige Daten nach § 78b (Zentrales Testamentsregister).

Das Bundesministerium der Justiz hat durch jeweils eine Rechtsverordnung zum Zentralen Vorsorgeregister und zum Zentralen Testamentsregister mit Zustimmung des Bundesrates die nä-

---

1 S. dazu Wurm/Wagner/Zartmann/*Fröhler*, Kap. 86 Rz. 17f. und Kap. 89 Rz. 10.
2 Im Ergebnis ebenso Eylmann/Vaasen/*Baumann*, § 34a BeurkG Rz. 5; Bamberger/Roth/*Litzenburger*, § 2300 BGB Rz. 2; Erman/*Schmidt*, § 2259 BGB Rz. 3; aA *Winkler*, § 34a BeurkG Rz. 34; *Weingärtner*/Ehrlich, § 20 DONot Rz. 306: nur auszugsweise beglaubigte Abschrift.
3 S. Staudinger/*Baumann*, § 2259 BGB Rz. 5 u. 19; Palandt/*Weidlich*, § 2259 BGB Rz. 1; aA *Diehn*, NJW 2011, 481 (483).
4 *Diehn*, NJW 2011, 481 (483).
5 BGBl. I 2010, S. 2255ff., geändert durch G. v. 21.3.2013, BGBl. I 2013, S. 554f.

heren Bestimmungen über Einrichtung und Führung der Register, über Auskunft aus den Registern, über Anmeldung, Änderung und Löschung von Registereintragungen, über Einzelheiten der Datenübermittlung und -speicherung sowie der Datensicherheit zu treffen. Die Erhebung und Verwendung der Daten ist auf das für die Erfüllung der gesetzlichen Aufgaben der Registerbehörde, der Nachlassgerichte und der Verwahrstellen Erforderliche zu beschränken. In der Rechtsverordnung zum Zentralen Testamentsregister können darüber hinaus Bestimmungen zum Inhalt der Sterbefallmitteilungen nach § 78c Satz 1 getroffen werden. Ferner können in der Rechtsverordnung zum Zentralen Testamentsregister Ausnahmen zugelassen werden von:

1. § 78c Satz 3, soweit dies die Sterbefallmitteilung an das Nachlassgericht betrifft;
2. der elektronischen Benachrichtigung nach § 78c Satz 4;
3. der Verpflichtung zur elektronischen Übermittlung nach § 34a Absatz 1 Satz 1 des Beurkundungsgesetzes und § 347 Absatz 1 Satz 1 des Gesetzes über das Verfahren in Familiensachen und in den Angelegenheiten der freiwilligen Gerichtsbarkeit.

Das Bundesminsterium der Justiz führt die Rechtsaufsicht über die Registerbehörde.

(3) ...

§ 78a

In das Zentrale Vorsorgeregister dürfen Angaben über Vollmachtgeber, Bevollmächtigte, die Vollmacht und deren Inhalt sowie über Vorschläge zur Auswahl des Betreuers, Wünsche zur Wahrnehmung der Betreuung und über den Vorschlagenden aufgenommen werden.

§ 78b

(1) In das Zentrale Testamentsregister werden Verwahrangaben zu erbfolgerelevanten Urkunden aufgenommen:

1. Verwahrangaben zu erbfolgerelevanten Urkunden, die

a) von Notaren (§ 34a Absatz 1 Satz 1 des Beurkundungsgesetzes) oder Gerichten (Absatz 4 sowie § 347 des Gesetzes über das Verfahren in Familiensachen und in den Angelegenheiten der freiwilligen Gerichtsbarkeit) ab 1. Januar 2012 zu übermitteln sind,

b) nach § 1 des Testamentsverzeichnis-Überführungsgesetzes zu überführen sind,

2. Mitteilungen, die nach § 9 des Testamentsverzeichnis-Überführungsgesetzes zu überführen sind.

Die gespeicherten Daten sind mit Ablauf des dreißigsten auf die Sterbefallmitteilung folgenden Kalenderjahres zu löschen

(2) Erbfolgerelevante Urkunden sind Testamente, Erbverträge und alle Urkunden mit Erklärungen, welche die Erbfolge beeinflussen können, insbesondere Aufhebungsverträge, Rücktritts- und Anfechtungserklärungen, Erb- und Zuwendungsverzichtsverträge, Ehe- und Lebenspartnerschaftsverträge und Rechtswahlen. Verwahrangaben sind Angaben, die zum Auffinden erbfolgerelevanter Urkunden erforderlich sind.

(3) Registerfähig sind nur erbfolgerelevante Urkunden, die

1. öffentlich beurkundet oder
2. in amtliche Verwahrung genommen

worden sind.

(4) Handelt es sich bei einem gerichtlichen Vergleich um eine erbfolgerelevante Urkunde iSv. Absatz 2 Satz 1, übermittelt das Gericht unverzüglich die Verwahrangaben an die das Zentrale Testamentsregister führende Registerbehörde nach Maßgabe der nach § 78 Absatz 2 Satz 2 bis 5 erlassenen Rechtsverordnung. Der Erblasser teilt dem Gericht die zur Registrierung erforderlichen Daten mit.

§ 78c

Ab 1. Januar 2012 teilt das zuständige Standesamt der Registerbehörde den Tod, die Todeserklärung oder die gerichtliche Feststellung der Todeszeit einer Person mit (Sterbefallmitteilung). Die Registerbehörde prüft daraufhin, ob im Zentralen Testamentsregister Angaben nach § 78b Absatz 1 Satz 1 Nummer 1 und 2 vorliegen. Sie benachrichtigt, soweit es zur Erfüllung der Aufgaben des Nachlassgerichts und der verwahrenden Stellen erforderlich ist, unverzüglich

1. das zuständige Nachlassgericht über den Sterbefall und etwaige Angaben nach § 78b Absatz 1 Satz 1 Nummer 1 und 2
2. die verwahrenden Stellen über den Sterbefall und etwaige Verwahrangaben nach § 78b Absatz 1 Satz 1 Nummer 1.

Die Benachrichtigung erfolgt elektronisch.

§ 78d

(1) Die Registerbehörde erteilt auf Ersuchen
1. Gerichten Auskunft aus dem Zentralen Vorsorgeregister und dem Zentralen Testamentsregister sowie
2. Notaren Auskunft über Verwahrangaben aus dem Zentralen Testamentsregister.

Die Auskunft aus dem Zentralen Testamentsregister wird nur erteilt, soweit sie im Rahmen der Aufgabenerfüllung der Gerichte und Notare erforderlich ist. Auskünfte aus dem Zentralen Testamentsregister können zu Lebzeiten des Erblassers nur mit dessen Einwilligung eingeholt werden.

(2) Die Befugnis der Gerichte und Notare zur Einsicht in Registrierungen, die von ihnen verwahrte oder registrierte Urkunden betreffen, bleibt unberührt.

(3) Die Registerbehörde kann Gerichte bei der Ermittlung besonders amtlich verwahrter Urkunden unterstützen, für die mangels Verwahrungsnachricht keine Eintragung im Zentralen Testamentsregister vorliegt. Die Verwahrangaben der nach Satz 1 ermittelten Verfügungen von Todes wegen sind nach § 347 Absatz 1 Satz 1 des Gesetzes über das Verfahren in Familiensachen und in den Angelegenheiten der freiwilligen Gerichtsbarkeit an das Zentrale Testamentsregister zu melden.

§ 78e

(1) Das Zentrale Vorsorgeregister und das Zentrale Testamentsregister werden durch Gebühren finanziert. Die Registerbehörde kann Gebühren erheben für:
1. die Aufnahme von Erklärungen in das Zentrale Vorsorgeregister,
2. die Aufnahme von Erklärungen in das Zentrale Testamentsregister und
3. die Erteilung von Auskünften aus dem Zentralen Testamentsregister nach § 78d Absatz 1 Satz 1 Nummer 2.

(2) Zur Zahlung der Gebühren sind verpflichtet:
1. im Fall des Absatzes 1 Satz 2 Nummer 1 der Antragsteller und derjenige, der für die Gebührenschuld eines anderen kraft Gesetzes haftet;
2. im Fall des Absatzes 1 Satz 2 Nummer 2 der Erblasser;
3. im Fall des Absatzes 1 Satz 2 Nummer 3 der Veranlasser des Auskunftsverfahrens.

Mehrere Gebührenschuldner haften als Gesamtschuldner.

(3) Die Gebühren sind so zu bemessen, dass der mit der Einrichtung, Inbetriebnahme, dauerhaften Führung und Nutzung des jeweiligen Registers durchschnittlich verbundene Verwaltungsaufwand einschließlich Personal- und Sachkosten gedeckt wird. Dabei sind auch zu berücksichtigen
1. für die Aufnahme von Erklärungen in das Zentrale Vorsorgeregister: der gewählte Kommunikationsweg;
2. für die Aufnahme von Erklärungen in das Zentrale Testamentsregister und für Auskünfte: die Kosten für die Überführung der Verwahrungsnachrichten nach dem Testamentsverzeichnis-Überführungsgesetz.

Die durch die Aufnahme von Mitteilungen nach § 9 Absatz 1 und 3 des Testamentsverzeichnis-Überführungsgesetzes entstehenden Kosten bleiben außer Betracht.

(4) Die Registerbehörde bestimmt die Gebühren nach Absatz 1 und die Art der Erhebung jeweils durch eine Gebührensatzung. Die Satzungen bedürfen der Genehmigung durch das Bundesministerium der Justiz. Die Höhe der Gebühren ist regelmäßig zu überprüfen.

(5) Gerichte und Notare können die nach Absatz 3 bestimmten Gebühren für die Registerbehörde entgegennehmen.

§ 78f

(1) Gegen die Entscheidungen der Registerbehörde nach den §§ 78a bis 78e findet die Beschwerde nach den Vorschriften des Gesetzes über das Verfahren in Familiensachen und in den Angelegenheiten der freiwilligen Gerichtsbarkeit statt, soweit sich nicht aus den folgenden Absätzen etwas anderes ergibt.

(2) Die Beschwerde ist bei der Registerbehörde einzulegen. Diese kann der Beschwerde abhelfen. Beschwerden, denen sie nicht abhilft, legt sie dem Landgericht am Sitz der Bundesnotarkammer vor.

(3) Die Rechtsbeschwerde ist nicht zulässig.

Anhang 2 zu § 347

Beurkundungsgesetz (BeurkG)[1]
– Auszug –

§ 34a
Mitteilungs- und Ablieferungspflichten

(1) Der Notar übermittelt nach Errichtung einer erbfolgerelevanten Urkunde im Sinne von § 78b Absatz 2 Satz 1 der Bundesnotarordnung die Verwahrangaben im Sinne von § 78b Absatz 2 Satz 2 der Bundesnotarordnung unverzüglich elektronisch an die das Zentrale Testamentsregister führende Registerbehörde. Die Mitteilungspflicht nach Satz 1 besteht auch bei jeder Beurkundung von Änderungen erbfolgerelevanter Urkunden.

(2) Wird ein in die notarielle Verwahrung genommener Erbvertrag gem. § 2300 Absatz 2, § 2256 Absatz 1 des Bürgerlichen Gesetzbuchs zurückgegeben, teilt der Notar dies der Registerbehörde mit.

(3) Befindet sich ein Erbvertrag in der Verwahrung des Notars, liefert der Notar ihn nach Eintritt des Erbfalls an das Nachlassgericht ab, in dessen Verwahrung er danach verbleibt. Enthält eine sonstige Urkunde Erklärungen, nach deren Inhalt die Erbfolge geändert werden kann, so teilt der Notar diese Erklärungen dem Nachlassgericht nach dem Eintritt des Erbfalls in beglaubigter Abschrift mit.

Anhang 3 zu § 347

Gesetz zur Überführung der Testamentsverzeichnisse und der Hauptkartei beim Amtsgericht Schöneberg in Berlin in das Zentrale Testamentsregister der Bundesnotarkammer
(Testamentsverzeichnis-Überführungsgesetz – TVÜG)[2]

§ 1 Grundsatz

(1) Die Standesämter und das Amtsgericht Schöneberg in Berlin (Übergeber) überführen Verwahrungsnachrichten über erbfolgerelevante Urkunden, die in den Testamentsverzeichnissen und der Hauptkartei für Testamente vorliegen, innerhalb von sechs Jahren nach Inkrafttreten dieses Gesetzes in das Zentrale Testamentsregister (§ 78 Absatz 2 Satz 1 Nummer 2 der Bundesnotarordnung).

(2) Über das Verfahren der Überführung entscheidet die das Zentrale Testamentsregister führende Registerbehörde nach Maßgabe dieses Gesetzes nach pflichtgemäßem Ermessen.

(3) Der jeweilige Übergeber und die Registerbehörde arbeiten vertrauensvoll zusammen, um gemeinsam die vollständige Übernahme der Verwahrungsnachrichten durch die Registerbehörde zu gewährleisten.

§ 2 Übernahme

(1) Die Registerbehörde teilt dem Übergeber mit einem Vorlauf von mindestens acht Wochen den Tag der Übernahme der Verwahrungsnachrichten (Übernahmestichtag) mit. Als Übernahmestichtag kommt frühestens der 9. Januar 2012 in Betracht.

(2) Der Übergeber ermöglicht der Registerbehörde die Übernahme und den Abtransport der Verwahrungsnachrichten am Übernahmestichtag. Andere Dokumente, die vom Übergeber zusammen mit Verwahrungsnachrichten über erbfolgerelevante Urkunden aufbewahrt werden, sind vom Übergeber zuvor auszusortieren.

(3) Soweit Übergeber, Behörden oder Gerichte Informationen zu Verwahrungsnachrichten über erbfolgerelevante Urkunden in elektronischer Form vorhalten, stellen sie diese der Registerbehörde auf Anforderung zur Verfügung. Die zuständige Landesjustizverwaltung wirkt an der Zurverfügungstellung mit.

§ 3 Weiterverarbeitung

(1) Die Registerbehörde erfasst die übernommenen Verwahrungsnachrichten als elektronische Bilddaten (Bilddaten). Der Erfassungsvorgang muss innerhalb des Geltungsbereichs des Grundgesetzes stattfinden.

(2) Die zum Auffinden der erbfolgerelevanten Urkunden erforderlichen Angaben werden in elektronische Zeichen (strukturierte Daten) überführt. Bei der Aufklärung sich dabei ergebender Unklarheiten unterstützen der Übergeber und die Verwahrstelle die Registerbehörde im Rahmen

---

1 BGBl. I 2010, S. 2255 ff.
2 BGBl. I 2010, S. 2258 f., geändert durch G. v. 21.3.2013, BGBl. I 2013, S. 554 (555).

der Amtshilfe. Das gilt insbesondere bei fehlenden, unlesbaren oder widersprüchlichen Verwahrangaben.

(3) In das Zentrale Testamentsregister werden die Bilddaten nach Absatz 1 und die strukturierten Daten nach Absatz 2 übernommen und darin dauerhaft gespeichert. Die Registerbehörde teilt dem Übergeber den Abschluss der Übernahme mit (Abschlussmitteilung). In der Abschlussmitteilung sind auch noch aufzuklärende Zweifelsfragen zu dokumentieren.

§ 4 Mitteilungswesen im Übergangszeitraum

(1) Mitteilungen über Sterbefälle, deren Beurkundung oder Aufnahme als Hinweis weniger als acht Tage vor dem Übernahmestichtag wirksam wurde, bearbeitet die Registerbehörde nach § 78c der Bundesnotarordnung weiter.

(2) Mitteilungen über Sterbefälle, deren Beurkundung oder Aufnahme als Hinweis acht oder mehr Tage vor dem Übernahmestichtag wirksam wurde, werden noch vom Übergeber bearbeitet. Der Übergeber leitet der Registerbehörde diese Mitteilungen jedoch ausnahmsweise zur Bearbeitung nach § 78c der Bundesnotarordnung unverzüglich zu, wenn er von ihnen

1. erst nach dem Übernahmestichtag Kenntnis erlangt oder
2. zwar vor dem Übernahmestichtag Kenntnis erlangt, aber eine Bearbeitung nach § 42 Absatz 2 der Personenstandsverordnung dennoch nicht erfolgt ist.

§ 5 Vernichtung

(1) Die von der Registerbehörde übernommenen Verwahrungsnachrichten werden vernichtet, nachdem

1. sie nach § 3 weiterverabrbeitet wurden,
2. die Mitteilungen nach § 4 Absatz 1 nachgeholt wurden und
3. die in der Abschlussmitteilung bezeichneten Zweifelsfragen geklärt oder für nicht aufklärbar erklärt wurden.

Vernichtet werden auch alle übernommenen Anhänge und Begleitschreiben zu Verwahrungsnachrichten.

(2) Alle übrigen Dokumente, die nicht bereits bei Abholung ausgesondert wurden, werden an den Übergeber zurückgereicht.

§ 6 Protokollierung

(1) Die Registerbehörde protokolliert die Übernahme jedes Testamentsverzeichnisses und der Hauptkartei für Testamente. Zu protokollieren sind

1. der Überführungsvorgang nach § 2,
2. der Weiterverarbeitungsvorgang nach § 3,
3. der Benachrichtigungsvorgang nach § 4 Absatz 1 für den Zeitraum bis zum Einstellungsstichtag nach Absatz 2 und
4. der Vernichtungsvorgang nach § 5.

Die jeweils verantwortlichen Personen sind zu bezeichnen.

(2) Das Protokoll nach Absatz 1 Satz 2 Nummer 1 ist am Übernahmestichtag aufzunehmen und auch vom Übergeber zu unterzeichnen. Das Protokoll nach Absatz 1 Satz 2 Nummer 2 muss auch enthalten:

1. wie viele Verwahrungsnachrichten verarbeitet und wie viele Verwahrdatensätze in die Datenbank übernommen wurden;
2. wann die Datensätze in das Zentrale Testamentsregister übernommen wurden (Einstellungsstichtag).

Das Protokoll nach Absatz 1 Satz 2 Nummer 4 muss erkennen lassen, welche Zweifelsfragen nach § 5 Absatz 1 Satz 1 Nummer 3 für nicht aufklärbar erklärt wurden.

(3) Als Anlagen sind beizufügen

1. eine Abschrift der Mitteilung nach § 2 Absatz 1 und
2. eine Abschrift der Abschlussmitteilung.

(4) Die Registerbehörde bewahrt die Urschrift des Protokolls auf, bis dieses Gesetz außer Kraft tritt; danach können die Protokolle in elektronischer Form archiviert werden.

§ 7 Auftragnehmer

Zur Überführung der Verwahrungsnachrichten gemäß § 1 Absatz 1 kann sich die Registerbehörde nach Maßgabe von § 11 des Bundesdatenschutzgesetzes eines oder mehrerer Auftragnehmer bedienen.

§ 8 Datenschutz und Datensicherheit

(1) Die Registerbehörde ergreift während des gesamten Überführungsvorgangs dem jeweiligen Stand der Technik entsprechende technische und organisatorische Maßnahmen zur Gewährleistung der Datensicherheit und zur Sicherstellung des Datenschutzes nach Maßgabe des Bundesdatenschutzgesetzes, insbesondere der in der Anlage zu § 9 des Bundesdatenschutzgesetzes genannten Anforderungen. Sie gewährleistet insbesondere die Verfügbarkeit, Integrität, Authentizität und Vertraulichkeit der in das Zentrale Testamentsregister zu übernehmenden Informationen.

(2) Für die Überführung der Verwahrungsnachrichten aus den Testamentsverzeichnissen und der Hauptkartei beim Amtsgericht Schöneberg in Berlin in das Zentrale Testamentsregister der Registerbehörde ist ein Sicherheitskonzept zu erstellen. Es legt fest, mit welchen technischen und organisatorischen Maßnahmen die Vorgaben des Bundesdatenschutzgesetzes und dieses Gesetzes gewährleistet werden.

§ 9 Überführung sonstiger Daten

(1) Innerhalb des in § 1 Absatz 1 genannten Zeitraums sind die bei den Übergebern im Testamentsverzeichnis vorhandenen Mitteilungen über ein Kind des Erblassers, mit dessen anderem Elternteil der Erblasser bei der Geburt nicht verheiratet war oder das er allein angenommen hat, in das Zentrale Testamentsregister zu überführen. Hierzu stellen die Länder der Registerbehörde folgende Daten in elektronischer, bei der Registerbehörde speicherfähiger Form zur Verfügung:
1. die in § 1 Satz 1 Nummer 1 der Testamentsregister-Verordnung genannten Daten des Erblassers als strukturierte Daten,
2. die in Satz 1 genannten Mitteilungen als elektronische Bilddaten.

Die Länder können die Bundesnotarkammer damit betrauen, für sie die Daten nach ihren Vorgaben zu erfassen und der Registerbehörde zur Verfügung zu stellen. Betrauen die Länder die Bundesnotarkammer mit der Datenerfassung, haben sie dieser die Kosten der Datenerfassung zu erstatten.

(2) Die Bild- und Strukturdaten nach Absatz 1 Satz 2 werden von der Registerbehörde in das Zentrale Testamentsregister aufgenommen. Die Registerbehörde bestätigt dem Übergeber die Aufnahme der Daten.

(3) Bis zur Überführung bewahrt das Standesamt die zu überführenden Mitteilungen auf. Es prüft bei der Eintragung eines Hinweises über den Tod, über die Todeserklärung oder die gerichtliche Feststellung der Todeszeit, ob für den Verstorbenen Mitteilungen nach Absatz 1 Satz 1 vorliegen. Ist das der Fall, hat das Standesamt
1. die Daten über das Kind und den Erblasser unverzüglich dem zuständigen Nachlassgericht mitzuteilen, soweit dies zur Erfüllung der Aufgaben des Nachlassgerichts erforderlich ist, oder
2. dem Nachlassgericht auf Antrag Auskunft zu erteilen.

(4) Absatz 3 gilt entsprechend für die in der Hauptkartei für Testamente beim Amtsgericht Schöneberg in Berlin vorhandenen Mitteilungen.

§ 10 Außerkrafttreten

Dieses Gesetz tritt zehn Kalenderjahre nach der Verkündung außer Kraft.

Anhang 4 zu § 347

Verordnung zur Einrichtung und Führung des Zentralen Testamentsregisters (Testamentsregister-Verordnung – ZTRV)[1]

Eingangsformel

Auf Grund des § 78 Absatz 2 Satz 2 bis 5 in Verbindung mit § 78 Absatz 2 Satz 1 Nummer 2 der Bundesnotarordnung, der durch Artikel 1 Nummer 1 Buchstabe a des Gesetzes vom 22. Dezember 2010 (BGBl. I S. 2255) eingefügt worden ist, verordnet das Bundesministerium der Justiz:

§ 1 Inhalt des Registers

Die Registerbehörde nimmt folgende Verwahrangaben in das Zentrale Testamentsregister auf:
1. Daten des Erblassers
   a) Familienname, Geburtsname, Vornamen und Geschlecht,
   b) Tag und Ort der Geburt,

---

1 BGBl. I 2011, S. 1386 ff., geändert durch G. v. 21.3.2013, BGBl. I 2013, S. 554 (555).

c) Geburtsstandesamt und Geburtenregisternummer, wenn die Geburt im Inland beurkundet wurde,
d) Staat der Geburt, wenn der Erblasser im Ausland geboren wurde,
2. Bezeichnung und Anschrift der Verwahrstelle,
3. Verwahrnummer, Verwahrbuchnummer oder Aktenzeichen des Verfahrens der Verwahrstelle,
4. Art und Datum der Errichtung der erbfolgerelevanten Urkunde und
5. Name, Amtssitz und Urkundenrollen-Nummer des Notars bei notariellen Urkunden.

Die Registerbehörde kann zusätzliche Angaben aufnehmen, die für das Auffinden der erbfolgerelevanten Urkunde erforderlich sind.

§ 2 Meldung zum Register

(1) Notare und Gerichte (Melder) übermitteln nach § 34a Absatz 1 und 2 des Beurkundungsgesetzes, nach § 347 des Gesetzes über das Verfahren in Familiensachen und in den Angelegenheiten der freiwilligen Gerichtsbarkeit und nach § 78b Absatz 4 der Bundesnotarordnung die Verwahrangaben an die Registerbehörde. Betrifft eine erbfolgerelevante Urkunde mehrere Erblasser, sind die Verwahrangaben für jeden Erblasser zu übermitteln.

(2) Jede Übermittlung muss alle Verwahrangaben nach § 1 Satz 1 enthalten, mit Ausnahme der Geburtenregisternummer, die nachträglich übermittelt werden kann. Im Fall der besonderen amtlichen Verwahrung der Urkunde übermittelt das Gericht eine Verwahrbuchnummer nur, wenn die Urkunde unter der Verwahrnummer nach § 3 Absatz 1 Satz 1 bei dem Verwahrgericht nicht aufgefunden werden kann.

(3) Der Melder übermittelt die erforderlichen Daten, wie sie ihm vom Erblasser mitgeteilt wurden.

§ 3 Registrierungsverfahren

(1) Die Registerbehörde fasst die übermittelten Verwahrangaben für jeden Erblasser unter einer Registernummer zu einem Datensatz (Verwahrdatensatz) zusammen und ordnet jeder erbfolgerelevanten Urkunde, die in die besondere amtliche Verwahrung zu nehmen ist, eine Verwahrnummer zu. Die Verwahrnummern werden bezogen auf jedes Verwahrgericht vergeben. Die Registerbehörde speichert diesen Verwahrdatensatz in einem elektronischen System (Registrierung).

(2) Die Registerbehörde bestätigt dem Melder jede erfolgreiche Registrierung und übermittelt diesem für den Erblasser die Angaben des Verwahrdatensatzes. Im Fall der besonderen amtlichen Verwahrung teilt die Registerbehörde zusätzlich die nach Absatz 1 Satz 1 vergebene Verwahrnummer mit. Konnte die Registrierung nicht durchgeführt werden, teilt die Registerbehörde dies dem Melder unter Angabe der Gründe mit.

(3) Ist eine notarielle erbfolgerelevante Urkunde in besondere amtliche Verwahrung zu nehmen, teilt der Notar dem Verwahrgericht die Verwahrnummer mit, die ihm von der Registerbehörde mitgeteilt wurde. Das Verwahrgericht bestätigt der Registerbehörde die Inverwahrnahme der erbfolgerelevanten Urkunde und übermittelt ihr eine Verwahrbuchnummer, wenn die Urkunde unter der Verwahrnummer nach § 3 Absatz 1 Satz 1 bei dem Verwahrgericht nicht aufgefunden werden kann.

§ 4 Verfahren bei Änderungen der Verwahrstelle oder Rücknahme aus der amtlichen Verwahrung

(1) Die erneute besondere amtliche Verwahrung oder die Änderung der Verwahrstelle einer erbfolgerelevanten Urkunde auf Wunsch des Erblassers ist der Registerbehörde zu melden. Die Registerbehörde ergänzt die Angaben im Verwahrdatensatz und ordnet der erbfolgerelevanten Urkunde eine neue Verwahrnummer zu. § 3 Absatz 2 und 3 gilt in diesen Fällen entsprechend.

(2) Die Rücknahme einer erbfolgerelevanten Urkunde aus der notariellen oder der besonderen amtlichen Verwahrung ist der Registerbehörde unter Angabe des Datums der Rückgabe zu melden. Die Registerbehörde vermerkt die Rücknahme in den betroffenen Verwahrdatensätzen. § 3 Absatz 2 gilt entsprechend.

§ 5 Löschung, Berichtigung und Ergänzung

Ein Verwahrdatensatz wird von der Registerbehörde
1. gelöscht, wenn die Registerfähigkeit der Urkunde irrtümlich angenommen wurde oder die Registrierung bereits erfolgt ist,
2. berichtigt, wenn die registrierten Verwahrangaben fehlerhaft sind,
3. ergänzt, wenn die registrierten Verwahrangaben unvollständig sind.

Ein Notar kann die Löschung eines Verwahrdatensatzes einer in die besondere amtliche Verwahrung zu verbringenden erbfolgerelevanten Urkunde oder die Berichtigung der Angabe des Verwahrgerichts nur herbeiführen, solange deren Eingang nicht nach § 3 Absatz 3 Satz 2 bestätigt ist. § 3 Absatz 2 gilt entsprechend.

§ 6 Inhalt der Sterbefallmitteilungen

(1) Die Sterbefallmitteilung nach § 78c Satz 1 der Bundesnotarordnung enthält folgende Daten:
1. Registrierungsdaten des übermittelnden Standesamts,
2. Familienname, Geburtsname, Vornamen und Geschlecht des Verstorbenen,
3. Tag und Ort der Geburt des Verstorbenen,
4. Geburtsstandesamt und Geburtenregisternummer, wenn die Geburt im Inland beurkundet wurde,
5. Staat der Geburt, wenn der Verstorbene im Ausland geboren worden ist,
6. Todestag oder Todeszeitraum,
7. Sterbeort, bei Sterbefall im Ausland mit Angabe des Staates,
8. Staatsangehörigkeit des Verstorbenen,
9. Angaben darüber, dass der Verstorbene für tot erklärt worden ist oder seine Todeszeit gerichtlich festgestellt worden ist,
10. letzter Wohnsitz des Verstorbenen,
11. Beurkundungsdatum des Sterbefalls.

(2) Die Sterbefallmitteilung nach § 78c Satz 1 der Bundesnotarordnung enthält außerdem sonstige Angaben, die zur Erfüllung gesetzlicher Aufgaben des Nachlassgerichts erforderlich sind. Sonstige Angaben können insbesondere sein:
1. Familienstand des Verstorbenen,
2. Familienname, Geburtsname und Vornamen des Ehegatten oder Lebenspartners des Verstorbenen,
3. Tag, Ort und Registrierungsdaten der Geburt des Ehegatten oder Lebenspartners des Verstorbenen und im Falle des Vorversterbens des Ehegatten oder Lebenspartners zusätzlich Tag, Ort und Registrierungsdaten von dessen Tod,
4. Familienname, Vornamen und Anschrift von Kindern des Erblassers,
5. Familienname, Vornamen und Anschrift von nahen Angehörigen und anderen möglichen Auskunftgebern,
6. Angaben über vorhandenes Nachlassvermögen,
7. etwaige Anhaltspunkte für die Erforderlichkeit von Maßnahmen zur Nachlasssicherung.

Sonstige Angaben nach den Sätzen 1 und 2, die der Registerbehörde elektronisch übermittelt werden, löscht diese unverzüglich, nachdem das Verfahren nach § 7 abgeschlossen ist.

(3) Die Daten nach den Absätzen 1 und 2 werden der Registerbehörde von dem zuständigen Standesamt nur mitgeteilt, soweit sie diesem bekannt sind.

§ 7 Benachrichtigungen im Sterbefall

(1) Erhält die Registerbehörde von dem zuständigen Standesamt eine Sterbefallmitteilung zu einer Person, für die im Zentralen Testamentsregister Verwahrangaben registriert sind, teilt sie der Verwahrstelle unter Übermittlung der Daten nach § 6 Absatz 1 unverzüglich mit, welche erbfolgerelevante Urkunde betroffen ist und welches Nachlassgericht nach Absatz 3 Satz 1 benachrichtigt wird. Liegen Verwahrangaben verschiedener Stellen vor, so ist jede dieser Stellen entsprechend zu benachrichtigen. Verwahrdatensätze, zu denen eine Rücknahme nach § 4 Absatz 2 registriert wurde, bleiben unberücksichtigt.

(2) Ist oder wird bekannt, dass die Zuständigkeit für die Verwahrung einer erbfolgerelevanten Urkunde von den Verwahrangaben im Zentralen Testamentsregister abweicht, etwa weil das Gericht aufgelöst oder der Notar aus dem Amt geschieden ist, sendet die Registerbehörde die Benachrichtigung nach Absatz 1 an die nun zuständige Stelle. Hilfsweise ist das Amtsgericht zu benachrichtigen, in dessen Bezirk die aufgehobene Verwahrstelle lag.

(3) Sind im Zentralen Testamentsregister Verwahrangaben registriert, teilt die Registerbehörde dem nach § 343 des Gesetzes über das Verfahren in Familiensachen und in den Angelegenheiten der freiwilligen Gerichtsbarkeit zuständigen Nachlassgericht mit, welche Verwahrangaben im Zentralen Testamentsregister enthalten sind und welche Verwahrstelle sie benachrichtigt hat, und übersendet die Sterbefallmitteilung. Ist im Zentralen Testamentsregister neben einer Verwahrangabe eine Mitteilung nach § 78b Absatz 1 Satz 1 Nummer 2 der Bundesnotarordnung gespeichert, teilt die Registerbehörde auch diese Daten mit. Sind im Zentralen Testamentsregister Verwahrangaben nicht registriert, übersendet die Registerbehörde die Sterbefallmitteilung oder vorhandene Mitteilungen nach § 78b Absatz 1 Satz 1 Nummer 2 der Bundesnotarordnung nur auf

Antrag. Die Landesjustizverwaltungen können gegenüber der Registerbehörde erklären, dass eine Benachrichtigung und Übermittlung nach Satz 3 in jedem Sterbefall erfolgen soll.

(4) Das Nachlassgericht bestätigt der Registerbehörde den Eingang einer erbfolgerelevanten Urkunde unter Angabe des Datums des Eingangs der Urkunde und des Aktenzeichens des Nachlassverfahrens. Die Registerbehörde ergänzt den Ort der Verwahrung der erbfolgerelevanten Urkunde in den betroffenen Verwahrdatensätzen.

(5) Die vorstehenden Absätze gelten für Mitteilungen, die von der Registerbehörde nach § 4 des Testamentsverzeichnis-Überführungsgesetzes zu bearbeiten sind, entsprechend.

§ 8 Registerauskünfte

(1) Die Registerbehörde erteilt Auskunft aus dem Zentralen Testamentsregister nach § 78d Absatz 1 der Bundesnotarordnung, wenn die ersuchende Stelle

1. ihr Geschäftszeichen und zur Person des Erblassers mindestens seinen Geburtsnamen, sein Geburtsdatum und seinen Geburtsort angibt und
2. erklärt, dass die in § 78d Absatz 1 der Bundesnotarordnung genannten Voraussetzungen vorliegen.

Das Vorliegen der Voraussetzungen des § 78d Absatz 1 Satz 2 und 3 der Bundesnotarordnung prüft die Registerbehörde nur, wenn sie dazu nach den Umständen des Einzelfalls Anlass hat.

(2) Für die Kontrolle der Zulässigkeit der Ersuchen und für die Sicherstellung der ordnungsgemäßen Datenverarbeitung protokolliert die Registerbehörde bei allen nach Absatz 1 erteilten Auskünften elektronisch die ersuchende Stelle, deren Angaben nach Absatz 1 Satz 1, den Zeitpunkt des Ersuchens, die betroffenen Registereinträge sowie die übermittelten Daten.

(3) Die Protokolldaten dürfen nur für Zwecke der Datenschutzkontrolle, der Datensicherung und der Sicherstellung eines ordnungsgemäßen Registerbetriebs verwendet werden. Sie sind gegen zweckfremde Verwendung besonders zu schützen und fünf Jahre nach Ablauf des Kalenderjahres der Auskunftserteilung zu löschen.

(4) Die Befugnis der Gerichte und Notare zur Einsicht in Registrierungen, die von ihnen verwahrte erbfolgerelevante Urkunden betreffen (§ 78d Absatz 2 der Bundesnotarordnung), und das Recht des Erblassers auf Auskunft (§ 19 des Bundesdatenschutzgesetzes) bleiben unberührt.

§ 9 Elektronische Kommunikation

(1) Meldungen, Bestätigungen, Benachrichtigungen, Registerabfragen und -auskünfte erfolgen grundsätzlich elektronisch.

(2) Die Registerbehörde stellt zur elektronischen Kommunikation mit Notaren, Gerichten und Standesämtern geeignete bundeseinheitliche Schnittstellen zur Verfügung. Die elektronische Übermittlung der Daten erfolgt durch geeignete bundeseinheitliche Transportprotokolle sowie in einheitlich strukturierten Datensätzen.

(3) Abweichend von Absatz 1 kann die Kommunikation auch schriftlich nach Maßgabe der von der Registerbehörde getroffenen Festlegungen erfolgen, insbesondere

1. im Zusammenhang mit nach § 78b Absatz 4 der Bundesnotarordnung zu registrierenden Vergleichen und mit von Konsularbeamten aufgenommenen erbfolgerelevanten Urkunden,
2. bei Benachrichtigungen nach § 7, außer nach § 7 Absatz 3 für den Fall, dass keine Verwahrangaben registriert sind, oder
3. bei technischen Störungen.

(4) § 63 Absatz 1 und 3 der Personenstandsverordnung bleibt unberührt.

§ 10 Elektronische Aufbewahrung und Löschung

(1) Die Registerbehörde bewahrt die Verwahrangaben betreffenden Dokumente und Sterbefallmitteilungen nur in elektronischer Form auf.

(2) Daten zu Sterbefallmitteilungen, die nicht nach § 6 Absatz 2 Satz 3 gelöscht werden, sind sechs Monate nach Eingang bei der Registerbehörde zu löschen, wenn keine die Sterbefallmitteilung betreffenden Verwahrangaben im Zentralen Testamentsregister registriert sind. In allen übrigen Fällen gilt für die Löschung von Sterbefallmitteilungen und der Daten, die Verwahrangaben gemäß § 1 betreffen, § 78b Absatz 1 Satz 2 der Bundesnotarordnung entsprechend. § 8 Absatz 3 Satz 2 bleibt unberührt.

§ 11 Nacherfassungen

Wird festgestellt, dass eine verwahrte erbfolgerelevante Urkunde nicht im Zentralen Testamentsregister registriert ist, obwohl dies nach dem jeweiligen Stand der Testamentsverzeichnisüberführung nach dem Testamentsverzeichnis-Überführungsgesetz zu erwarten wäre, ist die entsprechende Meldung von der Verwahrstelle nachzuholen.

§ 12 Datenschutz und Datensicherheit

(1) Die Registerbehörde ergreift dem jeweiligen Stand der Technik entsprechende technische und organisatorische Maßnahmen zur Gewährleistung der Datensicherheit und zur Sicherstellung des Datenschutzes nach Maßgabe des Bundesdatenschutzgesetzes, insbesondere der in der Anlage zu § 9 Satz 1 des Bundesdatenschutzgesetzes genannten Anforderungen. Die Registerbehörde gewährleistet die Vertraulichkeit, Integrität, Authentizität, Verfügbarkeit und Transparenz der Daten des Zentralen Testamentsregisters sowie die Identität der übermittelnden und empfangenden Stelle.

(2) Das Register ist nur durch solche informationstechnische Netze zugänglich, die durch eine staatliche Stelle oder im Auftrag einer staatlichen Stelle oder einer juristischen Person des öffentlichen Rechts betrieben werden und mit dem Zentralen Testamentsregister gesichert verbunden sind. Die Registerbehörde soll durch Verfügung, die im Verkündungsblatt der Bundesnotarkammer bekannt zu machen ist, weitere Zugangswege nur zulassen, sofern diese den Anforderungen von Absatz 1 entsprechen.

(3) Die Registerbehörde erstellt zur Erfüllung ihrer Verpflichtung nach Absatz 1 ein Sicherheitskonzept, das festlegt, mit welchen technischen und organisatorischen Maßnahmen die Vorgaben des Bundesdatenschutzgesetzes und dieser Verordnung gewährleistet werden.

§ 13 Inkrafttreten
Diese Verordnung tritt am 1. Januar 2012 in Kraft.

89 **Kosten/Gebühren: Gericht:** Für die Mitteilung über die Verwahrung wird keine besondere Gebühr erhoben (Anm. zu Nr. 12100 KV GNotKG). **ZTR:** Für die Registrierung im Zentralen Testamentsregister erhebt die Bundesnotarkammer als Registerbehörde nach ZTR-GebS (Text s. DNotZ 2011, 882) Gebühren für die Aufnahme von Verwahrangaben in das Zentrale Testamentsregister. Kostenschuldner ist nach § 2 Abs. 1 ZTR-GebS der jeweilige Erblasser. Je Registrierung beträgt die Gebühr nach § 1 Abs. 2 ZTR-GebS 15 Euro, bei nicht über den beurkundenden Notar abgewickelter, von diesem als Auslage nach Nr. 32015 KV GNotKG eingezogener, sondern unmittelbarer Erhebung vom Kostenschuldner 18 Euro. Die notarielle Übermittlung ist iÜ gebührenfrei (Vorbem. 2.1 Abs. 2 Nr. 1 bzw. 2 KV GNotKG).

Unterabschnitt 3
Eröffnung von Verfügungen von Todes wegen

348 *Eröffnung von Verfügungen von Todes wegen durch das Nachlassgericht*
(1) Sobald das Gericht vom Tod des Erblassers Kenntnis erlangt hat, hat es eine in seiner Verwahrung befindliche Verfügung von Todes wegen zu eröffnen. Über die Eröffnung ist eine Niederschrift aufzunehmen. War die Verfügung von Todes wegen verschlossen, ist in der Niederschrift festzustellen, ob der Verschluss unversehrt war.
(2) Das Gericht kann zur Eröffnung der Verfügung von Todes wegen einen Termin bestimmen und die gesetzlichen Erben sowie die sonstigen Beteiligten zum Termin laden. Den Erschienenen ist der Inhalt der Verfügung von Todes wegen mündlich bekannt zu geben. Sie kann den Erschienenen auch vorgelegt werden; auf Verlangen ist sie ihnen vorzulegen.
(3) Das Gericht hat den Beteiligten den sie betreffenden Inhalt der Verfügung von Todes wegen schriftlich bekannt zu geben. Dies gilt nicht für Beteiligte, die in einem Termin nach Absatz 2 anwesend waren.

A. Überblick	
I. Entstehung	1
II. Systematik	2
III. Normzweck	3
B. Inhalt der Vorschrift	
I. Zuständigkeit	4
II. Beteiligteneigenschaft	8
III. Eröffnungspflicht (Absatz 1)	
1. Eröffnungsgegenstand	12
2. Eröffnungszeitpunkt	16
3. Eröffnungsumfang	18
4. Kenntniserlangung vom Tod des Erblassers	22
5. Eröffnungsvorgang	23

6. Besonderheiten bei ausländischem Erblasser 28	V. Stille Eröffnung (Absatz 3) 40
IV. Eröffnung in Anwesenheit der Beteiligten (Absatz 2)	VI. Niederschrift 43
1. Terminsbestimmung und Ladung . 32	VII. Weitere Folgen 45
2. Eröffnungstermin und Verkündung 37	VIII. Rechtsbehelfe 48
	IX. Übergangsrecht 53

A. Überblick

I. Entstehung

Die Vorschrift **übernimmt** den Regelungsgehalt der §§ 2260, 2262 aF BGB, statuiert nunmehr jedoch abweichend vom früheren gesetzlichen Regelfall der persönlichen Ladung die Gleichwertigkeit der schriftlichen Bekanntgabe. **1**

II. Systematik

Die Vorschrift regelt die Eröffnung von Verfügungen von Todes wegen, soweit nicht § 349 für gemeinschaftliche Testamente und Erbverträge bzw. § 350 für eine Eröffnung durch das nach § 344 Abs. 6 besonders örtlich zuständige Gericht abweichende Regelungen trifft. Abs. 1 sieht die **Eröffnungspflicht** des Nachlassgerichts für Verfügungen von Todes wegen vor. Abs. 2 regelt bezüglich des Verfahrens die Möglichkeit des Nachlassgerichts, hierzu einen Termin zu bestimmen und die gesetzlichen Erben sowie die sonstigen Beteiligten zu laden. Nach Abs. 3 ist das Nachlassgericht dazu verpflichtet, den Beteiligten den sie betreffenden Inhalt der Verfügung von Todes wegen schriftlich bekannt zu geben, wobei diese Verpflichtung nicht gegenüber Beteiligten besteht, die in einem Termin nach Abs. 2 anwesend waren. Damit ist die schriftliche Bekanntgabe eine gleichwertige Alternative zum Eröffnungstermin unter Anwesenheit der Beteiligten. **2**

III. Normzweck

Die Vorschrift verfolgt den Zweck, die förmliche gerichtliche Zurkenntnisnahme einer Verfügung von Todes wegen zu dokumentieren[1] und die Beteiligten möglichst schnell über Form und Inhalt der Verfügungen des Erblassers zu **informieren**, damit sie diese überprüfen und daraus eventuelle Rechte geltend machen können. Zugleich dient die Eröffnung dem Rechtsfrieden, der Rechtssicherheit und der Nachlassabwicklung.[2] Die Aufwertung der schriftlichen Bekanntgabe zur gleichrangigen Alternative gegenüber einem Eröffnungstermin unter persönlicher Teilnahme der Beteiligten soll die Zweckmäßigkeit, Zuverlässigkeit und Zeitersparnis der stillen Eröffnung verdeutlichen.[3] **3**

B. Inhalt der Vorschrift

I. Zuständigkeit

Zur **sachlichen** Zuständigkeit der Amtsgerichte bzw. in Baden-Württemberg der staatlichen Notariate als Nachlassgericht s. § 343 Rz. 129 ff. Ergänzend ist der deutsche Konsularbeamte nach § 11 Abs. 3 KonsG zuständig, wenn der Erblasser vor der zur besonderen amtlichen Verwahrung vorgesehenen Absendung der Verfügung an das insoweit nach § 11 Abs. 2 Satz 1 KonsG (Text s. § 344 Rz. 29) zuständige Amtsgericht Schöneberg bzw. das nach § 11 Abs. 2 Satz 2 KonsG (Text s. § 344 Rz. 29) durch den Erblasser benannte andere Amtsgericht verstirbt. **4**

Nach § 3 Nr. 2 Buchst. c RPflG ist anstelle des Richters der Rechtspfleger **funktionell** zuständig. **5**

---

[1] Keidel/*Zimmermann*, § 348 FamFG Rz. 2.
[2] MüKo.BGB/*Hagena*, 4. Aufl., § 2260 aF BGB Rz. 1; MüKo.ZPO/*Muscheler*, § 348 FamFG Rz. 1.
[3] Begr. zum GesetzE der BReg. zu § 348 allg., BT-Drucks. 16/6308, S. 279 f.

6   Zur allgemeinen **örtlichen** Zuständigkeit nach § 343 s. § 343 Rz. 8 ff., zur besonderen örtlichen Zuständigkeit nach § 344 Abs. 6 s. § 344 Rz. 61 f. Nach § 2 Abs. 3 ist eine Eröffnung nicht deshalb unwirksam, weil sie von einem örtlich unzuständigen Gericht vorgenommen wurde.[1]

7   Zur **internationalen** Zuständigkeit s. § 343 Rz. 152 ff.

II. Beteiligteneigenschaft

8   Die Eröffnung einer Verfügung von Todes wegen erfolgt nach Abs. 1 **von Amts wegen**. Daher ist die lediglich für Antragsverfahren geltende vorrangige Regelung des § 345 nicht anwendbar. Die Beteiligteneigenschaft richtet sich vielmehr nach § 7.

9   Nach § 7 Abs. 2 Nr. 1 sind aufgrund **unmittelbarer Betroffenheit** in ihren Rechten die in der jeweiligen Verfügung **genannten** Personen zwingend kraft Gesetzes Beteiligte, insbesondere Erben, Ersatzerben, Vor- und Nacherben, weitere Nacherben, Begünstigte bzw. Vollzugberechtigte aus Auflagen, Vermächtnisnehmer und Testamentsvollstrecker[2] sowie durch familienrechtliche Anordnungen – bspw. Vormundbenennung für minderjährige Kinder – Betroffene.[3] Abs. 2 Satz 1 benennt sie als sonstige Beteiligte. Zu den Besonderheiten bei gemeinschaftlichen Testamenten und Erbverträgen s. § 349 Rz. 10 ff.

10 Hierzu gehören auch die **gesetzlichen Erben** (s. dazu § 345 Rz. 19 ff.), die zudem aufgrund ausdrücklicher Benennung nach Abs. 2 Satz 1 iVm. § 7 Abs. 2 Nr. 2 Beteiligte sind. Maßgebend ist dabei, wer im konkreten Fall ohne eine Verfügung von Todes wegen Erbe wäre.[4] Daher ist bspw. ein Kind des Erblassers, das durch formwirksamen Erbverzichtsvertrag iSd. §§ 2346, 2349 BGB für sich und seine Abkömmlinge auf das gesetzliche Erbrecht verzichtet hat, samt seinen Abkömmlingen kein Beteiligter, wenn die zu eröffnende Verfügung keine andere Betroffenheit auslöst.

11 **Nachlassgläubiger** sind im Eröffnungsverfahren nicht beteiligt.[5] Dies gilt auch dann, wenn sie einen Erbteil gepfändet haben.[6]

III. Eröffnungspflicht (Absatz 1)

1. Eröffnungsgegenstand

12 Das Nachlassgericht muss und darf nur **Verfügungen von Todes wegen** – eine solche setzt im Gegensatz zu Verfügungen unter Lebenden eine „rechtsgeschäftliche Anordnung des Erblassers, die erst mit dessen Tod Wirkung erlangen soll und in spezifisch erbrechtlicher Form erfolgt"[7], voraus und kann entweder Einzeltestament nach § 1937 BGB, gemeinschaftliches Testament nach §§ 2265 ff. BGB oder Erbvertrag nach § 1941 sein[8] – eröffnen, die sich in **seiner Verwahrung** befinden. Dies sind die in seiner besonderen amtlichen Verwahrung oder in seiner einfachen amtlichen Verwahrung befindlichen o.g. Verfügungen. In einfacher amtlicher Verwahrung befinden sich bspw. die nach § 2259 BGB bei diesem Gericht abgelieferten o.g. Verfügungen bzw. nach § 349 Abs. 2 bei den Nachlassakten des Erstverstorbenen mangels vorheriger oder nach dessen Tod angeordneter besonderer amtlicher Verwahrung weiterverwahrte eigenhändige gemeinschaftliche Testamente oder Erbverträge.[9] Ein

---

1 Keidel/*Zimmermann*, § 344 FamFG Rz. 36.
2 Reimann/Bengel/Mayer/*Voit*, § 2260 aF BGB Rz. 13; MüKo.BGB/*Hagena*, 4. Aufl., § 2260 aF BGB Rz. 25.
3 *Haegele*, Rpfleger 1968, 137.
4 MüKo.BGB/*Hagena*, 4. Aufl., § 2260 aF BGB Rz. 24.
5 Palandt/*Edenhofer*, 68. Aufl., § 2260 aF BGB Rz. 4; Horndasch/Viefhues/*Heinemann*, § 348 FamFG Rz. 24.
6 MüKo.BGB/*Hagena*, 4. Aufl., § 2260 aF BGB Rz. 26; Horndasch/Viefhues/*Heinemann*, § 348 FamFG Rz. 24.
7 MüKo.BGB/*Leipold*, § 1937 BGB Rz. 4 f.
8 *Lange*, Erbrecht, § 13 Rz. 3.
9 MüKo.ZPO/*Muscheler*, § 348 FamFG Rz. 9.

Erbverzichtsvertrag ist keine Verfügung von Todes wegen, sondern Verfügung unter Lebenden[1] und daher nicht eröffnungsfähig.

Die Eröffnung erfolgt nach Abs. 1 Satz 1 **von Amts wegen**. Sie kann weder durch Anordnung des Erblassers noch – anders als bezüglich der Bekanntgabe (s. Rz. 38) – durch Verzicht der Beteiligten ausgeschlossen werden.[2] **13**

Das Gericht muss **alle** bei ihm befindlichen Verfügungen von Todes wegen eröffnen. Dies gilt bei entsprechendem Inhalt auch bei untypischem äußeren Erscheinungsbild, bspw. einem Brief.[3] Ist unklar, ob der Erblasser Testierwillen hatte und ein Schriftstück daher eine letztwillige Verfügung enthält, darf zur Vermeidung überflüssiger Eröffnungen lediglich eine äußerst begrenzte summarische Vorprüfung erfolgen,[4] da die Eröffnung den Beteiligten die Prüfung der Wirksamkeit und des Inhalts der Verfügung erst ermöglichen soll.[5] Bereits die bloße, wenn auch entfernte Möglichkeit einer Testamentseigenschaft ist ausreichend. Im Zweifel muss eröffnet werden.[6] Ein Widerruf einer Verfügung steht ihrer Eröffnung nicht entgegen, da er seinerseits widerrufbar ist und unabhängig davon erst im späteren Erbscheinsverfahren über die jeweilige Wirksamkeit entschieden wird.[7] Gleiches gilt für die Aufhebung eines Erbvertrages. Daher sind auch offensichtlich formunwirksame Verfügungen, die einen Testierwillen enthalten, zu eröffnen.[8] **14**

Grundsätzlich ist die **Urschrift**, bei Vorhandensein mehrerer gleich lautender Urschriften jede Urschrift einer Verfügung zu eröffnen.[9] Stattdessen darf eine Ausfertigung oder beglaubigte Abschrift eröffnet werden, wenn die Urschrift nicht herbeigeschafft werden kann.[10] Einfache Abschriften bzw. Fotokopien sind hingegen mangels sicherer vollständiger Wiedergabe des urschriftlich verfassten Schriftstücks trotz eventueller Verwertung im Erbscheinsverfahren keiner Eröffnung zugänglich.[11] **15**

2. Eröffnungszeitpunkt

Nach Abs. 1 Satz 1 muss die Eröffnung erfolgen, sobald das Gericht vom Tod des Erblassers Kenntnis erlangt, somit **schnellstmöglich**. Dabei ist jedoch auch zu berücksichtigen, dass eine sukzessive Eröffnung mehrerer erst nach und nach aufgefundener Verfügungen von Todes wegen nach § 103 Abs. 3 KostO im Gegensatz zu einer gleichzeitigen Eröffnung aller Verfügungen jeweils für jeden Eröffnungsvorgang eine (erneute) vollständige Gebühr auslöst. Es ist daher im jeweiligen Einzelfall zwischen vorrangigem Informations- und nachrangigem, aber nicht unbeachtlichem Kosteninteresse der Erben abzuwägen und zu entscheiden, ob und bejahendenfalls inwieweit bei zu erwartendem kurfristigem Eingang weiterer Verfügungen von Todes we- **16**

---

1 BayObLG v. 21.6.1983 – 1 Z 7–11/83, Rpfleger 1983, 355; MüKo.BGB/*Wegerhoff*, § 2346 BGB Rz. 3.
2 KG v. 3.10.1907 – 1 X 1133/07, KGJ 35, A 103 (109); BayObLG v. 8.5.1951 – BeschwReg. Nr. II 37/50, BayObLGZ 1951, 383 (391); Reimann/Bengel/Mayer/*Voit*, § 2260 aF BGB Rz. 3; MüKo.ZPO/*Muscheler*, § 348 FamFG Rz. 1.
3 KG v. 26.4.1977 – 1 W 650/1977, Rpfleger 1977, 256; BayObLG v. 10.11.1983 – 1 Z 71/83, Rpfleger 1984, 18 (19).
4 MüKo.BGB/*Hagena*, 4. Aufl., § 2260 aF BGB Rz. 11; Horndasch/Viefhues/*Heinemann*, § 348 FamFG Rz. 8.
5 Staudinger/*Baumann*, Neubearb. 2003, § 2260 aF BGB Rz. 10.
6 OLG Hamm v. 24.2.1983 – 15 W 59/83, Rpfleger 1983, 252 (253).
7 BayObLG v. 31.7.1989 – 1a Z 43/88, Rpfleger 1989, 458 (459); KG v. 11.2.1937 – 1 Wx 52/37, JFG 15, 92 (94).
8 OLG München v. 4.12.1937 – Wx 345/36, DFG 1937, 43; KG v. 17.9.1936 – 1 Wr 340/36, JFG 14, 158 (160).
9 KG v. 17.5.1934 – 1 Gen VII 1, 34/2, JW 1937, 2563 (2564); BayObLG v. 2.3.2000 – 3 Z BR 49/00, NJWE-FER 2000, 165.
10 OLG Darmstadt v. 4.6.1915 – Az. n.v., OLGR 32, 67; Staudinger/*Baumann*, Neubearb. 2003, § 2260 aF BGB Rz. 10.
11 KG v. 6.3.1919 – IX 44 19/9, JW 1919, 586 (587); LG Berlin v. 6.2.1942 – 203 T 6356, 6435, 6436/41, DFG 1942, 88 (89); MüKo.ZPO/*Muscheler*, § 348 FamFG Rz. 12; aA Keidel/*Zimmermann*, § 348 FamFG Rz. 12.

gen mit der Eröffnung bereits vorliegender Verfügungen zumindest eine kürzere Zeitspanne lang zugewartet wird, um unverhältnismäßige Gebührennachteile zu vermeiden.[1] Im Zweifel hat jedoch eine rasche Eröffnung zu erfolgen.

17 Nach Abschluss der vollständigen Überführung aller Verwahrangaben durch die Standesämter und das Amtsgericht Schöneberg in Berlin an die Registerbehörde des neuen **Zentralen Testamentsregisters** wird sich diese Problematik dadurch entschärfen, dass dem allgemein zuständigen Nachlassgericht und allen betroffenen Verwahrstellen kurzfristig Sterbefallmitteilung und Zuständigkeiten aller beteiligten Stellen übermittelt werden (s. dazu § 347 Rz. 19 ff.).

3. Eröffnungsumfang

18 Verfügungen von Todes wegen sind **grundsätzlich vollständig** zu eröffnen.

19 Soweit mit einer Verfügung von Todes wegen jedoch **eigenständige anderweitige** Erklärungen verbunden sind, die ihrerseits unzweifelhaft keine letztwillige Verfügung darstellen, bleiben diese nach dem eindeutigen Wortlaut des Abs. 1, der ausschließlich Verfügungen von Todes wegen einer Eröffnungspflicht unterstellt, selbst dann uneröffnet, wenn sie sich auf die Erbfolge auswirken. Dies können bspw. erbverzichts-[2] bzw. ehevertragliche Regelungen oder Patientenverfügungen als Rechtsgeschäfte unter Lebenden sein.[3]

20 Bei gemeinschaftlichen Testamenten bzw. Erbverträgen erfolgt auf den Tod des Erstversterbenden lediglich eine **Teileröffnung**, soweit sich Verfügungen des Überlebenden iSd. § 349 Abs. 1 **trennen** lassen (s. dazu § 349 Rz. 10 ff.).

21 Bei Eröffnungen von Testamenten, die nach § 2232 BGB durch **Übergabe einer Schrift** an einen Notar errichtet werden, muss zusätzlich die Niederschrift über die Errichtung bekannt gegeben werden.[4]

4. Kenntniserlangung vom Tod des Erblassers

22 Die Eröffnung setzt voraus, dass das Gericht vom Tod des Erblassers Kenntnis erlangt. Diese Kenntnis muss **zuverlässig** bestehen. Dies geschieht insbesondere durch Sterbefallbenachrichtung seitens der Registerbehörde des Zentralen Testamentsregisters nach § 78a Satz 3 BNotO (ab 1.1.2012) bzw. (übergangsweise) des Standesamtes nach § 347 Abs. 4 Satz 2 (s. dazu § 347 Rz. 66 ff.) oder Vorlage einer Sterbeurkunde. Eine nicht amtliche Nachricht kann bei Vorliegen besonderer Umstände ausnahmsweise ausreichen.[5] Als weitere Ausnahme sieht § 351 Satz 2 eine Eröffnungspflicht für den Fall vor, dass sich eine Verfügung von Todes wegen in besonderer amtlicher Verwahrung befindet und die von Amts wegen zur Ermittlung verpflichtete verwahrende Stelle nicht feststellen kann, dass der Erblasser noch lebt.

5. Eröffnungsvorgang

23 Eine Eröffnung iSd. Abs. 1 ist ein aus mehreren Teilakten bestehender **Gesamtvorgang**, der je nach Einzelfall und Ausgestaltung gem. Abs. 2 bzw. Abs. 3 eine Terminsbestimmung, Ladung der gesetzlichen Erben und sonstigen Beteiligten, ein Öffnen verschlossener Verfügungen, die Feststellung der Unversehrtheit des Verschlusses, Verkündung, Aufnahme der Niederschrift, das Setzen des Eröffnungsvermerks auf die Verfügung von Todes wegen und die Verfügung der Übersendung mit deren Ausführung erfassen kann.[6]

---

1 Keidel/*Zimmermann*, § 348 FamFG Rz. 19.
2 Ein Erbverzichtsvertrag ist Rechtsgeschäft unter Lebenden auf den Todesfall und gerade keine Verfügung von Todes wegen, BayObLG v. 10.2.1981 – 1 Z 125/80, Rpfleger 1981, 305; Staudinger/*Schotten*, Neubearb. 2010, Einl. zu §§ 2346 bis 2352 BGB Rz. 21.
3 AA Keidel/*Zimmermann*, § 348 FamFG Rz. 21, wonach lediglich absonderungsfähige Regelungen ohne erbrechtlichen Bezug nicht eröffnet werden.
4 KG v. 10.6.1915 – Az. n.v., RJA 14, 270 ff.; Keidel/*Zimmermann*, § 348 FamFG Rz. 20.
5 OLG Darmstadt v. 4.6.1915 – Az. n.v., OLGR 32, 67 (68): Einfache Benachrichtigung durch Feldwebel der Kompanie des im Krieg gefallenen Soldaten.
6 OLG Köln v. 26.5.2003 – 2 Wx 16/03, Rpfleger 2003, 503 (504); *Westphal*, Rpfleger 1983, 204.

Nach **Ermessen** des Gerichts erfolgt die Eröffnung entweder nach Abs. 2 in einem 24
Termin, zu dem die Beteiligten geladen werden, mit dortiger Bekanntgabe (s. dazu
Rz. 32 ff.) oder ohne Anwesenheit der Beteiligten in stiller Form mit anschließender
schriftlicher Bekanntgabe nach Abs. 3 (s. dazu Rz. 40 ff.).

Zunächst wird bei einer verschlossenen Verfügung der Verschluss auf seine Unver- 25
sehrtheit überprüft. Sodann werden verschlossene Verfügungen mechanisch **geöffnet**. Dabei ist das Siegel möglichst schonend zu behandeln. Diese Verfügungen können nun erstmals summarisch darauf überprüft werden, ob – soweit sich Zweifel
ergeben – sicher vom Fehlen eines Testierwillens des Erblassers auszugehen ist und
daher keine Eröffnung erfolgen darf (s. dazu Rz. 14).

Anschließend erfolgt die **Verkündung** je nach eingangs getroffener Ermessensent- 26
scheidung (s. dazu Rz. 30). Zur Anfechtbarkeit s. § 349 Rz. 24).

Eröffnete Verfügungen dürfen nicht herausgegeben werden, sondern **verbleiben** 27
zwingend, sofern bei gemeinschaftlichen Testamenten bzw. Erbverträgen nach dem
Tod des Erstverstorbenen keine Weiterverwahrung nach § 349 Abs. 2 bzw. Abs. 4 (s.
dazu § 349 Rz. 27) oder erstmalige besondere amtliche Verwahrung erfolgt (s. dazu
§ 344 Rz. 38b und 40c), zur Sicherstellung des letzten Willens des Erblassers und des
Einsichtsrechts nach § 357 in einfacher Verwahrung bei den Nachlassakten.[1]

6. Besonderheiten bei ausländischem Erblasser

Bei einem ausländischen Erblasser folgt die internationale Zuständigkeit eines 28
deutschen Nachlassgerichts zur Eröffnung einer Verfügung von Todes wegen im
Wege der **Doppelfunktionalität** nach den allgemeinen Grundsätzen des § 105 aus der
örtlichen Zuständigkeit, soweit nicht vorrangig die Regelungen der EuErbVO gelten
(s. § 343 Rz. 152 ff.).[2] Ein nach § 344 Abs. 6 örtlich zuständiges, von dem nach § 343 allgemein zuständigen Nachlassgericht verschiedenes Verwahrgericht ist daher auch international zur Testamentseröffnung zuständig.[3]

§ 344 Abs. 6 begründet dabei die örtliche und damit auch, soweit nicht vorrangig 29
die Regelungen der EuErbVO gelten (s. § 343 Rz. 154 ff.), die internationale Eröffnungszuständigkeit für alle in amtlicher Verwahrung befindlichen Verfügungen von
Todes wegen. Hiervon wird sowohl die **besondere** amtliche Verwahrung als auch eine
bloße **einfache** Aktenverwahrung – bspw. für ein nach dem Tod des Erstverstorbenen
zu dessen Nachlassakten genommenes eigenhändiges gemeinschaftliches Testament,
einen zuvor nicht in besonderer amtlicher Verwahrung, sondern in einfacher Verwahrung des Urkundsnotars befindlichen und durch den Notar nach § 34a Abs. 2 BeurkG
an das für den Nachlass des Erstversterbenden zuständige Nachlassgericht übersandten Erbvertrag bzw. ein bei einem anderen Amtsgericht ungeachtet dessen örtlicher Unzuständigkeit nach § 2259 Abs. 1 BGB abgeliefertes eigenhändiges Testament[4] – erfasst (s. § 344 Rz. 61).

An der aus der örtlichen Zuständigkeit nach § 344 Abs. 6, soweit nicht vorrangig 30
die Regelungen der EuErbVO gelten (s. § 343 Rz. 154 ff.), folgenden internationalen
Zuständigkeit iSd. § 105 ändert sich selbst für die Eröffnung eines nach § 2259 BGB
abgelieferten Testaments auch dann nichts, wenn bei einem ausländischen Erblasser
mangels Wohnsitzes oder Aufenthalts im Zeitpunkt des Erbfalls bzw. mangels Belegenheit zumindest eines Nachlassgegenstands im Inland kein deutsches Nachlassgericht iSd. § 343 allgemein örtlich und damit nach § 105 international für die von
§ 350 vorgesehenen **Entgegennahme** der eröffneten Verfügung zuständig ist, da auf-

---

[1] BGH v. 5.4.1978 – IV ZB 56/77, NJW 1978, 1484; BayObLG v. 4.8.2000 – 1Z BR 105/00, NJWE-FER 2000, 317; LG Rostock v. 4.2.1925 – 2 F 14/25, JW 1925, 2161.
[2] Keidel/*Zimmermann*, § 348 FamFG Rz. 69; MüKo.ZPO/*Mayer*, § 348 FamFG Rz. 15.
[3] Bumiller/*Harders*, § 348 FamFG Rz. 24; Keidel/*Zimmermann*, § 348 FamFG Rz. 69; Horndasch/Viefhues/*Heinemann*, § 348 FamFG Rz. 3.
[4] Begr. zum GesetzE der BReg. zu § 344 Abs. 6, BT-Drucks. 16/6308, S. 278; Keidel/*Zimmermann*, § 348 FamFG Rz. 69 f.; aA Bumiller/*Harders*, § 348 FamFG Rz. 24: Nichtanwendbarkeit des § 344 Abs. 6 bei bloßer Ablieferung iSd. § 2259 BGB.

grund der Eröffnung insoweit anders als bei der Entgegennahme einer Erbausschlagung nach § 344 Abs. 7 (s. dazu § 344 Rz. 77) keine unmittelbaren materiellen Rechtsfolgen ausgelöst werden.[1] In einem derartigen Fall ist die durch das deutsche Gericht eröffnete Verfügung mangels Empfangszuständigkeit eines deutschen Nachlassgerichts an die zuständige diplomatische Auslandsvertretung des Heimatstaates des ausländischen Erblassers im Inland zu übersenden (§ 344 Rz. 63a).[2]

31 Soweit für die Erbfolge **ausländisches Sachrecht** maßgebend ist und das Recht dieses Staates keine Eröffnung vorsieht, ist auch im Inland keine Eröffnung erforderlich.[3] Ist die Verfügung im Ausland entsprechend der dortigen Ortsform eröffnet worden, bedarf es im Inland zumindest dann keiner erneuten Eröffnung, wenn die ausländische Eröffnung der inländischen bspw. bei Erstellung eines Eröffnungsprotokolls entspricht.[4]

IV. Eröffnung in Anwesenheit der Beteiligten (Absatz 2)

1. Terminsbestimmung und Ladung

32 Das Nachlassgericht entscheidet nach **Ermessen**, ob es die Eröffnung nach Terminbestimmung iSv. Abs. 2 oder ohne Termin nach Abs. 3 durchführt.

33 Wird nach Abs. 2 verfahren, erfolgt die Terminsbestimmung ohne Verzögerung unmittelbar nach zuverlässiger Kenntniserlangung vom Tod des Erblassers (s. dazu Rz. 22) und Überprüfung des Namensverzeichnisses des Testamentsverwahrbuches bzw. ab dem 1.1.2012 nach Einsicht in das oder Auskunft aus dem Zentralen Testamentsregister nach § 78d BNotO (s. dazu § 347 Rz. 43 ff.). Sodann werden die gesetzlichen Erben und sonstigen Beteiligten (s. dazu Rz. 8 ff.) gem. § 26 von Amts wegen ermittelt.

34 Stellt sich dabei heraus, dass Beteiligte vorhanden sind, kann jedoch deren genaue Identität bzw. Anschrift etc. nicht ermittelt werden, muss bei dem nach § 340 zuständigen Betreuungsgericht ggf. die Bestellung eines **Pflegers** nach § 1911 bzw. § 1913 BGB angeregt werden,[5] da sich die Beteiligung nach Abs. 2 anders als bei § 7 Abs. 4 Satz 1 (s. dazu § 345 Rz. 14) nicht ausdrücklich auf die dem Gericht bekannten Beteiligten beschränkt, mangels diesbezüglichen Sicherungsbedürfnisses iSd. § 1960 Abs. 2 BGB kommt hingegen keine Nachlasspflegschaft in Betracht.[6] Erst wenn eine derartige Bestellung scheitert, darf das Verfahren fortgesetzt werden. Zum Fehlen einer nachlassgerichtlichen Beschwerdeberechtigung gegen die betreuungsgerichtliche Ablehnung einer angeregten Pflegerbestellung s. Rz. 51.

35 Verschlossene Verfügungen dürfen zu diesem Zweck jedoch nicht geöffnet werden, da dies der erst im Rahmen der Eröffnung durchzuführenden Verschlussöffnung vorbehalten bleibt.[7] Das Gericht wird daher bei Vorhandensein einer verschlossenen Verfügung eher zur stillen Eröffnung nach Abs. 3 neigen.

---

1 *Bachmayer*, BWNotZ 2010, 146 (168 f.); im Ergebnis ebenso Keidel/*Zimmermann*, § 348 FamFG Rz. 70.
2 *Bachmayer*, BWNotZ 2010, 146 (168 f.); aA Bumiller/*Harders*, § 348 FamFG Rz. 24: Nichtanwendbarkeit des § 344 Abs. 6 nach bloßer Ablieferung iSd. § 2259 BGB und daher bereits Übersendung der uneröffneten Verfügung an die zuständige ausländische Behörde bzw. diplomatische Vertretung.
3 KG v. 2.7.1925 – 1 X 213/25, JW 1925, 2142 (2143) für russisches Recht; Ferid/Firsching/Dörner/Hausmann/*Heusler*, Band II Deutschland, Grdz. C Rz. 839; kritisch dazu Keidel/*Zimmermann*, § 348 FamFG Rz. 72; Horndasch/Viefhues/*Heinemann*, § 348 FamFG Rz. 3.
4 Reimann/Bengel/Mayer/*Voit*, § 2260 aF BGB Rz. 12; *Will*, DNotZ 1974, 273 (276 ff.); Keidel/*Zimmermann*, § 348 FamFG Rz. 72; Bumiller/*Harders*, § 348 FamFG Rz. 24; Firsching/*Graf*, Rz. 4.34; *Bachmayer*, BWNotZ 2010, 146 (167 f.).
5 MüKo.ZPO/*Muscheler*, § 348 FamFG Rz. 30; aA Keidel/*Zimmermann*, § 348 FamFG Rz. 51: keine aufwändige Ermittlung.
6 Keidel/*Zimmermann*, § 348 FamFG Rz. 52; aA MüKo.ZPO/*Muscheler*, § 348 FamFG Rz. 30; Bumiller/*Harders*, § 348 FamFG Rz. 17.
7 Staudinger/*Baumann*, Neubearb. 2003, § 2260 aF BGB Rz. 29; Reimann/Bengel/Mayer/*Voit*, § 2260 aF BGB Rz. 14; aA *Zimmermann*, Das neue FamFG, Rz. 684.

Sodann werden die gesetzlichen Erben und sonstigen Beteiligten (s. dazu Rz. 8 ff.) unter **Bekanntgabe** der Terminsbestimmung nach § 15 geladen. 36

2. Eröffnungstermin und Verkündung

Im Eröffnungstermin wird zunächst das Todesdatum des Erblassers **festgestellt**. Sodann prüft der Rechtspfleger den Verschluss ggf. vorliegender verschlossener Verfügungen auf seine Unversehrtheit und trifft dazu die entsprechenden Feststellungen. Darauf folgt der eigentliche Eröffnungsvorgang (s. dazu Rz. 38). 37

Den erschienenen Beteiligten ist der Inhalt der jeweiligen Verfügung von Todes wegen **bekannt zu geben**. Dies geschieht nach Ermessen des Rechtspflegers durch wörtliches Vorlesen, genaue Schilderung des wesentlichen Inhalts oder Vorlage zur Durchsicht.[1] Nach Abs. 2 Satz 3 Halbs. 2 muss die Vorlage auf Verlangen erfolgen. Nicht erschienenen Beteiligten ist der sie betreffende Inhalt der jeweiligen Verfügung nach Abs. 3 schriftlich bekannt zu geben. Erschienene Beteiligte, für die Abs. 3 Satz 2 eine schriftliche Bekanntgabe ausschließt, können über ihr Akteneinsichtsrecht nach § 13 Abs. 3 Satz 1 auf eigene Kosten Abschriften der Verfügungen anfordern.[2] Ein Beteiligter kann auf sein Bekanntgaberecht im Gegensatz zur eigentlichen Eröffnung (s. Rz. 13) **verzichten**. 38

Der Eröffnungstermin ist nach § 170 Satz 1 GVG **nicht öffentlich**. 39

V. Stille Eröffnung (Absatz 3)

Abweichend von Abs. 2 kann das Nachlassgericht nach seinem Ermessen von einer Eröffnungsverhandlung absehen und statt dessen eine stille Eröffnung durchführen. Dabei werden in Abwesenheit der Beteiligten zunächst die entsprechenden Feststellungen getroffen (s. dazu Rz. 37), eventuell verschlossene Verfügungen geöffnet und den Beteiligten (s. dazu Rz. 8 ff.) der sie betreffende Inhalt nach Abs. 3 Satz 1 **schriftlich bekannt gegeben**. 40

Die im Falle stiller Eröffnung oder gegenüber den in einem anberaumten Eröffnungstermin nicht erschienenen Beteiligten bestehende jeweilige schriftliche Bekanntgabeverpflichtung ist jeweils aufgrund des Geheimhaltungsinteresses des Erblassers nach Abs. 3 Satz 1 auf diejenigen Passagen der betroffenen Verfügung **beschränkt**, die die Rechte bzw. Pflichten des zu benachrichtigenden Beteiligten erweitern oder einschränken können.[3] **Vermächtnisnehmer** und Begünstigte aus Auflagen dürfen ausschließlich über das jeweilige Vermächtnis bzw. die jeweilige Auflage und die Person des durch das Vermächtnis bzw. die Auflage beschwerten Erben bzw. Vermächtnisnehmers benachrichtigt werden.[4] 41

Für nicht ermittelbare Beteiligte bzw. Beteiligte mit unbekanntem Aufenthalt hat das Nachlassgericht sogar bei Testamentsvollstreckung die Bestellung eines **Pflegers für unbekannte Beteiligte** nach § 1913 Satz 1 BGB bzw. eines Abwesenheitspflegers nach § 1911 BGB beim gem. § 340 zuständigen Betreuungsgericht zu veranlassen,[5] da sich die Benachrichtigung nach Abs. 3 anders als bei § 7 Abs. 4 Satz 1 (s. dazu § 345 Rz. 14) nicht ausdrücklich auf die dem Gericht bekannten Beteiligten beschränkt, mangels diesbezüglichen Sicherungsbedürfnisses iSd. § 1960 Abs. 2 BGB kommt hingegen keine Nachlasspflegschaft in Betracht.[6] Erst wenn eine derartige Bestellung scheitert, darf das Verfahren fortgesetzt werden. Zum Fehlen einer nachlassgerichtl- 42

---

1 Begr. zum GesetzE der BReg. zu § 348 Abs. 2, BT-Drucks. 16/6308, S. 280.
2 *Zimmermann*, Das neue FamFG, Rz. 684.
3 MüKo.BGB/*Hagena*, 4. Aufl., § 2262 aF BGB Rz. 18 mit Beispielen.
4 Horndasch/Viefhues/*Heinemann*, § 348 FamFG Rz. 25; MüKo.ZPO/Muscheler, § 348 FamFG Rz. 33.
5 BayObLG v. 11.10.1979 – BReg. 1 Z 69/79, BayObLGZ 1979, 340 (343); Palandt/*Edenhofer*, 68. Aufl. 2009, § 2262 aF BGB Rz. 2; Staudinger/*Baumann*, Neubearb. 2003, § 2262 aF BGB Rz. 12; MüKo.BGB/*Hagena*, 4. Auf., § 2262 aF BGB Rz. 17; aA Keidel/*Zimmermann*, § 348 FamFG Rz. 52.
6 Keidel/*Zimmermann*, § 348 FamFG Rz. 52; aA Bumiller/*Harders*, § 348 FamFG Rz. 17.

lichen Beschwerdeberechtigung gegen die betreuungsgerichtliche Ablehnung einer angeregten Pflegerbestellung s. Rz. 51.

VI. Niederschrift

43 Über die Eröffnung ist unabhängig davon, ob nach Abs. 2 oder nach Abs. 3 verfahren wird, nach Abs. 1 Satz 2 eine **Niederschrift** aufzunehmen, die nach Satz 3 bezüglich einer zuvor verschlossen gewesenen Verfügung eine Feststellung darüber zu enthalten hat, ob der Verschluss unversehrt war.[1] Zudem sind alle wesentlichen weiteren Tatsachen aufzunehmen, insbesondere Ort, Tag, Erblasserdaten, Gegenstand der Eröffnung und die Verkündung,[2] bei Eröffnung nach Abs. 2 ergänzend die Personalien der erschienenen Beteiligten, und eventuell erteilte Belehrungen.

44 Ergänzend empfiehlt sich ein **Eröffnungsvermerk** auf der eröffneten Urschrift der Verfügung.[3]

VII. Weitere Folgen

45 Nach §§ 1944 Abs. 2 Satz 2, 2306 Abs. 1 Halbs. 2 BGB verkörpert die Eröffnung den frühestmöglichen Zeitpunkt des Beginns der **Erbausschlagungsfrist**.

46 Gem. § 34 Abs. 2 Nr. 3 ErbStG muss das Nachlassgericht dem **Finanzamt** eine eröffnete Verfügung von Todes wegen anzeigen.

47 Nach § 35 Abs. 1 Satz 2 und Abs. 2 Halbs. 2 GBO wird die Vorlage eines Erbscheins zum Nachweis der Erbfolge bzw. eines Testamentsvollstreckerzeugnisses zum Nachweis der Testamentsvollstreckerernennung durch die Vorlage der öffentlichen Urkunde, in der die Erbfolge bzw. Ernennung des Testamentsvollstreckers verfügt wird, samt Niederschrift über die Eröffnung **ersetzt**.[4]

VIII. Rechtsbehelfe

48 Eine Beschwerde nach § 58 iVm. § 11 RPflG ist gegen die noch nicht vollzogene und von einer Ankündigung (s. dazu Rz. 49) abzugrenzende, etwa auf entsprechenden im Vorfeld gestellten Beteiligtenantrag ergehende **Entscheidung für oder gegen eine Eröffnung**[5] bzw. Bekanntgabe[6] statthaft.

49 Gleiches gilt trotz der Nähe zu einer grundsätzlich nicht anfechtbaren Zwischenentscheidung wegen der besonderen Grundrechtsrelevanz für eine vorbescheidsähnliche Bekanntgabe-[7] bzw. **Eröffnungsankündigung**.[8] Zur Eröffnungsankündigung auf den Tod des Erstversterbenden bei gemeinschaftlichem Testament bzw. Erbvertrag s. § 349 Rz. 24.

50 Keine Beschwerde ist jedoch gegen die **bereits vollzogene** Eröffnung[9] bzw. Bekanntgabe[10] möglich.

---

1 S. dazu das Muster bei Firsching/*Graf*, Rz. 4.66.
2 MüKo.BGB/*Hagena*, 4. Aufl., § 2260 aF BGB Rz. 35.
3 S. dazu das Muster bei Firsching/*Graf*, Rz. 4.65 aE.
4 S. dazu *Demharter*, § 35 GBO Rz. 31 ff. und 63.
5 OLG Köln v. 29.10.2010 – 2 Wx 161/10, FGPrax 2011, 49 f.: MüKo.ZPO/*Muscheler*, § 348 FamFG Rz. 35; Keidel/*Zimmermann*, § 348 FamFG Rz. 78.
6 Keidel/*Zimmermann*, § 348 FamFG Rz. 81; Horndasch/Viefhues/*Heinemann*, § 348 FamFG Rz. 34.
7 Keidel/*Zimmermann*, § 348 FamFG Rz. 81.
8 OLG Zweibrücken v. 27.4.2010 – 4 W 37/10, FGPrax 2010, 245 f. (Erbvertragseröffnung auf den Tod des Erstversterbenden); Keidel/*Zimmermann*, § 348 FamFG Rz. 79; MüKo.ZPO/*Muscheler*, § 348 FamFG Rz. 36; aA OLG Köln v. 29.10.2010 – 2 Wx 161/10, FGPrax 2011, 49 f.: Unzulässigkeit einer Beschwerde gegen Eröffnungsankündigung, statt dessen Statthaftigkeit einer Wirksamkeitsaussetzung analog § 352 Abs. 2 Satz 2 bei Zurückweisung eines Teileröffnungsantrages; Bumiller/*Harders*, § 348 FamFG Rz. 23.
9 OLG Köln v. 26.5.2003 – 2 Wx 16/03, NJW-RR 2004, 1014 f.; Keidel/*Zimmermann*, § 348 FamFG Rz. 78; zweifelnd MüKo.ZPO/*Muscheler*, § 348 FamFG Rz. 35.
10 Keidel/*Zimmermann*, § 348 FamFG Rz. 81.

Gegen eine betreuungsgerichtliche Ablehnung des nachlassgerichtlichen Antrags auf Bestellung eines **Pflegers für unbekannte Beteiligte** iSd. § 1913 BGB bzw. eines **Abwesenheitspflegers** nach § 1911 BGB ist das Nachlassgericht nicht beschwerdeberechtigt,[1] da weder nach § 59 Abs. 1 und 2 noch nach § 59 Abs. 3 iVm. spezialgesetzlichen Regelungen eigene Rechtspostionen beeinträchtigt werden[2] (s. dazu § 50 Rz. 24 ff.). 51

Gem. § 34 Abs. 2 Nr. 3 ErbStG iVm. § 7 ErbStDV muss das Nachlassgericht der Erbschaftssteuerstelle des **Finanzamtes** eine beglaubigte Kopie der eröffneten Verfügung von Todes wegen und der Eröffnungsniederschrift zusenden. 52

IX. Übergangsrecht

Zum **Übergangsrecht** nach FGG-RG s. § 343 Rz. 193 ff. 53

Kosten/Gebühren: Gericht: Für die Eröffnung einer Verfügung von Todes wegen wird eine Gebühr in Höhe von 100 Euro erhoben (Nr. 12101 KV GNotKG). Schuldner sind die Erben (§ 24 Nr. 1 GNotKG). Bei gleichzeitiger Eröffnung mehrerer Verfügungen von Todes wegen durch dasselbe Gericht wegen desselben Erblassers wird nur eine Gebühr erhoben (Anm. zu Nr. 12101 KV GNotKG). 54

349 Besonderheiten bei der Eröffnung von gemeinschaftlichen Testamenten und Erbverträgen

(1) Bei der Eröffnung eines gemeinschaftlichen Testaments sind die Verfügungen des überlebenden Ehegatten oder Lebenspartners, soweit sie sich trennen lassen, den Beteiligten nicht bekannt zu geben.
(2) Hat sich ein gemeinschaftliches Testament in besonderer amtlicher Verwahrung befunden, ist von den Verfügungen des verstorbenen Ehegatten oder Lebenspartners eine beglaubigte Abschrift anzufertigen. Das Testament ist wieder zu verschließen und bei dem nach § 344 Abs. 2 zuständigen Gericht erneut in besondere amtliche Verwahrung zurückzubringen.
(3) Absatz 2 gilt nicht, wenn das Testament nur Anordnungen enthält, die sich auf den Erbfall des erstversterbenden Ehegatten oder Lebenspartners beziehen, insbesondere wenn das Testament sich auf die Erklärung beschränkt, dass die Ehegatten oder Lebenspartner sich gegenseitig zu Erben einsetzen.
(4) Die Absätze 1 bis 3 sind auf Erbverträge entsprechend anzuwenden.

A. Überblick
I. Entstehung 1
II. Systematik 2
III. Normzweck 3
B. Inhalt der Vorschrift
I. Zuständigkeit 5
II. Beteiligteneigenschaft 9
III. Nichtbekanntgabe trennbarer Verfügungen des Längstlebenden (Absatz 1)
    1. Nichtbekanntgabe 10
    2. Trennbarkeit 15
    3. Untrennbarkeit 21
    4. Rechtsbehelfe 23
IV. Weiterverwahrung
    1. Grundsatz (Absatz 2) 27
    2. Ausnahme (Absatz 3) 31
    3. Bisherige einfache Verwahrung . . 33
V. Erbverträge (Absatz 4) 34
VI. Übergangsrecht 35

A. Überblick

I. Entstehung

Die Vorschrift hat die früher in den §§ 2273, 2300 Abs. 1 BGB geregelten Besonderheiten bei der Verkündung von gemeinschaftlichen Testamenten und Erbverträgen innerhalb des Eröffnungsverfahrens **übernommen**. Abs. 2 stellt erstmals ausdrücklich 1

---
1 KG v. 8.10.1915 – Az. n.v., RJA 15, 26 f.; Keidel/*Zimmermann*, § 348 FamFG Rz. 80.
2 S. für ein Land: BGH v. 18.4.2012 – XII ZB 623/11, FGPrax 2012, 164.

klar, dass die Weiterverwahrung von Amts wegen nur dann in besonderer amtlicher Verwahrung erfolgt, wenn sich die Verfügung bereits vor Eröffnung auf den Tod des Erstverstorbenen in besonderer amtlicher Verwahrung befunden hat. Zudem wird in Abs. 2 Satz 2 auf die erstmals in § 344 Abs. 2 geregelte besondere örtliche Zuständigkeit des für das Nachlassverfahren des Erstverstorbenen zuständigen Gerichts für die Weiterverwahrung verwiesen.

II. Systematik

2   Abs. 1 knüpft an § 348 an und sieht abweichend davon vor, dass die Verfügungen des Längstlebenden bei Eröffnung eines gemeinschaftlichen Testaments auf den Tod des Erstverstorbenen den Beteiligten nicht bekannt gegeben werden dürfen, soweit sie sich von den Verfügungen des Erstverstorbenen **trennen** lassen. Abs. 2 regelt die Anfertigung einer beglaubigten Abschrift von den Verfügungen des Erstverstorbenen, wenn sich ein gemeinschaftliches Testament in besonderer amtlicher Verwahrung befunden hat, sowie die Wiederverschließung und erneute Rückbringung in die besondere amtliche Verwahrung bei dem nach § 344 Abs. 2 zuständigen Gericht. Dies gilt nach Abs. 3 jedoch nicht, wenn das Testament nur Anordnungen enthält, die sich auf den Erbfall des Erstverstorbenen beziehen, insbesondere wenn ausschließlich eine gegenseitige Erbeinsetzung enthalten ist. Abs. 4 regelt die entsprechende Anwendung von Abs. 1 bis 3 auf Erbverträge.

III. Normzweck

3   Abs. 1 iVm. Abs. 4 dient dem Schutz des **Geheimhaltungsinteresses** des längstlebenden Erblassers hinsichtlich der von ihm auf seinen Tod getroffenen Verfügungen beim Tod des Erstverstorbenen. Dieses wird wiederum durch das Benachrichtigungsinteresse sonstiger Beteiligter, insbesondere gesetzlicher Erben und Pflichtteilsberechtigter, beschränkt. Die Regelung ist sowohl mit dem Grundsatz der Testierfreiheit aus Art. 14 Abs. 1 GG als auch mit dem Persönlichkeitsrecht des Längstlebenden vereinbar und verfassungsgemäß.[1]

4   Abs. 2 und 3 iVm. Abs. 4 bezwecken den **sicheren weiteren Verbleib** der zuvor dort befindlich gewesenen Verfügungen in besonderer amtlicher Verwahrung. Dieser Sicherungszweck entfällt aus Gründen der Verfahrensvereinfachung, wenn die Urkunde keine Verfügungen auf das Ableben des Längstlebenden enthält.

B. Inhalt der Vorschrift

I. Zuständigkeit

5   Zur **sachlichen** Zuständigkeit der Amtsgerichte bzw. in Baden-Württemberg der staatlichen Notariate als Nachlassgericht s. § 343 Rz. 129 ff. Ergänzend ist der deutsche Konsularbeamte nach § 11 Abs. 3 KonsG zuständig, wenn der Erblasser vor der zur besonderen amtlichen Verwahrung vorgesehenen Absendung der Verfügung an das Amtsgericht Schöneberg bzw. an das nach § 11 Abs. 2 Satz 2 KonsG durch den Erblasser benannte andere Amtsgericht verstirbt.

6   Nach § 3 Nr. 2 Buchst. c RPflG ist anstelle des Richters der Rechtspfleger **funktionell** zuständig.

7   Zur allgemeinen **örtlichen** Zuständigkeit nach § 343 s. § 343 Rz. 8 ff., zur jeweiligen besonderen örtlichen Zuständigkeit nach § 344 Abs. 2 bzw. Abs. 6 s. § 344 Rz. 34 ff. bzw. Rz. 61 f.

8   Zur **internationalen** Zuständigkeit s. § 343 Rz. 152 ff.

8a Zur gerichtsinternen **Geschäftsverteilung** s. § 343 Rz. 192a ff.

---

1 BVerfG v. 2.2.1994 – 1 BvR 1245/89, NJW 1994, 2535.

II. Beteiligteneigenschaft

Zur Beteiligeneigenschaft s. § 348 Rz. 8ff. Ergänzend ist bei gemeinschaftlichen Testamenten oder Erbverträgen der **Längstlebende** aufgrund seines Geheimhaltungsinteresses an den auf den eigenen Tod getroffenen Verfügungen beim Tod des Erstverstorbenen Beteiligter iSd. § 7 Abs. 2 Nr. 1. **9**

III. Nichtbekanntgabe trennbarer Verfügungen des Längstlebenden (Absatz 1)

1. Nichtbekanntgabe

Abweichend von § 348 (zum jeweiligen Verfahrensabschnitt im Allgemeinen s. § 348 Rz. 23ff.) darf das Nachlassgericht nach Abs. 1 zum **Schutz** des längstlebenden Partners dessen von den Verfügungen des Erstverstorbenen trennbare (s. dazu Rz. 15ff.) Verfügungen aus dem gemeinschaftlichen Testament den Beteiligten jedoch nicht bekannt geben, daher insoweit weder im Eröffnungstermin verlesend verkünden, noch im stillen schriftlichen Verfahren davon Abschriften übersenden.[1] **10**

Dies ist im Eröffnungsprotokoll **ausdrücklich** entsprechend zu vermerken.[2] **11**

Für die schriftliche Bekanntgabe geschieht dies zweckmäßigerweise durch Versendung von Kopien einer zuvor entsprechend **geschwärzten** Kopie des gemeinschaftlichen Testaments, um eine nachträgliche Beseitigung der Schwärzung bzw. eine Erkennbarkeit des geschwärzten Textes bspw. durch Hinterleuchtung zu vermeiden.[3] **12**

Zudem muss eine Einsichtnahme in derart trennbare Verfügungen des Längstlebenden auch für den Fall der **Akteneinsicht** ausgeschlossen werden.[4] **13**

Im Gegensatz dazu darf das gemeinschaftliche Testament dem insoweit allein zu schützenden **Längstlebenden** auf dessen Anfordern jederzeit vollständig schriftlich bekannt bzw. zur Einsicht gegeben werden.[5] **14**

2. Trennbarkeit

Eine Trennung der Verfügungen des Längstlebenden von denen des Erstversterbenden kommt dann in Betracht, wenn diese jeweils in **eigenständigen**, auch **äußerlich separaten** Sätzen enthalten und die Verfügungen des Erstverstorbenen inhaltlich auch ohne die des Länstlebenden verständlich sind.[6] **15**

Die Verfügungen beider Erblasser sind insbesondere dann nicht iSv. Abs. 1 voneinander trennbar, wenn sie sprachlich in **„Wir"-Form** zusammengefasst sind[7] oder ausschließlich **anonyme Rollenbegriffe** wie bspw. „Erstversterbender" bzw. „Längstlebender" verwendet werden,[8] statt unter namentlicher Zuordnung jeweils hinsichtlich jedes Erblassers gesondert für den Fall des jeweiligen Erstversterbens bzw. für den Fall, dass jeder den jeweils anderen Partner überlebt, zu verfügen.[9] **16**

---

1 Zum Geheimhaltungsinteresse des Längstlebenden im Allgemeinen *Bühler*, ZRP 1988, 59; *Haegele*, Rpfleger 1968, 137 (139).
2 Firsching/*Graf*, Rz. 4.81; MüKo.ZPO/*Muscheler*, § 349 FamFG Rz. 4.
3 Keidel/*Zimmermann*, § 349 FamFG Rz. 5.
4 Staudinger/*Kanzleiter*, Neubearb. 2006, § 2273 aF BGB Rz. 11; Keidel/*Zimmermann*, § 349 FamFG Rz. 5.
5 LG Halberstadt v. 15.12.1921 – 1 T 137/21, JW 1922, 522f.; Staudinger/*Kanzleiter*, Neubearb. 2006, § 2273 aF BGB Rz. 11; Keidel/*Zimmermann*, § 349 FamFG Rz. 6.
6 OLG Zweibrücken v. 25.7.2002 – 3 W 141/02, NJW-RR 2002, 1662.
7 BayObLG v. 13.7.1982 – 1 Z 34/82, Rpfleger 1982, 424 (425): „Nach unserem Ableben! Universalerbe ist unser Sohn R. ...."; MüKo.BGB/*Musielak*, 4. Aufl. 2004, § 2273 aF BGB Rz. 2: „Wir setzen uns gegenseitig zu Erben ein."
8 BGH v. 11.4.1984 – IVa ZB 16/83, BGHZ 91, 105 (108ff.); BayObLG v. 19.9.1989 – 1a Z 16/89, Rpfleger 1990, 22: „Der Überlebende von uns setzt unsere beiden Söhne ... zu gleichen Teilen zu seinen Erben ein"; Staudinger/*Kanzleiter*, Neubearb. 2006, § 2273 aF BGB Rz. 8; MüKo.BGB/*Musielak*, 4. Aufl., § 2273 aF BGB Rz. 3; aA *Heinemann*, FamFG für Notare, Rz. 319.
9 S. dazu Staudinger/*Kanzleiter*, Neubearb. 2006, § 2273 aF BGB Rz. 8 mit Formulierungsvorschlag; *Volmer*, DNotZ 2013, 41f. mit Formulierungsvorschlag.

17 Gleiches gilt trotz formal getrennter Abfassung bei **Verweisungen** unter den Verfügungen des einen auf diejenigen des anderen Testierers.[1]

18 In diesen Fällen sind daher **alle** dem Erstverstorbenen zuzuordnenden Verfügungen zu eröffnen, selbst wenn dieser sie als potentiell Längstlebender getroffen hat und diese Verfügungen durch sein Vorversterben gegenstandslos geworden sind. Dadurch soll den Beteiligten insbesondere die Möglichkeit eröffnet werden, eventuelle Anfechtungsrechte bzw. Pflichtteilsansprüche zu prüfen.[2]

19 Die Eröffnung der von den Verfügungen des Erstverstorbenen nicht trennbaren Verfügungen des Längstlebenden kann in dem gemeinschaftlichen Testament bzw. Erbvertrag **nicht wirksam untersagt** werden.[3]

20 Obschon durch Abs. 1 allein das Geheimhaltungsinteresse des längstlebenden Erblassers geschützt wird, kann dieser, selbst wenn seine Verfügungen von denen des Erstverstorbenen trennbar sind, durch einen Verzicht **keine vollständige Verkündung** erreichen.[4] Andernfalls könnte der Längstlebende das Nachlassgericht zudem dazu anweisen, seine trennbaren Verfügungen bestimmten Beteiligten in unterschiedlichem Umfang mitzuteilen.[5] Dies würde das Nachlassgericht nicht nur organisatorisch unverhältnismäßig hoch belasten, sondern bei den ungleich behandelten Beteiligten zugleich Zweifel an der nachlassgerichtlichen Neutralität aufkommen lassen. Dem Längstlebenden bleibt es jedoch unbenommen, Beteiligten selbst – statt über das Nachlassgericht – auch seine trennbaren Verfügungen zugänglich zu machen. Zum unabhängig davon bestehenden Recht des Längstlebenden, auf eigenes Anfordern für **sich selbst** eine vollständige Abschrift zu erhalten, s. Rz. 14.

3. Untrennbarkeit

21 Sind die Verfügungen hingegen nicht trennbar, müssen sie auf den Tod des Erstversterbenden **insgesamt**, einschließlich derjenigen des **Längstlebenden** bekannt gegeben werden.

22 Gleichwohl handelt es sich dabei ausschließlich um eine Eröffnung auf den Tod des **Erstversterbenden**,[6] da trotz Untrennbarkeit der Verfügungen nicht bereits zu Lebzeiten des Längstlebenden auf dessen Tod eröffnet werden kann. Daher können damit nach dem Längstlebenden bspw. die gem. §§ 1944 Abs. 2 Satz 2, 2306 Abs. 1 Halbs. 2 BGB frühestens mit Eröffnung beginnenden Ausschlagungsfristen noch nicht in Lauf gesetzt werden.[7]

4. Rechtsbehelfe

23 Eine Beschwerde nach § 58 iVm. § 11 RPflG ist gegen die noch nicht vollzogene und von einer Ankündigung (s. dazu Rz. 24) abzugrenzende, etwa auf entsprechenden im Vorfeld gestellten Beteiligtenantrag ergehende **Entscheidung für oder gegen eine Eröffnung**[8] bzw. Bekanntgabe[9] statthaft.

---

1 Staudinger/*Kanzleiter*, Neubearb. 2006, § 2273 aF BGB Rz. 7.
2 BGH v. 11.4.1984 – IVa ZB 16/83, BGHZ 91, 105 (108 ff.).
3 KG v. 28.11.1904 – Az. n.v., OLGR 11, 250; MüKo.BGB/*Musielak*, 4. Aufl., § 2273 aF BGB Rz. 2.
4 OLG München v. 25.4.1936 – Reg. IV Nr. 14/36, JFG 14, 73 (75); KG v. 3.10.1907 – 1 X 1133/07, KGJ 35, A 103 (109); Staudinger/*Kanzleiter*, Neubearb. 2006, § 2273 aF BGB Rz. 11; Keidel/*Zimmermann*, § 349 FamFG Rz. 14; aA MüKo.BGB/*Musielak*, 4. Aufl., § 2273 aF BGB Rz. 4; Reimann/Bengel/*Mayer*, § 2273 aF BGB Rz. 11; Horndasch/Viefhues/*Heinemann*, § 349 FamFG Rz. 4.
5 Reimann/Bengel/*Mayer*, § 2273 aF BGB Rz. 11.
6 RG v. 14.7.1932 – IV B 12/32, RGZ 137, 222 (230); OLG Hamm v. 19.3.1987 – 15 Sbd 2/87, NJW-RR 1987, 835 (836); Staudinger/*Kanzleiter*, Neubearb. 2006, § 2273 aF BGB Rz. 20.
7 Keidel/*Zimmermann*, § 348 FamFG Rz. 7.
8 OLG Köln v. 29.10.2010 – 2 Wx 161/10, FGPrax 2011, 49 f.; MüKo.ZPO/*Muscheler*, § 348 FamFG Rz. 35; Keidel/*Zimmermann*, § 348 FamFG Rz. 78.
9 OLG Hamm v. 7.3.2012 – I-15 W 104/11, FGPrax 2012, 166; Keidel/*Zimmermann*, § 348 FamFG Rz. 81.

Gegen eine nachlassgerichtliche **Ankündigung** der vollständigen Eröffnung bzw. Mitteilung unter Einschluss der Verfügungen des Längstlebenden wurde unter Geltung des FGG eine Erinnerung bzw. Beschwerde nach §§ 11 RPflG, 19 FGG für zulässig erachtet,[1] obschon es sich bei den jeweiligen Teilakten des Eröffnungsverfahrens (s. dazu § 348 Rz. 23) weder um Endentscheidungen noch um Zwischenverfügungen, sondern um den jeweiligen Erfolg unmittelbar herbeiführende gerichtliche Verrichtungen bzw. interne verfahrensleitende Verfügungen handelt.[2] Aus dem jeweiligen Verfahren nach Abs. 1, das sich auf die Bekanntgabe beschränkt, und § 350, das die schriftliche Bekanntgabe im stillen Eröffnungsverfahren bzw. bezüglich der in einem Eröffnungstermin nicht erschienenen Beteiligten nicht erfasst, sondern dem allgemein zuständigen Nachlassgericht isoliert überlässt (s. dazu § 350 Rz. 10), ergibt sich jedoch eine gewisse Verselbständigung des Bekanntgabeteilakts, die für eine darauf beschränkte Anfechtbarkeit spricht. Da der Gesetzgeber hinsichtlich des Eröffnungsverfahrens neben der Aufwertung der stillen Eröffnung gem. den die §§ 2260, 2262, 2273, 2300 Abs. 1 BGB ersetzenden §§ 348, 349 keine Einschränkung des Rechtsschutzes in diesem besonders grundrechtsrelevanten Bereich beabsichtigt hat, wird man auch künftig eine entsprechende Anfechtung zulassen müssen.[3] Anstelle der früheren einfachen Beschwerde tritt dabei die befristete Beschwerde nach §§ 58, 63,[4] die auch für Entscheidungen über einen Teil der Hauptsache, insbesondere über einen einzelnen Verfahrensabschnitt eröffnet ist (s. dazu § 58 Rz. 2). Der Ankündigung kommt dabei ähnlich der Regelung des § 352 Abs. 1 gleichsam feststellende Wirkung zu. Der beurkundende **Notar** ist jedoch mangels Betroffenheit in eigenen Persönlichkeitsrechten nicht beschwerdeberechtigt.[5]

24

Keine Beschwerde ist jedoch gegen eine **bereits vollzogene** Eröffnung[6] bzw. Bekanntgabe[7] möglich, soweit nicht ausnahmsweise die engen Voraussetzungen des § 62 Abs. 2 erfüllt sind (s. dazu § 62 Rz. 7 ff.).

25

Der **Eröffnungsausschluss** hinsichtlich einzelner Verfügungen oder des gesamten gemeinschaftlichen Testaments kann mit der befristeten Beschwerde angefochten werden.[8]

26

IV. Weiterverwahrung

1. Grundsatz (Absatz 2)

Nach der anlässlich des Todes des Erstverstorbenen erfolgten Eröffnung eines gemeinschaftlichen Testaments, das sich zuvor in besonderer amtlicher Verwahrung befunden hat, wird vorbehaltlich der Ausnahme nach Abs. 3 (s. dazu Rz. 21 ff.) von den Verfügungen des Erstverstorbenen eine **beglaubigte Abschrift** gefertigt. Der Beglaubigungsvermerk muss hinreichend erkennen lassen, dass die beglaubigte Ab-

27

---

1 OLG Köln v. 26.5.2003 – 2 Wx 16/03, Rpfleger 2003, 503 (504); BayObLG v. 31.7.1989 – 1a Z 43/88, Rpfleger 1989, 458 (459).
2 OLG Köln v. 26.5.2003 – 2 Wx 16/03, Rpfleger 2003, 503 (504); BayObLG v. 30.4.1986 – BReg. 1 Z 69/85, BayObLGZ 1986, 118 (124).
3 OLG Hamm v. 7.3.2012 – I-15 W 104/11, FGPrax 2012, 166; OLG Zweibrücken v. 27.4.2010 – 4 W 37/10, FGPrax 2010, 245 f. (Erbvertragseröffnung auf den Tod des Erstverstorbenen); Keidel/Zimmermann, § 348 FamFG Rz. 79; MüKo.ZPO/Muscheler, § 348 FamFG Rz. 36; aA OLG Köln v. 29.10.2010 – 2 Wx 161/10, FGPrax 2011, 49 f.: Unzulässigkeit einer Beschwerde gegen Eröffnungsankündigung, stattdessen Statthaftigkeit einer Wirksamkeitsaussetzung analog § 352 Abs. 2 Satz 2 bei Zurückweisung eines Teileröffnungsantrages; Bumiller/Harders, § 348 FamFG Rz. 23.
4 Im Ergebnis ebenso Zimmermann, Das neue FamFG, Rz. 695.
5 OLG Düsseldorf v. 11.10.2010 – I-3 Wx 224/10, FGPrax 2011, 48 (49).
6 OLG Köln v. 26.5.2003 – 2 Wx 16/03, NJW-RR 2004, 1014 f.; Keidel/Zimmermann, § 348 FamFG Rz. 78; zweifelnd MüKo.ZPO/Muscheler, § 348 FamFG Rz. 35.
7 Keidel/Zimmermann, § 348 FamFG Rz. 81.
8 KG v. 3.10.1907 – 1 X 1133/07, KGJ 35, A 103 (105); OLG Hamburg v. 8.2.1909 – Az. n.v., OLGR 18, 359; Staudinger/Kanzleiter, Neubearb. 2006, § 2273 aF BGB Rz. 11a; Keidel/Zimmermann, § 349 FamFG Rz. 27.

schrift die Verfügungen des Erstverstorbenen vollständig wiedergibt.[1] Dies geschieht durch einen Zusatzvermerk dahingehend, dass das gemeinschaftliche Testament keine weiteren Verfügungen des Erstverstorbenen enthält.[2] Diese beglaubigte auszugsweise Abschrift verbleibt offen bei den Nachlassakten des Erstverstorbenen und tritt im Rechtsverkehr insoweit an die Stelle der Urschrift, bspw. gemeinsam mit der Eröffnungsniederschrift als Ersatz für einen Erbschein bzw. ein Testamentsvollstreckerzeugnis nach § 35 Abs. 1 Satz 2 bzw. Abs. 2 Halbs. 2 GBO.[3]

28 Die **Urschrift** des gemeinschaftlichen Testaments wird durch das Nachlassgericht in einen neuen Umschlag genommen und mit Siegel verschlossen. Im Rahmen der anschließenden Beschriftung ist auf dem Umschlag zudem der jeweilige Zeitpunkt der Teileröffnung und der Wiederverschließung zu vermerken.[4] Die besondere amtliche Weiterverwahrung erfolgt nach Abs. 2 Satz 2 iVm. § 344 Abs. 2 bei dem für den Nachlass des Erstversterbenden zuständigen Gericht.

29 Die bereits auf den Tod des Erstversterbenden erfolgte Gesamteröffnung der untrennbaren Verfügungen der Erblasser macht die Weiterverwahrung **nicht entbehrlich**, da die Verfügungen, wenn der Längstlebende verstorben ist, erstmals auf *dessen* Tod eröffnet werden müssen, um nunmehr – anders als bei der Eröffnung auf den Tod des Erstversterbenden – auf den Tod des Längstlebenden bspw. die Ausschlagungsfristen nach den §§ 1944 Abs. 2 Satz 2, 2306 Abs. 1 Halbs. 2 BGB in Lauf setzen zu können oder andere Rechtsfolgen der diesbezüglichen Eröffnung zu entfalten.[5] Dies gilt selbst dann, wenn Zweifel daran bestehen, ob sich die Verfügungen auch auf den zweiten Erbfall beziehen.[6]

30 Ist für das Nachlassverfahren auf den Tod des Längstlebenden nach § 343 ein anderes Gericht örtlich zuständig, folgt die besondere **Eröffnungszuständigkeit** des verwahrenden Nachlassgerichts des Erstverstorbenen für das dann nach § 350 maßgebende Verfahren aus § 344 Abs. 6.

2. Ausnahme (Absatz 3)

31 Abs. 2 findet jedoch keine Anwendung, wenn das gemeinschaftliche Testament ausschließlich sich **auf den Tod des Erstversterbenden** beziehende Anordnungen enthält. Dies gilt nach Abs. 3 Halbs. 2 insbesondere dann, wenn sich das gemeinschaftliche Testament auf die gegenseitige Erbeinsetzung der Erblasser beschränkt.

32 In diesen Fällen verbleibt das gemeinschaftliche Testament **offen** bei den Nachlassakten des Erstverstorbenen.

3. Bisherige einfache Verwahrung

33 Hat sich das gemeinschaftliche Testament bis zum Tod des Erstverstorbenen nicht in besonderer amtlicher Verwahrung befunden, verbleibt es nach § 27 Abs. 11 iVm. § 28 Abs. 4a AktO[7] (Text s. § 344 Rz. 14) **offen** in einfacher Aktenverwahrung bei den Nachlassakten des Erstverstorbenen, wenn nicht der Längstlebende die besondere amtliche Verwahrung beantragt.[8] Eine Herausgabe an den Längstlebenden ist ausgeschlossen.[9]

---

1 KG v. 3.10.1907 – 1 X 1133/07, KGJ 35, A 103 (108); OLG Dresden v. 25.7.1905 - Az. n.v., ZBlFG 1906, 369 (370); Horndasch/Viefhues/*Heinemann*, § 349 FamFG Rz. 10.
2 MüKo.BGB/*Musielak*, 4. Aufl., § 2273 aF BGB Rz. 6.
3 Staudinger/*Kanzleiter*, Neubearb. 2006, § 2273 aF BGB Rz. 15.
4 Staudinger/*Kanzleiter*, Neubearb. 2006, § 2273 aF BGB Rz. 15.
5 MüKo.BGB/*Musielak*, 4. Aufl., § 2273 aF BGB Rz. 10.
6 OLG Hamm v. 16.10.1974 – 15 Sbd 11/74, OLGZ 1972, 94 (96f.).
7 Abgedruckt in der in Bayern geltenden Fassung v. 16.12.1998 bei Firsching/*Graf*, Anh. 4.
8 KG v. 2.4.1902 – 1 J 261/02 u. 379/02, KGJ 24, B 5 (11); Palandt/*Edenhofer*, 68. Aufl., § 2273 aF BGB Rz. 6; Staudinger/*Kanzleiter*, Neubearb. 2006, § 2273 aF BGB Rz. 17; Erman/*Schmidt*, 12. Aufl., § 2273 aF BGB Rz. 4.
9 Palandt/*Weidlich*, § 2267 BGB Rz. 9.

V. Erbverträge (Absatz 4)

Nach Abs. 4 gelten die Regelungen der Abs. 1 bis 3 **entsprechend** für Erbverträge. 34

VI. Übergangsrecht

Zum Übergangsrecht nach FGG-RG s. § 343 Rz. 193 ff. 35

Kosten/Gebühren: Gericht: S. Anmerkung zu § 348. 36

---

350 *Eröffnung der Verfügung von Todes wegen durch ein anderes Gericht*
Hat ein nach § 344 Abs. 6 zuständiges Gericht die Verfügung von Todes wegen eröffnet, hat es diese und eine beglaubigte Abschrift der Eröffnungsniederschrift dem Nachlassgericht zu übersenden; eine beglaubigte Abschrift der Verfügung von Todes wegen ist zurückzubehalten.

A. Überblick	II. Beteiligteneigenschaft 8
I. Entstehung 1	III. Eröffnung durch das Verwahrgericht . 9
II. Systematik 2	IV. Übersendung 12
III. Normzweck 3	V. Verfahren vor dem Empfängergericht 16
B. Inhalt der Vorschrift	VI. Übergangsrecht 19
I. Zuständigkeit 4	

A. Überblick

I. Entstehung

Die Vorschrift hat den Regelungsgehalt der früheren §§ 2261 Satz 2, 2300 Abs. 1 **BGB übernommen**. Sie gilt einschränkungslos für alle Verfügungen von Todes wegen und erfasst damit insbesondere auch Erbverträge unmittelbar. 1

II. Systematik

Die Vorschrift regelt den **Verbleib** der Verfügung von Todes wegen nach ihrer gem. § 348 erfolgten Eröffnung durch ein von dem Nachlassgericht verschiedenes Verwahrgericht. Unter Zurückbehaltung einer beglaubigten Abschrift bei den eigenen Akten hat das Verwahrgericht die Urschrift der von ihm eröffneten Urkunde gemeinsam mit einer beglaubigten Kopie der Eröffnungsniederschrift, deren Urschrift beim Verwahrgericht verbleibt, an das nach § 343 allgemein örtlich zuständige Nachlassgericht zu übersenden. Die besondere Eröffnungszuständigkeit des Verwahrgerichts folgt aus § 344 Abs. 6. 2

III. Normzweck

Die Vorschrift bezweckt in Ergänzung zu der in § 2259 BGB normierten Ablieferungspflicht eine **Beschleunigung** der Eröffnung letztwilliger Verfügungen, eine anschließende Konzentration aller Verfügungen von Todes wegen beim allgemein zuständigen Nachlassgericht und eine Sicherung bei Beschädigung oder Verlust während des Aktenversands durch Zurückbehalten einer beglaubigten Abschrift der Verfügungen samt Urschrift der Eröffnungsniederschrift. 3

B. Inhalt der Vorschrift

I. Zuständigkeit

Zur **sachlichen** Zuständigkeit der Amtsgerichte bzw. in Baden-Württemberg der staatlichen Notariate als Nachlassgericht s. § 343 Rz. 129 ff. 4

Nach § 3 Nr. 2 Buchst. c RPflG ist anstelle des Richters der Rechtspfleger **funktionell** zuständig. 5

6 Zur besonderen **örtlichen** Zuständigkeit nach § 344 Abs. 6 s. § 344 Rz. 61 ff.

7 Zur **internationalen** Zuständigkeit s. § 343 Rz. 152 ff.

7a Zur gerichtsinternen **Geschäftsverteilung** s. § 343 Rz. 192a ff.

II. Beteiligteneigenschaft

8 Zur Beteiligteneigenschaft s. § 349 Rz. 9.

III. Eröffnung durch das Verwahrgericht

9 Die örtliche Zuständigkeit des Verwahrgerichts ist nach § 344 Abs. 6 auf die Eröffnung derjenigen Verfügungen von Todes wegen beschränkt, die das Verwahrgericht in **eigener amtlicher Verwahrung** hat. Die Regelung ist damit nicht auf die dort in besonderer amtlicher Verwahrung befindlichen Verfügungen reduziert, sondern erfasst auch dort lediglich in **einfacher Aktenverwahrung** befindliche Dokumente,[1] bspw. ein nach dem Tod des Erstverstorbenen zu dessen Nachlassakten genommenes eigenhändiges gemeinschaftliches Testament, einen bei den Akten befindlichen nicht besonders amtlich verwahrten Erbvertrag bzw. ein ungeachtet der dortigen Unzuständigkeit für die Verwahrung abgeliefertes eigenhändiges Testament. Dies folgt aus dem eindeutigen Wortlaut „in amtlicher Verwahrung" der Verweisnorm § 344 Abs. 6 und der flankierenden Vorschrift des § 2259 Abs. 2 BGB.[2]

10 Von der Eröffnungszuständigkeit ist jedoch die schriftliche Bekanntgabe iSd. § 348 Abs. 3 Satz 1 **ausgeschlossen**, die allein dem nach § 343 allgemein örtlich zuständigen Nachlassgericht, an das die eröffnete Verfügung nach Halbs. 1 zu übersenden ist, in einem neuen eigenständigen Verfahren obliegt.[3] Zwar spricht § 348 Abs. 3 im Gegensatz zur früheren Regelung des § 2262 aF BGB nicht mehr vom mitteilenden *Nachlassgericht*, sondern lediglich vom bekannt gebenden *Gericht*. Indem § 350 für das Verwahrgericht ausschließlich eine Versendungspflicht benennt und aus der gleichzeitigen Neufassung des § 1944 Abs. 2 Satz 2 BGB durch das FGG-RG, wonach der Ausschlagungsfristbeginn die Bekanntgabe durch das *Nachlassgericht* voraussetzt, wird jedoch hinreichend deutlich, dass die Bekanntgabe dem nach § 343 allgemein zuständigen Nachlassgericht und nicht dem Verwahrgericht obliegt.[4]

10a Eine derartige von §§ 344 Abs. 6, 350 nicht erfasste schriftliche Bekanntgabe iSd. § 348 Abs. 3 Satz 1 erfolgt im stillen Eröffnungsverfahren gegenüber allen Beteiligten und im Eröffnungsverfahren mit Termin und Ladung gegenüber den nicht erschienenen Beteiligten (s. dazu § 348 Rz. 38). Im Übrigen ist das Eröffnungsverfahren gem. § 348 Abs. 1 und 2 (s. dazu § 348 Rz. 12 ff.) bzw. § 349 Abs. 1 (s. dazu § 349 Rz. 10 ff.) **vollständig** durch das Verwahrgericht durchzuführen.

10b Dabei ist das Verwahrgericht auch nach § 34 Abs. 2 Nr. 3 ErbStG iVm. § 7 Abs. 1 ErbStDV gegenüber dem **Erbschaftssteuerfinanzamt** mitteilungspflichtig, soweit dies nicht das nach § 343 allgemein zuständige Nachlassgericht auf Amtshilfeersuchen übernimmt.[5]

11 Es liegt daher nahe, dass das Verwahrgericht zur Durchführung eines in der Praxis ohnehin allgemein üblichen **stillen Eröffnungsverfahrens** tendiert, um die Bekanntgabe gegenüber allen Beteiligten insgesamt allein dem allgemein zuständigen Nachlassgericht zu überlassen.

---

1 Begr. zum GesetzE der BReg. zu § 344 Abs. 6, BT-Drucks. 16/6308, S. 278.
2 BayObLG v. 12.5.1992 – 1 Z AR 22/92, Rpfleger 1992, 435; KG v. 13.2.1941 – IV 1 40/30, JFG 22, 199 (200 f.).
3 OLG Hamburg v. 20.2.1985 – 2 W 5/85, Rpfleger 1985, 194; Horndasch/Viefhues/*Heinemann*, § 350 FamFG Rz. 7.
4 Keidel/*Zimmermann*, § 350 FamFG Rz. 10; aA Bumiller/*Harders*, § 350 FamFG Rz. 3.
5 Keidel/*Zimmermann*, § 350 FamFG Rz. 11.

IV. Übersendung

Das Verwahrgericht hat nach Abschluss der ihm obliegenden Eröffnungsaufgaben eine **beglaubigte Abschrift** der von ihm eröffneten Verfügung von Todes wegen zu fertigen und diese gemeinsam mit der Urschrift der Eröffnungsniederschrift bei den eigenen Unterlagen zurückzubehalten. 12

Die **Urschrift** der von ihm eröffneten Verfügung von Todes wegen muss durch das Verwahrgericht gemeinsam mit einer beglaubigten Abschrift der Eröffnungsniederschrift an das nach § 343 allgemein örtlich zuständige Nachlassgericht übersandt werden. 13

Gegen die **Verweigerung** der Übersendung der eröffneten Verfügung von Todes wegen durch das Verwahrgericht ist das allgemein zuständige Nachlassgericht nach Inkrafttreten des FGG-RG mangels Verletzung in eigenen Rechten iSd. § 59 Abs. 1 bzw. mangels nach § 59 Abs. 3 vorausgesetzter besonderer gesetzlicher Vorschriften anders als unter Geltung des FGG[1] nicht beschwerdeberechtigt,[2] obwohl es dadurch an der Erfüllung seiner amtlichen Aufgaben gehindert wird, sondern ist vielmehr auf Rechtsmittel der Beteiligten bzw. den Weg über die Dienstaufsicht angewiesen.[3] Dem allgemein zuständigen Nachlassgericht steht wie bereits unter Geltung des FGG weder gegen eine durch das Verwahrgericht durchgeführte nicht im Zuständigkeitsbereich des Nachlassgerichts liegende Testamentseröffnung noch gegen die vom Verwahrgericht unterlassene Weitergabe von Beteiligtendaten, deren Ermittlung vielmehr eigene Aufgabe des Nachlassgerichts ist, ein Beschwerderecht zu.[4] 14

Lehnt das allgemein zuständige Nachlassgericht die **Annahme** eines ihm durch das Verwahrgericht nach Eröffnung für die weitere Aufbewahrung übersandten Testaments ab, ist danach zu differenzieren, aus welchem Grund die Ablehnung erfolgt: Hält das allgemein zuständige Nachlassgericht das Verwahrgericht für das örtlich zuständige Nachlassgericht, tritt ein an sich bestehendes Beschwerderecht des Verwahrgerichts hinter das vorrangige Verfahren nach § 5 zurück. Das eröffnende Verwahrgericht kann auch durch Antrag keine Bestimmung eines örtlich allgemein zuständigen Nachlassgerichts erreichen, wenn der Erblasser ausschließlich ausländische Staatsangehörigkeit hat, ohne Wohnsitz oder Aufenthalt im Inland verstorben ist und keinen Inlandsnachlass hinterlässt.[5] Ein Beschwerderecht des Verwahrgerichts besteht jedoch dann, wenn das allgemein zuständige Nachlassgericht das Verwahrgericht in dessen Funktion als Verwahrgericht für zuständig erachtet.[6] 15

V. Verfahren vor dem Empfängergericht

Das allgemein nach § 343 örtlich zuständige Nachlassgericht hat nach Eingang der Unterlagen – soweit das Verwahrgericht nicht einen Eröffnungstermin abgehalten hat, an dem alle Beteiligten teilgenommen haben – die noch ausstehende **schriftliche Bekanntgabe** nach § 348 Abs. 3 Satz 1 durchzuführen und ist zudem für die offene Aufbewahrung der Urkunden und die Einsichtsgewährung nach § 357 zuständig.[7] 16

---

1 Zum damaligen diesbezüglichen Beschwerderecht BayObLG v. 30.4.1986 – 1 Z 69/85, Rpfleger 1986, 303 (305); KG v. 7.5.1976 – 1 AR 19/76, Rpfleger 1977, 100 (101); Staudinger/*Baumann*, Neubearb. 2003, § 2261 aF BGB Rz. 14; Reimann/Bengel/Mayer/*Voit*, § 2261 aF BGB Rz. 6.
2 Keidel/*Zimmermann*, § 350 FamFG Rz. 12; MüKo.ZPO/*Muscheler*, § 350 FamFG Rz. 4; Bumiller/*Harders*, § 350 FamFG Rz. 7.
3 Keidel/*Zimmermann*, § 350 FamFG Rz. 12; MüKo.ZPO/*Muscheler*, § 350 FamFG Rz. 4; aA Bumiller/*Harders*, § 350 FamFG Rz. 7: Verfahren analog § 5.
4 BayObLG v. 30.4.1986 – 1 Z 69/85, Rpfleger 1986, 303 (305); Staudinger/*Baumann*, Neubearb. 2003, § 2261 aF BGB Rz. 14; Reimann/Bengel/Mayer/*Voit*, § 2261 aF BGB Rz. 6.
5 OLG Düsseldorf v. 26.3.2012 – I-3 Sa 1/12, FGPrax 2012, 167.
6 KG v. 7.5.1976 – 1 AR 19/76, Rpfleger 1977, 100 (101); KG v. 9.11.1971 – 1 AR 38/71, Rpfleger 1972, 405 (406), Horndasch/Viefhues/*Heinemann*, § 350 FamFG Rz. 16. Entsprechendes gilt für einen positiven Kompetenzkonflikt s. OLG Brandenburg v. 2.11.2007 – 1 AR 53/07, FGPrax 2008, 70.
7 Horndasch/Viefhues/*Heinemann*, § 350 FamFG Rz. 4.

17 Da insoweit ein **eigenständiges** neues Verfahren beginnt, ist das allgemein zuständige Nachlassgericht nicht dazu berechtigt, die durch das Verwahrgericht durchgeführten Maßnahmen zu ändern bzw. einer diesbezüglichen Beschwerde der Beteiligten, hinsichtlich derer sich die örtliche Zuständigkeit des Beschwerdegerichts nach dem Verwahrgericht richtet, abzuhelfen.[1]

18 Das allgemein zuständige Nachlassgericht ist in Ermangelung eines abweichenden Verlangens des Längstlebenden zudem nach §§ 344 Abs. 2, 349 Abs. 2 für die besondere amtliche **Weiterverwahrung** zuständig.[2]

VI. Übergangsrecht

19 Zum **Übergangsrecht** nach FGG-RG s. § 343 Rz. 193 ff.

351 Eröffnungsfrist für Verfügungen von Todes wegen

Befindet sich ein Testament, ein gemeinschaftliches Testament oder ein Erbvertrag seit mehr als 30 Jahren in amtlicher Verwahrung, soll die verwahrende Stelle von Amts wegen ermitteln, ob der Erblasser noch lebt. Kann die verwahrende Stelle nicht ermitteln, dass der Erblasser noch lebt, ist die Verfügung von Todes wegen zu eröffnen. Die §§ 348 bis 350 gelten entsprechend.

A. Überblick		II. Beteiligteneigenschaft	8
I. Entstehung	1	III. Ermittlungspflicht	9
II. Systematik	2	IV. Eröffnungspflicht	21
III. Normzweck	3	V. Eröffnung zu Lebzeiten	24
B. Inhalt der Vorschrift		VI. Übergangsrecht	26
I. Zuständigkeit	4		

A. Überblick

I. Entstehung

1 Die Vorschrift hat die bisher in den §§ 2263a, 2300a BGB enthaltene Ermittlungspflicht und Eröffnungsfrist in geänderter Weise **übernommen**. Abweichend von den beiden früheren getrennten Regelungen benennt § 351 nunmehr neben dem Testament und Erbvertrag auch das gemeinschaftliche Testament ausdrücklich, formuliert die durch den früheren Zusatz „soweit tunlich" bereits relativierte Ermittlungspflicht in eine Soll-Vorschrift um und reduziert die Eröffnungsfrist auch für den Erbvertrag von fünfzig auf dreißig Jahre, was zuvor bereits für das Testament und das gemeinschaftliche Testament galt. Im Gesetzentwurf der Bundesregierung war zwischenzeitlich vorgesehen, dass die Eröffnungsfrist für Erbverträge und gemeinschaftliche Testamente jeweils fünfzig Jahre beträgt und Ermittlungen zwingend zu erfolgen haben.[3] Auf Anregung des Bundesrates wurde die Ermittlungspflicht in eine Soll-Vorschrift verändert und die Eröffnungsfrist insgesamt auf dreißig Jahre vereinheitlicht, um zu vermeiden, dass die Erbenermittlung durch zu langes Zuwarten erschwert wird.[4]

II. Systematik

2 Die Vorschrift **verpflichtet** diejenige Stelle, in deren amtlicher Verwahrung sich eine Verfügung von Todes wegen befindet, die seit mehr als dreißig Jahren amtlich verwahrt ist, zu Ermittlungen darüber, ob der Erblasser noch lebt, und zur Eröffnung

---

[1] OLG Hamburg v. 20.2.1985 – 2 W 5/85, Rpfleger 1985, 194 (195).
[2] Horndasch/Viefhues/*Heinemann*, § 350 FamFG Rz. 6.
[3] Begr. zum GesetzE der BReg. zu § 351, BT-Drucks. 16/6308, S. 68.
[4] Stellungnahme des BR (Beschl.) zu Nr. 88 (§ 351 Satz 1), BR-Drucks. 309/07, S. 73 f.

der Verfügung bzw. Notare oder Konsularbeamte zu deren Übersendung an das Nachlassgericht, wenn nicht festgestellt werden kann, dass der Erblasser noch lebt. Hinsichtlich der Eröffnung wird auf die Regelungen der §§ 348 bis 350 verwiesen.

III. Normzweck

Die Regelung soll eine Eröffnung amtlich verwahrter Verfügungen von Todes wegen **sicherstellen** und dadurch verhindern, dass der letzte Wille des Erblassers nicht wahrgenommen wird. 3

B. Inhalt der Vorschrift

I. Zuständigkeit

Zur **sachlichen** Zuständigkeit der Amtsgerichte bzw. in Baden-Württemberg der staatlichen Notariate als Nachlassgericht s. § 343 Rz. 129 ff. 4

Nach § 3 Nr. 2 Buchst. c RPflG ist anstelle des Richters der Rechtspfleger **funktionell** zuständig. 5

Zur allgemeinen **örtlichen** Zuständigkeit nach § 343 s. § 343 Rz. 8 ff.; zur jeweiligen besonderen örtlichen Zuständigkeit nach § 344 Abs. 2 bzw. Abs. 6 s. § 344 Rz. 34 ff. bzw. Rz. 61 f. 6

Zur **internationalen** Zuständigkeit s. § 343 Rz. 152 ff. 7

Zur gerichtsinternen **Geschäftsverteilung** s. § 343 Rz. 192 a ff. 7a

II. Beteiligteneigenschaft

Zur Beteiligteneigenschaft s. § 349 Rz. 9. 8

III. Ermittlungspflicht

Satz 1 statuiert eine Pflicht der verwahrenden Stelle, von Amts wegen zu ermitteln, ob der Erblasser als Urheber einer dort seit mehr als dreißig Jahren amtlich verwahrten Verfügung von Todes wegen noch lebt. Diese Ermittlungspflicht ist im Gegensatz zur Eröffnungspflicht als **Soll-Vorschrift** ausgestaltet. Sie gewährt der verwahrenden Stelle damit einen gewissen eingeschränkten Ermessensspielraum, von der Pflicht zur Amtsermittlung abzuweichen,[1] der dabei jedoch ausschließlich auf Art und Umfang der Ermittlungen begrenzt sein und keine gänzliche Unterlassung jeglicher Ermittlungstätigkeit rechtfertigen dürfte.[2] 9

Die Verfügung von Todes wegen muss sich seit **mehr als dreißig Jahren** in amtlicher Verwahrung befinden. Diese Frist gilt auch für vor dem Inkrafttreten des FGG-RG am 1.9.2009 amtlich verwahrte Verfügungen von Todes wegen.[3] Nicht erforderlich ist, dass sich diese Verwahrdauer auf dieselbe amtliche Verwahrstelle bezieht. Hat der Erblasser bspw. gem. § 344 Abs. 1 Satz 2 zwischenzeitlich die Verwahrung bei einem nach § 344 Abs. 1 Satz 1 unzuständigen Gericht verlangt, ist angesichts des Schutzzwecks der Norm gleichwohl die Gesamtverwahrdauer und nicht die auf die derzeitige Verwahrstelle entfallende anteilige Zeitspanne maßgebend. 10

Kann das maßgebende Datum der Inverwahrname nicht mehr festgestellt werden, ist ersatzweise auf das **Errichtungsdatum** der betroffenen Verfügung abzustellen.[4] 11

Die Einzelheiten der **Fristüberwachung** richten sich nach den landesrechtlichen Verwaltungsvorschriften, insbesondere nach § 27 Abs. 10 AktO. 12

§ 27 Abs. 10 AktO (im Verordnungstext förmlich noch nicht angepasste inhaltliche Änderungen durch das FGG-RG sind kursiv durch Klammerzusatz dargestellt) lautet:

---

1 Stellungnahme des BR (Beschl.) zu Nr. 88 (§ 351 Satz 1), BR-Drucks. 309/07, S. 74.
2 *Kordel*, DNotZ 2009, 644 (646); Keidel/*Zimmermann*, § 351 FamFG Rz. 8.
3 *Kordel*, DNotZ 2009, 644 (645); Keidel/*Zimmermann*, § 351 FamFG Rz. 5.
4 Staudinger/*Baumann*, Neubearb. 2003, § 2263 a aF BGB Rz. 6.

Zur Überwachung der Fristen nach den §§ 2263a, 2300a BGB *(jetzt: § 351 FamFG)* wird ein Überwachungsverzeichnis nach dem Muster 5b in zwei Abschnitten geführt. In Abschnitt I sind – jahrgangsweise nach dem Jahr des Fristablaufs geordnet – einzutragen

a) nach dem Tode des Erstverstorbenen die gemeinschaftlichen Testamente und Erbverträge, wenn sie Anordnungen enthalten, die erst nach dem Tode des Überlebenden wirksam werden und gemäß § 2273 Abs. 2 Satz 2, § 2300 BGB *(jetzt: § 349 Abs. 2 u. 4 FamFG)* in die besondere amtliche Verwahrung zurückzubringen sind oder gemäß § 28 Abs. 4a Satz 3 oder 4 bei den Nachlassakten verbleiben.

b) die von dem Amtsgericht nach § 51 BNotO in Verwahrung genommenen Erbverträge.

In Abschnitt II sind einzutragen

a) die Testamente, die sich seit mehr als 30 Jahren,

b) die Erbverträge, die sich seit mehr als 50 *(jetzt nach § 351 FamFG: 30)* Jahren

in besonderer amtlicher Verwahrung befinden, sofern sie nicht bereits in den Abschnitt I eingestellt worden sind. Abschnitt II ist jährlich einmal vom zweiten Verwahrungsbeamten an Hand des Verwahrungsbuchs zu ergänzen. Die nach den §§ 2263a, 2300a BGB *(jetzt: § 351 FamFG)* vorgesehenen Ermittlungen nach dem Fortleben des Verfügenden brauchen nicht jedes Jahr wiederholt zu werden, wenn festgestellt worden ist, dass der Verfügende noch lebt. Die Zeitspanne, nach deren Ablauf die Ermittlungen zu wiederholen sind, richtet sich nach den Umständen des Einzelfalls (zB nach dem Lebensalter des Verfügenden).

13 Bei gemeinschaftlichen Testamenten und ggf. bei Erbverträgen bezieht sich die Ermittlungspflicht auf beide bzw. **alle** Erblasser.

14 **Amtliche Verwahrung** ist damit nicht auf die in besonderer amtlicher Verwahrung befindlichen Urkunden reduziert, sondern erfasst auch lediglich in einfacher Aktenverwahrung befindliche Dokumente, bspw. ein nach dem Tod des Erstverstorbenen zu dessen Nachlassakten genommenes eigenhändiges gemeinschaftliches Testament, einen bei den Akten befindlichen nicht besonders amtlich verwahrten Erbvertrag, ein ungeachtet eventueller Unzuständigkeit für die Verwahrung abgeliefertes eigenhändiges Testament bzw. einen in einfacher notarieller bzw. konsularischer (s. dazu § 344 Rz. 39) Verwahrung befindlichen Erbvertrag.[1]

15 **Verwahrende Stelle** als Adressat der Ermittlungspflicht ist daher entweder ein Gericht, ein Notar oder ein Konsularbeamter.

16 Vor Inkrafttreten des Gesetzes zur Modernisierung des Benachrichtigungswesens in Nachlasssachen durch Schaffung des Zentralen Testamentsregisters unter Führung der Bundesnotarkammer und zur Fristverlängerung nach der Hofraumverordnung vom 22.12.2010[2] wurden Informationen darüber, ob ein Testierer noch lebt, zunächst bei der **Meldestelle** seines zuletzt bekannten Wohnsitzes und sodann ersatzweise beim Standesamt des Geburtsortes bzw. Staatsarchiv eingeholt.[3]

17 Seit 1.1.2012 haben die zuständigen Standesämter einschließlich des Standesamts I in Berlin nach § 78c nF BNotO die Registerbehörde über den Tod, die Todeserklärung oder die gerichtliche Feststellung der Todeszeit einer Person zu benachrichtigen (Sterbefallmitteilung), damit diese von Amts wegen das **Zentrale Testamentsregister** auf betroffene Verwahrangaben überprüft und sodann automatisch ggf. das zuständige Nachlassgericht bzw. die betroffenen verwahrenden Stellen (Gerichte, Notare bzw. Konsularbeamte) unverzüglich über Sterbefall bzw. Verwahrangaben elektronisch benachrichtigt.[4] Dabei kann für die Benachrichtigung notarieller Verwahrstellen bezüglich der Notardaten, insbesondere im Hinblick auf diesbezügliche Veränderungen in Folge Amtserlöschens, durch elektronischen Datenabgleich mit den durch die Notarkammern gepflegten Notarverzeichnissen eine tagesaktuelle Überprüfung gewährleistet werden.[5] Im Rahmen der Folgebenachrichtigung des Nachlassgerichts wird diesem durch ergänzende Mitteilung der benachrichtigten Verwahr-

---

1 Begr. zum GesetzE der BReg. zu § 351, BT-Drucks. 16/6308, S. 278.
2 BGBl. I 2010, S. 2255.
3 Firsching/*Graf*, Rz. 4.38 ff. mit Anfragemuster.
4 Begr. zum GesetzE des BR zu § 347, BT-Drucks. 17/2583, S. 18.
5 *Diehn*, NJW 2011, 481 (483).

stellen und verwahrten Urkunden eine Überwachungsmöglichkeit hinsichtlich der Erfüllung von dortigen Ablieferungsverpflichtungen eröffnet.[1]

Die **Standesämter** und das **Amtsgericht Schöneberg** in Berlin sind nach § 347 Abs. 4 Satz 2 übergangsweise über den 1.1.2012 hinaus zur Mitteilung der Nachricht vom Tod des Erblassers an die jeweilige Stelle, von der die Verwahrungsnachricht stammt, so lange verpflichtet, bis das neu geschaffene Zentrale Testamentsregister die Bearbeitung der Mitteilung über Sterbefälle nach § 4 Abs. 1 TVÜG übernimmt. Für die Standesämter, nicht jedoch für das Amtsgericht Schöneberg, folgt dies zudem bereits aus § 42 Abs. 2 und 3 PStV.[2] Eine Sterbefallmitteilung ist nach § 78c nF BNotO (Text s. Anh. zu § 347) als Mitteilung über den Tod, die Todeserklärung oder die gerichtliche Feststellung der Todeszeit einer Person legaldefiniert. § 4 Abs. 1 TVÜG (Text s. Anh. zu § 347) sieht eine Übernahme dieser Bearbeitung durch das Zentrale Testamentsregister für diejenigen Mitteilungen über Sterbefälle vor, deren Beurkundung oder Aufnahme als Hinweis weniger als acht Tage vor dem Übernahmestichtag iSd. § 2 Abs. 1 TVÜG wirksam wurde. Nach § 2 Abs. 1 TVÜG ist Übernahmestichtag der durch die Registerbehörde als Übergeber den Standesämtern und dem Amtsgericht Schöneberg in Berlin mit einem Vorlauf von mindestens acht Wochen mitgeteilte Tag der Übernahme der Verwahrnachrichten, frühestens der 9.1. 2012.

18

Mit Erreichen der vollständigen Funktionsfähigkeit des Zentralen Testamentsregisters voraussichtlich zum Jahresende 2015 könnte die Amtsermittlungspflicht nach § 351 **hinfällig** werden.[3]

19

Ergeben die Ermittlungen, dass der Erblasser **lebt**, ist das Verfahren spätestens alle fünf Jahre zu wiederholen.[4] Für Notare ergibt sich diese Pflicht aus § 20 Abs. 5 Satz 3 DONot.[5]

20

IV. Eröffnungspflicht

Wird der Tod des Erblassers ermittelt oder kann die verwahrende Stelle nicht ermitteln, dass der Erblasser noch lebt, **muss** die Verfügung von Todes wegen nach Satz 2 eröffnet werden. Im Gegensatz zu Satz 1 besteht keinerlei Entscheidungsspielraum. Es gelten die §§ 348 bis 350 entsprechend. Zuständig ist daher entweder das nach § 343 allgemein zuständige Nachlassgericht oder das Verwahrgericht nach § 344 Abs. 6. Die eröffnete Verfügung verbleibt beim Nachlassgericht.[6]

21

Befindet sich ein Erbvertrag in einfacher notarieller Verwahrung, hat der Notar diesen uneröffnet nach § 34a Abs. 3 BeurkG iVm. § 20 Abs. 4 DONot bei ermitteltem Tod des Erblassers an das nach § 343 allgemein zuständige Nachlassgericht bzw. bei verbleibender Ungewissheit über den etwaigen Tod des Erblassers an das für den Amtssitz des verwahrenden Notars nach § 344 Abs. 3 iVm. Abs. 1 Satz 1 Nr. 1 unabhängig vom Wohnsitz des Erblassers[7] zuständige Verwahrgericht **abzuliefern**, damit die Eröffnung dort von Amts wegen erfolge.[8] Im Falle einer Eröffnungsverweigerung durch das Nachlassgericht ist der Notar beschwerdeberechtigt.[9] Entsprechendes muss jeweils für Konsularbeamte gelten.

22

---

1 *Diehn*, NJW 2011, 481 (483).
2 Begr. zum GesetzE des BR zu § 347, BT-Drucks. 17/2583, S. 24.
3 Begr. zum GesetzE des BR zu § 347, BT-Drucks. 17/2583, S. 24.
4 Keidel/*Zimmermann*, § 351 FamFG Rz. 9.
5 *Kordel*, DNotZ 2009, 644 (647).
6 Staudinger/*Baumann*, Neubearb. 2003, § 2263a aF BGB Rz. 10.
7 OLG Zweibrücken v. 9.11.1981 – 2 AR 24/81, Rpfleger 1982, 69; *Heinemann*, FamFG für Notare Rz. 329.
8 Keidel/*Zimmermann*, § 351 FamFG Rz. 10 u. 11; *Kordel*, DNotZ 2009, 644 (648).
9 BayObLG v. 21.6.1983 – BReg. 1 Z 7–11/83, BayObLGZ 1983, 149 (150); Staudinger/*Kanzleiter*, Neubearb. 2006, § 2300a aF BGB Rz. 2; Keidel/*Zimmermann*, § 351 FamFG Rz. 11; *Kordel*, DNotZ 2009, 644 (649); MüKo.ZPO/*Muscheler*, § 351 FamFG Rz. 4.

23 Wird bei einem gemeinschaftlichen Testament bzw. Erbvertrag ausschließlich bezüglich *eines* Erblassers der Tod festgestellt, ist § 349 zu beachten (s. dazu § 349 Rz. 10 ff.).[1]

V. Eröffnung zu Lebzeiten

24 Stellt sich erst während oder nach der Eröffnung heraus, dass der Erblasser lebt, bleibt die eröffnete Verfügung von Todes wegen **wirksam**.[2] Der Umstand des Fortlebens des Erblassers ist in der Niederschrift zu vermerken,[3] je nach Zeitpunkt der Kenntniserlangung ggf. durch einen Nachtragsvermerk.

25 Der Erblasser ist über die Eröffnung zu **informieren** und dazu zu befragen, ob seine Verfügung von Todes wegen erneut zu verschließen und zu verwahren ist oder abweichende Wünsche bestehen,[4] bspw. nach § 344 Abs. 1 Satz 2 eine Verwahrung bei einem anderen Gericht oder gar eine Rücknahme mit Widerrufs- bzw. Aufhebungswirkung nach §§ 2256, 2300 Abs. 2 BGB begehrt wird.

VI. Übergangsrecht

26 Zum **Übergangsrecht** nach FGG-RG s. § 343 Rz. 193 ff.

Unterabschnitt 4
Erbscheinsverfahren; Testamentsvollstreckung

352 *Entscheidung über Erbscheinsanträge*
(1) Die Entscheidung, dass die zur Erteilung eines Erbscheins erforderlichen Tatsachen für festgestellt erachtet werden, ergeht durch Beschluss. Der Beschluss wird mit Erlass wirksam. Einer Bekanntgabe des Beschlusses bedarf es nicht.
(2) Widerspricht der Beschluss dem erklärten Willen eines Beteiligten, ist der Beschluss den Beteiligten bekannt zu geben. Das Gericht hat in diesem Fall die sofortige Wirksamkeit des Beschlusses auszusetzen und die Erteilung des Erbscheins bis zur Rechtskraft des Beschlusses zurückzustellen.
(3) Ist der Erbschein bereits erteilt, ist die Beschwerde gegen den Beschluss nur noch insoweit zulässig, als die Einziehung des Erbscheins beantragt wird.

A. Überblick	2. Erbscheinsantrag 17
I. Entstehung 1	3. Antragsübersendung an Beteiligte . 29
II. Systematik 2	4. Ermittlungen und Beweisaufnahme 30
III. Normzweck 5	5. Feststellungslast 35
B. Inhalt der Vorschrift	6. Beteiligtenermittlung 36
I. Zuständigkeit 6	7. Zwischenverfügung 37
II. Beteiligteneigenschaft 10	8. Erlass des Anordnungsbeschlusses 38
III. Wesen und Bedeutung des Erbscheins 13	9. Zurückweisung 39
IV. Anordnungsbeschluss (Abs. 1 Satz 1)	V. Unstreitiges Verfahren (Abs. 1 Satz 2 und 3) 40
1. Allgemeines 16	VI. Streitiges Verfahren (Absatz 2) 43

---

1 Keidel/*Zimmermann*, § 351 FamFG Rz. 10; *Kordel*, DNotZ 2009, 644 (648).
2 Firsching/*Graf*, Rz. 4.42; MüKo.ZPO/*Muscheler*, § 351 FamFG Rz. 6.
3 Reimann/Bengel/Mayer/*Voit*, § 2263a aF BGB Rz. 8.
4 Staudinger/*Baumann*, Neubearb. 2003, § 2263a aF BGB Rz. 11; aA Horndasch/Viefhues/*Heinemann*, § 351 FamFG Rz. 13: ohne Befragung verschließen.

VII. Vollzug des feststellenden Anordnungsbeschlusses 48
  1. Erbschein ohne Auslandsbezug
     a) Alleinerbschein aufgrund gesetzlicher Erbfolge 49
     b) Gemeinschaftlicher Erbschein aufgrund gewillkürter Erbfolge . 50
     c) Vorläufiger gemeinschaftlicher Erbschein aufgrund gesetzlicher Erbfolge 54
     d) Teilerbschein 56
     e) Erbschein bei angeordneter Nacherbfolge vor Eintritt des Nacherbfalls 58
     f) Erbschein bei angeordneter Nacherbfolge und dem Vorerben zugewendetem Vorausvermächtnis vor Eintritt des Nacherbfalls 61
     g) Erbschein ab Eintritt des Nacherbfalls 63
     h) Erbschein bei aufschiebend bedingter Nacherbfolge (Wiederverheiratungsklausel) 67
     i) Erbschein bei Vorausvermächtnis an Vorerben ab Eintritt des Nacherbfalls 72
     j) Problematik Pflichtteilsstrafklausel (Verwirkungsklausel) 81
  2. Erbschein bei Auslandsbezug
     a) Allgemeines 82
     b) Eigenrechtserbschein
        aa) Gegenständlich auf den in Deutschland befindlichen Nachlass beschränkter Eigenrechtserbschein nach deutschem Erblasser mit Grundbesitz im Ausland 90
        bb) Gegenständlich auf den in Deutschland befindlichen Spaltnachlass für unbewegliches Vermögen beschränkter Eigenrechtserbschein nach ausländischem Erblasser mit Grundbesitz im Inland 92
           (1) Spaltnachlass betrifft das gesamte in Deutschland befindliche unbewegliche Vermögen 93
           (2) Spaltnachlass betrifft nach punktueller Rechtswahl nur einzelnen Grundbesitz 94
        b) Doppel-/Mehrfacherbschein ... 97
           aa) Gegenständlich auf den in Deutschland befindlichen Spaltnachlass für unbewegliches Vermögen nach deutschem Recht und auf den sonstigen in Deutschland befindlichen Nachlass nach ausländischem Recht beschränkter Doppelerbschein nach ausländischem Erblasser mit Grundbesitz im Inland 98
           bb) Gegenständlich auf den in Deutschland befindlichen Spaltnachlass für unbewegliches Vermögen nach deutschem Recht beschränkter und auf den sonstigen Nachlass nach ausländischem Recht unbeschränkter Doppelerbschein nach ausländischem Erblasser mit Grundbesitz im Inland 99
        c) Innerdeutsche Nachlassspaltung 104
        d) Fremdrechtserbschein 107
  3. Wegfall der Testamentsvollstreckung 109
VIII. Feststellungs- bzw. Auslegungsvertrag und Vergleich 114
IX. Rechtsmittel
  1. Gegen den feststellenden Anordnungsbeschluss
     a) Vor Erbscheinserteilung 116
     b) Nach Erbscheinserteilung ... 117
  2. Gegen den Zurückweisungsbeschluss 121
X. Übergangsrecht 123

A. Überblick

I. Entstehung

Die Vorschrift regelt in Abs. 1 **erstmals** das Verfahren für den Erlass eines feststellenden Anordnungsbeschlusses zur späteren Erteilung des beantragten Erbscheins. Abs. 2 schafft das früher durch Richterrecht geformte ungeschriebene Institut des Vorbescheides[1] ab[2] und ersetzt dieses durch die Aussetzung der sofortigen Wirksamkeit des Anordnungsbeschlusses. 1

II. Systematik

Nach Abs. 1 Satz 1 hat die Anordnungsentscheidung über die Feststellung der zur Erteilung eines Erbscheins erforderlichen Tatsachen durch Beschluss iSd. § 38 Abs. 1 2

---

1 BGH v. 18.4.1956 – IV ZB 18/56, BGHZ 20, 255 (258).
2 Hierzu krit. *Zimmermann*, FGPrax 2006, 189 (193).

Satz 1 zu ergehen, der nach Satz 2 grundsätzlich **mit Erlass wirksam** ist, abweichend von § 41 Abs. 1 keiner Bekanntgabe bedarf und nach § 38 Abs. 4 Nr. 2 dann, wenn er nicht dem erklärten Willen eines Beteiligten widerspricht, nicht begründet werden muss.

3 Als Ausnahme hiervon sieht Abs. 2 für das **streitige** Erbscheinsverfahren vor, dass der Anordnungsbeschluss unter Aussetzung der sofortigen Wirksamkeit und Zurückstellung der Erteilung des Erbscheins bis zur Rechtskraft des Anordnungsbeschlusses den Beteiligten bekannt zu geben ist. Nach § 38 Abs. 3 Satz 1 ist der Beschluss in derartigen Fällen zudem zu begründen, da keine Ausnahme iSd. § 38 Abs. 4 Nr. 2 vorliegt.

4 Abs. 3 reduziert die Zulässigkeit einer Beschwerde gegen einen Anordnungsbeschluss **nach Erteilung des Erbscheins** auf das Antragsziel der Erbscheinseinziehung.

III. Normzweck

5 Die Vorschrift hat die Aufgabe, das Erbscheinsverfahren grundlegend zu regeln und dabei **bedarfsorientiert** für unstreitige Verfahren verfahrensökonomisch eine zügige Abwicklung zu ermöglichen, für streitige Verfahren aus Gründen der Rechtssicherheit und des Rechtsfriedens hingegen eine ausführliche umfassende Aufklärung samt Überprüfbarkeit durch die nächsthöhere Instanz vor Erbscheinserteilung zu gewährleisten.

B. Inhalt der Vorschrift

I. Zuständigkeit

6 Zur **sachlichen** Zuständigkeit der Amtsgerichte bzw. in Baden-Württemberg der staatlichen Notariate als Nachlassgericht s. § 343 Rz. 129 ff. Die Regelungen nach § 23a Abs. 1 Nr. 2 iVm. Abs. 2 Nr. 2 GVG iVm. § 342 Abs. 1 Nr. 6 bzw. Art. 147 EGBGB iVm. §§ 1 Abs. 1 und 2, 38 bad.-württ. LFGG werden insoweit durch § 2359 iVm. § 2353 BGB ergänzt. Eine Zuständigkeitsübertragung durch Schiedsvereinbarung auf ein Schiedsgericht ist unzulässig.[1]

7 Nach § 3 Nr. 2 Buchst. c RPflG ist der Rechtspfleger anstelle des Richters zur Erbscheinserteilung **funktionell** zuständig, soweit nicht ua. nach § 16 Abs. 1 Nr. 6 RPflG ein Richtervorbehalt besteht. Dies ist wiederum dann der Fall, wenn eine Verfügung von Todes wegen tatsächlich vorliegt bzw. ihr aktuelles oder früheres Vorhandensein ohne Urkundenvorlage behauptet wird,[2] selbst wenn gesetzliche Erbfolge eingetreten ist,[3] oder die Anwendung ausländischen Rechts in Betracht kommt. Ob ein vorliegendes Schriftstück eine den Richtervorbehalt auslösende Verfügung von Todes wegen darstellt, hat als Vorfrage ebenfalls der Richter zu beurteilen.[4] Nach § 16 Abs. 2 RPflG besteht trotz dieses von § 16 Abs. 1 Nr. 6 RPflG vorgesehenen Richtervorbehalts bei Vorliegen einer Verfügung von Todes wegen bzw. möglicher Anwendbarkeit ausländischen Rechts eine Rechtspflegerzuständigkeit für die Erteilung eines Erbscheins **aufgrund gesetzlicher Erbfolge**, wenn **deutsches Erbrecht anzuwenden** ist und der Richter dem Rechtspfleger die Erbscheins- bzw. Zeugniserteilung **überträgt**, was zumindest durch Aktenvermerk manifestiert werden sollte[5] und nicht isoliert rechtsmittelfähig ist.[6] Dabei setzt eine Erteilung aufgrund gesetzlicher Erbfolge in diesem Sinne voraus, dass tatsächlich gesetzliche Erbfolge eingetreten ist, bspw.

---

1 BayObLG v. 19.10.2000 – 1 Z BR 116/99, FamRZ 2001, 873 (874); Horndasch/Viefhues/*Heinemann*, § 352 FamFG Rz. 4.
2 BayObLG v. 22.3.1977 – 1 Z 166/77, Rpfleger 1977, 210 (211); Keidel/*Zimmermann*, § 343 FamFG Rz. 95.
3 *Jung*, Rpfleger 2002, 543; Bassenge/*Roth*, § 16 RPflG Rz. 8.
4 BayObLG v. 22.3.1977 – 1 Z 166/77, Rpfleger 1977, 210; MüKo.BGB/*Mayer*, § 2353 BGB Rz. 48; aA Firsching/*Graf*, Rz. 2.17: Rechtspflegerzuständigkeit im Rahmen des Eröffnungsverfahrens.
5 Arnold/Meyer-Stolte/Herrmann/Hintzen/*Rellermeyer*, § 16 RPflG Rz. 35.
6 OLG Hamm v. 15.9.2011 – I-15 Wx 332/10, FGPrax 2011, 301.

im Falle unwirksamer oder lediglich Vermächtnisanordnungen enthaltender Verfügungen ohne Erbeinsetzung. § 16 Abs. 2 RPflG ist jedoch unanwendbar, wenn die Verfügung von Todes wegen ihrerseits eine Erbfolge anordnet, selbst wenn diese mit der gesetzlichen Erbfolge übereinstimmt, da dann eine Zeugniserteilung aufgrund gewillkürter statt gesetzlicher Erbfolge erfolgt.[1] Gem. § 16 Abs. 2 Satz 2 RPflG ist der Rechtspfleger nach einer derartigen Übertragung an die mitgeteilte Auffassung des Richters **gebunden**, dass die Erteilung nach gesetzlicher Erbfolge und unter Anwendung deutschen Erbrechts als Sachrecht (mithin nicht lediglich deutschen Kollisionsrechts) zu erfolgen hat.

Der Richtervorbehalt kann jedoch auch gem. § 19 Abs. 1 Satz 1 Nr. 5 RPflG nach Landesrecht aufgehoben sein. Zur funktionellen Zuständigkeit im Allgemeinen und zu den diesbezüglichen Besonderheiten s. § 343 Rz. 142 ff.

Zur **örtlichen** Zuständigkeit nach § 343 s. § 343 Rz. 8 ff. 8

Zur **internationalen** Zuständigkeit s. Rz. 100 ff. und § 343 Rz. 152 ff. 9

II. Beteiligteneigenschaft

Zur Beteiligteneigenschaft s. § 345 Rz. 16 ff. Darüber hinaus sind **gewerbliche Erbenermittler** nach § 10 Abs. 2 von der Vertretung allgemein in fG-Verfahren und damit auch in Erbscheinsverfahren ausgeschlossen, soweit sie die gesetzlichen Voraussetzungen nach § 10 nicht erfüllen (s. dazu § 10 Rz. 6 ff.), und durch das Nachlassgericht nach § 10 Abs. 3 zurückzuweisen (s. dazu § 10 Rz. 18 ff.). Dies ist zur Sicherstellung einer sachgerechten Vertretung der Beteiligten und der Ordnung des gerichtlichen Verfahrens im Wege des Gleichlaufs der verschiedenen Verfahrensordnungen verfassungskonform und verletzt die betroffenen Erbenermittler insbesondere nicht in deren Rechten auf Berufsausübungsfreiheit nach Art. 12 Abs. 1 GG.[2] Zum grundsätzlichen Fehlen eines Akteneinsichtsrechts von gewerblichen Erbenermittlern s. § 357 Rz. 16a. 10

Entsprechendes gilt auch für namens eines Gläubigers auftretende **Inkassounternehmen**.[3] 11

Sind an demselben Erbscheinsverfahren sowohl der gesetzliche Vertreter als auch der durch diesen gesetzlich Vertretene jeweils Beteiligter, wird gleichwohl **kein Vertretungsausschluss** iSd. § 1795 Abs. 1 Nr. 3 BGB ausgelöst, da dieses Nachlassverfahren keinen Rechtsstreit in diesem Sinne darstellt.[4] Das Nachlassgericht hat dem zuständigen Betreuungs- bzw. Familiengericht jedoch die Nachlassakte unter Hinweis auf die diesbezügliche Problematik zwecks Prüfung etwaiger Maßnahmen nach § 1629 Abs. 2 Satz 2 bzw. § 1796 BGB im Falle eines Interessenkonfliktes vorzulegen.[5] 12

III. Wesen und Bedeutung des Erbscheins

Der Erbschein ist eine öffentliche Urkunde, durch die die Gesamtrechtsnachfolge des Erben, die jeweilige Erbteilsquote und das Bestehen bzw. Nichtbestehen eventueller Beschränkungen des Erben bezeugt wird. Die Richtigkeit des bezeugten Erbrechts wird gem. § 2365 BGB vermutet, soweit nicht mehrere einander widersprechende Erbscheine vorliegen. Gem. §§ 2366, 2367 BGB genießt der erteilte und in Kraft befindliche Erbschein **öffentlichen Glauben**. Geschützt ist jedoch ausschließlich der rechtsgeschäftliche Einzelerwerb und dieser lediglich insoweit, als der in Rede stehende Gegenstand tatsächlich zum Nachlass gehört. Diese Richtigkeitsfunktion des Erbscheins gilt entsprechend auch dann, wenn ein Erbscheinserbe hinsichtlich eines zum Nachlass gehörenden Geschäftsanteils einer GmbH an Beschlüssen der Gesellschafterversammlung der GmbH mitwirkt.[6] 13

---
1 KG v. 16.3.2004 – 1 W 458/01, FGPrax 2004, 126; Bassenge/*Roth*, § 16 RPflG Rz. 13.
2 BVerfG v. 23.8.2010 – 1 BvR 1632/10, NJW 2010, 3291 f.
3 AG Meldorf v. 9.11.2010 – 43 VI 82/10, NJW-Spezial 2010, 744.
4 BayObLG v. 25.9.1961 – BReg. 1 Z 141, 149/61, NJW 1961, 2309 f.
5 BayObLG v. 25.9.1961 – BReg. 1 Z 141, 149/61, NJW 1961, 2309 (2310).
6 *Däubler*, GmbHR 1963, 181.

14 Ungeachtet hiervon bleibt die **tatsächliche** Erbfolge von einem abweichenden Erbschein unberührt. Mangels materieller Rechtskraft vermag daher ein Erbschein ein Prozessgericht nicht inhaltlich zu binden. Umgekehrt ist das Nachlassgericht, wenn ausschließlich die Prozessparteien Beteiligte des Erbscheinsverfahrens sind, trotz der Unterschiede im jeweiligen Verfahren an rechtskräftige Zivilprozessurteile gebunden, die das Erbrecht als solches feststellen, nicht jedoch bei einer ausschließlichen Behandlung des Erbrechts als Vorfrage oder vorgreifliches Rechtsverhältnis.[1] Eine gleiche Bindungswirkung gilt insoweit auch für bloße Anerkenntnis-, Verzichts- bzw. Versäumnisurteile.[2] Ausnahmsweise entfällt eine Bindung jedoch, wenn sich der im Zivilprozess Unterlegene gegenüber der Ausnutzung des rechtskräftigen Urteils auf den Einwand unzulässiger Rechtsausübung wegen sittenwidriger Herbeiführung der Rechtskraft berufen kann.[3]

15 Gem. § 35 Abs. 1 Satz 1 GBO wird die Erbfolge gegenüber dem **Grundbuchamt** grundsätzlich durch einen inländischen Erbschein nachgewiesen, ausländische Erbscheine sind mangels Anerkennung nach § 108 Abs. 1 nicht ausreichend[4] (s. § 108 Rz. 16; zum künftig insoweit ebenfalls nach Art. 69 Abs. 2, Art 63 Abs. 1 EuErbVO genügenden Europäischen Nachlasszeugnis zur Verwendung in einem anderen Mitgliedstaat für Erbfälle ab dem 17.8.2015 s. § 354 Rz. 22 ff.), soweit sich aus staatsvertraglichen Regelungen nichts anderes ergibt.[5] Das Grundbuchamt ist an den erteilten vorgelegten Erbschein im Umfang dessen Vermutungswirkung iSd. § 2365 BGB gebunden.[6] Beruht sie jedoch auf einer öffentlich beurkundeten Verfügung von Todes wegen, die trotz abstrakter Möglichkeit eines gesetzlichen Rücktrittsrechts nach § 2295 BGB auch eine Leistungsverpflichtung des Bedachten enthalten darf,[7] genügt die Vorlage der Verfügung samt Niederschrift über deren Eröffnung, soweit nicht das Grundbuchamt die Erbfolge durch diese Urkunden trotz eigener Verpflichtung zu deren Auslegung[8] nach § 35 Abs. 1 Satz 2 GBO nicht für nachgewiesen hält, bspw. im Fall einer iSd. § 158 Abs. 2 BGB lediglich auflösend bedingten Erbeinsetzung, wie etwa bei Pflichtteilsstrafklauseln mit automatischer Verwirkungsfolge[9] bzw. bei nicht eindeutiger Auslegbarkeit einer Verfügung als bloße Vor- oder doch als Vollerbeneinsetzung.[10] Unschädlich dürfte ein erbvertraglicher Rücktrittsvorbehalt sein, da § 35 Abs. 1 Satz 2 GBO auch kraft Gesetzes widerrufbare gemeinschaftliche oder Einzeltestamente erfasst.[11] Zur Personifizierung von Nacherben nach Eintritt

---

1 MüKo.BGB/*Mayer*, § 2359 BGB Rz. 41 ff.
2 Erman/*Schlüter*, § 2359 BGB Rz. 5; *Lange/Kuchinke*, § 39 III; aA MüKo.BGB/*Mayer*, § 2359 BGB Rz. 43; *Zimmermann*, Erbschein und Erbscheinsverfahren Rz. 168.
3 Erman/*Schlüter*, § 2359 BGB Rz. 5.
4 OLG Bremen v. 19.5.2011 – 3 W 6/11, DNotZ 2012, 687 mit Anm. *Hertel*; KG v. 25.9.2012 – 1 W 270–271/12, DNotZ 2013, 135 (138); KG v. 16.6.1938 – 1 Wx 236/38, JFG 17, 342 (343 f.); KG v. 25.3.1997 – 1 W 6538/96, DNotZ 1998, 303 (304); OLG Zweibrücken v. 19.12.1989 – 7 U 134/89, MDR 1990, 341; Hügel/*Wilsch*, § 35 GBO Rz. 155; *Demharter*, § 35 GBO Rz. 13; *Schöner/Stöber*, Grundbuchrecht, Rz. 800; *Bestelmeyer*, notar 2013, 147; aA *Kaufhold*, ZEV 1997, 399 (401 ff.); MüKo.BGB/*Birk*, Art. 25 EGBGB Rz. 362: teilweise materiell-rechtliche Substitution möglich.
5 So für beweglichen Nachlass gem. § 17 des deutsch-türkischen Staatsvertrags v. 28.5.1929. RGBl. II 1930, S. 748, Fortgeltung gem. Bek. v. 26.2.1952, BGBl. II 1952, S. 608; *Hertel*, DNotZ 2012, 688 (691).
6 OLG München v. 27.2.2012 – 34 Wx 548/11, RNotZ 2012, 286 (288).
7 OLG München v. 31.5.2012 – 34 Wx 15/12, FGPrax 2012, 203 (204).
8 OLG Zweibrücken v. 14.3.2011 – 3 W 150/10, FGPrax 2011, 176 (Bsp. Wiederverheiratungsklausel).
9 OLG München v. 11.12.2012 – 34 Wx 433/12, RNotZ 2013, 172 (174); OLG München v. 31.5.2012 – 34 Wx 15/12, FGPrax 2012, 203 (204), wobei nach OLG Hamm v. 8.2.2011 – 15 W 27/11, MittBayNot 2012, 146 (147 f.) ergänzend durch Vorlage jeweils einer eidesstattlichen Versicherung aller auflösend bedingten Schlusserben ausreicht, aA *Demharter*, § 35 GBO Rz. 39: Erbschein erforderlich, während ggf. sogar ein Erlassvertrag erforderlich sein kann, vgl. *Selbherr*, MittBayNot 2007, 224, s. dazu Rz. 81.
10 OLG Düsseldorf v. 1.6.2012 – I-3 Wx 113/12, FGPrax 2012, 240.
11 *Braun*, MittBayNot 2012, 294; *Tönnies*, RNotZ 2012, 326 f.; LG Kleve v. 4.9.1989 – 4 T 150/89, MittRhNotK 1989, 273 f.; aA OLG München v. 3.11.2011 – 34 Wx 272/11, MittBayNot 2012, 293: im Gegensatz zu gesetzlichen bei vertraglichen Rücktrittsrechten zusätzlich eidesstattliche Versicherung erforderlich; aA *Litzenburger*, FD-ErbR 2012, 334607: sowohl bei gesetzlichen

des Nacherbfalls können trotz der vorgelegten öffentlich beurkundeten Verfügung von Todes bestehende Nachweislücken – anders als bei Vorliegen lediglich eines eigenhändigen Testaments mit dann ohnehin einzuziehendem Vorerbschein bzw. eines eingetragenen Nacherbenvermerks[1] bzw. eines Testamentsvollstreckerzeugnisses[2] – durch Personenstandsurkunden bzw. für das Nichtvorhandensein weiterer Nacherben durch eidesstattliche Versicherung geschlossen werden.[3] Während ein Erbschein stets in Ausfertigung vorzulegen ist, genügt für einen Nachweis nach § 35 Abs. 2 Satz 2 GBO die Vorlage einer beglaubigten Abschrift, es genügt sogar eine beglaubigte Abschrift von einer beglaubigten Abschrift statt von der Urschrift,[4] hilfsweise kann auf die die Urkunde enthaltenden Nachlassakten desselben Amtsgerichts verwiesen werden.[5] Dieses Privileg kann auch für vor ausländischen Notaren errichtete Verfügungen von Todes wegen gelten.[6]

Auch gegenüber **Banken** bzw. Sparkassen kann der Erbe den Nachweis seines Erbrechts statt durch Erbschein idR durch eröffnete notariell beurkundete Verfügung von Todes wegen (öffentliches Testament bzw. Erbvertrag) samt Eröffnungsnachweis erbringen.[7] Entsprechendes gilt für die Erbenlegitimation gegenüber dem Handelsregister, soweit auch nach von dort durchzuführender Auslegung keine Zweifel verbleiben.[8] 15a

IV. Anordnungsbeschluss (Abs. 1 Satz 1)

1. Allgemeines

Abs. 1 Satz 1 regelt das Verfahren für den Erlass eines die Erbfolge feststellenden **Anordnungsbeschlusses**[9] als von § 2359 BGB vorausgesetzte Grundlage für eine spätere Erteilung des beantragten Erbscheins. Dieser Beschluss ist dogmatisch streng von der eigentlichen Erbscheinserteilung nach den §§ 2353 ff. BGB zu unterscheiden. 16

2. Erbscheinsantrag

Der Anordnungsbeschluss setzt einen statthaften, zulässigen und begründeten **Erbscheinsantrag** iSd. § 2353 BGB iVm. § 23 voraus. Insoweit unterscheidet sich das Erteilungs- insbesondere von dem von Amts wegen geführten Einziehungsverfahren (s. dazu § 353). Die **Antragsrücknahme** richtet sich nach § 22 und ist daher bis zur Rechtskraft des feststellenden Anordnungsbeschlusses iSd. § 352 Abs. 2, nach dessen Erlass iSd. § 38 Abs. 3 Satz 3 jedoch nur mit Zustimmung der übrigen Beteiligten möglich (s. dazu § 22 Rz. 13 ff.).[10] 17

Der Erbscheinsantrag ist als solcher **formfrei** zulässig. Insbesondere propagiert § 25 keine Zulässigkeitsvoraussetzung in Form eines Schriftformerfordernisses iSd. § 126 BGB, sondern zeigt lediglich Möglichkeiten der Antragstellungsform auf (s. § 25 Rz. 7 ff.).[11] Gleichwohl **soll** der Erbschein schriftlich oder durch Niederschrift zur Geschäftsstelle beantragt werden.[12] 18

---

als auch bei vertraglichen Rücktrittsrechten immer zusätzlich eidesstattliche Versicherung erforderlich.
1 OLG München v. 11.4.2011 – 34 Wx 160/11, FGPrax 2011, 173; OLG München v. 10.8.2012 – 34 Wx 207/12, DNotZ 2013, 153 (154).
2 OLG München v. 27.5.2011 – 34 Wx 93/11, FGPrax 2011, 228 (229).
3 OLG Hamm v. 5.4.2011 – 15 W 34/11, FGPrax 2011, 223 (224).
4 KG v. 16.9.1997 – 1 W 4156/97, FGPrax 1998, 7 (8).
5 BayObLG v. 23.10.1986 – 2 Z 107/86, Rpfleger 1987, 59 (60).
6 *Kaufhold*, ZEV 1997, 399 (401 ff.); *Demharter*, § 35 GBO Rz. 32.
7 BGH v. 7.6.2005 – XI ZR 311/04, NJW 2005, 2779 (2780).
8 OLG Stuttgart v. 17.5.2011 – 8 W 169/11, ZEV 2012, 338 f.; KG v. 5.10.2006 – 1 W 146/06, ZEV 2007, 497 f.
9 So die Terminologie laut Begr. zum GesetzE der BReg. zu § 352 Abs. 1 Satz 2, BT-Drucks. 16/6308, S. 281.
10 MüKo.BGB/*Mayer*, § 2353 BGB Rz. 64.
11 Staudinger/*Herzog*, § 2353 BGB Rz. 30; MüKo.BGB/*Mayer*, § 2353 BGB Rz. 63.
12 Horndasch/Viefhues/*Heinemann*, § 352 FamFG Rz. 6.

19 Letztlich wird der Erbscheinsantrag jedoch im Hinblick auf das grundsätzliche Erfordernis einer **eidesstattlichen Versicherung** aller Erben – für den Vorerbschein jedoch nicht der Nacherben – iSd. §§ 2356 Abs. 2 Satz 1, 2357 Abs. 4 BGB (dass dem Antragsteller „nichts bekannt sei, was der Richtigkeit seiner Angaben entgegensteht"), die auch nachgereicht werden kann[1] und grundsätzlich höchstpersönlich ohne Möglichkeit einer Bevollmächtigung (anders aber die Ausnahme für Geschäftsunfähige, s. unten) abzugeben ist,[2] regelmäßig gerichtlich protokolliert bzw. notariell beurkundet werden,[3] soweit das Nachlassgericht die eidesstattliche Versicherung nicht ausnahmsweise einzelnen Miterben oder insgesamt gem. §§ 2356 Abs. 2 Satz 2, 2357 Abs. 4 BGB erlässt. Die Notwendigkeit einer **höchstpersönlichen** Abgabe der eidesstattlichen Versicherung obliegt geschäftsfähigen Erben,[4] Parteien kraft Amtes (zB Testamentsvollstreckern, Insolvenzverwalter, Nachlassverwalter),[5] gesetzlichen Vertretern für Geschäftsunfähige (zB Eltern, Vormund bzw. Betreuer),[6] wobei der Vertretungsausschluss nach § 1795 Abs. 1 Nr. 3 BGB mangels diesbezüglichen Rechtsstreits nicht einschlägig ist, aber das Nachlassgericht im Falle eines Interessenkonfliktes dem zuständigen Betreuungs- bzw. Familiengericht die Nachlassakte unter Hinweis auf die diesbezügliche Problematik zwecks Prüfung etwaiger Maßnahmen nach § 1629 Abs. 2 Satz 2 bzw. § 1796 BGB vorzulegen hat,[7] Vorsorgebevollmächtigten für zwischenzeitlich Geschäftsunfähige (nicht aber für Geschäftsfähige)[8] sowie analog § 455 Abs. 2 ZPO eidesfähigen minderjährigen Erben nach Vollendung des 16. Lebensjahres (insoweit ggf. gem. § 2358 Abs. 1 BGB zusätzlich gesetzlichen Vertretern).[9]

20 Der Antragsteller muss **antragsberechtigt** sein. Dies sind insbesondere – unabhängig von einer Testamentsvollstreckungsanordnung[10] – jeder Erbe,[11] daneben zudem der das Gesamtgut verwaltende in Gütergemeinschaft verheiratete Ehegatte des Erben, soweit der Nachlass nicht nach § 1418 Abs. 2 BGB Vorbehaltsgut ist,[12] jeder Miterbe, dabei auch[13] oder sogar ausschließlich[14] für den Erbteil eines anderen Miterben, jeder Erbeserbe auf den Namen des von ihm beerbten Erben,[15] dingliche Erbteilserwerber iSd. § 2033 BGB nach dinglichem Vollzug der Erbteilsübertragung (auf den

---

1 Staudinger/*Herzog*, § 2353 BGB Rz. 31.
2 KG v. 3.5.1967 – 1 W 791/67, OLGZ 1967, 247 (249); BayObLG v. 13.1.1961 – BReg. 1 ZS 143/58, BayObLGZ 1961, 4 (10); OLG München v. 4.4.1936 – 8 III 32/36, DNotZ 1937, 702 (703); *Zimmermann*, Erbschein und Erbscheinsverfahren, Rz. 113 f.
3 OLG Köln v. 2.11.2009 – I-2 Wx 88/09, 2 Wx 88/09, FGPrax 2009, 287 (289).
4 BayObLG v. 13.1.1961 – BReg. 1 ZS 143/58, BayObLGZ 1961, 4 (10); *Zimmermann*, Erbschein und Erbscheinsverfahren, Rz. 113 f.
5 KG v. 3.5.1967 – 1 W 791/67, OLGZ 1967, 247 (249); Staudinger/*Herzog*, § 2356 BGB Rz. 58; *Litzenburger*, ZEV 204, 450 (451); *Zimmermann*, Rz. 113 f.
6 LG Berlin v. 18.11.1975 – 83 T 460/75, Rpfleger 1976, 60; *Zimmermann*, Erbschein und Erbscheinsverfahren, Rz. 114.
7 BayObLG v. 25.9.1961 – BReg. 1 Z 141, 149/61, NJW 1961, 2309.
8 *Litzenburger*, ZEV 204, 450 (452); Staudinger/*Herzog*, § 2356 BGB Rz. 58.
9 *Zimmermann*, Erbschein und Erbscheinsverfahren, Rz. 114; *Lange/Kuchinke*, § 39 II 4; Staudinger/*Herzog*, § 2356 BGB Rz. 58; MüKo.BGB/*Mayer*, § 2356 BGB Rz. 49; Bamberger/Roth/ *Siegmann/Höger*, § 2356 BGB Rz. 7; Erman/*Schlüter*, § 2356 BGB Rz. 6; aA OLG Colmar v. 3.7. 1907 – Az. n.v., OLGR 16, 64 (65).
10 KG v. 18.10.1906 – Az. n.v., RJA 8, 32 (33 f.); Horndasch/Viefhues/*Heinemann*, § 352 FamFG Rz. 9.
11 Palandt/*Weidlich*, § 2353 BGB Rz. 12; Staudinger/*Herzog*, § 2353 BGB Rz. 10, Wurm/Wagner/ Zartmann/*Fröhler*, Kap. 92 Rz. 4.
12 BayObLG v. 9.12.1958 – BReg. 1 Z 84/58, BayObLGZ 1958, 365 (366); MüKo.BGB/Mayer, § 2353 BGB Rz. 90; Staudinger/*Herzog*, § 2353 BGB Rz. 27; Palandt/*Weidlich*, § 2353 BGB Rz. 12.
13 KG v. 23.5.1935 – 1 Wx 180/35, JFG 13, 40 (41 f.); OLG München v. 8.7.1942 – 8 Wx 211 bis 213/42, JFG 23, 334 (335); Staudinger/*Herzog*, § 2353 BGB Rz. 11.
14 OLG München v. 8.7.1942 – 8 Wx 211 bis 213/42, JFG 23, 334 (335); Horndasch/Viefhues/*Heinemann*, § 352 FamFG Rz. 9; aA Staudinger/*Herzog*, § 2353 BGB Rz. 11.
15 BayObLG v. 21.12.1951 – 2 Z 239/51, BayObLGZ 1951, 690 (692 f.); Palandt/*Weidlich*, § 2353 BGB Rz. 12; Staudinger/*Herzog*, § 2353 BGB Rz. 15; Wurm/Wagner/Zartmann/*Fröhler*, Kap. 92 Rz. 4; Horndasch/Viefhues/*Heinemann*, § 352 FamFG Rz. 9.

§ 352

Namen des Erben),[1] Vorerben vor Eintritt des Nacherbfalls,[2] Nacherben nach Eintritt des Nacherbfalls,[3] der Fiskus als gesetzlicher Erbe nach Feststellung des Fiskuserbrechts iSd. § 1964 BGB,[4] Nachlassgläubiger mit vollstreckbarem Titel,[5] Testamentsvollstrecker (jedoch weder der Nacherbenvollstrecker iSd. § 2222 BGB noch der Vermächtnisvollstrecker nach § 2223 BGB),[6] Abwesenheits- und Auseinandersetzungspfleger,[7] Nachlassverwalter,[8] Nachlassinsolvenzverwalter,[9] Eltern für ihre minderjährigen Kinder sowie Bevollmächtigte, die jedoch (ausgenommen für zwischenzeitlich geschäftsunfähig gewordene Antragsteller Bevollmächtigte, s. dazu Rz. 19) keine eidesstattliche Versicherung abgeben können,[10] nicht jedoch Vermächtnisnehmer,[11] Pflichtteilsberechtigte,[12] bloße schuldrechtlich am Nachlass berechtigte Erbschaftskäufer iSd. § 2371 BGB, die nicht zugleich Erbteilserwerber iSd. § 2033 BGB sind,[13] Erwerber einzelner Nachlassgegenstände,[14] Nachlasspfleger[15] (aber doch als gesetzlicher Vertreter unbekannter Erbeserben[16]) oder Nachlassgläubiger ohne vollstreckbaren Titel.[17]

Ist ein Erbscheinsantrag zurückgewiesen worden, steht die diesbezügliche **formelle Rechtskraft** einem neuen gleich lautenden Antrag in einem dadurch eingeleiteten neuen Verfahren selbst dann nicht entgegen, wenn der zugrunde liegende Sachverhalt unverändert fortbesteht, da dem Zurückweisungsbeschluss andernfalls eine hier gerade nicht vorhandene materielle Rechtskraftwirkung zukäme, während die formelle Rechtskraft lediglich die Fortsetzung des vorherigen Verfahrens samt einer förmlichen Abänderung der dort getroffenen Entscheidung verhindert und das vor- 21

---

1 KG v. 26.10.1922 – X 299, OLGR 44, 106 Fn. 1; Keidel/*Zimmermann*, § 352 FamFG Rz. 31; Wurm/Wagner/Zartmann/*Fröhler*, Kap. 92 Rz. 4; Staudinger/*Herzog*, § 2353 BGB Rz. 17; Horndasch/Viefhues/*Heinemann*, § 352 FamFG Rz. 9.
2 Palandt/*Weidlich*, § 2353 BGB Rz. 12; Staudinger/*Herzog*, § 2353 BGB Rz. 14.
3 Palandt/*Weidlich*, § 2353 BGB Rz. 12; Staudinger/*Herzog*, § 2353 BGB Rz. 10; Wurm/Wagner/Zartmann/*Fröhler*, Kap. 92 Rz. 4.
4 Staudinger/*Herzog*, § 2353 BGB Rz. 16; Palandt/*Weidlich*, § 2353 BGB Rz. 12.
5 BayObLG v. 3.5.2001 – 1Z BR 18/00, NJW-RR 2002, 440; Palandt/*Weidlich*, § 2353 BGB Rz. 12; Staudinger/*Herzog*, § 2353 BGB Rz. 19; Wurm/Wagner/Zartmann/*Fröhler*, Kap. 92 Rz. 4; Horndasch/Viefhues/*Heinemann*, § 352 FamFG Rz. 9.
6 BGH v. 5.7.2006 – IV ZB 39/05, NJW 2006, 3353 (3354); OLG Hamm v. 7.1.1993 – 15 W 341/92, FamRZ 1993, 825 (826), Staudinger/*Herzog*, § 2353 BGB Rz. 24; Wurm/Wagner/Zartmann/*Fröhler*, Kap. 92 Rz. 4; Horndasch/Viefhues/*Heinemann*, § 352 FamFG Rz. 9.
7 LG München I v. 28.10.1949 – 1 T 831/49, DNotZ 1950, 33 (34); Staudinger/*Herzog*, § 2353 BGB Rz. 26; Wurm/Wagner/Zartmann/*Fröhler*, Kap. 92 Rz. 4.
8 Staudinger/*Herzog*, § 2353 BGB Rz. 24; Palandt/*Weidlich*, § 2353 BGB Rz. 12; Wurm/Wagner/Zartmann/*Fröhler*, Kap. 92 Rz. 4.
9 Palandt/*Weidlich*, § 2353 BGB Rz. 12; Staudinger/*Herzog*, § 2353 BGB Rz. 24; Wurm/Wagner/Zartmann/*Fröhler*, Kap. 92 Rz. 4.
10 Wurm/Wagner/Zartmann/*Fröhler*, Kap. 92 Rz. 4.
11 BayObLG v. 10.2.2000 – 1 Z BR 3/2000, FamRZ 2000, 1231 (1232); OLG München v. 24.3.1937 – Wx 20/37, JFG 15, 246 (248 f.); MüKo.BGB/*Mayer*, § 2353 BGB Rz. 91; Staudinger/*Herzog*, § 2353 BGB Rz. 23; Horndasch/Viefhues/*Heinemann*, § 352 FamFG Rz. 9; Keidel/*Zimmermann*, § 352 FamFG Rz. 34.
12 OLG Köln v. 8.6.1994 – 2 Wx 16/94, NJW-RR 1994, 1421 (1422); OLG Hamm v. 21.11.1983 – 15 W 329/83, Rpfleger 1984, 273 f.; MüKo.BGB/*Mayer*, § 2353 BGB Rz. 91; Staudinger/*Herzog*, § 2353 BGB Rz. 18; Horndasch/Viefhues/*Heinemann*, § 352 FamFG Rz. 9; aA Keidel/*Zimmermann*, § 352 FamFG Rz. 32.
13 MüKo.BGB/*Mayer*, § 2353 BGB Rz. 84; Staudinger/*Herzog*, § 2353 BGB Rz. 18; Horndasch/Viefhues/*Heinemann*, § 352 FamFG Rz. 9; aA Keidel/*Zimmermann*, § 352 FamFG Rz. 32.
14 LG München I v. 28.10.1949 – 1 T 831/49, DNotZ 1950, 33 (34); MüKo.BGB/*Mayer*, § 2353 BGB Rz. 84; Horndasch/Viefhues/*Heinemann*, § 352 FamFG Rz. 9; Keidel/*Zimmermann*, § 352 FamFG Rz. 32.
15 OLG Brandenburg v. 29.3.2001 – 10 Wx 3/00, FamRZ 2002, 1663 (1664); Staudinger/*Herzog*, § 2353 BGB Rz. 26.
16 OLG Brandenburg v. 29.3.2001 – 10 Wx 3/00, FamRZ 2002, 1663 (1664); Staudinger/*Herzog*, § 2353 BGB Rz. 26.
17 Palandt/*Weidlich*, § 2353 BGB Rz. 12; Staudinger/*Herzog*, § 2353 BGB Rz. 10; Wurm/Wagner/Zartmann/*Fröhler*, Kap. 92 Rz. 4.

herige Verfahren abschließt.[1] Es kann dann jedoch das **Rechtsschutzbedürfnis fehlen** (s. § 45 Rz. 11).[2]

22   Die Erteilung eines Erbscheins setzt nicht voraus, dass ein dem beantragten Erbscheinsinhalt **widersprechender anderweitiger Erbschein** zuvor eingezogen oder für kraftlos erklärt wird, da ein entsprechender ursprünglicher Gesetzentwurf nicht in den Gesetzestext übernommen wurde.[3] Gleichwohl empfiehlt sich im Hinblick auf die Rechtsscheinwirkungen aus den §§ 2365 ff. BGB eine vorherige Einziehung.[4]

23   Ein ausländisches Erbfolgezeugnis bzw. Feststellungen in **ausländischen Verfahren** entfalten in einem Erbscheinsverfahren gegenüber einem deutschen Nachlassgericht keine Bindungwirkung.[5] Für die Rechtsnachfolge von am 17.8.2015 oder danach verstorbenen Personen innerhalb des Anwendungsbereichs der EuErbVO (s. dazu § 343 Rz. 154 ff.) könnte sich ggf. aus Art. 59 Abs. 3 EuErbVO (Text s. § 343 Anhang) ergeben, dass die dort geregelte Annahme öffentlicher Urkunden weder die Rechtswirksamkeit und Wirkungen von letztwilligen Verfügungen noch die unmittelbare Anerkennung des Inhalts von nationalen Erbnachweisen betrifft.[6]

24   Die für den Erbscheinsantrag erforderlichen **Angaben** ergeben sich insbesondere bei gesetzlicher Erbfolge aus § 2354 BGB (Zeit des Todes des Erblassers; Verhältnis, auf dem das Erbrecht beruht; ob und welche Personen vorhanden sind oder waren, durch die ein Erbe von der Erbfolge ausgeschlossen oder dessen Erbteil gemindert werden würde bzw. in welcher Weise derartige Personen weggefallen sind; ob und welche Verfügungen des Erblassers von Todes wegen vorhanden sind; ob ein Rechtsstreit über das Erbrecht anhängig ist), bei gewillkürter Erbfolge aus § 2355 BGB (Bezeichnung der Verfügung, auf der das Erbrecht beruht; ob und welche sonstigen Verfügungen des Erblassers von Todes wegen vorhanden sind; Zeit des Todes des Erblassers; ob ein Rechtsstreit über das Erbrecht anhängig ist; ob und welche Personen vorhanden sind oder waren, durch die ein Erbe von der Erbfolge ausgeschlossen oder dessen Erbteil gemindert werden würde bzw. in welcher Weise derartige Personen weggefallen sind, bspw. die Auflösung der ersten Ehe, wenn der Erblasser in zweiter Ehe verheiratet war) und hinsichtlich der Besonderheiten beim gemeinschaftlichen Erbschein aus § 2357 BGB. Der Antrag muss danach und auf Grund des Umstandes, dass das Nachlassgericht wegen der diesbezüglichen Bindung davon weder inhaltlich abweichen noch teilweise dahinter zurückbleiben darf,[7] zudem insbesondere Folgendes genau und hinreichend bestimmt bezeichnen:

– den Erben,[8]
– den Erblasser,[9]
– das zu bezeugende Erbrecht,[10]

---

1   KG v. 1.7.1999 – 1 W 6784/97, Rpfleger 1999, 227 (228); Staudinger/*Herzog*, § 2359 BGB Rz. 74; Horndasch/Viefhues/*Heinemann*, § 352 FamFG Rz. 47; aA *Zimmermann*, Das neue FamFG, Rz. 700; Keidel/*Zimmermann*, § 352 FamFG Rz. 47; Bahrenfuss/*Schaal*, § 352 FamFG Rz. 24.
2   Palandt/*Weidlich*, § 2353 BGB Rz. 7 und § 2359 BGB Rz. 1.
3   Staudinger/*Herzog*, § 2361 BGB Rz. 3; Keidel/*Zimmermann*, § 352 FamFG Rz. 100; aA noch unter Geltung des FGG BayObLG v. 17.12.1990 – BReg. 1a Z 52/89, FamRZ 1991, 986 (988): Erteilung eines Erbscheins ohne Angabe einer Testamentsvollstreckungsanordnung setze die Einziehung eines diesbezüglichen Testamentsvollstreckerzeugnisses, das Verfügungsbeschränkungen des Erben ausweise, voraus.
4   BayObLG v. 6.7.1990 – BReg. 1a Z 30/90, NJW-RR 1990, 1481; Staudinger/*Herzog*, § 2361 BGB Rz. 3.
5   BayObLG v. 27.3.1991 – BReg. 1a Z 80/88, NJW-RR 1991, 1099: schweizerische Erbbescheinigung und Feststellungen im Zusammenhang mit der Testamentseröffnung; Keidel/*Zimmermann*, § 352 FamFG Rz. 99.
6   So *Simon/Buschbaum*, NJW 2012, 2393 (2397); aA *Dutta*, FamRZ 2013, 4 (14).
7   KG v. 21.6.1954 – 1 W 1948/54, DNotZ 1955, 408 (410).
8   Staudinger/*Herzog*, § 2353 BGB Rz. 33.
9   Staudinger/*Herzog*, § 2353 BGB Rz. 33.
10 *Heinemann*, FamFG für Notare, Rz. 337; Staudinger/*Herzog*, § 2353 BGB Rz. 33.

- bei mehreren Erben die jeweilige Erbquote,[1] wobei ausnahmsweise von deren zahlenmäßig bestimmter Angabe abgesehen, diese auch noch im Beschwerdeverfahren nachgeholt werden kann und stattdessen zunächst die Mitteilung der zu deren Berechnung für maßgeblich gehaltenen Grundlagen ausreichend ist, wenn die genaue Erbquotenbezifferung den Antragsteller der Natur der Sache nach praktisch überfordert, bspw. bei unvermeidlichen Spielräumen im Rahmen der Ermittlung des Wertes einzelner Nachlassgegenstände (insbesondere Grundbesitz, Gewerbebetriebe und Wertpapiere), die entgegen § 2087 Abs. 2 BGB eine Erbeinsetzung begründen,[2]
- den beanspruchten Berufungsgrund der gesetzlichen oder auf Verfügung von Todes wegen beruhenden Erbfolge,[3] obwohl dessen Erwähnung im Erbschein selbst „zwar zulässig, aber von den Ausnahmefällen der §§ 1951 und 2088 BGB abgesehen, entbehrlich"[4] ist (ausnahmsweise aber doch bei verschiedenen Berufungsgründen und gleichzeitiger Notwendigkeit der Bezeichnung des Umfangs des Erbrechts[5]),
- eventuelle Verfügungsbeschränkungen (bspw. Testamentsvollstreckung, Nacherbfolge, Ersatznacherbfolge, weitere Nacherbfolge, Nacherbenvollstreckung),[6]
- ggf. Namen der Nacherben, Ersatznacherben bzw. weiteren Nacherben,[7]
- ggf. gegenständliche Beschränkung (bspw. auf den im Inland belegenen Nachlass), Beschränkung auf ein bestimmtes Verfahren bzw. Gebrauchsbeschränkung (bspw. nur für Grundbuchzwecke),[8]
- bei Anwendung ausländischen Sachrechts die Maßgeblichkeit des ausländischen Erbstatuts,[9]
- bei vollständiger Rückverweisung auf deutsches Recht die Maßgeblichkeit des deutschen Erbstatuts und den Umstand dieser Rückverweisung.[10]

Zu praxisrelevanten Beispielen und Formulierungsvorschlägen von Erbscheinen s. Rz. 49 ff. **25**

Hierbei ist der Antragsteller zumindest auf nachlassgerichtliche Aufforderung dazu verpflichtet, angesichts der aus § 105 FamFG resultierenden erweiterten internationalen Zuständigkeit deutscher Nachlassgerichte, die auch ausländischem Sachrecht unterliegenden Nachlass erfasst (s. § 343 Rz. 188 ff.), im Erbscheinsantrag bzw. nachträglich ergänzend **ausdrücklich anzugeben**, ob sich Nachlassgegenstände im **Ausland** befinden oder nicht, bejahendenfalls, in welchem Staat welche Nachlassgegenstände, insbesondere Grundbesitz, vorhanden sind.[11] **26**

Mehrere verschiedene Anträge dürfen als **Haupt- und Hilfsantrag** miteinander verbunden werden, wenn jeder Antrag für sich das mit ihm beanspruchte Erbrecht bestimmt bezeichnet und die Reihenfolge, in der die Anträge zu prüfen und zu beschei- **27**

---

1 OLG Frankfurt v. 20.3.1998 – 20 W 489/95, FamRZ 1998, 1394; Staudinger/*Herzog*, § 2353 BGB Rz. 36.
2 OLG Düsseldorf v. 9.11.1977 – 3 W 178/77, DNotZ 1978, 683 (684 f.); Palandt/*Weidlich*, § 2353 BGB Rz. 14.
3 OLG Hamm v. 10.5.1968 – 15 W 532/67, NJW 1968, 1682; BayObLG v. 25.1.1973 – BReg. 1 Z 83/72, DNotZ 1973, 633 f.; *Heinemann*, FamFG für Notare, Rz. 337; Staudinger/*Herzog*, § 2353 BGB Rz. 33.
4 BayObLG v. 25.1.1973 – BReg. 1 Z 83/72, DNotZ 1973, 633 (634); MüKo.BGB/*Mayer*, § 2353 BGB Rz. 25.
5 BayObLG v. 25.1.1973 – BReg. 1 Z 83/72, DNotZ 1973, 633 (634); MüKo.BGB/*Mayer*, § 2353 BGB Rz. 25.
6 *Heinemann*, FamFG für Notare, Rz. 337; Staudinger/*Herzog*, § 2353 BGB Rz. 33.
7 Wurm/Wagner/Zartmann/*Fröhler*, Kap. 92 Rz. 10.
8 Wurm/Wagner/Zartmann/*Fröhler*, Kap. 92 Rz. 10.
9 Palandt/*Weidlich*, § 2369 BGB Rz. 4; *Wittkowski*, RNotZ 2010, 102 (110); weitergehend (stets bei Maßgeblichkeit auch Angabe des deutschen Erbstatuts) *Bachmayer*, BWNotZ 2010, 142 (171).
10 *Schotten*, Rpfleger 1991, 181 (189); *Wittkowski*, RNotZ 2010, 102 (110); weitergehend (stets bei Maßgeblichkeit auch Angabe des deutschen Erbstatuts) *Bachmayer*, BWNotZ 2010, 142 (171).
11 *Bachmayer*, BWNotZ 2010, 146 (172); *Schaal*, notar 2010, 393 (399).

den sind, vorgegeben ist.[1] Dagegen ist ein lediglich – bspw. um eine spätere Erbschaftsannahmeanfechtung auflösend bzw. Erbausschlagungsanfechtung aufschiebend – bedingter Antrag unzulässig.[2] Ein Hilfsantrag kann beim Nachlassgericht auch nach Erlass des angefochtenen ablehnenden Beschlusses über den bisherigen einzigen Erbscheinsantrag (künftig Hauptantrag) uneingeschränkt gestellt werden, solange über eine Abhilfe noch nicht entschieden worden ist,[3] darüber hinaus anders als noch unter Geltung des FGG ausnahmsweise sogar erstmals im Beschwerdeverfahren, wenn der Hilfsantrag „auf einen Lebenssachverhalt gestützt wird, der bereits Gegenstand des Verfahrens erster Instanz war und in der Sache der Anpassung des Antrags an Erkenntnisse des Beschwerdeverfahrens, insbesondere der Berücksichtigung eines gerichtlichen Hinweises, dient".[4]

28 Der Antragsteller hat zudem die nach § 2356 BGB erforderlichen **Nachweise** für die Richtigkeit seiner Angaben zu erbringen. Das Nachlassgericht kann **Übersetzungen ausländischer Personenstandsurkunden**, deren Sprache es nicht hinreichend kundig ist, durch nach Landesrecht ermächtigten oder bestellten Übersetzer verlangen, zusätzlich dessen Unterschrift jedoch nur dann in notariell beglaubigter Form, wenn sich konkrete und anders nicht aufklärbare Anhaltspunkte für eine Fälschung der Unterschrift ergeben.[5] Neben der dort in Abs. 1 genannten Urkundenvorlage ist insbesondere die **eidesstattliche Versicherung** für entscheidungsrelevante negative Tatsachen gem. § 2356 Abs. 2 BGB bedeutsam, bspw. das Nichtvorhandensein (sonstiger) Verfügungen von Todes wegen, von Umständen, die das Ehegattenerbrecht iSd. § 1933 BGB bzw. das auflösend bedingte Schlusserbenrecht eines Abkömmlings durch Auslösung einer Pflichtteilsstrafklausel[6] (s. dazu und zur Notwendigkeit eines diesbezüglichen Erlassvertrags Rz. 81) ausschließen würden, bzw. wirksamer Vereinbarungen oder Zuerkennung von Erbausgleich iSd. §§ 1934a ff. aF BGB durch rechtskräftiges Urteil bzw. des Todeseintritts beim Erblasser jeweils bis zum 31.3.1998 nach Art. 227 EGBGB, wodurch das gesetzliche Erbrecht zwischen nichtehelichen Kindern und ihren Vätern bzw. väterlichen Verwandten nach § 1934e aF BGB ausgeschlossen wäre, bzw. die Erbschaftsannahme durch die nicht antragstellenden Miterben bei einem gemeinschaftlichen Erbschein nach § 2357 Abs. 2 Satz 1 BGB (zB über die ausdrückliche Annahme gegenüber dem Antragsteller oder das Verstreichenlassen der Ausschlagungsfrist in Kenntnis von Anfall und Grund der Berufung sowie Ausschlagungsrecht).

28a Zudem ist anerkannt, dass ein vor dem Inkrafttreten des NEhelG am 1.7.1970 errichteter **Unterhaltstitel** iSd. Art. 12 § 3 Abs. 1 Satz 1 **NEhelG** gem. § 2356 Abs. 1 BGB – wegen der Schwierigkeiten der Beschaffung derartig alter Originalurkunden ggf. sogar in bloßer einfacher Kopie – als Nachweis der Vaterschaft für ein nichtehelich geborenes Kind genügen kann, da aufgrund der früheren Zahlvaterschaften nach den damaligen §§ 1717, 1708 ff. BGB aF auf Geburtsurkunden bzw. Auszügen aus dem Familienbuch kein Randvermerk über die Vaterschaft angebracht wurde.[7]

28b Hilfsweise kann auch auf ein **staatliches online-Authentifizierungsverfahren** zurückgegriffen werden.[8] Soweit öffentliche Urkunden bspw. wegen ihres Alters oder Auslandsbezugs nicht oder nur mit unverhältnismäßigen Schwierigkeiten beschafft werden können, sind hinsichtlich der Angaben nach § 2354 Abs. 1 Nrn. 1 und 2 und Abs. 2 ggf. andere Nachweise ausreichend, insbesondere Zeugenaussagen, hilfsweise

---

1 RG v. 25.11.1937 – IV B 34/37, RGZ 156, 172 (180).
2 Keidel/*Zimmermann*, § 352 FamFG Rz. 43; Horndasch/Viefhues/*Heinemann*, § 352 FamFG Rz. 7.
3 OLG Celle v. 13.10.2011 – 6 W 206/11, FGPrax 2011, 321; MüKo.BGB/*Mayer*, § 2353 BGB Rz. 72.
4 OLG Hamm v. 9.11.2011 – I-15- W 635/10; aA OLG Dresden v. 31.1.2011 – 17 W 84/11, ZErb 2011, 249 (Hilfserwägung); MüKo.BGB/*Mayer*, § 2353 BGB Rz. 72.
5 OLG Karlsruhe v. 5.3.2013 – 11 Wx 16/13, Die Justiz 2013, 177 ff.
6 OLG Frankfurt v. 10.2.2011 – 20 W 453/10, MittBayNot 2012, 229 (230) mit Anm. von *Zimmermann*.
7 OLG München v. 12.1.2011 – 31 Wx 270/10, FGPrax 2011, 66.
8 KG v. 3.4.2012 – 1 W 557/11, FGPrax 2012, 200 (201 f.).

eine eidesstattliche Versicherung durch **Drittpersonen**,[1] nicht jedoch des Antragstellers.[2] Kann der Antragsteller derartige Ersatzbeweise nicht aufbieten und sprechen die Umstände gleichwohl hinreichend für die Richtigkeit des Antrags, muss der beantragte Erbschein möglicherweise trotzdem erteilt werden.[3]

Als letztes Mittel[4] kommt, wenn ein den gesetzlichen Vorschriften entsprechender Erbscheinsantrag vorliegt,[5] jedoch die Vorlage urkundlicher Abstammungs- bzw. Sterbenachweise nicht möglich bzw. unverhältnismäßig erschwert ist,[6] insbesondere bei Auslandserben eine **öffentliche Aufforderung** nach § 2358 Abs. 2 BGB in Betracht. Nach erfolglosem Ablauf der Aufforderungsfrist kann der Erbschein auf der Grundlage aller bekannten Erbprätendenten ohne Berücksichtigung eventueller nicht ermittelter Erben, zugleich aber auch ohne ausschließende Aufgebotswirkung[7] erteilt werden, deren Erbrecht erst nach einer etwaigen späteren Ermittlung feststellbar ist.[8] Die öffentliche Bekanntmachung erfolgt nach § 2358 Abs. 2 Halbs. 1 BGB iVm. § 435 durch Aushang an der Gerichtstafel und einmalige Veröffentlichung im elektronischen Bundesanzeiger oder in einem im Gericht öffentlich zugänglichen elektronischen Informations- und Kommunikationssystem. Die Anmeldefrist beträgt nach § 2358 Abs. 2 Halbs. 1 BGB iVm. § 437 mindestens sechs Wochen ab der förmlichen Veröffentlichung.

28c

Formulierungsvorschlag:

28d

Amtsgericht – Nachlassgericht – ... (Datum)

... (Anschrift)

... (Az.)

Öffentliche Aufforderung[9]

Am ... ist Herr/Frau ... (Name des Erblassers), geb. am ..., zuletzt wohnhaft gewesen in ..., in ... verstorben. Bislang konnte ausschließlich ... als Erbe ermittelt werden. Alle weiteren Personen, denen ein Erbrecht am Nachlass zusteht, werden hiermit aufgefordert, dieses binnen zwei Monaten ab Veröffentlichung der hiesigen Aufforderung bei dem hiesigen Nachlassgericht ... (Bezeichnung und Anschrift) anzumelden, andernfalls kann nach § 2358 Abs. 2 BGB das Alleinerbrecht des o.g. derzeit ermittelten ... bescheinigt werden.

(Unterschrift mit Dienstsiegel)

Verfügung vom ...

1. Einmalige Veröffentlichung im elektronischen Bundesanzeiger mit der Bitte um Übersendung eines Belegausdrucks

2. Aushang an der Gerichtstafel für zwei Monate

3. Wv. neun Wochen (genau)

...

(Unterschrift)

Zusätzlich sollen nach § 23 Abs. 1 Satz 2 die Personen benannt werden, die als **Beteiligte** in Betracht kommen.

28e

---

1 KG v. 3.4.2012 – 1 W 557/11, FGPrax 2012, 200 (201f.).
2 OLG Schleswig v. 22.11.2010 – 3 Wx 76/10, ZErb 2011, 26; Palandt/*Weidlich*, § 2356 BGB Rz. 10.
3 LG Rostock v. 4.11.2003 – 2 T 230/02, FamRZ 2004, 1518.
4 KG v. 7.12.2010 – 1 W 308/09, ZEV 2011, 585f.; KG v. 18.3.1915 – Az. n.v., OLGR 32, 80; KG v. 16.11.1939 – 1 Wx 670/39, JFG 20, 387 (389).
5 MüKo.BGB/Mayer, § 2358 BGB Rz. 40.
6 MüKo.BGB/Mayer, § 2358 BGB Rz. 42.
7 KG v. 16.11.1939 – 1 Wx 670/39, JFG 20, 387 (389); KG v. 18.3.1915 – Az. n.v., OLGR 32, 80; LG Berlin v. 13.12.1950 – 24 T 2206/50, DNotZ 1951, 525 (526); Staudinger/Herzog, § 2358 BGB Rz. 39.
8 Erman/Schlüter, § 2358 BGB Rz. 2.
9 Vgl. Firsching/*Graf*, Rz. 4.227.

3. Antragsübersendung an Beteiligte

29 Das Nachlassgericht benachrichtigt die Beteiligten nach §§ 7 Abs. 4 Satz 1, 15 durch Übersendung einer Abschrift des Erbscheinsantrags und setzt zweckmäßigerweise unter Hinweis auf die Rechtsfolge aus Abs. 2 eine Frist zur Stellungnahme.

4. Ermittlungen und Beweisaufnahme

30 Nach § 26 iVm. § 2358 BGB hat das Nachlassgericht **von Amts wegen** die zur Feststellung der entscheidungserheblichen Tatsachen erforderlichen Ermittlungen ggf. unter Beweiserhebung iSd. §§ 29, 30 durchzuführen. Diese Amtsermittlungspflicht ist jedoch durch die einem Erbscheinsantragsteller nach den §§ 2354 bis 2356 BGB obliegenden Nachweispflichten begrenzt.[1]

31 Dabei entscheidet das Gericht gem. § 30 Abs. 1 grundsätzlich nach pflichtgemäßem Ermessen, ob es formlos durch **Freibeweis** ermittelt oder mittels **Strengbeweis** in eine förmliche Beweisaufnahme nach ZPO eintritt.

32 Nach § 30 Abs. 3 soll über von einem Beteiligten bestrittene Tatsachenbehauptungen, auf deren Feststellung die gerichtliche Entscheidung maßgebend gestützt wird, eine **förmliche Beweisaufnahme** stattfinden (s. § 30 Rz. 7 ff.). Andernfalls kann in einem diesbezüglichen Unterlassen ein Ermessensfehler liegen, der in der Rechtsbeschwerdeinstanz überprüfbar ist.[2] In Erbscheinsverfahren kann dies insbesondere bei ungewisser Urheberschaft bezüglich einer Verfügung von Todes wegen, in Rede stehender konkreter Anhaltspunkte[3] für eine Testierunfähigkeit des Erblassers und Fehlen der Urschrift einer Verfügung von Todes wegen relevant sein.

32a Gegen die Zurückweisung eines Antrags auf **Ablehnung eines Sachverständigen** nach §§ 406 Abs. 1 ZPO, 30 Abs. 1 FamFG ist gem. §§ 406 Abs. 5 ZPO, 30 Abs. 1 FamFG die sofortige Beschwerde eröffnet, für die nach §§ 568 Satz 1 ZPO, 30 Abs. 1 FamFG originär der Einzelrichter zuständig ist, soweit dieser das Verfahren nicht wegen besonderer Schwierigkeiten oder grundsätzlicher Bedeutung dem Beschwerdegericht überträgt.[4]

32b Soweit Zeugen bzw. Sachverständige im Ausland wohnen und in Deutschland vernommen werden sollen, dürfte eine gewohnheitsrechtliche Ladung ohne Strafandrohung mittels einfacher Postsendung völkerrechtlich zulässig sein,[5] während Ladungen mit Strafandrohung ausschließlich mittels **internationaler Rechtshilfe** nach den Regelungen der EuZustVO (innerhalb der EU), gem. eventuellen bilateralen Rechtshilfeabkommen (so mit Griechenland, Großbritannien, Tunesien, Marokko und der Türkei)[6] oder dem HZustÜ möglich sind.[7] Für internationale Verfahrenshilfe im Ausland – bspw. durch dortige Zeugenvernehmung, Sachverständigentätigkeit bzw. Akteneinsicht etc. – sind die Regelungen nach der EuBewVO bzw. HBewÜ zu beachten.[8]

33 Grundsätzlich sind Ärzte, Steuerberater, Rechtsanwälte bzw. Notare, die den Erblasser behandelt bzw. beraten haben, zu einer Zeugenaussagen vor Gericht verpflichtet. Zwar besteht eine entsprechende Schweigepflicht über den Tod des Eblassers hinaus. Auch fehlt zumeist eine ausdrückliche **Schweigepflichtbefreiung**. Die Offenle-

---

1 *Bassenge*/Roth, § 352 FamFG Rz. 9.
2 Firsching/*Graf*, Rz. 4.233.
3 Zum Vorliegen konkreter Anhaltspunkte für Zweifel an der Testierfähigkeit des Erblassers als Erfordernis zur Hinzuziehung eines psychiatrischen Sachverständigen OLG Bamberg v. 18.6. 2012 – 6 W 20/12, RNotZ 2013, 43 (44 f.).
4 OLG München v. 6.2.2012 – 31 Wx 31/12, FGPrax 2012, 92.
5 Nagel/*Gottwald*, Internationales Zivilprozessrecht, 6. Aufl., Rz. 43.
6 Schaal, Internationales Verfahrensrecht in der notariellen und gerichtlichen Praxis, Skript Notarakademie Baden-Württemberg 2011, S. 11.
7 Schaal, Internationales Verfahrensrecht in der notariellen und gerichtlichen Praxis, Skript Notarakademie Baden-Württemberg 2011, S. 4 ff.
8 Schaal, Internationales Verfahrensrecht in der notariellen und gerichtlichen Praxis, Skript Notarakademie Baden-Württemberg 2011, S. 4 ff.

gung des Beweisthemas wird jedoch regelmäßig aufgrund eines entsprechend **mutmaßlichen Erblasserwillens** zu unterstellen sein, da der Erblasser stets an der Durchsetzung seines wahren Willens interessiert wäre.[1]

Nach § 21 kann das Erbscheinsverfahren – ggf. auf Anregung eines Beteiligten – von Amts aus wichtigem Grund nach pflichtgemäßem Ermessen insbesondere dann **ausgesetzt** werden (s. § 21 Rz. 7ff.), wenn das weitere Verfahren, bspw. auf klageweise gerichtlich gestaltende Erbunwürdigkeitserklärung iSd. §§ 2342ff. BGB, für die Entscheidung über den Erbscheinsantrag vorgreiflich ist und in gewisser Weise Erfolgsaussicht hat, wobei das gerichtliche Ermessen nur in dem Fall ausnahmsweise auf eine Aussetzungspflicht reduziert ist, dass die Voraussetzungen einer Sachentscheidung im auszusetzenden Verfahren nicht geklärt werden können.[2]   **33a**

Verstößt das Nachlassgericht gegen den Grundsatz der **Nichtöffentlichkeit** iSd. § 170 GVG,[3] begründet dies nur dann einen Verfahrensmangel, wenn ein Beteiligter oder Zeuge ausdrücklich ankündigt, in öffentlicher Sitzung keine entscheidungserheblichen Angaben zur Sache zu machen, das Gericht trotzdem die Öffentlichkeit nicht ausschließt und angesichts der unterbliebenen Aussage damit die Amtsermittlungspflicht aus § 26 verletzt.[4]   **34**

Soweit funktionell der Richter zuständig ist (s. dazu ausf. § 343 Rz. 142ff.), gilt dies nicht nur für die abschließenden Endentscheidungen, sondern zudem auch hinsichtlich aller **vorbereitenden Maßnahmen**, für die dessen unmittelbarer persönlicher Eindruck maßgebend ist. Insbesondere darf im Falle einer Richterzuständigkeit der Rechtspfleger weder die Beteiligten persönlich anhören[5] noch – sei es durch Frei- oder durch Strengbeweis – die Beweisaufnahme durchführen.[6] Insoweit sind selbst auf § 27 Abs. 1 RPflG iVm. landesrechtlichen Vorschriften basierende vorbereitende Mithilfetätigkeiten von Rechtspflegern unzulässig. In Betracht kommt dann ausschließlich eine Anhörung durch **beauftragte Richter**,[7] soweit es nicht für die Beweiswürdigung auf den persönlichen Eindruck desjenigen ankommt, der die Beweisaufnahme führt.[8] Erlässt trotz funktioneller Zuständigkeit des Richters ein Rechtspfleger eine Zwischenverfügung bspw. zwecks Nachreichung einer bisher fehlenden eidesstattlichen Versicherung zum Erbscheinsantrag, ist dagegen nach § 11 Abs. 2 Satz 1 RPflG das Rechtsmittel der Erinnerung eröffnet, obschon die Zwischenverfügung, wäre sie durch den Richter erlassen worden, nach § 58 nicht anfechtbar gewesen wäre.[9]   **34a**

5. Feststellungslast

Können trotz Amtsermittlung erbfolgerelevante Tatsachen nicht aufgeklärt werden, trägt die diesbezügliche Feststellungslast jeweils derjenige, dem die jeweilige nicht ermittelbare Tatsache **zugute** käme,[10] bspw. der Testamentserbe für Errichtung und Inhalt des seine Erbeinsetzung anordnenden Testaments bei Fehlen der Testamentsurschrift,[11] der durch ein Testament verdrängte gesetzliche Erbe für eine Testierunfähigkeit des Erblassers[12] der Testamentserbe für die ernsthafte Möglichkeit eines lichten Intervalls des Erblassers während der Testamentserrichtung trotz   **35**

---

1 BGH v. 4.7.1984 – Iva ZB 18/83, BGHZ 91, 392 (399f.).
2 OLG Rostock v. 31.8.2011 – 3 W 58/11, FGPrax 2012, 74.
3 *Fröhler*, BWNotZ 2008, 183 (188); Bahrenfuss/*Schaal*, § 352 FamFG Rz. 28.
4 OLG München v. 10.10.2005 – 31 Wx 68/05, NJW-RR 2006, 80 (81f.).
5 OLG München v. 21.2.1980 – 26 UF 1321/79, Rpfleger 1980, 479.
6 Keidel/*Zimmermann*, § 343 FamFG Rz. 84.
7 BayObLG v. 7.12.1964 – BReg. 1b Z 225/64, FamRZ 1965, 152 (154); Keidel/*Zimmermann*, § 343 FamFG Rz. 85; aA OLG Hamburg v. 4.7.1952 – 2 W 166/52, NJW 1953, 1554 (1555): kein beauftragter Richter zulässig bei ausnahmsweiser Anhörung des Ehegatten nach § 74 Abs. 3 EheG aF.
8 BGH v. 27.4.1960 – IV ZR 100/59, BGHZ 32, 233 (237f.).
9 *Zimmermann*, MittBayNot 2012, 230 (231).
10 *Bassenge*/Roth, § 352 FamFG Rz. 11ff.
11 OLG Hamm v. 14.8.2007 – 15 W 331/06, FGPrax 2008, 32 (35).
12 OLG Frankfurt v. 22.12.1997 – 20 W 264/95, NJW-RR 1998, 870.

erwiesener Testierunfähigkeit des Erblassers vor und nach Testamentserrichtung,[1] des Testamentserben bei Feststehen von Unterstützungshandlungen durch ihn selbst oder einen Dritten bei der Niederschrift eines eigenhändigen Testaments dafür, dass keine über die zulässige unterstützende Schreibhilfe (bspw. Arm*abstützen* bzw. *Halten* der zitternden oder geschwächten Hand des Erblassers) hinausgehende Einflussnahme (bspw. Schriftformung durch Hand*führung*) erfolgte,[2] der durch Testament des längstlebenden Ehegatten begünstigte Lebensgefährte für das Fehlen einer nach § 2270 Abs. 2 BGB im Zweifel anzunehmenden Wechselbezüglichkeit der Alleinerbeinsetzung des längstlebenden Ehegatten durch den erstversterbenden Ehemann mit der (ggf. erst aus einer Kombination von Pflichtteils- und Wiederverheiratungsklausel folgenden) Schlusserbeinsetzung der gemeinsamen Kinder durch den längstlebenden Ehegatten[3] bzw. der gesetzliche Erbe dafür, dass der Erblasser die von ihm in einem Konditionalsatz mit einem bestimmten zu seinem Tod führenden ungewissen Ereignis (bspw. Versterben bei anstehender Operation) verbundende testamentarische Erbeinsetzung eines Dritten nicht lediglich als Motiv mit Geltung auch bei einem andersartigen Versterben, sondern ausschließlich für den formulierten, konkret jedoch nicht eingetretenen Fall angeordnet hat.[4]

6. Beteiligtenermittlung

36 Das Nachlassgericht hat die gesetzlichen Erben und sonstigen Beteiligten (s. § 345 Rz. 23 ff.) abweichend von § 7 Abs. 4 Satz 1 im Erbscheinsverfahren ebenso wie im Eröffnungsverfahren ausnahmsweise gem. § 26 von Amts wegen zu ermitteln. Stellt sich dabei heraus, dass Beteiligte vorhanden sind, kann jedoch deren genaue Identität bzw. Anschrift etc. nicht ermittelt werden, muss bei dem nach § 340 zuständigen Betreuungsgericht ggf. die Bestellung eines **Pflegers** nach § 1911 bzw. § 1913 BGB angeregt werden,[5] da sich die nach Abs. 2 (s. dazu Rz. 43) speziell vorgesehene Beteiligung anders als in § 7 Abs. 4 Satz 1 (s. dazu § 345 Rz. 14) nicht ausdrücklich auf die dem Gericht bekannten Beteiligten beschränkt und bei Erteilung eines unrichtigen Erbscheins schwerwiegende irreparable Schäden entstehen können. Mangels diesbezüglichen Sicherungsbedürfnisses iSd. § 1960 Abs. 2 BGB kommt hingegen keine Nachlasspflegschaft in Betracht.[6] Erst wenn eine derartige Bestellung scheitert, darf das Verfahren fortgesetzt werden. Zum Fehlen einer nachlassgerichtlichen Beschwerdeberechtigung gegen die betreuungsgerichtliche Ablehnung einer angeregten Pflegerbestellung s. § 348 Rz. 51.

7. Zwischenverfügung

37 Das Nachlassgericht muss die Beteiligten nach § 28 Abs. 1 bzw. Abs. 2 auf eine ggf. gegenüber dem Antrag abweichende entscheidungserhebliche Rechtsauffassung **hinweisen** und auf entsprechende Erklärungen, Anträge, Urkundenvorlagen bzw. Formfehlerbeseitigungen hinwirken. Dies geschieht, soweit mit der Behebung des Mangels gerechnet werden kann, durch formlose Zwischenverfügung,[7] die im Gegensatz zu einer Endentscheidung iSd. §§ 38, 58 nicht anfechtbar ist.

---

[1] BayObLG v. 24.3.2005 – 1 Z BR 107/04, MittBayNot 2006, 159 (160 ff.); OLG Frankfurt v. 22.12.1997 – 20 W 264/95, NJW-RR 1998, 870.
[2] OLG Hamm v. 2.10.2012 – I-15 W 231/11, FGPrax 2013, 29.
[3] OLG München v. 16.7.2012 – 31 Wx 290/11, FGPrax 2012, 205 (206).
[4] OLG München v. 15.5.2012 – 31 Wx 244/11, FGPrax 2012, 168, Soergel/*Loritz*, § 2074 BGB, Rz. 13, wonach ausnahmsweise von einer echten Bedingung auszugehen sei, bei deren Nichteintreten das Testament hinfällig sei, wenn der Erblasser bei der im Testament benannten Operation von dem durch das Testament verdrängten ansonsten zum gesetzlichen Erbe Berufenen operiert wird und nicht verstirbt.
[5] MüKo.ZPO/*Muscheler*, § 348 FamFG Rz. 30; aA Keidel/*Zimmermann*, § 348 FamFG Rz. 51: keine aufwändige Ermittlung.
[6] Keidel/*Zimmermann*, § 348 FamFG Rz. 52; aA MüKo.ZPO/*Muscheler*, § 348 FamFG Rz. 30; Bumiller/*Harders*, § 348 FamFG Rz. 17.
[7] KG v. 21.6.1954 – 1 W 1948/54, DNotZ 1955, 408 (410).

8. Erlass des Anordnungsbeschlusses

Ist der Antrag zulässig und begründet, entscheidet das Nachlassgericht durch Anordnungsbeschluss nach Abs. 1 Satz 1, dass die zur Erteilung des beantragten Erbscheins erforderlichen Tatsachen für **festgestellt** erachtet werden. Zur Vermeidung einer missbräuchlichen Verwendung[1] muss sichergestellt sein, dass der Beschluss nicht als Erbschein angesehen werden kann. Dies kann trotz eventueller Wiedergabe des beantragten Erbscheininhalts in der Beschlusstenorierung bspw. durch einen Zusatz erreicht werden, der ausdrücklich besagt, dass dem Beschluss keine Erbscheinswirkung zukommt. Da das Gesetz jedoch kein Zitat des Antragstextes vorsieht, genügt die Bezugnahme auf den Antrag durch Benennung der Aktenseite in den Nachlassakten (Formulierungsvorschläge s. Rz. 41 und 44).[2] Eine Begründung bzw. Bekanntgabe ist nur dann erforderlich, wenn der beantragte Erbschein dem erklärten Willen eines Beteiligten widerspricht (s. dazu Rz. 43 ff.).

38

9. Zurückweisung

Bleibt der Erbscheinsantrag trotz Zwischenverfügung bzw. weiterer Hinweise unstatthaft, unzulässig oder unbegründet und zeichnet sich eine diesbezügliche Mängelbehebung nicht ab, hat ein Zurückweisungsbeschluss zu ergehen, der nach § 38 Abs. 3 zu **begründen** ist und nach § 39 eine Rechtsmittelbelehrung enthalten muss.

39

V. Unstreitiges Verfahren (Abs. 1 Satz 2 und 3)

Abs. 1 Satz 2 regelt den, wie der Umkehrschluss aus Abs. 2 zeigt, unterstellten praktischen Regelfall des unstreitigen Erbscheinsverfahrens.[3] Geht dem Gericht binnen der zweckmäßigerweise gesetzten Stellungnahmefrist keine dem Erbscheinsantrag widersprechende Erklärung eines Beteiligten zu, wird der nach Abs. 1 Satz 1 zu erteilende feststellende Anordnungsbeschluss (s. dazu Rz. 38) nach Abs. 1 Satz 2 mit seinem Erlass **sofort wirksam**, bedarf nach Abs. 1 Satz 3 abweichend von § 41 Abs. 1 keiner Bekanntgabe und muss nach § 38 Abs. 4 Nr. 2 nicht begründet werden.

40

Formulierungsvorschlag:

41

Beschluss

Durch Antrag vom ..., eingegangen beim Nachlassgericht am ..., hat ... die Erteilung folgenden Erbscheins beantragt: ... Auf AS ... der Nachlassakten wird bezugnehmend verwiesen. Dem Antrag wurde nicht widersprochen. Die Erteilung dieses beantragten Erbscheins erforderliche Tatsachen werden hiermit für festgestellt erachtet. Von einer Beschlussbegründung wird nach § 38 Abs. 4 Nr. 2 FamFG abgesehen. Diesem Beschluss kommt keine Erbscheinswirkung zu.

Der beantragte **Erbschein** wird als gesonderte Urkunde erteilt. Dies geschieht im unstreitigen Verfahren regelmäßig zeitgleich mit dem feststellenden Anordnungsbeschluss.[4]

42

VI. Streitiges Verfahren (Absatz 2)

Geht dem Gericht binnen der zweckmäßigerweise gesetzten Stellungnahmefrist jedoch eine dem Erbscheinsantrag widersprechende Erklärung eines Beteiligten zu, muss der nach Abs. 1 Satz 1 zu erlassende Anordnungsbeschluss nach § 38 Abs. 3 Satz 1 begründet, nach § 39 mit einer Rechtsbehelfsbelehrung versehen, nach Abs. 2 Satz 1 zwecks zügiger einheitlicher Inlaufsetzung der Beschwerdefrist iSd. § 63 Abs. 3 den Beteiligten bekannt gegeben und dem widersprechenden Beteiligten nach § 41 Abs. 1 Satz 2 förmlich zugestellt werden. Zugleich hat das Gericht nach Abs. 2 Satz 2 die auf Grund § 40 Abs. 1 mit Bekanntgabe eintretende sofortige Wirksamkeit des Anordnungsbeschlusses **auszusetzen** und die Erteilung des Erbscheins bis zur Rechts-

43

---

1 Wegen diesbezüglicher Befürchtungen s. Begr. zum GesetzE der BReg. zu § 352 Abs. 1 Satz 2, BT-Drucks. 16/6308, S. 281; dazu auch OLG Stuttgart v. 14.1.1993 – 8 W 137/92, OLGZ 1993, 383 (384) mit jedoch unzutreffenden Schlussfolgerungen (s. Rz. 31).
2 Begr. zum GesetzE der BReg. zu § 352 Abs. 1, BT-Drucks. 16/6308, S. 281.
3 Begr. zum GesetzE der BReg. zu § 352 Abs. 1 Satz 2, BT-Drucks. 16/6308, S. 280 f.
4 Begr. zum GesetzE der BReg. zu § 352 Abs. 1, BT-Drucks. 16/6308, S. 281.

kraft des Beschlusses zurückzustellen. Formelle Rechtskraft tritt nach erfolgloser Ausschöpfung des Rechtszuges oder durch Ablauf der Frist aus §§ 63 bzw. 71 ohne rechtzeitige Rechtsmitteleinlegung ein. Das Nachlassgericht kann nach § 68 Abs. 1 Satz 1 Halbs. 1 einer Beschwerde gegen den Anordnungsbeschluss abhelfen, diesen aufheben und – ggf. nach Zwischenverfügung – den Erbscheinsantrag zurückweisen.

44 **Formulierungsvorschlag:**

Beschluss

Durch Antrag vom ..., eingegangen beim Nachlassgericht am ..., hat ... die Erteilung folgenden Erbscheins beantragt: ... Auf AS ... der Nachlassakten wird bezugnehmend verwiesen. Die zur Erteilung dieses beantragten Erbscheins erforderlichen Tatsachen werden hiermit für festgestellt erachtet. Die sofortige Wirksamkeit dieses Beschlusses wird ausgesetzt. Die Erteilung des Erbscheins wird bis zur Rechtskraft dieses Beschlusses zurückgestellt. Diesem Beschluss kommt keine Erbscheinswirkung zu.

Gründe

...

Rechtsbehelfsbelehrung

...

44a Erfolgt die **Zustellung ins Ausland**, sind die Regelungen **internationaler Rechtshilfe** nach EuZustVO (innerhalb der EU), gem. eventuellen bilateralen Rechtshilfeabkommen (so mit Griechenland, Großbritannien, Tunesien, Marokko und der Türkei)[1] oder dem HZustÜ zu beachten.[2]

45 Liegen dem Nachlassgericht mehrere einander **widersprechende Erbscheinsanträge** vor, wird im Tenor des feststellenden Anodnungsbeschlusses anders als in den Gründen lediglich derjenige Antrag erwähnt, zu dessen Erteilung die erforderlichen Tatsachen für festgestellt erachtet werden. Insbesondere erfolgt eine Zurückweisung der übrigen entgegenstehenden Anträge enspechend der früheren Vorbescheidslösung nach altem Recht erst nach Eintritt der Rechtskraft des feststellenden Anordnungsbeschlusses.[3]

46 Ein von Beteiligtenseite erklärter entgegenstehender Wille muss weder begründet werden noch sinnvoll erscheinen, sondern ist durch das Gericht **jedenfalls zwingend** iSd. Abs. 2 zu berücksichtigen, wobei insbesondere im Falle missbräuchlicher Verzögerung eine Kostenauferlegung zulasten des unterlegen dem Erbscheinsantrag widersprechenden Beteiligten nach § 81 in Betracht kommt, dies jedoch lediglich für Auslagen möglich ist, während die gerichtlichen Erbscheinsgebühren stets der Erbscheinsantragsteller zu tragen hat.[4] Dabei kann eine Kostenerstattung auch bei Nichtanwendbarkeit der Regelbeispiele iSd. § 81 Abs. 2 allein aus dem Umstand des Unterliegens nach § 81 Abs. 1 folgen.[5]

47 Durch diese Regelung wird eine Überprüfung des beantragten Erbscheinsinhalts durch die nächsthöhere Instanz vor einer Erbscheinserteilung, die andernfalls mit Rechtsscheinrisiken verbunden wäre,[6] ermöglicht[7] und das bisher praktizierte durch Richterrecht geformte ungeschriebene Institut des **Vorbescheides**[8] vollumfänglich ersetzt.[9]

---

1 *Schaal*, Internationales Verfahrensrecht in der notariellen und gerichtlichen Praxis, Skript Notarakademie Baden-Württemberg 2011, S. 11.
2 *Schaal*, Internationales Verfahrensrecht in der notariellen und gerichtlichen Praxis, Skript Notarakademie Baden-Württemberg 2011, S. 4 ff.
3 Keidel/*Zimmermann*, § 352 FamFG Rz. 124.
4 Keidel/*Zimmermann*, § 352 FamFG Rz. 122.
5 OLG Düsseldorf v. 28.3.2011 – I-3 Wx 13/11, FGPrax 2011, 207 (208).
6 Dazu *Kuchinke*, Jura 1981, 281; *Muscheler*, ZEV 2008, 105 (111).
7 Begr. zum GesetzE der BReg. zu § 352 Abs. 2, BT-Drucks. 16/6308, S. 281.
8 BGH v. 18.4.1956 – IV ZB 18/56, BGHZ 20, 255 (258).
9 Begr. zum GesetzE der BReg. zu § 352 allg., BT-Drucks. 16/6308, S. 280; *Heinemann*, DNotZ 2009, 6 (29); *Zimmermann*, Das neue FamFG, Rz. 708; aA Firsching/*Graf*, Rz. 4.259: Weitere Anwendbarkeit des Vorbescheides auf Fälle unklarer Sach- und Rechtslage.

VII. Vollzug des feststellenden Anordnungsbeschlusses

Der feststellende Anordnungsbeschluss hat seinerseits keine Erbscheinswirkung und bedarf daher noch des Vollzugs durch **Erbscheinserteilung.** Zu den wichtigsten Beispielen mit Formulierungsvorschlag s. Rz. 49 ff.[1] 48

Nach der bisherigen Regelung des § 107 Abs. 3 und 4 KostO beschränkt auf den Wert des betroffenen Grundbesitzes bzw. Schiffsbauregisterrechts **gebührenvergünstigt** erteilte Erbscheine entfalten gleichwohl vollumfänglich alle Rechtswirkungen eines allgemeinen Erbscheins. Nach § 107a Abs. 1 bzw. 2 KostO werden jedoch die vollen Gebühren iSd. § 107 Abs. 1 KostO bei einer Verwendung derartiger gebührenprivilegierter gebrauchsbeschränkter Erbscheine zu anderen Zwecken nacherhoben und darf eine Erbschaftsausfertigung zur Vermeidung eines derartigen zweckentfremdeten Gebrauchs ausschließlich unmittelbar dem jeweiligen Gericht bzw. der jeweiligen Behörde zur Aufbewahrung bei den dortigen Akten übersandt werden. Nach dem 2. KostRMoG v. 23.7.2013[2] sieht das GNotKG zur Vereinfachung des Kostenrechts und aus Gründen der Missbrauchsvermeidung keine derartigen gebührenvergünstigten Erbscheine mehr vor. 48a

1. Erbschein ohne Auslandsbezug

a) Alleinerbschein aufgrund gesetzlicher Erbfolge

Formulierungsvorschlag: 49

Erbschein

..., geb. am ..., zuletzt wohnhaft gewesen in ..., verstorben am ... in ..., ist aufgrund gesetzlicher Erbfolge unter Anwendung deutschen Rechts von ..., geb. am ..., wohnhaft ..., allein beerbt worden.

b) Gemeinschaftlicher Erbschein aufgrund gewillkürter Erbfolge

Gem. § 2357 Abs. 1 Satz 2 BGB kann der Antrag auf Erteilung eines gemeinschaftlichen Erbscheins von jedem Erben allein gestellt werden. Es ist daher nicht erforderlich, dass die Erbscheinserteilung von allen Erben beantragt wird. Das Nachlassgericht kann die grundsätzlich von allen Erben abzugebende eidesstattliche Versicherung nach § 2357 Abs. 4 BGB den den Antrag nicht stellenden Miterben erlassen. Es hat dann jedoch zu überprüfen, ob die Erbschaft auch durch die übrigen Miterben, die den Antrag nicht gestellt haben, angenommen worden ist. Es wird dabei nach freiem Ermessen überprüfen, ob hierzu eine eidesstattliche Versicherung erforderlich ist. Richtet sich die Erbfolge nach deutschem Sachrecht oder nach ausländischem Recht, das eine den §§ 1943, 1944 BGB entsprechende gesetzliche Annahmefiktion vorsieht, und ist dem Nachlassgericht nach Ablauf der Ausschlagungsfrist und einem zeitlichen Sicherheitszuschlag für eine event. Übersendung von einem ersuchten oder nach § 344 Abs. 7 FamFG zuständigen auswärtigen Gericht am Wohnsitz des Ausschlagenden keine Ausschlagung zugegangen, bedarf es keines Annahmenachweises.[3] 50

Sieht eine Verfügung von Todes wegen eine die Verfügungsbefugnis eines Erben bzw. Erbeserben beschränkende Testamentsvollstreckung vor, ist im Erbschein nach § 2364 Abs. 1 BGB lediglich der Umstand anzugeben, *dass* **Testamentsvollstreckung** angeordnet ist und zusätzlich, falls sie auf bestimmte Nachlassgegenstände beschränkt wurde, welche Nachlassgegenstände davon erfasst sind;[4] die Person des Testamentsvollstreckers und dessen Aufgabenbereiche werden im Erbschein jedoch 51

---

1 Zum jeweiligen Erbscheinsantrag vgl. Wurm/Wagner/Zartmann/*Fröhler*, Kap. 92 Rz. 14 ff. und M 92.1 ff.
2 BGBl. I, S. 2586.
3 Ebenso für das Verfahren nach FGG *Zimmermann*, Erbschein und Erbscheinsverfahren, Rz. 210; Firsching/*Graf*, Rz. 4.144.
4 BayObLG v. 17.12.1990 – BReg. 1a Z 52/89, FamRZ 1991, 986 (988); MüKo.BGB/*Mayer*, § 2364 BGB Rz. 4; Firsching/*Graf*, Rz. 4.303.

nicht vermerkt.[1] Ist dem Testamentsvollstrecker anstelle der Nachlassverwaltung und der nach § 2205 Satz 2 BGB daraus resultierenden Verfügungsbefugnis lediglich eine beaufsichtigende Vollstreckung iSd. § 2208 Abs. 2 BGB übertragen, wird die Anordnung der Testamentsvollstreckung im Erbschein mangels verfügungsbeschränkender Wirkung nicht erwähnt.[2]

52 Eine **Vermächtnisvollstreckung** ist im Erbschein im Gegensatz zur Testamentsvollstreckung nicht zu erwähnen. Dem Vermächtnisvollstrecker kann jedoch nach § 2368 BGB auf dessen Antrag ein Vermächtnisvollstreckerzeugnis erteilt werden (s. dazu § 354 Rz. 20f.).[3]

53 Formulierungsvorschlag:

Gemeinschaftlicher Erbschein

..., geb. am ..., zuletzt wohnhaft gewesen in ..., verstorben am ... in ..., ist aufgrund gewillkürter Erbfolge unter Anwendung deutschen Rechts von
1. ..., geb. am ..., wohnhaft ..., zu ½ Erbteil
2. ..., geb. am ..., wohnhaft ..., zu ½ Erbteil
beerbt worden.
Gegenständlich beschränkt auf den im Grundbuch von ... eingetragenen Grundbesitz Flst. Nr. ... ist hinsichtlich beider Erbteile Testamentsvollstreckung angeordnet.

c) Vorläufiger gemeinschaftlicher Erbschein aufgrund gesetzlicher Erbfolge

54 Steht der Kreis der Miterben fest, ist jedoch deren **quotale Beteiligung** untereinander **noch ungeklärt**, besteht gleichwohl häufig ein Bedarf für einen Erbnachweis, um etwa gemeinsam über den Nachlass verfügen zu können. Derartige Konstellationen können etwa dann eintreten, wenn gesetzliche Erbfolge gilt, aber der Güterstand des längstlebenden Ehegatten, der die gesetzliche Erbfolge maßgeblich bestimmt, noch nicht endgültig ermittelt worden ist. In derartigen Fällen kann ein vorläufiger gemeinschaftlicher Erbschein erteilt werden, in dem der Kreis der Miterben ohne Benennung der einzelnen Erbquoten abschließend festgestellt wird.[4]

55 Formulierungsvorschlag:

Gemeinschaftlicher Erbschein

..., geb. am ..., zuletzt wohnhaft gewesen in ..., verstorben am ... in ..., ist aufgrund gesetzlicher Erbfolge unter Anwendung deutschen Rechts ausschließlich von
1. ..., geb. am ..., wohnhaft ...,
2. ..., geb. am ..., wohnhaft ...,
3. ..., geb. am ..., wohnhaft ...,
beerbt worden. Es sind keine anderen Personen Erbe geworden. Die jeweilige Erbquote der vorstehend genannten alleinigen Erben kann derzeit noch nicht bezeugt werden.

d) Teilerbschein

56 Gem. § 2353 Alt. 2 BGB kann die Erteilung eines Teilerbscheins beantragt werden, der lediglich den Erbteil **eines von mehreren Miterben** bezeugt. Dabei ist es nicht erforderlich, dass Antragsteller und derjenige Miterbe, dessen Erbrecht bezeugt wird, personengleich sind. Vielmehr kann auch der eine Miterbe hinsichtlich des anderen Miterben die Erteilung eines Teilerbscheins beantragen.[5] Teilerbscheine können als Alleinteilerbschein, gemeinschaftlicher Teilerbschein, Mindestteilerbschein oder vorläufiger Teilerbschein erteilt werden. Insbesondere im Falle eines eventuellen gesetzlichen Erbrechts des nasciturus – dieses setzt nach § 1923 Abs. 2 BGB neben der vor

---

1 Firsching/*Graf*, Rz. 4.303.
2 BayObLG v. 17.12.1990 – BReg. 1a Z 52/89, FamRZ 1991, 986 (988); MüKo.BGB/*Mayer*, § 2364 BGB Rz. 4.
3 Staudinger/*Reimann*, Neubearb. 2003, § 2223 BGB Rz. 19.
4 KG v. 22.12.1932 – 1b X 812/32, JFG 10, 75 (76f.); MüKo.BGB/*Mayer*, § 2357 BGB Rz. 16; Firsching/*Graf*, Rz. 4.144.
5 Firsching/*Graf*, Rz. 4.145.

dem Erbfall erfolgten Zeugung zusätzlich die spätere lebende Geburt voraus – kann bereits vor dessen Geburt ein Bedürfnis dafür bestehen, dass für die anderen feststehenden Miterben ein vorläufiger Teilerbschein erteilt wird.

Formulierungsvorschlag: 57

Erbschein

..., geb. am ..., zuletzt wohnhaft gewesen in ..., verstorben am ... in ..., ist aufgrund gesetzlicher Erbfolge unter Anwendung deutschen Rechts von ..., geb. am ..., wohnhaft ..., zu ½ Erbteil beerbt worden.

e) Erbschein bei angeordneter Nacherbfolge vor Eintritt des Nacherbfalls

Ist durch Verfügung von Todes wegen **Nacherbfolge** angeordnet worden, sind diverse Besonderheiten zu beachten.[1] Zunächst ist im Erbschein anzugeben, dass und mit welcher Erbquote der Erbe bzw. bei mehreren Erben welcher Erbe als Vorerbe durch Anordnung der Nacherbschaft beschränkt ist und auf Grund welchen Umstandes – ggf. differenziert nach einzelnen Vorerben bzw. nach Quoten bezüglich desselben Vorerben – Nacherbfolge eintritt und wer als Nacherbe eingesetzt ist, wobei die Erbquoten der Nacherben nicht anzugeben sind. Weiter sind im Erbscheinsantrag im Falle einer entsprechenden Anordnung durch Verfügung von Todes wegen Befreiungen des Vorerben von Verfügungsbeschränkungen, – unter Zuordnung zu dem jeweils betroffenen Nacherben – eine Anordnung von Ersatznacherbschaft samt Benennung der Ersatznacherben wiederum ohne Bezeichnung der jeweiligen Erbquoten, die Nichtvererblichkeit des Nacherbenrechts – diese ist insbesondere mangels anderweitiger Anhaltspunkte bei aufschiebend bedingter Nacherbeneinsetzung iSd. § 2108 Abs. 2 Satz 2 BGB in Wiederverheiratungsklauseln im Zweifel anzunehmen[2] –, eine Nichtveräußerlichkeit des Nacherbenrechts, die Einsetzung weiterer Nacherben – sog. Nachnacherben – und dann etwa angeordnete Befreiung der Nacherben gegenüber den Nachnacherben von Verfügungsbeschränkungen, Anordnung allgemeiner Testamentsvollstreckung und Anordnung von Nacherbenvollstreckung gem. § 2222 BGB anzuführen. 58

Besondere Sorgfalt sollte auf die Auslegung des Testamentes hinsichtlich einer eventuellen **Ersatznacherbeneinsetzung** verwendet werden. Hier kommt neben einer ausdrücklichen Anordnung auch eine Ersatznacherbenbestimmung im Wege ergänzender Testamentsauslegung nach dem Rechtsgedanken – nicht jedoch in analoger Anwendung – des § 2069 BGB in Betracht. Dabei können die Grundsätze über die ergänzende Testamentsauslegung zur Bestimmung von Ersatzerben zugrundegelegt werden. Danach gelten bei Wegfall eingesetzter Erben, die dem Erblasser vergleichbar einem eigenen Abkömmling nahe standen, deren Abkömmlinge als ersatzweise eingesetzt, beispielsweise, wenn die Abkömmlinge des anderen Ehegatten eingesetzt waren.[3] Des Weiteren besteht bei angeordneter Nachnacherbfolge mangels ausdrücklicher Gestaltung häufig Auslegungsbedarf dafür, ob der Nacherbe gegenüber dem Nachnacherben die Position eines **befreiten** oder nichtbefreiten Vorerben einnimmt. 59

Formulierungsvorschlag: 60

Gemeinschaftlicher Erbschein

..., geb. am ..., zuletzt wohnhaft gewesen in ..., verstorben am ... in ..., ist aufgrund gewillkürter Erbfolge unter Anwendung deutschen Rechts ausschließlich von ..., geb. am ..., wohnhaft ..., allein beerbt worden.

Nacherbfolge ist hinsichtlich des gesamten Nachlasses angeordnet. Sie tritt mit dem Tod des Vorerben ein.

Der Vorerbe ist von allen Beschränkungen befreit, für die nach dem Gesetz Befreiung erteilt werden kann.

Nacherben sind

---

1 Vgl. zu den verschiedenen Gestaltungsvarianten bei Nacherbfolgeanordnung Wurm/Wagner/Zartmann/*Fröhler*, Kap. 84 Rz. 1.ff. und M 84.1 ff.
2 BayObLG v. 22.6.1966 – BReg 1b Z 12/66, BayObLGZ 1966, 227 (229 ff.).
3 Vgl. die diesbezügliche Übersicht bei Nieder/*Kössinger*, § 8 Rz. 69.

1. ..., geb. am ..., wohnhaft ...,
2. ..., geb. am ..., wohnhaft ...,
3. ..., geb. am ..., wohnhaft ...,

Es ist jeweils Ersatznacherbfolge angeordnet. Ersatznacherben sind die jeweiligen Abkömmlinge eines wegfallenden Nacherben nach den Regeln der gesetzlichen Erbfolge erster Ordnung. Die jeweiligen Nacherbanwartschaften sind jeweils weder vererblich noch veräußerlich, wobei eine Veräußerung an den jeweiligen Vorerben zulässig ist. Im Falle einer Veräußerung an den Vorerben entfällt zudem jede Ersatznacherbeneinsetzung.

Für jeden Nacherben ist Testamentsvollstreckung gem. § 2222 BGB angeordnet.

f) Erbschein bei angeordneter Nacherbfolge und dem Vorerben zugewendetem Vorausvermächtnis vor Eintritt des Nacherbfalls

61 Ein durch **Vorausvermächtnis** bedachter **Alleinvorerbe** wird unter Anwendung des § 2110 Abs. 2 BGB mit dem Tod des Erblassers kraft Gesetzes sofort und ohne Zutun der Nacherben frei von der Nacherbfolge Eigentümer des ihm durch Vorausvermächtnis zugewendeten Gegenstandes. Das dem Alleinvorerben zugewendete Vorausvermächtnis entfaltet damit entgegen der nach § 2174 BGB zugunsten des Damnationslegates getroffenen gesetzlichen Grundentscheidung ausnahmsweise nicht lediglich schuldrechtliche, sondern unmittelbar dingliche Wirkung eines Vindikationsvermächtnisses. Der Vorausvermächtnisgegenstand tritt damit von selbst aus dem gebundenen Nachlass heraus und zugleich in das freie Vermögen des Vorerben ein, ohne dem in § 2139 BGB geregelten Anfallsrecht des Nacherben oder der Herausgabepflicht des Vorerben zu unterliegen. Es ist allgemein anerkannt, dass ein dem Vorerben zugewendetes Vorausvermächtnis im Erbschein als von der Nacherbfolge nicht erfasst anzugeben ist, obwohl der Wortlaut des § 2363 BGB dies nicht ausdrücklich vorsieht. Dies ergibt sich im Wege eines Erst-recht-Schlusses daraus, dass bereits die weniger einschneidende Befreiung von Verfügungsbeschränkungen nach § 2136 BGB im Vorerbschein anzugeben sind, und aus dem Erbscheinszweck, die Erben im Rechtsverkehr zutreffend auszuweisen.[1]

62 Formulierungsvorschlag:

Gemeinschaftlicher Erbschein

... (wie Erbschein Rz. 60, jedoch mit folgendem Zusatz:)
Das Recht der Nacherben erstreckt sich nicht auf den im Grundbuch von ... eingetragenen Grundbesitz Flst. Nr. ...

g) Erbschein ab Eintritt des Nacherbfalls

63 Auch nach Eintritt des Vorerbfalles ist bei angeordneter Nacherbfolge anerkannt, dass auf einen Erbschein verzichtet werden kann, wenn die notariell beurkundete letztwillige Verfügung **alle Nacherben namentlich** benennt[2] oder eine derartige Benennung vor Eintritt des Nacherbfalls auf Grund nachlassgerichtlicher Ermittlungen in einem Erbschein – wie etwa bei einer Einsetzung der im Zeitpunkt des Todes des Vorerben vorhandenen Abkömmlinge des Vorerben zu Nacherben – nicht möglich wäre,[3] andernfalls ist jedoch ein Erbschein erforderlich.[4] Betrifft die Grundbuchberichtigung durch Vorausvermächtnis an den Vorerben zugewendeten Grundbesitz, besteht kein Bedürfnis zur Benennung von Nacherben, da der Vorausvermächtnisgegenstand gem. § 2110 Abs. 2 BGB mit dem Erbfall von selbst in das ungebundene Vermögen des Vorerben frei von Nacherbenrechten übergeht, die Nacherben diesbezüglich nicht schutzbedürftig sind und daher im Grundbuch insoweit kein Nacherbenvermerk eingetragen werden darf.[5] Vielmehr ist § 35 Abs. 1 Satz 2 Halbs. 1 GBO bei namentlicher Benennung des Vorerben in der öffentlichen Urkunde für eine

---

1 KG v. 25.1.1940 – 1 Wx 867/39, JFG 21, 122 (126).
2 OLG Dresden v. 11.3.1930 – 6 Reg. 42/30, JFG 7, 267, (269).
3 BayObLG v. 22.12.1982 – 2 Z 88/82, Rpfleger 1983, 104 f.
4 *Demharter*, § 35 GBO Rz. 42.
5 *Fröhler*, BWNotZ 2005, 1 (7).

Grundbuchberichtigung hinsichtlich eines Vorausvermächtnisgegenstandes nach § 2110 Abs. 2 BGB sowohl vor als auch ab Eintritt des Nacherbfalls ausreichend.

Mit **Eintritt der Nacherbfolge** wird der dem Vorerben erteilte Erbschein unrichtig und ist vom Nachlassgericht gem. § 2361 Abs. 1 BGB von Amts wegen einzuziehen. Kann der Erbschein nicht sofort erlangt werden, hat ihn das Nachlassgericht gem. § 2361 Abs. 2 BGB durch Beschluss für kraftlos zu erklären. Gleichzeitig können die Nacherben nunmehr einen Erbschein auf Ableben des ursprünglichen Erblassers beantragen. 64

Formulierungsvorschlag: 65

Gemeinschaftlicher Erbschein

(wie Erbschein Rz. 53, jedoch mit folgendem Zusatz:)
Durch den Tod des Vorerben ... ist der Nacherbfall eingetreten.

Daneben besteht häufig Bedarf für einen **zusätzlichen Erbschein** auf Ableben des verstorbenen Vorerben (Erbschein wie Rz. 53). Beide Erbfolgen werden in der Praxis insbesondere bei Vor- und Nacherbfolge zwischen Ehegatten miteinander verwechselt. Dabei sind die Erbfälle auf Ableben des erstversterbenden Ehegatten, auf dessen Tod zunächst der Vorerbschein zugunsten des längstlebenden Ehegatten und nach Eintritt des Nacherbfalles der Erbschein zugunsten der Nacherben zu beantragen ist, einerseits und der Erbschein auf den Tod des längstlebenden Ehegatten andererseits zu unterscheiden. Letztlich werden in derartigen Konstellationen somit insgesamt drei Erbscheine benötigt. 66

h) Erbschein bei aufschiebend bedingter Nacherbfolge (Wiederverheiratungsklausel)

Soweit Ehegatten, die sich durch Verfügung von Todes wegen gegenseitig zu Alleinerben eingesetzt haben, zugleich anordnen, dass der längstlebende Ehegatte bei einer **Wiederverheiratung** lediglich Vorerbe ist und die gemeinschaftlichen zu Schlusserben eingesetzten Kinder in einem derartigen Fall Nacherben des erstversterbenden Ehegatten werden,[1] sind bei einem Erbschein mehrere Aspekte zu beachten: 67

Soweit das gemeinschaftliche Testament bzw. der Erbvertrag der Ehegatten keine weiter gehende Regelung enthält, ist zunächst durch Auslegung zu klären, ob die Nacherbfolge aufschiebend (dann ist das Nacherbanwartschaftsrecht nicht vererblich) oder auflösend (dann kommt eine Vererblichkeit des Anwartschaftsrechts in Betracht) bedingt angeordnet ist. Nach der Auslegungsregelung des § 2074 BGB wird in derartigen Fällen im Zweifel von einer **aufschiebenden** und damit nichtvererblichen Position auszugehen sein.[2] 68

Weiter ist zu klären, ob sich aus der letztwilligen Verfügung, wenn auch nur andeutungsweise oder versteckt, Hinweise auf eine Befreiung des Vorerben ergeben. Die Einsetzung des anderen Ehegatten zum Alleinerben verkörpert für sich genommen noch keine Befreiungstendenz. Anders verhält es sich jedoch dann, wenn der zum alleinigen Vollerben eingesetzte längstlebende Ehegatte für den Fall der Wiederverheiratung mit einer Nacherbfolge der Kinder belastet ist. Hier ist im Zweifel eine **befreite** Vorerbschaft zu unterstellen, da der längstlebende Ehegatte bis zur ungewissen Wiederverheiratung möglichst umfangreich entsprechend einem unbeschränkten Erben verfügungsberechtigt bleiben soll.[3] 69

Als weitere Auslegungsregel ist § 2137 BGB zu beachten, wonach im Zweifel jeweils von befreiter Vorerbschaft auszugehen ist, wenn der Nacherbe auf dasjenige eingesetzt ist, was von der Erbschaft bei dem Eintritt der Nacherbfolge **übrig** sein wird, bzw. der Vorerbe zur freien Verfügung über die Erbschaft berechtigt sein soll. 70

---

1 S. dazu und allgemein zu Wiederverheiratungsklauseln *Völzmann*, RNotZ 2012, 1 ff.; Wurm/Wagner/Zartmann/*Fröhler*, Kap. 86 Rz. 28 ff. und M 86.9.
2 BayObLG v. 22.6.1966 – BReg 1b Z 12/66, BayObLGZ 1966, 227 (230).
3 BGH v. 18.1.1961 – V ZR 83/59, FamRZ 1961, 275 (276); BayObLG v. 22.6.1966 – BReg 1b Z 12/66, BayObLGZ 1966, 227 (232f.); OLG Hamm v. 9.7.1971 – 15a W 108/71, DNotZ 1972, 96 (97f.).

71 Formulierungsvorschlag:

Gemeinschaftlicher Erbschein

..., geb. am ..., zuletzt wohnhaft gewesen in ..., verstorben am ... in ..., ist aufgrund gewillkürter Erbfolge unter Anwendung deutschen Rechts ausschließlich von ..., geb. am ..., wohnhaft ..., allein beerbt worden.

Nacherbfolge ist hinsichtlich des gesamten Nachlasses angeordnet. Sie tritt mit einer Wiederheirat bzw. dem Tod des Vorerben ein und ist dadurch aufschiebend bedingt.

Der Vorerbe ist von allen Beschränkungen befreit, für die nach dem Gesetz Befreiung erteilt werden kann.

Nacherben sind
1. ..., geb. am ..., wohnhaft ...,
2. ..., geb. am ..., wohnhaft ...,
3. ..., geb. am ..., wohnhaft ...,

Es ist jeweils Ersatznacherbfolge angeordnet. Ersatznacherben sind die jeweiligen Abkömmlinge eines wegfallenden Nacherben nach den Regeln der gesetzlichen Erbfolge erster Ordnung. Die jeweiligen Nacherbanwartschaften sind jeweils weder vererblich noch veräußerlich, wobei eine Veräußerung an den jeweiligen Vorerben zulässig ist. Im Falle einer Veräußerung an den Vorerben entfällt zudem jede Ersatznacherbeneinsetzung.

i) Erbschein bei Vorausvermächtnis an Vorerben ab Eintritt des Nacherbfalls

72 Soweit dem Vorerben ein **Vorausvermächtnis** zugewendet ist, können hinsichtlich des Erbnachweises ab Eintritt des Nacherbfalles erhebliche Schwierigkeiten auftreten. Dabei sind in der Praxis am häufigsten diejenigen Fälle, in denen Ehegatten, die aus ihrer jeweiligen ersten Ehe eigene Kinder, aus der gemeinsamen Ehe jedoch keine Abkömmlinge hinterlassen, sich gegenseitig durch eigenhändiges gemeinschaftliches Testament zu befreiten Vorerben, der Erstversterbende zudem seine eigenen Kinder aus erster Ehe zu Nacherben, der Längstlebende seine eigenen Kinder aus erster Ehe zu seinen Erben einsetzen und dabei der erstverstorbene Ehegatte dem längstlebenden Ehegatten frei von Nacherbenrechten vorausvermächtnisweise Grundbesitz zuwendet. Ein Erbnachweis ist bis zum Eintritt des Nacherbfalls zugunsten des Vorerben unproblematisch (s. Rz. 62).

73 Hat der längstlebende Ehegatte zu Lebzeiten keinen Vorerbschein erwirkt und das Grundbuch dadurch nicht berichtigen lassen, gestaltet sich der Erbnachweis für den vorausvermächtnisweise zugewendeten, in das von Nacherbenrechten unbelastete Vermögen gelangten Vorausvermächtnisgegenstand aus Sicht der Erben des längstlebende Ehegatten nunmehr als problematisch. Dies ergibt sich daraus, dass ein Vorerbschein, wäre er durch den Vorerben zu Lebzeiten vor Eintritt des Nacherbfalls noch beantragt worden, mit Eintritt des Nacherbfalls nach § 2363 Abs. 1 BGB als unrichtig eingezogen werden müsste. Folgerichtig darf ein derartiger Vorerbschein grundsätzlich in derselben Form nach Eintritt des Nacherbfalls auch nicht erstmals erteilt werden.[1] Umgekehrt ist zwingend, dass auch in derartigen Konstellationen bspw. eine **Grundbuchberichtigung** möglich sein und dazu ein Erbschein – in welcher Form auch immer – erteilt werden können muss. Hierzu bieten sich sowohl ein gegenständlich auf das dem früheren Vorerben zugewendete Vorausvermächtnisvermögen beschränkter Vollerbenerbschein als auch ein Vorerbenerbschein analog § 2363 BGB mit Hinweis auf bereits eingetretene Nacherbfolge an.[2]

74 Da § 2110 Abs. 2 BGB neben dem kraft Gesetzes eintretenden Eigentumserwerb am Vorausvermächtnisgegenstand frei von Nacherbenrechten eine zweigeteilte Erbfolge dergestalt auslöst, dass der Vorerbe hinsichtlich des ihm vorausvermachten Gegenstandes in Durchbrechung der bewussten Abkehr des Gesetzgebers von der gemeinrechtlichen „institutio ex re certa" Vollerbe ist und im Übrigen Vorerbe bleibt[3]

---

[1] OLG Hamm v. 8.7.1974 – 15 Wx 42/74, NJW 1974, 1827 (1828).
[2] Einzelheiten bei *Fröhler*, BWNotZ 2005, 1, (4 ff.).
[3] KG v. 25.1.1940 – 1 Wx 867/39, JFG 21, 122 (125 f.) „insoweit Vollerbe"; OLG München v. 10.6.1942 – 8 Wx. 162/42, JFG 23, 300 (302) „insoweit Vollerbe"; BGH v. 10.2.1960 – V ZR 39/58, BGHZ 32, 60 (62, Fn. 1) „kraft Erbrechts"; Staudinger/*Otte*, § 2150 BGB Rz. 4; aA Staudinger/*Avenari-*

und Nachlassspaltungen sowie deren ausdrückliche Benennung im Erbschein in verschiedenen speziellen Konstellationen – etwa bei einer Hoffolge im Anwendungsbereich der HöfeO oder des früheren Reichserbhofrechts bzw. landesrechtlicher Anerbenbestimmungen in Form eines Erbscheins, der zusätzlich auch die Hoffolge bescheinigt, eines ausschließlichen Hoffolgezeugnisses oder eines auf das hoffreie Vermögen beschränkten Erbscheins, wenn Nachlasteile im Ausland belegen sind und Art. 3a Abs. 2 EGBGB Anwendung findet, wenn durch Rückverweisung nach Art. 4 EGBGB bzw. auf Grund Rechtswahl deutsches Recht für Nachlassteile anwendbar ist und ausdrücklich kraft Gesetzes nach § 2369 Abs. 1 BGB bei territorial auf die im Inland befindlichen Nachlassgegenstände beschränkten Erbscheinen – anerkannt sind, muss ein gegenständlich auf das dem früheren Vorerben zugewendete Vorausvermächtnisvermögen beschränkter **Vollerbenschein** zulässig sein.[1]

Formulierungsvorschlag:

75

Erbschein

..., geb. am ..., zuletzt wohnhaft gewesen in ..., verstorben am ... in ..., ist aufgrund gewillkürter Erbfolge unter Anwendung deutschen Rechts von..., geb. am ..., wohnhaft ..., allein gegenständlich beschränkt auf den im Grundbuch von ... eingetragenen Grundbesitz Flst. Nr. ..., der ... als am ... nachverstorbenen Vorerben gem. § 2110 Abs. 2 BGB als Vorausvermächtnis zugewendet worden ist,
beerbt worden.

In dieser dogmatisch sehr schwierigen Konstellation darf das Nachlassgericht die Erteilung eines gegenständlich auf die Vorausvermächtniszuwendung nach § 2110 Abs. 2 BGB beschränkten Vollerbscheins nicht von der gleichzeitigen **Mitbescheinigung** der Nacherbfolge in demselben Erbschein abhängig machen. Da gem. § 2353 Alt. 2 BGB einem Miterben die Möglichkeit eröffnet ist, die alleinige Erteilung eines Erbscheins über seinen bruchteilsmäßigen Erbteil zu beantragen, muss erst recht der kraft Gesetzes gem. § 2110 Abs. 2 BGB gegenständlich beschränkte Vollerbe ohne Mitwirkung der Nacherben die Erteilung eines Alleinerbscheins beantragen können.[2] Häufig bestehen in derartigen Konstellationen zwischen Stiefelternteilen (bzw. nach deren Tod deren Abkömmlingen) einerseits und Stiefkindern andererseits erhebliche Interessengegensätze und Spannungen, auf Grund derer die Nacherben den Erben des Vorerben bei der Grundbuchberichtigung für den ihnen vorenthaltenen Grundbesitz nicht behilflich sein werden, insbesondere dann nicht, wenn die Vorausvermächtnisgegenstände – wie häufig – nahezu das gesamte Vermögen darstellen und an den Nacherben vorbei in das Eigentum der Vorerben gelangt sind. Ohne Erbscheinsantrag zumindest eines der Nacherben kann wegen des Antragserfordernisses nach § 2353 BGB das Erbrecht der Nacherben, das einen anderen Erblasser betrifft, im Erbschein auf den Tod des Vorerben nicht mitbescheinigt werden. Liegt hingegen ein derartiger Antrag eines Nacherben vor, ist ein gemeinsamer Erbschein als Mehrfach- bzw. Doppelerbschein möglich.

76

Daneben ist anerkannt, dass auch noch nach Eintritt des Nacherbfalls ein **Vorerbschein** analog § 2363 BGB zulässig ist, wenn darin durch einen ausdrücklichen Zusatz klargestellt wird, dass der Vorerbe mit zwischenzeitlichem Eintritt des Nacherbfalls hinsichtlich des nicht von Vorausvermächtniszuwendungen erfassten Vermögens kein Erbe mehr ist.[3]

77

---

us, § 2110 BGB Rz. 7, wonach § 2110 Abs. 2 BGB nach wie vor ein Vermächtnis auslöse, das ausnahmsweise in Durchbrechung des Grundsatzes des Damnationslegats in der Form des römisch rechtlichen Vindikationslegats auftrete.

1 *Fröhler*, BWNotZ 2005, 1 (4ff.) insbesondere auch dazu, dass die Rspr. gegenständlich beschränkte Erbscheine ausnahmslos in Fällen ausschließt, die lediglich einen Teil eines einheitlich vererbten Vermögens betreffen, und daher auf die Fälle des § 2110 Abs. 2 BGB, der für das gesamte dem Vorerben vorausvermächtnisweise zugewendete Vermögen eine von der Vorerbfolge abweichende Erbfolge vorsieht, nicht anwendbar ist.
2 *Fröhler*, BWNotZ 2005, 1 (6).
3 LG Bonn v. 5.10.1983 – 5 T 158/83, MittRhNotK 1984, 123 (124); MüKo.BGB/*Mayer*, § 2353 BGB Rz. 25; Staudinger/*Herzog*, § 2353 BGB Rz. 14.

78 **Formulierungsvorschlag:**

Gemeinschaftlicher Erbschein

... (wie Erbschein Rz. 60, jedoch statt Hinweises auf Anordnung der Testamentsvollstreckung mit folgendem Zusatz:)

Das Recht der Nacherben erstreckt sich nicht auf den im Grundbuch von ... eingetragenen Grundbesitz Flst. Nr. ..., der dem nachverstorbenen Vorerben ... gem. § 2110 Abs. 2 BGB als Vorausvermächtnis zugewendet worden ist.

79 Zugleich ist nach Eintritt des Nacherbfalls im gemeinschaftlichen **Nacherbschein** auf den Tod des Erstversterbenden klarzustellen, dass sich das Erbrecht der Nacherben nicht auf die dem Vorerben gem. § 2110 Abs. 2 BGB zugewendeten Vorausvermächtnisgegenstände erstreckt.[1]

80 **Formulierungsvorschlag:**

Gemeinschaftlicher Erbschein

... (wie Erbschein Rz. 65, jedoch mit folgendem Zusatz:)

Das Erbrecht erstreckt sich nicht auf den im Grundbuch von ... eingetragenen Grundbesitz Flst. Nr. ..., der durch Vorausvermächtniszuwendung an den Vorerben gem. § 2110 Abs. 2 BGB aus dem Nachlass ausgeschieden ist.

j) Problematik Pflichtteilsstrafklausel (Verwirkungsklausel)

81 Sehen Eheleute in einem Berliner Testament eine Pflichtteilsstrafklausel in Form einer **automatischen Verwirkungsklausel** als Anreiz dafür vor, dass die Abkömmlinge auf den Tod des Erstversterbenden möglichst keine Pflichtteilsansprüche geltend machen,[2] dann ist die Schlusserbeneinsetzung eines Abkömmlings um dessen Pflichtteilsverlangen auf den Tod des Erstversterbenden auflösend bedingt. Dabei kann die diesbezügliche auflösende Bedingung auch durch eine erst nach dem Tod des Längstlebenden erfolgende Geltendmachung des Pflichtteils und/oder sogar noch nach Verjährung des Pflichtteilsanspruchs eintreten.[3] Hieraus folgt zugleich, dass die auflösende Bedingung für die Schlusserbeneinsetzung nur durch einen **Erlassvertrag** aller Schlusserben untereinander oder noch mit dem Längstlebenden endgültig ausgeschaltet wird bzw. im Falle eines Alleinschlusserben durch Konfusion mit Eintritt des Schlusserbfalls entfällt.[4] Bis zu diesem Zeitpunkt sind die Schlusserben – ähnlich einem längstlebenden Ehegatten unter Wiederverheiratungsklausel – lediglich (auflösend bedingte Schlussvollerben und damit aufschiebend bedingte) Vorerben.[5] In einer derartigen Konstellation kann daher im Schlusserbfall nur dann ein die unbeschränkte Vollerbenstellung ausweisender Erbschein erteilt werden, wenn im Erbscheinsantrag ein entsprechender Erlassvertrag nachgewiesen bzw. enthalten ist. Andernfalls kann lediglich analog zur Konstellation bei einer Widerverheiratungsklausel (s. Rz. 71) ein Erbschein beantragt und erteilt werden, der jeweils eine auflösend bedingte Schlussvollerbenstellung unter aufschiebend bedingter Nacherbfolge ausweist.

2. Erbschein bei Auslandsbezug

a) Allgemeines

82 § 105 regelt für andere Verfahren nach dem FamFG als diejenigen der §§ 98 bis 104, somit auch für Erbscheinsverfahren, die internationale Zuständigkeit dahingehend, dass diese **der örtlichen Zuständigkeit im Wege der Doppelfunktionalität folgt**, soweit kein vorrangiges Gemeinschafts- und Konventionsrecht und keine anderweitigen deutschen Sonderregelungen zur internationalen Zuständigkeit entgegenstehen (s. dazu § 105 Rz. 2f. und 24f.). Damit ist der bisher kraft Richterrechts praktizierte

---

1 *Fröhler*, BWNotZ 2005, 1 (6).
2 Vgl. dazu Wurm/Wagner/Zartmann/*Fröhler*, Kap. 86 Rz. 36ff.
3 BGH v. 12.7.2006 – IV ZR 298/03, MittBayNot 2007, 223f. m. krit. Anm. v. *Selbherr*.
4 *Selbherr*, MittBayNot 2007, 224.
5 Erman/*Schmidt*, § 2075 BGB Rz. 2; Firsching/*Graf*, Rz. 1.160 und 4.302.

ungeschriebene Gleichlaufgrundsatz, nach dem deutsche Gerichte für Nachlasssachen nur bei Anwendung deutschen Erbrechts (Sachrecht) zuständig seien[1] und der lediglich durch auf inländischen Nachlass beschränkte Fremdrechtszeugnisse nach §§ 2369 Abs. 1, 2368 Abs. 3 Halbs. 1 aF BGB,[2] aufgrund von Notzuständigkeiten aus drohender Rechtsverweigerung[3] bzw. für Sicherungsmaßnahmen[4] (s. § 343 Rz. 186) durchbrochen wurde, nicht mehr maßgebend. Gegenüber § 105 vorrangig ist danach die durch § 12 der Anlage zu Art. 20 des deutsch-türkischen Konsularvertrags vom 28.5.1929 geregelte internationale Zuständigkeit des Gerichts am Ort der Belegenheit unbeweglichen Vermögens.[5]

Verstirbt ein ausländischer Erblasser mit letztem Wohnsitz bzw. letztem Aufenthalt in Deutschland oder hinterlässt er zumindest Nachlassvermögen in Deutschland und stehen weder vorrangiges Gemeinschafts- und Konventionsrecht noch anderweitige deutsche Sonderregelungen zur internationalen Zuständigkeit entgegen, besteht eine internationale Zuständigkeit eines deutschen Gerichts nach dem Grundsatz der Doppelfunktionalität aus den §§ 105, 343 Abs. 1 bzw. 3 für den gesamten Nachlass unabhängig davon, ob und inwieweit dieser einem ausländischen Erbstatut unterliegt und das Nachlassgericht daher ausländisches Recht anzuwenden hat. Damit wird eine sog. **Weltzuständigkeit**[6] begründet. Entsprechendes gilt nach Art. 3a Abs. 2 EGBGB bei einem deutschen Erblasser mit Grundbesitz im Ausland, wenn die dortige Rechtsordnung dafür die Geltung des eigenen Erbrechts beansprucht (s. dazu das Beispiel Frankreich, Rz. 90). Die internationale Zuständigkeit besteht dabei unabhängig von einer eventuellen Anerkennung der nachlassgerichtlichen Entscheidung im Ausland.[7] Zu den nach Art. 3 Nr. 1 EGBGB innerhalb ihres Anwendungsbereichs gegenüber nationalem Recht vorrangigen Regelungen der EuErbVO für die Rechtsnachfolge von am 17.8.2015 oder danach verstorbenen Personen hinsichtlich internationaler Zuständigkeit und Kollisionsrecht sowie zum neben dem Erbschein in Betracht kommenden Europäischen Nachlasszeugnis s. Rz. 100 ff., § 343 Rz. 154 ff. bzw. § 354 Rz. 22 ff. 83

Zur Maßgeblichkeit der **lex fori** für das Nachlassverfahrensrecht und die daraus resultierende Anwendbarkeit der §§ 2353 ff. BGB im Erbscheinsverfahren selbst bei Einschlägigkeit ausländischen Sachrechts s. § 343 Rz. 163. 84

Dabei ggf. im Erbscheins- bzw. Testamentsvollstreckerzeugnisverfahren auftretende Schwierigkeiten lassen sich durch eine **Zeugnisbeschränkung auf den inländischen Nachlass** nach §§ 2369 Abs. 1, 2368 Abs. 3 Halbs. 1 BGB kompensieren. Dies setzt eine entsprechende Beschränkung des Antrags voraus. Zudem muss sowohl im In- als auch im Ausland jeweils zumindest *ein*[8] Nachlassgegenstand vorhanden sein.[9] 85

Eine gegenständliche Beschränkung eines Erbscheins auf alle oder einzelne im **Ausland** belegene Nachlassgegenstände ist unzulässig.[10] Etwas anderes gilt nur für 86

---

1 OLG Zweibrücken v. 27.9.2001 – 3 W 124/01, MittBayNot 2002, 203 (204); BayObLG v. 12.12. 2000 – 1 Z BR 136/00, NJW-RR 2001, 297; BayObLG v. 13.11.1986 – BReg. 1 Z 4/86, NJW 1987, 1148 (1149); KG v. 4.3.1977 – 1 W 4073/76, OLGZ 1977, 309; *Schotten/Schmellenkamp*, Rz. 340; Erman/*Hohloch*, Art. 25 EGBGB Rz. 45; aA MüKo.BGB/*Birk*, Art. 25 EGBGB Rz. 25; Staudinger/*Dörner*, Art. 25 EGBGB Rz. 849 ff.
2 Zur früheren Rechtslage nach § 2369 Abs. 1 aF BGB für die Erteilung eines Fremdrechtserbscheins MüKo.BGB/*Mayer*, 4. Aufl., § 2369 BGB Rz. 21 ff.
3 BayObLG v. 18.9.1967 – BReg. 1b Z 61/67, BayObLGZ 1967, 338; BayObLG v. 2.12.1965 – BReg. 1b 67/65, BayObLGZ 1965, 423 (426 ff.).
4 BayObLG v. 22.2.1963 – BReg. 1 Z 148/62, BayObLGZ 1963, 52 ff.
5 RGBl. 1930 II, S. 747; *Bachmayer*, BWNotZ 2010, 146 (149); *Dörner*, ZEV 1996, 90 (96).
6 *Geisler*, notar 2010, 160; *Wittkowski*, RNotZ 2010, 102 (105 f.).
7 Bahrenfuss/*Schaal*, § 343 FamFG Rz. 9.
8 *Wittkowski*, RNotZ 2010, 102 (112).
9 Palandt/*Weidlich*, § 2369 BGB Rz. 1; *Wittkowski*, RNotZ 2010, 102 (112); aA (keine Notwendigkeit einer Belegenheit von Nachlass im Ausland zur Vermeidung aufwändiger Ermittlungen und einer eventuellen späteren Einziehung): *Bachmayer*, BWNotZ 2010, 146 (172); *Schaal*, notar 2010, 393 (399).
10 Palandt/*Weidlich*, § 2369 BGB Rz. 1; MüKo.BGB/*Mayer*, § 2369 BGB Rz. 19; *Wittkowski*, RNotZ 2010, 102 (112).

den Fall, dass es sich dabei um einen eigenständigen Spaltnachlass handelt, für den dann wiederum ein separater Erbschein in Betracht kommt.[1]

87 Ein nach § 2369 Abs. 1 BGB bereits erteilter gegenständlich auf die im Inland befindlichen Nachlassgegenstände beschränkter Erbschein kann auf entsprechenden Antrag **nicht nachträglich** auf die sonstigen im Ausland befindlichen Nachlassgegenstände **erweitert** werden. Soweit die im Ausland belegenen Nachlassgegenstände keinen eigenständigen Spaltnachlass darstellen, für den dann jedoch ein separater Erbschein erteilt werden könnte,[2] bzw. kein ausländischer Erbschein in Betracht kommt, müsste ein umfassender Welterbschein nach § 2353 BGB für den gesamten Nachlass beantragt werden. Daneben bliebe der bereits erteilte gegenständlich auf die im Inland befindlichen Nachlassgegenstände beschränkte Erbschein iSd. § 2369 Abs. 1 BGB bestehen, da dieser mangels Unrichtigkeit nicht eingezogen werden kann.

88 Aus denselben Gründen scheidet auch eine nachträgliche Erweiterung eines nach **altem Recht** erlassenen Fremdrechtserbscheins iSd. § 2369 Abs. 1 aF BGB zu einem alle inländischen einschließlich der dortigen dem deutschem Recht unterliegenden Nachlassgegenstände erfassenden Erbschein nach § 2369 Abs. 1 nF BGB bzw. zu einem darüber hinaus auch alle im Ausland befindlichen Nachlassgegenstände betreffenden Welterbschein iSd. § 2353 BGB aus. Auch insoweit müsste der jeweilige weitergehende Erbschein zusätzlich beantragt werden, während der bisherige gegenständlich beschränkte Erbschein daneben bestehen bliebe.

89 § 2369 Abs. 1 BGB ermöglicht damit bei **Nachlassspaltung** nunmehr anders als noch für vor dem 1.9.2009 eingeleitete Verfahren nicht mehr lediglich ein Fremdrechts-, sondern auch ein entsprechendes Eigenrechtszeugnis, das jeweils auf den in Deutschland belegenen Nachlass beschränkt ist. Dies kompensiert insoweit teilweise die Folgen des Wegfalls des vor Inkrafttreten des § 105 maßgebend gewesenen Gleichlaufprinzips, aufgrund dessen in derartigen Fällen mangels früherer internationaler Zuständigkeit die Erbfolge durch ein deutsches Nachlassgericht nur insoweit bescheinigt werden durfte, als deutsches Sachrecht anwendbar war bzw. in dessen Durchbrechung durch § 2369 Abs. 1 aF BGB sich bei Maßgeblichkeit ausländischen Sachrechts Nachlassgegenstände im Inland befanden. Daraus wurde abgeleitet, dass ein Eigenrechtserbschein nach deutschem Recht im Ausland belegene Nachlassgegenstände von der Bescheinigung des Erbrechts **ausdrücklich auszuschließen** hatte, wenn die „lex rei sitae" für die nach deutschem internationalen Privatrecht eigentlich dem deutschen Sachrecht unterliegende Erbfolge *insoweit* die Anwendung des eigenen Sachrechts beanspruchte.[3] Dies gilt auch nach neuem Recht, wobei das deutsche Nachlassgericht nunmehr auch für den im Ausland belegenen Nachlass, der ausländischem Sachrecht unterliegt, international zuständig ist und insoweit ein Doppelerbschein erteilt werden kann.[4]

b) Eigenrechtserbschein

aa) Gegenständlich auf den in Deutschland befindlichen Nachlass beschränkter Eigenrechtserbschein nach deutschem Erblasser mit Grundbesitz im Ausland

90 Bei einem **deutschen Erblasser**, der bspw. Grundbesitz in Frankreich hinterlässt, untersteht dieser in Frankreich belegene Grundbesitz nach Art. 3a Abs. 2 EGBGB wegen des diesbezüglichen Vorrangs des französischen Einzelstatuts französischem Erbrecht,[5] der übrige Nachlass nach Art. 25 Abs. 1 EGBGB deutschem Erbrecht. Nach §§ 105 iVm. 343 Abs. 1 bzw. Abs. 2 FamFG ist das deutsche Nachlassgericht auf

---

1 Palandt/*Weidlich*, § 2353 BGB Rz. 19 und § 2369 BGB Rz. 1.
2 Palandt/*Weidlich*, § 2353 BGB Rz. 19 und § 2369 BGB Rz. 1.
3 BayObLG v. 27.10.1959 – BReg. 1 Z 41/59, NJW 1960, 775 (776 f.); KG v. 22.5.1984 – 1 W 5196/83, Rpfleger 1984, 358; aA Palandt/*Edenhofer*, 68. Aufl., § 2353 BGB Rz. 1; *Weithase*, Rpfleger 1985, 267 (271).
4 Wurm/Wagner/Zartmann/*Fröhler*, Kap. 92 Rz. 34.
5 *Schotten/Schmellenkamp*, Rz. 20.

Grund seiner örtlichen Zuständigkeit auch international uneingeschränkt zuständig und könnte daher – gäbe es keine gesetzliche Ausnahme – die Erbfolge nur vollständig und damit auch bezüglich des in Frankreich belegenen Grundbesitzes unter Berücksichtigung französischen Rechts ausweisen. Hierfür wären zwei verschiedene Erbfolgen zu bescheinigen: zum einen nach deutschem Recht mit ausdrücklichem Geltungsausschluss hinsichtlich des in Frankreich belegenen Grundbesitzes, zum anderen nach französischem Recht mit ausdrücklicher Geltungsbeschränkung auf den in Frankreich belegenen Grundbesitz, wobei beide Erbfolgen zweckmäßigerweise in derselben Urkunde zu bezeugen wären.[1] Um dadurch eintretende ungewollte zeitliche Verzögerungen und ggf. zusätzliche Kosten zu vermeiden, kann nunmehr nach § 2369 Abs. 1 BGB an Stelle einer derartigen vollumfänglichen Bescheinigung ein auf die im Inland belegenen Nachlassgegenstände beschränktes Zeugnis beantragt werden. Dies setzt jedoch – wie im hiesigen Bsp. – voraus, dass sich sowohl im Inland als auch im Ausland **jeweils mindestens ein einziger** Nachlassgegenstand befindet, andernfalls ist die gegenständliche Beschränkung auf den Inlandsnachlass unstatthaft.[2] Zu den nach Art. 3 Nr. 1 EGBGB innerhalb ihres Anwendungsbereichs gegenüber nationalem Recht vorrangigen Regelungen der EuErbVO für die Rechtsnachfolge von am 17.8.2015 oder danach verstorbenen Personen hinsichtlich internationaler Zuständigkeit und Kollisionsrecht samt grundsätzlichem Wegfall von Nachlassspaltung sowie zum neben dem Erbschein in Betracht kommenden Europäischem Nachlasszeugnis s. Rz. 100 ff., § 343 Rz. 154 ff. bzw. § 354 Rz. 22 ff.

Formulierungsvorschlag: 91

Erbschein

..., geb. am ..., zuletzt wohnhaft gewesen in ..., verstorben am ... in ..., ist aufgrund gesetzlicher Erbfolge gegenständlich beschränkt auf den in Deutschland befindlichen Nachlass unter Anwendung deutschen Rechts von ..., geb. am ..., wohnhaft ..., allein beerbt worden.

bb) **Gegenständlich auf den in Deutschland befindlichen Spaltnachlass für unbewegliches Vermögen beschränkter Eigenrechtserbschein nach ausländischem Erblasser mit Grundbesitz im Inland**

Entsprechendes kann für einen **ausländischen Erblasser** gelten, bspw. für einen 92 schweizerischen Erblasser mit letztem Wohnsitz in der Schweiz, der Grundbesitz in Deutschland, für den nach Art. 25 Abs. 2 EGBGB abweichend von dem hier ansonsten maßgebenden schweizerischen Erbrecht[3] gegenständlich beschränkt deutsches Recht gewählt wurde, und den restlichen Nachlass in der Schweiz hinterlässt. Auch hier ist ein deutsches Nachlassgericht nach §§ 105 iVm. 343 Abs. 1 (wenn der schweizerische Erblasser mit letztem Wohnsitz in der Schweiz, aber letztem Aufenthalt in Deutschland verstirbt) bzw. Abs. 3 FamFG (wenn der schweizerische Erblasser mit letztem Wohnsitz in der Schweiz und letztem Aufenthalt außerhalb Deutschlands verstirbt) international uneingeschränkt zuständig. Nach § 2369 Abs. 1 BGB kann eine Zeugniserteilung nunmehr für ab dem 1.9.2009 eingeleitete Verfahren auf den im Inland befindlichen Nachlass beschränkt werden, im Beispielsfall damit auf den in Deutschland befindlichen und durch Rechtswahl deutschem Erbrecht unterstellten Grundbesitz. Hinterlässt der schweizerische Erblasser daneben noch bewegliches Vermögen in Deutschland, gilt für dieses, da insoweit keine Rechtswahl möglich ist, schweizerisches Erbrecht. Dies steht der Erteilung eines auf den inländischen Grundbesitz beschränkten Zeugnisses nach § 2369 Abs. 1 BGB gleichwohl nicht entgegen. Zwar ergibt sich aus dem Wortlaut des § 2369 Abs. 1 BGB, dass eine Beschränkung lediglich für *die* (somit für sämtliche) im Inland befindlichen und damit anders als nach Art. 25 Abs. 2 EGBGB bzw. nach Art. 15 Abs. 2 Nr. 3 EGBGB nicht in offenerer Weise für (somit auch einzelne) im Inland befindliche Gegenstände möglich ist. Im

---

[1] *Schotten*, Rpfleger 1991, 181 (189).
[2] OLG Brandenburg v. 3.8.2011 – 3 Wx 21/11, FGPrax 2012, 20 (21).
[3] Dazu und zu den sonstigen deutsch-schweizerischen Nachlasskonstellationen ausf. *Fröhler*, BWNotZ 2008, 38 (42 ff.).

Falle einer Inlandsnachlassspaltung[1] in jeweils einen dem deutschen Erbrecht und einen dem ausländischen Erbrecht unterstehenden Nachlassteil ist jedoch zur Ermöglichung einer raschen Zeugniserteilung[2] eine Beschränkung auf alle demselben inländischen Spaltnachlass unterliegenden Nachlassgegenstände zulässig.[3] Im abgewandelten Beispiel kann daher nach § 2369 Abs. 1 BGB ein auf das in Deutschland belegene, durch Rechtswahl dem deutschen Erbrecht unterstellte unbewegliche Vermögen beschränkter Erbschein erteilt werden. Weitere Varianten der Nachlassspaltung können insbesondere durch Beschränkung der Rechtswahl des Erbstatuts auf Teile des inländischen Grundbesitzes oder durch Rechtswahl des Güterrechtsstatuts nach Art. 15 Abs. 2 Nr. 3 EGBGB eintreten, soweit sich hierdurch Auswirkungen auf die Erbfolge bezüglich einzelner Nachlassgegenstände ergeben.[4] Zu den nach Art. 3 Nr. 1 EGBGB innerhalb ihres Anwendungsbereichs gegenüber nationalem Recht vorrangigen Regelungen der EuErbVO für die Rechtsnachfolge von am 17.8.2015 oder danach verstorbenen Personen hinsichtlich internationaler Zuständigkeit und Kollisionsrecht samt grundsätzlichem Wegfall von Nachlassspaltung sowie zum neben dem Erbschein in Betracht kommenden Europäischen Nachlasszeugnis s. Rz. 100 ff., § 343 Rz. 154 ff. bzw. § 354 Rz. 22 ff.

(1) Spaltnachlass betrifft das gesamte in Deutschland befindliche unbewegliche Vermögen

93 **Formulierungsvorschlag:**

Erbschein

..., geb. am ..., zuletzt wohnhaft gewesen in ..., verstorben am ... in ..., ist aufgrund gewillkürter Erbfolge gegenständlich beschränkt auf den in Deutschland befindlichen unbeweglichen Spaltnachlass unter Anwendung deutschen Rechts von ..., geb. am ..., wohnhaft ..., allein beerbt worden.

(2) Spaltnachlass betrifft nach punktueller Rechtswahl nur einzelnen Grundbesitz

94 **Formulierungsvorschlag:**

Erbschein

..., geb. am ..., zuletzt wohnhaft gewesen in ..., verstorben am ... in ..., ist aufgrund gewillkürter Erbfolge gegenständlich beschränkt auf den in Deutschland befindlichen im Grundbuch von ... eingetragenen Grundbesitz Flst. Nr. ... als unbeweglicher Spaltnachlass unter Anwendung deutschen Rechts von ..., geb. am ..., wohnhaft ..., allein beerbt worden.

95 Beansprucht das ausländische Belegenheitsrecht für die Erbfolge hinsichtlich des *gesamten* Nachlasses und nicht nur für den bei sich belegenen Nachlassteil die Anwendung eigenen Rechts, ist Art. 3a Abs. 2 EGBGB nicht anwendbar und tritt keine Nachlassspaltung ein. Vielmehr liegt dann ein sog. **hinkendes Rechtsverhältnis**[5] mit der Folge zugrunde, dass ein deutsches Nachlassgericht gem. deutschem internationalen Privatrecht nur einen unbeschränkten Eigenrechtserbschein nach deutschem Sachrecht erteilen kann, der im ausländischen Belegenheitsland aufgrund dort maßgebenden eigenen abweichenden internationalen Privatrechts zumeist nicht anerkannt werden dürfte. Um auch insoweit einen verwertbaren Erbnachweis zu erhalten, muss im Belegenheitsland ein aus Kostengründen möglichst auf das dort befindliche

---

1 Zum Begriff der Nachlassspaltung *Schotten/Schmellenkamp*, Rz. 269.
2 Nach der Begr. zum GesetzE der BReg. zu § 2369 Abs. 1 BGB, BT-Drucks. 16/6308, S. 349, soll insbesondere eine zügige Erteilung eines Erbscheins für den auf Grund Nachlassspaltung deutschem Erbrecht unterliegenden Nachlassteil ermöglicht werden.
3 *Schaal*, BWNotZ 2007, 154 (156 f.); *Fröhler*, BWNotZ 2008, 183 (187); ebenso zur früheren Rechtslage nach § 2369 Abs. 1 aF BGB für die Erteilung eines Fremdrechtserbscheins Mü-Ko.BGB/*Mayer*, 4. Aufl., § 2369 BGB Rz. 23.
4 *Fröhler*, BWNotZ 2008, 183 (187); zu den erbrechtlichen Auswirkungen einer derartigen Güterrechtswahl im Allgemeinen und zur Frage einer Erbteilserhöhung nach § 1371 Abs. 1 BGB bei einem im gesetzlichen Güterstand nach deutschem Recht verheirateten Erblasser mit schweizerischer Staatsangehörigkeit im Besonderen *Fröhler*, BWNotZ 2008, 38 (45 ff.).
5 Dazu ausf. *Schotten/Schmellenkamp* Rz. 52.

Nachlassvermögen beschränkter Erbschein nach dortigem Recht beantragt werden. Gegenüber dem deutschen Nachlassgericht kann ein auf den im Inland befindlichen Nachlass beschränkter Eigenrechtserbschein iSd. § 2369 Abs. 1 BGB beantragt werden.

Verstirbt ein ausländischer Staatsangehöriger mit letztem Wohnsitz in Deutschland und sieht dessen Heimatrecht die Anwendung deutschen Rechts vor, gilt insoweit deutsches Sachrecht und tritt **Nachlassspaltung** ein. Dies kann nicht nur Folge einer Rechtswahl nach Art. 25 Abs. 2 EGBGB sein. Praktisch häufig sind Fälle einer teilweisen Rück- oder Weiterverweisung nach Art. 4 Abs. 1 EGBGB auf Grund einer Nachlassspaltung in einem zunächst berufenen ausländischen Kollisionsrecht. Hierzu zählen insbesondere die Anknüpfungen an den letzten Wohnsitz hinsichtlich des beweglichen Vermögens und an den Belegenheitsort der Sache für Immobilien sowohl nach französischem als auch nach britischem Recht. Eine Nachlassspaltung kann darüber hinaus auch auf dem Vorrang eines Einzelstatuts gem. Art. 3a Abs. 2 EGBGB beruhen, bspw. bei nach deutschem Internationalen Privatrecht berufenen niederländischen Recht, das die aus Art. 25 Abs. 1 EGBGB resultierende Gesamtverweisung zwar grundsätzlich annimmt, jedoch durch die Regelung des Art. 3a Abs. 2 EGBGB beschränkt werden kann, etwa für in Deutschland belegene Hofgüter, die den Regelungen der deutschen Höfeordnung und damit gegenstandsbezogen deutschem Recht unterstehen. Zu den nach Art. 3 Nr. 1 EGBGB innerhalb ihres Anwendungsbereichs gegenüber nationalem Recht vorrangigen Regelungen der EuErbVO für die Rechtsnachfolge von am 17.8.2015 oder danach verstorbenen Personen hinsichtlich internationaler Zuständigkeit und Kollisionsrecht samt grundsätzlichem Wegfall von Nachlassspaltung sowie zum neben dem Erbschein in Betracht kommenden Europäischem Nachlasszeugnis s. Rz. 100ff., § 343 Rz. 154ff. bzw. § 354 Rz. 22ff.

96

b) Doppel-/Mehrfacherbschein

Soweit im vorstehenden Beispielsfall (Rz. 92) kein gegenständlich auf den inländischen Spaltnachlass für unbewegliches Vermögen beschränkter Eigenrechtserbschein beantragt wird, kommt auf entsprechenden Antrag ein Doppel- bzw. Mehrfacherbschein entweder nach § 2369 Abs. 1 BGB auf den im Inland befindlichen Nachlass **beschränkt** (einmal auf den inländischen Spaltnachlass des unbeweglichen Vermögens nach gewähltem deutschen Recht, zum anderen auf den inländischen Spaltnachlass des Restvermögens nach schweizerischem Recht) oder **unbeschränkt** nach § 2353 BGB[1] in Betracht.

97

aa) Gegenständlich auf den in Deutschland befindlichen Spaltnachlass für unbewegliches Vermögen nach deutschem Recht und auf den sonstigen in Deutschland befindlichen Nachlass nach ausländischem Recht beschränkter Doppelerbschein nach ausländischem Erblasser mit Grundbesitz im Inland

Formulierungsvorschlag:

98

Erbschein

..., geb. am ..., zuletzt wohnhaft gewesen in ..., verstorben am ... in ..., ist aufgrund gewillkürter Erbfolge gegenständlich beschränkt auf den in Deutschland befindlichen unbeweglichen Spaltnachlass unter Anwendung deutschen Rechts von ..., geb. am ..., wohnhaft ..., allein beerbt worden.

..., geb. am ..., zuletzt wohnhaft gewesen in ..., verstorben am ... in ..., ist aufgrund gewillkürter Erbfolge nach schweizerischem Recht gegenständlich auf den mit Ausnahme des inländischen unbeweglichen Spaltnachlasses gesamten sonstigen in Deutschland befindlichen Nachlasses unter Anwendung schweizerischen Rechts von ..., geb. am ..., wohnhaft ..., allein beerbt worden.

---

1 Vgl. dazu *Wittkowski*, RNotZ 2010, 102 (124ff.).

bb) Gegenständlich auf den in Deutschland befindlichen Spaltnachlass für unbewegliches Vermögen nach deutschem Recht beschränkter und auf den sonstigen Nachlass nach ausländischem Recht unbeschränkter Doppelerbschein nach ausländischem Erblasser mit Grundbesitz im Inland

99 Formulierungsvorschlag:

Erbschein

..., geb. am ..., zuletzt wohnhaft gewesen in ..., verstorben am ... in ..., ist aufgrund gewillkürter Erbfolge gegenständlich beschränkt auf den in Deutschland befindlichen unbeweglichen Spaltnachlass unter Anwendung deutschen Rechts von ..., geb. am ..., wohnhaft ..., allein beerbt worden.

..., geb. am ..., zuletzt wohnhaft gewesen in ..., verstorben am ... in ..., ist aufgrund gewillkürter Erbfolge nach schweizerischem Recht auf den mit Ausnahme des in Deutschland befindlichen unbeweglichen Spaltnachlasses gesamten sonstigen Nachlasses unter Anwendung schweizerischen Rechts von ..., geb. am ..., wohnhaft ..., allein beerbt worden.

100 Am 16.8.2012 ist die EuErbVO[1] idF vom 4.7.2012 in Kraft getreten (Text s. Anh. zu § 343), die nach ihrem Art. 83 Abs. 1, soweit nicht gem. Art. 83 Abs. 2 bis 4 EuErbVO sofort wirksam Verfügungen von Todes wegen errichtet bzw. Rechtswahl getroffen werden kann, erst auf die Rechtsnachfolge von Personen Anwendung findet, die am 17.8.2015 oder danach verstorben sind. Sie enthält zur Umsetzung der in den Artt. 61, 65 EG-Vertrag und dem Haager Programm vorgegebenen Ziele für grenzübergreifende internationale Erbfälle Regelungen der internationalen Zuständigkeit bei nachlassgerichtlichen Verrichtungen, des maßgeblichen Erbstatuts, der Anerkennung und Vollstreckung von Entscheidungen und öffentlichen Urkunden in Erbsachen und eines Europäischen Nachlasszeugnisses, während das materielle Recht unberührt bleibt, und geht auf einen modifizierten Gesetzentwurf der Kommission des Europäischen Parlaments und des Rates vom 14.10.2009[2] zurück. Eine weitere EU-Initiative zu einem Europäischen Testamentsregister ist angekündigt.[3] Die Regelungen der **EuErbVO** dienen einer zuverlässigen Nachlassvorabregelung durch in der EU ansässige Personen und der Wahrung der Rechte von Erben, Vermächtnisnehmern, anderen mit dem Erblasser verbundenen Personen und Nachlassgläubigern. Die Anwendbarkeit der EuErbVO setzt weder die Maßgeblichkeit des Rechts eines (teilnehmenden oder nichtteilnehmenden) Mitgliedsstaates[4] noch voraus, dass der Erblasser Staatsangehöriger eines (teilnehmenden oder nichtteilnehmenden) Mitgliedsstaates ist,[5] sondern knüpft allein an die Betroffenheit eines Mitgliedsstaates von einer Rechtsnachfolge von Todes wegen, insbesondere durch den dortigen gewöhnlichen Aufenthalt des Erblassers im Zeitpunkt seines Todes an. Von besonderer Bedeutung für nachlassgerichtliche Verfahren sind dabei neben den Bestimmungen der Artt. 4 bis 19 EuErbVO über die Begründung der internationalen Zuständigkeit (s. dazu und zum Anwendungsbereich der EuErbVO § 343 Rz. 156 ff.) insbesondere die Vorschriften der Artt. 20 bis 38 EuErbVO über das Erbstatut und der Artt. 62 bis 73 EuErbVO über das Europäische Nachlasszeugnis. 83 eingangs aufgeführte Erwägungsgründe unterstützen die Auslegung der nachfolgenden einzelnen Regelungen.[6]

101 Abweichend von Art. 25 EGBGB knüpft Art. 21 Abs. 1 EuErbVO hinsichtlich des **Erbstatuts** nicht an die Staatsangehörigkeit, sondern an den **gewöhnlichen Aufenthalt** (s. dazu § 343 Rz. 157, wobei dieser gem. Art. 20 EuErbVO im Gegensatz zur Be-

---

1 Verordnung (EU) Nr. 650/2012 über die Zuständigkeit, das anzuwendende Recht, die Anerkennung und Vollstreckung von Entscheidungen und die Aufnahme und Vollstreckung öffentlicher Urkunden in Erbsachen sowie zur Einführung eines Europäischen Nachlasszeugnisses idF vom 4.7.2012, ABl. EU 2012, Nr. L 201, S. 107.
2 KOM (2009) 154. Dazu *DNotI*, DNotI-Report 2009, 186f.; *BNotK*, BNotK 06/2009 (Beilage zu DNotI-Report 2009 Heft 24), 2.
3 KOM (2009) 154, Begr., S. 2.
4 So ausdrücklich Art. 20 EuErbVO; *Remde*, RNotZ 2012, 65 (75).
5 So ausdrücklich Art. 10 Abs. 1 EuErbVO; *Wagner*, DNotZ 2010, 506f., der zurecht ganz allgemein von „Regelungen für internationale Erbfälle" bzw. „Sonderregelungen für Erbfälle mit Auslandsbezug" spricht; *Schaal*, BWNotZ 2013, 29; *Remde*, RNotZ 2012, 65 (75).
6 Verordnung (EU) Nr. 650/2012, ABl. EU 2012, Nr. L 201, S. 107 ff.

gründung der internationalen Zuständigkeit nach Art. 4 EuErbVO nicht in einem Mitgliedstaat liegen muss) des Erblassers im Zeitpunkt seines Todes an, soweit nicht nach Art. 21 Abs. 2 EuErbVO ausnahmsweise wegen offensichtlich engerer Verbindung zu einem anderen Staat dessen Recht anzuwenden ist. Nach Art. 22 EuErbVO kann der Erblasser jedoch das Recht seiner bei Rechtswahl oder Tod bestehenden Staatsangehörigkeit bzw. einer von mehreren eigenen Staatsangehörigkeiten durch Verfügung von Todes wegen wählen. Eine Nachlassspaltung (insbesondere nach Art. 25 Abs. 2 EGBGB) ist wegen des Prinzips der Einheit des Erbstatuts grundsätzlich ausgeschlossen, kann jedoch ausnahmsweise aufgrund gem. Art. 75 Abs. 1 und 2 EuErbVO weiterhin anwendbarer internationaler Übereinkommen zwischen Mitglied- und Drittstaaten (s. insbesondere die Maßgeblichkeit der Staatsangehörigkeit des Erblassers bzw. Belegenheit von Nachlass im deutsch-türkischen Nachlassabkommen, deutsch-persischen Niederlassungsabkommen und deutsch-sowjetischen Konsularvertrag),[1] Rück- oder Weiterverweisung nach Art. 34 Abs. 1 EuErbVO[2] bzw. besonderer nationaler, unabhängig vom Erbstatut anwendbarer Regelungen iSd. Art. 30 EuErbVO eintreten.[3] Zugleich lässt Art. 34 EuErbVO Rück- bzw. Weiterverweisungen durch Internationales Privatrecht von Drittstaaten, zu denen auch Dänemark, Großbritannien und Irland zählen,[4] lediglich in eingeschränktem Umfang, insbesondere auf das Recht eines Mitgliedstaates zu. Nach Art. 20 EuErbVO bleibt es bei der Anwendung des maßgebenden Rechts auch dann, wenn es sich dabei ggf. um das Recht eines Nichtmitgliedstaates handelt.

Die **materielle Wirksamkeit** einer Verfügung von Todes wegen iSd. Art. 26 EuErbVO bestimmt sich für Einzel- und gemeinschaftliche Testamente (für letztere ist jeweils Wirksamkeit bei jedem Testierer erforderlich, wobei eine Unwirksamkeit direkt nur aus einer materiellen Verbotsnorm resultieren kann, bei einer Formvorschrift hingegen Art. 27 EuErbVO maßgeblich ist) gem. Art. 24 Abs. 1 iVm. Art. 3 Abs. 1 Buchst. d EuErbVO nach dem hypothetischen Erbstatut zum Zeitpunkt der Testamentserrichtung[5] vorbehaltlich einer diesbezüglichen Rechtswahl nach Art. 24 Abs. 2 EuErbVO. Für Erbverträge über den Nachlass lediglich *einer* Person richtet sich die materielle Wirksamkeit nach Art. 25 Abs. 1 EuErbVO ebenfalls nach dem hypothetischen Erbstatut bezüglich des Erblassers zum Zeitpunkt der Erbvertragserrichtung, für Erbverträge über den Nachlass *mehrerer* Personen nach Art. 25 Abs. 2 EuErbVO hingegen kumulativ nach dem hypothetischen Erbstatut jedes Erblassers, im Falle derartiger Wirksamkeit ist für materielle Wirksamkeit und Bindungswirkungen jedoch insgesamt das Recht der engsten Verbindung maßgebend,[6] vorbehaltlich einer diesbezüglichen Rechtswahl nach Art. 25 Abs. 3 EuErbVO. Die **Formgültigkeit** einer Verfügung von Todes wegen folgt aus Art. 27 EuErbVO, soweit nicht nach Art. 75 Abs. 1 Satz 2 EuErbVO das nicht von allen Mitgliedstaaten ratifizierte HTestformÜ[7] vorrangig ist.

Zum **Europäischen Nachlasszeugnis**, das gem. Art. 63 EuErbVO dem Nachweis der Rechtsstellung eines Erben oder Vermächtnisnehmers mit unmittelbarer Berechtigung am Nachlass, der Zuweisung bestimmter Nachlassvermögenswerte an Erben oder Vermächtnisnehmer bzw. der Befugnisse eines Testamentsvollstreckers oder Verwalters des **Nachlasses in einem anderen Mitgliedstaat** dient und insbesondere nach Art. 62 Abs. 3 Satz 1 EuErbVO nicht an die Stelle nationaler Schriftstücke der Mitgliedstaaten tritt, sondern bspw. einem deutschen Nachlassgericht unverändert die Zuständigkeit zur Erteilung von Erbscheinen – einschließlich Fremdrechtserbscheinen bei internationalem Bezug – belässt,[8] s. § 354 Rz. 22 ff.

---

1 *Dörner*, ZEV 2012, 505 (510) Fn. 29.
2 *Schaal*, BWNotZ 2013, 29 (30): bspw. deutscher Erblasser mit beim Erbfall gewöhnlichem Aufenthalt und Vermögen überwiegend in Texas, aber Grundbesitz in Deutschland und Frankreich.
3 *Simon/Buschbaum*, NJW 2012, 2393 (2396).
4 *Dörner*, ZEV 2012, 505 (511) Fn. 41.
5 *Simon/Buschbaum*, NJW 2012, 2393 (2396).
6 *Simon/Buschbaum*, NJW 2012, 2393 (2396).
7 BGBl. II 1965, S. 1145; BGBl. II 1966, S. 11.
8 *Dörner*, ZEV 2012, 505 (512); *Simon/Buschbaum*, NJW 2012, 2393 (2397).

c) Innerdeutsche Nachlassspaltung

104 Eine besondere Art der Nachlassspaltung tritt in innerdeutschen Erbfällen zwischen dem 1.1.1976 und dem 2.10.1990 auf, wenn der Erblasser seinen letzten gewöhnlichen **Aufenthalt im alten Bundesgebiet** hatte und zu seinem Nachlass ein in der früheren DDR belegenes Grundstück gehört (zur Problematik interlokaler deutsch-deutscher Nachlassverfahren vertiefend § 343 FamFG Rz. 120 ff.). In derartigen Konstellationen ist hinsichtlich des Eigentums und anderer Rechte an Grundstücken und Gebäudeeinheiten, die sich in der früheren DDR befinden, gem. Art. 3a Abs. 2 EGBGB iVm. § 25 Abs. 2 des Rechtsanwendungsgesetzes der DDR (DDR-RAG), das in der vorstehenden Zeitspanne geltende ZGB der DDR, für den übrigen Nachlass des Erblassers jedoch das BGB anwendbar.[1] Als Erbnachweis ist hierzu ein auf derartigen Grundbesitz gegenständlich beschränkter Erbschein unter Anwendung des in dieser maßgebenden Zeitspanne geltenden ZGB der früheren DDR statthaft.[2] Örtlich ist das Nachlassgericht des letzten Wohnsitzes des Erblassers zuständig. Soweit hinsichtlich des restlichen Vermögens des Erblassers (auf das das Erbrecht des BGB anzuwenden ist) noch kein Erbschein erteilt worden ist, kann auch die Erteilung eines Doppelerbscheins für beide Erbfolgen beantragt werden. Erfasst der Nachlass jedoch weder das Eigentum noch andere Rechte an Grundstücken oder Gebäuden iSd. § 25 Abs. 2 DDR-RAG, sondern lediglich Rückübertragungs- bzw. Entschädigungsansprüche nach den §§ 3 ff. VermG, wird hierdurch keine Nachlassspaltung herbeigeführt, sondern die Geltung eines einheitlichen Erbstatuts für das gesamte Vermögen des Erblassers unberührt belassen.[3]

105 Bsp.: Ein Erblasser verstirbt 1985 mit letztem Wohnsitz in Bonn. Er war deutscher Staatsangehöriger (Bundesrepublik Deutschland) und hatte zuvor seine frühere DDR-Staatsangehörigkeit verloren. Zu seinem Nachlass gehört eine **Gebäudeeigentumseinheit** in Dresden. Weiterer Grundbesitz ist auf dem Gebiet der früheren DDR nicht vorhanden. Der Erblasser ist bereits im Besitz eines Eigenrechtserbscheins des Amtsgerichts – Nachlassgericht – Bonn.

106 Formulierungsvorschlag:

Erbschein

..., geb. am ..., zuletzt wohnhaft gewesen in ..., verstorben am ... in ..., ist aufgrund gesetzlicher Erbfolge gegenständlich beschränkt auf den in der früheren DDR belegenen Grundbesitz samt Gebäuden und Rechten daran unter Anwendung des Erbrechts der früheren DDR von ..., geb. am ..., wohnhaft ..., allein beerbt worden.

d) Fremdrechtserbschein

107 Gem. § 2369 Abs. 1 BGB kann auf den Tod eines **ausländischen Erblassers**, dessen teils im Inland belegener Nachlass ausländischem Sachrecht untersteht, insbesondere zum Zwecke der Grundbuchberichtigung ein gegenständlich auf den im Inland befindlichen Nachlass beschränkter Fremdrechtserbschein erteilt werden, obschon es sich dabei mangels Nachlassspaltung um keinen eigenständigen Spaltnachlass handelt[4] (bspw. bei einem italienischen oder – mit letztem Wohnsitz in der Schweiz – schweizerischen Erblasser). Da insoweit kein eigenständiger Spaltnachlass betroffen ist, muss insbesondere bei Vorhandensein eigenhändiger Verfügungen von Todes wegen, die die Zuteilung von Einzelnachlassgegenständen an verschiedene Personen vorsehen, nach dem maßgebenden Sachrecht geklärt werden, wer unter Berücksichtigung des Gesamtnachlasses (mithin nicht nur bezüglich der in Deutschland belegenen Nachlassgegenstände) insgesamt und damit zugleich auch für den auf das in Deutschland befindliche Nachlassvermögen beschränkten Fremdrechtserbschein Erbe geworden ist. Hinterlässt ein ausländischer Erblasser bspw. mit italienischer Staatsangehörigkeit im Inland neben Grundbesitz noch anderes bewegliches Ver-

---

1 BGH v. 4.10.1995 – IV ZB 5/95, BGHZ 131, 22 (26 f.).
2 BGH v. 24.1.2001 – IV ZB 24/00, BGHZ 146, 310 ff.
3 BGH v. 4.10.1995 – IV ZB 5/95, BGHZ 131, 22 (27 ff.).
4 Ebenso *Schaal*, BWNotZ 2007, 154 (156).

mögen, kommt eine nochmalige Beschränkung auf das unbewegliche Vermögen nur dann in Betracht, wenn dieses einen eigenständigen Inlandsspaltnachlass bildet. Trotz Anwendung ausländischen Rechts beurteilt sich das Nachlassverfahren bei Erteilung eines Fremdrechtserbscheins gemäß der lex fori nach deutschem Recht (vertiefend dazu s. § 343 FamFG Rz. 163).

Formulierungsvorschlag: 108

Erbschein

..., geb. am ..., zuletzt wohnhaft gewesen in ..., verstorben am ... in ..., ist aufgrund gesetzlicher Erbfolge gegenständlich beschränkt auf den in Deutschland befindlichen Nachlass unter Anwendung italienischen Rechts von ..., geb. am ..., wohnhaft ..., allein beerbt worden.

3. Wegfall der Testamentsvollstreckung

Das Amt des Testamentsvollstreckers endet, wenn dieser seine Aufgaben vollständig erledigt hat, die in der zugrunde liegenden Verfügung von Todes wegen bestimmte Zeitspanne abgelaufen ist, der Testamentsvollstrecker das Amt gekündigt hat bzw. er durch das Nachlassgericht in nicht mehr anfechtbarer Entscheidung entlassen worden oder verstorben ist. In derartigen Fällen wird das Testamentsvollstreckerzeugnis kraft Gesetzes **von allein kraftlos**. Unabhängig davon, ob ein Dritter das Erlöschen des Amts des Testamentsvollstreckers kennt, verliert das Testamentsvollstreckerzeugnis von selbst seine Beweiskraft. Eine Einziehung bzw. Kraftloserklärung des Testamentsvollstreckerzeugnisses nach § 2361 BGB kommt daher nicht in Betracht. 109

Das Nachlassgericht wird jedoch regelmäßig dazu verpflichtet sein, das Testamentsvollstreckerzeugnis zur Vermeidung einer weiteren Nutzung zu den Nachlassakten zurückzufordern (s. § 354 Rz. 4)[1] oder auf davon im Umlauf befindliche Ausfertigungen bzw. beglaubigten Abschriften den Umstand und den Zeitpunkt des Erlöschens des Testamentsvollstreckeramts zu vermerken. Ein Zeugnis über den Wegfall der Testamentsvollstreckung kann anders als über die Fortdauer des Amts nicht erteilt werden.[2] 110

Die Beendigung des Testamentsvollstreckeramts führt dazu, dass sich die Anordnung der Testamentsvollstreckung als solche erledigt, insbesondere bei Erfüllung aller Aufgaben durch den Testamentsvollstrecker. Bei Kündigung, Entlassung bzw. Tod ist hingegen zu klären, ob die zugrundeliegende Verfügung von Todes wegen die Ernennung eines **Ersatztestamentsvollstreckers** beinhaltet. 111

Im Falle eines derartigen Wegfalls der Testamentsvollstreckung wird der mit dem Vermerk „Testamentsvollstreckung ist angeordnet" versehene Erbschein entgegen der diesbezüglich wohl überwiegend vertretenen Ansicht weder unrichtig noch folgt daraus eine nachlassgerichtliche Verpflichtung zur Erbscheinseinziehung,[3] da der auf dem Erbschein befindliche Testamentsvollstreckungsvermerk – im Gegensatz zur Vermutung des Fortbestandes der Verfügungsbefugnis des befreiten Vorerben aufgrund eines Vorerbscheins nach Eintritt des Nacherbfalls (s. dazu Rz. 64) – keine Vermutung über den Fortbestand der Testamentsvollstreckung erzeugt.[4] Zudem können die Erben zum Nachweis der Wiedererlangung ihrer wegen des Testamentsvollstreckungsvermerkes verlorenen Verfügungsberechtigung über den Nachlass die 112

---

1 OLG München v. 25.7.1950 – 2 W 167/50, NJW 1951, 74.
2 KG v. 27.9.1917 – 1 X 180/17, KGJ 50, 103 (104); Soergel/*Zimmermann*, § 2364 BGB Rz. 2.
3 So aber OLG Hamm v. 18.10.1982 – 15 W 226/82, OLGZ 1983, 59; OLG Köln v. 29.1.1993 – 2 Wx 48/92, FamRZ 1993, 1124 (1125f.); MüKo.BGB/*Mayer* § 2364 BGB Rz. 17; Palandt/*Weidlich*, § 2364 BGB Rz. 2; nach KG v. 3.5.1967 – 1 W 791/67, OLGZ 1967, 247(249) bedarf es diesbezügliche Erbscheinsantrag dann lediglich unter besonderen Umständen einer erneuten eidesstattlichen Versicherung.
4 Erman/*Schlüter*, § 2364 BGB Rz. 3; Staudinger/*Schilken*, § 2364 BGB Rz. 14; Soergel/*Zimmermann*, § 2364 BGB Rz. 2.

Aufbringung eines Vermerkes auf dem Erbschein über den Wegfall der Testamentsvollstreckung unter Angabe des diesbezüglichen Stichtages beantragen.[1]

113 Formulierungsvorschlag:
(Vermerk am Ende des Erbscheinstextes unter dem dortigen Vermerk über die Anordnung der Testamentsvollstreckung)
Testamentsvollstreckung ist mit Wirkung ab dem ... weggefallen.

VIII. Feststellungs- bzw. Auslegungsvertrag und Vergleich

114 Beteiligte können hinsichtlich einer unklar formulierten und daher auslegungsbedürftigen Verfügung von Todes wegen eine **einvernehmliche schuldrechtliche Vereinbarung** durch Vergleich iSd. § 779 BGB oder Feststellungs- bzw. Auslegungsvertrag iSd. § 311 BGB treffen.[2] Eine derartige schuldrechtliche Vereinbarung ist hinsichtlich Vermächtnissen und Auflagen grundsätzlich formfrei wirksam, soweit sich nicht aus speziellen Formvorschriften, insbesondere aus § 311b Abs. 1 BGB bei betroffenem Grundbesitz etwas anderes ergibt.[3] Umgekehrt beinhalten die Erbfolge betreffende Regelungen zumeist die Verpflichtung zur vollständigen oder anteiligen Übertragung von Erbteilen und sind daher nach §§ 2371, 2385 Abs. 1 BGB ebenso wie der spätere Vollzug durch Erbteilsabtretung nach § 2033 Abs. 1 BGB beurkundungspflichtig.[4] Insoweit kann bereits die in einem einvernehmlichen Erbscheinsantrag enthaltene Einigung über die Erbfolge eine notarielle Beurkundung erforderlich machen.[5]

115 Das Nachlassgericht ist an einen Feststellungs- bzw. Auslegungsvertrag bzw. Vergleich der Beteiligten angesichts des Amtsermittlungsgrundsatzes aus § 2358 BGB iVm. § 26 FamFG grundsätzlich nicht gebunden.[6] Umgekehrt besteht jedoch eine Bindung an rechtskräftige Feststellungsurteile in Zivilprozessverfahren, in denen der zur Disposition der Parteien stehende Verhandlungsgrundsatz maßgebend ist, ohne dass der zugrunde liegende Sachverhalt von Amts wegen aufgeklärt werden müsste.[7] Soweit nicht der eindeutige Wortlaut der betroffenen letztwilligen Verfügung oder Interessen Dritter entgegenstehen, kommt daher einer Einigung aller Beteiligten eine **erhebliche indizielle Bedeutung** zu, von der das Nachlassgericht regelmäßig nicht abweichen wird.[8]

IX. Rechtsmittel

1. Gegen den feststellenden Anordnungsbeschluss

a) Vor Erbscheinserteilung

116 Gegen den feststellenden Anordnungsbeschluss ist die befristete Beschwerde nach § 58 iVm. § 63 eröffnet, soweit der Erbschein nach Abs. 3 mangels Aushändigung oder Übersendung in Urschrift oder Ausfertigung an zumindest einen Antragsteller noch nicht erteilt[9] und nach § 61 der **Wert** des Beschwerdegegenstands 600 Euro übersteigt oder die Beschwerde **zugelassen** ist.

---

1 Erman/*Schlüter*, § 2364 BGB Rz. 3; Staudinger/*Schilken*, § 2364 BGB Rz. 14; Soergel/*Zimmermann*, § 2364 BGB Rz. 2, wonach dies einer weit verbreiteten praktischen Handhabung der Nachlassgerichte entspreche.
2 BGH v. 22.1.1986 – IVa ZR 90/84, NJW 1986, 1812 (1813).
3 Groll/*Esser*, B II Rz. 374.
4 *Zimmermann*, Erbschein und Erbscheinsverfahren Rz. 250.
5 *Dressel*, ZEV 1999, 289 (292).
6 OLG München v. 8.6.2010 – 31 Wx 48/10, RNotZ 2011, 50; *Baumann*, RNotZ 2011, 33 f.
7 Wurm/Wagner/Zartmann/*Fröhler*, Kap. 92 Rz. 1.
8 BGH v. 22.1.1986 – IVa ZR 90/84, NJW 1986, 1812 (1813); *Zimmermann*, Erbschein und Erbscheinsverfahren Rz. 248.
9 OLG Karlsruhe v. 8.2.2011 – 14 Wx 52/10, BWNotZ 2011, 167; Keidel/*Zimmermann*, § 352 FamFG Rz. 130.

b) Nach Erbscheinserteilung

Nach Erteilung des Erbscheins ist gem. Abs. 3 eine befristete Beschwerde gem. § 58 iVm. § 63 gegen den feststellenden Anordnungsbeschluss ausschließlich mit dem Antrag auf **Einziehung** des Erbscheins zulässig. Im Erfolgsfall weist das Beschwerdegericht das Nachlassgericht zur Einziehung an.[1] Der erteilte Erbschein ist als solcher nicht selbst anfechtbar.

Alternativ kann direkt beim Nachlassgericht entweder ausschließlich die Einziehung des erteilten Erbscheins angeregt oder zusätzlich dazu die Erteilung eines von dem erteilten Erbschein **abweichenden Erbscheins beantragt** werden und bei einem Scheitern gegen die zurückweisende Entscheidung befristete Beschwerde erhoben werden.[2]

Daneben kommt eine **Herausgabeklage** gegen den Besitzer eines unrichtigen Erbscheins nach § 2362 BGB in Betracht, die vor dem Prozessgericht zu erheben ist. Die tatsächliche Ablieferung beim Nachlassgericht bewirkt im Gegensatz zur Herausgabe an den Gerichtsvollzieher bereits unmittelbar die Einziehung, ohne dass das Nachlassgericht diese noch zusätzlich nach § 2361 BGB beschließen müsste, da der Erbe danach selbst zur Beseitigung der Erbscheinswirkungen berechtigt sein soll.[3]

Der Erbschein ist erst mit Aushändigung (nicht jedoch bereits mit Unterzeichnung der diesbezüglichen gerichtsinternen Verfügung) seiner Urschrift oder Ausfertigung (nicht jedoch einer solchen des Anordnungsbeschlusses) an den Antragsteller, seinen Bevollmächtigten oder eine von ihm bestimmte Behörde – bspw. an das Grundbuchamt zur Grundbuchberichtigung (nicht jedoch als Mitteilung iSd. § 83 GBO) – **tatsächlich erteilt**.[4] Der Erbschein kann allein durch das Nachlassgericht erteilt werden, während das Beschwerdegericht mangels eigener Erbscheinserteilungskompetenz das Nachlassgericht ausschließlich zur Erteilung anweisen darf.[5]

2. Gegen den Zurückweisungsbeschluss

Gegen einen Zurückweisungsbeschluss ist ebenfalls die befristete Beschwerde nach § 58 iVm. § 63 unter den Voraussetzungen des § 61 eröffnet. Ebenso wie die nahezu wortlautgleiche Regelung des § 20 Abs. 2 FGG ist auch § 59 Abs. 2 dahingehend auszulegen, dass als Ausnahme vom grundsätzlichen Erfordernis der formellen **Beschwer** aus Gründen der Prozesswirtschaftlichkeit auch derjenige Antragsberechtigte beschwerdeberechtigt ist, der tatsächlich keinen Antrag gestellt hat,[6] da andernfalls ein weiterer dem Inhalt nach bereits verbeschiedener Antrag gestellt werden müsste[7] (s. dazu § 59 Rz. 20).

Eine bereits vor Erlass eines Zurückweisungsbeschlusses **vorsorglich** eingelegte Beschwerde für den Fall einer späteren etwaigen Zurückweisung ist unwirksam.[8]

---

1 Begr. zum GesetzE der BReg. zu § 352 Abs. 3, BT-Drucks. 16/6308, S. 281.
2 Begr. zum GesetzE der BReg. zu § 352 Abs. 3, BT-Drucks. 16/6308, S. 281.
3 Erman/*Schlüter*, § 2362 BGB Rz. 2; Palandt/*Weidlich*, § 2362 BGB Rz. 1; Staudinger/*Herzog*, § 2362 BGB Rz. 6; MüKo.BGB/*Mayer*, § 2362 BGB Rz. 11; aA BayObLG v. 20.12.2000 – 1 Z BR 153/99, FamRZ 2001, 1181 (1182): Einziehungsbeschluss erforderlich.
4 OLG Karlsruhe v. 8.2.2011 – 14 Wx 52/10n.v.; OLG Hamm v. 10.10.1993 – 15 W 194/93, Rpfleger 1994, 248 (249); BayObLG v. 10.5.1960 – BReg. 1 Z 212/59, NJW 1960, 1722 (1723); Palandt/*Weidlich*, § 2359 BGB Rz. 9; aA OLG Stuttgart v. 14.1.1993 – 8 W 137/92, OLGZ 1993, 383 (384): Missverständlicher Anordnungsbeschluss ist ausreichend.
5 OLG Karlsruhe v. 12.2.1988 – 11 W 162/87, Rpfleger 1988, 315; Palandt/*Weidlich*, § 2359 BGB Rz. 15.
6 Keidel/*Zimmermann*, § 352 FamFG Rz. 142.
7 BGH v. 19.6.1959 – V ZB 19/58, BGHZ 30, 220 (223 f.) zu § 20 Abs. 2 FGG.
8 BayObLG v. 18.4.1997 – 1Z AR 31/97, FamRZ 1999, 100; Keidel/*Zimmermann*, § 352 FamFG Rz. 136.

X. Übergangsrecht

123 Soweit ein Erbscheinsantrag vor dem 1.9.2009 beim Nachlassgericht eingeht und durch einen anderer Beteiligten ab dem 1.9.2009 bspw. aufgrund abweichender Auslegung einer Verfügung von Todes wegen ein abweichender Erbscheinsantrag gestellt wird, bilden **beide Anträge ein einziges Verfahren** iSd. Art. 111 Abs. 1 FGG-RG und unterliegen daher wegen der Maßgeblichkeit des Eingangszeitpunkts[1] des ersten Antrags noch dem alten Recht unter Anwendung des FGG.[2]

124 Wird ein vor dem 1.9.2009 beim Nachlassgericht eingegangener Erbscheinsantrag zurückgewiesen und sodann inhaltsgleich bei bestehendem Rechtsschutzinteresse ab dem 1.9.2009 **neu** gestellt, gilt wegen Maßgeblichkeit des Eingangsdatums des neuen Antrags das FGG-RG.[3]

125 Beantragen verschiedene Miterben jeweils einzeln jeder für seinen eigenen Erbanteil einen **Teilerbschein**, handelt es sich ebenfalls um verschiedene Nachlassverfahren, für die jeweils getrennt der jeweilige Zeitpunkt des Antragseingangs über die Anwendbarkeit des FGG-RG entscheidet.[4]

126 Zum Übergangsrecht nach FGG-RG im **Allgemeinen** s. § 343 Rz. 193 ff.

127 **Kosten/Gebühren: Gericht:** Für das Verfahren über den Antrag auf Erteilung eines Erbscheins fällt eine Wertgebühr nach Nr. 12210 KV GNotKG an. Für die Abnahme der eidesstattlichen Versicherung wird daneben eine weitere Gebühr nach Nr. 23300 KV GNotKG erhoben (Vorbem. 1 Abs. 2). Maßgebend ist nach § 40 GNotKG der Wert des Nachlasses im Zeitpunkt des Erbfalls. Vom Erblasser herrührende Verbindlichkeiten werden abgezogen (§ 40 Abs. 1 Satz 2 GNotKG), sonstige Verbindlichkeiten nicht (§ 38 GNotKG). Ist in dem Erbschein lediglich die Hoferbfolge zu bescheinigen, ist Geschäftswert der Wert des Hofs. Nur die auf dem Hof lastenden Verbindlichkeiten mit Ausnahme der Hypotheken, Grund- und Rentenschulden (§ 15 Abs. 2 HöfeO) werden abgezogen (§ 40 Abs. 1 Satz 3, 4 GNotKG). Wird der Erbschein nur über das Erbrecht eines Miterben erteilt, so bestimmt sich der Wert nach dessen Erbteil (§ 40 Abs. 2 GNotKG). Erstrecken sich die Wirkungen eines Erbscheins nur auf einen Teil des Nachlasses, bleiben diejenigen Gegenstände, die von der Erbscheinswirkung nicht erfasst werden, bei der Berechnung des Werts außer Betracht. (§ 40 Abs. 3 GNotKG). Schuldner der Gebühren ist der Antragsteller (§ 22 Abs. 1 GNotKG). Die Fälligkeit richtet sich nach § 9 GNotKG.

Für Beschwerdeverfahren entstehen Gebühren nach den Nrn. 12220 ff. KV GNotKG. Der Wert bestimmt sich nach § 61 GNotKG. Die Kosten schuldet der Beschwerdeführer (§§ 22 Abs. 1, 25 GNotKG) bzw. der Entscheidungsschuldner (§ 27 Nr. 1 GNotKG).

RA: Vertritt ein RA einen Beteiligten im Feststellungs- bzw. Erbscheinsverfahren, stehen ihm Gebühren nach Teil 3 VV RVG zu. Stellt der RA lediglich einen Antrag, steht ihm nur die verminderte Verfahrensgebühr nach Nr. 3101 VV RVG (vgl. Nr. 3 des Gebührentatbestandes) zu. Für das Beschwerdeverfahren entstehen Gebühren nach den Nrn. 3200 ff. VV RVG (vgl. Vorbem. 3.2.1 Nr. 2 Buchst. b VV RVG).

§ 353 Einziehung oder Kraftloserklärung von Erbscheinen

(1) In Verfahren über die Einziehung oder Kraftloserklärung eines Erbscheins hat das Gericht über die Kosten des Verfahrens zu entscheiden. Die Kostenentscheidung soll zugleich mit der Endentscheidung ergehen.
(2) Ist der Erbschein bereits eingezogen, ist die Beschwerde gegen den Einziehungsbeschluss nur insoweit zulässig, als die Erteilung eines neuen gleich lautenden Erbscheins beantragt wird. Die Beschwerde gilt im Zweifel als Antrag auf Erteilung eines neuen gleich lautenden Erbscheins.
(3) Ein Beschluss, durch den ein Erbschein für kraftlos erklärt wird, ist nicht mehr anfechtbar, nachdem der Beschluss öffentlich bekannt gemacht ist (§ 2361 Abs. 2 Satz 2 des Bürgerlichen Gesetzbuchs).

A. Überblick	II. Systematik 2
I. Entstehung 1	III. Normzweck 3

---

1 OLG Stuttgart v. 24.11.2009 – 8 W 462/09, FGPrax 2010, 83.
2 OLG Stuttgart v. 14.12.2010 – 8 W 353/10, FGPrax 2011, 50; Palandt/*Weidlich* § 2353 BGB Rz. 7.
3 Palandt/*Weidlich* § 2353 BGB Rz. 7.
4 Keidel/*Engelhardt*, Art. 111 FGG-RG Rz. 4; Palandt/*Weidlich* § 2353 BGB Rz. 7.

B. Inhalt der Vorschrift
I. Zuständigkeit 4
II. Beteiligteneigenschaft 6
III. Kostenentscheidung (Absatz 1) 7
IV. Anfechtbarkeit einer Einziehungsentscheidung (Absatz 2)
   1. Allgemeines 10
   2. Rechtsmittel 18
V. Anfechtbarkeit einer Kraftloserklärungsentscheidung (Absatz 3)
   1. Allgemeines 21
   2. Rechtsmittel 23
VI. Übergangsrecht 26

A. Überblick

I. Entstehung

Die Vorschrift regelt erstmals, dass in Verfahren über die **Einziehung** bzw. **Kraftloserklärung** eines Erbscheins über die Kosten des Verfahrens zu entscheiden ist, dies zugleich mit der Endentscheidung geschehen soll[1] (Abs. 1), nach Vollzug einer Erbscheinseinziehung der Einziehungsbeschluss nur noch mit dem im Zweifel als entsprechend anzusehenden Antrag auf Neuerteilung eines gleich lautenden Erbscheins angefochten werden kann (Abs. 2) und ein Beschluss über die Kraftloserklärung eines Erbscheins anknüpfend an die teleologische Reduktion der früheren Regelung des § 84 Satz 1 FGG[2] erst nach seiner öffentlichen Bekanntmachung unanfechtbar ist. 1

II. Systematik

Die Vorschrift basiert auf der in § 2361 **BGB** vorgesehenen Anordnung der Einziehung bzw. Kraftloserklärung von Erbscheinen, deren Anfechtbarkeit in Abs. 2 bzw. 3 ausdrücklich beschränkt und gleichzeitig im Übrigen mittelbar zugelassen wird. Abs. 1 regelt als Annex eine Verpflichtung zur Mitentscheidung über die Kosten. 2

III. Normzweck

Die Vorschrift bezweckt nach Abs. 2 und 3 **Rechtssicherheit und Rechtsklarheit** durch ausdrückliche Normierung der bislang ungeschriebenen in der Rechtsprechung anerkannten Grundsätze über die Anfechtbarkeit von auf Erbscheine bezogenen Einziehungs- bzw. Kraftloserklärungsbeschlüssen. Abs. 1 soll hinsichtlich der Kostentragungspflicht die für die beiden hiesigen Verfahren nicht ausreichende Regelung des § 2 Nr. 2 KostO ergänzen. 3

B. Inhalt der Vorschrift

I. Zuständigkeit

Sachlich, örtlich und international zuständig ist nach § 2361 BGB ausschließlich dasjenige Nachlassgericht, das den betroffenen Erbschein erteilt hat.[3] Das gilt auch dann, wenn dieses Gericht für die tatsächlich vorgenommene Erbscheinserteilung unzuständig war.[4] Zu deutsch-deutschen Erbfällen s. § 343 Rz. 120 ff. Zur entsprechenden Zuständigkeit für die Erbscheinserteilung s. § 352 Rz. 6 ff. Zur gerichtsinternen **Geschäftsverteilung** s. § 343 Rz. 192 a ff. 4

Nach § 3 Nr. 2 Buchst. c RPflG ist der Rechtspfleger anstelle des Richters **funktionell** zuständig, soweit nicht nach § 16 Abs. 1 Nr. 7 RPflG ein Richtervorbehalt besteht. Dies ist wiederum für die Einziehung dann der Fall, wenn diese einen durch ei- 5

---

1 Die im GesetzE der BReg. noch zwingend vorgesehene Gleichzeitigkeit von End- und Kostenentscheidung – GesetzE der BReg. zu § 353 Abs. 1, BT-Drucks. 16/6308, S. 281 – wurde auf Anregung des BR in eine Soll-Vorschrift verändert, s. Stellungnahme des BR (Beschl.) zu Nr. 90 (§ 353 Abs. 1), BR-Drucks. 309/07, S. 75.
2 S. Palandt/*Edenhofer*, 68. Aufl., § 2361 BGB Rz. 11.
3 OLG Frankfurt v. 29.7.1980 – 20 W 409/80, Rpfleger 1981, 21; KG v. 3.2.1966 – 1 AR 9/66, Rpfleger 1966, 208 (209), Palandt/*Weidlich*, § 2361 BGB Rz. 6.
4 MüKo.ZPO/*Mayer*, § 353 FamFG Rz. 9; Staudinger/*Herzog*, § 2361 BGB Rz. 5.

nen Richter erteilten Erbschein betrifft oder wegen einer Verfügung von Todes wegen erfolgt. Der Richtervorbehalt kann jedoch gem. § 19 Abs. 1 Satz 1 Nr. 5 RPflG nach Landesrecht aufgehoben sein. Für die Kraftloserklärung ist mangels Richtervorbehalts stets der Rechtspfleger funktionell zuständig.[1] S. zur funktionellen Zuständigkeit im Allgemeinen § 343 Rz. 142 ff.

II. Beteiligteneigenschaft

6 Zur **Beteiligteneigenschaft**, die sich als von Amts wegen durchzuführendes Verfahren nach § 7 Abs. 2 Nr. 1 statt nach § 345 Abs. 4 Satz 2 richtet, s. § 345 Rz. 68. Beteiligte sind danach die im einzuziehenden Erbschein ausgewiesenen Erben sowie diejenigen, die an deren Stelle den Erbschein beantragt haben.[2]

III. Kostenentscheidung (Absatz 1)

7 Nach Abs. 1 hat das Nachlassgericht auch über die Kosten zu entscheiden, Formulierungsvorschlag s. § 81 Rz. 7. Dies **soll zugleich** mit der Endentscheidung über die Einziehung bzw. Kraftloserklärung geschehen. Die Kostenentscheidung darf jedoch in Ausnahmefällen nachgeholt werden, insbesondere wenn die Endentscheidung unverzüglich erfolgt, für die Kostenentscheidung jedoch weitere Ermittlungen erforderlich sind.[3]

8 Da die Verfahren über die Einziehung bzw. Kraftloserklärung nach § 2361 Abs. 3 BGB von Amts wegen geführt werden, war nach **altem Recht** § 2 Nr. 2 KostO zu beachten. Danach ist derjenige kostenpflichtig, dessen Interessen durch die Einziehung bzw. Kraftloserklärung wahrgenommen werden. Maßgebend ist dabei der vom Gesetzgeber durch das vorgeschriebene gerichtliche Tätigwerden beabsichtigte Interessenschutz.[4] Kostenpflichtig ist daher grundsätzlich der tatsächliche Erbe.[5] Bei der Einziehung eines dem Vorerben erteilten Erbscheins nach Eintritt des Nacherbfalls fehlt jedoch ein grundsätzliches Interesse des Nacherben, wenn dessen Nacherbenrechte im eingezogenen Erbschein gem. § 2363 BGB vermerkt waren.[6] Ein Indiz für ein betroffenes Interesse liegt jedoch regelmäßig in der Anregung des Verfahrens.[7]

9 Nunmehr eröffnet § 81 Abs. 1 Satz 1 die Möglichkeit, den Beteiligten die Kosten nach **billigem Ermessen** ganz oder teilweise aufzuerlegen (s. dazu § 81 Rz. 11 ff.). Nach § 81 Abs. 2 soll in Einschränkung des Ermessens aus § 81 Abs. 1 Satz 1 die Kostenpflicht regelmäßig demjenigen Beteiligten auferlegt werden, der die dortigen Voraussetzungen erfüllt. Insgesamt dürfte insbesondere zu berücksichtigen sein, wessen Interesse durch die Entscheidung wahrgenommen wird, bzw. wer durch falsche oder unvollständige Angaben die Erteilung des eingezogenen Erbscheins veranlasst hat.[8] Nach § 81 Abs. 1 Satz 2 kann auch von der Erhebung der Gerichtskosten abgesehen werden.[9]

IV. Anfechtbarkeit einer Einziehungsentscheidung (Absatz 2)

1. Allgemeines

10 Nach § 2361 Abs. 1 Satz 1 und Abs. 3 BGB iVm. § 26 hat das Nachlassgericht **von Amts wegen** einen Erbschein einzuziehen, wenn sich dessen **Unrichtigkeit** ergibt. Ein Erbschein hat keine materielle Rechtskraft.

10a In Durchbrechung dieses Grundsatzes wird nach Art. 12 § 24 Abs. 1 NEhelG ein ab dem 29.5.2009 und vor dem 15.4.2011 erteilter Erbschein, der wegen der durch das

---

1 Staudinger/*Herzog*, § 2361 BGB Rz. 7; Keidel/*Zimmermann*, § 353 FamFG Rz. 10.
2 Begr. zum GesetzE der BReg. zu § 345, BT-Drucks. 16/6308, S. 278.
3 Stellungnahme des BR (Beschl.) zu Nr. 90 (§ 353 Abs. 1), BR-Drucks. 309/07, S. 75.
4 Rohs/Wedewer/*Belchhaus*, § 2 KostO Rz. 11.
5 *Hartmann*, § 108 KostO Rz. 7.
6 KG v. 7.11.1995 – 1 W 460/95, Rpfleger 1996, 247.
7 KG v. 7.11.1995 – 1 W 460/95, Rpfleger 1996, 247.
8 Stellungnahme des BR (Beschl.) zu Nr. 90 (§ 353 Abs. 1), BR-Drucks. 309/07, S. 75.
9 Bahrenfuss/*Schaal*, § 353 FamFG Rz. 13.

Zweite Gesetz zur erbrechtlichen **Gleichstellung nichtehelicher Kinder** vom 12.4. 2011[1] bewirkten Änderungen der erbrechtlichen Verhältnisse – für Erbfälle ab dem 29.5.2009 ist nunmehr auch ein vor dem 1.7.1949 geborenes bis dahin nicht erbberechtigtes nichteheliches Kind nach seinem Vater bzw. umgekehrt sein Vater nach diesem seinem Kind unter Erstreckung auf die jeweiligen Verwandten erb- und pflichtteilsberechtigt – unrichtig geworden ist, **nur auf Antrag** eingezogen oder für kraftlos erklärt.[2]

Eine **Einziehung des Protokolls über die Eröffnung** eines notariell beurkundeten Testaments ist unstatthaft, da § 2361 Abs. 1 Satz 1 BGB nicht analogiefähig ist.[3]   10b

Ein Erbschein ist unrichtig, wenn die **materiellen** Voraussetzungen für die Erteilung fehlen, bspw. eine für die Erbfolge entscheidungserhebliche Verfügung von Todes wegen übersehen wurde, bzw. später wegfallen, bspw. nach Erteilung eines Vorerbscheins der Nacherbfall eintritt,[4] oder formell schwerwiegend fehlerhaft ist, so bspw. bei Erteilung durch ein unzuständiges Gericht, den Rechtspfleger trotz Richtervorbehalts[5] oder ohne bzw. abweichend von dem gestellten Antrag.[6]   11

Aus einer Erbteilsübertragung folgt hingegen keine Unrichtigkeit des Erbscheins.[7] Offensichtliche Schreibfehler erfordern **keine** Einziehung, sondern führen zu einer bloßen Berichtigung des Erbscheins.[8] Gleiches gilt für die Beseitigung unzulässiger oder ohne Aufnahme vorgeschriebener Zusätze, die den sachlichen Inhalt des Erbscheins unberührt lassen und an dem öffentlichen Glauben nicht teilnehmen[9] sowie die Ergänzung der erst nach Erteilung des Vorerbscheins bekannt gewordenen Namen der Nacherben.[10]   12

Nach Beendigung einer Testamentsvollstreckung wird der mit dem Vermerk „Testamentsvollstreckung ist angeordnet" versehene Erbschein entgegen der diesbezüglich wohl überwiegend vertretenen Ansicht weder unrichtig noch folgt daraus eine nachlassgerichtliche Verpflichtung zur Erbscheinseinziehung,[11] da der auf dem Erbschein befindliche Testamentsvollstreckungsvermerk – im Gegensatz zur Vermutung des Fortbestandes der Verfügungsbefugnis des befreiten Vorerben aufgrund eines Vorerbscheins nach Eintritt des Nacherbfalls (s. dazu Rz. 64) – keine Vermutung über den Fortbestand der Testamentsvollstreckung erzeugt.[12] Zudem können die Erben zum Nachweis der Wiedererlangung ihrer wegen des Testamentsvollstreckungsvermerkes verlorenen Verfügungsberechtigung über den Nachlass die Aufbringung eines Vermerkes auf dem Erbschein über den Wegfall der Testamentsvollstreckung unter Angabe des diesbezüglichen Stichtages beantragen.[13]   13

---

1 BGBl. I 2011, S. 615.
2 Palandt/*Weidlich*, Art. 227 EGBGB Rz. 5.
3 OLG Naumburg v. 7.2.2012 – 2 Wx 16/12, FGPrax 2012, 118 (119).
4 Staudinger/*Herzog*, § 2361 BGB Rz. 23.
5 KG v. 16.3.2004 – 1 W 458/01, FGPrax 2004, 126 f.
6 Staudinger/*Herzog*, § 2361 BGB Rz. 21.
7 Palandt/*Weidlich*, § 2361 BGB Rz. 4.
8 KG v. 10.11.1966 – 1 W 2516/66, Rpfleger 1967, 412 (413).
9 BayObLG v. 4.8.1989 – 1a Z 36/88, Rpfleger 1990, 74 (75); KG v. 10.11.1966 – 1 W 2516/66, Rpfleger 1967, 412 (413).
10 Palandt/*Weidlich*, § 2363 BGB Rz. 5; Firsching/*Graf*, Rz. 4.295; aA *Köster*, Rpfleger 2000, 133 (139): Einziehung sei erforderlich.
11 So aber OLG Hamm v. 18.10.1982 – 15 W 226/82, OLGZ 1983, 59; OLG Köln v. 29.1.1993 – 2Wx 48/92, FamRZ 1993, 1124 (1125 f.); MüKo.BGB/*Mayer* § 2364 BGB Rz. 17; Palandt/*Weidlich*, § 2364 BGB Rz. 2. Im Rahmen eines dann auf die Einziehung folgenden Verfahrens auf Erteilung eines neuen Erbscheins ohne Testamentsvollstreckervermerk bedarf es nur unter besonderen Umständen einer erneuten eidesstattlichen Versicherung, KG v. 3.5.1967 – 1 W 791/67, OLGZ 1967, 247 (249).
12 Erman/*Schlüter*, § 2364 BGB Rz. 3; Staudinger/*Schilken*, § 2364 BGB Rz. 14; Soergel/*Zimmermann*, § 2364 BGB Rz. 2.
13 Erman/*Schlüter*, § 2364 BGB Rz. 3; Staudinger/*Schilken*, § 2364 BGB Rz. 14; Soergel/*Zimmermann*, § 2364 BGB Rz. 2, wonach dies einer weit verbreiteten praktischen Handhabung der Nachlassgerichte entspreche.

14 Eine Einziehung ist auf Grund ihres endgültigen Charakters erst nach **abschließenden Ermittlungen** zulässig,[1] wobei dann jedoch ausreichend ist, dass die Überzeugung des Gerichts von der Richtigkeit des Erbscheins über einen bloßen Zweifel hinaus erschüttert ist. Ergänzend kommen vorläufige Sicherungsmaßnahmen im Wege eA von Amts wegen nach § 49 wie bspw. als typisches Schutzinstrument zugunsten der noch nicht feststehenden tatsächlichen Erben die vorübergehende Aufbewahrung aller Erbscheinsausfertigungen bei den Nachlassakten[2] bzw. ggf. im Grundbuch einzutragende[3] vorläufige Veräußerungsverbote im Wege eA in Betracht.[4]

15 Das Nachlassgericht ordnet die Einziehung nach § 38 Abs. 1 Satz 1 durch **Beschluss** an,[5] der nach § 38 Abs. 3 Satz 1 zu begründen, nach § 39 mit einer Rechtsbehelfsbelehrung zu versehen, den Beteiligten nach § 41 Abs. 1 Satz 1 bekannt zu geben und ggf. nach § 41 Abs. 1 Satz 2 zuzustellen ist. Ergänzend ist nach Abs. 1 möglichst zeitgleich auch über die Kosten zu entscheiden (s. Rz. 7 ff.).

16 Der Beschluss einer **Einziehungsablehnung** ergeht ausschließlich nach erfolgloser vorheriger Anregung.[6]

17 Nach § 2361 Abs. 1 Satz 2 BGB wird der Erbschein mit seiner Einziehung **kraftlos**. Dies setzt wiederum die Ablieferung der Urschrift und aller Ausfertigungen beim Nachlassgericht voraus.[7]

2. Rechtsmittel

18 Gegen die **Einziehungsanordnung** ist vor deren Vollzug die befristete Beschwerde nach § 58 iVm. § 63 eröffnet, soweit nach § 61 der Wert des Beschwerdegegenstands 600 Euro übersteigt oder die Beschwerde zugelassen ist. Beschwerdeberechtigt ist jeder, der für die Erteilung des Erbscheins antragsberechtigt ist, damit auch derjenige, der hinsichtlich des einzuziehenden Erbscheins tatsächlich keinen Erbscheinsantrag gestellt hat (s. dazu § 352 Rz. 121).[8] Nach § 64 Abs. 3 kann das Beschwerdegericht die Vollziehung der Einziehung vor der Beschwerdeentscheidung im Wege der eA aussetzen.[9]

19 **Nach Vollzug der Einziehung** ist nach Abs. 2 Satz 1 eine befristete Beschwerde nach § 58 iVm. § 63 gegen den Anordnungsbeschluss ausschließlich mit dem Antrag auf Erteilung eines neuen gleich lautenden Erbscheins zulässig, da die Kraftloswirkung bezüglich des alten Erbscheins nach § 2361 Abs. 1 Satz 2 BGB endgültig ist und daher nicht mehr rückgängig gemacht werden kann. Die Beschwerde gilt dann nach Abs. 2 Satz 2 als dementsprechender Antrag. Im Erfolgsfall weist das Beschwerdegericht das Nachlassgericht zur Erteilung eines neuen gleich lautenden Erbscheins an, da es keine eigene Erbscheinserteilungskompetenz hat.[10] Daneben kann beim Nachlassgericht Antrag auf Erteilung eines neuen gleich lautenden Erbscheins gestellt und im Falle einer Zurückweisung befristete Beschwerde eingelegt werden. Die vollzogene Einziehung ist als solche nicht selbst anfechtbar.

20 Gegen einen **Ablehnungsbeschluss** ist ebenfalls die befristete Beschwerde nach § 58 iVm. § 63 unter den Voraussetzungen des § 61 eröffnet. Beschwerdeberechtigt ist jeder, der auf Grund der von seinem tatsächlichen Erbrecht abweichenden Erb-

---

1 *Schopp*, Rpfleger 1983, 264.
2 BGH v. 5.7.1963 – V ZB 7/63, BGHZ 40, 54 (57 ff.); OLG Saarbrücken v. 7.11.2011 – 5 W 239/11, NJW-RR 2012, 588 (589 f.).
3 *Schuschke*, FGPrax 2009, 248.
4 Keidel/*Zimmermann*, § 353 FamFG Rz. 4.
5 S. das diesbezügliche Muster bei Firsching/*Graf*, Rz. 4.502.
6 Keidel/*Zimmermann*, § 353 FamFG Rz. 13.
7 OLG Düsseldorf v. 29.3.2011 – I-3 Wx 263/10, 3 Wx 263/10, FGPrax 2011, 125; BayObLG v. 18.2.1980 – BReg. 1 Z 1/80, BayObLGZ 1980, 72 (73); BayObLG, Vorlagesache – Datum und Az. n.v., BayObLGZ 1966, 233 (235); Keidel/*Zimmermann*, § 353 FamFG Rz. 18.
8 Keidel/*Zimmermann*, § 353 FamFG Rz. 23.
9 Ebenso Keidel/*Zimmermann*, § 353 FamFG Rz. 19.
10 BayObLG v. 12.3.1954 – BReg. 2 Z 245/53, BayObLGZ 1954, 71 (75).

rechtsbescheinigung im betroffenen Erbschein in seinen Rechten beeinträchtigt wird,[1] der von seinem ursprünglichen stattgegebenen Erbscheinsantrag abrückende Antragsteller,[2] der Nachlassgläubiger mit einem gegen einen anderen als den im Erbschein benannten Schuldner lautenden Titel,[3] auch der zwischenzeitlich aus der Erbengemeinschaft ausgeschiedene Miterbe[4] sowie der Testamentsvollstrecker, wenn der Erbschein trotz wirksamer Testamentsvollstreckungsanordnung keine solche ausweist. Ein bloßes tatsächliches bzw. wirtschaftliches Interesse reicht jedoch nicht aus.[5] Der Erbschein kann jedoch allein durch das Nachlassgericht eingezogen werden, während das Beschwerdegericht mangels eigener Einziehungskompetenz das Nachlassgericht ausschließlich zur Einziehung anweisen darf.[6]

V. Anfechtbarkeit einer Kraftloserklärungsentscheidung (Absatz 3)

1. Allgemeines

Werden die Urschrift und alle Ausfertigungen nicht sofort vollständig beim Nachlassgericht abgeliefert und tritt daher nach § 2361 Abs. 1 Satz 2 BGB keine Kraftloswirkung ein, **muss** das Nachlassgericht den betroffenen Erbschein nach § 2361 Abs. 2 BGB für kraftlos erklären. Dies gilt selbst dann, wenn bereits nach § 35 Zwangsmaßnahmen zur Durchsetzung der Rückgabeverpflichtung eingeleitet worden sind.[7] Eine sofortige Kraftloserklärung kann auch ohne vorherigen Einziehungsbeschluss ergehen, wenn feststeht, dass die Einziehungsverfügung nicht durchführbar ist.[8] 21

Das Nachlassgericht ordnet die Kraftloserklärung von Amts wegen nach § 38 Abs. 1 Satz 1 durch **Beschluss** an.[9] Ergänzend ist nach Abs. 1 möglichst zeitgleich auch über die Kosten zu entscheiden (s. Rz. 7 ff.). Die Bekanntmachung erfolgt nach § 2361 Abs. 2 Satz 2 BGB nach den für die öffentliche Zustellung einer Ladung geltenden Vorschriften der ZPO. Nach §§ 186 Abs. 2, 187 ZPO erfolgt die öffentliche Zustellung durch Veröffentlichung im elektronischen Bundesanzeiger. Nach § 2361 Abs. 2 Satz 3 BGB wird die Kraftloserklärung abweichend von § 40 Abs. 1 mit dem Ablauf eines Monats nach der letzten Einrückung des Beschlusses in die öffentlichen Blätter wirksam. Der Beschluss ist ergänzend den Beteiligten bekannt zu geben, damit ggf. noch vor Ablauf des in Abs. 3 genannten Zeitpunkts Rechtsmittel eingelegt werden können. 22

2. Rechtsmittel

Gegen den **Kraftloserklärungsbeschluss** ist die befristete Beschwerde nach § 58 iVm. § 63 eröffnet, solange der Beschluss noch nicht iSd. § 2361 Abs. 2 Satz 2 BGB öffentlich bekannt gemacht ist und soweit zusätzlich nach § 61 der Wert des Beschwerdegegenstands 600 Euro übersteigt oder die Beschwerde zugelassen ist. Beschwerdeberechtigt ist jeder, der für die Erteilung des Erbscheins antragsberechtigt ist, damit auch derjenige, der hinsichtlich des für kraftlos zu erklärenden Erbscheins tatsächlich keinen Erbscheinsantrag gestellt hat (s. dazu § 352 Rz. 121).[10] Nach § 64 Abs. 3 kann das Beschwerdegericht die Vollziehung der Kraftloserklärung vor der Beschwerdeentscheidung im Wege der eA durch Verhinderung der Einrückung des Beschlusses in die öffentlichen Blätter aussetzen. 23

Nach Wirksamwerden der Kraftloserklärung ist gem. Abs. 3 keine befristete Beschwerde nach § 58 iVm. § 63 mehr zulässig, da die Kraftloswirkung endgültig ist und 24

---
1 BayObLG v. 30.12.1999 – 1 Z BR 174/98, NJWE-FER 2000, 93.
2 BGH v. 13.7.1959 – V ZB 4/59, NJW 1959, 1730 (1731).
3 OLG München v. 26.11.1941 – 8 Wx 494 bis 496/41, JFG 23, 154 (155 ff.).
4 BayObLG v. 17.5.2001 – 1 Z BR 121/00, Rpfleger 2001, 494 f.
5 Keidel/*Zimmermann*, § 353 FamFG Rz. 27.
6 Firsching/*Graf*, Rz. 4.492.
7 Firsching/*Graf*, Rz. 4.511; Horndasch/Viefhues/*Heinemann*, § 353 FamFG Rz. 17.
8 BayObLG v. 14.3.1919 – Reg. III Nr. 12/1919, BayObLGZ 1918/19, A 207 (209); Keidel/*Zimmermann*, § 353 FamFG Rz. 27; Horndasch/Viefhues/*Heinemann*, § 350 FamFG Rz. 18.
9 S. das diesbezügliche Muster bei Firsching/*Graf*, Rz. 4.512.
10 Keidel/*Winkler*, § 84 FGG Rz. 23.

daher nicht mehr rückgängig gemacht werden kann. Da Abs. 3 im Gegensatz zu Abs. 2 Satz 1 den Anordnungsbeschluss nach dessen Vollzug ohne Benennung eines zulässigen Antrags auf Erteilung eines neuen gleich lautenden Erbscheins kategorisch als unanfechtbar bezeichnet und im Gegensatz zu Abs. 2 Satz 2 keine Regelung enthält, nach der die Beschwerde im Zweifel als Antrag auf Erteilung eines neuen gleich lautenden Erbscheins gilt, ist ein solcher Antrag im Beschwerdeweg nicht statthaft.[1] Statt dessen bleibt den Beschwerten die Möglichkeit, soweit diesbezüglich nicht die Beschwerdefrist abgelaufen oder die Anordnung der Kraftloserklärung ohne vorherigen Einziehungsbeschluss ergangen ist, gegen den Einziehungsbeschluss mit dem Antrag auf Erteilung eines neuen gleich lautenden Erbscheins nach Abs. 2 Satz 1 Beschwerde einzulegen.[2] Daneben kann beim Nachlassgericht die Erteilung eines neuen gleich lautenden Erbscheins beantragt und im Falle einer Zurückweisung befristete Beschwerde eingelegt werden. Die vollzogene Kraftloserklärung ist als solche nicht selbst anfechtbar.

25   Gegen einen **Ablehnungsbeschluss** ist ebenfalls die befristete Beschwerde nach § 58 iVm. § 63 unter den Voraussetzungen des § 61 eröffnet. Beschwerdeberechtigt ist jeder, der auf Grund der von seinem tatsächlichen Erbrecht abweichenden Erbrechtsbescheinigung im betroffenen Erbschein in seinen Rechten beeinträchtigt wird, sowie der Testamentsvollstrecker, wenn der Erbschein trotz wirksamer Testamentsvollstreckungsanordnung keine solche ausweist. Der Erbschein kann jedoch korrespondierend zur Einziehung allein durch das Nachlassgericht für kraftlos erklärt werden, während das Beschwerdegericht mangels eigener Kraftloserklärungskompetenz das Nachlassgericht ausschließlich zur Kraftloserklärung anweisen darf.

VI. Übergangsrecht

26   Zum **Übergangsrecht** nach FGG-RG s. § 343 Rz. 193 ff.

27   **Kosten/Gebühren: Gericht:** Für das Verfahren über die Einziehung und die Kraftloserklärung eines Erbscheins fällt eine Wertgebühr nach Nr. 12215 KV GNotKG an. Der Höchstbetrag der Gebühr beträgt 400 Euro. Der Wert bestimmt sich gem. § 40 Abs. 1 Satz 1 Nr. 3 GNotKG nach den gleichen Regeln wie bei Erteilung des Erbscheins (s. Anm. zu § 352). Die Gebühr schuldet der Entscheidungsschuldner (vgl. § 353, § 27 Nr. 1 GNotKG).

Für Beschwerdeverfahren entstehen Gebühren nach den Nrn. 12220 ff. KV GNotKG. Der Wert bestimmt sich nach § 61 GNotKG. Die Kosten schuldet der Beschwerdeführer (§ 22 Abs. 1 GNotKG) bzw. der Entscheidungsschuldner (§ 27 Nr. 1 GNotKG). **RA:** Vertritt ein RA einen Beteiligten im Verfahren, stehen ihm Gebühren nach Teil 3 VV RVG zu. Stellt der RA lediglich einen Antrag, steht ihm nur die verminderte Verfahrensgebühr nach Nr. 3101 VV RVG (vgl. Nr. 3 des Gebührentatbestandes) zu. Für das Beschwerdeverfahren entstehen Gebühren nach den Nrn. 3200 ff. VV RVG (vgl. Vorbem. 3.2.1 Nr. 2 Buchst. b VV RVG).

354 Sonstige Zeugnisse
Die §§ 352 und 353 gelten entsprechend für die Erteilung von Zeugnissen nach den §§ 1507 und 2368 des Bürgerlichen Gesetzbuchs, den §§ 36 und 37 der Grundbuchordnung sowie den §§ 42 und 74 der Schiffsregisterordnung.

A. Entstehung 1	3. Testaments- und Nacherbenvollstreckerzeugnis 9
B. Systematik 2	4. Vermächtnisvollstreckerzeugnis 20
C. Inhalt der Vorschrift 3	5. Transmortale Vollmacht 21a
D. Besonderheiten des Testamentsvollstreckerzeugnisses	D. Europäisches Nachlasszeugnis für Erbfälle ab dem 17.8.2015 22
1. Annahme bzw. Ablehnung des Testamentsvollstreckeramts 7	E. Übergangsrecht 31
2. Alleinerbe und alleiniger Testamentsvollstrecker 8	

---

1 AA Horndasch/Viefhues/*Heinemann*, § 353 FamFG Rz. 25: Umdeutung in Antrag auf Erteilung eines neuen gleichlautenden Erbscheins.
2 Ähnlich zur früheren Rechtslage unter Geltung des § 84 Satz 1 FGG Jansen/*Müller-Lukoschek*, § 84 FGG Rz. 35.

A. Entstehung

Die Vorschrift knüpft teilweise an die frühere Regelung des § 84 Satz 2 FGG an, die bereits die Anfechtbarkeit des Kraftloserklärungsbeschlusses bezüglich bestimmter sonstiger Zeugnisse beschränkt (s. dazu § 353 Rz. 1) hatte, und sieht **erstmals** für diese sowie die übrigen in § 354 genannten sonstigen Zeugnisse eine entsprechende Anwendung sämtlicher Regelungen der §§ 352, 353 vor.

B. Systematik

Die Vorschrift regelt die entsprechende Anwendung der §§ 352, 353 für Verfahren betreffend die Erteilung bzw. Einziehung von Zeugnissen über die Fortsetzung der Gütergemeinschaft nach § 1507 BGB, Testamentsvollstreckerzeugnissen nach § 2368 BGB und Überweisungszeugnissen nach den §§ 36, 37 GBO bzw. den §§ 42, 74 SchRegO.

C. Inhalt der Vorschrift

Zum **Zeugnis** über die Fortsetzung der Gütergemeinschaft s. § 342 Rz. 29, zum Testamentsvollstreckerzeugnis s. § 342 Rz. 27, zu den Überweisungszeugnissen nach GBO bzw. SchRegO s. § 342 Rz. 30.

Ein **Testamentsvollstreckerzeugnis** wird nach § 2368 Abs. 3[1] Halbs. 2 BGB mit – im Falle einer Testamentsvollstreckerentlassung nach § 2227 BGB rechtskräftig beschlossener[2] – Beendigung des Testamentsvollstreckeramts,[3] das Zeugnis über die Fortsetzung der Gütergemeinschaft wird mit Beendigung der fortgesetzten Gütergemeinschaft[4] jeweils **kraft Gesetzes kraftlos**. Damit entfallen die Vermutung der Richtigkeit und der öffentliche Glaube[5] dieser beiden Zeugnisarten iSd. §§ 2368 Abs. 3, 1507 Satz 2, 2365, 2366 BGB. Eine Einziehung bzw. Kraftloserklärung ist mangels Rechtsschutzbedürfnisses insoweit unzulässig,[6] eine Zurückforderung der Zeugnisse zu den Gerichtsakten jedoch zur Vermeidung eines Missbrauchs regelmäßig geboten.[7]

Ist das Testamentsvollstreckerzeugnis anders als bei der Amtsbeendigung jedoch **von Anfang an** unrichtig gewesen, hat eine Einziehung bzw. Kraftloserklärung zu erfolgen.[8]

Wegen Zuständigkeit, Beteiligtenfähigkeit, Verfahrensgrundsätze und sonstiger inhaltlicher Voraussetzungen wird im Übrigen vollumfänglich auf die Anmerkungen zu § 352 bzw. § 353 **verwiesen**. Zur gerichtsinternen **Geschäftsverteilung** s. § 343 Rz. 192a ff.

D. Besonderheiten des Testamentsvollstreckerzeugnisses

1. Annahme bzw. Ablehnung des Testamentsvollstreckeramts

Gem. § 2202 Abs. 1 BGB **beginnt** das Amt des Testamentsvollstreckers mit dem Zeitpunkt der Annahme des Amts durch den Ernannten, wobei die Verfügungsbeschränkung der Erben iSd. § 2211 Abs. 1 BGB unabhängig davon bereits mit dem

---

1 Durch Art. 53 Nr. 69 FGG-RG wird zwar § 2368 Abs. 2 BGB aufgehoben, eine Umbenennung des Abs. 3 in Abs. 2 unterblieb jedoch.
2 BayObLG v. 10.4.1959 – BReg. 1 Z 178/58, NJW 1959, 1920.
3 BayObLG v. 27.11.1953 – BReg. 2 Z 224/53, BayObLGZ 1953, 357 (361).
4 BayObLG v. 28.2.1967 – BReg. 1b Z 7/67, Rpfleger 1968, 21 (22).
5 Palandt/*Weidlich*, § 2368 BGB Rz. 10.
6 KG v. 13.7.1964 – 1 W 1357/64, NJW 1964, 1905 (1906); OLG Köln v. 3.3.1986 – 2 Wx 47/85, Rpfleger 1986, 261.
7 KG v. 13.7.1964 – 1 W 1357/64, NJW 1964, 1905 (1906); OLG Köln v. 3.3.1986 – 2 Wx 47/85, Rpfleger 1986, 261.
8 Bahrenfuss/*Schaal*, § 354 FamFG Rz. 9.

Erbfall eintritt.¹ Die Annahmeerklärung bedarf keiner Form. Eine Annahme unter Bedingung, Zeitbestimmung oder Widerrufsvorbehalt ist nach § 2202 Abs. 2 Satz 2 BGB jedoch unzulässig. Das Nachlassgericht kann dem Ernannten auf Antrag eines der Beteiligten eine Frist zur Erklärung über die Annahme setzen. Mit ergebnislosem Ablauf der Frist gilt das Amt als abgelehnt. Wegen dieses Schutzvakuums kann in der Übergangszeit im Falle eines konkreten Sicherungsbedarfs trotz bekannter Erben wegen Unbekanntseins des Nachlasspflegers analog § 1960 BGB Nachlasspflegschaft angeordnet werden.²

2. Alleinerbe und alleiniger Testamentsvollstrecker

8   Grundsätzlich darf weder der **Alleinvollerbe**³ noch der alleinige Vorerbe⁴ alleiniger Testamentvollstrecker sein, da er als alleiniger Erbe ohnehin wie ein an seiner Stelle eingesetzter Testamentsvollstrecker verfügen kann und eine zusätzliche Anordnung der Testamentsvollstreckung überflüssig wäre. Etwas Anderes soll jedoch dann gelten, wenn sich die Testamentsvollstreckung auf die sofortige Erfüllung eines Vermächtnisses beschränkt und das Nachlassgericht bei groben Pflichtverstößen einen anderen Testamentsvollstrecker bestimmen kann.⁵

3. Testaments- und Nacherbenvollstreckerzeugnis

9   Ein Testamentsvollstreckerzeugnis wird gem. § 2368 BGB ausschließlich auf **Antrag** erteilt. Hinsichtlich der erforderlichen Angaben und der grundsätzlichen Notwendigkeit einer eidesstattlichen Versicherung verweist § 2368 Abs. 3 BGB auf die Regelungen über den Erbschein gem. den §§ 2354 bis 2356 BGB. Nach Landes- oder Bundesrecht angeordnete Genehmigungspflichten sind vom Nachlassgericht nicht zu überprüfen.⁶ Ähnlich einem streitigen Erbscheinsverfahren ist auch bei einem streitigen Testamentsvollstreckerzeugnisverfahren für ab dem 1.9.2009 eingeleitete Verfahren die frühere ungeschriebene Vorbescheids- durch eine Suspensivlösung nach §§ 354 iVm. 352 Abs. 2 FamFG ersetzt worden (s. dazu § 352 Rz. 38).

10 Da § 354 im Gegensatz zu § 2368 Abs. 2 aF BGB nicht mehr zwischen der Ernennung aufgrund öffentlicher Urkunde und eigenhändigem Testament unterscheidet, ist auch im Falle der Testamentsvollstreckerernennung durch notarielles Testament bzw. Erbvertrag unzweifelhaft vor Zeugniserteilung **rechtliches Gehör** zu gewähren.⁷

11 Ist gegen den die Erteilung des Testamentsvollstreckerzeugnisses beantragenden Testamentsvollstrecker ein Entlassungsantrag nach § 2227 BGB gestellt, hat das Nachlassgericht das Testamentsvollstreckerzeugnis gleichwohl bis zu einer eventuellen eine Beendigung des Testamentsvollstreckeramts auslösenden Entlassungsentscheidung zu erteilen.⁸

12 Im Hinblick auf die **Verfügungsmacht** des Testamentsvollstreckers sind sämtliche Beschränkungen oder Erweiterungen der gesetzlichen Regelung im Antrag anzugeben. Hierzu gehören insbesondere die Freistellung bei der Eingehung von Verbind-

---

1 BGH v. 2.10.1957 – IV ZR 217/57, BGHZ 25, 275 (282).
2 Staudinger/*Marotzke*, § 1960 BGB Rz. 25; Bengel/*Reimann*, Handbuch der Testamentsvollstreckung, 3. Aufl. 2001, Kap. 1 Rz. 15; Haegele/*Winkler*, Der Testamentsvollstrecker, 16. Aufl. 2001, Rz. 111a; *Fröhler*, BWNotZ 2011, 2 (5); aA (Pflegschaft nach § 1913 Satz 1 BGB): *Damrau*, Festschrift für Lange, 1992, 797 (801); *Damrau*, ZEV 1996, 81 (83); *Zimmermann*, Die Nachlasspflegschaft, 2. Aufl. 2009, Rz. 109.
3 RG v. 26.10.1911 – IV 34/11, RGZ 77, 177; BayObLG v. 8.9.2004 – 1Z BR 59/04, NJW-RR 2005, 232 (233).
4 OLG Zweibrücken v. 30.6.1999 – 3 W 124/99, FamRZ 2000, 323 f.
5 BGH v. 26.1.2005 – IV ZR 296/03, ZEV 2005, 204 (205) m. Anm. v. *Adam*.
6 Firsching/*Graf*, Rz. 4.456.
7 Keidel/*Zimmermann*, § 354 FamFG Rz. 13.
8 OLG München v. 3.5.2010 – 31 Wx 34/10, NJW-Spezial 2010, 391 f.

lichkeiten und entgegen der hM[1] die Befreiung von den Beschränkungen des § 181 BGB[2] einerseits sowie das Verbot zu bestimmten Verfügungen andererseits.[3]

Formulierungsvorschlag: 13

Testamentsvollstreckerzeugnis

..., geb. am ..., wohnhaft in ..., ist unter Anwendung deutschen Rechts zum alleinigen Testamentsvollstrecker

über den Nachlass des ..., geb. am ..., zuletzt wohnhaft gewesen in ..., verstorben am ... in ... ernannt worden.

... ist als Testamentsvollstrecker in der Eingehung von Verbindlichkeiten für den Nachlass nicht beschränkt und von den Beschränkungen des § 181 BGB befreit.

... ist als Testamentsvollstrecker nicht berechtigt, den im Grundbuch von ... eingetragenen Grundbesitz Flst. Nr. ... ohne Zustimmung aller Erben zu veräußern.

Ebenso wie ein Erbschein können auch Testamentsvollstrecker- bzw. Vermächtnisvollstreckerzeugnisse **gegenständlich beschränkt** erteilt werden. Dies gilt insbesondere für Eigenrechts- bzw. Fremdrechtstestaments- bzw. Fremdrechtsvermächtnisvollstreckerzeugnisse gem. §§ 2368 Abs. 3, 2369 Abs. 1 BGB. S. dazu § 352 Rz. 82 ff. 14

Gem. § 2222 BGB kann ein Testamentsvollstrecker auch ausschließlich zu dem Zweck ernannt werden, bis zum Eintritt einer angeordneten Nacherbfolge die **Rechte des Nacherben** auszuüben und dessen Pflichten zu erfüllen. Dabei nimmt der Nacherbenvollstrecker zwischen Erbfall und Nacherbfall insbesondere die Kontroll-, Sicherungs- und Mitwirkungsrechte des Nacherben wahr. Die Nacherbenvollstreckung beschränkt dabei ausschließlich die Rechte des Nacherben, nicht jedoch die Rechte des Vorerben. Insbesondere ist der Nacherbenvollstrecker anstelle des Nacherben für eventuelle Zustimmungen zu Verfügungen über Nachlassgegenstände nach den §§ 2113 ff. BGB zuständig. Durch eine Nacherbenvollstreckung entfällt das Bedürfnis für die Anordnung einer Pflegschaft und ggf. für eine Mitwirkung des Betreuungsgerichts hinsichtlich der bis zum Zeitpunkt des Eintritts des Nacherbfalls noch nicht bekannten Nacherben. 15

Die Nacherbenvollstreckung kann mit anderen Testamentsvollstreckungen verbunden werden oder für sich allein bestehen. Bei Anordnung weiterer Nacherbfolgen ist auch eine Nachnacherbentestamentsvollstreckung zur Ausübung der Rechte und Erfüllung der Pflichten der **weiteren Nacherben** möglich. 16

Formulierungsvorschlag: 17

Testamentsvollstreckerzeugnis

... (wie Testamentsvollstreckerzeugnis Rz. 13, jedoch mit folgendem Zusatz:)

Die Befugnisse des Testamentsvollstreckers sind auf eine Nacherbenvollstreckung gem. § 2222 BGB beschränkt.

Zu den Besonderheiten bei der **funktionellen** Zuständigkeit samt Richtervorbehalten nach § 16 Abs. 1 Nrn. 6 und 7 RPflG s. § 343 Rz. 145. 18

Zu den Besonderheiten bei **Auslandsbezug**, insbesondere im Falle der Anwendbarkeit ausländischen Sachrechts s. ausf. § 343 Rz. 152 ff. 19

Ein nachlassgerichtliches Zeugnis über die **Fortdauer**[4] oder den **Wegfall**[5] der Testamentsvollstreckung ist unzulässig. 19a

---

1 OLG Köln v. 21.11.2012 – 2 Wx 214/12, RNotZ 2013, 103 ff.; OLG Hamm v. 23.3.2004 – 15 W 75/04, DNotZ 2004, 808 (810); MüKo.BGB/*Mayer*, § 2368 BGB Rz. 37; Palandt/*Weidlich*, § 2368 BGB Rz. 2.

2 *Letzel*, ZEV 2004, 289 (290); *Fröhler*, BWNotZ 2006, 97 (101).

3 S. dazu Wurm/Wagner/Zartmann/*Fröhler*, Kap. 85 Rz. 15 f.

4 OLG Köln v. 16.11.2010 – 2 Wx 153/10, FGPrax 2011, 86; Keidel/*Zimmermann*, § 345 FamFG Rz. 62, MüKo.BGB/*Mayer*, § 2369 BGB Rz. 60; aA Firsching/*Graf*, Rz. 4.472.

5 Firsching/*Graf*, Rz. 4.472; MüKo.BGB/*Mayer*, § 2369 BGB Rz. 58; Keidel/*Zimmermann*, § 345 FamFG Rz. 63; Palandt/*Weidlich*, § 2368 BGB Rz. 4; *Zimmermann*, Erbschein und Erbscheinsverfahren Rz. 391.

4. Vermächtnisvollstreckerzeugnis

20 In der Praxis werden zur Vermeidung von Erbschaftsteuerbelastungen insbesondere im unternehmerischen Bereich häufig beim Tod des erstversterbenden Ehegatten neben der Alleinerbeinsetzung des längstlebenden Ehegatten Miteigentumsanteile an gewerblichem Grundbesitz vermächtnisweise auf die gemeinschaftlichen Kinder übertragen. Um die Verfügungsbefugnis gleichwohl beim längstlebenden Ehegatten zu belassen, empfiehlt sich die Anordnung einer **Vermächtnisvollstreckung** nach § 2223 BGB. Vermächtnisvollstrecker kann hier anders als bei einer Testamentsvollstreckung der längstlebende Ehegatte als Alleinerbe sein. Die Anordnung der Vermächtnisvollstreckung ist im Erbschein nicht zu erwähnen. Dem Vermächtnisvollstrecker ist jedoch auf Antrag ein Vermächtnisvollstreckerzeugnis analog § 2368 BGB zu erteilen.[1]

21 Formulierungsvorschlag:

Vermächtnisvollstreckerzeugnis

..., geb. am ..., wohnhaft in ..., ist unter Anwendung deutschen Rechts zum alleinigen Vermächtnisvollstrecker gegenständlich beschränkt auf die Verwaltung des zum Nachlass des ..., geb. am ..., zuletzt wohnhaft gewesen in ..., verstorben am ... in ... gehörenden im Grundbuch von ... eingetragenen Grundbesitz Flst. Nr. ...ernannt worden.

5. Transmortale Vollmacht

21a Eine bereits vor dem Erbfall über den Tod des Erblassers hinaus geltende Vollmacht kann bspw. dann „**selbständig neben der Testamentsvollstreckung** stehen und dem Vollmachtnehmer eigenständige, vom Erblasser und nicht vom Testamentsvollstrecker abgeleitete Befugnisse verleihen", wenn sich durch Auslegung nach § 133 BGB aus der Perspektive des Vollmachtgebers keine Kollision mit den Aufgaben des Testamentsvollstreckers ergibt.[2]

D. Europäisches Nachlasszeugnis für Erbfälle ab dem 17.8.2015

22 Im Anwendungsbereich der EuErbVO (s. dazu § 343 Rz. 154 ff.) führt Art. 62 EuErbVO für die Rechtsnachfolge von am 17.8.2015 oder danach verstorbenen Personen ein Europäisches Nachlasszeugnis zur **nicht verpflichtenden Verwendung** in einem **anderen Mitgliedstaat** ein, das nicht an die Stelle innerstaatlicher Schriftstücke tritt, jedoch iSd. Art. 69 EuErbVO auch in dem Ausstellungsstaat Wirkung entfaltet. Dieses Zeugnis bezweckt dabei nach Art. 63 EuErbVO die Verwendung als Nachweis durch Erben, Vermächtnisnehmer mit unmittelbarer Berechtigung am Nachlass, Testamentsvollstrecker und Nachlassverwalter.

23 **Antragsberechtigt** sind nach Art. 65 Abs. 1 iVm. Art. 63 Abs. 1 EuErbVO Erben, Vermächtnisnehmer mit unmittelbarer Berechtigung am Nachlass, Testamentsvollstrecker und Nachlassverwalter. Der Antrag muss dabei die in § 65 Abs. 2 EuErbVO genannten Angaben zu Erblasser, Antragsteller, dessen etwaigem Vertreter, Ehegatte oder Partner des Erblassers, sonstigen Berechtigten, dem beabsichtigten Zweck, Kontaktangaben des Gerichts oder sonstiger zuständiger Behörden, dem zugrundeliegenden Sachverhalt, etwaigen Verfügungen von Todes wegen, Eheverträgen, Annahmen, Ausschlagungen bzw. Rechtsstreitigkeiten abgeben. Zwingende Voraussetzung ist im Rahmen der Zweckangabe die beabsichtigte Verwendung in einem anderen Mitgliedstaat, da eine beabsichtigte ausschließliche Verwendung im Staat der Ausstellungsbehörde den Antrag unzulässig macht.[3]

24 Nach Art. 64 EuErbVO ist zuständige **Ausstellungsbehörde** in dem nach Art. 4, 7, 10 oder 11 EuErbVO international zuständigen Mitgliedstaat (s. dazu § 343 Rz. 156 ff.) ein Gericht iSd. Art. 3 Abs. 2 EuErbVO oder eine nach innerstaatlichem Recht für

---

1 Staudinger/*Reimann*, § 2368 BGB Rz. 19.
2 OLG München v. 15.11.2011 – 34 Wx 388/11, FGPrax 2012, 14.
3 *Buschbaum/Simon*, ZEV 2012, 525.

Erbsachen zuständige Behörde (s. dazu § 343 Rz. 155c), zu denen in den meisten Mitgliedstaaten Notare zählen,[1] gem. Erwägungsgrund 70 können zudem nach innerstaatlichem Recht andere zuständige Stellen beteiligt werden, wie bspw. in Deutschland Notare zur eidesstattlichen Versicherung.[2] Im Rahmen der Prüfung der Voraussetzungen für die Erteilung des beantragten Europäischen Nachlasszeugnisses hat die Ausstellungsbehörde nach Art. 66 EuErbVO ein eigenes **Ermessen** für die Art der Nachweisführung. Ein deutsches Nachlassgericht wird iSd. Art. 66 Abs. 1 EuErbVO regelmäßig die Vorlage öffenlicher Urkunden verlangen.[3]

Nach Art. 67 EuErbVO wird das Europäische Nachlasszeugnis unter Verwendung des nach dem Beratungsverfahren gem. Art. 81 Abs. 2 EuErbVO noch zu erstellenden **Formblatts** mit den inhaltlichen Angaben nach Art. 68 EuErbVO ausgestellt, wenn keine Einwände gegen den zu bescheinigenden Sachverhalt anhängig sind und keine Unvereinbarkeit mit einer Entscheidung zu demselben Sachverhalt besteht. Nach Art. 68 Buchst. i EuErbVO ist u.a. das anzuwendende Recht samt den Grundlagen für seine Anwendbarkeit auszuweisen Im Gegensatz zur Handhabung bei Erstellung eines deutschen Fremdrechtserbscheins gibt das Europäische Nachlasszeugnis das anzuwendende **ausländische Recht** bspw. bei dinglichen Vermächtnissen oder Teilungsanordnungen **ohne Rechtsinstitutsanpassung** an, da bei der späteren Verwendung des Zeugnisses der **Vorbehalt sachenrechtlicher Anerkennung** in dem vom Ausstellungsstaat verschiedenen Mitgliedstaat nach Art. 69 Abs. 5 iVm. Art. 1 Abs. 2 Buchst. k und Buchst. l EuErbVO gilt.[4] und bspw. bei dinglichen Vermächtnissen oder Teilungsanordnungen nach ausländischem Erbrecht gem. deutscher lex rei sitae zum Grundbuchvollzug noch eine Auflassung erforderlich ist.[5] Zudem bezeugt das Europäische Nachlasszeugnis selbst bei Ausweisung derartiger Einzelgegenstandszuordnungen keine diesbezügliche Zugehörigkeit zum Nachlass.[6]

Im Gegensatz zum deutschen Erbscheinsverfahren händigt die Ausstellungsbehörde nach Art. 70 Abs: 1 EuErbVO dem Antragsteller bzw. anderen Personen mit nachgewiesenem berechtigten Interesse keine Ausfertigung, sondern gem. Art. 70 Abs. 3 EuErbVO lediglich eine **auf sechs Monate begrenzt gültige beglaubigte Abschrift** aus, auf der das Ablaufdatum angegeben wird.

Abweichend von der Regelung für einen deutschen Erbschein nach § 2366 BGB **entfällt der Gutglaubensschutz** in die Richtigkeit eines Europäischen Nachlasszeugnisses nach Art. 64 Abs. 4 EuErbVO nicht erst bei Kenntnis der Unrichtigkeit des Zeugnisses oder des Rückgabeverlangens der Ausstellungsbehörde wegen Unrichtigkeit, sondern **bereits bei Unkenntnis infolge grober Fahrlässigkeit**. Dieser Umstand kann dazu führen, dass insbes. Banken und Sparkassen als Erbnachweis statt eines Europäischen Nachlasszeugnisses einen deutschen Erbschein voraussetzen.[7]

Die Erteilung eines nach Art. 62 Abs. 3 Satz 1 EuErbVO neben nationalen Erbnachweisen statthaften Europäischen Nachlasszeugnisses lässt das **Rechtsschutzbedürfnis** für einen deutschen Eigen- bzw. Fremdrechtserbschein nicht entfallen.[8]

Im Gegensatz zum Einziehungs- bzw. Kraftloserklärungsprinzip iSd. § 2361 BGB nach deutschem Recht sieht Art. 71 EuErbVO **Berichtigungs-, Änderungs- oder Widerrufsmaßnahmen** vor und verpflichtet die Ausstellungsbehörde nach Art. 70 Abs. 2 EuErbVO zur Führung eines Verzeichnisses der Empfänger ausgestellter beglaubigter Abschriften des Zeugnisses. Soweit deutsches Erbrecht anwendbar ist, besteht

---

1 S. dazu die diesbezügliche Länderliste bei *Buschbaum/Simon*, ZEV 2012, 525 (526 Fn. 7).
2 *Simon/Buschbaum*, NJW 2012, 2393 (2397 Fn. 54).
3 *Buschbaum/Simon*, ZEV 2012, 525 f.
4 *Buschbaum/Simon*, ZEV 2012, 525 (527).
5 *Simon/Buschbaum*, NJW 2012, 2393 (2397), *Wilsch*, ZEV 2012, 530 (531); *Buschbaum/Simon*, ZEV 2012, 525 (529); *Hertel*, DNotZ 2012, 688 (691).
6 *Hertel*, DNotZ 2012, 688 (690).
7 *Simon/Buschbaum*, NJW 2012, 2393 (2397).
8 *Buschbaum/Simon*, ZEV 2012, 525 (528).

nach § 2362 BGB zusätzlich ein **Anspruch des Erben auf Herausgabe** eines unrichtigen Zeugnisses an die Ausstellungsbehörde.[1]

30   Nach Art. 72 EuErbVO kann die Zeugniserteilung bzw. -ablehnung iSd. Art. 67 Abs. 1 EuErbVO durch jede zeugnisantragsberechtigte Person bzw. eine Berichtigung, eine Änderung oder ein Widerruf eines Europäischen Nachlasszeugnisses durch jede Person mit nachgewiesenem berechtigten Interesse durch Klage **angefochten** werden. Auf Verlangen bzw. Antrag einer berechtigten Person kann die Ausstellungsbehörde bzw. das Rechtsmittelgericht nach Art. 73 EuErbVO die **Wirkungen des Zeugnisses aussetzen**.

E. Übergangsrecht

31   Zum **Übergangsrecht** nach FGG-RG s. § 343 Rz. 193 ff.

32   **Kosten/Gebühren: Gericht:** Für das Verfahren über den Antrag auf Erteilung der sonstigen Zeugnisse fällt eine Wertgebühr nach Nr. 12210 KV GNotKG an (Vorbem. 1.2.2 KV GNotKG). Für die Abnahme der eidesstattlichen Versicherung wird daneben eine weitere Gebühr nach Nr. 23300 KV GNotKG erhoben (Vorbem. 1 Abs. 2).

Hinsichtlich des Verfahrens, das ein Zeugnis über die Fortsetzung der Gütergemeinschaft betrifft, bestimmt sich der Wert nach den gleichen Vorschriften wie für die Erteilung Erbscheins (vgl. Anm. zu § 352); an die Stelle des Nachlasses tritt jedoch der halbe Wert des Gesamtguts (§ 40 Abs. 4 GNotKG).

Für das Verfahren über das Zeugnis über die Ernennung eines Testamentsvollstreckers beträgt der Wert 20 % des Nachlasswertes im Zeitpunkt des Erbfalls, wobei Nachlassverbindlichkeiten nicht abgezogen werden (§ 40 Abs. 5 GNotKG).

Für die Verfahren über die Zeugnisse nach den §§ 36 und 37 GBO sowie nach den §§ 42 und 74 SchRegO bestimmt sich der Wert nach dem Wert der Gegenstände, auf die sich der Nachweis der Rechtsnachfolge erstreckt (§ 41 GNotKG).

Schuldner ist jeweils der Antragsteller (§ 22 Abs. 1 GNotKG). Die Fälligkeit richtet sich nach § 9 GNotKG.

Für das Verfahren über die Einziehung und die Kraftloserklärung der sonstigen Zeugnisse fällt eine Wertgebühr nach Nr. 12215 KV GNotKG an. Der Höchstbetrag der Gebühr beträgt 400 Euro. Der Wert bestimmt sich nach den gleichen Regeln wie bei Erteilung des Zeugnisses (§ 40 Abs. 4, 5, § 41 GNotKG). Die Gebühr schuldet der Entscheidungsschuldner (vgl. §§ 354, 353, § 27 Nr. 1 GNotKG).

Für Beschwerdeverfahren entstehen Gebühren nach den Nrn. 12220 ff. KV GNotKG. Der Wert bestimmt sich nach § 61 GNotKG. Die Kosten schuldet der Beschwerdeführer (§§ 22 Abs. 1, 25 GNotKG) bzw. der Entscheidungsschuldner (§ 27 Nr. 1 GNotKG).

RA: Vertritt ein RA einen Beteiligten im Verfahren, stehen ihm Gebühren nach Teil 3 VV RVG zu. Stellt der RA lediglich einen Antrag, steht ihm nur die verminderte Verfahrensgebühr nach Nr. 3101 VV RVG (vgl. Nr. 3 des Gebührentatbestandes) zu. Für das Beschwerdeverfahren entstehen Gebühren nach den Nrn. 3200 ff. VV RVG (vgl. Vorbem. 3.2.1 Nr. 2 Buchst. b VV RVG).

355 Testamentsvollstreckung

(1) Ein Beschluss, durch den das Nachlassgericht einem Dritten eine Frist zur Erklärung nach § 2198 Abs. 2 des Bürgerlichen Gesetzbuchs oder einer zum Testamentsvollstrecker ernannten Person eine Frist zur Annahme des Amts bestimmt, ist mit der sofortigen Beschwerde in entsprechender Anwendung der §§ 567 bis 572 der Zivilprozessordnung anfechtbar.

(2) Auf einen Beschluss, durch den das Gericht bei einer Meinungsverschiedenheit zwischen mehreren Testamentsvollstreckern über die Vornahme eines Rechtsgeschäfts entscheidet, ist § 40 Abs. 3 entsprechend anzuwenden; die Beschwerde ist binnen einer Frist von zwei Wochen einzulegen.

(3) Führen mehrere Testamentsvollstrecker das Amt gemeinschaftlich, steht die Beschwerde gegen einen Beschluss, durch den das Gericht Anordnungen des Erblassers für die Verwaltung des Nachlasses außer Kraft setzt, sowie gegen einen Beschluss, durch den das Gericht über Meinungsverschiedenheiten zwischen den Testamentsvollstreckern entscheidet, jedem Testamentsvollstrecker selbständig zu.

---

1 *Buschbaum/Simon*, ZEV 2012, 525 (526).

A. Überblick
I. Entstehung 1
II. Systematik 2
III. Normzweck 3

B. Inhalt der Vorschrift
I. Zuständigkeit 4
II. Beteiligteneigenschaft 8
III. Fristbestimmungen (Absatz 1)
   1. Allgemeines
      a) Bestimmung der Person des Testamentsvollstreckers 9
      b) Annahmeerklärung des Testamentsvollstreckers 11
      c) Gerichtliche Entscheidung 12
   2. Rechtsmittel 13
IV. Entscheidung über Meinungsverschiedenheiten (Absatz 2)
   1. Allgemeines 15
   2. Rechtsmittel 20
V. Außerkraftsetzung von Verwaltungsanordnungen (Absatz 3)
   1. Allgemeines 23
   2. Rechtsmittel 25
VI. Übergangsrecht 27

A. Überblick

I. Entstehung

Abs. 1 **modifiziert** für die Anfechtbarkeit einer Fristbestimmung nach § 2198 Abs. 2 bzw. § 2202 Abs. 3 BGB den diesbezüglichen Regelungsgehalt der früheren §§ 80, 81 FGG. Abs. 2 tritt an die Stelle des früheren § 82 Abs. 2 FGG und verweist nunmehr auf § 40 Abs. 3. Abs. 3 übernimmt den Inhalt des früheren § 82 Abs. 1 FGG. **1**

II. Systematik

Die Vorschrift regelt die **Anfechtbarkeit** nachlassgerichtlicher Entscheidungen im Rahmen der Testamentsvollstreckung. Dabei ist nach Abs. 1 gegen die Fristbestimmung für die einem Dritten obliegende Bestimmung eines Testamentsvollstreckers nach § 2198 Abs. 2 BGB und zur Annahme des Testamentsvollstreckeramts nach § 2202 Abs. 3 BGB als Zwischenentscheidungen die sofortige Beschwerde nach ZPO eröffnet. Gegen die Endentscheidungen über Meinungsverschiedenheiten zwischen mehreren Testamentsvollstreckern über die Vornahme eines Rechtsgeschäfts iSd. § 2224 Abs. 1 Satz 1 Halbs. 2 BGB nach Abs. 2 bzw. gegen die Außerkraftsetzung von Anordnungen des Erblassers für die Verwaltung des Nachlasses iSd. § 2216 Abs. 2 Satz 2 BGB nach Abs. 3 kann hingegen befristete Beschwerde nach §§ 58, 63 eingelegt werden, für die jeder Testamentsvollstrecker selbständig beschwerdeberechtigt ist. **2**

III. Normzweck

Die Vorschrift soll die das Bürgerliche Gesetzbuch ergänzenden Regelungen zur Anfechtbarkeit gerichtlicher Beschlüsse im Rahmen der Testamentsvollstreckung **zusammenfassen** und dabei differenziert nach Zwischen- bzw. Endentscheidungscharakter regeln. **3**

B. Inhalt der Vorschrift

I. Zuständigkeit

Zur **sachlichen** Zuständigkeit der Amtsgerichte bzw. in Baden-Württemberg der staatlichen Notariate als Nachlassgericht s. § 343 Rz. 129 ff. Die Regelungen nach § 23a Abs. 1 Nr. 2 iVm. Abs. 2 Nr. 2 GVG iVm. § 342 Abs. 1 Nr. 7 bzw. Art. 147 EGBGB iVm. §§ 1 Abs. 1 und 2, 38 bad.-württ. LFGG werden insoweit durch §§ 2198 Abs. 2, 2202 Abs. 3, 2224 Abs. 1 Satz 1 Halbs. 2, 2216 Abs. 2 Satz 2 BGB ergänzt. **4**

Nach § 3 Nr. 2 Buchst. c RPflG ist der Rechtspfleger anstelle des Richters für die Fristbestimmungen nach Abs. 1 **funktionell** zuständig, nach § 16 Abs. 1 Nr. 3 bzw. 4 RPflG der Richter für Entscheidungen über die Außerkraftsetzung von Erblasseranordnungen nach Abs. 3 bzw. über Meinungsverschiedenheiten nach Abs. 2.[1] S. zur funktionellen Zuständigkeit im Allgemeinen § 343 Rz. 142 ff. **5**

---

[1] Horndasch/Viefhues/*Heinemann*, § 355 FamFG Rz. 21.

6   Zur **örtlichen** Zuständigkeit nach § 343 s. § 343 Rz. 8 ff.

7   Zur **internationalen** Zuständigkeit s. § 343 Rz. 152 ff.

7a Zur gerichtsinternen **Geschäftsverteilung** s. § 343 Rz. 192a ff.

II. Beteiligteneigenschaft

8   Zur **Beteiligteneigenschaft** s. § 345 Rz. 57 bzw. 63 ff.

III. Fristbestimmungen (Absatz 1)

1. Allgemeines

a) Bestimmung der Person des Testamentsvollstreckers

9   Hat der Erblasser Testamentsvollstreckung angeordnet und die Bestimmung der Person des Testamentsvollstreckers einem Dritten überlassen, erfolgt diese nach § 2198 Abs. 1 Satz 2 BGB durch **Erklärung** gegenüber dem Nachlassgericht in öffentlich beglaubigter Form.

10 Auf Antrag eines der Beteiligten setzt das Nachlassgericht dem bestimmungsberechtigten Dritten nach § 2198 Abs. 2 BGB eine **Bestimmungsfrist** mit der Folge des Erlöschens des Bestimmungsrechts nach Fristablauf. Der Begriff des antragsberechtigten Beteiligten ist dabei weiter als die verfahrensrechtliche Beteiligteneigenschaft iSd. FamFG zu verstehen und erfasst denjenigen, der nicht nur ein ideelles, sondern ein rechtliches Interesse an der Testamentsvollstreckung hat.[1] Hierzu gehören insbesondere Erben,[2] Nacherben,[3] Vermächtnisnehmer,[4] Pflichtteilsberechtigte,[5] Auflagenberechtigte,[6] Mitvollstrecker[7] und Nachlassgläubiger.[8]

b) Annahmeerklärung des Testamentsvollstreckers

11 Nach § 2202 Abs. 3 kann das Nachlassgericht dem zum Testamentsvollstrecker Ernannten auf Antrag eines Beteiligten (s. dazu Rz. 10) eine Frist zur Erklärung über die Annahme des Testamentsvollstreckeramts bestimmen, um möglichst rasch Klarheit über die nach § 2202 Abs. 1 BGB für den **Beginn des Amts** maßgebende Amtsannahme herbeizuführen. Mit Fristablauf gilt das Amt nach § 2202 Abs. 3 Satz 2 BGB als abgelehnt, wenn die Annahme nicht vorher, dann aber erst nach dem Erbfall und ohne Bedingung oder Zeitbestimmung erklärt wird, wobei keine bestimmte Form vorgeschrieben ist.

c) Gerichtliche Entscheidung

12 Das Gericht entscheidet über die jeweilige Fristbestimmung durch **Beschluss**, der ggf. nach § 38 Abs. 3 Satz 1 begründet, nach § 39 mit einer Rechtsbehelfsbelehrung versehen und nach § 41 Abs. 1 Satz 1 den Beteiligten bekannt gegeben bzw. nach § 41 Abs. 1 Satz 2 förmlich zugestellt werden muss.

2. Rechtsmittel

13 Gegen den jeweiligen Fristbestimmungsbeschluss ist nach Abs. 1 die sofortige Beschwerde nach § 569 Abs. 1 ZPO binnen einer nach § 224 Abs. 1 ZPO nicht verkürzbaren **Notfrist** von zwei Wochen wahlweise beim Ausgangs- oder beim Beschwerdegericht einzulegen. Die Beschwerdefrist beginnt grundsätzlich mit der Zustellung der Entscheidung, spätestens mit Ablauf von fünf Monaten nach Verkündung des Be-

---

1 BGH v. 13.7.1961 – V ZB 9/61, BGHZ 35, 296 (299). Keidel/*Zimmermann*, § 355 FamFG Rz. 5.
2 BGH v. 13.7.1961 – V ZB 9/61, BGHZ 35, 296 (299).
3 Staudinger/*Reimann*, § 2198 BGB Rz. 24; MüKo.BGB/*Zimmermann*, § 2198 BGB Rz. 12.
4 BGH v. 13.7.1961 – V ZB 9/61, BGHZ 35, 296 (299).
5 BGH v. 13.7.1961 – V ZB 9/61, BGHZ 35, 296 (299).
6 MüKo.BGB/*Zimmermann*, § 2198 BGB Rz. 12; Palandt/*Weidlich*, § 2198 BGB Rz. 4.
7 Staudinger/*Reimann*, § 2198 BGB Rz. 24; MüKo.BGB/*Zimmermann*, § 2198 BGB Rz. 12.
8 BGH v. 13.7.1961 – V ZB 9/61, BGHZ 35, 296 (299).

schlusses. Die Beschwerde wird nach § 569 Abs. 2 bzw. 3 ZPO durch Einreichung einer Beschwerdeschrift, hilfsweise zu Protokoll der Geschäftsstelle eingelegt und soll nach § 571 Abs. 1 ZPO begründet werden. Nach § 568 ZPO besteht eine originäre Einzelrichterzuständigkeit, wenn die angefochtene Entscheidung wie hier von einem Rechtspfleger oder einem Einzelrichter stammt.

Gegen die **Ablehnung** der Fristbestimmung ist mangels entsprechender Erstreckung der Regelung aus Abs. 1 hingegen die befristete Beschwerde nach §§ 58, 63 gegeben.[1] 14

IV. Entscheidung über Meinungsverschiedenheiten (Absatz 2)

1. Allgemeines

Nach § 2224 Abs. 1 Satz 1 und 3 BGB führen mehrere Testamentsvollstrecker das Testamentsvollstreckeramt **gemeinschaftlich**, soweit nicht der Erblasser etwas anderes angeordnet hat (zu den diesbezüglichen Varianten s. § 345 Rz. 51). Im Rahmen der gemeinschaftlichen Amtsführung entscheidet das Nachlassgericht nach § 2224 Abs. 1 Satz 1 Halbs. 2 BGB über zwischen den Testamentsvollstreckern bestehende Meinungsverschiedenheiten. 15

Eine derartige Entscheidung setzt einen **Antrag** eines der Testamentsvollstrecker oder eines sonstigen materiellen Beteiligten (s. dazu Rz. 10) voraus.[2] 16

Abs. 2 erfasst ausschließlich Meinungsverschiedenheiten, die die **Vornahme eines Rechtsgeschäfts** betreffen, nicht jedoch über bloße tatsächliche Verwaltungshandlungen oder vor dem Prozessgericht zu entscheidende rechtliche Fragen.[3] Die nachlassgerichtliche Entscheidung muss innerhalb der Bandbreite der durch die Testamentsvollstrecker vertretenen Ansichten liegen und darf keine darüber hinausgehende Lösung beinhalten, so dass ggf. eine Ablehnung der Entscheidung ausgesprochen werden muss.[4] 17

Das Gericht entscheidet durch **Beschluss**, der ggf. nach § 38 Abs. 3 Satz 1 begründet, nach § 39 mit einer Rechtsbehelfsbelehrung versehen und nach § 41 Abs. 1 Satz 1 den Beteiligten bekannt gegeben bzw. nach § 41 Abs. 1 Satz 2 förmlich zugestellt werden muss. 18

Nach Abs. 2 Halbs. 1 findet § 40 Abs. 3 auf derartige Entscheidungen über die Vornahme eines unter den Testamentsvollstreckern umstrittenen Rechtsgeschäfts mit der Folge Anwendung, dass der Beschluss erst mit Eintritt seiner **Rechtskraft** wirksam wird, soweit das Nachlassgericht nicht nach § 40 Abs. 3 Satz 2 wegen Gefahr im Verzug dessen sofortige Wirksamkeit anordnet. Von Abs. 2 nicht erfasste Beschlüsse über weitere Meinungsverschiedenheiten werden nach § 40 Abs. 1 mit Bekanntgabe wirksam. 19

2. Rechtsmittel

Der Beschluss ist durch befristete Beschwerde nach §§ 58, 63 anfechtbar, wobei die Beschwerdefrist nach Abs. 2 Halbs. 2 als anderweitige Regelung iSd. § 63 Abs. 1 abweichend von der ansonsten geltenden Monatsfrist **zwei Wochen** beträgt. Für von Abs. 2 nicht erfasste Beschlüsse über weitere Meinungsverschiedenheiten gilt hingegen die Monatsfrist nach § 63 Abs. 1. 20

---

1 *Zimmermann*, Das neue FamFG, Rz. 732; entsprechend war unter der Geltung des § 81 Abs. 1 FGG, der gegen die nachlassgerichtliche Ernennung eines Testamentsvollstreckers das Rechtsmittel der sofortigen Beschwerde vorsah, anerkannt, dass gegen die Ablehnung eines Antrags auf Ernennung die einfache Beschwerde nach § 19 FGG gegeben war, BayObLG v. 4.4.2001 – 1 ZBR 13/01, ZEV 2001, 284; s. Bumiller/*Winkler*, 8. Aufl., § 81 FGG Rz. 8.
2 Staudinger/*Reimann*, § 2224 BGB Rz. 25.
3 BGH v. 18.4.1956 – IV ZB 22/56, NJW 1956, 986 (987); Staudinger/*Reimann*, § 2224 BGB Rz. 22; Palandt/*Weidlich*, § 2224 BGB Rz. 6; aA Keidel/*Zimmermann*, § 355 FamFG Rz. 29.
4 Keidel/*Zimmermann*, § 355 FamFG Rz. 30.

21   Nach Abs. 3 ist trotz gemeinschaftlicher Amtsführung jeder Testamentsvollstrecker gegen Beschlüsse zur Entscheidung von Meinungsverschiedenheiten jedweder Art iSd. § 2224 Abs. 1 BGB, somit nicht begrenzt auf die von Abs. 2 allein geregelte Vornahme eines Rechtsgeschäfts, **selbständig** beschwerdeberechtigt. Dies gilt, anders als bei einer Außerkraftsetzung, auch im Falle der Antragsablehnung.[1] Ebenso wie die nahezu wortlautgleiche Regelung des § 20 Abs. 2 FGG ist auch § 59 Abs. 2 dahingehend auszulegen, dass als Ausnahme vom grundsätzlichen Erfordernis der formellen Beschwer aus Gründen der Prozesswirtschaftlichkeit auch derjenige Antragsberechtigte beschwerdeberechtigt ist, der tatsächlich keinen Antrag gestellt hat, da andernfalls ein weiterer dem Inhalt nach bereits verbeschiedener Antrag gestellt werden müsste[2] (s. dazu § 59 Rz. 20).

22   Hat der Erblasser nach § 2224 Abs. 1 Satz 3 BGB jedem Testamentsvollstrecker einen allein wahrzunehmenden **Wirkungskreis** zugeteilt, ist der jeweilige Testamentsvollstrecker ausschließlich beschränkt auf seinen Wirkungskreis allein beschwerdeberechtigt, ohne im Übrigen (mit-)beschwerdeberechtigt zu sein.[3]

V. Außerkraftsetzung von Verwaltungsanordnungen (Absatz 3)

1. Allgemeines

23   Nach § 2216 Abs. 2 Satz 2 BGB kann das Nachlassgericht auf Antrag des alleinigen Testamentsvollstreckers bzw. aller[4] Mitvollstrecker oder eines anderen materiell Beteiligten (s. dazu Rz. 10) letztwillige Verwaltungsanordnungen des Erblassers außer Kraft setzen, wenn ihre Befolgung den Nachlass **erheblich gefährden** würde. Dazu ist ausreichend, dass eine erhebliche Gefährdung der Interessen der Nachlassbeteiligten unabhängig von der der Nachlasssubstanz besteht.[5] Das Nachlassgericht darf keine eigene Verwaltungsanordnung treffen, jedoch auch einen selbständigen Teil einer Verwaltungsanweisung des Erblassers außer Kraft setzen.[6] Die Außerkraftsetzung derartiger Anordnungen ist selbst dann zulässig, wenn dadurch die Ausführung von Teilungsanordnungen unmöglich wird.[7]

24   Das Gericht entscheidet durch **Beschluss**, der ggf. nach § 38 Abs. 3 Satz 1 begründet, nach § 39 mit einer Rechtsbehelfsbelehrung versehen und nach § 41 Abs. 1 Satz 1 den Beteiligten bekannt gegeben bzw. nach § 41 Abs. 1 Satz 2 förmlich zugestellt werden muss. Mit Bekanntgabe an den bzw. bei einer Mehrzahl an alle Testamentsvollstrecker wird der Beschluss nach § 40 Abs. 1 unter gleichzeitigem Außerkrafttreten der betroffenen Anordnung wirksam. Im Wege der eA kann das Beschwerdegericht nach § 64 Abs. 3 das Außerkrafttreten vorläufig aussetzen.[8]

2. Rechtsmittel

25   Sowohl der außerkraftsetzende als auch der ablehnende Beschluss ist durch befristete Beschwerde nach §§ 58, 63 anfechtbar. Abs. 3 gewährt nach seinem eindeutigen Wortlaut jedem Testamentsvollstrecker ausschließlich gegen den eine Außerkraftsetzung enthaltenden Beschluss eine **selbständige** Beschwerdeberechtigung, nicht jedoch im Falle einer ablehnenden Entscheidung. Hiergegen kann die befristete Beschwerde seitens der Testamentsvollstrecker ebenso wie die ursprüngliche Antragstellung nur gemeinschaftlich eingereicht werden.[9] Ebenso wie die nahezu wort-

---

1 Keidel/*Zimmermann*, § 355 FamFG Rz. 33.
2 BGH v. 19.6.1959 – V ZB 19/58, BGHZ 30, 220 (223 f.) zu § 20 Abs. 2 FGG.
3 Keidel/*Zimmermann*, § 355 FamFG Rz. 45.
4 OLG München v. 7.6.1939 – 8 Wx 80/39, JFG 20, 121 (122 f.); Palandt/*Weidlich*, § 2216 BGB Rz. 6.
5 BayObLG v. 14.4.1961 – BReg. 1 Z 132/59, BayObLGZ 1961, 155; Bahrenfuss/*Schaal*, § 355 FamFG Rz. 27.
6 KG v. 29.1.1971 – 1 W 11794/70, OLGZ 1971, 220 (221 ff.).
7 KG v. 18.8.1896 – 1 Wx 453/36, JFG 14, 154 (157 f.).
8 Bahrenfuss/*Schaal*, § 355 FamFG Rz. 29.
9 OLG München v. 7.6.1939 – 8 Wx 80/39, JFG 20, 121 (122 f.); Keidel/*Zimmermann*, § 355 FamFG Rz. 40; Staudinger/*Reimann*, § 2216 BGB Rz. 34; aA Jansen/*Müller-Lukoschek*, § 82 FGG Rz. 3; Horndasch/Viefhues/*Heinemann*, § 355 FamFG Rz. 26: Jeder Testamentsvollstrecker selbständig.

lautgleiche Regelung des § 20 Abs. 2 FGG ist auch § 59 Abs. 2 dahingehend auszulegen, dass als Ausnahme vom grundsätzlichen Erfordernis der formellen Beschwer aus Gründen der Prozesswirtschaftlichkeit auch derjenige Antragsberechtigte beschwerdeberechtigt ist, der tatsächlich keinen Antrag gestellt hat, da andernfalls ein weiterer dem Inhalt nach bereits verbeschiedener Antrag gestellt werden müsste[1] (s. dazu § 59 Rz. 20).

Hat der Erblasser nach § 2224 Abs. 1 Satz 3 BGB jedem Testamentsvollstrecker einen allein wahrzunehmenden Wirkungskreis zugeteilt, ist der jeweilige Testamentsvollstrecker ausschließlich beschränkt auf seinen Wirkungskreis allein beschwerdeberechtigt, ohne im Übrigen (mit-)beschwerdeberechtigt zu sein. 26

VI. Übergangsrecht

Zum **Übergangsrecht** nach FGG-RG s. § 343 Rz. 193 ff. 27

Kosten/Gebühren: Gericht: Im Rahmen der Testamentsvollstreckung werden folgende Gebühren erhoben: Für die Ernennung oder Entlassung von Testamentsvollstreckern und für sonstige anlässlich einer Testamentsvollstreckung zu treffenden Anordnungen wird nach Nr. 12420 KV GNotKG eine Wertgebühr mit einem Gebührensatz von 0,5 erhoben. Sonstige Anordnungen sind insbesondere die Außerkraftsetzung von Anordnungen des Erblassers nach § 2216 Abs. 2 Satz 2 BGB und die Entscheidung von Meinungsverschiedenheiten zwischen mehreren Testamentsvollstreckern nach § 2224 Abs. 1 Satz 1 Halbs. 2 BGB. Kostenschuldner der Gebühr für die Ernennung oder Entlassung von Testamentsvollstreckern sind nur die Erben nach § 24 Nr. 7 GNotKG, und zwar nach den Vorschriften des BGB über Nachlassverbindlichkeiten, wenn das Gericht nichts anderes bestimmt. Der Wert bei der Ernennung oder Entlassung von Testamentsvollstreckern bestimmt sich nach § 65 GNotKG, für die sonstigen Anordnungen nach § 36 Abs. 2 GNotKG (Bruchteil des Wertes nach § 65 GNotKG). 28

Für die Entgegennahme einer Erklärung betreffend die Bestimmung der Person des Testamentsvollstreckers oder die Ernennung von Mitvollstreckern (§ 2198 Abs. 1 Satz 2 und § 2199 Abs. 3 BGB), die Annahme oder Ablehnung des Amtes des Testamentsvollstreckers (§ 2202 BGB) sowie die Kündigung dieses Amtes (§ 2226 BGB) wird eine Festgebühr nach Nr. 12410 KV GNotKG in Höhe von 15 Euro erhoben. Kostenschuldner sind nach § 24 Nr. 8 GNotKG nur die Erben, und zwar nach den Vorschriften des BGB über Nachlassverbindlichkeiten, wenn das Gericht nichts andres bestimmt.

Für Verfahren über eine Fristbestimmung, die eine Testamentsvollstreckung betrifft, fällt eine Festgebühr nach Nr. 12411 KV GNotKG in Höhe von 25 Euro an. Dies sind insbesondere Verfahren über die Fristsetzung nach § 2198 Abs. 2 BGB und die Fristsetzung nach § 2202 Abs. 3 Satz 1 BGB. Kostenschuldner ist nach § 22 Abs. 1 GNotKG der Antragsteller.

Für die Erteilung des Testamentsvollstreckerzeugnisses s. die Anm. zu § 354.

Für Beschwerde- und Rechtsbeschwerdeverfahren, die Endentscheidungen in Verfahren über die Ernennung oder Entlassung von Testamentsvollstreckern und für sonstige anlässlich einer Testamentsvollstreckung zu treffenden Anordnungen betreffen, entstehen Gebühren nach den Nrn. 12421 bis 12428 KV GNotKG. Der Wert bestimmt sich nach § 61 GNotKG. Als Kostenschuldner kommen der Rechtsmittelführer als Antragsteller (§§ 22 Abs. 1, 25 GNotKG) und der Entscheidungsschuldner (§ 27 Nr. 1 GNotKG) in Betracht.

Für Beschwerde- und Rechtsbeschwerdeverfahren, die Endentscheidungen in Verfahren über eine Fristbestimmung, die eine Testamentsvollstreckung betrifft, zum Gegenstand haben, werden Gebühren nach den Nrn. 19116 und 19127 KV GNotKG erhoben. Als Kostenschuldner kommen der Rechtsmittelführer als Antragsteller (§§ 22 Abs. 1, 25 GNotKG) und der Entscheidungsschuldner (§ 27 Nr. 1 GNotKG) in Betracht.

RA: Vertritt ein RA einen Beteiligten im Verfahren, stehen ihm Gebühren nach Teil 3 VV RVG zu. Stellt der RA lediglich einen Antrag, steht ihm nur die verminderte Verfahrensgebühr nach Nr. 3101 VV RVG (vgl. Nr. 3 des Gebührentatbestandes) zu. Für das Beschwerdeverfahren gegen Endentscheidungen wegen des Hauptgegenstandes entstehen Gebühren nach den Nrn. 3200 ff. VV RVG (vgl. Vorbem. 3.2.1 Nr. 2 Buchst. b VV RVG).

---

1 BGH v. 19.6.1959 – V ZB 19/58, BGHZ 30, 220 (223 f.) zu § 20 Abs. 2 FGG.

Unterabschnitt 5
Sonstige verfahrensrechtliche Regelungen

§ 356 Mitteilungspflichten

(1) Erhält das Gericht Kenntnis davon, dass ein Kind Vermögen von Todes wegen erworben hat, das nach § 1640 Abs. 1 Satz 1 und Abs. 2 des Bürgerlichen Gesetzbuchs zu verzeichnen ist, teilt es dem Familiengericht den Vermögenserwerb mit.

(2) Hat ein Gericht nach § 344 Abs. 4 Maßnahmen zur Sicherung des Nachlasses angeordnet, soll es das nach § 343 zuständige Gericht hiervon unterrichten.

A. Überblick	I. Zuständigkeit 4
I. Entstehung 1	II. Beteiligteneigenschaft 8
II. Systematik 2	III. Vermögenserwerb (Absatz 1) 9
III. Normzweck 3	IV. Nachlasssicherung (Absatz 2) 13
B. Inhalt der Vorschrift	V. Übergangsrecht 14

A. Überblick

I. Entstehung

1 Die Vorschrift hat die früheren Regelungen der §§ 74 Satz 2, 74a FGG **übernommen** und fasst die darin enthaltenen gerichtlichen Mitteilungspflichten zusammen.

II. Systematik

2 Die Vorschrift regelt **besondere Mitteilungspflichten** des Nachlassgerichts, nach Abs. 1 gegenüber dem Familiengericht für von Todes wegen erworbenes nach § 1640 BGB zu verzeichnendes Vermögen, nach Abs. 2 gegenüber dem gem. § 343 allgemein zuständigen Nachlassgericht für nach § 344 Abs. 4 getroffene Sicherungsmaßnahmen.

III. Normzweck

3 Die Mitteilungspflicht nach Abs. 1 dient der Sicherung der materiell-rechtlichen Inventarisierungspflicht nach § 1640 BGB und damit dem **Schutz** des Kindesvermögens, diejenige nach Abs. 2 bezweckt eine **Koordinierung** der Sicherungsmaßnahmen zwischen den verschiedenen für die Nachlasssicherung zuständigen Gerichten.

B. Inhalt der Vorschrift

I. Zuständigkeit

4 Zur **sachlichen** Zuständigkeit der Amtsgerichte bzw. in Baden-Württemberg der staatlichen Notariate als Nachlassgericht s. § 343 Rz. 129 ff.

5 Nach § 3 Nr. 2 Buchst. c RPflG ist der Rechtspfleger anstelle des Richters **funktionell** zuständig, soweit nicht nach § 16 Abs. 1 RPflG ein Richtervorbehalt besteht, der seinerseits nicht nach § 19 Abs. 1 RPflG iVm. landesrechtlichen Regelungen aufgehoben worden ist. S. zur funktionellen Zuständigkeit im Allgemeinen § 343 Rz. 142 ff.

6 Zur allgemeinen **örtlichen** Zuständigkeit nach § 343 s. § 343 Rz. 8 ff.; zur besonderen örtlichen Zuständigkeit nach § 344 Abs. 4 s. § 344 Rz. 41 ff.

7 Zur **internationalen** Zuständigkeit s. § 343 Rz. 152 ff.

7a Zur gerichtsinternen **Geschäftsverteilung** s. § 343 Rz. 192a ff.

II. Beteiligteneigenschaft

Zur **Beteiligteneigenschaft** s. § 345 Rz. 67f. 8

III. Vermögenserwerb (Absatz 1)

Nach § 1640 Abs. 1 Satz 1 iVm. Abs. 2 BGB sind die Eltern zur Inventarisierung des 9
ihrer Verwaltung im Rahmen der elterlichen Sorge unterliegenden Vermögens, das
ihr Kind von Todes wegen erwirbt, verpflichtet, wenn der Erwerbswert **15 000 Euro
übersteigt** und der Erblasser in der letztwilligen Verfügung bzw. der Zuwendende bei
der Zuwendung keine abweichende Anordnung getroffen hat.

Erhält das Nachlassgericht von einem derartigen Vermögenserwerb **Kenntnis**, 10
muss es diesen nach Abs. 1 dem gem. § 152 Abs. 2 bzw. 3 zuständigen Familiengericht
mitteilen, wenn nach Art. 21 EGBGB ein deutsches Sorgerechtsstaut besteht.[1] Im
Falle einer Verletzung der Mitteilungspflicht drohen Schadensersatzansprüche aus
Amtshaftung.[2]

Auf Grund des eindeutigen Wortlauts des Abs. 1 und des Umstandes, dass dieser 11
auch in Kenntnis der diesbezüglichen Diskussion unverändert aus § 74a FGG übernommen wurde, statuiert die Vorschrift keine weiter gehende Mitteilungspflicht für
einen **anderweitig** erfolgten Vermögenserwerb anlässlich des Sterbefalls, bspw. in Gestalt bestimmter Versicherungsleistungen bzw. Sparverträge,[3] wobei gleichwohl eine
entsprechende Mitteilung an das Familiengericht sinnvoll und empfehlenswert erscheint.

Die Mitteilung ist **nicht anfechtbar**, da sie keine Endentscheidung verkörpert.[4] 12

IV. Nachlasssicherung (Absatz 2)

Nach Abs. 2 **soll** das iSd. § 344 Abs. 4 durch Anordnung von Sicherungsmaßnah- 13
men tätig gewordene Gericht (s. dazu § 344 Rz. 41ff.) das gem. § 343 allgemein zuständige Nachlassgericht hiervon unterrichten. Auf diese Weise wird das Nachlassgericht
in die Lage versetzt, die Gesamtsituation richtig einschätzen und ggf. durch Änderung bzw. Aufhebung von Sicherungsmaßnahmen eingreifen zu können.

V. Übergangsrecht

Zum **Übergangsrecht** nach FGG-RG s. § 343 Rz. 193ff. 14

357 *Einsicht in eine eröffnete Verfügung von Todes wegen Ausfertigung eines Erbscheins oder anderen Zeugnisses*
(1) Wer ein rechtliches Interesse glaubhaft macht, ist berechtigt, eine eröffnete Verfügung von Todes wegen einzusehen.
(2) Wer ein rechtliches Interesse glaubhaft macht, kann verlangen, dass ihm von dem Gericht eine Ausfertigung des Erbscheins erteilt wird. Das Gleiche gilt für die nach § 354 erteilten gerichtlichen Zeugnisse sowie für die Beschlüsse, die sich auf die Ernennung oder die Entlassung eines Testamentsvollstreckers beziehen.

A. Überblick	B. Inhalt der Vorschrift
I. Entstehung 1	I. Zuständigkeit 6
II. Systematik 2	II. Beteiligteneigenschaft 10
III. Normzweck 5	

---

[1] Bahrenfuss/*Schaal*, § 356 FamFG Rz. 4.
[2] OLG München v. 6.6.2002 – 1 U 4182/00, Rpfleger 2003, 657 (658 f.).
[3] Bassenge/Roth, § 356 FamFG Rz. 1; Jansen/*Müller-Lukoschek*, § 74a FGG Rz. 7; Keidel/*Zimmermann*, § 356 FamFG Rz. 5; Bahrenfuss/*Schaal*, § 356 FamFG Rz. 3; aA Keidel/*Winkler*, 15. Aufl., § 74a FGG Rz. 2.
[4] Keidel/*Zimmermann*, § 356 FamFG Rz. 8.

III. Einsicht in eröffnete Verfügungen von Todes wegen (Absatz 1) 11
IV. Erteilung von Ausfertigungen (Absatz 2) 17
V. Rechtsmittel 21
VI. Übergangsrecht 24

A. Überblick

I. Entstehung

1 Abs. 1 hat die früheren Regelungen nach § 2264 BGB hinsichtlich des Einsichtsrechts in eröffnete Testamente bzw. nach § 78 FGG **übernommen** und erweitert sie zugleich auf alle Arten von Verfügungen von Todes wegen. Abs. 2 entspricht der früheren Regelung des § 85 FGG bezüglich der Erteilung von Zeugnisausfertigungen und zugehörigen Beschlüssen.

II. Systematik

2 Abs. 1 gewährt **jedermann** ein Einsichtsrecht in eine eröffnete Verfügung von Todes wegen, wenn ein rechtliches Interesse glaubhaft gemacht wird. Abs. 2 gewährt – insoweit als lex specialis unter Verdrängung der allgemeinen Regelung des § 13 Abs. 3[1] – unter den gleichen Voraussetzungen ebenfalls jedermann einen Anspruch auf Erteilung einer Ausfertigung eines Erbscheins, der in § 354 genannten weiteren Zeugnisse und der Beschlüsse über die Ernennung bzw. Entlassung eines Testamentsvollstreckers.

3 Ergänzend[2] dazu besteht ein den **gesamten Akteninhalt** erfassendes Einsichtsrecht nach § 13 Abs. 1 für Beteiligte, soweit nicht schutzwürdige Interessen eines Beteiligten oder eines Dritten entgegenstehen (s. dazu § 13 Rz. 20f.), bzw. nach § 13 Abs. 2 – insoweit jedoch lediglich nach gerichtlichem Ermessen – für jedermann, wenn darüber hinaus ein berechtigtes Interesse glaubhaft gemacht und ein Fall des § 1758 BGB ausgeschlossen ist (s. dazu § 13 Rz. 23ff.), und nach dem insoweit auflebenden § 13 Abs. 3 auf Erteilung von Abschriften[3] (s. dazu § 13 Rz. 37f.). Das allgemeine berufliche Interesse eines **gewerblichen Erbenermittlers** begründet grundsätzlich kein berechtigtes Interesse iSd. § 13 Abs. 2 auf Einsicht in Nachlassakten[4] – s. aber Rz. 3 bei Beauftragung durch Nachlasspfleger. Umgekehrt besteht jedoch regelmäßig ein berechtigtes Interesse für Personen, die als gesetzliche oder testamentarische Erben, Pflichtteilsberechtigte oder Vermächtnisnehmer in Betracht kommen.[5] Weiter kann auch ein durch die begehrte Akteneinsicht beinflusstes geltend gemachtes künftiges Verhalten eines Antragstellers ausreichend sein, bspw. erwogene Schadensersatzansprüche gegen die Bundesrepublik Deutschland im Hinblick auf die Änderung des NEhelG.[6]

4 Daneben bestehen bei Glaubhaftmachung eines rechtlichen Interesses diverse **materiell-rechtlich** geregelte Einsichtsrechte, bspw. nach §§ 1953 Abs. 3 Satz 2, 1957 Abs. 2 Satz 2, 2010, 2081 Abs. 2 Satz 2, 2146 Abs. 2, 2228, 2384 Abs. 2 BGB.[7]

III. Normzweck

5 Die Vorschrift verfolgt das Ziel, die bei Akteneinsicht und Ausfertigungserteilung miteinander kollidierenden verfassungsrechtlichen Positionen des Anspruchs auf

---

[1] Begr. zum GesetzE der BReg. zu § 357 Abs. 2, BT-Drucks. 16/6308, S. 282; Horndasch/Viefhues/*Heinemann*, § 357 FamFG Rz. 21.
[2] Zur parallelen Anwendbarkeit der verschiedenen Einsichtsrechte unter den früheren entsprechenden Regelungen nach §§ 34, 78 FGG und § 2264 BGB Keidel/*Kahl*, 15. Aufl., § 34 FGG Rz. 3.
[3] Begr. zum GesetzE der BReg. zu § 357 Abs. 1, BT-Drucks. 16/6308, S. 282.
[4] OLG Hamm v. 12.8.2010 – I-15-Wx 8/10, FGPrax 2011, 27f.; KG v. 18.1.2011 – 1 W 340/10, FamRZ 2011, 1415; LG Berlin v. 1.3.2000 – 87 T 663/99, Rpfleger 2000, 393f.
[5] KG v. 17.3.2011 – 1 W 457/10, FGPrax 2011, 157f.
[6] OLG Stuttgart v. 28.7.2011 – 8 W 212/11, FGPrax 2011, 263.
[7] S. *Zimmermann*, Das neue FamFG, Rz. 740.

rechtliches Gehör des Antragstellers nach Art. 103 Abs. 1 GG einerseits bzw. des Rechts auf informationelle Selbstbestimmung der von der Einsicht Betroffenen aus Art. 2 Abs. 1 iVm. Art. 1 Abs. 1 GG andererseits je nach Grad der Betroffenheit untereinander in **Ausgleich** zu bringen.

B. Inhalt der Vorschrift

I. Zuständigkeit

Zur **sachlichen** Zuständigkeit der Amtsgerichte bzw. in Baden-Württemberg der staatlichen Notariate als Nachlassgericht s. § 343 Rz. 129 ff. 6

Nach § 3 Nr. 2 Buchst. c RPflG ist der Rechtspfleger anstelle des Richters **funktionell** zuständig. S. zur funktionellen Zuständigkeit im Allgemeinen § 343 Rz. 142 ff. 7

Zur **örtlichen** Zuständigkeit s. § 343 Rz. 8 ff. 8

Zur **internationalen** Zuständigkeit s. § 343 Rz. 152 ff. 9

II. Beteiligteneigenschaft

Zur **Beteiligteneigenschaft** s. § 345 Rz. 64 ff. 10

III. Einsicht in eröffnete Verfügungen von Todes wegen (Absatz 1)

Nach Abs. 1 setzt ein Anspruch auf Einsicht in eine eröffnete Verfügung von Todes wegen ein **rechtliches Interesse** voraus. Dazu ist ein auf Rechtsnormen beruhendes oder durch solche geregeltes, gegenwärtiges bestehendes Verhältnis einer Person zu einer anderen Person oder zu einer Sache[1] bzw. ein Einwirken der eröffneten Verfügung auf die rechtlichen Beziehungen des Einsichtnehmenden[2] erforderlich. Dies ist insbesondere für die gesetzlichen Erben, Bedachten einschließlich Vermächtnisnehmern,[3] Auflagenbegünstigten, durch familienrechtliche Auflagen Betroffenen, Testamentsvollstrecker, Nachlasspfleger, Nachlassverwalter und Nachlassgläubiger anzunehmen.[4] Auch für einen **gewerblichen Erbenermittler** besteht ausnahmsweise – zu dem ansonsten fehlenden berechtigten Interesse nach § 13 Abs. 2 s. Rz. 3 – ein rechtliches Interesse, wenn dieser durch einen Nachlasspfleger, der seinerseits aufgrund des eigenen Aufgabenbereichs nicht an dieser deligierenden Art der Erbenermittlung gehindert ist, beauftragt wurde.[5] Bloße wirtschaftliche Interessen sind anders als für das nach § 13 Abs. 2 maßgebende berechtigte Interesse (s. dazu § 13 Rz. 23 ff.), das bspw. ein Nachlassgläubiger im Falle einer Erbausschlagung haben kann,[6] nicht ausreichend. 11

Das rechtliche Interesse muss zudem **glaubhaft gemacht** werden. Hierzu kann sich der Antragsteller nach § 31 aller Beweismittel bedienen, auch der eidesstattlichen Versicherung. 12

In besonderer amtlicher Verwahrung befindliche, noch **nicht eröffnete** Verfügungen von Todes wegen sind mangels Zugehörigkeit zu den Gerichtsakten von dem Einsichtsrecht nicht erfasst.[7] 13

---

1 BGH v. 22.1.1952 – IV ZB 82/51, BGHZ 4, 323 (325); RG v. 30.3.1936 – IV B 7/36, RGZ 151, 57 (63); KG v. 20.12.1977 – 1 W 1726/77, DNotZ 1978, 425 (426).
2 Staudinger/*Baumann*, Neubearb. 2003, § 2264 aF BGB Rz. 6; MüKo.BGB/*Hagena*, 4. Aufl., § 2264 aF BGB Rz. 5.
3 KG v. 17.3.2011 – 1 W 457/10, NJW-Spezial 2011, 232.
4 MüKo.BGB/*Hagena*, 4. Aufl., § 2264 aF BGB Rz. 5.
5 OLG Frankfurt v. 3.12.1999 – 20 W 445/97, Rpfleger 2000, 161 f.; Keidel/*Zimmermann*, § 357 FamFG Rz. 9.
6 OLG Karlsruhe v. 11.3.2010 – 20 WF 20/10, NJW-Spezial 2010, 711 (dort bejaht für das Einsichtsrecht in die Akten des die Ausschlagung durch den gesetzlichen Vertreter genehmigenden Familiengerichts).
7 KG v. 28.3.1927 – 1b X 68/27, JFG 4, 159 (160).

14 Das Einsichtsrecht besteht nach seinem eindeutigen Wortlaut und zum Zwecke einer jederzeitigen Überprüfbarkeit der eröffneten Verfügung von Todes wegen auf Wirksamkeit bzw. Anfechtbarkeit für jeden Berechtigten – bei gemeinschaftlichen Testamenten bzw. Erbverträgen jedoch ausschließlich im Rahmen der vorgenommenen Eröffnung, im Übrigen nur durch den Längstlebenden[1] – **uneingeschränkt** und ist insbesondere nicht auf die von dem rechtlichen Interesse unmittelbar betroffenen Teile reduziert.[2] Stellvertretung ist zulässig.[3] Das Einsichtsrecht erfasst auch die zu der eröffneten Verfügung von Todes wegen gehörenden Anlagen samt der im Verwahrumschlag mitverwahrten Unterlagen, mangels Erwähnung im Gesetzeswortlaut jedoch nicht die Eröffnungsniederschrift, die lediglich unter den Voraussetzungen des § 13 (s. dazu Rz. 3) eingesehen werden darf.[4]

15 Abs. 1 erfasst anders als § 2264 aF BGB neben Einzel- und gemeinschaftlichen Testamenten auch **Erbverträge**.

16 Soweit ein Einsichtsrecht nach Abs. 1, § 13 Abs. 2 in die Nachlassake besteht, folgt daraus zugleich ein diesbezüglicher Anspruch auf kostenpflichtige **Fertigung von Ablichtungen**.[5]

16a Einem durch das Nachlassgericht beauftragten **Schriftsachverständigen** dürfen die zur Erstellung des Gutachtens benötigten vorhandenen Verfügungen von Todes wegen und Vergleichsschriftstücke in **Urschrift** zur technischen Auswertung unter Zurückbehaltung diesbezüglicher beglaubigter Abschriften bei den Nachlassakten übersandt werden.[6]

IV. Erteilung von Ausfertigungen (Absatz 2)

17 Derjenige, der ein rechtliches Interesse (s. dazu Rz. 11) speziell am Erhalt einer Ausfertigung glaubhaft macht (s. dazu Rz. 17), hat einen **Anspruch** auf deren Erteilung hinsichtlich eines Erbscheins, der iSd. § 354 erteilten gerichtlichen Zeugnisse nach § 1507 BGB, § 2368 BGB, §§ 36, 37 GBO bzw. §§ 42, 74 SchRegO (s. dazu jeweils § 354 Rz. 3 ff.) und der sich auf die Ernennung oder die Entlassung eines Testamentsvollstreckers beziehenden Beschlüsse. Die letztgenannten Beschlüsse erfassen dabei Fristbestimmungen, Ernennung und Entlassung iSd. §§ 2198 Abs. 2, 2202 Abs. 3, 2200 Abs. 1 bzw. 2227 Abs. 1 BGB. Das Gericht hat dabei keinen Ermessensspielraum.[7]

18 Das rechtliche Interesse muss sich dabei konkret auf das Erfordernis einer **Ausfertigung** beziehen. Es ist daher glaubhaft zu machen, dass eine bloße Abschrift nicht ausreicht. Bspw. wird eine Ausfertigung eines Erbscheins bzw. Testamentsvollstreckerzeugnisses anstelle der Urschrift im Grundbuchverkehr nach § 35 Abs. 1 Satz 1 bzw. Abs. 2 Halbs. 1 GBO zum Nachweis der Erbfolge, der Testamentsvollstreckungsanordnung bzw. der Verfügungsbefugnis eines Testamentsvollstreckers benötigt. Ein derartiges rechtliches Interesse kommt dabei regelmäßig insbesondere bei

---

1 OLG Jena v. 18.12.1997 – 6 W 172/97, Rpfleger 1998, 249.
2 OLG Hamm v. 8.1.1974 – 15 W 160/73, Rpfleger 1974, 155 (156); KG v. 10.10.1907 – Az. n.v., RJA 9, 79 (80 ff.); LG Dresden v. 1.9.1900 – Az. n.v., ZBlFG 1, 405 (406 ff.); MüKo.BGB/*Hagena*, 4. Aufl., § 2264 aF BGB Rz. 12; Bamberger/Roth/*Litzenburger*, § 2264 aF BGB Rz. 7; Horndasch/Viefhues/*Heinemann*, § 357 FamFG Rz. 9; aA Staudinger/*Baumann*, § 2264 aF BGB Rz. 6; Soergel/*Mayer*, § 2264 aF BGB Rz. 5: Beschränkung auf die eröffneten Teile der Verfügung, auf die sich das rechtliche Interesse bezieht; Reimann/Bengel/Mayer/*Voit*, § 2264 aF BGB Rz. 4: Durchbrechung dieser Beschränkung für testamentarisch Bedachte nur dann, wenn die Gültigkeit der sie betreffenden Verfügungen in Frage gestellt wird.
3 Palandt/*Edenhofer*, 68. Aufl., § 2264 aF BGB Rz. 1.
4 MüKo.BGB/*Hagena*, 4. Aufl., § 2264 aF BGB Rz. 11 und 15; Staudinger/*Baumann*, Neubearb. 2003, § 2264 aF BGB Rz. 8; Palandt/*Edenhofer*, 68. Aufl., § 2264 aF BGB Rz. 1; Reimann/Bengel/Mayer/*Voit*, § 2264 aF BGB Rz. 3; aA Bamberger/Roth/*Litzenburger*, § 2264 aF BGB Rz. 7.
5 KG v. 17.3.2011 – 1 W 457/10, NJW-Spezial 2011, 232 (für Vermächtnisnehmer bei vom Erben unter Hinweis auf die Existenz eines Widerrufstestaments bestrittenem Vermächtniserfüllungsanspruch).
6 Keidel/*Zimmermann*, § 357 FamFG Rz. 25; aA Staudinger/*Baumann*, Neubearb. 2003, § 2264 aF BGB Rz. 14.
7 MüKo.ZPO/*Mayer*, § 357 FamFG Rz. 20.

Erben, Nachlassgläubigern mit vollstreckbarer Urkunde,[1] Nachlassschuldnern im Hinblick auf § 2367 BGB[2] und Erwerbern von Nachlassgrundstücken[3] in Betracht.

Benötigt der Berechtigte nicht nur eine einzige, sondern **mehrere Ausfertigungen**, genügt hinsichtlich der über die erste Ausfertigung hinausgehenden zusätzlichen Ausfertigungen ein einfaches Interesse, da Abs. 2 lediglich das Ob und nicht die Anzahl der Ausfertigungen regelt.[4] Werden nicht sofort mehrere, sondern erst später nach der ursprünglichen Erteilung weitere Ausfertigungen benötigt, ist jedoch zusätzlich das Fortbestehen des rechtlichen Interesses glaubhaft zu machen. Das hinsichtlich der Anzahl der begehrten Ausfertigungen ausreichende einfache Interesse kann bspw. bei Verlust einer bereits erteilten Ausfertigung[5] oder bei Vorhandensein einer Vielzahl von Grundstücken, die bei verschiedenen Grundbuchämtern geführt werden und nach Erbfolge auf Eigentümerseite berichtigt werden müssen, bestehen. 19

Einer **Publikumskommanditgesellschaft** fehlt ein hinreichendes rechtliches Interesse an der Erteilung einer weiteren Erbscheinsausfertigung zur Inanspruchnahme der Erben eines verstorbenen Kommanditisten auf Erteilung einer Handelsregistervollmacht, da die Gesellschaft anders als die übrigen Kommanditisten und die Komplementärin nicht selbst anmeldeberechtigt ist.[6] 20

Ein geltend gemachter Anspruch auf Erteilung einer **einfachen Erbscheinsabschrift** richtet sich, da keine Ausfertigung begehrt wird, nach § 13 Abs. 3 Satz 1 und steht bspw. einem beurkundenden Notar zur Erfüllung seiner eigenen Amtspflichten zu.[7] 20a

V. Rechtsmittel

Gegen die **Verweigerung** der begehrten Akteneinsicht, Fertigung von Abschriften bzw. Erteilung von Ausfertigungen alsein Akt der Rechtsprechung und kein Justizverwaltungsakt ist die befristete Beschwerde nach § 58 eröffnet.[8] Die Regelung nach § 61 über das Erfordernis einer Mindestbeschwer bzw. Beschwerdezulassung findet keine Anwendung, da insoweit keine vermögensrechtliche Streitigkeit zugrunde liegt[9] bzw. bei diesbezüglichen Zweifeln zugunsten einer Instanzenüberprüfung zu entscheiden ist (s. § 61 Rz. 2). 21

Gegen die noch nicht vollzogene Stattgabe der begehrten Akteneinsicht bzw. Abschriftenfertigung ist ebenfalls befristete Beschwerde nach § 58 statthaft.[10] 22

Sobald jedoch **tatsächlich** Akteneinsicht genommen wurde und Abschriften erteilt sind, ist mangels Rechtsschutzbedürfnisses kein Rechtsbehelf mehr zulässig.[11] 23

VI. Übergangsrecht

Zum **Übergangsrecht** nach FGG-RG s. § 343 Rz. 193 ff. 24

Kosten/Gebühren: Gericht: Für die Einsicht entstehen keine Kosten. Für die Erteilung einer Ausfertigung nach Abs. 2 entsteht eine Dokumentenpauschale nach Nr. 31000 GNotKG. Diese beträgt für die ersten 50 Seiten 0,50 Euro je Seite und für jede weitere Seite 0,15 Euro. Schuldner ist der Antragsteller (§ 22 Abs. 1 GNotKG). 25

---

1 KG v. 20.12.1977 – 1 W 1726/77, DNotZ 1978, 425 (426 f.).
2 Keidel/*Zimmermann*, § 357 FamFG Rz. 33; *Bassenge*/Roth, 11. Aufl. 2007, § 85 FGG Rz. 2; kritisch Jansen/*Müller-Lukoschek*, § 85 FGG Rz. 8.
3 LG München v. 28.10.1949 – I T 831/49, DNotZ 1950, 33 (35).
4 OLG Schleswig v. 20.10.1959 – 2 W 152/59, SchlHA 1960, 58; Keidel/*Zimmermann*, § 357 FamFG Rz. 40; aA LG Köln v. 21.4.1969 – 11 T 32/69, Rpfleger 1969, 350: Die zu erteilende Anzahl an Ausfertigungen liegt im Ermessen der antragstellenden Erben.
5 Keidel/*Zimmermann*, § 357 FamFG Rz. 40; Bumiller/*Harders*, § 357 FamFG Rz. 9.
6 OLG Hamm v. 4.5.2010 – I-15 Wx 319/09, FGPrax 2010, 299.
7 OLG Saarbrücken v. 8.11.2011 – 5 W 224/11, FGPrax 2012, 75 f.
8 KG v. 17.3.2011 – 1 W 457/10, FGPrax 2011, 157 f.; OLG Celle v. 8.12.2011 – 10 UF 283/11, FamRB 2012, 150; Keidel/*Zimmermann*, § 357 FamFG Rz. 42; Bahrenfuss/*Schaal*, § 357 FamFG Rz. 14.
9 Bahrenfuss/*Schaal*, § 357 FamFG Rz. 14.
10 Keidel/*Zimmermann*, § 357 FamFG Rz. 43.
11 Keidel/*Zimmermann*, § 357 FamFG Rz. 44.

§ 358 Zwang zur Ablieferung von Testamenten

In den Fällen des § 2259 Abs. 1 des Bürgerlichen Gesetzbuchs erfolgt die Anordnung der Ablieferung des Testaments durch Beschluss.

A. Überblick
- I. Entstehung ... 1
- II. Systematik ... 2
- III. Normzweck ... 3

B. Inhalt der Vorschrift
- I. Zuständigkeit ... 4
- II. Beteiligteneigenschaft ... 8

III. Beschluss über die Anordnung der Testamentsablieferung
- 1. Gesetzliche Ablieferungspflicht ... 9
- 2. Förmlicher Anordnungsbeschluss ... 12
- 3. Vollstreckung ... 19

IV. Übergangsrecht ... 20

A. Überblick

I. Entstehung

1   Die Vorschrift hat die frühere Regelung des § 83 Abs. 1 FGG **übernommen**, deren Abs. 2 durch Regelungen im Allgemeinen Teil ersetzt worden ist.

II. Systematik

2   Die Regelung beschränkt sich darauf, dem Nachlassgericht die Möglichkeit zur Anordnung der aus § 2259 Abs. 1 BGB folgenden Ablieferungspflicht durch **Beschluss** zu eröffnen, der dann seinerseits nach § 35 vollstreckt werden kann.

III. Normzweck

3   Die Vorschrift soll die **Voraussetzungen** für eine Erzwingung der zur Eröffnung erforderlichen Ablieferung von Verfügungen von Todes wegen schaffen. Sie dient damit mittelbar der Sicherung der Eröffnung von Verfügungen von Todes wegen.

B. Inhalt der Vorschrift

I. Zuständigkeit

4   Zur **sachlichen** Zuständigkeit der Amtsgerichte bzw. in Baden-Württemberg der staatlichen Notariate als Nachlassgericht s. § 343 Rz. 129 ff.

5   Nach § 3 Nr. 2 Buchst. c RPflG ist der Rechtspfleger anstelle des Richters **funktionell** zuständig, bei Haftanordnung im Rahmen der Vollstreckung muss jedoch nach § 4 Abs. 3 iVm. Abs. 2 Nr. 2 RPflG Vorlage an den Richter erfolgen. S. zur funktionellen Zuständigkeit im Allgemeinen § 343 Rz. 142 ff.

6   Zur **örtlichen** Zuständigkeit s. § 343 Rz. 8 ff.

7   Zur **internationalen** Zuständigkeit s. § 343 Rz. 152 ff.

7a Zur gerichtsinternen **Geschäftsverteilung** s. § 343 Rz. 192a ff.

II. Beteiligteneigenschaft

8   Zur **Beteiligteneigenschaft** s. § 345 Rz. 67 f.

III. Beschluss über die Anordnung der Testamentsablieferung

1. Gesetzliche Ablieferungspflicht

9   Nach § 2259 Abs. 1 BGB ist jeder, der ein nicht in besondere amtliche Verwahrung gebrachtes Testament in Besitz hat, nach Kenntniserlangung vom Tod des Erblassers **unverzüglich** zur Ablieferung der **Urschrift** an das Nachlassgericht verpflichtet. Erfasst werden dabei ebenso wie bei der späteren Eröffnungspflicht alle Urkunden,

die nach Form bzw. Inhalt Verfügung von Todes wegen sein können, unabhängig von ihrer Gültigkeit[1] (s. dazu ausf. § 348 Rz. 14).

Diese materiell-rechtliche Verpflichtung erfasst auch eigenhändige gemeinschaftliche Testamente und gilt über § 2300 Abs. 1 BGB zudem für von Notaren bzw. Konsularbeamten beurkundete und bereits nach § 34a Abs. 2 Satz 1 BeurkG bzw. § 10 Abs. 3 KonsG iVm. § 34a Abs. 2 Satz 1 BeurkG an das Nachlassgericht abzuliefernde einfach verwahrte **Erbverträge**. Eine entsprechende Pflicht zur Ablieferung der **Urschrift** besteht trotz eventueller Geheimhaltungsinteressen der Beteiligten zudem für Erbverträge, die mit einem **Rechtsgeschäft unter Lebenden** (zB Vollmacht, Ehe-, Pflege-, Erbverzichts- bzw. Pflichtteilsverzichtsvertrag)[2] **verbunden** sind (s. § 347 Rz. 42),[3] da die in § 2300 Abs. 2 BGB für Rücknahmen aus der amtlichen bzw. notariellen Verwahrung ausdrücklich genannte Beschränkung auf ausschließlich Verfügungen von Todes wegen enthaltende Erbverträge in der hier maßgeblichen auf die Ablieferungspflicht nach § 2259 BGB verweisenden Regelung des § 2300 Abs. 1 BGB fehlt und es sich damit nicht lediglich um sonstige erbfolgerelevante Urkunden (s. dazu § 347 Rz. 63) handelt.

10

Das Nachlassgericht wird denjenigen, der das Testament in Besitz hat, zunächst **formlos** unter Hinweis auf den Todesfall und die gesetzliche Ablieferungspflicht zur unverzüglichen Ablieferung auffordern.

11

2. Förmlicher Anordnungsbeschluss

§ 358 ermöglicht eine förmliche Ablieferungsanordnung samt Durchsetzung mit Zwangsmitteln **ausschließlich** in den Fällen des § 2259 Abs. 1 BGB und damit lediglich zur Ablieferung eines Einzel- oder gemeinschaftlichen Testaments.

12

Daher werden von § 2259 Abs. 1 BGB insbesondere die iSd. §§ 2259 Abs. 2 Satz 1, 2300 Abs. 1 BGB bei einer anderen **Behörde** als einem Verwahrgericht iSd. §§ 344 Abs. 6, 350 in amtlicher Verwahrung befindlichen Verfügungen von Todes wegen nicht erfasst, bspw. **Erbverträge**,[4] die sich in einfacher Verwahrung eines Konsularbeamten bzw. Notars mit diesbezüglicher spezieller Ablieferungspflicht aus § 34a Abs. 2 iVm. Abs. 1 Satz 4 BeurkG (Text s. § 344 Rz. 22) ggf. iVm. § 11 Abs. 2 KonsG (Text s. § 344 Rz. 30) bzw. eines Gerichts, das nicht Verwahrgericht ist, (s. § 347 Rz. 64)[5] befinden. Insoweit veranlasst das Nachlassgericht nach § 2259 Abs. 2 Satz 2 BGB die Ablieferung formlos.

13

Das iSd. § 344 Abs. 6 vom Nachlassgericht verschiedene **Verwahrgericht** eröffnet die bei sich amtlich verwahrten Verfügungen hingegen nach § 350 selbst und unterliegt daher weder der allgemeinen Ablieferungspflicht nach § 2259 Abs. 1 noch der behördlichen Ablieferungspflicht nach § 2259 Abs. 2 BGB, sondern nach eigener Eröffnung lediglich der Übersendungspflicht aus § 350.

14

Bleibt in den Fällen des § 2259 Abs. 1 BGB die formlose Aufforderung erfolglos, erlässt das Nachlassgericht einen **förmlichen** Anordnungsbeschluss, der nach § 35 Abs. 2 mit einem Hinweis auf die Folgen einer Zuwiderhandlung versehen, nach § 38 Abs. 3 Satz 1 begründet, nach § 39 mit einer Rechtsbehelfsbelehrung versehen und dem Testamentsbesitzer nach § 41 Abs. 1 Satz 2 förmlich zugestellt werden muss.

15

Formulierungsvorschlag:

16

Beschluss

Hiermit wird angeordnet, dass ... sämtliche in seinem/ihrem Besitz befindlichen Testamente des/der am ... verstorbenen, am ... geborenen, zuletzt in ... wohnhaft gewesenen ... bis spätestens am ... beim Nachlassgericht ... abzuliefern hat.

---

1 Staudinger/*Baumann*, § 2259 BGB Rz. 5 ff.; MüKo.BGB/*Hagena*, § 2259 BGB Rz. 5.
2 S. dazu Wurm/Wagner/Zartmann/*Fröhler*, Kap. 86 Rz. 17 f. und Kap. 89 Rz. 10.
3 Im Ergebnis ebenso Eylmann/Vaasen/*Baumann*, § 34a BeurkG Rz. 5; Bamberger/Roth/*Litzenburger*, § 2300 BGB Rz. 2; Erman/*Schmidt*, § 2259 BGB Rz. 3; aA *Winkler*, § 34a BeurkG Rz. 34; *Weingärtner*/Ehrlich, § 20 DONot Rz. 306: nur auszugsweise beglaubigte Abschrift.
4 Jansen/*Müller-Lukoschek*, § 83 FGG Rz. 8; Keidel/*Winkler*, 15. Aufl., § 83 FGG Rz. 2.
5 Palandt/*Weidlich*, § 2259 BGB Rz. 1.

Für den Fall, dass die Ablieferung nicht innerhalb dieser Frist erfolgt (maßgeblich ist für die rechtzeitige Erfüllung dieser Ablieferungspflicht der Eingang beim Nachlassgericht), wird gegen ... hiermit ein Zwangsgeld in Höhe von bis zu ... Euro (i.W. ... Euro), ersatzweise Zwangshaft von ... Tagen festgesetzt.

Gründe
...

Rechtsbehelfsbelehrung

17 Der Anordnungsbeschluss iSd. § 358 ist durch befristete **Beschwerde** nach §§ 58, 63,[1] der Zwangsmaßnahmen anordnende Beschluss mit der sofortigen Beschwerde nach § 35 Abs. 5 iVm. §§ 567 bis 572 ZPO anfechtbar.

18 Gegen die **Ablehnung** eines angeregten Anordnungsbeschlusses iSd. § 358 ist wiederum die befristete Beschwerde nach §§ 58, 63 statthaft.[2]

3. Vollstreckung

19 Der förmliche Anordnungsbeschluss iSd. § 358 ermöglicht die **Erzwingung** der Ablieferung. Die in Betracht kommenden Zwangsmittel ergeben sich aus § 35. Insbesondere kann nach § 35 Abs. 1 Zwangsgeld festgesetzt, Ersatzzwangshaft bzw. originäre Zwangshaft angeordnet bzw. nach § 35 Abs. 4 iVm. § 883 Abs. 1 ZPO mittels Gerichtsvollzieher Herausgabevollstreckung durch Wegnahme betrieben werden. Wird der Besitz bzw. die Kenntnis von dem Verbleib des Testaments bestritten, ist nach § 35 Abs. 3 iVm. § 883 Abs. 2 ZPO eine entsprechende eidesstattliche Versicherung abzugeben. S. zu den einzelnen Zwangsmitteln jeweils § 35 Rz. 3 ff.

IV. Übergangsrecht

20 Zum **Übergangsrecht** nach FGG-RG s. § 343 Rz. 193 ff.

21 **Kosten/Gebühren: Gericht:** Für den Beschluss selbst entstehen keine Gebühren. Für die Anordnung von Zwangsmaßnahmen nach § 35 Abs. 1 bis 3 wird eine Gebühr nach Nr. 17006 KV GNotKG in Höhe von 20 Euro je Anordnung erhoben. Für das Beschwerdeverfahren fällt eine Gebühr in Höhe von 60 Euro an (Nr. 19116 KV GNotKG), für das Rechtsbeschwerdeverfahren eine solche in Höhe von 120 Euro (Nr. 19126 KV GNotKG). Diese Gebühren entstehen nur für den Fall, dass das Rechtsmittel verworfen oder zurückgewiesen wird. Wird das Rechtsmittel nur teilweise verworfen oder zurückgewiesen, kann das Gericht die Gebühr nach billigem Ermessen auf die Hälfte ermäßigen oder bestimmen, dass eine Gebühr nicht zu erheben ist.
RA: Wird ein RA, der einen Beteiligten im Hauptsacheverfahren vertritt, auch im Zwangsmittelverfahren tätig, gehört dies zum Rechtszug. Der RA erhält keine besonderen Gebühren. Der Rechtsanwalt, der nur im Zwangsmittelverfahren tätig wird, erhält die Gebühr nach Nr. 3403 VV RVG. Für das Beschwerdeverfahren entstehen immer zusätzlich Gebühren nach Nr. 3500 und 3513 VV RVG.
Gerichtsvollzieher: Für Vollstreckungshandlungen nach § 35 Abs. 4 entstehen durch die Tätigkeit des GV Kosten nach dem GvKostG. Für die Herausgabevollstreckung entsteht eine Gebühr nach Nr. 221 KV GvKostG in Höhe von 26 Euro. Daneben entsteht ggf. eine Zusatzgebühr nach Nr. 500 KV GvKostG in Höhe von 20 Euro je Stunde, wenn die Erledigung mehr als drei Stunden in Anspruch nimmt. Für die Abnahme der eidesstattlichen Versicherung entsteht eine Gebühr in Höhe von 33 Euro nach Nr. 260 KV GvKostG.

359 *Nachlassverwaltung*

(1) **Der Beschluss, durch den dem Antrag des Erben, die Nachlassverwaltung anzuordnen, stattgegeben wird, ist nicht anfechtbar.**
(2) **Gegen den Beschluss, durch den dem Antrag eines Nachlassgläubigers, die Nachlassverwaltung anzuordnen, stattgegeben wird, steht die Beschwerde nur dem Erben, bei Miterben jedem Erben, sowie dem Testamentsvollstrecker zu, der zur Verwaltung des Nachlasses berechtigt ist.**

---

1 MüKo.ZPO/*Mayer*, § 358 FamFG Rz. 5; Keidel/*Zimmermann*, § 358 FamFG Rz. 28; Bumiller/*Harders*, § 358 FamFG Rz. 7; Bahrenfuss/*Schaal*, § 358 FamFG Rz. 12; aA Bassenge/Roth, § 358 FamFG Rz. 3.
2 Keidel/*Zimmermann*, § 358 FamFG Rz. 32.

A. Überblick

I. Entstehung 1
II. Systematik 2
III. Normzweck 3

B. Inhalt der Vorschrift

I. Zuständigkeit 4
II. Beteiligteneigenschaft 8
III. Anordnung der Nachlassverwaltung
  1. Wesen der Nachlassverwaltung ... 9
  2. Antragsberechtigung 10
  3. Anordnungsbeschluss 12
IV. Rechtsmittel bei Antrag des Erben
  1. Gegen die Anordnung 13
  2. Gegen die Auswahl des Nachlassverwalters 15
  3. Gegen die Zurückweisung der Anordnung 16
  4. Gegen die Aufhebung 17
  5. Gegen die Zurückweisung der Aufhebung 18
V. Rechtsmittel bei Antrag des Nachlassgläubigers
  1. Gegen die Anordnung 19
  2. Gegen die Zurückweisung der Anordnung 20
VI. Aufhebung von Amts wegen 21
VII. Die Genehmigung von Rechtsgeschäften 22
VIII. Übergangsrecht 26

A. Überblick

I. Entstehung

Die Vorschrift hat weitgehend den Regelungsgehalt des früheren § 76 FGG **übernommen**, dessen Abs. 2 Satz 1 für die Anfechtbarkeit einer auf Antrag eines Nachlassgläubigers angeordneten Nachlassverwaltung im Hinblick auf die allgemeine Regelung nach §§ 58, 63 entbehrlich geworden ist. **1**

II. Systematik

Die Regelung **beschränkt** die Anfechtbarkeit nachlassgerichtlicher Beschlüsse, durch die eine Nachlassverwaltung angeordnet wird. Nach Abs. 1 ist ein derartiger Beschluss unanfechtbar, wenn er auf Antrag des Erben ergangen ist. Nach Abs. 2 ist gegen einen derartigen auf Antrag eines Nachlassgläubigers ergangenen Beschluss ausschließlich der Erbe, bei Miterben jeder Miterbe, sowie der zur Verwaltung des Nachlasses berechtigte Testamentsvollstrecker beschwerdeberechtigt. **2**

III. Normzweck

Die Begrenzung der Anfechtbarkeit dient angesichts der weit reichenden Wirkungen der Nachlassverwaltung in Gestalt der Beschränkung der Erbenhaftung nach § 1975 BGB bzw. des Verlusts der Verfügungsbefugnis des Erben nach § 1984 BGB der **Vermeidung von Rechtsunsicherheit**. **3**

B. Inhalt der Vorschrift

I. Zuständigkeit

Zur **sachlichen** Zuständigkeit der Amtsgerichte bzw. in Baden-Württemberg der staatlichen Notariate als Nachlassgericht s. § 343 Rz. 129 ff. Die Regelungen nach § 23a Abs. 1 Nr. 2 iVm. Abs. 2 Nr. 2 GVG iVm. § 342 Abs. 1 Nr. 8 bzw. Art. 147 EGBGB iVm. §§ 1 Abs. 1 und 2, 38 bad.-württ. LFGG werden insoweit durch § 1981 Abs. 1 und 2 BGB ergänzt. **4**

Nach § 3 Nr. 2 Buchst. c RPflG ist grundsätzlich der Rechtspfleger anstelle des Richters **funktionell** zuständig, ausgenommen nach § 16 Abs. 1 Nr. 1 iVm. § 14 Abs. 1 Nr. 10 RPflG bei **ausländischer Staatsangehörigkeit des Erblassers**[1] – nicht jedoch bei zusätzlicher deutscher Staatsangehörigkeit, inländischem Wohnsitz des Erblas- **5**

---

[1] OLG Hamm v. 21.11.1975 – 15 W 64/75, Rpfleger 1976, 94; Erman/*Schlüter*, § 1960 BGB Rz. 20; Palandt/*Weidlich*, § 1961 BGB Rz. 3; Bassenge/*Roth*, § 16 RPflG Rz. 6; *Fröhler*, BWNotZ 2011, 2 (3); aA MüKo.BGB/*Leipold*, § 1960 BGB Rz. 7; *Meyer-Stolte*, Rpfleger 1976, 94: kein Richtervorbehalt.

sers beim Erbfall, inländischer Testamentserrichtung und Ungewissheit darüber, ob der unbekannte Erbe Ausländer ist[1] – sowie nach § 16 Abs. 1 Nr. 1 iVm. § 14 Abs. 1 Nr. 5 RPflG für die Entscheidung bei Meinungsverschiedenheiten mehrerer in gemeinsamer **Mitpflegschaft** nach §§ 1915 Abs. 1, 1797, 1798 BGB bestellter[2] Nachlassverwalter. S. zur funktionellen Zuständigkeit im Allgemeinen § 343 Rz. 142 ff.

6   Zur **örtlichen** Zuständigkeit s. § 343 Rz. 8 ff.

7   Zur **internationalen** Zuständigkeit s. § 343 Rz. 152 ff.

7a Zur gerichtsinternen **Geschäftsverteilung** s. § 343 Rz. 192 a ff.

II. Beteiligteneigenschaft

8   Zur **Beteiligteneigenschaft** s. § 345 Rz. 55 bzw. 65 f.

III. Anordnung der Nachlassverwaltung

1. Wesen der Nachlassverwaltung

9   Die Nachlassverwaltung dient nach § 1975 BGB als trotz abweichender Terminologie besondere Unterart der Nachlasspflegschaft[3] sowohl der **Befriedigung** der Nachlassgläubiger bei ausreichendem, jedoch unübersichtlichem Nachlass als auch der Haftungsbeschränkung der Erben für die Nachlassverbindlichkeiten auf den Nachlass. Sie erfolgt daher insbesondere im Interesse der Nachlassgläubiger und der Erben.[4] Nach Eröffnung des Nachlassinsolvenzverfahrens kann gem. § 1988 Abs. 1 BGB keine Nachlassverwaltung angeordnet werden. Nach § 1983 BGB hat das Nachlassgericht die Anordnung der Nachlassverwaltung durch Veröffentlichung bekannt zu machen. Gem. § 1984 Abs. 1 Satz 1 BGB verliert der Erbe mit der Anordnung der Nachlassverwaltung sein Verfügungs- und Verwaltungsrecht. Der Nachlassverwalter hat daher die Nachlassverwaltung im Grundbuch zur Vermeidung gutgläubigen Erwerbs eintragen zu lassen. Die Anordnung einer Nachlassverwaltung kann nach § 1982 BGB abgelehnt werden, wenn eine den Kosten entsprechende Masse nicht vorhanden ist und auch kein **kostendeckender Vorschuss** analog §§ 26 Abs. 1 Satz 2, 207 Abs. 1 Satz 2 InsO[5] gezahlt wird. Soweit das Aktivvermögen des Nachlasses zur Deckung der Ansprüche des Nachlassverwalters ausgereicht hat, ist ein Kostenvorschuss auch dann zurückzuzahlen, wenn der Nachlassverwalter seine Vergütung nicht aus dem Nachlass entnommen hat.[6]

2. Antragsberechtigung

10 Antragsberechtigt ist nach § 1981 Abs. 1 BGB der **Erbe** – mehrere Erben jedoch nach § 2062 BGB ausschließlich gemeinschaftlich und vor Teilung des Nachlasses –, ein Erbschaftserwerber iSd. §§ 2383, 2385 BGB analog § 330 Abs. 1 InsO neben dem analog § 330 Abs. 2 InsO antragsberechtigt bleibenden Erben,[7] der verwaltungsberechtigte Testamentsvollstrecker analog § 317 Abs. 1 InsO neben dem analog § 317 Abs. 1 InsO antragsberechtigt bleibenden Erben[8] bzw. bei Zugehörigkeit des Nachlasses zum Gesamtgut der bestehenden oder beendeten Gütergemeinschaft analog § 318 Abs. 1 InsO zusätzlich einzeln auch der Ehegatte bzw. eingetragene Lebenspartner, der nicht Erbe ist, aber das Gesamtgut zumindest mitverwaltet. Das Antragsrecht entfällt nach § 2013 Abs. 1 Satz 1 BGB, sobald auch nur *ein* Erbe wegen Versäumnis der Inventarfrist iSd. § 1994 Abs. 1 Satz 2 BGB oder Inventaruntreue iSd. § 2005 Abs. 1 BGB unbeschränkt haftet. Nach § 1981 Abs. 1 BGB besteht keine An-

---

1 BayObLG v. 16.8.1982 – 1 Z 73/82, Rpfleger 1982, 423; Bassenge/*Roth*, § 16 RPflG Rz. 8.
2 S. dazu *Zimmermann*, Die Nachlasspflegschaft, 2. Aufl. 2009, Rz. 147.
3 RG v. 4.1.1932 – IV 353/31, RGZ 135, 305 (307); *Fröhler*, BWNotZ 2011, 2 (3).
4 Palandt/*Weidlich*, § 1975 BGB Rz. 2.
5 Palandt/*Weidlich*, § 1982 BGB Rz. 1.
6 LG Lüneburg v. 1.4.2009 – 3 T 103/08, Rpfleger 2009, 458 f.
7 Staudinger/*Olshausen*, § 2383 BGB Rz. 24; MüKo.BGB/*Mayer*, § 2383 BGB Rz. 8.
8 Palandt/*Weidlich*, § 1981 BGB Rz. 1.

tragsfrist. Der Antrag muss nicht begründet werden. Ein Nachlasspfleger ist nicht antragsberechtigt.[1]

Ausnahmsweise genügt jedoch der Antrag *eines* von mehreren Erben, wenn dieser zugleich **Nachlassgläubiger** ist.[2]

10a

Nach § 1981 Abs. 2 BGB ist ein **Nachlassgläubiger** antragsberechtigt, wenn Grund zu der Annahme besteht, dass die Befriedigung der Nachlassgläubiger aus dem Nachlass durch das Verhalten oder die Vermögenslage des Erben gefährdet wird, bspw. durch gleichgültiges Verhalten des Erben,[3] wobei bereits eine Gefährdung durch einen von mehreren Miterben ausreichend ist,[4] und seit einer etwaigen Annahme der Erbschaft noch keine zwei Jahre verstrichen sind. Der Nachlassgläubiger muss im Rahmen seiner Prozessförderungspflicht dem Nachlassgericht zumindest Anhaltspunkte für eine Gefährdung der Nachlassgläubiger mitteilen und ggf. glaubhaft machen, auf Grund derer das Nachlassgericht nach § 26 von Amts wegen ermitteln kann.[5] Eine bloßes Fehlen von Mitwirkungsbereitschaft bzw. Passivität bei der Nachlassauseinandersetzung begründen nach § 1981 Abs. 2 Satz 1 BGB keine Anordnung einer Nachlassverwaltung, soweit davon keine konkrete Gefährdung des Nachlasses ausgeht.[6]

11

3. Anordnungsbeschluss

Der die Nachlassverwaltung anordnende Beschluss ist nach § 38 Abs. 3 Satz 1 zu begründen, nach § 39 mit einer Rechtsbehelfsbelehrung zu versehen und nach § 41 Abs. 1 Satz 1 den Beteiligten bekannt zu geben bzw. nach § 41 Abs. 1 Satz 2 förmlich zuzustellen. Er wird nach § 40 mit Bekanntgabe an den bzw. die Erben wirksam (s. § 40 Rz. 6).[7]

12

IV. Rechtsmittel bei Antrag des Erben

1. Gegen die Anordnung

Erfolgt die Anordnung auf Antrag des alleinigen bzw. aller Erben, ist der Anordnungsbeschluss nach Abs. 1 **nicht anfechtbar**. Gleiches gilt für die Ablehnung einer Aufhebung einer bereits angeordneten Nachlassverwaltung, die darauf gestützt wird, dass von Beginn an die zur Deckung der Verfahrenskosten erforderliche Masse nicht vorhanden gewesen sei,[8] da dem Nachlassgericht in diesen Fällen nach § 1982 BGB ein Ermessen zusteht. Ein Erbe kann seinen Antrag auf Anordnung einer Nachlassverwaltung nicht mehr wirksam zurücknehmen, wenn dieser bereits zum Erlass des Anordnungsbeschlusses geführt hat, da dann auch Interessen der Nachlassgläubiger betroffen sind.[9]

13

Ausnahmsweise ist gegen den auf Erbenantrag ergehenden Anordnungsbeschluss gleichwohl **befristete Beschwerde** nach §§ 58, 63 eröffnet, wenn eine zwingende Anordnungsvoraussetzung, bspw. ein wirksamer Antrag, fehlt und nicht nachgeholt wird,[10] trotz § 2062 Halbs. 1 BGB nur einer von mehreren Miterben einen Antrag gestellt hat,[11] der Erbe wegen nach § 2013 Abs. 1 Satz 1 unbeschränkter Haftung nicht antragsberechtigt war bzw. aufgrund Nachlassteilung ein Ausschlussgrund gem.

14

---

1 Staudinger/*Marotzke*, § 1981 BGB Rz. 14.
2 KG v. 21.10.1912 – 1a X 357/12, KGJ 44, 72 (73 ff.); Palandt/*Weidlich*, § 2062 BGB Rz. 1.
3 BayObLG v. 13.3.2002 – 1 Z BR 57/01, NJW-RR 2002, 871 (872); Palandt/*Weidlich*, § 1981 BGB Rz. 3.
4 BayObLG v. 15.2.1966 – BReg. 1b Z 133/65, BayObLGZ 1966, 75 (76); Jansen/*Müller-Lukoschek*, § 76 FGG Rz. 2.
5 KG v. 28.9.2004 – 1 W 99/04, Rpfleger 2005, 87 (88); Staudinger/*Marotzke*, § 1981 BGB Rz. 24.
6 OLG Düsseldorf v. 22.3.2012 – 3 Wx 24/12, RNotZ 2012, 288 f.
7 BayObLG v. 28.6.1976 – BReg. 1 Z 27/76, BayObLGZ 1976, 167 (171).
8 KG v. 26.5.1908 – Az. n.v., OLGR 17, 365.
9 KG v. 5.9.1940 – 1 Wx 420/40, JFG 22, 65 (67).
10 Palandt/*Edenhofer*, 68. Aufl., § 1981 BGB Rz. 1.
11 LG Aachen v. 22.9.1959 – 7 T 453/59, NJW 1960, 46 (48).

§ 2062 Halbs. 2 BGB bestand.¹ Beschwerdeberechtigt ist dann jeder Miterbe und jeder Nachlassgläubiger.²

2. Gegen die Auswahl des Nachlassverwalters

15 Zudem kann der **Erbe** die Auswahl des Nachlassverwalters mit der befristeten Beschwerde anfechten.³

3. Gegen die Zurückweisung der Anordnung

16 Gegen die Zurückweisung des Erbenantrags auf Anordnung der Nachlassverwaltung ist die befristete Beschwerde eröffnet, wobei alle antragstellenden Erben **nur gemeinsam** beschwerdeberechtigt sind.⁴

4. Gegen die Aufhebung

17 Gegen die Aufhebung der Nachlassverwaltung ist die befristete Beschwerde statthaft. Beschwerdeberechtigt sind der **Antragsteller** und, soweit sie in ihren Rechten betroffen werden, die **sonstigen Beteiligten**,⁵ mangels diesbezüglicher eigener Rechte jedoch nicht der Nachlassverwalter,⁶ der lediglich gegen seine Entlassung bei Fortbestand der Nachlassverwaltung beschwerdeberechtigt ist.⁷

5. Gegen die Zurückweisung der Aufhebung

18 Gegen die Zurückweisung eines Antrags des Erben auf Aufhebung der Nachlassverwaltung wegen Zweckerreichung ist **jedem Miterben** die befristete Beschwerde eröffnet.⁸

V. Rechtsmittel bei Antrag des Nachlassgläubigers

1. Gegen die Anordnung

19 Erfolgt die Anordnung auf Antrag des Nachlassgläubigers, ist befristete Beschwerde nach §§ 58, 63 eröffnet. Nach Abs. 2 ist jedoch nur der Erbe, bei Miterben jeder Erbe, der Nachlasspfleger als gesetzlicher Vertreter des Erben sowie der verwaltungsberechtigte Testamentsvollstrecker – bei mehreren verwaltungsberechtigten Testamentsvollstreckern unter gemeinschaftlicher Amtsführung iSd. § 2224 Abs. 1 Satz 1 BGB diese nur alle gemeinschaftlich⁹ – **beschwerdeberechtigt**. Die Beschwerde kann dabei ausschließlich bei einem Fehlen der Anordnungsvoraussetzungen zum Anordnungszeitpunkt begründet sein.¹⁰ Nachlassgläubiger sind daher insoweit nicht beschwerdeberechtigt.¹¹ Ebenfalls nicht beschwerdeberechtigt ist ein trans- bzw. postmortal Bevollmächtigter des Erblassers.¹²

---

1 Keidel/*Zimmermann*, § 359 FamFG Rz. 11.
2 *Bassenge*/Roth, § 359 FamFG Rz. 3; MüKo.BGB/*Siegmann*, § 2062 BGB Rz. 6; Bahrenfuss/Schaal, § 359 FamFG Rz. 26; Keidel/*Winkler*, 15. Aufl., § 76 FGG Rz. 2; Jansen/*Müller-Lukoschek*, § 76 FGG Rz. 7; aA (bei Fehlen eines Miterbenantrags nur der übergangene Miterbe): Keidel/*Zimmermann*, § 359 FamFG Rz. 11; Staudinger/*Marotzke*, § 2062 BGB Rz. 36.
3 MüKo.ZPO/*Mayer*, § 359 FamFG Rz. 6; Keidel/*Zimmermann*, § 359 FamFG Rz. 14.
4 OLG München v. 30.6.1936 – Reg. Wx. 67/36, JFG 14, 61 (63); MüKo.ZPO/*Mayer*, § 359 FamFG Rz. 7; Keidel/*Zimmermann*, § 359 FamFG Rz. 15.
5 Palandt/*Weidlich*, § 1988 BGB Rz. 3.
6 RG v. 30.3.1936 – IV B 7/36, RGZ 151, 57 (62).
7 Keidel/*Zimmermann*, § 359 FamFG Rz. 16.
8 OLG Frankfurt v. 11.11.1952, JZ 1953, 53; Palandt/*Weidlich*, § 1988 BGB Rz. 4.
9 Keidel/*Zimmermann*, § 359 FamFG Rz. 18.
10 BayObLG v. 15.2.1966 – BReg. 1bZ 133/65, FamRZ 1967, 173f.; Keidel/*Zimmermann*, § 359 FamFG Rz. 19; MüKo.BGB/*Siegmann*, § 1981 BGB Rz. 9.
11 RG v. 30.3.1936 – IV B 7/36, RGZ 151, 57 (62).
12 Horndasch/Viefhues/*Heinemann*, § 359 FamFG Rz. 39.

2. Gegen die Zurückweisung der Anordnung

Eine Antragszurückweisung ist durch befristete Beschwerde nach §§ 58, 63 anfechtbar. Ebenso wie die nahezu wortlautgleiche Regelung des § 20 Abs. 2 FGG ist § 59 Abs. 2 dahingehend auszulegen, dass als Ausnahme vom grundsätzlichen Erfordernis der formellen Beschwer aus Gründen der Prozesswirtschaftlichkeit auch derjenige Antragsberechtigte beschwerdeberechtigt ist, der tatsächlich keinen Antrag gestellt hat, da andernfalls ein weiterer dem Inhalt nach bereits verbeschiedener Antrag gestellt werden müsste (s. dazu § 59 Rz. 20).[1] Derjenige Nachlassgläubiger, der noch keinen Antrag gestellt hat, ist jedoch nur dann beschwerdeberechtigt, wenn für ihn die Zweijahresfrist nach § 1981 Abs. 2 Satz 2 BGB noch nicht abgelaufen und die Gefährdung iSd. § 1981 Abs. 2 Satz 1 BGB glaubhaft gemacht ist. Miterben sind im Hinblick auf § 2062 BGB nur **gemeinschaftlich** beschwerdeberechtigt.[2]

20

VI. Aufhebung von Amts wegen

Das Nachlassgericht kann die Anordnung der Nachlassverwaltung von Amts wegen auf Grund einer nachträglichen wesentlichen Veränderung der Rechtslage nach § 48 Abs. 1 Satz 2 nur auf **Antrag** des ursprünglichen Antragstellers[3] aufheben.

21

VII. Die Genehmigung von Rechtsgeschäften

Im Rahmen der Befriedigung der Nachlassverbindlichkeiten nach § 1975 BGB hat das Nachlassgericht regelmäßig die Voraussetzungen für eine Genehmigung von rechtsgeschäftlichen Erklärungen des Nachlassverwalters zu überprüfen.

22

Dabei sind ausschließlich die **Interessen des Vertretenen** zu berücksichtigen.

23

Der Nachlassverwalter ist innerhalb seines gerichtlich vorgegebenen **Wirkungskreises** vollumfänglich vertretungsberechtigt, soweit nicht gesetzliche Insichgeschäftsbeschränkungen iSd. § 181 BGB, von denen auch ein Gericht nicht wirksam befreien kann,[4] bzw. nachlassgerichtliche Genehmigungserfordernisse, vor allem nach § 1915 Abs. 1 BGB iVm. §§ 1812, 1821, 1822 BGB, bestehen. In der Praxis ist insbesondere die Genehmigungsfreiheit von Auszahlungen in Höhe von 3 000 Euro nach § 1813 Abs. 1 Nr. 2 BGB und seit dem 1.9.2009 von einem Giro- oder Kontokorrentkonto in unbegrenzter Höhe nach § 1813 Abs. 1 Nr. 3 BGB von großer Bedeutung, kraft derer auch eine direkte Überweisung an Gläubiger zulässig ist.[5]

24

Zu den weiteren Einzelheiten des Genehmigungsverfahrens und der Doppelvollmacht in notariellen Urkunden s. § 368 Rz. 49 ff.[6]

25

VIII. Übergangsrecht

Zum **Übergangsrecht** nach FGG-RG s. § 343 Rz. 193 ff.

26

Kosten/Gebühren: Gericht: Für das Verfahren über die Anordnung einer Nachlassverwaltung wird nach Nr. 12310 KV GNotKG eine wertabhängige Gebühr mit einem Gebührensatz von 0,5 erhoben. Der Wert richtet sich nach § 64 GNotKG. Wird die Nachlassverwaltung angeordnet, sind Kostenschuldner nach § 24 Nr. 5 GNotKG nur die Erben, und zwar nach den Vorschriften des BGB über Nachlassverbindlichkeiten, wenn das Gericht nichts anderes bestimmt. Kommt es nicht zur Anordnung der Nachlassverwaltung, sind Kostenschuldner der Antragsteller (§ 22 Abs. 1 GNotKG) oder der Entscheidungsschuldner (§ 27 Nr. 1 GNotKG). Die Gebühr wird bei Beendigung des Verfahrens fällig (§ 9 Abs. 1 GNotKG).

27

---

1 BGH v. 19.6.1959 – V ZB 19/58, BGHZ 30, 220 (223 f.) zu § 20 Abs. 2 FGG; aA (nur der Antragsteller): Keidel/*Zimmermann*, § 359 FamFG Rz. 16; MüKo.ZPO/*Mayer*, § 359 FamFG Rz. 10; Bahrenfuss/*Schaal*, § 359 FamFG Rz. 29.
2 OLG München v. 25.11.1935 – Reg Wx 67/36, JFG 14, 61 (63); LG Karlsruhe v. 20.5.1902 – Az. n.v., ZBlFG 4, 32; MüKo.BGB/*Siegmann*, § 1981 BGB Rz. 9.
3 Begr. zum GesetzE der BReg. zu § 48 Abs. 1 Satz 2, BT-Drucks. 16/6308, S. 198. Zur Zurücknahme des Antrags des Erben *Fahrenkamp*, NJW 1975, 1637.
4 BGH v. 9.7.1956 – V BLw 11/56, BGHZ 21, 229 (234); RG v. 13.5.1909 – Rep. IV 248/08, RGZ 71, 162 (164); *Fröhler*, BWNotZ 2006, 97 (104).
5 Palandt/*Diederichsen*, § 1813 BGB Rz. 4.
6 S. dazu ausf. *Fröhler*, BWNotZ 2011, 2 (8 f.).

Für die Nachlassverwaltung selbst entsteht nach Nr. 12311 KV GNotKG eine Jahresgebühr. Es handelt sich um eine vom Nachlasswert abhängige Gebühr. Ist Gegenstand des Verfahrens ein Teil des Nachlasses, ist höchstens dieser Teil des Nachlasses zu berücksichtigen. Verbindlichkeiten werden nicht abgezogen. Es wird eine Gebühr von 10 Euro je angefangene 5000 Euro Nachlasswert, mindestens 200 Euro, erhoben. Für das bei der Einleitung der Nachlassverwaltung laufende und das folgende Kalenderjahr wird nur eine Jahresgebühr erhoben. Kostenschuldner sind nach § 24 Nr. 5 GNotKG nur die Erben, und zwar nach den Vorschriften des BGB über Nachlassverbindlichkeiten, wenn das Gericht nichts anderes bestimmt. Die Jahresgebühr wird nach § 8 GNotKG erstmals bei Anordnung und später jeweils zu Beginn eines Kalenderjahres fällig.

Für Beschwerden und Rechtsbeschwerden gegen Endentscheidungen in Verfahren über die Anordnung einer Nachlassverwaltung entstehen Gebühren nach den Nrn. 12320 bis 12340 KV GNotKG. Als Kostenschuldner kommen der Rechtsmittelführer als Antragsteller (§§ 22 Abs. 1, 25 GNotKG) und der Entscheidungsschuldner (§ 27 Nr. 1 GNotKG) in Betracht. Der Wert bestimmt sich nach § 61 GNotKG.

RA: Vertritt ein RA einen Beteiligten in einer betreuungsgerichtlichen Zuweisungssache, stehen ihm Gebühren nach Teil 3 VV RVG zu. Stellt der RA lediglich einen Antrag, steht ihm nur die verminderte Verfahrensgebühr nach Nr. 3001 VV RVG (vgl. Nr. 3 des Gebührentatbestands) zu. Für das Beschwerdeverfahren gegen Endentscheidungen wegen des Hauptgegenstandes entstehen Gebühren nach den Nrn. 3200ff. VV RVG (vgl. Vorbem. 3.2.1 Nr. 2 Buchst. b VV RVG).

360 Bestimmung einer Inventarfrist

(1) Die Frist zur Einlegung einer Beschwerde gegen den Beschluss, durch den dem Erben eine Inventarfrist bestimmt wird, beginnt für jeden Nachlassgläubiger mit dem Zeitpunkt, in dem der Beschluss dem Nachlassgläubiger bekannt gemacht wird, der den Antrag auf die Bestimmung der Inventarfrist gestellt hat.

(2) Absatz 1 gilt entsprechend für die Beschwerde gegen einen Beschluss, durch den über die Bestimmung einer neuen Inventarfrist oder über den Antrag des Erben, die Inventarfrist zu verlängern, entschieden wird.

A. Überblick	III. Anordnung der Inventarfrist
I. Entstehung 1	1. Wesen der Inventarfrist 9
II. Systematik 2	2. Anordnungsbeschluss 11
III. Normzweck 3	IV. Beschwerdefristbeginn
B. Inhalt der Vorschrift	1. Für Nachlassgläubiger 13
I. Zuständigkeit 4	2. Für den Erben 16
II. Beteiligteneigenschaft 8	V. Inventarerrichtung 17
	VI. Übergangsrecht 18

A. Überblick

I. Entstehung

1 Die Vorschrift hat den Regelungsgehalt des früheren § 77 Abs. 3 FGG für den Beginn der Beschwerdefrist im Rahmen der Anfechtung einer Inventarfristbestimmung bzw. -verlängerung **übernommen**. Die im früheren § 77 Abs. 1 und 2 FGG geregelte Anfechtbarkeit wird nunmehr von den §§ 58, 63 erfasst.

II. Systematik

2 Die Vorschrift erklärt als **lex specialis** bezüglich des Beginns der Beschwerdefrist bei Anfechtung einer Inventarfristbestimmung iSd. § 1994 Abs. 1 BGB (Abs. 1) und einer Verlängerung der Inventarfrist iSd. § 1995 Abs. 3 BGB bzw. einer Bestimmung einer neuen Inventarfrist iSd. § 1996 BGB (jeweils Abs. 2) abweichend von § 63 Abs. 3 für alle Nachlassgläubiger die Bekanntgabe[1] des anzufechtenden Beschlusses gegenüber dem antragstellenden Nachlassgläubiger für maßgebend.

---

[1] § 360 Abs. 1 verwendet insoweit auf Grund eines Redaktionsversehens noch die Terminologie „bekannt gemacht" des früheren § 77 Abs. 3 FGG, obschon nach §§ 15, 40 Abs. 1, 41 Abs. 1 Satz 1, 63 Abs. 3 nunmehr die Terminologie der „Bekanntgabe" maßgebend ist. Ebenso Horndasch/Viefhues/*Heinemann*, § 360 FamFG Rz. 1.

III. Normzweck

Die Vorschrift dient damit der **Vermeidung von Rechtsunsicherheit**, da dem Nachlassgericht regelmäßig nicht alle Nachlassgläubiger bekannt sind.

B. Inhalt der Vorschrift

I. Zuständigkeit

Zur **sachlichen** Zuständigkeit der Amtsgerichte bzw. in Baden-Württemberg der staatlichen Notariate als Nachlassgericht s. § 343 Rz. 129 ff. Die Regelungen nach § 23a Abs. 1 Nr. 2 iVm. Abs. 2 Nr. 2 GVG iVm. § 342 Abs. 1 Nr. 9 bzw. Art. 147 EGBGB iVm. §§ 1 Abs. 1 und 2, 38 bad-württ. LFGG werden insoweit durch die §§ 1994 Abs. 1 Satz 1, 1995 Abs. 3, 1996 Abs. 1 bzw. 2005 Abs. 2 BGB ergänzt.

Nach § 3 Nr. 2 Buchst. c RPflG ist der Rechtspfleger anstelle des Richters **funktionell** zuständig. S. zur funktionellen Zuständigkeit im Allgemeinen § 343 Rz. 142 ff.

Zur **örtlichen** Zuständigkeit s. § 343 Rz. 8 ff.

Zur **internationalen** Zuständigkeit s. § 343 Rz. 152 ff.

Zur gerichtsinternen **Geschäftsverteilung** s. § 343 Rz. 192a ff.

II. Beteiligteneigenschaft

Zur **Beteiligteneigenschaft** s. § 345 Rz. 58 ff.

III. Anordnung der Inventarfrist

1. Wesen der Inventarfrist

Nach § 1994 Abs. 1 BGB muss das Nachlassgericht dem Erben auf Antrag eines seine Forderung glaubhaft machenden Nachlassgläubigers eine Frist zur Errichtung eines Inventars bestimmen, nach deren Ablauf der Erbe für die Nachlassverbindlichkeiten **unbeschränkt haftet**, wenn zuvor kein Inventar errichtet wird.[1] Einem Miterben, der zugleich Nachlassgläubiger ist, fehlt die Antragsbefugnis iSd. § 1994 Abs. 1 Satz 1 BGB.[2] Gem. § 1995 Abs. 1 BGB soll die Inventarfrist ab Zustellung des Anordnungsbeschlusses mindestens einen Monat und höchstens drei Monate betragen. Das Nachlassgericht ist im Falle des § 1994 Abs. 1 BGB an die Untergrenze, wegen der Verlängerungsmöglichkeit nach § 1995 Abs. 3 BGB jedoch nicht an die Obergrenze des § 1995 Abs. 1 BGB gebunden, wobei dem Erben vor Fristbestimmung auch zur Fristlänge rechtliches Gehör zu gewähren ist, ein Verstoß gegen die gesetzliche Rahmenvorgabe nicht zur Unwirksamkeit, sondern lediglich zur Anfechtbarkeit der Bestimmung führt und innerhalb dieses Rahmens ein gerichtliches Ermessen besteht.[3] Bei Vorhandensein mehrerer Erben muss die Frist nicht für alle Erben einheitlich zusammen bestimmt werden.[4]

Nach § 1995 Abs. 3 BGB kann die Inventarfrist auf Antrag des Erben nach Ermessen des Nachlassgerichts ohne Bindung an die in § 1995 Abs. 1 BGB genannte Obergrenze[5] **verlängert** werden. War der Erbe an einer derartigen Fristverlängerung vor Fristablauf unverschuldet gehindert, muss ihm gem. § 1996 Abs. 1 BGB auf seinen Antrag möglichst nach Anhörung des antragstellenden Nachlassgläubigers eine neue Frist bestimmt werden. Ist die Angabe der Nachlassgegenstände ohne Verwirklichung des Tatbestands der Inventaruntreue unvollständig, kann dem Erben auf Antrag des Nachlassgläubigers nach § 2005 Abs. 2 iVm. § 1994 Abs. 1 BGB eine neue Inventarfrist bestimmt werden.

---

1 S. dazu *van Venrooy*, AcP 186 (1986), 356; *Weimar*, MDR 1979, 726.
2 KG v. 23.1.1979 – 1 W 2296/78, OLGZ 1979, 276.
3 Staudinger/*Marotzke*, § 1995 BGB Rz. 1.
4 MüKo.BGB/*Siegmann*, § 1994 BGB Rz. 6; Palandt/*Weidlich*, § 1995 BGB Rz. 1.
5 KG v. 5.2.1985 – 1 W 3773/84, Rpfleger 1985, 193.

2. Anordnungsbeschluss

11 Der die **Inventarfristbestimmung** nach § 1994 Abs. 1 bzw. § 2005 Abs. 2 iVm. § 1994 Abs. 1 BGB anordnende Beschluss ist nach § 38 Abs. 3 Satz 1 zu begründen, nach § 39 mit einer Rechtsbehelfsbelehrung zu versehen und nach § 41 Abs. 1 Satz 2 dem Erben förmlich zuzustellen bzw. den übrigen Beteiligten nach § 41 Abs. 1 Satz 1 formlos bekannt zu geben. Wird vom Antrag des antragstellenden Nachlassgläubigers abgewichen, ist der Beschluss auch diesem förmlich zuzustellen. Gleiches gilt bei Fristverlängerung nach § 1995 Abs. 3 BGB bzw. Neubestimmung nach vorherigem Fristablauf nach § 1996 Abs. 1 BGB, wenn sich der Nachlassgläubiger nicht mit der Neubestimmung einverstanden erklärt.

12 Gegen Anordnungs- bzw. Zurückweisungsbeschlüsse ist jeweils die befristete **Beschwerde** nach §§ 58, 63 eröffnet. Teilweise bestehen nach Abs. 1 und 2 jedoch Besonderheiten hinsichtlich der Beschwerdefrist.

IV. Beschwerdefristbeginn

1. Für Nachlassgläubiger

13 Für die Beschwerde gegen die Inventarfristbestimmung nach § 1994 Abs. 1 BGB beginnt die Beschwerdefrist nach Abs. 1 zu Lasten jedes Nachlassgläubigers erst mit dem Zeitpunkt, in dem der anzufechtende Beschluss dem **antragstellenden** Nachlassgläubiger bekannt gegeben wird. Der antragstellende Nachlassgläubiger kann dabei durch die gerichtlich bestimmte Fristlänge, für die § 1995 Abs. 1 BGB lediglich eine bindende Untergrenze von einem Monat vorgibt, beschwert sein. Weitere Nachlassgläubiger müssen nunmehr ihre Forderung nach § 1994 Abs. 2 Satz 1 BGB glaubhaft machen, um beschwerdeberechtigt zu sein.[1] Entsprechendes gilt für eine gerichtlich auf Antrag des Erben nach § 1995 Abs. 3 BGB angeordnete Fristverlängerung bzw. Neubestimmung nach § 1996 Abs. 1 BGB, für die hinsichtlich des Beginns der Beschwerdefrist zu Lasten aller Nachlassgläubiger wiederum die Bekanntgabe an denjenigen Nachlassgläubiger maßgebend ist, der den ursprünglichen Antrag nach § 1994 Abs. 1 BGB bzw. den erneuten Antrag nach § 2005 Abs. 2 iVm. § 1994 Abs. 1 BGB gestellt hat.

14 Bei einer **neuen** Inventarfristbestimmung auf Antrag eines Nachlassgläubigers nach § 2005 Abs. 2 iVm. § 1994 Abs. 1 BGB kommt es für den Beginn der Beschwerdefrist auf die Bekanntgabe diesem gegenüber und nicht auf die Bekanntgabe gegenüber dem ursprünglichen Antragsteller an.[2] Den anderen beteiligten Nachlassgläubigern ist der Beschluss nach § 41 Abs. 1 bekannt zu geben. Diese können auch bei unverschuldeter Unkenntnis von der Zustellung an den antragstellenden Nachlassgläubiger keine Wiedereinsetzung iSd. § 17 Abs. 1 beantragen, da Abs. 1 zur Vermeidung von Rechtsunsicherheit ausdrücklich und ausschließlich auf die Bekanntgabe an den antragstellenden Nachlassgläubiger abstellt.[3]

15 Bei **Zurückweisungsbeschlüssen** ist § 360 nicht anwendbar. Vielmehr gilt § 63 Abs. 3 uneingeschränkt.

2. Für den Erben

16 Nach § 63 Abs. 3 Satz 1 beginnt die Beschwerdefrist für Rechtsmittel gegen stattgebende wie zurückweisende Beschlüsse im Rahmen der Inventarfristbestimmung für jeden Erben jeweils **gesondert** mit der jeweiligen Bekanntgabe an den jeweiligen Erben, somit nicht mit der Bekanntgabe an den antragstellenden Nachlassgläubiger. Gleiches gilt für den nach § 345 Abs. 4 Satz 1 Nr. 4 iVm. § 2008 BGB beteiligten Ehegatten bzw. eingetragenen Lebenspartner.

---

[1] *Zimmermann*, Das neue FamFG, Rz. 756.
[2] Keidel/*Zimmermann*, § 360 FamFG Rz. 11.
[3] Jansen/*Müller-Lukoschek*, § 77 FGG Rz. 9; Horndasch/Viefhues/*Heinemann*, § 360 FamFG Rz. 24.

V. Inventarerrichtung

Für die Inventarerrichtung kommt sowohl gem. § 2004 BGB eine Bezugnahme auf ein bereits **vorhandenes**, den Vorschriften der §§ 2002, 2003 BGB entsprechendes Inventar, die Einreichung eines Inventars, das der Erbe gem. § 1993 BGB **selbst** aufgenommen und unterschrieben hat, oder eine **amtliche** Aufnahme des Inventars auf Antrag des Erben gem. § 2003 BGB in Betracht. 17

VI. Übergangsrecht

Zum **Übergangsrecht** nach FGG-RG s. § 343 Rz. 193 ff. 18

Kosten/Gebühren: Gericht: Für Verfahren über die Bestimmung der Inventarfrist wird eine Festgebühr nach Nr. 12411 KV GNotKG in Höhe von 25 Euro erhoben. Kostenschuldner ist der Antragsteller nach § 22 Abs. 1 GNotKG. Für Beschwerde- und Rechtsbeschwerdeverfahren werden Gebühren nach den Nrn. 19116 und 19127 KV GNotKG erhoben. Als Kostenschuldner kommen der Rechtsmittelführer als Antragsteller (§§ 22 Abs. 1, 25 GNotKG) und der Entscheidungsschuldner (§ 27 Nr. 1 GNotKG) in Betracht. **RA:** Vertritt ein RA einen Beteiligten im Verfahren, stehen ihm Gebühren nach Teil 3 VV RVG zu. Stellt der RA lediglich einen Antrag, steht ihm nur die verminderte Verfahrensgebühr nach Nr. 3101 VV RVG (vgl. Nr. 3 des Gebührentatbestandes) zu. Für das Beschwerdeverfahren entstehen Gebühren nach Nrn. 3500, 3513 VV RVG. 19

361 Eidesstattliche Versicherung

Verlangt ein Nachlassgläubiger von dem Erben die Abgabe der in § 2006 des Bürgerlichen Gesetzbuchs vorgesehenen eidesstattlichen Versicherung, kann die Bestimmung des Termins zur Abgabe der eidesstattlichen Versicherung sowohl von dem Nachlassgläubiger als auch von dem Erben beantragt werden. Zu dem Termin sind beide Teile zu laden. Die Anwesenheit des Gläubigers ist nicht erforderlich. Die §§ 478 bis 480 und 483 der Zivilprozessordnung gelten entsprechend.

A. Überblick	III. Wesen der eidesstattlichen Versicherung 9
I. Entstehung 1	
II. Systematik 2	IV. Verfahren
III. Normzweck 3	1. Terminsbestimmung 10
B. Inhalt der Vorschrift	2. Abgabe der eidesstattlichen Versicherung 12
I. Zuständigkeit 4	V. Rechtsmittel 14
II. Beteiligteneigenschaft 8	VI. Übergangsrecht 16

A. Überblick

I. Entstehung

Die Vorschrift hat die frühere Regelung aus § 79 FGG vollständig **übernommen**. 1

II. Systematik

Sie regelt ausschließlich das die Abgabe einer eidesstattlichen Versicherung durch den Erben auf Verlangen eines Nachlassgläubigers nach § 2006 Abs. 1 BGB betreffende **Nachlassverfahren** iSd. § 342 Abs. 1 Nr. 5. Voraussetzungen und Rechtsfolgen der eidesstattlichen Versicherung des Erben sind in § 2006 BGB geregelt, deren eigentliche Abgabe in § 2006 Abs. 1 BGB und den über Satz 4 für entsprechend anwendbar erklärten Regelungen der §§ 478 bis 480 und 483 ZPO. § 361 ist damit streng von sonstigen eidesstattlichen Versicherungen nach den §§ 259, 260, 2028 bzw. 2057 BGB in Verfahren über weitere Angelegenheiten der freiwilligen Gerichtsbarkeit iSd. § 410 Nr. 1[1] und von der amtlichen Aufnahme des Inventars nach § 2003 BGB (s. dazu § 343 Rz. 141b) zu unterscheiden. 2

---

1 Firsching/*Graf*, Rz. 4.753.

III. Normzweck

3 Das Verfahren auf Abgabe der eidesstattlichen Versicherung iSd. § 2006 BGB soll dem Nachlassgläubiger als Bekräftigung im Hinblick auf die Vollständigkeits- und Richtigkeitsvermutung des Inventars nach § 2009 BGB eine **Sicherheit** geben.

B. Inhalt der Vorschrift

I. Zuständigkeit

4 Zur **sachlichen** Zuständigkeit der Amtsgerichte bzw. in Baden-Württemberg der staatlichen Notariate als Nachlassgericht s. § 343 Rz. 129 ff. Die Regelungen nach § 23a Abs. 1 Nr. 2 iVm. Abs. 2 Nr. 2 GVG iVm. § 342 Abs. 1 Nr. 5 bzw. Art. 147 EGBGB iVm. §§ 1 Abs. 1 und 2, 38 bad.-württ. LFGG werden insoweit durch § 2006 Abs. 1 BGB ergänzt.

5 Nach § 3 Nr. 2 Buchst. c RPflG ist der Rechtspfleger anstelle des Richters **funktionell** zuständig. S. zur funktionellen Zuständigkeit im Allgemeinen § 343 Rz. 142 ff.

6 Zur **örtlichen** Zuständigkeit s. § 343 Rz. 8 ff.

7 Zur **internationalen** Zuständigkeit s. § 343 Rz. 152 ff.

II. Beteiligteneigenschaft

8 Zur Beteiligteneigenschaft s. § 345 Rz. 61.

III. Wesen der eidesstattlichen Versicherung

9 Nach § 2006 Abs. 1 BGB hat der Erbe, der entweder nach § 1993 BGB freiwillig oder nach § 1994 Abs. 1 Satz 1 BGB auf Antrag eines Nachlassgläubigers ein Inventar errichtet hat, auf Verlangen eines[1] Nachlassgläubigers – ggf. nach vorheriger Vervollständigung des Inventars iSd. § 2006 Abs. 2 BGB – an Eides statt die vollständige Angabe der ihm bei Abgabe der Versicherung bekannten **Aktivbestände**[2] des beim Erbfall vorhandenen Nachlasses zu versichern. Verweigert der Erbe die eidesstattliche Versicherung oder bleibt er sowohl im Erst- als auch in dem auf Antrag des Gläubigers anberaumten neuen Termin, in letzterem zudem unentschuldigt aus, haftet er dem Gläubiger nach § 2006 Abs. 3 BGB unbeschränkt. Kommt es auf Grund unverschuldeten Ausbleibens im zweiten Termin zu weiteren Folgeterminen (s. dazu Rz. 12), begründet ein erst dort nicht genügend entschuldigtes Nichterscheinen des Erben nach dem eindeutigen Wortlaut des § 2006 Abs. 3 Satz 1 BGB keine unbeschränkte Haftung.[3]

IV. Verfahren

1. Terminsbestimmung

10 Terminsbestimmung erfolgt nach Satz 1 ausschließlich auf formlosen Antrag und Verlangen der Abgabe der in § 2006 BGB vorgesehenen eidesstattlichen Versicherung. **Antragsberechtigt** sind nach Satz 1 sowohl der die Versicherung verlangende Nachlassgläubiger als auch derjenige Erbe, dem gegenüber das Verlangen geltend gemacht wird. Der Nachlassgläubiger muss zudem seine Forderung iSd. § 1994 Abs. 2 Satz 1 BGB – aus Gründen der Prozessökonomie und im Hinblick auf Satz 3 noch vor Terminsbestimmung[4] – glaubhaft machen,[5] nicht jedoch die Erbenstellung des An-

---

[1] Dies muss im Falle des § 1994 Abs. 1 BGB nicht notwendigerweise der dortige Antragsteller sein, s. Palandt/*Weidlich*, § 2006 BGB Rz. 2.
[2] MüKo.BGB/*Siegmann*, § 2006 BGB Rz. 3.
[3] MüKo.BGB/*Siegmann*, § 2006 BGB Rz. 6.
[4] Firsching/*Graf*, Rz. 4.752; aA Staudinger/*Marotzke*, § 2006 BGB Rz. 6: Nachholung im Termin ist möglich.
[5] Keidel/*Zimmermann*, § 361 FamFG Rz. 6; MüKo.BGB/*Siegmann*, § 2006 Rz. 2.

tragsgegners.[1] Nachlassgläubiger sind auch Vermächtnisnehmer[2] und Pflichtteilsberechtigte.[3] Es darf weder ein Nachlassinsolvenzverfahren eröffnet[4] noch eine Nachlassverwaltung angeordnet[5] oder die Erbschaft durch den von dem Verlangen betroffenen Erben ausgeschlagen sein.[6]

Nach Satz 2 ist sowohl der die eidesstattliche Versicherung verlangende Nachlassgläubiger als auch derjenige Erbe, dem gegenüber das Verlangen geltend gemacht wird, von Amts wegen zu **laden**. Wegen der schwerwiegenden Folgen eines Ausbleibens im Termin (s. Rz. 9) hat die Ladung des betroffenen Erben durch Zustellung zu erfolgen.[7]

2. Abgabe der eidesstattlichen Versicherung

Nach § 2006 Abs. 3 Satz 2 BGB hat das Nachlassgericht auf Antrag des die eidesstattliche Versicherung verlangenden Nachlassgläubigers bei Nichterscheinen des Erben einen **zweiten Termin** zu bestimmen und dazu analog Satz 2 beide Teile zu laden. Bleibt der Erbe wiederum aus, hat das Nachlassgericht, wenn es das diesbezügliche Nichterscheinen des Erben für genügend entschuldigt hält, auf Antrag des Nachlassgläubigers nochmals einen weiteren Termin anzuberaumen, dazu zu laden und dort ggf. die eidesstattliche Versicherung entgegenzunehmen.[8] An diese Einschätzung des Nachlassgerichts ist das Prozessgericht bei der nur ihm obliegenden[9] Entscheidung über den Eintritt einer unbeschränkten Erbenhaftung aus § 2006 Abs. 3 Satz 2 BGB mangels gleichen Streitgegenstandes jedoch nicht gebunden.[10] Das jeweilige Nichterscheinen des Erben ist jeweils im Protokoll zu vermerken. Nach Satz 3 ist die Anwesenheit des die eidesstattliche Versicherung verlangenden Nachlassgläubigers im Termin keine Voraussetzung für die Abgabe der Versicherung durch den Erben. Der Nachlassgläubiger ist über das Nichterscheinen des Erben zu unterrichten, damit er ggf. Bestimmung eines neuen Termins beantragen kann. Die seitens des Erben verweigerte Abgabe einer eidesstattlichen Versicherung iSd. § 2006 BGB kann nicht zwangsweise durchgesetzt werden.[11]

Die Abgabe der eidesstattlichen Versicherung erfolgt nach § 2006 Abs. 1 BGB zu **Protokoll** des Nachlassgerichts. Nach Satz 4 gelten die §§ 478 bis 480 und 483 ZPO entsprechend.[12]

---

1 LG Krefeld v. 24.10.1969 – 4 T 149/69, MDR 1970, 766; Horndasch/Viefhues/*Heinemann*, § 361 FamFG Rz. 7.
2 RG v. 23.6.1930 – IV 59/30, RGZ 129, 239 (241); KG v.27.6.1904 – Az. n.v., ZBlFG 5, 415 (416); Keidel/*Zimmermann*, § 361 FamFG Rz. 6.
3 OLG München v. 9.2.1937 – Wx 414/36, JFG 15, 118 (120); BayObLG v. 7.3.1923 – Reg. I Nr. 278/1922, BayObLGZ 1922/23, 188 (189); Keidel/*Zimmermann*, § 361 FamFG Rz. 6.
4 Firsching/*Graf*, Rz. 4.752; Keidel/*Zimmermann*, § 361 FamFG Rz. 7; Jansen/*Müller-Lukoschek*, § 79 FGG Rz. 3.
5 KG v. 27.6.1904 – Az. n.v., ZBlFG 5, 415 (416); Firsching/*Graf*, Rz. 4.752; Keidel/*Zimmermann*, § 361 FamFG Rz. 7; Jansen/*Müller-Lukoschek*, § 79 FGG Rz. 3.
6 KG v. 15.10.1900 – Az. n.v., KGJ 20, A 256 (257f.); Keidel/*Zimmermann*, § 361 FamFG Rz. 7; Jansen/*Müller-Lukoschek*, § 79 FGG Rz. 3.
7 Keidel/*Zimmermann*, § 361 FamFG Rz. 10.
8 OLG Hamm v. 28.9.1994 – 15 W 223/94, FGPrax 1995, 69 (70); Firsching/*Graf*, Rz. 4.763.
9 OLG Hamm v. 28.9.1994 – 15 W 223/94, FGPrax 1995, 69 (70) zur einfachen Beschwerde nach § 19 FGG.
10 OLG Hamm v. 28.9.1994 – 15 W 223/94, FGPrax 1995, 69 (70); OLG Rostock v. 5.11.1901 – Az. n.v., OLGR 4, 118; Keidel/*Zimmermann*, § 361 FamFG Rz. 19; Bassenge/Roth, § 361 FamFG Rz. 4; Staudinger/*Marotzke*, § 2006 BGB Rz. 21; Soergel/*Stein*, § 2006 BGB Rz. 7; Bamberger/Roth/*Lohmann*, § 2006 BGB Rz. 11; aA MüKo.BGB/*Siegmann*, § 2006 BGB Rz. 6; Firsching/*Graf*, Rz. 4.763; Jansen/*Müller-Lukoschek*, § 79 FGG Rz. 10; Bahrenfuss/*Schaal*, § 361 FamFG Rz. 9; Horndasch/Viefhues/*Heinemann*, § 361 FamFG Rz. 16.
11 BayObLG v. 31.5.1912 – Re. III 47/1912, BayObLGZ 1913, 371 (373); Jansen/*Müller-Lukoschek*, § 79 FGG Rz. 5.
12 S. Musterformel bei Firsching/*Graf*, Rz. 4.763.

V. Rechtsmittel

14 Die Ablehnung der Terminsbestimmung bzw. der Abnahme der eidesstattlichen Versicherung kann als **Sachentscheidung** mit befristeter Beschwerde nach §§ 58, 63 angefochten werden.[1]

15 Terminsbestimmung, Vertagung und Ladung sind als bloße verfahrensleitende **Zwischenentscheidungen** nicht anfechtbar.[2]

VI. Übergangsrecht

16 Zum **Übergangsrecht** nach FGG-RG s. § 343 Rz. 193 ff.

17 Kosten/Gebühren: Gericht: Für das Verfahren über die Verhandlung in dem Termin zur Abnahme einer eidesstattlichen Versicherung nach § 2006 BGB wird eine Gebühr nach Nr. 15212 Nr. 1 KV GNotKG erhoben. Der Wert bestimmt sich nach § 36 GNotKG. Schuldner ist der Antragsteller nach § 22 Abs. 1 GNotKG. Für Beschwerde- und Rechtsbeschwerdeverfahren werden Gebühren nach den Nrn. 19116 und 19127 KV GNotKG erhoben. Als Kostenschuldner kommen der Rechtsmittelführer als Antragsteller (§§ 22 Abs. 1, 25 GNotKG) und der Entscheidungsschuldner (§ 27 Nr. 1 GNotKG) in Betracht. RA: Für das Beschwerdeverfahren entstehen Gebühren nach den Nrn. 3500, 3513 VV RVG.

§ 362 Stundung des Pflichtteilsanspruchs

Für das Verfahren über die Stundung eines Pflichtteilsanspruchs (§ 2331a in Verbindung mit § 1382 des Bürgerlichen Gesetzbuchs) gilt § 264 entsprechend.

A. Überblick	III. Voraussetzungen des Stundungsverlangens ... 9
I. Entstehung ... 1	IV. Nachlassgerichtliches Verfahren
II. Systematik ... 2	1. Antragserfordernis ... 12
III. Normzweck ... 3	2. Güteversuch ... 13
B. Inhalt der Vorschrift	3. Entscheidung ... 14
I. Zuständigkeit ... 4	V. Rechtsmittel ... 20
II. Beteiligteneigenschaft ... 8	VI. Übergangsrecht ... 22

A. Überblick

I. Entstehung

1 Die Vorschrift hat den Regelungsgehalt des früheren § 83a FGG übernommen. Die dabei für entsprechend anwendbar erklärte Regelung des § 264 ist gemeinsam mit den allgemeinen Vorschriften der §§ 36 bzw. 49 an die Stelle des früheren § 53a FGG getreten.

II. Systematik

2 Die Vorschrift gilt nach § 2331a Abs. 2 Satz 1 BGB ausschließlich für **unstreitige** Pflichtteilsansprüche. Für das Verfahren sind dann § 1382 Abs. 2 bis 6 BGB und § 264 entsprechend anwendbar, die gerichtliche Verpflichtung zur Hinwirkung auf eine gütliche Einigung nach § 36 und die Möglichkeit einer eA nach § 49 gelten unmittelbar. Wird ein streitiger Pflichtteilsanspruch eingeklagt, ist nach § 2331a Abs. 2 Satz 2 Halbs. 1 iVm. § 1382 Abs. 5 BGB allein das Prozessgericht zuständig, das durch Urteil entscheidet.

---

1 OLG Hamm v. 28.9.1994 – 15 W 223/94, FGPrax 1995, 69 (70) zur einfachen Beschwerde nach § 19 FGG; *Bassenge*/Roth, § 361 FamFG Rz. 9; Palandt/*Weidlich*, § 2006 BGB Rz. 3.
2 OLG Hamm v. 28.9.1994 – 15 W 223/94, FGPrax 1995, 69 (70). BayObLG v. 27.3.1903 – Reg. III 26/1903, BayObLGZ 1904, 229 (231); Jansen/*Müller-Lukoschek*, § 79 FGG Rz. 7; *Bassenge*/Roth, § 361 FamFG Rz. 9; Palandt/*Weidlich*, § 2006 BGB Rz. 3.

III. Normzweck

Die Vorschrift dient dem **Schutz** des seinerseits pflichtteilsberechtigten Erben vor unzumutbaren Belastungen bei der Erfüllung des gegen ihn gerichteten Pflichtteilsanspruchs. Sie verfolgt mittelbar den Zweck der Erhaltung von Familienbetrieben. Obschon entsprechende Verfahren selten vorkommen, wird der Vorschrift insoweit erhebliche Praxisrelevanz zugesprochen, als sie vielfach Grundlage für den Abschluss eines Vergleichs ist.[1]

B. Inhalt der Vorschrift

I. Zuständigkeit

Zur **sachlichen** Zuständigkeit der Amtsgerichte bzw. in Baden-Württemberg der staatlichen Notariate als Nachlassgericht s. § 343 Rz. 129 ff. Die Regelungen nach § 23a Abs. 1 Nr. 2 iVm. Abs. 2 Nr. 2 GVG iVm. § 342 Abs. 1 Nr. 9 bzw. Art. 147 EGBGB iVm. §§ 1 Abs. 1 und 2, 38 bad-württ. LFGG werden insoweit durch § 2331a Abs. 2 Satz 1 bzw. Satz 2 Halbs. 1 iVm. § 1382 BGB ergänzt. Das nachlassgerichtliche Verfahren ist nach § 2331a Abs. 2 Satz 1 BGB jedoch ausschließlich bei unbestrittenem Pflichtteilsanspruch eröffnet, während bei einem Rechtsstreit über das Pflichtteilsrecht nach § 2331a Abs. 2 Satz 2 Halbs. 1 iVm. § 1382 Abs. 5 BGB die Prozessgerichte zuständig sind.[2]

Nach § 3 Nr. 2 Buchst. c RPflG ist der Rechtspfleger anstelle des Richters **funktionell** zuständig. S. zur funktionellen Zuständigkeit im Allgemeinen § 343 Rz. 142 ff.

Zur **örtlichen** Zuständigkeit s. § 343 Rz. 8 ff.

Zur **internationalen** Zuständigkeit s. § 343 Rz. 152 ff.

Zur gerichtsinternen **Geschäftsverteilung** s. § 343 Rz. 192a ff.

II. Beteiligteneigenschaft

Zur **Beteiligteneigenschaft** s. § 345 Rz. 64 ff.

III. Voraussetzungen des Stundungsverlangens

Nach § 2331a Abs. 1 BGB kann für Erbfälle bis einschließlich 31.12.2009 ausschließlich derjenige Erbe die Stundung der gegen ihn gerichteten Pflichtteilsansprüche Dritter verlangen, der **seinerseits** nach § 2303 BGB pflichtteilsberechtigt wäre, ohne nach § 2309 BGB oder auf Grund formwirksamen Erbverzichts- bzw. Pflichtteilsverzichtsvertrags ausgeschlossen zu sein. Auf Grund des Gesetzes zur Änderung des Erb- und Verjährungsrechts vom 24.9.2009[3] ist ein derartiges Stundungsverlangen für Erbfälle ab 1.1.2010 nunmehr jedem Erben unabhängig von einer eigenen Pflichtteilsberechtigung eröffnet. Das Verlangen kann jeweils auch durch den Nachlasspfleger, Nachlassverwalter oder Nachlassinsolvenzverwalter ausgeübt werden,[4] wegen § 2213 Abs. 1 Satz 3 BGB jedoch nicht durch Testamentsvollstrecker.[5] Es ist gegen denjenigen zu richten, dem der mit dem Erbfall nach § 2317 BGB entstehende und nach § 271 Abs. 1 BGB sofort fällige Pflichtteilsanspruch zusteht. Dies ist nach Eröffnung des Insolvenzverfahrens wegen der familiären Verbundenheit zwischen Erblasser und Pflichtteilsberechtigtem nicht der Insolvenzverwalter, sondern allein der Gemeinschuldner.[6] Bei mehreren Anspruchstellern sind jeweils gesonderte Stundungsverfahren möglich.[7] Hinsichtlich der Stundungsvoraussetzungen erfolgt nach § 2331a Abs. 1 Satz 1 und Satz 2 BGB eine doppelte Billigkeitsprüfung.

---

1 Staudinger/*Olshausen*, § 2331a BGB Rz. 4.
2 MüKo.BGB/*Lange*, § 2331a BGB Rz. 12.
3 BGBl. I 2009, S. 3142.
4 Palandt/*Weidlich*, § 2331a BGB Rz. 1.
5 MüKo.BGB/*Lange*, § 2331a BGB Rz. 2.
6 BGH v. 6.5.1997 – IX ZR 147/96, DNotZ 1998, 827 (828); Horndasch/Viefhues/*Heinemann*, § 362 FamFG Rz. 8.
7 Palandt/*Weidlich*, § 2331a BGB Rz. 1.

10 Die sofortige Erfüllung des gesamten Pflichtteilsanspruchs muss den Erben für Erbfälle bis einschließlich 31.12.2009 wegen der Art der Nachlassgegenstände „ungewöhnlich hart treffen". Dies setzt – auch für die in § 2331a Abs. 1 Satz 1 aF BGB genannten Beispiele – eine Illiquidität des Erben dergestalt voraus, dass die sofortige vollständige Pflichtteilserfüllung nur durch Veräußerung von Nachlassgegenständen möglich wäre, die die **wirtschaftliche Lebensgrundlage** des Pflichtteilsschuldners und seiner Familie verkörpern.[1] Für Erbfälle ab 1.1.2010 reicht hingegen als moderate Erleichterung zugunsten des Erben bereits „eine unbillige Härte" aus.[2]

11 Darüber hinaus ist für Erbfälle bis 31.12.2009 nach § 2331a Abs. 1 Satz 2 aF BGB erforderlich, dass die Stundung dem pflichtteilsberechtigten Antragsgegner bei Abwägung der Interessen beider Teile **zugemutet** werden kann. Als Abwägungsergebnis können sich auch Ratenzahlungslösungen oder lediglich eine teilweise Stundung ergeben.[3] Demgegenüber sind für Erbfälle ab 1.1.2010 die Interessen des Pflichtteilsberechtigten im Wege einer maßvollen Herabsetzung zugunsten des Erben lediglich „angemessen zu berücksichtigen".[4]

IV. Nachlassgerichtliches Verfahren

1. Antragserfordernis

12 Das nachlassgerichtliche Verfahren setzt einen Antrag voraus. Dies ergibt sich trotz Nichtverweisung durch § 2331a Abs. 2 Satz 2 BGB auf § 1382 Abs. 1 BGB aus dem in § 2331a Abs. 1 Satz 1 BGB enthaltenen Tatbestandsmerkmal des Stundungs**verlangens**.[5] Antragsberechtigt ist der pflichtteilsberechtigte Erbe bzw. der Nachlasspfleger, Nachlassverwalter oder Nachlassinsolvenzverwalter (s. dazu Rz. 9). Antragsgegner ist der Pflichtteilsberechtigte (s. dazu Rz. 9).

2. Güteversuch

13 Nach § 36 Abs. 1 Satz 2 hat das Nachlassgericht auf eine gütliche **Einigung** der Beteiligten hinzuwirken. Über einen Vergleich ist nach § 36 Abs. 2 Satz 2 iVm. §§ 159 bis 163 ZPO eine Niederschrift anzufertigen. Nach § 36 Abs. 3 iVm. § 278 Abs. 6 ZPO kann der Vergleich auch schriftlich geschlossen werden.

3. Entscheidung

14 Ist keine Einigung möglich, hat das Nachlassgericht nach Abschluss der gem. § 26 von Amts wegen durchzuführenden Ermittlungen über den Stundungsantrag durch **Beschluss** zu entscheiden. Je nach Sachlage kommen eine vollständige Stattgabe, vollständige Zurückweisung oder teilweise Stattgabe unter übriger Zurückweisung in Betracht. Der jeweilige Beschluss ist nach § 38 Abs. 3 Satz 1 zu begründen, nach § 39 mit einer Rechtsbehelfsbelehrung zu versehen und nach § 41 Abs. 1 Satz 2 bei Stattgabe dem pflichtteilsberechtigten Antragsgegner, bei Zurückweisung dem antragstellenden Erben bzw. bei teilweiser Stattgabe unter übriger Zurückweisung beiden förmlich zuzustellen bzw. den übrigen Beteiligten nach § 41 Abs. 1 Satz 1 formlos bekannt zu geben. Die Entscheidung wird nach § 264 Abs. 1 Satz 1 erst mit Rechtskraft wirksam.

15 Soweit dem Stundungsantrag stattgegeben wird, ist die Forderung nach § 2331a Abs. 2 Satz 2 Halbs. 1 iVm. § 1382 Abs. 2 und Abs. 4 BGB zu **verzinsen** und kann der Erbe durch Anordnung des Nachlassgerichts auf Antrag des Pflichtteilsberechtigten zur **Sicherheitsleistung** verpflichtet werden. Das Nachlassgericht hat gem. § 2331a Abs. 2 Satz 2 Halbs. 1 iVm. § 1382 Abs. 4 BGB nach billigem Ermessen über Höhe und

---

1 Staudinger/*Olshausen*, § 2331a BGB Rz. 14 und 15.
2 S. BT-Drucks. 16/13543 sowie Begr. zum GesetzE der BReg. zu Nr. 26 (§ 2331a Abs. 1 BGB), BT-Drucks. 16/8954, S. 21 f. iVm. S. 6. Dazu *Schaal/Grigas*, BWNotZ 2008, 2 (15 f.).
3 MüKo.BGB/*Lange*, § 2331a BGB Rz. 7.
4 S. BT-Drucks. 16/13543 sowie Begr. zum GesetzE der BReg. zu Nr. 26 (§ 2331a Abs. 1 BGB), BT-Drucks. 16/8954, S. 21 f. iVm. S. 6. Dazu *Schaal/Grigas*, BWNotZ 2008, 2 (15 f.).
5 Jansen/*Müller-Lukoschek*, § 83a FGG Rz. 5.

Fälligkeit der Zinsen sowie im Falle der Anordnung von Sicherheitsleistungen über deren Art und Umfang zu entscheiden.

Nach § 264 Abs. 2 kann auf Antrag des Pflichtteilsberechtigten in dem Beschluss, durch den über den Stundungsantrag entschieden wird, auch die Verpflichtung des Erben zur Zahlung des Pflichtteilsanspruchs ausgesprochen und dadurch ein **Vollstreckungstitel** iSd. § 86 Abs. 1 Nr. 1 begründet werden.[1] 16

Nach § 264 Abs. 1 Satz 2 ist eine Abänderung oder Wiederaufnahme ausgeschlossen. Bei einer wesentlichen Veränderung der Verhältnisse nach der Entscheidung kann das Nachlassgericht jedoch gem. § 2331a Abs. 2 Satz 2 Halbs. 1 iVm. § 1382 Abs. 6 BGB den rechtskräftigen Beschluss auf Antrag aufheben oder **abändern** (s. dazu auch § 264 Rz. 26).[2] Dies gilt entsprechend für einen Vergleich.[3] 17

Bei einem dringenden Bedürfnis kann das Nachlassgericht im Wege der eA nach § 49 – ggf. unabhängig von der Einleitung eines Hauptsacheverfahrens[4] – eine **vorläufige** Stundung bewilligen. 18

Zu weiteren Einzelheiten bezüglich des Verfahrens s. § 264 Rz. 5 ff. 19

V. Rechtsmittel

Der jeweilige nachlassgerichtliche Beschluss ist durch befristete **Beschwerde** nach §§ 58, 63 anfechtbar. 20

Dies gilt auch für den Beschluss über **vorläufige** Stundung, bezüglich dessen jedoch die Beschwerdefrist nach § 63 Abs. 2 Nr. 1 auf zwei Wochen reduziert ist. 21

VI. Übergangsrecht

Zum **Übergangsrecht** nach FGG-RG s. § 343 Rz. 193 ff. 22

Kosten/Gebühren: Gericht: Für Verfahren über die Stundung eines Pflichtteilsanspruchs wird nach Nr. 12520 KV GNotKG eine 2,0-Gebühr erhoben, die sich unter den Voraussetzungen der Nr. 12521 KV GNotKG auf 0,5 ermäßigen kann. Der Wert bestimmt sich § 36 GNotKG. Schuldner ist nach § 22 Abs. 1 GNotKG der Antragsteller. Für Beschwerden und Rechtsbeschwerden gegen Endentscheidungen entstehen Gebühren nach den Nrn. 12530 bis 12550 KV GNotKG. Als Kostenschuldner kommen der Rechtsmittelführer als Antragsteller (§§ 22 Abs. 1, 25 GNotKG) und der Entscheidungsschuldner (§ 27 Nr. 1 GNotKG) in Betracht. Der Wert bestimmt sich nach § 61 GNotKG. **RA:** Für das Beschwerdeverfahren gegen Endentscheidungen wegen des Hauptgegenstandes entstehen Gebühren nach den Nrn. 3200 ff. VV RVG (vgl. Vorbem. 3.2.1 Nr. 2 Buchst. b VV RVG). 23

Abschnitt 3
Verfahren in Teilungssachen

Literatur: *Ann*, Die Erbengemeinschaft, 2001; *Bassenge*, Der Vergleich im Verfahren der freiwilligen Gerichtsbarkeit, Rpfleger 1972, 237; *Beck*, Das Rechtsschutzbedürfnis in der notariellen Praxis, DNotZ 1966, 259; *Bengel*, Zur Rechtsnatur des vom Erblasser verfügten Erbteilungsverbots, ZEV 1995, 178; *Bracker*, Die amtliche Vermittlung der Nachlassauseinandersetzung, MittBayNot 1984, 114; *Eberl-Borges*, Die Erbauseinandersetzung, 2000; *Firsching*, Widerspruch im Erbauseinandersetzungsverfahren, DNotZ 1952, 117; *Fröhler*, Erbauseinandersetzung, Abschichtungsvereinbarung und Vermächtniserfüllung, in Wurm/Wagner/Zartmann, Das Rechtsformularbuch, 16. Aufl. 2011, Kap. 95; *Fröhler*, § 181 BGB in der notariellen Praxis, BWNotZ 2006, 97; *Hae-*

---

1 Keidel/*Zimmermann*, § 362 FamFG Rz. 14; *Zimmermann*, Das neue FamFG, Rz. 764.
2 Nach der Begr. zum GesetzE der BReg. zu § 264 Abs. 1 Satz 2, BT-Drucks. 16/6308, S. 262 bleibt die Regelung nach § 1382 Abs. 6 unverändert anwendbar. S. dazu § 264 Rz. 26.
3 Palandt/*Brudermüller*, § 1382 BGB Rz. 7; Keidel/*Winkler*, 15. Aufl., § 83a FGG Rz. 9; aA Keidel/*Zimmermann*, § 362 FamFG Rz. 18: keine Abänderung des Vergleichs mangels rechtkräftiger Entscheidung.
4 Begr. zum GesetzE der BReg. zu § 49, BT-Drucks. 16/6308, S. 199.

gele, Das neue land- und forstwirtschaftliche Grundstücksverkehrsrecht, Rpfleger 1961, 276; *Ihrig*, Vermittlung der Auseinandersetzung des Nachlasses durch den Notar, MittBayNot 2012, 5; *Krenz*, Die Auseinandersetzung der Erbengemeinschaft – Dogmatische, rechtsvergleichende und rechtspolitische Aspekte –, AcP 195, 361; *Pickernelle/Spreen*, Das internationale Nachlassverfahrensrecht, DNotZ 1967, 195; *Riering*, Internationales Nachlassverfahrensrecht, MittBayNot 1999, 519; *Richter/Hammel*, Baden-Württembergisches Landesgesetz über die freiwillige Gerichtsbarkeit, 4. Aufl. 1996; *Rötelmann*, Die Zuweisung (§§ 13–17, 26, 33 GrdstVG), DNotZ 1964, 82; *Venjakob*, Die Untergemeinschaft innerhalb der Erbengemeinschaft, Rpfleger 1993, 2; *Westphal*, Vermittlung der Auseinandersetzung einer Erbengemeinschaft, RpflJB 1981, 345; *Zimmermann*, Zweifelsfragen zum Beurkundungsgesetz, Rpfleger 1970, 189.

363 *Antrag*

(1) Bei mehreren Erben hat der Notar[1] auf Antrag die Auseinandersetzung des Nachlasses zwischen den Beteiligten zu vermitteln; das gilt nicht, wenn ein zur Auseinandersetzung berechtigter Testamentsvollstrecker vorhanden ist.

(2) Antragsberechtigt ist jeder Miterbe, der Erwerber eines Erbteils sowie derjenige, welchem ein Pfandrecht oder ein Nießbrauch an einem Erbteil zusteht.

(3) In dem Antrag sollen die Beteiligten und die Teilungsmasse bezeichnet werden.

A. Allgemeines	**II. Beteiligteneigenschaft**
I. Entstehung 1	1. Allgemeines 13
II. Systematik 2	2. Antragsteller nach § 7 Abs. 1 14
III. Normzweck 3	3. Unmittelbar Betroffene nach § 7 Abs. 2 Nr. 1 15
B. Inhalt der Vorschrift	III. Voraussetzungen
I. Zuständigkeit	1. Vermittlung der Erbauseinandersetzung auf Antrag (Absatz 1)
1. Sachlich	a) Vorhandensein mehrerer Erben . 21
a) Für ab 1.9.2013 beantragte Auseinandersetzungen 4	b) Fehlen von Ausschlussgründen . 23
b) Für bis einschließlich 31.8.2013 beantragte Auseinandersetzungen 5	c) Antragserfordernis 32
	d) Vermittlung 35
2. Funktionell	2. Antragsberechtigung (Absatz 2)
a) Für ab 1.9.2013 beantragte Auseinandersetzungen 7	a) Jeder Miterbe 36
b) Für bis einschließlich 31.8.2013 beantragte Auseinandersetzungen 7a	b) Erwerber eines Erbteils 43
	c) Pfandrechts- oder Nießbrauchsberechtigter an einem Erbteil
3. Örtlich	aa) Pfandrechtsberechtigter . . . 44
a) Für ab 1.9.2013 beantragte Auseinandersetzungen 9	bb) Nießbrauchsberechtigter . . . 48
b) Für bis einschließlich 31.8.2013 beantragte Auseinandersetzungen 9a	d) Fehlen eines Antragsrechts . . . 51
	3. Anforderungen an den Antrag (Absatz 3) 52
4. International 10	4. Gerichtliche Entscheidung und Rechtsmittel 58
5. Geschäftsverteilung 12a	5. Abgrenzung von der landwirtschaftsgerichtlichen Zuweisung 61
	IV. Übergangsrecht 65

A. Allgemeines

I. Entstehung

1 Die Vorschrift hat den Regelungsgehalt der früheren §§ 86, 87 Abs. 1 FGG **übernommen**. Die ursprünglich in § 87 Abs. 2 FGG vorgesehenen gerichtlichen Maßnahmen bei Unvollständigkeit des Antrags wurden in den Allgemeinen Teil ausgelagert und werden nunmehr insbesondere von den §§ 27 bis 29 erfasst. Durch das Gesetz zur Übertragung von Aufgaben im Bereich der freiwilligen Gerichtsbarkeit auf Notare

---

1 Für bis 31.8.2013 gestellte Anträge geltende Fassung: **das Gericht**, BGBl I S. 1802.

vom 26.6.2013[1] wurde mittels § 23a Abs. 3 nF GVG für ab 1.9.2013 beantragte Auseinandersetzungen in Teilungssachen iSd. § 342 Abs. 2 Nr. 1 die sachliche Zuständigkeit von den Amtsgerichten auf Notare verlagert. Die örtliche Zuständigkeit richtet sich für **ab 1.9.2013** beantragte Nachlassauseinandersetzungen insoweit ausschließlich nach § 344 Abs. 4a (s. § 344 Rz. 55d ff.), wobei noch eine Restzuständigkeit des Gerichts, in dessen Amtsgerichtsbezirk der Amtssitz des Notars liegt, nach § 492 Abs. 1 Satz 5 bzw. Abs. 2 für die Ausführung der durch den Notar bewilligten öffentlichen Zustellung bzw. die Entscheidung über die Erinnerung gegen Entscheidungen des Notars verbleibt. Für bis einschließlich 31.8.2013 beantragte und gem. § 493 nach bisherigem Recht der sachlichen Zuständigkeit der Amtsgerichte unterliegende Nachlassauseinandersetzungen bleibt hingegen das nach § 343 berufene Amtsgericht örtlich zuständig.

II. Systematik

Die Vorschrift regelt in Abs. 1 die Verpflichtung des Notars zur **Vermittlung** der Erbauseinandersetzung auf Antrag, soweit kein zur Auseinandersetzung berechtigter Testamentsvollstrecker vorhanden ist.[2] In Abs. 2 ist die Antragsberechtigung jedes Miterben, des Erwerbers eines Erbteils sowie der Pfandrechts- und Nießbrauchsberechtigten an einem Erbteil normiert, während Abs. 3 als Sollbestandteil des Auseinandersetzungsantrags die Bezeichnung der Beteiligten und der Teilungsmasse vorgibt. Die materiell-rechtlichen Regelungen über die Auseinandersetzung einer Erbengemeinschaft finden sich in den §§ 2042 ff. BGB. **2**

III. Normzweck

Die Vorschrift verfolgt das Ziel, bei Vorhandensein einer Erbengemeinschaft die Erben bzw. die an Erbteilen Berechtigten als juristische Laien auf deren Antrag durch vermittelnde **sachverständige Anleitung** bei der Herbeiführung einer einvernehmlichen Erbauseinandersetzung zu unterstützen, wenn sie eine freiwillige Einigung alleine nicht erzielen können, umgekehrt jedoch den Prozessweg scheuen.[3] Die Erben bzw. Berechtigten an Erbteilen bleiben dabei alleine Herr des Verfahrens. Ein von ihnen erzieltes Einigungsergebnis muss das Gericht auch dann beurkunden, wenn es dieses für unbillig oder unzweckmäßig hält,[4] wobei dann regelmäßig auf Bedenken hingewiesen werden wird. Wird keine Einigung erzielt, steht dem Gericht keinerlei Entscheidungsbefugnis zu.[5] Ergeben sich bei den Verhandlungen Streitpunkte, ist das Verfahren nach § 370 auszusetzen, soweit kein Teilvollzug möglich ist (s. § 370 Rz. 19 ff.). **3**

B. Inhalt der Vorschrift

I. Zuständigkeit

1. Sachlich

a) Für ab 1.9.2013 beantragte Auseinandersetzungen

Nach § 23a Abs. 3 GVG sind für ab 1.9.2013 beantragte Auseinandersetzungen in Teilungssachen iSd. § 342 Abs. 2 Nr. 1 die **Notare** sachlich zuständig, wobei noch eine Restzuständigkeit der Amtsgerichte nach § 492 Abs. 1 Satz 5 bzw. Abs. 2 für die Ausführung der durch den Notar bewilligten öffentlichen Zustellung bzw. die Entscheidung über die Erinnerung gegen Entscheidungen des Notars verbleibt. **4**

---

1 BGBl. I 2013, S. 1800. Zur Gesetzesbegründung s. Gesetzentwurf des Bundesrates, BT-Drucks. 17/1469, S. 12 ff. bzw. Beschlussempfehlung und Bericht des Rechtsausschusses, BT-Drucks. 17/13136, S. 28 ff.
2 Allgemein zur Erbauseinandersetzung *Ann*, S. 271 ff.; *Eberl-Borges*, S. 176 ff.; *Krenz*, AcP 195 (1995), 361. Zum Erbteilungsverbot *Bengel*, ZEV 1995, 178.
3 *Firsching*, DNotZ 1952, 117 (118).
4 *Firsching/Graf*, Rz. 4.895.
5 KG v. 18.3.1965 – 1 W 435/65, NJW 1965, 1538 (1539).

b) Für bis einschließlich 31.8.2013 beantragte Auseinandersetzungen

5   Gem. § 493 sind für bis einschließlich 31.8.2013 beantragte Auseinandersetzungen in Teilungssachen iSd. § 342 Abs. 2 Nr. 1 nach § 23a Abs. 1 Nr. 2, Abs. 2 Nr. 2 GVG iVm. § 342 Abs. 2 Nr. 1 noch die **Amtsgerichte** sachlich zuständig, in Baden-Württemberg an deren Stelle nach Art. 147 EGBGB iVm. §§ 1 Abs. 1 und 2, 38, 40 Abs. 3 bis 6, 43 bad.-württ. LFGG die **staatlichen Notariate** als Nachlassgerichte unter Mitwirkung der Gemeinden.

6   Darüber hinaus bleiben insoweit gem. § 487 Abs. 1 Nr. 3 iVm. § 20 Abs. 5 BNotO die landesgesetzlichen Vorschriften unberührt, aufgrund derer die Nachlassauseinandersetzung statt durch Gerichte oder neben diesen durch **Notare** vermittelt wird.[1] Diese Zuständigkeit setzt im Gegensatz zu Art. 147 EGBGB[2] keine Behördeneigenschaft voraus. Ein Notar in diesem Sinn, zu dem jedoch nicht der Amtsnotar eines staatlichen Notariats in Baden-Württemberg zählt,[3] das bereits allgemein als Nachlassgericht an die Stelle des Amtsgerichts tritt (s. Rz. 5), ist dabei regelmäßig, soweit die landesrechtlichen Regelungen reichen, mit Ausnahme der Abwesenheitspflegschaftsführung nach § 364 und der gerichtlichen Genehmigungserteilung nach § 368 Abs. 3 vollumfänglich für die nach den §§ 363 bis 370 den Amtsgerichten obliegenden Aufgaben samt Festsetzung der einem Beteiligten zu erstattenden Kosten zuständig und nimmt im Rahmen der nach ZPO durchzuführenden Zustellungen die Aufgaben des Urkundsbeamten der Geschäftsstelle wahr.[4] Zuständig sind Notare danach in Bayern gem. Art. 38 bay. AGGVG mit Ausnahme der Befugnisse nach §§ 364, 368 Abs. 3 uneingeschränkt neben den Amtsgerichten aufgrund gerichtlicher Überweisung,[5] in Hessen nach Art. 24 hess. FGG in beschränktem Umfang insbesondere ohne die Befugnisse nach §§ 364, 366 Abs. 4 Halbs. 2, 367, 368 Abs. 2 und Abs. 3 neben den Amtsgerichten, in Niedersachsen nach Art. 14 und Art. 15 nieders. FGG in beschränktem Umfang insbesondere ohne die Befugnisse nach §§ 364, 367, 368 Abs. 3 neben den Amtsgerichten und im ehemaligen preußischen Rechtsgebiet Berlin, Nordrhein-Westfalen und Schleswig-Holstein nach Art. 21 preuß. FGG[6] ohne Befugnis zu Bestätigungen iSd. §§ 366 Abs. 2, 368 Abs. 1 Satz 3 neben den Amtsgerichten aufgrund gerichtlicher Überweisung.

2. Funktionell

a) Für ab 1.9.2013 beantragte Auseinandersetzungen

7   Nach § 492 Abs. 1 Satz 1 und 2 übernehmen die **Notare** für ab 1.9.2013 beantragte Auseinandersetzungen die Aufgaben des Richters, des Rechtspflegers und des Urkundsbeamten der Geschäftsstelle und sind damit insoweit auch funktionell zuständig. Geschäftsstelle sind gem. § 492 Abs. 1 Satz 3 die Geschäftsräume des Notars. Anstelle von Justizbediensteten handelt nach § 492 Abs. 1 Satz 4 der Gerichtsvollzieher. Hinsichtlich der Restzuständigkeit der Amtsgerichte nach § 492 Abs. 1 Satz 5 bzw. Abs. 2 für die Ausführung der durch den Notar bewilligten öffentlichen Zustellung bzw. die Entscheidung über die Erinnerung gegen Entscheidungen des Notars bleibt es bei der funktionellen Zuständigkeit des Rechtspflegers nach 3 Nr. 2 Buchst. c RPflG.

---

1 Nach § 20 Abs. 5 BNotO richtet sich die Vermittlung der Nachlassauseinandersetzung nach den landesrechtlichen Vorschriften.
2 Nach der Begr. zum GesetzE der BReg. zu Art. 147 EGBGB, BT-Drucks. 16/6308, S. 344 sollte die Vorschrift lediglich dahingehend geändert werden, dass der Vorbehalt bezüglich der früheren Vormundschaftssachen ausschließlich für die jetzigen Betreuungssachen – und damit nicht auch für die Familiensachen – gilt. Die Formulierung „andere Stelle als Gericht" dürfte daher unverändert keine Ermächtigung zur Zuständigkeitsbegründung für nichtbehördliche Institutionen enthalten.
3 Keidel/*Zimmermann*, § 364 FamFG Rz. 11.
4 Firsching/*Graf*, Rz. 4.892.
5 Zum diesbezüglichen Verfahren Firsching/*Graf*, Rz. 4.960.
6 *Schlegelberger*, Art. 21 bis 28 preuß. FGG passim.

b) Für bis einschließlich 31.8.2013 beantragte Auseinandersetzungen

Für bis einschließlich 31.8.2013 beantragte Auseinandersetzungen ist nach § 3 Nr. 2 Buchst. c RPflG ist der **Rechtspfleger** im Rahmen der Auseinandersetzungsvermittlung funktionell uneingeschränkt zuständig. Mit Wirkung zum 1.4.2004 wurde zwischenzeitlich auch der Richtervorbehalt aus § 16 Abs. 1 Nr. 8 aF RPflG für die Erteilung von Genehmigungen nach § 87 Abs. 2 FGG (jetzt § 368 Abs. 3) aufgehoben.[1] Dieser Vorbehalt war insoweit seinerseits bereits durch die Streichung der Genehmigungstatbestände aus der maßgeblichen Bezugsnorm des § 14 Nr. 9 aF RPflG im Zuge des Betreuungsgesetzes v. 12.9.1990[2] gegenstandslos geworden. **7a**

Im **badischen** Rechtsgebiet Baden-Württembergs können den staatlichen Notariaten nach § 35 Abs. 1 bis 3 RPflG insoweit Rechtspfleger zugewiesen werden, wobei der an die Stelle des Richters tretende Notar (Richternotar) neben dem Rechtspfleger für die diesem übertragenen Geschäfte zuständig bleibt. **8**

3. Örtlich

a) Für ab 1.9.2013 beantragte Auseinandersetzungen

Für ab 1.9.2013 beantragte Auseinandersetzungen richtet sich die örtliche Zuständigkeit nach § 344 Abs. 4a (s. dazu § 344 Rz. 55d ff.). **9**

b) Für bis einschließlich 31.8.2013 beantragte Auseinandersetzungen

Für bis einschließlich 31.8.2013 beantragte Auseinandersetzungen richtet sich die örtliche Zuständigkeit nach der **allgemeinen Regelung** des § 343 (s. § 343 Rz. 8 ff.). **9a**

4. International

Nach § 105 **folgt** die internationale Zuständigkeit im Wege der **Doppelfunktionalität** für andere Verfahren nach dem FamFG als diejenigen der §§ 98 bis 104, somit bis zur Geltung der dann in deren Anwendungsbereich nach Art. 3 Nr. 1 EGBGB vorrangigen EuErbVO[3] für die Rechtsnachfolge von am 17.8.2015 oder danach verstorbenen Personen (s. dazu § 343 Rz. 154 ff.) auch in Teilungssachen aus Buch 4, **der örtlichen Zuständigkeit**. Damit wird die Anwendbarkeit des früher in Nachlass- und Teilungsverfahren kraft Richterrechts praktizierten ungeschriebenen Gleichlaufgrundsatzes, nach dem deutsche Gerichte nur bei Anwendung deutschen Erbrechts (Sachrecht) zuständig seien,[4] ausdrücklich beendet (s. dazu § 343 Rz. 152 f.). Verstirbt ein ausländischer Erblasser mit letztem Wohnsitz bzw. letztem Aufenthalt in Deutschland oder hinterlässt er zumindest Nachlassvermögen in Deutschland, besteht danach eine internationale Zuständigkeit eines deutschen Gerichts gem. den §§ 105, 343 Abs. 1 bzw. 3 für den gesamten Nachlass unabhängig davon, ob und inwieweit dieser mit der Folge einem ausländischem Erbstatut unterliegt, dass das Nachlassgericht (auch) ausländisches Recht anzuwenden hat. **10**

Am 16.8.2012 ist die nach Art. 3 Nr. 1 EGBGB in ihrem Anwendungsbereich vorrangige EuErbVO[5] idF vom 4.7.2012 in Kraft getreten (Text auszugsweise s. Anh. zu § 343), die nach ihrem Art. 83 Abs. 1 insoweit jedoch erst auf die Rechtsnachfolge von Personen Anwendung findet, die am 17.8.2015 oder danach verstorben sind. Sie enthält in ihren Artt. 4 ff. Regelungen zur internationalen Zuständigkeit, die grundsätzlich, soweit kein Ausnahmetatbestand eröffnet ist, in demjenigen Mitgliedstaat eröff- **10a**

---

1 BGBl. I 2004, S. 2198.
2 BGBl. I 1990, S. 2002.
3 Verordnung (EU) Nr. 650/2012 vom 4.7.2012, ABl. EU 2012, Nr. L 201, S. 107.
4 So OLG Zweibrücken v. 27.9.2001 – 3 W 124/01, MittBayNot 2002, 203 (204); BayObLG v. 12.12.2000 – 1 Z BR 136/00, NJW-RR 2001, 297; BayObLG v. 13.11.1986 – BReg. 1 Z 4/86, NJW 1987, 1148 (1149); KG v. 4.3.1977 – 1 W 4073/76, OLGZ 1977, 309; *Schotten/Schmellenkamp*, Rz. 340; Erman/*Hohloch*, Art. 25 EGBGB Rz. 45; aA MüKo.BGB/*Birk*, Art. 25 EGBGB Rz. 25; Staudinger/*Dörner*, Art. 25 EGBGB Rz. 849 ff. jeweils noch zum früheren FGG. Dazu *Riering*, MittBayNot 1999, 519 (520).
5 Verordnung (EU) Nr. 650/2012 vom 4.7.2012, ABl. EU 2012, Nr. L 201, S. 107.

net ist, in dessen Hoheitsgebiet der Erblasser im Zeitpunkt seines Todes den **gewöhnlichen Aufenthalt** hatte (s. dazu § 343 Rz. 154 ff.).

11 Die Anwendbarkeit ausländischen Rechts scheidet jedoch dann aus, wenn und soweit einem deutschen Nachlassgericht eine dem inländischen Nachlassverfahrensrecht unbekannte und damit **wesensfremde** Tätigkeit abverlangt würde.[1] Als nicht wesensfremd muss angesichts der diesbezüglichen grundsätzlichen Akzeptanz in § 487 Abs. 1 Nr. 1 (dazu Rz. 2) eine nach ausländischem Erbstatut obligatorische Auseinandersetzungsvermittlung gelten.[2] Auch muss eine nach ausländischem Erbstatut vorgesehene Bindung der Beteiligten an einen notariell bzw. nachlassgerichtlich aufgestellten Teilungsplan hinnehmbar sein.[3]

12 Droht eine Verweigerung des Rechtsschutzes, indem die ausländische Rechtsordnung ausschließlich deutsche Notare bzw. Nachlassgerichte für zuständig erklärt, kann für ab 1.9.2013 beantragte Auseinandersetzungen ein deutscher Notar bzw. für bis einschließlich 31.8.2013 beantragte Auseinandersetzungen ein deutsches Nachlassgericht im Wege der **Notzuständigkeit** im Einzelfall trotz Zweifeln an der Wesensgleichheit der abverlangten Verrichtung gleichwohl zur Anwendung ausländischen Rechts verpflichtet sein,[4] wenn dieses mit dem deutschen Recht zumindest im weiteren Sinne verträglich ist und kein Staatsvertrag entgegensteht.[5]

5. Geschäftsverteilung

12a Zur **gerichtsinternen** Geschäftsverteilung in bis einschließlich 31.8.2013 beantragten Auseinandersetzungen s. § 343 Rz. 192a ff.

II. Beteiligteneigenschaft

1. Allgemeines

13 Für das Verfahren in Teilungssachen ist im Gegensatz zur Regelung des § 345 in Nachlassangelegenheiten keine spezielle Beteiligtendefinition normiert. Daher richtet sich die Beteiligteneigenschaft nach § 7 im **Allgemeinen Teil**.[6]

2. Antragsteller nach § 7 Abs. 1

14 Der Antragsteller ist nach § 7 Abs. 1 **originär** Beteiligter. Antragsteller ist dabei derjenige, der tatsächlich eine verfahrenseinleitende Erklärung mit dem Mindestinhalt nach § 23 abgibt, unabhängig davon, ob er antragsberechtigt ist oder nicht.[7] Umgekehrt begründet eine bloße Antragsberechtigung ohne Antragstellung keine Beteiligteneigenschaft nach § 7 Abs. 1.[8]

3. Unmittelbar Betroffene nach § 7 Abs. 2 Nr. 1

15 Darüber hinaus sind nach § 7 Abs. 2 Nr. 1 kraft zwingender gerichtlicher **Hinzuziehung** diejenigen Beteiligte, deren Recht durch das Vermittlungsverfahren unmittelbar betroffen wird.

16 Dies erfordert zum einen eine Ausrichtung des Verfahrens auf eine entsprechende **Rechtsbeeinträchtigung**, ohne dass eine bestimmte Wahrscheinlichkeit für eine spätere tatsächliche Beeinträchtigung erforderlich ist.[9]

---

1 *Schaal*, BWNotZ 2007, 154 (158).
2 *Pinckernelle/Spreen*, DNotZ 1967, 195 (213 Fn. 73) zur entsprechenden früheren nach § 192 FGG maßgeblich gewesenen landesgesetzlichen Regelung in Bayern.
3 *Pinckernelle/Spreen*, DNotZ 1967, 195 (213 Fn. 73).
4 BayObLG v. 2.12.1965 – BReg. 1b 67/65, BayObLGZ 1965, 423 (426 ff.).
5 Firsching/*Graf*, Rz. 2.57; *Riering*, MittBayNot 1999, 519 (520).
6 *Fröhler*, BWNotZ 2008, 183 (188).
7 Begr. zum GesetzE der BReg., zu § 7 Abs. 1, Drucks. 16/6308, S. 178.
8 Begr. zum GesetzE der BReg., zu § 7 Abs. 1, Drucks. 16/6308, S. 178.
9 Begr. zum GesetzE der BReg., zu § 7 Abs. 2, Drucks. 16/6308, S. 178.

Zum zweiten muss von dieser Beeinträchtigungsausrichtung eine **Unmittelbarkeit** dergestalt ausgehen, dass materielle Rechtspositionen und nicht lediglich idelle, soziale oder wirtschaftliche Interessen betroffen sind.[1]

In diesem Sinne unmittelbar betroffen sind insbesondere Erben, Erbteilserwerber und Erbeserben sowie neben[2] diesen Beteiligten Pfandrechts-, Pfändungspfandrechts- oder Nießbrauchsberechtigte an Erbteilen,[3] nicht jedoch Nießbrauchsberechtigte an einer Erbschaft iSd. § 1085 BGB. Zwingend hinzuzuziehende Beteiligte sind kraft unmittelbarer Betroffenheit darüber hinaus alle diejenigen, ohne die über die Rechte eines og. Beteiligten im Rahmen einer Erbauseinandersetzung nicht **wirksam verfügt** werden kann.[4] Dies sind insbesondere je nach Güterstand Ehegatten bzw. eingetragene Lebenspartner von og. Beteiligten, wenn der Erbteil bzw. die Berechtigung daran bei Zugewinngemeinschaft nach § 1365 BGB[5] oder Gütergemeinschaft trotz Alleinverwaltungsbefugnis des og. Beteiligten nach § 1423 BGB dessen (zumindest nahezu) gesamtes Vermögen verkörpert oder bei Gütergemeinschaft nicht Vorbehaltsgut ist, sondern in das Gesamtgut fällt und entweder nach § 1424 BGB Grundbesitz betroffen ist oder der og. Beteiligte daran nicht gem. § 1422 BGB alleine verwaltungsbefugt ist. Gleiches gilt für Nacherben bzw. Nachnacherben bei nicht befreiter Vorerbschaft im Hinblick auf § 2113 BGB[6] und gesetzliche Vertreter – insbesondere Eltern, Betreuer, Pfleger oder Vormund – bzw. Verwalter fremden Vermögens – insbesondere Testamentsvollstrecker, Nachlasspfleger oder Nachlassverwalter an einem Erbteil sowie Insolvenzverwalter am Vermögen eines Miterben –, die jedoch wegen der Insichgeschäftsbeschränkung nach § 181 BGB, die sich auch durch eine (insoweit ins Leere gehende) gerichtliche Genehmigung nicht überwinden lässt,[7] weder für mehrere Beteiligte noch zusätzlich für sich selbst wirksam handeln[8] bzw. nach § 1795 BGB ausgeschlossen sein können.

Nachlassgläubiger sind nur dann Beteiligte, wenn sie zusätzlich aus einem der vorstehend genannten Gründe heraus Beteiligteneigenschaft haben.[9]

Die Beteiligteneigenschaft iSd. § 7 Abs. 2 Nr. 1 wird dabei durch **keinen spezielleren Tatbestand** verdrängt. Insbesondere ordnet § 363 keine vorrangige Hinzuziehung iSd. § 7 Abs. 2 Nr. 2 (s. dazu § 7 Rz. 42 bis 47) an, sondern setzt seinerseits eine Beteiligteneigenschaft voraus.

III. Voraussetzungen

1. Vermittlung der Erbauseinandersetzung auf Antrag (Absatz 1)

a) Vorhandensein mehrerer Erben

Eine Erbauseinandersetzung ist lediglich dann möglich, wenn eine **Erbengemeinschaft** vorhanden ist, die mindestens aus zwei nebeneinander berufenen Miterben bestehen muss. Eine Vermittlung zwischen zeitlich hintereinander eingesetzten Vor- und Nacherben wird daher mangels diesbezüglicher Erbengemeinschaft von § 363

---

1 Begr. zum GesetzE der BReg., zu § 7 Abs. 2, Drucks. 16/6308, S. 178.
2 KG v. 16.9.1915 – 1 X 203/15, KGJ 48, 161 (163 ff.); Keidel/*Zimmermann*, § 363 FamFG Rz. 65; *Ihrig*, MittBayNot 2012, 353 (355).
3 Horndasch/Viefhues/*Heinemann*, § 363 FamFG Rz. 35; aA *Ihrig*, MittBayNot 2012, 353 (355): keine zwingende Beteiligung, sondern lediglich Zuziehungsmöglichkeit nach § 7 Abs. 3.
4 BayObLG v. 22.4.1983 – BReg. 1 Z 22 und 23/83, BayObLGZ 1983, 101 (103).
5 Horndasch/Viefhues/*Heinemann*, § 363 FamFG Rz. 35; aA *Ihrig*, MittBayNot 2012, 353 (355): keine zwingende Beteiligung, sondern lediglich Zuziehungsmöglichkeit nach § 7 Abs. 3.
6 KG v. 5.7.1906 – I Y 735/06, DJZ 1907, 299; Horndasch/Viefhues/*Heinemann*, § 363 FamFG Rz. 35; aA *Ihrig*, MittBayNot 2012, 353 (355): keine zwingende Beteiligung, sondern lediglich Zuziehungsmöglichkeit nach § 7 Abs. 3.
7 BGH v. 9.7.1956 – V BLw 11/56, BGHZ 21, 229 (234); RG v. 13.5.1909 – Rep. IV 248/08, RGZ 71, 162 (164).
8 BayObLG v. 16.12.1958 – BReg. 1 Z 69/58, NJW 1959, 989; *Fröhler*, BWNotZ 2006, 97, (104, 109 sowie Fn. 119).
9 KG v. 26.6.1913 – 1 X 218/13, KGJ 45, 159 (161).

ebenso wenig erfasst[1] wie eine solche zwischen Erben und Vermächtnisnehmern bzw. Pflichtteilsberechtigten.[2] Nach Übertragung des Erbteils des einen an den anderen von insgesamt zwei Miterben ist ein Auseinandersetzungsvermittlungsverfahren nicht mehr zulässig. Entsprechendes gilt für die Vermittlung einer derartigen Erbteilsübertragung.[3] Erbe kann dabei nach § 1923 Abs. 1 BGB jeder Mensch sein, der zurzeit des Erbfalls lebt. Darüber hinaus kommen als Erbe in Betracht ua. nach § 1923 Abs. 2 BGB die zurzeit des Erbfalls bereits erzeugte Leibesfrucht, die nach dem Erbfall lebend zur Welt kommt, jede juristische Person, soweit sie zum Zeitpunkt des Erbfalls rechtsfähig besteht, sonstige nichtrechtsfähige Personenvereinigungen, die einer juristischen Person besonders nahe kommen, wie insbesondere die OHG nach § 124 HGB, die KG nach §§ 161, 124 HGB bzw. der nichtrechtsfähige Verein als gesamthänderische Gemeinschaft der Gesellschafter sowie eine nach §§ 84, 1923 Abs. 2 BGB analog erst nach dem Erbfall genehmigte Stiftung.[4]

22   Verstirbt ein Erbe nach, wird er durch seine(n) Erben – bei mehreren Erbeserben entweder in **Untererbengemeinschaft**[5] oder nach diesbezüglicher Teilerbauseinandersetzung durch einzelne Erbeserben – ersetzt.

b) Fehlen von Ausschlussgründen

23   Ein notarielles (bzw. übergangsweise gerichtliches) Auseinandersetzungsverfahren ist allgemein **unzulässig**, wenn Umstände entgegenstehen, die durch eine Vermittlung nicht zu beseitigen sind,[6] und das Vermittlungsziel aus Rechtsgründen nicht erreicht werden kann.[7] Ausschlussgründe sind entweder ausdrücklich gesetzlich geregelt oder ergeben sich aus dem Gesamtzusammenhang.

24   Nach dem Wortlaut des § 363 Abs. 1 Halbs. 2 ist eine Auseinandersetzungsvermittlung mangels Schutzbedürfnisses ausgeschlossen, wenn ein gem. § 2204 BGB **auseinandersetzungsberechtigter Testamentsvollstrecker** vorhanden ist. Dies setzt voraus, dass für alle Erbteile und den gesamten Nachlass ein Testamentsvollstrecker ernannt wurde und dieser sein Amt nach § 2202 BGB wirksam angenommen hat, ohne dass die Testamentsvollstreckung zwischenzeitlich erloschen ist.[8] Die diesbezügliche Ausschlusswirkung einer Testamentsvollstreckung besteht wegen ihrer **Unverzichtbarkeit** auch dann, wenn der Testamentsvollstrecker und alle Beteiligten dem Vermittlungsverfahren zugestimmt haben.[9] Der Notar (bzw. übergangsweise das Nachlassgericht) hat diese Umstände von Amts wegen zu ermitteln.[10] Ggf. hat er die Beteiligten durch Zwischenverfügung nach § 28 zur Beantragung einer klärenden Fristsetzung anzuhalten[11] und auf entsprechenden Antrag eines der Beteiligten bei einem Drittbestimmungsrecht nach § 2198 Abs. 2 BGB dem Dritten bzw. bezüglich der Annahme nach § 2202 Abs. 3 BGB dem Testamentsvollstrecker eine entsprechende Erklärungsfrist zu setzen, nach deren fruchtlosem Ablauf das Drittbestimmungsrecht erlischt bzw. das Testamentsvollstreckeramt als abgelehnt gilt. Steht dem Testamentsvollstrecker hingegen aufgrund letztwilliger Anordnung des Erblassers nach § 2208 BGB das Recht auf Auseinandersetzung nicht zu, ist ein gerichtliches Vermittlungsverfahren zulässig.

---

1   BGH v. 10.2.1993 – IV ZR 274/91, NJW 1993, 1582 (1583); MüKo.ZPO/*Mayer*, § 363 FamFG Rz. 8; Keidel/*Zimmermann*, § 363 FamFG Rz. 24.
2   Horndasch/Viefhues/*Heinemann*, § 363 FamFG Rz. 4.
3   MüKo.ZPO/*Mayer*, § 363 FamFG Rz. 8.
4   Palandt/*Weidlich*, § 1923 BGB Rz. 7.
5   BayObLG v. 28.6.1990 – BReg. 2 Z 66/90, DNotZ 1991, 737; *Venjakob*, Rpfleger 1993, 2 (3).
6   Bassenge/*Roth*, § 363 FamFG Rz. 5.
7   OLG Frankfurt v. 20.7.1993 – 20 W 232/93, Rpfleger 1993, 505.
8   Keidel/*Zimmermann*, § 363 FamFG Rz. 27; Horndasch/Viefhues/*Heinemann*, § 363 FamFG Rz. 7; MüKo.ZPO/*Mayer*, § 363 FamFG Rz. 13.
9   KG v. 13.12.1906 – 1 Y 1421/06, KGJ 33 A, 104 (106); KG v. 20.8.1912 – Az. n.v., OLGR 26, 286 (287); Horndasch/Viefhues/*Heinemann*, § 363 FamFG Rz. 6.
10 OLG München v. 4.8.1936 – Wx 166/36, JFG 14, 190 (192); LG Koblenz v. 17.7.1958 – 4 T 295/58, JZ 1959, 316 (317).
11 Ebenso Jansen/*Müller-Lukoschek*, § 86 FGG Rz. 15.

Sind mehrere Testamentsvollstrecker **gemeinschaftlich** eingesetzt und können 25
diese sich über die Auseinandersetzung nicht einigen, ist eine notarielle (bzw. übergangsweise gerichtliche) Auseinandersetzungsvermittlung bis zur Erzielung einer Einigung oder gerichtlichen Entscheidung nach § 2224 Abs. 1 Satz 1 Halbs. 2 BGB möglich. Der Notar (übergangsweise das Nachlassgericht) wird dabei vorab zu ermitteln haben, ob eine kurzfristige Einigung der Testamentsvollstrecker zu erwarten ist.

Ein notarielles (übergangsweise gerichtliches) Vermittlungsverfahren scheidet 26
weiter dann aus, wenn der Nachlass **bereits vollständig**,[1] somit ohne Zurückbleiben auch nur weniger bzw. geringwertiger Einzelgegenstände in der gesamthänderischen Bindung, **auseinander gesetzt** ist. Davon strikt zu trennen sind Konstellationen, in denen lediglich einzelne, wenn auch nahezu alle Nachlassgegenstände durch Teilerbauseinandersetzung[2] ausgesondert wurden, solange nur irgendein, möglicherweise auch geringwertiger Nachlassrest in der Erbengemeinschaft verbleibt, für den anstelle einer Teilung nach §§ 752 ff. BGB eine Auseinandersetzungsvermittlung statthaft ist,[3] oder ein Teil der Miterben bezüglich des gesamten Nachlasses durch Abschichtungsvereinbarung[4] ausgeschieden ist, aber nach wie vor eine – wenn auch ggf. hinsichtlich der Anzahl der Miterben reduzierte – Erbengemeinschaft fortbesteht.

Ein Ausschlussgrund besteht zudem während des gesetzlichen **Aufschubs** der 27
Auseinandersetzung wegen zwischenzeitlicher Unbestimmtheit von Erbteilen nach §§ 2043, 2045 BGB, insbesondere wegen einer noch zu erwartenden Geburt eines Miterben.

Gleiches gilt während Andauerns einer Streitigkeit über Bestehen und Umfang ei- 28
nes Erbrechts eines Beteiligten[5] bzw. dessen Antragsberechtigung[6] oder über sonstige **streitige Rechtsfragen**, wie etwa darüber, für welchen Fall und unter welchen Erben eine nach der letztwilligen Verfügung eines Erblassers unklar zugeordnete Losentscheidung zu treffen ist.[7]

Ein Auseinandersetzungsverfahren ist außerdem während der Dauer eines **Nach-** 29
lassinsolvenzverfahrens oder einer **Nachlassverwaltung** mangels Verfügungs- und Verwaltungsrechts der Erben über den Nachlass ausgeschlossen.[8]

In den Fällen der §§ 2042, 2044, 2048 BGB ist hingegen zu differenzieren. Hat der 30
Erblasser letztwillig gem. § 2048 Satz 2 BGB eine Auseinandersetzung **nach billigem Ermessen eines Dritten** angeordnet, ist die Vermittlung grundsätzlich unzulässig.[9] Etwas anderes gilt jedoch, wenn der Dritte die Bestimmung nicht in absehbarer Zeit trifft bzw. alle Beteiligten diese Bestimmung einvernehmlich für unbillig halten[10] und daher eine durch notarielle (übergangsweise gerichtliche) Vermittlung angestrebte Einigung möglich ist.[11]

Gleiches gilt, wenn der Erblasser nach § 2044 BGB bzw. die Erben nach § 2042 31
Abs. 2 BGB die **Auseinandersetzung ausgeschlossen** haben und noch offen ist, ob ein wichtiger Grund nach § 749 Abs. 2 BGB vorliegt, der den das Vermittlungsverfahren hindernden Auseinandersetzungsausschluss beseitigen würde.[12] Entsprechend ist

---

1 *Bassenge*/Roth, § 363 FamFG Rz. 5.
2 Dazu mit Formulierungsmuster Wurm/Wagner/Zartmann/*Fröhler*, Kap. 95 Rz. 6 und M 95.3.
3 Keidel/*Zimmermann*, § 363 FamFG Rz. 25; aA Bumiller/*Harders*, § 363 FamFG Rz. 4.
4 Dazu mit Formulierungsmuster Wurm/Wagner/Zartmann/*Fröhler*, Kap. 95 Rz. 3 u. M 95.1.
5 BayObLG v. 14.7.1997 – 1 Z BR 39/97, FGPrax 1997, 229.
6 Bumiller/*Harders*, § 363 FamFG Rz. 4.
7 OLG Düsseldorf v. 17.7.2002 – 3 Wx 151/02, FGPrax 2002, 231.
8 KG v. 16.11.1916 – 1 X 232/16, KGJ 49, 84 (85); Firsching/*Graf*, Rz. 4.786.
9 BayObLG v. 9.6.1967 – BReg. 1a Z 86/66, BayObLGZ 67, 230 (239); aA Horndasch/Viefhues/*Heinemann*, § 363 FamFG Rz. 9.
10 Keidel/*Zimmermann*, § 363 FamFG Rz. 28.
11 Jansen/*Müller-Lukoschek*, § 86 FGG Rz. 20.
12 *Bassenge*/Roth, § 363 FamFG Rz. 6; Jansen/*Müller-Lukoschek*, § 86 FGG Rz. 20; Horndasch/Viefhues/*Heinemann*, § 363 FamFG Rz. 9.

die Anhängigkeit einer Erbteilungsklage zu bewerten,[1] es sei denn, die Beteiligten schließen eine Einigungsmöglichkeit von vornherein aus. Letzteres hat der Notar (übergangsweise das Nachlassgericht) vorab zu klären.

c) Antragserfordernis

32 Der Notar (übergangsweise das Nachlassgericht) darf nach Abs. 1 ausdrücklich nur auf **Antrag** (zu den Anforderungen s. Rz. 52 ff.) eines Antragsberechtigten (dazu unter Rz. 36 ff.) und ausschließlich vermittelnd tätig werden.

33 Eine **Antragsrücknahme** hat bis zum Eintritt der Rechtskraft des Bestätigungsbeschlusses nach den §§ 366 Abs. 2 bzw. 368 Abs. 1 Satz 3 die Verfahrensbeendigung zur Folge, wenn kein anderweitiger Antrag anhängig ist.[2] Letzteres kann jedoch dann anzunehmen sein, wenn sich weitere Beteiligte auf das Verfahren eingelassen haben, da dadurch möglicherweise eine eigene Antragstellung zum Ausdruck gebracht wird.[3]

34 Nach § 487 Abs. 1 Nr. 1 bleiben die landesrechtlichen Vorschriften unberührt, aufgrund derer das Nachlassgericht die Auseinandersetzung eines Nachlasses **von Amts wegen** zu vermitteln hat, wenn dies nicht binnen einer bestimmten Frist erfolgt ist, wobei auf eine derartige Auseinandersetzung die §§ 364 bis 372 anzuwenden sind. Aktuell bestehen keine entsprechenden Landesgesetze. Diesbezügliche frühere Regelungen in Baden-Württemberg und Bayern sind zwischenzeitlich wieder aufgehoben worden (in Baden-Württemberg durch das LFGG v. 12.2.1975 bzw. in Bayern durch das bay. AGGVG v. 23.6.1981).

d) Vermittlung

35 Die Tätigkeit des Notars (übergangsweise des Nachlassgerichts) beschränkt sich auf eine bloße vermittelnde **sachverständige Anleitung** zwecks Herbeiführung einer einvernehmlichen Erbauseinandersetzung. Insbesondere darf der Notar (übergangsweise das Nachlassgericht) streitige Fragen zwischen den Beteiligten nicht entscheiden,[4] sondern hat diese vielmehr nach § 370 in eine Niederschrift aufzunehmen und das Verfahren bis zu ihrer Erledigung auszusetzen (s. dazu § 370 Rz. 13 ff.).

2. Antragsberechtigung (Absatz 2)

a) Jeder Miterbe

36 Das Antragsrecht eines Miterben besteht grundsätzlich unabhängig vom Vorliegen eines förmlichen **Erbnachweises**.[5] Wird die Erbenstellung hingegen bestritten, ist dies alleine noch kein Ablehnungsgrund, sondern verpflichtet den Notar (übergangsweise das Nachlassgericht) dazu, sich entweder vorbehaltlich einer Entscheidung des Prozessgerichts ein eigenes Urteil über das behauptete Erbrecht zu bilden oder dieses ungeprüft hinzunehmen, das Verfahren einzuleiten, es sodann ggf. nach § 370 Satz 1 bis zur Klärung der Erbenstellung durch das Prozessgericht auszusetzen (dazu § 370 Rz. 16 ff.) bzw. dem Antragsteller nach § 28 die Vorlage eines Erbnachweises aufzugeben.[6]

37 Der **gesetzliche Vertreter** bzw. amtliche Vermögensverwalter eines Miterben übt für diesen dessen Antragsrecht aus. Er bedarf für die bloße Antragstellung keiner be-

---

1 *Beck*, DNotZ 1966, 259 (265); *Bassenge*/Roth, § 363 FamFG Rz. 6; Jansen/*Müller-Lukoschek*, § 86 FGG Rz. 22;; Horndasch/Viefhues/*Heinemann*, § 363 FamFG Rz. 9; aA MüKo.BGB/*Ann*, § 2042 BGB Rz. 47; Keidel/*Zimmermann*, § 363 FamFG Rz. 30.
2 *Westphal*, RpflJB 1981, 345 (351); MüKo.BGB/*Ann*, § 2042 BGB Rz. 47; Jansen/*Müller-Lukoschek*, § 86 FGG Rz. 52.
3 Keidel/*Winkler*, § 86 FGG. Rz. 71; Bahrenfuss/*Wick*, § 363 FamFG Rz. 9; aA Keidel/*Zimmermann*, § 363 FamFG Rz. 44; MüKo.ZPO/*Mayer*, § 363 FamFG Rz. 30.
4 KG v. 18.3.1965 – 1 W 435/65, NJW 1965, 1538 (1539).
5 Keidel/*Zimmermann*, § 363 FamFG Rz. 46.
6 KG v. 12.12.1906 – 1 X 1421/06, KGJ 33, A 104 (106); KG v. 26.2.1920 – 1 X 52/20, KGJ 52, 84 (85); OLG München v. 24.2.1937 – Wr. 17 u. 18/37, JFG 15, 161 (165).

treuungs- oder familiengerichtlichen Genehmigung.[1] Bezüglich des eigentlichen Vertrags ergibt sich eine Genehmigungsbedürftigkeit für Betreuer, Pfleger, Vormund und Nachlasspfleger bzw. Nachlassverwalter jedenfalls aus § 1822 Nr. 2 BGB,[2] für Eltern wegen der eingeschränkten Verweisung durch § 1643 Abs. 2 BGB je nach Regelungsgegenstand ggf. aus § 1821 Abs. 1 Nr. 1 (Grundbesitz) bzw. § 1822 Nr. 3 (Erwerbsgeschäft) BGB.

38 Der über das Vermögen eines Miterben verfügungsberechtigte **Insolvenzverwalter** beantragt die notarielle (übergangsweise gerichtliche) Auseinandersetzungsvermittlung außerhalb des Insolvenzverfahrens und ist dabei nach § 84 Abs. 2 Satz 2 InsO nicht an beschränkende Erblasseranordnungen oder Miterbenvereinbarungen gebunden.[3]

39 Ein Miterbe, der in **Gütergemeinschaft** lebt, ist nur dann ohne den Partner antragsberechtigt, wenn der Erbteil nach § 1418 Abs. 2 BGB in sein Vorbehaltsgut fällt oder er andernfalls der nach § 1422 BGB alleine verwaltungsberechtigte Ehegatte bzw. eingetragene Lebenspartner ist. Fällt der Erbteil nicht in das Vorbehaltsgut und ist der Ehegatte bzw. eingetragene Lebenspartner des Miterben alleine oder zusätzlich verwaltungsberechtigt, kann der Antrag nur durch diesen alleine bzw. gemeinsam mit dem Miterben (Partner) gestellt werden.[4]

40 Ist zu Lasten eines Erbteils **Testamentsvollstreckung** angeordnet, ohne dass der gesamte Nachlass derselben Testamentsvollstreckung unterliegt, ist der diesbezügliche Testamentsvollstrecker anstelle des betroffenen Miterben antragsberechtigt.[5]

41 Der Miterbe bleibt im Falle der Pfändung oder Belastung mit einem Pfandrecht bzw. Nießbrauch neben dem daraus Berechtigten (dazu Rz. 45 f.) antragsberechtigt,[6] verliert jedoch sein Antragsrecht mit der **Veräußerung** seines Erbteils nach § 2033 Abs. 1 BGB.[7]

42 Verstirbt der Miterbe nach, sind dessen Erben oder an deren Stelle ein am Nachlass des **nachverstorbenen Miterben** verfügungsberechtigter Testamentsvollstrecker, Nachlasspfleger, Nachlassverwalter bzw. Nachlassinsolvenzverwalter antragsberechtigt.

b) Erwerber eines Erbteils

43 Anstelle eines Miterben ist der Erwerber des diesbezüglichen Erbteils antragsberechtigt. Das Antragsrecht steht dabei jedoch nur demjenigen Erwerber zu, der den Anteil **am gesamten Nachlass** entweder nach § 2033 BGB vom Miterben oder nach § 2037 BGB von einem Zwischenerwerber erwirbt. Ein bloßer Erwerb des Anspruchs auf ein Auseinandersetzungsguthaben ist hingegen nicht ausreichend,[8] da der Veräußerer dabei die Berechtigung am Erbteil nicht verliert.[9]

c) Pfandrechts- oder Nießbrauchsberechtigter an einem Erbteil

aa) Pfandrechtsberechtigter

44 Das Antragsrecht eines **Pfandrechtsinhabers** entsteht sowohl aus einem durch Pfändung als auch aus einem rechtsgeschäftlich erworbenen Pfandrecht an einem Erbteil.

---

1 OLG Frankfurt v. 20.7.1993 – 20 W 232/93, Rpfleger 1993, 505.
2 Palandt/*Diederichsen*, § 1822 BGB Rz. 4.
3 Jansen/*Müller-Lukoschek*, § 86 FGG Rz. 29.
4 Keidel/*Zimmermann*, § 363 FamFG Rz. 47; MüKo.ZPO/*Mayer*, § 363 FamFG Rz. 20.
5 KG v. 9.7.1904 – 1 J 717/04, KGJ 28, A 16 (19); *Bassenge*/Roth, § 363 FamFG Rz. 3.
6 Bumiller/*Harders*, § 363 FamFG Rz. 2.
7 *Bassenge*/Roth, § 363 FamFG Rz. 3.
8 Keidel/*Zimmermann*, § 363 FamFG Rz. 50.
9 RG v. 9.2.1905 – Rep. IV. 423/04, RGZ 60, 126 (131).

45 Ein **Pfändungspfandgläubiger** nach §§ 804, 859 Abs. 2 ZPO ist nur dann antragsberechtigt, wenn er einen rechtskräftigen Schuldtitel besitzt.[1] Ein lediglich vorläufig vollstreckbarer Schuldtitel ist nach §§ 2042 Abs. 2, 751 Satz 2 BGB nicht ausreichend. Neben dem Pfändungspfandgläubiger mit einem rechtskräftigen Schuldtitel bleibt der betroffene Miterbe seinerseits antragsberechtigt. Beide Antragsrechte bestehen uneingeschränkt nebeneinander und können ohne Mitwirkung des jeweils anderen Berechtigten selbständig ausgeübt werden.

46 Nach § 1258 Abs. 2 BGB können ein gem. § 1273 BGB berechtigter **Vertragspfandgläubiger** und der belastete Miterbe die Aufhebung der Erbengemeinschaft vor Eintritt der Verkaufsberechtigung nach § 1228 Abs. 2 BGB nur gemeinschaftlich verlangen. Gleichwohl sind beide Beteiligte bereits vor dieser Pfandreife alleine antragsberechtigt und können ihr jeweiliges Antragsrecht damit ohne Mitwirkung des jeweils anderen Berechtigten selbständig ausüben, da sich das Erfordernis eines gemeinschaftlichen Aufhebungsverlangens auf den späteren weiteren Verfahrensablauf beschränkt und die Einleitung des Vermittlungsverfahrens nicht erfasst.[2] Soweit teilweise davon abweichend vertreten wird, derartige selbständige Antragsrechte bestünden erst mit Eintritt der Verkaufsberechtigung nach § 1228 Abs. 2 BGB, während Vertragspfandgläubiger und Miterbe zuvor nur gemeinschaftlich antragsberechtigt seien,[3] bleibt unklar, warum trotz wortgleicher Regelung bei einer Erbteilsbelastung durch Nießbrauch nach §§ 1068 Abs. 2, 1066 Abs. 2 BGB selbständige Antragsrechte einhellig bejaht werden (dazu sogleich Rz. 48).

47 Das rechtsgeschäftliche Pfandrecht ist nur dann wirksam bestellt, wenn der Verpfändungsvertrag gem. §§ 1274 Abs. 1 Satz 1, 2033 Abs. 1 Satz 2 BGB **notariell beurkundet** wurde.[4]

bb) Nießbrauchsberechtigter

48 Obwohl die Aufhebung der Erbengemeinschaft nach §§ 1068 Abs. 2, 1066 Abs. 2 BGB nur gemeinschaftlich durch den belasteten Miterben und den Nießbrauchsberechtigten verlangt werden kann, ist der Nießbraucher ebenso wie der belastete Miterbe alleine antragsberechtigt. Beide Antragsrechte können damit ohne Mitwirkung des jeweils anderen Berechtigten **selbständig** ausgeübt werden.[5] Das Erfordernis eines gemeinschaftlichen Aufhebungsverlangens beschränkt sich auf den weiteren Verfahrensablauf, erfasst jedoch nicht die Einleitung des Vermittlungsverfahrens.

49 Der hier alleine maßgebende dingliche Nießbrauch an einem Erbteil kann nach §§ 1069 Abs. 1, 2033 Abs. 1 Satz 2 BGB nur durch **notarielle Beurkundung** wirksam bestellt werden.[6]

50 Der Nießbrauch am Erbteil ist streng von einem zu Lasten der einzelnen Nachlassgegenstände nach § 1085 BGB zu bestellenden Nießbrauch **an der Erbschaft** zu unterscheiden. Jener begründet anders als der Nießbrauch an einem Erbteil für den Nießbraucher weder ein Antrags- noch ein Beteiligtenrecht und steht einem notariellen (übergangsweise gerichtlichen) Auseinandersetzungsverfahren nicht nach § 1071 BGB entgegen.[7]

---

1 MüKo.BGB/*Ann*, § 2042 BGB Rz. 47; Firsching/*Graf*, Rz. 4.906; Keidel/*Zimmermann*, § 363 FamFG Rz. 52; aA Horndasch/Viefhues/*Heinemann*, § 363 FamFG Rz. 23; Jansen/*Müller-Lukoschek*, § 86 FGG Rz. 37: eigenes Antragsrecht trotz Gefahr späteren Scheiterns der Auseinandersetzung.
2 Ebenso Jansen/*Müller-Lukoschek*, § 86 FGG Rz. 34.
3 Keidel/*Zimmermann*, § 363 FamFG Rz. 53.
4 Palandt/*Bassenge*, § 1274 BGB Rz. 6.
5 Jansen/*Müller-Lukoschek*, § 86 FGG Rz. 40; Keidel/*Zimmermann*, § 363 FamFG Rz. 55.
6 Palandt/*Bassenge*, § 1274 BGB Rz. 6.
7 So für ein Nießbrauchsvermächtnis KG v. 20.1.1913 – 1 X 454/12, KGJ 44, 120 (122).

d) Fehlen eines Antragsrechts

Nicht antragsberechtigt sind insbesondere Nachlasspfleger, Nachlassverwalter, Testamentsvollstrecker[1] oder Nachlassinsolvenzverwalter, die für den gesamten Nachlass und nicht lediglich für einen Erbteil bestellt sind, sowie Nacherben vor Eintritt des Nacherbfalls,[2] Vermächtnisnehmer,[3] Pflichtteilsberechtigte, und andere Nachlassgläubiger,[4] soweit sich nicht aus einem sonstigen Grund – etwa aufgrund einer eigenen Miterbenstellung oder eines Pfandrechts an einem Erteil – ein anderweitiges Antragsrecht ergibt. 51

3. Anforderungen an den Antrag (Absatz 3)

Aus dem Antrag muss sich zumindest im Wege der **Auslegung** nach Abs. 1 ergeben, dass ein notarielles (übergangsweise gerichtliches) **Vermittlungsverfahren** zwecks Teilung eines in Erbengemeinschaft stehenden Nachlasses begehrt wird. Wie die Aufteilung zu erfolgen hat, braucht im Antrag nicht dargelegt zu werden.[5] Nach § 25 Abs. 1 kann der Antrag auf notarielle (übergangsweise gerichtliche) Vermittlung schriftlich oder zu Protokoll der Geschäftsstelle abgegeben werden. Gem. § 23 Abs. 1 soll er begründet werden. 52

§ 363 Abs. 3 sieht als **Ordnungsvorschrift**[6] vor, dass im Antrag die Beteiligten und die Teilungsmasse bezeichnen werden sollen. Ziel dieser Regelung ist es insbesondere, die örtliche Zuständigkeit des Notars (übergangsweise Gerichts) und die Antragszulässigkeit feststellen sowie die Beteiligten ermitteln und laden zu können.[7] 53

Über den gesetzlichen Wortlaut hinaus benötigt der Notar (übergangsweise das Nachlassgericht) daher regelmäßig bezüglich des **Erblassers** dessen Namen, Staatsangehörigkeit, Stand, letzten Wohnort, hilfsweise letzten Aufenthalt, Sterbeort und Todestag.[8] 54

Hinsichtlich der **Beteiligten** (dazu oben Rz. 14 ff.) sollten soweit möglich deren Namen, Stand, Wohnort und der Grund der Beteiligung unter Angabe der diesbezüglichen Voraussetzungen angegeben werden.[9] 55

Die **Teilungsmasse** sollte nach Aktiva und Passiva gegliedert sein. Grundsätzlich kann der Notar (übergangsweise das Nachlassgericht) nicht auf exakte und vollständige Angaben über ein Nachlassverzeichnis bestehen,[10] soweit nicht entsprechende Anordnungsbefugnisse nach Landesrecht – so bei Darlegung eines berechtigten Interesse für ein Nachlassverzeichnis in Baden-Württemberg gem. § 41 Abs. 4 bad.-württ. LFGG[11] und in Hessen nach gem. Art. 26 hess. FGG – bestehen. Ergänzend wird der Notar (übergangsweise das Nachlassgericht) die Nachlass- und Testamentsakten beiziehen. 56

Eine teilweise **Nichtbeachtung** der Vorgaben des § 363 Abs. 3 führt zunächst nicht zur Unzulässigkeit des Antrags,[12] sondern erschwert lediglich die beantragte Bearbeitung und wird nach § 26 zu notariellen (übergangsweise gerichtlichen) Ermittlungen von Amts wegen sowie zu ergänzenden Zwischenverfügungen nach §§ 27, 57

---

1 Ist der für den gesamten Nachlass ernannte Testamentsvollstrecker zudem auseinandersetzungsberechtigt, ist eine gerichtliche Vermittlung bereits nach Abs. 1 Halbs. 2 ausgeschlossen.
2 Firsching/*Graf*, Rz. 4.906; *Bassenge*/Roth, § 363 FamFG Rz. 4.
3 BayObLG v. 23.6.1903 – II. ZS Reg. IV 54/1903, BayObLGZ 4, 493 (494); KG v. 20.1.1913 – 1 X 454/12, KGJ 44, 120 (122).
4 BayObLG v. 22.4.1983 – BReg. 1 Z 22 und 23/83, BayObLGZ 1983, 101 (107).
5 Keidel/*Zimmermann*, § 363 FamFG Rz. 38 und 42; MüKo.ZPO/*Mayer*, § 363 FamFG Rz. 26.
6 Horndasch/Viefhues/*Heinemann*, § 363 FamFG Rz. 30.
7 Firsching/*Graf*, Rz. 4.907 u. Rz. 4.910 (Muster).
8 Firsching/*Graf*, Rz. 4.907; Keidel/*Zimmermann*, § 363 FamFG Rz. 39.
9 Keidel/*Zimmermann*, § 363 FamFG Rz. 40.
10 Firsching/*Graf*, Rz. 4.909; MüKo.ZPO/*Mayer*, § 363 FamFG Rz. 26.
11 Dazu *Richter*/Hammel, § 41 LFGG Rz. 12.
12 Horndasch/Viefhues/*Heinemann*, § 363 FamFG Rz. 30.

28 führen.[1] Die Vorlage fehlender Angaben bzw. Unterlagen ist jedoch nicht erzwingbar.[2]

Für den Nachlass desselben Erblassers kann zeitgleich nur **ein einziges** notarielles (übergangsweise nachlassgerichtliches) Vermittlungsverfahren zur Erbauseinandersetzung eingeleitet und durchgeführt werden. Bei Antragstellung durch mehrere Personen vor Verfahrenseinleitung wird nur *ein* Verfahren eingeleitet, bei weiteren Anträgen nach bereits erfolgter Einleitung werden die späteren Antragsteller als Beteiligte zu dem bereits eingeleiteten Verfahren hinzugezogen.[3]

4. Gerichtliche Entscheidung und Rechtsmittel

58 Liegen die Zulässigkeitsvoraussetzungen vor, beschließt[4] der Notar (übergangsweise das Nachlassgericht) die **Einleitung** des Auseinandersetzungsverfahrens nach § 38 und verbindet damit soweit sachgerecht die Ladung der Beteiligten nach § 365. Gegen den Einleitungsbeschluss ist für die übrigen Beteiligten nach § 58 Abs. 1 die Beschwerde statthaft, die nach § 63 Abs. 1 binnen einer Frist von einem Monat einzulegen ist. Lässt sich ein Beteiligter auf das Verfahren ein, wird die Beschwerde unzulässig.[5] Eine derartige Einlassung kann je nach Einzelfall auch in einem Schweigen auf eine Ladung und Nichtteilnahme am Termin liegen.[6]

59 Ist der Antrag wegen Verstoßes gegen die Voraussetzungen nach Abs. 1 bzw. 2 aus Gründen, die im Vermittlungsverfahren nicht bereinigt werden können, unzulässig, beschließt der Notar (übergangsweise das Nachlassgericht) dessen **Zurückweisung**. Hierzu gehört auch der Fall eines auf irreparable Hinderungsgründe gestützten Widerspruchs eines Beteiligten.[7] Eine Zurückweisung erfolgt auch dann, wenn trotz berechtigter Zwischenverfügung die in zumutbarer Weise angeforderten Unterlagen bzw. Angaben nicht vorgelegt werden.[8] Gegen den Zurückweisungsbeschluss kann der Antragsteller und jeder andere antragsberechtigte Beteiligte während Fortbestands seines noch nicht geltend gemachten Antragsrechts[9] nach §§ 58 Abs. 1, 63 Abs. 1 binnen einer Frist von einem Monat Beschwerde einlegen.

60 Werden erst später im weiteren Verlauf des bereits eingeleiteten Verfahrens Gründe gegen die Zulässigkeit des Vermittlungsverfahrens bekannt, hat das Gericht auf Widerspruch nach § 370 Satz 1 das Verfahren bis zur Klärung vor dem Prozessgericht **auszusetzen** (s. dazu § 370 Rz. 16 ff.).[10]

5. Abgrenzung von der landwirtschaftsgerichtlichen Zuweisung

61 Nach den §§ 13 bis 17, 33 GrdstVG kann ein Miterbe die eigentumsrechtliche Zuweisung eines landwirtschaftlichen Betriebes an den nach dem tatsächlichen oder mutmaßlichen Willen des Erblassers bedachten Miterben gegen Abfindung der übrigen Miterben durch **landwirtschaftsgerichtlichen Gestaltungsakt** beantragen.[11]

---

1 Firsching/*Graf*, Rz. 4.911; Keidel/*Zimmermann*, § 363 FamFG Rz. 42.
2 Bumiller/*Harders*, § 363 FamFG Rz. 9.
3 Keidel/*Zimmermann*, § 363 FamFG Rz. 36.
4 Jansen/*Müller-Lukoschek*, § 87 FGG Rz. 11.
5 KG v. 5.6.1905 – 1 J 532/05, KGJ 30, A 106 (108); Jansen/*Müller-Lukoschek*, § 87 FGG Rz. 11; Bumiller/*Harders*, § 363 FamFG Rz. 11; aA (unanfechtbar mangels Endentscheidung): Keidel/ *Zimmermann*, § 363 FamFG Rz. 92; *Bassenge*/Roth, § 363 FamFG Rz. 11; aA (Widerspruch zwecks Aussetzung des Verfahrens, da Statthaftigkeit der Beschwerde fraglich) MüKo.ZPO/ *Mayer*, § 363 FamFG Rz. 34.
6 KG v. 5.6.1905 – 1 J 532/05, KGJ 30, A 106 (108); *Bassenge*/Roth, 11. Aufl., § 87 FGG Rz. 6; Jansen/*Müller-Lukoschek*, § 87 FGG Rz. 11; Keidel/*Winkler*, 15. Aufl., § 87 FGG Rz. 8.
7 OLG Düsseldorf v. 17.7.2002 – 3 Wx 151/02, FGPrax 2002, 231; Firsching/*Graf*, Rz. 4.914.
8 KG v. 16.11.1905 – 1 J 1173/05, KGJ 31, A 135 (137); *Bassenge*/Roth, 11. Aufl., § 87 FGG Rz. 4.
9 BGH v. 10.12.1992 – V ZB 3/92, BGHZ 120, 396; BayObLG v. 12.9.1991 – Breg. 2 Z 101/91, NJW-RR 1992, 150 (151); MüKo.BGB/*Mayer*, § 2353 BGB Rz. 124; Keidel/*Winkler*, 15. Aufl., § 87 FGG Rz. 7; Keidel/*Kahl*, 15. Aufl., § 20 FGG Rz. 51.
10 OLG München v. 24.2.1937 – Wx 17 u. 18/37, JFG 15, 161 (165).
11 Dazu allgemein *Haegele*, Rpfleger 1961, 276 (280 ff.); *Rötelmann*, DNotZ 1964, 82.

Voraussetzung ist nach den §§ 13, 14 GrdstVG insbesondere, dass die Erbengemeinschaft **kraft Gesetzes** und nicht aufgrund Verfügung von Todes wegen entsteht – eine Zuweisung ist auch dann ausgeschlossen, wenn die letztwillige Verfügung lediglich die gesetzliche Erbfolge wiedergibt[1] –, der Betrieb mit einer zur Bewirtschaftung geeigneten Hofstelle versehen ist, seine Erträge im Wesentlichen zum Unterhalt einer bäuerlichen Familie ausreichen und sich die Miterben über die Auseinandersetzung nicht einig sind bzw. eine Einigung nicht vollziehbar ist. Solange die Auseinandersetzung ausgeschlossen bzw. ein zu ihrer Bewirkung berechtigter Testamentsvollstrecker vorhanden ist oder ein Miterbe ihren Aufschub verlangen kann, ist die Zuweisung nach § 14 Abs. 3 GrdstVG unzulässig.

Die Zuweisung ist zudem nach landesrechtlichen **Anerbengesetzen** bei Vorhandensein eines Hoferben regelmäßig ausgeschlossen, so bspw. nach § 10 HöfeO der norddeutschen Länder.[2]

Daher ist das nachlassgerichtliche Vermittlungsverfahren gegenüber einem landwirtschaftsgerichtlichen Zuweisungsverfahren **vorrangig** durchzuführen.[3]

IV. Übergangsrecht

Zum **Übergangsrecht** nach FGG-RG s. § 343 Rz. 193 ff.

Kosten/Gebühren: Gericht: Für Verfahren über die Vermittlung der Auseinandersetzung werden Gebühren nach den Nrn. 12510 bis 12512 KV GNotKG erhoben. Geschäftswert ist nach § 66 GNotKG der Wert des den Gegenstand der Auseinandersetzung bildenden Nachlasses oder Gesamtguts.

Neben der Verfahrensgebühr werden nach Vorbem. 1.2.5.1 Abs. 2 KV GNotKG gesonderte Gebühren nach Teil 2 des KV GNotKG erhoben für die Aufnahme von Vermögensverzeichnissen (Nr. 23500 KV GNotKG) und Schätzungen (Nr. 23601 KV GNotKG), für Versteigerungen (Nrn. 23600, 23602, 23603, 23700 und 23701 KV GNotKG) und für das Beurkundungsverfahren, wenn Gegenstand ein Vertrag ist, der mit einem Dritten vor dem Teilungsgericht zum Zweck der Auseinandersetzung geschlossen wird (Nr. 21100 KV GNotKG).

Für die Kosten des Verfahrens haften die Anteilsberechtigten als Gesamtschuldner (§§ 23 Nr. 5, 32 GNotKG). Dies gilt nicht, soweit der Antrag zurückgenommen oder zurückgewiesen wird. In diesem Fall kommen als Kostenschuldner der Antragsteller (§ 22 Abs. 1 GNotKG) und der Entscheidungsschuldner (§ 27 Nr. 1 GNotKG) in Betracht. Die Kosten der Beurkundung, wenn Gegenstand ein Vertrag ist, der mit einem Dritten vor dem Teilungsgericht zum Zweck der Auseinandersetzung geschlossen wird, schuldet auch der Dritte (§ 23 Nr. 6 GNotKG).

Für Beschwerden und Rechtsbeschwerden gegen Endentscheidungen in diesem Verfahren entstehen Gebühren nach den Nrn. 12530 bis 12550 KV GNotKG. Als Kostenschuldner kommen der Rechtsmittelführer als Antragsteller (§§ 22 Abs. 1, 25 GNotKG) und der Entscheidungsschuldner (§ 27 Nr. 1 GNotKG) in Betracht. Der Wert bestimmt sich nach § 61 GNotKG.

Besondere Regelungen für gerichtliche Tätigkeiten nach Landesrecht in dem Fall, dass die Vermittlung der Auseinandersetzung nach landesrechtlichen Vorschriften einem Notar übertragen wird, sieht das GNotKG nicht vor. Für landesrechtlich geregelte Verfahren bestimmen sich die Gebühren nach dem Landesrecht (vgl. § 1 Absatz 5, § 132 GNotKG).

RA: Vertritt ein RA einen Beteiligten im Verfahren, stehen ihm Gebühren nach Teil 3 VV RVG zu. Stellt der RA lediglich einen Antrag, steht ihm nur die verminderte Verfahrensgebühr nach Nr. 3101 VV RVG (vgl. Nr. 3 des Gebührentatbestandes) zu. Für das Beschwerdeverfahren gegen Endentscheidungen wegen des Hauptgegenstandes entstehen Gebühren nach den Nrn. 3200ff. VV RVG (vgl. Vorbem. 3.2.1 Nr. 2 Buchst. b VV RVG).

§ 364 Pflegschaft für abwesend Beteiligte

Das Nachlassgericht kann einem abwesenden Beteiligten für das Auseinandersetzungsverfahren einen Pfleger bestellen, wenn die Voraussetzungen der Abwesenheitspflegschaft vorliegen. Für die Pflegschaft tritt an die Stelle des Betreuungsgerichts das Nachlassgericht.

Nach § 493 für bis 31.8.2013 beantragte Auseinandersetzungen gem. §§ 363 bis 373 geltende Fassung; aufgehoben durch Art. 7 Nr. 4 des Gesetzes zur Übertragung von

---

1 BGH v. 9.7.1963 – V BLw 8/63, BGHZ 40, 60 (64).
2 Palandt/*Weidlich*, § 2042 BGB Rz. 24.
3 Palandt/*Weidlich*, § 2042 BGB Rz. 25.

Aufgaben im Bereich der freiwilligen Gerichtsbarkeit auf Notare v. 26.6.2013 (BGBl. I, S. 1800).

A. Allgemeines		II. Beteiligteneigenschaft	10
I. Entstehung	1	III. Abwesenheit	11
II. Systematik	2	IV. Fürsorgebedürfnis	14
III. Normzweck	3	V. Aufgaben des Nachlassgerichts	18
B. Inhalt der Vorschrift		VI. Funktion des Betreuungsgerichts	21
I. Zuständigkeit		VII. Reichweite und Beendigung der Pflegschaft	22
1. Sachlich	4		
2. Funktionell	7	VIII. Gerichtliche Entscheidung, Rechtsmittel und Übergangsrecht	26
3. Örtlich	8		
4. International	9		

A. Allgemeines

I. Entstehung

1 Die Vorschrift hat den wesentlichen Regelungsgehalt des früheren § 88 FGG übernommen. Durch das Gesetz zur Übertragung von Aufgaben im Bereich der freiwilligen Gerichtsbarkeit auf Notare vom 26.6.2013[1] wurde § 364 für ab 1.9.2013 beantragte Auseinandersetzungen aufgehoben, da anders als zuvor seitens des Nachlassgerichts für den nunmehr zuständigen Notar **keine eigene Sonderzuständigkeit** zur Bestellung eines Abwesenheitspflegers benötigt wird, sondern der Notar eine derartige Pflegschaft nach § 24 bei dem nach § 340 zuständigen Betreuungsgericht anregen kann.[2]

Für bis einschließlich 31.8.2013 beantragte Auseinandersetzungen gilt § 364 nach § 493 übergangsweise fort.

II. Systematik

2 Die Vorschrift ermöglicht dem Nachlassgericht die Bestellung eines **Pflegers** für einen abwesenden Beteiligten bezüglich eines Auseinandersetzungsverfahrens. Hierbei tritt das Nachlassgericht an die Stelle des Betreuungsgerichts. Die Voraussetzungen der Abwesenheitspflegschaft ergeben sich aus der materiell-rechtlichen Regelung des § 1911 BGB.

III. Normzweck

3 Die Vorschrift dient der Wahrung des rechtlichen Gehörs eines abwesenden Beteiligten,[3] wenn dieser nicht bereits anderweitig mittels Pflegschaft, die auch den Aufgabenkreis des Nachlassauseinandersetzungsverfahrens erfasst, gesetzlich vertreten wird. Auf Grund der besonderen Sachnähe und Sachkenntnis des Nachlassgerichts ist durch dessen Zuständigkeit sowohl eine **effiziente** und beschleunigte Abwicklung des Auseinandersetzungsverfahrens als auch eine bestmögliche Interessenwahrnehmung zugunsten des abwesenden Beteiligten gewährleistet.[4]

---

1 BGBl. I 2013, S. 1800. Zur Gesetzesbegründung s. Gesetzentwurf des Bundesrates, BT-Drucks. 17/1469, S. 12 ff. bzw. Beschlussempfehlung und Bericht des Rechtsausschusses, BT-Drucks. 17/13136, S. 28 ff.
2 BT-Drucks. 17/13136, S. 30 zu Nr. 4 (Änderung von § 364 FamFG).
3 Ebenso Horndasch/Viefhues/*Heinemann*, § 364 FamFG Rz. 1.
4 Jansen/*Müller-Lukoschek*, § 88 FGG Rz. 1.

B. Inhalt der Vorschrift

I. Zuständigkeit

1. Sachlich

Nach § 23a Abs. 1 Nr. 2, Abs. 2 Nr. 2 GVG iVm. § 342 Abs. 2 Nr. 1 sind die **Amtsgerichte** sachlich zuständig, dabei gem. § 364 die Nachlassgerichte anstelle der Betreuungsgerichte. 4

In Baden-Württemberg treten an deren Stelle nach Art. 147 EGBGB iVm. §§ 1 Abs. 1 und 2, 38, 43 bad.-württ. LFGG die **staatlichen Notariate** als Nachlassgerichte. 5

Soweit nach § 487 Abs. 1 Nr. 3 iVm. § 20 Abs. 5 BNotO aufgrund der landesgesetzlichen Vorschriften die Nachlassauseinandersetzung statt durch Gerichte oder neben diesen durch **Notare** vermittelt wird (dazu § 363 Rz. 6), ist deren Zuständigkeit – anders als die og. Zuständigkeit der Amtsnotare eines staatlichen Notariats in Baden-Württemberg,[1] das nach Art. 147 EGBGB bereits allgemein als Nachlassgericht an die Stelle des Amtsgerichts tritt (s. Rz. 5),- für Anordnung und Führung dieser Pflegschaft einschließlich Genehmigungserteilungen **ausgeschlossen**.[2] Dies ergibt sich für Bayern aus Art. 38 Abs. 4 Satz 1 bay. AGGVG,[3] Hessen aus Art. 24 Abs. 3 Nr. 1 hess. FGG, Niedersachsen aus Art. 15 Abs. 1 Nr. 1 nieders. FGG und das ehemalige preußische Rechtsgebiet Berlin, Nordrhein-Westfalen und Schleswig-Holstein aus Art. 23 preuß. FGG.[4] 6

2. Funktionell

Nach § 3 Nr. 2 Buchst. c RPflG ist der **Rechtspfleger** im Rahmen der Auseinandersetzungsvermittlung funktionell uneingeschränkt zuständig. Dies gilt auch dann, wenn der abwesende Beteiligte ausländischer Staatsangehöriger ist, ohne zusätzlich die deutsche Staatsangehörigkeit zu besitzen, da § 16 Abs. 1 Nr. 1 RPflG ausschließlich für Nachlasspflegschaften und Nachlassverwaltungen, nicht jedoch für eine Abwesenheitspflegschaft iSd. § 364 auf § 14 Abs. 1 Nr. 10 RPflG verweist, und der frühere Richtervorbehalt aus § 16 Abs. 1 Nr. 8 RPflG ersatzlos aufgehoben wurde.[5] Mit Wirkung zum 1.4.2004 wurde zwischenzeitlich auch der Richtervorbehalt aus § 16 Abs. 1 Nr. 8 RPflG für die Erteilung von Genehmigungen nach § 87 Abs. 2 FGG (jetzt § 368 Abs. 3) aufgehoben.[6] Dieser Vorbehalt war insoweit seinerseits bereits durch die Streichung der Genehmigungstatbestände aus der maßgeblichen Bezugsnorm des § 14 Nr. 9 aF RPflG im Zuge des Betreuungsgesetzes v. 12.9.1990[7] gegenstandslos geworden. 7

3. Örtlich

Die örtliche Zuständigkeit richtet sich nach der für Nachlass- und Teilungssachen **allgemeinen Regelung** des § 343 (s. dazu § 343 Rz. 8 ff.),[8] da die Abwesenheitspflegschaft iSd. § 364 untrennbarer Bestandteil einer Teilungssache ist. §§ 340, 272 sind daher auf das Verfahren nach § 364 nicht anwendbar (zum Verfahren nach § 1911 BGB sogleich Rz. 20). Eine Abgabe nach § 4 an ein anderes Nachlassgericht oder an ein Betreuungsgericht ist nicht möglich,[9] da aufgrund der dieser Pflegschaft immanenten 8

---

1 Keidel/*Zimmermann*, § 364 FamFG Rz. 11.
2 Keidel/*Zimmermann*, § 364 FamFG Rz. 11; Jansen/*Müller-Lukoschek*, § 88 FGG Rz. 11; Horndasch/Viefhues/*Heinemann*, § 364 FamFG Rz. 4.
3 BayObLG v. 22.4.1983 – BReg. 1 Z 22 und 23/83, BayObLGZ 1983, 101 (103).
4 Keidel/*Winkler*, 15. Aufl. 2003, § 88 FGG Rz. 8.
5 Im Ergebnis ebenso Keidel/*Zimmermann*, § 364 FamFG Rz. 9; MüKo.ZPO/*Mayer*, § 364 FamFG Rz. 6; aA Schulte-Bunert/Weinreich/*Tschichoflos*, § 364 FamFG Rz. 6 ohne Benennung eines Tatbestandes.
6 BGBl. I 2004, S. 2198.
7 BGBl. I 1990, S. 2002.
8 Im Ergebnis ebenso Keidel/*Zimmermann*, § 364 FamFG Rz. 9; Jansen/*Müller-Lukoschek*, § 88 FGG Rz. 6.
9 Im Ergebnis ebenso Keidel/*Zimmermann*, § 364 FamFG Rz. 9; Jansen/*Müller-Lukoschek*, § 88 FGG Rz. 6; aA Horndasch/Viefhues/*Heinemann*, § 364 FamFG Rz. 6.

Sachabhängigkeit von dem zugrunde liegenden Auseinandersetzungsverfahren ausschließlich das dieses Verfahren führende Nachlassgericht zuständig ist. Eine Verweisung durch das Amtsgericht Schöneberg aus wichtigem Grund nach § 343 Abs. 2 Satz 2 ist hingegen statthaft.

4. International

9   Nach § 105 **folgt**, soweit nicht die EuErbVO anwendbar ist, die internationale Zuständigkeit im Wege der **Doppelfunktionalität** für andere Verfahren nach dem FamFG als diejenigen der §§ 98 bis 104, somit auch für die hier maßgebliche Pflegschaft als Bestandteil des Auseinandersetzungsverfahrens und Teilungssache aus Buch 4 (s. Rz. 4), **der örtlichen Zuständigkeit**. § 104 ist daher nicht einschlägig. Damit wird die Anwendbarkeit des bisher in Nachlass- und Teilungsverfahren kraft Richterrechts praktizierten ungeschriebenen Gleichlaufgrundsatzes, nach dem deutsche Gerichte nur bei Anwendung deutschen Erbrechts (Sachrecht) zuständig seien,[1] ausdrücklich beendet. Verstirbt ein ausländischer Erblasser mit letztem Wohnsitz bzw. letztem Aufenthalt in Deutschland oder hinterlässt er zumindest Nachlassvermögen in Deutschland, besteht eine internationale Zuständigkeit eines deutschen Gerichts nach den §§ 105, 343 Abs. 1 bzw. 3 für den gesamten Nachlass unabhängig davon, ob und inwieweit dieser mit der Folge einem ausländischem Erbstatut unterliegt, dass das Nachlassgericht (auch) ausländisches Recht anzuwenden hat. Ob bei Auslandsbezug deutsches oder ausländisches Recht anzuwenden ist, richtet sich nach Art. 25 EGBGB. Art. 24 EGBGB ist nicht anwendbar,[2] da alleine die Qualifikation als untrennbarer Bestandteil einer Teilungssache maßgebend ist (s. bei örtlicher Zuständigkeit, Rz. 8). Zur Anwendung ausländischen Rechts im gerichtlichen Auseinandersetzungsverfahren s. § 363 Rz. 11 f.

II. Beteiligteneigenschaft

10   Für das Verfahren in Teilungssachen ist im Gegensatz zur Regelung des § 345 in Nachlassangelegenheiten keine spezielle Beteiligtendefinition normiert. Daher richtet sich die Beteiligteneigenschaft nach § 7 im **Allgemeinen Teil**.[3] Originär Beteiligter ist der tatsächliche Antragsteller nach § 7 Abs. 1, Beteiligter kraft zwingender gerichtlicher Hinzuziehung nach § 7 Abs. 2 Nr. 1 aufgrund unmittelbarer Betroffenheit ihrer Rechte durch das Vermittlungsverfahren sind insbesondere Erben, Erbteilserwerber, Erbeserben, Pfandrechts-, Pfändungspfandrechts- oder Nießbrauchsberechtigte an Erbteilen. Einzelheiten dazu s. § 363 Rz. 18 f.

III. Abwesenheit

11   Die Vorschrift regelt eine besondere Art der **Pflegschaft** nach § 1911 BGB. Der betroffene Beteiligte muss daher iSd. § 1911 BGB abwesend und zudem volljährig sein.

12   Abwesenheit kann sowohl bei unbekanntem als auch bei bekanntem Aufenthalt eintreten. Bei unbekanntem Aufenthalt genügt es, dass sich der Beteiligte von seinem Wohnsitz entfernt hat und eine Nachricht von seinem Verbleib trotz Nachforschungen nicht zu erlangen ist.[4] Bei bekanntem Aufenthalt ist für eine Abwesenheit eines Beteiligten auch die Verhinderung ausreichend, zu dem Ort zu gelangen, an dem die Vermögensangelegenheiten besorgt werden müssen.[5] Dies ist bereits zu bejahen, wenn angesichts der Entfernung des Aufenthaltsortes und des Bedeutungs-

---

1 So OLG Zweibrücken v. 27.9.2001 – 3 W 124/01, MittBayNot 2002, 203 (204); BayObLG v. 12.12.2000 – 1 Z BR 136/00, NJW-RR 2001, 297; BayObLG v. 13.11.1986 – BReg. 1 Z 4/86, NJW 1987, 1148 (1149); KG v. 4.3.1977 – 1 W 4073/76, OLGZ 1977, 309; *Schotten/Schmellenkamp*, Rz. 340; Erman/*Hohloch*, Art. 25 EGBGB Rz. 45; aA MüKo.BGB/*Birk*, Art. 25 EGBGB Rz. 25; Staudinger/*Dörner*, Art. 25 EGBGB Rz. 849 ff. jeweils noch zum damals geltenden FGG. Dazu *Riering*, MittBayNot 1999, 519 (520).
2 Keidel/*Zimmermann*, § 364 FamFG Rz. 3; *Bassenge*/Roth, § 364 FamFG Rz. 1.
3 *Fröhler*, BWNotZ 2008, 183 (188).
4 RG v. 18.3.1920 – BReg. IV B 1/20, RGZ 98, 263 (266).
5 RG v. 18.3.1920 – BReg. IV B 1/20, RGZ 98, 263 (266).

grades der Beteiligung weder mit einer Rückkehr des Beteiligten noch mit einer Einsetzung eines Vertreters zu rechnen ist.[1] Ohne Bedeutung bleibt dabei, ob die **Verhinderung** auf dem Willen des Abwesenden beruht oder nicht.[2]

§ 1911 BGB setzt zudem für eine entsprechende Abwesenheitspflegschaft zwingend voraus, dass der Beteiligte **volljährig** ist.[3] Für Minderjährige, die nicht gesetzlich vertreten sind, hat das Familiengericht nach § 1909 BGB eine Ergänzungspflegschaft anzuordnen.

IV. Fürsorgebedürfnis

Das nach § 1911 BGB aus der **Interessenlage des abwesenden Beteiligten**[4] zu bestimmende Fürsorgebedürfnis folgt regelmäßig aus der Werthaltigkeit dessen Erbteils und der Notwendigkeit einer diesbezüglichen Interessenwahrung bei einer Erbauseinandersetzung.[5]

Wenn der Beteiligte durch einen rechtsgeschäftlich Bevollmächtigten bzw. gesetzlichen **Vertreter** oder einen amtlichen Verwalter seines Vermögens – insbesondere einen Insolvenzverwalter[6] – vertreten ist, fehlt es an dem von § 1911 BGB vorausgesetzten Fürsorgebedürfnis.

Gleiches gilt, wenn im **Inland** bereits eine Abwesenheitspflegschaft besteht, aufgrund derer der Pfleger den Abwesenden (auch) bei einem Auseinandersetzungsverfahren vertreten kann.[7]

Ist bereits im **Ausland** eine Pflegschaft anhängig, die auch die Wahrung der Rechte des Beteiligten im hier maßgebenden Auseinandersetzungsverfahren erfasst und sicherstellt, kann das Nachlassgericht nach pflichtgemäßem Ermessen entscheiden, ob es gleichwohl eine Abwesenheitspflegschaft anordnet.[8]

V. Aufgaben des Nachlassgerichts

Nach einer entsprechenden Pflegerbestellung übernimmt das Nachlassgericht im Wege der **Gesamtverrichtung**[9] sämtliche ansonsten dem Betreuungsgericht obliegenden Aufgaben bei der Führung der Pflegschaft.

Hierzu gehört insbesondere die **Überwachung** des Pflegers nach §§ 1837 ff., 1915 BGB.

Darüber hinaus ist das Nachlassgericht für die Erteilung notwendiger **Genehmigungen** nach § 1821 Abs. 1 Nr. 1, § 1822 Nr. 1, 2 bzw. 3 BGB zuständig.

Im Rahmen der diesbezüglichen Aufsicht ist insbesondere sicherzustellen, dass der Pfleger die Interessen des Abwesenden bei der Erstellung des **Erbteilungsplans** wahrt.

VI. Funktion des Betreuungsgerichts

Das Betreuungsgericht ist parallel zu der dem Nachlassgericht bezüglich der hier relevanten speziellen Pflegschaft nach § 364 obliegenden Zuständigkeit für eine **allgemeine** Abwesenheitspflegschaft iSd. § 1911 BGB zuständig.[10] Während des Bestehens der hiesigen Pflegschaft aus § 364 ist das Betreuungsgericht mangels diesbezüg-

---

1 Keidel/*Zimmermann*, § 364 FamFG Rz. 5; MüKo.ZPO/*Mayer*, § 364 FamFG Rz. 4.
2 BayObLG v. 10.7.1908 – Reg. III 62/1908, BayObLGZ 1909, 428 (431); Palandt/*Diederichsen*, § 1911 BGB Rz. 5.
3 Palandt/*Diederichsen*, § 1911 BGB Rz. 2.
4 OLG Köln v. 18.10.1995 – 16 Wx 179/95, FamRZ 1996, 694.
5 Keidel/*Zimmermann*, § 364 FamFG Rz. 6.
6 Ebenso Horndasch/Viefhues/*Heinemann*, § 364 FamFG Rz. 1.
7 Keidel/*Zimmermann*, § 364 FamFG Rz. 6.
8 Keidel/*Winkler*, 15. Aufl., § 88 FGG Rz. 3; Jansen/*Müller-Lukoschek*, § 88 FGG Rz. 5.
9 *Bassenge*/Roth, § 364 FamFG Rz. 3.
10 OLG Frankfurt v. 30.11.1978 – 20 W 879/78, OLGZ 1979, 131 (133).

lichen Fürsorgebedürfnisses an der Einleitung eines eigenen Pflegschaftsverfahrens mit dem Aufgabenbereich der Vertretung im Auseinandersetzungsverfahren gehindert. Es muss jedoch seinerseits eine Pflegschaft anordnen, wenn das Nachlassgericht trotz entsprechender Notwendigkeit selbst keine Bestellung nach § 364 vornimmt.[1]

VII. Reichweite und Beendigung der Pflegschaft

22 Der Pfleger vertritt den Abwesenden im gerichtlichen Auseinandersetzungsverfahren **vollumfänglich**. Hierzu gehören auch die Annahme der Erbschaft, die Feststellung des Nachlassbestandes und die Beantragung eines Erbscheins.[2]

23 **Ausgeschlossen** sind jedoch die Empfangnahme und Verwaltung des Erbteils oder die Zwangsvollstreckung aus einer Auseinandersetzungsvereinbarung nach § 371 Abs. 2.[3] Hierfür ist anschließend ggf. eine allgemeine Abwesenheitspflegschaft nach § 1911 BGB unter Führung des Betreuungsgerichts einzurichten (s. Rz. 21 und 25).[4]

24 Die Pflegschaft **endet** kraft Gesetzes nach § 1918 Abs. 3 BGB mit der Erledigung der ihr zugrunde liegenden Aufgabe durch endgültigen Abschluss des Auseinandersetzungsverfahrens aufgrund Rechtskraft des Bestätigungsbeschlusses iSd. § 371 Abs. 1 oder bereits vorher nach § 1921 Abs. 3 BGB mit Rechtskraft des Todeserklärungsbeschlusses iSd. §§ 29, 40 VerschG sowie gem. § 1921 Abs. 1 bzw. 2 BGB durch Aufhebungsbeschluss des Nachlassgerichts nach Wegfall des Verhinderungsgrundes bzw. Bekanntwerden des Todes des betroffenen Beteiligten oder bei Wegfall des Anordnungsgrundes bspw. in Folge endgültigen Scheiterns der nachlassgerichtlichen Vermittlung.[5]

25 Besteht auch nach endgültigem Abschluss des Auseinandersetzungsverfahrens und daraus resultierender automatischer Beendigung der nach § 364 durch das Nachlassgericht angeordneten Pflegschaft ein Pflegschaftsbedürfnis, hat das **Betreuungsgericht** in einem eigenen neuen Verfahren nach § 1911 BGB einen Abwesenheitspfleger zu bestellen.[6]

VIII. Gerichtliche Entscheidung, Rechtsmittel und Übergangsrecht

26 Nach dem Wortlaut der Vorschrift ist das Gericht auch bei Vorliegen aller Voraussetzungen nicht zur Bestellung eines Pflegers verpflichtet, sondern entscheidet darüber vielmehr nach pflichtgemäßem **Ermessen**.

27 Beschließt das Nachlassgericht nach § 38 die **Anordnung** der Abwesenheitspflegschaft iSd. § 364, kann der abwesende Beteiligte[7] dagegen nach §§ 58 Abs. 1, 63 Abs. 1 binnen einer Frist von einem Monat Beschwerde einlegen.

28 Lehnt das Nachlassgericht die Pflegerbestellung ab, ist gegen den **Ablehnungsbeschluss** nach § 38 für die übrigen Beteiligten,[8] die dann, wenn das Auseinandersetzungsverfahren mangels Pflegschaft für einen abwesenden Beteiligten nicht oder nur verzögert betrieben werden kann, in ihren Rechten beeinträchtigt werden, nach §§ 58 Abs. 1, 63 Abs. 1 innerhalb einer Frist von einem Monat das Rechtsmittel der Beschwerde eröffnet. Hierbei ist jedoch zu beachten, dass dem Nachlassgericht aufgrund des Wortlauts des § 364 ein Ermessensspielraum zusteht und die Ablehnungs-

---

1 OLG Frankfurt v. 30.11.1978 – 20 W 879/78, OLGZ 1979, 131 (133); Keidel/*Winkler*, 15. Aufl., § 88 FGG Rz. 5.
2 BayObLG v. 22.4.1983 – BReg. 1 Z 22 und 23/83, BayObLGZ 1983, 101 (107), *Bassenge*/Roth, § 364 FamFG Rz. 3.
3 Bumiller/*Harders*, § 364 FamFG Rz. 6; *Bassenge*/Roth, § 364 FamFG Rz. 3; MüKo.ZPO/Mayer, § 364 FamFG Rz. 10.
4 Bahrenfuss/*Wick*, § 364 FamFG Rz. 2.
5 *Bassenge*/Roth, § 364 FamFG Rz. 3.
6 Jansen/*Müller-Lukoschek*, § 88 FGG Rz. 10; *Bassenge*/Roth, § 364 FamFG Rz. 2; Bahrenfuss/*Wick*, § 364 FamFG Rz. 2.
7 Keidel/*Zimmermann*, § 364 FamFG Rz. 19.
8 Keidel/*Zimmermann*, § 364 FamFG Rz. 19; Burandt/Rojahn/*Kroiß*, § 364 FamFG Rz. 5.

entscheidung daher lediglich auf Ermessensfehl- oder Ermessensnichtgebrauch überprüft werden kann. Ergänzend kann die Bestellung eines Pflegers durch das Betreuungsgericht nach § 1911 BGB angeregt werden (dazu oben Rz. 21), für die kein gerichtlicher Ermessensspielraum besteht.

Zum **Übergangsrecht** nach FGG-RG s. § 343 Rz. 193 ff. 29

Kosten/Gebühren: Gericht: Für die Pflegschaft ist im GNotKG keine Gebühr vorgesehen. Nr. 12312 KV GNotKG ist nicht anwendbar, da die Gebühren in Teilungssachen abschließend in Teil 1 Hauptabschnitt 2 Abschnitt 5 Unterabschnitt 1 KV GNotKG geregelt sind. 30

365 *Ladung*

(1) **Der Notar**[1] hat den Antragsteller und die übrigen Beteiligten zu einem Verhandlungstermin zu laden. Die Ladung durch öffentliche Zustellung ist unzulässig.

(2) Die Ladung soll den Hinweis darauf enthalten, dass ungeachtet des Ausbleibens eines Beteiligten über die Auseinandersetzung verhandelt wird und dass die Ladung zu dem neuen Termin unterbleiben kann, falls der Termin vertagt oder ein neuer Termin zur Fortsetzung der Verhandlung anberaumt werden sollte. Sind Unterlagen für die Auseinandersetzung vorhanden, ist in der Ladung darauf hinzuweisen, dass die Unterlagen in den Geschäftsräumen des Notars[2] eingesehen werden können.

A. Allgemeines	2. Ladungsinhalt
I. Entstehung 1	a) Zwingender Inhalt 9
II. Systematik 2	b) Sollregelungen 10
III. Normzweck 3	3. Ladungsfrist 12
B. Inhalt der Vorschrift	4. Zu ladende Personen 15
I. Zuständigkeit 4	5. Nichterscheinen eines ordnungs-
II. Beteiligteneigenschaft 5	gemäß geladenen Beteiligten 16
III. Ladung	6. Vertagung 17
1. Ladungsform 6	7. Kein schriftliches Verfahren 19
	IV. Rechtsbehelfe 20
	V. Übergangsrecht 21

A. Allgemeines

I. Entstehung

Die Vorschrift **entspricht** der früheren Regelung des § 89 FGG. Die zuvor in § 90 FGG normierte Ladungsfrist wurde in den Allgemeinen Teil ausgegliedert und dort durch § 32 unter teilweiser Weiterverweisung auf die Regelungen der ZPO ersetzt. Durch das Gesetz zur Übertragung von Aufgaben im Bereich der freiwilligen Gerichtsbarkeit auf Notare vom 26.6.2013[3] wurde mittels § 23a Abs. 3 nF GVG für ab 1.9. 2013 beantragte Auseinandersetzungen in Teilungssachen iSd. § 342 Abs. 2 Nr. 1 die sachliche Zuständigkeit von den Amtsgerichten auf Notare verlagert (zu den diesbezüglichen Folgen und Übergangsregelungen s. § 363 Rz. 1). 1

II. Systematik

§ 365 regelt die **Einleitung** des Auseinandersetzungsverfahrens durch Anberaumung eines Termins und Ladung der Beteiligten. Abs. 1 verpflichtet den Notar (übergangsweise das Nachlassgericht) dabei dazu, den Antragsteller und die übrigen Be- 2

---

1 Für bis 31.8.2013 gestellte Anträge geltende Fassung: **Das Gericht**.
2 Für bis 31.8.2013 gestellte Anträge geltende Fassung: **auf der Geschäftsstelle**.
3 BGBl. I 2013, S. 1800. Zur Gesetzesbegründung s. Gesetzentwurf des Bundesrates, BT-Drucks. 17/1469, S. 12 ff. bzw. Beschlussempfehlung und Bericht des Rechtsausschusses, BT-Drucks. 17/13136, S. 28 ff.

teiligten zu einem Verhandlungstermin zu laden, wobei die Ladung durch öffentliche Zustellung unzulässig ist. Nach Abs. 2 soll in der Ladung auf Versäumnisfolgen dergestalt hingewiesen werden, dass trotz Ausbleibens eines Beteiligten über die Auseinandersetzung verhandelt wird und eine Ladung zu einem neuen Termin dann unterbleiben kann, wenn der Termin vertagt oder ein neuer Termin zur Fortsetzung der Verhandlung anberaumt werden sollte. Weiter ist in der Ladung bei Vorhandensein von Auseinandersetzungsunterlagen auf die Möglichkeit zur Einsicht derselben in den Geschäftsräumen des Notars (übergangsweise auf der Geschäftsstelle des Gerichts) hinzuweisen. Die Ladungsfrist ist nunmehr in § 32 Abs. 2 geregelt.

III. Normzweck

3   Die Vorschrift hat die Aufgabe, durch förmliche Anforderungen an die Ladung sicherzustellen, dass die Beteiligten den Verhandlungstermin wahrnehmen können und damit ihr verfassungsrechtlich garantierter Anspruch auf **rechtliches Gehör** verwirklicht wird.

B. Inhalt der Vorschrift

I. Zuständigkeit

4   Zur **sachlichen, örtlichen, funktionellen und internationalen** Zuständigkeit für ab 1.9.2013 beantragte Auseinandersetzungen einerseits und bis einschließlich 31.8.2013 beantragte Auseinandersetzungen andererseits s. § 363 Rz. 4 ff. Trotz Zuständigkeit des Notars für ab 1.9.2013 beantragte Auseinandersetzungen bleibt der Rechtspfleger des Amtsgerichts nach § 492 Abs. 1 Satz 5 bzw. Abs. 2 für die Ausführung der durch den Notar bewilligten öffentlichen Zustellung bzw. die Entscheidung über die Erinnerung gegen Entscheidungen des Notars zuständig. Zur gerichtsinternen **Geschäftsverteilung** in bis einschließlich 31.8.2013 beantragten Auseinandersetzungen s. § 343 Rz. 192a f.

II. Beteiligteneigenschaft

5   Für das Verfahren in Teilungssachen ist im Gegensatz zur Regelung des § 345 in Nachlassangelegenheiten keine spezielle Beteiligtendefinition normiert. Daher richtet sich die Beteiligteneigenschaft nach § 7 im **Allgemeinen Teil**.[1] Originär Beteiligter ist der tatsächliche Antragsteller nach § 7 Abs. 1, Beteiligter kraft zwingender Hinzuziehung nach § 7 Abs. 2 Nr. 1 aufgrund unmittelbarer Betroffenheit ihrer Rechte durch das Vermittlungsverfahren sind insbesondere Erben, Erbteilserwerber, Erbeserben, Pfandrechts-, Pfändungspfandrechts- oder Nießbrauchsberechtigte an Erbteilen. Einzelheiten dazu s. § 363 Rz. 18 f.

III. Ladung

1. Ladungsform

6   Da die Ladung eine Terminsbestimmung enthält und den Lauf der durch § 32 Abs. 2 vorgesehenen angemessenen Ladungsfrist auslöst, ist sie nach § 15 Abs. 1 bekannt zu geben, wobei die spezielleren Regelungen aus Abs. 1 Satz 2 und, soweit das persönliche Erscheinen angeordnet wird, aus § 33 Abs. 2 vorrangig (s. § 15 Rz. 23) zu beachten sind. Insbesondere ist nach Abs. 1 Satz 2 eine öffentliche Zustellung anders als bei der Bekanntgabe nach § 366 Abs. 3[2] unzulässig. Die **Bekanntgabe** erfolgt daher nach § 15 Abs. 2 durch alle anderen Zustellungsformen iVm. den §§ 166 bis 184 bzw. 189 bis 195 ZPO bzw. durch Übergabe unter Anschrift des Adressaten zur Post.[3]

7   Scheitert eine Ladung daran, dass sie ausschließlich durch eine nach Abs. 1 Satz 2 unzulässige öffentliche Zustellung bewirkt werden könnte, hat in ab 1.9.2013 bean-

---

1 *Fröhler*, BWNotZ 2008, 183 (188).
2 Jansen/*Müller-Lukoschek*, § 89 FGG Rz. 2.
3 Ebenso MüKo.ZPO/Mayer, § 365 FamFG Rz. 3; *Bassenge*/Roth, § 365 FamFG Rz. 1; Bahrenfuss/*Wick*, § 365 FamFG Rz. 2; Burandt/Rojahn/*Kroiß*, § 365 FamFG Rz. 1.

tragten Auseinandersetzungsverfahren der Notar nach § 24 die Bestellung eines Abwesenheitspflegers iSd. § 340 beim Betreuungsgericht anzuregen bzw. in bis einschließlich 31.8.2013 beantragten Auseinandersetzungsverfahren das Nachlassgericht nach § 364 einen **Abwesenheitspfleger** zu bestellen.[1]

Die Ladung ist **entbehrlich**, wenn alle Beteiligten gleichwohl vor dem Notar (übergangsweise dem Nachlassgericht) erscheinen und in ihrer Anwesenheit verhandelt wird.[2] 8

Erscheint trotz Fehlens einer ordnungsgemäßen Ladung nur ein Teil der Beteiligten, ergeben sich daraus für die Nichterschienenen keine Nachteile, insbesondere keine Versäumnisfolgen nach § 366 Abs. 3.[3] 8a

2. Ladungsinhalt

a) Zwingender Inhalt

Aus Abs. 1 ergibt sich, dass die Ladung neben der geladenen Person den genauen Termin und Ort der Verhandlung zu benennen hat. Zwingend ist darüber hinaus in Abs. 2 Satz 2 angeordnet, dass dann, wenn Unterlagen für die Auseinandersetzung vorhanden sind, in der Ladung darauf hingewiesen werden muss, diese Unterlagen in ab 1.9.2013 beantragten Auseinandersetzungsverfahren in den Geschäftsräumen des Notars bzw. in bis einschließlich 31.8.2013 beantragten Auseinandersetzungsverfahren auf der Geschäftsstelle einsehen zu können. Ein Verstoß hiergegen lässt die Ladung unwirksam werden, schließt eventuelle Versäumnisfolgen aus und macht das gesamte Verfahren noch bis vor Eintritt der Rechtskraft des Bestätigungsbeschlusses **anfechtbar**.[4] 9

b) Sollregelungen

Nach Abs. 2 Satz 1 soll die Ladung zudem den Hinweis darauf enthalten, dass über die Auseinandersetzung ungeachtet des Ausbleibens eines Beteiligten verhandelt wird und die Ladung zu dem neuen Termin unterbleiben kann, falls der Termin vertagt oder ein neuer Termin zur Fortsetzung der Verhandlung anberaumt werden sollte. Da es sich hierbei im Gegensatz zu dem in Abs. 2 Satz 2 enthaltenen Hinweis auf Unterlageneinsicht um keinen zwingenden Ladungsinhalt handelt, bleibt eine Nichtbeachtung durch den Notar (übergangsweise das Gericht) **folgenlos**.[5] 10

Gleiches gilt, wenn den übrigen Beteiligten der verfahrenseinleitende **Antrag** nicht übermittelt wird, da die frühere diesbezüglich zwingende Anordnung nach § 89 Satz 1 FGG nunmehr durch die im Allgemeinen Teil platzierte Sollregelung des § 23 Abs. 2 ersetzt worden ist.[6] Laut Gesetzesbegründung zu § 23 Abs. 2 kann von der Antragsübermittlung im Einzelfall abgesehen werden, so bei Unzulässigkeit und offensichtlicher Unbegründetheit des Antrags, der dann zurückgewiesen wird[7] (s. § 23 Rz. 22). 11

3. Ladungsfrist

Nach § 32 Abs. 2 soll zwischen Ladung und Termin eine **angemessene** Frist liegen. Diese Regelung ersetzt die früher durch § 90 Abs. 1 FGG angeordnete zweiwöchige 12

---

1 Keidel/*Zimmermann*, § 365 FamFG Rz. 7; *Bassenge*/Roth, § 365 FamFG Rz. 2.
2 BayObLG v. 25.6.1903 – I. ZS Reg. III 48/1903, BayObLGZ 1904, 500 (504); KG v. 5.2.1920 – 1. ZS weiteres Az. n.v., OLGR 41, 17; Keidel/*Zimmermann*, § 365 FamFG Rz. 7.
3 Keidel/*Zimmermann*, § 365 FamFG Rz. 12; ähnlich MüKo.ZPO/*Mayer*, § 365 FamFG Rz. 6.
4 MüKo.ZPO/*Mayer*, § 365 FamFG Rz. 6; Bumiller/*Harders*, § 365 FamFG Rz. 4; aA Keidel/*Zimmermann*, § 365 FamFG Rz. 12.
5 Bumiller/*Harders*, § 365 FamFG Rz. 4; Jansen/*Müller-Lukoschek*, § 89 FGG Rz. 5; Keidel/*Zimmermann*, § 365 FamFG Rz. 12.
6 *Ihrig*, MittBayNot 2012, 353 (360), der jedoch entgegen dem Wortlaut des § 23 Abs. 2 von einer zwingenden (aber auch gesondert vor Ladung möglichen) Antragsübermittlung ausgeht; aA Horndasch/Viefhues/*Heinemann*, § 365 FamFG Rz. 6: nach § 365 Abs. 2 zwingender Bestandteil der Ladung.
7 BT-Drucks. 16/6308, S. 186.

Mindestfrist, ohne auf die Dreitagesfrist aus § 217 ZPO zu verweisen oder eine andere Frist zu beziffern. Die Angemessenheit der Frist ist daher jeweils einzelfallbezogen zu beurteilen, ohne dabei die frühere Zweiwochenfrist als zwingende, wohl aber als oftmals zutreffende Frist zugrunde legen zu können.[1] Zum Begriff der Angemessenheit s. § 32 Rz. 25 f.

13 Die Ladungsfrist kann durch **einvernehmliche Vereinbarung** aller Beteiligten mit der Folge verkürzt werden, dass sodann bei Überschreiten dieser kürzeren Frist – trotz Wahrung der ursprünglich angeordneten längeren Frist – die gesetzlichen Versäumnisfolgen nach §§ 366 Abs. 3, 368 Abs. 2 ausgelöst werden.[2]

14 Eine **Ladungsfristverletzung** schließt den Eintritt derartiger Versäumnisfolgen aus und gebietet eine erneute Verfahrenseinleitung durch Ladung zu einem neuen ersten Termin, sofern der betroffene Beteiligte nicht gleichwohl erscheint, sich auf die Verhandlung einlässt und dadurch sein Rügerecht verliert.[3] Verstößt der Notar (übergangsweise das Nachlassgericht) auch hiergegen, bleibt dem betroffenen Beteiligten ausschließlich das Rechtsmittel der insoweit auf die Rüge von Verfahrensmängeln beschränkten (s. dazu § 372 Rz. 16) Beschwerde gegen den Bestätigungsbeschluss nach § 372 Abs. 2 iVm. §§ 58 Abs. 1, 63 Abs. 1, ohne die Ladung isoliert anfechten zu können.[4]

4. Zu ladende Personen

15 Der Notar (übergangsweise das Gericht) muss den Antragsteller, alle übrigen **Beteiligten** und ggf. deren gesetzlichen bzw. rechtsgeschäftlichen **Vertreter** (s. dazu § 363 Rz. 18) laden. Ein Erscheinen im Verhandlungstermin kann nicht zwangsweise durchgesetzt werden.[5]

5. Nichterscheinen eines ordnungsgemäß geladenen Beteiligten

16 Erscheint ein Beteiligter trotz ordnungsgemäßer Ladung zu dem Termin nicht, kann die Verhandlung iSd. Abs. 2 gleichwohl **ohne ihn** stattfinden und, soweit sie in diesem Termin nicht zu Ende geführt werden kann, in einem neuen Termin fortgesetzt werden, zu dem dieser Beteiligte nicht geladen werden muss. Da der Beteiligte jedoch nach den §§ 366 Abs. 3 und 4, 367, 368 Abs. 2 ggf. die Anberaumung eines neuen Termins beantragen kann, spricht viel dafür, dass der Notar (übergangsweise das Gericht) den Termin zur Vermeidung weiterer späterer Verzögerungen direkt verlegt und den Beteiligten zu dem neuen Termin lädt.[6]

6. Vertagung

17 Nach § 32 Abs. 1 iVm. §§ 227 Abs. 4, 218 ZPO wird eine Vertagung entsprechend dem Hinweis nach § 365 Abs. 2 Satz 1 durch **Verkündung** und damit ohne Ladung bekannt gemacht, wenn alle Beteiligte zu dem ersten Termin ordnungsgemäß geladen oder unter gleichzeitiger Einlassung auf die Verhandlung erschienen sind.[7] Selbst wenn trotz Verkündung eine unnötige Ladung erfolgt, muss keine Ladungsfrist eingehalten werden.[8]

---

1 MüKo.ZPO/*Mayer*, § 365 FamFG Rz. 8; ähnlich Bumiller/*Harders*, § 365 FamFG Rz. 6; *Ihrig*, MittBayNot 2012, 353 (361); aA Horndasch/Viefhues/*Heinemann*, § 365 FamFG Rz. 11; Keidel/ *Zimmermann*, § 365 FamFG Rz. 3: mindestens zwei Wochen.
2 Jansen/*Müller-Lukoschek*, § 90 FGG Rz. 1; Keidel/*Winkler*, 15. Aufl., § 90 FGG Rz. 1.
3 Jansen/*Müller-Lukoschek*, § 90 FGG Rz. 2.
4 Bumiller/*Harders*, § 365 FamFG Rz. 8; Horndasch/Viefhues/*Heinemann*, § 365 FamFG Rz. 12; s. jeweils zur früheren Anfechtbarkeit des Bestätigungsbeschlusses mit der sofortigen Beschwerde nach § 96 FGG: Bassenge/Roth, 11. Aufl., § 90 FGG Rz. 1 iVm. § 96 FGG Rz. 2; Jansen/ *Müller-Lukoschek*, § 90 FGG Rz. 1.
5 Bumiller/*Harders*, § 365 FamFG Rz. 3.
6 Bumiller/*Harders*, § 365 FamFGRz. 7.
7 Zöller/*Stöber*, § 218 ZPO Rz. 1.
8 BGH v. 8.1.1964 – VIII ZR 123/62, NJW 1964, 658 (659); Zöller/*Stöber*, § 218 ZPO Rz. 1; aA Stein/ Jonas/*Roth*, § 218 ZPO Rz. 1.

Eine Vertagung ist die Beendigung eines bereits begonnenen Termins vor dessen Schluss unter gleichzeitiger Bestimmung eines **neuen** (Fortsetzungs-)**Termins**.[1]

7. Kein schriftliches Verfahren

Die gesetzlich vorgeschriebene Vermittlungsverhandlung kann **nicht** durch ein schriftliches Verfahren ersetzt werden.[2]

IV. Rechtsbehelfe

Die eigentliche Ladung ist im Gegensatz zur Verfahrenseinleitung (s. § 363 Rz. 58) als **Zwischenentscheidung** nicht isoliert anfechtbar, stattdessen ist der geladene Beteiligte auf sein Widerspruchsrecht nach § 370 bzw. sein Beschwerderecht nach § 372 Abs. 2 beschränkt.[3]

V. Übergangsrecht

Zum **Übergangsrecht** nach FGG-RG s. § 343 Rz. 193 ff.

366 Außergerichtliche Vereinbarung

(1) Treffen die erschienenen Beteiligten vor der Auseinandersetzung eine Vereinbarung, insbesondere über die Art der Teilung, hat der Notar[4] die Vereinbarung zu beurkunden. Das Gleiche gilt für Vorschläge eines Beteiligten, wenn nur dieser erschienen ist.
(2) Sind alle Beteiligten erschienen, hat der Notar[5] die von ihnen getroffene Vereinbarung zu bestätigen. Dasselbe gilt, wenn die nicht erschienenen Beteiligten ihre Zustimmung zu einer gerichtlichen Niederschrift oder in einer öffentlich beglaubigten Urkunde erteilen.
(3) Ist ein Beteiligter nicht erschienen, hat der Notar, wenn der Beteiligte[6] nicht nach Absatz 2 Satz 2 zugestimmt hat, ihm den ihn betreffenden Inhalt der Urkunde bekannt zu geben und ihn gleichzeitig zu benachrichtigen, dass er die Urkunde in den Geschäftsräumen des Notars[7] einsehen und eine Abschrift der Urkunde fordern kann. Die Bekanntgabe muss den Hinweis enthalten, dass sein Einverständnis mit dem Inhalt der Urkunde angenommen wird, wenn er nicht innerhalb einer von dem Notar[8] zu bestimmenden Frist die Anberaumung eines neuen Termins beantragt oder wenn er in dem neuen Termin nicht erscheint.
(4) Beantragt der Beteiligte rechtzeitig die Anberaumung eines neuen Termins und erscheint in diesem Termin, ist die Verhandlung fortzusetzen; anderenfalls hat der Notar[9] die Vereinbarung zu bestätigen.

A. Allgemeines	**III. Beurkundung außergerichtlicher Vereinbarungen bzw. Vorschläge**
I. Entstehung 1	1. Abgrenzung zur späteren Auseinandersetzung 6
II. Systematik 2	2. Außergerichtliche Vereinbarung
III. Normzweck 3	a) Erscheinen von Beteiligten . . . 9
B. Inhalt der Vorschrift	b) Einvernehmliche Vereinbarung . 10
I. Zuständigkeit 4	c) Widerspruch 14
II. Beteiligteneigenschaft 5	

---

1 BGH v. 20.3.2003 – IX ZB 388/02, Rpfleger 2003, 458 (460).
2 Keidel/*Zimmermann*, § 365 FamFG Rz. 3.
3 MüKo.ZPO/*Mayer*, § 365 FamFG Rz. 10; Bumiller/Harders, § 365 FamFG Rz. 8; Keidel/*Zimmermann*, § 365 FamFG Rz. 20, Horndasch/Viefhues/*Heinemann*, § 365 FamFG Rz. 14.
4 Für bis 31.8.2013 gestellte Anträge geltende Fassung: **das Gericht**.
5 Für bis 31.8.2013 gestellte Anträge geltende Fassung: **das Gericht**.
6 Für bis 31.8.2013 gestellte Anträge geltende Fassung: **das Gericht, wenn er**.
7 Für bis 31.8.2013 gestellte Anträge geltende Fassung: **auf der Geschäftsstelle**.
8 Für bis 31.8.2013 gestellte Anträge geltende Fassung: **Gericht**.
9 Für bis 31.8.2013 gestellte Anträge geltende Fassung: **das Gericht**.

3. Außergerichtlicher Vorschlag 16	4. Bekanntgabe 30
4. Beurkundungsverpflichtung 17	5. Rechtsmittel 31
5. Bindung erschienener Beteiligter . 19	V. Versäumnisverfahren
6. Beurkundungsform 21	1. Weder erschienen noch zugestimmt 33
IV. Bestätigung einer außergerichtlichen Vereinbarung	2. Bekanntgabe und Benachrichtigung 37
1. Überblick 24	3. Fortsetzung der Verhandlung in einem neuen Termin 41
2. Form 28	4. Bestätigung der Vereinbarung ... 44
3. Prüfungsumfang 29	VI. Übergangsrecht 45

A. Allgemeines

I. Entstehung

1   Die Vorschrift hat im Wesentlichen den Regelungsgehalt des früheren § 91 FGG **übernommen**. Die frühere Terminologie der Bekanntmachung wurde dem neuen Terminus der Bekanntgabe iSd. § 15 Abs. 1 angepasst. Durch das Gesetz zur Übertragung von Aufgaben im Bereich der freiwilligen Gerichtsbarkeit auf Notare vom 26.6. 2013[1] wurde mittels § 23a Abs. 3 nF GVG für ab 1.9.2013 beantragte Auseinandersetzungen in Teilungssachen iSd. § 342 Abs. 2 Nr. 1 die sachliche Zuständigkeit von den Amtsgerichten auf Notare verlagert (zu den diesbezüglichen Folgen und Übergangsregelungen s. § 363 Rz. 1).

II. Systematik

2   Die Vorschrift regelt in Abs. 1 die Verpflichtung des Notars (übergangsweise des Gerichts) zur Beurkundung einer von den erschienenen Beteiligten vor Auseinandersetzung getroffenen **Vereinbarung** und für Vorschläge eines alleine erschienenen Beteiligten. Nach Abs. 2 muss der Notar (übergangsweise das Gericht), wenn alle Beteiligten erschienen sind oder die nicht erschienenen Beteiligten ihre Zustimmung in bestimmter Form erteilt haben, die von ihnen getroffene Vereinbarung bestätigen. Abs. 3 regelt die Rechte nicht erschienener Beteiligter, die einer getroffenen Vereinbarung nicht formgerecht zugestimmt haben. Danach muss der Notar (übergangsweise das Gericht) diesen Beteiligten den sie betreffenden Inhalt unter gleichzeitiger Benachrichtigung über ihre Rechte auf Einsicht und Abschrift der betroffenen Urkunde bekannt geben. Zugleich muss auf die Versäumnisfolgen hingewiesen werden, die darin bestehen, dass das Einverständnis eines nicht erschienenen Beteiligten mit dem Inhalt der Urkunde angenommen wird, wenn er nicht innerhalb einer vom Notar (übergangsweise vom Gericht) zu bestimmenden Frist die Anberaumung eines neuen Termins beantragt oder in dem neuen Termin nicht erscheint. Die Regelung sieht in Abs. 4 ergänzend die notarielle (übergangsweise gerichtliche) Bestätigung der Vereinbarung bei nicht rechtzeitiger Beantragung eines neuen Termins oder bei Nichterscheinen des ursprünglich nicht anwesenden Beteiligten in diesem Termin, andernfalls die Fortsetzung der Verhandlung vor. § 367 ergänzt die Vorschrift durch eine Wiedereinsetzungsregelung.

III. Normzweck

3   Durch die Vorschrift wird die Möglichkeit eröffnet, die endgültige inhaltliche Auseinandersetzung iSd. § 368 durch eine Vereinbarung über die Art und Weise der Teilung **vorzubereiten**. Dabei sieht das Gesetz einen Kompromiss zwischen dem Ziel einer zügigen Auseinandersetzungsvermittlung einerseits und Verwirklichung des rechtlichen Gehörs nicht erschienener Beteiligter andererseits durch Anordnung bestimmter Versäumnisfolgen vor.

---

1 BGBl. I 2013, S. 1800. Zur Gesetzesbegründung s. Gesetzentwurf des Bundesrates, BT-Drucks. 17/1469, S. 12 ff. bzw. Beschlussempfehlung und Bericht des Rechtsausschusses, BT-Drucks. 17/13136, S. 28 ff.

B. Inhalt der Vorschrift

I. Zuständigkeit

Zur **sachlichen, örtlichen, funktionellen und internationalen** Zuständigkeit für ab 1.9.2013 beantragte Auseinandersetzungen einerseits und bis einschließlich 31.8.2013 beantragte Auseinandersetzungen andererseits, s. § 363 Rz. 4 ff. Trotz Zuständigkeit des Notars für ab 1.9.2013 beantragte Auseinandersetzungen bleibt der Rechtspfleger des Amtsgerichts nach § 492 Abs. 1 Satz 5 bzw. Abs. 2 für die Ausführung der durch den Notar bewilligten öffentlichen Zustellung bzw. die Entscheidung über die Erinnerung gegen Entscheidungen des Notars zuständig. Zur gerichtsinternen **Geschäftsverteilung** in bis einschließlich 31.8.2013 beantragten Auseinandersetzungen s. § 343 Rz. 192 a ff.

II. Beteiligteneigenschaft

Für das Verfahren in Teilungssachen ist im Gegensatz zur Regelung des § 345 in Nachlassangelegenheiten keine spezielle Beteiligtendefinition normiert. Daher richtet sich die Beteiligteneigenschaft nach § 7 im **Allgemeinen Teil**.[1] Originär Beteiligter ist der tatsächliche Antragsteller nach § 7 Abs. 1, Beteiligter kraft zwingender Hinzuziehung nach § 7 Abs. 2 Nr. 1 aufgrund unmittelbarer Betroffenheit ihrer Rechte durch das Vermittlungsverfahren sind insbesondere Erben, Erbteilserwerber, Erbeserben, Pfandrechts-, Pfändungspfandrechts- oder Nießbrauchsberechtigte an Erbteilen. Einzelheiten dazu s. § 363 Rz. 18 f.

III. Beurkundung außergerichtlicher Vereinbarungen bzw. Vorschläge

1. Abgrenzung zur späteren Auseinandersetzung

Gegenstand einer außergerichtlichen Vereinbarung oder eines außergerichtlichen Vorschlags nach § 366 sind **vorbereitende Maßnahmen**, die selbst noch keine Auseinandersetzung im engeren Sinne darstellen. Hierzu gehören insbesondere Regelungen über die Bestandserfassung des Nachlasses sowie dessen Bewertung, des Weiteren die Entscheidung, ob die Teilung durch Los nach § 369, öffentliche Versteigerung, freihändigen Verkauf bzw. Übernahme durch einen oder mehrere Erben erfolgen soll, die Modalitäten einer eventuellen erbrechtlichen Ausgleichspflicht nach den §§ 2050, 2052 BGB, der Umgang mit Nachlassverbindlichkeiten etc.[2] Wer hingegen welchen Nachlassgegenstand erhält, wird erst in der eigentlichen Auseinandersetzung nach § 368 vereinbart.[3]

Denkbar ist auch, während **desselben Termins** zunächst die vorbereitenden Maßnahmen nach § 366 und sodann die Auseinandersetzung nach § 368 zu vereinbaren. Ein in diesem Termin nicht erschienener Beteiligter muss die Versäumnisfolgen des § 368 Abs. 2 hinsichtlich der Auseinandersetzungsvereinbarung jedoch nur dann gegen sich gelten lassen, wenn die Ladung als Terminsgegenstand neben der Verhandlung vorbereitender Maßnahmen auch die Vereinbarung der Auseinandersetzung benennt.[4]

Schließlich kann auf die Vereinbarung vorbereitender Maßnahmen auch ganz **verzichtet** und direkt ausschließlich die Auseinandersetzung beurkundet werden.[5]

---

1 *Fröhler*, BWNotZ 2008, 183 (188).
2 Jansen/*Müller-Lukoschek*, § 91 FGG Rz. 1; *Bassenge*/Roth, § 366 FamFG Rz. 2.
3 Bumiller/*Harders*, § 366 FamFG Rz. 3.
4 OLG Darmstadt v. 28.5.1915 – I. ZS W 124/15, DJZ 1916, 999; OLG Dresden v. 25.1.1919 – 6. ZS Az. ist n.v., OLGR 40, 24 (25); Keidel/*Zimmermann*, § 366 FamFG Rz. 3, Horndasch/Viefhues/*Heinemann*, § 366 FamFG Rz. 2.
5 *Bracker*, MittBayNot 1984, 114 (116).

2. Außergerichtliche Vereinbarung

a) Erscheinen von Beteiligten

9 Um eine außergerichtliche Vereinbarung beurkunden zu können, müssen nach Abs. 1 Satz 1 **mehrere** Beteiligte erscheinen und sich allesamt einig sein. Für die Beurkundung der Vereinbarung ist anders als für die spätere Bestätigung, die nach § 371 Abs. 2 Vollstreckungsgrundlage ist, ohne Bedeutung, ob weitere Beteiligte nicht erschienen sind, soweit sich nur alle erschienenen Beteiligten einigen. Eine Einigung aller erschienenen Beteiligten ist daher auch dann als Vereinbarung nach Satz 1 und nicht als Vorschlag nach Satz 2 zu beurkunden, wenn es weitere Beteiligte gibt, die nicht erschienen sind.[1] Das Nichterscheinen weiterer Beteiligter hat alleine Auswirkung darauf, ob bzw. wann der Bestätigungsbeschluss nach Abs. 2 ergehen kann.

b) Einvernehmliche Vereinbarung

10 Alle erschienenen Beteiligten müssen sich über die in Rede stehenden vorbereitenden Maßnahmen **einigen**. Bedarf ein Beteiligter dazu der gerichtlichen Genehmigung und hat er im Inland keinen gesetzlichen Vertreter, hat in ab 1.9.2013 beantragten Auseinandersetzungsverfahren der Notar nach § 24 die Bestellung eines Abwesenheitspflegers iSd. § 340 beim Betreuungsgericht anzuregen bzw. ist dazu in bis einschließlich 31.8.2013 beantragten Auseinandersetzungsverfahren nach § 368 Abs. 3 das Nachlassgericht zuständig (s. § 368 Rz. 36 ff.).

11 Hieran fehlt es jedoch bei einem **Widerspruch** auch nur eines von mehreren erschienenen Beteiligten (s. dazu Rz. 14 f.).

12 Im Streitfalle bzw. bei Nichteinigung trotz Anwesenheit aller Beteiligter ist darüber nach § 370 eine Niederschrift aufzunehmen und das Verfahren bis zur Erledigung der Streitpunkte **auszusetzen** (s. dazu § 370 Rz. 16 ff.).

13 Verlässt ein Beteiligter vor Verhandlungsabschluss einen von ihm zunächst wahrgenommenen Termin freiwillig bzw. wegen einer sitzungspolizeilichen Verweisung ohne Abgabe einer eigenen Erklärung oder lässt sich ein Beteiligter trotz gerichtlich angeordneten persönlichen Erscheinens im Termin vertreten, gilt er hingegen als nicht erschienen.[2] Dies steht der Beurkundung einer durch die erschienenen übrigen Beteiligten einvernehmlich getroffenen Vereinbarung anders als im Widerspruchsfall nicht entgegen.

c) Widerspruch

14 Ein Widerspruch ist nur dann wirksam, wenn er vor dem Notar (übergangsweise vor dem Nachlassgericht) oder einem von diesem ersuchten Notar bzw. Gericht **mündlich** erklärt wurde. Ein auf andere Weise, insbesondere ausschließlich schriftlich erklärter Widerspruch ist unbeachtlich und steht der Vereinbarungsbeurkundung nicht entgegen.[3]

15 Ein erschienener Beteiligter widerspricht auch dadurch, dass er **schweigt** bzw. sich nicht zur Sache erklärt,[4] das Beurkundungsprotokoll **nicht unterschreibt**[5] oder trotz gerichtlicher Aufforderung notwendige Genehmigungen bzw. Vollmachtsbestä-

---

1 Ebenso Jansen/*Müller-Lukoschek*, § 91 FGG Rz. 17; Keidel/*Zimmermann*, § 366 FamFG Rz. 22.
2 Jansen/*Müller-Lukoschek*, § 91 FGG Rz. 16; Keidel/*Zimmermann*, § 366 FamFG Rz. 52; Firsching/*Graf*, Rz. 4.947.
3 BayObLG v. 25.6.1903 – Az. ist n.v., RJA 4, 14 (17); *Firsching*, DNotZ 1952, 117 (119); Keidel/*Zimmermann*, § 366 FamFG Rz. 34; MüKo.ZPO/*Mayer*, § 366 FamFG Rz. 8; aA OLG Köln v. 22.3.1950 – 2 W 1/50, DNotZ 1951, 524.
4 Firsching/*Graf*, Rz. 4.947; aA Horndasch/Viefhues/*Heinemann*, § 366 FamFG Rz. 15: säumnisbegründend.
5 AG Stuttgart v. 29.1.1970 – F 1 GR 4307/69, BWNotZ 1970, 46 f.; Firsching/*Graf*, Rz. 4.947; Horndasch/Viefhues/*Heinemann*, § 366 FamFG Rz. 15; MüKo.ZPO/*Mayer*, § 366 FamFG Rz. 8; aA Keidel/*Zimmermann*, § 366 FamFG Rz. 38: gerichtliche Protokollierung nach §§ 160 ff. ZPO ohne Unterschriften der Beteiligten.

tigungen nicht vorlegt.[1] In einem derartigen Fall darf eine Vereinbarung der übrigen erschienenen Beteiligten nicht beurkundet werden.

3. Außergerichtlicher Vorschlag

Erscheint nur ein **einziger** Beteiligter, hat der Notar (übergangsweise das Nachlassgericht) nach Abs. 1 Satz 2 dessen Vorschlag über vorbereitende Maßnahmen zu beurkunden. Aus vorstehend unter Rz. 13 genannten Gründen steht dem gleich, dass ein weiterer Beteiligter vor Verhandlungsabschluss einen von ihm zunächst wahrgenommenen Termin ohne Abgabe einer eigenen Erklärung verlässt. 16

4. Beurkundungsverpflichtung

Liegen die Voraussetzungen nach Abs. 1 Satz 1 bzw. Satz 2 vor, **muss** der Notar (übergangsweise das Nachlassgericht) die Vereinbarung bzw. den Vorschlag beurkunden. Dies gilt selbst dann, wenn sich das Ergebnis als offensichtlich unbillig darstellt, während die Beurkundung bei Verstoß gegen gesetzliche Verbote iSd. § 134 BGB bzw. gegen die guten Sitten verweigert werden darf.[2] 17

Wurde bei Erscheinen mehrerer Beteiligter **teilweise keine Einigung** erzielt, muss ebenfalls mitprotokolliert werden, inwieweit keine Einigung erzielt wurde. 18

5. Bindung erschienener Beteiligter

Ein Beteiligter, der im ursprünglichen Termin erschienen war oder nach Abs. 2 Satz 2 zugestimmt hat, kann seine der beurkundeten Vereinbarung zugrunde liegende Erklärung bis zu einer wirksamen Ablehnung der Bestätigung durch den Notar (übergangsweise das Nachlassgericht) **nicht einseitig widerrufen.**[3] Dies ändert sich auch während des Schwebezustandes im Versäumnisverfahren bis zu dem Zeitpunkt nicht, in dem ein ursprünglich noch nicht erschienener Beteiligter in einem nach § 366 Abs. 4 anberaumten Termin der Vereinbarung widerspricht bzw. einen abweichenden Vorschlag macht.[4] 19

Entsprechendes gilt für einen beurkundeten **Vorschlag** nach Abs. 1 Satz 2, zu dem ebenfalls nach Abs. 3 das Einverständnis der anderen Beteiligten fingiert werden kann, da letztlich maßgeblich ist, dass das Verfahren auch auf dieser Grundlage abgeschlossen werden kann.[5] 20

6. Beurkundungsform

Die Beurkundung nach Abs. 1 erfolgt zu Protokoll des Notars (übergangsweise des Nachlassgerichts) und ist wesentlicher Bestandteil des Auseinandersetzungsverfahrens. Das **Beurkundungsgesetz** ist daher zwar nicht direkt, aber entweder nach § 1 Abs. 2 BeurkG, da Willenserklärungen beurkundet werden, entsprechend anwendbar[6] oder zumindest insoweit mitzuberücksichtigen, als dies – wie zB hinsichtlich der §§ 6 bis 16, 22 bis 26 BeurkG – sachdienlich ist.[7] 21

Wesentliche Bedeutung kommt vor allem § 13 BeurkG zu. Danach ist das **Protokoll** von den Beteiligten zu genehmigen und zu unterschreiben sowie durch die beurkundende Person zu unterschreiben. 22

---

1 Firsching/*Graf*, Rz. 4.947; MüKo.ZPO/*Mayer*, § 366 FamFG Rz. 8.
2 Keidel/*Zimmermann*, § 366 FamFG Rz. 72.
3 Jansen/*Müller-Lukoschek*, § 91 FGG Rz. 21.
4 KG v. 14.11.1918 – 1. ZS. Az. ist n.v., OLGR 40, 26; KG v. 5.4.1906 – 1 J 320/06, KGJ 32, 110 (112); Bassenge/Roth, 11. Aufl., § 91 FGG Rz. 10.
5 Dazu Jansen/*Müller-Lukoschek*, § 91 FGG Rz. 17.
6 So Jansen/*Müller-Lukoschek*, § 91 FGG Rz. 4.
7 So *Winkler*, DNotZ 1971, 346; Bumiller/*Winkler*, 8. Aufl., § 91 FGG Rz. 9; Bumiller/*Harders*, § 366 FamFG Rz. 9; Horndasch/Viefhues/*Heinemann*, § 366 FamFG Rz. 12; aA Firsching/*Graf*, Rz. 4.1098: bei Beurkundung durch Gericht statt BeurkG FGG und Landesrecht.

23 Die Ausschließung und **Ablehnung** von Notaren in ab 1.9.2013 beantragten Auseinandersetzungsverfahren richtet sich nach den §§ 3, 6 und 7 BeurkG bzw. in bis einschließlich 31.8.2013 beantragten Auseinandersetzungsverfahren von Gerichtspersonen nach den §§ 6, 10 RPflG, § 6 iVm. §§ 41 ff. ZPO[1] bzw. für (nicht staatliche freiberufliche) nach § 486 zuständige Notare nach den §§ 3, 6 und 7 BeurkG.[2, 3]

IV. Bestätigung einer außergerichtlichen Vereinbarung

1. Überblick

24 Das Nachlassgericht **muss** eine im Einvernehmen aller erschienenen Beteiligten nach Abs. 1 Satz 1 getroffene Vereinbarung bestätigen, wenn entweder alle Beteiligten erschienen sind (Abs. 2 Satz 1) oder alle nicht erschienenen Beteiligten ihre Zustimmung erteilt haben (Abs. 2 Satz 2) bzw. dies gesetzlich fingiert wird (Abs. 3 Satz 2 bzw. Abs. 4 Halbs. 2).

25 Eine Zustimmung bedarf der nach Abs. 2 Satz 2 vorgeschriebenen **Form** und muss daher entweder zu Protokoll des Notars (übergangsweise des Nachlassgerichts) oder in öffentlich beglaubigter Form iSd. § 129 BGB erklärt werden. Sie kann sowohl vor als auch nach der Beurkundung der Vereinbarung erteilt werden.[4]

26 Entsprechendes gilt für einen nach Abs. 1 Satz 2 beurkundeten **Vorschlag** des einzigen Erschienenen von insgesamt mehreren Beteiligten, wenn alle anderen Beteiligten ihre Zustimmung erteilt haben (Abs. 2 Satz 2) bzw. dies gesetzlich fingiert wird (Abs. 3 Satz 2 bzw. Abs. 4 Halbs. 2). Der Vorschlag wird durch Abs. 1 Satz 2 einer Vereinbarung gleichgestellt, ist dann zu bestätigen und schließt das Verfahren ab (s. dazu oben Rz. 16).

27 Der Notar (übergangsweise das Gericht) hat daher nach Vorliegen der Voraussetzungen keinen Ermessensspielraum dafür, ob es den Bestätigungsbeschluss erteilt. Soweit jedoch alle Beteiligten auf die Bestätigung verzichten, gilt dies als **Zurücknahme** des Vermittlungsantrags, beendet das gesamte Verfahren und führt dazu, dass ein Bestätigungsbeschluss unterbleiben kann.[5]

2. Form

28 Die Bestätigung erfolgt gem. § 38 Abs. 1 durch **Beschluss**. Dies ergibt sich zudem aus § 372 Abs. 2.

3. Prüfungsumfang

29 Die Bestätigung bezeugt als notarielle (übergangsweise als gerichtliche) Feststellung das **gesetzeskonforme Zustandekommen** der Vereinbarung unter Beachtung der Verbotsgesetze und guten Sitten, erfolgt im Übrigen jedoch ohne inhaltliche Billigkeitsprüfung.[6] Dabei sind insbesondere die Erteilung aller etwa erforderlichen Genehmigungen, für die ergänzend § 368 Abs. 3 zu beachten ist, sowie die förmlichen Anforderungen vor allem an Ladung und Bekanntgabe bei Zustimmungsfiktionen im Versäumnisverfahren sorgfältig zu prüfen.[7] Ist die Vereinbarung trotz eines entsprechenden Gesetzesverstoßes rechtswidrigerweise beurkundet worden, darf die Bestätigung, soweit derartige Hindernisse noch immer bestehen, nicht erteilt werden.[8]

---

1 Keidel/*Zimmermann*, § 366 FamFG Rz. 69.
2 MüKo.ZPO/*Mayer*, § 366 FamFG Rz. 12.
3 Dazu ausf. Jansen/*Müller-Lukoschek*, § 91 FGG Rz. 6.
4 Bumiller/*Harders*, § 366 FamFG Rz. 8; MüKo.ZPO/*Mayer*, § 366 FamFG Rz. 16.
5 Keidel/*Zimmermann*, § 366 FamFG Rz. 70.
6 Keidel/*Zimmermann*, § 366 FamFG Rz. 71 und 73.
7 Keidel/*Zimmermann*, § 366 FamFG Rz. 71.
8 Jansen/*Müller-Lukoschek*, § 91 FGG Rz. 13.

4. Bekanntgabe

Der Bestätigungsbeschluss ist gem. § 15 Abs. 1 im Hinblick auf seine befristete Anfechtbarkeit nach §§ 58 Abs. 1, 63 Abs. 1 förmlich bekannt zu geben. Hierauf kann **nicht** wirksam **verzichtet** werden.[1] **30**

5. Rechtsmittel

Gegen die **Erteilung** des Bestätigungsbeschlusses ist nach §§ 58 Abs. 1, 63 Abs. 1 die allgemeine Beschwerde eröffnet.[2] Nach § 372 Abs. 2 kann diese nur darauf gegründet werden, dass die Vorschriften über das Verfahren nicht beachtet wurden. Mit Rechtskraft ist der Bestätigungsbeschluss nach § 371 für alle Beteiligten verbindlich und vollstreckbar. Wurde gegen den Bestätigungsbeschluss Rechtsmittel eingelegt, ist dessen Rechtskraft Voraussetzung für die Verhandlung über die Auseinandersetzung nach § 368.[3] **31**

Gegen die **Ablehnung** des Bestätigungsbeschlusses ist nach den §§ 58 Abs. 1, 63 Abs. 1 ebenfalls die allgemeine Beschwerde eröffnet.[4] **32**

V. Versäumnisverfahren

1. Weder erschienen noch zugestimmt

Nach Abs. 3 wird bezüglich desjenigen Beteiligten ein Versäumnisverfahren **eingeleitet**, der weder zum Termin erschienen ist noch einer Vereinbarung förmlich iSd. Abs. 2 Satz 2 zugestimmt hat. Als nicht erschienen gilt dabei auch ein Beteiligter, der vor Verhandlungsabschluss einen von ihm zunächst wahrgenommenen Termin freiwillig bzw. wegen einer sitzungspolizeilichen Verweisung ohne Abgabe einer eigenen Erklärung verlässt oder sich trotz notariell (übergangsweise gerichtlich) angeordneten persönlichen Erscheinens im Termin vertreten lässt.[5] **33**

Eine **Zustimmung** nach Abs. 2 Satz 2 muss entweder zu einer notariellen (übergangsweise gerichtlichen) Niederschrift, somit zu Protokoll des Notars (übergangsweise Nachlassgerichts) oder eines von diesem ersuchten Notars bzw. Gerichts,[6] oder iSd. § 129 BGB öffentlich beglaubigt erteilt werden. Eine Erklärung gegenüber den anderen Beteiligten ist nicht erforderlich.[7] Aus § 129 Abs. 2 folgt, dass eine notarielle Beurkundung die öffentliche Beglaubigung ersetzt. Soweit die Form gewahrt wird, kann bereits vor dem Termin wirksam zugestimmt werden.[8] **34**

Wer in seiner **Geschäftsfähigkeit beschränkt** ist und keinen Vertreter hat, kann nicht iSd. § 366 Abs. 3 säumig werden.[9] Ist ein Beteiligter wirksam vertreten, kommt es nach § 166 Abs. 1 BGB auf die Person des Vertreters an.[10] **35**

Das Verfahren **ruht** hingegen, wenn im ersten Termin kein Beteiligter erscheint.[11] **36**

2. Bekanntgabe und Benachrichtigung

Der Notar (übergangsweise das Nachlassgericht) hat dem säumigen Beteiligten nach Abs. 3 den ihn betreffenden Inhalt der Urkunde (Vereinbarung bzw. Vorschlag), die Nachricht über dessen Rechte auf Urkundeneinsicht sowie -abschriftsanforde- **37**

---

1 Seeger, AcP 126, 253 (254); Keidel/Zimmermann, § 366 FamFG Rz. 76.
2 Begr. zum GesetzE der BReg. zu § 372 Abs. 1, BT-Drucks. 16/6308, S. 284.
3 Keidel/Zimmermann, § 366 FamFG Rz. 77.
4 Bumiller/Harders, § 366 FamFG Rz. 15; Keidel/Zimmermann, § 366 FamFG Rz. 17.
5 Jansen/Müller-Lukoschek, § 91 FGG Rz. 16; Keidel/Zimmermann, § 366 FamFG Rz. 52; Firsching/Graf, Rz. 4.947.
6 Keidel/Zimmermann, § 366 FamFG Rz. 48.
7 RG v. 24.1.1908 – Az. n.v., DNotZ 1912, 33.
8 KG v. 5.10.1916 – 1. X 249/16, KGJ 49, 88 (91) unter Berufung auf die Streichung des im ursprünglichen GesetzE zu § 89 Abs. 1 FGG noch enthaltenen Zusatzes „nachträglich".
9 Keidel/Zimmermann, § 366 FamFG Rz. 62.
10 Keidel/Zimmermann, § 366 FamFG Rz. 62.
11 Keidel/Zimmermann, § 366 FamFG Rz. 10.

rung, den Hinweis auf die Versäumnisfolgen nach Satz 2 und die Frist zur Beantragung einer neuen Terminsanberaumung gem. § 15 Abs. 1 durch Zustellung nach den §§ 166 bis 195 ZPO oder durch Aufgabe zur Post unter der Anschrift des Adressaten **bekannt zu geben**.

38 Anders als bei der Ladung der Beteiligten (s. § 365 Abs. 1 Satz 2) ist nunmehr auch **öffentliche Zustellung zulässig**.

39 Die Fristbestimmung für die Beantragung einer neuen Terminsanberaumung liegt im notariellen (übergangsweise gerichtlichen) **Ermessen**. Die Frist kann verlängert werden. Der diesbezügliche Beschluss ist als typische Zwischenentscheidung[1] sowohl durch den säumigen Adressaten als auch durch die anderen Beteiligten[2] nach § 372 Abs. 1 mit der sofortigen Beschwerde entsprechend den §§ 567 bis 572 ZPO anfechtbar (s. dazu § 372 Rz. 10 ff.).

40 Verstößt die Bekanntgabe gegen eine der Vorgaben aus Abs. 3, muss der nicht erschienene Beteiligte selbst dann **keine Versäumnisfolgen** hinnehmen, wenn er sich nicht erklärt.[3]

3. Fortsetzung der Verhandlung in einem neuen Termin

41 Die Verhandlung wird dann nach Abs. 4 Halbs. 1 fortgesetzt, wenn der säumige Beteiligte innerhalb der ihm nach Abs. 3 Satz 2 gesetzten Frist zumindest durch dahingehend auszulegende Erklärung[4] die Anberaumung eines neuen Termins **beantragt und** in diesem Termin **erscheint**. Zu dem Fortsetzungstermin ist zu laden, wobei § 365 nicht anzuwenden ist, da es sich um keinen Ersttermin handelt.

42 Im Fortsetzungstermin wird **erneut** über vorbereitende Maßnahmen **verhandelt**, wenn der ursprünglich säumige Beteiligte nunmehr eigene von der beurkundeten Vereinbarung abweichende Vorschläge einbringt oder sich nicht zur Sache äußert, was wiederum als Widerspruch zu werten ist (s. oben Rz. 15). Zugleich entfällt die bisherige Bindung der übrigen Beteiligten an die bisher beurkundete Vereinbarung (s. oben Rz. 19).

43 Stimmt der ursprünglich säumige Beteiligte der Vereinbarung zu, ist diese **sogleich zu bestätigen**.

4. Bestätigung der Vereinbarung

44 Beantragt der säumige Beteiligte die Anberaumung eines neuen Termins nicht oder nicht rechtzeitig oder erscheint er zu dem auf seinen Antrag anberaumten neuen Termin nicht, **fingiert** Abs. 3 Satz 2 dessen **Einverständnis** mit dem Urkundeninhalt, so dass der Notar (übergangsweise das Nachlassgericht) die Vereinbarung nach Abs. 4 Halbs. 2 bestätigen muss, soweit nicht nach § 367 Wiedereinsetzung in den vorigen Stand zu gewähren ist.

VI. Übergangsrecht

45 Zum **Übergangsrecht** nach FGG-RG s. § 343 Rz. 193 ff.

46 **Kosten/Gebühren: Gericht:** Für die Beurkundung einer vertragsmäßigen Auseinandersetzung durch das Gericht entsteht nach Vorbem. 1.2.5.1 Abs. 2 Nr. 3 KV GNotKG eine Gebühr nach Nr. 21100 KV GNotKG. Die Gebühr entsteht neben der Gebühr nach Nr. 12510 KV GNotKG (s. Anm. zu § 363).

---

[1] Begr. zum GesetzE der BReg. zu § 372 Abs. 1, BT-Drucks. 16/6308, S. 284.
[2] MüKo.ZPO/*Mayer*, § 372 FamFG Rz. 2; Jansen/*Müller-Lukoschek*, § 91 FGG Rz. 23; Keidel/*Winkler*, § 91 FGG Rz. 25.
[3] BayObLG v. 16.4.1926 – Re. III Nr. 23/1926, BayObLGZ 1925, 126 (128).
[4] OLG Karlsruhe v. 28.11.1931 – 1 ZHA 53/31, BadRPrax 1932, 62; *Firsching*, DNotZ 1952, 117 (119).

367 Wiedereinsetzung

War im Fall des § 366 der Beteiligte ohne sein Verschulden verhindert, die Anberaumung eines neuen Termins rechtzeitig zu beantragen oder in dem neuen Termin zu erscheinen, gelten die Vorschriften über die Wiedereinsetzung in den vorigen Stand (§§ 17, 18 und 19 Abs. 1) entsprechend.

A. Allgemeines	III. Verhinderung 6
I. Entstehung 1	IV. Fehlendes Verschulden 9
II. Systematik 2	V. Antrag 13
III. Normzweck 3	VI. Entscheidung 16
B. Inhalt der Vorschrift	VII. Wirkung der Wiedereinsetzung 17
I. Zuständigkeit 4	VIII. Rechtsmittel 23
II. Beteiligteneigenschaft 5	IX. Übergangsrecht 24

A. Allgemeines

I. Entstehung

Die Vorschrift hat die frühere Regelung des § 92 FGG ersetzt und die Normierung des Wiedereinsetzungsverfahrens in die §§ 17 bis 19 im Allgemeinen Teil **verlagert**. 1

II. Systematik

§ 367 erklärt die allgemeinen Regelungen über die Wiedereinsetzung in den vorigen Stand nach den §§ 17, 18 und 19 Abs. 1 zugunsten eines nach § 366 Abs. 3 nicht erschienenen Beteiligten zum Schutz vor einem Bestätigungsbeschluss nach § 366 Abs. 4 Halbs. 2 für anwendbar, wenn die Verhandlung mangels rechtzeitiger Beantragung eines neuen Termins oder wegen Nichterscheinens auch in diesem neuen Termin **nicht fortgesetzt** wird. Nach § 368 Abs. 2 gilt § 367 entsprechend für das Versäumnisverfahren über einen Auseinandersetzungsplan. 2

III. Normzweck

Die Vorschrift möchte **unbillige** Rechtsfolgen zu Lasten eines im Verhandlungstermin nicht erschienenen Beteiligten vermeiden, die dann ausgelöst werden können, wenn dieser unverschuldet verhindert war. 3

B. Inhalt der Vorschrift

I. Zuständigkeit

Nach § 367 iVm. § 19 Abs. 1 entscheidet über die Wiedereinsetzung der Notar bzw. das Gericht, der bzw. das über die versäumte Rechtshandlung zu befinden hat. Soweit nach § 487 Abs. 1 Nr. 3 iVm. landesrechtlichen Vorschriften die Nachlassauseinandersetzung statt durch Gerichte oder neben diesen durch Notare vermittelt wird, sind diese – s. Art. 24 Abs. 3 Nr. 3, Art. 25 hess. FGG, Art. 15 Abs. 1 Nr. 3, Art. 17 nieders. FGG, Art. 23, Art. 25 preuß. FGG, Art. 38 Abs. 4 Satz 1 BayAGGVG – jedoch nicht bei Wiedereinsetzung zuständig.[1] Zur **sachlichen, örtlichen, funktionellen und internationalen** Zuständigkeit für ab 1.9.2013 beantragte Auseinandersetzungen einerseits und bis einschließlich 31.8.2013 beantragte Auseinandersetzungen andererseits, s. § 363 Rz. 4 ff. Zur gerichtsinternen **Geschäftsverteilung** in bis einschließlich 31.8.2013 beantragten Auseinandersetzungen s. § 343 Rz. 192a ff. 4

II. Beteiligteneigenschaft

Für das Verfahren in Teilungssachen ist im Gegensatz zur Regelung des § 345 in Nachlassangelegenheiten keine spezielle Beteiligtendefinition normiert. Daher rich- 5

---

[1] Jansen/*Müller-Lukoschek*, § 92 FGG Rz. 2; aA Horndasch/Viefhues/*Heinemann*, § 367 FamFG Rz. 3.

tet sich die Beteiligteneigenschaft nach § 7 im **Allgemeinen Teil**.[1] Originär Beteiligter ist der tatsächliche Antragsteller nach § 7 Abs. 1, Beteiligter kraft zwingender Hinzuziehung nach § 7 Abs. 2 Nr. 1 aufgrund unmittelbarer Betroffenheit ihrer Rechte durch das Vermittlungsverfahren sind insbesondere Erben, Erbteilserwerber, Erbeserben, Pfandrechts-, Pfändungspfandrechts- oder Nießbrauchsberechtigte an Erbteilen. Einzelheiten dazu s. § 363 Rz. 18 f.

III. Verhinderung

6   Die Vorschrift ist auf die Verfahren über eine **außergerichtliche Vereinbarung** nach § 366 und über einen **Auseinandersetzungsplan** nach § 368 anwendbar.

7   Sie betrifft ausschließlich die Verhinderung eines Beteiligten daran, nach seiner Säumnis im ersten Termin die Anberaumung eines **neuen Termins** iSd. § 366 Abs. 4 bzw. § 368 Abs. 2 rechtzeitig zu beantragen oder in dem neuen Termin zu erscheinen.

8   Das die Verhinderung auslösende Moment kann dabei unabhängig von einer bestimmten Sphärenzuordnung **jedes Ereignis** sein, somit nicht nur ein zufällig eintretendes Naturereignis, sondern beispielsweise auch eine Krankheit des säumigen Beteiligten.[2]

IV. Fehlendes Verschulden

9   Eine Wiedereinsetzung setzt weiter voraus, dass der säumige Beteiligte ohne sein Verschulden verhindert war. Eine Verhinderung ist nur dann unverschuldet, wenn der betroffene Beteiligte das Hindernis bei Anwendung der **Sorgfalt**, die unter Berücksichtigung der konkreten Lage erforderlich war und ihm in vernünftiger Weise zugemutet werden konnte, nicht abzuwenden in der Lage war.[3] Maßgebend sind dabei die tatsächlichen Verhältnisse im Einzelfall.[4]

10   Dabei kann insbesondere eine eigene **Krankheit**[5] oder eine solche eines nahen Verwandten[6] zu einer unverschuldeten Verhinderung führen. Gleiches gilt bei einer Geistesschwäche des säumigen Beteiligten.[7]

11   War es dem Beteiligten jedoch möglich, sich durch einen Bevollmächtigten **vertreten** zu lassen, ist seine persönliche Verhinderung nicht unverschuldet,[8] soweit nicht das persönliche Erscheinen des Beteiligten angeordnet war und dieser daher trotz Anwesenheit des Vertreters als nicht erschienen gilt[9] (s. dazu § 366 Rz. 13).

12   Nach der entsprechend anzuwendenden Regelung des § 17 Abs. 2 wird ein Fehlen des Verschuldens dann vermutet, wenn eine **Rechtsbehelfsbelehrung** unterblieben oder fehlerhaft ist. Ist der Beteiligte anwaltlich vertreten, wird es regelmäßig an der erforderlichen Schutzbedürftigkeit fehlen und die Vermutung entkräftet sein.[10]

V. Antrag

13   Entsprechend § 17 Abs. 1 wird Wiedereinsetzung nur auf Antrag gewährt. Dieser ist entsprechend § 18 Abs. 1 innerhalb von **zwei Wochen** nach Wegfall des Hindernisses zu stellen.

---

1 *Fröhler*, BWNotZ 2008, 183 (188).
2 BayObLG v. 24.4.1953 – 2. ZS BReg. Nr. 7/1953, BayObLGZ 1953, 142 (143).
3 BayObLG v. 25.10.1963 – BReg. 1 Z 90/63, BayObLGZ 1963, 278 (279).
4 KG v. 20.7.1965 – BReg. 1b Z 46/65, OLGZ 1966, 117 (120); *Keidel*, Rpfleger 1957, 173 (177).
5 BGH v. 26.6.1974 – IV ZR 177/73, NJW 1975, 593 (594): erhebliche Einschränkung des Denk- und Erinnerungsvermögens durch Diabetesschock.
6 BayObLG v. 24.4.1953 – 2. ZS BReg. Nr. 7/1953, BayObLGZ 1953, 142 (143): lebensgefährliche Erkrankung der Mutter.
7 BayObLG v. 18.5.1901 – I. ZS Reg. III 32/1901, BayObLGZ 1902, 330 (333).
8 KG v. 5.2.1920 – Az. n.v., OLGR 41, 17; Jansen/*Müller-Lukoschek*, § 92 FGG Rz. 1; Horndasch/Viefhues/*Heinemann*, § 367 FamFG Rz. 5.
9 Jansen/*Müller-Lukoschek*, § 91 FGG Rz. 16; Keidel/*Zimmermann*, § 366 FamFG Rz. 52; Firsching/*Graf*, Rz. 4.947.
10 Begr. zum GesetzE der BReg. zu § 17 Abs. 2, BT-Drucks. 16/6308, S. 183.

Die versäumte Rechtshandlung ist nach § 18 Abs. 3 Satz 2 innerhalb der Antragsfrist **nachzuholen**. In entsprechender Anwendung auf das hier maßgebende Versäumnisverfahren kommt ausschließlich eine Nachholung des Antrags zur Anberaumung eines neuen Termins nach § 366 Abs. 3 Satz 2 in Betracht. Das Erscheinen im Fortsetzungstermin kann hingegen nicht mehr nachgeholt werden, da dieser bereits beendet ist.[1] Wird der Antrag fristgerecht nachgeholt, kann die Wiedereinsetzung auch ohne ausdrücklichen Antrag gewährt werden, soweit die Nachholung als stillschweigender Antrag zu bewerten ist.[2] 14

Nach Ablauf **eines Jahres** ab Ende der versäumten Frist kann Wiedereinsetzung entsprechend § 18 Abs. 4 weder beantragt noch bewilligt werden. 15

VI. Entscheidung

Der Notar (übergangsweise das Nachlassgericht) **muss** bei Vorliegen der og. Voraussetzungen Wiedereinsetzung gewähren, andernfalls ist der Antrag zurückzuweisen. Es besteht kein Ermessensspielraum. 16

VII. Wirkung der Wiedereinsetzung

Die Wiedereinsetzung bewirkt die Rückversetzung des Verfahrens in die **Lage vor der Säumnis** des betroffenen Beteiligten, somit nach Abschluss des ersten Verhandlungstermins. 17

Ein bereits erlassener **Bestätigungsbeschluss** wird unmittelbar durch die Wiedereinsetzung wirkungslos, ohne dass diesbezüglich eine Aufhebung möglich oder notwendig ist.[3] 18

Beurkundete **Vereinbarungen** bleiben vorerst wirksam und binden die übrigen Beteiligten bis zu einem etwaigen Widerspruch des ursprünglich säumigen Beteiligten.[4] 19

Der Notar (übergangsweise das Nachlassgericht) hat sodann einen **neuen Fortsetzungstermin** anzuberaumen und dazu alle Beteiligten zu laden. § 365 ist nicht anwendbar, da es sich um keinen Ersttermin handelt. 20

Im Fortsetzungstermin wird erneut über vorbereitende Maßnahmen verhandelt, wenn der ursprünglich säumige Beteiligte nunmehr der beurkundeten Vereinbarung **widerspricht**, davon abweichende Vorschläge einbringt oder sich nicht zur Sache äußert, was wiederum als Widerspruch zu werten ist (s. dazu § 366 Rz. 15). Zugleich entfällt dann die bisherige Bindung der übrigen Beteiligten an die beurkundete Vereinbarung (s. § 366 Rz. 19). 21

Erklärt der ursprünglich säumige Beteiligte seine **Zustimmung**, ist die Vereinbarung sogleich zu bestätigen. 22

VIII. Rechtsmittel

Nach § 372 Abs. 1 ist der Beschluss, durch den über die Wiedereinsetzung entschieden wird, entsprechend den §§ 567 bis 572 ZPO mit der **sofortigen Beschwerde** anfechtbar. Damit besteht nicht nur gegen die Ablehnung des Wiedereinsetzungsantrags, sondern auch gegen die Gewährung der Wiedereinsetzung ein Rechtsmittel. § 19 Abs. 2, wonach die Wiedereinsetzung unanfechtbar ist, findet angesichts der eingeschränkten Verweisung in § 367 keine Anwendung. 23

IX. Übergangsrecht

Zum **Übergangsrecht** nach FGG-RG s. § 343 Rz. 193 ff. 24

Kosten/Gebühren: Gericht: Für das Verfahren entstehen keine (zusätzlichen) Gebühren. 25

---

1 Horndasch/Viefhues/*Heinemann*, § 367 FamFG Rz. 4.
2 Begr. zum GesetzE der BReg. zu § 18 Abs. 2 (jetzt Abs. 3), BT-Drucks. 16/6308, S. 183.
3 BGH v. 8.6.1988 – IVb ZB 68/88, NJW 1988, 2672 (2674) zu § 233 ZPO; Jansen/*Müller-Lukoschek*, § 92 FGG Rz. 3; *Bassenge*/Roth, § 367 FamFG Rz. 2; Keidel/*Zimmermann*, § 367 FamFG Rz. 14.
4 Jansen/*Müller-Lukoschek*, § 92 FGG Rz. 3; *Bassenge*/Roth, § 367 FamFG Rz. 2.

§ 368 Auseinandersetzungsplan; Bestätigung

(1) Sobald nach Lage der Sache die Auseinandersetzung stattfinden kann, hat der Notar[1] einen Auseinandersetzungsplan anzufertigen. Sind die erschienenen Beteiligten mit dem Inhalt des Plans einverstanden, hat der Notar[2] die Auseinandersetzung zu beurkunden. Sind alle Beteiligten erschienen, hat der Notar[3] die Auseinandersetzung zu bestätigen; dasselbe gilt, wenn die nicht erschienenen Beteiligten ihre Zustimmung zu gerichtlichem Protokoll oder in einer öffentlich beglaubigten Urkunde erteilen.

(2) Ist ein Beteiligter nicht erschienen, hat der Notar[4] nach § 366 Abs. 3 und 4 zu verfahren. § 367 ist entsprechend anzuwenden.

(3) Bedarf ein Beteiligter zur Vereinbarung nach § 366 Abs. 1 oder zur Auseinandersetzung der Genehmigung des Familien- oder Betreuungsgerichts, ist, wenn er im Inland keinen Vormund, Betreuer oder Pfleger hat, für die Erteilung oder die Verweigerung der Genehmigung anstelle des Familien- oder des Betreuungsgerichts das Nachlassgericht zuständig.

(Abs. 3 ist mit Ablauf des 31.8.2013 außer Kraft getreten, s. aber § 493.)

A. Allgemeines	
I. Entstehung 1	
II. Systematik 2	
III. Normzweck 4	
B. Inhalt der Vorschrift	
I. Zuständigkeit 6	
II. Beteiligteneigenschaft 7	
III. Auseinandersetzung (Absatz 1)	
1. Gerichtliche Erstellung eines Auseinandersetzungsplans	
a) Allgemeines 8	
b) Verhandlung 15	
c) Form 17	
d) Inhalt 19	
2. Beurkundung der Auseinandersetzung	
a) Verpflichtung 23	
b) Form 24
c) Auflassung	
aa) Vor dem Notar 25	
bb) Vor dem Rechtspfleger .. 26	
cc) Nicht erschienene Beteiligte 31	
d) Weitere förmliche Vollzugsgeschäfte 33a	
3. Bestätigung 34	
IV. Versäumnisverfahren und Wiedereinsetzung (Absatz 2) 35	
V. Besondere Genehmigungszuständigkeit in bis einschließlich 31.8.2013 beantragten Verfahren (Absatz 3 aF)	
1. Allgemeines 36	
2. Voraussetzungen 39	
3. Verfahren 46	
VI. Übergangsrecht 56

A. Allgemeines

I. Entstehung

1 Die Vorschrift hat in Abs. 1 und 2 den Regelungsgehalt des früheren § 93 FGG **übernommen**. Der mit Ablauf des 31.8.2013 außer Kraft getretene, übergangsweise nach Maßgabe des § 493 für Altverfahren aber fortgeltende Abs. 3 entsprach weitestgehend dem früheren § 97 Abs. 2 FGG, wobei das Nachlassgericht statt des Vormundschaftsgerichts das Familien- bzw. Betreuungsgericht ersetzte und Beistandschaften nicht mehr erfasst wurden. Durch das Gesetz zur Übertragung von Aufgaben im Bereich der freiwilligen Gerichtsbarkeit auf Notare vom 26.6.2013[5] wurde mittels § 23a Abs. 3 nF GVG für ab 1.9.2013 beantragte Auseinandersetzungen in Teilungssachen iSd. § 342 Abs. 2 Nr. 1 die sachliche Zuständigkeit von den Amtsgerichten auf Notare verlagert (zu den diesbezüglichen Folgen und Übergangsregelungen s. § 363 Rz. 1). Zudem wurde Abs. 3 ähnlich § 364 **für ab 1.9.2013 beantragte Auseinandersetzungen**

---

1 Für bis 31.8.2013 gestellte Anträge geltende Fassung: **das Gericht**.
2 Für bis 31.8.2013 gestellte Anträge geltende Fassung: **das Gericht**.
3 Für bis 31.8.2013 gestellte Anträge geltende Fassung: **das Gericht**.
4 Für bis 31.8.2013 gestellte Anträge geltende Fassung: **das Gericht**.
5 BGBl. I 2013, S. 1800. Zur Gesetzesbegründung s. Gesetzentwurf des Bundesrates, BT-Drucks. 17/1469, S. 12 ff. bzw. Beschlussempfehlung und Bericht des Rechtsausschusses, BT-Drucks. 17/13136, S. 28 ff.

aufgehoben, da anders als zuvor seitens des Nachlassgerichts für den nunmehr zuständigen Notar **keine eigene Sonderzuständigkeit** zur Bestellung eines Abwesenheitspflegers benötigt wird, sondern der Notar eine derartige Pflegschaft nach § 24 bei dem nach § 340 zuständigen Betreuungsgericht anregen kann.[1]

II. Systematik

Die Vorschrift knüpft an die Regelung über vorbereitende Maßnahmen nach § 366 an und regelt nun ihrerseits die **eigentliche Auseinandersetzung** aufgrund eines Auseinandersetzungsplans. Abs. 1 sieht vor, wann der Auseinandersetzungsplan zu fertigen, die Auseinandersetzung zu beurkunden und schließlich die diesbezügliche Bestätigung zu erteilen ist. Abs. 2 verweist für den Fall des Nichterscheinens eines Beteiligten auf die Regelungen zum Versäumnisverfahren bei der außergerichtlichen Vereinbarung nach § 366 Abs. 3 und 4 bzw. auf die Wiedereinsetzung nach § 367.

Abs. 3 regelt sowohl für die Auseinandersetzung als auch (insoweit jedoch nur übergangsweise noch) für bis einschließlich 31.8.2013 beantragte Auseinandersetzungen für die vorbereitende außergerichtliche Vereinbarung die Zuständigkeit des Nachlassgerichts zur Erteilung einer für einen Beteiligten notwendigen **Genehmigung**, soweit für diesen im Inland kein Vormund, Betreuer oder Pfleger vorhanden ist.

III. Normzweck

Die Vorschrift ermöglicht je nach konkretem Bedarf eine Auseinandersetzungsvermittlung nach einer vorherigen, gleichzeitig mit einer oder gänzlich ohne[2] eine Vereinbarung über vorbereitende Maßnahmen iSd. § 366. Das Nachlassgericht hat insoweit einen Ermessensspielraum und kann **flexibel** agieren.

Die übergangsweise Genehmigungszuständigkeit nach Abs. 3 dient der **Verfahrensbeschleunigung**.

B. Inhalt der Vorschrift

I. Zuständigkeit

Zur **sachlichen, örtlichen, funktionellen und internationalen** Zuständigkeit für ab 1.9.2013 beantragte Auseinandersetzungen einerseits und bis einschließlich 31.8.2013 beantragte Auseinandersetzungen andererseits, s. § 363 Rz. 4 ff. Trotz Zuständigkeit des Notars für ab 1.9.2013 beantragte Auseinandersetzungen bleibt der Rechtspfleger des Amtsgerichts nach § 492 Abs. 1 Satz 5 bzw. Abs. 2 für die Ausführung der durch den Notar bewilligten öffentlichen Zustellung bzw. die Entscheidung über die Erinnerung gegen Entscheidungen des Notars zuständig. Diese Zuständigkeit gilt hier sowohl für die Aufstellung des Auseinandersetzungsplans, Beurkundung der Auseinandersetzung und Bestätigung derselben nach Abs. 1 und 2 sowie übergangsweise noch für die Erteilung der Genehmigung nach Abs. 3. Zur gerichtsinternen **Geschäftsverteilung** in bis einschließlich 31.8.2013 beantragten Auseinandersetzungen s. § 343 Rz. 192a ff.

II. Beteiligteneigenschaft

Für das Verfahren in Teilungssachen ist im Gegensatz zur Regelung des § 345 in Nachlassangelegenheiten keine spezielle Beteiligtendefinition normiert. Daher richtet sich die Beteiligteneigenschaft nach § 7 im **Allgemeinen Teil**.[3] Originär Beteiligter ist der tatsächliche Antragsteller nach § 7 Abs. 1. Beteiligter kraft zwingender gerichtlicher Hinzuziehung nach § 7 Abs. 2 Nr. 1 aufgrund unmittelbarer Betroffenheit ihrer Rechte durch das Vermittlungsverfahren sind insbesondere Erben, Erbteilserwerber, Erbeserben, Pfandrechts-, Pfändungspfandrechts- oder Nießbrauchsberechtigte an Erbteilen. Einzelheiten dazu s. § 363 Rz. 18 f.

---

1 BT-Drucks. 17/1469, S. 21 zu Nr. 7 (§ 368).
2 *Bracker*, MittBayNot 1984, 114 (116).
3 *Fröhler*, BWNotZ 2008, 183 (188).

III. Auseinandersetzung (Absatz 1)

1. Gerichtliche Erstellung eines Auseinandersetzungsplans

a) Allgemeines

8   Der Auseinandersetzungsplan ist ein **Vorschlag** des Notars (übergangsweise des Nachlassgerichts) für die noch zu beurkundende Auseinandersetzung.

9   Er ist zugleich deren **Grundlage**, wenn alle Beteiligten zustimmen.

10 Der Notar (übergangsweise das Nachlassgericht) **muss** den Auseinandersetzungsplan anfertigen, sobald die Auseinandersetzung konkret stattfinden kann.

11 Ob bzw. wann die Auseinandersetzung stattfinden kann, entscheidet der Notar (übergangsweise das Nachlassgericht) jedoch nach pflichtgemäßem **Ermessen**. Dabei ist der Eintritt der Rechtskraft des Bestätigungsbeschlusses für eine eventuell nach § 366 getroffene Vereinbarung über vorbereitende Maßnahmen abzuwarten, solange diesbezüglich mit einem Rechtsmittel gerechnet werden muss.[1] Dies ist nach einem Versäumnisverfahren bei gleichzeitiger Uneinigkeit der Beteiligten der Fall.[2]

12 Der Notar (übergangsweise das Nachlassgericht) ist bei der Aufstellung des Aufteilungsplans ausschließlich an eventuelle Vereinbarungen der Beteiligten über vorbereitende Maßnahmen nach § 366,[3] Teilungs-, Vermächtnis- bzw. Auflageanordnungen des Erblassers und an von allen Beteiligten einvernehmlich vorgetragene Vorschläge[4] **gebunden**.

13 Alle Beteiligten können sich hingegen einstimmig über Vereinbarungen zu vorbereitenden Maßnahmen nach § 366 hinwegsetzen[5] und ihrerseits der Notar (übergangsweise das Nachlassgericht) durch einen entsprechenden einvernehmlichen Vorschlag aus der Vereinbarung **entbinden**.

14 Statt einen eigenen Aufteilungsplan zu erstellen, kann der Notar (übergangsweise das Nachlassgericht) einen durch die Beteiligten vorgelegten Plan **übernehmen**.[6]

b) Verhandlung

15 Der Notar (übergangsweise das Nachlassgericht) hat einen Termin zur Verhandlung über den Auseinandersetzungsplan anzuberaumen und die Beteiligten dazu zu **laden**.

16 Im Falle einer Vertagung kann die Bekanntmachung des Termins statt durch Ladung durch **Verkündung** erfolgen (s. dazu § 365 Rz. 17).

c) Form

17 Der Auseinandersetzungsplan wird grundsätzlich förmlich erstellt. Dies geschieht durch Anfertigung eines von dem Verhandlungsprotokoll gesonderten **schriftlichen** Dokuments.

18 Soweit der Nachlass einfach strukturiert ist und sich der notarielle (übergangsweise der gerichtliche) Vorschlag auf die bloße Benennung einer Teilungsart beschränken kann, darf auf förmliche Aufstellung **verzichtet** werden.[7] Der Vorgang wird dann stattdessen lediglich mitprotokolliert.[8]

---

1 Keidel/*Zimmermann*, § 368 FamFG Rz. 2 und 3; MüKo.ZPO/*Mayer*, § 368 FamFG Rz. 2; aA *Bassenge*/Roth, § 368 FamFG Rz. 1: auch vor Rechtskraft eines eventuellen Bestätigungsbeschlusses.
2 Jansen/*Müller-Lukoschek*, § 93 FGG Rz. 1; MüKo.ZPO/*Mayer*, § 368 FamFG Rz. 2.
3 Keidel/*Zimmermann*, § 368 FamFG Rz. 9.
4 Jansen/*Müller-Lukoschek*, § 93 FGG Rz. 5.
5 *Bassenge*/Roth, § 368 FamFG Rz. 3.
6 OLG Dresden v. 25.1.1919 – 6. ZS Az. n.v., OLGR 40, 24 (25).
7 Keidel/*Zimmermann*, 15. Aufl., § 93 FGG Rz. 11.
8 Bumiller/*Harders*, § 368 FamFG Rz. 1; Firsching/*Graf*, Rz. 4.932.

d) Inhalt

Im Auseinandersetzungsplan ist zu regeln, auf welche Weise und zu welchen Anteilen das Aktiv- und Passivvermögen aus dem Nachlass unter den Erben verteilt wird. Hierbei müssen alle Umstände, die den Nachlass betreffen, in die Gesamtregelung einfließen. Die Zuordnung samt Ausgleichung bzw. Anrechnung ist **vollständig und detailliert** zu regeln.

19

Der Auseinandersetzungsplan **muss** die erbrechtlichen Verhältnisse, den Nachlassstand unter Aufstellung der Aktiva und Passiva, eventuelle Ausgleichspflichten, die Grundsätze der Teilung und die schuldrechtliche Verpflichtung zum Teilungsvollzug beinhalten.[1]

20

Er **kann** und wird regelmäßig, soweit dies nach den jeweiligen Formvorschriften möglich ist, dingliche Erklärungen zum Vollzug der schuldrechtlich verpflichtenden Teilungsgrundsätze bzw. Vollzugsvollmachten[2] enthalten.

21

Die Auseinandersetzung kann zudem weitere, den Nachlass **nicht direkt betreffende** Vereinbarungen wie bspw. persönliche Verpflichtungen regeln, die gleichwohl zum Zweck der Gesamtabwicklung getroffen werden.[3]

22

2. Beurkundung der Auseinandersetzung

a) Verpflichtung

Nach Abs. 1 Satz 2 **muss** der Notar (übergangsweise das Nachlassgericht) die Auseinandersetzung beurkunden, wenn alle erschienenen Beteiligten mit dem Inhalt des Auseinandersetzungsplans einverstanden sind. Es besteht kein Ermessensspielraum. Der Notar (übergangsweise das Gericht9 ist lediglich an bestehende Verbotsgesetze und die guten Sitten gebunden (s. dazu § 366 Rz. 17). Umgekehrt darf keine Beurkundung erfolgen, wenn die erschienenen Beteiligten nicht einstimmig ihr Einverständnis erklären. Insbesondere ist eine bloße Mehrheit nicht ausreichend.

23

b) Form

Bei der Beurkundung sind die **Regelungen des BeurkG**, soweit dies wie zB hinsichtlich der §§ 6 bis 16, 22 bis 26 BeurkG sachdienlich ist, zumindest mit zu berücksichtigen (s. dazu § 366 Rz. 21).

24

c) Auflassung

aa) Vor dem Notar

Im Rahmen des dinglichen Vollzugs einer schuldrechtlichen Teilungsverpflichtung zur Übertragung von Grundbesitz ist eine Auflassung erforderlich. Wird diese anlässlich der Beurkundung einer bis 31.8.2013 beantragten nachlassgerichtlichen Auseinandersetzung durch einen **Notar** entgegengenommen, der das Verfahren nach § 487 Abs. 1 Nr. 3 iVm. landesgesetzlichen Vorschriften bzw. in Baden-Württemberg nach Art. 147 EGBGB iVm. §§ 1 Abs. 1 und 2, 38, 43 bad-württ. LFGG durchführt, ist die gesetzliche Vorgabe nach § 925 Abs. 1 Satz 2 BGB erfüllt.[4] Für Baden-Württemberg gilt dies angesichts der Tatsache, dass die staatlichen Notariate vollumfänglich und damit nicht nur auf das Auseinandersetzungsverfahren beschränkt Nachlassgericht sind, jedenfalls dann, wenn der Notar im Landesdienst das Verfahren anstelle eines etwa zugewiesenen Rechtspflegers nach § 35 Abs. 3 Satz 1 RPflG als Nachlassrichter führt. Soweit die Auflassung anlässlich einer ab 1.9.2013 beantragten notariellen Auseinandersetzung beurkundet wird, ergeben sich ohnehin keine Probleme.

25

---

1 *Bassenge*/Roth, § 368 FamFG Rz. 2, 3 u. 4.
2 KG v. 23.3.1922 – 1. X 74/22, JFG 1, 362 (365).
3 KG v. 28.3.1904 – I. ZS Az. n.v., OLGR 10, 36; BayObLG v. 2.1.1904 – I. ZS Reg. III 91/1903, BayObLGZ 1905, 1 (7); Jansen/*Müller-Lukoschek*, § 93 FGG Rz. 6.
4 Keidel/*Zimmermann*, § 368 FamFG Rz. 52; Jansen/*Müller-Lukoschek*, § 93 FGG Rz. 9.

bb) Vor dem Rechtspfleger

26 Ist in bis einschließlich 31.8.2013 beantragten Verfahren aufgrund sachlicher Zuständigkeit des Amtsgerichts – bzw. in Baden-Württemberg des mit einem Rechtspfleger besetzten staatlichen Notariats ohne Tätigwerden des Notars nach § 35 Abs. 3 Satz 1 RPflG – der Rechtspfleger funktionell für die Auseinandersetzung zuständig, ist dieser nach § 925 Abs. 1 Satz 3 BGB nur dann zur Entgegennahme der Auflassung zuständig, wenn die nachlassgerichtlich beurkundete Auseinandersetzung einen gerichtlichen Vergleich darstellt, was wiederum einen **Prozessvergleich** iSd. § 127a BGB voraussetzt.[1]

27 Auf Grund seiner Doppelnatur erfordert der Prozessvergleich neben der Wahrung der Anforderungen aus den §§ 159 ff. ZPO bei der Errichtung des Protokolls auch ein **gegenseitiges Nachgeben** der Beteiligten.[2] Eben das ist wiederum typisches Wesensmerkmal einer gerichtlichen Erbauseinandersetzung, die erst aufgrund einer im Vorfeld vorhandenen Uneinigkeit der Beteiligten beantragt wird (s. dazu § 363 Rz. 3). Zudem sind an ein gegenseitiges Nachgeben keine allzu strengen Anforderungen zu stellen,[3] beispielsweise ist bereits ein Nachgeben in Kostenfragen ausreichend.[4]

28 Ein Prozessvergleich iSd. § 127a BGB setzt weiter voraus, dass das Verfahren vor einem deutschen Gericht geführt wird, in dem eine **mündliche Verhandlung** stattfindet.[5] Dies ist im Auseinandersetzungsverfahren gem. §§ 366, 368 der Fall (s. dazu Rz. 15 und § 366 Rz. 9).

29 Unerheblich ist, ob der Vergleich anstelle einer gebotenen **gerichtlichen Entscheidung** tritt,[6] da Prozessvergleiche bspw. auch in selbständigen Beweissicherungsverfahren zulässig sind.[7]

30 Schließlich ist unschädlich, dass die Auseinandersetzung noch der **gerichtlichen Bestätigung** bedarf,[8] da der Vergleich das Verfahren nicht notwendig beenden muss[9] und das Nachlassgericht insoweit keinen Ermessensspielraum hat (s. dazu Rz. 34). Zudem ist keine Verfahrensbeendigung für Vergleiche iSd. § 36 erforderlich.[10] Eine Auflassung kann daher unter den vorstehenden Voraussetzungen auch in durch Rechtspfleger geführten nachlassgerichtlichen Auseinandersetzungsverfahren wirksam beurkundet werden.[11]

cc) Nicht erschienene Beteiligte

31 Ausreichend ist, dass ein nicht erschienener Beteiligter in der Form des § 368 Abs. 1 Satz 3 Halbs. 2 einer in der beurkundeten Auseinandersetzungsvereinbarung enthaltenen Auflassung nachträglich **zustimmt**.[12]

---

1 MüKo.BGB/*Kanzleiter*, § 925 BGB Rz. 15; Keidel/*Zimmermann*, § 368 FamFG Rz. 52; MüKo.ZPO/*Mayer*, § 368 FamFG Rz. 10.
2 Palandt/*Ellenberger*, § 127a BGB Rz. 3.
3 MüKo.BGB/*Einseler*, § 127a BGB Rz. 6.
4 Palandt/*Sprau*, § 779 BGB Rz. 9.
5 MüKo.BGB/*Einseler*, § 127a BGB Rz. 4.
6 So aber *Bassenge*, Rpfleger 1972, 237 (239).
7 MüKo.BGB/*Einseler*, § 127a BGB Rz. 4.
8 *Zimmermann*, Rpfleger 1970, 189 (195). Im Ergebnis ebenso Jansen/*Müller-Lukoschek*, § 93 FGG Rz. 9.
9 MüKo.BGB/*Einseler*, § 127a BGB Rz. 6.
10 Jansen/*Müller-Lukoschek*, § 93 FGG Rz. 11; Keidel/*Winkler*, 15. Aufl., § 98 FGG Rz. 19; Keidel/*Zimmermann*, § 368 FamFG Rz. 52; aA Horndasch/Viefhues/Heinemann, § 368 FamFG Rz. 9; MüKo.ZPO/*Mayer*, § 368 FamFG Rz. 10; Schulte-Bunert/Weinreich/Tschichoflos, § 368 FamFG Rz. 9.
11 Im Ergebnis ebenso *Zimmermann*, Rpfleger 1970, 189 (195); Jansen/*Müller-Lukoschek*, § 93 FGG Rz. 9; Keidel/*Winkler*, 15. Aufl., § 98 FGG Rz. 19; Keidel/*Zimmermann*, § 368 FamFG Rz. 52; aA *Bassenge*/Roth, § 368 FamFG Rz. 5; *Bassenge*, Rpfleger 1972, 237 (239); Horndasch/Viefhues/Heinemann, § 368 FamFG Rz. 9; MüKo.ZPO/*Mayer*, § 368 FamFG Rz. 10.
12 Jansen/*Müller-Lukoschek*, § 93 FGG Rz. 12.

Durch die **Einverständnisfiktion** nach § 368 Abs. 2 iVm. § 366 Abs. 3 und 4 wird der säumige Beteiligte so behandelt, als hätte er im Beurkundungstermin zeitgleich mit den übrigen Beteiligten seine zustimmende Erklärung zur Auseinandersetzung abgegeben. Dadurch wird die durch § 925 Abs. 1 Satz 1 BGB vorausgesetzte gleichzeitige Anwesenheit aller Beteiligten erfüllt.[1] 32

In gleicher Weise gilt eine im Aufteilungsplan enthaltene **Auflassungsvollmacht** als im Beurkundungstermin durch einen unentschuldigt säumigen Beteiligten erteilt.[2] 33

d) Weitere förmliche Vollzugsgeschäfte

Darüber hinaus sind auch für andere Vollzugsgeschäfte besondere Formvorschriften zu beachten, insbesondere die Beurkundungsform für die Abtretung von **GmbH-Geschäftsanteilen** nach § 15 GmbHG und **Erbanteilen** nach § 2033 BGB.[3] 33a

3. Bestätigung

Der Notar (übergangsweise das Nachlassgericht) **muss** eine im Einvernehmen aller erschienenen Beteiligten nach Abs. 1 Satz 2 beurkundete Auseinandersetzung bestätigen, wenn entweder alle Beteiligten erschienen sind (Abs. 1 Satz 3 Halbs. 1) oder alle nicht erschienenen Beteiligten formgerecht vor[4] oder nach Beurkundung ihre Zustimmung erteilt haben (Abs. 1 Satz 3 Halbs. 2) bzw. dies gesetzlich fingiert wird (Abs. 2 Satz 1 iVm. § 366 Abs. 3 Satz 2 oder § 366 Abs. 4 Halbs. 2). S. dazu § 366 Rz. 44. 34

IV. Versäumnisverfahren und Wiedereinsetzung (Absatz 2)

Erscheint einer der Beteiligten zum Vermittlungstermin über die Auseinandersetzung **nicht**, gelten nach Abs. 2 die Regelungen der §§ 366 Abs. 3 und 4 bzw. des § 367 über außergerichtliche vorbereitende Vereinbarungen entsprechend. Insoweit wird auf die diesbezüglichen Anmerkungen unter § 366 Rz. 44 bzw. § 367 Rz. 6 ff. verwiesen. 35

V. Besondere Genehmigungszuständigkeit in bis einschließlich 31.8.2013 beantragten Verfahren (Absatz 3 aF)

1. Allgemeines

In bis einschließlich 31.8.2013 beantragten Verfahren ist nach Abs. 3 das Nachlassgericht unter bestimmten Voraussetzungen ausnahmsweise zur Erteilung einer **betreuungs- oder familiengerichtlichen** Genehmigung zuständig. 36

Hierdurch wird insbesondere eine **Verfahrensbeschleunigung** erreicht.[5] 37

Soweit nach § 487 Abs. 1 Nr. 3 iVm. § 20 Abs. 5 BNotO gem. landesgesetzlichen Vorschriften die Nachlassauseinandersetzung statt durch Gerichte oder neben diesen durch **Notare** vermittelt wird (dazu § 363 Rz. 6), ist deren Zuständigkeit – anders als die Zuständigkeit der staatlichen Notariate in Baden-Württemberg aus Art. 147 EGBGB (dazu § 363 Rz. 5) – für das Genehmigungsverfahren **ausgeschlossen**.[6] 38

2. Voraussetzungen

Die nachlassgerichtliche Genehmigungszuständigkeit setzt voraus, dass in einem Verfahren über eine Auseinandersetzung nach Abs. 1 bzw. über eine vorbereitende Vereinbarung nach § 366 Abs. 1 für einen Beteiligten ein gesetzlicher Vertreter auftritt, hierfür insbesondere gem. §§ 1812, 1821, 1822 ggf. iVm. § 1643 Abs. 1 bzw. § 1915 Abs. 1 BGB eine nachlass-, betreuungs- oder familiengerichtliche Genehmigung er- 39

---

1 BayObLG v. 2.1.1904 – I. ZS Reg. III 91/1903, BayObLGZ 1905, 1 (7).
2 KG v. 23.3.1922 – 1. X 74/22, JFG 1, 362 (365).
3 MüKo.ZPO/*Mayer*, § 368 FamFG Rz. 10.
4 Vorherige Zustimmung ist ausreichend, *Bassenge*/Roth, 11. Aufl., § 93 FGG Rz. 6; KG v. 5.10.1916 – 1. X 249/16, KGJ 49, 88 (91) unter Berufung auf die Streichung des im ursprünglichen GesetzE zu § 89 Abs. 1 FGG noch enthaltenen Zusatzes „nachträglich".
5 Jansen/*Müller-Lukoschek*, § 97 FGG Rz. 13.
6 Firsching/*Graf*, Rz. 4.892.

forderlich ist (s. dazu § 363 Rz. 37) und ohne die Regelung nach Abs. 3 für die Genehmigungserteilung kein **deutsches Gericht** zuständig wäre.[1]

40 Damit ist die besondere Zuständigkeit nach Abs. 3 nicht eröffnet, wenn eine **anderweitige**, nicht iSd. §§ 366, 368 nachlassgerichtlich vermittelte Auseinandersetzung erfolgt.[2]

41 Die **Staatsangehörigkeit** des von der Genehmigung betroffenen Beteiligten ist insoweit ohne Bedeutung.[3]

42 Ebenso wenig kommt es auf den Wohnsitz oder **Aufenthalt** des gesetzlichen Vertreters an.[4]

43 Die Regelung gilt auch für eine nach § 1643 BGB genehmigungsbedürftige Vertretung durch **Eltern**.[5] Dies ergibt sich aus der nunmehr ausdrücklichen zusätzlichen Benennung des eigentlich berufenen Familiengerichts. Dem steht auch nicht entgegen, dass die Eltern nach wie vor nicht ausdrücklich neben Vormund, Betreuer und Pfleger als diejenigen Vertreter benannt werden, die ansonsten nicht der Aufsicht eines deutschen Gerichts unterstehen würden. Gleichwohl ist das Nachlassgericht, da der Gesetzgeber den Regelungsgehalt des früheren § 97 Abs. 2 FGG ohne inhaltliche Änderung übernehmen wollte,[6] ebenso wie bei einer Vormundschaft, Betreuung oder Pflegschaft nur dann ausnahmsweise zuständig, wenn die Eltern andernfalls nicht der Genehmigungszuständigkeit eines deutschen Gerichts unterliegen würden.[7]

44 Benötigt ein Beteiligter für ein Verfahren nach §§ 366, 368 einen gesetzlichen Vertreter und ist ein solcher **noch nicht bestellt**, bleibt es für dessen Bestellung bei der allgemeinen Zuständigkeit, da Abs. 3 lediglich die Erteilung oder Verweigerung einer Genehmigung für Erklärungen des bereits bestellten gesetzlichen Vertreters, nicht jedoch dessen Bestellung regelt. Das Nachlassgericht ist daher nur dann zur Bestellung eines gesetzlichen Vertreters zuständig, wenn unter den Voraussetzungen des § 364 ein Abwesenheitspfleger benötigt wird (s. dazu § 364 Rz. 11 ff.).

45 Die besondere nachlassgerichtliche Zuständigkeit nach Abs. 3 ist abweichend von der früheren Regelung des § 97 Abs. 2 FGG nicht mehr auf **Beistandschaften** anwendbar. Seit Inkrafttreten des Beistandschaftsgesetzes zum 1.7.1998[8] ist der Regelungsgegenstand nach § 1712 BGB auf Vaterschaftsfeststellung und Geltendmachung von Unterhaltsansprüchen zugunsten von Kindern beschränkt. Die frühere Vorschrift des § 1687 aF BGB über das Erfordernis vormundschaftsgerichtlicher Genehmigungen ist ersatzlos entfallen.

3. Verfahren

46 Das Nachlassgericht hat im Rahmen der Prüfung der Genehmigungsvoraussetzungen ausschließlich die **Interessen des Vertretenen** zu berücksichtigen.

47 Soweit die gesetzliche Vertretung grundsätzlich der Überwachung einer **ausländischen Stelle** unterliegt, können etwaige dortige Anordnungen die Wirksamkeit der nachlassgerichtlichen Genehmigungsentscheidung nach Abs. 3 nicht beeinträchtigen.[9]

---

1 LG Leipzig v. 7.5.1902 – BF II 63/02, ZBlFG 3, 127; Bahrenfuss/*Wick*, § 368 FamFG Rz. 6; Bumiller/*Harders*, § 368 FamFG Rz. 6.
2 OLG Colmar v. 28.4.1902 – II. ZS, Az. n.v., OLGR 5, 288; LG Leipzig v. 7.5.1902 – BF II 63/02, ZBlFG 3, 127.
3 LG Colmar v. 28.4.1901 – Az. n.v., ZBlFG 2, 14; MüKo.ZPO/*Mayer*, § 368 FamFG Rz. 13.
4 *Bassenge*/Roth, 11. Aufl., § 97 FGG Rz. 5; Jansen/*Müller-Lukoschek*, § 97 FGG Rz. 13.
5 Keidel/*Zimmermann*, § 368 FamFG Rz. 55; Jansen/*Müller-Lukoschek*, § 97 FGG Rz. 13.
6 Der Gesetzgeber beabsichtigt durch § 368 Abs. 3 zum § 97 Abs. 2 FGG keine inhaltliche Veränderung, s. Begr. zum GesetzE der BReg. zu § 368 Abs. 3, BT-Drucks. 16/6308, S. 283.
7 S. diesbezüglich zur früheren Regelung des § 97 Abs. 2 FGG Jansen/*Müller-Lukoschek*, § 97 FGG Rz. 13.
8 BGBl. I 1997, S. 2846.
9 Keidel/*Winkler*, 15. Aufl., § 97 FGG Rz. 19.

§ 368

Der gesetzliche Vertreter ist im Falle der Maßgeblichkeit deutschen Rechts inner- 48
halb seines gerichtlich vorgegebenen **Wirkungskreises** vollumfänglich vertretungsberechtigt, soweit nicht gesetzliche Insichgeschäftsbeschränkungen iSd. § 181 BGB, von denen auch ein Gericht nicht wirksam befreien kann,[1] bzw. nachlassgerichtliche Genehmigungserfordernisse, vor allem nach den § 1643 Abs. 1 BGB bzw. § 1915 Abs. 1 BGB iVm. §§ 1812, 1821, 1822 BGB, bestehen. In der Praxis ist insbesondere die Genehmigungsfreiheit von Auszahlungen iHv. 3 000 Euro nach § 1813 Abs. 1 Nr. 2 BGB und seit dem 1.9.2009 von einem Giro- oder Kontokorrentkonto in unbegrenzter Höhe nach § 1813 Abs. 1 Nr. 3 BGB von großer Bedeutung, kraft derer auch eine direkte Überweisung an Gläubiger zulässig ist.[2]

Ergibt sich daraus ein **Genehmigungserfordernis**, darf das Nachlassgericht eine 49
beantragte Genehmigung jedoch nicht erteilen, wenn die gesetzlichen Voraussetzungen der gesetzlichen Vertretung, bspw. bei einer Nachlasspflegschaft, deren (Fort-)Bestehen nunmehr von Amts wegen erneut zu überprüfen ist, nicht (mehr) erfüllt sind, bspw. einzelne Miterben ermittelt wurden und daher nicht mehr iSd. § 1960 BGB unbekannt sind.[3]

Den tatsächlich unbekannten Erben ist bereits vor Genehmigungserteilung nach 50
§§ 340, 276 ein **Verfahrenspfleger** bzw. bei einem minderjährigen Kind nach § 158 ein Verfahrensbeistand zu bestellen, da das zwingend zu gewährende rechtliche Gehör grundsätzlich nicht durch den gesetzlichen Vertreter als demjenigen vermittelt werden kann, dessen Handeln im Genehmigungsverfahren überprüft werden soll.[4]

Ähnlich der Neuregelung im streitigen Erbscheinsverfahren nach § 352 Abs. 2 ist 51
auch in Verfahren auf Erteilung nachlass-, betreuungsgerichtlicher bzw. familiengerichtlicher Genehmigungen die bisher bereits verfassungsrechtlich gebotene Vorbescheids-[5] durch eine **Suspensivlösung** ersetzt worden. Dabei wird die gerichtliche Genehmigung entgegen der früheren Rechtslage unter Geltung des FGG noch nicht mit ihrer Bekanntgabe an den gesetzlichen Vertreter, sondern gem. § 40 Abs. 2 Satz 1 erst mit Rechtskraft wirksam, die nach § 45 durch Ablauf der Rechtsmittelfrist eintritt, die wiederum gegenüber dem gesetzlich Vertretenen, dem der Genehmigungsbeschluss nach § 40 Abs. 3 bekannt zu geben ist, nur dann zu laufen beginnt, wenn dieser zumindest durch einen Verfahrenspfleger iSd. §§ 340, 276 bzw. bei einem minderjährigen Kind nach § 158 durch einen Verfahrensbeistand ihrerseits gesetzlich vertreten ist, wobei die Bekanntgabe gegenüber einem über 14jährigen Kind nach § 164 Satz 1 direkt an dieses erfolgt. Die Beschwerdefrist beträgt nach § 63 Abs. 2 Nr. 2 iVm Abs. 3 Satz 1 bezüglich der Genehmigung eines Rechtsgeschäfts jeweils zwei Wochen ab schriftlicher Bekanntgabe des Genehmigungsbeschlusses an den jeweiligen Beteiligten. Nach überwiegender Ansicht ist der Verfahrenspfleger bzw. Verfahrensbeistand, obschon er kein gesetzlicher Vertreter der unbekannten Erben ist, zur Entgegennahme des bekanntzugebenden Genehmigungsbeschlusses iSd. § 41 Abs. 3 und zur Erklärung eines Rechtsmittelverzichts vertretungsberechtigt.[6] Bis zu einer endgültigen höchstrichterlichen oder gesetzlichen Klärung dieser Problematik kann als zusätzliche Absicherung ein Ergänzungspfleger gem. § 1909 BGB zur Entgegennahme des Genehmigungsbeschlusses und zur Erklärungen eines Rechtsmittelverzichts bestellt werden.[7]

Wird für die gesetzlich Vertretenen versehentlich weder ein Verfahrenspfleger 52
noch ein Ergänzungsspfleger bestellt, ist fraglich, ob die Rechtsmittelfrist für die tatsächlich unbekannten Erben als „**vergessene Beteiligte**" mit Ablauf der Rechtsmittel-

---

1 BGHZ v. 9.7.1956 – V BLw 11/56, BGHZ 21, 229 (234); RG v. 13.5.1909 – Rep. IV 248/08, RGZ 71, 162 (164); *Fröhler*, BWNotZ 2006, 97 (104).
2 Palandt/*Diederichsen*, § 1813 BGB Rz. 4.
3 *Fröhler*, BWNotZ 2011, 2 (8).
4 BVerfG v. 18.1.2000 – 1 BvR 321/96, NJW 2000, 1709 (zur früheren Rechtslage vor Inkrafttreten des FGG-RG).
5 BVerfG v. 18.1.2000 – 1 BvR 321/96, NJW 2000, 1709.
6 OLG Hamm v. 7.9.2010 – 15 W 111/10, DNotI-Report 2010, 214; *Schaal*, notar 2010, 393 (404).
7 *Schaal*, notar 2010, 393 (405).

frist für den letzten tatsächlich Beteiligten, hier den gesetzlichen Vertreter, bspw. den Nachlasspfleger, wie durch den Gesetzgeber angedeutet,[1] aus Gründen der Rechtssicherheit endet,[2] aus dem verfassungsrechtlichen Gebot des fairen Verfahrens[3] gar nicht in Lauf gesetzt wird[4] oder nach § 63 Abs. 3 Satz 2 fünf Monate und zwei Wochen nach Beschlusserlass endet.[5]

53   Der bekanntgabeunabhängige **Fristablauf** fünf Monate und zwei Wochen nach Beschlusserlass ist restriktiv zu handhaben und setzt gem. § 63 Abs. 3 Satz 2 voraus, dass eine schriftliche Bekanntgabe objekt unmöglich ist.[6] Weiter ist zu beachten, dass nach § 75 – unter den dort genannten Voraussetzungen – alternativ unter Übergehung der Beschwerdeinstanz auf Antrag unmittelbar – die Rechtsbeschwerde (Sprungrechtsbeschwerde) zulässig ist, für die nach § 75 Abs. 2 FamFG iVm. §§ 566 Abs. 2 Satz 2, 548 ZPO eine einmonatige Antragsfrist gilt. Für die Erteilung eines Rechtskraftzeugnisses iSd. § 46 Satz 1 soll selbst hinsichtlich eines Antrags auf Zulassung der Sprungrechtsbeschwerde, der im Gegensatz zu der nach § 64 beim Gericht des ersten Rechtszuges einzulegenden Beschwerde beim Rechtsbeschwerdegericht zu stellen ist, kein Notfristzeugnis erforderlich sein.[7]

54   Die Frist läuft auch dann nicht, wenn die nach § 39 vorgeschriebene **Rechtsbehelfsbelehrung** fehlt oder hinsichtlich des geforderten Mindestinhalts unrichtig ist, wobei nach § 39 Abs. 1 Satz 2[8] auf die Möglichkeit der Sprungrechtsbeschwerde nicht hingewiesen werden muss.[9]

55   Soweit diesbezüglich zur Beschleunigung und Vereinfachung der Abwicklung eine **Doppelbevollmächtigung**[10] – etwa eines Mitarbeiters des mit der nachlassgerichtlichen Auseinandersetzung betrauten Notars – erfolgt, handelt der Bevollmächtigte zwar mehrvertretend iSd. § 181 Alt. 2 BGB. Er vertritt dabei jedoch neben den übrigen Beteiligten nicht den gesetzlich Vertretenen – andernfalls wäre die Doppelvollmacht und damit die Entgegennahme samt Auseinandersetzung unwirksam, da selbst eine gerichtliche Genehmigung von den Beschränkungen des § 181 BGB nicht befreien kann[11] –, sondern den gesetzlichen Vertreter, der seinerseits dem Doppelbevollmächtigten unbedenklich von den Beschränkungen des § 181 BGB Befreiung erteilen kann.[12] Dabei ist insbesondere zu beachten, dass nach § 10 Abs. 5 FamFG ebenso wie seit dem 1.7.2008 bereits nach § 13 Abs. 4 FGG derjenige Amtsnotar, der zugleich an dem Nachlassgericht, das die nachlassgerichtliche Genehmigung erteilt, Nachlassrichterfunktionen wahrnimmt, als Vertreter bei der Entgegennahme des Genehmigungsbeschlusses für diesen unabhängig davon ausgeschlossen ist, ob er an der Genehmigungsentscheidung konkret mitgewirkt hat oder nicht.

VI. Übergangsrecht

56   **Zum Übergangsrecht** nach FGG-RG s. § 343 Rz. 193 ff.

57   **Kosten/Gebühren: Gericht:** Wegen der Gebühren für das Auseinandersetzungsverfahren s. die Anm. zu § 363. Für die Genehmigung der Vereinbarung nach Abs. 3 durch das Nachlassgericht entsteht keine gesonderte Gebühr.

---

1   BT-Drucks. 16/9733, S. 289.
2   OLG Hamm v. 7.9.2010 – 15 W 111/10, DNotI-Report 2010, 214; Keidel/*Sternal*, 63 FamFG Rz. 45; Bumiller/*Harders*, § 63 FamFG Rz. 6.
3   BVerfG v. NJW 2000, 1709.
4   Prütting/Helms/*Abramenko*, § 63 FamFG Rz. 7; *Bolkart*, MittBayNot 2009, 268 (272).
5   *Litzenburger*, RNotZ 2009, 380 (381) bzw. RNotZ 2010, 32 (36).
6   Prütting/Helms/*Abramenko*, § 63 FamFG Rz. 11.
7   BGH v. 9.12.2009 – XII ZB 215/09, DNotI-Report 2010, 41, 42.
8   BGBl. 2012 I, S. 2418.
9   Prütting/Helms/*Abramenko*, § 39 FamFG Rz. 6 und 16.
10 Dazu im Allgemeinen und zu den Risiken im Falle des Todes des gesetzlichen Vertreters, bspw. des Nachlasspflegers etc. ausf. *Schaal*, notar 2010, 393, 405.
11 BGH v. 9.7.1956 – V BLw 11/56, BGHZ 21, 229 (234); RG v. 13.5.1909 – Rep. IV 248/08, RGZ 71, 162 (164).
12 *Fröhler*, BWNotZ 2006, 97 (100).

§ 369 Verteilung durch das Los

Ist eine Verteilung durch das Los vereinbart, wird das Los, wenn nicht ein anderes bestimmt ist, für die nicht erschienenen Beteiligten von einem durch den Notar[1] zu bestellenden Vertreter gezogen.

A. Allgemeines	III. Anwendbarkeitsvoraussetzungen ... 6
I. Entstehung 1	IV. Losziehungsverfahren
II. Systematik 2	1. Passive erschienene Beteiligte ... 11
III. Normzweck 3	2. Nichterscheinen eines Beteiligten . 13
B. Inhalt der Vorschrift	3. Notarielle Vertreterbestellung ... 16
I. Zuständigkeit 4	V. Übergangsrecht 21
II. Beteiligteneigenschaft 5	

A. Allgemeines

I. Entstehung

Die Vorschrift hat den Regelungsgehalt des früheren § 94 FGG **übernommen**. Durch das Gesetz zur Übertragung von Aufgaben im Bereich der freiwilligen Gerichtsbarkeit auf Notare vom 26.6.2013[2] wurde mittels § 23a Abs. 3 nF GVG für ab 1.9.2013 beantragte Auseinandersetzungen in Teilungssachen iSd. § 342 Abs. 2 Nr. 1 die sachliche Zuständigkeit von den Amtsgerichten auf Notare verlagert (zu den diesbezüglichen Folgen und Übergangsregelungen s. § 363 Rz. 1). **1**

II. Systematik

Die Vorschrift setzt eine Vereinbarung über die Nachlassverteilung durch Los voraus und regelt die **Vertretung** eines zur Losziehung nicht erschienenen Beteiligten. Soweit die Losziehung aufgrund förmlicher gerichtlicher Vermittlung vereinbart wurde, knüpft die Regelung an § 366 an. **2**

III. Normzweck

Das Gesetz stellt sicher, dass eine gemeinsam vereinbarte Losziehung auch bei **Nichterscheinen** eines Beteiligten durchgeführt werden kann, soweit für diesen Fall keine andere Vereinbarung getroffen ist. **3**

B. Inhalt der Vorschrift

I. Zuständigkeit

Zur **sachlichen, örtlichen, funktionellen und internationalen** Zuständigkeit für ab 1.9.2013 beantragte Auseinandersetzungen einerseits und bis einschließlich 31.8.2013 beantragte Auseinandersetzungen andererseits, s. § 363 Rz. 4 ff. Trotz Zuständigkeit des Notars für ab 1.9.2013 beantragte Auseinandersetzungen bleibt der Rechtspfleger des Amtsgerichts nach § 492 Abs. 1 Satz 5 bzw. Abs. 2 für die Ausführung der durch den Notar bewilligten öffentlichen Zustellung bzw. die Entscheidung über die Erinnerung gegen Entscheidungen des Notars zuständig. Zur gerichtsinternen **Geschäftsverteilung** in bis einschließlich 31.8.2013 beantragten Auseinandersetzungen s. § 343 Rz. 192a ff. **4**

II. Beteiligteneigenschaft

Für das Verfahren in Teilungssachen ist im Gegensatz zur Regelung des § 345 in Nachlassangelegenheiten keine spezielle Beteiligtendefinition normiert. Daher rich- **5**

---

1 Für bis 31.8.2013 gestellte Anträge geltende Fassung: **das Gericht**.
2 BGBl. I 2013, S. 1800. Zur Gesetzesbegründung s. Gesetzentwurf des Bundesrates, BT-Drucks. 17/1469, S. 12 ff. bzw. Beschlussempfehlung und Bericht des Rechtsausschusses, BT-Drucks. 17/13136, S. 28 ff.

tet sich die Beteiligteneigenschaft nach § 7 im **Allgemeinen Teil**.[1] Originär Beteiligter ist der tatsächliche Antragsteller nach § 7 Abs. 1, Beteiligter kraft zwingender gerichtlicher Hinzuziehung nach § 7 Abs. 2 Nr. 1 aufgrund unmittelbarer Betroffenheit ihrer Rechte durch das Vermittlungsverfahren sind insbesondere Erben, Erbteilserwerber, Erbeserben, Pfandrechts-, Pfändungspfandrechts- oder Nießbrauchsberechtigte an Erbteilen. Einzelheiten dazu s. § 363 Rz. 18 f.

III. Anwendbarkeitsvoraussetzungen

6   Die Vorschrift ist nur dann anwendbar, wenn vorab eine **Losziehung vereinbart** worden ist. Dies kann entweder durch rechtsgeschäftliche Einigung oder durch notariell (übergangsweise nachlassgerichtlich) vermittelte förmliche Vereinbarung nach § 366 Abs. 1 geschehen.

7   Im letztgenannten Fall kann die Vereinbarung auch durch **Versäumnisfiktion** nach § 366 Abs. 3 und Abs. 4 bzw. nach § 368 Abs. 2 iVm. § 366 Abs. 3 und Abs. 4 zu Stande kommen.[2]

8   Das Erfordernis einer ausdrücklichen Vereinbarung der Losziehung wird nicht dadurch entbehrlich, dass eine lediglich vereinbarte Art der **Teilung in Natur** nach §§ 752, 2042 BGB eine Losziehung erfordert.[3]

9   Soweit die Verteilung durch Los nicht dem Vollzug einer bereits nach § 368 bestätigten Auseinandersetzung, sondern der **Vorbereitung** des noch aufzustellenden Aufteilungsplans dient, müssen die darin zuzuordnenden Nachlassbestandteile als solche bereits bestehen. Durch Losziehung dürfen im zuletzt genannten Fall ausschließlich die bereits vorhandenen Gegenstände persönlich zugeordnet werden.[4]

10 § 369 ist **dispositiv**. Die Beteiligten dürfen daher auch die eigentliche Losziehung einvernehmlich abweichend regeln.[5]

IV. Losziehungsverfahren

1. Passive erschienene Beteiligte

11 **Verweigert** ein erschienener Beteiligter eine zuvor bindend vereinbarte Losziehung, kann für ihn kein Vertreter bestellt werden, da es an dessen tatbestandlich vorausgesetztem Nichterscheinen fehlt.

12 Liegt eine rechtskräftig bestätigte förmliche Vereinbarung zugrunde, kann hieraus nach § 371 Abs. 2 dergestalt **vollstreckt** werden, dass die übrigen Beteiligten durch das Prozessgericht nach § 887 ZPO zur Selbst- oder Fremdvornahme der Losziehung ermächtigt werden.[6] Fehlt ein entsprechender Titel, bleibt lediglich der Klageweg.

2. Nichterscheinen eines Beteiligten

13 In Ermangelung anderer Vereinbarungen wird das Los eines nicht erschienenen Beteiligten von einem durch das Gericht **zu bestellenden Vertreter** gezogen.

14 Ein Beteiligter gilt diesbezüglich jedoch als erschienen, wenn er durch **Bevollmächtigten** oder **gesetzlichen Vertreter** vertreten ist.[7]

15 Die Bestellung eines Vertreters setzt weiter voraus, dass der nicht erschienene Beteiligte durch den Notar (übergangsweise das Nachlassgericht) zu dem Losziehungs-

---

1 *Fröhler*, BWNotZ 2008, 183 (188).
2 MüKo.ZPO/*Mayer*, § 369 FamFG Rz. 3; Keidel/*Zimmermann*, § 369 FamFG Rz. 3.
3 *Bassenge*/Roth, 11. Aufl., § 94 FGG Rz. 1; Keidel/*Zimmermann*, § 369 FamFG Rz. 3; Horndasch/Viefhues/*Heinemann*, § 369 FamFG Rz. 2.
4 Keidel/*Winkler*, 15. Aufl., § 94 FGG Rz. 3.
5 Jansen/*Müller-Lukoschek*, § 94 FGG Rz. 2; Keidel/*Zimmermann*, § 369 FamFG Rz. 5; Horndasch/Viefhues/*Heinemann*, § 369 FamFG Rz. 7.
6 Keidel/*Zimmermann*, § 369 FamFG Rz. 8; *Bassenge*/Roth, 11. Aufl., § 94 FGG Rz. 2.
7 Jansen/*Müller-Lukoschek*, § 94 FGG Rz. 4.

termin **ordnungsgemäß geladen** wurde.[1] Die Ladung erfolgt nach § 15 (s. dazu § 15 Rz. 23 ff.).

3. Notarielle Vertreterbestellung

Der Notar (übergangsweise das Nachlassgericht) **muss** die Vertreterbestellung bei Vorliegen der diesbezüglichen Voraussetzungen vornehmen. Dies geschieht durch Beschluss iSd. § 38.[2] Es besteht kein Ermessensspielraum.[3] Bei Weigerung des Notars (übergangsweise des Gerichts) kann die Bestellung durch befristete Beschwerde durchgesetzt werden.[4]

16

Die Vertreterbestellung wird mit Bekanntgabe an den bestellten Vertreter nach § 15 Abs. 1 iVm. Abs. 2[5] bzw. an den nicht erschienenen Beteiligten durch förmliche Zustellung nach § 41 Abs. 1 Satz 2[6] wirksam.

17

Sie kann mit der befristeten **Beschwerde** angefochten werden. Ist die Beschwerde erfolgreich, gilt § 47, wonach eine bereits erfolgte Lósziehung dadurch nicht mehr betroffen wird, soweit die Bestellung nicht von Anfang an unwirksam ist (s. dazu § 47 Rz. 9).[7]

18

Durch den gerichtlichen Bestellungsakt wird der bestellte Vertreter **gesetzlicher Vertreter** des nicht erschienenen Beteiligten.

19

Seine **Vertretungsmacht** ist ausnahmslos auf die bloße Ziehung des Loses für den säumigen Beteiligten **beschränkt**. Selbst bei der Klärung von anlässlich der Lósziehung auftretenden Meinungsverschiedenheiten kann der bestellte Vertreter den säumigen Beteiligten nicht wirksam vertreten.[8]

20

V. Übergangsrecht

Zum **Übergangsrecht** nach FGG-RG s. § 343 Rz. 193 ff.

21

Kosten/Gebühren: Gericht: Durch die Lósziehung und die Vertreterbestellung entstehen keine besonderen Gebühren.

22

370 *Aussetzung bei Streit*

Ergeben sich bei den Verhandlungen Streitpunkte, ist darüber eine Niederschrift aufzunehmen und das Verfahren bis zur Erledigung der Streitpunkte auszusetzen. Soweit unstreitige Punkte beurkundet werden können, hat der Notar[9] nach den §§ 366 und 368 Abs. 1 und 2 zu verfahren.

A. Allgemeines	II. Beteiligteneigenschaft 5
I. Entstehung 1	III. Streitpunkte 7
II. Systematik 2	IV. Förmliche Aufnahme 13
III. Normzweck 3	V. Aussetzung 16
B. Inhalt der Vorschrift	VI. Teilvollzug 19
I. Zuständigkeit 4	VII. Übergangsrecht 22

---

1 *Bassenge*/Roth, § 369 FamFG Rz. 2; Keidel/*Zimmermann*, § 369 FamFG Rz. 7; Horndasch/Viefhues/*Heinemann*, § 369 FamFG Rz. 3.
2 Horndasch/Viefhues/*Heinemann*, § 369 FamFG Rz. 5; MüKo.ZPO/*Mayer*, § 369 FamFG Rz. 6.
3 MüKo.ZPO/*Mayer*, § 369 FamFG Rz. 6.
4 MüKo.ZPO/*Mayer*, § 369 FamFG Rz. 3; Keidel/*Zimmermann*, § 369 FamFG Rz. 12.
5 Die bis zur 2. Aufl. vertretene Auffassung, § 15 Abs. 3 sei anwendbar, wird hiermit aufgegeben.
6 Horndasch/Viefhues/*Heinemann*, § 369 FamFG Rz. 5.
7 Keidel/*Zimmermann*, § 369 FamFG Rz. 12; MüKo.ZPO/*Mayer*, § 369 FamFG Rz. 6; Horndasch/Viefhues/*Heinemann*, § 369 FamFG Rz. 8.
8 Bumiller/*Harders*, § 369 FamFG Rz. 2.
9 Für bis 31.8.2013 gestellte Anträge geltende Fassung: **das Gericht**.

A. Allgemeines

I. Entstehung

1 Die Vorschrift hat den Regelungsgehalt des früheren § 95 FGG **übernommen**. Durch das Gesetz zur Übertragung von Aufgaben im Bereich der freiwilligen Gerichtsbarkeit auf Notare vom 26.6.2013[1] wurde mittels § 23a Abs. 3 nF GVG für ab 1.9. 2013 beantragte Auseinandersetzungen in Teilungssachen iSd. § 342 Abs. 2 Nr. 1 die sachliche Zuständigkeit von den Amtsgerichten auf Notare verlagert (zu den diesbezüglichen Folgen und Übergangsregelungen s. § 363 Rz. 1).

II. Systematik

2 § 370 regelt die Aussetzung des Verfahrens insoweit, als während der Verhandlung über vorbereitende Maßnahmen nach § 366 bzw. über eine Auseinandersetzung nach § 368 **Streitpunkte** auftreten, die sodann zu protokollieren sind. Unstreitige Punkte sind unabhängig davon nach den §§ 366 und 368 Abs. 1 und 2 zu beurkunden. Die Regelung ergänzt die allgemeine Vorschrift des § 21 und verdrängt bezüglich der Verfahrensleitung als lex specialis zugleich § 28 Abs. 4.

III. Normzweck

3 Die Vorschrift verdeutlicht, dass das notarille (übergangsweise das nachlassgerichtliche) Teilungsverfahren auf eine **Vermittlung** beschränkt ist. Daher sollen Streitfragen von einvernehmlich regelbaren Punkten, die sodann nach §§ 366, 368 zu beurkunden sind, abgetrennt und während diesbezüglicher Aussetzung anderweitig, notfalls vor dem Prozessgericht gelöst werden.

B. Inhalt der Vorschrift

I. Zuständigkeit

4 Zur **sachlichen, örtlichen, funktionellen und internationalen** Zuständigkeit für ab 1.9.2013 beantragte Auseinandersetzungen einerseits und bis einschließlich 31.8.2013 beantragte Auseinandersetzungen andererseits, s. § 363 Rz. 4ff. Trotz Zuständigkeit des Notars für ab 1.9.2013 beantragte Auseinandersetzungen bleibt der Rechtspfleger des Amtsgerichts nach § 492 Abs. 1 Satz 5 bzw. Abs. 2 für die Ausführung der durch den Notar bewilligten öffentlichen Zustellung bzw. die Entscheidung über die Erinnerung gegen Entscheidungen des Notars zuständig. Zur gerichtsinternen **Geschäftsverteilung** in bis einschließlich 31.8.2013 beantragten Auseinandersetzungen s. § 343 Rz. 192aff.

II. Beteiligteneigenschaft

5 Für das Verfahren in Teilungssachen ist im Gegensatz zur Regelung des § 345 in Nachlassangelegenheiten keine spezielle Beteiligtendefinition normiert. Daher richtet sich die Beteiligteneigenschaft nach § 7 im **Allgemeinen Teil**.[2] Originär Beteiligter ist der tatsächliche Antragsteller nach § 7 Abs. 1, Beteiligter kraft zwingender Hinzuziehung nach § 7 Abs. 2 Nr. 1 aufgrund unmittelbarer Betroffenheit ihrer Rechte durch das Vermittlungsverfahren sind insbesondere Erben, Erbteilserwerber, Erbeserben, Pfandrechts-, Pfändungspfandrechts- oder Nießbrauchsberechtigte an Erbteilen. Einzelheiten dazu s. § 363 Rz. 18f.

6 Für eine Verpflichtung zur Aussetzung im Verfahren nach § 370 ist bereits die **Behauptung** einer entsprechenden Berechtigung, bspw. eines Pfändungspfandrechts, ausreichend.[3]

---

[1] BGBl. I 2013, S. 1800. Zur Gesetzesbegründung s. Gesetzentwurf des Bundesrates, BT-Drucks. 17/1469, S. 12ff. bzw. Beschlussempfehlung und Bericht des Rechtsausschusses, BT-Drucks. 17/13136, S. 28ff.

[2] *Fröhler*, BWNotZ 2008, 183 (188).

[3] KG v. 26.1.1905 – Az. n.v., ZBlFG 6, 128 (131).

III. Streitpunkte

Der Notar (übergangsweise das Nachlassgericht) darf für eine Aussetzung lediglich **konkrete** Streitpunkte berücksichtigen, die für die Auseinandersetzung relevant sind und über die ein Rechtsstreit geführt werden kann, bspw. über das Erbrecht bzw. die erbrechtliche Ausgleichspflicht nach §§ 2050, 2052 BGB. Allgemeine Meinungsverschiedenheiten sind nicht ausreichend.[1]

Streitpunkte sind zudem nur dann relevant, wenn sie **während des Verhandlungstermins** im Vermittlungsverfahren nach den §§ 366, 368 geltend gemacht werden. Ein lediglich außerhalb der Verhandlung erhobener Widerspruch ist hingegen unbeachtlich.[2]

Ein Widerspruch eines Beteiligten verhindert bis zu seiner Rücknahme oder Aufhebung durch Urteil ein **Versäumnisverfahren** in einem späteren Termin.[3]

Der Notar (übergangsweise das Nachlassgericht) hat dabei alle für die Erbauseinandersetzung maßgebenden Gesichtspunkte zu erörtern und die **Gesamtheit** der sich dabei ergebenden Streitpunkte zu **ermitteln**. Vor Abschluss einer vollständigen Ermittlung darf eine Aussetzung unter Bezugnahme auf einen ersten Streitpunkt nicht erfolgen.[4]

Zugleich muss der Notar (übergangsweise das Nachlassgericht) im Hinblick auf seine Beurkundungspflicht für unstreitige Punkte gem. Satz 2 Streitpunkte von einvernehmlich regelbaren Gegenständen **abgrenzen**.[5]

Werden streitige Rechtsfragen bereits zurzeit der Einreichung des **Einleitungsantrags** aufgeworfen, darf kein Ermittlungsverfahren eingeleitet werden. Vielmehr ist der Rechtsstreit dann von dem Prozessgericht zu entscheiden.[6]

IV. Förmliche Aufnahme

Der Notar (übergangsweise das Gericht) muss über die in der Verhandlung geäußerten konkreten Streitpunkte ein **Protokoll** aufnehmen. Darin ist **detailliert** fest zu halten, zwischen welchen Beteiligten in wie fern Streitigkeiten bestehen.[7]

Der Inhalt der Protokollaufnahme entfaltet gegenüber einem mit der Entscheidung derartiger Streitpunkte später möglicherweise befassten Prozessgericht oder gegenüber den Beteiligten selbst **keinerlei Bindungswirkung**.[8]

Auf die Protokollierung finden die Regelungen des **BeurkG** zwar keine direkte Anwendung,[9] werden jedoch regelmäßig zweckmäßigerweise gleichwohl berücksichtigt und gehen damit über die allgemein von § 28 Abs. 4 vorgegebene Vermerkform hinaus.[10]

V. Aussetzung

Der Notar (übergangsweise das Gericht) **muss** hinsichtlich der insoweit streitigen Fragen das Verfahren zwingend aussetzen, ohne Erledigungsfristen setzen zu dürfen.[11] Betrifft der Streit den gesamten Nachlass und kann daher keine Abtrennung

---

1 KG v. 5.4.1906 – 1 J 167/06, KGJ 32, A 114 (116); Jansen/*Müller-Lukoschek*, § 95 FGG Rz. 2.
2 BayObLG v. 25.6.1903 – Az. n.v., RJA 4, 14 (17); *Firsching*, DNotZ 1952, 117 (119); Keidel/*Zimmermann*, § 370 FamFG Rz. 1 und 3; *Bassenge*/Roth, § 370 FamFG Rz. 1; MüKO. ZPO/*Mayer*, § 370 FamFG Rz. 2; aA OLG Köln v. 22.3.1950 – 2 W 1/50, DNotZ 1951, 524.
3 BayObLG v. 25.6.1903 – Az. n.v., RJA 4, 14.
4 Bumiller/*Harders*, § 370 FamFG Rz. 2.
5 Jansen/*Müller-Lukoschek*, § 95 FGG Rz. 2.
6 OLG Düsseldorf v. 17.7.2002 – 3 Wx 151/02, FGPrax 2002, 231.
7 OLG Schleswig v. 9.10.2012 – 3 Wx 7/12, FGPrax 2013, 30 (31).
8 Bumiller/*Harders*, § 370 Rz. 3.
9 Keidel/*Zimmermann*, § 370 Rz. 6; Bumiller/*Harders*, § 370 Rz. 3, MüKO. ZPO/*Mayer*, § 370 FamFG Rz. 6.
10 S. Begr. zum GesetzE der BReg. zu § 370, BT-Drucks. 16/6308, S. 284.
11 Keidel/*Zimmermann*, § 370 Rz. 12 und 14; *Bassenge*/Roth, 11. Aufl., § 95 FGG Rz. 3.

iSd. Satz 2 erfolgen, ist das Verfahren vollständig auszusetzen.[1] Ein Urteil des Prozessgerichts bindet das Nachlassgericht.[2] Eine Aussetzung ist sowohl im vorbereitenden Verfahren nach § 366 als auch im Auseinandersetzungsverfahren nach § 368 möglich.[3]

17 Auf Antrag eines Beteiligten ist das ausgesetzte Verfahren nach Erledigung der Streitigkeit **wieder aufzunehmen**. Eine derartige Streiterledigung kann entweder durch rechtskräftiges Prozessurteil oder durch gütliche Einigung eintreten.[4]

18 Die Aussetzung ist nach der durch § 370 ergänzten Regelung des § 21 Abs. 2[5] iVm. §§ 567 Abs. 2 bis 572 ZPO analog mit der sofortigen Beschwerde **anfechtbar**.[6]

VI. Teilvollzug

19 Der Notar (übergangsweise das Gericht) ist nach Satz 2 dazu verpflichtet, das Verfahren gem. §§ 366, 368 hinsichtlich **unstreitiger Nachlassteile** durchzuführen und diesbezüglich bei Einigkeit aller Beteiligten vorbereitende Vereinbarungen bzw. die Auseinandersetzung zu beurkunden und zu bestätigen.[7]

20 Dazu ist Voraussetzung, dass **alle** Beteiligten unabhängig davon, ob sie durch die fortgeführten Teile unmittelbar betroffen sind oder nicht, an der Einigung mitwirken und ihre Zustimmung erteilen. Es gelten die diesbezüglichen allgemeinen Regelungen einschließlich eventueller Zustimmungsfiktionen aufgrund Versäumnis nach den §§ 366, 368 (s. dazu § 366 Rz. 44 bzw. § 368 Rz. 35).

21 Ein **Widerspruch** eines Beteiligten verhindert bis zu seiner Rücknahme oder Aufhebung durch Urteil ein Versäumnisverfahren in einem späteren Termin.[8]

VII. Übergangsrecht

22 Zum **Übergangsrecht** nach FGG-RG s. § 343 Rz. 193 ff.

§ 371 Wirkung der bestätigten Vereinbarung und Auseinandersetzung; Vollstreckung

(1) Vereinbarungen nach § 366 Abs. 1 sowie Auseinandersetzungen nach § 368 werden mit Rechtskraft des Bestätigungsbeschlusses wirksam und für alle Beteiligten in gleicher Weise verbindlich wie eine vertragliche Vereinbarung oder Auseinandersetzung.
(2) Aus der Vereinbarung nach § 366 Abs. 1 sowie aus der Auseinandersetzung findet nach deren Wirksamwerden die Vollstreckung statt. Die §§ 795 und 797 der Zivilprozessordnung sind anzuwenden.

A. Allgemeines	**III. Normzweck** 3
I. Entstehung 1	**B. Inhalt der Vorschrift**
II. Systematik 2	I. Zuständigkeit 4

---

1 Keidel/*Winkler*, 15. Aufl., § 95 FGG Rz. 8.
2 *Bassenge*/Roth, § 370 FamFG Rz. 4; MüKo.ZPO/*Mayer*, § 370 FamFG Rz. 8.
3 OLG Schleswig v. 9.10.2012 – 3 Wx 7/12, FGPrax 2013, 30 (31).
4 OLG Schleswig v. 9.10.2012 – 3 Wx 7/12, FGPrax 2013, 30 (31), Bumiller/*Harders*, § 370 FamFG Rz. 4; *Bassenge*/Roth, § 370 FamFG Rz. 4.
5 S. Begr. RegE, BT-Drucks. 16/6308, S. 284; Keidel/*Zimmermann*, § 370 FamFG Rz. 52; *Bassenge*/Roth, § 370 FamFG Rz. 5; Horndasch/Viefhues/*Heinemann*, § 370 FamFG Rz. 9; Schulte-Bunert/Weinreich/*Tschichoflos*, § 370 FamFG Rz. 21.
6 Bumiller/*Harders*, § 370 FamFG Rz. 6; Keidel/*Zimmermann*, § 370 FamFG Rz. 52; *Bassenge*/Roth, § 370 FamFG Rz. 5; Horndasch/Viefhues/*Heinemann*, § 370 FamFG Rz. 9; Schulte-Bunert/Weinreich/*Tschichoflos*, § 370 FamFG Rz. 20; KG v. 14.11.1918 – Az. n.v., RJA 16, 228 (229) zu § 19 FGG.
7 Beispiele dazu bei Jansen/*Müller-Lukoschek*, § 95 FGG Rz. 7.
8 BayObLG v. 25.6.1903 – Az. n.v., RJA 4, 14.

II. Beteiligteneigenschaft 5	IV. Zwangsvollstreckung (Absatz 2)
III. Wirksamwerden und Verbindlichkeit (Absatz 1)	1. Vollstreckungstitel 18
	2. Vollstreckungsklausel 21
1. Wirksamwerden 6	3. Rechtsbehelfe des Schuldners ... 24
2. Verbindlichkeit 10	4. Rechtsbehelfe des Gläubigers 27
	V. Übergangsrecht 29

A. Allgemeines

I. Entstehung

Die Vorschrift hat in Abs. 1 den Regelungsgehalt des früheren § 97 Abs. 1 FGG **übernommen**. Abs. 2 entspricht dem Inhalt der früheren Regelung des § 98 FGG, wobei Satz 2 erst auf Ersuchen des Bundesrates[1] klarstellend in den Gesetzestext übernommen wurde. **1**

II. Systematik

Abs. 1 definiert den Eintritt der **formellen Rechtskraft** des jeweiligen Bestätigungsbeschlusses als maßgebenden Zeitpunkt des Wirksamwerdens – insoweit als lex specialis gegenüber der allgemeinen Regelung des § 40 Abs. 1 – und der Verbindlichkeit der jeweils bestätigten Vereinbarung bzw. Auseinandersetzung nach §§ 366, 368. Nach Abs. 2 Satz 1 ist der formell rechtskräftige Bestätigungsbeschluss Vollstreckungsgrundlage. Satz 2 verweist über §§ 795 und 797 ZPO klarstellend auf die allgemeinen Vorschriften der Zwangsvollstreckung einschließlich des diesbezüglichen Verfahrens. Hierdurch werden die allgemeinen Regelungen nach §§ 86, 87 und 95 ergänzt. **2**

III. Normzweck

Die Vorschrift ermöglicht eine **rasche Vollstreckbarkeit** aus einer notariell (übergangsweise nachlassgerichtlich) vermittelten Einigung der Beteiligten nach Eintritt formeller Rechtskraft unabhängig von eventuellen materiell-rechtlichen Mängeln. **3**

B. Inhalt der Vorschrift

I. Zuständigkeit

Zur **sachlichen, örtlichen, funktionellen und internationalen** Zuständigkeit für ab 1.9.2013 beantragte Auseinandersetzungen einerseits und bis einschließlich 31.8.2013 beantragte Auseinandersetzungen andererseits, s. § 363 Rz. 4 ff. Trotz Zuständigkeit des Notars für ab 1.9.2013 beantragte Auseinandersetzungen bleibt der Rechtspfleger des Amtsgerichts nach § 492 Abs. 1 Satz 5 bzw. Abs. 2 für die Ausführung der durch den Notar bewilligten öffentlichen Zustellung bzw. die Entscheidung über die Erinnerung gegen Entscheidungen des Notars zuständig. Zu den Besonderheiten im Rahmen der Erteilung der Vollstreckungsklausel nach rechtskräftigem Bestätigungsbeschluss s. Rz. 21 ff. Zur gerichtsinternen **Geschäftsverteilung** in bis einschließlich 31.8.2013 beantragten Auseinandersetzungen s. § 343 Rz. 192a ff. **4**

II. Beteiligteneigenschaft

Für das Verfahren in Teilungssachen ist im Gegensatz zur Regelung des § 345 in Nachlassangelegenheiten keine spezielle Beteiligtendefinition normiert. Daher richtet sich die Beteiligteneigenschaft nach § 7 im **Allgemeinen Teil**.[2] Originär Beteiligter ist der tatsächliche Antragsteller nach § 7 Abs. 1, Beteiligter kraft zwingender Hinzuziehung nach § 7 Abs. 2 Nr. 1 aufgrund unmittelbarer Betroffenheit ihrer Rechte durch das Vermittlungsverfahren sind insbesondere Erben, Erbteilserwerber, Erbeserben, Pfandrechts-, Pfändungspfandrechts- oder Nießbrauchsberechtigte an Erbteilen. Einzelheiten dazu s. § 363 Rz. 18 f. **5**

---

[1] Stellungnahme des BR zum GesetzE der BReg. zu § 371, BR-Drucks. 309/07 (Beschl.), S. 76.
[2] *Fröhler*, BWNotZ 2008, 183 (188).

III. Wirksamwerden und Verbindlichkeit (Absatz 1)

1. Wirksamwerden

6 Maßgebender Zeitpunkt für das Wirksamwerden einer Vereinbarung nach § 366 Abs. 1 bzw. Auseinandersetzung nach § 368 ist die **Rechtskraft** des jeweiligen Bestätigungsbeschlusses.

7 Die Vorschrift ist damit **lex specialis** zur allgemeinen Regelung des § 40 Abs. 1, nach der ein Beschluss grundsätzlich bereits mit Bekanntgabe an den Beteiligten, für den er dem wesentlichen Inhalt nach bestimmt ist, wirksam wird.

8 Rechtskraft iSd. des § 371 Abs. 1 meint **formelle** und damit nicht die beispielsweise einem Prozessurteil innewohnende materielle Rechtskraft.[1] Entsprechend sieht § 372 Abs. 2 vor, dass die Beschwerde gegen einen Bestätigungsbeschluss ausschließlich auf ewaige Verfahrensfehler gegründet werden kann.

9 Formelle Rechtskraft des Bestätigungsbeschlusses tritt ein, wenn bis zum Ablauf der **Beschwerdefrist** nach § 63 keine Beschwerde eingelegt oder eine fristgerecht eingelegte Beschwerde rechtskräftig zurückgewiesen wurde.

2. Verbindlichkeit

10 Mangels materieller Rechtskraft des Bestätigungsbeschlusses sind die Beteiligten nur in **eingeschränktem Umfang** an die bestätigte Vereinbarung bzw. Auseinandersetzung gebunden.

11 Mit Einritt der formellen Rechtskraft gelten sämtliche etwaige **Verfahrensmängel** als geheilt. Fehler, die das Verfahren betreffen, können daher nicht mehr gerügt werden.[2] Dies gilt auch nach Missachtung des Zustimmungserfordernisses nach §§ 366 Abs. 2 Satz 2, 368 Abs. 1 Satz 3 Halbs. 2[3] oder der Voraussetzungen für die Versäumnisfolgen nach §§ 366 Abs. 3 und 4, 368 Abs. 2.[4]

12 Eine derartige Heilung tritt jedoch nicht gegenüber Beteiligten ein, die zu dem Verfahren **nicht hinzugezogen** worden sind, bspw. ein übergangener Miterbe.[5] Sie sind, wenn ihnen in der bestätigten Vereinbarung bzw. Auseinandersetzung keine Verpflichtung auferlegt wurde, gegen den Bestätigungsbeschluss nicht beschwerdeberechtigt,[6] können jedoch ein neues notarielles (übergangsweise nachlassgerichtliches) Auseinandersetzungsverfahren beantragen oder gegen die übrigen Beteiligten vor dem Prozessgericht klagen.[7]

13 Die formelle Rechtskraft erfasst keine Verstöße gegen **zwingende Formvorschriften** der Beurkundung, bspw. § 125 BGB.[8]

14 Sie heilt zudem keine Verletzung **materiellen Rechts**,[9] insbesondere Nichtigkeitstatbestände, Anfechtungen und Fehlen erforderlicher gerichtlicher Genehmigungen.

15 Die Verletzung zwingender Formvorschriften der Beurkundung bzw. des materiellen Rechts kann auch nach Eintritt der formellen Rechtskraft des jeweiligen Bestätigungsbeschlusses durch **Feststellungs- oder Vollstreckungsgegenklage** gem. §§ 767, 794 Nr. 5, 795, 797 Abs. 4 ZPO vor dem Prozessgericht geltend gemacht werden.[10]

---

1 Bumiller/*Harders*, § 371 FamFG Rz. 3.
2 *Bassenge*/Roth, § 371 FamFG Rz. 2.
3 BayObLG v. 9.12.1910 – Reg. III 87/1910, BayObLGZ 1911, 720 (723).
4 KG v. 23.3.1898 – 1. X. 74/22, JFG 1, 362 (365).
5 KG v. 12.9.1914 – Az. n.v., ZBlFG 15, 561; *Bassenge*/Roth, § 371 FamFG Rz. 2.
6 Keidel/*Winkler*, 15. Aufl., § 96 FGG Rz. 10.
7 Jansen/*Müller-Lukoschek*, § 97 FGG Rz. 5; MüKo.ZPO/*Mayer*, § 371 FamFG Rz. 9.
8 Keidel/*Zimmermann*, § 371 FamFG Rz. 13.
9 KG v. 23.3.1898 – 1. X. 74/22, JFG 1, 362 (365); Keidel/*Zimmermann*, § 371 FamFG Rz. 12.
10 BayObLG v. 9.12.1910 – Reg. III 87/1910, BayObLGZ 1911, 720 (723); *Bassenge*/Roth, § 371 FamFG Rz. 3.

Mit **Rechtskraft** eines Urteils, das die Unwirksamkeit der bestätigten Vereinbarung feststellt, oder nach einstimmiger vertraglicher Aufhebung durch alle Beteiligten kann ein **neues** notarielles (übergangsweise nachlassgerichtliches) **Auseinandersetzungsverfahren** eingeleitet werden. 16

Für erst nachträglich bemerkte weitere Nachlassgegenstände kommt eine **Nachtragsauseinandersetzung** in Betracht.[1] 17

IV. Zwangsvollstreckung (Absatz 2)

1. Vollstreckungstitel

Mit **Wirksamwerden** einer Vereinbarung nach § 366 Abs. 1 bzw. einer Auseinandersetzung nach § 368 durch Eintritt der formellen Rechtskraft des zugehörigen Bestätigungsbeschlusses findet aus der bestätigten Vereinbarung bzw. Auseinandersetzung die Vollstreckung statt. 18

Für ihre **Durchführung** gelten die §§ 803ff. ZPO. Wurde die Auflassung in der Auseinandersetzung nicht mitbeurkundet, ist nach § 888 ZPO zu verfahren, da § 894 ZPO nicht anwendbar ist.[2] 19

Es ist **keine gesonderte Zwangsvollstreckungsunterwerfung** der Beteiligten nach § 794 Abs. 1 Nr. 5 ZPO erforderlich.[3] 20

2. Vollstreckungsklausel

Der Notar (übergangsweise das Nachlassgericht) wirkt innerhalb des Zwangsvollstreckungsverfahrens aufgrund eines rechtskräftigen Bestätigungsbeschlusses ausschließlich durch Erteilung der Vollstreckungsklausel mit. Hierzu benötigt der Gläubiger eine vollstreckbare Ausfertigung der bestätigten Urkunde nach § 724 ZPO.[4] Das weitere Verfahren vollzieht sich gem. **Zivilprozessordnung**. Nach Abs. 2 Satz 2 finden die §§ 795, 797 ZPO und damit, soweit nicht in den §§ 795a bis 800 ZPO abweichende Vorschriften enthalten sind, die §§ 724 bis 793 ZPO Anwendung. 21

Nach § 797 Abs. 1 ZPO erteilt der Urkundsbeamte der Geschäftsstelle desjenigen Nachlassgerichts die **Vollstreckungsklausel**, das die Urkunde verwahrt. Entsprechendes gilt bei Zuständigkeit der staatlichen Notariate als Nachlassgericht in Baden-Württemberg aus Art. 147 EGBGB. Soweit nach § 487 Abs. 1 Nr. 3 iVm. § 20 Abs. 5 BNotO gem. landesgesetzlichen Vorschriften die Nachlassauseinandersetzung durch **Notare** vermittelt wird (dazu § 363 Rz. 6), ist nach § 797 Abs. 2 Satz 1 ZPO derjenige Notar zuständig, der das Vermittlungsverfahren durchgeführt hat und den Bestätigungsbeschluss verwahrt. Bei Verwahrung durch eine andere Behörde ist diese nach § 797 Abs. 2 Satz 2 ZPO zuständig. 22

Gem. § 797 Abs. 3 ZPO iVm. § 20 Nr. 13 RPflG ist hingegen der Rechtspfleger – im staatlichen Notariat als Nachlassgericht in Baden-Württemberg, dem kein Rechtspfleger zugeordnet ist oder in dem der Notar im Landesdienst trotz Rechtspflegerzuweisung nach § 35 Abs. 3 Satz 1 RPflG tätig wird, der Notar – für die Erteilung einer **weiteren vollstreckbare Ausfertigung** zuständig. Der nach § 487 Abs. 1 Nr. 3 bzw. der für ab 1.9.2013 beantragte Auseinandersetzungen gem. § 23a Abs. 3 nF GVG zuständige Notar ist auch zur Erteilung einer weiteren vollstreckbaren Ausfertigung zuständig und entscheidet nach § 797 Abs. 3 nF ZPO über deren Erteilung nunmehr selbst (s. dazu § 343 Rz. 141b), während er früher dazu nach § 797 Abs. 3 aF ZPO der Anweisung des Rechtspflegers bei dem für seinen Amtssitz zuständigen Amtsgericht bedurfte, die er selbst mangels eigenen Antragsrechts des Gläubigers[5] zu beantragen hatte und die ihm durch den dort zuständigen Rechtspfleger erteilt wurde. 23

---

1 Jansen/*Müller-Lukoschek*, § 97 FGG Rz. 7.
2 *Bassenge*/Roth, § 371 FamFG Rz. 7; Bumiller/*Harders*, § 371 FamFG Rz. 6.
3 Bumiller/*Harders*, § 371 FamFG Rz. 4.
4 Keidel/*Zimmermann*, § 371 FamFG Rz. 35; Bumiller/*Harders*, § 371 FamFG Rz. 5; MüKo.ZPO/*Mayer*, § 371 FamFG Rz. 13.
5 OLG Düsseldorf v. 9.2.1977 – 3 W 29/77, DNotZ 1977, 571 (572).

3. Rechtsbehelfe des Schuldners

24 Gegen die Erteilung der vollstreckbaren Ausfertigung kann der Schuldner nach § 732 ZPO **Klauselerinnerung** einlegen. Zuständig ist nach §§ 732 Abs. 1, 797 Abs. 3, 802 ZPO ausschließlich dasjenige Gericht, von dessen Geschäftsstelle die Vollstreckungsklausel erteilt wurde, somit grundsätzlich das Nachlassgericht,[1] dort der Richter,[2] bzw. das staatliche Notariat in Baden-Württemberg, dort der Notar. Hat ein nach § 487 Abs. 1 Nr. 3 zuständiger Notar die vollstreckbare Ausfertigung erteilt, ist das Amtsgericht (Streitgericht), dort der Richter, zuständig.[3]

25 Gegen die Erteilung einer **weiteren vollstreckbaren Ausfertigung** ist ebenfalls Klauselerinnerung nach § 732 ZPO statthaft.[4]

26 Darüber hinaus kann nach §§ 767, 768 ZPO bei dem nach § 797 Abs. 5 ZPO örtlich zuständigen Prozessgericht **Vollstreckungsabwehrklage** erhoben werden.[5]

4. Rechtsbehelfe des Gläubigers

27 Gegen die Ablehnung einer beantragten vollstreckbaren Ausfertigung ist zunächst entsprechend § 573 Abs. 1 ZPO (befristete) **Erinnerung** bei dem für die Klauselerteilung zuständigen Gericht bzw. im Falle einer Ablehnung durch den nach § 487 Abs. 1 Nr. 3 zuständigen Notar bei dem für dessen Amtsbezirk zuständigen Amtsgericht statthaft. Bei Nichtabhilfe ist sodann nach §§ 54, 1 Abs. 2 BeurkG die **Beschwerde** eröffnet.[6] Ist die Beschwerde erfolgreich, wird die zuständige Stelle zur Klauselerteilung angewiesen.[7] Nach § 54 Abs. 2 Satz 1 BeurkG gelten für das Verfahren die Regelungen des FamFG. Somit findet nach § 70 Abs. 1 die (befristete) Rechtsbeschwerde zum Bundesgerichtshof statt, wenn sie durch das Beschwerdegericht zugelassen worden ist. Der Bundesgerichtshof ist nach § 70 Abs. 2 Satz 2 an die Zulassung gebunden.

28 Bei Ablehnung einer beantragten **weiteren vollstreckbaren Ausfertigung** gilt ebenfalls § 54 BeurkG,[8] wobei der Notar gegen die Verweigerung der von ihm beantragten Anweisung wegen seiner diesbezüglichen Eigenschaft als Organ der Rechtspflege kein eigenes Beschwerderecht hat.[9]

V. Übergangsrecht

29 Zum **Übergangsrecht** nach FGG-RG s. § 343 Rz. 193 ff.

372 *Rechtsmittel*

(1) Ein Beschluss, durch den eine Frist nach § 366 Abs. 3 bestimmt wird, und ein Beschluss, durch den über die Wiedereinsetzung entschieden wird, ist mit der sofortigen Beschwerde in entsprechender Anwendung der §§ 567 bis 572 der Zivilprozessordnung anfechtbar.
(2) Die Beschwerde gegen den Bestätigungsbeschluss kann nur darauf gegründet werden, dass die Vorschriften über das Verfahren nicht beachtet wurden.

---

1 Zöller/*Stöber*, § 797 ZPO Rz. 13; Jansen/*Müller-Lukoschek*, § 98 FGG Rz. 12; Keidel/*Zimmermann*, § 371 FamFG Rz. 41.
2 Zöller/*Stöber*, § 797 ZPO Rz. 13; Jansen/*Müller-Lukoschek*, § 98 FGG Rz. 12; Keidel/*Zimmermann*, § 371 FamFG Rz. 41.
3 Zöller/*Stöber*, § 797 ZPO Rz. 13; Keidel/*Zimmermann*, § 371 FamFG Rz. 41.
4 Zöller/*Stöber*, § 797 ZPO Rz. 14.
5 Zöller/*Stöber*, § 797 ZPO Rz. 13.
6 Zöller/*Stöber*, § 797 ZPO Rz. 12; Jansen/*Müller-Lukoschek*, § 98 FGG Rz. 8; MüKo.ZPO/*Mayer*, § 371 FamFG Rz. 17; aA Horndasch/Viefhues/*Heinemann*, § 371 FamFG Rz. 19.
7 Zöller/*Stöber*, § 797 ZPO Rz. 12.
8 BayObLG v. 27.10.1999 – 3 Z BR 281/99, Rpfleger 2000, 74 (75); Jansen/*Müller-Lukoschek*, § 98 FGG Rz. 10.
9 Zöller/*Stöber*, § 797 ZPO Rz. 14.

A. Allgemeines
I. Entstehung 1
II. Systematik 2
III. Normzweck 4
B. Inhalt der Vorschrift
I. Rechtsmittel gegen Zwischenentscheidungen (Absatz 1)
1. Betroffene Zwischenentscheidungen 7
2. Sofortige Beschwerde 10
II. Rechtsmittel gegen den Bestätigungsbeschluss (Absatz 2) 14
III. Übergangsrecht 22

A. Allgemeines

I. Entstehung

Die Vorschrift hat die frühere Regelung des § 96 FGG über die Anfechtbarkeit von Entscheidungen im Teilungsverfahren ersetzt. **1**

II. Systematik

Nach Abs. 1 sind die dort genannten beiden **Zwischenentscheidungen** der Fristbestimmung nach § 366 Abs. 3 und der Entscheidung über die Wiedereinsetzung mit der sofortigen Beschwerde entsprechend den §§ 567 bis 572 ZPO anfechtbar. Im Gegensatz dazu stellte § 96 Satz 1 FGG für die sofortige Beschwerde bei Wiedereinsetzung auf das Verfahren nach § 22 FGG ab und sah für die Fristbestimmung die einfache Beschwerde nach § 19 FGG vor. Die Statthaftigkeit der sofortigen Beschwerde gegen die Entscheidung über die spezielle Wiedereinsetzung in Teilungssachen erfasst damit auch die Gewährung der Wiedereinsetzung und weicht **zugleich** von der diesbezüglichen allgemeinen Regelung des § 19 Abs. 2 (dort Unanfechtbarkeit der gewährten Wiedereinsetzung) ab. **2**

Abs. 2 beschränkt die Beschwerdegründe für eine nach der allgemeinen Regelung des § 58 Abs. 1 statthafte befristete Beschwerde – anstelle der früheren sofortigen Beschwerde nach § 96 Satz 1 FGG – gegen den Bestätigungsbeschluss als **Endentscheidung** ausschließlich auf die Nichtbeachtung von Verfahrensvorschriften. **3**

III. Normzweck

Die Vorschrift gewährt für die beiden bedeutsamen und zugleich typischen Arten von Zwischenentscheidungen im Teilungsverfahren, die Fristbestimmung und die Entscheidung über eine Wiedereinsetzung, ausnahmsweise das Recht auf selbständige Anfechtbarkeit und dabei in Gestalt der sofortigen Beschwerde ein weitgehend **entformalisiertes Rechtsmittelverfahren**.[1] **4**

Die diesbezügliche Verweisung auf die Regelungen der Zivilprozessordnung dient zudem der **Harmonisierung** der Verfahrensordnungen.[2] **5**

Zugleich sorgt die zweiwöchige Beschwerdefrist nach Abs. 1 einerseits sowie die einmonatige Befristung samt Begrenzung der Beschwerdegründe für die allgemeine Beschwerde gegen Bestätigungsbeschlüsse nach Abs. 2 andererseits für schnelle **Rechtssicherheit**. **6**

B. Inhalt der Vorschrift

I. Rechtsmittel gegen Zwischenentscheidungen (Absatz 1)

1. Betroffene Zwischenentscheidungen

Nach Abs. 1 ist gegen die Zwischenentscheidungen der Fristbestimmung und der Entscheidung über die Wiedereinsetzung **sofortige Beschwerde** statthaft. **7**

Die **Fristbestimmung** betrifft das Versäumnisverfahren bei der nachlassgerichtlichen Vermittlung sowohl von vorbereitenden Vereinbarungen nach § 366 Abs. 3 (s. **8**

---

1 S. Begr. zum GesetzE der BReg. zu § 58 Abs. 1, BT-Drucks. 16/6308, S. 203.
2 S. Begr. zum GesetzE der BReg. zu § 58 Abs. 1, BT-Drucks. 16/6308, S. 203.

dazu § 366 Rz. 37) als auch der eigentlichen Auseinandersetzung nach § 368 Abs. 2 iVm. § 366 Abs. 3.

9 Hinsichtlich der Entscheidung über die **Wiedereinsetzung** stellt Abs. 1 auf die spezielle Regelung des § 367 ab. Dadurch gelten die diesbezüglichen allgemeinen Vorschriften der §§ 17, 18 und 19 Abs. 1 entsprechend bei unverschuldeter Verhinderung eines in einem nachlassgerichtlichen Vermittlungsverfahren iSd. §§ 366, 368 säumigen Beteiligten, rechtzeitig die Anberaumung eines neuen Termins zu beantragen oder in dem neuen Termin zu erscheinen (s. dazu § 367 Rz. 7). Die sofortige Beschwerde ist dabei sowohl gegen die Ablehnung als auch gegen die – hier ausnahmsweise über § 367 entgegen § 19 Abs. 2 anfechtbare – Gewährung der Wiedereinsetzung statthaft.

2. Sofortige Beschwerde

10 Grundsätzlich kann eine Zwischen- bzw. Nebenentscheidung nicht selbständig, sondern allenfalls gemeinsam mit der diesbezüglichen Hauptsacheentscheidung angefochten werden.[1] Abs. 2 statuiert hierzu eine ausdrückliche **Ausnahme**.

11 Die sofortige Beschwerde ist nach § 569 Abs. 1 ZPO binnen einer nach § 224 Abs. 1 ZPO nicht verkürzbaren **Notfrist** von zwei Wochen wahlweise beim Ausgangs- oder beim Beschwerdegericht einzulegen. Die Beschwerdefrist beginnt grundsätzlich mit der Zustellung der Entscheidung, spätestens mit Ablauf von fünf Monaten nach Verkündung des Beschlusses.

12 Die Beschwerde wird nach § 569 Abs. 2 bzw. 3 ZPO durch Einreichung einer **Beschwerdeschrift**, hilfsweise zu Protokoll der Geschäftsstelle eingelegt und soll nach § 571 Abs. 1 ZPO begründet werden.

13 Nach § 568 ZPO besteht eine originäre **Einzelrichterzuständigkeit**, wenn die angefochtene Entscheidung wie hier von einem Rechtspfleger oder einem Einzelrichter stammt.

II. Rechtsmittel gegen den Bestätigungsbeschluss (Absatz 2)

14 Rechtsmittel gegen einen Bestätigungsbeschluss nach § 366 Abs. 2 Satz 1 im Verfahren über außergerichtliche Vereinbarungen bzw. nach § 368 Abs. 1 Satz 3 im Verfahren über einen Auseinandersetzungsplan ist die befristete Beschwerde nach den allgemeinen Regeln der §§ 58 Abs. 1, 63, da der Bestätigungsbeschluss im Gegensatz zu den Zwischenentscheidungen nach Abs. 1 **Endentscheidung** iSd. § 38 Abs. 1 ist.

15 **Beschwerdeberechtigt** ist dabei nach § 59 Abs. 1 derjenige, der durch den Bestätigungsbeschluss in seinen Rechten beeinträchtigt ist. Dies sind alle zu dem Verfahren hinzugezogenen Beteiligten, ausgenommen diejenigen, die sich gegen ihre Hinzuziehung wehren, aber auf das Verfahren eingelassen haben.[2] Ebenfalls beschwerdeberechtigt sind Nichtzugezogene, wenn ihnen Pflichten auferlegt worden sind.[3] Ein geltend gemachter Verfahrensmangel ist auch dann relevant, wenn er den Beschwerdeführer nicht selbst betrifft.[4]

16 Abs. 2 **beschränkt** jedoch die Zulässigkeit der Beschwerdegründe. Danach kann die Beschwerde nur auf die Nichtbeachtung der Vorschriften über das **Verfahren** gestützt werden. Ausreichend ist dabei bereits die Rüge der Fehlerhaftigkeit einzelner Verfahrenshandlungen.[5] Dies kommt insbesondere bei einer Verletzung der Regelungen der §§ 365, 366 Abs. 3 bzw. 368 Abs. 2[6] oder dem Fehlen einer erforderlichen gerichtlichen Genehmigung[7] in Betracht.

---

1 S. bspw. bei Versagung der Wiedereinsetzung im Zivilprozess Vorwerk/*Jaspersen*, Kap. 71 Rz. 101. Dazu iÜ § 58 Abs. 2.
2 Jansen/*Müller-Lukoschek*, § 96 FGG Rz. 4.
3 Keidel/*Zimmermann*, § 372 FamFG Rz. 22.
4 *Bassenge*/Roth, 11. Aufl., § 96 FGG Rz. 2; Keidel/*Zimmermann*, § 372 FamFG Rz. 21.
5 Jansen/*Müller-Lukoschek*, § 96 FGG Rz. 4; Horndasch/Viefhues/*Heinemann*, § 372 FamFG Rz. 11.
6 Bumiller/*Harders*, § 372 FamFG Rz. 6.
7 OLG Colmar v. 14.2.1912 – Az. n.v., KGJ 44, 328 (330); Bumiller/*Harders*, § 372 FamFG Rz. 6.

Mit Rechtskraft der Beschwerdeentscheidung wird ein dadurch aufgehobener Bestätigungsbeschluss gegenüber allen Beteiligten, somit auch gegenüber denjenigen, die keine Beschwerde eingelegt haben, wirkungslos[1] und das Verfahren auf den Stand vor dessen Erlass **zurückversetzt**. 17

Je nach Reichweite des maßgebenden Verfahrensmangels muss das eingeleitete Verfahren entweder ohne Bindung der Beteiligten an ihre Erklärungen vollumfänglich wiederholt[2] oder lediglich teilweise unter Fortbestand der **Beteiligtenbindung** im Übrigen neu durchgeführt werden.[3] 18

Beruht der Verfahrensmangel auf einer entgegen § 370 Satz 1 unterlassenen **Aussetzung**, kann das Beschwerdegericht diese selbst anordnen.[4] 19

Inhaltliche Fehler sind hingegen ausschließlich mit einer Feststellungs- oder Vollstreckungsgegenklage nach §§ 767, 794 Nr. 5, 795, 797 Abs. 4 ZPO vor dem Prozessgericht angreifbar. 20

Ein durch einen Notar in dessen **nichtnachlassgerichtlicher** Funktion beurkundeter Erbauseinandersetzungsvertrag ist nicht durch Beschwerde anfechtbar.[5] 21

III. Übergangsrecht

Zum **Übergangsrecht** nach FGG-RG s. § 343 Rz. 193 ff. 22

Kosten/Gebühren: Gericht: Für Beschwerde- und Rechtsbeschwerdeverfahren werden Gebühren nach den Nrn. 19116 und 19127 KV GNotKG erhoben. Als Kostenschuldner kommen der Rechtsmittelführer als Antragsteller (§§ 22 Abs. 1, 25 GNotKG) und der Entscheidungsschuldner (§ 27 Nr. 1 GNotKG) in Betracht. **RA:** Für das Beschwerdeverfahren entstehen Gebühren nach Nrn. 3500, 3513 VV RVG. 23

373 *Auseinandersetzung einer Gütergemeinschaft*

(1) Auf die Auseinandersetzung des Gesamtsguts nach der Beendigung der ehelichen, lebenspartnerschaftlichen oder der fortgesetzten Gütergemeinschaft sind die Vorschriften dieses Abschnitts entsprechend anzuwenden.
(2) Für das Verfahren zur Erteilung, Einziehung oder Kraftloserklärung von Zeugnissen über die Auseinandersetzung des Gesamtguts einer ehelichen, lebenspartnerschaftlichen oder fortgesetzten Gütergemeinschaft nach den §§ 36 und 37 der Grundbuchordnung sowie den §§ 42 und 74 der Schiffsregisterordnung gelten § 345 Abs. 1 sowie die §§ 352, 353 und 357 entsprechend.

A. Allgemeines	III. Auseinandersetzung einer Gütergemeinschaft (Absatz 1)
I. Entstehung 1	1. Beendigung einer Gütergemeinschaft 8
II. Systematik 2	
III. Normzweck 3	2. Auseinandersetzungsgegenstand . 11
B. Inhalt der Vorschrift	3. Antragsberechtigung 14
I. Zuständigkeit 4	4. Verfahren 18
II. Beteiligteneigenschaft 7	IV. Zeugniserteilung (Absatz 2) 19
	V. Übergangsrecht 20

A. Allgemeines

I. Entstehung

Die Vorschrift hat in Abs. 1 den Regelungsgehalt des früheren § 99 Abs. 1 FGG **übernommen**. Die im früheren § 99 Abs. 2 FGG enthaltene Zuständigkeitsregelung 1

---

1 Keidel/*Zimmermann*, § 372 FamFG Rz. 24.
2 Jansen/*Müller-Lukoschek*, § 96 FGG Rz. 10; MüKo/ZPO/*Mayer*, § 372 FamFG Rz. 5.
3 KG v. 12.2.1914 – 1 X 467/13, KGJ 46, 151 (154).
4 KG v. 26.1.1905 – Az. n.v., RJA 5, 230 (234).
5 BayObLG v. 25.9.1929 – Reg. III Nr. 101/29, JFG 7, 54 (55).

wurde durch § 23a Abs. 2 Nr. 2 GVG bzw. § 344 Abs. 5 ersetzt. Durch das Gesetz zur Übertragung von Aufgaben im Bereich der freiwilligen Gerichtsbarkeit auf Notare vom 26.6.2013[1] wurde mittels § 23a Abs. 3 nF GVG für ab 1.9.2013 beantragte Auseinandersetzungen in Teilungssachen iSd. § 342 Abs. 2 Nr. 1 die sachliche Zuständigkeit von den Amtsgerichten auf Notare verlagert. Die örtliche Zuständigkeit richtet sich für **ab 1.9.2013** beantragte Auseinandersetzungen insoweit ausschließlich nach § 344 Abs. 5 (s. § 344 Rz. 56 ff.), wobei noch eine Restzuständigkeit des Gerichts, in dessen Amtsgerichtsbezirk der Amtssitz des Notars liegt, nach § 492 Abs. 1 Satz 5 bzw. Abs. 2 für die Ausführung der durch den Notar bewilligten öffentlichen Zustellung bzw. die Entscheidung über die Erinnerung gegen Entscheidungen des Notars verbleibt. Für bis einschließlich 31.8.2013 beantragte und gem. § 493 nach bis dahin geltendem Recht der sachlichen Zuständigkeit der Amtsgerichte unterliegende Nachlassauseinandersetzungen bleibt hingegen das nach § 344 Abs. 5 aF berufene Amtsgericht örtlich zuständig.

II. Systematik

2   Die von dieser Vorschrift erfassten Regelungsgegenstände sind nach § 342 Abs. 2 ebenso wie eine Nachlassauseinandersetzung **Teilungssachen**. Abs. 1 statuiert die entsprechende Anwendung der §§ 363 bis 372 für die Auseinandersetzung des Gesamtguts nach der Beendigung einer Gütergemeinschaft. Abs. 2 sieht für die Erteilung der diesbezüglich erforderlichen Zeugnisse die entsprechende Anwendbarkeit der Verfahrensvorschriften nach den §§ 345 Abs. 1, 352, 353 und 357 vor.

III. Normzweck

3   Die Vorschrift **stellt** die Auseinandersetzung des gesamthänderisch gebundenen Gesamtguts der Gütergemeinschaft verfahrensrechtlich der Erbauseinandersetzung **gleich**.

B. Inhalt der Vorschrift

I. Zuständigkeit

4   Zur **sachlichen, örtlichen, funktionellen und internationalen** Zuständigkeit für ab 1.9.2013 beantragte Auseinandersetzungen einerseits und bis einschließlich 31.8.2013 beantragte Auseinandersetzungen andererseits, s. § 363 Rz. 4 ff. Trotz Zuständigkeit des Notars für ab 1.9.2013 beantragte Auseinandersetzungen bleibt der Rechtspfleger des Amtsgerichts nach § 492 Abs. 1 Satz 5 bzw. Abs. 2 für die Ausführung der durch den Notar bewilligten öffentlichen Zustellung bzw. die Entscheidung über die Erinnerung gegen Entscheidungen des Notars zuständig.

5   Ergänzend regelt § 487 Abs. 1 Nr. 2 eine Erweiterung des landesgesetzlichen Vorbehalts für die Auseinandersetzung nach § 373.[2]

6   Zur gerichtsinternen **Geschäftsverteilung** in bis einschließlich 31.8.2013 beantragten Auseinandersetzungen s. § 343 Rz. 192a ff.

II. Beteiligteneigenschaft

7   Für das Verfahren in Teilungssachen ist im Gegensatz zur Regelung des § 345 in Nachlassangelegenheiten keine spezielle Beteiligtendefinition normiert. Daher richtet sich die Beteiligteneigenschaft nach § 7 im **Allgemeinen Teil**.[3] Originär Beteiligter ist der tatsächliche Antragsteller nach § 7 Abs. 1, Beteiligter kraft zwingender Hinzuziehung nach § 7 Abs. 2 Nr. 1 aufgrund unmittelbarer Betroffenheit ihrer Rechte durch das Vermittlungsverfahren sind insbesondere je nach Beendigungstatbestand

---

1 BGBl. I 2013, S. 1800. Zur Gesetzesbegründung s. Gesetzentwurf des Bundesrates, BT-Drucks. 17/1469, S. 12 ff. bzw. Beschlussempfehlung und Bericht des Rechtsausschusses, BT-Drucks. 17/13136, S. 28 ff.
2 Bumiller/*Harders*, § 487 FamFG Rz. 3.
3 *Fröhler*, BWNotZ 2008, 183 (188).

für die Gütergemeinschaft der jeweilige Ehegatte, die Abkömmlinge bzw. die Erben des längstlebenden Ehegatten sowie am Anteil des Gesamtguts berechtigte Pfändungsgläubiger. Einzelheiten zur allgemeinen Beteiligteneigenschaft s. § 7 Rz. 24. Für Zeugnisverfahren gilt nach Abs. 2 § 345 Abs. 1.

III. Auseinandersetzung einer Gütergemeinschaft (Absatz 1)

1. Beendigung einer Gütergemeinschaft

Der Güterstand der Gütergemeinschaft besteht zwischen Eheleuten bzw. eingetragenen Lebenspartnern nur dann, wenn sie dies durch entsprechenden notariell beurkundeten Ehevertrag nach § 1408 BGB bzw. Lebenspartnerschaftsvertrag gem. § 7 LPartG formgerecht **vereinbart** haben. 8

Die **allgemeine** Gütergemeinschaft endet grundsätzlich mit Auflösung der Ehe bzw. Lebenspartnerschaft durch den Tod des erstversterbenden Partners – wenn nicht fortgesetzte Gütergemeinschaft nach § 1483 BGB vereinbart wurde –, mit Rechtskraft eines entsprechenden Aufhebungsurteils nach den §§ 1447, 1448, 1449, 1469, 1470 BGB, durch Scheidung und Aufhebung nach den §§ 1564 ff., 1313 ff. BGB bzw. § 15 LPartG, durch Wiederverheiratung nach Todeserklärung gem. § 1319 BGB oder durch Abschluss eines notariellen Ehe- bzw. Partnerschaftsvertrags nach § 1408 BGB bzw. § 7 LPartG. 9

Eine **fortgesetzte** Gütergemeinschaft iSd. §§ 1483 ff. BGB bzw. § 7 LPartG wird durch Aufhebung durch den überlebenden Partner beendet, durch Vertrag nach § 1492 BGB bzw. § 7 LPartG, durch Wegfall oder Verzicht aller Abkömmlinge nach den §§ 1490, 1491 BGB bzw. § 7 LPartG, durch Tod oder Todeserklärung des überlebenden Partners nach § 1494 BGB bzw. § 7 LPartG, durch Wiederverheiratung oder Begründung einer Lebenspartnerschaft des überlebenden Partners nach § 1493 BGB bzw. § 7 LPartG oder durch Rechtskraft eines Aufhebungsurteils nach den §§ 1495, 1496 BGB bzw. § 7 LPartG. 10

2. Auseinandersetzungsgegenstand

Gegenstand der Auseinandersetzung der Gütergemeinschaft ist ausschließlich das **Gesamtgut** nach den §§ 1416, 1415 BGB bzw. § 7 LPartG, sonstiges Vermögen selbst dann nicht, wenn es gemeinsam mit dem Gesamtgut auseinander gesetzt würde.[1] Ebenfalls erfasst ist auch der Erlös eines nach § 180 ZVG versteigerten Grundstücks.[2] 11

Trotz gleicher besonderer örtlicher Zuständigkeit des Nachlassgerichts nach § 344 Abs. 5 verkörpert die Auseinandersetzung des Gesamtgutes einerseits und die desjenigen Nachlasses andererseits, zu dem ein Anteil am Gesamtgut zählt, zwei gänzlich **selbständige** Verfahren, die dogmatisch streng voneinander zu trennen sind.[3] Gleichwohl ist eine Verbindung beider Verfahren vor demselben Notar (übergangsweise Gericht) zulässig.[4] 12

Für die Auseinandersetzung gelten die **materiell**-rechtlichen Regelungen der §§ 1471 bis 1481 BGB. 13

3. Antragsberechtigung

Die Antragsberechtigung **variiert** je nach Grund der Beendigung und jeweiliger Unterart der Gütergemeinschaft. 14

Bei Beendigung der **allgemeinen** Gütergemeinschaft zu Lebzeiten beider Partner ist jeder Partner antragsberechtigt, bei deren Beendigung durch Tod des erstversterbenden Partners ohne Fortsetzung haben dessen Erben und der längstlebende Partner jeweils ein Antragsrecht.[5] 15

---

1 Keidel/*Zimmermann*, § 373 FamFG Rz. 3.
2 BayObLG v. 23.10.1956 – 1 Z 121/56, NJW 1957, 386 (387).
3 OLG Hamm v. 18.2.1966 – 15 W 154/65, DNotZ 1966, 744 (746).
4 Firsching/*Graf*, Rz. 4.968.
5 Bumiller/*Harders*, § 373 FamFG Rz. 3.

§ 373

16 Bei Beendigung der **fortgesetzten** Gütergemeinschaft zu Lebzeiten des längstlebenden Partners sind der längstlebende Partner und jeder anteilsberechtigte Abkömmling, der nicht nach § 1491 BGB auf seinen Anteil verzichtet hat, bei deren Beendigung durch Tod des längstlebenden Partners an dessen Stelle dessen Erben und jeder Abkömmling, der nicht nach § 1491 BGB auf seinen Anteil verzichtet hat, antragsberechtigt.[1]

17 Zudem sind am Anteil des Gesamtguts berechtigte **Pfändungsgläubiger** aufgrund vollstreckungsgerichtlichen Pfändungsbeschlusses antragsberechtigt.[2]

4. Verfahren

18 Wegen des Verfahrens s. §§ 363 bis 372 passim.

IV. Zeugniserteilung (Absatz 2)

19 Das Verfahren zur Erteilung bzw. Einziehung oder Kraftloserklärung von **Zeugnissen** über die Auseinandersetzung des Gesamtguts einer Gütergemeinschaft iSd. Abs. 1 nach den §§ 36 bzw. 37 GBO, 42 und 74 Schiffsregisterordnung (s. dazu § 342 Rz. 28 f.) richtet sich nach § 345 Abs. 1 und den §§ 352, 353 und 357 (s. dazu § 345 Rz. 40 ff., § 352 Rz. 11 ff., § 353 Rz. 10 ff. bzw. § 357 Rz. 11 ff.).

V. Übergangsrecht

20 Zum **Übergangsrecht** nach FGG-RG s. § 193 Rz. 171 ff.

21 **Kosten/Gebühren: Gericht:** Auch kostenrechtlich wird die Auseinandersetzung des Gesamtguts wie die Auseinandersetzung eines Nachlasses behandelt. Auf die Anmerkungen zu den §§ 363 ff. wird verwiesen. Trifft die Auseinandersetzung des Gesamtguts einer Gütergemeinschaft mit der Auseinandersetzung des Nachlasses eines Ehegatten zusammen, wird die Gebühr einheitlich nach dem zusammengerechneten Wert des Gesamtguts und des übrigen Nachlasses erhoben (§§ 35 Abs. 1, 66 S. 3 GNotKG). **RA:** Vertritt ein RA einen Beteiligten im Verfahren, stehen ihm Gebühren nach Teil 3 VV RVG zu. Stellt der RA lediglich einen Antrag, steht ihm nur die verminderte Verfahrensgebühr nach Nr. 3101 VV RVG (vgl. Nr. 3 des Gebührentatbestands) zu. Für das Beschwerdeverfahren gegen Endentscheidungen wegen des Hauptgegenstandes entstehen Gebühren nach den Nrn. 3200 ff. VV RVG (vgl. Vorbem. 3.2.1 Nr. 2 Buchst. b VV RVG).

---

1 Keidel/*Zimmermann*, § 373 FamFG Rz. 12.
2 OLG München v. 24.2.1937 – Wx 17 u. 18/37, JFG 15, 161 (163 ff.); Keidel/*Zimmermann*, § 373 FamFG Rz. 12.

Buch 5
Verfahren in Registersachen, unternehmensrechtliche Verfahren

Vorbemerkungen

I. System der Neuordnung
  1. Ausgangspunkt: Neue Systematisierung der Registervorschriften 1
  2. Umsetzung der Neugliederung
    a) Allgemeines 4
    b) Abschnitt 1 – Begriffsbestimmung 8
    c) Abschnitt 2 – Zuständigkeit ... 9
    d) Abschnitt 3 – Registersachen .. 11
    e) Abschnitt 4 – Unternehmensrechtliche Verfahren 16
  3. Kaum inhaltliche Neuregelungen in Buch 5 17
  4. Ungenügende Koordination von Buch 5 mit dem Allgemeinen Teil, Buch 1
    a) Allgemeines 21
    b) Definition des Verfahrensbeteiligten, §§ 7 ff. 23
    c) Vorschriften über den Abschluss des Verfahrens I. Instanz 27
    d) Rechtsmittelvorschriften, insbesondere befristete Beschwerde, §§ 58 ff. 29
  5. Bewertung der FGG-Reform, bezogen auf Buch 5 33

II. Verhältnis von Buch 5 zu den sonstigen registerrechtlichen Vorschriften 36
  1. Stellung des Registerverfahrensrechts 37
  2. Frühere Regelung der örtlichen Zuständigkeit 39
  3. Sonstige verfahrensrechtliche Vorschriften 40
  4. Unternehmensregister 41

III. Historische Entwicklung der Registersachen, Bedeutung der FGG-Register
  1. Historische Entwicklung 42
  2. Bedeutung der in Buch 5 behandelten Registersachen 45
    a) Bedeutung und Funktion der „klassischen FGG-Register" ... 45
    b) Bedeutung des Güterrechtsregisters 48

Literatur: *Bassenge*, Tatsachenermittlung, Rechtsprüfung und Ermessensausübung in den registergerichtlichen Verfahren nach §§ 132 bis 144 FGG, Rpfleger 1974, 173; *Bielfeldt*, Die Prüfung von Handelsregisteranmeldungen, RpflStud. 2007, 35; *Böttcher*, Die Beendigung des rechtsfähigen Vereins, Rpfleger 1988, 169; *Borchert*, Übertragung der Registerführung von den Gerichten auf die Industrie- und Handelskammer, BB 2003, 2642; *Gustavus*, Möglichkeiten zur Beschleunigung des Eintragungsverfahrens bei der GmbH – Antworten auf den Vorschlag des deutschen Industrie- und Handelstages zur Übernahme der Registerführung durch die Industrie- und Handelskammern, GmbHR 1993, 259; *Gustavus*, Handelsregister – quo vadis?, GmbHR 1998, 528; *Hager*, Das Handelsregister, Jura 1992, 57; *Heinemann*, Das Verfahren in Registersachen und das unternehmensrechtliche Verfahren nach dem FamFG, FGPrax 2009, 1; *Heinemann*, Die Reform der freiwilligen Gerichtsbarkeit durch das FamFG und ihre Auswirkungen auf die notarielle Praxis, DNotZ 2009, 6; *Holzer*, Die Richtigstellung des Grundbuchs, 2005; *Heinemann*, Die Reform der freiwilligen Gerichtsbarkeit und ihre Auswirkungen auf die notarielle Praxis, DNotZ 2009, 1; *Holzer*, Das Registerverfahrensbeschleunigungsgesetz, NJW 1994, 481; *Holzer*, Die inhaltliche Prüfungspflicht des Gesellschaftsvertrags der GmbH, Ein Beitrag zu Prüfungsrecht und Prüfungspflicht des Registergerichts, WiB 1997, 290; *Holzer*, Die Offenlegung der Jahresabschlüsse von Kapitalgesellschaften nach Eröffnung des Insolvenzverfahrens, ZVI 2007, 401; *Holzer*, Die Identifizierung des Schuldners im Grundbuch und anderen gerichtlich geführten Registern, ZfIR 2008, 129; *Holzer*, Die Fassungsbeschwerde im Registerrecht, ZNotP 2008, 138; *Holzer*, Die Anfechtbarkeit von Eintragungsverfügungen in Grundbuch- und Registersachen, ZNotP 2008, 266; *Holzer*, Der Beteiligtenbegriff in der freiwilligen Gerichtsbarkeit, ZNotP 2009, 122; *Holzer*, Die Zwischenverfügung im Registerrecht, ZNotP 2009, 210; *Holzer*, Das Verfahren in den weiteren Angelegenheiten der freiwilligen Gerichtsbarkeit, ZNotP 2012, 216; *Jansen*, Zur Postulationsfähigkeit der Notare im Verfahren der freiwilligen Gerichtsbarkeit, DNotZ 1964, 707; *Keidel*, Anmerkung zum Beschluss des LG Mannheim vom 4.8.1954 – 9 T 1/54, Rpfleger 1955, 134; *Kollhosser*, Handelsregister und private Datenbanken, NJW 1988, 2409; *Krafka*, Das neue Handels- und Unternehmensregister, MittBayNot 2005, 290; *Krafka*, Die gesellschafts- und registerrechtliche Bedeutung des geplanten FamFG, FGPrax 2007, 51; *Krafka*, Anmerkung zum Beschluss des OLG Köln vom 7.5.

Vor §§ 374–409   Verfahren in Registersachen, unternehmensrechtliche Verfahren

2010 – 2 Wx 80/10, DNotZ 2011, 310; *Krafka/Willer/Kühn*, Registerrecht, 8. Aufl. 2010; *Maass*, Der Entwurf für ein „Gesetz zur Reform des Verfahrens in Familiensachen und in den Angelegenheiten der freiwilligen Gerichtsbarkeit" – ein gelungener Versuch einer umfassenden Verfahrensreform?, ZNotP 2006, 282; *Mayer*, Aufwertung der Gesellschafterliste durch das MoMiG – Fluch oder Segen, ZIP 2009, 1037; *Melchior*, Handelsregisteranmeldungen und EHUG – was ist nun, NotBZ 2006, 409; *Mödl/Schmidt*, Licht und Schatten im elektronischen Rechtsverkehr mit dem Handelsregister, ZIP 2008, 2332; *Müther*, Überlegungen zum neuen Firmenbildungsrecht bei der GmbH, GmbHR 1998, 1058; *Müther*, Die Prüfungspflicht des Registergerichts im elektronischen Handelsregister, Rpfleger 2008, 233; *Nedden-Boeger*, Die Ungereimtheiten der FGG-Reform – Eine kritische Bestandsaufnahme aus registerrechtlicher Sicht, FGPrax 2009, 144; *Nedden-Boeger*, Die Anwendung des Allgemeinen Teils des FamFG in Registersachen und in unternehmensrechtlichen Verfahren, FGPrax 2010, 1; *Piorrek*, Löschung und Liquidation von Kapitalgesellschaften nach dem Löschungsgesetz, Rpfleger 1978, 157; *Ries*, Quo vadis Handelsregister – oder wie heute Gesetze gemacht werden, BB 2005, 790; *Schaub*, Stellvertretung bei Handelsregisteranmeldungen, MittBayNot 1999, 539; *Schmahl*, Der DIHT und das Handelsregister – Anmerkungen zu einem unfreundlichen Übernahmeversuch besonderer Art, ZRP 1995, 54; *K. Schmidt*, Zur Ablösung des Löschungsgesetzes, Was ändert die Insolvenzrechtsreform für GmbH bzw. GmbH & Co?, GmbHR 1994, 829; *Sikora/Schwab*, Das EHUG in der notariellen Praxis, MittBayNot 2007, 1; *Uhlenbruck*, Die Durchsetzung von Gläubigeransprüchen gegen eine vermögenslose GmbH und deren Organe nach geltendem und neuem Insolvenzrecht, ZIP 1996, 1641; *Zimmermann*, Die Beteiligten im neuen FamFG, FPR 2009, 5.

I. System der Neuordnung

1. Ausgangspunkt: Neue Systematisierung der Registervorschriften

1   In **Buch 5 des FamFG** – Registersachen und unternehmensrechtliche Verfahren – sind in den §§ 374 bis 409 die früher im **7. Abschnitt des FGG** enthaltenen Bestimmungen über Handelssachen, §§ 125 bis 158 FGG aF, die im **8. Abschnitt** enthaltenen – wenigen – Vorschriften über Vereins- und Partnerschaftsregistersachen, §§ 159 bis 160b FGG aF, sowie schließlich die – einzige – Vorschrift über das Güterrechtsregister, § 161 FGG aF, **zusammengefasst**. Die registerrechtlichen Vorschriften wurden dabei **neu systematisiert**, nicht aber in wesentlichen Punkten inhaltlich geändert bzw. neu gefasst. Nach der Gesetzesbegründung sollte die Überarbeitung in erster Linie bezwecken, die bisher anzutreffenden Verweisungen künftig weitgehend zu vermeiden und die den Bereich der Registersachen betreffenden verfahrensrechtlichen Vorschriften für den Rechtsanwender übersichtlicher zu gestalten.[1] Dabei wurden verschiedene, bisher in anderen Gesetzen enthaltene Verfahrensvorschriften, in erster Linie die bisher in unterschiedlichen Spezialgesetzen enthaltenen Regelungen zur örtlichen Zuständigkeit, in das 5. Buch des FamFG übernommen. Insgesamt nicht geändert wurde die bisherige Verstreuung von registerrechtlich relevanten Bestimmungen in verschiedenen materiellen Gesetzen, wobei neben dem BGB (§§ 1558–1563) insbesondere das HGB (§§ 8a, 9, 10,12, 16) zu nennen ist.[2] Wesentliche Regeln der Registerführung finden sich auch im GmbHG und AktG sowie in den Registerverordnungen, nämlich HRV, GenRegV, PRV und VRV, so dass die neu systematisierten Bestimmungen des 5. Buches lediglich einen Rahmen der registerrechtlichen Verfahrensvorschriften bilden (vgl. Rz. 36 ff.).

2   **Wesentliche Änderungen** des Registerverfahrensrechts waren damit **nicht Ziel der Überarbeitung** der registerrechtlichen Bestimmungen. Nur, soweit die Vorschriften des neu geschaffenen Allgemeinen Teils des FamFG nicht uneingeschränkt auf das Registerverfahren übertragen werden konnten, seien, so die Gesetzesbegründung,[3] in Buch 5 Sondervorschriften aufgenommen worden, die jedoch wiederum inhaltlich der derzeitigen Rechtslage weitgehend entsprechen würden. Diese Vorgabe wurde bei näherer Betrachtung jedoch nur unzulänglich umgesetzt (vgl. nachstehend Rz. 4 und Rz. 21 ff.). Die in der fehlenden Umsetzung des in der Gesetzesbegründung genannten Ziels liegende Problematik ist in der Literatur z.T. ausführlich beanstandet und mit der Warnung verbunden worden, dass eine ungefilterte Übernahme der vermeintlich

---

1 Allgemeine Begründung zum RegE, in: BT-Drucks. 16/6308, S. 171.
2 Weitere Registervorschriften in materiellen Gesetzen sind zB in § 11a GenG, § 43 Abs. 1 KWG, § 20 Abs. 2 UBGG enthalten.
3 Allgemeine Begründung zum RegE, in: BT-Drucks. 16/6308, S. 171.

Allgemeinen Verfahrensvorschriften von Buch 1 beim Registerverfahren „zu erheblichen Friktionen" führen müsse.[1] Letztlich muss für jede Bestimmung des Buchs 1 ermittelt werden, ob diese überhaupt auf das Verfahren der freiwilligen Gerichtsbarkeit im Allgemeinen und speziell auf Registerverfahren anwendbar ist. Weil die meisten Vorschriften des Buchs 1 aufgrund der Integration der Familiensachen in das FamFG an die ZPO angelehnt sind, entsprechen nur wenige Vorschriften den Eigenarten der feiwilligen Gerichtsbarkeit und insbesondere nicht denen des Registerverfahrens.[2]

Im Rahmen eines Reformvorhabens von grundlegender Bedeutung erscheint das vom **Gesetzgeber bei Buch 5 angegebene Ziel** problematisch. Es wurde allenfalls eingeschränkt erreicht. Eher im Gegenteil: Ein Nebeneinander inhalts- und wortgleicher Vorschriften wie des neuen § 377 Abs. 3 und des alten, jedoch nicht aufgehobenen § 1558 Abs. 1 BGB trägt kaum zu einer größeren Übersichtlichkeit bei, sondern wirkt eher verwirrend.[3] Wenig übersichtlich ist auch, wenn etwa in Abschnitt 4 unter der Überschrift „Unternehmensrechtliche Verfahren" lediglich der folgende § 402 einen Bezug zur Überschrift erkennen lässt und danach übergangslos die gegenüber den §§ 149 ff. FGG aF praktisch unveränderten Vorschriften der §§ 403 bis 409 über das in der Praxis wenig bedeutsame Dispacheverfahren angehängt werden, die in dem Katalog der „unternehmensrechtlichen Verfahren" des § 375 nicht erwähnt sind.[4] Dieses Verfahren lässt sich zwar als „Handelssache" begreifen, so dass die frühere Einstellung der §§ 149 bis 158 FGG in den 7. Abschnitt des FGG noch nachvollziehbar war. Es jedoch nunmehr als „Unternehmensrechtliches Verfahren" zu bezeichnen und als Nr. 2 in den Katalog des § 375 zu übernehmen, macht dagegen kaum einen Sinn.[5] 3

2. Umsetzung der Neugliederung

a) Allgemeines

Früher konnte weder der 7. noch der 8. Abschnitt des FGG als nur einigermaßen übersichtlich gegliedert bezeichnet werden. Die Verfahrensvorschriften des 8. Abschnitts bestanden praktisch nur aus Verweisungen auf Bestimmungen des 7. Abschnitts. Im 7. Abschnitt waren zum Teil recht unterschiedliche Regelungen übergangslos aneinander gereiht. Trotz der wegen der unterbliebenen bzw. nicht geglückten Abstimmung der Vorschriften des Allgemeines Teils des FamFG mit den Besonderheiten des Registerverfahrens, daneben auch wegen einer Reihe von **Redaktionsversehen** zu erhebenden Kritik (vgl. vorstehend Rz. 2 f. und nachstehend Rz. 21 f.) ist insgesamt festzustellen, dass die in Buch 5 des FamFG enthaltenen Verfahrensvorschriften nunmehr – für sich betrachtet – übersichtlicher strukturiert und gegliedert sind. 4

In **Buch 5 des FamFG** enthält § 374 einleitend eine **Aufzählung** der in diesem Buch geregelten **Registersachen**. Diese sind wie folgt aufgeführt: 5

- Handelsregistersachen
- Genossenschaftsregistersachen
- Partnerschaftsregistersachen
- Vereinsregistersachen
- Güterrechtsregistersachen

Hieran schließt sich in § 375 eine weitere **Aufzählung** unter der Überschrift „**Unternehmensrechtliche Verfahren**" an, die 15 Unterpunkte umfasst. Wegen der einzelnen, dort aufgelisteten Angelegenheiten wird auf die Anmerkungen zu § 375 verwiesen (Rz. 4 ff.). 6

---

1 Vgl. insbesondere Holzer/*Holzer*, § 1 FamFG Rz. 11; *Maass*, ZNotP 2006, 282 (283); *Nedden-Boeger*, FGPrax 2009, 144 (150); *Nedden-Boeger*, FGPrax 2010, 1 (2 f.).
2 Holzer/*Holzer*, § 1 FamFG Rz. 13.
3 In der Begründung zu § 377 RegE, in: BT-Drucks. 16/6308, S. 285 heißt es: „In Abs. 3 findet sich die § 1558 Abs. 1 BGB enthaltene Regelung zur örtlichen Zuständigkeit in Güterrechtsregistersachen. Aus systematischen Gründen wird die Regelung im FamFG wiederholt."
4 Holzer/*Holzer*, § 375 FamFG Rz. 1.
5 Holzer/*Holzer*, § 375 FamFG Rz. 19.

7 Nach den vorstehenden **Begriffsbestimmungen**, die zusammen den Abschnitt 1 bilden, folgen die neu gegliederten Verfahrensregelungen in drei weiteren Abschnitten, wobei der Abschnitt 3 – Registersachen – weiter in vier Unterabschnitte unterteilt ist.

Dazu im Einzelnen:

b) Abschnitt 1 – Begriffsbestimmung

8 Die Aufzählung der Registersachen in § 374 ist neu. Der Katalog der „Unternehmensrechtlichen Verfahren" in § 375 – ebenfalls ein neuer und **nicht unproblematischer Begriff** (dazu oben Rz. 3) – stellt sich teilweise als Übernahme, teilweise als Fortschreibung des Katalogs des früheren § 145 FGG aF dar. Die beiden Vorschriften haben keinen weiter gehenden eigenen Regelungsgehalt.

c) Abschnitt 2 – Zuständigkeit

9 Abschnitt 2 enthält in § 376 **besondere Zuständigkeitsregelungen**, die vom neu gefassten § 23a GVG ausgehen. Danach ist für alle Geschäfte nach Buch 5 grundsätzlich das Amtsgericht, und zwar nach § 376 Abs. 1 für Handels- und Genossenschaftsregistersachen dasjenige sachlich zuständig, in dessen Bezirk ein Landgericht seinen Sitz hat, wie es auch früher in § 125 Abs. 1 FGG geregelt war. Für das Genossenschaftsregister ist der frühere § 10 Abs. 2 GenG gegenstandslos. § 376 übernimmt die bisherigen Ermächtigungen des § 125 Abs. 2 Nr. 1 FGG aF.

10 Hinsichtlich der **örtlichen Zuständigkeit** enthält § 377 Abs. 1 nunmehr eine generelle Bestimmung mit dem Hinweis auf mögliche landesrechtliche Spezialregelungen. Eine entsprechende Regelung war bisher im FGG nicht enthalten. § 377 Abs. 2 regelt die örtliche Zuständigkeit für die Dispache, die bisher in § 149 FGG aF geregelt war (vgl. § 375 Rz. 6). § 377 Abs. 3 enthält eine Vorschrift über die örtliche Zuständigkeit des Registergerichts in Güterrechtssachen, die wörtlich § 1558 Abs. 1 BGB entspricht, der jedoch weiter gilt (vgl. Rz. 3).

d) Abschnitt 3 – Registersachen

11 aa) Abschnitt 3 (§§ 378 bis 401) ist in **vier Unterabschnitte** aufgeteilt. Unterabschnitt 1 (§§ 378 bis 387) behandelt das Verfahren im Allgemeinen, Unterabschnitt 2 (§§ 388 bis 392) das Zwangsgeldverfahren, Unterabschnitt 3 (§§ 393 bis 399) das Löschungs- und Auflösungsverfahren. Unterabschnitt 4 (§§ 400 und 401) enthält ergänzende Vorschriften für das Vereinsregister.

12 Dem **Unterabschnitt 1** (Verfahren, das die §§ 378 bis 387 betrifft) ist mit § 378 „Antragsrecht der Notare" eine Vorschrift vorangestellt, die im Wesentlichen dem früheren § 129 FGG entspricht. § 379 übernimmt die Mitteilungspflichten der Behörden aus § 125a FGG aF, § 380 die Beteiligung der berufsständischen Organe, früher geregelt in § 126 FGG aF sowie in § 160b Abs. 1 Satz 3 FGG aF. § 381 „Aussetzung des Verfahrens" entspricht im Wesentlichen § 127 FGG aF. Die §§ 382 und 383 entsprechen inhaltlich dem bisherigen § 130 FGG, jedoch mit zusätzlichen Klarstellungen (vgl. § 382 Rz. 1). § 384 hatte in Abs. 1 keine Entsprechung im früheren FGG, in Abs. 2 wird der Inhalt von § 144c FGG aF übernommen. § 385 knüpft an die besonderen registerrechtlichen Vorschriften, insbesondere in § 9 Abs. 1 HGB an, § 386 übernimmt den Regelungsgehalt von § 9 Abs. 5 HGB. In § 387 werden die bisher in §§ 125, 147 Abs. 1 Satz 1, 159 Abs. 1 Satz 1 und 160b Abs. 1 Satz 2 FGG aF sowie § 55a Abs. 6 und 7 BGB enthaltenen Ermächtigungen zum Erlass von Rechtsverordnungen hinsichtlich der Einsichtnahme in die Register sowie der Details der Registerführung und Datenübermittlung zusammengefasst.

13 bb) In **Unterabschnitt 2** (Zwangsgeldverfahren §§ 388 bis 392) sind die früheren Regelungen des FGG zum Zwangsgeldverfahren (§§ 132 bis 140 FGG aF) inhaltlich weitgehend unverändert übernommen worden.

14 cc) In **Unterabschnitt 3** (Löschungs- und Auflösungsverfahren) entsprechen die Bestimmungen der §§ 393 bis 399 inhaltlich weitgehend den vormaligen Regelungen

in den §§ 141 ff. FGG aF. Entfallen ist jedoch die zunächst in § 396 vorgesehene Übernahme der Bestimmung von § 143 FGG aF; aufgrund der Hinweise während des Gesetzgebungsverfahrens hat sich insoweit die Einsicht durchgesetzt, dass Löschungsverfahren sinnvoll nur von den Gerichten durchgeführt werden können, bei denen die entsprechenden Register geführt werden, wie dies in § 395 vorgesehen ist, und nicht zusätzlich durch das übergeordnete Landgericht (dazu § 396 Rz. 1 f.).

dd) In **Unterabschnitt 4** (Ergänzende Vorschriften für das Vereinsregister) sind in den §§ 400 und 401 die früher in den §§ 159 Abs. 2 und 160a Abs. 2 Satz 3 FGG enthaltenen Regelungen übernommen worden. **15**

e) **Abschnitt 4 – Unternehmensrechtliche Verfahren**

Abschnitt 4 (§§ 402 bis 409) erhält, wie einleitend in Rz. 3 bemerkt, ein **eigenartiges Ungleichgewicht** dadurch, dass lediglich in § 402 allgemeine Zuständigkeitsregelungen für unternehmensrechtliche Verfahren enthalten sind, die den vormaligen Regelungen der §§ 146 und 148 FGG entsprechen, während in den folgenden sieben Vorschriften der §§ 403 bis 409 umfangreiche, in der Praxis jedoch wenig bedeutsame Verfahrensvorschriften für das Dispacheverfahren enthalten sind. **16**

3. Kaum inhaltliche Neuregelungen in Buch 5

Bei der Frage einer **Aufnahme von Neuregelungen** war der Gesetzgeber bereits nach eigener Bekundung sehr zurückhaltend. Denn das Hauptziel der FGG-Reform war es nicht, von bewährten Verfahrensweisen der freiwilligen Gerichtsbarkeit abzuweichen; es bestand vielmehr darin, das frühere familienrechtliche Verbundverfahren der ZPO dem Regime der freiwilligen Gerichtsbarkeit zu unterstellen. Die „Übernahme" der Vorschriften über das **Verfahren der freiwilligen Gerichtsbarkeit** stellt sich gegenüber dem familienrechtlichen Teil lediglich als „**Anhängsel**" dar. **17**

Zu begrüßen ist, dass in § 382 Abs. 4 die bereits von der Rechtsprechung anerkannte **Anfechtbarkeit von Zwischenverfügungen** in Handels-, Genossenschafts-, Partnerschafts- und Vereinsregistersachen jetzt gesetzlich geregelt wurde. **18**

Dagegen lässt sich der in der Gesetzesbegründung erhobene Anspruch,[1] in Buch 5 seien die erforderlichen Sondervorschriften aufgenommen worden, soweit die Vorschriften des Allgemeinen Teils des FamFG nicht uneingeschränkt auf das Registerverfahren übertragbar wären, nur ansatzweise verifizieren. Als wenige Bsp. können die §§ 374 Abs. 4, 381, 382 und 385 erwähnt werden. Dagegen fällt auf, dass in **Buch 5 keine spezielle Definition des Beteiligten in Registersachen** aufgenommen wurde (vgl. Rz. 23 ff.). Die generalklauselartige Definition im Allgemeinen Teil, §§ 7 ff. ist für die meisten Verfahren der freiwilligen Gerichtsbarkeit zu allgemein gehalten und ohne Schwierigkeiten lediglich in den familienrechtlichen Verfahren anwendbar. Der in der Gesetzesbegründung enthaltenen Ankündigung, in den einzelnen Büchern des FamFG ergänzende besondere „Beteiligtenkataloge" aufzunehmen,[2] ist der Gesetzgeber bei den klassischen FGG-Verfahren nur in den Büchern 3, 4, 6 und 7 (§§ 274, 315, 345, 412[3] und 418) nachgekommen. Im Buch 5 dagegen fehlt jedoch ein ergänzender Beteiligtenkatalog. Dies erweist sich in der Praxis als misslich: Während § 7 Abs. 1 auch im Registerverfahren anwendbar ist, gilt das nicht für § 7 Abs. 2, weil die Anwendung der Bestimmung nicht der Eigenart des Verfahrens entspricht.[4] Die daraus für die Praxis folgenden Konsequenzen sind unklar; derzeit erscheint es am sinnvollsten, § 7 Abs. 2 **im Registerverfahren** schlichtweg **zu ignorieren**. **19**

Bereits aufgrund dieser Hinweise ist die Frage zu verneinen, ob eine **Koordination** der in den Vorschriften des **Allgemeinen Teils**, Buch 1, zum Ausdruck kommenden Verfahrensgrundsätze mit den speziellen **Vorschriften für das Registerverfahren** und das unternehmensrechtliche Verfahren in Buch 5 gelungen ist oder nicht. **20**

---

1 Allgemeine Begründung zum RegE, in: BT-Drucks. 16/6308, S. 171.
2 Allgemeine Begründung zum RegE, in: BT-Drucks. 16/6308, S. 165 f.
3 Dazu *Holzer*, ZNotP 2012, 216 (220).
4 Holzer/*Holzer*, § 7 FamFG Rz. 4 f.; *Maass*, ZNotP 2006, 282 (285).

4. Ungenügende Koordination von Buch 5 mit dem Allgemeinen Teil, Buch 1

a) Allgemeines

21 Während früher bei den Bestimmungen des Allgemeinen Teils des FGG eher von einem „**Flickenteppich**" gesprochen werden konnte, war es ausdrückliches Ziel der FGG-Reform, in einem den Regelungen der einzelnen familienrechtlichen- und FGG-Verfahren vorangestellten Allgemeinen Teil die grundlegenden Verfahrensregeln umfassend zu kodifizieren, welche dann auch für die anderen, in den folgenden Büchern geregelten Verfahren gelten sollten, sofern nicht in diesen Sondervorschriften aufgenommen wurden.

21a Für den Bereich des Registerverfahrens zeigt die nähere Befassung mit den Vorschriften des Buches 1 jedoch, dass der überwiegende Teil der dortigen „allgemeinen" Verfahrensvorschriften zur Umsetzung des für den Reformgesetzgeber im Vordergrund stehenden Familienverfahrensrechts geschaffen worden ist. Aus dem Blickwinkel der Praxis können viele dieser **Vorschriften** nicht oder **nur mit erheblichen Korrekturen** auf das völlig anderen Zwecken dienende und andere Ziele verfolgende **Registerverfahrensrecht übertragen** werden. Folgerichtig ist deshalb bereits kurz nach Inkrafttreten des FamFG in der Literatur auf die sich dadurch für den Rechtsanwender ergebende neue und schwierige Aufgabe hingewiesen worden, aus den 110 Paragraphen des Allgemeinen Teils den spärlich kleinen Teil der allgemeinen Vorschriften herauszufiltern, welcher einen sinnvollen Bezug zum Registerverfahrensrecht aufweist.[1] Wohl auch deshalb scheint derzeit die Praxis der Registergerichte noch überwiegend dahin zu gehen, den **Allgemeinen Teil des FamFG** weitgehend „**auszublenden**" und das Registerverfahren weiterhin im Wesentlichen nach den bisher eingeübten Regeln abzuwickeln.

22 Von den allgemeinen Verfahrensvorschriften in Buch 1 sind für das im Buch 5 geregelte Registerverfahren die folgenden Regelungen von **besonderer Bedeutung**:

b) Definition des Verfahrensbeteiligten, §§ 7 ff.

23 Als eines der **Hauptanliegen der Reform** des Allgemeinen Verfahrensrechts, sogar als deren „Kernstück", hat der Gesetzgeber die Regelung des Beteiligtenbegriffs bezeichnet. Im FamFG wird der **Beteiligtenbegriff** nunmehr in den Allgemeinen Teil vorgezogen und in § 7 definiert. Im Gesetzgebungsverfahren erschien es dem Gesetzgeber allerdings nicht möglich, einen umfassenden, allgemeinen Beteiligtenbegriff zu definieren; er hat sich daher für Mischkonzeption entschieden.[2]

24 Im FFG war der Begriff des **Beteiligten nicht geregelt**; er war dort lediglich in vereinzelten Vorschriften erwähnt. Im Bereich des 7. Abschnitts „Handelssachen" fand man ihn lediglich bei den Regelungen einer der „sonstigen Angelegenheiten der freiwilligen Gerichtsbarkeit", die gem. § 145 Abs. 1 FGG aF in die Zuständigkeit der Amtsgerichte als Gerichte der freiwilligen Gerichtsbarkeit fielen. In den §§ 150, 153 Abs. 1 und 155 Abs. 3 FGG aF, die das Randgebiet des Dispacheverfahrens betreffen, wurde der Begriff des Beteiligten zwar an verschiedenen Stellen verwendet, dort jedoch nicht weiter definiert.[3]

25 Trotz des Versuchs einer allgemeinen und möglichst umfassenden **Definition des Beteiligtenbegriffs** im Allgemeinen Teil des FamFG, nämlich in § 7, war sich der Reformgesetzgeber der Grenzen dieses Unterfangens angesichts der z.T. grundlegenden Unterschiede der in den verschiedenen Bereichen völlig unterschiedliche Interessen berührenden FGG-Verfahren bewusst. Er hat deshalb selbst die Notwendigkeit herausgestellt, den allgemeinen Beteiligtenbegriff des § 7 in den einzelnen Büchern des FamFG durch **Spezialvorschriften** zu konkretisieren.[4] Das ist im FamFG auch für den Bereich der klassischen FGG-Verfahren durchgeführt worden, wie die §§ 274, 315,

---

[1] Wie insbesondere im Einzelnen von *Nedden-Boeger*, FGPrax 2010, 1, dargelegt worden ist.
[2] Holzer/*Holzer*, § 7 FamFG Rz. 21 ff.; *Holzer*, ZNotP 2009, 122 (127); *Heinemann*, FGPrax 2009, 1 (2).
[3] Vgl. dazu Holzer/*Holzer*, § 7 FamFG Rz. 10 ff.
[4] Allgemeine Begründung zum RegE, in: BT-Drucks. 16/6308, S. 165 f.

345, 418 und sogar für das „unbedeutende" Buch 6 (§ 412) zeigen.[1] Lediglich für Buch 5 (Verfahren in Registersachen) fehlt eine solche spezielle Definition des Beteiligten im Registerverfahren (dazu auch oben Rz. 19).

Dieses **Fehlen einer Spezialvorschrift in Buch 5** führt zwangsläufig zu einer Reihe von Fragen, die sich derzeit noch nicht vollständig beantworten lassen (vgl. nachstehend § 375 Rz. 3c, § 382 Rz. 26). Der in der Literatur bereits laut gewordene Ruf nach dem Gesetzgeber,[2] hier durch das Nachholen einer Sondervorschrift Abhilfe zu schaffen, erscheint mithin berechtigt. 25a

Für die Beantwortung der Frage, warum der Gesetzgeber bei allen anderen und insbesondere auch bei den sonstigen „klassischen" FGG-Verfahren besondere Vorschriften über die Beteiligten in das Gesetz aufgenommen hat, beim Registerverfahren dagegen nicht, lässt sich aus den Gesetzesmaterialien nichts Nachvollziehbares gewinnen. In der Gesetzesbegründung zu § 7 wurde als eine Prämisse festgestellt, dass ein umfassender **allgemeiner Beteiligtenbegriff**, der allen Konstellationen gerecht werden soll, aus den Erkenntnissen, die man aus dem **Entwurf der FrGO** ziehen konnte, nicht generell zu formulieren sei, sondern für jedes **einzelne FGG-Verfahren erheblich modifiziert werden** müsse.[3] 25b

Dies wurde in Buch 5 für die wesentlichen Bereiche der handelsregisterrechtlichen und unternehmensrechtlichen Verfahren überhaupt nicht umgesetzt. An anderer Stelle findet sich diese Systematik wieder: So wurden die früher im 9. Abschnitt des FGG enthaltenen Bestimmungen „Eidesstattliche Versicherungen, Untersuchung und Verwahrung von Sachen, Pfandverkauf" in das 6. Buch des FamFG „Verfahren in weiteren Angelegenheiten der freiwilligen Gerichtsbarkeit" übernommen. § 412 enthält eine Definition des Beteiligtenbegriffs (dazu § 412 Rz. 2 ff.), während das Dispacheverfahren keine Regelung enthält (dazu Vorbemerkung zu §§ 403 ff. Rz. 7 ff.). Ursächlich hierfür ist vermutlich die **Herkunft des jeweils „übernommenen" Normenbestands**: Bücher des FamFG, die aus dem Entwurf der FGG-Kommission von 1977 übernommen wurden, enthalten jeweils eine Regelung des Beteiligtenbegriffs (zB § 412, der § 268 FrGO-E entspricht), während „**direkt" aus dem früheren FGG umgeschriebene Normenkomplexe** wie das Register- oder Dispacheverfahren dessen veraltete Regelungsstruktur in das FamFG übertragen. Vermutlich auch aus diesen Gründen wird die FGG-Reform in der Literatur als „Stückwerk"[4] bezeichnet, bei der noch **erheblicher Nachbesserungsbedarf** besteht. 25c

Während allgemein bei Antragsverfahren die in **§ 7 Abs. 1** bezeichnete Kategorie von Beteiligten, der **Antragsteller**, als **problemlos** angesehen werden kann (vgl. vorstehend Prütting, § 7 Rz. 20 ff.), zeigt sich bei einem Rückgriff auf die allgemeine Definition des § 7 Abs. 1 im **Registerrecht** bereits das erste, besondere **Problem**, wer nämlich **Antragsteller in Registersachen** ist.[5] Diese Frage spielte schon früher eine Rolle, wenn zB bei einer Handelsregisteranmeldung eine juristische Person und die sie vertretenen natürlichen Personen betroffen waren,[6] wobei dabei weiter von der Recht- 26

---

1 *Zimmermann* kommt in FPR 2009, 5 (6), zu einer Aufzählung von zehn Sonderregelungen in den FGG-Sachen, die keine Familienstreitsachen sind, was er als „Flut von speziellen Vorschriften" zu § 7 bezeichnet.
2 *Nedden-Boeger*, FGPrax 2010, 1 (4).
3 Allgemeine Begründung zum RegE, in: BT-Drucks. 16/6308, S. 178.
4 Vgl. etwa *Heinemann*, DNotZ 2009, 6 (42).
5 Dazu Holzer/*Holzer*, § 7 FamFG Rz. 23.
6 Zur Eintragung in das Handelsregister werden bei einer GmbH angemeldet ein gesamtvertretungsberechtigter Geschäftsführer und ein gesamtvertretungsberechtigter Prokurist, wobei die Anmeldung unterzeichnet wird vom neu bestellten sowie einem der bereits eingetragenen weiteren drei Geschäftsführer. In derselben Anmeldung wird ein abberufener Geschäftsführer abgemeldet und eine Prokura als erloschen mitgeteilt. Sowohl der ausgeschiedene Geschäftsführer als auch der Prokurist sind mit ihrer Löschung im Handelsregister nicht einverstanden und bemühen sich, diese durch Eingaben zu verhindern. Der Gesellschaft ist naturgemäß an einer raschen Eintragung der aktuellen Vertretungsverhältnisse gelegen, da der neu bestellte Geschäftsführer genau wie der neue Prokurist im Geschäftsverkehr für die Gesellschaft handeln sollen. Sind neben der GmbH alle weiteren genannten Geschäftsführer und/oder Pro-

sprechung differenziert wurde, ob es sich um konstitutive oder deklaratorische Anmeldungen handelte.[1] Während früher die **Frage der Beschwerdeberechtigung** im Vordergrund stand, gilt dies jetzt für die Frage, ob trotz der Aussage in der Gesetzesbegründung, nach der beim Registerrecht keine grundlegenden Änderungen der früheren Vorschriften für die einzelnen Register- und für die Handelssachen eintreten sollten, weiter trotz des ausdrücklichen, beibehaltenen **Beschleunigungsgebots** des § 25 HRV[2] das Registergericht über § 7 Abs. 1 hinaus zunächst zu prüfen hat, wer noch als weiterer Beteiligter iSd. § 7 Abs. 2 oder Abs. 3 in Betracht kommen kann und entsprechend noch – vor Eintragung – von ihm hinzuzuziehen ist. In der Literatur besteht im Ergebnis Übereinstimmung, dass jedenfalls die Regelungen des § 7 Abs. 2 nicht[3] oder nur mit erheblichen Einschränkungen auf das Registerverfahren angewendet werden können.[4] Diese Problematik wird im Einzelnen nachstehend zu § 382 Rz. 26 – 43 behandelt.

c) Vorschriften über den Abschluss des Verfahrens I. Instanz

27   Gem. § 38 Abs. 1 **entscheidet** im **Verfahren des ersten Rechtszugs** das Gericht durch Beschluss, soweit durch die Entscheidung der Verfahrensgegenstand ganz oder teilweise erledigt wird (Endentscheidung). Im Gegensatz zur Frage, wer Beteiligter des Registerverfahrens ist, enthält hier das FamFG bereits im Allgemeinen Teil eine **Ausnahme** für das **5. Buch**: Nach § 38 Abs. 1 Satz 2 kann „**für Registersachen ... durch Gesetz Abweichendes** bestimmt werden."

28   In der Gesetzesbegründung zu § 38 wird dabei einerseits unterstrichen, dass Abs. 1 die Entscheidung durch Beschluss für alle Endentscheidungen verbindlich vorschreibe. Sodann heißt es, dass **Abs. 1 Satz 2** im Interesse der Rechtsklarheit die **Ausnahmen** von der Entscheidungspflicht durch Beschluss auf **Registersachen** beschränke, wobei auf § 382 verwiesen wird, der für Registereintragungen die Form der Verfügung vorsieht.[5] Dies ist in § 382 Abs. 4 für Zwischenverfügungen erfolgt. Wegen weiterer Einzelheiten wird auf die Anmerkungen zu § 382 Rz. 20 ff., verwiesen. Zur Klarstellung sei angemerkt, dass gem. § 382 Abs. 3 die einen Registereintragungsantrag ablehnende Entscheidung durch Beschluss zu ergehen hat.

d) Rechtsmittelvorschriften, insbesondere befristete Beschwerde, §§ 58 ff.

29   Die Rechtsmittelkonzeption des FamFG mit dem **Rechtsmittel** der (nun stets **befristeten) Beschwerde** (§§ 58 ff.) ist ebenfalls ein insgesamt **neuer und wesentlicher Teil** der verfahrensrechtlichen Grundlagen des FamFG. Bei der Entscheidung für die befristete Beschwerde als regelmäßig zur Verfügung stehendes Rechtsmittel gegen Endentscheidungen erster Instanz war für den Gesetzgeber wesentlich, dass diese **auch die Funktion der bisherigen Berufung** in Familiensachen nach der ZPO **erfüllen** sollte.[6] Wenn es dabei in der Begründung wörtlich heißt, dass „die Beschwerde (…) damit als Hauptsacherechtsmittel im FamFG die Funktion der Berufung in der Zivilprozessordnung und anderen Verfahrensordnungen" übernehme, wird auch insoweit der Schwerpunkt der Gesetzesreform deutlich, der eben nicht auf die „klassischen" FGG-Verfahren gelegt wurde.

30   An die **Befristung** der Beschwerde mit der Frist von **einem Monat** (§ 63 Abs. 1) wird sich die Praxis gewöhnen müssen, obwohl die einfache Beschwerde sinnvoller die Fälle erfassen konnte, in denen ein zurückgewiesener Antragsteller zeitaufwendig

---

kuristen beteiligt oder nur ein Teil davon? Die Frage lässt sich allein aufgrund von § 7 Abs. 1 nicht beantworten.
1 Nach BGH v. 24.10.1988 – II ZB 7/88, Rpfleger 1989, 109 ist bei konstitutiv wirkenden Anmeldungen auch die Gesellschaft Beteiligter.
2 § 25 Abs. 1 Satz 2 HRV lautet: „Über die Eintragung ist unverzüglich nach Eingang der Anmeldung bei Gericht zu entscheiden".
3 Holzer/*Holzer*, § 7 FamFG Rz. 5.
4 *Krafka*, FGPrax 2007, 51 (52).
5 Begründung zu § 38 RegE, in: BT-Drucks. 16/6308, S. 195.
6 Begründung zu § 58 RegE, in: BT-Drucks. 16/6308, S. 203.

zusätzliche Unterlagen, etwa eine Genehmigung für den Betrieb seines Unternehmens, beschaffen musste. Auch für Registerverfahren ist Beschwerdegericht **nicht mehr das Landgericht, sondern** das **Oberlandesgericht** (§ 119 Abs. 1 Nr. 1b GVG). Für Zwischenentscheidungen verweist das FamFG allerdings auf die sofortige Beschwerde nach den §§ 567 bis 572 ZPO.[1] Im Hinblick auf § 376 Abs. 1 wird allerdings in der Literatur die Frage gestellt, ob es nicht beteiligtenfreundlicher wäre, als Beschwerdeinstanz das am selben Ort wie das Registergericht belegene Landgericht für zuständig zu erklären.[2]

Darüber hinaus sieht das FamFG im Bereich des **Register- und Unternehmensrechts** weitere **spezielle Rechtsbehelfe** vor, und zwar den Einspruch im Verfahren über die **Festsetzung von Zwangsgeld** gem. den §§ 388 bis 390 sowie den **Widerspruch im Amtslöschungsverfahren** in den §§ 393 bis 395, 397 bis 399 und im Dispacheverfahren nach den §§ 406, 407. Insoweit wird auf die jeweils dortigen Anmerkungen verwiesen. 31

Da bei der **funktionellen Zuständigkeitsverteilung** innerhalb des Registergerichts **keine** wesentlichen **Änderungen** erfolgt sind,[3] ergibt sich durch die grundsätzliche Neuregelung des Rechtsmittelverfahrens sowie auch durch die neu eingeführte Bestimmung des § 382 Abs. 4 die Besonderheit, dass in einem sehr weiten Umfang über **Entscheidungen des Rechtspflegers** nicht das **nächsthöhere Gericht**, sondern sogleich das **OLG zu entscheiden** hat. Dies würde sogar für den gesamten Bereich des Registerrechts gelten, sofern die Länder künftig von der ihnen in § 19 Abs. 1 RPflG eingeräumten Möglichkeit zur Aufhebung des Richtervorbehalts bei den derzeit noch gem. § 17 Abs. 1 und Abs. 2b RPflG[4] in die Zuständigkeit des Richters fallenden Angelegenheiten Gebrauch machen sollten. Ob es insbesondere sinnvoll ist, Beschwerden über Zwischenverfügungen, die sich häufiger auch mit tatsächlichen als mit rechtlichen Fragen befassen, durch das Oberlandesgericht entscheiden zu lassen, muss die Praxis erweisen. Zumindest bei diesem Teilbereich ist Zurückhaltung gegenüber einer sonst durchaus positiven Bewertung der OLG-Zuständigkeit in Beschwerdesachen (vgl. vorstehend Abramenko, § 58 Rz. 20) berechtigt. 32

5. Bewertung der FGG-Reform, bezogen auf Buch 5

Eine **grundlegende Reform** enthält das FamFG in **Buch 5** mithin nicht. Bei einer solchen wäre etwa auch **zu überlegen** gewesen, die vier „klassischen" Register zu einem **Gesamtregister** zusammen zu fassen, was sich beim Handelsregister und beim Partnerschaftsgesellschaftsregister schon in der Vergangenheit angeboten hätte, aber auch beim Genossenschaftsregister und beim Vereinsregister durchführbar sein sollte. Allerdings kann, da bei zahlreichen Bestimmungen keine oder nur geringfügige Änderungen vorgenommen worden sind, insoweit auf die zum bisherigen Recht ergangene Rechtsprechung und auch auf die insoweit veröffentlichte Literatur zurückgegriffen werden, was die praktische Umsetzung erleichtert. 33

Im Ergebnis wird beim **Buch 5** des FamFG **in besonderer Weise deutlich**, dass der Gesetzgeber seine **Reformfreudigkeit** vorrangig im **familienverfahrensrechtlichen Teil**, nämlich dem diese Bezeichnung tatsächlich verdienenden Teil des FamFG, an den Tag gelegt hat. **Die klassischen FGG-Verfahren** erscheinen gegenüber dem konzeptionell neuen Allgemeinen Teil des Buches 1 lediglich **mehr** oder **weniger** unverändert ohne oder nur mit unzureichenden Abstimmungsmechanismen an andere Schwerpunkte bildende Verfahrensgrundsätze des Allgemeinen Teils **angehängt**. 34

---

1 Vgl. §§ 7 Abs. 3, 21 Abs. 2, 35 Abs. 5, 355 Abs. 1, und 372 Abs. 1.
2 Vgl. insoweit *Heinemann*, DNotZ 2009, 6 (12).
3 Begründung zu § 17 RPflG-RegE, in: BT-Drucks. 16/6308, S. 322.
4 Danach sind ua. folgende Registersachen dem Richter vorbehalten: Bei der AG, KG aA, GmbH und dem VVaG die Ersteintragung, Satzungsänderungen, soweit sie nicht nur die Fassung betreffen, Eingliederungs- und Umwandlungsvorgänge, Eintragungen betreffend Unternehmensverträge, Löschungen gem. §§ 394, 395, 397 und 398 sowie § 43 Abs. 2 KWG, Beschlüsse gem. § 399 sowie Bestellung von Liquidatoren nach Löschung einer Gesellschaft gem. § 394.

35 Insgesamt lässt sich die **Befürchtung** nicht von der Hand weisen, dass durch die **Reform** das **FGG-Verfahren** in seinen klassischen Bereichen seine **Eigenprägung verlieren** und lediglich zu einem Anhängsel des Verfahrens in Familiensachen werden könnte. Grundsätzlich wäre dies wohl nur zu vermeiden gewesen, wenn der Gesetzgeber sich entschlossen hätte, jeweils gesonderte Reformgesetze, nämlich ein gesondertes Familienverfahrensgesetz und ein gesondertes Reform-FGG, zu schaffen.[1]

II. Verhältnis von Buch 5 zu den sonstigen registerrechtlichen Vorschriften

36 Ebenso wie früher das **Verfahren in Handelssachen** im 7. Abschnitt des FGG keineswegs erschöpfend geregelt war, ist dies nunmehr bei Buch 5 FamFG der Fall. Weitere registerrechtliche Verfahrensvorschriften befinden sich nach wie vor in anderen insbesondere materiellen Gesetzen, insbesondere eine Reihe von Bundesgesetzen, die das Handels- und Wirtschaftsrecht betreffen (vgl. auch vorstehend Rz. 1).

1. Stellung des Registerverfahrensrechts

37 Eine **Besonderheit des Registerverfahrensrechts** ist, dass der Normenbestand Elemente des **formellen Verfahrensrechts** und des **materiellen Rechts** enthält, so dass eine klare Einordnung in bestimmte Gesetze auf erhebliche Schwierigkeiten stoßen würde. Zum einen sind in materiellen Gesetzen umfangreiche, das Register betreffende Vorschriften enthalten, wie etwa in den §§ 8 bis 16 HGB. Auch finden sich die Vorschriften darüber, was zu den Registern anzumelden ist, im materiellen Recht. Zum anderen wird aber auch eine **Heilung** bestimmter, **materiell-rechtlicher Mängel** durch die **formelle Vornahme einer Registereintragung** in materiellen Gesetzen angeordnet, zB im Umwandlungsrecht.[2] Von Bedeutung sind in diesem Zusammenhang auch die materiell-rechtlichen Publizitätswirkungen, die in § 15 HGB geregelt sind. Diese gelten für die übrigen „klassischen" FGG-Register, nämlich das Genossenschaftsregister, das Partnerschaftsregister sowie das Vereinsregister in gleicher Weise.[3]

38 Bei den weiteren, **mit dem Registerverfahrensrecht zusammenhängenden Bestimmungen**, insbesondere im HGB, im AktG oder im UmwG, haben sich durch das FamFG im Wesentlichen nur redaktionelle Änderungen ergeben.

2. Frühere Regelung der örtlichen Zuständigkeit

39 Ausschließlich in **materiellen Gesetzen**, mithin **außerhalb des FGG**, war bislang die Frage der **örtlichen Zuständigkeit** der Registergerichte **geregelt**, nämlich in den §§ 29, 106, 161 Abs. 2 HGB, § 10 GenG, § 66 BGB, § 30 VAG und § 4 Abs. 1 PartGG iVm. §§ 106 ff. HGB. Insoweit wurde zwar mit § 377 Abs. 1 eine neue, umfassende Zuständigkeitsvorschrift in Buch 5 FamFG geschaffen, allerdings mit einer Besonderheit: Die bisherigen spezialgesetzlichen Vorschriften wurden nicht aufgehoben, sondern gelten weiterhin (vgl. § 377 Rz. 4).

3. Sonstige verfahrensrechtliche Vorschriften

40 Sonstige wesentliche verfahrensrechtliche Vorschriften, die insbesondere Detailregelungen für die Registerführung beinhalten, enthält für das Handelsregister die **Verordnung über die Errichtung und Führung des Handelsregisters**, die Handelsregisterverordnung (HRV).[4] Für die weiteren „klassischen Register" gelten die **Verordnung über das Genossenschaftsregister** (GenRegV),[5] die **Verordnung über die**

---

[1] Vgl. *Maass*, ZNotP 2006, 282 (283 f).
[2] Vgl. insbesondere §§ 244 Abs. 1 und 2 AktG; § 20 Abs. 1 Nr. 4 UmwG und § 131 Abs. 1 Nr. 4 UmwG.
[3] Vgl. § 29 GenG, § 5 Abs. 3 PartGG iVm. § 15 HGB sowie § 68 BGB.
[4] HRV v. 12.8.1937, DJ S. 1251, zuletzt geändert durch Art. 29 Abs. 1 des Gesetzes v. 11.8.2009, BGBl. I 2009, S. 2713.
[5] Genossenschaftsregisterverordnung – GenRegV idF der Bekanntmachung v. 16.10.2006, BGBl. I 2006, S. 2268, zuletzt geändert durch Art. 13 Abs. 19 des Gesetzes v. 25.5.2009, BGBl. I 2009, S. 1102.

Einrichtung und Führung des Partnerschaftsregisters (PRV)[1] und die **Vereinsregisterverordnung** (VRV).[2]

4. Unternehmensregister

Nicht in § 374 erwähnt bzw. in **Buch 5** des FamFG geregelt ist das in § 8b HGB enthaltene **Unternehmensregister**. Bei diesem handelt es sich nicht um ein von den Amtsgerichten geführtes Rechtsträgerverzeichnis, sondern um eine von einem beliehenen Unternehmen[3] betriebene Internetplattform zur Speicherung der verschiedensten Unternehmensdaten, insbesondere die aufgrund der in § 8 Abs. 2 HGB aufgeführten, diesem Register aufgrund der dort gelisteten spezialgesetzlichen Vorschriften übermittelten oder von staatlichen Stellen zur Verfügung gestellten Unternehmensdaten. Mit dem Handelsregister wird ein Zusammenwirken dadurch herbeigeführt, dass die Bekanntmachungen der Eintragungen im Handelsregister in das Unternehmensregister aufzunehmen sind, § 8b Abs. 2 Nr. 1 HGB. Die Einsichtnahme in das Unternehmensregister ist wie die in das Handelsregister jedem gestattet, § 9 Abs. 6 HGB.

III. Historische Entwicklung der Registersachen, Bedeutung der FGG-Register

1. Historische Entwicklung

Ausgangspunkt für die registerrechtlichen Bestimmungen der späteren §§ 8 ff. HGB und §§ 125 ff. FGG waren die Vorschriften der Art. 12 bis 14 ADHGB, die als Reichsgesetz seit 1871 im ganzen Deutschen Reich galten und die Führung der Register bei den seinerzeitigen Handelsgerichten sowie eine Bekanntmachung von Eintragungen in öffentlichen Blättern vorsahen. Aufgrund des Gesetzes betr. die Erwerbs- und Wirtschaftsgenossenschaften v. 1.5.1889[4] wurde das Genossenschaftsregister als eigenständiges Register eingeführt. Mit Inkrafttreten des BGB kam das Vereinsregister für eingetragene Vereine hinzu. Schließlich wurde 1995 durch das **Partnerschaftsgesellschaftsgesetz** für die darin geregelten Zusammenschlüsse von Angehörigen freier Berufe das neue Partnerschaftsregister eingeführt, wobei § 5 Abs. 2 PartGG weitgehend auf die Regelungen über die Führung des Handelsregisters verweist.[5] Insbesondere aufgrund europäischer Rechtsvorschriften erfolgten ab 1969 wesentliche Novellierungen, zunächst 1969 durch die „**Publizitätsrichtlinie**", durch die insbesondere § 15 HGB neu gefasst wurde und sodann 1993 durch die Vorschriften zur Neuregelung der registerrechtlichen Behandlung von Zweigniederlassungen ausländischer Rechtsträger.

Ebenfalls 1993 wurden durch das **RegisterverfahrensbeschleunigungsG**[6] die wesentlichen Grundlagen für die Führung des Handelsregisters „in maschineller Form als automatisierte Datei", dh. als elektronisches Register, überarbeitet und aktualisiert. Durch die Handelsrechtsreform 1998 mit ihrer weit gehenden **Liberalisierung des Firmenrechts** und weiteren für das Register bedeutsamen Änderungen wie den Verzicht auf die Zeichnung der Firma durch die Inhaber bzw. Vertreter[7] haben sich beim Handelsregister weitere tief greifende, jedoch zeitgemäße Veränderungen vollzogen. Aufgrund des **HRefG** wurde auch der bisherige Grundsatz, dass bei jedem

---

1 Partnerschaftsregisterverordnung – PRV v. 16.6.1995, BGBl. I 1995, S. 808, zuletzt geändert durch Art. 5 Abs. 3 des Gesetzes v. 10.11.2006, BGBl. I 2006, S. 2553.
2 VRV v. 10.2.1999, BGBl. I 1999, S. 147, zuletzt geändert durch Art. 6 des Gesetzes v. 24.9.2009, BGBl. I 2009, S. 3145.
3 Derzeit aufgrund der Ausübung der Verordnungsermächtigung gem. § 9a Abs. 1 HGB die Bundesanzeiger Verlagsgesellschaft mit beschränkter Haftung in Köln.
4 RGBl. 1889, S. 55, heute Genossenschaftsgesetz – GenG, BGBl. I 2006, S. 2530.
5 S. neben § 5 Abs. 2 PartGG insbesondere § 1 PRV.
6 Gesetz v. 20.12.1993, BGBl. I, S. 2182; dazu *Holzer*, NJW 1994, 481 ff.
7 Gesetz zur Neuregelung des Kaufmanns- und Firmenrechts und zur Änderung anderer handels- und gesellschaftsrechtlicher Vorschriften (Handelsrechtsreformgesetz – HRefG) v. 22.6.1998, BGBl. I, S. 1474.

Amtsgericht auch ein Handelsregister geführt wurde,[1] seit dem 1.1.2002 zur Ausnahme geändert, § 125 Abs. 1, Abs. 2 Nr. 1 FGG aF. Seit dem galt für die Handelsregisterführung ebenfalls der Grundsatz der Konzentration, der jetzt aufgrund § 23d GVG generell für alle FGG-Verfahren Bedeutung hat.

44 Der letzte Meilenstein bei der Entwicklung des Registerrechtes war die **Einführung des Elektronischen Handelsregisters** zum 1.1.2007. Seit diesem Zeitpunkt wird das Handelsregister von allen Gerichten elektronisch geführt (§ 8 Abs. 1 HGB) und sind alle Anmeldungen und Dokumente ausschließlich elektronisch einzureichen (§ 12 HGB).[2] Dadurch wurde auch die seit vielen Jahren geführte rechtspolitische Diskussion, ob etwa die **Registerführung** in die Zuständigkeit anderer Stellen, insbesondere die der **Industrie- und Handelskammer**, verlagert werden sollte,[3] zunächst wieder einmal beendet. Ebenfalls nur noch elektronisch eingereicht werden können Anmeldungen zum Genossenschaftsregister (§ 157 GenG) und zum Partnerschaftsregister (§ 5 Abs. 2 PartGG iVm. § 12 HGB).[4] In der Praxis ist die elektronische Einreichung zum Handelsregister für die beteiligten Notare inzwischen zur Selbstverständlichkeit geworden.

2. Bedeutung der in Buch 5 behandelten Registersachen

a) Bedeutung und Funktion der „klassischen FGG-Register"

45 Bereits die Aufzählung in § 374 mit der dortigen Erwähnung von fünf **Registersachen** lässt deutlich werden, dass der Gesetzgeber die weitgehend historisch gewachsenen Besonderheiten der Registervorschriften im FGG nicht neu geordnet bzw. nicht zeitgemäß reformiert hat:

46 Die **vier „klassischen" Register**, nämlich das Handels-, Genossenschafts-, Partnerschafts- und Vereinsregister, offenbaren sowohl für den allgemeinen Rechtsverkehr als auch insbesondere das Wirtschaftsleben bedeutsame rechtliche Verhältnisse bestimmter, im Rechts- bzw. Handelsverkehr auftretender Rechtsträger. Aufgrund der vielfach bestehenden Anmeldepflichten wird gewährleistet, dass regelmäßig alle Tatsachen offen gelegt werden, die für den Rechtsverkehr wesentlich sind. Die Bedeutung dieser Register hat immer mehr zugenommen, aus dem **heutigen Wirtschaftsleben** sind sie praktisch **nicht mehr wegzudenken**. Ausgehend vom Handelsregister als historischem Ausgangspunkt wurde für die drei später hinzutretenden Register wesentlich auf die für das Handelsregister geltenden Vorschriften einschließlich der insoweit in der HRV[5] enthaltenen Verfahrensregeln zurückgegriffen.

47 Die Funktionen des Handelsregisters und der drei weiteren klassischen Register lassen sich kurz wie folgt zusammenfassen:
- **Publizitätsfunktion**, nämlich Verlautbarung der für den Wirtschaftsverkehr maßgeblichen Rechtsverhältnisse von an diesem Wirtschaftsverkehr teilnehmenden Rechtsträgern, seien es natürliche oder juristische Personen, soweit das Gesetz diese Eintragung vorsieht;
- **Schutz- und Vertrauensfunktion**, nämlich Organisation der Registerführung in einer Art und Weise, durch die sichergestellt wird, dass die im Register verlautbarten Angaben mit der tatsächlichen Rechtslage soweit wie irgend möglich in Übereinstimmung stehen, womit zugleich die Grundlage für die in § 15 Abs. 1 HGB iVm.

---

[1] § 125a Abs. 1 FGG in der bis zum 31.12.2001 gültigen Fassung.
[2] Gesetz über elektronische Handelsregister, Genossenschaftsregister sowie das Unternehmensregister v. 10.11.2006, BGBl. I, S. 2553 (EHUG).
[3] Dazu Holzer/*Holzer*, § 377 FamFG Rz. 2; *Gustavus*, GmbHR 1998, 528; *Borchert*, BB 2003, 2642; *Müther*, Rpfleger 2008, 234; zur Verlagerung von Aufgaben auf den Rechtspfleger vgl. *Ries*, BB 2005, 790.
[4] Für das Vereinsregister können die Länder durch Rechtsverordnung auch eine elektronische Anmeldung vorsehen, § 55a BGB, wobei jedoch derzeit noch eine solche in Papierform mit öffentlich beglaubigter Unterschrift, § 77 BGB, ebenfalls ausreicht.
[5] Zur Bedeutung der HRV als formelles Ordnungsrecht im Registerverfahren vgl. § 387 Rz. 3 ff.

§ 28 GenG, § 68 BGB sowie § 5 Abs. 2 PartGG geregelte „negative Registerpublizität"[1] sowie die „positive Registerpublizität" des § 15 Abs. 3 HGB[2] gebildet wird;
- **Kontrollfunktion**, nämlich eine der Registereintragung vorgeschaltete Prüfung durch das Registergericht etwa bei der Eintragung von juristischen Personen (nach § 8 GmbHG, §§ 37, 39 AktG), sowie auch eine laufende Prüfung, wie bei der Löschung unrichtiger Eintragungen (vgl. etwa § 395 ff.).

b) Bedeutung des Güterrechtsregisters

Beim **Güterrechtsregister** dagegen fehlt eine Gemeinsamkeit mit den klassischen Registern. Es enthält **andere Angaben**, die nur für einige wenige von Interesse sind, nämlich solche über bestimmte vermögensrechtliche Verhältnisse bei einem – kleinen – Teil von Ehegatten. Die **praktische Bedeutung** dieses Registers ist heute nur noch **gering**.[3] Wenn sich der Gesetzgeber auch nicht für Letzteres entschieden hat, hätte die Überarbeitung der FGG-Registervorschriften doch Anlass sein können, die wenigen das Güterrechtsregister betreffenden Bestimmungen aus Buch 5 des FamFG heraus- und in das BGB zu übernehmen, wo die hauptsächlichen, das Güterrechtsregister betreffenden Vorschriften der §§ 1558 bis 1563 BGB unverändert an ihrer bisherigen Stelle verblieben sind. Die fehlende Bedeutung dieses Registers im Regelungszusammenhang der §§ 374 ff. wird weiter dadurch deutlich, dass sich in § 377 Abs. 3 nur eine überflüssige Wiederholung von § 1558 Abs. 1 BGB findet (vgl. vorstehend Rz. 3),[4] während in den **allgemeinen Verfahrensvorschriften der §§ 378 ff.** durchgehend nur die vier **„klassischen" Register angesprochen** werden.

48

Abschnitt 1
Begriffsbestimmung

§ 374 Registersachen
Registersachen sind
1. Handelsregistersachen,
2. Genossenschaftsregistersachen,
3. Partnerschaftsregistersachen,
4. Vereinsregistersachen,
5. Güterrechtsregistersachen.

I. Allgemeines 1	3. Partnerschaftsregistersachen (Nummer 3) 6
II. Geltungsbereich 2	4. Vereinsregistersachen (Nummer 4) 7
III. Die Registersachen im Einzelnen	5. Güterrechtsregistersachen (Nummer 5) 8
1. Handelsregistersachen (Nummer 1) 3	
2. Genossenschaftsregistersachen (Nummer 2) 5	

---

1 Nach dem Grundsatz der „negativen Publizität" kann ein im Register eingetragener Rechtsträger Dritten gegenüber bestimmte, eintragungspflichtige Umstände nur und erst dann entgegenhalten, wenn bzw. sobald sie im Register eintragen sind, vgl. Baumbach/Hopt, 35. Aufl., § 15 HGB Rz. 1. Hierdurch wird zugleich auf den Rechtsträger ein mittelbarer Druck ausgeübt, registerrelevante Umstände sogleich anzumelden, um das Register auf dem laufenden Stand zu halten.
2 Nach dem Grundsatz der „positiven Publizität" kann sich ein Dritter auf eine unrichtig im Register eingetragene und bekannt gemachte Tatsache berufen, sofern er nicht die Unrichtigkeit kannte, vgl. Baumbach/Hopt, 35. Aufl., § 15 HGB Rz. 1.
3 Krafka/Willer/Kühn, Rz. 2305.
4 Holzer/*Holzer*, § 377 FamFG Rz. 8.

I. Allgemeines

1 Im früheren Recht war eine **Begriffsbestimmung der Registersachen** nicht enthalten, so dass die im FGG noch als „Handelssachen" bezeichneten Angelegenheiten der freiwilligen Gerichtsbarkeit jeweils im Einzelfall zu bestimmen waren.[1] § 374 bestimmt aus Gründen der **Rechtssicherheit und Rechtsklarheit**, was unter Registersachen zu verstehen ist. § 375 grenzt die reinen Registersachen von anderen Angelegenheiten ab, die vorwiegend, aber nicht ausschließlich, Unternehmen betreffen.[2] § 374 enthält eine **Aufzählung** der einzelnen Registerverfahren, zu denen in Buch 5 ergänzende Vorschriften enthalten sind. Sie hat im früheren Recht, §§ 125 ff. FGG, keine Entsprechung. Ihr kommt **kein eigener Regelungsgehalt** zu.

II. Geltungsbereich

2 Folge der in § 374 enthaltenen **Begriffsbestimmung** ist, dass die in Abschnitt 3, Unterabschnitte 1 bis 3 des 5. Buches des FamFG enthaltenen Vorschriften (§§ 378 bis 399) auf alle in § 374 genannten Registerarten anwendbar sind. Der in § 383 Abs. 3 enthaltene **Grundsatz der Unanfechtbarkeit von Registereintragungen** sowie die Möglichkeit, **Zwischenverfügungen** nach § 382 Abs. 4 zu erlassen, gelten somit für alle Registerverfahren. Der Gesetzgeber hat deshalb spezielle, nur für bestimmte Registerverfahren geltende Regelungen gestrichen, beispielsweise die in § 26 HRV und § 9 Abs. 3 VereinsRegV (durch Art. 40 Abs. 2 Nr. 5 und Abs. 3 Nr. 2 FGG-ReformG) enthaltenen Regelungen für Zwischenverfügungen.[3] Spezielle Vorschriften bestehen für Vereinsregistersachen (§§ 400 f.).

III. Die Registersachen im Einzelnen

1. Handelsregistersachen (Nummer 1)

3 Im **Handelsregister** werden Tatsachen und Rechtsverhältnissen der Kaufleute und Handelsgesellschaften offenbart, die für den Rechtsverkehr von wesentlicher Bedeutung sind. Einzutragen sind die kraft Gesetzes anmeldepflichtigen oder eintragungsfähigen Tatsachen sowie solche, für deren Eintragung ein erhebliches Bedürfnis des Rechtsverkehrs besteht.[4] Im Handelsregister Teil A werden **Handelsgesellschaften** (OHG, KG) und **Einzelkaufleute**, in seinem Teil B **juristische Personen** (GmbH, AG, KGaA, VVaG, Europäische Gesellschaft) eingetragen.[5] Nicht publizitätsfähig ist die **Gesellschaft bürgerlichen Rechts**, für die das Grundbuch wegen § 899a BGB eine Art Ersatzregister darstellt.[6] Nicht eintragungsfähig in das Handelsregister, das nach § 15 Abs. 1 HGB negative Publizität hat,[7] sind auch stille Gesellschaften.

4 Unter Handelsregistersachen iSd. § 374 Nr. 1 sind demnach alle Angelegenheiten der freiwilligen Gerichtsbarkeit zu verstehen, die eine **Eintragung oder Löschung im Handelsregister** betreffen, unabhängig davon, ob sie auf Anmeldung[8] oder von Amts wegen (§ 384) eingeleitet werden. Im Handelsregisterverfahren kommen vor allem die §§ 378 bis 399 sowie die die Anmeldung betreffenden Vorschriften des HGB, GmbHG und AktG zur Anwendung. Die **Bestimmungen der HRV** regeln nähere **Einzelheiten des Eintragungsverfahrens**. Die im Handelsregister eingetragene Gesellschaften betreffenden Angelegenheiten der freiwilligen Gerichtsbarkeit außerhalb des Registerverfahrens sind durch § 375 erfasst.

---

1 Bassenge/*Roth*, 11. Aufl., Vorb. zu § 125 FGG Rz. 2.
2 Holzer/*Holzer*, § 374 FamFG Rz. 1.
3 *Holzer*, ZNotP 2009, 210 (211 f.); Begründung zu § 382 RegE, BT-Drucks. 16/6308, S. 286.
4 Krafka/Willer/Kühn, 7. Aufl., Rz. 1.
5 Krafka/Willer/Kühn, 7. Aufl., Rz. 5.
6 Hügel/*Holzer*, GBO, 2. Aufl., § 1 Rz. 54.
7 Holzer/*Holzer*, § 382 FamFG Rz. 4 f.; § 383 Rz. 7.
8 Holzer/*Holzer*, § 23 FamFG Rz. 2.

Begriffsbestimmung § 374

2. Genossenschaftsregistersachen (Nummer 2)

Genossenschaften werden in das **Genossenschaftsregister** eingetragen, das nach den §§ 1 bis 26 GenRegV geführt wird. Auf Genossenschaftsregistersachen sind die §§ 378 bis 399 sowie die Vorschriften des GenG anwendbar.

3. Partnerschaftsregistersachen (Nummer 3)

Partnerschaften sind in das **Partnerschaftsregister** einzutragen, das nach §§ 1 bis 8 der PRV geführt wird. Partnerschaften sind materiell-rechtlich idR als Gesellschaft bürgerlichen Rechts ausgestaltet; das Partnerschaftsregister stellt deshalb eine Ausnahme zur fehlenden Publizität der nach § 899a BGB rechtsfähigen **Gesellschaft bürgerlichen Rechts** dar.

4. Vereinsregistersachen (Nummer 4)

Nur eingetragene Vereine (e.V.) werden in das **Vereinsregister** eingetragen, nicht aber **rechtsfähige Vereine**, die Gesamthandsgemeinschaften darstellen, sowie **wirtschaftliche Vereine**, die ihre Rechtsfähigkeit kraft staatlicher Verleihung erwerben (§ 22 BGB). Die Registerführung erfolgt aufgrund der VereinsRegV sowie der §§ 55 ff. BGB. Neben den §§ 378 bis 399 kommen für das Vereinsregister die §§ 400 f. zur Anwendung.

5. Güterrechtsregistersachen (Nummer 5)

Unter **Güterrechtsregistersachen** sind alle Angelegenheiten zu verstehen, die von den Gerichten bei der Eintragung in das Güterrechtsregister vorzunehmen sind. Das von den Amtsgerichten geführte Güterrechtsregister (§ 1558 Abs. 1 BGB) hat kaum praktische Bedeutung. Eingetragen werden können Eheverträge sowie deren Änderung und Aufhebung im Hinblick auf die Gütertrennung (§ 1414 BGB), die Gütergemeinschaft (§§ 1415 ff. BGB) und die Rechtswahl nach Art. 15 Abs. 2 Nr. 2 EGBGB. Die Eintragung in das Güterrechtsregister bewirkt, dass der Dritte die eingetretenen Tatsachen gegen sich gelten lassen muss, auch wenn er sie nicht kennt. Für Güterrechtsregistersachen gelten die §§ 376 bis 399 sowie die §§ 1558 ff. BGB.[1]

Kosten/Gebühren: Gericht: Für Eintragungen in das Handels-, Partnerschafts- oder Genossenschaftsregister, Zurücknahme oder Zurückweisung von Anmeldungen zu diesen Registern, die Entgegennahme, Prüfung und Aufbewahrung der zum Handels- oder Genossenschaftsregister einzureichenden Unterlagen sowie die Übertragung von Schriftstücken in ein elektronisches Dokument nach § 9 Abs. 2 HGB und Art. 61 Abs. 3 EGHGB werden Gebühren nur aufgrund der Handelsregistergebührenverordnung (HRegGebV) erhoben. Diese Verordnung beruht auf der Verordnungsermächtigung nach § 58 GNotKG. Nach der Verordnungsermächtigung richtet sich die Höhe der Gebühren grundsätzlich nach den auf die Amtshandlungen entfallenden durchschnittlichen Personal- und Sachkosten.

Nach Nr. 13100 KV GNotKG wird für das Verfahren die Ersteintragung in das Vereinsregister eine Festgebühr in Höhe von 75 Euro erhoben. Für jede spätere Eintragung entsteht eine Festgebühr in Höhe von 50 Euro, sofern es sich nicht um eine der in Abs. 3 der Anmerkung genannten Eintragung handelt. Die Kosten schuldet der Antragsteller (§ 22 Abs. 1 GNotKG), bei Amtsverfahren der Verein (§ 23 Nr. 7 GNotKG).

Für Verfahren über die Eintragungen in das Güterrechtsregister aufgrund eines Ehe- oder Lebenspartnerschaftsvertrags wird nach Nr. 13200 eine Festgebühr von 100 Euro erhoben, für alle sonstigen Eintragungen eine Gebühr in Höhe von 50 Euro. Die Kosten schuldet der Antragsteller (§ 22 Abs. 1 GNotKG).

Für das Verfahren über Beschwerden und Rechtsbeschwerden gegen Entscheidungen, die sich auf solche Tätigkeiten des Registergerichts beziehen, für die Gebühren aufgrund der HRegGebV zu erheben sind, werden Gebühren nach den Nrn. 19112, 19113, 19123 bis 19125 KV GNotKG erhoben. Der Wert bestimmt sich § 61 GNotKG. Als Kostenschuldner kommen der Rechtsmittelführer als Antragsteller (§§ 22 Abs. 1, 25 GNotKG) und der Entscheidungsschuldner (§ 27 Nr. 1 GNotKG) in Betracht.

Für das Beschwerdeverfahren in Vereins- und Güterrechtsregistersachen fällt eine Gebühr in Höhe von 60 Euro an (Nr. 19116 KV GNotKG), für das Rechtsbeschwerdeverfahren eine solche in Höhe von 120 Euro (Nr. 19126 KV GNotKG). Diese Gebühren entstehen nur für den Fall, dass das Rechtsmittel verworfen oder zurückgewiesen wird. Wird das Rechtsmittel nur teilweise verworfen oder zurückgewiesen, kann das Gericht die Gebühr nach billigem Ermessen auf die Hälfte ermäßigen oder bestimmen, dass eine Gebühr nicht zu erheben ist.

---

1 Holzer/*Holzer*, § 374 FamFG Rz. 8 mwN.

375 Unternehmensrechtliche Verfahren

Unternehmensrechtliche Verfahren sind die nach

1. § 146 Abs. 2, den §§ 147, 157 Abs. 2, § 166 Abs. 3, § 233 Abs. 3 und § 318 Abs. 3 bis 5 des Handelsgesetzbuchs,
2. § 11 des Binnenschifffahrtsgesetzes, nach den Vorschriften dieses Gesetzes, die die Dispache betreffen, sowie nach § 595 Absatz 2 des Handelsgesetzbuchs, auch in Verbindung mit § 78 des Binnenschifffahrtsgesetzes,
3. § 33 Abs. 3, den §§ 35 und 73 Abs. 1, den §§ 85 und 103 Abs. 3, den §§ 104 und 122 Abs. 3, § 147 Abs. 2, § 183a Absatz 3, § 264 Absatz 2, § 265 Abs. 3 und 4, § 270 Abs. 3, § 273 Abs. 2 bis 4 sowie § 290 Absatz 3 des Aktiengesetzes,
4. Artikel 55 Abs. 3 der Verordnung (EG) Nr. 2157/2001 des Rates vom 8. Oktober 2001 über das Statut der Europäischen Gesellschaft (SE) (ABl. EG Nr. L 294 S. 1) sowie § 29 Abs. 3, § 30 Abs. 1, 2 und 4, § 45 des SE-Ausführungsgesetzes,
5. § 26 Abs. 1 und 4 sowie § 206 Satz 2 und 3 des Umwandlungsgesetzes,
6. § 66 Abs. 2, 3 und 5, § 71 Abs. 3 sowie § 74 Abs. 2 und 3 des Gesetzes betreffend die Gesellschaften mit beschränkter Haftung,
7. § 45 Abs. 3, den §§ 64b, 83 Abs. 3, 4 und 5 sowie § 93 des Genossenschaftsgesetzes,
8. Artikel 54 Abs. 2 der Verordnung (EG) Nr. 1435/2003 des Rates vom 22. Juli 2003 über das Statut der Europäischen Genossenschaft (SCE) (ABl. EU Nr. L 207 S. 1),
9. § 2 Abs. 3 und § 12 Abs. 3 des Publizitätsgesetzes,
10. § 11 Abs. 3 des Gesetzes über die Mitbestimmung der Arbeitnehmer in den Aufsichtsräten und Vorständen der Unternehmen des Bergbaus und der Eisen und Stahl erzeugenden Industrie,
11. § 2c Abs. 2 Satz 2 bis 7, den §§ 22o, 28 Absatz 2, § 38 Abs. 2 Satz 2, § 45a Abs. 2 Satz 1, 3, 4 und 6 des Kreditwesengesetzes,
11a. § 2a Absatz 4 Satz 2 und 3 des Investmentgesetzes,
12. § 2 Absatz 5 Satz 1 und 2, § 30 Abs. 2 Satz 1 und Abs. 5 Satz 1 sowie § 31 Abs. 1, 2 und 4 des Pfandbriefgesetzes,
13. § 47 Absatz 2 und § 104 Abs. 2 Satz 3 bis 8 des Versicherungsaufsichtsgesetzes und § 28 Absatz 2 Satz 1 bis 5 des Finanzkonglomerate-Aufsichtsgesetzes,
14. § 6 Abs. 4 Satz 4 bis 7 des Börsengesetzes,
15. § 10 des Partnerschaftsgesellschaftsgesetzes in Verbindung mit § 146 Abs. 2 und den §§ 147 und 157 Abs. 2 des Handelsgesetzbuchs,
16. § 9 Absatz 2 und 3 Satz 2 und § 18 Absatz 2 Satz 2 und 3 des Schuldverschreibungsgesetzes

vom Gericht zu erledigenden Angelegenheiten.

I. Allgemeines

1 Der Begriff der **unternehmensrechtlichen Verfahren** wurde durch das FamFG **neu eingeführt** (dazu § 374 Rz. 1); er hatte im 7. und 8. Buch des FGG keine Entsprechung. § 375[1] umfasst eine Reihe von Angelegenheiten, bei denen bereits bisher im HGB, im AktG und in anderen Gesetzen eine Mitwirkung des Gerichts vorgesehen war. Diese Sachen wurden früher, ohne Registersachen iSd. §§ 125 FGG aF zu sein,[2] in die sachliche Zuständigkeit des Amtsgerichts überwiesen. Die jetzt in § 375 zusammengefassten Angelegenheiten waren früher überwiegend unter der Überschrift

---

[1] Nach Verkündung bzw. Inkrafttreten des FamFG geändert durch Art. 2 Nr. 1 des Gesetzes zur Neuregelung der Rechtsverhältnisse bei Schuldverschreibungen aus Gesamtemissionen und zur verbesserten Durchsetzbarkeit von Ansprüchen von Anlegern aus Falschberatung v. 31.7.2009, BGBl. I, S. 2512; Art. 8 des Gesetzes zur Umsetzung der geänderten Bankenrichtlinie und der geänderten Kapitaladäquanzrichtlinie v. 19.11.2010, BGBl I S. 1592; Art. 11 des Restrukturierungsgesetzes v. 9.12.2010, BGBl I, S. 1900; Art. 6 Nr. 25 des Gesetzes zur Einführung einer Rechtsbehelfsbelehrung im Zivilprozess und zur Änderung anderer Vorschriften vom 5.12.2012, BGBl. I, S. 2418; Art. 11 des Gesetzes zur Reform des Seehandelsrechts vom 20.4.2013, BGBl. I, S. 831; Art. 5 des Gesetzes zur Umsetzung der Richtlinie 2011/89/EU des Europäischen Parlaments und des Rates vom 16. November 2011 zur Änderung der Richtlinien 98/78/EG, 2002/87/EG, 2006/48/EG und 2009/138/EG hinsichtlich der zusätzlichen Beaufsichtigung der Finanzunternehmen eines Finanzkonglomerats vom 27. Juni 2013.

[2] Bumiller/*Harders*, § 375 FamFG Rz. 1.

„Sonstige Zuständigkeiten des Amtsgerichts" in § 145 Abs. 1 FGG aF aufgeführt. Daneben enthielt § 149 FGG aF eine entsprechende Zuständigkeitsvorschrift für das Dispacheverfahren (nunmehr § 375 Nr. 2) und § 160 Abs. 2 FGG aF eine solche entsprechende Vorschrift für die Liquidation der Partnerschaftsgesellschaft mit Verweisung auf §§ 146 Abs. 2, 147 und 157 Abs. 2 HGB (nunmehr § 375 Nr. 15).

Hinzugekommen sind in § 375 die unter Nr. 6 aufgeführten Verfahren, nämlich die nach § 66 Abs. 2, 3 und 5, § 71 Abs. 3 sowie § 74 Abs. 2 und 3 GmbHG, die in Nr. 7 aufgeführten Verfahren nach § 45 Abs. 3, den §§ 64b, 83 Abs. 3, 4 und 5 sowie § 93 GenG sowie das unter Nr. 11 erwähnte Verfahren gem. § 38 Abs. 2 Satz 2 KWG. Nach früherem Recht waren diese Angelegenheiten, ohne eigentliche Registerverfahren darzustellen, diesen verfahrensmäßig zugeordnet (vgl. § 148 Abs. 1 iVm. § 146 FGG aF). Diese bisherige Zuordnung wurde durch das FamFG aufgehoben.

Durch das FamFG in § 375 ergänzt wurden darüber hinaus die in Nr. 13 aufgeführten Angelegenheiten einer **Treuhänderbestellung** nach § 104 Abs. 2 VAG. Änderungen bei der Bestellung eines Treuhänders haben sich auch in den §§ 103, 104 AktG, den §§ 30 und 45 SE-Ausführungsgesetzes (SEAG) und § 6 Abs. 4 Börsengesetz (BörsG) ergeben. Insoweit wurden entsprechend die Nr. 3, 4 und 14 korrigiert bzw. ergänzt.

Nicht zu den unternehmensrechtlichen Verfahren iSd. § 375 gehören dagegen die in § 71 Abs. 1 Nr. 1 lit. b) bis lit. f) GVG aufgeführten Verfahren, für welche in erster Instanz die **Landgerichte zuständig** sind. Auf diese im Wesentlichen aktien- bzw. umwandlungsrechtlichen Verfahren sind zwar grundsätzlich die Verfahrensvorschriften des FamFG anwendbar (vgl. §§ 99 Abs. 1, 132 Abs. 3, 142 Abs. 8, 145 Abs. 5, 260 Abs. 3, 315 Satz 5 AktG, § 26 Abs. 4, SEAG, § 10 Abs. 3 UmwG, § 39b Abs. 1 WpÜG, § 11 Abs. 1 SpruchG), soweit nicht, was in weitem Umfang der Fall ist, Sondervorschriften bestehen (vgl. zB §§ 99 Abs. 2–6, 132 Abs. 3–5, 260 Abs. 3 und 4 AktG, § 51b GmbHG, § 10 Abs. 4 und 5 UmwG). Diese Verfahren sind zwar Handelssachen gem. § 95 Abs. 2 GVG, gelangen wegen § 96 GVG aber nur dann vor die Kammer für Handelssachen, wenn ein entsprechender Antrag gestellt wird. Insbesondere bei den aktienrechtlichen Verfahren erscheint es wünschenswert, durch Gesetzesänderung eine automatische Zuständigkeit der KfH zu begründen, um divergierende Entscheidungen in erster Instanz zu vermeiden.

II. Verfahrensgrundsätze

Verfahrensregeln für unternehmensrechtliche Verfahren findet man vermeintlich in Abschnitt 4 von Buch 5, welche sich aber im Wesentlichen auf die das Beschwerdeverfahren betreffende Regelung des § 402 beschränken. Die übrigen Vorschriften dieses Abschnitts, nämlich §§ 403–409, regeln nur das **Dispacheverfahren**. Ebenfalls gelten die §§ 378 bis 401 für unternehmensrechtliche Verfahren nicht, da die in § 375 genannten Verfahren nicht das in § 374 definierte Registerverfahren betreffen.[1]

Regelmäßig sind die Verfahren gem. § 375 **Antragsverfahren**. Das führt gerade auch in diesem Bereich zu der wesentlichen Frage, wer ggf. neben dem Antragsteller Beteiligter nach § 7 Abs. 2 bzw. Abs. 3 ist. Da unter dem neuen Oberbegriff „Unternehmensrechtliche Verfahren" völlig unterschiedliche Konstellationen mit eben so unterschiedlichen Interessenträgern erfasst werden – man denke nur an die grundverschiedenen Sachverhalte etwa der Bestellung für Liquidatoren für aufgelöste Handelsgesellschaften gem. §§ 146 Abs. 2, 161 Abs. 2 HGB (§ 375 Nr. 1), die Bestellung eines besonderen Vertreters für die Geltendmachung von Schadensersatzansprüchen in Umwandlungsfällen gem. § 26 Abs. 1 (§ 375 Nr. 5) oder die Genehmigung der Kraftloserklärung von Aktien durch die Gesellschaft gem. § 73 Abs. 1 AktG (§ 375 Nr. 3) – wird sofort klar, dass auf das Registerverfahren allenfalls § 7 Abs. 1, keineswegs aber § 7 Abs. 2 anwendbar ist.[2]

Zu Recht wird darauf hingewiesen, dass für **die unternehmensrechtlichen Verfahren der Beteiligtenbegriff** bzw. die Beteiligtenstellung noch **weitgehend ungeklärt**

---
1 Holzer/*Holzer*, § 375 FamFG Rz. 1, 19.
2 Holzer/*Holzer*, § 7 FamFG Rz. 4 f.; *Maass*, ZNotP 2006, 282 (285).

sind und einer genauen Austarierung für jedes einzelne Verfahren bedürfen, wobei zwei gleichrangige Verfassungsprinzipien aufeinander treffen können und deshalb genau abzuwägen sind, nämlich der Grundsatz der Gewährung rechtlichen Gehörs einerseits und der Justizgewährungsanspruch durch Bereitstellung eines funktionalen und effektiven Verfahren andererseits.[1] Insbesondere bei Verfahren mit einer größeren Anzahl von möglichen Beteiligten, zB einer Publikumsgesellschaft mit zT in die Hunderte gehenden Gesellschaftern, sollte ein die Beteiligtenstellung rechtfertigendes rechtliches Interesse genau überprüft und gegenüber den tatsächlich regelmäßigen vorrangigen wirtschaftlichen Belangen abgegrenzt werden, um insbesondere auch die Gefahr zu vermeiden, dass von bestimmten Gesellschaftern versucht wird, für sich über den Antrag auf Einleitung eines unternehmensrechtlichen Verfahrens vor dem Amtsgericht einen zusätzlichen Rechtsweg – neben dem zivilrechtlichen Instanzenzug – zu eröffnen. Es wäre daher zu begrüßen, wenn hier der Gesetzgeber zusätzliche Verfahrensvorschriften erlassen würde, die der Unterschiedlichkeit der unter dem Dach des § 375 zusammengefassten Verfahren hinreichend Rechnung tragen.

III. Einzelfälle

4   Die einzelnen den Amtsgerichten gem. § 375 übertragenen Verfahren sind:

1. Nummer 1

5   **Benennung und Abberufung der Liquidatoren einer OHG** (§§ 146 Abs. 2, 147 HGB) **oder KG** (§ 161 Abs. 2 HGB), wobei das Gericht nicht an Vorschläge hinsichtlich der zu bestellenden Personen gebunden ist. Auch juristische Personen können Liquidatoren sein, etwa die Komplementär-GmbH einer GmbH & Co. KG; die ggf. erforderliche Bestimmung über die Verwahrung der Bücher und Papiere einer OHG oder KG nach Beendigung der Liquidation (§§ 157 Abs. 2, 161 Abs. 2 HGB), dabei kann das Gericht die Übergabe der Bücher und Papiere aber nicht nach § 35 erzwingen;[2] Anordnung der Mitteilung der Bilanz bzw. der Vorlegung der Bücher und Papiere auf Antrag eines Kommanditisten aus wichtigem Grund (§ 166 Abs. 3 HGB) oder auf Antrag eines stillen Gesellschafters (§ 233 Abs. 3 HGB). Dabei ist die Frage, ob das Registergericht auch über streitige Vorfragen, insbesondere die Gesellschafterstellung, mit entscheiden darf, strittig.[3] Bestellung eines Abschlussprüfers (§ 318 Abs. 3 HGB).

2. Nummer 2

6   **Wahrnehmung bestimmter Verrichtungen im Zusammenhang mit seerechtlichen Vorgängen**. § 595 Abs. 2 HGB regelt die gerichtliche Bestellung des Dispacheurs für die Aufmachung der Dispache. § 11 BinSchG behandelt die Beweissicherung bei einer Beschädigung von Schiff oder Ladung in Folge eines Unfalls im Hinblick auf einen späteren Rechtsstreit betrifft („Verklarungsverfahren").[4] Dass es schwer fällt, diese Verfahren unter den Begriff der „unternehmensrechtlichen Verfahren" zu fassen, wurde eingangs bereits erwähnt (vgl. Vorbem. zu §§ 374 ff. Rz. 3). Die Bestimmung wurde durch das Gesetz zur Reform des Seehandelsrechts vom 20.4.2013[5] redaktionell angepasst.

3. Nummer 3

7   **Bestellung der Gründungsprüfer einer AG oder KGaA** auf Antrag der Gründer, falls nicht der Notar die Prüfung vornimmt (§ 33 Abs. 3 AktG). Die Vorschrift gilt für

---

1 Schulte-Bunert/Weinreich/*Nedden-Boeger*, § 375 FamFG Rz. 15 f.
2 BayObLG v. 14.6.1967 – BReg. 2 Z 20/67, BayObLGZ 1967, 240 (243); Schulte-Bunert/Weinreich/*Nedden-Boeger*, § 375 FamFG Rz. 19.
3 Bejahend Schulte-Bunert/Weinreich/*Nedden-Boeger*, § 375 FamFG Rz. 20, verneinend Keidel/*Heinemann*, § 375 FamFG Rz. 20. Letzterer Ansicht ist zuzustimmen, die Frage der Gesellschafterstellung ist wegen ihrer komplexen Rechtsfolgen durch das Prozessgericht zu entscheiden, das Verfahren gem. § 375 ist dafür gem. § 21 auszusetzen.
4 Dazu OLG Nürnberg v. 23.5.2000 – 8 W 24/00 BSch, NJW-RR 2000, 1456.
5 BGBl. I, S. 831.

die Bestellung eines Sachkapitalerhöhungsprüfers entsprechend (§ 205 Abs. 3 Satz 2 AktG), dabei ist der einzelne Aktionär gegen den Bestellungsbeschluss nicht beschwerdeberechtigt;[1] Entscheidung von Meinungsverschiedenheiten zwischen Gründern und Gründungsprüfern (§ 35 Abs. 1 AktG); Festsetzung der Auslagen und der Vergütung für die Gründungsprüfung (§ 35 Abs. 2 AktG); Genehmigung der Kraftloserklärung von Aktien auf Antrag des Vorstandes oder der Abwickler (§ 73 Abs. 1 AktG); **Bestellung fehlender, zur Vertretung erforderlicher Vorstandsmitglieder** (§ 85 Abs. 1 AktG) sowie Festsetzung der Auslagen und der Vergütung für die gerichtlich bestellten Vorstandsmitglieder (§ 85 Abs. 3 AktG); Abberufung von Aufsichtsratsmitgliedern aus wichtigem Grund (§ 103 Abs. 3 AktG); **Ergänzung des Aufsichtsrats** (§ 104 AktG); Ermächtigung einer Aktionärsminderheit zur Einberufung der Hauptversammlung pp. (§ 122 Abs. 3 AktG); **Bestellung von besonderen Vertretern zur Geltendmachung von Ersatzansprüchen** der Gesellschaft gegen Gründer, Vorstands- und Aufsichtsratsmitglieder (§ 147 Abs. 2 AktG), **Bestellung von Prüfern** bei Widerspruch gegen eine Kapitalerhöhung mit Sacheinlagen ohne Prüfung (§ 183a Abs. 3 AktG), **Bestellung und Abberufung von Abwicklern** (§ 265 Abs. 3 AktG) und Festsetzung deren Auslagen und Vergütung (§ 265 Abs. 4 AktG); Bestimmung über Aufbewahrung der Bücher und Schriften der Gesellschaft nach Abschluss der Abwicklung (§ 273 Abs. 2 und 3 AktG); **Bestellung von Nachtragsabwicklern** (§ 273 Abs. 4 AktG).

Die in diesem Zusammenhang früher in § 145 FGG enthaltenen Verweisungen auf die §§ 142 Abs. 2 bis 6, 258 Abs. 1 und 115 AktG sind gegenstandslos geworden, nachdem die Zuständigkeit für die gerichtliche Bestellung von Sonderprüfern nach § 142 AktG wegen der regelmäßig komplexen Verfahren durch Art. 1 Nr. 11c UMAG[2] auf das Landgericht übertragen worden ist; dies gilt nach der mit dem FamFG in Kraft getretenen Änderung von § 258 Abs. 3 AktG auch für die dort behandelten Sonderprüfungen wegen unzulässiger Unterbewertung. Ein **Redaktionsversehen** stellt die unterbliebene Aufnahme der Vorschriften über die Nachtragsabwicklung der KG bzw. KGaA dar (§§ 264 Abs. 2, 290 Abs. 3 AktG).[3] 8

4. Nummer 4

Die Verfahren gem. § 29 Abs. 3 **SE-Ausführungsgesetz** (SEAG) – Abberufung eines Mitglieds des Verwaltungsrats aus wichtigem Grund –, § 30 SEAG – Ergänzung des Verwaltungsrats zur Herstellung der Beschlussfähigkeit – und § 45 SEAG – Bestellung und Abberufung eines geschäftsführenden Notdirektors waren noch nicht in § 145 FGG aF aufgenommen worden. Dies ist durch Nr. 4 geschehen. 9

5. Nummer 5

Bestellung besonderer Vertreter zur Geltendmachung von Schadensersatzansprüchen aus Anlass der Verschmelzung gegen Mitglieder eines Vertretungs- bzw. Aufsichtsorgans (§§ 26, 206 UmwG) sowie Festsetzung der Auslagen und der Vergütung dieser besonderen Vertreter (§§ 26 Abs. 4, 206 Satz 3 UmwG). 10

6. Nummer 6

Bestellung und Abberufung von **Liquidatoren** einer GmbH (§ 66 Abs. 2 und 3 GmbHG) sowie von **Nachtragsliquidatoren** (§ 66 Abs. 5 GmbHG) sowie auch deren Abberufung aus wichtigem Grund;[4] Befreiung von der Bilanzierungspflicht (§ 71 Abs. 3 GmbHG); Bestimmung über Verwahrung der Bücher und Papiere der Gesellschaft nach Abschluss der Liquidation, Gewährung der Einsicht in diese Unterlagen (§ 74 Abs. 2 und 3 GmbHG). 11

---

1 OLG Frankfurt v. 26.5.2009 – 20 W 115/09, FGPrax 2009, 179.
2 Gesetz zur Unternehmensintegrität und Modernisierung des Anfechtungsrechts (UMAG) v. 22.9.2005, BGBl. I, S. 2802.
3 Holzer/*Holzer*, § 375 FamFG Rz. 5; *Nedden-Boeger*, FGPrax 2009, 144 (149).
4 KG v. 30.8.2005 – 1 W 25/04, FGPrax 2006, 28 (29).

7. Nummer 7

12 Ermächtigung einer Minderheit zur Einberufung der Generalversammlung einer Genossenschaft (§ 45 Abs. 3 GenG); Bestellung eines Prüfungsverbands zur Durchführung der gesetzlich vorgeschriebenen Prüfungen (§ 64b GenG); Bestellung und Abberufung von Liquidatoren (83 Abs. 3 und 4 GenG) sowie von Nachtragsliquidatoren (§ 83 Abs. 5 GenG); Aufbewahrung von Büchern und Schriften der aufgelösten Genossenschaft (§ 93 GenG).

8. Nummer 8

13 Wahrnehmung der Aufgaben im Zusammenhang mit **Eintragung** und **Überwachung** von **Europäischen Genossenschaften** (§ 35 Satz 2 des SCE-Ausführungsgesetzes/SCEAG),[1] namentlich die Ermächtigung einer Minderheit von Mitgliedern zur Einberufung einer Generalversammlung (Art. 54 Abs. 2 SCE-VO iVm. § 45 Abs. 3 GenG).

9. Nummer 9

14 Bestellung von **Sonderprüfern** im Zusammenhang mit der Prüfung der Frage, ob für Unternehmen bzw. Konzernunternehmen bestimmte Rechnungslegungspflichten nach Maßgabe des Publizitätsgesetzes bestehen (§§ 2 Abs. 3, 12 Abs. 3 PublG).

10. Nummer 10

15 **Abberufung von Aufsichtsratsmitgliedern** eines der in § 11 des Montan-Mitbestimmungsgesetzes aufgeführten Unternehmen aus wichtigem Grund (§ 11 Abs. 3 MontanMitbestG).

11. Nummer 11

16 Bestellung eines **Treuhänders** im Zusammenhang mit Maßnahmen bezüglich einer bedeutenden Beteiligung an einem Kreditinstitut (§ 2c Abs. 2 Satz 4–7 KWG); Bestellung eines Sachwalters bei Insolvenzgefahr (§ 2o KWG); Bestellung eines Prüfers in besonderen Fällen (§ 28 Abs. 2 KWG); Bestellung von Abwicklern im Falle der Abwicklungsanordnung nach Erlöschen bzw. Aufhebung der Erlaubnis (§ 38 Abs. 2 Satz 2 KWG); Bestellung eines Treuhänders für Finanzholding-Gesellschaften im Fall der Untersagung der Stimmrechtsausübung gem. § 45a Abs. 1 KWG (§ 45a Abs. 2 Satz 1, 3, 4 und 6 KWG).[2]

12. Nummer 11a

16a Erfasst sind Aufgaben nach § 2a Abs. 4 Satz 2 und 3 des **Investmentgesetzes**.

13. Nummer 12

17 Bestellung von **Sachwaltern** zur Abwicklung der Geschäfte einer **Pfandbriefbank** (§ 2 Abs. 5 PfandBG); Bestellung von Sachwaltern im Falle der **Insolvenz** einer Pfandbriefanstalt (§ 30 Abs. 2 PfandBG) oder nach Antrag auf Eröffnung eines Insolvenzverfahrens (§ 30 Abs. 5 PfandBG); Überwachung und Festsetzung der Vergütung des Sachwalters (§ 31 Abs. 1, 2 und 4 PfandBG).

14. Nummer 13

18 Bestellung eines **Treuhänders zur Gewährleistung** einer **wirksamen Aufsicht** über ein **Versicherungsunternehmen** (§ 104 Abs. 2 VAG) oder Finanzkonglomerat (§ 28 Abs. 2 Satz 1 bis 5 FKAG) sowie Bestellung von Sondertreuhändern bei Maßnahmen gegenüber gemischten Finanzholding-Gesellschaften (§ 104u Abs. 2 VAG).

---

[1] Gesetz zur Ausführung der Verordnung (EG) Nr. 1435/2003 des Rates v. 22.7.2003 über das Statut der Europäischen Genossenschaft (SCE), (SCE-Ausführungsgesetz-SCEAG) v. 14.8.2006 BGBl. I, S. 1911.
[2] Wegen Einzelheiten vgl. Bumiller/*Harders*, § 375 FamFG Rz. 39 ff.

15. Nummer 14

Bestellung eines Treuhänders zur Ausübung der Stimmrechte nach Anordnung von Maßnahmen gegen Inhaber bedeutender Beteiligungen iSd. § 1 Abs. 9 KWG an dem Träger einer Börse nach § 6 Abs. 1 BörsG (§ 6 Abs. 4 Satz 4 bis 7 BörsG).[1] 19

16. Nummer 15

Benennung und Abberufung der Liquidatoren einer **Partnerschaftsgesellschaft** und die ggf. erforderliche Bestimmung über die Verwahrung der Bücher und Papiere dieser Gesellschaft (§ 10 PartGG iVm. §§ 146 Abs. 2, 147 und 157 Abs. 2 HGB). Es gelten insoweit die gleichen Grundsätze wie für Handelsgesellschaften, s. vorstehend Rz. 5. 20

17. Nummer 16

Wegen seiner Ähnlichkeit mit dem Verfahren nach § 122 Abs. 3 AktG (vgl. vorstehende Nr. 3, Rz. 7) wurde das Verfahren nach § 9 Abs. 2 SchVG – Ermächtigung einer Gläubigerminderheit zur **Einberufung der Gläubigerversammlung** – in den Katalog des § 375 einbezogen.[2] Durch Art. 8 des Gesetz vom 19.11.2010[3] wurde die Bestimmung eines Versammlungsleiters bei Abstimmungen ohne Gläubigerversammlung ergänzt. 21

IV. Weitere Verfahren

Für **Vereinssachen** nach den Vorschriften des BGB fehlt eine ausdrückliche Regelung. Auf das Verfahren gem. § 37 Abs. 2 BGB – Ermächtigung von Vereinsmitgliedern durch das Amtsgericht zur Einberufung einer Mitgliederversammlung bei Vorliegen der Voraussetzungen des § 37 Abs. 1 BGB – sowie die Bestellung von Notvorständen und Notliquidatoren gem. §§ 29, 48 Abs. 1 BGB sind die Vorschriften über unternehmensrechtliche Verfahren entsprechend anzuwenden.[4] Dies ist ebenfalls für die Fälle anzunehmen, in denen von der bisherigen Rechtsprechung § 29 BGB analog angewandt wurde, nämlich die Bestellung eines Notgeschäftsführers[5] oder eines Notliquidators[6] für die GmbH bzw. die UG sowie die Genossenschaft. 22

Kosten/Gebühren: Gericht: Für die unternehmensrechtlichen Verfahren entstehen Gebühren nach den Nrn. 13500 bis 13630 KV GNotKG. Der Geschäftswert bestimmt sich nach den § 67, 68 GNotKG, für Rechtsmittelverfahren nach § 61 GNotKG. Die Kosten schuldet der Antragsteller (§ 22 Abs. 1 GNotKG), daneben auch der Entscheidungsschuldner (§ 27 Nr. 1 GNotKG). 23

Abschnitt 2
Zuständigkeit

376 *Besondere Zuständigkeitsregelungen*
(1) Für Verfahren nach § 374 Nr. 1 und 2 sowie § 375 Nummer 1, 3 bis 14 und 16 ist das Gericht, in dessen Bezirk ein Landgericht seinen Sitz hat, für den Bezirk dieses Landgerichts zuständig.

---

1 Börsengesetz (BörsG) v. 16.7.2007, BGBl. I, S. 1330, geändert durch Art. 10 des Gesetzes v. 13.2.2013, BGBl. I, S. 174.
2 Dazu Holzer/*Holzer*, § 375 FamFG Rz. 18.
3 Gesetz zur Umsetzung der geänderten Bankenrichtlinie und der geänderten Kapitaladäquanzrichtlinie v. 19.11.2010, BGBl I, S. 1592.
4 Keidel/*Heinemann*, § 375 FamFG Rz. 101 ff.; Schulte-Bunert/Weinreich/*Nedden-Boeger*, § 375 FamFG Rz. 7.
5 OLG Frankfurt v. 27.7.2005 – 20 W 280/05, FGPrax 2006, 81 (82); OLG München v. 11.9.2007 – 31 Wx 49/07, FGPrax 2007, 281 (282).
6 OLG Köln v. 1.8.2007 – 2 Wx 33/07, FGPrax 2007, 281.

(2) Die Landesregierungen werden ermächtigt, durch Rechtsverordnung die Aufgaben nach § 374 Nummer 1 bis 3 sowie § 375 Nummer 1, 3 bis 14 und 16 anderen oder zusätzlichen Amtsgerichten zu übertragen und die Bezirke der Gerichte abweichend von Absatz 1 festzulegen. Sie können die Ermächtigung nach Satz 1 durch Rechtsverordnung auf die Landesjustizverwaltungen übertragen. Mehrere Länder können die Zuständigkeit eines Gerichts für Verfahren nach § 374 Nr. 1 bis 3 über die Landesgrenzen hinaus vereinbaren.

I. Allgemeines

1   Abs. 1 entspricht der Regelung des früheren § 125 Abs. 1 FGG. Wegen der im Rahmen der FGG-Reform erfolgten **Anbindung** der Verfahren der freiwilligen Gerichtsbarkeit **an das Gerichtsverfassungsrecht** ist nach § 23 Abs. 1 Nr. 1, Abs. 2 Nr. 3, 4 GVG für alle im 5. Buch des FamFG geregelten Angelegenheiten das Amtsgericht sachlich zuständig. § 376 Abs. 1 behandelt die Konzentration bestimmter Angelegenheiten bei dem Amtsgericht am Sitz des Landgerichts. Da in § 376 Abs. 1 auch das Genossenschaftsregister erwähnt ist, konnte der gegenstandslos gewordene § 10 Abs. 2 GenG aF gestrichen werden. Absatz 2[1] enthält **Ermächtigungen der Landesregierungen** für weitergehende **Konzentrationen** auch über die Grenzen von Gerichtsbezirken und Ländern hinweg. Die Bestimmung geht über die generelle Konzentrationsermächtigung des § 23d GVG hinaus, die lediglich die früheren Konzentrationsermächtigungen für das Vereinsregister (§ 55 Abs. 2 BGB aF), das Dispacheverfahren (§ 145a FGG) und das Verklarungsverfahren nach § 522 HGB, § 11 BinSchG (§ 149 Satz 2 FGG) entbehrlich macht.[2] Die **örtliche Zuständigkeit** ergibt sich aus § 377.

II. Sachliche Zuständigkeit

2   Für alle Angelegenheiten, die unter Buch 5 fallen, ist gem. § 23a Abs. 1 Nr. 2, Abs. 2 Nr. 3 GVG grundsätzlich das **Amtsgericht sachlich zuständig**. Zu diesem Grundsatz enthält § 376 ergänzende Regelungen. Dabei steht im Vordergrund die Konzentration aller Registerverfahren in einem Landgerichtsbezirk auf das am Sitz des LG befindliche AG, wobei die Öffnungsklausel des Abs. 2 Ausnahmen und Abweichungen, die etwa aufgrund regionaler Besonderheiten bestehen, ermöglicht.

3   Die **Zuständigkeitsregelung in § 376 Abs. 1** umfasst auch die in § 375 aufgeführten Angelegenheiten, dh. **die unternehmensrechtlichen Verfahren**, ausgenommen das in § 375 Nr. 2 aufgeführte Dispacheverfahren. Bei letzterem kann auch ein Amtsgericht zuständig sein, in dessen Bezirk kein Landgericht seinen Sitz hat, vgl. auch § 377 Abs. 2 (Rz. 5).

III. Verordnungsvorbehalte

4   In Abs. 2 sind die bisher in § 125 Abs. 2 Satz 1 Nr. 1, Satz 3 und 4 iVm. § 160b Abs. 1 Satz 1 FGG aF sowie die in § 10 GenG enthaltenen **Ermächtigungen** für die **Landesregierungen** übernommen worden, durch **Rechtsverordnung** den **überwiegenden Teil** der in **§§ 374 und 375** aufgeführten Aufgaben – ausgenommen sind für § 374 lediglich die Vereins- und Güterrechtsregisterangelegenheiten sowie für § 375 das Dispacheverfahren – anderen oder zusätzlichen Amtsgerichten zu übertragen oder für diese Art der Geschäfte die Gerichtsbezirke abweichend festzulegen. Davon ist insbesondere für das Partnerschaftsregister Gebrauch gemacht worden. Die Länder können durch Rechtsverordnung diese Befugnisse auf die Landesjustizverwaltungen übertragen. Auch die Landesgrenzen überschreitende Regelungen sind im Hinblick auf Abs. 2 Satz 3 möglich.[3]

---

1 Geändert zuletzt durch Art. 6 Nr. 26 des Gesetzes zur Einführung einer Rechtsbehelfsbelehrung im Zivilprozess und zur Änderung anderer Vorschriften vom 5.12.2012 (BGBl. I, S. 2418).
2 Begründung zu § 376 RegE, in: BT-Drucks. 16/6308, S. 285.
3 Eine Aufzählung der von den einzelnen Bundesländern erlassenen Rechtsverordnungen sowie der den jeweiligen Registergerichten zugeordneten Bezirke findet sich bei Keidel/*Heinemann*, § 376 FamFG Rz. 11 ff.

§ 377 Örtliche Zuständigkeit

(1) Ausschließlich zuständig ist das Gericht, in dessen Bezirk sich die Niederlassung des Einzelkaufmanns, der Sitz der Gesellschaft, des Versicherungsvereins, der Genossenschaft, der Partnerschaft oder des Vereins befindet, soweit sich aus den entsprechenden Gesetzen nichts anderes ergibt.
(2) Für die Angelegenheiten, die den Gerichten in Ansehung der nach dem Handelsgesetzbuch oder nach dem Binnenschifffahrtsgesetz aufzumachenden Dispache zugewiesen sind, ist das Gericht zuständig, an dem die Verteilung der Havereischäden zu erfolgen hat.
(3) Die Eintragungen in das Güterrechtsregister sind bei jedem Gericht zu bewirken, in dessen Bezirk auch nur einer der Ehegatten oder Lebenspartner seinen gewöhnlichen Aufenthalt hat.
(4) § 2 Abs. 1 ist nicht anzuwenden.

I. Allgemeines

Eine **allgemeine Regelung** über die örtliche Zuständigkeit für die Verfahren nach dem 7. und dem 8. Abschnitt hat das **frühere FGG nicht enthalten**. Die örtliche Zuständigkeit war in Spezialgesetzen, insbesondere in dem das jeweilige Register betreffende Spezialgesetz, geregelt.

Dabei war bisher in **Handels- und Genossenschaftsregistersachen** sowie für die sonstigen Angelegenheiten nach § 145 FFG aF mit wenigen Ausnahmen das Gericht ausschließlich zuständig, in dessen Bezirk sich die Hauptniederlassung des Einzelkaufmanns (§ 29 HGB) oder der Hauptsitz der Handelsgesellschaft (§§ 106, 161 Abs. 2 HGB), der Genossenschaft (§ 10 GenG), der Partnerschaftsgesellschaft (§ 4 Abs. 1 PartGG, 106 HGB) oder des Versicherungsvereins aG (§ 30 VAG) befand. Sondervorschriften bestanden für die Eintragung von Zweigniederlassungen in das Handels- oder Genossenschaftsregister, § 13 HGB, § 14 GenG. Diese Regelungen wurden in § 377 zusammengefasst.

II. Registersachen und unternehmensrechtliche Verfahren (Absatz 1)

Absatz 1 bestimmt für **Registersachen** (§ 374) und „**unternehmensrechtliche Verfahren**" (§ 375) eine **ausschließliche örtliche Zuständigkeit** des Gerichts, in dessen Bezirk sich die Niederlassung eines Einzelkaufmanns, der Sitz einer Gesellschaft, eines Versicherungsvereins auf Gegenseitigkeit, einer Genossenschaft, Partnerschaft oder eines Vereins befindet. Die Bestimmung knüpft an ein **allgemeines Rechtsprinzip** an, das sich auch in § 17 Abs. 1 Satz 1 ZPO wieder findet und auch für **ausländische Gesellschaften** mit Verwaltungssitz im Inland wie etwa die „limited" nach englischem Recht gilt.[1] Abweichende Regelungen in Spezialgesetzen sind weiterhin möglich und gehen der allgemeinen Regelung vor.[2] Solche bestehen etwa für die Eintragung von Zweigniederlassungen im Handels- und Genossenschaftsregister (zB §§ 13d ff. HGB, 14 Abs. 2 GenG).

Da die bisherigen Zuständigkeitsvorschriften im Zuge der Neuregelung (vorstehend Rz. 2) nicht aufgehoben wurden, bestehen sie weiterhin neben § 377 Abs. 1 fort. Diese regeln in erster Linie, zu welchem Register die Ersteintragung anzumelden ist, so dass im Ergebnis der Registerort der Ersteintragung trotz möglicher Änderung des Verwaltungssitzes solange maßgeblich ist, bis eine **Sitzverlegung angemeldet** wird. Mit Eintragung einer Sitzverlegung wird das neue Registergericht zuständig, bis eine weitere Verlegung des Sitzes angemeldet wird.[3]

III. Zuständigkeit für das Dispacheverfahren (Absatz 2)

Für die Angelegenheiten zur **Aufmachung der Dispache** ist wie nach dem früheren §§ 149 Satz 1 FGG das Gericht örtlich zuständig, an dem die Verteilung der Have-

---
1 Dazu Holzer/*Holzer*, § 377 FamFG Rz. 2.
2 Begründung zu § 377 RegE, in: BT-Drucks. 16/6308, S. 285.
3 Schulte-Bunert/Weinreich/*Nedden-Boeger*, § 377 FamFG Rz. 6; Keidel/*Heinemann*, § 377 FamFG Rz. 4 ff.

reischäden erfolgt. Das ist der Bestimmungsort oder, wenn dieser nicht erreicht wurde, der Hafen, in dem die Reise endet (§ 595 Abs. 1 HGB). Zuständig kann auch das Gericht sein, an dessen Ort ein erheblicher Teil der Ladung gelöscht wurde.[1]

5a Zu beachten ist, dass die materiell-rechtlichen **Regeln über die Haverei abdingbar** sind (dazu Vorbem. zu §§ 403 ff. Rz. 12). Der Verteilungsort kann deshalb von den Beteiligten frei gewählt werden; die **örtliche Zuständigkeit** folgt diesem nach.[2] Allerdings kann die örtliche Zuständigkeit eines Amtsgerichts für die Havereiverteilung nur indirekt über den vorgenannten „Umweg", nicht aber durch **Prorogation** bestimmt werden,[3] weil die Zuständigkeit nach Absatz 2 eine ausschließliche ist.

IV. Zuständigkeit für das Güterrechtsregister (Absatz 3)

6 Die **überflüssige Bestimmung** in Abs. 3 wiederholt wörtlich die in § 1558 Abs. 1 BGB enthaltene Regelung zur örtlichen Zuständigkeit in Güterrechtsregistersachen (vgl. Vorbem. zu §§ 374 ff. Rz. 3). Die Zuständigkeit für das Güterrechtsregister richtet sich danach nach dem gewöhnlichen Aufenthalt eines Ehegatten oder Lebenspartners. Die Eintragungen können bei jedem Gericht bewirkt werden, das durch diese Anknüpfung bestimmt wird. Leben die Ehegatten oder Lebenspartner in verschiedenen Gerichtsbezirken (zB nach der Trennung), sind die Eintragungen in beiden Registern vorzunehmen.

V. Ausschluss von § 2 Abs. 1 (Absatz 4)

7 Abs. 4 schließt die Anwendung der für die Verfahren nach Buch 5 nicht passenden Regelung in § 2 Abs. 1 aus, da für Registersachen immer nur ein Amtsgericht **ausschließlich örtlich zuständig** sein soll. Die örtliche Zuständigkeit hat das Gericht von Amts wegen zu prüfen.

8 Da durch Abs. 4 die allgemeine Regelung des § 2 Abs. 3 nicht berührt wird, sind durch ein **örtlich unzuständiges Registergericht** vorgenommene Entscheidungen oder Eintragungen zunächst **wirksam**. Sie sind jedoch grundsätzlich im Wege des Amtslöschungsverfahrens zu beseitigen, wobei dieser Weg wegen § 397 problematisch ist, soweit es sich um die Eintragung einer Kapitalgesellschaft oder Genossenschaft handelt, vgl. § 397 Rz. 4 ff.

Abschnitt 3
Registersachen

Unterabschnitt 1
Verfahren

378 *Antragsrecht der Notare*
(1) Für Erklärungen gegenüber dem Register, die zu der Eintragung erforderlich sind und in öffentlicher oder öffentlich beglaubigter Form abgegeben werden, können sich die Beteiligten auch durch Personen vertreten lassen, die nicht nach § 10 Abs. 2 vertretungsberechtigt sind. Dies gilt auch für die Entgegennahme von Eintragungsmitteilungen und Verfügungen des Registers.

---

1 Holzer/*Holzer*, § 377 FamFG Rz. 4.
2 Bassenge/*Herbst*, 11. Aufl., § 149 FGG Rz. 3.
3 Holzer/*Holzer*, § 377 FamFG Rz. 5 mwN.

(2) Ist die zu einer Eintragung erforderliche Erklärung von einem Notar beurkundet oder beglaubigt, gilt dieser als ermächtigt, im Namen des zur Anmeldung Berechtigten die Eintragung zu beantragen.

I. Allgemeines 1	2. Sachlich 11
II. Bedeutung der Änderungen in Absatz 2 gegenüber § 129 FGG aF 7	3. Vermutete Vollmacht 12
	4. Beschwerdeverfahren 15
III. Anwendungsbereich	IV. Antragsrücknahme 18
1. Persönlich 10	

I. Allgemeines

Abs. 2 der Vorschrift entspricht im Wesentlichen der früheren Bestimmung des § 129 FGG. Sie ist vom Wortlaut jedoch insoweit weiter gefasst, als sie den **Notar** nicht nur ermächtigt, **im Namen** eines zur Anmeldung Verpflichteten, sondern auch **eines zur Anmeldung Berechtigten** eine Eintragung zu beantragen. Diese Änderung des Wortlauts der Bestimmung trägt einer früher streitigen Auslegung von § 129 FGG aF Rechnung. 1

Abs. 1 ist durch Art. 8 Nr. 1. lit. y) des sog. „FGG-Reparaturgesetzes" im Rahmen des vom Rechtsausschuss des Bundestages eingearbeiteten Katalogs von Korrekturen insbesondere zum FamFG eingefügt worden.[1] Der Wortlaut der Nachfolgevorschrift von § 129 FGG aF wurde in Abs. 2 verschoben. Nicht geändert wurde die Überschrift, so dass die Vorschrift einen weitergehenden Inhalt hat als die Überschrift vermuten lässt: Die dort geregelte **Registervollmacht** kann auch **anderen Personen als Notaren** erteilt werden.[2] 2

Der neu eingefügte Abs. 1 Satz 1 stellt zunächst klar, dass **eintragungsrelevante Erklärungen**, die in öffentlicher oder öffentlich beglaubigter Form abgegeben werden, auch von solchen **Personen als Bevollmächtigten** abgegeben werden können, die **nicht** zu dem in § 10 Abs. 2 definierten Personenkreis gehören. Durch Abs. 1 Satz 1 wurde damit die durch den Wortlaut von § 10 Abs. 2 auch für das Registerverfahren nahegelegte, vom Gesetzgeber jedoch insoweit nicht beabsichtigte Beschränkung des vertretungsberechtigten Personenkreises in den Verfahren nach Buch 5 aufgehoben. Bei einer **engen wörtlichen Anwendung** von § 10 Abs. 2 wäre es **nicht mehr möglich** gewesen, mit den in der Praxis eingeführten und bewährten **Registervollmachten** zu arbeiten, was insbesondere bei **Publikumsgesellschaften** mit ihren **großen Gesellschafterzahlen** praktisch zu einem Stillstand des Anmeldungsverfahrens hätte führen können.[3] Auch die in § 10 Abs. 3 Satz 2 enthaltene Einschränkung, dass bis zu einer Zurückweisung des Bevollmächtigten durch das Gericht (§ 10 Abs. 3 Satz 1) die von ihm vorgenommenen Verfahrenshandlungen wirksam sind, hätte dabei keinen hinreichenden Ausweg eröffnet. Eine § 378 Abs. 1 entsprechende Vertretungsbefugnis findet sich für das Grundbuchverfahren in § 15 Abs. 2 GBO[4] und für das Schiffsregisterverfahren in § 25 Abs. 2 SchRegO. 3

Inhaltlich ist die **Vertretungsberechtigung** beschränkt auf Erklärungen gegenüber dem Registergericht, die zur Eintragung erforderlich sind. Deshalb werden Erklärungen im Rechtsmittelverfahren von ihr nicht erfasst. Dagegen ist anzunehmen, dass auch die Antragsrücknahme von dem Wortlaut der Vorschrift gedeckt ist.[5] 4

---

1 Art. 8 des Gesetzes zur Modernisierung von Verfahren im anwaltlichen und notariellen Berufsrecht pp. (FGG-Reparaturgesetz) v. 30.7.2009, BGBl. I, S. 2449 umfasst ca. 30 zum Teil nur redaktionelle Änderungen zum FamFG; das 5. Buch ist dabei neben § 378 Abs. 1 nur redaktionell (Streichung der Verweisung auf den nicht mehr geltenden § 884 Nr. 4 HGB in § 375 Nr. 2 und § 402 Abs. 2) betroffen; dazu auch Holzer/*Holzer*, § 378 FamFG Rz. 2.
2 Holzer/*Holzer*, § 378 FamFG Rz. 3.
3 Vgl. auch Holzer/*Holzer*, § 378 FamFG Rz. 1.
4 Zu § 15 GBO vgl. Holzer/Kramer, GBO, 2. Aufl., 4 Teil Rz. 57 ff.
5 Keidel/*Heinemann*, § 378 FamFG Rz. 2; Schulte-Bunert/Weinreich/*Nedden-Boeger*, § 378 FamFG Rz. 0d.

5   Darüber hinaus beschränkt sich die Vertretungsberechtigung nur auf solche in bestimmter Form, nämlich in **öffentlicher oder öffentlich-beglaubigter Form** abgegebene Erklärungen. Damit fallen zB Erklärungen an das Registergericht aufgrund von Zwischenverfügungen nicht darunter.

6   Nach Abs. 1 Satz 2 können **Eintragungsmitteilungen** und Verfügungen des Registergerichts auch gegenüber zur Vertretung bevollmächtigten Personen bekannt gemacht werden, die nicht die Voraussetzungen des § 10 Abs. 2 erfüllen. Da die Verwendung dieser Begriffe des früheren FGG lediglich auf einem **Redaktionsversehen** beruht, sind hiermit sämtliche Dokumente iSv. von § 15 gemeint, also auch durch Beschluss ergangene Entscheidungen.[1]

II. Bedeutung der Änderungen in Absatz 2 gegenüber § 129 FGG aF

7   Durch die Veränderung des Standorts der Vorschrift und die Einordnung in die allgemeinen Verfahrensbestimmungen über die Registersachen gilt die **Ermächtigungsvermutung** nunmehr **unmittelbar für alle** – in § 374 aufgezählten – **Registerverfahren**[2] und nicht mehr nur entsprechend aufgrund der verschiedenen Verweisungen in den §§ 159 Abs. 1, 160b Abs. 1 und 161 Abs. 1 FGG aF. Sie gilt dagegen nicht für die unternehmensrechtlichen Verfahren gem. § 375.

8   Die gegenüber Abs. 2 frühere engere Formulierung des früheren § 129 FGG aF hat allerdings in zwei Bereichen zu besonderen Auslegungsproblemen geführt:

8a Zum einen vertrat die früher wohl hM die Auffassung, dass die **Vermutung** des § 129 FGG aF **nicht eingreife**, wenn nur ein **Recht**, nicht aber eine Verpflichtung **zur Anmeldung** zum Handelsregister bestünde.[3] Während dieser einschränkenden Ansicht durch die Neufassung von § 378 der Boden entzogen wurde und nunmehr bereits ein **Recht zur Anmeldung** ausreicht,[4] ist dies für einen anderen Bereich alleine aufgrund der geänderten Formulierung des § 378 nicht so klar: Bestimmte Erklärungen hat der Anmeldende höchst persönlich zur Vorlage beim Register abzugeben bzw. zu versichern, wobei er für die Richtigkeit dieser Angaben entweder zivilrechtlich (etwa in den Fällen der §§ 46, 48 AktG bzw. §§ 9a, 57a GmbHG) oder zusätzlich auch strafrechtlich (so in den Fällen des § 399 AktG, § 82 GmbHG) persönlich einzustehen hat. Soweit eine Stellvertretung bei Abgabe solcher anzumeldender Erklärungen oder abzugebender Versicherungen ausgeschlossen war, wurde auch von einer Vertretung iSd. § 129 FGG aF bei der Anmeldung als nicht zulässig angesehen.[5]

9   Für § 378 ist diese **Einschränkung** jedoch **nicht** mehr **gerechtfertigt**: In der Gesetzesbegründung hat der Gesetzgeber als Zweck der Vorschrift eine **Harmonisierung zu § 15 GBO herausgestellt**,[6] der jedoch insoweit keinerlei Einschränkung enthält. Zum anderen ist den einschlägigen Vorschriften des GmbHG oder des AktG (vgl. vorstehend Rz. 8a) lediglich zu entnehmen, dass die dort bezeichneten Personen die entsprechende Erklärung höchst persönlich abzugeben haben. Nur insoweit ist eine Vertretung ausgeschlossen, nicht aber bei dem gesondert zu bewertenden Teil der verfahrensrechtlichen Anmeldung, wobei diese regelmäßig auch noch andere Erklärungen umfasst.[7] Der **Notar** ist deshalb **gem. § 378 auch als ermächtigt** anzusehen, von einem Anmeldungsberechtigten persönlich abzugebende Erklärungen oder Versicherungen dem Registergericht im **Rahmen eines Eintragungsantrages** (dh, einer Anmeldung) vorzulegen.[8]

---

1 Schulte-Bunert/Weinreich/*Nedden-Boeger*, § 378 FamFG Rz. 0f.
2 Begründung zu § 378 RegE, in: BT-Drucks. 16/6308, S. 285.
3 Vgl. BayObLG v. 3.7.1959 – BReg. 2 Z 22/59, BayObLGZ 1959, S. 255 (257).
4 Krafka/Willer/Kühn, Rz. 121.
5 Vgl. BayObLG v. 12.6.1986 – BReg. 3 Z 29/86, NJW 1987, 136 (137).
6 Begründung zu § 378 RegE, in: BT-Drucks. 16/6308, S. 285.
7 So im Ergebnis auch Krafka/Willer/Kühn, Rz. 122.
8 OLG Oldenburg v. 16.9.2011 – 12 W 193/11, DB 2012, 403.

III. Anwendungsbereich

1. Persönlich

Die Bestimmung gilt nur für den **deutschen Notar**.[1] Dem Notar steht der **Notarvertreter** (§ 39 BNotO) und der **Notariatsverwalter** (§§ 56 ff. BNotO) gleich.

2. Sachlich

Der Notar muss die zur **Eintragung erforderliche Erklärung beurkundet** oder beglaubigt haben. Hierunter ist wie in § 129 Satz 1 FGG die „zu einer Eintragung erforderliche Erklärung", dh. die Eintragungsgrundlage zu verstehen, also die Verträge,[2] Beschlüsse oder sonstigen Erklärungen, deren Inhalt eingetragen werden soll.[3] Dies gilt auch für die dazu gehörenden Anmeldungen oder, wenn die entsprechende Erklärung bereits in der Anmeldung enthalten ist, nur für diese.[4] Die Beurkundung des Gesellschaftsvertrags einer GmbH durch den Notar zieht dessen Recht nach sich, die darin enthaltene abstrakte Vertretungsberechtigung oder die Befreiung des Geschäftsführers von den Beschränkungen des § 181 BGB zum Handelsregister anzumelden.[5]

3. Vermutete Vollmacht

Zugunsten des Notars, bei dem die oben dargestellten Voraussetzungen (Amt und Tätigkeit) vorliegen, wird ohne Weiteres **vermutet**, dass er von dem zur Anmeldung verpflichteten Beteiligten[6] ermächtigt ist, in dessen Namen die Eintragung zu beantragen.[7] Ein förmlicher Antrag ist dafür nicht erforderlich;[8] vielmehr genügt die **Einreichung der Urkunde**, gegebenenfalls mit dem Zusatz, dass sie „mit der **Bitte um Vollzug** nach § 378 FamFG vorgelegt" wird.[9] Der Notar kann nach § 53 BeurkG auch zur Einreichung verpflichtet sein.[10] Weil in der Praxis manchmal Zweifel auftauchen, in welcher Funktion der Notar handelt, sollte er stets ausdrücklich erklären, ob er die Beteiligten vertritt oder lediglich als Bote auftritt.[11]

Der Notar handelt bei der Antragstellung **kraft seines Amtes**, nicht aber auf der Grundlage eines mit den Beteiligten geschlossenen Auftrags.[12] § 378 gibt dem Notar wie § 15 GBO[13] und § 25 SchRegO kein eigenes Antragsrecht;[14] vielmehr handelt es sich um eine gesetzlich vermutete Vollmacht. Weil der Notar ein öffentliches Amt ausübt, ist davon auszugehen, dass er die Beteiligten nicht ohne Grund vertritt.[15] Das Registergericht darf deshalb von dem Notar **keinen Nachweis der Vollmacht** verlangen;[16] das ergibt sich auch aus § 11 Satz 4.[17] Jedoch ist das Bestehen der gesetzlich vermuteten Vollmacht in jeder Lage des Verfahrens widerlegbar.[18]

---

1 RG v. 31.5.1918 – Rep. III. 73/18, RGZ 93, 68 (71); BayObLG v. 27.1.1961 – BReg. 2 Z 191/60, BayObLGZ 1961, 23 (27).
2 BayObLG v. 1.10.1970 – BReg. 2 Z 36/70, BayObLGZ 1970, 235 (237).
3 Keidel/Kuntze/*Winkler*, 15. Aufl., § 129 FGG Rz. 2; *Schaub*, MittBayNot 1999, 539 (543).
4 Holzer/*Holzer*, § 378 FamFG Rz. 5.
5 *Schaub*, MittBayNot 1999, 539 (543).
6 Vgl. BayObLG v. 5.7.1971 – BReg. 2 Z 93/70, BayObLGZ 1971, 242 (243 f.).
7 RG v. 31.5.1918 – Rep. III. 73/18, RGZ 93, 68 (70); BayObLG v. 1.10.1970 – BReg. 2 Z 36/70, BayObLGZ 1970, 235 (237); *Jansen*, DNotZ 1964, 707 (708).
8 Keidel/Kuntze/*Winkler*, 15. Aufl., § 129 FGG Rz. 4.
9 Hinsichtlich der Parallelvorschrift des § 15 GBO vgl. Holzer/Kramer, 2. Aufl., 4. Teil, Rz. 70 f.
10 Holzer/*Holzer*, § 378 FamFG Rz. 6 mwN.
11 Krafka/Willer/Kühn, Rz. 126.
12 RG v. 31.5.1918 – Rep. III. 73/18, RGZ 93, 68.
13 Holzer/Kramer, 2. Aufl., 4. Teil, Rz. 57.
14 KG v. 21.12.1976 – 1 W 4116/76, Rpfleger 1977, 309; OLG Köln v. 10.1.1983 – 2 Wx 47/82, Rpfleger 1983, 159.
15 BayObLG v. 7.9.1976 – BReg. 2 Z 16/76, BayObLGZ 1976, 230 (233).
16 OLG Frankfurt v. 8.5.1983 – 20 W 121/83, NJW 1984, 620 mwN.
17 Holzer/*Holzer*, § 378 FamFG Rz. 7.
18 OLG Frankfurt v. 8.5.1983 – 20 W 121/83, NJW 1984, 620.

14 § 378 gilt nur dann, wenn der **Anmeldende zur Anmeldung verpflichtet** ist,[1] nicht aber bei Anmeldungen, die durch die Beteiligten persönlich erfolgen müssen[2] und die eine rechtsgeschäftliche Vertretung ausschließen (zB eine solche iSd. § 78 GmbHG).[3] Das ist auch dann der Fall, wenn lediglich ein Recht, nicht aber eine Pflicht zur Anmeldung besteht, weil in diesen Fällen nicht ohne Weiteres davon ausgegangen werden kann, dass die Beteiligten den Vollzug im Register wünschen. § 378 gilt deshalb bei lediglich eintragungsfähigen, nicht aber eintragungspflichtigen Vorgängen (zB § 25 Abs. 2 HGB) nicht.[4] Selbstverständlich können die Beteiligten in der Praxis durch den Notar auch in solchen Fällen vertreten werden, jedoch nicht auf Grundlage des § 378.

4. Beschwerdeverfahren

15 Wie bei der Stellung des Eintragungsantrags wird die Vollmacht des Notars auch für die **Einlegung von Rechtsmitteln** vermutet, so dass er ohne Vollmachtsnachweis gegen einen ablehnenden Beschluss des Registergerichts nach § 382 Abs. 3 bzw gegen eine erfolgte Eintragung im Wege der **Fassungsbeschwerde** vorgehen kann. Er vertritt dabei nur die Beteiligten und darf keine Rechtsmittel im eigenen Namen einlegen.[5]

16 Im **Zweifel** ist die von einem Notar erhobene **Beschwerde im Namen der Beteiligten** erhoben, deren Erklärungen er beurkundet oder beglaubigt hat.[6] Bei der Auslegung, ob dies der Fall ist, kommt es auf die Wortwahl nicht an (zB ist aus der Wortwahl „lege ich Beschwerde ein" nicht darauf zu schließen, dass der Notar Beschwerde im eigenen Namen einlegen möchte).[7] Jedoch sollte aus der Beschwerde die **Person des Beschwerdeführers** erkennbar sein. Fehlt es daran, ist eine Auslegung durchzuführen,[8] wobei nach dem Grundsatz der wohlwollenden Auslegung die Beschwerde so auszulegen ist, dass sie Erfolg haben kann. Die Ausführungen zur Rücknahme von Eintragungsanträgen (unten Rz. 18) gelten sinngemäß auch für die Rücknahme der Beschwerde.[9]

17 In Ausnahmefällen steht dem Notar ein eigenes Beschwerderecht zu, wenn er durch eine Entscheidung des Registergerichts in seinen eigenen Rechten beeinträchtigt ist, § 59 Abs. 1. Dies hat der BGH in dem Fall bejaht, in dem es das Registergericht abgelehnt hatte, die vom Notar gem. § 40 Abs. 2 GmbHG eingereichte Gesellschafterliste in den Registerordner aufzunehmen, weil dadurch das Gericht (zugleich) eine ordnungsgemäße Erfüllung einer dem Notar obliegenden Amtspflicht in Frage gestellt hat ist.[10] Der BGH ist damit einer früheren, abweichenden Entscheidung des OLG Köln[11] ausdrücklich nicht gefolgt.[12]

---

1 BayObLG v. 7.9.1976 – BReg. 2 Z 16/76, BayObLGZ 1976, 230 (233); BayObLG v. 16.2.2000 – 3 Z BR 389/98, NJW-RR 2000, 990.
2 BayObLG v. 12.6.1986 – BReg. 3 Z 29/86, GmbHR 1986, 435 (LS); a.A. Keidel/Kuntze/*Winkler*, 15. Aufl., § 129 FGG Rz. 4.
3 Dazu *Schaub*, MittBayNot 1999, 539 (542).
4 BayObLG v. 31.1.1978 – BReg. 1 Z 5/78, Rpfleger 1978, 143; *Schaub*, MittBayNot 1999, 539 (543); a.A. Krafka/Willer/Kühn, Rz. 121 f.
5 Holzer/*Holzer*, § 378 FamFG Rz. 10 mwN; vgl. auch BayObLG v. 16.2.2000 – 3 Z BR 389/98, NJW-RR 2000, 990.
6 BayObLG v. 7.2.1984 – BReg. 3 Z 190/83, BayObLGZ 1984, 29 (31); BayObLG v. 16.2.2000 – 3 Z BR 389/98, NJW-RR 2000, 990; OLG Zweibrücken v. 14.6.2000 – 3 W 92/00, MittRhNotK 2000, 440.
7 OLG Zweibrücken v. 14.6.2000 – 3 W 92/00, MittRhNotK 2000, 440; OLG Frankfurt v. 19.7.1978 – 20 W 406/78, Rpfleger 1978, 411.
8 BayObLG v. 12.6.1986 – BReg. 3 Z 29/86, NJW 1987, 136; vgl. auch BayObLG v. 7.2.1984 – BReg. 3 Z190/83, BayObLGZ 1984, 29 (31).
9 Holzer/*Holzer*, § 378 FamFG Rz. 10
10 BGH v. 1.3.2011 – II ZB 6/10, ZNotP 2011, 183 (185).
11 OLG Köln v. 7.5.2010 – 2 Wx 20/10, FGPrax 2010, 202 (203).
12 Vgl. im Übrigen zum Umfang des Prüfungsrechts der Registergerichte zu eingereichten Gesellschafterlisten nach § 40 GmbHG BGH a.a.O. sowie OLG München v. 27.5.2009 – 31 Wx 38/09, ZIP 1009, 1421 (1422); OLG Jena v. 22.3.2010 – 6 W 110/10, ZIP 2010, 831 (832); *Mayer*, ZIP 2009, 1037 (1039).

IV. Antragsrücknahme

18 Zur **Rücknahme des Antrags** ist der Notar aufgrund von § 24 Abs. 3 BNotO ohne Vollmachtsvorlage **berechtigt**. Die **Rücknahmeerklärung** muss mit **Unterschrift und Amtssiegel** des Notars versehen sein[1] und ist bis zur Eintragung möglich. Eine nach der Eintragung erfolgte Rücknahme stellt eine neue Anmeldung dar, die der Form des § 12 HGB bedarf. Eine zurückgenommene Anmeldung kann jedoch durch Erklärung des Notars wiederholt werden, weil das mit ihr verbundene Eintragungsbegehren noch nicht erledigt ist.[2]

19 **Kosten/Gebühren: Notar:** Für die Stellung von Anträgen im Namen der Beteiligten aufgrund der Ermächtigung erhält der Notar keine Gebühr (Vorbem. 2.1 Abs. 2 Nr. 2 GNotKG).

379 Mitteilungspflichten der Behörden

(1) Die Gerichte, die Staatsanwaltschaften, die Polizei- und Gemeindebehörden sowie die Notare haben die ihnen amtlich zur Kenntnis gelangenden Fälle einer unrichtigen, unvollständigen oder unterlassenen Anmeldung zum Handels-, Genossenschafts-, Vereins- oder Partnerschaftsregister dem Registergericht mitzuteilen.

(2) Die Finanzbehörden haben den Registergerichten Auskunft über die steuerlichen Verhältnisse von Kaufleuten oder Unternehmen, insbesondere auf dem Gebiet der Gewerbe- und Umsatzsteuer, zu erteilen, soweit diese Auskunft zur Verhütung unrichtiger Eintragungen im Handels- oder Partnerschaftsregister sowie zur Berichtigung, Vervollständigung oder Löschung von Eintragungen im Register benötigt wird. Die Auskünfte unterliegen nicht der Akteneinsicht (§ 13).

I. Allgemeines

1 Die Vorschrift übernimmt den Regelungsgehalt verschiedener Vorschriften des früheren FGG, nämlich des § 125a FGG aF für Handelsregistersachen, des § 147 Abs. 1 FGG aF für Genossenschaftsregistersachen sowie des § 160b Abs. 1 Satz 2 FGG aF für Partnerschaftsregistersachen. Neu sind die Ausdehnung des Anwendungsbereichs von § 379 Abs. 1 auf das Vereinsregister sowie die **Auskunftspflicht der Finanzbehörden** hinsichtlich der Löschung von Eintragungen.[3]

II. Anwendungsbereich

2 Die in § 379 Abs. 1 geregelte **Unterstützungspflicht** der Gerichte, Staatsanwaltschaften, Polizei- und Gemeindebehörden trifft nicht nur die dort genannten Dienststellen – die Nennung der Polizei- und Gemeindebehörden ist historisch begründet –, sondern umfasst neben den staatlichen Gerichten alle Stellen der öffentlichen Verwaltung unabhängig davon, ob es sich um Bundes- oder Landesbehörden oder Behörden der Gemeinden handelt. Sie **bezweckt**, den Registern Registergerichten die **Durchführung ihrer Aufgaben zu erleichtern,** eine effektive, vollständige und zutreffende Führung der Register zu ermöglichen und den Rechtsverkehr vor den Folgen unrichtiger Eintragungen und dem Auftreten vermögensloser Gesellschaften zu schützen.[4] Von den im Gesetz genannten Organschaften wird ein selbständiges Tätigwerden verlangt. Die Unterstützungspflicht wird dabei hauptsächlich Fälle betreffen, in denen ein registerpflichtiger Rechtsvorgang eingetreten, aber nicht eingetragen ist.[5] Wie die erforderliche Kenntnis erlangt worden ist, ist nebensächlich; sie kann im Rahmen amtlicher Ermittlungen, durch Zufall oder durch private Wahrnehmungen gewonnen worden sein.[6]

---

1 Vgl. Bumiller/*Harders*, § 378 FamFG Rz. 4.
2 Holzer/*Holzer*, § 378 FamFG Rz. 9.
3 Begründung zu § 379 RegE, in: BT-Drucks. 16/6308, S. 285.
4 Holzer/*Holzer*, § 379 FamFG Rz. 1.
5 Keidel/*Heinemann*, § 379 FamFG Rz. 7.
6 Holzer/*Holzer*, § 379 FamFG Rz. 2.

2a Neben der **allgemeinen Unterstützungspflicht** sind besondere Mitteilungspflichten durch Einzelgesetze angeordnet, zB in § 398 AktG (über die Auflösung einer AG oder KGaA), in § 31 InsO (über die Eröffnung des Insolvenzverfahrens oder dessen rechtskräftige Ablehnung mangels Masse) sowie durch Verwaltungsanordnungen.

3 Gegen eine Verletzung der vorstehend bezeichneten Verpflichtungen durch eine Behörde ist nur die **Dienstaufsichtsbeschwerde** statthaft. Eine Verletzung der Verpflichtungen kann Amtshaftungsansprüche iSd. Art. 34 GG, § 839 BGB zur Folge haben.[1]

4 Die **Unterstützungspflicht** des Abs. 1 obliegt auch den **Notaren**. Sie können sich insoweit weder auf ihre Schweigepflicht nach § 18 BNotO berufen noch auf § 51 BeurkG, da nach § 51 Abs. 4 BeurkG Mitteilungspflichten, die dem Notar aufgrund von Rechtsvorschriften gegenüber Gerichten oder Behörden obliegen, unberührt bleiben.[2] Hinzuweisen ist insbesondere auf die durch das MoMiG[3] erweiterten Anzeige- und Bescheinigungspflichten der Notare im Zusammenhang mit notariell beurkundeten Geschäftsanteilsabtretungen (§ 15 Abs. 3 GmbHG).

III. Erweiterte Auskunftspflichten

5 Die **Auskunftspflicht** der **Finanzbehörden** nach Abs. 2 ist gegenüber Abs. 1 **weiter gefasst** und auch gegenüber § 125a Abs. 2 FGG aF erweitert. Sie erstreckt sich nunmehr ausdrücklich auch auf solche Auskünfte, die zur Löschung von Eintragungen im Register benötigt werden. Hierdurch soll insbesondere eine Ermittlung der **Vermögensverhältnisse** von Kaufleuten und Unternehmen im **Rahmen** von **Löschungsverfahren** wegen **Vermögenslosigkeit** (§ 394) erleichtert werden.[4] Die von den Finanzbehörden erteilten Auskünfte unterliegen jedoch nicht der Akteneinsicht gem. § 13. Entsprechend können auch von solchen Auskünften keine Auszüge oder Abschriften erteilt oder verlangt werden (§ 13 Abs. 4). Daher ist auch eine gesonderte Aufbewahrung erforderlich (vgl. § 24 Nr. 6 AktO).

IV. Datenübermittlung

6 Die **Übermittlung** personenbezogener **Daten** ist in den Angelegenheiten des FamFG – wie allgemein in Zivilsachen – gem. **§ 15 EGGVG zulässig**, wenn die Kenntnis der Daten aus Sicht der übermittelnden Stelle zur Berichtigung oder Ergänzung eines von einem Gericht geführten Registers oder Verzeichnisses erforderlich ist, dessen Führung durch eine Rechtsvorschrift angeordnet ist, und wenn die Daten Gegenstand des Verfahrens sind.[5]

380 *Beteiligung der berufsständischen Organe; Beschwerderecht*

(1) **Die Registergerichte werden bei der Vermeidung unrichtiger Eintragungen, der Berichtigung und Vervollständigung des Handels- und Partnerschaftsregisters, der Löschung von Eintragungen in diesen Registern und beim Einschreiten gegen unzulässigen Firmengebrauch oder unzulässigen Gebrauch eines Partnerschaftsnamens von**
1. **den Organen des Handelsstandes,**
2. **den Organen des Handwerksstandes, soweit es sich um die Eintragung von Handwerkern handelt,**
3. **den Organen des land- und forstwirtschaftlichen Berufsstandes, soweit es sich um die Eintragung von Land- oder Forstwirten handelt,**
4. **den berufsständischen Organen der freien Berufe, soweit es sich um die Eintragung von Angehörigen dieser Berufe handelt,**

---

1 Holzer/*Holzer*, § 379 FamFG Rz. 2; aA Jansen/*Steder*, § 125a FGG Rz. 9.
2 Vgl. Bumiller/*Harders*, § 379 FamFG Rz. 2.
3 Vgl. Gesetz zur Modernisierung des GmbH-Rechts und zur Bekämpfung von Missbräuchen (MoMiG) v. 28.10.2008, BGBl. I, S. 2026 ff.
4 Holzer/*Holzer*, § 379 FamFG Rz. 4.
5 Keidel/Kuntze/*Winkler*, 15. Aufl., § 125a FGG Rz. 5.

(berufsständische Organe) unterstützt.
(2) Das Gericht kann in zweifelhaften Fällen die berufsständischen Organe anhören, soweit dies zur Vornahme der gesetzlich vorgeschriebenen Eintragungen sowie zur Vermeidung unrichtiger Eintragungen in das Register erforderlich ist. Auf ihren Antrag sind die berufsständischen Organe als Beteiligte hinzuzuziehen.
(3) In Genossenschaftsregistersachen beschränkt sich die Anhörung nach Absatz 2 auf die Frage der Zulässigkeit des Firmengebrauchs.
(4) Soweit die berufsständischen Organe angehört wurden, ist ihnen die Entscheidung des Gerichts bekannt zu geben.
(5) Gegen einen Beschluss steht den berufsständischen Organen die Beschwerde zu.

I. Allgemeines

In Abs. 1 sind die früher in § 126 Satz 1 erster Halbs. FGG und § 160b Abs. 1 Satz 3 FGG enthaltenen Pflichten berufsständischer Organisationen zur **Unterstützung der Registergerichte** bei einer **Verhütung unrichtiger Eintragungen**, bei der **Berichtigung und Vervollständigung von Registerangaben**, bei der **Löschung unzulässiger Eintragungen** sowie beim **Einschreiten gegen unzulässigen Firmengebrauch** geregelt. Abs. 1 bezieht sich auf das Handels- und auf das Partnerschaftsregister; in Abs. 3 wurde eine Sonderregelung für das Genossenschaftsregister aufgenommen.[1]

Abs. 2 räumt den **Registergerichten** ein **Anhörungsrecht** ein und gibt den **berufsständischen Organen** zugleich das Recht, auf ihren Antrag hin als **Beteiligte gem. § 7 Abs. 2 Nr. 2** hinzugezogen zu werden. Ihnen ist gem. Abs. 4 (auch) im Falle der Anhörung die Entscheidung des Gerichts bekannt zu geben. Sie haben gem. Abs. 5 gegen Beschlüsse ein Beschwerderecht.

Insgesamt sind durch die Reform die bereits nach früherem Recht den berufsständischen Organen eingeräumten **Mitwirkungsrechte weiter ausgedehnt** und ihre Mitwirkungsfunktion im Registerwesen verfestigt worden,[2] die zur Vermeidung unrichtiger Eintragungen sowie zur Berichtigung und Vervollständigung der Register beitragen. Da dem Registergericht Kontrollen vor Ort regelmäßig nicht möglich sind, ist die **sachkundige Unterstützung** durch die berufsständischen Organe eine wichtige Hilfe, um den nach § 26 bestehenden Ermittlungspflichten nachzukommen.[3]

II. Anwendungsbereich

Die gesetzlich statuierten **Mitwirkungspflichten** obliegen den **Organen des Handels- und Handwerksstandes**, des land- und forstwirtschaftlichen Berufsstandes sowie der **berufsständischen Organe** der **freien Berufe** zur Unterstützung der Registergerichte bei der Führung des Handels- und des Partnerschaftsregisters. Gegenüber der bisherigen Regelung erstreckt sich die Mitwirkungspflicht der berufsständischen Organe jetzt auch auf **Löschungsverfahren**, wie sie in Unterabschnitt 3 in den §§ 393 ff. geregelt sind.

Organe des Handelsstandes sind die **Industrie- und Handelskammern**.[4] Diese sind Körperschaften des Öffentlichen Rechts und unterliegen der Aufsicht des jeweiligen Bundeslandes, in dem sie ihren Sitz haben. Es bestehen Ausführungsgesetze und -verordnungen der Länder.[5] Als Organe des Handwerksstandes werden die **Handwerkskammern**[6] tätig. Auch die Handwerksinnungen, Innungsverbände und Kreishandwerkerschaften sind nach richtiger Ansicht als Organe iSd. § 380 anzusehen.[7]

---

1 *Krafka*, FGPrax 2007, 51 (55).
2 Beschlussempfehlung und Bericht des Rechtsausschusses zu § 380 RegE, in: BT-Drucks. 16/9733, S. 298.
3 Holzer/*Holzer*, § 380 FamFG Rz. 2.
4 Rechtsgrundlage ist das Gesetz zur vorläufigen Regelung des Rechts der Industrie- und Handelskammern v. 18.12.1956, BGBl. I, S. 920.
5 Aufgeführt zB bei Holzer/*Holzer*, § 380 FamFG Rz. 3.
6 Gesetz zur Ordnung des Handwerks (Handwerksordnung) v. 28.12.1965, BGBl. I 1966, S. 1.
7 Holzer/*Holzer*, § 380 FamFG Rz. 3 mwN.

6   Nachdem das Gesetz für die Kaufmannseigenschaft von Land- und Forstwirten v. 13.5.1976[1] ermöglicht hat, sich auch mit ihren Hauptunternehmen in das Handelsregister eintragen zu lassen, soweit dieses einen kaufmännischen Geschäftsbetrieb erfordert, ist auch den Organen des land- und forstwirtschaftlichen Berufsstandes, den **Landwirtschaftskammern**, im Hinblick auf die Handelsregistereintragungen eine den Handels- und Handwerkskammern entsprechende Stellung eingeräumt worden.[2]

7   Aufgrund des Partnerschaftsgesetzes sind im Rahmen des bisherigen § 160b Abs. 1 Satz 2 FGG die **Rechtsanwaltskammern** als Organe des Berufsstandes als mitwirkende Stellen bei der Eintragung von Partnerschaftsgesellschaften und nunmehr auch von Rechtsanwalts-GmbHs und Rechtsanwalts-AGs hinzugekommen. Berufsständische Organe der freien Berufe sind weiter die Kammern der Steuerberater, Wirtschaftsprüfer, Architekten, Ingenieure sowie die Ärzte- und Apothekerkammern.[3]

III. Umfang der Unterstützungspflicht

8   Die **Unterstützungspflicht** bezieht sich auf die **Verhütung unrichtiger Eintragungen**[4] bzw. deren Berichtigung oder Vervollständigung sowie auf ein Mitwirken beim **Einschreiten** gegen **unzulässigen Firmengebrauch**. Die von § 380 erfassten Organe wirken auch darauf hin, dass die Beteiligten die erforderlichen Urkunden und Unterlagen bei dem Registergericht einreichen.[5] In Abs. 1 wurde gegenüber der früheren Rechtslage nunmehr ausdrücklich auch die Mitwirkung bei Löschungen genannt.

9   Die Mitwirkung schließt die **Abgabe von Stellungnahmen** (anders als nach früherem Recht nicht mehr nur in der Form von Gutachten)[6] insbesondere auf Anfordern des Registergerichts ein. Um eine effektive Unterstützung zu ermöglichen, benötigen die berufsständischen Organe laufende Informationen durch die Übermittlung von Registerdaten. Dem dient die Ermächtigung zum Erlass von Rechtsverordnungen in § 387 Abs. 3.

10 Haben berufsständische Organe im Rahmen ihrer **Mitwirkung** gegenüber dem Registergericht Anregungen oder Hinweise gemacht, sind diese von ihm aufzugreifen und dabei etwa erforderliche weiter gehende Ermittlungen gem. § 26 von Amts wegen vorzunehmen.

IV. Anhörung, Antragsrechte

11 Nach Abs. 2 sind die in Abs. 1 bezeichneten **berufsständischen Organe anzuhören**, soweit ihre Unterstützung zur Verhütung unrichtiger Eintragungen und eines unzulässigen Firmengebrauchs sowie der Berichtigung und der Vervollständigung des Handels- und Partnerschaftsregisters erforderlich erscheint. Dabei obliegt die Entscheidung, ob eine Anhörung erfolgen soll, dem Registergericht.[7]

12 Eine **Durchführung der Anhörung** soll sich dabei – bereits aus Gründen der Verfahrensbeschleunigung – auf **zweifelhafte Fälle** beschränken,[8] wie dies bereits in § 23 Satz 2 HRV bestimmt war. Der Regelungsinhalt dieser Bestimmung wurde auf Vorschlag des Rechtsausschusses in das Gesetz übernommen. Durch Abs. 2 wurde an zentraler Stelle einheitlich für alle registerrechtlichen Verfahren des 5. Buches geregelt, dass das Registergericht in Zweifelsfällen die berufsständischen Organe anzuhören berechtigt sei.[9] Die Beschränkung der Anhörung gem. Abs. 2 bezieht sich, wie

---

1 BGBl. I 1976, S. 1197.
2 Auflistung der Landwirtschaftskammern bei Keidel/*Heinemann*, § 380 FamFG Rz. 12f.
3 Holzer/*Holzer*, § 380 FamFG Rz. 3.
4 OLG Zweibrücken v. 23.2.2011 – 3 W 22/11, FGPrax 2011, 197.
5 Holzer/*Holzer*, § 380 FamFG Rz. 4.
6 Holzer/*Holzer*, § 380 FamFG Rz. 7.
7 aA wohl OLG Zweibrücken v. 23.2.2011 – 3 W 22/11, FGPrax 2011, 197, nach dem eine Anhörung erfolgen muss.
8 *Nedden-Boeger*, FGPrax 2009, 114 (115).
9 Beschlussempfehlung und Bericht des Rechtsausschusses zu § 380 RegE, in: BT-Drucks. 16/9733, S. 298.

durch den Wortlaut zum Ausdruck kommt, nur auf das Verfahren bei Anmeldungen, nicht auf die darüber hinaus in Abs. 1 aufgeführten Fälle von Berichtigungen, Vervollständigungen und insbesondere Löschungen. Insoweit greift das Argument der Beschleunigung (§ 25 Abs. 1 Satz 2 HRV) nicht.[1] Hinsichtlich der Anhörung hat das Registergericht kein Ermessen; der darauf hindeutende, aber nicht zutreffende Wortlaut des § 380 Abs. 2 sollte lediglich einen Beurteilungsspielraum zum Ausdruck bringen und beruht auf einem **Redaktionsversehen**.[2]

Abs. 2 Satz 2 regelt weiter, dass die berufsständischen Organe nach Stellen eines Antrags auf Beteiligung im **Verfahren die Stellung eines Beteiligten** iSv. § 7 erhalten, wozu sie noch nicht allein durch eine Anhörung werden, wie sich aus § 7 Abs. 6 ergibt. Haben sie die Hinzuziehung als Beteiligte beantragt, können sie als solche am weiteren Verfahren aktiv teilnehmen. Dem Antrag auf Hinzuziehung hat das Registergericht zu entsprechen; ein Ermessungsspielraum besteht insoweit nicht.[3]

Darüber hinaus sind den berufsständischen Organen **besondere Antragsrechte** in den §§ 393, 394 und 395 eingeräumt worden.[4] Sie können nunmehr beim Registergericht auch die Einleitung von Verfahren zur Eintragung des Erlöschens einer Firma nach § 393, zur Löschung vermögensloser Gesellschaften und Genossenschaften nach § 394 und zur Löschung unzulässiger Eintragungen nach § 395 beantragen.

V. Sonderregelung für Genossenschaften

Abs. 3 sieht für Genossenschaften eine auf die Frage der **Zulässigkeit des Firmengebrauchs** beschränkte Anhörungs- und Beteiligungsmöglichkeit der Organe des Handelsstandes vor. Eine Mitwirkung von Organen des Handelsstandes in Sachen des Genossenschaftsregisters war nach früherem Recht nicht vorgesehen, da § 126 FGG aF in § 147 FGG aF nicht für anwendbar erklärt war. In der Literatur wird es jedoch als zweckmäßig angesehen, dass auch bei Genossenschaften die Registergerichte die Organe des Handelsstandes hinsichtlich des zulässigen Firmengebrauchs anhören und sich deren Erkenntnisse nutzbar machen sollten.[5] Dem ist der Gesetzgeber nur unzureichend gefolgt, da Abs. 3 mit Abs. 2 nicht hinreichend harmonisiert ist; auch dieses **Redaktionsversehen** harrt seiner Beseitigung.[6]

VI. Verfahrensrecht, Beschwerdeberechtigung

Abs. 4 enthält eine weitere Klarstellung zu den **Rechten der berufsständischen Organe**, soweit diese in einem Verfahren gem. Abs. 1 angehört wurden. Ihnen ist die Entscheidung des Registergerichts ebenfalls mitzuteilen. Der Gesetzgeber hat bei der Änderung des § 383 Abs. 1 durch Art. 6 Nr. 27 des Gesetzes zur Einführung einer Rechtsbehelfsbelehrung im Zivilprozess und zur Änderung anderer Vorschriften vom 5.12.2012[7] allerdings übersehen, dass die dort für das Versenden von Eintragungsmitteilungen zu Recht geänderte Begrifflichkeit (statt „Bekanntgabe" nun „Mitteilung") auch für § 380 Abs. 4 maßgeblich ist. Entgegen dem Wortlaut des Gesetzes werden den berufsständischen Organen weiterhin nicht nur Beschlüsse des Registergerichts bekannt gegeben; sie erhalten vielmehr auch die nach § 383 Abs. 1 vorgesehenen **Mitteilungen** von Eintragungen. Andernfalls könnten sie ihrer gesetzlichen Aufgabe nach § 380 nicht nachkommen. Der Gesetzgeber sollte dieses offensichtliche **Redaktionsversehen** in § 380 Abs. 4 korrigieren.

Sind **berufsständische Organe** aufgrund eines Antrags gem. Abs. 2 als **Beteiligte hinzugezogen** worden, steht ihnen insoweit das Recht zur Einlegung der Beschwerde

---

1 Schulte-Bunert/Weinreich/*Nedden-Boeger*, § 380 FamFG Rz. 24; aA (Anhörung allgemein nur in zweifelhaften Fällen) Keidel/*Heinemann*, § 380 FamFG Rz. 26.
2 Holzer/*Holzer*, § 380 FamFG Rz. 9.
3 Beschlussempfehlung und Bericht des Rechtsausschusses zu § 380 RegE, in: BT-Drucks. 16/6308, S. 286.
4 Beschlussempfehlung und Bericht des Rechtsausschusses zu § 380 RegE, in: BT-Drucks. 16/9733, S. 298.
5 Bumiller/*Harders*, § 378 FamFG Rz. 4.
6 Holzer/*Holzer*, § 380 FamFG Rz. 10.
7 BGBl. I, S. 2418.

bereits nach Maßgabe des § 59 Abs. 1 zu. Die Beschwerdeberechtigung wurde ihnen in Abs. 5 noch einmal generell eingeräumt. Das Beschwerderecht steht den berufsständischen Organen damit zB auch dann zu, wenn sie lediglich angehört wurden, ohne mangels Antrags formell Beteiligte geworden zu sein. Das geht über die Rechtsstellung nach § 7 Abs. 6 hinaus.

18 Die allgemeinen **Beschränkungen des Beschwerderechts** gelten auch für die berufsständischen Organe. Das gilt wegen § 383 Abs. 3 – abgesehen von der Fassungsbeschwerde – auch für die vom Registergericht vorgenommenen Eintragungen, mag insoweit auch der zugrundeliegende Antrag durch das berufsständische Organ beanstandet worden sein.[1]

19 Eine **Beschwerdeberechtigung** besteht zB im Verfahren nach den §§ 388ff., 392ff., bei der Zurückweisung eines der Eintragung entgegenstehenden Antrags im Anmeldungsverfahren[2] sowie dann, wenn die Aufgaben des berufsständischen Organs insbesondere im Hinblick auf die Verhütung unrichtiger Eintragungen sowie die Berichtigung und Vervollständigung des Registers, beeinträchtigt wurden.[3]

20 Die **Beschwerdeberechtigung** ist **zu verneinen**, wenn sich das berufsständische Organ in anderen als den von § 380 Abs. 1 und 3 erfassten Fällen an das Registergericht wendet bzw dessen amtswegiges Einschreiten anregt (zB bei der Bestellung eines Gründungsprüfers einer AG gem. § 33 AktG).[4] Auch bei allen **Zwischenentscheidungen** einschließlich der Zwischenverfügung nach § 382 Abs. 4 Satz 1, allgemeinen Verfahrensfragen, bei der Zurückweisung der Anmeldung[5] oder des Widerspruchs eines Beteiligten (zB nach § 393 Abs. 3 Satz 1)[6] ist die Beschwerde des berufsständischen Organs nicht statthaft. Eine unzulässige Beschwerde des berufsständischen Organs kann aber in die Anregung auf Einleitung eines Amtslöschungsverfahrens gem. §§ 393ff. **umgedeutet** werden.[7]

21 Kosten/Gebühren: Gericht: Von berufsständischen Organen werden im Rahmen ihrer Beteiligung keine Gebühren erhoben (Vorbem. 1.3 Abs. 2 Nr. 3 GNotKG). Dies gilt auch für das Beschwerdeverfahren, jedoch nicht für Auslagen.

381 *Aussetzung des Verfahrens*

Das Registergericht kann, wenn die sonstigen Voraussetzungen des § 21 Abs. 1 vorliegen, das Verfahren auch aussetzen, wenn ein Rechtsstreit nicht anhängig ist. Es hat in diesem Fall einem der Beteiligten eine Frist zur Erhebung der Klage zu bestimmen.

I. Allgemeines 1	2. Mehrere Beteiligte 4
II. Anwendungsbereich 2	3. Rechtsverhältnis 5
III. Voraussetzungen der Aussetzung	IV. Verfahren 7
1. Wichtiger Grund 3	

I. Allgemeines

1 Das frühere Recht der freiwilligen Gerichtsbarkeit enthielt keine allgemeine Vorschrift über die **Aussetzung des Verfahrens**,[8] so dass in § 127 Satz 1 FGG aF die wegen der möglichen Klärung gesellschaftsrechtlicher Vorfragen im Registerverfahren

---

1 Bumiller/*Harders*, § 380 FamFG Rz. 13.
2 Bumiller/*Harders*, § 380 FamFG Rz. 14.
3 OLG Karlsruhe v. 13.8.1923 – Z I RPT A 23/23, JFG 1, 182 (183).
4 Keidel/Kuntze/*Winkler*, 15. Aufl., § 126 FGG Rz. 23.
5 BayObLG v. 29.10.1983 – 3 Z 164/83, Rpfleger 1984, 68.
6 KG v. 13.1.1978 – 1 W 498/77, Rpfleger 1978, 323.
7 Dazu BayObLG v. 12.3.1984 – 3 Z 27/84, Rpfleger 1984, 274 (275).
8 Bassenge/*Roth*, 11. Aufl., § 127 FGG Rz. 20.

erforderliche Aussetzung autonom geregelt worden war. Wegen der – allerdings nicht auf alle FGG-Verfahren anwendbaren – allgemeinen Bestimmung über die Aussetzung (§ 21 Abs. 1) wurde die in § 127 Satz 1 FGG aF enthaltene Regelung nicht das neue Recht übernommen. § 381 beschränkt sich deshalb auf die Übernahme des Regelungsgehalts des § 127 Satz 2 FGG aF.[1]

II. Anwendungsbereich

§ 381 gilt für das Anmeldeverfahren vor dem Registergericht und die Verfahren der §§ 388 ff., 393 ff. in allen Rechtszügen; die Vorschrift ist **lex specialis** zu § 21 Abs. 1.[2] Für **unternehmensrechtliche Verfahren** gilt § 381 nicht, insoweit kommt nur eine Aussetzung nach § 21 Abs. 1 in Betracht.

III. Voraussetzungen der Aussetzung

1. Wichtiger Grund

Eine Aussetzung nach § 381 ist möglich, wenn die Voraussetzungen des § 21 Abs. 1 erfüllt sind, dh ein **„wichtiger Grund"** vorliegt. Das ist dann zu bejahen, wenn die Entscheidung ganz oder zum Teil von dem Bestehen eines streitigen Rechtsverhältnisses abhängt,[3] das den Gegenstand eines anderen anhängigen Verfahrens bildet und damit „vorgreiflich" ist. Dieses Rechtsverhältnis muss im Zeitpunkt der Entscheidung des Registergerichts die Rechtsbeziehungen der Beteiligten des Registerverfahrens betreffen und tatsächliche oder rechtliche Fragen zum Gegenstand haben.[4]

2. Mehrere Beteiligte

Eine Aussetzung nach § 381 Satz 1 setzt das Vorhandensein **mehrerer Beteiligter** voraus. Das ist im Anmeldeverfahren regelmäßig nicht der Fall; Beteiligter ist hier nur der die Anmeldung betreibende Antragsteller (§ 7 Abs. 1). § 7 Abs. 2 Nr. 1 ist daher in diesem Verfahren unanwendbar. Jedoch können auch Personen an diesem Verfahren beteiligt sein, die gem. § 7 Abs. 3 vom Registergericht hinzugezogen wurden. Falls mehrere Beteiligte vorhanden sind, kann die Aussetzung aber nach § 21 Abs. 1 erfolgen.[5] Die berufsständischen Organe gem. § 380 Abs. 2 Satz 2 sind auch dann, wenn ein Rechtsstreit über eine gem. § 23 HRV abgegebene Stellungnahme anhängig ist, nicht in eigenen materiellen Rechten nach § 7 Abs. 2 Nr. 1 betroffen und daher nicht „Beteiligte" im Rahmen des § 381.[6]

3. Rechtsverhältnis

Eine Aussetzung ist – anders als nach § 21 Abs. 1 – bereits dann möglich, wenn die Entscheidung des Registergerichts ganz oder teilweise von dem **Bestehen oder Nichtbestehen eines Rechtsverhältnisses** abhängt. Eine Aussetzung ist etwa dann möglich, wenn ein außergerichtlicher Streit über die Wirksamkeit eines Gesellschafter- oder Hauptversammlungsbeschlusses, über die nach einem Gesellschaftsvertrag abwicklungsberechtigten Personen oder über die Berechtigung zur Führung eines Handelsnamens besteht.[7] Zur Frage der vollständigen oder teilweisen Vorgreiflichkeit von Rechtsverhältnissen besteht eine umfangreiche Kasuistik.[8]

Aus der Notwendigkeit der **Vorgreiflichkeit** eines anderen Rechtsverhältnisses für das Registerverfahren ist nicht der Schluss zu ziehen, dass das Registerverfahren von

---

1 Begründung zu § 381 RegE, in: BT-Drucks. 16/6308, S. 286.
2 Holzer/*Holzer*, § 381 FamFG Rz. 2 f.
3 BGH v. 2.7.1990 – II ZB 1/90, Rpfleger 1990, 464 (465).
4 Holzer/*Holzer*, § 381 FamFG Rz. 4 mwN.
5 BayObLG v. 28.4.1988 – BReg. 3 Z 10/88, MDR 1988, 868.
6 Holzer/*Holzer*, § FamFG 381 Rz. 6.
7 Bumiller/*Harders*, § 381 FamFG Rz. 10.
8 Beispiele für streitige Rechtsverhältnisse im Bereich des Registerrechts werden zB aufgezählt bei Keidel/*Heinemann*, § 381 FamFG Rz. 7.

dessen Ausgang abhängen muss. Es muss jedoch ein zumindest tatsächlicher Einfluss auf das Registerverfahren (zB auf die Beweiswürdigung) vorhanden sein, der dann nicht vorliegt, wenn ein Antrag schon aus formellen Gründen zurückzuweisen ist.[1]

IV. Verfahren

7   Bei der Entscheidung, ob von der Aussetzungsbefugnis Gebrauch gemacht werden soll, hat das Registergericht nach **pflichtgemäßem Ermessen** zu verfahren.[2] Bei Anträgen, deren sofortiger Vollzug im Interesse eines Beteiligten dringend geboten ist, um, wie im Fall des § 176 HGB, vermeidbare Haftungsfolgen auszuschließen, dürfte eine Aussetzung regelmäßig nicht in Betracht kommen. Entsprechendes gilt, wenn das durch Aussetzung erzielbare Ergebnis bereits auf andere Weise, zB durch eine im Gesetz angeordnete Registersperre (vgl. etwa §§ 319 Abs. 5, 327e Abs. 2 AktG) erreicht wird. In **Ergänzung zu § 21 Abs. 1** kann im Registerverfahren eine **Aussetzung** des Verfahrens durch das Registergericht **auch dann** vorgenommen werden, wenn ein Rechtsstreit **noch** nicht anhängig ist. Im Interesse einer Verfahrensbeschleunigung ist die Aussetzung des Verfahrens jedoch, wenn ein Rechtsstreit nicht anhängig ist, gem. Satz 2 zwingend mit einer Fristsetzung zur Erhebung der Klage zu verbinden.

9   Vor einer Aussetzung in einem Fall, in dem ein Rechtsstreit noch nicht anhängig ist, wird das Registergericht bei seiner Ermessensentscheidung in erhöhtem Maße auch eine etwaige **Eilbedürftigkeit** der beantragten Eintragung zu berücksichtigen haben. Das gilt etwa für den Fall, dass ein abberufener Geschäftsführer einer GmbH gegenüber dem Antrag auf Löschung im Handelsregister geltend macht, der Abberufungsbeschluss „sei nicht in Ordnung" und er werde dagegen schon gerichtlich vorgehen.

10 Die **Aussetzung** erfolgt durch **Beschluss** (§ 38), der zu begründen ist. Dieser ist, da es sich um eine Zwischenentscheidung handelt, nach § 21 Abs. 2 mit der sofortigen Beschwerde entsprechend §§ 567 bis 572 ZPO anfechtbar. Die sofortige Beschwerde kann sich dabei nur auf die Aufhebung des Aussetzungsbeschlusses und nicht etwa auf eine bestimmte Entscheidung im Ausgangsverfahren richten.[3]

11 Die **Aussetzung endet** mit rechts- bzw. bestandkräftiger Entscheidung des streitigen Rechtsverhältnisses, mit (fruchtlosem) Ablauf der nach Satz 2 gesetzten Frist oder durch Aufhebung des Aussetzungsbeschlusses im Beschwerdeverfahren. Weiter kann auch das Registergericht selbst seinen vorher erlassenen Aussetzungsbeschluss zurücknehmen, um dann über den vorliegenden Antrag zu entscheiden.[4]

12 Ist durch **rechtskräftige oder vollstreckbare Entscheidung des Prozessgerichts** die Verpflichtung eines Beteiligten zur Mitwirkung bei einer Anmeldung zum Handelsregister festgestellt, so genügt gem. § 16 Abs. 1 HGB zur Eintragung die Anmeldung der übrigen Beteiligten. Ist durch rechtskräftige oder vollstreckbare Entscheidung des Prozessgerichts die Vornahme einer Eintragung für unzulässig erklärt worden, darf sie nicht gegen den Widerspruch dessen, der diese Entscheidung erwirkt hatte, vorgenommen werden (§ 16 Abs. 2 HGB).[5]

382 *Entscheidung über Eintragungsanträge*

(1) Das Registergericht gibt einem Eintragungsantrag durch die Eintragung in das Register statt. Die Eintragung wird mit ihrem Vollzug im Register wirksam.
(2) Die Eintragung soll den Tag, an welchem sie vollzogen worden ist, angeben; sie ist mit der Unterschrift oder der elektronischen Signatur des zuständigen Richters oder Beamten zu versehen.

---
1 Holzer/*Holzer*, § 381 FamFG Rz. 8 mwN.
2 BayObLG v. 27.10.1982 – 2 Z 69/82, Rpfleger 1983, 74.
3 OLG Köln v. 17.5.2010 – 2 Wx 50/10, FGPrax 2010, 215 (216).
4 BayObLG v. 19.10.1995 – 3 ZBR 268/95, DNotZ 1997, 81 (82).
5 Zum Umfang der Bindungswirkung vgl. Keidel/*Heinemann*, § 381 FamFG Rz. 26 ff.

(3) Die einen Eintragungsantrag ablehnende Entscheidung ergeht durch Beschluss.
(4) Ist eine Anmeldung zur Eintragung in die in § 374 Nr. 1 bis 4 genannten Register unvollständig oder steht der Eintragung ein anderes durch den Antragsteller behebbares Hindernis entgegen, hat das Registergericht dem Antragsteller eine angemessene Frist zur Beseitigung des Hindernisses zu bestimmen. Die Entscheidung ist mit der Beschwerde anfechtbar.

I. Allgemeines 1	4. Einzelfälle 15
II. Registeranmeldung (Eintragungsantrag) 2	VI. Ablehnungsbeschluss, Rechtsmittel . 19
III. Entscheidung über Eintragungsanträge	VII. Zwischenverfügungen
1. Stattgabe von Eintragungsanträgen 6	1. Zweck der Zwischenverfügung ... 20
2. Wirksamkeit der Eintragung 7	2. Inhalt der Zwischenverfügung ... 21
IV. Inhalt von Eintragungen	3. Beschwerde gegen die Zwischenverfügung 24
1. Begriff der Eintragung 10	VIII. Beteiligte in Registersachen 26
2. Datum und Unterschrift 11	1. Antragsteller 27
V. Äußere Form von Eintragungen	2. Hinzuzuziehende (Muss-)Beteiligte, Abs. 2 Nr. 1 35
1. Die Fassung von Eintragungen im Allgemeinen 12	3. Auf Antrag hinzuzuziehende (Muss-)Beteiligte, Abs. 2 Nr. 2 ... 41
2. Mitwirkung der Beteiligten bei der Fassung von Eintragungen 13	4. Hinzuziehung weiterer (Kann-)Beteiligter, Absatz 3 43
3. Subjektive Beteiligtenrechte bei der Fassung der Eintragung 14	IX. Beschwerdeberechtigte in Registersachen 44

I. Allgemeines

§ 382 Abs. 1 und 3 enthalten gegenüber dem früheren Recht **neue Regelungen zur Wirksamkeit von Eintragungsanträgen** und zu deren **Ablehnung**. Abs. 2 entspricht dem früheren § 130 Abs. 1 FGG, während Abs. 4 für die Zwischenverfügung die Regelungen der früheren §§ 26 HRV, 9 Abs. 3 VereinsRV übernimmt.[1] § 380 Abs. 4 hebt das Registerrecht wegen der gesetzlichen Regelung der Zwischenverfügung nach mehr als einem Jahrhundert auf den Regelungsstand des Grundbuchverfahrens (§ 18 GBO) und verbessert dadurch die Rechtssicherheit. Die Vorschrift ist allerdings **nicht auf die Dogmatik des Registerrechts abgestimmt**, das keine Eintragungsanträge, sondern nur Anmeldungen kennt. Zwar beinhaltet auch die Anmeldung den „Eintragungsantrag" iSd. § 23 Abs. 1 Satz; jedoch wirkt die mangelnde Harmonisierung innerhalb des FamFG **verwirrend** und sollte bei künftigen Überarbeitungen beseitigt werden.[2]

1

II. Registeranmeldung (Eintragungsantrag)

Bei Registereintragungen wird das Registergericht grundsätzlich nicht von Amts wegen, sondern **nur auf Antrag** tätig. Ausnahmen von diesem Grundsatz sind in Unterabschnitt 2, §§ 388 ff., und Unterabschnitt 3, §§ 393 ff., geregelt. Als **Registeranmeldung** wird ein mit Eingang beim Registergericht wirksam werdender **Eintragungsantrag** bezeichnet.[3] Die Anmeldung stellt einen verfahrenseinleitenden Antrag iSd. § 23 dar,[4] ist Prozesshandlung[5] und darf weder bedingt noch befristet sein.[6]

2

---

1 Begründung zu § 382 FamFG, in: BT-Drucks. 16/6308, S. 286.
2 Holzer/*Holzer*, § 382 FamFG Rz. 1.
3 BayObLG v. 17.9.2003 – 3 ZBR 183/03, NJW-RR 2004, 1039.
4 Es handelt sich um eine der vier Möglichkeiten der Einleitung eines Verfahrens, nämlich „Verfahrenseinleitung auf Antrag, Verfahrensbegründung durch Amtsermittlung", vgl. Begründung zu § 23 RegE, in: BT-Drucks. 16/6308, S. 185.
5 BayObLG v. 16.2.2003 – 3 ZBR 389/98, NJW-RR 2000, 990.
6 BayObLG v. 25.6.1992 – 3 ZBR 30/92, DNotZ 1993, 197 (198).

§ 382   Verfahren in Registersachen, unternehmensrechtliche Verfahren

3   Das Recht und die Verpflichtung zur Einleitung eines Registerverfahrens durch Einreichung einer Anmeldung bestimmen sich ausschließlich nach **materiellem Recht**.[1] Die wesentlichen materiell-rechtlichen Regelungen, die eine Verpflichtung zur Anmeldung zum Gegenstand haben, sind nachstehend zu § 388 Rz. 8 ff. dargestellt.

4   Anmeldungen zum Handelsregister sind gem. § 12 Abs. 1 Satz 1 HGB **elektronisch in öffentlich-beglaubigter Form** einzureichen. Mit der Anmeldung vorgelegte Dokumente sind ebenfalls elektronisch einzureichen. Entsprechendes gilt für Anmeldungen zum Genossenschaftsregister, § 157 GenG, sowie für Anmeldungen zum Partnerschaftsregister, § 5 Abs. 2 PartGG. Für die weiteren in § 374 genannten Register gilt dies derzeit noch nicht. Die Anmeldungen zum Vereinsregister sowie zum Güterrechtsregister müssen jedoch öffentlich beglaubigt werden (§§ 77, 1560 BGB).

5   Zum Umfang der Prüfung vorgelegter Registeranmeldungen in formeller und materieller Hinsicht haben sich durch die Vorschriften des FamFG keine Änderungen ergeben. Die formelle Prüfung erstreckt sich auf **allgemeine Verfahrensvoraussetzungen** wie örtliche und sachliche Zuständigkeit, die Wahrung der vorgeschriebenen Form für Anmeldungen und Vollmachten, die Anmeldungsberechtigung des Anmeldenden, ggf. den Nachweis der Rechtsnachfolge sowie die Eintragungsfähigkeit der angemeldeten Tatsachen.[2] Die – im Fall des § 9c Abs. 2 GmbHG **gegenständlich beschränkte** – sachliche **Prüfung** erstreckt sich die Wirksamkeit der angemeldeten Rechtshandlungen und Rechtsverhältnisse sowie die rechtliche Zulässigkeit der angestrebten Eintragung.[3] Auch hier kann wiederum auf die bisher ergangene Rechtsprechung und vorliegende Literatur zurückgegriffen werden.[4]

III. Entscheidung über Eintragungsanträge

1. Stattgabe von Eintragungsanträgen

6   Das Registergericht hat zwei Möglichkeiten, über Eintragungsanträge (Anmeldungen) endgültig zu entscheiden: Entweder nimmt es – eventuell nach Beseitigung der in einer Zwischenverfügung aufgezeigten Hindernisse – die **Eintragung in das Register** vor oder es **weist die Anmeldung zurück**.[5] Nach § 382 Abs. 1 erfolgt die Stattgabe von Eintragungsanträgen durch die Eintragung in das Register. Dies ist scheinbar selbstverständlich; jedoch kann nach der aus § 42 FrGOE stammenden und in § 38 Abs. 1 Satz 1 geregelten Beschlussdogmatik eine Endentscheidung nur durch Beschluss ergehen. Wäre es bei dieser Grundregel geblieben, hätte die Registereintragung nicht zu einer verfahrensrechtlichen Erledigung der Anmeldung führen können. Aus diesem Grunde hat der Gesetzgeber in Abs. 1 eine **Sonderregelung** eingestellt, die die Registereintragung in § 382 Abs. 1 Satz 2 der Endentscheidung gleichstellt.[6] Das Gericht entscheidet in Registersachen deshalb nur bei Ablehnung eines Eintragungsantrages gem. Abs. 3 durch Beschluss.

2. Wirksamkeit der Eintragung

7   Die Eintragung wird nach § 382 Abs. 1 Satz 2 mit ihrem Vollzug im Register wirksam. § 8a HGB enthält eine **Spezialregelung für das elektronisch geführte Register**,[7] die aus systematischen Gründen in das FamFG überführt werden sollte. Bei dem elektronisch geführten Register wird die **Eintragung wirksam**, sobald sie in den für diese Eintragungen bestimmten Datenspeicher aufgenommen ist und auf Dauer inhaltlich unverändert in lesbarer Form wiedergegeben werden kann.[8]

---

1 Begründung zu § 23 RegE, in: BT-Drucks. 16/6308, S. 185.
2 Jansen/*Steder*, § 125 FGG Rz. 94.
3 Dazu *Holzer*, WiB 1997, 290 (291).
4 Vgl. Keidel/Kuntze/*Winkler*, 15. Aufl., § 127 FGG Rz. 1 ff.
5 *Holzer/Holzer*, § 382 FamFG Rz. 3.
6 Begründung zu § 382 FamFG, in: BT-Drucks. 16/6308, S. 286.
7 Begründung zu § 382 FamFG, in: BT-Drucks. 16/6308, S. 286.
8 Vgl. Baumbach/Hopt, 35. Aufl., § 8 HGB Rz. 2.

§ 383 Abs. 1 Satz 2 ist damit nur noch für das in **Papierform geführte Register** von Bedeutung. Auch für dieses ist die Vorschrift zu kurz gegriffen, die nicht berücksichtigt, dass die **materiellen Publizitätswirkungen der Register** nach § 15 Abs. 1 HGB bereits vor dem Vollzug der Eintragung eintreten können, weil sich an die von dem Registergericht den Beteiligten oder Dritten **bekannt gegebenen Eintragungsverfügungen** die gesetzlichen Publizitätswirkungen anschließen. Ebenso wie in Grundbuchsachen kann bereits in diesem Stadium eine Rechtsbeeinträchtigung der Beteiligten gegeben sein.[1] § 382 Abs. 1 Satz 2 ist deshalb für diesen Fall nicht zutreffend und sollte korrigiert werden.[2]

IV. Inhalt von Eintragungen

1. Begriff der Eintragung

§ 382 Abs. 2 stellt minimale **inhaltliche Vorgaben für Eintragungen** auf. Die Vorschrift gilt für alle Eintragungen (dh. Ersteintragungen, Änderungen und Löschungen). Es kommt nicht darauf an, wie das Verfahren eingeleitet wurde, in dem sie hervorgebracht wurden (Anmeldung, § 383 Abs. 1 Satz 1, oder Amtsverfahren, § 384 Abs. 2). Nicht erfasst sind nicht (elektronisch) unterzeichnete Eintragungen, sog. „Nicht-Eintragungen", die ohne jede rechtliche Wirkung sind und im Verfahren des § 17 Abs. 1 Satz 1 HRV korrigiert werden können.[3]

2. Datum und Unterschrift

Gem. Abs. 2 soll die **Eintragung**, wie es früher auch in § 130 Abs. 1 FGG bestimmt war, **den Tag angeben**, an dem sie vollzogen worden ist. Bei noch in **Papierform geführten Registern** – also im Wesentlichen bei den noch nicht auf das elektronische Registerverfahren umgestellten Vereinsregistern – ist die Eintragung zu **unterschreiben** und bei **elektronischen Registern** mit der **elektronischen Signatur** des funktionell zuständigen Entscheidungsträgers zu versehen. Das Gesetz erwähnt als funktionell zuständigen Entscheidungsträger nur den Richter. Für welche Entscheidungen der Rechtspfleger funktionell zuständig ist, ergibt sich aus § 17 RPflG.

V. Äußere Form von Eintragungen

1. Die Fassung von Eintragungen im Allgemeinen

Die Eintragungen in den Registern müssen **deutlich, klar, verständlich, ohne Abkürzungen** und idR ohne Verweis auf die maßgebenden gesetzlichen Vorschriften gefasst werden. Sie sollen wegen der **Publizitätswirkungen** der Register (vgl. § 15 Abs. 1 HGB) auch für nicht rechtskundige Benutzer zu verstehen sein und dürfen keinen Anlass zu Zweifeln über ihre Bedeutung geben.[4] Die §§ 12 bis 22 HRV enthalten **Ordnungsvorschriften** über die äußere Form der Eintragungen.[5]

2. Mitwirkung der Beteiligten bei der Fassung von Eintragungen

Die FGG-Reform hat die Frage nicht geklärt, ob und gegebenenfalls in welcher Weise die **Beteiligten** bei der **Fassung von Eintragungen mitwirken** dürfen. Hierzu ist zunächst auf die Rechtslage im Grundbuchrecht[6] zu verweisen. Nicht beizutreten ist einer Auffassung,[7] nach der allein das Registergericht die Fassung der Eintragung – unabhängig oder sogar entgegen dem in der Anmeldung oder auf andere Weise geäußerten Wünschen und Formulierungsvorschlägen der Beteiligten – nach pflichtgemä-

---

1 OLG Stuttgart v. 19.5.1970 – 8 W 343/68, Rpfleger 1970, 283; OLG Hamm v. 14.4.1980 – 15 W 52/79, Rpfleger 1980, 384; *Holzer*, ZNotP 2008, 266, (270 ff).
2 Holzer/*Holzer*, § 382 FamFG Rz. 3.
3 *Holzer*, ZNotP 2008, 138 (141).
4 KG v. 28.5.1942 – 1 Wx 123/42, JW 1942, 1059.
5 Dazu Krafka/Willer/Kühn, Rz. 172.
6 Dazu *Holzer*, Richtigstellung, S. 224 ff.
7 OLG Düsseldorf v. 2.7.1997 – 3 Wx 94/97, DB 1997, 1710; OLG Köln v. 4.2.2004 – 2 Wx 36/03, ZIP 2004, 505 (506); *Bielfeldt*, RpflStud. 2007, 35, 46.

ßem Ermessen bestimmen soll.[1] Das **Formulierungsermessen** soll danach seine Grenze allein an der korrekten Verlautbarung der einzutragenden Rechtsverhältnisse und Tatsachen sowie der Gesetzwidrigkeit finden. Nicht zielführend erscheint auch eine Verpflichtung des Registergerichts, den Wünschen der Beteiligten nach einer bestimmten äußeren Fassung der Eintragung in jedem Fall nachzukommen.[2] Zu folgen ist vielmehr der **vermittelnden Auffassung**, die dem Registergericht bei der äußeren Fassung der Eintragungen im Hinblick auf eine ordnungsgemäße Registerführung und gleichmäßige Behandlung der Anmeldungen möglichst freie Hand lässt, dabei aber die **subjektiv-öffentlichen Rechte der Beteiligten** wahrt.[3]

3. Subjektive Beteiligtenrechte bei der Fassung der Eintragung

14 Auch die **äußere Fassung der Eintragung** sowie die dort **verlautbarten Tatsachen** können grundrechtlich geschützte Positionen der Beteiligten tangieren (zB das aus Art. 9 Abs. 1 GG folgende Firmenrecht einer Gesellschaft oder das aus Art. 1 Abs. 1 Satz 1, Art. 2 Abs. 1 GG folgende Namensrecht eines Geschäftsführers). Im Registerverfahren muss deshalb die gewählte Firma bzw. der geführte Name von Gesellschaften und natürlichen Personen respektiert werden. Der **Bezug zu den Grundrechten** ergibt sich aus der Verknüpfung der rechtlichen und tatsächlichen Angaben des Registers mit den höchstpersönlichen Rechten der Beteiligten. Dies ergibt sich aus der Rechtsprechung des BVerfG,[4] nach der die subjektiven Rechtspositionen der Beteiligten direkt aus den jeweiligen, durch das Registerverfahren betroffenen Grundrechten abzuleiten sind. Das **pflichtgemäße Ermessen** des Registergerichts ist bei der Fassung der Eintragung, sofern Grundrechte tangiert werden, **auf Null reduziert**.[5]

4. Einzelfälle

15 Das Registergericht hat die in den Personenstandsbüchern eingetragene **Schreibweise des Namens** sowie dessen Änderungen (zB durch Heirat oder Adoption) zu beachten. Bei mehreren zulässigen Namen ist unter Berücksichtigung der subjektiven Beteiligtenrechte zu entscheiden, welche Fassung dem allgemeinen Persönlichkeitsrecht des materiell Beteiligten am besten gerecht wird. Darin erschöpfen sich allerdings die Rechte des Namensträgers; er kann nicht die Eintragung eines von der amtlichen Schreibweise abweichenden Namens (zB Rufnamen, Künstler- oder Decknamen) verlangen, weil diese für seine **Identifizierung im Register** nicht geeignet sind.[6]

16 Soweit die Beteiligten **akademische Grade** führen, drückt sich hierdurch ihr allgemeines Persönlichkeitsrecht aus. Eine Verpflichtung zu ihrer Führung besteht nicht,[7] obwohl sie als Namensbestandteil gelten. Die Handelsregisterverfügung regelt ihre Eintragung nicht, und es gibt für sie auch keine Anmeldepflicht.[8] Jedoch hat sie das Registergericht zu berücksichtigen, weil ihre Eintragung bloßes **Ordnungsrecht** darstellt, das durch die Grundrechtspositionen der Beteiligten überlagert wird. Gleiches gilt wegen Art. 9 Abs. 1 GG für die Eintragung der Bezeichnung von Gesellschaften und Vereinigungen in den Registern, die der gewählten Firma exakt entsprechen muss und die jeweils aktuelle gesellschaftsrechtliche Entwicklung – zB durch Beifügung eines Gründungs- oder Liquidationszusatzes – zu berücksichtigen hat.[9]

---

1 OLG Köln v. 4.2.2004 – 2 Wx 36/03, ZIP 2004, 505 (506); OLG Karlsruhe v. 12.3.1970 – 3 W 101/69, NJW 1970, 1379; OLG München v. 28.7.2010 – 31 Wx 129/11, MDR 2010, 1273; OLG München v. 13.4.2011 – 31 Wx 79/11, FGPrax 2011, 193 (194).
2 Vgl. zum Grundbuchrecht Holzer/*Holzer*, § 382 FamFG Rz. 12.
3 *Holzer*, ZNotP 2008, 138 (140 ff.) mwN.
4 BVerfG v. 20.12.1979 – 1 BvR 385/77, BVerfGE 53, 69 (74); zu weiteren Entscheidungen vgl. *Holzer*, Richtigstellung, S. 232 mwN.
5 Holzer/*Holzer*, § 382 FamFG Rz. 12.
6 Vgl. *Holzer*, ZNotP 2008, 138, 149.
7 BayObLG v. 1.3.1990 – BReg. 2 Z 144/89, MDR 1990, 635.
8 Krafka/Willer/Kühn, Rz. 86.
9 Holzer/*Holzer*, § 382 FamFG Rz. 13 ff. mwN.

Ein Recht auf die Wahl einer bestimmten **Schreibweise der Eintragung** gibt es ansonsten nicht. So kann keine Eintragung mit einer bestimmten **Schriftart** (zB Fraktur statt Antiqua), nur in Großbuchstaben bzw Kleinbuchstaben,[1] einer **graphischen Gestaltung des Schriftbilds** (zB mit kryptographischen Zeichen und Bildzeichen[2]) verlangt werden. Eine Ausnahme ist nur dann anerkannt, wenn jedem Buchstaben der Firmenbezeichnung phonetisch eine besondere Bedeutung als Anfang eines Wortes zukommt und deshalb die Aussprache durch **Aufzählung der Einzelbuchstaben** erfolgt („MAN", „BMW").[3] Die grundrechtlichen Rechtspositionen der Beteiligten gehen insoweit nicht über die formell richtige Verlautbarung der eingetragenen Rechtsverhältnisse und Tatsachen hinaus.[4]

17

Die Eintragung des **Zeichens „@"** (sog. „Klammeraffe") ist daher nach allgemeiner Ansicht[5] abzulehnen, weil es sich um ein firmenrechtlich unzulässiges und mehrdeutiges kryptographisches Zeichen handelt. Dass Schriftbilder und Zeichen wie „@" als Unternehmenskennzeichen gem. § 5 Abs. 2 Satz 1 MarkenG markenrechtlichen Schutz genießen, steht dem nicht entgegen, weil die Marke nach §§ 14 ff. MarkenG nur im Verkehr, nicht aber im Hinblick auf eine Eintragung in öffentliche Register wie das Handelsregister geschützt ist.[6] Die **Publizitätsfunktion des Handelsregisters** erfordert hingegen zum Schutz des Rechtsverkehrs eine inhaltlich korrekte Wiedergabe der eingetragenen Rechtsverhältnisse und Tatsachen, für die Kunstbuchstaben, Schmuckschriften und nicht zur lateinischen Schrift gehörende Zeichen nicht verwendet werden dürfen.[7]

18

VI. Ablehnungsbeschluss, Rechtsmittel

Abs. 3 stellt klar, dass die einen Eintragungsantrag **ablehnende Entscheidung** entsprechend den Bestimmungen des Allgemeinen Teils durch **Beschluss** (§ 38 Abs. 1), zu ergehen hat. Gegen diesen Beschluss sind die im Allgemeinen Teil vorgesehenen Rechtsmittel statthaft, dh. die **Beschwerde gem. §§ 58 ff.**

19

VII. Zwischenverfügungen

1. Zweck der Zwischenverfügung

Stehen der Anmeldung **behebbare Hindernisse**[8] entgegen, wäre ihre sofortige Zurückweisung nicht mit einem fairen und rechtsstaatlichen Verfahren vereinbar (Art. 20 Abs. 3 GG). Die Beteiligten sind statt dessen durch eine der endgültigen Entscheidung vorausgehende Verfügung[9] über das Bestehen der Eintragungshindernisse zu informieren. Diese Funktion übernimmt in allen Registerverfahren die **Zwischenverfügung**, die dem mit der Anmeldung verknüpften Eintragungsantrag zum Erfolg

20

---

1 BayObLG v. 26.7.1967 – BReg. 2 Z 31/67, BayObLGZ 1967, 272 (274) – „PFLANZEN & PFLEGEN Garten Service Gesellschaft mit beschränkter Haftung"; BayObLG v. 27.4.1971 – 2 Z 43/71, Rpfleger 1971, 257 (258); OLG Karlsruhe v. 12.3.1970 – 3 W 101/69, NJW 1970, 1379 (1380) – „LIVIO" oder „Livio"; LG Braunschweig v. 4.9.2000 – 22 T 900/00, MittBayNot 2000, 569 (570); LG München I v. 24.1.1967 – 5 HKT 17/66, GmbHR 1967, 81 (82); *Müther*, GmbHR 1998, 1058 (1059); *Bielfeldt*, RpflStud. 2007, 35 (47); zu weitgehend LG Berlin v. 17.2.1998 – 98 T 113/97, GmbHR 1998, 692, nach dem auch die Wahl der Schriftart dem grundrechtlich geschützten Bereich unterliegen soll; ähnlich LG Münster v. 3.8.1989 – 22 T 4/89, Rpfleger 1989, 415.
2 KG v. 23.5.2000 – 1 W 247/99, MittRhNotK 2000, 396 (397).
3 OLG Karlsruhe v. 12.3.1970 – 3 W 101/69, NJW 1970, 1369 (1370).
4 *Holzer*, ZNotP 2008, 138 (149).
5 BayObLG v. 4.4.2001 – 3 Z BR 84/01, GmbHR 2001, 476; OLG Braunschweig v. 27.11.2000 – 2 W 270/00, WRP 2001, 287 (288); LG München I v. 25.1.1001 – 17 HKT 24115/00, BB 2001, 854; LG Leipzig v. 27.11.2001 – 30 HKT 6550/01, NotBZ 2002, 112; LG Braunschweig v. 4.9.2000 – 22 T 900/00, MittBayNot 2000, 569, (570).
6 *Holzer/Holzer*, § 382 FamFG Rz. 17 mwN.
7 LG Braunschweig v. 4.9.2000 – 22 T 900/00, MittBayNot 2000, 569 (570).
8 OLG Schleswig v. 18.4.2012 – 2 W 28/12, FGPrax 2012, 212 (213).
9 BayObLG v. 14.1.1988 – 3 Z 74/87, Rpfleger 1988, 268 (269); BayObLG v. 20.12.1990 – 3 Z 140/90, Rpfleger 1991, 156; BayObLG v. 4.11.1999 – 3 Z BR 333/99, FGPrax 2000, 39; OLG Hamm v. 17.5.1990 – 15 W 206/90, Rpfleger 1990, 426; OLG Köln v. 9.9.2004 – 2 Wx 22/04, FGPrax 2005, 41.

verhelfen soll.¹ Auch in dem amtswegig betriebenen Verfahren des Registergerichts (§ 26) sind die Beteiligten verpflichtet, das Gericht bei der Entscheidungsfindung zu unterstützen; die Zwischenverfügung dient damit der rechtsvorsorgenden Funktion des Registerverfahrens.²

2. Inhalt der Zwischenverfügung

21   Die Zwischenverfügung soll die Beteiligten zur **Beseitigung eines Eintragungshindernisses** anhalten. Äußert das Registergericht lediglich eine **Rechtsansicht**, mit der es die Zurücknahme der Anmeldung erreichen möchte, stellt dies keine Zwischenverfügung dar.³ Eine Zwischenverfügung muss zumindest die Ankündigung der Zurückweisung der Anmeldung als Folge der Nichtbehebung der aufgezeigten Mängel enthalten. Dabei sind **alle bestehenden Mängel** der Anmeldung **auf einmal aufzuzeigen**; eine **stufenweise Beanstandung** ist nur dann zulässig, wenn durch die Erfüllung der in der Zwischenverfügung enthaltenen Auflagen (zB durch Nachbeurkundung) neue Eintragungshindernisse entstanden sind.⁴

22   Anders als nach § 18 Abs. 1 Satz 1 GBO und ebenso wie nach den früheren §§ 26 Satz 2 HRV und 9 Abs. 3 VereinsRV müssen die **Mittel zur Beseitigung der** vorhandenen **Eintragungshindernisse** nicht genannt werden.⁵ Das Registergericht wäre dazu wegen des im Gesellschaftsrecht vorhandenen **Gestaltungsspielraums der Beteiligten** (zB bei der Wahl der Firma) überhaupt nicht in der Lage.⁶ Ein solcher Gestaltungsspielraum besteht im Grundbuchverfahren wegen des sachenrechtlichen Typenzwangs nicht, so dass § 18 Abs. 1 Satz 1 GBO insoweit nicht analog im Registerverfahren anwendbar ist.⁷

23   Neu gegenüber dem früheren Recht ist, dass das Registergericht den Beteiligten eine **Frist zur Beseitigung der Hindernisse** setzen muss (§ 382 Abs. 4 Satz 1). Die Frist sollte ausreichend bemessen sein (mindestens vier Wochen, nach Lage des Einzelfalls gegebenenfalls auch länger).⁸

3. Beschwerde gegen die Zwischenverfügung

24   **Zwischenverfügungen** können in nicht unerheblicher Weise in die Rechte der Beteiligten eingreifen. Sie sind daher mit **Rechtsmitteln der dadurch Betroffenen**, nicht aber des nicht in eigenen Rechten verletzten Notars⁹ **angreifbar**, obwohl es sich bei ihnen nicht um Endentscheidungen handelt,¹⁰ die auch in Form einer Verfügung ergehen können und die die Anmeldung verfahrensrechtlich nicht erledigen.¹¹ Auch dies wurde im Rahmen der FGG-Reform erstmals gesetzlich geregelt.¹² In § 382 Abs. 4 ist bestimmt, dass Zwischenverfügungen in Handels-, Genossenschafts-, Partnerschafts- und Vereinsregistersachen mit der Beschwerde anfechtbar sind.

25   Die **Beschwerde** richtet sich gegen die in der Zwischenverfügung **aufgezeigten Eintragungshindernisse**¹³ bzw die **Zwischenverfügung insgesamt**, nicht aber gegen die

---

1 BayObLG v. 14.1.1988 – 3 Z 74/87, Rpfleger 1988, 268 (269); OLG Hamm v. 17.5.1990 – 15 W 206/90, Rpfleger 1990, 426.
2 Holzer/*Holzer*, § 382 FamFG Rz. 19.
3 OLG Schleswig v. 1.2.2012 – 2 W 192/12, FGPrax 2012, 126 (127); OLG Schleswig v. 18.4.2012 – 2 W 28/12, FGPrax 2012, 212 (213).
4 Holzer/*Holzer*, § 382 FamFG Rz. 25 ff. mwN aus der Rechtsprechung.
5 AA nur OLG Düsseldorf v. 6.12.2011 – 3 Wx 293/11, NZG 2012, 271.
6 BayObLG v. 25.1.1972 – 2 Z 69/71, Rpfleger 1972, 138 (139).
7 Holzer/*Holzer*, § 382 FamFG Rz. 27.
8 *Holzer*, ZNotP 2009, 210 (215).
9 KG v. 9.1.2012 – 25 W 57/11, FGPrax 2012, 123, (124).
10 OLG Düsseldorf v. 6.12.2011 – 3 Wx 293/11, NZG 2012, 271.
11 Holzer/*Holzer*, § 382 FamFG Rz. 30 ff.
12 Vgl. *Holzer*, ZNotP 2009, 210 (213 ff.).
13 OLG Hamm v. 3.3.1983 – 15 W 1/82, MittRhNotK 1983, 113 (114); OLG Köln v. 8.7.1996 – 2 Wx 18/96.

Anmeldung, die Ursache der Zwischenverfügung ist.[1] Jede einzelne Beanstandung kann mit der Beschwerde angegriffen werden.[2] Beschwerdeberechtigt nach § 59 ist der Beteiligte, der mit seiner Anmeldung die Eintragung begehrt (meist die Gesellschaft).[3]

VIII. Beteiligte in Registersachen

Zur **Frage**, wer **Beteiligter in Registersachen** ist, enthält Buch 5 – im Gegensatz zu allen weiteren im FamFG geregelten Verfahren, vgl. Vorbem. zu §§ 374 ff. Rz. 19 und Rz. 23 f. – **keine verfahrensspezifische Definition**. Es ist deshalb auf die allgemeine Bestimmung in § 7 zurückzugreifen. 26

1. Antragsteller

Da das Registerverfahren ein **Antragsverfahren** ist, ist gem. § 7 Abs. 1 der Antragsteller Beteiligter. Dies sind, wie bereits § 8 zeigt, nicht nur natürliche Personen. 27

Bei den „klassischen" vier Registern gem. § 374 Nr. 1 bis 4, nämlich dem Handelsregister, dem Genossenschaftsregister, dem Partnerschaftsregister und dem Vereinsregister, steht die Verlautbarung bestimmter rechtlicher Verhältnisse eines eingetragenen bzw. einzutragenden Rechtsträgers im Vordergrund. Daraus wurde aber noch nicht der Schluss gezogen, dass in jedem Fall auch der Rechtsträger **antragsberechtigt** sei, da nach den Vorschriften des materiellen Rechts die Anmeldepflichten teilweise ausdrücklich natürlichen Personen auferlegt worden sind (vgl. § 388 Rz. 8 ff.), welche entsprechend zur Erfüllung dieser Pflicht auch durch Zwangsgeld angehalten werden können (vgl. § 388 Rz. 28a ff.). 28

Das Problem, wer **Antragsteller im Registerverfahren** ist, zeigte sich früher etwa bei Kapitalgesellschaften im Zusammenhang mit der Frage nach der Beschwerdeberechtigung gem. § 20 FGG aF: Bis zum Beschluss des BGH v. 24.10.1988[4] wurde von der wohl überwiegenden Ansicht vertreten, dass in Fällen der Anmeldung für eine GmbH oder eine AG nicht die jeweilige Gesellschaft selbst, sondern nur deren vertretungsberechtigte Organe, die Geschäftsführer oder Vorstände, antrags- und damit beschwerdeberechtigt seien.[5] In der vorgenannten Entscheidung und in dem Beschluss v. 16.3.1992[6] hat der BGH in Fällen, in denen einer Anmeldung konstitutive Wirkung zukam, die Beschwerdeberechtigung der Gesellschaft bzw. in Fällen der Erstanmeldung der Vorgesellschaft bejaht. 29

Soweit dagegen Anmeldepflichten von **Einzelkaufleuten** oder **Handelsgesellschaften** betroffen sind (vgl. § 388 Rz. 9 und Rz. 11), kommt diesem Problem keine Bedeutung zu: Im Falle des Einzelkaufmannes liegt ohne Weiteres Personenidentität vor, bei Handelsgesellschaften ebenfalls, soweit alle Gesellschafter zur Anmeldung verpflichtet sind. 30

Bei Anmeldungen, die **Kapitalgesellschaften** betreffen, beschränkt sich eine Mitwirkung natürlicher Personen häufig nicht darauf, die Gesellschaft – wie im normalen Geschäftsverkehr – nur in gesetzlich bzw. satzungsmäßig vertretungsberechtigter Zahl zu vertreten. Für eine Reihe von Anmeldungen schreibt das Gesetz darüber hinaus die Mitwirkung weiterer natürlicher Personen vor, etwa bei der Kapitalerhö- 31

---

1 BayObLG v. 25.1.1972 – 2 Z 69/71, Rpfleger 1972, 138 (139); BayObLG v. 23.9.1997 – 3 Z 329/98, NJW 1998, 1161.
2 BayObLG v. 25.1.1970 – 2 Z 24/70, Rpfleger 1970, 288; OLG Hamm v. 3.3.1983 – 15 W 1/82, MittRhNotK 1983, 113 (114); OLG Frankfurt v. 7.6.1977 – 20 W 353/77, Rpfleger 1977, 441.
3 KG v. 27.4.2004 – 1 W 180/02, FGPrax 2004, 248 (249).
4 BGH v. 24.10.1988 – II ZB 7/88, DNotZ 1989, 102 (104).
5 So insbesondere BayObLG v. 10.9.1954 – BReg. 2 Z 115/54, BayObLGZ 1954, 203 (204); BayObLG v. 27.11.1970 – BReg. 2 Z 59/70, BayObLGZ 1970, 285 (287); BayObLG v. 9.8.1972 – BReg. 2 Z 41/72, BayObLGZ 1972, 277 (278); BayObLG v. 17.3.1981 – BReg. 1 Z 11/81, BayObLGZ 1981, 88 (90 ff.); BayObLG v. 14.5.1985 – BReg. 3 Z 41/85, BayObLGZ 1985, 189 (190); ferner BGH v. 24.11.1988 – II ZB 7/88, Rpfleger 1989, 109.
6 BGH v. 16.3.1992 – II ZB 17/91, MDR 1992, 654.

hung, bei der die Anmeldung sämtliche Geschäftsführer bzw. Vorstände zu unterschreiben haben, verbunden mit Abgabe der in § 57 Abs. 2 GmbHG iVm. § 8 Abs. 2 GmbHG bzw. § 188 Abs. 2 iVm. § 37 Abs. 2 AktG bezeichneten Versicherungen. Bei der **Neuanmeldung** einer AG ist weiter nach § 36 Abs. 1 AktG die Anmeldung von allen Gründern und Mitgliedern des Vorstands sowie des Aufsichtsrats zu unterzeichnen. Daraus kann jedoch nicht geschlossen werden, dass verfahrensrechtlich nur die handelnden – je nach dem Inhalt der zugrunde liegenden materiell-rechtlichen Norm unterschiedlichen – natürlichen Personen Beteiligte gem. § 7 Abs. 1 sein sollen. Durch die Bestimmung, dass bei bestimmten Anmeldungen weitere Personen mitzuwirken haben, wollte der Gesetzgeber diese zusätzlich in die Verantwortung für die ordnungsgemäße Behandlung besonders bedeutsamer Vorgänge einbeziehen.[1] Damit werden sie auch verfahrensrechtlich in das Verfahren nach den §§ 382 ff. als Verfahrensbeteiligte einbezogen.

32   Da bei **Kapitalgesellschaften** zudem die Frage der Antragsberechtigung und Beteiligtenstellung gem. § 7 Abs. 1 weder sinnvoll danach unterschieden werden kann, ob es sich um eine konstitutive oder aber um eine deklaratorische Anmeldung handelt, ebenso wenig danach, ob und ggf. welche natürlichen Personen als gesetzliche Vertreter oder ggf. zusätzlich im Rahmen bestimmter Anmeldungen Erklärungen und/oder Versicherungen abzugeben haben, ist auch unter Berücksichtigung des jederzeit möglichen Wechsels in der Person gesetzlicher Vertreter nur die Auslegung sinnvoll, dass bei einer eine Kapitalgesellschaft betreffenden Anmeldung in erster Linie die **Gesellschaft selbst Beteiligte** gem. § 7 Abs. 1 ist. Da die Antragsberechtigung nicht in verfahrensrechtlichen, sondern in materiell-rechtlichen Vorschriften geregelt ist, aus denen zivil- und ggf. auch strafrechtliche Verantwortlichkeiten folgen, müssen weiter die gesetzlichen Vertreter der Gesellschaft, die die Anmeldung unterschrieben haben, sowie unter Rückgriff auf die im materiellen Recht getroffenen Regelungen, etwa § 36 Abs. 1 AktG, neben diesen auch die weiteren natürlichen Personen als Beteiligte gem. § 7 Abs. 1 angesehen werden, die aufgrund materieller Vorschriften im Einzelfall verpflichtet sind, bei der Anmeldung mitzuwirken.[2]

33   Sollte eine AG oder eine GmbH eine größere Zahl von Vorständen oder Geschäftsführern haben, als im Einzelfall für die gesetzliche Vertretung erforderlich sind, sind bei Anmeldungen, die keine qualifizierte Vertretung voraussetzen, nur die **Vorstände bzw. Geschäftsführer als Beteiligte** iSv. § 7 Abs. 1 anzusehen, die die konkrete Anmeldung unterzeichnet haben. Da in erster Linie die Gesellschaft Beteiligte ist, braucht der Kreis weiterer Beteiligter iSv. § 7 Abs. 1 auch nicht über den vorstehend beschriebenen hinaus erweitert zu werden.

34   Für **sonstige juristische Personen**, etwa juristische Personen iSv. § 33 HGB oder Genossenschaften, gelten die vorstehenden Hinweise entsprechend.

2. Hinzuzuziehende (Muss-)Beteiligte, Abs. 2 Nr. 1

35   Gem. § 7 Abs. 2 Nr. 1 sind vom Registergericht diejenigen als **Beteiligte** hinzuzuziehen, deren Recht durch das Verfahren unmittelbar betroffen wird.

36   Die **Auslegung** dieser Bestimmung im Registerverfahren wird in der Praxis eine große Bedeutung haben, aber auch erhebliche Schwierigkeiten aufwerfen.[3] Das Registerverfahren ist, ausgehend von der Funktion der öffentlichen Register des § 374 Nr. 1 bis 4, ein weitgehend formalisiertes Antragsverfahren: Bei den eingetragenen bzw. einzutragenden Rechtsträgern sollen bestimmte Rechtsverhältnisse kurzfristig zutreffend verlautbart werden, sei es aufgrund freiwilliger Anmeldung des insoweit zur Anmeldung Berechtigten bzw. Verpflichteten, sei es aufgrund Einschreitens des Registergerichts gem. § 388. Dagegen dient das Registerverfahren nicht einer Klärung streitiger Rechtsverhältnisse, wie etwa § 381 zeigt. Es handelt sich vielmehr um ein Rechtsvorsorgeverfahren der freiwilligen Gerichtsbarkeit.

---
1 BGH v. 16.3.1992 – II ZB 17/91, MDR 1992, 654.
2 So auch Krafka/Willer/Kühn, Rz. 108; vgl. auch *Krafka*, FGPrax 2007, 51 (52).
3 *Holzer*, ZNotP 2009, 122 (130 f.); *Krafka*, FGPrax 2007, 51 (52).

Da mithin das Registerverfahren selbst nicht der Entscheidung streitiger Rechtsverhältnisse dienen kann, muss entsprechend auch der **Begriff des Beteiligten** in Registersachen gem. § 7 Abs. 2 Nr. 1 einschränkend so ausgelegt werden, dass sich insbesondere nicht Dritte, die sich bestimmter Rechte berühmen, unter Berufung darauf, dass ihre Rechte durch das Anmeldungsverfahren unmittelbar betroffen würden, versuchen können, dieses zur Auseinandersetzung bzw. Entscheidung über streitige Fragen seinem Zweck zu entfremden, wenn nicht sogar zu missbrauchen. Unter Berücksichtigung der weit gehenden Rechte, die nach dem Allgemeinen Teil des FamFG Beteiligten zustehen (vgl. insoweit auch vorstehend Prütting, § 7 Rz. 2 f.), kann ein weit verstandener Beteiligtenbegriff nicht nur im Einzelfall eine erhebliche Beeinträchtigung der Zwecke des Registerverfahrens zur Folge haben, zB, wenn ein durch Gesellschafterbeschluss abberufener Geschäftsführer einer GmbH versuchen kann, im Verfahren über das Anmelden seines Ausscheidens die strittige Frage einzubringen, ob die Abberufung unter Berücksichtigung der bestehenden zivilrechtlichen Vereinbarungen berechtigt war bzw. ob und ggf. welche Abfindungsansprüche ihm zustehen. Derartige Folgen würden im deutlichen Widerspruch zur Absicht des Gesetzgebers stehen, beim Registerrecht keine wesentlichen Änderungen vorzunehmen.

Ein **unmittelbares Betroffensein** eines Dritten durch ein Registerverfahren iSv. § 7 Abs. 2 Nr. 1 kann deshalb insbesondere nicht angenommen werden, wenn nach der Wertung des Gesetzes die Auseinandersetzung über streitige Rechtsverhältnisse mit diesem Dritten anderweitig auszutragen ist. Macht zB ein Dritter bei Anmeldung einer Firmenänderung geltend, die neu gewählte Firma würde seine persönlichen Firmenrechte verletzen, läge kein Fall des § 392 vor, sondern der Dritte hat seine Ansprüche außerhalb des Registerverfahrens geltend zu machen, vgl. § 392 Rz. 4. Das Registergericht hat lediglich von Amts wegen zu prüfen, ob eine Aussetzung des Verfahrens nach §§ 21, 381 in Frage kommt.

Aktionäre einer AG sind ebenfalls regelmäßig nicht als Beteiligte gem. § 7 Abs. 2 Nr. 1 anzusehen, weil diese ihre Rechte regelmäßig über die aktienrechtlichen Anfechtungsmöglichkeiten, etwa die Anfechtungsklage gem. § 246 AktG gegen Hauptversammlungsbeschlüsse, geltend machen können. Man stelle sich nur die verheerende Wirkung vor, wenn die aus vielen Hauptversammlungen großer und auch kleinerer Aktiengesellschaften bekannten „berufsmäßigen" Anfechtungskläger nunmehr auch die Möglichkeit erhalten sollten, sich im Registerverfahren unter Berufung auf § 7 Abs. 2 Nr. 1 als Beteiligte einzuschalten, um dort zusätzlich Druck zur Durchsetzung ihrer eigenen, sachfremden Interessen auszuüben. Das Registergericht könnte solche Verfahren in dem auf Amtsermittlung zugeschnittenen Registerverfahren nicht bewältigen. Soweit Beschlüsse einer AG oder GmbH gegen zwingendes Recht verstoßen, kommt ihre Löschung von Amts wegen gem. § 398 in Betracht. Da auch insoweit das Gesetz ein Antragsrecht für Dritte, etwa für die Aktionäre einer AG, nicht vorsieht, können diese nicht über § 7 Abs. 2 Nr. 1 auf das Registerverfahren Einfluss nehmen.

Dagegen liegt die Voraussetzung des § 7 Abs. 2 Nr. 1 vor, wenn zB im Zusammenhang mit einer Anmeldung **Dritte Erklärungen oder Versicherungen** abzugeben haben, für die sie die zivil- bzw. strafrechtliche Verantwortung tragen, ohne zugleich mit als Anmeldende zur Kategorie des § 7 Abs. 2 Nr. 1 zu gehören. Denkbar ist zB deshalb, dass bei einer GmbH zwei eingetragene Geschäftsführer einen neuen dritten Geschäftsführer anmelden, der wegen eines Auslandsaufenthalts die Anmeldung nicht selbst mit unterschreibt, sondern nur seine Versicherung gem. §§ 6 Abs. 2 Satz 3 und 4, 39 Abs. 3 GmbHG gesondert zur Weiterleitung an das Registergericht übermittelt. Auch dieser ist im Registerverfahren Beteiligter gem. § 7 Abs. 2 Nr. 1.

3. Auf Antrag hinzuzuziehende (Muss-)Beteiligte, Abs. 2 Nr. 2

Gem. § 7 Abs. 2 Nr. 2 sind weiter diejenigen **als Beteiligte hinzuziehen**, die aufgrund eines Gesetzes von Amts wegen oder auf Antrag zu beteiligen sind.

Im Bereich der Registersachen sind die in § 380 Abs. 1 Nr. 1 bis 4 bezeichneten **berufsständigen Organe auf Antrag** als Beteiligte hinzuziehen, § 380 Abs. 2 Satz 2. Im

Übrigen bestehen keine weiteren Vorschriften, aufgrund derer Dritte von Amts wegen oder auf deren Antrag im Registerverfahren zu beteiligen sind.

4. Hinzuziehung weiterer (Kann-)Beteiligter, Absatz 3

43 Abs. 3 bezieht sich auf sog. „**Kann-Beteiligte**", die auf Antrag oder von Amts wegen zu dem Verfahren hinzugezogen werden können. Diese werden nicht durch eine Generalklausel, sondern ausschließlich durch abschließende Aufzählung in den Büchern 2 bis 8 FamFG sowie in anderen Gesetzen mit Bezug zu dem Verfahren der freiwilligen Gerichtsbarkeit definiert.[1] Buch 5 enthält insoweit keine Bestimmung.

IX. Beschwerdeberechtigte in Registersachen

44 Zur Frage, wer **Beschwerdeberechtigter** in Registersachen ist, enthält Buch 5 ebenfalls keine verfahrensspezifische Definition. Deshalb ist auch insoweit auf die allgemeinen Bestimmungen, nämlich § 59, zurückzugreifen. § 59 Abs. 1 entspricht inhaltlich dem bisherigen § 20 Abs. 1 FGG. Danach kommt es für die Beschwerdeberechtigung entscheidend auf die Beeinträchtigung eigener Rechte an. Demgegenüber soll nach der Gesetzesbegründung die Beteiligtenstellung in erster Instanz unerheblich sein.[2]

45 Für das Registerverfahren als **Antragsverfahren** ist daneben insbesondere § 59 Abs. 2 von Bedeutung. Dieser Absatz entspricht dem bisherigen § 20 Abs. 2 FGG und beschränkt in Verfahren, die nur auf Antrag eingeleitet werden können, die Beschwerdeberechtigung gegen einen zurückgewiesenen Antrag auf den Antragsteller.[3]

46 Da es für das Registerverfahren gleichfalls an einer gesetzlichen **Definition des Antragstellers als Beteiligter** gem. § 7 Abs. 1 fehlt (vgl. Rz. 26 ff.), setzen sich die dadurch bedingten Auslegungsprobleme bei der **Definition des Beschwerdeberechtigten** fort. Es erscheint aber auch hier nicht sinnvoll, entsprechend einer früher vertretenen Differenzierung zu fragen, ob die Anmeldung eine natürliche oder eine juristische Person betrifft und ob sie im letzteren Fall dann wieder nur deklaratorische oder konstitutive Wirkung hat, um nur im letzteren Fall die juristische Person als rechtsmittelberechtigt anzusehen, sonst aber die für die juristische Person handelnden vertretungsberechtigten natürlichen Personen.[4] Soweit Kapitalgesellschaften betroffen sind, wird man die Frage einer Beschwerdeberechtigung in gleicher Weise zu entscheiden haben wie die der Beteiligtenstellung. Ist die Gesellschaft Beteiligte, ist für ihre Vertretung im Beschwerdeverfahren nicht zu verlangen, dass für sie dieselben Personen handeln, die die (zurückgewiesene) Anmeldung unterschrieben hatten. Diese können regelmäßig auch nicht als weitere Beschwerdeberechtigte angesehen werden, es sei denn, sie sind selbst hinsichtlich von ihnen persönlich abzugebender Erklärungen betroffen. Einer Beschwerdeberechtigung weiterer Vertreter des Rechtsträgers steht ebenfalls der Gedanke des § 59 Abs. 2 entgegen.[5]

47 Aus der bei Antragsverfahren vom Gesetzgeber in § 59 Abs. 2 bewusst angeordneten **Beschränkung des Kreises der Beschwerdeberechtigten** ist ebenfalls ein Argument dafür herzuleiten, dass in diesen Verfahren auch der **Beteiligtenbegriff eng auszulegen** ist, um eine Überfrachtung des erstinstanzlichen Verfahrens mit Beteiligten, die nicht im Zentrum des hier relevanten Registerverfahrens stehen, zu vermeiden. Das entspricht auch dem Zweck dieses Verfahrens, bestimmte, im Wirtschaftsleben bedeutsame Rechtsverhältnisse bestimmter Rechtsträger kurzfristig öffentlich zu verlautbaren. Insoweit unterscheidet sich das Registerverfahren auch wesentlich von

---

1 Begründung zu § 7 RegE, in: BT-Drucks. 16/6308, S. 179.
2 Begründung zu § 59 RegE, in: BT-Drucks. 16/6308, S. 204.
3 Holzer/*Netzer*, § 59 FamFG Rz. 1.
4 Vgl. zB Keidel/Kuntze/*Winkler*, 15. Aufl., § 20 FGG Rz. 87.
5 Keidel/*Heinemann*, § 382 FamFG Rz. 19; aA Schulte-Bunert/Weinreich/*Nedden-Boeger*, § 382 FamFG Rz. 35. Man wird es aber auch praktisch kaum als sinnvoll ansehen können, wenn man etwa bei einem neunköpfigen Vorstand einer großen AG jedes einzelne Vorstandsmitglied als beschwerdeberechtigt ansehen wollte.

anderen, gleichfalls im FamFG geregelten Verfahren, bei denen es in erster Linie und mit ganz anderer Intensität um eigene Rechte und deren Durchsetzung bzw. Beeinträchtigung geht.

§ 59 Abs. 3 regelt die **Beschwerdeberechtigung von Behörden und Verbänden**. Für das Registerverfahren enthält insoweit § 380 Abs. 5 den Grundsatz der Beschwerdeberechtigung der berufsständischen Organe. Daneben nennt das 5. Buch des FamFG insbesondere Antragsrechte der Finanzbehörden, mit denen entsprechende Beschwerderechte korrespondieren. | 48

Da es sich bei den von § 382 erfassten Angelegenheiten nicht um vermögensrechtliche Verfahren handelt, finden insoweit die Vorschriften des § 61 über den **Mindestbeschwerdewert** und zur **Zulassungsbeschwerde** bei geringen Beschwerdewerten **keine Anwendung**.[1] | 49

383 *Mitteilung; Anfechtbarkeit*
(1) **Die Eintragung ist den Beteiligten formlos mitzuteilen; auf die Mitteilung kann verzichtet werden.**
(2) **Die Vorschriften über die Veröffentlichung von Eintragungen in das Register bleiben unberührt.**
(3) **Die Eintragung ist nicht anfechtbar.**

I. Allgemeines

Die Vorschrift übernimmt in Abs. 1 im Wesentlichen den Regelungsinhalt von § 130 Abs. 2 FGG aF. Abs. 3 schließt die **Anfechtbarkeit der Eintragung aus**, was ausweislich der Gesetzesbegründung aber **nicht zutrifft** (dazu unten Rz. 11 ff.). Abs. 1 wurde durch Art. 6 Nr. 27 des Gesetzes zur Einführung einer Rechtsbehelfsbelehrung im Zivilprozess und zur Änderung anderer Vorschriften vom 5.12.2012[2] dahingehend geändert, dass nun richtigerweise nicht mehr von „Bekanntgabe", sondern von „**Mitteilung**" gesprochen wird. | 1

II. Mitteilung an Beteiligte

Nach Abs. 1 ist die Eintragung grundsätzlich **den Beteiligten mitzuteilen**, ohne dass dem Registergericht wie nach früherem Recht ein Ermessen zusteht.[3] Dabei ist die Mitteilung an die Beteiligten gem. Abs. 1 von der öffentlichen Bekanntmachung, **der Veröffentlichung**, zu unterscheiden, die in Abs. 2 in das Gesetz aufgenommen wurde. Die öffentliche Bekanntmachung richtet sich nach § 10 HGB (vgl. nachstehend Rz. 7 ff.). Die Unterschiede zwischen „Bekanntgabe" und „Mitteilung" wurden durch die Änderung des Abs. 1 (dazu oben Rz. 1) klargestellt. | 2

Im Registerverfahren bedeutet **Mitteilung** iSv. Abs. 1 nicht die förmliche Mitteilung im Sinne einer Bekanntgabe, die in § 15 Abs. 1 und 2 geregelt ist. Vielmehr hat in Registersachen die Mitteilung an die Beteiligten die Bedeutung einer **Vollzugsmitteilung**. Durch sie erhalten die Beteiligten Kenntnis davon, dass ihr Eintragungsantrag vom Registergericht erledigt worden ist. Im Registerverfahren ist die formlose Mitteilung iSv. § 15 Abs. 3 die Regel. | 3

Der Begriff der **Beteiligten** in Abs. 1 knüpft an die **Definition des § 7** im Allgemeinen Teil an. Nach früherem Recht sollte gem. § 130 Abs. 2 FGG grundsätzlich die Bekanntmachung gegenüber dem Antragsteller erfolgen. Auch nach neuem Recht sind gem. § 7 Abs. 1 in Eintragungsverfahren regelmäßig der bzw. die Antragsteller Beteiligte (vgl. § 382 Rz. 27 ff.). Eine Mitteilung kommt grundsätzlich auch an die Beteilig- | 4

---

[1] AA. Schulte-Bunert/Weinreich/*Nedden-Boeger*, § 382 FamFG Rz. 35a.
[2] BGBl. I, S. 2418.
[3] Holzer/*Holzer*, § 383 FamFG Rz. 2.

ten iSd. § 7 Abs. 2, 3 in Betracht, was aber im Registerverfahren die Ausnahme bleiben dürfte.[1]

5 Aufgrund der Sondervorschrift des § 380 Abs. 4 ist den **berufsständischen Organen** die Entscheidung unabhängig davon, ob sie einen Antrag auf Beteiligung nach § 380 Abs. 2 Satz 2 gestellt haben, immer **dann mitzuteilen**, wenn sie **angehört** wurden (vgl. § 380 Rz. 16).

6 Nach Abs. 1, 2. Halbs. kann auf die **Mitteilung der Eintragung verzichtet** werden. Insoweit ist die Rechtslage unverändert gegenüber dem bisherigen Rechtszustand. In diesem Fall kann eine formlose Mitteilung gem. § 15 Abs. 3 vorgenommen werden. Dies gilt nicht für die Veröffentlichung gem. Abs. 2.

III. Öffentliche Bekanntmachung

7 Abs. 2 dient der Klarstellung, dass die spezialgesetzlichen Regelungen über die Veröffentlichung von Eintragungen unberührt bleiben.[2] Wesentliche Vorschrift ist insoweit § 10 HGB. Danach macht das **Registergericht** die **Eintragungen** in das Handelsregister in der zeitlichen Folge nach Tagen geordnet in den von der jeweiligen Landesjustizverwaltung bestimmten **elektronischen Informations- und Kommunikationssystemen bekannt**. Über dieses steht dem Einsicht Nehmenden sowohl der Zugriff auf die Bekanntmachungen des Handelsregisters als auch auf die aus dem Unternehmensregister ersichtlichen Daten offen.

8 Gem. § 10 Satz 2 HGB sind die Eintragungen grundsätzlich ihrem **ganzen Inhalt nach** zu veröffentlichen.[3] Auf die Veröffentlichung kann anders als auf die Mitteilung **nicht** verzichtet werden.[4]

9 Für das **Genossenschaftsregister** verweist § 156 Abs. 1 Satz 3 GenG auf § 10 HGB, für das Partnerschaftsregister enthält § 5 Abs. 2 PartGG eine entsprechende Verweisung.

10 Bei **Vereinen** wird – mit Ausnahme von Umwandlungsvorgängen – gem. § 66 Abs. 1 BGB nur deren Ersteintragung in das Vereinsregister öffentlich bekannt gemacht.

IV. Keine Anfechtung

1. Grundsatz

11 Abs. 3 **schließt** in Übereinstimmung mit der herrschenden Ansicht zum früheren Recht die **Anfechtbarkeit der Eintragung aus**. Unanfechtbar waren auch Entscheidungen des Registergerichts, mit denen Anträge auf Änderung oder Ergänzung von Eintragungen abgelehnt wurden.[5] Eine **Löschung unzulässiger Eintragungen** kann nur unter besonderen Voraussetzungen im Verfahren nach § 395, und zwar durch das Registergericht, herbeigeführt werden (vgl. § 395 Rz. 4, 11 ff.). Eine gegen die Eintragung erhobene Beschwerde kann in einen Antrag auf Amtslöschung umgedeutet werden.[6]

11a Durch den **Ausschluss der Anfechtbarkeit** in Abs. 3 soll **verhindert** werden, dass der einmal angemeldete und **eingetragene Inhalt** eines eintragungsfähigen **Rechtsverhältnisses** außer in den vorstehend dargestellten Berichtigungsfällen nur unter

---

1 Holzer/*Holzer*, § 383 FamFG Rz. 3.
2 Nach der Begründung zu § 387 RegE, in: BT-Drucks. 16/6308, S. 286 wurde von einer Zusammenfassung dieser Vorschriften und Übernahme in das FamFG angesichts des Umfangs und der Vielgestaltigkeit der Vorschriften abgesehen.
3 Zum Inhalt der Bekanntmachung enthalten die §§ 34, 35 HRV besondere Vorschriften.
4 *Krafka/Willer/Kühn*, Rz. 198.
5 KG v. 23.8.1934 – 16 X 322/34, JFG 11, 143 (144); OLG Köln v. 4.2.2004 – 2 Wx 36/03, ZIP 2004, 505 (506).
6 BayObLG v. 4.12.1984 – BReg. 3 Z 215/84, DNotZ 1986, 48 (49); BayObLG v. 17.11.1997 – 3 Z BR 442/97, NJW-RR 1998, 829; BayObLG v. 19.1.1991 – 3 Z 97/91, b. *Plötz*, Rpfleger 1992, 12 (LS); KG v. 23.8.1934 – 1b X 322/34, JFG 11, 143 (144); OLG Köln v. 4.2.2004 – 2 Wx 36/03, ZIP 2004, 505 (506); OLG Düsseldorf 2.7.1997 – 3 Wx 94/97, DB 1997, 1710; OLG Düsseldorf v. 5.8.1998 – 2 Wx 36/03, NJW-RR 1999, 1053.

Einhaltung eines besonderen Verfahrens geändert werden kann, nämlich entweder durch eine erneute, abändernde Anmeldung oder durch das in § 395 geregelte besondere Verfahren zur Löschung unzulässiger Eintragungen. Grund für die Unanfechtbarkeit von Eintragungen sind die **Publizitätswirkungen der Register:**[1] Abgesehen von dem seltenen Fall, dass den Beteiligten die Eintragungsverfügung des Registergerichts bereits vor der Veröffentlichung bekannt gegeben wurde,[2] tritt die Publizitätswirkung des § 15 Abs. 1 HGB erst mit der öffentlichen Bekanntmachung der Eintragung (§ 10 HGB) ein. Sie besteht jedoch nur **in negativer Hinsicht**, weil sich der Rechtsverkehr nur auf das Schweigen des Handelsregisters, nicht aber auf seine Richtigkeit verlassen kann.[3] Die Publizität des Registers hat zur Folge, dass die **Eintragung** endgültig ist und wegen des auf die Eintragung gegründeten Vertrauens des Rechtsverkehrs **inhaltlich nicht mehr abgeändert werden** kann.[4] Das ist selbst dann der Fall, wenn die Eintragung verfahrensfehlerhaft zustande kam[5] (zB, weil sie ohne die erforderliche Anmeldung vorgenommen wurde).

V. „Fassungsbeschwerde"[6]

Nach der Gesetzesbegründung zu Abs. 3 wird durch diese Bestimmung **nicht die Zulässigkeit** der sog. **Fassungsbeschwerde**,[7] die die Korrektur von im Handelsregister eingetragenen Tatsachen (zB Korrektur der Namensangabe einer eingetragenen Person) sowie die Klarstellung einer Eintragung (zB die korrekte Verlautbarung bereits eingetragener rechtlicher Verhältnisse) betrifft, **berührt**.[8] Der **Wortlaut des Gesetzes** ist indes **korrekturbedürftig**, weil sich diese Möglichkeit aus ihm nicht ergibt. Die Korrektur der äußeren Fassung der Eintragungen hat auf den Inhalt der durch sie publizierten Rechtsverhältnisse keinen Einfluss, sondern verbessert deren Verständlichkeit im Interesse des Rechtsverkehrs.[9]

12

Wie ausgeführt (vgl. § 382 Rz. 13), bleibt es grundsätzlich dem **Registergericht vorbehalten**, die **äußere Form der Eintragung** einschließlich der **Schreibweise** nach pflichtgemäßem Ermessen **zu bestimmen**.[10] Es ist dabei es an eine bestimmte Fassung in den Anträgen der Beteiligten jedoch insbesondere dann gebunden, wenn die unmittelbar verfahrensgestaltende Wirkung der Grundrechte dies erfordert (dazu § 382 Rz. 14 ff.). Die **Zulässigkeit eines Rechtsmittels** zur Durchsetzung der **Änderung des Registerinhalts** ist in den folgenden zwei Fallgruppen **geboten:**

13

– Die **zutreffende Fassung** der Eintragung einer unzutreffend eingetragenen **Tatsachenangabe** ist aus Publizitätsgründen geboten.[11] Dies gilt etwa für die Schreibweise des Namens, der Firma oder der Angabe eines Geburtsdatums.

14

– Darüber hinaus kann auch eine **andere Fassung der Eintragung** von **rechtlichen Verhältnissen geboten** sein, wenn die zunächst erfolgte Eintragung unklar ist, weil eine Korrektur einer solchen unklaren Eintragung dem **Gebot** einer **ordnungsgemäßen Registerführung** mit zutreffender, klarer und eindeutiger Fassung der einzutragenden Rechtsverhältnisse **entsprechen würde**.[12] Die Fassungsbeschwerde findet ihre **Grenze** daran, dass **eintragungsfähige** und **zutreffend ver-**

15

---

1 BGH v. 5.10.2006 – III ZR 283/05, ZIP 2006, 2312 (1215).
2 *Holzer*, ZNotP 2008, 266 (270).
3 *Hager*, Jura 1992, 57 (59).
4 BGH v. 21.3.1988 – II ZB 69/87, Rpfleger 1988, 315; BayObLG v. 11.6.1986 – 3 Z 77/86, Rpfleger 1986, 390; BayObLG v. 4.12.1984 – BReg. 3 Z 215/84, DNotZ 1986, 48; OLG Hamm v. 12.11.1992 – 15 W 266/92, Rpfleger 1993, 286; OLG Jena v. 12.5.1994 – 6 W 31/94.
5 OLG Hamm v. 22.5.1979 – 15 W 314/78, Rpfleger 1979, 308 (309).
6 Zur Fassungsbeschwerde vgl. ausführlich *Holzer*, ZNotP 2008, 138 mwN.
7 Zur Begrifflichkeit OLG München v. 13.4.2011 – 31 Wx 79/11, FGPrax 2011, 193 (194) mwN.
8 Dazu *Holzer*, ZNotP 2008, 138 (139 ff.) mwN.
9 Holzer/*Holzer*, § 383 FamFG Rz. 8 mwN.
10 KG v. 23.5.2000 – 1 W 247/99, MittRhNotK 2000, 396 (397); OLG Karlsruhe v. 12.3.1970 – 3 W 101/69, NJW 1970, 1379 (380); OLG Düsseldorf v. 2.7.1997 – 3 Wx 94/97, DB 1997, 1710.
11 BGH v. 21.3.1988 – II ZB 69/87, BGHZ 104, 61 (63); BayObLG v. 12.3.1984 – BReg. 3 Z 27/84, Rpfleger 1984, 274 (275).
12 Holzer/*Holzer*, § 383 FamFG Rz. 8 ff. mwN.

lautbare **Rechtsverhältnisse weder rückgängig** gemacht noch **verändert** werden können; sie kann auch nicht ein an sich unzulässiges Rechtsmittel ersetzen.[1]

16 Die Änderung der Fassung von Registereintragungen erfolgt durch entsprechende **(klarstellende) Korrekturen**; auch **Ergänzungen** sind zulässig.[2]

17 Bei den vorgenannten Fällen handelt es nur dann um eine Fassungsbeschwerde, wenn die äußere Form einer Eintragung angefochten wird.[3] Im Kern geht es um eine Korrektur des Wortlauts der Eintragung zur Erreichung korrekter und klar verständlicher Registeraussagen. Ihre Bezeichnung als **Berichtigungsantrag**[4] erscheint nicht zielführend, weil eine Verwechslung mit der Grundbuchberichtigung des § 22 GBO möglich ist; wie im Grundbuchrecht sollte von „**Richtigstellung**" bzw. „**Klarstellung**" gesprochen werden. Um den Unterfall der „Klarstellung" handelt es sich aber nur dann, wenn die Registereintragung durch einen klarstellenden Zusatz ergänzt bzw. verständlicher dargestellt wird.[5]

384 Von Amts wegen vorzunehmende Eintragungen

(1) Auf Eintragungen von Amts wegen sind § 382 Abs. 1 Satz 2 und Abs. 2 sowie § 383 entsprechend anwendbar.
(2) Führt eine von Amts wegen einzutragende Tatsache zur Unrichtigkeit anderer in diesem Registerblatt eingetragener Tatsachen, ist dies von Amts wegen in geeigneter Weise kenntlich zu machen.

I. Allgemeines

1 § 384 Abs. 1 ordnet die **Geltung zentraler Bestimmungen des Anmeldeverfahrens** über die Wirksamkeit von Eintragungen (§ 382 Abs. 1 Satz 2, Abs. 2) sowie über deren Unanfechtbarkeit (§ 383 Abs. 3) auf von Amts wegen vorzunehmende Eintragungen an und soll damit der Rechtssicherheit dienen. Die Vorschrift hatte im früheren FGG keine Entsprechung. Abs. 2 betrifft **Unrichtigkeiten des Gegenstands amtswegiger Eintragungen** und entspricht dem früheren § 144c FGG.[6]

II. Anwendung von Vorschriften (Absatz 1)

2 Abs. 1 erklärt für von Amts wegen vorzunehmende Eintragungen die Regelungen zur Entscheidung über Eintragungsanträge in § 382 teilweise für entsprechend anwendbar, nämlich für die Wirksamkeitsbestimmung in § 382 Abs. 1 Satz 2 sowie für die Formalitäten in § 382 Abs. 2. Da nach allgemeinen Verfahrensgrundsätzen Eintragungen von Amts wegen in gleicher Weise vollzogen und bekannt gemacht werden wie solche auf Antrag, sofern für erstere nichts anderes bestimmt ist, ist eine **Notwendigkeit für diese Bestimmung nicht recht zu erkennen**.[7] Dies gilt noch mehr für die Bezugnahme auf § 383, da darin nur ganz allgemein von Eintragungen gesprochen wird. Die **Unzulänglichkeiten des § 383 Abs. 3** (§ 383 Rz. 12) werden dadurch auf das Amtsverfahren übertragen, so dass § 384 insoweit sogar **kontraproduktiv** erscheint.

3 Eintragungen von Amts wegen, auf die § 384 Abs. 1 anwendbar ist, erfolgen etwa bei **Löschung einer Firma** (§ 393 Abs. 1 Satz 1), **Löschung wegen Vermögenslosigkeit** (§ 394 Abs. 1 Satz 1, 1. Alt.) oder der **Korrektur von Schreibversehen** und „offenbaren Unrichtigkeiten" (§ 17 Abs. 2 Satz 1 HRV) sowie bei dem **Vollzug hoheitlicher Entscheidungen** über die Eröffnung bzw. Abweisung des Insolvenzverfahrens mangels

---

1 BayObLG v. 14.2.1986 – BReg. 3 Z 84/86, BayObLGZ 1986, 48.
2 BGH v. 21.3.1988 – II ZB 69/87, Rpfleger 1988, 315; OLG Düsseldorf v. 25.2.1998 – 3 Wx 27/98, NJW-RR 1999, 107.
3 *Holzer*, ZNotP 2008, 138 (139).
4 Vorgeschlagen von Keidel/*Heinemann*, § 383 FamFG Rz. 24.
5 Ebenso zum Grundbuchrecht Hügel/*Holzer*, GBO, 2. Aufl., § 22 Rz. 96 mwN.
6 Begründung zu § 384 RegE, in: BT-Drucks. 16/6308, S. 286.
7 Holzer/*Holzer*, § 384 FamFG Rz. 1.

Masse (§ 31 InsO)[1] oder der Eintragung der Enteignung einer systemrelevanten Bank nach § 2 Abs. 2 Satz 3 RettungsG.[2]

III. Unrichtigkeiten als Folge von Eintragungen im Amtsverfahren (Absatz 2)

1. Unrichtigkeit bei amtswegigen Eintragungen

Abs. 2 entspricht dem durch das Gesetz über das elektronische Handelsregister und Genossenschaftsregister sowie Unternehmensregister[3] eingefügten § 144c FGG aF. Eine in solchen Fällen in der Praxis der Registergerichte zu beobachtende Amtslöschung oder auch eine **Berichtigung von Amts wegen** ist durch den Gesetzeswortlaut zwar nicht gedeckt, wird aber in der Literatur für zulässig gehalten.[4]

Voraussetzung der Anwendbarkeit des § 384 Abs. 2 ist eine von Amts wegen vorgenommene Eintragung, als deren kausale Folge das **Register unrichtig geworden** ist. Im Gegensatz zum Sachenrecht (§ 894 BGB) stellt die „Unrichtigkeit" hier keine Divergenz zwischen Eintragung und wahrer Rechtslage dar; vielmehr erfassen die Wirkungen der Registerpublizität nach § 15 Abs. 1 HGB **eingetragene Rechtsverhältnisse** (sog. **Rechtstatsachen**) und solche Tatsachen, die für den Rechtsverkehr von Bedeutung sind, weil aus ihnen der Schluss auf rechtliche Gegebenheiten der eingetragenen Person oder Gesellschaft gezogen werden kann (zB die Änderung des Wohnorts eines eingetragenen Kaufmanns, die auf eine Sitzverlegung hindeutet[5] oder die wegen § 117 Abs. 1 InsO unrichtige Prokura, § 53 HGB).[6] Die „Unrichtigkeit" des Abs. 2 erfasst daher auch **Divergenzen des Registers im Bereich des Tatsächlichen**, soweit dieser den **Publizitätswirkungen** des Registers unterliegt.

Kosten/Gebühren: Gericht: Keine Gebühren werden nach Vorbem. 1.3 Abs. 2 Nr. 1, 2 KV GNotKG und nach § 58 Abs. 1 Satz 2 GNotKG erhoben für die aus Anlass eines Insolvenzverfahrens von Amts wegen vorzunehmenden Eintragungen sowie für die Löschung von Eintragungen nach § 395 FamFG.

§ 385 Einsicht in die Register

Die Einsicht in die in § 374 genannten Register sowie die zum jeweiligen Register eingereichten Dokumente bestimmt sich nach den besonderen registerrechtlichen Vorschriften sowie den aufgrund von § 387 erlassenen Rechtsverordnungen.

I. Allgemeines

Im FGG war eine die **Einsichtnahme in die Register** regelnde Vorschrift nicht enthalten. § 385 stellt klar, dass für die Einsicht in die nach § 374 geführten Register sowie für die zu diesen Registern eingereichten Schriftstücke die Regelungen des Buches 1 (insbesondere § 13) nicht anwendbar sind, sondern nur die besonderen registerrechtlichen Vorschriften in den jeweiligen Sondergesetzen iVm. den gem. § 387 erlassenen Rechtsverordnungen. Entsprechende Regelungen finden sich insbesondere in § 9 Abs. 1 HGB für das Handelsregister, in § 156 Abs. 1 für GenG für das Genossenschaftsregister, in § 5 Abs. 2 PartGG für das Partnerschaftsregister, in § 79 Abs. 1 BGB für das Vereinsregister und in § 1563 BGB für das Güterrechtsregister.

Da die **elektronische Führung der** vorgenannten **Register** in höchst unterschiedlicher Weise fortgeschritten ist, mussten die genannten Regelungen für die jeweiligen Register aufrechterhalten werden.[7] Es ist zu erwarten, dass diese aufgehoben und in

---

1 Dazu Kübler/Prütting/Bork/*Holzer*, InsO, Stand: 5/2013, § 31 Rz. 3 ff., 7 ff.
2 § 2 Abs. 2 Satz 4 Gesetz zur Rettung von Unternehmen zur Stabilisierung des Finanzmarktes (Rettungsübernahmegesetz), BGBl. 2009 I, 725 (729).
3 Gesetz v. 10.11.2006, BGBl. I, S. 2553.
4 Krafka/Willer/Kühn, Rz. 450e, 450f.
5 *Holzer*, ZNotP 2008, 138 (139).
6 Bassenge/*Roth*, FGG, 11. Aufl., § 144c Rz. 1.
7 Begründung zu § 385 RegE, in: BT-Drucks. 16/6308, S. 287.

§ 385 zusammengeführt werden, sobald der Grad der Automatisierung der übrigen Register dem durch das EHUG[1] eingeführten Standard für das Handelsregister entspricht.

II. Registereinsicht

3   Bei allen Registern ist hinsichtlich der Einsicht zwischen dem eigentlichen, früher nur in Papierform und heute meist elektronisch geführten **Register**, den zum jeweiligen Register **eingereichten Unterlagen** (zB Anmeldungen) und dem **übrigen Akteninhalt** (zB Eintragungsverfügungen des Registergerichts und allgemeiner Schriftverkehr) zu unterscheiden.

4   Das **Handelsregister** ist gem. § 9 Abs. 1 HGB **öffentlich**. Jedermann kann das Register einsehen und sich Kopien bzw. Ausdrucke aus der EDV anfertigen lassen. § 9a Abs. 1 HGB gibt den Beteiligten neben der (elektronischen) Einsichtnahme auf der Geschäftsstelle des Registergerichts auch die Möglichkeit des externen Abrufs von Registerdaten im Online-Verfahren.[2] Der **Grundsatz der Öffentlichkeit** gilt auch für die **anderen** von § 374 erfassten **Register** (§§ 156 Abs. 1 Satz 1 GenG, 5 Abs. 2 PartGG, 79 Abs. 1 Satz 1, 1563 Satz 1 BGB). Werden sie noch in Papierform geführt, ist nur das Registerblatt, nicht aber das in den Akten befindliche Handblatt, einsehbar.

5   Nach §§ 9 Abs. 1 HGB, 156 Abs. 1 Satz 1 GenG, 5 Abs. 2 PartGG, 79 Abs. 1 Satz 1, 1563 Satz 1 BGB ist auch die öffentliche Einsicht in die zum Handelsregister eingereichten Schriftstücke möglich. § 385 erfasst trotz seines **zu engen Wortlauts** wegen der durch das EHUG zwingend eingeführten elektronischen Anmeldung (§ 12 Abs. 2 Satz 1 HGB)[3] nicht nur die in Papierform geführten Akten, sondern auch **elektronisch eingereichte und aufbewahrte Urkunden**.[4]

6   **Sonstige Unterlagen**, die früher in Papierform im sog. Hauptband der Registerakte abgeheftet waren und heute elektronisch geführt werden, unterliegen den allgemeinen Vorschriften über die Akteneinsicht (§ 13).[5]

7   **Kosten/Gebühren: Gericht:** Für die Registereinsicht sieht das GNotKG keine Gebühren vor. Für den Abruf von Daten in Handels-, Partnerschafts-, Genossenschafts- und Vereinsregisterangelegenheiten werden Gebühren (4,50 Euro je Registerblatt bzw. je Datei) nach den Nrn. 1140 und 1141 KV JVKostG erhoben. Dies gilt nicht für den Abruf in der Geschäftsstelle des Gerichts (Vorbem. 1.1.4 Abs. 1 S. 2 KV JVKostG). Keine Gebühren werden bei Abrufen durch berufsständische Organe erhoben (§ 2 Abs. 4 JVKostG).

386 *Bescheinigungen*

Das Registergericht hat auf Verlangen eine Bescheinigung darüber zu erteilen, dass bezüglich des Gegenstands einer Eintragung weitere Eintragungen in das Register nicht vorhanden sind oder dass eine bestimmte Eintragung in das Register nicht erfolgt ist.

I. Allgemeines

1   § 386 übernimmt den Regelungsinhalt von § 9 Abs. 5 HGB, der durch die Änderungen gem. Art. 69 des FGG-Reformgesetzes nicht gestrichen wurde, so dass hier praktisch nahezu inhaltsgleiche Vorschriften nebeneinander stehen. Nach den Verweisungen in § 156 Abs. 1 GenG und § 5 Abs. 2 PartGG gilt § 9 Abs. 5 HGB auch für das **Genossenschafts- und Partnerschaftsregister**. Für das **Vereins- und Güterrechtsregister** enthielt nach früherem Recht § 162 FGG aF eine gleichlautende Regelung.

---

1 Gesetz über das elektronische Handelsregister und Genossenschaftsregister sowie das Unternehmensregister vom 10.11.2006 (BGBl. I 2006, S. 2553); vgl. dazu *Melchior*, ZNotP 2006, 409 (410 f.); *Mödl/Schmidt*, ZIP 2008, 2332 (2333 ff.).
2 *Holzer*, NJW 1994, 481 (487).
3 Dazu *Müther*, Rpfleger 2008, 233 (234).
4 *Krafka*, MittBayNot 2005, 290 (291); *Sikora/Schwab*, MittBayNot 2007, 1 (2).
5 Bumiller/*Harders*, § 385 FamFG Rz. 3.

§ 386 ermöglicht die Ausstellung von Negativattesten und korrespondiert dadurch mit den Vorschriften über die materielle Publizität der Register (§ 15 HGB). Die praktische Bedeutung der Vorschrift ist gering.[1]

II. Ausstellung des Negativattestes

1. Allgemeines

Nach § 386 sind die Registergerichte verpflichtet, für sämtliche von ihnen geführte Register (vgl. § 374) „auf Verlangen" **Bescheinigungen** darüber zu erteilen, dass bezüglich des Gegenstands einer Eintragung weitere Eintragungen in das Register nicht vorhanden sind oder dass eine bestimmte Eintragung in das Register nicht erfolgt ist („**Negativattest**").

Die Erteilung sog. „**Positivatteste**" ist hingegen **nicht vorgesehen**. Weil die oben genannten Register öffentlich sind und daher von jedermann eingesehen werden dürfen, würde ein Positivattest lediglich den ohnehin im Register verlautbarten Inhalt wiederholen. Die Beteiligten können diesen Inhalt durch **Einsichtnahme in die Register** oder Beantragung von Abschriften aus den Registern zur Kenntnis nehmen (§§ 9 Abs. 4 Satz 1, 2 HGB, 79 Abs. 1 Satz 2, 1563 Satz 2 BGB).[2] Soweit in anderen Gesetzen (zB §§ 69 BGB, 33 GBO, 40 SchRegO) ausnahmsweise Positivatteste zulässig sind, sind diese Vorschriften im Registerverfahren nicht analog anwendbar, weil keine Regelungslücke besteht.[3]

2. Verfahren

Das Verfahren zur **Ausstellung des Negativattestes** nach § 386 wird auf Antrag (§ 23 Abs. 1) eingeleitet. Das Gesetz lehnt sich allerdings mit der unkritischen Übernahme des Begriffs des „Verlangens" an den Wortlaut des früheren § 162 FGG an. Der Gesetzgeber sollte dies korrigieren und wie allgemein im FamFG den Begriff des „Antrags" verwenden.

Wegen der Öffentlichkeit der Register ist im Verfahren nach § 386 **jedermann antragsberechtigt**. Gegenstand des Negativattestes sind die im jeweiligen Register eintragungsfähigen Tatsachen oder Rechtsverhältnisse (zB im Güterrechtsregister die Eintragung der Beschränkung nach § 1357 Abs. 2 Satz 1 BGB).[4]

Kosten/Gebühren: Gericht: Für die Bescheinigung entsteht nach Nr. 17004 KV GNotKG eine Gebühr in Höhe 20 Euro. Die Gebühr schuldet der Antragsteller (§ 22 Abs. 1 KV GNotKG).

387 *Ermächtigungen*

(1) Die Landesregierungen werden ermächtigt, durch Rechtsverordnung zu bestimmen, dass die Daten des bei einem Gericht geführten Handels-, Genossenschafts-, Partnerschafts- oder Vereinsregisters auch bei anderen Amtsgerichten zur Einsicht und zur Erteilung von Ausdrucken zugänglich sind. Die Landesregierungen können diese Ermächtigung durch Rechtsverordnung auf die Landesjustizverwaltungen übertragen. Mehrere Länder können auch vereinbaren, dass die bei den Gerichten eines Landes geführten Registerdaten auch bei den Amtsgerichten des anderen Landes zur Einsicht und zur Erteilung von Ausdrucken zugänglich sind.
(2) Das Bundesministerium der Justiz wird ermächtigt, durch Rechtsverordnung mit Zustimmung des Bundesrates die näheren Bestimmungen über die Einrichtung und Führung des Handels-, Genossenschafts- und Partnerschaftsregisters, die Übermittlung der Daten an das Unternehmensregister und die Aktenführung in Beschwerdeverfahren, die Einsicht in das Register, die Einzelheiten der elektronischen Übermittlung nach § 9 des Handelsgesetzbuchs und das Verfahren bei Anmeldungen,

---

1 Holzer/*Holzer*, § 386 FamFG Rz. 1.
2 Bassenge/*Roth*, 11. Aufl., § 162 FGG Rz. 2.
3 Holzer/*Holzer*, § 386 FamFG Rz. 5.
4 Bassenge/*Roth*, 11. Aufl., § 162 FGG Rz. 1.

Eintragungen und Bekanntmachungen zu treffen. Dabei kann auch vorgeschrieben werden, dass das Geburtsdatum von in das Register einzutragenden Personen zur Eintragung anzumelden sowie die Anschrift der einzutragenden Unternehmen und Zweigniederlassungen bei dem Gericht einzureichen ist; soweit in der Rechtsverordnung solche Angaben vorgeschrieben werden, ist § 14 des Handelsgesetzbuchs entsprechend anzuwenden.

(3) Durch Rechtsverordnung nach Absatz 2 können auch die näheren Bestimmungen über die Mitwirkung der in § 380 bezeichneten Organe im Verfahren vor den Registergerichten getroffen werden. Dabei kann insbesondere auch bestimmt werden, dass diesen Organen laufend oder in regelmäßigen Abständen die zur Erfüllung ihrer gesetzlichen Aufgaben erforderlichen Daten aus dem Handels- oder Partnerschaftsregister und den zu diesen Registern eingereichten Dokumenten mitgeteilt werden. Die mitzuteilenden Daten sind in der Rechtsverordnung festzulegen. Die Empfänger dürfen die übermittelten personenbezogenen Daten nur für den Zweck verwenden, zu dessen Erfüllung sie ihnen übermittelt worden sind.

(4) Des Weiteren können durch Rechtsverordnung nach Absatz 2 nähere Bestimmungen über die Einrichtung und Führung des Vereinsregisters, insbesondere über das Verfahren bei Anmeldungen, Eintragungen und Bekanntmachungen sowie über die Einsicht in das Register, und über die Aktenführung im Beschwerdeverfahren erlassen werden.

(5) Die elektronische Datenverarbeitung zur Führung des Handels-, Genossenschafts-, Partnerschafts- und Vereinsregisters kann im Auftrag des zuständigen Gerichts auf den Anlagen einer anderen staatlichen Stelle oder auf den Anlagen eines Dritten vorgenommen werden, wenn die ordnungsgemäße Erledigung der Registersachen sichergestellt ist.

I. Allgemeines

1   In § 387 werden eine Reihe vormals im FGG bzw. im BGB enthaltener Ermächtigungsvorschriften zusammengefasst, nämlich die in den §§ 125, 147 Abs. 1 Satz 1, 159 Abs. 1 Satz 1 und 160b Abs. 1 Satz 2 FGG aF sowie den §§ 55a Abs. 6 und 7 BGB aF enthaltenen **Ermächtigungen zum Erlass von Rechtsverordnungen** hinsichtlich der Einsichtnahme in die Register sowie hinsichtlich der formellen Regelungen für die Registerführung und der Übermittlung elektronischer Daten. Gegenüber der früheren Rechtslage wurde das FamFG um die Möglichkeit des Datenaustauschs länderübergreifender Einsichtnahmen und Ausdruckerteilungen auch für das Vereinsregister erweitert.

II. Ermächtigung zur Datenübermittlung

2   Abs. 1 fasst die früheren **Ermächtigungen** an die Landesregierungen zur **Datenübermittlung** für das Handels-, Genossenschafts-, Partnerschafts- und Vereinsregister zusammen, die in § 125 Abs. 2 Satz 1 Nr. 2 Satz 2 und Satz 4, § 147 Abs. 1 Satz 1, § 159 Abs. 1 Satz 1 und § 160b Abs. 1 Satz 2 FGG aF sowie in § 55a Abs. 6 Satz 2 aF BGB enthalten waren. Dabei können die Landesregierungen diese **Ermächtigungen** durch **Rechtsverordnung** auf die **Landesjustizverwaltungen** übertragen. Abs. 1 Satz 3 ermächtigt auch zum länderübergreifenden Austausch von Registerdaten. Durch die Ermächtigung des Abs. 1 werden nur die Registereinsicht und die Erteilung von Ausdrucken umfasst, nicht jedoch die Erteilung von Abschriften (§ 9 Abs. 4 Satz 2 HGB) sowie Bescheinigungen (§ 9 Abs. 5 HGB, § 69 BGB, § 26 Abs. 2 GenG, § 386 FamFG). Für Letztere ist nur das jeweilige Registergericht zuständig, vgl. § 386 Rz. 2.

III. Ermächtigung für Vorschriften über Einrichtung und Führung der Register

3   Abs. 2 enthält eine **Zusammenfassung** der vormaligen **Ermächtigungen** zum Erlass von Rechtsverordnungen über die **Errichtung** und **Führung** des Handels-, Genossenschafts- und Partnerschaftsregisters sowie zur **Datenübermittlung** und **Einsichtnahme** in diese Register, wie sie bisher in den §§ 125 Abs. 3 und 160b Abs. 1 Satz 2 FGG und § 161 GenG enthalten waren. Diese Ermächtigung ist – wie die Ermächtigungen der nachfolgenden Abs. 3 und 4 – zugunsten des Bundesministeriums der

Justiz eingeräumt, wobei dieses für den Erlass entsprechender Rechtsverordnungen der Zustimmung des Bundesrats bedarf.

Auf der Grundlage der früheren, durch Abs. 2 fortgeschriebenen Ermächtigungen sind die Handelsregisterverordnung (HRV) vom 12.8.1937 (RMBl. S. 515), die Genossenschaftsregisterverordnung (GenRegV) vom 11.7.1889 (neu gefasst durch Bekanntmachung vom 16.10.2006, BGBl. I S. 2268) und die Partnerschaftsregisterverordnung (PRV) vom 16.6.1995 (BGBl. I S. 808) erlassen worden. Bei diesen Registerverordnungen handelt es sich um **allgemein verbindliche Rechtsverordnungen**,[1] nicht lediglich um Verwaltungsvorschriften, die vorwiegend **formales Ordnungsrecht** enthalten, dessen Nichtbeachtung die Wirksamkeit der Eintragung nicht berührt.[2] Gleichwohl sind die Rechtsverordnungen von Amts wegen (§ 26) im Registerverfahren zu beachten, was auch durch Rechtsmittel erzwungen werden kann.[3] **3a**

Von der **Erstreckung der Ermächtigung** in Abs. 2 Satz 2 auf die Anmeldung der Geburtsdaten von in das Register einzutragenden Personen ist in den § 24 Abs. 1 HRV, § 18 Abs. 1 Satz 3, Abs. 2 Satz 2 GenRegV und § 5 Abs. 3 Satz 2 PRV Gebrauch gemacht worden.[4] Die Pflicht zur Angabe der Geschäftsanschriften des Unternehmens und seiner Zweigniederlassungen wurde in § 24 HRV geregelt, wobei jedoch die Sondervorschriften über die Angabe der inländischen Geschäftsanschrift bei Kapitalgesellschaften (§ 8 Abs. 4 Nr. 1 GmbHG, § 37 Abs. 3 Nr. 1 AktG, §§ 13 Abs. 1 Satz 1, 13b Abs. 2, 13e Abs. 2 Satz 3, 106 Abs. 2 Nr. 2 HGB) vorrangig zu berücksichtigen sind. **3b**

IV. Ermächtigung für Vorschriften über die Mitwirkung von Organen, § 380

Gem. Abs. 3 kann das Bundesministerium der Justiz mit Zustimmung des Bundesrats durch **Rechtsverordnung** die näheren Bestimmungen über die **Mitwirkung der in § 380 bezeichneten Organe** im Verfahren vor den Registergerichten treffen. Die Vorschrift entspricht dem bisherigen § 125 Abs. 4 FGG, erstreckt dessen Anwendungsbereich jedoch auf das Partnerschaftsregister (§ 160b Abs. 1 Satz 2 FGG aF). **4**

Die **Ermächtigung** gem. Abs. 3 wurde **bisher umgesetzt** in den § 23 Satz 2 HRV, § 4 PRV – Übermittlung bzw. Einholung von Stellungnahmen – sowie den §§ 37 Abs. 1 HRV und 6 PRV (Mitteilung von Registereintragungen an die berufsständischen Organe). Die Möglichkeit der Mitteilung nach Abs. 3 besteht neben § 380 Abs. 4, nach dem die berufsständischen Organe, soweit sie im Verfahren angehört wurden, auch eine Eintragungsnachricht erhalten. Die Datenübermittlung nach Abs. 3 erleichtert den Industrie- und Handelskammern den Aufbau der für die Mitwirkung nach § 380 benötigten „Zweitregister".[5] **4a**

V. Ermächtigung für Vorschriften über Erweiterung und Führung der Vereinsregister

Gem. Abs. 4 kann das BMJ weiter mit Zustimmung des Bundesrats **Rechtsverordnungen** mit näheren Bestimmungen über die **Errichtung und Führung des Vereinsregisters** erlassen. Die Vorschrift ersetzt den bisherigen § 55a Abs. 7 BGB. Gegenüber dem bisherigen Wortlaut enthält sie nunmehr auch eine Ermächtigung zum Erlass von Regelungen über die Aktenführung im Beschwerdeverfahren. **5**

Die Ermächtigung in Abs. 4 bildet die Grundlage für die **Vereinsregisterverordnung** (VRV) vom 10.2.1999 (BGBl. I S. 147). **5a**

VI. Ermächtigung zur Fremdvergabe der elektronischen Datenverarbeitung

Die früher in § 125 Abs. 5 FGG, § 147 Abs. 1 Satz 1 FGG und § 160b Abs. 1 Satz 2 FGG sowie § 55a Abs. 6 Satz 1 BGB enthaltenen **Ermächtigungen** zur **Fremdvergabe** **6**

---

1 Holzer/*Holzer*, § 387 FamFG Rz. 7.
2 *Holzer*, ZNotP 2008, 210 (213 f.).
3 Holzer/*Holzer*, § 387 FamFG Rz. 7.
4 Zur Identifizierung von Personen in den Registern vgl. *Holzer*, ZfIR 2008, 129 (132 f.).
5 Dazu *Holzer*, NJW 1994, 481 (487); *Kollhosser*, NJW 1988, 2409 (2410).

der **elektronischen Datenverarbeitung** bei der Führung der in § 374 Nr. 1 bis 4 bezeichneten Register ist in Abs. 5 zusammengeführt und im Wortlaut harmonisiert worden. Dabei wurde zugleich eine nicht unwesentliche Erweiterung vorgenommen: Abgesehen von einer Übertragung auf die Datenverarbeitungsanlagen einer anderen staatlichen Stelle konnte die Datenverarbeitung bislang nur auf Anlagen einer juristischen Person des Öffentlichen Rechts übertragen werden. Diese Einschränkung ist entfallen: Nunmehr besteht nach dem Wortlaut von Abs. 5 die Möglichkeit, die **Übertragung** auf **jeden beliebigen Dritten** vorzunehmen. Diese Erweiterung ist unter Berücksichtigung der mit einer **Einbeziehung Dritter** in die Verarbeitung von elektronischen Daten verbundenen **Risiken problematisch**, da erfahrungsgemäß eine Sicherstellung der ordnungsgemäßen Erledigung der Registersachen durch Dritte nicht von vorn herein gewährleistet erscheint. Auch bei einer Ausbedingung umfassender technischer und rechtlicher Sicherungsvorkehrungen bei der Beauftragung eines privaten Unternehmens[1] bleibt das Problem einer genügend effektiven Überwachung.

6a § 387 Abs. 5 betrifft nicht die **Führung der Register** als solche; sie verbleibt auch bei der Nutzung fremder EDV-Anlagen bei dem Registergericht. Die Bestimmung darf daher nicht als Ermächtigung zur **Übertragung der Registerführung auf Dritte** (zB die Industrie- und Handelskammer) verstanden werden, die in regelmäßigen Abständen von der Rechtspolitik angedacht, bislang aber richtigerweise wegen der mit der Registerführung verbundenen hoheitlichen Aufgabe nicht weiterverfolgt wurde.[2]

7 Kosten/Gebühren: Gericht: Für den Abruf von Daten in Handels-, Partnerschafts-, Genossenschafts- und Vereinsregisterangelegenheiten werden Gebühren (4,50 Euro je Registerblatt bzw. je Datei) nach den Nrn. 400 und 401 GV JVKostO erhoben. Dies gilt nicht für den Abruf durch berufsständische Organe (Abs. 4 der Vorbemerkung des 4. Abschnitts GV JVKostO).

Unterabschnitt 2
Zwangsgeldverfahren

Vorbemerkung

I. Allgemeines

1 In Unterabschnitt 2 – Zwangsgeldverfahren – sind die vormaligen Regelungen der §§ 132 ff. FFG inhaltlich weitgehend unverändert in das FamFG übernommen worden. Es wurden lediglich einige systematische Veränderungen vorgenommen sowie der Wortlaut der Vorschriften an die geänderte Terminologie des FamFG angepasst. Nach früherem Recht fand das Zwangsgeldverfahren auch Anwendung auf die Erzwingung von Anmeldungen zum Genossenschaftsregister, § 160 GenG aF.

II. Zweck des Zwangsgeldverfahrens

2 Der Rechtsverkehr vertraut auf die Richtigkeit der von § 374 erfassten Register, deren Eintragungen der **Publizität** des § 15 HGB unterliegen. Die Register können diese Wirkungen nur dann entfalten, wenn sie auf dem aktuellsten Stand sind. Es ist deshalb erforderlich, die **Anmeldung** wichtiger die Gesellschaft bzw. den Verein betreffender Änderungen dann **zwangsweise durchzusetzen**, wenn die Organe der Gesellschaft bzw. des Vereins dies nicht selbst vornehmen.[3] Für die Durchführung des

---

1 Schulte-Bunert/Weinreich/*Nedden-Boeger*, § 387 FamFG Rz. 20.
2 Dazu *Gustavus*, GmbHR 1993, 259 (260); *Schmahl*, ZRP 1995, 54.
3 BayObLG v. 6.8.1987 – BReg. 3 Z 106/87, Rpfleger 1988, 69 (70).

Verfahrens nach den §§ 388 ff. ist es unerheblich, ob die erzwungene Änderung für den Rechtsverkehr von praktischer Bedeutung ist.[1]

III. Regelungsstruktur

Die §§ 388 ff. stellen dem Registergericht lediglich das für die Durchsetzung der Anmeldungen erforderliche **Verfahren** zur Verfügung. Die gesetzliche **Ermächtigung** zur Festsetzung von Zwangsgeld ergibt sich hingegen aus den §§ 14 Satz 1 HGB (ggf. iVm. § 5 Abs. 2 PartGG), 407 Abs. 1 Satz 1 AktG, 79 Abs. 1 Satz 1 GmbHG und § 16 Satz 1 VAG. Auch die **Höhe des Zwangsgeldes** ergibt sich nicht aus dem FamFG, sondern aus Art. 6 EGStGB.[2] 3

Mit **Zwangsgeld** nach § 388 Abs. 1 **verfolgbare Verpflichtungen** ergeben sich aus § 37a Abs. 4 HGB, 125a Abs. 2 iVm. § 161 Abs. 2 HGB, 35a Abs. 4 GmbHG, 80 AktG (Angaben auf Geschäftsbriefen), § 407, 408 AktG (Verpflichtungen der Vorstandsmitglieder und Abwickler einer AG bzw. der persönlich haftenden Geschäftsführer und Abwickler einer KGaA), § 79 Abs. 1 GmbHG (Pflichten der Geschäftsführer und Liquidatoren einer GmbH), § 316 Abs. 1, 13 Abs. 3 Satz 3 UmwG (Erteilung von Vertragsabschriften bei Umwandlungen) und § 12 EWiV-AG (dazu im Einzelnen § 388 Rz. 7 ff.). 4

Nach § 388 Abs. 2 kann **Zwangsgeld ferner** in den Fällen des § 78 BGB (Anmeldung der Änderung des Vorstands gem. § 67 Abs. 1 BGB, Anmeldung der Änderung der Satzung gem. § 71 Abs. 1 BGB, Einreichung der Mitgliederzahl zum Vereinsregister gem. § 72 BGB, Anmeldung der Auflösung des Vereins gem. § 74 Abs. 2 BGB und Anmeldung der Eintragung der Liquidatoren gem. § 76 Abs. 2 BGB) festgesetzt werden. Auch andere Gesetze erklären das Verfahren nach den §§ 388 ff. für anwendbar (zB §§ 160 Abs. 2 GenG, 16 Satz 1 VAG, 19 Abs. 2 SchRegO). Das FamFG enthält in § 392 eine mit Zwangsgeld durchsetzbare Verpflichtung. 5

Unanwendbar ist das Verfahren nach § 388 ff. hingegen auf andere, über den Registerzwang hinausgehende Verpflichtungen und für die Berichtigung oder Beseitigung inhaltlich unzulässiger Eintragungen, für die nur § 395 maßgeblich ist. Auch fehlerhafte Anmeldungen (zB Anmeldung einer unzulässigen Firma) darf das Registergericht nicht im Verfahren nach den §§ 388 ff. korrigieren lassen; es ist vielmehr auf den Erlass einer Zwischenverfügung (§ 382 Abs. 4) bzw. auf die Zurückweisung nach § 382 Abs. 3 verwiesen.[3] 6

IV. Verfahrensstruktur

Das Zwangsgeldverfahren wird nach § 388 Abs. 1 **von Amts wegen eingeleitet**, wenn eine Rechtsvorschrift dies gestattet und die Beteiligten ihrer gesetzlichen Verpflichtung nicht nachgekommen sind (oben Rz. 4 f.). Zunächst ist den Beteiligten die **Festsetzung eines Zwangsgeldes anzudrohen**, falls sie nicht innerhalb einer gesetzten Frist ihrer Verpflichtung nachkommen oder die **Unterlassung mittels eines Einspruchs rechtfertigen**. Wird die Verpflichtung nicht erfüllt und auch kein Einspruch erhoben, erfolgt die **Festsetzung** des Zwangsgelds (§ 389 Abs. 1). Dieses Verfahren ist so lange zu wiederholen, bis die Verpflichtung erfüllt bzw. Einspruch erhoben wurde (§ 389 Abs. 3). Die Behandlung des Einspruchs erfolgt im Verfahren nach § 390. Nicht die Androhung des Zwangsgeldes, wohl aber der Beschluss, durch den das Zwangsgeld festgesetzt oder der Einspruch verworfen wird, sind mit der **Beschwerde** angreifbar (§ 391). § 392 stellt spezielle Vorgaben für das Verfahren bei **unbefugtem Firmengebrauch** auf, die die §§ 388 ff. modifizieren. 7

Kosten/Gebühren: Gericht: Für den Abruf von Daten in Handels-, Partnerschafts-, Genossenschafts- und Vereinsregisterangelegenheiten werden Gebühren (4,50 Euro je Registerblatt bzw. je Datei) nach den Nrn. 1140 und 1141 KV JVKostG erhoben. Dies gilt nicht für den Abruf in der Geschäftsstelle des Gerichts (Vorbem. 1.1.4 Abs. 1 S. 2 KV JVKostG). Keine Gebühren werden bei Abrufen durch berufsständische Organe erhoben (§ 2 Abs. 4 JVKostG). 8

---

1 OLG Hamm v. 20.2.1989 – 15 W5/88, OLGZ 1989, 148 (150).
2 Holzer/*Holzer*, § 388 FamFG Rz. 2, 9.
3 Holzer/*Holzer*, § 388 FamFG Rz. 5 mwN.

388 Androhung

(1) Sobald das Registergericht von einem Sachverhalt, der sein Einschreiten nach den §§ 14, 37a Abs. 4 und § 125a Abs. 2 des Handelsgesetzbuchs, auch in Verbindung mit § 5 Abs. 2 des Partnerschaftsgesellschaftsgesetzes, den §§ 407 und 408 des Aktiengesetzes, § 79 Abs. 1 des Gesetzes betreffend die Gesellschaften mit beschränkter Haftung, § 316 des Umwandlungsgesetzes oder § 12 des EWIV-Ausführungsgesetzes rechtfertigt, glaubhafte Kenntnis erhält, hat es dem Beteiligten unter Androhung eines Zwangsgelds aufzugeben, innerhalb einer bestimmten Frist seiner gesetzlichen Verpflichtung nachzukommen oder die Unterlassung mittels Einspruchs zu rechtfertigen.

(2) In gleicher Weise kann das Registergericht gegen die Mitglieder des Vorstands eines Vereins oder dessen Liquidatoren vorgehen, um sie zur Befolgung der in § 78 des Bürgerlichen Gesetzbuchs genannten Vorschriften anzuhalten.

I. Frühere Regelung 1	aa) Einzelkaufleute, juristische Personen iSv. § 33 HGB, OHG und KG 14
II. Anwendungsbereich 4	bb) GmbH, Unternehmergesellschaft (haftungsbeschränkt) 15
III. Einzelfälle für ein Einschreiten des Registergerichts 7	cc) AG und KGaA 16
1. § 14 HGB	dd) Umwandlung 17
a) Anmeldungen zum Handelsregister	2. § 37a Abs. 4 HGB 18
aa) Allgemein (unabhängig von der Unternehmensform) . . . 8	3. § 125a Abs. 2 HGB 19
bb) Einzelkaufleute 9	4. §§ 407, 408 AktG 20
cc) Juristische Personen iSd. § 33 HGB 10	5. §§ 35a, 71 Abs. 5 GmbHG 21
dd) OHG und KG 11	6. § 316 UmwG 22
ee) GmbH und Unternehmergesellschaft (haftungsbeschränkt) 12	7. § 160 GenG 23
ff) AG und KGaA 13	8. § 12 Gesetz zur Ausführung der EWG-Verordnung über die EWIV . . 24
b) Einreichung von Schriftstücken und Dokumenten	IV. Sonderregeln für Vereinsregistersachen 25
	V. Glaubhafte Kenntnis 26
	VI. Verfahrensregeln 28

I. Frühere Regelung

1 § 388 Abs. 1 übernimmt den Regelungsinhalt des früheren § 132 Abs. 1 FGG aF und erklärt diesen auch für das **Partnerschaftsregister** für anwendbar. Da nach § 160 GenG das Zwangsgeldverfahren nunmehr auch Anwendung auf die Erzwingung von Anmeldungen zum Genossenschaftsregister findet, hat der Gesetzgeber dessen ausdrückliche Erwähnung in § 388 nicht für erforderlich gehalten.[1]

2 Durch Abs. 1 sind damit die Register gem. § 374 Abs. 1 bis 3 erfasst. Für das **Vereinsregister** (§ 374 Abs. 4) enthält § 388 Abs. 2 besondere Regelungen.

3 Der frühere § 132 Abs. 2 FGG konnte unter Berücksichtigung der Neuregelung der Rechtsmittelvorschriften im Allgemeinen Teil entfallen. Da es sich bei der Aufforderung nach § 388 **nicht** um eine **Endentscheidung** handelt, findet gegen sie gem. § 58 Abs. 1 keine Beschwerde statt.

II. Anwendungsbereich

4 Das in Unterabschnitt 2 geregelte Verfahren dient dazu, **Beteiligte**, die aufgrund bestimmter materiell-rechtlicher Regelungen **verpflichtet** sind, gegenüber dem Handelsregister, dem Genossenschaftsregister oder dem Partnerschaftsregister durch **Vornahme einer Anmeldung** oder **Einreichung von Schriftstücken** tätig zu werden oder sonstige, im Zusammenhang mit Registereintragungen stehende, gesetzlich er-

---

1 Begründung zu Unterabschnitt 2 des FamFG-RegE (Zwangsgeldverfahren), in: BT-Drucks. 16/6308, S. 287.

zwingbare Handlungen oder Unterlassungen vorzunehmen, zur **Erfüllung dieser Pflicht** durch **Androhung** und ggf. **Festsetzung** von **Zwangsgeld** anzuhalten. Die Bestimmungen der §§ 388 bis 391 dienen der Sicherung der Zuverlässigkeit und Vollständigkeit der öffentlichen Register.[1] Die praktische Bedeutung des Registerzwangsverfahrens wird – mit Ausnahme des Vereinsregisterrechts – allerdings als gering angesehen, da die Registergerichte nur in seltenen Fällen Kenntnis von zwangsgeldbewehrten Verstößen erlangen dürften.[2]

Die wesentliche **materielle Rechtsgrundlage** enthält § 14 HGB. Danach ist derjenige, der seiner Pflicht zur Anmeldung oder Einreichung von Dokumenten zum Handelsregister nicht nachkommt, hierzu vom **Registergericht** durch **Festsetzung von Zwangsgeld anzuhalten**, wobei das einzelne Zwangsgeld den Betrag von 5 000 Euro nicht übersteigen darf. Ergänzt wird die allgemeine Bestimmung des § 14 HGB durch § 5 Abs. 2 PartGG, § 407 AktG, § 79 GmbHG, § 160 GenG, § 78 BGB sowie § 316 UmwG.[3]   5

Dabei enthalten jedoch die §§ 407 Abs. 2 AktG, 79 Abs. 2 GmbHG und 316 Abs. 2 UmwG zugleich eine **Aufzählung von sonstigen Anmeldungen**, die im Belieben der Beteiligten stehen und durch die Festsetzung von Zwangsgeld nicht erzwungen werden, so zB die (erste) Anmeldung einer GmbH bzw. AG gem. den §§ 7 GmbHG, 36 AktG oder die Anmeldung von Kapitalerhöhungen, §§ 57 Abs. 1 GmbHG, 184 AktG.   6

Das **Zwangsgeldverfahren** nach den §§ 388 bis 391 ist nur in den Fällen **eröffnet**, in denen es im Gesetz ausdrücklich vorgesehen ist, vgl. nachstehend Rz. 7 bis 24.[4] In diesem Bereich verdrängen die vorstehenden Vorschriften die allgemeine Regelung des § 35, so dass die dort vorgesehenen weiteren Zwangsmittel hier nicht angeordnet werden dürfen.[5] Weiter sind die Bestimmungen über den Registerzwang keiner ausdehnenden Auslegung zugänglich.[6] Sie können damit nicht herangezogen werden, wenn etwa das Registergericht ein anderes Verhalten eines Beteiligten durchsetzen möchte, das nicht ausdrücklich mit der Berechtigung zum Registerzwang ausgestattet ist, wie zB die Verpflichtung des Aufsichtsrats einer AG zur Einberufung einer Hauptversammlung nach § 111 Abs. 3 AktG.   6a

Soweit von der Rechtsprechung im Registeranmeldungsverfahren einzelne weitere, nicht ausdrücklich im Gesetz als anmeldepflichtig genannte Tatsachen durch richterliche Rechtsfortbildung beurteilt worden sind (zB eine Veränderung der nach § 106 Abs. 2 Nr. 1 HGB einzutragenden Personalien der Gesellschafter, die Umwandlung der OHG in eine KG, Fortsetzungsbeschlüsse nach Auflösung der OHG oder die Befreiung eines vertretungsbefugten OHG-Gesellschafters von den Beschränkungen des § 181 BGB[7]) ist die Frage der **Zulässigkeit des Zwangsgeldverfahrens** zur Erzwingung der entsprechenden Anmeldung streitig.[8] Der ablehnenden Ansicht ist zu folgen, da auch ein öffentliches Interesse an einem ordnungsgemäßen Registerwesen nicht den Gesetzesvorbehalt für Maßnahmen des Verwaltungszwangs verdrängen kann.   6b

III. Einzelfälle für ein Einschreiten des Registergerichts

Ein Vorgehen des Registergerichts gem. § 388 kommt **insbesondere** in den nachstehend aufgeführten Fällen in Frage.   7

---

1 Krafka/Willer/Kühn Rz. 2354.
2 Keidel/*Heinemann*, § 388 FamFG Rz. 1.
3 Holzer/*Holzer*, § 388 FamFG Rz. 2.
4 Holzer/*Holzer*, § 388 FamFG Rz. 3.
5 MüKo.ZPO/*Krafka*, § 388 FamFG Rz. 1.
6 Keidel/*Heinemann*, § 388 FamFG Rz. 6.
7 Schulte-Bunert/Weinreich/*Nedden-Boeger*, § 388 FamFG Rz. 8.
8 Bejahend Schulte-Bunert/Weinreich/*Nedden-Boeger*, § 388 FamFG Rz. 8; Jansen/*Steder*, § 136 FGG Rz. 53; verneinend Keidel/*Heinemann*, § 388 FamFG Rz. 6.

1. § 14 HGB

a) Anmeldungen zum Handelsregister

aa) Allgemein (unabhängig von der Unternehmensform)

8   Errichtung, Verlegung und Aufhebung einer **Zweigniederlassung**, §§ 13 Abs. 1, 13d–h HGB, 16 VAG; Erteilung und Erlöschen einer **Prokura**, § 53 HGB.

bb) Einzelkaufleute

9   **Firma und Ort** der Handelsniederlassung, § 29 HGB; Firmenänderungen, Wechsel in der Person des Geschäftsinhabers, Sitzverlegung, § 31 Abs. 1 HGB; Erlöschen der Firma, § 31 Abs. 2 HGB.

cc) Juristische Personen iSd. § 33 HGB

10   **Firma, Sitz, Unternehmensgegenstand**, Mitglieder des Vorstands und deren Vertretungsmacht sowie ggf. die Zeitdauer des Unternehmens, § 33 Abs. 2 HGB; Satzungsänderungen, § 34 Abs. 1 HGB; Auflösung der juristischen Person, Bestellung, Vertretungsmacht sowie Veränderungen der Liquidatoren, § 34 Abs. 1 HGB; Erlöschen der Firma bei Aufgabe des Geschäftsbetriebs der fortbestehenden juristischen Person, § 31 Abs. 2 HGB.

dd) OHG und KG

11   **Errichtung der Gesellschaft** mit Angaben der persönlichen Daten der Gesellschafter, bei Kommanditgesellschaften mit Angabe des jeweiligen Einlagebetrags der Kommanditisten, §§ 106, 161 Abs. 2, 162 Abs. 1 HGB; Sitz der Gesellschaft, § 106 Abs. 2 Nr. 2 HGB; Bestimmungen über die Vertretungsmacht der Gesellschafter, §§ 106 Abs. 2 Nr. 4, 161 Abs. 2 HGB; Änderungen der Firma, des Gesellschaftssitzes, der Vertretungsmacht von Gesellschaftern sowie Eintritt und Ausscheiden von Gesellschaftern, §§ 107, 143, 161 Abs. 2, 162 Abs. 1 und 3 HGB; Auflösung der Gesellschaft,[1] Bestellung, Vertretungsmacht und Veränderungen der Liquidatoren, §§ 143 Abs. 1, 148 Abs. 1, 161 Abs. 2 HGB; Erlöschen der Firma, § 157 Abs. 1 HGB; Fortsetzung der Gesellschaft nach Auflösung durch Insolvenz, §§ 144 Abs. 2, 161 Abs. 2 HGB.

ee) GmbH und Unternehmergesellschaft (haftungsbeschränkt)

12   **Änderungen in den Personen der Geschäftsführer** und Beendigung der Vertretungsbefugnis, § 39 GmbHG; Auflösung der Gesellschaft,[2] Bestellung, Vertretungsbefugnis und Änderungen der Liquidatoren, §§ 65 Abs. 1, 67 Abs. 1 GmbHG; Beendigung der Liquidation, § 74 Abs. 1 GmbHG; Anmeldung der inländischen Geschäftsanschrift der Gesellschaft gem. § 8 Abs. 4 Nr. 1 GmbHG idF des MoMiG.[3] Bei einer bereits vor dem 1.11.2008 eingetragenen GmbH besteht im Hinblick auf § 3 Abs. 1 Satz 2 EGGmbHG nur dann eine Anmeldepflicht, wenn sich die inländische Geschäftsanschrift geändert hat oder sie dem Registergericht vor dem vorgenannten Stichtag noch nicht mitgeteilt worden war.[4]

---

1 Außer im Fall der Auflösung durch Eröffnung des Insolvenzverfahrens oder Ablehnung der Eröffnung mangels Masse, da in diesen Fällen die Eintragung von Amts wegen vorzunehmen ist, §§ 143 Abs. 1 Satz 2 und 3, 161 Abs. 2 HGB.
2 Außer in den Fällen, in denen die Auflösung von Amts wegen eingetragen wird, insbesondere den Fällen der Eröffnung des Insolvenzverfahrens oder der Ablehnung der Eröffnung mangels Masse, § 60 Abs. 1 Nr. 4 und 5 GmbHG oder der Auflösung gem. § 399 iVm. § 60 Abs. 1 Nr. 6 GmbHG.
3 Gesetz zur Modernisierung des GmbH-Rechts und zur Bekämpfung von Missbräuchen v. 23.10.2008, BGBl. I, S. 2026; vgl. dazu Begründung zu § 8 Abs. 4 GmbHG-RegE, in BT-Drucks. 16/6140, S. 35.
4 OLG München v. 28.1.2009 – 31 Wx 95/09, MittBayNot 2009, 249 (250).

ff) AG und KGaA

Änderungen des Vorstands oder der Vertretungsbefugnis von Vorstandsmitgliedern, Eintritt und Ausscheiden persönlich haftender Gesellschafter der KGaA, §§ 81, 94, 278 Abs. 3, 283 Nr. 1 AktG; Ausgabe von Bezugsaktien bei bedingter Kapitalerhöhung, § 201 AktG; Durchführung der ordentlichen oder der vereinfachten oder der durch Einziehung von Aktien bewirkten Kapitalherabsetzung, §§ 227, 229 Abs. 3, 239 AktG; Beendigung eines Unternehmensvertrags mit Angabe von Grund und Zeitpunkt, § 298 AktG, Ende der Eingliederung der Gesellschaft in eine andere AG mit Angabe von Grund und Zeitpunkt, § 227 Abs. 3 AktG; Auflösung der Gesellschaft,[1] Bestellung, Vertretungsbefugnis und Veränderung der Abwickler, § 266 Abs. 1 AktG; Beendigung der Abwicklung, § 273 Abs. 1 AktG.

b) Einreichung von Schriftstücken und Dokumenten

aa) Einzelkaufleute, juristische Personen iSv. § 33 HGB, OHG und KG

Eine **Einreichung von Schriftstücken** zum Handelsregister kann gem. § 14 HGB ebenfalls nur in den gesetzlich bestimmten Fällen verlangt werden. Für Einzelkaufleute, juristische Personen iSv. § 33 HGB und OHG sowie KG enthält das Gesetz keine gem. § 388 erzwingbaren Einreichungspflichten.

bb) GmbH, Unternehmergesellschaft (haftungsbeschränkt)

Liste der Gesellschafter, § 40 GmbHG;[2] Mitteilung von Änderungen in der Person von Aufsichtsratsmitgliedern, sofern ein solcher nach dem Gesellschaftsvertrag zu bestellen ist und im Gesellschaftsvertrag nichts anderes bestimmt ist, § 52 Abs. 2 Satz 2 GmbHG; Vorlage des Urteils, durch das die GmbHG rechtskräftig für nichtig erklärt wird, § 75 Abs. 2 GmbHG iVm. § 248 Abs. 1 Satz 2 AktG.

cc) AG und KGaA

Vorlage des **Berichts der Gründungsprüfer**, § 34 Abs. 3 AktG; Vorlage einer rechtskräftigen gerichtlichen Entscheidung über die Zusammensetzung des Aufsichtsrates, § 99 Abs. 5 AktG;[3] Bekanntmachung über einen Wechsel der Aufsichtsratsmitglieder, § 106 AktG; Einreichung einer öffentlich beglaubigten Abschrift der Niederschrift über die Hauptversammlung, § 130 Abs. 5 AktG; Einreichung des Prüfungsberichts von Sonderprüfern, § 145 Abs. 4 AktG; Einreichung von Urteilen, durch die auf Nichtigkeitsfeststellungs- oder Anfechtungsklage folgende Maßnahmen rechtskräftig für nichtig erklärt werden:

- ein Hauptversammlungsbeschluss, §§ 248, 249 AktG;
- die Wahl eines Aufsichtsratsmitglieds, §§ 250 Abs. 3, 251 Abs. 3 iVm. § 248 Abs. 1 Satz 2 AktG;
- ein Beschluss über die Verwendung des Bilanzgewinns, §§ 253 Abs. 2, 254 Abs. 2 iVm. 248 AktG;
- ein Beschluss über die Kapitalerhöhung gegen Einlagen, §§ 245 Abs. 3 iVm. 249, 248 AktG;
- der festgestellte Jahresabschluss, §§ 256 Abs. 7, 257 Abs. 2 iVm. 249, 248 AktG; schließlich Vorlage einer beglaubigten Abschrift der Klage auf Nichtigerklärung

---

[1] Außer in den Fällen, in denen die Auflösung von Amts wegen eingetragen wird, insbesondere den Fällen der Eröffnung des Insolvenzverfahrens, der Ablehnung der Eröffnung mangels Masse, §§ 262 Abs. 1 Nr. 3 und 4 AktG, oder der Auflösung gem. § 399 iVm. § 262 Abs. 1 Nr. 5 AktG.

[2] Die in § 40 Abs. 2 GmbHG durch das MoMiG eingeführte Pflicht des Notars zur Einreichung einer Gesellschafterliste im Falle von ihm beurkundeter Veränderungen in den Personen der Gesellschafter oder im Umfang ihrer Beteiligung verdrängt nicht die gem. § 40 Abs. 1 GmbHG bestehende Verpflichtung der Geschäftsführer zur Einreichung einer entsprechenden Gesellschafterliste.

[3] § 99 Abs. 5 AktG ist auch anwendbar auf gerichtliche Entscheidungen nach §§ 132, 260, 306, 320b AktG.

der Gesellschaft und einer Ausfertigung des auf die Klage ergangenen rechtskräftigen Urteils, § 275 Abs. 4 Satz 2 AktG.

dd) Umwandlung

17 Im Rahmen von **Umwandlungsmaßnahmen** nach den Bestimmungen des Umwandlungsgesetzes ergeben sich für die beteiligten Rechtsträger verschiedene Verpflichtungen zur Einreichung bestimmter Unterlagen nach den §§ 86, 148 Abs. 2, 199, 233 UmwG.

2. § 37a Abs. 4 HGB

18 Der Kaufmann muss auf allen **Geschäftsbriefen**, die an einen bestimmten Empfänger gerichtet werden, seine Firma mit einem Mindestbestandteil nach § 19 HGB, den Ort seiner Handelsniederlassung, das Registergericht und die Registernummer, angeben. Hierzu ist er ggf. vom Registergericht durch Festsetzung von Zwangsgeld anzuhalten, wobei für die Höhe des Zwangsgelds § 14 Satz 2 HGB entsprechend gilt.

3. § 125a Abs. 2 HGB

19 Bei der OHG und der KG sind auf allen **Geschäftsbriefen** der Gesellschaft, die an einen bestimmten Empfänger gerichtet werden, die Rechtsform und der Sitz der Gesellschaft sowie das Registergericht und die Registernummer anzugeben. Bei Gesellschaften, bei denen kein Gesellschafter eine natürliche Person ist, insbesondere also bei der GmbH & Co. KG, kommen die nach § 35a GmbHG oder § 80 AktG vorgeschriebenen Angaben hinzu. Wegen der Zwangsgeldandrohung und der Höhe des Zwangsgeldes vgl. Rz. 32.

4. §§ 407, 408 AktG

20 Aufgrund der §§ 407, 408 AktG kommt ein Vorgehen nach § 388 bei Nichtbefolgung der den Mitgliedern des Vorstands oder den Abwicklern einer Aktiengesellschaft und den persönlich haftenden Gesellschaftern oder den Abwicklern einer Kommanditgesellschaft auf Aktien (§ 278 Abs. 3 AktG) außer bei Anmeldungen und Einreichungen (§ 14 HGB mit § 407 Abs. 1 Satz 1 Halbs. 2 AktG, vgl. vorstehend Rz. 16) bei folgenden, ihnen weiter obliegenden **Verpflichtungen** in Betracht:
– Auslegung des Nachgründungsvertrags zur Einsicht durch die Aktionäre und Erteilung von Abschriften an diese durch den Vorstand, § 52 Abs. 2, Satz 2, 3 AktG;
– Verpflichtung des Vorstands zur Anzeige der Aushändigung oder Hinterlegung der neuen Aktien, die anstelle von für kraftlos erklärten Aktien ausgegeben worden sind, § 73 Abs. 3 Satz 2 AktG;
– Verpflichtung des Vorstands zur Erfüllung der Angabepflichten auf allen Geschäftsbriefen, §§ 80, 268 Abs. 4 AktG;
– Verpflichtung des Vorstands zur Berichterstattung an den Aufsichtsrat, § 90 AktG;
– Verpflichtung des Vorstands zur Stellung des Antrags auf Ergänzung des Aufsichtsrats bei dessen Beschlussunfähigkeit, § 104 Abs. 1 AktG;
– Verpflichtung des Vorstands zur Gewährung von Einsicht und Prüfung der Bücher und Schriften der Gesellschaft durch Aufsichtsrat und Abschlussprüfer, §§ 111 Abs. 2, 313 Abs. 1 AktG;
– Verpflichtungen des Vorstands gegenüber Sonderprüfern nach Maßgabe des § 145 AktG sowie zur Behandlung des Prüfungsberichts, § 145 Abs. 4 Satz 3, 4 AktG;
– Verpflichtung des Vorstands, den Jahresabschluss, den Lagebericht und ggf. den Prüfungsbericht sowie den Vorschlag über die Verwendung des Bilanzgewinnes dem Aufsichtsrat vorzulegen, § 170 AktG;
– Verpflichtung des Vorstands, den Aufsichtsrat unter Fristsetzung zur Zuleitung seines Prüfungsberichts anzuhalten, § 171 Abs. 3 AktG;
– Verpflichtung des Vorstands zur Einberufung der Hauptversammlung, § 175 AktG;

- Verpflichtung des Vorstands, nach Eintragung des Beschlusses über die Kapitalerhöhung die Aktionäre zur Abholung der neuen Aktien aufzufordern und die Aufforderung in den Gesellschaftsblättern bekannt zu machen, § 214 Abs. 1 AktG;
- Verpflichtungen des Vorstands zu Bekanntmachungen im Zusammenhang mit der Erhebung von Anfechtungsklagen gegen einen Hauptversammlungsbeschluss, § 246 Abs. 4 iVm. §§ 249 Abs. 1, 250 Abs. 3, 253 Abs. 2, 254 Abs. 2 Satz 1, 256 Abs. 7, 257 Abs. 2 AktG;
- Verpflichtung des Vorstands zu Bekanntmachungen der Feststellungen der Sonderprüfer wegen unzulässiger Unterbewertung oder mangelhaftem Geschäftsbericht, § 259 Abs. 5 AktG;
- Verpflichtung der Abwickler zur Erfüllung der Angabepflichten auf allen Geschäftsbriefen, § 268 Abs. 4 AktG;
- Verpflichtung der Abwickler zur Aufstellung der Eröffnungsbilanz nebst Erläuterungsbericht und des Jahresabschlusses nebst Lagebericht, § 270 Abs. 1, 2 und 3 AktG;
- Verpflichtung der Abwickler zur Aufbewahrung der Bücher und Schriften der Gesellschaft, § 273 Abs. 2 AktG;
- Verpflichtung des Vorstands nach Abschluss oder Änderung eines Unternehmensvertrages zur Abschrifterteilung und Auslegung des Vertrags, §§ 293 Abs. 3 Satz 2 und 3, 295 Abs. 1 AktG;
- Verpflichtung des Vorstands zur Aufstellung bzw. Behandlung eines Berichts über Beziehungen zu verbundenen Unternehmen, §§ 312 Abs. 1, 313 Abs. 1, 314 Abs. 1 AktG.

5. §§ 35a, 71 Abs. 5 GmbHG

Auf allen **Geschäftsbriefen** der GmbH, die an einen bestimmten Empfänger gerichtet werden, müssen Rechtsform und Sitz der Gesellschaft, das Registergericht und die Registernummer sowie alle Geschäftsführer und im Fall der Bildung eines Aufsichtsrats dessen Vorsitzender angegeben werden. Bei Angaben über das Kapital der Gesellschaft ist § 35a Abs. 1 Satz 2 GmbHG zu beachten. Dies gilt gleichermaßen für die Unternehmergesellschaft iSv. § 5a GmbHG. Diese muss darüber hinaus in der Firma den Rechtsformzusatz „Unternehmergesellschaft (haftungsbeschränkt)" oder „UG (haftungsbeschränkt)" führen, § 5a Abs. 1 GmbHG. Wegen der Zwangsgeldandrohung und der Höhe des Zwangsgeldes vgl. Rz. 32. 21

6. § 316 UmwG

Aufgrund des § 316 UmwG kommt ein Vorgehen nach § 388 bei **Nichtbefolgung der Verpflichtungen** durch Mitglieder eines Vertretungsorgans, durch vertretungsberechtigte Gesellschafter oder Abwickler gem. § 13 Abs. 3 Satz 3 sowie §§ 125 Satz 1, 176 Abs. 1, 177 Abs. 1, 178 Abs. 1, 179 Abs. 1, 180 Abs. 1, 184 Abs. 1, 186 Abs. 1, 188 Abs. 1 und § 189 Abs. 1 jeweils iVm. § 13 Abs. 3 Satz 3 sowie § 193 Abs. 3 Satz 2 UmwG in Betracht. 22

7. § 160 GenG

Aufgrund des § 160 GenG kommt ein Vorgehen nach § 388 bei **Nichtbefolgung der Verpflichtungen** der Mitglieder des Vorstands zur Vornahme von Anmeldungen nach § 14 (Errichtung von und Änderungen bei Zweigniederlassungen), § 28 (Änderungen des Vorstands und seiner Vertretungsbefugnis), § 78 Abs. 2 (Auflösung durch Beschluss der Generalversammlung), § 79 Abs. 2 (Auflösung durch Zeitablauf), § 84 (Bestellung und Änderung der Vertretungsbefugnis von Liquidatoren) sowie § 42 Abs. 1 iVm. § 53 HGB (Prokurabestellungen) in Betracht. Entsprechendes gilt für die Verpflichtung zur Aufnahme der in § 25a GenG vorgeschriebenen Angaben auf Geschäftsbriefen sowie Vorlage- bzw. Mitteilungspflichten der §§ 30, 35, 57 Abs. 1, 59 Abs. 1 sowie der §§ 47, 48 Abs. 3 und 4, § 51 Abs. 4 und 5, § 56 Abs. 2 und § 89 GenG. Muss die Genossenschaft gem. § 9 GenG einen Aufsichtsrat haben, ist der Vorstand 23 bzw. sind die Liquidatoren gem. § 160 Abs. 1 GenG schließlich angehalten, bei Vermeidung von Zwangsgeld dafür zu sorgen, dass die Genossenschaft nicht länger als drei Monate ohne oder ohne beschlussfähigen Aufsichtsrat ist.

8. § 12 Gesetz zur Ausführung der EWG-Verordnung über die EWIV

24 Aufgrund des § 12 des Gesetzes zur Ausführung der EWG-Verordnung über die **Europäische Wirtschaftliche Interessenvereinigung**[1] kommt schließlich ein Vorgehen nach § 388 in Betracht, wenn **Geschäftsbriefe** einer EWIV nicht die in Art. 25 EWIV vorgeschriebenen Angaben, insbesondere den Namen der Vereinigung mit den voran- oder nachgestellten Worten „Europäische wirtschaftliche Interessenvereinigung" oder „EWIV", den Registerort und die Registernummer sowie die Anschrift der Vereinigung enthalten.

IV. Sonderregeln für Vereinsregistersachen

25 Gem. § 388 Abs. 2 ist in **Vereinsregistersachen** die Androhung eines Zwangsgelds gegen die Mitglieder des Vorstands eines Vereins oder dessen Liquidatoren möglich, um sie zur Befolgung der in § 78 BGB aufgeführten Vorschriften anzuhalten, nämlich Anmeldung der Änderungen des Vorstands, § 67 Abs. 1 BGB; Änderungen der Satzung, § 71 Abs. 1 BGB; Anfechtung, § 74 Abs. 2 BGB; Bestellung und Änderung der Liquidatoren, § 76 BGB sowie Einreichung einer Bescheinigung über die Zahl der Vereinsmitglieder auf Verlangen des Registergerichts, § 72 BGB.

V. Glaubhafte Kenntnis

26 Voraussetzung für ein Tätigwerden des Registergerichts ist, dass dieses **glaubhafte Kenntnis** von den **Tatsachen** bzw. **Umständen** erhält, welche eine der vorstehend unter Rz. 8 ff. bezeichneten Verpflichtungen begründen. Auf welchem Wege dies erfolgt, sei es durch dritte Personen, durch Behörden iSd. § 379 oder durch berufsständische Organe iSd. § 380 oder aber auf sonstige glaubhafte Weise, ist ohne Belang. Ein in alle Einzelheiten gehender Nachweis oder volle Gewissheit ist nicht erforderlich.[2]

27 Hat das Registergericht zunächst nur **Kenntnis von Anhaltspunkten**, die das Bestehen einer Verpflichtung iSd. Abs. 1 begründen können, hat es gem. § 26 ggf. weiter erforderliche Ermittlungen von Amts wegen durchzuführen, um Klarheit darüber zu gewinnen, ob ein Zwangsgeldverfahren einzuleiten ist oder nicht. Der volle Nachweis des tatsächlichen Sachverhalts ist für die Entscheidung des Registergerichts nicht erforderlich. Darüber ist erforderlichenfalls im Einspruchsverfahren (§ 390) zu befinden.[3]

VI. Verfahrensregeln

28 Die **Androhung** des Zwangsgelds erfolgt durch **Verfügung**,[4] die mit Rechtsbehelfsbelehrung (§ 39) zu versehen ist. Diese ist vom Rechtspfleger zu unterschreiben; ein nicht unterzeichnetes Schreiben, das nur den Vermerk „Dieses Schreiben wurde maschinell erstellt und ist ohne Unterschrift gültig" enthält, genügt nicht.[5]

28a Das **Androhungsverfahren** kann nur gegen **natürliche Personen** gerichtet werden, und zwar solche, die **gem. § 7 beteiligt** sind. Bei der Nichterfüllung von Anmeldepflichten, die eine Gesellschaft betreffen, kann sich das Verfahren nur gegen die Personen richten, die die Gesellschaft gesetzlich vertreten oder die kraft Gesetzes sonst zur Anmeldung verpflichtet sind oder im Zusammenhang damit besondere Erklärungen abzugeben haben, etwa bei Anmeldung der Kapitalherabsetzung bei einer GmbH die Versicherung gem. § 58 Abs. 1 Nr. 4 iVm. § 82 Abs. 2 Nr. 4 GmbHG.

---

1 Gesetz v. 14.4.1988, EWIV-Ausführungsgesetz, BGBl. I, S. 514.
2 Holzer/*Holzer*, § 388 FamFG Rz. 6 mwN.
3 Keidel/*Heinemann*, § 388 FamFG Rz. 26.
4 Holzer/*Holzer*, § 388 FamFG Rz. 7.
5 OLG Köln v. 26.5.2010 – 2 Wx 53/10, FGPrax 2010, 203.

Bei **freiwilligen Anmeldungen** (vgl. Rz. 6) scheidet eine Androhung damit aus.

Gegen **Bevollmächtigte** des verpflichteten Beteiligten ist ein Zwangsgeldverfahren **unzulässig**, insbesondere auch gegen **Prokuristen**.[1]

In der an den Beteiligten zu richtenden **Aufforderung** muss die zu erfüllende Verpflichtung hinreichend **genau bezeichnet** sein. Gesetzlich nicht vorgesehene Maßnahmen, wie zB die Entfernung eines Firmenschildes, dürfen in die Aufforderung nicht aufgenommen werden.[2] Weiter ist vom **Registergericht eine Frist** zu bestimmen, innerhalb derer der Beteiligte entweder die auferlegte **Verpflichtung** zu **erfüllen** oder die **Nichterfüllung** der Verpflichtung mittels **Einspruchs zu rechtfertigen** hat. Die zu setzende Frist muss angemessen sein. Sie muss mithin vom Gericht derart geräumig bestimmt werden, dass es den Beteiligten möglich ist, die ihnen auferlegte Verpflichtung auch innerhalb der gesetzten Frist zu erfüllen. Fehlt in der Androhung der Hinweis auf die Möglichkeit des Einspruchs, ist die Androhung rechtswidrig und auf Beschwerde des Beteiligten gem. § 58 aufzuheben.[3]

Das anzudrohende **Zwangsgeld** muss der Höhe nach bestimmt sein. Es beträgt regelmäßig zwischen **fünf Euro und 1 000 Euro**[4] und darf in den Fällen der §§ 14, 125a HGB, 407 Abs. 1 AktG, 79 GmbHG, 316 UmwG und § 12 des Gesetzes zur Ausführung der EWG-VO den Betrag von **5 000 Euro** im Einzelfall nicht übersteigen. Dieser Betrag gilt gem. § 160 Abs. 1 Satz 3 GenG auch für das Zwangsgeldverfahren bei Genossenschaften. In den Fällen des § 21 Satz 1 Nr. 8 PublG darf das Zwangsgeld nicht den dortigen Höchstbetrag von 25 000 Euro übersteigen.

Funktionell ist für den Erlass der Verfügung nach § 388 der **Rechtspfleger zuständig**, § 3 Nr. 2d RPflG. Gegen seine Verfügung ist nicht die Erinnerung gem. § 11 Abs. 2 RPflG statthaft, sondern nur der in § 390 geregelte Einspruch.

Für die **Bekanntmachung** der Androhungsverfügung gilt § 15. Sie erfolgt gem. § 15 Abs. 2 durch Zustellung nach den §§ 166 bis 195 ZPO oder durch Aufgabe zur Post.

Eine **Änderung** oder **Zurücknahme der Verfügung** gem. Abs. 1 durch das Registergericht ist jederzeit zulässig, da es sich nicht um eine Entscheidung iSd. § 48 Abs. 1, sondern lediglich um eine verfahrensleitende Maßnahme handelt,[5] etwa, wenn sich während des Verfahrens neue Erkenntnisse ergeben oder die angemahnte Verpflichtung erfüllt wird.

Kosten/Gebühren: Gericht: Für die Androhung von Zwangsgeld entstehen keine Gebühren.

389 Festsetzung

(1) Wird innerhalb der bestimmten Frist weder der gesetzlichen Verpflichtung genügt noch Einspruch erhoben, ist das angedrohte Zwangsgeld durch Beschluss festzusetzen und zugleich die Aufforderung nach § 388 unter Androhung eines erneuten Zwangsgelds zu wiederholen.
(2) Mit der Festsetzung des Zwangsgelds sind dem Beteiligten zugleich die Kosten des Verfahrens aufzuerlegen.
(3) In gleicher Weise ist fortzufahren, bis der gesetzlichen Verpflichtung genügt oder Einspruch erhoben wird.

I. Allgemeines

Die Abs. 1 und 3 entsprechen der Regelung über die **Festsetzung des Zwangsgelds** im früheren § 133 FGG.

---

1 BayObLG v. 14.4.1982 – 3 Z 20/82, Rpfleger 1982, 289.
2 Keidel/*Heinemann*, § 388 FamFG Rz. 36.
3 OLG Hamm v. 24.4.1986 – 15 W 172/86, Rpfleger 1986, 390 (391).
4 Art. 6 Abs. 1 EGStGB.
5 Bumiller/*Harders*, § 388 FamFG Rz. 18.

2 Die Regelung über die **Kostenentscheidung** gem. Abs. 2 war nach altem Recht gesondert in § 138 FGG aF enthalten und wurde aus systematischen Gründen in § 389 eingefügt.[1]

II. Verfahren

3 § 389 Abs. 1 regelt das **Verfahren** für den Fall, dass der Beteiligte **weder** seiner gesetzlichen **Verpflichtung fristgemäß nachkommt** noch von ihm **Einspruch** erhoben wird. Dies gilt auch bei der unvollständigen Erfüllung einer Verpflichtung. Liegt aber die Nichterfüllung einer von mehreren selbständigen Verpflichtungen vor, kann Zwangsgeld nach Abs. 1 nur festgesetzt werden, wenn für jede einzelne Verpflichtung ein gesondertes Zwangsgeld angedroht war. Diese Entscheidungen können, da für die Androhung des Zwangsgelds **keine bestimmte Form** vorgesehen ist,[2] auch zusammen in einer Verfügung ergehen.[3]

3a Ob die in der Anordnung nach § 388 bezeichnete **Verpflichtung tatsächlich bestand**, ist im Rahmen des § 389 Abs. 1 nicht zu prüfen. Das folgt aus § 391 Abs. 2: Nach dieser Bestimmung ist gegen eine nach § 389 Abs. 1 erfolgte Festsetzung des Zwangsgelds zwar die Beschwerde statthaft; sie kann jedoch nicht darauf gestützt werden, dass die Zwangsgeldandrohung nach § 388 nicht gerechtfertigt gewesen sei. Die Festsetzung des Zwangsgelds erfolgt somit **allein wegen der Säumnis des Betroffenen** ohne Rücksicht darauf, ob die Verpflichtung tatsächlich besteht. Ermittlungen des Gerichts in diese Richtung sind mithin nicht notwendig, sondern dem Einspruchsverfahren vorbehalten.[4]

3b Werden die **Verpflichtungen nicht erfüllt** und wird auch fristgemäß kein Einspruch erhoben bzw. dieser zurückgenommen,[5] hat das Registergericht das gem. § 388 angedrohte Zwangsgeld durch Beschluss festzusetzen und zugleich die vergeblich ausgesprochene Aufforderung unter Androhung eines erneuten, also weiteren Zwangsgelds zu wiederholen. Wird ein zunächst erhobener Einspruch zurückgenommen, ohne dass dabei der Verpflichtung nachgekommen wird, ist ebenfalls nach § 389 Abs. 1 zu verfahren.

III. Verspäteter Einspruch

4 Im Falle einer verspäteten Einspruchseinlegung wird dadurch die weitere Durchführung des in § 389 vorgesehenen Verfahrens, nämlich Zwangsgeldfestsetzung und erneute Zwangsgeldandrohung, nicht gehindert. Dem Beteiligten steht jedoch nach den Vorschriften des Allgemeinen Teils (§§ 17 bis 19), das Recht zu, Wiedereinsetzung in den vorherigen Stand zu beantragen.

5 Unter Berücksichtigung der insoweit im **Allgemeinen Teil** in den §§ 17 bis 19 enthaltenen Bestimmungen konnte zugleich auf eine Übernahme der Vorschrift des § 137 FGG aF verzichtet werden.[6]

IV. Verspätete Erfüllung der Aufforderung

6 Eine **verspätete Erfüllung** der den Beteiligten obliegenden Verpflichtung steht einer bis dahin noch nicht erfolgten Zwangsgeldfestsetzung entgegen, da das Zwangsgeld nur Zwangsmittel ist und der Zweck seiner Festsetzung entfällt, sobald die entsprechende Verpflichtung erfüllt ist.[7]

7 Wird die den Beteiligten obliegende **Verpflichtung** von diesen **nach Erlass** des Zwangsgeldfestsetzungsbeschlusses, jedoch noch **vor dem Eintritt seiner Rechtskraft** erfüllt, sind unter Berücksichtigung des Zwecks des Zwangsgeldfestsetzungs-

---

1 Begründung zu § 389 RegE, in: BT-Drucks. 16/6308, S. 287.
2 OLG Zweibrücken v. 27.10.2011 – 3 W 87/11.
3 Holzer/*Holzer*, § 388 FamFG Rz. 2.
4 Holzer/*Holzer*, § 389 FamFG Rz. 3.
5 KG v. 8.7.1901 (ohne Az.), OLGE 5, 275 (277).
6 Begründung zu § 389 RegE, in: BT-Drucks. 16/6308, S. 287.
7 MüKo.ZPO/*Krafka*, 3. Aufl., § 389 FamFG Rz. 7.

verfahrens sowohl die **Androhungsverfügung** als auch der **Festsetzungsbeschluss aufzuheben**.[1] Wird die Verpflichtung nach Rechtskraft der Zwangsgeldfestsetzung erfüllt, kann diese wegen veränderter Umstände aufgehoben werden. Das Zwangsgeld, nicht aber die Verfahrenskosten, sind in diesem Fall zurückzuzahlen. Wurde das **Zwangsgeld bereits beigetrieben**, ist eine Rückerstattung nicht mehr möglich.[2]

V. Beschlussinhalt

Der Beschluss gem. Abs. 1 hat neben der **Zwangsgeldfestsetzung** zugleich die **Aufforderung nach § 388** unter **Androhung** eines **erneuten Zwangsgelds zu wiederholen**. Dabei können die Frist und der Betrag des Zwangsgelds anders als im ersten Androhungsbeschluss bemessen werden.[3] Bei Androhung eines erhöhten Zwangsgelds ist die gesetzlich festgesetzte Höchstgrenze zu beachten. Allerdings dürfen mehrere nacheinander angedrohte Zwangsgelder diese Grenze insgesamt übersteigen, bis der Höchstbetrag von 5 000 Euro im Einzelfall erreicht ist.[4]

8

Gem. Abs. 2 ist mit der Festsetzung des Zwangsgelds auszusprechen, dass der **Beteiligte zugleich die Kosten des Verfahrens** zu tragen hat.

9

VI. Weiteres Verfahren

Das Verfahren nach § 389 ist gem. Abs. 3 solange zu **wiederholen**, bis der Beteiligte entweder der von ihm zu erfüllenden Verpflichtung nachgekommen ist oder Einspruch erhoben hat. Die Höhe des Zwangsgelds sollte dabei bei jedem Schritt gesteigert werden, wobei die Summe der wiederholten Festsetzungen den Höchstbetrag überschreiten darf (dazu oben Rz. 8).

10

Kosten/Gebühren: Gericht: Für jede Festsetzung von Zwangsgeld entsteht eine Gebühr in Höhe von 100 Euro nach Nr. 13310 KV GNotKG. Die Kosten schuldet derjenige, dem sie nach Abs. 2 auferlegt wurden (§ 27 Nr. 1 GNotKG).

11

390 *Verfahren bei Einspruch*

(1) Wird rechtzeitig Einspruch erhoben, soll das Gericht, wenn sich der Einspruch nicht ohne weiteres als begründet erweist, den Beteiligten zur Erörterung der Sache zu einem Termin laden.
(2) Das Gericht kann, auch wenn der Beteiligte zum Termin nicht erscheint, in der Sache entscheiden.
(3) Wird der Einspruch für begründet erachtet, ist die getroffene Entscheidung aufzuheben.
(4) Anderenfalls hat das Gericht den Einspruch durch Beschluss zu verwerfen und das angedrohte Zwangsgeld festzusetzen. Das Gericht kann, wenn die Umstände es rechtfertigen, von der Festsetzung eines Zwangsgelds absehen oder ein geringeres als das angedrohte Zwangsgeld festsetzen.
(5) Im Fall der Verwerfung des Einspruchs hat das Gericht zugleich eine erneute Aufforderung nach § 388 zu erlassen. Die in dieser Entscheidung bestimmte Frist beginnt mit dem Eintritt der Rechtskraft der Verwerfung des Einspruchs.
(6) Wird im Fall des § 389 gegen die wiederholte Androhung Einspruch erhoben und dieser für begründet erachtet, kann das Gericht, wenn die Umstände es rechtfertigen, zugleich ein früher festgesetztes Zwangsgeld aufheben oder an dessen Stelle ein geringeres Zwangsgeld festsetzen.

I. Allgemeines

In § 390 sind die das Einspruchsverfahren betreffenden Regelungen der früheren §§ 134, 135 und 136 FGG aF zusammengefasst worden. Im Gegensatz zur früheren

1

---

1 BayObLG v. 14.12.1983 – 3 Z 133/82, Rpfleger 1984, 143 (LS).
2 BayObLG v. 10.6.1955 – BReg. 2 Z 44/55, Rpfleger 1955, 239 (240).
3 Keidel/*Heinemann*, § 389 FamFG Rz. 7.
4 Holzer/*Holzer*, § 388 FamFG Rz.9; § 389 Rz. 10.

Rechtslage, bei der gem. § 134 Abs. 1 FGG aF die **Anberaumung eines Erörterungstermins** zwingend vorgeschrieben war, wird nunmehr jedoch gem. Abs. 1 die Durchführung eines Termins in das Ermessen des Gerichts gestellt.

1a Dass der frühere § 138 FGG lediglich in § 389 Abs. 2, nicht aber in § 390 übernommen wurde, ist vermutlich die Folge eines **Redaktionsversehens**. Die zuerst genannte Bestimmung hatte die Kostenentscheidung für das Zwangsgeld- und Einspruchsverfahren geregelt. Hierdurch entsteht eine planwidrige Lücke, die durch analoge Anwendung des § 389 Abs. 2 geschlossen werden muss. Der Gesetzgeber sollte § 390 entsprechend ergänzen.[1]

II. Einspruchsverfahren, offensichtlich begründeter Einspruch

1b Nach § 390 Abs. 1 ist zur Rechtfertigung der unterlassenen Verpflichtung nach § 388 Abs. 1 nicht die Beschwerde, sondern nur der Einspruch statthaft. Weil die **Beschwerde gegen die Androhungsverfügung nicht statthaft** ist, hat der Gesetzgeber einen Rechtsbehelf ohne Devolutiveffekt eingeführt, der zur Überprüfung der gegen die Zwangsgeldandrohung erhobenen Einwendungen in derselben Instanz führt. Der Rechtsbehelf des Einspruchs ist dem Widerspruch im Amtslöschungsverfahren der §§ 393 ff. strukturell vergleichbar.[2]

2 Bei einem **rechtzeitig eingelegten Einspruch** hat das **Gericht** diesen unter Berücksichtigung des aus dem Akteninhalt ersichtlichen Sachverhalts unter Einbeziehung einer etwaigen Einspruchsbegründung und damit ggf. vorgelegter Unterlagen **zu überprüfen**.

3 Hält das Gericht den **Einspruch** ohne Weiteres für **begründet**, hat es die nach § 388 erlassene **Androhung** sogleich zurückzunehmen und die **Verfügung** aufzuheben, Abs. 3. Hierbei handelt es sich um eine Endentscheidung, mithin erfolgt die Aufhebung durch Beschluss (§ 38 Abs. 1).[3]

4 Während die Androhungsverfügung nicht gem. § 58 mit der Beschwerde anfechtbar ist, weil es sich dabei nicht um eine Endentscheidung handelt,[4] gilt dies nicht für den **Aufhebungsbeschluss**, dh. der Beschluss kann mit der Beschwerde (§ 58) angefochten werden.[5]

III. Erörterungstermin

5 Erscheint nach Überprüfung durch das Gericht der **Einspruch nicht** ohne Weiteres als **begründet**, sollte das Gericht einen **Termin zur Erörterung** der Sache mit den Beteiligten anberaumen. Hierfür gelten die allgemeinen Bestimmungen der §§ 32 ff., dh., das Gericht kann insbesondere das persönliche Erscheinen eines Beteiligten zum Termin anordnen und ihn anhören, wenn dies zur Aufklärung des Sachverhalts sachdienlich erscheint, § 33 Abs. 1.

6 Gem. Abs. 2 werden daran, dass ein **Beteiligter** zum Termin **nicht erscheint**, **Säumnisfolgen nicht** geknüpft. Das **Gericht** hat vielmehr dann ebenso, wie wenn der Beteiligte erschienen wäre, die Sache **von Amts wegen** aufzuklären und zu entscheiden.

---

1 Holzer/*Holzer*, § 390 FamFG Rz. 3; *Nedden-Boeger*, FGPrax 2009, 144 (147).
2 Holzer/*Holzer*, § 390 FamFG Rz. 3.
3 Die in der 1. Aufl. vertretene abweichende Auffassung wurde seit der 2. Aufl. aufgegeben. Zwar lässt § 38 Abs. 1 Satz 2 in Registersachen Ausnahmen von dem Grundsatz zu, dass Endentscheidungen durch Beschluss zu ergehen haben, jedoch enthält § 390 Abs. 3 insoweit – anders als zB § 382 Abs. 1 – keine ausdrückliche Regelung zur Form der Entscheidung. Wie hier auch Keidel/*Heinemann*, § 390 FamFG Rz. 7; Schulte-Bunert/Weinreich/*Nedden-Boeger*, § 390 FamFG Rz. 16.
4 Begründung zu § 389 RegE, in: BT-Drucks. 16/6308, S. 287.
5 Eine Beschwerdeberechtigung kommt insbesondere für berufsständische Organe nach deren Beteiligung gem. § 7 in Betracht.

IV. Begründeter Einspruch

Wird der **Einspruch** (sofort oder nach Erörterung) für **begründet** erachtet, ist die gem. § 388 erlassene Verfügung (Androhung des Zwangsgelds) **aufzuheben**. Die Aufhebung erfolgt durch Beschluss, vgl. vorstehend Rz. 3. Das gilt sowohl für die Aufforderung zur Vornahme einer bestimmten Handlung etc. als auch für die Zwangsgeldandrohung. 7

Ein bereits ergangener **Zwangsgeldfestsetzungsbeschluss** ist wegen veränderter Umstände gleichfalls aufzuheben. 8

Wird der aufgegebenen Verpflichtung nach Festsetzung eines Zwangsgelds zugleich mit der **Einlegung des Einspruchs** nachgekommen, muss das Gericht dies als neuen Umstand berücksichtigen und den Zwangsgeldfestsetzungsbeschluss ebenfalls aufheben.[1] 9

Zuständig für die Entscheidungen im Einspruchsverfahren ist der Rechtspfleger. 10

Die **Bekanntgabe des Aufhebungsbeschlusses** erfolgt gem. § 15, dh. entweder durch Zustellung nach den §§ 166 bis 195 ZPO oder durch Aufgabe zur Post. Entsprechendes gilt für den Beschluss, durch den der Einspruch gem. Abs. 4 verworfen wird, § 41 iVm. § 15 Abs. 2. 11

V. Verwerfung des Einspruchs

Erachtet das Gericht den **Einspruch nicht als begründet**, hat es ihn gem. Abs. 4 durch **Beschluss zu verwerfen** und das **angedrohte Zwangsgeld festzusetzen**. Dabei muss zweifelsfrei feststehen, dass die zur Festsetzung des Zwangsgelds führende Verpflichtung auch tatsächlich besteht. Wegen der mit der **Verwerfung des Einspruchs** verbundenen gravierenden Rechtsfolgen ist es nicht ausreichend, wenn die Verpflichtung lediglich glaubhaft ist.[2] In der Entscheidung über die Verwerfung des Einspruchs sind dem Beteiligten zugleich analog § 389 Abs. 2 die Kosten des Verfahrens aufzuerlegen (dazu oben Rz. 1b). 12

Gem. Abs. 4 Satz 2 kann das Gericht bezüglich der **Festsetzung des Zwangsgelds** insoweit von der angefochtenen **Verfügung abweichen**, als es unter besonderen rechtfertigenden Umständen von der Festsetzung eines Zwangsgelds **ganz absehen** oder ein **geringeres** als das angedrohte **Zwangsgeld festsetzen** kann. Solche Umstände sind etwa gegeben, wenn der Beteiligte sich im guten Glauben befindet und er der Erfüllung der ihm obliegenden Verpflichtung aus entschuldbaren Gründen nicht nachgekommen ist.[3] 13

Im Falle der Verwerfung des Einspruchs gem. Abs. 5 kann das Gericht zugleich eine **erneute Aufforderung** nach § 388 **erlassen**. Die dabei für die Erfüllung der Verpflichtung zu setzende Frist beginnt mit dem Eintritt der Rechtskraft des Beschlusses zu laufen, durch den der Einspruch verworfen wird. 14

VI. Sonderregelung des Absatz 6

Abs. 6 enthält eine **Sonderregelung**, die den an sich für das Beschwerdeverfahren geltenden **Grundsatz** des § 68 Abs. 1 Satz 1 für das **Einspruchsverfahren übernimmt**: Erhebt der Beteiligte nicht oder nicht rechtzeitig gegen eine Androhung gem. § 388 Einspruch, sondern erst gegen die wiederholte Androhung gem. § 389, kann das Gericht, falls der jetzt erhobene Einspruch für begründet erachtet wird, beim Vorliegen rechtfertigender Umstände zugleich ein früher festgesetztes Zwangsgeld aufheben oder an dessen Stelle in geringeres Zwangsgeld festsetzen. Ob und in welchem Umfang von dieser Änderungsbefugnis Gebrauch gemacht wird, steht dabei im pflichtgemäßen Ermessen des Gerichts. Solche besonderen Umstände können zB anzunehmen sein, wenn eine Schuld an einer Fristversäumnis für die Einspruchseinlegung 15

---

1 Keidel/*Heinemann*, § 390 FamFG Rz. 20.
2 Bassenge/*Roth*, 11. Aufl., § 135 FFG Rz. 4.
3 Holzer/*Holzer*, § 390 FamFG Rz. 13 mwN.

gem. § 388 nicht dem Beteiligten selbst, sondern seinem Vertreter anzulasten ist und deshalb für den Beteiligten ein Wiedereinsetzungsgrund gegeben ist.[1]

16 Im Rahmen der Entscheidung über den **Einspruch gegen eine wiederholte Zwangsgeldfestsetzung** kann das Gericht das früher festgesetzte Zwangsgeld nach § 390 Abs. 6 aufheben, wenn es die Unrichtigkeit der vorausgegangenen Verfügung erkennt.[2]

VII. Vollstreckung

17 Nach rechtskräftiger Festsetzung wird das **Zwangsgeld** gem. § 1 Abs. 1 Nr. 3 **JBeitrO vollstreckt**.

18 **Kosten/Gebühren: Gericht:** Für jede Verwerfung des Einspruchs entsteht eine Gebühr in Höhe von 100 Euro nach Nr. 13311 KV GNotKG. Die Kosten schuldet derjenige, dem sie nach § 389 Abs. 2 auferlegt wurden (§ 27 Nr. 1 GNotKG).

391 Beschwerde

(1) Der Beschluss, durch den das Zwangsgeld festgesetzt oder der Einspruch verworfen wird, ist mit der Beschwerde anfechtbar.
(2) Ist das Zwangsgeld nach § 389 festgesetzt, kann die Beschwerde nicht darauf gestützt werden, dass die Androhung des Zwangsgelds nicht gerechtfertigt gewesen sei.

I. Allgemeines

1 Die Vorschrift entspricht im Wesentlichen § 139 FGG aF.[3]

2 § 391 enthält gegenüber den allgemeinen Vorschriften in Buch 1 **abweichende Regelungen**. Während gegen Zwangsmittelfestsetzungen nach § 35 Abs. 5 als Rechtsmittel die sofortige Beschwerde nach Maßgabe der §§ 567 bis 572 ZPO statthaft ist, eröffnet Abs. 1 gegen eine Zwangsgeldfestsetzung nach § 389 Abs. 1 das Beschwerdeverfahren gem. § 58. Dies gilt auch im Fall der Verwerfung des Einspruchs nach § 390 Abs. 4, wie in Abs. 1 lediglich zur Klarstellung erwähnt wird.[4]

3 In Abs. 2 werden die **Beschwerdegründe** gegen die Zwangsgeldfestsetzung **gegenständlich beschränkt**.

II. Beschwerdeberechtigung

4 Beschwerdeberechtigt sind in erster Linie diejenigen, gegen die sich das **Zwangsgeldverfahren richtet**, nämlich die für eine bestimmte Handlung usw. verantwortlichen natürlichen Personen (vgl. § 388 Rz. 28a).

5 Darüber hinaus wird jedoch angenommen, dass auch die von diesen natürlichen Personen repräsentierten **Gesellschaften, Genossenschaften, Partnerschaftsgesellschaften** oder **Vereine beschwerdeberechtigt** sind. So werden bei einem Einschreiten gegen Gesellschafter, Vorstandsmitglieder oder Geschäftsführer auch die Rechte der zugehörigen Handelsgesellschaft oder Genossenschaft beeinträchtigt, so dass diese Gesellschaft oder Genossenschaft ebenfalls das Beschwerderecht hat.[5] Richtet sich das **Zwangsgeldverfahren** bei einer **GmbH & Co. KG** gegen den **Geschäftsführer der Komplementär-GmbH**, so können Einspruch und Beschwerde sowohl der **Geschäftsführer** als auch die **GmbH & Co. KG** selbst einlegen.[6]

---

1 Keidel/*Heinemann*, § 390 FamFG Rz. 34.
2 OLG Schleswig v. 9.6.2010 – 2 W 90/10, FGPrax 2010, 208 (209).
3 Begründung zu § 391 RegE, in BT-Drucks. 16/6308, S. 287.
4 Holzer/*Holzer*, § 391 FamFG Rz. 1.
5 Vgl. BayObLG v. 19.8.1955 – BReg. 2 Z 90/55, BayObLGZ 1955, 197 (198); BayObLG v. 23.3.1962 – BReg. 2 Z 170/61, BayObLGZ 1962, 107 (111); BayObLG v. 21.11.1983 – 3 Z 123/82, Rpfleger 1984, 105.
6 Vgl. BayObLG v. 12.11.1987 – BReg. 3 Z 130/87, Rpfleger 1988, 193 (194); BayObLG v. 14.9.2001 – 3 Z BR 194/01, Rpfleger 2002, 31.

Ebenso wenig wie gegenüber einem **Prokuristen** ein Zwangsgeld zur Durchsetzung einer der von diesem vertretenen Gesellschaft obliegenden Verpflichtung angedroht oder festgesetzt werden kann, kann der Prokurist auch keine Beschwerde gegen eine Zwangsgeldfestsetzung gegenüber den Gesellschaftern, Vorstandsmitgliedern oder Geschäftsführern der von ihm vertretenen Gesellschaft einlegen.

III. Beschränkung der Beschwerde

Abs. 2 beschränkt die gerichtliche Prüfung wie im früheren Recht[1] auf die **formelle Rechtmäßigkeit** des ergangenen Beschlusses über die Festsetzung des Zwangsgelds, beispielsweise hinsichtlich der Länge der den Beteiligten gesetzten Frist.[2] Eine Drei-Wochen-Frist ist dann ausreichend, wenn sich das Registergericht vor der förmlichen Einleitung des Zwangsgeldverfahrens bereits einige Zeit um eine formlose Erledigung der Beanstandung bemüht hat. Überprüfbar ist auch, ob das Registergericht im Rahmen seiner gesetzlichen Befugnisse und ermessensfehlerfrei gehandelt hat.[3]

Die **materielle Rechtmäßigkeit** der Zwangsgeldfestsetzung ist hingegen im Beschwerdeverfahren nicht zu prüfen, sondern dem Einspruchsverfahren vorbehalten.[4] Falls das Verfahren fehlerfrei war, müsste die Beschwerde nach richtiger Ansicht zurückgewiesen werden, wenn die der Festsetzung des Zwangsgelds zugrundeliegende Verpflichtung nach materiellem Recht nicht bestand.[5]

Falls das Zwangsgeld trotz rechtzeitigen Einspruchs ohne Entscheidung über den Einspruch festgesetzt worden ist, ist § 391 Abs. 2 nicht anwendbar. Hier handelt es sich um einen **Verfahrensmangel**, der dem Beschwerdegericht die Möglichkeit der sachlichen Prüfung über den Einspruch gestattet.[6] Die Beschwerde ist nur statthaft, wenn das festgesetzte Zwangsgeld einen Betrag von **600 Euro** übersteigt.[7]

Kosten/Gebühren: Gericht: Für die Rechtsmittelverfahren entstehen die Festgebühren nach den Nrn. 13320 bis 13332 KV GNotKG. Als Kostenschuldner kommen der Rechtsmittelführer als Antragsteller (§§ 22 Abs. 1, 25 GNotKG) und der Entscheidungsschuldner (§ 27 Nr. 1 GNotKG) in Betracht.

392 Verfahren bei unbefugtem Firmengebrauch

(1) Soll nach § 37 Abs. 1 des Handelsgesetzbuchs gegen eine Person eingeschritten werden, die eine ihr nicht zustehende Firma gebraucht, sind die §§ 388 bis 391 anzuwenden, wobei
1. **dem Beteiligten unter Androhung eines Ordnungsgeldes aufgegeben wird, sich des Gebrauchs der Firma zu enthalten oder binnen einer bestimmten Frist den Gebrauch der Firma mittels Einspruchs zu rechtfertigen;**
2. **das Ordnungsgeld festgesetzt wird, falls kein Einspruch erhoben oder der erhobene Einspruch rechtskräftig verworfen ist und der Beteiligte nach der Bekanntmachung des Beschlusses diesem zuwidergehandelt hat.**

(2) Absatz 1 gilt entsprechend im Fall des unbefugten Gebrauchs des Namens einer Partnerschaft.

I. Allgemeines

Abs. 1 entspricht inhaltlich dem früheren § 140 FGG. Nach § 3 GenG iVm. den §§ 30, 37 HGB ist das **Ordnungsgeldverfahren** auch bei einem unbefugten Gebrauch

---
1 BayObLG v. 4.3.1910 – Reg. III 20/1910, BayObLGZ 11, 164 (166); BayObLG v. 2.2.1929 – Reg. III Nr. 11/1929, BayObLGZ 29, 83 (84); BayObLG v. 10.3.1978 – BReg. 3 Z 39/77, BayObLGZ 1978, 54 (59); KG v. 8.7.1901 (ohne Az.), OLGE 5, 275 (276); OLG Braunschweig v. 28.4.1927 – 1 W 45/24, JFG 5, 198 (200); LG Meiningen v. 4.2.1999 – 4 T 418/98; *Keidel*, Rpfleger 1955, 134.
2 BayObLG v. 10.3.1978 – BReg. 3 Z 39/77, BayObLGZ 1978, 54 (59).
3 Holzer/*Holzer*, § 391 FamFG Rz. 3.
4 KG v. 26.4.2012 – 25 W 103/11, ZIP 2012, 1352 (1353).
5 BayObLG v. 2.2.1929 – Reg. III Nr. 11/1929, BayObLGZ 29, 83 (85); Holzer/*Holzer*, § 391 FamFG Rz. 4; aA OLG Hamm v. 25.10.1978 – 15 W 144/78, OLGZ 1979, 1.
6 LG Mannheim v. 4.8.1954 – 9 T 1/54, Rpfleger 1955, 132 (133).
7 OLG Düsseldorf v. 11.5.2012 – I-3 Wx 97, 196/96 ua., juris.

der Firma einer Genossenschaft einzuleiten. Auch insoweit greift damit § 392 Abs. 1 ein, ohne dass es einer zusätzlichen Klarstellung bedurfte.

2 Durch Abs. 2 ist die Vorschrift darüber hinaus bei einem **unbefugten Gebrauch des Namens einer Partnerschaft** für entsprechend anwendbar erklärt worden, § 2 Abs. 2 PartGG iVm. § 37 HGB.

II. Bedeutung

3 Die Bestimmung ist im Zusammenhang mit § 37 Abs. 1 HGB zu sehen, der die materielle Rechtsgrundlage für das in § 392 festgelegte Verfahren beinhaltet. Danach ist **derjenige**, der eine ihm **nicht zustehende Firma** gebraucht, von dem **Registergericht** zur **Unterlassung** des Gebrauchs der Firma durch **Festsetzung von Ordnungsgeld** anzuhalten.

4 Durch § 37 Abs. 1 HGB ist die im **öffentlichen Interesse** liegende **Wahrung der Beachtung** der **Rechtsvorschriften** über die **Firmenführung** dem **Registergericht übertragen** worden. **Unabhängig** davon räumt § 37 Abs. 2 HGB demjenigen, der in seinen Rechten durch den unbefugten Firmengebrauch eines Dritten beeinträchtigt ist, einen **privatrechtlichen Unterlassungsanspruch** ein. In § 37 Abs. 2 Satz 2 HGB ist weiter klargestellt, dass ein nach sonstigen Vorschriften begründeter Anspruch auf Schadensersatz unberührt bleibt.

III. Anwendungsbereich

5 § 37 Abs. 1 HGB und damit die Ausführungsvorschrift des § 392 gilt für **alle Handelsfirmen**, dh. auch für die einer OHG oder KG sowie Einzelkaufleute. Darüber hinaus gilt § 392 für die GmbH, § 4 GmbHG, für die AG und die KGaA, §§ 4, 279 AktG, für die Genossenschaft, § 3 GenG und für den VaG, § 18 Abs. 2 VAG.[1] Auch die Europäische wirtschaftliche Interessenvereinigung wird, da sie zur Führung einer Firma verpflichtet ist, Art. 5 EWIV-VO, insoweit ebenfalls nach § 392 geschützt. Gleiches gilt für die Europäische Gesellschaft (SE), die gem. den für eine AG geltenden Vorschriften im Handelsregister einzutragen ist, § 3 SEEG.

6 Durch eine **Reihe von Sondervorschriften** werden darüber hinaus **bestimmte Firmenbestandteile** in der Weise geschützt, dass sie nur von Rechtsträgern geführt werden dürfen, die bestimmte Voraussetzungen erfüllen. Die entsprechenden Vorgaben sind zum Teil allgemeiner Art, wie etwa der nur bei der **Partnerschaftsgesellschaft** zulässige Zusatz „**und Partner**", § 11 Abs. 1 PartGG. In anderen Fällen müssen **besondere Voraussetzungen** an eine Qualifikation bei den persönlich haftenden **Gesellschaftern**, den Mitgliedern des **Vorstands** oder den **Geschäftsführern** vorliegen. Dies gilt insbesondere für die Rechtsanwaltsgesellschaft, § 59k Abs. 2 BRAO, für die Steuerberatungsgesellschaft, §§ 43 Abs. 1, 53 Abs. 1, 161 StBerG, und für die Wirtschaftsprüfungsgesellschaft bzw. Buchprüfungsgesellschaft, §§ 24, 31, 133 WPO. Weitere **Sondervorschriften** bestehen bei **Finanzierungsinstituten** für die Bezeichnungen Bank, Volksbank, Sparkasse, Spar- und Darlehenskasse, §§ 39 Abs. 1 und 2, 40 Abs. 1 und 2 KWG, weiter für Bausparkassen, § 1 BausparG, für Kapitalanlagegesellschaften, Investmentgesellschaften, Investmentfonds, Investmentaktiengesellschaften, § 3 InvG, und Unternehmensbeteiligungsgesellschaften, § 20 Abs. 1 UBGG.

7 Nach § 392 kann das Registergericht jedoch nur vorgehen, wenn sich die **Unzulässigkeit der Firmenführung** aus einem **Verstoß** gegen eine **firmenrechtliche Vorschrift** ergibt, die Firma dem Benutzer mithin gerade nach firmenrechtlichen Vorschriften nicht zusteht. Verstößt dagegen der Gebrauch der Firma gegen sonstige gesetzliche Bestimmungen, wie etwa Vorschriften des Wettbewerbs- oder Markenrechts, bspw. §§ 1, 3 UWG oder §§ 14, 15, 3, 5 MarkenG, bzw. gegen gewerbepolizeiliche Vorschriften, ist die Einleitung eines Firmenmissbrauchsverfahrens gem. § 392 nicht gerechtfertigt.[2]

---

[1] Holzer/*Holzer*, § 392 FamFG Rz. 2.
[2] Vgl. Jansen/*Steder*, § 140 FGG Rz. 5, 9.

Neben dem Verfahren gem. § 392 können in einer Reihe von Fällen die Voraussetzungen für ein anderweitiges Vorgehen des Registergerichts vorliegen, was durch die **Einleitung des Verfahrens** gem. § 392 nicht ausgeschlossen oder gehindert wird. 7a

Bei einem möglicherweise **unbefugten Gebrauch einer nicht im Handelsregister eingetragenen Firma** kann ein Verfahren gem. § 381 zur Durchsetzung der Anmeldeverpflichtung neben dem Verfahren gem. § 392 eingeleitet werden. Ist streitig, ob der Firmengebrauch zulässig ist oder nicht, wird sinnvollerweise das Verfahren gem. § 388 gem. § 21 auszusetzen sein, bis die Frage der Zulässigkeit bzw. Unzulässigkeit des Firmengebrauchs geklärt ist.[1] 7b

§ 37 Abs. 2 Satz 1 HGB gibt dem Betroffenen weiter eine **Anspruchsgrundlage** für eine vor den ordentlichen Gerichten durchzuführende **Klage** gegen denjenigen, der die Firma unzulässig benutzt, an die Hand. Dieser Prozess kann unabhängig von einem Ordnungsgeldverfahren nach § 392 geführt werden, es ist aber auch hier die Möglichkeit einer Verfahrensaussetzung gem. § 21 gegeben.[2] Bei einem noch nicht anhängigen Rechtsstreit iSd. vorstehenden Absatzes kommt für das Registergericht auch eine Aussetzung des Verfahrens gem. § 381 in Betracht. In diesem Fall hat es gem. § 381 Satz 2 einem der Beteiligten zwingend eine angemessene Frist zur Klagerhebung zu setzen. 7c

Da das **Löschungs- und Auflösungsverfahren** nach §§ 393 ff. andere Zwecke als das Ordnungsgeldverfahren nach § 392 verfolgt, nämlich die Beseitigung einer unzulässigerweise im Handelsregister eingetragenen Firma, können diese Verfahren nebeneinander durchgeführt werden.[3] 7d

IV. Unbefugter Firmengebrauch

Voraussetzung für ein Einschreiten seitens des Registergerichts ist, dass jemand eine unzulässige oder ihm nicht zustehende Firma gebrauchte. **Unbefugt ist der Gebrauch einer Firma** dann, wenn die Grundsätze des Firmenrechts deren Gebrauch nicht gestatten. Dies richtet sich gem. § 37 Abs. 1 HGB nach den firmenrechtlichen Bestimmungen der §§ 17 ff. HGB sowie Vorschriften in anderen Gesetzen (§§ 4, 279 AktG, § 4 GmbHG, § 3 GenG), nicht aber nach Vereinbarungen der Beteiligten. 8

Unter den Begriff des „**Gebrauchs**" fallen dabei sämtliche Handlungen, aus denen sich der Wille ergibt, sich im Rahmen des Geschäftsbetriebs dieser Firma zu bedienen.[4] Dies kann mithin durch Inserate, auf Firmenschildern, in Geschäftsbriefen,[5] in Geschäftsanzeigen, in Telefonbüchern, durch Anbringung einer Firmenaufschrift über einem Ladeneingang,[6] auf Rechnungen, Preislisten oder Tüten,[7] auf Empfehlungsschreiben oder im Internet[8] geschehen. 8a

Der unzulässige Firmengebrauch kann **von Anfang an** vorliegen (zB bei der Erstanmeldung zum Register) oder sich durch eine spätere Änderung der tatsächlichen Verhältnisse ergeben. Auf eine Änderung der Rechtsauffassung bei der Beurteilung der Zulässigkeit der Firma kommt es dabei nicht an.[9] 8b

Gebrauch ist auch die **Aufrechterhaltung** einer **unzulässigen Eintragung** im Handelsregister. Gegen den insoweit Beteiligten kann nach § 392 vorgegangen werden, wobei ihm jedoch die Anmeldung der Löschung nicht aufgegeben werden kann.[10] Fraglich kann sein, ob bereits die Anmeldung einer – unzulässigen – Firma einen Ge- 9

---

1 Keidel/*Heinemann*, § 392 FamFG Rz. 5.
2 Keidel/*Heinemann*, § 392 FamFG Rz. 10.
3 Holzer/*Holzer*, § 392 FamFG Rz. 3.
4 BayObLG v. 12.8.1960 – 2 Z 78/60, BayObLG Rpfleger 1961, 300.
5 BayObLG v. 6.2.1992 – 3 Z 201/91, Rpfleger 1992, 304.
6 KG v. 4.2.1926 – 1 X 794/25, JW 1926, 2930.
7 BayObLG v. 12.8.1960 – 2 Z 78/60, Rpfleger 1961, 300 (301 f.); BayObLG v. 30.10.1972 – 2 Z 50/72, Rpfleger 1973, 27 (28).
8 Holzer/*Holzer*, § 392 FamFG Rz. 4.
9 KG v. 12.11.1964, 1 W 1851/64, Rpfleger 1965, 146 (148).
10 KG v. 26.2.1915 (ohne Az.), OLGE 34, 330.

brauch iSd. § 37 Abs. 1 HGB darstellen kann, wie das BayObLG in einem Beschluss v. 28.4.1988 angenommen hat.[1] Diese Frage ist nach zutreffender Ansicht zu verneinen, da im Anmeldungsverfahren gerade auch die Frage der Zulässigkeit der Firma zu prüfen ist, mit der Folge, dass das Registergericht die Eintragung abzulehnen hat, falls sie angemeldete Firma für unzulässig hält. Gegen die Auffassung des BayObLG sprechen auch Gründe der Prozessökonomie. Es ist kaum sinnvoll, das Anmeldungsverfahren zunächst bis zu einem rechtskräftigen Abschluss des Firmenmissbrauchsverfahrens auszusetzen.[2]

10 Vom Gebrauch der Firma zu **unterscheiden** ist der **Gebrauch** sog. **Geschäftsbezeichnungen**[3] (Etablissementbezeichnungen), die nicht den Unternehmensträger kennzeichnen, sondern der Spezifizierung eines Geschäfts dienen und dieses aus der Vielzahl gleichartiger Unternehmen herausnehmen und kenntlich machen sollen,[4] etwa bei der Bezeichnung „Schnellreinigung". Die früher zum Teil problematische Abgrenzung des zulässigen Gebrauchs von Geschäftsbezeichnungen zum unzulässigen Firmengebrauch wurde durch das Handelsrechtsreformgesetz[5] entschärft bzw. erleichtert, weil insbesondere durch die Änderung von § 19 HGB nunmehr auch die Firma eines Kaufmanns oder einer Personenhandelsgesellschaft einen Kaufmanns- bzw. Rechtsformzusatz enthalten muss und im Falle des Nichtvorhandenseins eines solchen Zusatzes davon ausgegangen werden kann, dass nicht die Verwendung einer kaufmännischen Firma vorliegt.[6]

V. Verfahren bei der Festsetzung

11 § 392 Abs. 1 ordnet die Anwendung der §§ 388 bis 391 an, soweit Nr. 1 und 2 keine Besonderheiten vorschreiben. Anders als nach den §§ 388 ff. handelt es sich nicht um ein Zwangsgeldverfahren, sondern wie nach § 140 FGG aF um ein **Ordnungsgeldverfahren**.[7] Auch das Ordnungsgeldverfahren soll die ordnungsgemäße Erfüllung der sich aus dem materiellen Recht ergebenden Verpflichtungen sicherstellen; jedoch enthält das Ordnungsgeld im Gegensatz zum Zwangsgeld nach den §§ 388 ff. auch eine **Sanktionswirkung**. Die Erfüllung der gesetzlichen Verpflichtung führt deshalb grundsätzlich nicht zur Aufhebung des ergangenen Bescheides.[8] Die auf den Verpflichteten erzeugte **Druckwirkung des Ordnungsgelds** ist dadurch deutlich höher als die des Zwangsgelds.

11a Das Verfahren gem. § 392 ist **von Amts wegen einzuleiten**, wobei die Einleitung auch aufgrund einer Anregung durch Dritte, insbesondere von Organen iSv. § 380, erfolgen kann.[9] Ein gegenüber dem Registergericht etwa durchsetzbarer Anspruch auf Einschreiten besteht dabei jedoch nicht, auch nicht für denjenigen, der gem. § 37 Abs. 2 HGB in seinen Rechten beeinträchtigt ist.[10] Dieser muss seine Ansprüche auf Unterlassung oÄ gegenüber seinem Gegner direkt geltend machen.

12 Zunächst muss das Registergericht das Vorliegen eines **unbefugten Firmengebrauchs** feststellen. Bejaht es diesen, hat es dem Beteiligten, gegen den sich das Verfahren richtet, aufzufordern,

– entweder sich des Gebrauchs der Firma zu enthalten,[11]
– oder binnen einer bestimmten Frist den Gebrauch der Firma mittels Einspruchs zu rechtfertigen (§ 391 Abs. 1 Nr. 1),

---

1 BayObLG v. 28.4.1988 – BReg. 3 Z 10/88, MDR 1988, 868.
2 Vgl. Keidel/*Heinemann*, § 392 FamFG Rz. 10.
3 Baumbach/*Hopt*, 35. Aufl., § 17 HGB Rz. 11.
4 Vgl. Jansen/*Steder*, § 140 FGG Rz. 13.
5 HRefG v. 22.6.1998, BGBl. I, S. 1474.
6 Jansen/*Steder*, § 140 FGG Rz. 14.
7 BayObLG v. 24.9.1998 – 3 Z BR 58/98, NJW 1999, 297.
8 Ebenso das Ordnungsgeldverfahren bei der Nichtvorlegung von Jahresabschlüssen nach § 335 Abs. 3 Satz 5 HGB, vgl. *Holzer*, ZVI 2007, 401 (402).
9 Holzer/*Holzer*, § 392 FamFG Rz. 4.
10 RG v. 21.4.1931 – II B 7/31, RGZ 132, 311 (314ff.); BGH v. 10.11.1969 – II ZR 273/67, Rpfleger 1970, 164 (165).
11 Holzer/*Holzer*, § 392 FamFG Rz. 10 mwN.

– verbunden mit Androhung eines Ordnungsgelds für den Fall, dass der Gebrauch der Firma fortgesetzt und nicht innerhalb der Frist Einspruch eingelegt wird.

In der Androhungsverfügung ist die Firma genau zu bezeichnen.[1] **Zusätzliche, im Gesetz nicht vorgesehene Auflagen** darf die Verfügung nicht enthalten. Das Registergericht darf also nicht eine **Anmeldung der Löschung der Firma** oder deren Änderung[2] oder die Entfernung eines Firmenschildes verlangen.[3]   13

Zur der **Höhe des Ordnungsgelds** s. § 388 Rz. 32.   14

Auch im Falle des § 392 kann das Verfahren **nur gegen natürliche Personen** gerichtet werden (vgl. § 388 Rz. 28a).   15

Bei Vorliegen besonderer Umstände kann das Registergericht **von einem Einschreiten absehen**, wenn gegenüber vorrangigen privaten Interessen an einer Fortführung der Firma das öffentliche Interesse an der Durchsetzung des Firmenrechts wesentlich geringer ins Gewicht fällt. Eine alte, besonders wertvolle Firma kann deshalb vom Gericht weiterhin geduldet werden, wenn sich aus dieser Fortführung allenfalls geringe Unzuträglichkeiten ergeben, durch die Untersagung des Gebrauchs der Firma jedoch für den Inhaber unverhältnismäßige Nachteile entstehen würden.[4]   15a

VI. Verfahren bei Einspruch, Rechtsmittel

Für das **Verfahren bei Einspruch** gilt § 390. Die Einlegung einer Beschwerde gem. § 58 gegen eine Verfügung gem. § 392 ist unzulässig, weil keine Endentscheidung iSd. § 38 vorliegt.[5] Im Übrigen wird auf die Anmerkungen zu § 390 Rz. 1b ff. verwiesen.   16

Für das Beschwerdeverfahren im Falle der **Verwerfung eines Einspruchs** oder gegen den Beschluss, durch den das Ordnungsgeld festgesetzt wird, gilt § 391. Insoweit wird auf die Anmerkungen zu § 391 Rz. 4 ff. verwiesen.   17

VII. Festsetzung des Ordnungsgelds

Abweichend von § 389 ist beim Verfahren wegen unbefugten Firmengebrauchs das **Ordnungsgeld** gem. Abs. 1 Nr. 2 nur festzusetzen, wenn der Beteiligte auch nach der **Bekanntmachung des Beschlusses diesem zuwidergehandelt**, also den unzulässigen Firmengebrauch **fortgesetzt** hat. Insoweit hat das Gericht vor Festsetzung des Ordnungsgelds eine entsprechende Feststellung von Amts wegen zu treffen, eine glaubhafte Kenntnis insoweit reicht nicht aus.[6] Die Zuwiderhandlung muss **schuldhaft** sein.[7]   18

Eine **Aufhebung** des festgesetzten Ordnungsgelds ist wegen seines Sanktionscharakters auch dann nicht möglich, wenn sich der Verpflichtete nach der Festsetzung des unbefugten Firmengebrauchs enthält.[8]   18a

VIII. Partnerschaften

Gem. Abs. 2 gelten die Vorschriften des § 389 Abs. 1 entsprechend im Falle des **unbefugten Gebrauchs** des Namens einer **Partnerschaft**. Dies gilt bereits dann, wenn unzulässigerweise allein der Zusatz „**und Partner**", § 11 Abs. 1 PartGG, firmenmäßig verwendet wird. **Unzulässig** ist auch der Gebrauch der englischen Version „**& Partners**".[9]   19

---

1 BayObLG v. 30.10.1972 – 2 Z 50/72, Rpfleger 1973, 27.
2 Vgl. MüKo.ZPO/*Krafka*, 2. Aufl., § 392 FamFG Rz. 15.
3 KG v. 30.6.1902 (ohne Az.), OLGE 5, 274 (275); KG v. 12.11.1964 – 1 W 1851/64, Rpfleger 1965, 146 (148).
4 BayObLG v. 16.6.1978 – BReg. 3 Z 36/70, BayObLGZ 1978, 150 (154).
5 Holzer/*Holzer*, § 392 FamFG Rz. 15.
6 Keidel/*Heinemann*, § 392 FamFG Rz. 85.
7 KG v. 23.4.1925 – 1 X 215/25, OLGE 44, 181.
8 Holzer/*Holzer*, § 392 FamFG Rz. 18.
9 OLG Frankfurt v. 11.11.2004 – 20 W 321/04, GmbHR 2005, 96 (97 f.).

20 **Kosten/Gebühren: Gericht:** Für die Androhung von Ordnungsgeld entstehen keine Gebühren. Für jede Festsetzung von Ordnungsgeld entsteht eine Gebühr in Höhe von 100 Euro nach Nr. 13310 KV GNotKG. Die Kosten schuldet derjenige, dem sie nach § 389 Abs. 2 auferlegt wurden (§ 27 Nr. 1 GNotKG). Für jede Verwerfung des Einspruchs entsteht eine Gebühr in Höhe von 100 Euro nach Nr. 13311 KV GNotKG. Die Kosten schuldet derjenige, dem sie nach § 389 Abs. 2 auferlegt wurden (§ 27 Nr. 1 GNotKG). Für die Rechtsmittelverfahren entstehen die Festgebühren nach den Nrn. 13320 bis 13332 KV GNotKG. Als Kostenschuldner kommen der Rechtsmittelführer als Antragsteller (§ 22 Abs. 1, 25 GNotKG) und der Entscheidungsschuldner (§ 27 Nr. 1 GNotKG) in Betracht.

Unterabschnitt 3
Löschungs- und Auflösungsverfahren

§ 393 Löschung einer Firma

(1) Das Erlöschen einer Firma ist gemäß § 31 Abs. 2 des Handelsgesetzbuchs von Amts wegen oder auf Antrag der berufsständischen Organe in das Handelsregister einzutragen. Das Gericht hat den eingetragenen Inhaber der Firma oder dessen Rechtsnachfolger von der beabsichtigten Löschung zu benachrichtigen und ihm zugleich eine angemessene Frist zur Geltendmachung eines Widerspruchs zu bestimmen.
(2) Sind die bezeichneten Personen oder deren Aufenthalt nicht bekannt, erfolgt die Benachrichtigung und die Bestimmung der Frist durch Bekanntmachung in dem für die Bekanntmachung der Eintragungen in das Handelsregister bestimmten elektronischen Informations- und Kommunikationssystem nach § 10 des Handelsgesetzbuchs.
(3) Das Gericht entscheidet durch Beschluss, wenn es einem Antrag auf Einleitung des Löschungsverfahrens nicht entspricht oder Widerspruch gegen die Löschung erhoben wird. Der Beschluss ist mit der Beschwerde anfechtbar.
(4) Mit der Zurückweisung eines Widerspruchs sind dem Beteiligten zugleich die Kosten des Widerspruchsverfahrens aufzuerlegen, soweit dies nicht unbillig ist.
(5) Die Löschung darf nur erfolgen, wenn kein Widerspruch erhoben worden ist oder wenn der den Widerspruch zurückweisende Beschluss rechtskräftig geworden ist.
(6) Die Absätze 1 bis 5 gelten entsprechend, wenn die Löschung des Namens einer Partnerschaft eingetragen werden soll.

I. Allgemeines	1	III. Verfahrenseinleitung	13
II. Erlöschen der Firma		IV. Adressat der Verfügung	15
1. Allgemeines	4	V. Bekanntgabe	16
2. Einzelkaufmann	6	VI. Rechtsbehelfe	18
3. Gesellschaften	8	VII. Löschung	22
4. Vergebliche Zwangsgeldfestsetzung	11	VIII. Partnerschaften	26

I. Allgemeines

1 Die Abs. 1, 2 sowie 4 und 5 des § 393 entsprechen inhaltlich weitgehend dem früheren § 141 FGG. Jedoch ist auf die vormals in § 141 Abs. 1 Satz 2 FGG enthaltene **Mindestfrist von drei Monaten** verzichtet worden, da dem Gesetzgeber der auch an anderer Stelle im Gesetz enthaltene Begriff einer angemessenen Frist (§§ 141a, 142 FGG aF – jetzt §§ 394, 395) ausreichend erschien.

2 Die geänderte Formulierung von Abs. 3 trägt insbesondere der **Einführung der Beschlussdogmatik** in § 38 und der Umstellung des Rechtsmittelverfahrens im Hinblick auf die Einführung der befristeten Beschwerde als generelles Rechtsmittel in das FamFG Rechnung.[1]

---
1 Begründung zu § 393 RegE, in: BT-Drucks. 16/6308, S. 288.

Abs. 5 erklärt darüber hinaus die Vorschrift hinsichtlich der **Eintragung des Erlöschens des Namens einer Partnerschaft** für entsprechend anwendbar, § 2 Abs. 2 PartGG iVm. § 31 Abs. 2 HGB. § 393 dient wie die ihm folgenden Vorschriften dem Schutz des Rechtsverkehrs vor unrichtigen Registereintragungen.[1]

II. Erlöschen der Firma

1. Allgemeines

Das **Erlöschen einer Firma** vollzieht sich aufgrund rechtlicher, in bestimmten Fällen aber auch aufgrund tatsächlicher Vorgänge, die unterschiedlich sind, je nach dem, ob die Firma eines Einzelkaufmanns, die einer Handelsgesellschaft oder die einer juristischen Person betroffen ist.

Da das **Handelsregister** und auch die weiteren **klassischen FGG-Register** dem Rechtsverkehr den **Zugriff** auf **aktuelle Angaben** über die darin registrierten Rechtsträger ermöglichen sollen, besteht ein Interesse daran, dass **nicht mehr aktive Rechtsträger** aus dem Register **gelöscht** werden. Dadurch wird einerseits eine Belastung der Register durch nicht mehr aktuelle Eintragungen vermieden, zum anderen einem etwaigen Missbrauch nicht mehr aktiver Rechtsträger entgegen gewirkt. Da eine **Löschung** tatsächlich nicht mehr am Rechtsverkehr teilnehmender Rechtsträger im **öffentlichen Interesse** liegt, sieht das HGB eine mehrfach gestaffelte Regelung vor, um dieses Ziel möglichst weitgehend zu erreichen. Zunächst besteht gem. § 31 Abs. 2 Satz 1 HGB die Verpflichtung, das Erlöschen einer Firma anzumelden. Zur Erfüllung dieser Verpflichtung kann das Registergericht durch Zwangsgeld anhalten, § 14 HGB. Führt auch das nicht zum Erfolg, ist das Erlöschen der Firma von Amts wegen einzutragen, § 31 Abs. 2 Satz 2 HGB. Erst falls diese Maßnahmen erfolglos sind, ist eine Löschung nach § 393 möglich. § 393 gilt auch für nach § 13 Abs. 3 HGB aufgehobene Zweigniederlassungen sowie nach Abs. 6 auch für das Partnerschaftsregister, nicht aber für Genossenschaften.[2]

2. Einzelkaufmann

Bei einem Einzelkaufmann **erlischt** die Firma unmittelbar mit der **vollständigen Aufgabe des Geschäftsbetriebs**.[3] Einzelne Abwicklungsmaßnahmen stehen dem Erlöschen der Firma nicht entgegen, soweit sich diese nicht insgesamt zu dem Bild verfestigen, dass der Geschäftsbetrieb nicht insgesamt beendet, sondern nur vorübergehend stillgelegt werden soll. **Sinkt** nur der **Umfang** der Tätigkeit des Geschäftsbetriebs eines eingetragenen Vollkaufmanns auf einen **kleingewerblichen Umfang** herab, kommt es auf die Entscheidung des Kaufmanns an, ob er seine **Eintragung im Handelsregister** aufrecht erhält; in diesem Fall besteht die Firma nunmehr aufgrund der konstitutiv wirkenden Eintragung gem. § 2 Satz 1 HGB fort,[4] der Kaufmann hat jedoch die Löschungsoption des § 2 Satz 3 HGB.[5]

Nicht zum Erlöschen der Firma führt ohne Weiteres der Tod des Einzelkaufmanns, da die Firma vom Erben fortgeführt werden kann, § 27 HGB. Ebenfalls lässt die **Eröffnung** der Insolvenz die **Firma unberührt**, weil das Insolvenzverfahren lediglich die Auflösung der Gesellschaft anordnet und deren Erlöschen erst nach Durchführung der Liquidation in das Register eingetragen wird.[6] Bei Übertragung des Unternehmens mit Firma auf einen neuen Inhaber liegt kein Fall des Erlöschens der Firma, sondern ein solcher des Inhaberwechsels vor, der seinerseits anzumelden ist.

3. Gesellschaften

Bei einer **Personenhandelsgesellschaft** kann die **Firma** grundsätzlich ebenfalls mit der endgültigen **Einstellung des Gewerbetriebs erlöschen**, was jedoch dann nicht

---
1 OLG Hamm v. 20.7.1973 – 15 W63/72, Rpfleger 1973, 405.
2 Bumiller/*Harders*, FamFG, § 393 Rz. 10.
3 BayObLG v. 27.10.1983 – BReg. 3 Z 92/83, Rpfleger 1984, 67.
4 Baumbach/*Hopt*, 35. Aufl., § 2 HGB Rz. 6 ff. mit dem Hinweis auf insoweit streitige Fragen.
5 Holzer/*Holzer*, § 393 FamFG Rz. 3.
6 Holzer/*Holzer*, § 393 FamFG Rz. 3.

gilt, wenn sich die Gesellschaft nur noch mit der Verwaltung ihres eigenen Vermögens beschäftigt, sofern die Firma im Handelsregister eingetragen bleibt, § 105 Abs. 2 HGB.

9   Wird die Gesellschaft einer OHG oder KG durch **Beschluss aufgelöst**, tritt das **Erlöschen der Firma** einer OHG oder KG, sofern eine solche erforderlich ist, erst nach **Beendigung der Liquidation** ein und ist dann anzumelden, §§ 157, 161 HGB, ferner dann, wenn die Gesellschaft ihr Handelsgewerbe aufgibt oder dieses auf den Umfang eines Kleingewerbes beschränkt.[1]

10   Die Pflicht zur **Anmeldung der Löschung** einer AG oder KGaA folgt aus den §§ 273, 278 Abs. 3 AktG nach **Beendigung der Abwicklung**. Diese Grundsätze sind auch auf die GmbH anzuwenden, § 74 Abs. 1 GmbHG.[2] Für Versicherungsvereine aG gilt § 47 VAG. Bei Genossenschaften ist das Erlöschen der Firma nach Beendigung der Liquidation anzumelden.[3] Die Firma einer juristischen Person des § 33 HGB erlischt wie die des Einzelkaufmanns bei Aufgabe des Geschäftsbetriebs, § 31 Abs. 2 HGB.

10a   Eine **nachträgliche Unzulässigkeit der Firma** ist nach richtiger Ansicht nicht dem Erlöschen gleichzusetzen;[4] vielmehr ist in diesem Fall allein § 395 anwendbar. Bei gleichzeitiger Vermögenslosigkeit einer Kapitalgesellschaft geht jedoch § 394 vor.[5]

4. Vergebliche Zwangsgeldfestsetzung

11   Das **Erlöschen der Firma** gehört grundsätzlich zu den **anmeldepflichtigen Vorgängen**, die entsprechende Anmeldungspflicht des Kaufmanns enthält § 31 Abs. 2 Satz 1 HGB. Gem. § 14 HGB ist derjenige, der seiner Pflicht zur Anmeldung des Erlöschens nicht nachkommt, hierzu (zunächst) vom Registergericht durch Festsetzung von Zwangsgeld anzuhalten. In **§ 31 Abs. 2 Satz 2 HGB** wird **bestimmt**, dass dann, wenn die **Anmeldung des Erlöschens** durch den dazu Verpflichteten **nicht im Wege der Androhung und ggf. Festsetzung von Zwangsgeld** (§ 14 HGB), **herbeigeführt** werden kann, das Registergericht das **Erlöschen der Firma** von **Amts wegen** in das Handelsregister **einzutragen** hat.

12   Weiter darf die **Anmeldung** der **erloschenen Firma** durch die hierzu Verpflichteten auf dem in § 14 beschriebenen Weg, nämlich **durch die Festsetzung von Zwangsgeld, nicht zu erreichen sein**. Diese Voraussetzung ist etwa gegeben, wenn der Anmeldepflichtige mittellos ist, so dass die Zwangsgeldandrohung oder Zwangsgeldfestsetzung nicht geeignet ist, ihn zu einem Handeln zu veranlassen. Entsprechendes gilt, wenn sich der Anmeldungspflichtige durch die Festsetzung des Zwangsgelds nicht beeindrucken lässt. Dies gilt natürlich auch, wenn der Beteiligte das Zwangsgeld zahlt, trotzdem aber seiner Verpflichtung nicht nachkommt. Schließlich liegen die Voraussetzungen auch vor, wenn ein Anmeldepflichtiger nicht vorhanden oder nicht zu ermitteln ist, sich im Ausland befindet oder die zur Anmeldung verpflichteten Erben unbekannt sind.[6]

III. Verfahrenseinleitung

13   Das **Löschungsverfahren** ist von **Amts wegen** einzuleiten, wenn die vom Registergericht ggf. nach § 26 durchzuführenden Ermittlungen einwandfrei ergeben haben, dass die in Frage stehende **Firma erloschen** ist. Dagegen reicht es nicht aus, dass dies etwa dem Registergericht nur glaubhaft erscheint; vielmehr muss die Sachlage klar und eindeutig ermittelt sein.[7] Zudem muss das **Verfahren** gem. **§§ 388 ff.** ohne Er-

---

1   RG v. 11.5.1937 – II B 5/36, RGZ 155, 75 (83); BayObLG v. 24.11.1967 – BReg. 2 Z 83/67, BayObLGZ 1967, 458 (464 f.).
2   Vgl. Jansen/*Steder*, § 141 FGG Rz. 20 ff.
3   Jansen/*Steder*, § 141 FGG Rz. 21.
4   RG v. 16.5.1942 – II B 1/42, RGZ 169, 147 (152); Holzer/*Holzer*, § 393 FamFG Rz. 4; Bassenge/*Roth*, 11. Aufl., § 141 FFG Rz. 1; Keidel/Kuntze/*Winkler*, 15. Aufl., § 141 FFG Rz. 4 je mwN.
5   Holzer/*Holzer*, § 393 FamFG Rz. 4.
6   Keidel/*Heinemann*, § 393 FamFG Rz. 9.
7   Holzer/*Holzer*, § 393 FamFG Rz. 6 mwN.

folg durchgeführt worden sein oder es müssen Umstände vorliegen, die iSv. Rz. 12 das Verfahren als erfolglos erscheinen lassen. Neben der Einleitung von Amts wegen können auch **berufsständige Organe** Anträge auf eine Verfahrenseinleitung stellen.

Nach Ermittlung der Voraussetzungen für ein Einschreiten gem. Abs. 1 hat das Registergericht (zuständig ist der Rechtspfleger, § 3 Nr. 2d RPflG) eine Verfügung (dh. Löschungsankündigung) folgenden Inhalts zu erlassen: 14
- Der eingetragene **Inhaber der Firma** oder dessen Rechtsnachfolger wird von der **beabsichtigten Löschung benachrichtigt** und
- das Gericht bestimmt eine **angemessene** Frist zur Geltendmachung eines **Widerspruchs**.

Im Zusammenhang mit dem Erfordernis der Angemessenheit der Widerspruchsfrist ist die bisher in § 141 Abs. 1 Satz 2 FGG aF enthaltene **Mindestfrist** von **drei Monaten** gestrichen worden. Unter dem Gesichtspunkt der „Angemessenheit" wird sich eine für den Beteiligten akzeptable Frist durchaus noch an diesem Zeitraum orientieren;[1] sie kann im Einzelfall auch eher kürzer als länger bestimmt werden, wenn zB eine aus Rechtsgründen erloschene Firma dazu benutzt wird, unter ihrer Bezeichnung noch größere Aktivitäten zu entfalten. In Anlehnung an § 63 Abs. 1 wird auch eine **Fristbemessung** von **einem Monat** als angemessen angesehen.[2] Hierbei handelt es sich aber um die unterste Grenze, die nicht mehr gegeben ist, wenn zB eine öffentliche Bekanntmachung nach Abs. 2 erfolgen muss.[3] Die Frist ist jederzeit verlängerbar, und nach ihrem Ablauf kann eine neue Frist gesetzt werden. Es handelt sich um **keine Ausschlussfrist**, so dass ein Widerspruch auch nach Fristablauf statthaft ist, sofern die Löschung noch nicht erfolgte.[4] Eine Wiedereinsetzung gegen die Versäumung der Frist ist daher nicht möglich.[5]

Ist die bestimmte **Frist zu kurz** und damit nicht angemessen, ist aufgrund des erhobenen Widerspruchs die Verfügung aufzuheben. Eine den Mangel heilende Fristverlängerung ist – anders als früher nach § 18 FGG – nicht mehr als ohne Weiteres zulässig anzusehen, da § 16 Abs. 2 mit der ausdrücklichen Bezugnahme auf § 224 Abs. 2 ZPO für eine solche Fristverlängerung den Antrag eines Beteiligten voraussetzt.[6] 14a

IV. Adressat der Verfügung

Die Verfügung ist an den **Inhaber** der eingetragenen **Firma** zu richten, dessen Recht von der Löschung betroffen wird. Beim Einzelkaufmann ist dies der **Geschäftsinhaber**, bei der **OHG** sind dies **die Gesellschafter**, bei der **KG** alle Gesellschafter – einschließlich der **Kommanditistin** sowie die **Gesellschaften selbst**.[7] Bei den juristischen Personen des § 33 HGB sind diese selbst betroffen (nicht die Vorstandsmitglieder persönlich, da es sich nicht um die Erzwingung der Anmeldung handelt). 15

V. Bekanntgabe

Die die **Löschungsankündigung** enthaltende Verfügung ist, sofern die betroffenen Personen und deren Aufenthalt bekannt sind, diesen **gem. § 15 bekannt** zu geben, wobei diese gem. § 15 Abs. 2 durch Zustellung nach den §§ 166 bis 195 ZPO oder durch Aufgabe zur Post erfolgt. 16

Abs. 2 enthält eine **Sonderregelung** für den Fall, dass die **betroffene Person** oder deren **Aufenthalt nicht bekannt** ist: In diesem Fall erfolgt die Benachrichtigung und die Bestimmung der Frist durch Bekanntgabe der Verfügung in dem für die Bekannt- 17

---

1 Holzer/*Holzer*, § 393 FamFG Rz. 7.
2 MüKo.ZPO/*Krafka*, 3. Aufl., § 393 FamFG Rz. 10.
3 Schulte-Bunert/Weinreich/*Nedden-Boeger*, § 393 FamFG Rz. 32.
4 BayObLG v. 8.12.1977 – BReg. 3 Z 154/76, Rpfleger 1978, 181.
5 Keidel/Kuntze/*Winkler*, 15. Aufl., § 141 FGG Rz. 8 ff.
6 Schulte-Bunert/Weinreich/*Nedden-Boeger*, § 393 FamFG Rz. 35; aA Keidel/*Heinemann*, § 393 FamFG Rz. 16.
7 KG v. 13.1.1978 – 1 W 498/77, Rpfleger 1978, 323.

machung der Eintragungen in das Handelsregister bestimmten elektronischen Informations- und Kommunikationssystem nach § 10 HGB.[1]

VI. Rechtsbehelfe

18 Gegen die **Löschungsankündigung** findet nur der **Widerspruch** statt. Die Beschwerde gem. § 58 ist unzulässig.[2]

19 Über den **Widerspruch** ist gem. Abs. 3 vom Registergericht durch **Beschluss** zu **entscheiden**. Das gilt nicht nur für die Entscheidungen, die einen eingelegten Widerspruch zurückweisen, sondern auch für solche, die einem Widerspruch stattgeben. Ebenfalls ist durch Beschluss zu entscheiden, wenn das Gericht einem Antrag auf Einleitung eines Löschungsverfahrens, insbesondere gem. § 380, nicht entspricht.

20 In Abs. 3 wird nicht auf § 390, insbesondere nicht auf dessen Abs. 1, verwiesen. Damit ist im Widerspruchsverfahren ein **Termin zur Erörterung** der Sache **nicht vorgeschrieben** und auch in der Praxis unüblich.[3] Die zur ordnungsgemäßen Entscheidung über den Widerspruch erforderlichen Ermittlungen hat das Gericht von Amts wegen (§ 26) durchzuführen. Nach § 32 hat das Gericht, auch ohne dass dieses für besondere Verfahren in einem der späteren Bücher des FamFG gesondert angeordnet sein müsste, das Recht, die Sache mit den Beteiligten in einem Termin zu erörtern. Dies kann im Einzelfall insbesondere auch aus dem Gesichtspunkt der Gewährung rechtlichen Gehörs geboten sein. Ist der Widerspruch begründet, wird die Benachrichtigung aufgehoben und das Löschungsverfahren eingestellt. Ein unbegründeter Widerspruch ist zurückzuweisen, wobei das Erlöschen der Firma feststehen muss.[4]

21 Abs. 4 enthält eine **Kostenregelung** entsprechend dem vormaligen § 138 FGG mit der Modifizierung, dass von einem Auferlegen der Kosten abgesehen werden soll, wenn ein Kostenausspruch dem Gericht nach seinem Ermessen unbillig erscheint.

21a Gegen die Ablehnung des Antrags auf Einleitung des Löschungsverfahrens durch ein berufsständisches Organ findet gem. Abs. 3 die **Beschwerde** statt. Gleiches gilt bei Zurückweisung des Widerspruchs durch Beschluss.

VII. Löschung

22 Die Löschung darf nach **Abs. 5** durch das Registergericht erst erfolgen, wenn entweder die **Frist** für den Widerspruch abgelaufen oder wenn der den Widerspruch zurückweisende **Beschluss rechtkräftig** geworden ist.

23 Die Löschung erfolgt aufgrund **unanfechtbarer Verfügung**[5] durch Eintragung des Vermerks „Von Amts wegen gelöscht", § 19 Abs. 1 HRV.

24 Aus dem zweiten Halbs. von Abs. 5 folgt, dass eine **Löschungsanordnung** nicht etwa bereits in dem den Widerspruch zurückweisenden Beschluss ergehen darf.

25 Wird gegen die Versäumung der Frist für die Beschwerde **Wiedereinsetzung in den vorherigen Stand** gewährt und erweist sich die Beschwerde als begründet, so ist die zwischenzeitlich bereits gelöschte Firma unter den Voraussetzungen und in den Formen des Amtslöschungsverfahrens (§ 345), wieder einzutragen, dh. die bereits erfolgte Löschung durch Eintragung eines Vermerks zu korrigieren.

VIII. Partnerschaften

26 Nach Abs. 6 gelten die Abs. 1 bis 5 entsprechend, wenn die **Löschung des Namens einer Partnerschaft** eingetragen werden soll, § 2 Abs. 2 PartGG iVm. § 31 Abs. 2 HGB.

---

1 Holzer/*Holzer*, § 393 FamFG Rz. 10.
2 Holzer/*Holzer*, § 393 FamFG Rz. 12.
3 Holzer/*Holzer*, § 393 FamFG Rz. 16.
4 BayObLG v. 26.10.1989 – BReg. 3 Z 65/89, Rpfleger 1990, 124.
5 *Holzer*, ZNotP 2008, 266 (270).

Kosten/Gebühren: Gericht: Für das Verfahren über den Widerspruch gegen eine angedrohte Löschung wird nach Nr. 13400 KV GNotKG eine Gebühr mit einem Gebührensatz von 1,0 erhoben. Der Geschäftswert bestimmt sich nach § 36 GNotKG. Die Kosten schuldet derjenige, dem sie nach Abs. 3 auferlegt wurden (§ 27 Nr. 1 GNotKG).). Bei einem erfolgreichen Widerspruch werden mangels eines Kostenschuldners keine Kosten erhoben. Die Löschung im Register erfolgt von Amts wegen. Die Gebühren hierfür bestimmen sich nach der HRegGebV. 27

394 Löschung vermögensloser Gesellschaften und Genossenschaften

(1) Eine Aktiengesellschaft, Kommanditgesellschaft auf Aktien, Gesellschaft mit beschränkter Haftung oder Genossenschaft, die kein Vermögen besitzt, kann von Amts wegen oder auf Antrag der Finanzbehörde oder der berufsständischen Organe gelöscht werden. Sie ist von Amts wegen zu löschen, wenn das Insolvenzverfahren über das Vermögen der Gesellschaft durchgeführt worden ist und keine Anhaltspunkte dafür vorliegen, dass die Gesellschaft noch Vermögen besitzt.
(2) Das Gericht hat die Absicht der Löschung den gesetzlichen Vertretern der Gesellschaft oder Genossenschaft, soweit solche vorhanden sind und ihre Person und ihr inländischer Aufenthalt bekannt ist, bekannt zu machen und ihnen zugleich eine angemessene Frist zur Geltendmachung des Widerspruchs zu bestimmen. Auch wenn eine Pflicht zur Bekanntmachung und Fristbestimmung nach Satz 1 nicht besteht, kann das Gericht anordnen, dass die Bekanntmachung und die Bestimmung der Frist durch Bekanntmachung in dem für die Bekanntmachung der Eintragungen in das Handelsregister bestimmten elektronischen Informations- und Kommunikationssystem nach § 10 des Handelsgesetzbuchs erfolgt; in diesem Fall ist jeder zur Erhebung des Widerspruchs berechtigt, der an der Unterlassung der Löschung ein berechtigtes Interesse hat. Vor der Löschung sind die in § 380 bezeichneten Organe, im Fall einer Genossenschaft der Prüfungsverband, zu hören.
(3) Für das weitere Verfahren gilt § 393 Abs. 3 bis 5 entsprechend.
(4) Die Absätze 1 bis 3 sind entsprechend anzuwenden auf offene Handelsgesellschaften und Kommanditgesellschaften, bei denen keiner der persönlich haftenden Gesellschafter eine natürliche Person ist. Eine solche Gesellschaft kann jedoch nur gelöscht werden, wenn die für die Vermögenslosigkeit geforderten Voraussetzungen sowohl bei der Gesellschaft als auch bei den persönlich haftenden Gesellschaftern vorliegen. Die Sätze 1 und 2 gelten nicht, wenn zu den persönlich haftenden Gesellschaftern eine andere offene Handelsgesellschaft oder Kommanditgesellschaft gehört, bei der eine natürliche Person persönlich haftender Gesellschafter ist.

I. Allgemeines	1	2. Antragsrecht der Finanzbehörde und der berufsständischen Organe	27
II. Regelungsziel	2	3. Durchführung des Amtsermittlungsverfahrens	30
III. Löschungsgründe	5	V. Löschungsankündigung	32
1. Vermögenslosigkeit	6	VI. Widerspruch	37
2. Fehlendes Vermögen nach Durchführung eines Insolvenzverfahrens	17	VII. Löschung	40
IV. Verfahrenseinleitung		VIII. Wirkung der Löschung	44
1. Tätigwerden des Registergerichts von Amts wegen	21		

I. Allgemeines

Die Vorschrift entspricht inhaltlich dem früheren § 141a FGG mit der Maßgabe, dass das **Antragsrecht der berufsständischen Organe** neu aufgenommen wurde. In die Bestimmung sind die entsprechenden Regelungen für die Genossenschaft (nach früherem Recht § 147 Abs. 1 Satz 2, Abs. 2 FGG) einbezogen worden.[1] 1

---

1 Begründung zu § 394 RegE, in: BT-Drucks. 16/6308, S. 288.

II. Regelungsziel

2 § 394 verfolgt ebenso wie die Vorgängervorschrift des § 141a FGG aF, die ihrerseits mit Wirkung v. 1.1.1999 an die Stelle des Gesetzes über die Auflösung und Löschung von Gesellschaften und Genossenschaften v. 9.10.1934[1] getreten war, den **Zweck, das Handelsregister** von **nicht mehr bestehenden** oder funktionsunfähigen, in aller Regel **vermögenslosen Gesellschaften** zu **bereinigen**.[2] Wie die Erfahrung seit langem gezeigt hat und auch weiterhin zeigt, werden derartige Gesellschaften häufig für betrügerische Machenschaften missbraucht, wodurch bei ihren Gläubigern uU ein ganz erheblicher Schaden angerichtet wird.

3 Dabei ist § 394 im Zusammenhang mit anderen gesetzlichen Bestimmungen zu sehen, die ebenfalls einen **Missbrauch vermögensloser Gesellschaft** im Wirtschaftsleben **verhindern** oder zumindest **erschweren sollen**. Für den Bereich der Gesellschaft mit beschränkter Haftung und der haftungsbeschränkten Unternehmergesellschaft ist insbesondere die in das MoMiG[3] aufgenommene Verpflichtung zur Bestimmung und Anmeldung eines inländischen Gesellschaftssitzes bzw. einer inländischen Geschäftsanschrift zu nennen, § 4a iVm. § 8 Abs. 4 Nr. 1 GmbHG. Hierdurch wird zugleich ein einfach zu handhabender Anknüpfungspunkt für eine öffentliche Zustellung von Schriftstücken geschaffen.

4 Die Vorschrift bezieht sich in erster Linie auf **Kapitalgesellschaften** und auf **Genossenschaften**, findet aber gem. Abs. 4 auch auf **bestimmte Personenhandelsgesellschaften** Anwendung, nämlich auf solche Offenen Handelsgesellschaften und Kommanditgesellschaften, bei denen keiner der persönlich haftenden Gesellschafter eine natürliche Person ist oder bei denen an den persönlich haftenden Gesellschaftern keine natürliche Person voll haftend beteiligt ist.

4a § 394 gilt auch für Gesellschaften, die sich in **Liquidation** befinden oder bereits aufgelöst sind (zB nach Abweisung des Insolvenzverfahrens mangels Masse, §§ 60 Abs. 1 Nr. 4 GmbHG, 262 Abs. 1 Nr. 3 AktG, 81a Abs. 1 Nr. 1 GenG). Die Vorschrift ist auf eingetragene Vereine nicht anwendbar, weil ein Verein, der sämtliche Mitglieder verliert, erlischt und durch einen Pfleger (§ 1913 BGB) abgewickelt wird.[4]

III. Löschungsgründe

5 Da sich bei der **Definition der Löschungsgründe** in § 394 Abs. 1 nichts am Gesetzeswortlaut geändert hat, erscheint es gerechtfertigt, auf die umfangreiche Rechtsprechung zu den entsprechenden Tatbestandsmerkmalen des § 141a FGG aF bzw. auf die vorher bereits zum LöschungsG ergangene Rechtsprechung und Literatur zurückzugreifen.

1. Vermögenslosigkeit

6 Gem. Abs. 1 Satz 1 kann eine **Löschung** erfolgen, wenn die betroffene Gesellschaft **kein Vermögen** besitzt. Dieser Begriff deckt sich weder mit dem der Zahlungsunfähigkeit gem. § 17 Abs. 2 InsO noch mit dem der Überschuldung gem. § 19 Abs. 2 InsO und auch nicht mit dem der Masselosigkeit gem. § 26 InsO.[5] Eine Vermögenslosigkeit iSd. § 394 Abs. 1 ist vielmehr dann anzunehmen, wenn es bei der Gesellschaft an einem für die Befriedigung der Gläubiger verwertbaren Aktivvermögen fehlt. Es muss mithin am Vorhandensein von praktisch einen Wert darstellenden Vermögensgegenständen fehlen, die die Grundlage für die Lebensfähigkeit der Gesellschaft bieten.[6]

---

1 Gesetz über die Auflösung und Löschung von Gesellschaften und Genossenschaften vom 9.10. 1934, RGBl. I S. 914.
2 Holzer/Holzer, § 394 FamFG Rz. 4.
3 Gesetz zur Modernisierung des GmbH-Rechts und zur Bekämpfung von Missbräuchen (MoMiG) v. 23.10.2008, BGBl. I, S. 2026.
4 Keidel/Kuntze/Winkler, 15. Aufl., § 141a FFG Rz. 9, 24 mwN.
5 Vgl. OLG Frankfurt v. 6.1.1983 – 20 W 770/82, MDR 1983, 493 (494); OLG Frankfurt v. 11.11.1992 – 20 W 418/92, Rpfleger 1993, 249; KG v. 13.5.1986 – 1 W 2021/84, NJW-RR 1986, 1240 (1241).
6 RG v. 12.10.1937 – II 51/37, RGZ 156, 23 (26 f.); BayObLG v. 18.5.1979 – 1 Z 20/79, Rpfleger 1979, 313 (314); BayObLG v. 10.2.1999 – 3 ZBR 43/99, DNotZ 1999, 761; OLG Hamm v. 12.11.1992 –

Insbesondere auch wegen der **schwerwiegenden Folgen der Löschung** hat das Registergericht die **tatsächlichen Umstände**, aus denen sich hinreichende Schlüsse auf die Vermögenslosigkeit ziehen lassen, besonders genau und gewissenhaft zu prüfen und festzustellen.[1] Es liegt deshalb auf der Hand, dass das Registergericht eine Überzeugung, dass eine Gesellschaft kein Vermögen hat, nicht etwa darauf stützen kann, dass der Geschäftsführer insoweit eine Darlegung unterlassen habe; vielmehr muss die **Überzeugung** auf hinreichenden Ermittlungen des **Registergerichts selbst** und auf dessen positiver **Feststellung im Einzelfall** beruhen.[2] Maßstab für die Bewertung, ob ein Wert als Vermögenswert beurteilt werden kann, ist, ob ein ordentlicher Kaufmann diesen Wert noch als Aktivposten in die Bilanz einstellen würde.[3] Aus folgenden, von der Rechtsprechung entschiedenen Einzelfällen lassen sich Anhaltspunkte für die Beurteilung dieser Frage auch nach § 393 gewinnen: 7

- Bereits das **Vorhandensein** eines **geringen Vermögens** reicht aus, um die Löschung von Amts wegen zu verhindern;[4] nicht ausreichend ist jedoch ein ohne jegliche Erläuterung vorgelegter Bankauszug über einen Habensaldo von etwa 250 Euro.[5] 8

- **Berühmt** sich eine Gesellschaft **ernsthaft bestimmter Ansprüche**, die nicht offensichtlich unbegründet sind, kommt ihre **Löschung** als vermögenslos **nicht in Betracht**.[6] 9

- Die Inhaberschaft eines **vollstreckbaren Kostenanspruchs** oder eines sonstigen Anspruchs stellt ein die Löschung ausschließendes Vermögen dar.[7] 10

- Der **Firmenwert** („**good will**") gehört nach der Bilanzrechtsreform zu den im Rahmen von § 394 zu **berücksichtigen Werten**, weil auch immaterielle Vermögensgenstände bilanzierungsfähig sind.[8] Gleiches gilt für das „know how" als Teil des „Firmen-good-will".[9] 11

- Wird die **Forderung** eines einzelnen Gläubigers nicht **befriedigt**, kann daraus wie allgemein aus dem Vorhandensein von Schulden oder einer schlechten Zahlungsmoral[10] nicht auf die Vermögenslosigkeit der Gesellschaft im **Übrigen** geschlossen werden.[11] 12

---

15 266/92, GmbHR 1993, 295 (298); OLG Brandenburg v. 6.3.2000 – 8 Wx 595/99, NJW-RR 2001, 176 (177f.); OLG Düsseldorf v. 13.11.1996 – 3 Wx 494/96, Rpfleger 1997, 171; OLG Frankfurt v. 7.9.1977 – 20 W 660/77, Rpfleger 1978, 22; KG v. 13.5.1986 – 1 W 2021/85, NJW-RR 1986, 1240 (1241).
1 BayObLG v. 18.6.1982 – 3 Z 48/82, Rpfleger 1982, 384; BayObLG v. 12.1.1995 – 3 Z BR 256/94, Rpfleger 1995, 419 (420); OLG Düsseldorf v. 13.11.1996 – 3 Wx 494/96, NJW-RR 1997, 870; OLG Karlsruhe v. 10.8.1999 – 14 Wx 24/99, FGPrax 1999, 235 (236).
2 OLG Frankfurt v. 6.1.1983 – 20 W 770/82, GmbHR 1983, 303 (304); BayObLG v. 2.2.1984 – BRG 3 Z 192/83, GmbHR 1985, 54 (55ff.); OLG Düsseldorf v. 13.11.1996 – 3 Wx 494/96, Rpfleger 1997, 171; OLG Karlsruhe v. 10.8.1999 – 14 Wx 24/99, FGPrax 1999, 235 (236).
3 BayObLG v. 18.5.1979 – 1 Z 20/79, Rpfleger 1979, 313 (314); BayObLG v. 3.6.1982 – 2 Z 43/82, Rpfleger 1982, 384; BayObLG v. 12.1.1995 – 3 ZBR 256/94, Rpfleger 1995, 419; BayObLG v. 2.8.2995 – 3 Z BR 164/95, Rpfleger 1996, 72; BayObLG v. 10.2.1999 – 3 ZBR 43/95, NJW-RR 1999, 1054; OLG Düsseldorf v. 14.9.2012 – 3 Wx 62/12, FGPrax 2012, 33 (34f.); OLG Frankfurt v. 7.9.1977 – 20 W 660/77, Rpfleger 1978, 22; OLG Brandenburg v. 6.3.2000 – 8 Wx 595/2000, NJW-RR 2001, 176 (177f.); OLG Köln v. 9.2.1994 – 2 Wx 48/1993, Rpfleger 1994, 360 (361); OLG Düsseldorf v. 3.5.1993 – 3 Wx 357/92, Rpfleger 1994, 69; OLG Düsseldorf v. 13.11.1996 – 3 Wx 494/96, Rpfleger 1997, 171; *Piorrek*, Rpfleger 1978, 157.
4 OLG Frankfurt v. 7.9.1977 – 20 W 660/77, Rpfleger 1978, 22; OLG Frankfurt v. 13.12.1982 – 20 W 147/82, GmbHR 1983, 271 (272); BayObLG v. 20.12.1983 – BReg. 3 Z 90/83, GmbHR 1985, 53 (54); OLG Karlsruhe v. 10.8.1999 – 14 Wx 24/99, FGPrax 1999, 235 (236).
5 OLG Köln v. 9.2.1999 – 2 Wx 48/99, Rpfleger 1994, 360 (361).
6 KG v. 6.3.2007 – 1 W 285/06, FGPrax 2007, 237; BayObLG v. 20.4.1994 – 3 ZBR 68/94, Rpfleger 1994, 510.
7 KG v. 11.2.1937 – 1 WR 5 Z 52/37, JFG 15, 92.
8 Holzer/*Holzer*, § 394 FamFG Rz. 4.
9 Anders noch OLG Frankfurt v. 7.9.1977 – 20 W 660/77, Rpfleger 1978, 22 für das frühere Bilanzrecht.
10 OLG Düsseldorf v. 14.9.2012 – 3 Wx 62/12, FGPrax 2012, 33 (34f.).
11 BayObLG v. 20.12.1983 – BReg. 3 Z 90/83, BB 1984, 315 (316).

13 – Erhebliche **Steuerschulden** der Gesellschaft reichen alleine nicht aus, um eine Vermögenslosigkeit anzunehmen.[1]

14 – Wird die Eröffnung eines Insolvenzverfahrens **mangels Masse** abgelehnt (§ 26 InsO), bedeutet dies nicht ohne Weiteres, dass kein Vermögen mehr vorhanden ist.[2] Jedoch ist die Abweisung mangels Masse ein starkes Indiz dafür, dass Vermögenslosigkeit iSv. Abs. 1 Satz 1 vorliegt.[3]

15 – Liegt nur eine **formale Vermögensposition** vor, etwa die Eintragung einer Grundschuld für die Gesellschaft in einem aussichtslosen Nachrang an einem ohnehin nicht werthaltigen Grundstück, steht dies nach einer Ansicht in der Literatur[4] einer Löschung der Gesellschaft wegen Vermögenslosigkeit nicht entgegen. Insoweit erscheint es jedoch sachgerechter, die Löschung der Gesellschaft hinauszuschieben, um im Interesse Dritter eine Löschung derartiger Rechte nicht zu erschweren.[5] Dies gilt insbesondere dann, wenn ein Dritter gegen die Gesellschaft einen Anspruch auf Löschung hat.

16 Die Vermögenslosigkeit der Gesellschaft muss im **Zeitpunkt der Löschung vorliegen**.[6] Sollte die Gesellschaft zB in dem Zeitraum zwischen Mitteilung der Löschungsabsicht, jedoch vor erfolgter Löschung zu Vermögen gekommen sein, muss das Registergericht trotz bereits erfolgter Einleitung des in § 393 vorgesehenen Verfahrens von der Löschung Abstand nehmen.

2. Fehlendes Vermögen nach Durchführung eines Insolvenzverfahrens

17 Ist ein **Insolvenzverfahren** über das Vermögen der Gesellschaft **durchgeführt** und sind **keine Anhaltspunkte** dafür gegeben, dass die Gesellschaft nach Abschluss des Verfahrens noch Vermögen hat, ist die Löschung anders als im Fall von Satz 1 zwingend vorzunehmen. Entsprechendes gilt, **wenn** das Verfahren nach Eröffnung mangels Masse eingestellt wird (§ 211 InsO; zu einer Ablehnung der Eröffnung mangels Masse vgl. vorstehend Rz. 14). Durch das Amtslöschungsverfahren soll sichergestellt werden, dass die Gesellschaft auch dann gelöscht wird, wenn deren vertretungsberechtigte Personen untätig bleiben und/oder unauffindbar sind.[7] Mit Beendigung des Insolvenzverfahrens endet die Beschränkung der Vertretungsorgane bei Geschäftsführung und Vertretung; eine gesetzliche **Verpflichtung des Insolvenzverwalters**, nach Beendigung des Insolvenzverfahrens die **Gesellschaft zur Löschung anzumelden**, **besteht nicht**, weil diesem nach § 80 Abs. 1 InsO lediglich die Verwaltungs- und Verfügungsbefugnis über das Vermögen der Gesellschaft übertragen wird, nicht aber die gesellschaftsrechtlichen Befugnisse für Anmeldungen zum Handelsregister.[8]

18 Die **Kenntnis** des **Registergerichts** von der Beendigung des Insolvenzverfahrens wird dadurch **gewährleistet**, dass diesem durch das Insolvenzgericht eine **Ausfertigung des Aufhebungsbeschlusses** bzw. im Falle der Einstellung mangels Masse des **Einstellungsbeschlusses** zu übermitteln ist (§ 200 Abs. 2 Satz 3 iVm. mit § 31 InsO bzw. § 215 Abs. 1 Satz 3 InsO).[9]

19 Durch die Eröffnung des Insolvenzverfahrens wird die betroffene **Gesellschaft kraft Gesetzes aufgelöst** (§ 60 Abs. 1 Nr. 1 GmbHG, § 265 Abs. 1 Nr. 3 AktG, § 131 Abs. 1 Nr. 3 HGB). Die sich anschließende Liquidation der Gesellschaft bis zur Lö-

---

1 LG Marburg v. 4.4.1986 – 4 T 1/85, GmbHR 1987, 100 (101).
2 Holzer/*Holzer*, § 394 FamFG Rz. 6.
3 BayObLG v. 20.12.1983 – BReg. 3 Z 90/83, BB 1984, 315 (316); BayObLG v. 30.6.1987 – 3 Z 75/87, Rpfleger 1987, 419 (420).
4 Vgl. Jansen/*Steder*, § 141a FGG Rz. 15.
5 Krafka/Willer/Kühn, Rz. 432.
6 OLG Frankfurt v. 5.3.1998 – 20 W 84/98, Rpfleger 1998, 348; OLG Köln v. 9.2.1994 – 2 Wx 48/93, Rpfleger 1994, 360 (361); OLG Schleswig v. 25.5.2000 – 2 W 82/00, FGPrax 2000, 160.
7 Vgl. Begründung zu Art. 23 EGInsO-RegE (§ 141a FGG-RegE), BT-Drucks. 12/3803, S. 70, 71, abgedruckt bei *Kübler/Prütting*, Das neue Insolvenzrecht, 2. Aufl., S. 822 ff.
8 Beck/Depré/*Holzer*, Praxis der Insolvenz, 2. Aufl., § 7 Rz. 9 ff. mwN.
9 Vgl. Kübler/Prütting/Bork/*Holzer*, InsO, Stand: 5/2013, § 31 Rz. 5 ff.

schungsreife vollzieht sich dann im Rahmen des Insolvenzverfahrens; der Gesetzgeber wollte grundsätzlich vermeiden, dass sich an eine Liquidation im Insolvenzverfahren etwa noch eine gesellschaftsrechtliche Liquidation anschließen muss.[1] Wegen des dem Gesetz zugrunde liegenden Grundsatzes der vollständigen Masseverwertung im Rahmen des Insolvenzverfahrens erscheint der Ausgangspunkt für § 394 gerechtfertigt, dass nach dessen Durchführung die Gesellschaft regelmäßig vermögenslos iSv. § 394 Abs. 1 ist. Diese grundsätzliche Annahme wird zusätzlich dadurch abgesichert, dass dem Registergericht keine Anhaltspunkte dafür vorliegen dürfen, dass die Gesellschaft gleichwohl noch über Vermögen verfügt.

Vermögenslosigkeit iSv. von Abs. 1 Satz 2 ist nicht gegeben, wenn gem. § 198 InsO zurückbehaltene **Beträge hinterlegt** sind, wenn bereits ausgezahlte Beträge an die Insolvenzmasse zurückfließen oder wenn nachträglich noch **Vermögensgegenstände** aufgefunden werden, die ggf. eine **Nachtragsverteilung** gem. § 203 InsO erforderlich machen. 20

IV. Verfahrenseinleitung

1. Tätigwerden des Registergerichts von Amts wegen

Die Einleitung des Verfahrens gem. § 394 steht dem Registergericht nicht frei. Liegen **hinreichende Anhaltspunkte** für eine Vermögenslosigkeit vor, hat das Gericht **von Amts wegen** nähere Ermittlungen vorzunehmen. Dabei hat das Gericht eine unterschiedliche Entscheidungsbefugnis je nach dem, welche Alternative von Abs. 1 vorliegt: 21

– Ist das **Insolvenzverfahren** über das Vermögen der Gesellschaft durchgeführt worden und liegen keine Anhaltspunkte für das Vorhandensein von Vermögen vor, **muss das Registergericht** die Gesellschaft von **Amts wegen löschen**; ein Ermessen steht ihm dabei nicht zu.[2] 22

– Kommt dagegen das Registergericht in einem **sonstigen Fall** aufgrund seiner Ermittlungen zu dem Ergebnis, dass eine **Vermögenslosigkeit iSv. Abs. 1 Satz 1** vorliegt, hat es die **Entscheidung** darüber, ob es die Gesellschaft löschen will oder nicht, nach **pflichtgemäßem Ermessen** zu treffen. Das Registergericht kann also auch **von einer Löschung absehen**, wenn diese nach der besonderen Lage der Verhältnisse nicht angezeigt erscheint.[3] 23

– Bei seiner Ermessensentscheidung hat das Registergericht das **öffentliche Interesse** an einer Bereinigung des Registers von vermögenslosen Gesellschaften gegen das **Interesse der Beteiligten** oder auch von Dritten am **Fortbestand** dieser **Gesellschaft** abzuwägen.[4] 24

– Private **Interessen Dritter** können bei der Ermessensentscheidung von Bedeutung sein. Ist etwa eine vermögenslose GmbH **alleinige Komplementärin** einer KG, bei der noch Abwicklungsmaßnahmen durchzuführen sind, ist eine **Löschung der GmbH** gem. § 394 Abs. 1 Satz 1 so lange untunlich, bis die **Abwicklung** der KG abgeschlossen ist.[5] 25

– Auch wenn das Registergericht eine wertlose **Buchposition** (vgl. vorstehend Rz. 15) nicht als genügendes Vermögen ansieht, kann die Ermessensentscheidung dahin gehen, von einer Löschung abzusehen, wenn einerseits die Gesellschaft in der Vergangenheit nicht auffällig war, aber andererseits die Aussicht besteht, dass 26

---

1 Begründung zu Art. 23 EGInsO-RegE (§ 141a FGG-RegE), BT-Drucks. 12/3803, S. 70, 71, abgedruckt bei *Kübler/Prütting*, Das neue Insolvenzrecht, 2. Aufl., S. 822 ff.
2 Vgl. Jansen/*Steder*, § 141a FGG Rz. 32.
3 OLG Frankfurt v. 7.9.1977 – 20 W 660/77, Rpfleger 1978, 138; OLG Frankfurt v. 15.7.1982 – 20 W 797/81, Rpfleger 1982, 427; BayObLG v. 18.5.1979 – 1 Z 20/79, Rpfleger 1979, 313 (314).
4 Holzer/*Holzer*, § 394 FamFG Rz. 9 mwN.
5 So im Fall einer vermögenslosen GmbH, die phG einer Bauträger-KG war, welche noch über schwer verwertbaren Grundbesitz verfügte, OLG Frankfurt v. 16.6.2005 – 20 W 408/04, FGPrax 2005, 269 (270).

ihre Organe an einer Bereinigung formaler Vermögenspositionen gegenüber Dritten mitwirken. Auch im Übrigen wird das Registergericht eine Prognose der zukünftigen Entwicklung einbeziehen dürfen.

2. Antragsrecht der Finanzbehörde und der berufsständischen Organe

27 Neben einer Einleitung des Löschungsverfahrens von Amts wegen durch das Registergericht enthält **Abs. 1 besondere Antragsrechte** für bestimmte Rechtsträger. Das **Recht, die Löschung** einer Gesellschaft wegen **Vermögenslosigkeit zu beantragen**, war dabei nach dem RegE zunächst nur für die **Finanzbehörde** vorgesehen. Nach früherem Recht wurde allerdings trotz des nicht eindeutigen Wortlauts von § 141a FGG aF teilweise die Ansicht vertreten, dass neben der Finanz- bzw. der Steuerbehörde auch die berufsständischen Organe antragsberechtigt seien.[1] Dieses Antragsrecht wurde auf **Vorschlag des Rechtsausschusses**[2] ausdrücklich in das Gesetz aufgenommen. Damit wurde nach der Gesetzesbegründung die den Organen des Handelsstandes früher lediglich eingeräumte Möglichkeit, eine Löschung gegenüber dem Registergericht anzuregen, an die Neugestaltung des erstinstanzlichen Verfahrens der freiwilligen Gerichtsbarkeit angepasst und zu einem **Antragsrecht** verstärkt.[3] § 394 Abs. 1 berechtigt das Finanzamt allerdings nicht dazu, das Steuergeheimnis des § 30 Abs. 1 AO zu verletzen.[4]

28 Durch Abs. 3 wird klargestellt, dass der Finanzbehörde oder einem berufsständischen Organ das **Beschwerderecht** gegen einen Beschluss zusteht, durch den ein von diesen gestellter Löschungsantrag zurückgewiesen wurde.

29 Hat ein sonstiger **Dritter die Löschung** einer Gesellschaft wegen Vermögenslosigkeit **angeregt**, steht diesem gegen die Ablehnung der Einleitung eines Amtslöschungsverfahrens durch das Registergericht ein Rechtsmittel nicht zu.[5]

3. Durchführung des Amtsermittlungsverfahrens

30 Schon nach früherem Recht war wegen der schwerwiegenden Folgen der Löschung anerkannt, dass das Registergericht die **Voraussetzungen** einer **Vermögenslosigkeit** nach Abs. 1 Satz 1 von Amts wegen **besonders genau** und **gewissenhaft** zu **ermitteln** und zu **überprüfen** hat.[6] An den Umfang der Amtsermittlungspflicht (§ 26) sind von der Rechtsprechung **hohe Anforderungen** gestellt worden.[7] An diesem Grundsatz ist auch bei der Anwendung von § 394 fest zu halten.

31 Wesentlicher Teil des Verfahrens ist auch die in Abs. 2 Satz 3 vorgesehene **Anhörung** der in § 380 bezeichneten berufsständischen Organe, insbesondere auch – selbst wenn diese keinen Antrag auf Löschung gestellt hat – eine Anhörung der Steuerbehörde. Sollte die Pflicht zur Anhörung der berufsständischen Organe (§ 380) bzw. im Fall einer Genossenschaft des Prüfungsverbandes, verletzt werden, stellt dies grundsätzlich einen wesentlichen Verfahrensmangel iSd. § 395 dar.

---

1 Vgl. zB § 141a FGG aF Jansen/*Steder*, § 141a FGG Rz. 30.
2 Beschlussempfehlung und Bericht des Rechtsausschusses zu § 394 RegE, in: BT-Drucks. 16/9733, S. 298.
3 Beschlussempfehlung und Bericht des Rechtsausschusses zu § 394 RegE, in: BT-Drucks. 16/9733, S. 298.
4 OLG München v. 22.11.2012 – 31 Wx 421/12, ZIP 2012, 2500 (2501).
5 So für das frühere Recht – § 20 FGG aF – zB OLG Hamm v. 10.3.2003 – 15 W 56/03, FGPrax 2003, 185 (186).
6 BayObLG v. 18.6.1982 – BReg. 3 Z 48/82, Rpfleger 1982, 384; BayObLG v. 12.1.1995 – 3 ZBR 256/94, Rpfleger 1995, 419; BayObLG v. 10.2.1999 – 3 Z BR 4/99, NJW-RR 1999, 1054; OLG Düsseldorf v. 7.10.1996 – 3 Wx 400/96, FGPrax 1997, 36 (37); OLG Düsseldorf v. 14.9.2012 – 3 Wx 62/12, FGPrax 2012, 33 (34 f.); OLG Frankfurt v. 5.3.1998 – 20 W 84/98, Rpfleger 1998, 348; OLG Hamm v. 12.11.1992 – 15 W 266/92, GmbHR 1993, 295 (298); OLG Karlsruhe v. 10.8.1999 – 14 Wx 24/99, FGPrax 1999, 235 (236); OLG München v. 22.11.2012 – 31 Wx 421/12, ZIP 2012, 2500 (2501);
7 Vgl. OLG Düsseldorf v. 7.10.1996 – 3 Wx 400/96, FGPrax 1997, 36 (37).

V. Löschungsankündigung

Nach Abs. 2 Satz 1 ist dem Gesetz eine Verpflichtung des Registergerichts, eine **beabsichtigte Löschung** den gesetzlichen Vertretern der Gesellschaft durch **Bekanntmachung** (§ 15) anzukündigen, nur zu entnehmen, wenn solche vorhanden sind und ihre **Person** und ihr **inländischer Aufenthalt bekannt** sind. In diesem Fall ist bei der Bekanntmachung zugleich eine angemessene Frist zur Geltendmachung des Widerspruchs zu bestimmen.[1]

Sind die Voraussetzungen gem. Abs. 2 Satz 1 gegeben, muss die Löschungsankündigung in der **Form des § 15 bekannt** gegeben werden. Geschieht dies nicht, liegt ein wesentlicher Verfahrensfehler vor, der auch nach abgelaufener Widerspruchsfrist einen Antrag auf Löschung gem. § 395 rechtfertigt (vgl. § 395 Rz. 14).

Inhaltlich genügt für die Erfüllung der Anhörungspflicht ein **Schreiben des Registergerichts** an den gesetzlichen Vertreter der betroffenen Gesellschaft, in dem die Absicht bekannt gemacht wird, diese wegen Vermögenslosigkeit zu löschen, eine angemessene Frist zur Erhebung des Widerspruchs gesetzt wird und Hinweise dazu erteilt werden, wie der Nachweis des Vorhandenseins von Vermögen geführt werden kann. Irgendwelcher Angaben darüber, woraus das Registergericht eine vorhandene Vermögenslosigkeit schließt, bedarf es nicht, gleichfalls nicht der Beifügung entsprechender Unterlagen.[2]

Der Löschungsankündigung kommt auch die Funktion einer **Anhörung** der vertretungsberechtigten Organe der betreffenden Gesellschaft zu, der wegen der weit reichenden Folgen der Löschung der Gesellschaft im Register auch **verfahrensrechtlich** eine **wesentliche Bedeutung** beizumessen ist.[3] Wird der Gesellschaft nach einer Anhörung aufgrund der dabei gemachten Angaben mitgeteilt, dass das Verfahren eingestellt würde, bedarf es im Falle der Wiederaufnahme des Löschungsverfahrens einer erneuten Löschungsankündigung und Anhörung.[4]

Sind die Voraussetzungen für eine zwingende **Bekanntmachung** gem. Abs. 2 Satz 1 nicht gegeben, kann das Registergericht anordnen, die Bekanntmachung und die Bestimmung der Frist in den für die Bekanntmachung der Eintragungen in das Handelsregister bestimmten elektronischen Informations- und Kommunikationssystem nach § 10 HGB zu veröffentlichen.

VI. Widerspruch

Für das weitere Verfahren wird in Abs. 3 auf § 393 Abs. 3 und 4 verwiesen. Gegen die vom Gericht **mitgeteilte Löschungsabsicht** steht der betroffenen Gesellschaft der **Widerspruch** zu, in den Fällen einer Bekanntmachung gem. **Abs. 2 Satz 2** weitergehend jedem **Dritten**, der am Unterbleiben der Löschung ein **berechtigtes Interesse** hat. Das kann etwa ein Dritter sein, der von der Gesellschaft die Zustimmung zur Löschung zu einer nur noch eine formale Rechtsposition darstellenden Registereintragung benötigt.

Dagegen gibt Abs. 2 Satz 2 einem **Dritten**, dessen offengelegtes Interesse auf eine Löschung der Gesellschaft gerichtet ist, dann kein Widerspruchsrecht, wenn das Registergericht etwa aufgrund der Gegendarstellung eines Vertreters der Gesellschaft vom Löschungsverfahren Abstand genommen hat, der Dritte aber sein Löschungsbegehren weiter verfolgen will.[5]

Über den **Widerspruch** ist durch **Beschluss** zu entscheiden (Abs. 3 iVm. § 393 Abs. 3). Gegen den Beschluss ist das Rechtsmittel der Beschwerde gem. § 58 gegeben.

---

1 Holzer/*Holzer*, § 394 FamFG Rz. 9.
2 KG v. 4.4.2006 – 1 W 272/05, FGPrax 2006, 225 (226).
3 Vgl. Holzer/*Holzer*, § 394 FamFG Rz. 12 f.
4 KG v. 30.1.2007 – 1 W 214/06, FGPrax 2007, 184 (185).
5 OLG Hamm v. 13.3.2003 – 15 W 56/2003, FGPrax 2003, 185 (186).

VII. Löschung

40 Gem. Abs. 3 gilt für die Löschung § 393 Abs. 4 entsprechend. Auch bei Vermögenslosigkeit der Gesellschaft darf die Löschung durch das Registergericht **erst erfolgen**, wenn die **Frist** für den **Widerspruch abgelaufen** oder wenn der den Widerspruch zurückweisende Beschluss (vgl. § 393 Rz. 22) **rechtskräftig** geworden ist.

41 Ist eine Gesellschaft vom Registergericht bereits wegen Vermögenslosigkeit gelöscht worden, obwohl über ihren **Widerspruch** gegen die Löschungsankündigung noch nicht rechtskräftig entschieden war, bleibt das gegen die Ankündigung der Löschung gerichtete Rechtsmittel zulässig; die bereits eingetragene Amtslöschung ist dann ihrerseits von Amts wegen zu löschen.[1]

42 Gem. Rz. 16 muss die Vermögenslosigkeit der Gesellschaft **im Zeitpunkt der Löschung** noch vorliegen.

43 **Funktionell zuständig** für Löschungsverfahren nach § 394 ist aufgrund des Vorbehalts in § 17 Abs. 1 Nr. 1e RPflG der Richter.

VIII. Wirkung der Löschung

44 Nach richtiger Ansicht ist die **Löschung nach § 394 lediglich deklaratorisch** und führt nicht zur Vollbeendigung der Gesellschaft, sondern nur zu deren Tilgung aus dem Register.[2] Dies hat zur Folge, dass die Gesellschaft sowohl im Löschungsverfahren nach § 394 als auch im Zivilprozess ihre Rechts- und Parteifähigkeit behält;[3] sie gilt jedoch als aufgelöst, so dass eine Abwicklung nur dann erfolgt, wenn nach der Löschung noch Vermögen vorhanden ist.[4] Obwohl die Löschung nach § 394 keine rechtsgestaltende Wirkung hat, wirkt sie hierdurch **faktisch** wie eine **Vollbeendigung der Gesellschaft**.[5]

45 Kosten/Gebühren: S. Anmerkung zu § 393.

§ 395 *Löschung unzulässiger Eintragungen*

(1) Ist eine Eintragung im Register wegen des Mangels einer wesentlichen Voraussetzung unzulässig, kann das Registergericht sie von Amts wegen oder auf Antrag der berufsständischen Organe löschen. Die Löschung geschieht durch Eintragung eines Vermerks.
(2) Das Gericht hat den Beteiligten von der beabsichtigten Löschung zu benachrichtigen und ihm zugleich eine angemessene Frist zur Geltendmachung eines Widerspruchs zu bestimmen. § 394 Abs. 2 Satz 1 und 2 gilt entsprechend.
(3) Für das weitere Verfahren gilt § 393 Abs. 3 bis 5 entsprechend.

---

1 OLG München v. 22.11.2012 – 31 Wx 421/12, ZIP 2012, 2500 (2501); OLG Düsseldorf v. 5.4.2006 – I-3 Wx 222/05, NJW-RR 2006, 903 (904); OLG Düsseldorf v. 14.9.2012 – 3 Wx 62/12, FGPrax 2012, 33 (34f.).
2 RG v. 12.10.1937 – II 51/37, RGZ 156, 23 (26); BGH v. 23.2.1970 – II ZB 5/68, BGHZ 53, 264 (266); BGH v. 7.10.1994 – V ZR 58/93, ZIP 1994, 1685; BAG v. 22.3.1988 – 3 AZR 350/86, NJW 1988, 2637; KG v. 29.5.1941 – 1 Wx 154/41, DR 1941, 2130 (2131); Keidel/Kuntze/*Winkler*, 15. Aufl., § 141a FFG Fn. 10; Holzer/*Holzer*, § 394 FamFG Rz. 19; Kübler/Prütting/Bork/*Holzer*, InsO, Stand: 5/2013, § 199 Rz. 5; *Uhlenbruck*, ZIP 1996, 1641, 1645; aA OLG Stuttgart v. 30.9.1998 – 20 U 21/98, ZIP 1998, 1880 (1882); KG v. 6.6.2012 – 8 U 73/12, GmbHR 2012, 1143 (1144); *K. Schmidt* GmbHR 1994, 829, 832; Bumiller/*Harders*, § 394 FamFG Rz. 9.
3 BAG v. 22.3.1988 – 3 AZR 350/86, NJW 1988, 2637; a.A. Keidel/Kuntze/*Winkler*, FGG, 15. Aufl., § 141a FFG Rz. 14 mwN.
4 RG v. 12.10.1937 – II 51/37, RGZ 156, 23 (26f.); OLG Düsseldorf v. 17.10.1994 – 3 Wx 354/94, Rpfleger 1995, 257 (258).
5 BayObLG v. 7.1.1998 – 3 Z BR 491/97, NJW-RR 1998, 1333; OLG Düsseldorf v. 17.10.1994 – 3 Wx 354/94, Rpfleger 1995, 257 (258).

| I. Allgemeines 1
| II. Bedeutung 3
| III. Löschungsvoraussetzungen
| 1. Registereintragung 7
| 2. Unzulässigkeit wegen Fehlens einer wesentlichen Voraussetzung der Eintragung 11
| 3. Beispielsfälle 19
| 4. Maßgeblicher Zeitpunkt 23
| IV. Verfahren 24

I. Allgemeines

Die Bestimmung ersetzt den vormaligen § 142 FGG. Durch ihren **Standort** in Abschnitt 3 von Buch 5 (Registersachen) ist zugleich geklärt, dass es der früher im FGG enthaltenen Verweisungen für die übrigen Register (§§ 147 Abs. 1 Satz 2, 159 Abs. 1 Satz 2, 160 Abs. 1 Satz 2 und 161 Abs. 1 FGG aF) für das heutige Recht nicht mehr bedarf. **1**

Im Einzelnen entsprechen die Abs. 1 bis 3 im Wesentlichen – bis auf redaktionelle Änderungen sowie bis auf das auf Veranlassung des Rechtsausschusses ergänzte **Antragsrecht der berufsständischen Organe** – § 142 FGG aF.[1] **2**

II. Bedeutung

Durch die Vorschriften der §§ 395, 397 und 398 wird ein besonderes Verfahren geregelt, durch das dem **Registergericht** die Befugnis eingeräumt wird, an **wesentlichen Mangeln** leidende **Registereintragungen**, nämlich Eintragungen, die zurzeit der Eintragung wegen des Fehlens einer wesentlichen Voraussetzung unzulässig waren oder nachträglich unzulässig geworden sind,[2] **von Amts wegen** zu löschen. Dabei enthält § 395 die **allgemeine Regelung**, während in § 397 für **bestimmte Gesellschaften**, nämlich die Aktiengesellschaft, die Kommanditgesellschaft auf Aktien, die Gesellschaft mit beschränkter Haftung sowie die Genossenschaft als Spezialregelung eine Löschung von Amts wegen ausschließlich in den dort bestimmten Fällen vorgesehen ist (vgl. § 397 Rz. 4 ff.). § 398 enthält **entsprechende Bestimmungen** für die dort bezeichneten **Beschlüsse** einer AG, KGaA, GmbH oder Genossenschaft, die § 395 als Spezialregelung vorgehen (vgl. § 398 Rz. 3). Das Verfahren nach § 395 wird durch das nach § 392 nicht verdrängt.[3] **3**

Der Grund dafür, den **Registergerichten** die in den §§ 395, 397 und 398 vorgesehenen **Befugnisse** einzuräumen, liegt zum einen darin, dass **Registereintragungen** gem. § 383 Abs. 3 grundsätzlich **nicht anfechtbar** sind (vgl. § 383 Rz. 11), so dass die Möglichkeit ausgeschlossen ist, eine von einem Beteiligten behauptete inhaltliche Unrichtigkeit einer erfolgten Eintragung im Beschwerdeverfahren zu überprüfen. Die ausnahmsweise als zulässig angesehene **Fassungsbeschwerde** (vgl. § 383 Rz. 12 ff.) greift nicht in den Fällen, in denen die Eintragung inhaltlich an einem wesentlichen Fehler leidet; sie kann lediglich Fehler der äußeren Form (etwa Schreibfehler oder eine unklare Fassung der Eintragung) beheben, nicht aber inhaltliche Fehler korrigieren.[4] **4**

Zum anderen besteht **keine gesetzliche Anmeldeverpflichtung**, wonach **Beteiligte** etwa die **Löschung unzulässiger Eintragungen** im Register zu **beantragen hätten**. Eine solche Löschung kann deshalb auch nicht gegenüber einem Beteiligten durch Festsetzung eines Zwangsgeldes gem. § 14 HGB durchgesetzt werden.[5] Dass die Eintragung aufgrund eines freiwilligen Tätigwerdens des Antragsberechtigten im Wege der Klar- bzw. Richtigstellung neu und zutreffend gefasst werden kann, erscheint alleine nicht ausreichend, um der dem Register zur Einhaltung des Publizitätsgrundsatzes obliegenden Kontrollfunktion zu genügen. **5**

---

1 Begründung zu § 395 RegE, in: BT-Drucks. 16/6308, S. 288.
2 Begründung zu § 395 RegE, in: BT-Drucks. 16/6308, S. 288; so bisher auch schon RG v. 16.5.1942 – II B 1/42, RGZ 169, 147 (152); KG v. 12.11.1964 – 1 W 1851/64, Rpfleger 1965, 146 (147).
3 Holzer/*Holzer*, § 395 FamFG Rz. 3.
4 Holzer/*Holzer*, § 395 FamFG Rz. 2, 6 mwN.
5 KG v. 9.3.1999 – 1 W 8174/98, FGPrax 1999, 156.

6 Das ausdrücklich in das Gesetz aufgenommene **Antragsrecht der berufsständischen Organe** dient der Klarstellung, da diese im Bereich der §§ 393 bis 395 jeweils die gleichen Befugnisse haben sollen.[1]

III. Löschungsvoraussetzungen

1. Registereintragung

7 Es muss eine **wirksame Eintragung** in einem der in § 374 bezeichneten Register vorliegen.

8 Liegt eine **wirksame** Eintragung **nicht vor**, etwa weil sie von einem dazu nicht Befugten vorgenommen wurde (sog. „Nicht-Eintragung"), ist diese **ohne Weiteres zu löschen**.[2] Über einen dann eventuell noch nicht erledigten Eintragungsantrag ist (noch) zu entscheiden.

9 Im Übrigen ist es ohne Bedeutung, ob die **Eintragung** aufgrund einer **Anmeldung oder von Amts wegen** vorgenommen wurde. Ist die Eintragung von Amts wegen vorgenommen worden, ist wiederum ohne Belang, ob sie durch das Registergericht direkt oder auf Anweisung des Beschwerdegerichts erfolgt ist: In Handelsregistersachen kommt Entscheidungen keine materielle Rechtskraft in dem Sinne zu, dass das Registergericht an einem neuen Verfahren an die in dem früheren Verfahren zugrunde gelegte Rechtsauffassung gebunden wäre.[3]

10 Als **Eintragung** iSv. § 395 ist wie allgemein im Registerrecht auch eine im Register vorgenommene **Löschung** anzusehen, zB die Löschung einer Gesellschaft wegen Vermögenslosigkeit gem. § 394.[4]

2. Unzulässigkeit wegen Fehlens einer wesentlichen Voraussetzung der Eintragung

11 Da in den von § 374 erfassten Registern nur bestimmte Tatsachen und Rechtsverhältnisse eingetragen werden dürfen, für deren Eintragung ein erhebliches Bedürfnis des Rechtsverkehrs besteht,[5] ist das Fehlen einer wesentlichen Eintragungsvoraussetzung dann ohne Weiteres anzunehmen, wenn eine **Eintragung dieser Art** oder **mit diesem Inhalt gesetzlich nicht gestattet** ist[6] oder wenn **ausdrücklich** für die **Eintragung** gesetzlich verlangte **Erfordernisse fehlen**, deren Nichtvorliegen die Beseitigung der Eintragung sowohl im öffentlichen Interesse als auch/oder im Interesse von Beteiligten, geboten erscheinen lässt.[7] Davon abgesehen, enthält das FamFG – ebenfalls wie früher das FGG – keine Legaldefinition, was unter dem Fehlen einer wesentlichen Voraussetzung der Eintragung zu verstehen ist, so dass die Auslegung dieses Begriffs weiterhin der Rechtsprechung und der Literatur überlassen bleibt.

12 Von Interesse ist in diesem Zusammenhang ein **Vergleich** mit der Regelung in § 53 GBO: Dort kommt es nur darauf an, dass eine Eintragung, durch die das Grundbuch unrichtig geworden ist, unter Verletzung gesetzlicher Vorschriften vorgenommen wurde.[8]

13 Bei § 395 muss im Gegensatz zu § 53 GBO weitergehend ein **Verstoß** gegen eine **wesentliche Eintragungsvoraussetzung** vorliegen. Damit sind zB Verstöße lediglich ge-

---

1 Beschlussempfehlung und Bericht des Rechtsausschusses zu § 395 RegE, in: BT-Drucks. 16/9733, S. 298.
2 Jansen/*Steder*, § 142 FGG Rz. 10.
3 KG v. 11.12.1914 – 1a X 1174/14, KGJ 47, 108; BayObLG v. 17.5.1978 – BReg. 1 Z 43/78, Rpfleger 1978, 378 (379).
4 BayObLG v. 17.5.1978 – BReg. 1 Z 43/78, Rpfleger 1978, 378 (379); BayObLG v. 18.11.1982 – BReg. 3 Z 32/82, Rpfleger 1983, 73; KG v. 13.5.1986 – 1 W 2021/84, AG 1987, 41; OLG Hamm v. 8.5.2001 – 15 W 43/01, FGPrax 2001, 210 (211).
5 KG v. 10.11.1997 – II ZB 6/97, MDR 1998, 295.
6 BayObLG v. 12.10.1979 – 2 Z 37/79, Rpfleger 1980, 15 (16); OLG Zweibrücken v. 28.10.1988 – 3 W 121/88, AG 1989, 251 (252).
7 OLG Zweibrücken v. 13.3.2001 – 3 W 15/01, Rpfleger 2001, 354.
8 Dazu Hügel/*Holzer*, GBO, 2. Aufl., § 53 Rz. 15 ff.

gen Soll-Vorschriften[1] generell als nicht ausreichend für eine Löschung von Amts wegen gem. § 395. Gleiches gilt für nur redaktionelle Fehler oder sonstige Fehler geringfügiger Art. Wo die Grenze zum Vorliegen bzw. Fehlen einer wesentlichen Eintragungsvoraussetzung liegt, hat im Ergebnis das Registergericht unter Berücksichtigung der im konkreten Einzelfall gegebenen Lage zu beurteilen.[2]

Ist bei einem vom Registergericht gem. § 394 eingeleiteten Löschungsverfahren die **Löschungsankündigung** trotz Vorliegens der Voraussetzungen des § 394 Abs. 2 Satz 1 **nicht ordnungsgemäß bekannt gemacht** worden, muss wegen des darin liegenden erheblichen **Verfahrensfehlers** die anschließend eingetragene **Löschung** durch **Eintragung eines Vermerks gem. § 395 beseitigt werden**.[3] Entsprechendes gilt, wenn in einem Verfahren eine zwingend vorgeschriebene Anhörung, etwa der berufsständischen Organe, nicht erfolgt ist.

Zu **unterscheiden** ist weiter, ob vom **Vorliegen eines wesentlichen Mangels** nur eine **deklaratorische**, dh. rechtsfeststellende **Registereintragung** betroffen ist **oder** es sich um eine **konstitutive**, dh. rechtsbegründende **Registereintragung** handelt. Bei deklaratorischen Eintragungen ist wesentlich, ob die erfolgte Eintragung sachlich zutreffend ist oder nicht. Ist sie zutreffend und wurde nur ein, wenn auch wesentlicher, verfahrensrechtlicher Umstand verletzt, könnte eine erfolgte Löschung gem. § 395 zur Folge haben, dass das Registergericht den Anmeldepflichtigen sogleich wieder auffordern müsste, zur Vermeidung eines Zwangsgeldes die Eintragung vorzunehmen, was nur schwer mit dem Zweck des Registerwesens zu vereinbaren wäre.

Bei einer **sachlich richtigen Eintragung** kann eine Löschung von Amts wegen zB nicht erfolgen, wenn lediglich **Ordnungsvorschriften** nicht beachtet worden sind. Dies gilt etwa, wenn die Form der Anmeldung (§ 12 HGB) nicht beachtet worden ist oder wenn zwar ein Verfahrensverstoß vorliegt, dieser aber keine Rechtsfolgen hat, zB wenn die vom zuständigen Registerführer bewirkte Eintragung statt vom Richter vom Rechtspfleger verfügt war.[4] Ist der Eintritt eines persönlich haftenden Gesellschafters einer OHG oder der Eintritt eines persönlich haftenden Gesellschafters oder eines Kommanditisten in die KG, die Fortsetzung der Gesellschaft mit den Erben eines verstorbenen Gesellschafters oder die Bestellung eines Liquidators im Register eingetragen, ohne dass sie von allen Gesellschaftern angemeldet worden war, kommt es ebenfalls nur darauf an, ob die Eintragung sachlich zutreffend ist. Ist sie dies, scheidet eine Löschung gem. § 395 aus.[5]

Ein **wesentlicher sachlicher Mangel**, der eine Löschung rechtfertigt, liegt dagegen etwa vor, wenn eine **Handelsfirma** für einen **Nichtkaufmann eingetragen** ist oder der Geschäftsführer einer GmbH eingetragen wurde, obwohl er die Voraussetzungen des § 6 Abs. 2 GmbHG nicht erfüllt.[6] Das Registergericht ist zur Einleitung eines Löschungsverfahrens von Amts wegen verpflichtet, wenn eine GmbH eine nach § 4 Abs. 1 VAG unzulässige Bezeichnung führt („Assekuranz").[7] Eine Löschung gem. § 395 kommt auch in Frage, wenn eine Firma bei einem anderen Gericht als dem der Hauptniederlassung (§ 29 HGB) eingetragen ist. Gleiches gilt, wenn anstelle der Eintragung einer angemeldeten Prokura nur eine Handlungsvollmacht eingetragen wurde.

Konstitutive, dh. rechtsbegründende Eintragungen können sowohl beim Vorliegen **sachlicher Mängel** als auch beim Vorliegen **wesentlicher Verfahrensverstöße** gelöscht werden.[8] Erfolgte die Anmeldung der Ersteintragung einer AG nur durch einen Teil

---

1 OLG Hamm v. 12.11.1992 – 15 W 266/92, GmbHR 1993, 295 (298).
2 Holzer/*Holzer*, § 395 FamFG Rz. 13.
3 OLG Frankfurt v. 4.8.1997 – 20 W 359/96, BB 1997, 2077; OLG Düsseldorf v. 5.8.1998 – 3 Wx 304/98, FGPrax 1998, 231; vgl. auch BayObLG v. 4.6.1997 – 3 Z BR 44/97, NJW-RR 1998, 613 (614).
4 KG v. 21.9.1933 – 1b X 494/33, JFG 11, 178.
5 KG v. 19.7.1965 – 1 W 1353/65, OLGZ 1965, 315 (317 ff.).
6 KG v. 19.4.2012 – 25 W 34/12, ZIP 2012, 2151 (2152).
7 OLG München v. 9.6.2005 – 31 Wx 8/05, FGPrax 2005, 227 (228 ff.).
8 Vgl. Jansen/*Steder*, § 142 FGG Rz. 31 mwN.

der Gründer, Vorstandsmitglieder und Aufsichtsratsmitglieder, ist die Gesellschaft von Amts wegen zu löschen. Gleiches gilt, wenn bei einer GmbH die Eintragung einer Kapitalerhöhung unzutreffend erfolgt ist, weil statt der beschlossenen eine andere, niedrigere Summe eingetragen wurde.[1] Auch bei einer verfrühten, verfahrenswidrig vorgenommenen Löschung einer GmbH wegen Vermögenslosigkeit, bei der die Löschungsabsicht den gesetzlichen Vertretern nicht ordnungsgemäß mitgeteilt worden war, ist die Gesellschaft durch Löschung des Löschungsvermerks wieder zu aktivieren.[2] Liegt lediglich ein Verfahrensverstoß vor, kommt es besonders auf dessen Erheblichkeit an. Umstritten ist zB, ob das Unterlassen der in § 394 Abs. 2 Satz 3 vorgeschriebenen Anhörung der in § 380 bezeichneten Organe die Verletzung einer wesentlichen Verfahrensvorschrift darstellt.[3] Unter Berücksichtigung der Funktion der Organe gem. § 380 und der hier bindend vorgeschriebenen Anhörung ist diese Frage zu bejahen.

3. Beispielsfälle

19 § 6 Abs. 2 GmbHG enthält einen Katalog von (negativen) Voraussetzungen, bei deren Vorliegen eine Person nicht Geschäftsführer einer GmbH bzw. einer Unternehmergesellschaft sein kann. Entsprechendes gilt gem. § 37 Abs. 3 AktG für den Vorstand einer AG bzw. KGaA. Liegen dem **Registergericht** genügende **Nachweise** vor, bei einem im Handelsregister **eingetragenen Geschäftsführer** das Vorliegen von **Merkmalen des § 6 Abs. 2 GmbHG** festzustellen, kann eine **Amtslöschung** durch das Registergericht nach § 395 erfolgen.[4] Dies gilt zB, wenn eine Vorverurteilung wegen Insolvenzstraftaten bekannt geworden ist[5] oder bei – auch später – gerichtlicher Untersagung der Amtsausübung durch den Geschäftsführer.[6]

20 Eintragung eines **nichtigen Unternehmensvertrags**.[7]

21 Eintragung von **Firmenbezeichnungen**, die den Grundsätzen der Firmenbildung, der Firmenwahrheit oder der Unterscheidbarkeit widersprechen.[8]

22 Eintragung von **Vereinen**, deren satzungsgemäßer Zweck auf einen wirtschaftlichen Geschäftsbetrieb ausgerichtet ist oder die einen irreführenden Namen tragen.[9]

4. Maßgeblicher Zeitpunkt

23 Eine generelle Aussage, dass es für die Frage, ob eine Eintragung unzulässig ist, grundsätzlich auf den Zeitpunkt der Vornahme der Eintragung abgestellt werden müsse, lässt sich nach der Änderung des Wortlauts von § 395 gegenüber § 142 FGG aF nicht mehr treffen. Auch vorher wurden allerdings Ausnahmen zugelassen.[10] Eine bestimmte **Zeitfolge** spielt heute **keine wesentliche Rolle** mehr: War zB eine **Eintragung ursprünglich zwar unzulässig**, ist der **Mangel** aber **später** durch danach eingetretene Umstände behoben worden und ist nunmehr die Eintragung als zulässig anzusehen, steht dies einer etwa noch beabsichtigten Löschung gem. § 395 entgegen.[11]

---

1 RG v. 26.6.1914 – Rep. II 109/14, RGZ 85, 206 (207f.).
2 OLG Düsseldorf v. 5.8.1998 – 3 Wx 304/98, NJW-RR 1999, 1053; OLG Schleswig v. 25.5.2000 – 2 W 82/2000, FGPrax 2000, 160.
3 OLG Frankfurt v. 4.8.1997 – 20 W 359/96, BB 1997, 2077; differenzierend KG v. 6.7.2004 – 1 W 174/04, GmbHR 2004, 1286, wonach ein schwerer Verfahrensfehler nur dann vorliegt, wenn sich bei der Anhörung die Unrichtigkeit der beantragten Löschung ergeben hätte.
4 OLG Zweibrücken v. 13.3.2001 – 3 W 15/01, Rpfleger 2001, 354; OLG Naumburg v. 10.11.1999 – 7 Wx 7/99, FGPrax 2000, 121 (122); KG v. 9.3.1999 – 1 W 8174/98, FGPrax 1999, 156 (157).
5 OLG Naumburg v. 10.11.1999 – 1 Wx 7/99, FGPrax 2000, 121 (122).
6 BayObLG v. 23.3.1989 – BReg. 3 Z 148/88, NJW-RR 1989, 934 (935).
7 OLG Hamm v. 14.4.2009 – 15 Wx 24/08, ZIP 2010, 229 (230ff.).
8 KG v. 13.1.1978 – 1 W 498/77, Rpfleger 1978, 323 (324).
9 Schulte-Bunert/Weinreich/*Nedden-Boeger*, § 395 FamFG Rz. 17, 17a.
10 Vgl. BayObLG v. 19.6.2001 – 3 ZBR 48/01, FGPrax 2001, 213 (214); OLG Zweibrücken v. 24.9.2001 – 3 W 201/01, NJW-RR 2002, 457 (458).
11 BayObLG v. 11.5.1995 – 3 ZBR 58/95, Rpfleger 1995, 465.

Aufgrund der Gesetzesänderung sind darüber hinaus nach der Eintragung eingetretene Veränderungen in jedem Fall zu berücksichtigen.

IV. Verfahren

Das Löschungsverfahren ist von Amts wegen einzuleiten, sobald das Registergericht nach pflichtgemäßem Ermessen genügende Anhaltspunkte für das Vorliegen einer unrichtigen Eintragung und damit hinreichende Gründe für sein Tätigwerden erkennt. Berufsständische Organisationen iSd. § 380 haben nunmehr ein Antragsrecht, vgl. vorstehend Rz. 6. Sonstige Dritte haben kein Antragsrecht, können jedoch ein Verfahren anregen. In diesem Fall ist das **Registergericht verpflichtet**, in eine **sachliche Prüfung** der Löschungsfrage einzutreten.[1] Hält das Registergericht die Voraussetzungen für eine Löschung für gegeben, hat es den Beteiligten gem. Abs. 2 von der beabsichtigten Löschung zu benachrichtigen und ihm zugleich eine angemessene Frist zur Geltendmachung eines Widerspruchs zu bestimmen. Die Bekanntgabe der Ankündigungsverfügung erfolgt nach § 15. 24

Hat ein **Dritter** die Einleitung eines Amtslöschungsverfahrens angeregt, steht ihm kein Rechtsmittel für den Fall zu, dass das Registergericht die Einleitung ablehnt.[2] 25

Das Gericht hat den Beteiligten über eine **Löschungsabsicht** zu benachrichtigen und dabei eine **angemessene Frist** zur Erhebung des **Widerspruchs** zu gewähren.[3] Für die Bekanntmachung gilt § 394 Abs. 2 Satz 1 und 2 entsprechend (vgl. § 394 Rz. 32). 26

Gem. Abs. 3 gilt für das weitere Verfahren § 393 Abs. 3 bis 5 entsprechend. Insoweit wird zunächst auf die Ausführungen zu § 393 Rz. 18 ff. und Rz. 22 ff. verwiesen. Wesentlich ist auch hier, dass gem. § 393 Abs. 5 die Löschung **erst erfolgen darf**, wenn **kein Widerspruch** erhoben oder der den Widerspruch zurückweisende **Beschluss rechtskräftig** geworden ist. Weiter muss der Mangel der Eintragung im Zeitpunkt der Löschung noch fortbestehen. Ist er in diesem Zeitpunkt behoben, hat das Registergericht von der Löschung Abstand zu nehmen. 27

Da es sich bei der Löschung um eine **Ermessensentscheidung** des Registergerichts handelt, kann sie **unterbleiben**, wenn sie für den Beteiligten **schwere wirtschaftliche Nachteile** zur Folge haben würde, aber **keinem Dritten nützt**.[4] 28

Funktionell zuständig für Löschungsverfahren gem. § 395 ist aufgrund des Vorbehalts in § 17 Abs. 1 Nr. 1e RPflG der **Richter**. 29

Kosten/Gebühren: Gericht: S. Anmerkung zu § 393. Die Löschung im Register erfolgt von Amts wegen. Die Gebühren für die Löschung im Handels-, Partnerschafts- oder Genossenschaftsregister bestimmen sich nach der HRegGebV. Für die Löschung im Vereinsregister wird nach Abs. 3 Nr. 1 der Anm. zu Nr. 13101 KV GNotKG keine Gebühr erhoben. Für die Löschung im Güterrechtsregister wird nach Nr. 13201 KV GNotKG eine Gebühr in Höhe von 50 Euro erhoben. 30

396 *(entfallen)*

Der **Regierungsentwurf** sah in § 396 eine nach dem Vorbild des § 143 FGG aF geschaffene Bestimmung vor, die wie nach früherem Recht eine Löschung unzulässiger Eintragungen nach § 142 FGG aF auch durch das Landgericht erlaubt hätte.[5] Vorgeschlagen wurde eine **konkurrierende Zuständigkeit**, dh. Registergericht und Landgericht hätten nebeneinander das Löschungsverfahren einleiten können.[6] Falls beide 1

---

1 KG v. 21.11.1966 – 1 W 2437/66, OLGZ 1967, 97 (100); OLG Hamm v. 29.7.1971 – 15 W 633/70, Rpfleger 1971, 402; OLG Frankfurt v. 17.2.1976 – 20 W 919/75, Rpfleger 1976, 213.
2 Vgl. KG v. 22.5.2007 – 1 W 107/07, FGPrax 2007, 276 (277).
3 Holzer/*Holzer*, § 395 FamFG Rz. 22.
4 Krafka/Willer/Kühn, Rz. 445, 446.
5 Begründung zu § 396 RegE, in: BT-Drucks. 16/6308, S. 288.
6 Vgl. dazu BayObLG v. 9.12.1955 – BReg. 2 Z 166, 167/55, BayObLGZ 1955, 333 (339); OLG Hamm v.13.11.1970 – 15 W 280/70, OLGZ 1971, 226 (227).

Gerichte das Löschungsverfahren eingeleitet hätten, wäre allerdings das Verfahren des Registergerichts vorrangig gewesen. Das Landgericht hätte jedoch das Löschungsverfahren an sich ziehen können, wenn es das Registergericht abgelehnt hätte, einer Löschungsankündigung Folge zu leisten[1] oder die Löschung dann anordnen, wenn gegen die Ablehnung des Löschungsverfahrens durch das Registergericht Beschwerde eingelegt worden wäre.[2]

2 § 396 RegE wurde jedoch auf Vorschlag des Rechtsausschusses des Bundestages gestrichen, weil man der Ansicht war, dass **Löschungen** in erster Instanz **bei dem Registergericht konzentriert** werden sollten.[3] Diese Entscheidung ist zu begrüßen, da die Anordnung von Löschungen durch das Landgericht in der Praxis selten war und durch die Streichung des § 396 RegE die erste Instanz gestärkt wird. § 143 FGG aF stellte im Übrigen eine dem heutigen Gerichtsaufbau fremde **Verwischung zwischen zwei Instanzen** dar, die nur für Verwaltungsbehörden typisch ist. Die Abschaffung des in § 143 FGG aF enthaltenen Prinzips harmonisiert daher mit der GVG-Anbindung der Gerichte der freiwilligen Gerichtsbarkeit und **stärkt den justizförmlichen Ablauf des Registerverfahrens.**

397 Löschung nichtiger Gesellschaften und Genossenschaften
Eine in das Handelsregister eingetragene Aktiengesellschaft oder Kommanditgesellschaft auf Aktien kann nach § 395 als nichtig gelöscht werden, wenn die Voraussetzungen vorliegen, unter denen nach den §§ 275 und 276 des Aktiengesetzes die Klage auf Nichtigerklärung erhoben werden kann. Das Gleiche gilt für eine in das Handelsregister eingetragene Gesellschaft mit beschränkter Haftung, wenn die Voraussetzungen vorliegen, unter denen nach den §§ 75 und 76 des Gesetzes betreffend die Gesellschaften mit beschränkter Haftung die Nichtigkeitsklage erhoben werden kann, sowie für eine in das Genossenschaftsregister eingetragene Genossenschaft, wenn die Voraussetzungen vorliegen, unter denen nach den §§ 94 und 95 des Genossenschaftsgesetzes die Nichtigkeitsklage erhoben werden kann.

I. Allgemeines 1	4. Löschung einer Genossenschaft .. 8
II. Anwendungsbereich	III. Nicht zur Löschung berechtigende
1. Zweck der Löschung 2	Gründe 9
2. Löschung einer AG bzw. KGaA ... 5	IV. Verfahren 14
3. Löschung einer GmbH oder Unternehmergesellschaft 7	V. Wirkung der Löschung 18

I. Allgemeines

1 Die Vorschrift entspricht weitgehend dem früheren § 144 Abs. 1 FGG. Die entsprechende Regelung für die **Genossenschaften**, bisher § 147 Abs. 3 FGG aF, wurde in die Vorschrift integriert.[4]

II. Anwendungsbereich

1. Zweck der Löschung

2 Gegenüber der allgemeinen Befugnis des Registergerichts zur **Vornahme von Amtslöschungen** nach § 395 enthält § 397 eine Sonderregelung für die Löschung der darin bezeichneten Kapitalgesellschaften (AG, KGaA und GmbH) sowie von einge-

---

1 BayObLG v. 18.8.1969, 2 Z 25/69, BayObLGZ 1969, 215.
2 BayObLG v. 18.8.1975 – BReg. 2 Z 59/74, Rpfleger 1975, 400; OLG Hamm v. 18.1.1978 – 15 W 352/77, Rpfleger 1978, 132.
3 Beschlussempfehlung und Bericht des Rechtsausschusses zu § 396 RegE, in: BT-Drucks. 16/9733, S. 298; dazu auch Holzer/*Holzer*, § 395 FamFG Rz. 1.
4 Begründung zu § 397 RegE, in: BT-Drucks. 16/6308, S. 288.

tragenen Genossenschaften.¹ § 395 ist bei den von § 397 erfassten Gesellschaften (AG, KGaA, GmbH, Genossenschaft) nur anwendbar, wenn es sich nicht um die Löschung der Gesellschaft bzw. Genossenschaft handelt.² § 397 und § 398 schließen sich hinsichtlich ihres Anwendungsbereichs aus, während sich die §§ 397 und 399 ergänzen. Das Verfahren nach § 397 kann mit dem Anmeldungsverfahren nach einer Nichtigerklärung konkurrieren.³

Da dem **Vertrauen der Öffentlichkeit** in den **Bestand** der im Handelsregister und im Genossenschaftsregister eingetragenen Gesellschaften ein besonders hoher Schutz zu Teil wird und diesem zugleich der Vorrang vor privaten Interessen einzelner Personen, die durch die Eintragung einer fehlerhaften Gesellschaft etwa in ihren Rechten betroffen sein könnten, eingeräumt wird, sind die **Löschungsgründe in Abs. 1** unter Bezugnahme auf die Bestimmungen der §§ 275, 276 des AktG, den §§ 75, 76 des GmbHG und den §§ 94, 95 des GenG **abschließend aufgeführt**.⁴   3

Die **Löschung** einer Gesellschaft oder Genossenschaft aufgrund von § 397 ist nur in den folgenden Fällen **zulässig**:   4

2. Löschung einer AG bzw. KGaA

Die **Löschung einer AG bzw. KGaA** gem. § 397 FamFG iVm. den §§ 275, 276 bzw. § 278 Abs. 3 AktG kann erfolgen, wenn die Satzung keine Bestimmung über die Höhe des Grundkapitals enthält, welches zwingend gem. § 23 Abs. 3 Nr. 3 AktG in der notariell zu beurkundenden Satzung der AG bestimmt sein muss.   5

Ist ein Betrag zwar angegeben, der aber entgegen § 6 AktG **nicht auf Euro lautet** oder den Mindestnennbetrag des Grundkapitals gem. § 7 AktG von 50 000 Euro unterschreitet, ist die entsprechende Satzungsbestimmung zwar ebenfalls nichtig, jedoch ist kein Fall des § 397, sondern ein solcher des § 399 gegeben (vgl. § 399 Rz. 8), wenn in der Satzung keine Bestimmung über den Gegenstand des Unternehmens enthalten ist, (§ 23 Abs. 3 Satz 2 AktG). Gleiches gilt, wenn die Bestimmungen über den Gegenstand des Unternehmens nichtig sind, etwa weil sie gegen ein gesetzliches Verbot, § 134 BGB, oder die guten Sitten verstoßen.⁵   6

3. Löschung einer GmbH oder Unternehmergesellschaft

Die **Löschung einer GmbH** gem. § 75 GmbHG kann erfolgen,   7
- wenn der Gesellschaftsvertrag keine Bestimmung über die Höhe des Stammkapitals enthält, welches zwingend gem. § 5 Abs. 1 GmbHG für die GmbH bzw. § 5a Abs. 1 GmbHG für die Unternehmergesellschaft in dem notariell zu beurkundenden Gesellschaftsvertrag bestimmt sein muss.
- wenn der Gesellschaftsvertrag keine Bestimmungen über den Gegenstand des Unternehmens enthält, § 3 Abs. 1 Nr. 2 GmbHG.
- wenn die Bestimmungen über den Gegenstand des Unternehmens nichtig sind, etwa weil sie gegen ein gesetzliches Verbot, § 134 BGB, oder die guten Sitten verstoßen.

4. Löschung einer Genossenschaft

Eine **Genossenschaft** kann gem. §§ 94, 95 GenG gelöscht werden,   8

---

1 BayObLG v. 18.8.1969 – 2 Z 25/69, Rpfleger 1969, 433 (434); BayObLG v. 23.2.2989 – 3 Z 136/88, b. Plötz, Rpfleger 1989, 398 (LS); OLG Hamm v. 22.5.1979 – 15 W 314/78, Rpfleger 1979, 308 (309).
2 OLG Frankfurt v. 4.12.2001 – 20 W 31/01, FGPrax 2002, 78 (79).
3 Holzer/*Holzer*, § 397 FamFG Rz. 2.
4 BGH v. 9.10.1956 – II ZB 11/56, BGHZ 21, 378 (381); KG v. 14.11.2000 – 1 W 6828/99, FGPrax 2001, 31 (32); OLG Frankfurt v. 2.12.1999 – 15 W 336/99, FGPrax 2000, 78 (79).
5 Nichtigkeit wegen verdeckter Mantel- bzw. Vorratsgründung, vgl. BGH v. 16.3.1992 – II ZB 17/91, MDR 1992, 654; seit Langem anerkannt ist die Zulässigkeit offener Vorrats- bzw. Mantelgründungen, vgl. BGH v. 16.3.1992 – II ZB 17/91, MDR 1992, 654 für die AG; BGH v. 9.12.2002 – II ZB 12/02, MDR 2003, 515 für die GmbH.

- wenn die Satzung nicht den Mindestinhalt der in §§ 6, 7 GenG bezeichneten Bestimmungen enthält bzw. gegen die zwingende Regelung des § 119 GenG über die Höhe der Festsetzung der Haftsumme zur Leistung von Nachschüssen zur Insolvenzmasse verstößt und
- ein solcher, eine wesentliche Satzungsbestimmung betreffender Mangel nicht durch einen entsprechenden Satzungsänderungsbeschluss der Generalversammlung geheilt worden ist, § 95 Abs. 2 GenG.

III. Nicht zur Löschung berechtigende Gründe

9   Eine **Löschung** nach § 397 ist bei der Nichtigkeit anderer als den vorstehend erwähnten Satzungsbestimmungen **nicht zulässig** (dazu Rz. 5 ff.). Insbesondere berechtigen folgende Umstände nicht zur Einleitung eines Löschungsverfahrens gem. § 397:
- die **Geschäftsunfähigkeit** des Gründers einer Ein-Mann-GmbH;[1]
- die Vornahme einer **verschleierten Sachgründung**;[2]
- Mängel beim **Gründungsverfahren** bzw. Beurkundungsmängel;[3]
- Verstöße gegen Vorschriften des **öffentlichen Rechts** oder das Fehlen einer erforderlichen öffentlich-rechtlichen **Genehmigung**.

10 Für die **GmbH** ist mit Inkrafttreten des MoMiG die Verpflichtung, bei der Anmeldung der Gesellschaft die etwa erforderliche Genehmigungsurkunde für den Unternehmensgegenstand vorzulegen, durch die ersatzlose Streichung von § 8 Abs. 1 Nr. 6 GmbHG entfallen.

11 Für die **AG** und die **KGaA** besteht jedoch weiterhin gem. § 37 Abs. 4 Nr. 6 AktG die Verpflichtung, bei der Anmeldung der Gesellschaft die Genehmigungsurkunde über die Erteilung einer erforderlichen öffentlich-rechtlichen Genehmigung vorzulegen.

12 Verfügt eine Gesellschaft nicht über die für ihren Geschäftsbetrieb erforderliche **öffentlich-rechtliche Genehmigung**, kann dies insbesondere Rechtsfolgen öffentlich-rechtlicher Art nach sich ziehen, vgl. § 396 AktG, § 62 GmbHG, § 81 Abs. 1 GenG.

13 Ein zunächst etwa gegebener **Löschungsgrund**, der die Bestimmungen über den Gegenstand des Unternehmens betrifft, kann durch Heilung gem. § 276 AktG, § 76 GmbHG entfallen.

IV. Verfahren

14 Das **Verfahren der Amtslöschung** einer **nichtigen** Gesellschaft richtet sich nach § 395. Die **beabsichtigte Löschung** ist nach § 395 Abs. 2 dem vertretungsberechtigten Organ der Gesellschaft **vorher bekannt** zu machen und dabei zugleich eine **angemessene Frist** zur Geltendmachung des **Widerspruchs** zu bestimmen. Die insoweit früher in § 144 Abs. 3 FGG aF enthaltene Mindestfrist von drei Monaten ist entfallen. Infolge der Weiterverweisung in § 395 Abs. 2 Satz 2 gilt für die Bekanntmachung die Vorschrift des § 394 Abs. 2 Satz 1 und 2 entsprechend.

15 Eine **Anhörung der berufsständischen Organe** (§ 380) bzw. im Fall einer Genossenschaft die Anhörung des Prüfungsverbands ist hier nicht zwingend vorgeschrieben, da keine Verweisung auf § 394 Abs. 2 Satz 3 erfolgt ist. Sie erscheint aber wegen der Bedeutung des Eingriffs regelmäßig als geboten.

16 Für das **weitere Verfahren** gelten auch hier infolge der Weiterverweisung in § 395 Abs. 3 die Vorschriften von § 393 Abs. 3 bis 5 entsprechend (vgl. insoweit § 393 Rz. 18 und Rz. 22). Auch die Einleitung und Durchführung des Verfahrens nach § 397 steht somit im pflichtgemäßen Ermessen des Registergerichts, wobei das öffentliche Interesse an der Löschung der Eintragung mit dem Interesse der Beteiligten an dem Bestand der Eintragung und der Vermeidung der durch die Löschung drohenden

---

1 KG v. 14.11.2000 – 1 W 6828/99, Rpfleger 2001, 135.
2 KG v. 20.10.1922 – 1a X 658/22, JFG 1, 204 (208 ff.).
3 Holzer/*Holzer*, FamFG, § 397 Rz. 6.

Rechtsnachteile gegeneinander abzuwägen sind.[1] Das Registergericht kann ausnahmsweise **von der Einleitung eines Verfahrens** nach § 397 **absehen** (zB. wenn die Gesellschaft jahrelang unbeanstandet bestanden hat und ihr die Löschung nur wirtschaftlichen Schaden bringen könnte).[2] Die Nichtigkeit der Satzungsbestimmung muss im Übrigen zweifelsfrei feststehen[3] und darf nicht von der Entscheidung streitiger Rechtsverhältnisse oder Rechtsfragen abhängen.[4]

Funktionell zuständig für das Löschungsverfahren gem. § 397 ist aufgrund des Vorbehalts in § 17 Abs. 1 Nr. 1e RPflG der Richter. — 17

V. Wirkung der Löschung

Wie allgemein nach den §§ 393 ff. hat auch die Löschung nach § 397 **lediglich deklaratorische Wirkungen**. Falls die Löschung nach § 397 verfahrensfehlerhaft erfolgte, kann sie gem. § 395 rückgängig gemacht werden; die Gesellschaft wird dadurch wieder zur werbenden Gesellschaft.[5] — 18

Kosten/Gebühren: S. Anmerkung zu § 393. — 19

398 Löschung nichtiger Beschlüsse

Ein in das Handelsregister eingetragener Beschluss der Hauptversammlung oder Versammlung der Gesellschafter einer der in § 397 bezeichneten Gesellschaften sowie ein in das Genossenschaftsregister eingetragener Beschluss der Generalversammlung einer Genossenschaft kann nach § 395 als nichtig gelöscht werden, wenn er durch seinen Inhalt zwingende gesetzliche Vorschriften verletzt und seine Beseitigung im öffentlichen Interesse erforderlich erscheint.

I. Allgemeines 1	3. Beseitigung der Eintragung durch öffentliches Interesse geboten ... 8
II. Anwendungsbereich	
1. Grundsatz 2	III. Sonderfall: § 20 UmwG 9
2. Verstoß gegen zwingende gesetzliche Vorschriften 4	IV. Verfahren 10

I. Allgemeines

Die Vorschrift entspricht weitgehend dem früheren § 144 Abs. 2 FGG. In die Bestimmung integriert wurde die in § 147 Abs. 4 FGG aF enthaltene Regelung für die **Genossenschaften**. Nach der Gesetzesbegründung wurde das Verfahren zur Löschung nichtiger Beschlüsse im Register (§ 398) aus Gründen der Übersichtlichkeit separat von den Vorschriften über die Löschung nichtiger Gesellschaften und Genossenschaften (§ 397) geregelt.[6] — 1

II. Anwendungsbereich

1. Grundsatz

Unter der **Voraussetzung**, dass durch ihren **Inhalt zwingende Vorschriften** des Gesetzes verletzt werden und eine **Beseitigung der Eintragung** im öffentlichen Interesse erforderlich erscheint, können vom Registergericht im Handelsregister eingetragene **Beschlüsse** der Hauptversammlung einer AG oder KGaA, der Gesellschafterversammlung einer GmbH oder der Generalversammlung einer Genossenschaft als **nichtig gelöscht werden**.[7] — 2

---

1 Holzer/*Holzer*, § 397 FamFG Rz. 6.
2 Bumiller/*Harders*, § 398 FamFG Rz. 9.
3 *Bassenge*, Rpfleger 1974, 173 (176).
4 BayObLG v. 18.7.1991 – BReg. 3 Z 133/90, BB 1991, 1729 (1730).
5 Holzer/*Holzer*, § 397 FamFG Rz. 10.
6 Begründung zu § 398 RegE, in: BT-Drucks. 16/6308, S. 288.
7 Holzer/*Holzer*, § 398 FamFG Rz. 2.

3   Als Sonderregelung **verdrängt** § 398 ebenfalls – wie § 397, vgl. vorstehend § 397 Rz. 2, § 395 Rz. 3 – die allgemeine Bestimmung des § 395.[1] Auch hier kann, wenn bei einem eingetragenen Beschluss nicht die Löschungsgründe des § 398 vorliegen, nicht auf sonstige Verfahrensfehler oder eine sachliche Unrichtigkeit iSd. § 395 zurückgegriffen werden.

2. Verstoß gegen zwingende gesetzliche Vorschriften

4   Der vom Registergericht **zu löschende Beschluss** muss inhaltlich gegen **zwingendes gesetzliches Recht** verstoßen, dh. wegen **dieses Verstoßes** nichtig sein. Deshalb rechtfertigt eine bloße Verletzung von Satzungsbestimmungen die Löschung eines Beschlusses nach § 398 nicht.[2] Gleiches gilt für den Fall des fehlerhaften Zustandekommens des Beschlusses oder für den Fall von Fehlern des Registerverfahrens, das zu der Eintragung geführt hat.[3]

5   Zwingende gesetzliche Vorschriften sind insbesondere verletzt, wenn darin ausdrücklich die **Nichtigkeitsfolge angeordnet** ist. Bei der AG und KGaA sind die Nichtigkeitsgründe für **Hauptversammlungsbeschlüsse in § 241** AktG aufgeführt. Aus § 242 Nr. 6 AktG folgt dabei zugleich, dass der in § 241 Nr. 1 bis 5 AktG enthaltene Katalog nicht abschließend ist. Zwingend sind zB weiter die Vorschriften über den **Mindestnennbetrag des Grundkapitals, § 7** AktG, über **Form und Mindestbeträge der Aktien (§ 8** AktG) über den **maßgeblichen Ausgabebetrag der Aktien (§ 9** AktG) weiter das Rückgewährverbot des § 57 AktG, die Bestimmungen des § 58 AktG über die Verwendung des Jahresüberschusses, des Befreiungsverbots des § 66 AktG, sowie über die gesetzlichen Rücklagen (§ 150 AktG).

6   Für die **GmbH** rechnen hierzu insbesondere die **Vorschriften** über die **Kapitalerhaltung** (§§ 30, 31 GmbHG), ferner § 19 GmbHG über die **Einzahlungen auf Geschäftsanteile** mit den durch das MoMiG in den Abs. 4 und 5 eingefügten Änderungen.

7   Bei der **Genossenschaft** kommt eine Verletzung zwingender Vorschriften des Gesetzes bei **Beschlüssen der Generalversammlung** in Frage, die gegen die §§ 19 Abs. 2, 23, 45, 65, 87a, 93, 115b, 119 GenG verstoßen.

3. Beseitigung der Eintragung durch öffentliches Interesse geboten

8   Darüber, ob eine Beseitigung des Beschlusses im öffentlichen Interesse erforderlich erscheint, hat das Registergericht nach **pflichtgemäßem Ermessen** zu entscheiden.[4] Außer dem Interesse der Allgemeinheit kann als öffentliches Interesse auch das Interesse der Gesellschaftsgläubiger sowie das Interesse künftiger Aktionäre in Betracht kommen, nicht jedoch die Belange derjenigen, die bereits im Zeitpunkt der Beschlussfassung Aktionäre sind.[5]

8a Ein **öffentliches Interesse** an der Beseitigung eines im Handelsregister eingetragenen Beschlusses liegt nicht vor, wenn lediglich die Verletzung der Vorschriften über die Einberufung bzw. Abstimmung gerügt werden.[6]

III. Sonderfall: § 20 UmwG

9   Da eine **Rückgängigmachung einer Verschmelzung** aus praktischen und rechtlichen Gründen als äußerst problematisch angesehen wird und nach dem Willen des Gesetzgebers ausgeschlossen sein soll, ist in § 20 Abs. 2 UmwG bestimmt, dass Män-

---

1 Holzer/*Holzer*, § 398 FamFG Rz. 3.
2 BayObLG v. 19.9.1991 – BReg. 3 Z 97/91, NJW-RR 1992, 295 (296); BayObLG v. 19.10.1995 – 3 ZBR 268/95, GmbHR 1996, 441 (442 f.); KG v. 8.8.2012 – 12 W 23/12, FGPrax 2013, 32.
3 OLG Frankfurt v. 29.10.2001 – 20 W 58/01, FGPrax 2002, 35 (36); OLG Karlsruhe v. 10.4.2001 – 11 Wx 12/01, FGPrax 2001, 161 (162 f.).
4 Holzer/*Holzer*, § 398 FamFG Rz. 12.
5 OLG Karlsruhe v. 18.12.1985 – 11 W 86/85, Rpfleger 1986, 140 (141); OLG Frankfurt v. 29.10.2001 – 20 W 58/01, FGPrax 2002, 35 (36).
6 OLG München v. 22.2.2010 – 31 Wx 162/09, ZIP 2010, 625.

gel der Verschmelzung die Wirkungen der Eintragungen nach § 20 Abs. 1, die in weitem Umfang konstitutiven Charakter haben, unberührt lässt. Wegen der gesetzlich in § 20 Abs. 2 UmwG normierten dinglichen Bestandskraft der in das Handelsregister eingetragenen Umwandlung kommt damit eine Amtslöschung nach § 398 bzw. nach § 395 wegen etwaiger Mängel der der Umwandlung zugrunde liegenden Beschlüsse nicht in Betracht.[1]

IV. Verfahren

Hinsichtlich des Verfahrens der Löschung eines nichtigen Beschlusses nach § 398 verweist das Gesetz ebenfalls auf § 395. Die beabsichtigte Löschung eines bestimmten Beschlusses ist nach § 395 Abs. 2 vorher bekannt zu machen und dabei zugleich eine angemessene Frist zur Geltendmachung des Widerspruchs zu bestimmen. 10

Wegen einer **Anhörung** der berufsständischen Organe bzw. des genossenschaftlichen Prüfungsverbands wird auf § 397 Rz. 15 verwiesen. 11

Für das **weitere Verfahren** gelten auch hier durch die Weiterverweisung in § 395 Abs. 3 die Vorschriften von § 393 Abs. 3 bis 5 entsprechend (vgl. § 393 Rz. 18 und 22). 12

Funktionell zuständig für das Löschungsverfahren gem. § 398 ist aufgrund des Vorbehalts in § 17 Abs. 1 Nr. 1e RPflG der Richter. 13

Kosten/Gebühren: S. Anmerkung zu § 393. 14

399 Auflösung wegen Mangels der Satzung

(1) Enthält die Satzung einer in das Handelsregister eingetragenen Aktiengesellschaft oder einer Kommanditgesellschaft auf Aktien eine der nach § 23 Abs. 3 Nr. 1, 4, 5 oder Nr. 6 des Aktiengesetzes wesentlichen Bestimmungen nicht oder ist eine dieser Bestimmungen oder die Bestimmung nach § 23 Abs. 3 Nr. 3 des Aktiengesetzes nichtig, hat das Registergericht die Gesellschaft von Amts wegen oder auf Antrag der berufsständischen Organe aufzufordern, innerhalb einer bestimmten Frist eine Satzungsänderung, die den Mangel der Satzung behebt, zur Eintragung in das Handelsregister anzumelden oder die Unterlassung durch Widerspruch gegen die Aufforderung zu rechtfertigen. Das Gericht hat gleichzeitig darauf hinzuweisen, dass andernfalls ein nicht behobener Mangel im Sinne des Absatzes 2 festzustellen ist und dass die Gesellschaft dadurch nach § 262 Abs. 1 Nr. 5 oder § 289 Abs. 2 Nr. 2 des Aktiengesetzes aufgelöst wird.
(2) Wird innerhalb der nach Absatz 1 bestimmten Frist weder der Aufforderung genügt noch Widerspruch erhoben oder ist ein Widerspruch zurückgewiesen worden, hat das Gericht den Mangel der Satzung festzustellen. Die Feststellung kann mit der Zurückweisung des Widerspruchs verbunden werden. Mit der Zurückweisung des Widerspruchs sind der Gesellschaft zugleich die Kosten des Widerspruchsverfahrens aufzuerlegen, soweit dies nicht unbillig ist.
(3) Der Beschluss, durch den eine Feststellung nach Absatz 2 getroffen, ein Antrag oder ein Widerspruch zurückgewiesen wird, ist mit der Beschwerde anfechtbar.
(4) Die Absätze 1 bis 3 gelten entsprechend, wenn der Gesellschaftsvertrag einer in das Handelsregister eingetragenen Gesellschaft mit beschränkter Haftung eine der nach § 3 Abs. 1 Nr. 1 oder Nr. 4 des Gesetzes betreffend die Gesellschaften mit beschränkter Haftung wesentlichen Bestimmungen nicht enthält oder eine dieser Bestimmungen oder die Bestimmung nach § 3 Abs. 1 Nr. 3 des Gesetzes betreffend die Gesellschaften mit beschränkter Haftung nichtig ist.

I. Allgemeines	1	III. Anwendungsbereich	
II. Bedeutung der Vorschrift	2	1. Grundsatz	4

---

[1] OLG Frankfurt v. 26.5.2003 – 20 W 61/03, FGPrax 2003, 231 (232) mwN; OLG Frankfurt v. 25.10. 2002 – 20 W 299/02, Rpfleger 2003, 137 (138); OLG Hamburg v. 17.8.2007 – 11 U 277/05, DNotZ 2009, 227 (229 f.).

2. Satzungsmängel bei der AG bzw. KGaA 5
3. Satzungsmängel bei der GmbH ... 12
IV. Verfahren 17
V. Feststellung des Mangels der Satzung 22
VI. Wirkung der Löschung 25

I. Allgemeines

1 Die Vorschrift entspricht inhaltlich dem früheren § 144a FGG. Es erfolgte vornehmlich eine redaktionelle Anpassung an die Terminologie des FamFG. Darüber hinaus wurde die Bestimmung um eine Regelung ergänzt, nach der bei der Zurückweisung des Widerspruchs der Gesellschaft die **Kosten des Widerspruchsverfahrens** aufzuerlegen sind, soweit dies im Einzelfall nicht unbillig ist.[1]

II. Bedeutung der Vorschrift

2 § 399 ist im Zusammenhang mit § 397 zu sehen. Während in § 397 die Löschung einer Gesellschaft von Amts wegen als nichtig nur in den Fällen vorgesehen ist, in denen die Satzung oder der Gesellschaftsvertrag keine Bestimmungen über die Höhe des Grundkapitals bzw. Stammkapitals enthält oder über den Gegenstand des Unternehmens enthält oder solche Bestimmungen über den Gegenstand des Unternehmens nichtig sind, hat § 399 das **Einschreiten des Registergerichts** bei der Feststellung **anderer wesentlicher Mängel der Satzung** einer AG oder KGaA oder des Gesellschaftsvertrags einer GmbH zum Gegenstand. Wie bei allen Löschungstatbeständen der §§ 393 ff. handelt es sich auch bei § 399 um einen eng begrenzten Ausnahmetatbestand zum Schutz des Rechtsverkehrs.[2]

3 § 399 ist gegenüber § 395 **lex specialis**; diese Vorschrift ist nur dann gegenüber § 399 vorrangig, wenn dies gesetzlich angeordnet ist (zB in § 43 Abs. 2 KWG).[3] § 392 ist jedoch neben § 399 anwendbar.[4]

III. Anwendungsbereich

1. Grundsatz

4 § 399 befasst sich in Abs. 1 mit der Satzung einer AG bzw. KGaA und in Abs. 4 mit dem **Gesellschaftsvertrag einer GmbH**. Die Bestimmung greift ein, wenn die Satzung bzw. der Gesellschaftsvertrag einen der nachstehend aufgeführten Punke nicht regelt bzw. eine dort enthaltene Regelung nichtig ist. Die jeweilige Gesellschaft muss in das Handelsregister eingetragen sein; für eingetragene Vereine und Genossenschaften gilt § 399 nicht.[5]

2. Satzungsmängel bei der AG bzw. KGaA

5 Gem. § 23 Abs. 3 Nr. 1 AktG muss die Satzung der AG bzw. KGaA die Firma der Gesellschaft (vgl. § 4 AktG) bestimmen. Der Fall, dass die Satzung überhaupt keine Firma enthält, ist in der Praxis selten. Eine nichtige Firma liegt vor, wenn sie etwa nicht den in § 4 AktG vorgeschriebenen **Rechtsformzusatz** enthält oder gegen das **Irreführungsverbot** des § 18 Abs. 2 HGB verstößt. Nach § 399 Abs. 1 kann das Registergericht auch eine Verletzung des § 22 HGB bei Erwerb des Handelsgeschäfts oder die Eintragung einer nicht genügend unterscheidungsfähigen Firma (§ 30 Abs. 1 HGB)[6] beanstanden.

6 Bestehen lediglich **schuldrechtliche Ansprüche** eines Dritten gegen den Firmeninhaber, kommt kein Einschreiten des Registergerichts, sondern lediglich die Geltendmachung privatrechtlicher Ansprüche des Firmeninhabers gegen den Dritten in Betracht.[7]

---

1 Begründung zu § 398 RegE, in: BT-Drucks. 16/6308, S. 289.
2 Holzer/*Holzer*, § 399 FamFG Rz. 1.
3 *Nedden-Boeger*, FGPrax 2009, 144 (148).
4 BayObLG v. 23.2.2989 – 3 Z 136/88, b. Plötz, Rpfleger 1989, 398 (LS).
5 Keidel/Kuntze/*Winkler*, 15. Aufl., § 144a FFG Rz. 1.
6 *Keidel*/Kuntze/*Winkler*, § 144 FFG Rz. 4.
7 OLG Hamm v. 23.12.2004 – 15 W 466/03, DB 2005, 716 (717).

Gem. § 23 Abs. 3 Nr. 1 AktG muss die Satzung den **Sitz der Gesellschaft** bestimmen. Das Registergericht kann auch eingreifen, wenn eine Bestimmung über den Sitz fehlt – was in der Praxis wiederum selten ist – oder ein unzulässiger Firmensitz, etwa ein solcher im Ausland, besteht. Die Vorgängervorschrift des § 144a FGG aF wurde entsprechend angewendet bei einer faktischen, gegen § 4a Abs. 2 GmbHG verstoßenden Verlagerung des Sitzes der Gesellschaft in das Ausland.[1] Ein besonderes Problem bestand früher im Zusammenhang mit dem sog. „Doppelsitz". Dieses dürfte sich jedoch heute erledigt haben.[2] 7

Gem. § 23 Abs. 2 Nr. 3 AktG muss die Satzung die **Höhe des Stammkapitals** der AG bzw. der KGaA bestimmen. Fehlt hierüber in der Satzung jegliche Bestimmung, greift § 395 ein. Für § 399 relevant ist die Nichtigkeit einer vorhandenen Bestimmung über das Aktienkapital, welches das sich aus den §§ 6 und 7 AktG ergibt. Danach muss das Grundkapital auf einen Nennbetrag in Euro lauten, wobei der Mindestnennbetrag 50 000 Euro ist. Der Fall, dass ein Registergericht eine AG mit einem geringeren Fremdwährungskapital einträgt, dürfte ebenfalls kaum vorkommen. 8

Gem. § 23 Abs. 3 Nr. 4 AktG muss die Satzung Bestimmungen über die **Art der Aktien**, dh. Stück- oder Nennbetragsaktien, bei Nennbetragsaktien die Nennbeträge, bei Stückaktien die Zahl und beim Vorhandensein mehrerer Gattungen Angaben über die Zahl der Aktien jeder Gattung enthalten. 9

Gem. § 23 Abs. 3 Nr. 5 AktG muss die Satzung bestimmen, ob die Aktien auf den **Inhaber** oder auf den **Namen** ausgestellt werden. 10

Gem. § 23 Abs. 3 Nr. 6 AktG schließlich muss die Satzung die **Zahl der Mitglieder** des Vorstands oder die Regeln bestimmen, nach denen diese Zahl festgelegt wird. 11

3. Satzungsmängel bei der GmbH

Gem. § 3 Abs. 1 Nr. 1 GmbHG muss der Gesellschaftsvertrag die **Firma** und den **Sitz der Gesellschaft** enthalten. Hinsichtlich des Fehlens bzw. der Nichtigkeit dieser Angaben vgl. vorstehend Rz. 5 und Rz. 7. 12

Die in § 8 Nr. 4 GmbHG in der Anmeldung anzugebende **inländische Geschäftsanschrift** muss nicht in der Satzung angegeben bzw. identisch mit dem Sitz der Gesellschaft iSv. § 4a GmbHG sein. 13

Gem. § 3 Nr. 1 Satz 2 GmbHG muss der Gesellschaftsvertrag den **Gegenstand des Unternehmens** enthalten. Ein Fehlen des Gegenstands des Unternehmens oder insoweit nichtige Vereinbarungen führen zu einer Amtslöschung gem. § 397. 14

Gem. § 3 Nr. 1 Satz 3 GmbHG muss der Gesellschaftsvertrag den **Betrag des Stammkapitals** der Gesellschaft enthalten. Die Mindestgröße von 25 000 Euro (§ 5 Nr. 1 GmbHG) spielt insoweit nur noch eine Rolle für die Abgrenzung gegenüber der Unternehmergesellschaft, § 5a GmbHG. 15

Seit Inkrafttreten des MoMiG am 1.11.2008 muss der Gesellschaftsvertrag auch die **Zahl und Nennbeträge der Geschäftsanteile**, die jeder Gesellschafter gegen Einlage auf das Stammkapital (Stammeinlage) übernimmt, enthalten. Die Änderung dieser Vorschrift hängt mit § 5 Nr. 2 Satz 2 GmbHG zusammen, wonach jeder Gesellschafter bei der Errichtung der Gesellschaft mehrere Geschäftsanteile übernehmen darf. 16

IV. Verfahren

Das Verfahren ist vom **Registergericht von Amts** wegen oder auf Antrag der berufsständischen Organe (§ 380) einzuleiten. Entgegen der früheren Rechtslage des § 144a FGG aF, wonach ein Dritter eine Einleitung eines Verfahrens nur anregen 17

---

1 BGH v. 2.6.2008 – II ZB 1/08, MDR 2008, 1225 (1226); aA BayObLG v. 20.2.2002 – 3 Z BR 380/01, ZIP 2002, 1400 (1401 f.).
2 Krafka/Willer/Kühn, Rz. 355.

konnte, ohne antragsberechtigt zu sein, ist nunmehr in § 399 Abs. 1 den **berufsständischen Organen** gem. § 380 **ein Antragsrecht** eingeräumt worden.

18 Dem Registergericht steht kein **Ermessen** bei der Beurteilung der Frage zu, ob es bei genügender Kenntnis eines Verstoßes gegen § 399 Schritte einleiten will oder nicht.[1] Hat das Registergericht eine genügende Überzeugung vom Vorhandensein eines Mangels iSd. § 399 Abs. 1 bzw. Abs. 4 gewonnen, muss es das Verfahren zur Beanstandung des Satzungsmangels einleiten. Das Registergericht hat jedoch bei der Feststellung der Tatbestandsvoraussetzungen des § 399 einen Beurteilungsspielraum.[2]

19 Zu Beginn des Verfahrens erlässt das Registergericht eine **Verfügung** gegenüber der Gesellschaft, in welcher der beanstandete **Mangel der Satzung** oder des **Gesellschaftsvertrags** genau bezeichnet wird, verbunden mit der **Aufforderung**, innerhalb einer **angemessenen Frist** eine Änderung des Gesellschaftsvertrags oder der Satzung, wodurch der Mangel behoben wird, zur Eintragung in das Handelsregister anzumelden oder die Unterlassung durch Einlegung eines **Widerspruchs** zu rechtfertigen.[3]

20 Die **Ankündigungsverfügung** ist der betroffenen Gesellschaft gem. § 15 bekannt zu geben. Einzelne Aktionäre oder Gesellschafter sind keine Verfahrensbeteiligten.[4]

21 **Funktionell zuständig** für Verfügungen gem. § 399 Abs. 1 sowie für Feststellungsbeschlüsse gem. § 399 Abs. 2 ist aufgrund des Vorbehalts in § 17 Abs. 1 Nr. 1f RPflG der **Richter**.

V. Feststellung des Mangels der Satzung

22 Gem. **Abs. 2** hat das Registergericht den ermittelten **Mangel der Satzung festzustellen**, sofern die beteiligte Gesellschaft weder der Aufforderung genügt noch Widerspruch erhoben hat, oder wenn der eingelegte Widerspruch zurückgewiesen worden ist. Die **Zurückweisung des Widerspruchs** kann das Registergericht mit der **Feststellung des Mangels** der Satzung verbinden. Zugleich sind der Gesellschaft, soweit dies nicht unbillig ist, mit der Zurückweisung des Widerspruchs zugleich die Kosten des Widerspruchsverfahrens aufzuerlegen.

23 Die Entscheidung nach Abs. 2, nämlich die **Feststellung des Mangels der Satzung** oder die **Zurückweisung des Widerspruchs**, werden vom Registergericht durch Beschluss getroffen, Abs. 3. Wird der Antrag eines berufsständischen Organs (§ 380) auf Einleitung des Verfahrens nach § 399 durch das Registergericht zurückgewiesen, hat diese Zurückweisung gem. Abs. 3 ebenfalls durch Beschluss zu erfolgen.

24 Gegen die vorgenannten Beschlüsse findet die **Beschwerde**, § 58, statt.

VI. Wirkung der Löschung

25 Die Auflösung der Gesellschaft und deren Grund wird gem. §§ 262 Abs. 1 Nr. 5, 263, 289 Abs. 2 Nr. 2 AktG, §§ 60 Abs. 1 Nr. 5, 65 Abs. 1 GmbHG **in das Handelsregister eingetragen**.[5] Aus der Eintragung sollte die Feststellung der Nichtigkeit der Satzung und die daraus folgende Auflösung der Gesellschaft hervorgehen.[6] Eine Löschung dieser Eintragung nach § 395 ist möglich, wenn der Mangel nicht rechtskräftig festgestellt wurde, jedoch nicht dann, wenn die Löschung sachlich zu Unrecht erfolgt ist.[7]

26 **Kosten/Gebühren: Gericht:** Für das Verfahren über den Widerspruch gegen eine Aufforderung zur Satzungsänderung wird nach Nr. 13400 KV GNotKG eine Gebühr mit einem Gebührensatz von 1,0 erhoben. Der

---

1 Holzer/*Holzer*, § 399 FamFG Rz. 10.
2 Holzer/*Holzer*, § 399 FamFG Rz. 9.
3 Holzer/*Holzer*, § 399 FamFG Rz. 11.
4 So für das frühere Recht Keidel/Kuntze/*Winkler*, 15. Aufl., § 144a FFG Rz. 14.
5 Bassenge/Roth, 11. Aufl., § 144a FFG Rz. 12.
6 Krafka/Willer/Kühn, Rz. 471 mit Eintragungsbeispiel.
7 OLG Düsseldorf v. 13.7.1979 – 3 W 139/79, DB 1979, 2269 (2270).

Geschäftswert bestimmt sich nach § 36 GNotKG. Die Kosten schuldet derjenige, dem sie nach Abs. 2 Satz 3 auferlegt wurden (§ 27 Nr. 1 GNotKG). Bei einem erfolgreichen Widerspruch werden mangels eines Kostenschuldners keine Kosten erhoben.

Für Beschwerde- und Rechtsbeschwerdeverfahren werden Gebühren nach den Nrn. 13610 bis 13630 KV GNotKG erhoben. Als Kostenschuldner kommen der Rechtsmittelführer als Antragsteller (§§ 22 Abs. 1, 25 GNotKG) und der Entscheidungsschuldner (§ 27 Nr. 1 GNotKG) in Betracht. Die Löschung im Register erfolgt von Amts wegen. Die Gebühren hierfür bestimmen sich nach der HRegGebV.

Unterabschnitt 4
Ergänzende Vorschriften für das Vereinsregister

400 *Mitteilungspflichten*
Das Gericht hat die Eintragung eines Vereins oder einer Satzungsänderung der zuständigen Verwaltungsbehörde mitzuteilen, wenn Anhaltspunkte bestehen, dass es sich um einen Ausländerverein oder eine organisatorische Einrichtung eines ausländischen Vereins nach den §§ 14 und 15 des Vereinsgesetzes handelt.

I. Allgemeines

Die Bestimmung enthält die früher in § 159 Abs. 2 FGG normierten **Mitteilungspflichten des Registergerichts** über Eintragungen hinsichtlich der **Ausländervereine** (§ 14 VereinsG), dh. solcher Vereine, deren Mitglieder oder Leiter sämtlich oder überwiegend Ausländer sind. Gleiches gilt für die organisatorische Einrichtung **ausländischer Vereine** (§ 15 VereinsG).[1] **1**

Diese **Vereine** können gem. §§ 14 Abs. 2, 15 Abs. 1 Satz 1 VereinsG **verboten** werden, wenn ihr **Zweck** oder ihre **Tätigkeit** die politische Willensbildung in der Bundesrepublik Deutschland oder das friedliche Zusammenleben von Deutschen und Ausländern oder von verschiedenen Ausländergruppen im Bundesgebiet, die öffentliche Sicherheit oder Ordnung oder sonstige erhebliche Interessen der Bundesrepublik Deutschland beeinträchtigt oder gefährdet, den völkerrechtlichen Verpflichtungen der Bundesrepublik Deutschland zuwiderläuft, Bestrebungen außerhalb des Bundesgebiets fördert, deren Ziele oder Mittel mit den Grundwerten einer die Würde des Menschen achtenden staatlichen Ordnung unvereinbar sind, Gewaltanwendung als Mittel zur Durchsetzung politischer, religiöser oder sonstiger Belange unterstützt, befürwortet oder hervorrufen soll oder Vereinigungen innerhalb oder außerhalb des Bundesgebiets unterstützt, die Anschläge gegen Personen oder Sachen veranlassen, befürworten oder androhen. § 400 dient damit wie die Vorschriften des VereinsG der Aufrechterhaltung der **inneren Sicherheit** des Staates. **2**

II. Voraussetzung der Mitteilungspflichten

Die Mitteilungspflichen nach § 400 bestehen nur dann, wenn **Anhaltspunkte** dafür vorliegen, dass es sich um Ausländervereine oder organisatorische Einrichtungen ausländischer Vereine handelt. Dem Registergericht steht hinsichtlich der Mitteilungen **kein Ermessen** zu, wohl aber ein Beurteilungsspielraum auf Tatbestandsebene, weil es die Voraussetzungen der §§ 14, 15 VereinsG gem. § 26 von Amts wegen selbständig überprüfen muss. **3**

Die Mitteilungspflicht entfällt wegen der innerhalb der EU gewährleisteten **Freizügigkeit** dann, wenn die Mitglieder oder Leiter des Vereins sämtlich oder überwiegend Staatsangehörige eines EU-Staates sind (§ 14 Abs. 1 Satz 2 VereinsG). Die „**ausländischen Vereine**" iSd. § 15 Abs. 1 Satz 1 VereinsG sind Vereine mit Sitz im Ausland, deren Organisation oder Tätigkeit sich aber auf das Inland erstreckt. **4**

---

[1] Begründung zu § 400 RegE, in: BT-Drucks. 16/6308, S. 289.

III. Inhalt der Mitteilungspflicht

5 Mitzuteilen sind Eintragungen jeder Art einschließlich der Ersteintragungen und Satzungsänderungen der betroffenen Vereine selbst dann, wenn sie nicht eintragungspflichtig sind. Satzungsänderungen, die zu einer Eintragung führen, sind der zuständigen Behörde aber nicht zusätzlich zu deren Eintragung mitzuteilen.[1] Es bleibt der zuständigen Behörde überlassen, sich nach der Mitteilung der Eintragung durch Einsichtnahme in die Registerunterlagen weiter zu informieren.

IV. Zuständige Behörde

6 Empfänger der Mitteilung sind die **Behörden der inneren Verwaltung**, die für Verbote nach § 14 Abs. 1 Satz 1 VereinsG zuständig sind. Welche Behörde in dem jeweiligen Bundesland zuständig ist, richtet sich nach der dortigen Behördenorganisation. Mitteilungen über ausländische Vereine sind gem. § 15 Abs. 1 Satz 2 VereinsG an das **Bundesministerium des Innern** zu richten.

401 Entziehung der Rechtsfähigkeit

Der Beschluss, durch den einem Verein nach § 73 des Bürgerlichen Gesetzbuchs die Rechtsfähigkeit entzogen wird, wird erst mit Rechtskraft wirksam.

I. Allgemeines

1 Die Vorschrift übernimmt die Regelung des früheren § 160a Abs. 2 Satz 3 FGG. Anders als § 40 Abs. 2, wonach bei einem Beschluss, der die **Genehmigung eines Rechtsgeschäfts** zum Gegenstand hat und bei dem in der Entscheidung auszusprechen ist, dass diese erst mit Rechtskraft wirksam wird, enthält § 401 eine solche Anordnung nicht. Es dürfte sich jedoch empfehlen, in der Begründung des Beschlusses auf diesen Umstand hinzuweisen.

2 Die im Zusammenhang mit § 160a Abs. 2 Satz 3 FGG aF getroffenen Verfahrensregelungen des § 160a Abs. 1, Abs. 2 Satz 1 und 2 FGG aF – Bestimmungen bezüglich Rechtsmitteln und Bekanntmachung – wurden nicht in das Buch 5 übernommen, da hierfür unter Berücksichtigung der Bestimmungen des Allgemeinen Teils des **Buches 1**, nämlich der §§ 15 und 58 ff., kein Bedürfnis gesehen wurde.[2]

II. Voraussetzungen des Entzugs der Rechtsfähigkeit

3 Dem eingetragenen Verein kann nach § 73 BGB die **Rechtsfähigkeit** nur dann **entzogen** werden, wenn die Zahl der Vereinsmitglieder weniger als drei beträgt. Das Registergericht ermittelt dies von Amts wegen (§ 26), wobei auch die Wirksamkeit von Austritten und Ausschlüssen zu beurteilen ist.[3] Die Entscheidung des Registergerichts über die Entziehung der Rechtsfähigkeit ist konstitutiv und nicht deklaratorisch.[4]

III. Eintritt der Wirkungen des Entzugs der Rechtsfähigkeit

4 § 401 ordnet an, dass die Entziehung der Rechtsfähigkeit eines eingetragenen Vereins durch das Registergericht gem. § 73 BGB erst mit der **Rechtskraft der Entscheidung** wirksam wird. Diese Entscheidung hat gravierende rechtliche Konsequenzen, weil dadurch der eingetragene Verein seine Stellung als juristische Person verliert. Es entspricht deshalb rechtsstaatlichen Grundsätzen, diese schwerwiegenden Wirkungen erst mit Rechtskraft der Entscheidung über den Entzug der Rechtsfähigkeit und nicht sofort eintreten zu lassen.[5]

---

[1] Holzer/*Holzer*, § 400 FamFG Rz. 3.
[2] Begründung zu § 401 RegE, in: BT-Drucks. 16/6308, S. 289.
[3] OLG Frankfurt v. 24.7.1991 – 20 W 315/90, Rpfleger 1992, 28 (29).
[4] *Böttcher*, Rpfleger 1988, 169.
[5] Holzer/*Holzer*, § 401 FamFG Rz. 1.

Kosten/Gebühren: Gericht: Für das Verfahren über die Entziehung der Rechtsfähigkeit eines Vereins entsteht eine Gebühr nach Nr. 13400 KV GNotKG mit einem Gebührensatz von 1,0. Der Geschäftswert bestimmt sich nach § 36 GNotKG. Die Kosten schuldet nach § 23 Nr. 7 GNotKG der Verein. Für die Löschung im Vereinsregister wird nach Abs. 3 Nr. 1 der Anm. zu Nr. 13101 KV GNotKG keine Gebühr erhoben.

Abschnitt 4
Unternehmensrechtliche Verfahren

402 *Anfechtbarkeit*
(1) Der Beschluss des Gerichts, durch den über Anträge nach § 375 entschieden wird, ist mit der Beschwerde anfechtbar.
(2) Eine Anfechtung des Beschlusses, durch den einem Antrag nach § 11 des Binnenschifffahrtsgesetzes oder § 595 Absatz 2 des Handelsgesetzbuchs, auch in Verbindung mit § 78 des Binnenschifffahrtsgesetzes, stattgegeben wird, ist ausgeschlossen.
(3) Die Vorschriften des Handelsgesetzbuchs, des Aktiengesetzes und des Publizitätsgesetzes über die Beschwerde bleiben unberührt.

I. Allgemeines

Durch die Vorschrift werden die Regelungen der früheren §§ 146, 148 FGG ersetzt, wobei eine Neugliederung sowie eine **redaktionelle Anpassung** vorgenommen wurden. Absatz 2 wurde durch das Gesetz zur Reform des Seehandelsrechts vom 20.4. 2013[1] redaktionell überarbeitet.

Abs. 1 fasst die Regelungen der §§ 146 Abs. 2 Satz 1, 148 Abs. 2 Satz 2 FGG aF zusammen. In Abs. 2 ist der Regelungsgehalt des § 146 Abs. 3 FGG aF sowie des § 148 Abs. 2 Satz 2 FGG aF übernommen worden. Bereits früher war in § 145 Abs. 2 FGG aF die weitere Verweisung auf § 884 Nr. 4 HGB gestrichen worden.[2] Abs. 3 entspricht § 146 Abs. 2 Satz 2 FGG aF, wobei die Vorschriften des HGB neu aufgenommen wurden.

Die in § 146 Abs. 1 FGG aF enthaltene Regelung brauchte nicht übernommen zu werden, weil die **Anhörungsrechte** bereits im Allgemeinen Teil, dort insbesondere in § 34, geregelt sind.[3]

§ 402 stellt einen **Fremdkörper** innerhalb des Abschnitts 4 des 5. Buches des FamFG dar. Zu den folgenden Vorschriften über das Dispacheverfahren (§§ 403 ff.) passt die Bestimmung nicht. Auch der in das FamFG neu eingeführte **Begriff der „unternehmensrechtlichen Verfahren"** ist jedenfalls hinsichtlich des Dispacheverfahrens **irreführend**.[4]

II. Inhalt der Vorschrift

1. Anfechtbarkeit von Entscheidungen (Absätze 1 und 3)

Abs. 1 stellt klar, dass in den in § 375 aufgeführten unternehmensrechtlichen Verfahren durch Beschluss zu entscheiden ist. Dies erscheint **überflüssig**, weil es sich sämtlich um **Endentscheidungen** handelt, bei denen sich die Entscheidungsform bereits aus § 38 Abs. 1 Satz 1 ergibt. Abs. 1 bestimmt weiter, dass die Endentscheidung mit der Beschwerde (§§ 58 ff.) anfechtbar ist. Auch dies ergibt sich aus anderen Vorschriften des Gesetzes. § 401 Abs. 1 ist daher lediglich als klarstellende Wiederholung

---
1 BGBl. I, S. 831.
2 Vgl. Art. 9 Abs. 4 Nr. 1 des Gesetzes zur Reform des Versicherungsvertragsrechts v. 23.11.2007 (BGBl. I, S. 2631).
3 Begründung zu § 402 RegE, in: BT-Drucks. 16/6308, S. 289.
4 Holzer/*Holzer*, § 402 FamFG Rz. 1.

der allgemeinen Bestimmungen des FamFG anzusehen und sollte nicht nur wegen seiner **systematischen Stellung**, sondern auch wegen seines **Inhalts gestrichen werden**.[1]

6 Durch die Bestimmung des Abs. 3 bleiben für die in § 375 Nr. 1, 2 und 9 bezeichneten Angelegenheiten die nach dem Handelsgesetzbuch, dem Aktiengesetz und dem Publizitätsgesetz insoweit anzuwendenden Vorschriften über die **Beschwerde** unberührt (§ 318 Abs. 4 Satz 4, Abs. 5 Satz 1 HGB, § 2 Abs. 2 Satz 3, 4, 12 Abs. 3 Satz 3 PublG), wodurch wesentliche Teile der zu § 375 gehörenden Verfahren ausgenommen werden. Abs. 3 stellt im Übrigen nur eine hinsichtlich bestimmter Gesetze konkretisierte Ausnahme dar, die sich ohnehin aus dem Vorbehalt in § 58 Abs. 1 letzter Halbs. ergeben hätte. Gleiches gilt für die §§ 35 Abs. 2 Satz 2, 73 Abs. 1 Satz 4, 2. Halbs. AktG; soweit dort keine Unanfechtbarkeit angeordnet ist, findet die sofortige Beschwerde statt.[2]

2. Ausschluss der Beschwerde (Absatz 2)

7 Nach Abs. 2 sind **stattgebende Beschlüsse** hinsichtlich der Aufmachung der Dispache nach § 595 Abs. 2 HGB (ggf. iVm. § 78 Abs. 3 BinSchG) unanfechtbar (zum Begriff der Dispache vgl. Vorbem. zu § 403 ff. Rz. 5). Gleiches gilt für stattgebende Beschlüsse hinsichtlich der Verklarung (dh. der Beweisaufnahme über den tatsächlichen Hergang eines Schiffsunfalls gem. § 11 BinSchG).

8 **Kosten/Gebühren:** S. Anmerkung zu § 375.

Vorbemerkungen vor §§ 403 ff.

I. Zweck und Struktur des Dispacheverfahrens 1
II. Begrifflichkeiten 4
III. Beteiligtenbegriff im Dispacheverfahren 7
IV. Materielle Voraussetzungen der Dispache
   1. Bedeutung des materiellen Rechts 11
   2. Große Haverei
     a) Begriff 13
     b) Voraussetzungen der Beitragspflicht nach den §§ 588 ff. HGB . 15
     c) Inhalt der Beitragspflicht nach den §§ 700 ff. HGB 18
     d) Höhe des Beitrags 19

Literatur: Holzer, Der Beteiligtenbegriff in der freiwilligen Gerichtsbarkeit, ZNotP 2009, 122; *Holzer*, Die weiteren Angelegenheiten der freiwilligen Gerichtsbarkeit nach dem FamFG, ZNotP 2012, 216; *Plön/Kreuzinger*, Das Recht der großen Haverei, Hamburg 1968; *Rabe*, Seehandelsrecht, 4. Aufl. 2000; *Schaps/Abraham*, Das Seerecht der BRD, Seehandelsrecht, 2. Teil, 1978; *Sieg*, Die Dispache: Rechtsgrundlagen, Verfasser, Funktion im Bereich der Versicherungsleistung – Zugleich Besprechung des Beschlusses des OLG Hamburg vom 17.2.1984 – 6 U 124/93, VersR 1996, 684; *Wüst*, Die Gemeinsamkeit der Interessen, JZ 1985, 1077; *Wüst*, Havereiausgleich und Beteiligtenverschulden, TransportR 1987, 365.

I. Zweck und Struktur des Dispacheverfahrens

1 Die §§ 403 bis 409 regeln die den Gerichten zugewiesenen Aufgaben im Zusammenhang mit der Aufmachung einer Dispache und übernehmen die §§ 149 bis 158 FGG aF inhaltlich weitgehend unverändert in das 5. Buch des FamFG. Der **Standort** der Regelungen innerhalb des FamFG ist allerdings **aus systematischen Gründen problematisch** (dazu § 402 Rz. 4).

2 Die §§ 403 ff. FamFG sehen **gerichtliche Entscheidungen zu bestimmten Schritten des Dispacheverfahrens** vor. Sie begleiten die gesamte Erstellung der Dispache, beginnen mit der Tätigkeit des Dispacheurs, und führen über die Aufmachung zur Be-

---

1 Holzer/*Holzer*, § 402 FamFG Rz. 3.
2 Holzer/*Holzer*, § 402 FamFG Rz. 5.

stätigung der Dispache. Die besondere Struktur dieses Verfahrens besteht darin, dass das **Gericht nur dann eingreift**, wenn die Aufstellung der Dispache in bestimmten Stadien ohne **hoheitliche Hilfe** nicht fortgeführt werden könnte bzw. sonst **Entscheidungen** erforderlich sind, die der Dispacheur als Privatperson nicht vornehmen darf. Die im Dispacheverfahren getroffenen Entscheidungen stellen trotz des nur punktuellen Einschreitens des Gerichts jeweils **Endentscheidungen iSd. § 38 FamFG** dar. Zum Teil ist das Verfahren einem **streitigen Verfahren** ähnlich (zB bei der Bestellung eines Dispacheurs gem. § 403 FamFG) und ähnelt in anderen Fällen einem **Rechtsvorsorgeverfahren** der freiwilligen Gerichtsbarkeit.

Das Dispacheverfahren ist nur mit wenigen anderen Verfahren der freiwilligen Gerichtsbarkeit vergleichbar. Wegen seiner zum Teil als Versäumnisverfahren angelegten Struktur und der eingeschränkten Rechtsmittel gegen die Bestätigung der Dispache ist es dem **Nachlassauseinandersetzungsverfahren** der §§ 363 ff. FamFG am ähnlichsten.[1] Wie in diesem ist es auch Ziel des Dispacheverfahrens, in einem **multipolaren Verfahren mit Versäumniswirkungen** und einer Vielzahl von Beteiligten einen **Vollstreckungstitel** zu schaffen, der im Parteiverfahren des Zivilprozesses nur mit Schwierigkeiten erzielt werden könnte.[2] Durch das Dispacheverfahren wird deshalb die **Zivilgerichtsbarkeit** erheblich **entlastet**. 3

II. Begrifflichkeiten

Das Dispacheverfahren enthält einige **grundlegende Begrifflichkeiten**, die in der Vorbemerkung zu den §§ 403 ff. erläutert werden. 4

Unter einer **Dispache** ist die **Berechnung** zu verstehen, die die Beitragspflicht im Rahmen der Havereiverteilung nach den § 588 ff. HGB zum Gegenstand hat.[3] Inhalt der Dispache ist deshalb idR die Darstellung des Havereiereignisses, die Aufstellung der Passivmasse, der Aktivmasse, der Verteilungsquote sowie der einzelnen Beiträge und Vergütungen. Die Dispache stellt somit im Wesentlichen ein **Rechenwerk** dar, bei dessen Aufstellung bereits geleistete Zahlungen der Beteiligen außer Betracht bleiben[4] und das die **Interessen aller Beteiligten** wahrt. 5

Unter einem **Dispacheur** ist der für die Aufmachung der Dispache nach den §§ 588 ff. HGB verantwortliche **Sachverständige** zu verstehen.[5] Der frühere § 87 Abs. 1 BinSchG, nach dem der **Schiffer** selbst zur Aufmachung der Dispache verpflichtet war, wurde durch das **Gesetz zur Reform des Seehandelsrechts** aufgehoben.[6] Als Dispacheure kommen Personen in Betracht, die **besondere Kenntnisse in der Seefahrt** sowie im See- und Seehandelsrecht haben[7] wie etwa **Kapitäne, Havariekommissare** oder **Reeder**. Der Dispacheur ist jedoch **kein Schiedsgutachter**, auch wenn die Dispache auch Elemente eines Schiedsgutachtens enthalten kann.[8] Er ist kein öffentlich-rechtliches Organ,[9] kein Beliehener[10] und auch **kein gerichtlicher Sachverständiger**, weil für ihn die §§ 402, 404 Abs. 3 ZPO nicht gelten.[11] Eine Bestellung von ständigen Dispacheuren ist durch nach Landesrecht zuständige Organe möglich.[12] 6

---

1 Vgl. dazu Holzer/*Holzer*, § 363 FamFG Rz. 2.
2 Keidel/Kuntze/*Winkler*, 15. Aufl., § 153 FFG Rz. 1, 3.
3 Keidel/Kuntze/*Winkler*,. Aufl., § 149 FFG Rz. 1.
4 OLG Hamburg v. 17.2.1994 – 6 U 124/93, TransportR 1994, 359 (360).
5 BGH v. 23.9.1996 – II ZR 157/95, LM § 728 HGB Nr. 1.
6 Gesetz zur Reform des Seehandelsrechts vom 20.4.2013, BGBl. I, S. 831; vgl. dazu Begründung zu §§ 402, 404 FamFG-E des Regierungsentwurfs eines Gesetzes zur Reform des Seehandelsrechts, BR-Drs. 310/12, S. 248 f.; zur früheren Rechtslage Keidel/*Heinemann*, § 403 FamFG Rz. 2.
7 KG v. 2.3.1905 – 1 Y 52/05, KGJ 29, 228 (229).
8 RG v. 9.2.1935, I 258/34, RGZ 147, 58 (60); *Sieg*, VersR 1984, 684.
9 BGH v. 23.9.1996 – II ZR 157/95, LM § 728 HGB Nr. 1.
10 So aber Keidel/*Heinemann*, § 403 FamFG Rz. 2.
11 KG v. 2.3.1905 – 1 Y 52/05, KGJ 29, 228 (229).
12 Holzer/*Holzer*, § 403 FamFG Rz. 4.

III. Beteiligtenbegriff im Dispacheverfahren

7 Der Dispacheur wird **durch die Beteiligten**, nicht durch das Gericht **bestellt**. Die Bestimmung der Beteiligten ist entscheidend für den Ablauf des Dispacheverfahrens und war das Hauptproblem der FGG-Reform.[1] Letztlich hat sich der Gesetzgeber zu einer **Kombination verschiedener Beteiligtenbegriffe** entschlossen,[2] die allerdings nicht für alle Verfahren der freiwilligen Gerichtsbarkeit Geltung beansprucht[3] und für einige Angelegenheiten der freiwilligen Gerichtsbarkeit speziell geregelt wurde (vgl. §§ 345, 412,[4] 418). Das Dispacheverfahren folgt diesem Vorbild nicht, so dass daran nach § 7 Abs. 1 der **Antragsteller** beteiligt ist. Nach § 7 Abs. 2 Nr. 1[5] ist darüber hinaus auch auf die **materielle Rechtslage** abstellen.[6] Anhaltspunkte hierfür gibt der durch das Gesetz zur Reform des Seehandelsrechts vom 20.4.2013[7] eingeführte § 588 Abs. 2 HGB. Danach sind Beteiligte der großen Haverei die Eigentümer des Schiffs und des Treibstoffs sowie diejenigen, die die Gefahr des Untergangs eines zur Ladung gehörenden Frachtstücks oder einer Frachtforderung tragen.[8]

8 Nach materiellem Recht haben Vergütungsansprüche bzw. Beitragsverpflichtungen[9] etwa die **Frachtinteressenten** (zB Ladungsempfänger, Ver- oder Befrachter) und die **Ladungsinteressenten** (zB Ladungsempfänger, Ablader, Befrachter).[10]

9 **Nicht beteiligt** am Verfahren nach den §§ 403 ff. sind neben der Schiffsbesatzung und den **Passagieren** (§ 591 Abs. 1 HGB) die **Versicherer** von Schiff und Ladung, weil sie grundsätzlich keine materiellen Ansprüche geltend machen können.[11] Dies gilt dann nicht, wenn ihnen ein Beteiligter seine Ansprüche abgetreten hat, ein gesetzlicher Forderungsübergang gem. § 86 Abs. 1 Satz 1 VVG erfolgt ist[12] oder ihnen in der Dispache eine Beitragspflicht auferlegt wurde.[13] Auch der Unternehmer, der das havarierte Schiff geborgen hat, ist hinsichtlich seines **Bergelohns** nicht beteiligt.[14] Nicht beteiligt sind ferner Personen, die der Antragsteller als Beteiligte bezeichnet hat, ohne dass gegen diese Ansprüche nach materiellem Recht bestehen.[15]

10 In der Literatur wird allerdings die Auffassung vertreten, dass der **Dispacheur** am Dispacheverfahren nicht beteiligt sei.[16] Im Dispacheverfahren nach dem FGG war das zutreffend, weil dieses Verfahren ausschließlich auf den sog. „**materiellen Beteiligtenbegriff**" abgestellt hatte. Da der Dispacheur nicht in eigenen materiellen Rechten tangiert war, war er auch nicht am Verfahren beteiligt. Diese Rechtslage wurde durch die Formalisierung des Beteiligtenbegriffs nach dem FamFG grundlegend geändert. Falls der Dispacheur einen **Antrag** gestellt hat (etwa nach § 404 Abs. 1), ist er nach § 7 Abs. 1 **immer** am Verfahren **beteiligt**, auch wenn er nicht in eigenen materiellen Rechten betroffen ist. Hat ihn das Gericht zum Verfahren hinzugezogen, ist er **Beteiligter** nach § 7 Abs. 2.[17]

---

1 Dazu Holzer/*Holzer*, § 7 FamFG Rz. 20.
2 *Holzer*, ZNotP 2009, 122 (127) mwN.
3 Dazu Holzer/*Holzer*, § 7 FamFG Rz. 9, 20.
4 Dazu *Holzer*, ZNotP 2012, 216 (221).
5 Dazu Holzer/*Holzer*, § 7 FamFG Rz. 27.
6 Holzer/*Holzer*, § 403 FamFG Rz. 2.
7 BGBl I, S. 831
8 Dazu *Holzer*/Holzer, § 403 Rz. 3.
9 KG v. 7.2.1919 – 1a X 24/19, KGJ 51, 137 (139).
10 Vgl. dazu KG v. 2.3.1905 – 1 Y 52/05, KGJ 29, 228 (233); Keidel/*Heinemann*, § 403 FamFG Rz. 7.
11 KG v. 2.3.1905 – 1 Y 52/05, KGJ 29, 228 (233); KG v. 8.1.1915 – 1a X 1227/14, KGJ 47, 115 (116).
12 BGH v. 9.12.1976 – II ZR 205/74, MDR 1977, 473; KG v. 2.3.1905 – 1 Y 52/05, KGJ 29, 228 (235).
13 KG v. 8.1.1915 – 1a X 1227/14, KGJ 47, 115 (116).
14 Keidel/*Heinemann*, § 403 FamFG Rz. 9.
15 KG v. 8.1.1915 – 1a X 1227/14, KGJ 47, 115 (117).
16 *Sieg*, VersR 1996, 684
17 Dazu Holzer/*Holzer*, § 403 FamFG Rz. 3.

IV. Materielle Voraussetzungen der Dispache

1. Bedeutung des materiellen Rechts

Wie die meisten Verfahren des FamFG ist auch das Dispacheverfahren eng mit dem materiellen Recht verknüpft, setzt dieses voraus und ist ohne seine Kenntnis nicht verständlich. Die Grundzüge des für das Dispacheverfahren maßgeblichen materiellen Rechts werden deshalb in der Vorbemerkung zu den §§ 403 ff. kurz am Beispiel der §§ 588 ff. HGB erläutert, die im Zuge der **Reform des Seehandelsrechts** ohne wesentliche Änderungen an die Stelle der früheren §§ 700 ff. HGB getreten sind.

Wie Havereischäden verteilt werden, bestimmt sich allein nach **materiellem Recht**; die §§ 403 ff. FamFG stellen lediglich Regeln für das gerichtliche Verfahren zur Verfügung. Weil im Seehandelsrecht die §§ 588 ff. HGB **abdingbar** sind,[1] kann die Havereiverteilung auch durch privatrechtlichen Vertrag zwischen den Beteiligten erfolgen, in dem von dem materiellen Recht abweichende Voraussetzungen und Verteilungsregeln aufgestellt werden. In der internationalen Schifffahrt werden heute meist die dispositiven[2] Regeln der **York-Antwerp-Rules** von 1994 vereinbart,[3] deren Lücken durch nationales Recht ergänzt werden.[4] Im Binnenschifffahrtsrecht wird idR die Anwendung der **Rhein-Regeln** der internationalen Vereinigung des Rheinschiffsregisters vereinbart.[5] Das Dispacheverfahren nach dem FamFG ist von dem Inhalt des materiellen Rechts weitgehend unabhängig und kann nach richtiger Ansicht auch dann zur Anwendung kommen, wenn bestimmte Vorschriften des materiellen Rechts wie die §§ 588 ff. HGB abbedungen werden.[6]

2. Große Haverei

a) Begriff

Unter **Haverei** (auch **Havarie** genannt) sind die während einer Reise eines See- oder Binnenschiffs durch Unfall entstehenden Verluste zu verstehen. Ein **Unfall** ist dabei jedes von außen wirkende, zufällige und ungewöhnliche Ereignis, unabhängig davon, ob ein Verschulden eines Dritten oder der Schiffsbesatzung vorliegt oder nicht.[7] Das **Verschulden** eines Beteiligten schließt jedoch eine Teilnahme an der Havereiverteilung aus (§ 589 Abs. 1 Satz 2 HGB) und hat Schadensersatzansprüche in Höhe des dabei entstandenen Ausfalls der Geschädigten zur Folge (§ 589 Abs. 2 HGB). **Große Haverei** sind gem. § 588 Abs. 1 HGB alle Schäden, die dem Schiff oder der Ladung zur Errettung aus einer gemeinsamen Gefahr vorsätzlich zugefügt werden.[8] Die **besondere Haverei** nach § 701 Abs. 1 HGB aF wurde durch das Gesetz zur Reform des Seehandelsrechts vom 20.4.2013[9] abgeschafft; für sie galten die §§ 403 ff. ohnehin nicht, weil sie keine Schäden erfasste, die vorsätzlich zur Errettung aus einer dem Schiff und der Ladung drohenden gemeinsamen Gefahr verursacht wurden.[10]

Die §§ 588 ff. HGB sind im Wesentlichen der aus dem griechischen Rechtskreis stammenden und vom römischen Recht rezipierten **Lex Rhodia de iactu**[11] nachgebil-

---

1 RG v. 3.1.1917 – Rep. I.143/16, RGZ 89, 285 (286); RG v. 8.11.1940 – I 45/40, RGZ 165, 166 (167).
2 RG v. 3.1.1917 – Rep. I.143/16, RGZ 89, 285.
3 Allgemeine Begründung des Regierungsentwurfs eines Gesetzes zur Reform des Seehandelsrechts, BR-Drs. 310/12, S. 77 ff.
4 OLG Bremen v. 10.11.1983 – 2 U 129/82, VersR 1984, 735 (736).
5 *Sieg*, VersR 1996, 684; *Wüst*, TransportR 1987, 365 (367 f.).
6 RG v. 9.2.1935 – I 258/34, RGZ 147, 58 (60); OLG Hamburg v. 17.2.1994 – 6 U 124/93, TransportR 1994, 359 (360); OLG Bremen v. 11.10.1962 – 1 W 47/62, MDR 1964, 60; Holzer/*Holzer*, § 377 FamFG Rz. 6; Bassenge/*Roth*, 11. Aufl., § 150 FFG Rz. 2; a.A Keidel/Kuntze/*Winkler*, 15. Aufl., § 149 FFG Rz. 3.
7 RG v. 8.6.1918 – Rep. I. 341/17, RGZ 93, 166 (170).
8 Vgl. OLG Karlsruhe v. 22.6.1999 – 66/98 RhSch, NZV 1999, 376.
9 BGBl. I, S. 831.
10 Zur früheren Rechtslage vgl. BGH v. 5.7.1965 – II ZR 145/63, MDR 1965, 890.
11 Vgl. Digesta 14, 2; vgl. zum Seewurf des römischen Rechts Holzer/*Holzer*, § 403 FamFG Rz. 9 mwN.

det.[1] Der **Rechtsgrund** der Havereiverteilung ist wie im römischen Recht[2] in einer aus den Schiffs- und Ladungsinteressenten bestehenden (schlichten) **Interessen-**[3] oder **Gefahrengemeinschaft**[4] zu sehen, die mit dem Anbordbringen der Güter beginnt und mit deren Löschung endet.[5] Die Spuren des römischen Rechts wurden allerdings durch das Gesetz zur Reform des Seehandelsrechts stark verwischt.

b) Voraussetzungen der Beitragspflicht nach den §§ 588ff. HGB

15 **Voraussetzung** des § 588 Abs. 1 HGB ist das Vorliegen einer **Gefahr**. Eine solche besteht dann, wenn ein Verlust oder eine Wertminderung des Schiffs oder der Ladung wahrscheinlich ist. Bei der Beurteilung der Wahrscheinlichkeit eines Schadenseintritts ist der regelmäßige Ablauf der Geschehnisse im Zeitpunkt der Vornahme der Havereimaßnahme maßgeblich. Auf die objektive Möglichkeit eines Verlusts unter Berücksichtigung aller einem optimalen Beobachter erkennbaren Umstände kommt es hingegen nicht an; abzustellen ist vielmehr darauf, ob der Kapitän aus seiner Sicht eine Gefahr annehmen durfte.[6] Die **Ursache der Gefahr** ist nicht von Bedeutung;[7] sie muss aber erheblich, bereits eingetreten und zum Zeitpunkt der Vornahme der Maßnahmen noch gegenwärtig sein.[8] Eine nur drohende oder künftige Gefahr ist nicht ausreichend, beispielsweise das Aufziehen schlechten Wetters, aus dem sich möglicherweise ein Sturm entwickelt; der Eintritt der Gefahr hängt in diesem Fall von einem ungewissen Ereignis ab.[9]

16 Wegen des **Prinzips der Gefahrengemeinschaft** ist ein Havereiausgleich nur möglich, wenn die Gefahr mehreren Havereibeteiligten drohte und auf dieselbe Grundursache zurückzuführen ist.[10] Ausgeglichen werden Beschädigungen bzw. Verluste im weitesten Sinne an Schiff oder Ladung wie solche für über Bord geworfene Waren.[11] Die Maßnahmen müssen durch den **Kapitän** bzw. den jeweiligen Befehlshaber (zB den den Kapitän vertretenden Schiffsoffizier oder Führungslotsen) oder auf Geheiß des Kapitäns angeordnet worden sein. Der Kapitän entscheidet alleine nach pflichtgemäßem Ermessen, welche Maßnahme zu ergreifen ist. Das eigenmächtige Handeln anderer Personen einschließlich der Passagiere führt eine Ausgleichspflicht nach den §§ 588ff. HGB nicht herbei.[12]

17 Der Kapitän muss die Maßnahmen vorsätzlich[13] angeordnet haben. Dafür ist es ausreichend, wenn er die Schäden als wahrscheinlich voraussehen konnte und für den Fall ihres Eintritts gewollt hat.[14] Hat der Kapitän die Schäden hingegen nur als möglich in Betracht gezogen, aber gehofft, sie vermeiden zu können, genügt dies nicht. Der Schaden muss ferner zum Zweck der **Errettung von Schiff und Ladung aus der gemeinsamen Gefahr** zugefügt worden sein. Zwischen der Schadenszufügung und der Errettung muss somit ein **Kausalzusammenhang** bestehen.[15]

---

1 *Rabe*, vor § 700 Rdn. 2; Schaps/Abraham, 2. Teil, vor § 700 Rdn. 1.
2 Vgl. D. 14,2, 1: „Lege rhodia cavetur, ut si levandae navis gratia iactus mercium factus est, omnium contributione sarciatur, quod pro omnibus datum est" und D. 14,2,2,2: „... omnes, quorum interfuisset iacturam fieri, conferre oportere, quia id tributum observatae res deberent: itaque dominum etiam navis pro portione obligatum esse."
3 RG v. 8.11.1940 – I 45/40, RGZ 165, 166 (171); BGH v. 20.7.1951 – I ZR 12/52, BGHZ 6, 324 (326); *Wüst*, JZ 1985, 1077 (1078).
4 KG v. 2.3.1905 – 1. Y 52/05, KGJ 29, 228 (232).
5 Holzer/*Holzer*, § 403 FamFG Rz. 9.
6 RG v. 8.11.1940 – I 45/40, RGZ 165, 166 (171).
7 Holzer/*Holzer*, § 403 FamFG Rz. 10 mwN.
8 RG v. 3.10.1896 – Rep. I.159/96, RGZ 38, 1 (4f.).
9 RG v. 8.11.1940 – I 45/40, RGZ 165, 166 (171).
10 RG v. 8.11.1940 – I 45/40, RGZ 165, 166 (178); BGH v. 20.7.1951 – I ZR 12/52, BGHZ 6, 324 (326); BGH v. 5.7.1965 – II ZR 145/63, MDR 1965, 890; *Wüst*, TransportR 1987, 365.
11 Schaps/Abraham, § 700 Rdn. 7.
12 *Rabe*, § 700 Rdn. 22.
13 BGH v. 20.7.1951 – I ZR 12/52, BGHZ 6, 324 (326).
14 RG v. 3.7.1899 – Rep. I.171/99, RGZ 44, 136 (139); OLG Bremen v. 11.10.1962 – 1 W 47/62, MDR 1964, 60.
15 Holzer/*Holzer*, § 403 FamFG Rz. 16 mwN.

c) Inhalt der Beitragspflicht nach den §§ 700 ff. HGB

§ 588 Abs. 1 HGB ordnet an, dass die große Haverei von Schiff, Fracht und Ladung gemeinsam getragen wird. Die **Beteiligten haften** den Geschädigten nur mit den geretteten **Waren**, nicht aber persönlich (§ 591 Abs. 2 HGB).[1] Eine Beitragspflicht wird durch die Rettung der Passagiere nicht ausgelöst, wohl aber für die des Schiffs (§ 591 Abs. 2 Satz 2 HGB). Maßgebend hierfür ist das Eigentum zum Zeitpunkt des Beginns der Löschung am Ende der Reise (§ 591 Abs. 2 Satz 3 HGB). Der Beitrag der Fracht richtet sich nach § 591 Abs. 2 Satz 1 HGB.[2]

d) Höhe des Beitrags

§ 592 Abs. 1 Satz 1 HGB ordnet an, dass der gesamte Schaden der großen Haverei von dem Schiff, der Ladung und der Fracht nach dem Verhältnis ihrer Werte getragen wird. Hierzu werden zunächst die **tatsächlichen Schäden ermittelt** und der Beitragswert von Schiff, Ladung und Fracht sowie der von den jeweiligen Beteiligten zu leistende Beitrag errechnet. Nach dem **Grundsatz der dinglichen Haftung**[3] sind auch die **aufgeopferten Güter beitragspflichtig**.[4]

Die dem römischen Recht nachgebildeten Regeln über die Beitragspflicht des Reiseguts des Passagiere (§ 723 HGB aF.) wurden durch das Gesetz zur Reform des Seehandelsrechts aufgehoben, da Passagiere heute nicht mehr beitragspflichtig sind (§ 591 Abs. 1 HGB). Die Bestimmungen können jedoch noch heute als Regelungsmodell dienen, wenn eine Beitragspflicht der Passagiere vereinbart wird. Nach § 591 Abs. 2 Satz 2 HGB ist allerdings der Treibstoff beitragspflichtig, der in der Praxis besondere wirtschaftliche Bedeutung hat und sich nicht immer im Eigentum des Schiffseigners befindet.[5]

Kosten/Gebühren: S. Anmerkung zu § 403.

403 Weigerung des Dispacheurs

(1) Lehnt der Dispacheur den Auftrag eines Beteiligten zur Aufmachung der Dispache aus dem Grund ab, weil ein Fall der großen Haverei nicht vorliege, entscheidet über die Verpflichtung des Dispacheurs auf Antrag des Beteiligten das Gericht.
(2) Der Beschluss ist mit der Beschwerde anfechtbar.

I. Allgemeines 1	3. Antrag auf gerichtliche Entscheidung 5
II. Weigerung des Dispacheurs zur Aufmachung der Dispache	III. Entscheidung des Gerichts 6
1. Bestellung des Dispacheurs 2	IV. Beschwerde 8
2. Ablehnungsrecht des Dispacheurs . 3	

I. Allgemeines

§ 403 wurde ohne sachliche Änderung aus § 150 FGG aF in das FamFG übernommen. Die Bestimmung ermöglicht eine gerichtliche Klärung, wenn der **Dispacheur** die **Aufmachung der Dispache** deshalb **verweigert**, weil nach seiner Meinung kein Fall der großen Haverei vorliegt. Zweck der Bestimmung ist es, den Dispacheur bei Verkennung der materiellen Voraussetzungen der großen Haverei zu einem Tätigwerden zu veranlassen und ihn bei einer berechtigt abgelehnten Aufmachung der Dispache von dem Vorwurf, sich seiner Pflicht unberechtigt entzogen zu haben, zu entlasten.[6]

---

1 Plön/Kreuzinger, Bd. I, S. 94.
2 Dazu Holzer/*Holzer*, § 403 FamFG Rz. 20.
3 KG v. 2.3.1905 – 1 Y. 52/05, KGJ 29, 228 (234); KG v. 8.1.1915 – 1a X 1227/14, KGJ 47, 115, 116.
4 Holzer/*Holzer*, § 403 FamFG Rz. 21.
5 Dazu Begründung zu § 591 HGB-RegE, in: BR-Drucks. 310/12, S. 219.
6 OLG Hamburg v. 1.6.1900 (ohne Az.), RJA 1, 62 (64); Holzer/*Holzer*, § 403 FamFG Rz. 1.

II. Weigerung des Dispacheurs zur Aufmachung der Dispache

1. Bestellung des Dispacheurs

2   Die Bestellung des Dispacheurs durch einen (zB den Kapitän[1]) oder alle Beteiligten erfolgt durch Abschluss eines privatrechtlichen **Geschäftsbesorgungsvertrags** nach § 675 BGB.[2] Die nicht am Vertragsschluss mitwirkenden Personen werden in diesen Vertrag nicht einbezogen, auch wenn die Tätigkeit des Dispacheurs bei der Aufstellung der Dispache ihnen gegenüber Schutzpflichten auslösen kann (**Vertrag mit Schutzwirkung zugunsten Dritter**)[3] und sie im Dispacheverfahren beteiligt sind.

2. Ablehnungsrecht des Dispacheurs

3   Eine **öffentlich-rechtliche Verpflichtung** des Dispacheurs, einen Auftrag zur Aufmachung der Dispache Folge zu leisten, besteht nicht, weil für ihn anders als zB für Rechtsanwälte[4] die §§ 407 bis 409 ZPO nicht gelten.[5] Die Verpflichtung des Dispacheurs, den mit ihm geschlossenen Geschäftsbesorgungsvertrag auszuführen, ist deshalb nur zivilrechtlicher Natur. Der Dispacheur ist in diesem Zusammenhang berechtigt, die Voraussetzungen für die große Haverei selbst zu prüfen und gegebenenfalls die **Aufmachung der Dispache abzulehnen**. Liegt eine große Haverei nicht vor, ist er aber auch nicht gezwungen, den Auftrag zur Aufmachung der Dispache abzulehnen. Er kann vielmehr die Dispache unter Vorbehalt aufmachen und es den Beteiligten überlassen, ob sie trotz bestehender Zweifel am Vorliegen einer großen Haverei die Dispache anerkennen.[6]

4   Für das Verfahren nach § 403 bleibt nur dann Raum, wenn der Dispacheur den Auftrag zur Aufmachung der Dispache deshalb ablehnt, weil nach seiner Meinung **kein Fall der großen Haverei** vorliegt. Lehnt er den Auftrag aus anderen Gründen (zB aus Arbeitsüberlastung bzw Zeitmangel) ab, ist § 403 FamFG unanwendbar.[7]

3. Antrag auf gerichtliche Entscheidung

5   Falls § 403 anwendbar ist, ist nur der Beteiligte, dessen Auftrag abgelehnt wurde, zur Stellung des Antrags auf gerichtliche Entscheidung berechtigt.[8] Hierbei handelt es sich um einen **verfahrenseinleitenden Antrag** iSd. § 23 Abs. 1 FamFG, der ein Amtsverfahren auslöst, in dem das Gericht das Vorliegen einer großen Haverei[9] von Amts wegen ermittelt (§ 26). Der Dispacheur und die Beteiligten müssen daher in diesem Verfahren das Nichtvorliegen einer großen Haverei nicht beweisen.[10]

III. Entscheidung des Gerichts

6   Sind die gerichtlichen Ermittlungen abgeschlossen, wird durch Beschluss festgestellt, ob sich der Dispacheur zu Recht geweigert hat, die Dispache aufzumachen.[11] Dabei ist auch zu prüfen, ob der Dispacheur den Auftrag von einer dazu berechtigten Person erhalten hat.[12] Der **Inhalt der gerichtlichen Entscheidung** erschöpft sich in der vorgenannten Feststellung und hat auf weitere Fragen wie etwa die Klärung von Streit unter den Havereibeteiligten nicht einzugehen.[13]

---

1 BGH v. 23.9.1996 – II ZR 157/95, LM § 728 HGB Nr. 1.
2 OLG Hamburg v. 12.7.1990 – 6 U 72/90, TransportR 1990, 381; OLG Hamburg v. 17.2.1994 – 6 U 124/93, TransportR 1994, 359 (360).
3 BGH v. 23.9.1996 – II ZR 157/95, LM § 728 HGB Nr. 1; *Sieg*, VersR 1996, 684.
4 Dazu Holzer/*Holzer*, § 403 FamFG Rz. 1.
5 Keidel/*Heinemann*, § 403 FamFG Rz. 5.
6 KG v. 2.3.1905 – 1. Y 52/05, KGJ 29, 228 (232); Keidel/*Heinemann*, § 403 FamFG Rz. 4.
7 Bassenge/*Roth*, 11. Aufl., § 150 FFG Rz. 5.
8 Keidel/*Heinemann*, § 403 FamFG Rz. 12 mwN.
9 Keidel/Kuntze/*Winkler*, 15. Aufl., § 150 FFG Rz. 5.
10 KG v. 2.3.1905 – 1. Y 52/05, KGJ 29, 228 (231f.).
11 Bassenge/*Roth*, 11. Aufl., § 150 FFG Rz. 7.
12 KG v. 2.3.1905 – 1. Y 52/05, KGJ 29, 228 (233).
13 OLG Hamburg v. 1.6.1900 (ohne Az.), RJA 1, 62 (64f.); Keidel/*Heinemann*, § 403 FamFG Rz. 15.

Das FamFG sieht **keine Zwangsmittel** vor, um den Dispacheur zur Befolgung der gerichtlichen Entscheidung anzuhalten, sondern geht davon aus, dass dieser aufgrund seiner beruflichen Tätigkeit an der Übernahme von Aufträgen interessiert sein wird und daher den Auftrag zur Aufmachung der Dispache von sich aus erfüllt, wenn das Vorliegen einer großen Haverei gerichtlich festgestellt wurde.[1] § 35 ist deshalb im Verfahren des § 403 nicht anwendbar.

IV. Beschwerde

Der nach § 403 Abs. 1 ergangene Beschluss ist mit der **Beschwerde** anfechtbar (§ 403 Abs. 2), weil es sich um eine Endentscheidung iSd. § 38 Abs. 1 handelt.[2]

Kosten/Gebühren: Für Verfahren über die Bestellung eines Dispacheurs, über die Bestimmung seiner Vergütung und für eine Entscheidung des Gerichts nach § 403 wird nach Nr. 13500 KV GNotKG jeweils eine Gebühr mit einem Gebührensatz von 2,0 erhoben. Der Wert für die Bestellung des Dispacheurs und für die Entscheidung nach § 403 beträgt nach § 67 Abs. 1 und 2 GNotKG jeweils 10 000 Euro. Der Wert für das Verfahren über die Bestimmung der Vergütung des Dispacheurs bestimmt sich nach § 36 GNotKG.

404 *Aushändigung von Schriftstücken; Einsichtsrecht*

(1) Auf Antrag des Dispacheurs kann das Gericht einen Beteiligten verpflichten, dem Dispacheur die in seinem Besitz befindlichen Schriftstücke, zu deren Mitteilung er gesetzlich verpflichtet ist, auszuhändigen.
(2) Der Dispacheur ist verpflichtet, jedem Beteiligten Einsicht in die Dispache zu gewähren und ihm auf Verlangen eine Abschrift gegen Erstattung der Kosten zu erteilen.

I. Allgemeines 1
II. Aushändigung von Schriftstücken an den Dispacheur
  1. Erfasste Schriftstücke 2
  2. Antrag des Dispacheurs 3
  3. Gerichtliche Prüfung 4
  4. Gerichtliche Entscheidung 5
  5. Weiteres Vorgehen 6
III. Einsicht in die Dispache 7

I. Allgemeines

§ 404 übernimmt die früheren §§ 151, 152 FGG in das FamFG[3] und soll wie diese die **ordnungsgemäße Erstellung der Dispache** fördern. Wenn die Beteiligten die von § 404 erfassten Unterlagen trotz Aufforderung nicht an den Dispacheur herausgeben, kann die Aufstellung der Dispache gefährdet werden. Die gerichtliche Anordnung **erspart dem Dispacheur eine Klage** auf Herausgabe der Unterlagen, wodurch die Zivilgerichtsbarkeit entlastet wird. Die Einsichtsmöglichkeit nach § 404 Abs. 2 dient der Wahrung der Rechte der Beteiligten, weil diese nur dann im Termin nach § 405 wirksame Einwendungen erheben können.[4] Dem Verfahren nach § 404 muss eine Entscheidung nach § 403 nicht vorausgegangen sein. Der frühere § 404 Abs. 2 Satz 2 FamFG, der die von dem Schiffer selbst gem. § 87 Abs. 1 aF BinSchG aufgemachte Dispache betraf, ist durch das Gesetz zur Reform des Seehandelsrechts vom 20.4. 2013[5] aufgehoben worden.

II. Aushändigung von Schriftstücken an den Dispacheur

1. Erfasste Schriftstücke

Nach §§ 595 Abs. 3 HGB (ggf. iVm. § 78 Abs. 3 BinSchG) sind die Beteiligten[6] des Dispacheverfahrens verpflichtet, dem Dispacheur die in ihrem unmittelbaren Besitz

---

1 Bassenge/*Roth*, 11. Aufl., § 150 FFG Rz. 7.
2 Holzer/*Holzer*, § 403 FamFG Rz. 28.
3 Begründung zu § 404 RegE, in: BT-Drs. 16/6308, S. 289.
4 Holzer/*Holzer*, § 404 FamFG Rz. 2, 7.
5 BGBl. I, S. 813.
6 Dazu Holzer/*Holzer*, § 403 FamFG Rz. 3.

(§§ 854, 855 BGB) befindlichen **Schriftstücke herauszugeben**.[1] Der mittelbare Besitz an den Schriftstücken (§ 868 BGB) ist zur Begründung der Herausgabepflicht nicht ausreichend.[2] Erfasst von der Herausgabepflicht sind zB Schiffs- und Ladungspapiere, Konnossemente, Fakturen, Gutachten und andere Unterlagen, die Aussagen über den Wert des Schiffes oder der Ladung ermöglichen.[3]

2. Antrag des Dispacheurs

3   Das Verfahren nach § 404 Abs. 1 wird nach § 23 Abs. 1 **auf Antrag eingeleitet**. Antragsberechtigt ist nur ein amtlich bestellter Dispacheur,[4] aus dessen Antrag hervorgehen muss, dass ihm ein Beteiligter den Auftrag zur Aufmachung der Dispache erteilt hat. Der dem Antrag in Kopie beizufügende Auftrag hat die auszuhändigenden Schriftstücke zu bezeichnen und darzulegen, warum gerade sie zur Aufmachung der Dispache benötigt werden.[5]

3. Gerichtliche Prüfung

4   Das Gericht hat **von Amts wegen zu prüfen** (§ 26), ob die Person, die dem Dispacheur den Auftrag erteilt hat, Beteiligter ist und unmittelbaren Besitz (§§ 854, 855 BGB) an den verfahrensgegenständlichen Schriftstücken hat.[6] Im Gegensatz zu dem Verfahren nach § 403 prüft das Gericht nicht, ob ein Fall der großen Haverei vorliegt,[7] weil davon auszugehen ist, dass der Dispacheur andernfalls nicht tätig geworden wäre oder eine Entscheidung nach § 403 Abs. 1 beantragt worden wäre. Sollte jedoch offensichtlich keine große Haverei vorliegen, hat das Gericht nach dem im FamFG geltenden **Legalitätsprinzip**[8] zurückzuweisen.[9]

4. Gerichtliche Entscheidung

5   Das Gericht ordnet die **Herausgabe der Schriftstücke** nach § 404 Abs. 1 ebenso wie ihre Ablehnung durch Beschluss iSd. § 38 Abs. 1 Satz 1 an. Hierbei handelt es sich um eine Endentscheidung, die mit der Beschwerde anfechtbar ist, auch wenn das Gesetz das – anders als in § 403 Abs. 2 FamFG – nicht anordnet. Offensichtlich handelt es sich um ein **Redaktionsversehen**, das beseitigt werden sollte.[10]

5. Weiteres Vorgehen

6   Wie nach § 33 FGG aF kann die Anordnung der Herausgabe nach § 404 Abs. 1 mit **Zwangsgeld** durchgesetzt werden (§ 35 Abs. 1 Satz 1).[11]

III. Einsicht in die Dispache

7   Nach § 404 Abs. 2 ist der Dispacheur verpflichtet, jedem Beteiligten **Einsicht in die Dispache** sowie die ihm vorliegenden **Unterlagen** zu gewähren und ihm auf Verlangen eine Abschrift gegen Erstattung der Kosten zu erteilen.[12] Die für letztere anfallenden Kosten rechnet der Dispacheur unter Vorlage eventueller Belege ab. Die KostO gilt hierfür nicht, weil der Dispacheur aufgrund eines privatrechtlichen Auftrags und nicht kraft öffentlichen Rechts tätig wird.[13]

---

1 Bassenge/*Roth*, 11. Aufl., § 151 FFG Rz. 1.
2 Keidel/*Heinemann*, § 404 FamFG Rz. 2.
3 Keidel/Kuntze/*Winkler*, 15. Aufl., § 151 FFG Rz. 1.
4 Keidel/*Heinemann*, § 404 FamFG Rz. 3.
5 KG v. 2.3.1905 – 1. Y 52/05, KGJ 29, 228 (231).
6 Keidel/*Heinemann*, § 404 FamFG Rz. 5.
7 KG v. 2.3.1905 – 1. Y 52/05, KGJ 29, 228 (231).
8 Zum Legalitätsprinzip im Grundbuchverfahren vgl. Hügel/*Holzer*, GBO, 2. Aufl., § 1 Rz. 110 ff.
9 Bassenge/Roth, 11. Aufl., § 151 FFG Rz. 2.
10 Holzer/*Holzer*, § 404 FamFG Rz. 5.
11 Begründung zu § 404 RegE, in: BT-Drs. 16/6308, S. 289.
12 Bassenge/Roth, 11. Aufl., § 152 FFG Rz. 1.
13 Dazu Holzer/*Holzer*, § 403 FamFG Rz. 2.

Der Dispacheur ist nicht mehr nach § 404 Abs. 2 zur Gewährung der Einsicht etc. verpflichtet, wenn das Gericht die Dispache und die sie betreffenden Unterlagen von ihm nach § 405 Abs. 2 erhalten hat. Eine Einsichtnahme ist dann gem. § 405 Abs. 3 Satz 2 nur noch **auf der Geschäftsstelle** des Gerichts möglich.[1] **Abschriften** können in diesem Fall vom Gericht angefordert werden (§ 13 Abs. 3 Satz 1).[2]

405 Termin; Ladung

(1) Jeder Beteiligte ist befugt, bei dem Gericht eine mündliche Verhandlung über die von dem Dispacheur aufgemachte Dispache zu beantragen. In dem Antrag sind diejenigen Beteiligten zu bezeichnen, welche zu dem Verfahren hinzugezogen werden sollen.
(2) Wird ein Antrag auf mündliche Verhandlung gestellt, hat das Gericht die Dispache und deren Unterlagen von dem Dispacheur einzuziehen und, wenn nicht offensichtlich die Voraussetzungen der großen Haverei fehlen, den Antragsteller sowie die von ihm bezeichneten Beteiligten zu einem Termin zu laden.
(3) Die Ladung muss den Hinweis darauf enthalten, dass, wenn der Geladene weder in dem Termin erscheint noch vorher Widerspruch gegen die Dispache bei dem Gericht anmeldet, sein Einverständnis mit der Dispache angenommen wird. In der Ladung ist zu bemerken, dass die Dispache und deren Unterlagen auf der Geschäftsstelle eingesehen werden können.
(4) Die Frist zwischen der Ladung und dem Termin muss mindestens zwei Wochen betragen.
(5) Erachtet das Gericht eine Vervollständigung der Unterlagen der Dispache für notwendig, hat es die Beibringung der erforderlichen Belege anzuordnen. § 404 Abs. 1 gilt entsprechend.

I. Allgemeines 1	III. Maßnahmen des Gerichts 4
II. Antrag auf mündliche Verhandlung	IV. Gerichtliche Prüfung 5
1. Antragsberechtigte 2	V. Anberaumung eines Termins 7
2. Inhalt des Antrags 3	VI. Ladung 10

I. Allgemeines

§ 405 übernimmt den Regelungsgehalt der früheren §§ 153, 154 FGG in das FamFG. Dies gilt nicht für den früheren § 153 Abs. 2 Satz 2 FGG, weil § 20 eine Regelung über die Verfahrensverbindung enthält.[3] Das Verfahren nach den §§ 405 ff. ermöglicht es den Beteiligten, sich zur Dispache zu äußern und soll in einem **vereinfachten Verfahren** unter Vermeidung von Zivilprozessen einen **Vollstreckungstitel** schaffen.[4]

II. Antrag auf mündliche Verhandlung

1. Antragsberechtigte

Die Beteiligten, zu denen neben den Schiffs- und Ladungsinteressenten alle Personen gehören, denen die Dispache eine Beitragspflicht auferlegt,[5] können gem. § 405 Abs. 1 Satz 1 bei dem nach § 377 Abs. 2 zuständigen Amtsgericht[6] die **mündliche Verhandlung über die Dispache** beantragen.[7] Wie nach dem früheren Recht[8] sind auch

---
1 Bassenge/*Roth*, 11. Aufl., § 152 FFG Rz. 1.
2 Dazu Holzer/*Holzer*, § 405 FamFG Rz. 8.
3 Vgl. dazu Begründung zu § 405 RegE, in: BT-Drs. 16/6308, S. 289.
4 Keidel/*Heinemann*, § 405 FamFG Rz. 2.
5 KG v. 8.1.1915 – 1a X 1227/14, KGJ 47, 115 (116).
6 Dazu Holzer/*Holzer*, § 377 FamFG Rz. 4 ff.
7 Holzer/*Holzer*, § 405 FamFG Rz. 2.
8 Bassenge/*Roth*, 11. Aufl., § 153 FFG Rz. 1; Keidel/Kuntze/*Winkler*, 15. Aufl., § 153 FFG Rz. 5.

Nichtbeteiligte, auf deren Auftrag die Dispache zu Unrecht aufgemacht wurde, keine Beteiligten des Verfahrens nach den §§ 405 ff., weil sie dem Dispacheur lediglich einen privatrechtlichen Auftrag erteilt haben, der nicht als Antrag iSd. § 7 Abs. 1 anzusehen ist.[1] **Antragsberechtigt** sind auch die Personen, die von dem Dispacheur zu Unrecht als Beitragspflichtige in die Dispache aufgenommen oder als Vergütungberechtigte nicht aufgenommen wurden.[2]

2. Inhalt des Antrags

3   Ein Antrag nach § 405 Abs. 1 enthält das **Begehren des Antragstellers** auf eine gerichtliche Verhandlung über eine von dem Dispacheur aufgemachte Dispache. Die Dispache ist hierfür genau zu bezeichnen und sollte dem Antrag in Kopie bzw. Abschrift beigefügt werden. In dem Antrag sind die Beteiligten aufzuführen, die nach Meinung des Antragstellers zu dem Verfahren iSd. § 7 Abs. 2 Nr. 2 hinzugezogen werden sollten (§ 405 Abs. 1 Satz 2).[3] Dabei handelt es sich meist um die Beteiligten, mit denen eine außergerichtliche Einigung nicht erzielt werden konnte bzw. gegen die ein Vollstreckungstitel angestrebt wird.[4] Wird eine Person bezeichnet, die nicht Beteiligter ist, ist das Gericht wegen des ihm nach § 7 Abs. 3 zustehenden Ermessens wie nach früheren Recht[5] nicht verpflichtet, dieser Anregung zu folgen.[6] Das **Vorliegen einer großen Haverei** muss in dem Antrag nicht glaubhaft gemacht werden.[7]

III. Maßnahmen des Gerichts

4   Am Beginn des Verfahrens nach § 405 steht die „Einziehung" (dh. Anforderung) der Dispache von dem Dispacheur. Falls dieser die Dispache nicht vorlegt, können gegen ihn Zwangsmittel nach § 35 Abs. 1 Satz 1 verhängt werden.[8] Hält das Gericht die Unterlagen der Dispache nicht für vollständig, kann es von den Beteiligten oder Dritten (nicht aber von dem Dispacheur) die **Beibringung der erforderlichen Belege** nach § 405 Abs. 5 anfordern.[9] § 404 Abs. 1 gilt insoweit entsprechend.[10]

IV. Gerichtliche Prüfung

5   Liegen dem Gericht die Dispache und die zugehörigen Unterlagen vor, prüft es, ob die Voraussetzungen der großen Haverei vorliegen (§ 405 Abs. 2). Ist das offensichtlich nicht der Fall, so ist der Antrag nach dem **Legalitätsprinzip** zurückzuweisen.[11] Bloße Zweifel am Vorliegen einer großen Haverei gestatten es dem Gericht nicht, den Antrag zurückzuweisen. Das Gericht muss aber auch keine weiteren Ermittlungen hinsichtlich des Vorliegens einer großen Haverei anstellen, weil davon auszugehen ist, dass sich dies im Laufe des Verfahrens ohnehin herausstellen wird.[12] Ist das Gericht nach der Verhandlung über die Dispache davon überzeugt, dass **keine große Haverei vorliegt**, ist der Antrag auf gerichtliche Prüfung verfahrensrechtlich überholt und nicht mehr zu entscheiden. Eine Zurückweisung erfolgt nicht; statt dessen wird die Bestätigung der Dispache gem. § 409 Abs. 1 versagt.[13]

6   Der nach § 405 Abs. 1 gestellte Antrag ist dann zurückzuweisen, wenn die Voraussetzungen des gerichtlichen Verfahrens nicht vorliegen, es sich also nicht um eine nach §§ 588 ff. HGB von einem Dispacheur aufgemachte Dispache handelt.[14] Auch bei

---

1 Dazu Holzer/*Holzer*, § 405 FamFG Rz. 2 mwN.
2 Keidel/*Heinemann*, § 405 FamFG Rz. 6.
3 Keidel/*Heinemann*, § 405 FamFG Rz. 7.
4 Bassenge/*Roth*, 11. Aufl., § 153 FFG Rz. 2.
5 KG v. 8.1.1915, 1a X 1227/14, KGJ 47, 115 (117).
6 Holzer/*Holzer*, § 405 FamFG Rz. 3.
7 KG v. 2.3.1905 – 1 Y 52/05, KGJ 29, 228 (232).
8 Keidel/Kuntze/*Winkler*, 15. Aufl., § 153 FFG Rz. 9.
9 Bassenge/*Roth*, 11. Aufl., § 154 FFG Rz. 1.
10 Dazu Holzer/*Holzer*, § 405 FamFG Rz. 5.
11 Holzer/*Holzer*, § 405 FamFG Rz. 6.
12 Keidel/Kuntze/*Winkler*, 15. Aufl., § 153 FFG Rz. 10.
13 Dazu Holzer/*Holzer*, § 405 FamFG Rz. 6.
14 Bassenge/*Roth*, 11. Aufl., § 153 FFG Rz. 6.

fehlender Antragsberechtigung des Antragstellers (zB wegen fehlender Beteiligtenstellung) wird der Antrag zurückgewiesen.[1] Eine **außergerichtliche Einigung** der Beteiligten steht der Zulässigkeit des Antrags allerdings nicht entgegen,[2] weil das Verfahren nach § 405 letztlich der Schaffung eines Vollstreckungstitels dient.

V. Anberaumung eines Termins

Wird der nach § 405 gestellte Antrag nicht zurückgewiesen und beantragen die Beteiligten eine **mündliche Verhandlung**, lädt das Gericht den Antragsteller und die anderen Beteiligten zu einem Termin. Andernfalls wird das Verfahren **schriftlich** durchgeführt werden; das Gericht kann jedoch auch ohne Antrag eines Beteiligten mündlich verhandeln, falls es das für sachdienlich hält (§ 32 Abs. 1 Satz 1).[3] Eine mündliche Verhandlung bietet sich vor allem dann an, wenn ein Beteiligter nicht anwaltlich vertreten ist. § 20 gestattet es wie der frühere § 153 Abs. 2 Satz 2 FGG, mehrere Anträge zu verbinden. In solchen Fällen dürfte es sinnvoll sein, über eine Dispache nur einmal mündlich zu verhandeln.

7

Wegen des dem Gericht nach § 7 Abs. 3 zustehenden Ermessens ist es entgegen dem **zu engen Wortlaut des Gesetzes** nicht erforderlich, alle von dem Antragsteller bezeichneten Beteiligten zum Verfahren hinzuzuziehen. Ursächlich für dieses Problem ist die fehlende Anpassung des § 153 Abs. 2 Satz 1 FGG aF an das neue Recht, die die Neudefinition des Begriffs der „Hinzuziehung" und deren Ausgestaltung als „kann-Bestimmung" in § 7 Abs. 3 nicht berücksichtigt. Eine Korrektur dieses **Redaktionsversehens** wäre wünschenswert und könnte dadurch erfolgen, dass die Wörter „von ihm bezeichneten" in § 405 Abs. 2 FamFG gestrichen werden.[4]

8

Wegen § 7 Abs. 3 besteht keine Beschränkung auf die Ladung der im Antrag bezeichneten Personen; das Gericht kann vielmehr im Rahmen der **Amtsermittlung** (§ 26 Abs. 1) nach seinem Ermessen weitere Personen zum Verfahren hinzuziehen. Zweckmäßig ist in jedem Fall die Zuziehung des Dispacheurs,[5] weil dieser die von ihm aufgestellte Dispache erläutern kann.

9

VI. Ladung

Werden die Beteiligten nach § 405 Abs. 2 zu einem Termin geladen, hat die Ladung einen Hinweis auf die **Folgen der Säumnis** zu enthalten (§ 405 Abs. 3 Satz 1). Diese bestehen darin, dass (wie im Auseinandersetzungsverfahren der §§ 363ff.) das **Einverständnis des Beteiligten** mit der aufgemachten Dispache **unterstellt** wird, wenn er weder im Termin erscheint noch vorher Widerspruch gegen die Dispache angemeldet hat. Ein Widerspruch kann schriftlich oder zu Protokoll der Geschäftsstelle erklärt werden.[6] In der Ladung ist nach § 405 Abs. 3 Satz 2 auch darauf hinzuweisen, dass die Dispache und die sie betreffenden Unterlagen auf der Geschäftsstelle des Gerichts einzusehen sind. Die Frist zwischen der Ladung und dem Termin muss mindestens zwei Wochen zu betragen (§ 405 Abs. 4).

10

406 Verfahren im Termin

(1) Wird im Termin ein Widerspruch gegen die Dispache nicht erhoben und ist ein solcher auch vorher nicht angemeldet, hat das Gericht die Dispache gegenüber den an dem Verfahren Beteiligten zu bestätigen.
(2) Liegt ein Widerspruch vor, haben sich die Beteiligten, deren Rechte durch ihn betroffen werden, zu erklären. Wird der Widerspruch als begründet anerkannt oder kommt anderweitig eine Einigung zustande, ist die Dispache entsprechend zu be-

---

1 Keidel/Kuntze/*Winkler*, 15. Aufl., § 153 FFG Rz. 11.
2 Bassenge/*Roth*, 11. Aufl., § 153 FFG Rz. 4; Keidel/Kuntze/*Winkler*, 15. Aufl., § 153 FFG Rz. 11.
3 Begründung zu § 405 RegE, BT-Drs. 16/6308, S. 289.
4 Dazu Holzer/*Holzer*, § 405 FamFG Rz. 9.
5 Keidel/Kuntze/*Winkler*, 15. Aufl., § 153 FFG Rz. 13.
6 Keidel/Kuntze/*Winkler*, 15. Aufl., § 153 FFG Rz. 14.

richtigen. Erledigt sich der Widerspruch nicht, so ist die Dispache insoweit zu bestätigen, als sie durch den Widerspruch nicht berührt wird.
(3) Werden durch den Widerspruch die Rechte eines in dem Termin nicht erschienenen Beteiligten betroffen, wird angenommen, dass dieser den Widerspruch nicht als begründet anerkennt.

I. Allgemeines

1 § 406 übernimmt den früheren § 155 Abs. 2 bis 4 FGG in das FamFG und enthält Einzelheiten zum Verfahren im Termin. Die der **Verfahrensförderung** dienende Bestimmung hat § 155 Abs. 1 FGG aF nicht übernommen, weil dieser die selbstverständliche Regelung enthielt, dass im Termin über die Dispache zu verhandeln war.[1]

II. Mündliche Verhandlung

1. Vertagung der Verhandlung

2 Eine Verhandlung über die Dispache ist nicht möglich, wenn nicht alle Beteiligten nach § 405 Abs. 1 bis 4 geladen wurden. Verzichten die Beteiligten nicht auf die **Rüge der Ladungsmängel**, muss die Verhandlung vertagt werden.[2] Die Ladung zum neuen Termin erfolgt unter Beachtung des § 405 Abs. 1 bis 4.

2. Verfahren ohne Widerspruch

3 Falls kein Beteiligter **Widerspruch** erhebt bzw. ein **erhobener Widerspruch** im Termin oder vorher **zurückgenommen** wird, ist die Dispache durch gerichtlichen Beschluss zu bestätigen (§ 406 Abs. 1).[3] Der Beschluss entfaltet auch gegenüber den geladenen, aber im Termin nicht erschienenen Beteiligten Wirkung, weil er wie nach den §§ 363 ff. in einem **Versäumnisverfahren** erging.[4] Die Entscheidung ist allen Beteiligten bekannt zu geben und entfaltet nur Wirkungen zwischen ihnen, nicht aber gegenüber dem Dispacheur. Die Beteiligten können daher auch aus einer rechtskräftig bestätigten Dispache nicht gegen den Dispacheur vollstrecken. Schadensersatzansprüche aus dem von dem Auftraggeber mit dem Dispacheur geschlossenen **Geschäftsbesorgungsvertrag** müssen auf dem Zivilrechtsweg verfolgt werden.[5]

3. Verfahren nach Widerspruch

4 Die Beteiligten können vor dem Termin schriftlich oder zu Protokoll der Geschäftsstelle und mündlich im Termin bis zur Bestätigung des sie betreffenden Teils der Dispache[6] gegen diese **Widerspruch** erheben. Wie in anderen Verfahren der freiwilligen Gerichtsbarkeit (zB dem Amtslöschungsverfahren nach § 393 FamFG)[7] handelt es sich bei dem Widerspruch um einen Rechtsbehelf, mit dem zum Ausdruck gebracht wird, dass der Widersprechende mit der Bestätigung der Dispache nicht einverstanden ist.[8] Eine **Begründung** des Widerspruchs ist nicht erforderlich, erscheint jedoch sinnvoll.

5 Auf einen erhobenen Widerspruch müssen sich die durch ihn betroffenen Beteiligten erklären (§ 406 Abs. 2 Satz 1). Einigen sich diese im Termin auf eine **Erhöhung** bzw. **Schmälerung des Beitrags**[9] oder auf andere Weise, ist die Dispache zu berichtigen (§ 406 Abs. 2 Satz 2) und durch Beschluss des Gerichts zu bestätigen. Die Bestätigung ist nach § 406 Abs. 3 nicht zulässig, wenn der den Widerspruch erhebende oder der durch ihn betroffene Beteiligte im Termin nicht erschienen ist; auch hierbei han-

---

[1] Begründung zu § 406 RegE, in: BT-Drs. 16/6308, S. 289.
[2] Holzer/*Holzer*, § 406 FamFG Rz. 2.
[3] Bassenge/*Roth*, 11. Aufl., § 155 FFG Rz. 2.
[4] Keidel/*Heinemann*, § 405 FamFG Rz. 31.
[5] OLG Hamburg v. 17.2.1994 – 6 U 124/93, TransportR 1994, 359 (360).
[6] OLG Hamburg v. 3.5.1931 – F. 43/1931, HansGRZ 1931, B 659.
[7] Dazu Holzer/*Holzer*, § 393 FamFG Rz. 12.
[8] Keidel/*Heinemann*, § 406 FamFG Rz. 6.
[9] Keidel/*Heinemann*, § 406 FamFG Rz. 11.

delt es sich um Auswirkungen des Säumnisverfahrens. Die **Bestätigung und Berichtigung der Dispache** setzen eine Einigung der Beteiligten bzw. Erledigung des Widerspruchs voraus.[1] Eine teilweise Bestätigung der Dispache ist nach § 406 Abs. 2 Satz 3 möglich, soweit diese von dem Widerspruch nicht berührt wird.

In der mündlichen Verhandlung können sich die Beteiligten auch nach § 36 Abs. 1 Satz 1 über die Dispache **vergleichen**.[2] Der Verfahrensgegenstand wird dadurch erledigt, so dass die Bestätigung der Dispache nach § 406 Abs. 1 nicht mehr erfolgen kann.

Kosten/Gebühren: Für das Verfahren, einschließlich der Verhandlung über die Dispache und ihrer Bestätigung, wird nach Nr. 13500 KV GNotKG eine Gebühr mit einem Gebührensatz von 2,0 erhoben. Geschäftswert ist nach § 68 GNotKG die Summe der Anteile, die die an der Verhandlung Beteiligten an dem Schaden zu tragen haben. Kostenschuldner sind nach § 23 Nr. 9, § 32 GNotKG die an dem Verfahren Beteiligten als Gesamtschuldner. Die Entscheidung über die außergerichtlichen Kosten erfolgt nach § 81 Abs. 2.[3]

407 Verfolgung des Widerspruchs

(1) Soweit ein Widerspruch nicht nach § 406 Abs. 2 erledigt wird, hat ihn der Widersprechende durch Erhebung der Klage gegen diejenigen an dem Verfahren Beteiligten, deren Rechte durch den Widerspruch betroffen werden, zu verfolgen. Die §§ 878 und 879 der Zivilprozessordnung sind mit der Maßgabe entsprechend anzuwenden, dass das Gericht einem Beteiligten auf seinen Antrag, wenn erhebliche Gründe glaubhaft gemacht werden, die Frist zur Erhebung der Klage verlängern kann und dass an die Stelle der Ausführung des Verteilungsplans die Bestätigung der Dispache tritt.

(2) Ist der Widerspruch durch rechtskräftiges Urteil oder in anderer Weise erledigt, so wird die Dispache bestätigt, nachdem sie erforderlichenfalls von dem Amtsgericht nach Maßgabe der Erledigung der Einwendungen berichtigt ist.

I. Allgemeines

§ 407 übernimmt den früheren § 156 FGG in das FamFG; die Bestimmung ermöglicht die weitere Verfolgung der mit dem Widerspruch nach § 406 Abs. 2 verbundenen materiellen Ansprüche vor dem Zivilgericht. § 407 dient mithin der Aufspaltung eines durch **multipolare Interessen** gekennzeichneten Verfahrens der freiwilligen Gerichtsbarkeit in Parteikonstellationen des Zivilprozesses. Das Zivilgericht ist wegen der im Zivilprozess geltenden Dispositionsmaxime besser dazu in der Lage, streitige Rechtsverhältnisse zwischen einzelnen Beteiligten zu klären und Beweise zu erheben als das Dispachegericht.[4]

II. Klageerhebung

Wird ein erhobener Widerspruch nicht in der Verhandlung über die Dispache erledigt (§ 406 Abs. 1), hat ihn der Widersprechende nach § 407 Abs. 1 Satz 1 durch **Erhebung der Klage** gegen die Beteiligten zu verfolgen, deren Rechte durch den Widerspruch betroffen werden. Das Zivilgericht entscheidet nur über die Begründetheit des Widerspruchs, nicht aber über die Bestätigung der Dispache.[5]

Wer einen Widerspruch erhebt, muss gem. § 407 Abs. 1 Satz 2 iVm. § 878 Abs. 1 Satz 1 ZPO innerhalb **Monatsfrist Klage** erheben. Die Klagefrist beginnt mit dem Terminstag; die mit einem **Prozesskostenhilfeantrag** verbundene bedingte Klageerhebung genügt den vorgenannten Anforderungen.[6] Das Dispachegericht kann auf Antrag die Frist zur Erhebung der Klage verlängern, wenn hierfür erhebliche Gründe

---

1 Bassenge/*Roth*, 11. Aufl., § 155 FFG Rz. 4.
2 Dazu Holzer/*Holzer*, § 36 FamFG Rz. 2 ff.
3 Holzer/*Holzer*, § 406 FamFG Rz. 7.
4 Holzer/*Holzer*, § 407 FamFG Rz. 2.
5 Keidel/*Heinemann*, § 407 FamFG Rz. 14.
6 OLG Hamm v. 24.11.1964 – 15 W 344/64, NJW 1965, 825.

(zB Schwierigkeit der Sach- und Rechtslage) vorgetragen werden. **Örtlich zuständig** für die Klage ist gem. § 407 Abs. 1 Satz 2 iVm. § 879 Abs. 1 ZPO je nach Streitwert das Amtsgericht, an dem die Dispache verhandelt wurde oder das **Landgericht**, in dessen Bezirk das Dispachegericht seinen Sitz hat. Soweit die §§ 878f. ZPO entsprechend anwendbar sind, tritt an die Stelle der Ausführung des Verteilungsplans die Bestätigung der Dispache.[1]

III. Weiteres Verfahren

4   Wurde der **Zivilprozess abgeschlossen**, ist es erforderlich, die darin ergangene gerichtliche Entscheidung in die Entscheidung des Gerichts der freiwilligen Gerichtsbarkeit über die Bestätigung der Dispache einzubeziehen (§ 407 Abs. 2).

5   Erledigt sich der Widerspruch durch die Entscheidung des Zivilgerichts (zB durch rechtskräftiges Versäumnis-, Anerkenntnis- oder Endurteil, Rücknahme oder Erledigterklärung der Klage, Vergleich), so hat das Dispachegericht die **Dispache** unter Berücksichtigung des Ergebnisses des Rechtsstreits zu **berichtigen**. Die Dispache wird sodann von Amts wegen **bestätigt** (§ 407 Abs. 2).[2] Dies erfolgt auch, wenn die Klagefrist nach § 878 Abs. 1 Satz 1 ZPO versäumt wurde.[3] Zivilrechtliche Ansprüche der Beteiligten untereinander (etwa nach §§ 812ff. BGB) werden durch die Bestätigung der Dispache nicht ausgeschlossen.[4]

408 *Beschwerde*

(1) Der Beschluss, durch den ein nach § 405 gestellter Antrag auf gerichtliche Verhandlung zurückgewiesen, über die Bestätigung der Dispache entschieden oder ein Beteiligter nach § 404 zur Herausgabe von Schriftstücken verpflichtet wird, ist mit der Beschwerde anfechtbar.
(2) Einwendungen gegen die Dispache, die mittels Widerspruchs geltend zu machen sind, können nicht mit der Beschwerde geltend gemacht werden.

I. Allgemeines

1   § 408 wurde § 157 FGG aF nachgebildet und lediglich um die **Herausgabe von Schriftstücken** ergänzt.[5] Die Vorschrift befasst sich in Abs. 1 mit der Beschwerde gegen diverse Entscheidungen im Dispacheverfahren und beschränkt die Beschwerden gegenständlich. Abs. 2 dient der Abgrenzung des Widerspruchs von der Beschwerde.

II. Beschwerde

2   § 408 Abs. 1 gestattet die Anfechtung der Zurückweisung eines Antrags auf gerichtliche Verhandlung der Dispache nach § 405 mit der **Beschwerde**. Beschwerdeberechtigt ist dabei nur der Antragsteller. Der Beschluss über die Bestätigung der Dispache oder die Versagung der Bestätigung kann hingegen von allen Beteiligten mit der Beschwerde angegriffen werden.[6] Die Verpflichtung zur Herausgabe von Schriftstücken nach § 404 kann von den durch die gerichtliche Anordnung betroffenen Beteiligten ebenfalls mit der Beschwerde verfolgt werden. Die nach § 403 Abs. 1 ausgesprochene Verpflichtung des Dispacheurs zur Aufmachung der Dispache ist bereits nach § 403 Abs. 2 anfechtbar.

---

1 Holzer/*Holzer*, § 407 FamFG Rz. 3.
2 Keidel/*Heinemann*, § 407 FamFG Rz. 17.
3 Bassenge/*Roth*, 11. Aufl., § 155 FFG Rz. 3.
4 OLG Hamburg v. 4.11.1931 – Bf. I 83/1931, HansGZ 1932, B 35.
5 Begründung zu § 408 RegE, in: BT-Drs. 16/6308, S. 289.
6 KG v. 17.12.1908 – 1 X 992/08, KGJ 37, 202 (203); Holzer/*Holzer*, § 408 FamFG Rz. 2; Keidel/*Heinemann*, § 408 FamFG Rz. 5; a.A. Bassenge/*Roth*, 11. Aufl., § 157 FFG Rz. 1.

III. Widerspruch

§ 408 Abs. 2 schreibt vor, dass **sachliche Einwendungen gegen die Richtigkeit der Dispache**,[1] die durch einen Widerspruch nach § 406 Abs. 2 geltend gemacht werden können, nicht mit der Beschwerde angefochten werden dürfen. Die Bestimmung enthält ebenso wie der frühere § 157 Abs. 2 FGG und die Regelungen über den Teilungsplan im Nachlassrecht (§ 372 Abs. 2 bzw. § 96 S. 2 FGG aF) einen **allgemeinen Rechtsgedanken**, nach dem bei privatautonomen, unter der Aufsicht des Gerichts zustande gekommenen Vereinbarungen der Beteiligten mit vergleichsähnlichem Charakter nicht ihr sachlicher Inhalt, sondern nur das zu ihrer gerichtlichen Bestätigung führende Verfahren mit der Beschwerde angefochten werden kann.[2]

Anfechtbar mit der Beschwerde nach § 408 Abs. 1 sind deshalb etwa **Ladungsmängel**,[3] eine von dem sachlich unzuständigen Gericht getroffene Entscheidung über den Widerspruch nach § 407, eine **unrichtige Berichtigung der Dispache** nach Erledigung des Widerspruchs, die Bestätigung der Dispache trotz unerledigter Widersprüche[4] oder rechtzeitiger Klage sowie die Ablehnung der Bestätigung trotz erledigtem Widerspruch.[5]

§ 409 Wirksamkeit; Vollstreckung

(1) Die Bestätigung der Dispache ist nur für das gegenseitige Verhältnis der an dem Verfahren Beteiligten wirksam.
(2) Der Bestätigungsbeschluss wird erst mit Rechtskraft wirksam.
(3) Für Klagen auf Erteilung der Vollstreckungsklausel sowie für Klagen, durch welche Einwendungen gegen die in der Dispache festgestellten Ansprüche geltend gemacht werden oder die bei der Erteilung der Vollstreckungsklausel als eingetreten angenommene Rechtsnachfolge bestritten wird, ist das Gericht zuständig, das die Dispache bestätigt hat. Gehört der Anspruch nicht vor die Amtsgerichte, sind die Klagen bei dem zuständigen Landgericht zu erheben.

I. Allgemeines

§ 409 entspricht im Wesentlichen § 158 FGG aF; wegen der allgemeinen Vorschrift des § 95 hat der Gesetzgeber jedoch auf eine spezielle Regelung für die Vollstreckung verzichtet.[6] Die Bestimmung befasst sich mit dem **Umfang der Wirksamkeit des Bestätigungsbeschlusses** und Einzelheiten des **Vollstreckungsverfahrens**.

II. Wirksamkeit der Dispache

§ 409 Abs. 1 stellt wie § 158 Abs. 1 FGG aF die an sich selbstverständliche Tatsache klar, dass die bestätigte Dispache nur **zwischen den am Verfahren Beteiligten Rechte und Pflichten** begründen kann.[7] Nicht in die Dispache einbezogene Personen können jedoch stets einen Antrag nach § 405 stellen; in dem neuen Verfahren ist es möglich, die Dispache unter Berücksichtigung dieser Beteiligten zu ändern.[8]

III. Vollstreckungstitel

Das FamFG hat § 158 Abs. 2 FGG aF, nach dem die rechtskräftig bestätigte Dispache einen **Vollstreckungstitel** darstellte, wegen der Regelung in § 95 Abs. 1, 2 nicht

---

1 KG v. 17.12.1908 – 1 X 992/08, KGJ 37, 202 (204); Bassenge/*Roth*, 11. Aufl., § 157 FFG Rz. 2.
2 Holzer/*Holzer*, § 372 FamFG Rz. 4 und § 408 FamFG Rz. 4; dazu auch RG v. 9.2.1935 – I 258/34, RGZ 147, 58 (60).
3 Bassenge/*Roth*, 11. Aufl., § 157 FFG Rz. 4.
4 KG v. 7.2.1919 – 1a X 24/19, KGJ 51, 137 (139).
5 Holzer/*Holzer*, § 408 FFG Rz. 5.
6 Begründung zu § 408 RegE, in: BT-Drs. 16/6308, S. 289.
7 OLG Hamburg v. 17.2.1994 – 6 U 124/93, TransportR 1994, 359 (361); Keidel/*Heinemann*, § 409 FamFG Rz. 4.
8 Bassenge/*Roth*, 11. Aufl., § 158 FFG Rz. 1.

übernommen.[1] Die Vollstreckung der Dispache behandelt nur noch § 409 Abs. 2, nach dem der Bestätigungsbeschluss erst mit seiner Rechtskraft zum Vollstreckungstitel wird.

4 § 409 Abs. 3 Satz 1 bestimmt, dass für Klagen auf Erteilung der **Vollstreckungsklausel**, für Klagen, durch die Einwendungen gegen die in der Dispache festgestellten Ansprüche geltend gemacht oder durch die die bei der Erteilung der Vollstreckungsklausel als eingetreten angenommene Rechtsnachfolge bestritten wird, das Amtsgericht als Prozessgericht sachlich zuständig ist, das als Gericht der freiwilligen Gerichtsbarkeit die Dispache bestätigt hat. Liegt der Streitwert über der Zuständigkeit des Amtsgerichts, ist das Landgericht sachlich zuständig (§ 409 Abs. 3 Satz 2). Wie nach § 407 Abs. 1 iVm. § 879 Abs. 1 ZPO ist das **Landgericht** zuständig, in dessen Bezirk das Dispachegericht seinen Sitz hat.[2]

5 **Kosten/Gebühren:** S. Anmerkung zu § 406.

---

1 Begründung zu § 408 RegE, in: BT-Drs. 16/6308, S. 289.
2 Holzer/*Holzer*, § 409 FamFG Rz. 4.

Buch 6
Verfahren in weiteren Angelegenheiten der freiwilligen Gerichtsbarkeit

Vorbemerkungen

Literatur: *Bundesministerium der Justiz* (Hrsg.), Bericht der Kommission für das Recht der Freiwilligen Gerichtsbarkeit einschließlich des Beurkundungswesens, 1977; *Habscheid*, Das Ende des Offenbarungseides, NJW 1970, 1669; *Holzer*, Der Beteiligtenbegriff in der freiwilligen Gerichtsbarkeit, ZNotP 2009, 122; *Holzer*, Die weiteren Angelegenheiten der freiwilligen Gerichtsbarkeit nach dem FamFG, ZNotP 2012, 216; *Holzer*, Anmerkung zum Beschluss des OLG Hamm vom 4.2.1997 – 21 W 12/96, EWiR 1997, 431, 432; *Meyer-Stolte*, Anmerkung zum Beschluss des LG Bochum vom 24.2.1994 – 7 T 1113/93, Rpfleger 1994, 451; *Schmidt*, Eidesstattliche Versicherungen an Stelle von Offenbarungseiden, Rpfleger 1971, 134.

I. Begriff der „weiteren Angelegenheiten der freiwilligen Gerichtsbarkeit"

Das 6. Buch des FamFG regelt das Verfahren diverser „weiterer" Angelegenheiten der freiwilligen Gerichtsbarkeit, die **nichtstreitiger Natur** sind und die die Durchsetzung zivilrechtlicher Ansprüche tangieren. In Zivilprozessen können diese Angelegenheiten nicht geklärt werden, weil entweder kein Gegner vorhanden ist oder sie aus anderen Gründen einem kontradiktorischen Verfahren nicht zugänglich sind. Die „weiteren Angelegenheiten der freiwilligen Gerichtsbarkeit" können jedoch die **Folge eines Zivilprozesses** sein oder einen solchen vorbereiten, indem einzelne Rechtsverhältnisse der Beteiligten einer Regelung zugeführt werden.[1] Die Zuordnung der von § 410 erfassten Angelegenheiten zur freiwilligen Gerichtsbarkeit fördert eine **rasche und kostengünstige Klärung** der betreffenden Rechtsverhältnisse, so dass das Verfahren nach dem 6. Buch des FamFG eine **justizentlastende Wirkung** hat.[2]

1

II. Reformgeschichte

Bis zur FGG-Reform war das Verfahren in den „weiteren Angelegenheiten der freiwilligen Gerichtsbarkeit" in den §§ 163 bis 166 FGG aF geregelt. Diese Vorschriften werden in überarbeiteter Form im 6. Buch des FamFG zusammengefasst.[3] Der Gesetzgeber hat dabei zum Teil die Vorschläge der **Kommission für das Recht der freiwilligen Gerichtsbarkeit** aus dem Jahre 1977 übernommen.[4] Der in § 410 Nr. 1 bis 4 geregelte Katalog der „weiteren Angelegenheiten der freiwilligen Gerichtsbarkeit" entspricht beispielsweise dem Regelungsvorschlag in § 265 Nr. 1 bis 4 FrGOE.[5]

2

Der **Standort der Vorschriften** im 6. Buch des FamFG resultiert aus der schrittweisen Zusammenführung der Verfahren in Familiensachen und in den Angelegenheiten der freiwilligen Gerichtsbarkeit. Nach dem Konzept des FamFG hat man die Familiensachen nach den allgemeinen Vorschriften des Buches 1 in das Gesetz eingestellt, an das die teilweise überarbeiteten, großteils aber unverändert „übernommenen" Regelungen des früheren FGG angefügt wurden (Bücher 3 bis 6). Erst nach diesen Vorschriften wurden die aus dem FrhEntzG und der ZPO übernommenen Vorschriften der Bücher 7 und 8 in das FamFG eingestellt. Die „weiteren Angelegenheiten der freiwilligen Gerichtsbarkeit" befinden sich deshalb im Gegensatz zum früheren FGG nicht am Ende, sondern in der Mitte des Gesetzes.[6]

3

---
1 Holzer/*Holzer*, § 410 FamFG Rz. 1.
2 Zur Abnahme der eidesstattlichen Versicherung nach dem früheren § 163 FGG vgl. Holzer/*Holzer*, § 410 FamFG Rz. 1 mwN.
3 Begründung zu § 410 RegE, in: BT-Drs. 16/6308, S. 289 f.
4 *Holzer*, ZNotP 2012, 216, 217.
5 Holzer/*Holzer*, § 410 FamFG Rz. 1.
6 *Holzer*, ZNotP 2012, 216 (217).

4   Im Zuge der FGG-Reform wurde der Regelungsgehalt der früheren §§ 163 bis 166 FGG weitgehend belassen, jedoch **besser strukturiert** (zB hinsichtlich der Zuständigkeiten in § 411) und so weit wie möglich an die Systematik des neuen Rechts angepasst (zB hinsichtlich des Beteiligtenbegriffs in § 412). Die in manchen Bereichen wie dem Registerverfahren kritisch gesehene FGG-Reform erscheint damit zumindest für die „weiteren Angelegenheiten der freiwilligen Gerichtsbarkeit" als **Fortschritt**. Wegen der übersichtlicheren Gesetzesstruktur verwirklicht sich der Zweck der §§ 410ff. besser als unter der Geltung des früheren FGG.[1]

III. Allgemeine Verfahrensvorschriften

5   In den Verfahren des 6. Buchs des FamFG gelten die **allgemeinen Verfahrensvorschriften des 1. Buchs**, soweit sie auf nichtstreitige Kernverfahren überhaupt anwendbar sind. Die Anwendbarkeit jeder einzelnen Norm für die nichtstreitigen Kernverfahren ist gesondert zu prüfen. Anwendbar auf die Verfahren des 6. Buches des FamFG ist insbesondere das **Antragsprinzip** des § 23 Abs. 1 Satz 1. So ist im Fall des § 410 Nr. 3 hinsichtlich der Feststellung der Vergütung und Aufwendungen auch der Verwahrer antragsberechtigt. Im Verfahren nach § 410 Nr. 4 sind der Eigentümer, der Pfandgläubiger und jeder Dritte, dem an dem Pfandgegenstand ein durch den Pfandverkauf erlöschendes Recht zusteht, antragsberechtigt (zB ein nachrangiger Pfandgläubiger). Speziell geregelt in § 413 Satz 1 ist das Antragsrecht im Verfahren nach § 410 Nr. 1.

6   Das Gesetz stellt für die Behandlung der in § 410 Nr. 2 bis 4 genannten Angelegenheiten – abgesehen von den §§ 411, 412 – keine weiteren besonderen Regeln auf, weil die **Angelegenheiten meist so einfach strukturiert** sind, dass sich eine weitergehende Regelung nicht als erforderlich erwiesen hat. Anders ist das nur bei der Abgabe der **eidesstattlichen Versicherung** nach § 410 Nr. 1: Hier enthält das Gesetz Vorschriften über das Antragsrecht, die Anordnung des persönlichen Erscheinens des Verpflichteten und die Anordnung der Geltung bestimmter Vorschriften der ZPO.[2]

7   **Kosten/Gebühren:** S. Anmerkung zu § 410.

410   *Weitere Angelegenheiten der freiwilligen Gerichtsbarkeit*
Weitere Angelegenheiten der freiwilligen Gerichtsbarkeit sind
1. die Abgabe einer nicht vor dem Vollstreckungsgericht zu erklärenden eidesstattlichen Versicherung nach den §§ 259, 260, 2028 und 2057 des Bürgerlichen Gesetzbuchs,
2. die Ernennung, Beeidigung und Vernehmung des Sachverständigen in den Fällen, in denen jemand nach den Vorschriften des bürgerlichen Rechts den Zustand oder den Wert einer Sache durch einen Sachverständigen feststellen lassen kann,
3. die Bestellung des Verwahrers in den Fällen der §§ 432, 1217, 1281 und 2039 des Bürgerlichen Gesetzbuchs sowie die Festsetzung der von ihm beanspruchten Vergütung und seiner Aufwendungen,
4. eine abweichende Art des Pfandverkaufs im Fall des § 1246 Abs. 2 des Bürgerlichen Gesetzbuchs.

I. Allgemeines 1	III. Ernennung usw. eines Sachverständigen, Nr. 2 8
II. Abgabe einer eidesstattlichen Versicherung, Nr. 1	IV. Bestellung eines Verwahrers, Nr. 3 .. 10
1. Anwendungsbereich 2	V. Pfandverkauf, Nr. 4 12
2. Einzelfälle 4	

---

1 Dazu Holzer/*Holzer*, § 410 FamFG Rz. 1.
2 *Holzer*, ZNotP 2012, 216 (221 f.).

I. Allgemeines

§ 410 fasst die Regelungen der früheren §§ 163 bis 166 FGG zusammen,[1] soweit diese den Gegenstand des jeweiligen Verfahrens definiert hatten. In Aufbau und Struktur übernimmt die Bestimmung fast unverändert den von der FGG-Kommission vorgeschlagenen § 265 Nr. 1 bis 4 FrGOE. Zweck des § 410 ist die **rasche und kostengünstige Klärung** der dort in vier Nummern definierten „weiteren" Angelegenheiten der freiwilligen Gerichtsbarkeit. Wesentliche sachliche Änderungen gegenüber dem FGG sind allerdings nicht erfolgt. Durch Art. 8 Nr. 28 des Gesetzes zur Einführung einer Rechtsbehelfsbelehrung im Zivilprozess vom 5.12.2012 wurde in § 410 Nr. 3 eine geringfügige redaktionelle Änderung vorgenommen.[2]

II. Abgabe einer eidesstattlichen Versicherung, Nr. 1

1. Anwendungsbereich

§ 410 Nr. 1 legt einen **Anwendungsbereich** fest, der dem des bisherigen § 163 FGG aF entspricht. Die Bestimmung ist dann anwendbar, wenn der Gläubiger die **freiwillige Abgabe der eidesstattlichen Versicherung** erreichen will. Anders als im Wege der Zwangsvollstreckung nach § 889 ZPO kann diese im Verfahren der freiwilligen Gerichtsbarkeit nicht erzwungen werden.[3] Soweit die **eidesstattliche Versicherung nach dem 8. Buch der ZPO** abzugeben ist, handelt es sich nicht um eine Angelegenheit der freiwilligen Gerichtsbarkeit, so dass in diesem Fall ausschließlich das Vollstreckungsgericht sachlich zuständig ist.[4]

Eine eidesstattliche Versicherung kann nach § 410 Nr. 1 auch nach Erhebung einer darauf gerichteten Klage abgegeben werden, bis ein vollstreckbares Urteil vorliegt. Falls der Beklagte die Pflicht zur Abgabe der eidesstattlichen Versicherung in einem **Zivilprozess** bestreitet, kann das Verfahren nach dem 6. Buch des FamFG gleichwohl durchgeführt werden.[5] Auch nach Vorliegen eines **vollstreckbaren Titels** bleibt das Verfahren nach § 410 Nr. 1 möglich, wenn der Verpflichtete und der Gläubiger mit ihrer Abgabe im Verfahren der freiwilligen Gerichtsbarkeit einverstanden sind.[6] Unzulässig ist jedoch die Abgabe der eidesstattlichen Versicherung durch einen Vertreter des Verpflichteten (vgl. § 478 ZPO).[7]

2. Einzelfälle

§ 410 Nr. 1 erfasst die **Abgabe der eidesstattlichen Versicherung zur Rechnungslegung** über eine Verwaltung (§ 259 BGB), zur Vorlage eines Verzeichnisses über den Bestand eines Inbegriffs von Gegenständen (§ 260 BGB), zur Auskunftserteilung über die Führung erbschaftlicher Geschäfte und den Verbleib von Erbschaftsgegenständen (§ 2028 BGB) bzw. zur Auskunftserteilung über die zur Ausgleichung zu bringenden Zuwendungen als Miterbe.[8]

§ 259 BGB regelt die **Art der Rechenschaftslegung** über eine mit Einnahmen oder Ausgaben verbundene Verwaltung. Sie setzt das Bestehen einer Rechenschaftspflicht voraus, die jeweils durch Einzelvorschriften begründet wird, etwa für den Zedenten in § 402 BGB, den Beauftragten in § 666 BGB, den Geschäftsführer ohne Auftrag in §§ 681 Satz 2, 687 Abs. 2 BGB sowie den geschäftsführenden BGB-Gesellschafter in § 713 BGB. Die Rechenschaftspflicht umfasst, wenn die Verwaltung mit Einnahmen

---

1 Begr. Zu § 414 RegE, in: BT-Drs. 16/6308, S. 289f.
2 Art. 6 Nr. 28 des Gesetzes zur Einführung einer Rechtsbehelfsbelehrung im Zivilprozess und zur Änderung anderer Vorschriften v. 5.12.2012, BGBl. I, S. 2418; vgl. dazu Begründung zu § 410 RegE, in: BT-Drs. 17/10490, S. 21.
3 *Habscheid*, NJW 1970, 1669 (1670).
4 *Holzer*, ZNotP 2012, 216 (217).
5 Holzer/*Holzer*, § 410 FamFG Rz. 4.
6 Keidel/Kuntze/*Winkler*, 15. Aufl., § 163 FGG Rz. 3; vgl. auch *Meyer-Stolte*, Rpfleger 1994, 451 (452); *Habscheid*, NJW 1970, 1669 (1670).
7 Holzer/*Holzer*, § 410 FamFG Rz. 4.
8 Holzer/*Holzer*, § 410 FamFG Rz. 2.

und Ausgaben verbunden ist, die Pflicht zur Rechnungslegung, nämlich zur Erstellung und Mitteilung einer geordneten Zusammenstellung über Einnahmen und Ausgaben unter Beifügung der Belege, soweit diese üblich sind.

6 Die eidesstattliche Versicherung nach § 410 Nr. 1 kann etwa dahingehend abgegeben werden, dass der Beteiligte einen Bestand von Gegenständen iSd. § 260 BGB so vollständig anzugeben hat, wie er dazu in der Lage ist.[1] Die §§ 259 f. BGB sind auf eine **Vielzahl von Verpflichtungen** anwendbar, beispielsweise auf eine Verpflichtung des Beauftragten (§§ 666, 675 BGB), des Vereinsvorstands (§ 27 BGB), des Stiftungsvorstands (§ 86 Satz 1 BGB), des Geschäftsführers ohne Auftrag (§ 681 Satz 2 BGB), des geschäftsführenden Gesellschafters einer Gesellschaft bürgerlichen Rechts, des Geschäftsführers gegenüber dem ausgeschiedenen Mitgesellschafter (§ 740 Abs. 2 BGB), der Ehegatten (§ 1379 Abs. 1 Satz 2 BGB), der Lebenspartner (§ 6 Satz 2 LPartG iVm § 1379 Abs. 1 Satz 2 BGB), des Vormunds (§ 1890 BGB), des Gegenvormunds (§ 1891 Abs. 1 BGB), des Pflegers (§ 1915 Abs. 1 Satz 1 BGB), des Erben (§ 1978 Abs. 1 BGB), des Erbschaftsbesitzers (§§ 2018, 2027 Abs. 1, 2028 BGB), des Vorerben (§§ 2127, 2130 BGB), des Testamentsvollstreckers (§ 2218 BGB), des Erben gegenüber dem Pflichtteilsberechtigten (§ 2314 Abs. 1 Satz 1, 2 BGB), des Empfängers eines unrichtigen Erbscheins (§ 2362 Abs. 1 BGB), des Erbschaftskäufers (§ 2374 BGB) sowie des Zwangsverwalters (§ 154 ZVG).[2]

7 Durch § 2028 BGB wird die Pflicht des Hausgenossen des Erblassers zur Auskunft darüber begründet, welche erbschaftlichen Geschäfte er geführt hat und was ihm über den Verbleib der Erbschaftsgegenstände bekannt ist, während § 2057 BGB die Pflicht des Miterben begründet, den übrigen Erben auf Verlangen Auskunft über die Zuwendungen zu erteilen, welche er nach den §§ 2050 bis 2053 BGB zur Ausgleichung zu bringen hat.

III. Ernennung usw. eines Sachverständigen, Nr. 2

8 § 410 Nr. 2 entspricht inhaltlich dem § 164 Abs. 1 FGG aF und erfasst die **Ernennung, Beeidigung und Vernehmung des Sachverständigen** in Fällen, in denen jemand nach den Vorschriften des bürgerlichen Rechts (dh des BGB sowie anderer Bundes- und Landesgesetze)[3] berechtigt ist, den Zustand oder den Wert einer Sache durch einen Sachverständigen feststellen zu lassen. Gegenstand des Verfahrens ist stets die **Sicherung von Beweisen**. Von dem **selbständigen Beweisverfahren** der §§ 485 ff. ZPO unterscheidet sich das Verfahren dadurch, dass in den von § 410 Nr. 2 erfassten Fällen ein materielles Recht auf die Zustands- oder Wertfeststellung bestehen muss, während die §§ 485 ff. ZPO ausschließlich an prozessuale Voraussetzungen anknüpfen.[4] Im Gegensatz zum selbständigen Beweisverfahren nach der ZPO wird das Verfahren nach § 410 Nr. 2 bei Insolvenz eines Beteiligten nicht nach § 240 ZPO unterbrochen.[5]

9 § 410 Nr. 2 bezieht sich etwa auf die Fälle der Feststellung des Zustands oder des Werts von Sachen beim Nießbrauch (§§ 1034, 1067 Satz 2, 1075 Abs. 2 BGB), der Feststellung des Werts der Vermögensgegenstände beim Zugewinnausgleich (§ 1377 Abs. 2 BGB), der Feststellung des Zustands der zur Vorerbschaft gehörenden Sachen (§ 2122 BGB) sowie der Feststellung des Zustands eines Frachtguts (§§ 502 Abs. 2 bis 4 HGB, 61 BinSchG). Falls es um die Feststellung eines auch Schulden und Forderungen umfassenden Vermögensinbegriffs geht (zB bei §§ 738 Abs. 1, 1477 Abs. 2, 1502 Abs. 2 BGB), ist § 410 Nr. 2 allerdings **nicht anwendbar**.[6]

---

1 *Schmidt*, Rpfleger 1971, 134 (135).
2 Vgl. die Aufstellung bei *Holzer*, ZNotP 2012, 216 (218).
3 BayObLG v. 31.1.1923 – III. 3/23, JFG 1, 31 (33).
4 Holzer/*Holzer*, § 410 FamFG Rz. 5.
5 *Holzer*, ZNotP 2012, 216 (218); vgl. zum selbständigen Beweisverfahren auch OLG Hamm v. 4.2.1997 – 21 W 12/96, ZIP 1997, 552; Beck/Depré/*Holzer*, Praxis der Insolvenz, 2. Aufl., § 7 Rz. 19; *Holzer*, EWiR 1997, 431 (432).
6 Keidel/*Giers*, § 410 FamFG Rz. 6.

IV. Bestellung eines Verwahrers, Nr. 3

§ 410 Nr. 3 knüpft an § 165 FGG aF an und behandelt die **Bestellung eines Verwahrers** in den insoweit in den §§ 432, 1217, 1281 und 2039 BGB vorgesehenen Fällen. Das Bestehen eines **materiellen Anspruchs auf Verwahrung** ist im Verfahren der freiwilligen Gerichtsbarkeit allerdings nicht zu prüfen, da hierfür allein das Zivilgericht sachlich zuständig ist. In dem Verfahren nach § 410 Nr. 3 ist lediglich zu prüfen, ob die Bestellung eines Verwahrers gesetzlich überhaupt zulässig ist.[1] Die **Auswahl der zu bestellenden Person** erfolgt durch das Gericht der freiwilligen Gerichtsbarkeit, das aber die Ablieferung der zu verwahrenden Gegenstände an den Verwahrer nicht durchsetzen kann. Es bestimmt auch nicht, welche Gegenstände an den Verwahrer herauszugeben sind.

In Erweiterung des früheren Rechts bestimmt die Vorschrift nach dem Vorbild des § 265 Nr. 3 FrGOE,[2] dass das fG-Gericht neben der **Vergütung des Verwahrers** nunmehr auch die an ihn zu erstatteten **Aufwendungen** nach pflichtgemäßem Ermessen festsetzen darf. Der Beschluss über die Festsetzung der Vergütung des Verwahrers ist gegen den Schuldner der Vergütung nicht vollstreckbar, bindet aber das Prozessgericht.

V. Pfandverkauf, Nr. 4

§ 410 Nr. 4 erfasst eine von den §§ 1235 bis 1240 BGB abweichende **Bestimmung des Pfandverkaufs**. Die Entscheidung des Gerichts ersetzt in diesen Fällen die fehlende Einigung der Beteiligten, von denen nach § 1246 Abs. 1 BGB jeder eine abweichende Art des Pfandverkaufs verlangen kann, wenn dies nach billigem Ermessen den Interessen der Beteiligten entspricht. Das ist dann der Fall, wenn an der abweichenden Art des Pfandverkaufs **kein Beteiligter einen Nachteil**, aber mindestens **einer der Beteiligen einen Vorteil** hat oder wenn der Pfandverkauf den anzuerkennenden Interessen eines Beteiligten entspricht.[3]

§ 410 Nr. 4 übernimmt den § 166 Abs. 1 FGG aF unkritisch und regelt wie das frühere Recht nicht die Frage, ob auch **andere Fälle des** gesetzlich geregelten **Pfandverkaufs** erfasst werden.[4] Dies ist zu bejahen,[5] so dass § 410 Nr. 4 auch auf den Verkauf gesetzlicher Pfänder nach § 1257 BGB (zB nach §§ 233, 562 Abs. 1 Satz 1, 592 Satz 1, 704 Satz 1 BGB, §§ 397, 623 Abs. 1, 674 Abs. 1, 731 Abs. 2 Satz 1, 751 Abs. 2, 755 Abs. 1 Satz 1 HGB, §§ 89 Abs. 2 Satz 1, 97, 103 Abs. 1 BinSchG), den Verkauf eines gemeinschaftlichen Gegenstands wegen Auflösung der Gemeinschaft zur Schuldtilgung (§§ 753, 755, 756 BGB), den Verkauf eines zum Nachlass gehörenden Gegenstands bei Mehrheit der Erben zum Zwecke der Auseinandersetzung (§ 2042 Abs. 2 BGB), den Verkauf eines dem kaufmännischen Zurückbehaltungsrecht unterliegenden Gegenstands (§ 371 Abs. 1 Satz 1 HGB) und den Verkauf eines zur Insolvenzmasse gehörenden Gegenstands durch den Insolvenzverwalter entsprechend anwendbar ist. Es wäre wünschenswert, wenn der Gesetzgeber eine entsprechende **Erweiterung der Bestimmung** vornehmen würde.

Kosten/Gebühren: Gericht: Für die Verfahren wird nach Nr. 15212 Nr. 1 KV GNotKG eine Wertgebühr mit einem Gebührensatz von 0,5 erhoben. Der Geschäftswert bestimmt sich nach § 36 GNotKG. Die Gebühr schuldet der Antragsteller (§ 22 Abs. 1 KV GNotKG).

---

1 OLG Stuttgart v. 30.9.1998 – 8 W 71/98, FGPrax 1999, 40.
2 Bundesministerium der Justiz (Hrsg.), Bericht der Kommission für das Recht der freiwilligen Gerichtsbarkeit einschließlich des Beurkundungsrechts, 1977, Begründung zu § 265 FrGOE, S. 187.
3 BayObLG v. 28.7.1983 – BReg. 1 Z 4/83, Rpfleger 1983, 393 (394).
4 Keidel/Kuntze/*Winkler*, 15. Aufl., § 166 FFG Rz. 2; Bassenge/*Roth*, 11. Aufl., § 166 FFG Rz. 1.
5 Holzer/*Holzer*, § 410 FamFG Rz. 13.

411 *Örtliche Zuständigkeit*
(1) In Verfahren nach § 410 Nr. 1 ist das Gericht zuständig, in dessen Bezirk die Verpflichtung zur Auskunft, zur Rechnungslegung oder zur Vorlegung des Verzeichnisses zu erfüllen ist. Hat der Verpflichtete seinen Wohnsitz oder seinen Aufenthalt im Inland, kann er die Versicherung vor dem Amtsgericht des Wohnsitzes oder des Aufenthaltsorts abgeben.
(2) In Verfahren nach § 410 Nr. 2 ist das Gericht zuständig, in dessen Bezirk sich die Sache befindet. Durch eine ausdrückliche Vereinbarung derjenigen, um deren Angelegenheit es sich handelt, kann die Zuständigkeit eines anderen Amtsgerichts begründet werden.
(3) In Verfahren nach § 410 Nr. 3 ist das Gericht zuständig, in dessen Bezirk sich die Sache befindet.
(4) In Verfahren nach § 410 Nr. 4 ist das Gericht zuständig, in dessen Bezirk das Pfand aufbewahrt wird.

I. Allgemeines

1 Die **örtliche Zuständigkeit** für die in § 410 definierten weiteren Angelegenheiten der freiwilligen Gerichtsbarkeit wird nach dem Vorbild des § 267 FrGOE[1] in § 411 geregelt. Das gilt insbesondere für § 411 Abs. 1. Hier wurden die früher in den §§ 261 Abs. 1 Satz 1 BGB aF sowie §§ 161 Abs. 1, 165 Abs. 1 und § 166 Abs. 1 FGG enthaltenen Bestimmungen zusammengefasst und nunmehr einheitlich im FamFG normiert.[2]

II. Örtliche Zuständigkeit bei § 410 Nr. 1

2 **Örtlich zuständig** für die Abgabe von eidesstattlichen Versicherungen nach § 410 Nr. 1 ist in erster Linie das Gericht, in dessen Bezirk die Verpflichtung zur Auskunft, Rechnungslegung oder Vorlegung des Verzeichnisses zu erfüllen ist. Falls der Verpflichtete seinen Wohnsitz oder Aufenthaltsort im Inland hat, kann er die eidesstattliche Versicherung auch vor dem insoweit örtlich zuständigen Gericht abgeben (§ 411 Abs. 1 Satz 2).[3]

III. Örtliche Zuständigkeit bei § 410 Nr. 2

3 § 410 Nr. 2 entspricht inhaltlich dem früheren § 164 Abs. 1 FGG. Wie nach diesem ist das Gericht örtlich zuständig, **in dessen Bezirk sich die Sache befindet**. Falls sich die Sache im Bezirk mehrerer Gerichte befindet (zB ein Grundstück), gilt das Prioritätsprinzip (§ 2 Abs. 1).[4] Die örtliche Zuständigkeit wird in dem Zeitpunkt geprüft, in dem das Gericht mit der Angelegenheit nach § 410 Nr. 2 befasst wird; sie bleibt deshalb bestehen, wenn eine bewegliche Sache nach ihrer Begründung in einen anderen Gerichtsbezirk verbracht wird.[5]

4 Die **Zuständigkeitsregel** des § 411 Abs. 2 Satz 1 ist allerdings **dispositiv** (§ 411 Abs. 2 Satz 2) und kann durch ausdrückliche (nicht notwendig schriftliche) Vereinbarung aller Beteiligten über die örtliche Zuständigkeit eines anderen Gerichts geändert werden. Weist der den Antrag an einem nicht gem. § 411 Abs. 1 Satz 1 örtlich zuständigen Gericht stellende Beteiligte eine Vereinbarung nach § 411 Abs. 2 Satz 2 nicht nach, ist der Antrag im Gegensatz zum früheren Recht[6] nicht mehr unzulässig, sondern von dem örtlich unzuständigen Gericht nach Anhörung der Beteiligten gem. § 3 Abs. 1 Satz 1 an das örtlich zuständige Gericht zu verweisen. Falls der Sachver-

---

1 Bundesministerium der Justiz (Hrsg.), Bericht der Kommission für das Recht der freiwilligen Gerichtsbarkeit einschließlich des Beurkundungsrechts, 1977, Begründung zu § 267 FrGOE, S. 187.
2 Vgl. dazu Begründung zu § 411 RegE, in: BT-Drs. 16/6308, S. 290.
3 Holzer/*Holzer*, § 411 FamFG Rz. 2.
4 Keidel/*Giers*, § 411 FamFG Rz. 3; Holzer/*Holzer*, § 411 FamFG Rz. 3; Keidel/Kuntze/*Winkler*, 15. Aufl., § 164 FFG Rz. 3; aA BeckOK *Hahne/Munzig*, FamFG, 6. Edition, § 411 Rz. 7.
5 Keidel/*Giers*, § 411 FamFG Rz. 3.
6 Keidel/Kuntze/*Winkler*, 15. Aufl., § 164 FFG Rz. 5.

ständige durch das örtlich unzuständige Gericht vernommen wird, werden die gerichtlichen Handlungen allerdings nicht nichtig.[1]

IV. Örtliche Zuständigkeit bei § 410 Nr. 3

§ 410 Nr. 3 entspricht inhaltlich dem früheren § 165 Abs. 1 FGG. Danach ist für die **Bestellung eines Verwahrers** das Gericht örtlich zuständig, in dessen Bezirk sich die zu verwahrende Sache befindet. Die Zuständigkeit ist – anders als die nach § 411 Abs. 2 Satz 1 – ausschließlich, so dass eine Vereinbarung der Beteiligten über die örtliche Zuständigkeit nicht möglich ist. Bei der Bestimmung der örtlichen Zuständigkeit ist im Übrigen nur maßgebend, an welchem Ort sich die Sache bei Einleitung des Verfahrens iSd. § 23 befindet. Auf einen eventuell bekannten künftigen Verwahrungsort kommt es dabei nicht an.[2]

V. Örtliche Zuständigkeit bei § 410 Nr. 4

§ 410 Nr. 4 entspricht inhaltlich dem früheren § 166 Abs. 1 FGG. Örtlich zuständig für die Angelegenheiten nach § 410 Nr. 4 FamFG (**Bestimmung einer abweichenden Art des Pfandverkaufs**) ist das Gericht, in dessen Bezirk das Pfand aufbewahrt wird. Auch diese Zuständigkeit ist eine ausschließliche.[3]

412 Beteiligte
Als Beteiligte sind hinzuzuziehen:
1. **in Verfahren nach § 410 Nr. 1** derjenige, der zur Abgabe der eidesstattlichen Versicherung verpflichtet ist, und der Berechtigte;
2. **in Verfahren nach § 410 Nr. 2** derjenige, der zum Sachverständigen ernannt werden soll, und der Gegner, soweit ein solcher vorhanden ist;
3. **in Verfahren nach § 410 Nr. 3** derjenige, der zum Verwahrer bestellt werden soll, in den Fällen der §§ 432, 1281 und 2039 des Bürgerlichen Gesetzbuchs außerdem der Mitberechtigte, im Fall des § 1217 des Bürgerlichen Gesetzbuchs, außerdem der Pfandgläubiger und in einem Verfahren, das die Festsetzung der Vergütung und der Auslagen des Verwahrers betrifft, dieser und die Gläubiger;
4. **in Verfahren nach § 410 Nr. 4** der Eigentümer, der Pfandgläubiger und jeder, dessen Recht durch eine Veräußerung des Pfands erlöschen würde.

I. Allgemeines

Als **Kernproblem** und größte Schwierigkeit bei **der FGG-Reform** erwies sich die **Kodifizierung des Beteiligtenbegriffs**. Aufgrund der Erfahrungen mit den Vorschlägen der FGG-Kommission von 1977 und der Literatur hatte sich der Gesetzgeber dazu entschlossen, eine Kombination verschiedener Beteiligtenbegriffe zu wählen[4] und den Beteiligtenbegriff nach dem Vorbild des § 268 FrGOE für einige Angelegenheiten der freiwilligen Gerichtsbarkeit speziell zu regeln (zB im Nachlassverfahren in § 345 und im Freiheitsentziehungsverfahren in § 418). § 412 überträgt dieses Modell auf die „weiteren Angelegenheiten der freiwilligen Gerichtsbarkeit" und verknüpft die dort aufgestellten Sonderregeln über § 7 Abs. 2 Nr. 2 mit dem allgemeinen Prinzip des Gesetzes, nach dem die in § 412 genannten Beteiligten zwingend zum Verfahren hinzuzuziehen sind.[5] § 412 übernimmt dabei im Wesentlichen den Regelungsinhalt der §§ 163, 79, 164 Abs. 2 und 165 Abs. 2 FGG aF.

II. Beteiligte in Verfahren nach § 410 Nr. 1

§ 412 Nr. 1 übernimmt den Regelungsgehalt der §§ 163, 79 Satz 2 FGG aF und folgt dem Vorbild des § 268 Abs. 1 Nr. 1 FrGOE. **Beteiligt** in Verfahren nach § 410 Nr. 1 (Ab-

---
1 *Holzer*, ZNotP 2012, 216 (220).
2 *Keidel/Giers*, § 411 FamFG Rz. 5.
3 *Holzer/Holzer*, § 411 FamFG Rz. 7.
4 *Holzer*, ZNotP 2009, 122 (127) mwN.
5 *Holzer*, ZNotP 2012, 216 (220f.).

gabe einer nicht vor dem Vollstreckungsgericht zu erklärenden eidesstattlichen Versicherung) sind gem. § 412 Nr. 1 beide Beteiligte, also neben dem zur Abgabe der eidesstattlichen Versicherung Verpflichteten auch derjenige, der diese Abgabe nach materiellem Recht verlangen kann.[1]

III. Beteiligte in Verfahren nach § 410 Nr. 2

3 § 412 Nr. 2 knüpft an die Regelung des früheren § 164 Abs. 2 FGG an, wertet diese aber nach dem Vorbild des § 268 Abs. 1 Nr. 2 FrGOE zu einem **prozessualen Teilhaberecht** auf.[2] Nach der Bestimmung sind in Verfahren nach § 410 Nr. 2 (Feststellung durch Sachverständige) die zum Sachverständigen zu ernennende Person sowie der eventuell vorhandene Gegner gem. § 7 Abs. 2 Nr. 2 hinzuzuziehen.

IV. Beteiligte in Verfahren nach § 410 Nr. 3

4 § 412 Nr. 3 greift den Rechtsgedanken des früheren § 165 Abs. 2 FGG auf und entspricht wörtlich dem von der **FGG-Kommission** vorgeschlagenen § 268 Abs. 1 Nr. 3 FrGOE. Nach der Bestimmung ist der Verwahrer sowohl an dem Verfahren über die Festsetzung seiner Vergütung und Aufwendungen, als auch an dem Verfahren, das zu seiner Bestellung führt, beteiligt. Beteiligt an dem Verfahren nach § 410 Nr. 3 ist in den Fällen der §§ 432, 1261 und 2039 BGB der Mitberechtigte sowie im Fall des § 1217 BGB der Pfandgläubiger. Im Verfahren über die Festsetzung der Vergütung und Aufwendungen des Verwahrers ist auch der zur Zahlung Verpflichtete beteiligt. § 412 Nr. 3 regelt den Kreis der Beteiligten abschließend.[3]

5 § 412 Nr. 3 verwendet wie § 268 Abs. 1 Nr. 3 FrGOE den Begriff der „**Auslagen**", während § 410 Nr. 3 von „Aufwendungen" spricht. Beide Ausdrücke sind sprachlich gleichbedeutend; jedoch dürfte die unkritische Übernahme der Formulierung des § 268 Abs. 1 Nr. 3 FrGOE ein **Redaktionsversehen** darstellen, das korrigiert werden solle.[4]

V. Beteiligte in Verfahren nach § 410 Nr. 4

6 Nach § 412 Nr. 4 sind an Verfahren nach § 410 Nr. 4 (abweichende Art des Pfandverkaufs) der **Eigentümer**, der **Pfandgläubiger** und jeder, dessen Recht durch eine Veräußerung des Pfandes erlöschen würde, beteiligt. Die Regelung lehnt sich an den „materiellen Beteiligtenbegriff" des früheren Rechts an, der aus § 1245 Abs. 1 BGB abgeleitet wird. Weil dieser bereits durch § 7 Abs. 2 Nr. 1 erfasst wird, hat die Bestimmung wie ihr Vorbild, § 268 Abs. 1 Nr. 4 FrGOE, gegenüber dem allgemeinen Beteiligtenbegriff **keinen Mehrwert** und sollte **gestrichen werden**.[5]

413 Eidesstattliche Versicherung

In Verfahren nach § 410 Nr. 1 kann sowohl der Verpflichtete als auch der Berechtigte die Abgabe der eidesstattlichen Versicherung beantragen. Das Gericht hat das persönliche Erscheinen des Verpflichteten anzuordnen. Die §§ 478 bis 480 und 483 der Zivilprozessordnung gelten entsprechend.

I. Allgemeines 1	2. Vorlage von Unterlagen und Terminsbestimmung 3
II. Verfahren bei der Abnahme der eidesstattlichen Versicherung	3. Persönliches Erscheinen des Verpflichteten 5
1. Antragsberechtigung 2	4. Anwendung der Zivilprozessordnung 6

---

1 Holzer/*Holzer*, § 412 FamFG Rz. 2.
2 Begründung zu § 412 RegE, in: BT-Drs. 16/6308, S. 290.
3 Keidel/*Giers*, § 412 FamFG Rz. 4.
4 *Holzer*, ZNotP 2012, 216 (221).
5 Holzer/*Holzer*, § 412 FamFG Rz. 7.

I. Allgemeines

§ 413 entspricht inhaltlich im Wesentlichen den §§ 163, 79 FGG aF und § 269 FrGOE. Die Bestimmung enthält spezielle **Verfahrensregeln** für die **Abnahme der eidesstattlichen Versicherung** nach § 410 Nr. 1, die von den allgemeinen Bestimmungen des Buches 1 abweichen. Es handelt sich um Regelungen hinsichtlich des Antragsrechts (Satz 1), der Anordnung des persönlichen Erscheinens des Verpflichteten (Satz 2) und der Anordnung der Geltung der einschlägigen Vorschriften der ZPO (Satz 3).[1]

II. Verfahren bei der Abnahme der eidesstattlichen Versicherung

1. Antragsberechtigung

Den das Verfahren einleitenden **Antrag** nach § 23 Abs. 1 können nach § 413 Satz 1 der hinsichtlich der Abnahme der eidesstattlichen Versicherung **Berechtigte** und der dazu **Verpflichtete** stellen.[2] Der Berechtigte muss bei der Antragstellung sein Recht auf Abgabe der eidesstattlichen Versicherung durch den Verpflichteten nicht glaubhaft machen.[3] Antragsberechtigt sind sowohl der Nachlassgläubiger als auch der Erbe sowie im Fall des § 2028 BGB der Testamentsvollstrecker, ferner der Nachlassverwalter und der Nachlassinsolvenzverwalter. Der Testamentsvollstrecker ist nach § 2057 BGB nur dann zur Stellung des Antrags berechtigt, wenn er Vermächtnisse und Auflagen für einen ausgleichspflichtigen Miterben zu erfüllen hat. Das Antragsrecht des Nachlassverwalters bzw. Nachlassinsolvenzverwalters besteht zudem nur bei Verbindlichkeiten, die einen Erbteil betreffen.[4]

2. Vorlage von Unterlagen und Terminsbestimmung

Zweckmäßigerweise sind dem Gericht mit dem verfahrenseinleitenden Antrag die **Unterlagen** für die Abgabe der eidesstattlichen Versicherung **vorzulegen** (zB das Vermögensverzeichnis, dessen Richtigkeit zu versichern ist). Sind die Unterlagen unvollständig, hat das Gericht auf eine Ergänzung durch den Antragsteller hinzuwirken.[5]

Das Gericht bestimmt anschließend **Termin zur Abnahme der eidesstattlichen Versicherung**; es darf die Terminsbestimmung nur ablehnen, wenn die eidesstattliche Versicherung bereits abgegeben wurde. In diesem Zusammenhang ist lediglich zu prüfen, ob einer der von § 410 Nr. 1 erfassten Fälle abstrakt vorliegt. Nicht zu prüfen ist hingegen, ob der Gläubiger – beispielsweise wegen einer bisher nicht ausreichenden Auskunft durch den Verpflichteten – einen materiell-rechtlichen Anspruch auf Abgabe der eidesstattlichen Versicherung hat. Falls die eidesstattliche Versicherung objektiv unrichtig abgegeben wurde, ist auf Antrag des Berechtigten erneut ein Termin anzuberaumen.[6]

3. Persönliches Erscheinen des Verpflichteten

Das Gericht ordnet nach § 413 Satz 2 das **persönliche Erscheinen des Verpflichteten** mit förmlicher Zustellung an. Die Pflicht zum persönlichen Erscheinen gilt nicht für den Berechtigten, der aber vom Termin benachrichtigt wird. Falls er nicht zum Termin erscheint, kann der Verpflichtete die eidesstattliche Versicherung abgeben. Die Teilnahme der Berechtigten am Termin erscheint jedoch zweckmäßig, um dem Verpflichteten sachdienliche Fragen stellen zu können.[7]

---

1 Holzer/*Holzer*, § 413 FamFG Rz. 1.
2 *Holzer*, ZNotP 2012, 216 (222).
3 Holzer/*Holzer*, § 413 FamFG Rz. 2.
4 Keidel/*Giers*, § 413 FamFG Rz. 2.
5 Keidel/Kuntze/*Winkler*, 15. Aufl., § 163 FFG Rz. 6.
6 Holzer/*Holzer*, § 413 FamFG Rz. 5.
7 *Holzer*, ZNotP 2012, 216 (222).

4. Anwendung der Zivilprozessordnung

6 Nach § 413 Satz 3 gelten für die Abnahme der eidesstattlichen Versicherung die §§ 478 bis 480, 483 ZPO entsprechend. Der Verpflichtete hat danach die **eidesstattliche Versicherung persönlich zu leisten**. Anders als nach dem 8. Buch der ZPO kann gegen den Verpflichteten nicht zwangsweise vorgegangen werden, wenn er die Abgabe der eidesstattlichen Versicherung verweigert.[1] Die Festsetzung eines **Zwangsgeldes** oder gar der Erlass eines Haftbefehls nach § 35 Abs. 1 sind deshalb nicht möglich.

7 Kosten/Gebühren: S. Anmerkung zu § 410.

414 Unanfechtbarkeit

Die Entscheidung, durch die in Verfahren nach § 410 Nr. 2 dem Antrag stattgegeben wird, ist nicht anfechtbar.

I. Allgemeines

1 § 414 ordnet wie der frühere § 164 Abs. 2 FGG und § 270 FrGOE die **Unanfechtbarkeit der Entscheidung** an, durch die dem Antrag auf Bestellung des Sachverständigen (§ 410 Nr. 2) stattgegeben wird. Die Regelung ist sinnvoll; denn falls in dem Verfahren nur der Antragsteller vorhanden ist, entspricht die stattgebende Entscheidung seiner verfahrenseinleitenden Erklärung (§ 23 Abs. 1), auch wenn sie von unzutreffenden Voraussetzungen ausgegangen oder aus anderen Gründen sachlich falsch ist. Der Antragsteller ist deshalb durch die stattgebende Entscheidung **nicht beschwert**,[2] so dass deren Unanfechtbarkeit gesetzlich angeordnet werden kann. Das nach § 30 Abs. 1 iVm. § 406 ZPO bestehende Recht zur Ablehnung des ernannten Sachverständigen und das Recht zur Einlegung von Rechtsmitteln gegen eine die Ablehnung verwerfende Entscheidung wird durch die Unanfechtbarkeit der Entscheidung jedoch nicht berührt (dazu unten Rz. 3).[3]

II. Einschränkende Interpretation

2 § 414 ist jedoch dann **ergänzungsbedürftig**, wenn ein Gegner vorhanden ist, wovon auch § 412 Nr. 2 ausgeht. Eine Entscheidung über die Bestellung des Sachverständigen kann auch in die Rechte des Gegners eingreifen, der im Gegensatz zum früheren Recht am Verfahren beteiligt ist. Die Übernahme von § 164 Abs. 2 FGG aF **korrespondiert somit nicht mit der Ausgestaltung des Beteiligtenbegriffs** in § 412 Nr. 2. § 414 ist deshalb nach dem Zweck des Gesetzes dahingehend **einschränkend zu interpretieren**, dass ein etwa vorhandener Gegner zur Anfechtung der Bestellung über die Bestellung des Sachverständigen nach den §§ 58 ff. berechtigt ist.[4]

3 § 414 gilt im Übrigen nur für die **stattgebende Entscheidung**. Wird der nach § 410 Nr. 2 gestellte Antrag abgelehnt, so kann er (auch) von dem Antragsteller ohne Einschränkung angefochten werden.[5]

III. Entscheidung durch den Rechtspfleger

4 Für alle Angelegenheiten des 6. Buches des FamFG ist der **Rechtspfleger funktionell zuständig** (§ 3 Nr. 1b RPflG).[6] In den von § 414 FamFG erfassten Fällen ist daher die sofortige Erinnerung nach § 11 Abs. 2 RPflG statthaft, in allen anderen Fällen die Erinnerung nach § 11 Abs. 1 RPflG.

---

1 Holzer/*Holzer*, § 413 FamFG Rz. 8.
2 Begründung zu § 270 RegE, in: BT-Drs. 16/6308, S. 188.
3 Keidel/Kuntze/*Winkler*, 15. Aufl., § 164 FFG Rz. 10.
4 Holzer/*Holzer*, § 414 FamFG Rz. 2; *Holzer*, ZNotP 2012, 216 (223).
5 Keidel/*Giers*, § 414 FamFG Rz. 1.
6 BayObLG v. 28.7.1983 – BReg. 1 Z 4/83, Rpfleger 1983, 393 (394).

Buch 7
Verfahren in Freiheitsentziehungssachen

415 *Freiheitsentziehungssachen*
(1) Freiheitsentziehungssachen sind Verfahren, die die aufgrund von Bundesrecht angeordnete Freiheitsentziehung betreffen, soweit das Verfahren bundesrechtlich nicht abweichend geregelt ist.
(2) Eine Freiheitsentziehung liegt vor, wenn einer Person gegen ihren Willen oder im Zustand der Willenlosigkeit insbesondere in einer abgeschlossenen Einrichtung, wie einem Gewahrsamsraum oder einem abgeschlossenen Teil eines Krankenhauses, die Freiheit entzogen wird.

A. Überblick	**IV. Verfassungsrecht**
I. Entwicklung des Freiheitsentziehungsverfahrens 1	1. Gesetzesvorbehalt (Art. 2 Abs. 2, 104 Abs. 1 GG) 15
II. Anwendungsbereich aufgrund Bundesrechts 2	2. Richtervorbehalt (Art. 104 Abs. 2 GG) 16
III. Entsprechende Anwendung aufgrund Landesrechts 5	3. Verhältnismäßigkeitsgrundsatz ... 18
IV. Konkurrenzen 7	4. Grundrechtsgewährleistung durch die Verfahrensgestaltung 18a
B. Völker- und verfassungsrechtliche Vorgaben	5. Benachrichtigungspflichten
I. UN-Übereinkommen 9	a) Nahestehende Personen 19
II. Art. 5 EMRK 11	b) Konsulate 20
III. EU-Recht 14	**C. Begriff der Freiheitsentziehung**
	I. Grundsatz 22
	II. Problem der „Direktabschiebung" ... 23
	III. Problem des Flughafengewahrsams .. 24

Literatur: *Beichel-Benedetti*, Abschiebungshaft im Spiegel der jüngeren Rechtsprechung des BVerfG, Asylmagazin 2008, 10; *Basse/Burbaum/Richard*, Das „zweite Richtlinienumsetzungsgesetz" im Überblick, ZAR 2011, 361; *Beichel-Benedetti/Gutmann*, Die Abschiebungshaft in der gerichtlichen Praxis, NJW 2004, 3015; *Danter*, Polizeiliche Ingewahrsamnahmen anlässlich des G8-Gipfels 2007, NJ 2007, 529; *Deibel*, Die Neuregelung des Aufenthaltsrechts durch das Zweite Richtlinienumsetzungsgesetz, ZAR 2012, 148; *Deichmann*, Anspruch auf anwaltlichen Beistand im Abschiebungshaftverfahren, MDR 1997, 16; *Demharter*, Freiheitsentziehungssachen nach dem FamFG in der Rechtsprechung des BGH, FGPrax 2012, 1; *Dörr*, Zum Schadensersatzanspruch nach der Menschenrechtskonvention wegen rechtswidriger Abschiebungshaft, JZ 2006, 1065; *Drews/Fritsche*, Die aktuelle Rechtsprechung des BGH zur Abschiebungshaft, NVwZ 2011, 527; *Drews*, Die aktuelle Rechtsprechung des BGH zur Sicherungshaft nach dem Aufenthaltsgesetz, NVwZ 2012, 392 und NVwZ 2013, 256; *Eiffler*, Die Überprüfung polizeilicher Maßnahmen durch den Europäischen Gerichtshof für Menschenrechte, NJW 1999, 762; *Finger*, Der „Verbringungsgewahrsam" und der Streit um seine rechtliche Grundlage, NordÖR 2006, 423; Fritz/Vormeier, Gemeinschaftskommentar zum Aufenthaltsgesetz, 2012; *Gärtner*, Aufenthaltsbeendigung und Abschiebungshaft, SchlHA 2006, 379; *Grabitz*, Freiheit der Person, in Isensee/Kirchhoff; Handbuch des Staatsrechts, Bd. VI, S. 109, *Göbel-Zimmermann/Masuch*, Das Flughafenverfahren nach § 18a AsylVfG und das Grundrecht auf Freiheit der Person, InfAuslR 1997, 171; *Grotkopp*, Die Abschiebungshaft – ein Stiefkind des Gesetzgebers, SchlHA 2006, 379; *Grotkopp*, Die Festnahme ausreisepflichtiger Betroffener durch ein Exekutivorgan, SchlHA 2011, 151; *Gusy*, Freiheitsentziehung und Grundgesetz, NJW 1992, 457; *Hailbronner*, Ausländerrecht, Loseblatt; *Heidebach*, Die Reichweite gerichtlicher Kontrolle bei erledigter Freiheitsentziehung nach dem FamFG, NJW 2011, 1708; *Hofmann/Hoffmann*, Ausländerrecht, Handkommentar 2008; *Hoppe*, Änderungen im aufenthaltsrechtlichen Freiheitsentziehungsverfahren durch das Gesetz zur Reform des Verfahrens in Familiensachen und in den Angelegenheiten der freiwilligen Gerichtsbarkeit, ZAR 2009, 209; *Huber*, Aufenthaltsgesetz, 2010; *Huber*, Das 2. Richtlinienumsetzungsgesetz und weitere Änderungen im Ausländerrecht, NVwZ 2012, 385; *Huber/Göbel-Zimmermann*, Ausländer- und Asylrecht, 2. Aufl. 2008; *Jennissen*, Die Neuregelung des Freiheitsentziehungsverfahrens im FamFG – Licht und Schatten, FGPrax 2009, 93; *Kränz*, Prozessuale Probleme des Abschiebungshaftverfahrens NVwZ 1986, 22; *Kühn*, Abschiebungsanordnung und Abschiebungshaft, 2009; *Lehnguth/Maaßen*, Freiheitsentziehung durch die Unterbringung von nicht einreiseberechtigten Ausländern im Transitbereich von Flughäfen? DÖV 1997, 316; *Lisken*, Richtervorbehalt bei Freiheitsentziehung, NJW 1982, 1268; *Marschner/Volckart/Lesting*, Freiheitsentziehung und Unterbringung, 5. Aufl. 2010; *Renner*, Ausländerrecht, 9. Aufl. 2011; *Rittstieg*, Beendigung des Aufenthalts im Rechtsstaat, NJW 1996, 545; *Strate*, Mündliche Anhörung vor Anordnung der Abschiebungshaft und Begründungspflicht, InfAuslR 1985, 9; *Strieder*, Das Beschleunigungsgebot in der Abschiebungshaft, InfAuslR 2012, 364; *Winkelmann*, Freiheitsentziehung zur Sicherung von Zurückweisung oder Zurückschiebung, ZAR 2007, 268; *Winkelmann*, Online-Kommentar Migrationsrecht.net; *Zeitler*, Probleme im Zusammenhang mit der Beantragung von Abschiebungshaft, NVwZ 1997, 628.

A. Überblick

I. Entwicklung des Freiheitsentziehungsverfahrens

1   Als Ausführungsgesetz zu Art. 104 GG galt für Freiheitsentziehungen im FGG-Verfahren das am 26.6.1956 in Kraft getretene Gesetz über das gerichtliche Verfahren bei Freiheitsentziehungen (**FEVG**).[1] Dieses Gesetz ist in seinen wesentlichen Teilen bis zum Inkrafttreten des FamFG unverändert geblieben. Mit den §§ 415 ff. wurden die Vorschriften dieses Gesetzes in das FamFG eingegliedert, was im ursprünglichen RefE noch nicht vorgesehen war. Strukturelle Änderungen haben sich nur in einigen wenigen Vorschriften ergeben. Am 1.9.2009 ist das FEVG außer Kraft getreten (Art. 112 Abs. 1 FFG-RG).

II. Anwendungsbereich aufgrund Bundesrechts

2   Der Anwendungsbereich des Verfahrens in Freiheitsentziehungssachen ist wegen des in § 415 Abs. 1, letzter Halbs. angeordneten Vorrangs abweichender bundesgesetzlicher Regelungen nur beschränkt. Die Vorschriften des Buches 7 gelten nicht für

– die Genehmigung einer zivilrechtlichen Unterbringung durch den Betreuer oder Bevollmächtigten nach § 1906 BGB iVm. § 312 Nr. 1 und 2,

– die Genehmigung einer freiheitsentziehenden Maßnahme gegen einen Minderjährigen gem. §§ 1631b, 1800 und 1915 BGB iVm. §§ 151 Nr. 6, 167,

– alle Freiheitsentziehungen im Rahmen der Strafrechtspflege, also für Untersuchungs- und Strafhaft, Maßnahmen der Sicherung und Besserung sowie für die (einstweilige) Unterbringung psychisch kranker Straftäter oder für die Auslieferungshaft,

– die Unterbringung nach dem Gesetz zur Therapierung und Unterbringung psychisch gestörter Gewalttäter vom 22.12.2010 – Therapieunterbringungsgesetz – nach dessen § 3 die Vorschriften der §§ 312 ff. über das Verfahren in Unterbringungssachen entsprechend anzuwenden sind,

– die zivilprozessuale Haft, also die Ordnungs-, Sicherungs-, Zwangs- und Erzwingungshaft zB gegen einen Zeugen nach § 390 Abs. 2 ZPO, im Rahmen der Vollstreckung von Handlungs- oder Unterlassungstiteln nach den §§ 888–890 ZPO, gegen einen Schuldner wegen Nichtabgabe einer eidesstattlichen Versicherung nach § 901 ZPO oder bei der Anordnung des persönlichen Arrests nach den §§ 918, 928 ZPO.

3   Als bundesgesetzliche Anwendungsbereiche verbleiben im Wesentlichen

– die Anordnung von Vorbereitungs- und Sicherungshaft gegen **Ausländer** nach den §§ 15 Abs. 5, 57 Abs. 3, 62 AufenthG oder 59 Abs. 2 AsylVerfG,

– die zwangsweise Unterbringung nach § 30 Abs. 2 des Gesetzes zur Verhütung und Bekämpfung von **Infektionskrankheiten** beim Menschen (IfSG),

– Freiheitsentziehungen durch die **Bundespolizei** gem. den §§ 23 Abs. 3 Satz 4, 25 Abs. 3, 39 Abs. 1 und 2, 43 Abs. 5 BPolG,

---

[1] BGBl. I 1956, S. 599.

– Ingewahrsamnahmen durch das **Bundeskriminalamt** nach § 21 Abs. 7 des Bundeskriminalamtsgesetzes (BKAG) und durch das **Zollkriminalamt** nach § 23 Abs. 1 S. 2 Nr. 8 des Zollfahndungsdienstgesetzes (ZFdG).

Der Hauptanwendungsfall des FEVG war die Verhängung von Abschiebungshaft gegen ausreisepflichtige Ausländer. Hierzu hat sich eine umfangreiche Judikatur, insbesondere der für Entscheidungen über weitere Beschwerden nach § 28 Abs. 1 FGG idR zuständigen Oberlandesgerichte bzw. des BayObLG, aber auch des BVerfG entwickelt. Die dort entwickelten Grundsätze lassen sich weitgehend auch auf die §§ 415 ff. übertragen. [4]

III. Entsprechende Anwendung aufgrund Landesrechts

Die **Polizeigesetze** der Bundesländer enthalten entsprechend den im BPolG getroffenen Regelungen Vorschriften über die Ingewahrsamnahme von Personen. Wegen des dabei zu beachtenden Verfahrens, insbesondere wegen der durch Art. 104 GG notwendigen richterlichen Entscheidung, wurde mit Ausnahme Niedersachsens früher auf das FEVG verwiesen. Eine Anpassung an das FamFG ist inzwischen in den meisten Bundesländern erfolgt.[1] Soweit dies noch nicht der Fall ist,[2] gilt weiter das FEVG sowie – etwa für den Rechtsmittelzug – infolge der Verweisung in § 3 FEVG ergänzend das FGG.[3] Den Ländern ist es allerdings unbenommen, in den durch das GG gesetzten Grenzen das Verfahren selbst zu gestalten, etwa die Möglichkeit zur Einlegung der Rechtsbeschwerde auszuschließen.[4] Dies ist zB in § 18 Abs. 3 Satz 3 BayPAG geschehen. [5]

Dagegen richtet sich das Verfahren bei der öffentlich-rechtlichen Unterbringung eines Volljährigen nach den Landesgesetzen über die **Unterbringung psychisch kranker Menschen** – wie auch durch § 312 Nr. 2 deutlich wird – in allen Bundesländern nicht nach den §§ 415 ff., sondern nach den §§ 312 ff. [6]

IV. Konkurrenzen

Bestehen mehrere mögliche Gründe für eine Freiheitsentziehung, so ist der Maßnahme der Vorzug zu geben, die der von dem Betroffenen ausgehenden Gefahr in erster Linie begegnet, sofern für das jeweilige Verfahren die Verfahrensvoraussetzungen vorliegen.[5] [7]

Die entsprechende Problematik tritt insbesondere in dem nicht seltenen Fall auf, dass ein Ausländer anlässlich einer unerlaubten Einreise – einer Straftat gem. § 95 Abs. 1 Nr. 3 AufenthG – oder einer sonstigen Straftat aufgegriffen wird und abgeschoben werden soll. Einigkeit besteht darin, dass im Falle einer **Straf- oder Untersuchungshaft** die Haft zur Sicherung einer Abschiebung als bloße Ordnungsmaßnahme zurücktritt oder unterbrochen wird.[6] Uneinheitlich wurde dagegen zunächst die Frage beantwortet, ob es in den Fällen, in denen sich der Ausländer bereits in einer von einem Strafrichter angeordneten Haft befindet, möglich ist, Abschiebungshaft im Anschluss an die strafrechtliche Haft anzuordnen. Die Möglichkeit einer solchen „**Überhaft**" wurde teilweise zunächst verneint.[7] Der BGH hat ihre Zulässigkeit indes bejaht, sie insbesondere als hinreichend bestimmt angesehen, weil mit Beendigung der in der Haftanordnung bezeichneten Untersuchungshaft der Haftbeginn in einer

---

1 Art. 18 Abs. 3 Satz 3 BayPAG; § 16 Abs. 3 Satz 2 BremPolG; § 13a Abs. 2 Satz 2 HmbgSOG; § 33 Abs. 2 Satz 2 HSOG; § 56 Abs. 5 Satz 5 SOG M-V; § 36 Abs. 2 Satz 2 PolG NRW; § 15 Abs. 2 Satz 2 POG RPF; § 22 Abs. 8 Satz 2 SächsPolG; § 38 Abs. 2 Satz 2 SOG LSA; § 204 Abs. 6 iVm. § 181 Abs. 4 Satz 4 LVwG Schl.-H.; § 20 Abs. 2 Satz 2 ThürPAG.
2 § 31 Abs. 3 Satz 2 ASOG Bln; § 18 Abs. 2 Satz 2 BbgPolG; § 14 Abs. 2 Satz 2 SPolG; anders Art. 19 Abs. 4 Satz 1 Nds. SOG mit einer Verweisung auf das Nds. FGG.
3 BGH v. 7.12.2010 – StB 21/10, NJW 2011, 690; Keidel/*Budde*, § 415 FamFG Rz. 1; aA Marschner/Volckart/*Lesting*, § 415 FamFG Rz. 1; *Bohnert* in Beck OK, § 415 FamFG Rz. 4: Anwendbarkeit des FamFG im Wege einer korrigierenden Auslegung.
4 BGH v. 7.12.2010 – StB 21/10, NJW 2011, 690.
5 Marschner/Volckart/*Lesting*, § 415 FamFG Rz. 11.
6 OLG Frankfurt v. 7.11.1994 – 20 W 493/94, FGPrax 1995, 81; *Renner*, § 62 AufenthG Rz. 10, 24.
7 ZB Vorlageentscheidung des OLG Frankfurt v. 26.4.1995 – 20 WF 147/95, InfAuslR 1995, 362.

Weise feststehe, dass für den Vollzug insoweit Zweifel nicht bestehen könnten (s. näher § 425 Rz. 9).[1]

8 Konkurrenzfragen können sich auch stellen im Verhältnis zwischen Abschiebungshaft zu einer Unterbringung nach dem **Infektionsschutzgesetz** und den Landesgesetzen über die **Unterbringung psychisch Kranker**. Hier dürften die vorstehenden Grundsätze entsprechend gelten,[2] also Abschiebungshaft idR subsidiär sein gegenüber den anderen Formen der Freiheitsentziehung.

B. Völker- und verfassungsrechtliche Vorgaben

I. UN-Übereinkommen

9 Durch Art. 9 Abs. 1 Satz 2 des **Internationalen Paktes über bürgerliche und politische Rechte v. 19.12.1966**[3] ist die „willkürliche" Inhaftierung verboten. Damit soll ausgedrückt werden, dass eine vom Gesetz vorgesehene Freiheitsentziehung verhältnismäßig sein muss und zB der Umstand, dass ein Ausländer illegal eingereist ist, allein nicht ausreicht, um Abschiebungshaft zu rechtfertigen.[4] Dem trägt § 62 Abs. 3 Satz 3 AufenthG dadurch Rechnung, dass im Falle einer illegalen Einreise ausnahmsweise von der Verhängung von Abschiebungshaft abgesehen werden kann, wenn der Ausländer glaubhaft macht, dass er sich der Abschiebung nicht entziehen will.

10 Eine weitere Ausprägung des Verhältnismäßigkeitsgrundsatzes findet sich in Art. 37b Satz 2 des **Internationalen Übereinkommens über die Rechte des Kindes v. 20.11.1989**,[5] nach der die Inhaftierung eines Menschen unter 18 Jahren nur als allerletztes Mittel und nur für die kürzest mögliche Zeit zulässig ist (zur Freiheitsentziehung bei Minderjährigen s. auch Rz. 18).

II. Art. 5 EMRK

11 Maßgebliche Bedeutung kommt dem durch Art. 5 Abs. 1 EMRK garantierten **Recht auf Freiheit und Sicherheit** zu. Eine Entziehung der Freiheit ist nach der Konvention, die innerstaatlich mit Gesetzeskraft gilt, nur in den in Abs. 1 Satz 2 enumerativ aufgelisteten Fällen zulässig, welche ua. die in den Anwendungsbereich der §§ 415 ff. fallenden Fälle der ordnungsbehördlichen bzw. polizeilichen Ingewahrsamnahme, der Unterbringung mit dem Ziel, die Verbreitung ansteckender Krankheiten zu verhindern, sowie die Haft zur Verhinderung der unerlaubten Einreise eines Ausländers und zur Vorbereitung bzw. Sicherung der Abschiebung erlauben. Abgesichert werden die Rechte des Betroffenen durch Verfahrensgarantien. Dies sind in den hier einschlägigen Fällen einer Festnahme ohne Verdacht einer strafbaren Handlung
– die Pflicht, den Festgenommenen in einer ihm verständlichen Sprache binnen kurzer Frist über die Gründe der Inhaftierung zu informieren (Art. 5 Abs. 2 EMRK),
– das Recht des Betroffenen auf richterliche Überprüfung der getroffenen Maßnahme binnen kurzer Frist (Art. 5 Abs. 4 EMRK).

12 Sanktioniert werden etwaige Verletzungen der Rechte des Betroffenen dadurch, dass ihm für diesen Fall gem. Art. 5 Abs. 5 EMRK ein **Schadensersatzanspruch** zugebilligt wird. Die Vorschrift stellt eine eigenständige Anspruchsgrundlage dar, die bereits dann zu einer Haftung für eine Freiheitsentziehung führt, wenn deren Rechtswidrigkeit auf der Grundlage des einfachen nationalen Rechts festgestellt ist, etwa wegen Fehlens der Voraussetzungen für die Anordnung von Abschiebungshaft gem. § 62 AufenthG. Es handelt sich also um einen verschuldensunabhängigen Gefährdungshaftungstatbestand, der inhaltlich auch den immateriellen Schaden des Betroffenen iSd. § 253 Abs. 2 BGB erfasst.[6]

---

1 BGH v. 9.3.1995 – V ZB 5/95, BGHZ 129, 98 = MDR 1995, 536.
2 Marschner/Volckart/*Lesting*, § 415 FamFG Rz. 11.
3 BGBl. II 1973, S. 1534.
4 HK-AuslR/*Kessler*, § 62 AufenthG Rz. 3.
5 BGBl. II 1992, S. 121.
6 BGH v. 18.5.2006 – III ZR 183/05, MDR 2006, 1284 = JZ 2006, 1064 mit. Anm. *Dörr*, JZ 2006, 1065.

Wegen der **Höhe** des Entschädigungsanspruchs ist die Rspr. bisher uneinheitlich. **12a**
Die Instanzgerichte wenden weitgehend § 7 Abs. 3 StrEG entsprechend an, der nach einer Anhebung im Jahr 2009 eine Entschädigung für Nichtvermögensschäden von zurzeit 25 Euro pro Hafttag vorsieht.[1] Der BGH hat diese Betrachtungsweise in einer Sache, in der die Höhe der Entschädigung nicht mehr in Streit war, als „revisionsrechtlich nicht zu beanstanden" gebilligt.[2] Umgekehrt wurden aber auch niedrigere Ansprüche zuerkannt,[3] während ein Teil der Rspr. § 7 Abs. 3 StrEG als untere Grenze ansieht[4] bzw. nur als Richtwert behandelt und deutlich höhere Beträge je nach den Umständen des Falles für möglich hält.[5] Zutreffend dürfte Letzteres sein. Beide Ansprüche sind, obwohl es sich jeweils um Aufopferungsansprüche handelt, nicht vergleichbar, so dass – wie der BGH bereits 1993 entschieden hat – der Anspruch aus Art. 5 Abs. 5 EMRK der Höhe nach nicht auf eine Entschädigung nach dem StrG beschränkt ist. Durch § 7 Abs. 3 StrG sollen nur die üblichen Folgen einer rechtmäßigen Inhaftierung ausgeglichen werden, während hierdurch daneben bestehende Ansprüche wegen einer rechtswidrigen Anordnung unberührt bleiben.[6]

Ergänzend zum Schutzsystem der EMRK hat der Ministerrat des Europarats am **13**
4.5.2005 **zwanzig Richtlinien zur Abschiebung** verabschiedet, die ua. Verfahrensgrundsätze zur Abschiebungshaft enthalten (zB Freiheitsentziehung als Ultima Ratio und Beschränkung auf die kürzest mögliche Dauer, Belehrungs- und Überprüfungspflichten).[7]

III. EU-Recht

Nach Art. 18 Abs. 2 der RL 2005/85/EG des Rates über Mindestnormen für Verfahren in den Mitgliedstaaten zur Zuerkennung und Aberkennung der Flüchtlingseigenschaft v. 1.12.2005 – **Asylverfahrens-RL** –[8] haben die Mitgliedstaaten sicherzustellen, dass in den Fällen, in denen ein Asylbewerber in Gewahrsam genommen wird, eine rasche gerichtliche Überprüfung des Gewahrsams möglich ist. Ferner enthält die RL 115/2008 EG des Europäischen Parlaments und des Rates vom 16.12.2008 über gemeinsame Normen und Verfahren in den Mitgliedstaaten zur Rückführung illegal aufhältiger Drittstaatsangehöriger – **Rückführungsrichtlinie** – in den Art. 15 bis 18 Vorschriften zu den Voraussetzungen der Verhängung von Abschiebungshaft und deren Dauer (s. auch Rz. 18). Auch gibt es gesonderte Vorgaben zur Haft von unbegleiteten Minderjährigen und Familien mit Minderjährigen sowie zu den Haftbedingungen (näher § 422 Rz. 9a).[9] Die Umsetzung in nationales Recht erfolgte durch das Gesetz zur Umsetzung aufenthaltsrechtlicher Richtlinien der EU und zur Anpassung nationaler Rechtsvorschriften an den EU-Visakodex vom 22.11.2011 – Zweites Richtlinienumsetzungsgesetz, u.a. mit einer Ergänzung des § 422 Abs. 4 um einen weiteren Halbsatz sowie einer teilweisen Neufassung der Vorschriften über die Abschiebungshaft (s. näher Rz. 18 und § 422 Rz. 9a).[10] **14**

---

1 OLG Oldenburg v. 12.1.2004 – 6 W 112/03, InfAuslR 2004, 216; OLG Stuttgart v. 20.7.2005 – 4 U 71/05, OLGReport 2005, 746; OLG Celle v. 3.11.2006 – 16 W 102/06, OLGReport 2007, 303.
2 BGH v. 18.5.2006 – III ZR 183/05, MDR 2006, 1284.
3 OLG Karlsruhe v. 29.11.2012 – 12 U 60/12, Justiz 2013, 9 (500 Euro pro Monat bei einer Sicherungsverwahrung).
4 OLG Hamm v. 28.11.2012 – 11 W 75/12, juris (bei einer Sicherungsverwahrung).
5 OLG Schleswig v. 26.11.2001 – 11 W 23/01, InfAuslR 2002, 302; OLG Naumburg v. 27.12.2011 – 10 W 14/11, NVwZ-RR 2012, 366 (40 Euro pro Hafttag).
6 BGH v. 29.4.1993 – III ZR 3/92, NJW 1993, 2927.
7 Dokumente CM(2005)40finalE/09 May 2005 und – mit Kommentaren – CM(2005)40addfinalE/ 20 May 2005, beide in Englisch oder Französisch auf http://www.coe.int/t/cm/WCD/metadata Search-en.asp.
8 ABl. EU L 326 v. 13.12.2005, S. 13, berichtigt im ABl. EU L 236 v. 31.8.2006, S. 35.
9 ABl. EU L 348 v. 24.12.2008, S. 98.
10 Zum Zweiten Richtlinienumsetzungsgesetz s. *Basse/Burbaum/Richard*, ZAR 2011, 361; *Deibel*, ZAR 2012, 148; *Huber*, NVwZ 2012, 385.

IV. Verfassungsrecht

1. Gesetzesvorbehalt (Art. 2 Abs. 2, 104 Abs. 1 GG)

15 Verfassungsrechtlich ist die Freiheit der Person durch Art. 2 Abs. 2 Satz 2 und 3 GG gewährleistet, und zwar als ein besonders hohes Rechtsgut, in das nur aus wichtigen Gründen und nur aufgrund eines Gesetzes eingegriffen werden darf. Indem der Gesetzesvorbehalt für Freiheitseinschränkungen in Art. 104 Abs. 1 Satz 1 GG wiederholt und dahingehend ergänzt wird, dass die Einschränkung nur unter Beachtung der gesetzlichen Formen zulässig ist, kommt den (einfach-)gesetzlichen Verfahrensvorschriften, also vorliegend den §§ 415ff. verfassungsrechtliche Bedeutung im Sinne einer „**Grundrechtssicherung durch Verfahren**"[1] zu. Dies hat die Folge, dass Verstöße gegen freiheitsschützende Verfahrensnormen mit der Verfassungsbeschwerde gerügt werden können.[2] Der Vorbehalt des Gesetzes führt weiter dazu, dass für Eingriffe in Freiheitsrechte ein **Analogieverbot** besteht, und zwar auch im Hinblick auf die analoge Heranziehung materiell-rechtlicher Ermächtigungsgrundlagen.[3] Damit verbunden ist das ebenfalls aus Art. 104 Abs. 1 GG herzuleitende **Bestimmtheitsgebot**, dh. es muss sich grundsätzlich bereits aus dem Gesetz selbst ergeben, welche Verhaltensweisen zu einer Freiheitsentziehung führen können.[4] Entsprechendes hat auch für die richterliche Entscheidung zu gelten, in der sowohl die Art wie auch die Dauer der Freiheitsentziehung bestimmt sein müssen. Dem trägt § 421 Rechnung.

2. Richtervorbehalt (Art. 104 Abs. 2 GG)

16 In Ergänzung von Art. 19 Abs. 4 GG, der nur regelt, dass, nicht aber wann Rechtsschutz zu gewähren ist, sowie von Art. 103 Abs. 1 GG begründet Art. 104 Abs. 2 GG nicht nur eine grundsätzliche Zuständigkeit der Gerichte, sondern regelt zugleich den Zeitpunkt der richterlichen Entscheidung.[5] Aus Satz 1 der Norm folgt zugleich der **Vorrang einer vorherigen richterlichen Entscheidung**. Eine nachträgliche Entscheidung ist daher nur möglich, wenn der mit der Freiheitsentziehung verfolgte verfassungsrechtlich zulässige Zweck nicht erreichbar wäre, wenn der Festnahme eine richterliche Entscheidung vorausgehen würde. Zulässig ist sie mithin nur, wenn ohne sofortiges Handeln der Exekutive entweder der tatsächliche Zweck der Freiheitsentziehung vereitelt würde – etwa Entweichen eines zufällig aufgegriffenen, ausreisepflichtigen und untergetauchten Ausländers – oder wenn der rechtliche Zweck der Maßnahme verfehlt würde – etwa Durchsetzung eines Platzverweises gegen einen Störer gem. § 39 Abs. 1 Nr. 2 BPolG bzw. den entsprechenden Ermächtigungsgrundlagen in Landesgesetzen.[6]

17 Erweist sich hiernach eine vorherige richterliche Entscheidung nicht als möglich, ist diese nach Art. 104 Abs. 2 Satz 2 GG „**unverzüglich**" nachzuholen. Die Vorschrift verlangt, dass die richterliche Entscheidung ohne jede Verzögerung, die sich nicht aus sachlichen Gründen rechtfertigen lässt, herbeigeführt werden muss. Nicht vermeidbar sind zB Verzögerungen, die durch die Länge des Weges, Schwierigkeiten beim Transport, die notwendige Registrierung und Protokollierung, ein renitentes Verhalten des Festgenommenen oder vergleichbare Umstände bedingt sind. Die fehlende Möglichkeit, einen Richter zu erreichen, kann angesichts der verfassungsrechtlichen Verpflichtung des Staates, der Bedeutung des Richtervorbehalts durch geeig-

---

1 So *Gusy* in v. Mangoldt/Klein/Starck, GG III, Art. 104, Rz. 13.
2 So zu der Anhörungspflicht nach § 5 FEVG – jetzt § 420 Abs. 1 FamFG – BVerfG, InfAuslR 1996, 198 sowie zur Notwendigkeit eines Haftantrags vor Erlass einer eA nach § 11 FEVG – jetzt § 427 FamFG – und zur Notwendigkeit einer einzelfallbezogenen Begr. richterlicher Entscheidungen BVerfG v. 1.4.2008 – 2 BvR 1925/04.
3 BVerfG v. 16.5.2007 – 2 BvR 2106/05, InfAuslR 2007, 290 = FamRZ 2007, 1874; *Gusy* in v. Mangoldt/Klein/Starck, GG III, Art. 104 Rz. 26.
4 BVerfG v. 22.6.1988 – 2 BvR 234/87 ua., NJW 1989, 1663; *Gusy*, NJW 1992, 457 (461).
5 *Gusy*, NJW 1992, 457 (461).
6 BVerfG v. 7.11.1967 – 2 BvL 14/67, NJW 1968, 243 = BVerfGE 22, 311; BVerfG v. 15.5.2002 – 2 BvR 2292/00, NJW 2002, 3161; BVerfG v. 1.4.2008 – 2 BvR 1925/04, juris; *Gusy* in v. Mangoldt/Klein/Starck, GG III, Art. 104, Rz. 42.

nete organisatorische Maßnahmen Rechnung zu tragen, nicht ohne weiteres als unvermeidbares Hindernis für die unverzügliche Nachholung der richterlichen Entscheidung gelten. Der Staat ist daher gehalten, die Erreichbarkeit eines zuständigen Richters – jedenfalls zur Tageszeit – zu gewährleisten. Die Vorschrift des Art. 104 Abs. 2 Satz 3 GG, nach der die Exekutive einen Festgenommenen nicht länger als bis zum Ende des Tages nach dem Ergreifen in eigenem Gewahrsam halten darf, stellt eine Höchstfrist dar und befreit die Behörde nicht von der Verpflichtung zur Herbeiführung einer richterlichen Entscheidung.[1]

3. Verhältnismäßigkeitsgrundsatz

Bei allen Freiheitsentziehungen ist der mit Verfassungsrang ausgestattete Grundsatz der Verhältnismäßigkeit zu beachten. Dieser verlangt, dass die Maßnahme zur Erreichung des angestrebten Zweckes geeignet und erforderlich ist und dass der mit ihr verbundene Eingriff nicht außer Verhältnis zur Bedeutung der Sache steht.[2] Insbesondere dem Kriterium der **Erforderlichkeit der Maßnahme** kommt dabei in der Praxis maßgebliche Bedeutung zu. So ist zB die zwangsweise Unterbringung eines mit dem Aids-Virus Infizierten rechtswidrig, wenn sie nicht das letzte Mittel ist, um die Verbreitung der Krankheit zu verhindern.[3] Abschiebungshaft wird idR bei Minderjährigen oder schwangeren Frauen nicht erforderlich sein, da als mildere Mittel andere Möglichkeiten in Betracht kommen, etwa Meldeauflagen, räumliche Aufenthaltsbeschränkungen, Garantien durch Vertrauenspersonen oder bei Minderjährigen die Unterbringung in Jugendeinrichtungen.[4] In Vollziehung der Rückführungsrichtlinie der EU (Rz. 14) enthält der durch das Zweite Richtlinienumsetzungsgesetz vom 22.11.2011 neu geschaffene § 62 Abs. 1 AufenthG eine einfachgesetzliche Ausprägung des Verhältnismäßigkeitsgrundsatzes. Hiernach ist Abschiebungshaft auf die kürzest mögliche Dauer zu beschränken und unzulässig, wenn der Zweck der Haft durch ein milderes, ebenfalls ausreichendes anderes Mittel erreicht werden kann. Minderjährige und Familien mit Minderjährigen dürfen nur in besonderen Ausnahmefällen und nur so lange in Abschiebungshaft genommen werden, wie es unter Berücksichtigung des Kindeswohls angemessen ist. Diese Grundsätze sind auch auf andere Freiheitsentziehungsanordnungen, etwa solche nach dem Infektionsschutzgesetz, dem BPolG oder den Polizei- und Ordnungsbehördengesetzen der Länder zu übertragen. Generell gilt daher, dass die Freiheitsentziehung die „Ultima Ratio" darstellt und auf den Zeitraum zu beschränken ist, der für die Erreichung des gesetzlich zulässigen Ziels notwendig ist. Dies bedingt zugleich eine Pflicht der Exekutive, die entsprechenden Verfahren, mit der größtmöglichen **Beschleunigung** zu betreiben, mit der weiteren Folge, dass bei einer Verletzung dieses Gebots die freiheitsentziehende Maßnahme aufzuheben ist.[5]

4. Grundrechtsgewährleistung durch die Verfahrensgestaltung

Wegen des schweren Eingriffs in das Grundrecht der Freiheit der Person gem. Art. 2 Abs. 2 GG und des **Richtervorbehalts** des Art. 104 Abs. 2 GG verlangt das Verfahren nach § 415 eine **eigenverantwortliche richterliche Prüfung** der Voraussetzungen einer Freiheitsentziehung sowie eine besondere Sorgfalt und Fairness des Gerichts gegenüber dem Betroffenen.[6] Dies betrifft etwa die **Sachaufklärung** mit der

---

1 BVerfG v. 4.9.2009 – 2 BvR 2520/07, NJW-Spezial 2010, 24; BVerfG v. 15.5.2002 – 2 BvR 2292/00, NJW 2002, 3161.
2 BVerfG in st. Rspr., zuletzt v. 2.7.2008 – 2 BvR 1073/06, InfAuslR 2008, 358.
3 EGMR v. 25.1.2005 – 56529/00, NJW 2006, 2313.
4 BGH v. 29.9.2010 – V ZB 233/10, NVwZ 2011, 320; BGH v. 7.3.2012 – V ZB 41/12, NVwZ 2012, 775; BGH v. 11.10.2012 – V ZB 154/11, FGPrax 2013, 38; Marschner/Volckart/*Lesting*, § 417 FamFG Rz. 14.
5 BVerfG v. 19.10.1977 – 2 BvR 1309/76, BVerfGE 46, 194; BGH in st. Rspr., zB BGH v. 16.2.2012 – V ZB 320/10, InfAuslR 2012, 225; BGH v. 1.3.2012 – V ZB 206/11, FGPrax 2012, 133; BGH v. 11.10.2012 – V ZB 154/11, FGPrax 2013, 38.
6 BVerfG v. 23.9.2010 – 2 BvR 1143/08, NVwZ 2011, 38; BVerfG v. 4.10.2010 – 2 BvR 1825/08, BVerfGK 18, 125; BVerfG v. 9.2.2012 – 2 BvR 1064/10, InfAuslR 2012, 186.; BGH v. 1.12.2011 – V ZB 73/11, FGPrax 2012, 83.

Folge, dass die in den Anträgen der zuständigen Behörde zur Begründung der Maßnahme genannten Angaben nicht ungeprüft übernommen, sondern die für die Freiheitsentziehung notwendigen Tatsachen vom Gericht eigenständig festgestellt und gewürdigt werden (dazu § 417 Rz. 6 ff. und § 427 Rz. 3a). Auch kommt vor allem gegenüber anwaltlich nicht vertretenen Betroffenen der **Fürsorgepflicht** des Gerichts und dem Gebot der **fairen Verfahrensgestaltung** besondere Bedeutung zu. Dies betrifft etwa die Ausgestaltung der Anhörung (näher § 420 Rz. 7 ff.) oder die Pflicht des Gerichts, einem Betroffenen vor der Abgabe von Erklärungen, mit denen er sich verfahrensmäßiger Rechte begibt (zB Abgabe eines Rechtsmittelverzichts) deutlich und mit aller Klarheit deren Konsequenzen vor Auge zu führen (§ 429 Rz. 3a).

5. Benachrichtigungspflichten

a) Nahestehende Personen

19   Gem. Art. 104 Abs. 4 GG sind von jeder richterlichen Entscheidung über die Anordnung oder Fortdauer der Freiheitsentziehung unverzüglich ein **Angehöriger** des Betroffenen oder eine **Person seines Vertrauens** zu benachrichtigen. Einfachgesetzlich ist eine Umsetzung für Unterbringungssachen in § 339 und für Freiheitsentziehungssachen in § 432 erfolgt. Auf die Kommentierung zu diesen Vorschriften wird daher verwiesen.

b) Konsulate

20   Wird einem Ausländer die Freiheit entzogen, ist Art. 36 Abs. 1b des **Wiener Übereinkommens über konsularische Beziehungen (WÜK)**[1] zu beachten. Hiernach haben die zuständigen Behörden jeden Ausländer, der festgenommen, in Straf- oder Untersuchungshaft genommen oder dem anderweitig die Freiheit entzogen wird, darüber zu belehren, dass auf sein Verlangen die konsularische Vertretung seines Heimatlandes zu unterrichten ist. Falls dies verlangt wird, ist eine solche Unterrichtung unverzüglich vorzunehmen. Die Belehrung ist aktenkundig zu machen und gilt völkergewohnheitsrechtlich gegenüber allen Ausländern, also auch solchen aus Staaten, die dem WÜK nicht beigetreten sind. Zuständig für die Belehrung und ggf. Benachrichtigung der konsularischen Vertretung ist der Richter[2] und ansonsten, etwa bei einer Direktabschiebung oder einer Festnahme, um den Betroffenen einer Behörde vorzuführen, die zuständige Behörde. Zu beachten ist, dass es mit einer Reihe von Staaten bilaterale Vereinbarungen gibt, nach denen eine Unterrichtung der ausländischen Vertretung über eine Festnahme auch dann zu erfolgen hat, wenn der Ausländer dies nicht wünscht. Diese Staaten sind zB aufgelistet in der Anlage zu einer Rundverfügung des nordrhein-westfälischen Justizministeriums, aus der sich auch Einzelheiten zur Belehrung und Unterrichtung sowie zu den hierfür zuständigen Organen ergeben.[3] Problematisch ist es, ob eine Unterrichtung gegen den Willen des Betroffenen auch dann zu erfolgen hat, wenn dieser bereits einen **Asylantrag** gestellt hat oder zum Ausdruck bringt, um Asyl nachsuchen zu wollen. Dies dürfte zu verneinen sein.

21   Eine etwaige Verletzung der völkerrechtlichen Pflichten zur Benachrichtigung wird, weil sie mit Interessen des Betroffenen kollidieren kann, nicht zu den Verfahrensgarantien des Art. 104 Abs. 1 GG gehören und deshalb auf die Rechtmäßigkeit der Freiheitsentziehung keinen Einfluss haben.[4] Anders ist es dagegen mit der Pflicht zur Belehrung des Betroffenen über seine Rechte. Deren Unterlassen stellt einen Verfahrensverstoß dar, der zur Rechtswidrigkeit der Freiheitsentziehung führt (s. dazu näher § 432 Rz. 6).[5]

---

1 BGBl. II 1969, S. 1625.
2 BGH v. 7.11.2001 – 5 StR 116/01, NStZ 2002, 168.
3 RV d. JM v. 15.5.2003 – 9360 – III A. 20 – über die Unterrichtung ausländischer Konsulate über die Festnahme einer/eines Staatsangehörigen ihres Landes.
4 OLG Celle v. 8.6.2004 – 16 W 77/04, InfAuslR 2004, 350; OLG Schleswig v. 7.1.2004 – 2 W 112/03, NVwZ-RR 2005, 858.
5 BGH v. 6.5.2010 – V ZB 223/09, FGPrax 2010, 212; BVerwG v. 16.10.2012 – 10 C 6/12, NVwZ 2013, 277 mit Anm. Gutmann S. 283.

C. Begriff der Freiheitsentziehung

I. Grundsatz

§ 415 Abs. 2 enthält im Anschluss an § 2 Abs. 1 FEVG eine Definition der Freiheitsentziehung. Da es sich um Maßnahmen handeln muss, bei der einer Person „die Freiheit entzogen wird", ist klargestellt, dass es um solche iSd. Art. 104 Abs. 2 GG und nicht lediglich um Freiheitsbeschränkungen iSd. Art. 101 Abs. 1 GG geht. Zur Abgrenzung stellt das BVerfG auf die Intensität des Eingriffs ab. Eine Freiheitsbeschränkung liegt hiernach vor, wenn jemand durch die öffentliche Gewalt gegen seinen Willen daran gehindert wird, einen Ort aufzusuchen oder sich dort aufzuhalten, der ihm an sich zugänglich ist. Der Tatbestand der Freiheitsentziehung kommt dagegen nur in Betracht, wenn die – tatsächlich und rechtlich an sich gegebene – körperliche Bewegungsfreiheit nach jeder Richtung hin aufgehoben wird,[1] und zwar für eine mehr als kurzfristige Zeitdauer.[2] Die Anwendung unmittelbaren Zwangs stellt daher noch keine Freiheitsentziehung dar. In Grenzfällen ist die Auslegung zu wählen, die dem Freiheitsgrundrecht des Art. 104 Abs. 2 GG Geltung verschafft.[3]

II. Problem der „Direktabschiebung"

Wegen dieses Zeitmomentes dürfte die Rechtsprechung des BVerwG[4] und des BGH[5] überholt sein, wonach etwa eine sog. Direktabschiebung, bei der der Betroffene zum Zwecke der Abschiebung in seiner Wohnung festgenommen wird, um ihn gegen seinen Willen zum Flughafen zu bringen, keine Freiheitsentziehung darstelle. Das BVerwG, dem der BGH folgt, begründet dies damit, dass die Maßnahme nicht auf ein Festhalten des Ausländers, sondern darauf gerichtet sei, dass er sich zwangsweise außer Landes begebe bzw. außer Landes befördert werde. Ihre Auswirkung auf die Bewegungsfreiheit des Ausländers erscheine lediglich als eine sekundäre, kurzfristige Folge der Erfüllung der Ausreisepflicht. Ähnlich hatte der BGH entschieden, dass eine zwangsweise Vorführung einer Person zum Zwecke der Durchführung einer ärztlichen Untersuchung lediglich eine nicht dem Richtervorbehalt unterliegende bloße Freiheitsbeschränkung darstelle.[6] Indes wird in den genannten Fällen die Freiheitsentziehung idR nicht nur kurzfristig sein und unterliegt deshalb dem Richtervorbehalt.[7] Mehr als nur kurzfristige Einschränkungen eines Betroffenen in seiner körperlichen Bewegungsfreiheit außerhalb einer Einrichtung, die von ihrer Intensität her einem Einschließen in einem geschlossenen Raum gleichkommen, weil sie sich über mehrere Stunden erstrecken, können auch nach der Gesetzesbegründung eine Freiheitsentziehung darstellen. Die entsprechenden Fälle sollen durch die Einfügung der Wendung „insbesondere" vor den Worten „in einer abgeschlossenen Einrichtung" erfasst werden.[8] Damit dürften nunmehr die Fälle einer „Direktabschiebung" und idR auch solche einer Vorführung eine Freiheitsentziehung darstellen und deshalb dem Richtervorbehalt unterliegen.

III. Problem des Flughafengewahrsams

Problematisch ist es auch, ob das Festhalten eines Ausländers im Transitbereich eines Flughafens, der sog. Flughafengewahrsam, eine Freiheitsentziehung darstellt.

---

1 BVerfG v. 14.5.1996 – 2 BvR 1516/93, BVerfGE 94, 166 (198); BVerfG v. 15.5.2002 – 2 BvR 2292/00, NJW 2002, 3161 = BVerfGE 105, 239 (248).
2 BVerfG v. 21.5.2004 – 2 BvR 715/04, NJW 2004, 3697; BVerfG v. 8.3.2011 – 1 BvR 47/05, NVwZ 2011, 743.
3 BGH v. 12.12.1981 – VII ZB 8/81, NJW 1982, 753 (755); MüKo.ZPO/*Wendtland*, § 415 FamFG Rz. 7.
4 BVerwG v. 23.6.1981 – I C 78.77, NJW 1982, 537.
5 BGH v. 25.6.1998 – V ZB 8/98, juris.
6 BGH v. 17.12.1981 – VII ZB 8/81, NJW 1982, 753.
7 Ablehnend daher mit Recht *Lisken*, NJW 1982, 1268; *Rittstieg*, NJW 1996, 545 (550); Marschner/Volckart/*Lesting*, §§ 415 FamFG Rz. 7; dem BGH und dem BVerwG folgend Keidel/*Budde*, § 415 FamFG Rz. 4, 7; Schulte-Bunert/Weinreich/*Dodegge*, § 415 FamFG Rz. 14.
8 Begr. RegE BT-Drucks. 16/6308, 290.

§ 415

Gem. § 18a AsylVfG sind Asylgesuche von Ausländern, die auf dem Luftweg aus sicheren Herkunftsländern oder ohne Personaldokumente einreisen, in einem beschleunigten Verfahren vor der Entscheidung über die Einreise zu bearbeiten, soweit eine Unterbringung im Transitbereich des Flughafengeländes möglich ist. Für die Dauer des Verfahrens dürfen die Asylbewerber diesen Bereich nicht verlassen. Diesen erzwungenen **Aufenthalt im Transitbereich** hat das BVerfG für die Dauer des Verfahrens weder als Freiheitsentziehung noch als Freiheitsbeschränkung iSd. Art. 104 Abs. 1, Abs. 2 GG angesehen, weil jeder Staat berechtigt sei, den freien Zugang zu seinem Gebiet zu begrenzen und für Ausländer die Zutrittskriterien festzulegen. Rechtliche oder tatsächliche Hindernisse für das freie Überschreiten der Staatsgrenze berührten deshalb nicht den Gewährleistungsinhalt der durch Art. 2 Abs. 2 Satz 2 GG geschützten körperlichen Bewegungsfreiheit. Soweit ein Asylbewerber möglicherweise nicht in seinen Heimatstaat zurückkehren könne, sei die hieraus folgende Einschränkung der Bewegungsfreiheit nicht Folge einer der deutschen Staatsgewalt zurechenbaren Maßnahme.[1]

25 Umstritten bleibt jedoch die Frage, ob die weitere Unterbringung eines Ausländers im Transitbereich ab Eintritt der Rechtskraft eines negativen Bescheids über einen Asylantrag ohne richterliche Entscheidung eine rechtswidrige Freiheitsentziehung darstellt. Dies dürfte richtigerweise jedenfalls für den Regelfall zu bejahen sein, dass ein Verlassen des Transitbereichs aus tatsächlichen oder rechtlichen Gründen zunächst nicht möglich ist; denn die Räumlichkeiten im Transitbereich sind abgeschlossen und dem Betroffenen ist mit der Begrenzung des Aufenthalts auf diesen Bereich gegen seinen Willen die körperlich-räumliche Bewegungsfreiheit entzogen. Er kann wegen der mit der Ablehnung des Asylantrags gem. § 18a Abs. 3 AsylVfG verbundenen Einreiseverweigerung weder in die Bundesrepublik Deutschland einreisen, noch kann er in einer solchen Situation – idR wegen fehlender Papiere – sofort wieder ausreisen.[2] Auch der EuGMR hält die nur theoretische Möglichkeit eines Asylsuchenden, das Land, in dem er Aufnahme begehrt, zu verlassen, nicht für ausreichend, um die Annahme einer Freiheitsentziehung iSd. Art. 5 Abs. 1 EMRK auszuschließen. Er verlangt deswegen eine richterliche Kontrolle der Aufenthaltsbedingungen und eine Begrenzung der Möglichkeit der Dauer, für die die Verwaltung den Ausländer festhalten darf.[3]

26 Der Gesetzgeber hat durch § 15 Abs. 5 und 6 AufenthG in der ab dem 28.8.2007 geltenden Fassung eine Regelung geschaffen, mit der versucht werden soll, den Vorgaben des Art. 5 Abs. 1 EMRK und des Art. 104 Abs. 2 GG Rechnung zu tragen. Hiernach soll in den Fällen, in denen eine Zurückweisungsentscheidung ergeht und diese nicht sofort vollzogen werden kann, **Zurückweisungshaft** beantragt werden. Daneben, also nur für den Fall, dass von dieser „**Sollvorschrift**" kein Gebrauch gemacht wird, kann der Ausländer im Transitbereich oder einer entsprechenden Unterkunft untergebracht werden, aber ohne richterliche Entscheidung nur für die Dauer von 30 Tagen und nur, wenn die Abreise innerhalb der Anordnungsdauer zu erwarten ist. Liegen diese Voraussetzungen nicht vor, etwa weil noch Passersatzpapiere zu beschaffen sind, ist die Unterbringung im Transitbereich von vornherein unzulässig und es bleibt der zuständigen Behörde, idR der Bundespolizei, nur die Möglichkeit, den Ausländer unverzüglich dem Richter vorzuführen und Zurückweisungshaft zu beantragen. Der nicht auf einer richterlichen Anordnung beruhende Aufenthalt im Transitbereich eines Flughafens ohne oder nach negativem Abschluss des Flughafenverfahrens nach § 18a AsylVfG stellt daher nach der gesetzlichen Neuregelung eine von der Feststellung bestimmter Voraussetzungen abhängige Ausnahme dar. Norma-

---

1 BVerfG v. 14.5.1996 – 2 BvR 1516/93, BVerfGE 94, 166 (198).
2 So zutreffend OLG München v. 2.12.2005 – 34 Wx 157/05, OLGReport 2006, 270 = FGPrax 2006, 44; aA etwa Fritz/Vormeier/*Funke-Kaiser* § 15 AufenthG Rz. 132 ff. jeweils mit Darstellung des Meinungsstandes.
3 Fall „Amuur", EGMR v. 25.6.1996 – 17/1995/523/609, NVwZ 1997, 1102 mit Feststellung der Verletzung des Art. 5 EMRK für einen 23-tägigen Aufenthalt im Transitbereich eines französischen Flughafens.

lerweise ist eine richterliche Entscheidung über die Verhängung von Zurückweisungshaft einzuholen.[1]

Zweifelhaft ist es, ob die in § 62 Abs. 3 Satz 4 AufenthG für die Abschiebungshaft geltende **Frist von drei Monaten** auch im Falle einer Anordnung nach § 15 Abs. 6 AufenthG gilt. Dies dürfte aus verfassungsrechtlichen Gründen zu bejahen sein, obwohl § 15 Abs. 6 AufenthG nur auf den 4. Abs. des § 62 AufenthG und nicht auf dessen 3. Abs. verweist.[2] Der BGH hat diese Frage bisher ausdrücklich offengelassen.[3] Er betont aber mit Recht, dass auch im Falle des Transitaufenthalts die aus dem Verhältnismäßigkeitsgrundsatz (dazu Rz. 18) folgende Pflicht der Grenzbehörde besteht, die Zurückweisung mit der größtmöglichen Beschleunigung zu betreiben.[4]   26a

Kosten/Gebühren: Gericht: In Freiheitsentziehungssachen wird nach Nr. 15212 Nr. 4 KV GNotKG eine Wertgebühr mit einem Gebührensatz von 0,5 erhoben. Der Geschäftswert bestimmt sich nach § 36 GNotKG. Der Kostenschuldner bestimmt sich ausschließlich nach § 23 Nr. 15 GNotKG. Für Beschwerden und Rechtsbeschwerden gegen Endentscheidungen wegen des Hauptgegenstands entstehen Gebühren nach den Nummern 15220 bis 15241 KV GNotKG. Als Kostenschuldner kommen der Rechtsmittelführer als Antragsteller (§§ 22 Abs. 1, 25 GNotKG) und der Entscheidungsschuldner (§ 27 Nr. 1 GNotKG) in Betracht. Der Wert bestimmt sich nach § 61 GNotKG. RA: Vertritt ein RA einen Beteiligten im Verfahren, stehen ihm Gebühren nach den Nrn. 6300 bis 6303 VV RVG zu (Betragsrahmengebühren). Die Gebühren entstehen für jeden Rechtszug.   27

§ 416 Örtliche Zuständigkeit

Zuständig ist das Gericht, in dessen Bezirk die Person, der die Freiheit entzogen werden soll, ihren gewöhnlichen Aufenthalt hat, sonst das Gericht, in dessen Bezirk das Bedürfnis für die Freiheitsentziehung entsteht. Befindet sich die Person bereits in Verwahrung einer abgeschlossenen Einrichtung, ist das Gericht zuständig, in dessen Bezirk die Einrichtung liegt.

A. Überblick	3. Eilzuständigkeit 5
I. Sachliche Zuständigkeit 1	B. Zuständigkeitsstreit 6
II. Örtliche Zuständigkeit	C. Entscheidung durch unzuständiges Gericht 7
1. Grundsatz 2	
2. Zuständigkeitswechsel in Abschiebungshaftsachen 4	D. Zuständigkeit bei Fortsetzungsfeststellungsanträgen 8

A. Überblick

I. Sachliche Zuständigkeit

Gem. §§ 23a Abs. 2 Nr. 6 GVG besteht für das Verfahren in Freiheitsentziehungssachen eine **sachliche Zuständigkeit der Amtsgerichte** mit einer aus Art. 104 Abs. 2 GG folgenden Entscheidungskompetenz des Richters. Hiervon erfasst ist das gesamte Freiheitsentziehungsverfahren einschließlich eines Fortsetzungsfeststellungsantrags nach § 62 bzw. § 428 Abs. 2, mit dem die Rechtswidrigkeit einer richterlichen Haftanordnung oder eines vorgelagerten Behördengewahrsams geltend gemacht wird. Verwaltungsgerichtliche Anträge gegen die das Verfahren betreibenden Behörde, etwa auf Rücknahme eines Haftantrags oder auf Entlassung aus der Haft sind auch im Anwendungsbereich des AufenthG unzulässig. Der Verwaltungsrechtsweg ist nur gegeben, wenn die materiellen Voraussetzungen der Ausreisepflicht streitig   1

---

[1] Für eine Verfassungswidrigkeit des § 15 Abs. 5, 6 AufenthG teilweise die Lit., zB HK-AuslR/*Bruns*, § 18a AsylVfG Rz. 30.
[2] OLG Köln v. 1.7.2008 – 16 Wx 76/08, FGPrax 2008, 277; verneinend Fritz/Vormeier/*Funke-Kaiser* § 15 AufenthG Rz. 124.
[3] BGH v. 7.7.2011 – V ZB 116/11, juris; BGH v. 31.1.2012 – V ZB 117/11, juris.
[4] BGH v. 30.6.2011 – V ZB 274/10, FGPrax 2011, 315; BGH v. 31.1.2012 – V ZB 117/11, juris.

sind.[1] Vorbeugender Rechtsschutz gegenüber einem erwarteten, aber noch nicht gestellten Antrag oder gegenüber einer befürchteten haftvorbereitenden behördlichen Ingewahrsamnahme kann dagegen im Verfahren nach den §§ 415 ff. nicht erlangt werden.[2]

II. Örtliche Zuständigkeit

1. Grundsatz

2 Wegen der örtlichen Zuständigkeit enthält § 416 in Anlehnung an den früheren § 4 Abs. 1 FEVG drei mögliche Gerichtsstände. Es sind dies
- der **Ort des gewöhnlichen Aufenthalts** des Betroffenen, dh. der Ort, an dem der Betroffene seinen tatsächlichen Lebensmittelpunkt hat,[3]
- bei dessen Fehlen der Ort, an dem das **Bedürfnis für die Freiheitsentziehung** besteht
- und schließlich nach Satz 2 der **Gewahrsamsort**.

3 Hierbei hat der **Gerichtsstand des Gewahrsamsortes** aus Zweckmäßigkeitsgründen idR Vorrang gegenüber demjenigen des Aufenthaltsortes; denn dort kann die gerichtliche Entscheidung über eine bereits vollzogene Freiheitsentziehung am schnellsten sowie wegen der regelmäßig notwendigen Anhörung des Betroffenen am ehesten sachgerecht erfolgen.[4] Als Gewahrsamsort gilt auch der Ort, an dem sich der Betroffene vor der ersten Befassung eines Amtsgerichts aufgrund einer behördlichen Festnahmeentscheidung befindet.[5] Vorrang gebührt dem Gerichtsstand des Gewahrsamsorts auch dann, wenn der Betroffene bereits aufgrund einer strafprozessualen Maßnahme untergebracht ist.[6] Die einmal begründete Zuständigkeit bleibt auch dann bestehen, wenn der Betroffene aufgrund der erfolgten richterlichen Anordnung in eine geschlossene Einrichtung im Bezirk eines anderen Gerichts verlegt wird,[7] wie nunmehr in § 2 Abs. 2 ausdrücklich normiert ist. Etwas anderes gilt für Verlängerungsanträge. Da hierfür nach § 425 Abs. 3 die Vorschriften über die erstmalige Anordnung maßgeblich sind, ist Satz 2 anwendbar mit der Folge, dass vorrangig das Gericht zuständig ist, in dem die Freiheitsentziehung vollzogen wird (s. auch § 425 Rz. 17).[8]

2. Zuständigkeitswechsel in Abschiebungshaftsachen

4 Eine Ausnahme von dem Grundsatz, dass die einmal begründete Zuständigkeit bestehen bleibt, gilt allerdings, wenn über die **Fortdauer von Abschiebungshaft** zu entscheiden ist. In einem derartigen Fall kann nach § 106 Abs. 2 Satz 2 AufenthG das Verfahren durch unanfechtbaren Beschluss an das Gericht abgegeben werden, in

---

1 BVerwG, v. 23.6.1981 – 1 C 93/76, NJW 1982, 536; OVG Lüneburg v. 12.4.2007 – 7 ME 1/07, InfAuslR 2007, 246 und v. 25.3.2009 – 7 LA 142/07, NVwZ-RR 2009, 583; OVG Münster v. 28.6.2006 – 18 B 1088/06, InfAuslR 2007, 110; OVG Koblenz v. 28.6.1988 – 11 B 346/87, NVwZ-RR 1989, 441 unter Aufgabe gegenteiliger früherer Rspr.; Saarländisches OVG v. 6.7.2009 – 2 B 265/09, AuAS 2009, 270; VG Münster v. 5.1.2010 – 8 L 650/09, juris für Verfahren nach neuem Recht; aA noch Saarländisches OVG v. 11.3.2001 – 9 V 52/00, InfAuslR 2001, 172; VG Aachen v. 8.3.2000 – 8 L 101/00, InfAuslR 2000, 227; VG Berlin v. 4.11.1998 – 35 F 69/98, InfAuslR 1999, 80; *Renner*, § 62 AufenthG Rz. 39.
2 OLG Hamm v. 8.3.2007 – 15 W 58/07, OLGReport 2007, 531.
3 Marschner/Volckart/*Lesting*, § 416 FamFG Rz. 4.
4 OLG Hamm v. 9.5.2006 – 15 Sbd 5/06, NJW 2006, 2707 = FGPrax 2006, 183; OLG Frankfurt v. 2.6.2006 – 20 W 224/06, NJW 2006, 3443; Begr. RegE BT-Drucks. 16/6308, S. 291.
5 OLG Hamm v. 5.7.2007 – 15 W 135/07, OLGReport 2007, 667.
6 AA BayObLG v. 30.6.1977 – 3Z BR 38/77, NJW 1977, 2084; OLG Düsseldorf v. 8.7.1998 – 26 Wx 42/98, FGPrax 1998, 200; Marschner/Volckart/*Lesting*, § 416 FamFG Rz. 7: Parallele Anwendbarkeit der Gerichtsstände des Aufenthaltsortes und des Gewahrsamsortes.
7 OLG Zweibrücken v. 8.5.2000 – 2 AR 28/00, OLGReport 2001, 20 = FGPrax 2000, 212; OLG Köln v. 11.6.2010 – 16 AR 3/10, FGPrax 2010, 318.
8 MüKo.ZPO/*Wendtland*, § 416 FamFG Rz. 8; *Hoppe*, ZAR 2009, 209, 211; aA Bahrenfuss/*Grotkopp*, § 425 FamFG Rz. 6; Keidel/*Budde*, § 425 FamFG Rz. 4; Marschner/Volckart/*Lesting*, § 425 FamFG Rz. 7: Zuständigkeit des Gerichts, das die Erstentscheidung getroffen hat.

dessen Bezirk die Zurückweisungshaft oder Abschiebungshaft vollzogen wird. Diese Norm ist daher lex specialis gegenüber den allgemeinen Zuständigkeitsvorschriften.[1] Auch dem liegen praktische Erwägungen zugrunde. Wenn etwa abzuschiebende Ausländer in gesonderten Haftanstalten konzentriert untergebracht sind, wie dies zB in Nordrhein-Westfalen für Männer in der JVA Büren der Fall ist, lassen sich persönliche Anhörungen leichter und schneller durchführen. Vor einer Abgabe ist dem Betroffenen Gelegenheit zur Äußerung zu geben.[2] Die Abgabe ist abgesehen von dem Sonderfall der Willkür bindend und führt dazu, dass das Verfahren insgesamt und nicht nur dasjenige über Verlängerungsanträge vom Gericht des Haftortes zu führen ist. Dieses hat daher auch über einen Aufhebungsantrag nach § 426 zu entscheiden (§ 426 Rz. 4).[3] Die bloße Übersendung der Akten an ein anderes Gericht auf Bitten der Verwaltungsbehörde zur Entscheidung über einen dort eingereichten Verlängerungsantrag ohne einen Beschluss nach § 106 Abs. 2 Satz 2 AufenthG stellt indes noch keine Abgabe dar und begründet deshalb keine Zuständigkeit des anderen Gerichts.[4]

3. Eilzuständigkeit

Für Eilmaßnahmen ist daneben gem. § 50 Abs. 2 das Amtsgericht örtlich zuständig, in dem das Bedürfnis für eine Maßnahme besteht oder sich der Betroffene gerade aufhält. Es hat das Verfahren unverzüglich von Amts wegen an das gem. § 416 zuständige Gericht, also idR an das Gericht des Ortes, an dem sich der Lebensmittelpunkt des Betroffenen befindet, abzugeben.

Auch das nach § 50 Abs. 2 zuständige Amtsgericht hat gesetzlich notwendige Anhörungen (§§ 420, 427) durchzuführen, da es sich hierbei um Verfahrensgarantien iSd. Art. 104 Abs. 1 Satz 1 iVm. Abs. 2 GG handelt. Hat das gem. § 416 für Freiheitsentziehungen zuständige Gericht des Aufenthaltsorts des Betroffenen gem. § 427 Abs. 2 wegen Gefahr in Verzug gegen einen untergetauchten Ausländer ohne vorherige Anhörung eine einstweilige Haftanordnung erlassen und wird der Betroffene danach in einem anderen Amtsgerichtsbezirk aufgegriffen, so hat das gem. § 50 zuständige Amtsgericht des Aufgriffsorts nicht lediglich den „Haftbefehl" zu verkünden, sondern unverzüglich die gem. § 427 Abs. 2 erforderliche Anhörung nachzuholen. Dies gilt jedenfalls dann, wenn dem Gericht des Aufgriffsorts hinreichende Dokumente für die Beurteilung der Sach- und Rechtslage vorliegen, deren Übermittlung idR ohnehin schnell und problemlos per Fax möglich ist. Unterlässt das Gericht des Aufgriffsorts die Anhörung und wird sie erst einige Tage später von dem Gericht nachgeholt, das die eA erlassen hat, ist für die Zwischenzeit die Freiheitsentziehung rechtswidrig.[5]

B. Zuständigkeitsstreit

Im Falle der Anrufung eines unzuständigen Gerichts oder eines Zuständigkeitsstreits greifen die allgemeinen Regeln der §§ 3 bis 5. Das nach § 416 unzuständige Gericht hat die Sache nach § 3 an das zuständige Gericht zu verweisen. Dieser Beschluss ist für das Gericht, an das verwiesen wird, bindend und für die Beteiligten nicht anfechtbar.[6] Zu beachten ist allerdings, dass der durch die Art. 2, 104 GG verbriefte **Anspruch des Betroffenen auf effektiven Rechtsschutz** gegen eine Freiheitsentziehung nicht verkürzt werden darf. Auch ein Gericht, das sich für unzuständig hält, hat deshalb im Rahmen der normalerweise immer bestehenden Eilzuständigkeit nach § 50 Abs. 2 die Verfahrenshandlungen durchzuführen, die zur Gewährleistung der Rechtsschutzgarantie notwendig sind, etwa Anhörungen des Betroffenen und ggf. sonstiger Beteiligter nach § 420.

---

1 *Winkelmann*, Online-Kommentar Migrationsrecht. net, § 416 FamFG Rz. 12.
2 BVerfG v. 5.3.2009 – 2 BvR 1615/06, InfAuslR 2009, 249.
3 OLG Hamm v. 1.6.2010 – 15 Sbd 2/10, juris; OLG München v. 30.6.2009 – 34 Wx 24/09, FGPrax 2009, 239; aA Keidel/*Budde*, § 416 FamFG Rz. 4; Marschner/Volckart/*Lesting*, § 416 FamFG Rz. 1.
4 LG Mannheim v. 17.2.2011 – 4 T 19/11, InfAuslR 2011, 206.
5 BVerfG v. 27.2.2013 – 2 BvR 1872/10, juris.
6 BGH v. 1.12.2010 – XII ZB 227/10, MDR 2011, 254 mit Nachweisen aus der Lit. zu der dort streitigen Frage der Anfechtbarkeit.

C. Entscheidung durch unzuständiges Gericht

7 Hat das örtlich unzuständige Gericht eine Freiheitsentziehung angeordnet, so ist die Entscheidung gem. § 2 Abs. 3 wirksam. Anders als nach früherem Recht kann nach den §§ 65 Abs. 4, 72 Abs. 2 weder eine Beschwerde noch eine Rechtsbeschwerde darauf gestützt werden, dass das Gericht der ersten Instanz seine örtliche, sachliche oder funktionelle Zuständigkeit zu Unrecht angenommen hat. Es verbleibt allerdings die Anfechtung nach allgemeinen Grundsätzen.[1]

D. Zuständigkeit bei Fortsetzungsfeststellungsanträgen

8 Die Zuständigkeit für Anträge des Betroffenen auf Feststellung der Rechtswidrigkeit einer Freiheitsentziehung ist gesetzlich nicht geregelt. Nach der Gesetzesbegründung soll für einen derartigen Fall § 416 entsprechend anwendbar sein.[2] Dieser – wegen des Absehens von einer gesetzlichen Regelung für die Auslegung unbeachtlichen – Rechtsauffassung kann indes nicht gefolgt werden. Der Fortsetzungsfeststellungsantrag richtet sich nicht gegen die Haft, sondern gegen die staatliche Maßnahme, die zur Inhaftierung geführt hat, also gegen die richterliche Haftanordnung und ggf. gegen den vorgelagerten Behördengewahrsam. **Zuständig** kann daher nur **das für die Haftanordnung** bzw. für die Kontrolle des behördlichen Handelns **zuständige Gericht** sein. Deshalb kann in einem Beschwerdeverfahren neben der Aufhebung der freiheitsentziehenden Maßnahme zugleich analog § 62 Abs. 1 die Feststellung der Rechtswidrigkeit der Haft beantragt werden.[3] Dies kann sich insbesondere in den Fällen anbieten, in denen die ursprüngliche Entscheidung verfahrensfehlerhaft ergangen war und die Maßnahme erst ab dem Zeitpunkt der Entscheidung des Beschwerdegerichts rechtmäßig wird, etwa weil eine zunächst unterbliebene Anhörung des Betroffenen nachgeholt wurde (s. § 420 Rz. 12 f.) oder ein ursprünglich unzulässiger Antrag der Behörde im Beschwerdeverfahren ergänzt wird (s. § 417 Rz. 9).

417 Antrag

(1) Die Freiheitsentziehung darf das Gericht nur auf Antrag der zuständigen Verwaltungsbehörde anordnen.
(2) Der Antrag ist zu begründen. Die Begründung hat folgende Tatsachen zu enthalten:
1. die Identität des Betroffenen,
2. den gewöhnlichen Aufenthaltsort des Betroffenen,
3. die Erforderlichkeit der Freiheitsentziehung,
4. die erforderliche Dauer der Freiheitsentziehung sowie
5. in Verfahren der Abschiebungs-, Zurückschiebungs- und Zurückweisungshaft die Verlassenspflicht des Betroffenen sowie die Voraussetzungen und die Durchführbarkeit der Abschiebung, Zurückschiebung und Zurückweisung.

Die Behörde soll in Verfahren der Abschiebungshaft mit der Antragstellung die Akte des Betroffenen vorlegen.

A. Überblick 1	2. Örtliche Zuständigkeit 3
B. Inhalt der Vorschrift	II. Inhalt des Antrags (Absatz 2) 5
I. Zuständige Behörde (Absatz 1) 1a	III. Aushändigung des Antrags 8a
1. Sachliche Zuständigkeit 2	IV. Folge fehlerhafter Anträge 9

A. Überblick

1 Das Freiheitsentziehungsverfahren ist als ein reines **Antragsverfahren** ausgestaltet. Voraussetzung hierfür war schon nach dem früheren § 3 Satz 1 FEVG immer ein

---

1 Marschner/Volckart/*Lesting*, § 416 FamFG Rz. 10; weitergehend die 1. Auflage unter § 416 Rz. 7.
2 Begr. RegE BT-Drucks. 16/6308, S. 291.
3 BGH v. 14.10.2010 – V ZB 78/10, FGPrax 2011, 39.

Antrag der zuständigen Behörde. Das Antragserfordernis des § 417 Abs. 1 besteht sowohl für die Frage, ob überhaupt eine Freiheitsentziehung erfolgen kann, als auch für deren Dauer. Sie darf daher nicht für einen längeren Zeitraum als beantragt angeordnet werden.[1] Zur Form und zum Inhalt eines Antrags sowie zur Übermittlungspflicht des Gerichts gilt zunächst die allgemeine Regelung des § 23. Dabei ist der Umstand, dass der Antrag entgegen der Sollvorschrift des § 23 Abs. 1 Satz 4 FamFG nicht unterschrieben worden ist, dann unbeachtlich, wenn sich aus anderen Anhaltspunkten eine der Unterschrift vergleichbare Gewähr für die Urheberschaft ergibt und feststeht, dass es sich bei dem Schriftstück nicht nur um einen Entwurf handelt, sondern dass es mit Wissen und Wollen der antragstellenden Behörde dem Gericht zugeleitet worden ist.[2] Ergänzende, und zwar in Abweichung von der Sollvorschrift des § 23 zwingende Begründungsanforderungen an den Antrag, die der besonderen Situation in Freiheitsentziehungssachen Rechnung tragen, enthält § 417 Abs. 2.

B. Inhalt der Vorschrift

I. Zuständige Behörde (Absatz 1)

Die Bestimmung des § 417 Abs. 1, nach der ein Freiheitsentziehungsantrag von der zuständigen Behörde zu stellen ist, gehört zu den Formvorschriften, deren Beachtung durch Art. 104 Abs. 1 Satz 1 GG zum Verfassungsgebot erhoben ist.[3] Dies hat die Folge, dass eine Freiheitsentziehung, die aufgrund eines Antrags einer sachlich oder örtlich nicht zuständigen Behörde angeordnet worden ist, unheilbar rechtswidrig und eine Korrektur nur für die Zukunft durch einen neuen Antrag der zuständigen Behörde möglich ist.[4]

1a

1. Sachliche Zuständigkeit

Sachlich zuständige Behörden für die Antragstellung sind:

2

- in Abschiebungshaftsachen die nach Landesrecht zuständigen Ausländerbehörden, die mit der polizeilichen Kontrolle des grenzüberschreitenden Verkehrs beauftragten Behörden, also idR die Bundespolizei sowie die Polizeien der Länder (§ 71 Abs. 1, Abs. 3 Nr. 1 und Abs. 5 AufenthG),
- im Verfahren nach dem Infektionsschutzgesetz die nach Landesrecht für zuständig erklärte Verwaltungsbehörde (§ 54 I IfSG),
- bei der ordnungsbehördlichen Ingewahrsamnahme nach dem BPolG bzw. den Landespolizeigesetzen die durch das Bundesinnenministerium bestimmten einzelnen Bundespolizeibehörden (§ 58 Abs. 1 BPolG) bzw. die nach dem jeweiligen Landesrecht zuständigen Behörden,
- das Bundeskriminalamt bei Freiheitsentziehungen nach § 21 Abs. 7 BKAG und das Zollkriminalamt bei Maßnahmen nach § 23 Abs. 1 Satz 2 Nr. 8 ZFdG.

2. Örtliche Zuständigkeit

Problematisch kann die Bestimmung der örtlich zuständigen Ausländerbehörde in **Abschiebungshaftsachen** sein, die sich gem. § 71 AufenthG nach dem jeweiligen Landesrecht richtet.[5] Das Recht der einzelnen Bundesländer enthält zum Teil Regelungen, die denjenigen in § 3 VwVfG des Bundes entsprechen. Auf dieser Grundlage hat das KG in dem Fall, in dem für einen ausreisepflichtigen Ausländer eine räumliche Beschränkung des Aufenthalts bestand und dieser etwa ein Jahr später in Berlin aufgegriffen wurde, den Ort des illegalen Aufenthalts nicht als „gewöhnlichen"

3

---

1 OLG Brandenburg v. 28.8.2002 – 8 Wx 32/02, FGPrax 2002, 280; OLG Rostock v. 9.8.2006 – 3 W 138/05, FGPrax 2007, 46.
2 BGH v. 28.10.2010 – V ZB 210/10, FGPrax 2011, 41; BGH v. 9.2.2012 – V ZB 305/10, juris.
3 BVerfG v. 25.2.2009 – 2 BvR 1537/08, NVwZ-RR 2009, 686; BVerfG v. 4.10.2010 – 2 BvR 1825/08, BVerfGK 18, 125; BVerfG v. 13.7.2011 – 2 BvR 742/10, NVwZ 2011, 1254.
4 BGH v. 18.3.2010 – V ZB 194/09, FGPrax 2010, 156; BGH v. 13.10.2011 – V ZB 13/11, InfAuslR 2012, 74; BGH v. 7.11.2011 – V ZB 94/11, juris.
5 Vgl. BGH v. 18.3.2010 – V ZB 194/09, FGPrax 2010, 156.

iSd. § 3 Abs. 1 Nr. 3a VwVfG angesehen und deshalb sowohl eine hieraus folgende Zuständigkeit Berliner Behörden wie auch eine sog. Notzuständigkeit nach § 3 Abs. 4 VwVfG wegen Gefahr in Verzug verneint. Letztere ermögliche nur unaufschiebbare Maßnahmen, also allenfalls einen Antrag auf eine eA, nicht aber einen Hauptsacheantrag.[1] Demgegenüber sind die Ausländerbehörden in Nordrhein-Westfalen Sonderordnungsbehörden mit der Folge, dass gem. § 4 Abs. 1 OBG NW diejenige Ausländerbehörde örtlich zuständig ist, in deren Bezirk sich ein Ausländer in Widerspruch zu ausländerrechtlichen Vorschriften aufhält.[2] Auf den „gewöhnlichen Aufenthalt" kommt es demzufolge dort nicht an. Auch ist die Ausländerbehörde am Aufgriffsort eines untergetauchten Ausländers, die nach § 62 Abs. 5 AufenthG für dessen Festhaltung und Ingewahrsamnahme zuständig ist, befugt, einen Haftantrag zu stellen.[3] Die aus § 4 Abs. 1 OBG NW oder ähnlich gelagerten Regeln anderer Bundesländer folgende Zuständigkeit gilt indes dann nicht, wenn der Ausländer – zB aufgrund des Schengener Durchführungsübereinkommens – an der Grenze oder auf einem Flughafen deutschen Behörden überstellt wird.[4] Auch kann die örtliche Zuständigkeit nicht lediglich auf Verwaltungsvorschriften, etwa die Allgemeine Verwaltungsvorschrift zum Aufenthaltsgesetz – AufenthG-VwV – oder Verwaltungsvorschriften der Länder gestützt werden. Diese können wegen des Gesetzesvorbehalts des Art. 104 Abs. 1 GG keine von den gesetzlichen Regeln abweichende Zuständigkeit einer Verwaltungsbehörde begründen.[5]

4   Zweifelhaft kann es auch sein, ob ein im Wege der **Amtshilfe** von einer an sich örtlich unzuständigen Ausländerbehörde gestellter Antrag zulässig ist. In der Rspr. ist dies verschiedentlich verneint worden.[6] Jedenfalls wird man fordern müssen, dass die gesetzlichen Voraussetzungen für eine Amtshilfe vorliegen, etwa diejenigen des § 5 VwVfG oder vergleichbarer Regelungen der Länder. Sie umfasst deshalb nur eine auf Ersuchen einer anderen Behörde geleistete ergänzende Hilfe und ist deshalb notwendig auf bestimmte Teilakte eines Verwaltungsverfahrens begrenzt und darf nicht mit der vollständigen Übernahme von Verwaltungsaufgaben einhergehen. Die bloße Stellung eines Haftantrags gehört hierzu nicht, da es für die ersuchende Behörde keinen unverhältnismäßigen Aufwand bedeutet, diesen selbst zu stellen.[7] Entsprechendes gilt wegen der Änderung eines Haftantrags.[8] Wegen der mit Wirkung ab dem 28.8.2007 eingeführten erweiterten Zuständigkeit der Ausländerbehörde am Aufgriffsort eines untergetauchten Ausländers nach § 62 Abs. 5 AufenthG wird sich aber die Frage der Zulässigkeit einer Amtshilfe nur noch selten stellen, da es hierdurch der Ausländerbehörde auch ermöglicht wird, einen Haftantrag zu stellen (s. Rz. 3).

II. Inhalt des Antrags (Absatz 2)

5   § 417 Abs. 2, der auf Rpr. zum früheren § 3 FEVG aufbaut, enthält **zwingende Voraussetzungen** für einen Freiheitsentziehungsantrag. Mit deren Darlegung bereits im Antrag soll dem Gericht eine hinreichende Tatsachengrundlage für seine Entscheidung bzw. für weitere Ermittlungen zugänglich gemacht werden.[9] Weitergehende Begründungsanforderungen können im Einzelfall bestehen, etwa bei Anträgen auf Anordnung von Abschiebungshaft gegen Minderjährige oder schwangere Frauen, bei denen es besonderer Darlegungen zur Erforderlichkeit der Maßnahme bedarf, weil

---

1 KG v. 16.2.1998 – 25 W 7870/97, FGPrax 1998, 157.
2 OLG Hamm v. 5.7.2007 – 15 W 135/07, OLGReport 2007, 667; OLG Köln v. 8.5.2007 – 16 Wx 107/07, OLGReport 2007, 796; OVG Münster v. 10.7.1997 – 18 B 1853/96, NVwZ-RR 1998, 201.
3 BGH v. 18.3.2010 – V ZB 194/09, FGPrax 2010, 156; Keidel/*Budde*, § 417 Rz. 9.
4 OLG Köln v. 15.10.2008 – 16 Wx 215/08, FGPrax 2009, 137.
5 BVerfG v. 4.10.2010 – 2 BvR 1825/08, BVerfGK 18, 125; BVerfG v. 13.7.2011 – 2 BvR 742/10, NVwZ 2011, 1254; BGH v. 28.4.2011 – V ZB 239/10, FGPrax 2011, 200.
6 OLG Frankfurt v. 13.11.1998 – 20 W 442/98, juris; OLG München v. 28.9.2006 – 34 Wx 115/06; offengelassen vom BVerfG v. 13.7.2011 – 2 BvR 742/10, NVwZ 2011, 1254.
7 BVerfG v. 13.7.2011 – 2 BvR 742/10, NVwZ 2011, 1254.
8 BGH v. 7.11.2011 – V ZB 94/11, juris.
9 Beschlussempfehlung des Rechtsausschusses v. 23.6.2008, BT-Drucks. 16/9733, S. 299.

wegen § 62 Abs. 1 Satz 3 in der ab dem 26.11.2011 geltenden Fassung idR der Verhältnismäßigkeitsgrundsatz einer Haftanordnung entgegensteht (s. § 415 Rz. 18).[1]

Der BGH stellt in inzwischen gefestigter Rechtsprechung an die **Begründung** bzw. die Darlegung einzelner Begründungselemente der Nrn. 1 bis 5 mit Recht **hohe Anforderungen** und es gibt inzwischen eine große Zahl von Entscheidungen in Abschiebungshaftsachen, in denen im Rahmen des im Rechtsbeschwerdeverfahren idR nur noch anhängigen Fortsetzungsfeststellungsantrags nach § 62 die Rechtswidrigkeit der ursprünglichen Haftanordnung bzw. der Entscheidung über einen Haftaufhebungsantrag nach § 426 festgestellt wurde, weil der zugrunde liegende Antrag unzureichend begründet und damit unzulässig war.[2] Als problematisch erweisen sich insbesondere die Darlegungen zu den Nrn. 3 bis 5, also zur Erforderlichkeit der Freiheitsentziehung (Nr. 3), zu deren voraussichtlichen Dauer (Nr. 4) sowie in Abschiebungshaftsachen zur Verlassenspflicht des Betroffenen sowie zu den Voraussetzungen und die Durchführbarkeit der Abschiebung, Zurückschiebung oder Zurückweisung (Nr. 5). Die **Mindeststandards für eine ordnungsgemäße Begründung** umschreibt der BGH dabei in Abschiebungshaftsachen – für andere Freiheitsentziehungsanträge kann nichts anderes gelten – prägnant wie folgt:

6

„Die Begründung des Haftantrags muss auf den konkreten Fall zugeschnitten sein; Leerformeln und Textbausteine genügen nicht; vielmehr sollen dem Gericht durch den Antrag eine hinreichende Tatsachengrundlage für die Einleitung weiterer Ermittlungen bzw. für die Entscheidung und dem Betroffenen eine Grundlage für seine Verteidigung gegeben werden. Der Inhalt und Umfang der notwendigen Darlegungen dürfen knapp gehalten sein, müssen aber die für die richterliche Prüfung wesentlichen Punkte des Falls ansprechen."[3]

Bei der **Darlegung der Erforderlichkeit und der Dauer der Freiheitsentziehung** gem. den Nrn. 4 und 5 ist insbesondere dem Verhältnismäßigkeitsgrundsatz und etwaigen einfachgesetzlichen Ausprägungen dieses Grundsatzes Rechnung zu tragen, etwa in **Abschiebungshaftsachen** durch Vortrag der Voraussetzungen des § 62 Abs. 1 AufenthG in der seit dem 26.11.2012 geltenden Fassung (s. auch § 415 Rz. 18).[4] Um dem Gericht in Abschiebungshaftsachen die nach Nr. 5 notwendigen Darlegungen zur **Verlassenspflicht** zu vermitteln, hat die Behörde aufzuzeigen, dass dem Betroffenen ein Aufenthaltsrecht im Bundesgebiet nicht zusteht. Hierfür ist der Grund der Ausreisepflicht zu bezeichnen, zu dessen Sicherung die Abschiebung angeordnet werden soll. Hierzu kann die Bezugnahme auf einen – vorzulegenden – vollziehbaren Bescheid der Behörde ausreichen, wenn sich hieraus zweifelsfrei die Ausreisepflicht des Betroffenen ergibt;[5] denn ein derartiger Bescheid unterliegt nur der Kontrolle durch die Verwaltungsgerichte und die Gerichte der freiwilligen Gerichtsbarkeit sind hieran gebunden.[6] Bei einer kraft Gesetzes bestehenden Ausreisepflicht, zB in dem relativ häufigen Fall eines Haftantrags wegen unerlaubter Einreise gem. § 58 Abs. 1 Satz 2 Nr. 1, hat sich die Begründung nicht nur auf die Umstände der jeweiligen Einreise sondern auch auf ggf. weiter bestehende Vollstreckungsvoraussetzungen zu erstrecken.[7] Die weiter notwendigen Darlegungen zur **Durchführbarkeit der Abschiebung** haben sich auf das Land zu beziehen, in das der Betroffene abgeschoben werden soll. Sie müssen ferner erkennen lassen, ob und in welchem Zeitraum Ab-

6a

---

1 Näher Marschner/Volckart/*Lesting*, § 417 FamFG Rz. 14.
2 S. wegen der bis zum 31.12.2012 ergangenen Entscheidungen die Übersichten bei Drews/Fritsche, NVwZ 2011, 527, 528; Drews NVwZ 2012, 392 (394 f.); Drews NVwZ 2013, 256 sowie beispielsweise BGH v. 1.3.2012 – V ZB 183/11, FGPrax 2012, 179; BGH v. 3.5.2012 – V ZB 244/11, FGPrax 2012, 223.
3 ZB BGH v. 15.9.2011 V ZB 123/11, FGPrax 2011, 317; BGH v. 26.1.2012 – V ZB 96/11, juris; BGH v. 14.6.2012 – V ZB 48/12, juris = ZAR 2012, 400 (LS); BGH v. 30.8.2012 – V ZB 45/12, juris.
4 BGH v. 10.5.2012 – V ZB 246/11, InfAuslR 2012, 328.
5 BGH v. 22.7.2010 – V ZB 28/10, FGPrax 2010, 316.
6 Keidel/*Budde*, § 417 Rz. 16.
7 BGH v. 3.5.2012 – V ZB 244/11, FGPrax 2012, 223 u. BGH v. 16.5.2013 – V ZB 44/12, juris für den Fall einer nach § 59 aF AufenthG notwendigen Abschiebungsandrohung, die nach § 59 Abs. 5 in der ab dem 26.11.2011 geltenden Fassung nicht mehr notwendig und durch eine bloße Abschiebungsankündigung als Sollerfordernis ersetzt ist.

schiebungen in dieses Land üblicherweise möglich sind.[1] Schließlich ist eine einzelfallbezogene Darlegung des jeweiligen Haftgrundes (§ 62 Abs. 3 Satz 1 Nrn. 1 bis 5 AufenthG) sowie zu der nach § 62 Abs. 3 Satz 4 AufenthG erforderlichen Prognose einer Durchführbarkeit der Abschiebung innerhalb von drei Monaten notwendig.[2]

6b Die Abschiebung ist auch dann nicht durchführbar, wenn das hierfür nach § 72 Abs. 4 Satz 1 AufenthG erforderlichen **Einvernehmen der Staatsanwaltschaft** fehlt, und zwar muss dieses bereits im Zeitpunkt der Antragstellung vorliegen.[3] Die bloße Prognose, die Zustimmung werde innerhalb der Drei-Monats-Frist des § 62 Abs. 3 Satz 4 AufenthG erteilt werden, reicht nicht.[4] Notwendig ist das Einvernehmen aller Staatsanwaltschaften, bei denen ein Ermittlungs- oder Strafverfahren geführt wird.[5] Dabei reicht ein vorab erteiltes generelles Einvernehmen zu bestimmten Fallgruppen, nicht aber eine nur gerichtsbekannte Praxis der Staatsanwaltschaft, das Einvernehmen dann zu erklären, wenn dem Betroffenen nur Verstöße gegen das AufenthG zur Last gelegt werden.[6] Der Umstand, dass wegen § 72 Abs. 4 Satz 1 AufenthG der Betroffene ohne das Einvernehmen der Staatsanwaltschaft nicht abgeschoben werden darf, führt dazu, dass ein Haftantrag dann unzulässig ist, wenn er keine Ausführungen hierzu enthält, obwohl sich aus dem Haftantrag selbst oder aus beigefügten Unterlagen ohne weiteres ergibt, dass gegen den Betroffenen die öffentliche Klage oder ein strafrechtliches Ermittlungsverfahren anhängig ist.[7] Dies ist etwa dann der Fall, wenn Äußerungen des Betroffenen aus einer Beschuldigtenvernehmung zitiert werden,[8] wenn im Antrag die Festnahme des Betroffenen erwähnt und das Protokoll einer Beschuldigtenvernehmung dem Antrag beigefügt wird,[9] oder wenn sich ein solches Protokoll in der Ausländerakte befindet,[10] wenn in dem Antrag ausgeführt wird, dass gegen den Betroffenen eine Strafanzeige erstattet wurde,[11] oder die vorläufige Festnahme wegen einer Straftat nach § 95 Abs. 1 Nrn. 1 und 2 AufenthG erfolgt ist.[12] Falls die Behörde von einem tatsächlich anhängigen Ermittlungs- oder Strafverfahren keine Kenntnis hat, kann sie naturgemäß hierzu nichts in dem Haftantrag darlegen und der Richter braucht keine Anhaltspunkte für die Prüfung einer etwaigen Notwendigkeit des Einvernehmens zu haben. Eine antragsgemäß erlassene Haftanordnung ist gleichwohl wegen objektiven Fehlens einer „**essentiellen Abschiebungsvoraussetzung**" rechtswidrig und aufzuheben, wenn das Ermittlungs- oder Strafverfahren später aktenkundig wird. Dies gilt selbst dann, wenn diese Tatsache erst in der Rechtsbeschwerdeinstanz dargelegt wird.[13] Umgekehrt reicht nach Auffassung des BGH ein erst im Rechtsbeschwerdeverfahren von der Behörde dargelegtes Einvernehmen der Staatsanwaltschaft nicht aus, um die Haftanordnung zu rechtfertigen, da es sich um eine neue Tatsache handele, die gem. § 74 Abs. 3 Satz 4 iVm § 559 ZPO der Entscheidung nicht zugrunde gelegt werden könne und eine rückwirkende Heilung des Verfahrensmangels nicht möglich sei.[14] Ist es der Behörde nicht

---

1 BGH v. 7.4.2011 – V ZB 141/10, InfAuslR 2011, 301; BGH v. 6.10.2011 – V ZB 140/10, juris; BGH v. 27.10.2011 – V ZB 311/10, FGPrax 2012, 82; BGH v. 14.6.2012 – V ZB 284/11, InfAuslR 2012, 369, BGH v. 19.6.2013 – V ZB 30/13, juris.
2 Zu Einzelheiten aus der bisherigen Rspr. des BGH vgl. die Übersicht bei Drews NVwZ 2012, 392 (394 f.).
3 BGH v. 20.1.2011 – V ZB 226/10, InfAuslR 2011, 202; BGH v. 24.2.2011 – V ZB 202/10, FGPrax 2011, 146; BGH v. 31.5.2012 – V ZB 167/11, NJW 2012, 2448.
4 BGH v. 10.2.2011 – V ZB 49/10, juris.
5 BGH v. 29.9.2011 – V ZB 173/11, NJW 2011, 3792.
6 BGH v. 3.2.2011 – V ZB 224/10, FGPrax 2011, 148; BGH v. 28.4.2011 – V ZB 184/10, juris.
7 BGH v. 20.1.2011 – V ZB 226/10, InfAuslR 2011, 202; BGH v. 24.2.2011 – V ZB 202/10, FGPrax 2011, 146.
8 BGH v. 31.3.2011 – V ZB 323/10, juris.
9 ZB BGH v. 12.5.2011 – V ZB 166/10, juris; weitere Nachweise bei *Drews* NVwZ 2012, 392 (394 Fn. 34).
10 BGH v. 12.5.2011 – V ZB 189/10, FGPrax 2011, 202.
11 BGH v. 9.5.2011 – V ZB 88/10, juris; BGH v. 9.5.2011 – V ZB 295/10, juris.
12 BGH v. 31.3.2011 – V ZB 323/10, InfAuslR 2011, 156.
13 BGH v. 12.5.2011 – V ZB 189/10, FGPrax 2011, 202; BGH v. 29.9.2011 – V ZB 173/11, NJW 2011, 3792; BGH v. 16.2.2012 – V ZB 320/10, InfAuslR 2012, 225.
14 BGH v. 9.5.2011 – 5 ZB 295/10, juris.

möglich, das notwendige Einvernehmen der Staatsanwaltschaft einzuholen, was wegen des Bereitschaftsdienstes nur ausnahmsweise in Betracht kommt, ist nur die Anordnung einer kurzzeitigen, vorläufigen Ingewahrsamnahme aufgrund einer eA nach § 427 möglich.[1]

Der Absicherung der Tatsachengrundlage für die gerichtliche Entscheidung dient auch die aus § 417 Abs. 2 Satz 2 folgende Pflicht der antragstellenden Behörde, im Regelfall die bei ihr entstandenen Akten vorzulegen. Die **Aktenvorlage** durch die Behörde gem. § 99 Abs. 1 Satz 1 VwGO war im Normalfall eines Verwaltungsgerichtsprozess nie problematisch. Auch für einen strafrechtlichen Haftantrag ist die Vorlage der Ermittlungsakten durch die Staatsanwaltschaft eine Selbstverständlichkeit. Anders war dagegen eine weit verbreitete Praxis in Abschiebungshaftsachen, in denen nicht selten von der antragstellenden Behörde nur von ihr für relevant gehaltene Aktenauszüge vorgelegt wurden und auch der Haftrichter sich damit begnügte.[2] Dies hatte die Folge, dass das BVerfG mehrfach eine nicht hinreichende Sachaufklärung infolge fehlender Vorlage der Ausländerakte monieren musste.[3] Dem ist durch § 417 Abs. 2 Satz 3 Rechnung getragen. Das hierin normierte Sollerfordernis der Beiziehung der Ausländerakte gilt auch dann, wenn im Rahmen eines Fortsetzungsfeststellungsantrags nach § 62 die nachträgliche Feststellung der Rechtswidrigkeit einer freiheitsentziehenden Maßnahme in Rede steht.[4]

7

Für den Fall, dass eine **Freiheitsentziehung in einer geschlossenen Abteilung eines Krankenhauses** erfolgen soll, was in erster Linie bei einer solchen nach dem Infektionsschutzgesetz in Betracht kommt, enthält § 420 Abs. 4 Satz 2 eine weitere Zulässigkeitsvoraussetzung. Die Verwaltungsbehörde soll in diesem Fall ihrem Antrag ein ärztliches Gutachten beifügen (s. § 420 Rz. 22).

8

III. Aushändigung des Antrags

Nach st. Rspr. des BGH gebietet das Verfahrensgrundrecht auf rechtliches Gehör (Art. 103 Abs. 1 GG), dass dem Betroffenen der Freiheitsentziehungsantrag übermittelt wird. Der genaue Zeitpunkt kann dabei variieren. Er bestimmt sich einerseits danach, was zu der dem Richter obliegenden **Sachaufklärung** erforderlich ist, andererseits danach, was notwendig ist, um dem Betroffenen eine **effektive Rechtsverteidigung** zu ermöglichen. Ist der Betroffene ohne vorherige Kenntnis des Antragsinhalts nicht in der Lage zur Sachaufklärung beizutragen und seine Rechte wahrzunehmen, muss ihm der Antrag ggf. nebst Übersetzung frühzeitig vor der Anhörung übermittelt werden; dagegen genügt die Eröffnung des Haftantrags zu Beginn der Anhörung, wenn dieser einen einfachen, überschaubaren Sachverhalt betrifft, zu dem der Betroffene sich auch unter Berücksichtigung einer etwaigen Überraschung ohne weiteres erklären kann.[5] Auch in dem letztgenannten Fall darf sich der Haftrichter nicht darauf beschränken, den Inhalt des Antrags mündlich vorzutragen. Vielmehr ist dem Betroffenen **in jedem Fall eine Kopie und ggf. eine Übersetzung des Antrags auszuhändigen** und dies in dem Anhörungsprotokoll oder an einer anderen Aktenstelle schriftlich zu dokumentieren. Nur so wird der Betroffene in die Lage versetzt im Verlauf der Anhörung ein Exemplar des Antrags einzusehen.[6] Dies gilt auch dann, wenn der Verfahrensbevollmächtigte des Betroffenen an dem Anhörungstermin teilnimmt. Denn beide müssen im weiteren Verlauf der Anhörung die Möglichkeit zur Einsichtnahme in ein ihnen vorliegendes Exemplar des Antrags ha-

8a

---

1 BGH v. 10.2.2011 – V ZB 49/10, juris.
2 Vgl. die zutreffende Beschreibung der Praxis durch *Beichel-Benedetti/Gutmann*, NJW 2004, 3015.
3 BVerfG v. 7.9.2006 – 2 BvR 129/04, InfAuslR 2006, 462; BVerfG v. 10.12.2007 – 2 BvR 1033/06, NVwZ 2008, 304; BVerfG v. 2.7.2008 – 2 BvR 1073/06, InfAuslR 2008, 358.
4 BVerfG v. 13.7.2011 – 2 BvR 742/10, NVwZ 2011, 1254.
5 BGH v. 4.3.2010 – V ZB 222/09, FGPrax 2010, 154; BGH v. 21.7.2011 – V ZB 141/11, FGPrax 2011, 257.
6 ZB BGH v. 19.9.2012 – V ZB 60/12, juris; BGH v. 11.10.2012 – V ZB 104/12, juris; BGH v. 18.4.2013 – V ZB 67/12, juris.

ben.[1] Wegen der Voraussetzungen, unter denen eine **Übersetzung des Antrags** und evtl. beigefügter Dokumente zur Gewährleistung einer effektiven Verteidigung des Betroffenen zu erfolgen hat, wird auf § 419 Rz. 3, 4 verwiesen.

IV. Folge fehlerhafter Anträge

9 Das Vorliegen eines **zulässigen Antrags** gehört zu den **Verfahrensgarantien des Art. 104 Abs. 1 GG** und ist daher in jeder Lage des Verfahrens von Amts wegen zu prüfen. Das Fehlen der nach § 417 Abs. 2 notwendigen Angaben oder deren unrichtige Darlegung – etwa in Abschiebungshaftsachen zu Tatsachen, auf denen die Ausreisepflicht des Betroffenen beruht – stellt daher einen Verfahrensmangel dar, der zur Unzulässigkeit der Haftanordnung führt.[2] Ein Nachholen des Antrags oder die Ergänzung eines lückenhaften Antrags nach einem entsprechenden richterlichen Hinweis – auch zu Protokoll oder noch in der Beschwerdeinstanz – ist zulässig,[3] kann aber nur zu einer Rechtmäßigkeit der Haft für die Zukunft führen.[4] Ein Nachholen der nach § 417 Abs. 2 erforderlichen Angaben im Beschwerdeverfahren ist allerdings dann nicht mehr möglich, wenn sich zuvor die Anordnung der Freiheitsentziehung in der Hauptsache – etwa durch Entlassung, Zeitablauf oder Abschiebung – erledigt hatte.[5]

10 Anders ist es dagegen bei der Pflicht zur **Vorlage der Ausländerakte** nach Abs. 2 Satz 3, die dem Antrag nur beigefügt werden „soll", also Ausnahmen im Einzelfall erlaubt. Damit handelt es sich nicht um eine Zulässigkeitsvoraussetzung für die Freiheitsentziehung.[6] Dies hat die Folge, dass Haftanordnungen zwar nicht allein deswegen aufzuheben sind, weil sie ohne Beiziehung der Ausländerakten ergangen sind.[7] Wegen des Zwecks der Norm, dem Gericht eine Tatsachengrundlage für seine Entscheidung zu verschaffen, kann von ihrer Vorlage bzw. Beiziehung aber nur dann abgesehen werden, wenn sich der festzustellende Sachverhalt aus vorgelegten Auszügen ergibt und die übrigen Teile keine weitergehenden Erkenntnisse versprechen. Ist dies nicht der Fall, kann sich die unterlassene Beiziehung der Akten durch den Tatrichter als eine Verletzung der Amtsermittlungspflicht aus § 26 darstellen.[8] Die abweichende Auffassung in der Lit., dass es in typischen Abschiebungshaftsachen, in denen die Ausreisepflicht des Betroffenen aufgrund bindender Bescheide oder einer unerlaubten Einreise beruht, regelmäßig nicht der Vorlage der Ausländerakten bedarf,[9] verkehrt die gesetzliche „Sollvorschrift" in ihr Gegenteil und gibt dem Gericht gerade nicht die Möglichkeit an die Hand, die Prüfung der Haftvoraussetzungen auf eine möglichst breite Tatsachenbasis zu stellen.

11 Allerdings kann eine Rechtsbeschwerde nach der Rechtsprechung des BGH nur dann mit Erfolg auf eine fehlende Vorlage der Ausländerakte gestützt werden, wenn aufgezeigt wird, welche entscheidungserheblichen Tatsachen der Tatrichter der Akte entnommen hätte.[10] Der in erster oder zweiter Instanz tätige Rechtsanwalt sollte sich daher zur Vermeidung von Rechtsnachteilen vergewissern, ob die antragstellende Behörde ihrer Pflicht aus § 417 Abs. 2 Satz 2 nachgekommen ist. Ggf. sollte er die Beiziehung der Ausländerakten beantragen und Akteneinsicht nehmen. Letztere kann ihm als Vertreter eines Beteiligten gem. § 13 idR nicht verwehrt werden (s. § 13 Rz. 20 f.).

---

1 BGH v. 6.12.2012 – V ZB 142/12, InfAuslR 2013, 157.
2 BGH v. 29.4.2010 – V ZB 218/09, FGPrax 2010, 210; BGH v. 22.7.2010 – V ZB 28/10, FGPrax 2010, 316; Keidel/*Budde*, § 417 FamFG Rz. 11; Bahrenfuss/*Grotkopp*, § 417 FamFG Rz. 4, 6.
3 BGH v. 29.4.2010 – V ZB 218/09, FGPrax 2010, 210; BGH v. 22.7.2010 – V ZB 28/10, FGPrax 2010, 316; Marschner/Volckart/*Lesting*, § 417 FamFG Rz. 83.
4 BGH v. 3.5.2011 – V ZA 10/11, juris.
5 BGH v. 9.12.2010 – V ZB 136/10, juris.
6 Beschlussempfehlung des Rechtsausschusses v. 23.6.2008, BT-Drucks. 16/9733, S. 299.
7 BVerfG v. 13.7.2011 – 2BvR 742/10, NVwZ 2011, 1254.
8 BGH v. 10.6.2010 – V ZB 204/09, FGPrax 2010, 260; BGH v. 4.3.2010 – V ZB 222/09, FGPrax 2010, 154.
9 Keidel/*Budde*, § 417 FamFG Rz. 23 ff.
10 BGH v. 15.7.2010 – V ZB 10/10, NVwZ 2011, 127; BGH v. 4.3.2010 – V ZB 222/09, FGPrax 2010, 154.

§ 418 Beteiligte

(1) Zu beteiligen sind die Person, der die Freiheit entzogen werden soll (Betroffener), und die Verwaltungsbehörde, die den Antrag auf Freiheitsentziehung gestellt hat.
(2) Der Verfahrenspfleger wird durch seine Bestellung als Beteiligter zum Verfahren hinzugezogen.
(3) Beteiligt werden können im Interesse des Betroffenen
1. dessen Ehegatte oder Lebenspartner, wenn die Ehegatten oder Lebenspartner nicht dauernd getrennt leben, sowie dessen Eltern und Kinder, wenn der Betroffene bei diesen lebt oder bei Einleitung des Verfahrens gelebt hat, die Pflegeeltern sowie
2. eine von ihm benannte Person seines Vertrauens.

A. Allgemeines 1	2. Ehegatte und nahe Angehörige (Abs. 3 Nr. 1) 4
B. Inhalt der Vorschrift	3. Vertrauensperson (Abs. 3 Nr. 2)
I. Beteiligte kraft Gesetzes (Absatz 1) . 2	a) Funktion 8
II. Beteiligte kraft Hinzuziehung	b) Rechtsstellung 9
1. Verfahrenspfleger (Absatz 2) 3	

A. Allgemeines

Ähnlich wie im FGG war auch im FEVG nicht ausdrücklich geregelt, wer Beteiligter in Freiheitsentziehungsverfahren ist. Mittelbar ergab sich dies indes aus § 5 Abs. 1 bis 3 FEVG, wonach der Betroffene sowie unter bestimmten Voraussetzungen weitere Personen mündlich anzuhören waren sowie ggf. ein Verfahrenspfleger zu bestellen war. § 418 regelt nunmehr ausdrücklich, welche Personen im Freiheitsentziehungsverfahren zu beteiligen sind und welche Personen beteiligt werden können. Die Vorschrift knüpft an die allgemeine Regelung des Beteiligtenbegriffs in § 7 und an die Bestimmung der Beteiligten in Betreuungs- und Unterbringungssachen in den §§ 274 und 315 an.[1] Es wird also auch hier unterschieden zwischen Beteiligten kraft Gesetzes und kraft Hinzuziehung. **1**

B. Inhalt der Vorschrift

I. Beteiligte kraft Gesetzes (Absatz 1)

In § 418 Abs. 1 wird noch einmal klargestellt, was sich ohnehin schon aus § 7 Abs. 1 und Abs. 2 Nr. 1 ergibt, nämlich dass die antragstellende Behörde und der Betroffene zwingend Beteiligte eines Freiheitsentziehungsverfahrens sind. Zu beachten ist, dass die Regelungen über die Verfahrensfähigkeit eines Betroffenen in Betreuungs- und Unterbringungssachen vorliegend nicht gelten. Für einen geschäftsunfähigen Betroffenen, der zB zur Durchsetzung eines Platzverweises in Polizeigewahrsam genommen werden soll, ist daher gem. § 9 Abs. 2 nur der gesetzliche Vertreter handlungsfähig. Falls dieser nicht bekannt ist, was für das erstinstanzliche Verfahren wegen der aus Art. 104 Abs. 2 Satz 2 GG folgenden Pflicht für die antragstellende Behörde, den Betroffenen unverzüglich dem Richter vorzuführen, häufig der Fall sein wird, ist gem. § 419 ein Verfahrenspfleger zu bestellen. **2**

II. Beteiligte kraft Hinzuziehung

1. Verfahrenspfleger (Absatz 2)

Wegen der in Freiheitsentziehungssachen selten vorliegenden Voraussetzungen für eine Verfahrenspflegerbestellung und wegen der Rechtsstellung des Pflegers wird auf die Kommentierung zu § 419 verwiesen. **3**

---

[1] Begr. RegE BT-Drucks. 16/6308, S. 291.

2. Ehegatte und nahe Angehörige (Abs. 3 Nr. 1)

4   In § 5 Abs. 3 FEVG war bestimmt, dass der nicht dauernd getrennt lebende Ehegatte einer Person, der die Freiheit entzogen werden soll, anzuhören „ist" und hiervon nur im Falle einer ansonsten eintretenden erheblichen Verzögerung des Verfahrens oder der Entstehung unverhältnismäßiger Kosten abgesehen werden kann. Das Gesetz ließ daher dem Richter keinen Ermessensspielraum, und das Anhörungserfordernis von Ehepartnern wurde deswegen in der Rspr. mit Recht als Verfahrensgarantie iSd. Art. 104 Abs. 1 GG angesehen, deren Verletzung zur Rechtswidrigkeit einer Freiheitsentziehung führte.[1] Die Neuregelung entspricht den für die Unterbringung nach Betreuungsrecht oder den Landesgesetzen über die Unterbringung psychisch Kranker geltenden Regelungen des § 315 Abs. 4 Nr. 1 und 2. Sie enthält einerseits infolge der Erstreckung auch auf Lebenspartner, Eltern, Kinder und ggf. Pflegeeltern des Betroffenen eine Erweiterung ggf. zu beteiligender Personen, andererseits aber auch eine Einschränkung des Rechtsschutzes, weil diese Personen nur beteiligt werden „können", es also im **pflichtgemäßen Ermessen des Gerichts** liegt, ob es hiervon Gebrauch macht oder nicht. Zudem hängt – anders als nach früherem Recht (§ 7 Abs. 2 iVm. §§ 5 Abs. 2, 6 Abs. 2 Buchst. b FEVG) – das Beschwerderecht der genannten Personen davon ab, dass sie in erster Instanz beteiligt worden sind (§ 429 Abs. 2 Nr. 1).[2]

5   Im Rahmen seiner Ermessensentscheidung wird das für eine Freiheitsentziehungsmaßnahme zuständige Amtsgericht bzw. – spätestens – die Beschwerdekammer des Landgerichts jedenfalls in den in der Praxis relevantesten Fällen nämlich in Abschiebungshaftsachen, häufig nicht umhinkommen, nahestehende Personen entweder zu beteiligen oder gem. § 30 als Zeugen zu vernehmen; denn für die bei allen Haftgründen des § 62 Abs. 3 AufenthG letztlich relevante Frage, ob die Absicht besteht, sich der Abschiebung durch Flucht zu entziehen, können **das Bestehen und der Umfang sozialer Bindungen** des Ausländers maßgebliche Beurteilungskriterien sein. Von daher wird in Fällen, in denen derartige Bindungen im Raum stehen, schon **die allgemeine Sachaufklärungspflicht** eine Hinzuziehung oder zumindest eine Anhörung der entsprechenden Personen gebieten.[3] Dies gilt nicht nur für die in § 418 aufgeführten Personenkreise sondern u.U. auch für Lebensgefährten, falls – etwa wegen eines gemeinsamen Kindes – eine Beistandsgemeinschaft besteht. Die kann die Folge haben, dass diese Beziehung den Schutz des Art. 8 EMRK genießt.[4] Auch kann eine Beistandsgemeinschaft in Abschiebungshaftsachen die gesonderte Prüfung nach § 62 Abs. 1 Satz 3 AufenthG in der ab dem 26.11.2011 geltenden Fassung erforderlich machen, ob eine Haftanordnung verhältnismäßig ist (dazu § 415 Rz. 18).[5] Soweit demgegenüber der BGH vereinzelt das vom Tatrichter ausgeübte Ermessen lediglich daraufhin überprüft hat, ob „zwingende Gründe" für eine Beteiligung ersichtlich gewesen seien,[6] kann dem nicht gefolgt werden. Eine Beschränkung des Ermessens auf derartige Gründe sieht das Gesetz gerade nicht vor.

6   Zur Gewährleistung einer sachgerechten Ermessensausübung ist der Betroffene nach etwaigen Angehörigen oder einer Vertrauensperson zu befragen. Werden dem Gericht im Rahmen der Befragung oder auf sonstige Weise derartige Personen bekannt, sind sie vom Gericht über die Einleitung des Verfahrens zu benachrichtigen und gem. § 7 Abs. 4 über ihr Antragsrecht zu belehren.[7] Eine Beteiligung und Anhö-

---

1 OLG Celle v. 27.6.2005 – 22 W 24/05, InfAuslR 2005, 423; OLG Düsseldorf v. 12.7.1996 – 3 Wx 295/96, AuAS 1996, 258; OLG München v. 18.9.2006 – 34 Wx 113/06, AuAS 2006, 269.
2 S. für eine Vertrauensperson BGH v. 8.3.2012 – V ZB 205/11, juris.
3 BayObLG v. 24.7.2000 – 3 Z BR 219/00, InfAuslR 2001, 174 = NVwZ 2000, Beilage Nr. 12, 150; OLG München v. 18.9.2006 – 34 Wx 113/06, AuAS 2006, 269.
4 EGMR v. 17.4.2003 – 52853/9, NJW 2004, 2147 (2148).
5 BGH v. 17.6.2010 – V ZB 9/10, FGPrax 2010, 263; BGH v. 19.5.2011 – V ZB 167/10, NVwZ 2011, 1216; BGH v. 6.12.2012 – V ZB 218/11, FGPrax 2013, 86.
6 BGH v. 17.6.2010 – V ZB 9/10, FGPrax 2010, 263.
7 Marschner/Volckart/*Lesting*, § 419 FamFG Rz. 8.

rung des Ehepartners ist allerdings dann nicht geboten, wenn sich bereits aus den Angaben des Betroffenen ergibt, dass keine Beistandsgemeinschaft besteht.[1]

Zu beachten ist, dass § 418 Abs. 3 nur solche Ehen oder Lebenspartnerschaften erfasst, die staatlich legitimiert sind und in den **Schutzbereich des Art. 6 GG** fallen. Nur nach dem Ritus einer Glaubensgemeinschaft geschlossene Ehen, die nach dem PStG 2009 nicht mehr bußgeldbewehrt sind, oder solche kraft Brauchtums, wie die Ehe nach Roma-Art gehören hierzu nicht.[2] Auch in derartigen Fällen und bei sonstigen engen Partnerschaften kann es allerdings wiederum infolge der allgemeinen Sachaufklärungspflicht geboten sein, die jeweiligen Partner entweder gem. § 29 zu befragen oder förmlich gem. § 30 als Zeugen zu vernehmen (s. Rz. 5).[3]

3. Vertrauensperson (Abs. 3 Nr. 2)

a) Funktion

Grundlage für die besondere Stellung einer Vertrauensperson ist Art. 104 Abs. 4 GG, wonach von jeder richterlichen Entscheidung über die Anordnung oder Fortdauer der Freiheitsentziehung unverzüglich ein Angehöriger des Betroffenen oder eine **Person seines Vertrauens** zu benachrichtigen ist (s. hierzu § 415 Rz. 19 und § 432 Rz. 1–5). Die Rolle einer Vertrauensperson besteht darin, den Betroffenen, dessen Rechtsverteidigungs- und Kommunikationsmöglichkeiten infolge der Freiheitsentziehung eingeschränkt sind, zu unterstützen. Sie soll den Kontakt zur Außenwelt herstellen und Hilfestellungen bei der Wahrnehmung seiner Rechte geben. Auch ein Anwalt kann, muss aber nicht Vertrauensperson sein.[4] In Betracht kommt jede sachkundige Person, zB ein Sozialarbeiter, ein Mitarbeiter einer karitativen Organisation oder ein Angehöriger einer Flüchtlingsinitiative, aber immer nur eine bestimmte Person, nicht die Organisation selbst.[5] Einzige Voraussetzung ist es, dass die Person das Vertrauen des Betroffenen besitzt, die auf einer persönlichen Beziehung beruht;[6] einer behördlichen bzw. gerichtlichen Zulassung oder einer besonderen beruflichen Qualifikation bedarf es nicht.[7]

b) Rechtsstellung

Die Rechtsstellung einer Vertrauensperson ist durch das FamFG gegenüber dem früheren Rechtszustand nach dem FEVG ebenfalls eingeschränkt. Insoweit gilt das unter Rz. 4 bezüglich eines Ehegatten Ausgeführte entsprechend.[8] Auch wenn eine Vertrauensperson nunmehr nicht mehr zwingend am Verfahren zu beteiligen ist und sie im Falle einer Nichtbeteiligung aus eigenem Recht keine Verfahrenshandlungen vornehmen, zB keine Beschwerde oder Rechtsbeschwerde einlegen oder keinen Haftaufhebungsantrag stellen kann, kann sie gleichwohl zur Wahrung der Interessen des Betroffenen und in dessen Namen im Verfahren tätig werden, nämlich als dessen Beistand iSd. § 12 auftreten und Einsicht in die Gerichtsakten und die gem. § 417 Abs. 2 Satz 3 vorgelegten Verwaltungsvorgänge nehmen.[9]

Zusammenfassend kann man die Verfahrensbefugnisse der Vertrauensperson wie folgt auflisten:[10]

---

1 BGH v. 18.8.2010 – V ZB 79/10, juris.
2 OLG Köln v. 17.12.2001 – 16 Wx 277/01, nicht veröffentlicht; VG Ansbach v. 25.10.2007 – AN 19 E 07.02997, juris, jeweils wegen einer Ehe nach Roma-Art.
3 OLG Köln v. 18.3.2005 – 16 Wx 41/05, OLGReport 2005, 408.
4 BayObLG v. 23.12.1994 – 3 Z BR 341/94, BayObLGZ 1995, 391.
5 Schulte-Bunert/*Dodegge*, § 418 FamFG Rz. 14.
6 Str., s. LG Kleve v. 6.6.2013 – 4 T 55/13, juris.
7 HK-AuslR/*Kessler*, § 62 AufenthG Rz. 93.
8 S. auch BGH v. 8.3.2012 – V ZB 205/11, juris.
9 HK-AuslR/*Kessler*, § 62 AufenthG Rz. 99 zum früheren Recht (§§ 13, 34 FGG).
10 In Anlehnung an die Darstellung bei HK-AuslR/*Kessler*, § 62 AufenthG Rz. 100 zum früheren Recht.

Als Beteiligter	Als nicht formell Beteiligter
– Akteneinsicht gem. § 13 Abs. 1 – Selbständige Wahrnehmung von Verfahrensrechten (zB Anträge und Anregungen zur Verfahrensweise) in und außerhalb des Anhörungstermins – Bekanntgabe von Beschlüssen gem. § 41 – Einlegung einer Beschwerde im eigenen Namen – Beauftragung eines beim BGH zugelassenen Anwalts mit der Einlegung einer Rechtsbeschwerde im eigenen Namen – bei eigener Bedürftigkeit: Einreichung eines Verfahrenskostenhilfegesuchs beim BGH für eine Rechtsbeschwerde im eigenen Namen – Einreichung eines Haftaufhebungsantrags nach § 426 Abs. 2 im eigenen Namen	– Akteneinsicht gem. § 13 Abs. 2 – Teilnahme am Anhörungstermin und Stellen von Verfahrensanträgen und Anregungen namens des Betroffenen als dessen Beistand – Benachrichtigung von der Haftanordnung gem. § 432

419 *Verfahrenspfleger*

(1) Das Gericht hat dem Betroffenen einen Verfahrenspfleger zu bestellen, wenn dies zur Wahrnehmung seiner Interessen erforderlich ist. Die Bestellung ist insbesondere erforderlich, wenn von einer Anhörung des Betroffenen abgesehen werden soll.
(2) Die Bestellung eines Verfahrenspflegers soll unterbleiben oder aufgehoben werden, wenn die Interessen des Betroffenen von einem Rechtsanwalt oder einem anderen geeigneten Verfahrensbevollmächtigten vertreten werden.
(3) Die Bestellung endet, wenn sie nicht vorher aufgehoben wird, mit der Rechtskraft des Beschlusses über die Freiheitsentziehung oder mit dem sonstigen Abschluss des Verfahrens.
(4) Die Bestellung eines Verfahrenspflegers oder deren Aufhebung sowie die Ablehnung einer derartigen Maßnahme sind nicht selbständig anfechtbar.
(5) Für die Vergütung und den Aufwendungsersatz des Verfahrenspflegers gilt § 277 entsprechend. Dem Verfahrenspfleger sind keine Kosten aufzuerlegen.

A. Allgemeines

1   Nach der früheren Regelung des § 5 Abs. 2 FEVG war die Bestellung eines Verfahrenspflegers auf die Vertretung für einen kranken Menschen zugeschnitten. § 419 enthält eine deutlich weiter gefasste, umfassende Bestimmung über die Verfahrenspflegschaft. Diese ist in Anlehnung an §§ 276, 277, 317 geregelt. Wegen der Rechtsnatur einer Verfahrenspflegschaft, der Gründe für ein Absehen von einer Bestellung oder einer Aufhebung (Abs. 2), dem Ende einer Bestellung (Abs. 3), der Überprüfbarkeit der Entscheidung über die Bestellung (Abs. 4) sowie der Vergütung des Pflegers (Abs. 5) kann daher auf die dortigen Ausführungen verwiesen werden.

B. Bestellungsvoraussetzungen des Absatzes 1

2   Nach § 419 Abs. 1 Satz 2 ist in den Fällen, in denen von einer Anhörung des Betroffenen abgesehen werden soll, zwingend ein Verfahrenspfleger zu bestellen. Darüber hinaus hat – ebenfalls zwingend – wegen der Schwere des Grundrechtseingriffs infolge der Freiheitsentziehung eine Bestellung immer dann zu erfolgen, wenn der Betroffene seine Verfahrensrechte selbst nicht sachgerecht wahrnehmen kann.[1] Der-

---
[1] EGMR v. 12.5.1992 – 63/1991/315/386, NJW 1992, 2945 für die Beiordnung eines anwaltlichen Beistandes für einen wegen Schuldunfähigkeit untergebrachten psychisch kranken Straftäter; *Gusy*, NJW 1992, 457 (462).

artige Fälle werden indes, anders als in Betreuungs- und Unterbringungssachen, selten sein; denn idR befinden sich in Freiheitsentziehungssachen die Betroffenen im Vollbesitz ihrer geistigen Kräfte, zB in Abschiebungshaftsachen oder bei Ingewahrsamnahmen zur Verhinderung einer Straftat. Auch scheiden die Fälle aus, in denen ein gerichtliches Verfahren ohnehin unterbleibt, weil etwa ein die freie Willensbestimmung ausschließender Zustand oder eine sonst hilflose Lage des Betroffenen nur von kurzfristiger Dauer sind.[1]

C. Sprachprobleme mit Ausländern

Sprachliche Einschränkungen in der Verständigungsmöglichkeit und damit in der Wahrnehmung von Verfahrensrechten, die in Abschiebungshaftsachen regelmäßig bestehen, rechtfertigen allein noch nicht die Bestellung eines Verfahrenspflegers. Vielmehr kann und muss diesen Problemen dadurch Rechnung getragen werden, dass nicht nur für die notwendige Anhörung des Betroffenen ein Dolmetscher hinzugezogen wird, sondern die Staatskasse auch die **Kosten eines Dolmetschers für notwendige Informationsgespräche** mit seinem Verfahrensbevollmächtigten zu übernehmen hat. Der entsprechende Anspruch des betroffenen Ausländers folgt aus Art. 6 Abs. 3e EMRK.[2] Im Rahmen der Anhörung hat das Gericht sich vor der Anordnung der Freiheitsentziehung auch darüber zu vergewissern, dass der hinzugezogene Dolmetscher und der Betroffene in derselben Sprache miteinander kommunizieren.[3] Dabei ist die Hinzuziehung eines Dolmetschers nicht erst bei gänzlich unzureichenden Deutschkenntnissen, sondern bereits dann geboten, wenn der Betroffene ohne die Hinzuziehung dem Verfahren nicht folgen und keine zur zweckentsprechenden Rechtsverfolgung erforderlichen Angaben und Erklärungen abgeben könnte.[4] Unter Umständen ist auch ein der Muttersprache des Betroffenen mächtiger Gebärdendolmetscher hinzuzuziehen.[5]

Zu übersetzen sind der Haftantrag sowie die wesentlichen Dokumente und Aussagen, die der Betroffene für ein faires Verfahren verstehen muss. Dies bedingt allerdings nicht unbedingt, dass die Übersetzung in allen Einzelheiten auch schriftlich zu erfolgen hat. Eine mündliche **Übersetzung** vor der Anhörung kann ausreichen.[6] Etwas anderes gilt allerdings bei der Grundlage für das gesamte Verfahren, den Freiheitsentziehungsantrag mit der nach § 417 erforderlichen Begründung. Bei ihm kann von einer schriftlichen Übersetzung nur dann abgesehen werden, wenn der Sachverhalt einfach gelagert und überschaubar ist und der Haftantrag einen geringen Umfang hat.[7] Ob und wie der Haftantrag übersetzt worden ist, ist zu dokumentieren; denn der BGH geht ohne entsprechende Angaben im Protokoll für die Rechtsbeschwerdeinstanz davon aus, dass der Betroffene nicht in der Lage war, sich zu sämtlichen Angaben der antragstellenden Behörde zu äußern, dass also sein rechtliches Gehör verletzt worden ist.[8] Ist der Betroffene allerdings anwaltlich vertreten, kann er zusammen mit seinem Verfahrensbevollmächtigten selbst entscheiden, ob und in welchem Umfang er sich der Hilfe des zur Verfügung stehenden Dolmetschers bedient.[9]

---

1 So die zutreffende Situationsbeschreibung in der Begr. RegE BT-Drucks. 16/6308, S. 291.
2 BGH v. 4.3.2010 – V ZB 222/09, FGPRax 2010, 154; OLG München v. 8.2.2006 – 34 Wx 4/06, OLG-Report 2006, 312 = NJW-RR 2006, 1511.
3 BGH v. 4.3.2010 – V ZB 184/09, FGPrax 2010, 152.
4 BGH v. 12.5.2011 – V ZB 309/10, juris.
5 LG Braunschweig v. 12.4.2012 – 3 T 683/09, InfAuslR 2012, 423.
6 Marschner/Volckart/*Lesting*, § 418 FamFG Rz. 9.
7 BGH v. 4.3.2010 – V ZB 222/09, FGPRax 2010, 154; Marschner/Volckart/*Lesting*, § 418 FamFG Rz. 9; enger OLG Hamm v. 21.1.2010 – 15 Wx 58/09, FGPrax 2010, 159; Keidel/*Budde*, § 418 FamFG Rz. 10: In Abschiebungshaftsachen regelmäßig kein Anspruch auf eine schriftliche Übersetzung des Antrags.
8 BGH v. 1.7.2011 – V ZB 141/11, InfAuslR 2011, 399; BGH v. 21.7.2011 – V ZB 141/11, InfAuslR 2011, 448 = FGPrax 2011, 257.
9 BGH v. 4.3.2010 – V ZB 222/09, FGPRax 2010, 154.

5 **Kosten/Gebühren: Gericht:** Die Bestellung eines Verfahrenspflegers und deren Aufhebung sind Teil des Verfahrens, für das der Pfleger bestellt worden ist. Bestellung und Aufhebung sind gebührenfrei (Vorbem. 1 Abs. 3 KV GNotKG). Die an den Verfahrenspfleger gezahlten Beträge sind gerichtliche Auslagen des zugrunde liegenden Verfahrens (Nr. 31015 KV GNotKG). Von dem Betroffenen können diese Auslagen nur nach Maßgabe des § 1836c BGB erhoben werden.

420 Anhörung; Vorführung

(1) Das Gericht hat den Betroffenen vor der Anordnung der Freiheitsentziehung persönlich anzuhören. Erscheint er zu dem Anhörungstermin nicht, kann abweichend von § 33 Abs. 3 seine sofortige Vorführung angeordnet werden. Das Gericht entscheidet hierüber durch nicht anfechtbaren Beschluss.

(2) Die persönliche Anhörung des Betroffenen kann unterbleiben, wenn nach ärztlichem Gutachten hiervon erhebliche Nachteile für seine Gesundheit zu besorgen sind oder wenn er an einer übertragbaren Krankheit im Sinne des Infektionsschutzgesetzes leidet.

(3) Das Gericht hat die sonstigen Beteiligten anzuhören. Die Anhörung kann unterbleiben, wenn sie nicht ohne erhebliche Verzögerung oder nicht ohne unverhältnismäßige Kosten möglich ist.

(4) Die Freiheitsentziehung in einem abgeschlossenen Teil eines Krankenhauses darf nur nach Anhörung eines ärztlichen Sachverständigen angeordnet werden. Die Verwaltungsbehörde, die den Antrag auf Freiheitsentziehung gestellt hat, soll ihrem Antrag ein ärztliches Gutachten beifügen.

A. Überblick 1	5. Folgen einer unterlassenen Anhörung des Betroffenen 12
B. Inhalt der Vorschrift	6. Vorführung des Betroffenen 15
I. Anhörung des Betroffenen und Vorführung (Absätze 1 und 2)	7. Gründe für ein Unterbleiben der Anhörung des Betroffenen (Absatz 2) . 16
1. Normzweck 3	II. Anhörung weiterer Personen
2. Anwendungsbereich des Absatzes 1 5	1. Anhörung der sonstigen Beteiligten (Absatz 3) 19
3. Verfahrensgestaltung bei der Anhörung 7	2. Gutachten und Anhörung eines ärztlichen Sachverständigen (Absatz 4) 21
4. Anhörung in der Beschwerdeinstanz 10	

A. Überblick

1 Die Vorschrift enthält Regelungen über die Anhörung des Betroffenen, sonstiger Beteiligter und im Falle einer Unterbringung in einem abgeschlossenen Teil eines Krankenhauses eines ärztlichen Sachverständigen. Ferner ermöglicht sie die sofortige Vorführung des Betroffenen, falls er zu einem Anhörungstermin nicht erscheint.

2 Vorläufer der Norm ist § 5 FEVG. Hierin war nicht nur die mündliche Anhörung des Betroffenen zwingend vorgesehen, sondern grundsätzlich auch diejenige des nicht getrennt lebenden Ehegatten, eines gesetzlichen Vertreters und der Vertrauensperson. Letzteres gilt gem. § 420 Abs. 3 zwar weiterhin, aber nur wenn die nahestehenden Personen gem. § 418 Abs. 3 auch tatsächlich beteiligt worden sind, was nunmehr im pflichtgemäßen Ermessen des Gerichts steht (vgl. § 418 Rz. 4f., 8).

B. Inhalt der Vorschrift

I. Anhörung des Betroffenen und Vorführung (Absätze 1 und 2)

1. Normzweck

3 Die Vorschrift des § 420 Abs. 1 Satz 1 über die persönliche, also **mündliche vorherige Anhörung des Betroffenen** entspricht inhaltlich dem früheren § 5 Abs. 1 Satz 1 FEVG mit sprachlichen Anpassungen an die §§ 278 Abs. 1 Satz 1 und § 319 Abs. 1 Satz 1. Bereits zu § 5 FEVG hatte sich wegen der Notwendigkeit der mündlichen Anhörung des Betroffenen vor einer freiheitsentziehenden Maßnahme eine umfangreiche Rspr. entwickelt; denn hierbei handelt es sich um **eine der zentralen Verfahrensgarantien** iSd. Art. 104 Abs. 1 GG. Zugleich ist sie **Kernstück der Amtsermittlung** in Freiheitsentziehungssachen, wie das BVerfG immer wieder betont hat und auch immer wieder gegenüber den Instanzgerichten anmahnen musste.[1] Die zu § 5 FEVG entwickelten Grundsätze haben weiterhin Geltung. Auch nach der Neufassung ist die Anhörung des Betroffenen, wenn man von den beiden Ausnahmen in Abs. 2 absieht, zwingend und bleibt Kernstück des Verfahrens in Freiheitsentziehungssachen.

Wegen dieser zentralen Bedeutung der Norm, die nicht nur der Sachaufklärung dient, sondern auch den Zweck hat, dass sich der erkennende Richter einen unmittelbaren Eindruck von dem Betroffenen verschafft, ist die persönliche **Anhörung durch den beauftragten oder ersuchten Richter** nur ausnahmsweise möglich.[2] Der BGH sieht die Anhörung durch den beauftragten Richter unter den Voraussetzungen des § 375 Abs. 1a ZPO als zulässig an, also wenn dies zur Vereinfachung der Verhandlung als zweckmäßig erscheint und von vornherein anzunehmen ist, dass das Beweisergebnis auch ohne unmittelbaren Eindruck von dem Verlauf der Beweisaufnahme gewürdigt werden kann.[3] Indes wird sich die Prognoseentscheidung zur fehlenden Notwendigkeit eines unmittelbaren Eindrucks nur selten treffen lassen. Gerade in Freiheitsentziehungssachen spielen sowohl wegen der Erforderlichkeit und damit der Verhältnismäßigkeit der Maßnahme wie auch wegen einzelner Eingriffsvoraussetzungen nur schwer verifizierbare soziale Bindungen und subjektive Komponenten eine erheblichen Rolle, etwa in Abschiebungshaftsachen, die Absicht sich einer Abschiebung durch Flucht entziehen zu wollen. Dem unmittelbaren Eindruck der zur Entscheidung berufenen Richter kommt daher maßgebliche Bedeutung zu. Wie insoweit das Ergebnis sein wird, lässt sich normalerweise nicht sachgerecht prognostizieren.[4] Statt des in Freiheitsentziehungssachen schon wegen der hiermit bedingten Verfahrensverzögerung problematischen Wegs der Beauftragung eines Mitglieds der Beschwerdekammer empfiehlt sich in Routinesachen, die keine besonderen Schwierigkeiten tatsächlicher oder rechtlicher Art aufweisen und keine grundsätzliche Bedeutung haben, ohnehin eine Übertragung auf den Einzelrichter gem. § 68 Abs. 4 FamFG iVm. § 526 ZPO.[5]

Zweifelhaft ist es, ob der Betroffene im Wege einer **Videokonferenz** angehört werden kann. Eine audiovisuelle Übertragung ist im Rahmen einer persönlichen Anhörung gem. § 34 an sich statthaft (s. näher § 34 Rz. 13). Gleichwohl wird diese Möglichkeit speziell für die Anhörung nach § 420 Abs. 1 in der Rspr. teilweise mit der Begründung abgelehnt, eine audiovisuelle Anhörung sei im Rahmen eines Freiheitsentziehungsverfahrens nicht geeignet, die Glaubwürdigkeit eines Betroffenen beurteilen zu können und deshalb generell unzulässig.[6] Dem kann indes nicht gefolgt werden. Es wird letztlich eine These in den Raum gestellt, die keine tatsächliche Grundlage hat. Freiheitsentziehungsverfahren betreffen in den meisten Fällen Anträge auf Anordnung von Abschiebungshaft. Gerade in diesen Sachen können die Äußerungen des Betroffenen idR ohnehin nur durch einen Dolmetscher dem Gericht vermittelt werden. Die Mimik und Gestik des Betroffenen bei seinen Äußerungen oder bei Vorhalten kann im Rahmen einer audiovisuellen Übertragung in gleichgelagerter Weise beobachtet werden wie bei einer Anwesenheit im Gerichtssaal. Die Verschaffung eines unmittelbaren Eindrucks von dem Betroffenen ist daher grundsätz-

---

1 ZB BVerfG v. 12.3.2008 – 2 BvR 2042/05, InfAuslR 2008, 308; BVerfG v. 7.9.2006 – 2 BvR 129/04, InfAuslR 2006, 462; BVerfG v. 4.10.2010 – 2 BvR 1825/08, BVerfGK 18, 125.
2 BayObLG v. 25.10.2001 – 3 Z BR 342/01, juris; OLG Frankfurt v. 17.2.1995 – 20 W 61/95, FGPrax 1995, 167; OLG Karlsruhe v. 28.11.2005 – 11 Wx 32/05, InfAuslR 2006, 90; Marschner/Volckart/*Lesting*, § 420 FamFG Rz. 2.
3 BGH v. 17.6.2010 – V ZB 9/10, FGPrax 2010, 263.
4 In dem in der vorherigen Fußnote genannten Fall und in einer Parallelsache (BGH v. 17.6.2010 – V ZB 127/10, NVwZ 2010, 1318) hat der BGH zwar die Anhörung durch den beauftragten Richter gebilligt, sah sich aber gleichwohl veranlasst, wegen nicht hinreichender Sachaufklärung die Entscheidung des LG aufzuheben, was schwerlich nachzuvollziehen ist.
5 So mit Recht auch Keidel/*Budde*, § 420 Rz. 6.
6 LG Augsburg v. 28.11.2011 – 52 T 3723/11, InfAuslR 2012, 133.

lich auch bei einer audiovisuellen Übertragung möglich. Zudem kann im Rahmen einer Videokonferenz dem Betroffenen auch dann umfassendes rechtliches Gehör gewährt werden, wenn er wegen einer psychischen Erkrankung oder einer ansteckenden Infektion nicht vor Gericht erscheinen kann und deshalb die Voraussetzungen des § 420 Abs. 2 für ein Absehen von einer persönlichen Anhörung vorliegen (s. dazu auch Rz. 18). Allgemein sollte aber der Anhörung unmittelbar vor dem erkennenden Gericht der Vorzug gegeben werden, zumal in den meisten Fällen eines Antrags auf eine Freiheitsentziehungsanordnung der Betroffene ohnehin bereits im Behördengewahrsam ist (Abschiebungshaftsachen, Ingewahrsamnahmen nach dem BPolG bzw. dem Polizei- und Ordnungsbehördenrecht der Länder) und die antragstellende Behörde ihn daher ohne weiteres vorführen kann.

2. Anwendungsbereich des Absatzes 1

5   Die Pflicht des Gerichts, den Betroffenen vor der Anordnung einer Freiheitsentziehung mündlich anzuhören, gilt vor einer Entscheidung in der Hauptsache ohne Einschränkungen. Auch eine eA nach § 427 setzt grundsätzlich eine vorherige Anhörung des Betroffenen voraus. Diese kann ausnahmsweise bei Gefahr im Verzuge unterbleiben, was zB bei einer Festnahme zwei Tage vor einem geplanten Abschiebungstermin nicht der Fall ist.[1] Konnte bei einer Eilentscheidung ausnahmsweise von einer vorherigen Anhörung des Betroffenen abgesehen werden, ist sie gem. § 427 Abs. 2 unverzüglich nachzuholen. Entsprechendes gilt, wenn der Betroffene unbekannten Aufenthalts ist. Auch hier kann keine Entscheidung in der Hauptsache, sondern nur eine eA ergehen mit der Pflicht des Gerichts, die Anhörung nach Aufgreifen des Betroffenen unverzüglich nachzuholen.[2]

6   Im Falle einer **Verlängerung der Freiheitsentziehung** bedarf es einer erneuten vorherigen Anhörung, da hierfür nach § 425 Abs. 3 die Vorschriften über die erstmalige Anordnung entsprechend gelten.[3] Ohne erneute vorherige mündliche Anhörung kommt allenfalls unter der Voraussetzung, dass Gefahr im Verzug besteht, eine eA gem. § 427 in Betracht. Dies ist allerdings dann nicht möglich, wenn der Verlängerungsantrag ohne weiteres rechtzeitig vor Ablauf der ursprünglichen Maßnahme gestellt werden konnte[4] oder wenn nach rechtzeitigem Eingang des Verlängerungsantrags wegen einer zögerlichen Sachbehandlung durch das Gericht keine rechtzeitige Anhörung mehr erfolgen konnte (s. auch § 427 Rz. 3 und 11).[5]

3. Verfahrensgestaltung bei der Anhörung

7   Inhaltliche Vorgaben für die Anhörung gibt das Gesetz dem Tatrichter nicht vor. Sie ist aber von ihrem Normzweck her so zu gestalten, dass eine ordnungsgemäße Sachaufklärung erfolgen kann. Deshalb hat der Tatrichter den Betroffenen regelmäßig zu allen entscheidungserheblichen Punkten zu befragen. Dies gilt insbesondere dann, wenn der Freiheitsentziehungsantrag der Behörde lückenhaft ist und wesentliche Punkte offenlässt.[6] Auch ist dem Betroffenen zuvor Gelegenheit zu geben, den Antrag zu prüfen und sich ggf. mit seinem Verfahrensbevollmächtigten zu besprechen. Ohne eine solche Gelegenheit darf allenfalls eine nur kurzfristige vorläufige Anordnung ergehen. Verstöße hiergegen sind grundsätzlich nicht heilbar.[7] Eine Ausnahme kommt allerding dann in Betracht, wenn der Sachverhalt einfach gelagert und überschaubar ist und der Betroffene auch unter Berücksichtigung einer etwaigen Überraschung in der Lage ist, zu dem Antrag Stellung zu nehmen.[8] Auch in solchen Fällen ist allerdings eine Aushändigung des Antrags spätestens zu Beginn der

---

1 BVerfG v. 7.9.2006 – 2 BvR 129/04, InfAuslR 2006, 462.
2 KG v. 12.9.1996 – 25 W 5611/96, InfAuslR 1997, 34 = KGReport 1997, 22.
3 S. zum gleich lautenden früheren Recht OLG Zweibrücken v. 17.9.2004 – 3 W 195/04, OLG-Report 2005, 119.
4 OLG Köln v. 14.12.2007 – 16 Wx 250/07, FGPrax 2008, 136.
5 LG Mannheim v. 17.2.2011 – 4 T 19/11, InfAuslR 2011, 206.
6 BGH v. 17.6.2010 – V ZB 3/10, NVwZ 2011, 317 m. Anm. Westphal S. 319.
7 BGH v. 4.3.2010 – V ZB 184/09, FGPrax 2010, 152; BGH v. 28.4.2011 – V ZB 118/10, juris.
8 BGH v. 4.3.2010 – V ZB 222/09, FGPrax 2010, 154.

Anhörung zwingend (s. § 417 Rz. 8a). Verständigungsschwierigkeiten ist durch die Hinzuziehung eines Dolmetschers oder sonstigen Sprachmittlers Rechnung zu tragen. Dieser hat dem Betroffenen zur Gewährleistung rechtlichen Gehörs und im Interesse einer sachgerechten Sachverhaltsaufklärung auch den Freiheitsentziehungsantrag spätestens vor der Anhörung zu übersetzen (näher § 418 Rz. 3 und 4).

Ist der Betroffene durch einen **Verfahrensbevollmächtigten** vertreten, gebietet es eine faire Verfahrensgestaltung, dass diesem – ggf. nach Terminabsprache – Gelegenheit gegeben wird, an der Anhörung teilzunehmen, es sei denn, er ist unerreichbar oder gänzlich verhindert.[1] Bei einer nur vorübergehenden Verhinderung kann allerdings ein Zielkonflikt mit dem Verfassungsgebot einer unverzüglichen richterlichen Entscheidung entstehen. In solchen Fällen wird eine **Anhörung in Abwesenheit des Bevollmächtigten** dann zulässig sein, wenn dem Betroffenen zuvor Gelegenheit zur telefonischen Beratung mit seinem Bevollmächtigten oder – im Falle der Unerreichbarkeit – zur anderweitigen rechtlichen Beratung, etwa durch telefonische Kontaktaufnahme zu einem vom örtlichen Anwaltverein eingerichteten Notdienst gegeben worden war. Lassen sich entsprechende Kontakte nicht sofort herstellen und besteht der Betroffene darauf, sich vor seiner Anhörung mit einem Rechtsanwalt zu beraten, bleibt nur die Möglichkeit auf einen besonderen Antrag der Behörde hin (s. § 427 Rz. 5) eine eA zu erlassen, verbunden mit der Bestimmung eines – zeitnahen – neuen Anhörungstermins.[2] Eine gleichwohl ergangene endgültige Haftanordnung verstößt gegen das Gebot der fairen Verfahrensgestaltung und kann nur für die Zukunft dadurch geheilt werden, dass das Beschwerdegericht die Anhörung nachholt. Ist der Betroffene dagegen nach vorherigen vergeblichen Versuchen des Gerichts seinen Anwalt zu erreichen, mit einer Anhörung in dessen Abwesenheit einverstanden, kann diese durchgeführt und zur Grundlage einer Freiheitsentziehungsanordnung gemacht werden.[3]

8

Die weitaus häufigsten Fälle des Anwendungsbereichs der §§ 415 ff. sind Abschiebungshaftsachen, bei denen der Betroffene nicht über hinreichende Kenntnisse der deutschen Sprache verfügt. In derartigen Fällen ist nach Art. 6 Abs. 3e EMRK iVm. § 185 GVG ein **Dolmetscher** heranzuziehen, und zwar nicht nur für die Anhörung selbst, sondern auch für etwaige vorherige Besprechungen oder Zwischenberatungen des Betroffenen mit seinem Bevollmächtigten (s. auch § 419 Rz. 3).

9

4. Anhörung in der Beschwerdeinstanz

Für die Anhörung des Betroffenen in der Beschwerdeinstanz gilt die allgemeine Regelung des § 68 Abs. 3, wonach zwar auch für das Beschwerdegericht die Vorschriften über das Verfahren im ersten Rechtszug maßgeblich sind, es jedoch von einzelnen Verfahrenshandlungen absehen kann, wenn diese bereits im ersten Rechtszug ordnungsgemäß vorgenommen wurden und von einer erneuten Vornahme keine neuen Erkenntnisse zu erwarten sind.[4] Maßgeblich bleibt damit auch weiterhin eine Prognose zur Relevanz einer erneuten Anhörung für das Verfahren. Gegenüber der strikten Haltung der obergerichtlichen Rspr. zum bisherigen Recht ist indes der Maßstab flexibler. Allgemein wird auch weiterhin das Beschwerdegericht jedenfalls dann nicht von einer (erneuten) Anhörung absehen können, wenn entweder

10

– die Anhörung in erster Instanz unterblieben ist oder
– inhaltlich unzureichend oder formal fehlerhaft war oder
– neuer Sachverhalt in das Beschwerdeverfahren eingeführt wird, zu dessen Aufklärung oder Bewertung die mündliche Anhörung des Betroffenen möglicherweise beitragen kann.[5]

---

1 BGH v. 25.2.2010 – V ZA 2/10, juris; BGH v. 31.1.2012 – V ZB 117/11, juris.
2 LG Darmstadt v. 25.5.2005 – 26 T 90/05, InfAuslR 2005, 425; Keidel/*Budde*, § 420 FamFG Rz. 8.
3 BGH v. 31.1.2012 – V ZB 117/11, juris.
4 BGH v. 28.1.2010 – V ZB 222/09, FGPrax 2010, 163; BGH v. 4.3.2010 – V ZB 222/09, FGPrax 2010, 154; *Hoppe*, ZAR 2009, 209 (213).
5 BGH v. 16.9.2010 – V ZB 120/10, FGPrax 2010, 290; BGH v. 21.10.2010 – V ZB 176/10, juris; BGH v. 12.5.2011 – V ZB 296/11, juris.

11 Gerade der letztgenannte Fall kann wegen der verfassungsrechtlichen Pflicht des Amtsgerichts, unverzüglich über einen Freiheitsentziehungsantrag zu entscheiden, und der damit möglicherweise verbundenen unvollständigen Sachaufklärung praktisch werden. So wird jedenfalls dann nicht ohne erneute Anhörung entschieden werden können, wenn zB in Abschiebungshaftsachen der Betroffene erstmals im Beschwerdeverfahren umfassend zu mehrdeutigen Umständen schriftlich Stellung nimmt, aus denen die Ausländerbehörde den begründeten Verdacht herleitet, er wolle sich der Abschiebung entziehen.[1] Dies kann bspw. der Fall sein, wenn der Betroffene erstmals schriftsätzlich zu engen Beziehungen zu einer aufenthaltsberechtigten Frau vorträgt, die bei unterstellter Richtigkeit des Vortrags möglicherweise der aus früheren Verhaltensweisen hergeleiteten Befürchtung des Untertauchens entgegenstehen.[2] Entsprechendes gilt, wenn der Betroffene seine Beschwerde auf neue, erst nach der Haftanordnung eingetretene Tatsachen stützt, zB auf mögliche Abschiebungshindernisse. In einem solchen Fall darf das Beschwerdegericht von einer erneuten Anhörung nur dann absehen, wenn diese Tatsachen für die Entscheidung „offensichtlich unerheblich" sind.[3] Einem etwaigen neuen Vortrag, der ggf. zu einer erneuten Anhörung zwingt, kann das Beschwerdegericht allerdings nicht dadurch begegnen, dass es eine **Ausschlussfrist** setzt. Eine solche ist in dem vom Untersuchungsgrundsatz des § 26 geprägten Freiheitsentziehungsverfahren nicht zulässig.[4] Der Umstand allein, dass der Betroffene erstmals in der Beschwerdeinstanz von einem Anwalt vertreten ist, erfordert indes noch keine erneute Anhörung.[5] Es kann in einem derartigen Fall im Gegenteil eher erwartet werden, dass neue entscheidungserhebliche Gesichtspunkte auch schriftsätzlich vorgetragen werden, sofern es sie denn gibt.

11a Eine erneute Anhörung des Betroffenen in der Beschwerdeinstanz ist vor allem dann zwingend, wenn erstmals in der Beschwerdeinstanz die Voraussetzungen für eine Beachtung der Verfahrensgrundsätze des Art. 104 GG geschaffen werden, wenn also entweder die Behörde ihren ursprünglich unzulässigen Antrag „nachbessert" oder nicht rückwirkende, behebbare Verfahrensfehler des Amtsgerichts korrigiert werden. Erst durch die Ergänzung des Antrags bzw. die Korrektur des Verfahrensfehlers werden die Voraussetzungen für eine Haftanordnung des Beschwerdegerichts mit Wirkung nur für die Zukunft geschaffen. Es sind dies aus der inzwischen umfangreichen Rspr. des BGH zum einen Fälle, in denen die Behörde erstmals in der Beschwerdeinstanz eine den Anforderungen des § 417 Abs. 2 Satz 2 Nrn. 1 bis 5 entsprechende Begründung des Antrags nachschiebt (zu den Begründungsanforderungen s. § 417 Rz. 5 bis 6b).[6] Typisch sind auch die Fallkonstellationen, in denen dem Betroffenen erst in der Beschwerdeinstanz der Haftantrag ausgehändigt bzw. übersetzt wird oder sein Anwalt durch Akteneinsicht genaue Kenntnis von dem Antrag erhält.[7] Auch ein Wechsel in der Begründung, zB ein Wechsel von einem der Haftgründe des § 62 Abs. 3 Satz 1 AufenthG zu einem anderen gebietet eine erneute Anhörung des Betroffenen.[8]

5. Folgen einer unterlassenen Anhörung des Betroffenen

12 Das Unterlassen der verfahrensrechtlich gebotenen mündlichen Anhörung drückt wegen deren grundlegender Bedeutung einer gleichwohl angeordneten Haft den **Makel einer rechtswidrigen Freiheitsentziehung** auf, der nicht mehr rückwirkend getilgt

---

1 OLG München v. 22.11.2007 – 34 Wx 86/07, OLGReport 2008, 106.
2 OLG Köln v. 18.3.2005 – 16 Wx 41/05, OLGReport 2005, 408.
3 BGH v. 11.10.2012 – V ZB 274/11, FGPrax 2013, 40.
4 BGH v. 8.4.2010 – V ZB 51/10, juris.
5 BGH v. 15.7.2010 – V ZB 10/10, NVwZ 2011, 127.
6 BGH v. 15.9.2011 – V ZB 136/11, FGPrax 2011, 318; BGH v. 3.5.2012 – V ZB 244/11, FGPrax 2012, 223; BGH v. 14.6.2012 – V ZB 63/12, juris; BGH v. 25.8.2011 – V ZB 188/11, juris; BGH v. 30.8.2012 – V ZB 45/12, juris.
7 BGH v. 1.7.2011 – V ZB 141/11, InfAuslR 2011, 399; BGH v. 8.2.2012 – V ZB 260/11, juris; BGH v. 14.6.2012 – V ZB 284/11, InfAuslR 2012, 369; BGH v. 11.10.2012 – V ZB 274/11, FGPrax 2013, 40.
8 BGH v. 7.11.2011 – V ZB 94/11, juris.

werden kann. Deswegen ist es auch nicht möglich, bei der nachträglichen Überprüfung einer Freiheitsentziehung zu untersuchen, ob diese auf dem Unterbleiben der mündlichen Anhörung beruht. Diese vom BVerfG zur Abschiebungshaft entwickelten Grundsätze[1] haben wegen des hohen Stellenwerts der mündlichen Anhörung des Betroffenen auch für sonstige Freiheitsentziehungen zu gelten, die im Verfahren nach den §§ 415 ff. ergehen. Der unterlassenen Anhörung gleichgestellt ist der Fall, dass zwar ein Anhörungstermin, nicht aber eine über einen Dolmetscher vermittelte Kommunikation zwischen Richter und Betroffenem stattgefunden hat (s. auch § 419 Rz. 3).[2]

Der nicht mehr rückwirkend heilbare **Verfahrensfehler** einer gänzlich unterlassenen oder verfahrenswidrig erfolgten Anhörung kann vom Amtsgericht im Abhilfeverfahren oder vom Beschwerdegericht nachgeholt werden mit der Folge, dass die vorher rechtswidrige Freiheitsentziehung ab dem Zeitpunkt der Entschließung nach § 68 oder der Entscheidung des Beschwerdegerichts rechtmäßig wird.[3] Diese Möglichkeit scheidet allerdings aus, wenn erst der BGH als Rechtsbeschwerdegericht den Verfahrensmangel feststellt. Er kann selbst keine Anhörung durchführen. Auch kann er keine eA nach § 427 erlassen; denn nur das Beschwerdegericht, nicht aber das Rechtsbeschwerdegericht wäre hierfür – anders als nach früherem Recht – zuständig mit der Folge, dass der Betroffene zu entlassen ist und ggf. untertauchen kann, bis das Amtsgericht eine verfahrensfehlerfreie neue Entscheidung getroffen hat (s. zu dieser Problematik auch § 427 Rz. 13). 13

Einer unterlassenen Anhörung gleichzusetzen ist die Konstellation, dass entgegen einem zuvor geäußerten Willen des Betroffenen dessen **Bevollmächtigter ohne triftigen Grund nicht zur Anhörung hinzugezogen** wurde, das Gericht ihm also unter Verstoß gegen das Verbot zur fairen Verfahrensgestaltung die Möglichkeit genommen hat, sich vor etwaigen Angaben zur Sache Rat einzuholen. Auch für diesen Fall hat das Rechtsbeschwerdegericht auf der Grundlage der in den Rz. 11 und 11a dargestellten Rspr. des BGH die in den Vorinstanzen ergangenen Entscheidungen aufzuheben.[4] Sonstige Verfahrensfehler, etwa die Anhörung durch ein Mitglied der Beschwerdekammer als beauftragten Richter statt durch die Kammer selbst oder die Anhörung im Wege der Rechtshilfe dürften für das Rechtsbeschwerdegericht nur dann relevant sein, wenn nicht auszuschließen ist, dass die Entscheidung hierauf beruht, zB die Möglichkeit besteht, dass sich bei der Verschaffung eines persönlichen Eindrucks eine für den Betroffenen günstigere Entscheidung ergeben hätte. In einem solchen Fall ist daher ggf. nur die Entscheidung des Beschwerdegerichts, nicht aber die Haftanordnung aufzuheben, damit dieses die Verfahrenshandlung nunmehr erneut korrekt vornehmen kann. 14

6. Vorführung des Betroffenen

Nach § 33 Abs. 3 Satz 1 kann gegen einen Beteiligten, der zu einem Termin nicht erscheint, durch Beschluss ein Ordnungsgeld verhängt werden. Eine Vorführung ist nach Satz 3 nur bei einem wiederholten, unentschuldigten Fernbleiben möglich. In Abweichung hiervon kann gegen einen Betroffenen, der einem Anhörungstermin nach § 420 fernbleibt, die **sofortige Vorführung** angeordnet werden. Vollstreckt wird eine entsprechende Anordnung gem. § 86 Abs. 1 Nr. 1 iVm. § 87 Abs. 3 durch den Gerichtsvollzieher, der seinerseits polizeiliche Hilfe in Anspruch nehmen kann. Ein Rechtsmittel gegen die Vorführanordnung ist wegen der regelmäßig bestehenden Eilbedürftigkeit nach § 420 Abs. 1 Satz 3 nicht möglich. 15

---

1 BVerfG v. 4.10.2010 – 2 BvR 1825/08, BVerfGK 18, 125; BVerfG v. 12.3.2008 – 2 BvR 2042/05, InfAuslR 2008, 308; BVerfG v. 7.9.2006 – 2 BvR 129/04, InfAuslR 2006, 462; BVerfG v. 13.7.2011 – 2BvR 742/10, NVwZ 2011, 1254.
2 BGH v. 4.3.2010 – V ZB 184/09, FGPrax 2010, 152.
3 BVerfG v. 12.3.2008 – 2 BvR 2042/05, InfAuslR 2008, 308.
4 AA teilweise die zum FEVG ergangene Rspr. OLG Düsseldorf v. 24.10.2007 – I-3 Wx 226/07, OLGReport 2008, 158; OLG Celle v. 3.3.1999 – 17 W 16/99, InfAuslR 1999, 462; OLG Rostock v. 27.3.2006 – 3 W 16/06, OLGReport 2006, 502; OLG Schleswig v. 9.3.2007 – 2 W 54/07, OLGReport 2007, 495.

7. Gründe für ein Unterbleiben der Anhörung des Betroffenen (Absatz 2)

16 Die Voraussetzungen unter denen ausnahmsweise von einer persönlichen Anhörung des Betroffenen abgesehen werden kann, entsprechen denen des früheren § 5 Abs. 2 Satz 1 FEVG. Falls hiernach eine Anhörung unterbleiben kann, ist gem. § 419 Abs. 1 Satz 2 zwingend ein **Verfahrenspfleger** zu bestellen. Der Anwendungsbereich des Abs. 2 ist sehr beschränkt mit der Folge, dass er nur selten einschlägig ist.

17 Die **erste Alternative** dient zum Schutz psychisch Kranker. Für diese Personen kommt aber primär das Unterbringungsverfahren nach den §§ 312 ff. und nicht das Freiheitsentziehungsverfahren nach den §§ 415 ff. in Betracht. Eine psychisch kranke Person, die polizeirechtlich eine Gefahr für Dritte darstellt, ist normalerweise nach den Landesgesetzen über die Unterbringung psychisch Kranker, die eine medizinische Behandlung in einem Krankenhaus gewährleisten, unterzubringen und nicht lediglich nach Polizeirecht iVm. §§ 415 ff. in einer Haftanstalt oder einer sonstigen Einrichtung zu verwahren.

18 Auch das Unterbleiben einer persönlichen Anhörung im Falle einer ansteckenden Erkrankung des Betroffenen entsprechend der **zweiten Alternative** des Abs. 2 sollte die absolute Ausnahme sein, wenn Schutzvorrichtungen gegen eine Übertragung der Krankheit nicht möglich sind.[1] Falls die technischen Voraussetzungen hierfür vorliegen, sollte vorrangig auch die Möglichkeit einer Videokonferenz gem. § 32 Abs. 3 FamFG iVm. § 128a Abs. 1 ZPO genutzt werden. Wenn gleichwohl ausnahmsweise von einer persönlichen Anhörung abgesehen wird, sollte wegen des tief greifenden Grundrechtseingriffs einer Freiheitsentziehung zumindest eine telefonische Kontaktaufnahme des Richters mit dem Betroffenen erfolgen und nicht lediglich eine Stellungnahme des Verfahrenspflegers eingeholt werden, der sich im Falle einer Ansteckungsgefahr ebenfalls keinen unmittelbaren persönlichen Eindruck von dem Betroffenen verschaffen kann.

II. Anhörung weiterer Personen

1. Anhörung der sonstigen Beteiligten (Absatz 3)

19 Ehegatten, nahe Angehörige oder eine Vertrauensperson sind in Abweichung von dem früheren Rechtszustand nur noch dann anzuhören, wenn sie gem. § 418 Abs. 3 zum Verfahren hinzugezogen sind (s. dazu auch § 418 Rz. 4, 9). Sobald eine derartige Beteiligung erfolgt ist, ist die Anhörung gem. § 420 Abs. 3 Satz 1 auch weiterhin zwingend, es sei denn, dass eine der Alternativen des Satzes 2 vorliegen, also von einer Anhörung abgesehen werden „kann", weil sie nicht ohne erhebliche Verzögerung oder nicht ohne unverhältnismäßige Kosten möglich ist. Satz 2 entspricht dem bisherigen § 5 Abs. 3 Satz 4 FEVG und ist als Ausnahmevorschrift eng auszulegen. Wenn hiernach eine Anhörung unterbleibt, bedarf dies einer Begründung, damit für das Rechtsmittelgericht und die Beteiligten feststellbar ist, ob das Ermessen sachgerecht ausgeübt ist. Ebenso wie bei der Anhörung des Betroffenen stellt die Unterlassung einer verfahrensrechtlich zwingenden Anhörung des Ehegatten einen Verfahrensverstoß dar, der zur Rechtswidrigkeit der Haftanordnung führt[2] und nur für die Zukunft durch ein Nachholen der Verfahrenshandlung im Abhilfeverfahren oder durch das Beschwerdegericht geheilt werden kann (vgl. Rz. 13). Falls eine Beistands- und nicht lediglich eine Begegnungsgemeinschaft der betroffenen Person zu einem Lebensgefährten besteht, kann u.U. – insbesondere für den Fall, dass beide ein gemeinsames Kind haben – auch die Anhörung des Partners, ggf. auch seine förmliche Vernehmung als Zeuge nach § 30 geboten sein. In Abschiebungshaftsachen folgt dies daraus, dass in Umsetzung des Art. 17 der Rückführungsrichtlinie der EU beim Bestehen familiärer Beziehungen gem. § 62 Abs. 1 Satz 2 AufenthG in der ab dem 26.11.2011 geltenden Fassung eine gesonderte Prüfung zu erfolgen hat, ob die Haftanordnung verhältnismäßig ist (dazu § 415 Rz. 18 und § 418 Rz. 5).[3]

---

1 Begr. RegE BT-Drucks. 16/6308, S. 292.
2 BVerfG v. 4.10.2010 – 2 BvR 1825/08, juris; aA BGH v. 21.10.2010 – V ZB 56/10, juris: Heilung ex tunc durch eine Anhörung in der Beschwerdeinstanz möglich.
3 BGH v. 6.12.2012 – V ZB 218/11, FGPrax 2013, 86.

Anders als bei der Anhörung des Betroffenen braucht diejenige der hinzugezogenen sonstigen Beteiligten keine persönliche iSd. § 34 zu sein. Das Gericht kann die sonstigen Beteiligten zwar zu einem Anhörungstermin laden, braucht dies aber nicht. Es reicht daher aus, wenn das Gericht ihnen in irgendeiner Form Gelegenheit zu Äußerung gibt.

2. Gutachten und Anhörung eines ärztlichen Sachverständigen (Absatz 4)

Die Vorschrift des § 420 Abs. 4 entspricht dem früheren § 5 Abs. 4 FEVG und betrifft primär die **Freiheitsentziehung nach dem Infektionsschutzgesetz**.[1] Sie enthält zwei Regelungstatbestände, nämlich zum einen die Vorlage eines ärztlichen Gutachtens als Zulässigkeitsvoraussetzung für den Antrag gem. Satz 2 und zum anderen die Einholung eines Gutachtens durch das Gericht gem. Satz 1.

In Ergänzung zu § 417 Abs. 2 soll die zuständige Verwaltungsbehörde bereits mit ihrem Antrag ein ärztliches Gutachten vorlegen, aus dem sich die Notwendigkeit der Freiheitsentziehung in dem geschlossenen Teil eines Krankenhauses ergibt, und zwar ein zeitnahes. Fehlt das **dem Antrag beizufügende Gutachten** und begründet die Behörde auch nicht, weswegen sie ausnahmsweise von der Regelvoraussetzung abweichen will, oder ist das Gutachten mangelhaft, ist der Antrag nicht ordnungsgemäß. Der Antrag ist deshalb als unzulässig zurückzuweisen, wenn der Mangel trotz Aufforderung nicht behoben wird.[2]

Daneben hat das Gericht nach Satz 1 selbst einen ärztlichen Sachverständigen anzuhören. Die dem Antrag beizufügende ärztliche Äußerung ersetzt also nicht die vom Gericht einzuholende **gutachterliche Äußerung im Verfahren**. Letztere hat auf der Grundlage einer Untersuchung des Betroffenen zu ergehen[3] und kann entweder schriftlich vorgelegt oder in einem Erörterungstermin nach § 32 bzw. einem Anhörungstermin nach § 420 Abs. 1 vorgetragen werden. Da die gutachterliche Äußerung eine maßgebliche Grundlage für die richterliche Entscheidung bildet, hat sie inhaltlich den Anforderungen des § 321 Abs. 1 Satz 1–3 zu entsprechen (s. dazu § 321 Rz. 2 ff.). Hierbei sollte normalerweise eine neue Begutachtung durch einen nicht bereits zuvor für die antragstellende Behörde im Verwaltungsverfahren tätig gewesenen Sachverständigen erfolgen.[4]

Kosten/Gebühren: Gericht: Für die Erstattung des Gutachtens steht dem Arzt eine Vergütung nach dem JVEG zu. Die gezahlte Vergütung ist eine gerichtliche Auslage nach Nr. 31005 KV GNotKG. **RA:** Durch den Anhörungstermin fällt die Terminsgebühr nach Nr. 6301 VV RVG an.

421
Inhalt der Beschlussformel
Die Beschlussformel zur Anordnung einer Freiheitsentziehung enthält auch
1. die nähere Bezeichnung der Freiheitsentziehung sowie
2. den Zeitpunkt, zu dem die Freiheitsentziehung endet.

A. Allgemeines 1	II. Anordnung von Überhaft 5
B. Beschlussinhalt 2	III. Ingewahrsamnahme eines Fußball-Hooligans 6
C. Tenorierungsbeispiele	
I. Normalfall einer Abschiebungshaftanordnung 4	IV. Quarantäne nach § 30 Abs. 2 Infektionsschutzgesetz 7

---

1 Begr. RegE BT-Drucks. 16/6308, S. 292.
2 MüKo.ZPO/*Wendtland*, § 420 FamFG Rz. 13; Marschner/Volckart/*Lesting*, § 420 FamFG Rz. 16; aA Schulte-Bunert/Weinreich/*Dodegge*, § 420 FamFG Rz. 24: Fehlen schadet nicht, aber Gericht muss von Amts wegen alsbald ein Gutachten einholen.
3 Schulte-Bunert/Weinreich/*Dodegge*, § 420 FamFG Rz. 23.
4 MüKo.ZPO/*Wendtland*, § 420 FamFG Rz. 13; aA Keidel/*Budde*, § 420 FamFG Rz. 14, wonach insbesondere bei leitenden Ärzten der Einrichtung der gleiche Gutachter beauftragt werden kann.

A. Allgemeines

1 In § 6 Abs. 1 FEVG war bestimmt, dass das Gericht über die Freiheitsentziehung durch einen mit Gründen versehenen Beschluss entscheidet. Nunmehr finden sich die grundsätzlichen Regeln über die Art der Entscheidung und ihren Inhalt im Allgemeinen Teil. Die Anordnung einer freiheitsentziehenden Maßnahme stellt eine Endentscheidung iSd. § 38 dar, die nach dessen Abs. 1 in Beschlussform zu ergehen hat und deren notwendiger Inhalt in den Abs. 2 bis 6 geregelt ist. § 421 enthält, ähnlich wie § 323 in Unterbringungssachen, ergänzende inhaltliche Anforderungen für die Beschlussformel.

B. Beschlussinhalt

2 Nach § 38 Abs. 2 und 3 hat der Beschluss neben der Bezeichnung der Beteiligten, ihrer gesetzlichen Vertreter und der Bevollmächtigen, der Bezeichnung des Gerichts und der Namen der mitwirkenden Richter die Beschlussformel und eine einzelfallbezogene Begründung zu enthalten, die erkennen lässt, welche tatsächlichen Feststellungen das Gericht seiner Entscheidung zugrunde gelegt hat und welche konkreten Umstände und rechtlichen Erwägungen zu dem tenorierten Ergebnis geführt haben.[1] Wegen des tiefgreifenden Grundrechtseingriffs bedarf es gerade in Freiheitsentziehungssachen einer Abwägung zwischen dem Freiheitsgrundrecht des Betroffenen aus Art. 2 Abs. 2 Satz 2 GG und dem staatlichen Interesse, das der Maßnahme zugrunde liegt. Sofern es sich um eine Ermessensentscheidung handelt, sind die für die Ausübung maßgeblichen Gründe darzulegen. Eine knappe Begründung reicht. Sie muss aber erkennen lassen, ob eine Ermessensausübung überhaupt stattgefunden hat und ob sie fehlerfrei, insbesondere unter Beachtung des Verhältnismäßigkeitsgrundsatzes erfolgt ist.[2] Von einer Begründung kann nach § 38 Abs. 4 Nr. 3 im Falle eines allseitigen Rechtsmittelverzichts abgesehen werden, da Freiheitsentziehungssachen nicht zu den in § 38 Abs. 5 aufgeführten Fällen notwendiger Begründung gehören. Allerdings legt der BGH in Freiheitsentziehungssachen mit Recht einen strengen Maßstab an die Wirksamkeit eines Rechtsmittelverzichts des Betroffenen (näher § 429 Rz. 3a).

3 Die ergänzenden Bestimmungen zur Beschlussformel betreffen zunächst die **Art der Maßnahme** (Nr. 1), die je nach angewandter Rechtsgrundlage für die Freiheitsentziehung möglichst genau zu bezeichnen ist. Wegen des **Endtermins** (Nr. 2) empfiehlt sich die Angabe eines bestimmten Kalendertags, damit etwaige Überschreitungen gesetzlicher Höchstfristen vermieden werden. Allerdings verbleibt in den Fällen, in denen die Freiheitsentziehung als sog. Überhaft im Anschluss an eine strafrechtliche Haft angeordnet wird, nur die Möglichkeit einer Bestimmung nach Wochen oder Monaten (s. näher § 425 Rz. 8–14).

C. Tenorierungsbeispiele

I. Normalfall einer Abschiebungshaftanordnung

4 Gegen den Betroffenen wird – unter Zurückweisung des weitergehenden Antrags – Abschiebungshaft längstens bis zum... (Datum) angeordnet.

Die sofortige Wirksamkeit der Entscheidung wird angeordnet.

II. Anordnung von Überhaft

5 Gegen den Betroffenen wird für die Dauer eines Monats eine im Anschluss an die derzeitige Untersuchungshaft in dem Verfahren... (Aktenzeichen) zu vollziehende Zurückschiebungshaft angeordnet.

Die sofortige Wirksamkeit der Entscheidung wird angeordnet.

---

[1] Marschner/Volckart/*Lesting*, § 421 FamFG Rz. 8.
[2] BGH v. 19.1.2012 – V ZB 221/11, FGPrax 2012, 84; BGH v. 10.5.2012 – V ZB 35/12, juris.

III. Ingewahrsamnahme eines Fußball-Hooligans

Der Betroffene ist längstens bis heute Abend 23:00 Uhr in Polizeigewahrsam zu nehmen.
Die sofortige Wirksamkeit der Entscheidung wird angeordnet.

IV. Quarantäne nach § 30 Abs. 2 Infektionsschutzgesetz

Gegen den Betroffenen wird mit sofortiger Wirkung längstens bis zum ... (Datum) die Unterbringung in der geschlossenen Abteilung des XY-Krankenhauses in ... angeordnet.

6

7

§ 422 Wirksamwerden von Beschlüssen

(1) Der Beschluss, durch den eine Freiheitsentziehung angeordnet wird, wird mit Rechtskraft wirksam.
(2) Das Gericht kann die sofortige Wirksamkeit des Beschlusses anordnen. In diesem Fall wird er wirksam, wenn der Beschluss und die Anordnung der sofortigen Wirksamkeit
1. dem Betroffenen, der zuständigen Verwaltungsbehörde oder dem Verfahrenspfleger bekannt gegeben werden oder
2. der Geschäftsstelle des Gerichts zum Zweck der Bekanntgabe übergeben werden.
Der Zeitpunkt der sofortigen Wirksamkeit ist auf dem Beschluss zu vermerken.
(3) Der Beschluss, durch den eine Freiheitsentziehung angeordnet wird, wird von der zuständigen Verwaltungsbehörde vollzogen.
(4) Wird Zurückweisungshaft (§ 15 des Aufenthaltsgesetzes) oder Abschiebungshaft (§ 62 des Aufenthaltsgesetzes) im Wege der Amtshilfe in Justizvollzugsanstalten vollzogen, gelten die §§ 171, 173 bis 175 und 178 Abs. 3 des Strafvollzugsgesetzes entsprechend, soweit in § 62a des Aufenthaltsgesetzes für die Abschiebungshaft nichts Abweichendes bestimmt ist

A. Allgemeines 1	II. Vollziehung der Freiheitsentziehungsmaßnahme
B. Inhalt der Vorschrift	1. Zuständigkeit der Verwaltungsbehörde (Absatz 3) 8
I. Wirksamwerden von Beschlüssen	2. Art und Weise des Vollzugs
1. Grundregel des Absatzes 1 2	a) Vollzug in einer Justizvollzugsanstalt (Absatz 4) 9
2. Anordnung der sofortigen Wirksamkeit nach Abs. 2 Satz 1	b) Vollzug außerhalb einer Justizvollzugsanstalt 11
a) Voraussetzungen für die Anordnung 3	3. Rechtsmittel bei Maßnahmen im Vollzug 14
b) Wirksamwerden der Entscheidung bei einer Anordnung nach Absatz 2 6	C. Ende der Wirksamkeit 15
c) Anfechtbarkeit der Anordnung der sofortigen Vollziehung 7	

A. Allgemeines

Gem. § 40 Abs. 1 werden Beschlüsse mit Bekanntgabe an den Beteiligten, für den sie ihrem wesentlichen Inhalt nach bestimmt sind, wirksam. Abweichend hiervon ist in § 422 Abs. 1 und 2 bestimmt, dass Entscheidungen, mit denen eine Freiheitsentziehung angeordnet wird, grundsätzlich erst mit Rechtskraft wirksam werden und eine frühere Wirksamkeit eine entsprechende Anordnung voraussetzt. Die Abs. 3 und 4 der Vorschrift enthalten Bestimmungen über den Vollzug von Freiheitsentziehungsmaßnahmen, und zwar mit einer Ergänzung um den letzten Halbs. des Abs. 4 aufgrund des Zweiten Richtlinienumsetzungsgesetzes vom 22.11.2011 (dazu näher Rz. 9a).

1

B. Inhalt der Vorschrift

I. Wirksamwerden von Beschlüssen

1. Grundregel des Absatzes 1

2   Durch Abs. 1 wird entsprechend § 8 Abs. 1 Satz 1 FEVG die Wirksamkeit einer Entscheidung, mit der eine Freiheitsentziehung angeordnet wird, von der **formellen Rechtskraft** abhängig gemacht, dh. sie wird erst dann wirksam, wenn sie durch keine der beschwerdeberechtigten Personen mehr angefochten werden kann.[1] Für alle sonstigen Entscheidungen, die in Freiheitsentziehungssachen ergehen, etwa die Verfahrenspflegerbestellung oder die Aussetzung der Vollziehung, gilt § 422 Abs. 1 nicht. Für diese bleibt es bei der Grundregel des § 40 Abs. 1.[2]

2. Anordnung der sofortigen Wirksamkeit nach Abs. 2 Satz 1

a) Voraussetzungen für die Anordnung

3   Dadurch, dass entsprechend dem früheren § 8 Abs. 1 Satz 2 FEVG in Abs. 2 dem Gericht die Möglichkeit der Anordnung der sofortigen Wirksamkeit eröffnet worden ist, kann die für die Vollstreckung nach Abs. 3 zuständige Verwaltungsbehörde die Maßnahme auch schon vor Rechtskraft vollziehen, allerdings nur bis zu dem in § 421 Nr. 2 bestimmten Endzeitpunkt.

4   Es handelt sich um eine **Ermessensentscheidung**, die grundsätzlich zu begründen ist. Allerdings wird sich nicht selten bereits aus den Gründen für die Freiheitsentziehung selbst nachvollziehbar ergeben können, weswegen das Gericht der Behörde die Möglichkeit der sofortigen Vollziehung gibt, etwa wenn eine Ingewahrsamnahme zur Durchsetzung eines **polizeilichen Platzverweises** erfolgt. Ähnlich verhält es sich in **Abschiebungshaftsachen**. Wegen der bei allen Haftgründen vorauszusetzenden Absicht des Ausländers, sich der Abschiebung zu entziehen, wird das Bedürfnis für eine Anordnung der sofortigen Vollziehung dann bestehen, wenn sich der betroffene Ausländer noch in Freiheit befindet oder wenn seine Freilassung aus der Untersuchungs- oder Strafhaft in einem nahen, noch nicht genau bestimmbaren Zeitpunkt zu erwarten ist.[3] Bei **Freiheitsentziehungen nach dem Infektionsschutzgesetz** wird eine Anordnung dann erfolgen müssen, wenn wegen der von dem Betroffenen ausgehenden Gefahren die Unterbringung dringend geboten ist.[4]

5   Wegen des Regel-Ausnahme-Verhältnisses der Abs. 1 und 2 muss für die Verwaltungsbehörde aufgrund der gerichtlichen Entscheidung zweifelsfrei feststehen, dass sie diese bereits vor Rechtskraft vollziehen darf. Die Anordnung der sofortigen Wirksamkeit hat daher ausdrücklich zu erfolgen. Die Feststellung eines entsprechenden Willens des Gerichts anhand der Umstände, etwa im Hinblick darauf, dass es sich um eine besonders dringliche Maßnahme handelt, reicht nicht.[5] Ggf. mag die Verwaltungsbehörde, wenn es an einer eindeutigen Anordnung fehlt, eine Ergänzung des Beschlusses nach § 43 beantragen.

b) Wirksamwerden der Entscheidung bei einer Anordnung nach Absatz 2

6   In Abs. 2 Satz 2 werden in Anlehnung an die für Unterbringungssachen geltende Vorschrift des § 324 Abs. 2 Satz 2 die Voraussetzungen umschrieben, nach denen bei einer Anordnung der sofortigen Wirksamkeit die Entscheidung, mit der eine Freiheitsentziehung angeordnet wird, wirksam wird. Hierzu bedarf es **alternativ** entweder

---

[1] Schulte-Bunert/Weinreich/*Dodegge*, § 422 FamFG Rz. 3; der materiellen Rechtskraft sind Entscheidungen in Freiheitsentziehungssachen dagegen nicht fähig, BGH v. 18.9.2008 – V ZB 129/08, NJW 2009, 299; OLG Frankfurt v. 10.9.1979 – 20 W 443/79, MDR 1980, 151.
[2] Begr. RegE BT-Drucks. 16/6308, S. 292.
[3] OLG Frankfurt v. 31.10.1994 – 20 W 499/94, InfAuslR 1995, 11.
[4] Vgl. zum Ganzen Marschner/Volckart/*Lesting*, § 422 FamFG Rz. 3.
[5] Bahrenfuss/*Grotkopp*, § 422 FamFG Rz. 3; MüKo.ZPO/*Wendtland*, § 422 FamFG Rz. 3; Marschner/Volckart/*Lesting*, § 422 Rz. 3; aA OLG Zweibrücken v. 30.5.2001 – 3 W 119/01, InfAuslR 2001, 446; Schulte-Bunert/Weinreich/*Dodegge*, § 422 FamFG Rz. 4.

einer **Bekanntgabe** sowohl der Entscheidung in der Hauptsache als auch der Anordnung gegenüber dem Betroffenen und der Verwaltungsbehörde sowie ggf. dem nach § 419 bestellten Verfahrenspfleger (Nr. 1) oder der **Übergabe an die Geschäftsstelle** zum Zweck der Bekanntgabe (Nr. 2). Die erste Alternative bietet sich in der Form der mündlichen Bekanntgabe gem. § 41 Abs. 2 – entsprechend der bisherigen Praxis – vor allem in Abschiebungshaftsachen nach Anhörung des Betroffen an, da im Anhörungstermin regelmäßig ein Dolmetscher anwesend sein wird, der den Beschluss zugleich dem Betroffenen übersetzen kann. Dadurch kann bei Sprachproblemen eine schnelle und zuverlässige Kenntnis des Betroffenen vom genauen Inhalt der gegen ihn ergangenen Entscheidung gewährleistet werden. Zugleich ist damit dem Schutzzweck des Art. 5 Abs. 2 EMRK Rechnung getragen.[1]

c) Anfechtbarkeit der Anordnung der sofortigen Vollziehung

Die Anordnung der sofortigen Vollziehung stellt lediglich eine vorläufige prozessuale Maßnahme neben der in der Hauptsache ergangenen Entscheidung dar. Es handelt sich mithin nicht um eine selbständig anfechtbare Endentscheidung iSd. § 58. Allerdings ist nach Einlegung einer Beschwerde gegen die Entscheidung in der Hauptsache das Beschwerdegericht seinerseits gem. § 64 Abs. 3, 2. Halbs. befugt, die Vollziehung des angefochtenen Beschlusses auszusetzen.[2] Der Betroffene kann dies ggf. mit seiner Beschwerde anregen.

7

II. Vollziehung der Freiheitsentziehungsmaßnahme

1. Zuständigkeit der Verwaltungsbehörde (Absatz 3)

Die Vollziehung der gerichtlichen Entscheidungen, mit denen eine Freiheitsentziehung angeordnet wird, obliegt nicht dem Gericht, sondern entsprechend dem früheren § 8 Abs. 1 Satz 3 FEVG gem. Abs. 3 der Verwaltungsbehörde. Eine gerichtliche Zuständigkeit besteht gem. § 424 nur für den Fall, dass der Vollzug der Maßnahme ausgesetzt werden soll.

8

2. Art und Weise des Vollzugs

a) Vollzug in einer Justizvollzugsanstalt (Absatz 4)

Das FamFG enthält nur für den Fall, dass **Abschiebungs- oder Zurückweisungshaft** angeordnet und diese im Wege der Amtshilfe in Justizvollzugsanstalten vollzogen wird, entsprechend dem früheren § 8 Abs. 2 FEVG in Abs. 4 Regelungen dergestalt, dass die für den Vollzug von Ordnungs-, Sicherungs-, Zwangs- und Erzwingungshaft geltenden Vorschriften der §§ 171, 173 bis 175 und 178 Abs. 3 des Strafvollzugsgesetzes für entsprechend anwendbar erklärt werden. **Hiernach finden grundsätzlich die Vorschriften über den Vollzug von Freiheitsstrafe Anwendung**, soweit sich nicht aus der Eigenart der Haft etwas anderes ergibt (§ 171 StVollzG). Ferner gelten die in den weiteren Vorschriften genannten **Vollzugserleichterungen**. Der Betroffene darf eigene Kleidung, Wäsche und eigenes Bettzeug benutzen, wenn Gründe der Sicherheit nicht entgegenstehen und er für Reinigung, Instandsetzung und regelmäßigen Wechsel auf eigene Kosten sorgt (§ 173 StVollzG). Auch kann er Nahrungs- und Genussmittel sowie Mittel zur Körperpflege in angemessenem Umfang durch Vermittlung der Anstalt auf eigene Kosten erwerben (§ 174 StVollzG). Zu einer Arbeit, Beschäftigung oder Hilfstätigkeit ist er nicht verpflichtet (§ 175 StVollzG). Schließlich dürfen zur Vereitelung einer Flucht oder zur Wiederergreifung grundsätzlich keine Schusswaffen gebraucht werden (§ 178 Abs. 3 Satz 1 StVollzG).

9

Aufgrund des Gesetzes zur Umsetzung aufenthaltsrechtlicher Richtlinien der EU und zur Anpassung nationaler Rechtsvorschriften an den EU-Visakodex vom 22.11. 2011 – Zweites Richtlinienumsetzungsgesetz – wurde in Abs. 4 der letzte Halbs. angefügt.[3] Der hierin in Bezug genommene neu geschaffene § 62a AufenthG enthält auf-

9a

---

1 BayObLG v. 22.10.1975 – 3 Z 128/75, NJW 1976, 483.
2 Marschner/Volckart/*Lesting*, § 422 FamFG Rz. 5.
3 BGBl. I, S. 2011, S. 2258; s. dazu *Deibel*, ZAR 2012, 148; *Basse/Burbaum/Richard*, ZAR 2011, 361.

grund der Art. 15 und 16 der Rückführungsrichtlinie[1] verschiedene Sonderregelungen für den Vollzug von Abschiebungshaft. So soll nach dessen Abs. 1 die Abschiebungshaft grundsätzlich in speziellen Hafteinrichtungen vollzogen werden, wie dies teilweise, zB in Nordrhein-Westfalen mit der JVA Büren, schon seit vielen Jahren der Fall ist. Falls eine solche Einrichtung in einem Land nicht vorhanden ist, sollen die Abschiebungsgefangenen getrennt von Strafgefangenen untergebracht werden. Dabei erfasst der Begriff des „Strafgefangenen" in richtlinienkonformer Auslegung auch solche Personen, die sich in Untersuchungshaft befinden. Es soll insgesamt eine Trennung des Vollzugs der Freiheitsentziehung von Abschiebungshaftgefangenen von strafrechtlich veranlasster Haft erfolgen.[2] Mehrere inhaftierte Angehörige einer Familie sollen unter Gewährleistung eines angemessenen Maßes an Privatsphäre getrennt von den übrigen Abschiebungsgefangenen untergebracht werden. Bei Minderjährigen sind alterstypische Belange zu berücksichtigen (§ 62a Abs. 3 AufenthG), wozu gem. Art. 17 Abs. 3 der Rückführungsrichtlinie zB Gelegenheit zu altersgerechtem Spielen und zur Erholung sowie Zugang zu Bildungseinrichtungen zu geben ist.[3] Den Abschiebungsgefangenen ist es gestattet, mit Rechtsvertretern, Familienangehörigen und den zuständigen Konsularbehörden Kontakt aufzunehmen. Auch sollen auf Wunsch von Abschiebungsgefangenen Mitarbeitern von Hilfs- und Unterstützungsorganisationen Besuche gestattet werden (§ 62a Abs. 2, 4 AufenthG). Schließlich ist eine Pflicht zur Information der Abschiebungsgefangenen über ihre Rechte und Pflichten sowie über die in der Einrichtung geltenden Regeln vorgesehen (§ 62a Abs. 5 AufenthG). Diese Belehrungspflicht ist indes kein Rechtmäßigkeitserfordernis für die Haftanordnung, sondern betrifft nur den Vollzug der Abschiebungshaft.[4]

10 Ansprüche eines Ausländers auf Taschengeld nach dem Asylbewerberleistungsgesetz bestehen während der Haft in vollem Umfang weiter.[5]

b) Vollzug außerhalb einer Justizvollzugsanstalt

11 Wird Abschiebungshaft oder eine sonstige Freiheitsentziehung **außerhalb einer Justizvollzugsanstalt** vollzogen, gilt zunächst die Sonderregelung des § 62a AufenthG. Grundrechtseinschränkungen, die über die Freiheitsentziehung hinausgehen, etwa eine Postkontrolle, sind nur zulässig, wenn es hierfür eine gesetzliche Grundlage gibt.[6]

12 Für **Abschiebungshaftsachen** gibt es entsprechende Vorschriften in folgenden Bundesländern:
Berlin erlaubt in seinem Gesetz über den Abschiebungsgewahrsam v. 12.10.1995[7] grundsätzlich ohne Beschränkungen den Versand und den Erhalt von Briefen, Paketen und anderer Post, den Empfang von Geschenken, den Einkauf in der Anstalt sowie unter Berücksichtigung der vorhandenen Möglichkeiten und der Gleichbehandlung Telefonate. Im Einzelfall kann allerdings bei einer Gefährdung der Sicherheit oder Ordnung Postkontrolle angeordnet werden. Urlaub oder Ausgang wird nicht gewährt.
Ähnliches gilt in **Brandenburg**, wo das Abschiebungshaftvollzugsgesetz v. 19.3.1995[8] detaillierte sonstige Regelungen enthält, etwa über die soziale Betreuung, die religiöse Betätigung und die Freizeitgestaltung sowie die zur Aufrechterhaltung der Sicherheit und Ordnung im Einzelfall zulässigen Zwangsmaßnahmen.

---

1 ABl. EU L 348 v. 24.12.2008, S. 98.
2 LG München I v. 13.3.2012 – 13 T 1606/12, InfAuslR 2012, 227.
3 Gesetzesbegründung BR-Drucks. 210/11, S. 66.
4 BGH v. 19.9.2012 – V ZB 73/12, juris.
5 VG Berlin v. 8.8.1994 – 17 A 219.94, InfAuslR 1994, 369; VG Bayreuth v. 3.3.1995 – B 3 E 95.82, juris.
6 BVerfG v. 14.3.1972 – 2 BvR 41/71, NJW 1972, 811.
7 GVBl. Berlin 1995, S. 657.
8 GVBl. I Brandenburg 1995, S. 98.

In **Bremen** sind nach dem Gesetz über den Abschiebungsgewahrsam v. 4.12.2001[1] ebenfalls grundsätzlich freier Postverkehr, der Austausch von Geschenken, der Erwerb von Waren und Telefonate möglich und Beschränkungen im Einzelfall zulässig.

Dagegen haben **Rheinland-Pfalz** in seinem Landesaufnahmegesetz v. 21.12.1993[2] und das **Saarland** in dem Gesetz über den Vollzug von Abschiebungshaft außerhalb von Justizvollzugsanstalten v. 23.6.1994[3] entsprechend § 422 Abs. 4 im Wesentlichen die dort genannten Bestimmungen des StVollzG für anwendbar erklärt.

Bei der Freiheitsentziehung in einem Krankenhaus nach dem **Infektionsschutzgesetz** enthält dessen § 30 Abs. 3 Regelungen über die Maßnahmen, die der Betroffene zu dulden hat, zB die Abnahme und Verwahrung von Gegenständen oder eine Postkontrolle in seinem Beisein. Weitergehende Grundrechtseingriffe sind unzulässig.[4]

3. Rechtsmittel bei Maßnahmen im Vollzug

Da die Verwaltungsbehörde für den Vollzug der Freiheitsentziehung zuständig ist, ist für Rechtsmittel des Betroffenen gegen die Art und Weise des Vollzugs bzw. einzelne im Vollzug getroffene Maßnahmen grundsätzlich der **Verwaltungsrechtsweg** eröffnet.[5] Dies gilt aber nur dann, wenn der Vollzug außerhalb von Justizvollzugsanstalten erfolgt. Bei einer Vollziehung nach § 422 Abs. 4 unter Anwendung des Strafvollzugsgesetzes sind die **Strafvollstreckungskammern der Landgerichte** zuständig.[6]

Bei alledem geht es allerdings nur um Einzelmaßnahmen im Vollzug, etwa die Art und Weise der Unterbringung, die Freizeitgestaltung, die Gesundheitsfürsorge usw. Dagegen ist wegen der Unterbringung selbst, einschließlich einer etwaigen Aussetzung des Vollzugs (§ 424) sowie einer etwaigen Aufhebung der Freiheitsentziehung wegen Fortfalls der Voraussetzungen (§ 426) im Verfahren nach dem FamFG zu entscheiden.[7] Das Gleiche gilt auch dann, wenn ein Abschiebungshaftgefangener nach § 62a AufenthG gemeinsam mit Strafgefangenen untergebracht wird[8] oder wenn die jetzt ebenfalls in § 62a AufenthG normierten Voraussetzungen, die bei dem Vollzug von Sicherungshaft gegenüber Minderjährigen zu beachten sind, nicht gewahrt werden können; denn in einem solchen Fall ist die Anordnung der Haft nicht mehr verhältnismäßig, wie der BGH mehrfach betont hat.[9]

C. Ende der Wirksamkeit

Die Wirksamkeit der Entscheidung über eine freiheitsentziehende Maßnahme endet, falls sie nicht zuvor verlängert wird, mit dem Ablauf der gem. § 425 Abs. 1 festgesetzten Frist oder der Aufhebung des Anordnungsbeschlusses gem. § 426 Abs. 1. Nach allgemeiner Meinung macht zudem eine Entlassung des Betroffenen durch die vollziehende Verwaltungsbehörde die Anordnung der Freiheitsentziehung gegenstandslos mit der Folge, dass es für eine weitere Freiheitsentziehung einer erneuten gerichtlichen Entscheidung bedarf. Streitig ist es, ob dies auch dann gilt, wenn der Betroffene entweicht oder die Einrichtung eigenmächtig verlässt. Richtigerweise

---

1 Brem. GBl. 2001, S. 405.
2 GVBl. Rheinland-Pfalz 1993, S. 627.
3 Amtsblatt des Saarlandes 1994, S. 1214.
4 Marschner/Volckart/*Lesting*, § 422 FamFG Rz. 12.
5 KG v. 22.7.1977 – 1 W XX B 2585/77, InfAuslR 1985, 9; LG Berlin v. 2.3.1999 – 84 T XIV 29/99 B, InfAuslR 1999, 239; Bahrenfuss/*Grotkopp*, § 422 FamFG Rz. 11.
6 Bahrenfuss/*Grotkopp*, § 422 FamFG Rz. 10; MüKo.ZPO/*Wendtland*, § 422 FamFG Rz. 9; Marschner/Volckart/*Lesting*, § 422 FamFG Rz. 8.
7 Keidel/*Budde*, § 422 Rz. 9).
8 LG München I, v. 13.3.2012 – 13 T 1606/12, InfAuslR 2012, 227.
9 BGH v. 11.10.2012 – V ZB 154/11, FGPrax 2013, 38; BGH v. 8.5.2012 – V ZB 41/12, juris mit Feststellung der Rechtswidrigkeit der Inhaftierung eines minderjährigen, unbegleiteten Ausländers wegen der Nichteinhaltung der Voraussetzungen des § 62a AufenthG mit kurzer Bezugnahme auf einen in der gleichen Sache ergangenen Aussetzungsbeschluss v. 7.3.2012, NVwZ 2012, 775.

wird man in diesen Fällen die ursprüngliche Anordnung nicht als „verbraucht" ansehen können, so dass die Verwaltungsbehörde den Betroffenen wieder in die Einrichtung zurückführen kann.[1]

16 In **Abschiebungshaftsachen** gibt es zwei Fälle, in denen eine Haftanordnung **kraft Gesetzes wirkungslos** wird. Zum einen endet gem. **§ 14 Abs. 3 Satz 3 AsylVfG** die Abschiebungshaft eines Ausländers, der nach der Inhaftierung einen Asylantrag stellt, spätestens vier Wochen nach Eingang des Asylantrags beim Bundesamt, sofern nicht ein Auf- oder Wiederaufnahmeersuchen an einen anderen Vertragsstaat des Schengen-Übereinkommens gerichtet wurde oder der Asylantrag vor Fristablauf als unbeachtlich oder offensichtlich unbegründet zurückgewiesen wurde. Maßgeblich ist insofern nicht der Zeitpunkt des Erlasses des Bescheids, sondern wegen der §§ 31 Abs. 1 Satz 2 AsylVfG, 43 Abs. 1 VwVfG der Zeitpunkt der Zustellung an den Betroffenen. Die Frist ist sowohl von der Ausländerbehörde wie auch von der Vollzugseinrichtung zu überwachen.[2] Zum anderen gilt gem. **§ 62 Abs. 32 Satz 4 AufenthG** bei einer gescheiterten Abschiebung die Haftanordnung nur dann fort, wenn der Betroffene das Scheitern selbst herbeigeführt hat, sei es auch ohne Verschulden, etwa aufgrund einer plötzlichen Erkrankung.[3] Ist dies nicht der Fall bedarf es einer erneuten Haftanordnung, die regelmäßig zu erlassen ist, wenn auch die Behörde das Scheitern der Abschiebung nicht zu vertreten hat, weil zB ein Flug ausgefallen ist, und die Voraussetzungen des § 62 Abs. 3, 4 AufenthG für eine Haftanordnung weiter vorliegen. Liegt der Grund für das Scheitern der Abschiebung in der Sphäre der Behörde ist dagegen eine erneute Haftanordnung regelmäßig unverhältnismäßig.[4]

423 *Absehen von der Bekanntgabe*
Von der Bekanntgabe der Gründe eines Beschlusses an den Betroffenen kann abgesehen werden, wenn dies nach ärztlichem Zeugnis erforderlich ist, um erhebliche Nachteile für seine Gesundheit zu vermeiden.

1 Nach § 6 Abs. 4 FEVG konnte bei einer Gesundheitsgefährdung die Bekanntgabe der gerichtlichen Entscheidung über die Freiheitsentziehung insgesamt unterbleiben. Nunmehr ist in Ergänzung zu § 41 nur noch ein **Absehen von einer Bekanntgabe der Gründe** möglich, weil für den Gesetzgeber Fälle, in denen von einer Bekanntgabe der Entscheidung selbst abgesehen werden kann, praktisch nicht denkbar waren.[5] Die Vorschrift dient dem Schutz des Betroffenen und entspricht inhaltlich den für das Betreuungs- und Unterbringungsrecht geltenden Vorschriften (§ 288 Abs. 1, § 325 Abs. 1). Praktisch werden wird sie in Freiheitsentziehungssachen im derzeitigen Anwendungsbereich der §§ 415ff. (s. dazu § 415 Rz. 3–5) wohl eher selten, da die Eingriffsermächtigungen sich nicht speziell auf psychisch kranke Personen beziehen.

2 Da es sich bei der Entschließung über die Nichtbekanntgabe nicht um eine Endentscheidung handelt, ist sie nicht anfechtbar. Wegen der hiermit verbundenen Verkürzung des rechtlichen Gehörs des Betroffenen, sind die Gründe aber einer Vertrauensperson (§ 418 Abs. 3 Nr. 2) bekanntzugeben. Falls der Betroffene keine benannt hat, ist ein Verfahrenspfleger nach § 419 Abs. 1 zu bestellen (s. näher zu der gleich gelagerten Konstellation im Betreuungsrecht § 288 Rz. 6–12). Auch ist die Entschließung zu begründen.[6]

---

1 Marschner/Volckart/*Lesting*, § 422 Rz. 13; Schulte-Bunert/Weinreich/*Dodegge*, § 422 FamFG Rz. 11; aA Keidel/*Budde*, § 422 FamFG Rz. 10.
2 OLG Köln v. 11.6.2007 – 16 Wx 130/07, FGPrax 2007, 297; Keidel/*Budde*, § 422 FamFG Rz. 12.
3 BGH v. 7.5.2010 – V ZB 121/10, juris; Keidel/*Budde*, § 422 FamFG Rz. 13f.
4 Keidel/*Budde*, § 422 FamFG Rz. 15; enger Marschner/Volckart/*Lesting*, § 422 FamFG Rz. 15 und HK-AuslR/*Kessler*, § 62 AufenthG Rz. 38: Auch bei einem Scheitern, das von der Behörde nicht zu vertreten ist, ist eine erneute Haftanordnung nur dann verfassungskonform, wenn die abgebrochene Abschiebung binnen kürzester Frist nachgeholt werden kann.
5 Begr. RegE BT-Drucks. 16/6308, S. 293.
6 Marschner/Volckart/*Lesting*, § 423 FamFG Rz. 2.

§ 424 Aussetzung des Vollzugs

(1) Das Gericht kann die Vollziehung der Freiheitsentziehung aussetzen. Es hat die Verwaltungsbehörde und den Leiter der Einrichtung vorher anzuhören. Für Aussetzungen bis zu einer Woche bedarf es keiner Entscheidung des Gerichts. Die Aussetzung kann mit Auflagen versehen werden.

(2) Das Gericht kann die Aussetzung widerrufen, wenn der Betroffene eine Auflage nicht erfüllt oder sein Zustand dies erfordert.

A. Allgemeines 1	C. Wirksamwerden der Entscheidung .. 6
B. Inhalt der Vorschrift	D. Rechtsmittel gegen die Ablehnung
I. Zuständigkeit und Verfahren 2	einer Aussetzung oder den Widerruf . 7
II. Widerruf 4	

A. Allgemeines

Die Vorschrift ist an § 328 angelehnt und ersetzt den früheren § 10 Abs. 3 FEVG. **1** Die nach früherem Recht nur mögliche Beurlaubung fällt nunmehr unter die Aussetzung der Vollziehung nach Abs. 1 Satz 1. Große praktische Bedeutung wird die Aussetzung der Vollziehung – anders als bei der Unterbringung psychisch kranker Menschen, in der die schon nach bisherigem Recht gem. § 70k FGG mögliche Aussetzung sich als ein taugliches Mittel erwiesen hat, um das Verhalten des Betroffenen zu erproben – nicht haben. Längerfristige Freiheitsentziehungen in Verfahren nach § 415 ff. sind insbesondere Abschiebungshaftsachen, bei denen Vollzugsaussetzungen schon deswegen idR ausscheiden, weil bei allen Haftgründen des § 62 Abs. 3 Satz 1 AufenthG Feststellungen zur Absicht des Ausländers, sich der Abschiebung zu entziehen, notwendig sind und die Haft daher schon unzulässig oder nicht mehr zulässig ist, wenn die Entziehungsabsicht offensichtlich fehlt.[1] Solange aber eine Gefahr des Untertauchens nicht ausgeräumt ist, wird kaum eine Aussetzung der Vollziehung in Betracht kommen. Als Anwendungsbereich bleiben daher nur die Fälle, in denen die Voraussetzungen für eine Freiheitsentziehung zwar fortbestehen, der Zweck der Maßnahme aber durch eine Unterbrechung nicht gefährdet wird.[2]

B. Inhalt der Vorschrift

I. Zuständigkeit und Verfahren

Nach Abs. 1 Satz 1 „kann" das Gericht die Aussetzung der Vollziehung der Freiheitsentziehung anordnen. Es handelt sich daher um eine **Ermessensentscheidung**, **2** die das Gericht unter Berücksichtigung des Zwecks der Freiheitsentziehung und des Grundsatzes der Verhältnismäßigkeit zu treffen hat.[3] Dies gilt auch für das Beschwerdegericht, solange die Sache dort anhängig ist.[4] Über Aussetzungen bis zu einer Woche kann die Verwaltungsbehörde nach Satz 3 selbst entscheiden, braucht dies aber nicht zu tun, sondern kann auch für eine solche kurzfristige Aussetzung der Vollziehung eine gerichtliche Entscheidung anregen.[5] Die Aussetzung kann nach Abs. 1 Satz 4 mit **Auflagen** versehen werden, und zwar sowohl diejenige durch das Gericht wie auch eine von der Behörde in eigener Zuständigkeit bewilligte.

Anders als nach der Sollvorschrift des § 10 Abs. 3 Satz 1, 2. Halbs. FEVG aF ist die **3** **vorherige Anhörung der Verwaltungsbehörde und des Leiters der Einrichtung** nunmehr nach Abs. 1 Satz 2 zwingend. Eine Anhörung des Betroffenen ist gesetzlich nicht vorgesehen und steht daher im Ermessen des Gerichts. Sie sollte im Regelfall erfolgen, um dem Gericht eine möglichst breite Tatsachengrundlage für die zu tref-

---

1 BVerfG v. 13.7.1994 – 2 BvL 12/93 ua., InfAuslR 1994, 342.
2 MüKo.ZPO/*Wendtland*, § 424 FamFG Rz. 2.
3 Keidel/*Budde*, § 424 FamFG Rz. 6; aA Marschner/Volckart/*Lesting*, § 424 FamFG Rz. 2; Schulte-Bunert/Weinreich/*Dodegge*, § 424 FamFG Rz. 9.
4 Keidel/*Budde*, § 424 FamFG Rz. 3; Marschner/Volckart/*Lesting*, § 424 FamFG Rz. 1.
5 Marschner/Volckart/*Lesting*, § 424 FamFG Rz. 3.

fende Prognoseentscheidung zu verschaffen, ob eine Aussetzung verantwortet werden kann und welche Auflagen ggf. zu treffen sind.

II. Widerruf

4 Bei dem Widerruf der Aussetzung der Vollziehung (Abs. 2) handelt es sich ebenfalls um eine Ermessensentscheidung des Gerichts oder der Verwaltungsbehörde, falls sie in eigner Zuständigkeit die Aussetzung der Vollziehung bis zu einer Woche angeordnet hatte. In ihrem sachlichen Gehalt entspricht die Vorschrift der Regelung in § 328 Abs. 2. Sie stellt in der zweiten Alternative auf den Gesundheitszustand des Betroffenen ab und setzt in der ersten Alternative die Nichterfüllung einer Auflage voraus. Hierzu dürften die zu § 49 Abs. 2 Nr. 2 VwVfG entwickelten Grundsätze entsprechend anwendbar sein. Ein fehlendes Verschulden des Betroffenen hindert zwar nicht unbedingt einen Widerruf, kann aber bei der Ausübung des Ermessens von Bedeutung sein. Maßgeblich ist das öffentliche Interesse an der Durchsetzung des mit der Auflage verbundenen Zwecks. Verlangt die Auflage ein Unterlassen, zB bei der Aussetzung des Vollzugs einer Freiheitsentziehung nach dem Infektionsschutzgesetz das Verbot, bestimmte Einrichtungen oder Versammlungen zu besuchen, berechtigt der Verstoß gegen das Verbot regelmäßig zum Widerruf.[1]

5 Die zweite Alternative, dass der Zustand des Betroffenen einen Widerruf erfordert, wurde aus dem Unterbringungsrecht übernommen (§ 70k Abs. 2 FGG aF) und entspricht § 328 Abs. 2 FGG. Auf die Kommentierung hierzu wird verwiesen (dort Rz. 11).

C. Wirksamwerden der Entscheidung

6 Für das Wirksamwerden von Entscheidungen über die Aussetzung der Vollziehung gilt die allgemeine Regel des § 40 Abs. 1. Sie werden also mit Bekanntgabe an den Betroffenen wirksam. § 422 Abs. 1 ist nicht einschlägig, da es sich nicht um die Anordnung einer Freiheitsentziehung handelt (s. auch § 422 Rz. 2).[2]

D. Rechtsmittel gegen die Ablehnung einer Aussetzung oder den Widerruf

7 Mit den nach Abs. 1 oder 2 zu treffenden **gerichtlichen Ermessensentscheidungen** wird abschließend darüber entschieden, ob die Vollziehung auszusetzen ist oder nicht, welche Auflagen ggf. anzuordnen sind und ob die Voraussetzungen für einen Widerruf vorliegen. Es handelt sich daher um Endentscheidungen iSd. § 58, die **mit der Beschwerde anfechtbar** sind.[3] Dagegen ist die Rechtsbeschwerde nur im Falle einer Zulassung statthaft, da es sich nicht um Entscheidungen handelt, mit denen eine Freiheitsentziehung iSd. § 70 Abs. 3 Satz 2 angeordnet wird.

8 Hat die **Verwaltungsbehörde** in eigener Zuständigkeit nach Abs. 1 Satz 3 für den Betroffenen nachteilig entschieden, zB die Aussetzung mit einer Auflage versehen oder eine von ihr angeordnete Aussetzung widerrufen, ist eine etwaige Anfechtungsmöglichkeit in den §§ 415 ff. nicht geregelt; insbesondere ist die richterliche Prüfung nach § 428 nicht einschlägig. In diesen Fällen dürfte daher der **Verwaltungsrechtsweg** gegeben sein.[4]

9 Kosten/Gebühren: **Gericht:** Für die Aussetzung des Vollzugs entstehen keine Gebühren.

§ 425 Dauer und Verlängerung der Freiheitsentziehung
(1) In dem Beschluss, durch den eine Freiheitsentziehung angeordnet wird, ist eine Frist für die Freiheitsentziehung bis zur Höchstdauer eines Jahres zu

---

[1] Vgl. Stelkens/Bonk/*Sachs*, § 49 VwVfG Rz. 50.
[2] AA Marschner/Volckart/*Lesting*, § 424 FamFG Rz 7.
[3] Bahrenfuss/*Grotkopp*, § 424 FamFG Rz. 6; aA MüKo.ZPO/*Wendtland*, § 424 FamFG Rz. 4.
[4] Marschner/Volckart/*Lesting*, § 424 FamFG Rz. 3, 7; MüKo.ZPO/*Wendtland*, § 424 FamFG Rz. 5; Schulte-Bunert/Weinreich/*Dodegge*, § 424 FamFG Rz. 12; aA Keidel/*Budde*, § 424 FamFG Rz. 5: Antrag auf gerichtliche Entscheidung nach § 424.

bestimmen, soweit nicht in einem anderen Gesetz eine kürzere Höchstdauer der Freiheitsentziehung bestimmt ist.
(2) Wird nicht innerhalb der Frist die Verlängerung der Freiheitsentziehung durch richterlichen Beschluss angeordnet, ist der Betroffene freizulassen. Dem Gericht ist die Freilassung mitzuteilen.
(3) Für die Verlängerung der Freiheitsentziehung gelten die Vorschriften über die erstmalige Anordnung entsprechend.

A. Überblick	3. Fristbestimmung und -berechnung
I. Regelungsgegenstand 1	a) Grundsatz 8
II. Normzweck 2	b) Problem der Anordnung von „Überhaft" 9
B. Inhalt der Vorschrift	c) Lauf richterlicher und gesetzlicher Fristen 12
I. Dauer der Freiheitsentziehung	
1. Jahresfrist des Absatzes 1 3	II. Folge des Fristablaufs (Absatz 2) ... 15
2. Spezialgesetzliche Fristen in Abschiebungshaftsachen 4	III. Verlängerung der Freiheitsentziehung (Absatz 3) 16

A. Überblick

I. Regelungsgegenstand

Die Norm regelt als **Auffangtatbestand** die Dauer der Freiheitsentziehung und ihrer Verlängerung. Spezialgesetzliche Regelungen haben daher Vorrang. § 425 hat seinen Vorläufer in §§ 9, 12 FEVG, von denen aber in einigen Punkten abgewichen wird. So entsprechen zwar die Abs. 1 und 2 weitgehend dem § 9 FEVG, indes ist durch die Streichung der Wörter „von Amts wegen" nunmehr bestimmt, dass das Gericht nur auf Antrag über eine Verlängerung der Freiheitsentziehung entscheidet.[1] Entsprechend der in § 329 für Unterbringungsverfahren getroffenen Regelung gelten nach Abs. 3, anders als nach § 12 FEVG, nunmehr die Vorschriften über die erstmalige Anordnung ausnahmslos.

1

II. Normzweck

Durch die Festlegung einer bestimmten Frist für eine Freiheitsentziehung, dem Verlängerungsverfahren und der Pflicht für die Verwaltungsbehörde, den Betroffenen nach Fristablauf freizulassen, soll gewährleistet werden, dass Freiheitsentziehungen immer richterliche Anordnungen zugrunde liegen. Sichergestellt ist dies in der Praxis gleichwohl nicht, insbesondere für den Fall, dass neben einer richterlich bestimmten Dauer der Freiheitsentziehung eine kürzere gesetzliche Frist zu beachten ist. Dies ist etwa der Fall, wenn nach Anordnung von Abschiebungshaft der Betroffene aus der Haft heraus einen Asylantrag stellt. In einem derartigen Fall steht zwar unter bestimmten Voraussetzungen der Asylantrag der Haft zunächst nicht entgegen. Nach § 14 Abs. 3 Satz 3 AsylVfG endet die Abschiebungshaft mit der Zustellung der Entscheidung des Bundesamtes für Migration und Flüchtlinge, spätestens jedoch vier Wochen nach Eingang des Asylantrags beim Bundesamt, es sei denn, es wurde nach EU-Recht oder aufgrund eines völkerrechtlichen Vertrags ein Auf- oder Wiederaufnahmeersuchen an einen anderen Staat gerichtet oder der Asylantrag wurde als unbeachtlich oder offensichtlich unbegründet abgelehnt (s. § 422 Rz. 16). Die hiernach auch in Fällen längerer richterlicher Frist uU maßgebliche gesetzliche Vier-Wochen-Frist findet indes nicht immer Beachtung.[2]

2

---

1 Begr. RegE BT-Drucks. 16/6308, S. 293.
2 Exemplarisch zB der Fall OLG Köln v. 11.6.2007 – 16 Wx 130/07, OLGReport 2007, 792.

B. Inhalt der Vorschrift

I. Dauer der Freiheitsentziehung

1. Jahresfrist des Absatzes 1

3   Abs. 1 enthält eine **Höchstfrist**, die idR nicht ausgeschöpft werden darf und nur selten praktisch werden wird. Freiheitsentziehungen nach dem BPolG und den Polizeigesetzen der Länder werden idR von ihrer Rechtnatur her nur von kurzer Dauer sein. Im Hauptanwendungsfall der §§ 415 ff., der Verhängung von Abschiebungshaft, kommt § 425 ohnehin nicht zum Tragen, weil § 62 AufenthG und § 14 Abs. 3 Satz 3 AsylVfG die nachstehend (Rz. 4–7) erläuterten Sonderregelungen enthalten. Es bleibt nur die Freiheitsentziehung nach dem Infektionsschutzgesetz, bei der sich unter Beachtung der Frist des Abs. 1 die Dauer an der voraussichtlichen Behandlung, bezogen auf den Wegfall der Ansteckungsgefahr, zu orientieren hat.[1]

2. Spezialgesetzliche Fristen in Abschiebungshaftsachen

4   Zur Vorbereitung einer beabsichtigten **Ausweisung** eines Ausländers kann unter den in § 62 Abs. 2 AufenthG umschriebenen Voraussetzungen zur Vorbereitung der Ausweisung **Vorbereitungshaft bis zur Dauer von sechs Wochen** angeordnet werden.

5   Der Sicherung der **Abschiebung** eines ausreisepflichtigen Ausländers dient die **Sicherungshaft** nach § 62 Abs. 3 und 4 AufenthG. Hiernach besteht zunächst die Möglichkeit gem. Abs. 2 Satz 1 die sog. **kleine Sicherungshaft für längstens zwei Wochen** zu verhängen, falls eine dem Ausländer gesetzte Ausreisefrist abgelaufen ist und feststeht, dass die Abschiebung durchgeführt werden kann, zB wenn bereits ein bestimmter Flug gebucht ist. Im Übrigen setzt die Anordnung von Abschiebungshaft voraus, dass einer der in Abs. 2 Satz 1 Nr. 1 bis 5 aufgeführten Haftgründe vorliegt. Sicherungshaft ist nach Abs. 2 Satz 4 unzulässig, wenn feststeht, dass aus Gründen, die der Ausländer nicht zu vertreten hat, die Abschiebung **nicht innerhalb der nächsten drei Monate** durchgeführt werden kann. Ansonsten ist nach Abs. 3 eine Anordnung von **bis zu sechs Monaten** möglich, die um höchstens **ein Jahr** verlängert werden kann, wenn der Ausländer seine Abschiebung verhindert. Insgesamt ist hiernach **Sicherungshaft bis zu 18 Monaten möglich**. All dies sind indes Höchstfristen, die aus Gründen der Verhältnismäßigkeit und wegen des Beschleunigungsgebotes normalerweise nicht ausgeschöpft werden dürften. In der Praxis üblich sind je nach Fallkonstellation Fristen von sechs Wochen bis zu drei Monaten, die ggf. zu verlängern sind, wenn es zB zu Verzögerungen bei der Beschaffung von Passersatzpapieren kommt.

6   In Fällen, in denen eine **Zurückschiebung** eines Ausländers nach einer unerlaubten Einreise erfolgen soll, gelten die Vorschriften des § 62 AufenthG über § 57 Abs. 3 AufenthG entsprechend. Da in derartigen Fällen die Vorbereitung weniger Zeit in Anspruch nimmt, insbesondere wenn der Ausländer wegen eines Aufenthaltstitels in einem anderen Staat nach Art. 2, 3 des Schengener Durchführungsübereinkommens zurückgeschoben werden soll, wird idR nur eine Sicherungshaft bis zu einem Monat erforderlich sein. Ähnlich verhält es sich bei der **Zurückweisung eines Ausländers an der Grenze**. Für die auch in einem derartigen Fall gem. § 15 Abs. 5 AufenthG mögliche Anordnung von Sicherungshaft gelten zwar auch die Fristen des § 62 Abs. 4 AufenthG entsprechend. UU reicht aber hier eine Dauer der Haft von nur einigen Stunden, zB bei der Einreise auf dem Luftweg wegen einer Rückflugmöglichkeit am nächsten Morgen.[2]

7   Stellt ein Ausländer, der sich in Untersuchungs-, Straf-, Vorbereitungshaft nach § 62 Abs. 2 AufenthG oder in näher umschriebenen Fällen einer Sicherungshaft nach § 62 Abs. 3 Satz 1 AufenthG befindet, **aus der Haft heraus einen Asylantrag**, so ist sowohl von der Verwaltungsbehörde wie auch vom Gericht die Frist von vier Wochen des § 14 Abs. 3 Satz 3 AsylVfG zu beachten (s. auch Rz. 2 und § 422 Rz. 16).

---

1 Begr. RegE BT-Drucks. 16/6308, S. 293.
2 Vgl. zu einer entsprechenden Konstellation OLG Köln v. 1.7.2008 – 16 Wx 76/08, FGPrax 2008, 277.

3. Fristbestimmung und -berechnung

a) Grundsatz

Nach § 425 Abs. 1 ist der Fristablauf **kalendermäßig** festzulegen.[1] Dies bedeutet, dass der Ablauf der Freiheitsentziehungsmaßnahme und damit zugleich der Zeitpunkt einer etwaigen Freilassung oder Verlängerungsentscheidung zumindest bestimmbar sein müssen. Es bedarf hiernach einer im Hinblick auf den grundgesetzlich garantierten Schutz der persönlichen Freiheit (Art. 2 Abs. 1, 104 GG) ausreichend klaren und eindeutigen Grundlage für Anordnung, Dauer und Vollzug einer freiheitsentziehenden Anordnung.[2] Hieran fehlt es zB, wenn die Frist „**ab Ergreifung**" in Gang gesetzt werden soll.[3] Eine solche Anordnung hätte die Wirkung eines Haftbefehls, der ebenso wie eine auf Vorrat angeordnete Sicherungshaft im Verfahren nach den §§ 415 ff. gerade nicht vorgesehen ist.[4]

b) Problem der Anordnung von „Überhaft"

In Abschiebungshaftsachen war es lange Zeit umstritten, ob eine sog. Überhaft, nämlich eine für eine bestimmte Dauer, zB für drei Monate, angeordnete **Haft im Anschluss an eine Untersuchungs- oder Strafhaft** zulässig ist. Hierzu hat der BGH auf Vorlage nach § 28 Abs. 2 FGG gemeint, eine solche Anordnung von Abschiebungshaft erst im Anschluss an die bestehende Untersuchungshaft sei hinreichend bestimmt und biete eine zuverlässige Grundlage hinsichtlich der Dauer der Abschiebungshaft für den Betroffenen und die Vollzugsorgane. Zwar ergäben sich Haftbeginn und Haftende nicht unmittelbar aus der Haftanordnung selbst, weil der Beginn der Abschiebungshaft vom Ende der Untersuchungshaft abhängig gemacht sei. Mit Beendigung der in der Haftanordnung bezeichneten Untersuchungshaft stehe jedoch der Haftbeginn in einer Weise fest, dass für den Vollzug insoweit Zweifel nicht bestehen könnten. Mit der Anordnung der anschließenden Abschiebungshaft bis zur möglichen Abschiebung, längstens jedoch für die Dauer von drei Monaten, sei auch das Haftende zweifelsfrei bestimmt.[5] Diese Rspr. hat der BGH für die Fristbestimmung nach den §§ 421 Nr. 3, 425 Abs. 1 beibehalten.[6]

Verneint hat der BGH dagegen die kalendermäßige Bestimmtheit einer Abschiebungshaftanordnung, deren Eintritt nicht lediglich ab einer bereits bestehenden Untersuchungshaft, sondern auch von einer erwarteten, aber noch nicht verhängten Strafhaft abhängig sein sollte. Dies hat er zutreffend damit begründet, dass der Haftrichter in seine Entscheidung über die Dauer der Haft nur ihm bereits bekannte, nicht aber möglicherweise demnächst eintretende Tatsachen einbeziehen könne.[7] In der Folgezeit ist die gerichtliche Praxis entsprechend diesen Vorgaben des BGH verfahren.[8]

Allerdings ist zu beachten, dass die materiellrechtlichen Voraussetzungen für die Abschiebungshaft bereits bei deren Anordnung vorliegen müssen, etwa das gem. § 72 Abs. 4 AufenthG erforderliche **Einvernehmen der Staatsanwaltschaft** (s. auch § 417 Rz. 6b).[9] Ferner sind in die Berechnung von Fristen, bei deren Ablauf die Anordnung bzw. Aufrechterhaltung von Abschiebungshaft unzulässig ist, andere Haftzeiten, insbesondere Untersuchungshaftzeiten, einzurechnen. Die Sicherungshaft soll nicht dazu dienen, es der Ausländerbehörde zu ermöglichen, den Ausgang eines längeren Ermittlungs- oder Strafverfahrens erst einmal abzuwarten. Die Ausländerbehörde ist

---

1 Begr. RegE BT-Drucks. 16/6308, S. 293.
2 BGH v. 19.10.1989 – V ZB 9/89, NJW 1990, 1417 = MDR 1990, 230.
3 BGH v. 9.6.2011 – V ZB 26/11, juris; KG v. 12.9.1996 – 25 W 5611/96, KGReport 1997, 22 = FGPrax 1997, 74.
4 *Drews*, NVwZ 2012, 392 (395).
5 BGH v. 9.3.1995 – V ZB 7/95, NJW 1995, 1898 = MDR 1995, 536.
6 BGH v. 4.3.2010 – V ZB 222/09, FGPrax 2010, 154.
7 BGH v. 11.5.1995 – V ZB 13/95, NJW 1995, 2226 = MDR 1995, 1080.
8 Vgl. zB OLG München v. 9.1.2006 – 34 Wx 181/05, OLGReport 2006, 159.
9 BGH v. 17.6.2010 – V ZB 93/10, NVwZ 2010, 1574; BGH v. 3.2.2011 – V ZB 224/10, juris.

vielmehr gehalten, bereits während der Vollstreckung der Untersuchungshaft die ihr möglichen und notwendigen Vorbereitungen für die beabsichtigte Abschiebung zu treffen.[1] Dies gilt insbesondere für die **Frist des § 62 Abs. 3 Satz 2 AufenthG**, wonach die Anordnung von Sicherungshaft unzulässig ist, wenn aus Gründen, die der Ausländer nicht zu vertreten hat, die Abschiebung nicht innerhalb von drei Monaten durchgeführt werden kann. Steht daher bereits bei Entscheidung über den Antrag auf Sicherungshaft oder im Zeitpunkt der Entscheidung des Beschwerdegerichts fest, dass die strafrechtliche Haft die Drei-Monats-Frist überschreiten wird, ist die Haftanordnung bzw. die weitere Aufrechterhaltung der Haft unzulässig.[2] Ohne Anordnung von Überhaft läuft während der Vollstreckung der strafrechtlichen Haft die für die Abschiebungshaft bestimmte Frist weiter. Deshalb ist, sofern die materiellrechtlichen Voraussetzungen hierfür vorliegen, bei deren drohenden Ablauf ggf. ein Verlängerungsverfahren nach Abs. 3 notwendig.[3] Ist die in der ursprünglichen Haftanordnung bestimmte Frist im Zeitpunkt der Entlassung aus der strafrechtlichen Haft abgelaufen, ist dieser wirkungslos geworden mit der Folge, dass es eines neuen Haftantrags der zuständigen Behörde bedarf, der die Anforderungen des § 417 Abs. 2 Satz 2 erfüllt.[4]

c) Lauf richterlicher und gesetzlicher Fristen

12   Bei einer **richterlichen Freiheitsentziehungsanordnung** finden über § 16 Abs. 2 iVm. § 222 Abs. 1 ZPO die §§ 187 Abs. 1, 188 Abs. 2, 1. Alt. BGB Anwendung. Eine nach Monaten bemessene Frist für die Freiheitsentziehung endet daher mit Ablauf desjenigen Tages des letzten Monats, der durch seine Zahl dem Tag der Haftanordnung entspricht.[5] So endet beispielsweise eine am 3. Januar angeordnete freiheitsentziehende Maßnahme am 3. April (s. auch § 16 Rz. 20).

13   Anders ist es dagegen bei den **gesetzlichen Fristen** des § 425 Abs. 2 und des § 62 Abs. 3 Satz 2, 4, Abs. 4 AufenthG, nach denen die Freiheitsentziehung „bis zu" einem bestimmten Zeitpunkt oder „längstens" bzw. „höchstens" für eine bestimmte Dauer angeordnet werden darf. Da der Endzeitpunkt innerhalb des entsprechenden Zeitraums liegen muss, handelt es sich um Fristen nach §§ 187 Abs. 2, 188 Abs. 2, 2. Alt. BGB mit der Folge, dass der erste Tag der Haft mitzurechnen ist, also zB bei einer richterlichen Entscheidung am 3. Januar die Frist von drei Monaten des § 62 Abs. 3 Satz 4 AufenthG bereits am 2. April endet.[6]

14   Es kann daher durchaus vorkommen, dass mit einer nach Monaten oder Wochen berechneten Freiheitsentziehungsanordnung gesetzliche Höchstfristen um einen Tag überschritten werden.[7] Zur Vermeidung einer derartigen Überschreitung empfiehlt es sich bei der Bestimmung der Frist für die freiheitsentziehende Maßnahme, einen **bestimmten Kalendertag** anzugeben, an dem die Haft endet.[8] In der Praxis üblich ist es deswegen auch, dass bei einem Antrag der Verwaltungsbehörde auf Anordnung von Abschiebungshaft für die Dauer von drei Monaten, über den am 3. Januar entschieden wird, nicht der bei einer antragsgemäßen Entscheidung mögliche Endzeitpunkt 3. April bestimmt, sondern Haft nur bis zum 2. April angeordnet wird. In Fällen der Anordnung einer Überhaft im Anschluss an eine Untersuchungshaft (Rz. 9) bleibt allerdings nur eine Fristbestimmung nach Wochen oder Monaten.

---

1 OLG Köln v. 16.12.2002 – 16 Wx 252/02, OLGReport 2003, 205 u. v. 24.5.2002 – 16 Wx 91/02, OLG-Report 2002, 364; OLG Düsseldorf v. 22.10.2007 – I-3 Wx 218/07, OLGReport 2008, 123 = FGPrax 2008, 87.
2 LG Verden v. 26.4.2012 – 3 T 23/12, InfAuslR 2012, 425; OLG München v. 24.5.2005 – 34 Wx 52/05, OLGReport 2005, 439.
3 Marschner/Volckart/*Lesting*, § 425FamFG Rz. 4.
4 BGH v. 1.4.2011 u. 9.6.2011 – V ZB 26/11, juris.
5 BayObLG v. 26.5.1998 – 3Z BR 134/98, BayObLGZ 1998, 130.
6 BayObLG v. 4.11.1993 – 3Z BR 260/93, BayObLGZ 1993, 361.
7 Exemplarisch der Fall OLG Hamm v. 8.1.2007 – 15 W 285/06, OLGReport 2007, 568.
8 Keidel/*Budde*, § 425 FamFG Rz. 3.

II. Folge des Fristablaufs (Absatz 2)

Erfolgt innerhalb der richterlich festgesetzten Frist keine Entscheidung über die Verlängerung der freiheitsentziehenden Maßnahme, ist der Betroffene von der Verwaltungsbehörde oder, falls diese nicht tätig wird, von der Vollzugseinrichtung in eigener Verantwortung zu entlassen.[1] Dies gilt auch dann, wenn während der richterlichen Frist eine kürzere gesetzliche Frist abläuft, etwa nach Anordnung von Abschiebungshaft für die Dauer von drei Monaten, ein Asylantrag gestellt wird und die Frist von vier Wochen des § 14 Abs. 3 Satz 3 AsylVfG endet.[2] Die Entlassung ist dem Gericht mitzuteilen.

15

III. Verlängerung der Freiheitsentziehung (Absatz 3)

Wie bereits ausgeführt (Rz. 1) gelten für die Verlängerung einer freiheitsentziehenden Maßnahme die Vorschriften über die erstmalige Anordnung entsprechend. Es bedarf also insbesondere eines neuen Antrags der Verwaltungsbehörde, der den Anforderungen des § 417 entspricht und der dem Betroffenen vor der Anhörung in vollständiger Abschrift auszuhändigen ist (dazu § 417 Rz. 8a).[3] Insbesondere bedarf es in Abschiebungshaftsachen einer erneuten Darlegung nach § 417 Abs. 2 Nr. 5 der Tatsachen, aus denen sich die Verlassenspflicht und die Voraussetzungen für die Abschiebung des Betroffenen ergeben. Diese Antragsbegründung hat zumindest nachvollziehbare Ausführungen dazu zu enthalten, inwieweit sich die maßgebenden Umstände gegenüber dem früheren Haftantrag geändert haben.[4] Wegen der nach § 417 Abs. 2 Nr. 5 darzulegenden Tatsachen ist zwar eine Bezugnahme auf den ursprünglichen Antrag möglich, aber nur dann, wenn dieser dem Betroffenen ausgehändigt worden war.[5] Auch ist eine erneute persönliche Anhörung des Betroffenen sowie ggf. die Hinzuziehung weiterer Beteiligter nach § 418 Abs. 3 erforderlich.[6] Kann dies nicht innerhalb der laufenden Frist geschehen, kommt nur eine eA nach § 427 in Betracht mit einer Pflicht des Gerichts, die Anhörung unverzüglich nachzuholen.[7] Da für eine solche einstweilige Regelung ein „dringendes Bedürfnis" bestehen muss und ein Nachholen der Anhörung nur bei „Gefahr im Verzug" möglich ist, wird ein Verlängerungsantrag zurückzuweisen sein, wenn der Antrag erst kurz vor Fristablauf gestellt wird und die Ursache für die Verspätung im Bereich der Verwaltungsbehörde liegt.[8] Eine eA scheidet auch dann aus, wenn aus Gründen, die im Einflussbereich des Gerichts liegen, dieses nicht rechtzeitig vor Ablauf der ursprünglichen Dauer der Freiheitsentziehung über einen Verlängerungsantrag entscheiden kann, etwa weil ein Anhörungstermin verschoben werden muss, nachdem das Gericht sich nicht unverzüglich nach Eingang eines Verlängerungsantrags um die Beiziehung eines Dolmetschers bemüht hatte.[9]

16

Besondere Bedeutung kommt bei Verlängerungsanträgen der Prüfung der **Verhältnismäßigkeit** der Maßnahme zu. So bewirkt etwa in Abschiebungshaftsachen eine Verlängerung der Haft, die nicht nur kurzfristig, sondern für mehrere Wochen notwendig wird und auf einer für die Ausländerbehörde vermeidbaren Verzögerung bei der Abschiebung beruht, einen nicht erforderlichen und damit unverhältnismäßigen Eingriff in das Freiheitsgrundrecht des Betroffenen.[10] Der in Umsetzung der Rückführungsrichtlinie der EU neu geschaffene § 62 Abs. 1 AufenthG in der ab dem 26.11.2011 geltenden Fassung, mit dem der Verhältnismäßigkeitsgrundsatz eine ge-

16a

---

1 Begr. RegE BT-Drucks. 16/6308, S. 293.
2 OLG Köln v. 11.6.2007 – 16 Wx 130/07, OLGReport 2007, 792.
3 BGH v. 30.8.2012 – V ZB 47/12, juris; BGH v. 11.10.2012 – V ZB 232/11, juris.
4 BGH v. 28.4.2011 – V ZB 252/10, juris.
5 BGH v. 11.10.2012 – V ZB 232/11, juris; BGH v. 6.12.2012 – V ZB 224/11, FGPrax 2013, 87.
6 OLG Köln v. 14.12.2007 – 16 Wx 250/07, FGPrax 2008, 136.
7 OLG Karlsruhe v. 26.1.2001 – 14 Wx 109/00, InfAuslR 2001, 179.
8 OLG Düsseldorf v. 12.1.1996 – 3 Wx 1/96, InfAuslR 1996, 146; AG Zweibrücken v. 18.5.2001 – XIV 1283 B, InfAuslR 2001, 349.
9 LG Mannheim v. 17.2.2011 – 4 T 19/11, InfAuslR 2011, 206.
10 BGH v. 18.11.2010 – V ZB 121/10, juris.

§ 426 Verfahren in Freiheitsentziehungssachen

sonderte einfachgesetzliche Ausprägung erhalten hat (s. § 415 Rz. 18), gilt nicht nur für die ursprüngliche Haftanordnung, sondern auch für Verlängerungsanträge.

17   In Abschiebungshaftsachen hat die Verwaltungsbehörde einen etwaigen Wechsel in der örtlichen Zuständigkeit infolge einer **Abgabe nach § 106 Abs. 2 Satz 2 AufenthG** zu beachten. Die Verweisung auf die Vorschriften über die erstmalige Anordnung führt dazu, dass auch § 416 Satz 2 gilt mit der Folge, dass auch ohne eine solche Abgabe vorrangig das Gericht, in dem die Freiheitsentziehung vollzogen wird, zuständig ist (s. auch § 416 Rz. 3).[1]

18   **Kosten/Gebühren: Gericht:** Für das Verfahren über die Verlängerung entstehen die gleichen Gebühren wie für das Verfahren über die erstmalige Freiheitsentziehung (s. Anm. zu § 415). **RA:** Vertritt ein RA einen Beteiligten im Verfahren, stehen ihm Gebühren nach den Nrn. 6300 bis 6303 VV RVG zu (Betragsrahmengebühren). Die Gebühren entstehen für jeden Rechtszug.

426 *Aufhebung*

(1) Der Beschluss, durch den eine Freiheitsentziehung angeordnet wird, ist vor Ablauf der nach § 425 Abs. 1 festgesetzten Frist von Amts wegen aufzuheben, wenn der Grund für die Freiheitsentziehung weggefallen ist. Vor der Aufhebung hat das Gericht die zuständige Verwaltungsbehörde anzuhören.
(2) Die Beteiligten können die Aufhebung der Freiheitsentziehung beantragen. Das Gericht entscheidet über den Antrag durch Beschluss.

A. Allgemeines 1	II. Beteiligte 7
B. Voraussetzungen für eine Aufhebung 3	III. Wirksamwerden der Entscheidung . . 9
C. Aufhebungsverfahren	D. Rechtsmittel 10
I. Verfahrensablauf 4	

A. Allgemeines

1   Die Freiheitsentziehung nach den §§ 415 ist immer an den Zweck gebunden, der ihrer Anordnung zugrunde liegt. Fällt dieser Zweck vor Ablauf der prognostizierten und festgesetzten Frist weg, hat dies die Folge, dass die Anordnung **unverzüglich** auch schon vor Ablauf der festgesetzten Frist durch das Gericht aufzuheben ist, und zwar von Amts wegen.[2] Eine derartige **Amtspflicht zur Aufhebung** war in dem früheren § 10 Abs. 1 FEVG vorgesehen.

2   In § 10 Abs. 2 FEVG war weiter bestimmt, dass **Anträge der am Verfahren Beteiligten** auf jeden Fall zu prüfen und zu bescheiden waren. Der RegE zum FamFG sah dagegen nur noch eine Aufhebung von Amts wegen vor, während das Antragsrecht von Beteiligten wegfallen sollte, weil das Gericht ohnehin bei entsprechenden Anhaltspunkten eine etwaige Aufhebung zu prüfen habe und es durch den Fortfall in der Verfahrensgestaltung freier sei.[3] Nachdem sich hieran im Verlauf des Gesetzgebungsverfahrens Kritik entzündet hatte und zwar mit Recht, weil nur durch ein förmliches Antragsrecht mit einer Pflicht des Gerichts zur Bescheidung und einer Überprüfungsmöglichkeit im Instanzenzug effektiver Rechtsschutz möglich ist, wurde auf Vorschlag des Rechtsausschusses des Bundestags in Abs. 2 eine Nachfolgeregelung für den bisherigen § 10 Abs. 2 FEVG geschaffen.[4]

---

1 MüKo.ZPO/*Wendtland*, § 416 FamFG Rz. 8; *Hoppe*, ZAR 2009, 209 (211); aA Bahrenfuss/*Grotkopp*, § 426 FamFG Rz. 6; Keidel/*Budde*, § 425 FamFG Rz. 12; Marschner/Volckart/*Lesting*, § 425 FamFG Rz. 7: Zuständigkeit des Gerichts, das die Erstentscheidung getroffen hat.
2 BGH v. 18.9.2008 – V ZB 129/08, NJW 2009, 299.
3 Begr. RegE BT-Drucks. 16/6308, S. 293.
4 Beschlussempfehlung des Rechtsausschusses v. 23.6.2008, BT-Drucks. 16/9733, S. 299.

B. Voraussetzungen für eine Aufhebung

Die Vorschrift betrifft **sämtliche freiheitsentziehenden Maßnahmen** iSd. § 415.[1] Damit sind auch eA gem. § 427 hiervon erfasst und es hat auf einen entsprechenden Antrag hin eine erneute umfassende Prüfung zu erfolgen, ob die Voraussetzungen für die Anordnung (noch) vorliegen. In der obergerichtlichen Rspr. zu § 10 FEVG wurde die Frage, ob ein Aufhebungsantrag nur auf neue Umstände oder auch auf Einwände gegen die Anordnung der Freiheitsentziehung gestützt werden kann, unterschiedlich beurteilt. Der BGH hat sich im Rahmen einer Vorlage nach § 28 Abs. 2 FGG der Meinung angeschlossen, die eine umfassende erneute Überprüfung für zulässig hält. Er hat dies zutreffend damit begründet, nur ein solches weites Verständnis werde dem Zweck des Aufhebungsverfahrens gerecht. Dieses ziele darauf ab, eine sachlich nicht gerechtfertigte Inhaftierung zur Verwirklichung der Freiheitsgarantien des Art. 104 GG umgehend zu beenden. Unter diesem Aspekt sei es unerheblich, ob sich die fehlende Berechtigung der Inhaftierung aus neuen Umständen oder daraus ergebe, dass sie nicht hätte angeordnet werden dürfen. Entscheidungen über die Anordnung der Haft seien nur der formellen, nicht der materiellen Rechtskraft fähig. Die damit einhergehende mehrfache Prüfung sei bei einer Freiheitsentziehung nicht zu vermeiden. Die **Fortdauer einer Freiheitsentziehung** sei nicht nur dann **unverhältnismäßig**, wenn der Grund für ihre Anordnung weggefallen ist, sondern in gleicher Weise, wenn eine erneute Prüfung ergebe, dass er (doch) nicht vorgelegen habe.[2] Daran hält der BGH trotz des abweichenden Wortlauts wegen des Zwecks der Norm in st. Rspr. auch zu § 426 fest. Allerdings kann durch einen Aufhebungsvertrag nicht die formelle Rechtskraft der Haftanordnung durchbrochen werden. Deshalb ist nur eine Aufhebung der Haft für die Zukunft möglich.[3] Entsprechendes gilt, wenn nach Zurückweisung eines Aufhebungsantrags und Erledigung der Hauptsache ein **Fortsetzungsfeststellungsantrag** gestellt wird. In einem solchen Fall kann das Rechtsmittelgericht die Feststellung der Rechtsverletzung erst ab Eingang des Aufhebungsantrags treffen (s. auch § 429 Rz. 9 f.).[4]

C. Aufhebungsverfahren

I. Verfahrensablauf

Zuständig für eine Aufhebung ist das Gericht, bei dem nach den Grundsätzen des § 416 das Verfahren anhängig ist. Im Falle einer Abgabe nach § 106 Abs. 2 Satz 2 AufenthG ist dies das Gericht des Haftortes, an das abgegeben wurde (s. § 416 Rz. 3 f.).[5] Ggf. ist auch das Beschwerdegericht gehalten, eine ursprünglich rechtmäßige Freiheitsentziehungsmaßnahme von Amts wegen daraufhin zu überprüfen, ob der Grund für deren Anordnung nachträglich entfallen ist.[6]

In der Ausgestaltung des Aufhebungsverfahrens ist das Gericht frei. Es entscheidet daher nach pflichtgemäßem Ermessen, welche Verfahrenshandlungen es vornimmt, insbesondere ob eine Anhörung des Betroffenen durchgeführt wird. Letzteres wird aber idR erforderlich sein, wenn es einen Aufhebungsantrag des Betroffenen ablehnen will.[7] Entsprechendes gilt für einen Aufhebungsantrag des Verfahrenspflegers oder einer der Personen, die durch Hinzuziehung im Interesse des Betroffenen gem. § 418 Abs. 3 im Verfahren über die Anordnung beteiligt worden sind.

---

1 Keidel/*Budde*, § 426 FamFG Rz. 1.
2 BGH v. 18.9.2008 – V ZB 129/08, NJW 2009, 299.
3 ZB BGH v. 26.5.2011 – V ZB 214/10, juris; BGH v. 29.11.2012 – V ZB 170/12, InfAuslR 2013, 157.
4 ZB BGH v. 28.4.2011 – V ZB 292/10, juris; BGH v. 11.10.2012 – V ZB 238/11, FGPrax 2013, 39.
5 OLG Hamm v. 1.6.2010 – 15 Sbd 2/10, juris; OLG München v. 30.6.2009 – 34 Wx 24/09, FGPrax 2009, 239; **aA** Keidel/*Budde*, § 416 FamFG Rz. 1.
6 BVerfG v. 28.11.1995 – 2 BvR 91/95, NVwZ 1996, Beilage 3, S. 17; BGH v. 18.11.2010 – V ZB 121/10, juris.
7 Marschner/Volckart/*Lesting*, § 426 FamFG Rz. 6; MüKo.ZPO/*Wendtland*, § 426 FamFG Rz. 5; Schulte-Bunert/Weinreich/*Dodegge*, § 426 Rz. 9; **aA** Keidel/*Budde* § 426 FamFG Rz. 7.

6 Sind **Aufhebungsgründe evident**, zB wenn aus der Haft heraus ein Asylantrag gestellt war und innerhalb der Frist von vier Wochen des § 14 Abs. 3 Satz 3 AsylVfG keine Entscheidung des Bundesamtes für Migration und Flüchtlinge ergangen ist, ist eine Aufhebung ohne weiteres möglich. Allerdings ist im Falle einer beabsichtigten Aufhebung nunmehr gem. Abs. 1 Satz 2 – anders als noch nach § 10 Abs. 1 FEVG – zuvor die zuständige Verwaltungsbehörde zwingend anzuhören. Zweckmäßigerweise geschieht dies per Telefon, Fax oder E-Mail, was bei einem evidenten Aufhebungsgrund ohnehin idR dazu führen wird, dass die Behörde eine Entlassung des Betroffenen veranlasst und sich dadurch eine gerichtliche Entscheidung erübrigt.

II. Beteiligte

7 Für eine **Aufhebung von Amts** wegen gem. Abs. 1 ist das Gericht, abgesehen von der Beteiligung der Verwaltungsbehörde vor einer Aufhebung nach Satz 2, frei, welche weiteren Personen es hinzuzieht. Es kann hiervon im Falle einer Aufhebung gänzlich absehen, aber auch neben dem Betroffenen die nach § 418 Abs. 2 und 3 im Verfahren über die Anordnung der Freiheitsentziehung beteiligten Personen anhören. Wegen der fehlenden gesetzlichen Vorgaben hat das Gericht auch die Möglichkeit, eine im Anordnungsverfahren unterbliebene Bestellung eines Verfahrenspflegers oder die Beteiligung des Ehegatten bzw. einer der sonstigen in § 418 Abs. 3 genannten Personen nachzuholen.

8 Im **Antragsverfahren** nach Abs. 2 sind alle notwendigen Beteiligten, also der Betroffene und die Verwaltungsbehörde sowie alle Personen, die im Verfahren über die Anordnung der Freiheitsentziehung kraft Hinzuziehung gem. § 418 Abs. 2 und 3 beteiligt worden sind, antragsberechtigt und damit beteiligt. Dies gilt auch dann, wenn die Hinzuziehung erst im Rechtsmittelverfahren erfolgt ist. Die Verwaltungsbehörde kann auch zugunsten des Betroffenen tätig werden, indem sie einen Aufhebungsantrag stellt, und wird sogar hierzu verpflichtet sein, wenn ihr Umstände bekannt werden, die den Wegfall der Voraussetzungen für die Freiheitsentziehung begründen.[1] IdR wird sie aber in einem solchen Fall den einfacheren und schnelleren Weg gehen und gehen müssen, von sich aus die Entlassung des Betroffenen zu veranlassen.

III. Wirksamwerden der Entscheidung

9 Entscheidungen im Verfahren nach Abs. 1 oder 2 werden gem. § 40 Abs. 1 mit der Bekanntgabe an den Betroffenen, die Verwaltungsbehörde und ggf. einen sonstigen Antragsteller sofort wirksam. § 422 Abs. 1 und 2, wonach die Anordnung einer Freiheitsentziehung erst mit Rechtskraft wirksam wird und eine sofortige Wirksamkeit einer besonderen gerichtlichen Anordnung bedarf, gilt im Aufhebungsverfahren nicht (s. § 422 Rz. 2).[2]

D. Rechtsmittel

10 Die Frage der Anfechtbarkeit stellt sich primär bei der Bescheidung von Aufhebungsanträgen nach Abs. 2. Zum früheren Recht war es in der Rspr. umstritten, ob eine Entscheidung, mit der ein Aufhebungsantrag zurückgewiesen wurde, mit der Beschwerde anfechtbar ist. Der BGH hat dies schließlich bejaht.[3] Nach neuem Recht gilt nichts anderes. Entscheidungen im Aufhebungsverfahren sind Endentscheidungen iSd. § 58, die **mit der Beschwerde anfechtbar** sind. Dies gilt für alle Beteiligten, also auch für die Verwaltungsbehörde, die unabhängig von einer etwaigen Beeinträchtigung eigener Rechte beschwerdebefugt ist, also auch im Falle einer Ablehnung einer von einem anderen Beteiligten beantragten Aufhebung Rechtsmittel einlegen kann (vgl. auch § 429 Rz. 10). Nach Auffassung des BGH ist auch die **Rechtsbeschwerde ohne Zulassung** statthaft. Dies hat er für den Fall entschieden,

---
1 Marschner/Volckart/*Lesting*, § 426 FamFG Rz. 3.
2 Begr. RegE BT-Drucks. 16/6308, S. 292; Keidel/*Budde*, § 426 FamFG Rz.10; aA Bahrenfuss/*Grotkopp*, § 426 FamFG Rz. 5.
3 BGH v. 18.9.2008 – V ZB 129/08, NJW 2009, 299.

dass der Betroffene nach Erledigung der Hauptsache die Feststellung begehrt hat, dass die Zurückweisung eines Antrags auf Aufhebung der Haft rechtswidrig war und dies mit dem Rehabilitierungsinteresse des Betroffenen nach einem Eingriff in sein Freiheitsgrundrecht begründet.[1] Entsprechendes müsste auch dann gelten, wenn die Sicherungshaft noch andauert. Damit wird die Rspr. des BVerfG zum Rechtsschutz nach erledigter Abschiebungshaft[2] zwar weiterentwickelt. Die Auffassung lässt sich indes kaum mit § 70 Abs. 3 Satz 2 in Einklang bringen, weil es sich bei der Zurückweisung eines Haftaufhebungsantrags nicht um eine Entscheidung handelt, mit der eine Freiheitsentziehung angeordnet wird. Von Verfassungs wegen ist zwar gegen die Ablehnung eines Aufhebungsantrags Rechtsschutz geboten, nicht aber ein solcher über drei Instanzen. Ein solcher ist in § 70 Abs. 3 Satz 2 gerade nur für den hier nicht gegebenen Fall der Anordnung einer Freiheitsentziehung eröffnet.

Im Falle eines Tätigwerdens des Gerichts von Amts wegen ist die Verwaltungsbehörde beschwerdebefugt, wenn eine freiheitsentziehende Maßnahme aufgehoben wird. Auch im Rahmen des Abs. 1 sind indes ebenfalls andere Konstellationen denkbar. Wenn etwa eine Person oder Organisation, die nicht iSd. §§ 7, 418 am Verfahren Beteiligte ist und deshalb kein förmliches Antragsrecht hat, eine Aufhebung anregt und das Gericht diese Anregung abschlägig bescheidet, ist sie selbst zwar nicht beschwerdebefugt. Jedoch haben der Betroffene, die Verwaltungsbehörde und die in § 429 Abs. 2 und 3 aufgeführten weiteren Beteiligten ein Beschwerderecht. 11

Kosten/Gebühren: Gericht: Für das Verfahren über die Aufhebung entstehen die gleichen Gebühren wie für das Verfahren über die erstmalige Freiheitsentziehung (s. Anm. zu § 415). **RA:** Vertritt ein RA einen Beteiligten im Verfahren, stehen ihm Gebühren nach den Nrn. 6300 bis 6303 VV RVG zu (Betragsrahmengebühren). Die Gebühren entstehen für jeden Rechtszug. 12

427 Einstweilige Anordnung

(1) Das Gericht kann durch einstweilige Anordnung eine vorläufige Freiheitsentziehung anordnen, wenn dringende Gründe für die Annahme bestehen, dass die Voraussetzungen für die Anordnung einer Freiheitsentziehung gegeben sind und ein dringendes Bedürfnis für ein sofortiges Tätigwerden besteht. Die vorläufige Freiheitsentziehung darf die Dauer von sechs Wochen nicht überschreiten.
(2) Bei Gefahr im Verzug kann das Gericht eine einstweilige Anordnung bereits vor der persönlichen Anhörung des Betroffenen sowie vor Bestellung und Anhörung des Verfahrenspflegers erlassen; die Verfahrenshandlungen sind unverzüglich nachzuholen.

A. Allgemeines 1	III. Verfahren
B. Inhalt der Vorschrift	1. Normalfall des Absatzes 1 5
I. Voraussetzungen einer Eilentscheidung 2	2. Gefahr im Verzug gemäß Absatz 2 . 9
	3. Für die Entscheidung zuständiges Gericht 13
II. Dauer der einstweiligen Freiheitsentziehung 4	C. Rechtsmittel 14

A. Allgemeines

Die Vorschrift enthält in Ergänzung zu den §§ 49 ff. Regelungen für die eA in Freiheitsentziehungssachen und knüpft an die §§ 300 Abs. 1, 331 an. Sie entspricht im Wesentlichen dem früheren § 11 FEVG. Allerdings konnte die in § 11 Abs. 2 Satz 1 FEVG enthaltene Regelung über die entsprechend anzuwendenden Vorschriften wegen § 51 Abs. 2 Satz 1 entfallen. Dies hat die Folge, dass sich das Verfahren über die eA grundsätzlich nach den Vorschriften richtet, die für eine Anordnung in der Hauptsache 1

---

1 BGH v. 7.4.2011 – V ZB 111/10, NVwZ 2011, 1214; BGH v. 28.4.2011 – V ZB 292/10, FGPrax 2011, 200; BGH v. 11.10.2012 – V ZB 232/11, juris.
2 BVerfG v. 5.12.2001 – 2 BvR 527/99 ua., NJW 2002, 2456.

gelten. Insbesondere sind eine **persönliche Anhörung** des Betroffenen und ggf. **eine Verfahrenspflegerbestellung** notwendig.[1] Ausnahmen hiervon sind nur unter den Voraussetzungen des Abs. 2 möglich.

B. Inhalt der Vorschrift

I. Voraussetzungen einer Eilentscheidung

2   Der Erlass einer eA setzt eine **doppelte Gefahrenprognose** voraus. Es müssen
– dringende Gründe für das Vorliegen der Freiheitsentziehungsvoraussetzungen vorliegen und
– ein dringendes Bedürfnis für ein sofortiges Tätigwerden bereits vor Einleitung des Verfahrens in der Hauptsache bestehen.

3   Dabei bedarf es nicht unbedingt des vollen Beweises der Voraussetzungen für eine Freiheitsentziehung. Vielmehr genügt uU eine **erhebliche Wahrscheinlichkeit**.[2] Ein sofortiges Tätigwerden kann etwa veranlasst sein bei einer akuten Ansteckungsgefahr, der nur durch eine Freiheitsentziehung begegnet werden kann, oder wenn die Gefahr besteht, dass ein ausreisepflichtiger Ausländer, der abgeschoben werden soll, (erneut) untertaucht.[3] Ist allerdings der Aufenthaltsort der Person bekannt oder befindet sie sich bereits in Polizeigewahrsam, werden idR bereits die Voraussetzungen für eine Entscheidung in der Hauptsache vorliegen, so dass eine eA nur unter den weiteren Voraussetzungen des Abs. 2 in Betracht kommt; insbesondere wenn wegen Fluchtgefahr von einer vorherigen Anhörung abgesehen werden soll. Ausnahmefälle sind aber denkbar, zB der Fall, dass über einen Abschiebungshaftantrag noch nicht in der Hauptsache entschieden werden kann, weil noch nicht ohne weiteres zu erledigender Aufklärungsbedarf besteht, etwa die gem. § 417 Abs. 2 Satz 3 grundsätzlich einem Abschiebungshaftantrag beizufügende Ausländerakte zurzeit nicht greifbar ist, der Verfahrensbevollmächtigte des Betroffenen verhindert ist (dazu näher § 420 Rz. 8) oder das Gericht es für erforderlich hält, gem. § 418 Abs. 3 nahe Angehörige des Betroffenen oder eine Vertrauensperson zu beteiligen. Bloße zögerliche Handhabungen des Gerichts nach Eingang eines Freiheitsentziehungsantrags, etwa die Notwendigkeit der Verschiebung eines Anhörungstermins, weil das Gericht nicht unverzüglich einen erkennbar notwendigen Dolmetscher geladen hat, rechtfertigen dagegen nicht den Erlass einer eA.[4]

3a Die allgemeinen **verfassungsrechtlichen Anforderungen an die richterliche Sachaufklärung** (s. § 415 Rz. 18a) gelten im Grundsatz auch bei der vorläufigen Freiheitsentziehung. Das Gericht hat deshalb auch in diesem Verfahren eigenverantwortlich zu prüfen, ob die Voraussetzungen einer Freiheitsentziehungsanordnung vorliegen, ob zB ein Ausländer vollziehbar ausreisepflichtig ist. Die Eilbedürftigkeit kann zwar eine Vereinfachung und Verkürzung des gerichtlichen Verfahrens begründen; Abstriche sind aber dann nicht zu rechtfertigen, wenn erforderliche Ermittlungen ohne Gefährdung des Verfahrensziels ohne weiteres durchführbar sind.[5]

II. Dauer der einstweiligen Freiheitsentziehung

4   Die Frist von sechs Wochen des Abs. 1 Satz 2 ist wie diejenige des § 425 Abs. 1 eine **Höchstfrist**, die idR nicht ausgeschöpft werden darf; vielmehr ist die Frist einzelfallbezogen festzusetzen.[6] Die Verwaltungsbehörde bei ihrem Antrag und das Gericht bei seiner Entscheidung haben sich dabei im Wege einer Prognose an der Zeitdauer bis zu einer voraussichtlichen Entscheidung in der Hauptsache zu orientieren. Die

---

1 Begr. RegE BT-Drucks. 16/6308, S. 293.
2 OLG Frankfurt v. 28.10.1997 – 20 W 366/97, InfAuslR 1998, 114; Keidel/*Budde*, § 427 FamFG Rz. 2.
3 BayObLG v. 19.3.1997 – 3Z BR 73/97, NJW 1997, 1713; Marschner/Volckart/*Lesting*, § 427 FamFG Rz. 4.
4 LG Mannheim v. 17.2.2011 – 4 T 19/11, InfAuslR 2011, 206.
5 BVerfG v. 9.2.2012 – BvR 1064/10, InfAuslR 2012, 186.
6 Marschner/Volckart/*Lesting*, § 427 FamFG Rz. 9.

Frist kann zwar innerhalb der Höchstdauer von sechs Wochen verlängert werden, was aber wegen der idR bestehenden Möglichkeit, vorher in der Hauptsache zu entscheiden, kaum praktisch werden wird. Fallen innerhalb der festgesetzten Frist die Gründe für die Anordnung weg, sei es wegen Fortfalls der materiell-rechtlichen Freiheitsentziehungsvoraussetzungen, sei es weil kein Bedürfnis mehr für eine Eilentscheidung besteht, ist die Anordnung aufzuheben. Das zu § 426 Rz. 3 bis 7 Ausgeführte gilt entsprechend.

III. Verfahren

1. Normalfall des Absatzes 1

Da das Verfahren in der Hauptsache wegen § 417 Abs. 1 ein Antragsverfahren ist, ist gem. § 51 Abs. 1 Satz 1 ein gesonderter Antrag für die einstweilige Maßnahme erforderlich. Es gelten wegen § 51 Abs. 2 Satz 1 desweiteren die **Verfahrensgrundsätze der §§ 416 bis 423**. Insbesondere sind für den Anordnungsantrag die Begründungsanforderungen des § 417 Abs. 2 zu beachten. Der Antrag ist daher nur dann zulässig, wenn die zwingenden inhaltlichen Voraussetzungen des § 417 Abs. 2 Satz 2 eingehalten sind (dazu § 417 Rz. 5–7). Allenfalls kann in Abschiebungshaftsachen im Einzelfall von der Vorlage der Ausländerakte oder bei einer Freiheitsentziehung nach dem Infektionsschutzgesetz von der Beifügung eines ärztlichen Gutachtens nach § 420 Abs. 4 Satz 2 abgesehen werden (dazu § 420 Rz. 22). Da es sich um Ausnahmen von gesetzlichen Regelvoraussetzungen handelt, sind sowohl die Nichtvorlage durch die Verwaltungsbehörde als auch die fehlende Notwendigkeit der Beiziehung durch das Gericht einzelfallbezogen zu begründen.

Auch in dem Eilverfahren nach § 427 ist – wie sich aus dem Regel-Ausnahme-Verhältnis der Abs. 1 und 2 ergibt – die **persönliche Anhörung des Betroffenen zwingend**. Dies war schon nach bisherigem Recht so. So waren immer wieder Fälle zu verzeichnen, bei denen die Rechtsmittelgerichte oder das BVerfG wegen Fehlens dieser Verfahrensvoraussetzung die Rechts- bzw. Verfassungswidrigkeit von Freiheitsentziehungsanordnungen feststellen mussten.[1] Ist eine Anhörung vor Erlass der Entscheidung nicht oder nur unter Beeinträchtigung von Verfahrensrechten des Betroffenen (zB Verhinderung eines Verfahrensbevollmächtigten) möglich, verbleibt nur eine eA unter der zusätzlichen Voraussetzung der Gefahr im Verzug gem. Abs. 2. Wegen der Einzelheiten zur persönlichen Anhörung des Betroffenen und den Folgen ihres Fehlens wird auf § 420 Rz. 7–14 verwiesen.

Hinsichtlich der **Beschlussformel** gelten § 421 und die dort unter Rz. 4–7 aufgeführten Tenorierungsbeispiele entsprechend. Es sollte allerdings auch im Tenor zum Ausdruck gebracht werden, dass es sich um eine Eilentscheidung handelt, etwa durch die Formulierung „Gegen den Betroffenen wird im Wege einer eA ... angeordnet." Auch für die Eilentscheidung bedarf es einer **einzelfallbezogenen Begründung**, aus der sich die tatsächlichen Feststellungen sowie die den Beschluss tragenden rechtlichen Erwägungen ergeben.[2]

Auch eA werden grundsätzlich gem. § 422 Abs. 1 erst mit Rechtskraft wirksam. Da sich dies mit dem für die Entscheidung erforderlichen dringenden Bedürfnis für ein sofortiges Tätigwerden schlecht verträgt, wird regelmäßig eine **Anordnung der sofortigen Wirksamkeit** gem. § 422 Abs. 2 geboten sein. Ist der Aufenthalt des Betroffenen unbekannt, wird der Beschluss gem. § 422 Abs. 2 Nr. 2 mit der Übergabe an die Geschäftsstelle zum Zwecke der Bekanntgabe wirksam und kann sodann vollzogen werden.[3]

---

1 Vgl. zB aus neuerer Zeit BVerfG v. 7.9.2006 – 2 BvR 129/04, InfAuslR 2006, 462; KG v. 23.4.2008 – 1 W 48/08, KGReport 2008, 624.
2 BVerfG v. 12.3.2008 – 2 BvR 2042/05, InfAuslR 2008, 308; BVerfG v. 25.9.2009 – 2 BvR 1195/08, NJW 2010, 670.
3 So schon zum früheren Recht OLG Schleswig v. 3.4.2008 – 2 W 54/08, OLGReport 2008, 589.

2. Gefahr im Verzug gemäß Absatz 2

9 Bereits nach § 11 Abs. 2 Satz 2 FEVG konnte bei Gefahr im Verzug von einer persönlichen Anhörung des Betroffenen abgesehen werden, wenn die Verfahrenshandlung unverzüglich nachgeholt wurde. § 427 Abs. 2 erstreckt die Regelung auch auf die Bestellung und Anhörung eines Verfahrenspflegers. Dem liegt die zutreffende Erwägung des Gesetzgebers zugrunde, dass durch die vorherige Beteiligung des Verfahrenspflegers mit der Eilbedürftigkeit nicht verträgliche Verfahrensverzögerungen eintreten könnten.[1]

10 Bei dem Erlass einer eA **mit gesteigerter Dringlichkeit** ohne vorherige persönliche Anhörung des Betroffenen handelt es sich um eine Ausnahme von den ansonsten in Freiheitsentziehungssachen geltenden Verfahrensgarantien. Wenn das Gericht hiervon Gebrauch macht, hat es deshalb die Anwendung der **Ausnahmevorschrift** konkret unter Angabe der jeweiligen tatsächlichen Umstände zu begründen.[2]

11 Die Voraussetzungen des Abs. 2 können insbesondere dann vorliegen, wenn ein Ausländer zur Sicherung einer Abschiebung, für die bereits ein Flug gebucht ist, in Abschiebungshaft genommen werden soll und zu befürchten ist, dass er einer Vorladung nach § 420 Abs. 1 Satz 2 nicht nachkommen wird.[3] Eine Gefahr im Verzuge kann allerdings dann nicht angenommen werden, wenn Termine für einen Rückflug oder für eine geplante Vorführung des Ausländers bei der Botschaft seines Heimatlandes bereits längere Zeit vorher feststehen, die Verwaltungsbehörde den Anordnungsantrag aber erst unmittelbar vor dem Termin stellt.[4]

12 Die nach Abs. 2 erlassene eA steht von vornherein unter dem Vorbehalt, dass die nachträgliche Anhörung keine neuen entscheidungserheblichen Tatsachen erbringt. Ergeben sich solche, ist die Anordnung aufzuheben.[5] Nach Abs. 2, 2. Halbs. ist die zunächst unterbliebene Anhörung unverzüglich nachzuholen. In der Regel wird dies wegen ihrer Bedeutung als eine der zentralen Verfahrensgarantien des Art. 104 Abs. 1 GG und Kernstück der Amtsermittlung in Freiheitsentziehungssachen (s. dazu § 420 Rz. 3) am nächsten Tag geschehen müssen (s. auch § 332 Rz. 5).[6] Nur in besonders gelagerten Fällen kann die Anhörung weiter hinausgeschoben werden.

3. Für die Entscheidung zuständiges Gericht

13 Nach § 50 Abs. 1 ist grundsätzlich das Gericht zuständig, das gem. § 416 in der Hauptsache zuständig wäre. Nach § 50 Abs. 2 kann in besonders dringenden Fällen auch das Gericht zuständig sein, in dessen Bezirk das Bedürfnis für ein gerichtliches Tätigwerden besteht, etwa in dem Fall, dass eine untergetauchte Person aufgegriffen wird. Ist eine Hauptsache bereits anhängig, ist grundsätzlich das Gericht des ersten Rechtszuges maßgeblich, in der Beschwerdeinstanz dagegen das Beschwerdegericht. Dies gilt allerdings nicht für das Rechtsbeschwerdeverfahren. Schwebt die Sache dort, ist nach der Fassung des § 50 Abs. 1 Satz 2 wieder das Gericht des ersten Rechtszuges zuständig.[7] Damit hat der Gesetzgeber eine **Gesetzeslücke** gelassen, die im öffentlichen Interesse alsbald geschlossen werden sollte. Nach früherem Recht war es nämlich einhellige Meinung, dass auch das Rechtsbeschwerdegericht eine eA nach § 11 FEVG erlassen konnte.[8] Hiervon wurde dann Gebrauch gemacht, wenn die Haftanordnung an einem nicht mehr rückwirkend heilbaren Verfahrensmangel litt und deshalb aufzuheben war. Falls unbeschadet des Verfahrensfehlers gleichwohl hinreichende Anhaltspunkte dafür bestanden, dass weiterhin die Voraussetzungen

---

1 Begr. RegE BT-Drucks. 16/6308, S. 293.
2 KG v. 18.11.2008 – 1 W 275/08, KGReport 2009, 79.
3 BVerfG v. 7.9.2006 – 2 BvR 129/04, InfAuslR 2006, 462.
4 BVerfG v. 7.9.2006 – 2 BvR 129/04, InfAuslR 2006, 462; KG v. 23.4.2008 – 1 W 48/08, KGReport 2008, 624.
5 OLG Schleswig v. 3.4.2008 – 2 W 54/08, OLGReport 2008, 589; Marschner/Volckart/*Lesting*, § 427 FamFG Rz. 6.
6 Marschner/Volckart/*Lesting*, § 427 FamFG Rz. 6; Schulte-Bunert/*Dodegge*, § 427 FamFG Rz. 29.
7 Begr. RegE zu § 50, BT-Drucks. 16/6308, S. 200.
8 BayObLG v. 19.3.1997 – 3Z BR 73/97, NJW 1997, 1713.

für eine Freiheitsentziehung vorlagen und insbesondere auch die in Abschiebungshaftsachen idR bereits durch den Haftgrund indizierte Gefahr eines Untertauchens des Betroffenen bestand, konnte das Rechtsbeschwerdegericht seinerseits eine einstweilige Freiheitsentziehungsanordnung erlassen, deren sofortige Wirksamkeit anordnen und die im Rahmen der Eilmaßnahme ausnahmsweise nachträglich mögliche Anhörung des Betroffenen dem Amtsgericht überlassen, bei dem die Sache nach der Aufhebung der ursprünglichen Entscheidung wieder anhängig war. Dies ist nunmehr nicht mehr möglich mit der Folge, dass der Betroffene die prognostizierte Gefahr eines Untertauchens realisieren kann, bevor eine neue Entscheidung des Amtsgerichts ergangen ist (s. auch § 420 Rz. 13).

C. Rechtsmittel

Bei eA der hierfür nach § 50 Abs. 1 allein zuständigen Amts- und Landgerichte handelt es sich um mit der Beschwerde anfechtbare Endentscheidungen iSd. § 58. Es gilt allerdings nicht die Regelfrist von einem Monat. Vielmehr ist die Beschwerde gem. § 63 Abs. 2 Nr. 1 innerhalb einer Frist von zwei Wochen einzulegen. Die Rechtsbeschwerde ist im Anordnungsverfahren gem. § 70 Abs. 4 nicht statthaft, und zwar auch dann nicht, wenn eine einstweilige freiheitsentziehende Maßnahme angeordnet worden war.[1] Entsprechendes gilt, wenn nach Erlass einer eA ein im Beschwerdeverfahren gestellter Antrag auf Feststellung der Rechtswidrigkeit der Anordnung zurückgewiesen wird.[2]

14

Bei der Frage, welches Rechtsmittel statthaft ist und welche Frist ggf. gilt, kommt es alleine auf den objektiven Inhalt der Entscheidung an. Ergibt deren Auslegung, dass tatsächlich eine endgültige Freiheitsentziehung gewollt ist, gelten die hiergegen eröffneten Rechtsmittel und deren Fristen. Dies gilt auch dann, wenn im Tenor die Formulierung „einstweilige Freiheitsentziehung" auftaucht und die erteilte Rechtsmittelbelehrung nicht auf die Monatsfrist nach § 63 Abs. 1 hinweist, sondern auf die für eine eA geltende Frist von zwei Wochen nach § 63 Abs. 2 Nr. 1.[3]

14a

Daneben besteht für den Betroffenen oder sonstige Beteiligte die Möglichkeit, einen Antrag nach § 52 Abs. 2 zu stellen, also das Gericht zu veranlassen, der Behörde eine Frist zur Stellung des Antrags auf Einleitung des Hauptverfahrens zu setzen. Wird die Frist nicht eingehalten, ist die Anordnung nach § 52 Abs. 2 Satz 3 aufzuheben. Unberührt bleibt die Möglichkeit, die Aufhebung der freiheitsentziehenden Anordnung nach § 426 zu beantragen (s. § 426 Rz. 3).

15

Ist die eA vollzogen worden und hat sie sich vor oder nach Einlegung der Beschwerde infolge Zeitablaufs oder in sonstiger Weise erledigt, ist in gleicher Weise wie bei Freiheitsentziehungen aufgrund einer in der Hauptsache ergangenen Entscheidung ein **Fortsetzungsfeststellungsantrag** gem. § 62 Abs. 2 Nr. 1 zulässig, aber nur innerhalb des Beschwerdeverfahrens. Ein außerhalb des Anordnungsverfahrens gestellter (isolierter) Feststellungsantrag ist nicht statthaft.[4]

16

Kosten/Gebühren: Gericht: Für die eA entsteht eine Gebühr nach Nr. 16110 KV GNotKG mit einem Gebührensatz von 0,3. Der Geschäftswert bestimmt sich nach § 36 GNotKG. Der Kostenschuldner bestimmt sich ausschließlich nach § 23 Nr. 15 GNotKG. Für Beschwerden und Rechtsbeschwerden gegen Endentscheidungen wegen des Hauptgegenstands entstehen Gebühren nach den Nummern 15220 bis 15241 KV GNotKG. Als Kostenschuldner kommen der Rechtsmittelführer als Antragsteller (§§ 22 Abs. 1, 25 GNotKG) und der Entscheidungsschuldner (§ 27 Nr. 1 GNotKG) in Betracht. Der Wert bestimmt sich nach § 36 GNotKG. **RA:** Das Verfahren über den Erlass einer eA ist nach § 17 Nr. 4 Buchst. b RVG gegenüber der Hauptsache eine besondere Angelegenheit, für die die Gebühren nach den Nrn. 6300 bis 6303 VV RVG entstehen.

17

---

1 BGH v. 11.11.2010 – V ZB 123/10, juris; BGH v. 13.12.2012 – V ZB 133/12, juris.
2 BGH v. 3.2.2011 – V ZB 128/10, FGPrax 2011, 148.
3 BGH v. 26.1.2012 – V ZB 96/11, juris.
4 BGH v. 20.1.2011 – V ZB 116/10, FGPrax 2011, 143.

§ 428 Verwaltungsmaßnahme; richterliche Prüfung

(1) Bei jeder Verwaltungsmaßnahme, die eine Freiheitsentziehung darstellt und nicht auf richterlicher Anordnung beruht, hat die zuständige Verwaltungsbehörde die richterliche Entscheidung unverzüglich herbeizuführen. Ist die Freiheitsentziehung nicht bis zum Ablauf des ihr folgenden Tages durch richterliche Entscheidung angeordnet, ist der Betroffene freizulassen.
(2) Wird eine Maßnahme der Verwaltungsbehörde nach Absatz 1 Satz 1 angefochten, ist auch hierüber im gerichtlichen Verfahren nach den Vorschriften dieses Buches zu entscheiden.

A. Allgemeines 1	2. Nachholen der richterlichen Entscheidung 5
B. Inhalt der Vorschrift	II. Nachträgliche richterliche Kontrolle (Absatz 2)
I. Freiheitsentziehung ohne richterliche Entscheidung (Absatz 1)	1. Normzweck 7
1. Voraussetzungen für den Behördengewahrsam 2	2. Verfahren 8
	C. Rechtsmittel 11

A. Allgemeines

1 Die Vorschrift entspricht dem früheren § 13 FEVG; Änderungen sind nur redaktioneller Art. In ihrem Abs. 1 regelt sie die Pflicht der Verwaltungsbehörde zur unverzüglichen Nachholung der richterlichen Entscheidung bei einer von ihr veranlassten Freiheitsentziehung. Durch Abs. 2 wird die Rechtsschutzgarantie des Art. 19 Abs. 4 GG für das Freiheitsentziehungsverfahren umgesetzt und es dem Betroffenen ermöglicht, eine nachträgliche richterliche Kontrolle der behördlichen Maßnahme zu erreichen.

B. Inhalt der Vorschrift

I. Freiheitsentziehung ohne richterliche Entscheidung (Absatz 1)

1. Voraussetzungen für den Behördengewahrsam

2 Bei Abs. 1 handelt es sich nicht um eine Rechtsgrundlage iSd. Art. 104 Abs. 1 GG für die Verwaltungsbehörde, eine freiheitsentziehende Maßnahme zu treffen. Es ist eine reine Verfahrensvorschrift, mit der der Behörde für den Fall Pflichten auferlegt werden, dass sie von einer nach materiellem Recht bestehenden Eingriffsermächtigung Gebrauch macht. Solche **Ermächtigungen** finden sich **in den ordnungs- bzw. polizeirechtlichen Vorschriften des Bundes und der Länder** (dazu näher § 415 Rz. 3–5). Teilweise, so in § 40 Abs. 1 BPolG sowie über Verweisungen hierauf in § 21 Abs. 7 BKAG und § 23 Abs. 1 Satz 2 Nr. 8 ZfdG ist die Pflicht zur unverzüglichen Herbeiführung einer richterlichen Entscheidung auch spezialgesetzlich normiert.

3 In **Abschiebungshaftsachen** wurde eine bundesgesetzliche Befugnis für die Verwaltungsbehörde, einen Ausländer zur vorläufigen Sicherung der Abschiebung selbst in Haft zu nehmen, sowohl vom BVerwG wie auch vom BGH verneint.[1] Ein entsprechendes Recht stand ihr daher nur in den Bundesländern zu, in denen es eine entsprechende ordnungsbehördliche Ermächtigungsnorm gibt, etwa in Nordrhein-Westfalen.[2] Mit Wirkung ab dem 28.8.2007 wurde die bisher fehlende bundesgesetzliche Ermächtigungsgrundlage geschaffen, indem § 62 AufenthG um einen Abs. 4 (jetzt Abs. 5) ergänzt wurde. Hiernach ist die für den Haftantrag zuständige Behörde unter bestimmten Voraussetzungen berechtigt, einen Ausländer fest zu halten und vorläufig in Gewahrsam zu nehmen, allerdings mit der Pflicht, unverzüglich eine richterliche Entscheidung herbeizuführen. Da die Befugnis der Behörde nur dann besteht, wenn eine vorherige richterliche Entscheidung über die Anordnung von Sicherungs-

---

[1] BVerwG v. 23.6.1981 – I C 93.76, NJW 1982, 536; BGH v. 1.7.1993 – V ZB 19/93, NJW 1993, 3069.
[2] OLG Köln v. 1.10.2004 – 16 Wx 195/04, NJW 2005, 3361.

haft nicht eingeholt werden kann, kann sie nur für **Spontanfestnahmen** gelten, nicht aber für geplante Freiheitsentziehungen[1] oder die Festnahme nach einer Ausschreibung wegen unbekannten Aufenthalts;[2] denn in derartigen Fällen kann die Behörde zuvor eine eA nach § 427 erwirken. Nur dann, wenn der mit der Freiheitsentziehung verfolgte verfassungsrechtlich zulässige Zweck nicht erreichbar ist, sofern der Festnahme die richterliche Entscheidung vorausgehen müsste, kann die Behörde aus eigenem Recht eine die Freiheit entziehende Maßnahme treffen.[3] Die gegenteilige Auffassung, wonach durch § 62 Abs. 5 AufenthG für Ausländerbehörden der Weg auch für geplante Festnahmen eröffnet sei,[4] ist unzutreffend. Sie widerspricht dem nicht zur Disposition des Gesetzgebers stehenden Richtervorbehalt des Art. 104 Abs. 2 Satz 1 GG, der hierzu ergangenen Rspr. des BVerfG[5] und der Systematik der §§ 415 ff. mit der Möglichkeit der Erwirkung einer eA mit gesteigerter Dringlichkeit ohne vorherige Anhörung gem. § 427 Abs. 2. Gerade diese Möglichkeit schließt nach § 62 Abs. 3 Nr. 2 AufenthG die Festnahmebefugnis der Ausländerbehörden aus. Die Vorschrift des § 62 Abs. 5 AufenthG dient nur dazu, die bisher fehlende bundesgesetzliche Ermächtigungsgrundlage für vorläufige Festnahmen zu schaffen.

Auch in allen anderen Fällen setzt eine durch Bundes- oder Landesrecht eingeräumte Befugnis der Verwaltungsbehörde zur Festnahme und Ingewahrsamnahme einer Person voraus, dass eine vorherige richterliche Entscheidung über die Anordnung einer Freiheitsentziehung, ggf. im Wege einer eA nach § 427, nicht möglich war. Praktisch werden derartige Fälle im Einschreiten aufgrund § 39 BPolG bzw. den Polizeigesetzen der Länder gegen Hooligans (s. auch § 415 Rz. 16). Typisch für Festnahmen durch die Polizei sind auch Einsätze gegen Störer im Umfeld von Demonstrationen oder sonstigen Veranstaltungen.[6]

2. Nachholen der richterlichen Entscheidung

Das Herbeiführen der richterlichen Entscheidung nach einer freiheitsentziehenden Maßnahme durch eine Verwaltungsbehörde hat – wie bereits durch Art. 104 Abs. 2 Satz 2 GG gefordert – **unverzüglich** zu erfolgen. Dies bedeutet, dass die richterliche Entscheidung ohne jede Verzögerung, die sich nicht aus sachlichen Gründen rechtfertigen lässt, nachgeholt werden muss.[7] Zu deren Gewährleistung ist durch die Gerichtsorganisation ein **richterlicher Eildienst** anzuordnen, der die Erreichbarkeit eines Richters auch außerhalb der allgemeinen Dienstzeit gewährleistet, und zwar dann, wenn hierfür ein konkreter Bedarf besteht, etwa bei einer zu erwartenden Vielzahl von Ingewahrsamnahmen infolge von Massendemonstrationen oder sportlichen Großveranstaltungen, bei denen mit Ausschreitungen durch Hooligans zu rechnen ist, ausnahmsweise auch zur Nachtzeit iSd § 104 Abs. 3 StPO.[8] Ist eine solche Entscheidung nicht bis zum Ablauf des folgenden Tages ergangen, ist der Betroffene nach § 428 Abs. 1 Satz 2 freizulassen. Wegen der Einzelheiten zu den Pflichten der

---

1 HK-AuslR/*Kessler*, § 62 AufenthG Rz. 49; Keidel/*Budde*, § 427 FamFG Rz. 7; *Marschner*/Volckart/Lesting, Kap. E Rz. 35; s. auch OLG Köln v. 29.6.2005 – 16 Wx 76/05, OLGReport 2006, 29 für die Festnahmebefugnis der Ausländerbehörde nach § 24 OBG NW iVm. § 35 PolG NW.
2 OLG Celle v. 2.6.2008 – 22 W 23/08, InfAuslR 2008, 311; aA OLG Zweibrücken v. 24.10.2007 – 3 W 211/07, OLGReport 2008, 402 = InfAuslR 2008, 313.
3 BVerfG v. 15.5.2002 – 2 BvR 2292/00, NJW 2002, 3161; BVerfG v. 12.3.2008 – 2 BvR 2042/05, InfAuslR 2008, 308.
4 So Barenfuss/*Grotkopp*, § 420 FamFG Rz. 13.
5 ZB BVerfG v. 7.9.2006 – 2 BvR 129/04, InfAuslR 2006, 462; BVerfG v. 7.5.2009 – 2 BvR 475/09, InfAuslR 2009, 301 = NVwZ 2009, 1034.
6 Vgl. etwa das Urt. des EGMR v. 24.3.2005 – 77909/01, NVwZ 2006, 797 zu den „Lindauer Chaostagen", den Beschl. des OLG Celle v. 25.10.2004 – 16 W 145/04, OLGReport 2005, 33 = FGPrax 2005, 48 zu einer Einkesselung von Demonstranten anlässlich eines Castor-Transports oder die anlässlich des G-8 Gipfels in Heiligendamm ergangenen Entscheidungen des OLG Rostock v. 10.7.2007 – 3 W 92/07, OLGReport 2007, 882 und v. 16.7.2007 – 3 W 79/07, OLGReport 2007, 957.
7 BVerfG v. 4.9.2009 – 2 BvR 2520/07, juris; BVerfG v. 15.5.2002 – 2 BvR 2292/00, NJW 2002, 3161.
8 Vgl. hierzu BVerfG v. 20.2.2001 – 2 BvR 1444/00, NJW 2001, 1121; BVerfG v. 10.2.2002 – 2 BvR 2292/00, NJW 2002, 3161; BVerfG v. 10.12.2003 – 2 BvR 1481/02, NJW 2004, 1442; BVerfG v. 13.12. 2005 – 2 BvR 447/05, NVwZ 2006, 579 (Castor-Blockade).

§ 428 Verfahren in Freiheitsentziehungssachen

Verwaltungsbehörde und zur Erreichbarkeit des zuständigen Richters wird auf § 415 Rz. 17 verwiesen.

6 Im Rahmen des Abs. 1 entscheidet der Richter grundsätzlich nur über die Rechtmäßigkeit der Freiheitsentziehung für die Zukunft und nicht über die Rechtmäßigkeit des vorgelagerten Behördengewahrsams.[1] Wenn aber der Betroffene seinerseits einen Fortsetzungsfeststellungsantrag nach Abs. 2 stellt, kann das Gericht gleichzeitig auch hierüber befinden. Der Verfahrensgegenstand ist zwar ein anderer, dies hindert das Gericht indes nicht daran, gleichzeitig hierüber, ggf. mit unterschiedlichem Ergebnis zu entscheiden (s. auch § 429 Rz. 3).[2]

II. Nachträgliche richterliche Kontrolle (Absatz 2)

1. Normzweck

7 Durch Abs. 2 wird es dem Betroffenen ermöglicht, die auf einer behördlichen Entscheidung beruhende Freiheitsentziehung einer nachträglichen gerichtlichen Kontrolle zu unterwerfen. Die Norm betrifft daher die **nachträgliche Feststellung der Rechtswidrigkeit einer behördlichen Maßnahme**.[3] Mit ihr wird zum einen der Rechtsschutzgarantie des Art. 19 Abs. 4 GG Rechnung getragen. Zum anderen erhält der Betroffene mit einer antragsgemäß ausgesprochenen Feststellung der Rechtswidrigkeit der Maßnahme die Grundlage für die Durchsetzung eines Entschädigungsanspruchs aus Art. 5 EMRK (s. dazu § 415 Rz. 12). Obwohl sich ein entsprechendes Feststellungsbegehren des Betroffenen gegen eine Verwaltungsmaßnahme richtet, ist gem. §§ 23a Abs. 2 Nr. 6, 23c Abs. 1 GVG der Rechtsweg zu den ordentlichen Gerichten eröffnet (zu Einzelheiten und zur Reichweite der Zuständigkeit s. § 416 Rz. 1).

2. Verfahren

8 Voraussetzung für eine gerichtliche Überprüfung nach Abs. 2 ist, dass eine von der Behörde angeordnete Freiheitsentziehung „angefochten" wird. Mit diesem aus § 13 Abs. 2 FEVG übernommenen unscharfen Begriff wird deutlich gemacht, dass es eines Begehrens des Betroffenen gegenüber dem Gericht bedarf, dieses also nicht von Amts wegen tätig wird. Damit handelt es sich um ein Antragsverfahren, wobei für den Inhalt des Antrags an sich § 23 Abs. 2 gilt. Von den dort normierten Sollvorschriften (Begründung, Bezeichnung der Beweismittel, Unterschrift) wird man jedoch wegen der wortgleichen Übernahme des „Anfechtungserfordernisses" aus § 13 Abs. 2 FEVG regelmäßig absehen können. Zu dieser Vorschrift wurde es als ausreichend angesehen, wenn der Betroffene oder sein Vertreter zum Ausdruck brachte, dass er sich gegen die Maßnahme der Verwaltungsbehörde wenden wollte.[4] Dies reicht auch nach neuem Recht.[5]

9 Auch eine Frist für den Antrag ist nicht vorgesehen. Das Gericht seinerseits ist in der Ausgestaltung des Verfahrens frei und entscheidet nach pflichtgemäßem Ermessen, welche Verfahrenshandlungen es vornimmt, insbesondere ob eine Anhörung des Betroffenen durchgeführt wird. Letzteres wird aber idR zur Sachaufklärung gem. § 26 erforderlich sein,[6] wenn es einen Fortsetzungsfeststellungsantrag des Betroffenen ablehnen will. Insoweit gilt das Gleiche wie bei einem Haftaufhebungsantrag des Betroffenen (s. näher § 426 Rz. 5).

10 Abs. 2 bezieht sich an sich nur auf Freiheitsentziehungen, die aufgrund Bundesrechts angeordnet worden sind. Er gilt ferner, wenn durch **Landesrecht** die nachträgliche gerichtliche Überprüfung einer Freiheitsentziehungsmaßnahme ausdrücklich den ordentlichen Gerichten zugewiesen ist, wie dies zB in § 18 Abs. 2 BayPAG der

---

[1] OLG Frankfurt v. 22.5.1997 – 20 W 365/96, InfAuslR 1997, 313.
[2] AA Keidel/*Budde*, § 428 FamFG Rz. 8; Marschner/Volckart/*Lesting*, § 428 FamFG Rz. 7.
[3] *Marschner/Volckart*, § 13 Rz. 4.
[4] *Marschner/Volckart*, § 13 Rz. 4.
[5] Ebenso MüKo.ZPO/*Wendtland*, § 428 FamFG Rz. 8.
[6] OLG Celle v. 25.10.2004 – 16 W 145/04, OLGReport 2005, 33 = FGPrax 2005, 48; OLG München v. 2.10.2008 – 34 Wx 10/08, OLGReport 2009, 112.

Fall ist. Er ist dann anzuwenden, wenn – so zB in § 38 PolG NRW – die richterliche Entscheidung über die Zulässigkeit und Fortdauer einer Freiheitsentziehung den ordentlichen Gerichten übertragen wurde und wegen des Verfahrens auf das 7. Buch des FamFG verwiesen wird.[1]

C. Rechtsmittel

Sowohl bei den nachträglichen gerichtlichen Entscheidungen gem. Abs. 1 als auch bei denjenigen über Fortsetzungsfeststellungsanträge nach Abs. 2 handelt es sich um Endentscheidungen, die gem. § 58 mit der **Beschwerde** anfechtbar sind. Nach der Rechtsprechung des BGH ist die **Rechtsbeschwerde** nach § 70 Abs. 4 nicht statthaft, weil es sich um die Anfechtung einer nur vorläufigen Freiheitsentziehung iSd. § 427 handele.[2]

11

429 *Ergänzende Vorschriften über die Beschwerde*
(1) Das Recht der Beschwerde steht der zuständigen Behörde zu.
(2) Das Recht der Beschwerde steht im Interesse des Betroffenen
1. dessen Ehegatten oder Lebenspartner, wenn die Ehegatten oder Lebenspartner nicht dauernd getrennt leben, sowie dessen Eltern und Kindern, wenn der Betroffene bei diesen lebt oder bei Einleitung des Verfahrens gelebt hat, den Pflegeeltern sowie
2. einer von ihm benannten Person seines Vertrauens zu, wenn sie im ersten Rechtszug beteiligt worden sind.
(3) Das Recht der Beschwerde steht dem Verfahrenspfleger zu.
(4) Befindet sich der Betroffene bereits in einer abgeschlossenen Einrichtung, kann die Beschwerde auch bei dem Gericht eingelegt werden, in dessen Bezirk die Einrichtung liegt.

A. Allgemeines 1	cc) Fortsetzungsfeststellungs-
B. Inhalt der Vorschrift	antrag nach § 62 8
I. Beschwerdebefugnis	2. Verwaltungsbehörde
1. Betroffener	a) Grundsatz 10
a) Anordnung einer Freiheitsentzie-	b) Erledigung der Hauptsache 11
hungsmaßnahme 2	3. Beteiligte kraft Hinzuziehung nach
b) Rechtsmittelverzicht 3a	§ 418 Abs. 2 und 3 14
c) Erledigung der Hauptsache ... 4	4. Fortsetzungsfeststellungsantrag
aa) Grundsätze nach bisherigem	nach dem Tod des Betroffenen ... 14a
Recht 5	II. Einlegung der Beschwerde 15
bb) Beschränkung des Rechts-	
mittels auf die Kosten 6	

A. Allgemeines

§ 7 FEVG enthielt Regelungen über die Zulässigkeit der sofortigen Beschwerde in Freiheitsentziehungssachen, die Beschwerdebefugnis der am Verfahren Beteiligten und gesonderte Regelungen über die Einlegung und das Verfahren der nach § 27 FGG statthaften weiteren Beschwerde. Nachdem nunmehr die Regelungen über die Beschwerde im Allgemeinen Teil enthalten sind (§§ 58 ff.) und die weitere Beschwerde durch die Rechtsbeschwerde ersetzt ist, bedurfte es nur noch ergänzender Regelungen, die den Besonderheiten des Freiheitsentziehungsverfahrens gerecht werden. Diese betreffen in den Abs. 1 bis 3 die Beschwerdebefugnis sowie in Abs. 4 die Einlegung der Beschwerde für den Fall, dass der Betroffene sich bereits in einer geschlossenen Einrichtung befindet.

1

---

1 Keidel/*Budde*, § 428 FamFG Rz. 11 ff. mit Nachweisen zum Meinungsstand; s. auch die Übersicht bei *Marschner*/Volckart/Lesting, Kapitel E Rz. 56.
2 BGH v. 12.5.2011 – V ZB 135/10, MDR 2011, 1064 = FGPrax 2011, 253.

B. Inhalt der Vorschrift

I. Beschwerdebefugnis

1. Betroffener

a) Anordnung einer Freiheitsentziehungsmaßnahme

2   Der Betroffene ist in § 429 nicht erwähnt; denn er ist bereits gem. § 58 Abs. 1 beschwerdeberechtigt, wenn das Amtsgericht dem Antrag der Behörde stattgibt und eine Freiheitsentziehung anordnet, also in sein durch Art. 2 Abs. 2 GG geschütztes Freiheitsrecht eingegriffen wird. Da Gegenstand der Beschwerde nur die richterliche Entscheidung ist, reicht im Falle einer Zurückweisung des Antrags der Behörde die durch einen vorgelagerten Behördengewahrsam geschaffene Beschwer nicht aus, um ein Beschwerderecht zu begründen. Vielmehr kann und muss der Betroffene eine etwaige Rechtswidrigkeit des Behördengewahrsams mit einem Antrag nach § 428 Abs. 2 geltend machen.

3   Zweifelhaft ist es, ob der Betroffene im Rahmen einer Beschwerde gegen eine vom Gericht angeordnete Freiheitsentziehung ergänzend einen Antrag nach § 428 Abs. 2 stellen kann. Dies dürfte aus verfahrensökonomischen Gründen zu bejahen sein, um den in einem Freiheitsgrundrecht Betroffenen nicht zu zwingen, wegen eines einheitlichen Lebenssachverhalts ein weiteres Verfahren anzustrengen (s. auch § 428 Rz. 6).[1]

b) Rechtsmittelverzicht

3a   Ein Verzicht des Betroffenen auf sein Beschwerderecht ist möglich. An dessen Wirksamkeit legt der BGH in Freiheitsentziehungssachen allerdings mit Recht einen strengen Maßstab an. Der Betroffene muss hiernach „klar und eindeutig zum Ausdruck bringen, sich mit der Entscheidung ohne Vorbehalt abfinden und das prozessuale Recht, die Entscheidung in der übergeordneten Instanz überprüfen zu lassen, endgültig aufgeben zu wollen". Zudem darf das Gericht einen Verzicht nicht von sich aus nahelegen. Dies folgt daraus, dass ein Verzicht dem Interesse des Betroffenen regelmäßig nicht entspricht. Auch gebietet das Freiheitsentziehungsverfahren wegen des schwerwiegenden Eingriffs in das Grundrecht auf Freiheit der Person gem. Art. 2 Abs. 2 Satz 2 GG besondere Sorgfalt und Fairness. Schließlich muss das Gericht einem anwaltlich nicht vertretenen Betroffenen im Interesse einer rechtsstaatlichen Verfahrensgestaltung eine von der Rechtsmittelbelehrung unabhängige Belehrung über die Folgen des Verzichts erteilen und diese auch für das Rechtsbeschwerdegericht nachprüfbar dokumentieren, wenn der Betroffene von sich aus einen Rechtsmittelverzicht abgeben will.[2] Dafür genügt es zB nicht, wenn in dem Anhörungsprotokoll in der Art eines Multiple-Choice-Bogens die Rubrik „D. Betroffene verzichtet auf das Rechtsmittel der Beschwerde." angekreuzt ist.[3]

c) Erledigung der Hauptsache

4   Gerade in Freiheitsentziehungssachen kann sich, ähnlich wie in Unterbringungssachen nach § 312 ff., nicht selten vor rechtskräftigem Abschluss die Sachlage verändern mit der Folge, dass sich eine Entscheidung über den ursprünglichen Antrag der Verwaltungsbehörde erübrigt, also eine Erledigung der Hauptsache eintritt (s. zum Begriff § 83 Rz. 6); Dies folgt aus der Pflicht der Verwaltungsbehörde, den durch die Freiheitsentziehung bedingten Grundrechtseingriff bereits vor Ablauf der gerichtlich angeordneten Frist unverzüglich zu beenden, wenn die Voraussetzungen

---

[1] OLG Köln v. 1.10.2004 – 16 Wx 195/04, NJW 2005, 3361; BayVGH v. 24.3.2005 – 24 ZB 04.2787, juris; einschränkend OLG Hamm v. 2.12.2004 – 15 W 435/04, FGPrax 2005, 223: keine Pflicht des Beschwerdegerichts, sich mit dem Antrag wegen des Behördengewahrsams zu befassen; offen gelassen, aber in der Tendenz ablehnend OLG München v. 17.5.2006 – 34 Wx 25/06, AuAS 2006, 160; ablehnend Keidel/*Budde*, § 428 Rz. 6; Marschner/Volckart/*Lesting*, § 428 FamFG Rz. 7.
[2] BGH v. 1.12.2011 – V ZB 73/11, FGPrax 2012, 83.
[3] BGH v. 17.1.13 – V ZB 193/12, juris.

hierfür weggefallen sind.[1] **Typische Fälle** sind der Wegfall der Ansteckungsgefahr bei einem nach dem Infektionsschutzgesetz Untergebrachten, die Beendigung einer Gefahrenlage nach dem Schluss einer Veranstaltung bei einem Polizeigewahrsam, der Wegfall einer Voraussetzung für die weitere Vollziehung von Abschiebungshaft gegen einen Ausländer, zB die Erlangung einer Duldung infolge eines Asylantrags oder das Scheitern eines Verfahrens zur Erlangung von Passersatzpapieren für eine Abschiebung in das (angebliche) Heimatland des Ausländers. Aber auch die Abschiebung eines Ausländers in sein Heimatland oder die Zurückschiebung in das Land, aus dem er eingereist ist, führen dazu, dass sich eine Entscheidung über den Haftantrag selbst erübrigt.

aa) Grundsätze nach bisherigem Recht

Auch wenn sich entweder vor oder nach Einlegung eines Rechtsmittels infolge der Veränderung der Sachlage die ursprüngliche Hauptsache erledigte, war bereits nach früherem Recht ein Rechtsmittel gleichwohl zulässig, wenn es entweder auf die Kosten beschränkt wurde[2] oder wenn – so die Rspr. des BVerfG – das Interesse des Betroffenen an einer gerichtlichen Entscheidung zur Feststellung der Rechtslage in besonderer Weise schutzwürdig war. Letzteres konnte insbesondere bei schwerwiegenden Grundrechtseingriffen oder auch dann bestehen, wenn die Fortsetzung des Verfahrens dazu dienen konnte, einer Wiederholungsgefahr zu begegnen.[3] Dieser Rspr. des BVerfG liegen § 62 Abs. 1 sowie die in § 62 Abs. 2 aufgeführten Regelbeispiele zugrunde.[4]

bb) Beschränkung des Rechtsmittels auf die Kosten

Sowohl bei einer Erledigung der ursprünglichen Hauptsache vor wie auch nach Einlegung der Beschwerde ist eine Beschwerde, die auf die Kosten beschränkt wird, zulässig. Allerdings muss bei einer Erledigung vorher der Beschwerdewert von mehr als 600 Euro des § 61 Abs. 1, der auch bei der isolierten Anfechtung einer Kostenentscheidung gilt, erreicht sein (vgl. näher § 81 Rz. 33).

Wegen der Grundsätze für die nach Erledigung zu treffende **Kostenentscheidung** wird auf § 430 Rz. 5 verwiesen.

cc) Fortsetzungsfeststellungsantrag nach § 62

Da mit § 62 die Rspr. des BVerfG in Unterbringungs- und Freiheitsentziehungssachen kodifiziert wurde, wird im Falle einer entsprechenden Anordnung normalerweise auch im Falle einer Erledigung der Freiheitsentziehungsanordnung das Regelbeispiel des Abs. 2 Nr. 1 erfüllt sein. Anders kann es aber dann sein, wenn es letztlich nicht zu einem Eingriff in Freiheitsrechte des Betroffenen gekommen ist, weil die freiheitsentziehende Maßnahme nicht vollzogen worden ist. Eine nicht vollzogene gerichtliche Anordnung allein reicht auch in Fällen, in denen der Maßnahme ein diskriminierender Charakter zukommt, wie dies etwa bei der Anordnung von Abschiebungshaft der Fall ist, nicht aus, um ein berechtigtes Interesse an der Feststellung der Rechtswidrigkeit der Entscheidung annehmen zu können.[5] Dieses fehlt, wenn der Betroffene in dem von der Haftanordnung nach § 421 erfassten Zeitraum aus anderen Gründen inhaftiert war, etwa weil eine Freiheitsstrafe vollstreckt oder Untersuchungshaft vollzogen worden ist.[6] Das Gleiche gilt, wenn sich der Betroffene in

---

1 OLG Köln v. 11.6.2007 – 16 Wx 130/07, OLGReport 2007, 792 = FGPrax 2007, 297; OLG München v. 17.5.2006 – 34 Wx 25/06, AuAS 2006, 160.
2 BayObLG v. 11.10.2002 – 4 Z BR 82/02, InfAuslR 2003, 66; zweifelnd, aber letztlich offen gelassen OLG München v. 13.2.2009 – 34 Wx 7/09, OLGReport 2009, 292.
3 BVerfG v. 5.12.2001 – 2 BvR 527/99 ua., NJW 2002, 2456, zuletzt BVerfG v. 25.7.2008 – 2 BvR 31/06, InfAuslR 2008, 453.
4 Begr. RegE zu § 62, BT-Drucks. 16/6308, S. 205.
5 BGH v. 2.12.2010 – V ZB 162/10, juris; BayObLG v. 16.8.2004 – 4 Z BR 45/04, OLGReport 2005, 17 = FGPrax 2004, 307; aA *Heidebach*, NJW 2011, 1708 (1709).
6 BGH v. 7.4.2011 – V ZB 211/10, juris; BGH v. 30.8.2012 – V ZB 255/11, juris.

dem von der Haftanordnung erfassten Zeitpunkt nicht mehr in Haft befunden hat.[1] Ein Rehabilitierungs- und damit ein Feststellungsinteresse des Betroffenen soll jedoch nach einer in der Rspr. vertretenen Auffassung dann bestehen, wenn mit dem Vollzug der Maßnahme begonnen worden ist, zB wenn im Wege einer eA Abschiebungshaft verhängt und daraufhin ein Verhaftungsversuch erfolgt ist, von dem dritte Personen Kenntnis erlangt haben.[2] Dem ist nicht zu folgen; denn zu einem Freiheitsentzug und damit zu einem schwerwiegenden Grundrechtseingriff iSd. § 62 Abs. 2 Nr. 1 oder zu einem den Regelbeispielen vergleichbaren gewichtigen Eingriff ist es in einem solchen Fall gerade nicht gekommen. Das BVerfG leitet das Rehabilitierungsinteresse des Betroffenen bei einer diskriminierenden Maßnahme erst aus dem **Freiheitsverlust durch Inhaftierung** her.[3]

9 Zu beachten ist, dass nach § 62 Abs. 1 der Fortsetzungsfeststellungsantrag einen **Antrag** des Betroffenen voraussetzt. Damit hat der Gesetzgeber sich in der der bisher mangels einfachgesetzlicher Grundlage für ein Feststellungsbegehren in der Rechtsprechung umstrittenen Frage des Antrags als Zulässigkeitsvoraussetzung iSd. überwiegend vertretenen Auffassung entschieden.[4] Hat der Betroffene dagegen die Einlegung eines ihm möglichen und zumutbaren Rechtsmittels unterlassen, und ist daher die Anordnung der Freiheitsentziehung gem. § 45 formell rechtskräftig geworden, erlaubt alleine das Interesse des Betroffenen an der Feststellung der Rechtswidrigkeit der Entscheidung keinen Feststellungsantrag außerhalb des jeweiligen Rechtsschutz- bzw. Rechtsmittelsystems.[5] Zu dem Rechtsschutzsystem in Freiheitsentziehungssachen gehört allerdings der **Aufhebungsantrag** nach § 426 Abs. 2, mit dem die Rechtswidrigkeit der Maßnahme von Anfang an geltend gemacht werden kann (s. § 426 Rz. 3). Ein derartiges Verfahren kann nach Erledigung der Hauptsache in der Beschwerdeinstanz mit dem Antrag fortgesetzt werden, die Rechtswidrigkeit der Freiheitsentziehung festzustellen, allerdings nur für die Zeit ab Eingang des Antrags.[6] Falls der Betroffene gegen die Freiheitsentziehungsanordnung Beschwerde eingelegt und zusätzlich einen Haftaufhebungsantrag gestellt hat, können – soweit der gleiche Zeitraum betroffen ist – im Falle der Erledigung der Hauptsache nicht beide Verfahren mit einem Feststellungsantrag weiterverfolgt werden. Da beide auf das gleiche Rechtsschutzziel, nämlich die Feststellung der Rechtswidrigkeit der Haftanordnung, gerichtet sind, ist der später gestellte Antrag wegen der anderweitigen Rechtshängigkeit des früheren unzulässig.[7]

9a Bei rechtswidrigen Freiheitsentziehungen ist ein schutzwürdiges Interesse des Betroffenen an der richterlichen Feststellung der Rechtswidrigkeit der Haft anzuerkennen, das grundsätzlich weder von dem Ablauf des Verfahrens noch von dem Zeitpunkt der Erledigung der Maßnahme abhängt. **§ 62 ist deshalb nach der Rechtsprechung des BGH entsprechend anwendbar**, wenn erst aufgrund der Entscheidung des Beschwerdegerichts die Haft beendet wird, also an sich aufgrund der Entscheidung in der Hauptsache, mit der der Beschwerde stattgegeben wird, keine Erledigung eintritt. Wegen des Rehabilitationsinteresses des Betroffenen kann er gleichwohl bereits mit seiner Beschwerde nicht nur die Aufhebung der Haftanordnung des Amtsgerichts, sondern zugleich die Feststellung begehren, dass die Anordnung der Haft von Anfang an oder ab einem bestimmten Zeitpunkt rechtswidrig war. Das Beschwerdegericht hat deshalb über beide Anträge zu entscheiden.[8] Entspre-

---

1 BGH v. 11.10.2012 – V ZB 154/11, FGPrax 2013, 38.
2 KG v. 30.9.2008 – 1 W 225/07, InfAuslR 2009, 25.
3 BVerfG v. 5.12.2001 – 2 BvR 527/99 ua., NJW 2002, 2456.
4 Für Antrag zB OLG Celle v. 19.3.2007 – 22 W 19/07, OLGReport 2007, 829 = FGPrax 2007, 189 mwN aus der Rspr.; für Zulässigkeit auch ohne Antrag OLG Zweibrücken v. 23.4.2002 – 3 W 76/02, OLGReport 2002, 377.
5 BGH v. 10.10.2012 – XII ZB 660/11, FGPrax 2013, 44.
6 ZB BGH v. 28.4.2011 –V ZB 292/10, FGPrax 2011, 200 (201); BGH v. 15.12.2011 – V ZB 302/10, juris; BGH v. 11.10.2012 – V ZB 232/11, juris.
7 BGH v. 26.5.2011 – V ZB 318/10, juris.
8 BGH v. 14.10.2010 – V ZB 78/10, FGPrax 2011, 39; BGH v. 30.8.2012 – V ZB 12/12, InfAuslR 2013, 37; BGH v. 31.1.2013 – V ZB 20/12, FGPrax 2013, 131.

chendes gilt, wenn sich – was nicht selten der Fall ist – ein Freiheitsentziehungsverfahren durch Entlassung oder Abschiebung des Betroffenen vor Einlegung einer Rechtsbeschwerde oder während des Rechtsbeschwerdeverfahrens in der Hauptsache erledigt.[1] Die Rechtsbeschwerde ist auch dann nach § 70 Abs. 3 Satz 1 Nr. 3, Satz 2 FamFG ohne Zulassung statthaft, wenn die Erledigung bereits vor Einlegung des Rechtsmittels eintritt und mit diesem allein das Ziel verfolgt wird, die Verletzung des Freiheitsgrundrechts durch die Inhaftierung festzustellen.[2] Für den Fall der Erledigung eines Haftaufhebungsantrags begegnen dieser Rechtsprechung indes Bedenken (näher § 426 Rz. 10).

2. Verwaltungsbehörde

a) Grundsatz

IdR, nämlich bei der Zurückweisung eines Freiheitsentziehungsantrags, folgt die Beschwerdeberechtigung der zuständigen Behörde bereits aus § 59 Abs. 2. Ergänzend besteht für sie gem. § 59 Abs. 3 iVm. § 429 Abs. 1 ein gesondertes Beschwerderecht, unabhängig davon, ob sie erstinstanzlich am Verfahren beteiligt war, etwa im Rahmen einer Entscheidung über einen Aufhebungsantrag des Betroffenen gem. § 426 und unabhängig von einer etwaigen Beeinträchtigung eigener Rechte.[3] Dies kann beispielsweise der Fall sein, wenn das Gericht zwar antragsgemäß Abschiebungshaft angeordnet hat, aber versehentlich nicht im Anschluss an eine laufende Untersuchungs- oder Strafhaft, sondern parallel hierzu, was in der Rechtsprechung als unzulässig angesehen wird.[4] Auch wird man der Verwaltungsbehörde wegen der ohne Voraussetzungen bestehenden Beschwerdebefugnis das Recht zubilligen müssen, **zugunsten des Betroffenen** eine Beschwerde einzulegen, wenn zB das Amtsgericht hinsichtlich der Haftdauer über ihren Antrag hinausgegangen ist. Voraussetzung für das Beschwerderecht der Behörde ist es aber, dass sie im Zeitpunkt der Einlegung des Rechtsmittels noch zuständig ist.[5]

10

b) Erledigung der Hauptsache

Bei der Verwaltungsbehörde werden, anders als bei dem Betroffenen, nach Erledigung der Hauptsache die Voraussetzungen des § 62 für einen **Fortsetzungsfeststellungsantrag** idR nicht vorliegen. Sie kann als Teil der staatlichen Verwaltung eine Gewährung nachträglichen staatlichen Rechtsschutzes nicht aus grundrechtlich geschützten Positionen ableiten, und ihr steht deshalb in den Fällen, in denen ihr Antrag auf Anordnung einer freiheitsentziehenden Maßnahme zurückgewiesen wird, ein Beschwerderecht mit dem Ziel der nachträglichen Feststellung der Rechtmäßigkeit des vorgelagerten Behördengewahrsams grundsätzlich nicht zu.[6] Entsprechendes gilt, wenn das Amtsgericht einen Freiheitsentziehungsantrag abgelehnt hat und die Behörde mit ihrem Antrag festgestellt wissen will, dass die Voraussetzungen für die von ihr begehrte Anordnung vorgelegen hätten.[7] Allenfalls in besonders gelagerten Ausnahmefällen wird man bei der Verwaltungsbehörde ein berechtigtes Interesse iSd. § 62 Abs. 1 annehmen können.

11

Allerdings kann auch die Verwaltungsbehörde, genauso wie der Betroffene, **eine auf die Kosten beschränkte Beschwerde** einlegen. Hat zB das Amtsgericht einen Freiheitsentziehungsantrag zurückgewiesen sowie zugleich eine Kostenerstattung zugunsten des Betroffenen nach § 430 angeordnet und erledigt sich danach die

12

---

1 BGH v. 20.1.2011 – V ZB 116/10, FGPrax 2011, 143; BGH v. 28.4.2011 – V ZB 292/10, FGPrax 2011, 200; BGH v. 11.10.2012 – V ZB 238/11, FGPrax 2013, 39.
2 St. Rspr. seit BGH v. 25.2.2010 – V ZB 172/09, FGPrax 2010, 150; s. zB auch BGH v. 11.10.2012 – V ZB 238/11, FGPrax 2013, 29.
3 Begr. RegE zu § 59 Abs. 2, BT-Drucks. 16/6308, S. 204: aA Keidel/*Budde*, § 429 FamFG Rz. 4: Beschwerdebefugnis der Behörde nur bei einer ihr nachteiligen Entscheidung.
4 OLG Köln v. 26.3.2004 – 16 Wx 65/04, juris.
5 Schulte-Bunert/Weinreich/*Dodegge*, § 429 FamFG Rz. 5.
6 BGH v. 31.1.2013 – V ZB 22/12, FGPrax 2013, 131; BGH v. 18.4.2013 – V ZB 67/12, juris; OLG München v. 2.2.2006 – 34 Wx 158/05, OLGReport 2006, 485 = FGPrax 2006, 89.
7 LG Frankenthal v. 30.4.2007 – 1 T 110/07, juris.

Hauptsache, besteht für ein auf die Erstattungsanordnung beschränktes Rechtsmittel der Verwaltungsbehörde weiterhin ein Rechtsschutzinteresse. Tritt die Erledigung vor Einlegung des Rechtsmittels ein, ist auch hier der Beschwerdewert des § 61 zu beachten (s. Rz. 6 und § 81 Rz. 33).

13 Von all dem zu unterscheiden ist der Fall, dass das Amtsgericht oder das Beschwerdegericht auf Antrag des Betroffenen die Feststellung der Rechtswidrigkeit einer gerichtlich angeordneten Freiheitsentziehung oder des Behördengewahrsams nach § 428 getroffen hat. Hierbei handelt es sich um eine für die Verwaltungsbehörde nachteilige Entscheidung in der Hauptsache über den neuen Verfahrensgegenstand der Rechtmäßigkeit der ursprünglichen Maßnahme mit der Folge, dass ihre Beschwerdebefugnis unmittelbar aus Abs. 1 herzuleiten ist.[1]

3. Beteiligte kraft Hinzuziehung nach § 418 Abs. 2 und 3

14 Die nach früherem Recht zwingende **Beteiligung naher Angehöriger bzw. einer Vertrauensperson** des Betroffenen steht nunmehr im pflichtgemäßen Ermessen des Gerichts. § 429 Abs. 2 Nr. 2 letzter Halbs. schränkt die Möglichkeit dieser Personen, zugunsten des Betroffenen auf den Verfahrensablauf Einfluss zu nehmen, dadurch noch weiter ein, dass ihr Beschwerderecht von ihrer Beteiligung in erster Instanz abhängig gemacht wird.[2] Unbeschadet hiervon bleibt allerdings die Möglichkeit der Einlegung eines Rechtsmittels nicht im eigenen Namen, sondern namens und mit Vollmacht des Betroffenen; denn nahe Angehörige können nach § 10 Abs. 2 Nr. 2 den Betroffenen als Bevollmächtigte vertreten (näher § 10 Rz. 12 f.). Dass schließlich dem **Verfahrenspfleger** ein Beschwerderecht zusteht, folgt aus seiner Funktion als Beteiligter (§ 418 Abs. 2) und wird in Abs. 3 klargestellt.

4. Fortsetzungsfeststellungsantrag nach dem Tod des Betroffenen

14a Zweifelhaft ist es, ob ein naher Angehöriger nach dem Tod des Betroffenen mit einem Fortsetzungsfeststellungsantrag nach § 62 die Rechtswidrigkeit der Maßnahme geltend machen kann. Der für Freiheitsentziehungssachen zuständige 5. Zivilsenat des BGH bejaht dies in Abschiebungshaftsachen über eine verfassungsrechtlich gebotene „**teleologisch erweiternde Auslegung von § 62 Abs. 2**" selbst für den Fall, dass der Angehörige zuvor nicht gem. § 418 Abs. 3 am Verfahren beteiligt worden war, ihm also an sich wegen § 429 Abs. 2 Nr. 2 letzter Halbs. kein eigenes Beschwerderecht zustehen würde. Er begründet dies mit dem Unwertgehalt einer Haftanordnung in einer Abschiebungs- oder Zurückschiebungshaftsache, die geeignet sei einen Ansehensverlust des Betroffenen in der Öffentlichkeit herbeizuführen. Das hieraus resultierende postmortale Rehabilitationsinteresse im Falle einer rechtswidrigen Haftanordnung könne durch eine lediglich inzident erfolgende Feststellung im Rahmen einer Entschädigungsklage nach Art. 5 Abs. 5 EMRK (s. dazu § 415 Rz. 12) nicht hinreichend begegnet werden. Das Ziel eines effektiven Rechtsschutzes für den Betroffenen gebiete es vielmehr, seinen Angehörigen die Möglichkeit zu gewähren, dessen Rehabilitierungsinteresse nach seinem Tod in seinem Interesse geltend zu machen.[3] Demgegenüber hat der für Betreuungssachen zuständige 12. Zivilsenat in Abgrenzung hierzu ein Beschwerderecht naher Angehöriger nach dem Tod eines Betreuten mit der Begründung verneint, dass in dieser Situation ein Rehabilitationsinteresse nicht bestehe, weil einer Betreuungsanordnung weder ein Schuldvorwurf noch ein Unwerturteil anhafte.[4]

---

1 So auch schon zum früheren Recht OLG Celle v. 28.10.2004 – 16 W 140/04, NJOZ 2005, 777; OLG Köln v. 17.1.2007 – 16 Wx 220/06, OLGReport 2007, 666 = FGPrax 2007, 193; OLG Rostock v. 16.7.2007 – 3 W 79/07, OLGReport 2007, 957.
2 S. auch Begr. RegE BT-Drucks. 16/6308, S. 294.
3 BGH v. 6.10.2011 – V ZB 314/10, FamRZ 2012, 211.
4 BGH v. 24.10.2012 – XII ZB 404/12, FamRZ 2013, 29.

II. Einlegung der Beschwerde

Nach § 64 Abs. 1 ist die Beschwerde bei dem Gericht einzulegen, dessen Beschluss angefochten wird. Entsprechend dem früheren § 7 Abs. 4 FEVG, der zwar ausdrücklich nur für die weitere Beschwerde galt, aber entsprechend auch auf die Erstbeschwerde anzuwenden war,[1] wird den eingeschränkten Verteidigungsmöglichkeiten einer Person, die geschlossen untergebracht bzw. inhaftiert ist, dadurch Rechnung getragen, **dass die Beschwerde nach Abs. 4 auch bei dem Gericht eingelegt werden kann, in dessen Bezirk sich die abgeschlossene Einrichtung befindet.** Die Regelung dient zwar dem Schutz des Betroffenen, gilt aber allgemein für Beschwerden und ist nicht auf solche des Betroffenen selbst beschränkt. Deshalb können auch andere Beteiligte bei dem Amtsgericht des Ortes der Freiheitsentziehung ein Rechtsmittel einlegen. Dies kann insbesondere dann praktisch werden, wenn Vertrauensperson ein Mitarbeiter einer Organisation ist, die den Betroffenen vor Ort betreut. Ihm wird dadurch ermöglicht, gem. § 64 Abs. 2 Satz 1, 2. Alt. ortsnah bei der Geschäftsstelle des für die Einrichtung zuständigen Amtsgerichts eine Beschwerde im Interesse des Betroffenen einzulegen. 15

Voraussetzung für die Anwendung des Abs. 4 ist es allerdings, dass sich der Betroffene zum Zeitpunkt der Einlegung des Rechtsmittels noch in einer geschlossenen Einrichtung befindet. Dabei braucht die Freiheitsentziehung nicht eine solche nach den §§ 415 ff. zu sein; alleine die Tatsache der Unterbringung – gleich aus welchem Rechtsgrund, zB Untersuchungshaft im Falle einer in der Form von Überhaft angeordneten Abschiebungshaft – reicht für die Anwendung des § 429 aus.[2] Ist die Freiheitsentziehung beendet, kommt einer etwaigen am Ort der Einrichtung zu Protokoll erklärten Beschwerde Wirkung erst dann zu, wenn sie bei dem nach § 64 Abs. 1 zuständigen Gericht eingeht, das die angefochtene Entscheidung erlassen hat. Ist zu diesem Zeitpunkt die Beschwerdefrist von einem Monat des § 63 Abs. 1 oder bei einer eA die Zweiwochenfrist des § 63 Abs. 2 Nr. 1 abgelaufen, ist das Rechtsmittel unzulässig. 16

Kosten/Gebühren: Gericht: Für Beschwerden und Rechtsbeschwerden gegen Endentscheidungen wegen des Hauptgegenstands entstehen Gebühren nach den Nummern 15220 bis 15241 KV GNotKG. Als Kostenschuldner kommen der Rechtsmittelführer als Antragsteller (§§ 22 Abs. 1, 25 GNotKG) und der Entscheidungsschuldner (§ 27 Nr. 1 GNotKG) in Betracht. Der Wert bestimmt sich nach § 36 GNotKG. **RA:** Vertritt ein RA einen Beteiligten im Rechtsmittelverfahren, stehen ihm Gebühren nach den Nrn. 6300 bis 6303 VV RVG zu (Betragsrahmengebühren). 17

430 *Auslagenersatz*

Wird ein Antrag der Verwaltungsbehörde auf Freiheitsentziehung abgelehnt oder zurückgenommen und hat das Verfahren ergeben, dass ein begründeter Anlass zur Stellung des Antrags nicht vorlag, hat das Gericht die Auslagen des Betroffenen, soweit sie zur zweckentsprechenden Rechtsverfolgung notwendig waren, der Körperschaft aufzuerlegen, der die Verwaltungsbehörde angehört.

A. Überblick 1	II. Voraussetzungen des Erstattungsanspruchs nach § 430 7
B. Inhalt der Vorschrift	III. Erstattungsschuldner
I. Anwendungsbereich und Verhältnis zu den §§ 81 ff.	1. Grundsatz 9
1. Ablehnung oder Zurückweisung des Antrags 3	2. Erstattungsanspruch bei Fehlern des Gerichts 10
2. Entsprechende Anwendung 4	C. Gerichtskosten in Freiheitsentziehungssachen 11
3. Erledigung der Hauptsache und Rechtsmittel 5	

---

1 KG v. 29.6.1993 – 1 W 3600/93, OLGZ 1994, 206.
2 Keidel/*Budde*, § 429 FamFG Rz. 7; Marschner/Volckart/*Lesting*, § 429 FamFG Rz. 9.

A. Überblick

1 Das FEVG enthielt in den §§ 14 bis 16 umfassende eigenständige Kostenregelungen. Demgegenüber regelt § 430 nur noch die Erstattung außergerichtlicher Kosten im Falle einer Ablehnung des Antrags durch das Gericht oder der Zurücknahme des Antrags durch die Verwaltungsbehörde. Die Regelungen über die Gerichtskosten wurden ursprünglich als § 128c in die Kostenordnung eingearbeitet und sind seit dem 1.7.2013 mit einer klarstellenden Modifikation weitgehend inhaltsgleich in § 23 Nr. 15 GNotKG übernommen worden.

2 Einstweilen frei.

B. Inhalt der Vorschrift

I. Anwendungsbereich und Verhältnis zu den §§ 81 ff.

1. Ablehnung oder Zurückweisung des Antrags

3 In den erfassten Fällen der Zurückweisung oder Rücknahme eines Antrags der Verwaltungsbehörde handelt es sich bei § 430 um eine **Sonderregelung gegenüber den allgemeinen Vorschriften** der §§ 81 Abs. 1 Satz 1 und §§ 83 Abs. 2, 2. Alt. Auch Anträge auf Erlass einer eA nach § 427 sind hiervon erfasst.[1] Die Vorschrift gilt für alle Instanzen, soll also auch die Fälle einschließen, in denen der Antrag erst in der Rechtsmittelinstanz zurückgenommen oder zurückgewiesen wird.[2] Die bloße Verkürzung einer noch nicht vollstreckten Abschiebungshaft im Beschwerderechtszug rechtfertigt allerdings noch keine Anordnung zur (teilweisen) Kostenerstattung.[3]

2. Entsprechende Anwendung

4 In den Fällen, in denen der Betroffene den vorgelagerten Verwaltungsgewahrsam anficht, gilt wegen der gesetzlichen Verweisung in § 428 Abs. 2 auf die §§ 415 ff. die Kostenregelung des § 430 entsprechend.[4] Als Ausnahmevorschrift ist sie indes in anderen Fällen einer analogen Anwendung nicht zugänglich. So richtet sich im Rahmen eines **Haftaufhebungsantrags** die Kostenentscheidung nur nach den allgemeinen Vorschriften der §§ 81 ff.[5] Im Verfahren über einen **Fortsetzungsfeststellungsantrag** des Betroffenen war es nach früherem Recht mit primärer Geltung des FEVG und nur subsidiärer Anwendung des FGG problematisch, ob über die außergerichtlichen Kosten nach § 16 FEVG oder nach § 13a Abs. 1 FGG zu entscheiden war.[6] Nachdem nunmehr in den §§ 81 ff. eine umfassende Kostenregelung getroffen worden ist, scheidet eine entsprechende Anwendung der Ausnahmeregelung des § 430 auf nicht geregelte Fälle aus. Für die Kostenentscheidung bei Fortsetzungsfeststellungsanträgen sind daher nur die §§ 81 ff. maßgeblich.

3. Erledigung der Hauptsache und Rechtsmittel

5 Auch bei **Erledigung der Hauptsache** wurde nach früherem Recht allgemein § 16 FEVG entsprechend angewandt.[7] Nunmehr ist jedoch die Kostenentscheidung im Falle der Erledigung eines Verfahrens in § 83 Abs. 2 allgemein dahingehend geregelt, dass die Kostengrundsätze des § 81 gelten, also insbesondere eine Verteilung nach **Billigkeitsgesichtspunkten** gem. § 81 Abs. 1 Satz 1 zu erfolgen hat (dazu § 81 Rz. 6–13

---

1 Marschner/Volckart/*Lesting*, § 430 FamFG Rz. 1.
2 Begr. RegE BT-Drucks. 16/6308, S. 294.
3 OLG München v. 24.8.2009 – 34 Wx 74/09, BayVBl. 2010, 182.
4 Marschner/Volckart/*Lesting*, § 430 FamFG Rz. 1; aA Keidel/*Budde*, § 430 FamFG Rz. 8.
5 So schon zum früheren Recht für den Fall eines erfolglosen Rechtsmittels der Verwaltungsbehörde gegen die Aufhebung einer Freiheitsentziehung BayObLG v. 13.11.1989 – BReg. 3 Z 149/89, BayObLGZ 1989, 427.
6 Vgl. BayObLG v. 30.1.2002 – 3Z BR 244/01, juris; OLG Hamm v. 26.2.2002 – 15 W 53/02, OLG-Report 2002, 332 (LS) jeweils für § 16 FEVG; OLG Düsseldorf v. 13.2.2004 – I-3 Wx 25/04, FGPrax 2004, 141 für § 13a Abs. 1 Satz 1 FGG.
7 ZB OLG München v. 9.11.2006 – 34 Wx 123/06, OLGReport 2007, 146.

und § 83 Rz. 11–13). Diese Regelungen finden auch in Freiheitsentziehungssachen Anwendung.[1]

Entsprechendes gilt für die Vorschrift des § 84, wonach die **Kosten eines erfolglosen Rechtsmittels** dem Rechtsmittelführer auferlegt werden sollen (s. dazu näher § 84 Rz. 2–5). Die zum früheren Recht ergangene Rechtsprechung, wonach bei Erledigung der Hauptsache, etwa durch Entlassung des Betroffenen oder bei einem unzulässigen oder unbegründeten Rechtsmittel der Verwaltungsbehörde dem Betroffenen ein Kostenerstattungsanspruch nur dann zugebilligt wurde, wenn er keinen begründeten Anlass für die Antragstellung oder die Einlegung des Rechtsmittels gegeben hatte, ist daher überholt. 6

Der BGH sieht es in allen Fällen, in denen nach Erledigung der Hauptsache die Rechtswidrigkeit einer Freiheitsentziehung festzustellen ist, als billig iSd. §§ 81 Abs. 1, 83 Abs. 3 an, die Körperschaft, der die antragstellende Verwaltungsbehörde angehört, mit den außergerichtlichen Kosten des Betroffenen zu belasten, und zwar „unter Berücksichtigung der Regelung in Art. 5 Abs. 5 EMRK" bzw. nach „Art. 5 Abs. 5 EMRK analog".[2] Dem ist zu folgen, soweit die Verwaltungsbehörde durch einen unzulässigen oder sachlich nicht gerechtfertigten Antrag die fehlerhafte Freiheitsentziehungsanordnung des Gerichts mit veranlasst hat. Beruht die Rechtswidrigkeit der Maßnahme dagegen alleine auf einem Verfahrensfehler des Gerichts, zB einem Verstoß gegen die Pflicht zur persönlichen Anhörung des Betroffenen oder eine der sonstigen unabdingbaren Verfahrensgarantien des Art. 104 Abs. 1 GG, ist es nicht gerechtfertigt, etwa die Bundespolizei oder die jeweilige nach Landesrecht zuständige Körperschaft – idR ein Landkreis oder eine Stadt – als ersatzpflichtig iSd. Art. 5 EMRK anzusehen.[3] Vielmehr besteht in diesen Fällen wegen Fehlens einer verfahrensmäßigen Grundlage nur ein materiell-rechtlicher Entschädigungsanspruch des Betroffenen aus Art. 5 Abs. 5 EMRK gegen das Bundesland, dessen Gericht den Fehler verursacht hat (näher Rz. 10). 6a

II. Voraussetzungen des Erstattungsanspruchs nach § 430

Ein Erstattungsanspruch des Betroffenen setzt neben der Ablehnung oder Rücknahme des Antrags der Verwaltungsbehörde voraus, dass er **keinen begründeten Anlass für den Antrag** gegeben hatte. Bei der Beurteilung dieser Frage ist maßgeblich darauf abzustellen, wie die Verwaltungsbehörde den Sachverhalt zurzeit der Antragstellung beurteilen durfte, wenn sie alle ihr zumutbaren Ermittlungen angestellt hätte. Für die Kosten eines Rechtsmittelverfahrens kommt es auf die Sachlage und den Kenntnisstand zum Zeitpunkt der Einlegung der Beschwerde oder der Rechtsbeschwerde an.[4] Reist zB ein Ausländer unerlaubt in das Bundesgebiet ein und macht er gegenüber der Verwaltungsbehörde keine Angaben zur Sache, wird er einen hinreichenden Anlass für eine auf den Haftgrund der unerlaubten Einreise des § 62 Abs. 3 Satz 1 Nr. 1 AufenthG gestützte Haftanordnung geben. Stellt er sodann einen Asylantrag und hat das Amtsgericht sonstige Haftgründe nicht festgestellt, liegen nach einer in der Rechtsprechung vertretenen Auffassung die Voraussetzungen des § 14 Abs. 3 Satz 1 AsylVfG für eine vorläufige Aufrechterhaltung der Ab- oder Zurückschiebungshaft nicht mehr vor und der Betroffene ist zu entlassen.[5] Geschieht dies nicht, hat er für eine erst nach Eingang des Asylantrags eingelegte Beschwerde keinen Anlass gegeben.[6] Auch hat die Behörde die Auslagen des Betroffenen zu erstatten, die entstanden sind, nachdem sie es pflichtwidrig unterlassen hatte, einen Be- 7

---

1 Begr. RegE BT-Drucks. 16/6308, S. 294; Keidel/*Budde*, § 430 FamFG Rz. 6.
2 BGH v. 29.4.2010 – V ZB 218/09, FGPrax 2010, 210; BGH v. 6.5.2010 – V ZB 223/10, FGPrax 2010, 212; BGH v. 22.7.2010 – V ZB 28/10, FGPrax 2010, 316; BGH v. 14.6.2012 – V ZB 284/11, FGPrax 2012, 227.
3 Ablehnend mit Recht Keidel/*Budde*, § 430 FamFG Rz. 14.
4 BayObLG v. 2.12.1997 – 3Z BR 322/97, BayObLGZ 1997, 338; KG v. 8.11.1999 – 25 W 414/97, KG-Report 2000, 184; OLG Köln v. 18.12.2006 – 16 Wx 234/06, juris.
5 OLG München v. 17.10.2008 – 34 Wx 65/08, OLGReport 2009, 24.
6 OLG Hamm v. 30.8.2004 – 15 W 269/04, FGPrax 2005, 49.

troffenen nach dem Wegfall der Voraussetzungen für die Freiheitsentziehung von sich aus zu entlassen. Umgekehrt braucht es sich wegen der unterschiedlichen Ermittlungspflichten dagegen nicht zulasten der Behörde auszuwirken, wenn die Behörde nach ihr möglicher Aufklärung des Sachverhalts die Voraussetzungen für eine Freiheitsentziehung bejahen konnte, das Gericht aber nach weiterer Ermittlung, etwa persönlicher Anhörung des Betroffenen und Anhörung bzw. Vernehmung von nahestehenden Personen zu einem abweichenden Ergebnis gelangt.[1] Maßgeblich ist alleine die Sachlage, wie sie sich im Zeitpunkt der Einreichung des Antrags bzw. der Einlegung der Beschwerde darstellt.

8   Steht hiernach fest, dass der Betroffene keinen Anlass zur Einreichung des Antrags bzw. der Durchführung des Rechtsmittelverfahrens gegeben hat, ist die Anordnung einer Kostenerstattung zwingend; ein Ermessen steht dem Gericht nicht zu.[2] Liegt ein Fall einer Rücknahme oder Ablehnung des Antrags der Verwaltungsbehörde oder einer erfolgreichen Anfechtung des Betroffenen wegen des vorgelagerten Verwaltungsgewahrsams nach § 428 Abs. 2 vor, ist die Entscheidung des Gerichts über eine etwaige Erstattung der außergerichtlichen Kosten des Betroffenen regelmäßig zu begründen.[3]

III. Erstattungsschuldner

1. Grundsatz

9   Erstattungsschuldner außergerichtlicher Kosten eines Betroffenen in einer Freiheitsentziehungssache ist nicht die Staatskasse, sondern die **Körperschaft, der die Verwaltungsbehörde** angehört, also zB im Falle eines Abschiebungshaftantrags einer Ausländerbehörde die Stadt oder der Kreis, bei dem sie besteht.[4] In der Praxis gebräuchlich ist aber auch eine Tenorierung mit einer Anordnung dahingehend, dass „die Antragstellerin", also die Verwaltungsbehörde, die Kosten zu erstatten hat. Ein solcher Tenor kann dahingehend ausgelegt werden, dass die gesetzliche Kostenfolge des § 430 gewollt ist, also nicht die Behörde selbst, sondern ihr Träger Erstattungsschuldner sein soll. Er sollte aber nicht die Regel sein. Klarer ist die genaue Bezeichnung der Körperschaft, die Erstattungsschuldnerin sein soll.

2. Erstattungsanspruch bei Fehlern des Gerichts

10 Nicht von § 430 erfasst sind die Fälle, in denen das Rechtsbeschwerdegericht eine Freiheitsentziehungsmaßnahme als rechtswidrig aufhebt und die Ursache hierfür nicht im Einflussbereich der antragstellenden Verwaltungsbehörde liegt, sondern auf einem nicht mehr heilbaren **Verstoß des Gerichts gegen Verfahrensgarantien** des Art. 104 Abs. 1 GG beruht, etwa in dem immer wieder vorkommenden Fall einer unterlassenen Anhörung des Betroffenen in den beiden Tatsacheninstanzen oder bei einem Verstoß gegen das nicht nur für die Verwaltungsbehörde, sondern auch für die Gerichte geltende Beschleunigungsgebot. In Betreuungs- und Unterbringungssachen besteht in derartigen Fällen entsprechend dem früheren § 13a Abs. 2 Satz 1 FGG nach § 307 bzw. § 337 Abs. 1 die Möglichkeit, die außergerichtlichen Kosten der Staatskasse aufzuerlegen. Für das Freiheitsentziehungsverfahren ist eine Kostenlast der Staatskasse dagegen nicht vorgesehen.[5] Insoweit scheidet auch eine entsprechende Anwendung der für das Betreuungs- und Unterbringungsrecht geltenden Vorschriften aus.[6] Der Betroffene kann allerdings seine Anwaltskosten als solche der Rechtsverteidigung im Rahmen eines **Entschädigungsanspruchs aus Art. 5 Abs. 5 EMRK** geltend machen, der in Fällen unrechtmäßiger Freiheitsentziehung besteht (s. dazu § 415 Rz. 12). Ein solcher materiell-rechtlicher Anspruch ist wegen des Fehlens einer prozessualen Regelung nicht ausgeschlossen.

---

1 Keidel/*Budde*, § 430 FamFG Rz. 9; Marschner/Volckart/*Lesting*, § 430 FamFG Rz. 5.
2 Keidel/*Budde*, § 430 FamFG Rz. 15; Schulte-Bunert/Weinreich/*Dodegge*, § 430 FamFG Rz. 14.
3 OLG München v. 19.4.2007 – 34 Wx 19/07, OLGReport 2007, 629.
4 OLG München v. 9.11.2006 – 34 Wx 123/06, OLGReport 2007, 146.
5 OLG Celle v. 27.6.2005 – 22 W 24/05, InfAuslR 2005, 423.
6 OLG Köln v. 14.12.2007 – 16 Wx 250/07, FGPrax 2008, 136.

C. Gerichtskosten in Freiheitsentziehungssachen

In § 128c KostO war die Erhebung einer vollen Gebühr vorgesehen, die nach dem Regelwert des § 30 Abs. 2 KostO, also normalerweise nach einem Wert von 3 000 Euro zu bemessen war. Der Geschäftswert ist in den Fällen, in denen – wie in Freiheitsentziehungsverfahren – keine hinreichende Kriterien für eine anderweitige Bestimmung greifbar sind, in § 36 Abs. 3 GNotKG auf 5000 Euro erhöht worden.[1] Andererseits ist nunmehr nach Nr. 15212 des Kostenverzeichnisses in Pos. 4. lediglich eine 0,5 Gebühr nach der Tabelle A zu § 34 GNotKG vorgesehen. Dies ergibt einen Betrag von 65,50 Euro. Gem. § 25 Abs. 3 GNotKG gilt die Sonderregelung des § 23 Nr. 15 GNotKG nicht für die Rechtsmittelverfahren. Vielmehr greift hierfür der Normalfall der Antragstellerhaftung des § 22 Abs. 1 GNotKG ein, also die Haftung desjenigen, der die Beschwerde oder Rechtsbeschwerde eingelegt hat. Wegen der Gebühr bleibt es bei der nach früherem Recht bestehenden Nichterhebung von Vorschüssen. Durch die Formulierung „nur" in § 23 Nr. 15 GNotKG soll die ansonsten gem. § 13 Abs. 1 GNotKG eingreifende Antragstellerhaftung der Verwaltungsbehörde ausgeschlossen werden.[2] Für Auslagen kann allerdings gem. § 14 Abs. 3 GNotKG nunmehr ein Vorschuss erhoben werden.[3] Praktisch werden wird dies allerdings wegen der in Freiheitsentziehungssachen idR bestehenden Eilbedürftigkeit und der mit der Anforderung eines Vorschusses verbundenen Verfahrensverzögerung selten.

Einstweilen frei.

Kostenschuldner ist nach § 23 Nr. 15 GNotKG grundsätzlich der **Betroffene** oder der ihm gesetzlich zum Unterhalt Verpflichtete. In allen Fällen, in denen Entscheidungen zu seinen Gunsten ergehen bzw. Anträge oder Rechtsmittel der Verwaltungsbehörde zurückgenommen werden, hat deshalb das Gericht eine anderweitige Bestimmung zu treffen. Es hat also bei einem Obsiegen des Betroffenen nicht nur eine Entscheidung über eine eventuelle Erstattung seiner außergerichtlichen Kosten, sondern auch **eine solche über die Gerichtskosten zu treffen**. Diese werden in derartigen Fällen idR der **Verwaltungsbehörde** aufzuerlegen sein. Diese ist, soweit nicht die Kostenfreiheit gem. § 2 Abs. 1 GNotKG eingreift, was etwa bei Dienststellen des Bundespolizei der Fall ist, nicht mehr von Kosten befreit. Anders als noch nach § 128 Abs. 3 Satz 3 KostO, der eine Nichterhebung von Gebühren vorsah, schuldet die Verwaltungsbehörde nunmehr sowohl Gebühren wie auch Auslagen. Es bleibt jedoch die Möglichkeit gem. § 81 Abs. 1 Satz 2, die Nichterhebung von Kosten anzuordnen.[4] Bei einer derartigen Anordnung oder im Falle einer Kostenfreiheit gem. § 2 Abs. 1 GNotKG reicht der Ausspruch, dass Gerichtskosten nicht zu erheben sind.[5]

In Fällen, in denen die Aufhebung einer Freiheitsentziehungsmaßnahme auf Verfahrensfehlern im gerichtlichen Bereich beruht (Rz. 10), wird wegen der Schwere des Grundrechtseingriffs und des hieraus herzuleitenden Gewichts des Verfahrensverstoßes idR eine Entscheidung über die **Nichterhebung von Gerichtskosten gem. § 21 GNotKG**, ggf. beschränkt auf einzelne Instanzen, geboten sein.

Entbehrlich dürfte eine Kostenentscheidung nunmehr nur noch in Fällen sein, in denen eine Erstattungsanordnung zugunsten des Betroffenen ersichtlich ausscheidet und auch keine anderweitige Verteilung der Gerichtskosten veranlasst ist, also letztlich in allen Fällen eines Unterliegens des Betroffenen. Ist in sonstigen Fällen eine Kostenentscheidung unterblieben, ist eine **Ergänzung nach § 43** möglich; allerdings ist die Zwei-Wochen-Frist des § 43 Abs. 2 zu beachten (s. dazu § 43 Rz. 10–13).

---

1 Durch das bei Drucklegung dieser Auflage verabschiedete, aber noch nicht verkündete 2. Kostenrechtsmodernisierungsgesetz; zu den Gründen hierfür s. RegE eines 2. KostRMoG, BT-Drucks. 17/11471 (neu), S. 165.
2 RegE eines 2. KostRMoG, BT-Drucks. 17/11471 (neu), S. 161.
3 S. RegE eines 2. KostRMoG, BT-Drucks. 17/11471 (neu), S. 213f.
4 RegE eines 2. KostRMoG, BT-Drucks. 17/11471 (neu), S. 161.
5 BGH v. 22.7.2010 – V ZB 28/10, FGPrax 2010, 316.

§ 431 Mitteilung von Entscheidungen

Für Mitteilungen von Entscheidungen gelten die §§ 308 und 311 entsprechend, wobei an die Stelle des Betreuers die Verwaltungsbehörde tritt. Die Aufhebung einer Freiheitsentziehungsmaßnahme nach § 426 Satz 1 und die Aussetzung ihrer Vollziehung nach § 424 Abs. 1 Satz 1 sind dem Leiter der abgeschlossenen Einrichtung, in der sich der Betroffene befindet, mitzuteilen.

A. Allgemeines 1	III. Mitteilungen an den Leiter der Vollzugseinrichtung (§ 431 Satz 2) 5
B. Inhalt der Norm 2	IV. Zuständigkeit für Mitteilungen 6
I. Mitteilungen zur Gefahrenabwehr (§ 308 Abs. 1) 3	V. Unterrichtung über Mitteilungen ... 7
II. Mitteilungen zur Strafverfolgung (§ 311 Satz 1) 4	VI. Dokumentation (§ 308 Abs. 4) 9

A. Allgemeines

1 Für die Mitteilung von Entscheidungen in Angelegenheiten der freiwilligen Gerichtsbarkeit an andere Gerichte, Behörden oder sonstige öffentliche Stellen bedarf es einer gesetzlichen Grundlage.[1] Diese waren in den §§ 69k und 69n iVm. § 70n FGG für Betreuungs- und Unterbringungssachen geschaffen und sind mit sprachlichen Änderungen durch die §§ 308 und 311 iVm. § 338 in das FamFG übernommen worden. Durch § 431 wird eine entsprechende gesetzliche Grundlage auch für das Freiheitsentziehungsverfahren geschaffen.

B. Inhalt der Norm

2 Satz 1 verweist wegen der Voraussetzungen auf die allgemeine Vorschrift für Mitteilungen des § 308 und auf diejenige für Mitteilungen in besonderen Fällen des § 311. Auf die Kommentierung zu diesen Vorschriften wird daher verwiesen, während an dieser Stelle nur ein Überblick erfolgen soll.

I. Mitteilungen zur Gefahrenabwehr (§ 308 Abs. 1)

3 Wenn eine Mitteilung ergeht, muss dies **zur Erfüllung der Aufgaben von Gerichten, Behörden oder sonstigen öffentlichen Stellen** geschehen. Sie setzt voraus, dass sie nach den Erkenntnissen im gerichtlichen Verfahren erforderlich ist **zur Abwehr einer erheblichen Gefahr** entweder

- **für das Wohl des Betroffenen**, zB weil ansonsten in anderen gerichtlichen Verfahren seine Schuld-, Geschäfts- oder Prozessunfähigkeit unberücksichtigt bliebe, oder
- **für Dritte**, zB wenn nach einer Ingewahrsamnahme nach den Polizeigesetzen zu befürchten ist, dass der Betroffene gegen bestimmte Personen gewalttätig wird, oder
- **für die öffentliche Sicherheit**, zB bei der konkreten Gefahr der Schädigung anderer durch das Führen eines Fahrzeugs.
- In all diesen Fällen sind aber auch die berechtigten Interessen des Betroffenen zu beachten. Es hat also eine **Güterabwägung** zu erfolgen (s. § 308 Rz. 7).

II. Mitteilungen zur Strafverfolgung (§ 311 Satz 1)

4 Mitteilungen, aus denen die **Person des Betroffenen erkennbar** ist, dürfen außer in den gesetzlich geregelten Fällen des § 308, des § 16 EGGVG und des § 70 Satz 1, 3 JGG nur zur Verfolgung von Straftaten oder Ordnungswidrigkeiten an Gerichte oder Behörden erfolgen. Sie sind nicht zwingend vorgeschrieben. Es handelt sich also um eine **Ermessensentscheidung**, in die auch schutzwürdige Interessen des Betroffenen

---

[1] BVerfG v. 15.12.1983 – 1 BvR 209/83 ua., NJW 1984, 419.

einzubeziehen sind, die also ebenfalls eine **Güterabwägung** voraussetzt (s. § 311 Rz. 12 ff.).

III. Mitteilungen an den Leiter der Vollzugseinrichtung (§ 431 Satz 2)

Alle für die Zulässigkeit des weiteren Vollzugs der Freiheitsentziehung relevanten gerichtlichen Entscheidungen, also solche über die Aufhebung einer Freiheitsentziehungsmaßnahme oder die Aussetzung ihrer Vollziehung sind dem Leiter der geschlossenen Einrichtung, in der die Freiheitsentziehung vollzogen wird, mitzuteilen. Dies ist schon deswegen notwendig, damit nach Fortfall der Rechtsgrundlage der Maßnahme für eine unverzügliche Entlassung des Betroffenen Sorge getragen werden kann. Deshalb sollte die Mitteilung an die Einrichtung möglichst umgehend, zB per Fax oder E-Mail erfolgen.

IV. Zuständigkeit für Mitteilungen

Die Mitteilung von Entscheidungen obliegt dem Gericht und damit demjenigen, der für die Entscheidung funktionell zuständig ist. Dies ist in Freiheitsentziehungssachen, in denen es, anders als in Betreuungssachen, keine Zuständigkeit des Rechtspflegers gibt, **immer der Richter**. Bei Entscheidungen von Kollegialgerichten dürfte wegen der gleich gelagerten Situation wie bei der Akteneinsicht durch Dritte in entsprechender Anwendung des § 13 Abs. 7 der Vorsitzende zuständig sein.

V. Unterrichtung über Mitteilungen

Von jeder Mitteilung nach § 308 Abs. 1 und § 311 Satz 1 sind zu unterrichten
- der **Betroffene** (§ 308 Abs. 3 Satz 1),
- ggf. sein **Verfahrenspfleger** (§ 308 Abs. 3 Satz 1),
- die **Verwaltungsbehörde** (§ 431 Satz 1).

Nach § 308 Abs. 3 Satz 2 unterbleibt die Unterrichtung, wenn der Zweck des Verfahrens oder der Zweck der Mitteilung hierdurch gefährdet würde (Nr. 1), aufgrund eines ärztlichen Zeugnisses die Besorgnis erheblicher gesundheitlicher Nachteile für den Betroffenen besteht (Nr. 2) oder er nach dem unmittelbaren Eindruck des Gerichts offensichtlich nicht in der Lage ist, den Inhalt der Unterrichtung zu verstehen (Nr. 3). In Freiheitsentziehungssachen, die idR keine psychisch kranken oder demente Personen betreffen, dürften die Nr. 2 und 3 kaum praktisch werden. Zu beachten ist, dass nach Satz 3 die Mitteilung nach Fortfall der genannten Gründe nachzuholen ist.

VI. Dokumentation (§ 308 Abs. 4)

Alle Vorgänge im Zusammenhang mit der Mitteilung sind aktenkundig zu machen, also ihr Inhalt, die Art und Weise ihrer Übermittlung, der Empfänger, die Unterrichtung des Betroffenen, der Verwaltungsbehörde und des Verfahrenspflegers sowie ggf. die Gründe für ein Unterbleiben der Benachrichtigung. Hierfür reicht zB für den nicht seltenen Fall der Aufhebung einer Freiheitsentziehungsmaßnahme eine kurze Verfügung aus, mit der zB in Nr. 1 die Übermittlung einer beglaubigten Beschlussabschrift per Fax an den Leiter der Einrichtung und in Nr. 2 eine Nachricht hiervon an den Betroffenen bzw. dessen Anwalt und die Verwaltungsbehörde angeordnet und deren Ausführung kenntlich gemacht werden.

432 *Benachrichtigung von Angehörigen*

Von der Anordnung der Freiheitsentziehung und deren Verlängerung hat das Gericht einen Angehörigen des Betroffenen oder eine Person seines Vertrauens unverzüglich zu benachrichtigen.

A. Allgemeines

1 Die Vorschrift entspricht der in § 339 für Unterbringungssachen getroffenen Regelung. Sie setzt die aus **Art. 104 Abs. 4 GG** folgende Pflicht, von jeder richterlichen Entscheidung über die Anordnung oder Fortdauer einer Freiheitsentziehung unverzüglich einen Angehörigen des Betroffenen oder eine Person seines Vertrauens zu benachrichtigen, einfachgesetzlich um (s. auch § 415 Rz. 19). Eine besondere Form ist für die Mitteilung nicht vorgeschrieben. Durch Hinzuziehung eines Angehörigen oder einer Vertrauensperson als Verfahrensbeteiligte gem. § 418 Abs. 2 wird daher idR auch dem Benachrichtigungserfordernis Genüge getan.[1]

B. Normzweck und Anwendungsbereich

2 Durch die Benachrichtigungspflichten des Art. 104 Abs. 4 GG soll vor dem Hintergrund von Erfahrungen mit totalitären Herrschaftssystemen verhindert werden, dass Personen spurlos verschwinden.[2] Hieraus folgt zugleich auch eine subjektive Komponente, nämlich ein Recht des Betroffenen, dass die Vorschrift auch beachtet wird, und zwar in allen Instanzen. Sie gilt daher auch für **Entscheidungen der Rechtsmittelgerichte**, die eine Haftbeschwerde zurückweisen.[3] Dass deshalb auch **Verlängerungen** einer Freiheitsentziehung hiervon erfasst sind, bedarf keiner Erörterung und ist klarstellend ausdrücklich in § 432 genannt.

C. Verzicht auf Benachrichtigung

3 Streitig ist es, ob der Betroffene wirksam auf die Benachrichtigung eines nahen Angehörigen oder einer Vertrauensperson verzichten kann. In der Literatur wird die Möglichkeit eines Verzichts wegen des Schutzzwecks des Art. 104 Abs. 4 GG teilweise verneint.[4] Teilweise wird – auch in der Rspr. – die Auffassung vertreten, dass in den Fällen, in denen der Betroffene keine zu benachrichtigende Person benennt, das Gericht von Amts wegen eine Vertrauensperson zu ermitteln und zu bestimmen habe (zu in Betracht kommenden Personen vgl. § 418 Rz. 8)[5] oder jedenfalls die Information eines Dritten durch den Richter den Regelfall bilde und die von den Betroffenen gewünschte Diskretion einen antragsabhängigen und im Einzelfall begründungsbedürftigen Ausnahmefall darstelle.[6] Demgegenüber wird wohl überwiegend, insbesondere in der Rspr. ein Verzicht für zulässig erachtet, und zwar mit Recht. Ansonsten müsste nämlich die Benachrichtigung an einen Angehörigen erfolgen, der nach dem Willen des Betroffenen von der Freiheitsentziehung nichts erfahren soll, oder eine „Vertrauensperson" unterrichtet werden, die das Vertrauen des Betroffenen gerade nicht genießt.[7]

4 An **die Feststellung der Wirksamkeit des Verzichts** sind allerdings hohe Anforderungen zu stellen; insbesondere hat eine deutliche Belehrung über die grundgesetzlichen Vorgaben zu erfolgen.[8] Auch empfiehlt es sich, die im Zusammenhang mit dem Verzicht entstandenen Vorgänge für das Rechtsmittelgericht nachvollziehbar zu dokumentieren, sei es im Protokoll, sei es in den Gründen der Entscheidung. Nur dann nämlich lässt sich feststellen, ob der Verzicht nur für die erstmalige Anordnung der Freiheitsentziehung gelten oder auch das gesamte spätere Verfahren einschließlich der Entscheidungen der Rechtsmittelgerichte erfassen soll.[9]

---

1 Begr. RegE zu § 339 BT-Drucks. 16/6308, S. 276.
2 Beck'scher Online-Kommentar GG/*Radtke*, Art. 104 Rz. 17.
3 BVerfG v. 14.5.1963 – 2 BvR 516/62, BVerfGE 16, 119.
4 ZB Beck'scher Online-Kommentar GG/*Radtke*, Art. 104 Rz. 19.
5 OLG Oldenburg v. 9.6.2004 – 13 W 30/04, InfAuslR 2004, 349.
6 *Gusy* in v. Mangoldt/Klein/Starck, GG III Art. 104 Rz. 76.
7 BayObLG v. 4.4.1975 – BReg. 3 Z 32/75, BayObLGZ 1975, 142; OLG Celle v. 22.3.2004 – 16 W 37/04, NdsRpfl. 2004, 151; Isensee/Kirchhoff/*Grabitz*, Hdb. des Staatsrechts, Bd. VI § 130 Freiheit der Person Rz. 30.
8 OLG Hamburg v. 13.7.2005 – 2 Wx 28/05, InfAuslR 2006, 27; Dreier/*Schulze-Fielitz*, GG Bd. 3, Art. 104 Rz. 51.
9 Vgl. BVerfG v. 14.5.1963 – 2 BvR 516/62, BVerfGE 16, 119.

D. Folgen einer Verletzung der Benachrichtigungspflicht

In einer Verletzung des § 432 liegt zugleich ein Verstoß gegen Art. 104 Abs. 4 GG. Der Verfahrensfehler führt jedoch nicht zur Rechtswidrigkeit der Haftanordnung selbst.[1] Vielmehr ist die Benachrichtigung nachzuholen, sobald der Fehler erkannt wird.[2]

E. Weitere Benachrichtigungspflichten

Bei Ausländern ist auch Art. 36 Abs. 1b des **Wiener Übereinkommens über konsularische Beziehungen (WÜK)**[3] zu beachten. Hiernach haben die zuständigen Behörden jeden Ausländer, der festgenommen, in Straf- oder Untersuchungshaft genommen oder dem anderweitig die Freiheit entzogen wird, darüber zu belehren, dass auf sein Verlangen die konsularische Vertretung seines Heimatlandes zu unterrichten ist (zu Einzelheiten s. § 415 Rz. 20). Das Unterlassen einer derartigen Belehrung stellt einen Verfahrensverstoß dar, der zur Rechtswidrigkeit der Haftanordnung führt.[4] Die Belehrung ist aktenkundig zu machen, und der in ihrem Fehlen liegende Verfahrensmangel wird auch nicht dadurch geheilt, dass die konsularische Vertretung im Verlaufe des Verfahrens Kenntnis von der Inhaftierung des Betroffenen erhält.[5] Allerdings reicht es aus, wenn die Belehrung erst anlässlich der Haftaufnahme erfolgt und dies feststeht, etwa in dem Aufnahmeersuchen für den Vollzug dokumentiert ist.[6] Auch kann der Verfahrensverstoß einer unterlassenen Belehrung mit Wirkung für die Zukunft durch das Beschwerdegericht nachgeholt werden, weil der Betroffene nunmehr entscheiden kann, ob er konsularische Hilfe in Anspruch nehmen möchte.[7]

Der durch das Zweite Richtlinienumsetzungsgesetz vom 22.11.2011 neu geschaffene **§ 62a AufenthG** enthält in Abs. 5 eine Pflicht zur Belehrung eines Abschiebungsgefangenen über seine Rechte im Vollzug (dazu näher § 422 Rz. 9a). Diese Belehrungspflicht ist indes kein Rechtmäßigkeitserfordernis für die Haftanordnung, sondern betrifft nur den Vollzug der Abschiebungshaft.[8]

---

1 BVerfG v. 14.5.1963 – 2 BvR 516/62, BVerfGE 16, 119.
2 OLG Oldenburg v. 9.6.2004 – 13 W 30/04, InfAuslR 2004, 349.
3 BGBl. II 1969, S. 1625.
4 BGH v. 6.5.2010 – V ZB 223/09, FGPrax 2010, 212; BVerwG v. 16.10.2012 – 10 C 6/12, NVwZ 2013, 277 mit Anm. Gutmann S. 283; s. auch BVerfG v. 4.10.2010 – 2 BvR 1825/08, BVerfGK 18, 125, wonach durch die BGH-Entscheidung v. 6.5.2010 die Bedeutung der Belehrung gem. Art. 36 Abs. 1 WÜK für die Rechtmäßigkeit einer Inhaftierung mit Beschluss ausreichend geklärt sei.
5 BGH v. 18.11.2010 – V ZB 165/10, FGPrax 2011, 99.
6 BGH v. 28.10.2010 – V ZB 210/10, FGPrax 2011, 41; BGH v. 15.7.2010 – V ZB 10/10, NVwZ 2011, 127.
7 BGH v. 25.8.2011 – V ZB 188/11, juris.
8 BGH v. 19.9.2012 – V ZB 73/12, juris.

Buch 8
Verfahren in Aufgebotssachen

Vorbemerkungen

I. Ursprung der Aufgebotsvorschriften: 9. Buch der ZPO	
1. Früheres Recht 1	
2. Wesen des Aufgebotsverfahrens .. 2	
3. Frühere Vorschläge zur Übernahme 3	
4. Vereinfachungseffekt durch Übernahme 4	
5. Besondere Aufgebotsverfahren ... 6	
II. Zweck des Aufgebotsverfahrens	
1. Feststellung von rechtlichen Verhältnissen 8	
2. FamFG enthält nur Verfahrensregeln 11	
3. Abgrenzung zu ähnlichen Fällen .. 12	
III. Systematik der Vorschriften von Buch 8 des FamFG	
1. Allgemeines 14	
2. Allgemeine Verfahrensvorschriften §§ 433 bis 441 15	
3. Gliederung der verschiedenen Aufgebotsverfahren 16	

Literatur: *Bundesministerium der Justiz* (Hrsg.), Bericht der Kommission zur Vorbereitung einer Reform der Zivilgerichtsbarkeit, 1961; *Bundesministerium der Justiz* (Hrsg.), Bericht der Kommission für das Recht der Freiwilligen Gerichtsbarkeit einschließlich des Beurkundungswesens, 1977; *Blunk/Winkler*, Zur Wirkung von Ausschlussurteilen gemäß § 1017 ZPO, BKR 2008, 288; *Hahn*, Die gesamten Materialien zur Civilprozessordnung und dem Einführungsgesetz zu derselben, vom 30. Januar 1877, 1. Abteilung, 2. Aufl., 1881; *Harder*, Die gerichtliche Zuständigkeit für das Nachlassgläubigeraufgebot gemäß §§ 1970 ff. BGB, ZEV 2002, 90; *Heinemann*, Das neue Aufgebotsverfahren nach dem FamFG, NotBZ 2009, 300; *Heinemann*, Die Reform der freiwilligen Gerichtsbarkeit durch das FamFG und ihre Auswirkungen auf die notarielle Praxis, DNotZ 2009, 6; *Lent*, Zivilprozess und freiwillige Gerichtsbarkeit, ZZP 66 (1953), 267; *Lessing*, Das Aufgebotsverfahren, RpflStud. 2004, 97; *Rehm*, Rechtsprobleme der Luftfahrzeughypothek, NJW 1959, 709; *Reuleaux*, Der zukünftige Luftfahrzeugpfandbrief: Ein „Internationales Sicherungsrecht" gemäß der Kapstadt-Konvention als vergleichbare Sicherheit iSd. § 22 V PfandBG?, ZBB 2006, 463; *Saenger*, Grundstückserwerb nach dem Aufgebotsverfahren, MDR 2001, 134; *Schmalenbach/Sester*, Zur Einführung des Flugzeugpfandbriefes, WM 2009, 725; *Schmidt-Ränsch*, Rechtsprechung des BGH im Bereich der Grundpfandrechte in den Jahren 2009 und 2010, ZNotP 2011, 2; *Schölermann/Schmidt-Burgk*, Flugzeuge als Kreditsicherheit, WM 1990, 1137; *Vogel*, Verschollenheitsrecht, 1949; *Wenkstern*, Die Löschung von Grundpfandrechten bei nicht erreichbarem Berechtigten, DNotZ 1993, 547; *Wilsch*, Aspekte des FGG-Reformgesetzes in der grundbuchamtlichen Praxis, FGPrax 2009, 243; *Wilsch*, Das Aufgebotsverfahren zur Kraftloserklärung von Grundpfandrechtsbriefen, FGPrax 2012, 231.

I. Ursprung der Aufgebotsvorschriften: 9. Buch der ZPO

1. Früheres Recht

Vor der FGG-Reform waren die Verfahrensvorschriften für das Aufgebotsverfahren im **9. Buch der ZPO**, §§ 946 bis 1024 aF ZPO, enthalten. **1**

2. Wesen des Aufgebotsverfahrens

Da es sich bei dem Aufgebotsverfahren seinem Wesen nach nicht um ein kontradiktorisches zivilprozessuales Verfahren zwischen zwei Parteien handelt, in dem diese durch ihre Anträge den Verfahrensgegenstand bestimmen und in dem rechtskräftig über materielle Rechte entschieden wird, sondern um ein nichtstreitiges, nur **auf Antrag** einzuleitendes, vom Gegenstand her typisiertes **Verfahren** mit bestimmten rechtsgestaltenden Wirkungen, enthält es wesentliche rechtsgestaltende Strukturelemente der freiwilligen Gerichtsbarkeit,[1] wegen derer das Aufgebotsverfahren **2**

---

[1] Holzer/*Holzer*, § 433 FamFG Rz. 3.

von Anfang an dem Bereich der freiwilligen Gerichtsbarkeit zugeordnet wurde.[1] Dies war auch dem historischen Reichsgesetzgeber bewusst, der es nur deshalb in der ZPO regelte, weil bei deren Inkrafttreten am 30.1.1877[2] noch kein reichseinheitliches Gesetz für fG-Verfahren zur Verfügung stand, in das das Aufgebotsverfahren hätte aufgenommen werden können.[3] Auch wenn das Aufgebotsverfahren zunächst nach Reichs- und später nach Bundesrecht den Vorschriften der ZPO unterstellt war, verblieben verschiedene landesrechtliche Vorbehalte (§§ 1006 Abs. 3, 1009 Satz 2, 1023 Satz 2, 1024 aF ZPO; Art. 101, 102, 174, 177 EGBGB), wobei bei landesrechtlichen Aufgebotsverfahren das Landesrecht das Verfahren auch abweichend von der ZPO regeln konnte, § 11 aF EGZPO.

3. Frühere Vorschläge zur Übernahme

3   Ein erster gesetzgeberischer Schritt zur Unterstellung des Aufgebotsverfahrens unter das Regime der freiwilligen Gerichtsbarkeit war die Regelung des Verschollenheitsverfahrens durch das VerschG im Jahre 1939.[4] Weitere **Vorschläge**, das in der ZPO geregelte **Aufgebotsverfahren** insgesamt der **freiwilligen Gerichtsbarkeit zu unterstellen**, gab es bereits **seit Längerem**.[5] Sie wurden auch von der „Kommission zur Vorbereitung einer Reform der Zivilgerichtsbarkeit" aufgenommen, die vom BMJ im Jahre 1955 eingesetzt worden war und 1961 das sog. „Weißbuch" mit einer Reihe von Empfehlungen für eine FGG-Reform vorlegte, die auch das Aufgebotsverfahren einschlossen.[6] Wenn in dem späteren Entwurf einer Verfahrensordnung für die Freiwillige Gerichtsbarkeit von 1977 (FrGO) das Aufgebotsverfahren nicht besonders erwähnt war, hatte dies seinen Grund darin, dass sich der Entwurf neben der Zusammenfassung der Allgemeinen Vorschriften für das FGG-Verfahren auf die Darstellung bestimmter besonderer Bereiche des FGG-Verfahrens, nämlich des Familien- und Erbrechts sowie auf Handelssachen, beschränkte.[7]

4. Vereinfachungseffekt durch Übernahme

4   Die nach allgemeiner Ansicht zutreffende Zuordnung des Aufgebotsverfahrens zur freiwilligen Gerichtsbarkeit hatte den Gesetzgeber veranlasst, es aus der Zivilprozessordnung herauszulösen und als Angelegenheit der freiwilligen Gerichtsbarkeit zu qualifizieren.[8] Durch die **Übernahme** der Verfahrensvorschriften für das Aufgebotsverfahren in das **8. Buch des FamFG** mit den **§§ 433 bis 484** haben sich eine Reihe von früher bestehenden Fragen praktisch von selbst erledigt. Diese waren hauptsächlich darin begründet, dass man nach der früher hM das Aufgebotsverfahren zwar als materiell zur Freiwilligen Gerichtsbarkeit gehörig ansah, darauf aber wegen seiner Verankerung in der ZPO – soweit nicht allg. Ausnahmen (s.u. Rz. 6) oder solche nach Landesrecht (s.o. Rz. 2 aE) bestanden – nicht die allgemeinen Verfahrensvorschriften des FGG, sondern die der ZPO anzuwenden hatte.[9] Mit der Umgestaltung des Aufgebotsverfahrens in ein Verfahren der freiwilligen Gerichtsbarkeit waren diverse **strukturelle Änderungen** verbunden. Das Verfahren wird hierdurch **beschleunigt und gestrafft**; dazu tragen vor allem der **Wegfall des früheren Aufgebotstermins** und die

---

1 RG v. 4.4.1928 – IV GB. 158/28, RGZ 121, 20 (21); *Lent*, ZZP 66 (1953), 267 (276); vgl. auch *Bundesministerium der Justiz* (Hrsg.), Bericht der Kommission zur Vorbereitung einer Reform der Zivilgerichtsbarkeit, S. 329 f.; aA LG Deggendorf v. 22.3.1995 – 1 AR 1/95, Rpfleger 1995, 426; LG Frankenthal v. 21.3.1983 – 1 T 80/83, Rpfleger 1983, 412 (413).
2 RGBl. 1877, S. 83.
3 *Hahn*, Begr. des Entwurfs einer Civilprozessordnung, Materialien, 1881, 459.
4 Allgemeine Begr. zum RegE, in: BT-Drs. 16/6308, S. 171; zur Rechtsnatur des Aufgebotsverfahrens nach dem VerschG vgl. BGH v. 13.1.1963 – IV ZB 95/52, BGHZ 8, 310.
5 *Lent*, ZZP 66 (1953), 267 (276).
6 *Bundesministerium der Justiz* (Hrsg.), Bericht der Kommission zur Vorbereitung einer Reform der Zivilgerichtsbarkeit, S. 329.
7 *Bundesministerium der Justiz* (Hrsg.), Einführung zum Bericht der Kommission für das Recht der Freiwilligen Gerichtsbarkeit einschließlich des Beurkundungswesens, 1977, S. 18.
8 Allgemeine Begr. zum RegE, in: BT-Drs. 16/6308, S. 171.
9 MüKo.ZPO/*Eickmann*, 3. Aufl., § 946 ZPO Rz. 2 f.

schriftliche Durchführung des Verfahrens bei.[1] Da jetzt nur noch auf die weiteren Vorschriften des FamFG, insbesondere die des Allgemeinen Teils, zurückzugreifen ist, führt dies zu einer weiteren wesentlichen Vereinfachung bei der Anwendung der Verfahrensvorschriften. Die Einstellung des Aufgebotsverfahrens in das FamFG betont auch in besonderer Weise dessen Charakter als nichtstreitiges und rechtsgestaltendes Verfahren; nach der Auffassung des Gesetzgebers wird dadurch zugleich die Bedeutung des **FamFG als Gesamtkodifikation des Rechts der freiwilligen Gerichtsbarkeit** gestärkt.[2] Die Ausgliederung des Aufgebotsverfahrens aus der Zivilprozessordnung verbessert gleichzeitig seine Kohärenz mit dem materiellen Recht, weil **Sonderregeln entfallen** können, die bisher wegen des Urteilsverfahrens notwendig waren.[3] Entfallen ist ferner die **Zweistufigkeit des Verfahrens**, da anders als nach früherem Recht ein gesonderter Antrag auf Erlass des Ausschließungsbeschlusses nicht mehr erforderlich ist.[4]

Letztlich entscheidend für die Unterstellung des Aufgebotsverfahrens unter das Regime der freiwilligen Gerichtsbarkeit war auch die **Abänderungsmöglichkeit** des § 48 Abs. 1. Nach dem früheren § 957 Abs. 1 ZPO[5] war eine Überprüfung der tatsächlichen und rechtlichen Grundlage des Aufgebotsurteils ausgeschlossen. Dieser Umstand hatte in der Praxis in der Zeit nach dem ersten Weltkrieg zu Unzuträglichkeiten bei der Aufhebung von Todeserklärungen für nach langer Zeit zurückgekehrte Personen und zur Ausgliederung des **Verschollenheitsverfahrens** aus der ZPO geführt.[6] 5

5. Besondere Aufgebotsverfahren

Bei einer Reihe **besonderer Aufgebotsverfahren**, die schon früher von der Geltung der Verfahrensvorschriften der ZPO ausgenommen waren und für die FGG-Verfahrensregeln galten, hat sich durch das FamFG nichts Wesentliches geändert. Solche sind: Kraftloserklärung einer Vollmacht (§ 176 BGB),[7] Kraftloserklärung eines Erbscheins (§ 2361 BGB) bzw. eines Testamentsvollstreckerzeugnisses (§ 2368 Abs. 3 Satz 1 BGB), Aufgebote nach § 1965 BGB (die dortige Verweisung in Abs. 1 Satz 1 bezieht sich jetzt auf die §§ 435 bzw. 437) und Aufgebotsverfahren zum Zwecke der Todeserklärung (§ 13 VerschG). 6

Weiterhin bestehen bundesrechtliche **Sonderregelungen** für Aufgebotsverfahren[8] im Zwangsversteigerungsrecht (Aufgebot zur Kraftloserklärung eines Hypotheken-, Grundschuld- oder Rentenschuldbriefs nach § 136 ZVG, Aufgebot des Berechtigten am Versteigerungserlös nach § 157 Abs. 2 ZVG), für die das Vollstreckungsgericht gem. § 140 Abs. 1 ZVG sachlich zuständig ist. Das Grundbuchamt führt das Aufgebot des Grundpfandrechtsbriefs nach § 26 GBMaßnG sowie das Aufgebot unbekannter Berechtigter bzw. Berechtigter unbekannten Aufenthalts eines Nießbrauchs, einer beschränkten persönlichen Dienstbarkeit, eines eingetragenen Mitbenutzungsrechts und anderer Dienstbarkeiten nach § 6 Abs. 1 GBBerG durch[9] und ist für das Aufgebotsverfahren im Rahmen der Anlegung von Grundbuchblättern nach §§ 119 ff. GBO zuständig.[10] § 490 eröffnet den Ländern die Möglichkeit für landesrechtliche 7

---

1 *Heinemann*, DNotZ 2009, 6 (34); *Heinemann*, NotBZ 2009, 300.
2 Allgemeine Begr. zum RegE, in: BT-Drucks. 16/6308, S. 171; dies würde allerdings nur dann in vollem Umfang zutreffen, wenn der Gesetzgeber den klassischen FGG-Bereich und die familienverfahrensrechtlichen Bestimmungen jeweils in gesonderten Gesetzen geregelt hätte, wie es zu Recht von der Literatur gefordert wird, vgl. *Maass*, ZNotP 2006, 282.
3 Holzer/*Holzer*, § 433 FamFG Rz. 6.
4 OLG Jena v. 23.8.2010 – 9 W 307/10, juris.
5 Dazu RG v. 22.12.1900 – Rep. V. 299/00, RGZ 48, 367 (368 f.); RG v. 5.5.1937 – V 206/36, RGZ 155, 72 (74); BGH v. 14.3.1980 – V ZR 68/78, NJW 1980, 2529.
6 Allgemeine Begr. zum VerschG, in: *Vogel*, Verschollenheitsrecht, S. 21.
7 Holzer/*Holzer*, § 433 FamFG Rz. 10 ff.
8 Dazu Bassenge/Roth/*Walter*, § 433 FamFG Rz. 4; *Lessing*, RpflStud. 2004, 97 (98).
9 Dazu BGH v. 29.1.2009 – V ZB 140/08, ZNotP 2009, 144 (145).
10 Dazu Hügel/*Holzer*, GBO, 2. Aufl., § 119 Rz. 1 ff.

Aufgebotsverfahren (beispielsweise zum Aufgebot von Sparbüchern; dazu auch § 483 Rz. 6).[1]

II. Zweck des Aufgebotsverfahrens

1. Feststellung von rechtlichen Verhältnissen

8 Der **Zweck** des **Aufgebotsverfahrens**, der früher in § 946 Abs. 1 aF ZPO definiert war, ist jetzt in § 433 umschrieben. Allgemein geht es darum, durch eine Unterstellung des Verzichts des Berechtigten für bestimmte Rechtsverhältnisse eine klare Rechtslage herbeizuführen.[2] In Fällen, in denen ein Betroffener bzw. Antragsteller ein **Bestehen von Rechten** oder eine **Freiheit von Rechten** nachzuweisen hat, kann dies durch ein gerichtliches Verfahren in einer Form erfolgen, die im Rechtsverkehr Wirkung für und gegen alle Personen hat, die sich auf das Aufgebot nicht gemeldet haben.[3] Entsprechendes gilt, wenn hinsichtlich einer Vermögensmasse (zB eines Nachlasses) besondere Haftungsausschlüsse bzw. Haftungsbeschränkungen von Bedeutung und daher nachzuweisen sind oder wenn es um die Feststellung von Rechten aus verloren gegangenen Urkunden geht. Das Aufgebotsverfahren bezweckt damit **eine gegenüber allen wirksame Feststellung** des Bestehens des Rechts des Antragstellers oder der Freiheit dieses Rechts von Rechten Dritter oder auf Feststellung der Nichthaftung oder der Beschränkung der Haftung einer Vermögensmasse für die nicht angemeldeten Forderungen oder auf Feststellung des Rechts aus der verloren gegangenen Urkunde für den Antragsteller.[4] Im Falle der Ausschließung besteht kein Bereicherungsanspruch des mit seinem Eigentum bzw. mit seinem Recht ausgeschlossenen Grundstückseigentümers bzw. Berechtigten.[5] Diesem können jedoch Verfahrensrechte auf Wiedereinsetzung oder Wiederaufnahme zustehen.

9 Aus dem Zweck des Verfahrens folgt zugleich, dass es dem Betroffenen nur unter **bestimmten Voraussetzungen** und nur in den Fällen zur Verfügung gestellt wird, die ausdrücklich **durch Gesetz geregelt** sind.

10 Das **im FamFG geregelte Aufgebotsverfahren** betrifft insbesondere folgende Fälle: § 927 Abs. 1 Satz 1 BGB (Aufgebot des Grundstückseigentümers), § 6 Abs. 1 Satz 1 SchRG (Aufgebot des Schiffseigentümers), §§ 887 Satz 1 BGB, 13 Satz 1 SchRG (Aufgebot des Vormerkungsgläubigers), § 1104 Abs. 1 Satz 1 BGB (Aufgebot des Berechtigten eines dinglichen Vorkaufsrechts), § 1112 BGB (Aufgebot des Berechtigten einer Reallast), §§ 1170 Abs. 1 Satz 1, 1171 Abs. 1 Satz 1 BGB (Aufgebot des Hypotheken-, Grundschuld- oder Rentenschuldgläubigers), § 1162 BGB (Aufgebot zur Kraftloserklärung eines Hypotheken-, Grundschuld- oder Rentenschuldbriefs), § 66 Abs. 1 Satz 1, § 67 Abs. 1 Satz 1 SchRG (Aufgebot des Schiffshypothekengläubigers), § 110 BSchG (Aufgebot eines Schiffsgläubigers), § 1970 BGB (Aufgebot des Nachlassgläubigers), § 799 Abs. 1 BGB (Aufgebot zur Kraftloserklärung einer Inhaberschuldverschreibung), § 808 Abs. 2 Satz 2 BGB (Aufgebot zur Kraftloserklärung eines hinkenden Inhaberpapiers), Art. 90 Abs. 2 Satz 1 WG (Aufgebot zur Kraftloserklärung eines Wechsels), Art. 59 Abs. 1 Satz 1 ScheckG (Aufgebot zur Kraftloserklärung eines Schecks), § 365 Abs. 2 Satz 1 HGB (Aufgebot zur Kraftloserklärung von kaufmännischen Orderpapieren) und § 72 Abs. 1 AktG (Aufgebot zur Kraftloserklärung von Aktien und Zinsscheinen) sowie das Aufgebot nach den Vorschriften des LuftfzRG.[6]

---

[1] Dazu Holzer/*Holzer*, § 483 FamFG Rz. 5; § 490 Rz. 3.
[2] BGH v. 14.3.1980 – V ZR 68/78, NJW 1980, 2529; LG Koblenz v. 16.10.1962 – 6 S 202/62, NJW 1963, 254 (255).
[3] RG v. 16.11.1907 – Beschw.-Rep. V. 153/07, RGZ 97, 95 (97); LG Koblenz NJW 1963, 254 (255); Bumiller/*Harders*, § 433 FamFG Rz. 1; Bassenge/Roth/*Walter*, § 433 FamFG Rz. 1.
[4] Holzer/*Holzer*, § 433 FamFG Rz. 2.
[5] LG Koblenz v. 16.10.1962 – 6 S 202/62, NJW 1963, 254.
[6] Dazu Holzer/*Holzer*, § 452 FamFG Rz. 5 ff. und § 453 FamFG Rz. 7.

2. FamFG enthält nur Verfahrensregeln

Das Buch 8 des FamFG enthält dabei, ebenso wie früher das Buch 9 der ZPO, nur die **Vorschriften für das Verfahren** von der Stellung des Antrags auf Durchführung eines Aufgebotsverfahrens bis zu dessen Abschluss. Die Voraussetzungen, nach denen ein Aufgebot zulässig ist, sind außerhalb des FamFG im materiellen Recht geregelt. Dies gilt auch für die Rechtsfolgen, die ein im Aufgebotsverfahren ergangener Ausschließungsbeschluss entfaltet (vgl. zB § 927 BGB, § 13 SchRG, Art. 233 § 15 Abs. 3 EGBGB, §§ 13, 66, 67 LuftfzRG). 11

3. Abgrenzung zu ähnlichen Fällen

Kein echtes Aufgebot stellen die öffentliche Aufforderung nach § 2358 BGB sowie alle sonstigen außergerichtlichen Privataufgebote (zB § 2061 BGB, § 365 Abs. 2 HGB, § 332a LAG) dar, da solchen Aufforderungen keine Ausschlusswirkung zukommt.[1] Ebenfalls nicht unter die Bestimmungen des 8. Buches fallen sonstige, nicht von dem Gericht zu erlassende Aufgebote, wie zB von Kfz-Briefen nach § 25 Abs. 2 StVZO. 12

Wenn ein Aufgebotsverfahren nach **ausländischem materiellem Recht**, das nach deutschem IPR maßgeblich ist, vorgeschrieben ist, werden die Voraussetzungen und Wirkungen von der lex causae geregelt. Das Verfahren ist jedoch nach deutscher **lex fori** zu führen. 13

III. Systematik der Vorschriften von Buch 8 des FamFG

1. Allgemeines

Wenngleich in den Bestimmungen von Buch 8 FamFG der Regelungsgehalt der früheren Vorschriften der §§ 946 bis 1024 ZPO und ebenfalls ihre Verknüpfung mit dem materiellen Recht weitgehend beibehalten wurde, hat sich durch die generelle Umstellung des Verfahrens auf ein **fG-Verfahren** eine Reihe von **wesentlichen Änderungen** ergeben: Durch den Wegfall des Aufgebotstermins wird das Verfahren gestrafft, gleichfalls durch den **Wegfall des Urteilsverfahrens** und seine Ersetzung durch ein **Beschlussverfahren** (dazu oben Rz. 4f.). Die durch das Urteilsverfahren bedingten bisherigen Richtervorbehalte hinsichtlich Wahrnehmung des Aufgebotstermins (§§ 952, 953 aF ZPO), Erlass des Ausschlussurteils (§ 952 Abs. 1 aF ZPO) und Anfechtungsverfahren (§§ 957 Abs. 2, 958 aF ZPO), sind entfallen; das gesamte Aufgebotsverfahren fällt jetzt als sog. „Vollübertragung" in die funktionelle Zuständigkeit des **Rechtspflegers** (§ 3 Nr. 1 Buchst. c RPflG). Dieser ist auch dann zuständig, wenn er nach § 32 Abs. 1 von der Möglichkeit Gebrauch macht, einen Erörterungstermin anzuordnen. Im **Rechtsmittelbereich** gelten nunmehr im Wesentlichen die allgemeinen Bestimmungen von Buch 1 des FamFG, dh., das allgemeine Rechtsmittel ist die **(befristete) Beschwerde**; die bisherige Sondervorschrift über die **Anfechtungsklage nach § 957 aF ZPO** ist entfallen. Weiter neu ist wegen der Befristung der Beschwerde nach § 63 Abs. 1 auch die in § 441 vorgesehene öffentliche Zustellung des Ausschließungsbeschlusses. Der ausgeschlossene Rechteinhaber kann nach der FGG-Reform Wiedereinsetzung bzw. Wiederaufnahme innerhalb der erheblich verlängerten Fristen des § 439 Abs. 4 beantragen, die – bei der Wiederaufnahme – nunmehr zehn Jahre beträgt. 14

2. Allgemeine Verfahrensvorschriften §§ 433 bis 441

Das FamFG enthält zunächst in den **§§ 433 bis 441** die **allgemeinen Verfahrensvorschriften** für das Aufgebotsverfahren. Dazu gelten ergänzend die allgemeinen Vorschriften von Buch 1 des FamFG, soweit sie für das Verfahren der freiwilligen Gerichtsbarkeit **überhaupt Anwendung finden**.[2] Dies gilt insbesondere für die allgemeinen Vorschriften der §§ 1 bis 22, die Vorschriften für das Verfahren im ersten 15

---

[1] BeckOK Hahne/*Munzig*, 6. Ed., § 433 FamFG Rz. 4; zu außergerichtlichen Aufgebotsverfahren vgl. MüKo.ZPO/*Eickmann*, 3. Aufl., § 433 FamFG Rz. 19.
[2] Dazu Holzer/*Holzer*, § 1 FamFG Rz. 12f.

Rechtszug der §§ 23 bis 37, die Vorschriften über den Beschluss, §§ 38 bis 48, sowie die Rechtsmittelvorschriften der §§ 58 ff. Dabei sind jedoch verschiedene Abweichungen, etwa in § 439 Abs. 2 und Abs. 3, zu berücksichtigen.

3. Gliederung der verschiedenen Aufgebotsverfahren

16 Anschließend werden in den §§ 442 bis 484 die verschiedenen Aufgebotsarten geregelt, wobei die Gliederung des Gesetzes der der §§ 977 bis 1023 aF ZPO entspricht:
- in den §§ 442 bis 445 die Ausschließung des Grundstückseigentümers nach § 927 BGB,
- in § 446 die Ausschließung des Schiffseigentümers,
- in den §§ 447 bis 451 die Ausschließung von Grundpfandrechtsgläubigern aufgrund der §§ 1170, 1171 BGB,
- in § 452 die Ausschließung von Schiffshypothekengläubigern,
- in § 453 die Ausschließung sonstiger dinglicher Berechtigter bzw. Vormerkungsberechtigter,
- in den §§ 454 bis 463 die Ausschließung von Nachlassgläubigern,
- in § 464 die Ausschließung von Gesamtgutsgläubigern,
- in § 465 die Ausschließung von Schiffsgläubigern sowie
- in den §§ 466 bis 484 das Aufgebot zur Kraftloserklärung von Urkunden.

17 Im Zuge der Umstellung des Aufgebotsverfahrens in ein fG-Verfahren hat sich der Gesetzgeber wie allgemein bei der Reform der freiwilligen Gerichtsbarkeit auf möglichst geringfügige, insbesondere **redaktionell veranlasste Änderungen** gegenüber den bisherigen Verfahrensvorschriften der §§ 972 bis 1023 ZPO beschränkt.

Abschnitt 1
Allgemeine Verfahrensvorschriften

433 *Aufgebotssachen*
Aufgebotssachen sind Verfahren, in denen das Gericht öffentlich zur Anmeldung von Ansprüchen oder Rechten auffordert, mit der Wirkung, dass die Unterlassung der Anmeldung einen Rechtsnachteil zur Folge hat; sie finden nur in den durch Gesetz bestimmten Fällen statt.

I. Allgemeines

1 Die Vorschrift knüpft an § 946 Abs. 1 aF ZPO an. Sie definiert die Aufgebotssachen und gibt die **wesentlichen Elemente** des Aufgebotsverfahrens wieder: Es muss **vom Gericht** (zur Zuständigkeit s. Rz. 3) **eine Aufforderung** ergehen. Diese muss öffentlich sein, sich also an einen unbestimmten oder unbekannten Personenkreis richten. Art und Weise der **öffentlichen Bekanntmachung** werden in den §§ 435, 436 näher bestimmt. Die Aufforderung muss die **Anmeldung von Ansprüchen oder Rechten** bei dem Gericht, von dem sie ausgeht, zum Gegenstand haben (s. § 434 Abs. 1 Nr. 2). Das **Unterlassen der Anmeldung** muss zu einem **Rechtsnachteil** führen, der in der Aufforderung zu bezeichnen ist (s. § 434 Abs. 2 Nr. 3). Schließlich muss das Aufgebotsverfahren **gesetzlich angeordnet bzw. zugelassen** sein (s. Vorbem. zu §§ 433–484 Rz. 10).

II. Definition der Aufgebotssachen

2 Nach § 433, 1. Halbs. sind **Aufgebotssachen solche Verfahren**, in denen das Gericht öffentlich zur Anmeldung von Ansprüchen oder Rechten mit der Wirkung auffordert, dass die Unterlassung der Anmeldung einen Rechtsnachteil (insbesondere den Ver-

lust dieses Rechts) zur Folge hat.[1] In § 433 verwirklicht sich der Zweck des Aufgebotsverfahrens, durch Unterstellung des Verzichts eines Beteiligten eine endgültige Klärung der Rechtslage herbeizuführen (Vorbem. zu §§ 433 – 484 Rz. 8 mwN.).

III. Zuständigkeit

Sachlich zuständig sind die **Amtsgerichte**. Nach Einbeziehung der fG- sowie der Aufgebotsangelegenheiten in § 23a Abs. 1 Nr. 2 bzw. Abs. 2 Nr. 7 GVG (sog. „GVG-Anbindung") im Rahmen der FGG-Reform konnte die bisherige Vorschrift des § 946 Abs. 2 ZPO entfallen. Für die **örtliche Zuständigkeit** sind die Sondervorschriften der §§ 442 Abs. 2, 446 Abs. 2, 447 Abs. 2, 452 Abs. 2, 454 Abs. 2 und 466 zu beachten. 3

Funktionell ist für alle Aufgebotsverfahren nach dem FamFG der **Rechtspfleger zuständig** (§ 3 Nr. 1c RPflG). Für die außerhalb des FamFG geregelten Aufgebotsverfahren ergibt sich seine funktionelle Zuständigkeit aus den diese Verfahren betreffenden Vorschriften; sie folgt beispielsweise für das Aufgebotsverfahren nach §§ 116 ff. GBO aus der Vollübertragung der Grundbuchsachen auf den Rechtspfleger nach § 3 Nr. 1h RPflG. 4

Kosten/Gebühren: Gericht: Für das Aufgebotsverfahren wird nach Nr. 15212 Nr. 3 KV GNotKG eine Gebühr mit einem Gebührensatz von 0,5 erhoben. Nach Abs. 2 der Anm. gelten das Verfahren betreffend die Zahlungssperre (§ 480 FamFG) und ein anschließendes Aufgebotsverfahren sowie das Verfahren über die Aufhebung der Zahlungssperre (§ 482 FamFG) zusammen als ein Verfahren. 5

Der Wert bestimmt sich nach § 36 GNotKG. Die Kosten schuldet der Antragsteller (§ 22 Abs. 1 GNotKG). **RA:** Vertritt ein RA einen Beteiligten im Verfahren, stehen ihm Gebühren nach Teil 3 VV RVG zu. Stellt der RA lediglich einen Antrag, steht ihm nur die verminderte Verfahrensgebühr nach Nr. 3101 VV RVG (vgl. Nr. 3 des Gebührentatbestandes) zu.

434 Antrag; Inhalt des Aufgebots

(1) Das Aufgebotsverfahren wird nur auf Antrag eingeleitet.
(2) Ist der Antrag zulässig, so hat das Gericht das Aufgebot zu erlassen. In das Aufgebot ist insbesondere aufzunehmen:
1. die Bezeichnung des Antragstellers;
2. die Aufforderung, die Ansprüche und Rechte bis zu einem bestimmten Zeitpunkt bei dem Gericht anzumelden (Anmeldezeitpunkt);
3. die Bezeichnung der Rechtsnachteile, die eintreten, wenn die Anmeldung unterbleibt.

I. Allgemeines

§ 434 Abs. 1 ist dem früheren § 947 Abs. 1 ZPO nachgebildet. § 434 Abs. 1 stellt lediglich noch klar, dass es sich beim Aufgebotsverfahren um ein **Antragsverfahren** handelt. Die Übernahme des weiteren Inhalts des vormaligen § 947 Abs. 1 ZPO war entbehrlich: Für das **Antragsverfahren** enthalten im **Allgemeinen Teil des Buches 1** die **§§ 23 bis 28 Bestimmungen**, die **auch** für das **Aufgebotsverfahren** gelten. Nach § 25 Abs. 1 können Anträge schriftlich oder zur Niederschrift der Geschäftsstelle gestellt werden. Das Gericht hat auf die Beseitigung von Formfehlern und die Stellung von sachdienlichen Anträgen durch geeignete Hinweise hinzuwirken, § 28 Abs. 3. Der Antrag muss neben der Bezeichnung des Antragstellers die Angabe der betroffenen Ansprüche bzw. Rechte sowie das Aufgebotsbegehren enthalten. Urkunden, auf die Bezug genommen wird, sollen in Urschrift oder Abschrift beigefügt werden, § 23 Abs. 1 Satz 3. Besondere Vorschriften zur Glaubhaftmachung enthalten die §§ 439 Abs. 1, 444, 449 und 468 Nr. 3. Die Einreichung des Antrags als elektronisches Dokument ist nach Maßgabe von § 14 Abs. 2 bis 4 möglich. § 434 Abs. 2 enthält die in § 947 Abs. 2 Nr. 4 aF ZPO enthaltene Vorschrift über die Bestimmung eines Termins nicht mehr.[2] 1

---

1 *Heinemann*, NotBZ 2009, 300 (301); Holzer/*Holzer*, § 433 FamFG Rz. 9.
2 Begr. zu 434 RegE, in: BT-Drs. 16/6308, S. 294; dazu auch *Heinemann*, NotBZ 2009, 300 (303).

II. Antragstellung

2 § 434 Abs. 1 stellt klar, dass das Aufgebotsverfahren nach den §§ 23 ff. **nur auf Antrag eingeleitet** wird. Eine Verfahrenseinleitung von Amts wegen (§ 26) erfolgt auch dann nicht, wenn ein öffentliches Interesse an der Klärung der Rechtslage besteht. Neben dem verfahrenseinleitenden Antrag nach § 434 Abs. 1 ist anders als nach dem früheren § 957 Abs. 1 ZPO kein weiterer Antrag erforderlich, der zum Erlass der Ausschließungsentscheidung führt. Die mit der Umstellung auf ein einstufiges Verfahren verbundene Vereinfachung strafft das Verfahren erheblich.[1]

3 Ein **Antrag** nach § 434 Abs. 1 kann gem. § 25 Abs. 1 **schriftlich** oder zur **Niederschrift** der Geschäftsstelle gestellt werden. Falls er schriftlich gestellt wird, soll er nach § 23 Abs. 1 Satz 4 unterschrieben sein. Er soll ferner **begründet** werden, die maßgeblichen Tatsachen und Beweismittel angeben und die möglichen Beteiligten bezeichnen. Etwaige in Bezug genommene Urkunden sollen in Abschrift oder Urschrift beigefügt werden. Letzteres scheidet jedoch dann aus, wenn die jeweilige Urkunde selbst Gegenstand des Aufgebots ist. Im Übrigen richtet sich der Inhalt des Antrags nach der jeweiligen Aufgebotsart.[2]

III. Antragsberechtigung

4 § 434 enthält keine Regelung über die **Antragsberechtigung**, die sich für die einzelnen Arten des Aufgebots aus den §§ 443, 448, 455 und § 467[3] bzw. aus dem materiellen Recht ergibt. Beispielsweise kann im Fall des § 808 Abs. 2 BGB nicht nur der letzte Urkundeninhaber, sondern, wenn dieser nicht zu ermitteln ist, auch der Gläubiger zum Aufgebot einer Urkunde berechtigt sein.[4]

5 Der **Antragsteller** ist **Verfahrensbeteiligter gem. § 7 Abs. 1**. Mehrere **gleichartige Antragsberechtigte** (zB mehrere Eigentümer im Falle des § 448 Abs. 1) üben ihre Rechte grundsätzlich selbständig aus können dem Verfahren analog § 17 Satz 1 VerschG **beitreten**.[5] Im Falle einer gesamthänderischen Berechtigung ist jedoch gemeinsames Handeln erforderlich, soweit nicht besondere Vorschriften, nämlich die §§ 455, 460, 461 und 462, etwas anderes regeln.

6 In besonderen Fällen nennt das Gesetz **verschiedenartige Antragsberechtigte**, zB Grundstückseigentümer und bestimmte Gläubiger in § 448 Abs. 1 und Abs. 2, Erben und Nachlasspfleger bzw. Nachlassverwalter und Testamentsvollstrecker in § 455 Abs. 1 und Abs. 2 sowie Erben und Erbschaftskäufer in § 469 Abs. 1. Auch diese weiteren Beteiligten sind als Antragsteller iSv. § 7 Abs. 1 anzusehen. Hinzuzuziehende Beteiligte iSv. § 7 Abs. 2 und Abs. 3 spielen im Aufgebotsverfahren idR nur bei der Anmeldung von Rechten eine Rolle, vgl. § 434 Abs. 2 Satz 2 und § 440.

7 § 959 aF ZPO, wonach das Gericht eine **Verbindung** mehrerer Aufgebote anordnen konnte, auch wenn die Voraussetzungen des § 147 ZPO nicht vorlagen, ist entfallen. Nunmehr gilt für eine Verfahrensverbindung bzw. Verfahrenstrennung die allgemeine Vorschrift des § 20.

8 Eine bei Antragstellung zu prüfende **Antragsberechtigung** muss bis zum Zeitpunkt der Entscheidung des Gerichts fortbestehen. Auf die zum früheren Recht ergangene Entscheidung des BGH vom 29.1.2009,[6] nach der unter Rückgriff auf die §§ 265, 266 aF ZPO eine Veräußerung des Grundstücks während des Aufgebotsverfahrens unschädlich sein sollte, kann nicht mehr zurückgegriffen werden. Insbesondere lässt sich die für den Erbschaftskauf in § 463 enthaltene Sonderregelung nicht auf andere Veräußerungen übertragen.[7] Der neue Eigentümer sollte sich daher dem Verfah-

---

1 Holzer/*Holzer*, § 434 FamFG Rz. 2 f.
2 Bassenge/Roth/*Walter*, § 434 FamFG Rz. 6.
3 Holzer/*Holzer*, § 434 FamFG Rz. 6.
4 LG Frankfurt a.M. v. 7.1.1986 – 2/9 T 1232/85, Rpfleger 1986, 187.
5 Bassenge/Roth/*Walter*, § 434 FamFG Rz. 4.
6 BGH v. 29.1.2009 – V ZB 140/08, ZNotP 2009, 144 (145 f.); OLG Schleswig v. 1.9.2010 – 2 W 80/10, Rpfleger 2011, 167 (168 f.).
7 BeckOK Hahne/*Munzig*, 6. Ed., § 436 FamFG Rz. 1; *Heinemann*, NotBZ 2009, 300 (302).

ren anschließen oder es neu beantragen. Hierfür ist ausreichend, dass er den Antrag durch Bezugnahme wiederholt. Das Gericht sollte dies gem. § 28 Abs. 2 gegebenenfalls anregen.[1]

III. Durchführung des Aufgebotsverfahrens

Über den Antrag auf Erlass des Aufgebots entscheidet der Rechtspfleger (dazu § 433 Rz. 4). Das **Aufgebot** ergeht im **schriftlichen Verfahren** regelmäßig ohne mündliche Verhandlung, da § 957 Abs. 1 Satz 2 aF ZPO nicht in das FamFG übernommen wurde. Jedoch kann das Gericht jederzeit einen Erörterungstermin ansetzen, wenn es dies für sachdienlich hält, § 32 Abs. 1. 9

IV. Inhalt des Aufgebots

Liegt ein **zulässiger Antrag** vor, hat das Gericht das **Aufgebot zu erlassen** (Abs. 2 Satz 1). Dies erfolgt nicht durch Verfügung, sondern durch **Beschluss**.[2] Der Erlass des Aufgebots ist nicht anfechtbar, da er keine Endentscheidung iSv. § 38 Abs. 1 darstellt. Ein den Antrag ablehnender Bescheid hat in der Form eines Beschlusses gem. § 38 zu ergehen, der zu begründen ist.[3] Er ist mit der Beschwerde, §§ 58 ff. iVm. § 11 RPflG, angreifbar. Entsprechendes gilt für Einschränkungen gegenüber dem Antrag. 10

Abs. 2 Satz 2 enthält – gegenüber § 947 Abs. 2 Satz 2 aF ZPO in verkürzter Form – den wesentlichen **Inhalt des Aufgebots**. Der früher grundsätzlich erforderliche Aufgebotstermin, § 947 Abs. 2 Satz 2 Nr. 4 aF ZPO, ist entfallen. 11

Abs. 2 Satz 2 Nr. 1 und Nr. 3 entsprechen § 947 Abs. 2 Satz 2 Nr. 1 und Nr. 3 aF ZPO. Genaue Angaben zum Antragsteller, Abs. 2 Nr. 1, sind schon deshalb erforderlich, um einem möglichen Anmelder von Ansprüchen deren Identifizierung zu erlauben. In Nr. 2 ist im Hinblick auf die Streichung des Aufgebotstermins bestimmt und **legal definiert**, dass Ansprüche und Rechte bis zu einem vom Gericht bestimmten Zeitpunkt bei ihm anzumelden sind (**Anmeldezeitpunkt**). Abs. 2 Nr. 3 schreibt wie früher die Bezeichnung der Rechtsnachteile vor, die eintreten, wenn die Anmeldung unterbleibt. Diese sind, je nach Aufgebotsart verschieden, genau zu beschreiben. 12

435 *Öffentliche Bekanntmachung*

(1) **Die öffentliche Bekanntmachung des Aufgebots erfolgt durch Aushang an der Gerichtstafel und durch einmalige Veröffentlichung in dem Bundesanzeiger, wenn nicht das Gesetz für den betreffenden Fall eine abweichende Anordnung getroffen hat.** Anstelle des Aushangs an der Gerichtstafel kann die öffentliche Bekanntmachung in einem elektronischen Informations- und Kommunikationssystem erfolgen, das im Gericht öffentlich zugänglich ist.
(2) **Das Gericht kann anordnen, das Aufgebot zusätzlich auf andere Weise zu veröffentlichen.**

I. Allgemeines

§ 435 regelt die erforderliche **öffentliche Bekanntmachung** des Aufgebots und erweitert diese auf elektronische Medien.[4] Die Vorschrift knüpft an § 948 aF ZPO an, der im erheblichen Umfang durch die dort angesprochenen Ausnahmen aufgrund von Sondervorschriften des Bundes- und Landesrechts überlagert wurde und praktisch nur noch subsidiär galt.[5] Dies gilt ebenfalls für § 435. Sondervorschriften im FamFG selbst enthält zB § 470, auf weitere Ausnahmen wird in § 484 verwiesen. 1

---

1 *Heinemann*, NotBZ 2009, 300 (302).
2 Dazu MüKo.ZPO/*Eickmann*, 3. Aufl., § 434 FamFG Rz. 15.
3 MüKo.ZPO/*Eickmann*, 3. Aufl., § 434 FamFG Rz. 14.
4 Begr. zu § 435 RegE, in: BT-Drs. 16/6308, S. 294.
5 MüKo.ZPO/*Eickmann*, 3. Aufl., § 948 ZPO Rz. 1.

Abs. 1 Satz 1 wurde mit Wirkung ab 1.4.2012 geändert, weil der **Bundesanzeiger** nur noch in **elektronischer Form** erscheint.[1]

II. Elektronische Bekanntmachung

2 Abs. 1 wurde gegenüber § 948 Abs. 1 aF ZPO erweitert und aktualisiert. An die Stelle des nicht mehr zeitgemäßen Aushangs an der Gerichtstafel kann die öffentliche Bekanntmachung in einem **elektronischen Informations- und Kommunikationssystem des Gerichts** treten. Dies gilt jedoch nur dann, wenn dieses elektronische System in dem die Bekanntmachung veranlassenden Gericht öffentlich zugänglich ist. Daneben ist nach wie vor die **Veröffentlichung** im **Bundesanzeiger** möglich. Eine Veröffentlichung in einem Printmedium (zB der Tagespresse) ist hingegen durch § 435 Abs. 1 nicht gedeckt, wohl aber durch § 435 Abs. 2.[2]

III. Elektronische Medien

3 Abs. 2 knüpft an § 948 Abs. 2 aF ZPO an, wobei eine sprachliche Überarbeitung erfolgte. Gegenüber dem bisherigen Wortlaut mit seiner Beschränkung auf „andere Blätter" wird jetzt auch die **Veröffentlichung** in **elektronischen Medien** ermöglicht. Eine wiederholte Veröffentlichung wird nicht mehr erwähnt, soll aber durch die Formulierung des Abs. 2 als Ermessensvorschrift weiterhin möglich sein.[3]

IV. Folgen fehlerhafter Veröffentlichungen

4 Falls die Veröffentlichung nicht oder unter Verstoß gegen § 435 erfolgt ist, so kann dies mit der **Beschwerde** gegen den Ausschließungsbeschluss geltend gemacht werden. § 61 Abs. 1 ist insoweit gem. § 439 Abs. 3 nicht anwendbar.[4]

436 Gültigkeit der öffentlichen Bekanntmachung

Auf die Gültigkeit der öffentlichen Bekanntmachung hat es keinen Einfluss, wenn das Schriftstück von der Gerichtstafel oder das Dokument aus dem Informations- und Kommunikationssystem zu früh entfernt wurde oder wenn im Fall wiederholter Veröffentlichung die vorgeschriebenen Zwischenfristen nicht eingehalten sind.

I. Allgemeines

1 § 436 entspricht im Wesentlichen § 949 aF ZPO, berücksichtigt aber die erweiterten Veröffentlichungsmöglichkeiten des § 435.[5] Mit der ersten Alternative der Vorschrift soll verhindert werden, dass die **zu frühe Entfernung der öffentlichen Bekanntmachung** iSd. § 435 Abs. 1 von der Gerichtstafel oder aus dem elektronischen Informations- und Kommunikationssystem die Wirksamkeit der ansonsten korrekten Bekanntmachung im Bundesanzeiger oder anderen Blättern tangiert.[6] Die zweite Alternative des § 436 befasst sich mit den **Folgen wiederholter Veröffentlichungen** auch in unterschiedlichen Medien.

II. Folgen der zu frühen Entfernung der Bekanntmachung

2 Eine **zu frühe Entfernung** des bekannt zu machenden Schriftstücks von der Gerichtstafel bzw. aus dem elektronischen Informations- und Kommunikationssystem liegt vor, wenn dies vor dem Anmeldezeitpunkt (§ 434 Abs. 2 Satz 2 Nr. 2) geschehen

---

1 Art. 2 Abs. 32 des Gesetzes zur Änderung von Vorschriften über Verkündung und Bekanntmachungen sowie der Zivilprozessordnung, des Gesetzes betreffend die Einführung der Zivilprozessordnung und der Abgabenordnung v. 22.12.2011, BGBl. I, S. 3044.
2 Holzer/*Holzer*, § 435 FamFG Rz. 2.
3 Begr. zu § 435 RegE, BT-Drucks. 16/6308, S. 294.
4 Dazu Bassenge/Roth/*Walter*, § 435 FamFG Rz. 3.
5 Begr. zu § 436 RegE, BT-Drucks. 16/6308, S. 294.
6 Holzer/*Holzer*, § 436 FamFG Rz. 1.

ist.¹ Auf die Gültigkeit der öffentlichen Bekanntmachung hat dies nach § 436 Alt. 1 jedoch keinen Einfluss.

Eine **Veröffentlichung** ist bereits dann **wirksam**, wenn sie das erste Mal erfolgte. Auf die Einhaltung der Zwischenfristen kommt es deshalb nicht an. Zwischenfristen sind solche Fristen, die im Falle einer wiederholten Veröffentlichung nach Maßgabe des § 435 Abs. 2 zwischen den Veröffentlichungen liegen müssen.² 3

Alle anderen im 8. Buch genannten **Fristen** sind **keine Zwischenfristen**. § 436 gilt deshalb nicht für die Aufgebotsfrist (§§ 437, 451 Abs. 3, 465 Abs. 5, 476) und die Regelungen für die Bestimmung des Anmeldezeitpunkts nach §§ 434 Abs. 2 Satz 2 Nr. 2, 471 bis 475.³ 4

437 *Aufgebotsfrist*

Zwischen dem Tag, an dem das Aufgebot erstmalig in einem Informations- und Kommunikationssystem oder im Bundesanzeiger veröffentlicht wird, und dem Anmeldezeitpunkt muss, wenn das Gesetz nicht eine abweichende Anordnung enthält, ein Zeitraum (Aufgebotsfrist) von mindestens sechs Wochen liegen.

I. Allgemeines

Die Bestimmung knüpft an § 950 aF ZPO an. Im Hinblick auf die Einführung des **schriftlichen Anmeldeverfahrens** und die damit verbundene Ersetzung des Aufgebotstermins durch den Anmeldezeitpunkt (§ 434 Abs. 2. Nr. 2) bestimmt sich das Ende der Aufgebotsfrist durch diesen.⁴ § 437 will es den durch das Aufgebot betroffenen Berechtigten ermöglichen, ihre Rechte innerhalb angemessener Frist zu wahren.⁵ Die Bestimmung wurde wegen der Einstellung des in Printform erscheinenden Bundesanzeigers mit Wirkung zum 1.4.2012 geändert.⁶ 1

II. Definition und Berechnung der Aufgebotsfrist

In § 437 ist die **Aufgebotsfrist legal definiert**; es handelt sich um den Zeitraum zwischen dem Tag, an dem das Aufgebot erstmals gem. § 435 Abs. 1 veröffentlicht wird und dem Anmeldezeitpunkt (§§ 434 Abs. 2 Satz 2 Nr. 2, 471 Abs. 1, 472 Abs. 1, 473 f.). 2

Die **kürzeste Aufgebotsfrist** beträgt **mindestens sechs Wochen**; das Gericht kann jedoch eine **längere Frist** innerhalb der Höchstfristen (wie der nach §§ 458 Abs. 2, 476) bestimmen.⁷ 3

Abweichende Aufgebotsfristen werden in den §§ 451 Abs. 3, 452, 453 Abs. 1, 465 Abs. 5, 458 Abs. 2, 465 Abs. 5, 476, 484 Abs. 1 und Abs. 2 sowie Art. 59 Abs. 1 Satz 2 ScheckG bestimmt. Nach § 484 kann auch das **Landesrecht** für alle Aufgebotsverfahren, abgesehen von dem Aufgebot der Nachlassgläubiger (§§ 454 ff.) und dem Aufgebot der Gesamtgläubiger, bei fortgesetzter Gütergemeinschaft (§§ 484) von § 437 abweichende Aufgebotsfristen gestatten; einige Länder sehen auf dieser Grundlage Aufgebotsfristen von mindestens drei Monaten vor.⁸ 4

Maßgebend für die Berechnung des **Beginns der Aufgebotsfrist** ist diejenige Veröffentlichung (entweder im Bundesanzeiger oder in dem elektronischen Informati- 5

---

1 Bumiller/*Harders*, § 436 FamFG Rz. 1.
2 Bassenge/Roth/*Walter*, § 436 FamFG Rz. 1.
3 Holzer/*Holzer*, § 436 FamFG Rz. 3 f.; Baumbach/*Hartmann*, 67. Aufl., Ergänzungsband, § 949 ZPO Rz. 1.
4 Begr. zu § 437 RegE, in: BT-Drs. 16/6308, S. 294 f.
5 Holzer/*Holzer*, § 437 FamFG Rz. 1.
6 Art. 2 Abs. 32 des Gesetzes zur Änderung von Vorschriften über Verkündung und Bekanntmachungen sowie der Zivilprozessordnung, des Gesetzes betreffend die Einführung der Zivilprozessordnung und der Abgabenordnung v. 22.12.2011, BGBl. I, S. 3044.
7 Baumbach/*Hartmann*, 67. Aufl., Ergänzungsband, § 950 ZPO Rz. 1.
8 Holzer/*Holzer*, § 437 FamFG Rz. 1; § 481 Rz. 4 Rz. 7 mwN.

ons- und Kommunikationssystem des Gerichts) iSd. § 935 Abs. 1, die zuerst erfolgte.¹ Ohne Bedeutung für den Fristbeginn sind der Aushang an der Gerichtstafel und weitere Bekanntmachungen nach § 435 Abs. 2.²

6   Die **Berechnung der Frist** erfolgt nach § 16 Abs. 2 iVm. § 222 Abs. 1 ZPO, §§ 186 ff. BGB. Nach § 187 Abs. 1 BGB wird der Tag der Veröffentlichung nicht mitgerechnet.³ Eine Verlängerung der Frist ist auf Antrag möglich (§§ 16 Abs. 2 iVm. § 222 Abs. 2 ZPO). Bei einer Fristversäumung kommt die Wiedereinsetzung in den vorigen Stand gem. §§ 439 Abs. 4 Satz 1 iVm. §§ 17 ff. in Betracht.⁴

438 Anmeldung nach dem Anmeldezeitpunkt
Eine Anmeldung, die nach dem Anmeldezeitpunkt, jedoch vor dem Erlass des Ausschließungsbeschlusses erfolgt, ist als rechtzeitig anzusehen.

I. Allgemeines

1   Die Vorschrift übernimmt den Regelungsgehalt des § 951 aF ZPO. Wegen der Einführung des **schriftlichen Verfahrens** wurde an den Anmeldezeitpunkt anstelle des Aufgebotstermins und den Erlass des Ausschließungsbeschlusses anstelle des Ausschlussurteils angeknüpft.⁵ Für die Rechtzeitigkeit der Anmeldung ist wegen des eindeutigen Wortlauts des § 438 nicht auf die **Rechtskraft** des Ausschließungsbeschlusses abzustellen.⁶ Die Vorschrift soll rechtzeitige Anmeldungen sicherstellen.⁷

II. Anmeldung

2   § 438 definiert den **Begriff der Anmeldung** nicht. Wie nach § 951 aF ZPO handelt es sich um eine gegenüber dem Gericht vorzunehmende Verfahrenshandlung,⁸ durch die im Aufgebotsverfahren ein Recht geltend gemacht wird.⁹ Eine Meldung auf das Aufgebot bedeutet nicht, dass der Anmeldende mit seinem Recht ausgeschlossen wird. Vielmehr ist er der öffentlichen Aufforderung zur Anmeldung des Rechts gefolgt, so dass die Voraussetzung der Ausschließung – das Unterbleiben der Anmeldung – nicht vorliegt. Durch den im Ausschließungsbeschluss ausgesprochenen **Vorbehalt** erhält der Anmeldende kein neues Recht; durch die Anmeldung wird ihm vielmehr das Recht, sofern es ihm nach materiellem Recht noch zusteht, weiterhin erhalten.¹⁰

3   Aus der Anmeldung muss in jedem Fall hervorgehen, **welches Recht** im Aufgebotsverfahren **geltend gemacht** wird. Ob dieses Recht besteht, wird im Aufgebotsverfahren nicht geprüft.¹¹ Die Anmeldung muss daher das geltend gemachte **Recht lediglich behaupten** und keine Nachweise enthalten oder Beweismittel benennen, sofern keine Sonderregelungen bestehen (zB nach §§ 459 Abs. 1, 464).¹²

4   Fehlerhaft erfolgte Anmeldungen werden im Ausschließungsbeschluss zurückgewiesen.¹³ Eine **unterlassene Anmeldung** hat zur Folge, dass die betroffenen Rechte

---

1 Bumiller/*Harders*, § 437 FamFG Rz. 2.
2 Bassenge/Roth/*Walter*, § 437 FamFG Rz. 2.
3 Baumbach/*Hartmann*, 67. Aufl., Ergänzungsband, § 950 ZPO Rz. 1.
4 Holzer/*Holzer*, § 437 FamFG Rz. 5.
5 Begr. zu § 438 RegE, in: BT-Drs. 16/6308, S. 295.
6 OLG Düsseldorf v. 24.1.2012 – I-3 Wx 301/11, NJW-RR 2012, 841 (842).
7 Bassenge/Roth/*Walter*, § 438 FamFG Rz. 1.
8 LG Frankenthal v. 21.3.1983 – 1 T 80/83, Rpfleger 1983, 412.
9 Holzer/*Holzer*, § 438 FamFG Rz. 2.
10 RG v. 16.11.1907 – Beschw.-Rep. V. 153/07, RGZ 67, 95 (97 ff.); RG v. 20.5.1911 – Rep. V. 213/10, RGZ 76, 357 (358 f.); Blunk/*Winkler*, BKR 2008, 288 (290).
11 RG v. 16.11.1907 – Beschw.-Rep. V. 153/07, RGZ 67, 95 (97 ff.); BGH v. 13.2.1980 – V ZR 59/78, Rpfleger 1980, 217 (218).
12 Holzer/*Holzer*, § 438 FamFG Rz. 3.
13 Bassenge/Roth/*Walter*, § 438 FamFG Rz. 2.

im Aufgebotsverfahren nicht weiter berücksichtigt werden (zB bei dem Ausspruch eines Vorbehalts).[1]

439 Erlass des Ausschließungsbeschlusses; Beschwerde; Wiedereinsetzung und Wiederaufnahme

(1) Vor Erlass des Ausschließungsbeschlusses kann eine nähere Ermittlung, insbesondere die Versicherung der Wahrheit einer Behauptung des Antragstellers an Eides statt, angeordnet werden.
(2) Die Endentscheidung in Aufgebotssachen wird erst mit Rechtskraft wirksam.
(3) § 61 Abs. 1 ist nicht anzuwenden.
(4) Die Vorschriften über die Wiedereinsetzung finden mit der Maßgabe Anwendung, dass die Frist, nach deren Ablauf die Wiedereinsetzung nicht mehr beantragt oder bewilligt werden kann, abweichend von § 18 Abs. 3 fünf Jahre beträgt. Die Vorschriften über die Wiederaufnahme finden mit der Maßgabe Anwendung, dass die Erhebung der Klagen nach Ablauf von zehn Jahren, von dem Tag der Rechtskraft des Ausschließungsbeschlusses an gerechnet, unstatthaft ist.

I. Allgemeines

§ 439, der **eine der zentralen Vorschriften des Aufgebotsverfahrens** darstellt und § 952 Abs. 2 aF ZPO entspricht,[2] enthält gegenüber der früheren Rechtslage wesentliche Änderungen, die durch die **grundsätzliche Umstellung** des Aufgebotsverfahrens von einem streitigen ZPO-Verfahren in ein nicht streitiges **fG-Verfahren** bedingt sind. Das bisherige **Urteilsverfahren** ist **entfallen** und wurde durch ein **Beschlussverfahren ersetzt**, das allerdings gegenüber den allgemeinen Vorschriften von Buch 1 FamFG gewisse Modifizierungen aufweist. 1

Weiter wurde das **Rechtsmittelverfahren** grundlegend neu geregelt. Die Überprüfung der tatsächlichen und rechtlichen Grundlage des Aufgebotsbeschlusses, die der frühere § 957 Abs. 1 ZPO vorsah, ist entfallen.[3] Dies wurde in den Motiven zur ZPO mit dem Fehlen eines Verfahrensgegners und mit der Unmöglichkeit einer gerechten Lösung des Fristproblems bei Zulassung einer normalen Berufung oder eines normalen Einspruchs gerechtfertigt.[4] Auch auf eine dem früheren § 957 Abs. 2 ZPO entsprechende gegenständliche Beschränkung der Beschwerdegründe wurde wie bereits bei § 26 VerschG verzichtet. 2

Mit § 439 werden gegenüber dem früheren Recht die **Rechtsmittelmöglichkeiten** des Betroffenen **erheblich erweitert**. Dieser hat grundsätzlich das Rechtsmittel der **Beschwerde** nach den Bestimmungen der §§ 58 ff. Damit entfällt auch das Bedürfnis für die in § 952 Abs. 4 aF ZPO enthaltene Sonderregelung, die eine (sofortige) Beschwerde nur bei einer Zurückweisung von Anträgen vorsah. Die Beschwerde nach §§ 58 ff. ist sowohl gegen den Beschluss, durch den der Antrag zurückgewiesen wird, als auch gegen inhaltliche Beschränkungen oder Vorbehalte des Ausschließungsbeschlusses statthaft, s. § 434 Rz. 10. 3

Weiter ist gem. § 439 Abs. 4 abweichend vom früheren Recht ein Antrag auf **Wiederaufnahme** des Verfahrens zulässig. Die **Fristen** für die **Wiedereinsetzung** bzw. **Wiederaufnahme** wurden erheblich **verlängert**. 4

II. Glaubhaftmachung

Abs. 1 stellt klar, dass der Grundsatz der Amtsermittlung (§ 26) auch im Aufgebotsverfahren gilt. Das Gericht kann nach pflichtgemäßem Ermessen entscheiden, 5

---

1 RG v. 16.11.1907 – Beschw.-Rep. V. 153/07, RGZ 67, 95 (97); LG Koblenz v. 16.10.1962 – 6 S 202/62, NJW 1963, 254 (255).
2 Begr. zu § 439 RegE, in: BT-Drs. 16/6308, S. 295.
3 Holzer/*Holzer*, § 433 FamFG Rz. 7.
4 *Hahn/Mugdan*, Bd. 2, 489.

ob es zunächst von Amts wegen **Ermittlungen nach** § 26 durchführt. Hierbei ist wie nach dem früheren § 952 Abs. 3 ZPO auch die Einholung einer **eidesstattlichen Versicherung** des Antragstellers nach § 31 über eine von ihm aufgestellte Behauptung zulässig, sofern nicht nach einer anderen Vorschrift eine andere Art der Glaubhaftmachung ausreichend ist (§§ 449, 450 Abs. 1 bis 3, 468 Nr. 2).[1]

6 Der **eidesstattlichen Versicherung** kommt in der Praxis besondere Bedeutung in allen Fragen zu, die vom Antragsteller nicht durch Zeugen, Urkunden oder Registerauszüge belegt werden können. Von anderen Personen als dem Antragsteller (zB von früheren Besitzern eines abhanden gekommenen Grundpfandrechtsbriefs) kann die eidesstattliche Versicherung jedoch nicht gefordert werden.[2]

III. Wirksamwerden des Beschlusses, Rechtsmittel

7 Der **Ausschließungsbeschluss** wird nach Abs. 2 **erst mit seiner Rechtskraft wirksam**. Das Aufgebotsverfahren weicht damit von § 40 Abs. 1 ab, wonach ein Beschluss grundsätzlich mit Bekanntgabe an den Beteiligten wirksam wird. Dies ist gerechtfertigt, weil der Ausschließungsbeschluss rechtsgestaltenden Charakter hat.[3] Gegen den Beschluss, der in Abs. 2 ausdrücklich als Endentscheidung iSd. § 38 Abs. 1 Satz 1 bezeichnet ist,[4] findet gem. § 58 Abs. 1 die **Beschwerde** statt. **Die Beschwerde ist** nach der Sonderregelung des § 439 Abs. 3 **unabhängig** vom **Erreichen** des in § 61 Abs. 1 **bestimmten Wertes** des **Beschwerdegegenstandes** (600 Euro) statthaft.

8 Ob die Möglichkeit der befristeten Beschwerde im Aufgebotsverfahren **praktische Bedeutung** erlangen wird, ist abzuwarten. Sie setzt voraus, dass der durch den Beschluss Belastete kurzfristig von dessen öffentlicher Zustellung (§ 441) Kenntnis erlangt. Hierfür steht ihm nur ein Zeitraum von einem Monat zur Verfügung. Sollten solche Rechtsmittelverfahren häufiger stattfinden, kann dies zugleich Veranlassung sein, die in Abs. 4 neu eingeführten Fristen im Interesse des Antragsberechtigten hinsichtlich ihrer Dauer zu überprüfen.

IV. Wiedereinsetzung

9 In § 439 Abs. 4 ist bestimmt, dass die **Frist für die Wiedereinsetzung** in Abweichung von § 18 Abs. 3 **fünf Jahre** und die Frist für die **Wiederaufnahme zehn Jahre** beträgt.

10 Die vom Gesetzgeber für Rechtsmittel gegen Ausschließungsbeschlüsse in § 439 eingeräumten **Sonderregelungen** werden insbesondere damit begründet, dass derjenige, dessen Rechte durch einen Beschluss nach § 439 ausgeschlossen werden, nicht selten erst nach längerem Zeitablauf von der Durchführung des Aufgebotsverfahrens und dem Erlass des Ausschließungsbeschlusses Kenntnis erhalten wird.[5] Zweifelhaft ist, ob § 439 Abs. 4 auch auf § 438 Anwendung findet.[6]

11 **Kosten/Gebühren: Gericht:** Für Beschwerdeverfahren entstehen Gebühren nach den Nrn. 15223, 15224 KV GNotKG. Als Kostenschuldner kommen der Rechtsmittelführer als Antragsteller (§§ 22 Abs. 1, 25 GNotKG) und der Entscheidungsschuldner (§ 27 Nr. 1 GNotKG) in Betracht. Der Wert bestimmt sich nach § 36 GNotKG. Bei dem Verfahren über die Wiederaufnahme handelt es sich um ein neues Verfahren, das die entsprechenden Gebühren auslöst. **RA:** Für das Beschwerdeverfahren gegen Endentscheidungen wegen des Hauptgegenstandes entstehen Gebühren nach den Nrn. 3200ff. VV RVG (vgl. Vorbem. 3.2.1 Nr. 2 Buchst. b VV RVG). Das Wiederaufnahmeverfahren ist eine besondere Angelegenheit, für das die Gebühren nach Teil 3 Abschnitt 1 entstehen.

---

1 Holzer/*Holzer*, § 439 FamFG Rz. 3.
2 *Heinemann*, NotBZ 2009, 300 (303).
3 Begr. zu § 439 RegE, in: BT-Drs. 16/6308, S. 295.
4 Holzer/*Holzer*, § 439 FamFG Rz. 5.
5 Begr. zu § 439 RegE, in: BT-Drs. 16/6308, S. 295; Holzer/*Holzer*, § 439 FamFG Rz. 8; krit. hierzu Prütting/Helms/*Maass*, 2. Aufl., § 439 FamFG Rz. 9.
6 OLG Düsseldorf v. 24.1.2012 – I-3 Wx 301/11, NJW-RR 2012, 841 (842).

440 Wirkung einer Anmeldung

Bei einer Anmeldung, durch die das von dem Antragsteller zur Begründung des Antrags behauptete Recht bestritten wird, ist entweder das Aufgebotsverfahren bis zur endgültigen Entscheidung über das angemeldete Recht auszusetzen oder in dem Ausschließungsbeschluss das angemeldete Recht vorzubehalten.

I. Allgemeines

Die Vorschrift entspricht inhaltlich § 953 aF ZPO.[1] Sie wurde im Zuge der FGG-Reform redaktionell neu gefasst und behandelt den Einfluss einer Anmeldung, durch die das von dem Antragsteller zur Begründung des Antrags **behauptete Recht bestritten** wird, auf das Aufgebotsverfahren. 1

II. Vorbehalt von Rechten Dritter

Anmeldungen werden im Aufgebotsverfahren unterschiedlich behandelt, je nachdem, ob sie **rechtsbestreitenden** oder **rechtsbeschränkenden** Charakter haben. Mit einer rechtsbestreitenden Anmeldung wird das von dem Antragsteller zur Begründung des Antrags behauptete Recht bestritten, wobei das behauptete Recht des Antragstellers mit dem des Antragsgegners kollidiert. **Rechtsbeschränkende Anmeldungen** beschränken lediglich das Recht des Antragsgegners, schließen es aber nicht aus.[2] § 440 gilt nur für **rechtsbestreitende Anmeldungen**; falls diese wirksam erhoben werden, kann das Verfahren nach pflichtgemäßem Ermessen des Gerichts ausgesetzt oder ein Ausschließungsbeschluss mit Vorbehalt erlassen werden.[3] Dem **Vorbehalt** kommt keine materiell-rechtliche Bedeutung zu, er besagt lediglich, dass die Rechte des Anmelders, falls sie bestehen, gegenüber dem Antragsteller gewahrt bleiben.[4] 2

Bei **rechtsbeschränkenden Anmeldungen** ist eine Aussetzung nach § 440 nicht zulässig; vielmehr ist die Beschränkung des Rechts des Antragsgegners in Gestalt eines Vorbehalts auszusprechen.[5] Das Bestehen des angemeldeten Rechts ist auf dem **Zivilrechtsweg** zu klären (zB durch negative Feststellungsklage), zu dessen Gegenstand allerdings die verfahrensrechtlichen Voraussetzungen für den Vorbehalt im Ausschließungsbeschluss gehört. Falls der Antragsteller in diesem Prozess obsiegt, wird er so behandelt, wie wenn ein vorbehaltloser Ausschließungsbeschluss ergangen wäre.[6] 3

Setzt das Gericht das Verfahren bei einer **rechtsbestreitenden Anmeldung** aus, so ist der Beschluss nach den §§ 58 ff. anfechtbar.[7] 4

441 Öffentliche Zustellung des Ausschließungsbeschlusses

Der Ausschließungsbeschluss ist öffentlich zuzustellen. Für die Durchführung der öffentlichen Zustellung gelten die §§ 186, 187, 188 der Zivilprozessordnung entsprechend.

I. Allgemeines

Die Vorschrift ersetzt § 956 aF ZPO.[8] Die Neufassung erfolgte zur Harmonisierung der Rechtsmittelvorschriften mit dem Allgemeinen Teil des FamFG. 1

Wegen der weitreichenden Folgen für den Betroffenen ist die **öffentliche Zustellung des Ausschließungsbeschlusses** vorgesehen.

---

1 Begr. zu § 440 RegE, in: BT-Drs. 16/6308, S. 295.
2 Bassenge/Roth/*Walter*, § 440 FamFG Rz. 1.
3 Bumiller/*Harders*, § 440 FamFG Rz. 4; Holzer/*Holzer*, § 440 FamFG Rz. 3.
4 OLG Brandenburg v. 16.4.2012 – 6 Wx 3/11, juris.
5 Bassenge/Roth/*Walter*, § 439 FamFG Rz. 3.
6 RG v. 16.11.1907 – Beschw.-Rep. V. 153/07, RGZ 67, 95 (100); BGH v. 13.2.1980 – V ZR 59/78, Rpfleger 1980, 217 (218).
7 Bassenge/Roth/*Walter*, § 440 FamFG Rz. 5; Holzer/*Holzer*, § 440 FamFG Rz. 5; anders Prütting/Helms/*Maass*, 2. Aufl., § 440 FamFG Rz. 2a.
8 Begr. zu § 441 RegE, in: BT-Drs. 16/6308, S. 295.

II. Öffentliche Zustellung

2 Die **Entscheidung** im Aufgebotsverfahren ist nach den §§ 186, 187, 188 ZPO **zwingend öffentlich zuzustellen**. Anders als nach § 956 aF ZPO hat das Gericht insoweit kein Ermessen mehr.[1] Für die Zurückweisung des Aufgebotsantrags gilt die Vorschrift allerdings nicht.[2]

3 Durch die öffentliche Zustellung wird zugleich gewährleistet, dass mit Eintritt der **Zustellungsfiktion** des § 188 ZPO die **Rechtsmittelfrist** nach **einem Monat** zu laufen beginnt. Der Antragsteller kann damit mit Eintritt der Rechtskraft der Entscheidung im Regelfall etwa zwei Monate nach Erlass des Ausschließungsbeschlusses rechnen.

4 Die **Zustellung** des Ausschließungsbeschusses wird nach § 441 Satz 2 nach den §§ 186 bis 188 ZPO durchgeführt. Nach § 186 Abs. 2 Satz 1 ZPO erfolgt sie wie nach § 435 Abs. 1 durch Aushang an der Gerichtstafel oder Einstellung in ein im Gericht öffentlich zugängliches elektronisches Informationssystem.[3] Der Ausschließungsbeschluss kann auch nach § 186 Abs. 2 Satz 2 ZPO zusätzlich in ein von dem Gericht für Bekanntmachungen verwendetes elektronisches Informations- und Kommunikationssystem eingestellt werden. Auch die einmalige oder mehrfache Veröffentlichung im Bundesanzeiger oder in Printmedien ist zulässig.[4] Bei der **Kraftloserklärung von Urkunden** ist die Veröffentlichung gem. § 478 Abs. 2 Satz 1 zwingend im Bundesanzeiger vorzunehmen. Zu beachten ist, dass das Landesrecht bei allen Aufgebotsverfahren mit Ausnahme derjenigen nach §§ 454 ff. und § 464 abweichende Regelungen für die Zustellung vorsehen kann.[5]

5 **Wirkung** der öffentlichen Zustellung nach § 441 Satz 1 ist, dass die Frist zur Einlegung der Beschwerde entsprechend § 188 ZPO einen Monat nach dem Aushang des Ausschließungsbeschlusses beginnt; die allgemeine Regel des § 63 Abs. 3 Satz 2 wird insoweit verdrängt.[6] Dies hat zur Folge, dass die **Rechtskraft des Ausschließungsbeschlusses** und seine Wirksamkeit nach § 439 Abs. 2 regelmäßig zwei Monate nach seinem Erlass eintreten.[7] Entsprechend § 188 Satz 2 ZPO kann jedoch eine längere Frist bestimmt werden.[8]

6 **Kosten/Gebühren: Gericht:** Die Kosten der öffentlichen Zustellung sind gerichtliche Auslagen des Aufgebotsverfahrens (Nr. 31004 KV GNotKG).

Abschnitt 2
Aufgebot des Eigentümers von Grundstücken, Schiffen und Schiffsbauwerken

442 *Aufgebot des Grundstückseigentümers; örtliche Zuständigkeit*
(1) Für das Aufgebotsverfahren zur Ausschließung des Eigentümers eines Grundstücks nach § 927 des Bürgerlichen Gesetzbuchs gelten die nachfolgenden besonderen Vorschriften.
(2) Örtlich zuständig ist das Gericht, in dessen Bezirk das Grundstück belegen ist.

---

1 Bumiller/*Harders*, § 441 FamFG Rz. 2.
2 Holzer/*Holzer*, § 441 FamFG Rz. 2.
3 Holzer/*Holzer*, § 441 FamFG Rz. 3.
4 Bumiller/*Harders*, § 441 FamFG Rz. 2.
5 Holzer/*Holzer*, § 484 FamFG Rz. 4 ff.
6 Bumiller/*Harders*, § 441 FamFG Rz. 3.
7 Begr. zu § 441 RegE, in: BT-Drs. 16/6308, S. 295.
8 Bumiller/*Harders*, § 441 FamFG Rz. 3.

I. Allgemeines

§ 442 Abs. 1 übernimmt den früheren § 977 ZPO und § 442 Abs. 2 den früheren § 978 ZPO in das neue Recht.[1] Es handelt sich um die **Einstiegsnorm** in den zweiten Abschnitt des 8. Buches des FamFG, der das Aufgebot des Eigentümers von Grundstücken, Schiffen und Schiffsbauwerken zum Gegenstand hat und gegenüber den §§ 433 ff. einige zusätzliche Regelungen enthält. Das in den §§ 442 ff. geregelte Aufgebot soll zu einer **Neuordnung des dinglichen Rechtszustands** beitragen.[2]

II. Aufgebot des Grundstückseigentümers

§ 927 Abs. 1 Satz 1 BGB gestattet es, den Eigentümer[3] mit seinem Eigentum an einem Grundstück, realen Grundstücksteilen, Wohnungseigentum (nicht aber einzelnen Räumen[4]), Miteigentumsanteilen und Gesamthandseigentum (wenn alle Gesamthänder ausgeschlossen werden sollen)[5] im Wege des Aufgebotsverfahrens auszuschließen, wenn das Grundstück **seit 30 Jahren im Eigenbesitz** einer anderen Person ist. Die **Besitzzeiten der Rechtsvorgänger** werden dabei zusammengerechnet.[6] Ein nicht im Grundbuch eingetragener Eigenbesitzer kann nach § 927 Abs. 2 BGB Eigentum erst nach Ausschließung des Eigentümers erwerben, da durch den Ausschluss das Grundstück herrenlos wird und der Antragsteller ein Aneignungsrecht erwirbt, das er durch seine Eintragung in das Grundbuch ausübt,[7] ohne dass eine Unbedenklichkeitsbescheinigung des Finanzamts[8] oder eine vorherige Buchung des Grundstücks im Grundbuch[9] notwendig ist.

Falls der Eigentümer im Grundbuch eingetragen ist, ist ein Aufgebotsverfahren nach § 927 Abs. 1 Satz 3 BGB nur dann möglich, wenn er **verstorben** oder iSd. § 1 VerschG[10] **verschollen** ist und eine zustimmungsbedürftige Eintragung in das Grundbuch in den letzten 30 Jahren nicht erfolgte. Ist der Eigenbesitzer unrichtig im Grundbuch eingetragen, kann ein Aufgebot wegen § 900 BGB (Buchersitzung) nur ergehen, wenn die Eintragung noch keine 30 Jahre bestanden hat.

Bei der Durchführung des Aufgebotsverfahrens kommt es nicht darauf an, ob Erben bekannt oder ermittelbar sind.[11] Anstelle des verstorbenen Eigentümers werden jedoch seine (nicht im Grundbuch eingetragenen) **Rechtsnachfolger ausgeschlossen**.[12] Bei Personengesellschaften kommt es auf den Tod des letzten Gesellschafters an, bei Kapitalgesellschaften auf deren Erlöschen nach Abschluss der Liquidation.[13]

III. Verfahren

Nach § 442 Abs. 1 sind für das Aufgebot nach § 927 BGB die „nachfolgenden besonderen Vorschriften" anwendbar. Diese enthalten lediglich **Ergänzungen zu den §§ 433 bis 441** und verdrängen diese nicht.[14]

Die **örtliche Zuständigkeit** des mit dem Aufgebot befassten Gerichts richtet sich gem. § 442 Abs. 2 nach der Belegenheit der Sache. Falls das Grundstück in mehreren Gerichtsbezirken liegt, ist nach § 2 Abs. 1 das Gericht zuständig, das zuerst mit der

---

1 Begr. zu § 442 RegE, in: BT-Drs. 16/6308, S. 296.
2 LG Koblenz v. 16.10.1962 – 6 S 202/62, NJW 1963, 254 (255).
3 RG v. 20.5.1911 – Rep. V. 213/10, RGZ 76, 357 (358).
4 OLG München v. 29.7.2010 – 34 Wx 33/10, FGPrax 2010, 263 (264).
5 Bassenge/Roth/*Walter*, § 442 FamFG Rz. 2.
6 RG v. 20.5.1911 – Rep. V. 213/10, RGZ 76, 357 (358); OLG Bamberg v. 14.2.1966 – 1 W 6/65, NJW 1966, 1413; LG Koblenz v. 16.10.1962 – 6 S 202/62, NJW 1963, 254 (255).
7 BGH v. 13.2.1980 – V ZR 59/78, Rpfleger 1980, 217 (218).
8 OLG Zweibrücken v. 20.8.1986 – 3 W 143/86, MDR 1987, 56 (57); *Saenger*, MDR 2001, 134 (136).
9 Holzer/*Holzer*, § 442 FamFG Rz. 2 mwN.
10 AG Bergheim v. 2.10.2002 – 23 C 294/01, MDR 2002, 1431; Holzer/*Holzer*, § 442 FamFG Rz. 3.
11 LG Köln v. 29.8.1985 – 11 T 133/85, MittRhNotK 1985, 215.
12 RG v. 20.5.1911 – Rep. V. 213/10, RGZ 76, 357 (358).
13 Bassenge/Roth/*Walter*, § 442 FamFG Rz. 2.
14 Bumiller/*Harders*, § 442 FamFG Rz. 3.

Sache befasst wurde.[1] Bei Streit über die Zuständigkeit ist eine **Zuständigkeitsbestimmung** nach § 5 Abs. 1 Nr. 3, 4 vorzunehmen.[2]

443 *Antragsberechtigter*
Antragsberechtigt ist derjenige, der das Grundstück seit der im § 927 des Bürgerlichen Gesetzbuchs bestimmten Zeit im Eigenbesitz hat.

I. Allgemeines

1   § 443 übernimmt § 979 aF ZPO in das neue Recht.[3] **Zweck der Vorschrift** ist die Beschränkung der Antragsberechtigung auf den Eigenbesitzer in dem Verfahren nach den §§ 442 ff.[4]

II. Antragsberechtigung nach § 442

2   Die **Antragsberechtigung** im Verfahren nach den §§ 442 ff. richtet sich gem. § 443 nach den Vorgaben des materiellen Rechts. Antragsberechtigt ist nach § 927 BGB nur derjenige, der das Grundstück[5] bzw. einen realen Teil davon,[6] nicht aber einen Gesamthandsanteil,[7] seit 30 Jahren in Eigenbesitz (§ 872 BGB) hat. Maßgebend ist dabei, dass die das Grundstück in Eigenbesitz haltende Person die tatsächliche Gewalt über dieses mit dem Willen ausübt, es wie ein Eigentümer zu beherrschen.[8] Hierfür genügt **mittelbarer Eigenbesitz**;[9] der gute Glaube an das Recht zum Besitz ist nicht erforderlich.[10] Die **Berechnung** der 30-jährigen **Besitzzeit** richtet sich gem. § 927 Abs. 2 Satz 2 BGB nach den §§ 938 bis 944 BGB. Die Eintragung des Eigentümers im Grundbuch muss ferner unrichtig iSd. §§ 894 BGB, 22 Abs. 1 GBO oder inhaltlich unzulässig nach § 53 Abs. 1 Satz 2 GBO sein.

3   Für die **Stellung des Antrags** im Verfahren nach den §§ 442 ff. gelten gegenüber der Grundnorm des § 434 Abs. 1 keine Besonderheiten. Es empfiehlt sich jedoch, das betroffene Grundstück soweit möglich grundbuchamtlich iSd. § 28 GBO[11] (dh. mit Band und Blatt bzw. nur mit Blatt) zu bezeichnen.[12]

444 *Glaubhaftmachung*
Der Antragsteller hat die zur Begründung des Antrags erforderlichen Tatsachen vor der Einleitung des Verfahrens glaubhaft zu machen.

I. Allgemeines

1   § 444 übernimmt § 980 aF ZPO in das FamFG[13] und **modifiziert die Grundregel des § 434 Abs. 1** für das Verfahren nach den §§ 442 ff.

II. Glaubhaftmachung

2   Die allgemein für das Aufgebotsverfahren geltende Grundregel des § 434 Abs. 1 stellt keine besonderen Anforderungen an die **Begründung des Antrags** auf. § 444 än-

---

1 *Heinemann*, NotBZ 2009, 300 (304).
2 Holzer/*Holzer*, § 442 FamFG Rz. 5.
3 Begr. zu § 443 RegE, in: BT-Drs. 16/6308, S. 296.
4 Bumiller/*Harders*, § 443 FamFG Rz. 1.
5 Zum Grundstücksbegriff vgl. Hügel/*Holzer*, GBO, 2. Aufl., § 2 Rz. 16 ff.
6 Zu anderen Rechten vgl. Holzer/*Holzer*, § 442 FamFG Rz. 2.
7 OLG Frankfurt v. 25.1.2011 – 20 W 137/10, juris.
8 BGH v. 29.3.1996 – V ZR 326/94, NJW 1996, 1890 (1893).
9 RG v. 25.4.1900 – V. 45/1900, Gruch. 44, 862 (865).
10 *Saenger*, MDR 2001, 134 (135).
11 Hügel/*Wilsch*, GBO, 2. Aufl., § 28 Rz. 15 ff.
12 Baumbach/*Hartmann*, 67. Aufl., Ergänzungsband, § 979 ZPO Rz. 1.
13 Begr. zu § 444 RegE, in: BT-Drs. 16/6308, S. 296.

dert dies; danach hat der Antragsteller die zur Begründung des Antrags erforderlichen Tatsachen vor der Einleitung des Verfahrens **glaubhaft zu machen**.

Nach § 439 Abs. 1 kann zur Glaubhaftmachung die **eidesstattliche Versicherung** nach § 31 zugelassen werden. Die Tatsache, dass innerhalb der letzten 30 Jahre keine zustimmungspflichtige Eintragung iSd. § 927 Abs. 1 Satz 3 BGB in das Grundbuch erfolgt ist, kann nur durch **Vortrag des Grundbuchinhalts**, nicht aber durch eidesstattliche Versicherung glaubhaft gemacht werden.[1] Erforderlich ist daher grundsätzlich die Vorlage einer beglaubigten Abschrift des Grundbuchs. Wird das Grundbuch bei dem Amtsgericht geführt, das auch für das Aufgebot zuständig ist, so genügt die Bezugnahme auf dieses.[2]

3

Der **Tod** bzw. die **Verschollenheit** des eingetragenen Eigentümers kann entweder durch eidesstattliche Versicherung des Antragstellers oder Vorlage der Sterbeurkunde bzw. Todeserklärung nach dem VerschG glaubhaft gemacht werden.[3] Nicht erforderlich ist die Glaubhaftmachung, dass eventuelle Erben des eingetragenen Eigentümers unbekannt oder nicht feststellbar sind.[4]

4

Durch eidesstattliche Versicherung kann auch der **Eigenbesitz (§ 872 BGB) glaubhaft** gemacht werden. Gleiches gilt für dessen mindestens 30-jährige Ausübung; falls möglich, sollten hierfür jedoch weitere Nachweise vorgelegt werden (zB Miet- oder Pachtverträge, eidesstattliche Versicherungen Dritter, Zahlungsbelege über öffentliche Lasten des Grundstücks). Ein von der Gemeinde ausgestelltes „**Besitzzeugnis**" über die Tatsache und Dauer der Ausübung des Eigenbesitzes kann ebenfalls zur Glaubhaftmachung dienen, hat aber keinen darüber hinausgehenden Beweiswert.[5]

5

445 *Inhalt des Aufgebots*
In dem Aufgebot ist der bisherige Eigentümer aufzufordern, sein Recht spätestens zum Anmeldezeitpunkt anzumelden, widrigenfalls seine Ausschließung erfolgen werde.

I. Allgemeines

§ 445 entspricht § 981 aF ZPO[6] und **ergänzt** § 434 Abs. 2 Satz 2 Nr. 2 hinsichtlich des Inhalts des Aufgebots im Verfahren nach den §§ 442 ff.[7]

1

II. Aufgebot

Nach § 445 hat das Gericht in Verfahren nach §§ 442 ff. in **Ergänzung der allgemeinen Regel** des § 434 Abs. 2 Satz 2 Nr. 2 in dem Aufgebot den bisherigen Eigentümer aufzufordern, sein Recht spätestens zum Anmeldezeitpunkt (§ 434 Abs. 2 Satz 2 Nr. 2) anzumelden, wenn er seine Ausschließung verhindern möchte.[8] Das Aufgebot richtet sich nur an den bisherigen Eigentümer, nicht an andere Personen.[9]

2

Hinsichtlich der **Aufgebotsfrist** und der Art der **Bekanntmachung** des Aufgebots ist zu beachten, dass nach § 484 landesrechtliche Sonderregelungen möglich sind,[10] die von den §§ 435, 437 abweichen. Falls der Eigentümer sein Recht anmeldet, ist

3

---

1 OLG Frankfurt v. 25.1.2011 – 20 W 137/10, juris.
2 *Heinemann*, NotBZ 2009, 300 (304).
3 Baumbach/*Hartmann*, 67. Aufl., Ergänzungsband, § 980 ZPO Rz. 1.
4 LG Köln v. 29.8.1985, 11 T 133/85, MittRhNotK 1985, 215; Holzer/*Holzer*, § 444 FamFG Rz. 7; *Saenger*, MDR 2001, 134 (135); aA AG Mayen v. 25.9.2007 – 2 C 734/07, Rpfleger 2008, 320 (321).
5 *Heinemann*, NotBZ 2009, 300 (305).
6 Begr. zu § 445 RegE, in: BT-Drs. 16/6308, S. 296.
7 Holzer/*Holzer*, § 445 FamFG Rz. 1.
8 Bassenge/Roth/*Walter*, § 445 FamFG Rz. 1.
9 Bumiller/*Harders*, § 445 FamFG Rz. 1.
10 Dazu Holzer/*Holzer*, § 484 FamFG Rz. 5 ff.

nach § 440 zu verfahren. Nicht ausreichend ist die Anmeldung lediglich obligatorischer Ansprüche.[1]

III. Ausschließungsbeschluss

4 Das **Grundstück** wird mit der Rechtskraft des Ausschließungsbeschlusses **herrenlos**, und der Eigentümer wird von seinen Rechten ausgeschlossen. Der Antragsteller kann dann nach § 927 Abs. 2, 3 BGB seine Eintragung herbeiführen.[2]

5 Enthält der Ausschließungsbeschluss einen **Vorbehalt**, hängt eine Eintragung des Antragstellers von einer Zustimmung bzw. Verzichtserklärung des Dritten ab, die notfalls auf dem Zivilrechtsweg zu erstreiten ist.[3] Dritten gegenüber, die vor seinem Erlass die Eintragung als Eigentümer oder einen Widerspruch erwirkten (§ 927 Abs. 3 BGB), ist der Ausschließungsbeschluss wirkungslos.

6 **Kosten/Gebühren:** S. Anmerkung zu § 433.

§ 446 *Aufgebot des Schiffseigentümers*

(1) Für das Aufgebotsverfahren zur Ausschließung des Eigentümers eines eingetragenen Schiffes oder Schiffsbauwerks nach § 6 des Gesetzes über Rechte an eingetragenen Schiffen und Schiffsbauwerken (BGBl. III 403–4) gelten die §§ 443 bis 445 entsprechend.
(2) Örtlich zuständig ist das Gericht, bei dem das Register für das Schiff oder Schiffsbauwerk geführt wird.

I. Allgemeines

1 § 446 Abs. 1 ist § 981 aF ZPO nachgebildet;[4] nach ihm sind für das Aufgebotsverfahren zur **Ausschließung eines Schiffseigentümers** die §§ 442 bis 445 entsprechend anwendbar. Der Grund dafür ist, dass § 6 SchRG im Wesentlichen inhaltsgleich mit § 927 BGB ist. § 446 Abs. 2 regelt die örtliche Zuständigkeit des Gerichts. Die maßgebliche **Dauer des Eigenbesitzes** beträgt anders als bei Grundstücken nur **zehn Jahre**.

II. Aufgebot des Schiffseigentümers

2 Die Vorschrift gilt nur für **Schiffe** oder **Schiffsbauwerke**. Sofern diese in das **Schiffs- oder Schiffsbauregister eingetragen** sind, werden sie ähnlich **wie Grundstücke behandelt**, so dass die entsprechende Anwendung der für diese geltenden §§ 442 bis 445 gerechtfertigt ist.

3 Nach dem **Schiffsbegriff des Seerechts** ist unter einem Schiff ein **schwimmfähiger Hohlkörper** von nicht ganz unbedeutender Größe zu verstehen, der fähig und bestimmt ist, auf bzw. unter dem Wasser fortbewegt zu werden und dabei Personen oder Sachen zu tragen. Fehlt eines dieser Merkmale nur vorübergehend, geht der Schiffsbegriff nicht verloren.[5] In das Schiffsregister eintragungsfähig sind zur Führung der Bundesflagge berechtigte **Seeschiffe** (§ 3 Abs. 2 SchRegO) und **Binnenschiffe** (§ 3 Abs. 3 Satz 1 SchRegO), die die Voraussetzungen des § 3 Abs. 3 Satz 2 SchRegO (insbesondere Tragfähigkeit, Wasserverdrängung) erfüllen.[6] Nicht eingetragene bzw. nicht eintragungsfähige Schiffe und Schiffsbauwerke stellen hingegen bewegliche Sachen im Rechtssinne dar, die nicht von § 446 erfasst werden.

---

1 BGH v. 13.2.1980 – V ZR 59/78, Rpfleger 1980, 217 (218).
2 Holzer/*Holzer*, § 445 FamFG Rz. 5.
3 Bassenge/Roth/*Walter*, § 445 FamFG Rz. 1.
4 Begr. zu § 446 RegE, in: BT-Drs. 16/6308, S. 296.
5 BGH v. 14.12.1951 – I ZR 84/51, NJW 1952, 1135.
6 Kübler/Prütting/Bork/*Holzer*, InsO, Stand: 5/2013, § 33 Rz. 2 f. mwN.

III. Örtliche Zuständigkeit

Das Gesetz kann für Schiffe und Schiffsbauwerke nicht wie § 442 Abs. 2 an ihre Belegenheit anknüpfen. Nach § 446 Abs. 2 ist deshalb für das Aufgebotsverfahren das Gericht **örtlich zuständig**, bei dem das betreffende **Register geführt** wird.[1]

Kosten/Gebühren: S. Anmerkung zu § 433.

Abschnitt 3
Aufgebot des Gläubigers von Grund- und Schiffspfandrechten sowie des Berechtigten sonstiger dinglicher Rechte

447 *Aufgebot des Grundpfandrechtsgläubigers; örtliche Zuständigkeit*
(1) Für das Aufgebotsverfahren zur Ausschließung eines Hypotheken-, Grundschuld- oder Rentenschuldgläubigers aufgrund der §§ 1170 und 1171 des Bürgerlichen Gesetzbuchs gelten die nachfolgenden besonderen Vorschriften.
(2) Örtlich zuständig ist das Gericht, in dessen Bezirk das belastete Grundstück belegen ist.

I. Allgemeines	1	III. Aufgebot nach § 1170 BGB	4
II. Aufgebot des Grundpfandrechtsgläubigers im Allgemeinen	2	IV. Aufgebot nach § 1171 BGB	7
		V. Zuständigkeit	9

I. Allgemeines

§ 447 Abs. 1 ist § 982 aF ZPO nachgebildet, während § 447 Abs. 2 den Regelungsgehalt des früheren § 978 ZPO enthält.[2] Die Vorschrift betrifft das **Aufgebot des Grundpfandrechtsgläubigers** und stellt gleichzeitig die Einstiegsnorm in den dritten Abschnitt des 8. Buches des FamFG dar, der das Aufgebot des Gläubigers von Grund- und Schiffspfandrechten sowie des Gläubigers sonstiger dinglicher Rechte regelt. Auch dieser Regelungskomplex enthält **Sonderbestimmungen** zu den §§ 433 ff., soweit dies aufgrund der Besonderheiten der aufgebotenen Rechte erforderlich ist.[3]

II. Aufgebot des Grundpfandrechtsgläubigers im Allgemeinen

Die nach §§ 1170, 1171 BGB zulässigen Aufgebotsverfahren ermöglichen es dem **Grundstückseigentümer**,[4] die Hypothek, Grund- oder Rentenschuld durch Ausschluss eines ihm nicht bekannten Gläubigers als Fremdgrundpfandrecht zu beseitigen, um die Löschung bzw. den Erwerb des Rechts[5] zu erreichen. Als **Gläubiger** sind auch die Inhaber eines das Grundpfandrecht belastenden Rechts (zB eines Pfandrechts oder Nießbrauchs) anzusehen.

Falls lediglich ein **Grundpfandrechtsbrief aufgeboten** werden soll (§ 1162 BGB), ist das Aufgebot nach den §§ 466 ff. durchzuführen. Ein Aufgebot ist dann nicht erforderlich, wenn das Grundbuch (zB bei der Hypothek aufgrund der erloschenen Forderung, § 1153 Abs. 2 BGB) iSd. § 894 BGB materiell unrichtig ist,[6] weil es in diesem Fall auf einfacherem und schnellerem Weg durch **Nachweis der Unrichtigkeit** nach § 22

---

1 Holzer/*Holzer*, § 446 FamFG Rz. 3.
2 Begr. zu § 447 RegE, in: BT-Drs. 16/6308, S. 296.
3 Holzer/*Holzer*, § 447 FamFG Rz. 8.
4 BGH v. 29.1.2009 – V ZB 140/08, ZNotP 2009, 144 (146).
5 *Heinemann*, NotBZ 2009, 300 (306).
6 BGH v. 29.1.2009 – V ZB 140/08, ZNotP 2009, 144 (145); Bassenge/Roth/*Walter*, § 447 FamFG Rz. 1.

GBO berichtigt werden kann.[1] Für den Ausschluss unbekannter Erben eines Gläubigers einer Buchgrundschuld fehlt das Rechtsschutzinteresse aus denselben Gründen.[2] Für das Aufgebot von Grundpfandrechtsbriefen enthalten die in der Praxis seltenen Fälle des § 10 Abs. 4 Satz 2 GBBerG und des § 26 Abs. 2 GBMaßnG eigene Regelungen.[3]

III. Aufgebot nach § 1170 BGB

4   Nach § 1170 Abs. 1 BGB ist die **Ausschließung eines unbekannten Gläubigers** eines bestehenden Grundpfandrechts[4] mit seinem Recht im Wege des Aufgebotsverfahrens möglich, wenn seit der letzten sich auf das Grundpfandrecht beziehenden Eintragung (die unter Mitwirkung des Gläubigers erfolgte[5]) zehn Jahre verstrichen sind und das Recht des Gläubigers nicht innerhalb dieser Frist von dem Eigentümer in einer Weise anerkannt worden ist, die die Verjährung iSd. § 212 Abs. 1 Nr. 1 BGB unterbricht.

5   Ein Gläubiger ist **unbekannt**, wenn er trotz nachweisbarer Bemühungen der Person nach nicht bekannt ist.[6] Der Rechtsinhaber darf somit nicht feststellbar sein bzw. muss sich als Inhaber des Rechts verschweigen.[7] Die Ungewissheit über die Person eines (bekannten) Gläubigers[8] sowie ein unbekannter Aufenthalt einer (bekannten) Person genügen nach richtiger Ansicht nicht.[9] Der Gläubiger eines **Briefgrundpfandrechts** ist aber bereits dann unbekannt, wenn der für das Grundpfandrecht erteilte Brief unauffindbar ist und der Aufenthalt des letzten bekannten Gläubigers nicht bekannt ist.[10] Bei **Buchgrundpfandrechten** ist der Gläubiger unbekannt, wenn er verstorben ist und seine Erben nicht ermittelt werden können. In der Praxis häufig ist das Aufgebot nach § 1170 BGB bei Briefgrundpfandrechten, die nach §§ 1154, 1192 Abs. 1 BGB außerhalb des Grundbuchs abgetreten werden können; hier ist die Gefahr, dass der Eigentümer den Gläubiger nicht ermitteln kann, besonders groß.[11]

6   § 1170 Abs. 1 Satz 2 BGB setzt ferner einen nach dem Kalender **bestimmten** oder **berechenbaren Fälligkeitstermin** voraus. Dieser ist bei einer „jederzeit fälligen" Grundschuld der Tag der Eintragung. Die Vorschrift greift nicht, wenn die Fälligkeit erst durch die Kündigung herbeigeführt werden muss. Dies gilt für alle nach dem 13.8.2008 bestellten, der Sicherung einer Geldforderung dienenden Grundschulden, die dem zu diesem Zeitpunkt geänderten § 1193 Abs. 2 BGB unterfallen;[12] sie können erst nach einer Kündigung gem. § 1193 Abs. 1 BGB fällig werden.

IV. Aufgebot nach § 1171 BGB

7   § 1171 Abs. 1 BGB gestattet einen Ausschluss des Gläubigers bereits vor Ablauf der Frist des § 1170 Abs. 1 BGB, wenn der **Eigentümer** zur **Befriedigung des Gläubi-**

---

1   Dazu Hügel/*Holzer*, GBO, 2. Aufl., § 22 Rz. 53.
2   OLG Naumburg v. 15.10.2012 – 2 Wx 21/11, juris; aA OLG Schleswig v. 1.9.2010 – 2 W 80/10, Rpfleger 2011, 167 (168 f.).
3   Holzer/*Holzer*, § 447 FamFG Rz. 3.
4   BGH v. 3.3.2004 – IV ZB 38/03, NJW-RR 2004, 664 (665).
5   KG v. 25.11.1969 – 1 W 7164/69, Rpfleger 1970, 90 (91).
6   OLG München v. 20.11.2012 – 34 Wx 364/12, juris; OLG Naumburg v. 15.10.2012 – 2 Wx 21/11, juris; Bumiller/*Harders*, § 447 FamFG Rz. 2.
7   LG Düsseldorf v. 10.3.1995 – 25 T 189/95, NJW-RR 1995, 1232.
8   RG v. 16.11.1907 – Beschw.-Rep. V. 153/07, RGZ 67, 95 (99).
9   BGH v. 3.3.2004 – IV ZB 38/03, NJW-RR 2004, 664 (665); BGH v. 29.1.2009 – V ZB 140/08, ZNotP 2009, 144 (145); LG Köln v. 16.2.2002 – 11 T 231/02, MDR 2003, 473; LG Bückeburg v. 5.2.1958 – T 14/58, Rpfleger 1958, 320 (321); Bassenge/Roth/*Walter*, § 447 FamFG Rz. 1; Bumiller/*Harders*, § 447 FamFG Rz. 2; Holzer/*Holzer*, § 447 FamFG Rz. 5; *Schmidt-Ränsch*, ZNotP 2011, 2 (8); *Wenckstern*, DNotZ 1993, 547 (549 f.); aA LG Aachen NJW-RR 1998, 87; LG Erfurt Rpfleger 1994, 310 (311); Baumbach/*Hartmann*, 67. Aufl., Ergänzungsband, § 985 ZPO Rz. 1.
10 BGH v. 29.1.2009 – V ZB 140/08, ZNotP 2009, 144 (146).
11 *Wenckstern*, DNotZ 1993, 547 (548).
12 Art. 6 Nr. 8 des Gesetzes zur Begrenzung der mit Finanzinvestitionen verbundenen Risiken (Risikobegrenzungsgesetz) v. 12.8.2008, BGBl. I, S. 1666.

gers oder zur **Kündigung** berechtigt ist[1] und den Forderungsbetrag für den Gläubiger unter Verzicht auf das Recht zur Rücknahme **hinterlegt** hat. Ist das Aufgebot gem. § 1171 Abs. 1 BGB erfolgt, kann ein weiteres Aufgebot nach § 1170 Abs. 1 BGB mit dem Ziel durchgeführt werden, eine Freigabe des hinterlegten Geldes zu erreichen.[2]

Das Aufgebot nach § 1171 Abs. 1 setzt somit die **Unbekanntheit des Gläubigers**, die Berechtigung zur Befriedigung (§ 1142 BGB) oder **Kündigung** (Vereinbarung bzw. §§ 271, 489f., 1193 BGB) des Gläubigers sowie die **Hinterlegung** des geschuldeten (Rest-)Betrags (gegebenenfalls nebst Zinsen), voraus (§ 1171 Abs. 1 Satz 2 BGB).[3] Bei der Antragstellung ist es nach § 451 Abs. 4 ausreichend, die Hinterlegung anzukündigen.[4]

V. Zuständigkeit

Nach § 447 Abs. 2 ist für die **örtliche Zuständigkeit** Gerichts die Belegenheit der Sache maßgeblich. Falls das Grundstück in mehreren Gerichtsbezirken liegt, ist nach § 2 Abs. 1 das Gericht zuständig, das zuerst mit der Sache befasst ist. Besteht Streit über die Zuständigkeit, ist diese nach § 5 Abs. 1 Nr. 3, 4 zu bestimmen.[5]

448 *Antragsberechtigter*

(1) Antragsberechtigt ist der Eigentümer des belasteten Grundstücks.
(2) Antragsberechtigt im Fall des § 1170 des Bürgerlichen Gesetzbuchs ist auch ein im Rang gleich- oder nachstehender Gläubiger, zu dessen Gunsten eine Vormerkung nach § 1179 des Bürgerlichen Gesetzbuchs eingetragen ist oder ein Anspruch nach § 1179a des Bürgerlichen Gesetzbuchs besteht. Bei einer Gesamthypothek, Gesamtgrundschuld oder Gesamtrentenschuld ist außerdem derjenige antragsberechtigt, der aufgrund eines im Rang gleich- oder nachstehenden Rechts Befriedigung aus einem der belasteten Grundstücke verlangen kann. Die Antragsberechtigung besteht nur, wenn der Gläubiger oder der sonstige Berechtigte für seinen Anspruch einen vollstreckbaren Schuldtitel erlangt hat.

I. Allgemeines

§ 448 gewährt wie sein Vorbild, der frühere § 984 ZPO,[6] das **Antragsrecht** in dem Verfahren nach den §§ 447ff. nur dem Eigentümer und den in § 448 Abs. 2 genannten Personen.

II. Antragsberechtigung

1. Eigentümer

Nach § 448 Abs. 1 ist der **Grundstückseigentümer** antragsberechtigt, weil nur er ein Interesse daran hat, einen ihm unbekannten Gläubiger auszuschließen.[7] Bei einem **Gesamtgrundpfandrecht** hat jeder Eigentümer ein eigenes Antragsrecht.[8] Falls das Grundstück veräußert wird, ist der bisherige Eigentümer nicht mehr antragsberechtigt, weil sich die Antragsberechtigung im Gegensatz zum früheren Recht[9] nicht mehr nach dem Zeitpunkt der Antragstellung, sondern dem der Entscheidung

---

1 BGH v. 29.1.2009 – V ZB 140/08, ZNotP 2009, 144 (146).
2 KG v. 20.5.2008 – 1 VA 7/06, NotBZ 2008, 416 (419).
3 Bassenge/Roth/*Walter*, § 447 FamFG Rz. 4.
4 Holzer/*Holzer*, § 447 FamFG Rz. 7.
5 Holzer/*Holzer*, § 447 FamFG Rz. 9.
6 Begr. zu § 448 RegE, in: BT-Drs. 16/6308, S. 296.
7 Holzer/*Holzer*, FamFG, § 447 FamFG Rz. 2.
8 Bassenge/Roth/*Walter*, § 448 FamFG Rz. 1.
9 BGH v. 29.1.2009 – V ZB 140/08, ZNotP 2009, 144 (147).

des Gerichts richtet.[1] Der neue Eigentümer muss sich damit entweder dem Verfahren anzuschließen[2] oder einen neuen Antrag stellen.

2. Andere Personen

3 Nach § 448 Abs. 2 Satz 1 wird das **Antragsrecht** im Fall des § 1170 BGB auf einen im Rang gleich- oder nachstehenden Gläubiger **erweitert**, zu dessen Gunsten eine **Vormerkung** nach § 1179 BGB eingetragen ist oder dem ein Anspruch nach § 1179a BGB zusteht. Der Grund dafür ist, das diese Gläubiger bei der Zwangsversteigerung ein Interesse daran haben, dass der Eigentümer die Hypothek erwirbt.[3]

4 Nach § 448 Abs. 2 Satz 2 können bei **Gesamtgrundpfandrechten** solche Personen den Antrag stellen, die aufgrund eines im Rang gleich- oder nachstehenden Rechts Befriedigung aus einem der belasteten Grundstücke verlangen können. Der Rang richtet sich dabei nach den §§ 10, 11 ZVG.[4] Das Antragsrecht für gleich- oder nachrangige Gläubiger besteht nach § 448 Abs. 2 Satz 3 oder sonstige Berechtigte nur dann, wenn diese für ihren Anspruch einen vollstreckbaren Schuldtitel vorweisen können. Dabei ist nach richtiger Ansicht der Löschungsanspruch, nicht das dingliche Recht zu titulieren.[5]

3. Stellung des Antrags

5 Die **Stellung des Antrags** richtet sich nach § 434 Abs. 1; das betroffene Grundpfandrecht sollte grundbuchamtlich iSd. § 28 GBO (dh. mit Band und Blatt bzw. nur mit Blatt) bezeichnet werden.[6]

449 *Glaubhaftmachung*
Der Antragsteller hat vor der Einleitung des Verfahrens glaubhaft zu machen, dass der Gläubiger unbekannt ist.

I. Allgemeines

1 § 449 ist dem früheren § 985 ZPO nachgebildet.[7] Nach § 434 Abs. 1 sind an den das Aufgebotsverfahren einleitenden Antrag keine weiteren inhaltlichen Voraussetzungen geknüpft; seine Begründung ist nach § 23 Abs. 1 nicht vorgeschrieben. § 449 weicht davon wie § 444 ab und schreibt vor, dass der Antrag neben dem Begehren zur Einleitung des Verfahrens auch eine **Glaubhaftmachung** enthalten muss. In den Fällen der §§ 1170, 1171 BGB schreiben die §§ 450, 451 **weitere Glaubhaftmachungen** vor.

II. Glaubhaftmachung

2 § 449 stellt wie § 444 eine **Spezialvorschrift** dar, mit der die **Grundnorm** des § 434 Abs. 1 **modifiziert** wird.[8] § 449 bestimmt abweichend von dieser, dass der Antragsteller die zur Begründung des Antrags erforderlichen Tatsachen vor der Einleitung des Verfahrens glaubhaft zu machen hat.

3 Der Antragsteller hat nach § 449 vor der **Einleitung des Aufgebotsverfahrens** darzulegen und mit Mitteln der Glaubhaftmachung zu belegen, dass ihm der Gläubiger

---

1 *Heinemann*, NotBZ 2009, 300 (306).
2 Zu dieser Möglichkeit BGH v. 29.1.2009 – V ZB 140/08, ZNotP 2009, 144 (147).
3 Baumbach/*Hartmann*, 67. Aufl., Ergänzungsband, § 984 ZPO Rz. 1.
4 Bumiller/*Harders*, § 448 FamFG Rz. 3; Baumbach/*Hartmann*, 67. Aufl., Ergänzungsband, § 984 ZPO Rz. 1.
5 Holzer/*Holzer*, § 448 FamFG Rz. 5; *Heinemann*, NotBZ 2009, 300 (306); aA Bumiller/*Harders*, § 448 FamFG Rz. 3.
6 Holzer/*Holzer*, § 448 FamFG Rz. 6.
7 Begr. zu § 449 RegE, in: BT-Drs. 16/6308, S. 296.
8 Holzer/*Holzer*, § 449 FamFG Rz. 1; § 444 Rz. 1.

nicht bekannt[1] ist. Hierfür ist auch im Rahmen des § 449 eine erhebliche, überwiegende Wahrscheinlichkeit erforderlich, die hinter dem Vollbeweis zurückbleiben kann.[2] Falls der Erbe des Gläubigers eines Buchgrundpfandrechts unbekannt ist, kommt die Bestellung eines Nachlasspflegers in Betracht. Das Aufgebotsverfahren ist in diesem Fall nicht zulässig, weil ein einfacherer und schnellerer Weg zur Klärung der Rechtslage besteht.[3]

Die Glaubhaftmachung ist nur durch eine **eidesstattliche Versicherung** des Antragstellers nach § 31 Abs. 1 möglich. Weitere Nachweise als die nach §§ 449 bis 451 können von dem Antragsteller nicht verlangt werden; das Gericht ist vielmehr nach § 26 verpflichtet, den Sachverhalt von Amts wegen aufzuklären.[4] Fehlt im Antrag die Glaubhaftmachung nach § 449, so ist dieser ohne Sachprüfung als unzulässig zu verwerfen.

4

450 *Besondere Glaubhaftmachung*

(1) Im Fall des § 1170 des Bürgerlichen Gesetzbuchs hat der Antragsteller vor der Einleitung des Verfahrens auch glaubhaft zu machen, dass eine das Aufgebot ausschließende Anerkennung des Rechts des Gläubigers nicht erfolgt ist.
(2) Ist die Hypothek für die Forderung aus einer Schuldverschreibung auf den Inhaber bestellt oder der Grundschuld- oder Rentenschuldbrief auf den Inhaber ausgestellt, hat der Antragsteller glaubhaft zu machen, dass die Schuldverschreibung oder der Brief bis zum Ablauf der im § 801 des Bürgerlichen Gesetzbuchs bezeichneten Frist nicht vorgelegt und der Anspruch nicht gerichtlich geltend gemacht worden ist. Ist die Vorlegung oder die gerichtliche Geltendmachung erfolgt, so ist die in Absatz 1 vorgeschriebene Glaubhaftmachung erforderlich.
(3) Zur Glaubhaftmachung genügt in den Fällen der Absätze 1, 2 die Versicherung des Antragstellers an Eides statt. Das Recht des Gerichts zur Anordnung anderweitiger Ermittlungen von Amts wegen wird hierdurch nicht berührt.
(4) In dem Aufgebot ist als Rechtsnachteil anzudrohen, dass der Gläubiger mit seinem Recht ausgeschlossen werde.
(5) Wird das Aufgebot auf Antrag eines nach § 448 Abs. 2 Antragsberechtigten erlassen, so ist es dem Eigentümer des Grundstücks von Amts wegen mitzuteilen.

I. Allgemeines 1	III. Art der Glaubhaftmachung und weitere Ermittlungen (Absatz 3) 4
II. Glaubhaftmachung nach § 450	IV. Inhalt des Aufgebots (Absatz 4) 5
1. Glaubhaftmachung im Fall des § 1170 BGB (Absatz 1) 2	V. Mitteilung des Aufgebots (Absatz 5) . 5a
2. Glaubhaftmachung bei Inhabergrundpfandrechten (Absatz 2) 3	VI. Wirkung des Ausschließungsbeschlusses 6

I. Allgemeines

§ 450 ist dem früheren § 986 ZPO nachgebildet[5] und **ergänzt** zusammen mit §§ 449, 451 die **Grundregel** des § 434 Abs. 1.

1

---

1 Holzer/*Holzer*, § 449 FamFG Rz. 3; § 447 Rz. 5.
2 OLG Brandenburg v. 10.5.2012 – 6 Wx 1/12, juris; OLG München v. 20.11.2012 – 34 Wx 364/12, juris.
3 *Heinemann*, NotBZ 2009, 300 (306).
4 Holzer/*Holzer*, § 449 FamFG Rz. 4.
5 Begr. zu § 450 RegE, in: BT-Drs. 16/6308, S. 296.

II. Glaubhaftmachung nach § 450

1. Glaubhaftmachung im Fall des § 1170 BGB (Absatz 1)

2 Nach § 450 Abs. 1 hat der Antragsteller im Fall des § 1170 BGB[1] mit der Antragstellung zusätzlich zu den Vorgaben des § 449 (Unbekanntheit des Gläubigers)[2] **glaubhaft zu machen**, dass eine das Aufgebot ausschließende **Anerkennung des Rechts des Gläubigers nicht erfolgt** ist. Eine derartige Anerkennung ist dann gegeben, wenn diese die Verjährung gem. § 212 Abs. 1 Nr. 1 BGB unterbricht (zB durch eine Abschlags- oder Teilzahlung, Stundung, Zahlung von Zinsen oder Stellung einer Sicherheitsleistung).[3]

2. Glaubhaftmachung bei Inhabergrundpfandrechten (Absatz 2)

3 Bei **Inhabergrundpfandrechten** (§§ 1188 Abs. 2 Satz 1, 1195 Satz 2, 1199 Abs. 1 BGB) ist gem. § 450 Abs. 2 Satz 1 die Glaubhaftmachung des Antragstellers erforderlich, dass die Schuldverschreibung oder der Brief bis zum Ablauf der Frist des § 801 BGB (idR 30 Jahre) nicht vorgelegt und der Anspruch nicht gerichtlich geltend gemacht worden ist. Wurde die **Urkunde vorgelegt** oder das Recht vor Gericht verfolgt, ist die nach § 450 Abs. 1 vorgeschriebene Glaubhaftmachung ausreichend (§ 450 Abs. 2 Satz 2).[4]

III. Art der Glaubhaftmachung und weitere Ermittlungen (Absatz 3)

4 Nach § 450 Abs. 3 Satz 1 ist zur Glaubhaftmachung in den Fällen der Absätze 1 und 2 die **eidesstattliche Versicherung** des Antragstellers ausreichend. Es dürfte kaum möglich sein, negative Tatsachen wie die fehlende Vorlage des Briefs bzw. die fehlende Klageerhebung auf andere Weise glaubhaft zu machen. Gerichtliche Ermittlungen dürften insoweit nicht Erfolg versprechend sein; gleichwohl stellt § 450 Abs. 3 Satz 2 klar, dass die Grundregel der Amtsermittlung nach § 26 auch in diesem Fall gilt und ihr auch regelmäßig nachzukommen ist.[5] Denkbar ist etwa eine Anfrage an das Zivilgericht, ob Klage erhoben wurde.

IV. Inhalt des Aufgebots (Absatz 4)

5 § 450 Abs. 4 gibt wie § 445[6] spezielle Anforderungen an den **Inhalt des Aufgebots** vor. In dem Aufgebot ist dem Gläubiger als Rechtsnachteil anzudrohen, dass er mit seinem Recht ausgeschlossen werden wird.

V. Mitteilung des Aufgebots (Absatz 5)

5a Dem Grundstückseigentümer wird das **Aufgebot von Amts wegen mitgeteilt**, wenn es auf Antrag einer nach § 448 Abs. 2 berechtigten Person erlassen wurde (§ 450 Abs. 5). Nach § 15 Abs. 3 ist hierfür eine formlose Mitteilung ausreichend.[7]

VI. Wirkung des Ausschließungsbeschlusses

6 Der Eigentümer erwirbt mit **Rechtskraft eines vorbehaltlosen Ausschließungsbeschlusses** das dingliche Recht (§ 1170 Abs. 2 Satz 1 BGB) und kann die Berichtigung des Grundbuchs nach §§ 894 BGB, 22 GBO beantragen. Der einem Gläubiger erteilte Brief wird durch den Ausschließungsbeschluss kraftlos (§ 1170 Abs. 2 Satz 2 BGB), der auch Rechte Dritter am dinglichen Recht erfasst, die persönliche Forderung aber nicht tangiert.[8]

---

1 Holzer/*Holzer*, § 450 FamFG Rz. 2.
2 Baumbach/*Hartmann*, 67. Aufl., Ergänzungsband, § 986 ZPO Rz. 1.
3 Bumiller/*Harders*, § 450 FamFG Rz. 2.
4 Holzer/*Holzer*, § 450 FamFG Rz. 3.
5 Baumbach/*Hartmann*, 67. Aufl., Ergänzungsband, § 986 ZPO Rz. 1.
6 Holzer/*Holzer*, § 450 FamFG Rz. 5.
7 Bumiller/*Harders*, § 450 FamFG Rz. 4.
8 Dazu Bassenge/Roth/*Walter*, § 450 FamFG Rz. 3.

§ 451 Verfahren bei Ausschluss mittels Hinterlegung

(1) Im Fall des § 1171 des Bürgerlichen Gesetzbuchs hat der Antragsteller vor der Einleitung des Verfahrens die Hinterlegung des dem Gläubiger gebührenden Betrags anzubieten.

(2) In dem Aufgebot ist als Rechtsnachteil anzudrohen, dass der Gläubiger nach der Hinterlegung des ihm gebührenden Betrags seine Befriedigung statt aus dem Grundstück nur noch aus dem hinterlegten Betrag verlangen könne und sein Recht auf diesen erlösche, wenn er sich nicht vor dem Ablauf von 30 Jahren nach dem Erlass des Ausschließungsbeschlusses bei der Hinterlegungsstelle melde.

(3) Hängt die Fälligkeit der Forderung von einer Kündigung ab, erweitert sich die Aufgebotsfrist um die Kündigungsfrist.

(4) Der Ausschließungsbeschluss darf erst dann erlassen werden, wenn die Hinterlegung erfolgt ist.

I. Allgemeines 1	2. Bekanntmachung 5
II. Aufgebotsantrag 2	3. Frist (Absatz 3) 6
III. Erlass des Aufgebots	IV. Ausschließungsbeschluss (Absatz 4)
1. Inhalt 4	1. Inhalt 7
	2. Wirkungen 9

I. Allgemeines

§ 451 entspricht dem früheren § 987 ZPO;[1] er **ergänzt** zusammen mit § 450 die **Grundregel** des § 449. § 449 setzt die sich aus § 1171 BGB ergebenden Besonderheiten des materiellen Rechts in das Verfahrensrecht um.[2]

II. Aufgebotsantrag

§ 451 Abs. 1 ergänzt § 449. In dem Aufgebotsantrag ist deshalb zunächst **glaubhaft zu machen**, dass der Gläubiger unbekannt ist und die Voraussetzungen des § 1171 Abs. 1 Satz 1 BGB vorliegen. Es ist ferner vorzutragen, dass ein Recht zur Befriedigung des Gläubigers oder zur Kündigung bestehe.[3]

Der Antragsteller muss ferner vor dem Erlass des Aufgebots die **Hinterlegung** des geschuldeten Betrags (ggf. unter Nachweis von Teilzahlungen) **anbieten**. Dass die Hinterlegung tatsächlich erfolgt, ist nicht für das Aufgebot, wohl aber für den Ausschließungsbeschluss von Bedeutung.[4] Eine Hinterlegung von Zinsen ist nur erforderlich, wenn der Zinssatz im Grundbuch eingetragen ist; nach § 1171 Abs. 1 Satz 2 sind dann Zinsen für maximal vier Jahre zu hinterlegen. Der die Hinterlegung veranlassende Antragsteller ist gem. § 1171 Abs. 3, 2. Halbs. nach Ablauf der 30-jährigen Frist nach Rechtskraft des Ausschließungsbeschlusses zur Rücknahme berechtigt, auch wenn er auf das Recht zur Rücknahme verzichtet hat.

III. Erlass des Aufgebots

1. Inhalt

§ 451 Abs. 2 ergänzt § 434 Abs. 2 Satz 2 Nr. 3. Nach diesen Vorschriften ist **in dem Aufgebot als Rechtsnachteil anzudrohen**, dass der Gläubiger seine Befriedigung nach der Hinterlegung des ihm zustehenden Betrags statt aus dem Grundstück nur noch aus dem hinterlegten Betrag verlangen kann und sein Recht auf diesen erlöschen wird, wenn er sich nicht vor dem Ablauf von 30 Jahren nach dem Erlass des Ausschließungsbeschlusses bei der Hinterlegungsstelle meldet.[5]

---

1 Begr. zu § 451 RegE, in: BT-Drs. 16/6308, S. 296.
2 Bumiller/*Harders*, § 451 FamFG Rz. 1.
3 Holzer/*Holzer*, § 451 FamFG Rz. 2.
4 Bassenge/Roth/*Walter*, § 451 FamFG Rz. 1; Baumbach/*Hartmann*, 67. Aufl., Ergänzungsband, § 987 ZPO Rz. 1; *Heinemann*, NotBZ 2009, 300 (307).
5 Holzer/*Holzer*, § 451 FamFG Rz. 4.

2. Bekanntmachung

5 Bei der **Bekanntmachung** wird § 435 wiederum weitgehend durch das nach § 484 zulässige Landesrecht verdrängt.[1]

3. Frist (Absatz 3)

6 § 451 Abs. 3 **erweitert die Aufgebotsfrist** des § 437 um die Kündigungsfrist, falls die Fälligkeit der Forderung von einer Kündigung abhängt. Nach § 484 können die Länder eigene Regelungen für die Aufgebotsfrist erlassen.[2]

IV. Ausschließungsbeschluss (Absatz 4)

1. Inhalt

7 Der Ausschließungsbeschluss nach § 439 Abs. 1 hat die **Rechtsnachteile zu bezeichnen**, die im Falle des § 1170 BGB in § 450 Abs. 4 und im Falle des § 1171 BGB in § 451 Abs. 2 aufgeführt sind.

8 Im Falle des **§ 1171 BGB** darf gem. § 451 Abs. 4 der **Ausschließungsbeschluss** erst dann erlassen werden, wenn die **Hinterlegung** unter Verzicht auf eine Rücknahme tatsächlich erfolgt ist.[3] Fehlt es daran, ist der Ausschließungsbeschluss im Beschwerdeverfahren aufzuheben.

2. Wirkungen

9 Im Falle des § 1170 BGB erwirbt der Eigentümer mit **Rechtskraft des Ausschließungsbeschlusses** die **Hypothek lastenfrei als Eigentümergrundschuld** (§§ 1170 Abs. 2 Satz 1, 1177 BGB). Ein dem Gläubiger erteilter Hypothekenbrief wird kraftlos (§ 1170 Abs. 2 Satz 2 BGB).

10 In den Fällen des § 1171 BGB ist zu differenzieren: Lagen neben dem Hinterlegungsgrund des § 1171 BGB auch die **Hinterlegungsvoraussetzungen des § 372 BGB** vor, gilt der Gläubiger bereits zum **Zeitpunkt der Hinterlegung** als befriedigt (§ 378 BGB). Die Hypothek bzw. die Grundschuld gehen in diesem Zeitpunkt auf den Eigentümer über; der Ausschließungsbeschluss ist dann nur noch für das Kraftloswerden des Briefs (§ 1171 Abs. 2 Satz 2 BGB) von Bedeutung. Liegen bei Hinterlegung die **Voraussetzungen des § 372 BGB nicht vor**, tritt mit Rechtskraft des Ausschließungsbeschlusses die **Wirkung des § 1171 Abs. 2 Satz 1 BGB** ein, dh. der **Gläubiger** gilt als **befriedigt** und der **Eigentümer** erwirbt das **dingliche Recht**. Die persönliche Forderung wird dadurch nicht tangiert. Das Recht des Gläubigers beschränkt sich in diesem Fall innerhalb der nächsten 30 Jahre auf den hinterlegten Betrag (§ 1171 Abs. 3 BGB).[4]

11 **Kosten/Gebühren:** S. Anmerkung zu § 433.

---

452 *Aufgebot des Schiffshypothekengläubigers; örtliche Zuständigkeit*
(1) Für das Aufgebotsverfahren zur Ausschließung eines Schiffshypothekengläubigers aufgrund der §§ 66 und 67 des Gesetzes über Rechte an eingetragenen Schiffen und Schiffsbauwerken (BGBl. III 403–4) gelten die §§ 448 bis 451 entsprechend. Anstelle der §§ 1170, 1171 und 1179 des Bürgerlichen Gesetzbuchs sind die §§ 66, 67, 58 des genannten Gesetzes anzuwenden.
(2) Örtlich zuständig ist das Gericht, bei dem das Register für das Schiff oder Schiffsbauwerk geführt wird.

---

1 Dazu Holzer/*Holzer*, § 484 FamFG Rz. 5.
2 Dazu Holzer/*Holzer*, § 484 FamFG Rz. 7.
3 *Heinemann*, NotBZ 2009, 300 (307).
4 Bassenge/Roth/*Walter*, § 451 FamFG Rz. 3.

I. Allgemeines 1	IV. Örtliche Zuständigkeit (Absatz 2) ... 5
II. Aufgebotsverfahren (Absatz 1) 2	V. Exkurs: Aufgebot des Gläubigers eines Registerpfandrechts an einem Luftfahrzeug 6
III. Verfahren 4	

I. Allgemeines

§ 452 übernimmt den Regelungsgehalt des früheren § 987a ZPO;[1] nach ihm sind wegen der **Ähnlichkeit des Schiffshypothekenrechts** mit dem **Recht der Grundpfandrechte** auf das Aufgebotsverfahren zur Ausschließung eines Schiffshypothekengläubigers die §§ 448 bis 451 entsprechend anzuwenden. Eine Regelung für das Aufgebotsverfahren zur Ausschließung des Gläubigers eines **Registerpfandrechts an einem Luftfahrzeug** enthält das Gesetz allerdings wie das frühere 9. Buch der ZPO nicht (dazu unten Rz. 6 ff.).

II. Aufgebotsverfahren (Absatz 1)

Bei der Schiffshypothek handelt es sich eine **streng akzessorische Sicherungshypothek**, für die kein Brief erteilt werden kann (§ 8 Abs. 1 SchRG).[2] Sie ist deshalb der Sicherungshypothek im Liegenschaftsrecht sehr ähnlich (§§ 1184 Abs. 1, 1185 Abs. 1), auf die gem. § 1185 Abs. 3 BGB die §§ 1170 Abs. 1 Satz 1, 1171 Abs. 1 Satz 1 BGB Anwendung finden. Diese Gedanken sind auch in den §§ 66 Abs. 1 Satz 1, 67 Abs. 1 Satz 1 SchRG enthalten: Der **Gläubiger** einer Schiffshypothek kann gem. § 66 SchRG ausgeschlossen werden, wenn er **unbekannt** ist, seit der letzten, auf das Recht sich beziehenden **Eintragung zehn Jahre verstrichen** sind und das Recht des Gläubigers in der Zwischenzeit auch nicht gem. § 212 Abs. 1 Nr. 1 BGB **anerkannt** worden ist.

Nach § 67 SchRG kann der **Gläubiger** ferner **ausgeschlossen** werden, wenn der befriedigungs- bzw. kündigungsberechtigte **Eigentümer** den **Forderungsbetrag hinterlegt**. Diese Bestimmung stimmt mit § 1171 BGB überein. § 452 Abs. 1 Satz 1 ordnet daher die entsprechende Geltung der §§ 448 bis 451 für das Aufgebotsverfahren zur Ausschließung eines Schiffshypothekengläubigers an. Nach § 452 Abs. 1 Satz 2 sind die §§ 66 Abs. 1 Satz 1, 67 Abs. 1 Satz 1 SchRG statt der §§ 1170 Abs. 1 Satz 1, 1171 Abs. 1 Satz 1 BGB anzuwenden. Auch § 452 ergänzt die §§ 433 bis 441.[3]

III. Verfahren

Das Verfahren nach § 452 entspricht im Wesentlichen dem der §§ 447 bis 451. Zu beachten ist, dass nach § 66 Abs. 2 Satz 1 SchRG die **Schiffshypothek** mit der Rechtskraft des Ausschließungsbeschlusses erlischt, aber ein Recht auf Neubestellung nach § 57 Abs. 3 Satz 1 SchRG besteht. In den Verfahren nach § 67 Abs. 1 Satz 1 SchRG erlischt die Schiffshypothek mit der Befriedigung des Gläubigers durch Hinterlegung oder der Rechtskraft des Ausschließungsbeschlusses.[4]

IV. Örtliche Zuständigkeit (Absatz 2)

Nach § 452 Abs. 2 ist wie nach § 446 Abs. 2 für die Durchführung des Aufgebotsverfahrens nach § 452 Abs. 1 das Gericht **örtlich zuständig**, bei dem das Schiffs- oder Schiffsbauregister geführt wird. Landesrechtliche Sondervorschriften für Aufgebotsveröffentlichung und -frist bestehen nicht.

---

1 Begr. zu § 452 RegE, in: BT-Drs. 16/6308, S. 296.
2 Dazu Holzer/*Holzer*, § 452 FamFG Rz. 2 f.
3 Bumiller/*Harders*, § 452 FamFG Rz. 1.
4 Bassenge/Roth/*Walter*, § 452 FamFG Rz. 1.

V. Exkurs: Aufgebot des Gläubigers eines Registerpfandrechts an einem Luftfahrzeug

6 Bei Erlass des FamFG konnte das **Registerpfandrecht an einem Luftfahrzeug** nur brieflos erteilt werden.[1] Das Aufgebot der Gläubiger des Registerpfandrechts hatte wegen dessen eingeschränkter Verkehrsfähigkeit nur geringe Bedeutung, so dass der Gesetzgeber auf die Regelung des Aufgebotsverfahrens im FamFG verzichtet und sie statt dessen im LuftfzRG belassen hat.[2] Mit den §§ 26aff. PfandbriefG[3] besteht nun die Möglichkeit der **Brieferteilung**, wodurch sich die **Verkehrsfähigkeit des Registerpfandrechts erhöht** hat, so dass der Gesetzgeber seine frühere Entscheidung überdenken und auch dieses Aufgebotsverfahren in das FamFG einstellen sollte.

7 Wie die Schiffshypothek ist auch das Registerpfandrecht an einem Luftfahrzeug ein **streng akzessorisches Sicherungsrecht** (§ 4 LuftfzRG).[4] Nach § 66 Abs. 1 LuftfzRG, der im Wesentlichen dem § 1170 Abs. 1 BGB entspricht, ist der Ausschluss eines unbekannten Gläubigers möglich. Gem. § 66 Abs. 3 LuftfzRG gelten die §§ 448 Abs. 1, 449 und § 450 Abs. 1, 3 und 4 sinngemäß.

8 Nach § 67 Abs. 1 Satz 1 LuftfzRG können **unbekannte Gläubiger** wie nach § 1171 Abs. 1 BGB **ausgeschlossen** werden. Für das Aufgebotsverfahren sind nach § 67 Abs. 4 Satz 1 LuftfzRG die §§ 448 Abs. 1, 449 und § 451 sinngemäß anzuwenden. **Örtlich und sachlich zuständig** ist für alle Aufgebote nach dem LuftfzRG ausschließlich das **AG Braunschweig**, bei dem das Register für Pfandrechte an Luftfahrzeugen geführt wird (§§ 66 Abs. 3 Satz 2, 67 Abs. 4 LuftfzRG).[5]

9 Kosten/Gebühren: S. Anmerkung zu § 433.

§ 453 Aufgebot des Berechtigten bei Vormerkung, Vorkaufsrecht, Reallast

(1) Die Vorschriften des § 447 Abs. 2, des § 448 Abs. 1, der §§ 449, 450 Abs. 1 bis 4 und der §§ 451, 452 gelten entsprechend für das Aufgebotsverfahren zu der in den §§ 887, 1104, 1112 des Bürgerlichen Gesetzbuchs, § 13 des Gesetzes über Rechte an eingetragenen Schiffen und Schiffsbauwerken (BGBl. III 403–4) für die Vormerkung, das Vorkaufsrecht und die Reallast bestimmten Ausschließung des Berechtigten.

(2) Antragsberechtigt ist auch, wer aufgrund eines im Range gleich- oder nachstehenden Rechts Befriedigung aus dem Grundstück oder dem Schiff oder Schiffsbauwerk verlangen kann, wenn er für seinen Anspruch einen vollstreckbaren Schuldtitel erlangt hat. Das Aufgebot ist dem Eigentümer des Grundstücks oder des Schiffes oder Schiffsbauwerks von Amts wegen mitzuteilen.

I. Allgemeines 1	3. Erweiterung des Antragsrechts (Absatz 2) 6
II. Verfahren (Absatz 1)	4. Exkurs: Aufgebot des Gläubigers einer Vormerkung an einem Registerpfandrecht an einem Luftfahrzeug . 7
1. Aufgebot im Fall der §§ 887, 1104 und 1112 BGB 3	
2. Aufgebot im Fall des § 13 SchRG . . 5	III. Wirkung des Beschlusses 8

I. Allgemeines

1 § 453 ist dem früheren § 988 ZPO nachgebildet.[6] Nach den §§ 887, 1104 und 1112 BGB können, jeweils unter den Voraussetzungen des § 1170 BGB, die **Gläubiger** einer

---

1 *Schölermann/Schmidt-Burgk*, WM 1990, 1137 (1140).
2 *Holzer/Holzer*, § 452 FamFG Rz. 5.
3 Eingeführt durch Art. 1 des Gesetzes zur Fortentwicklung des Pfandbriefrechts v. 20.3.2009 (BGBl. I, S. 607); dazu *Schmalenbach/Sester*, WM 2009, 725; *Reuleaux*, ZBB 2006, 463ff.
4 Dazu *Schölermann/Schmidt-Burgk*, WM 1990, 1137 (1138); *Rehm*, NJW 1959, 709 (710).
5 *Holzer/Holzer*, § 452 FamFG Rz. 6f.
6 Begr. zu § 453 RegE, in: BT-Drs. 16/6308, S. 296.

zur Sicherung eines persönlichen Anspruchs eingetragenen **Vormerkung**, **eines** subjektiv-persönlichen **Vorkaufsrechts** oder **einer** subjektiv-persönlichen **Reallast** ausgeschlossen werden. Abs. 1 ordnet deshalb für das Aufgebot des Berechtigten bei der Vormerkung, dem Vorkaufsrecht und der Reallast die entsprechende Anwendbarkeit der darauf passenden Vorschriften aus dem Regelungskomplex der §§ 447 bis 450 an.

Die Bestimmung gilt auch für das Aufgebot nach § 13 SchRG, auf das § 452 wegen der anderen Struktur des dort geregelten Verfahrens nicht anwendbar ist. § 453 Abs. 2 **erweitert das Antragsrecht** für bestimmte Gläubiger.[1] Für das Aufgebot des Gläubigers einer Vormerkung an einem Registerpfandrecht an einem Luftfahrzeug enthält das FamFG keine Regelung (dazu unten Rz. 7).

II. Verfahren (Absatz 1)

1. Aufgebot im Fall der §§ 887, 1104 und 1112 BGB

Nach §§ 887 Satz 1, 1104 Abs. 1 Satz 1 und § 1112 BGB können der **Vormerkungsgläubiger**, der Berechtigte eines Vorkaufsrechts und der Berechtigte einer Reallast mit ihren Rechten ausgeschlossen werden, wenn sie unbekannt sind[2] und die Voraussetzungen des § 1170 BGB vorliegen. Die zuerst genannten Rechte erlöschen mit der Rechtskraft des Ausschließungsbeschlusses (§§ 887 Satz 2, 1104 Abs. 1 Satz 2 und § 1112 BGB); streitig ist, ob dies auch bei der Reallast der Fall ist und ob es eine **Eigentümerreallast** gibt.[3]

Der Ausschluss der vorgenannten Rechte ist unter den Voraussetzungen des § 1170 BGB möglich, so dass für ihr Aufgebot die Vorschriften Anwendung finden, die im Falle des § 1170 BGB gelten. Es handelt sich um Vorschriften über die **örtliche Zuständigkeit** (§ 447 Abs. 2), die **Antragsberechtigung** des Eigentümers (§ 448 Abs. 1), die Glaubhaftmachung (§ 449), die **besondere Glaubhaftmachung** und den Inhalt des Aufgebots (§ 450 Abs. 1 bis 4) sowie das **Verfahren bei Ausschluss mittels Hinterlegung** (§ 451). Die zuletzt genannte Verweisung ist allerdings überflüssig, weil § 451 lediglich das Aufgebot im Falle des § 1171 BGB, nicht aber das nach § 1170 BGB erfasst.[4]

2. Aufgebot im Fall des § 13 SchRG

Auch für den Fall des § 13 Satz 1 SchRG verweist § 453 Abs. 1 auf die für das Aufgebot der §§ 887, 1104 und 1112 BGB geltenden Vorschriften. Dies gilt jedoch nicht für die **örtliche Zuständigkeit**, weil § 447 Abs. 1 in diesem Aufgebotsverfahren nicht anwendbar ist. Statt dessen gilt § 452 Abs. 2, nach dem das Amtsgericht örtlich zuständig ist, bei dem das Schiffs- oder Schiffsbauregister geführt wird.[5]

3. Erweiterung des Antragsrechts (Absatz 2)

§ 453 Abs. 3 Satz 1 erweitert § 448 Abs. 1 hinsichtlich der **Antragsberechtigung**. Danach ist antragsberechtigt, wer aufgrund eines im Range gleich- oder nachstehenden Rechts Befriedigung aus dem Grundstück, Schiff oder Schiffsbauwerk verlangen kann, wenn er für seinen Anspruch einen vollstreckbaren Titel erlangt hat. Nach § 453 Abs. 3 Satz 2 ist das Aufgebot dem Eigentümer des Grundstücks, Schiffs oder Schiffsbauwerks von Amts wegen mitzuteilen. Hierfür ist wie bei § 450 Abs. 5 eine formlose Mitteilung (§ 15 Abs. 3) ausreichend.[6]

---

1 Dazu Holzer/*Holzer*, § 453 FamFG Rz. 1.
2 Dazu Holzer/*Holzer*, § 447 FamFG Rz. 5.
3 Bumiller/*Harders*, § 453 FamFG Rz. 5.
4 Bumiller/*Harders*, § 453 FamFG Rz. 4; Holzer/*Holzer*, § 453 FamFG Rz. 3.
5 Bumiller/*Harders*, § 453 FamFG Rz. 2.
6 Holzer/*Holzer*, § 453 FamFG Rz. 5f.

4. Exkurs: Aufgebot des Gläubigers einer Vormerkung an einem Registerpfandrecht an einem Luftfahrzeug

7 Nach § 66 Abs. 1 Satz 1 LuftfzRG[1] ist ein Ausschluss im Wege des Aufgebots auch möglich, wenn der Anspruch an einem Registerpfandrecht durch **Vormerkung** gesichert ist und der Gläubiger unbekannt ist (§ 13 Abs. 2 Satz 1 LuftfzRG). In diesem Verfahren gelten nach § 13 Abs. 2 Satz 1 LuftfzRG die §§ 449, 450 Abs. 1, 3 und 4 entsprechend. **Antragsberechtigt** ist der Eigentümer sowie jeder, der aufgrund eines gleich- oder nachrangigen Rechts eine Befriedigung aus dem Luftfahrzeug verlangen und dafür einen vollstreckbaren Titel vorweisen kann.[2] Das Aufgebot wird dem Eigentümer des Luftfahrzeugs mitgeteilt (§ 13 Abs. 2 Satz 4 LuftfzRG). **Örtlich und sachlich** ausschließlich **zuständig** ist das **AG Braunschweig** gem. § 13 Abs. 2 Satz 2 LuftfzRG.

III. Wirkung des Beschlusses

8 In den in dieser Kommentierung genannten Fällen hat der **Ausschließungsbeschluss** mit seiner Rechtskraft die Wirkung, dass das Recht erlischt. Der Beschluss wirkt wie eine **Löschungsbewilligung**.

9 **Kosten/Gebühren:** S. Anmerkung zu § 433.

Abschnitt 4
Aufgebot von Nachlassgläubigern

454 *Aufgebot von Nachlassgläubigern, örtliche Zuständigkeit*
(1) Für das Aufgebotsverfahren zur Ausschließung von Nachlassgläubigern aufgrund des § 1970 des Bürgerlichen Gesetzbuchs gelten die nachfolgenden besonderen Vorschriften.
(2) Örtlich zuständig ist das Amtsgericht, dem die Angelegenheiten des Nachlassgerichts obliegen. Sind diese Angelegenheiten einer anderen Behörde als einem Amtsgericht übertragen, so ist das Amtsgericht zuständig, in dessen Bezirk die Nachlassbehörde ihren Sitz hat.

I. Allgemeines	1	2. Aufgebot im Fall des § 1970 BGB	3
II. Aufgebot des Nachlassgläubigers		3. Wirkung des Aufgebots	4
1. Materielles Recht	2	III. Zuständigkeit (Absatz 2)	6

I. Allgemeines

1 § 454 Abs. 1 ist dem früheren § 989 ZPO nachgebildet, während § 454 Abs. 2 den Regelungsgehalt des früheren § 990 ZPO in das FamFG übernimmt.[3] Die Vorschrift gilt nur für das **Aufgebot des Nachlassgläubigers**, stellt aber auch den **Einstieg** in den vierten Abschnitt des Buchs 8 des FamFG dar, der auch das Aufgebot der Gesamtgutsgläubiger regelt. Auch die §§ 454 ff. enthalten gegenüber den §§ 433 ff. einige **Sonderregeln**.

---

1 Holzer/*Holzer*, § 453 FamFG Rz. 7.
2 Baumbach/*Hartmann*, 67. Aufl., Ergänzungsband, § 984 ZPO Rz. 2.
3 Begr. zu § 454 RegE, in: BT-Drs. 16/6308, S. 296.

II. Aufgebot des Nachlassgläubigers

1. Materielles Recht

Nach den §§ 1970 ff. BGB kann sich der Erbe Gewissheit über den Bestand der Nachlassverbindlichkeiten und deren Höhe verschaffen. Von Bedeutung ist diese Möglichkeit insbesondere dann, wenn eine Überschuldung des Nachlasses in Betracht kommt und der Erbe erwägt, einen **Nachlassinsolvenzantrag** zu stellen.[1]

2. Aufgebot im Fall des § 1970 BGB

Nach § 1970 BGB besteht die Möglichkeit, die Nachlassgläubiger durch ein Aufgebot aufzufordern, ihre Forderungen anzumelden. **Adressaten des Aufgebots** sind alle Nachlassgläubiger (§§ 1967 ff. BGB); es kommt nicht darauf an, ob diese bereits bekannt oder im Besitz eines vollstreckbaren Titels sind. Eine Ausnahme besteht für **Pfandgläubiger** und Gläubiger, die nach § 51 InsO im Insolvenzverfahren den Pfandgläubigern gleichstehen, Gläubiger mit einem Recht zur Befriedigung aus Grundstücken iSd. § 10 ZVG, durch Vormerkung gesicherte Gläubiger sowie die Berechtigten von Pflichtteilen, Vermächtnissen und Auflagen (vgl. §§ 1971, 1972 BGB). Gleiches gilt für Forderungen, für die der Erbe bereits nach §§ 1994 Abs. 1 Satz 2, 2006 Abs. 2 BGB unbeschränkt haftet, und für Forderungen des antragstellenden Alleinerben.[2]

3. Wirkung des Aufgebots

Zu beachten ist, dass im Gegensatz zu anderen Aufgebotsverfahren die **Nichtanmeldung** von Forderungen im Verfahren der §§ 454 ff. **nicht zum Rechtsverlust** führt. Das Aufgebot nach den §§ 454 ff. dient insbesondere dazu, dem Erben einen besseren Überblick über die Nachlassverbindlichkeiten zu verschaffen, um die nachfolgend genannten Möglichkeiten einer Beschränkung der Erbenhaftung in Anspruch nehmen zu können.[3] Falls auf das Aufgebot keine Anmeldung erfolgt, kann der Erbe die **Befriedigung** des ausgeschlossenen Nachlassgläubigers insoweit **verweigern**, als der Nachlass durch die Befriedigung der nicht ausgeschlossenen Gläubiger erschöpft wird (§ 1973 Satz 1 BGB); jedoch verliert ein Nachlassgläubiger, der sich auf das Aufgebot nicht meldet, seine Forderung nicht.[4] Ferner kann der Erbe die Aufgebotseinrede nach § 2015 BGB erheben. Diese Vorschrift berücksichtigt noch das **frühere zweistufige Aufgebotsverfahren** und seine Zulassung nach dem früheren § 947 Abs. 2 Satz 1 aF ZPO[5] und wurde im Rahmen der FGG-Reform nicht an das neue einstufige Verfahren nach dem FamFG angepasst. Bis zu seiner Anpassung an die neue Struktur des FamFG ist § 2015 BGB so zu verstehen, dass die dort genannte Einrede von der Einleitung des Aufgebotsverfahrens an erhoben werden kann.[6]

Eine weitere Folge des Aufgebotsverfahrens nach den §§ 454 ff. ist die Begründung der Haftung nach der Teilung des Nachlasses (§ 2060 Nr. 1 BGB). Die im Wege des Aufgebotsverfahrens ausgeschlossene Nachlassverbindlichkeit wird in einem späteren **Nachlassinsolvenzverfahren** erst im Rang nach den in § 39 InsO genannten Verbindlichkeiten berücksichtigt (§ 327 Abs. 3 Satz 1 InsO).[7] Sie steht damit an letzter Stelle der Befriedigung und fällt damit in der Praxis vollständig aus.

III. Zuständigkeit (Absatz 2)

Die **örtliche Zuständigkeit** des mit dem Aufgebot befassten Gerichts richtet sich gem. § 454 Abs. 2 Satz 1 nach der Zuständigkeit des Amtsgerichts, dem die Angele-

---

1 Bassenge/Roth/*Walter*, § 454 FamFG Rz. 1.
2 Holzer/*Holzer*, § 454 FamFG Rz. 3.
3 OLG Düsseldorf v. 24.1.2012 – I-3 Wx 301/11, NJW-RR 2012, 841 (842); OLG Hamm v. 2.12.2011 – I-15 W 382/11, FGPrax 2012, 90 (91).
4 OLG Düsseldorf v. 24.1.2012 – I-3 Wx 301/11, NJW-RR 2012, 841 (842).
5 Dazu Staudinger/*Marotzke*, BGB, 9. Aufl., § 2015 Rz. 3.
6 Bassenge/Roth/*Walter*, § 454 FamFG Rz. 1; Holzer/*Holzer*, § 454 FamFG Rz. 4.
7 Zum Nachrangsystem der InsO vgl. Beck/Depré/*Holzer*, Praxis der Insolvenz, 2. Aufl., § 3 Rz. 119 mit Übersicht.

genheiten als Nachlassgericht obliegen. Dies ist nach § 343 regelmäßig das Amtsgericht, in dessen Bezirk der Erblasser zur Zeit des Erbfalls seinen letzten **Wohnsitz oder Aufenthalt** gehabt hat.[1] Falls die Angelegenheiten des Nachlassgerichts nicht dem Amtsgericht übertragen sind (sondern zB in Württemberg dem Bezirksnotar), so ist gem. § 454 Abs. 2 Satz 2 das Amtsgericht für das Aufgebotsverfahren zuständig, in dessen Bezirk diese Behörde ihren Sitz hat. Bei Streit über die Zuständigkeit ist nach § 5 Abs. 1 Nr. 3, 4 zu verfahren.[2]

7   Nach zutreffender Ansicht folgt aus § 454 Abs. 2 ebenso wie früher aus § 990 aF ZPO nur die **örtliche Zuständigkeit** des Gerichts der freiwilligen Gerichtsbarkeit, **nicht aber** die **funktionelle Zuständigkeit** des Nachlassgerichts für das Aufgebotsverfahren.[3] Dies ist aus der Systematik des FamFG zu entnehmen, nach der alle Vorschriften über die örtliche Zuständigkeit entweder an die Belegenheit der Sache (§§ 442 Abs. 2, 447 Abs. 2), deren Registrierung (§ 452 Abs. 2), den tatsächlichen Aufenthalt (§ 465 Abs. 2), den Erfüllungsort (§ 466 Abs. 1 Satz 1) oder den allgemeinen Gerichtsstand (§ 466 Abs. 1 Satz 2) anknüpfen. Es wäre deshalb sehr ungewöhnlich, wenn § 454 Abs. 2 nicht ebenfalls die örtliche Zuständigkeit anhand des letzten Wohnorts bzw. letzten tatsächlichen Aufenthalts bestimmen, sondern darüber hinaus noch eine funktionelle Zuweisung des Aufgebotsverfahrens innerhalb des Amtsgerichts vorsehen würde. Die auf die örtliche Zuständigkeit beschränkte Regelung ergibt sich auch aus der amtlichen Überschrift des § 454 Abs. 2.

455 Antragsberechtigter

(1) Antragsberechtigt ist jeder Erbe, wenn er nicht für die Nachlassverbindlichkeiten unbeschränkt haftet.
(2) Zu dem Antrag sind auch ein Nachlasspfleger, Nachlassverwalter und ein Testamentsvollstrecker berechtigt, wenn ihnen die Verwaltung des Nachlasses zusteht.
(3) Der Erbe und der Testamentsvollstrecker können den Antrag erst nach der Annahme der Erbschaft stellen.

I. Allgemeines

1   § 455 ist § 991 aF ZPO nachgebildet,[4] regelt die **Antragsberechtigung** in dem Verfahren nach den §§ 454 ff. und erweitert diese auf den **Nachlassverwalter**.

II. Antragsberechtigung

1. Erbe (Absatz 1)

2   Nach § 454 Abs. 1 ist jeder Erbe sowie jeder **Miterbe** unabhängig von dem Willen der übrigen Erben **antragsberechtigt**,[5] falls er nicht für die Nachlassverbindlichkeiten unbeschränkt wegen Verstreichens einer Inventarfrist ohne Errichtung des Inventars (nach §§ 1994 Abs. 1 Satz 2 BGB), absichtlich unrichtiger Inventarerrichtung (nach § 2005 Abs. 1 Satz 1 BGB), unterlassener oder absichtlich verzögerter Auskunft nach § 2003 (§ 2005 Abs. 1 Satz 2 BGB) oder Verweigerung einer eidesstattlichen Versicherung gegenüber dem den Antrag stellenden Gläubiger (§ 2006 Abs. 3 Satz 1 BGB) haftet.[6] Ein Antragsrecht hat auch der **Vor- und Nacherbe**.[7] Das Antragsrecht des Erben

---

1 Dazu Holzer/*Holzer*, § 343 FamFG Rz. 3.
2 Holzer/*Holzer*, § 454 FamFG Rz. 7; § 442 Rz. 5.
3 LG Deggendorf v. 22.3.1995 – 1 AR 1/95, Rpfleger 1995, 426; Bassenge/Roth/*Walter*, § 454 FamFG Rz. 4; BeckOK Hahne/*Munzig*, FamFG,, 6. Ed., § 454 Rz. 4; *Harder*, ZEV 2002, 90 (92); unentschieden Bumiller/*Harders*, § 454 FamFG Rz. 3; aA LG Köln v. 28.1.2003 – 9 T 4/03, MDR 2003, 714 (715); LG Darmstadt v. 31.10.1995 – 5 T 1153/95, Rpfleger 1996, 159; Baumbach/*Hartmann*, 67. Aufl., Ergänzungsband, § 990 ZPO Rz. 1; *Heinemann*, NotBZ 2009, 300 (308); *Lessing*, RpflStud. 2004, 97 (98).
4 Begr. zu § 455 RegE, in: BT-Drs. 16/6308, S. 296.
5 Bassenge/Roth/*Walter*, § 460 FamFG Rz. 1.
6 Holzer/*Holzer*, § 455 FamFG Rz. 2.
7 Bassenge/Roth/*Walter*, § 455 FamFG Rz. 1.

ist nach § 455 Abs. 1 eingeschränkt, weil das Aufgebotsverfahren gem. §§ 1970 ff. BGB nach Eintritt der unbeschränkten Erbenhaftung sein Ziel – die Erhebung der Einrede nach § 1973 Abs. 1 Satz 1 BGB – nicht mehr erreichen kann.[1]

Zum **Nachweis der Antragsberechtigung** im Rahmen des § 455 ist es ausreichend, wenn der Antragsteller seine Erbenstellung schlüssig darlegt und daran nach Verwertung präsenter Mittel der Glaubhaftmachung keine durchgreifenden Zweifel bestehen. Es muss mithin wahrscheinlich erscheinen, dass der Antragsteller Erbe ist. Das Gericht darf **keinen Erbschein** verlangen, da im Aufgebotsverfahren eine dem § 35 GBO vergleichbare Vorschrift fehlt. Die Erbenstellung des Antragstellers ist vielmehr aufgrund seiner Angaben von Amts wegen (§ 26) zu ermitteln.[2]

§ 460 Abs. 2 enthält eine **Sonderregelung für Miterben** bei dem Aufgebot zur Herbeiführung der Anteilshaftung ab der Nachlassteilung (§ 2060 Nr. 1 BGB; sog. „kleines Aufgebot"). Der den Antrag stellende Miterbe muss auch im Rahmen der Prüfung gem. § 455 Abs. 1 erklären und glaubhaft machen, ob er beschränkt oder unbeschränkt haftet. Sollte er auch nur für eine einzige Forderung unbeschränkt haften, bleibt ihm das Antragsrecht nach § 455 Abs. 1 erhalten.[3]

Wurde der Antrag von einem **unbeschränkt haftenden Erben** gestellt, ist er als unzulässig zu verwerfen.[4] Sollte die unbeschränkte Haftung während des Verfahrens eintreten, ist der Antrag als unbegründet zurückzuweisen.[5] Erlässt das Gericht den Ausschließungsbeschluss irrtümlich in der Annahme, dass die unbeschränkte Erbenhaftung noch nicht eingetreten sei, kann der Erbe die Einrede nach § 1973 Abs. 1 Satz 1 BGB nicht erheben.[6]

2. Weitere Antragsberechtigte (Absatz 2)

Nach § 455 Abs. 2 sind auch **Nachlasspfleger** (§ 1960 f. BGB), **Testamentsvollstrecker** (§§ 2197 ff. BGB) und im Gegensatz zu § 991 Abs. 2 aF ZPO auch **Nachlassverwalter** (§ 1975 BGB) antragsberechtigt. Maßgebend für die Änderung war die Erwägung, dass die Nachlassverwaltung eine Sonderform der Nachlasspflegschaft darstellt[7] und der Nachlassverwalter daher ebenso wie der Nachlasspfleger ein Antragsrecht haben soll.[8] Das Antragsrecht der vorgenannten Personen besteht auch dann, wenn die unbeschränkte Erbenhaftung bereits eingetreten ist,[9] weil sie anders als der Erbe die Einrede nach § 1973 Abs. 1 Satz 1 BGB nicht erheben dürfen.

III. Zeitpunkt der Antragstellung (Absatz 3)

Der Erbe darf den **Antrag** nach § 455 Abs. 3 erst nach **Annahme der Erbschaft** stellen, weil er erst ab diesem Zeitpunkt die Einrede nach § 1973 Abs. 1 Satz 1 BGB erheben kann. § 455 Abs. 3 gilt auch für den **Testamentsvollstrecker**, nicht aber für den Nachlasspfleger und den Nachlassverwalter.[10]

456 *Verzeichnis der Nachlassgläubiger*
Dem Antrag ist ein Verzeichnis der bekannten Nachlassgläubiger mit Angabe ihres Wohnortes beizufügen.

---

1 Bumiller/*Harders*, § 455 FamFG Rz. 2.
2 OLG Hamm v. 2.12.2011 – I-15 W 382/11, FGPrax 2012, 90 (91).
3 Bassenge/Roth/*Walter*, § 455 FamFG Rz. 1.
4 Bumiller/*Harders*, § 455 FamFG Rz. 4.
5 *Heinemann*, NotBZ 2009, 300 (308).
6 Holzer/*Holzer*, § 455 FamFG Rz. 5.
7 BGH v. 11.7.1984 – IVa ZR 23/83, NJW 1985, 140.
8 Begr. zu § 455 RegE, in: BT-Drs. 16/6308, S. 296.
9 Bumiller/*Harders*, § 455 FamFG Rz. 3.
10 Holzer/*Holzer*, § 455 FamFG Rz. 8.

I. Allgemeines

1 § 456 verpflichtet wie sein Vorbild, § 992 aF ZPO,[1] den Antragsteller zur Vorlage eines **Verzeichnisses der Nachlassgläubiger**. Die Vollständigkeit dieses Verzeichnisses hat Bedeutung für den Umfang der **Wirkung des Ausschließungsbeschlusses**.

II. Verzeichnis der Nachlassgläubiger

2 Nach § 456 ist dem nach Maßgabe des § 455 Abs. 1 oder 2 gestellten Antrag ein **Verzeichnis der Nachlassgläubiger** beizufügen. In diesem Verzeichnis sind lediglich die dem Antragsteller bekannten Gläubiger aufzuführen, die von dem Aufgebot erfasst werden.[2] In dem Antrag ist ferner eine ladungsfähige Anschrift der Gläubiger anzugeben, die auch den Wohnort, nicht aber den Wohnsitz im rechtlichen Sinne, enthält. Die vorgenannten Angaben sollen die Bekanntgabe nach der im Verfahren nach den §§ 454 ff. zu treffenden Entscheidungen gem. § 15 erleichtern.

3 Falls dem Antragsteller keine Gläubiger bekannt sind, muss er diese Tatsache glaubhaft machen und gegebenenfalls **an Eides statt versichern**. Gibt der Antragsteller keine Erklärung ab, wird der Antrag durch das Gericht als unbegründet zurückgewiesen. Ergeht trotzdem ein Ausschließungsbeschluss, ist dieser wirksam,[3] aber ggf. im Beschwerdeweg aufzuheben. Unterlässt der Antragsteller die Angabe einzelner Gläubiger, kann er ihnen gegenüber die Einrede nach § 1973 Abs. 1 Satz 1 BGB nicht erheben.[4]

4 Falls ein **Miterbe** den Antrag stellt, hat er wegen der Erstreckung des Rechtsnachteils des § 460 Abs. 1 Satz 2[5] auf Gläubiger, denen er bereits unbeschränkt haftet, sowohl diese als auch die in § 1972 BGB aufgeführten Gläubiger anzugeben.[6]

457 *Nachlassinsolvenzverfahren*
(1) Das Aufgebot soll nicht erlassen werden, wenn die Eröffnung des Nachlassinsolvenzverfahrens beantragt ist.
(2) Durch die Eröffnung des Nachlassinsolvenzverfahrens wird das Aufgebotsverfahren beendet.

I. Allgemeines

1 § 457 übernimmt § 993 aF ZPO in das FamFG;[7] er behandelt wie dieser das **Verhältnis** des **Aufgebots der Nachlassgläubiger** zum **Nachlassinsolvenzverfahren**.

II. Verhältnis des Aufgebots zum Insolvenzverfahren

1. Aufgebot und Insolvenzantrag (Absatz 1)

2 Das Aufgebot nach den §§ 1970 ff. BGB soll gem. § 457 Abs. 1 nicht erlassen werden, wenn die Eröffnung des **Nachlassinsolvenzverfahrens** (§§ 315 ff. InsO) beantragt wurde. Der Antragsteller sollte deshalb bereits bei der Antragstellung angeben, ob ein Nachlassinsolvenzantrag gestellt wurde;[8] eine entsprechende Pflicht zur Angabe oder Vorlage entsprechender Nachweise (zB Bescheinigung des Insolvenzgerichts) besteht aber nicht.[9]

---

1 Begr. zu § 456 RegE, in: BT-Drs. 16/6308, S. 296.
2 Dazu Holzer/*Holzer*, § 455 FamFG Rz. 3.
3 Bumiller/*Harders*, § 456 FamFG Rz. 1.
4 Dazu Holzer/*Holzer*, § 456 FamFG Rz. 2.
5 Dazu Holzer/*Holzer*, § 456 FamFG Rz. 3; § 460 Rz. 2 f.
6 Bassenge/Roth/*Walter*, § 456 FamFG Rz. 1.
7 Begr. zu § 457 RegE, in: BT-Drs. 16/6308, S. 296.
8 *Heinemann*, NotBZ 2009, 300 (309).
9 Baumbach/*Hartmann*, 67. Aufl., Ergänzungsband, § 993 ZPO Rz. 1.

§ 1975 BGB **beschränkt** mit der Eröffnung des Nachlassinsolvenzverfahrens automatisch die **Haftung der Erben** auf den Nachlass. Diese Rechtsfolge geht weiter als die als Folge des Ausschließungsbeschlusses mögliche Erschöpfungseinrede des Erben (§ 1973 Abs. 1 Satz 1 BGB). Das Aufgebotsverfahren verliert deshalb mit der Eröffnung des Insolvenzverfahrens seinen Sinn.[1] Dies gilt jedoch nicht für die Anordnung der Nachlassverwaltung.[2]

Es ist deshalb unsinnig, das Aufgebot noch zu erlassen, wenn ein **Insolvenzantrag** gestellt wurde. Das Gericht wird das Verfahren in diesem Fall nicht weiterbetreiben[3] und den Ausgang des Insolvenzverfahrens abwarten oder auf eine Rücknahme des Antrags hinwirken. Eine **Aussetzung** des Aufgebotsverfahrens nach § 21 erscheint wegen der Regelung des § 457 Abs. 2 unnötig;[4] das Gericht wird den Stand des Insolvenzverfahrens vielmehr von Zeit zu Zeit bei dem Insolvenzgericht erfragen.

2. Beendigung des Aufgebotsverfahrens (Absatz 2)

Nach § 457 Abs. 2 ist das durch die Eröffnung des Insolvenzverfahrens sinnlos gewordene Aufgebotsverfahren zu beenden, falls der Antrag nicht vorher zurückgenommen wird. Diese Rechtsfolge wird im Interesse der Rechtssicherheit durch **Beschluss** festgestellt,[5] der wegen der kraft Gesetzes eintretenden Beendigung des Aufgebotsverfahrens nur klarstellende Bedeutung hat.[6] Ein entgegen § 457 Abs. 2 erlassener Ausschließungsbeschluss ist nach §§ 58 ff. anfechtbar und im Beschwerdeverfahren aufzuheben.[7]

458 Inhalt des Aufgebots; Aufgebotsfrist

(1) In dem Aufgebot ist den Nachlassgläubigern, die sich nicht melden, als Rechtsnachteil anzudrohen, dass sie von dem Erben nur insoweit Befriedigung verlangen können, als sich nach Befriedigung der nicht ausgeschlossenen Gläubiger noch ein Überschuss ergibt; das Recht, vor den Verbindlichkeiten aus Pflichtteilsrechten, Vermächtnissen und Auflagen berücksichtigt zu werden, bleibt unberührt.
(2) Die Aufgebotsfrist soll höchstens sechs Monate betragen.

I. Allgemeines

§ 458 Abs. 1 übernimmt den früheren § 995 ZPO, § 458 Abs. 2 den früheren § 994 Abs. 1 ZPO in das FamFG. Weil die Bekanntgabe auch im Aufgebotsverfahren nach § 15 erfolgt, war eine Übernahme des § 994 Abs. 2 aF ZPO nicht erforderlich.[8] § 458 Abs. 1 enthält hinsichtlich des **Inhalts des Aufgebots** eine **Ergänzung** des § 434 Abs. 2 Satz 2 Nr. 3, § 458 Abs. 2 hinsichtlich der **Höchstfrist** eine solche des § 437.

II. Inhalt des Aufgebots (Absatz 1)

Nach § 458 Abs. 1 ist in Ergänzung des § 434 Abs. 2 Satz 2 Nr. 3 den **Nachlassgläubigern**, die sich auf das Aufgebot nicht melden, **anzudrohen**, dass sie von dem Erben nur insoweit Befriedigung erlangen können, als nach Befriedigung der nicht ausgeschlossenen Gläubiger noch ein Überschuss verbleibt. In dem Aufgebot ist auch darauf hinzuweisen, dass das Recht unberührt bleibt, vor den Verbindlichkeiten aus Pflichtteilsrechten, Vermächtnissen und Auflagen berücksichtigt zu werden.[9]

---

1 Bumiller/*Harders*, § 457 FamFG Rz. 1.
2 *Heinemann*, NotBZ 2009, 300 (309).
3 Bassenge/Roth/*Walter*, § 457 FamFG Rz. 1.
4 Holzer/*Holzer*, § 457 FamFG Rz. 4; aA *Heinemann*, NotBZ 2009, 300 (309).
5 BeckOK Hahne/*Munzig*, FamFG, 6. Ed., § 457 Rz. 2, Bumiller/*Harders*, § 457 FamFG Rz. 1; Baumbach/*Hartmann*, 67. Aufl., Ergänzungsband, § 993 ZPO Rz. 2; Holzer/*Holzer*, § 457 FamFG Rz. 5; *Heinemann*, NotBZ 2009, 300, 309; aA nur Bassenge/Roth/*Walter*, § 457 FamFG Rz. 1.
6 *Heinemann*, NotBZ 2009, 300 (309).
7 Holzer/*Holzer*, § 457 FamFG Rz. 5.
8 Begr. zu § 458 RegE, in: BT-Drs. 16/6308, S. 296.
9 Holzer/*Holzer*, § 458 FamFG Rz. 2.

3   Weil das Aufgebot nach den §§ 1970 ff. BGB anders als bei anderen Aufgebotsverfahren nicht zum vollständigen Rechtsverlust (Ausschluss) der Nachlassgläubiger führt, sind diese lediglich darauf hinzuweisen, dass der Erbe die **Einrede aus § 1973 Abs. 1 Satz 1 BGB** erheben kann.[1] Der Rechtsnachteil betrifft alle nicht im Aufgebotsverfahren angemeldeten Forderungen, auch wenn sie dem Antragsteller bekannt oder gegenüber dem Nachlassgericht angemeldet wurden.[2] Bei mehreren Erben erfolgt eine Androhung nach § 460 Abs. 1 Satz 2.

III. Aufgebotsfrist (Absatz 2)

4   § 458 Abs. 2 bestimmt eine **Aufgebotsfrist von höchstens sechs Wochen**, die die Mindestfrist des § 437 ergänzt.[3] Weil es sich um eine „**Soll-Bestimmung**" handelt, kann die Aufgebotsfrist bei Vorliegen besonderer Umstände wie dem Aufenthalt von Nachlassgläubigern im Ausland überschritten werden.[4] Ein Verstoß gegen § 458 Abs. 2 berührt damit die Wirksamkeit des Verfahrens und der darin hervorgebrachten Endentscheidungen nicht.[5]

IV. Bekanntgabe

5   Das Aufgebot wird allen von dem Antragsteller nach § 456 benannten Nachlassgläubigern[6] **bekannt gegeben** (§ 15 Abs. 2); diese sind nach § 7 Abs. 2 Nr. 1 Beteiligte des Aufgebotsverfahrens.[7] Bei mehreren Erben ist § 460 Abs. 1 Satz 2 zu berücksichtigen.[8] Das Aufgebot ist auch nach § 435 zu veröffentlichen.[9]

459 *Forderungsanmeldung*

(1) In der Anmeldung einer Forderung sind der Gegenstand und der Grund der Forderung anzugeben. Urkundliche Beweisstücke sind in Urschrift oder in Abschrift beizufügen.
(2) Das Gericht hat die Einsicht der Anmeldungen jedem zu gestatten, der ein rechtliches Interesse glaubhaft macht.

I. Allgemeines

1   § 459 übernimmt den früheren § 996 ZPO in das FamFG;[10] er enthält spezielle Regelungen für die **Anmeldung von Forderungen** sowie für die **Einsicht** in die im Aufgebotsverfahren nach den §§ 1970 ff. BGB vorgenommenen Anmeldungen.

II. Anmeldung der Forderungen (Absatz 1)

2   § 459 Abs. 1 Satz 1 schreibt in Anlehnung an § 174 Abs. 2 InsO vor, dass bei der Anmeldung einer Forderung sowohl ihr **Gegenstand** als auch ihr **Grund** anzugeben sind. Die Bestimmung weicht damit von dem im Aufgebotsverfahren geltenden Grundsatz ab, nach dem die Anmeldung von Rechten ohne weitere Nachweise erfolgen kann. Bei dem Aufgebot von Nachlassgläubigern ist es jedoch erforderlich, das der Ausschließungsbeschluss die erfassten Forderungen eindeutig bezeichnet, damit der Erbe die Einrede aus § 1973 Abs. 1 Satz 1 BGB wirksam erheben kann.[11]

---

1   Holzer/*Holzer*, § 454 FamFG Rz. 4.
2   Bassenge/Roth/*Walter*, § 458 FamFG Rz. 1.
3   Bassenge/Roth/*Walter*, § 458 FamFG Rz. 2.
4   Vgl. Baumbach/*Hartmann*, 67. Aufl., Ergänzungsband, § 994 ZPO Rz. 1.
5   Bassenge/Roth/*Walter*, § 458 FamFG Rz. 2.
6   Begr. zu § 458 RegE, in: BT-Drs. 16/6308, S. 296.
7   Bumiller/*Harders*, § 458 FamFG Rz. 4.
8   Holzer/*Holzer*, § 458 FamFG Rz. 5.
9   *Heinemann*, NotBZ 2009, 300 (309).
10 Begr. zu § 459 RegE, in: BT-Drs. 16/6308, S. 297.
11 Holzer/*Holzer*, § 459 FamFG Rz. 2.

§ 459 Abs. 1 Satz 2 schreibt vor, etwa vorhandene **urkundliche Beweisstücke** der Anmeldung in Urschrift oder nicht beglaubigter Abschrift beizufügen. Urschriften werden nach Abschluss des Verfahrens zurückgegeben.[1] Die **Vorlage der Urkunden** erleichtert dem Gericht die Individualisierung und Prüfung der Forderungen und dient nicht zur Beweisführung. Ein Verstoß gegen Abs. 1 Satz 2 führt deshalb nicht zur Unbeachtlichkeit oder Zurückweisung der Anmeldung.[2] Falls der Antragsteller keine ausreichenden Angaben macht, hat das Gericht im Wege der **Zwischenverfügung** analog § 382 Abs. 4 auf eine Nachbesserung hinzuwirken.[3]

III. Einsichtsrecht (Absatz 2)

Das Gericht hat gem. § 459 Abs. 2 jedermann **Einsicht in die Anmeldungen** zu gewähren, der ein rechtliches Interesse glaubhaft macht. Die an § 299 Abs. 2 ZPO angelehnte Vorschrift verdrängt hinsichtlich der Einsicht in die Anmeldungen (nicht aber hinsichtlich der allgemeinen Akteneinsicht im Aufgebotsverfahren) als Spezialvorschrift die allgemeine Vorschrift des § 13.[4]

Anders als nach § 13 Abs. 2 ist für die Einsicht in die Anmeldungen kein „berechtigtes" Interesse,[5] sondern ein weiter gehendes **„rechtliches" Interesse** erforderlich, das einen durch Rechtsnormen geregelten oder auf ihnen beruhenden Bezug zum Aufgebotsverfahren haben muss.[6] Ein Interesse aus wirtschaftlichen, gesellschaftlichen oder sonst verfahrensfremden Zwecken (zB Neugier) ist nicht ausreichend.[7]

460 Mehrheit von Erben

(1) Sind mehrere Erben vorhanden, kommen der von einem Erben gestellte Antrag und der von ihm erwirkte Ausschließungsbeschluss auch den anderen Erben zustatten; die Vorschriften des Bürgerlichen Gesetzbuchs über die unbeschränkte Haftung bleiben unberührt. Als Rechtsnachteil ist den Nachlassgläubigern, die sich nicht melden, auch anzudrohen, dass jeder Erbe nach der Teilung des Nachlasses nur für den seinem Erbteil entsprechenden Teil der Verbindlichkeit haftet.
(2) Das Aufgebot mit Androhung des in Absatz 1 Satz 2 bestimmten Rechtsnachteils kann von jedem Erben auch dann beantragt werden, wenn er für die Nachlassverbindlichkeiten unbeschränkt haftet.

I. Allgemeines

§ 460 übernimmt § 997 aF ZPO in das FamFG;[8] die Vorschrift enthält in Abs. 1 spezielle Regelungen hinsichtlich der **Wirkungen des Antrags** und des **Ausschließungsbeschlusses** sowie der **Androhung des Rechtsnachteils** bei einer Mehrheit von Erben sowie in Abs. 2 für das Antragsrecht.

II. Mehrheit von Erben (Absatz 1)

1. Wirkungen des Antrags sowie des Ausschließungsbeschlusses (Satz 1)

Das Aufgebot nach §§ 1970 ff. BGB kann nach § 455 Abs. 1 jeder **Miterbe** unabhängig vom Willen der Miterben **beantragen**.[9] Eventuellen Miterben kommen sowohl die Wirkungen des von einem Erben gestellten Antrags als auch des daraufhin ergangenen Ausschließungsbeschlusses zugute (§ 460 Abs. 1 Satz 1, 1. Halbs.), weil sie bei-

---

1 Baumbach/*Hartmann*, 67. Aufl., Ergänzungsband, § 996 ZPO Rz. 1.
2 Bassenge/Roth/*Walter*, § 459 FamFG Rz. 1.
3 Holzer/*Holzer*, § 459 FamFG Rz. 4.
4 Baumbach/*Hartmann*, 67. Aufl., Ergänzungsband, § 996 ZPO Rz. 2.
5 Holzer/*Holzer*, § 459 FamFG Rz. 2.
6 Bumiller/*Harders*, § 459 FamFG Rz. 3.
7 Holzer/*Holzer*, § 459 FamFG Rz. 6.
8 Begr. zu § 460 RegE, in: BT-Drs. 16/6308, S. 297.
9 Holzer/*Holzer*, § 455 FamFG Rz. 2.

spielsweise die Einreden der §§ 1973 Abs. 1 Satz 1, 2015 Abs. 1 BGB[1] erheben können, falls sie noch nicht unbeschränkt als Erben haften (§ 460 Abs. 1 Satz 1, 2. Halbs.).[2]

2. Inhalt des Aufgebots (Satz 2)

3 Bei einer **Erbengemeinschaft** ist den sich nicht meldenden Nachlassgläubigern nach § 460 Abs. 1 Satz 1 zusätzlich zu den in den §§ 434 Abs. 2 Nr. 3, 458 Abs. 1 vorgesehenen Angaben[3] anzudrohen, dass jeder Erbe nach der Teilung des Nachlasses nach § 2060 Nr. 1 BGB nur für den seinem Erbteil entsprechenden Teil der Verbindlichkeit haftet. Das Aufgebot erstreckt sich insoweit auch auf die in § 1972 BGB genannten Nachlassgläubiger (Pflichtteilsberechtigte, Vermächtnisnehmer, Auflagenberechtigte) und auf solche Gläubiger, denen gegenüber der Miterbe bereits unbeschränkt haftet.[4]

III. Beschränkung des Aufgebots (Absatz 2)

4 Das Aufgebot mit der Androhung des in § 460 Abs. 1 Satz 2 genannten Rechtsnachteils (also einer nach § 2060 Nr. 1 BGB auf den Erbteil beschränkten Haftung) kann nach § 460 Abs. 2 von jedem Erben beantragt werden. Dies gilt auch dann, wenn er für die **Nachlassverbindlichkeiten** bereits **unbeschränkt haftet** (sog. „**kleines**" **Aufgebot**). Von dem Ausschließungsbeschluss profitieren auch hier die übrigen Miterben, weil auch für sie eine Haftungsteilung eintritt. Jeder nicht unbeschränkt haftende Miterbe kann dem Verfahren beitreten. Falls ein **beschränktes Aufgebot** nach § 460 Abs. 2 erlassen wurde, kann er ein neues Aufgebotsverfahren beantragen[5] oder nach § 2061 BGB vorgehen.[6]

461 Nacherbfolge
Im Fall der Nacherbfolge ist § 460 Abs. 1 Satz 1 auf den Vorerben und den Nacherben entsprechend anzuwenden.

I. Allgemeines

1 § 461 übernimmt die Regelung des § 998 aF ZPO in das FamFG.[7] Die Vorschrift ist erforderlich, um die die für **Miterben** geltende Regelung des § 460 Abs. 1 Satz 1 auf den strukturell ähnlichen Fall der **Vor- und Nacherbschaft** zu erstrecken.

II. Vor- und Nacherbe

2 Auch der **Vor- und Nacherbe** kann die Einreden der §§ 1973 Abs. 1 Satz 1, 2015 Abs. 1 BGB erheben. Seine materielle Rechtsstellung ist insoweit der des Miterben vergleichbar, der zur Erhebung der Einreden ebenfalls selbständig und ohne Mitwirkung der anderen Miterben berechtigt ist.[8] **Miterben** dürfen deshalb nach §§ 1970 ff. BGB unabhängig vom Willen der übrigen Miterben das Aufgebot beantragen.[9] Gleiches gilt für Vor- und Nacherben.[10]

3 Aufgrund der hinsichtlich der Erhebung der Einreden und der Beantragung des Aufgebots vergleichbaren materiell-rechtlichen Lage können **Vor- und Nacherben** im Aufgebotsverfahren **nicht schlechter gestellt werden als Miterben**. § 461 bestimmt

---

1 Holzer/*Holzer*, § 460 FamFG Rz. 2.
2 Bumiller/*Harders*, § 460 FamFG Rz. 2.
3 Holzer/*Holzer*, § 460 FamFG Rz. 3 mwN.
4 Bumiller/*Harders*, § 460 FamFG Rz. 3.
5 Baumbach/*Hartmann*, 67. Aufl., Ergänzungsband, § 997 ZPO Rz. 2.
6 Holzer/*Holzer*, § 460 FamFG Rz. 4.
7 Begr. zu § 461 RegE, in: BT-Drs. 16/6308, S. 297.
8 Holzer/*Holzer*, § 461 FamFG Rz. 2.
9 Holzer/*Holzer*, § 460 FamFG Rz. 2.
10 Bassenge/Roth/*Walter*, § 461 FamFG Rz. 1; Baumbach/*Hartmann*, 67. Aufl., Ergänzungsband, § 998 ZPO Rz. 1.

deshalb, dass die Regelung des § 460 Abs. 1 Satz 1 im Falle der Nacherbfolge entsprechend anzuwenden ist.[1] Das Antragsrecht der Vor- und Nacherben folgt allerdings nicht aus § 461, der lediglich die Anwendung des § 460 anordnet, sondern aus § 455 Abs. 1.[2]

Das von einem Vorerben beantragte Aufgebot sowie der von ihm erwirkte Ausschließungsbeschluss wirken auch für den **Nacherben** (vgl. § 2144 Abs. 2 BGB).[3] 4

462 *Gütergemeinschaft*

(1) Gehört ein Nachlass zum Gesamtgut der Gütergemeinschaft, kann sowohl der Ehegatte, der Erbe ist, als auch der Ehegatte, der nicht Erbe ist, aber das Gesamtgut allein oder mit seinem Ehegatten gemeinschaftlich verwaltet, das Aufgebot beantragen, ohne dass die Zustimmung des anderen Ehegatten erforderlich ist. Die Ehegatten behalten diese Befugnis, wenn die Gütergemeinschaft endet.
(2) Der von einem Ehegatten gestellte Antrag und der von ihm erwirkte Ausschließungsbeschluss kommen auch dem anderen Ehegatten zustatten.
(3) Die Absätze 1 und 2 finden auf Lebenspartnerschaften entsprechende Anwendung.

I. Allgemeines

§ 462 enthält die Regelung des § 999 aF ZPO.[4] Danach gelten für die **Gütergemeinschaft** ähnliche Regelungen wie für eine Mehrheit von Erben (§ 460). 1

II. Antragsrecht bei Gütergemeinschaft (Absatz 1)

Falls ein Nachlass zum **Gesamtgut einer Gütergemeinschaft** gehört (§ 1416 Abs. 1 Satz 1 BGB), kann derjenige Ehegatte das Aufgebot beantragen, der Erbe ist. Das Aufgebot kann ferner der Ehegatte beantragen, der zwar nicht Erbe ist, aber das Gesamtgut alleine oder mit seinem Ehegatten verwaltet. Der Grund hierfür ist die aus § 1437 Abs. 2 Satz 1 BGB folgende **persönliche Haftung für die Gesamtgutsverbindlichkeiten**. Auch dieser Ehegatte hat deshalb ein Interesse daran, die Einreden nach § 1937 Abs. 1 Satz 1 BGB zu erheben und darf daher das Aufgebotsverfahren beantragen.[5] Falls der Nachlass zum Vorbehaltsgut nach § 1418 Abs. 2 BGB gehört, gilt § 462 nicht,[6] weil jeder Ehegatte dieses selbständig verwaltet (§ 1416 Abs. 3 Satz 1 BGB) und daher der andere Ehegatte insoweit nicht haftet. 2

Den **Antrag** nach § 462 Abs. 1 Satz 1 darf der **verwaltende Ehegatte** ohne die Zustimmung des anderen Ehegatten stellen. Dies gilt wegen der fortwirkenden Haftung der Ehegatten nach § 1480 BGB auch dann, wenn die Gütergemeinschaft endet. Nach § 462 Abs. 3 gilt die Regelung auch für Lebenspartner.[7] 3

III. Wirkungserstreckung (Absatz 2)

Gem. § 462 Abs. 2 kommen der von einem Ehegatten gestellte **Antrag** (§ 461 Abs. 1) und der daraufhin erwirkte **Ausschließungsbeschluss** auch **dem anderen Ehegatten** zugute. Dasselbe Prinzip gilt nach § 460 Abs. 1 Satz 1 auch für Miterben. § 462 Abs. gilt auch für Lebenspartner (§ 460 Abs. 3).[8] 4

---

1 Holzer/*Holzer*, § 460 FamFG Rz. 2; § 455 Rz. 2.
2 Bassenge/Roth/*Walter*, § 455 FamFG Rz. 1; Holzer/*Holzer*, § 455 FamFG Rz. 2.
3 Bassenge/Roth/*Walter*, § 461 FamFG Rz. 1; Baumbach/*Hartmann*, 67. Aufl., Ergänzungsband, § 998 ZPO Rz. 2.
4 Begr. zu § 462 RegE, in: BT-Drs. 16/6308, S. 297.
5 Bumiller/*Harders*, § 462 FamFG Rz. 1.
6 Bassenge/Roth/*Walter*, § 462 FamFG Rz. 1.
7 Holzer/*Holzer*, § 462 FamFG Rz. 2.
8 Holzer/*Holzer*, § 462 FamFG Rz. 4.

463 *Erbschaftskäufer*

(1) Hat der Erbe die Erbschaft verkauft, so können sowohl der Käufer als auch der Erbe das Aufgebot beantragen. Der von dem einen Teil gestellte Antrag und der von ihm erwirkte Ausschließungsbeschluss kommen, unbeschadet der Vorschriften des Bürgerlichen Gesetzbuchs über die unbeschränkte Haftung, auch dem anderen Teil zustatten.

(2) Diese Vorschriften gelten entsprechend, wenn jemand eine durch Vertrag erworbene Erbschaft verkauft oder sich zur Veräußerung einer ihm angefallenen oder anderweitig von ihm erworbenen Erbschaft in sonstiger Weise verpflichtet hat.

I. Allgemeines

1 § 463 übernimmt den früheren § 1000 ZPO in das FamFG;[1] er enthält Regelungen hinsichtlich des **Antragsrechts** für das Aufgebot beim Erbschaftskauf sowie zur **Wirkung des Ausschließungsbeschlusses**.

II. Aufgebot bei Erbschaftskauf (Absatz 1)

1. Antragsrecht (Satz 1)

2 Bei einem **Verkauf der Erbschaft** durch den Erben können gem. § 463 Abs. 1 Satz 1 sowohl der Käufer (§§ 2371, 2385 Abs. 1 BGB) als auch der Erbe das Aufgebot nach den §§ 1970 ff. BGB beantragen. Der Grund hierfür ist § 2382 Abs. 1 Satz 1 BGB, der vom Kauf der Erbschaft an eine **Haftung des Erbschaftskäufers** und des Erben gegenüber den Nachlassgläubigern anordnet. Der **Erbschaftskäufer** ist wie ein **Miterbe** neben dem Erben zur Beantragung des Aufgebots berechtigt[2] und kann alle Rechte zur Beschränkung der Haftung selbständig ausüben (§ 2383 Abs. 1 BGB). Dies gilt vor allem für die Einreden nach §§ 1973 Abs. 1 Satz 1, 2015 Abs. 1 BGB.[3]

2. Wirkungen des Antrags und des Ausschließungsbeschlusses (Satz 2)

3 Nach § 463 Abs. 1 Satz 2 wirken der von dem Erben oder Erbschaftskäufer gestellte **Antrag** und der von ihnen erwirkte **Ausschließungsbeschluss** auch dem anderen Teil gegenüber. Die Vorschriften des BGB über die unbeschränkte Haftung des Erben bleiben dabei unberührt. § 463 wiederholt insoweit das Prinzip des § 460 Abs. 1 Satz 1.[4]

III. Anwendung auf ähnliche Verträge (Absatz 2)

4 Die Vorschriften des § 460 Abs. 1 gelten gem. § 463 Abs. 2 auch für **dem Erbschaftskauf ähnliche Verträge**. Es handelt sich um solche über den Kauf einer durch Vertrag erworbenen Erbschaft nach § 2385 Abs. 1, 1. Alt. BGB oder über die Verpflichtung zum Erbschaftskauf nach § 2385 Abs. 1, 2. Alt. BGB.[5]

5 **Kosten/Gebühren:** S. Anmerkung zu § 433. Der Gegenstandswert für das Verfahren zum Aufgebot der Nachlassgläubiger kann bei einem geringen Aktivnachlass auf 5 % der bekannt gewordenen Nachlassverbindlichkeiten festgesetzt werden.[6]

464 *Aufgebot der Gesamtgutsgläubiger*

§ 454 Abs. 2 und die §§ 455 bis 459, 462 und 463 sind im Fall der fortgesetzten Gütergemeinschaft auf das Aufgebotsverfahren zur Ausschließung von Gesamtgutsgläubigern nach § 1489 Abs. 2 und § 1970 des Bürgerlichen Gesetzbuchs entsprechend anzuwenden.

---

1 Begr. zu § 463 RegE, in: BT-Drs. 16/6308, S. 297; Bumiller/*Harders*, § 463 FamFG Rz. 1.
2 Bumiller/*Harders*, § 463 FamFG Rz. 1.
3 Holzer/*Holzer*, § 463 FamFG Rz. 2.
4 Holzer/*Holzer*, § 463 FamFG Rz. 3.
5 Holzer/*Holzer*, § 463 FamFG Rz. 4.
6 OLG Hamm v. 11.5.2012 – I-15 W 129/12, FGPrax 2012, 265.

I. Allgemeines

Die Vorschrift entspricht inhaltlich dem früheren § 1001 ZPO[1] und ordnet die entsprechende Anwendung von Vorschriften aus dem Regelungskomplex der §§ 454 ff. für das **Aufgebot der Gesamtgutsgläubiger** bei der **fortgesetzten Gütergemeinschaft** an. Dieses Aufgebot ist dem der Nachlassgläubiger insoweit ähnlich, als es nicht die Mitwirkung und Wirkungserstreckung auf eine Mehrheit von Erben betrifft (dazu Rz. 3). 1

II. Aufgebot der Gesamtgutsgläubiger

Der überlebende Ehegatte haftet bei der **fortgesetzten Gütergemeinschaft** iSd. § 1483 Abs. 1 Satz 1 BGB persönlich wie ein Erbe (§ 1489 Abs. 1 BGB).[2] Er ist deshalb berechtigt, die Gesamtgutsgläubiger aufzubieten (§ 1488 Abs. 2 iVm. §§ 1970 ff. BGB).[3] 2

Für das Aufgebot der Gesamtgutsgläubiger nach § 1489 Abs. 2 BGB iVm. § 1970 BGB verweist § 464 wegen der strukturellen Ähnlichkeit des materiellen Rechts auf das für das Aufgebot von Nachlassgläubigern geltende Verfahren. Anwendbar sind die Regeln über die **örtliche Zuständigkeit** (§ 454 Abs. 2), die **Antragsberechtigung**, das **Verzeichnis der Gesamtgutsgegenstände**, das **Insolvenzverfahren**, den **Inhalt des Aufgebots**, die **Aufgebotsfrist** und die **Forderungsanmeldung** (§§ 455 bis 459), die **Gütergemeinschaft** (§ 462) und den **Erbschaftskauf** (§ 463).[4] Diese **Verweisung** erfasst nicht die §§ 460, 461,[5] da diese mehrere Beteiligte betreffenden Vorschriften bei dem hier infrage stehenden Aufgebot nicht zum Zuge kommen können. Nicht anwendbar ist ferner § 455 Abs. 2.[6] 3

Kosten/Gebühren: S. Anmerkung zu § 433. 4

Abschnitt 5
Aufgebot der Schiffsgläubiger

465 *Aufgebot der Schiffsgläubiger*
(1) Für das Aufgebotsverfahren zur Ausschließung von Schiffsgläubigern aufgrund des § 110 des Binnenschifffahrtsgesetzes gelten die nachfolgenden Absätze.
(2) Örtlich zuständig ist das Gericht, in dessen Bezirk sich der Heimathafen oder der Heimatort des Schiffes befindet.
(3) Unterliegt das Schiff der Eintragung in das Schiffsregister, kann der Antrag erst nach der Eintragung der Veräußerung des Schiffes gestellt werden.
(4) Der Antragsteller hat die ihm bekannten Forderungen von Schiffsgläubigern anzugeben.
(5) Die Aufgebotsfrist muss mindestens drei Monate betragen.
(6) In dem Aufgebot ist den Schiffsgläubigern, die sich nicht melden, als Rechtsnachteil anzudrohen, dass ihre Pfandrechte erlöschen, wenn ihre Forderungen dem Antragsteller nicht bekannt sind.

I. Allgemeines

Die Vorschrift entspricht inhaltlich § 1002 aF ZPO[7] und enthält für das **Aufgebot der Schiffsgläubiger** (§ 110 BSchG) in Abs. 2 und 3 spezielle Regelungen für die örtli- 1

---
1 Begr. zu § 464 RegE, in: BT-Drs. 16/6308, S. 297.
2 Baumbach/*Hartmann*, 67. Aufl., Ergänzungsband, § 1001 ZPO Rz. 1.
3 Dazu Bumiller/*Harders*, § 463 FamFG Rz. 1; Holzer/*Holzer*, § 464 FamFG Rz. 2.
4 Holzer/*Holzer*, § 464 FamFG Rz. 3.
5 Baumbach/*Hartmann*, 67. Aufl., Ergänzungsband, § 1001 ZPO Rz. 1.
6 Bassenge/Roth/*Walter*, § 463 FamFG Rz. 1; Holzer/*Holzer*, § 464 FamFG Rz. 3.
7 Begr. zu § 465 RegE, in: BT-Drs. 16/6308, S. 297.

che **Zuständigkeit**, in Abs. 4 für den **Inhalt des Antrags**, in Abs. 5 für die Aufgebotsfrist und in Abs. 6 für die **Androhung des Rechtsnachteils** im Aufgebot. Hierdurch werden die die allgemeinen Bestimmungen der §§ 433 ff. ergänzt oder verdrängt.

II. Aufgebot der Schiffsgläubiger (Absatz 1)

2 Gem. § 110 BinSchG kann der **rechtsgeschäftliche Erwerber eines Binnenschiffs** durch das Aufgebotsverfahren den Ausschluss der ihm unbekannten Schiffsgläubiger mit ihren Pfandrechten (§ 103 Abs. 1 BinSchG) beantragen. Der Erwerb im **Zwangsversteigerungsverfahren** ist nicht als rechtsgeschäftlicher Erwerb anzusehen. § 110 BSchG gilt nicht für den Erwerb von Miteigentum (§ 111 BSchG). Zu den von der Norm umfassten Forderungen vgl. § 102 BinSchG.[1] § 465 gilt nicht für das Aufgebot von **Schiffshypothekengläubigern** und **unbekannten Schiffspfandgläubigern**, auf die die §§ 452, 453 anwendbar sind.[2]

III. Örtliche Zuständigkeit (Absatz 2)

3 Für die Durchführung des Aufgebotsverfahrens der Schiffsgläubiger ist **örtlich** das Gericht **zuständig**, in dem sich der Heimathafen oder der Heimatort des Schiffes (§ 6 Abs. 1 BSchG) befindet (§ 465 Abs. 2). Weil Binnenschiffe im Gegensatz zu Seeschiffen weitaus seltener in das Schiffsregister eingetragen werden, knüpft die Vorschrift nicht an die Registrierung an.[3]

IV. Antragsberechtigung (Absatz 3)

4 Ist das **Binnenschiff eintragungsbedürftig**,[4] kann der Antrag iSd § 434 Abs. 1 erst nach der Eintragung der Veräußerung des Schiffes in das Schiffsregister gestellt werden (§ 465 Abs. 3). Antragsberechtigt ist nur der Erwerber des Binnenschiffs.[5]

5 In das **Schiffsregister** eingetragen werden können **Binnenschiffe**, die zur Beförderung von Gütern bestimmt sind, wenn ihre größte Tragfähigkeit mindestens zehn Tonnen beträgt (§ 3 Abs. 3 Satz 2 Nr. 1 SchRegO), Binnenschiffe, die nicht zur Beförderung von Gütern bestimmt sind, wenn ihre Wasserverdrängung bei größter Eintauchung mindestens fünf Kubikmeter beträgt (§ 3 Abs. 3 Satz 2 Nr. 3 SchRegO) sowie Schlepper, Tankschiffe und Schubboote (§ 3 Abs. 3 Satz 2 Nr. 3 SchRegO).[6]

V. Inhalt des Antrags (Absatz 4)

6 Nach § 465 Abs. 4 hat der Antragsteller nach dem Vorbild des § 456 in seinem **Aufgebotsantrag** die ihm bekannten Forderungen von Schiffsgläubigern anzugeben.[7]

VI. Aufgebotsfrist (Absatz 5)

7 Bei dem **Aufgebot der Schiffsgläubiger** gilt eine **Aufgebotsfrist** von mindestens drei Monaten. § 465 Abs. 5 verdrängt damit die Grundregel des § 437.[8] § 484 gestattet landesrechtliche Sonderregelungen für die Aufgebotsfrist.[9]

VII. Inhalt des Aufgebots (Absatz 6)

8 Nach § 465 Abs. 6, der die Grundregel des § 434 Abs. 2 Satz 2 Nr. 3 ergänzt, ist den Schiffsgläubigern, die sich auf das Aufgebot nicht melden, als **Rechtsnachteil anzudrohen**, dass ihre Pfandrechte erlöschen, wenn ihre Forderungen dem Antragsteller nicht bekannt sind.

---

1 Dazu auch Holzer/*Holzer*, § 465 FamFG Rz. 2.
2 Bassenge/Roth/*Walter*, § 465 FamFG Rz. 1.
3 Holzer/*Holzer*, § 465 FamFG Rz. 3.
4 Baumbach/*Hartmann*, 67. Aufl., Ergänzungsband, § 1002 ZPO Rz. 1.
5 Bassenge/Roth/*Walter*, § 465 FamFG Rz. 2.
6 Holzer/*Holzer*, § 465 FamFG Rz. 3.
7 Holzer/*Holzer*, § 465 FamFG Rz. 5.
8 Bumiller/*Harders*, § 465 FamFG Rz. 1.
9 Holzer/*Holzer*, § 465 FamFG Rz. 6; § 484 Rz. 7.

Hinsichtlich der **Bekanntgabe** sind nach § 484 landesrechtliche Sonderregelungen zulässig.[1] Eine Benachrichtigung der Schiffsgläubiger nach § 15 ist in § 465 jedoch nicht vorgeschrieben.[2] 9

Kosten/Gebühren: S. Anmerkung zu § 433. 10

Abschnitt 6
Aufgebot zur Kraftloserklärung von Urkunden

Vorbemerkungen zu §§ 466–484

I. Allgemeines

Die **§§ 466 bis 484** enthalten **besondere Vorschriften** für das **Aufgebotsverfahren** zum Zwecke der **Kraftloserklärung von Urkunden**. Diese entsprechen im Wesentlichen den früheren §§ 1003 bis 1024 ZPO. 1

Die §§ 466 ff. betreffen nur Urkunden, bei denen die gerichtliche Kraftloserklärung durch ein Aufgebotsverfahren gesetzlich zugelassen ist. Hierunter fallen insbesondere: 2

- **Wechsel, Art. 90 WG:** Ein Wechsel kann aufgeboten werden, wenn er abhanden gekommen oder vernichtet ist. Dabei ist ohne Belang, ob er akzeptiert, protestiert, verfallen oder verjährt ist.
- **Schecks, Art. 59 Abs. 1 Satz 1 ScheckG:** Die Aufgebotsgründe sind dieselben wie beim Wechsel. Aufgeboten werden können auch **Blankoschecks** (Art. 13 ScheckG). **Scheckkarten und -formulare** unterliegen Art. 59 Abs. 1 Satz 1 ScheckG nach richtiger Ansicht nicht, weil man ansonsten eine wertpapierrechtliche Haftung ohne Unterschrift unterstellen müsste.[3] Zudem wird die Bedeutung dieses Problems in der Praxis immer weiter abnehmen. Bei Kreditkarten, die Schecks im Rechtsverkehr überwiegend verdrängt haben, erfolgen Sperrung bzw. Neuausstellung allein aufgrund privatrechtlicher allgemeiner Geschäftsbedingungen der Kreditinstitute (dazu Rz. 3).
- **Schuldverschreibungen auf den Inhaber,** § 799 BGB, wie Bankschuldverschreibungen (**Pfandbriefe, Kommunalobligationen**); öffentliche Anleihen, sofern sie noch verbrieft werden, Grundpfandrechtsbriefe, die (ausnahmsweise) auf den Inhaber ausgestellt sind (§§ 1195, 1199 BGB); **Investment-Zertifikate**; Lotterielose nach Ziehung und den darauf entfallendem Gewinn.
- **Aktien und Zwischenscheine,** sofern nicht in der Urkunde etwas anderes bestimmt ist (§ 75 AktG).
- **Kaufmännische Orderpapiere** (§§ 363, 365 Abs. 2 Satz 1 HGB); kaufmännische Anweisungen (§ 363 Abs. 1 Satz 1 HGB); kaufmännische Verpflichtungsscheine (§ 363 Abs. 1 Satz 2 HGB).
- **Konossemente, Ladescheine, Lagerscheine** (§§ 642 ff., 444 ff., 475c HGB).
- **Hypotheken-, Grundschuld-** und **Rentenschuldbriefe** (§§ 1162, 1195 BGB).
- Auf den Namen oder an Order lautende **Schuldverschreibungen** und **Schatzanweisungen** des Reichs und des Bundes.

---

1 Holzer/*Holzer*, § 465 FamFG Rz. 8; § 484 Rz. 5.
2 Baumbach/*Hartmann*, 67. Aufl., Ergänzungsband, § 1002 ZPO Rz. 1.
3 Holzer/*Holzer*, § 466 FamFG Rz. 6; MüKo.ZPO/*Eickmann*, 3. Aufl., §§ 1003–1024 ZPO Rz. 2 mwN.

- **Qualifizierte Legitimationspapiere** (sog. „hinkende Inhaberpapiere"), § 808 Abs. 2 BGB, wie zB Sparbücher, Depotscheine, Pfandscheine, Versicherungsscheine mit Inhaberklauseln und den Inhaber namentlich kennzeichnende Fahrscheine.

Insbesondere bei **Sparbüchern** finden sich **landesrechtliche Ausnahmen** aufgrund des Vorbehalts in Art. 102 Abs. 2 EGBGB. Dabei wird das gerichtliche Aufgebotsverfahren regelmäßig durch ein entsprechend strukturiertes Verfahren der Sparkassen selbst ersetzt (dazu auch § 483 Rz. 6).[1]

II. Ausschluss des Verfahrens

3   Ausdrücklich ausgeschlossen ist das Aufgebotsverfahren in den Fällen des § 799 Abs. 1 Satz 2 BGB, nämlich bei **Zins-, Renten- und Gewinnanteilscheinen** sowie bei auf Sicht zahlbaren unverzinslichen Schuldverschreibungen (**Banknoten**), ferner für Inhaberkarten und -marken (zB den Inhaber nicht kennzeichnende Fahrscheine und Eintrittskarten) sowie für EC-, Geld- und Kreditkarten.[2]

III. Aufgebotsgründe

4   Als Gründe für das Aufgebot nennen die nachstehenden gesetzlichen Vorschriften übereinstimmend das **Abhandenkommen** und die **Vernichtung der Urkunde** (vgl. etwa Art. 90 Abs. 1 Satz 1 WG, Art. 59 Abs. 1 Satz 1 ScheckG).[3] Dem Inhaber einer Urkunde ist diese abhanden gekommen, wenn er als unmittelbarer Besitzer ohne oder gegen seinen Willen (ausgenommen im Fall der Wegnahme durch staatliche Zwangsgewalt wie Zwangsvollstreckung oder Beschlagnahme) entsprechend § 935 BGB den Gewahrsam an der Urkunde verloren hat.[4] Das gilt auch dann, wenn ihm zwar der Verbleib der Urkunde bekannt ist, er jedoch nicht mehr auf sie zugreifen und sie insbesondere auch nicht mehr im Wege der Zwangsvollstreckung erlangen kann. Die Unmöglichkeit des Zugriffs kann ihre Ursache auch darin haben, dass der Besitzer der Urkunde unbekannten Aufenthalts ist.[5]

5   **Vernichtet** ist die Urkunde im Falle ihrer Substanzzerstörung oder im Falle so erheblicher Beschädigung, dass ihr wesentlicher Inhalt nicht mehr zuverlässig feststellbar ist.[6] Vernichtet der Inhaber die Urkunde, verliert er das Recht zur Antragstellung nach § 467 nicht.[7]

Kosten/Gebühren: S. Anmerkung zu § 433.

466 Örtliche Zuständigkeit

(1) Für das Aufgebotsverfahren ist das Gericht örtlich zuständig, in dessen Bezirk der in der Urkunde bezeichnete Erfüllungsort liegt. Enthält die Urkunde eine solche Bezeichnung nicht, ist das Gericht örtlich zuständig, bei dem der Aussteller seinen allgemeinen Gerichtsstand hat, und in Ermangelung eines solchen Gerichts dasjenige, bei dem der Aussteller zur Zeit der Ausstellung seinen allgemeinen Gerichtsstand gehabt hat.
(2) Ist die Urkunde über ein im Grundbuch eingetragenes Recht ausgestellt, ist das Gericht der belegenen Sache ausschließlich örtlich zuständig.
(3) Wird das Aufgebot durch ein anderes als das nach dieser Vorschrift örtlich zuständige Gericht erlassen, ist das Aufgebot auch durch Aushang an der Gerichtstafel oder Einstellung in das Informationssystem des letzteren Gerichts öffentlich bekannt zu machen.

---

1   Holzer/*Holzer*, FamFG, § 466 Rz. 5; § 483 Rz. 2.
2   Holzer/*Holzer*, FamFG, § 466 Rz. 4 mwN.
3   Bumiller/*Harders*, FamFG, vor § 466 Rz. 3; Baumbach/*Hartmann*, 67. Aufl., Ergänzungsband, vor § 1003 ZPO Rz. 13.
4   RG v. 5.5.1937 – V 206/36, RGZ 155, 72 (74).
5   Holzer/*Holzer*, FamFG, § 466 Rz. 8 mwN.
6   Bumiller/*Harders*, vor § 466 FamFG Rz. 4.
7   Baumbach/*Hartmann*, 67. Aufl., Ergänzungsband, vor § 1003 ZPO Rz. 14.

I. Allgemeines

In der Vorschrift, die für das Aufgebot zur Kraftloserklärung von Urkunden spezielle Regelungen für die **örtliche Zuständigkeit** enthält, wurden die Regelungen der §§ 1005 Abs. 1 und Abs. 2 und 1006 Abs. 2 aF ZPO zusammengefasst. § 1006 Abs. 1 aF ZPO ist laut Gesetzesbegründung entbehrlich, weil in § 23d GVG eine umfassende Konzentrationsermächtigung geschaffen wurde.[1] Der frühere § 1006 Abs. 2 ZPO wurde als Übergangsvorschrift in § 491 eingestellt, soweit er bereits bestehende besondere landesrechtliche Zuständigkeitsvorschriften enthält.

Nicht nachvollziehbar ist, warum der Gesetzgeber den früheren § 1003 ZPO nicht in das FamFG übernommen hat.[2] Anders als bei den Abschnitten 2 bis 5 des 8. Buches des FamFG fehlt dadurch eine „Einstiegsnorm" in das Verfahren zur Kraftloserklärung von Urkunden, die wie § 1003 aF ZPO[3] anordnet, dass für dieses Verfahren „die nachfolgenden besonderen Vorschriften" gelten. Aus dem systematischen Zusammenhang des Gesetzes ergibt sich zwar, dass auch die §§ 466 Sonderregelungen zu den §§ 433 ff. enthalten. Gleichwohl sollte das **Redaktionsversehen** alsbald bereinigt werden.

II. Verfahren zur Kraftloserklärung von Urkunden

Wann Urkunden nach Bundesrecht für kraftlos erklärt werden können, folgt nicht aus den §§ 466 ff., sondern aus dem materiellen Recht (dazu Vorbem. zu §§ 466 – 484 Rz. 2). Zu beachten ist, dass der Ausschließungsbeschluss lediglich den **Besitz der Urkunde** ersetzt, aber nicht eventuelle Formmängel heilt.[4]

III. Örtliche Zuständigkeit (Absätze 2 und 3)

Im Übrigen wird in Abs. 1 wegen der Zuständigkeit für das Aufgebotsverfahren an den in der Urkunde bezeichneten Erfüllungsort angeknüpft bzw., wenn ein solcher nicht ersichtlich ist, an den allgemeinen Gerichtsstand des Ausstellers der Urkunde. Der **Erfüllungsort** muss in der Urkunde nicht ausdrücklich genannt sein; vielmehr genügt es, wenn er überhaupt bestimmbar ist. Bei **mehreren Erfüllungsorten** besteht ein Wahlrecht.[5] Falls der Urkunde keine Anhaltspunkte für einen Erfüllungsort entnommen werden können, ist gem. § 466 Abs. 1 Satz 2 das Gericht örtlich zuständig, bei dem der Aussteller seinen allgemeinen Gerichtsstand iSd. §§ 12 ff. ZPO hat. Ist auch auf diese Weise die Zuständigkeit nicht ermittelbar, richtet sich die örtliche Zuständigkeit nach dem Ort, an dem der Aussteller zur Zeit der Ausstellung seinen **allgemeinen Gerichtsstand** hatte.

Ist die Urkunde über ein im Grundbuch eingetragenes Recht ausgestellt, so ist das Gericht der belegenen Sache (vgl. § 24 Abs. 1 ZPO) ausschließlich **örtlich zuständig** (§ 466 Abs. 2).[6] Erstreckt sich das Grundstück über mehrere Gerichtsbezirke oder handelt es sich um ein Gesamtrecht, ist gem. § 2 Abs. 1 das Gericht örtlich zuständig, das zuerst mit der Sache befasst wurde.[7] Ein Streit über die örtliche Zuständigkeit ist nach § 5 Abs. 1 Nr. 3, 4 zu klären.[8] Für Anleihen des Bundes sowie der ehemaligen Bundesbahn und -post ist das AG Bad Homburg ausschließlich örtlich zuständig.[9] Für **Schuldverschreibungen der Länder** können gem. § 491 landesrechtliche Sonderzuständigkeiten bestehen.[10]

---

1 Begr. zu § 466 RegE, in: BT-Drs. 16/6308, S. 297.
2 Bumiller/*Harders*, vor § 466 FamFG Rz. 1; Holzer/*Holzer*, § 466 FamFG Rz. 2.
3 Dazu *Lessing*, RpflStud. 2004, 97 (99).
4 OLG Hamm v. 4.11.1975 – 7 U 97/75, MDR 1976, 404 (405).
5 Bassenge/Roth/*Walter*, § 466 FamFG Rz. 6.
6 Bumiller/*Harders*, § 466 FamFG Rz. 2.
7 Dazu *Wilsch*, FGPrax 2012, 231 mwN.
8 *Heinemann*, ZNotP 2009, 300 (310).
9 Bassenge/Roth/*Walter*, § 466 FamFG Rz. 6.
10 Holzer/*Holzer*, § 491 FamFG Rz. 2.

IV. Zuständigkeitskonzentration (Absatz 3)

6 § 466 Abs. 3 wurde aufgrund der nach § 23d GVG möglichen **Zuständigkeitskonzentration** geschaffen. Ist danach in Abweichung von § 466 Abs. 1 und 2 ein anderes Gericht örtlich zuständig, muss das Aufgebot zusätzlich durch Aushang an der Gerichtstafel bzw. durch Einstellung in das Informationssystem des Gerichts bekannt gemacht werden, das nach den Regelungen der § 466 Abs. 1 und 2 örtlich zuständig wäre.[1]

7 **Kosten/Gebühren:** S. Anmerkung zu § 433.

467 *Antragsberechtigter*

(1) Bei Papieren, die auf den Inhaber lauten oder die durch Indossament übertragen werden können und mit einem Blankoindossament versehen sind, ist der bisherige Inhaber des abhandengekommenen oder vernichteten Papiers berechtigt, das Aufgebotsverfahren zu beantragen.
(2) Bei anderen Urkunden ist derjenige zur Stellung des Antrags berechtigt, der das Recht aus der Urkunde geltend machen kann.

I. Allgemeines

1 Die Vorschrift entspricht inhaltlich dem früheren § 1004 ZPO;[2] sie regelt die **Antragsberechtigung** bei dem Aufgebot zur Kraftloserklärung von Urkunden und ergänzt die §§ 433 ff.

II. Zulässigkeit

2 Die **Antragsberechtigung** richtet sich auch im Rahmen des § 467 nach materiellem Recht (vgl. Vorbem. zu §§ 466 bis 484 Rz. 1 ff., 4 f.).[3]

III. Antragsberechtigung bei Inhaberpapieren und Blankoindossaments (Absatz 1)

3 Hinsichtlich der Antragsberechtigung behandelt Abs. 1 einen **Sonderfall für Inhaberpapiere** (§ 793 Abs. 1 Satz 1 BGB) und **Orderpapiere**, die durch Indossament übertragen werden können und mit einem Blankoindossament versehen sind (§§ 363 Abs. 1 Satz 1, 365 Abs. 1, 2 Satz 1 HGB).[4]

4 Bei **Inhaberpapieren** sowie bei indossablen Papieren mit Blankoindossament hat nach § 467 Abs. 1 der **bisherige**, dh. letzte Inhaber vor dem Abhandenkommen des Papiers[5] das **Antragsrecht**, ohne dass es weiter darauf ankommt, ob ihm ein Recht aus der Urkunde zusteht.[6]

IV. Antragsberechtigung bei anderen Urkunden (Absatz 2)

5 Bei **anderen Papieren** als den von § 467 Abs. 1 erfassten ist derjenige antragsberechtigt, der das Recht aus der Urkunde geltend machen kann (§ 467 Abs. 2), selbst wenn er nur teilweise berechtigt ist oder die Urkunde kein Forderungsrecht enthält (zB Aktie).[7] Ein Recht auf die Urkunde begründet das Antragsrecht jedoch nicht.

6 **Antragsberechtigter** iSd. § 467 Abs. 2 ist beim Wechsel dessen legitimierter Inhaber (Art. 16 WG), beim Scheck der Inhaber oder die ausdrücklich benannte Person (Art. 5 ScheckG), bei einem Scheck mit Indossament der Indossator (Art. 19

---

1 Holzer/*Holzer*, § 491 FamFG Rz. 13.
2 Begr. zu § 467 RegE, in: BT-Drs. 16/6308, S. 297.
3 OLG München v. 5.11.2010 – 34 Wx 117/10, FGPrax 2011, 47 (48).
4 Holzer/*Holzer*, § 491 FamFG Rz. 2; § 466 Rz. 6.
5 RG v. 12.9.1941 – I 121/40, RGZ 168, 1 (14).
6 Bassenge/Roth/*Walter*, § 467 FamFG Rz. 2.
7 OLG München v. 7.11.2012 – 34 Wx 371/12, juris; Baumbach/*Hartmann*, 67. Aufl., Ergänzungsband, § 1004 ZPO Rz. 1f.

ScheckG), bei Aktien, die nicht auf den Inhaber lauten, die in ihnen bezeichnete Person (§ 10 AktG), im Falle des § 72 AktG der letzte Inhaber[1] und bei kaufmännischen Orderpapieren der legitimierte Inhaber (§ 365 Abs. 1 HGB).

Das Recht aus einem **Grundschuldbrief** kann grundsätzlich nur der Grundschuldgläubiger geltend machen. Der Eigentümer ist jedoch dann antragsberechtigt, wenn er den Gläubiger befriedigt hat oder eine Eigentümergrundschuld entstanden ist (§ 1163 BGB), weil hieraus sein Interesse an der Kraftloserklärung des Briefs folgt.[2] Er ist auch dann antragsberechtigt, wenn ihm der Gläubiger eine Löschungsbewilligung erteilt hat.[3] Antragsberechtigt kann auch der persönliche Schuldner gem. §§ 1153, 1163, 1164 BGB sein.[4]

Beim Aufgebot **verlorener oder vernichteter Grundpfandrechtsbriefe** ist eine gewillkürte Verfahrensstandschaft des Grundstückseigentümers anerkannt, wenn diesem vom letzten Grundpfandrechtsgläubiger die Löschungsbewilligung in grundbuchmäßiger Form überlassen worden ist.[5]

Pfandgläubiger stehen den vorbezeichneten Inhabern gleich, § 1294 BGB. Für den Pfändungsgläubiger gilt dies nach Überweisung (§ 936 Abs. 1 ZPO).

IV. Qualifizierte Inhaber-Papiere

Für **qualifizierte Inhaberpapiere** (§ 808 BGB) findet sich in § 483 eine Verweisung nur auf einzelne der Vorschriften der §§ 466 ff., nicht aber auf § 467. Da es ein Aufgebotsverfahren ohne Antragsberechtigten nicht geben kann, muss antragsberechtigt zumindest die in der Urkunde genannte Person sein (vgl. § 808 Abs. 1 Satz 1 Halbs. 2 BGB).

468 Antragsbegründung
Der Antragsteller hat zur Begründung des Antrags
1. eine Abschrift der Urkunde beizubringen oder den wesentlichen Inhalt der Urkunde und alles anzugeben, was zu ihrer vollständigen Erkennbarkeit erforderlich ist,
2. den Verlust der Urkunde sowie diejenigen Tatsachen glaubhaft zu machen, von denen seine Berechtigung abhängt, das Aufgebotsverfahren zu beantragen, sowie
3. die Versicherung der Wahrheit seiner Angaben an Eides statt anzubieten.

I. Allgemeines

Die Vorschrift entspricht inhaltlich dem früheren § 1007 ZPO.[6] Sie enthält spezielle Anforderungen zur **Begründung des Antrags** bei dem Aufgebot zur Kraftloserklärung von Urkunden und ergänzt dadurch die Grundnorm des § 434 Abs. 1.

II. Begründung des Antrags

1. Bezeichnung der Urkunde (Nummer 1)

Bei **Beibringung einer Abschrift** der Urkunde (§ 468 Nr. 1) braucht diese **nicht beglaubigt** zu sein, eine einfache Fotokopie reicht aus.[7] Was ggf. als wesentlicher Inhalt der Urkunde anzugeben ist, wenn eine Abschrift nicht vorgelegt werden kann, lässt sich nur im Einzelfall beurteilen. Es ist jedoch alles anzugeben, was zur vollständigen

---

1 OLG München v. 5.1.2012 – 34 Wx 369/11, ZIP 2012, 1717 (1718).
2 OLG München v. 7.11.2012 – 34 Wx 371/12, juris; Bassenge/Roth/*Walter*, § 467 FamFG Rz. 2.
3 KG v. 25.10.2010 – 12 W 30/10, ZfIR 2011, 114 (LS).
4 OLG Düsseldorf v. 6.7.2010 – I-3 Wx 121710, RNotZ 2012, 34 (35 f.).
5 OLG München v. 5.11.2010 – 34 WX 117/10, FGPrax 2011, 47 (48); OLG Düsseldorf v. 13.12.2012 – I-3 Wx 247/12, RNotZ 2013, 100; Bumiller/*Harders*, § 467 FamFG Rz. 3.
6 Begr. zu § 468 RegE, in: BT-Drs. 16/6308, S. 297.
7 Baumbach/*Hartmann*, 67. Aufl., Ergänzungsband, § 1007 ZPO Rz. 1; *Wilsch*, FGPrax 2012, 231 (232).

Erkennbarkeit der Urkunde erforderlich ist;[1] die Angaben müssen jedenfalls so präzise sein, dass ein Dritter die Urkunde identifizieren kann (anzugeben ist zB die Nummer der Aktie). Fehlt eine der Voraussetzungen des § 468, so ist der Aufgebotsantrag zurückzuweisen.[2]

2. Glaubhaftmachung (Nummer 2)

3   Nach § 468 Nr. 2 muss der Antragsteller den **Verlust der Urkunde** und diejenigen Angaben **glaubhaft machen** (§ 31), von denen seine Antragsberechtigung abhängt. Dazu müssen die tatsächlichen Umstände angegeben werden, die zu dem Abhandenkommen bzw. der Vernichtung der Urkunde geführt haben.[3] Dazu gehören Ausführungen zum **Schicksal der Urkunde** sowie die Vorlage eines aktuellen Grundbuchauszugs sowie eventueller Abtretungsurkunden bzw. **löschungsfähiger Quittungen**.[4]

3. Versicherung an Eides statt (Nummer 3)

4   Neben der Glaubhaftmachung nach § 468 Nr. 2 hat der Antragsteller in **jedem Fall** die **Versicherung der Wahrheit** seiner Angaben **an Eides statt anzubieten**. Grundsätzlich gilt § 468 Nr. 3 neben Nr. 2. Jedoch sind andere Mittel der Glaubhaftmachung als die eidesstattliche Versicherung hinsichtlich des Abhandenkommens der Urkunde kaum denkbar, so dass es ausreicht, wenn der Antragsteller die Voraussetzungen des § 468 Nr. 2 nur durch **eidesstattliche Versicherung** seiner Angaben glaubhaft macht. Ob die eidesstattliche Versicherung tatsächlich abgenommen wird, liegt im Ermessen des Gerichts.[5] Liegen die Voraussetzungen der Nummern 1 bis 3 nicht vor, so weist das Gericht den Antrag nicht sofort zurück, sondern wirkt durch eine Zwischenverfügung analog § 382 Abs. 4 Satz 1 auf eine Beseitigung der Mängel hin.[6]

469 Inhalt des Aufgebots

In dem Aufgebot ist der Inhaber der Urkunde aufzufordern, seine Rechte bei dem Gericht bis zum Anmeldezeitpunkt anzumelden und die Urkunde vorzulegen. Als Rechtsnachteil ist anzudrohen, dass die Urkunde für kraftlos erklärt werde.

I. Allgemeines

1   Die Vorschrift entspricht im Wesentlichen dem früheren § 1008 ZPO,[7] wurde jedoch nach Wegfall des Aufgebotstermins durch Bezugnahme auf den **Anmeldezeitpunkt** ergänzt. § 469 enthält Vorgaben für den Inhalt des Aufgebots zur Kraftloserklärung von Urkunden und ergänzt dadurch die Grundregel des § 434 Abs. 2 Satz 2 Nr. 2 und 3.[8]

II. Verfahren

2   In dem Aufgebot zur Kraftloserklärung von Urkunden wird der Inhaber der Urkunde aufgefordert, seine Rechte bis zum Anmeldezeitpunkt (§ 434 Abs. 2 Satz 2 Nr. 2) bei dem nach § 466 örtlich zuständigen Gericht anzumelden.[9] In das Aufgebot ist auch aufzunehmen, dass die Anmeldung des Rechts durch **Vorlage der Urkunde** zu begründen ist (§ 469 Satz 1).[10] § 469 Satz 2 schreibt in Ergänzung des § 434 Abs. 2 Satz 2 Nr. 3 für den im Aufgebot anzudrohenden Rechtsnachteil vor, dass die Urkunde für kraftlos erklärt werde, wenn die Anmeldung unterbleibt.

---

1 Vgl. BGH v. 25.9.1989 – II ZR 53/89, NJW-RR 1990, 166 (169).
2 Bumiller/*Harders*, § 468 FamFG Rz. 2.
3 Holzer/*Holzer*, § 468 FamFG Rz. 5.
4 *Wilsch*, FGPrax 2012, 231 (232).
5 Baumbach/*Hartmann*, 67. Aufl., Ergänzungsband, § 1007 ZPO Rz. 3.
6 *Wilsch*, FGPrax 2012, 231 (232).
7 Begr. zu § 469 RegE, in: BT-Drs. 16/6308, S. 297.
8 Holzer/*Holzer*, § 469 FamFG Rz. 1.
9 *Wilsch*, FGPrax 2012, 231 (233).
10 Bumiller/*Harders*, § 469 FamFG Rz. 1.

Für den **Anmeldezeitpunkt** gilt die Grundregel des § 437. 3

Wird die **Urkunde vorgelegt**, so darf ein **Ausschließungsbeschluss nicht ergehen**.[1] 4
Ein eventuelles Bestreiten der Echtheit der Urkunde oder der Berechtigung des Antragstellers ist nicht im Aufgebotsverfahren zu klären, sondern in einem Zivilprozess.[2] Das Gericht der freiwilligen Gerichtsbarkeit wird das Aufgebotsverfahren in diesem Fall gegebenenfalls nach § 21 **aussetzen**.

Die §§ 471 bis 476 enthalten für das Aufgebotsverfahren zur Kraftloserklärung von 5
bestimmten Urkunden (Inhaberpapiere und Wertpapiere mit Zins-, Renten- oder Gewinnanteilsscheinen) besondere **Regelungen für die Bekanntmachung**, den **Anmeldezeitpunkt** und die **Aufgebotsfrist**.[3]

470 *Ergänzende Bekanntmachung in besonderen Fällen*

Betrifft das Aufgebot ein auf den Inhaber lautendes Papier und ist in der Urkunde vermerkt oder in den Bestimmungen, unter denen die erforderliche staatliche Genehmigung erteilt worden ist, vorgeschrieben, dass die öffentliche Bekanntmachung durch bestimmte andere Blätter zu erfolgen habe, so muss die Bekanntmachung auch durch Veröffentlichung in diesen Blättern erfolgen. Das Gleiche gilt bei Schuldverschreibungen, die von einem deutschen Land oder früheren Bundesstaat ausgegeben sind, wenn die öffentliche Bekanntmachung durch bestimmte Blätter landesgesetzlich vorgeschrieben ist. Zusätzlich kann die öffentliche Bekanntmachung in einem von dem Gericht für Bekanntmachungen bestimmten elektronischen Informations- und Kommunikationssystem erfolgen.

I. Allgemeines

Die Vorschrift entspricht inhaltlich dem früheren § 1009 ZPO[4] und regelt eine **Er-** 1
weiterung der Bekanntmachungspflichten des § 435 insbesondere für Inhaberpapiere.[5]

II. Bekanntmachungen

1. Inhaberpapiere (Satz 1)

Für **Inhaberpapiere** iSd. § 793 Abs. 1 Satz 1 BGB ist eine **öffentliche Bekannt-** 2
machung nach § 470 Satz 1 in bestimmten, von der Grundregel § 435 Abs. 1 abweichenden „anderen" Blättern und damit nicht nur im Bundesanzeiger vorgesehen. Eine Verpflichtung zur Veröffentlichung in diesen Blättern kann sich entweder aus der Urkunde oder aus Bestimmungen ergeben, unter denen die erforderliche staatliche Genehmigung zur Ausgabe der Urkunde erteilt worden ist.[6]

2. Schuldverschreibungen (Satz 2)

Nach § 470 Satz 2 kann auch für **Schuldverschreibungen**, die von einem deutschen 3
Land (**Bundesland der Bundesrepublik Deutschland**) oder einem früheren Bundesstaat (des Deutschen Reiches) ausgegeben wurden, von der Grundregel des § 435 Abs. 1 abgewichen werden, wenn die öffentliche Bekanntmachung nach Landesrecht durch bestimmte Blätter vorgeschrieben ist.[7] § 470 Satz 2 gilt nicht für **Schuldverschreibungen des Bundes** (Bundesrepublik Deutschland bzw. Deutsches Reich).

---

1 Holzer/*Holzer*, § 469 FamFG Rz. 3.
2 Baumbach/*Hartmann*, 67. Aufl., Ergänzungsband, § 1008 ZPO Rz. 1.
3 Holzer/*Holzer*, § 471 FamFG Rz. 3.
4 Begr. zu § 470 RegE, in: BT-Drs. 16/6308, S. 297.
5 Bumiller/*Harders*, § 470 FamFG Rz. 1.
6 Holzer/*Holzer*, § 470 FamFG Rz. 2.
7 Holzer/*Holzer*, § 470 FamFG Rz. 3.

III. Zusätzliche Bekanntmachungen (Satz 3)

4   Innerhalb des Anwendungsbereichs des § 470 Satz 1 und 2 kann die **öffentliche Bekanntmachung** nach pflichtgemäßem Ermessen des Gerichts in einem von dem Gericht für Bekanntmachungen bestimmten elektronischen Informations- und Kommunikationssystem erfolgen (§ 470 Satz 3). Das Landesrecht kann, abgesehen von dem Vorbehalt nach § 470 Satz 2, auch für andere Inhaberpapiere als Schuldverschreibungen der Länder bzw. früheren Bundesstaaten gem. § 484 die Bekanntmachung in weiteren Blättern vorschreiben.[1]

471 *Wertpapiere mit Zinsscheinen*

(1) Bei Wertpapieren, für die von Zeit zu Zeit Zins-, Renten- oder Gewinnanteilscheine ausgegeben werden, ist der Anmeldezeitpunkt so zu bestimmen, dass bis zu dem Termin der erste einer seit der Zeit des glaubhaft gemachten Verlustes ausgegebenen Reihe von Zins-, Renten- oder Gewinnanteilscheinen fällig geworden ist und seit seiner Fälligkeit sechs Monate abgelaufen sind.
(2) Vor Erlass des Ausschließungsbeschlusses hat der Antragsteller ein nach Ablauf dieser sechsmonatigen Frist ausgestelltes Zeugnis der betreffenden Behörde, Kasse oder Anstalt beizubringen, dass die Urkunde seit der Zeit des glaubhaft gemachten Verlustes ihr zur Ausgabe neue Scheine nicht vorgelegt sei und dass die neuen Scheine an einen anderen als den Antragsteller nicht ausgegeben seien.

I. Allgemeines

1   Die Vorschrift entspricht im Wesentlichen dem früheren § 1010 ZPO.[2] In ihr wurden redaktionell der Wegfall des Aufgebotstermins sowie die Entscheidung des Gerichts durch Ausschließungsbeschluss berücksichtigt; sie enthält besondere Regelungen für die Bestimmung des **Anmeldezeitpunkts** und für die **Beibringung weiterer Nachweise** bei dem Aufgebot von Wertpapieren mit Zinsscheinen für weniger als vier Jahre. Die Vorschrift stellt den **Einstieg in den Regelungskomplex** der §§ 472 bis 474 dar.[3]

II. Anwendungsbereich

2   Die §§ 471 bis 474 enthalten Regelungen für das **Aufgebotsverfahren von Wertpapieren mit Zins-, Renten- oder Gewinnanteilsscheinen**, die in § 471 als „Zinsscheine" bezeichnet werden. Zinsscheine werden insbesondere zu Inhaberschuldverschreibungen in Gestalt sog. „Coupons" ausgegeben. Bei diesen handelt es sich um **selbständige Wertpapiere**, die ohne Vorlage der Haupturkunde einlösbar sind und den Schuldner durch die Zahlung an den Inhaber des Zinsscheins von der Zahlungspflicht freistellen.

III. Regelungssystematik

3   Die Regelungen der §§ 471 ff. stellen wie die der §§ 1010 ff. aF ZPO darauf ab, für welchen **Zeitraum** die **Zinsscheine ausgegeben** wurden, ob noch **weitere Zinsscheine** ausgegeben werden, ob ein Verlust nur der Urkunde (**Mantelverlust**) eintrat, ob Wertpapiere gekündigt oder ausgelöst wurden und ob der Verlust einer Urkunde mit Verfallstag eintrat.[4]

4   § 471 gilt für solche Urkunden, bei denen Zinsscheine für einen **Zeitraum von weniger als vier Jahren ausgegeben** wurden, aber eine weitere Ausgabe von Zinsscheinen noch erfolgt. § 472 ist auf Urkunden anwendbar, bei denen Zinsscheine bereits für einen längeren Zeitraum als vier Jahre ausgegeben worden sind. Die §§ 471, 472 befin-

---

1 Holzer/*Holzer*, § 483 FamFG Rz. 4 und § 484 FamFG Rz. 5 mwN.
2 Begr. zu § 471 RegE, in: BT-Drs. 16/6308, S. 297.
3 Holzer/*Holzer*, § 471 FamFG Rz. 1.
4 Bassenge/Roth/*Walter*, §§ 471 bis 475 FamFG Rz. 1.

den sich daher in einem Regel-Ausnahme-Verhältnis, wobei § 471 die Grundregel enthält.[1] § 471 gilt auch dann, wenn zwar die Voraussetzungen des § 472 vorliegen, aber das Zeugnis nach § 472 Abs. 2 nicht beschaffbar ist.

§ 473 regelt den besonderen Fall des **Verlusts der Mantelurkunde**. § 474 ist dann anwendbar, wenn zwar der Fall der §§ 471, 472 gegeben ist, aber eine weitere Ausgabe von Zinsscheinen nicht mehr erfolgt.[2] Grund für die vorgenannten Differenzierungen ist die Vermutung, dass der Berechtigte eines Wertpapiers im Zweifel innerhalb einer Frist von sechs Monaten seine Ansprüche aus dem Zinsschein geltend machen wird und danach von der Richtigkeit der Angaben des Antragstellers ausgegangen werden kann.[3]

IV. Anmeldezeitpunkt bei Zinsscheinen für weniger als vier Jahre (Absatz 1)

§ 471 Abs. 1 ist auf **Wertpapiere mit periodisch ausgegebenen Zinsscheinen** anwendbar, die für **weniger als vier Jahre** ausgegeben wurden. Die Vorschrift gilt nicht für die Zinsscheine selbst,[4] ist jedoch auch anwendbar, wenn (neue) Zinsscheine erst nach einem Zeitraum von mehr als vier Jahren ausgegeben werden, eine Registrierung der jeweils zur Einlösung vorgelegten Zinsscheine jedoch nicht erfolgt ist.[5]

Bereits unmittelbar nach dem Verlust kann das Aufgebot beantragt werden. Die **Mindestfrist** ist vom Zeitpunkt des Verlustes an zu berechnen. Der Anmeldezeitpunkt iSd. § 434 Abs. 2 Satz 2 Nr. 2, den das Gesetz möglicherweise aufgrund eines **Redaktionsversehens** als (Anmelde-)Termin bezeichnet,[6] hat sechs Monate nach der Fälligkeit des ersten nach dem Verlust der Urkunde neu ausgegebenen Zinsscheins zu liegen. Die Frist des § 476, die im Gegensatz zum früheren § 1015 Satz 1 ZPO nicht mehr zwingend ist, muss dabei beachtet werden.[7] Überschreitet der nach § 471 Abs. 1 bestimmte Anmeldezeitpunkt die Höchstfrist des § 476, ist das Aufgebot im Gegensatz zum früheren Recht nicht mehr unzulässig,[8] sondern die Aufgebotsfrist ist entsprechend anzupassen.

V. Nachweise (Absatz 2)

Abs. 2 enthält eine **zusätzliche Voraussetzung**, die der Antragsteller vor Erlass des Ausschließungsbeschlusses, aber erst nach Ablauf der sechsmonatigen Frist des Abs. 1 erfüllen muss: Es ist ein **Zeugnis** der die Wertpapiere **verwaltenden Behörde, Kasse** oder **Anstalt** vorzulegen, dass dieser die **Haupturkunde** (dh. der Mantel) **seit dem Zeitpunkt des glaubhaft gemachten Verlustes** (§ 468 Nr. 2) **nicht vorgelegt** wurde und dass die neuen Scheine entweder nicht oder an keinen anderen als den Antragsteller ausgegeben wurden. Die vorgenannten Stellen sind zur Erteilung des Zeugnisses nach § 799 Abs. 2 Satz 1 BGB verpflichtet. Die Kosten hierfür trägt der Antragsteller (§ 799 Abs. 2 Satz 2 BGB).[9]

VI. Zahlungssperre

Die Beibringung des Zeugnisses nach § 471 Abs. 2 ist entbehrlich, wenn eine **Zahlungssperre** nach § 481 angeordnet wurde.[10]

---

1 Bumiller/*Harders*, § 471 FamFG Rz. 2.
2 Holzer/*Holzer*, § 471 FamFG Rz. 5; aA Bumiller/*Harders*, § 471 FamFG Rz. 2.
3 Holzer/*Holzer*, § 471 FamFG Rz. 5.
4 Bassenge/Roth/*Walter*, §§ 471 bis 475 FamFG Rz. 3.
5 OLG München v. 8.6.1979 – 19 U 4119/78, NJW 1979, 2317.
6 Bumiller/*Harders*, § 471 FamFG Rz. 2; Holzer/*Holzer*, § 471 FamFG Rz. 7.
7 Begr. zu § 471 RegE, in: BT-Drs. 16/6308, S. 298.
8 Bassenge/Roth/*Walter*, §§ 471 bis 475 FamFG Rz. 3; Holzer/*Holzer*, § 471 FamFG Rz. 7; aA Bumiller/*Harders*, § 471 FamFG Rz. 3.
9 Holzer/*Holzer*, § 471 FamFG Rz. 8.
10 Holzer/*Holzer*, § 481 FamFG Rz. 2.

§ 472 Zinsscheine für mehr als vier Jahre

(1) Bei Wertpapieren, für die Zins-, Renten- oder Gewinnanteilscheine zuletzt für einen längeren Zeitraum als vier Jahre ausgegeben sind, genügt es, wenn der Anmeldezeitpunkt so bestimmt wird, dass bis dahin seit der Zeit des glaubhaft gemachten Verlustes der zuletzt ausgegebenen Scheine solche für vier Jahre fällig geworden und seit der Fälligkeit des letzten derselben sechs Monate abgelaufen sind. Scheine für Zeitabschnitte, für die keine Zinsen, Renten oder Gewinnanteile gezahlt werden, kommen nicht in Betracht.

(2) Vor Erlass des Ausschließungsbeschlusses hat der Antragsteller ein nach Ablauf dieser sechsmonatigen Frist ausgestelltes Zeugnis der betreffenden Behörde, Kasse oder Anstalt beizubringen, dass die für die bezeichneten vier Jahre und später fällig gewordenen Scheine ihr von einem anderen als dem Antragsteller nicht vorgelegt seien. Hat in der Zeit seit dem Erlass des Aufgebots eine Ausgabe neuer Scheine stattgefunden, so muss das Zeugnis auch die in § 471 Abs. 2 bezeichneten Angaben enthalten.

I. Allgemeines

1 Die Vorschrift entspricht inhaltlich dem früheren § 1011 ZPO;[1] sie regelt die **Bestimmung des Anmeldezeitpunkts** und die **Beibringung weiterer Nachweise** bei dem Aufgebot von Wertpapieren mit Zinsscheinen für mehr als vier Jahre.

II. Anmeldezeitpunkt (Absatz 1)

2 § 472 Abs. 1 ist für **Wertpapiere mit periodisch oder unperiodisch ausgegebenen Zinsscheinen** anwendbar, bei denen die **Ausgabe für mehr als vier Jahre** erfolgte, und enthält Ausnahmen zu der in § 471 aufgestellten Regel.[2] Auf die Ausgabe einer neuen Reihe von Zinsscheinen kommt es nach § 472 Abs. 1 nicht an.[3]

3 Das Aufgebot kann wie nach § 471 unmittelbar nach dem Verlust beantragt werden; die **Mindestfrist** wird dabei vom Zeitpunkt des Verlustes an berechnet. Der Anmeldezeitpunkt iSd. § 434 Abs. 2 Satz 2 Nr. 2 ist so zu bestimmen, dass (nicht notwendig vom Zeitpunkt des Verlustes an[4]) **mindestens vier Jahrgänge fällig geworden** und nach der Fälligkeit des letzten Zinsscheins sechs Monate verstrichen sind. Sollten zum Verlustzeitpunkt nur noch Scheine für weniger als vier Jahre ausstehen, ist eine Erneuerung abzuwarten und es gilt statt § 472 entweder § 471 oder § 473.[5] Falls die zur Einlösung vorgelegten Zinsscheine nicht registriert worden sind, ist ebenfalls nach § 471 zu verfahren.[6]

IV. Weitere Nachweise (Absatz 2)

4 Im Fall des § 472 hat der Antragsteller gem. Abs. 2 vor Erlass des Ausschließungsbeschlusses nach Ablauf der Sechsmonatsfrist ein **Zeugnis** der verwaltenden Behörde, Kasse oder Anstalt **vorzulegen**, wonach ihr die für die bezeichneten vier Jahre oder später fällig gewordenen Zinsscheine **nicht von einem anderen** als den Antragsteller **vorgelegt worden sind**.[7] Ist es in der Zwischenzeit seit Erlass des Aufgebots zur Ausgabe neuer Scheine gekommen, muss das Zeugnis in der erweiterten Form des § 471 Abs. 2 vorgelegt werden. Erteilt die Stelle ein solches Zeugnis nicht, weil sie die Einlösung nicht überwacht, ist nach §§ 471, 474 zu verfahren.[8]

---

1 Begr. zu § 472 RegE, in: BT-Drs. 16/6308, S. 297.
2 Holzer/*Holzer*, § 472 FamFG Rz. 2.
3 Bumiller/*Harders*, § 472 FamFG Rz. 2.
4 Baumbach/*Hartmann*, 67. Aufl., Ergänzungsband, § 1011 ZPO Rz. 1.
5 Holzer/*Holzer*, § 472 FamFG Rz. 3.
6 OLG München v. 8.6.1979 – 19 U 4119/78, NJW 1979, 2317.
7 Bumiller/*Harders*, § 472 FamFG Rz. 3.
8 Baumbach/*Hartmann*, 67. Aufl., Ergänzungsband, § 1011 ZPO Rz. 2.

473 Vorlegung der Zinsscheine

Die §§ 470 und 471 sind insoweit nicht anzuwenden, als die Zins-, Renten- oder Gewinnanteilscheine, deren Fälligkeit nach diesen Vorschriften eingetreten sein muss, von dem Antragsteller vorgelegt werden. Der Vorlegung der Scheine steht es gleich, wenn das Zeugnis der betreffenden Behörde, Kasse oder Anstalt beigebracht wird, dass die fällig gewordenen Scheine ihr von dem Antragsteller vorgelegt worden seien.

I. Allgemeines

§ 473 entspricht inhaltlich dem früheren § 1012 ZPO;[1] die Vorschrift enthält eine **Ausnahme zu den Vorlagepflichten** der §§ 471, 472 für den Fall, dass lediglich die Haupturkunde verloren gegangen ist (sog. **„Mantelverlust"**).[2] Bei der in Satz 1 enthaltenen Verweisung auf die §§ 470 und 471 ist ein **Redaktionsversehen** unterlaufen:[3] Zutreffend ist auf die §§ 471 und 472 statt auf die §§ 470 und 471 Bezug zu nehmen. Der Gesetzgeber sollte dies alsbald korrigieren und die frühere Rechtslage wiederherstellen, nach der § 1012 Satz 1 aF ZPO zutreffend auf die den §§ 471, 472 entsprechenden §§ 1010, 1011 aF ZPO verwies. **1**

II. Verfahren

Falls nur die Haupturkunde („Mantel") **verloren** gegangen ist, die Zinsscheine aber **vorgelegt** werden, können die in §§ 471 Abs. 2, 472 Abs. 2 vorgesehenen Bescheinigungen nicht erteilt werden. Das gilt auch dann, wenn der Antragsteller die Zinsscheine bereits eingelöst hatte und ein Zeugnis darüber erteilt wurde. § 473 Satz 1 befreit den Antragsteller aus diesem Grund von der Vorlage der Bescheinigungen und der Beachtung dort geregelten Fristen. Hierdurch wird das Verfahren vereinfacht und durch Entfallen der in §§ 471, 472 bestimmten Sechs-Monatsfrist beschleunigt. Nach § 473 Satz 2 sind deshalb lediglich die Zinsscheine bzw. das Zeugnis über deren Einlösung vorzulegen; ihre Fälligkeit muss allerdings nach den §§ 471, 472 eingetreten sein.[4] **2**

Für die Bestimmung des **Anmeldezeitpunkts** enthält § 473 Satz 1 keine Sonderregeln; es gelten vielmehr die Vorgaben der §§ 471, 472. Auch hinsichtlich der Aufgebotsfrist (§§ 437, 476) gibt es keine Besonderheiten.[5] **3**

474 Abgelaufene Ausgabe der Zinsscheine

Bei Wertpapieren, für die Zins-, Renten- oder Gewinnanteilscheine ausgegeben sind, aber nicht mehr ausgegeben werden, ist der Anmeldezeitpunkt so zu bestimmen, dass bis dahin seit der Fälligkeit des letzten ausgegebenen Scheines sechs Monate abgelaufen sind; das gilt nicht, wenn die Voraussetzungen der §§ 471 und 472 gegeben sind.

I. Allgemeines

Die Vorschrift entspricht inhaltlich dem früheren § 1013 ZPO. Sie wurde im Rahmen der FGG-Reform redaktionell überarbeitet[6] und enthält spezielle Regelungen für den **Anmeldezeitpunkt für Wertpapiere mit Zinsscheinen**, wenn **keine weiteren Zinsscheine** mehr ausgegeben werden (dazu Rz. 2). Die Vorschrift ist deshalb erforderlich, weil die in den §§ 471, 472 enthaltenen Regelungen auf diese Fallgestaltung nicht anwendbar sind: § 471 stellt darauf ab, dass bei dem Wertpapier Zinsscheine für **1**

---

1 Begr. zu § 473 RegE, in: BT-Drs. 16/6308, S. 297.
2 Bassenge/Roth/*Walter*, §§ 471 bis 475 FamFG Rz. 8.
3 Bumiller/*Harders*, § 473 FamFG Rz. 1; Bassenge/Roth/*Walter*, §§ 471 bis 475 FamFG Rz. 8; Holzer/*Holzer*, § 473 FamFG Rz. 1.
4 Bumiller/*Harders*, § 473 FamFG Rz. 2.
5 Holzer/*Holzer*, § 473 FamFG Rz. 2.
6 Begr. zu § 474 RegE, in: BT-Drs. 16/6308, S. 297.

einen Zeitraum von weniger als vier Jahren ausgegeben werden und noch eine weitere Ausgabe von Zinsscheinen erfolgt, während § 472 die Fälle betrifft, in denen Zinsscheine bereits für einen längeren Zeitraum als vier Jahre ausgegeben wurden.[1]

II. Anmeldezeitpunkt bei abgelaufener Ausgabe von Zinsscheinen

2 § 474 gilt für Wertpapiere, für die **keine weiteren Zinsscheine mehr ausgegeben werden** und bei denen **bereits ausgegebene Zinsscheine** nicht für einen längeren Zeitraum als vier Jahre gelten.[2] Die Vorschrift ist auch auf bereits gekündigte oder ausgelöste Wertpapiere anwendbar.[3]

3 Nach § 474, 1. Halbs. ist der **Anmeldezeitpunkt** so zu bestimmen, dass dieser sechs Monate nach der Fälligkeit des letzten ausgegebenen Zinsscheins liegt. Der Antragsteller muss ein Zeugnis nach den §§ 471 Abs. 2, 472 Abs. 2 darüber beibringen, dass der Zinsschein nicht vorgelegt worden ist. Falls nach dem Verlust noch Zinsscheine ausgegeben werden, gelten die §§ 471, 472.[4]

§ 475 Anmeldezeitpunkt bei bestimmter Fälligkeit

Ist in einer Schuldurkunde eine Verfallzeit angegeben, die zur Zeit der ersten Veröffentlichung des Aufgebots im Bundesanzeiger noch nicht eingetreten ist, und sind die Voraussetzungen der §§ 471 bis 474 nicht gegeben, ist der Anmeldezeitpunkt so zu bestimmen, dass seit dem Verfalltag sechs Monate abgelaufen sind.

I. Allgemeines

1 Die Vorschrift entspricht inhaltlich § 1014 aF ZPO. Sie wurde redaktionell überarbeitet[5] und enthält eine spezielle Regelung für die **Bestimmung des Aufgebotstermins** bei **Schuldurkunden mit einer bestimmten Fälligkeitszeit**. Die Bestimmung wurde wegen der Einstellung des in Printform erscheinenden Bundesanzeigers mit Wirkung zum 1.4.2012 geändert.[6]

II. Urkunden mit konkreter Verfallszeit

2 In § 475 werden Urkunden behandelt, die eine **konkrete Verfallszeit** (dh. Fälligkeitszeitpunkt)[7] enthalten (zB Wechsel, Schatzanweisungen)[8] und für die keine Scheine ausgegeben sind, so dass die für **Papiere mit Zins-, Renten- und Gewinnanteilscheinen** geltenden §§ 471 und 474 nicht eingreifen. Sind bei diesen Urkunden allerdings die Voraussetzungen der §§ 471 bis 474 gegeben, gehen diese Vorschriften dem § 475 vor.[9]

3 Falls bei den von § 475 erfassten Urkunden zur Zeit der ersten Veröffentlichung des Aufgebots im Bundesanzeiger die **Fälligkeit noch nicht eingetreten** sein sollte, ist der Anmeldezeitpunkt (§ 434 Abs. 2 Satz 2 Nr. 2) so zu bestimmen, dass seit dem Fälligkeitszeitpunkt sechs Monate verstrichen sind. Dabei ist die (nicht zwingende) einjährige Höchstfrist des § 476 zu beachten.[10] Nach § 484 Abs. 2 besteht ferner die Mög-

---

1 Holzer/*Holzer*, § 471 FamFG Rz. 4.
2 Bumiller/*Harders*, § 474 FamFG Rz. 1; Holzer/*Holzer*, § 471 FamFG Rz. 5; § 474 Rz. 1 f.
3 Baumbach/*Hartmann*, 67. Aufl., Ergänzungsband, § 1013 ZPO Rz. 1; Holzer/*Holzer*, § 474 FamFG Rz. 2.
4 Baumbach/*Hartmann*, 67. Aufl., Ergänzungsband, § 1013 ZPO Rz. 1.
5 Begr. zu § 475 RegE, in: BT-Drs. 16/6308, S. 297.
6 Art. 2 Abs. 32 des Gesetzes zur Änderung von Vorschriften über Verkündung und Bekanntmachungen sowie der Zivilprozessordnung, des Gesetzes betreffend die Einführung der Zivilprozessordnung und der Abgabenordnung v. 22.12.2011, BGBl. I, S. 3044.
7 Bumiller/*Harders*, § 475 FamFG Rz. 1; Holzer/*Holzer*, § 475 FamFG Rz. 1.
8 Bassenge/Roth/*Walter*, §§ 471 bis 475 FamFG Rz. 10; Baumbach/*Hartmann*, 67. Aufl., Ergänzungsband, § 1014 ZPO Rz. 1; Bumiller/*Harders*, § 475 FamFG Rz. 1.
9 Baumbach/*Hartmann*, 67. Aufl., Ergänzungsband, § 1014 ZPO Rz. 1.
10 Baumbach/*Hartmann*, 67. Aufl., Ergänzungsband, § 1014 ZPO Rz. 1; Holzer/*Holzer*, § 475 FamFG Rz. 3 und § 476 FamFG Rz. 3.

lichkeit, dass die **Länder** den Anmeldezeitpunkt abweichend von den Vorgaben des § 475 bestimmen (zB bei Grundpfandrechten).[1]

476 *Aufgebotsfrist*
Die Aufgebotsfrist soll höchstens ein Jahr betragen.

I. Allgemeines

Die Vorschrift enthält eine Sonderregelung für die **Bestimmung der Aufgebotsfrist** und ersetzt den § 1015 aF ZPO. Sie enthält jedoch wesentliche Abweichungen gegenüber der früheren Bestimmung. 1

Die frühere, von den allgemeinen Aufgebotsvorschriften abweichende **Mindestfrist** für das Aufgebot von sechs Monaten nach § 1015 Satz 1 aF ZPO ist ersatzlos entfallen. Hiermit soll den praktischen Erfordernissen des Rechtsverkehrs zur zügigen Abwicklung des Aufgebotsverfahrens Rechnung getragen werden. Die Änderung wird damit begründet, dass sich bisher die lastenfreie Verschaffung von Eigentum an Grundstücken bei erforderlichen Aufgebotsverfahren für Grundpfandrechte aufgrund der bisherigen Mindestfrist von sechs Monaten teilweise erheblich verzögert habe.[2] 2

Die Änderung ist zu begrüßen:[3] Vom Rechtsverkehr werden besonders bei wirtschaftlich bedeutsamen Transaktionen **schnelle Abwicklungszeiten** erwartet. Bisher wurde insbesondere die Abwicklung von Grundstückskaufverträgen erheblich verzögert, wenn wegzufertigende Rechte zunächst aufgeboten werden mussten. Andererseits bestehen heutzutage für etwaige Gläubiger weit gehende Möglichkeiten, sich insbesondere über den Bundesanzeiger zeitnah über die Eröffnung von Aufgebotsverfahren zu informieren. 3

Während nach altem Recht (§ 1015 Satz 2 aF ZPO) ein Aufgebot nicht zulässig war, falls unter Berücksichtigung der zu beachtenden Aufgebotsfristen der Aufgebotstermin nicht innerhalb eines Jahres bestimmt werden konnte, enthält § 476 nur noch die Soll-Vorschrift, dass die Aufgebotsfrist höchstens ein Jahr betragen soll. Dem Gericht ist damit ein Ermessen eingeräumt, im Einzelfall wegen besonderer Umstände auch eine längere Aufgebotsfrist zu bestimmen. Die frühere **Höchstfrist** des § 1015 Satz 2 aF ZPO wurde deshalb nicht **mehr als zwingend ausgestaltet**, um zeitnah die Kraftloserklärung von Urkunden aussprechen zu können. Dies entspricht den **praktischen Bedürfnissen des Rechtsverkehrs** und ermöglicht eine rasche Löschung von Grundpfandrechten sowie die damit verbundene Absicherung von Grundpfandrechten für Kreditgeber auf einer besseren Rangstelle.[4] 4

II. Bestimmung der Aufgebotsfrist

1. Mindestfrist

§ 476 ist auf alle Aufgebote nach den § 466 ff. anwendbar. Trotz Wegfalls der Mindestfrist des § 1015 ZPO aF ist die des § 437 zu beachten, ferner die **zweimonatige Mindestfrist** nach Art. 59 Abs. 1 Satz 2 ScheckG sowie die für qualifizierte Legitimationspapiere iSd. § 808 BGB und Grundpfandrechtsbriefe nach Landesrecht wegen der nach §§ 483, 484 möglichen Sonderregelungen.[5] 5

---

1 Dazu Holzer/*Holzer*, § 475 FamFG Rz. 3 und § 484 Rz. 4 ff.
2 Begr. zu § 476 RegE, in: BT-Drs. 16/6308, S. 297.
3 Bumiller/*Harders*, § 476 FamFG Rz. 1; Holzer/*Holzer*, § 476 FamFG Rz. 1.
4 Begr. zu § 476 RegE, in: BT-Drs. 16/6308, S. 297; ebenso *Heinemann*, DNotZ 2009, 6 (35).
5 Holzer/*Holzer*, § 476 FamFG Rz. 2 mwN.

2. Höchstfrist

6   Nach § 476 soll die **Höchstfrist maximal ein Jahr** betragen. Falls sich im Einzelfall herausstellt, dass die Gläubiger ihre Rechte nicht kurzfristig anmelden können, kann die Frist des § 476 nach pflichtgemäßem Ermessen verlängert werden. Dies kommt auch in den von § 471 erfassten Fällen in Frage.[1]

477 Anmeldung der Rechte

Meldet der Inhaber der Urkunde vor dem Erlass des Ausschließungsbeschlusses seine Rechte unter Vorlegung der Urkunde an, hat das Gericht den Antragsteller hiervon zu benachrichtigen und ihm innerhalb einer zu bestimmenden Frist die Möglichkeit zu geben, in die Urkunde Einsicht zu nehmen und eine Stellungnahme abzugeben.

I. Allgemeines

1   Die Vorschrift regelt das **gerichtliche Verfahren nach Anmeldung der Rechte** des Inhabers der Urkunde und entspricht im Wesentlichen dem § 1016 aF ZPO. Sie wurde zugunsten des Antragstellers um die Möglichkeit ergänzt, zu der von dem Anmelder von Rechten vorgelegten Urkunde eine Stellungnahme abzugeben, wodurch der Anspruch des Antragstellers auf **rechtliches Gehör** nach Art. 103 Abs. 1 GG umfassender gewahrt wird. Eine dem § 1016 Satz 2 aF ZPO entsprechende Vorschrift enthält das Gesetz wegen des **Wegfalls des Aufgebotstermins** nicht mehr.[2]

II. Anmeldung der Rechte

2   Nach § 477 hat der Inhaber der Urkunde seine Rechte unter Vorlage der Urkunde anzumelden, bevor der Ausschließungsbeschluss erlassen wird (§ 478 Abs. 1). Die Vorschrift ergänzt damit den § 440. Aus dem Wortlaut des Gesetzes („**Vorlegung der Urkunde**") ergibt sich, dass die Urkunde nicht zu den Akten gelangt, sondern durch das Gericht überprüft und nach Einsichtnahme des Antragstellers **zurückgegeben** wird. Es ist deshalb entbehrlich, insoweit auf den Rechtsgedanken des § 1016 Satz 2 aF ZPO zurückzugreifen.[3] Aus Beweisgründen sollte das Gericht eine beglaubigte Kopie der Urkunde zu den Akten nehmen. Der Antragsteller kann dies jedoch nicht verlangen.[4]

III. Einsichtnahme

3   Nach Vorlage der Urkunde hat das Gericht den Antragsteller hiervon zu benachrichtigen und ihm Gelegenheit zu geben, innerhalb einer bestimmten und ihm zumutbaren Frist **Einsicht** in die Urkunde zu nehmen und eine Stellungnahme abzugeben. Die Einsichtnahme wird **auf der Geschäftsstelle des Gerichts** erfolgen.[5] Der Antragsteller sollte seine **Stellungnahme** zweckmäßigerweise schriftlich abgeben. Das Gericht kann jedoch nach § 32 einen Termin zur Einsichtnahme anzuberaumen. Eine Übersendung der Urkunde an den Antragsteller unterbleibt wegen der damit verbundenen Verlustgefahr. Dies gilt auch für eine Übersendung an den Prozessbevollmächtigten.

IV. Weiteres Verfahren

4   Falls der Antragsteller die **vorgelegte Urkunde anerkennt**, weist das Gericht seinen Antrag durch Beschluss zurück.[6] Bestreitet er die Richtigkeit der Urkunde, ist

---

1 Bassenge/Roth/*Walter*, § 476 FamFG Rz. 1.
2 Begr. zu § 477 RegE, in: BT-Drs. 16/6308, S. 298.
3 Holzer/*Holzer*, § 477 FamFG Rz. 2; aA Bumiller/*Harders*, § 477 FamFG Rz. 2.
4 Holzer/*Holzer*, § 477 FamFG Rz. 2.
5 Bassenge/Roth/*Walter*, § 477 FamFG Rz. 2.
6 Bumiller/*Harders*, § 477 FamFG Rz. 3; Holzer/*Holzer*, § 477 FamFG Rz. 4; aA Bassenge/Roth/*Walter*, § 477 FamFG Rz. 3.

nach § 440 weiter zu verfahren.[1] Für einen eventuellen Rechtsstreit um das Recht an oder aus der Urkunde ist das **Zivilgericht** zuständig.[2]

478 Ausschließungsbeschluss

(1) In dem Ausschließungsbeschluss ist die Urkunde für kraftlos zu erklären.
(2) Der Ausschließungsbeschluss ist seinem wesentlichen Inhalt nach durch Veröffentlichung im Bundesanzeiger bekannt zu machen. § 470 gilt entsprechend.
(3) In gleicher Weise ist die auf eine Beschwerde ergangene Entscheidung bekannt zu machen, soweit durch sie die Kraftloserklärung aufgehoben wird.

I. Allgemeines

Die Vorschrift entspricht inhaltlich dem früheren § 1017 ZPO. Bei der Formulierung wurden die Entscheidung durch Beschluss und die Änderung der Rechtsmittelvorschriften berücksichtigt.[3] Die Vorschrift befasst sich mit dem **Inhalt** und der **Veröffentlichung des Ausschließungsbeschlusses**. Abs. 2 Satz 1 wurde wegen der Einstellung des in Printform erscheinenden Bundesanzeigers mit Wirkung zum 1.4.2012 geändert.[4]

II. Inhalt des Ausschließungsbeschlusses (Absatz 1)

In dem Ausschließungsbeschluss ist die **Urkunde für kraftlos zu erklären** (§ 478 Abs. 1). Die Wirkung des Ausschießungsbeschlusses ist in § 479 geregelt;[5] danach kann derjenige, der den Ausschließungsbeschluss erwirkt hat, gegenüber dem Verpflichteten die Rechte aus der Urkunde geltend machen. Unbekannte Rechtsinhaber können hingegen mit ihren Rechten nicht ausgeschlossen werden.[6]

III. Veröffentlichung des Ausschießungsbeschlusses (Absatz 2)

Nach § 478 Abs. 2 ist in Abweichung zu § 441 bei der öffentlichen Zustellung zwingend eine **Bekanntmachung des wesentlichen Inhalts des Ausschließungsbeschlusses** (Rubrum und Tenor),[7] nicht aber die **Rechtsbehelfsbelehrung** nach § 39,[8] im Bundesanzeiger vorzunehmen. Falls die Voraussetzungen des § 470 vorliegen, erfolgt die Bekanntmachung in den dort bestimmten Blättern.[9] Die nach § 441 zu veranlassenden Bekanntmachungen bleiben daneben bestehen (also der Aushang an der Gerichtstafel und die Einstellung in ein in dem die Bekanntmachung veranlassenden Gericht öffentlich zugängliches elektronisches Informationssystem).[10] § 484 Abs. 2 gestattet zudem abweichende Vorschriften des Landesrechts.[11]

IV. Beschwerdeverfahren (Absatz 3)

Wird im Beschwerdeverfahren der zunächst ergangene Ausschließungsbeschluss und damit die dort erklärte Kraftloserklärung aufgehoben, ist die **Beschwerdeentscheidung** entsprechend Abs. 2 **bekannt zu machen** (§ 478 Abs. 3). Auch hier genügt

---

1 Bumiller/*Harders*, § 477 FamFG Rz. 3; Bassenge/Roth/*Walter*, § 477 FamFG Rz. 4.
2 Holzer/*Holzer*, § 477 FamFG Rz. 4.
3 Begr. zu § 478 RegE, in: BT-Drs. 16/6308, S. 298.
4 Art. 2 Abs. 32 des Gesetzes zur Änderung von Vorschriften über Verkündung und Bekanntmachungen sowie der Zivilprozessordnung, des Gesetzes betreffend die Einführung der Zivilprozessordnung und der Abgabenordnung v. 22.12.2011, BGBl. I, S. 3044.
5 BGH v. 25.9.1989 – II ZR 53/89, NJW-RR 1990, 166 (169); Holzer/*Holzer*, § 478 FamFG Rz. 2; § 479 Rz. 1.
6 Bumiller/*Harders*, § 478 FamFG Rz. 2.
7 Bassenge/Roth/*Walter*, § 478 FamFG Rz. 3.
8 *Wilsch*, FGPrax 2012, 231 (233).
9 Holzer/*Holzer*, § 478 FamFG Rz. 3.
10 Bumiller/*Harders*, § 478 FamFG Rz. 3.
11 Holzer/*Holzer*, § 478 FamFG Rz. 4 und § 484 FamFG Rz. 5.

die Veröffentlichung von Rubrum und Tenor;[1] die der Gründe der Beschwerdeentscheidung kann unterbleiben.

479 Wirkung des Ausschließungsbeschlusses

(1) Derjenige, der den Ausschließungsbeschluss erwirkt hat, ist dem durch die Urkunde Verpflichteten gegenüber berechtigt, die Rechte aus der Urkunde geltend zu machen.
(2) Wird der Ausschließungsbeschluss im Beschwerdeverfahren aufgehoben, bleiben die aufgrund des Ausschließungsbeschlusses von dem Verpflichteten bewirkten Leistungen auch Dritten, insbesondere dem Beschwerdeführer, gegenüber wirksam, es sei denn, dass der Verpflichtete zur Zeit der Leistung die Aufhebung des Ausschließungsbeschlusses gekannt hat.

I. Allgemeines

1 Die Vorschrift entspricht im Wesentlichen § 1018 aF ZPO. Sie wurde lediglich redaktionell überarbeitet[2] und behandelt die **Wirkung des Ausschließungsbeschlusses**.

II. Wirkung des Ausschließungsbeschlusses (Absatz 1)

1. Gegenüber dem durch die Urkunde Verpflichteten

2 Nach § 479 Abs. 1 erlaubt der Ausschließungsbeschluss der Person, die ihn erwirkt hat, gegenüber dem durch die Urkunde Verpflichteten die **Rechte aus der Urkunde** geltend zu machen. Hierdurch wird jedoch nur der **Besitz** bzw. **die Vorlage der Urkunde ersetzt**,[3] so dass sich die Person, die den Ausschließungsbeschluss erwirkt hat, gegenüber der durch die Urkunde verpflichteten Person so verhalten kann, als besitze sie die Urkunde.[4]

3 Die **Rechtsbeständigkeit der Urkunde** und der **Umfang der** sich aus ihr ergebenden **Verpflichtungen** bestimmen sich alleine nach materiellem Recht; der Ausschließungsbeschluss beschneidet grundsätzlich weder dem Verpflichteten die ihm zustehenden materiellen Einwendungen und Einreden[5] noch befreit sie den Berechtigten von gesetzlich vorgeschriebenen Durchsetzungsvoraussetzungen. So hindert im Wechselrecht die Wirkung der Kraftloserklärung eines Wechselblanketts nur deren missbräuchliche Ausfüllung, so dass eine Vervollständigung des Blanketts zur Begründung der Wechselverbindlichkeit nicht mehr möglich ist.[6]

2. Wirkung gegenüber Dritten

4 Die für kraftlos erklärte Urkunde wird mit **Wirkung für und gegen alle** wirkungslos, wobei der Ausschließungsbeschluss nicht das Recht auf Erteilung einer neuen Urkunde verleiht, das ausschließlich aus dem materiellen Recht folgt (§§ 800 Satz 1 BGB, 67 GBO).[7]

5 **Dritten** gegenüber hat der Ausschließungsbeschluss **keine Wirkung**, weil das Aufgebot der Urkunde nicht auf den Ausschluss von Rechten abzielt. Der Ausschließungsbeschluss ersetzt lediglich den Besitz der Urkunde, jedoch nicht das aus ihr folgende materielle Recht, so dass Dritte in ihren Rechten an oder aus der Urkunde nicht berührt werden. Der Antragsteller kann dem Verpflichteten gegenüber lediglich

---

1 Bassenge/Roth/*Walter*, § 478 FamFG Rz. 3.
2 Begr. zu § 479 RegE, in: BT-Drs. 16/6308, S. 298.
3 BGH v. 1.2.2005 – X ZR 10/04, NJW 2005, 1774 (1775 f.).
4 BayObLG v. 2.3.1987 – 2 Z BR 25/87, Rpfleger 1987, 363; BayObLG v. 25.9.1987 – 2 Z BR 109/87, Rpfleger 1987, 493; *Blunk/Winkler*, BKR 2008, 288 (289).
5 Bumiller/*Harders*, § 479 FamFG Rz. 1.
6 Holzer/*Holzer*, § 479 FamFG Rz. 3.
7 BayObLG Rpfleger 1987, 493 (494); Bassenge/Roth/*Walter*, § 478 FamFG Rz. 2; *Blunk/Winkler*, BKR 2008, 288.

die Rechte aus der Urkunde geltend machen, wodurch das Rechtsverhältnis zwischen dem Antragsteller und dem Dritten nicht tangiert wird.[1]

III. Leistungen des Verpflichteten (Absatz 2)

§ 479 Abs. 2 räumt dem Verpflichteten zu dessen Schutz das Recht ein, aufgrund des Ausschließungsbeschlusses mit **schuldbefreiender Wirkung** zu leisten. Dies gilt selbst dann, wenn der Ausschließungsbeschluss im Beschwerdeverfahren aufgehoben wurde, es sei denn, dass der Verpflichtete die Aufhebung zur Zeit der Leistung positiv gekannt hat. Eine lediglich fahrlässige Unkenntnis oder Kenntnis des Beschwerdeverfahrens ist hingegen nicht ausreichend.[2]

IV. Bereicherungsausgleich

Der **Inhaber des materiellen Rechts** kann unabhängig von einer Anfechtung des Ausschließungsbeschlusses von demjenigen, der aufgrund des Ausschließungsbeschlusses Leistungen von dem Verpflichteten empfangen hat, die **Herausgabe des Geleisteten** gem. § 816 BGB verlangen.[3]

480 *Zahlungssperre*

(1) Bezweckt das Aufgebotsverfahren die Kraftloserklärung eines auf den Inhaber lautenden Papiers, so hat das Gericht auf Antrag an den Aussteller sowie an die in dem Papier und die von dem Antragsteller bezeichneten Zahlstellen das Verbot zu erlassen, an den Inhaber des Papiers eine Leistung zu bewirken, insbesondere neue Zins-, Renten- oder Gewinnanteilscheine oder einen Erneuerungsschein auszugeben (Zahlungssperre). Mit dem Verbot ist die Benachrichtigung von der Einleitung des Aufgebotsverfahrens zu verbinden. Das Verbot ist in gleicher Weise wie das Aufgebot öffentlich bekannt zu machen.
(2) Ein Beschluss, durch den der Antrag auf Erlass einer Zahlungssperre zurückgewiesen wird, ist mit der sofortigen Beschwerde in entsprechender Anwendung der §§ 567 bis 572 der Zivilprozessordnung anfechtbar.
(3) Das an den Aussteller erlassene Verbot ist auch den Zahlstellen gegenüber wirksam, die nicht in dem Papier bezeichnet sind.
(4) Die Einlösung der vor dem Verbot ausgegebenen Zins-, Renten- oder Gewinnanteilscheine wird von dem Verbot nicht betroffen.

I. Allgemeines

§ 480 übernimmt den früheren § 1019 ZPO in das FamFG; sein Abs. 2 enthält jedoch in Übereinstimmung mit der zu § 1019 aF ZPO vertretenen Auffassung eine Regelung, nach der ein Beschluss, der einen **Antrag auf Erlass der Zahlungssperre zurückweist**, mit der sofortigen Beschwerde angefochten werden kann.[4] § 480 definiert ferner den **Begriff der Zahlungssperre** regelt deren **Voraussetzungen und Wirkungen**.

II. Zahlungssperre

1. Begriff

Nach § 480 Abs. 1 Satz 1 wird die **Zahlungssperre** als das Verbot **definiert**, an den Inhaber des Papiers eine Leistung zu bewirken. Dies gilt insbesondere für die Ausgabe neuer Zins-, Renten- oder Gewinnanteilsscheine oder einen Erneuerungsschein. Vorher ausgegebene Scheine werden durch die Zahlungssperre nicht tangiert (§ 480 Abs. 4), auch wenn sie erst nach ihrem Erlass fällig werden sollten.[5]

---

1 RG v. 12.9.1941 – I 121/40, RGZ 168, 1 (9); OLG Hamm v. 4.11.1975 – 7 U 97/75, MDR 1976, 404 (405).
2 Holzer/*Holzer*, § 479 FamFG Rz. 6.
3 Bumiller/*Harders*, § 479 FamFG Rz. 3; Bassenge/Roth/*Walter*, § 478 FamFG Rz. 5.
4 Begr. zu § 480 RegE, in: BT-Drs. 16/6308, S. 298.
5 Bumiller/*Harders*, § 480 FamFG Rz. 4.

2. Geltung

3   Die Zahlungssperre nach § 480 gilt findet auf alle **Inhaberpapiere** iSd. § 799 Abs. 1 BGB, unter anderem auch für auf den Inhaber lautende Grundpfandrechtsbriefe (§§ 1195, 1199 BGB), Lotterielose,[1] Inhaberschecks (Art. 5 ScheckG) sowie auf den Inhaber lautende Aktien (§ 10 Abs. 1 AktG) Anwendung.[2] § 480 **gilt nicht für Orderpapiere und Wechsel**, selbst wenn diese mit einem **Blankoindossament** versehen sind. § 365 Abs. 2 Satz 2 HGB, Art. 90 Abs. 1 Satz 2 WG, Art. 59 Abs. 1 Satz 3 ScheckG gestatten es dem Antragsteller in solchen Fällen, die Leistung nach Einleitung des Verfahrens nur noch gegen Sicherheitsleistung zu verlangen.[3] Nach § 483 gilt die Zahlungssperre auch für qualifizierte Legitimationspapiere iSd. § 808 BGB.[4]

3. Wirkung

4   Bei der Zahlungssperre handelt es sich um ein **gerichtliches Verfügungsverbot** (§§ 135, 136 BGB). Sie wirkt gegen diejenigen, gegen die sie erlassen wurde, ferner gegen die nicht benannten Zahlstellen (§ 480 Abs. 1 Satz 3).[5] **Entgegen dem Verbot bewirkte Leistungen** sind gegenüber dem Antragsgegner nach § 135 Abs. 1 BGB unwirksam, wobei der Empfänger der Leistung nach § 135 Abs. 2 BGB Gutglaubensschutz für sich in Anspruch nehmen kann. Durch die Zahlungssperre werden ferner Beginn und Lauf der Vorlegungsfrist sowie der Eintritt der Verjährung gehemmt (§§ 802 Satz 1, 808 Abs. 2 Satz 3 BGB).[6]

5   Das gegenüber dem Aussteller „erlassene" (dh. gegen ihn gerichtete) Verbot ist gem. § 480 Abs. 3 auch den **Zahlstellen gegenüber wirksam**, die nicht in dem Papier bezeichnet wurden.[7]

III. Anordnung (Absatz 1)

6   Der Antrag auf Erlass der Zahlungssperre kann mit dem Antrag auf Erlass des Aufgebots verbunden werden; er kann jedoch auch nach Erlass des Aufgebots und sogar bereits vor dem Aufgebotsantrag gestellt werden (vgl. § 480 Abs. 1 Satz 2).[8]

7   Sobald die **Zahlungssperre beantragt** wurde, hat das Gericht sie durch Beschluss zu erlassen (vgl. § 480 Abs. 1 Satz 1), ohne dass ihm ein Ermessen zusteht.[9] Mit dem Zahlungsverbot ist gem. § 480 Abs. 1 Satz 2 die Benachrichtigung von der Einleitung des Aufgebotsverfahrens zu verbinden. Das **Zahlungsverbot** wird den benannten Zahlstellen und dem Antragsteller zugestellt (§ 41 Abs. 1); es ist nach § 480 Abs. 1 Satz 3 in gleicher Weise wie das Aufgebot öffentlich bekannt zu machen (vgl. §§ 435, 470). § 484 gestattet auch hier den Erlass landesrechtlicher Sonderregelungen.[10]

IV. Zurückweisung (Absatz 2)

8   Gegen die **Zurückweisung eines Antrags auf Erlass einer Zahlungssperre** ist nach § 480 Abs. 2 die sofortige Beschwerde entsprechend den §§ 567 bis 572 ZPO statthaft. Nach der Systematik des FamFG ist die **sofortige ZPO-Beschwerde** das Rechtsmittel der Wahl für alle Nebenentscheidungen, das für eine rasche Klärung der Rechtslage und damit für Rechtssicherheit sorgen soll.[11]

9   **Kosten/Gebühren:** S. Anmerkung zu § 433.

---

1   Baumbach/*Hartmann*, 67. Aufl., Ergänzungsband, § 1019 ZPO Rz. 1.
2   Bassenge/Roth/*Walter*, § 480 FamFG Rz. 1.
3   Bumiller/*Harders*, § 480 FamFG Rz. 1.
4   Holzer/*Holzer*, § 480 FamFG Rz. 3; § 483 Rz. 3.
5   Bumiller/*Harders*, § 480 FamFG Rz. 4.
6   Bassenge/Roth/*Walter*, § 480 FamFG Rz. 4.
7   Holzer/*Holzer*, § 480 FamFG Rz. 5.
8   Bumiller/*Harders*, § 480 FamFG Rz. 3.
9   Holzer/*Holzer*, § 480 FamFG Rz. 7.
10 Holzer/*Holzer*, § 480 FamFG Rz. 8.
11 Holzer/*Holzer*, § 480 FamFG Rz. 9.

481 Entbehrlichkeit des Zeugnisses nach § 471 Abs. 2

Wird die Zahlungssperre angeordnet, bevor seit der Zeit des glaubhaft gemachten Verlustes Zins-, Renten- oder Gewinnanteilscheine ausgegeben worden sind, so ist die Beibringung des im § 471 Abs. 2 vorgeschriebenen Zeugnisses nicht erforderlich.

I. Allgemeines

Die Vorschrift entspricht inhaltlich weitgehend dem § 1021 aF ZPO[1] und enthält eine **Ausnahme** von der Beibringung des in § 471 Abs. 2 vorgeschriebenen Zeugnisses bei **Anordnung einer Zahlungssperre vor Ausgabe von Zinsscheinen**.

II. Inhalt der Vorschrift

Wird in den von § 471 erfassten Fällen[2] eine **Zahlungssperre** erlassen, bevor nach dem Verlust der Urkunde **Zinsscheine** (dh. Zins-, Renten- oder Gewinnanteilsscheine) ausgegeben wurden, bedarf es eines Zeugnisses nach § 471 Abs. 2 nicht mehr, weil an den Besitzer der Urkunde (dh. des Mantels) gem. § 480 Abs. 1 keine neuen Zinsscheine mehr ausgegeben werden dürfen.[3] Der etwaige Inhaber der Urkunde ist in diesem Fall nicht mehr in der Lage, neue Scheine durch Vorlage der Urkunde bei der zur Ausgabe bestimmten Stelle zu erhalten. Er müsste dazu gem. § 482 zunächst dem Gericht die Urkunde vorlegen, um dort eine Aufhebung der Zahlungssperre zu erwirken, um dann die neuen Scheine von der Ausgabestelle zu erhalten.[4] Wegen dieser Möglichkeit erklärt § 481 in den dort geregelten Fällen die **Beibringung des Zeugnisses** gem. § 471 Abs. 2 für **entbehrlich**. § 482 schützt dadurch den gutgläubigen Inhaber der Urkunde in gleicher Weise wie mit dem Zeugnis nach § 471 Abs. 2;[5] denn wenn die Vorlage der Urkunde unterbleibt, ist der gute Glaube ihres Inhabers widerlegt.[6]

Hinsichtlich der **Glaubhaftmachung des Verlustes der Urkunde** greift § 481 auf die Grundregel des § 468 Nr. 2 zurück.

482 Aufhebung der Zahlungssperre

(1) Wird das in Verlust gekommene Papier dem Gericht vorgelegt oder wird das Aufgebotsverfahren ohne Erlass eines Ausschließungsbeschlusses erledigt, so ist die Zahlungssperre von Amts wegen aufzuheben. Das Gleiche gilt, wenn die Zahlungssperre vor der Einleitung des Aufgebotsverfahrens angeordnet worden ist und die Einleitung nicht binnen sechs Monaten nach der Beseitigung des ihr entgegenstehenden Hindernisses beantragt wird. Ist das Aufgebot oder die Zahlungssperre öffentlich bekannt gemacht worden, so ist die Erledigung des Verfahrens oder die Aufhebung der Zahlungssperre von Amts wegen durch den Bundesanzeiger bekannt zu machen.
(2) Wird das Papier vorgelegt, ist die Zahlungssperre erst aufzuheben, nachdem dem Antragsteller die Einsicht nach Maßgabe des § 477 gestattet worden ist.
(3) Der Beschluss, durch den die Zahlungssperre aufgehoben wird, ist mit der sofortigen Beschwerde in entsprechender Anwendung der §§ 567 bis 572 der Zivilprozessordnung anfechtbar.

I. Allgemeines

Die Vorschrift entspricht inhaltlich § 1022 aF ZPO.[7] Die Abs. 1 und 2 wurden redaktionell überarbeitet. Abs. 3 lässt entsprechend § 480 Abs. 2 in Fortschreibung des bisherigen Rechtszustandes gegen die Aufhebung der Zahlungssperre die sofortige

---

1 Begr. zu § 481 RegE, in: BT-Drs. 16/6308, S. 298.
2 Holzer/*Holzer*, § 471 FamFG Rz. 2 ff.
3 Bassenge/Roth/*Walter*, § 480 FamFG Rz. 1; Holzer/*Holzer*, § 471 FamFG Rz. 2.
4 Baumbach/Hartmann, 67. Aufl., Ergänzungsband, § 1021 ZPO Rz. 1.
5 Holzer/*Holzer*, § 481 FamFG Rz. 2.
6 Baumbach/Hartmann, 67. Aufl., Ergänzungsband, § 1021 ZPO Rz. 1.
7 Begr. zu § 482 RegE, in: BT-Drs. 16/6308, S. 298.

Beschwerde nach Maßgabe der §§ 567 bis 572 ZPO zu. Auch hier handelt es sich um die **Anfechtung einer Zwischenentscheidung**, für die nach der Systematik des FamFG ausschließlich die sofortige ZPO-Beschwerde statthaft ist. § 481 regelt im Übrigen, unter welchen Voraussetzungen die nach § 480 angeordnete **Zahlungssperre aufgehoben** werden kann. Abs. 1 Satz 3 wurde wegen der Einstellung des in Printform erscheinenden Bundesanzeigers mit Wirkung zum 1.4.2012 geändert.[1]

II. Aufhebung der Zahlungssperre

1. Voraussetzungen (Abs. 1 Satz 1, 2)

2   Während eine **Zahlungssperre** nach § 480 Abs. 1 immer nur auf Antrag angeordnet werden darf, kann ihre **Aufhebung** unter bestimmten Voraussetzungen von Amts wegen erfolgen. § 482 Abs. 1 sieht hierfür nur **drei Möglichkeiten** vor: Dem Gericht wird entweder das **verlorene Papier vorgelegt** oder das Aufgebotsverfahren wird ohne Erlass eines Ausschließungsbeschlusses etwa durch **Rücknahme oder Zurückweisung des Antrags** erledigt (§ 482 Abs. 1 Satz 1). Eine weitere Aufhebungsmöglichkeit besteht, wenn die **Zahlungssperre vor der Einleitung des Aufgebotsverfahrens beantragt** worden war und die Einleitung nicht binnen sechs Monaten nach der Beseitigung des ihr entgegenstehenden Hindernisses beantragt wird (§ 482 Abs. 1 Satz 2). Einer Auffassung, nach der für die zuletzt genannte Möglichkeit wegen der fehlenden Übernahme des § 1120 aF ZPO in das FamFG der Anwendungsbereich fehle,[2] kann nicht beigetreten werden. Nunmehr ergibt sich nämlich aus § 480 Abs. 2, dass die Zahlungssperre bereits vor Einleitung des Aufgebotsverfahrens beantragt werden kann.[3]

3   Wurde das Papier vorgelegt, wird die Zahlungssperre erst aufgehoben, wenn der Antragsteller die **Möglichkeit zur Einsicht** nach § 477 gehabt hat. Falls der Antragsgegner die Urkunde nicht anerkennt, hebt das Gericht die Zahlungssperre nach zutreffender Ansicht dann auf, wenn die Urkunde nach seiner Einschätzung echt ist.[4]

2. Wirkungen

4   Mit Aufhebung der Zahlungssperre **entfällt das gerichtliche Verfügungsverbot** nach §§ 135, 136 BGB; ferner endet die Ablaufhemmung nach §§ 802 Satz 1, 808 Abs. 2 Satz 3 BGB.[5]

III. Verfahren

5   Die Aufhebung der Zahlungssperre erfolgt von Amts wegen (§ 26) und ist erst dann zulässig, wenn der Antragsteller Gelegenheit zur **Einsicht und Stellungnahme** (Art. 103 Abs. 1 GG) hatte.[6] Der Aufhebungsbeschluss ist zu begründen und gem. § 482 Abs. 1 Satz 2 im Bundesanzeiger öffentlich bekannt zu machen, falls die Anordnung ebenfalls öffentlich bekannt gemacht wurde.

6   **Anfechtbar** ist der Aufhebungsbeschluss mit der **sofortigen Beschwerde** nach §§ 567 bis 572 ZPO (§ 482 Abs. 3). Wird die Aufhebung abgelehnt, ist die Beschwerde nach §§ 58 ff. statthaft.[7]

7   Kosten/Gebühren: Gericht: Für die Aufhebung der Zahlungssperre entsteht neben dem Aufgebotsverfahren und neben dem Verfahren betreffend die Zahlungssperre nach Abs. 2 der Anm. zu Nr. 15212 KV GNotKG keine besondere Gebühr.

---

1 Art. 2 Abs. 32 des Gesetzes zur Änderung von Vorschriften über Verkündung und Bekanntmachungen sowie der Zivilprozessordnung, des Gesetzes betreffend die Einführung der Zivilprozessordnung und der Abgabenordnung v. 22.12.2011, BGBl. I, S. 3044.
2 Bassenge/Roth/*Walter*, § 482 FamFG Rz. 3.
3 Holzer/*Holzer*, § 482 FamFG Rz. 2.
4 Baumbach/Hartmann, 67. Aufl., Ergänzungsband, § 1022 ZPO Rz. 2; Bassenge/Roth/*Walter*, § 482 FamFG Rz. 3; Holzer/*Holzer*, § 482 FamFG Rz. 3.
5 Holzer/*Holzer*, § 482 FamFG Rz. 4
6 Bumiller/*Harders*, § 482 FamFG Rz. 3.
7 Holzer/*Holzer*, § 482 FamFG Rz. 7.

483 Hinkende Inhaberpapiere

Bezweckt das Aufgebotsverfahren die Kraftloserklärung einer Urkunde der in § 808 des Bürgerlichen Gesetzbuchs bezeichneten Art, gelten § 466 Abs. 3, die §§ 470 und 478 Abs. 2 Satz 2 sowie die §§ 480 bis 482 entsprechend. Die Landesgesetze können über die Veröffentlichung des Aufgebots und der in § 478 Abs. 2, 3 und in den §§ 480, 482 vorgeschriebenen Bekanntmachungen sowie über die Aufgebotsfrist abweichende Vorschriften erlassen.

I. Allgemeines

Die Vorschrift entspricht inhaltlich dem früheren § 1023 ZPO[1] und befasst sich mit der Anwendung bestimmter Vorschriften des 6. Abschnitts des 8. Buches des FamFG für das **Aufgebot hinkender Inhaberpapiere**. Ferner wird den **Ländern** der Erlass abweichender Vorschriften für die vorgenannten Papiere ermöglicht.

II. Anwendungsbereich

§ 483, der durch die §§ 490, 491 ergänzt wird (dazu unten Rz. 5), ist auf sog. „**hinkende Inhaberpapiere**" anwendbar. Dabei handelt es sich um **qualifizierte Legitimationspapiere** iSd. § 808 BGB (zB Sparbücher, Versicherungsscheine und Pfandscheine).[2]

III. Geltende Vorschriften des FamFG (Satz 1)

Für das Aufgebot der durch § 483 erfassten „**hinkenden Inhaberpapiere**" gelten nach Satz 1 die §§ 466 Abs. 3, 470 und 478 Abs. 2 Satz 2 sowie die §§ 480 bis 482 entsprechend.

IV. Regelungen des Landesrechts (Satz 2)

Nach § 483 Satz 2 können die **Länder abweichende Vorschriften** über die **Veröffentlichung des Aufgebots** und der in §§ 478 Abs. 2, 3, 480 bis 482 vorgeschriebenen Bekanntmachungen sowie über die **Aufgebotsfrist** erlassen.[3]

Falls die **Ausgabe der Papiere auf Landesrecht beruht**, können die Länder nach § 490[4] abweichend von § 483 Abs. 2 sogar das gesamte auf sie anwendbare Aufgebotsverfahren landesrechtlich regeln.

Um ein derartiges autonom nach Landesrecht geregeltes[5] Aufgebotsverfahren der freiwilligen Gerichtsbarkeit handelt es sich beispielsweise bei dem in **Bayern** geltenden Verfahren zum **Aufgebot von Sparkassenbüchern**, das allerdings noch nicht mit dem FamFG verknüpft ist. Der Landesgesetzgeber sollte dies dringend bereinigen. Nach Art. 33 Satz 1 BayAGBGB[6] kann die **Kraftloserklärung** einer abhanden gekommenen oder vernichteten **Sparurkunde** auch bei der Sparkasse beantragt werden. Gem. Art. 34 Satz 1 BayAGBGB hat der Antragsteller den Verlust der (Spar-)Urkunde und die Tatsachen, von denen seine Berechtigung abhängt, glaubhaft zu machen. Die Glaubhaftmachung kann auch durch eidesstattliche Versicherung erfolgen (Art. 34 Satz 2 BayAGBGB). Das Aufgebot kann entweder **das Gericht oder die Sparkasse** anordnen (Art. 35 BayAGBGB); es enthält nach Art. 36 Abs. 1 BayAGBGB die Bezeichnung des Antragstellers und der Urkunde sowie die Aufforderung an den Inhaber der Urkunde, binnen drei Monaten seine Rechte unter Vorlegung der Urkunde anzumelden, widrigenfalls die Urkunde für kraftlos erklärt werde. Nach Art. 36 Abs. 2 BayAGBGB soll die Bezeichnung der Urkunde die Angabe enthalten, für wen diese bei der ersten Einzahlung ausgestellt worden ist. Das Aufgebot wird nach Art. 37

---

1 Begr. zu § 483 RegE, in: BT-Drs. 16/6308, S. 298.
2 Holzer/*Holzer*, § 483 FamFG Rz. 2; § 466 Rz. 5.
3 Holzer/*Holzer*, § 484 FamFG Rz. 4 ff.
4 Dazu Holzer/*Holzer*, FamFG, § 490 Rz. 1.
5 Holzer/*Holzer*, FamFG, § 490 Rz. 3.
6 Bayerisches Gesetz zur Ausführung des Bürgerlichen Gesetzbuchs und anderer Gesetze v. 1.1.1983, BayRS 400-1-J, zuletzt geändert durch Gesetz v. 20.12.2011, GVBl. S. 714.

Abs. 1 BayAGBGB durch Aushang bei der Sparkasse und durch einmalige **Veröffentlichung** („Einrückung") in dem von der Sparkasse bestimmten Bekanntmachungsblatt publiziert. Eine einmalige Veröffentlichung in einem anderen Blatt oder eine Wiederholung der Veröffentlichung in dem Bekanntmachungsblatt der Sparkasse ist möglich (Art. 37 Abs. 2 BayAGBGB). Der **Inhaber** der Urkunde hat gem. Art. 38 Abs. 1 BayAGBGB seine Rechte unter Vorlage der Urkunde anzumelden; die Sparkasse hat den Antragsteller hiervon zu benachrichtigen und ihm die Einsicht der Urkunde innerhalb einer zu bestimmenden Frist zu gestatten (Art. 38 Abs. 1 Satz 1 BayAGBGB). Auf Antrag des Inhabers der Urkunde wird zu deren Vorlegung ein **Termin bestimmt** (Art. 38 Abs. 1 Satz 2 BayAGBGB). Wird die Urkunde nicht vorgelegt, ist sie durch die Sparkasse für kraftlos zu erklären (Art. 39 Abs. 1 Satz 1 BayAGBGB). Vor der Kraftloserklärung kann dem Antragsteller eine **eidesstattliche Versicherung** abgenommen werden (Art. 39 Abs. 1 Satz 2 BayAGBGB). Die Kraftloserklärung ist durch Aushang bei der Sparkasse sowie durch einmalige Veröffentlichung in dem von der Sparkasse bestimmten Bekanntmachungsblatt zu publizieren (Art. 39 Abs. 2 BayAGBGB). An Stelle der für kraftlos erklärten Urkunde erhält der Antragsteller eine neue Urkunde (Art. 40 BayAGBGB). Die **Sparkasse darf** wegen Art. 19 Abs. 4 Satz 1 GG **nicht abschließend über das Aufgebot entscheiden**, so dass sich ein gerichtliches Verfahren anschließen kann, in dem die Kraftloserklärung nach Maßgabe des Art. 41 BayAGBGB angefochten wird.

484 *Vorbehalt für die Landesgesetzgebung*

(1) Bei Aufgeboten aufgrund der §§ 887, 927, 1104, 1112, 1162, 1170, 1171 des Bürgerlichen Gesetzbuchs, des § 110 des Binnenschifffahrtsgesetzes, der §§ 6, 13, 66, 67 des Gesetzes über Rechte an eingetragenen Schiffen und Schiffsbauwerken (BGBl. III 403–4) und der §§ 13, 66, 67 des Gesetzes über Rechte an Luftfahrzeugen können die Landesgesetze die Art der Veröffentlichung des Aufgebots und des Ausschließungsbeschlusses sowie die Aufgebotsfrist anders bestimmen als in den §§ 435, 437 und 441 vorgeschrieben ist.

(2) Bei Aufgeboten, die aufgrund des § 1162 des Bürgerlichen Gesetzbuchs ergehen, können die Landesgesetze die Art der Veröffentlichung des Aufgebots, des Ausschließungsbeschlusses und des in § 478 Abs. 2 und 3 bezeichneten Beschlusses sowie die Aufgebotsfrist auch anders bestimmen, als in den §§ 470, 475, 476 und 478 vorgeschrieben ist.

I. Allgemeines

1   Die Vorschrift entspricht dem früheren § 1024 ZPO.[1] Ähnlich wie § 483 ermöglicht es die Vorschrift den Ländern, die **Art der Veröffentlichung**, den **Inhalt des Ausschließungsbeschlusses**, den **Anmeldezeitpunkt** und die **Aufgebotsfrist** für bestimmte Aufgebote anders zu bestimmen, als es im 8. Buch des FamFG vorgesehen ist.

II. Geltungsbereich

2   § 484 Abs. 1 ist auf Aufgebote aufgrund der §§ 887, 927, 1104, 1112, 1162, 1170, 1171 BGB, § 110 BSchG und §§ 6 Abs. 1 Satz 1, 13 Satz 1, 66 Abs. 1 Satz 1, 67 Abs. 1 Satz 1 SchRG sowie §§ 13 Abs. 1 Satz 1, 66 Abs. 1, 67 Abs. 1 LfzRG **anwendbar**. Aufgebote, die aufgrund des § 1162 BGB ergehen, werden von § 484 Abs. 2 erfasst.[2]

III. Regelungen der Länder

3   Nach § 484 Abs. 1 können die **Länder** für das Aufgebot der dort genannten Rechte von den §§ 435, 437 und 441 **abweichende Vorschriften** über die Art der Veröffentlichung des Aufgebots, den Inhalt des Ausschließungsbeschlusses und der Aufgebotsfrist erlassen. Abweichungen von den §§ 470, 475, 476 und § 478 sind auch bei

---

1 Begr. zu § 483 RegE, in: BT-Drs. 16/6308, S. 298.
2 Holzer/*Holzer*, § 484 FamFG Rz. 2.

den in § 484 Abs. 2 genannten Aufgeboten möglich; ferner kann der in § 478 Abs. 2, 3 genannte Beschluss anders veröffentlicht werden.[1]

Sonderregelungen der Länder bestehen beispielsweise für die **Art der Veröffentlichung** (§§ 24 Abs. 1, 2, 30 Nr. 1 BWAGGVG,[2] Art. 27 Abs. 1 Satz 1, 2, 5 BayAGGVG,[3] §§ 4 Abs. 1 Satz 1, 5 Abs. 1, 6 Abs. 1 HbgZPOAusfG[4]), den **Anmeldezeitpunkt** (§§ 25 Abs. 2, 26 Abs. 2 BWAGGVG), die **Aufgebotsfrist** (§§ 24 Abs. 1, 30 Nr. 2 BWAGGVG, Art. 27 Abs. 1 Satz 3, 28 Abs. 1 Satz 2 BayAGGVG, § 4 Abs. 3 HbgZPOAusfG) und spezielle **Zuständigkeiten** (§ 27 BWAGGVG).[5]

4

---

1 Holzer/*Holzer*, § 484 FamFG Rz. 3.
2 Gesetz zur Ausführung des Gerichtsverfassungsgesetzes und von Verfahrensgesetzen der ordentlichen Gerichtsbarkeit v. 16.12.1975 (BWGBl. S. 868), zuletzt geändert durch Gesetz v. 13.12.2011, BWGBl. S. 545.
3 Bayerisches Gesetz zur Ausführung des Gerichtsverfassungsgesetzes und von Verfahrensgesetzen des Bundes v. 1.8.1981, BayRS IV, 483 Nr. 300-1-1-J, zuletzt geändert durch Gesetz 20.12.2011, BayGVBl. S. 693.
4 Gesetz betreffend Ausführung der Zivilprozessordnung v. 22.12.1899, zuletzt geändert durch Gesetz v. 14.12.2005, HbgGBl. I 40-e.
5 Dazu ausführlich Holzer/*Holzer*, § 484 FamFG Rz. 4 ff.; *Heinemann*, NotBZ 2009, 300 (301 ff.).

Buch 9
Schlussvorschriften

Vorbemerkungen

Das FGG v. 17.5.1898 ist zusammen mit dem BGB am 1.1.1900 in Kraft getreten. Es enthielt in einem 11. Abschnitt Schlussbestimmungen (§§ 185–200 FGG). Mit der Aufhebung des gesamten FGG sind zum 1.9.2009 auch alle diese Schlussbestimmungen entfallen. Der Gesetzgeber des FamFG hat deshalb in einem eigenen neunten Buch diejenigen Normen aufgegriffen, zusammengefasst und teilweise neu geordnet, die weiterhin als Übergangsrecht sowie im Verhältnis zu anderen Gesetzen erforderlich sind. Als Übergangs- und Schlussvorschriften sind ferner die Art. 111 und 112 FGG-RG zu beachten.

485 Verhältnis zu anderen Gesetzen
Artikel 1 Abs. 2 und die Artikel 2 und 50 des Einführungsgesetzes zum Bürgerlichen Gesetzbuche sind entsprechend anzuwenden.

A. Entstehung der Norm

§ 485 entspricht dem früheren § 185 Abs. 2 FGG. Darüber hinaus enthielt § 185 Abs. 1 FGG das Inkrafttreten, das nunmehr vom Gesetzgeber des FGG-RG in einem eigenen Artikel 112 geregelt ist. Ferner enthielt § 185 Abs. 3 FGG eine Übergangsregelung aus dem Jahre 2000. Der jetzige Gesetzestext verweist auf drei verschiedene Artikel des EGBGB und regelt damit Fragen zum Begriff des Gesetzes, zur Bedeutung landesrechtlicher Vorbehalte und zum Verhältnis gegenüber dem alten Recht.

B. Der Begriff des Gesetzes

Mit der Verweisung auf Art. 2 EGBGB wird die dortige Regel aufgenommen, wonach als Gesetz jede Rechtsnorm anzusehen ist. Übereinstimmend mit § 12 EGZPO und § 7 EGStPO ist damit der heute allgemein anerkannte Begriff der Rechtsnorm als Gesetz im formellen Sinn und als Gesetz im materiellen Sinn angesprochen. Gesetz im formellen Sinn ist in diesem Zusammenhang jede Rechtsvorschrift, die von einem in der Verfassung vorgesehenen Staatsorgan in einem förmlichen Gesetzgebungsverfahren erlassen wurde. Dagegen wird als Gesetz im materiellen Sinn jede rechtliche Regelung mit Außenwirkung ohne Rücksicht auf ihre formale Entstehung bezeichnet.

Im Einzelnen sind als Rechtsnormen in diesem Sinne anzusehen alle Bundes- und Landesgesetze, die Rechtsverordnungen, die Staatsverträge des Bundes und der Länder, die autonomen Satzungen, das Gewohnheitsrecht sowie die mit Verfassungskraft ausgestatteten Entscheidungen der Verfassungsgerichte des Bundes und der Länder. Ferner sind hierher zu rechnen die allgemeinen Regeln des Völkerrechts, soweit sie durch einen Akt des Gesetzgebers innerstaatliche Geltung erlangen (Art. 25 GG). Auch Tarifverträge sind als Rechtsnormen anerkannt. Dagegen erfasst der Begriff der Rechtsnorm nicht die Handelsbräuche, Verkehrssitten, allgemeinen Geschäftsbedingungen, Vereinssatzungen sowie von Religionsgemeinschaften erlassene innerkirchliche Normen.

C. Verhältnis zu Reichsgesetzen

Gem. Art. 50 EGBGB bleiben die Vorschriften der Reichsgesetze in Kraft. Sie treten nur insoweit außer Kraft, als sich aus dem BGB oder aus dem FGG sowie dem

FamFG ihre Aufhebung ergibt. Mit dieser Bestimmung wird zugleich der allgemeine kollisionsrechtliche Grundsatz des intertemporalen Rechts aufgenommen, wonach Vorschriften früheren Rechts ihre Gültigkeit dann verlieren, wenn sich aus später in Kraft getretenem Recht die Aufhebung ergibt. Soweit früheres Recht in Kraft geblieben ist, ist es so zu behandeln, wie wenn es Teil des heutigen Gesetzes wäre.

D. Bedeutung des landesrechtlichen Vorbehalts

5   Mit der entsprechenden Anwendung von Art. 1 Abs. 2 EGBGB wird die an sich bereits nach allgemeinen Regeln gegebene Rechtslage klargestellt, dass mit dem Weiterbestehen des geltenden Landesrechts zugleich auch die Zuständigkeit des Landesgesetzgebers für künftige Gesetzgebung umfasst ist. Im Rahmen dieser Landesgesetzgebung ist es daher weiterhin möglich, Landesgesetze zu regeln, zu ändern oder abzuschaffen. Die Einzelheiten hatte das FGG früher in den §§ 189–200 geregelt. Nunmehr sind die §§ 486–491 FamFG zu beachten.

486 *Landesrechtliche Vorbehalte; Ergänzungs- und Ausführungsbestimmungen*

(1) Soweit das Einführungsgesetz zum Bürgerlichen Gesetzbuche Rechtsgebiete der Landesgesetzgebung vorbehält, gilt dieser Vorbehalt auch für die entsprechenden Verfahrensvorschriften, soweit sie Gegenstand dieses Gesetzes sind.
(2) Durch Landesgesetz können Vorschriften zur Ergänzung und Ausführung dieses Gesetzes, einschließlich der erforderlichen Übergangsvorschriften erlassen werden. Dies gilt auch, soweit keine Vorbehalte für die Landesgesetzgebung bestehen.

A. Entstehung der Norm

1   Die Norm ist Teil des 9. Buches, das all diejenigen Schlussvorschriften zusammenfasst und neu ordnet, die aus dem Bereich des alten FGG (§§ 185 bis 200) noch Bedeutung haben (zu den Einzelheiten s. Vorbem. vor § 485). Die Vorschrift nimmt die Regelungen der früheren §§ 189, 200 FGG auf. Abs. 1 entspricht inhaltlich im Wesentlichen dem § 189 FGG. Abs. 2 ist inhaltsgleich mit § 200 FGG.

B. Landesrechtliche Vorbehalte nach Absatz 1

2   Soweit bis heute nach dem 3. Teil des EGBGB (Art. 55 bis 152) Rechtsmaterien ganz oder teilweise dem Landesgesetzgeber vorbehalten sind, erweitert Abs. 1 den landesrechtlichen Spielraum auch im Hinblick auf entsprechende Verfahrensvorschriften. Der Landesgesetzgeber kann also verfahrensrechtliche Normen aufrechterhalten und neue Normen erlassen, selbst wenn sie von den Bestimmungen des FamFG abweichen. Bedeutsam ist dieser landesrechtliche Vorbehalt insbesondere im Hinblick auf Art. 137, 140, 147, 148 EGBGB.

C. Landesrechtlicher Vorbehalt für Ergänzungs- und Ausführungsbestimmungen, Absatz 2

3   Durch Abs. 2, der dem früheren § 200 FGG entspricht, hat der Gesetzgeber dem Landesrecht auch künftig allgemein eine Befugnis zum Erlass von Ergänzungs- und Ausführungsvorschriften eingeräumt. Dies gilt ausdrücklich auch für Bereiche, für die keine Vorbehalte für die Landesgesetzgebung bestehen. Allerdings ist der Landesgesetzgeber nicht befugt, Vorschriften zu erlassen, die dem FamFG widersprechen. Erforderlich ist dieser Vorbehalt, weil weder das frühere FGG noch das heutige FamFG die Gegenstände der freiwilligen Gerichtsbarkeit erschöpfend regeln. Eine Übersicht über das heute geltende Landesrecht mit wörtlicher Wiedergabe der wichtigsten Landesgesetze über die freiwillige Gerichtsbarkeit findet sich bei Jansen, FGG, 3. Aufl. 2006, Bd. 3, Anhang zu § 200 (S. 645 ff.) sowie Keidel/*Engelhardt*, § 486 FamFG Rz. 3 ff.

Im Wege einer umfassenden Rechtskonsolidierung hat zuletzt Nordrhein-Westfalen ein neues Justizgesetz geschaffen, das im Rahmen seines Art. 2 (Gesetz zur Modernisierung und Bereinigung von Justizgesetzen im Land Nordrhein-Westfalen) die landesrechtlichen Vorschriften zur Ausführung des FamFG umfasst (Justizgesetz v. 26.1.2010, GVBl. NRW 2010, S. 30).

487 Nachlassauseinandersetzung; Auseinandersetzung einer Gütergemeinschaft

(1) Unberührt bleiben die landesrechtlichen Vorschriften,
1. nach denen das Nachlassgericht die Auseinandersetzung eines Nachlasses von Amts wegen zu vermitteln hat, wenn diese nicht binnen einer bestimmten Frist erfolgt ist;
2. nach denen andere als gerichtliche Behörden für die den Amtsgerichten nach § 373 Absatz 2 obliegenden Aufgaben zuständig sind;
3. nach denen in Baden-Württemberg in den Fällen des § 363 anstelle der Notare oder neben diesen andere Stellen die Auseinandersetzung vermitteln;
4. die das Verfahren in den Fällen nach Nummer 3 betreffen.
(2) Auf die Auseinandersetzung nach Absatz 1 Nr. 1 sind die §§ 365 bis 372 anzuwenden.

A. Entstehung der Norm

Die Norm ist Teil des 9. Buches, das all diejenigen Schlussvorschriften zusammenfasst und neu ordnet, die aus dem Bereich des früheren FGG (§§ 185 bis 200) noch Bedeutung haben (zu den Einzelheiten s. Vorbem. vor § 485). Die Vorschrift fasst in systematischer Weise die Regelungen der früheren §§ 192, 193 FGG zusammen und stellt sie übersichtlicher dar. Abs. 1 entspricht § 192, 1. Halbs. sowie § 193 FGG aF. Abs. 2 übernimmt die Regelung des § 192, 2. Halbs. FGG aF. Die Norm ist durch das Gesetz zur Übertragung von Aufgaben im Bereich der freiwilligen Gerichtsbarkeit auf Notare vom 26.6.2013 (BGBl. I, S. 1800) geändert worden. 1

B. Anwendbarkeit landesrechtlicher Vorschriften gem. Absatz 1

Das Gesetz sieht ausdrücklich vor, dass nach Landesrecht Nachlassauseinandersetzungen von Amts wegen, ferner die Zuständigkeit nichtgerichtlicher Behörden und schließlich die Zuständigkeit von Notaren ausdrücklich unberührt bleiben. Der Hinweis auf Nachlassauseinandersetzungen von Amts wegen ist derzeit ohne Bedeutung, da nach Abschaffung früherer landesrechtlicher Regelungen in Baden-Württemberg und Bayern von diesem Vorbehalt kein Gebrauch mehr gemacht wird. Der Vorbehalt im Hinblick auf die Zuständigkeit nichtgerichtlicher Behörden bezieht sich auf Art. 147 EGBGB, wonach der Landesgesetzgeber für alle den Nachlassgerichten zugewiesenen Aufgaben eine nichtgerichtliche Behörde für zuständig erklären kann. Davon hat das Land Baden-Württemberg im Hinblick auf sein besonderes Notariatswesen Gebrauch gemacht. Im Rahmen der gesetzlichen Änderungen des Jahres 2013 (s. Rz. 1) war der Gesetzgeber der Auffassung, dass für die Länderöffnungsklausel des Abs. 1 Nr. 2 weiterhin Bedarf bestehe. Die Änderungen von Abs. 1 Nr. 3 und 4 sowie Abs. 2 stellen dagegen nur Folgeänderungen zu der Einfügung von Nr. 2 und der Aufhebung von § 364 dar. 2

C. Nachlassauseinandersetzung gem. Absatz 2

Die Norm übernimmt den 2. Halbs. des früheren § 192 FGG. Sie verweist für die Nachlassauseinandersetzung auf das Verfahren in Teilungssachen und speziell die §§ 365 bis 372. Soweit allerdings landesrechtliche Vorschriften der Nachlassauseinandersetzung nicht existieren, ist die Norm ohne Bedeutung. 3

488 Verfahren vor landesgesetzlich zugelassenen Behörden

(1) Sind für die in den §§ 1 und 363 genannten Angelegenheiten nach Landesgesetz andere Behörden zuständig, gelten die Vorschriften des Buches 1 mit Ausnahme der §§ 6, 15 Abs. 2, der §§ 25, 41 Abs. 1 und des § 46 auch für diese Behörden.

§ 488

(2) Als nächsthöheres gemeinsames Gericht nach § 5 gilt das Gericht, welches das nächsthöhere gemeinsame Gericht für die Amtsgerichte ist, in deren Bezirk die Behörden ihren Sitz haben. Durch Landesgesetz kann bestimmt werden, dass, wenn die Behörden in dem Bezirk desselben Amtsgerichts ihren Sitz haben, dieses als nächsthöheres gemeinsames Gericht zuständig ist.

(3) Die Vorschriften des Gerichtsverfassungsgesetzes über die Gerichtssprache, die Verständigung mit dem Gericht sowie zur Rechtshilfe sind entsprechend anzuwenden. Die Verpflichtung der Gerichte, Rechtshilfe zu leisten, bleibt unberührt.

A. Entstehung der Norm

1   Die Norm ist Teil des 9. Buches, das all diejenigen Schlussvorschriften zusammenfasst und neu ordnet, die aus dem Bereich des bisherigen FGG (§§ 185 bis 200) noch Bedeutung haben (zu den Einzelheiten s. Vorbem. vor § 485). Abs. 1 entspricht im Wesentlichen der Regelung des § 194 Abs. 1 FGG. Abs. 2 entspricht der Regelung des § 194 Abs. 2 FGG unter Berücksichtigung des neuen § 5 FamFG. Abs. 3 übernimmt den wesentlichen Inhalt von § 194 Abs. 3 und Abs. 4 FGG, soweit dieser nicht bereits in Abs. 1 Eingang gefunden hat. Die Norm ist durch das Gesetz zur Übertragung von Aufgaben im Bereich der freiwilligen Gerichtsbarkeit auf Notare vom 26.6.2013 (BGBl. I, S. 1800) geändert worden.

B. Verfahren vor nichtgerichtlichen Behörden

2   Soweit im Einzelnen für die Verfahren der freiwilligen Gerichtsbarkeit nach Landesrecht andere als gerichtliche Behörden zuständig sind (zB Notare), sieht § 488 Abs. 1 vor, dass auch insoweit grundsätzlich die allgemeinen Verfahrensregelungen des 1. Buches FamFG gelten. Ausgenommen sind die Ausschließung und Ablehnung von Gerichtspersonen (§ 6), die Bekanntgabe nach § 15 Abs. 2, die Erklärungen zur Niederschrift der Geschäftsstelle (§ 25), die Regel über die Bekanntgabe des Beschlusses (§ 41 Abs. 1) sowie das Rechtskraftzeugnis (§ 46).

C. Bestimmung des nächsthöheren gemeinsamen Gerichts

3   Bezug genommen wird in § 488 Abs. 2 auf die gerichtliche Bestimmung der Zuständigkeit, wie sie sich nunmehr in § 5 im Einzelnen findet. Bei Kompetenzkonflikten mehrerer nichtgerichtlicher Behörden gilt also als das nächsthöhere gemeinsame Gericht dasjenige Gericht, das nächsthöheres gemeinsames Gericht für die Amtsgerichte ist, in deren Bezirken die Behörden ihren Sitz haben. Dies gilt auch bei Streitigkeiten zwischen einer nichtgerichtlichen Behörde und einem Amtsgericht. Es entscheidet also in allen diesen Fällen das übergeordnete Landgericht, ebenso, wenn die beiden Behörden oder die Behörde und das Amtsgericht ihren Sitz im selben Amtsgerichtsbezirk haben. Allerdings kann das Landesrecht auch ein Amtsgericht als nächsthöheres gemeinsames Gericht iSv. § 5 bestimmen, wenn zwei nichtgerichtliche Behörden in dem Bezirk desselben Amtsgerichts ihren Sitz haben.

D. Entsprechende Anwendbarkeit des GVG

4   Das GVG ist nunmehr auf alle gerichtlichen Verfahren der freiwilligen Gerichtsbarkeit anwendbar. Allerdings gilt das GVG nicht für nichtgerichtliche Behörden, die nach Landesrecht ausnahmsweise zuständig sind. Deshalb regelt § 488 Abs. 3 in Übereinstimmung mit dem früheren § 194 Abs. 3 und Abs. 4 FGG, dass bestimmte allgemeine Normen des GVG auch auf diese nichtgerichtlichen Behörden anzuwenden sind. Im Einzelnen gilt dies für die Regelungen über die Gerichtssprache und die Verständigung mit dem Gericht (vgl. §§ 184 bis 191a GVG) sowie über die Rechtshilfe (§§ 156 bis 168 GVG). Mit § 488 Abs. 3 Satz 2 wird wie nach bisherigem Recht festgestellt, dass auch nichtgerichtliche Behörden Rechtshilfe zu leisten haben. Dies ergab sich früher aus einer Anwendung des § 2 FGG auf diese nichtgerichtlichen Behörden. Heute ist die Norm an sich überflüssig, weil die Regeln des GVG über die Rechtshilfe im FamFG gelten und gem. Abs. 3 Satz 1 ausdrücklich auch auf nichtgerichtliche Behörden anzuwenden sind.

489 Rechtsmittel

(1) Sind für die in § 1 genannten Angelegenheiten nach Landesgesetz anstelle der Gerichte Behörden zuständig, kann durch Landesgesetz bestimmt werden, dass für die Abänderung einer Entscheidung dieser Behörde das Amtsgericht zuständig ist, in dessen Bezirk die Behörde ihren Sitz hat. Auf das Verfahren sind die §§ 59 bis 69 entsprechend anzuwenden.
(2) Gegen die Entscheidung des Amtsgerichts findet die Beschwerde statt.

A. Entstehung der Norm

1   Die Norm ist Teil des 9. Buches, das all diejenigen Schlussvorschriften zusammenfasst und neu ordnet, die aus dem Bereich des alten FGG (§§ 185 bis 200) noch Bedeutung haben (zu Einzelheiten s. Vorbem. vor § 485). Die Vorschrift entspricht im Wesentlichen dem früheren § 195 FGG. Im Einzelnen ist Abs. 1 weitgehend dem Regelungsgehalt des § 195 Abs. 1 FGG entnommen, wobei die konkreten Hinweise auf die Beschwerde angepasst wurden. Abs. 2 ist inhaltsgleich mit § 195 Abs. 2 FGG.

B. Abweichende Rechtsmittelverfahren

2   Soweit nach Landesrecht nichtgerichtliche Behörden zuständig sind, kann das Landesgesetz auch vorsehen, dass und welches Rechtsmittel es gegen die Entscheidung der Behörde gibt. Im Einzelnen kann das Landesrecht einen Instanzenzug von der entscheidenden Behörde zum Amtsgericht vorsehen. Für die einzelnen Verfahrensregeln der Beschwerde gelten die §§ 59 bis 69 FamFG.

3   Da der Gesetzgeber mit der Norm die Grundsätze des früheren § 195 FGG übernehmen wollte, gilt in solchen Fällen auch heute das amtsgerichtliche Verfahren nicht als ein Verfahren des Beschwerdegerichts. Vielmehr ist die Entscheidung des Amtsgerichts als eine erstinstanzliche Entscheidung anzusehen, gegen die es gem. Abs. 2 ausdrücklich die Beschwerde gibt. Unverändert vorbehalten ist damit auch die Möglichkeit einer Rechtsbeschwerde.

490 Landesrechtliche Aufgebotsverfahren

Die Landesgesetze können bei Aufgeboten, deren Zulässigkeit auf landesgesetzlichen Vorschriften beruht, die Anwendung der Bestimmungen über das Aufgebotsverfahren ausschließen oder diese Bestimmungen durch andere Vorschriften ersetzen.

A. Entstehung der Norm

1   Der Gesetzgeber hat mit der Übernahme des 9. Buches der ZPO über das Aufgebotsverfahren in das FamFG auch diejenigen Sonderregelungen zum Landesrecht, die bisher in dem EGZPO geregelt waren, in das FamFG übernommen. § 490 entspricht wörtlich dem aufgehobenen § 11 EGZPO.

B. Norminhalt

2   Die Anwendung der Norm setzt voraus, dass das Landesrecht im Einzelfall ein Aufgebot ermöglicht, dessen Zulässigkeit auf landesrechtlichen Vorschriften beruht. Für diesen Fall sieht die Norm vor, dass auch die Verfahrensregeln des FamFG über das Aufgebotsverfahren (§§ 433 bis 484) durch Landesrecht ersetzt werden können.

491 Landesrechtliche Vorbehalte bei Verfahren zur Kraftloserklärung von Urkunden

Unberührt bleiben die landesrechtlichen Vorschriften, durch die für das Aufgebotsverfahren zum Zweck der Kraftloserklärung von Schuldverschreibungen auf den Inhaber, die ein deutsches Land oder früherer Bundesstaat oder eine ihm angehörende Körperschaft, Stiftung oder Anstalt des Öffentlichen Rechts ausgestellt oder für deren Bezahlung ein deutsches Land oder früherer Bundesstaat die Haftung übernommen hat, ein bestimmtes Amtsgericht für ausschließlich zuständig erklärt wird. Bezweckt das Aufgebot die Kraftloserklärung einer Urkunde der in § 808 des Bürgerlichen Gesetzbuchs bezeichneten Art, gilt Satz 1 entsprechend.

1   Die Norm stellt eine Bereinigung des früheren Verfahrensrechts dar. In Spezialfällen des Aufgebotsverfahrens war bisher ein möglicher landesrechtlicher Vorbehalt in der ZPO selbst geregelt (vgl. §§ 1006 Abs. 3, 1023 aF ZPO). Mit der geschlossenen Übernahme des Aufgebotsverfahrens in das FamFG hat der Gesetzgeber diese landesrechtlichen Vorbehalte aus dem neuen 8. Buch des FamFG entfernt und den Schlussvorschriften zugewiesen. Im Einzelnen handelt es sich darum, dass Inhaberschuldverschreibungen oder qualifizierte Legitimationspapiere iSv. § 808 BGB unter gewissen Umständen einem landesrechtlichen Vorbehalt für den Fall der Kraftloserklärung unterliegen.

492   *Anwendbare Vorschriften bei Zuständigkeit von Notaren*

(1) Wird in Verfahren nach § 342 Absatz 2 Nummer 1 ein Notar anstelle des Amtsgerichts tätig, so sind die für das Amtsgericht geltenden Vorschriften entsprechend anzuwenden. Der Notar nimmt die Aufgaben des Richters, des Rechtspflegers und des Urkundsbeamten der Geschäftsstelle wahr. Geschäftsstelle sind die Geschäftsräume des Notars. Anstelle von Justizbediensteten handelt der Gerichtsvollzieher. Die Ausführung der vom Notar bewilligten öffentlichen Zustellung erfolgt auf dessen Ersuchen durch das Amtsgericht, in dessen Bezirk sich der Amtssitz des Notars befindet.
(2) Ist gegen die Entscheidung des Notars nach den allgemeinen verfahrensrechtlichen Vorschriften ein Rechtsmittel nicht gegeben, so findet die Erinnerung statt, die innerhalb der für die Beschwerde geltenden Frist beim Notar einzulegen ist. Der Notar kann der Erinnerung abhelfen. Erinnerungen, denen er nicht abhilft, legt er dem Amtsgericht vor, in dessen Bezirk sich sein Amtssitz befindet. Auf die Erinnerung sind im Übrigen die Vorschriften über die Beschwerde sinngemäß anzuwenden.
(3) Verfügungen, Beschlüsse oder Zeugnisse des Notars, die nach den Vorschriften dieses Gesetzes wirksam geworden sind und nicht mehr geändert werden können, sind mit der Erinnerung nicht anfechtbar.
(4) Das Erinnerungsverfahren ist gerichtsgebührenfrei.

A. Entstehung der Norm

1   Das Gesetz zur Übertragung von Aufgaben im Bereich der freiwilligen Gerichtsbarkeit auf Notare vom 26.6.2013 (BGBl. I, S. 1800) hat zur Entlastung der Justiz und zur Stärkung des Justizsystems in Deutschland eine Übertragung insbesondere des Nachlasswesens auf die Notare gebracht. Soweit also künftig Notare die Rolle des Nachlassgerichts in 1. Instanz übernehmen, bedurfte es einer Anpassung der §§ 363 ff., die durch § 492 erreicht wird. Das neue Recht ist seit dem 1.9.2013 anzuwenden (vgl. § 493).

B. Entsprechende Anwendung der für Nachlassgerichte geltenden Vorschriften

2   Nach Abs. 1 sind die für das Amtsgericht geltenden Vorschriften entsprechend anzuwenden, wenn ein Notar an Stelle des Amtsgerichts in einem Verfahren nach § 342 Abs. 2 Nr. 1 tätig wird. Dabei wird die funktionelle Zuteilung der Aufgaben vollständig übertragen, einschließlich der Geschäftsstelle und der Frage der Abänderung von Entscheidungen des Notars. Es obliegt also nicht dem Amtsgericht, über eine Änderung notarieller Entscheidungen zu befinden. Zuständig ist vielmehr sogleich das Beschwerdegericht. Weiterhin regelt Abs. 1 begriffliche Klarstellungen und sieht in Satz 5 vor, dass der Notar eine öffentliche Zustellung bewilligen kann. Eine solche öffentliche Zustellung erfolgt durch Aushang einer Benachrichtigung an der Gerichtstafel (§ 15 Abs. 2 Satz 1 FamFG iVm. § 186 Abs. 2 Satz 1 ZPO). Als Rechtsmittel gegen die Entscheidung des Notars wird in Abs. 2 die Erinnerung eingefügt, wobei auf diese

die Vorschriften über die Beschwerde sinngemäß anzuwenden sind. Lediglich die Abhilfemöglichkeit steht dem Notar zu. Die generelle Einführung der Erinnerung auch dort, wo nach den allgemeinen verfahrensrechtlichen Vorschriften ein Rechtsmittel nicht gegeben wäre, entspricht dem Grundgedanken von Art. 19 Abs. 4 GG. Nach Abs. 4 ist das Erinnerungsverfahren ausdrücklich gebührenfrei.

493 *Übergangsvorschrift*
Für bis zum Inkrafttreten des Gesetzes zur Übertragung von Aufgaben im Bereich der freiwilligen Gerichtsbarkeit auf Notare vom 26. Juni 2013 (BGBl I S. 1800) am 1. September 2013 beantragte Auseinandersetzungen gemäß den §§ 363 bis 373 ist das Gesetz über das Verfahren in Familiensachen und in den Angelegenheiten der freiwilligen Gerichtsbarkeit in der bis dahin geltenden Fassung anzuwenden.

Das Gesetz zur Übertragung von Aufgaben im Bereich der freiwilligen Gerichtsbarkeit auf die Notare ist am 29.6.2013 verkündet worden (BGBl. I, S. 1800) und am 1.9.2013 in Kraft getreten. Es hat die vorliegende Übergangsbestimmung neu in das FamFG eingefügt; bis zu deren Inkrafttreten (dh. bis 31.8.2013) war noch das bis dahin geltende Recht anzuwenden. 1

Gesetz über Gerichtskosten in Familiensachen

Vorbemerkungen

I. Allgemeines

Dem FamFG ist mit dem FamGKG ein **einheitliches Gerichtskostenrecht für die familiengerichtlichen Verfahren** zur Seite gestellt worden. Für die sonstigen Verfahren nach dem FamFG gilt seit dem 1.8.2013 das Gesetz über Kosten der freiwilligen Gerichtsbarkeit für Gerichte und Notare (GNotKG).[1] Die Neuregelungen des FamGKG lehnen sich stark an die Systematik des GKG an.

II. Grundsätze des FamGKG

Das FamGKG sieht eine weitestgehende Umstellung von Akt- auf Verfahrensgebühren, einheitliche Ermäßigungstatbestände bei den Verfahrensgebühren, die Harmonisierung der Verfahrenswertbestimmungen und den Wegfall des Interessenschuldners der früheren KostO für Amtsverfahren vor. Es stellt dem Anwender in sich abgeschlossene Regelungen zur Verfügung und verweist nur ausnahmsweise auf Regelungen des GKG.

Das Gesetz hält grundsätzlich am **Wertgebührensystem** fest. Zugleich sind die Wertregelungen systematisiert und vereinheitlicht worden. Hierdurch sind Änderungen im RVG weitgehend vermieden worden. Bei der Bemessung des Verfahrenswerts wird dem Gericht ein breiter Ermessensspielraum eingeräumt, um den Besonderheiten des Einzelfalls gerecht zu werden. In wenigen Fällen sind Festgebühren vorgesehen, für einige Verfahren auch Festwerte.

Die Gebührentabelle zum GKG ist in das FamGKG übernommen worden, so dass sich alle Wertgebühren in Familiensachen nach einer **einheitlichen Gebührentabelle** berechnen.

Auch für Familiensachen der freiwilligen Gerichtsbarkeit gelten idR **pauschale Verfahrensgebühren mit Ermäßigungstatbeständen** (zB für den Fall der Antragsrücknahme oder einer gütlichen Einigung). Für Rechtsmittelverfahren sind Verfahrensgebühren mit – im Vergleich zu den erstinstanzlichen Verfahren – **erhöhten Gebührensätzen** vorgesehen. In jedem familiengerichtlichen Verfahren fällt unabhängig von seinem Ausgang grundsätzlich nur eine Gebühr an, auch wenn neben der Entscheidung in der Hauptsache in demselben Verfahren zB Genehmigungen zu erteilen oder zu ersetzen sind. Dies bedeutet für die familiengerichtlichen Verfahren der freiwilligen Gerichtsbarkeit eine Abkehr von der weitgehend mit Aktgebühren ausgestalteten früheren KostO, in der regelmäßig nur positive Entscheidungen des Gerichts eine Gebühr auslösten. Dadurch entsteht in jedem gerichtlichen Verfahren grundsätzlich auch eine Gebühr. Die Einführung der pauschalen Verfahrensgebühr ist auch im Zusammenhang mit der in § 81 Abs. 1 Satz 3 FamFG vorgesehenen Pflicht des Gerichts zu sehen, in jeder Familiensache von Amts wegen über die Kosten zu entscheiden, und mit dem in § 81 Abs. 3 FamFG enthaltenen Verbot, die Kosten in einem Verfahren, das seine Person betrifft, dem minderjährigen Beteiligten aufzuerlegen.

III. Kostenniveau

Die Zusammenführung der für Familiensachen geltenden Kostenbestimmungen des GKG und der früheren KostO in einem Gesetz mit einer einheitlichen Gebührentabelle wirkt sich hinsichtlich der einzelnen Verfahren unterschiedlich aus.

Generell kann gesagt werden, dass die Kosten für Verfahren, die früher nach dem GKG erhoben wurden, weitgehend unverändert bleiben. Dies gilt

---

[1] Art. 1 des 2. KostRMoG v. 23.7.2013, BGBl. I, S. 2586.

Vor § 1 — Vorbemerkung

- für Ehesachen und diesen entsprechende Lebenspartnerschaftssachen,
- für das Verbundverfahren und
- für Familienstreitsachen.

8   Hinsichtlich der früher nach der KostO zu erhebenden Gebühren kann zusammenfassend Folgendes gesagt werden:
- In den Verfahren, in denen das Kindeswohl im Vordergrund steht, ist ein niedriges Gebührenniveau erhalten geblieben (vgl. Teil 1 Hauptabschnitt 3 Abschnitt 1 KV FamGKG).
- Für die übrigen Familiensachen der freiwilligen Gerichtsbarkeit hat sich das Gebührenniveau abhängig von der Höhe der bisher vorgesehenen Gebühren nach der KostO unterschiedlich erhöht.

9   Für folgende Verfahren ergeben sich hiervon abweichende Auswirkungen:
- Verfahren des einstweiligen Rechtsschutzes,
- Abstammungssachen und
- Gewaltschutzsachen.

10 Für die nach FamFG nunmehr von einer Hauptsache unabhängigen Verfahren des **einstweiligen Rechtsschutzes** (einstweilige Anordnung und Arrest) sieht das Gesetz eigenständige Gebührentatbestände mit – im Verhältnis zum Hauptsacheverfahren – geringeren Gebührensätzen vor.

11 Für **Abstammungssachen** (nach früherem Recht Kindschaftssachen) sieht das Gesetz im Vergleich zur früheren Regelung im GKG um ein Drittel geringere Gebühren vor.

12 Besondere Auswirkungen ergeben sich für **Gewaltschutzsachen**. Die früher unterschiedlichen Gebührenregelungen in Gewaltschutzsachen, je nachdem ob es sich um ein ZPO-Verfahren oder um ein FGG-Verfahren handelte, sind vereinheitlicht worden.

13 Die Gewaltschutzsachen werden mit den Abstammungssachen, den Adoptionssachen, die einen Volljährigen betreffen, den Ehewohnungs- und Haushaltssachen, den Versorgungsausgleichssachen sowie mit den Unterhaltssachen, Güterrechtssachen und sonstigen Familiensachen (§ 111 Nr. 10 FamFG), die nicht Familienstreitsachen sind, gleichbehandelt. Wegen der teilweisen Erhöhung der Gerichtsgebühren in Gewaltschutzsachen sieht § 21 Abs. 1 Satz 2 Nr. 1 FamGKG vor, dass in Gewaltschutzsachen die Antragstellerhaftung im ersten Rechtszug nicht gelten soll. Damit soll allen Betroffenen, die sich in einer persönlichen Notlage befinden, der Rechtszugang erleichtert werden. Gleichzeitig wird hierdurch die Auswirkung der erhöhten Gebühr auf die Betroffenen abgemildert.

IV. Regelungstechnik

14 Die Regelungstechnik in Form eines **Kostenverzeichnisses** ist aus dem GKG übernommen worden. Wichtig ist die Kenntnis des systematischen Aufbaus des Kostenverzeichnisses. Ist dieser verinnerlicht, wird die Anwendung erheblich vereinfacht. Von Bedeutung ist vor allem die Tatsache, dass die Überschriften der einzelnen Gliederungsebenen Regelungscharakter haben. Die hierarchische Ordnung wird durch die dem Kostenverzeichnis vorangestellte Gliederung verdeutlicht.

15 Das **Verzeichnis** hat folgende **Ebenen**:
Teil
  Hauptabschnitt
    Abschnitt
      Unterabschnitt

16 Den einzelnen Ebenen können (nummerierte) Vorbemerkungen folgen. Diese Vorbemerkungen regeln Besonderheiten der jeweiligen Ebene und haben Bedeutung nur

für den Teil, den Hauptabschnitt, den Abschnitt oder den Unterabschnitt, dem sie vorangestellt sind.

Die einzelnen **Teile** des Verzeichnisses haben **drei Spalten**. Die **erste Spalte** enthält eine vierstellige Nummer. Die erste Ziffer dieser Nummer kennzeichnet den jeweiligen Teil, die zweite Ziffer den Hauptschnitt. Die Verfahrensgebühr 1100 KV FamGKG ist also eine Gebühr aus Teil 1 Hauptabschnitt 1. Die **zweite Spalte** enthält den eigentlichen Gebühren- oder Auslagentatbestand. Der Gebührentatbestand kann einen eigenständigen Regelungsgehalt haben oder eine vorstehende Gebühr modifizieren (vgl. Nummern 1111 und 1121 KV FamGKG). Eine modifizierende Gebühr wird durch den Nachsatz „Die Gebühr... beträgt" deutlich. Dem Gebühren- oder Auslagentatbestand können **Anmerkungen** angefügt sein, die Besonderheiten der jeweiligen Gebühr oder Auslage regeln. **Anmerkungen** entfalten Bedeutung nur für den jeweiligen Gebühren- oder Auslagentatbestand. Bei einer modifizierenden Gebühr sind auch die Anmerkungen der modifizierten Gebühr zu beachten. Die **dritte Spalte** gibt den Gebührensatz, den Gebührenbetrag oder die Höhe der Auslage wieder.

18 Beispiel:

Nr.	Gebührentatbestand	Gebühr oder Satz der Gebühr nach § 28 FamGKG	
	Hauptabschnitt 3 **Hauptsacheverfahren in selbständigen Familiensachen der freiwilligen Gerichtsbarkeit**		← **Überschrift des Hauptabschnitts** Der Text hat Regelungscharakter. In diesem Hauptabschnitt sind die Gebühren für Hauptsacheverfahren in selbständigen Familiensachen der freiwillien Gerichtsbarkeit geregelt.
	Abschnitt 1 **Kindschaftssachen**		← **Überschrift des Abschnitts** Der Text hat Regelungscharakter. Hier sind die Gebühren für Kindschaftssachen bestimmt.
	Vorbemerkung 1.3.1: (1) Keine Gebühren werden erhoben für 1. die Pflegschaft für eine Leibesfrucht, 2. ein Verfahren, die die freiheitsentziehende Unterbringung eines minderjährigen betrifft, und 3. ein Verfahren, das Aufgaben nach dem Jungendgerichtsgesetz betrifft. (2) Von dem Minderjährigen werden Gebühren nach diesem Abschnitt nur erhoben, wenn sein Vermögen nach Abzug der Verbindlichkeiten mehr als 25 000 Euro beträgt; der in § 90 Abs. 2 Nr. 8 des Zwölften Buches Sozialgesetzbuch genannte Vermögenswert wird nicht mitgerechnet.		← **Vorbemerkung** Es handelt sich um die Vorbemerkung zu Abschnitt 1. Die Regelungen sind daher für sämtliche Gebührentatbestände diese Abschnitts zu beachten.
	Unterabschnitt 1 *Verfahren vor dem Familiengericht*		← **Überschrift des Unterabschnitts**
1310	Verfahrensgebühr .... (1) Die Gebühr entsteht nicht für Verfahren, die in den Rahmen einer Vormundschaft oder Pflegschaft fallen. (2) Für die Umgangspflegschaft werden neben der Gebühr für das Verfahren, in dem diese angeordnet wird, keine besonderen Gebühren erhoben.	0,5	← **Gebühr** Die erste Ziffer der Gebührennummer steht für den Teil, die zweite Ziffer für den Hauptabschnitt ← **Anmerkung** Dieses betrifft nur die Gebühr, unter der sie steht

19 Das **Kostenverzeichnis** gliedert sich in **zwei Teile**. Teil 1 behandelt ausschließlich die Gebühren, Teil 2 regelt die Auslagen. Die Überschriften der Hauptabschnitte des Teils 1 (Gebühren) erleichtern das Auffinden der anzuwendenden Gebührenvorschriften erheblich.

Hauptabschnitt 1	Hauptsacheverfahren in Ehesachen einschließlich aller Folgesachen
Hauptabschnitt 2	Hauptsacheverfahren in selbständigen Familienstreitsachen
Hauptabschnitt 3	Hauptsacheverfahren in selbständigen Familiensachen der freiwilligen Gerichtsbarkeit
Hauptabschnitt 4	Einstweiliger Rechtsschutz
Hauptabschnitt 5	Besondere Gebühren
Hauptabschnitt 6	Vollstreckung
Hauptabschnitt 7	Verfahren mit Auslandsbezug
Hauptabschnitt 8	Rüge wegen Verletzung des Anspruchs auf rechtliches Gehör
Hauptabschnitt 9	Rechtsmittel im Übrigen

Die Übersicht verdeutlicht die Struktur des Kostenverzeichnisses und macht bei Kenntnis der verfahrensrechtlichen Zuordnung eines konkreten Verfahrens die Gebührenermittlung einfach.

V. Familiensachen der früheren KostO

Zur Erleichterung der praktischen Umsetzung des FamGKG s. die nach materiellrechtlichen Grundlagen geordnete Übersicht der Kostentatbestände und Wertvorschriften des FamGKG und der früheren KostO in der 2. Aufl., Vor § 1 FamGKG Rz. 21 (S. 2983).

Abschnitt 1
Allgemeine Vorschriften

1 *Geltungsbereich*
(1) In Familiensachen einschließlich der Vollstreckung durch das Familiengericht und für Verfahren vor dem Oberlandesgericht nach § 107 des Gesetzes über das Verfahren in Familiensachen und in den Angelegenheiten der freiwilligen Gerichtsbarkeit werden Kosten (Gebühren und Auslagen) nur nach diesem Gesetz erhoben, soweit nichts anderes bestimmt ist. Dies gilt auch für Verfahren über eine Beschwerde, die mit einem Verfahren nach Satz 1 in Zusammenhang steht. Für das Mahnverfahren werden Kosten nach dem Gerichtskostengesetz erhoben.
(2) Die Vorschriften dieses Gesetzes über die Erinnerung und die Beschwerde gehen den Regelungen der für das zugrunde liegende Verfahren geltenden Verfahrensvorschriften vor.

I. Allgemeines

Die Vorschrift bestimmt den **Anwendungsbereich des Gesetzes**. Das FamGKG übernimmt in § 1 die Regelungstechnik des GKG und benennt für seinen Anwendungsbereich die einzelnen Verfahren abschließend. In Familiensachen einschließlich der Vollstreckung durch das Familiengericht und für Verfahren vor dem Oberlandesgericht nach § 107 FamFG beansprucht es eine Ausschließlichkeit, die nur durch Regelungen im FamGKG selbst durchbrochen werden kann.

II. Abgrenzung zu anderen Kostengesetzen

Regelungszweck der Vorschrift ist die Abgrenzung zu den anderen Kostengesetzen. Das GKG bestimmt in seinem § 1 den Anwendungsbereich durch eine abschließende Aufzählung der Verfahren für die es Kostenregelungen enthält. Das GNotKG gilt nach seinem § 1 Abs. 1 in den Angelegenheiten der freiwilligen Gerichtsbarkeit nur subsidiär („soweit bundesrechtlich nichts anderes bestimmt ist"). Um die Abgrenzung zum FamGKG wegen dessen grundsätzlicher Bedeutung jedoch ausdrücklich klarzustellen, ist in § 1 Abs. 3 GNotKG folgendes bestimmt:

„(3) Dieses Gesetz gilt nicht in Verfahren, in denen Kosten nach dem Gesetz über Gerichtskosten in Familiensachen zu erheben sind."

III. Anwendungsbereich des FamGKG

3   Das FamGKG ist für folgende Verfahren anwendbar:
- Alle Familiensachen iSd. § 111 FamFG,
- Vollstreckungsverfahren durch das Familiengericht,
- Verfahren über die Anerkennung von ausländischen Entscheidungen in Ehesachen nach § 107 FamFG,
- Beschwerdeverfahren, die mit einem der vorgenannten Verfahren in Zusammenhang stehen.

1. Vollstreckung und Mahnverfahren

4   Die **Vollstreckung** durch das Familiengericht wird ausdrücklich genannt, um Unklarheiten zu vermeiden. Für diese Verfahren verweist das FamFG zum Teil auf die Vorschriften der ZPO, trotzdem bleibt es grundsätzlich bei der Anwendbarkeit des FamGKG.

5   Für Vollstreckungshandlungen, die nach den Vorschriften der ZPO durch das **Vollstreckungsgericht** erfolgen, und für Handlungen im Rahmen der Arrestvollziehung stellen die Vorbem. 1.6 und die Vorbem. 2 Abs. 4 KV FamGKG flankierend klar, dass Kosten in diesen Fällen nach dem GKG erhoben werden.

6   Für das **Mahnverfahren**, für das die Vorschriften der ZPO entsprechend anzuwenden sind (§ 113 Abs. 2 FamFG), ist die Anwendung des GKG vorgesehen (Satz 3), weil auch das Mahnverfahren in Familiensachen von den zentralen Mahngerichten erledigt wird.

2. Anerkennung von ausländischen Entscheidungen in Ehesachen und Nebenverfahren

7   Neben den Familiensachen ist das FamGKG aus Gründen des Sachzusammenhangs auch für Verfahren nach § 107 FamFG (Anerkennung von ausländischen Entscheidungen in Ehesachen) vor dem Oberlandesgericht anzuwenden. Abs. 1 Satz 2 entspricht § 1 Satz 2 GKG und § 1 Abs. 4 GNotKG. Die Regelung stellt klar, dass auch für Beschwerden in Nebenverfahren Gebühren nach dem FamGKG erhoben werden. Dies betrifft Beschwerdeverfahren, die nicht unmittelbar im FamFG geregelt sind, also insbesondere solche nach dem GVG (§§ 181, 159 GVG) und dem RVG. Für diese Beschwerdeverfahren sind die allgemeinen Gebührentatbestände nach den Nr. 1912, 1923, 1924 KV FamGKG anwendbar.

IV. Definition des Kostenbegriffs

8   Die Vorschrift enthält weiter die Legaldefinition des Kostenbegriffs nach dem FamGKG. Dieser umfasst demnach, wie in den übrigen Kostengesetzen auch, die Gebühren und Auslagen. Dies ist von Bedeutung, wenn in diesem Gesetz der Begriff Kosten verwendet wird (zB bei den Regelungen über die Kostenfreiheit nach § 2 und über die Vorauszahlung nach § 12).

9   Wie im GKG und im GNotKG bezweckt die ausdrückliche Bestimmung, dass Kosten **nur** nach diesem Gesetz erhoben werden, eine Kostenfreiheit, wenn eine Gebührennorm fehlt. Die Gebühren und Auslagen unterliegen dem aus dem Rechtsstaatsprinzip abgeleiteten Vorbehalt des Gesetzes. Sie dürfen nur aufgrund eines Gesetzes erhoben werden. Auch für das FamGKG gilt daher das Analogieverbot. Selbst eine offenkundige Gesetzeslücke lässt sich nicht füllen. Fehlt eine Gebührenbestimmung, fällt keine Gebühr an.

V. Kostenrechtliche Verfahren (Absatz 2)

Abs. 2 soll die gelegentlich auftretende Frage nach dem Verhältnis der Verfahrensvorschriften des Kostenrechts zu den Verfahrensvorschriften des FamFG dahin gehend klären, dass die kostenrechtlichen Vorschriften als die spezielleren Vorschriften vorgehen. Nur ergänzend gelten die Vorschriften des FamFG.

2 *Kostenfreiheit*

(1) Der Bund und die Länder sowie die nach Haushaltsplänen des Bundes oder eines Landes verwalteten öffentlichen Anstalten und Kassen sind von der Zahlung der Kosten befreit.
(2) Sonstige bundesrechtliche oder landesrechtliche Vorschriften, durch die eine sachliche oder persönliche Befreiung von Kosten gewährt ist, bleiben unberührt.
(3) Soweit jemandem, der von Kosten befreit ist, Kosten des Verfahrens auferlegt werden, sind Kosten nicht zu erheben; bereits erhobene Kosten sind zurückzuzahlen. Das Gleiche gilt, soweit ein von der Zahlung der Kosten befreiter Beteiligter Kosten des Verfahrens übernimmt.

I. Allgemeines

Die Vorschrift entspricht im Kern den Regelungen des § 2 Abs. 1 Satz 1, Abs. 3 und 5 GKG und des § 1 Abs. 1 bis 3 GNotKG. Sie unterscheidet zwischen persönlicher und sachlicher Kostenfreiheit. Die persönliche Kostenbefreiung befreit bestimmte Kostenschuldner von der Zahlung der Kosten (Gebühren und/oder Auslagen), die sachliche Befreiung stellt auf den Gegenstand des Verfahrens ab.

Die Kostenbefreiung wird einerseits durch das FamGKG selbst (Abs. 1) oder andererseits durch sonstiges Bundes- oder Landesrecht (Abs. 2) gewährt.

II. Inhalt der Vorschrift

1. Persönliche Kostenbefreiung

Zweck der persönlichen Kostenbefreiung von Bund und Ländern (Abs. 1) ist der Kompensationsgedanke. Bund und Länder haben ohnehin den Aufwand für die Unterhaltung der Justiz zu tragen, die Erhebung von Gerichtskosten würde sich ihnen gegenüber als reiner Buchungsvorgang darstellen. Gemeinden und Gemeindeverbände genießen keine Kostenfreiheit nach Abs. 1, teilweise aber nach den Kostenbefreiungsgesetzen einzelner Länder (Abs. 2).

Von den Kosten befreit sind auch die nach den Haushaltsplänen des Bundes oder eines Landes verwalteten öffentlichen Anstalten und Kassen. Öffentliche Anstalten oder Kassen sind solche, die unmittelbar der Erfüllung öffentlicher Aufgaben des Bundes oder eines Landes dienen sollen. Ihre Einnahmen und Ausgaben müssen im Haushaltsplan der Gebietskörperschaft vollständig ausgewiesen sein.

2. Sonstige persönliche oder sachliche Kostenbefreiung

Nach Abs. 2 bleiben sonstige bundesrechtliche oder landesrechtliche Vorschriften, durch die eine sachliche oder persönliche Befreiung von Kosten gewährt ist, unberührt.[1] In den meisten Ländern existieren „Landesgebührenbefreiungsgesetze", die weitere Fälle der persönlichen oder sachlichen Befreiung regeln. Grundsätzlich gilt die landesrechtliche Kostenbefreiung auch für Kostenschuldner aus anderen Ländern. Etwas anderes gilt nur, wenn das Landesgebührenbefreiungsgesetz etwas Abweichendes bestimmt. Landesrechtliche Kostenbefreiungsvorschriften gelten jedoch nicht für Verfahren vor dem BGH.

---

1 *Korintenberg/Lappe/Bengel/Reimann*, KostO Anhang C.

3. Umfang der Kostenbefreiung

6 Die Kostenfreiheit entbindet von der Verpflichtung zur Zahlung von Gebühren und Auslagen (vgl. § 1). Soweit, dies gilt insbesondere bei den landesrechtlichen Befreiungstatbeständen, im Einzelfall nur **Gebührenfreiheit** zugestanden wird, **befreit** dies **nicht von der Zahlung der Auslagen**.

7 Die Kostenfreiheit für eine bestimmte Person wirkt sich nicht auf die **Zahlungspflicht eines Gegners** aus. Sind aber einem kostenbefreiten Beteiligten die Kosten des Verfahrens auferlegt worden oder hat sie Kosten übernommen, so darf auch der Gegner für die von der Kostenbefreiung erfassten Kosten nicht in Anspruch genommen werden. Bereits gezahlte Gerichtskosten sind von Amts wegen zu erstatten (Abs. 3).

4. Befreiung nach haushaltsrechtlichen Vorschriften

8 Sowohl auf Bundes- als auch auf Landesebene existieren Regelungen über den Erlass und die Stundung von Kostenforderungen. Insoweit handelt es sich um Entscheidungen der Justizverwaltung.

3 Höhe der Kosten

(1) Die Gebühren richten sich nach dem Wert des Verfahrensgegenstands (Verfahrenswert), soweit nichts anderes bestimmt ist.
(2) Kosten werden nach dem Kostenverzeichnis der Anlage 1 zu diesem Gesetz erhoben.

1 Die Vorschrift entspricht § 3 GKG.

2 Abs. 1 führt den Begriff des **Verfahrenswerts** ein, der an die Stelle des Streitwerts nach dem GKG tritt und gleichzeitig den im GNotKG verwendeten Begriff des Geschäftswerts ersetzt. Die Höhe des jeweiligen Verfahrenswerts ist in den §§ 33 ff. geregelt. Nach Abs. 1 ist für die Bemessung der Gebühren grundsätzlich der Verfahrenswert maßgebend, wenn nicht im Kostenverzeichnis etwas anderes (insbesondere in Form von Festgebühren) vorgesehen ist.

3 Abs. 2 bestimmt, dass Kosten **ausschließlich nach dem Kostenverzeichnis** zu erheben sind. Enthält dieses keinen Gebührentatbestand, bleibt ein Verfahren gebührenfrei.

4 Umgangspflegschaft
Die besonderen Vorschriften für die Dauerpflegschaft sind auf die Umgangspflegschaft nicht anzuwenden.

1 Die Vorschrift ist im Zusammenhang mit Abs. 2 der Anmerkung zu Nr. 1310 KV FamGKG zu sehen, nach der die Umgangspflegschaft kostenrechtlich Teil des Verfahrens über das Umgangsrecht ist. Sie stellt klar, dass die für die Dauerpflegschaft vorgesehenen besonderen Vorschriften (§ 7 Abs. 1, § 10, § 19 Abs. 1, § 22, Vorbem. 2 Abs. 3 und Abs. 1 der Anmerkung zu Nr. 2000 KV FamGKG) auf die Umgangspflegschaft nicht anzuwenden sind. Hieraus ergibt sich, dass die **Umgangspflegschaft kostenrechtlich unbeachtlich** ist.

§ 5 Lebenspartnerschaftssachen

5 In Lebenspartnerschaftssachen nach § 269 des Gesetzes über das Verfahren in Familiensachen und in den Angelegenheiten der freiwilligen Gerichtsbarkeit sind für
1. Verfahren nach Absatz 1 Nr. 1 dieser Vorschrift die Vorschriften für das Verfahren auf Scheidung der Ehe,
2. Verfahren nach Absatz 1 Nr. 2 dieser Vorschrift die Vorschriften für das Verfahren auf Feststellung des Bestehens oder Nichtbestehens einer Ehe zwischen den Beteiligten,
3. Verfahren nach Absatz 1 Nr. 3 bis 12 dieser Vorschrift die Vorschriften für Familiensachen nach § 111 Nr. 2, 4, 5 und 7 bis 9 des Gesetzes über das Verfahren in Familiensachen und in den Angelegenheiten der freiwilligen Gerichtsbarkeit und
4. Verfahren nach den Absätzen 2 und 3 dieser Vorschrift die Vorschriften für sonstige Familiensachen nach § 111 Nr. 10 des Gesetzes über das Verfahren in Familiensachen und in den Angelegenheiten der freiwilligen Gerichtsbarkeit

entsprechend anzuwenden.

Ähnlich wie § 270 FamFG verfahrensrechtlich die Lebenspartnerschaftssachen den vergleichbaren Familiensachen nach § 111 FamFG gleichstellt, ordnet die Vorschrift auch die kostenrechtliche Gleichbehandlung an. Hierzu folgende **Übersicht**: **1**

§ 269 FamFG	Kostenrechtlich gleichgestellt dem
(1) Lebenspartnerschaftssachen sind Verfahren, welche zum Gegenstand haben	
1. die Aufhebung der Lebenspartnerschaft auf Grund des Lebenspartnerschaftsgesetzes,	Verfahren auf Scheidung der Ehe
2. die Feststellung des Bestehens oder Nichtbestehens einer Lebenspartnerschaft,	Verfahren auf Feststellung des Bestehens oder Nichtbestehens einer Ehe zwischen den Beteiligten
3. die elterliche Sorge, das Umgangsrecht oder die Herausgabe in Bezug auf ein gemeinschaftliches Kind,	Verfahren in Kindschaftssachen
4. die Annahme als Kind und die Ersetzung der Einwilligung als Kind,	Verfahren in Adoptionssachen
5. Wohnungszuweisungssachen nach § 14 oder § 17 des Lebenspartnerschaftsgesetzes,	Verfahren in Ehewohnungssachen
6. Haushaltssachen nach § 13 oder § 17 des Lebenspartnerschaftsgesetzes,	Verfahren in Haushaltssachen
7. den Versorgungsausgleich der Lebenspartner,	Verfahren in Versorgungsausgleichssachen
8. die gesetzliche Unterhaltspflicht für ein gemeinschaftliches minderjähriges Kind der Lebenspartner,	Verfahren in Unterhaltssachen
9. die durch die Lebenspartnerschaft begründete gesetzliche Unterhaltspflicht,	Verfahren in Unterhaltssachen
10. Ansprüche aus dem lebenspartnerschaftlichen Güterrecht, auch wenn Dritte an dem Verfahren beteiligt sind,	Verfahren in Güterrechtssachen

§ 269 FamFG	Kostenrechtlich gleichgestellt dem
11. Entscheidungen nach § 6 des Lebenspartnerschaftsgesetzes in Verbindung mit § 1365 Abs. 2, § 1369 Abs. 2 und den §§ 1382 und 1383 des Bürgerlichen Gesetzbuchs,	Verfahren in Güterrechtssachen
12. Entscheidungen nach § 7 des Lebenspartnerschaftsgesetzes in Verbindung mit den §§ 1426, 1430 und 1452 des Bürgerlichen Gesetzbuchs.	Verfahren in Güterrechtssachen
(2) Sonstige Lebenspartnerschaftssachen sind Verfahren, die zum Gegenstand haben	
1. Ansprüche nach § 1 Abs. 4 Satz 2 des Lebenspartnerschaftsgesetzes in Verbindung mit den §§ 1298 bis 1301 des Bürgerlichen Gesetzbuchs,	Verfahren in sonstigen Familiensachen nach § 111 Nr. 10 FamFG
2. Ansprüche aus der Lebenspartnerschaft,	Verfahren in sonstigen Familiensachen nach § 111 Nr. 10 FamFG
3. Ansprüche zwischen Personen, die miteinander eine Lebenspartnerschaft führen oder geführt haben, oder zwischen einer solchen Person und einem Elternteil im Zusammenhang mit der Trennung oder Aufhebung der Lebenspartnerschaft,	Verfahren in sonstigen Familiensachen nach § 111 Nr. 10 FamFG
sofern nicht die Zuständigkeit der Arbeitsgerichte gegeben ist oder das Verfahren eines der in § 348 Abs. 1 Satz 2 Nr. 2 Buchst. a bis k der Zivilprozessordnung genannten Sachgebiete, das Wohnungseigentumsrecht oder das Erbrecht betrifft und sofern es sich nicht bereits nach anderen Vorschriften um eine Lebenspartnerschaftssache handelt.	
(3) Sonstige Lebenspartnerschaftssachen sind auch Verfahren über einen Antrag nach § 8 Abs. 2 des Lebenspartnerschaftsgesetzes in Verbindung mit § 1357 Abs. 2 Satz 1 des Bürgerlichen Gesetzbuchs.	Verfahren in sonstigen Familiensachen nach § 111 Nr. 10 FamFG

2   Die Vorschrift sieht eine entsprechende Anwendung sämtlicher Vorschriften der miteinander vergleichbaren Verfahrensarten vor. Betroffen sind also nicht nur die Gebührenvorschriften sondern sämtliche Vorschriften der entsprechenden Verfahren. Dies betrifft insbesondere die Regelungen zum Verfahrenswert, zum Kostenschuldner und zur Vorauszahlungspflicht.

6 *Verweisung, Abgabe, Fortführung einer Folgesache als selbständige Familiensache*
(1) Verweist ein erstinstanzliches Gericht oder ein Rechtsmittelgericht ein Verfahren an ein erstinstanzliches Gericht desselben oder eines anderen Zweiges der Ge-

richtsbarkeit, ist das frühere erstinstanzliche Verfahren als Teil des Verfahrens vor dem übernehmenden Gericht zu behandeln. Das Gleiche gilt, wenn die Sache an ein anderes Gericht abgegeben wird.
(2) Wird eine Folgesache als selbständige Familiensache fortgeführt, ist das frühere Verfahren als Teil der selbständigen Familiensache zu behandeln.
(3) Mehrkosten, die durch Anrufung eines Gerichts entstehen, zu dem der Rechtsweg nicht gegeben oder das für das Verfahren nicht zuständig ist, werden nur dann erhoben, wenn die Anrufung auf verschuldeter Unkenntnis der tatsächlichen oder rechtlichen Verhältnisse beruht. Die Entscheidung trifft das Gericht, an das verwiesen worden ist.

I. Allgemeines

Die Absätze 1 und 3 entsprechen im Wesentlichen § 4 GKG. **1**

II. Inhalt der Vorschrift

1. Verweisung und Abgabe (Absatz 1)

Die Vorschrift regelt in Abs. 1 die Verweisung des gesamten Verfahrens von einem **2** Gericht an ein anderes Gericht. Es werden **sämtliche Fälle der Verweisung** erfasst, gleichgültig ob eine Verweisung wegen Unzulässigkeit des Rechtswegs oder mangels örtlicher oder sachlicher Zuständigkeit (zB §§ 3, 154 FamFG) erfolgt. Für den Fall der Zurückverweisung an ein Gericht eines unteren Rechtszugs ist § 31 anzuwenden.

Beide Verfahrensteile bilden eine **kostenrechtliche Einheit.** Für die Frage der Ge- **3** bührenerhebung ist allein das Verfahren maßgebend, an das verwiesen wird. Auslagen, die vor dem verweisenden Gericht entstanden sind, fließen in die Kostenberechnung des übernehmenden Gerichts ein. Das Verfahren ist insgesamt so zu behandeln, als sei das Verfahren von Beginn an bei dem Gericht anhängig gewesen, an das verwiesen wurde.

Abs. 1 Satz 2 stellt die **Abgabe** nach § 4 FamFG (und §§ 123, 153, 202, 233, 263, 268, **4** 273, 314 FamFG) der Verweisung gleich. Damit wird sichergestellt, dass die Gebühren auch im Falle der Abgabe an ein anderes Gericht nur einmal entstehen.

Nach § 137 Abs. 4 FamFG werden Verfahren, die die Voraussetzungen für die Ent- **5** scheidung als Folgesachen erfüllen, im Fall der Verweisung oder Abgabe mit Anhängigkeit bei dem Gericht der Scheidungssache zu Folgesachen. In diesem Fall ist nach Abs. 1 das frühere erstinstanzliche Verfahren als Teil des Verfahrens vor dem übernehmenden Gericht zu behandeln. Dies bedeutet, dass die vor dem verweisenden oder abgebenden Gericht angefallenen Auslagen vom Scheidungsgericht in Ansatz gebracht werden. Gebühren werden ausschließlich vom Scheidungsgericht erhoben und zwar so, als sei die Sache von Anfang an als Folgesache anhängig gewesen.

2. Fortführung als selbständige Familiensache (Absatz 2)

Abs. 2 regelt den Fall, dass eine Folgesache als **selbständige Familiensache fort- 6 geführt** wird (§ 142 Abs. 2 Satz 3 und § 137 Abs. 5 Satz 2 FamFG). Die selbständige Familiensache wird so behandelt, als sei sie nie im Verbund gewesen. Dies bedeutet, dass diese Sache bei der Gebührenberechnung des Scheidungsverbundsverfahrens unberücksichtigt bleibt.

Anders ist der Fall der **Abtrennung** zu behandeln. Werden Folgesachen abge- **7** trennt, aber nach § 137 Abs. 5 Satz 1 FamFG als Folgesache im Verbund fortgeführt, werden Scheidung und Folgesachen weiterhin als einheitliches Verfahren behandelt und abgerechnet.

3. Mehrkosten (Absatz 3)

Abs. 2 enthält eine Billigkeitsregelung nach der grundsätzlich die Mehrkosten, die **8** durch die Anrufung des unzuständigen Gerichts entstanden sind, nicht erhoben werden. Nur wenn die Anrufung auf verschuldeter Unkenntnis der tatsächlichen oder rechtlichen Verhältnisse beruht, können Mehrkosten (regelmäßig nur Auslagen) erhoben werden. Die Entscheidung trifft das Gericht, an welches das Verfahren verwiesen wurde.

7 Verjährung, Verzinsung

(1) Ansprüche auf Zahlung von Kosten verjähren in vier Jahren nach Ablauf des Kalenderjahrs, in dem das Verfahren durch rechtskräftige Entscheidung über die Kosten, durch Vergleich oder in sonstiger Weise beendet ist. Bei Vormundschaften und Dauerpflegschaften beginnt die Verjährung mit der Fälligkeit der Kosten.
(2) Ansprüche auf Rückerstattung von Kosten verjähren in vier Jahren nach Ablauf des Kalenderjahrs, in dem die Zahlung erfolgt ist. Die Verjährung beginnt jedoch nicht vor dem im Absatz 1 bezeichneten Zeitpunkt. Durch Einlegung eines Rechtsbehelfs mit dem Ziel der Rückerstattung wird die Verjährung wie durch Klageerhebung gehemmt.
(3) Auf die Verjährung sind die Vorschriften des Bürgerlichen Gesetzbuchs anzuwenden; die Verjährung wird nicht von Amts wegen berücksichtigt. Die Verjährung der Ansprüche auf Zahlung von Kosten beginnt auch durch die Aufforderung zur Zahlung oder durch eine dem Schuldner mitgeteilte Stundung erneut. Ist der Aufenthalt des Kostenschuldners unbekannt, genügt die Zustellung durch Aufgabe zur Post unter seiner letzten bekannten Anschrift. Bei Kostenbeträgen unter 25 Euro beginnt die Verjährung weder erneut noch wird sie gehemmt.
(4) Ansprüche auf Zahlung und Rückerstattung von Kosten werden nicht verzinst.

I. Allgemeines

1   Die Vorschrift lehnt sich an § 5 GKG und § 6 GNotKG an. Sie regelt die Frage der Verjährung von Ansprüchen auf Zahlung von Kosten (Abs. 1), die Verjährung von Ansprüchen auf Rückerstattung von Kosten (Abs. 2) und die Frage der Verzinsung (Abs. 4).

II. Inhalt der Vorschrift

1. Verjährung des Anspruchs auf Zahlung von Kosten (Absatz 1)

2   Der Anspruch auf Zahlung von Kosten verjährt in vier Jahren. Nach Abs. 1 Satz 1 kommt es für den **Beginn der Verjährung** von Ansprüchen auf Zahlung von Kosten grundsätzlich für alle Familiensachen auf die Beendigung des Verfahrens an und nicht auf die Fälligkeit des Kostenanspruchs. Maßgeblich für den Beginn der Verjährungsfrist ist, dass das Verfahren durch rechtskräftige Entscheidung über die Kosten, durch Vergleich oder in sonstiger Weise beendet ist. Zwischenentscheidungen und Teilvergleiche beenden das Verfahren nicht und sind daher für den Verjährungsbeginn nicht relevant. Auf sonstige Weise kann das Verfahren ua. durch Rücknahme des verfahrenseinleitenden Antrags oder eines Rechtsmittels enden.

3   Etwas anderes gilt nur für Vormundschaften und Dauerpflegschaften (Abs. 1 Satz 2). In diesen Verfahren werden **Jahresgebühren** (Nr. 1311 und 1312 KV FamGKG) erhoben. Die Verfahren können sich über einen sehr langen Zeitraum hinziehen. Daher kann in solchen Verfahren die Verjährung des Anspruchs auf Zahlung der Kosten nicht erst bei Verfahrensbeendigung beginnen. Hier ist deshalb die **Fälligkeit der Kosten** maßgebend (§ 10 FamGKG).

2. Verjährung des Anspruchs auf Rückerstattung von Kosten (Absatz 2)

4   Der Anspruch auf Rückerstattung von Kosten verjährt ebenfalls in vier Jahren. Der Lauf der Frist beginnt grundsätzlich mit der Zahlung, jedoch nicht vor dem Zeitpunkt für die Verjährungsfrist auf Zahlung dieser Kosten (Abs. 2 Satz 2).

Allgemeine Vorschriften § 8

3. Anwendbare Vorschriften (Absatz 3)

Die Verjährung richtet sich grundsätzlich nach den Vorschriften des BGB (Abs. 3 Satz 1). Sie wird nicht von Amts wegen berücksichtigt. Der Schuldner der Kosten muss ggf. die Einrede der Verjährung im Rahmen eines Erinnerungsverfahrens (§ 57) geltend machen. 5

Hemmung und Neubeginn der Verjährung richten sich nach den Vorschriften der §§ 203 ff. bzw. §§ 212 ff. BGB. Die Verjährung der Ansprüche auf Zahlung von Kosten beginnt jedoch auch durch die Aufforderung zur Zahlung oder durch eine dem Schuldner mitgeteilte Stundung erneut (Abs. 3 Satz 2). Ist der Aufenthalt des Kostenschuldners unbekannt, genügt die Zustellung durch Aufgabe zur Post unter seiner letzten bekannten Anschrift. Das FamGKG behandelt also den Fall der Stundung nicht als einen Hemmungstatbestand, sondern als einen Fall des Neubeginns. 6

Bei Kostenbeträgen unter 25 Euro beginnt die Verjährung weder erneut noch wird sie gehemmt. 7

Neben der Verjährung ist auch eine **Verwirkung** eines Anspruchs, die von Amts wegen zu prüfen ist, denkbar. Regelungen enthält das FamGKG hierzu nicht. § 242 BGB ist anwendbar. 8

4. Verzinsung (Absatz 4)

Abs. 4 stellt klar, dass Ansprüche auf Zahlung und Rückerstattung von Kosten nicht verzinst werden. 9

§ 8 Elektronische Akte, elektronisches Dokument

In Verfahren nach diesem Gesetz sind die verfahrensrechtlichen Vorschriften über die elektronische Akte und über das elektronische Dokument anzuwenden, die für das dem kostenrechtlichen Verfahren zugrunde liegende Verfahren gelten.

I. Allgemeines

Die Vorschrift entspricht § 5a GKG sowie dem § 7 GNotKG. Sie ermöglicht die Anwendung der verfahrensrechtlichen Vorschriften über die elektronische Akte und ein elektronisches Dokument (§ 14 FamFG) auch für die zugehörigen Kostenverfahren. 1

II. Inhalt der Vorschrift

Die Vorschrift hat ihre jetzige Fassung durch das 2. KostRMoG[1] erhalten. Alle kostenrechtlichen Regelungen zur elektronischen Akte und zum elektronischen Dokument sind durch eine allgemeine Verweisung auf die jeweiligen verfahrensrechtlichen Regelungen für das zugrunde liegende Verfahren ersetzt werden. Damit ist sichergestellt, dass für die kostenrechtlichen Verfahren die gleichen Grundsätze wie für das Verfahren zur Hauptsache gelten. 2

Anwendbar ist damit auch für die im FamGKG geregelten Verfahren (§§ 54 bis 61) § 14 FamFG.

§ 8a Rechtsbehelfsbelehrung[2]

Jede Kostenrechnung und jede anfechtbare Entscheidung hat eine Belehrung über den statthaften Rechtsbehelf sowie über das Gericht, bei dem dieser Rechtsbehelf einzulegen ist, über dessen Sitz und über die einzuhaltende Form und Frist zu enthalten.

---

1 Art. 5 Nr. 4 des 2. KostRMoG v. 23.7.2013, BGBl. I, S. 2586.
2 § 8a wurde eingefügt durch Art. 10 Nr. 2 des Gesetzes zur Einführung einer Rechtsbehelfsbelehrung im Zivilprozess und zur Änderung anderer Vorschriften v. 5.12.2012, BGBl. I, S. 2418. Die Vorschrift tritt am 1.1.2014 in Kraft.

Abschnitt 2
Fälligkeit

9 *Fälligkeit der Gebühren in Ehesachen und selbständigen Familienstreitsachen*
(1) In Ehesachen und in selbständigen Familienstreitsachen wird die Verfahrensgebühr mit der Einreichung der Antragsschrift, der Einspruchs- oder Rechtsmittelschrift oder mit der Abgabe der entsprechenden Erklärung zu Protokoll fällig.
(2) Soweit die Gebühr eine Entscheidung oder sonstige gerichtliche Handlung voraussetzt, wird sie mit dieser fällig.

I. Allgemeines

1   Die Vorschrift übernimmt teilweise die Regelungen des § 6 Abs. 1 Nr. 1, Abs. 2 und 3 GKG. Sie regelt zwei Fälle, zum einen die Fälligkeit der Verfahrensgebühr in Ehesachen und selbständigen Familienstreitsachen (Abs. 1) und zum anderen die Fälligkeit von Gebühren, die eine Entscheidung oder eine sonstige gerichtliche Handlung voraussetzen (Abs. 2). Für die übrigen Verfahren, auf die das FamGKG anwendbar ist, ist die Vorschrift nicht einschlägig. Für diese Verfahren bestimmt sich die Fälligkeit nach den §§ 10 und 11.

II. Inhalt der Vorschrift

1. Ehesache und selbständige Familiensache (Absatz 1)

2   Die Verfahrensgebühr in Ehesachen (§ 121 FamFG) und in selbständigen Familienstreitsachen (§ 112 FamFG) wird mit der Einreichung des verfahrenseinleitenden Schriftsatzes fällig. Für Familienstreitsachen gilt dies ausdrücklich nur für den Fall, dass sie außerhalb des Verbundes selbständig anhängig sind. Aus der Formulierung ergibt sich weiter, dass die Fälligkeitsregelung im Verbundverfahren nur hinsichtlich der Ehesache gilt. Betroffen von der Fälligkeitsregelung sind Verfahrensgebühren nach Teil 1 Hauptabschnitten 1 und 2 KV FamGKG und für entsprechende Verfahren des einstweiligen Rechtsschutzes (Teil 1 Hauptabschnitt 4 Abschnitt 2).

3   Die Fälligkeitsregelung erfasst sowohl das **erstinstanzliche Verfahren** als auch **Verfahren über Rechtsmittel**.

4   Auf die Übernahme von § 6 Abs. 2 GKG (Ausnahme der Folgesachen von Regelung der Fälligkeit für die Ehesache) hat der Gesetzgeber bewusst verzichtet, weil die Folgesachen ihre Eigenschaft als Versorgungsausgleichssachen, Unterhaltssachen, Ehewohnungs- und Haushaltssachen sowie Güterrechtssachen nicht verlieren. Damit schränkt bereits der Wortlaut des Abs. 1 seine Anwendbarkeit im Falle eines Scheidungsverfahrens mit Folgesachen auf die Scheidungssache ein.

2. Gebühren, die eine Entscheidung oder sonstige gerichtliche Handlung voraussetzen (Absatz 2)

5   Nach Abs. 2 werden Gebühren, die eine Entscheidung oder sonstige gerichtliche Handlung voraussetzen, mit der Entscheidung oder der gerichtlichen Handlung fällig. Das FamGKG kennt nur in wenigen Fällen solche **Aktgebühren**. Dies sind folgende Gebühren:
- Nr. 1210 KV FamGKG (Entscheidung über einen Antrag auf Festsetzung von Unterhalt nach § 249 Abs. 1 FamFG mit Ausnahme einer Festsetzung nach § 254 Satz 2 FamFG)
- Nr. 1500 KV FamGKG (Abschluss eines gerichtlichen Vergleichs)
- Nr. 1501 KV FamGKG (Auferlegung einer Gebühr nach § 32 FamGKG wegen Verzögerung des Verfahrens)
- Nr. 1502 KV FamGKG (Anordnung von Zwangsmaßnahmen durch Beschluss nach § 35 FamFG)

- Nr. 1601 KV FamGKG (Anordnung der Vornahme einer vertretbaren Handlung durch einen Dritten)
- Nr. 1602 KV FamGKG (Anordnung von Zwangs- oder Ordnungsmitteln)
- Nr. 1140, 1216, 1228, 1229, 1319, 1328 und 1930 KV FamGKG (Zulassung der Sprungrechtsbeschwerde)

10 Fälligkeit bei Vormundschaften und Dauerpflegschaften

Bei Vormundschaften und bei Dauerpflegschaften werden die Gebühren nach den Nummern 1311 und 1312 des Kostenverzeichnisses erstmals bei Anordnung und später jeweils zu Beginn eines Kalenderjahres, Auslagen sofort nach ihrer Entstehung fällig.

I. Allgemeines

Für Vormundschaften und Dauerpflegschaften ist die für die **Fälligkeit der Jahresgebühr** früher geltende Regelung des § 92 Abs. 1 Satz 4 KostO aF übernommen worden. Die Vorschrift entspricht der Regelung in § 8 GNotKG 1

II. Geltungsbereich

Die Vorschrift bestimmt die Fälligkeit der im Kostenverzeichnis ausdrücklich als solche bezeichneten Jahresgebühren. Im Einzelnen sind dies die Jahresgebühren nach den Nrn. 1311 und 1312 KV FamGKG. Wegen der Besonderheiten dieser Verfahren, die für einen nicht bestimmbaren Zeitraum anhängig sind, ist eine von der allgemeinen Fälligkeitsvorschrift des § 11 Abs. 1, der an ein Verfahrensende anknüpft, abweichende besondere Fälligkeitsregelung erforderlich. 2

III. Fälligkeit der Jahresgebühr

Die Jahresgebühren werden erstmals nach Anordnung (§ 1774 BGB, § 40 FamFG) und später jeweils am 1. Januar eines jeden Kalenderjahres fällig. In den Anmerkungen zu den jeweiligen Jahresgebühren ist bestimmt, dass für das erste laufende und das folgende Kalenderjahr nur eine Jahresgebühr erhoben wird. 3

Die Jahresgebühren können trotz eingetretener Fälligkeit nach § 14 Abschn. III der KostVfG erst im Rahmen der Prüfung der jährlichen Rechnungslegung angesetzt werden, wenn kein Verlust für die Staatskasse zu besorgen ist. Der Regelung liegen Zweckmäßigkeitsgesichtspunkte zugrunde, da erst mit der Rechnungslegung die für die Berechnung der Jahresgebühr notwendigen Vermögensverhältnisse bekannt werden. 4

IV. Fälligkeit der Auslagen

Hinsichtlich der Auslagen, die in einem Verfahren anfallen, für das Jahresgebühren vorgesehen sind, ist in Satz 2 bestimmt, dass diese sofort nach ihrer Entstehung fällig werden. Auslagen des Gerichts, die vor der Fälligkeit der Jahresgebühren angefallen sind, werden mit der Jahresgebühr fällig. Das Verfahren vor und nach der Anordnung wird kostenrechtlich als ein Verfahren behandelt (vgl. Nr. 3 der Anm. zu Nr. 1310 KV). Kommt es nicht zu einer Anordnung, richtet sich die Fälligkeit der entstandenen Auslagen nach § 11, da in diesem Fall keine Jahresgebühr, sondern eine Gebühr nach Nr. 1310 KV entsteht. 5

11 Fälligkeit der Gebühren in sonstigen Fällen, Fälligkeit der Auslagen

(1) Im Übrigen werden die Gebühren und die Auslagen fällig, wenn
1. eine unbedingte Entscheidung über die Kosten ergangen ist,
2. das Verfahren oder der Rechtszug durch Vergleich oder Zurücknahme beendet ist,

§ 11

3. das Verfahren sechs Monate ruht oder sechs Monate nicht betrieben worden ist,
4. das Verfahren sechs Monate unterbrochen oder sechs Monate ausgesetzt war oder
5. das Verfahren durch anderweitige Erledigung beendet ist.

(2) Die Dokumentenpauschale sowie die Auslagen für die Versendung von Akten werden sofort nach ihrer Entstehung fällig.

I. Allgemeines

1 Für alle anderen als die in den §§ 9 und 10 genannten Fällen ist die Regelung des § 9 GKG übernommen worden. Sie entspricht § 9 GNotKG. Dies bedeutet, dass sich in den sonstigen Fällen also soweit es sich nicht um Verfahrensgebühren für Ehesachen und für selbständige Familienstreitsachen, um Aktgebühren iSd. § 9 Abs. 2 oder um Kosten einer Vormundschaft oder einer Dauerpflegschaft handelt, die Fälligkeit der Gebühren und Auslagen nach § 11 richtet.

II. Inhalt der Vorschrift

1a Betrachtet man die genannten Fälligkeitszeitpunkte, tritt die Fälligkeit zu dem Zeitpunkt ein, in dem das Verfahren beendet ist bzw. als beendet gilt. Die Regelung erfasst sowohl die Gebühren wie auch grundsätzlich die Auslagen. Eine Ausnahme besteht für die in Abs. 2 genannten Dokumentenpauschale und die Auslagen für die Versendung von Akten (Nr. 2003 KV), die sofort nach ihrer Entstehung fällig werden.

1. Kostenentscheidung (Abs. 1 Nr. 1)

2 Jede unbedingte Kostenentscheidung, weder Rechtskraft noch Vollstreckbarkeit ist erforderlich, führt zur Fälligkeit der Kosten, die von der Kostenentscheidung erfasst werden. Die Kostenentscheidung ist zu berücksichtigen, wenn sie ergangen ist. Eine Entscheidung ist ergangen, wenn sie wirksam iSd. § 40 FamFG geworden ist.

2. Vergleich (Abs. 1 Nr. 2, 1. Alt.)

3 Auch die Beendigung des Verfahrens oder des Rechtszugs durch Vergleich (§ 36 FamFG) lässt die Kosten fällig werden. Diese tritt aber nur ein, wenn das **gesamte** Verfahren durch den Vergleich beendet wird. Ein **Teilvergleich** bewirkt auch keine Fälligkeit von Kosten, die hinsichtlich des erledigten Verfahrensteils entstanden sind. Die Vorschrift verlangt, im Gegensatz zur Formulierung in Nr. 1, ausdrücklich eine Beendigung des Verfahrens oder des Rechtszugs. Voraussetzung ist die **Rechtswirksamkeit des Vergleichs**. Es ist unbeachtlich, ob der Vergleich durch Niederschrift bei Gericht (§ 36 Abs. 2 FamFG) oder schriftlich entsprechend § 278 Abs. 6 ZPO (§ 36 Abs. 3 FamFG) geschlossen wird. Auch ist nicht erforderlich, dass der Vergleich eine Kostenregelung enthält.

3a Die Fälligkeit tritt bei einem **Vergleich mit Widerrufsvorbehalt** erst ein, wenn die Widerrufsfrist ungenutzt verstrichen und der Vergleich wirksam geworden ist. Wird ein Vergleich erfolgreich angefochten, entfällt die Fälligkeit. Beruhte die Fälligkeit von Kosten nur auf dem angefochtenen Vergleich, sind gezahlte Kosten zu erstatten.

3b Ein **Zwischenvergleich** beendet das Verfahren nicht und ist daher ohne Auswirkung auf die Fälligkeit.

3. Zurücknahme (Abs. 1 Nr. 2, 2. Alt.)

3c Bei Beendigung durch **Zurücknahme** tritt die Fälligkeit nur ein, wenn das **gesamte** Verfahren durch die Zurücknahme beendet wird. Eine **Teilrücknahme** bewirkt auch keine Fälligkeit von Kosten, die hinsichtlich des zurückgenommenen Verfahrensteils entstanden sind. Die Vorschrift verlangt, im Gegensatz zur Formulierung in Nr. 1, ausdrücklich eine Beendigung des Verfahrens oder des Rechtszugs.

3d Die Zurücknahme muss unmittelbar zur Beendigung des Verfahrens führen. Erfolgt die Rücknahme nach Erlass der Endentscheidung, ist dies nicht gegeben, da in diesem Fall die Rücknahme nach § 22 Abs. 1 Satz 2 FamFG noch der Zustimmung der übrigen Beteiligten bedarf. Stimmen in diesem Fall die übrigen Beteiligten der Rücknahme zu, tritt die Fälligkeit, da die erlassene, aber noch nicht rechtskräftige Endentscheidung wirkungslos wird, nach Nr. 5 (anderweitige Erledigung) ein. Verweigern die Beteiligten die Zustimmung, hat die Endentscheidung Bestand und die Fälligkeit tritt, wenn die Entscheidung eine Kostenentscheidung enthält, nach Nr. 1 ein. Fehlt eine Kostenentscheidung, liegt eine anderweitige Erledigung vor (Nr. 5).

Die Zurücknahme kann ein Verfahren nur beenden, wenn ein Antrag Voraussetzung für das Verfahren ist. Dies ist insbesondere nicht bei erstinstanzlichen Verfahren der Fall, die von Amts wegen eingeleitet werden können. 4

4. Ruhen, Nichtbetreiben (Abs. 1 Nr. 3)

Das FamFG trifft keine Regelungen über das **Ruhen** des Verfahrens. Durch die Rechtsprechung ist jedoch zugestanden, dass ein Ruhen des Verfahrens in entsprechender Anwendung des § 251 ZPO bei echten Streitverfahren bei übereinstimmenden Anträgen der Beteiligten möglich ist, zB bei schwebenden Vergleichsverhandlungen oder wenn die Anordnung des Ruhens aus sonstigen Gründen gerechtfertigt ist. Die sechsmonatige Frist beginnt mit der Anordnung des Ruhens durch das Gericht. 5

Der Eintritt der Fälligkeit auf Grund des Ruhens des Verfahrens setzt eine Anordnung des Gerichts nach den §§ 113 Abs. 1 FamFG, 251 ZPO voraus. 5a

Ein „**Nichtbetreiben des Verfahrens**" liegt dann vor, wenn ein Interesse der Beteiligten an der Fortführung des Verfahrens nicht mehr erkennbar ist. Ein Nichtbetreiben des Verfahrens kann nur vorliegen, wenn die Beteiligten das Verfahren tatsächlich aktiv betreiben können. Daran mangelt es bei Verfahren, die von Amts wegen eingeleitet werden. Die sechsmonatige Frist beginnt mit dem Zeitpunkt, in dem das Nichtbetreiben der Beteiligten erkennbar wird. 5b

Die durch die Anordnung des Ruhens oder das Nichtbetreiben des Verfahrens eingetretene Fälligkeit der Kosten wird durch ein späteres Weiterbetreiben des Verfahrens nicht berührt. 5c

5. Unterbrechung, Aussetzung (Abs. 1 Nr. 4)

Das FamFG sieht keine Regelungen zur **Unterbrechung** eines Verfahrens vor. Die Bestimmungen der Zivilprozessordnung über die Unterbrechung des Verfahrens (§§ 239 ff. ZPO) sind in den Verfahren nach dem FamFG grundsätzlich nicht anzuwenden.[1] Soweit im Einzelfall eine Unterbrechung des Verfahrens erfolgt, zB in echten Streitverfahren, beginnt die Frist mit dem Eintritt des die Unterbrechung begründenden Ereignisses. 6

Die **Aussetzung** des Verfahrens regelt § 21 FamFG. Die Frist beginnt mit deren Anordnung. 7

Die durch die Unterbrechung oder die Aussetzung des Verfahrens eingetretene Fälligkeit der Kosten wird durch ein späteres Weiterbetreiben des Verfahrens nicht berührt. 8

6. Beendigung durch anderweitige Erledigung (Abs. 1 Nr. 5)

Der typische Fall der Beendigung eines Verfahrens durch eine anderweitige Erledigung ist die **Erledigterklärung ohne Kostenentscheidung**. Hierunter fällt aber auch die Zurückverweisung einer Sache durch eine obere Instanz ohne Kostenentscheidung hinsichtlich der Kosten der oberen Instanz. 9

7. Weiterbetreiben des Verfahrens

Ist die Fälligkeit nach Abs. 1 Nr. 3 bis 5 eingetreten, wird sie durch eine Wiederaufnahme des Verfahrens nicht wieder beseitigt. 10

---

[1] BGH v. 19.2.2009 – BLw 12/08, FamRZ 2009, 872.

8. Dokumentenpauschale und Auslagen für die Versendung von Akten (Absatz 2)

11 Nach Abs. 2 werden die Dokumentenpauschale (Nr. 2000 KV FamGKG) sowie die Auslagen für die Versendung von Akten (Nr. 2003 KV FamGKG) sofort nach ihrer Entstehung fällig.

Abschnitt 3
Vorschuss und Vorauszahlung

12 *Grundsatz*

In weiterem Umfang als das Gesetz über das Verfahren in Familiensachen und in den Angelegenheiten der freiwilligen Gerichtsbarkeit, die Zivilprozessordnung und dieses Gesetz es gestatten, darf die Tätigkeit des Familiengerichts von der Sicherstellung oder Zahlung der Kosten nicht abhängig gemacht werden.

I. Allgemeines

1 Die Vorschrift übernimmt – redaktionell angepasst – den Grundsatz des § 10 GKG, wonach die Tätigkeit des Gerichts nur in gesetzlich geregelten Fällen von der Sicherstellung oder Zahlung der Kosten abhängig gemacht werden darf. Dieser Grundsatz gilt auch für Verfahren, in denen Kosten früher nach der KostO erhoben werden, da auch dort nur in den konkret genannten Fällen (§ 8 KostO aF) gerichtliche Handlungen von der Vorschusszahlung abhängig gemacht werden durften.

II. Abhängigmachung

2 Das Gericht darf sein Tätigwerden von der Zahlung oder Sicherstellung der Kosten nur in ausdrücklich genannten Fällen abhängig machen. Solche ausdrücklichen Vorschriften können im FamGKG selbst, im FamFG oder in der ZPO enthalten sein. Im Einzelnen sind dies folgende Vorschriften:
- § 14 Abs. 1 FamGKG
- § 14 Abs. 3 FamGKG
- § 16 Abs. 1 Satz 2 FamGKG
- § 16 Abs. 2 FamGKG
- §§ 113 Abs. 1 Satz 2 FamFG, 379 ZPO
- §§ 113 Abs. 1 Satz 2 FamFG, 402, 379 ZPO

13 *Verfahren nach dem Internationalen Familienrechtsverfahrensgesetz*

In Verfahren nach dem Internationalen Familienrechtsverfahrensgesetz sind die Vorschriften dieses Abschnitts nicht anzuwenden.

1 Mit der Vorschrift ist der Regelungsgehalt des § 53 Abs. 2 IntFamRVG in das FamGKG übernommen werden. In Verfahren nach dem IntFamRVG kann demnach in keinem Fall die Tätigkeit des Gerichts von der Zahlung oder Sicherstellung von Kosten (Gebühren und Auslagen) abhängig gemacht werden.

14 *Abhängigmachung in bestimmten Verfahren*

(1) In Ehesachen und selbständigen Familienstreitsachen soll die Antragsschrift erst nach Zahlung der Gebühr für das Verfahren im Allgemeinen zugestellt

werden. Wird der Antrag erweitert, soll vor Zahlung der Gebühr für das Verfahren im Allgemeinen keine gerichtliche Handlung vorgenommen werden; dies gilt auch in der Rechtsmittelinstanz.
(2) Absatz 1 gilt nicht für den Widerantrag, für den Antrag auf Erlass einer einstweiligen Anordnung und für den Antrag auf Anordnung eines Arrestes.
(3) Im Übrigen soll in Verfahren, in denen der Antragsteller die Kosten schuldet (§ 21), vor Zahlung der Gebühr für das Verfahren im Allgemeinen keine gerichtliche Handlung vorgenommen werden.

I. Allgemeines

Für Ehesachen sowie selbständige Familienstreitsachen ist nach den Abs. 1 und 2 – wie früher (§ 12 Abs. 1 GKG) – bestimmt, dass das Gericht erst nach Zahlung der Gebühr für das Verfahren im Allgemeinen tätig werden soll; dies gilt – ebenfalls wie nach vormaligem Recht (§ 12 Abs. 2 Nr. 1, 2 und 3 GKG) – nicht für einen Widerantrag und für Folgesachen einer Ehesache (§ 137 Abs. 2 FamFG). 1

II. Inhalt der Vorschrift

1. Ehesachen und selbständige Familienstreitsachen (Abs. 1 Satz 1)

In Ehesachen (§ 121 FamFG) und selbständigen Familienstreitsachen (§ 112 FamFG) soll die Antragsschrift erst nach Zahlung der Gebühr für das Verfahren im Allgemeinen zugestellt werden. Die Abhängigmachung betrifft ausdrücklich (ausgenommen die Antragserweiterung in der Rechtsmittelinstanz) nur die Verfahren des ersten Rechtszugs. Betroffen von der **Vorauszahlungspflicht** sind die Gebühren nach den Nr. 1110, 1220 und 1420 KV FamGKG. 2

Selbständige Familienstreitsachen sind solche, die außerhalb des Verbundes iSd § 137 FamFG stehen. Nicht erfasst werden nach der ausdrücklichen Regelung in Abs. 2 einstweilige Anordnungen und Arreste. 3

Nicht betroffen von der Vorauszahlungspflicht für Familienstreitsachen ist das **vereinfachte Verfahren über den Unterhalt Minderjähriger**, da in diesem Verfahren keine allgemeine Verfahrensgebühr, sondern eine Aktgebühr anfällt (Nr. 1210 KV FamGKG). 4

Ähnlich wie in § 9 hat der Gesetzgeber hier auf die Übernahme von § 12 Abs. 2 Nr. 2 und 3 GKG verzichtet, weil die Folgesachen ihre Eigenschaft als Versorgungsausgleichssachen, Unterhaltssachen, Ehewohnungs- und Haushaltssachen und Güterrechtssachen nicht verlieren. Damit schränkt bereits der Wortlaut des Abs. 1 seine Anwendbarkeit im Falle eines Scheidungsverfahrens mit Folgesachen auf die Scheidungssache ein. 5

2. Antragserweiterung (Abs. 1 Satz 2)

Jede Erweiterung eines Antrags, auch in der Rechtsmittelinstanz, hat eine Vorauszahlungspflicht zur Folge. Die Abhängigkeit des weiteren Verfahrens von der Zahlung betrifft ggf. das gesamte Verfahren, wenn sich eine gerichtliche Handlung nicht auf die Antragserweiterung beschränken lässt. 6

3. Widerantrag (Absatz 2)

Für den Widerantrag, für den Antrag auf Erlass einer einstweiligen Anordnung und für den Antrag auf Anordnung eines Arrestes besteht nach der ausdrücklichen Regelung in Abs. 2 keine Vorauszahlungspflicht. Beantragen beide Ehegatten die Scheidung oder beide Lebenspartner die Aufhebung der Partnerschaft, ist Abs. 2 nicht anwendbar. Vielmehr sind beide Teile hinsichtlich der Verfahrensgebühr vorauszahlungspflichtig. 7

4. Sonstige Verfahren mit Antragstellerhaftung (Absatz 3)

Für die nicht von Abs. 1 und 2 erfassten Verfahren ist in Abs. 3 die frühere Regelung des § 8 Abs. 2 KostO übernommen worden. Die Bestimmung ist jedoch aus- 8 drücklich auf solche Verfahren beschränkt, in denen der Antragsteller die Kosten schuldet (§ 21). Dies ist nur für Verfahren bestimmt, die **nur auf Antrag** eingeleitet werden können (§ 21 Abs. 1).

9   Nach der Regelung in § 21 Abs. 1 Satz 2 gelten die Antragstellerhaftung und damit auch die Vorauszahlungspflicht nicht in den dort ausdrücklich genannten Verfahren. Dies betrifft:
- das Verfahren des ersten Rechtszugs in Gewaltschutzsachen,
- einen Minderjährigen für Verfahren, die seine Person betreffen (vgl. hierzu die Ausführungen zu § 21),
- den Verfahrensbeistand.

Für den Fall des § 21 Abs. 1 Satz 2 Nr. 2 ergibt sich dies bereits aus § 13.

10   In Verfahren über den Antrag auf Erteilung einer weiteren vollstreckbaren Ausfertigung durch das Familiengericht ergibt sich nunmehr die Vorauszahlungspflicht des Antragstellers (bisher § 12 Abs. 5 GKG) ebenfalls aus Abs. 3.

15 *Ausnahmen von der Abhängigmachung*
§ 14 gilt nicht,
1. soweit dem Antragsteller Verfahrenskostenhilfe bewilligt ist,
2. wenn dem Antragsteller Gebührenfreiheit zusteht oder
3. wenn die beabsichtigte Rechtsverfolgung weder aussichtslos noch ihre Inanspruchnahme mutwillig erscheint und wenn glaubhaft gemacht wird, dass
   a) dem Antragsteller die alsbaldige Zahlung der Kosten mit Rücksicht auf seine Vermögenslage oder aus sonstigen Gründen Schwierigkeiten bereiten würde oder
   b) eine Verzögerung dem Antragsteller einen nicht oder nur schwer zu ersetzenden Schaden bringen würde; zur Glaubhaftmachung genügt in diesem Fall die Erklärung des zum Bevollmächtigten bestellten Rechtsanwalts.

I. Allgemeines

1   Die vorgesehenen Ausnahmen von der Abhängigmachung des Verfahrensfortgangs von der vorherigen Zahlung der Gebühr entspricht der Regelung in § 14 GKG und teilweise derjenigen in § 16 GNotKG. Die Vorschrift bestimmt, dass in bestimmten Fällen eine Vorauszahlungspflicht nach § 14 nicht besteht. Die Aufzählung ist abschließend und erfasst keine Vorauszahlungspflichten nach anderen Vorschriften.

II. Inhalt der Vorschrift

1. Bewilligung von Verfahrenskostenhilfe (Nr. 1)

2   Die Vorauszahlungspflicht nach § 14 entfällt, wenn dem Antragsteller Verfahrenskostenhilfe bewilligt ist. Das Gesuch um Bewilligung von Verfahrenskostenhilfe hat diese Wirkung noch nicht. Wird nur für einen Teil des Verfahrensgegenstandes Verfahrenskostenhilfe bewilligt, tritt die befreiende Wirkung nur hinsichtlich des von der Bewilligung betroffenen Teils ein. Wegen des übrigen Verfahrensgegenstandes bleibt die Vorauszahlungspflicht bestehen.

2. Gebührenfreiheit (Nr. 2)

3   Soweit dem Antragsteller sachliche oder persönliche Gebührenfreiheit zusteht (§ 2), besteht keine Vorwegleistungspflicht.

3. Sonstige Gründe (Nr. 3)

4   Im Übrigen besteht keine Vorwegleistungspflicht, wenn die beabsichtigte Rechtsverfolgung weder aussichtslos noch ihre Inanspruchnahme mutwillig erscheint und wenn glaubhaft gemacht wird, dass

- dem Antragsteller die alsbaldige Zahlung der Kosten mit Rücksicht auf seine Vermögenslage oder aus sonstigen Gründen Schwierigkeiten bereiten würde (Nr. 3a) oder
- eine Verzögerung dem Antragsteller einen nicht oder nur schwer zu ersetzenden Schaden bringen würde; zur Glaubhaftmachung genügt in diesem Fall die Erklärung des zum Bevollmächtigten bestellten Rechtsanwalts (Nr. 3b).

In diesen Fällen setzt die Befreiung von der Vorauszahlungspflicht einen entsprechenden Antrag voraus. Die Entscheidung trifft das Gericht, nicht der Kostenbeamte. Es entscheidet durch Beschluss, der nach § 58 anfechtbar ist. 5

Gemeinsame Voraussetzung für die Befreiungswirkung ist, dass die beabsichtigte Rechtsverfolgung weder aussichtslos noch ihre Inanspruchnahme mutwillig erscheint. Daneben muss der Antragsteller glaubhaft machen, dass die alsbaldige Zahlung ihm mit Rücksicht auf seine Vermögenslage oder aus sonstigen Gründen Schwierigkeiten bereiten würde. Gemeint sind die Fälle, in denen der Antragsteller keine Verfahrenskostenhilfe erlangen kann, er aber trotzdem außer Stande ist, die Kosten vorweg zu zahlen. Dies kann zum Beispiel der Fall sein, wenn er Vermögenswerte nicht kurzfristig einsetzen kann oder durch andere Zahlungsverpflichtungen nicht zur Vorwegleistung imstande ist. 6

Die Befreiung ist auch möglich, wenn dem Antragsteller durch eine Verzögerung des Verfahrens ein nicht oder ein nur schwer zu ersetzender Schaden entstehen würde. Hier sind verschiedene Fallgestaltungen, zB drohender Vermögensverfall beim Gegner oder besonders eilbedürftige Verfahren, denkbar. 7

Voraussetzung ist weiter, dass die behaupteten Tatsachen glaubhaft gemacht werden. Insoweit gilt § 294 ZPO. Im Fall der Nr. 3 Buchst. b genügt eine entsprechende Erklärung des zum Bevollmächtigten bestellten Rechtsanwalts. 8

§ 16 *Auslagen*

(1) Wird die Vornahme einer Handlung, mit der Auslagen verbunden sind, beantragt, hat derjenige, der die Handlung beantragt hat, einen zur Deckung der Auslagen hinreichenden Vorschuss zu zahlen. Das Gericht soll die Vornahme einer Handlung, die nur auf Antrag vorzunehmen ist, von der vorherigen Zahlung abhängig machen.
(2) Die Herstellung und Überlassung von Dokumenten auf Antrag sowie die Versendung von Akten können von der vorherigen Zahlung eines die Auslagen deckenden Vorschusses abhängig gemacht werden.
(3) Bei Handlungen, die von Amts wegen vorgenommen werden, kann ein Vorschuss zur Deckung der Auslagen erhoben werden.
(4) Absatz 1 gilt nicht für die Anordnung einer Haft.

I. Allgemeines

Die Vorschrift regelt die **Vorschusspflicht hinsichtlich der Auslagen**. Es ist zu unterscheiden ob die Handlung auf Antrag oder von Amts wegen vorzunehmen ist. 1

II. Inhalt der Vorschrift

1. Handlung auf Antrag (Absatz 1)

In Abs. 1 wird der auch nach früherem Recht (§ 17 Abs. 1 GKG) anzuwendende Grundsatz aufgenommen, dass derjenige, der eine Handlung beantragt, die mit der Vornahme dieser Handlung voraussichtlich entstehenden Auslagen durch Vorschusszahlung zu decken hat. Da in selbständigen Familiensachen der freiwilligen Gerichtsbarkeit der Amtsermittlungsgrundsatz gilt (§ 26 FamFG), kann das Gericht die Vornahme der Handlung nur in den Fällen von der Vorschusszahlung abhängig machen, in denen die Handlung nur auf Antrag vorgenommen werden kann (Abs. 1 Satz 2). 2

Soweit die Vorschusspflicht auch auf Grund verfahrensrechtlicher Vorschriften besteht (§§ 113 Abs. 1 Satz 2 FamFG, 402, 379 ZPO), ist die Regelung subsidiär.

3   Es können nur solche Auslagen vorschussweise geltend gemacht werden, die unter den abschließenden Katalog des Teils 2 des Kostenverzeichnisses fallen.

4   Antragsteller iSd. Abs. 1 ist jeder Beteiligte, der eine mit Auslagen verbundene gerichtliche Handlung beantragt. Ein Beweisantritt genügt grundsätzlich.

5   Die Vorschusspflicht entfällt, wenn dem Vorschusspflichtigen Verfahrenskostenhilfe bewilligt ist (§ 122 Abs. 1 Nr. 2a ZPO) oder Kostenfreiheit zusteht.

6   Die Entscheidung über die Abhängigmachung (Abs. 1 Satz 2) steht dem Gericht zu. Sie ist nach § 58 FamGKG anfechtbar.

2. Dokumentenpauschale und Auslagen für die Versendung von Akten (Absatz 2)

7   Abs. 2 entspricht § 17 Abs. 2 GKG. In den Fällen des Abs. 2 steht die Entscheidung über die Vorwegleistungspflicht dem Kostenbeamten zu. Die Regelung betrifft die Dokumentenpauschale nach Nr. 2000 KV FamGKG, soweit sie auf Antrag anfällt, und für die Aktenversendungspauschale nach Nr. 2003 KV FamGKG.

3. Handlungen von Amts wegen (Absatz 3)

8   Abs. 3 entspricht § 17 Abs. 3 GKG und § 14 Abs. 3 Satz 1 GNotKG. Soweit eine Handlung von Amts wegen vorzunehmen ist, kann zwar nach pflichtgemäßem Ermessen ein Vorschuss angefordert werden, eine Abhängigmachung ist aber nicht möglich. In der gerichtlichen Praxis wird die Tatsache, dass eine Vorschusspflicht (Zahlungspflicht vor Fälligkeit) unabhängig von einer Abhängigmachung gegeben sein kann, nicht immer beachtet. So musste sich das OLG Celle[1] mit einer Auslagenvorschussanforderung in einer Kindschaftssache im Rahmen einer Beschwerde nach § 58 beschäftigen. Das Amtsgericht hatte die Beauftragung eines Sachverständigen – in Verkennung der Regelungen des FamGKG – davon abhängig gemacht, dass die Eltern binnen drei Wochen einen Kostenvorschuss einzahlen.

8a   Die Vorschrift bestimmt nicht, wer vorschusspflichtig ist. Die Ausgestaltung als Kann-Vorschrift spricht dafür, dass das pflichtgemäße Ermessen sich auch auf die Frage des Kostenschuldners erstreckt.

4. Anordnung einer Haft (Absatz 4)

9   Abs. 4 übernimmt die Regelung aus § 17 Abs. 4 GKG hinsichtlich der Haftkosten. Für Auslagen, die durch die Anordnung einer Haft entstehen (Nr. 2008 KV GKG), kann kein Vorschuss gefordert werden.

17 *Fortdauer der Vorschusspflicht*
Die Verpflichtung zur Zahlung eines Vorschusses bleibt bestehen, auch wenn die Kosten des Verfahrens einem anderen auferlegt oder von einem anderen übernommen sind. § 26 Abs. 2 gilt entsprechend.

1   Die Vorschrift entspricht dem § 18 GKG. Sie bestimmt, dass der Vorschusskostenschuldner (§ 16) nicht nur vorläufiger, sondern auch endgültiger Kostenschuldner ist und neben die übrigen Kostenschuldner tritt. Durch die Verweisung in Satz 2 wird klargestellt, dass der Vorschusspflichtige im Verhältnis zum Entscheidungs- und Übernahmeschuldner nur Zweitschuldner ist. Im Verhältnis zu den übrigen Kostenschuldnern ist er Gesamtschuldner.

---

[1] OLG Celle v. 2.5.2012 – 10 WF 93/12, FamRZ 2013, 241.

Die Regelung führt dazu, dass der Vorschusspflichtige bei Nichtzahlung durch den Entscheidungs- oder Übernahmeschuldner für die der Vorschusspflicht unterliegenden Auslagen auch noch nach Beendigung des Verfahrens in Anspruch genommen werden kann. Dies gilt auch dann, wenn im Laufe des Verfahrens kein Vorschuss angefordert oder keine Vorwegleistung angeordnet wurde.

Abschnitt 4
Kostenansatz

18 *Kostenansatz*
(1) Es werden angesetzt
1. die Kosten des ersten Rechtszugs bei dem Gericht, bei dem das Verfahren im ersten Rechtszug anhängig ist oder zuletzt anhängig war,
2. die Kosten des Rechtsmittelverfahrens bei dem Rechtsmittelgericht.
Dies gilt auch dann, wenn die Kosten bei einem ersuchten Gericht entstanden sind.
(2) Die Dokumentenpauschale sowie die Auslagen für die Versendung von Akten werden bei der Stelle angesetzt, bei der sie entstanden sind.
(3) Der Kostenansatz kann im Verwaltungsweg berichtigt werden, solange nicht eine gerichtliche Entscheidung getroffen ist. Ergeht nach der gerichtlichen Entscheidung über den Kostenansatz eine Entscheidung, durch die der Verfahrenswert anders festgesetzt wird, kann der Kostenansatz ebenfalls berichtigt werden.

I. Allgemeines

Die Vorschrift regelt die Zuständigkeit für den Kostenansatz. Diese ist entsprechend § 19 Abs. 1, 4 und 5 GKG und § 18 Abs. 1, 5 und 6 GNotKG geregelt.

II. Inhalt der Vorschrift

1. Grundsatz (Absatz 1)

Grundsätzlich werden die **Kosten des ersten Rechtszugs** bei dem Gericht, bei dem das Verfahren im ersten Rechtszug anhängig ist oder zuletzt anhängig war, angesetzt. Die **Kosten des Rechtsmittelverfahrens** setzt das Rechtsmittelgericht an. **Kosten eines ersuchten Gerichts** werden bei dem ersuchenden Gericht angesetzt. Bei einer Verweisung oder Abgabe wird das Zweitgericht auch für den Ansatz der Kosten des verweisenden oder abgebenden Gerichts zuständig.

2. Dokumentenpauschale und die Auslagen für die Versendung von Akten (Absatz 2)

Die Dokumentenpauschale nach Nr. 2000 KV FamGKG und die Aktenversendungspauschale nach Nr. 2003 KV FamGKG werden immer bei der Stelle angesetzt, bei der sie entstanden sind.

3. Berichtigung im Verwaltungsweg (Absatz 3)

Der Kostenansatz kann im Verwaltungsweg **berichtigt** werden, solange nicht eine gerichtliche Entscheidung im Erinnerungs- oder Verwaltungsverfahren getroffen wurde. Abs. 3 Satz 2 ermöglicht bei einer bestimmten Fallgestaltung trotz vorliegender gerichtlicher Entscheidung über den Kostenansatz noch eine Berichtigung im Verwaltungsweg. Hat nämlich das Gericht nach einer Entscheidung über den Kostenansatz durch eine weitere Entscheidung den Verfahrenswert verändert, kann sich die vorherige Entscheidung über den Kostensatz als nunmehr falsch erweisen. In diesem Fall kann der Kostenansatz im Verwaltungsweg berichtigt werden.

19 *Nachforderung*

(1) Wegen eines unrichtigen Ansatzes dürfen Kosten nur nachgefordert werden, wenn der berichtigte Ansatz dem Zahlungspflichtigen vor Ablauf des nächsten Kalenderjahres nach Absendung der den Rechtszug abschließenden Kostenrechnung (Schlusskostenrechnung), bei Vormundschaften und Dauerpflegschaften der Jahresrechnung, mitgeteilt worden ist. Dies gilt nicht, wenn die Nachforderung auf vorsätzlich oder grob fahrlässig falschen Angaben des Kostenschuldners beruht oder wenn der ursprüngliche Kostenansatz unter einem bestimmten Vorbehalt erfolgt ist.

(2) Ist innerhalb der Frist des Absatzes 1 ein Rechtsbehelf wegen des Hauptgegenstands oder wegen der Kosten eingelegt oder dem Zahlungspflichtigen mitgeteilt worden, dass ein Wertermittlungsverfahren eingeleitet ist, ist die Nachforderung bis zum Ablauf des nächsten Kalenderjahres nach Beendigung dieser Verfahren möglich.

(3) Ist der Wert gerichtlich festgesetzt worden, genügt es, wenn der berichtigte Ansatz dem Zahlungspflichtigen drei Monate nach der letzten Wertfestsetzung mitgeteilt worden ist.

I. Allgemeines

1 Die Regelungen über die Nachforderung von Gerichtskosten (§ 20 GKG) sind in das FamGKG übernommen worden. Die Regelung entspricht § 20 GNotKG. Sie soll den Kostenschuldner vor einer verspäteten Nachforderung von Gerichtskosten schützen. Sie setzt dem Nachforderungsrecht der Staatskasse zeitliche Grenzen, dem Kostenschuldner wird ein Vertrauensschutz in die Richtigkeit der erteilten Schlusskostenrechnung zugebilligt. Die Nachforderungsfrist ist von Amts wegen zu beachten. Dem Kostenschuldner stehen bei einer Nichtbeachtung die Rechtsbehelfe des § 57 zur Verfügung.

II. Inhalt der Vorschrift

1. Nachforderung

2 Eine Nachforderung setzt schon begrifflich voraus, dass ein Kostenansatz überhaupt erfolgt ist. Sind keine Kosten angesetzt, wird der Kostenschuldner ausschließlich durch die Verjährungsvorschriften (§ 7) geschützt. Dies gilt auch dann, wenn der Kostenbeamte zunächst wegen einer Aussichtslosigkeit der Geltendmachung der Kosten von einem Kostenansatz abgesehen hat.

3 Der Lauf der Nachforderungsfrist setzt nach Abs. 1 Satz 1 eine die Instanz abschließende Kostenrechnung (**Schlusskostenrechnung**) voraus. Eine solche Kostenrechnung liegt nur vor, wenn sie aus der Sicht eines redlichen Kostenschuldners endgültig ist. Dies kann nach der ausdrücklichen Regelung nur für solche Kostenrechnungen gelten, die nach Instanzende erteilt werden. Im Lauf des Verfahrens erteilte Kostenrechnungen für Vorschüsse oder über vorwegzuleistende Kosten können keinen Vertrauensschutz in die Vollständigkeit und Richtigkeit begründen.

4 **Keine Nachforderung** liegt vor, wenn nach der erfolglosen Inanspruchnahme eines Kostenschuldners ein anderer Kostenschuldner erstmalig oder in einem weiteren Umfang in Anspruch genommen wird, denn in diesem Fall war der erste Kostenansatz nicht unrichtig. Dies gilt nicht für den Kostenschuldner, der für die Kostenschuld eines anderen kraft Gesetzes haftet (§ 24 Nr. 3), weil dessen Haftung nur soweit reicht wie die des Hauptschuldners.

5 Die Vorschrift bezieht sich nur auf einen Kostenansatz durch den Kostenbeamten. Wird über den Kostenansatz in einem Erinnerungs- oder Beschwerdeverfahren entschieden, kann der Kostenbeamte den Kostensatz, soweit er Gegenstand der gerichtlichen Entscheidung war, entsprechend dieser Entscheidung berichtigen.

2. Unrichtiger Kostenansatz

Inwiefern der Kostenansatz unrichtig ist, ist ohne Belang. In Frage kommen also nicht berücksichtigte Einzelposten, Rechtsirrtümer des Kostenbeamten, Änderung der Streitwertfestsetzung, Änderung der Rechtsprechung. Kein unrichtiger Kostenansatz ist gegeben, wenn nach Erstellung der Schlusskostenrechnung weitere Kosten anfallen, zB noch eine Sachverständigenvergütung oder eine Zeugenentschädigung gezahlt wird.

3. Falsche Angabe, Vorbehalt (Abs. 1 Satz 2)

Auf die Endgültigkeit einer Kostenrechnung kann der Kostenschuldner dann nicht vertrauen, wenn die Kostenrechnung unter dem **Vorbehalt eines weiteren Ansatzes** erteilt wird. Der Vorbehalt muss für den Kostenschuldner klar erkennbar sein.

Dem Kostenschuldner, der zB bezüglich des Wertes vorsätzlich oder grob fahrlässig falsche Angaben macht, kommt der Schutz der Nachforderungsfrist nicht zugute. Der Wert ist zwar von Amts wegen zu ermitteln, jedoch kommt den Beteiligten eine Mitwirkungspflicht zu (§ 53).

4. Nachforderungsfrist (Abs. 1 Satz 1, Abs. 2)

Bei der in Abs. 1 Satz 1 genannten Frist handelt es sich um eine **Ausschlussfrist**. Der Lauf der Frist beginnt mit der Absendung der Schlusskostenrechnung. Sie endet mit dem Ablauf des nächsten Kalenderjahres. Bei Vormundschaften und Dauerpflegschaften ist Fristbeginn die Absendung der Jahresrechnung.

Wird wegen des Hauptgegenstands oder wegen der Kosten ein **Rechtsbehelf** oder ein **Rechtsmittel** eingelegt, ist die Nachforderung bis zum Ablauf des nächsten Kalenderjahres nach Beendigung dieser Verfahren möglich (Abs. 2). In diesem Fall beginnt die Nachforderungsfrist mit der Beendigung dieser Verfahren. Abs. 2 gilt auch, wenn dem Zahlungspflichtigen mitgeteilt worden ist, dass ein **Wertermittlungsverfahren** eingeleitet ist. Diese Regelung entspricht § 20 Abs. 2 GNotKG. Ein förmliches Wertermittlungsverfahren kennt das FamGKG aber grundsätzlich nicht, so dass der Vorschrift keine praktische Relevanz zukommt.

5. Wertfestsetzung (Absatz 3)

Ist der Verfahrenswert durch das Gericht festgesetzt worden, ist eine Änderung dieser Festsetzung nach § 55 Abs. 3 Satz 2 nur bis Ablauf von sechs Monaten zulässig, nachdem die Entscheidung in der Hauptsache Rechtskraft erlangt oder das Verfahren sich anderweitig erledigt hat. Nach der geänderten Wertfestsetzung kann der Kostenansatz berichtigt werden (§ 18 Abs. 3). Nach Abs. 3 genügt es, wenn der berichtigte Ansatz dem Zahlungspflichtigen drei Monate nach der Wertfestsetzung mitgeteilt worden ist. Wegen des Ausnahmecharakters dieser Regelung kann diese Frist die grundsätzliche Nachforderungsfrist nur verlängern, nicht aber verkürzen. Die Frist beginnt erst zu laufen, wenn der letzte Wertfestsetzungsbeschluss den Beteiligten bekannt gegeben worden ist.

Nach seinem Wortlaut bezieht sich Abs. 3 ausdrücklich nur auf den Fall einer Änderung der Streitwertfestsetzung. Er muss jedoch auf den Fall einer Wertfestsetzung nach Ablauf der Nachforderungsfrist des Abs. 1 entsprechend angewendet werden.

§ 20 Nichterhebung von Kosten

(1) Kosten, die bei richtiger Behandlung der Sache nicht entstanden wären, werden nicht erhoben. Das Gleiche gilt für Auslagen, die durch eine von Amts wegen veranlasste Verlegung eines Termins oder Vertagung einer Verhandlung entstanden sind. Für abweisende Entscheidungen sowie bei Zurücknahme eines Antrags kann von der Erhebung von Kosten abgesehen werden, wenn der Antrag auf unverschuldeter Unkenntnis der tatsächlichen oder rechtlichen Verhältnisse beruht.

(2) Die Entscheidung trifft das Gericht. Solange nicht das Gericht entschieden hat, können Anordnungen nach Absatz 1 im Verwaltungsweg erlassen werden. Eine im Verwaltungsweg getroffene Anordnung kann nur im Verwaltungsweg geändert werden.

I. Allgemeines

1   Die Regelung über die Nichterhebung von Kosten entspricht § 21 GKG und § 21 GNotKG. Die Vorschrift ordnet in Abs. 1 Satz 1 und 2 für folgende Fälle eine Nichterhebung der Kosten an:
– Wenn die Kosten bei richtiger Behandlung der Sache nicht entstanden wären,
– wenn Auslagen durch eine von Amts wegen veranlasste Verlegung eines Termins oder durch eine Vertagung einer Verhandlung entstanden sind.

2   Des Weiteren ist in Abs. 1 Satz 3 eine Ermessensentscheidung für den Kostenansatz enthalten, wenn bei abweisenden Entscheidungen sowie bei der Zurücknahme eines Antrags der Antrag auf unverschuldeter Unkenntnis der tatsächlichen oder rechtlichen Verhältnisse beruht. Eine vergleichbare Regelung enthält § 6 Abs. 3 für den Fall der Verweisung.

II. Inhalt der Vorschrift

1. Unrichtige Sachbehandlung

3   Eine unrichtige Sachbehandlung liegt nach einhelliger Auffassung nur vor, wenn ein offen zutage tretender Verstoß gegen eindeutige gesetzliche Normen oder ein offensichtliches Versehen unterlaufen ist.[1] Unbeachtlich sind sowohl ein Verschulden des Gerichts wie auch eine Mitwirkung der Beteiligten. Der Verstoß oder das Versehen muss ursächlich für den Anfall der Kosten sein. Kosten, die auch bei richtiger Sachbehandlung entstanden wären, sind zu erheben. Es muss sich um eine unrichtige Sachbehandlung durch das Personal des Gerichts handeln, gleichgültig welche Funktion sie im Verfahren ausüben.

4   Das Problem der unrichtigen Sachbehandlung stellt sich immer wieder bei der Aufhebung einer gerichtlichen Entscheidung durch eine übergeordnete Instanz. Dabei ist die Zurückverweisung eines Verfahrens wegen eines Verfahrensfehlers nicht zwangsläufig ein Indiz für eine unrichtige Sachbehandlung der Vorinstanz. Vielmehr kann nur davon ausgegangen werden, dass eine Zurückweisung wegen eines offensichtlichen Verfahrensfehlers oder einer offensichtlichen Verkennung des materiellen Rechts einen Hinweis auf das Vorliegen einer unrichtigen Sachbehandlung darstellt. So können beispielsweise die Voraussetzungen für eine Nichterhebung gegeben sein, wenn die Aufhebung wegen eines absoluten Rechtsbeschwerdegrundes nach §§ 72 Abs. 3 FamFG, 547 ZPO erfolgt. Auch die Tatsache, dass ein Verfahren mehrfach zurückgewiesen wird, ist ein Indiz für eine unrichtige Sachbehandlung. Dagegen ist die Zurückverweisung wegen einer abweichenden Rechtsauffassung kein Fall der unrichtigen Sachbehandlung.

5   Zur Frage des Vorliegens einer unrichtigen Sachbehandlung gibt es zur gleich lautenden Regelung in § 21 GKG eine umfangreiche Rechtsprechung.[2]

2. Umfang

6   Die Vorschrift sieht ausdrücklich nur die Nichterhebung von Kosten (Gebühren und Auslagen) vor. Sie bietet keine Möglichkeit einer Übernahme der außergerichtlichen Kosten eines Beteiligten durch die Staatskasse. Nicht erhoben werden **nur die Kosten, die ursächlich durch die unrichtige Sachbehandlung entstanden** sind. Verweist ein Beschwerdegericht die Sache wegen eines offensichtlichen Verfahrensfehlers an die Vorinstanz zurück, kommt nur eine Nichterhebung der Kosten (oder eines

---

1 BGH v. 24.9.1962 – VII ZR 20/62, NJW 1962, 2107.
2 Vgl. die Nachweise bei *Meyer*, Gerichtskostengesetz, 10. Aufl., § 21.

Teils der Kosten) des Beschwerdeverfahrens in Frage, da nur diese Kosten durch die unrichtige Sachbehandlung zusätzlich angefallen sein können. Ausgenommen sind solche Auslagen, die bei richtiger Sachbehandlung auch bei der unteren Instanz entstanden wären.

Eine **Ausnahme von dem Grundsatz der Ursächlichkeit** der in Rede stehenden Kosten ist für den Fall zu machen, dass ein Beteiligter erst durch die unrichtige Sachbehandlung zum Kostenschuldner geworden ist, zB wenn das Gericht ein begründetes Gesuch über Verfahrenskostenhilfe übersehen hat. 7

3. Verlegung eines Termins, Vertagung einer Verhandlung

Auslagen, die durch eine von Amts wegen veranlasste Verlegung eines Termins oder Vertagung einer Verhandlung entstanden sind, sind nicht zu erheben. In Betracht kommen nur die gerichtlichen Auslagen nach Teil 2 KV FamGKG. Voraussetzung ist, dass die Verlegung oder Vertagung von Amts wegen erfolgt und damit ausschließlich im Verantwortungsbereich des Gerichts begründet ist. 8

4. Abweisende Entscheidungen, Zurücknahme

Bei abweisenden Entscheidungen sowie bei der Zurücknahme eines Antrags kann das Gericht nach pflichtgemäßem Ermessen von der Erhebung von Kosten absehen, wenn der Antrag auf **unverschuldeter Unkenntnis** der tatsächlichen oder rechtlichen Verhältnisse beruht. Die Form der abweisenden Entscheidung ist ohne Bedeutung. Antragsrücknahme umfasst die Zurücknahme eines jeden verfahrens- oder instanzeinleitenden Gesuchs, also auch die Rücknahme der Beschwerde oder Rechtsbeschwerde. 9

Unverschuldet ist die Unkenntnis der tatsächlichen oder rechtlichen Verhältnisse, wenn der Antragsteller vor Antragstellung alles Zumutbare zu Klärung und Würdigung der maßgeblichen Verhältnisse unternommen hat. Das Verschulden seines Verfahrensbevollmächtigten hat sich der Antragsteller zurechnen zu lassen. Eine unverschuldete Unkenntnis über tatsächliche Verhältnisse ist zum Beispiel gegeben, wenn sich das Verfahren gegen eine Person richtet, von deren Tod der Antragsteller keine Kenntnis hatte. 10

5. Gerichtliche Entscheidung

Über die Frage der **Nichterhebung** entscheidet das Gericht durch **Beschluss**. Stellt ein Beteiligter einen Antrag auf Nichterhebung, ist dies, wenn die Kosten bereits angesetzt sind, als Erinnerung gegen den Kostenansatz (§ 57) zu werten. Das Verfahren ist an **keine Frist** gebunden und kann daher auch noch nach Rechtskraft, nach Abschluss des Kostenansatzverfahrens und nach Zahlung der Kosten eingeleitet werden. 11

Zuständig ist das Gericht, das über eine Erinnerung gegen den Kostenansatz (§ 57 GKG) zu entscheiden hat. Dies ist das Gericht, bei dem Kosten angesetzt sind oder anzusetzen wären. Daher kann weder ein Erstgericht über die Kosten des Beschwerdeverfahrens entscheiden noch ein Beschwerdegericht über die Nichterhebung der Kosten des Erstgerichts befinden. Ist das Verfahren dem Rechtspfleger übertragen, entscheidet dieser auch über die Nichterhebung. 12

Das weitere Verfahren richtet sich nach § 57 Abs. 2 bis 8. 13

6. Entscheidung im Verwaltungsweg

Solange nicht das Gericht entschieden hat, kann die Nichterhebung auch im Verwaltungsweg angeordnet werden. Eine Entscheidung des Gerichts, gleichgültig ob stattgebend oder ablehnend, verhindert die Möglichkeit einer Anordnung im Verwaltungsweg. Eine im Verwaltungsweg getroffene Anordnung kann nur im Verwaltungsweg geändert werden. Hat also die Justizverwaltung die Nichterhebung von Kosten angeordnet, besteht für eine Entscheidung des Gerichts kein Raum. Dagegen steht ein ablehnender Bescheid der Verwaltung einer gerichtlichen Entscheidung nicht im 14

§ 21 Kostenhaftung

Wege. Die Zuständigkeiten für die Anordnung im Verwaltungsweg sind in § 44 der Kostenverfügung geregelt.

15 Über das Verfahren nach § 20 hinaus existieren sowohl auf Bundes- wie auf Landesebene Regelungen über den Erlass und die Stundung von Kostenforderungen. Auch insoweit handelt es sich um Entscheidungen der Justizverwaltung, die jedoch von dem Verfahren nach § 20 abzugrenzen sind.

Abschnitt 5
Kostenhaftung

§ 21 Kostenschuldner in Antragsverfahren, Vergleich

(1) In Verfahren, die nur durch Antrag eingeleitet werden, schuldet die Kosten, wer das Verfahren des Rechtszugs beantragt hat. Dies gilt nicht
1. für den ersten Rechtszug in Gewaltschutzsachen,
2. im Verfahren auf Erlass einer gerichtlichen Anordnung auf Rückgabe des Kindes oder über das Recht zum persönlichen Umgang nach dem Internationalen Familienrechtsverfahrensgesetz,
3. für einen Minderjährigen in Verfahren, die seine Person betreffen, und
4. für einen Verfahrensbeistand.

Im Verfahren, das gemäß § 700 Abs. 3 der Zivilprozessordnung dem Mahnverfahren folgt, schuldet die Kosten, wer den Vollstreckungsbescheid beantragt hat.

(2) Die Gebühr für den Abschluss eines gerichtlichen Vergleichs schuldet jeder, der an dem Abschluss beteiligt ist.

I. Allgemeines

1 Abs. 1 regelt den Kostenschuldner in Antragsverfahren. Die Sätze 1 und 3 entsprechen inhaltlich dem § 22 Abs. 1 Satz 1 GKG. Das Institut des Interesseschuldners (§ 2 Nr. 2 KostO) ist nicht in das FamGKG übernommen worden, weil nach § 81 Abs. 1 Satz 3 FamFG in Familiensachen immer über die Kosten zu entscheiden ist. Abs. 2 bestimmt den Kostenschuldner der Gebühr für den Abschluss eines gerichtlichen Vergleichs.

II. Inhalt der Vorschrift

1. Antragstellerhaftung (Absatz 1)

2 Die Vorschrift legt fest, dass der **Antragsteller** als Veranlasser des Verfahrens **immer Kostenschuldner** ist. Diese Haftung des Antragstellers ist unabhängig vom Ausgang des Verfahrens und bleibt auch bestehen, wenn weitere Kostenschuldner hinzutreten. Die Antragstellerhaftung kommt regelmäßig im Rahmen der vorweg zu erhebenden Gebühren (§ 14) zum Tragen. Antragsteller ist der Beteiligte selbst, nicht der gesetzliche Vertreter und auch nicht der Verfahrensbevollmächtigte. Ein Vertreter ohne Vertretungsmacht ist persönlich Antragsteller und damit Kostenschuldner.

3 Nach Abs. 1 Satz 1 greift die Antragstellerhaftung nur in solchen Verfahren, die **ausschließlich durch einen Antrag** eingeleitet werden können. In allen anderen Verfahren ergibt sich der Kostenschuldner ausschließlich aus § 24. Familiensachen sind in großem Umfang systematisch grundsätzlich Amtsverfahren. Wird in einem Amtsverfahren ein „Antrag" gestellt, gilt er nur als Anregung an das Gericht, von Amts wegen tätig zu werden (§ 24 FamFG). Eine Kostenhaftung nach § 21 löst eine solche Anregung nicht aus. Bei Verfahren, die sowohl Amts- wie auch Antragsverfahren sein können, gibt es im Hinblick auf den Wortlaut („nur") keine Antragstellerhaftung. Ob ein Verfahren ausschließlich auf Antrag eingeleitet werden kann, ist weitestgehend im materiellen Recht geregelt. Leben zum Beispiel die Eltern eines Kindes getrennt, wird die gemeinsame Sorge nach § 1671 Abs. 1 BGB nur auf Antrag aufgelöst. Dagegen handelt es sich bei einem Verfahren zur Regelung des Umgangsrechts nach § 1684 Abs. 3 BGB grundsätzlich um ein Amtsverfahren.

Der die Antragstellerhaftung begründende Antrag ist eine Prozesshandlung, die das Verfahren einleitet (§ 23 FamFG). In Frage kommen zB der verfahrenseinleitende Antrag iSd. §§ 23, 51 Abs. 1 Satz 1 FamFG, die Einreichung einer Beschwerdeschrift und der Antrag auf Erlass eines Vollstreckungsbescheids. Auf die Form des Antrags kommt es nicht an, auch Erklärungen und Anträge zur Niederschrift der Geschäftsstelle (§ 25 FamFG) können die Antragstellerhaftung auslösen. Ohne Belang ist, ob der Antrag zulässig ist oder ob die handelnde Person prozessfähig ist. Die Antragstellerhaftung tritt mit Eingang des Antrags bei Gericht ein. 4

Wird einem Gesuch auf Gewährung von Verfahrenskostenhilfe – über das vorweg entschieden werden soll – ein Antragsentwurf beigefügt, so ist der Verfahrensantrag zunächst nicht gestellt. Erst wenn das Gesuch positiv beschieden ist oder der Antragsteller zu erkennen gibt, dass er die Bedingung für den Antrag fallen lässt, tritt die Antragstellerhaftung ein. 5

a) Umfang

Der Antragsteller haftet **grundsätzlich für alle Kosten** (Gebühren und Auslagen) der Instanz. Der Antragsteller haftet auch für solche Kosten, die durch Verteidigungsmaßnahmen anderer Beteiligter entstanden sind, insbesondere für Auslagen, die durch Beweisantritte des Gegners verursacht wurden. Ein **anderer Beteiligter** als der Veranlasser der Instanz wird jedoch zum Antragsteller, wenn er zusätzlich zum bisherigen Antragsteller verfahrenseinleitende Anträge stellt. Dies gilt zB, wenn er als zusätzlicher Antragsteller auftritt (in einer Ehesache einen eigenen Scheidungsantrag stellt), einen Widerantrag stellt oder sich einer Beschwerde anschließt. 6

Mehrere Antragsteller haften als Gesamtschuldner (§ 26 Abs. 1), soweit sich ihre Anträge decken. 7

Antragsteller und **Widerantragsteller** sowie **Beschwerdeführer** und **Anschlussbeschwerdeführer** haften jeweils für die Kosten, die durch ihre jeweiligen Anträge entstehen. Die Höhe des Haftungsbetrags wird so berechnet, als seien einzelne Verfahren eingeleitet worden. Bis zur Höhe dieser Kosten kann die Staatskasse die einzelnen Kostenschuldner in Anspruch nehmen. Die Staatskasse kann jedoch nicht mehr Kosten fordern, als insgesamt durch das Verfahren entstanden sind. Dieselben Grundsätze gelten auch für den Fall einer nur teilweisen Bewilligung von Verfahrenskostenhilfe. 8

Macht ein Beteiligter hilfsweise die **Aufrechnung mit einer bestrittenen Gegenforderung** geltend, erhöht sich nach § 39 Abs. 3 der Wert um den Wert der Gegenforderung, soweit eine der Rechtskraft fähige Entscheidung über sie ergeht. Wegen des Erhöhungsbetrags ist dieser Beteiligte Antragsteller iSd. § 21. 9

Ausgenommen von der Antragstellerhaftung sind solche Kosten, die das Gesetz ausdrücklich nur einem bestimmten Beteiligten aufbürdet. Dies gilt für die Verzögerungsgebühr (§ 32), die Dokumentenpauschale in Säumnisfällen (§ 23 Abs. 1 Satz 2) und die Aktenversendungspauschale (§ 23 Abs. 2). 10

Ist neben dem **Antragsteller** ein **weiterer Kostenschuldner** nach § 24 vorhanden, haftet der Antragsteller mit diesen Kostenschuldnern gesamtschuldnerisch (§ 26 Abs. 1). Die Antragstellerhaftung soll jedoch neben einer Haftung aus § 24 Nr. 1 oder Nr. 2 (Erstschuldner) nur zweitrangig (sog. Zweitschuldner) geltend gemacht werden. 11

b) Ausnahmen

Abs. 1 Satz 2 schließt in Gewaltschutzsachen für den ersten Rechtszug (Nr. 1), im Verfahren auf Erlass einer gerichtlichen Anordnung auf Rückgabe des Kindes oder über das Recht zum persönlichen Umgang nach dem Internationalen Familien- 12 rechtsverfahrensgesetz – IntFamRVG – (Nr. 2) und für einen Minderjährigen in Verfahren, die seine Person betreffen (Nr. 3), die Antragstellerhaftung aus. Die Nr. 4 führt den Gedanken des § 158 Abs. 8 FamFG fort, wonach der Verfahrensbeistand auch in kostenrechtlicher Hinsicht keine Verpflichtungen zu übernehmen hat. Für solche Verfahren schuldet nur derjenige die Kosten, der gem. § 24 für die Kosten haftet, also insbesondere derjenige, dem die Kosten auferlegt worden sind oder derjenige, der die Kosten übernommen hat. Die Regelung in Nr. 2 ist aus § 52 IntFamRVG übernommen worden. Die Regelung für Minderjährige knüpft an § 81 Abs. 3 FamFG an.

12a Die Formulierung in Nr. 3 „die seine Person betreffen" ist in gleicher Weise auszulegen, wie die vergleichbaren Formulierungen in den §§ 9 Abs. 1 Nr. 3, 81 Abs. 3, 158 Abs. 1 FamFG.[1] So betreffen zB auch Abstammungs- und Adoptionssachen die Person des Minderjährigen. Ein Verfahren betrifft nur dann nicht die Person des Minderjährigen, wenn es sich auf das Vermögen des Minderjährigen oder die Vermögenssorge bezieht.

c) Antragsteller des Vollstreckungsbescheids (Abs. 1 Satz 3)

13 Nach § 113 Abs. 2 FamFG kann in Familienstreitsachen auch das Mahnverfahren unter entsprechender Anwendung der Vorschriften der ZPO stattfinden. Die Kosten dieses Mahnverfahrens sind nach dem GKG zu berechnen (§ 1 Satz 3). Wird gegen einen Vollstreckungsbescheid Einspruch eingelegt, gibt das Mahngericht das Verfahren von Amts wegen an das Familiengericht ab. Für die Kosten des familiengerichtlichen Verfahrens nach der Abgabe haftet derjenige als Antragsteller, der den Vollstreckungsbescheid beantragt hat, nicht der Einspruchsführer.

2. Vergleichsgebühr (Absatz 2)

14 Abs. 2 entspricht § 22 Abs. 1 Satz 2 GKG und gilt unabhängig davon, ob es sich um ein Antrags- oder ein Amtsverfahren handelt. Die Regelung betrifft die Gebühr nach Nr. 1500 KV FamGKG. Kostenschuldner ist jeder, der an dem Vergleichsabschluss beteiligt ist, und zwar unabhängig davon, ob die Kosten im Vergleich anders geregelt sind. Da es sich immer um mehrere Beteiligte handelt, besteht für die Vergleichsgebühr eine gesamtschuldnerische Haftung (§ 26 Abs. 1).

§ 22 Kosten bei Vormundschaft und Dauerpflegschaft
Die Kosten bei einer Vormundschaft oder Dauerpflegschaft schuldet der von der Maßnahme betroffene Minderjährige. Dies gilt nicht für Kosten, die das Gericht einem anderen auferlegt hat.

1 Nach früherem Recht schuldete der Minderjährige die bei Vormundschaften und Dauerpflegschaften zu erhebende Jahresgebühr und die Auslagen als Interesseschuldner (§ 2 Nr. 2 KostO). Da das Institut des Interesseschuldners nicht in das FamGKG übernommen wurde, ist eine eigenständige Regelung geschaffen worden, nach der der von der Vormundschaft oder Dauerpflegschaft betroffene Minderjährige Kostenschuldner der Jahresgebühren nach Nr. 1311 bzw. Nr. 1312 KV FamGKG und der Auslagen ist. Mit Satz 2 sollen die besonderen Fälle ausgeschlossen werden, in denen das Gericht im Rahmen einer Vormundschaft oder einer Dauerpflegschaft einem anderen die Kosten auferlegt hat. In Frage kommen hier zB die Kosten eines Zwangsgeldverfahrens gegen den Vormund oder Pflegers sowie die Kosten eines Rechtsmittelverfahrens.

§ 23 Bestimmte sonstige Auslagen
(1) Die Dokumentenpauschale schuldet ferner, wer die Erteilung der Ausfertigungen, Kopien oder Ausdrucke beantragt hat. Sind Kopien oder Ausdrucke angefertigt worden, weil der Beteiligte es unterlassen hat, die erforderliche Zahl

---

[1] Anders als §§ 81 Abs. 3, 158 Abs. 1 FamFG enthält die Vorschrift keine Beschränkung auf Kindschaftssachen.

von Mehrfertigungen beizufügen, schuldet nur der Beteiligte die Dokumentenpauschale.
(2) Die Auslagen nach Nummer 2003 des Kostenverzeichnisses schuldet nur, wer die Versendung der Akte beantragt hat.
(3) Im Verfahren auf Bewilligung von Verfahrenskostenhilfe und im Verfahren auf Bewilligung grenzüberschreitender Prozesskostenhilfe ist der Antragsteller Schuldner der Auslagen, wenn
1. der Antrag zurückgenommen oder von dem Gericht abgelehnt oder
2. die Übermittlung des Antrags von der Übermittlungsstelle oder das Ersuchen um Prozesskostenhilfe von der Empfangsstelle abgelehnt wird.

I. Allgemeines

Die Vorschrift entspricht – redaktionell angepasst – § 28 GKG und § 26 Abs. 1, 2 und 4 GNotKG. **1**

II. Inhalt der Vorschrift

1. Dokumentenpauschale (Absatz 1)

Nach Abs. 1 Satz 1 ist Schuldner der Dokumentenpauschale (Nr. 2000 KV FamGKG) derjenige, der die Erteilung beantragt hat. Der insoweit betroffene Antragsteller ist nicht identisch mit dem Antragsteller der Instanz iSd. § 21. **Antragsteller** ist der Beteiligte selbst, nicht der gesetzliche Vertreter und auch grundsätzlich nicht der Verfahrensbevollmächtigte. Im Einzelfall kann jedoch auch der Verfahrensbevollmächtigte selbst Antragsteller und damit Kostenschuldner sein. Ob er die Erteilung der Dokumente im eigenen Namen beantragt hat, ist nach den Umständen des Einzelfalls zu entscheiden. **2**

Wie bereits der Wortlaut zum Ausdruck bringt, tritt dieser Kostenschuldner neben andere Kostenschuldner. Insoweit kommen die Kostenschuldner nach den §§ 21, 22 in Frage. Es besteht **Gesamtschuldnerschaft** (§ 26 Abs. 1). Im Verhältnis zu einem Kostenschuldner nach § 24 Nr. 1 und 2 ist der Kostenschuldner nach § 23 **Zweitschuldner** (§ 26 Abs. 2). **3**

Ist die Dokumentenpauschale dadurch angefallen, dass ein Beteiligter es unterlassen hat, die erforderliche Zahl von Mehrfertigungen beizufügen, schuldet nur dieser Beteiligte die Dokumentenpauschale (Abs. 1 Satz 2). Daneben haftet kein anderer Kostenschuldner für diese Pauschale. Dies gilt auch für einen Entscheidungsschuldner. **4**

2. Aktenversendungspauschale (Absatz 2)

Die Aktenversendungspauschale nach Nr. 2003 KV FamGKG schuldet nur, wer die Versendung der Akte beantragt hat. Hier gelten grundsätzlich die Ausführungen zur Dokumentenpauschale. Die Rechtsfolgen entsprechen der durch Säumnis angefallenen Dokumentenpauschale nach Abs. 1 Satz 2. **5**

3. Verfahrenskostenhilfebewilligungsverfahren (Absatz 3)

Im Verfahren auf Bewilligung von Verfahrenskostenhilfe ist der Antragsteller Schuldner der Auslagen, wenn der Antrag zurückgenommen oder von dem Gericht abgelehnt wird. Dies gilt auch im Verfahren auf Bewilligung grenzüberschreitender Prozesskostenhilfe, wenn die Übermittlung des Antrags von der Übermittlungsstelle oder das Ersuchen um Prozesskostenhilfe von der Empfangsstelle abgelehnt wird. **6**

Die Vorschrift stellt klar, dass auch bei Rücknahme eines Gesuchs oder bei einer ablehnenden Bescheidung der Antragsteller Kostenschuldner der Auslagen des Bewilligungsverfahrens ist. **7**

§ 24 Weitere Fälle der Kostenhaftung

Die Kosten schuldet ferner,
1. wem durch gerichtliche Entscheidung die Kosten des Verfahrens auferlegt sind;
2. wer sie durch eine vor Gericht abgegebene oder dem Gericht mitgeteilte Erklärung oder in einem vor Gericht abgeschlossenen oder dem Gericht mitgeteilten Vergleich übernommen hat; dies gilt auch, wenn bei einem Vergleich ohne Bestimmung über die Kosten diese als von beiden Teilen je zur Hälfte übernommen anzusehen sind;
3. wer für die Kostenschuld eines anderen kraft Gesetzes haftet und
4. der Verpflichtete für die Kosten der Vollstreckung; dies gilt nicht für einen Minderjährigen in Verfahren, die seine Person betreffen.

I. Allgemeines

1 Satz 1 Nr. 1 bis 3 entspricht – redaktionell angepasst – § 29 GKG sowie § 27 GNotKG. In Nr. 4 wird ausdrücklich bestimmt, dass ein Minderjähriger auch nach dieser Vorschrift in Verfahren, die seine Person betreffen, nicht für die Kosten der Vollstreckung haftet. Die Regelung für Minderjährige knüpft ebenso wie § 21 Abs. 1 Satz 2 Nr. 3 an § 81 Abs. 3 FamFG an und übernimmt damit gleichzeitig die Regelung des § 52 Satz 1 IntFamRVG. Wie bereits im Wortlaut zum Ausdruck bringt, treten diese Kostenschuldner neben andere Kostenschuldner. Insoweit kommen die Kostenschuldner nach den §§ 21 bis 23 in Frage. Es besteht Gesamtschuldnerschaft (§ 26 Abs. 1).

II. Inhalt der Vorschrift

1. Entscheidungsschuldner (Nr. 1)

2 Nach § 81 Abs. 1 Satz 1 FamFG kann das Gericht die Kosten des Verfahrens nach billigem Ermessen den Beteiligten ganz oder zum Teil auferlegen. In Familiensachen ist stets über die Kosten zu entscheiden (§ 81 Abs. 1 Satz 3 FamFG). Im Sachzusammenhang mit einzelnen Verfahrensarten enthält das FamFG eine Reihe von Spezialbestimmungen, die die Frage der Kostenauferlegung zu Lasten eines Beteiligten regeln.

3 In Ehesachen und selbständigen Familienstreitsachen bestimmt sich die Kostenpflicht über die Verweisung in § 113 FamFG grundsätzlich nach den Kostenvorschriften der ZPO, insbesondere den §§ 91 ff. ZPO. Zu beachten sind aber die im FamFG enthaltenen vorrangigen Vorschriften für die einzelnen Verfahren. In Ehesachen ist eine Kostenentscheidung nach § 132 FamFG (bei Aufhebung der Ehe) oder § 150 FamFG (in Scheidungssachen und Folgesachen) zu treffen. In Unterhaltssachen ist über die Kosten nach § 243 FamFG zu entscheiden. In Lebenspartnerschaftssachen gilt über die Verweisung in § 270 FamFG Entsprechendes. Eine Spezialvorschrift enthält § 183 FamFG für die Kosten bei der Anfechtung der Vaterschaft. Außerhalb des Anwendungsbereichs dieser Spezialvorschriften verbleibt es bei der Anwendbarkeit der §§ 80 ff. FamFG.

4 § 82 FamFG bestimmt, dass, sofern das Gericht eine ausdrückliche Entscheidung über die Kosten treffen will, dies gleichzeitig mit der Endentscheidung zu geschehen hat, so dass gegenüber den Beteiligten die Kostenentscheidung mit ihrer Bekanntgabe wirksam wird. Die Endentscheidung ist grundsätzlich der nach § 38 FamFG zu erlassende Beschluss. Eine bereits ergangene, noch nicht rechtskräftige Kostenentscheidung wird durch eine Antragsrücknahme wirkungslos, ohne dass es einer ausdrücklichen Aufhebung bedarf (§ 22 Abs. 2 Satz 1 FamFG). Mit der Antragsrücknahme entfällt daher auch die Kostenhaftung nach Nr. 1, nicht etwa erst durch eine neue Kostenentscheidung nach §§ 83 Abs. 2, 81 FamFG. Eine spätere Übernahme von Gerichtskosten in einem Vergleich hat dagegen keinen Einfluss auf die Kostenschuld nach Nr. 1, diese bleibt daneben bestehen.

5 Unterbleibt eine nach dem Verfahrensrecht vorgesehene oder vorgeschriebene Kostenentscheidung, besteht keine Kostenhaftung nach Nr. 1. Die im Verfahren nach

dem FamFG ergangene Kostenentscheidung erfasst auch die Kosten eines vorangegangenen Mahnverfahrens (§§ 113 Abs. 2 FamFG, 696 Abs. 1 Satz 5 ZPO). Das Verfahren der einstweiligen Anordnung ist nunmehr ein selbständiges Verfahren (§ 51 Abs. 3 Satz 1 FamFG), so dass in der dieses Verfahren abschließenden Entscheidung auch über die insoweit entstandenen Kosten zu befinden ist, sofern das Gericht nicht von einer Kostenentscheidung absieht.

Nach § 25 Satz 1 erlischt die durch gerichtliche Entscheidung begründete Verpflichtung zur Zahlung von Kosten, soweit die Entscheidung durch eine andere gerichtliche Entscheidung aufgehoben oder abgeändert wird. **6**

Entgegen dem missverständlichen Wortlaut reicht es für eine Kostenschuld nach Nr. 1 aus, wenn das Gericht einem Beteiligten „nur" die Gerichtskosten auferlegt hat. Es ist nicht erforderlich, dass das Gericht dem Beteiligten die „Kosten des Verfahrens" (dies sind nach § 80 FamFG nicht nur die Gerichtskosten, sondern auch die zur Durchführung des Verfahrens notwendigen Aufwendungen eines Beteiligten) insgesamt überbürdet hat. **7**

Der Beteiligte, dem im Rahmen der verfahrensrechtlichen Vorschriften die Gerichtskosten auferlegt sind, ist gegenüber der Staatskasse Kostenschuldner. Sind die Kosten in der gerichtlichen Entscheidung gequotelt, bezieht sich die Kostenschuld des einzelnen Entscheidungsschuldners nur auf den entsprechenden Teil der Gesamtkosten des von der Kostenentscheidung betroffenen Verfahrens. **8**

Die „Kosten des Verfahrens" umfassen alle Kosten mit Ausnahme derjenigen, die das Gericht ausdrücklich ausgenommen hat oder die das Gesetz ausdrücklich nur einem bestimmten Beteiligten aufbürdet. Letzteres gilt für die Verzögerungsgebühr (§ 32), die Dokumentenpauschale in Säumnisfällen (§ 23 Abs. 1 Satz 2) und die Aktenversendungspauschale (§ 23 Abs. 2). **9**

2. Übernahmeschuldner (Nr. 2)

Grundlage für die Kostenhaftung ist in diesem Fall nicht eine Entscheidung des Gerichts sondern eine ausdrücklich oder gesetzlich unterstellte (§ 83 Abs. 1 FamFG) **Kostenübernahmeerklärung** eines Beteiligten oder auch eines Dritten. Wenn der Vergleich die Kostenentscheidung bewusst dem Gericht überlässt – sog. negative Kostenregelung –, ist ein gerichtlicher Kostenbeschluss erforderlich. Dieser richtet sich nicht nach § 83 Abs. 1 FamFG, vielmehr ist, da nur die Hauptsache erledigt ist, über die Kosten auf Grund der Verweisung in § 83 Abs. 2 FamFG nach den Grundsätzen des § 81 zu entscheiden. **10**

Die Kostenübernahme kann auf einen Bruchteil der Kosten oder auf bestimme Kosten (Gebühren oder Auslagen) beschränkt sein. Die Übernahmeerklärung oder der Vergleich sind auch noch nach Kostenentscheidung oder nach Antragsrücknahme möglich. Die Übernahmeerklärung und der Vergleich können jedoch eine Kostenentscheidung nicht beseitigen, da nach § 25 Satz 1 die durch eine gerichtliche Entscheidung begründete Verpflichtung zur Zahlung von Kosten nur durch eine andere gerichtliche Entscheidung aufgehoben oder abgeändert werden kann. **11**

Nr. 2 begründet eine Kostenhaftung, wenn Kosten **12**
– durch eine vor Gericht abgegebene oder dem Gericht mitgeteilte Erklärung oder
– in einem vor Gericht abgeschlossenen oder dem Gericht mitgeteilten Vergleich
übernommen wurden. Dies gilt auch, wenn bei einem Vergleich ohne Bestimmung über die Kosten diese als von beiden Teilen je zur Hälfte übernommen anzusehen sind (§ 83 Abs. 1 Satz 1 FamFG). Die Übernahmeerklärung muss also nicht zwingend in einem Vergleich oder vor Gericht abgegeben werden.

Die Übernahmeerklärung ist eine Verfahrenshandlung, sie ist also formfrei, unbedingt, unwiderruflich und unanfechtbar. Ob eine Kostenübernahme gewollt ist, muss im Zweifel nach den Grundsätzen des § 133 BGB ermittelt werden. **13**

Dem Gericht mitgeteilt ist eine Übernahmeerklärung oder ein Vergleich nur, wenn die Erklärung oder der Vergleich nach dem Willen des Übernehmenden in den Herrschaftsbereich des Gerichts gelangt ist. Eine gegen den Willen des Übernehmenden oder zufällig dem Gericht bekannt gewordene Erklärung begründet keine Kostenhaftung nach Nr. 2. Wird die Übernahmeerklärung dem Gericht durch einen anderen Beteiligten zugeleitet, ohne dass dieser hierzu von dem Erklärenden ermächtigt wurde, ist die Erklärung unbeachtlich.

14 Ist die Übernahmeerklärung in einem Vergleich enthalten und wird dieser für nichtig erklärt, entfällt auch die Übernahmeerklärung. Eine durch einen Vergleich begründete Kostenhaftung kann jedoch nicht durch einen weiteren Vergleich nachträglich aufgehoben oder verändert werden. Ist der Vergleich unter einer Bedingung geschlossen, kommt die Kostenhaftung erst mit Bedingungseintritt zum Tragen.

15 Erklärt ein Verfahrensbevollmächtigter, er werde für die vom Gericht geforderten Vorschüsse aufkommen, ist dies idR als eine persönliche Übernahmeerklärung des Verfahrensbevollmächtigten zu werten.

16 Die Formulierung, dass die Kosten gegeneinander aufgehoben werden, ist so zu werten, dass jeder Erklärende zu gleichen Teilen die Gerichtskosten übernimmt.

17 Übernimmt ein von den Kosten persönlich Befreiter (§ 2) Gerichtskosten, so berührt dies seine Kostenfreiheit nicht. In diesem Fall darf auch der Gegner für die von der Kostenbefreiung erfassten Kosten nicht in Anspruch genommen werden. Bereits gezahlte Gerichtskosten sind an den Gegner von Amts wegen zu erstatten (§ 2 Abs. 3).

18 Ist ein gerichtlicher oder ein außergerichtlicher Vergleich ohne Bestimmung über die Kosten geschlossen worden, sind die Gerichtskosten als von beiden Teilen je zur Hälfte übernommen anzusehen (§ 83 Abs. 1 Satz 1 FamFG). Dies gilt nicht, wenn Vergleichsgegenstand nur ein Teil des Verfahrensgegenstandes ist und die Beteiligten die Kostenregelung einem Schlussvergleich überlassen haben. Gleiches gilt, wenn die Vergleichsparteien die Kostenregelung ausdrücklich einer Entscheidung des Gerichts anheim geben.

3. Haftungsschuldner (Nr. 3)

19 Nach Nr. 3 ist Kostenschuldner, wer für die Kostenschuld eines anderen kraft Gesetzes haftet. Im Gegensatz zu den übrigen Kostenschuldnern nach § 24 setzt Nr. 3 einen anderen Kostenschuldner nach dem FamGKG voraus. Zu diesem originären Kostenschuldner tritt wegen einer Mithaft auf Grund eines anderen Gesetzes ein weiterer Kostenschuldner. Voraussetzung ist, dass die Haftung **auf Grund gesetzlicher Vorschrift** eintritt, eine vertragliche Kostenschuld reicht nicht. Es muss sich um eine gesetzliche Verpflichtung handeln, für die Schuld eines anderen Dritten einzustehen. Folgende **Anwendungsfälle** sind denkbar:
- Haftung des Erben
Der Erbe haftet für Gerichtskostenschulden des Erblassers (§ 1967 BGB), der Erbschaftskäufer mit dem Abschluss des Kaufes (§§ 2382, 2383 BGB).
- Nach familienrechtlichen Vorschriften
Der Ehegatte bei der Gütergemeinschaft und der fortgesetzten Gütergemeinschaft (§§ 1415 ff. BGB). Im Übrigen haften weder Eltern für ihre Kinder noch die Ehegatten untereinander. Die Prozesskostenvorschusspflicht der Ehegatten entfaltet nur Wirkungen im Innenverhältnis der Ehegatten zueinander und begründet keine Kostenhaftung nach Nr. 4.

20 Ist dem ursprünglich Haftenden Verfahrenskostenhilfe bewilligt, können die von der Verfahrenskostenhilfe erfassten Gerichtskosten nicht von dem Haftenden eingezogen werden. Etwas anderes gilt nur hinsichtlich der Kosten, die nach der Übernahme des Verfahrens durch den Haftenden neu oder nochmals entstehen.

21 Die Feststellung eines Haftungsschuldners ist Teil des Kostenansatzverfahrens. Über die Rechtmäßigkeit der Inanspruchnahme des Haftungsschuldners ist ggf. im Rechtsweg nach § 57 zu entscheiden.

4. Vollstreckungsschuldner (Nr. 4)

Kostenschuldner für die Kosten der Vollstreckung ist der Verpflichtete; dies gilt nicht für einen Minderjährigen in Verfahren, die seine Person betreffen. Die Ausnahmeregelung für Minderjährige knüpft ebenso wie § 21 Abs. 1 Satz 2 Nr. 3 an § 81 Abs. 3 FamFG an. Die Vorschrift erfasst Vollstreckungshandlungen nach § 86 ff. FamFG. Der Verpflichtete tritt ggf. neben einen Entscheidungsschuldner (vgl. §§ 87 Abs. 5, 80 FamFG). 22

5. Verhältnis zu anderen Kostenschuldnern

Die Vorschrift bringt bereits nach ihrem Wortlaut („Die Kosten schuldet ferner ...") zum Ausdruck, dass die Kostenschuld nach § 24 eine nach anderen Bestimmungen begründete Kostenschuld (§§ 21 bis 23) nicht ausschließt. So tritt der Entscheidungsschuldner (Nr. 1) neben einem Antragstellerschuldner (§ 21 Abs. 1). 23

Sofern mehrere Kostenschuldner nach den verschiedenen Haftungstatbeständen vorhanden sind, haften diese Kostenschuldner als Gesamtschuldner (§ 26 Abs. 1). 24

Nach § 26 Abs. 2 soll, soweit ein Kostenschuldner auf Grund von § 24 Nr. 1 oder Nr. 2 (Erstschuldner) haftet, die Haftung eines anderen Kostenschuldners nur geltend gemacht werden, wenn eine Zwangsvollstreckung in das bewegliche Vermögen des Ersteren erfolglos geblieben ist oder aussichtslos erscheint. Der Entscheidungs- und der Übernahmeschuldner sind der sog. Erstschuldner, der vorrangig durch die Staatskasse in Anspruch zu nehmen ist. Sind sowohl ein Entscheidungsschuldner wie auch ein Übernahmeschuldner vorhanden, haften diese gleichrangig als Gesamtschuldner. 25

6. Gerichtliche Anordnung über die Nichterhebung von Kosten (§ 81 Abs. 1 Satz 2 FamFG)

Gem. § 81 Abs. 1 Satz 2 FamFG kann das Gericht anordnen, dass von der Erhebung von Kosten abgesehen wird. Diese Entscheidung bezieht sich trotz des missverständlichen Wortlauts (nach der Definition in § 80 FamFG sind „Kosten" neben den Gerichtskosten auch die notwendigen Aufwendungen der Beteiligten) **nur auf die Gerichtskosten** (Gebühren und Auslagen). Auch von der **Erhebung einzelner Gerichtskosten**, insbesondere Auslagen (zB Sachverständigenentschädigung), kann abgesehen werden. 26

Soweit das Gericht eine Anordnung trifft, entfällt nicht nur eine Kostenhaftung aus Nr. 1, vielmehr sind die betroffenen Gerichtskosten (Gebühren und Auslagen) von keinem Kostenschuldner zu erheben. Wegen dieser Rechtsfolgen besteht eine unmittelbare Konkurrenz zu § 20 (Nichterhebung von Kosten wegen unrichtiger Sachbehandlung). Wenn eine unrichtige Sachbehandlung vorliegt, ist eine Entscheidung nach § 20 zu treffen, da dies die vorrangige Regelung ist. 27

§ 25 Erlöschen der Zahlungspflicht

Die durch gerichtliche Entscheidung begründete Verpflichtung zur Zahlung von Kosten erlischt, soweit die Entscheidung durch eine andere gerichtliche Entscheidung aufgehoben oder abgeändert wird. Soweit die Verpflichtung zur Zahlung von Kosten nur auf der aufgehobenen oder abgeänderten Entscheidung beruht hat, werden bereits gezahlte Kosten zurückerstattet.

I. Allgemeines

Die Vorschrift über das Erlöschen der Zahlungspflicht des Entscheidungsschuldners bei Aufhebung oder Änderung der Kostenentscheidung entspricht – redaktionell angepasst – § 30 GKG und § 28 GNotKG. 1

II. Inhalt der Vorschrift

1. Aufhebung oder Abänderung einer Kostenentscheidung (Satz 1)

2 Die Regelung betrifft die Kostenhaftung des Entscheidungsschuldners nach § 24 Nr. 1. Die Vorschrift bestimmt, dass die Zahlungspflicht eines Entscheidungsschuldners nur erlischt, soweit die Kostenentscheidung durch eine andere gerichtliche Entscheidung aufgehoben oder abgeändert wird. Wird also eine erstinstanzliche Kostenentscheidung durch das Beschwerdegericht aufgehoben oder abgeändert, erlischt die Kostenhaftung aus der erstinstanzlichen Kostenentscheidung. Es reicht also eine Aufhebung der erstinstanzlichen Entscheidung und die Zurückverweisung an die Vorinstanz aus.

3 Die Vorschrift erfasst ausdrücklich **nur den Entscheidungsschuldner**, sie ist auf die Kostenhaftung nach anderen Vorschriften nicht anwendbar. Dies gilt insbesondere für den Übernahmeschuldner nach § 24 Nr. 2. Dessen Haftung entfällt weder durch eine nachfolgende Kostenentscheidung des Gerichts noch durch einen weiteren Vergleich. Entsprechendes gilt, wenn eine erstinstanzliche Kostenentscheidung durch eine Vergleichsregelung im Beschwerdeverfahren abgeändert wird. Auch hier bleibt die Kostenhaftung aus der Kostenentscheidung existent.

2. Erstattung gezahlter Gerichtskosten (Satz 2)

4 Nach Satz 2 werden bereits gezahlte Kosten zurückerstattet, soweit die Verpflichtung zur Zahlung von Kosten nur auf der aufgehobenen oder abgeänderten Entscheidung beruht hat. Ist auf Grund einer erstinstanzlichen Kostenentscheidung der Entscheidungsschuldner für die Gerichtskosten in Anspruch genommen worden, sind die Kosten an ihn zu erstatten, wenn er nicht auch nach anderen Vorschriften für diese Kosten haftete. Hat also beispielsweise in einem Antragsverfahren der Antragsteller nach der erstinstanzlichen Kostenentscheidung die gesamten Kosten des Verfahrens zu tragen und wird diese Kostenentscheidung durch das Beschwerdegericht dahingehend abgeändert, dass der Antragsgegner die Kosten des Verfahrens zu tragen hat, kommt eine Erstattung der gezahlten Gerichtskosten an den Antragsteller nicht in Frage, da seine Verpflichtung zur Zahlung der Kosten nicht nur auf der abgeänderten Kostenentscheidung, sondern auch auf der Vorschrift des § 21 Abs. 1 Satz 1 beruhte.

26 *Mehrere Kostenschuldner*

(1) Mehrere Kostenschuldner haften als Gesamtschuldner.
(2) Soweit ein Kostenschuldner auf Grund von § 24 Nr. 1 oder Nr. 2 (Erstschuldner) haftet, soll die Haftung eines anderen Kostenschuldners nur geltend gemacht werden, wenn eine Zwangsvollstreckung in das bewegliche Vermögen des ersteren erfolglos geblieben ist oder aussichtslos erscheint. Zahlungen des Erstschuldners mindern seine Haftung auf Grund anderer Vorschriften dieses Gesetzes auch dann in voller Höhe, wenn sich seine Haftung nur auf einen Teilbetrag bezieht.
(3) Soweit einem Kostenschuldner, der auf Grund von § 24 Nr. 1 haftet (Entscheidungsschuldner), Verfahrenskostenhilfe bewilligt worden ist, darf die Haftung eines anderen Kostenschuldners nicht geltend gemacht werden; von diesem bereits erhobene Kosten sind zurückzuzahlen, soweit es sich nicht um eine Zahlung nach § 13 Abs. 1 und 3 des Justizvergütungs- und -entschädigungsgesetzes handelt und die Partei, der die Verfahrenskostenhilfe bewilligt worden ist, der besonderen Vergütung zugestimmt hat. Die Haftung eines anderen Kostenschuldners darf auch nicht geltend gemacht werden, soweit dem Entscheidungsschuldner ein Betrag für die Reise zum Ort einer Verhandlung, Anhörung oder Untersuchung und für die Rückreise gewährt worden ist.
(4) Absatz 3 ist entsprechend anzuwenden, soweit der Kostenschuldner aufgrund des § 24 Nummer 2 haftet, wenn
1. der Kostenschuldner die Kosten in einem vor Gericht abgeschlossenen, gegenüber dem Gericht angenommenen oder in einem gerichtlich gebilligten Vergleich übernommen hat,

2. der Vergleich einschließlich der Verteilung der Kosten, bei einem gerichtlich gebilligten Vergleich allein die Verteilung der Kosten, von dem Gericht vorgeschlagen worden ist und
3. das Gericht in seinem Vergleichsvorschlag ausdrücklich festgestellt hat, dass die Kostenregelung der sonst zu erwartenden Kostenentscheidung entspricht.

I. Allgemeines

Die Vorschrift regelt das Verhältnis der verschiedenen Kostenschuldner untereinander. Die Vorschrift entspricht im Wesentlichen den Regelungen in § 31 GKG und in den §§ 32 und 33 GNotKG. 1

II. Inhalt der Vorschrift

1. Gesamtschuldner (Absatz 1)

Soweit mehrere Kostenschuldner dieselben Kosten schulden, sind sie Gesamtschuldner (§ 421 BGB). **Beispiele für eine Gesamtschuldnerhaftung** sind: 2
- In einem Antragsverfahren werden dem Gegner die Kosten des Verfahrens auferlegt. Der Antragsteller haftet nach § 21 Abs. 1 Satz 1, der Gegner nach § 24 Nr. 1 für die gesamten Kosten des Verfahrens.
- In einem Antragsverfahren hat der Gegner durch einen Beweisantritt Sachverständigenauslagen verursacht. Der Antragsteller haftet nach § 21 Abs. 1 Satz 1, der Gegner nach § 16 Abs. 1, § 17 für die Sachverständigenauslagen. Gesamtschuldner sind sie hinsichtlich der Sachverständigenauslagen.
- In einem Antragsverfahren schließen zwei Beteiligte einen Vergleich, in dem die Kosten gegeneinander aufgehoben werden. Der Antragsteller haftet nach § 21 Abs. 1 Satz 1 für die gesamten Kosten des Verfahrens und zusätzlich nach § 24 Nr. 2 als Übernahmeschuldner für die Hälfte der Gerichtskosten. Der andere Beteiligte haftet nach § 24 Nr. 2 als Übernahmeschuldner für die Hälfte der Gerichtskosten. Wegen der Hälfte der Gerichtskosten besteht eine gesamtschuldnerische Haftung zwischen den Beteiligten.
- In einem Verfahren betreffen der Antrag und der Widerantrag denselben Verfahrensgegenstand. Beide Beteiligte haften nach § 21 Abs. 1 Satz 1 für alle Kosten des Verfahrens.

Die Staatskasse kann die Kosten – vorbehaltlich der Regelung in Abs. 2 bis 4 – nach ihrem Belieben (§ 421 Satz 1 BGB) ganz oder zum Teil fordern. Durch die Verwaltungsbestimmung des § 8 Abs. 3 KostVfg ist der Kostenbeamte jedoch gebunden. Danach bestimmt der Kostenbeamte nach pflichtgemäßem Ermessen, ob der geschuldete Betrag von einem Kostenschuldner ganz oder von mehreren teilweise angefordert wird. 3

2. Erst- und Zweitschuldner (Absatz 2)

Durch Abs. 2 Satz 1 wird eine **Reihenfolge für die Inanspruchnahme von Gesamtschuldnern** festgelegt. Das Gesetz definiert den Entscheidungs- und Übernahmeschuldner (§ 24 Nr. 1 oder Nr. 2) als **Erstschuldner**. Im Verhältnis zu diesem Erstschuldner sind die Kostenschuldner nach den übrigen Vorschriften nur Zweitschuldner und daher nachrangig in Anspruch zu nehmen. Der Kostenbeamte ist daher gehalten, vorrangig die im Innenverhältnis der Beteiligten herrschende Kostentragungspflicht umzusetzen. 4

Abs. 2 enthält jedoch **keine Verpflichtung zur Rückzahlung gezahlter Kostenvorschüsse**. Hat in einem Antragsverfahren der Antragsteller die Verfahrensgebühr nach § 14 Abs. 1 Satz 1 vorweg geleistet und werden in der Endentscheidung die Kosten des Verfahrens dem Antragsgegner auferlegt, ist die Staatskasse nicht verpflichtet, die gezahlte Verfahrensgebühr an den Antragsteller zu erstatten, um diese vom erstschuldnerisch haftenden Antragsgegner anzufordern. In der Verrechnung der gezahlten Verfahrensgebühr, für die der Antragsteller weiterhin nach § 21 Abs. 1 Satz 1 haftet, liegt keine verbotene Geltendmachung der Zweitschuldnerhaftung. Eine 5

§ 26

Rückzahlungsverpflichtung würde dem Sicherungszweck von Vorschuss- und Vorauszahlungspflichten widersprechen. Im gegebenen Fall hat der Antragsteller die Möglichkeit, die vorausgezahlten Gerichtskosten im Rahmen der Kostenfestsetzung (§ 85 FamFG) gegen den Antragsgegner geltend zu machen. Etwas anderes gilt in den Fällen der Abs. 3 und 4.

6 Vorschussweise gezahlte Gerichtskosten können jedoch nicht verrechnet werden, wenn der Vorschuss nicht verbraucht wurde und der zahlende Beteiligte nicht aus einem anderen Grund für Gerichtskosten haftet. Hat ein Beteiligter für einen Sachverständigenbeweis einen Vorschuss geleistet, der nicht oder nicht in vollem Umfang verbraucht wurde und hat dieser Beteiligte nach der Kostenentscheidung keine Kosten zu zahlen, ist der nicht verbrauchte Vorschuss zu erstatten. Er kann nicht auf die Kostenschuld des Erstschuldners verrechnet werden, da für den überzahlten Betrag keine Haftungsgrundlage besteht.

7 Sind für denselben Kostenbetrag mehrere Erstschuldner vorhanden, zB mehrere Personen auf einer Beteiligtenseite, haften auch diese gesamtschuldnerisch. Wie diese in Anspruch genommen werden sollen, ist nicht festgelegt. Der Kostenbeamte kann hier nach freiem Ermessen entscheiden, er ist nicht verpflichtet, unter Berücksichtigung des Innenverhältnisses abzurechnen.

8 **Zweitschuldner** ist jeder, der nicht Erstschuldner ist. In Frage kommen der Antragsteller nach § 21 Abs. 1 Satz 1, der Auslagenvorschusspflichtige nach §§ 16, 17, der Haftungsschuldner nach § 24 Nr. 3 und der Vollstreckungsschuldner nach § 24 Nr. 4. Auch mehrere Zweitschuldner haften untereinander als Gesamtschuldner. Eine Inanspruchnahme des Zweitschuldners soll nur erfolgen, wenn eine Zwangsvollstreckung in das bewegliche Vermögen des Erstschuldners erfolglos geblieben ist oder aussichtslos erscheint. Die vorrangige Inanspruchnahme des Erstschuldners ist entgegen dem Wortlaut für den Kostenbeamten eine Rechtspflicht. Das Gesetz verlangt nur eine erfolglose Zwangsvollstreckung in das bewegliche Vermögen des Erstschuldners. Sie erfolgt entweder in körperliche Sachen oder in Forderungen. Ein Zwangsvollstreckungsversuch ist ausreichend, die Abgabe einer eidesstattlichen Versicherung ist nicht erforderlich, eine Immobiliarvollstreckung ist nicht vorgeschrieben.

9 Der Zweitschuldner kann auch in Anspruch genommen werden, wenn eine Zwangsvollstreckung aussichtslos erscheint. Die Aussichtslosigkeit ist immer dann gegeben, wenn dem Kostenbeamten Tatsachen bekannt sind oder bekannt werden, aus denen sich die Zahlungsunfähigkeit des Erstschuldners ergibt. Dies ist insbesondere gegeben, wenn
- der Schuldner amtsbekannt vermögenslos ist,
- vor kurzer Zeit ein Vollstreckungsversuch erfolglos war,
- wenn der Schuldner die eidesstattliche Versicherung abgegeben hat,
- ein Antrag auf Eröffnung des Insolvenzverfahrens gestellt oder das Insolvenzverfahren bereits eröffnet ist,
- eine nur aufwändig durchzuführende Zwangsvollstreckung im Ausland erforderlich wird oder
- der Erstschuldner ein Übernahmeschuldner (§ 24 Nr. 2) ist, dem Verfahrenskostenhilfe ohne Zahlungsbestimmung gewährt wurde.

10 Nach Abs. 2 Satz 2 mindern Zahlungen des Erstschuldners seine Haftung auf Grund anderer Vorschriften dieses Gesetzes auch dann in voller Höhe, wenn sich seine Haftung nur auf einen Teilbetrag bezieht. Dieser klarstellenden Regelung liegt ua. folgender Sachverhalt zugrunde: Ein Beteiligter haftet als Entscheidungsschuldner für einen Teil der Kosten des Verfahrens. Daneben haftet er wegen eines Beweisantritts für die Kosten eines Sachverständigengutachtens nach §§ 16, 17 zweitschuldnerisch. Zahlt der Beteiligte den Kostenbetrag seiner Erstschuldnerhaftung, mindert diese Zahlung auch in vollem Umfang seine Zweitschuldnerhaftung. Die Staatskasse kann nicht einwenden, die erfolgte Zahlung werde nur auf solche Kosten „verrechnet", für die eine Zweitschuldnerhaftung nicht besteht.

3. Besonderheiten bei Verfahrenskostenhilfe (Absätze 3 und 4)

Die Regelungen mindern die Folgen, die sich aus der Bestimmung des § 123 ZPO ergeben. Danach hat die Bewilligung der Verfahrenskostenhilfe auf die Verpflichtung, die dem Gegner entstandenen Kosten zu erstatten, keinen Einfluss. Der VKH-Beteiligte ist durch die Bewilligung der Verfahrenskostenhilfe nicht vor einem Kostenerstattungsanspruch des Gegners geschützt. Ist der Hilfsbedürftige Entscheidungs- oder Übernahmeschuldnerschuldner (§ 24 Nr. 1 und 2), könnte die Staatskasse unter Berücksichtigung der Regelung in Abs. 2 grundsätzlich die Zweitschuldnerhaftung des Gegners ausschöpfen und damit den VKH-Beteiligten einem Kostenerstattungsanspruch des Gegners aussetzen. Dies schränken die Abs. 3 und 4 ein. 11

Die Staatskasse kann demnach die Zweitschuldnerhaftung des Gegners eines armen Beteiligten weder durch Geltendmachung dieses Anspruchs noch durch Verrechnung einer Vorwegleistung oder eines Vorschusses nutzen. Es ist dabei ohne Belang, ob die Hilfe mit oder ohne Zahlungsbestimmung gewährt wurde. 12

Abs. 4 ist durch Art. 5 Nr. 13b des 2. KostRMoG v. 23.7.2013[1] eingefügt worden. Die Regelung erweitert diejenige des Abs. 3 auf bestimmte Fälle der **vergleichsweisen Übernahme der Gerichtskosten** durch einen VKH-Beteiligten. Die Regelung soll die Vergleichsbereitschaft auch bei bewilligter Verfahrenskostenhilfe stärken. 12a

Nach Auffassung des Gesetzgebers erschwerte die auf den Entscheidungsschuldner beschränkte Regelung des Abs. 3 eines Beteiligten, dem Verfahrenskostenhilfe bewilligt ist, den Abschluss eines gerichtlichen Vergleichs. Liegen die Voraussetzungen zum Abschluss eines Vergleichs vor, muss der VKH-Beteiligte entweder in Kauf nehmen, dass ihm durch die Kostenregelung im Vergleich insoweit der Schutz vor Zahlung von Gerichtskosten verloren geht, oder er muss die Kostenregelung ausdrücklich ausklammern und insoweit auf gerichtlicher Entscheidung bestehen. Dies würde in Verfahren mit mehreren Beteiligten dazu führen, dass auch Beteiligte, denen keine Verfahrenskostenhilfe bewilligt ist, durch einen Vergleich nicht in den Genuss der Gebührenermäßigung bei vorzeitiger Beendigung des Verfahrens ohne Kostenentscheidung kommen. Hierdurch sei die Vergleichsbereitschaft der Beteiligten eingeschränkt. 12b

Bei einer vergleichsweisen Übernahme der Gerichtskosten durch den bedürftigen Beteiligten ist die Rechtsfolge des Abs. 3 jedoch an enge Voraussetzungen geknüpft. Dies sind: 12c
– Die Übernahme der Kosten durch den VKH-Beteiligten in einem vor Gericht abgeschlossenen, gegenüber dem Gericht angenommenen oder in einem gerichtlich gebilligten Vergleich.
– Der Vergleich einschließlich der Verteilung der Kosten, bei einem gerichtlich gebilligten Vergleich allein die Verteilung der Kosten, muss von dem Gericht vorgeschlagen worden sein.
– Das Gericht muss in seinem Vergleichsvorschlag ausdrücklich feststellen, dass die Kostenregelung der sonst zu erwartenden Kostenentscheidung entspricht.

Verrechnet werden kann jedoch eine Zahlung des Zweitschuldners, soweit es sich um eine Zahlung nach § 13 Abs. 1 und 3 des JVEG handelt und der Beteiligte, dem die Verfahrenskostenhilfe bewilligt worden ist, der besonderen Vergütung zugestimmt hat. In diesem Fall ist der bedürftige Beteiligte nicht schutzwürdig. Er hat durch die Zustimmung zu einer besonderen Vergütung für den Sachverständigen an dem Anfall der Kosten in der konkreten Höhe ausdrücklich mitgewirkt. Die Verrechnungsmöglichkeit besteht für die Staatskasse jedoch nicht, wenn der VKH-Beteiligte der besonderen Vergütung zugestimmt hat (§ 13 Abs. 3, 4 JVEG). 13

Nach Abs. 3 Satz 2 darf die Zweitschuldnerhaftung auch nicht geltend gemacht werden, soweit dem Entscheidungsschuldner ein Betrag für die Reise zum Ort einer Verhandlung, Anhörung oder Untersuchung und für die Rückreise gewährt worden ist. 14

---

[1] BGBl. I, S. 2586.

§ 27 Haftung von Streitgenossen

27 *Haftung von Streitgenossen*
Streitgenossen haften als Gesamtschuldner, wenn die Kosten nicht durch gerichtliche Entscheidung unter sie verteilt sind. Soweit einen Streitgenossen nur Teile des Streitgegenstandes betreffen, beschränkt sich seine Haftung als Gesamtschuldner auf den Betrag, der entstanden wäre, wenn das Verfahren nur diese Teile betroffen hätte.

I. Allgemeines

1 Die Regelung über die Kostenhaftung der Streitgenossen entspricht § 32 Abs. 1 GKG und ist für Familienstreitsachen von Bedeutung.

II. Streitgenossen

2 Die gesamtschuldnerische Haftung tritt nur ein, wenn die Kosten nicht durch gerichtliche Entscheidung unter den Streitgenossen verteilt sind (§ 100 Abs. 2, 3 ZPO). Damit eine Gesamtschuldnerhaftung nicht eintritt, reicht nicht irgendeine Kostenentscheidung aus, sondern die Kostenentscheidung muss eine Verteilung der Kosten auf die Streitgenossen beinhalten. Es muss eine Streitgenossenschaft nach § 113 Abs. 1 FamFG, § 59 ff. ZPO vorliegen. Auch wenn die Kosten unter den Streitgenossen verteilt sind, bleibt eine ggf. bestehende gesamtschuldnerische Antragstellerhaftung bestehen.

3 Satz 2 bestimmt, dass, soweit einen Streitgenossen nur Teile des Streitgegenstandes betreffen, sich seine Haftung als Gesamtschuldner auf den Betrag beschränkt, der entstanden wäre, wenn das Verfahren nur diese Teile betroffen hätte. Die Antragstellerhaftung des Streitgenossen geht also nicht weiter als seine Beteiligung am Streitgegenstand.

4 Sind die Streitgenossen Übernahmeschuldner nach § 24 Nr. 2, richtet sich ihre Kostenhaftung nach dem Inhalt der abgegebenen Erklärung. Diese ist eventuell auszulegen.

Abschnitt 6
Gebührenvorschriften

28 *Wertgebühren*
(1) Wenn sich die Gebühren nach dem Verfahrenswert richten, beträgt die Gebühr bei einem Verfahrenswert bis 500 Euro 35 Euro. Die Gebühr erhöht sich bei einem

Verfahrenswert bis ... Euro	für jeden angefangenen Betrag von weiteren ... Euro	um ... Euro
2 000	500	18
10 000	1 000	19
25 000	3 000	26
50 000	5 000	35
200 000	15 000	120
500 000	30 000	179
über 500 000	50 000	180

Eine Gebührentabelle für Verfahrenswerte bis 500 000 Euro ist diesem Gesetz als Anlage 2 beigefügt.
(2) Der Mindestbetrag einer Gebühr ist 15 Euro.

I. Allgemeines

Abs. 1 entspricht § 34 Abs. 1 GKG. 1

II. Inhalt der Vorschrift

1. Wertgebühren

Das Gesetz hält grundsätzlich am Wertgebührensystem fest (§ 3 Abs. 1). Die Gebührentabelle zum GKG ist in das FamGKG übernommen worden, so dass sich alle Wertgebühren in Familiensachen nach einer einheitlichen Gebührentabelle berechnen. Der zugrunde zu legende Verfahrenswert ergibt sich aus Bestimmungen dieses Gesetzes (§§ 33 ff.). Der Verfahrenswert nach dem FamGKG ist ein reiner Gebührenwert. 2

Festgelegt ist die Höhe einer „vollen Gebühr". Der konkrete abzurechnende Gebührensatz ergibt sich aus dem Kostenverzeichnis. Mit diesem Gebührensatz wird die Gebühr aus § 28 Abs. 1 Satz 2 multipliziert. Eine Gebührentabelle für Verfahrenswerte bis 500 000 Euro ist diesem Gesetz als Anlage 2 beigefügt. Die Tabelle ist degressiv aufgebaut, so dass die Gebühr eines Gesamtwertes regelmäßig geringer ist als die Summe der Gebühren von Wertteilen. 3

2. Mindestgebühr

Abs. 2 legt die Mindesthöhe einer zu erhebenden Gebühr – wie in § 34 Abs. 2 GKG und § 34 Abs. 5 GNotKG – auf 15 Euro fest, um zu vermeiden, dass Gebühren erhoben werden müssen, die schon den Aufwand ihrer Erhebung nicht mehr decken. Die Regelung gilt nur für Wertgebühren. Für Festgebühren ist eine solche Regelung entbehrlich, weil alle Gebühren betragsmäßig abschließend im Kostenverzeichnis bestimmt sind. 4

Gemeint ist hier nicht, wie in Abs. 1, der Mindestbetrag einer vollen Gebühr, sondern der Mindestbetrag der konkret nach Anwendung des Gebührensatzes zu berechnenden Gebühr. 5

29 Einmalige Erhebung der Gebühren

Die Gebühr für das Verfahren im Allgemeinen und die Gebühr für eine Entscheidung werden in jedem Rechtszug hinsichtlich eines jeden Teils des Verfahrensgegenstands nur einmal erhoben.

I. Allgemeines

Die Vorschrift entspricht – redaktionell angepasst – § 35 GKG und § 55 Abs. 1 GNotKG. Sie gilt für alle im Kostenverzeichnis bestimmten Verfahrensgebühren („Gebühr für das Verfahren im Allgemeinen") und für Entscheidungsgebühren. 1

Entscheidungsgebühren sieht das Kostenverzeichnis in folgenden Fällen vor: 2
- Nr. 1210 KV FamGKG (Entscheidung über einen Antrag auf Festsetzung von Unterhalt nach § 249 Abs. 1 FamFG mit Ausnahme einer Festsetzung nach § 254 Satz 2 FamFG),
- Nr. 1502 KV FamGKG (Anordnung von Zwangsmaßnahmen durch Beschluss nach § 35 FamFG),
- Nr. 1601 KV FamGKG (Anordnung der Vornahme einer vertretbaren Handlung durch einen Dritten),
- Nr. 1602 KV FamGKG (Anordnung von Zwangs- oder Ordnungsmitteln).

Verfahrens- und Entscheidungsgebühren werden in jedem Rechtszug hinsichtlich eines jeden Teils des Verfahrensgegenstands nur einmal erhoben. 3

II. Rechtszug

4 Es gilt der Rechtszugbegriff des FamGKG.

5 Verfahrensrechtlich problematisch ist die Frage, wann ein **Verfahren beginnt**. In der freiwilligen Gerichtsbarkeit kann ein Verfahren auf zwei Wegen eingeleitet werden, nämlich von Amts wegen oder auf Grund eines Antrags. Mit den §§ 23 und 24 FamFG werden diese Verfahrensarten – teilweise – gesetzlich normiert. § 23 FamFG sieht Regelungen für das Antragsverfahren vor. § 24 FamFG bestimmt, welche Bedeutung ein Antrag im Amtsverfahren hat. Nicht ausdrücklich geregelt ist die eigentliche Verfahrenseinleitung von Amts wegen, die dem Gesetzgeber offensichtlich als so selbstverständlich für die freiwillige Gerichtsbarkeit erschien, dass er auf eine gesetzliche Regelung verzichtet hat. Welche der beiden Alternativen der Verfahrenseinleitung in Betracht kommt, entscheidet sich nach der Art des Verfahrens. Die Bestimmungen hierzu finden sich überwiegend im materiellen Recht.

6 Die Frage ist für die Kosten nach dem FamFG jedoch nur von untergeordneter Bedeutung. Hierzu tragen die Regelungen über die Fälligkeit, die Vorwegleistungs- und Vorschusspflicht sowie über den Kostenschuldner bei. Bei reinen **Antragsverfahren** beginnt das Verfahren mit Eingang des verfahrenseinleitenden Antrags bei Gericht. Bei **Amts- oder Mischverfahren** tritt eine Fälligkeit der Gebühren erst ein und ist ein Kostenschuldner erst vorhanden, wenn das Verfahren beendet ist. Bei Amtsverfahren ist ein Kostenschuldner regelmäßig erst vorhanden, wenn eine Kostenentscheidung oder eine Kostenübernahmeerklärung vorliegt. In beiden Fällen steht für die Gebührenberechnung fest, dass ein die Verfahrensgebühr auslösendes Verfahren vorliegt.

7 Zum **Rechtszug im kostenrechtlichen Sinne** gehören:
- Die Änderung oder Erweiterung des Antrags,
- der Scheidungsantrag und ein nachfolgender Antrag auf Aufhebung der Ehe,
- die Scheidungssache und die Folgesachen (§ 44 Abs. 1),
- das Verfahren zur Abänderung oder Überprüfung der Entscheidungen und gerichtlich gebilligten Vergleichen in Kindschaftssachen nach § 166 Abs. 2 und 3 FamFG (vgl. § 31 Abs. 2 Satz 2),
- die Gehörsrüge,
- Grund- und Höheverfahren (§ 113 Abs. 1 Satz 2 FamFG, § 304 ZPO),
- Fortsetzung des Verfahrens nach Vergleichsabschluss zur Prüfung der Rechtswirksamkeit,
- wechselseitige Rechtsmittel,
- Stufenantrag,
- Fortsetzung des Verfahrens nach Unterbrechung,
- Verweisung des Verfahrens einschließlich der Zurückverweisung aus der Rechtsmittelinstanz (§ 31 Abs. 1),
- das Nachverfahren im Urkunden- und Wechselprozess.

8 Kostenrechtlich verschiedene Verfahren sind Verfahren des einstweiligen Rechtsschutzes und Hauptsacheverfahren. Das Verfahren über eine Abänderung oder Aufhebung einer Entscheidung (§ 48 Abs. 1 FamFG) gilt als besonderes Verfahren (§ 31 Abs. 2 Satz 1). Gleiches gilt für das Wiederaufnahmeverfahren (§ 48 Abs. 2 FamFG).

§ 30 Teile des Verfahrensgegenstands

(1) Für Handlungen, die einen Teil des Verfahrensgegenstands betreffen, sind die Gebühren nur nach dem Wert dieses Teils zu berechnen.
(2) Sind von einzelnen Wertteilen in demselben Rechtszug für gleiche Handlungen Gebühren zu berechnen, darf nicht mehr erhoben werden, als wenn die Gebühr von dem Gesamtbetrag der Wertteile zu berechnen wäre.
(3) Sind für Teile des Gegenstands verschiedene Gebührensätze anzuwenden, sind die Gebühren für die Teile gesondert zu berechnen; die aus dem Gesamtbetrag der

Wertteile nach dem höchsten Gebührensatz berechnete Gebühr darf jedoch nicht überschritten werden.

I. Allgemeines

Die Vorschrift entspricht – redaktionell angepasst – § 36 GKG und § 56 GNotKG. Sie stellt die Grundsätze auf, wie zu verfahren ist, wenn Handlungen nur einen Teil des Verfahrensgegenstandes betreffen (Abs. 1), wenn für Wertteile für gleiche Handlungen Gebühren anzusetzen sind (Abs. 2) und wenn für Teile eines Verfahrensgegenstands verschiedene Gebührensätze anzuwenden sind (Abs. 3). 1

II. Inhalt der Vorschrift

1. Handlungen, die einen Teil des Verfahrensgegenstands betreffen (Absatz 1)

Beziehen sich gebührenauslösende Handlungen nur auf einen Teil des Verfahrensgegenstands, ist die Gebühr nur nach diesem Teil des Verfahrensgegenstands zu bemessen. Die praktische Bedeutung dieser Regelung ist im FamGKG nur sehr gering, da das FamGKG weitestgehend pauschale Verfahrensgebühren (Teilrücknahmen oder Teilerledigungen reduzieren die Verfahrensgebühr nicht) und nur in wenigen Fällen Entscheidungsgebühren vorsieht. Ist in einem Verfahren über einen Antrag auf Festsetzung von Unterhalt nach § 249 Abs. 1 FamFG der Antrag teilweise zurückgenommen worden, bemisst sich die Entscheidungsgebühr nach Nr. 1210 KV FamGKG nur nach dem Teil des Verfahrensgegenstands, über den eine Entscheidung ergangen ist. 2

2. Gleichartige Gebühren nach verschiedenen Wertteilen (Absatz 2)

Die Anwendung von Abs. 2 setzt voraus, dass für einzelne (verschiedene) Wertteile in demselben Rechtszug für gleiche Handlungen Gebühren zu berechnen sind. In diesem Fall darf nicht mehr erhoben werden, als wenn die Gebühr von dem Gesamtbetrag der Wertteile zu berechnen wäre. Sind beispielsweise in einem Verbundverfahren mehrere Folgesachen durch eine rechtzeitige Rücknahme erledigt, fällt für jede dieser Folgesachen, unter Berücksichtigung der Regelung des Abs. 1 eine Gebühr nach Nr. 1111 KV FamGKG nach dem Wert der jeweiligen Folgesache an. In diesem Fall schreibt Abs. 2 eine Vergleichsrechnung vor. Es darf nicht mehr erhoben als eine Gebühr nach Nr. 1111 KV FamGKG nach dem zusammengerechneten Wert der verschiedenen Folgesachen. 3

3. Verschiedene Gebührensätze (Absatz 3)

Abs. 3 regelt einen Sonderfall des Abs. 2. Sind nämlich für die verschiedenen Wertteile gleichartige Gebühren mit verschiedenen Gebührensätzen anzusetzen, darf die aus dem Gesamtbetrag der Wertteile nach dem höchsten Gebührensatz berechnete Gebühr nicht überschritten werden. Sind beispielsweise in einem Verbundverfahren für die Ehesache eine Verfahrensgebühr nach Nr. 1110 KV FamGKG (Gebührensatz 2,0) und für die Folgesachen eine Verfahrensgebühr nach Nr. 1111 KV FamGKG (Gebührensatz 0,5) zu erheben, kommt die Vorschrift zum Tragen. Die beiden Verfahrensgebühren sind gesondert zu berechnen, jedoch darf nicht mehr als eine 2,0-Gebühr nach den zusammengerechneten Wertteilen berechnet werden. Hierzu folgendes Beispiel: 4

Wert der Ehesache 11 000 Euro; Wert der Folgesachen 2 000 Euro 5

Kostenansatz

Gebühr	Wert Euro	Betrag Euro
Verfahrensgebühr Nr. 1110	11 000	438
Verfahrensgebühr Nr. 1111	2 000	36,50
höchstens insgesamt 2,0 Gebühr nach 13 000 Euro		438

§ 31 Zurückverweisung, Abänderung oder Aufhebung einer Entscheidung

31 (1) Wird eine Sache an ein Gericht eines unteren Rechtszugs zurückverwiesen, bildet das weitere Verfahren mit dem früheren Verfahren vor diesem Gericht einen Rechtszug im Sinne des § 29.

(2) Das Verfahren über eine Abänderung oder Aufhebung einer Entscheidung gilt als besonderes Verfahren, soweit im Kostenverzeichnis nichts anderes bestimmt ist. Dies gilt nicht für das Verfahren zur Überprüfung der Entscheidung nach § 166 Abs. 2 und 3 des Gesetzes über das Verfahren in Familiensachen und in den Angelegenheiten der freiwilligen Gerichtsbarkeit.

I. Allgemeines

1   Abs. 1 sieht entsprechend § 37 GKG und § 57 GNotKG für den Fall der Zurückverweisung vor, dass das weitere Verfahren mit dem früheren Verfahren kostenrechtlich eine Einheit bildet. Abs. 2 trifft Regelungen bezüglich des Verfahrens auf Abänderung oder Aufhebung einer Entscheidung und für Verfahren zur Überprüfung der Entscheidung nach § 166 Abs. 2 und 3 FamFG.

II. Inhalt der Vorschrift

1. Zurückverweisung (Absatz 1)

2   Wird eine Sache an ein Gericht eines unteren Rechtszugs zurückverwiesen, bildet das weitere Verfahren mit dem früheren Verfahren vor diesem Gericht gebührenrechtlich einen Rechtszug. In Frage kommt die Zurückverweisung aus der Beschwerde- und der Rechtsbeschwerdeinstanz (§ 69 Abs. 1, § 74 Abs. 6 FamFG). Das Verfahren bei dem unteren Gericht bildet vor und nach der Zurückverweisung eine Instanz mit der Folge, dass die Gebühren nur einmal entstehen (§ 29). Dies schließt nicht aus, dass sich der Wert des Verfahrensgegenstands nach der Zurückverweisung durch eine Antragserweiterung oder einen Widerantrag erhöht.

3   Gelangt ein zurückgewiesenes Verfahren nochmals in die Rechtsmittelinstanz, bilden die beiden Rechtsmittelverfahren verschiedene Instanzen.

2. Abänderung oder Aufhebung einer Entscheidung (Abs. 2 Satz 1)

4   In Abs. 2 Satz 1 wird klargestellt, dass ein Verfahren auf Abänderung oder Aufhebung (§ 48 Abs. 1, § 54 FamFG) auch kostenrechtlich als gesondertes Verfahren behandelt wird. In diesen Verfahren erbringt das Gericht einen nicht unerheblichen Aufwand, der nicht auf die Allgemeinheit abgewälzt werden soll.

3. Entscheidungen nach § 166 Abs. 2 und 3 FamFG (Abs. 2 Satz 2)

5   Verfahren zur Überprüfung von Entscheidungen nach § 166 Abs. 2 und 3 FamFG bilden zusammen mit dem Ursprungsverfahren eine Instanz. Bei dem in § 166 Abs. 2 und 3 FamFG geregelten Verfahren geht es um eine Abänderung von Maßnahmen nach den §§ 1666 bis 1667 BGB, die nur ergriffen werden dürfen, wenn dies zur Abwendung einer Kindeswohlgefährdung oder zum Wohl des Kindes erforderlich ist. Jede Überprüfung einer länger andauernden kindschutzrechtlichen Maßnahme gehört damit kostenrechtlich zum ursprünglichen Verfahren.

§ 32 Verzögerung des Verfahrens

32 Wird in einer selbständigen Familienstreitsache außer im Fall des § 335 der Zivilprozessordnung durch Verschulden eines Beteiligten oder seines Vertreters die Vertagung einer mündlichen Verhandlung oder die Anberaumung eines neuen Termins zur mündlichen Verhandlung nötig oder ist die Erledigung des Verfahrens durch nachträgliches Vorbringen von Angriffs- oder Verteidigungsmitteln, Beweismitteln oder Beweiseinreden, die früher vorgebracht werden konnten, verzögert worden, kann das Gericht dem Beteiligten von Amts wegen eine besondere Gebühr mit einem Gebührensatz von 1,0 auferlegen. Die Gebühr kann bis auf einen Gebührensatz von 0,3 ermäßigt werden. Dem Antragsteller, dem Antragsgegner oder dem Vertreter stehen der Nebenintervenient und sein Vertreter gleich.

I. Allgemeines

Die **Verzögerungsgebühr** entspricht für selbständige Familienstreitsachen im Wesentlichen dem § 38 GKG. Diese Vorschrift eröffnet die Möglichkeit, einem Beteiligten eine besondere Gebühr aufzuerlegen, wenn durch das Verschulden des Beteiligten oder seines Vertreters die Vertagung einer mündlichen Verhandlung oder die Anberaumung eines neuen Termins zu mündlichen Verhandlung nötig wird oder die Erledigung des Rechtsstreits durch verspätetes Vorbringen von Angriffs- oder Verteidigungsmitteln, Beweismitteln oder Beweiseinreden, die früher vorgebracht werden konnten, verzögert worden ist. 1

Diese Vorschrift will einer Verfahrensverschleppung entgegenwirken. Die Verhängung einer Strafgebühr soll leichtfertige, gewissenlose und gleichgültige Verfahrensbeteiligte treffen. Sie setzt die **schuldhafte Verletzung der gesetzlichen Verfahrensförderungspflicht** voraus, durch die es zu einer Verzögerung des Rechtsstreits gekommen ist. 2

Die Vorschrift ist nur bei selbständigen Familienstreitsachen (§ 112 FamFG) anwendbar, unabhängig davon, ob es sich um ein Hauptsacheverfahren oder ein Verfahren des einstweiligen Rechtsschutzes handelt. Wegen ihres Straf- und Sanktionencharakters sollte sich die Anwendung der Vorschrift auf schwere und eindeutige Fälle beschränken. 3

II. Inhalt der Vorschrift

Die Vorschrift unterscheidet folgende Fälle: 4
- Vertagung einer mündlichen Verhandlung oder die Anberaumung eines neuen Termins zur mündlichen Verhandlung,
- Verzögerung der Erledigung des Verfahrens durch nachträgliches Vorbringen von Angriffs- oder Verteidigungsmitteln, Beweismitteln oder Beweiseinreden, die früher vorgebracht werden konnten.

1. Vertagung einer mündlichen Verhandlung oder Anberaumung eines neuen Termins zur mündlichen Verhandlung

Voraussetzung ist die Vertagung einer mündlichen Verhandlung (zB nach § 113 Abs. 1 Satz 2 FamFG iVm. §§ 227 ZPO) oder die Anberaumung eines neuen Termins zur mündlichen Verhandlung. Maßgeblich ist nur die Vertagung oder Verlegung eines Termins zur mündlichen Verhandlung. 5

2. Verschulden

Verschulden iSd. § 32 liegt vor, wenn der Schuldner vorsätzlich oder fahrlässig gehandelt hat (§ 276 BGB). Ein grobes Verschulden oder eine Verschleppungsabsicht sind nicht erforderlich. Dies ergibt sich schon aus dem Wortlaut der Vorschrift. Obwohl das GKG mehrfach überarbeitet worden ist, hat der Gesetzgeber an der Formulierung „Verschulden" festgehalten und gerade nicht, wie zB in § 296 Abs. 2 ZPO, den Begriff der „groben Nachlässigkeit" gewählt. 6

Voraussetzung für die Auferlegung einer Verzögerungsgebühr ist das **zumindest fahrlässige Verschulden** eines Beteiligten oder seines Vertreters. Ein solches Verschulden ist gegeben, wenn die im Verfahren erforderliche Sorgfalt verletzt wird. Das Verschulden muss ursächlich für die Vertagung oder Anberaumung des neuen Termins zur mündlichen Verhandlung gewesen sein. Dies ist nicht gegeben, wenn aus anderen Gründen als dem Verhalten des Beteiligten oder seines Vertreters eine Vertagung oder Verlegung erforderlich wird. 7

8   Im Hinblick auf den Sanktionscharakter der Vorschrift kann eine Verzögerungsgebühr auch bei der Vertagung oder Verlegung eines Termins zur mündlichen Verhandlung nur auferlegt werden, wenn dies auch zu einer **Verzögerung des Verfahrens** geführt hat. Tritt keine oder nur eine geringfügige Verschiebung ein, kann keine Gebühr auferlegt werden. Unerheblich ist, ob der Gegner oder ein anderer Beteiligter an der Verzögerung mitgewirkt hat.

9   Ob ein Verschulden vorliegt, ist nach freier Überzeugung des Gerichts zu beurteilen, ohne dass das Verschulden offensichtlich sein muss. Beispiele für ein Verschulden sind:
- Stellung eines offensichtlich unbegründeten Ablehnungsgesuchs,
- Vereitelung einer Augenscheinnahme durch Gericht oder Sachverständigen,
- grundloses Nichterscheinen trotz richterlicher Anordnung,
- mangelnde schriftsätzliche Vorbereitung im Anwaltsprozess, insbesondere bei Nichtbeachtung von Aufklärungsanordnungen.

10   Die Anwendbarkeit der Vorschrift hängt allein davon ab, ob das schuldhafte Verhalten eines Beteiligten die Anberaumung eines neuen Termins zur mündlichen Verhandlung nötig macht oder nicht. Ein solcher Fall ist auch dann gegeben, wenn ein Beteiligter nach Hinweis des Gerichts auf die Verspätung des Sachvortrags die **„Flucht in die Säumnis"** antritt. Der Vorschrift kann keine Einschränkung dahingehend entnommen werden, dass im Falle der Säumnis die Verhängung einer Verzögerungsgebühr ausscheidet. Dagegen spricht bereits die in § 32 Satz 1 genannte Ausnahmeregelung für die Fälle des § 335 ZPO. Durch die Bezugnahme auf die Vorschriften für das Versäumnisverfahren und die Bestimmung einer Ausnahmeregelung für die Fälle des § 335 ZPO folgt im Umkehrschluss, dass die Regelung grundsätzlich auch für den Fall gilt, dass nach einer Versäumnisentscheidung ein Einspruch eingelegt wird.

3. Verzögerung der Erledigung des Verfahrens

11   Nach der weiteren Alternative ist die Auferlegung einer Verzögerungsgebühr auch möglich, wenn die Erledigung des Verfahrens durch nachträgliches Vorbringen von Angriffs- oder Verteidigungsmitteln, Beweismitteln oder Beweiseinreden, die früher vorgebracht werden konnten, verzögert wird.

12   Die Frage, ob Angriffs- oder Verteidigungsmittel, Beweismittel oder Beweiseinreden verzögert vorgebracht wurden, ist wie bei § 282, 296 ZPO zu beurteilen. Erforderlich ist, dass ein Beteiligter schuldhaft gegen seine Verfahrensförderungspflicht verstoßen hat und es allein dadurch – ohne Mitverantwortung des Gerichts – zu einer nicht nur unwesentlichen Verzögerung des Verfahrens gekommen ist. Beruht die Verzögerung des Verfahrens auch darauf, dass das Gericht – unabhängig vom Verstoß eines Beteiligten – seiner eigenen Verfahrensförderungspflicht nicht nachgekommen ist, darf die Verzögerungsgebühr wegen des ihr innewohnenden Strafcharakters nicht verhängt werden. Das Gericht ist vielmehr im Rahmen seiner eigenen Förderungspflicht gehalten, alle Möglichkeiten auszuschöpfen, die geeignet sind, die durch verspätetes Vorbringen oder verspätete Anträge drohende Verzögerung zu verhindern.

4. Gebühr

13   Die **Verzögerungsgebühr** kann gegen jeden Verfahrensbeteiligten verhängt werden, auch wenn dem Beteiligten Verfahrenskostenhilfe gewährt ist. Die Verzögerungsgebühr gehört nicht zu den erstattungsfähigen Kosten des Verfahrens.

14   Die Verhängung einer Verzögerungsgebühr in Höhe der vollen Gebühr ist der Regelfall. Dies ergibt sich unzweifelhaft aus dem Normzusammenhang von Satz 1 (Auferlegung einer vollen Gebühr) und von Satz 2 (Möglichkeit der Ermäßigung der vollen Gebühr bis auf ein Viertel). Die Ermäßigung steht im pflichtgemäßen Ermessen des Gerichts und kann nicht willkürlich vorgenommen werden.

5. Nebenintervenient (Satz 3)

Zwar dürfte eine Nebenintervention in selbständigen Familienstreitsachen nur äußerst selten erfolgen. Ausgeschlossen ist dies indessen nicht. So sind nach § 113 Abs. 1 Satz 2 FamFG die Allgemeinen Vorschriften der ZPO anzuwenden, ohne dass die Regelungen der Nebenintervention ausgenommen wären. Für die wenn auch seltenen Anwendungsfälle der Nebenintervention in selbständigen Familienstreitsachen ist daher auch die Möglichkeit einer Verzögerungsgebühr gegeben. 15

Abschnitt 7
Wertvorschriften

Unterabschnitt 1
Allgemeine Wertvorschriften

§ 33 *Grundsatz*

(1) In demselben Verfahren und in demselben Rechtszug werden die Werte mehrerer Verfahrensgegenstände zusammengerechnet, soweit nichts anderes bestimmt ist. Ist mit einem nichtvermögensrechtlichen Anspruch ein aus ihm hergeleiteter vermögensrechtlicher Anspruch verbunden, ist nur ein Anspruch, und zwar der höhere, maßgebend.
(2) Der Verfahrenswert beträgt höchstens 30 Millionen Euro, soweit kein niedrigerer Höchstwert bestimmt ist.

I. Allgemeines

Die Vorschrift enthält Grundsätze für die Wertberechnung. Abs. 1 Satz 1 und Abs. 2 entsprechen § 39 GKG und § 35 GNotKG, Abs. 1 Satz 2 entspricht § 48 Abs. 4 GKG. 1

II. Inhalt der Vorschrift

1. Werte mehrerer Verfahrensgegenstände

In demselben Verfahren und in demselben Rechtszug werden bei objektiver Antragshäufung die Werte mehrerer Verfahrensgegenstände zusammengerechnet, soweit nichts anderes bestimmt ist (Abs. 1 Satz 1). Handelt es sich also nicht um ideell identische, sondern um differenziert zu betrachtende Verfahrensgegenstände, die für den Antragsteller selbständige Bedeutung haben und für deren materiellrechtliche Würdigung auch verschiedene Rechtsgrundlagen heranzuziehen sind, werden die Verfahrenswerte addiert. Eine Zusammenrechnung unterbleibt, wenn die Anträge keine selbständige Bedeutung haben, sondern das Gleiche Interesse betreffen und somit von einer ideellen Identität auszugehen ist. 2

Die Zusammenrechnung der Werte unterschiedlicher Verfahrensgegenstände setzt nicht voraus, dass die Ansprüche nebeneinander geltend gemacht oder Anträge parallel verfolgt werden. 3

Nach dem in Abs. 1 Satz 1 verankerten Grundsatz werden in demselben Verfahren und in demselben Rechtszug die Werte mehrerer Verfahrensgegenstände zusammengerechnet, soweit nichts anderes bestimmt ist. Ist danach der **Grundsatz** derjenige **der Addition der Werte**, fehlt eine Norm, nach der im Fall der Antragsänderung eine Addition zu unterbleiben hätte. Weder dem Wortlaut noch dem Sinn und Zweck des 4

§ 33 Abs. 1 Satz 1 lässt sich entnehmen, dass dies nur für den Fall gelten soll, dass die Ansprüche nebeneinander geltend gemacht werden. In zeitlicher Hinsicht orientiert sich der Verfahrenswert zunächst nach dem Zeitpunkt des Antrags (§ 34). Wird der Antrag in einem späteren Zeitpunkt erweitert oder geändert, erhöht sich der Wert entsprechend im Umfang der Erweiterung bzw. Änderung. Es entsteht ein neuer Verfahrenswert, der sich aus der Addition des ursprünglichen Antrags und der Erweiterung bzw. Änderung ergibt. Da sich eine Verfahrensgebühr nicht nachträglich vermindern kann, muss zwangsläufig eine Antragsänderung dazu führen, dass der neue Verfahrenswert auf den bisherigen hinzu zu addieren ist. Nur für Hilfsansprüche und Hilfsaufrechnungen sieht das Gesetz in § 39 eine Einschränkung der Addition dann vor, wenn eine Entscheidung über diese Ansprüche nicht ergeht. Hinzu kommt, dass bei der Berechnung des Verfahrenswerts Erweiterungsbeträge unzweifelhaft auch dann dem Wert des ursprünglichen Verfahrensgegenstands hinzuzurechnen sind, wenn dieser ganz oder teilweise bereits vorher seine Erledigung gefunden hat. Wenn daher in einem laufenden Verfahren ein Teil des Verfahrensgegenstands durch Erledigung oder Rücknahme ausscheidet und ein weiterer Verfahrensgegenstand in das Verfahren eingeführt wird, berechnet sich der Wert für die Gerichtskosten nach dem zusammengerechneten Wert. Die Zielsetzung einer teilweisen Antragsrücknahme verbunden mit einer Antragserweiterung entspricht aber dem der Antragsänderung. In beiden Fällen erklärt der Antragsteller, einen bestimmten Anspruch nicht mehr geltend machen zu wollen und dafür einen weiteren Anspruch zu erheben. Es wäre ein Wertungswiderspruch, wenn beide Fälle hinsichtlich des Werts eine unterschiedliche Behandlung erfahren sollten.

5 Eine **andere Bestimmung** iSd. Abs. 1 Satz 1 ist zB enthalten in Abs. 1 Satz 2, in § 36 Abs. 2, § 38, § 44 Abs. 2 und in § 45 Abs. 2.

2. Verbindung eines nichtvermögensrechtlichen Anspruchs mit einem vermögensrechtlichen Anspruch

6 Ist mit einem nichtvermögensrechtlichen Anspruch ein aus ihm hergeleiteter vermögensrechtlicher Anspruch verbunden, so ist nach Abs. 1 Satz 2 nur der höhere Anspruch maßgebend. Die Vorschrift setzt ein Zusammentreffen eines nichtvermögensrechtlichen Anspruchs mit einem aus ihm hergeleiteten vermögensrechtlichen Anspruch voraus. Sie gilt daher nicht, wenn mehrere nichtvermögensrechtliche Ansprüche geltend gemacht werden, mögen sie auch eng miteinander verknüpft sein. **Vermögensrechtlich** ist dabei jeder Anspruch, der entweder auf einer vermögensrechtlichen Beziehung beruht oder im Wesentlichen wirtschaftlichen Interessen dienen soll. Ein Beispiel für die Verbindung eines nichtvermögensrechtlichen Anspruchs mit einem aus ihm hergeleiteten vermögensrechtlichen Anspruch ist die Verknüpfung eines Verfahrens auf Feststellung des Bestehens der Vaterschaft mit einer Unterhaltssache (§ 179 Abs. 1 Satz 2 FamFG).

7 Es ist nur ein Anspruch, und zwar der höhere, für die Berechnung des Verfahrenswerts maßgebend. Dies setzt eine Bewertung und einen Vergleich der beiden Ansprüche voraus.

3. Kappungsgrenze (Absatz 2)

8 Ziel der Kappungsgrenze, die auf die Sicherung einer ordnungsgemäß funktionierenden Rechtspflege ausgerichteten ist, ist es, bei hohen Werten das Entstehen unverhältnismäßig hoher Gebühren zu vermeiden. Die Wertbegrenzung auf 30 Millionen Euro (sowohl durch § 22 Abs. 2 RVG als auch durch § 23 Abs. 1 Satz 1 RVG iVm. § 39 Abs. 2 GKG) verstößt weder gegen das Grundrecht auf Berufsfreiheit aus Art. 12 Abs. 1 GG noch gegen den Gleichheitssatz aus Art. 3 Abs. 1 GG.[1]

---

1 BVerfG v. 13.2.2007 – 1 BvR 910/05, NJW 2007, 2098.

§ 34 Zeitpunkt der Wertberechnung

Für die Wertberechnung ist der Zeitpunkt der den jeweiligen Verfahrensgegenstand betreffenden ersten Antragstellung in dem jeweiligen Rechtszug entscheidend. In Verfahren, die von Amts wegen eingeleitet werden, ist der Zeitpunkt der Fälligkeit der Gebühr maßgebend.

I. Allgemeines

Satz 1 übernimmt zur Bestimmung des Zeitpunkts der Wertberechnung die Regelung des § 40 GKG. Nach Satz 2 ist in Verfahren, die von Amts wegen eingeleitet werden, für die Wertberechnung der Zeitpunkt entscheidend, an dem die Gebühr fällig wird. Dies entspricht der Regelung in § 59 Satz 2 GNotKG.

II. Inhalt der Vorschrift

1. Antragsverfahren

Abs. 1 Satz 1 bestimmt, dass für die Wertberechnung der Zeitpunkt der den Rechtszug einleitenden Antragstellung maßgebend ist. Nach ihrem Wortlaut ist die Bestimmung auch anwendbar, wenn sich der Verfahrensgegenstand ändert. Es kommt nämlich auf den Zeitpunkt der den jeweiligen Verfahrensgegenstand betreffenden ersten Antragstellung an. Maßgeblich ist nur der **verfahrenseinleitende Antrag**. Unbeachtlich sind daher Gesuche um Verfahrenskostenhilfe, wenn der Verfahrensantrag nur bedingt gestellt wird.

Soweit es um die **Verfolgung nicht bezifferter Ansprüche** geht, lässt das Gesetz offen, ob es für die Bewertung allein auf die bei Einleitung des Rechtszugs vorhandenen subjektiven Vorstellungen des Antragstellers ankommt oder auch auf die sich im Laufe des Verfahrens herausstellenden objektiven Werte bei Verfahrensbeginn. Es ist der Auffassung zu folgen, dass die **Vorstellung des Antragstellers bei Beginn der Instanz** insoweit maßgeblich ist, als eine Herabsetzung des Werts unter diese Vorstellung nicht mehr möglich ist, auch wenn sich im Laufe des Verfahrens herausstellt, dass die bei Einreichung des Antrags vorhandene subjektive Einschätzung objektiv unterschritten wird. Der Antragsteller, der mit seinem Antrag den Verfahrenswert bestimmt, muss sich die aus seinem Antrag abgeleiteten Vorstellung entgegenhalten lassen, auch um eine Wertmanipulation und die Angabe von überhöhten Werten zu verhindern. Es können den Verfahrensbevollmächtigten, die ihre Verfahrensgebühr bei Beginn der Instanz verdienen, und auch dem Gericht die entsprechenden, bereits entstandenen Gebühren nicht rückwirkend der Höhe nach wieder entzogen werden.

Daraus folgt aber nicht, dass es auch ohne Bedeutung ist, wenn die subjektiven Vorstellungen des Antragstellers später in objektiver Hinsicht übertroffen werden. War der Anspruch bei Beginn der Instanz vom Antragsteller deutlich geringer beurteilt worden, als er nach den Kriterien zu bewerten ist, die sich im Rahmen des weiteren Verfahrens ergeben, ist der **höhere Wert** maßgebend, **den der Anspruch objektiv auch schon zu Beginn der Verfahrens gehabt hatte**. Würde man das Gesetz anders auslegen, hätte es der Antragsteller in der Hand trotz ihm vorliegender anderer Anhaltspunkte einen bewusst zu niedrig gewählten Wert anzugeben, um das Verfahren auf günstige Weise führen zu können. Auch diese Möglichkeit der Manipulation des Werts ist auszuschließen.

2. Amtsverfahren

Nach Satz 2 werden in Verfahren, die von Amts wegen eingeleitet werden, die Gebühren nach dem Wert berechnet, den der Gegenstand des Verfahrens zum Zeitpunkt der Fälligkeit hat. In Amtsverfahren sind die Gebühren regelmäßig mit der Beendigung des Verfahrens fällig (§ 11). Als **maßgebender Zeitpunkt** folgt daraus in den meisten Fällen die **Bekanntgabe des Beschlusses in der Hauptsache**. Wertveränderungen zwischen Beginn und Beendigung des Verfahrens finden nach der Regelung keine Berücksichtigung.

35 Geldforderung

Ist Gegenstand des Verfahrens eine bezifferte Geldforderung, bemisst sich der Verfahrenswert nach deren Höhe, soweit nichts anderes bestimmt ist.

1 Aus § 3 ZPO, der in bürgerlichen Rechtsstreitigkeiten idR für die Wertberechnung maßgebend ist (§ 48 Abs. 1 Satz 1 GKG), wird der allgemeine Grundsatz abgeleitet, dass sich der Wert bei einem Verfahren auf Zahlung einer bestimmten Geldforderung nach dieser richtet. Da in Familiensachen § 3 ZPO für die Regelung der Zuständigkeit nicht anwendbar ist, ist dieser Grundsatz in das FamGKG aufgenommen werden. Besondere Wertvorschriften, wie zB § 51, bleiben hiervon unberührt.

2 Geldforderungen sind alle Ansprüche auf Zahlung einer Summe Geldes. Unerheblich ist, ob das wirtschaftliche Interesse des Beteiligten mit dieser Summe übereinstimmt. Ohne Belang ist auch, ob die Forderung durchsetzbar ist. Die im Antrag bezifferte Summe ist auch wertbestimmend, wenn das Gericht versehentlich mehr zugesprochen hat als beantragt wurde. Wegen Nebenforderungen ist § 37 zu beachten.

3 Die Vorschrift ist auf den Arrest nicht anwendbar. Der Wert eines Arrestes ist nach § 42 zu bestimmen. § 35 ist nur anwendbar, wenn die Höhe einer Geldforderung Gegenstand des Verfahrens ist. Daran fehlt es beim Arrest jedoch, denn Gegenstand eines Arrestverfahrens ist nicht der Bestand der Geldforderung, sondern lediglich der Anspruch auf deren Sicherung.

4 Soweit Geldbeträge in ausländischer Währung geltend gemacht werden, sind sie in inländische Währung umzurechnen.

36 Genehmigung einer Erklärung oder deren Ersetzung

(1) Wenn in einer vermögensrechtlichen Angelegenheit Gegenstand des Verfahrens die Genehmigung einer Erklärung oder deren Ersetzung ist, bemisst sich der Verfahrenswert nach dem Wert des zugrunde liegenden Geschäfts. § 38 des Gerichts- und Notarkostengesetzes und die für eine Beurkundung geltenden besonderen Geschäftswert- und Bewertungsvorschriften des Gerichts- und Notarkostengesetzes sind entsprechend anzuwenden.
(2) Mehrere Erklärungen, die denselben Gegenstand betreffen, insbesondere der Kauf und die Auflassung oder die Schulderklärung und die zur Hypothekenbestellung erforderlichen Erklärungen, sind als ein Verfahrensgegenstand zu bewerten.
(3) Der Wert beträgt in jedem Fall höchstens 1 Million Euro.

I. Allgemeines

1 Abs. 1 Satz 1 und Abs. 2 und 3 entsprechen inhaltlich der Regelung des § 60 GNotKG. Nach Abs. 1 Satz 2 sollen Bewertungsvorschriften des GNotKG Anwendung finden.

II. Inhalt der Vorschrift

2 Die Vorschrift enthält eine grundsätzliche Regelung über die Bestimmung des Verfahrenswerts, wenn es in einer **vermögensrechtlichen Angelegenheit** um die Genehmigung von Erklärungen oder um deren Ersetzung geht.

1. Genehmigung einer Erklärung oder deren Ersetzung (Absatz 1)

3 Voraussetzung für die Anwendung der Wertvorschrift ist, dass Gegenstand des Verfahrens die Genehmigung einer Erklärung oder deren Ersetzung ist. Betroffen sind also **folgende Verfahren:**
– Genehmigung der Ermächtigung zum Betrieb eines Erwerbsgeschäfts (§ 112 Abs. 1 BGB),

- Genehmigung der Rücknahme der Ermächtigung (§ 112 Abs. 2 BGB),
- Ersetzung der Ermächtigung, in Dienst und Arbeit zu treten (§ 113 Abs. 3 BGB),
- Ersetzung der Einwilligung zur Verfügung über das Vermögen (§ 1365 Abs. 2 BGB),
- Ersetzung der Einwilligung zu Gesamtgutgeschäften (§§ 1426, 1458 BGB),
- Ersetzung der Zustimmung zu persönlichen Geschäften (§§ 1430, 1458 BGB),
- Ersetzung der Zustimmung zu Rechtsgeschäften im Rahmen der ordnungsmäßigen Verwaltung (§ 1452 BGB),
- Genehmigung der Ablehnung der fortgesetzten Gütergemeinschaft bei Minderjährigen (§ 1484 Abs. 2 Satz 2 BGB),
- Ersetzung der Einwilligung bei der fortgesetzten Gütergemeinschaft (§ 1487 Abs. 1, § 1426 BGB),
- Genehmigung des Verzichts auf den Gesamtgutsanteil bei Minderjährigen (§ 1491 Abs. 3 BGB),
- Genehmigung der Aufhebung der fortgesetzten Gütergemeinschaft (§ 1492 Abs. 3 BGB),
- Genehmigung zur Abweichung bei der Vermögensverwaltung (§ 1639 Abs. 2, § 1803 Abs. 2 BGB),
- Ersetzung der Zustimmung eines Dritten zu Abweichungen bei der Vermögensverwaltung (§ 1639 Abs. 2, § 1803 Abs. 3 BGB),
- Genehmigung von Rechtsgeschäften usw. (§ 1643 Abs. 1 BGB),
- Erforderliche Genehmigungen, die auf einer Maßnahme des Gerichts bei Gefährdung des Kindesvermögens beruhen (§ 1667 Abs. 2 BGB).

Nicht von § 36 werden solche Genehmigungen und Ersetzungen **erfasst**, die einen **nichtvermögensrechtlichen Gegenstand** haben. Dies sind zB: 4
- Genehmigung der Eheschließung (§ 1315 Abs. 1 Satz 1 Nr. 1 BGB),
- Ersetzung der Zustimmung zur Bestätigung der Eheschließung (1315 Abs. 1 Satz 3 BGB),
- Ersetzung der Einwilligung oder Ersetzung der Zustimmung des Betreuers oder Pflegers (Volljähriger) (§ 1767 Abs. 2, § 1746 Abs. 3 BGB),
- Ersetzung der Einwilligung des Ehegatten (Volljähriger) (§ 1767 Abs. 2, § 1749 Abs. 1 Satz 2 BGB),
- Ersetzung von notwendigen Zustimmungen und Genehmigung von Zustimmungen bei Namensänderungen (Volljähriger) (§ 1767 Abs. 2, § 1757 Abs. 4 Nr. 2, § 1746 Abs. 3 BGB),
- Genehmigung des Antrags des gesetzlichen Vertreters eines Minderjährigen auf Todeserklärung (§ 16 Abs. 3 VerschG),
- Genehmigung des Antrags des gesetzlichen Vertreters eines Minderjährigen auf Feststellung der Todeszeit (§§ 40, 16 Abs. 3 VerschG).

In diesen Fällen ist für die Wertbestimmungen § 42 (Auffangwert) anzuwenden.

Der Verfahrenswert bestimmt sich nach dem Wert des zugrunde liegenden Geschäfts. Der Wert ist also nicht auf das Interesse des Kindes beschränkt, er wird vielmehr durch das Rechtsgeschäft insgesamt bestimmt. 5

Nach der Verweisung in Abs. 1 Satz 2 sind § 38 GNotKG (Schuldenabzugsverbot) und die für eine Beurkundung geltenden besonderen Geschäftswert- und Bewertungsvorschriften des GNotKG entsprechend anzuwenden. Anwendbar sind demnach die für Gerichte und Notare geltenden besonderen Geschäftswertvorschriften in Kapitel 1 Abschnitt 7 Unterabschnitt 2 und 3 (§§ 40 bis 54) und die für Beurkundungen geltenden besonderen Wertvorschriften in Kapitel 3 Abschnitt 4 Unterabschnitt 2 (§§ 97 bis 111) des GNotKG. 5a

Unter Berücksichtigung der Verweisung in Abs. 1 Satz 2 auf die KostO bedeutet dies: 5b

§ 37 Wertvorschriften

- Bei Grundbuchgeschäften richtet sich der Wert vor allem nach den §§ 46 bis 49 GNotKG.
- Bei wiederkehrenden Leistungen bestimmt sich der Wert nach den §§ 52, 99 GNotKG.
- Bei Nachlassangelegenheiten ist für die Wertberechnung § 102 GNotKG anzuwenden.

2. Mehrere Erklärungen, die denselben Gegenstand betreffen (Absatz 2)

6   Sind Gegenstand des Verfahrens mehrere Erklärungen, die denselben Gegenstand betreffen, sind nach Abs. 2 diese Erklärungen als ein Verfahrensgegenstand zu bewerten. Soll zB sowohl ein Grundstückskaufvertrag als auch die Auflassung durch das Familiengericht genehmigt werden (§ 1821 Abs. 1 Nr. 1 und 4 BGB iVm. § 1643 BGB), fällt eine Verfahrensgebühr für beide Genehmigungen nach dem (einfachen) Wert des Kaufpreises an. Insoweit stellt diese Regelung eine Ausnahme zu § 33 Abs. 1 Satz 1 dar, der bei mehreren Verfahrensgegenständen (hier zwei Genehmigungen) grundsätzlich eine Wertaddition vorsieht.

3. Höchstwert (Absatz 3)

7   In Abs. 3 ist eine Wertgrenze von 1 000 000 Euro vorgesehen. Damit beträgt die Gebühr Nr. 1310 KV FamGKG höchstens 2 668 Euro. Der Gesetzgeber hat die Wertbegrenzung im Hinblick auf die in Ehesachen vorgesehene gleiche Wertgrenze (§ 43 Abs. 1 Satz 2) als sachgerecht erachtet.

37 Früchte, Nutzungen, Zinsen und Kosten

(1) Sind außer dem Hauptgegenstand des Verfahrens auch Früchte, Nutzungen, Zinsen oder Kosten betroffen, wird deren Wert nicht berücksichtigt.
(2) Soweit Früchte, Nutzungen, Zinsen oder Kosten ohne den Hauptgegenstand betroffen sind, ist deren Wert maßgebend, soweit er den Wert des Hauptgegenstands nicht übersteigt.
(3) Sind die Kosten des Verfahrens ohne den Hauptgegenstand betroffen, ist der Betrag der Kosten maßgebend, soweit er den Wert des Hauptgegenstands nicht übersteigt.

I. Allgemeines

1   Die Vorschrift entspricht – redaktionell angepasst – § 43 GKG und § 37 GNotKG. Die Regelung ist als **Ausnahmevorschrift** eng auszulegen, und sie enthält daher eine abschließende Aufzählung der bei der Wertermittlung nicht zu berücksichtigenden Arten von Nebenforderungen. Der Zweck der getroffenen Regelung besteht darin, die Wertberechnung zu vereinfachen. Andere als die in § 37 genannten Nebenforderungen sind der Hauptsache hinzurechnen (§ 33 Abs. 1 Satz 1).

II. Inhalt der Vorschrift

1. Früchte, Nutzungen, Zinsen und Kosten (Absatz 1)

2   Nach der Regelung des Abs. 1 bleiben Früchte, Nutzungen, Zinsen und Kosten bei der Wertberechnung unberücksichtigt, wenn sie neben einer Hauptforderung geltend gemacht werden. Das Wesen einer Nebenforderung besteht darin, dass sie vom Bestehen einer Hauptforderung abhängig und dass diese im selben Verfahren anhängig gemacht ist.

3   **Früchte** einer Sache sind die Erzeugnisse der Sache und die sonstige Ausbeute, welche aus der Sache ihrer Bestimmung gemäß gewonnen wird. Früchte eines Rechts sind die Erträge, welche das Recht seiner Bestimmung gemäß gewährt, insbesondere bei einem Recht auf Gewinnung von Bodenbestandteilen die gewonnenen Bestandteile (§ 99 Abs. 1, 2 BGB).

Nutzungen sind die Früchte einer Sache oder eines Rechts sowie die Vorteile, welche der Gebrauch der Sache oder des Rechts gewährt (§ 100 BGB).   4

Zinsen sind das vom Schuldner zu entrichtende Entgelt für die Überlassung von Kapital. Werden neben einer Hauptforderung Verzugszinsen geltend gemacht, so sind auch diese bei der Berechnung des Werts nicht besonders zu berücksichtigen, auch dann nicht, wenn die Zinsen im verfahrenseinleitenden Antrag ausgerechnet sind oder mit der Hauptforderung zu einem einheitlichen Forderungsbetrag zusammengefasst sind. Auch Zinsen, die von einer Hauptforderung herrühren, die nicht mehr Verfahrensgegenstand ist, bleiben solange unberücksichtigt, wie noch ein Teil der Hauptforderung anhängig ist.   5

Mit **Kosten** sind die vor Verfahrenseinleitung entstandenen Kosten gemeint, sofern sie neben der Hauptleistung gefordert werden. Die Kosten des laufenden Verfahrens sind bei der Wertbemessung nicht zu berücksichtigen, solange die Hauptsache Gegenstand des Verfahrens ist (Abs. 3). Zu den Verfahrenskosten rechnen nicht nur die durch die Einleitung und Führung eines Verfahrens ausgelösten Kosten, sondern grundsätzlich auch diejenigen Kosten, die der Vorbereitung eines konkret bevorstehenden Verfahrens dienen. Soweit derartige Kosten zu den Kosten des Rechtsstreits iSv. § 91 Abs. 1 Satz 1 ZPO gehören, können sie im Kostenfestsetzungsverfahren nach den § 85 FamFG, §§ 103, 104 ZPO, § 11 Abs. 1 Satz 1 RVG geltend gemacht werden; soweit derartige Kosten nicht auf diesem Wege festgesetzt werden können, können sie auf der Grundlage eines materiell-rechtlichen Kostenerstattungsanspruchs Gegenstand eines Verfahrens auf Erstattung dieser Kosten sein.   6

Vorgerichtlich aufgewendete Kosten zur Durchsetzung des im laufenden Verfahren geltend gemachten (restlichen) Hauptanspruchs wirken nicht werterhöhend. Das gilt unabhängig davon, ob diese Kosten der Hauptforderung hinzugerechnet werden oder neben der im Klageweg geltend gemachten Hauptforderung Gegenstand eines eigenen Antrags sind.   7

2. Nebenforderung ohne Hauptgegenstand (Absatz 2)

Soweit die Nebenforderungen ohne den Hauptgegenstand betroffen sind, ist deren Wert maßgebend, soweit er den Wert des Hauptgegenstands nicht übersteigt. Dies ist zum Beispiel der Fall, wenn in einem Rechtsmittelverfahren nur noch über eine Nebenforderung gestritten wird. Im Übrigen kommt der Vorschrift durch die weitgehende Umstellung auf pauschale Verfahrensgebühren keine große Bedeutung zu.   8

Voraussetzung für die Anwendung des Abs. 2 ist, dass der **Hauptgegenstand** auch **Gegenstand des Verfahrens** gewesen ist. Sind von Anfang an nur Früchte, Nutzungen, Zinsen oder Kosten Gegenstand des Verfahrens, findet keine Vergleichsrechnung statt; der Wert bestimmt sich nach dem Wert der geltend gemachten Forderung.   9

3. Kosten des Verfahrens ohne Hauptgegenstand (Absatz 3)

Abs. 3 bestimmt den maßgeblichen Wert, wenn nur noch die Kosten des konkreten Verfahrens im Streit sind.   10

38 *Stufenantrag*

Wird mit dem Antrag auf Rechnungslegung oder auf Vorlegung eines Vermögensverzeichnisses oder auf Abgabe einer eidesstattlichen Versicherung der Antrag auf Herausgabe desjenigen verbunden, was der Antragsgegner aus dem zugrunde liegenden Rechtsverhältnis schuldet, ist für die Wertberechnung nur einer der verbundenen Ansprüche, und zwar der höhere, maßgebend.

I. Allgemeines

Die Vorschrift über die Wertberechnung bei einem Stufenantrag in Familienstreitsachen entspricht – redaktionell angepasst – § 44 GKG.   1

II. Inhalt der Vorschrift

2 Bei einem Stufenantrag ist der Verfahrenswert einheitlich nach dem Wert des höchsten der mit dem Antrag verbundenen Ansprüche festzusetzen. Da der Anspruch auf Auskunftserteilung nur der Vorbereitung des Leistungsanspruchs dient, ist sein Wert niedriger als der des Leistungsanspruchs, so dass für den Verfahrenswert der Leistungsanspruch auf der dritten Stufe als der höhere maßgebend ist. Nach § 34 ist für die Wertberechnung der **Zeitpunkt der Einreichung des Antrags** maßgebend. Mit Einreichung des Antrags wird auch der unbezifferte Zahlungsantrag anhängig. Kommt es nicht mehr zur Bezifferung des Leistungsantrags, ist der Verfahrenswert des Zahlungsanspruchs nach objektiven Anhaltspunkten unter Berücksichtigung der Erwartungen des Antragstellers bei Verfahrenseinleitung zu schätzen.[1] Obwohl der Zahlungsanspruch also nicht beziffert zu sein braucht, ist er denknotwendig immer der höchste, weil der Anspruch auf Auskunftserteilung, Wertermittlung bzw. auf Abgabe einer eidesstattlichen Versicherung, wie ausgeführt, regelmäßig keinen Selbstzweck erfüllt, sondern nur hilft, den Zahlungsanspruch zu konkretisieren und durchzusetzen, und dementsprechend stets nur mit einem Bruchteil des Zahlungsbegehrens bemessen wird.

3 Für die **Bewertung des Zahlungsanspruchs** hat das Gericht das wirtschaftliche Interesse – bezogen auf den Zeitpunkt der Verfahrenseinleitung (§ 34) – nach freiem Ermessen zu bewerten; dabei sind die Vorstellungen des Antragstellers zu diesem Zeitpunkt maßgebend. Grundlage der danach gebotenen Schätzung sind die in der Antragsbegründung zum Ausdruck gekommenen – von objektiven Anhaltspunkten getragenen – Vorstellungen und Erwartungen des Antragstellers. Dies gilt auch dann, wenn die spätere Bezifferung dahinter zurückbleibt oder sich gar in der Auskunftsstufe ergibt, dass ein Auskunftsanspruch überhaupt nicht besteht. Es findet insofern weder eine rechtliche (Schlüssigkeits-)Prüfung noch eine rückwirkende Herabsetzung am Maßstab nachfolgender – „besserer" – Erkenntnisse statt.

4 Bei dem Auskunftsantrag bemisst sich der Wert nach einem Bruchteil des vollen voraussichtlichen Anspruchs.

§ 39 *Antrag und Widerantrag, Hilfsanspruch, wechselseitige Rechtsmittel, Aufrechnung*

(1) Mit einem Antrag und einem Widerantrag geltend gemachte Ansprüche, die nicht in getrennten Verfahren verhandelt werden, werden zusammengerechnet. Ein hilfsweise geltend gemachter Anspruch wird mit dem Hauptanspruch zusammengerechnet, soweit eine Entscheidung über ihn ergeht. Betreffen die Ansprüche im Fall des Satzes 1 oder des Satzes 2 denselben Gegenstand, ist nur der Wert des höheren Anspruchs maßgebend.
(2) Für wechselseitig eingelegte Rechtsmittel, die nicht in getrennten Verfahren verhandelt werden, ist Absatz 1 Satz 1 und 3 entsprechend anzuwenden.
(3) Macht ein Beteiligter hilfsweise die Aufrechnung mit einer bestrittenen Gegenforderung geltend, erhöht sich der Wert um den Wert der Gegenforderung, soweit eine der Rechtskraft fähige Entscheidung über sie ergeht.
(4) Bei einer Erledigung des Verfahrens durch Vergleich sind die Absätze 1 bis 3 entsprechend anzuwenden.

I. Allgemeines

1 Die Vorschrift entspricht § 45 GKG. Sie regelt verschiedene Sachverhalte, die bei der Wertberechnung zu beachten sind. In Abs. 1 wird das Verhältnis von Antrag und Widerantrag sowie von Hauptanspruch und Hilfsanspruch geklärt, in Abs. 2 werden wechselseitig eingelegte Rechtsmittel dem Antrag und Widerantrag gleichgestellt, in

---

1 OLG Hamm v. 26.10.2010 – 2 WF 249/10, FamRZ 2011, 582; OLG Stuttgart v. 19.10.2010 – 11 WF 208/10, FamRZ 2011, 387.

Abs. 3 wird die Hilfsaufrechnung geregelt und in Abs. 4 die Erledigung des Verfahrens durch Vergleich einer gerichtlichen Entscheidung – darauf wird in Abs. 1 Satz 2 und Abs. 3 abgestellt – gleichgestellt.

II. Inhalt der Vorschrift

1. Antrag und Widerantrag

Nach Abs. 1 Satz 1 werden die mit Antrag und Widerantrag geltend gemachten Ansprüche **zusammengerechnet**. Das gilt nach Abs. 1 Satz 3 allerdings dann nicht, wenn die Ansprüche denselben Gegenstand betreffen; dann ist nur der Wert des höheren Anspruchs maßgebend.

Für die Frage desselben Gegenstandes kommt es nicht auf den prozessualen Gegenstandsbegriff an. Der **kostenrechtliche Gegenstandsbegriff** der Vorschrift erfordert vielmehr eine wirtschaftliche Betrachtung. Eine Zusammenrechnung hat grundsätzlich nur dort zu erfolgen, wo durch das Nebeneinander von Antrag und Widerantrag eine „wirtschaftliche Werthäufung" entsteht.[1] Eine wirtschaftliche Identität von Antrag und Widerantrag, die eine Zusammenrechnung ausschließt, liegt nach der von der Rechtsprechung entwickelten „Identitätsformel" dann vor, wenn die Ansprüche aus Antrag und Widerantrag nicht in der Weise nebeneinander stehen können, dass das Gericht uU beiden stattgeben kann, sondern die Verurteilung nach dem einen Antrag notwendigerweise die Abweisung des anderen Antrags nach sich zieht.

Dieses Kriterium allein genügt jedoch nicht, um eine Zusammenrechnung auszuschließen. Voraussetzung für die Annahme desselben Gegenstandes ist weiter, dass Antrag und Widerantrag dasselbe wirtschaftliche Interesse betreffen. Ist dies nicht der Fall, entsteht gerade die „wirtschaftliche Werthäufung", die der BGH als maßgeblich für eine Zusammenrechnung ansieht.

Die „Identitätsformel" passt vor allem nicht, wenn mit Antrag und Widerantrag **Teilansprüche aus demselben Rechtsverhältnis** geltend gemacht werden. Verlangt der Antragsteller aus einem streitigen Rechtsverhältnis einen Mehrbetrag, während der Widerantragsteller von einer Überzahlung ausgeht und einen Teil seiner Leistung zurückverlangt, geht es wirtschaftlich um die gesamte Differenz der von beiden Beteiligten ihrer Antragsberechnung zugrunde gelegten Beträge. Dem kann nicht entgegengehalten werden, dass es ausschließlich Zweck der Vorschrift in Abs. 1 Satz 3 sei, den Wert niedrig zu halten, wenn die gemeinschaftliche Behandlung von Antrag und Widerantrag die Arbeit des Gerichts vereinfacht, eine Zusammenrechnung also ausscheidet, wenn die Zuerkennung des Antrags zwingend die Abweisung des Widerantrags bedingt – oder umgekehrt –, weil dann keine zusätzlich Arbeit entsteht. Mit dieser Sicht allein wird der „wirtschaftlichen Werthäufung" nicht ausreichend Rechnung getragen. Daher ist, wenn durch Antrag und Widerantrag Teilansprüche aus demselben Rechtsverhältnis geltend gemacht werden, von einer **Gegenstandsverschiedenheit** auszugehen und eine Wertaddition vorzunehmen. Dies ist zB gegeben, wenn in einem Unterhaltverfahren der eine Beteiligte eine Heraufsetzung, der andere Beteiligte eine Reduzierung eines Unterhaltsbetrags fordert. Wird wechselseitig Zugewinnausgleich beantragt, liegen ebenfalls verschiedene Gegenstände im Sinne der Vorschrift zugrunde. Zwar schließen sich die Ansprüche wechselseitig aus. Der von der einen Seite geltend gemachte Ausgleichsanspruch ist jedoch wirtschaftlich nicht mit dem Zugewinnausgleichsanspruch der anderen Seite identisch. Wirtschaftlich geht es um die gesamte Differenz der von beiden Beteiligten ihrer Antragsberechnung zugrunde gelegten Beträge.[2]

---

1 BGH v. 6.10.2004 – IV ZR 287/03, NJW-RR 2005, 506.
2 OLG Celle v. 25.10.2010 – 10 WF 313/10, NJW-RR 2011, 223.

§ 39

2. Haftung von Antragsteller und Widerantragsteller

6 Antragsteller und Widerantragsteller sind hinsichtlich des Werts ihrer jeweiligen Anträge Antragsteller iSv. § 21 Abs. 1 Satz 1. Soweit Antrag und Widerantrag denselben Verfahrensgegenstand betreffen, haften sie als Gesamtschuldner (§ 26 Abs. 1).

7 Haben Antrag und Widerantrag einen verschiedenen Gegenstand, haften Antragsteller und Widerantragsteller hinsichtlich der Gebühren jeweils nach dem Wert des Gegenstands ihres Antrags.

8 Eine Vorauszahlungspflicht ist für den Widerantrag nicht gegeben (§ 14 Abs. 2), fällig wird die Verfahrensgebühr mit der Einreichung der Antragsschrift (§ 9 Abs. 1 Satz 1).

3. Hilfsantrag (Abs. 1 Satz 2)

9 Gemäß Abs. 1 Satz 2 ist ein hilfsweise geltend gemachter Anspruch mit dem Hauptanspruch zusammenzurechnen, soweit eine Entscheidung über ihn ergeht und keine Gegenstandsidentität vorliegt (Abs. 1 Satz 3). Dies gilt auch für den Hilfswiderantrag. Hinsichtlich der Gegenstandsidentität sind dieselben Grundsätze wie bei Antrag und Widerantrag maßgebend. Ist der gleiche Gegenstand betroffen, kommt der Hilfsantrag als Wertgrundlage in Frage, wenn er im Vergleich zum Hauptantrag den höheren Wert hat und über ihn entschieden wird. Kein Hilfsantrag iSv. Abs. 1 Satz 2 ist die Hilfsaufrechnung, da diese in Abs. 3 besonders geregelt ist.

10 Der Hilfsantrag wirkt sich nur **werterhöhend** aus, soweit eine Entscheidung über ihn ergeht. Für den Fall, dass der Rechtsstreit durch Vergleich eine Erledigung gefunden hat, ist entsprechend zu verfahren (Abs. 4).

11 Entschieden ist über den Hilfsantrag, wenn das Gericht den hilfsweise geltend gemachten Anspruch zuspricht oder, wenn es den Antrag insgesamt – damit also auch den Hilfsanspruch – zurückweist. Über den Hilfswiderantrag liegt eine gerichtliche Entscheidung vor, wenn ihr stattgegeben oder wenn sie abgewiesen wird.

12 Liegen mehrere Hilfsanträge vor und ergeht bezüglich aller oder mehrerer dieser Anträge eine gerichtliche Entscheidung, sind die Werte der Hilfsanträge zu addieren (§ 33 Abs. 1 Satz 1).

13 Die **Erhöhungswirkung** tritt nicht erst ab dem Zeitpunkt der gerichtlichen Entscheidung ein. Abs. 1 Satz 2 besagt nämlich nur, dass die Entscheidung über den Hilfsantrag die Voraussetzung für eine Addition der Werte ist, nicht jedoch, ab welchem Zeitpunkt sich der Wert auch nach dem Wert des Hilfsantrags bestimmt. Dafür, dass auf die Anhängigkeit des Hilfsantrags abzustellen ist, spricht § 34. Zudem begründet der Hilfsantrag auflösend bedingte Rechtshängigkeit des Hilfsanspruchs in der Form, dass eine Sachentscheidung nur für den Fall der Erfolglosigkeit bzw. Erfolgs des Hauptantrags begehrt wird. Die Rechtshängigkeit endet ohne besonderen Ausspruch rückwirkend mit dem Eintritt der auflösenden Bedingung. Daraus folgt, dass der Hilfsantrag nicht erst mit der Entscheidung des Gerichts zum Gegenstand des Verfahrens wird, sondern dass umgekehrt – falls keine Entscheidung über den Hilfsantrag ergeht – dessen Rechtshängigkeit rückwirkend entfällt und er nur dann (als Ausnahme zu § 34) bei der Streitwertberechnung unberücksichtigt bleibt. Wird über den Hilfsantrag entschieden, bestimmt dessen Wert somit **ab der Anhängigkeit des Hilfsantrags** den Wert des Verfahrens mit.

4. Wechselseitig eingelegte Rechtsmittel (Absatz 2)

14 Abs. 3 stellt wechselseitig eingelegte Rechtsmittel dem Antrag und Widerantrag gleich. Die Werte wechselseitiger Rechtsmittel sind also nur addieren, wenn Gegenstandsidentität vorliegt. Die für Antrag und Widerantrag dargelegten Grundsätze gelten auch hier.

15 Wenn beide Beteiligte in der ersten Instanz zum Teil unterlegen sind und daraufhin die Entscheidung mit gegenläufigen Anträgen anfechten, sind die mit den Anträgen begehrten Änderungsbeträge zusammenzurechnen. Es liegt kein Fall des Abs. 1 Satz 3 vor, da es auch hier bei wirtschaftlicher Betrachtungsweise – und diese ist entscheidend – um die Summe der von beiden Beteiligten mit ihren Rechtsmittelanträgen verfolgten Beträge geht. Die Rechtsmittel der mehreren Beteiligten beziehen sich jeweils auf verschiedene Teile des Verfahrensgegenstandes.

Für die Gebühren des Rechtsmittels haftet jeder Rechtsmittelführer als Antragsteller nur bis zur Höhe der Gebühren, die sich aus dem Verfahrenswert seines Rechtsmittels ergeben. 16

Im Übrigen ist der Wert eines Rechtsmittelverfahrens in § 40 geregelt. 17

5. Hilfsaufrechnung (Absatz 3)

Gemäß Abs. 3 erhöht sich der Verfahrenswert um den Wert einer Hilfsaufrechnung, sofern eine der Rechtskraft fähige Entscheidung über sie ergeht. Es muss sich um eine **Aufrechnung iSv. §§ 387 ff. BGB** handeln, also um einen Anspruch, der von der mit dem Hauptantrag geltend gemachten Forderung unabhängig ist. Keine Aufrechnung sind daher Einreden oder sonstige Einwendungen des Antragsgegners. Der Antragsgegner darf die zur Aufrechnung gestellte Forderung nur hilfsweise geltend gemacht haben, er muss also primär die Forderung des Antragstellers bestritten haben. 18

Über den Anspruch der Hilfsaufrechnung muss eine der Rechtskraft fähige Entscheidung ergehen. Eine formelle Rechtskraft reicht nicht aus. Ist die Hilfsaufrechnung nach der gerichtlichen Entscheidung unzulässig oder hat das Gericht den Antrag abgewiesen, liegt keine der Rechtskraft fähige Entscheidung über die zur Hilfsaufrechnung gestellte Forderung vor, so dass keine Wertaddition stattfindet. 19

Die Hilfsaufrechnung eines von mehreren gesamtschuldnerisch in Anspruch genommenen Beteiligten führt zu einer Werterhöhung (auch) im Verhältnis zwischen dem Antragsteller und demjenigen, der die Hilfsaufrechnung nicht erklärt hat. Denn zum einen spricht Abs. 3 allgemein von einer Erhöhung des Verfahrenswerts und nicht nur von einer Werterhöhung im Verhältnis zu dem die Hilfsaufrechnung erklärenden Beteiligten. Zum anderen ist es in der Sache nicht einzusehen, warum es zu einer Werterhöhung im Verhältnis zwischen dem Antragsteller und demjenigen, der die Hilfsaufrechnung nicht erklärt hat, nicht kommen soll, obgleich er (auch) dieser Beteiligte gem. § 422 BGB von der Hilfsaufrechnung im Falle ihres Erfolges profitieren würde, und zwar in demselben Umfang wie der die Aufrechnung erklärende Beteiligte. 20

6. Erledigung durch Vergleich (Absatz 4)

Für den Fall, dass der Rechtsstreit durch Vergleich eine Erledigung gefunden hat, ist entsprechend zu verfahren (Abs. 4). Da der Vergleich selbst nicht der Rechtskraft fähig ist und auch keine der Rechtskraft ähnliche Wirkungen besitzt, führt die in Abs. 4 angeordnete Analogie dann eine Erhöhung herbei, wenn die Beteiligten im Vergleich zugleich Regelungen über die zur Aufrechnung gestellten Forderungen getroffen haben. 21

40 Rechtsmittelverfahren

(1) Im Rechtsmittelverfahren bestimmt sich der Verfahrenswert nach den Anträgen des Rechtsmittelführers. Endet das Verfahren, ohne dass solche Anträge eingereicht werden, oder werden, wenn eine Frist für die Rechtsmittelbegründung vorgeschrieben ist, innerhalb dieser Frist Rechtsmittelanträge nicht eingereicht, ist die Beschwer maßgebend.
(2) Der Wert ist durch den Wert des Verfahrensgegenstands des ersten Rechtszugs begrenzt. Dies gilt nicht, soweit der Gegenstand erweitert wird.
(3) Im Verfahren über den Antrag auf Zulassung der Sprungrechtsbeschwerde ist Verfahrenswert der für das Rechtsmittelverfahren maßgebende Wert.

I. Allgemeines

1 Die Vorschrift übernimmt für die Wertberechnung im Rechtsmittelverfahren – redaktionell angepasst – den § 47 GKG und entspricht im Wesentlichen § 61 GNotKG, wobei sich die Regelung in Abs. 3 auf die Wertvorschrift für das Verfahren auf Zulassung der Sprungrechtsbeschwerde nach § 75 FamFG beschränkt. Weitere Rechtsmittelverfahren sind im FamFG nicht vorgesehen. Gemäß Abs. 1 bestimmt sich der Verfahrenswert im Rechtsmittelverfahren nach den Anträgen des Rechtsmittelführers. Dieser Wert ist durch den Wert des Gegenstands des ersten Rechtszugs begrenzt, soweit der Gegenstand nicht erweitert wurde (Abs. 2). Endet das Rechtsmittelverfahren, ohne dass Anträge eingereicht werden, oder werden, wenn eine Frist für die Rechtsmittelbegründung vorgeschrieben ist, innerhalb der Frist Rechtsmittelanträge nicht eingereicht, ist die Beschwer maßgebend (Abs. 1 Satz 2).

II. Inhalt der Vorschrift

1. Anträge des Rechtsmittelführers (Abs. 1 Satz 1)

2 Maßgeblich für die Wertbemessung sind die **Anträge des Rechtsmittelführers in der Hauptsache**, unabhängig vom Ergebnis des Rechtsmittelverfahrens. Nach dem FamFG braucht der (Rechts-)Beschwerdeführer Anträge erst mit der Beschwerdebegründung zu stellen (vgl. § 64 Abs. 2 Satz 2, § 71 Abs. 1 Nr. 2, § 117 Abs. 1 FamFG). Bis zu diesem Zeitpunkt steht der Verfahrenswert nicht fest, so dass die in Ehesachen und in selbständigen Familienstreitsachen bereits mit Rechtsmitteleinlegung fällig gewordene Verfahrensgebühr (§ 9 Abs. 1) praktisch erst eingefordert werden kann, wenn der konkrete Antrag vorliegt.

3 In vermögensrechtlichen Angelegenheiten ist die Beschwerde regelmäßig nur zulässig, wenn der Wert des Beschwerdegegenstandes 600 Euro übersteigt (§ 61 Abs. 1 FamFG). Wird die Beschwerde zunächst ohne Antrag eingelegt und später auf einen bestimmten Betrag beschränkt und sodann zurückgenommen, ist ein solcher beschränkter Rechtsmittelantrag dann unbeachtlich, wenn er offensichtlich nur zur Begrenzung des Verfahrenswerts und nicht auf die Durchführung des Verfahrens gerichtet ist. In diesem Falle ist die Rechtsmittelbeschränkung rechtsmissbräuchlich. Wann dies gegeben ist, ist im Einzelfall anhand objektiver Umstände zu entscheiden.

2. Beschwer (Abs. 1 Satz 2)

4 Endet das Verfahren, ohne dass Anträge eingereicht werden, oder werden, wenn eine Frist für die Rechtsmittelbegründung vorgeschrieben ist, innerhalb dieser Frist Rechtsmittelanträge nicht eingereicht, ist die Beschwer maßgebend. Die Beschwer ist auch maßgebend, wenn nur ein Scheinantrag gestellt wurde. Ohne Bedeutung ist, wodurch das Verfahren ohne vorliegenden Antrag beendet wurde. Infrage kommen die Rücknahme des Rechtsmittels oder auch ein Vergleich.

5 Bei der Beschwer, auf die für die Ermittlung des Werts abzustellen ist, handelt es sich um die **formelle**, nicht die materielle **Beschwer**. Der Gesetzeswortlaut des Abs. 1 Satz 2 gebietet keine Anknüpfung an die materielle Beschwer, denn er unterscheidet nicht zwischen materieller und formeller Beschwer. Daher ist Abs. 1 Satz 2 auszulegen. Das Problem wird zB relevant, wenn erstinstanzlich teilweise eine streitige Entscheidung ergeht, im Übrigen aber ein Teilanerkenntnis vorliegt. Richtigerweise ist der auf das Teilanerkenntnis entfallende Betrag unbeachtlich, da nur die formelle, nicht die materielle Beschwer entscheidend sein kann. Es kann nur darauf ankommen, in welchem Umfang das Erstgericht den von dem Antragsgegner gestellten Anträgen nicht entsprochen hat. Hingegen kann nicht maßgebend sein, welche materielle Beschwer für den Antragsgegner aus dieser Entscheidung erwachsen ist. Hierfür sind folgende Gründe anzuführen: Die grundlegende Funktion des Verfahrenswerts besteht darin, den Gerichten und Verfahrensbevollmächtigten einen im Großen und Ganzen am wirtschaftlichen Wert des Gegenstandes orientierten und dadurch dem mit der Sachbehandlung verbundenen Aufwand Rechnung tragenden Gebührenanspruch zu verschaffen. Es liegt auf der Hand, dass eine Forderung, die vom Antragsgegner erstinstanzlich anerkannt ist, in der zweiten Instanz mit hoher Wahrscheinlichkeit weder für das Gericht noch für die Verfahrensbevollmächtigten irgendeinen Arbeitsaufwand mehr nach sich zieht. Die grundsätzlich gegebene Möglichkeit, ein prozessuales Anerkenntnis anzufechten und das Rechtsmittelverfahren darauf zu erstrecken, liegt praktisch so fern, dass sie einer Wertbemessung nur dann zugrunde gelegt werden kann, wenn besondere Umstände vorliegen. Die Wertermittlung nach Abs. 1 Satz 2 hat zudem praktisch stets erst zu einem Zeitpunkt zu erfolgen, an dem feststeht, dass das Rechtsmittel nicht weiterverfolgt wird. Dann aber steht auch fest, ob eine Anfechtung des Teilanerkenntnisses erfolgen wird oder nicht. Daher wäre es wenig sinnvoll, dem Gericht und den Verfahrensbevollmächtigten für einen niemals zu treibenden Arbeitsaufwand höhere Gebühren zuzuerkennen.

Die Maßgeblichkeit der formellen Beschwer wirkt sich auch bei der Hilfsaufrechnung aus. Wird ein Rechtsmittel gegen eine Entscheidung, die auch eine der Rechtskraft fähige Entscheidung über eine Hilfsaufrechnung enthält, ohne Antragstellung zurückgenommen, ist bei Wertbestimmung für das Rechtsmittelverfahren die Hilfsaufrechnung nicht zu berücksichtigen. 6

Ist der Rechtsmittelführer überhaupt nicht beschwert und hat nur versehentlich Rechtsmittel eingelegt, beträgt der Wert null Euro. 7

3. Begrenzung des Wertes (Absatz 2)

Der Wert des Rechtsmittelverfahrens ist durch den Wert des Verfahrensgegenstandes des ersten Rechtszugs begrenzt, wenn nicht der Gegenstand erweitert wird. Die Begrenzung des Rechtsmittelwertes auf den Wert des Verfahrensgegenstandes des ersten Rechtszugs kann mit der Regelung in § 34 über den für die Wertberechnung maßgeblichen Zeitpunkt kollidieren. § 34 stellt bei Antragsverfahren auf den Zeitpunkt der den jeweiligen Verfahrensgegenstand betreffenden ersten Antragstellung in dem jeweiligen Rechtszug ab, für Amtsverfahren auf den Zeitpunkt der Fälligkeit. Insbesondere bei der Bewertung von Sachen, aber auch bezüglich des Werts der Ehesache (§ 43) können sich in den Instanzen unterschiedliche Werte ergeben. Zu den entsprechenden Regelungen in § 47 Abs. 2, § 40 GKG hat der BGH[1] entschieden, dass § 47 Abs. 2 GKG nicht die Fälle betrifft, in denen sich der Wert des – unverändert gebliebenen – Streitgegenstandes während des Berufungs- oder Revisionsverfahrens über den Wert des Streitgegenstandes der ersten Instanz erhöht. Diese Auffassung kann für das FamGKG nicht übernommen werden. Zum einen stützt sich der BGH zur Begründung auf eine Entscheidung[2] aus dem Jahre 1981, der jedoch eine andere gesetzliche Regelung zugrunde lag, zum anderen begründet er seine Entscheidung damit, der Gesetzgeber habe § 40 GKG insbesondere im Hinblick auf die Besonderheiten bei der Verwaltungsgerichtsbarkeit geändert. Diese Argumente können durch die Übernahme der Regelung des § 40 GKG in das FamGKG nicht mehr aufrechterhalten werden. Vielmehr ist § 40 Abs. 2 als Spezialvorschrift gegenüber § 40 vorrangig mit der Folge, dass der Wert des Rechtsmittelverfahrens immer auf den erstinstanzlichen Wert begrenzt ist, auch wenn sich der Wert eines Gegenstandes im Rechtsmittelverfahren erhöht hat. 8

Wird eine erstinstanzliche Entscheidung in einem Verbundverfahren nur hinsichtlich einer Kindschaftssache angefochten, stellt sich die Frage nach dem maßgeblichen Höchstwert nach Abs. 2. Einer Kindschaftssache, die Folgesache einer Ehesache ist, kommt nach Regelung in § 44 Abs. 2 kein eigenständiger Wert zu. Vielmehr sieht das Gesetz eine Erhöhung des Werts der Ehesache vor. In diesem Fall ist der Wert des Rechtsmittelverfahrens auf den Wert des Erhöhungsbetrags nach § 44 Abs. 2 begrenzt und nicht nach § 45 zu ermitteln. 9

Die Beschränkung auf den erstinstanzlichen Wert gilt nicht, wenn eine Erweiterung des Verfahrensgegenstandes in der Rechtsmittelinstanz erfolgt. Die Werterhöhung tritt unabhängig davon ein, ob die Antragserweiterung zulässig ist oder nicht. 10

---
1 BGH v. 30.7.1998 – III ZR 56/98, NJW-RR 1998, 1452.
2 BGH v. 5.10.1981 – II ZR 49/81, NJW 1982, 341.

4. Zulassung der Sprungrechtsbeschwerde (Absatz 3)

11 Im Verfahren über den Antrag auf Zulassung der Sprungrechtsbeschwerde (§ 75 FamFG) ist Verfahrenswert der für das Rechtsmittelverfahren maßgebende Wert. Die Vorschrift bestimmt den Wert für die Gebühren nach den Nr. 1140, 1216, 1228, 1229, 1319, 1328 und 1930 KV FamGKG. Es ist jeweils nur eine Gebühr vorgesehen, wenn die Sprungsrechtsbeschwerde nicht zugelassen wird, da durch eine Zulassung der Sprungsrechtsbeschwerde das Verfahren als Rechtsbeschwerde fortgesetzt wird (§ 75 Abs. 2 FamFG, § 566 Abs. 7 Satz 1 ZPO).

12 Es ist der im Zulassungsantrag angekündigte Antrag für das Rechtsbeschwerdeverfahren maßgeblich (Abs. 1 Satz 1). Liegt ein solcher Antrag nicht vor, ist die Beschwer zugrunde zu legen (Abs. 1 Satz 2).

41 Einstweilige Anordnung
Im Verfahren der einstweiligen Anordnung ist der Wert in der Regel unter Berücksichtigung der geringeren Bedeutung gegenüber der Hauptsache zu ermäßigen. Dabei ist von der Hälfte des für die Hauptsache bestimmten Werts auszugehen.

I. Allgemeines

1 Eine wesentliche Neuerung des FamFG stellen die Regelungen über einstweilige Anordnungen dar. Der wesentliche Unterschied zu dem früher im Bereich der freiwilligen Gerichtsbarkeit kraft Richterrechts geltenden Rechtsinstitut der vorläufigen Anordnung sowie zu einigen Bestimmungen des früheren Familienverfahrensrechts (§ 621g, § 644 ZPO) liegt darin, dass die Anhängigkeit einer gleichartigen Hauptsache bzw. der Eingang eines diesbezüglichen Gesuchs auf Bewilligung von Verfahrenskostenhilfe nicht mehr Voraussetzung für eine einstweilige Anordnung ist. Die verfahrensrechtliche Neukonzeption soll das Institut der einstweiligen Anordnung stärken. Da weder ein Beteiligter noch das Gericht von Amts wegen ein Hauptsacheverfahren einleiten, fallen diesbezügliche Kosten nicht mehr an. Diese Stärkung und Erweiterung des Rechtsinstituts der einstweiligen Anordnung erforderte auch eine kostenrechtliche Neuausrichtung. Die Verfahren der einstweiligen Anordnung werden daher – wie zum Teil die einstweiligen Anordnungen nach §§ 621g, 644 aF ZPO – idR mit Gebühren belegt (vgl. Gebührenregelungen in Hauptabschnitt 4 KV FamGKG).

Die Vorschrift ist auf den Arrest nicht entsprechend anwendbar. Der Wert eines Arrestes ist nach § 42 zu bestimmen.

II. Ermäßigung des Werts im Vergleich zur Hauptsache

2 Für Verfahren der einstweiligen Anordnung ist mit § 41 eine eigenständige Wertvorschrift eingeführt worden. Entsprechend der Systematik des GKG (vgl. § 53 Abs. 2 GKG) und der Rechtspraxis in der Zivil-, Verwaltungs- und Finanzgerichtsbarkeit liegt der Wert für das Verfahren des einstweiligen Rechtsschutzes unterhalb des Werts für die Hauptsache.

3 Nach Satz 1 ermäßigt sich im Verfahren der einstweiligen Anordnung der Wert idR unter Berücksichtigung der geringeren Bedeutung gegenüber der Hauptsache. Die Formulierung erfasst sowohl das Verfahren auf Erlass als auch das Verfahren auf Aufhebung oder Änderung der Entscheidung (§ 54 FamFG), vgl. auch § 31 Abs. 2 Satz 1.

4 Nach Satz 2 ist dabei grundsätzlich von der **Hälfte des für die Hauptsache bestimmten Werts** auszugehen. Das Gericht kann aber im Einzelfall einen anderen Wert als die Hälfte des Hauptsachewerts annehmen. Diese flexible Regelung ermöglicht eine dem Einzelfall gerecht werdende Bestimmung des Werts. Gleichzeitig bietet sie für den Regelfall aber auch eine einfache Festlegung des Werts an, da von der Hälfte des für die Hauptsache bestimmten Werts auszugehen ist. Daher ist zunächst der Verfahrenswert wie für eine Hauptsache (§§ 33 bis 52) zu ermitteln.

5 Bei Satz 2 handelt es sich um die typische Regelungstechnik für die Festlegung eines Ausgangswerts. Dieser wird wohl in der ganz überwiegenden Zahl von Fällen als

Verfahrenswert anzunehmen sein. Nur wenn im Einzelfall offensichtlich zwischen dem Wert der Hauptsache und dem Wert der einstweiligen Anordnung ein anderes Verhältnis besteht, ist ein individueller Anteil oder ein individueller Betrag anzunehmen.

Bei der Frage in welchem Umfang der Wert der einstweiligen Anordnung gegenüber dem Hauptsachewert zu ermäßigen ist, ist die geringere „Bedeutung" der einstweiligen Anordnung im Vergleich zur Hauptsache zu berücksichtigen. Dabei kommt es auf die objektive Betrachtungsweise an, welche Bedeutung die Sache – unter Berücksichtigung der eventuell gestellten Anträge – für die Beteiligten hat. Sonstige Umstände, insbesondere die Vermögensverhältnisse der Beteiligten oder auch der Umfang der Sache, sind regelmäßig ohne Belang. Kann die einstweilige Anordnung nur auf Antrag erlassen werden (§ 51 Abs. 1 Satz 1 FamFG), ist für die Beurteilung der Bedeutung der Angelegenheit entscheidend, welche Absichten und Ziele der Antragsteller verfolgt.

6

Das durch die Vorschrift dem Gericht eingeräumte Ermessen ist nach allgemeinen Regeln auszuüben. Das Ermessen beschränkt sich dabei auf die Frage, in welchem Umfang der hälftige Hauptsachewert zu ermäßigen oder zu erhöhen ist. Im Normalfall ist von der Hälfte auszugehen. Dabei ist die Formulierung in Satz 1 nicht so zu verstehen, dass auch eine Überschreitung des Hauptsachewerts möglich ist. Vielmehr ist der Wert für das Verfahren der einstweiligen Anordnung auf den Wert der Hauptsache begrenzt.

7

Eine Überschreitung des hälftigen Hauptsachewerts ist insbesondere dann angezeigt, wenn im Verfahren der einstweiligen Anordnung die Hauptsache vorweggenommen wird.[1] Nach dem Wortlaut ist nämlich Voraussetzung für eine Ermäßigung eine geringere Bedeutung der einstweiligen Anordnung gegenüber der Hauptsache. Dies ist zB bei einem Verfahrenskostenvorschuss grundsätzlich nicht der Fall. Die Vorwegnahme und Mitentscheidung der Hauptsache ist in einstweiligen Anordnungsverfahren zum Unterhalt nicht der Regelfall. Zum einen hat der Gesetzgeber in § 41 nicht zwischen einzelnen Familiensachen differenziert. Zum anderen bleibt es dabei, dass es im einstweiligen Anordnungsverfahren – auch wenn eine Leistungsanordnung auf den vollen Unterhalt erstrebt wird – immer nur um eine vorläufige Regelung geht, die zudem über die spätere Hauptsacheentscheidung hinaus jederzeit abänderbar ist.[2] Gerade der Umstand, dass die vorläufige Geltendmachung des Unterhalts im summarischen einstweiligen Anordnungsverfahren geringeren Anforderungen unterliegt als in der Hauptsache, der Anspruch insbesondere nur glaubhaft gemacht zu werden braucht, rechtfertigt es, nicht grundsätzlich den vollen Hauptsachenstreitwert in Ansatz zu bringen.

8

Ist für die Hauptsache der Auffangwert nach § 42 maßgeblich, ist zunächst dieser Hauptsachewert nach den Kriterien des § 42 zu ermitteln und anschließend zu prüfen, inwieweit eine Ermäßigung dieses Werts im Hinblick auf die geringere Bedeutung der einstweiligen Anordnung geboten ist. Auch hier ist regelmäßig auf die Hälfte zu reduzieren.

42 Auffangwert
(1) Soweit in einer vermögensrechtlichen Angelegenheit der Verfahrenswert sich aus den Vorschriften dieses Gesetzes nicht ergibt und auch sonst nicht feststeht, ist er nach billigem Ermessen zu bestimmen.

---

1 OLG Düsseldorf v. 23.2.2010 – 3 WF 15/10, NJW 2010, 1385; aA OLG Celle v. 8.11.2010 – 15 WF 287/10, FamRZ 2011, 757; OLG Stuttgart v. 22.11.2010 – 11 WF 133/10, FamRZ 2011, 757; OLG Köln v. 22.11.2010 – 4 WF 228/10, FamRZ 2011, 758; OLG Bamberg v. 7.11.2011 – 2 WF 300/11, FamRZ 2012,739.
2 OLG Düsseldorf v. 23.2.2010 – 3 WF 15/10, NJW 2010, 1385; OLG Stuttgart v. 17.11.2010 – 11 WF 133/10, FamRZ 2011, 757 = RVGreport 2011, 76f; OLG Köln v. 19.11.2010 – 4 WF 228/10, AGS 2010, 618.

(2) Soweit in einer nichtvermögensrechtlichen Angelegenheit der Verfahrenswert sich aus den Vorschriften dieses Gesetzes nicht ergibt, ist er unter Berücksichtigung aller Umstände des Einzelfalls, insbesondere des Umfangs und der Bedeutung der Sache und der Vermögens- und Einkommensverhältnisse der Beteiligten, nach billigem Ermessen zu bestimmen, jedoch nicht über 500 000 Euro.
(3) Bestehen in den Fällen der Absätze 1 und 2 keine genügenden Anhaltspunkte, ist von einem Wert von 5 000 Euro auszugehen.

I. Allgemeines

1   Die Vorschrift regelt, welcher Verfahrenswert maßgebend sein soll, wenn die besonderen Wertvorschriften keine Bestimmung enthalten. Die Regelung entspricht im Wesentlichen § 36 GNotKG. Während nach Abs. 1 in einer vermögensrechtlichen Angelegenheit im Rahmen des Ermessens ein Wert anzunehmen ist, der sich aus dem wirtschaftlichen Interesse der Beteiligten ergibt, gelten für die nichtvermögensrechtlichen Angelegenheiten nach Abs. 2 Besonderheiten. Nach dieser Regelung treten neben den Umfang und die Bedeutung der Sache auch die Vermögens- und Einkommensverhältnisse der Beteiligten. Für die nichtvermögensrechtlichen Angelegenheiten ist eine besondere Wertgrenze von 500 000 Euro vorgesehen. Die Anwendung der Vorschrift setzt voraus, dass sich der konkrete Wert nicht nach den §§ 35, 36 und 43 bis 52 bestimmen lässt.

II. Inhalt der Vorschrift

1. Vermögensrechtliche Angelegenheit (Absatz 1)

2   Abs. 1 legt für vermögensrechtliche Angelegenheiten fest, dass, wenn der **Verfahrenswert** sich aus den Vorschriften dieses Gesetzes nicht ergibt und auch sonst nicht feststeht, er nach **billigem Ermessen zu bestimmen ist**. **Vermögensrechtlich** ist dabei jeder Anspruch, der entweder auf einer vermögensrechtlichen Beziehung beruht oder im Wesentlichen wirtschaftlichen Interessen dienen soll. Demnach sind vermögensrechtlich nicht nur auf Geld oder Geldeswert gerichtete Gegenstände, sondern auch solche, die auf vermögensrechtlichen Beziehungen beruhen, mögen auch für ihre Geltendmachung andere Beweggründe als die Wahrnehmung eigener Vermögensinteressen im Vordergrund stehen, sowie Gegenstände, die im Wesentlichen der Wahrung wirtschaftlicher Belange dienen. Alle anderen Ansprüche sind nichtvermögensrechtlich.

3   Wie sich aus Abs. 3 ergibt, ist die Wertermittlung nach Abs. 1 nur möglich, wenn genügend Anhaltspunkte für eine Festlegung des Werts nach billigem Ermessen vorliegen. Dabei sind Anhaltspunkte ausreichend, die eine auch nur annähernde Schätzung erlauben, da diese dem tatsächlichen Wert näher kommt als der Wert nach Abs. 3. In vermögensrechtlichen Angelegenheiten wird daher die Anwendung des Abs. 3 nur in wenigen Ausnahmefällen notwendig sein.

4   Die Bestimmung nach billigem Ermessen hat nach **objektiven Gesichtspunkten** zu erfolgen. Berücksichtigungsfähige Anhaltspunkte ergeben sich aus dem Wert des betroffenen Wirtschaftsguts und den Umfang, in welchem das Verfahren dieses Wirtschaftsgut berührt. Dieser Beziehungswert ist im Regelfall der gemeine Wert, wobei die Bewertungsvorschriften des FamGKG herangezogen werden können. Abhängig vom Umfang des Einflusses des Verfahrens auf das Wirtschaftsgut ist der Beziehungswert mit einem prozentualen Abschlag zu versehen, ein Überschreiten des Beziehungswertes ist dabei nicht möglich.

5   Eine vermögensrechtliche Angelegenheit, in der sich Wert nach Abs. 1 richtet, ist der Arrest. § 35 ist nicht anwendbar, da die Vorschrift voraussetzt, dass die Höhe einer Geldforderung Gegenstand des Verfahrens ist. Daran fehlt es beim Arrest jedoch, denn Gegenstand eines Arrestverfahrens ist nicht der Bestand der Geldforderung, sondern lediglich der Anspruch auf deren Sicherung.

6   Eine analoge Anwendung von § 35 oder von § 41 kann nicht damit begründet werden, das FamGKG weise insoweit eine unbewusste, planwidrige Regelungslücke auf,

die auszufüllen sei. Der Gesetzgeber hat mit § 42 bewusst eine Regelung für die Wertbestimmung von Angelegenheiten getroffen, die – sei es bewusst oder unbewusst – von den übrigen Wertvorschriften dieses Gesetzes nicht erfasst werden. Dann aber ist keine planwidrige Regelungslücke vorhanden, die einen analogen Rückgriff auf andere Vorschriften rechtfertigen könnte. Der Wert des Arrestverfahrens ist daher unter Berücksichtigung der Bedeutung des Verfahrens nach billigem Ermessen zu bestimmen. Dabei ist im Hinblick darauf, dass nicht die zu sichernde Forderung selbst Gegenstand des Verfahrens ist, sondern lediglich deren Sicherung, ein angemessener Wertabschlag vorzunehmen. Dieser ist indes – anders als nach der Regelung des § 41 – nicht grundsätzlich mit der Hälfte des Wertes der zu sichernden Forderung zu veranschlagen. Vielmehr gewährt der Maßstab des billigen Ermessens einen weiteren Spielraum, für den der Wert der zu sichernden Geldforderung die obere Grenze des wirtschaftlichen Interesses bildet, innerhalb dessen im Übrigen die Umstände des jeweiligen Einzelfalls maßgeblich sind.[1]

Weitere Beispiele für vermögensrechtliche Angelegenheiten, die nach Abs. 1 zu bewerten sind, sind:
- **Güterrechtssachen**, soweit kein Fall des § 35 vorliegt; dies sind die Verfahren nach
  - § 1382 Abs. 1 BGB (Stundung der Ausgleichsforderung), Beziehungswert ist das Stundungsinteresse,
  - § 1382 Abs. 3 BGB (Sicherheitsleistung für die gestundete Forderung), Beziehungswert ist die Sicherheitsleistung unter Berücksichtigung des Sicherungsinteresses,
  - § 1383 Abs. 1 BGB (Übertragung von Vermögensgegenständen an den Gläubiger), Beziehungswert ist der Wert der zu übertragenden Gegenstände.
- **Sonstige Familiensachen** insgesamt, soweit kein Fall des § 35 vorliegt, zB
  - § 1357 Abs. 2 Satz 1 BGB (Aufhebung einer Beschränkung oder Ausschließung der Schlüsselgewalt), Beziehungswert ist die Summe der Geschäfte, die von der Aufhebung oder Einschränkung betroffen sind.

In **Kindschaftssachen** besteht für die Anwendung des Abs. 1 regelmäßig kein Bedarf, da für vermögensrechtliche Kindschaftssachen über die §§ 36 Abs. 1, 46 Abs. 1 bestimmte Bewertungsvorschriften des GNotKG anzuwenden sind. Nur wenn über diese Vorschriften kein Wert feststeht, kann auf Abs. 1 ausgewichen werden.

Beim Zusammentreffen von vermögensrechtlichen und von nichtvermögensrechtlichen Angelegenheiten ist der Wert für beide Angelegenheiten getrennt zu ermitteln und die Einzelwerte sind zu addieren (§ 33 Abs. 1 Satz 1).

2. Nichtvermögensrechtliche Angelegenheit (Absatz 2)

Für nicht nichtvermögensrechtliche Angelegenheiten ist der Auffangwert unter Berücksichtigung aller Umstände des Einzelfalls, insbesondere des **Umfangs** und der **Bedeutung der Sache** und der **Vermögens- und Einkommensverhältnisse der Beteiligten**, nach billigem Ermessen zu bestimmen, jedoch nicht über 500 000 Euro.

Die Vorschrift normiert keinen Ausgangs- oder Regelwert. Lediglich der Höchstwert ist festgelegt. Auch hier gilt, dass die Wertermittlung nur möglich ist, wenn genügend Anhaltspunkte für eine Festlegung des Werts nach billigem Ermessen vorliegen (vgl. Abs. 3). Erst wenn keine für eine Wertfestsetzung berücksichtigungsfähigen Umstände vorliegen, zB bei einer sofortigen Rücknahme, kann auf Abs. 3 zurückgegriffen werden.

Das eingeräumte billige Ermessen des Gerichts bezieht sich sowohl auf die Frage, welche Umstände es heranzieht, als auch auf die Gewichtung und die Bemessung der Umstände. Es ist daher in folgenden Schritten vorzugehen:
- Ermittlung der relevanten Umstände, soweit sie bekannt sind; Nachforschungen brauchen idR nicht angestellt zu werden;

---
1 OLG Celle v. 7.10.2010 – 10 WF 316/10, AGS 2010, 555; OLG München v. 16.11.2010 – 33 UF 1650/10, FamRZ 2011, 746–749; OLG Brandenburg v. 30.8.2010 – 15 WF 246/10, AGS 2010, 556.

- Auswahl der Kriterien, die für die Bemessung herangezogen werden sollen;
- Gewichtung der Kriterien im Verhältnis zueinander;
- Bestimmung des maßgeblichen Werts in einer Gesamtschau; der Höchstbetrag von 500 000 Euro ist zu beachten.

13 Dass die Bestimmung des Auffangwerts bezüglich eines nichtvermögensrechtlichen Gegenstandes unter Berücksichtigung verschiedener Bemessungskriterien zu erfolgen hat, schließt eine schematische Anwendung dieser Vorschrift von vornherein aus. Ausdrücklich genannt sind der Umfang, die Bedeutung der Sache und die Vermögens- und Einkommensverhältnisse der Beteiligten. Die Vorschrift schließt jedoch die Berücksichtigung weiterer Umstände des Einzelfalls nicht aus. Nach Ermittlung der Umstände des Einzelfalls hat eine Gesamtabwägung stattzufinden.

14 Hinsichtlich des **Umfangs**, der ein objektives Kriterium darstellt, kommt es, da es ja um die Festlegung eines Verfahrenswerts geht, auf das Ausmaß des gerichtlichen Verfahrens an. Der Aufwand der Beteiligten oder der Verfahrensbevollmächtigten ist ohne Belang. Der Umfang beschreibt vorrangig den zeitlichen Aufwand, den das Verfahren verursacht hat. Daneben sind aber auch der Umfang der Akten, die Anzahl der Termine, die Quantität und Qualität der Schriftsätze oder die Anwendung ausländischen Rechts zu beachten. Letztlich spielt bei der Beurteilung des Umfangs auch die rechtliche Schwierigkeit eine Rolle. Da der Umfang der Sache erst bei Beendigung des Rechtszugs beurteilt werden kann, liegt in der Einbeziehung dieses Kriteriums eine Ausnahme von der Regelung in § 34 vor.

15 Die **Bedeutung der Sache** ist als subjektives Kriterium aus der Sicht aller Beteiligten zu beurteilen. Dabei sind alle streiterheblichen Umstände, insbesondere widerstreitende Interessen und Anträge der Beteiligten, umfangreiche oder mehrfache Anhörungen, die Einholung eines psychologischen Gutachtens, aber auch die Gegenwehr eines Beteiligten zu berücksichtigen. In besonderen Fällen, zB bei der Adoption Volljähriger, können auch objektive Merkmale, wie zB ein besonderes öffentliches Interesse, relevant werden.

16 Die **Vermögens- und Einkommensverhältnisse** sämtlicher Beteiligten sind zu berücksichtigen. Für den maßgeblichen Zeitpunkt ist § 34 zu beachten. Es ist der gesamte wirtschaftliche Lebenszuschnitt der Beteiligten zugrunde zu legen. In welchem Umfang die Vermögens- und Einkommensverhältnisse in den Wert einfließen, ist dem billigen Ermessen des Gerichts vorbehalten, da das Gesetz nicht die unmittelbare Einbeziehung der Vermögens- und Einkommensverhältnisse in den Wert vorschreibt, sondern nur fordert, dass diese bei der Wertermittlung zu berücksichtigen sind.

17 Beispiele für nichtvermögensrechtliche Angelegenheiten, die nach Abs. 2 zu bewerten sind, sind:
- **Kindschaftssachen**, soweit kein Fall des § 36 Abs. 1, § 46 vorliegt; dies betrifft Verfahren nach
  - § 12 Abs. 3 AsylVfG (Entscheidung über die Vertretungsbefugnis),
  - § 1303 Abs. 2 BGB (Befreiung vom Eheerfordernis der Volljährigkeit),
  - § 1308 Abs. 2 BGB (Befreiung vom Eheverbot bei Annahme als Kind),
  - § 1315 Abs. 1 Satz 1 Nr. 1 BGB (Genehmigung der Eheschließung),
  - 1315 Abs. 1 Satz 3 BGB (Ersetzung der Zustimmung zur Bestätigung der Eheschließung),
  - § 1618 Satz 4 BGB (Ersetzung der Einwilligung zur Namenserteilung),
  - § 1626c Abs. 2 Satz 3 BGB (Ersetzung der Zustimmung zur Sorgeerklärung),
  - § 1631 Abs. 3 BGB (Unterstützung der Eltern bei der Personensorge),
  - § 1674 Abs. 1 BGB (Feststellung des Ruhens der elterlichen Sorge),
  - § 1674 Abs. 2 BGB (Feststellung der Beendigung des Ruhens der elterlichen Sorge),
  - § 1682 BGB (Verbleibensanordnung),
  - § 1686 Satz 2 BGB (Entscheidungen über die Auskunft über persönliche Verhältnisse des Kindes),

- § 1687 Abs. 2 BGB (Einschränkung, Ausschließung der Befugnisse bei gemeinsamer elterlichen Sorge bei Getrenntleben), soweit sie keinen vermögensrechtlichen Bezug haben (§ 46),
- §§ 1687a, 1687 Abs. 2 BGB (Einschränkung, Ausschließung der Befugnisse bei elterlicher Sorge für einen Elternteil bei Getrenntleben), soweit sie keinen vermögensrechtlichen Bezug haben (§ 46),
- § 1688 Abs. 3 Satz 2, Abs. 4 BGB (Einschränkung, Ausschließung der Befugnisse der Pflegeperson), soweit sie keinen vermögensrechtlichen Bezug haben (§ 46),
- § 1693 BGB (Maßnahmen bei Verhinderung an der Ausübung der elterlichen Sorge), soweit sie keinen vermögensrechtlichen Bezug haben (§ 46),
- § 1751 Abs. 1 Satz 5, § 1688 Abs. 3 Satz 2 BGB (Einschränkung, Ausschließung der Befugnisse des Annehmenden während der Adoptionspflege), soweit sie keinen vermögensrechtlichen Bezug haben (§ 46),
- § 119 FlurbG (Bestellung eines Vertreters für das Verfahrens bei einem Minderjährigen),
- § 29a BGB (Bestellung eines sach- und rechtskundigen Vertreters eines Minderjährigen für das Enteignungsverfahren),
- § 2 Abs. 1 KErzG, § 1628 BGB (Übertragung der Entscheidungsbefugnis auf einen Elternteil),
- § 2 Abs. 3 KErzG (Vermittlung oder Entscheidung),
- § 7 KErzG, § 1666 BGB (Einschreiten des Gerichts),
- § 15 SGB X (Bestellung eines Vertreters eines Minderjährigen für das Verwaltungsverfahren),
- § 19 Abs. 1 Satz 1 StAG (Genehmigung der Entlassung aus der Staatsangehörigkeit),
- § 3 TSG (Genehmigung der Stellung eines Antrags nach § 1 TSG durch den gesetzlichen Vertreter eines geschäftsunfähigen Minderjährigen),
- § 16 Abs. 3 VerschG (Genehmigung des Antrags des gesetzlichen Vertreters eines Minderjährigen auf Todeserklärung),
- §§ 40, 16 Abs. 3 VerschG (Genehmigung des Antrags des gesetzlichen Vertreters eines Minderjährigen auf Feststellung der Todeszeit),
- § 16 VwVfG (Bestellung eines Vertreters für einen Minderjährigen im Verwaltungsverfahren).
- Verfahren, die die Feststellung des Bestehens oder Nichtbestehens der elterlichen Sorge zum Gegenstand haben, zB die Feststellung, dass eine Mutter für ein Kind allein sorgeberechtigt ist, oder ein Verfahren auf Feststellung des Bestehens der gemeinsamen elterlichen Sorge.
- **Adoptionssachen**, die einen **Volljährigen** betreffen insgesamt[1] (Vorbem. 1.3.2 Abs. 1 Nr. 2 KV FamGKG); für Adoptionsverfahren, die einen Minderjährigen betreffen, werden keine Gebühren erhoben.[2]

Bezüglich der **Kindschaftssachen** insgesamt ist Folgendes zu beachten: Auch wenn die Vorschrift keinen Ausgangs- oder Regelwert normiert, ist für Kindschaftssachen unter Berücksichtigung der Regelung des § 46 ein Orientierungswert vorhanden, der faktisch einem Regelwert sehr nahe kommt. § 45 bestimmt für einen Teil der nichtvermögensrechtlichen Kindschaftssachen einen Festwert von 3 000 Euro. Diese Regelung kann nicht ohne Auswirkung auf die Wertermittlung für die nach Absatz 2 zu bewertenden sonstigen nichtvermögensrechtlichen Kindschaftssachen sein. Hierbei ist insbesondere von Bedeutung, dass bei einer Kindschaftssache, die die Übertragung der elterlichen Sorge zum Gegenstand hat, grundsätzlich auch der Festwert von 3 000 Euro gilt. Wenn für ein solches Sorgerechtsverfahren der Wert auf 3 000 Euro festgelegt ist, können die hinsichtlich ihrer Bedeutung regelmäßig darunter einzuord-

18

---

1 OLG Celle v. 11.4.2013 – 17 WF 39/13, juris.
2 OLG Düsseldorf v. 29.6.2010 – 8 WF 205/09, FamRZ 2010, 1937.

nenden Kindschaftssachen nicht mit höheren Werten versehen werden. Es erscheint sogar vertretbar, diese Kindschaftssachen mit einem geringeren Wert anzunehmen. Eine Überschreitung eines Wertes von 3 000 Euro für die nach Absatz 2 zu bewertenden Kindschaftssachen erscheint nur gerechtfertigt, wenn auch in einer Kindschaftssache nach § 45 Abs. 1 die Anwendung der Billigkeitsregelung in § 45 Abs. 2 zu einem höheren Wert führen würde.

19 Im Rahmen einer **Volljährigenadoption** können sozialpolitische Gründe für eine Geringhaltung der Kosten keine Geltung beanspruchen. Mithin ist vor allem die wirtschaftliche Situation des Annehmenden und des Anzunehmenden zu berücksichtigen und dabei unter anderem auf deren Vermögensverhältnisse abzustellen.[1]

Unterabschnitt 2
Besondere Wertvorschriften

§ 43 Ehesachen

(1) In Ehesachen ist der Verfahrenswert unter Berücksichtigung aller Umstände des Einzelfalls, insbesondere des Umfangs und der Bedeutung der Sache und der Vermögens- und Einkommensverhältnisse der Ehegatten, nach Ermessen zu bestimmen. Der Wert darf nicht unter 3 000 Euro und nicht über 1 Million Euro angenommen werden.
(2) Für die Einkommensverhältnisse ist das in drei Monaten erzielte Nettoeinkommen der Ehegatten einzusetzen.

I. Allgemeines

1 Die Streitwertregelung des § 48 Abs. 2, 3 Satz 1 und 2 GKG wurde für Ehesachen inhaltlich unverändert übernommen.

II. Inhalt der Vorschrift

1. Bestimmung des Verfahrenswerts (Absatz 1)

2 Danach ist der Verfahrenswert in einer Ehesache (§ 121 FamFG) unter Berücksichtigung aller Umstände des Einzelfalls, insbesondere des Umfangs und der Bedeutung der Sache und der Vermögens- und Einkommensverhältnisse der Beteiligten, nach Ermessen zu bestimmen. Er darf bei einer Ehesache nicht unter 3 000 Euro und nicht über eine Million Euro angenommen werden; für die Einkommensverhältnisse ist das in drei Monaten erzielte Nettoeinkommen der Eheleute einzusetzen.

3 Die Regelung in Abs. 1 Satz 1 gleicht im Wesentlichen der Formulierung in § 42 Abs. 2 bezüglich des Auffangwerts in nichtvermögensrechtlichen Angelegenheiten. Der Unterschied liegt in der Festlegung eines Mindestwertes von 3 000 Euro in Abs. 1 Satz 2, der Bestimmung eines Höchstwerts von 1 Million Euro (statt 500 000 Euro) und der Bestimmung eines Ausgangswerts hinsichtlich der Einkommensverhältnisse der Ehegatten (Abs. 2). Es kann daher auf die Kommentierung zu § 42 Abs. 2 Bezug genommen werden.

2. Ausgangswert auf Grund der Einkommensverhältnisse (Absatz 2)

4 Die Vorschrift dient der Vereinheitlichung und Vereinfachung der Wertermittlung hinsichtlich der Einkommensverhältnisse der Ehegatten. Zu berücksichtigen ist das **in drei Monaten erzielte Nettoeinkommen**.

5 Eine Gesamtbetrachtung der Norm führt im Ergebnis dazu, dass Beteiligte in Scheidungsverfahren je nach ihren wirtschaftlichen Verhältnissen unterschiedlich

---

1 OLG Düsseldorf v. 29.6.2010 – 8 WF 205/09, FamRZ 2010, 1937.

hohe Gerichtskosten zu zahlen haben. Diese ungleiche Behandlung, die aus der Anknüpfung des Werts unter anderem an die Einkommens- und Vermögensverhältnisse zwangsläufig folgt, ist aber gerechtfertigt. Sie beruht erkennbar auf dem Bestreben, im konkreten Fall die Festsetzung angemessener Gebühren nach sozialen Gesichtspunkten zu ermöglichen. Der Gesetzgeber hat von einem starren Regelwert abgesehen, um sicherzustellen, dass von den Gerichten alle Umstände des Einzelfalls erfasst werden können.[1] Er hielt dies auch deshalb für notwendig, um das Interesse des Fiskus an einer angemessenen Gebühr zu gewährleisten.

Während zu den übrigen Bemessungsfaktoren nähere Ermessenskriterien fehlen, ergibt sich aus Abs. 2 hinsichtlich der Bewertung der Einkommensverhältnisse, dass von dem in drei Monaten erzielten Nettoeinkommen der Eheleute auszugehen ist. Hierbei handelt es sich um einen Ausgangswert, der im Hinblick auf die übrigen Umstände des Einzelfalls für die abschließende Wertfestsetzung in dem gesetzlich vorgeschriebenen Rahmen von 3 000 Euro bis 1 Million Euro zu erhöhen oder aber herabzusetzen ist. 6

Gem. § 34 sind in zeitlicher Hinsicht die letzten drei Monate vor Stellung der die Instanz einleitenden Antragsstellung maßgeblich. Dabei kommt es auf die Einreichung des Scheidungsantrags, nicht jedoch eines von der vorangehenden Bewilligung von Verfahrenskostenhilfe abhängigen Antrags an. Eine nach Scheidungsantrag eintretende Veränderung des Einkommens ist bei der Wertermittlung nicht zu berücksichtigen. 7

Zum Einkommen in diesem Sinne gehören Einnahmen aus selbständiger/unselbständiger Arbeit, Lohn/Gehalt, Urlaubs-/Weihnachtsgeld, Gratifikationen, Abfindungen, Kapitaleinkünfte, Privatentnahmen aus Gewerbebetrieb, Miet-/Pachteinnahmen, geldwerte Vorteile für mietfreies Wohnen (zB in eigener Eigentumswohnung), Renten, Vergünstigungen des Arbeitgebers zB für Dienstwohnungen, Dienstfahrzeuge, Kindergeld, Unterhaltsgeld, Krankengeld/Blindenbeihilfe, Ausbildungsbeihilfen, Wohngeld, BAföG-Leistungen soweit nicht als Darlehen gewährt. 8

Der vom Antragsteller **gezahlte Unterhalt** ist nicht gesondert als Einkommen auf Seiten der Antragsgegnerin zu berücksichtigen, denn er ist aus dessen Erwerbseinkommen aufzubringen, das bereits in die Berechnung des Einkommens des Antragstellers eingestellt ist. 9

Das dreimonatige Nettoeinkommen stellt den Ausgangswert für die Ermittlung des Verfahrenswerts dar. Es ist daher mit der gesetzlichen Regelung schlechthin unvereinbar, Einkommensverhältnisse der Beteiligten bei der Wertfestsetzung deshalb völlig außer Betracht zu lassen, weil diese nur durchschnittliche Beträge erreichen. 10

a) Staatliche Leistungen als Einkommen

Dem Wortlaut zufolge ist das **Nettoeinkommen** der Ehegatten maßgeblich. Ob auch staatliche Leistungen, die die Bedürftigkeit des Empfängers voraussetzen, „Einkommen" in diesem Sinne sind, wurde zur gleich lautenden früheren Regelung in § 48 GKG uneinheitlich beantwortet. 11

Sozialleistungen sind grundsätzlich als Einkommen zu berücksichtigen.[2] Dies entspricht bereits dem Wortlaut der gesetzlichen Regelung. Auf diese Weise ist sichergestellt, dass in Eheverfahren, die höchstpersönliche Belange der Beteiligten betreffen und die nur durch ein gerichtliches Verfahren entschieden werden können, jedermann gemessen an seinen wirtschaftlichen Verhältnissen Zugang zu den Gerichten zur Klärung seiner höchstpersönlichen Angelegenheiten gewährt wird. Die zur Verfügung stehenden Einkünfte der Beteiligten bieten die Grundlage für die ehelichen Lebensverhältnisse, die nach § 43 als Maßstab für den Wert dienen sollen. Unter diesem Gesichtspunkt kann es nicht darauf ankommen, aus welchen Quellen die Einkünfte resultieren, aus denen der Lebensunterhalt bestritten wird. Der Gesetzgeber beantwortet mit dem Abstellen auf das in drei Monaten erzielte Nettoeinkommen nur die nahe liegende Frage danach, ob und mit welchem Vervielfacher das 12

---
1 Vgl. BT-Drucks. 2. Wahlperiode 1953, Nr. 3378, S. 2.
2 *Schneider/Herget*, Streitwertkommentar, 12. Aufl., Ehesachen, Rz. 1268.

Brutto- oder das Nettoeinkommen für die Wertbestimmung herangezogen werden soll; dass die Einkommensverhältnisse ausschließlich von Nettoeinkünften, also von Erwerbseinkommen, bestimmt sein sollten, lässt sich dem Gesetzeswortlaut nicht im Wege eines Umkehrschlusses entnehmen. § 43 macht vorrangig die wirtschaftlichen Verhältnisse der Beteiligten zum Maßstab für die Wertbemessung, ohne danach zu unterscheiden, aus welcher Quelle das bezogene Einkommen stammt; auch Sozialleistungen beeinflussen, unabhängig von ihrer Zweckbestimmung die wirtschaftliche Situation der Beteiligten. Der Wortlaut bietet keinen Ansatz dafür, zwischen einem aus eigener Kraft erzielten Einkommen und einer „eigentlich" wegzudenkenden staatlichen Unterstützung zu unterscheiden.

13   Die danach gebotene **Gleichbehandlung aller** die wirtschaftliche Lage eines Beteiligten beeinflussenden **Einkünfte** macht – als Nebenwirkung – eine häufig schwer zu treffende Prüfung hinfällig, ob im Einzelfall die gewährte Leistung Sozialhilfecharakter oder Lohnersatzfunktion hat. Zugleich vermeidet diese Auslegung der Begriffe „Einkommensverhältnisse" und „Nettoeinkommen" iSd. § 43 den Widerspruch, der darin läge, Arbeitslosengeld II im Rahmen des § 115 Abs. 1 ZPO jedenfalls dann als Einkommen zu behandeln, wenn es zusammen mit weiteren Einkünften die vorzunehmenden Abzüge übersteigt.[1] Für die Berücksichtigung von ALG II spricht auch, dass die Unterhaltsrichtlinien verschiedener Oberlandesgerichte dieses jedenfalls auf Seiten des Verpflichteten als Einkommen berücksichtigt. Der hier vorgenommenen Auslegung steht die Entscheidung des BVerfG v. 22.2.2006[2] nicht entgegen; diese Entscheidung lässt die Möglichkeit offen, auch ALG II als Einkommen bei der Wertfestsetzung zu berücksichtigen.[3]

14   Es ist zuzugestehen, dass mit dem Einschluss von Sozialleistungen in den Einkommensbegriff die Festlegung eines Mindestwerts von 2 000 Euro in Abs. 2 seine praktische Bedeutung nahezu einbüßt. Allerdings liegt der Grund für den Bedeutungsschwund des Mindestwerts nicht in einem zu weiten Verständnis des Einkommensbegriffs, sondern darin, dass der Mindestwert von 2 000 Euro inzwischen weit hinter dem zurückbleibt, was zwei Personen für drei Monate als Einkommensminimum benötigen.

15   Unabhängig von dem vorstehenden Verständnis des Einkommensbegriffs ist **Kindergeld** immer als Einkommen zu berücksichtigen, denn es ist keine subsidiäre, einer Leistung zur Sicherung des Lebensunterhalts nach SGB II gleichzusetzende Leistung. Das Kindergeld hat zwar auch den Zweck der Existenzsicherung des Kindes, berücksichtigt aber vorrangig eine den Eltern im Rahmen des Steuerrechts zu gewährende Entlastung wegen der Betreuung und Versorgung von Kindern und entlastet die Eltern in Bezug auf die Unterhaltspflicht. Ähnliches gilt für das Wohngeld.

b) Berücksichtigung von Schulden und Unterhaltsleistungen

16   Allgemeine **Schulden der Ehegatten** sind im Regelfall nicht einkommensmindernd zu berücksichtigen. Schulden sind nach dem allgemeinen Sprachgebrauch zur Ermittlung des Nettoeinkommens, auf das die Vorschrift abstellt, anders als Steuern und Sozialversicherungsbeiträge nicht abzusetzen. Schulden, insbesondere Darlehensschulden auf Grund von Anschaffungen, sind kein Zeichen einer schlechten Einkommenssituation, vielmehr meist Auswirkung der wirtschaftlichen Dispositionsfreiheit des Einkommensbeziehers, der sich im Hinblick auf sein Einkommen Anschaffungen oder Aufwendungen leistet. Darlehensverbindlichkeiten zwingen die Beteiligten nicht auf einen wirtschaftlichen Status hinab, wie er dem verbleibenden Einkommen entsprechen würde. Dies muss in jedem Falle gelten, wenn der Schuldsumme ein entsprechender Vermögenswert gegenübersteht. In diesem Falle können die Schulden idR dadurch berücksichtigt werden, dass beim Bemessungsfaktor „Vermögensverhältnisse" die Schuldsumme vom Aktivvermögen abgezogen wird; die laufenden Belastungen brauchen dann nicht zusätzlich vom Einkommen abgezogen werden.

---

1 Vgl. BGH v. 2.1.2008 – VIII ZB 18/06, FamRZ 2008, 781.
2 BVerfG v. 22.2.2006 – BvR 144/06, NJW 2006, 1581.
3 *Thiel*, AGS 2011, 143 (mit Rechtsprechungsübersicht).

Während allgemeinen Schulden also ein wirtschaftlicher Gegenwert gegenübersteht, erscheint es aber gerechtfertigt, die nicht in dieser Weise disponierten und kompensierten finanziellen **Belastungen durch Unterhaltsleistungen für Kinder**, die tatsächlich den finanziellen Rahmen ihrer Eltern verengen, bei der Wertbemessung abzusetzen. Hier bietet es sich zur Vereinfachung der Wertberechnung an, für jedes unterhaltsberechtigte Kind ohne Rücksicht auf die tatsächliche Höhe der Unterhaltsansprüche einen Pauschalbetrag, zB 300 Euro, abzusetzen, der sowohl den Bar- als auch den Betreuungsbedarf umfasst. Wird die Unterhaltslast für die Kinder berücksichtigt, ist andererseits auch das zur Erleichterung der Unterhaltslast gezahlte **Kindergeld** als Einkommen zu anzurechnen. 17

c) Einbeziehung der Vermögensverhältnisse

Die Einbeziehung der **Vermögensverhältnisse** der Beteiligten bei der Bemessung des Werts in Ehesachen ist sowohl methodisch als auch in den Einzelheiten des jeweiligen Rechenwegs schwierig. Festzuhalten ist zunächst, dass die Berücksichtigung des Vermögens weder schematisch noch formelhaft erfolgen kann. Die Heranziehung bestimmter Prozentsätze, etwa von 5 % oder von 10 %, passt nicht zur Maßgeblichkeit aller Einzelumstände. Ausgangspunkt bei der Prüfung der Einbeziehung des Vermögens ist die Frage, wie das Vermögen zu bewerten ist. Unter Berücksichtigung der allgemeinen Bewertungsregeln des FamGKG kann dies nur der **Verkehrswert** unter Abzug der Schulden sein, und zwar unabhängig davon, um welchen Vermögenswert es sich handelt. Hierbei kann im Hinblick auf die im FamGKG teilweise schon vorgesehene Anwendung des GNotKG (vgl. §§ 36, 46) auf die Bewertungsvorschriften des GNotKG zurückgegriffen werden. Anschließend kann das Gesamtvermögen um Freibeträge für jeden Ehegatten gekürzt werden und sodann der Restwert mit einem bestimmten Prozentsatz in den Wert einfließen. 18

Wenn das zu berücksichtigende Vermögen in einer **Wohnimmobilie** besteht, wäre es denkbar, das in einem Zeitraum von drei Monaten ersparte Nutzungsentgelt für ein vergleichbares Mietobjekt (Nettokaltmiete) in die Berechnung einfließen zu lassen. Diese Bewertungsregel mag in den meisten Fällen praktisch sein, hat allerdings den Makel, dass sie ohne greifbare Rechtsgrundlage eine bestimmte Gruppe von Vermögensobjekten grundsätzlich anders bewertet als alle übrigen. Sie ist daher abzulehnen. Es ist vielmehr eine im Ansatz am Verkehrswert des Vermögens orientierte Lösung vorzuziehen, wobei eine Zubilligung von Freibeträgen für jeden Ehegatten sachgerecht ist. Der Grund für die Berücksichtigung von Freibeträgen liegt nämlich darin, dass unter diesen Beträgen liegendes Vermögen nur eine selbst steuerrechtlich respektierte durchschnittliche Vorsorge für die Wechselfälle des Lebens zum Ausdruck bringt. Von dem in Ansatz zu bringenden Vermögen könnten daher in Anlehnung an § 6 des mittlerweile außer Kraft getretenen Vermögenssteuergesetzes Freibeträge von jeweils 60 000 Euro für jeden Ehegatten abgezogen werden. Vorzuziehen ist jedoch nach der hier vertretenen Auffassung ein Rückgriff auf die in Abs. 1 der Anmerkung zu Nr. 1311 KV FamGKG genannten Schongrenze von 25 000 Euro. Dies führt zu einer einheitlichen Anwendung und legt einen Freibetrag zugrunde, der seinen Ursprung im FamGKG hat. 19

Mit welchem Prozentsatz der Restbetrag in die Wertberechnung einzustellen ist, ist jeweils im Einzelfall zu beurteilen. Insoweit erscheint ein grundsätzlicher Betrag von 3 % sachgerecht. Wer die Freibeträge demgegenüber höher ansetzt, wird auch höhere Prozentsätze heranziehen. 20

d) Gesamtabwägung

Nach Ermittlung der Umstände des Einzelfalls hat eine Gesamtabwägung stattzufinden. Ausgehend von dem dreimonatigen Nettoeinkommen und dem wertmäßig erfassten Vermögen ist unter Berücksichtigung der übrigen Bemessungskriterien, insbesondere des Umfangs und Bedeutung der Sache, ein **Gesamtwert** zu ermitteln. Folgende Prüfungsreihenfolge bietet sich an: 21

– Zunächst ist das Einkommen der Eheleute in den letzten drei Monaten vor Antragseingang zu ermitteln.

– Anschließend ist der Betrag zu ermitteln, der im Hinblick auf das Vermögen der Eheleute in den Wert einfließen soll.

– Danach ist dieser Gesamtwert unter Berücksichtigung der sonstigen Umstände nach unten oder oben zu korrigieren.

22   Hinsichtlich des Umfangs der Sache ist darauf abzustellen, ob das Verfahren vom Normaltyp einer Ehesache deutlich abweicht. Daher unterscheidet sich der für die Bemessung des Werts allein maßgebliche Verfahrensaufwand nicht danach, ob eine einverständliche Scheidung vorliegt oder durch Zeitablauf die Zerrüttungsvermutung greift. Ursache für die zeitaufwändigen Scheidungsverfahren ist idR nicht der Scheidungsausspruch, sondern die mit der Scheidung zu regelnden Folgesachen. Dies rechtfertigt es aber nicht, bei dem Wert der Scheidungssache einen Ab- oder Aufschlag zu machen. Da die Scheidung, die sich in einem Termin erledigen lässt, in der Praxis den Normalfall darstellt, ist sie für sich allein genommen kein Grund für eine Herabsetzung des Werts. Ein Abschlag wegen geringen Umfangs hätte zur Folge, dass für die überwiegende Anzahl der Scheidungssachen von dem Ausgangswert des Abs. 2 abgewichen werden müsste. Das verstößt gegen den Normzweck des Gesetzes. Eine Scheidung weicht zB dann vom Normalfall ab, wenn das Verfahren nicht über die Einreichung einer Antragsschrift hinausgelangt ist und sich dann durch Rücknahme des Scheidungsantrags oder Tod eines Beteiligten erledigt hat.

e) **Mindestwert**

23   Den Verfahrenswert für Ehesachen in einfach gelagerten Fällen grundsätzlich auf den Mindestwert festzusetzen, ist nicht möglich, weil es sich bei dem vorgesehenen Mindestwert gerade nicht um einen Regelwert handelt. Der Wert muss vielmehr unter Berücksichtigung aller und nicht nur einer der dort genannten Umstände bestimmt und auf mindestens 3 000 Euro festgesetzt werden.

f) **Berücksichtigung einer gewährten Verfahrenskostenhilfe**

24   Das Bundesverfassungsgericht[1] hat entschieden, dass die bisherige Regelung in § 48 Abs. 2 und 3 GKG nicht dazu zwingt, in Ehesachen mit beiden Beteiligten bewilligter Verfahrenskostenhilfe ohne Ratenzahlung lediglich den Mindestwert anzusetzen. Die Anknüpfung des Werts an die Einkommens- und Vermögensverhältnisse beruht zwar auf dem Bestreben, im konkreten Fall die Festsetzung angemessener Gebühren nach sozialen Gesichtspunkten zu ermöglichen. Daraus folgt aber nicht, dass dann, wenn dieser soziale Aspekt entfällt, weil die Beteiligten ohnehin keine Kosten tragen, der Wert auf den Mindestwert zu bemessen ist. Vielmehr kann hieraus auch eine Anhebung der Gebühren hergeleitet werden, weil es einer Absenkung aus sozialen Gründen nicht mehr bedarf.

25   Die Bewilligung von Verfahrenskostenhilfe weist nicht zwangsläufig auf unzureichende Einkommens- und Vermögensverhältnisse im Sinne der Wertvorschriften hin. Dies ergibt sich daraus, dass die Vorschriften über den Wert einer Ehesache und die Vorschriften der Zivilprozessordnung über die Prozesskostenhilfe vom Gesetzgeber nicht aufeinander abgestimmt worden sind. Während die Vorschriften über die Verfahrenskostenhilfe nur die Frage beantworten, ob und in welchem Umfang vorhandenes Einkommen und Vermögen zur Finanzierung eines Rechtsstreits eingesetzt werden müssen, bestimmen die Vorschriften über den Wert – abgesehen von den an den Verfahrensgegenstand anknüpfenden Faktoren –, bei welchem Einkommen und Vermögen welcher Wert und somit welche Kostenlast gegenüber dem Gericht und dem eigenen Anwalt angemessen ist. Die Prozesskostenhilfevorschriften rücken deshalb mit detaillierten Vorgaben das konkret verfügbare – „flüssige" – Einkommen und Vermögen in den Vordergrund (vgl. etwa § 115 Abs. 3 Satz 2 ZPO, § 90 Abs. 2 Nr. 8 SGB XII). Dagegen knüpfen die Vorschriften über die Wertbestimmung in Ehesachen an eine weiter gehende Statusbetrachtung an, nach der vom dreifachen Netto-Monatseinkommen der Eheleute auszugehen ist und die Vermögensverhältnisse eine Korrektur nach oben oder unten erlauben. Eine Differenzierung nach verfügbarem

---

1 BVerfG v. 23.8.2005 – 1 BvR 46/05, NJW 2005, 2980; v. 17.12.2008 – 1 BvR 177/08, NJW 2009, 1197.

und nicht „flüssigem" Vermögen findet hier nicht statt und ist auch nicht nötig, weil es nicht um den unmittelbaren Einsatz dieses Vermögens geht. Wegen dieser Unterschiede ist es nicht möglich, allein aus der Tatsache der Bewilligung von Verfahrenskostenhilfe Schlussfolgerungen für den Wert in Ehesachen zu ziehen.

44 Verbund
(1) Die Scheidungssache und die Folgesachen gelten als ein Verfahren.
(2) Sind in § 137 Abs. 3 des Gesetzes über das Verfahren in Familiensachen und in den Angelegenheiten der freiwilligen Gerichtsbarkeit genannte Kindschaftssachen Folgesachen, erhöht sich der Verfahrenswert nach § 43 für jede Kindschaftssache um 20 Prozent, höchstens um jeweils 3000 Euro; eine Kindschaftssache ist auch dann als ein Gegenstand zu bewerten, wenn sie mehrere Kinder betrifft. Die Werte der übrigen Folgesachen werden hinzugerechnet. § 33 Abs. 1 Satz 2 ist nicht anzuwenden.
(3) Ist der Betrag, um den sich der Verfahrenswert der Ehesache erhöht (Absatz 2), nach den besonderen Umständen des Einzelfalls unbillig, kann das Gericht einen höheren oder einen niedrigeren Betrag berücksichtigen.

I. Allgemeines

Nach Abs. 1 werden im Verbundverfahren die Werte der einzelnen miteinander verbundenen Verfahren (Scheidungsverfahren und die Folgesachen) – wie auch nach früherem Recht (§ 46 Abs. 1 Satz 1 GKG) – addiert. Eine besondere Regelung ist in Abs. 2 Satz 1 für Kindschaftssachen gem. § 151 Nr. 1 bis 3 FamFG vorgesehen. Danach ist deren Wert im Verbundverfahren von dem Wert der Scheidungssache abhängig und beträgt 20 % des Werts der Scheidungssache, höchstens 3000 Euro. Nach früherem Recht betrug der Wert grundsätzlich 900 Euro (§§ 48 Abs. 3 Satz 3 GKG). 1

II. Inhalt der Vorschrift

1. Scheidungssache und Folgesachen (Absatz 1)

Der verfahrensrechtliche Verbund von Scheidungs- und Folgesachen (§ 137 FamFG) führt hinsichtlich der Wertberechnung zu einem einheitlichen Verfahren. Die Gegenstandswerte der Scheidungssache und der einzelnen Folgesachen sind zu einem Gesamtverfahrenswert zu addieren (vgl. auch § 33 Abs. 1 Satz 1). Es wird für das Verfahren insgesamt nur eine Gebühr nach dem zusammengerechneten Verfahrenswert erhoben. 2

2. Berücksichtigung von Kindschaftssachen (Absatz 2)

Der Gesetzgeber hat sich im Hinblick auf die niedrige Höhe des im früherem Recht für eine Kindschaftssache iS des FamFG vorgesehenen Werts (§ 48 Abs. 3 Satz 3 GKG) für eine andere wertmäßige Berücksichtigung der Kindschaftssache entschieden. 3

Der im Verhältnis zum Wert der Ehesache und zum Wert der übrigen Folgesachen früher relativ niedrige Wert von 900 Euro führt im Ergebnis bei einem hohen Wert für die übrigen Verfahrensteile zu einer Vergünstigung gegenüber Verfahren, in denen der Wert der Ehesache und übrigen Folgesachen niedrig ist. Bei einem Wert unter 5000 Euro führen die Kindschaftssachen regelmäßig zu einer Erhöhung der Gebühren, weil der Abstand zwischen den Wertstufen 500 Euro beträgt. Bis 10000 Euro liegt der Abstand bei 1000 Euro mit der Folge, dass eine Erhöhung der Gebühren nur in einigen Verfahren eintritt. Bei noch höheren Werten erhöht sich der Abstand der Wertstufen weiter, so dass sich die Kindschaftssachen immer seltener in der Höhe der Gebühren niederschlagen. 4

Die jetzige Regelung führt dazu, dass der Wert der verbundenen Kindschaftssache stets in einem Verhältnis zu dem Wert der Scheidungssache steht und beseitigt damit eine soziale Schieflage. Die Einbeziehung einer Kindschaftssache wirkt sich bei besserverdienenden nun ähnlich aus wie bei einkommensschwachen Personen. 5

6 Allerdings ist zur Vermeidung von hohen Kosten für die Beteiligten eine Obergrenze von 3 000 Euro für eine Kindschaftssache eingeführt worden. Dies entspricht dem in § 45 vorgesehenen Verfahrenswert für isolierte Kindschaftsverfahren gem. § 151 Nr. 1 bis 3 FamFG, von dem das Gericht allerdings abweichen kann. Damit bleibt auch jetzt eine Kindschaftssache im Verbund gegenüber einer selbständigen Familiensache begünstigt, um die Attraktivität des Verbundverfahrens zu bewahren und weil im Verbund erledigte Kindschaftssachen idR weniger aufwändig sind als selbständige Kindschaftssachen.

3. Mehrere Kindschaftssachen

7 Ist mit einer Scheidungs- bzw. Aufhebungssache das Verfahren über die elterliche Sorge für zwei oder mehr Kinder verbunden, findet nur einmal eine Erhöhung des Wertes um 20 Prozent statt. Nur wenn noch weitere Kindschaftssachen mit verbunden sind (also zB noch ein Verfahren bezüglich des Umgangsrechts), erhöht sich der Verfahrenswert entsprechend weiter, jedoch immer unabhängig von der Anzahl der von den Verfahren betroffenen Kinder.

8 Die Werte der übrigen Folgesachen werden gem. Abs. 2 Satz 2 – wie nach bisherigem Recht – dem erhöhten Wert der Ehesache hinzugerechnet.

9 Abs. 2 Satz 3 stellt entsprechend der geltenden Regelung in § 46 Abs. 1 Satz 3 GKG klar, dass § 33 Abs. 1 Satz 2 FamGKG in Folgesachen keine Anwendung findet. Nach dieser Regelung findet grundsätzlich keine Wertaddition statt, wenn ein nichtvermögensrechtlicher Anspruch mit einem aus ihm hergeleiteten vermögensrechtlichen Anspruch verbunden ist; in diesem Fall ist grundsätzlich nur ein Anspruch, und zwar der höhere, maßgebend. Im Verbundverfahren werden also die Werte der nichtvermögensrechtlichen und vermögensrechtlichen Verfahrensgegenstände immer zusammengerechnet.

10 Anwendungsbeispiele:

– Der Wert für die Ehesache nach § 43 ist mit 5 000 Euro angenommen worden. Für den Versorgungsausgleich ist ein Wert von 1 500 Euro zu berücksichtigen. Hinsichtlich der beiden Kinder ist die Übertragung der elterlichen Sorge auf die Mutter und die Regelung des Umgangs beantragt worden. Der Verfahrenswert berechnet sich wie folgt:

1. Ehesache	5 000 Euro
2. Versorgungsausgleich	1 500 Euro
3. Kindschaftssachen	
a) Sorgerecht: 20 % von 5 000 Euro	1 000 Euro
b) Umgangsrecht: 20 % von 5 000 Euro	1 000 Euro
Verfahrenswert:	8 500 Euro

– Der Wert für die Ehesache nach § 43 ist mit 25 000 Euro angenommen worden. Für den Versorgungsausgleich ist ein Wert von 4 500 Euro zu berücksichtigen. Hinsichtlich des gemeinsamen Kindes ist die Übertragung der elterlichen Sorge auf die Mutter beantragt worden. Der Verfahrenswert berechnet sich wie folgt:

1. Ehesache	25 000 Euro
2. Versorgungsausgleich	4 500 Euro
3. Kindschaftssache Sorgerecht: 20 % von 25 000 Euro	
5 000 Euro, höchstens	3 000 Euro
Verfahrenswert:	32 500 Euro

– Der Wert für die Ehesache nach § 43 ist mit 2 000 Euro angenommen worden. Für den Versorgungsausgleich ist ein Wert von 900 Euro zu berücksichtigen. Hinsichtlich der drei Kinder ist die Übertragung der elterlichen Sorge auf die Mutter beantragt worden. Der Verfahrenswert berechnet sich wie folgt:

1. Ehesache	2 000 Euro
2. Versorgungsausgleich	900 Euro
3. Kindschaftssache Sorgerecht: 20 % von 2 000 Euro	400 Euro
Verfahrenswert:	3 300 Euro

4. Höherer oder niedrigerer Betrag für die Kindschaftssache (Absatz 3)

Abs. 3 lässt ausnahmsweise die Berücksichtigung eines höheren oder eines niedrigeren Erhöhungsbetrages zu, wenn der Betrag nach den besonderen Umständen des Einzelfalls unbillig wäre. Der in Abs. 2 Satz 1 vorgesehene Höchstbetrag von 3 000 Euro gilt insoweit nicht. **11**

Bei der Anwendung von Abs. 3 ist wie folgt vorzugehen: In einem ersten Schritt werden 20 % des für die Ehesache maßgebenden Werts ermittelt und ggf. auf den Höchstbetrag von 3 000 Euro reduziert. Wenn der so ermittelte Erhöhungsbetrag für den Einzelfall unbillig ist, kann hiervon nach oben oder nach unten abgewichen werden, dh., auch der Höchstbetrag von 3 000 Euro kann überschritten werden. Für die Beurteilung der Unbilligkeit kommt es jedoch auf die Vermögens- und Einkommensverhältnisse der Ehegatten nur noch eingeschränkt an, weil diese sich bereits in der Ausgangsgröße niederschlagen. Nur wenn der Wert der Ehesache aus anderen Gründen als wegen der Vermögens- und Einkommensverhältnisse der Ehegatten höher oder niedriger angenommen worden ist, können auch die Einkommens- und Vermögensverhältnisse korrigierend berücksichtigt werden. **12**

§ 45 Bestimmte Kindschaftssachen

(1) In einer Kindschaftssache, die
1. die Übertragung oder Entziehung der elterlichen Sorge oder eines Teils der elterlichen Sorge,
2. das Umgangsrecht einschließlich der Umgangspflegschaft oder
3. die Kindesherausgabe

betrifft, beträgt der Verfahrenswert 3 000 Euro.
(2) Eine Kindschaftssache nach Absatz 1 ist auch dann als ein Gegenstand zu bewerten, wenn sie mehrere Kinder betrifft.
(3) Ist der nach Absatz 1 bestimmte Wert nach den besonderen Umständen des Einzelfalls unbillig, kann das Gericht einen höheren oder einen niedrigeren Wert festsetzen.

I. Allgemeines

Die Vorschrift übernimmt für Kindschaftssachen, die nicht im Verbund mit dem Scheidungsverfahren verhandelt werden, als Verfahrenswert den nach früherem Recht für solche Verfahren vorgesehenen Auffangwert nach § 30 Abs. 2 KostO iHv. 3 000 Euro (Abs. 1 Satz 1). Abs. 2 stellt – entsprechend § 44 Abs. 2 – klar, dass der Verfahrenswert auch dann 3 000 Euro beträgt, wenn sich die Kindschaftssache auf mehr als ein Kind bezieht. Abs. 3 lässt ausnahmsweise die Festsetzung eines höheren oder eines niedrigeren Verfahrenswerts als 3 000 Euro für das Hauptsacheverfahren zu, wenn der Verfahrenswert nach den besonderen Umständen des Einzelfalls unbillig wäre. **1**

II. Inhalt der Vorschrift

1. Die betroffenen Kindschaftssachen (Absatz 1)

Abs. 1 zählt die Kindschaftssachen, die mit einem Festwert von 3 000 Euro bewertet werden sollen, abschließend auf. Es sind: **2**
– Übertragung oder Entziehung der elterlichen Sorge oder eines Teils der elterlichen Sorge (§ 151 Nr. 1 FamFG),
– das Umgangsrecht einschließlich der Umgangspflegschaft (§ 151 Nr. 2 FamFG) und
– die Kindesherausgabe (§ 151 Nr. 3 FamFG).

Bei Nr. 1 ist beachten, dass von dieser Regelung nur solche Kindschaftssachen betreffend die elterliche Sorge erfasst werden, die die Übertragung oder Entziehung der elterlichen Sorge oder eines Teils der elterlichen Sorge zum Gegenstand haben. **3**

4 § 45 ist **nicht** anzuwenden, wenn der Gegenstand **vermögensrechtlicher Natur** ist. In § 46 Abs. 1 ist für solche Kindschaftssachen insgesamt eine Sonderregelung getroffen, die auch vorrangig gilt, wenn es um ein Verfahren der elterlichen Sorge geht. Ist zB die Vermögenssorge Gegenstand, bestimmt sich der Wert nicht nach § 45, sondern nach § 46.

5 Für die übrigen Kindschaftssachen (§ 151 Nr. 4 bis 8 FamFG) sind, sofern in diesen Verfahren überhaupt Gebühren vorgesehen sind, die §§ 36, 42 Abs. 2 und § 46 anzuwenden. Von § 45 Abs. 1 werden daher **folgende Verfahren** erfasst:
- § 1628 BGB (Übertragung der Entscheidung auf einen Elternteil),
- § 1629 Abs. 2 Satz 3 BGB (Entziehung der Vertretung),
- § 1630 Abs. 3 BGB (Übertragung der elterlichen Sorge auf eine Pflegeperson),
- § 1632 Abs. 3, 1 BGB (Streitigkeiten über Herausgabe des Kindes),
- § 1632 Abs. 3, 2 BGB (Streitigkeiten über den Umgang des Kindes),
- § 1632 Abs. 4 BGB (Verbleib des Kindes bei der Pflegeperson),
- § 1666 BGB (Maßnahmen bei Gefährdung des Kindeswohls), jedoch abhängig vom konkreten Gegenstand,
- § 1671 BGB (Getrenntleben bei gemeinsamer elterlicher Sorge),
- § 1672 BGB (Getrenntleben bei elterlicher Sorge der Mutter),
- § 1673 Abs. 2 Satz 3, § 1628 BGB (Übertragung der Entscheidung bei ruhender elterlicher Sorge wegen rechtlichen Hindernisses),
- § 1678 Abs. 2 BGB (Übertragung bei Ruhen der elterlichen Sorge),
- § 1680 Abs. 2, 3 BGB (Übertragung der elterlichen Sorge bei Tod oder Entziehung),
- § 1681 BGB (Übertragung der elterlichen Sorge bei Todeserklärung),
- § 1684 Abs. 3, 4 BGB (Entscheidung über den Umgang mit den Eltern),
- § 1685 Abs. 3 BGB (Entscheidung über den Umgang mit anderen Personen als den Eltern),
- § 1751 Abs. 3 BGB (Übertragung der elterliche Sorge nach Kraftloswerden der Einwilligung zur Adoption),
- § 1764 Abs. 4 BGB (Zurückübertragung der elterlichen Sorge nach Aufhebung der Adoption).

6 Im Rahmen der in Abs. 1 Nr. 1 genannten Kindschaftssachen stellt sich, wenn nur **ein Teil der elterlichen Sorge** Gegenstand des Verfahrens ist, die Frage, wie bei einer vermeintlichen Gegenstandshäufung zu verfahren ist. Gemeint sind die Fälle, in denen mehrere Teilaspekte der elterlichen Sorge, aber nicht das Sorgerecht in seiner Gesamtheit Gegenstand sind. Nach der allgemeinen Regelung in § 33 Abs. 1 Satz 1 müssten diese Gegenstände einzeln bewertet und die Einzelwerte addiert werden. Entsprechend der Anzahl der Gegenstände käme es zu einem Vielfachen des Festwerts von 3 000 Euro. Dies wäre jedoch nicht mit der Tatsache zu vereinbaren, dass das Sorgerecht insgesamt auch nur pauschal mit einem Wert von 3 000 Euro belegt ist. Die Vorschrift kann daher nur so verstanden werden, dass der Festwert von 3 000 Euro auch dann gilt, wenn Gegenstand des Verfahrens mehrere „Teilgegenstände" sind, die jede für sich eine Kindschaftssache der elterlichen Sorge sind. Hierbei ist auch zu berücksichtigen, dass es sich regelmäßig um amtswegig durchzuführende Verfahren handelt, in denen Anträge der Verfahrensbeteiligten für das Gericht nur Anregungen darstellen, nicht aber die Prüfungs- und Auswahlkompetenz des Gerichtes begrenzen. Somit ist von vornherein Gegenstand eines solchen Verfahrens die durch das Familiengericht erst noch zu bestimmende sorgerechtliche Reaktion. Bringt eine Anregung eines Beteiligten im weiteren Verlauf des Verfahrens ausdrücklich eine weitere Lösungsmöglichkeit ins Gespräch, wird dadurch der Verfahrensgegenstand weder verändert noch erweitert. Es ist daher nicht möglich – innerhalb der einzelnen Nummern aus § 45 Abs. 1 –, aus gegenläufigen „Anträgen" bzw. „Haupt- und Hilfsanträgen" unter Anwendung von § 39 FamFG eine Wertaddition vorzunehmen. Dies schließt bereits § 39 Abs. 1 Satz 3 aus, da es sich insofern jeweils um „denselben Gegenstand" handelt.[1]

Anders verhält es sich, wenn **verschiedene Kindschaftssachen** nach Abs. 1 Nr. 1 bis 3 **gleichzeitig** Gegenstand eines Verfahrens sind. Nach dem ausdrücklichen Wortlaut der Vorschrift und unter Berücksichtigung von § 33 Abs. 1 Satz 1 ist hier jeder der einzelnen Gegenstände mit 3 000 Euro zu bewerten und ein Gesamtwert aus der Summe der Einzelwerte zu bilden. Dies gilt auch unter Berücksichtigung der Tatsache, dass das Umgangsrecht und die Kindesherausgabe letztlich nur Teile des Sorgerechts sind. Dies wird auch durch die Regelung in § 44 Abs. 2 Satz 1 deutlich, der auch bei einem Verbund von Ehesache und Kindschaftssachen für jede Kindschaftssache iSd. § 137 Abs. 3 FamFG einen besonderen Erhöhungsbetrag vorsieht.

7

2. Mehrere Kinder betreffende Kindschaftssache (Absatz 2)

Abs. 2 bestimmt ebenso wie § 44 Abs. 2 Satz 1, dass eine Kindschaftssache nach Abs. 1 auch dann als ein Gegenstand zu bewerten ist, wenn sie mehrere Kinder betrifft.

8

3. Höherer oder niedrigerer Wert (Absatz 3)

Eine Regelung wie in Abs. 3 findet sich bei den Wertvorschriften des FamGKG immer dann, wenn das Gesetz einen festen Wert vorschreibt. Festwerte sind einerseits eine erhebliche Erleichterung für die Praxis, tragen jedoch das Risiko in sich, dass sie nach den besonderen Umständen des Einzelfalls unbillig sein können. In der täglichen Praxis wird man wohl in der Mehrzahl der Fälle den unveränderten Wert als Festwert zugrunde legen können. Unbilligkeit wird man immer dann annehmen können, wenn Umfang und Schwierigkeit der Angelegenheit erheblich vom Durchschnitt abweichen. Je nach Angelegenheit treten weitere Faktoren hinzu.

9

Eine Abweichung vom Festbetrag ist also nur ausnahmsweise geboten, wenn der zu entscheidende Fall hinsichtlich des Arbeitsaufwands für das Gericht und für die Verfahrensbevollmächtigten erheblich von einer durchschnittlichen Sorgerechtssache abweicht und der Verfahrenswert im Einzelfall zu unvertretbar hohen oder unangemessen niedrigen Kosten bzw. Gebühren führt. Insoweit kann nicht unmittelbar auf die in der Rechtsprechung nach der bis zum 31.8.2009 geltenden Rechtslage entwickelten Grundsätze bei der Anwendung von § 30 KostO zurückgegriffen werden, weil an die Stelle des bisherigen Regelwertes ein wesentlich statischer Festwert[2] getreten ist.

10

Die Anhebung des Verfahrenswerts erscheint regelmäßig angezeigt, wenn in einem Sorgerechtsverfahren die Einholung eines schriftlichen Sachverständigengutachtens geboten ist und das Amtsgericht die Beteiligten – unabhängig von einer gesonderten Kindesanhörung – in mehr als einem Termin anhört. Die Einholung eines schriftlichen Sachverständigengutachtens ist insbesondere in rechtlich und tatsächlich schwierigen Sorgerechtssachen erforderlich. Sofern das Familiengericht ein Gutachten einholt, handelt es sich in der Regel um Verfahren, die länger als üblich andauern. Außerdem führt die Einholung eines Gutachtens zu einem verhältnismäßig umfangreichen Akteninhalt, den das Gericht und die Verfahrensbevollmächtigten erfassen und auswerten müssen. Der Arbeitsaufwand weicht jedenfalls dann erheblich von einer durchschnittlichen Sorgerechtssache ab, wenn zusätzlich zur Einholung des Sachverständigengutachtens mehrere Termine zur Erörterung und Anhörung der Beteiligten durchgeführt werden.[3]

11

---

1 OLG Celle v. 3.5.1012 – 10 WF 103/2012, FamRZ 2012, 1746.
2 OLG Celle v. 24.11.2012 – 10 WF 11/12, FamRZ 2012, 1748 spricht von einem relativen Festwert.
3 OLG Celle v. 11.2.2011 – 10 WF 399/10, NJW 2011, 1373.

§ 46 Übrige Kindschaftssachen

(1) Wenn Gegenstand einer Kindschaftssache eine vermögensrechtliche Angelegenheit ist, gelten § 38 des Gerichts- und Notarkostengesetzes und die für eine Beurkundung geltenden besonderen Geschäftswert- und Bewertungsvorschriften des Gerichts- und Notarkostengesetzes entsprechend.
(2) Bei Pflegschaften für einzelne Rechtshandlungen bestimmt sich der Verfahrenswert nach dem Wert des Gegenstands, auf den sich die Rechtshandlung bezieht. Bezieht sich die Pflegschaft auf eine gegenwärtige oder künftige Mitberechtigung, ermäßigt sich der Wert auf den Bruchteil, der dem Anteil der Mitberechtigung entspricht. Bei Gesamthandsverhältnissen ist der Anteil entsprechend der Beteiligung an dem Gesamthandvermögen zu bemessen.
(3) Der Wert beträgt in jedem Fall höchstens eine Million Euro.

I. Allgemeines

1 In Kindschaftssachen vermögensrechtlicher Art werden häufig Gegenstände oder Rechte zu bewerten sein. Hierfür enthält das GNotKG umfangreiche Bewertungsvorschriften. Auf diese wird vergleichbar der Regelung in § 36 Abs. 1 und in § 23 Abs. 3 Satz 1 RVG verwiesen (Abs. 1). In Abs. 3 ist eine Wertgrenze von einer Million Euro vorgesehen.

II. Inhalt der Vorschrift

1. Vermögensrechtliche Angelegenheiten (Absatz 1)

2 Abs. 1 ist immer anzuwenden, wenn Gegenstand einer Kindschaftssache eine **vermögensrechtliche Angelegenheit** ist. Die Vorschrift geht § 45 vor. Vermögensrechtlich ist jeder Anspruch, der entweder auf einer vermögensrechtlichen Beziehung beruht oder im Wesentlichen wirtschaftlichen Interessen dienen soll. Demnach sind vermögensrechtlich nicht nur auf Geld oder Geldeswert gerichtete Gegenstände, sondern auch solche, die auf vermögensrechtlichen Beziehungen beruhen, mögen auch für ihre Geltendmachung andere Beweggründe als die Wahrnehmung eigener Vermögensinteressen im Vordergrund stehen, sowie Gegenstände, die im Wesentlichen der Wahrung wirtschaftlicher Belange dienen. Alle anderen Ansprüche sind nichtvermögensrechtlich.

3 Wenn Gegenstand der vermögensrechtlichen Kindschaftssache die Genehmigung einer Erklärung oder deren Ersetzung ist, ergibt sich dieselbe Rechtsfolge aus § 36 Abs. 1.

4 Durch Abs. 1 werden nur einzelne Vorschriften des GNotKG in Bezug genommen. Die Aufzählung ist daher nicht erweiterungsfähig. Anwendbar sind § 38 GNotKG (Schuldenabzugsverbot) und die für eine Beurkundung geltenden besonderen Geschäftswert- und Bewertungsvorschriften des GNotKG. Letzteres sind die für Gerichte und Notare geltenden besonderen Geschäftswertvorschriften in Kapitel 1 Abschnitt 7 Unterabschnitt 2 und 3 (§§ 40 bis 54) und die für Beurkundungen geltenden besonderen Wertvorschriften in Kapitel 3 Abschnitt 4 Unterabschnitt 2 (§§ 97 bis 111) des GNotKG.

4a Die Anwendung des Abs. 1 kommt in **folgenden Verfahren** in Betracht:
– Verfahren, in denen die Vermögenssorge Gegenstand ist,
– Gestattung, dass Aufhebung der Gütergemeinschaft bei Wiederheirat bis zur Eheschließung unterbleibt (§ 1493 Abs. 2 BGB),
– Anordnung der Aufnahme eines Vermögensverzeichnisses (§ 1640 Abs. 3 BGB),
– Allgemeine Ermächtigung zu Rechtsgeschäften (§ 1643 Abs. 3, § 1825 BGB),
– Genehmigung zu einem neuen Erwerbsgeschäft (§ 1645 BGB),
– Anordnungen zur Vermögensverwaltung (§ 1667 BGB),
– Gestattung, dass Auseinandersetzung einer Vermögensgemeinschaft bei Wiederheirat bis zur Eheschließung unterbleibt (§ 1683 BGB),

- Maßnahmen bei Verhinderung an der Ausübung der elterlichen Sorge (§ 1693 BGB),
- Einschränkung, Ausschließung der Befugnisse des Annehmenden während der Adoptionspflege (§ 1751 Abs. 1 Satz 5, § 1688 Abs. 3 Satz 2 BGB), soweit vermögensrechtlicher Gegenstand.

2. Pflegschaften für einzelne Rechtshandlungen (Absatz 2)

Abs. 2 legt den Wert für die nach Nr. 1313 KV FamGKG bei Pflegschaften für einzelne Rechtshandlungen zu erhebende Gebühr fest. Der Wert bestimmt sich nach dem Wert des Gegenstands, auf den sich die Rechtshandlung bezieht. Der **Wert einer Pflegschaft** für einzelne Rechtshandlungen bemisst sich also nicht nur nach dem Interesse oder der Beteiligung des Pflegebefohlenen, sondern nach dem Wert des ganzen Rechtsverhältnisses. Hierfür sind die Bewertungsvorschriften des Abs. 1 heranzuziehen. 5

Der Begriff der „Pflegschaft für einzelne Rechtshandlungen" ist ein rein kostenrechtlicher Begriff. Er ist das Gegenstück zur Dauerpflegschaft (vgl. Nr. 1311 KV FamGKG). So ist zB die Pflegschaft für eine Nachlassauseinandersetzung auch dann eine Pflegschaft für einzelne Rechtshandlungen, wenn der Anteil am Nachlass das gesamte Vermögen des Pflegebefohlenen darstellt. 6

Bei einer gegenwärtigen oder künftigen Mitberechtigung des Pflegebefohlenen an dem Gegenstand vermindert sich der Wert auf diesen Anteil. Bei Gesamthandsverhältnissen bestimmt sich der Wert nach der Beteiligung am Gesamthandsvermögen. Bei der BGB-Gesellschaft sind die Gesellschafter im Zweifel zu gleichen Teilen berechtigt. 7

Der Gesetzgeber hat die Regelung des § 93 Satz 3 KostO, wonach bei einer Pflegschaft für mehrere Fürsorgebedürftige die Gebühr nach dem zusammengerechneten Wert einheitlich erhoben wird, nicht in das FamGKG übernommen. Die Übernahme war im Hinblick auf die allgemeine Regelung in § 33 Abs. 1 Satz 1 auch nicht notwendig, da die Anwendung dieser Vorschrift zum selben Ergebnis führt. 8

Da Abs. 1 auch auf § 38 GNotKG verweist, ist der **Bruttowert des Gegenstandes** anzunehmen. Insoweit besteht ein Unterschied zur Dauerpflegschaft und zur Betreuung; für diese sind bei der Jahresgebühr nach Nr. 1311 die Verbindlichkeiten abzuziehen (vgl. Abs. 1 Satz 1 der Anmerkung zu Nr. 1311 KV FamGKG). Diese unterschiedliche Behandlung ist gerechtfertigt, da bei der für den Kostenschuldner günstigeren Gebührenberechnung der Dauerpflegschaft soziale Erwägungen eingeflossen sind, die bei Einzelpflegschaften grundsätzlich nicht erforderlich sind. Es gibt somit sachliche Gründe für eine kostenmäßig unterschiedliche Behandlung von Einzel- und Dauerpflegschaften. Es liegt auch ein Verfahren mit mehreren Gegenständen vor, wenn für mehrere Fürsorgebedürftige in einem Verfahren jeweils ein besonderer Pfleger bestellt worden ist. 9

Bei der Pflegschaft zur Vertretung von Kindern bei der **Erbauseinandersetzung** mit dem überlebenden Elternteil nach dem Tode des anderen Elternteils ist der jeweilige Erbanteil der Kinder an der Aktivmasse maßgebend und ggf. eine Wertaddition dieser Anteile vorzunehmen. In diesem Fall bezieht sich die Pflegschaftsbestellung nicht auf den gesamten Nachlass. Hier steht bereits der Wortlaut der gesetzlichen Regelung in Abs. 2 Satz 3 entgegen, der keine Differenzierung danach vornimmt, ob sich die Pflegschaft für den gesamthänderisch beteiligten Fürsorgebedürftigen lediglich auf einzelne Rechtshandlungen oder auf das Gesamthandsvermögen als solches bezieht. Vielmehr ist in dieser Vorschrift eine Regelung für alle von ihrem Wortlaut erfassten Fälle zu sehen. Ihr fehlt es auch nicht an der inneren Rechtfertigung. Zwar liegt es im Begriff der Gesamthandsberechtigung, dass jeder Gesamthänder auf das Ganze berechtigt ist, lediglich mit der Einschränkung, dass seine Berechtigung ihre Grenze in der der anderen Berechtigten findet. Das ändert aber nichts daran, dass die Berechtigung des Gesamthänders der Sache nach, insbesondere wirtschaftlich gesehen, nur als ein Anteil anzusehen ist, weshalb es gebühren- 10 rechtlich gerechtfertigt, wenn nicht sogar geboten ist, nicht allein aus der rechtlichen Konstruktion ungerechtfertigte Folgerungen zu ziehen.

3. Wertgrenze (Absatz 3)

11 Für die übrigen Kindschaftssachen iSv. § 46 ist die gleiche Wertgrenze in Höhe von einer Million Euro festgelegt worden wie für Genehmigungsverfahren (§ 36). Die Gebühr nach Nr. 1310 KV FamGKG beträgt demnach höchstens 2 668 Euro.

47 Abstammungssachen

(1) In Abstammungssachen nach § 169 Nr. 1 und 4 des Gesetzes über das Verfahren in Familiensachen und in den Angelegenheiten der freiwilligen Gerichtsbarkeit beträgt der Verfahrenswert 2 000 Euro, in den übrigen Abstammungssachen 1 000 Euro.
(2) Ist der nach Absatz 1 bestimmte Wert nach den besonderen Umständen des Einzelfalls unbillig, kann das Gericht einen höheren oder einen niedrigeren Wert festsetzen.

I. Allgemeines

1 Die frühere Wertvorschrift des § 48 Abs. 3 Satz 3 GKG ist für Abstammungssachen in modifizierter Form übernommen worden (Abs. 1).

II. Inhalt der Vorschrift

1. Abstammungssachen (Absatz 1)

2 Für Abstammungssachen nach § 169 Nr. 1 und 4 FamFG beträgt der Verfahrenswert 2 000 Euro, in den übrigen Abstammungssachen (§ 169 Nr. 2 und 3 FamFG) 1 000 Euro. Für die in § 169 Nr. 2 und 3 FamFG genannten Verfahren (Einwilligung in eine Abstammungsuntersuchung bzw. auf Einsicht in ein Abstammungsgutachten) ist im Hinblick auf deren vergleichsweise geringere Bedeutung eine Halbierung des für Vaterschaftsanfechtungs- und -feststellungsverfahren vorgesehenen Verfahrenswerts angeordnet worden. Mit diesen **Festwerten** sind die Abstammungssachen abschließend geregelt.

3 Wenn eine Abstammungssache mehrere Kinder betrifft, sind mehrere Gegenstände iSd. § 33 Abs. 1 Satz 1 vorhanden, mit der Folge, dass der Festwert entsprechend zu vervielfältigen ist. Eine dem § 45 Abs. 2 vergleichbare Regelung hat der Gesetzgeber nicht getroffen.

2. Höherer oder niedrigerer Wert (Absatz 3)

4 Abs. 2 soll in Ausnahmefällen die Festsetzung eines höheren oder niedrigeren Verfahrenswerts ermöglichen, um zu verhindern, dass es zu unvertretbar hohen oder zu unangemessen niedrigen Werten kommt. Denkbar wäre eine Erhöhung zum Beispiel dann, wenn die Feststellung der Abstammung für das Kind wegen der weit überdurchschnittlichen Einkommens- und Vermögensverhältnisse des Antragsgegners von besonderem Interesse ist.

48 Ehewohnungs- und Haushaltssachen

(1) In Ehewohnungssachen nach § 200 Absatz 1 Nummer 1 des Gesetzes über das Verfahren in Familiensachen und in den Angelegenheiten der freiwilligen Gerichtsbarkeit beträgt der Verfahrenswert 3 000 Euro, in Ehewohnungssachen nach § 200 Absatz 1 Nummer 2 des Gesetzes über das Verfahren in Familiensachen und in den Angelegenheiten der freiwilligen Gerichtsbarkeit 4 000 Euro.
(2) In Haushaltssachen nach § 200 Absatz 2 Nummer 1 des Gesetzes über das Verfahren in Familiensachen und in den Angelegenheiten der freiwilligen Gerichtsbarkeit

beträgt der Wert 2000 Euro, in Haushaltssachen nach § 200 Absatz 2 Nummer 2 des Gesetzes über das Verfahren in Familiensachen und in den Angelegenheiten der freiwilligen Gerichtsbarkeit 3000 Euro.
(3) Ist der nach den Absätzen 1 und 2 bestimmte Wert nach den besonderen Umständen des Einzelfalls unbillig, kann das Gericht einen höheren oder einen niedrigeren Wert festsetzen.

Literatur: *Thiel*, Die Kosten in Zuweisungssachen nach neuem Recht, AGS 2009, 309.

I. Allgemeines

Für Ehewohnungs- und Haushaltssachen sind in den Abs. 1 und 2 erstmals feste Werte festgelegt worden. 1

II. Inhalt der Vorschrift

1. Ehewohnungssachen (Absatz 1)

In Ehewohnungssachen nach § 200 Abs. 1 Nr. 1 FamFG (Verfahren nach § 1361b BGB) beträgt der Festwert 3000 Euro. In Ehewohnungssachen nach § 200 Abs. 1 Nr. 2 FamFG (Verfahren nach § 1586a BGB) beträgt der Festwert 4000 Euro. 2

Abs. 1 ist im Hinblick auf seinen eindeutigen, einer Auslegung nicht zugänglichen Wortlaut auch auf Verfahren über die Zahlung einer Entschädigung für die Nutzung einer Immobilie anwendbar. Der Wert ist nicht nach anderen Vorschriften, zB § 35, zu bestimmen.[1] § 35 ist schon deshalb nicht anwendbar, weil nach der Vorschrift die Höhe der Geldforderung nur dann maßgeblich ist, „soweit nichts anderes bestimmt ist". Eine solche anderweitige Bestimmung ergibt sich jedoch aus Abs. 1. Auch sachlich ergibt sich keine Notwendigkeit, Wohnungszuweisungsverfahren und Verfahren zur Regelung der Nutzungsentschädigung bei der Bemessung des Gegenstandswerts entgegen dem Wortlaut von Abs. 1 unterschiedlich zu behandeln. Sowohl bei der Nutzungsentschädigung als auch bei der Wohnungszuweisung dreht sich der Streit der Beteiligten um den wirtschaftlichen Wert der Ehewohnung. Den Gegenstandswert dieser Verfahren hat der Gesetzgeber nicht in Bezug auf den Mietwert oder den Verkehrswert des Objekts geregelt, sondern mit einem Pauschalbetrag.[2] Sofern der sich aus Abs. 1 ergebende Festwert unbillig ist, kann er nach Abs. 3 erhöht werden. 3

2. Haushaltssachen (Absatz 2)

In Haushaltssachen nach § 200 Abs. 2 Nr. 1 FamFG (Verfahren nach § 1361a BGB) beträgt der Festwert 2000 Euro. In Haushaltssachen nach § 200 Abs. 2 Nr. 2 FamFG (Verfahren nach § 1586b BGB) beträgt der Festwert 3000 Euro. 4

Mit diesen Festwerten sind die Ehewohnungs- und Haushaltssachen abschließend geregelt. Es ist auf den Wert ohne Einfluss, ob und welche Anordnungen nach § 209 FamFG das Gericht in der Endentscheidung zur Durchführung der Entscheidung trifft. 5

3. Höherer oder niedrigerer Wert (Absatz 3)

Abs. 3 soll die Festsetzung eines höheren oder niedrigeren Verfahrenswerts in Ausnahmefällen ermöglichen, um zu verhindern, dass es zu unvertretbar hohen oder zu unangemessen niedrigen Werten kommt. So kann es bei besonders teuren Wohnungen angemessen sein, den Wert entsprechend höher festzusetzen. Streiten die Beteiligten hingegen zB über einzelne, nur für die Betroffenen wichtige, aber sonst wertlose Haushaltsgegenstände, kann es erforderlich sein, den Verfahrenswert niedriger festzusetzen. 6

---

1 Insoweit unzutreffend *Thiel*, AGS 2009, 309.
2 OLG Bamberg v. 10.2.2011 – 2 UF 289/10, AGS 2011, 197.

49 Gewaltschutzsachen

(1) In Gewaltschutzsachen nach § 1 des Gewaltschutzgesetzes beträgt der Verfahrenswert 2000 Euro, in Gewaltschutzsachen nach § 2 des Gewaltschutzgesetzes 3000 Euro.

(2) Ist der nach Absatz 1 bestimmte Wert nach den besonderen Umständen des Einzelfalls unbillig, kann das Gericht einen höheren oder einen niedrigeren Wert festsetzen.

1 Die Wertvorschrift für Gewaltschutzsachen entspricht in ihrer Struktur der Regelung in § 48 FamGKG.

2 Der Vorschrift unterscheidet zwischen den gerichtlichen Maßnahmen nach § 1 GewSchG (Schutz vor Gewalt und Nachstellungen) und nach § 2 GewSchG (Überlassung einer gemeinsam genutzten Wohnung). Betrifft das Verfahren die Zuweisung der Wohnung (§ 2 GewSchG), gilt der gleiche Wert wie in Ehewohnungssachen nach § 1361b BGB (§ 48 Abs. 1). In Verfahren nach § 1 GewSchG ist wegen der geringeren Bedeutung ein Wert von 2000 Euro vorgesehen.

3 Mit diesen Festwerten sind die Gewaltschutzsachen abschließend geregelt. Es ist auf den Wert ohne Einfluss, ob und welche Anordnungen nach § 215 FamFG das Gericht in der Endentscheidung zur Durchführung trifft.

4 Abs. 3 soll die Festsetzung eines höheren oder niedrigeren Verfahrenswerts in Ausnahmefällen ermöglichen, um zu verhindern, dass es zu unvertretbar hohen oder zu unangemessen niedrigen Werten kommt.

50 Versorgungsausgleichssachen

(1) In Versorgungsausgleichssachen beträgt der Verfahrenswert für jedes Anrecht 10 Prozent, bei Ausgleichsansprüchen nach der Scheidung für jedes Anrecht 20 Prozent des in drei Monaten erzielten Nettoeinkommens der Ehegatten. Der Wert nach Satz 1 beträgt insgesamt mindestens 1000 Euro.

(2) In Verfahren über einen Auskunftsanspruch oder über die Abtretung von Versorgungsansprüchen beträgt der Verfahrenswert 500 Euro.

(3) Ist der nach den Absätzen 1 und 2 bestimmte Wert nach den besonderen Umständen des Einzelfalls unbillig, kann das Gericht einen höheren oder einen niedrigeren Wert festsetzen.

I. Allgemeines

1 Die in Versorgungsausgleichssachen (§ 217 FamFG) anzusetzenden Werte sind durch das FGG-RG insgesamt neu gefasst worden. Nach Auffassung des Gesetzgebers tragen die früher vorgesehenen Festwerte dem konkreten Aufwand der Gerichte im Versorgungsausgleich nicht immer hinreichend Rechnung. Zudem spielen häufiger als früher neben Anrechten aus den Regelsicherungssystemen auch betriebliche und private Versorgungen eine Rolle, künftig insbesondere auch „Riester-Verträge". Die Anzahl der auszugleichenden Anrechte steigt also. Durch das neue Teilungsprinzip – Grundsatz der Teilung jedes Anrechts – tritt zusätzlich die Bedeutung des einzelnen Anrechts in den Vordergrund.

2 Im Allgemeinen sind die erworbenen Anrechte abhängig von den Beiträgen der Eheleute zu den Versorgungssystemen und damit mittelbar von ihrem Erwerbseinkommen bestimmt. Es ist deshalb sachlich gerechtfertigt, den Verfahrenswert in Versorgungsausgleichssachen ähnlich wie in Ehesachen (§ 43) an den Einkünften der Ehegatten zu orientieren.

II. Inhalt der Vorschrift

1. Höhe des Wertes

3 Maßgeblich ist, über wie viele einzelne Anrechte die Beteiligten verfügen und ob es sich um einen Versorgungsausgleich im Zusammenhang mit der Scheidung oder um

Ausgleichsansprüche nach der Scheidung handelt. Pro Anrecht werden grundsätzlich 10 % des dreifachen Nettoeinkommens der Ehegatten für die Wertbestimmung zu Grunde gelegt; bei Ausgleichsansprüchen nach der Scheidung für jedes Anrecht 20 %.

Die Abgrenzung ist dabei nicht danach vorzunehmen, ob über den Versorgungsausgleich gleichzeitig mit der Scheidung oder erst zeitlich danach entschieden wird. Vielmehr knüpft die Regelung des Absatzes 1 an die entsprechenden Abschnitte des VersAusglG an. So ist der Versorgungsausgleich bei der Scheidung in §§ 6 bis 19 und 28 VersAusglG geregelt. In diesem Fall beträgt die Ausgangsgröße 10 %. Erfolgt der Ausgleich hingegen nach den §§ 20, 26 VersAusglG, kommt der höhere Prozentsatz (also 20 %) in Ansatz.

Bei einem vom Verbundverfahren abgetrennten Versorgungsausgleich handelt es sich weiterhin um einen Versorgungsausgleich bei der Scheidung und nicht etwa um einen solchen nach der Scheidung.

Bei der Anzahl der Anrechte sind sämtliche Anrechte zugrunde zu legen, die dem Ausgleich im Grundsatz unterfallen und daher verfahrensgegenständlich sind.[1] Dies sind stets alle Anrechte, über die das Familiengericht (im Tenor) entscheidet, unabhängig davon, ob diese (intern oder extern) ausgeglichen werden oder ob ihr Ausschluss nach den §§ 3 Abs. 3, 6 ff., 18 VersAusglG oder § 27 VersAusglG iVm. § 224 Abs. 3 FamFG angeordnet wird.[2] Zwar liegt in diesen Fällen regelmäßig kein Verbund von Scheidungs- und Folgesachen nach § 137 Abs. 1 FamFG vor, weil kein Antrag auf Durchführung des Versorgungsausgleichs gestellt wurde. Entscheidend ist aber, dass das Familiengericht zB nach § 224 Abs. 3 FamFG in der Beschlussformel festzustellen hat, dass ein Versorgungsausgleich nicht stattfindet. Diese feststellende Entscheidung des Gerichts ist – weil auf einer umfassenden Rechtsprüfung beruhend – mit der Beschwerde nach § 58 FamFG anfechtbar und erwächst damit auch in Rechtskraft. Nicht zu berücksichtigen sind Anrechte, die dem Versorgungsausgleich gemäß § 2 VersAusglG nicht unterliegen.

Uneinheitlich ist die oberlandesgerichtliche Rechtsprechung zur Festsetzung des **Verfahrenswerts im Anpassungsverfahren** nach dem VersAusglG nach Eintritt der Rechtskraft der Ehescheidung. Während einerseits die Ansicht vertreten wird, wegen des Ausgleichs nach der Scheidung habe die Verfahrenswertfestsetzung gemäß § 50 Abs. 1 Satz 1 2. Alt. mit 20 % für jedes betroffene Anrecht aus dem Dreimonatsnettoeinkommen der Eheleute zu erfolgen, muss nach anderer Ansicht auf § 42 Abs. 1 unter Berücksichtigung der Wertungen des § 50 zurückgegriffen werden, weil § 50 Abs. 1 als Wertvorschrift für Versorgungsausgleichssachen schon vom Wortlaut her nicht die Anpassungsverfahren nach dem VersAusglG erfasse. Schließlich wird vertreten, dass der Verfahrenswert gemäß § 50 Abs. 1 Satz 1 1. Alt. mit 10 % für jedes betroffene Anrecht aus dem Dreimonatsnettoeinkommen der Eheleute festzusetzen sei, da es sich auch bei den Anpassungsverfahren nach dem VersAusglG um Versorgungsausgleichsverfahren iSd. § 111 Nr. 7 FamFG, jedoch nicht um einen Ausgleich nach Scheidung, wie von § 50 Abs. 1 Satz 1 2. Alt. FamGKG vorausgesetzt, handele. Der letztgenannten Auffassung ist zuzustimmen.[3] Bei diesen Verfahren handelt es sich um Versorgungsausgleichsverfahren iSd. §§ 111 Nr. 7, 217 FamFG, so dass eine Wertberechnung nach §§ 51, 42 ausscheidet. Dass in diesem Verfahren inzident Unterhaltsansprüche geprüft werden müssen, ändert hieran nichts.[4] § 42 FamGKG kann als subsidiäre Auffangvorschrift nicht herangezogen werden, weil der Verfahrenswert für Versorgungsausgleichssachen abschließend in § 50 FamGKG geregelt ist. Damit ist § 50 FamGKG zur Wertfestsetzung heranzuziehen. Die 2. Alt. des Abs. 1 Satz 1

---

1 OLG Karlsruhe v. 26.5.2010 – 16 WF 82/10, FamRZ 2011, 669–670 und v. 6.12.2010 – 5 WF 234/10, AGS 2011, 37 f.; OLG Celle v. 25.5.2010 – 10 WF 347/09, FamRZ 2010; *Hauß/Eulering*, Versorgungsausgleich und Verfahren in der Praxis, Rz. 861; *Enders*, JurBüro 2009, 337.
2 OLG Brandenburg v. 21.5.2012 – 9 WF 152/2012, JurBüro 2012, 588.
3 OLG Stuttgart v. 6.6.2012 – 16 WF 118/12, FamRZ 2012, 1972.
4 OLG Saarbrücken v. 27.9.2012 – 9 WF 411/12, FamRZ 2013, 724 und v. 30.5.2012 – 9 WF 37/12, FamRZ 2013, 148.

(20 %) ist nicht einschlägig, weil sich dieser systematisch auf die §§ 20 bis 26 VersAusglG bezieht, die Ausgleichsansprüche nach der Scheidung regeln. Besonderen Umständen des Einzelfalls kann durch Anwendung des Abs. 3 Rechnung getragen werden.

2. Anknüpfung an das Nettoeinkommen

7 Abs. 1 Satz 1 regelt, dass dem Verfahrenswert für jedes Anrecht ein Betrag von 10 Prozent, bei Ausgleichsansprüchen nach der Scheidung 20 Prozent des in drei Monaten erzielten Nettoeinkommens der Ehegatten zugrunde zu legen ist. Im Allgemeinen sind mit einer Erwerbstätigkeit und mit höheren Einkünften höhere Anrechte in den Versorgungssystemen verbunden. In der überwiegenden Zahl der Fälle wird die Regelung daher dazu führen, dass die Bedeutung der erworbenen Anrechte besser als nach bislang geltendem Recht abgebildet werden kann.

8 Maßgeblich ist das Nettoeinkommen der Beteiligten, ihre Vermögenswerte bleiben außer Betracht. Individuelle Abschläge wie beispielsweise für Kinder, wie es im Rahmen der Wertermittlung für die Ehesache möglich ist, gibt es nicht.[1]

9 Der Gleichklang zur Bewertungsvorschrift in § 43 hat zur Folge, dass der Aufwand für die Wertfestsetzung im Versorgungsausgleich begrenzt wird.

10 Abs. 1 Satz 2 regelt – vorbehaltlich der Billigkeitsbestimmung in Abs. 3 – eine Untergrenze für den nach Abs. 1 Satz 1 zu bestimmenden Wert. Der vorgesehene Mindestwert entspricht dem im früherem Recht vorgesehenen Wert für die Ausgleichung von Anrechten aus den Regelsicherungssystemen (§ 49 Nr. 1 GKG). Der Mindestwert bezieht sich nicht auf ein einzelnes Anrecht, sondern auf den Verfahrenswert.

11 Der Mindestwert kommt zum Beispiel in den Fällen in Betracht, in denen wegen der Kürze der Ehezeit nach § 3 Abs. 3 VersAusglG der Versorgungsausgleich nicht durchgeführt wird und auch die Eheleute selbst einen entsprechenden Antrag zur Durchführung des Versorgungsausgleichs nicht stellen und deshalb von der Ermittlung des Ausgleichswertes der Anrechte abgesehen wird.[2]

Zur Ermittlung des zugrunde zu legenden Nettoeinkommens wird auf die Erläuterung zu § 43 Bezug genommen.

Anwendungsbeispiel:
- Das in drei Monaten erzielte Nettoeinkommen beider Ehegatten beträgt 12 000 Euro. Folgende Versorgungsanrechte sind auszugleichen:
Ehemann:
gesetzliche Rentenversicherung (1),
betriebliche Altersversorgung (2) und
Riesterrente (3)
Ehefrau:
gesetzliche Rentenversicherung (4)
Verfahrenswert: (4 × 10 % =) 40 % von 12 000 Euro = 4 800 Euro

3. Zeitpunkt

12 Fraglich ist der Zeitpunkt der Bewertung im Verbundverfahren. § 34 Satz 2 sieht bei Verfahren, die von Amts wegen eingeleitet werden, vor, dass der Zeitpunkt der Fälligkeit der Gebühr maßgeblich ist. Das Versorgungsausgleichsverfahren ist jedoch im Wortsinne kein Verfahren, das von Amts wegen eingeleitet wird. §§ 137 Abs. 2 FamFG bestimmt lediglich, dass für die Durchführung des Versorgungsausgleichs kein besonderer Antrag erforderlich ist. Das Verfahren wird durch den Scheidungsantrag ausgelöst, so dass auf den Zeitpunkt dieser Antragstellung abzustellen ist. Dies entspricht auch der Intention des Gesetzgebers, der einen weitgehenden

---

[1] OLG Stuttgart v. 3.5.2010 – 18 WF 91/10, AGS 2010, 265 und v. 9.7.2010 – 15 WF 131/10, AGS 2010, 399; aA OLG Nürnberg v. 31.5.2010 – 11 UF 454/10, FamRZ 2010, 2101.
[2] OLG Karlsruhe v. 6.12.2010 – 5 WF 234/10, AGS 2011, 37f.

Gleichlauf mit der Festlegung des Wertes für das Scheidungsverfahren beabsichtigte.[1]

4. Auskunftsanspruch (Absatz 2)

Nur für Verfahren über einen Auskunftsanspruch oder über die Abtretung von Versorgungsansprüchen (§§ 4, 21 VersAusglG) ist in Abs. 3 ein von der Regelung des Abs. 1 abweichender Festwert von 500 Euro vorgesehen. 13

Mit den Wertbestimmungen in Abs. 1 und 2 sind die Versorgungsausgleichssachen abschließend geregelt. 14

5. Höherer oder niedrigerer Wert (Absatz 3)

Die dem Familiengericht eingeräumte Möglichkeit, unter Billigkeitsgesichtspunkten von dem rechnerisch ermittelten Wert abzuweichen, wird in solchen Fällen zur Anwendung kommen, in denen der Wert zu Umfang, Schwierigkeit und Bedeutung der Sache in keinem vertretbaren Verhältnis steht. Nicht zu berücksichtigen sind hingegen Besonderheiten bei den Einkommens- oder Vermögensverhältnissen, da diese bereits bei der Ermittlung des Ausgangswertes berücksichtigt sind. 15

So ist eine Herabsetzung des Wertes denkbar, wenn die Ehezeit kurz war, die Sache keine besonderen Schwierigkeiten bereitete und Anwartschaften nicht ausgeglichen worden sind.[2] Allein die Anwendung des § 18 VersAusglG hinsichtlich eines Anrechts rechtfertigt es aber nicht, gemäß Abs. 3 einen niedrigeren Wert festzusetzen.[3] Da es für den Verfahrenswert nicht maßgeblich auf die Berücksichtigung des einzelnen Anrechts in der gerichtlichen Entscheidung, sondern auf die sachliche Prüfung der von den Versorgungsträgern erteilten Auskünfte durch Gericht und Verfahrensbevollmächtigte eines Ehegatten ankommt, entspricht es nicht der Billigkeit, vom Regelverfahrenswert abzuweichen.[4] 16

51 Unterhaltssachen und sonstige den Unterhalt betreffende Familiensachen

(1) In Unterhaltssachen und in sonstigen den Unterhalt betreffenden Familiensachen, soweit diese jeweils Familienstreitsachen sind und wiederkehrende Leistungen betreffen, ist der für die ersten zwölf Monate nach Einreichung des Antrags geforderte Betrag maßgeblich, höchstens jedoch der Gesamtbetrag der geforderten Leistung. Bei Unterhaltsansprüchen nach den §§ 1612a bis 1612c des Bürgerlichen Gesetzbuchs ist dem Wert nach Satz 1 der Monatsbetrag des zum Zeitpunkt der Einreichung des Antrags geltenden Mindestunterhalts nach der zu diesem Zeitpunkt maßgebenden Altersstufe zugrunde zu legen.
(2) Die bei Einreichung des Antrags fälligen Beträge werden dem Wert hinzugerechnet. Der Einreichung des Antrags wegen des Hauptgegenstands steht die Einreichung eines Antrags auf Bewilligung der Verfahrenskostenhilfe gleich, wenn der Antrag wegen des Hauptgegenstands alsbald nach Mitteilung der Entscheidung über den Antrag auf Bewilligung der Verfahrenskostenhilfe oder über eine alsbald eingelegte Beschwerde eingereicht wird. Die Sätze 1 und 2 sind im vereinfachten Verfahren zur Festsetzung von Unterhalt Minderjähriger entsprechend anzuwenden.
(3) In Unterhaltssachen, die nicht Familienstreitsachen sind, beträgt der Wert 500 Euro. Ist der Wert nach den besonderen Umständen des Einzelfalls unbillig, kann das Gericht einen höheren Wert festsetzen.

---

1 N. Schneider, FamRZ 2010, 87.
2 OLG Stuttgart v. 9.7.2010 – 15 WF 131/10, FamRZ 2010, 2098 = NJW-RR 2010, 1376; OLG Karlsruhe v. 6.12.2010, JurBüro 2011, 137f.
3 OLG München v. 25.4.2012 – 30 WF 562/12, FamRZ 2012, 1973.
4 OLG Schleswig v. 30.8.2010 – 10 WF 156/10, AGS 2010, 505.

§ 51

I. Allgemeines

1 Die Vorschrift enthält die Wertvorschriften für Unterhaltssachen und sonstige den Unterhalt betreffende Familiensachen, soweit diese jeweils Familienstreitsachen sind und wiederkehrende Leistungen betreffen.

II. Inhalt der Vorschrift

1. Wiederkehrende Leistung (Abs. 1 Satz 1)

2 Abs. 1 entspricht – redaktionell angepasst – dem § 42 Abs. 1 GKG. Durch die Änderungen, die die Vorschrift durch Art. 5 Nr. 22 des 2. KostRMoG[1] erfahren hat, ist nunmehr klargestellt, dass auch Familienstreitsachen über vertragliche Unterhaltsansprüche erfasst werden (§ 112 Nr. 3 iVm. § 266 Abs. 1 FamFG), sofern sie wiederkehrende Leistungen betreffen.

3 In Unterhaltssachen, die Familienstreitsachen sind und wiederkehrenden Leistungen betreffen, wird der Wert für den laufenden Unterhalt nach dem Unterhalt bemessen, der für die ersten 12 Monate nach Einreichung des Antrags gefordert wird. Nach Abs. 2 Satz 2 steht der Einreichung des Antrags wegen des Hauptgegenstands die Einreichung eines Antrags auf Bewilligung der Verfahrenskostenhilfe gleich, wenn der Hauptantrag alsbald nach Mitteilung der Entscheidung über den VKH-Antrag oder über eine alsbald eingelegte Beschwerde eingereicht wird.

4 Die Vorschrift gilt auch im vereinfachten Verfahren über den Unterhalt Minderjähriger (§§ 249 ff. FamFG).

5 Ist der Zeitraum, für den Unterhalt begehrt wird, geringer, so ist der auf diesen Zeitraum entfallende Betrag maßgebend (Abs. 1 Satz 1 letzter Halbs.).

6 Werden für die maßgeblichen 12 Monate unterschiedliche Beträge verlangt, sind die jeweils tatsächlich geltend gemachten Beträge zu berücksichtigen. Höhere oder niedrigere Unterhaltsbeträge, die für spätere – also über 12 Monate hinausgehende – Zeiträume gefordert werden, wirken sich auf den Wert nicht aus.

7 Dem Wert einer Unterhaltssache ist der **tatsächlich geforderte Unterhaltsbetrag** einschließlich freiwilliger Zahlungen zugrunde zu legen, und nicht nur die streitigen Spitzenbeträge. Eine andere Beurteilung dieser Frage widerspricht dem System der Ermittlung des Unterhaltswerts, das hierbei nicht nach streitigem und nichtstreitigem Unterhalt unterscheidet. Auch dann, wenn der Antragsgegner den geschuldeten Unterhalt freiwillig zahlt und der Zahlungsanspruch nur deswegen gerichtlich geltend gemacht wird, weil der Antragsteller für den Anspruch einen gerichtlichen Titel haben will, ist als Verfahrenswert der Jahresbetrag des Unterhalts anzusetzen und nicht ein geringerer Wert als bloßes Titulierungsinteresse.[2] Dies ist auch deshalb zutreffend, weil bei einem Antrag auf künftigen Unterhalt im Zeitpunkt der Antragstellung naturgemäß noch nicht feststehen kann, ob der Unterhaltspflichtige seine Verpflichtung auch künftig freiwillig erfüllen wird oder nicht.

8 Bei Geltendmachung von **Unterhaltsansprüchen von Mutter und Kind** in einem Verfahren liegen mehrere Gegenstände vor. Die Einzelwerte sind zu addieren (§ 33 Abs. 1 Satz 1). Unterhaltsabänderungs- und Unterhaltsabänderungswiderantrag haben nicht denselben Gegenstand iS von § 39 Abs. 1. Die Werte sind zusammenzurechnen. Werden Unterhalt für die Dauer des Getrenntlebens und nachehelicher Unterhalt nebeneinander geltend gemacht, so handelt es sich um verschiedene Gegenstände. Es hat eine gesonderte Bewertung mit dem jeweiligen Jahreswert zu erfolgen. Der Kindesunterhalt und ggf. Rückstände sind natürlich unabhängig hiervon zusätzlich zu bewerten.

9 Abs. 1 ist auch auf Unterhaltsfeststellungsanträge – unabhängig davon, ob es sich um einen negativen oder einen positiven Feststellungsantrag handelt – anzuwenden,

---

1 Gesetz v. 23.7.2013, BGBl. I, S. 2586.
2 OLG Hamburg v. 13.3.2013 – 7 WF 21/13, FamFR 2013, 185.

denn auch diese Unterhaltsachen sind Familienstreitsachen, die eine wiederkehrende Leistung betreffen. Danach ist zunächst der für die ersten 12 Monate nach Einreichung des Feststellungsantrags entfallende Betrag maßgeblich. Gleiches gilt für den Vollstreckungsgegenantrag, der einen Unterhaltsanspruch zu Gegenstand hat.[1]

Wird der Unterhalt im Rahmen eines Stufenantrags geltend gemacht, ist Abs. 1, wenn auch indirekt, auch dann für den Wert maßgebend, wenn der Antrag im Auskunftsverfahren „stecken bleibt", weil sich die Hauptsache nach dem Auskunftsverfahren erledigt hat und der Anspruch demnach unbeziffert bleibt. Der Wert des Leistungsantrags ist nach der Erwartung des Beteiligten bei Beginn der Instanz im Rahmen der Ermessensausübung nach § 42 Abs. 1 zu schätzen.

10

2. Mindestunterhalt (Abs. 1 Satz 2)

Abs. 1 Satz 2 erfasst Ansprüche nach den §§ 1612a bis 1612c BGB, wenn der Antrag auf den Mindestunterhalt gerichtet ist. Dem Wert ist in diesem Fall der Monatsbetrag des zum Zeitpunkt der Einreichung des Antrags geltenden Mindestunterhalts nach der zu diesem Zeitpunkt maßgebenden Altersstufe zugrunde zu legen. Die gem. § 1612b BGB anzurechnenden Kindergeldbeträge sind hierbei von dem Regelbetrag abzuziehen. Im Blick auf die nur eingeschränkte Bedeutung des Abs. 1 Satz 2 als reine Wertermittlungsvorschrift ist der maßgebende Wert anschließend unter Berücksichtigung des gestellten Antrags (eventuell eines Vielfaches des Regelbetrages) nach Abs. 1 Satz 1 konkret zu ermitteln.

11

Wird im Regelunterhaltsverfahren beantragt, die bereits titulierte Unterhaltsrente um einen bestimmten Prozentsatz herauf- oder herabzusetzen, liegt ein bezifferter Antrag gem. Abs. 1 Satz 1 vor. Hier berechnet sich der Wert nach dem zwölffachen Betrag des kapitalisierten monatlichen Unterhalts.

12

3. Rückstände (Abs. 2 Satz 1)

Nach Abs. 2 Satz 1 sind die bei Einreichung des Antrags fälligen Beträge dem Wert hinzurechnen. Dies entspricht inhaltlich der Regelung des § 42 Abs. 5 Satz 1 Halbs. 1 GKG. Entscheidender **Zeitpunkt für die Hinzurechnung der fälligen Beträge** ist die **Einreichung des Antrags**. Da der Schuldner den Unterhalt am Ersten eines Monats im Voraus zahlen muss (§ 1612 Abs. 3 Satz 1 BGB), zählt der Einreichungsmonat zum Rückstand.

13

Rückstände sind auch bei Feststellungsanträgen zu berücksichtigen. Eine Erfassung von Rückständen ist nicht deshalb begrifflich ausgeschlossen, weil Feststellungsanträge wesensgemäß nur auf die Zukunft ausgerichtet sind. Auch bei Feststellungsanträgen ist Grundlage für die Wertberechnung der vorliegende Antrag. Erfasst der Feststellungsantrag auch Rückstände bis zu seiner Einreichung bei Gericht, so sind diese beim Wert nach Abs. 2 Satz 1 erhöhend zu berücksichtigen. Die Sachlage ist nicht anders als bei Änderungs- und Vollstreckungsgegenanträgen, auf die Abs. 2 Satz 1 auch anzuwenden ist. Es handelt sich nur um eine Frage der Auslegung des Feststellungsantrags: Im Zweifel ist dieser dahin auszulegen, dass er zukunftsgerichtet lediglich den Zeitraum ab Einreichung bei Gericht umfasst. Ist der Antrag dagegen ausdrücklich auch auf einen bestimmten Zeitraum vor seiner Einreichung gerichtet, so sind die auf diesen Zeitraum entfallenden Beträge streitgegenständlich und bei der Wertfestsetzung zu berücksichtigen. Da der Unterhalt monatlich im Voraus zu leisten ist, rechnet dabei der Betrag für den Monat der Einreichung des Feststellungsantrags bei Gericht voll zum rückständigen Zeitraum.

14

4. Verfahrenskostenhilfeantrag (Abs. 2 Satz 2)

Ein Verfahrenskostenhilfeantrag kann einem verfahrenseinleitenden Antrag gleichstehen. Dies gilt jedoch nur, wenn der Antrag alsbald nach Mitteilung der Entscheidung über den VKH-Antrag oder über eine alsbald eingelegte Beschwerde ein-

15

---

1 OLG München v. 20.4.2012 – 12 WF 670/12, FamRZ 2013, 147.

gereicht wird. Es darf also keine schuldhafte Verzögerung eingetreten sein. Der Begriff „alsbald" ist in gleicher Weise auszulegen wie in § 696 Abs. 3 ZPO oder wie der Begriff „demnächst" in § 167 ZPO.

5. Sonstige Unterhaltssachen (Absatz 3)

16   Abs. 3 betrifft Verfahren nach § 3 Abs. 2 des BKGG und § 64 Abs. 2 Satz 3 EStG (§ 231 Abs. 2 FamFG): Ist ein Kind in den gemeinsamen Haushalt von Eltern, einem Elternteil und dessen Ehegatten, Pflegeeltern oder Großeltern aufgenommen worden, bestimmen nach diesen Vorschriften diese untereinander den Berechtigten; wird eine Bestimmung nicht getroffen, bestimmt das Gericht auf Antrag den Berechtigten. Für die Entscheidungen in diesen Verfahren wurde bisher keine Gebühr erhoben. Die Gebührenfreiheit dieser Verfahren ist durch das FamGKG aufgegeben worden. Wegen der geringen Bedeutung der Verfahren ist ein einheitlicher Festwert von 300 Euro vorgesehen, der, wenn er nach den besonderen Umständen des Einzelfalls unbillig ist, durch das Gericht erhöht werden kann.

52 Güterrechtssachen

Wird in einer Güterrechtssache, die Familienstreitsache ist, auch über einen Antrag nach § 1382 Abs. 5 oder nach § 1383 Abs. 3 des Bürgerlichen Gesetzbuchs entschieden, handelt es sich um ein Verfahren. Die Werte werden zusammengerechnet.

1   Die Regelung über die Wertberechnung, wenn in einer Güterrechtssache, die Familienstreitsache ist, gleichzeitig über die Stundung oder über die Übertragung bestimmter Vermögensgegenstände zu entscheiden ist, entspricht inhaltlich der sich im früheren Recht aus § 46 Abs. 2 iVm. Abs. 1 Satz 1 GKG ergebenden Regelung.

2   Es wird der Fall geregelt, dass ein Ehegatte auf Zugewinnausgleich klagt und die Übertragung von Vermögensgegenständen unter Anrechnung auf die Ausgleichsforderung begehrt, ferner der Fall, dass auf den Zugewinnausgleichsantrag hin der Gegner die Stundung seiner Schuld begehrt. Die Vorschrift stellt klar, dass es sich insoweit um ein Verfahren handelt, in dem die verschiedenen Gegenstände einzeln zu bewerten und die einzelnen Werte zu addieren sind.

3   Für die Übertragung von Vermögensgegenständen unter Anrechnung auf die Ausgleichsforderung und für die Stundung der Ausgleichsforderung erfolgt die Wertbestimmung nach § 42 Abs. 1. Gegenstand des Verfahrens auf Ausgleich des Zugewinns ist eine bezifferte Geldforderung, der Verfahrenswert bemisst sich nach der Höhe dieser Geldforderung (§ 35).

**Unterabschnitt 3
Wertfestsetzung**

53 Angabe des Werts

Bei jedem Antrag ist der Verfahrenswert, wenn dieser nicht in einer bestimmten Geldsumme besteht, kein fester Wert bestimmt ist oder sich nicht aus früheren Anträgen ergibt, und nach Aufforderung auch der Wert eines Teils des Verfahrensgegenstands schriftlich oder zu Protokoll der Geschäftsstelle anzugeben. Die Angabe kann jederzeit berichtigt werden.

Literatur: *Volpert*, Verfahrenswert – Angabe durch den Antragsteller in Familiensachen (§ 53 FamGKG), RVGreport 2010, 131.

Die Vorschrift entspricht – redaktionell angepasst – dem § 61 GKG. 1

Die Bestimmung der **Pflicht zur Wertangabe bei der Antragstellung** ist eine Ordnungsvorschrift. Wird sie nicht eingehalten, so läuft der Verpflichtete zunächst Gefahr, dass das Gericht den Wert zu hoch schätzt. Ggf. kann die Nichtangabe auch eine Abschätzung durch Sachverständige (§ 56) erforderlich machen, die wiederum zu einer Kostenbelastung des Angabepflichtigen führen kann. Denkbar ist auch die Auferlegung einer Verzögerungsgebühr (§ 32). 2

Die Pflicht zur Wertangabe besteht bei jedem Antrag, wenn dieser nicht in einer bestimmten Geldsumme besteht, kein fester Wert bestimmt ist oder sich nicht aus früheren Anträgen ergibt. Dabei ist nicht nur der Gesamtwert, sondern nach Aufforderung auch der Wert eines Teils des Verfahrensgegenstands anzugeben. 3

Feste Werte sind für folgenden Verfahren vorgesehen: 4
- Bestimmte Kindschaftssachen (§ 45 Abs. 1),
- Abstammungssachen (§ 47 Abs. 1),
- Ehewohnungs- und Haushaltssachen (§ 48 Abs. 1),
- Gewaltschutzsachen (§ 49 Abs. 1),
- Versorgungsausgleichssachen betreffend die Verfahren über einen Auskunftsanspruch oder über die Abtretung von Versorgungsansprüchen (§ 50 Abs. 2),
- Unterhaltssachen, die nicht Familienstreitsachen sind (§ 51 Abs. 3).

Da die Wertangabe nach Satz 2 jederzeit berichtigt werden kann, sind weder die Beteiligten noch das Gericht an die Angabe gebunden. Die Angaben der Beteiligten sind aber ein wichtiges Indiz und können nicht völlig unbeachtet bleiben. Die Nichtbeachtung von Wertangaben der Beteiligten kann in den Fällen, in denen der Wert nach Ermessen zu bestimmen ist, ermessensfehlerhaft sein, weil dann nicht alle wesentlichen Umstände Beachtung gefunden haben. 5

54 *Wertfestsetzung für die Zulässigkeit der Beschwerde*
Ist der Wert für die Zulässigkeit der Beschwerde festgesetzt, ist die Festsetzung auch für die Berechnung der Gebühren maßgebend, soweit die Wertvorschriften dieses Gesetzes nicht von den Wertvorschriften des Verfahrensrechts abweichen.

Die Vorschrift übernimmt inhaltlich die Regelung des § 62 GKG, beschränkt diese jedoch auf die **Wertfestsetzung für die Zulässigkeit der Beschwerde**, weil die Zuständigkeit des Familiengerichts nicht vom Wert abhängig ist. 1

Nach der Bestimmung ist die Festsetzung des Werts, die das Gericht für die Zulässigkeit der Beschwerde vorgenommen hat, auch für die Berechnung der Gebühren maßgebend, soweit die Wertvorschriften des FamGKG nicht von den verfahrensrechtlichen Wertvorschriften abweichen. Bedeutung hat die Vorschrift nur für die Beschwerdeinstanz, nicht für die erste Instanz und auch nicht für die Rechtsbeschwerde. 2

Die Vorschrift verfolgt vorrangig das Ziel, divergierende Wertfestsetzungen zu vermeiden, wenn sich der Wert für die Zulässigkeit der Beschwerde und für die Berechnung der Gebühren nach identischen Wertvorschriften richtet. Durch die Koppelung von Zuständigkeits- und Gebührenstreitwert in diesen Fällen soll weiter ausgeschlossen werden, dass die Gerichtsgebühren nach einem anderen als dem verfahrensrechtlichen Wert berechnet werden. 3

Die Bindungswirkung tritt nur bei einer förmlichen Festsetzung des Werts für die Zulässigkeit der Beschwerde ein. Eine solche Wertfestsetzung erfolgt grundsätzlich in dem Beschluss, der die Zulässigkeit der Beschwerde bejaht oder verneint. 4

5 Voraussetzung für die Maßgeblichkeit der Festsetzung des Werts der Beschwerde ist die **Identität der Wertvorschriften**. Die danach notwendige Gleichheit der verfahrens- und gebührenrechtlichen Wertvorschriften ist nur bei reinen **Zahlungsanträgen** gegeben. Die Bindungswirkung muss nämlich immer dann entfallen, wenn in den Wertvorschriften des FamGKG Wertermäßigungen aus sozialen Gründen oder Billigkeitserwägungen vorgesehen sind. Die Bindungswirkung entfällt ferner bei Antragserweiterung oder Antragsermäßigung, weil sich dadurch der ursprüngliche Bewertungsgegenstand ändert, sowie bei Antrag und Widerantrag und bei einem Stufenantrag.

55 *Wertfestsetzung für die Gerichtsgebühren*

(1) Sind Gebühren, die sich nach dem Verfahrenswert richten, mit der Einreichung des Antrags, der Einspruchs- oder der Rechtsmittelschrift oder mit der Abgabe der entsprechenden Erklärung zu Protokoll fällig, setzt das Gericht sogleich den Wert ohne Anhörung der Beteiligten durch Beschluss vorläufig fest, wenn Gegenstand des Verfahrens nicht eine bestimmte Geldsumme in Euro ist oder für den Regelfall kein fester Wert bestimmt ist. Einwendungen gegen die Höhe des festgesetzten Werts können nur im Verfahren über die Beschwerde gegen den Beschluss, durch den die Tätigkeit des Gerichts auf Grund dieses Gesetzes von der vorherigen Zahlung von Kosten abhängig gemacht wird, geltend gemacht werden.

(2) Soweit eine Entscheidung nach § 54 nicht ergeht oder nicht bindet, setzt das Gericht den Wert für die zu erhebenden Gebühren durch Beschluss fest, sobald eine Entscheidung über den gesamten Verfahrensgegenstand ergeht oder sich das Verfahren anderweitig erledigt.

(3) Die Festsetzung kann von Amts wegen geändert werden
1. von dem Gericht, das den Wert festgesetzt hat, und
2. von dem Rechtsmittelgericht, wenn das Verfahren wegen des Hauptgegenstands oder wegen der Entscheidung über den Verfahrenswert, den Kostenansatz oder die Kostenfestsetzung in der Rechtsmittelinstanz schwebt.

Die Änderung ist nur innerhalb von sechs Monaten zulässig, nachdem die Entscheidung wegen des Hauptgegenstands Rechtskraft erlangt oder das Verfahren sich anderweitig erledigt hat.

I. Allgemeines

1 Die Vorschrift übernimmt – redaktionell angepasst – § 63 GKG für die Verfahren vor den ordentlichen Gerichten.

II. Inhalt der Vorschrift

1. Vorläufige Wertfestsetzung (Abs. 1 Satz 1)

2 Eine **vorläufige Wertfestsetzung** nach Abs. 1 ist nur unter folgenden Voraussetzungen möglich:
- In dem Verfahren müssen Wertgebühren anfallen.
- Diese Wertgebühren müssen mit dem verfahrenseinleitenden Antrag fällig werden.
- Gegenstand des Verfahrens ist nicht eine bestimmte Geldsumme.
- Das Gesetz darf für das Verfahren für den Regelfall keinen Festwert vorsehen.

3 Durch diese Voraussetzungen ist eine vorläufige Wertfestsetzung **nur in Ehesachen und in selbständigen Familienstreitsachen** möglich, denn nur in diesen Verfahren wird die Verfahrensgebühr mit der Einreichung der Antragsschrift, der Einspruchs- oder Rechtsmittelschrift oder mit der Abgabe der entsprechenden Erklärung zu Protokoll fällig (§ 9 Abs. 1). Durch die Beschränkung auf Ehesachen und selbständige Familienstreitsachen geht die weitere Voraussetzung, dass für das Verfahren für den Regelfall kein Festwert vorgesehen sein darf, ins Leere. Weder für die Ehesachen noch für die Familienstreitsachen (§ 112 FamFG) sieht das FamGKG Regelfestwerte vor.

Abs. 1 setzt voraus, dass für das Verfahren **wertabhängige Gebühren** anfallen. Er ist also nicht anwendbar, wenn Wertgebühren oder keine Gebühren anfallen. 4

Wenn Gegenstand einer selbständigen Familienstreitsache ausschließlich eine bestimmte Geldsumme ist, ist eine vorläufige Wertfestsetzung nicht erforderlich, weil der Wert (§ 35) feststeht. 5

Sind die vorgenannten Voraussetzungen gegeben, ist der Verfahrenswert von Amts wegen unmittelbar nach Eingang des verfahrenseinleitenden Antrags vorläufig festzusetzen. Erst durch die Festsetzung des Werts ist die vorgesehene Vorauszahlungspflicht in Ehesachen und selbständigen Familienstreitsachen nach § 14 Abs. 1 umsetzbar. 6

Eine Gesamtschau der Voraussetzungen des Abs. 1 führt zu dem Ergebnis, dass in Ehesachen grundsätzlich immer und in selbständigen Familienstreitsachen nur dann nicht, wenn ausschließlich eine bestimmte Geldsumme gefordert wird, eine vorläufige Wertfestsetzung zu erfolgen hat. Eine vorläufige Wertfestsetzung erfolgt jedoch dann nicht, wenn dem Antragsteller, der zur Vorauszahlung von Gerichtsgebühren verpflichtet ist, ratenfreie Verfahrenskostenhilfe bewilligt worden ist. 7

Im Hinblick auf den vorläufigen Charakter der Festsetzung ist eine **Anhörung der Beteiligten** nicht zwingend, aber auch nicht ausgeschlossen. Eine Anhörung dürfte immer dann zweckmäßig sein, wenn in nicht eilbedürftigen Angelegenheiten der Antragsteller seiner Pflicht zur Angabe des Werts (§ 53) nicht genügt hat und das Gericht, zB in einer Ehesache, ohne Angaben der Beteiligten einen Wert nur schwer ermitteln kann. 8

Die Entscheidung ergeht durch Beschluss. 9

2. Anfechtung der vorläufigen Wertfestsetzung (Abs. 1 Satz 2)

Gegen die vorläufige Wertfestsetzung findet nach Abs. 1 Satz 2 eine Beschwerde nur im Rahmen des § 58 statt, wenn sich der Beschwerdeführer gegen die Höhe des auf Grund des vorläufig festgesetzten Werts erhobenen, von ihm vorauszuzahlenden Betrags für das gerichtliche Verfahren wendet. Im Übrigen kann ein Beteiligter eine Beschwerde nur gegen die endgültige Streitwertfestsetzung nach Abs. 2 einlegen (§ 59). 10

Grund für die eingeschränkte Beschwerdemöglichkeit ist, dass der Antragsteller in jedem anderen Fall durch eine vorläufige (überhöhte) Streitwertfestsetzung nicht beschwert ist. 11

Ein Rechtsmittel gegen die vorläufige Wertfestsetzung kann jedoch als eine nach § 58 zulässige Beschwerde auszulegen sein, wenn mit der Beschwerde letztlich die Höhe des geforderten Kostenvorschusses angegriffen wird, der sich ausschließlich nach der Höhe des vorläufig festgesetzten Werts richtet und von dessen Zahlung das Tätigwerden des Gerichts abhängig ist (§ 14 Abs. 1). 12

Fraglich ist, inwieweit der **Verfahrensbevollmächtigte** gegen eine zu niedrige vorläufige Wertfestsetzung vorgehen kann. § 32 Abs. 2 RVG räumt dem Rechtsanwalt ein **eigenes Beschwerderecht** gegen die Festsetzung des Wertes ein. Hintergrund der Regelung ist, dass durch eine zu niedrige Festsetzung des Werts der Gebührenanspruch des Anwalts tangiert wird. 13

§ 32 Abs. 2 RVG verleiht dem Rechtsanwalt zwar ein eigenes Beschwerderecht. Er eröffnet aber keine über die Regelungen nach dem Gerichtskostengesetz hinausgehende Beschwerdemöglichkeit. Zu beachten ist nämlich der Zweck der vorläufigen Wertfestsetzung. Sie dient vorrangig der Umsetzung der in bestimmten Fällen vorgesehenen Vorauszahlungspflicht nach § 14 Abs. 1 und damit der Beschleunigung des Verfahrens. Berücksichtigt man weiter die nur eingeschränkte Möglichkeit der vor- 14 läufigen Wertfestsetzung für Familiensachen insgesamt, drängt sich die Frage auf, ob die aus ganz anderen Gründen vorgesehene Bindungswirkung nach § 32 Abs. 1 RVG überhaupt durch eine nur vorläufige Wertfestsetzung eintreten kann. Das Gesetz hat der vorläufigen Wertfestsetzung im FamGKG selbst nur eine sehr eingeschränkte Verbindlichkeit zugebilligt, was sich darin widerspiegelt, dass eine Anhörung der Beteiligten nicht erfolgt, eine Änderung jederzeit möglich ist und eben die Beschwerdemöglichkeit eingeschränkt ist. Der im Gesetz ausdrücklich als vorläufig bezeichneten Wertfestsetzung die mit weitreichenden Folgen verbundene Bindungswirkung nach § 32 Abs. 1 RVG zuzusprechen, erscheint daher nicht zwingend. Wenn eine Bindungswirkung für die Rechtsanwaltsvergütung nicht eintritt, ist der Rechtsanwalt durch die vorläufige Festsetzung des Werts nicht beschwert.

15 Im Übrigen folgt der **Ausschluss des Beschwerderechts des Rechtsanwalts** gegen eine vorläufige Wertfestsetzung bereits aus dem Wortlaut des § 32 Abs. 2 RVG, der dem Rechtsanwalt ein eigenes Antragsrecht und eine eigene Beschwerdemöglichkeit nur neben den Verfahrensbeteiligten einräumt. Es besteht auch kein schutzwürdiges Bedürfnis des Rechtsanwalts daran, ein weitergehendes Beschwerderecht als die Beteiligten selbst zugebilligt zu bekommen, die im Gegensatz zu ihrem Verfahrensbevollmächtigten idR eher an der Festsetzung eines niedrigen als eines höheren Werts interessiert sind. Dass der Anwalt dadurch gezwungen sein kann, seinen Vorschussanspruch nach § 9 RVG auf einem von ihm für zu niedrig gehaltenen Wert abzurechnen und dadurch das Verfahren für seinen Mandanten teilweise vorzufinanzieren, stellt keinen ausreichenden Grund für die Eröffnung einer vom Gesetz nicht vorgesehenen Beschwerdemöglichkeit dar. Zum einen trifft das sich daraus ergebende Insolvenzrisiko des Mandanten den Rechtsanwalt genauso wie die Gerichtskasse. Zum anderen ist der Anwalt dadurch ausreichend geschützt, dass die Wertfestsetzung vorläufigen Charakter hat und daher jederzeit abgeändert werden kann, ohne dass es hierzu eines förmlichen Rechtsmittels bedarf. Letztlich ist auch zu berücksichtigen, dass die vorläufige Festsetzung des Werts – abhängig vom Verfahrensstand – mit erheblichen Unsicherheiten behaftet sein kann, die Anlass für eine mehrfache Änderung der Entscheidung im laufenden Verfahren bieten kann. Würde sich an jede Änderung ein Beschwerdeverfahren des Rechtsanwalts anschließen, würde das Verfahren ohne entsprechende Notwendigkeit und ohne dass der vertretene Beteiligte die Möglichkeit hätte, hierauf Einfluss zu nehmen, über Gebühr verzögert. Dies steht dem Sinn und Zweck der vorläufigen Wertfestsetzung entgegen.

3. Endgültige Wertfestsetzung (Absatz 2)

16 Nach Abs. 2 Satz 1 setzt das Gericht **von Amts wegen** den Wert für die zu erhebenden Gebühren aber dann endgültig fest, wenn eine Entscheidung über den gesamten Verfahrensgegenstand ergeht oder sich das Verfahren anderweitig erledigt hat. Im Verfahren der Beschwerde gilt dies dann nicht, wenn die Festsetzung des verfahrensrechtlichen Werts für die Zulässigkeit der Beschwerde auch für den Gebührenwert wirkt (§ 54).

17 Ein **Antrag** ist **nicht erforderlich**. Wird ein Antrag gestellt, ist dies als Anregung für die von Amts wegen zu treffende Entscheidung zu werten. Den Beteiligten ist rechtliches Gehör zu gewähren. Der Antrag eines Rechtsanwalts ist, wenn eine Festsetzung noch nicht erfolgt ist, als Anregung und, wenn eine Festsetzung bereits erfolgt ist, als Beschwerde zu werten.

18 **Zuständig** ist das Gericht, vor dem die Instanz abgeschlossen wurde. Soweit der Rechtspfleger in der Hauptsache zuständig ist, setzt er auch den Verfahrenswert fest.

19 Die Festsetzung erfolgt durch **Beschluss**, der mit der Entscheidung zur Hauptsache verbunden sein kann.

20 Die endgültige Wertfestsetzung nach Abs. 2 wirkt für alle Verfahrensbeteiligten, entfaltet eine Bindungswirkung für die Vergütung der Rechtsanwälte (§ 32 Abs. 1 RVG) und ist auch für das Kostenfestsetzungsverfahren bindend.

Für die **Anfechtung** der endgültigen Wertfestsetzung gilt § 59.

4. Änderung der Wertfestsetzung (Absatz 3)

Die Festsetzung kann von dem Gericht, das sie getroffen hat, und, wenn das Verfahren wegen des Hauptgegenstands oder wegen der Entscheidung über den Verfahrenswert, den Kostenansatz oder die Kostenfestsetzung in der Rechtsmittelinstanz schwebt, von dem Rechtsmittelgericht **von Amts wegen geändert** werden. Der Änderung von Amts wegen kann eine entsprechende Anregung der Beteiligten oder der Verfahrensbevollmächtigten – auch im Wege einer Gegenvorstellung – vorangehen.

Im Interesse aller Beteiligten an einem endgültigen Verfahrenswert ist nach Abs. 3 Satz 2 eine Änderung nur **innerhalb von sechs Monaten** zulässig, nachdem die Entscheidung wegen des Hauptgegenstands Rechtskraft erlangt oder das Verfahren sich anderweitig erledigt hat. Die Frist beginnt mit der endgültigen Erledigung des Verfahrens, nicht bereits einer Instanz. Die Rechtskraft eines Rechtsmittelverfahrens lässt die Frist dann nicht beginnen, wenn das Verfahren an die Vorinstanz zurückverwiesen wurde. Erfolgt eine bisher unterbliebene Festsetzung nach Abs. 2 erst kurz vor Ende der Frist des Abs. 3 Satz 2, kann die Festsetzung noch innerhalb einer sachgemäßen Nachfrist (vgl. § 59 Abs. 1 Satz 3 2. Halbs.) von Amts wegen geändert werden. Ist innerhalb der Frist eine Gegenvorstellung erhoben worden, kann das Gericht auch noch nach Ablauf der Frist die Wertsetzung ändern.

Der **Erhöhung** des Verfahrenswerts steht nicht entgegen, dass dadurch eine rechtskräftige Kostenentscheidung unrichtig werden könnte. Nach der überwiegenden Auffassung in Rechtsprechung und Literatur stellt eine Diskrepanz zwischen Kostenquotelung und Streitwert keinen Hinderungsgrund für eine sachlich gebotene Änderung der Wertfestsetzung dar.[1] Die sich infolge nachträglicher Änderung des Werts herausstellende Unrichtigkeit einer rechtskräftigen Kostenentscheidung zwingt entgegen der Argumentation der Gegenmeinung nicht zur Berichtigung der Kostenentscheidung. Abs. 3 sieht die Korrektur einer unzutreffenden Festsetzung des Verfahrenswerts ohne Berücksichtigung der Auswirkung auf eine rechtskräftige Kostenentscheidung vor. Wie die Positionierung dieser Regelung zeigt, hat sie die Wahrung fiskalischer Interessen zum Gegenstand. Die Gebühren für die Staatskasse und die Verfahrensbevollmächtigten der Beteiligten sind nach dem wahren – wenn auch erst nach Rechtskraft für richtig befundenen – Gebührenwert angefallen. Ein Eingriff in diese Rechtspositionen aus der Erwägung, der Schein der Richtigkeit der Kostenentscheidung müsse gewahrt werden, ist nicht gerechtfertigt. Es kann in Anbetracht der Neukodifizierung des FamGKG in Kenntnis dieser Problematik davon ausgegangen werden, dass der Gesetzgeber weiterhin an der **Möglichkeit der Wertkorrektur noch nach Rechtskraft einer Kostenentscheidung** festhalten wollte, ohne dass er es für erforderlich erachtet hat, für diesen Fall gleichzeitig eine Berichtigungsmöglichkeit vorzusehen.

56 *Schätzung des Werts*
Wird eine Abschätzung durch Sachverständige erforderlich, ist in dem Beschluss, durch den der Verfahrenswert festgesetzt wird (§ 55), über die Kosten der Abschätzung zu entscheiden. Diese Kosten können ganz oder teilweise dem Beteiligten auferlegt werden, welcher die Abschätzung durch Unterlassen der ihm obliegenden Wertangabe, durch unrichtige Angabe des Werts, durch unbegründetes Bestreiten des angegebenen Werts oder durch eine unbegründete Beschwerde veranlasst hat.

---

1 OLG Köln v. 18.3.1993 – 7 W 1/93, OLGZ 1993, 446; OLG Düsseldorf v. 3.2.1992 – 19 U 16/91, NJW-RR 1992, 1407; v. 10.6.1992 – 9 W 52/92, NJW-RR 1992, 1532; OLG Hamm v. 11.5.2001 – 7 WF 146/01, MDR 2001, 1186.

§ 57

I. Allgemeines

1 Die Vorschrift entspricht – redaktionell angepasst – dem § 64 GKG.

II. Inhalt der Vorschrift

1. Abschätzung

2 Die Vorschrift setzt voraus, dass im Rahmen einer Wertermittlung auch eine **förmliche Beweiserhebung** in Frage kommt. Für den Geltungsbereich des GKG ist die inhaltsgleiche Vorschrift des § 64 GKG im Zusammenhang mit § 3 Satz 2 ZPO zu sehen. Inhaltlich befasst sich die Vorschrift nur damit, wen die **Sachverständigenkosten für eine Abschätzung** treffen. Voraussetzung für die Anwendung ist zunächst, dass die Abschätzung im Rahmen einer Wertfestsetzung nach § 55 erforderlich wurde. Sie gilt also nicht für die Wertfestsetzung nach § 54.

2. Kosten

3 Die Vorschrift schreibt eine Kostenentscheidung bezüglich der bei einer Abschätzung angefallenen Sachverständigenauslagen zwingend vor, wenn die Abschätzung durch einen Sachverständigen erforderlich war. Im Hinblick auf den eindeutigen Wortlaut ist eine Ausdehnung auf **andere Kosten als Auslagen für einen Sachverständigen nicht zulässig**. Solche Kosten sind von der Staatskasse zu tragen.

4 Eine Abschätzung durch Sachverständige dürfte nur selten erforderlich werden. Dies könnte dann gegeben sein, wenn die Beteiligten ihrer Pflicht zur Angabe des Werts (§ 53) nicht nachkommen oder die Beteiligten offensichtlich unrichtige Angaben machen.

5 Wem die Kosten der Abschätzung aufzuerlegen sind, hat das Gericht nach pflichtgemäßem Ermessen zu entscheiden. Dies können die Staatskasse oder die Beteiligten sein. Nach Satz 2 kann das Gericht die Sachverständigenkosten dem Beteiligten auferlegen, der sie durch Unterlassen der ihm obliegenden Wertangabe, durch unrichtige Angabe des Werts, durch unbegründetes Bestreiten des angegebenen Werts oder durch eine unbegründete Beschwerde veranlasst hat. Es kommt also auch eine Kostenentscheidung zu Lasten eines Verfahrensbevollmächtigten im Rahmen seines Beschwerderechts (§ 32 Abs. 2 RVG) in Betracht.

6 Die Kostenentscheidung ist in den Wertfestsetzungsbeschluss aufzunehmen. Eine Anfechtung ist daher nach § 59 möglich.

Abschnitt 8
Erinnerung und Beschwerde

§ 57 *Erinnerung gegen den Kostenansatz, Beschwerde*

(1) Über Erinnerungen des Kostenschuldners und der Staatskasse gegen den Kostenansatz entscheidet das Gericht, bei dem die Kosten angesetzt sind. War das Verfahren im ersten Rechtszug bei mehreren Gerichten anhängig, ist das Gericht, bei dem es zuletzt anhängig war, auch insoweit zuständig, als Kosten bei den anderen Gerichten angesetzt worden sind.

(2) Gegen die Entscheidung des Familiengerichts über die Erinnerung findet die Beschwerde statt, wenn der Wert des Beschwerdegegenstands 200 Euro übersteigt. Die Beschwerde ist auch zulässig, wenn sie das Familiengericht, das die angefochtene Entscheidung erlassen hat, wegen der grundsätzlichen Bedeutung der zur Entscheidung stehenden Frage in dem Beschluss zulässt.

(3) Soweit das Familiengericht die Beschwerde für zulässig und begründet hält, hat es ihr abzuhelfen; im Übrigen ist die Beschwerde unverzüglich dem Oberlandes-

gericht vorzulegen. Das Oberlandesgericht ist an die Zulassung der Beschwerde gebunden; die Nichtzulassung ist unanfechtbar.
(4) Anträge und Erklärungen können ohne Mitwirkung eines Rechtsanwalts schriftlich eingereicht oder zu Protokoll der Geschäftsstelle abgegeben werden; § 129a der Zivilprozessordnung gilt entsprechend. Für die Bevollmächtigung gelten die Regelungen des Gesetzes über das Verfahren in Familiensachen und in den Angelegenheiten der freiwilligen Gerichtsbarkeit entsprechend. Die Erinnerung ist bei dem Gericht einzulegen, das für die Entscheidung über die Erinnerung zuständig ist. Die Beschwerde ist bei dem Familiengericht einzulegen.
(5) Das Gericht entscheidet über die Erinnerung und die Beschwerde durch eines seiner Mitglieder als Einzelrichter. Der Einzelrichter überträgt das Verfahren dem Senat, wenn die Sache besondere Schwierigkeiten tatsächlicher oder rechtlicher Art aufweist oder die Rechtssache grundsätzliche Bedeutung hat.
(6) Erinnerung und Beschwerde haben keine aufschiebende Wirkung. Das Gericht oder das Beschwerdegericht kann auf Antrag oder von Amts wegen die aufschiebende Wirkung ganz oder teilweise anordnen; ist nicht der Einzelrichter zur Entscheidung berufen, entscheidet der Vorsitzende des Gerichts.
(7) Entscheidungen des Oberlandesgerichts sind unanfechtbar.
(8) Die Verfahren sind gebührenfrei. Kosten werden nicht erstattet.

I. Allgemeines

Die Vorschrift entspricht im Wesentlichen § 66 GKG, enthält jedoch keine Regelung über die weitere Beschwerde. Dies beruht darauf, dass in Familiensachen für Entscheidungen über Beschwerden gegen Entscheidungen des Familiengerichts das Oberlandesgericht zuständig ist. Eine weitere Beschwerde zum Bundesgerichtshof ist – entsprechend der Regelung in § 66 Abs. 3 Satz 3 GKG – nicht zulässig. Dies wird durch Abs. 7 klargestellt.

II. Inhalt der Vorschrift

Die Vorschrift bestimmt die **Rechtsbehelfe** (Erinnerung und Beschwerde) **gegen den Kostenansatz** (§ 18 GKG).

1. Erinnerung

Der Rechtsbehelf der Erinnerung steht dem Kostenschuldner und der Staatskasse zu. Die Erinnerung ist an keine Frist und an keinen Wert gebunden. Der Erinnerungsführer muss durch den Kostenansatz beschwert sein.

Die Erinnerung ist bei dem Gericht einzulegen, das für die Entscheidung über die Erinnerung zuständig ist (Abs. 4 Satz 3). Die Anträge oder Erklärungen können schriftlich oder elektronisch eingereicht oder zu Protokoll der Geschäftsstelle abgegeben werden (Abs. 4 Satz 1). Ein Anwaltszwang besteht nicht. Die Frage der Bevollmächtigung ist nach § 114 FamFG zu beurteilen (Abs. 4 Satz 2).

Gegenstand der Erinnerung gegen den Kostenansatz können sein:
- Die Höhe der Gebühren und Auslagen, einschließlich des zugrunde gelegten Werts,
- die Inanspruchnahme als Kostenschuldner (zB das Verhältnis Erst- und Zweitschuldner, § 26),
- die Kosten- oder Gebührenfreiheit (§ 2),
- die Fälligkeit,
- die Verrechnung eines Vorschusses auf die Kostenschuld eines anderen Beteiligten,
- die Einrede der Verjährung,
- die Nichterhebung von Kosten wegen unrichtiger Sachbehandlung (§ 20),
- Einwendungen, die den Kostenanspruch selbst (Einwand der Zahlung) und die Verpflichtung zur Duldung der Zwangsvollstreckung betreffen (§ 8 Abs. 1 JBeitrO).

6 Wird die Richtigkeit des Verfahrenswerts angefochten, ist dies zunächst als Antrag auf Wertfestsetzung und, falls diese schon erfolgt ist, als Beschwerde gegen die Wertfestsetzung (§ 59) zu werten.

7 Ist die Vergütung eines Sachverständigen, eines Dolmetschers, eines Übersetzers oder die Entschädigung eines Zeugen nach § 4 JVEG gerichtlich festgesetzt, hindert diese Festsetzung den Kostenschuldner nicht, Einwendungen gegen die Höhe dieser Auslagen im Wege der Erinnerung geltend zu machen. Nach § 4 Abs. 9 JVEG wirken nämlich die Festsetzungsbeschlüsse nicht zu Lasten des Kostenschuldners.

8 Gegen den Beschluss, durch den die Tätigkeit des Familiengerichts nur auf Grund dieses Gesetzes von der vorherigen Zahlung von Kosten abhängig gemacht wird, und wegen der Höhe des in diesem Fall im Voraus zu zahlenden Betrags findet stets die **Beschwerde** statt. § 57 Abs. 3, 4 Satz 1 und 4, Abs. 5, 7 und 8 sind entsprechend anzuwenden. Soweit sich der Beteiligte in dem Hauptsacheverfahren vor dem Familiengericht durch einen Bevollmächtigten vertreten lassen muss, gilt dies auch im Beschwerdeverfahren.

9 Nicht im Wege der Erinnerung kann die Entscheidung, nach der die Tätigkeit des Familiengerichts auf Grund von Vorschriften des FamGKG von der vorherigen Zahlung von Kosten abhängig gemacht wird, angefochten werden. Vielmehr ist für diese Entscheidung, auch was die Höhe des in diesem Fall im Voraus zu zahlenden Betrags betrifft, die Beschwerde nach § 58 gegeben.

10 **Zuständig** für die Entscheidung über die Erinnerung ist das Gericht, bei dem die Kosten angesetzt sind. War das Verfahren im ersten Rechtszug bei mehreren Gerichten anhängig, ist das Gericht, bei dem es zuletzt anhängig war, auch insoweit zuständig, als Kosten bei den anderen Gerichten angesetzt worden sind. Die Zuständigkeit für den Kostenansatz ergibt sich aus § 18.

11 Soweit das Oberlandesgericht zuständig ist, entscheidet es durch eines seiner Mitglieder als Einzelrichter (Abs. 5 Satz 1). Der Einzelrichter überträgt das Verfahren dem Senat, wenn die Sache besondere Schwierigkeiten tatsächlicher oder rechtlicher Art aufweist oder die Rechtssache grundsätzliche Bedeutung hat (Abs. 5 Satz 2).

12 In einem Verfahren, das dem Rechtspfleger übertragen ist, entscheidet dieser auch über die Erinnerung (§ 4 RPflG).

2. Beschwerde

13 Nach Abs. 2 findet gegen die Entscheidung über die Erinnerung die unbefristete Beschwerde statt, wenn der Wert des Beschwerdegegenstands 200 Euro übersteigt. Die Beschwerde ist auch zulässig, wenn das Familiengericht, das die angefochtene Entscheidung erlassen hat, sie wegen der grundsätzlichen Bedeutung der zur Entscheidung stehenden Frage zulässt. Eine Beschwerde gegen eine Erinnerungsentscheidung des Oberlandesgerichts ist ausgeschlossen (Abs. 7).

14 Die Entscheidung über die Zulassung bzw. Nichtzulassung der Beschwerde nach Abs. 2 Satz 2 ist in dem Beschluss zu treffen, in dem über die Erinnerung entschieden wird. Sie kann nicht nachgeholt werden. Der Möglichkeit der Zulassung ist auf die Fälle der grundsätzlichen Bedeutung der zur Entscheidung stehenden Frage beschränkt. Die zur Entscheidung anstehende Frage darf bisher nicht obergerichtlich geklärt sein. Die Entscheidung über die Zulassung hat das Gericht nach freiem Ermessen zu treffen. Die Zulassung ist für das Beschwerdegericht bindend (Abs. 3 Satz 2). Die Nichtzulassung ist nicht anfechtbar (Abs. 3 Satz 2).

15 In Verfahren, die dem Rechtspfleger übertragen sind, entscheidet dieser auch über die Zulassung der Beschwerde. Gegen eine Nichtzulassung der Beschwerde durch den Rechtspfleger ist die befristete Erinnerung nach § 11 Abs. 2 RPflG gegeben. Der Rechtspfleger kann der Erinnerung abhelfen. Erinnerungen, denen er nicht abhilft, legt er dem Richter zur Entscheidung vor.

Die Beschwerde ist beim Ausgangsgericht einzulegen, also bei dem Gericht, das über die Erinnerung entschieden hat (Abs. 4 Satz 4). Beschwerdeberechtigt sind der Kostenschuldner und die Staatskasse, soweit sie beschwert sind. Die Anträge oder Erklärungen können schriftlich oder elektronisch eingereicht oder zu Protokoll der Geschäftsstelle abgegeben werden (Abs. 4 Satz 1). Ein Anwaltszwang besteht nicht. Die Frage der Bevollmächtigung ist nach § 114 FamFG zu beurteilen (Abs. 4 Satz 2). **16**

Soweit das Familiengericht die Beschwerde für zulässig und begründet hält, hat es ihr abzuhelfen; im Übrigen ist die Beschwerde unverzüglich dem Oberlandesgericht vorzulegen. Das Oberlandesgericht entscheidet über die Beschwerde durch eines seiner Mitglieder als Einzelrichter (Abs. 5 Satz 1). Der Einzelrichter überträgt das Verfahren dem Senat, wenn die Sache besondere Schwierigkeiten tatsächlicher oder rechtlicher Art aufweist oder die Rechtssache grundsätzliche Bedeutung hat (Abs. 5 Satz 2). **17**

Die Entscheidung des Beschwerdegerichts ist unanfechtbar. **18**

3. Aufschiebende Wirkung und Kosten (Absätze 6 und 8)

Nach Abs. 6 haben Erinnerung und Beschwerde keine aufschiebende Wirkung. Sowohl im Erinnerungsverfahren als auch im Beschwerdeverfahren kann das Gericht auf Antrag oder von Amts wegen die aufschiebende Wirkung ganz oder teilweise anordnen. Im Rahmen der Erinnerung oder Beschwerde vor dem Oberlandesgericht trifft die Anordnung grundsätzlich der Einzelrichter. Hat dieser das Verfahren nach Abs. 5 Satz 2 auf den Senat übertragen, entscheidet der Vorsitzende. **19**

Die Anordnung und auch die Nichtanordnung sind unanfechtbar. **20**

Das Verfahren über die Erinnerung und das Beschwerdeverfahren sind gerichtsgebührenfrei (Abs. 8 Satz 1). Auslagen, insbesondere Zustellungsauslagen, können anfallen. Für diese Kosten haften der Erinnerungs- oder Beschwerdeführer als Antragsteller der Instanz (§ 21 Abs. 1) und derjenige, dem das Gericht die Kosten des Erinnerungs- oder Beschwerdeverfahrens auferlegt hat (§ 24 Nr. 1). **21**

Über die im Verfahren entstandenen Aufwendungen der Beteiligten ist nicht zu entscheiden, da Kosten nicht erstattet werden (Abs. 8 Satz 2). **22**

§ 58 Beschwerde gegen die Anordnung einer Vorauszahlung

(1) Gegen den Beschluss, durch den die Tätigkeit des Familiengerichts nur auf Grund dieses Gesetzes von der vorherigen Zahlung von Kosten abhängig gemacht wird, und wegen der Höhe des in diesem Fall im Voraus zu zahlenden Betrags findet stets die Beschwerde statt. § 57 Abs. 3, 4 Satz 1 und 4, Abs. 5, 7 und 8 ist entsprechend anzuwenden. Soweit sich der Beteiligte in dem Verfahren wegen des Hauptgegenstands vor dem Familiengericht durch einen Bevollmächtigten vertreten lassen muss, gilt dies auch im Beschwerdeverfahren.

(2) Im Falle des § 16 Abs. 2 ist § 57 entsprechend anzuwenden.

I. Allgemeines

Die Vorschrift entspricht – redaktionell angepasst – dem § 67 GKG. **1**

II. Inhalt der Vorschrift

Sie eröffnet die Beschwerdemöglichkeit gegen Entscheidungen des Familiengerichts, durch die die Tätigkeit des Gerichts auf Grund des FamGKG von der vorherigen Zahlung von Kosten abhängig gemacht wird. **2**

Nach § 12 darf das Gericht sein Tätigwerden von der Zahlung oder Sicherstellung der Kosten nur in ausdrücklich genannten Fällen abhängig machen. Solche ausdrücklichen Vorschriften des FamGKG sind: **3**

- § 14 Abs. 1 (Verfahrensgebühr in Ehesachen und selbständigen Familienstreitsachen, auch bei Antragserweiterung),
- § 14 Abs. 3 (Verfahren, in denen der Antragsteller die Kosten schuldet, § 21),
- § 16 Abs. 1 Satz 2 (Auslagenvorschuss für Handlungen, die nur auf Antrag vorzunehmen sind),

4   Eine Sonderregelung sieht Abs. 2 für den Fall des § 16 Abs. 2 (Auslagenvorschuss für die Herstellung und Überlassung von Dokumenten auf Antrag sowie die Versendung von Akten) vor. In diesem Fall sind die Erinnerung und die Beschwerde nach § 57 gegeben.

5   Die Entscheidung des Familiengerichts, sein weiteres Tätigwerden nach den Vorschriften des FamGKG von der Zahlung eines Vorschusses abhängig zu machen, und die Festlegung der Höhe des in diesem Fall im Voraus zu zahlenden Betrags, können mit der Beschwerde nach § 58 Abs. 1 angefochten werden. Eine Beschwerde nach § 58 Abs. 1 ist nicht eröffnet, wenn die Vorschusspflicht auch auf Grund verfahrensrechtlicher Vorschriften besteht (§§ 113 Abs. 1 Satz 2 FamFG, 402, 379 ZPO).[1] Diese Vorschriften gehen § 16 vor. Eine Beschwerde nach § 58 Abs. 1 ist aber nur statthaft, soweit das Familiengericht seine richterliche oder rechtspflegerische Tätigkeit von der Zahlung eines Kostenvorschusses oder einer Vorauszahlung gerade nur „auf Grund dieses Gesetzes" abhängig macht.

6   Entgegen dem eigentlichen Wortlaut setzt die Beschwerde keine Entscheidung des Familiengerichts über die Abhängigmachung durch Beschluss voraus. Der Begriff des Beschlusses ist nicht im Sinne eines förmlichen Beschlusses zu verstehen,[2] da rein verfahrensleitende Anordnungen – wie die Abhängigmachung – regelmäßig in Form einer Verfügung erfolgen.

7   Soweit in Abs. 1 Satz 2 auf die Vorschriften des § 57 verwiesen wird, wird auf die Ausführungen zu dieser Vorschrift Bezug genommen.

59 Beschwerde gegen die Festsetzung des Verfahrenswerts

(1) Gegen den Beschluss des Familiengerichts, durch den der Verfahrenswert für die Gerichtsgebühren festgesetzt worden ist (§ 55 Abs. 2), findet die Beschwerde statt, wenn der Wert des Beschwerdegegenstands 200 Euro übersteigt. Die Beschwerde findet auch statt, wenn sie das Familiengericht wegen der grundsätzlichen Bedeutung der zur Entscheidung stehenden Frage in dem Beschluss zulässt. Die Beschwerde ist nur zulässig, wenn sie innerhalb der in § 55 Abs. 3 Satz 2 bestimmten Frist eingelegt wird; ist der Verfahrenswert später als einen Monat vor Ablauf dieser Frist festgesetzt worden, kann sie noch innerhalb eines Monats nach Zustellung oder formloser Mitteilung des Festsetzungsbeschlusses eingelegt werden. Im Fall der formlosen Mitteilung gilt der Beschluss mit dem dritten Tag nach Aufgabe zur Post als bekannt gemacht. § 57 Abs. 3, 4 Satz 1, 2 und 4, Abs. 5 und 7 ist entsprechend anzuwenden.

(2) War der Beschwerdeführer ohne sein Verschulden verhindert, die Frist einzuhalten, ist ihm auf Antrag vom Oberlandesgericht Wiedereinsetzung in den vorigen Stand zu gewähren, wenn er die Beschwerde binnen zwei Wochen nach der Beseitigung des Hindernisses einlegt und die Tatsachen, welche die Wiedereinsetzung begründen, glaubhaft macht. *Ein Fehlen des Verschuldens wird vermutet, wenn eine Rechtsbehelfsbelehrung unterblieben oder fehlerhaft ist.*[3] Nach Ablauf eines Jahres, von dem Ende der versäumten Frist an gerechnet, kann die Wiedereinsetzung nicht mehr beantragt werden.

---

1 BGH v. 3.3.2009 – VIII ZB 56/08, FamRZ 2009, 1056.
2 OLG Brandenburg v. 17.2.1998 – 7 W 49/97, NJW-RR 1999, 291.
3 Satz 2 eingefügt mit Wirkung ab 1.1.2014 durch Art. 10 Nr. 3 des Gesetzes zur Einführung einer Rechtsbehelfsbelehrung im Zivilprozess und zur Änderung anderer Vorschriften v. 5.12.2012, BGBl. I, S. 2418.

(3) Die Verfahren sind gebührenfrei. Kosten werden nicht erstattet.

I. Allgemeines

Die Vorschrift entspricht inhaltlich im Wesentlichen dem § 68 GKG. Regelungen über die weitere Beschwerde sowie über die Beschwerde gegen die Ablehnung der Wiedereinsetzung sind entsprechend der Systematik, nach der Rechtsmittel gegen die Entscheidungen des Oberlandesgerichts nicht zulässig sein sollen, nicht aufgenommen worden. 1

II. Inhalt der Vorschrift

1. Statthaftigkeit der Beschwerde (Abs. 1 Satz 1 und 2)

Die Beschwerde ist nur **gegen die endgültige Wertfestsetzung nach § 55 Abs. 2 durch das Familiengericht** möglich. Wertfestsetzungen des OLG und des BGH sind unanfechtbar. Hinsichtlich des OLG ergibt sich dies nicht nur aus dem Wortlaut von Abs. 1 Satz 1 sondern auch durch die Verweisung in Abs. 1 Satz 5 auf § 57 Abs. 7. 2

Eine Beschwerde gegen Wertfestsetzungen nach § 54 und § 55 Abs. 1 ist nicht gegeben. Inwieweit eine vorläufige Wertfestsetzung nach § 55 Abs. 1 angefochten werden kann, ist den Erläuterungen zu § 55 zu entnehmen. 3

Wird eine Erinnerung gegen den Kostenansatz (§ 57) ausschließlich mit einer falschen Wertfestsetzung begründet, ist die Erinnerung als Beschwerde gegen die Wertfestsetzung zu werten. 4

2. Zulässigkeit und Verfahren (Abs. 1 Satz 3 bis 5)

Die Beschwerde findet statt, wenn der **Wert des Beschwerdegegenstands 200 Euro** übersteigt. Die Beschwerde ist auch zulässig, wenn das Familiengericht, das die angefochtene Entscheidung erlassen hat, sie wegen der grundsätzlichen Bedeutung der zur Entscheidung stehenden Frage in dem Beschluss zulässt. 5

Bei der **Berechnung der Beschwer** kommt es auf die Differenz der Kosten an, die sich aus dem festgesetzten und dem nach der Beschwerde richtigen Wert ergeben. Hat ein Beteiligter Beschwerde eingelegt, ist für seine Beschwer die Differenz der ihn treffenden Rechtsanwalts- und Gerichtskosten maßgebend. Hat der Rechtsanwalt nach § 32 Abs. 2 RVG die Beschwerde im eigenen Namen eingelegt, ergibt sich die Beschwer aus der Differenz in der Höhe seines Vergütungsanspruchs. 6

Die Entscheidung über die Zulassung bzw. Nichtzulassung der Beschwerde ist in dem Beschluss zu treffen, in dem die Wertfestsetzung erfolgt. Sie kann nicht nachgeholt werden. Der Möglichkeit der Zulassung ist auf die Fälle der grundsätzlichen Bedeutung der zur Entscheidung stehenden Frage beschränkt. Die zur Entscheidung anstehende Frage darf bisher nicht obergerichtlich geklärt sein. Die Entscheidung über die Zulassung hat das Gericht nach freiem Ermessen zu treffen. Die Zulassung ist für das Beschwerdegericht bindend (Abs. 1 Satz 5 iVm. § 57 Abs. 3 Satz 2). Die Nichtzulassung ist nicht anfechtbar (Abs. 1 Satz 5 iVm. § 57 Abs. 3 Satz 2). 7

In Verfahren, die dem Rechtspfleger übertragen sind, entscheidet dieser auch über die Zulassung der Beschwerde. Gegen eine Nichtzulassung der Beschwerde durch den Rechtspfleger ist die befristete Erinnerung nach § 11 Abs. 2 RPflG gegeben. Der Rechtspfleger kann der Erinnerung abhelfen. Erinnerungen, denen er nicht abhilft, legt er dem Richter zur Entscheidung vor. 8

Beschwerdeberechtigt sind neben den Beteiligten auch die Prozessbevollmächtigten, und zwar in eigenem Namen (§ 32 Abs. 2 RVG). 9

Nach Abs. 1 Satz 3 muss die Beschwerde innerhalb der **Sechsmonatsfrist** des § 55 Abs. 3 Satz 2 eingelegt werden. Die Beschwerde ist also nur zulässig, wenn sie innerhalb von sechs Monaten, nachdem die Entscheidung wegen des Hauptgegenstands Rechtskraft erlangt oder das Verfahren sich anderweitig erledigt hat, erhoben wird. 10

Die Frist beginnt mit der endgültigen Erledigung des Verfahrens, nicht bereits einer Instanz. Die Rechtskraft eines Rechtsmittelverfahrens lässt die Frist dann nicht beginnen, wenn das Verfahren an die Vorinstanz zurückverwiesen wurde.

11 Ist der Verfahrenswert später als einen Monat vor Ablauf dieser Frist durch das Familiengericht festgesetzt worden, kann sie noch innerhalb eines Monats nach Zustellung oder formloser Mitteilung des Festsetzungsbeschlusses eingelegt werden (Abs. 1 Satz 3 2. Halbs.). Im Fall der formlosen Mitteilung gilt der Beschluss mit dem dritten Tag nach Aufgabe zur Post als bekannt gemacht (Abs. 1 Satz 4).

12 Die Beschwerde ist **beim Ausgangsgericht** einzulegen also bei dem Familiengericht, das den Wert festgesetzt hat (Abs. 1 Satz 5 iVm. § 57 Abs. 4 Satz 4). Die Anträge oder Erklärungen können schriftlich oder elektronisch eingereicht oder zu Protokoll der Geschäftsstelle abgegeben werden (Abs. 1 Satz 5 iVm. § 57 Abs. 4 Satz 1). Ein Anwaltszwang besteht nicht (Abs. 1 Satz 5 iVm. § 57 Abs. 4 Satz 1). Die Frage der Bevollmächtigung ist nach § 114 FamFG zu beurteilen (Abs. 1 Satz 5 iVm. § 57 Abs. 4 Satz 2). Soweit das Familiengericht die Beschwerde für zulässig und begründet hält, hat es ihr abzuhelfen; im Übrigen ist die Beschwerde unverzüglich dem Oberlandesgericht vorzulegen (Abs. 1 Satz 5 iVm. § 57 Abs. 3 Satz 1).

13 Das Oberlandesgericht entscheidet über die Beschwerde durch eines seiner Mitglieder als Einzelrichter (Abs. 1 Satz 5 iVm. § 57 Abs. 5 Satz 1). Der Einzelrichter überträgt das Verfahren dem Senat, wenn die Sache besondere Schwierigkeiten tatsächlicher oder rechtlicher Art aufweist oder die Rechtssache grundsätzliche Bedeutung hat (Abs. 1 Satz 5 iVm. § 57 Abs. 5 Satz 2).

14 Die Entscheidung des Beschwerdegerichts ist **unanfechtbar**.

3. Wiedereinsetzung (Absatz 2)

15 Abs. 2 ermöglicht bei einer Versäumung der Frist zur Einlegung der Beschwerde die Wiedereinsetzung in den vorigen Stand. Die Entscheidung trifft das Oberlandesgericht. Die Beschwerde muss innerhalb einer Frist von zwei Wochen nach der Beseitigung des Hindernisses eingelegt werden. Die Wiedereinsetzung kann nur gewährt werden, wenn der Beschwerdeführer ohne sein Verschulden die Beschwerdefrist versäumt hat und er die Tatsachen glaubhaft macht, die die Wiedereinsetzung begründen.

16 Eine Wiedereinsetzung ist nach Ablauf eines Jahres, von dem Ende der versäumten Frist an gerechnet, ausgeschlossen (Abs. 2 Satz 2).

4. Kosten des Verfahrens (Absatz 3)

17 Das Verfahren über die Beschwerde ist gerichtsgebührenfrei (Abs. 3 Satz 1). Auslagen, insbesondere Zustellungs- und Sachverständigenauslagen, können anfallen. Für diese Kosten haften der Beschwerdeführer als Antragsteller der Instanz (§ 21 Abs. 1) und derjenige, dem das Gericht die Kosten des Beschwerdeverfahrens auferlegt hat (§ 24 Nr. 1).

18 Über die im Verfahren entstanden Aufwendungen der Beteiligten ist nicht zu entscheiden, da Kosten nicht erstattet werden (Abs. 3 Satz 2).

§ 60 *Beschwerde gegen die Auferlegung einer Verzögerungsgebühr*

Gegen den Beschluss des Familiengerichts nach § 32 findet die Beschwerde statt, wenn der Wert des Beschwerdegegenstands 200 Euro übersteigt oder das Familiengericht die Beschwerde wegen der grundsätzlichen Bedeutung in dem Beschluss der zur Entscheidung stehenden Frage zugelassen hat. § 57 Abs. 3, 4 Satz 1, 2 und 4, Abs. 5, 7 und 8 ist entsprechend anzuwenden.

I. Allgemeines

Die Vorschrift entspricht – redaktionell angepasst – dem § 69 GKG. 1

II. Inhalt der Vorschrift

1. Statthaftigkeit der Beschwerde

Die Beschwerde ist gegen den **Beschluss des Familiengerichts** nach § 32 möglich, 2
durch den eine Verzögerungsgebühr auferlegt wurde. Derartige Beschlüsse des OLG und des BGH sind unanfechtbar. Hinsichtlich des OLG ergibt sich dies nicht nur aus dem Wortlaut von Satz 1, sondern auch durch die Verweisung in Abs. 1 Satz 5 auf § 57 Abs. 7.

2. Zulässigkeit und Verfahren

Die unbefristete Beschwerde findet statt, wenn der **Wert des Beschwerdegegen-** 3
stands 200 Euro übersteigt. Die Beschwerde ist auch zulässig, wenn das Familiengericht, das die angefochtene Entscheidung erlassen hat, sie wegen der grundsätzlichen Bedeutung der zur Entscheidung stehenden Frage in dem Beschluss zulässt.

Die Entscheidung über die Zulassung bzw. Nichtzulassung der Beschwerde ist in 4
dem Beschluss zu treffen, in dem die Gebühr auferlegt wurde. Sie kann nicht nachgeholt werden. Die Möglichkeit der Zulassung ist auf die Fälle der grundsätzlichen Bedeutung der zur Entscheidung stehenden Frage beschränkt. Die zur Entscheidung anstehende Frage darf bisher nicht obergerichtlich geklärt sein. Die Entscheidung über die Zulassung hat das Gericht nach freiem Ermessen zu treffen. Die Zulassung ist für das Beschwerdegericht bindend (Satz 2 iVm. § 57 Abs. 3 Satz 2). Die Nichtzulassung ist nicht anfechtbar (Satz 1 iVm. § 57 Abs. 3 Satz 2).

In Verfahren, die dem Rechtspfleger übertragen sind, entscheidet dieser auch über 5
die Zulassung der Beschwerde. Gegen eine Nichtzulassung der Beschwerde durch den Rechtspfleger ist die befristete Erinnerung nach § 11 Abs. 2 RPflG gegeben. Der Rechtspfleger kann der Erinnerung abhelfen. Erinnerungen, denen er nicht abhilft, legt er dem Richter zur Entscheidung vor.

Die Beschwerde ist beim **Ausgangsgericht** einzulegen, also bei dem Familien- 6
gericht (Satz 2 iVm. § 57 Abs. 4 Satz 4). Die Anträge oder Erklärungen können schriftlich oder elektronisch eingereicht oder zu Protokoll der Geschäftsstelle abgegeben werden (Satz 2 iVm. § 57 Abs. 4 Satz 1). Ein Anwaltszwang besteht nicht (Satz 2 iVm. § 57 Abs. 4 Satz 1). Die Frage der Bevollmächtigung ist nach § 114 FamFG zu beurteilen (Satz 2 iVm. § 57 Abs. 4 Satz 2). Soweit das Familiengericht die Beschwerde für zulässig und begründet hält, hat es ihr abzuhelfen; im Übrigen ist die Beschwerde unverzüglich dem Oberlandesgericht vorzulegen (Satz 2 iVm. § 57 Abs. 3 Satz 1).

Das Oberlandesgericht entscheidet über die Beschwerde durch eines seiner Mit- 7
glieder als Einzelrichter (Satz 2 iVm. § 57 Abs. 5 Satz 1). Der Einzelrichter überträgt das Verfahren dem Senat, wenn die Sache besondere Schwierigkeiten tatsächlicher oder rechtlicher Art aufweist oder die Rechtssache grundsätzliche Bedeutung hat (Satz 2 iVm. § 57 Abs. 5 Satz 2).

Die Entscheidung des Beschwerdegerichts ist **unanfechtbar**. 8

3. Kosten des Verfahrens

Das Verfahren über die Beschwerde ist gerichtsgebührenfrei (Satz 2 iVm. § 57 9
Abs. 8 Satz 1). Auslagen, insbesondere Zustellungsauslagen, können anfallen. Für diese Kosten haften der Beschwerdeführer als Antragsteller der Instanz (§ 21 Abs. 1) und derjenige, dem das Gericht die Kosten des Beschwerdeverfahrens auferlegt hat (§ 24 Nr. 1).

Über die im Verfahren entstandenen Aufwendungen der Beteiligten ist nicht zu 10
entscheiden, da Kosten nicht erstattet werden (Satz 2 iVm. § 57 Abs. 8 Satz 2).

§ 61 Abhilfe bei Verletzung des Anspruchs auf rechtliches Gehör

(1) Auf die Rüge eines durch die Entscheidung beschwerten Beteiligten ist das Verfahren fortzuführen, wenn
1. ein Rechtsmittel oder ein anderer Rechtsbehelf gegen die Entscheidung nicht gegeben ist und
2. das Gericht den Anspruch dieses Beteiligten auf rechtliches Gehör in entscheidungserheblicher Weise verletzt hat.

(2) Die Rüge ist innerhalb von zwei Wochen nach Kenntnis von der Verletzung des rechtlichen Gehörs zu erheben; der Zeitpunkt der Kenntniserlangung ist glaubhaft zu machen. Nach Ablauf eines Jahres seit Bekanntmachung der angegriffenen Entscheidung kann die Rüge nicht mehr erhoben werden. Formlos mitgeteilte Entscheidungen gelten mit dem dritten Tage nach Aufgabe zur Post als bekannt gemacht. Die Rüge ist bei dem Gericht zu erheben, dessen Entscheidung angegriffen wird; § 57 Abs. 4 Satz 1 und 2 gilt entsprechend. Die Rüge muss die angegriffene Entscheidung bezeichnen und das Vorliegen der in Absatz 1 Nr. 2 genannten Voraussetzungen darlegen.

(3) Den übrigen Beteiligten ist, soweit erforderlich, Gelegenheit zur Stellungnahme zu geben.

(4) Das Gericht hat von Amts wegen zu prüfen, ob die Rüge an sich statthaft und ob sie in der gesetzlichen Form und Frist erhoben ist. Mangelt es an einem dieser Erfordernisse, so ist die Rüge als unzulässig zu verwerfen. Ist die Rüge unbegründet, weist das Gericht sie zurück. Die Entscheidung ergeht durch unanfechtbaren Beschluss. Der Beschluss soll kurz begründet werden.

(5) Ist die Rüge begründet, so hilft ihr das Gericht ab, indem es das Verfahren fortführt, soweit dies auf Grund der Rüge geboten ist.

(6) Kosten werden nicht erstattet.

I. Allgemeines

1 Das Verfahren auf die Rüge bei Verletzung des Anspruchs auf rechtliches Gehör entspricht – redaktionell angepasst – dem § 69a GKG. Die Vorschrift vervollständigt die Möglichkeiten, richterliche Verstöße gegen den Anspruch auf rechtliches Gehör – unterhalb des Verfassungsbeschwerdeverfahrens – im fachgerichtlichen Verfahren zu rügen. Für die Fälle, in denen ein Rechtsmittel nicht zur Verfügung steht, wird die **Anhörungsrüge** als eigenständiger Rechtsbehelf im Gesetz verankert. Die Anhörungsrüge kommt als subsidiärer Rechtsbehelf aber nur dann zum Zuge, wenn der Anhörungsverstoß nicht im Rahmen anderer zur Überprüfung der Entscheidung gegebener Rechtsbehelfe oder Rechtsmittel behoben werden kann. Bei Verletzung des rechtlichen Gehörs ist also **zunächst das zulässige Rechtsmittel** einzulegen. Damit muss zwar auch in offenkundigen Pannenfällen der von einem Anhörungsverstoß Betroffene den Weg ins Rechtsmittel nehmen. Mit dem Vorrang des Rechtsmittels werden jedoch unvermeidbare Konkurrenzen zwischen Rechtsmittel und Anhörungsrüge weitgehend ausgeschlossen.

2 Entsprechend § 321a ZPO ist die kostenrechtliche Anhörungsrüge wie folgt ausgestaltet:
- Sie ist bei dem Gericht zu erheben, das die gerügte Entscheidung erlassen hat;
- bei erfolgreicher Rüge ist das Verfahren fortzusetzen, soweit dies auf Grund der Rüge geboten ist;
- gegen die Entscheidung, mit der die Anhörungsrüge verworfen oder zurückgewiesen wird, ist kein Rechtsbehelf gegeben.

II. Inhalt der Vorschrift

1. Statthaftigkeit und Rügegründe (Absatz 1)

3 Abs. 1 enthält in Satz 1 die Voraussetzungen, unter denen die Rüge der Verletzung des Anspruchs auf rechtliches Gehör statthaft und begründet ist. Das Gericht ist bei einer Rüge des durch die Entscheidung beschwerten Beteiligten verpflichtet, das Verfahren fortzuführen, wenn ein Rechtsmittel oder ein anderer Rechtsbehelf nicht gegeben und eine Verletzung des Anspruchs auf rechtliches Gehör in entscheidungserheblicher Weise festzustellen ist.

Zu den Rechtsbehelfen iSd. Abs. 1 zählen **alle im FamGKG geregelten Verfahren**. 4

Eine Verletzung des Anspruchs auf rechtliches Gehör (Art. 103 Abs. 1 GG) begründet nur dann die Fortführung des Verfahrens, wenn sie **entscheidungserheblich** ist. Entscheidungserheblichkeit liegt vor, wenn nicht ausgeschlossen werden kann, dass das Gericht ohne die Verletzung des Anspruchs auf rechtliches Gehör zu einer anderen Entscheidung gekommen wäre. 5

2. Frist, Form und Inhalt der Rüge (Absatz 2)

Nach Abs. 2 Satz 1 ist die Rüge innerhalb einer **Frist von zwei Wochen** zu erheben. Die Frist beginnt in dem Zeitpunkt, in dem der Betroffene von der Verletzung des rechtlichen Gehörs Kenntnis erlangt. Damit lehnt sich die Vorschrift an die entsprechenden Regelungen in den – ebenfalls die Rechtskraft durchbrechenden – Rechtsbehelfen der Wiedereinsetzung und der Wiederaufnahme an. Der Betroffene muss glaubhaft machen, wann er von der Verletzung des rechtlichen Gehörs Kenntnis erlangt hat. 6

Im Interesse der Rechtssicherheit bestimmt Abs. 2 Satz 2 eine **Ausschlussfrist** von einem Jahr seit Bekanntgabe der angegriffenen Entscheidung. 7

Nicht zuzustellende Entscheidungen sollen nicht im Hinblick auf eine mögliche Gehörsrüge zustellungspflichtig werden; daher sieht Abs. 2 Satz 3 für den Fall der formlosen Mitteilung eine **Fiktion der Bekanntgabe** vor. Sie gelten mit dem dritten Tag nach der Aufgabe zur Post als bekannt gemacht. 8

Nach Abs. 2 Satz 4 ist die Rüge durch **Einreichung eines Schriftsatzes** zu erheben. Durch die Verweisung in Abs. 2 Satz 4 auf § 57 Abs. 4 Satz 1 und 2 ist sichergestellt, dass auch eine Erklärung zu Protokoll der Geschäftsstelle zulässig ist, ein Anwaltszwang nicht besteht und sich die Frage der Bevollmächtigung nach § 114 FamFG beurteilt. 9

Aus der Rügeschrift muss gem. Abs. 2 Satz 5 hervorgehen, welche Entscheidung mit der Rüge angegriffen wird und aus welchen Umständen sich eine entscheidungserhebliche Verletzung des Anspruchs auf rechtliches Gehör ergibt (vgl. Abs. 1 Satz 1 Nr. 2). 10

3. Verfahren

Das Gericht hat erforderlichenfalls die übrigen Beteiligten zu hören (Abs. 3). Es hat von Amts wegen zu prüfen, ob die Gehörsrüge statthaft und zulässig ist. Fehlt es hieran, wird die Rüge als unzulässig verworfen. Der unanfechtbare Verwerfungsbeschluss ist kurz zu begründen. 11

Voraussetzung der Begründetheit ist, dass der Anspruch auf rechtliches Gehör in entscheidungserheblicher Weise verletzt wurde. Die Darlegungslast liegt zwar grundsätzlich beim Rügeführer, das Gericht trifft aber eine ergänzende Aufklärungs- und Amtsermittlungspflicht. Ist die Rüge unbegründet, entscheidet das Gericht durch unanfechtbaren Beschluss. Ist sie begründet, so hilft ihr das Gericht ab, indem es das Verfahren fortführt (Abs. 5), soweit dies auf Grund der Rüge geboten ist. Das Verfahren wird dadurch in die Lage zurückversetzt, in der es sich vor der gerügten Entscheidung befunden hat. 12

4. Kosten

Über die im Verfahren entstandenen Aufwendungen der Beteiligten ist nicht zu entscheiden, da Kosten nicht erstattet werden (Abs. 6). 13

Für das kostenrechtliche Rügeverfahren entstehen keine Kosten. Die in Nr. 1800 KV FamGKG vorgesehene Gebühr betrifft nur das Verfahren über die Rüge wegen Verletzung des Anspruchs auf rechtliches Gehör nach § 44 FamFG. 14

§ 61a Verordnungsermächtigung

Die Landesregierungen werden ermächtigt, durch Rechtsverordnung zu bestimmen, dass die von den Gerichten der Länder zu erhebenden Verfahrensgebühren in solchen Verfahren, die nur auf Antrag eingeleitet werden, über die im Kostenverzeichnis für den Fall der Zurücknahme des Antrags vorgesehene Ermäßigung hinaus weiter ermäßigt werden oder entfallen, wenn das gesamte Verfahren oder bei Verbundverfahren nach § 44 eine Folgesache nach einer Mediation oder nach einem anderen Verfahren der außergerichtlichen Konfliktbeilegung durch Zurücknahme des Antrags beendet wird und in der Antragsschrift mitgeteilt worden ist, dass eine Mediation oder ein anderes Verfahren der außergerichtlichen Konfliktbeilegung unternommen wird oder beabsichtigt ist, oder wenn das Gericht den Beteiligten die Durchführung einer Mediation oder eines anderen Verfahrens der außergerichtlichen Konfliktbeilegung vorgeschlagen hat. Satz 1 gilt entsprechend für die im Beschwerdeverfahren von den Oberlandesgerichten zu erhebenden Verfahrensgebühren; an die Stelle der Antragsschrift tritt der Schriftsatz, mit dem die Beschwerde eingelegt worden ist

I. Allgemeines

1   Die Vorschrift ist durch Art. 7a des Gesetzes zur Förderung der Mediation und anderer Verfahren der außergerichtlichen Konfliktbeilegung vom 21.7.2012[1] eingefügt worden. Eine vergleichbare Regelung enthält § 69b GKG.

II. Inhalt der Vorschrift

2   Die Vorschrift ermächtigt die Landesregierungen, durch Rechtsverordnung **Kostenanreize für die einvernehmliche Streitbeilegung** zu schaffen. Durch Rechtsverordnung der Länder kann bestimmt werden, dass sich die Verfahrensgebühren bei Beendigung eines Verfahrens weiter ermäßigen oder ganz entfallen, wenn dieses nach einer Mediation oder nach einem anderen Verfahren der außergerichtlichen Konfliktbeilegung beendet wurde. Voraussetzung ist jedoch, dass in der Antragsschrift mitgeteilt wurde, dass eine Mediation oder ein ähnliches Verfahren unternommen wurde oder beabsichtigt ist oder dass das ein Gericht dies vorgeschlagen hat.

3   Die Ermächtigung kann nur solche Verfahren betreffen, die **nur** auf Antrag eingeleitet werden. Familiensachen sind in großem Umfang Amtsverfahren. Wird in einem Amtsverfahren ein „Antrag" gestellt, gilt er nur als Anregung an das Gericht, von Amts wegen tätig zu werden (§ 24 FamFG). Für solche Verfahren greift die Verordnungsermächtigung nicht. Bei Verfahren, die sowohl Amts- wie auch Antragsverfahren sein können, gilt die Ermächtigung im Hinblick auf den Wortlaut („nur") nicht. Ob ein Verfahren ausschließlich auf Antrag eingeleitet werden kann, ist weitestgehend im materiellen Recht geregelt.

4   Die Verordnung kann vorsehen, dass über die im Kostenverzeichnis vorgesehenen Ermäßigungen hinaus bei einer Antragsrücknahme (im Beschwerdeverfahren die Rücknahme des Rechtsmittels), die das gesamte Verfahren oder bei Verbundverfahren nach § 44 eine Folgesache erfasst, die Gebühren weiter zu ermäßigen sind oder ganz entfallen, wenn

- die Rücknahme nach einer durch Mediation oder nach einem anderen Verfahren der außergerichtlichen Konfliktbeilegung erfolgt und
- in der Antragsschrift mitgeteilt ist, dass die außergerichtliche Konfliktbeilegung unternommen oder beabsichtigt ist
- oder das Gericht eine außergerichtlichen Konfliktbeilegung vorgeschlagen hat.

---

[1] BGBl. I, S. 1577.

Abschnitt 9
Schluss- und Übergangsvorschriften

62 *(aufgehoben[1])*

62a *Bekanntmachung von Neufassungen*
Das Bundesministerium der Justiz kann nach Änderungen den Wortlaut des Gesetzes feststellen und als Neufassung im Bundesgesetzblatt bekannt machen. Die Bekanntmachung muss auf diese Vorschrift Bezug nehmen und angeben
1. den Stichtag, zu dem der Wortlaut festgestellt wird,
2. die Änderungen seit der letzten Veröffentlichung des vollständigen Wortlauts im Bundesgesetzblatt sowie
3. das Inkrafttreten der Änderungen.

Die Vorschrift wurde durch Art. 14 des Gesetzes zur Umsetzung der Dienstleistungsrichtlinie in der Justiz und zur Änderung weiterer Vorschriften vom 22.12.2010 (BGBl. I, S. 2248) nachträglich eingefügt.

Dem Bundesministerium der Justiz wird eine allgemeine Erlaubnis zur Bekanntmachung von Neufassungen eingeräumt, da dieses Gesetzes wegen seiner Abhängigkeit von zahlreichen Verfahrensgesetzen häufigen Änderungen unterliegt.

63 *Übergangsvorschrift*
(1) In Verfahren, die vor dem Inkrafttreten einer Gesetzesänderung anhängig geworden oder eingeleitet worden sind, werden die Kosten nach bisherigem Recht erhoben. Dies gilt nicht im Verfahren über ein Rechtsmittel, das nach dem Inkrafttreten einer Gesetzesänderung eingelegt worden ist. Die Sätze 1 und 2 gelten auch, wenn Vorschriften geändert werden, auf die dieses Gesetz verweist.
(2) In Verfahren, in denen Jahresgebühren erhoben werden, und in Fällen, in denen Absatz 1 keine Anwendung findet, gilt für Kosten, die vor dem Inkrafttreten einer Gesetzesänderung fällig geworden sind, das bisherige Recht.

Die Dauerübergangsvorschrift gilt für künftige Änderungen des FamGKG und entspricht – redaktionell angepasst – § 71 Abs. 1 GKG und § 134 GNotKG. Sie enthält nicht die Übergangsregelung aus Anlass des Inkrafttretens des FamGKG. Für die Frage, ob altes GKG und alte KostO oder das FamGKG anzuwenden sind, ist Art. 111 des FGG-RG maßgebend.

Inhaltlich wird für künftige Änderungen des FamGKG bestimmt, dass in Verfahren, die vor dem Inkrafttreten der Gesetzesänderung anhängig geworden oder eingeleitet worden sind, die Kosten nach dem bisherigen Recht erhoben werden. Dies gilt jedoch nicht für ein Rechtsmittel, das nach dem Inkrafttreten der Gesetzesänderung eingelegt worden ist. Diese Grundsätze gelten auch, wenn Vorschriften, auf die das FamGKG verweist, geändert werden.

Eine weitere Ausnahme von der grundsätzlichen Regelung in Abs. 1 wird in Abs. 2 für die Kosten bei Dauerverfahren – wie Vormundschaft und Dauerpflegschaft – gemacht. Dies betrifft die Jahresgebühren nach den Nrn. 1311 und 1312 KV FamGKG. Hier ist für die Frage des anwendbaren Rechts auf die Fälligkeit (§ 10) abgestellt. Das neue Recht ist erstmals zu Beginn des Kalenderjahres nach dem Inkrafttreten der

---
[1] Durch Art. 5 Nr. 25 des 2. KostRMoG v. 23.7.2013, BGBl. I, S. 2586.

Gesetzesänderung anzuwenden. Auslagen, die nach dem Inkrafttreten der Gesetzesänderung anfallen, werden nach neuem Recht erhoben.

64 Übergangsvorschrift für die Erhebung von Haftkosten

Bis zum Erlass landesrechtlicher Vorschriften über die Höhe des Haftkostenbeitrags, der von einem Gefangenen zu erheben ist, sind die Nummern 2008 und 2009 des Kostenverzeichnisses in der bis zum 27. Dezember 2010 geltenden Fassung anzuwenden.

1   Die Vorschrift wurde durch Art. 14 des Gesetzes zur Umsetzung der Dienstleistungsrichtlinie in der Justiz und zur Änderung weiterer Vorschriften vom 22.12.2010 (BGBl. I, S. 2248) nachträglich eingefügt.

2   Die genannten Vorschriften der Kostenverzeichnisse regeln die Höhe der Auslagen im Falle einer Zwangs- oder Ordnungshaft. Durch Art. 14 Nr. 4 Buchst. d und e des Gesetzes zur Umsetzung der Dienstleistungsrichtlinie in der Justiz und zur Änderung weiterer Vorschriften wurden diese Auslagentatbestände geändert. In der früheren Regelung wurde wegen der Höhe der Auslagen auf die Höhe des Haftkostenbeitrags nach § 50 Abs. 2 und 3 StVollzG verwiesen. Diese Verweisungen auf § 50 StVollzG sind an die geänderte Gesetzgebungskompetenz angepasst worden. Mit dem Inkrafttreten des Gesetzes zur Änderung des Grundgesetzes vom 28.8.2006 (BGBl. I, S. 2034) ist die Gesetzgebungskompetenz für den Strafvollzug auf die Länder übergegangen. Einige Länder haben hiervon bereits Gebrauch gemacht und eigene Strafvollzugsgesetze erlassen, durch die auch § 50 StVollzG ersetzt wird. Deshalb wird nunmehr wegen der Höhe der zu erhebenden Auslagen in den Nrn. 2008 und 2009 KV FamGKG auf die entsprechenden Bestimmungen des Landesrechts verwiesen.

3   Die Übergangsvorschrift hat Bedeutung für die Länder, die noch keine den § 50 StVollzG ersetzende Vorschrift erlassen haben. Insoweit richtet sich die Höhe der zu erhebenden Auslagen weiterhin nach den Nrn. 2008 und 2009 KV FamGKG in der bis zum 27.12.2010 geltenden Fassung. Insoweit verbleibt es also bei dem Verweis auf § 50 Abs. 2 und 3 StVollzG.

Anlage 1 (zu § 3 Abs. 2) Kostenverzeichnis

Vorbemerkungen

Hinweise, die die Anwendung des Kostenverzeichnisses erleichtern sollen, finden sich in der Vorbemerkung vor § 1 FamGKG. **1**

Das Kostenverzeichnis hat eine klar strukturierte Gliederung, die das Auffinden des jeweils zutreffenden Kostentatbestandes erleichtert. **2**

In Teil 1, der die Gebühren regelt, sind in den Hauptabschnitten 1 bis 3 die Gebühren für die Hauptsacheverfahren, in Hauptabschnitt 4 die Gebühren für die Verfahren des einstweiligen Rechtsschutzes, in Hauptabschnitt 5 besondere Gebühren (Gebühren, die in keinem besonderen Verhältnis zum zugrunde liegenden Verfahren stehen), in Hauptabschnitt 6 die Gebühren für die Vollstreckung, in Hauptabschnitt 7 die Gebühren für Verfahren mit Auslandsbezug, in Hauptabschnitt 8 die Gebühr für das Verfahren über die Gehörsrüge und in Hauptabschnitt 9 die Gebühren für sonstige Rechtsmittelverfahren, die nicht die Hauptsache betreffen, bestimmt. **3**

Die Kommentierung orientiert sich an den Hauptabschnitten. **4**

Gliederung

Teil 1
Gebühren

Hauptabschnitt 1
Hauptsacheverfahren in Ehesachen einschließlich aller Folgesachen

Abschnitt 1	Erster Rechtszug
Abschnitt 2	Beschwerde gegen die Endentscheidung wegen des Hauptgegenstands
Abschnitt 3	Rechtsbeschwerde gegen die Endentscheidung wegen des Hauptgegenstands
Abschnitt 4	Zulassung der Sprungrechtsbeschwerde gegen die Endentscheidung wegen des Hauptgegenstands

Hauptabschnitt 2
Hauptsacheverfahren in selbständigen Familienstreitsachen

Abschnitt 1	Vereinfachtes Verfahren über den Unterhalt Minderjähriger
Unterabschnitt 1	Erster Rechtszug
Unterabschnitt 2	Beschwerde gegen die Endentscheidung wegen des Hauptgegenstands
Unterabschnitt 3	Rechtsbeschwerde gegen die Endentscheidung wegen des Hauptgegenstands
Unterabschnitt 4	Zulassung der Sprungrechtsbeschwerde gegen die Endentscheidung wegen des Hauptgegenstands
Abschnitt 2	Verfahren im Übrigen
Unterabschnitt 1	Erster Rechtszug
Unterabschnitt 2	Beschwerde gegen die Endentscheidung wegen des Hauptgegenstands
Unterabschnitt 3	Rechtsbeschwerde gegen die Endentscheidung wegen des Hauptgegenstands
Unterabschnitt 4	Zulassung der Sprungrechtsbeschwerde gegen die Endentscheidung wegen des Hauptgegenstands

Teil 1 FamGKG-Kostenverzeichnis

Hauptabschnitt 1

Hauptabschnitt 3
Hauptsacheverfahren in selbständigen Familiensachen der freiwilligen Gerichtsbarkeit

Abschnitt 1	Kindschaftssachen
Unterabschnitt 1	Verfahren vor dem Familiengericht
Unterabschnitt 2	Beschwerde gegen die Endentscheidung wegen des Hauptgegenstands
Unterabschnitt 3	Rechtsbeschwerde gegen die Endentscheidung wegen des Hauptgegenstands
Unterabschnitt 4	Zulassung der Sprungrechtsbeschwerde gegen die Endentscheidung wegen des Hauptgegenstands
Abschnitt 2	Übrige Familiensachen der freiwilligen Gerichtsbarkeit
Unterabschnitt 1	Erster Rechtszug
Unterabschnitt 2	Beschwerde gegen die Endentscheidung wegen des Hauptgegenstands
Unterabschnitt 3	Rechtsbeschwerde gegen die Endentscheidung wegen des Hauptgegenstands
Unterabschnitt 4	Zulassung der Sprungrechtsbeschwerde gegen die Endentscheidung wegen des Hauptgegenstands

Hauptabschnitt 4
Einstweiliger Rechtsschutz

Abschnitt 1	Einstweilige Anordnung in Kindschaftssachen
Unterabschnitt 1	Erster Rechtszug
Unterabschnitt 2	Beschwerde gegen die Endentscheidung wegen des Hauptgegenstands
Abschnitt 2	Einstweilige Anordnung in den übrigen Familiensachen und Arrest
Unterabschnitt 1	Erster Rechtszug
Unterabschnitt 2	Beschwerde gegen die Endentscheidung wegen des Hauptgegenstands

Hauptabschnitt 5
Besondere Gebühren

Hauptabschnitt 6
Vollstreckung

Hauptabschnitt 7
Verfahren mit Auslandsbezug

Abschnitt 1	Erster Rechtszug
Abschnitt 2	Beschwerde und Rechtsbeschwerde gegen die Endentscheidung wegen des Hauptgegenstands

Hauptabschnitt 8
Rüge wegen Verletzung des Anspruchs auf rechtliches Gehör

Hauptabschnitt 9
Rechtsmittel im Übrigen

Abschnitt 1	Sonstige Beschwerden
Abschnitt 2	Sonstige Rechtsbeschwerden
Abschnitt 3	Zulassung der Sprungrechtsbeschwerde in sonstigen Fällen

Teil 2
Auslagen

Teil 1
Gebühren

Nr.	Gebührentatbestand	Gebühr oder Satz der Gebühr nach § 28 FamGKG
	Hauptabschnitt 1 **Hauptsacheverfahren in Ehesachen einschließlich aller Folgesachen** *Abschnitt 1* *Erster Rechtszug*	
1110	Verfahren im Allgemeinen	2,0

1111	Beendigung des Verfahrens hinsichtlich der Ehesache oder einer Folgesache durch
	1. Zurücknahme des Antrags
	   a) vor dem Schluss der mündlichen Verhandlung,
	   b) in den Fällen des § 128 Abs. 2 ZPO vor dem Zeitpunkt, der dem Schluss der mündlichen Verhandlung entspricht,
	   c) im Fall des § 331 Abs. 3 ZPO vor Ablauf des Tages, an dem die Endentscheidung der Geschäftsstelle übermittelt wird,
	2. Anerkenntnis- oder Verzichtsentscheidung oder Endentscheidung, die nach § 38 Abs. 4 Nr. 2 und 3 FamFG keine Begründung enthält oder nur deshalb eine Begründung enthält, weil zu erwarten ist, dass der Beschluss im Ausland geltend gemacht wird (§ 38 Abs. 5 Nr. 4 FamFG), mit Ausnahme der Endentscheidung in einer Scheidungssache,
	3. gerichtlichen Vergleich oder
	4. Erledigung in der Hauptsache, wenn keine Entscheidung über die Kosten ergeht oder die Entscheidung einer zuvor mitgeteilten Einigung über die Kostentragung oder einer Kostenübernahmeerklärung folgt,
	es sei denn, dass bereits eine andere Endentscheidung als eine der in Nummer 2 genannten Entscheidungen vorausgegangen ist:
	Die Gebühr 1110 ermäßigt sich auf ....
		0,5

	(1) Wird im Verbund nicht das gesamte Verfahren beendet, ist auf die beendete Ehesache und auf eine oder mehrere beendete Folgesachen § 44 FamGKG anzuwenden und die Gebühr nur insoweit zu ermäßigen. (2) Die Vervollständigung einer ohne Begründung hergestellten Endentscheidung (§ 38 Abs. 6 FamFG) steht der Ermäßigung nicht entgegen. (3) Die Gebühr ermäßigt sich auch, wenn mehrere Ermäßigungstatbestände erfüllt sind.	

Teil 1 FamGKG-Kostenverzeichnis

Hauptabschnitt 1

Nr.	Gebührentatbestand	Gebühr oder Satz der Gebühr nach § 28 FamGKG
	Abschnitt 2 *** Beschwerde gegen die Endentscheidung wegen des Hauptgegenstands***	
	Vorbemerkung 1.1.2: Dieser Abschnitt ist auch anzuwenden, wenn sich die Beschwerde auf eine Folgesache beschränkt.	
1120	Verfahren im Allgemeinen	3,0
1121	Beendigung des gesamten Verfahrens durch Zurücknahme der Beschwerde oder des Antrags, bevor die Schrift zur Begründung der Beschwerde bei Gericht eingegangen ist: Die Gebühr 1120 ermäßigt sich auf .... Die Erledigung in der Hauptsache steht der Zurücknahme gleich, wenn keine Entscheidung über die Kosten ergeht oder die Entscheidung einer zuvor mitgeteilten Einigung über die Kostentragung oder einer Kostenübernahmeerklärung folgt.	0,5
1122	Beendigung des Verfahrens hinsichtlich der Ehesache oder einer Folgesache, wenn nicht Nummer 1121 erfüllt ist, durch 1. Zurücknahme der Beschwerde oder des Antrags a) vor dem Schluss der mündlichen Verhandlung oder, b) falls eine mündliche Verhandlung nicht stattfindet, vor Ablauf des Tages, an dem die Endentscheidung der Geschäftsstelle übermittelt wird, 2. Anerkenntnis- oder Verzichtsentscheidung, 3. gerichtlichen Vergleich oder 4. Erledigung in der Hauptsache, wenn keine Entscheidung über die Kosten ergeht oder die Entscheidung einer zuvor mitgeteilten Einigung über die Kostentragung oder einer Kostenübernahmeerklärung folgt, es sei denn, dass bereits eine andere als eine der in Nummer 2 genannten Endentscheidungen vorausgegangen ist: Die Gebühr 1120 ermäßigt sich auf .... (1) Wird im Verbund nicht das gesamte Verfahren beendet, ist auf die beendete Ehesache und auf eine oder mehrere beendete Folgesachen § 44 FamGKG anzuwenden und die Gebühr nur insoweit zu ermäßigen. (2) Die Gebühr ermäßigt sich auch, wenn mehrere Ermäßigungstatbestände erfüllt sind.	1,0
	Abschnitt 3 *** Rechtsbeschwerde gegen die Endentscheidung wegen des Hauptgegenstands***	
	Vorbemerkung 1.1.3: Dieser Abschnitt ist auch anzuwenden, wenn sich die Rechtsbeschwerde auf eine Folgesache beschränkt.	

Nr.	Gebührentatbestand	Gebühr oder Satz der Gebühr nach § 28 FamGKG
1130	Verfahren im Allgemeinen	4,0
1131	Beendigung des gesamten Verfahrens durch Zurücknahme der Rechtsbeschwerde oder des Antrags, bevor die Schrift zur Begründung der Rechtsbeschwerde bei Gericht eingegangen ist: Die Gebühr 1130 ermäßigt sich auf	1,0
	Die Erledigung in der Hauptsache steht der Zurücknahme gleich, wenn keine Entscheidung über die Kosten ergeht oder die Entscheidung einer zuvor mitgeteilten Einigung über die Kostentragung oder einer Kostenübernahmeerklärung folgt.	
1132	Beendigung des Verfahrens hinsichtlich der Ehesache oder einer Folgesache durch Zurücknahme der Rechtsbeschwerde oder des Antrags vor Ablauf des Tages, an dem die Endentscheidung der Geschäftsstelle übermittelt wird, wenn nicht Nummer 1131 erfüllt ist: Die Gebühr 1130 ermäßigt sich auf	2,0
	Wird im Verbund nicht das gesamte Verfahren beendet, ist auf die beendete Ehesache und auf eine oder mehrere beendete Folgesachen § 44 FamGKG anzuwenden und die Gebühr nur insoweit zu ermäßigen.	

Abschnitt 4
Zulassung der Sprungrechtsbeschwerde gegen die Endentscheidung wegen des Hauptgegenstands

Nr.	Gebührentatbestand	
1140	Verfahren über die Zulassung der Sprungrechtsbeschwerde: Soweit der Antrag abgelehnt wird	1,0

A. Allgemeines

In Hauptabschnitt 1 sind die Gebührenregelungen für Ehesachen (§ 121 FamFG) und für im Verbund mit der Scheidung der Ehe zu verhandelnde Folgesachen (§ 137 FamFG) zusammengefasst. Dabei sind – unter Anpassung der durch das FamFG erfolgten verfahrensrechtlichen Änderungen – die Gebühren des bisherigen Teils 1 Hauptabschnitt 3 KV GKG übernommen worden. Die Lebenspartnerschaftssachen brauchten nicht ausdrücklich genannt zu werden, weil nach § 5 in Verfahren der Aufhebung einer Lebenspartnerschaft die für Scheidungssachen geltenden Vorschriften entsprechend angewandt werden. **1**

Soweit der Hauptabschnitt auch die Gebühren des Verbundverfahrens regelt, behandelt er den Verbund aus Scheidungssache und Folgesache der Bestimmung des § 44 Abs. 1 folgend als ein Verfahren. Der Verbund bleibt erhalten, wenn die in § 137 Abs. 5 Satz 1 FamFG genannten Folgesachen abgetrennt werden; sind mehrere Folgesachen abgetrennt, besteht der Verbund auch unter ihnen fort. Wird eine Folgesache als selbständige Familiensache fortgeführt (§ 142 Abs. 2 Satz 3 und § 137 Abs. 5 Satz 2 FamFG), scheidet diese Folgesache aus dem Verbund aus; das frühere Verfahren ist als Teil der selbständigen Familiensache zu behandeln (§ 6 Abs. 2). Die nunmehr selbständige Familiensache wird so behandelt, als sei sie nie im Verbund gewesen. Dies bedeutet, dass diese Sache bei der Gebührenberechnung des Scheidungsverbundverfahrens unberücksichtigt bleibt. **2**

Der Wert für die Ehesache bestimmt sich nach § 43. Im Verbundverfahren ist § 44 zu beachten. Die Werte der Folgesachen bestimmen sich nach den jeweils einschlägigen Wertvorschriften. Im Beschwerde-, im Rechtsbeschwerdeverfahren sowie im Verfah- **3** ren über die Zulassung der Sprungsrechtsbeschwerde bestimmt sich der Wert nach § 40.

4   Kostenschuldner ist neben dem Antragsteller (§ 21 Abs. 1) insbesondere auch der Entscheidungs- und der Übernahmeschuldner (§ 24 Nr. 1 und 2).

B. Erster Rechtszug (Nr. 1110 und Nr. 1111)

I. Nummer 1110

5   Im erstinstanzlichen Verfahren vor dem Familiengericht entsteht eine pauschale Verfahrensgebühr mit einem Gebührensatz von 2,0.

6   Die Verfahrensgebühr Nr. 1110 und damit auch die Verfahrensgebühr Nr. 1111, die die Verfahrensgebühr Nr. 1110 nur modifiziert, entsteht mit dem Eingang des Antrags bei Gericht. Zu diesem Zeitpunkt wird die Gebühr, soweit sie für die Ehesache entstanden ist, auch fällig (§ 9 Abs. 1). Im Übrigen, nämlich hinsichtlich der Folgesachen, wird die Gebühr erst nach § 11 Abs. 1 mit der Beendigung des Verfahrens fällig.

7   Für den Teil der Verfahrensgebühr, der auf die Ehesache entfällt, besteht nach § 14 Abs. 1 Satz 1 Vorauszahlungspflicht.

8   Für die Verfahrensgebühren haftet neben dem Entscheidungs- und Übernahmeschuldner auch der Antragsteller des Verfahrens (§ 21 Abs. 1 Satz 1). Im Verbund können sowohl der verfahrensrechtliche Antragsteller als auch der Antragsgegner Antragsteller der Instanz im kostenrechtlichen Sinne sein. Beide Seiten haften für die (auch) von ihnen anhängig gemachten Verfahrensteile nach § 21 Abs. 1 Satz 1. Soweit für die Ehesache oder für eine Folgesache Anträge beider Seiten vorliegen, haften beide als Antragsteller der Instanz gesamtschuldnerisch. Die Höhe des Haftungsbetrages der verschiedenen Antragsteller wird so berechnet, als seien einzelne Verfahren eingeleitet worden. Bis zur Höhe dieser Kosten kann die Staatskasse die einzelnen Kostenschuldner unter Beachtung des § 26 Abs. 2 in Anspruch nehmen. Die Staatskasse kann jedoch nicht mehr fordern, als insgesamt durch das Verfahren entstanden ist.

II. Nummer 1111

9   Nr. 1111 enthält einen Ermäßigungstatbestand für das erstinstanzliche Verfahren. Sie regelt Tatbestände, die bei einer vorzeitigen Beendigung des Verfahrens zu einer Reduzierung der in Nr. 1110 vorgesehenen pauschalen Verfahrensgebühr führen. Die Ermäßigungstatbestände übernehmen im Wesentlichen die Regelungen in Nr. 1311 KV GKG.

10 Nach der getroffenen Regelung setzt der Eintritt der Gebührenermäßigung nicht voraus, dass das gesamte Verbundverfahren erledigt wird, es reicht die Beendigung des Verfahrens hinsichtlich der Ehesache oder einer Folgesache. Nicht ausreichend ist es allerdings auch weiterhin, dass die Ehesache oder die einzelne Folgesache nur teilweise durch die unter Nr. 1 bis 4 genannten Ereignisse erledigt wird.

11 Eine – auf den Teilstreitwert begrenzte – Gebührenermäßigung tritt also ein, wenn die gesamte Ehesache oder eine gesamte Folgesache durch Rücknahme, Vergleich oÄ erledigt wird. In diesen Fällen ist nach Abs. 1 der Anmerkung auf die beendete Ehesache und auf eine oder mehrere Folgesachen § 44, gemeint ist hier Abs. 1, anzuwenden. Dies bedeutet, dass zB bei der vorzeitigen Beendigung mehrerer Folgesachen die Werte dieser einzelnen Folgesachen zu addieren sind. Aus diesem Gesamtwert ist die Gebühr zu ermitteln. Bei dieser Fallgestaltung ist also für einen Teil des Verfahrensgegenstandes eine Verfahrensgebühr mit einem Gebührensatz von 2,0 und für einen anderen Teil eine Verfahrensgebühr mit einem Gebührensatz von 0,5 entstanden. Es liegt ein Fall des § 30 Abs. 1 und 2 vor. Die Gebühren für die Teile sind gesondert zu berechnen; die aus dem Gesamtbetrag der Wertteile nach dem höchsten Gebührensatz (hier: 2,0) berechnete Gebühr darf nicht überschritten werden.

Die Vorschrift sieht eine Ermäßigung vor bei Zurücknahme des Antrags, bei Anerkenntnis- oder Verzichtsentscheidung oÄ, bei gerichtlichem Vergleich oder bei Erledigung der Hauptsache.

1. Antragsrücknahme

Die Zurücknahme des Antrags führt zur Ermäßigung, wenn sie
- vor dem Schluss der mündlichen Verhandlung,
- in den Fällen des § 128 Abs. 2 ZPO vor dem Zeitpunkt, der dem Schluss der mündlichen Verhandlung entspricht,
- im Fall des § 331 Abs. 3 ZPO vor Ablauf des Tages, an dem die Endentscheidung der Geschäftsstelle übermittelt wird,

erfolgt.

Voraussetzung für die Ermäßigung ist eine förmliche Zurücknahme des Antrags vor den genannten Zeitpunkten. Grundsätzlich ist der Schluss der mündlichen Verhandlung iS des § 136 Abs. 4 ZPO maßgebend. Wird mit Zustimmung der Beteiligten nicht verhandelt, tritt an die Stelle des Schlusses der mündlichen Verhandlung der Zeitpunkt, den das Gericht für die Einreichung von Schriftsätzen gesetzt hat (§ 128 Abs. 2 Satz 2 ZPO). Bei Säumnis des Antragsgegners iS des § 331 Abs. 3 ZPO ist die Rücknahme noch bis vor Ablauf des Tages privilegiert, an dem die Endentscheidung der Geschäftsstelle übermittelt wird.

2. Privilegierte Endentscheidungen

Zu einer Gebührenreduzierung führt auch die Beendigung des Verfahrens durch
- Anerkenntnisentscheidung (§ 307 ZPO),
- Verzichtsentscheidung (§ 306 ZPO) oder
- Endentscheidung, die nach § 38 Abs. 4 Nr. 2 und 3 FamFG keine Begründung enthält oder nur deshalb eine Begründung enthält, weil zu erwarten ist, dass der Beschluss im Ausland geltend gemacht wird (§ 38 Abs. 5 Nr. 4 FamFG), mit Ausnahme der Endentscheidung in einer Scheidungssache.

Voraussetzung für eine Ermäßigung auch in diesen Fällen ist aber, wie sich aus dem Nachsatz ergibt, dass nicht bereits eine andere Endentscheidung als eine der in Nr. 2 genannten Entscheidungen vorausgegangen ist, zB eine streitige Teilentscheidung.

Die in Nr. 2 enthaltene Regelung, wonach die Ermäßigung auch dann eintritt, wenn der Beschluss nur deshalb eine Begründung enthält, weil zu erwarten ist, dass der Beschluss im Ausland geltend gemacht wird, korrespondiert mit der Regelung in Abs. 2 der Anmerkung. Es soll kostenrechtlich keinen Unterschied machen, ob die Begründung aus den genannten Gründen sofort oder nachträglich im Wege der Ergänzung in den Beschluss aufgenommen wird.

Von dem Ermäßigungstatbestand der Nr. 2 ist die Endentscheidung in einer Scheidungssache ausgenommen worden. Nach der Gesetzesbegründung haben in diesen Fällen die beteiligten Eheleute auch ohne kostenrechtliche Privilegierung regelmäßig ein Interesse daran, das Verfahren zügig zu beenden. Fehlt dieses Interesse trotz Entscheidungsreife des Verfahrens, liegt dies entweder daran, dass ein Ehegatte oder beide den Eintritt von Rechtsfolgen aus einer Folgesache verzögern oder dass die Ehegatten die Rechtskraft wegen sonstiger Folgen (zB aus steuerlichen Gründen oder wegen der Krankenversicherungspflicht des bisher mitversicherten Ehegatten) hinausschieben wollen. In diesen Fällen kann durch einen kostenrechtlichen Anreiz ein Rechtsmittelverzicht nicht erreicht werden. Die Regelung dürfte auch bei den etwa 8 % streitigen Scheidungen nicht zu einer wesentlichen Entlastung der Gerichte führen. Angesichts der Bedeutung der Scheidung wird der die Abweisung der Scheidung begehrende Ehegatte nicht wegen des Kostenvorteils auf ein Rechtsmittel verzichten. Auch spart das Gericht keinen nennenswerten Aufwand. Tatbestand und

Entscheidungsgründe sind in diesen Fällen weder vom Umfang noch vom rechtlichen Anspruch her aufwändig, sondern formelhaft und zumeist automatisiert.

3. Gerichtlicher Vergleich

19 Eine Ermäßigung tritt bezüglich der Folgesachen auch ein, wenn ein gerichtlicher Vergleich geschlossen wird (Nr. 3). Der Vergleich muss nach dem ausdrücklichen Wortlaut vor Gericht geschlossen worden sein. Ein mitgeteilter außergerichtlicher Vergleich reicht nicht.

4. Erledigung in der Hauptsache

20 Die Erledigung in der Hauptsache führt zu einer Ermäßigung der Gebühr, wenn keine Entscheidung über die Kosten ergeht oder die Entscheidung einer zuvor mitgeteilten Einigung über die Kostentragung oder einer Kostenübernahmeerklärung folgt.

5. Sonstige Voraussetzungen der Ermäßigung

21 Voraussetzung für eine Ermäßigung ist in allen Fällen aber, wie sich aus dem Nachsatz ergibt, dass nicht bereits eine andere Endentscheidung als eine der in Nr. 2 genannten Entscheidungen vorausgegangen ist, zB eine streitige Teilentscheidung.

22 Nach Abs. 3 der Anmerkung ermäßigt sich die Gebühr auch, wenn mehrere Ermäßigungstatbestände erfüllt sind. Wird eine Folgesache zunächst durch einen Teilvergleich und anschließend durch eine rechtzeitige Antragsrücknahme insgesamt erledigt, tritt für diese Folgesache eine Reduzierung der Verfahrensgebühr ein.

C. Beschwerde gegen die Endentscheidung wegen des Hauptgegenstands (Nr. 1120 bis Nr. 1122)

I. Nummer 1120

23 Nr. 1120 bestimmt die Verfahrensgebühr für das Beschwerdeverfahren in der Hauptsache, wobei im Wesentlichen die bisher für die Berufung und die Beschwerde in Folgesachen geltenden Regelungen der Nr. 1320 bis 1322 KV GKG übernommen wurden. Durch die Vorbem. 1.1.2 wird klargestellt, dass die Gebühren dieses Abschnitts auch dann Anwendung finden, wenn nur die Endentscheidung in einer Folgesache mit der Beschwerde angegriffen wird.

24 Betroffen von der Verfahrensgebühr ist, wie sich aus der Überschrift des Abschnitts 2 ergibt, nur die Beschwerde gegen die Endentscheidung wegen des Hauptgegenstands. Sonstige Beschwerden sind im Hauptabschnitt 9 Abschnitt 1 (Nr. 1910 bis 1912) geregelt.

25 Beschwerde und Anschlussbeschwerde sind als ein Verfahren zu behandeln (§ 39 Abs. 2).

26 Die Verfahrensgebühr Nr. 1120 und damit auch die Verfahrensgebühren Nr. 1121 und 1122, die die Verfahrensgebühr Nr. 1110 nur modifizieren, entstehen mit dem Eingang des Rechtsmittelantrags bei Gericht. Zu diesem Zeitpunkt wird die Gebühr, soweit sie für die Ehesache entstanden ist, auch fällig (§ 9 Abs. 1). Im Übrigen, nämlich hinsichtlich der Folgesachen, wird die Gebühr erst nach § 11 Abs. 1 mit der Beendigung des Verfahrens fällig. Nach Eingang der Rechtsmittelschrift kann daher nur die Verfahrensgebühr hinsichtlich der Ehesache gefordert werden, da nur diese bereits fällig ist. Eine Vorauszahlungspflicht besteht nicht. Sind nur Folgesachen in der Beschwerdeinstanz anhängig, kann eine Verfahrensgebühr erst bei der mit Beendigung des Verfahrens eintretenden Fälligkeit erhoben werden.

27 Für die Verfahrensgebühren des Beschwerdeverfahrens haftet neben dem Entscheidungs- und Übernahmeschuldner auch der Antragsteller der Instanz (§ 21 Abs. 1 Satz 1). Beschwerdeführer und Anschlussbeschwerdeführer haften jeweils für die Verfahrensgebühr, die durch ihre jeweiligen Anträge entsteht. Soweit für eine Folgesache Rechtsmittelanträge beider Seiten vorliegen, haften beide als Antragsteller der

Instanz gesamtschuldnerisch. Die Höhe des Haftungsbetrages der verschiedenen Antragsteller wird so berechnet, als seien einzelne Verfahren eingeleitet worden. Bis zur Höhe dieser Kosten kann die Staatskasse die einzelnen Kostenschuldner unter Beachtung des § 26 Abs. 2 in Anspruch nehmen. Die Staatskasse kann jedoch nicht mehr fordern, als insgesamt durch das Verfahren entstanden ist.

II. Nummer 1121

Nr. 1121 sieht für den Fall einer frühzeitigen Zurücknahme der Beschwerde oder des erstinstanzlichen Antrags eine Ermäßigung des Gebührensatzes auf 0,5 vor. 28

Erste Voraussetzung für die Anwendung der Vorschrift ist, dass die Beschwerde insgesamt zurückgenommen wird. Sind sowohl die Ehesache als auch Folgesachen oder mehrere Folgesachen mit der Beschwerde angefochten, findet keine Einzelbetrachtung der verschiedenen Sachen statt. 29

Weitere Voraussetzung ist die Beendigung des gesamten Verfahrens durch Zurücknahme der Beschwerde oder des Antrags, bevor die Schrift zur Begründung der Beschwerde bei Gericht eingegangen ist. Nach § 117 Abs. 1 Satz 1 und 2 FamFG hat der Beschwerdeführer in Ehe- und Familienstreitsachen die Beschwerde binnen einer grundsätzlichen Frist von zwei Monaten zu begründen. 30

Nach der Anmerkung steht die Erledigung in der Hauptsache der Zurücknahme gleich, wenn keine Entscheidung über die Kosten ergeht oder die Entscheidung einer zuvor mitgeteilten Einigung über die Kostentragung oder einer Kostenübernahmeerklärung folgt. Mit dieser weit gehenden Reduzierung des Gebührensatzes soll ein Anreiz geschaffen werden, die Zurücknahme oder die Erledigung frühzeitig herbeizuführen. 31

III. Nummer 1122

Der Gebührentatbestand für die Ermäßigung der Verfahrensgebühr bei rechtzeitiger Beendigung ist im Wesentlichen mit Nr. 1111 identisch, so dass auf die dortige Kommentierung verwiesen wird. 32

Anders als bei Nr. 1121 findet hier wieder eine differenzierte Behandlung zwischen Ehesache und Folgesachen einerseits und mehreren Folgesachen andererseits statt. Für einen Teilgegenstand des Beschwerdeverfahrens erfolgt daher der Ansatz einer Verfahrensgebühr mit einem Gebührensatz von 1,0, während für einen anderen Teil ein Gebührensatz von 3,0 maßgebend ist. Es liegt ein Fall des § 30 Abs. 1 und 2 vor. Die Gebühren für die Teile sind gesondert zu berechnen; die aus dem Gesamtbetrag der Wertteile nach dem höchsten Gebührensatz (hier: 3,0) berechnete Gebühr darf nicht überschritten werden. 33

Im Hinblick auf die unterschiedlichen Voraussetzungen können die Nr. 1121 und 1122 nicht nebeneinander anfallen. Da jedoch eine der Nr. 1121 genügende Zurücknahme gleichzeitig auch die Voraussetzungen des Tatbestandes der Nr. 1122 erfüllt, ist in Nr. 1122 klargestellt, dass diese keine Anwendung findet, wenn Nr. 1121 erfüllt ist. 34

Im Vergleich zu Nr. 1121 ist lediglich in Nr. 1 Buchst. b eine abweichende Regelung getroffen. Falls eine mündliche Verhandlung nicht stattfindet (§ 117 Abs. 3, § 68 Abs. 3 Satz 2 FamFG) kann die Rücknahme bis vor Ablauf des Tages, an dem die Endentscheidung der Geschäftsstelle übermittelt wird, privilegiert zurückgenommen werden. 35

D. Rechtsbeschwerde gegen die Endentscheidung wegen des Hauptgegenstands (Nr. 1130, Nr. 1131 und Nr. 1132)

I. Nummer 1130

Nr. 1130 bestimmt die Verfahrensgebühr für das Rechtsbeschwerdeverfahren in der Hauptsache. Durch die Vorbem. 1.1.3 wird klargestellt, dass die Gebühren dieses Ab- 36 schnitts auch dann Anwendung finden, wenn nur die Endentscheidung in einer Folgesache mit der Rechtsbeschwerde angegriffen wird.

37 Betroffen von der Verfahrensgebühr ist, wie sich aus der Überschrift des Abschnitts 3 ergibt, nur die Rechtsbeschwerde gegen die Endentscheidung wegen des Hauptgegenstands. Sonstige Rechtsbeschwerden sind im Hauptabschnitt 9 Abschnitt 2 (Nr. 1920 bis 1923) geregelt.

38 Rechtsbeschwerde und Anschlussrechtsbeschwerde sind als ein Verfahren zu behandeln (§ 39 Abs. 2).

39 Die Verfahrensgebühr Nr. 1130 und damit auch die Verfahrensgebühren Nr. 1131 und 1132, die die Verfahrensgebühr Nr. 1130 nur modifizieren, entstehen mit dem Eingang des Rechtsmittelantrags bei Gericht. Zu diesem Zeitpunkt wird die Gebühr, soweit sie für die Ehesache entstanden ist, auch fällig (§ 9 Abs. 1). Im Übrigen, nämlich hinsichtlich der Folgesachen, wird die Gebühr erst nach § 11 Abs. 1 mit der Beendigung des Verfahrens fällig.

40 Nach Eingang der Rechtsmittelschrift kann daher nur die Verfahrensgebühr hinsichtlich der Ehesache gefordert werden, da nur diese bereits fällig ist. Eine Vorauszahlungspflicht besteht nicht. Sind nur Folgesachen in der Rechtsbeschwerdeinstanz anhängig, kann eine Verfahrensgebühr erst bei der mit Beendigung des Verfahrens eintretenden Fälligkeit erhoben werden.

41 Für die Verfahrensgebühren des Rechtsbeschwerdeverfahrens haftet neben dem Entscheidungs- und Übernahmeschuldner auch der Antragsteller der Instanz (§ 21 Abs. 1 Satz 1). Rechtsbeschwerdeführer und Anschlussrechtsbeschwerdeführer haften jeweils für die Verfahrensgebühr, die durch ihre jeweiligen Anträge entsteht. Soweit für eine Folgesache Rechtsmittelanträge beider Seiten vorliegen, haften beide als Antragsteller der Instanz gesamtschuldnerisch. Die Höhe des Haftungsbetrages der verschiedenen Antragsteller wird so berechnet, als seien einzelne Verfahren eingeleitet worden. Bis zur Höhe dieser Kosten kann die Staatskasse die einzelnen Kostenschuldner unter Beachtung des § 26 Abs. 2 in Anspruch nehmen. Die Staatskasse kann jedoch nicht mehr fordern als insgesamt durch das Verfahren entstanden ist.

II. Nummer 1131

42 Der Gebührentatbestand ist im Wesentlichen mit Nr. 1121 identisch, so dass auf die dortige Kommentierung verwiesen wird.

III. Nummer 1132

43 Der weitere Ermäßigungstatbestand für die Rechtsbeschwerde sieht eine Begünstigung für eine spätere Rücknahme vor, wenn das Verfahren hinsichtlich der Ehesache oder einer Folgesache durch Zurücknahme der Rechtsbeschwerde oder des Antrags vor Ablauf des Tages, an dem die Endentscheidung der Geschäftsstelle übermittelt wird, beendet wird. Nr. 1132 kennt demnach nur einen Ermäßigungstatbestand.

44 Anders als bei Nr. 1131 findet hier wieder eine differenzierte Behandlung zwischen Ehesache und Folgesachen einerseits und mehreren Folgesachen andererseits statt. Für einen Teilgegenstand des Rechtsbeschwerdeverfahrens erfolgt daher der Ansatz einer Verfahrensgebühr mit einem Gebührensatz von 2,0, während für einen anderen Teil ein Gebührensatz von 4,0 maßgebend ist. Es liegt ein Fall des § 30 Abs. 1 und 2 vor. Die Gebühren für die Teile sind gesondert zu berechnen; die aus dem Gesamtbetrag der Wertteile nach dem höchsten Gebührensatz (hier: 4,0) berechnete Gebühr darf nicht überschritten werden.

45 Im Hinblick auf die unterschiedlichen Voraussetzungen können die Nr. 1131 und 1132 nicht nebeneinander anfallen. Da jedoch eine der Nr. 1131 genügende Zurücknahme gleichzeitig auch die Voraussetzungen des Tatbestandes der Nr. 1132 erfüllt, ist in Nr. 1132 klargestellt, dass diese keine Anwendung findet, wenn Nr. 1131 erfüllt ist.

E. Zulassung der Sprungrechtsbeschwerde gegen die Endentscheidung wegen des Hauptgegenstands (Nr. 1140)

Im Verfahren über die Zulassung der Sprungsrechtsbeschwerde ist eine Gebühr nur für den Fall der (Teil)Ablehnung des Antrags vorgesehen, da durch eine Zulassung der Sprungsrechtsbeschwerde das Verfahren als Rechtsbeschwerde fortgesetzt wird (§ 75 Abs. 2 FamFG, § 566 Abs. 7 Satz 1 ZPO) und damit die Gebühren nach den Nr. 1130 bis 1132 anfallen. **46**

Im Zulassungsverfahren ist Verfahrenswert der für das Rechtsmittelverfahren maßgebende Wert (§ 40 Abs. 3). **47**

Die Verfahrensgebühr Nr. 1140 entsteht mit dem Eingang des Zulassungsantrags bei Gericht. Die Gebühr wird, da sie eine gerichtliche Entscheidung (Ablehnung des Antrags) voraussetzt, erst mit dieser Entscheidung fällig (§ 9 Abs. 2). Eine Vorauszahlungspflicht besteht nicht. **48**

Die Kosten schuldet regelmäßig der Entscheidungsschuldner; der Antragsteller haftet nach § 21 Abs. 1 Satz 1. **49**

Hauptabschnitt 2
Hauptsacheverfahren in selbständigen Familienstreitsachen

Abschnitt 1
Vereinfachtes Verfahren über den Unterhalt Minderjähriger

Unterabschnitt 1
Erster Rechtszug

Nr.		
1210	Entscheidung über einen Antrag auf Festsetzung von Unterhalt nach § 249 Abs. 1 FamFG mit Ausnahme einer Festsetzung nach § 254 Satz 2 FamFG	0,5

Unterabschnitt 2
Beschwerde gegen die Endentscheidung wegen des Hauptgegenstands

Nr.		
1211	Verfahren über die Beschwerde nach § 256 FamFG gegen die Festsetzung von Unterhalt im vereinfachten Verfahren	1,0
1212	Beendigung des gesamten Verfahrens ohne Endentscheidung: Die Gebühr 1211 ermäßigt sich auf	0,5
	(1) Wenn die Entscheidung nicht durch Vorlesen der Entscheidungsformel bekannt gegeben worden ist, ermäßigt sich die Gebühr auch im Fall der Zurücknahme der Beschwerde vor Ablauf des Tages, an dem die Endentscheidung der Geschäftsstelle übermittelt wird.	
	(2) Eine Entscheidung über die Kosten steht der Ermäßigung nicht entgegen, wenn die Entscheidung einer zuvor mitgeteilten Einigung über die Kostentragung oder einer Kostenübernahmeerklärung folgt.	

Unterabschnitt 3
Rechtsbeschwerde gegen die Endentscheidung wegen des Hauptgegenstands

Nr.		
1213	Verfahren im Allgemeinen	1,5
1214	Beendigung des gesamten Verfahrens durch Zurücknahme der Rechtsbeschwerde oder des Antrags, bevor die Schrift zur Begründung der Rechtsbeschwerde bei Gericht eingegangen ist: Die Gebühr 1213 ermäßigt sich auf	0,5

Teil 1 FamGKG-Kostenverzeichnis — Hauptabschnitt 2

1215	Beendigung des gesamten Verfahrens durch Zurücknahme der Rechtsbeschwerde oder des Antrags vor Ablauf des Tages, an dem die Endentscheidung der Geschäftsstelle übermittelt wird, wenn nicht Nummer 1214 erfüllt ist: Die Gebühr 1213 ermäßigt sich auf	1,0

Unterabschnitt 4
Zulassung der Sprungrechtsbeschwerde gegen die Endentscheidung
wegen des Hauptgegenstands

1216	Verfahren über die Zulassung der Sprungrechtsbeschwerde: Soweit der Antrag abgelehnt wird	0,5

Abschnitt 2
Verfahren im Übrigen

Unterabschnitt 1
Erster Rechtszug

1220	Verfahren im Allgemeinen	3,0
	Soweit wegen desselben Verfahrensgegenstands ein Mahnverfahren vorausgegangen ist, entsteht die Gebühr mit dem Eingang der Akten beim Familiengericht, an das der Rechtsstreit nach Erhebung des Widerspruchs oder Einlegung des Einspruchs abgegeben wird; in diesem Fall wird eine Gebühr 1100 des Kostenverzeichnisses zum GKG nach dem Wert des Verfahrensgegenstands angerechnet, der in das Streitverfahren übergegangen ist.	

1221	Beendigung des gesamten Verfahrens durch
	1. Zurücknahme des Antrags
	   a) vor dem Schluss der mündlichen Verhandlung,
	   b) in den Fällen des § 128 Abs. 2 ZPO vor dem Zeitpunkt, der dem Schluss der mündlichen Verhandlung entspricht,
	   c) im Fall des § 331 Abs. 3 ZPO vor Ablauf des Tages, an dem die Endentscheidung der Geschäftsstelle übermittelt wird,
	wenn keine Entscheidung nach § 269 Abs. 3 Satz 3 ZPO über die Kosten ergeht oder die Entscheidung einer zuvor mitgeteilten Einigung über die Kostentragung oder einer Kostenübernahmeerklärung folgt,
	2. Anerkenntnis- oder Verzichtsentscheidung oder Endentscheidung, die nach § 38 Abs. 4 Nr. 2 oder 3 FamFG keine Begründung enthält oder nur deshalb eine Begründung enthält, weil zu erwarten ist, dass der Beschluss im Ausland geltend gemacht wird (§ 38 Abs. 5 Nr. 4 FamFG),
	3. gerichtlichen Vergleich oder
	4. Erledigung in der Hauptsache, wenn keine Entscheidung über die Kosten ergeht oder die Entscheidung einer zuvor mitgeteilten Einigung über die Kostentragung oder einer Kostenübernahmeerklärung folgt,
	es sei denn, dass bereits eine andere Endentscheidung als eine der in Nummer 2 genannten Entscheidungen vorausgegangen ist:
	Die Gebühr 1220 ermäßigt sich auf ....
		1,0

(1) Die Zurücknahme des Antrags auf Durchführung des streitigen Verfahrens (§ 696 Abs. 1 ZPO), des Widerspruchs gegen den Mahnbescheid oder des Einspruchs gegen den Vollstreckungsbescheid stehen der Zurücknahme des Antrags (Nummer 1) gleich.

(2) Die Vervollständigung einer ohne Begründung hergestellten Endentscheidung (§ 38 Abs. 6 FamFG) steht der Ermäßigung nicht entgegen.

(3) Die Gebühr ermäßigt sich auch, wenn mehrere Ermäßigungstatbestände erfüllt sind.

Unterabschnitt 2
Beschwerde gegen die Endentscheidung wegen des Hauptgegenstands

Nr.		
1222	Verfahren im Allgemeinen	4,0
1223	Beendigung des gesamten Verfahrens durch Zurücknahme der Beschwerde oder des Antrags, bevor die Schrift zur Begründung der Beschwerde bei Gericht eingegangen ist: Die Gebühr 1222 ermäßigt sich auf	1,0

Die Erledigung in der Hauptsache steht der Zurücknahme gleich, wenn keine Entscheidung über die Kosten ergeht oder die Entscheidung einer zuvor mitgeteilten Einigung über die Kostentragung oder einer Kostenübernahmeerklärung folgt.

Nr.		

1224	Beendigung des gesamten Verfahrens, wenn nicht Nummer 1223 erfüllt ist, durch
	1. Zurücknahme der Beschwerde oder des Antrags
	   a) vor dem Schluss der mündlichen Verhandlung oder,
	   b) falls eine mündliche Verhandlung nicht stattfindet, vor Ablauf des Tages, an dem die Endentscheidung der Geschäftsstelle übermittelt wird,
	2. Anerkenntnis- oder Verzichtsentscheidung,
	3. gerichtlichen Vergleich oder
	4. Erledigung in der Hauptsache, wenn keine Entscheidung über die Kosten ergeht oder die Entscheidung einer zuvor mitgeteilten Einigung über die Kostentragung oder einer Kostenübernahmeerklärung folgt,
	es sei denn, dass bereits eine andere Endentscheidung als eine der in Nummer 2 genannten Entscheidungen vorausgegangen ist:
	Die Gebühr 1222 ermäßigt sich auf ....
		2,0

Die Gebühr ermäßigt sich auch, wenn mehrere Ermäßigungstatbestände erfüllt sind.

Unterabschnitt 3
Rechtsbeschwerde gegen die Endentscheidung wegen des Hauptgegenstands

Nr.		
1225	Verfahren im Allgemeinen	5,0
1226	Beendigung des gesamten Verfahrens durch Zurücknahme der Rechtsbeschwerde oder des Antrags, bevor die Schrift zur Begründung der Rechtsbeschwerde bei Gericht eingegangen ist: Die Gebühr 1225 ermäßigt sich auf	1,0

Teil 1 FamGKG-Kostenverzeichnis

	Die Erledigung in der Hauptsache steht der Zurücknahme gleich, wenn keine Entscheidung über die Kosten ergeht oder die Entscheidung einer zuvor mitgeteilten Einigung über die Kostentragung oder einer Kostenübernahmeerklärung folgt.	
1227	Beendigung des gesamten Verfahrens durch Zurücknahme der Rechtsbeschwerde oder des Antrags vor Ablauf des Tages, an dem die Endentscheidung der Geschäftsstelle übermittelt wird, wenn nicht Nummer 1226 erfüllt ist: Die Gebühr 1225 ermäßigt sich auf	3,0
	Unterabschnitt 4 *Zulassung der Sprungrechtsbeschwerde gegen die Endentscheidung* *wegen des Hauptgegenstands*	
1228	Verfahren über die Zulassung der Sprungrechtsbeschwerde: Soweit der Antrag abgelehnt wird	1,5
1229	Verfahren über die Zulassung der Sprungrechtsbeschwerde: Soweit der Antrag zurückgenommen oder das Verfahren durch anderweitige Erledigung beendet wird	1,0
	Die Gebühr entsteht nicht, soweit die Sprungrechtsbeschwerde zugelassen wird.	

A. Allgemeines

1 In Hauptabschnitt 2 sind die Gebühren für Hauptsacheverfahren in selbständigen Familienstreitsachen geregelt. Selbständige Familienstreitsachen sind solche Familienstreitsachen (§ 112 FamFG), die nicht im Verbund (§ 137 FamFG) mit einer Scheidungs- oder entsprechenden Lebenspartnerschaftssache stehen. Für diese Familienstreitsachen sind im Wesentlichen die für die zivilrechtlichen Prozessverfahren vor den ordentlichen Gerichten geltenden Gebührenregelungen (Teil 1 Hauptabschnitt 2 KV GKG) übernommen worden. Regelungen über die im Mahnverfahren zu erhebenden Gebühren sind nicht getroffen worden, weil für das Mahnverfahren die Vorschriften der ZPO entsprechend anzuwenden sind (§ 113 Abs. 2 FamFG) und sich die Kosten demzufolge nach dem GKG bestimmen (§ 1 Satz 3 FamGKG).

B. Abschnitt 1 – Vereinfachtes Verfahren über den Unterhalt Minderjähriger

I. Erster Rechtszug (Nr. 1210)

2 Für das vereinfachte Verfahren über den Unterhalt Minderjähriger sind für den ersten Rechtszug sowie für das Beschwerdeverfahren die Gebührenregelungen der Nr. 1120 und 1122 KV GKG übernommen worden.

3 Die Gebühr Nr. 1210 fällt nur dann an, wenn das Gericht tatsächlich den beantragten Festsetzungsbeschluss (§ 253 FamFG) erlässt. Anderenfalls wird auf Antrag das streitige Verfahren durchgeführt (§ 255 FamFG), und es fällt die Gebühr 1220 an. Die Gebühr fällt ausdrücklich nicht an für eine Entscheidung nach § 254 Satz 2 FamFG (Verpflichtungserklärung des Antragsgegners).

4 Der Verfahrenswert bestimmt sich nach § 51.

5 Da es sich um eine Entscheidungsgebühr handelt, wird die Gebühr mit der Entscheidung fällig (§ 9 Abs. 2). Eine Vorauszahlungspflicht besteht nicht.

6 Die Gebühr schuldet der Antragsgegner als Entscheidungsschuldner (§ 24 Nr. 1). Daneben haftet der Antragsteller (§ 21 Abs. 1 Satz 1). Die Ausnahme von der Antragstellerhaftung des Minderjährigen nach § 21 Abs. 1 Satz 2 Nr. 3 ist nicht gegeben. Gegenstand des vereinfachten Verfahrens über den Unterhalt Minderjähriger ist nicht eine Angelegenheit, die seine Person betrifft, sondern eine vermögensrechtliche Angelegenheit.

II. Beschwerde gegen die Endentscheidung wegen des Hauptgegenstands (Nr. 1211 und Nr. 1212)

1. Nummer 1211

Im Beschwerdeverfahren wird – wie auch nach früherem Recht – eine Verfahrensgebühr erhoben. Betroffen von der Verfahrensgebühr ist, wie sich aus der Überschrift des Abschnitts ergibt, nur die Beschwerde gegen die Endentscheidung wegen des Hauptgegenstands. Sonstige Beschwerden sind im Hauptabschnitt 9 Abschnitt 1 (Nr. 1910 bis 1912) geregelt. 7

Beschwerde und Anschlussbeschwerde sind als ein Verfahren zu behandeln (§ 39 Abs. 2) 8

Die Verfahrensgebühr Nr. 1211 und damit auch die Verfahrensgebühr Nr. 1212, die die Verfahrensgebühr Nr. 1211 nur modifiziert, entsteht mit dem Eingang des Rechtsmittelantrags bei Gericht. Zu diesem Zeitpunkt wird die Gebühr auch fällig (§ 9 Abs. 1). Eine Vorauszahlungspflicht besteht nicht. Im Beschwerdeverfahren bestimmt sich der Wert nach § 40. 9

Die Gebühr schuldet der Entscheidungsschuldner (§ 24 Nr. 1). Daneben haftet der Beschwerdeführer als Antragsteller der Instanz (§ 21 Abs. 1 Satz 1); der Minderjährige haftet auch hier eventuell als Antragsteller des Beschwerdeverfahrens, da die Ausnahmeregelung (§ 21 Abs. 1 Satz 2 Nr. 3) nicht greift. 10

Beschwerdeführer und Anschlussbeschwerdeführer haften jeweils für die Verfahrensgebühr, die durch ihre jeweiligen Anträge entsteht. Die Höhe des Haftungsbetrages der verschiedenen Antragsteller wird so berechnet, als seien einzelne Verfahren eingeleitet worden. Bis zur Höhe dieser Kosten kann die Staatskasse die einzelnen Kostenschuldner unter Beachtung des § 26 Abs. 2 in Anspruch nehmen. Die Staatskasse kann jedoch nicht mehr fordern als insgesamt durch das Verfahren entstanden ist. 11

2. Nummer 1212

Nr. 1212 sieht für den Fall der Beendigung des Beschwerdeverfahrens ohne Endentscheidung eine verminderte Verfahrensgebühr vor. Voraussetzung für die Anwendung der Vorschrift ist, dass die Beschwerde insgesamt beendet wird. 12

In Abs. 1 der Anmerkung wird die Zurücknahme der Beschwerde vor Ablauf des Tages, an dem die Endentscheidung der Geschäftsstelle übermittelt wird, wenn die Entscheidung nicht bereits durch Vorlesen der Entscheidungsformel (§ 41 Abs. 2 FamFG) bekannt gegeben worden ist, gesondert geregelt, weil sonst im Falle der schriftlichen Entscheidung nicht klar wäre, welches der letztmögliche Zeitpunkt für die Rücknahme ist. 13

Nach Abs. 2 steht eine Entscheidung über die Kosten der Ermäßigung nicht entgegen, wenn die Entscheidung einer zuvor mitgeteilten Einigung über die Kostentragung oder einer Kostenübernahmeerklärung folgt. Endet also das Beschwerdeverfahren durch Rücknahme, Erledigterklärung oder Vergleich, tritt die Ermäßigung auch ein, wenn das Gericht über die Kostentragung nicht inhaltlich selbst befinden muss. 14

III. Rechtsbeschwerde gegen die Endentscheidung wegen des Hauptgegenstands (Nr. 1213, Nr. 1214 und Nr. 1215)

1. Nummer 1213

Nr. 1213 bestimmt die Verfahrensgebühr für das Rechtsbeschwerdeverfahren in der Hauptsache (vereinfachtes Verfahren über den Unterhalt Minderjähriger). Betroffen von der Verfahrensgebühr ist, wie sich aus der Überschrift des Abschnitts 3 ergibt, nur die Rechtsbeschwerde gegen die Endentscheidung wegen des Hauptgegenstands. Sonstige Rechtsbeschwerden sind im Hauptabschnitt 9 Abschnitt 2 (Nr. 1920 bis 1923) geregelt. 15

16 Rechtsbeschwerde und Anschlussrechtsbeschwerde sind als ein Verfahren zu behandeln (§ 39 Abs. 2).

17 Die Verfahrensgebühr Nr. 1213 und damit auch die Verfahrensgebühren Nr. 1214 und 1215, die die Verfahrensgebühr Nr. 1213 nur modifizieren, entstehen mit dem Eingang des Rechtsmittelantrags bei Gericht. Zu diesem Zeitpunkt wird die Gebühr auch fällig (§ 9 Abs. 1). Eine Vorauszahlungspflicht besteht nicht. Im Rechtsbeschwerdeverfahren bestimmt sich der Wert nach § 40.

18 Die Gebühr schuldet der Entscheidungsschuldner (§ 24 Nr. 1). Daneben haftet der Rechtsbeschwerdeführer als Antragsteller der Instanz (§ 21 Abs. 1 Satz 1); der Minderjährige haftet auch hier eventuell als Antragsteller des Rechtsbeschwerdeverfahrens, da die Ausnahmeregelung (§ 21 Abs. 1 Satz 2 Nr. 3) nicht greift.

19 Rechtsbeschwerdeführer und Anschlussrechtsbeschwerdeführer haften jeweils für die Verfahrensgebühr, die durch ihre jeweiligen Anträge entsteht. Die Höhe des Haftungsbetrages der verschiedenen Antragsteller wird so berechnet, als seien einzelne Verfahren eingeleitet worden. Bis zur Höhe dieser Kosten kann die Staatskasse die einzelnen Kostenschuldner unter Beachtung des § 26 Abs. 2 in Anspruch nehmen. Die Staatskasse kann jedoch nicht mehr fordern als insgesamt durch das Verfahren entstanden ist.

2. Nummer 1214

20 Nr. 1214 sieht für den Fall einer frühzeitigen Zurücknahme der Rechtsbeschwerde oder des erstinstanzlichen Antrags eine Ermäßigung des Gebührensatzes auf 0,5 vor. Erste Voraussetzung für die Anwendung der Vorschrift ist, dass die Rechtsbeschwerde insgesamt zurückgenommen wird. Weitere Voraussetzung ist die Beendigung des gesamten Verfahrens durch Zurücknahme der Rechtsbeschwerde oder des Antrags, bevor die Schrift zur Begründung der Rechtsbeschwerde bei Gericht eingegangen ist.

3. Nummer 1215

21 Der weitere Ermäßigungstatbestand für die Rechtsbeschwerde sieht eine Begünstigung für eine spätere Rücknahme vor, wenn das Verfahren durch Zurücknahme der Rechtsbeschwerde oder des Antrags vor Ablauf des Tages, an dem die Endentscheidung der Geschäftsstelle übermittelt wird, beendet wird. Nr. 1215 kennt demnach nur einen Ermäßigungstatbestand.

22 Im Hinblick auf die unterschiedlichen Voraussetzungen können die Nr. 1214 und 1215 nicht nebeneinander anfallen. Da jedoch eine der Nr. 1214 genügende Zurücknahme gleichzeitig auch die Voraussetzungen des Tatbestandes der Nr. 1215 erfüllt, ist in Nr. 1215 klargestellt, dass diese keine Anwendung findet, wenn Nr. 1214 erfüllt ist.

IV. Zulassung der Sprungrechtsbeschwerde gegen die Endentscheidung wegen des Hauptgegenstands (Nr. 1216)

23 Im Verfahren über die Zulassung der Sprungsrechtsbeschwerde ist eine Gebühr nur für den Fall der (Teil-)Ablehnung des Antrags vorgesehen, da durch eine Zulassung der Sprungsrechtsbeschwerde das Verfahren als Rechtsbeschwerde fortgesetzt wird (§ 75 Abs. 2 FamFG, § 566 Abs. 7 Satz 1 ZPO) und damit die Gebühren nach den Nr. 1213 bis 1215 anfallen. Im Zulassungsverfahren ist Verfahrenswert der für das Rechtsmittelverfahren maßgebende Wert (§ 40 Abs. 3).

24 Die Verfahrensgebühr entsteht mit dem Eingang des Zulassungsantrags bei Gericht. Die Gebühr wird, da sie eine gerichtliche Entscheidung (Ablehnung des Antrags) voraussetzt, erst mit dieser Entscheidung fällig (§ 9 Abs. 2). Eine Vorauszahlungspflicht besteht nicht.

25 Die Kosten schuldet regelmäßig der Entscheidungsschuldner; der Antragsteller haftet nach § 21 Abs. 1 Satz 1.

C. Abschnitt 2 – Verfahren im Übrigen

I. Erster Rechtszug (Nr. 1220 und Nr. 1221)

1. Allgemeines

Abschnitt 2 erfasst sämtliche selbständigen Familienstreitsachen mit Ausnahme des vereinfachten Verfahrens über den Unterhalt Minderjähriger (Abschnitt 1 dieses Hauptabschnittes). Auf die Vorbem. zu diesem Hauptabschnitt wird Bezug genommen 26

2. Nummer 1220

Im erstinstanzlichen Verfahren vor dem Familiengericht entsteht in selbständigen Familienstreitsachen eine pauschale Verfahrensgebühr mit einem Gebührensatz von 3,0. 27

Einer selbständigen Familienstreitsache kann ein Mahnverfahren vorausgehen. Für das Mahnverfahren, auf das die Vorschriften der ZPO entsprechend anzuwenden sind (§ 113 Abs. 2 FamFG), ist in § 1 Satz 3 die Anwendung des GKG vorgesehen, weil auch das Mahnverfahren in Familiensachen von den zentralen Mahngerichten erledigt wird. Nach Erhebung des Widerspruchs oder Einlegung des Einspruchs ist das Verfahren vom Mahngericht an das zuständige Familiengericht abzugeben (§ 696 Abs. 1 Satz 1, § 700 Abs. 3 Satz 1 ZPO). Die Anmerkung schreibt daher vor, dass in diesem Fall eine Gebühr nach Nr. 1100 GKG nach dem Wert des Verfahrensgegenstands angerechnet wird, der in das Streitverfahren übergegangen ist. Dies gilt jedoch nur, soweit wegen desselben Verfahrensgegenstands ein Mahnverfahren vorausgegangen ist. Die Gebühr Nr. 1220 entsteht in diesem Fall mit dem Eingang der Akten beim Familiengericht. 28

Die Verfahrensgebühr Nr. 1220 und damit auch die Verfahrensgebühr Nr. 1221, die die Verfahrensgebühr Nr. 1220 nur modifiziert, entsteht mit dem Eingang des Antrags bei Gericht. Zu diesem Zeitpunkt wird die Gebühr auch fällig (§ 9 Abs. 1). Es besteht Vorauszahlungspflicht nach § 14 Abs. 1 Satz 1. 29

Für die Verfahrensgebühren haftet neben dem Entscheidungs- und Übernahmeschuldner auch der Antragsteller des Verfahrens (§ 21 Abs. 1 Satz 1). 30

Soweit ein Antrag und ein Widerantrag denselben Verfahrensgegenstand betreffen, haften beide Beteiligten nach § 21 Abs. 1 Satz 1. Wenn sie nicht denselben Verfahrensgegenstand betreffen, sind die einzelnen Verfahrenswerte zu addieren (§ 39 Abs. 1). Die Höhe des Haftungsbetrages der verschiedenen Antragsteller wird so berechnet, als seien einzelne Verfahren eingeleitet worden. Bis zur Höhe dieser Kosten kann die Staatskasse die einzelnen Kostenschuldner unter Beachtung des § 26 Abs. 2 in Anspruch nehmen. Die Staatskasse kann jedoch nicht mehr fordern, als insgesamt durch das Verfahren entstanden ist. 31

3. Nummer 1221

Nr. 1221 enthält einen Ermäßigungstatbestand für das erstinstanzliche Verfahren. Sie regelt Tatbestände, die bei einer vorzeitigen Beendigung des Verfahrens zu einer Reduzierung der in Nr. 1220 vorgesehenen pauschalen Verfahrensgebühr führen. Die Vorschrift gleicht in weiten Teilen der Nr. 1111, Unterschiede bestehen aber. Der Eintritt der Gebührenermäßigung setzt voraus, dass das gesamte Verfahren erledigt wird, eine Teilerledigung reicht nicht aus. Die Vorschrift sieht eine Ermäßigung vor bei Zurücknahme des Antrags, bei Anerkenntnis- oder Verzichtsentscheidung oÄ, bei gerichtlichem Vergleich oder bei Erledigung der Hauptsache. 32

a) Antragsrücknahme

Die Zurücknahme des Antrags führt zur Ermäßigung, wenn sie 33
- vor dem Schluss der mündlichen Verhandlung,

- in den Fällen des § 128 Abs. 2 ZPO vor dem Zeitpunkt, der dem Schluss der mündlichen Verhandlung entspricht,
- im Fall des § 331 Abs. 3 ZPO vor Ablauf des Tages, an dem die Endentscheidung der Geschäftsstelle übermittelt wird,

erfolgt.

34 Voraussetzung für die Ermäßigung ist eine förmliche Zurücknahme des Antrags vor den genannten Zeitpunkten. Grundsätzlich ist der Schluss der mündlichen Verhandlung iSd. § 136 Abs. 4 ZPO maßgebend. Wird mit Zustimmung der Beteiligten nicht verhandelt, tritt an die Stelle des Schlusses der mündlichen Verhandlung der Zeitpunkt, den das Gericht für die Einreichung von Schriftsätzen gesetzt hat (§ 128 Abs. 2 Satz 2 ZPO). Bei Säumnis des Antragsgegners iS des § 331 Abs. 3 ZPO ist die Rücknahme noch bis vor Ablauf des Tages privilegiert, an dem die Endentscheidung der Geschäftsstelle übermittelt wird.

35 Nach Abs. 1 der Anmerkung stehen die Zurücknahme des Antrags auf Durchführung des streitigen Verfahrens (§ 696 Abs. 1 ZPO), des Widerspruchs gegen den Mahnbescheid oder des Einspruchs gegen den Vollstreckungsbescheid der Zurücknahme des Antrags nach Nr. 1 gleich.

36 Voraussetzung für eine Gebührenreduzierung bei einer Rücknahme ist unter Berücksichtigung des Nachsatzes in Nr. 1 immer, dass keine Entscheidung nach § 269 Abs. 3 Satz 3 ZPO über die Kosten ergeht oder die Kostenentscheidung einer zuvor mitgeteilten Einigung über die Kostentragung oder einer Kostenübernahmeerklärung folgt.

b) Privilegierte Endentscheidungen

37 Zu einer Gebührenreduzierung führt auch die Beendigung des Verfahrens durch
- Anerkenntnisentscheidung (§ 307 ZPO),
- Verzichtsentscheidung (§ 306 ZPO) oder
- Endentscheidung, die nach § 38 Abs. 4 Nr. 2 und 3 FamFG keine Begründung enthält oder nur deshalb eine Begründung enthält, weil zu erwarten ist, dass der Beschluss im Ausland geltend gemacht wird (§ 38 Abs. 5 Nr. 4 FamFG).

38 Voraussetzung für eine Ermäßigung in auch diesen Fällen ist aber, wie sich aus dem Nachsatz ergibt, dass nicht bereits eine andere Endentscheidung als eine der in Nr. 2 genannten Entscheidungen vorausgegangen ist, zB eine streitige Teilentscheidung.

39 Die in Nr. 2 enthaltene Regelung, wonach die Ermäßigung auch dann eintritt, wenn der Beschluss nur deshalb eine Begründung enthält, weil zu erwarten ist, dass der Beschluss im Ausland geltend gemacht wird, korrespondiert mit der Regelung in Abs. 2 der Anmerkung. Es soll kostenrechtlich keinen Unterschied machen, ob die Begründung aus den genannten Gründen sofort oder nachträglich im Wege der Ergänzung in den Beschluss aufgenommen wird.

c) Gerichtlicher Vergleich

40 Eine Ermäßigung tritt bezüglich der Folgesachen auch ein, wenn ein gerichtlicher Vergleich geschlossen wird (Nr. 3). Der Vergleich muss nach dem ausdrücklichen Wortlaut vor Gericht geschlossen worden sein. Ein mitgeteilter außergerichtlicher Vergleich reicht nicht.

d) Erledigung in der Hauptsache

41 Die Erledigung in der Hauptsache führt zu einer Ermäßigung der Gebühr, wenn keine Entscheidung über die Kosten ergeht oder die Entscheidung einer zuvor mitgeteilten Einigung über die Kostentragung oder einer Kostenübernahmeerklärung folgt.

e) Sonstige Voraussetzungen der Ermäßigung

Voraussetzung für eine Ermäßigung ist in allen Fällen aber, wie sich aus dem Nachsatz ergibt, dass nicht bereits eine andere als eine der in Nr. 2 genannten Entscheidungen vorausgegangen ist, zB eine streitige Teilentscheidung. 42

Nach Abs. 3 der Anmerkung ermäßigt sich die Gebühr auch, wenn mehrere Ermäßigungstatbestände erfüllt sind. Wird eine Folgesache zunächst durch einen Teilvergleich und anschließend durch eine rechtzeitige Antragsrücknahme insgesamt erledigt, tritt für diese Folgesache eine Reduzierung der Verfahrensgebühr ein. 43

II. Beschwerde gegen die Endentscheidung wegen des Hauptgegenstands (Nr. 1222 bis 1224)

1. Nummer 1222

Nr. 1222 bestimmt die Verfahrensgebühr für das Beschwerdeverfahren in der Hauptsache. Betroffen von der Verfahrensgebühr ist nur die Beschwerde gegen die Endentscheidung wegen des Hauptgegenstands. Sonstige Beschwerden sind im Hauptabschnitt 9 Abschnitt 1 (Nr. 1910 bis 1912) geregelt. 44

Beschwerde und Anschlussbeschwerde sind als ein Verfahren zu behandeln (§ 39 Abs. 2). 45

Die Verfahrensgebühr Nr. 1222 und damit auch die Verfahrensgebühren Nr. 1223 und 1224, die die Verfahrensgebühr Nr. 1222 nur modifizieren, entstehen mit dem Eingang des Rechtsmittelantrags bei Gericht. Zu diesem Zeitpunkt wird die Gebühr auch fällig (§ 9 Abs. 1). Eine Vorauszahlungspflicht besteht nicht. Im Beschwerdeverfahren bestimmt sich der Wert nach § 40. 46

Für die Verfahrensgebühren des Beschwerdeverfahrens haftet neben dem Entscheidungs- und Übernahmeschuldner auch der Antragsteller der Instanz (§ 21 Abs. 1 Satz 1). Beschwerdeführer und Anschlussbeschwerdeführer haften jeweils für die Verfahrensgebühr, die durch ihre jeweiligen Anträge entsteht. Die Höhe des Haftungsbetrages der verschiedenen Antragsteller wird so berechnet, als seien einzelne Verfahren eingeleitet worden. Bis zur Höhe dieser Kosten kann die Staatskasse die einzelnen Kostenschuldner unter Beachtung des § 26 Abs. 2 in Anspruch nehmen. Die Staatskasse kann jedoch nicht mehr fordern als insgesamt durch das Verfahren entstanden ist. 47

2. Nummer 1223

Nr. 1223 sieht für den Fall einer frühzeitigen Zurücknahme der Beschwerde oder des erstinstanzlichen Antrags eine Ermäßigung des Gebührensatzes auf 1,0 vor. Erste Voraussetzung für die Anwendung der Vorschrift ist, dass die Beschwerde insgesamt zurückgenommen wird. Weitere Voraussetzung ist die Beendigung des gesamten Verfahrens durch Zurücknahme der Beschwerde oder des Antrags, bevor die Schrift zur Begründung der Beschwerde bei Gericht eingegangen ist. Nach § 117 Abs. 1 Satz 1 und 2 FamFG hat der Beschwerdeführer in Familienstreitsachen die Beschwerde binnen einer grundsätzlichen Frist von zwei Monaten zu begründen. 48

Nach der Anmerkung steht die Erledigung in der Hauptsache der Zurücknahme gleich, wenn keine Entscheidung über die Kosten ergeht oder die Entscheidung einer zuvor mitgeteilten Einigung über die Kostentragung oder einer Kostenübernahmeerklärung folgt. Mit dieser weit gehenden Reduzierung des Gebührensatzes soll ein Anreiz geschaffen werden, die Zurücknahme oder die Erledigung frühzeitig herbeizuführen. 49

3. Nummer 1224

Der Gebührentatbestand für die Ermäßigung der Verfahrensgebühr bei rechtzeitiger Beendigung ist im Wesentlichen mit Nr. 1221 identisch, so dass auf die dortige Kommentierung verwiesen wird. 50

51 Im Hinblick auf die unterschiedlichen Voraussetzungen können die Nr. 1223 und 1224 nicht nebeneinander anfallen. Da jedoch eine der Nr. 1223 genügende Zurücknahme gleichzeitig auch die Voraussetzungen des Tatbestandes der Nr. 1224 erfüllt, ist in Nr. 1224 klargestellt, dass diese keine Anwendung findet, wenn Nr. 1223 erfüllt ist.

52 Im Vergleich zu Nr. 1221 ist lediglich in Nr. 1 Buchst. b eine abweichende Regelung getroffen. Falls eine mündliche Verhandlung nicht stattfindet (§ 117 Abs. 3, § 68 Abs. 3 Satz 2 FamFG), kann die Rücknahme bis vor Ablauf des Tages, an dem die Endentscheidung der Geschäftsstelle übermittelt wird, privilegiert zurückgenommen werden.

III. Rechtsbeschwerde gegen die Endentscheidung wegen des Hauptgegenstands (Nr. 1225 bis Nr. 1227)

1. Nummer 1225

53 Nr. 1225 bestimmt die Verfahrensgebühr für das Rechtsbeschwerdeverfahren in der Hauptsache. Betroffen von der Verfahrensgebühr ist nur die Rechtsbeschwerde gegen die Endentscheidung wegen des Hauptgegenstands. Sonstige Rechtsbeschwerden sind im Hauptabschnitt 9 Abschnitt 2 (Nr. 1920 bis 1923) geregelt.

54 Rechtsbeschwerde und Anschlussrechtsbeschwerde sind als ein Verfahren zu behandeln (§ 39 Abs. 2).

55 Die Verfahrensgebühr Nr. 1225 und damit auch die Verfahrensgebühren Nr. 1226 und 1227, die die Verfahrensgebühr Nr. 1225 nur modifizieren, entstehen mit dem Eingang des Rechtsmittelantrags bei Gericht. Zu diesem Zeitpunkt wird die Gebühr auch fällig (§ 9 Abs. 1). Eine Vorauszahlungspflicht besteht nicht.

56 Für die Verfahrensgebühren des Rechtsbeschwerdeverfahrens haftet neben dem Entscheidungs- und Übernahmeschuldner auch der Antragsteller der Instanz (§ 21 Abs. 1 Satz 1). Rechtsbeschwerdeführer und Anschlussrechtsbeschwerdeführer haften jeweils für die Verfahrensgebühr, die durch ihre jeweiligen Anträge entsteht. Die Höhe des Haftungsbetrages der verschiedenen Antragsteller wird so berechnet, als seien einzelne Verfahren eingeleitet worden. Bis zur Höhe dieser Kosten kann die Staatskasse die einzelnen Kostenschuldner unter Beachtung des § 26 Abs. 2, in Anspruch nehmen. Die Staatskasse kann jedoch nicht mehr fordern, als insgesamt durch das Verfahren entstanden ist.

2. Nummer 1226

57 Der Gebührentatbestand ist im Wesentlichen mit Nr. 1223 identisch, so dass auf die dortige Kommentierung verwiesen wird.

3. Nummer 1227

58 Der weitere Ermäßigungstatbestand für die Rechtsbeschwerde sieht eine Begünstigung für eine spätere Rücknahme vor, wenn das Verfahren insgesamt durch Zurücknahme der Rechtsbeschwerde oder des Antrags vor Ablauf des Tages, an dem die Endentscheidung der Geschäftsstelle übermittelt wird, beendet wird. Nr. 1227 kennt demnach nur einen Ermäßigungstatbestand.

59 Im Hinblick auf die unterschiedlichen Voraussetzungen können die Nr. 1226 und 1227 nicht nebeneinander anfallen. Da jedoch eine der Nr. 1226 genügende Zurücknahme gleichzeitig auch die Voraussetzungen des Tatbestandes der Nr. 1227 erfüllt, ist in Nr. 1227 klargestellt, dass diese keine Anwendung findet, wenn Nr. 1226 erfüllt ist.

IV. Zulassung der Sprungrechtsbeschwerde gegen die Endentscheidung wegen des Hauptgegenstands (Nr. 1228 und Nr. 1229)

1. Nummer 1228

Im Verfahren über die Zulassung der Sprungsrechtsbeschwerde ist eine Gebühr nur für den Fall der (Teil)Ablehnung des Antrags vorgesehen, da durch eine Zulassung der Sprungsrechtsbeschwerde das Verfahren als Rechtsbeschwerde fortgesetzt wird (§ 75 Abs. 2 FamFG, § 566 Abs. 7 Satz 1 ZPO) und damit die Gebühren nach den Nr. 1225 bis 1227 anfallen. Im Zulassungsverfahren ist Verfahrenswert der für das Rechtsmittelverfahren maßgebende Wert (§ 40 Abs. 3). 60

Die Verfahrensgebühr Nr. 1228 entsteht mit dem Eingang des Zulassungsantrags bei Gericht. Die Gebühr wird, da sie eine gerichtliche Entscheidung (Ablehnung des Antrags) voraussetzt, erst mit dieser Entscheidung fällig (§ 9 Abs. 2). Eine Vorauszahlungspflicht besteht nicht. 61

Die Kosten schuldet regelmäßig der Entscheidungsschuldner; der Antragsteller haftet nach § 21 Abs. 1 Satz 1. 62

2. Nummer 1229

Nr. 1129 sieht einen eigenen Gebührentatbestand für das Verfahren auf Zulassung der Sprungsrechtsbeschwerde vor, wenn das Verfahren ohne eine Entscheidung des Gerichts über die Zulassung endet. Es handelt sich nicht um einen Ermäßigungstatbestand zu Nr. 1228, wie sich aus dem Wortlaut des Gebührentatbestandes eindeutig ergibt. Die Gebührenregelung soll offensichtlich einen Anreiz bieten, einen Zulassungsantrag zurückzunehmen und damit dem Gericht die Entscheidung ersparen. 63

Aus der Formulierung des Tatbestandes ergibt sich weiter, dass auch eine Teilrücknahme und eine Teilerledigung des Zulassungsverfahrens eine Gebühr auslösen. Dies bringt das Einleitungswort „soweit" zum Ausdruck und wird auch durch die Anmerkung verdeutlicht. 64

Wird ein Zulassungsantrag teilweise vor Entscheidung erledigt und im Übrigen abgelehnt, entstehen die Gebühren nach den Nr. 1228 und 1229 nebeneinander. Bei dieser Fallgestaltung ist also für einen Teil des Verfahrensgegenstandes eine Verfahrensgebühr mit einem Gebührensatz von 1,5 (Nr. 1228) und für einen anderen Teil eine Verfahrensgebühr mit einem Gebührensatz von 1,0 (Nr. 1229) entstanden. Es liegt ein Fall des § 30 Abs. 1 und 2 vor. Die Gebühren für die Teile sind gesondert zu berechnen; die aus dem Gesamtbetrag der Wertteile nach dem höchsten Gebührensatz (hier: 2,0) berechnete Gebühr darf nicht überschritten werden. 65

Wird ein Zulassungsantrag teilweise vor Entscheidung erledigt und im Übrigen positiv beschieden, bleibt es hinsichtlich des Zulassungsverfahrens beim teilweisen Ansatz der Gebühr Nr. 1229. Soweit die Sprungsrechtsbeschwerde zugelassen wird, wird das Verfahren als Rechtsbeschwerde fortgesetzt (§ 75 Abs. 2 FamFG, § 566 Abs. 7 Satz 1 ZPO) und es fallen die Gebühren nach den Nr. 1225 bis 1227 an. 66

Nach dem Wortlaut kann die Verfahrensgebühr Nr. 1229 erst und nur entstehen, wenn das Verfahren ohne gerichtliche Entscheidung beendet wird. Daher kann eine Fälligkeit der Gebühr auch nicht vor dem erledigenden Ereignis eintreten. Da weder eine Vorauszahlungs- noch eine Vorschusspflicht besteht, kann die Gebühr erst mit Beendigung des Verfahrens angesetzt werden. 67

Die Kosten schuldet der Antragsteller des Zulassungsverfahrens nach § 21 Abs. 1 Satz 1. 68

Hauptabschnitt 3
Hauptsacheverfahren in selbständigen Familiensachen der freiwilligen Gerichtsbarkeit

Abschnitt 1
Kindschaftssachen

Vorbemerkung 1.3.1:

(1) Keine Gebühren werden erhoben für

1. die Pflegschaft für eine Leibesfrucht,
2. ein Verfahren, das die freiheitsentziehende Unterbringung eines Minderjährigen betrifft, und
3. ein Verfahren, das Aufgaben nach dem Jugendgerichtsgesetz betrifft.

(2) Von dem Minderjährigen werden Gebühren nach diesem Abschnitt nur erhoben, wenn sein Vermögen nach Abzug der Verbindlichkeiten mehr als 25 000 Euro beträgt; der in § 90 Abs. 2 Nr. 8 des Zwölften Buches Sozialgesetzbuch genannte Vermögenswert wird nicht mitgerechnet.

Unterabschnitt 1
Verfahren vor dem Familiengericht

Nr.	Gebührentatbestand	Gebühr
1310	Verfahren im Allgemeinen	0,5
	(1) Die Gebühr entsteht nicht für Verfahren,	
	1. die in den Rahmen einer Vormundschaft oder Pflegschaft fallen,	
	2. für die die Gebühr 1313 entsteht oder	
	3. die mit der Anordnung einer Pflegschaft enden.	
	(2) Für die Umgangspflegschaft werden neben der Gebühr für das Verfahren, in dem diese angeordnet wird, keine besonderen Gebühren erhoben.	
1311	Jahresgebühr für jedes angefangene Kalenderjahr bei einer Vormundschaft oder Dauerpflegschaft, wenn nicht Nummer 1312 anzuwenden ist	5,00 € je angefangene 5 000,00 € des zu berücksichtigenden Vermögens – mindestens 50,00 €
	(1) Für die Gebühr wird das Vermögen des von der Maßnahme betroffenen Minderjährigen nur berücksichtigt, soweit es nach Abzug der Verbindlichkeiten mehr als 25 000 Euro beträgt; der in § 90 Abs. 2 Nr. 8 des Zwölften Buches Sozialgesetzbuch genannte Vermögenswert wird nicht mitgerechnet. Ist Gegenstand der Maßnahme ein Teil des Vermögens, ist höchstens dieser Teil des Vermögens zu berücksichtigen.	
	(2) Für das bei Anordnung der Maßnahme oder bei der ersten Tätigkeit des Familiengerichts nach Eintritt der Vormundschaft laufende und das folgende Kalenderjahr wird nur eine Jahresgebühr erhoben.	
	(3) Erstreckt sich eine Maßnahme auf mehrere Minderjährige, wird die Gebühr für jeden Minderjährigen besonders erhoben.	
	(4) Geht eine Pflegschaft in eine Vormundschaft über, handelt es sich um ein einheitliches Verfahren.	
1312	Jahresgebühr für jedes angefangene Kalenderjahr bei einer Dauerpflegschaft, die nicht unmittelbar das Vermögen oder Teile des Vermögens zum Gegenstand hat	200,00 € – höchstens eine Gebühr 1311

1313	Verfahren im Allgemeinen bei einer Pflegschaft für einzelne Rechtshandlungen	0,5 – höchstens eine Gebühr 1311
	(1) Bei einer Pflegschaft für mehrere Minderjährige wird die Gebühr nur einmal aus dem zusammengerechneten Wert erhoben. Minderjährige, von denen nach Vorbemerkung 1.3.1 Abs. 2 keine Gebühr zu erheben ist, sind nicht zu berücksichtigen. Höchstgebühr ist die Summe der für alle zu berücksichtigenden Minderjährigen jeweils maßgebenden Gebühr 1311.	
	(2) Als Höchstgebühr ist die Gebühr 1311 in der Höhe zugrunde zu legen, in der sie bei einer Vormundschaft entstehen würde.	
	(3) Die Gebühr wird nicht erhoben, wenn für den Minderjährigen eine Vormundschaft oder eine Dauerpflegschaft, die sich auf denselben Gegenstand bezieht, besteht.	

Unterabschnitt 2
Beschwerde gegen die Endentscheidung wegen des Hauptgegenstands

1314	Verfahren im Allgemeinen	1,0
1315	Beendigung des gesamten Verfahrens ohne Endentscheidung: Die Gebühr 1314 ermäßigt sich auf	0,5
	(1) Wenn die Entscheidung nicht durch Vorlesen der Entscheidungsformel bekannt gegeben worden ist, ermäßigt sich die Gebühr auch im Fall der Zurücknahme der Beschwerde vor Ablauf des Tages, an dem die Endentscheidung der Geschäftsstelle übermittelt wird.	
	(2) Eine Entscheidung über die Kosten steht der Ermäßigung nicht entgegen, wenn die Entscheidung einer zuvor mitgeteilten Einigung über die Kostentragung oder einer Kostenübernahmeerklärung folgt.	
	(3) Die Billigung eines gerichtlichen Vergleichs (§ 156 Abs. 2 FamFG) steht der Ermäßigung nicht entgegen.	

Unterabschnitt 3
Rechtsbeschwerde gegen die Endentscheidung wegen des Hauptgegenstands

1316	Verfahren im Allgemeinen	1,5
1317	Beendigung des gesamten Verfahrens durch Zurücknahme der Rechtsbeschwerde oder des Antrags, bevor die Schrift zur Begründung der Beschwerde bei Gericht eingegangen ist: Die Gebühr 1316 ermäßigt sich auf	0,5
1318	Beendigung des gesamten Verfahrens durch Zurücknahme der Rechtsbeschwerde oder des Antrags vor Ablauf des Tages, an dem die Endentscheidung der Geschäftsstelle übermittelt wird, wenn nicht Nummer 1317 erfüllt ist: Die Gebühr 1316 ermäßigt sich auf	1,0

Unterabschnitt 4
Zulassung der Sprungrechtsbeschwerde gegen die Endentscheidung wegen des Hauptgegenstands

1319	Verfahren über die Zulassung der Sprungrechtsbeschwerde: Soweit der Antrag abgelehnt wird	0,5

Abschnitt 2
Übrige Familiensachen der freiwilligen Gerichtsbarkeit

Vorbemerkung 1.3.2:

(1) Dieser Abschnitt gilt für

1. Abstammungssachen,
2. Adoptionssachen, die einen Volljährigen betreffen,
3. Ehewohnungs- und Haushaltssachen,
4. Gewaltschutzsachen,
5. Versorgungsausgleichssachen sowie
6. Unterhaltssachen, Güterrechtssachen und sonstige Familiensachen (§ 111 Nr. 10 FamFG), die nicht Familienstreitsachen sind.

(2) In Adoptionssachen werden für Verfahren auf Ersetzung der Einwilligung zur Annahme als Kind neben den Gebühren für das Verfahren über die Annahme als Kind keine Gebühren erhoben.

Unterabschnitt 1
Erster Rechtszug

Nr.		
1320	Verfahren im Allgemeinen	2,0
1321	Beendigung des gesamten Verfahrens 1. ohne Endentscheidung, 2. durch Zurücknahme des Antrags vor Ablauf des Tages, an dem die Endentscheidung der Geschäftsstelle übermittelt wird, wenn die Entscheidung nicht bereits durch Vorlesen der Entscheidungsformel bekannt gegeben worden ist, oder 3. wenn die Endentscheidung keine Begründung enthält oder nur deshalb eine Begründung enthält, weil zu erwarten ist, dass der Beschluss im Ausland geltend gemacht wird (§ 38 Abs. 5 Nr. 4 FamFG): Die Gebühr 1320 ermäßigt sich auf .... (1) Die Vervollständigung einer ohne Begründung hergestellten Endentscheidung (§ 38 Abs. 6 FamFG) steht der Ermäßigung nicht entgegen. (2) Die Gebühr ermäßigt sich auch, wenn mehrere Ermäßigungstatbestände erfüllt sind.	0,5

Unterabschnitt 2
Beschwerde gegen die Endentscheidung wegen des Hauptgegenstands

Nr.		
1322	Verfahren im Allgemeinen	3,0
1323	Beendigung des gesamten Verfahrens durch Zurücknahme der Beschwerde oder des Antrags, bevor die Schrift zur Begründung der Beschwerde bei Gericht eingegangen ist: Die Gebühr 1322 ermäßigt sich auf	0,5
1324	Beendigung des gesamten Verfahrens ohne Endentscheidung, wenn nicht Nummer 1323 erfüllt ist: Die Gebühr 1322 ermäßigt sich auf .... (1) Wenn die Entscheidung nicht durch Vorlesen der Entscheidungsformel bekannt gegeben worden ist, ermäßigt sich die Gebühr auch im Fall der Zurücknahme der Beschwerde vor Ablauf des Tages, an dem die Endentscheidung der Geschäftsstelle übermittelt wird. (2) Eine Entscheidung über die Kosten steht der Ermäßigung nicht entgegen, wenn die Entscheidung einer zuvor mitgeteilten Einigung über die Kostentragung oder einer Kostenübernahmeerklärung folgt.	1,0

	Unterabschnitt 3 *Rechtsbeschwerde gegen die Endentscheidung wegen des Hauptgegenstands*	
1325	Verfahren im Allgemeinen	4,0
1326	Beendigung des gesamten Verfahrens durch Zurücknahme der Rechtsbeschwerde oder des Antrags, bevor die Schrift zur Begründung der Beschwerde bei Gericht eingegangen ist: Die Gebühr 1325 ermäßigt sich auf	1,0
1327	Beendigung des gesamten Verfahrens durch Zurücknahme der Rechtsbeschwerde oder des Antrags vor Ablauf des Tages, an dem die Endentscheidung der Geschäftsstelle übermittelt wird, wenn nicht Nummer 1326 erfüllt ist: Die Gebühr 1325 ermäßigt sich auf	2,0
	Unterabschnitt 4 *Zulassung der Sprungrechtsbeschwerde gegen die Endentscheidung wegen des Hauptgegenstands*	
1328	Verfahren über die Zulassung der Sprungrechtsbeschwerde: Soweit der Antrag abgelehnt wird	1,0

A. Allgemeines

In Hauptabschnitt 3 sind die Gebühren für Hauptsacheverfahren in selbständigen Familiensachen der freiwilligen Gerichtsbarkeit geregelt. Dies sind solche Familiensachen, die weder Ehesache noch Familienstreitsache sind und nicht im Verbund mit einer Scheidungssache oder einer entsprechenden Lebenspartnerschaftssache stehen. Auch für solche Verfahren fallen nunmehr grundsätzlich Verfahrensgebühren an. Eine Ausnahme bilden lediglich die Jahresgebühren für Vormundschaften und Dauerpflegschaften (Nr. 1311 und 1312). Es handelt sich um solche Familiensachen, die nach früherem Recht nach der KostO oder HausrVO abzurechnen waren. 1

B. Abschnitt 1 – Kindschaftssachen

I. Allgemeines

In Abschnitt 1 sind die Gerichtsgebühren für die in § 151 FamFG genannten Kindschaftssachen geregelt. Aus sozialpolitischen Gründen ist die Gebührenhöhe deutlich niedriger als für andere Verfahren. Der Abschnitt regelt die Gebühren für die Hauptsacheverfahren in isolierten Kindschaftssachen abschließend. 2

II. Gebührenfreie Verfahren (Vorbem. 1.3.1 Abs. 1)

Nach Abs. 1 der Vorbem. 1.3.1 bleiben einige Verfahren gebührenfrei. 3

Für die Pflegschaft für eine Leibesfrucht (§ 1912 BGB) wird auf die Erhebung von Gebühren verzichtet (Nr. 1), weil grundsätzlich der Minderjährige für die Kosten bei einer Dauerpflegschaft haftet (§ 22 FamGKG) oder bei einer Einzelpflegschaft idR ihm die Kosten aufzuerlegen sein werden, wenn die Pflegschaft nicht seine Person betrifft. Die Leibesfrucht kann jedoch nicht zum Kostenschuldner bestimmt werden. 4

Für Unterbringungsmaßnahmen gegen Minderjährige ist es bei der früheren Gebührenfreiheit gem. § 128b KostO geblieben (Nr. 2). 5

Verfahren, welche Aufgaben nach dem JGG betreffen (Auswahl und Anordnung von Erziehungsmaßregeln durch Überlassungen durch den Jugendrichter, § 53 JGG; Bestellung eines Pflegers nach § 67 Abs. 4 Satz 3 JGG), sind nunmehr ausdrücklich gebührenfrei (Nr. 3). Dies ist nachvollziehbar, da das Jugendgericht die Erziehungsmaßregeln, ohne weitere Gebühren auszulösen, auch selbständig auswählen und anordnen kann und es daher nicht vermittelbar ist, weshalb für das zusätzliche Ver- 6 fahren gem. § 53 JGG, dessen Einleitung allein von der Entscheidung des Jugendgerichts abhängt, zusätzliche Gebühren anfallen sollten.

7 Der Verfahrensbeistand findet in der Vorbemerkung keine Erwähnung. Die Bestellung eines Verfahrensbeistands ist grundsätzlich Teil des Verfahrens, für das der Verfahrensbeistand bestellt wird. Die Bestellung ist damit entweder durch die jeweilige Verfahrensgebühr mit abgegolten oder es entstehen, falls ein solches Verfahren gebührenfrei ist, für die Bestellung des Verfahrensbeistands ebenfalls keine Gebühren.

8 In den Fällen der sachlichen Gebührenfreiheit besteht auch Auslagenfreiheit. Vorbem. 2 Abs. 3 Satz 2 erstreckt die in Vorbem. 1.3.1 bestimmte Gebührenfreiheit auch auf die Auslagen. Die gilt jedoch nicht für die an den Verfahrensbeistand gezahlten Beträge (Nr. 2013), vgl. Vorbem. 2 Abs. 3 Satz 3.

III. Einschränkung für Minderjährige (Vorbem. 1.3.1 Abs. 2)

9 Abs. 2 schließt eine Kostenerhebung von dem minderjährigen Kind aus, wenn dessen Vermögen nach Abzug der Verbindlichkeiten nicht mehr als 25 000 Euro beträgt. Dabei bleibt ein angemessenes Hausgrundstück, das von dem Minderjährigen oder seinen Eltern allein oder zusammen mit Angehörigen ganz oder teilweise bewohnt wird und nach ihrem Tod von ihren Angehörigen bewohnt werden soll, außer Betracht (§ 90 Abs. 2 Nr. 8 SGB XII). Dies entspricht der bisher geltenden Regelung in § 92 Abs. 1 Satz 1 und § 93 Satz 5, § 95 Abs. 1 Satz 2 KostO.

10 Die Regelung gilt immer, wenn von dem Minderjährigen Gebühren erhoben werden. Werden die Kosten in einer Kindschaftssache zB den Eltern auferlegt, spielt die Vermögensfreigrenze keine Rolle.

11 Maßgebend für die Berechnung des Freibetrages ist das reine Vermögen des Minderjährigen zurzeit der Fälligkeit der jeweiligen Gebühr. Bei der Berechnung des Vermögens und auch der abzuziehenden Passiva sind die allgemeinen Vorschriften des FamGKG und ggf. die in Bezug genommenen Vorschriften der KostO (vgl. § 36 Abs. 1, § 46 Abs. 1) zugrunde zu legen. Unter Vermögen im kostenrechtlichen Sinn ist die Gesamtheit der einer Person zustehenden Güter und Rechte von wirtschaftlichem Wert zu verstehen, wozu vor allem das Eigentum an Grundstücken und beweglichen Sachen, Forderungen und sonstige Rechte, die geldwert sind, zählen.

12 Für die Berechnung des Vermögens ist das sozialhilferechtliche Schonvermögen ohne Belang, so dass es unbeachtlich ist, auf welche Art und Weise einzelne Vermögensgegenstände in das Vermögen des Minderjährigen gelangt sind und welche Funktion sie für den Minderjährigen erfüllen. Die Verweisung auf § 90 Abs. 2 Nr. 8 SGB XII ist als eine konstitutiv geregelte Ausnahme zu begreifen, nach welcher bei den Aktiva des Vermögens ein angemessenes Hausgrundstück nicht mitgerechnet wird. Eine weiter gehende Bedeutung kommt dieser Verweisung nicht zu.

13 Die in Vorbem. 1.3.1 Abs. 2 festgelegte Vermögensgrenze gilt nicht nur für die Gebühren, sondern nach Vorbem. 2 Abs. 3 Satz 1 auch für die Auslagen.

IV. Verfahren vor dem Familiengericht (Nr. 1310 bis Nr. 1313)

1. Nummer 1310

a) Allgemeines

14 In Nr. 1310 ist eine allgemeine Verfahrensgebühr in Kindschaftssachen von 0,5 vorgesehen. Für zahlreiche Verfahren, die nach dem FamFG Kindschaftssachen sind, wurde nach bisherigem Recht für das beantragte Geschäft eine Gebühr mit einem Satz von 1,0 nach der KostO erhoben (§ 94 Abs. 1 Nr. 2 bis 6, 8 und 9, § 95 Abs. 1 KostO). Bei einem Gegenstandswert von 3 000 Euro (Auffangwert, § 30 Abs. 2 KostO) beträgt die Gebühr 26 Euro. Die bestimmte Verfahrensgebühr mit einem Gebührensatz von 0,5 führt zu einer Erhöhung. Bei einem Verfahrenswert von 3 000 Euro (Auffangwert, § 42) beträgt die Gebühr 44,50 Euro. Dies ist aber vertretbar und angemessen, da gerade Verfahren in Kindschaftssachen für das Gericht idR mit erheblichem

Aufwand verbunden sind. Minderjährige sind von der Zahlung der Kosten als Antragsteller nach § 21 Abs. 1 Satz 2 Nr. 3 regelmäßig befreit. Nach § 81 Abs. 3 FamFG können ihnen Kosten in diesen Verfahren, soweit diese ihre Person betreffen, nicht auferlegt werden. Ferner ist in § 81 Abs. 1 Satz 2 FamFG dem Gericht die Möglichkeit gegeben, von der Erhebung der Gebühr – auch zum Teil – abzusehen.

Mit Abs. 1 der Anmerkung wird der Anwendungsbereich erheblich eingeschränkt. Es wird klargestellt, dass diese Gebühr nicht für Verfahren entsteht, die in den Rahmen einer Vormundschaft oder Pflegschaft fallen, für die die Gebühr 1313 (Pflegschaft für einzelne Rechtshandlungen) entsteht oder die mit der Anordnung einer Pflegschaft enden. Zum einen entsteht die Gebühr nicht für das Verfahren, welches mit der Anordnung einer Pflegschaft endet. Im Übrigen bleiben alle Verfahren, die in den Rahmen der Vormundschaft oder Pflegschaft fallen, gebührenfrei. Die Tätigkeit des Gerichts ist durch die für die Vormundschaft oder Pflegschaft zu erhebenden Gebühren abgegolten. 15

Nach Abs. 2 fällt neben der Gebühr für das Verfahren, in dem eine Umgangspflegschaft (vgl. auch § 4) angeordnet wird, keine besondere Gebühr für die Umgangspflegschaft an. 16

Die Gebühr entsteht unabhängig von der Zahl der Minderjährigen nur einmal, auch wenn ein Verfahren mehrere Minderjährige betrifft. Eine ausdrückliche Regelung ist entbehrlich, weil die Gebühr in jedem Verfahren hinsichtlich eines jeden Teils des Verfahrensgegenstands nur einmal entsteht (§ 29). Für bestimmte Kindschaftssachen ist in § 45 Abs. 2 ausdrücklich bestimmt, dass sie auch dann als ein Gegenstand zu bewerten ist, wenn sie mehrere Kinder betrifft. 17

b) Betroffene Verfahren

Von der Gebühr Nr. 1310 werden alle Kindschaftssachen erfasst, 18
– die nicht nach Vorbem. 1.3.1 Abs. 1 gebührenfrei sind,
– die keine Vormundschaft oder Dauerpflegschaft sind (Nr. 1311 und 1312),
– die keine Pflegschaft für einzelne Rechtshandlungen sind,
– die nicht mit der Anordnung einer Pflegschaft enden und
– die nicht in den Rahmen einer Vormundschaft oder Dauerpflegschaft fallen (Anmerkung Abs. 1).

In Frage kommen insbesondere folgende Kindschaftssachen, wobei in jedem Einzelfall zu prüfen ist, ob nicht die vorgenannten Ausnahmen gegeben sind: 19
– § 12 Abs. 3 AsylVfG (Entscheidung über die Vertretungsbefugnis)
– § 1303 Abs. 2 BGB (Befreiung vom Eheerfordernis der Volljährigkeit)
– § 1308 Abs. 2 BGB (Befreiung vom Eheverbot bei Annahme als Kind)
– § 1315 Abs. 1 Satz 1 Nr. 1 BGB (Genehmigung der Eheschließung)
– § 1315 Abs. 1 Satz 3 BGB (Ersetzung der Zustimmung zur Bestätigung der Eheschließung)
– § 1493 Abs. 2 BGB (Gestattung, dass Aufhebung der Gütergemeinschaft bei Wiederheirat bis zur Eheschließung unterbleibt)
– § 1618 Satz 4 BGB (Ersetzung der Einwilligung zur Namenserteilung)
– § 1626c Abs. 2 Satz 3 BGB (Ersetzung der Zustimmung zur Sorgeerklärung)
– § 1628 BGB (Übertragung der Entscheidung auf einen Elternteil)
– § 1629 Abs. 2 Satz 3 BGB (Entziehung der Vertretung)
– § 1629a BGB (Bestellung eines sach- und rechtskundigen Vertreters eines Minderjährigen für das Enteignungsverfahren)
– § 1630 Abs. 3 BGB (Übertragung der elterlichen Sorge auf eine Pflegeperson)
– § 1631 Abs. 3 BGB (Unterstützung der Eltern bei der Personensorge)
– § 1632 Abs. 3, 1 BGB (Streitigkeiten über Herausgabe des Kindes)

Teil 1 FamGKG-Kostenverzeichnis — Hauptabschnitt 3

- § 1632 Abs. 3, 2 BGB (Streitigkeiten über den Umgang des Kindes)
- § 1632 Abs. 4 BGB (Verbleib des Kindes bei der Pflegeperson)
- § 1640 Abs. 3 BGB (Anordnung der Aufnahme eines Vermögensverzeichnisses)
- § 1643 Abs. 3, § 1825 BGB (Allgemeine Ermächtigung zu Rechtsgeschäften)
- § 1666 BGB (Maßnahmen bei Gefährdung des Kindeswohls)
- § 1645 BGB (Genehmigung zu einem neuen Erwerbsgeschäft)
- § 1667 BGB (Anordnungen zur Vermögensverwaltung)
- § 1671 BGB (Übertragung der elterlichen Sorge)
- § 1672 BGB Übertragung der elterlichen Sorge)
- § 1673 Abs. 2 Satz 3, § 1628 BGB (Übertragung der Entscheidung bei ruhender elterlicher Sorge)
- § 1674 Abs. 1 BGB (Feststellung des Ruhens der elterlichen Sorge)
- § 1674 Abs. 2 BGB (Feststellung der Beendigung des Ruhens der elterlichen Sorge)
- § 1678 Abs. 2 BGB (Übertragung bei Ruhen)
- § 1680 Abs. 2, 3 BGB (Übertragung der elterlichen Sorge bei Tod oder Entziehung)
- § 1681 BGB (Übertragung der elterlichen Sorge bei Todeserklärung)
- § 1682 BGB (Verbleibensanordnung)
- § 1683 BGB (Gestattung, dass Auseinandersetzung einer Vermögensgemeinschaft bei Wiederheirat bis zur Eheschließung unterbleibt)
- § 1684 Abs. 3, 4 BGB (Entscheidung über den Umgang mit den Eltern)
- § 1685 Abs. 3 BGB (Entscheidung über den Umgang mit anderen Personen als den Eltern)
- § 1686 Satz 2 BGB (Entscheidungen über die Auskunft über persönliche Verhältnisse des Kindes)
- § 1687 Abs. 2 BGB (Einschränkung, Ausschließung der Befugnisse bei gemeinsamer elterlichen Sorge bei Getrenntleben)
- §§ 1687a, 1687 Abs. 2 BGB (Einschränkung, Ausschließung der Befugnisse bei elterlichen Sorge für einen Elternteil bei Getrenntleben)
- § 1688 Abs. 3 Satz 2, Abs. 4 BGB (Einschränkung, Ausschließung der Befugnisse der Pflegeperson)
- § 1693 BGB (Maßnahmen bei Verhinderung an der Ausübung der elterlichen Sorge)
- § 1751 Abs. 1 Satz 5, § 1688 Abs. 3 Satz 2 BGB (Einschränkung, Ausschließung der Befugnisse des Annehmenden während der Adoptionspflege)
- § 1751 Abs. 3 BGB (Übertragung der elterliche Sorge nach Kraftloswerden der Einwilligung zur Adoption, Scheitern der Adoption, Zeitablauf)
- § 1764 Abs. 4 BGB (Zurückübertragung der elterlichen Sorge nach Aufhebung der Adoption)
- § 119 FlurbG (Bestellung eines Vertreters für das Verfahren bei einem Minderjährigen)
- § 2 Abs. 1 KErzG, § 1628 BGB (Übertragung der Entscheidungsbefugnis auf einen Elternteil)
- § 2 Abs. 3 KErzG (Vermittlung oder Entscheidung)
- § 7 KErzG, § 1666 BGB (Einschreiten des Gerichts)
- § 15 SGB X (Bestellung eines Vertreters eines Minderjährigen für das Verwaltungsverfahren)
- § 19 Abs. 1 Satz 1 StAG (Genehmigung der Entlassung aus der Staatsangehörigkeit)
- § 3 TSG (Genehmigung der Stellung eines Antrags nach § 1 TSG durch den gesetzlichen Vertreter eines geschäftsunfähigen Minderjährigen)

- § 16 Abs. 3 VerschG (Genehmigung des Antrags des gesetzlichen Vertreters eines Minderjährigen auf Todeserklärung)
- §§ 40, 16 Abs. 3 VerschG (Genehmigung des Antrags des gesetzlichen Vertreters eines Minderjährigen auf Feststellung der Todeszeit)
- § 16 VwVfG (Bestellung eines Vertreters für einen Minderjährigen im Verwaltungsverfahren)

Erfasst wird auch das **Vermittlungsverfahren** nach § 165 FamFG.[1] Bei dem Vermittlungsverfahren handelt es sich um ein das Umgangsrecht betreffendes Verfahren iSv. § 151 Nr. 2 FamFG und damit um eine Kindschaftssache. Da keine Ausnahmeregelung existiert, ist für das Vermittlungsverfahren der Gebührentatbestand Nr. 1310 erfüllt.

19a

c) Wert, Fälligkeit, Kostenschuldner

In der Vorbem. zur Kommentierung des FamGKG ist eine tabellarische Übersicht enthalten, aus der zu den vorgenannten Verfahren auch die zugehörige Wertvorschrift (in Frage kommen §§ 36, 42 Abs. 2, 45, 46) abgelesen werden kann.

20

Die Fälligkeit der Verfahrensgebühr Nr. 1310 bestimmt sich nach § 11 Abs. 1, tritt also erst bei Beendigung des Verfahrens ein. Als Kostenschuldner kommt primär der Entscheidungs- oder Übernahmeschuldner in Frage (§ 24 Nr. 1 und 2), in Verfahren, die nur auf Antrag eingeleitet werden können, auch der Antragsteller des Verfahrens (§ 21 Abs. 1 Satz 1). Zu beachten ist aber, dass der Minderjährige in Verfahren, die seine Person betreffen, nicht Antragstellerschuldner ist (§ 21 Abs. 1 Satz 2 Nr. 3).

21

2. Nummer 1311

a) Gebührentatbestand

Nr. 1311 sieht für eine Vormundschaft oder eine Dauerpflegschaft eine am Vermögen orientierte Jahresgebühr vor. Ausgenommen ist eine Dauerpflegschaft, die nicht unmittelbar das Vermögen zum Gegenstand hat; für diese Dauerpflegschaft bestimmen sich die Gebühren nach Nr. 1312. In den betroffenen Verfahren geht die gerichtliche Tätigkeit über den Erlass einer Endentscheidung zeitlich weit hinaus. Gerade auch nach Einrichtung der Vormundschaft bzw. Pflegschaft sind weitere Tätigkeiten des Gerichts im Rahmen der Vormundschaft bzw. Pflegschaft erforderlich. Das Verfahren läuft auf unabsehbare Zeit, bis die Gründe für die Einrichtung der Vormundschaft bzw. Pflegschaft entfallen. Dies hat das Gericht laufend zu prüfen. Daher werden wie nach bisherigem Recht und wie auch weiterhin für die Betreuung (Nr. 11101 KV GNotKG) Jahresgebühren erhoben, deren Höhe sich nach dem Vermögen des von der Maßnahme betroffenen Minderjährigen bemisst, es sei denn, die Dauerpflegschaft hat nicht unmittelbar das Vermögen zum Gegenstand.

22

Erstreckt sich die Vormundschaft auf mehrere Minderjährige, wird die Gebühr für jeden Minderjährigen besonders erhoben (Abs. 3). Ist also für Geschwister nur ein Vormund bestellt, werden entsprechend der Anzahl der Minderjährigen Gebühren auf der Grundlage der jeweiligen Vermögen erhoben. Sind für einen Minderjährigen mehrere Vormünder bestellt, wird nur eine Jahresgebühr erhoben. Es besteht nur eine Vormundschaft (vgl. §§ 1775, 1797 BGB).

23

Abs. 4 stellt klar, dass bei einem Übergang von einer Pflegschaft in eine Vormundschaft (§ 1791c Abs. 2 BGB) ein einheitliches Verfahren vorliegt. Es wird nur die eine Jahresgebühr erhoben.

24

Die Vormundschaft, die durch gerichtliche Entscheidung eintritt, ist von dem Verfahren zu trennen, das zur Vormundschaft führt. So richten sich zB die Gebühren für Verfahren gem. § 1666 BGB nach Nr. 1310, auch wenn das Verfahren mit der Bestellung eines Vormunds endet. In diesem Fall fällt das Verfahren nach § 1666 BGB nicht

25

---

1 OLG Karlsruhe v. 2.10.2012 – 18 WF 264/2012, FamRZ 2013, 722.

in den Rahmen einer Vormundschaft iSv. Abs. 1 Nr. 1 der Anmerkung zu Nr. 1310. Auch die Ausnahme nach Abs. 1 Nr. 3 der Anm. zu Nr. 1310 ist nicht erfüllt.

26 Eine Dauerpflegschaft – in den meisten Fällen eine Ergänzungspflegschaft nach § 1909 BGB – wird in einem Amtsverfahren eingeleitet. Führt dieses Verfahren zur Anordnung der Pflegschaft, fehlt es idR schon an einem Kostenschuldner für das Anordnungsverfahren, weil einem Beteiligten oder Dritten nur in den eng begrenzten Fällen des § 81 FamFG Kosten auferlegt werden können. Endet ein solches Verfahren ohne die Einleitung einer Pflegschaft und werden einem Beteiligten oder Dritten Kosten auferlegt, richten sich die Gebühren nach Nr. 1310, weil das Verfahren nicht in den Rahmen einer Dauerpflegschaft fällt und auch nicht mit der Anordnung einer Pflegschaft endet.

27 Nach Abs. 2 wird für das bei Anordnung der Maßnahme oder bei der ersten Tätigkeit des Familiengerichts nach Eintritt der Vormundschaft laufende und das folgende Kalenderjahr nur eine Jahresgebühr erhoben. Unabhängig vom Zeitpunkt der Beendigung der Maßnahme wird für das letzte „angefangene" Jahr eine Jahresgebühr erhoben.

b) Gebührenhöhe

28 Für die Höhe der Gebühr ist das Vermögen des Minderjährigen maßgebend. Dabei wird nur das Vermögen berücksichtigt, das über der Vermögensfreigrenze liegt, dh. die Gebühr iHv. 5 Euro je angefangene 5 000 Euro Vermögen, mindestens 50 Euro, wird nur für das einen Betrag von 25 000 Euro übersteigende Vermögen ohne Berücksichtigung des selbst oder von Angehörigen bewohnten Hausgrundstücks erhoben. So ist bei einem Vermögen bis 75 000 Euro eine Jahresgebühr von 50 Euro zu erheben.

29 Die Regelung in Abs. 1 Satz 1 ist identisch mit der Regelung in Vorbem. 1.3.1 Abs. 2, so dass wegen der Ermittlung des Vermögens auf die dortigen Ausführungen verwiesen wird. Ist von der Vormundschaft oder der Dauerpflegschaft nur ein Teil des Vermögens betroffen, ist nur dieser Teil des Vermögens bei der Ermittlung der Gebühr zu berücksichtigen (Abs. 1 Satz 2).

30 Die Abs. 2 und 3 entsprechen § 92 Abs. 1 Satz 5 und Abs. 3 KostO. Abs. 4 hat die Regelung aus § 92 Abs. 4 KostO übernommen.

c) Fälligkeit, Kostenschuldner

31 Die Jahresgebühr wird nach § 10 erstmals bei Anordnung und später jeweils zu Beginn eines Kalenderjahres fällig.

32 Die Kosten bei einer Vormundschaft oder Dauerpflegschaft schuldet der von der Maßnahme betroffene Minderjährige, wenn das Gericht sie nicht einem anderen auferlegt hat (§ 22). Eine Kostenauferlegung zu Lasten eines Dritten dürfte nur in besonderen Fällen vorkommen. In Frage kommen hier zB die Kosten eines Zwangsgeldverfahrens gegen den Vormund oder Pfleger.

3. Nummer 1312

33 In Nr. 1312 ist die Jahresgebühr für eine Dauerpflegschaft, die nicht unmittelbar das Vermögen oder Teile des Vermögens zum Gegenstand hat, bestimmt. Die Vorschrift übernimmt die Regelung aus § 92 Abs. 1 Satz 4 KostO. Durch die Formulierung soll klargestellt werden, dass diese Gebührenvorschrift auch anzuwenden ist, wenn der Aufgabenkreis neben Bereichen der Personensorge auch sich hieraus ergebende Aufgaben umfasst, die vermögensrechtlicher Natur sind. Die Abgrenzung zu Nr. 1311 hat auf Grund des konkreten Aufgabenkreises zu geschehen. Immer dann, wenn der personenrechtliche Teil weitgehend im Vordergrund steht und die vermögensrechtlichen Aufgabenbereiche sich nur als ein Annex darstellen, ist Nr. 1312 anwendbar. Die Gebühr ist eine Festgebühr mit einem Betrag von 200 Euro. Sie ist jedoch auf die Höhe der Gebühr nach Nr. 1311 begrenzt, da bei einer beschränkten Dauerpflegschaft nicht mehr erhoben werden darf als bei einer umfassenden Dauerpflegschaft.

Die Jahresgebühr wird nach § 10 erstmals bei Anordnung und später jeweils zu Beginn eines Kalenderjahres fällig. Die Kosten bei einer Vormundschaft oder Dauerpflegschaft schuldet der von der Maßnahme betroffene Minderjährige (§ 22).

4. Nummer 1313

Bei einer Pflegschaft für eine einzelne Rechtshandlung ist in Nr. 1313 eine Verfahrensgebühr wie in anderen Kindschaftssachen (Nr. 1310) vorgesehen, also mit einem Gebührensatz von 0,5. Auch nach bisherigem Recht war für eine solche Pflegschaft eine wertabhängige Gebühr vorgesehen, und zwar mit einem Gebührensatz von 1,0 nach der KostO (§ 93 Satz 1 KostO).

Pflegschaften für einzelne Rechtshandlungen sind solche, die nicht Dauerpflegschaft sind. Hierunter fallen alle Pflegschaften, die zeitlich einmalige Angelegenheiten betreffen, zB die Ergänzungspflegschaft. Die Gebühr entsteht nicht, wenn für den Minderjährigen eine Vormundschaft oder Dauerpflegschaft besteht, die gegenstandsgleich mit der Einzelpflegschaft ist (Abs. 3).

Nach Abs. 1 Satz 1 wird bei einer Pflegschaft für mehrere Minderjährige, die nur für Geschwister zulässig ist (§ 1915 Abs. 1 Satz 1, § 1775 BGB), die Gebühr nur einmal aus dem zusammengerechneten Wert erhoben. Die Addition der Werte unterbleibt (Abs. 1 Satz 2), wenn einer der Minderjährigen im Hinblick auf die Freigrenze nach Vorbem. 1.3.1 Abs. 2 nicht zahlungspflichtig ist.

Die Gebühr ist auf die Höhe der Gebühr nach Nr. 1311 für eine Vormundschaft (Abs. 2) begrenzt, da bei einer Pflegschaft für einzelne Rechtshandlungen nicht mehr erhoben werden darf als bei einer umfassenden Dauerpflegschaft oder Vormundschaft. Für die Ermittlung dieser Höchstgebühr sind ggf., wenn die Pflegschaft für mehrere Minderjährige angeordnet wurde, mehrere Gebühren nach Nr. 1311 zugrunde zu legen (Abs. 1 Satz 3).

Der Wert bestimmt sich nach § 46 Abs. 2. Da § 22 auf die Einzelpflegschaft nicht anwendbar ist und die Einzelpflegschaft immer von Amts wegen angeordnet wird, kommt nur ein Entscheidungsschuldner nach § 24 Nr. 1 in Frage.

V. Beschwerde gegen die Endentscheidung wegen des Hauptgegenstands (Nr. 1314 und Nr. 1315)

1. Nummer 1314

Nr. 1314 bestimmt die Verfahrensgebühr für das Beschwerdeverfahren. Betroffen von der Verfahrensgebühr ist nur die Beschwerde gegen die Endentscheidung wegen des Hauptgegenstands. Sonstige Beschwerden sind im Hauptabschnitt 9 Abschnitt 1 (Nr. 1910 bis 1912) geregelt. Beschwerde und Anschlussbeschwerde sind als ein Verfahren zu behandeln (§ 39 Abs. 2).

Die Verfahrensgebühr Nr. 1314 und damit auch die Verfahrensgebühr Nr. 1315, die die Verfahrensgebühr Nr. 1314 nur modifiziert, entstehen mit dem Eingang des Rechtsmittelantrags bei Gericht. Fällig werden die Verfahrensgebühren jedoch nach § 11 Abs. 1 erst bei Beendigung des Verfahrens. Eine Vorschusspflicht besteht nicht. Der Wert bestimmt sich nach § 40.

Für die Verfahrensgebühren des Beschwerdeverfahrens haftet neben dem Entscheidungs- und Übernahmeschuldner auch der Antragsteller der Instanz (§ 21 Abs. 1 Satz 1). Der Minderjährige haftet auch hier eventuell als Antragsteller des Beschwerdeverfahrens, wenn die Ausnahmeregelung (§ 21 Abs. 1 Satz 2 Nr. 3) nicht greift und die Voraussetzungen nach Vorbem. 1.3.1 Abs. 2 gegeben sind. Beschwerdeführer und Anschlussbeschwerdeführer haften jeweils für die Verfahrensgebühr, die durch ihre jeweiligen Anträge entsteht. Die Höhe des Haftungsbetrages der verschiedenen Antragsteller wird so berechnet, als seien einzelne Verfahren eingeleitet worden. Bis zur Höhe dieser Kosten kann die Staatskasse die einzelnen Kostenschuldner unter Beachtung des § 26 Abs. 2 in Anspruch nehmen. Die Staatskasse kann jedoch nicht mehr fordern als insgesamt durch das Verfahren entstanden ist.

2. Nummer 1315

42 Nr. 1315 sieht für den Fall der Beendigung des Beschwerdeverfahrens ohne Endentscheidung eine verminderte Verfahrensgebühr vor. Voraussetzung für die Anwendung der Vorschrift ist, dass die Beschwerde insgesamt beendet wird.

43 In Abs. 1 der Anm. wird die Zurücknahme der Beschwerde vor Ablauf des Tages, an dem die Endentscheidung der Geschäftsstelle übermittelt wird, wenn die Entscheidung nicht bereits durch Vorlesen der Entscheidungsformel (§ 41 Abs. 2 FamFG) bekannt gegeben worden ist, gesondert geregelt, weil sonst im Falle der schriftlichen Entscheidung nicht klar wäre, welches der letztmögliche Zeitpunkt für die Rücknahme ist.

44 Nach Abs. 2 der Anm. steht eine Entscheidung über die Kosten der Ermäßigung nicht entgegen, wenn die Entscheidung einer zuvor mitgeteilten Einigung über die Kostentragung oder einer Kostenübernahmeerklärung folgt. Endet also das Beschwerdeverfahren durch Rücknahme, Erledigterklärung oder Vergleich, tritt die Ermäßigung auch ein, wenn das Gericht über die Kostentragung nicht inhaltlich selbst befinden muss.

VI. Rechtsbeschwerde gegen die Endentscheidung wegen des Hauptgegenstands (Nr. 1316, Nr. 1317 und Nr. 1318)

1. Nummer 1316

45 Nr. 1316 bestimmt die Verfahrensgebühr für das Rechtsbeschwerdeverfahren. Betroffen von der Verfahrensgebühr ist nur die Rechtsbeschwerde gegen die Endentscheidung wegen des Hauptgegenstands. Sonstige Rechtsbeschwerden sind im Hauptabschnitt 9 Abschnitt 2 (Nr. 1920 bis 1923) geregelt. Rechtsbeschwerde und Anschlussrechtsbeschwerde sind als ein Verfahren zu behandeln (§ 39 Abs. 2).

46 Die Verfahrensgebühr Nr. 1316 und damit auch die Verfahrensgebühren Nr. 1317 und 1318, die die Verfahrensgebühr Nr. 1316 nur modifizieren, entstehen mit dem Eingang des Rechtsmittelantrags bei Gericht. Fällig werden die Verfahrensgebühren jedoch nach § 11 Abs. 1 erst bei Beendigung des Verfahrens. Eine Vorschusspflicht besteht nicht. Im Rechtsbeschwerdeverfahren bestimmt sich der Wert nach § 40.

47 Die Gebühr schuldet der Entscheidungsschuldner (§ 24 Nr. 1). Daneben haftet der Rechtsbeschwerdeführer als Antragsteller der Instanz (§ 21 Abs. 1 Satz 1). Der Minderjährige haftet auch hier eventuell als Antragsteller des Rechtsbeschwerdeverfahrens, wenn die Ausnahmeregelung (§ 21 Abs. 1 Satz 2 Nr. 3) nicht greift und die Voraussetzungen nach Vorbem. 1.3.1 Abs. 2 gegeben sind.

48 Rechtsbeschwerdeführer und Anschlussrechtsbeschwerdeführer haften jeweils für die Verfahrensgebühr, die durch ihre jeweiligen Anträge entsteht. Die Höhe des Haftungsbetrages der verschiedenen Antragsteller wird so berechnet, als seien einzelne Verfahren eingeleitet worden. Bis zur Höhe dieser Kosten kann die Staatskasse die einzelnen Kostenschuldner unter Beachtung des § 26 Abs. 2 in Anspruch nehmen. Die Staatskasse kann jedoch nicht mehr fordern, als insgesamt durch das Verfahren entstanden ist.

2. Nummer 1317

49 Nr. 1317 sieht für den Fall einer frühzeitigen Zurücknahme der Rechtsbeschwerde oder des erstinstanzlichen Antrags eine Ermäßigung des Gebührensatzes auf 0,5 vor. Voraussetzung für die Anwendung der Vorschrift ist die Beendigung des gesamten Verfahrens durch Zurücknahme der Rechtsbeschwerde oder des Antrags, bevor die Schrift zur Begründung der Rechtsbeschwerde bei Gericht eingegangen ist.

3. Nummer 1318

50 Der weitere Ermäßigungstatbestand für die Rechtsbeschwerde sieht eine Begünstigung für eine spätere Rücknahme vor, wenn das Verfahren durch Zurücknahme der

Rechtsbeschwerde oder des Antrags vor Ablauf des Tages, an dem die Endentscheidung der Geschäftsstelle übermittelt wird, beendet wird. Nr. 1318 kennt demnach nur einen Ermäßigungstatbestand.

Im Hinblick auf die unterschiedlichen Voraussetzungen können die Nr. 1317 und 1318 nicht nebeneinander anfallen. Da jedoch eine der Nr. 1317 genügende Zurücknahme gleichzeitig auch die Voraussetzungen des Tatbestandes der Nr. 1318 erfüllt, ist in Nr. 1318 klargestellt, dass diese keine Anwendung findet, wenn Nr. 1317 erfüllt ist.

VII. Zulassung der Sprungrechtsbeschwerde gegen die Endentscheidung wegen des Hauptgegenstands (Nr. 1319)

Im Verfahren über die Zulassung der Sprungsrechtsbeschwerde ist eine Gebühr nur für den Fall der (Teil)Ablehnung des Antrags vorgesehen, da durch eine Zulassung der Sprungrechtsbeschwerde das Verfahren als Rechtsbeschwerde fortgesetzt wird (§ 75 Abs. 2 FamFG, § 566 Abs. 7 Satz 1 ZPO) und damit die Gebühren nach den Nr. 1316 bis 1318 anfallen. Im Zulassungsverfahren ist Verfahrenswert der für das Rechtsmittelverfahren maßgebende Wert (§ 40 Abs. 3).

Die Verfahrensgebühr entsteht mit dem Eingang des Zulassungsantrags bei Gericht. Die Gebühr wird, da sie eine gerichtliche Entscheidung (Ablehnung des Antrags) voraussetzt, erst mit dieser Entscheidung fällig (§ 9 Abs. 2). Eine Vorauszahlungspflicht besteht nicht.

Die Kosten schuldet regelmäßig der Entscheidungsschuldner; der Antragsteller haftet nach § 21 Abs. 1 Satz 1. Der Minderjährige haftet auch hier eventuell als Antragsteller des Verfahrens, wenn die Ausnahmeregelung (§ 21 Abs. 1 Satz 2 Nr. 3) nicht greift und die Voraussetzungen nach Vorbem. 1.3.1 Abs. 2 gegeben sind.

C. Abschnitt 2 – Übrige Familiensachen der freiwilligen Gerichtsbarkeit

I. Allgemeines

In Abschnitt 2 sind die übrigen Familiensachen der freiwilligen Gerichtsbarkeit geregelt. Dies sind die selbständigen Familiensachen der freiwilligen Gerichtsbarkeit (solche, die weder Ehesache noch Familienstreitsache sind und nicht im Verbund mit einer Scheidungssache oder einer entsprechenden Lebenspartnerschaftssache stehen), die keine Kindschaftssachen betreffen.

Die Vorbem. 1.3.2 Abs. 1 zählt abschließend auf, um welche Verfahren es sich dabei handelt. Diese können der nachfolgenden Übersicht entnommen werden; dabei ist die jeweilige Wertvorschrift vermerkt.

Verfahren	Wertvorschrift (FamGKG)
Abstammungssachen (§ 169 FamFG)	§ 47
Adoptionssachen, die einen Volljährigen betreffen (§ 186 FamFG)	§ 42 Abs. 2
Ehewohnungs- und Haushaltssachen (§ 200 FamFG)	§ 48
Gewaltschutzsachen (§ 210 FamFG)	§ 49
Versorgungsausgleichssachen (§ 217 FamFG)	§ 50
Unterhaltssachen, die nicht Familienstreitsachen sind (§ 231 Abs. 2 FamFG)	§ 51 Abs. 3
Güterrechtssachen, die nicht Familienstreitsachen sind (§ 261 Abs. 2 FamFG)	§ 42
sonstige Familiensachen (§ 111 Nr. 10 FamFG), die nicht Familienstreitsachen sind (§ 266 Abs. 2 FamFG)	§ 42

Nicht genannt werden Adoptionsverfahren, die die Annahme eines Minderjährigen als Kind betreffen. Diese sind wie nach bisherigem Recht gebührenfrei.

58 Mit Abs. 2 der Vorbem. soll erreicht werden, dass in Adoptionssachen, die einen Volljährigen betreffen, nur eine Gebühr anfällt. Für die ggf. notwendige Ersetzung einer Einwilligung soll keine weitere Gebühr entstehen.

II. Erster Rechtszug (Nr. 1320 und Nr. 1321)

1. Nummer 1320

59 In Nr. 1320 ist eine Verfahrensgebühr für das erstinstanzliche Verfahren vor dem Familiengericht mit einem Gebührensatz von 2,0 bestimmt.

60 Die Verfahrensgebühr Nr. 1320 und damit auch die Verfahrensgebühr Nr. 1321, die die Verfahrensgebühr Nr. 1320 nur modifiziert, entsteht mit dem Eingang des Antrags bei Gericht.

61 Die Fälligkeit bestimmt sich nach § 11 Abs. 1, tritt also erst bei Beendigung des Verfahrens ein. Als Kostenschuldner kommt primär der Entscheidungs- oder Übernahmeschuldner in Frage (§ 24 Nr. 1 und 2). In Verfahren, die nur auf Antrag eingeleitet werden können, auch der Antragsteller des Verfahrens (§ 21 Abs. 1 Satz 1). Zu beachten ist aber, dass in Gewaltschutzsachen die geschädigte Person erstinstanzlich nicht als Antragsteller haftet (§ 21 Abs. 1 Satz 2 Nr. 1).

2. Nummer 1321

62 Nach Nr. 1321 ermäßigt sich die Verfahrensgebühr 1320 auf einen Gebührensatz von 0,5. Voraussetzung ist, dass das Verfahren insgesamt durch eines der folgenden Ereignisse beendet wird:
- ohne Endentscheidung (Nr. 1),
- durch Zurücknahme des Antrags vor Ablauf des Tages, an dem die Endentscheidung der Geschäftsstelle übermittelt wird, wenn die Entscheidung nicht bereits durch Vorlesen der Entscheidungsformel bekannt gegeben worden ist (Nr. 2), oder
- wenn die Endentscheidung wegen entsprechender mitwirkender Erklärungen der Beteiligten (§ 38 Abs. 4 FamFG) keine Begründung enthält oder sie, wenn die Voraussetzungen des § 38 Abs. 4 FamFG vorliegen, gleichwohl begründet wird, weil zu erwarten ist, dass der Beschluss im Ausland geltend gemacht wird (§ 38 Abs. 5 Nr. 4 FamFG), da es sachlich nicht gerechtfertigt wäre, die Beteiligten in einem solchen Fall schlechter zu stellen (Nr. 3).

63 In Nr. 2 wird das Vorlesen der Entscheidungsformel gesondert genannt, weil sonst im Falle der schriftlichen Entscheidung nicht klar wäre, welches der letztmögliche Zeitpunkt für die Antragsrücknahme wäre.

64 Die in Nr. 3 enthaltene Regelung, wonach die Ermäßigung auch dann eintritt, wenn der Beschluss nur deshalb eine Begründung enthält, weil zu erwarten ist, dass er im Ausland geltend gemacht wird, korrespondiert mit der Regelung in Abs. 1. Es soll kostenrechtlich keinen Unterschied machen, ob die Begründung aus den genannten Gründen sofort oder nachträglich im Wege der Ergänzung in den Beschluss aufgenommen wird.

65 Nach Abs. 2 ermäßigt sich die Gebühr auch, wenn mehrere Ermäßigungstatbestände erfüllt sind. Wird das Verfahren zunächst durch eine Rücknahme und anschließend durch eine begründungsfreie Endentscheidung iS der Nr. 3 insgesamt erledigt, tritt für das Verfahren eine Reduzierung der Verfahrensgebühr ein.

66 Da Nr. 1321 nur greift, wenn das Verfahren insgesamt beendet wird, können die Gebühren der Nr. 1320 und 1321 nicht nebeneinander anfallen.

III. Beschwerde gegen die Endentscheidung wegen des Hauptgegenstands (Nr. 1322 bis Nr. 1324)

1. Nummer 1322

Nr. 1322 bestimmt die Verfahrensgebühr für das Beschwerdeverfahren. Betroffen ist nur die Beschwerde gegen die Endentscheidung wegen des Hauptgegenstands. Sonstige Beschwerden sind im Hauptabschnitt 9 Abschnitt 1 (Nr. 1910 bis 1912) geregelt. Beschwerde und Anschlussbeschwerde sind als ein Verfahren zu behandeln (§ 39 Abs. 2).

Die Verfahrensgebühr Nr. 1322 und damit auch die Verfahrensgebühren Nr. 1323 und 1324, die die Verfahrensgebühr Nr. 1322 nur modifizieren, entstehen mit dem Eingang des Rechtsmittelantrags bei Gericht. Fällig werden die Verfahrensgebühren jedoch nach § 11 Abs. 1 erst bei Beendigung des Verfahrens. Eine Vorschusspflicht besteht nicht. Der Wert bestimmt sich nach § 40.

Für die Verfahrensgebühren des Beschwerdeverfahrens haftet neben dem Entscheidungs- und Übernahmeschuldner auch der Antragsteller der Instanz (§ 21 Abs. 1 Satz 1). Dies gilt auch für beide Beteiligten in Gewaltschutzsachen, da die Begünstigung nach § 21 Abs. 1 Satz Nr. 1 nur für die erste Instanz gilt.

Beschwerdeführer und Anschlussbeschwerdeführer haften jeweils für die Verfahrensgebühr, die durch ihre jeweiligen Anträge entsteht. Die Höhe des Haftungsbetrages der verschiedenen Antragsteller wird so berechnet, als seien einzelne Verfahren eingeleitet worden. Bis zur Höhe dieser Kosten kann die Staatskasse die einzelnen Kostenschuldner unter Beachtung des § 26 Abs. 2 in Anspruch nehmen. Die Staatskasse kann jedoch nicht mehr fordern, als insgesamt durch das Verfahren entstanden ist.

2. Nummer 1323

Nr. 1323 sieht für den Fall der frühzeitigen Beendigung des Beschwerdeverfahrens eine verminderte Verfahrensgebühr vor. Voraussetzung für die Anwendung der Vorschrift ist, dass die Beschwerde insgesamt durch eine Zurücknahme der Beschwerde oder des Antrags, bevor die Schrift zur Begründung der Beschwerde bei Gericht eingegangen ist, beendet wird.

3. Nummer 1324

Nr. 1324 sieht für den Fall der Beendigung des Beschwerdeverfahrens ohne Endentscheidung eine weitere verminderte Verfahrensgebühr vor. Voraussetzung für die Anwendung der Vorschrift ist, dass die Beschwerde insgesamt beendet wird.

In Abs. 1 wird die Zurücknahme der Beschwerde vor Ablauf des Tages, an dem die Endentscheidung der Geschäftsstelle übermittelt wird, wenn die Entscheidung nicht bereits durch Vorlesen der Entscheidungsformel (§ 41 Abs. 2 FamFG) bekannt gegeben worden ist, gesondert geregelt, weil sonst im Falle der schriftlichen Entscheidung nicht klar wäre, welches der letztmögliche Zeitpunkt für die Rücknahme ist.

Nach Abs. 2 steht eine Entscheidung über die Kosten der Ermäßigung nicht entgegen, wenn die Entscheidung einer zuvor mitgeteilten Einigung über die Kostentragung oder einer Kostenübernahmeerklärung folgt. Endet also das Beschwerdeverfahren durch Rücknahme, Erledigterklärung oder Vergleich, tritt die Ermäßigung auch ein, wenn das Gericht über die Kostentragung nicht inhaltlich selbst befinden muss.

Im Hinblick auf die unterschiedlichen Voraussetzungen können die Nr. 1323 und 1324 nicht nebeneinander anfallen. Da jedoch eine der Nr. 1323 genügende Zurücknahme gleichzeitig auch die Voraussetzungen des Tatbestandes der Nr. 1324 erfüllt, ist in Nr. 1324 klargestellt, dass diese keine Anwendung findet, wenn Nr. 1323 erfüllt ist.

IV. Rechtsbeschwerde gegen die Endentscheidung wegen des Hauptgegenstands (Nr. 1325, Nr. 1326 und Nr. 1327)

1. Nummer 1325

76 Nr. 1325 bestimmt die Verfahrensgebühr für das Rechtsbeschwerdeverfahren. Betroffen ist nur die Rechtsbeschwerde gegen die Endentscheidung wegen des Hauptgegenstands. Sonstige Rechtsbeschwerden sind im Hauptabschnitt 9 Abschnitt 2 (Nr. 1920 bis 1923) geregelt. Rechtsbeschwerde und Anschlussrechtsbeschwerde sind als ein Verfahren zu behandeln (§ 39 Abs. 2).

77 Die Verfahrensgebühr Nr. 1325 und damit auch die Verfahrensgebühren Nr. 1326 und 1327, die die Verfahrensgebühr Nr. 1325 nur modifizieren, entstehen mit dem Eingang des Rechtsmittelantrags bei Gericht. Fällig werden die Verfahrensgebühren jedoch nach § 11 Abs. 1 erst bei Beendigung des Verfahrens. Eine Vorschusspflicht besteht nicht. Der Wert bestimmt sich nach § 40.

78 Für die Verfahrensgebühren des Rechtsbeschwerdeverfahrens haftet neben dem Entscheidungs- und Übernahmeschuldner auch der Antragsteller der Instanz (§ 21 Abs. 1 Satz 1). Dies gilt auch für beide Beteiligten in Gewaltschutzsachen, da die Begünstigung nach § 21 Abs. 1 Satz Nr. 1 nur für die erste Instanz gilt.

79 Rechtsbeschwerdeführer und Anschlussrechtsbeschwerdeführer haften jeweils für die Verfahrensgebühr, die durch ihre jeweiligen Anträge entsteht. Die Höhe des Haftungsbetrages der verschiedenen Antragsteller wird so berechnet, als seien einzelne Verfahren eingeleitet worden. Bis zur Höhe dieser Kosten kann die Staatskasse die einzelnen Kostenschuldner unter Beachtung des § 26 Abs. 2 in Anspruch nehmen. Die Staatskasse kann jedoch nicht mehr fordern, als insgesamt durch das Verfahren entstanden ist.

2. Nummer 1326

80 Nr. 1326 sieht für den Fall einer frühzeitigen Zurücknahme der Rechtsbeschwerde oder des erstinstanzlichen Antrags eine Ermäßigung des Gebührensatzes auf 1,0 vor. Voraussetzung für die Anwendung der Vorschrift ist die Beendigung des gesamten Verfahrens durch Zurücknahme der Rechtsbeschwerde oder des Antrags, bevor die Schrift zur Begründung der Rechtsbeschwerde bei Gericht eingegangen ist.

3. Nummer 1327

81 Der weitere Ermäßigungstatbestand für die Rechtsbeschwerde sieht eine Begünstigung für eine spätere Rücknahme vor, wenn das Verfahren durch Zurücknahme der Rechtsbeschwerde oder des Antrags vor Ablauf des Tages, an dem die Endentscheidung der Geschäftsstelle übermittelt wird, beendet wird. Nr. 1318 kennt demnach nur einen Ermäßigungstatbestand.

82 Im Hinblick auf die unterschiedlichen Voraussetzungen können die Nr. 1326 und 1327 nicht nebeneinander anfallen. Da jedoch eine der Nr. 1326 genügende Zurücknahme gleichzeitig auch die Voraussetzungen des Tatbestandes der Nr. 1327 erfüllt, ist in Nr. 1327 klargestellt, dass diese keine Anwendung findet, wenn Nr. 1326 erfüllt ist.

V. Zulassung der Sprungrechtsbeschwerde gegen die Endentscheidung wegen des Hauptgegenstands (Nr. 1328)

83 Im Verfahren über die Zulassung der Sprungrechtsbeschwerde ist eine Gebühr nur für den Fall der (Teil)Ablehnung des Antrags vorgesehen, da durch eine Zulassung der Sprungrechtsbeschwerde das Verfahren als Rechtsbeschwerde fortgesetzt wird (§ 75 Abs. 2 FamFG, § 566 Abs. 7 Satz 1 ZPO) und damit die Gebühren nach den Nr. 1325 bis 1327 anfallen. Im Zulassungsverfahren ist Verfahrenswert der für das Rechtsmittelverfahren maßgebende Wert (§ 40 Abs. 3).

84 Die Verfahrensgebühr entsteht mit dem Eingang des Zulassungsantrags bei Gericht. Die Gebühr wird, da sie eine gerichtliche Entscheidung (Ablehnung des Antrags) vo-

raussetzt, erst mit dieser Entscheidung fällig (§ 9 Abs. 2). Eine Vorauszahlungspflicht besteht nicht.

Die Kosten schuldet regelmäßig der Entscheidungsschuldner; der Antragsteller haftet nach § 21 Abs. 1 Satz 1. Dies gilt auch für beide Beteiligte in Gewaltschutzsachen, da die Begünstigung nach § 21 Abs. 1 Satz Nr. 1 nur für die erste Instanz gilt. **85**

Hauptabschnitt 4
Einstweiliger Rechtsschutz

Vorbemerkung 1.4:

Im Verfahren über den Erlass einer einstweiligen Anordnung und über deren Aufhebung oder Änderung werden die Gebühren nur einmal erhoben. Dies gilt entsprechend im Arrestverfahren.

Abschnitt 1
Einstweilige Anordnung in Kindschaftssachen

Unterabschnitt 1
Erster Rechtszug

1410	Verfahren im Allgemeinen	0,3
	Die Gebühr entsteht nicht für Verfahren, die in den Rahmen einer Vormundschaft oder Pflegschaft fallen, und für Verfahren, die die freiheitsentziehende Unterbringung eines Minderjährigen betreffen.	

Unterabschnitt 2
Beschwerde gegen die Endentscheidung wegen des Hauptgegenstands

1411	Verfahren im Allgemeinen	0,5
1412	Beendigung des gesamten Verfahrens ohne Endentscheidung: Die Gebühr 1411 ermäßigt sich auf	0,3
	(1) Wenn die Entscheidung nicht durch Vorlesen der Entscheidungsformel bekannt gegeben worden ist, ermäßigt sich die Gebühr auch im Fall der Zurücknahme der Beschwerde vor Ablauf des Tages, an dem die Endentscheidung der Geschäftsstelle übermittelt wird.	
	(2) Eine Entscheidung über die Kosten steht der Ermäßigung nicht entgegen, wenn die Entscheidung einer zuvor mitgeteilten Einigung über die Kostentragung oder einer Kostenübernahmeerklärung folgt.	

Abschnitt 2
Einstweilige Anordnung in den übrigen Familiensachen und Arrest

Vorbemerkung 1.4.2:

Dieser Abschnitt gilt für Familienstreitsachen und die in Vorbemerkung 1.3.2 genannten Verfahren.

Unterabschnitt 1
Erster Rechtszug

1420	Verfahren im Allgemeinen	1,5
1421	Beendigung des gesamten Verfahrens ohne Endentscheidung: Die Gebühr 1420 ermäßigt sich auf	0,5
	(1) Wenn die Entscheidung nicht durch Vorlesen der Entscheidungsformel bekannt gegeben worden ist, ermäßigt sich die Gebühr auch im Fall der Zurücknahme des Antrags vor Ablauf des Tages, an dem die Endentscheidung der Geschäftsstelle übermittelt wird.	

Teil 1 FamGKG-Kostenverzeichnis — Hauptabschnitt 4

	(2) Eine Entscheidung über die Kosten steht der Ermäßigung nicht entgegen, wenn die Entscheidung einer zuvor mitgeteilten Einigung über die Kostentragung oder einer Kostenübernahmeerklärung folgt.	
	Unterabschnitt 2 *Beschwerde gegen die Endentscheidung wegen des Hauptgegenstands*	
1422	Verfahren im Allgemeinen	2,0
1423	Beendigung des gesamten Verfahrens durch Zurücknahme der Beschwerde oder des Antrags, bevor die Schrift zur Begründung der Beschwerde bei Gericht eingegangen ist: Die Gebühr 1422 ermäßigt sich auf	0,5
1424	Beendigung des gesamten Verfahrens ohne Endentscheidung, wenn nicht Nummer 1423 erfüllt ist: Die Gebühr 1422 ermäßigt sich auf	1,0
	(1) Wenn die Entscheidung nicht durch Vorlesen der Entscheidungsformel bekannt gegeben worden ist, ermäßigt sich die Gebühr auch im Fall der Zurücknahme der Beschwerde vor Ablauf des Tages, an dem die Endentscheidung der Geschäftsstelle übermittelt wird.	
	(2) Eine Entscheidung über die Kosten steht der Ermäßigung nicht entgegen, wenn die Entscheidung einer zuvor mitgeteilten Einigung über die Kostentragung oder einer Kostenübernahmeerklärung folgt.	

I. Allgemeines

1 Hauptabschnitt 4 regelt die Gebühren für familienrechtliche Verfahren des einstweiligen Rechtsschutzes (einstweilige Anordnung sowie in Familienstreitsachen der Arrest).

2 Buch 1 Abschnitt 4 FamFG hat das Institut der einstweiligen Anordnung in allen Familiensachen und in den Verfahren der freiwilligen Gerichtsbarkeit eingeführt. Das Verfahren über eine einstweilige Anordnung kann jetzt unabhängig von einem Hauptsacheverfahren durchgeführt werden.

3 Für alle Verfahren des einstweiligen Rechtsschutzes ist einheitliche Gebührenstruktur vorgesehen. Ohne Unterscheidung, ob es sich um eine einstweilige Anordnung oder um einen Arrest handelt, fällt eine 1,5 Verfahrensgebühr an, die sich auf 0,5 ermäßigt, wenn keine gerichtliche Entscheidung ergeht (Abschnitt 2). In Kindschaftssachen gelten allerdings deutlich niedrigere Gebührensätze (Abschnitt 1).

4 Der idR geringeren Bedeutung der Verfahren der einstweiligen Anordnung wird durch einen geringeren Verfahrenswert Rechnung getragen (§ 41). Die Gebühren für Verfahren des einstweiligen Rechtsschutzes liegen deutlich unter den Gebühren für das Hauptsacheverfahren. Gebührenfreie Verfahren des einstweiligen Rechtsschutzes gibt es nicht mehr. Die Gerichtsgebühren für ein Arrestverfahren werden den gleichen Regelungen unterworfen wie die einstweilige Anordnung.

5 Vorbem. 1.4 bestimmt, dass für ein Verfahren über die Aufhebung oder Änderung der im einstweiligen Rechtsschutzverfahren ergangenen Entscheidung keine erneuten Gebühren anfallen. Die Gebühr für das Verfahren über den Erlass der einstweiligen Anordnung oder die Anordnung des Arrests umfasst ein sich eventuell anschließendes Verfahren über die Abänderung oder Aufhebung.

II. Einstweilige Anordnung in Kindschaftssachen

1. Erster Rechtszug (Nr. 1410)

In Nr. 1410 ist eine Verfahrensgebühr für das erstinstanzliche Verfahren über eine einstweilige Anordnung in Kindschaftssachen iS von § 151 FamFG mit einem Gebührensatz von 0,3 bestimmt. Die Verfahrensgebühr entsteht mit dem Eingang des Antrags bei Gericht.

Die Fälligkeit bestimmt sich nach § 11 Abs. 1, tritt also erst bei Beendigung des Verfahrens ein. Als Kostenschuldner kommt primär der Entscheidungs- oder Übernahmeschuldner in Frage (§ 24 Nr. 1 und 2). In Verfahren, die nur auf Antrag eingeleitet werden können, auch der Antragsteller des Verfahrens (§ 21 Abs. 1 Satz 1).

Wenn ein solches Verfahren über eine einstweilige Anordnung im Rahmen einer Vormundschaft oder Pflegschaft anfällt, ist dieses Verfahren nach der Anmerkung durch die Jahresgebühren 1311 und 1312 mit abgegolten. Die Gebühr entsteht auch nicht bei einer einstweiligen Unterbringung eines Minderjährigen, da auch für das Hauptsacheverfahren keine Gebühr entsteht (Vorbem. 1.3.1).

2. Beschwerde gegen die Endentscheidung wegen des Hauptgegenstands (Nr. 1411 und Nr. 1412)

a) Nummer 1411

Nr. 1411 bestimmt die Verfahrensgebühr für das Beschwerdeverfahren. Eine Beschwerde ist nur in Ausnahmefällen zulässig (§ 57 Satz 2 Nr. 1 bis 5 FamFG). Betroffen von der Verfahrensgebühr ist nur die Beschwerde gegen die Endentscheidung wegen des Hauptgegenstands. Sonstige Beschwerden sind im Hauptabschnitt 9 Abschnitt 1 (Nr. 1910 bis 1912) geregelt. Beschwerde und Anschlussbeschwerde sind als ein Verfahren zu behandeln (§ 39 Abs. 2).

Die Verfahrensgebühr Nr. 1411 und damit auch die Verfahrensgebühr Nr. 1412, die die Verfahrensgebühr Nr. 1411 nur modifiziert, entstehen mit dem Eingang des Rechtsmittelantrags bei Gericht. Fällig werden die Verfahrensgebühren jedoch nach § 11 Abs. 1 erst bei Beendigung des Verfahrens. Eine Vorschusspflicht besteht nicht. Der Wert bestimmt sich nach § 40.

Für die Verfahrensgebühren des Beschwerdeverfahrens haftet neben dem Entscheidungs- und Übernahmeschuldner auch der Antragsteller der Instanz (§ 21 Abs. 1 Satz 1). Beschwerdeführer und Anschlussbeschwerdeführer haften jeweils für die Verfahrensgebühr, die durch ihre jeweiligen Anträge entsteht. Die Höhe des Haftungsbetrages der verschiedenen Antragsteller wird so berechnet, als seien einzelne Verfahren eingeleitet worden. Bis zur Höhe dieser Kosten kann die Staatskasse die einzelnen Kostenschuldner unter Beachtung des § 26 Abs. 2 in Anspruch nehmen. Die Staatskasse kann jedoch nicht mehr fordern, als insgesamt durch das Verfahren entstanden ist.

b) Nummer 1412

Nr. 1412 sieht für den Fall der Beendigung des Beschwerdeverfahrens ohne Endentscheidung eine verminderte Verfahrensgebühr vor. Voraussetzung für die Anwendung der Vorschrift ist, dass die Beschwerde insgesamt beendet wird.

In Abs. 1 wird die Zurücknahme der Beschwerde vor Ablauf des Tages, an dem die Endentscheidung der Geschäftsstelle übermittelt wird, wenn sie nicht bereits durch Vorlesen der Entscheidungsformel (§ 41 Abs. 2 FamFG) bekannt gegeben worden ist, gesondert geregelt, weil sonst im Falle der schriftlichen Entscheidung nicht klar wäre, welches der letztmögliche Zeitpunkt für die Rücknahme ist.

Nach Abs. 2 steht eine Entscheidung über die Kosten der Ermäßigung nicht entgegen, wenn die Entscheidung einer zuvor mitgeteilten Einigung über die Kostentragung oder einer Kostenübernahmeerklärung folgt. Endet also das Beschwerdeverfahren durch Rücknahme, Erledigterklärung oder Vergleich, tritt die Ermäßigung auch ein, wenn das Gericht über die Kostentragung nicht inhaltlich selbst befinden muss.

III. Einstweilige Anordnung in den übrigen Familiensachen und Arrest

15 In Abschnitt 2 sind nach der Vorbem. 1.4.2 die Gebühren für folgende Verfahren des einstweiligen Rechtsschutzes (einstweilige Anordnung sowie in Familienstreitsachen der Arrest) geregelt:
- Familienstreitsachen insgesamt (§ 112 FamFG),
- Abstammungssachen (§ 169 FamFG),
- Adoptionssachen, die einen Volljährigen betreffen (§ 186 FamFG),
- Ehewohnungs- und Haushaltssachen (§ 200 FamFG),
- Gewaltschutzsachen (§ 210 FamFG),
- Versorgungsausgleichssachen (§ 217 FamFG),
- Unterhaltssachen, die nicht Familienstreitsachen sind (§ 231 Abs. 2 FamFG),
- Güterrechtssachen, die nicht Familienstreitsachen sind (§ 261 Abs. 2 FamFG),
- sonstige Familiensachen (§ 111 Nr. 10 FamFG), die nicht Familienstreitsachen sind (§ 266 Abs. 2 FamFG).

1. Erster Rechtszug (Nr. 1420 und Nr. 1421)

a) Nummer 1420

16 In Nr. 1420 ist eine Verfahrensgebühr für das erstinstanzliche Verfahren über eine einstweilige Anordnung oder bezüglich der Familienstreitsache auch eines Arrestes mit einem Gebührensatz von 2,0 bestimmt.

17 Die Verfahrensgebühr Nr. 1420 und damit auch die Verfahrensgebühr Nr. 1421, die die Verfahrensgebühr Nr. 1420 nur modifiziert, entstehen mit dem Eingang des Antrags bei Gericht.

18 Die Fälligkeit bestimmt sich grundsätzlich nach § 11 Abs. 1, tritt also erst bei Beendigung des Verfahrens ein. Etwas anderes gilt für die Familienstreitsachen, in diesen Verfahren ist die Fälligkeit bereits bei Antragseingang gegeben (§ 9 Abs. 1). In Familienstreitsachen besteht für diese Gebühr auch eine Vorauszahlungspflicht (§ 14 Abs. 1 Satz 1).

18a Der Wert bestimmt sich nach § 42 Abs. 1.

19 Als Kostenschuldner kommt primär der Entscheidungs- oder Übernahmeschuldner in Frage (§ 24 Nr. 1 und 2). In Verfahren, die nur auf Antrag eingeleitet werden können, auch der Antragsteller des Verfahrens (§ 21 Abs. 1 Satz 1).

b) Nummer 1421

20 Nr. 1421 sieht für den Fall der Beendigung des Verfahrens ohne Endentscheidung eine verminderte Verfahrensgebühr vor. Voraussetzung für die Anwendung der Vorschrift ist, dass das Verfahren insgesamt beendet wird.

21 In Abs. 1 wird die Zurücknahme des Antrags vor Ablauf des Tages, an dem die Endentscheidung der Geschäftsstelle übermittelt wird, wenn sie nicht bereits durch Vorlesen der Entscheidungsformel (§ 41 Abs. 2 FamFG) bekannt gegeben worden ist, gesondert geregelt, weil sonst im Falle der schriftlichen Entscheidung nicht klar wäre, welches der letztmögliche Zeitpunkt für die Rücknahme ist.

22 Nach Abs. 2 steht eine Entscheidung über die Kosten der Ermäßigung nicht entgegen, wenn die Entscheidung einer zuvor mitgeteilten Einigung über die Kostentragung oder einer Kostenübernahmeerklärung folgt. Endet also das Verfahren durch Rücknahme, Erledigterklärung oder Vergleich, tritt die Ermäßigung auch ein, wenn das Gericht über die Kostentragung nicht inhaltlich selbst befinden muss.

2. Beschwerde gegen die Endentscheidung wegen des Hauptgegenstands (Nr. 1422, Nr. 1423 und Nr. 1424)

a) Nummer 1422

Nr. 1422 bestimmt die Verfahrensgebühr für das Beschwerdeverfahren. Eine Beschwerde ist nur in Ausnahmefällen zulässig (§ 57 Satz 2 Nr. 4 und 5 FamFG). Betroffen ist nur die Beschwerde gegen die Endentscheidung wegen des Hauptgegenstands. Sonstige Beschwerden sind im Hauptabschnitt 9 Abschnitt 1 (Nr. 1910 bis 1912) geregelt. Beschwerde und Anschlussbeschwerde sind als ein Verfahren zu behandeln (§ 39 Abs. 2). 23

Die Verfahrensgebühr Nr. 1422 und damit auch die Verfahrensgebühren Nr. 1423 und 1424, die die Verfahrensgebühr Nr. 142 nur modifizieren, entstehen mit dem Eingang des Rechtsmittelantrags bei Gericht. Die Fälligkeit bestimmt sich grundsätzlich nach § 11 Abs. 1, tritt also erst bei Beendigung des Verfahrens ein. Etwas anderes gilt für die Familienstreitsachen; in diesen Verfahren ist die Fälligkeit bereits bei Antragseingang gegeben (§ 9 Abs. 1). Der Wert bestimmt sich nach § 40. 24

Für die Verfahrensgebühren des Beschwerdeverfahrens haftet neben dem Entscheidungs- und Übernahmeschuldner auch der Antragsteller der Instanz (§ 21 Abs. 1 Satz 1). Beschwerdeführer und Anschlussbeschwerdeführer haften jeweils für die Verfahrensgebühr, die durch ihre jeweiligen Anträge entsteht. Die Höhe des Haftungsbetrages der verschiedenen Rechtsmittelführer wird so berechnet, als seien einzelne Verfahren eingeleitet worden. Bis zur Höhe dieser Kosten kann die Staatskasse die einzelnen Kostenschuldner unter Beachtung des § 26 Abs. 2 in Anspruch nehmen. Die Staatskasse kann jedoch nicht mehr fordern, als insgesamt durch das Verfahren entstanden ist. 25

b) Nummer 1423

Nr. 1423 sieht für den Fall der frühzeitigen Beendigung des Beschwerdeverfahrens eine verminderte Verfahrensgebühr vor. Voraussetzung für die Anwendung der Vorschrift ist, dass die Beschwerde insgesamt durch eine Zurücknahme der Beschwerde oder des Antrags, bevor die Schrift zur Begründung der Beschwerde bei Gericht eingegangen ist, beendet wird. 26

c) Nummer 1424

Nr. 1424 sieht für den Fall der Beendigung des Beschwerdeverfahrens ohne Endentscheidung eine weitere verminderte Verfahrensgebühr vor. Voraussetzung für die Anwendung der Vorschrift ist, dass die Beschwerde insgesamt beendet wird. 27

In Abs. 1 wird die Zurücknahme der Beschwerde vor Ablauf des Tages, an dem die Endentscheidung der Geschäftsstelle übermittelt wird, wenn sie nicht bereits durch Vorlesen der Entscheidungsformel (§ 41 Abs. 2 FamFG) bekannt gegeben worden ist, gesondert geregelt, weil sonst im Falle der schriftlichen Entscheidung nicht klar wäre, welches der letztmögliche Zeitpunkt für die Rücknahme ist. 28

Nach Abs. 2 steht eine Entscheidung über die Kosten der Ermäßigung nicht entgegen, wenn die Entscheidung einer zuvor mitgeteilten Einigung über die Kostentragung oder einer Kostenübernahmeerklärung folgt. Endet also das Beschwerdeverfahren durch Rücknahme, Erledigterklärung oder Vergleich, tritt die Ermäßigung auch ein, wenn das Gericht über die Kostentragung nicht inhaltlich selbst befinden muss. 29

Im Hinblick auf die unterschiedlichen Voraussetzungen können die Nr. 1423 und 1424 nicht nebeneinander anfallen. Da jedoch eine der Nr. 1423 genügende Zurücknahme gleichzeitig auch die Voraussetzungen des Tatbestandes der Nr. 1424 erfüllt, ist in Nr. 1424 klargestellt, dass diese keine Anwendung findet, wenn Nr. 1423 erfüllt ist. 30

	Hauptabschnitt 5 Besondere Gebühren	
1500	Abschluss eines gerichtlichen Vergleichs: Soweit ein Vergleich über nicht gerichtlich anhängige Gegenstände geschlossen wird	0,25
	Die Gebühr entsteht nicht im Verfahren über die Verfahrenskostenhilfe. Im Verhältnis zur Gebühr für das Verfahren im Allgemeinen ist § 30 Abs. 3 FamGKG entsprechend anzuwenden.	
1501	Auferlegung einer Gebühr nach § 32 FamGKG wegen Verzögerung des Verfahrens	wie vom Gericht bestimmt
1502	Anordnung von Zwangsmaßnahmen durch Beschluss nach § 35 FamFG: je Anordnung	20,00 €
1503	Selbständiges Beweisverfahren	1,0

1. Nummer 1500

1 Die Gebühr für den sog. Mehrvergleich entspricht der Nr. 1900 KV GKG und Nr. 17005 KV GNotKG. Sie fällt mit einem Gebührensatz von 0,25 nach dem Wert der nicht gerichtlich anhängigen Gegenstände, über die Vergleich geschlossen wird, an. Dadurch soll der Mehraufwand des Gerichts bei der Mitwirkung an einer Vergleichsregelung, welche über den eigentlichen Verfahrensgegenstand hinausgeht, angemessen berücksichtigt werden. Die früher in Nr. 1900 KV GKG geregelte kostenrechtliche Privilegierung für einstweilige Anordnungen in Familiensachen nach § 620 oder § 641d ZPO ist entfallen.

2 Der Anfall der Gebühr setzt einen Vergleich iSd. § 779 BGB voraus. Sind in dem Vergleich auch Gegenstände aufgenommen, die in einem anderen Verfahren anhängig sind, sind diese Gegenstände ebenfalls Verfahrensgegenstand iSd. Nr. 1500. Die Vergleichsgebühr wird also nach dem Wert der Vergleichsgegenstände erhoben, die nicht Verfahrensgegenstand, dh. nicht anhängig sind. Der Wert des Vergleichsgegenstandes ist nach den Bewertungsvorschriften des FamGKG zu ermitteln.

3 Nach der Anmerkung entsteht keine Mehrvergleichsgebühr, wenn ein Mehrvergleich im Verfahren über die Verfahrenskostenhilfe geschlossen wird. Im Verhältnis zur Verfahrensgebühr für das Verfahren, in dem der Vergleich geschlossen wurde, ist § 30 Abs. 3 entsprechend anzuwenden.

4 Die Mehrvergleichsgebühr wird nach § 9 Abs. 2 mit der gerichtlichen Protokollierung fällig. Kostenschuldner ist regelmäßig derjenige, der die Kosten im Vergleich übernommen hat (§ 24 Nr. 2). Daneben haftet aber auch jeder, der an dem Abschluss beteiligt ist (§ 21 Abs. 2).

2. Nummer 1501

5 Wegen der Verzögerungsgebühr wird auf die Ausführungen zu § 32 verwiesen.

3. Nummer 1502

6 Die Vorschrift bestimmt Gebühren für Zwangsmaßnahmen nach § 35 FamFG. Bei diesen Zwangsmaßnahmen handelt es sich nicht um Vollstreckungshandlungen, sondern um Maßnahmen mit verfahrensleitendem Charakter. Je Anordnung wird eine Gebühr iHv. 20 Euro erhoben. Mehrere Anordnungen in Folge – zB zunächst Ordnungsgeld, dann Ordnungshaft – lassen die Gebühr mehrfach entstehen. Erfasst werden nicht nur die Anordnung von Zwangsgeld oder von Zwangshaft, sondern auch Maßnahmen nach § 35 Abs. 4 FamFG. Die Gebühren für Rechtsmittelverfahren richten sich nach den Auffangtatbeständen in Hauptabschnitt 9. Die Gebühr schuldet derjenige, dem das Gericht die Kosten nach § 35 Abs. 3 Satz 2 auferlegt hat (§ 24 Nr. 1).

4. Nummer 1503

Literatur: *Schneider*, Das Ende der Gerichtskostenfreiheit im selbständigen Beweisverfahren in Familiensachen, FamRB, 2011, 127.

In Nr. 1503 ist eine Verfahrensgebühr für das erstinstanzliche selbständige Beweisverfahren mit einem Gebührensatz von 1,0 bestimmt. Nach § 113 Abs. 1 S. 2 FamFG gelten in Ehesachen und Familienstreitsachen die Allgemeinen Vorschriften der ZPO und die Vorschriften der ZPO über das Verfahren vor den Landgerichten entsprechend. Zu den Vorschriften über das Verfahren vor den Landgerichten gehören auch die §§ 485 ff. ZPO, die das selbständige Beweisverfahren zum Gegenstand haben. Dieses kann somit in Ehesachen nach § 121 FamFG und in Familienstreitsachen nach § 112 FamFG zur Anwendung gelangen. 7

Die Fälligkeit bestimmt sich nach § 9 Abs. 1, tritt also mit der Einreichung der Antragsschrift ein. Es besteht Vorauszahlungspflicht (§ 14 Abs. 1 Satz 1). 8

Für das Beschwerdeverfahren entsteht eine Gebühr nach Nr. 1910, für die Rechtsbeschwerde eine solche nach Nr. 1920. 9

Der Verfahrenswert bestimmt sich nach dem vollen Wert der Hauptsache. 10

Als Kostenschuldner kommt primär der Entscheidungs- oder Übernahmeschuldner in Frage (§ 24 Nr. 1 und 2), daneben auch der Antragsteller des Verfahrens (§ 21 Abs. 1 Satz 1). 11

Hauptabschnitt 6
Vollstreckung

Vorbemerkung 1.6:

Die Vorschriften dieses Hauptabschnitts gelten für die Vollstreckung nach Buch 1 Abschnitt 8 des FamFG, soweit das Familiengericht zuständig ist. Für Handlungen durch das Vollstreckungs- oder Arrestgericht werden Gebühren nach dem GKG erhoben.

1600	Verfahren über den Antrag auf Erteilung einer weiteren vollstreckbaren Ausfertigung (§ 733 ZPO)	20,00 €
	Die Gebühr wird für jede weitere vollstreckbare Ausfertigung gesondert erhoben. Sind wegen desselben Anspruchs in einem Mahnverfahren gegen mehrere Personen gesonderte Vollstreckungsbescheide erlassen worden und werden hiervon gleichzeitig mehrere weitere vollstreckbare Ausfertigungen beantragt, wird die Gebühr nur einmal erhoben.	
1601	Anordnung der Vornahme einer vertretbaren Handlung durch einen Dritten	20,00 €
1602	Anordnung von Zwangs- oder Ordnungsmitteln: je Anordnung	20,00 €
	Mehrere Anordnungen gelten als eine Anordnung, wenn sie dieselbe Verpflichtung betreffen. Dies gilt nicht, wenn Gegenstand der Verpflichtung die wiederholte Vornahme einer Handlung oder eine Unterlassung ist.	
1603	Verfahren zur Abnahme einer eidesstattlichen Versicherung (§ 94 FamFG)	35,00 €
	Die Gebühr entsteht mit der Anordnung des Gerichts, dass der Verpflichtete eine eidesstattliche Versicherung abzugeben hat, oder mit dem Eingang des Antrags des Berechtigten.	

Teil 1 FamGKG-Kostenverzeichnis

Hauptabschnitt 7

1. Hauptabschnitt 6 enthält die Gebühren für die Vollstreckungsmaßnahmen des Familiengerichts. Dies wird durch Satz 1 der Vorbem. 1.6 klargestellt.

2. Satz 2 der Vorbem. bestimmt, dass für Maßnahmen, die in die Zuständigkeit des Vollstreckungs- oder Arrestgerichts fallen, Gebühren nach dem GKG erhoben werden. Eine gleich lautende Regelung ist hinsichtlich der Auslagen in Vorbem. 2 Abs. 4 aufgenommen. Eine korrespondierende Klarstellung ist durch eine entsprechende Änderung in § 1 GKG vorgenommen worden.

3. In den Nr. 1600 bis 1603 sind Festgebühren für Vollstreckungshandlungen des Familiengerichts nach Buch 1 Abschnitt 8 FamFG (§§ 86 bis 96a) bestimmt.

4. Nr. 1602 regelt die Gebühren für die Anordnung von Zwangs- oder Ordnungsmitteln innerhalb der Vollstreckung. Die Gebühr wird für jede Anordnung gesondert erhoben. Mehrere Anordnungen von Ordnungsmitteln lösen dagegen die Gebühr nur einmal aus, sofern sie dieselbe Verpflichtung betreffen. Hat der Verpflichtete eine Handlung wiederholt vorzunehmen oder zu unterlassen, lässt die Anordnung eines Ordnungsmittels gegen jeden Verstoß eine besondere Gebühr entstehen. Verstößt zB ein Elternteil gegen eine gerichtlich festgelegte Umgangsregelung und wird deshalb ein Ordnungsgeld festgesetzt, fällt hierfür eine Gebühr an. Verstößt der Elternteil beim nächsten Umgangstermin in gleicher Weise gegen die Regelung und wird erneut ein Ordnungsgeld festgesetzt, fällt die Gebühr nochmals an. Die Gebühr für das Verfahren zur Abnahme einer eidesstattlichen Versicherung (Nr. 1603) entsteht mit der Anordnung des Gerichts, dass der Verpflichtete eine eidesstattliche Versicherung abzugeben hat, oder mit dem Eingang des Antrags des Berechtigten.

5. Die Gebühren für Rechtsmittelverfahren richten sich nach den Auffangtatbeständen in Hauptabschnitt 9.

6. Die Gebühren schuldet der Entscheidungsschuldner (§ 24 Nr. 1), der Vollstreckungsschuldner (§ 24 Nr. 4) und ggf. der Antragsteller (§ 21 Abs. 1 Nr. 1).

Hauptabschnitt 7
Verfahren mit Auslandsbezug

Abschnitt 1
Erster Rechtszug

1710	Verfahren über Anträge auf 1. Erlass einer gerichtlichen Anordnung auf Rückgabe des Kindes oder über das Recht zum persönlichen Umgang nach dem IntFamRVG, 2. Vollstreckbarerklärung ausländischer Titel, 3. Feststellung, ob die ausländische Entscheidung anzuerkennen ist, einschließlich der Anordnungen nach § 33 IntFamRVG zur Wiederherstellung des Sorgeverhältnisses, 4. Erteilung der Vollstreckungsklausel zu ausländischen Titeln und 5. Aufhebung oder Abänderung von Entscheidungen in den in den Nummern 2 bis 4 genannten Verfahren	240,00 €
1711	Verfahren über den Antrag auf Ausstellung einer Bescheinigung nach § 56 AVAG oder § 48 IntFamRVG oder auf Ausstellung des Formblatts oder der Bescheinigung nach § 71 Abs. 1 AUG	15,00 €
1712	Verfahren über den Antrag auf Ausstellung einer Bestätigung nach § 1079 ZPO	20,00 €

Nr.		Betrag
1713	Verfahren nach 1. § 3 Abs. 2 des Gesetzes zur Ausführung des Vertrags zwischen der Bundesrepublik Deutschland und der Republik Österreich vom 6. Juni 1959 über die gegenseitige Anerkennung und Vollstreckung von gerichtlichen Entscheidungen, Vergleichen und öffentlichen Urkunden in Zivil- und Handelssachen in der im Bundesgesetzblatt Teil III, Gliederungsnummer 319-12, veröffentlichten bereinigten Fassung, das zuletzt durch Artikel 23 des Gesetzes vom 27. Juli 2001 (BGBl. I S. 1887) geändert worden ist, und 2. § 34 Abs. 1 AUG	60,00 €
1714	Verfahren über den Antrag nach § 107 Abs. 5, 6 und 8, § 108 Abs. 2 FamFG: Der Antrag wird zurückgewiesen	240,00 €
1715	Beendigung des gesamten Verfahrens durch Zurücknahme des Antrags vor Ablauf des Tages, an dem die Endentscheidung der Geschäftsstelle übermittelt wird, wenn die Entscheidung nicht bereits durch Vorlesen der Entscheidungsformel bekannt gegeben worden ist: Die Gebühr 1710 oder 1714 ermäßigt sich auf	90,00 €

Abschnitt 2
Beschwerde und Rechtsbeschwerde gegen die Endentscheidung wegen des Hauptgegenstands

Nr.		Betrag
1720	Verfahren über die Beschwerde oder Rechtsbeschwerde in den in den Nummern 1710, 1713 und 1714 genannten Verfahren ...	360,00 €
1721	Beendigung des gesamten Verfahrens durch Zurücknahme der Beschwerde, der Rechtsbeschwerde oder des Antrags, bevor die Schrift zur Begründung der Beschwerde bei Gericht eingegangen ist: Die Gebühr 1720 ermäßigt sich auf	90,00 €
1722	Beendigung des gesamten Verfahrens ohne Endentscheidung, wenn nicht Nummer 1721 erfüllt ist: Die Gebühr 1720 ermäßigt sich auf	180,00 €
	(1) Wenn die Entscheidung nicht durch Vorlesen der Entscheidungsformel bekannt gegeben worden ist, ermäßigt sich die Gebühr auch im Fall der Zurücknahme der Beschwerde oder der Rechtsbeschwerde vor Ablauf des Tages, an dem die Endentscheidung der Geschäftsstelle übermittelt wird. (2) Eine Entscheidung über die Kosten steht der Ermäßigung nicht entgegen, wenn die Entscheidung einer zuvor mitgeteilten Einigung über die Kostentragung oder einer Kostenübernahmeerklärung folgt.	
1723	Verfahren über die Beschwerde in 1. den in den Nummern 1711 und 1712 genannten Verfahren, 2. Verfahren nach § 245 FamFG oder 3. Verfahren über die Berichtigung oder den Widerruf einer Bestätigung nach § 1079 ZPO: Die Beschwerde wird verworfen oder zurückgewiesen	60,00 €

Teil 1 FamGKG-Kostenverzeichnis

I. Allgemeines

1 In Hauptabschnitt 7 werden alle Gebühren für Verfahren mit Auslandsbezug geregelt.

II. Erster Rechtszug (Nr. 1710 bis Nr. 1715)

2 Für die Verfahren mit Auslandsbezug sind Festgebühren vorgesehen.

3 Die Nr. 1710 bis 1713 übernehmen die Regelungen der Nr. 1510 bis 1513 KV GKG, ergänzt um die Regelungen aus dem früheren § 51 IntFamRVG und das mit Inkrafttreten des AUG eingeführte Verfahren (Nrn. 1711 u. 1713).

4 In Nr. 1714 werden die Gebühren für das gerichtliche Verfahren gegen die Entscheidung der Landesjustizverwaltung betreffend die Anerkennung ausländischer Entscheidungen in Ehesachen (§ 107 Abs. 5, 6 und 8 FamFG) geregelt. Die im FamFG enthaltene Regelung hat die Vorschrift des Artikels 7 § 1 FamRÄndG ersetzt. Nach bisherigem Recht wurden gem. Artikel 7 § 2 Abs. 2 FamRÄndG für das Verfahren vor dem Oberlandesgericht Kosten nach der KostO erhoben. Nunmehr ist eine einheitliche Festgebühr von 240 Euro vorgesehen. Soweit im Einzelfall eine niedrigere Gebühr angemessen ist, kann das Gericht nach § 81 Abs. 1 FamFG anordnen, dass die Gebühr ganz oder zum Teil nicht zu erheben ist.

5 Fällig werden die Verfahrensgebühren nach § 11 Abs. 1 erst bei Beendigung des Verfahrens. Die Gebühren schuldet neben dem Entscheidungsschuldner auch der Antragsteller des Verfahrens (§ 21 Abs. 1 Satz 1).

III. Beschwerde und Rechtsbeschwerde gegen die Endentscheidung wegen des Hauptgegenstands (Nr. 1720 bis Nr. 1723)

1. Allgemeines

6 In den Nr. 1720 bis 1722 sind die Gebühren für die Beschwerde und die Rechtsbeschwerde zusammengefasst. Nr. 1723 betrifft nur bestimmte Beschwerden. Auch für die Rechtsmittelverfahren sind Festgebühren vorgesehen.

2. Nummer 1720

7 Nr. 1720 bestimmt die Verfahrensgebühr für das Beschwerde- und das Rechtsbeschwerdeverfahren in den in den Nr. 1710, 1713 und 1714 genannten Verfahren. Betroffen ist nur die Beschwerde oder Rechtsbeschwerde gegen die Endentscheidung wegen des Hauptgegenstands. Sonstige Beschwerden und Rechtsbeschwerden sind im Hauptabschnitt 9 Abschnitte 1 und 2 (Nr. 1910 bis 1924) geregelt.

8 Die Verfahrensgebühr Nr. 1720 und damit auch die Verfahrensgebühren Nr. 1721 und 1722, die die Verfahrensgebühr Nr. 1720 nur modifizieren, entstehen mit dem Eingang des Rechtsmittelantrags bei Gericht. Fällig werden die Verfahrensgebühren jedoch nach § 11 Abs. 1 erst bei Beendigung des Verfahrens. Eine Vorschusspflicht besteht nicht.

9 Für die Verfahrensgebühren des Rechtsmittelverfahrens haftet neben dem Entscheidungs- und Übernahmeschuldner auch der Antragsteller der Instanz (§ 21 Abs. 1 Satz 1).

3. Nummer 1721

10 Nr. 1721 sieht für den Fall der frühzeitigen Beendigung des Beschwerde- oder Rechtsbeschwerdeverfahrens eine verminderte Verfahrensgebühr vor. Voraussetzung für die Anwendung der Vorschrift ist, dass die Beschwerde oder Rechtsbeschwerde insgesamt durch eine Zurücknahme, bevor die Schrift zur Begründung der Beschwerde bei Gericht eingegangen ist, beendet wird.

4. Nummer 1722

Nr. 1722 sieht für den Fall der Beendigung des Beschwerde- oder des Rechtsbeschwerdeverfahrens ohne Endentscheidung eine weitere verminderte Verfahrensgebühr vor. Voraussetzung für die Anwendung der Vorschrift ist, dass das Rechtsmittel insgesamt beendet wird.

In Abs. 1 wird die Zurücknahme des Rechtsmittels vor Ablauf des Tages, an dem die Endentscheidung der Geschäftsstelle übermittelt wird, wenn sie nicht bereits durch Vorlesen der Entscheidungsformel (§ 41 Abs. 2 FamFG) bekannt gegeben worden ist, gesondert geregelt, weil sonst im Falle der schriftlichen Entscheidung nicht klar wäre, welches der letztmögliche Zeitpunkt für die Rücknahme ist.

Nach Abs. 2 steht eine Entscheidung über die Kosten der Ermäßigung nicht entgegen, wenn die Entscheidung einer zuvor mitgeteilten Einigung über die Kostentragung oder einer Kostenübernahmeerklärung folgt. Endet also das Rechtsverfahren durch Rücknahme oder Erledigterklärung, tritt die Ermäßigung auch ein, wenn das Gericht über die Kostentragung nicht inhaltlich selbst befinden muss.

Im Hinblick auf die unterschiedlichen Voraussetzungen können die Nr. 1721 und 1722 nicht nebeneinander anfallen. Da jedoch eine der Nr. 1721 genügende Zurücknahme gleichzeitig auch die Voraussetzungen des Tatbestandes der Nr. 1722 erfüllt, ist in Nr. 1722 klargestellt, dass diese keine Anwendung findet, wenn Nr. 1721 erfüllt ist.

5. Nummer 1723

Nr. 1723 bestimmt die Verfahrensgebühr für das Beschwerde- und Rechtsbeschwerdeverfahren in
- den in den Nr. 1711 und 1712 genannten Verfahren,
- Verfahren nach § 245 FamFG und
- Verfahren über die Berichtigung einer Bestätigung nach § 1079 ZPO.

Die Gebühr wird nur erhoben, wenn die Beschwerde verworfen oder zurückgewiesen wurde. Betroffen ist nur die Beschwerde gegen die Endentscheidung wegen des Hauptgegenstands. Sonstige Beschwerden sind im Hauptabschnitt 9 Abschnitte 1 (Nr. 1910 bis 1912) geregelt.

Die Verfahrensgebühr entsteht mit dem Eingang des Rechtsmittelantrags bei Gericht. Fällig wird die Verfahrensgebühr jedoch nach § 11 Abs. 1 erst bei Beendigung des Verfahrens. Eine Vorschusspflicht besteht nicht.

Für die Verfahrensgebühr haftet neben dem Entscheidungs- und Übernahmeschuldner auch der Antragsteller der Instanz (§ 21 Abs. 1 Satz 1).

Hauptabschnitt 8 Rüge wegen Verletzung des Anspruchs auf rechtliches Gehör		
1800	Verfahren über die Rüge wegen Verletzung des Anspruchs auf rechtliches Gehör (§§ 44, 113 Abs. 1 Satz 2 FamFG, § 321a ZPO): Die Rüge wird in vollem Umfang verworfen oder zurückgewiesen	60,00 €

Nr. 1800 bestimmt eine Verfahrensgebühr für das verfahrensrechtliche Verfahren über die Rüge wegen Verletzung des Anspruchs auf rechtliches Gehör (§§ 44, 113 Abs. 1 Satz 2 FamFG, § 321a ZPO). Nicht erfasst wird das kostenrechtliche Rügeverfahren nach § 61, dieses ist mangels eines Gebührentatbestandes gebührenfrei.

Die Gebühr wird nur erhoben, wenn die Rüge in vollem Umfang verworfen oder zurückgewiesen wird. Sie entsteht erst mit dem Beschluss, so dass auch zu diesem Zeitpunkt die Fälligkeit eintritt. Kostenschuldner ist der Entscheidungsschuldner und der Antragsteller (§ 21 Abs. 1 Nr. 1).

Hauptabschnitt 9
Rechtsmittel im Übrigen

Abschnitt 1
Sonstige Beschwerden

Nr.		Gebühr
1910	Verfahren über die Beschwerde in den Fällen des § 71 Abs. 2, § 91a Abs. 2, § 99 Abs. 2, § 269 Abs. 5 oder § 494a Abs. 2 Satz 2 ZPO	90,00 €
1911	Beendigung des gesamten Verfahrens ohne Endentscheidung: Die Gebühr 1910 ermäßigt sich auf	60,00 €
	(1) Wenn die Entscheidung nicht durch Vorlesen der Entscheidungsformel bekannt gegeben worden ist, ermäßigt sich die Gebühr auch im Fall 2 der Zurücknahme der Beschwerde vor Ablauf des Tages, an dem die Endentscheidung der Geschäftsstelle übermittelt wird.	
	(2) Eine Entscheidung über die Kosten steht der Ermäßigung nicht entgegen, wenn die Entscheidung einer zuvor mitgeteilten Einigung über die Kostentragung oder einer Kostenübernahmeerklärung folgt.	
1912	Verfahren über eine nicht besonders aufgeführte Beschwerde, die nicht nach anderen Vorschriften gebührenfrei ist: Die Beschwerde wird verworfen oder zurückgewiesen	60,00 €
	Wird die Beschwerde nur teilweise verworfen oder zurückgewiesen, kann das Gericht die Gebühr nach billigem Ermessen auf die Hälfte ermäßigen oder bestimmen, dass eine Gebühr nicht zu erheben ist.	

Abschnitt 2
Sonstige Rechtsbeschwerden

Nr.		Gebühr
1920	Verfahren über die Rechtsbeschwerde in den Fällen des § 71 Abs. 1, § 91a Abs. 1, § 99 Abs. 2, § 269 Abs. 4 oder § 494a Abs. 2 Satz 2 ZPO	180,00 €
1921	Beendigung des gesamten Verfahrens durch Zurücknahme der Rechtsbeschwerde, bevor die Schrift zur Begründung der Rechtsbeschwerde bei Gericht eingegangen ist: Die Gebühr 1920 ermäßigt sich auf	60,00 €
1922	Beendigung des gesamten Verfahrens durch Zurücknahme der Rechtsbeschwerde oder des Antrags vor Ablauf des Tages, an dem die Endentscheidung der Geschäftsstelle übermittelt wird, wenn nicht Nummer 1921 erfüllt ist: Die Gebühr 1920 ermäßigt sich auf	90,00 €
1923	Verfahren über eine nicht besonders aufgeführte Rechtsbeschwerde, die nicht nach anderen Vorschriften gebührenfrei ist: Die Rechtsbeschwerde wird verworfen oder zurückgewiesen ..	120,00 €
	Wird die Rechtsbeschwerde nur teilweise verworfen oder zurückgewiesen, kann das Gericht die Gebühr nach billigem Ermessen auf die Hälfte ermäßigen oder bestimmen, dass eine Gebühr nicht zu erheben ist.	
1924	Verfahren über die in Nummer 1923 genannten Rechtsbeschwerden: Beendigung des gesamten Verfahrens durch Zurücknahme der Rechtsbeschwerde oder des Antrags vor Ablauf des Tages, an dem die Endentscheidung der Geschäftsstelle übermittelt wird	60,00 €

	Abschnitt 3 *Zulassung der Sprungrechtsbeschwerde in sonstigen Fällen*	
1930	Verfahren über die Zulassung der Sprungrechtsbeschwerde in den nicht besonders aufgeführten Fällen: Wenn der Antrag abgelehnt wird	60,00 €

I. Allgemeines

In Hauptabschnitt 9 sind die sonstigen Beschwerden und Rechtsbeschwerden zusammengefasst, für die in den vorangegangenen Gliederungsabschnitten keine besonderen Gebühren bestimmt sind. Es sind ausschließlich Festgebühren bestimmt.

II. Sonstige Beschwerden (Nr. 1910 bis Nr. 1912)

1. Nummer 1910

Nr. 1910 bestimmt die Verfahrensgebühr für das Beschwerdeverfahren in Familienstreitsachen in den Fällen der §§ 71 Abs. 2, 91a Abs. 2, 99 Abs. 2, § 269 Abs. 5 oder § 494a Abs. 2 Satz 2 ZPO, jeweils iVm. § 113 Abs. 1 Satz 2 FamFG.

Die Verfahrensgebühr Nr. 1910 und damit auch die Verfahrensgebühr Nr. 1911, die die Verfahrensgebühr Nr. 1910 nur modifiziert, entsteht mit dem Eingang des Rechtsmittelantrags bei Gericht. Fällig werden die Verfahrensgebühren jedoch nach § 11 Abs. 1 erst bei Beendigung des Verfahrens. Eine Vorschusspflicht besteht nicht.

Für die Verfahrensgebühren haftet neben dem Entscheidungsschuldner auch der Antragsteller der Instanz (§ 21 Abs. 1 Satz 1).

2. Nummer 1911

Nr. 1911 sieht für den Fall der Beendigung des Beschwerdeverfahrens ohne Endentscheidung eine verminderte Verfahrensgebühr vor. Voraussetzung für die Anwendung der Vorschrift ist, dass das Rechtsmittel insgesamt beendet wird.

In Abs. 1 wird die Zurücknahme des Rechtsmittels vor Ablauf des Tages, an dem die Endentscheidung der Geschäftsstelle übermittelt wird, wenn sie nicht bereits durch Vorlesen der Entscheidungsformel (§ 41 Abs. 2 FamFG) bekannt gegeben worden ist, gesondert geregelt, weil sonst im Falle der schriftlichen Entscheidung nicht klar wäre, welches der letztmögliche Zeitpunkt für die Rücknahme ist.

Nach Abs. 2 steht eine Entscheidung über die Kosten der Ermäßigung nicht entgegen, wenn die Entscheidung einer zuvor mitgeteilten Einigung über die Kostentragung oder einer Kostenübernahmeerklärung folgt. Endet also das Rechtsverfahren durch Rücknahme oder Erledigterklärung, tritt die Ermäßigung auch ein, wenn das Gericht über die Kostentragung nicht inhaltlich selbst befinden muss.

3. Nummer 1912

Nr. 1912 bestimmt die Verfahrensgebühr für Beschwerden, die nicht besonders aufgeführt und nicht nach anderen Vorschriften gebührenfrei sind. Sie stellt einen Auffangtatbestand dar. Hauptanwendungsfall ist die Beschwerde im Kostenfestsetzungsverfahren. Die Gebühr wird nur erhoben, wenn die Beschwerde verworfen oder zurückgewiesen wurde. Nach der Anmerkung kann das Gericht bei teilweiser Verwerfung oder teilweiser Zurückweisung die Gebühr nach billigem Ermessen auf die Hälfte ermäßigen oder bestimmen, dass die Gebühr nicht zu erheben ist.

Fällig wird die Verfahrensgebühr nach § 11 Abs. 1 erst bei Beendigung des Verfahrens. Eine Vorschusspflicht besteht nicht.

Für die Verfahrensgebühren haftet neben dem Entscheidungsschuldner auch der Antragsteller der Instanz (§ 21 Abs. 1 Satz 1).

III. Sonstige Rechtsbeschwerden (Nr. 1920 bis Nr. 1924)

1. Nummer 1920

11 Nr. 1920 bestimmt die Verfahrensgebühr für das Rechtsbeschwerdeverfahren in Familienstreitsachen in den Fällen der §§ 71 Abs. 1, § 91a Abs. 1, § 99 Abs. 2, § 269 Abs. 4 oder § 494a Abs. 2 Satz 2 ZPO, jeweils iVm. § 113 Abs. 1 Satz 2 FamFG.

12 Die Verfahrensgebühr Nr. 1920 und damit auch die Verfahrensgebühr Nr. 1921, die die Verfahrensgebühr Nr. 1920 nur modifiziert, entsteht mit dem Eingang des Rechtsmittelantrags bei Gericht. Fällig werden die Verfahrensgebühren jedoch nach § 11 Abs. 1 erst bei Beendigung des Verfahrens. Eine Vorschusspflicht besteht nicht.

13 Für die Verfahrensgebühren haftet neben dem Entscheidungsschuldner auch der Antragsteller der Instanz (§ 21 Abs. 1 Satz 1).

2. Nummer 1921

14 Nr. 1921 sieht für den Fall der frühzeitigen Beendigung des Rechtsbeschwerdeverfahrens eine verminderte Verfahrensgebühr vor. Voraussetzung für die Anwendung der Vorschrift ist, dass die Rechtsbeschwerde insgesamt durch eine Zurücknahme, bevor die Schrift zur Begründung der Rechtseschwerde bei Gericht eingegangen ist, beendet wird.

3. Nummer 1922

15 Nr. 1922 sieht für den Fall der Beendigung des Rechtsbeschwerdeverfahrens ohne Endentscheidung eine weitere verminderte Verfahrensgebühr vor. Voraussetzung für die Anwendung der Vorschrift ist, dass das Rechtsmittel vor Ablauf des Tages, an dem die Endentscheidung der Geschäftsstelle übermittelt wird, umfänglich beendet wird. Im Hinblick auf die unterschiedlichen Voraussetzungen können die Nr. 1921 und 1922 nicht nebeneinander anfallen. Da jedoch eine der Nr. 1921 genügende Zurücknahme gleichzeitig auch die Voraussetzungen des Tatbestandes der Nr. 1922 erfüllt, ist in Nr. 1922 klargestellt, dass diese keine Anwendung findet, wenn Nr. 1921 erfüllt ist.

4. Nummer 1923

16 Nr. 1923 bestimmt die Verfahrensgebühr für Rechtsbeschwerden, die nicht besonders aufgeführt und nicht nach anderen Vorschriften gebührenfrei sind. Sie stellt einen Auffangtatbestand dar. Die Gebühr wird nur erhoben, wenn die Rechtsbeschwerde verworfen oder zurückgewiesen wurde. Nach der Anmerkung kann das Gericht bei teilweiser Verwerfung oder teilweiser Zurückweisung die Gebühr nach billigem Ermessen auf die Hälfte ermäßigen oder bestimmen, dass die Gebühr nicht zu erheben ist.

17 Fällig wird die Verfahrensgebühr nach § 11 Abs. 1 erst bei Beendigung des Verfahrens. Eine Vorschusspflicht besteht nicht.

18 Für die Verfahrensgebühren haftet neben dem Entscheidungsschuldner auch der Antragsteller der Instanz (§ 21 Abs. 1 Satz 1).

5. Nummer 1924

19 Nr. 1924 sieht für den Fall der Beendigung des Rechtsbeschwerdeverfahrens ohne Endentscheidung eine verminderte Verfahrensgebühr vor. Voraussetzung für die Anwendung der Vorschrift ist, dass das Rechtsmittel vor Ablauf des Tages, an dem die Endentscheidung der Geschäftsstelle übermittelt wird, umfänglich beendet wird.

IV. Zulassung der Sprungsrechtsbeschwerde in sonstigen Fällen

1. Nummer 1930

Nr. 1930 bestimmt die Verfahrensgebühr für Verfahren über die Zulassung der Sprungsrechtsbeschwerde, die nicht besonders aufgeführt sind. Sie stellt einen Auffangtatbestand dar. Es ist eine Gebühr nur für den Fall der Ablehnung des Antrags vorgesehen, da durch eine Zulassung der Sprungsrechtsbeschwerde das Verfahren als Rechtsbeschwerde fortgesetzt wird (§ 75 Abs. 2 FamFG, § 566 Abs. 7 Satz 1 ZPO) und damit die für die Rechtsbeschwerde vorgesehenen Gebühren anfallen. Anders als bei den übrigen Gebührenregelungen für Zulassungsverfahren fällt die Auffangsgebühr Nr. 1930 nicht bei einer teilweisen Ablehnung aus dem Teilwert an. Dies wird durch das Wort „wenn" statt des sonst verwendetes Wortes „soweit" deutlich. 20

Im Zulassungsverfahren ist Verfahrenswert der für das Rechtsmittelverfahren maßgebende Wert (§ 40 Abs. 3). 21

Die Verfahrensgebühr entsteht mit dem Eingang des Zulassungsantrags bei Gericht. Die Gebühr wird, da sie eine gerichtliche Entscheidung (Ablehnung des Antrags) voraussetzt, erst mit dieser Entscheidung fällig (§ 9 Abs. 2). Eine Vorauszahlungspflicht besteht nicht. 22

Die Kosten schuldet regelmäßig der Entscheidungsschuldner; der Antragsteller haftet nach § 21 Abs. 1 Satz 1. 23

Teil 2
Auslagen

Nr.	Auslagentatbestand	Höhe
	Vorbemerkung 2:	
	(1) Auslagen, die durch eine für begründet befundene Beschwerde entstanden sind, werden nicht erhoben, soweit das Beschwerdeverfahren gebührenfrei ist; dies gilt jedoch nicht, soweit das Beschwerdegericht die Kosten dem Gegner des Beschwerdeführers auferlegt hat.	
	(2) Sind Auslagen durch verschiedene Rechtssachen veranlasst, werden sie auf die mehreren Rechtssachen angemessen verteilt.	
	(3) In Kindschaftssachen werden von dem Minderjährigen Auslagen nur unter den in Vorbemerkung 1.3.1 Abs. 2 genannten Voraussetzungen erhoben. In den in Vorbemerkung 1.3.1 Abs. 1 genannten Verfahren werden keine Auslagen erhoben, für die freiheitsentziehende Unterbringung eines Minderjährigen gilt dies auch im Verfahren über den Erlass einer einstweiligen Anordnung. Die Sätze 1 und 2 gelten nicht für die Auslagen 2013.	
	(4) Bei Handlungen durch das Vollstreckungs- oder Arrestgericht werden Auslagen nach dem GKG erhoben.	

2000	Pauschale für die Herstellung und Überlassung von Dokumenten:
	
	1. Ausfertigungen, Kopien und Ausdrucke bis zur Größe von DIN A3, die
	
	   a) auf Antrag angefertigt oder auf Antrag per Telefax übermittelt worden sind oder
	
	   b) angefertigt worden sind, weil die Partei oder ein Beteiligter es unterlassen hat, die erforderliche Zahl von Mehrfertigungen beizufügen; der Anfertigung steht es gleich, wenn per Telefax übermittelte Mehrfertigungen von der Empfangseinrichtung des Gerichts ausgedruckt werden:	

Teil 2 FamGKG-Kostenverzeichnis

Auslagen

Nr.	Auslagentatbestand	Höhe
	für die ersten 50 Seiten je Seite	0,50 €
	für jede weitere Seite	0,15 €
	für die ersten 50 Seiten in Farbe je Seite	1,00 €
	für jede weitere Seite in Farbe	0,30 €
	2. Entgelte für die Herstellung und Überlassung der in Nummer 1 genannten Kopien oder Ausdrucke in einer Größe von mehr als DIN A3	in voller Höhe
	oder pauschal je Seite................................	3,00 €
	oder pauschal je Seite in Farbe	6,00 €
	3. Überlassung von elektronisch gespeicherten Dateien oder deren Bereitstellung zum Abruf anstelle der in den Nummern 1 und 2 genannten Ausfertigungen, Kopien und Ausdrucke:	
	je Datei...	1,50 €
	für die in einem Arbeitsgang überlassenen, bereitgestellten oder in einem Arbeitsgang auf denselben Datenträger übertragenen Dokumente insgesamt höchstens	5,00 €
	(1) Die Höhe der Dokumentenpauschale nach Nummer 1 ist in jedem Rechtszug, bei Vormundschaften und Dauerpflegschaften in jedem Kalenderjahr und für jeden Kostenschuldner nach § 23 Abs. 1 FamGKG gesondert zu berechnen; Gesamtschuldner gelten als ein Schuldner.	
	(2) Werden zum Zweck der Überlassung von elektronisch gespeicherten Dateien Dokumente zuvor auf Antrag von der Papierform in die elektronische Form übertragen, beträgt die Dokumentenpauschale nach Nummer 2 nicht weniger, als die Dokumentenpauschale im Fall der Nummer 1 betragen würde.	
	(3) Frei von der Dokumentenpauschale sind für jeden Beteiligten und seinen bevollmächtigten Vertreter jeweils	
	1. eine vollständige Ausfertigung oder Kopie oder ein vollständiger Ausdruck jeder gerichtlichen Entscheidung und jedes vor Gericht abgeschlossenen Vergleichs,	
	2. eine Ausfertigung ohne Begründung und	
	3. eine Kopie oder ein Ausdruck jeder Niederschrift über eine Sitzung.	
	§ 191a Abs. 1 Satz 2 GVG bleibt unberührt.	
2001	Auslagen für Telegramme	in voller Höhe
2002	Pauschale für Zustellungen mit Zustellungsurkunde, Einschreiben gegen Rückschein oder durch Justizbedienstete nach § 168 Abs. 1 ZPO je Zustellung	3,50 €
	Neben Gebühren, die sich nach dem Verfahrenswert richten, wird die Zustellungspauschale nur erhoben, soweit in einem Rechtszug mehr als 10 Zustellungen anfallen.	
2003	Pauschale für die bei der Versendung von Akten auf Antrag anfallenden Auslagen an Transport- und Verpackungskosten je Sendung	12,00 €
	Die Hin- und Rücksendung der Akten durch Gerichte gelten zusammen als eine Sendung.	

Nr.	Auslagentatbestand	Höhe
2004	Auslagen für öffentliche Bekanntmachungen	in voller Höhe
	Auslagen werden nicht erhoben für die Bekanntmachung in einem elektronischen Informations- und Kommunikationssystem, wenn das Entgelt nicht für den Einzelfall oder nicht für ein einzelnes Verfahren berechnet wird.	
2005	Nach dem JVEG zu zahlende Beträge	in voller Höhe
	(1) Die Beträge werden auch erhoben, wenn aus Gründen der Gegenseitigkeit, der Verwaltungsvereinfachung oder aus vergleichbaren Gründen keine Zahlungen zu leisten sind. Ist auf Grund des § 1 Abs. 2 Satz 2 JVEG keine Vergütung zu zahlen, ist der Betrag zu erheben, der ohne diese Vorschrift zu zahlen wäre.	
	(2) Auslagen für Übersetzer, die zur Erfüllung der Rechte blinder oder sehbehinderter Personen herangezogen werden (§ 191a Abs. 1 GVG) und für Gebärdensprachdolmetscher (§ 186 Abs. 1 GVG) werden nicht erhoben.	
2006	Bei Geschäften außerhalb der Gerichtsstelle	
	1. die den Gerichtspersonen aufgrund gesetzlicher Vorschriften gewährte Vergütung (Reisekosten, Auslagenersatz) und die Auslagen für die Bereitstellung von Räumen	in voller Höhe
	2. für den Einsatz von Dienstkraftfahrzeugen für jeden gefahrenen Kilometer	0,30 €
2007	Auslagen für	
	1. die Beförderung von Personen	in voller Höhe
	2. Zahlungen an mittellose Personen für die Reise zum Ort einer Verhandlung oder Anhörung und für die Rückreise	bis zur Höhe der nach dem JVEG an Zeugen zu zahlenden Beträge
2008	Kosten einer Zwangshaft, auch aufgrund eines Haftbefehls in entsprechender Anwendung des § 802g ZPO	in Höhe des Haftkostenbeitrags
	Maßgebend ist die Höhe des Haftkostenbeitrags, der nach Landesrecht von einem Gefangenen zu erheben ist.	
2009	Kosten einer Ordnungshaft	in Höhe des Haftkostenbeitrags
	Maßgebend ist die Höhe des Haftkostenbeitrags, der nach Landesrecht von einem Gefangenen zu erheben ist. Diese Kosten werden nur angesetzt, wenn der Haftkostenbeitrag auch von einem Gefangenen im Strafvollzug zu erheben wäre.	
2010	Nach dem Auslandskostengesetz zu zahlende Beträge	in voller Höhe
2011	An deutsche Behörden für die Erfüllung von deren eigenen Aufgaben zu zahlende Gebühren sowie diejenigen Beträge, die diesen Behörden, öffentlichen Einrichtungen oder deren Bediensteten als Ersatz für Auslagen der in den Nummern 2000 bis 2009 bezeichneten Art zustehen	in voller Höhe, die Auslagen begrenzt durch die Höchstsätze für die Auslagen 2000 bis 2009

Teil 2 FamGKG-Kostenverzeichnis — Auslagen

Nr.	Auslagentatbestand	Höhe
2012	Die als Ersatz für Auslagen angefallenen Beträge werden auch erhoben, wenn aus Gründen der Gegenseitigkeit, der Verwaltungsvereinfachung oder aus vergleichbaren Gründen keine Zahlungen zu leisten sind. Beträge, die ausländischen Behörden, Einrichtungen oder Personen im Ausland zustehen, sowie Kosten des Rechtshilfeverkehrs mit dem Ausland	in voller Höhe
2013	Die Beträge werden auch erhoben, wenn aus Gründen der Gegenseitigkeit, der Verwaltungsvereinfachung oder aus vergleichbaren Gründen keine Zahlungen zu leisten sind. An den Verfahrensbeistand zu zahlende Beträge	in voller Höhe
2014	Die Beträge werden von dem Minderjährigen nur nach Maßgabe des § 1836c BGB erhoben. An den Umgangspfleger sowie an Verfahrenspfleger nach § 9 Abs. 5 FamFG, § 57 ZPO zu zahlende Beträge	in voller Höhe
2015	Pauschale für die Inanspruchnahme von Videokonferenzverbindungen: je Verfahren für jede angefangene halbe Stunde[1]	15,00 €

I. Allgemeines

1 In Teil 2 des Kostenverzeichnisses werden die zu erhebenden Auslagen geregelt. Die Bestimmungen entsprechen im Wesentlichen Teil 9 KV GKG. Der Auslagenkatalog ist abschließend. Nicht genannte Auslagen der Gerichte können nicht angesetzt werden.

2 Die Vorbem. 2 übernimmt in Abs. 1 den Regelungsgehalt des Abs. 1 der Vorbem. 9 KV GKG sowie die Regelung des § 131 Abs. 5 KostO übernehmen. Für die Fälle, in denen eine Beschwerde für begründet befundet wurde und dieses Beschwerdeverfahren gebührenfrei ist, erstreckt sich die Gebührenfreiheit auch auf die Auslagen. Dies gilt nicht, wenn dem Gegner des erfolgreichen Beschwerdeführers die Kosten des Beschwerdeverfahrens auferlegt wurden. Gebührenfrei sind zB die kostenrechtlichen Beschwerdeverfahren (vgl. § 57 Abs. 8 Satz 1, § 58 Abs. 1 Satz 2, § 59 Abs. 3 Satz 1, § 60 Satz 2, § 62 Abs. 2 Satz 3). Abs. 2 der Vorbem. hat den Regelungsgehalt des Abs. 2 der Vorbem. 9 KV GKG sowie des § 137 Abs. 2 KostO übernommen. Wenn Auslagen durch verschiedene Verfahren veranlasst wurden, werden sie auf die mehreren Verfahren angemessen verteilt. Dies kann zB bei den Reisekosten des Gerichts vorkommen (Nr. 2006). Abs. 3 Satz 1 der Vorbem. entspricht der Regelung des § 92 Abs. 1 Satz 1 KostO hinsichtlich der Auslagen. Unter den gleichen Voraussetzungen (Vermögensfreigrenze) nach denen die Gebühren von dem Minderjährigen erheben werden, sollen auch die Auslagen angesetzt werden. Abs. 3 Satz 2 erstreckt die in Vorbem. 1.3.1 bestimmte Gebührenfreiheit für bestimmte Kindschaftssachen auch auf die Auslagen. Für die freiheitsentziehende Unterbringung eines Minderjährigen gilt dies auch im Verfahren über den Erlass einer einstweiligen Anordnung, da in diesem Verfahren nach der Anm. zu Nr. 1410 keine Gebühren. Die Auslagenfreiheit gilt nicht hinsichtlich der an Verfahrensbeistände gezahlten Beträge (Nr. 2013). Für diese Auslagen gilt eine Sonderregelung (vgl. Anmerkung zu Nr. 2013). In Abs. 4 ist – entsprechend der Vorbem. 1.6 – bestimmt, dass für Maßnahmen, die in die Zuständigkeit des Vollstreckungs- oder Arrestgerichts fallen, Auslagen nach dem GKG erhoben werden.

---

[1] Nr. 2015 eingefügt mit Wirkung zum 1.11.2013 durch Art. 8 Nr. 3 des Gesetzes zur Intensivierung des Einsatzes von Videokonferenztechnik in gerichtlichen und staatsanwaltschaftlichen Verfahren v. 25.4.2013, BGBl. I, S. 935.

II. Die Auslagentatbestände im Einzelnen

1. Nummer 2000 (Dokumentenpauschale)

In Nr. 2000 ist eine Pauschale für die Herstellung und Überlassung von Dokumenten bestimmt. 3

a) Tatbestand der Dokumentenpauschale

Sie fällt an für die Herstellung und Überlassung von Ausfertigungen, Kopien und Ausdrucke, die auf Antrag 4
- angefertigt,
- auf Antrag per Telefax übermittelt oder
- angefertigt worden sind, weil ein Beteiligter es unterlassen hat, die erforderliche Zahl von Mehrfertigungen beizufügen.

Sie fällt auch an, 5
- wenn per Telefax übermittelte Mehrfertigungen von der Empfangseinrichtung des Gerichts ausgedruckt werden und
- für die Überlassung von elektronisch gespeicherten Dateien an Stelle der genannten Ausfertigungen, Kopien und Ausdrucke.

b) Höhe

Die Dokumentenpauschale beträgt, wenn es sich nicht um die Überlassung von elektronisch gespeicherten Dateien handelt, für die ersten 50 Seiten 0,50 Euro (bei Farbausdrucken 1,00 Euro) und für jede weitere Seite 0,15 Euro (bei Farbausdrucken 0,30 Euro). 6

Nach Abs. 1 der Anm. ist die Dokumentenpauschale – wegen der Staffelung der Höhe nach der Seitenzahl – in jedem Rechtszug, bei Vormundschaften und Dauerpflegschaften in jedem Kalenderjahr und für jeden Kostenschuldner nach § 23 Abs. 1 gesondert zu berechnen. Dabei gelten Gesamtschuldner als ein Schuldner. 7

Nach Abs. 3 der Anm. sind folgende Freiexemplare für jeden Beteiligten und die bevollmächtigten Rechtsanwälte zu berücksichtigen: 8
- eine vollständige Ausfertigung oder Kopie oder ein vollständiger Ausdruck jeder gerichtlichen Entscheidung und jedes vor Gericht abgeschlossenen Vergleichs,
- eine weitere Ausfertigung der Entscheidung ohne Begründung und
- eine Ablichtung oder ein Ausdruck jeder Niederschrift über eine Sitzung.

Die Dokumentenpauschale für die Überlassung von elektronisch gespeicherten Dateien beträgt für jede Datei pauschal 1,50 Euro. Eine Anknüpfung der Höhe der Pauschale an den Umfang des Dokuments ist nicht erfolgt, da, anders als bei der Übersendung von Kopien, der konkrete Aufwand für die Überlassung einer elektronischen Datei unabhängig von ihrer Größe ist. Hinzu kommt, dass im Einzelfall Schwierigkeiten bei der Ermittlung der konkreten Seitenzahl nicht auszuschließen sind. Für die elektronische Überlassung ist eine Höchstgrenze von 5 Euro vorgesehen, wenn Dokumente in einem Arbeitsgang überlassen oder auf einem Datenträger gespeichert werden. Abs. 2 der Anmerkung sieht eine Regelung für den Fall vor, dass die Übermittlung als elektronische Datei ausdrücklich beantragt wird, das Dokument aber nur in Papierform vorliegt. In diesem Fall ist für das Einscannen mindestens der Betrag zu erheben, der auch bei der Fertigung einer Kopie oder bei der Übermittlung per Fax angefallen wäre. 9

Es besteht keine Verpflichtung des Gerichts, den für die Beteiligten kostengünstigsten Weg der Übermittlung oder Überlassung von Dokumenten zu wählen. 10

Eine Dokumentenpauschale entsteht nicht für die Herstellung von Kopien in einer für einen blinden oder sehbehinderten Beteiligten wahrnehmbaren Form (Abs. 2 Satz 2 der Anmerkung iVm. § 191a Abs. 1 Satz 2 GVG). 11

Teil 2 FamGKG-Kostenverzeichnis — Auslagen

c) Kostenschuldner, Fälligkeit

12 Die Dokumentenpauschale wird sofort nach ihrer Entstehung fällig (§§ 10, 11 Abs. 2).

13 Die Dokumentenpauschale schuldet
- in Verfahren, die nur durch Antrag eingeleitet werden, der Antragsteller der Instanz (§ 21 Abs. 1), mit Ausnahme der sog. Säumnisauslagen (§ 23 Abs. 1 Satz 2),
- bei einer Vormundschaft oder Dauerpflegschaft der von der Maßnahme betroffene Minderjährige (§ 22),
- derjenige, der die Erteilung der Ausfertigungen, Kopien oder Ausdrucke beantragt hat (§ 23 Abs. 1 Satz 1), mit Ausnahme der sog. Säumnisauslagen (§ 23 Abs. 1 Satz 2),
- jeder Kostenschuldner nach § 24 und
- der Beteiligte der es unterlassen hat, die erforderliche Zahl von Mehrfertigungen beizufügen (§ 23 Abs. 1 Satz 2), insoweit als alleiniger Schuldner.

14 Mehrere Kostenschuldner haften als Gesamtschuldner (§ 26).

15 Die Herstellung und Überlassung von Dokumenten auf Antrag kann von der vorherigen Zahlung eines die Auslagen deckenden Vorschusses abhängig gemacht werden (§ 16 Abs. 2). Für die Herstellung und Überlassung von Dokumenten von Amts wegen kann ein Vorschuss zur Deckung der Auslagen erhoben werden (§ 16 Abs. 3).

2. Nummer 2001 (Telegramme)

16 Auslagen für Telegramme können in voller Höhe als Auslagen angesetzt werden. Sonstige Entgelte für Post- und Telekommunikationsdienstleistungen sind mit den Gebühren abgegolten. Große praktische Bedeutung dürfte dem Auslagentatbestand nicht mehr zu kommen.

17 Die Auslage wird fällig
- bei einer Vormundschaft oder einer Dauerpflegschaft sofort nach ihrer Entstehung (§ 10),
- im Übrigen mit Beendigung des Verfahrens (§ 11 Abs. 1).

18 Die Auslage schuldet
- in Verfahren, die nur durch Antrag eingeleitet werden, der Antragsteller der Instanz (§ 21 Abs. 1),
- bei einer Vormundschaft oder Dauerpflegschaft der von der Maßnahme betroffene Minderjährige (§ 22),
- derjenige, der die auslagenverursachende Handlung beantragt hat (§ 16 Abs. 1 Satz 1 iVm. § 17) und
- jeder Kostenschuldner nach § 24.

19 Mehrere Kostenschuldner haften als Gesamtschuldner (§ 26).

20 Das Gericht soll die Vornahme einer auslagenverursachenden Handlung, die nur auf Antrag vorzunehmen ist, von der vorherigen Zahlung abhängig machen (§ 16 Abs. 1 Satz 1). Bei Handlungen, die von Amts wegen vorgenommen werden, kann ein Vorschuss zur Deckung der Auslagen erhoben werden (§ 16 Abs. 3).

3. Nummer 2002 (Zustellungauslagen)

21 Das Gesetz sieht eine pauschale Entgeltung in Höhe von 3,50 Euro für Zustellungen mit Zustellungsurkunde, Einschreiben gegen Rückschein oder durch Justizbedienstete (§ 168 Abs. 1 ZPO) vor.

22 Ist für ein Verfahren eine wertabhängige Gebühr angefallen, wird nach der Anmerkung die Zustellungspauschale nur erhoben, wenn in einem Rechtszug mehr als 10 Zustellungen anfallen. Diese Freigrenze gilt nicht in den Verfahren, in denen Festgebühren entstehen. Sie gilt auch nicht bei einer Vormundschaft oder Dauerpflegschaft, da die Jahresgebühr nach Nr. 1311 keine nach einem Verfahrenswert zu berechnende Gebühr und die Jahresgebühr Nr. 1312 eine Festgebühr ist.

Nicht notwendige Zustellungen stellen grundsätzlich eine unrichtige Sachbehandlung iSd. § 20 dar. 23

Die Auslage wird fällig 24
- bei einer Vormundschaft oder einer Dauerpflegschaft sofort nach ihrer Entstehung (§ 10),
- im Übrigen mit Beendigung des Verfahrens (§ 11 Abs. 1).

Die Auslage schuldet 25
- in Verfahren, die nur durch Antrag eingeleitet werden, der Antragsteller der Instanz (§ 21 Abs. 1),
- bei einer Vormundschaft oder Dauerpflegschaft der von der Maßnahme betroffene Minderjährige (§ 22),
- derjenige, der die auslagenverursachende Handlung beantragt hat (§ 16 Abs. 1 Satz 1 iVm. § 17) und
- jeder Kostenschuldner nach § 24.

Mehrere Kostenschuldner haften als Gesamtschuldner (§ 26). 26

Das Gericht soll die Vornahme einer auslagenverursachenden Handlung, die nur auf Antrag vorzunehmen ist, von der vorherigen Zahlung abhängig machen (§ 16 Abs. 1 Satz 1). Bei Handlungen, die von Amts wegen vorgenommen werden, kann ein Vorschuss zur Deckung der Auslagen erhoben werden (§ 16 Abs. 3). 27

4. Nummer 2003 (Aktenversendungspauschale)

Für die Versendung von Akten kann eine Pauschale von 12 Euro angesetzt werden. Für die elektronische Übermittlung einer elektronisch geführten Akte fällt die Dokumentenpauschale nach Nr. 2000 an. Eine Versendung ist nur gegeben, wenn die Akten tatsächlich auf dem Postweg zur Verfügung gestellt werden. Keine Versendung ist die bloße Aushändigung oder das Einlegen in ein Gerichtsfach. Nach der Anmerkung gelten die Hin- und Rücksendung zusammen als eine Sendung. Wird eine Akte von einem Gericht einem anderen Gericht zur Gewährung der Akteneinsicht zugesandt und anschließend von dem die Einsicht gewährenden Gericht wieder zurückgesandt, liegt nur eine auslagenpflichtige Versendung vor. 28

Die Aktenversendungspauschale wird sofort nach ihrer Entstehung fällig (§§ 10, 11 Abs. 2). 29

Die Aktenversendungspauschale schuldet nur, wer die Versendung beantragt hat (§ 23 Abs. 2). 30

Die Aktenversendungspauschale kann von der vorherigen Zahlung eines die Auslagen deckenden Vorschusses abhängig gemacht werden (§ 16 Abs. 2). 31

5. Nummer 2004 (öffentliche Bekanntmachungen)

Die Auslagenregelung sieht vor, dass die Auslagen für eine öffentliche Bekanntmachung in voller Höhe angesetzt werden können. Praktische Bedeutung hat die Vorschrift bei öffentlichen Zustellungen. 32

Bei einer Veröffentlichung in einem elektronischen Informations- und Kommunikationssystem werden keine Auslagen erhoben, wenn das Entgelt nicht für den Einzelfall oder nicht für ein einzelnes Verfahren berechnet wird.

Die Auslage wird fällig 33
- bei einer Vormundschaft oder einer Dauerpflegschaft sofort nach ihrer Entstehung (§ 10),
- im Übrigen mit Beendigung des Verfahrens (§ 11 Abs. 1).

34 Die Auslage schuldet
- in Verfahren, die nur durch Antrag eingeleitet werden, der Antragsteller der Instanz (§ 21 Abs. 1),
- bei einer Vormundschaft oder Dauerpflegschaft der von der Maßnahme betroffene Minderjährige (§ 22),
- derjenige, der die auslagenverursachende Handlung beantragt hat (§ 16 Abs. 1 Satz 1 iVm. § 17) und
- jeder Kostenschuldner nach § 24.

35 Mehrere Kostenschuldner haften als Gesamtschuldner (§ 26).

36 Das Gericht soll die Vornahme einer auslagenverursachenden Handlung, die nur auf Antrag vorzunehmen ist, von der vorherigen Zahlung abhängig machen (§ 16 Abs. 1 Satz 1). Bei Handlungen, die von Amts wegen vorgenommen werden, kann ein Vorschuss zur Deckung der Auslagen erhoben werden (§ 16 Abs. 3).

6. Nummer 2005 (nach dem JVEG zu zahlende Beträge)

37 Die nach dem JVEG zu zahlende Beträge sind als Auslagen anzusetzen. Aus der Formulierung folgt, dass überzahlte Beträge nicht als Auslage erhoben werden können.

38 Ist die Vergütung eines Sachverständigen, eines Dolmetschers, eines Übersetzers oder die Entschädigung eines Zeugen nach § 4 JVEG gerichtlich festgesetzt, hindert diese Festsetzung den Kostenschuldner nicht, Einwendungen gegen die Höhe dieser Auslagen im Wege der Erinnerung geltend zu machen. Nach § 4 Abs. 9 JVEG wirken nämlich die Festsetzungsbeschlüsse nicht zu Lasten des Kostenschuldners.

39 Steht einem Sachverständigen wegen § 1 Abs. 2 Satz 2 JVEG keine Vergütung zu, kann der Betrag angesetzt werden, der einem sonstigen Sachverständigen für das Gutachten zustehen würde (Abs. 1 Satz 2). Die fiktive Berechnung ist Teil des Kostenansatzes. Es können auch Beträge angesetzt werden, die aus Gründen der Verwaltungsvereinfachung – zB bei Behördengutachten – tatsächlich nicht gezahlt wurden (Abs. 1 Satz 1).

40 Nach Abs. 2 werden Auslagen für Übersetzer, die zur Erfüllung der Rechte blinder oder sehbehinderter Personen herangezogen werden (§ 191a Abs. 1 GVG) und für Gebärdensprachdolmetscher (§ 186 Abs. 1 GVG) nicht erhoben.

41 Die Auslage wird fällig
- bei einer Vormundschaft oder einer Dauerpflegschaft sofort nach ihrer Entstehung (§ 10),
- im Übrigen mit Beendigung des Verfahrens (§ 11 Abs. 1).

42 Die Auslage schuldet
- in Verfahren, die nur durch Antrag eingeleitet werden, der Antragsteller der Instanz (§ 21 Abs. 1),
- bei einer Vormundschaft oder Dauerpflegschaft der von der Maßnahme betroffene Minderjährige (§ 22),
- derjenige, der die auslagenverursachende Handlung beantragt hat (§ 16 Abs. 1 Satz 1 iVm. § 17) und
- jeder Kostenschuldner nach § 24.

43 Mehrere Kostenschuldner haften als Gesamtschuldner (§ 26).

44 Das Gericht soll die Vornahme einer auslagenverursachenden Handlung, die nur auf Antrag vorzunehmen ist, von der vorherigen Zahlung abhängig machen (§ 16 Abs. 1 Satz 1). Bei Handlungen, die von Amts wegen vorgenommen werden, kann ein Vorschuss zur Deckung der Auslagen erhoben werden (§ 16 Abs. 3).

7. Nummer 2006 (auswärtige Geschäfte)

Die Geschäfte des Gerichts finden grundsätzlich an der Gerichtsstelle statt. Ausnahmen sind nach § 219 ZPO möglich. Die den Gerichtspersonen (Richter, Rechtspfleger, Urkundsbeamten der Geschäftsstelle) dafür auf Grund gesetzlicher Vorschrift gewährte Entschädigung einschließlich der Auslagen für die Bereitstellung von Räumen kann als gerichtliche Auslage geltend gemacht werden. Ist ein Dienstkraftfahrzeug eingesetzt worden, werden für jeden gefahrenen Kilometer 0,30 Euro angesetzt. 45

Die Auslage wird fällig 46
- bei einer Vormundschaft oder einer Dauerpflegschaft sofort nach ihrer Entstehung (§ 10),
- im Übrigen mit Beendigung des Verfahrens (§ 11 Abs. 1).

Die Auslage schuldet 47
- in Verfahren, die nur durch Antrag eingeleitet werden, der Antragsteller der Instanz (§ 21 Abs. 1),
- bei einer Vormundschaft oder Dauerpflegschaft der von der Maßnahme betroffene Minderjährige (§ 22),
- derjenige, der die auslagenverursachende Handlung beantragt hat (§ 16 Abs. 1 Satz 1 iVm. § 17) und
- jeder Kostenschuldner nach § 24.

Mehrere Kostenschuldner haften als Gesamtschuldner (§ 26). 48

Das Gericht soll die Vornahme einer auslagenverursachenden Handlung, die nur auf Antrag vorzunehmen ist, von der vorherigen Zahlung abhängig machen (§ 16 Abs. 1 Satz 1). Bei Handlungen, die von Amts wegen vorgenommen werden, kann ein Vorschuss zur Deckung der Auslagen erhoben werden (§ 16 Abs. 3). 49

8. Nummer 2007 (Beförderungsauslagen)

Auslagen für die Beförderung von Personen können in voller Höhe angesetzt werden. Zahlungen auf Grund der Verwaltungsregelung über die Reiseentschädigung mittelloser Personen können nur in Höhe der fiktiv zu berechnenden Beträge, die einem Zeugen nach dem JVEG zustehen, als Auslage gefordert werden. 50

Die Auslage wird fällig
- bei einer Vormundschaft oder einer Dauerpflegschaft sofort nach ihrer Entstehung (§ 10),
- im Übrigen mit Beendigung des Verfahrens (§ 11 Abs. 1).

Die Auslage schuldet 51
- in Verfahren, die nur durch Antrag eingeleitet werden, der Antragsteller der Instanz (§ 21 Abs. 1),
- bei einer Vormundschaft oder Dauerpflegschaft der von der Maßnahme betroffene Minderjährige (§ 22),
- derjenige, der die auslagenverursachende Handlung beantragt hat (§ 16 Abs. 1 Satz 1 iVm. § 17) und
- jeder Kostenschuldner nach § 24.

Mehrere Kostenschuldner haften als Gesamtschuldner (§ 26). 52

Das Gericht soll die Vornahme einer auslagenverursachenden Handlung, die nur auf Antrag vorzunehmen ist, von der vorherigen Zahlung abhängig machen (§ 16 Abs. 1 Satz 1). Bei Handlungen, die von Amts wegen vorgenommen werden, kann ein Vorschuss zur Deckung der Auslagen erhoben werden (§ 16 Abs. 3). 53

9. Nummern 2008 und 2009 (Haftkosten)

54 Kosten einer Zwangshaft oder einer Ordnungshaft können in Höhe des Haftkostenbeitrags, der nach Landesrecht von einem Gefangenen zu erheben ist, geltend gemacht werden. Betroffen sind vor allem die Fälle der §§ 86 ff. FamFG. Zu beachten ist die Übergangsregelung in § 64. Diese hat Bedeutung für die Länder, die noch keine den § 50 StVollzG ersetzende Vorschrift erlassen haben. Insoweit richtet sich die Höhe der zu erhebenden Auslagen weiterhin nach den Nrn. 2008 und 2009 KV FamGKG in der bis zum 27.12.2010 geltenden Fassung, so dass weiterhin § 50 Abs. 2 und 3 StVollzG anzuwenden ist.

55 Die Auslage wird fällig
- bei einer Vormundschaft oder einer Dauerpflegschaft sofort nach ihrer Entstehung (§ 10),
- im Übrigen mit Beendigung des Verfahrens (§ 11 Abs. 1).

56 Die Auslage schuldet
- in Verfahren, die nur durch Antrag eingeleitet werden, der Antragsteller der Instanz (§ 21 Abs. 1),
- bei einer Vormundschaft oder Dauerpflegschaft der von der Maßnahme betroffene Minderjährige (§ 22),
- derjenige, der die auslagenverursachende Handlung beantragt hat (§ 16 Abs. 1 Satz 1 iVm. § 17) und
- jeder Kostenschuldner nach § 24.

57 Mehrere Kostenschuldner haften als Gesamtschuldner (§ 26).

58 Eine Abhängigmachung ist nicht möglich (§ 16 Abs. 2). Ein Vorschuss zur Deckung der Auslagen kann erhoben werden (§ 16 Abs. 3).

10. Nummer 2010 (Auslandskostengesetz)

59 Nach dem Auslandskostengesetz bestimmen sich **bis zum 13.8.2018** die Kosten einer deutschen Auslandsvertretung (Art. 4 Abs. 43 und 49, Art. 5 BGebG). Die zu zahlenden Beträge können in voller Höhe als Auslage angesetzt werden.

60 Die Auslage wird fällig
- bei einer Vormundschaft oder einer Dauerpflegschaft sofort nach ihrer Entstehung (§ 10),
- im Übrigen mit Beendigung des Verfahrens (§ 11 Abs. 1)

61 Die Auslage schuldet
- in Verfahren, die nur durch Antrag eingeleitet werden, der Antragsteller der Instanz (§ 21 Abs. 1),
- bei einer Vormundschaft oder Dauerpflegschaft der von der Maßnahme betroffene Minderjährige (§ 22),
- derjenige, der die auslagenverursachende Handlung beantragt hat (§ 16 Abs. 1 Satz 1 iVm. § 17) und
- jeder Kostenschuldner nach § 24.

62 Mehrere Kostenschuldner haften als Gesamtschuldner (§ 26).

63 Das Gericht soll die Vornahme einer auslagenverursachenden Handlung, die nur auf Antrag vorzunehmen ist, von der vorherigen Zahlung abhängig machen (§ 16 Abs. 1 Satz 1). Bei Handlungen, die von Amts wegen vorgenommen werden, kann ein Vorschuss zur Deckung der Auslagen erhoben werden (§ 16 Abs. 3).

11. Nummer 2011 und 2012 (Auslagen inländischer und ausländischer Behörden)

64 Der Anwendungsbereich der Nr. 2011 ist durch das 2. KostRMoG erweitert worden. Bisher wurden nur solche Beträge, die inländischen Behörden, öffentlichen Einrichtungen oder Bediensteten als **Ersatz** für Auslagen der in den Nr. 2000 bis 2009 bezeichneten Art zustehen, zu gerichtlichen Auslagen. Nunmehr sind sämtliche an inländische Behörden zu zahlende Gebühren als Auslagen des gerichtlichen Verfahrens einziehbar. Dies betrifft zB. Einwohnermeldeamtsanfragen. Wie bisher sind darüber hinaus Beträge, die inländischen Behörden, öffentlichen Einrichtungen oder Bediensteten als Ersatz für Auslagen der in den Nr. 2000 bis 2009 bezeichneten Art zustehen, gerichtliche Auslagen und können – begrenzt durch die Höhe der entsprechenden originären Auslagen – angesetzt werden. Dies gilt nach der Anmerkung auch, wenn aus Gründen der Gegenseitigkeit, der Verwaltungsvereinfachung oder aus vergleichbaren Gründen keine Zahlungen zu leisten sind.

Betroffen sind solche Tätigkeiten, die eine inländische Behörde stellvertretend für das Gericht übernimmt. Stellt also beispielsweise eine andere Behörde für einen auswärtigen Termin Räumlichkeiten zur Verfügung, so können dann die fiktiven Raumkosten (vgl. Nr. 2006) ermittelt und angesetzt werden. 65

Die Beträge, die ausländischen Behörden oder Einrichtungen sowie Personen im Ausland zustehen, und die Kosten des Rechtshilfeverkehrs mit dem Ausland können in voller Höhe gefordert werden (Nr. 2012). 66

Die Auslage wird fällig 67
- bei einer Vormundschaft oder einer Dauerpflegschaft sofort nach ihrer Entstehung (§ 10),
- im Übrigen mit Beendigung des Verfahrens (§ 11 Abs. 1).

Die Auslage schuldet 68
- in Verfahren, die nur durch Antrag eingeleitet werden, der Antragsteller der Instanz (§ 21 Abs. 1),
- bei einer Vormundschaft oder Dauerpflegschaft der von der Maßnahme betroffene Minderjährige (§ 22),
- derjenige, der die auslagenverursachende Handlung beantragt hat (§ 16 Abs. 1 Satz 1 iVm. § 17) und
- jeder Kostenschuldner nach § 24.

Mehrere Kostenschuldner haften als Gesamtschuldner (§ 26). 69

Das Gericht soll die Vornahme einer auslagenverursachenden Handlung, die nur auf Antrag vorzunehmen ist, von der vorherigen Zahlung abhängig machen (§ 16 Abs. 1 Satz 1). Bei Handlungen, die von Amts wegen vorgenommen werden, kann ein Vorschuss zur Deckung der Auslagen erhoben werden (§ 16 Abs. 3). 70

12. Nummer 2013 (Verfahrensbeistand)

Der Auslagentatbestand ermöglicht den Ansatz der Beträge, die an einen Verfahrensbeistand gezahlt wurden. Soll ein Minderjähriger für diese Kosten in Anspruch genommen werden, ist dies nur nach Maßgabe des § 1836c BGB (einzusetzendes Vermögen des Mündels) zulässig. Die in Vorbem. 1.3.1 bestimmte Gebührenfreiheit für bestimmte Kindschaftssachen erfasst nicht die Kosten des Verfahrensbeistandes (Vorbem. 2 Abs. 3 Satz 2). 71

Die Auslage wird fällig 72
- bei einer Vormundschaft oder einer Dauerpflegschaft sofort nach ihrer Entstehung (§ 10),
- im Übrigen mit Beendigung des Verfahrens (§ 11 Abs. 1)

Die Auslage schuldet 73
- in Verfahren, die nur durch Antrag eingeleitet werden, der Antragsteller der Instanz (§ 21 Abs. 1),
- bei einer Vormundschaft oder Dauerpflegschaft der von der Maßnahme betroffene Minderjährige (§ 22),

- derjenige, der die auslagenverursachende Handlung beantragt hat (§ 16 Abs. 1 Satz 1 iVm. § 17) und
- jeder Kostenschuldner nach § 24.

74 Mehrere Kostenschuldner haften als Gesamtschuldner (§ 26).

75 Das Gericht soll die Vornahme einer auslagenverursachenden Handlung, die nur auf Antrag vorzunehmen ist, von der vorherigen Zahlung abhängig machen (§ 16 Abs. 1 Satz 1). Bei Handlungen, die von Amts wegen vorgenommen werden, kann ein Vorschuss zur Deckung der Auslagen erhoben werden (§ 16 Abs. 3).

13. Nummer 2014 (Umgangs- und Prozesspfleger)

76 Die nach § 1684 Abs. 3 Satz 6 BGB aus der Staatskasse an den Umgangspfleger zu zahlenden Beträge können als Teil der Gerichtskosten für das Verfahren, in dem die Umgangspflegschaft angeordnet wird (Abs. 2 der Anmerkung zu Nr. 1310), angesetzt werden. Die an einen Prozesspfleger nach § 45 RVG gezahlte Vergütung kann als gerichtliche Auslage geltend gemacht werden. § 57 ZPO (Bestellung eines Prozesspflegers) gilt auch in Verfahren nach dem FamFG (§ 9 Absatz 5 FamFG).

77 Die Fälligkeit bestimmt sich nach § 11 Abs. 1. Als Kostenschuldner kommt regelmäßig nur ein Entscheidungsschuldner in Frage.

Anlage 2 (zu § 28 Absatz 1 Satz 3) – Verfahrenswerte

Verfahrenswert bis ... €	Gebühr ... €	Verfahrenswert bis ... €	Gebühr ... €
500	35,00	50 000	546,00
1 000	53,00	65 000	666,00
1 500	71,00	80 000	786,00
2 000	89,00	95 000	906,00
3 000	108,00	110 000	1 026,00
4 000	127,00	125 000	1 146,00
5 000	146,00	140 000	1 266,00
6 000	165,00	155 000	1 386,00
7 000	184,00	170 000	1 506,00
8 000	203,00	185 000	1 626,00
9 000	222,00	200 000	1 746,00
10 000	241,00	230 000	1 925,00
13 000	267,00	260 000	2 104,00
16 000	293,00	290 000	2 283,00
19 000	319,00	320 000	2 462,00
22 000	345,00	350 000	2 641,00
25 000	371,00	380 000	2 820,00
30 000	406,00	410 000	2 999,00
35 000	441,00	440 000	3 178,00
40 000	476,00	470 000	3 357,00
45 000	511,00	500 000	3 536,00

FGG-RG

Artikel 111
Übergangsvorschrift

(1) Auf Verfahren, die bis zum Inkrafttreten des Gesetzes zur Reform des Verfahrens in Familiensachen und in den Angelegenheiten der freiwilligen Gerichtsbarkeit eingeleitet worden sind oder deren Einleitung bis zum Inkrafttreten des Gesetzes zur Reform des Verfahrens in Familiensachen und in den Angelegenheiten der freiwilligen Gerichtsbarkeit beantragt wurde, sind weiter die vor Inkrafttreten des Gesetzes zur Reform des Verfahrens in Familiensachen und in den Angelegenheiten der freiwilligen Gerichtsbarkeit geltenden Vorschriften anzuwenden. Auf Abänderungs-, Verlängerungs- und Aufhebungsverfahren finden die vor Inkrafttreten des Gesetzes zur Reform des Verfahrens in Familiensachen und in den Angelegenheiten der freiwilligen Gerichtsbarkeit geltenden Vorschriften Anwendung, wenn die Abänderungs-, Verlängerungs- und Aufhebungsverfahren bis zum Inkrafttreten des Gesetzes zur Reform des Verfahrens in Familiensachen und in den Angelegenheiten der freiwilligen Gerichtsbarkeit eingeleitet worden sind oder deren Einleitung bis zum Inkrafttreten des Gesetzes zur Reform des Verfahrens in Familiensachen und in den Angelegenheiten der freiwilligen Gerichtsbarkeit beantragt wurde.
(2) Jedes gerichtliche Verfahren, das mit einer Endentscheidung abgeschlossen wird, ist ein selbständiges Verfahren im Sinne des Absatzes 1 Satz 1.
(3) Abweichend von Absatz 1 Satz 1 sind auch für Verfahren in Familiensachen, die am 1. September 2009 ausgesetzt sind oder nach dem 1. September 2009 ausgesetzt werden oder deren Ruhen nach dem 1. September 2009 angeordnet ist oder nach dem 1. September 2009 angeordnet wird, die nach Inkrafttreten des Gesetzes zur Reform des Verfahrens in Familiensachen und in den Angelegenheiten der freiwilligen Gerichtsbarkeit geltenden Vorschriften anzuwenden.
(4) Abweichend von Absatz 1 Satz 1 sind auf Verfahren über den Versorgungsausgleich, die am 1. September 2009 vom Verbund abgetrennt sind oder nach dem 1. September 2009 abgetrennt werden, die nach Inkrafttreten des Gesetzes zur Reform des Verfahrens in Familiensachen und in den Angelegenheiten der freiwilligen Gerichtsbarkeit geltenden Vorschriften anzuwenden. Alle vom Verbund abgetrennten Folgesachen werden im Fall des Satzes 1 als selbständige Familiensachen fortgeführt.
(5) Abweichend von Absatz 1 Satz 1 sind auf Verfahren über den Versorgungsausgleich, in denen am 31. August 2010 im ersten Rechtszug noch keine Endentscheidung erlassen wurde, sowie auf die mit solchen Verfahren im Verbund stehenden Scheidungs- und Folgesachen ab dem 1. September 2010 die nach Inkrafttreten des Gesetzes zur Reform des Verfahrens in Familiensachen und in den Angelegenheiten der freiwilligen Gerichtsbarkeit geltenden Vorschriften anzuwenden.

A. Allgemeiner Norminhalt (Absatz 1)	1	F. Rechtsmittel	6
B. Antrag auf Verfahrenskostenhilfe	2a	G. Klageerweiterung	8
C. Abänderungs-, Verlängerungs- oder Aufhebungsverfahren (Abs. 1 Satz 2)	3	H. Familiensachen (Absatz 3)	9
D. Einstweilige Anordnungen	4	I. Versorgungsausgleich (Absätze 4 und 5)	10
E. Selbständige gerichtliche Verfahren (Absatz 2)	5		

A. Allgemeiner Norminhalt (Absatz 1)

Wie sich aus Art. 112 des FGG-RG ergibt, ist das Gesetz am 1.9.2009 in Kraft getreten. In diesem Zusammenhang enthält Art. 111 wichtige Übergangsvorschriften. Er regelt in Abs. 1 grundsätzlich den Fall, dass ein Verfahren bereits vor dem Inkrafttreten des FamFG eingeleitet worden oder seine Einleitung beantragt ist. In diesem Fall sind auf das konkrete Verfahren alle bis zum 1.9.2009 geltenden Vorschriften anzuwenden, also insbesondere das frühere FGG, desgleichen für vor dem 1.9.2009 beantragte Scheidungsverfahren oder andere Ehe- und Familienverfahren die seinerzeitigen Normen der ZPO. Die Regelung bezieht sich auf selbständige gerichtliche Verfahren (s. Rz. 5). Entscheidend ist dabei die **Einleitung**, also in Amtsverfahren eine erste Maßnahme des Gerichts und in Antragsverfahren ein erster einleitender Antrag. Auf die Zustellung des Antrags kommt es nicht an. Ebenfalls ohne Bedeutung ist die Zulässigkeit dieses Antrags.[1] Auch in Erbscheinsverfahren ist der maßgebliche Zeitpunkt nach dem Eingang des Antrags bei Gericht zu bestimmen.[2] Damit entscheidet der Antragsteller über die Frage, ob altes oder neues Recht anzuwenden ist. Nach dem Willen des Gesetzgebers stellt Abs. 1 eine vorrangige Sonderregelung zu der normalen Übergangsvorschrift des § 161 KostO dar.[3] Die Vergütung eines Verfahrenspflegers, der in einer vor dem 1.9.2009 eingeleiteten Kindschaftssache bestellt wurde, richtet sich ebenfalls nach altem Recht.[4]

2 Abs. 1 ist zusammen mit dem gesamten FGG-RG am 22.12.2008 verkündet worden. Die Abs. 2 bis 5 sind durch das VAStrRG v. 3.4.2009 (BGBl. I 700) vor Inkrafttreten des Gesetzes in den Normtext eingefügt worden.

B. Antrag auf Verfahrenskostenhilfe

2a Sehr umstritten war in Rechtsprechung und Literatur die Frage, welches Verfahrensrecht zur Anwendung kommt, wenn ein Beteiligter vor dem 1.9.2009 lediglich einen Antrag auf Bewilligung von Verfahrenskostenhilfe stellt und über diesen Antrag erst nach dem 1.9.2009 zu entscheiden ist. Teilweise wurde die Auffassung vertreten, dass bereits die Stellung des Antrags auf Verfahrenskostenhilfe als Verfahrenseinleitung iSv. Abs. 1 ausreicht. In einem grundlegenden Beschluss vom 29.2.2012 hat der BGH diese Frage geklärt und festgestellt, dass allein die Einreichung eines Antrags auf Verfahrenskostenhilfe nicht als Verfahrenseinleitung ausreicht.[5]

C. Abänderungs-, Verlängerungs- oder Aufhebungsverfahren (Abs. 1 Satz 2)

3 Soweit ein Verfahren in Familiensachen oder in Angelegenheiten der freiwilligen Gerichtsbarkeit bereits durchgeführt ist und nunmehr ein Abänderungs-, Verlängerungs- oder Aufhebungsverfahren beantragt wird, ist für die anzuwendenden Normen entscheidend, ob das Abänderungs-, Verlängerungs- oder Aufhebungsverfahren selbst vor oder nach dem 1.9.2009 eingeleitet oder seine Einleitung beantragt wurde.

D. Einstweilige Anordnungen

4 Die Vorschrift sieht keine besondere Regelung für eA vor. Dies beruht darauf, dass eA nach früherem Recht unselbständig waren. Wurde also nach altem Recht ein einstweiliges Anordnungsverfahren zusammen mit der Hauptsache eingeleitet oder die Einleitung beantragt, so sind das Anordnungsverfahren und das Hauptsacheverfahren nach altem Recht durchzuführen.[6] Ein selbständiges einstweiliges Anordnungsverfahren kann erst ab dem 1.9.2009 eingeleitet werden. Dieses unterliegt dann den Regeln des FamFG. Wird allerdings eine eA nach dem 1.9.2009 beantragt, ob-

---

1 Einen guten Überblick über die einzelnen Verfahrensgegenstände geben *Götsche*, FamRB 2010, 218; *Götsche*, FamRB 2011, 123; *Götz*, NJW 2010, 897; *Streicher*, FamRZ 2011, 510.
2 OLG Köln v. 2.11.2009 – 2 Wx 88/09, FGPrax 2009, 287; OLG Stuttgart v. 24.11.2009 – 8 W 462/09, FGPrax 2010, 83.
3 KG v. 1.4.2011 – 9 W 198/10, MDR 2011, 1319; OLG Köln v. 19.10.2009 – 2 Wx 89/09, FGPrax 2009, 286.
4 OLG Düsseldorf v. 19.9.2011 – II 8 WF 96/11, FamRB 2011, 334 (*Stößer*); OLG Stuttgart v. 6.2.2012 – 18 UF 67/10, FamRZ 2012, 1081; aA OLG Brandenburg v. 19.7.2012 – 9 WF 209/12, FamRZ 2013, 319.
5 BGH v. 29.2.2012 – XII ZB 198/11, FamRZ 2012, 783 = MDR 2012, 866 mit umfassenden Nachw. zu Rspr. und Schrifttum. Vgl. dazu *Hoppenz*, FamRZ 2012, 767.
6 OLG Jena v. 3.8.2011 – 1 UF 369/11, FamRZ 2012, 53.

gleich vorher bereits ein Verfahren in der Hauptsache anhängig war, bestimmt sich beides nach altem Recht.[1]

E. Selbständige gerichtliche Verfahren (Absatz 2)

Als Verfahren iSd. Abs. 1, die iSd. Vorschrift eingeleitet worden sind oder deren Einleitung beantragt wurde, gelten alle Verfahren, die mit einer **Endentscheidung** abgeschlossen werden. Im Einzelnen unterliegen damit folgende Verfahren dem neuen Recht, wenn sie nach dem 1.9.2009 eingeleitet wurden: Jedes erstmals eingeleitete Verfahren; jedes Abänderungsverfahren, Verlängerungsverfahren und Aufhebungsverfahren gem. Abs. 1 Satz 2; jeder erstmalige Antrag auf Durchführung der Zwangsvollstreckung; jeder selbständige Verfahrensgegenstand in Bestandsverfahren wie zB Betreuung, Vormundschaft oder Beistandschaft, der durch eine Endentscheidung zu erledigen ist; jedes Verfahren über die Entlassung eines Testamentsvollstreckers.[2]

5

F. Rechtsmittel

Hochumstritten war nach dem 1.9.2009 die Frage, ob auch ein nach diesem Zeitpunkt eingelegtes **Rechtsmittel** zur Anwendung des neuen FamFG führt, weil es sich nach dem klaren Wortlaut (Legaldefinition) der §§ 38 Abs. 1 Satz 1, 58 Abs. 1 gegen eine Endentscheidung wendet.[3] Dem hat zuerst das OLG Köln mit Beschluss vom 21.9.2009 widersprochen.[4] Dort wurde insbesondere auf die Entstehungsgeschichte und die Gesetzesmaterialien abgestellt, wonach die Gesetzesbegründung zu Abs. 1 (der ursprünglich der einzige Absatz war) betonte, dass auch das Rechtsmittelverfahren nach altem Recht abzuwickeln sei, wenn die erste Instanz vor dem 1.9.2009 eingeleitet worden war. Im April 2009 wurde dann allerdings Art. 111 um Abs. 1 Satz 2 sowie die Abs. 2 bis 5 ergänzt (s. oben Rz. 2), die nach Wortlaut und gesetzgeberischem Willen sehr deutlich machen, dass das neue Recht möglichst schnell zur Anwendung gelangen soll.[5] Besonders deutlich wird dies in Abs. 5 wegen der äußersten Zeitgrenze des 1.9.2010.[6] Dem steht allerdings gegenüber, dass die Gesetzesbegründung darauf abgestellt hatte, dass in Bestandsverfahren jeder selbständige Verfahrensgegenstand, der mit einer durch Beschluss zu erlassenden Endentscheidung zu erledigen ist, als neues selbständiges Verfahren zu betrachten sei. Bei einem solchen Verfahren sei das neue Recht anzuwenden, um sicherzustellen, dass es auch in Bestandsverfahren zu einer zügigen Umstellung auf das neue Verfahrensrecht komme.[7] Sieht man dies (keineswegs zwingend) als das alleinige Motiv für die Schaffung von Abs. 2 an, so hat Abs. 2 eine mehr klarstellende und eingeschränkte Funktion. Rechtsmittel sind dann nach dem früheren Recht abzuwickeln, wenn nur die erste Instanz vor dem 1.9.2009 begonnen hatte. Dieser Auffassung hat sich die Rechtsprechung übereinstimmend angeschlossen.[8] Dem ist **unter Aufgabe der in der 1. Auflage**

6

---

1 Abweichend oben *Stößer*, § 49 Rz. 3.
2 OLG München v. 20.2.2012 – 31 Wx 565/11, FamRZ 2012, 1405.
3 Die Argumentation von *Schwamb*, FamRB 2010, 27, gegen diese Wortlautinterpretation aus dem Gesichtspunkt des § 300 ZPO vermag nicht zu überzeugen. Es erstaunt, dass einige Gerichte die Gegenauffassung aus dem „eindeutigen Wortlaut" des Gesetzes entnehmen können, vgl. OLG Stuttgart v. 22.10.2009 – 18 UF 233/09, FamRZ 2010, 324. Dagegen räumt der BGH ein, dass der Wortlaut eher für die Gegenauffassung sprechen könne, BGH v. 1.3.2010 – II ZB 1/10, ZIP 2010, 446 = FamRZ 2010, 639.
4 OLG Köln v. 21.9.2009 – 16 Wx 121/09, NJW 2010, 1009 = MDR 2009, 1301 = FGPrax 2009, 241.
5 Keidel/*Engelhard*, Art. 111 FGG-RG Rz. 1 bezeichnet dies als das „Ziel der Norm". Soweit also zur Begründung ausschließlich auf die Materialien zum ursprünglichen Art. 111 abgestellt wird (s. zB OLG Düsseldorf v. 24.9.2009 – I 3 Wx 187/09, FGPrax 2009, 284; OLG Stuttgart v. 22.10.2009 – 18 UF 233/09, FGPrax 2010, 59), ist dies sehr wenig überzeugend.
6 Daher ist es wenig hilfreich, wenn die Rechtsprechung wiederholt auf die Begründung der ursprünglichen Regierungsvorlage hingewiesen hat.
7 BT-Drucks. 16/11903, S. 127.
8 BGH v. 25.11.2009 – XII ZR 8/08, FamRZ 2010, 192; BGH v. 25.11.2009 – XII ZB 46/09, FamRZ 2010, 189; BGH v. 16.12.2009 – XII ZR 50/08, FamRZ 2010, 357; BGH v. 2.12.2009 – XII ZB 207/08, FamRZ 2010, 195; BGH v. 1.3.2010 – II ZB 1/10, ZIP 2010, 446 = FGPrax 2010, 102; BGH v. 3.11.2010 – XII ZB 197/10, FamRZ 2011, 100; aus der vielfältigen Rechtsprechung der OLGe vgl.

vertretenen Auffassung aus Gründen der Praktikabilität zu folgen,[1] auch wenn die grammatische, historische und teleologische Auslegung dieses Ergebnis nicht sonderlich nahelegen. Es kann also in Verfahren, in denen es früher die Möglichkeit einer unbefristeten Einlegung von Rechtsmitteln gab (Erbscheinsverfahren, Grundbuchsachen), zur Anwendung des alten Rechts auf unbestimmte Zeit kommen. Ob dies vom Gesetzgeber gewollt war, darf bezweifelt werden.[2] Ähnliche Schwierigkeiten können sich ergeben, wenn aus der höheren Instanz zurückverwiesen wird.

7   Soweit ein Gericht nach altem Verfahrensrecht zu Unrecht durch Beschluss entscheidet, gilt der **Grundsatz der Meistbegünstigung**, so dass das Rechtsmittel nach altem und nach neuem Recht die Rechtsmittelfrist wahrt.[3] Ist im Hinblick auf das geänderte Verfahrensrecht ein Rechtsmittel beim unzuständigen Gericht eingereicht, so dürfen die Beteiligten darauf vertrauen, dass der Schriftsatz noch rechtzeitig an das Rechtsmittelgericht weitergeleitet wird, wenn er so frühzeitig eingegangen ist, dass eine fristgerechte Weiterleitung im ordentlichen Geschäftsgang zu erwarten ist.[4]

G. Klageerweiterung

8   Für den Fall einer **Klageerweiterung** nach dem Stichtag in einem vor dem Stichtag eingeleiteten Verfahren soll nach OLG Frankfurt neues Recht gelten.[5] Dem kann nicht zugestimmt werden.[6]

H. Familiensachen (Absatz 3)

9   Eine Abweichung von der Grundregel des Abs. 1 für die Verfahren in Familiensachen enthält Abs. 3. Die Ausnahme des Abs. 3 gilt jedoch nur für Verfahren, die bereits vor dem 1.9.2009 Familiensachen waren und nicht erst durch das FamFG zu Familiensachen geworden sind.[7] Ist eine solche Familiensache zwar vor dem 1.9.2009 als Verfahren eingeleitet oder beantragt worden, ist es aber am Stichtag des 1.9.2009 ausgesetzt oder wird es später ausgesetzt, dann gilt nach Wiederaufnahme des Verfahrens in diesem Fall das FamFG.[8] Gleiches gilt, wenn das Verfahren zwar nicht ausgesetzt, aber am 1.9.2009 oder danach zum Ruhen gebracht worden ist. Dem steht es nicht gleich, wenn das Verfahren lediglich längere Zeit nicht betrieben worden ist.[9]

I. Versorgungsausgleich (Absätze 4 und 5)

10 Schwierige Regelungen zur Anpassung des neuen Versorgungsausgleichs mit dem neuen Verfahrensrecht sind durch das VAStrRG v. 3.4.2009 entstanden.[10] Der Gesetzgeber hat in §§ 48 ff. VAStrRG Übergangsvorschriften normiert (s. dazu Vorbem. vor § 217 FamFG). Die Anpassung an das FamFG enthält nunmehr der geänderte Art. 111 Abs. 4 und 5 FGG-RG. Danach sind künftig bei allen selbständigen Verfahren zum Versorgungsausgleich nach der Grundregel des Abs. 1 die Normen des FamFG anzuwenden, wenn das Verfahren ab oder nach dem 1.9.2009 eingeleitet worden ist.

---

statt aller OLG Dresden v. 20.10.2009 – 3 W 1077/09, FamRZ 2010, 131; OLG Schleswig v. 21.10.2009 – 2 W 152/09, NJW 2010, 242.
1 AA noch *Geimer*, FamRB 2009, 368; Zöller/*Geimer*, FamFG, Einl. Rz. 54.
2 So auch *Sternal*, FGPrax 2009, 242. Erstaunlich ist es, wenn die Gegenauffassung von einem „unzweideutigen" Willen des Gesetzgebers ausgeht, vgl. OLG Hamm v. 13.10.2009 – 15 W 276/09, FGPRax 2009, 285; OLG Köln v. 19.10.2009 – 2 Wx 89/09, FGPRax 2009, 286; OLG Köln v. 2.11.2009 – 2 Wx 88/09, FGPrax 2009, 287.
3 BGH v. 6.4.2011 – XII ZB 553/10, FamRZ 2011, 966; BGH v. 6.7.2011 – XII ZB 100/11, MDR 2011, 1131; BGH v. 29.2.2012 – XII ZB 198/11, FamRZ 2012, 783; OLG Saarbrücken v. 31.3.2011 – 6 UF 128/10, FamRZ 2011, 1890.
4 BGH v. 19.12.2012 – XII ZB 61/12, FamRZ 2013, 436.
5 OLG Frankfurt v. 18.11.2009 – 19 W 74/09, FamRZ 2010, 481m. krit. Bearb. *Kühner*, FamRB 2010, 79.
6 So nunmehr auch OLG Karlsruhe v. 11.2.2011 – 9 AR 3/11, FamRZ 2011, 1674.
7 OLG Karlsruhe v. 11.2.2011 – 9 AR 3/11, FamRZ 2011, 1674.
8 OLG Bremen v. 31.3.2011 – 4 AR 3/11, FamRZ 2011, 1808.
9 BGH v. 30.1.2013 – XII ZB 74/11, FamRZ 2013, 615.
10 Vgl. insbes. *Roessink*, FamRB 2010, 182; *Götsche*, FamRB 2011, 123; *Borth*, FamRZ 2010, 1210.

Ist ein Verfahren vor dem 1.9.2009 eingeleitet worden oder ist dessen Einleitung vorher beantragt worden, so gilt an sich grundsätzlich das bisherige Recht weiter. Abweichend sehen allerdings die Abs. 3 und 4 vor, dass ein Versorgungsausgleichsverfahren, das zum Stichtag des 1.9.2009 abgetrennt oder ausgesetzt war oder dessen Ruhen angeordnet war, und ebenso ein Versorgungsausgleichsverfahren, das nach dem 1.9.2009 abgetrennt oder ausgesetzt wird oder dessen Ruhen angeordnet wird, nach neuem Recht weiterzuführen sind. Solche vom Scheidungsverbund abgetrennten Verfahren zum Versorgungsausgleich in Übergangsfällen bleiben keine Folgesachen, sondern werden nach neuem Recht als selbständige Familiensache fortgeführt.[1] Die nach altem Recht erteilte Vollmacht für das Scheidungsverfahren erstreckt sich nicht auf ein vor der Reform abgetrenntes und danach selbständig fortgeführtes Versorgungsausgleichsverfahren.[2] Wird ein vor dem 1.9.2009 abgetrenntes und ausgesetztes Versorgungsausgleichsverfahren später aufgenommen und als selbständige Familiensache fortgeführt, so entfällt die früher gewährte Verfahrenskostenhilfe.[3] Soweit der vom Scheidungsverbund abgetrennte Versorgungsausgleich nach dem 1.9.2009 als selbständige Familiensache fortgesetzt wird, ist auch das seit dem 1.9.2009 geltende materielle Recht anwendbar.[4] Ferner bringt Abs. 5 für alle diejenigen Verfahren des Versorgungsausgleichs, die zwar vor dem 1.9.2009 eingeleitet oder beantragt worden waren, bei denen aber am 31.8.2010 im ersten Rechtszug noch keine Endentscheidung erlassen worden ist, eine Übergangsregelung des Inhalts, dass in diesen Fällen **ab 1.9.2010** ebenfalls das neue Recht anzuwenden ist. Dies bedeutet im Ergebnis, dass erstinstanzliche Verfahren nach dem 31.8.2010 in jedem Fall zwingend nach neuem Recht zu behandeln sind. Ist das Scheidungsverfahren vor dem 1.9.2009 anhängig gemacht worden, so nach Abs. 1 altes Verfahrensrecht anzuwenden ist, lässt sich daran auch nichts ändern, wenn eine Folgesache erst nach dem 1.9.2009 anhängig gemacht wurde. Auch hier ist die Ausnahme des Abs. 5 für den Versorgungsausgleich zu bedenken. Selbst wenn in einem solchen Fall vor dem 1.9.2010 noch keine Endentscheidung erlassen wurde, so ist nach diesem Termin das neue Verfahrensrecht anzuwenden. Abs. 5 findet auch auf Rechtsmittelverfahren Anwendung, wenn die angefochtene Entscheidung noch vor dem 1.9.2010 nach altem Verfahrensrecht ergangen ist.[5]

Schließlich ist darauf hinzuweisen, dass gem. Abs. 4 Satz 2 alle diejenigen Folgesachen, die vom Verbund abgetrennt worden sind, als **selbständige Familiensachen** fortgeführt werden. Für sie gilt daher ebenfalls die in Abs. 4 Satz 1 enthaltene Regelung, dass mit der Abtrennung einer solchen Folgesache vom Verbund in jedem Fall neues Recht zur Anwendung kommt. Wird dagegen ein vom Scheidungsverbund abgetrenntes Verfahren zum Versorgungsausgleich noch vor dem 1.9.2009 fortgeführt und nach altem Recht entschieden, bleibt im Rechtsmittelverfahren auch nach dem 1.9.2009 weiterhin das frühere Recht anwendbar.[6]

Artikel 112
Inkrafttreten, Außerkrafttreten

(1) **Dieses Gesetz tritt, mit Ausnahme von Artikel 110a Abs. 2 und 3, am 1. September 2009 in Kraft; gleichzeitig treten das Gesetz über die Angelegenheiten der freiwilligen Gerichtsbarkeit in der im Bundesgesetzblatt Teil III, Gliederungsnummer 315-1, veröffentlichten bereinigten Fassung, zuletzt geändert durch Artikel 12 des Gesetzes vom 23. Oktober 2008 (BGBl. I S. 2026), und das Gesetz über das gericht-**

---
1 BGH v. 16.2.2011 – XII ZB 261/10, FamRZ 2011, 635.
2 OLG Dresden v. 23.1.2012 – 20 WF 1290/11, FamRZ 2012, 1315.
3 BGH v. 1.6.2011 – XII ZB 602/10, FamRZ 2011, 1219; aA AG Tempelhof v. 4.10.2011 – 162 F 7723/11, FamRZ 2012, 387.
4 BGH v. 26.10.2011 – XII ZB 567/10, FamRZ 2012, 98.
5 BGH v. 15.8.2012 – XII ZR 80/11, FamRZ 2012, 1785 m. Anm. *Braeuer*, S. 1788.
6 BGH v. 14.3.2012 – XII ZB 436/11, FamRZ 2012, 856.

Art. 112 FGG-RG

liche Verfahren bei Freiheitsentziehungen in der im Bundesgesetzblatt Teil III, Gliederungsnummer 316-1, veröffentlichten bereinigten Fassung, zuletzt geändert durch Artikel 6 Abs. 6 des Gesetzes vom 19. August 2007 (BGBl. I S. 1970), außer Kraft.
(2) Artikel 110a Abs. 2 und 3 tritt an dem Tag in Kraft, an dem das Gesetz zur Umsetzung des Haager Übereinkommens vom 13. Januar 2000 über den internationalen Schutz von Erwachsenen vom 17. März 2007 (BGBl. I S. 314) nach seinem Artikel 3 in Kraft tritt, wenn dieser Tag auf den 1. September 2009 fällt oder vor diesem Zeitpunkt liegt.

1   Das frühere FGG ist gleichzeitig mit dem BGB am 1.1.1900 in Kraft getreten (§ 185 Abs. 1 FGG aF). Das Inkrafttreten des FGG-RG hat der Gesetzgeber in einem eigenen Artikel geregelt. Entscheidender Stichtag ist mit Ausnahme von Art. 110a der 1.9.2009. Zu diesem Zeitpunkt ist zugleich das FGG außer Kraft getreten.

Sachregister

Bearbeiterin: Ursula Beckers-Baader

Die fetten Zahlen verweisen auf die Paragraphen, die mageren auf die Randziffern.

Abänderung
- Ausschluss in Abstammungssachen **184** 4
- Übergangsvorschrift für Abänderungsverfahren **Art. 111 FGG-RG** 3
- Unterhaltssachen, s. dort

s.a. unter Beschluss, Abänderung **48**

Abgabe
- Abstammungssachen **170** 7
- Adoptionssachen **4** 16
- an Gericht der Ehesache **4** 9; **263**
  - Ehewohnungs- und Haushaltssachen **202**
  - Güterrechtssachen **263**
  - Kindschaftssachen **153**
  - sonstige Familiensachen **268**
  - Unterhaltssachen **233**
- Anhängigkeit mehrerer Ehesachen
  - an Gericht der Scheidungssache **123**
- Betreuungssachen **4** 15, 17; **273**
- Ehe- und Familienstreitsachen **4** 8
- Entscheidung über die Abgabe **4** 29
- Gerichtskosten **4** 33, **6 FamGKG**
- Kostenentscheidung **4** 33
- Rechtsfolgen der Abgabe **4** 31 ff.
- Unterbringungssachen **4** 15, 17; **314**
- Verfahren **4** 23 ff.
  - Abgabe durch Rechtspfleger **4** 28
  - Anfechtung **4** 30; **263** 15
  - Anhörung **4** 24 ff.
  - Vollzug **4** 23
- Voraussetzungen **4** 10 ff.
  - Abgabebereitschaft **4** 18 ff.
  - Anhängigkeit **4** 10
  - Übernahmebereitschaft **4** 20 ff.
  - Vorliegen eines wichtigen Grunds **4** 12 ff.
    - Adoptionssachen **4** 16
    - Betreuungs- und Unterbringungssachen **4** 15, 17
  - zuständige Gerichte **4** 11
- Zuständigkeitsbestimmung bei Streit über Abgabe **5** 25

Abgabe einer Willenserklärung
- Vollstreckung **95** 19 f.

Abhilfe
- Abhilfepflicht **68** 9
- Ausschluss
  - Ehe- und Familienstreitsachen **117** 19
  - Endentscheidungen in Familiensachen **68** 3
- Entscheidung **68** 9
  - Abhilfe **68** 10
  - Nichtabhilfe **68** 11
  - Teilabhilfe **68** 10
- Prüfungsumfang **68** 5 f.
- Verfahren **68** 7 f.
- Verfahrensfehler **68** 12 f.
- Vorlage an Beschwerdegericht **68** 14
- Zuständigkeit **68** 4
- Zweck **68** 2

Abhilfe bei Verletzung des Anspruchs auf rechtliches Gehör 44; 61 FamGKG
s. unter Anhörungsrüge

Abkömmlinge
- Anhörung
  - Adoptionssachen **193** 2
- Beteiligte
  - Auseinandersetzung Gütergemeinschaft **373** 7
  - Betreuungssachen **274** 41
  - Eröffnung Verfügung von Todes wegen **348** 10
  - Unterbringungssachen **315** 2
- Hinzuziehung zur Abstammungsuntersuchung **178** 8

Ablehnung einer Gerichtsperson
- Ablehnungsgesuch **6** 36 ff.
  - Glaubhaftmachung **6** 38
- Ablehnungsgründe **6** 20 ff.
  - Besorgnis der Befangenheit **6** 22 f.
    - Abgrenzung richterliche Aufklärungspflicht **6** 31
    - Abgrenzung richterliche Verfahrensleitung **6** 31
    - Fallgruppen **6** 24 ff.
      - Beteiligung **6** 25
      - Interessenwahrnehmung **6** 28
      - Kontakte **6** 26
      - Näheverhältnis **6** 27
      - Objektivitätsverstöße **6** 30
      - Vorbefassung **6** 29
      - Verletzung Vorrang- und Beschleunigungsgebot **155** 28
  - gesetzlicher Ausschluss **6** 21
- Anwendbarkeit der ZPO-Vorschriften **113** 13
- dienstliche Äußerung **6** 40
- Dolmetscher **6** 19
- ehrenamtlicher Richter **6** 19
- Entscheidung über Ablehnungsgesuch **6** 41 ff.
- Gerichtsvollzieher **6** 19
- Jugendamtsmitarbeiter **6** 6
- Rechtsfolgen **6** 44 ff.
- Rechtsmittel **6** 49 ff.
  - Form und Frist **6** 54 f.
  - neue Ablehnungsgründe **6** 56
- Rechtspfleger **6** 19
- Richter **6** 19

Sachregister

[Ablehnung einer Gerichtsperson]
- Sachverständiger 6 19; 163 23 ff.
- Selbstablehnung 6 43
- Urkundsbeamter der Geschäftsstelle 6 19
- s.a. Ausschließung einer Gerichtsperson

Ablieferung
- von Testamenten 358

Abschiebungshaftsachen
- Behördengewahrsam 428 3
- Benachrichtigungspflichten 415 20; 432 6 f.
- Dauer der Freiheitsentziehung 425 4 ff., 9 f., 16a
- Direktabschiebung 415 23
- Dolmetscher/Übersetzungen 419 3 f.
- Flughafengewahrsam 415 24 ff.
- Haftanordnung
  - Anordnung der sofortigen Vollziehung 422 4
  - Tenorierungsbeispiel 421 4
  - Wirkungslosigkeit 422 16
- Haftantrag 417 5 ff.
- Minderjährige, Familien mit Minderjährigen 415 18
- örtlich zuständige Ausländerbehörde 417 3 f.
- Zuständigkeitswechsel 416 4; 425 17

Abschlussprüfer
- Bestellung, unternehmensrechtliches Verfahren 375 5

Abstammungssachen
- Anerkennung ausländischer Entscheidungen 108 30; 109 60 ff.
- Ausschluss der Abänderung 184 4
- Definition 169 1
- internationales Abstammungsverfahren 100 7 ff.
- Inzidentfeststellung 169 4 f.
- Katalog
  - Anfechtung der Vaterschaft 169 15
  - Anordnung Duldung Probeentnahme 169 11
  - Aushändigung Abschrift Abstammungsgutachtens 169 12
  - Einsicht in Abstammungsgutachten 169 12
  - Ersetzung Einwilligung in genetische Abstammungsuntersuchung 169 11
  - Feststellung Bestehens/Nichtbestehens Eltern-Kind-Verhältnisses 169 6
    - Auskunftsverfahren 169 10
    - Klärung der leiblichen Mutterschaft 169 11
  - Nichtbestehen der Vaterschaft 169 8; 182 4 ff.
  - Wirksamkeit/Unwirksamkeit einer Vaterschaftsanerkennung 169 7
- Kosten/Gebühren 169 17
- Rechtsausübungssperren 169 4
- Übersicht Gemeinschafts- und Konventionsrecht 97 21; 100 3
- Verfahren
  - Amtsermittlung, eingeschränkte 177
  - Einhaltung der Anfechtungsfrist 177 5
  - Anerkenntnis 180 5
  - Anhörung 175
    - Eltern 175 7
    - Kind 175 7
    - Jugendamt 176
  - Antrag 171
    - Anfechtungsantrag 171 15 ff.
      - Anfechtungsfrist 171 16, 19
      - behördlicher Antrag 171 20 ff.
      - biologischer Vater 171 11, 22
    - Antragsbefugnis 171 6 ff.
    - Antragsbegründung 171 15 ff.
    - Feststellungsantrag 171 24
    - Klärung der Abstammung nach § 1598a BGB 171 25 ff.
  - Begutachtung
    - Absehen 177 26
    - DNA-Gutachten 177 17 ff.
    - Duldungspflicht 178 2 ff.
    - erbbiologisches Gutachten 177 21
    - GendiagnostikG 177 20
    - heimlich eingeholtes 171 17; 177 10
    - postmortales 177 20
    - privat eingeholtes 177 10
    - unbekannter Aufenthalt 177 27
    - Vaterschaftsvermutung 177 11 ff.
    - Verweigerung 178 7 ff.
  - Beistandschaft des Jugendamts 173
  - Beschluss
    - Abänderung 184 4
    - Beschlussformel 182
      - erfolgreiche Anfechtung 182 2
      - negatives Feststellungsverfahren 182 4 ff.
    - Wirksamkeit 184 3
  - Beschwerde
    - ergänzende Vorschriften 184 10 ff.
  - Beteiligte 172
    - Angehörige 172 11
    - behördliche Anfechtung 172 6, 10
    - biologischer Vater 172 8 f.
    - Jugendamt 172 12
    - Kind 172 2 ff.
    - Mutter 172 2
    - rechtlicher Vater 172 2
    - Verfahrensbeistand 174 4a
  - Beweis
    - Beweisantrag, Ablehnung 177 23 ff.
    - Beweisaufnahme, förmliche 177
    - Beweisbeschluss, Unanfechtbarkeit 177 29
    - Beweisvereitelung 177 27 f.; 178 15
  - Einleitung 171 1 ff.
  - Erklärungen zur Niederschrift des Gerichts 180

Sachregister

- Erörterungstermin 175
  - Absehen in Vaterschaftsanfechtungsverfahren 175 5
  - Absehen in Vaterschaftsfeststellungsverfahren 175 4
  - persönliches Erscheinen 175 6
- Kosten 183
  - Anfechtung der Kostenentscheidung 183 5
  - behördliche Anfechtung 183 5
  - Kind 183 4
  - Mutter 183 4
- Mehrheit von Verfahren 179
- Tod eines Beteiligten 181
- Untersuchungen zur Feststellung der Abstammung
  - Duldungspflicht 178 2 ff.
  - Recht zur Verweigerung 178 7 ff.
  - unmittelbarer Zwang 178 11
- Verfahrensaussetzung 21 7, 11
  - bei behördlicher Anfechtung 171 11
- Verfahrensbeistand 174
  - Aufwendungsersatz 174 6
  - Kostentragung 174 6
  - Qualifikation 174 5
- Verfahrensverbindung 20 10
  - Geschwister 179 2
  - mehrere Männer 179 3
  - mit Unterhaltssache 179 4 ff.
- Vertretung des Kindes 172 3 ff.; 173
  - behördliche Anfechtung 172 6
  - Ergänzungspflegerbestellung 172 4, 7
  - Klärung der leiblichen Abstammung 172 5
  - Jugendamt 173
  - Vaterschaftsanfechtungsverfahren 172 4
  - Vaterschaftsfeststellungsverfahren 172 6; 173
  - Verfahrensfähigkeit des minderjährigen Kindes 172 3, 7
- Verweisung/Abgabe 170 7
- Wiederaufnahme 185
  - Antragsberechtigung 185 7
  - Beendigung sozial-familiärer Beziehung 185 6
  - Frist 185 10
  - Zuständigkeit 185 8 f.
- Zuständigkeit
  - AG Schöneberg in Berlin 170 6
  - funktionelle 170 8
  - internationale 100; 170 8
  - Anknüpfung 100 4 ff.
  - vorrangiges Gemeinschafts- und Konventionsrecht 100 3
  - örtliche 170
  - sachliche 170 8

- Vollstreckung 96a
  - Anspruch auf Einwilligung in genetische Abstammungsuntersuchung 96a 7
  - Zumutbarkeit 96a 3
  - zwangsweise Vorführung 96a 5 ff.
Abtrennung
s. unter Verbund von Scheidungs- und Folgesachen
Abwesenheitspflegschaft
- Anordnung 364 (a.F.) 26 f.
- Beendigung 364 (a.F.) 24
- Begriff 364 (a.F.) 11 ff.
- Betreuungsgericht 342 10; 364 (a.F.) 21, 25
- Nachlassgericht 364 (a.F.) 18 ff.
- Rechtsmittel 364 (a.F.) 27 f.
- Zuständigkeit 364 (a.F.) 4 ff.
Adoptionssachen
- Adoptionsgeheimnis 13 28 ff.; 197 55 ff.
- Annahme als Kind, s. dort
- Auslandsbezug
  - AdVermG, s. dort
  - AdWirkG, s. dort 199
  - Anerkennung von Auslandsadoptionen 108 7, 31, 52; 109 13, 64 ff.; 199 4 ff.
    - Erwachsenenadoption 101 8
    - Kindeswohlprüfung 109 65; 199 6
    - Mitwirkung, fehlende 199 7b
    - Nachadoption, inländische 101 17
    - Umwandlung 199 8
    - Vertragsadoption 101 14
  - Anhörung Landesjugendamt 195
  - internationale Adoptionsverfahren 101 14 ff.
  - Übersicht Gemeinschafts- und Konventionsrecht 97 22; 101 3 ff.
  - Wirkungsfeststellungsverfahren 199
  - Zuständigkeit, internationale 101; 187 13; 199 10
    - Amtsgericht Schöneberg in Berlin 187 9 f.; 199 11
    - Anknüpfung 101 11 ff.
    - Begriff der Adoptionssache 101 8 ff.
    - vorrangiges Gemeinschafts- und Konventionsrecht 101 3 ff.
    - Zuständigkeitskonzentration 101 16; 187 7 ff., 13; 199 11
- Beschwerdeberechtigung
  - Jugendamt 194 1
  - Landesjugendamt 195 1
- Definition 186 1
- Ersetzung der Einwilligung
  - Ehegatte 186 32
  - Elternteil 186 27 ff.
  - anhaltend gröbliche Pflichtverletzung 186 29a
  - nichtehelicher Vater 186 30 ff.
- Katalog
  - Anerkennungsverfahren nach AdWirkG 199 7c

3169

[Adoptionssachen]
- Annahme als Kind 186 2ff.
- Aufhebung Annahmeverhältnis 186 33ff.
  - Ehe zwischen Annehmendem und Kind 186 38
  - Befreiung vom Eheverbot 186 41f.
  - Ersetzung Einwilligung zur Annahme als Kind 186 26ff.
- Kosten/Gebühren 186 43
- Stiefkindadoption
  - Annahmebeschluss 197 37, 44
  - durch eingetragene Lebenspartner 186 22f.; 188 8
    - Alleinadoption 186 23
    - Sukzessivadoption 186 22a; 188 8
  - Erlöschen der Verwandtschaftsverhältnisse 190 3
- Verfahren
  - Anhörung
    - Annehmender 192 2
    - Beteiligte 192
      - Aufhebungsverfahren 192 4f.
    - Kind 192 2
    - Jugendamt 194
    - Kinder des Annehmenden/des Anzunehmenden 188 18a f.; 193 2ff.
    - Landesjugendamt 195
    - Minderjähriger 192 7; 193 14
    - weitere Beteiligte 192 6
    - weitere Personen 193
  - Antrag 197 3ff.
    - Bedingungsfeindlichkeit 197 4, 7
    - Rücknahme 197 6
  - Berichtigung der Personenstandsbücher 197 53
  - Bescheinigung über Eintritt der Vormundschaft 190
  - Beschluss
    - Abänderbarkeit 197 52f.
    - Anfechtbarkeit 197 51
    - über Ablehnung der Annahme 197 54
    - über Annahme als Kind 197 36ff.
      - Muster Annahme Minderjähriger 197 49a
      - Muster Annahme Volljähriger 197 49b
    - über Aufhebung des Annahmeverhältnisses 198 11ff.
    - über Befreiung vom Eheverbot 198 14
    - über Ersetzung der Einwilligung/Zustimmung zur Annahme 198 5ff.
    - Wirksamwerden 197 50
  - Beteiligte 188
    - bei Annahme 188 2ff.
    - bei Aufhebung 188 20ff.
    - bei Befreiung vom Eheverbot 188 25
    - bei Ersetzung der Einwilligung 188 19
    - Kinder des Annehmenden 188 18a f.
    - (Landes-)Jugendamt 188 26
  - Einwilligungen 197 26ff.
    - Annahme Minderjähriger 197 10ff.
    - Annahme Volljähriger 197 25ff.
  - fachliche Äußerung bei Kindesannahme 189
  - Offenbarungs- und Ausforschungsverbot 197 55ff.
  - Rechtsmittel 197 51
  - Verfahrensbeistand 191
  - Verfahrensverbindung, Unzulässigkeit 20 10; 196
  - Wiederaufnahme 197 52
- Zuständigkeit
  - internationale 101; 187 13; 199 9ff.
  - örtliche 187; 199 11
    - gewöhnlicher Aufenthalt des Annehmenden 187 2ff.
    - gewöhnlicher Aufenthalt des Kindes 187 5
    - Konzentration bei Auslandsbezug 187 7f.; 199 11

Adoptionsvermittlungsstelle
- Anerkennung als 189 1
- fachliche Äußerung 189

AdVermG
- Anhörung zentrale Adoptionsstelle 195 2
- Anerkennung als Adoptionsvermittlungsstelle 189 1
- Vorgaben zur internationalen Adoptionsvermittlung 101 7

AdWirkG
- Anwendungsbereich 101 6, 15; 199
- Sonderregelung außerhalb des FamFG 97 16; 101 6, 15f.
- Text 199 3

Akteneinsicht
- Adoptionsgeheimnis 13 29ff.
- Art und Weise 13 37ff.
  - Aktenüberlassung an Rechtsanwälte/Notare/Behörden 13 40
  - durch Bevollmächtigte 13 37
  - Einsicht in elektronisch geführte Akten 13 42ff.
  - Erteilung von Ausfertigungen/Auszügen/Abschriften durch Geschäftsstelle 13 38f.
- Auskünfte der Finanzbehörde ggü. Registergericht 379 5
- Beiakten 13 20
- Beglaubigungen 13 38
- Beteiligte 13 20ff., 49
- Betreuungssachen 13 34
- Datenschutz 13 14
- Dispacheverfahren 404 8
- Dritte 13 23ff., 50
  - berechtigtes Interesse 13 24ff.
- Ehe- und Familienstreitsachen 13 4
- Familiensachen 13 35
- Grundbuchsachen 13 8

Sachregister

- Kosten/Gebühren 13 52
- Nachlasssachen 13 5f., 36
- Notariatsakten 13 10
- Personenstandssachen 13 9
- Rechtsmissbrauch 13 22a
- Rechtsmittel 13 49 ff.
  - Beteiligte 13 49
  - Dritte 13 50
  - Feststellung der Rechtswidrigkeit 13 51a
- Registersachen 13 7
- Übermittlung an andere Behörden und Gerichte 13 15 ff.
- Verfahrenskostenhilfe-Gesuch 13 21
- Versagung, Einschränkung 13 21f., 28
- VKH-Erklärungen/-Heft 13 11
- Vorbereitung eines strafrechtlichen Wiederaufnahmeverfahrens 13 33
- Vorbereitung von Amtshaftungsansprüchen 13 33
- wissenschaftliche Zwecke 13 33
- Zuständigkeit 13 47 f.

Aktiengesellschaft
- Amtslöschung 395 3, 18 f.
- Auflösung wegen Mangels der Satzung 399 5 ff.
- Erlöschen der Firma 393 10
- Löschung
  - nichtiger Gesellschaft 397 2, 5 ff.
  - nichtiger Beschlüsse 398 2, 5
  - unzulässiger Eintragungen 395 18 f.
- Registeranmeldung 382 31ff., 39; 397 11
- unternehmensrechtliche Verfahren
  - Bestellung fehlender Vorstandsmitglieder 375 7
  - Bestellung Gründungsprüfer 375 7
  - Bestellung (Nachtrags-)Abwickler 375 7
  - Ergänzung Aufsichtsrat 375 7
- Zwangsgeldandrohung in Registersachen 388 13, 16, 20

Amtsermittlung
- Amtsverfahren/Antragsverfahren 26 7
- Art der Ermittlung
  - sog. Freibeweis 26 35
  - sog. Strengbeweis 26 35
- Beschwerdeinstanz 26 8
- Betreuungssachen 26 8, 35c
- Ehe- und Familienstreitsachen 26 9
- eingeschränkte
  - in Abstammungssachen 177
  - in Ehesachen 127
- einstweilige Anordnung 26 8
- Familiensachen 26 35b
- Freiheitsentziehungssachen 26 35f
- Gegenstand 26 14 ff.
  - ausländisches Recht 26 18 ff.
  - Erfahrungssätze/Verkehrssitten/Handelsbräuche 26 21
  - Rechtssätze 26 18 ff.
  - Tatsachen 26 15 ff.

- Gewaltschutzsachen 26 35b
- Grundlagen 26 11 ff.
- Nachlasssachen 26 8, 35d
- Rechtsbeschwerdeinstanz 26 8
- Registersachen 26 35e
- Umfang
  - Begrenzung durch Anträge/Entscheidungsgegenstand 26 32
  - Beweisanträge der Beteiligten 26 25 ff.
  - Beweisbedürftigkeit/Offenkundigkeit 26 33
  - Ermessen 26 22
  - Mitwirkung der Beteiligten 26 30
  - richterliche Hinweispflichten und Verfahrensleitung 26 31
  - Sachverhaltsermittlung 26 22 ff.
- Unterbringungssachen 26 8, 35c

Amtsgericht
- Betreuungsgericht **Einl** 35; 272 2
- Familiengericht, großes **Einl** 34
- Nachlassgericht 343 129
- Registergericht **Vor** 374–409 9 f.; 376 2; 377 3 f.

Amtsgericht Bad Homburg
- Zuständigkeit in Aufgebotssachen 466 5

Amtsgericht Schöneberg in Berlin
- Auffangzuständigkeit
  - in Abstammungssachen 170 6
  - in Adoptionssachen 187 9 f.; 199 11
  - in Betreuungssachen 272 12
  - in Ehesachen 122 31
  - in Nachlass- und Teilungssachen 343 66 ff.
  - in Unterbringungssachen 313 9
  - in Versorgungsausgleichssachen 218 15
- besondere amtliche Verwahrung von Konsulartestamenten 344 29 ff.

Amtsverfahren
- Amtsermittlung, s. dort
- Anregung des Verfahrens 24 3 ff.
- Antragsrücknahme 22 3 ff., 23
- Begriff 22 4 ff.; **Vor** 23, 24 4
- Unterrichtung über Nichteinleitung 24 5 ff.
- Verfahrenseinleitung 24 4a

Anerkenntnis
- in Abstammungssachen 180 5
- sofortiges in Unterhaltssachen 243 8 ff.

Anerkennung ausländischer Entscheidungen
- Abänderung anerkannter Entscheidungen 108 26
- Abstammungssachen 108 30; 109 60 ff.
- Auslandsadoptionen 108 7, 31, 52; 109 13, 64 ff.
- Begriff 108 3 ff.
- Betreuungs- und Unterbringungssachen 108 36; 109 14
- bilaterale Anerkennungs- und Vollstreckungsverträge 97 27 f.

[Anerkennung ausländischer Entscheidungen]
- Ehesachen 107; 108 28; 109 26 ff., 54
  - Anerkennungsverfahren vor der Landesjustizverwaltung 107 35 ff.
    - Antrag 107 38
    - Antragsbefugnis 107 39 ff.
    - Entscheidung 107 44 ff.
    - Kosten 107 55
    - Prüfungsmaßstab 107 43
    - Verfahrensgrundsätze 107 40 ff.
    - Wirkung der Entscheidung 107 47 ff.
    - Zuständigkeit 107 35 ff.
  - Antrag auf Entscheidung des OLG 107 56 ff.
    - Antragsbefugnis 107 56 ff.
    - Entscheidung und Rechtsmittel 107 62 f.
    - Verfahren 107 59 ff.
  - Anwendungsbereich 107 19 ff.
  - Ehestatusentscheidungen
    - aus Brüssel IIa-Mitgliedstaaten 107 5 ff.
    - aus Drittstaaten 10
    - vorrangiges Gemeinschafts- und Konventionsrecht 107 5 ff.
  - Privatscheidungen 107 7, 26, 43; 108 51
  - Rom III 107 2, 26, 43
- Erbfolgezeugnisse 108 16 ff.
  - europäisches Nachlasszeugnis 108 16
- Gewaltschutzsachen 108 32
- Güterrechtssachen 108 33
- Inzidentanerkennung 108 41
- ipso iure 108 39 ff.
- isoliertes Anerkennungsverfahren 108 45, 53 ff.
- Kindschaftssachen 108 29
- Lebenspartnerschaftssachen 108 35; 109 29
- Nachlasssachen 108 37
- Pflegschaftsanordnung 108 20, 36; 109 14
- Registersachen und unternehmensrechtliche Verfahren 108 38
- sonstige Familiensachen 108 34
- Testamentsvollstreckungsanordnung 108 19 f.
- Verpflichtung zur Anerkennung 108 27 ff.
- Vormundschaftsanordnung 108 20
- Vorrang
  - Gemeinschafts- und Konventionsrecht 108 46 ff.
  - Verfahren nach Brüssel I-VO 108 46
  - Verfahren nach Brüssel IIa-VO 108 47
- Unterhaltssachen, s. unter Unterhaltssachen mit Auslandsbezug 108 33
s.a. unter Anerkennungshindernisse
Anerkennung ausländischer Rechtslagen
- Adelstitel 108 23
- Kindesdoppelname 108 23

Anerkennungshindernisse
- Anerkennungszuständigkeit 109 19 ff.
- Ehesachen 109 26 ff.
- Gegenseitigkeit der Anerkennung 109 67 ff.
- Lebenspartnerschaftssachen 109 29
- Ordre-public-Vorbehalt 109 43 ff.
  - Abstammungssachen 109 60
  - Adoptionssachen 109 47, 64 ff.
  - Ehesachen 109 54
  - Unterhaltssachen 109 66a
- Prüfung von Amts wegen 109 16 ff., 39
- Rechtliches Gehör 109 31 ff.
  - Einlassung im ausländischen Verfahren 109 36
  - Gehörsverletzung im ausländischen Verfahren 109 32 ff.
  - Rüge und Rügeverzicht 109 37 ff.
- Verbot der révision au fond 109 18, 44
- vorrangiges Gemeinschafts- und Konventionsrecht 109 5 ff.
  - bilaterale Anerkennungs- und Vollstreckungsverträge 109 15
  - Brüssel I-VO 109 6
  - Brüssel IIa-VO 109 9
  - EuErbVO 109 14a
  - EuUntVO 109 6a
  - HAdoptÜ 109 13
  - HErwSÜ 109 14
  - LugÜ 2007 109 7
  - MSA, KSÜ, SorgeRÜ 109 11 f.
  - Sonderregeln für Unterhaltstitel 109 8

Angehörige
- Anhörung
  - Freiheitsentziehungssachen 420 19
- Beteiligung
  - Abstammungssachen 172 11
  - Betreuungssachen 274 14
    - Sterilisation 297 6
  - Unterbringungssachen 315 11 ff.
- Benachrichtigung
  - Freiheitsentziehungssachen 432
  - Unterbringungssachen 339
- Beschwerdebefugnis
  - Betreuungssachen 303 6, 19
  - Unterbringungssachen 335 2
- Bevollmächtigte 10 13

Angelegenheiten der fG
- Begriff 1 5 ff.
- Bereiche 1 17
- weitere 410 ff.

Anhörung
- Abstammungssachen 175 f.
- Adoptionssachen 192 ff.
  - Kinder des Annehmenden/des Anzunehmenden 193
- Betreuungssachen 278 f.; 283 f.; 293; 295 ff.
- Beschwerdeverfahren 68 24 f.
  - Absehen 68 27
- Ehe- und Familienstreitsachen 117 8
- Wiederholung 65 14

- Ehewohnungs- und Haushaltssachen 207
- Freiheitsentziehungssachen 420; 427
- Gewaltschutzsachen 210 17f.
- Jugendamt
  - Abstammungssachen 176
  - Adoptionssachen 194f.
  - Ehewohnungssachen 205
  - Gewaltschutzsachen 213 1
  - Kindschaftssachen 162
- Kindschaftssachen
  - Eltern 160; 167
    - Erörterung der Kindeswohlgefährdung 157 6
    - Erörterungstermin nach § 155 155 10f.
  - Jugendamt 155 8; 162
  - Kind 155 10; 159
  - Pflegeperson 161; 167
- persönliche
  - Beteiligte, s. dort 34
  - Ehesachen 128
    - schriftlich 128 16
  - Eltern zu Sorge und Umgang 128 2, 18ff.
  - Kind in Kindschaftssachen 159
- Rechtsbeschwerdeverfahren 74 14
- Registersachen
  - berufsständische Organe 380 11 ff.; 394 31; 395 14; 397 15; 398 11
  - genossenschaftlicher Prüfungsverband 394 37; 397 15; 398 11
  - Steuerbehörde im Amtslöschungsverfahren 394 31
  - vertretungsberechtigte Gesellschaftsorgane 394 35
- Unterbringung Minderjähriger 167
- Unterbringungssachen 319f.; 319
- VKH-Bewilligungsverfahren 77 5
- Vollstreckungsverfahren 92 2ff.
s. i.Ü. bei den jew. Verfahren
Anhörungsrüge
- Anwendungsbereich 44 2
- Ausschlussfrist 44 13
- Entscheidung
  - Fortführung des Verfahrens bei begründeten Anhörungsrügen 44 27f.
  - Verwerfung bei Nichteinhaltung von Form und Frist 44 25
  - Zurückweisung mangels Gehörsverletzung 44 26
- Gegenvorstellung 44 1
- Verfahren
  - Anhörung der anderen Beteiligten 44 22
  - einstweilige Anordnung 44 23
  - Prüfungsumfang 44 24
  - Zuständigkeit 44 21
- Verfassungsbeschwerde 44 1, 15

- Voraussetzungen
  - Antrag 44 8
    - Umdeutung 44 8
  - Beschwer 44 7
  - Entscheidungserheblichkeit übergangenen Vorbringens 44 4
  - kein anderweitiger Rechtsbehelf 44 5f.
    - Beschwerde/Rechtsbeschwerde 44 5
    - sonstige Rechtsbehelfe 44 6
  - Rechtsschutzbedürfnis 44 7a
  - Rügefrist 44 12ff.
  - Rügeschrift 44 9
    - Form
      - Adressat 44 11
      - elektronische Form 44 10
      - zu Protokoll der Geschäftsstelle 44 9
    - Inhalt
      - ausdrückliche Rüge der Gehörsverletzung 44 17
      - Bezeichnung der angegriffenen Entscheidung 44 16
      - Bezeichnung des Rügeführers 44 17
      - Darlegung entscheidungserheblicher Gehörsverletzung 44 18ff.
  - Verletzung des Anspruchs auf rechtliches Gehör 44 3f.
- Wiedereinsetzung 44 14
- Zwischenentscheidungen 44 1
Annahme als Kind
- Annahme Minderjähriger 186 6ff.
  - Aufhebung 186 34ff.
  - Erklärungen
    - Antrag des Annehmenden 186 13
    - Einwilligung der Eltern des Kindes 186 15; 197 17ff.
    - Einwilligung des Ehegatten 186 16; 197 24
    - Einwilligung des Kindes 186 14; 197 10ff.
  - materielle Voraussetzungen 192 2; 197 34
  - Musterannahmebeschluss 197 49
  - Verbot der Annahme 193 3ff.
  - Wirkungen 186 9ff.
    - getrennt adoptierte Geschwister 186 11a
- Annahme Volljähriger 186 18ff.
  - Antrag Annehmender/Anzunehmender 186 21
  - Aufhebung 186 39f.
  - Einwilligungen 197 25
  - materielle Voraussetzungen 192 3; 197 34
  - Musterannahmebeschluss 197 49
  - Verbot der Annahme 193 9ff.
  - Wirkungen 186 19ff.
- Annahmebeschluss 197
  - ablehnender 197 54
  - Inhalt 197 36ff.

Sachregister

[Annahme als Kind]
- Unabänderlichkeit 197 52
- Unanfechtbarkeit 197 51
- Wirksamwerden 197 50
- Annahmevoraussetzungen
  - Antrag 197 3 ff.
  - Einwilligungen 197 9 ff.
  - Ermittlungen/Anhörungen 197 33
- Ehe zwischen Annehmendem und Kind 186 38
- Stiefkindadoption 186 22
  - Sukzessivadoption durch Lebenspartner 186 22a
  - Zustimmung zur Alleinadoption 186 23
- Tod des Annehmenden 187 12
s. i.Ü. unter Adoptionssachen

Anordnung der sofortigen Wirksamkeit
- Abschiebungshaftsachen 422 4
- Betreuungssachen 287 15 ff.
- Familienstreitsachen 116 26 ff.
  - Anerkenntnisentscheidungen 116 26
  - Güterrechtsfolgesachen 116 29
  - Verfahren 116 30
  - Versäumnisentscheidungen 116 26
- Freiheitsentziehungssachen 422 3 ff.
- Gewaltschutzsachen 210 19; 216 3 ff.
- Unterbringungssachen 324 3 ff.
- Unterhaltssachen 116 26 ff.; 231 28
  - Unterhaltsfolgesachen 116 29
- Verbundbeschlüsse 142 8
- Vereinfachtes Verfahren über den Unterhalt Minderjähriger 253 10

Anregung des Verfahrens 24
s. unter Verfahrensanregung

Anscheinsbeweis 26 55 f.; 37 20

Anschlussbeschwerde
- Abhilfeverfahren 66 9a
- Amtsverfahren 66 2
- Anschluss an Anschlussbeschwerde 66 12
- Anschlussbeschwerdeschrift 66 8 f.
  - Anforderungen 66 8
  - zur Niederschrift der Geschäftsstelle 66 9
- Begründung und weiteres Verfahren 66 10
- Beschwer 66 7
- Ehe- und Familienstreitsachen 66 1; 117
- Folgen der Rücknahme/Verwerfung der Hauptbeschwerde 66 13
  - weitere Erledigungstatbestände 66 14
- Fristversäumung 66 6
- gegen Kostenentscheidung 66 7
- Kosten/Gebühren 66 15
- Rechtsmittelverzicht 66 5; 67 10 f. 144
- Unselbständigkeit 66 2
- Unterhaltssachen 117 35b
- Verbundentscheidung 117 39 f.
- Verzicht 67 10 ff.
- Voraussetzungen der Anschließung
  - Beschwerdeberechtigung 66 4
  - derselbe Verfahrensgegner/-gegenstand 66 3
- Zeitpunkt der Anschließung 66 12

Anschlussrechtsbeschwerde
- Amtsverfahren 73 1
- Anschließung an Anschlussrechtsbeschwerde 73 19
- Anschließung an nur beschränkt zugelassene Rechtsbeschwerde 73 2, 3
- Anschließungsschrift
  - Frist 73 9 ff.
  - Form 73 6 f.
  - Inhalt 73 12 f.
- Begründung
  - Frist 73 14
  - Form 73 15
  - Inhalt
    - Anträge 73 16
    - Gründe 73 17 f.
- Folgen der Erledigung der Hauptrechtsbeschwerde 73 20
- Fristversäumung 73 5
- gegen Kostenentscheidung 73 3
- Hilfsanschlussrechtsbeschwerde 73 13
- Mindestbeschwerdewert 73 3, 5
- Nichtzulassung 73 5
- Rechtsmittelverzicht 73 5
- Unselbständigkeit 73 2
- Voraussetzungen
  - Beschwerdeberechtigung 73 3
  - derselbe Verfahrensgegenstand 73 3
  - derselbe Verfahrensgegner 73 4
- Zeitpunkt der Anschließung 73

Antrag
- Anregung des Verfahrens 24
- Antragsberechtigung
  - Aufgebotssachen 434 4 ff.; 443; 448; 455; 467
  - Erbscheinsantrag 352 20
  - formell/materiell 23 4 f.
  - Mehrheit von Antragstellern 23 6
  - Notare in Registersachen 378
- Begründungspflicht 23 12 ff.
- besondere Antragserfordernisse
  - Abstammungssachen 171
  - Aufgebotssachen 456; 468
  - Ehesachen 124
  - Ehewohnungssachen 203
  - Erbscheinsantrag 352 24
  - Freiheitsentziehungssachen 417
  - Scheidungssachen 133
  - Teilungssachen 363
  - vereinfachtes Verfahren 250
- Form
  - mündlich oder telefonisch 23 10
  - Niederschrift der Geschäftsstelle 25
  - Schriftform 25 7 f.
- Verfahrenseinleitung, s. dort 23

Antragsrücknahme
- Amtsverfahren 22 4 ff., 22
- Antragsverfahren 22 7 ff.
- bis zur Rechtskraft 22 13
- Ehe- und Familienstreitsachen 22 2
- erneute Antragstellung 22 12
- Form 22 12
- Kosten/Gebühren 22 23
  - Kostenentscheidung 22 21; 83 5
- mehrere Antragsteller 22 12a
- Rechtsbeschwerdeverfahren 22 12
- Rechtsfolgen 22 15
- Scheidungsantrag 141
- und Erledigung der Hauptsache 22 11
- Zustimmung 22 14

Antragsverfahren
- Antragsrücknahme 22 7 ff.
- Begriff 22 7 f.
- echte Streitverfahren der fG 22 8

Anwalt
s. unter Rechtsanwalt

Anwendung unmittelbaren Zwangs
- Anhörung des Verpflichteten 92 3
- gegen Kind 90 4a ff.
- Vollstreckung der Herausgabe von Personen 90
- Vollstreckung von Umgangsregelungen 90

Arbeitgeber
- Beteiligter in Ehewohnungssachen 204 2
- verfahrensrechtliche Auskunftspflicht
  - Unterhaltssachen 236 8
  - Versorgungsausgleichssachen 220 10

Arrest
- Anfechtbarkeit 58 23; 119 9
- Anwendbarkeit
  - Familienstreitsachen 49 2, 20; 119 5 ff.
  - Güterrechtssachen 261 47
  - Unterhaltssachen 246 4 f.
- Familiensache kraft Sachzusammenhangs 111 35
- Familienstreitsachen 119 5 ff.
- Glaubhaftmachung 31 4
- Rechtsbehelfsverfahren 119 9
- Schadensersatzansprüche 49 19; 119 4 f.
- Sicherung künftiger Ansprüche
  - auf Unterhalt 49 14c; 119 6
  - auf Zugewinnausgleich 49 14; 119 7
- Verfahren 119 8
- Zuständigkeit 119 8

Aufgebot der Gesamtgutsgläubiger 464
Aufgebot der Schiffsgläubiger 465
Aufgebot des Grundpfandrechtsgläubigers
- Antragsberechtigung 448
- Aufgebot nach § 1170 BGB 447 4 ff.
- Aufgebot nach § 1171 BGB 447 7 f.
- Glaubhaftmachung 449 f.
- örtliche Zuständigkeit 447 9
- Verfahren bei Ausschluss mittels Hinterlegung 451

Aufgebot des Grundstückseigentümers
- Antragsberechtigung 443
- Ausschließungsbeschluss 445 4 f.
- Glaubhaftmachung 444
- Inhalt des Aufgebots 445 2 f.
- örtliche Zuständigkeit 442 6
- Verfahren 442 5 f.
- Voraussetzungen, materielle 442 2 ff.

Aufgebot des Registerpfandrechtsgläubigers an Luftfahrzeug 452 6 ff.
- bei Sicherung durch Vormerkung 453 7

Aufgebot des Schiffseigentümers 446
Aufgebot des Schiffshypothekengläubigers 452
Aufgebot des Vormerkungs-/Vorkaufsrechts-/Reallastberechtigten 453
Aufgebot von Nachlassgläubigern
- Antragsberechtigung 455 2 ff.
- Aufgebotsfrist 458 4
- Aufgebotssperre bei Nachlassinsolvenzverfahren 457
- Bekanntgabe des Aufgebots 458 5
- Erbschaftskäufer 463
- Forderungsanmeldung 459 2 f.
  - Einsichtsrecht 459 4 f.
- Gläubigerverzeichnis 456
- Gütergemeinschaft 462
- Inhalt des Aufgebots 458 2 f.
- Mehrheit von Erben 460
  - Androhung Rechtsnachteil 460 4
- Nacherbfolge 461
- örtliche Zuständigkeit 454 6 f.
- Voraussetzungen, materielle 454 2 ff.

Aufgebot zur Kraftloserklärung von Urkunden
- Anmeldezeitpunkt bei bestimmter Fälligkeit 475
- Anmeldung der Rechte 477
  - Einsichtnahme 477 3
- Antragsbegründung 468
- Antragsberechtigung 467
  - andere Urkunden 467 5 ff.
  - Grundschuldbrief 467 7
  - Grundstückseigentümer 467 7 f.
  - Inhaberpapiere/Blankoindossaments 467 3 f.
  - kaufmännische Orderpapiere 467 6
  - Pfandgläubiger 467 9
  - qualifizierte Inhaberpapiere 467 10
  - Scheck 467 6
  - Wechsel 467 6
- Aufgebotsfrist 476
- Aufgebotsgründe Vor 466 4 f.
- Ausschließungsbeschluss 478 f.
- Bekanntmachungen 470
- Glaubhaftmachung 468 3
- hinkende Inhaberpapiere 483
- Inhalt des Aufgebots 469
- örtliche Zuständigkeit 466
  - Zuständigkeitskonzentration 466 5
- Scheck Vor 466 2; 467 6

Sachregister

[Aufgebot zur Kraftloserklärung von Urkunden]
- Sparbuch **Vor 466** 2; 483
- Urkunden, umfasste **Vor 466** 2 f.
- Vorbehalt der Landesgesetzgebung 484
- Wechsel **Vor 466** 2
- Wertpapiere mit Zinsscheinen 471 ff.
- Zahlungssperre 480 f.
  - Aufhebung 482

Aufgebotssachen
- Anmeldung
  - nach Anmeldezeitpunkt 438
  - Wirkung 440
- Antrag 434
  - Antragsberechtigung 434 4 ff.
- Aufgebotsarten **Vor 455** 16
- Aufgebotsfrist 437
- Ausschließungsbeschluss 439
  - Beschwerde 439 2 f., 7
  - öffentliche Zustellung 441
  - Wiedereinsetzung/Wiederaufnahme 439 9 f.
  - Wirksamwerden 439 7
- Begriff 433 2
- besondere Aufgebotsverfahren
  - bundesrechtliche Sonderregelungen **Vor 433** 7
  - Kraftloserklärung einer Vollmacht **Vor 433** 6
  - Kraftloserklärung eines Erbscheins **Vor 433** 6
  - Kraftloserklärung eines Testamentsvollstreckerzeugnisses **Vor 433** 6
  - zum Zweck der Todeserklärung **Vor 433** 6
- Inhalt des Aufgebots 434 10 ff.
- landesrechtliche 490
- nach ausländischem Recht **Vor 433** 13
- öffentliche Bekanntmachung 435 f.
  - Folgen fehlerhafter 435 4
  - Folgen zu früh entfernter 436 2 ff.
- Verfahren 434 9
- Zuständigkeit
  - internationale 105 30
  - örtliche 442; 446; 447; 452; 454; 465; 466
  - sachliche 433 3
- Zweck **Vor 433** 8 ff.

Aufrechnung
- in Familiensachen 111 66

Aufsichtsrat
- Abberufung von Mitgliedern 375 7, 15
- Ergänzung 375 7

AUG
s. unter Auslandsunterhaltsgesetz

Augenschein 26 44a

Auseinandersetzungsplan
s. unter Erbengemeinschaft, Auseinandersetzung

Auskunft
- Beschwer 117 11 f.
- Folgesache 137 41

- Güterrechtssache 261 24
- verfahrensrechtliche Auskunftspflichten
  - in Unterhaltssachen
    - Beteiligte 235
    - Dritter 236
  - in Versorgungsausgleichssachen 220
- Vollstreckung 86 11; 95 6

Ausländerverein
- Mitteilungspflichten des Registergerichts 400

Auslandsbezug
- Adoptionssachen, s. dort
- Anerkennung ausländischer Entscheidungen, s. dort
- Anpassung dt. Verfahrensrechts an ausländisches Sachrecht **Vor 98–106** 40 ff.
- Beteiligtenfähigkeit **Vor 98–106** 45
- bilaterale Anerkennungs- und Vollstreckungsverträge 97 27 f.
- Ermittlung ausländischen Rechts **Vor 98–106** 43 f.
- Grenzen deutscher Gerichtsbarkeit **Vor 98–106** 32 ff.
- Günstigkeitsprinzip 97 6, 9; 109 3 f.
- internationalverfahrensrechtliche Rechtsinstrumente
  - Beweis 97 32
  - Immunität 97 29
  - Mediation 97 35
  - Rechtshilfe 97 30
  - Urkundenverkehr 97 33
  - Verfahrenskosten 97 34
  - Zustellung 97 31
- Lex-fori-Prinzip **Vor 98–106** 37 ff.
- Normkollisionen im Gemeinschafts- und Konventionsrecht 97 14
- Parallelverfahren im Ausland **Vor 98–106** 47 ff.
- Rechtshilfe, internationale **Vor 98–106** 57, 60
- Sprachenfrage **Vor 98–106** 66
- Übersicht Gemeinschafts- und Konventionsrecht 97 17 ff.
  - bei der Pflegschaft für Erwachsene 97 25
  - in Abstammungssachen 97 21
  - in Adoptionssachen 97 22
  - in Betreuungs- und Unterbringungssachen 97 25
  - in Ehesachen 97 19; 36
  - in Gewaltschutzsachen 97 23
  - in Kindschaftssachen 97 20; 38
  - in Nachlasssachen 97 26, 41
  - in Personenstandssachen 97 39
  - in Unterhaltssachen 97 24, 40
- Unterhaltssachen mit Auslandsbezug, s. dort
- Verfahren in internationalen Abstammungssachen 100 7 ff.
- Verfahren in internationalen Adoptionssachen 101 14 ff.

- Verfahren in internationalen Ehesachen 98 54 ff.
- Verfahren in internationalen Erwachsenenschutzsachen 104 27 ff.
- Verfahren in internationalen Kindschaftssachen 99 44 ff.
- Verfahren in internationalen Versorgungsausgleichssachen 102 9 ff.
- Verfahren mit Auslandsbezug **Vor 97–110**
- Verfahrensfähigkeit **Vor 98–106** 45 f.
- Verfahrenskostenhilfe **Vor 98–106** 61 ff.
- Verfahrenskostensicherheit **Vor 98–106** 65
- Vollstreckung ausländischer Entscheidungen, s. dort
- Vorrang
  - Gemeinschaftsrecht 97 8 ff.
  - völkerrechtliche Konventionen 97 2 ff.
- Zuständigkeit, internationale, s. dort

Auslandsunterhaltsgesetz 110 Anh 3
- Anerkennung und Vollstreckung 110 Anh 2 36 ff.
- Anwendungsbereich 110 Anh 2 1
- ausgehende Ersuchen 110 Anh 2 13 ff.
  - Antrag 110 Anh 2 16 ff.
  - Vorprüfung 110 Anh 2 17
- Beschwerde, Rechtsbeschwerde 110 Anh 2 43 ff.
- dt. AusführungsG zum HUntVÜ 2007 110 Anh 2 3
- dt. AusführungsG zur EuUntVO 97 24; 110 Anh 2 2
- Durchsetzung in USA, Kanada, Südafrika 110 Anh 2 21
- eingehende Ersuchen 110 Anh 2
  - Antrag 110 Anh 2 23
- Ex-parte-Entscheidungen 110 Anh 2 53
- Gegenseitigkeitsverbürgung 110 Anh 4
- Rechtsverfolgung durch das Bundesamt für Justiz 110 Anh 2 6 ff.
- Schadensersatz wegen ungerechtfertigter Vollstreckung 110 Anh 2 58
- Text 110 Anh 2
- Unterstützung durch Jugendamt 110 Anh 2 12
- Verfahren bei förmlicher Gegenseitigkeit 110 Anh 2 50 ff.
- Verfahrenskostenhilfe 110 Anh 2 27 ff.
- Verfolgung von Unterhaltsansprüchen im Ausland 97 16; 110 Anh 2
- Vollstreckungsabwehrantrag 110 Anh 2 55

Ausschließung einer Gerichtsperson
- Anwendbarkeit der ZPO-Vorschriften 113 13
- Dolmetscher 6 6
- Geltendmachung 6 15
- Gerichtsvollzieher 6 6
- Rechtspfleger 6 6
- Richter 6 6
  - ehrenamtlicher 6 6
- Sachverständiger 6 6
- Urkundsbeamter der Geschäftsstelle 6 6
- Ausschlussgründe 6 8 ff.
  - Beteiligung als Verfahrensbevollmächtigter/Beistand/gesetzlicher Vertreter 6 12
  - Beteiligung des Ehegatten/Lebenspartners 6 10
  - Beteiligung eines Verwandten/Verschwägerten 6 11
  - Mitwirkung an der angefochtenen Entscheidung 6 13
  - Mitwirkung an vorangegangenem Verwaltungsverfahren 6 14
  - Tätigwerden in eigener Sache 6 9
- Rechtsfolgen 6 15a ff.
s.a. Ablehnung einer Gerichtsperson

Außergerichtliche Konfliktbeilegung 36a
- Anwendungsbereich 36a 6
- Folgesachen 135
  - Kostensanktion 150 12
- gerichtlicher Vorschlag 36a 7 ff.
  - Form 36a 11
- Gewaltschutzsachen 36a 12
- Kindschaftssachen, s. i.Ü. dort 156 20 ff.
  - Kostensanktion 81 26 ff.
- Mediation, s. dort
- Verfahrensaussetzung 36a 14 f.

Außergerichtliche Vereinbarung in Teilungssachen
- Bestätigung 366 24 ff.
- Beurkundung 366 6 ff.
- Verbindlichkeit 371 10 ff.
- Versäumnisverfahren 366 33 ff.
- Vollstreckung 371 18 ff.
- Wiedereinsetzung 367
- Wirksamwerden 371 6 ff.

Außerordentliche Beschwerde
- wegen greifbarer Gesetzwidrigkeit 42 24

Aussetzung
s. unter Verfahrensaussetzung

AVAG
- Ausführungsbestimmungen zur Brüssel I-VO 97 7, 13, 23
- Ausführungsgesetz in Gewaltschutzsachen 97 23
- Ausführungsgesetz zu Verträgen mit Nicht-EU-Staaten 97 28
  - deutsch-israelischer Vertrag 97 28
  - deutsch-norwegischer Vertrag 97 28
  - deutsch-schweizerisches Abkommen 97 28
  - deutsch-tunesischer Vertrag 97 28
- Vorrang 97 7

Baden-Württemberg
- besondere Zuständigkeiten in Betreuungssachen 272 23 ff.

3177

Sachregister

[Baden-Württemberg]
- Besonderheiten in Nachlass- und Teilungssachen 343 130, 144
- Nachlassauseinandersetzung/Gütergemeinschaftsauseinandersetzung 487 2

Beeidigung
- Ehe- und Familienstreitsachen
  - Verzicht auf Beeidigung des Gegners 113 11
- Scheidungs- und Folgesachen
  - Beeidigung der Ehegatten 128 8

Beendigung durch übereinstimmende Erklärungen 22 18 ff.
s. unter Erledigung der Hauptsache

Befähigung zum Richteramt
- Bevollmächtigte 10 14, 23
- Vertretung vor dem BGH
  - Vertretung von Behörden 10 23 f.; 114 27

Befangenheit
s. unter Ablehnung einer Gerichtsperson

Befreiung vom Eheverbot
- Adoptionssachen 186 41 f.
- Beschluss 198 14
- Verfahrensbeteiligte 188 25
- Zuständigkeit 187 6

Behörde
- Behördengewahrsam 428
- Behördenprivileg 10 23; 114 23 ff.
  - Befähigung zum Richteramt 114 28
- Beschwerdeberechtigung 59 24 f.
- Beteiligtenfähigkeit 8 19 ff.
- Betreuungsbehörde, zuständige **Vor 271–341** 4
- Betreuungssachen
  - Anhörung 279 11 ff.
  - Beschwerdebefugnis 303 9 ff.
  - Beteiligtenstellung 274 30 ff.
- Freiheitsentziehungssachen
  - Antragsbefugnis 417
  - Beschwerdebefugnis 429 10 ff.
  - Beteiligtenstellung 418 2
- Kosten
  - Kostenaufwand 80 4
  - Kostenerstattung 81 4
- Mitteilungspflichten ggü. Registergericht 379
- Unterbringungssachen
  - Anhörung 320
  - Beschwerdebefugnis 335 9
  - Beteiligtenstellung 315 8 ff.
- Vaterschaftsanfechtung durch Behörde, s. unter Vaterschaftsanfechtung
- Verfahrensfähigkeit 9 21 ff.
- Vertretung 10 11 f., 23
- Wiedereinsetzung in den vorigen Stand 17 26

Beiordnung eines Rechtsanwalts
- für Antragsgegner in Scheidungssachen 138
s.a. unter Verfahrenskostenhilfe

Beistand
- Auftretungsverbot für Richter am eigenen Gericht 12 7
- Begriff 12 3 ff.
- in Abstammungssachen 173
- in Betreuungs- und Unterbringungssachen 12 6
- in Ehe- und Familienstreitsachen 12 2
- in Freiheitsentziehungssachen 12 6
- Jugendamt
  - in Abstammungssachen 173
  - in Unterhaltssachen 234
- Vertrauensperson 12 6
- Zurückweisung 12 7
s.a. Verfahrensbeistand

Bekanntgabe
s.a. Mitteilung, formlose

Bekanntgabe, Dokumente
- an Beteiligte 15 15 f.
- Aufgabe zur Post 15 55 ff.
  - Heilung fehlgeschlagener 15 61a
- Begriff
- Dokument/Schriftstück 15 7 f.
- Bekanntgabefiktion 15 57 ff.
  - Widerlegbarkeit 15 59 ff.
- bekannt zu gebende Dokumente
  - Fristauslösung 15 12 ff.
  - Fristbestimmung 15 11
  - Rechtsbeschwerdebegründung 15 14
  - sonstige Rechtsbehelfe 15 14
  - Terminsbestimmung 15 9, 61
  - Zwischenentscheidungen 15 13
- Beteiligtenschriftsatz 15 8
- Betreuungs- und Unterbringungssachen 15 21
- Ehe- und Familienstreitsachen 15 5
- Entbehrlichkeit der Bekanntgabe der Gründe 15 17 f.
- Entscheidung über die Form der Bekanntgabe 15 62 ff.
- Form
  - Aufgabe zur Post 15 55 ff.
  - förmliche Zustellung 15 25 ff.
    - Definition 15 26
    - Voraussetzungen 15 27
    - Zustellungsurkunde 15 26, 43
- Verlesen der Beschlussformel 15 23
- zu Protokoll 15 64
- Heilung von Zustellungsmängeln 15 52 f.
- Kindschaftssachen 15 19
- Ladung 15 5, 23
- an Minderjährige 15 19 f.
- öffentliche Zustellung 15 51
  - Ausschließungsbeschluss in Aufgebotssachen 441
- Registereintragung 15 13a; 383
- Sachverständigenstellungnahme 15 8
- Verfügung von Todes wegen, Eröffnung 348
- Verfügungen, gerichtliche 15 8
- Verzicht 15 5, 22

- zu Protokoll 15 64
- Zustellung im Parteibetrieb 15 54
- Zustellung von Amts wegen 15 28 ff.
  - an beschränkt Geschäftsfähige 15 31
  - an Betroffene in Betreuungs- und Unterbringungssachen 15 31
  - an Bevollmächtigte 15 32
  - an gesetzlichen Vertreter 15 29 f.
  - an Minderjährige 15 31
  - an Mitbewohner 15 38
  - an Rechtsanwälte und Notare 15 34
  - an Verfahrensbevollmächtigte 15 33 ff.
    - Bundesamt für Justiz 15 35
    - mehrere 15 35
  - Auslandszustellung 15 46 ff.
  - Ersatzzustellung 15 36 ff.
    - durch Einwurf in Briefkasten 15 41 ff.
    - in der Wohnung 15 37 f.
    - in Gemeinschaftseinrichtungen 15 40
    - in Geschäftsräumen 15 39
  - gegen Empfangsbekenntnis 15 44 f.

Bekanntgabe, Beschluss
s. dort

Bekanntmachung, öffentliche
- Aufgebotssachen
  - Aufgebot 435
    - ergänzende 470
    - landesrechtlicher Vorbehalt 484
  - Ausschließungsbeschluss 478 f.
  - Zahlungssperre 480
- Registereintragungen 383 7 ff.

Berufsständische Organe
- Registersachen
  - Anhörung 380 11 ff.; 394 31; 395 14; 397 15; 398 11
  - Antragsrecht 380 14; 394 27 f.; 395 6, 24; 399 17
  - Beschwerdeberechtigung 380 17 ff.; 382 48; 394 28
  - Beteiligtenstellung 380 13; 382 42
  - Mitteilung der Entscheidung des Registergerichts 380 16; 383 5
  - Unterstützung der Registergerichte 380 4 ff.

Beschleunigungsgebot
- in Kindschaftssachen 155
- Kindesrückführung 99 28

Beschluss (Endentscheidung)
- Angaben im Entscheidungskopf 38 4
- Anordnungsbeschluss in Erbscheinsverfahren 352 11 ff.
- Begründung 38 16 ff.
  - Anforderungen 38 20
    - Auslandsberührung 38 20
    - Berechnungen 38 20
    - rechtliche Würdigung 38 20
    - Würdigung der erhobenen Beweise 38 20
  - Würdigung der vorgetragenen Tatsachen 38 20
  - Anträge 38 18
  - Bezugnahmen 38 19
    - Ergebnis einer Beweisaufnahme 38 19
    - Schriftsätze der Parteien 38 19
  - Fehler 38 21 f.
    - Fehlen der Beweiswürdigung 38 21
    - gänzliches Fehlen einer Begründung 38 21
    - Widerspruch zwischen Begründung und Beschlussformel 38 22
    - Zurückverweisung 38 21
  - Nachholen in Abhilfeentscheidung 38 29
  - Sachverhalt
    - bestrittener 38 17
    - Amtsverfahren 38 17
    - Antragsverfahren 38 17
    - echte Streitsachen 38 17
    - unstreitiger 38 16
  - Verfahrensgeschichte 38 18
  - Vervollständigung eines Beschlusses ohne Begründung fürs Ausland 38 36
- Begründungspflicht
  - Abstammungssachen 38 34
  - Auslandsberührung 38 35
  - Ausnahmen 38 26 ff.
    - Anerkenntnis-/Verzichts-/Versäumnisentscheidungen 38 26
    - Entscheidungen in Verfahren des einstweiligen Rechtsschutzes 38 33
    - Entscheidungen nach Rechtsmittelverzicht 38 30 ff.
    - Entscheidungen ohne Interessengegensätze 38 27
    - gleichgerichtete Anträge 38 27
    - Schweigen 38 28
    - nicht rechtsmittelfähige Beschlüsse 38 33
  - Betreuungssachen 38 34
  - Ehesachen mit Ausnahme von Scheidungsbeschlüssen 38 34
- Bekanntgabe 41, s. dort
- Entscheidung durch Beschluss als einheitliche Entscheidungsform 38
  - Ausnahme in Registersachen 38 7; **Vor** 374–409 27 f.; 382 6, 19
  - Ehe- und Familienstreitsachen 116
  - Entscheidungen im Vollstreckungsverfahren nach der ZPO 95 22
- Entscheidungsgrundlagen
  - Äußerungsrecht der Beteiligten, s. unter Rechtliches Gehör 37 26 ff.
  - Amtsverfahren 37 6
  - Antragsverfahren 37 6
  - Anwendungsbereich 37 6 ff.
  - Beweiswürdigung, freie richterliche, s. dort 37 9 ff.
  - Ehe- und Familienstreitsachen 37 7

3179

Sachregister

[Beschluss (Endentscheidung)]
- systematische Stellung der Norm 37 3
- Erlass 38; 40 7
- fehlerhafte Bezeichnung 38 6
  - Meistbegünstigungsgrundsatz 38 6
- Rechtsbehelfsbelehrung, s. dort 39
- **Rubrum**
  - Angabe der Beteiligten 38 8
  - Angabe der mitwirkenden Gerichtspersonen 38 11
  - Angabe des gesetzlichen Vertreters 38 9
  - Angabe des Gerichts 38 11
  - Angabe des Verfahrensbevollmächtigten 38 10
    - Sozietät 38 10
  - Beschlussformel
    - Abstammungssachen 182
    - Annahme als Kind 197
    - Bestimmtheit 38 14 f.
    - Auslegung 38 15
    - Bezugnahme 38 14
    - Zinsverpflichtung 38 14
    - Entscheidung „aufgrund mündlicher Verhandlung" 38 12
    - Hauptsacheverpflichtung 38 13
    - Kostentragung 38 13
    - vorläufige Vollstreckbarkeit 38 13
    - Zulassung von Rechtsmitteln 38 13
    - Zurückweisung im Übrigen 38 15
- Sonderformen
  - Anerkenntnisbeschluss 38 5
  - Grundbeschluss 38 5
  - Schlussbeschluss 38 5
  - Teilbeschluss 38 5
  - Versäumnisbeschluss 38 5
  - Verzichtbeschluss 38 5
- Terminologie, neue 38 3
- Unterschriften der mitwirkenden Gerichtspersonen 38 23
- Verkündungsvermerk 38 24
  - Form 38 25
  - Urkundsperson 38 25
- Vollstreckbarkeit 86 18 ff.
- Wirksamwerden, s. dort
- Zwischenentscheidungen 38 37
s.a. unter Beschluss, Abänderung/Bekanntgabe/Berichtigung/Ergänzung/Wiederaufnahme/Wirksamwerden

Beschluss, Abänderung
- Abgrenzung
  - zu außerordentlichen Rechtsbehelfen 48 13
  - zu Berichtigung/Ergänzung 48 12
  - zu ordentlichen Rechtsmitteln 48 12
- Amtsverfahren 48 11
- Anfechtbarkeit 48 21
- Anpassung und/oder Richtigkeitskontrolle 48 4, 20
- Antragsverfahren 48 11

- Entscheidung, neue in der Hauptsache 48 19
- Entscheidungen mit Dauerwirkung
  - auf bestimmten Zeitraum beschränkte Leistungen/Unterlassungen 48 10
  - Duldungs- und Unterlassungsbeschlüsse 48 10
  - Feststellungs- und Gestaltungsbeschlüsse 48 10
  - wiederkehrende Leistungen 48 10
- Kosten/Gebühren 48 27
- reformatio in peius 48 19
- Sondervorschriften 48 14 f.
- Verfahren
  - Erforderlichkeit mündlicher Verhandlung 48 17
  - Ermessen 48 18
  - rechtliches Gehör 48 17
  - Zuständigkeit 48 16
    - Abgabe 48 16
    - Entscheidungen höherer Instanzen 48 16
    - Gericht des ersten Rechtszugs 48 16
- Voraussetzungen
  - Eintritt der formellen Rechtskraft 48 3
  - Endentscheidungen 48 2
  - Entscheidungen mit Dauerwirkung 48 10
  - wesentliche Änderung der Sach- und Rechtslage 48 4 ff.
    - Änderung der höchstrichterlichen Rechtsprechung 48 8
    - Änderung des materiellen Rechts 48 8
    - Amtsverfahren 48 6
    - Antragsverfahren 48 6
    - nachträgliche Änderung 48 6
    - Wesentlichkeit der Änderung 48 9
  - Wirkung ex nunc 48 19

Beschluss, Bekanntgabe
- Adressaten 41 5 ff.
  - Beteiligter 41 5
    - minderjähriger 41 5
    - verfahrensunfähiger 41 5
  - Bevollmächtigter 41 6
  - Dritte 41 7
  - Verfahrensbevollmächtigter 41 6
- Aufgabe zur Post 41 4
- Betreuungssachen 41 2; 288
- Form
  - Ausfertigung 41 3
  - Schriftstück 41 3
- Freiheitsentziehungssachen 423
- Genehmigung eines Rechtsgeschäfts 41 26
- Mitteilungen an Dritte 41 7
- mündliche Bekanntmachung
  - Folgen
    - Erlass 41 17
    - Lauf der Rechtsmittelfrist 41 18
    - Wirksamkeit 41 17

- ggü. Anwesenden 41 15
- Verlesen der Beschlussformel 41 16
- weiteres Verfahren
  - Aktenvermerk 41 19 ff.
  - Bekanntgabe in Textform 41 23 ff.
  - unverzügliche Nachholung der Begründung 41 22
- Registereintragung 41 2; 383
- Unterbringungssachen 325
- Zustellung, obligatorische
  - Anfechtbarkeit 41 8
  - Folgen eines Verstoßes 41 14
  - Lauf der Beschwerdefrist 41 13
  - Widerspruch zum erklärten Willen eines Beteiligten 41 9 f.
  - Wirksamkeitserfordernis 41 11 f.

Beschluss, Berichtigung
- Abgrenzung
  - Berichtigung/Abhilfe 42 12
  - Berichtigung/Rechtsmittel 42 23
- Anfechtbarkeit
  - Vornahme der Berichtigung 42 25
  - Zurückweisung des Berichtigungsantrags 42 24
- Berichtigung der Berichtigung 42 10
- Berichtigungsbeschluss
  - elektronisches Dokument 42 19
  - herkömmliche Aktenführung 42 18
  - Verbindung mit Urschrift/Urdokument 42 18 f.
- isolierte Kostenentscheidungen 42 10
- Berichtigung
  - Entscheidungsgründe 42 8
  - Rechtsmittelbelehrung 42 8
  - Rubrum
    - Beschlussformel 42 7
    - Bezeichnung der Beteiligten
    - falsche Bezeichnung/falscher Beteiligter 42 4
    - Wechsel der Rechtsform 42 4
    - Wechsel der Rechtsprechung 42 5
    - Bezeichnung des Gerichts 42 6
  - Überschrift der Entscheidung und Eingangssatz 42 3
  - Unterschriften der mitwirkenden Gerichtspersonen 42 9
- Unrichtigkeit
  - Abweichen des Gewollten vom Erklärten 42 12
  - ähnlich offenbare 42 12
  - fehlerhafte Eingaben in Computerprogramm 42 12
  - Offenkundigkeit 42 13
  - Rechenfehler 42 12
  - Schreibfehler 42 12
- Verfahren
  - Berichtigung „jederzeit" 42 15
  - rechtliches Gehör 42 17
  - von Amts wegen 42 14
  - Rechtsbeschwerdegericht 42 14

- Zuständigkeit 42 16
  - Beschwerdegericht 42 16
- Vergleiche 42 11
- Wirkung
  - Maßgeblichkeit der berichtigten Fassung 42 20
  - materielle Rechtskraft 42 20
  - Rechtsmittelfristen 42 22
  - Rückwirkung 42 20
  - Wegfall der Bindungswirkung 42 21
  - Zulässigkeit von Rechtsmitteln 42 23
- ZPO-Beschlüsse 42 10
- Zwischenentscheidungen 42 10

Beschluss, Ergänzung
- Abgrenzung
  - Ergänzung/Berichtigung 43 4
  - Ergänzung/Rechtsmittel 43 4
- Amtsverfahren 43 2
- Anfechtung der Ergänzung 43 16
  - Mindestbeschwerdesumme 43 16
  - Zulassung der Rechtsbeschwerde 43 16
- Antragsverfahren 43 2
- Beschwer 43 13
- Ergänzungsantrag
  - 2-Wochen-Frist 43 11 f.
  - Einreichung beim unzuständigen Gericht 43 10
- Ergänzungsbeschluss 43 15
- Kosten/Gebühren 43 17
- Verfahren
  - Zulässigkeitsprüfung 43 14
  - Zuständigkeit 43 14
    - Dezernatswechsel 43 14a
- Voraussetzungen
  - Übergehen eines Antrags 43 5 ff.
  - Haupt- oder Hilfsantrag 43 7
  - im mündlichen Termin gestellter 43 5
  - keine Bescheidung in Beschlussformel und Gründen 43 6
  - Nebenentscheidungen 43 7
  - schriftlich zu den Akten gereichter 43 5
  - versehentliche Nichtbescheidung 43 8
  - vollständiges/teilweises Übergehen 43 7
- Unterbleiben der Kostenentscheidung 43 9
- versehentlich unterlassene Zulassung von Rechtsmitteln 43 7
- Zwischenentscheidungen 43 3

Beschluss, Wiederaufnahme
- Kosten/Gebühren 48 27
- Voraussetzungen
  - rechtskräftig beendetes Verfahren 48 22
  - Wiederaufnahmegrund 48 25
  - gravierende anfängliche Mängel der Entscheidung 48 22

[Beschluss, Wiederaufnahme]
- entsprechende Anwendung der ZPO-Vorschriften 48 23 f.
  - Beschwerdeberechtigung 48 24
  - Wiederaufnahmegründe und weiteres Verfahren 48 25
- Verfahren
  - Antrag 48 25
  - Notfrist von einem Monat 48 25
  - mündliche Verhandlung 48 25
  - Zuständigkeit 48 25

Beschluss, Wirksamwerden
- Abstammungssachen 184
- Annahme als Kind 197 50
- Anordnung der sofortigen Wirksamkeit, s. i.Ü. dort
  - Betreuungssachen 287 15 ff.
  - Ehewohnungssachen 209
  - Ersetzung der Ermächtigung/Zustimmung zu Rechtsgeschäften 40 18 ff.
  - Familienstreitsachen 116 26 ff.
  - Freiheitsentziehungssachen 422
  - Genehmigung eines Rechtsgeschäfts 40 14
  - Gewaltschutzsachen 216
  - Unterbringungssachen 324
  - Unterhaltssachen 116 27
- Beschwerdeentscheidung 69 34
- mit Bekanntgabe
  - Abgrenzung Erlass/Beginn Rechtsmittelfrist 40 7
  - an bestimmungsgemäßen Beteiligten 40 5 f.
    - Aufschieben durch Ausgangsgericht 40 9 f.
    - Betreuung 40 5 f.; 287
    - mehrere Beteiligte 40 5
    - unmittelbar Betroffener 40 5 f.
  - Betreuungssachen 287 f.
- mit Rechtskraft
  - Dispache, Bestätigungsbeschluss 409
  - Ehesachen 116 19 ff.
  - Ehewohnungs- und Haushaltssachen 209
  - Ersetzung der Ermächtigung/Zustimmung zu Rechtsgeschäften
    - Anordnung sofortiger Wirksamkeit 40 18 ff.
    - Anfechtbarkeit 40 20
    - Verfahren 40 19
    - Voraussetzungen 40 18
    - Ausspruch über Eintritt der Wirksamkeit 40 17
    - Ersetzung nicht erteilter Zustimmung 40 16
    - Aufhebung von Beschränkungen nach § 1357 Abs. 2 BGB/§ 8 Abs. 2 LPartG 40 16
  - Familienstreitsachen 116 19 ff.
  - Freiheitsentziehungssachen 422
  - Genehmigung eines Rechtsgeschäfts
    - Anordnung der sofortigen Wirksamkeit 40 14
    - Aufschub der Wirksamkeit in Beschlussformel 40 12
    - Folgen der Unterlassung 40 13
    - Versagung der Genehmigung 40 15
  - Gewaltschutzsachen 216
  - Unterbringungssachen 324
- Rechtsfolge 40 8
- Registersachen 40 2

Beschwerde
- Abstammungssachen, ergänzende Vorschriften 184 10 ff.
- Anschlussbeschwerde s. dort 66
- Anwaltszwang 64 14
- Arrestverfahren 58 23
- aufschiebende Wirkung 64 20 ff.
- außerordentliche Beschwerde wegen greifbarer Gesetzwidrigkeit 42 24
- Beschwerdebegründung
  - Amtsermittlung 65 3
  - beim Ausgangsgericht 65 2
  - Ehe- und Familienstreitsachen 65 1
  - Fristsetzung
    - zur Begründung 65 6
    - zur Erwiderung/Replik 65 7
  - Fristverlängerung 65 8
  - Fristversäumung, Präklusion 65 9 f.
  - Inhalt 65 4
  - neues Tatsachenvorbringen 65 11 ff.
  - Rügeausschluss der Unzuständigkeit des erstinstanzlichen Gerichts 65 19 ff.
    - Ausnahmen
    - internationale Zuständigkeit 65 22
    - Registersachen 65 24
    - willkürliche Annahme der Zuständigkeit 65 23
    - Zulässigkeit des Rechtswegs 65 21
  - Soll-Vorschrift 65 2
  - ursprünglicher Verfahrensgegenstand und neue Anträge 65 25 f.
  - Wartepflicht des Gerichts 65 5
  - Wiederholung von Beweisaufnahmen und Anhörungen 65 14
- Beschwerdeberechtigung, s. dort 59; 60
- Beschwerdegegenstand 58 5 ff.
  - Endentscheidungen 58 5, 8 ff.
  - Entscheidungen in der Hauptsache 58 5 ff.
  - Entscheidung über Kosten 58 7a
  - Genehmigungen 58 7
  - Sonderregelungen 58 15
  - unrichtig bezeichnete Entscheidungen 58 6
  - Zwischenentscheidungen 58 5, 16 ff.
- Beschwerdefrist, s. dort
- Beschwerdegericht
  - als Tatsacheninstanz 65 11 ff.
  - Bindung an eigene Entscheidungen 65 17

- Landgericht 58 21
  - Betreuungssachen 58 21
  - Freiheitsentziehungssachen 58 21
- Oberlandesgericht 58 20
- reformatio in peius 65 18
- Registersachen **Vor 374–409** 30
- Wiederholung von Beweisaufnahmen und Anhörungen 65 14; 68 26
- Vollstreckungssachen 87 14
- Betreuungssachen 58 22
- Ehe- und Familienstreitsachen, s. dort **117**
- Einlegung
  - Anwaltszwang 64 14
  - bei einem anderen Gericht 64 3
  - beim Gericht der ersten Instanz 64 2
  - Beschwerdeschrift
    - Antrag und Begründung 64 18
    - Bedingungen 64 19
    - Begehren einer Überprüfung 64 16
    - Bezeichnung der angegriffenen Entscheidung 64 15
    - Bezeichnung des Beschwerdeführers 64 17
    - elektronisches Dokument 64 7
    - Schriftform 64 10
    - Unterschrift 64 11 f.
  - Erklärung zu Protokoll 64 6
  - mehrfache 64 8
  - VKH-Antrag 64 2a
  - zur Niederschrift der Geschäftsstelle 64 6
- Einstellung der Vollstreckung 93 2
- einstweilige Anordnung des Beschwerdegerichts 64 20 ff.
  - Anfechtbarkeit 64 37 f.
  - Antrag und Begründung 64 24 f.
  - Dauer 64 32 ff.
    - ausdrückliche Befristung 64 36
    - Erlass der Entscheidung in der Hauptsache 64 34
    - sonstige Erledigung der Hauptsache 64 35
  - Dringlichkeit und Anordnungsanspruch 64 23
  - Form der Entscheidung 64 27
  - Inhalt der Entscheidung 64 28 ff.
  - keine Vorwegnahme der Hauptsache 64 30 f.
  - mündliche Verhandlung und rechtliches Gehör 64 26
  - Verhältnis zur einstweiligen Anordnung nach § 50 Abs. 1 S. 2 letzter Halbs. 64 21 f.
  - Wirksamwerden und Vollstreckung 64 32 f.
- Entscheidung
  - Abänderung 69 40
  - Aufhebung und Zurückverweisung
    - Bindung des Gerichts erster Instanz 69 15 ff.
  - (Selbst-)Bindung des Beschwerdegerichts 69 19
  - Bindung des Rechtsbeschwerdegerichts 69 19
  - Folgen einer unberechtigten 69 21
  - Grundsatz 69 8
  - (Hilfs-)Antrag eines Beteiligten 69 13
  - keine Entscheidung des erstinstanzlichen Gerichts in der Sache 69 9
  - Kostenentscheidung 69 20
  - Notwendigkeit einer umfangreichen oder aufwändigen Beweisaufnahme 69 11 ff.
  - unterlassene Anhörung 69 11
  - Vorliegen eines wesentlichen Verfahrensmangels 69 10
  - Begründungspflicht 69 22 ff.
    - Ausnahmen 69 28
    - Bezugnahmen 69 26
    - rechtliche Beurteilung 69 25
    - Tatsachenfeststellung 69 24
    - zu begründende Entscheidungsbestandteile 69 23
  - Bekanntgabe 69 33 f.
  - Berichtigung/Ergänzung 69 35 f.
  - eigene Sachprüfung des Beschwerdegerichts 69 2
  - Entscheidung über unbegründete Beschwerden 69 6 f.
  - Entscheidung über unzulässige Beschwerden 69 5
  - entspr. Anwendbarkeit der Vorschriften über Beschluss im ersten Rechtszug 69 32 ff.
  - Grundsatz eigener Sachentscheidung des Beschwerdegerichts 69 1, 2 ff., 8
  - Rechtskraft 69 38
  - Überprüfungsumfang
    - Beschwerdegegenstand 69 4
    - erstinstanzlicher Verfahrensgegenstand 69 3
  - Übertragung notwendiger Ausführungshandlungen auf Gericht erster Instanz 69 4
  - Wirksamwerden 69 34
- ergänzende Vorschriften
  - im Vereinfachten Verfahren 256
  - in Betreuungssachen 303
  - in Ehe- und Familienstreitsachen **117**
  - in Freiheitsentziehungssachen 429
  - in Teilungssachen 372
  - in Unterbringungssachen 335
  - in unternehmensrechtlichen Verfahren **408**
  - in Versorgungsausgleichssachen 228
- Mindestbeschwer in vermögensrechtlichen Angelegenheiten, s. unter Beschwerdewert 61
- nach Erledigung der Hauptsache, s. unter Beschwerde nach Erledigung 62

[Beschwerde]
- Pflegschaften 58 26
- Rechtsbeschwerde, s. dort 70
- reformatio in peius 65 18
- Rücknahme ggü. dem Gericht 67 2 ff.
  - Erklärung 67 30 ff.
  - Folgen 67 37 ff.
  - Teilrücknahme 67 35
- Statthaftigkeit 58
  - Umgestaltung des Rechtsmittelrechts 58 2 ff.
- Teilbeschwerde 64 9
- Umgangsverfahren 58 24
- Untätigkeitsbeschwerde 58 2a
- Unterbringungssachen 58 25
- unternehmensrechtliche Verfahren 402 5 ff.
- vereinfachtes Verfahren 256
- Verfahrensgang, s. unter Beschwerdeverfahren
- Verzicht
  - auf Anschlussbeschwerde 67 10 ff.
  - Erklärender 67 1a
  - ggü. anderen Beteiligten
    - einseitiger 67 16 ff., 19
    - Folgen 67 19
    - vereinbarter 67 21 ff.
  - ggü. dem Gericht
    - einseitiger 67 2 ff., 8
    - Folgen 67 8 f.
  - sonstige Vereinbarungen 67 21 ff.
  - Teilverzicht 67 6
- Wiedereinsetzungsantrag bei versäumter Beschwerdefrist 18 11
- ZPO-Beschwerde im Vollstreckungsverfahren 87 12 ff.
- Zulassungsbeschwerde
  - Beschränkung der Zulassung 61 12
  - Beurteilungsspielraum des Gerichts 61 11
  - Bindung des Rechtsbeschwerdegerichts 61 15 ff.
  - Entscheidung durch Einzelrichter 61 19
  - keine Zulassung aus sonstigen Gründen 61 12
  - Korrektur versehentlich unterlassener Zulassung 61 18
  - Nichtzulassungsbeschwerde 61 17
  - Unanfechtbarkeit 61 17
  - Voraussetzungen 61 8 ff.
    - Fortbildung des Rechts oder Sicherung einer einheitlichen Rechtsprechung 61 10
    - grundsätzliche Bedeutung 61 9
    - Nichterreichen des Beschwerdewerts 61 8
  - Zulassung in Tenor oder Gründen 61 15

Beschwerde nach Erledigung
- Fortsetzungsfeststellungsantrag 62 12
- Rechtsbeschwerde 62 13
- Rechtswidrigkeitsfeststellung 62 11
- Verwerfung, Beschränkung auf die Kosten 62 12
- Voraussetzungen
  - Antrag 62 10
    - Feststellungsantrag 62 10a
    - Feststellungsinteresse 62 10
  - berechtigtes Interesse 62 7 ff.
    - Rehabilitationsinteresse 62 9
    - schwerwiegender Grundrechtseingriff 62 7
    - Wiederholungsgefahr 62 8
  - Entscheidung in der Hauptsache 62 2
  - erledigendes Ereignis 62 4
  - ursprünglich zulässige und begründete Beschwerde 62 3
  - Zeitpunkt der Erledigung 62 5
    - Erledigung vor Erlass der erstinstanzlichen Entscheidung 62 6

Beschwerdeberechtigung
- Amtsverfahren 59 17
- Angehörige
  - Betreuungssachen 303 6, 19
  - Unterbringungssachen 335 2
- Antragsverfahren 59 18 ff.
  - Beschwerden weiterer Antragsberechtigter 59 20 f.
  - Beschwerderecht trotz Stattgabe 59 22
- Beeinträchtigung
  - Eingriff in die Rechtsposition 59 7
  - Geltendmachung durch Dritte 59 12
  - in eigenen Rechten 59 6
  - in materiellen Rechten 59 2 ff.
  - Kausalität und Unmittelbarkeit 59 8
  - Übertragbarkeit 59 11
  - Zeitpunkt 59 9 f.
- Behörden und Verbände 59 24 f.
- Beispiele
  - Betreuungsrecht 59 26
  - Ehe-(scheidungs-)recht 59 27
  - Erbrecht 59 28
  - Familienrecht (ohne Eherecht) 59 29
  - Genehmigung von Rechtsgeschäften 59 30
  - Gesellschafts- und Vereinsrecht 59 31
  - Grundbuchsachen 59 32
  - Pflegschaften 59 34
  - Registersachen 382 44 ff.
  - Unterbringungssachen 59 33
- berufsständische Organe 380
- Betreuungssachen 303 ff.
- formelle Beschwer 59 17 ff.
- gemeinschaftliche 59 23
- Geschäftsfähigkeit, beschränkte 59 12
- Jugendamt
  - in Abstammungssachen 176 1, 6
  - in Adoptionssachen 194 1, 5
  - in Ehewohnungssachen 205 5
  - in Gewaltschutzsachen 213 4

- Minderjähriger 60
  - Ausübung des Beschwerderechts 60 8
    - Abschluss eines Vergleichs 60 8
    - Mandatierung eines Anwalts 60 8
    - Rücknahme der Beschwerde 60 8
  - erfasste Rechtsmittel
    - Anhörungsrüge 60 5
    - Erinnerung gegen Entscheidungen des Rechtspflegers 60 5
    - sofortige Beschwerde gegen Zwischenentscheidungen 60 5
  - in allen Familiensachen 60 4
  - in allen Verfahren der freiwilligen Gerichtsbarkeit 60 4
  - Voraussetzungen
    - Betroffenheit in eigenen Angelegenheiten 60 6
    - Betroffenheit seiner Person 60 7
    - Erfordernis persönlicher Anhörung 60 7a
    - Erreichen des 14. Lebensjahrs 60 2
    - Geschäftsfähigkeit 60 3
- Prüfung durch das Gericht 59 13 ff.
- Unterbringungssachen 336

Beschwerdefrist
- Fristbeginn
  - Bekanntgabe
    - an Beteiligte/Bevollmächtigte 63 7 f.
    - „vergessene Beteiligte" 63 7
    - schriftliche des Beschlusses 63 5 ff.
    - nachträgliche 63 12
  - Erlass der Entscheidung 63 11 ff.
  - Erleichterungen ggü. ZPO 63 6
  - Erschwerungen ggü. früherem Recht 63 5
  - nach Ergänzungen oder Berichtigungen 63 10
  - nicht in Gang gesetzte Frist 63 9
- Fristberechnung 63 14
- Notfrist 63 2
- Regelfrist von einem Monat 63 3
- 2-Wochen-Frist
  - einstweilige Anordnungen 63 3 f.
  - Genehmigung eines Rechtsgeschäfts 63 4
  - Harmonisierung mit Sprungrechtsbeschwerdefrist 63 4a

Beschwerdeverfahren
- Abhilfeverfahren
  - Ausschluss 68 3
  - Entscheidung
    - Abhilfe 68 10
    - Nichtabhilfe 68 11
  - Fehler des Abhilfeverfahrens 68 12 ff.
  - Gewährung rechtlichen Gehörs und weitere Verfahrenshandlungen 68 8
  - Prüfungsumfang 68 5 f.
  - vom Eingang der Beschwerde bis zur Vorlage 68 7
  - Vorlage an das Beschwerdegericht 68 14

- Zuständigkeit 68 4
- Zweck 68 2
- Absehen von mündlicher Verhandlung/ sonstigen Verfahrenshandlungen 68 26 ff.
- Übertragung auf Einzelrichter
  - Delegation einzelner Verfahrenshandlungen 68 31
  - Ehe- und Familienstreitsachen 68 31
  - Richter auf Probe 68 32, 38
  - Rückübertragung auf Spruchkörper 68 40 ff.
    - Fehler des Übertragungsbeschlusses 68 44
    - übereinstimmender Antrag der Beteiligten 68 41
    - unzulässige Übertragung auf Richter auf Probe 68 45
    - Verfahren 68 42
    - Verkennen der Voraussetzungen für Übertragung/Rückübertragung 68 43
    - wesentliche Änderung der Verfahrenslage 68 40
  - Schlussentscheidung 68 37
  - Voraussetzungen 68 32 ff.
    - Erlass der angefochtenen Entscheidung durch Einzelrichter 68 33
    - keine besonderen Schwierigkeiten tatsächlicher/rechtlicher Art 68 34
    - keine grundsätzliche Bedeutung 68 35
    - keine Verhandlung zur Hauptsache 68 36 f.
    - Vorsitzender einer Kammer für Handelssachen 68 31
  - Wirkung der Übertragung 68 39
- Verweisung auf Vorschriften über Verfahren im ersten Rechtszug 68 22 ff.
  - Anhörung 68 25
- Zulässigkeitsprüfung
  - Anforderungen an die Zulässigkeit der Beschwerde 68 18
  - Beschwerdegericht 68 15
  - Mitwirkungs- und Feststellungslast des Beschwerdeführers 68 19
  - Rechtsbeschwerdegericht 68 20
  - Verwerfung als unzulässig 68 20
  - von Amts wegen 68 15
  - Vorrangigkeit? 68 16
  - Zeitpunkt 68 17
  - Zurückweisung als unbegründet 68 20

Beschwerdewert
- Abgrenzung Beschwerdewert/Geschäftswert 61 4
- Berücksichtigung von Kosten und Auslagen 61 6
- Glaubhaftmachung der Beschwer 61 4
- Mehrzahl von Beschwerdeführern 61 6
- Mehrzahl von Beschwerdegegenständen 61 6

[Beschwerdewert]
- Mindestbeschwer
  - Aufgebotssachen 439
  - Kostenentscheidungen 61 3, 7
  - nichtvermögensrechtliche Streitigkeiten 61 2a
  - vermögensrechtliche Streitigkeiten 61 2
  - Versorgungsausgleichssachen 228
- nachträgliche Änderungen 61 5
- Rechtspflegerentscheidung 61 6a
- Sachverständigengutachten 61 4
- Schätzung durch das Gericht 61 4
- Zulassungsbeschwerde, s. unter Beschwerde 61 8 ff.

Bestimmung der Zuständigkeit
s. unter Zuständigkeitsbestimmung

Beteiligte
- Abstammungssachen 172
  - Tod eines Beteiligten 181
- Adoptionssachen 188
- als Bevollmächtigte 10 16
- Anhörung, s. Beteiligte, persönliche Anhörung
  - ohne Beteiligung 7 70 ff.
- Antragsgegner 7 21a
- Antragsteller 7 17, 20 f.
- Behörden 7 37
- Benachrichtigung über Antragsrecht 7 55 ff.
- Beteiligtenbegriff
  - formeller 7 17
  - materieller 7 17
- Beteiligtenfähigkeit, s. dort
- Betreuungssachen 274
- Dispacheverfahren Vor 403 ff. 7 ff.
- Ehewohnungs- und Haushaltssachen 204
- Entscheidung über die Hinzuziehung 7 62 ff.
  - Rechtsmittel 7 66 ff.
- Freiheitsentziehungssachen 418
- Gewaltschutzsachen 212
- Grundbuchsachen 7 16a
- Jugendamt
  - in Abstammungssachen 172
  - in Adoptionssachen 188
  - in Ehewohnungssachen 204
  - in Gewaltschutzsachen 212
  - in Kindschaftssachen 162 19 ff.
- „Kann"-Beteiligte 7 48 ff.
  - nach Ermessen 7 53 f.
  - zwingend 7 49 ff.
  - Begriff 7 39 ff.
  - Beteiligung von Amts wegen 7 42 ff.
- Kindschaftssachen 7 25, 151 54 ff.
  - Antragsteller 151 55
  - Eltern 151 56
  - Jugendamt 151 61; 162 19 ff.
  - Kind 151 57 ff.
  - Pflege-/Bezugsperson 151 63; 161
- Verfahrensbeistand 151 62; 158 15
- kraft Hinzuziehung 7 22, 41
- Legaldefinition Einl 53; 7
- Mitwirkungspflichten
  - Ehe- und Familienstreitsachen
  - Erklärungspflicht zu gegnerischen Behauptungen
  - an der Sachverhaltsermittlung 27 5 ff.
    - Sanktionen bei Verweigerung
    - Negativbewertung im Rahmen der Beweiswürdigung 27 10
    - Verkürzung der richterlichen Amtsermittlung 27 9
  - Vollständigkeitspflicht 27 14
    - Sanktionen 27 15
  - Wahrheitspflicht 27 12 f.
    - Sanktionen 27 15
- „Muss"-Beteiligte
  - Anwendungsbereich
    - persönlicher 7 23
    - sachlicher 7 24 ff.
  - Begriff 7 22 ff.
  - Hinzuziehung von Amts wegen 7 32 f.
  - zwingende Hinzuziehung auf Antrag 7 34 ff.
- Nachlasssachen 345
- persönliche Anhörung/persönliches Erscheinen, s. dort
- Registersachen Vor 374–409 23 ff.; 382 26 ff.
- Scheidungs- und Folgesachen 139
- Teilungssachen 363 13 ff.
- Unterbringungssachen 315
- Vernehmung 26 44e
- Versorgungsausgleichssachen 219
- weitere fG-Angelegenheiten 412

Beteiligte, persönliche Anhörung
- Abgrenzung Beteiligtenvernehmung 128 3 ff.
- Abgrenzung mündliche Erörterung 34 2
- Absehen von
  - Besorgnis erheblicher Gesundheitsnachteile 34 21 ff.
  - offensichtliche Unfähigkeit der Willenskundgabe 34 24 f.
  - sonstige Gründe 34 26
  - Überprüfbarkeit durch das Rechtsbeschwerdegericht 34 5
  - unbekannter Aufenthalt des Anzuhörenden 34 26
- Anhörungstermin 34 13
- Ausbleiben
  - Entschuldigung 34 28 f.
    - Arbeitsunfähigkeit 34 30
    - Ausfall öffentlicher Verkehrsmittel 34 29
    - bereits gebuchte Urlaubsreise 34 29
    - höhere Gewalt 34 29
    - schwere Erkrankung 34 29
    - Streik 34 29
    - Tod von Familienangehörigen 34 29

- Wettergeschehen 34 29
- wichtige berufliche Ereignisse 34 29
- Rechtsfolgen 34 31 ff.
  - Entscheidung ohne Anhörung 34 31
  - Hinweis auf Rechtsfolgen 34 32 f.
- Beschwerdegericht 34 3, 10
- Durchführung
  - Anwesenheit anderer Beteiligte
    - Gewaltschutzsachen 34 18
    - Minderjährige 34 18
  - Anwesenheit Anzuhörender 34 15
  - Anwesenheit Dritter
    - Ablehnung durch Beteiligten 34 19
    - Dolmetscher 34 16
    - Familienangehörige 34 19
    - medizinisches Personal 34 19
    - Minderjährige 34 19
    - Verfahrensbevollmächtigter 34 19
    - Verfahrenspfleger 34 19
    - Vertrauensperson 34 19
  - Anwesenheit Gericht
    - beauftragter Richter 34 17
    - Dezernatswechsel 34 16
    - Einzelrichter 34 17
    - ersuchter Richter 34 16
  - Bekanntgabe des Gegenstands der Anhörung 34 14
  - Dokumentation 34 20
  - gegen Widerspruch 34 6
  - Hinweis auf Folgen des Ausbleibens 34 14
  - Ort der Anhörung
    - Gerichtsstelle 34 12
    - sonstige Örtlichkeiten 34 12
    - übliche Umgebung 34 12
    - Wohnung 34 12
  - Terminsbestimmung 34 14
  - Verhandlung im Wege der Bild- und Tonübertragung 34
    - Aufzeichnung 34 13
    - Dokumentation 34 13
    - Vorankündigung 34 14
- Ehe- und Familiensachen 34 1
- Ehegatten in Ehesachen
  - Abgrenzung Anhörung/Vernehmung 128 5
  - Absehen von 128 15 ff.
  - Anordnung 128 6
  - anwaltlich nicht vertretener Ehegatte 128 7
  - Beteiligtenvernehmung 128 8
  - durch ersuchten Richter 128 13
  - gemeinschaftliche 128 6
  - in Abwesenheit des anderen Ehegatten 128 10 f.
  - Kosten/Gebühren 128 21
  - zur elterlichen Sorge und zum Umgang 128 18 ff.
- Erforderlichkeit
  - Beschwerdeinstanz 34 10
  - betreuungsbedürftige Personen 34 9

- Eingriff in Persönlichkeitsrechte 34 9
- Generalklausel 34 8
- Gewinnung persönlichen Eindrucks 34 9
- Maßnahmen nach § 1666 BGB 34 9
- Minderjährige 34 9
- Sorgerechtsverfahren 34 9
- spezialgesetzliche Vorschriften 34 7
  - Abstammungssachen 175
  - Adoptionsverfahren 192
  - Betreuungssachen 278
  - Freiheitsentziehungssachen 420
  - Kindschaftssachen 159
  - Unterbringungssachen 319
  - Überprüfbarkeit durch Rechtsbeschwerdegericht 34 11
  - Verfahrensunfähige 34 9
  - zur Gewährleistung rechtlichen Gehörs 34 8 ff.
- Ermessensausübung 34 4
- Ermessenskontrolle 34 5 f.
- Gelegenheit zur Vorbereitung 34 3
- Nachholung in erster Instanz 34 14
- Nachholung in zweiter Instanz 34 5
- Rechtsbeschwerdegericht 34 11
- Weigerung 34 34
- Zweck
  - Gewährung rechtlichen Gehörs 34 3
  - Gewinnung persönlichen Eindrucks 34 3
  - Sachaufklärung 34 3

Beteiligte, persönliches Erscheinen
- Abgrenzung Beweiserhebung 33 5
- Absehen von 33 10
- Abstammungssachen 175
- Anordnung des persönlichen Erscheinens 33 3 ff.
- Ausbleiben
  - nachträgliche Entschuldigung 33 35 ff.
    - Aufhebung von Ordnungsmitteln
  - Ordnungsgeld
    - Verhängung
    - Beschluss 33 31
    - Ermessen 33 29
    - Höhe 33 30
    - wiederholte 33 32
  - Voraussetzungen
    - Ausbleiben 33 26
    - Entschuldigung 33 27, 30
    - Arbeitsunfähigkeit 33 27
    - bereits gebuchte Urlaubsreise 33 27
    - schwere Erkrankung 33 27
    - Tod eines Angehörigen 33 27
    - Wegfall von Verkehrsverbindungen 33 27
    - wichtige berufliche Ereignisse 33 27
    - ordnungsgemäße Ladung 33 24 f.
    - rechtzeitiges Vorbringen 33 28
  - Vorführung
    - Voraussetzungen 33 33
    - Vorführungsbeschluss 33 34

Sachregister

[Beteiligte, persönliches Erscheinen]
- Beteiligtenöffentlichkeit 33 11
- Betreuer 289 14
- Ehegatten in Ehesachen 128
  - Anordnung 128 4
  - Kosten/Gebühren 128 21
  - zwangsweise Durchsetzung 128 14
- Ehewohnungs- und Haushaltssachen 204 4
- Ermessensausübung 33 8
- Ermessenskontrolle 33 9
- getrennte Anhörung
  - Abweichungen zur ZPO 33 15
  - Entscheidung des Gerichts 33 13 ff.
    - Begründung 33 14
    - Beurteilungsspielraum des Gerichts 33 13
    - Form 33 14
  - Fehler 33 15 ff.
    - Heilung durch Beschwerdeinstanz 33 17
    - Überprüfbarkeit durch Rechtsbeschwerdegericht 33 14, 17
  - Gewaltschutzsachen 33 11; 210 18
  - sonstige Gründe 33 12
  - Vorrang sitzungspolizeilicher Maßnahmen 33 12
  - Vorrang therapeutischer Maßnahmen 33 12
  - zum Schutz des Anzuhörenden 33 11
- Heilung durch Beschwerdeinstanz 33 10
- Hinzuziehung weiterer Personen
  - Beistand 33 18
  - Sachverständiger 33 18
  - Verfahrensbevollmächtigter 33 18
- Kindschaftssachen 155; 157
- Ladung
  - Anzuhörender 33 19
  - Fälle ungewissen Erscheinens 33 21
  - Ladungsfehler
    - Nichterhebung der Kosten 33 23
  - förmliche Zustellung 33 21
  - formlose 33 20
  - Hinweis auf Folgen des Ausbleibens 33 22
  - Verfahrensbevollmächtigter 33 19
- nur zur Sachverhaltsaufklärung 33 6
- Rechtsmittel
  - Anordnung der Vorführung 33 42
  - Anordnung des persönlichen Erscheinens 33 40
  - Nichtaufhebung von Ordnungsmitteln 33 43
  - Verhängung von Ordnungsgeld 33 41
- Reisekostenerstattung 80 12
- Sachdienlichkeit 33 7
  - andere Beweismittel 33 7
  - bei Aussageverweigerungsrecht 33 7
- Überprüfbarkeit durch Rechtsbeschwerdegericht 33 10
- Zeugen/Sachverständige/Dritte 33 4

- zwecks persönlicher Anhörung 33 3

Beteiligtenfähigkeit
- Behörden 8 19 ff.
- Ehe- und Familienstreitsachen 8 6
- Einrichtungen 8 17 f.
- Erbengemeinschaft 8 18
- Gesellschaft bürgerlichen Rechts 8 14
- gelöschte Gesellschaft 8 11
- Gewerkschaften 8 15 f.
- im Streit um die Beteiligtenfähigkeit 8 7
- juristische Personen 8 10 f.
  - in Gründung 8 11
  - in Liquidation 8 11
- Kirchen 8 16
- Nasciturus 8 9
- natürliche Personen 8 9
- Nichtexistenz 8 25
- nichtrechtsfähiger Verein 8 15
- Partnerschaftsgesellschaften 8 14
- Personengruppen 8 17 f.
- Personenhandelsgesellschaften 8 14
- politische Parteien 8 16 f.
- Prozesshandlungsvoraussetzung 8 2, 24
- Rechtsfolgen 8 22 ff.
- Reederei 8 14
- Sachentscheidungsvoraussetzung 8 2, 23
- Vereinigungen 8 14 ff.
- Voraussetzungen 8 7 ff.
- weitere rechtsfähige Beteiligte 8 12
- Wohnungseigentümergemeinschaft 8 14

Betretungs- und Näherungsverbot
- in Gewaltschutzsachen 210 5
- Vollstreckung 96 2

Betreuungs- und Unterbringungssachen
- Anerkennung ausländischer Entscheidungen 108 36; 109 14
- Beistand 12 4
- Betreuungssachen, s. i.Ü. dort
- internationale Erwachsenenschutzsachen 104 27 ff.
- Übersicht Gemeinschafts- und Konventionsrecht 97 25
- Unterbringungssachen, s. i.Ü. dort
- Verfahrensfähigkeit 9 16, 37; 10 5
- Wiedereinsetzung 19 11 ff.
- Zuständigkeit, internationale
  - Anknüpfung 104 23 f.
  - Anwendungsbereich 104 4 ff.
  - Erwachsenenschutz 104 8 ff.
  - Fürsorgezuständigkeit 104 19 ff.
  - grenzüberschreitende Verfahrenskoordination 104 25
  - Kindesschutz 104 22
  - landesgesetzliche Unterbringung psychisch Kranker 104 26
  - Restzuständigkeiten dt. Gerichte 104 16 ff.
  - vorrangiges Gemeinschafts- und Konventionsrecht 104 8 ff.

Betreuungsbehörde
- Anhörung
  - in Betreuungssachen 279 11 ff.
  - in Unterbringungssachen 320
- Aufgaben Vor 271–341 4 ff.
- Beschwerdebefugnis
  - in Betreuungssachen 303 9 ff.
  - in Unterbringungssachen 335 9
- Beteiligtenstellung
  - in Betreuungssachen 274 30 ff.
  - in Unterbringungssachen 315 8 f.
- Ausschluss vom Anwendungsbereich des § 7 7 23
- Zuführung zur Unterbringung 326 3
- zuständige Vor 271–341 4

Betreuungsgericht
- Abwesenheitspflegschaft i.S.d. § 1911 BGB 342 10; 364 (a.F.) 21, 25
- Aufgaben 271 6 ff.
- Einführung Einl 35; 272 2
- Hinweis auf Vorsorgevollmacht 279 25
- Mitteilungen 22a
- Proberichter 272 3
- Zuständigkeit in Freiheitsentziehungssachen 416 1

Betreuungsgerichtliche Zuweisungssachen
- Definition 340
- Katalog
  - Abwesenheitspfleger gem. 1911 BGB 340 4
  - gerichtliche Vertreterbestellung für Volljährigen 340 9
  - Pflegschaft für Grundstückseigentümer/Inhaber dinglicher Rechte 340 7
  - Pflegschaft für Sammelvermögen 340 6
  - Pflegschaft für unbekannte Beteiligte 340 5
  - Pflegschaften, nicht dem FamFG zugewiesene
- Verfahren
  - Anwendbarkeit der §§ 271–311 Vor 271–341 21 ff.
  - Zuständigkeit
    - funktionelle 341 5
    - internationale 341 5
    - örtliche 341 1 ff.
    - sachliche 341 5

Betreuungssachen
- Akteneinsicht in Betreuungssachen 13 33
- Amtsermittlung 26 8, 35c
- Anhörung
  - Betreuungsbehörde 279 11 ff.
  - Betroffener 278
  - gesetzlicher Vertreter 279 27 ff.
  - Rechtshilfe 278 26 ff.; 279 31
  - sonstige Beteiligte 279 7 ff.
  - Vertrauensperson 279 21 ff.
- Beschluss
  - Bekanntgabe
    - an Betreuer 287 10 ff.
    - an Betreuungsbehörde 288 13 ff.
    - an Betroffenen 288 4 ff.
    - an sonstige Personen 288 18 f.
  - Gestaltungsbeschluss 287 26 ff.
  - Wirksamwerden 287
    - Anordnung der sofortigen Wirksamkeit 287 15 ff.
    - Verweigerung Einwilligung in lebenserhaltende Maßnahme 287 25a f.
- Beschlussformel
  - Anordnung Einwilligungsvorbehalt 286 15 ff.
  - Betreuerbestellung 286 7 ff.
    - Aufgabenkreis 286 7 ff.
    - Bezeichnung als Vereins-/Behörden-/Berufsbetreuer 286 10 ff.
  - Überprüfungsfrist 286 17 ff.
- Beschwerde
  - Festsetzung der Betreuervergütung 58 22
  - Staatskasse 304
    - Beschwerdefrist 304 17 f.
  - Nichtentlassung eines Betreuers 304 6 ff.
  - Untergebrachter 305
- Beschwerdebefugnis
  - Betreuungsbehörde 303 9 ff.
  - nahe stehende Personen 303 19 ff.
  - Verfahrenspfleger 303 31 ff.
- Beschwerdeverfahren
  - Vertretung des Betroffenen 303 37 ff.
  - Vertretungsmacht des Betreuers 303 37 ff.
  - Vertretungsmacht des Bevollmächtigten 303 48 ff.
- Beteiligte
  - andere unmittelbar betroffene Personen 274 12 ff.
  - Antragsteller 274 7 ff.
  - Betreuer 274 16 ff.
  - Betreuungsbehörde 274 30 ff.
  - Betroffener 274 11
  - Bevollmächtigter 274 22 ff.
  - Gegenbetreuer 274 21
  - nahe stehende Personen/Angehörige 274 14 f., 41 ff.
  - Pflegeeltern 274 44 ff.
  - Staatskasse 274 49 ff.
  - Verfahrenspfleger 274 28 f.
  - Vertrauensperson 274 41 ff., 45
- Betreuer
  - Auswahl
    - Überprüfung 291
    - vereinfachte 301 9 ff.
  - Bestellung
    - eines neuen 296 14 ff.
    - eines vorläufigen 300
    - eines weiteren 293 27 f.
  - Bestellungsurkunde
    - Abänderung 290 12

Sachregister

[Betreuungssachen]
- mehrere Betreuer 290 8 ff.
- Gegenbetreuer 290 10
- Rückgabe 290 11
- Verfahren 290 15 ff.
- Wirkung 290 13 f.
- Einführungsgespräch 289 12 ff.
- Entlassung 296 7 ff.
  - im Wege einstweiliger Anordnung 300
  - Rechtsbeschwerde 296 26a
- Entschädigung 292
  - elektronischer Formularzwang 292 8 ff.
  - Entschädigungsverfahren 292 12 ff.
- Neubestellung 296 14 ff.
- Umwandlungsbeschluss 296 27
- Verpflichtung 289
  - Einführungsgespräch 289 12 ff.
  - mündliche 289 5 ff.
  - Verfahren 289 16 ff.
- Wechsel 296
- Betreuung
  - Aufhebung
    - Ablehnung 294 15 ff.
    - absehbare Verfahrenshandlungen 294 14a
    - nachzuholende Verfahrenshandlungen 294 14a
  - Einschränkung 294
  - Erweiterung 293
    - absehbare Verfahrenshandlungen 293 7 ff.
    - weiterer Betreuer 293 27 ff.
    - Wesentlichkeit der Erweiterung 293 18 ff.
  - Regelüberprüfung 294 21 ff.
  - Verlängerung 295
    - offensichtlich unveränderter Betreuungsbedarf 295 8 ff.
    - Überprüfungsfrist 295 15 ff.
- Betroffener
  - Anhörung
    - Inhalt 278 22 ff.
    - Beschwerdeverfahren 278 6a
    - Öffentlichkeit 278 15
    - Ort 278 16 ff.
    - persönliche 278 8 ff.
    - Rechtshilfe 278 26 ff.
    - Verschaffung eines persönlichen Eindrucks 278 11 ff.
    - Verzicht 278 30a ff.
    - vor Verfahrenspflegerbestellung 276 77
  - Beteiligtenstellung 274 11
  - Hinweis auf Vorsorgevollmacht 279 25
  - Honorarvereinbarungen 275 13
  - Unterbringung zur Begutachtung
    - Anfechtbarkeit 284 15 ff.
    - Dauer 284 10 ff.
    - Voraussetzungen 284 3 ff.
  - Vorführung zur Unterbringung 284 13 f.
  - Verfahrensfähigkeit 275
  - Verfahrensvollmachtserteilung 275 11 f.; 276 55
  - Verzicht auf Verfahrensrechte 275 9
  - Vorführung zur Anhörung 278 37 ff.
    - Anfechtbarkeit 278 42
    - gerichtlicher Hinweis 278 43
    - Gewaltanwendung 278 40
    - Wohnungsöffnung, -durchsuchung 278 40
  - Vorführung zur Unterbringung 284 13 f.
  - Vorführung zur Untersuchung 283
    - Androhung/gerichtlicher Hinweis 283 12
    - Anhörung des Betroffenen 283 17a
    - Gewaltanwendung 283 13 f.
    - Verfahren 283 19 ff.
    - Wohnungsöffnung, -durchsuchung 283 15 ff.
  - Zustellungen an Betroffenen 275 16
- einstweilige Anordnung
  - Abänderung 300 42
  - Anhörungen 300 29 ff.
  - Anordnungsgegenstand 300 5 ff.
  - Außerkrafttreten durch Fristablauf 302 3 ff.
  - Bekanntgabe 300 41
  - Beschwerde 300 43 ff.; 303 61
  - Beteiligte 300 27 f.
  - Dauer 302 3 ff.
  - dringendes Regelungsbedürfnis 300 15 ff.
  - Ermittlungen 300 36 ff.
  - gesteigerte Dringlichkeit 301
  - Hauptsacheverfahren 300 46 ff.
  - Herausgabe des Betreuten an den Betreuer 300 8
  - vereinfachte Betreuerauswahl 301 9 ff.
  - Verlängerung 302 10 ff.
  - vorläufige gerichtliche Maßnahmen anstelle Betreuer 300 10 ff.
  - Wirksamkeit 300 41
  - Zuständigkeit 300 22 ff.
- Einwilligungsvorbehalt
  - Aufhebung 294; 306
  - Einschränkung 294
  - Erweiterung 293
  - Neuanordnung 293 2
  - Regelüberprüfung 294 21 ff.
  - Verlängerung 295
- Gegenbetreuer
  - Bestellung
  - Anhörung 278 6
  - Verfahren 293 29
  - Zuständigkeit 271 31
  - Beteiligtenstellung 274 21

- Genehmigungsverfahren
  - ärztliche Maßnahmen 298
    - Anfechtbarkeit 298 27 ff.
    - Anhörungen 298 11 ff.
    - Begutachtung 298 19 ff.
  - Rechtsgeschäfte des Betreuers 299 2 ff.
    - allgemeine Verfahrensregeln 299 8 ff.
    - Anhörungen 299 12 ff.
    - Beschwerde 299 23
    - Kündigung der Mietwohnung 299 3 f., 18
    - Wirksamwerden 299 19 ff.
  - Sterilisation, s. dort 297
- Herausgabe
  - Abschrift Vorsorgevollmacht 285
  - Betreuungsverfügung 285
- Katalog
  - andere Betreuungssachen 271 6 ff.
  - Negativabgrenzung 271 19 ff.
  - sonstige Verfahren betreffend rechtliche Betreuung eines Volljährigen 271 6 ff.
  - Verfahren betreffend Aufwendungsersatz und Vergütung des Betreuers 271 15 ff.
  - Verfahren zur Annahme des Betreuten als Kind 271 14
  - Verfahren zur Anordnung eines Einwilligungsvorbehalts 271 5
  - Verfahren zur Aufhebung der Betreuung 271 6
  - Verfahren zur Bestellung eines Betreuers
    - Erstbestellung 271 3
    - Gegenbetreuer 271 6
    - Neubestellung 271 6
    - zusätzlicher Betreuer 271 3
- Kosten
  - Entscheidungsformel 307 15 f.
  - Gerichtskosten 307 5
  - notwendige Auslagen 307 5
- Mitteilung von Entscheidungen und Erkenntnissen
  - Aktenkundigkeit 308 20 f.
  - aus laufendem Verfahren 308 10 ff.
  - besondere Mitteilungen 309
  - Betreuung für alle Angelegenheiten 309 2 ff.
  - Einwilligungsvorbehalt für Aufenthaltsbestimmung 309 8 ff.
  - Endentscheidung 308 3 ff.
  - Unterrichtung
    - des Betreuers 308 14
    - des Betroffenen 308 16 ff.
    - des Verfahrenspflegers 308 14
  - Verfahren 308 22 ff.
  - während Unterbringung 310
  - zur Strafverfolgung 311
- Sachverständigengutachten
  - Absehen, vorhandene Gutachten des MDK 282
  - Anfechtbarkeit Anordnung der Begutachtung 280 33
  - Beweiserhebung 280 8 ff.
  - Beweiswürdigung 280 32
  - Einholung vor Betreuerbestellung 280 5
  - Einholung vor Einwilligungsvorbehalt 280 5
  - Entbehrlichkeit 281
  - Ersetzbarkeit durch ärztliches Zeugnis 281 3 ff.
  - Inhalt 280 25 ff.
  - Nachholung im Beschwerdeverfahren 280 8
  - Person des Sachverständigen 280 16 ff.
  - rechtliches Gehör vor Verwertung 280 11, 12 a f.
  - schriftliches 280 11
  - Unterbringung zur Begutachtung 284
  - Untersuchung durch Gutachter 280 22 ff.
  - Verwertung Gutachten aus anderen Verfahren 280 12
  - Verwertung Pflegegutachten 282
    - Verwertbarkeit 282 12 ff.
    - Verfahren 282 6 ff.
  - Verzicht 281 3 ff.
  - Vorführung zur Untersuchung 283
    - Durchsuchung 283 15 ff.
    - Gewaltanwendung 283 15 ff.
    - Verfahren 283 19 ff.
- Sterilisationsgenehmigung
  - Anhörung
    - Ausschluss ersuchter Richter 297 21 ff.
    - Betreuungsbehörde 297 16 f.
    - Betroffener 297 8 ff.
    - weitere Personen 297 18 ff.
  - Begutachtung 297 27 ff.
  - Bekanntgabe 297 37 ff.
  - Beschwerde 297 42
  - Bestellung Verfahrenspfleger 276 34; 297 24 ff.
  - Beteiligte 297 4 ff.
  - Verfahren 297 41 ff.
  - Wirksamwerden 297 34 ff.
- Umwandlungsbeschluss 296 27
- Verfahrensfähigkeit 275
  - Erhebung Verjährungseinrede 275 17
  - Minderjähriger 275 5
  - Verfahrensvollmacht 275 11 ff.
  - Verfassungsbeschwerde 275 4
  - Zustellungen 275 16
- Verfahrenskostenhilfe 276 61; 277 59; 307 7
- Verfahrenspfleger
  - Aufwendungsersatz 277 7 ff.
  - Berufsverfahrenspfleger 276 50
  - Beschwerdebefugnis 303 31 ff.

[Betreuungssachen]
- Bestellung
  - Absehen von persönlicher Anhörung 276 25 ff.
  - Anfechtbarkeit 276 62 ff.
  - Anhörung des Betroffenen 276 77
  - Begründung 276 78
  - Betreuung in allen Angelegenheiten 276 37 ff.
  - einstweiliges Anordnungsverfahren 276 35
  - Genehmigung Sterilisation 276 34; 297 24 ff.
  - Interessenkollision 276 49
  - Nachholung 276 53a
  - Nichteinwilligung in medizinische Behandlung 276 34
  - Nichterforderlichkeit 276 9 ff., 13 ff., 18 ff., 36, 53 ff.
  - Regelbestellung 276 21 ff.
  - Verfahren 276 75 ff.
  - Zeitpunkt 276 8
  - zwingende 276 6 ff.
- Beteiligtenstellung 274 28 f.
- Eignung 276 41 ff.
- Entschädigung
  - Grundsätze 277 1 ff.
  - Mitarbeiter von Vereinen und Behörden 277 63 ff.
  - nach RVG 277 58 FF:
  - Schuldner 277 2, 69
  - Verfahren 277 2, 70 ff.
- Kostenfreiheit 276 71 ff.
- Typologisierung 277 4 ff.
- Übernahmebereitschaft 276 52
- Vergütung
  - Ausschlussfrist 277 44
  - berufsmäßige Führung 277 26 ff.
  - Höhe 277 33 ff.
  - Mitarbeiter von Vereinen und Behörden 277 63 ff.
  - Pauschalentschädigung 277 45 ff.
  - Rechtsanwalt 277 29, 58 ff.
  - Umsatzsteuer 277 43
- Vorrang ehrenamtlicher Einzelperson 276 50
- Vorschlag durch Betreuungsbehörde 276 51
- Zustellungen 275 16
- Verfahrenspflegschaft, Beendigung 276 57 ff.
- Vertretung durch Bevollmächtigten 276 53 ff.
- Zuständigkeit
  - Abgabe
    - anhängige Verfahren 273 2, 5
    - Änderung gewöhnlicher Aufenthalt 273 7, 11
    - Bestandsverfahren 273 1, 5 f.
    - Betreuerwechsel 273 10
    - Rechtsfolgen 273 14
  - Schwerpunkt der Betereueraufgaben 273 8 f.
  - Teilabgabe 273 9
  - Übernahmebereitschaft 273 17
  - Unterbleiben 273 12 f.
  - Verfahren 273 15 ff.
- funktionelle
  - Bestellung eines Gegenvormunds 271 31
  - Rechtspfleger 271 23 ff.
  - Richter
    - fakultativ 271 28
    - Proberichter 272 3
    - Übernahme 271 32
    - zwingend 271 26 f.
- internationale 272 4, 12
- örtliche
  - Amtsgericht Schöneberg in Berlin 272 12
  - akzessorische für Folgeverfahren 272 14 ff.
  - Besonderheiten in Württemberg 272 23
  - Eilzuständigkeit 272 19 ff.
  - einstweilige Anordnung 272 17 f.
  - gewöhnlicher Aufenthalt des Betroffenen 272 7
  - originäre für Erstverfahren 272 7 ff.
  - Ort des Fürsorgebedürfnisses 272 8 ff.
  - Regelzuständigkeit 272 6 ff.
- sachliche 272 2
  - Besonderheiten in Württemberg 272 23 f.

BeurkG
- notarielle Mitteilungs- und Ablieferungspflichten 347 Anh 2

Bevollmächtigte
- Ausländer 10 21
- Ehe- und Familienstreitsachen 10 4
- Notanwalt 10 25
- Selbstvertretungsrecht der Beteiligten 10 5
- Vertretung vor dem BGH 10 22 ff.
- vertretungsberechtigte Personen
  - andere Beteiligte 10 15
  - Befähigung zum Richteramt 10 14
  - Behörden und juristische Personen des öffentlichen Rechts 10 11, 23 f.
  - Familienangehörige 10 12
  - Mitarbeiter von Beteiligten 10 9
  - Notar 10 8, 16
  - Rechtsanwalt 10 7 f.
  - sonstige Personen 10 17
  - verbundene Unternehmen 10 10
- Vertretungsverbot, Richter/Rechtspfleger am eigenen Gericht 10 26
- Zurückweisung von Bevollmächtigten
  - Rechtsfolge 10 20
  - Untersagung weiterer Vertretung 10 21
  - Verfahren 10 18 f.

Beweis
- Anhörungsfragen 26 57
- Anscheinsbeweis 26 55 f.; 37 20
- Behauptungs-/Beweislast 26 50 f.
- Beweisbeschluss 26 46
- Beweiserhebung, s. dort
- Beweislast, s. dort
- Beweismaß/richterliche Überzeugung 26 48 ff.
- Beweismittel, s. dort
  - Freibeweis 26 43; 29 7 ff.
  - Strengbeweis 26 43; 29 7
- Beweisrecht der fG 26 36 ff.
- Beweisverbote
  - Beweiserhebungsverbot 26 45
  - Beweisverwertungsverbot 26 45
- Beweisvereitelung 26 47a
- des Gegenteils 26 39
- freie Beweiswürdigung, s. dort
- Gegenbeweis 26 39
- gesetzliche Grundlagen 26 41
- Glaubhaftmachung 26 37; 31
- Hauptbeweis 26 39
- Indizienbeweis 26 38
- internationalverfahrensrechtliche Rechtsinstrumente 97 32; Vor 98–106 60
- mittelbarer 26 38
- unmittelbarer 26 38
- Vermutungen
  - gesetzliche 26 52
  - tatsächliche 26 52
  - unwiderlegbar 26 54
  - vertraglich vereinbarte 26 52
  - widerlegbare 26 54
- Vollbeweis 26 37

Beweisaufnahme, förmliche
- Ausnahmen 30 6
  - Abstammungssachen 30 6; 177
  - ausdrückliches Bestreiten 30 7
  - Betreuungssachen 30 6a
  - Sterilisation 30 6
  - Unterbringungssachen 30 6a
- Ehe- und Familienstreitsachen 30 2; 128 6
- Gelegenheit zur Stellungnahme 30 16
- Grundsatz
  - Antragsrecht der Beteiligten 30 5
  - gerichtliches Ermessen 30 5
- Strengbeweis 30 3 f.; 7 ff.
  - Offenkundigkeit 30 12
  - Richtigkeit einer Tatsachenbehauptung 30 7 ff.
    - Bestreiten der Richtigkeit 30 14 f.
    - Entscheidungserheblichkeit 30 10
    - (vorläufige) gerichtliche Überzeugungsbildung 30 11 ff.
- ZPO-Vorschriften
  - Beweisaufnahme 30 17
  - Beweismittel 30 17
  - Eid 30 17
  - selbständiges Beweisverfahren 30 17
  - Stoffsammlung 30 19

Beweiserhebung
- Aktenkundigkeit 29 13
- Beweisantretung 26 46
- Ehe- und Familienstreitsachen 29 6
- Freibeweis 29 8 ff.
  - Anhörung einer Amtsperson 29 8
  - Anhörung eines ausländischen Zeugen 29 8
  - Anwendungsbereich 29 8 f.
  - Vorteile 29 9
- ZPO-Vorschriften
  - Amtsverschwiegenheit 29 10
    - Notar 29 11
    - Rechtsanwalt 29 11
  - Zeugnisverweigerung 29 12

Beweislast
- Beibringungsgrundsatz 37 21
- Entscheidung nach Beweislast 37 24
- objektive/materielle/Feststellungslast 26 51; 37 22 f.
- subjektive/formelle/Beweisführungslast 26 50; 37 21
- Überblick 37 21
- Verteilung 37 25
  - Beweislastumkehr 37 25
  - Grundregel 37 25
- Beweis-/Beweisführungslast 26 50

Beweismittel
- Augenschein 26 44a
- Beteiligtenvernehmung 26 44e
- Sachverständigenbeweis 26 44c
- Urkundenbeweis 26 44d
- Zeugenbeweis 26 44b

Beweisverfahren, selbständiges
- nach ZPO-Vorschriften 30 17

Beweiswürdigung, freie richterliche
- Anscheinsbeweis 37
- Begriff 37 9
- Freiheit der Würdigung 37 14 f.
- Für-Wahr-Erachten 37 3
- gesetzliche Beweisregeln 37 14, 18 f.
- Grad der Gewissheit 37 16
- subjektive Einschätzung 37 12 ff.
- Umfang 37 10 f.
  - Akteninhalt 37 10
  - Erfahrungssätze 37 11
  - Tatsachen 37 11

BGH
- Anwaltszwang vor BGH 10 22 ff.
- Rechtsbeschwerdegericht 114 22

Biologischer Vater
- Beteiligter in Abstammungssachen 172 8
- Vaterschaftsanfechtung 171 22; 177 6 f.

BNotO
- Textauszug 347 Anh 1

Brüssel I-VO
- Entscheidungsanerkennung
  - Anerkennungshindernisse 109 6

3193

[Brüssel I-VO]
- fakultatives Anerkennungsverfahren 108 46
- Gewaltschutzsachen 108 32
- Lebenspartnerschaftssachen 108 35
- Registersachen/unternehmensrechtliche Verfahren 108 38
- Sonstige Familiensachen 108 34
- internationale Zuständigkeit
  - Aufgebotssachen 105 30
  - Ehewohnungs- und Haushaltssachen 105 11 f.
  - Gewaltschutzsachen 105 13 f.
  - Güterrechtssachen 105 17 f.
  - Lebenspartnerschaftssachen 105 12, 21 f.
  - Nachlass- und Teilungssachen 105 24
  - Registersachen/unternehmensrechtliche Verfahren 105 26
  - Sonstige Familiensachen 105 19
  - Unterhaltssachen (Altfälle) **Vor** 98–106 48; 110 Anh 1 2 f.
  - Versorgungsausgleich der Lebenspartner 102 4; 103 12 f.
  - Weitere Angelegenheiten der fG 105 28
- Verhältnis EuUntVO 110 Anh 1 12; 110 Anh 3 175
- Vorrang
  - Gewaltschutzsachen 97 23
  - Unterhaltssachen (Altfälle) 97 24

Brüssel IIa-VO
- Anerkennung ausländischer Entscheidungen
  - Anerkennungsverfahren 107 11 ff.
    - besonderes 107 13; 108 45 ff.
    - fakultatives 107 14, 32; 108 47
  - Anerkennungshindernisse 107 15; 109 9
- Anwendungsbereich 99 5 ff.; 107 6 ff.
- Gerichtsstände 99 13 ff.
- Text 97 Anh 2
- Vollstreckbarkeit ausländischer Entscheidungen
  - besondere Vollstreckbarerklärungsverfahren 110 8 ff.
    - Exequaturverfahren 110 9
  - ohne Vollstreckbarerklärung 110 3 ff
- Vorrang in Ehesachen 97 19; 98 3 ff., 20 ff.
  - Anwendungsbereich
    - räumlich-persönlicher 98 11 ff.
    - sachlicher 98 4 ff.
    - zeitlicher 98 10
  - Gerichtsstände 98 14 ff.
- Vorrang in Kindschaftssachen 99 4 ff.
  - Anwendungsbereich
    - räumlich-persönlicher 99 10 ff.
    - sachlicher 99 5 ff.
    - zeitlicher 99 9
  - Gerichtsstände 99 13 ff.

BtBG
- zuständige Behörde in Betreuungs- und Unterbringungssachen **Vor** 271–341 4

Bundesamt für Justiz
- Bundeszentralstelle für Auslandsadoptionen nach § 5 AdWirkG 199 3
- Rechtsverfolgung in Unterhaltssachen mit Auslandsbezug 110 Anh 1 39a
- Zentrale Behörde in internationalen Erwachsenenschutzsachen 104 29
- Zentrale Behörde in internationalen Kindschaftssachen 99 46

Bundeskriminalamt
- zuständige Behörde in Freiheitsentziehungssachen 417 2

Daten/-übermittlung
- elektronisches Dokument, elektronische Akte, s. dort
- Registersachen
  - Übermittlung, Ermächtigung an Landesregierung 387 2
  - Verarbeitung, Ermächtigung zur Fremdvergabe 387 6 f.
- Übermittlung personenbezogener
  - Datenschutz 22a 6
  - Zulässigkeit nach § 15 EGGVG 379 6

Dienstaufsichtsbeschwerde
- Abgrenzung zur Beschwerde 64 16
- zögerliche Terminierung 32 26
- Verletzung der behördlichen Mitteilungspflichten ggü. Registergericht 379 3
- Verletzung des Vorrang- und Beschleunigungsgebots 155 30

Dispacheverfahren
- Aushändigung von Schriftstücken 404
  - Antrag 404 3
  - Herausgabeanordnung 404 5
  - Zwangsgeld 404 6
- Begrifflichkeiten **Vor** 403 ff. 4 ff.
- Beteiligte **Vor** 403 ff. 7 ff.
- Beschwerde 403 8; 408
- Bestätigungsbeschluss
  - Wirksamkeit 409 2
  - Vollstreckung 409 3 f.
- Einsicht in Dispache 404 7 f.
- große Haverei **Vor** 403 ff. 13 ff.
- materielles Recht **Vor** 403 ff. 11 ff.
- unternehmensrechtliches Verfahren **Vor** 374–409 3; 375 6
- Verfahren bei aufgemachter Dispache
  - Antrag auf mündliche Verhandlung 405 2
  - Ladung 405 10
  - mündliche Verhandlung 406 2 ff.
  - Terminsanberaumung 405 7 ff.
  - im Termin 406
  - Verfahrensverbindung 405 1
  - Vergleich 406 6
  - Vertagung 406 2
  - Widerspruch 406 4 ff.

Sachregister

- Berichtigung und Bestätigung 406 5
- Klageerhebung 407 2f.
- weiteres Verfahren 407 4f.
- Weigerung des Dispacheurs 403 2ff.
  - Ablehnungsrecht 403 3f.
  - Antrag auf gerichtliche Entscheidung 403 5
  - Inhalt der gerichtlichen Entscheidung 403 6f.
  - Beschwerde 403 8
- Zuständigkeit 376 3; 377 5

Dolmetscher
- Ablehnung 6 19
- Ausschließung 6 6
- in Freiheitsentziehungssachen 419 3; 420 8
- in Verfahren mit Auslandsbezug **Vor 98–106** 66
- Hinzuziehung persönliche Anhörung 34 16

Drittwiderspruchsantrag
- als Familiensache 111 41
- als Güterrechtssache 261 20
- als sonstige Familiensache 266 23
- Vollstreckung nach ZPO 95 21

Duldung der Entnahme einer genetischen Probe
- Abstammungssache 169 11
- Vollstreckung **96a**

Durchsuchungsbeschluss, richterlicher
- Vollstreckung der Herausgabe von Personen **91**
- Vollstreckung von Umgangsregelungen **91**

Ehegatteninnengesellschaft
- Auseinandersetzungsansprüche
  - nicht verbundfähig 137 39
  - sonstige Familienssachen 111 24; 266 54

Ehe- und Familienstreitsachen
- Abgabe an anderes Gericht 4 8
- Amtsermittlungsgrundsatz 26 9
- Anschlussbeschwerde 117 35ff.
  - Anfechtung Verbundentscheidung 117 39f.
  - Begründung 117 37
  - Einlegung 117 35ff.
    - Frist 117 36
  - Unterhaltssachen 117 35b
- Anwaltszwang, s. i.Ü. unter Rechtsanwaltszwang 10 4; 114
- Anwendbarkeit von FamFG-Vorschriften
  - Ausnahmen 113 10ff.
- Anwendbarkeit von ZPO-Vorschriften
  - Ausnahmen 113 22ff.
  - Beschwerdeverfahren 117 29ff.
  - Grundsatz 113 5ff.
  - Mahnverfahren 113 19, 20
  - Systematik 113 1
  - Terminologie 113 37

- Terminverlegung 113 21
- Urkunden- und Wechselprozess 113 19, 20
- Überblick über Änderungen 113 3f.
- Zusammenspiel ZPO/FamFG 113 11ff.

- **Arrest**
- Anfechtbarkeit 119 9
- nach ZPO 119 5ff.
- Sicherung künftiger Unterhaltsansprüche 119 6
- Sicherung künftiger Zugewinnausgleichsansprüche 119 7
- Zuständigkeit 119 8
- Beistand 12 2
- Bekanntgabe von Dokumenten 15 4
- Beschluss
  - Bekanntgabe 116 14
  - ergänzende ZPO-Vorschriften 116 16f.
  - Erlass 116 12
  - „im Namen des Volkes" 116 18
  - Inhalt und Form 116 5ff.
    - Begründungspflicht 116 6f.
  - Kostenentscheidung 116 10
  - Rechtskraft 116 22ff.
  - Verkündung 116 12
  - Wirksamkeit 116 13, 19ff.
- Beschwerde
  - Abhilfe 117 19
  - Abtrennung vom Verbund 117 14f.
  - Anschlussbeschwerde 117 35ff.
  - Antragsänderung/-erweiterung 117 26ff.
    - Sorgerechtsregelung 117 28
    - Unterhaltsentscheidung 117 28
  - anwendbare ZPO-Vorschriften 117 7, 29ff.
  - Begründung 117 20ff.
    - Anforderungen 117 23ff.
    - Begründungsfrist 117 21
      - Verlängerung 117 21f.
    - Einlegung 117 20
    - neue Tatsachen und Beweismittel 117 25
  - Einlegung 117 16ff.
    - Anwaltszwang 117 17
    - Beschwerdeschrift 117 17
    - FamG/Beschwerdegericht 117 16
    - verbunden mit VKH-Antrag 117 18
  - Vorabscheidung 117 14f.
  - Wiedereinsetzung 117 75f.
  - Zulässigkeit
    - Beschwer 117 10
      - Auskunftsverpflichtung 117 11f.
    - Beschwerdeberechtigung 117 13
    - Zulassung 117 12
  - Beschwerdeentscheidung 117 61ff.
    - bei un-/begründeter Beschwerde 117 63
    - bei unzulässiger Beschwerde 117 62
    - Beschwerdegericht 117 61

3195

[Ehe- und Familienstreitsachen]
- Beschluss 117 65 ff.
  - Begründung 117 65 f.
  - Kostenentscheidung 117 67
  - Rechtsbehelfsbelehrung 117 68
  - Rechtsbehelfsbelehrung 117 68
  - Verbot der reformatio in peius 117 64
  - Verkündung 117 55, 69
  - Wirksamkeit 117 19, 70
- Beschwerdeverfahren 117 41 ff.
  - Antrag 117 42 f.
  - Beschwerderücknahme 117 60
  - Einzelrichter 117 59
    - vorbereitender 117 30a, 59a
  - Fortwirken des Verbunds 117 58
  - mündliche Verhandlung 117 54
  - Öffentlichkeit 117 54
  - Säumnis 117 56
    - Ehesachen 117 57
  - Überraschungsentscheidung 117 53
  - Verspätung 117 45
  - Verzicht auf Verfahrenshandlungen 117 46 ff.
    - Absehen von Anhörung 117 48
    - Absehen von Beweisaufnahme 117 47
    - Absehen von erneuter mündlicher Verhandlung 117 49
    - gerichtlicher Hinweis 117 49, 52
  - Widerantrag 117 43
- Beteiligtenfähigkeit 8 6
- Ehesachen, s. i.Ü. dort
- Einstweilige Anordnung
  - Anwaltszwang 119 2
  - Arrest 119 5 ff.
  - Kosten/Gebühren 119 10
  - nach §§ 49 ff. 119 1 ff.
  - Rechtskraft 116 22
  - Schadensersatz nach § 945 ZPO 49 20; 119 4
  - Wirksamkeit 116 21
- Familienstreitsachen, s. i.Ü. dort
- rechtliches Gehör 37 27
- Rechtsbeschwerde 117 71 ff.
  - Anwaltszwang 117 74
  - Zulassung 117 72 f.
- Rechtsmittel
  - Überblick über die anwendbaren Vorschriften 117 7 ff.
  - Verbundabtrennung 117 14 ff.
  - Verbundentscheidung 117 9, 39 f.
- Verfahrensaussetzung 21 4
- Verfahrensfähigkeit 9 6 f., 16
- Verfahrensverbindung 20 4, 9 f.
- Verfahrensvollmacht 11 3
- Verweisung 3 10
- Vollstreckung
  - Einstellung und Beschränkung 120 6 ff.
    - einstweilige Einstellung nach § 242 120 12a
  - nicht zu ersetzender Nachteil 120 6 ff.
  - Sicherheitsleistung 120 8, 11 f.
  - Zeitpunkt 120 10
  - Grundsatz ZPO 120 2 ff.
  - Kosten/Gebühren 120 17
  - Modifikationen nach FamFG 120 3 ff.
  - Rechtsbehelfe 120 16
  - Vollstreckungsausschluss
    - Antrag auf Herstellung des ehelichen Lebens 120 13
    - Verpflichtung zur Eingehung der Ehe 120 13
- Wiederaufnahme 118
  - Kosten/Gebühren 118 5
  - Übergangsrecht 118 1
- Wiedereinsetzung 17 4; 18 3, 21, 23; 19 1; 117 75 f.
- Zurückweisung von Angriffs- und Verteidigungsmitteln
  - und Amtsermittlungsgrundsatz 115 5
  - verspäteten Vorbringens 115 4
  - Voraussetzungen 115 6 ff.
- Zuständigkeitsbestimmung 5 7

Ehesachen
- Abgabe
  - an Gericht der Scheidungssache 123 5
  - an Gericht der zuerst rechtshängigen Ehesache 123 6 f.
  - keine Abgabe an unzuständiges Gericht 123 8
  - Kosten/Gebühren 123 11
  - Voraussetzungen und Wirkungen 123 9 f.
- Amtsermittlung, eingeschränkte
  - außergewöhnliche Umstände iSv. § 1568 BGB 127 5
    - Kinderschutzklausel 127 5
  - Eheaufhebungsverfahren 127 9
  - ehefeindliche Tatsachen 127 4
  - Ehefeststellungsverfahren 127 10
  - Ehescheidungsverfahren 127 6 ff.
- Anerkennung ausländischer Entscheidungen 107; 108 28; 109 26 ff., 54
- Anhörung der Ehegatten
  - Abgrenzung Anhörung/Vernehmung 128 5
  - Absehen von 128 15 ff.
  - Anordnung 128 6
  - anwaltlich nicht vertretener Ehegatte 128 7
  - Beteiligtenvernehmung 128 8
  - durch ersuchten Richter 128 13
  - gemeinschaftliche
  - in Abwesenheit des anderen Ehegatten 128 10 f.
  - Kosten/Gebühren 128 21
  - zur elterlichen Sorge und zum Umgang 128 18 ff.
- Antrag
  - Begründung 124 11 ff.

- Behandlung fehlerhafter/verfrühter 124 15 ff.
- Anträge der Gegenseite 124 14
- Anträge in Folgesachen 124 14
- Antragschrift, Anforderungen 124 9 f.
- anwendbare Vorschriften
  - lex fori 121 3
  - ZPO-Vorschriften 113; 121 3
- bigamische Ehe 129
- Doppelehe 129
- Eheaufhebung
  - Antrag Dritter 129 3 ff.
    - Ehegatte der Erstehe 129 7
    - Verwaltungsbehörde 129 4 ff.
  - Eheaufhebungs- und Feststellungsverfahren
    - Stellung der Ehegatten als Antragsgegner 129 8
    - Stellung der Verwaltungsbehörde 129 9
  - Kollision von Scheidung/Aufhebung 126 13 ff.
  - Kosten 132
  - mehrere Aufhebungsgründe 126 18 f.
- Erledigung, Tod eines Ehegatten 131
- Gerichtskostenvorschusspflicht 14
- **FamGKG** 2 ff.
- internationale Ehesachen 98 54 ff.
- Katalog
  - ausländische Rechtsinstitute 121 12 ff.
  - Lebenspartnerschaftssachen 121 4
  - Verfahren auf Aufhebung der Ehe 121 1, 6 ff.
  - Verfahren auf Feststellung des Bestehens/Nichtbestehens einer Ehe 121 1, 9 ff.
  - Verfahren auf Scheidung der Ehe 121 1, 5
  - Verfahren auf Trennung von Tisch und Bett 121 13
  - Wiederaufnahmeverfahren in Ehesache 121 4
  - keine Ehesache: Antrag auf Feststellung des Rechts auf Getrenntlebens 121 1
  - keine Ehesache: Verfahren auf Herstellung des ehelichen Lebens 121 1
- Kollision von Scheidung/Aufhebung 126 13 ff.
- Kosten
  - Aufhebung der Ehe 132
  - Tod eines Ehegatten 131
  - parallele Scheidungsanträge 126 9 ff.
  - persönliches Erscheinen der Ehegatten 128
    - Anordnung 128 4
    - Kosten/Gebühren 128 21
    - zwangsweise Durchsetzung 128 14
  - Säumnis 117 57; 130
    - des Antragsgegners 130 6 f.
    - des Antragstellers 130 2 ff.
  - in der Rechtsmittelinstanz 130 8 ff.
    - Beschwerde 130 9 ff.
    - Rechtsbeschwerde 130 14 ff.
  - Scheidungssachen, s. dort
  - Streitgegenstand in Ehesachen 126 3
  - Tod eines Ehegatten
    - Auswirkungen auf Eheverfahren 131 6 ff.
    - Auswirkungen auf Folgesachen 131 9 ff.
    - Kosten 131 12 ff.
  - Übersicht Gemeinschafts- und Konventionsrecht 97 19, 36 f.
  - Verfahrenseinleitung, Voraussetzungen und Wirkungen 124 2 ff.
  - Verfahrensfähigkeit 125
    - beschränkt geschäftsfähiger Ehegatte 125 2 f.
    - geschäftsunfähiger Ehegatte 125 4 ff.
  - Verfahrensverbindung 126 4 ff.
    - allg. Grundsätze 126 4 ff.
    - Gegenantrag 126 7 f.
    - Geltendmachung mehrerer Aufhebungsgründe 126 18 f.
      - Vermeidung widersprechender Entscheidungen 126 19
    - Kollision Scheidung/Aufhebung 126 13 ff.
      - Vermeidung widersprechender Entscheidungen 126 14 ff.
      - Kosten/Gebühren 126 20
      - parallele Scheidungsanträge 126 9 f.
  - Verfahrensvollmacht 114 37 ff.
  - Zuständigkeit
    - internationale
      - Anknüpfung 98 34 ff.
      - Begriff der Ehesache 98 32 f.
      - Restzuständigkeiten dt. Gerichte 98 32
      - Verbundszuständigkeit 98 39 ff.
      - Vorrang der Brüssel IIa-VO 98 3 ff., 20 ff.
    - örtliche
      - Amtsgericht Schöneberg in Berlin 122 31
      - Aufenthalt eines Ehegatten mit gemeinschaftlichen minderjährigen Kindern 122 23 ff.
      - gewöhnlicher Aufenthalt des Antragsgegners und des Antragstellers 122 30
      - letzter gemeinsamer Aufenthalt 122 27 ff.
  s.a. unter Ehe- und Familienstreitsachen

Ehewohnungs- und Haushaltssachen
- Abgabe an Gericht der Ehesache 202
- Antrag
  - auf Erlass einer (isolierten) einstweiligen Anordnung 203 3, 5
  - eines Ehegatten 203 2
  - im isolierten Verfahren 203 2
  - im Verbund 203 2

Sachregister

[Ehewohnungs- und Haushaltssachen]
- Inhalt 203 4
- Begriff 200 2
- Ehewohnung, Begriff 200 4
- **Ehewohnungssachen**
  - Antrag 203 7
  - Beteiligte 204 2
    - Dienstherr und Arbeitgeber bei Dienst- und Werkswohnungen 204 2
    - Grundstückseigentümer 204 2
    - Jugendamt 204 3
    - Miteigentümer/Mitmieter/Untermieter 204 2
    - nicht: Kinder 204 2
    - nicht: neuer Partner 204 2
    - parteiähnliche Stellung 204 4 f.
    - partieller Ausschluss von mündlicher Verhandlung im Verbundverfahren 204 4
    - Vermieter 204 2
  - Jugendamt
    - Anhörung 205 1 f.
    - Beschwerderecht 205 5
    - Beteiligung 204 3
    - Mitteilung der Entscheidung 205 4
    - Mitwirkungspflichten 205 3
  - nach § 1361b BGB 200 2
  - nach § 1568a BGB 200 2
  - Entscheidung 209
    - Abänderung
      - Einverständnis bei Eingriff in die Rechte Dritter 209 11
      - nachträgliche Räumungsfristanordnung/-verlängerung 209 11
      - unbillige Härte 209 11
    - Durchführungsanordnungen 209 3 ff.
      - Begründung eines (befristeten) Mietverhältnisses 209 5
      - Herausgabe zugewiesener Gegenstände 209 7
      - Maßnahmen zur Sicherung der Verhältnisse 209 8
      - Räumungsanordnung 209 4
      - Rückgabe eigenmächtig entfernter Gegenstände 209 7
      - Umzugskosten 209 4
      - Veräußerungsverbot 209 5
    - Kosten 209 1
    - Vollstreckung 96
      - vor Zustellung 87 9; 209 2
    - Wirksamkeit 209 9 f.
      - Anordnung sofortiger 209 10
  - Erörterungstermin 207
    - an Ort und Stelle in früherer Ehewohnung 207 3
    - Anordnung des persönlichen Erscheinens der Ehegatten 207 2
    - Beschwerdeinstanz 207 2
    - Hinwirken auf gütliche Einigung 207 1
  - Haushaltsgegenstände, Begriff 200 5

- **Haushaltssachen**
  - Antrag 203 6
  - Mitwirkungspflichten/eingeschränkte Amtsermittlung
    - Auflistung aller Haushaltsgegenstände 206 3
    - Bezeichnung der begehrten Haushaltsgegenstände 206 2
    - Erklärungen oder Stellungnahmen zu bestimmten Gegenständen 206 4
    - Fristsetzung 206 6
    - Präklusion 206 7 f.
    - Vorlage von Belegen 206 5
  - nach § 1361a BGB 200 2
  - nach § 1568b BGB 200 2
- possessorischer Besitzschutzanspruch nach § 861 BGB 200 6
- Streit über Nutzungsentschädigung außerhalb eines Verfahrens nach § 1361a BGB 200 7
- Terminologie 200 1
- Tod eines Ehegatten
  - Erledigung der Hauptsache 208 2
  - Kostenentscheidung 208 3
- Vollstreckung 87 9; 209
- Zuständigkeit
  - Abgabe an das Gericht der Ehesache 202
    - Aufnahme in Verbund 202 2
    - Verweisungsverfahren entspr. 281 ZPO 202 2
  - internationale 105 11 f.; 201 3
  - örtliche 201
    - Gericht der Ehesache 201 2 f.; 202 1
  - sachliche 201 1
  - Zuständigkeitskonflikte 201 4

Eidesstattliche Versicherung
- Abgabe, freiwillige 410 2 ff.; 413
  - Einzelfälle 410 4 ff.
- Abgabeverfahren
  - Antrag 413 2
  - Beteiligte 412 2
  - persönliches Erscheinen 413 5
  - Terminsbestimmung 413 3 f.
  - ZPO-Vorschriften 413 6
- Zuständigkeit
  - funktionelle 414 4
  - örtliche 411 2
- Erbe bei Inventarerrichtung
  - Rechtsmittel 361 14
  - Verfahren 361 10 ff.
  - Verfahrensbeteiligte 361 8
  - Zuständigkeit 361 4
- Glaubhaftmachung 31 9
- über Verbleib einer herauszugebenden Person 94
- Vollstreckung der Herausgabe von Personen 94

Einstweilige Anordnung
- Amtsverfahren 49 3; 51 2, 5
- Antragsverfahren 49 3; 51 2

Sachregister

- Arrest 49 2
- Aufhebung oder Abänderung
  - auf Antrag 54 4f.
    - Begründung 54 8
  - Antrag auf mündliche Verhandlung 54 7ff.
  - Einigung über vorläufige Unterhaltszahlungen 54 6
  - Entscheidung durch zu begründenden Beschluss 54 13
  - rückwirkende 54 16
  - Verhältnis zur Beschwerde 54 3, 14
  - Verhältnis zur Hauptsacheklage 54 14
  - Verwirkung 54 15
  - Vollstreckungsabwehrverfahren 54 7
  - von Amts wegen 54 2f.
  - wiederholte 54 3
  - Zuständigkeit 54 10ff.
    - bei Abgabe/Verweisung 54 12
    - Beschwerdegericht 54 12
- Außerkrafttreten 56
  - Anordnung für bestimmten Zeitraum 56 2
  - Antragsverfahren 56 7ff.
    - rechtskräftige Abweisung des Antrags in der Hauptsache 56 7
    - tatsächliche Erledigung der Hauptsache 56 7
    - übereinstimmende Erledigung der Hauptsache 56 7
    - übereinstimmende Erledigung des einstweiligen Anordnungsverfahrens 56 8
    - Zurücknahme des Antrags im einstweiligen Anordnungsverfahren 56 8
    - Zurücknahme des Antrags in der Hauptsache 56 7
  - Beschluss 56 10
  - Beschwerde 56 11
  - Betreuungssachen 56 6
  - Ehewohnungs- und Haushaltssachen 209
  - Familienstreitsachen 56 3ff.
    - Folgesachen 56 6
    - Trennungsunterhaltsanordnung 56 1, 5
  - fG-Verfahren 56 3
  - Freiheitsentziehung 422
  - Gewaltschutzsachen 216
  - Kosten 56 12
  - Rechtsbeschwerde 56 11
  - Unterbringungsmaßnahme 324
  - Unterhaltsanordnungen in Abstammungssachen 56 9
  - Versorgungsausgleichssachen 224
  - Wirksamwerden anderweitiger Regelung 56 2
    - Hauptsacheverfahren 56 2
    - Parteivereinbarung 56 2
  - Zuständigkeit 56 10

- Aussetzung der Vollziehung 55
  - Antrag 55 2
  - Unanfechtbarkeit 55 4
  - Vorabentscheidung 55 5
  - Zuständigkeit 55 3
- Beispiele 49 11ff.
  - Betreuungs- und Unterbringungssachen 49 17
  - Ehewohnungs- und Haushaltssachen 49 16
  - Güterrechtssachen 49 15
  - Unterhaltssachen 49 14
  - Regelung der elterlichen Sorge 49 12
  - Regelung des Umgangs 49 13
- Beschränkung der Vollziehung 55 2
- besondere Vorschriften
  - Familienstreitsachen 49 2
  - Gewaltschutzsachen 49 2
  - Unterhaltssachen, Verfahrenskostenvorschuss 49 2
  - verlängerter schuldrechtlicher Versorgungsausgleich 49 2
  - vorläufige Betreuerbestellung 49 2
  - vorläufige Freiheitsentziehung 49 2
  - vorläufige Unterbringung 49 2
  - vorläufiger Einwilligungsvorbehalt 49 2
- Besonderheiten in Unterhaltssachen 49 14; 57 15
  - kein Regelungsbedürfnis 49 14
  - keine Begrenzung auf vorläufige Maßnahmen 49 14
  - keine Beschränkung auf Notbedarf 49 14
  - keine Notsituation 49 14; 51 4
  - Verfahrenskostenvorschuss 49 14; 51 4
- des Beschwerdegerichts, s. unter Beschwerde 64
- Einleitung des Hauptsacheverfahrens
  - auf Antrag 52 4ff.
    - Aufhebung nach fruchtlosem Ablauf der Frist 52 4ff.
    - Fristbestimmung zur Antragstellung 52 4
  - von Amts wegen 52 2
    - Anordnung einer Wartefrist 52 3
  - verfrühter Antrag 52 3
- einstweilige Verfügung 49 2
- Ersatzansprüche bei falscher einstweiliger Anordnung 49 19f.
- Familiensache kraft Sachzusammenhangs 111 35
- in Betreuungssachen 300; 302
- in Freiheitsentziehungssachen 427
- in Gewaltschutzsachen 214
- in Kindschaftssachen 156 80ff.; 157 29ff.
- in Unterbringungssachen 331
- in Unterhaltssachen 246
- Kindeswohlgefährdung 157 11
- Maßnahmen 49 7ff.
  - Durchführungsanordnungen 49 10

3199

[Einstweilige Anordnung]
- Ge- und Verbote 49 9
- Regelungsanordnung 49 8
- Sicherungsanordnung 49 8
- Verfügungsverbot 49 9
- Rechtsmittel
  - Beschwerde
    - Anwaltszwang 57 13
    - Beschwerdefrist 57 12
    - wiederholte 57 8
    - Zuständigkeit 57 13
  - gegen Unterhaltsanordnungen 57 15 f.
  - in Familiensachen
    - Unanfechtbarkeit 57 3, 8 ff.
      - Kostenentscheidung 57 11
      - mündliche Erörterung 57 8 f.
      - Nebenentscheidungen 57 11
      - VKH-Entscheidungen 57 11
    - Ausnahmen 57 4 ff.
      - Kindschaftssachen 57 5 f., 10
      - Gewaltschutzsachen 57 7
      - Wohnungszuweisung 57 7
  - in fG-Angelegenheiten
    - Betreuungs- und Unterbringungssachen 57 14
    - Freiheitsentziehungssachen 57 14
  - Rechtsbeschwerde 57 13
- Schadensersatzansprüche 49 19 ff.
- Sorgerechtsverfahren 49 12 f.
- Übergangsvorschrift **Art. 111 FGG-RG** 4
- Verfahren
  - Absehen von erneuter Vornahme einzelner Verfahrenshandlungen 51 18 f.
  - Anhörung 51 7
  - Antrag 51 2
  - Anwaltszwang 51 3
  - Begründung 51 4
  - Einholung eines Sachverständigengutachtens 51 8
  - Entscheidung 51 13
    - aufgrund mündlicher Verhandlung 51 11
    - Begründung 51 14 f.
      - Absehen 51 15
    - Bekanntgabe/Verkündung 51 16
    - ohne mündliche Verhandlung 51 9
    - Rechtsbehelfsbelehrung 51 14
    - Wirksamwerden 53 1, 6
  - Glaubhaftmachung 51 4 f.
    - Beweismittel 51 5
    - Gewaltschutzsachen 51 4
    - Unterhaltssachen 51 4
  - Hinzuziehung weiterer Beteiligter 51 7
  - Kostenentscheidung 51 20
  - Ladungsfrist 51 11
  - rechtliches Gehör 51 10
  - Vergleich 51 12
  - Versäumnisentscheidung 51 17
- Verweis auf Hauptsachevorschriften 51 6 ff.
  - schriftliches Sachverständigengutachten 51 8
  - Verfahrensaussetzung 51 8
- Verhältnis zur Hauptsache 49 3, 18; 52 1
- Vollstreckung 53; 86 22; 87 9
  - Anordnung der Vollstreckung vor Zustellung 53 5
    - Gewaltschutzsachen 53 5
    - Herausgabe eines Kindes 53 5
    - vorläufige Unterbringungs-/Freiheitsentziehungsmaßnahme 53 5
  - Anordnung der Wohnungszuweisung
    - Ehewohnungssachen 96 6 ff.
    - Gewaltschutzsachen 96 6 ff.
  - Vollstreckungsklausel 53 2 f.
  - Vollziehungsfrist 53 4
- Voraussetzungen
  - materiell-rechtliche Anspruchsgrundlage 49 5
  - Regelungsbedürfnis 49 6; 51 4
    - Gewaltschutzsachen 51 4
    - Unterhaltssachen 51 4
    - Verfahrenskostenvorschuss 51 4
- Zuständigkeit
  - Anhängigkeit der Hauptsache 50 2 ff.
    - beim Beschwerdegericht 50 3
    - beim Rechtsbeschwerdegericht 50 3
    - im ersten Rechtszug 50 3
    - Nichtanhängigkeit der Hauptsache 50 2
  - Auseinanderfallen der Zuständigkeit für Hauptsache und einstweilige Anordnung 50 5
  - Eilzuständigkeit 50 7 ff.
  - internationale **Vor 98–106** 17
  - Rechtshängigkeit einer Ehesache 50 6

Einwilligung in genetische Abstammungsuntersuchung
- Vollstreckung 96a 7

Einzelkaufmann
- Erlöschen der Firma 393 6 f.
- Registeranmeldung 382 30
- Zwangsgeldandrohung in Registersachen 388 9, 14, 18

Elektronische Akte
- Aktenausdruck 14 19 ff., 26
- Akteneinsicht 13 42 ff.
- Beweiswert 14 7
- Ehe- und Familienstreitsachen 14 3
- Eingänge in Papierform 14 5 ff.
- Einreichung elektronischer Schriftsätze, Fristwahrung 14 18
- elektronische Übermittlung von Anträgen und Erklärungen der Beteiligten 14 10 ff.
  - automatische Eingangsbestätigung 14 15
- Eignung zur Bearbeitung 14 14
- elektronisches Gerichtspostfach 14 13

- qualifizierte elektronische Signatur 14 16 f.
- Wahrung der Schriftform 14 12 f., 17a
- Ermächtigungen für die Justizverwaltungen 14 27
- Führung der Gerichtsakten 14 4 ff.
- Geltung des § 14 im Kostenverfahren 8 **FamGKG**
- Gesetz zur Förderung des elektronischen Rechtsverkehrs 14 3a
  - Einführung elektronischer Formulare 14a
  - Nutzungspflicht 14b
- Mikroverfilmung und elektronische Speicherung 14 28 ff.
  - Abschriften 14 28 ff.
  - Akteneinsicht 14 34
  - Ausfertigungen 14 32, 34 f.
  - Original
    - Verfahrensvollmacht 11 8; 14 7
    - Vollstreckbarerklärungsverfahren 14 7
- qualifizierte elektronische Signatur 14 16 f., 21, 24
- Speicherungspflicht 14 22
- Übertragungsvermerk/Transfervermerk 14 9, 20
- Wiedereinsetzung 14 15
s.a. Elektronisches Dokument

Elektronische Datenverarbeitung
- Fremdvergabe der Registerführung 387 6 f.

Elektronische Signatur
- qualifizierte 14 16 ff.

Elektronisches Dokument
- Berichtigungsbeschluss 42 19
- Beschwerdeschrift 64 7
- Einreichung elektronischer Schriftsätze 14 11 ff.
  - Ausdruck 14 19 ff.
  - qualifizierte elektronische Signatur 14 16
  - Wahrung der Schriftform 14 12 ff.
- Geltung des § 14 im Kostenverfahren 8 **FamGKG**
- gerichtliches 14 23 ff.
  - Ausdruck 14 26
  - Namensangabe und Signatur 14 24 f.
- im Kostenverfahren 8 **FamGKG**
- Verfahrensvollmacht 11 8; 14 7
- Zustellung durch elektronisches Dokument 15 44
s.a. Elektronische Akte

Elektronisches Handelsregister
- Einführung **Vor 374–409** 44
- Wirksamwerden der Eintragung 382 7

Empfangsbekenntnis
- Zustellung gegen 15 44

EMRK
- unrechtmäßige Freiheitsentziehung 415 11 f
  - Entschädigungsanspruch 415 12; 430 10

Entscheidung durch Beschluss
s. unter Beschluss (Endentscheidung)

Erbausschlagung
- Entgegennahme durch ersuchtes Gericht 344 84
- Entgegennahme durch unzuständiges Gericht 344 81 ff.
- Entgegennahmezuständigkeit 344 64 ff.
  - funktionelle 344 74
  - internationale 343 151; 344 75 ff.
  - örtliche 344 72 ff.
- Ergänzungspfleger 344 88
- Familiengerichtliche Genehmigung 344 85 ff.
- Nachlassspaltung 344 79 f.
- öffentliche Beglaubigung der Verfahrensvollmacht 11 9
- Übersendungspflicht 344 70 ff.

Erbe
- Beteiligter in Nachlasssachen 345 16 ff.
- Beteiligter in Versorgungsausgleichssachen 219 4 ff.
- eidesstattliche Versicherung 361 9
- Inventarfristbestimmung, Beschwerdefristbeginn 360 16

Erbenermittlung 342 12 ff.

Erbengemeinschaft
- Beteiligtenfähigkeit 8 17

Erbengemeinschaft, Auseinandersetzung
- Auseinandersetzungsplan 368
- Losziehungsverfahren 369
- Verfahren 363 ff.
  - auf Antrag 363 21 ff.
    - Antragsanforderungen 363 52 ff.
    - Antragsberechtigung 363 36 ff.
  - Beteiligte 363 13 ff.
  - Einleitung, Ladung 365 2, 6 ff.
  - Entscheidung, Rechtsmittel 363 58
  - Zuständigkeit 363 4 ff.

Erbfolgezeugnis
- Anerkennung eines ausländischen 108 16 ff.

Erbschaftsausschlagung
- Nachlasssache 342 19

Erbschaftskauf
- Aufgebot von Nachlassgläubigern 463

Erbschaftsveräußerung
- Nachlasssache 342 25

Erbschein
- Einziehung 353
  - Anfechtbarkeit 353 10 ff.
  - örtlich unzuständiges Gericht 343 125a
- Erteilung
  - Ausfertigungen 357 17 ff.
  - Auslandsbezug 352 82 ff.

[Erbschein]
- Alleinerbschein, gesetzliche Erbfolge 352 49
- gemeinschaftlicher, gewillkürte Erbfolge 352 50 ff.
- gemeinschaftlicher, vorläufiger, gesetzliche Erbfolge 352 54 f.
- bei innerdeutscher Nachlassspaltung 352 104 ff.
- bei Nacherbfolge
  - nach Eintritt des Nacherbfalls 352 63 ff.
  - Vorausvermächtnis an Vorerben 352 72 ff.
  - vor Eintritt des Nacherbfalls 352 58 ff.
  - Wiederverheiratungsklausel 352 67 ff.
- Pflichtteilsstrafklausel 352 81
- Teilerbschein 352 56 f.
- Wegfall der Testamentsvollstreckung 352 109 ff.
- Kraftloserklärung 353; **Vor 433** 5
- Anfechtbarkeit 353 21 ff.
- Wesen und Bedeutung 352 13 ff.
  - ggü. Banken 352 15a
  - ggü. Grundbuchamt 352 15

Erbscheinsverfahren
- Antrag 352 17 ff.
  - Antragsberechtigung 352 20
  - erforderliche Angaben 352 24
  - erneuter 352 21
  - Haupt-/Hilfsantrag 352 27
  - Nachweise 352 28 ff.
  - öffentliche Aufforderung 352 28c f.
- Beteiligte 345 16 ff.; 352 10 ff.
- Entscheidung über Erbscheinsanträge 352
  - Anordnungsbeschluss 352 38 ff.
  - Zurückweisungsbeschluss 352 21, 39
  - Zuständigkeit 352 6 ff.
  - Zwischenverfügung 352 37
- Nachlasssache 342 26
- Rechtsmittel 352 116 ff.
  - gegen Anordnungsbeschluss
    - nach Erteilung des Erbscheins 352 117 ff.
    - vor Erteilung des Erbscheins 352 116
  - gegen Zurückweisungsbeschluss 352 121 f.
- Richtervorbehalt 343 145; 352 34a
- sonstige Zeugnisse 354
- Übergangsrecht 352 123 ff.
- Verfahren
  - Amtsermittlung/Beweisaufnahme 352 30 ff.
  - Antragsübersendung an Beteiligte 352 29
  - Aussetzung 352 33a
  - streitiges 352 43 ff.
- unstreitiges 352 40 ff.
- Vollzug/Erbscheinserteilung 352 48 ff.
- Vorbescheid 58 2
- Zeugnisbeschränkung auf Inlandsnachlass 343 188 ff.
- Zwischenverfügung 352 37

Erbteilserwerber
- Antragsberechtigung in Teilungssachen 363 43
- Beteiligter
  - in Nachlasssachen 345 20, 37a
  - in Teilungssachen 363 18

Erbvertrag
- Ablieferung 358 10
- besondere amtliche Verwahrung
  - Rückgabe 346 25 ff.
  - Zuständigkeit 344 39 ff.
- Besonderheiten bei der Eröffnung 349 34
- Einsicht in eröffneten 357 15

Erfüllungseinwand
- im vereinfachten Verfahren 252 12, 14
- im Zwangsvollstreckungsverfahren nach § 887 ZPO 95 11 f.

Ergänzungspfleger
- Beteiligtenstellung in Abstammungssachen 172 4 ff.
- Erbausschlagung 344 88
- Ergänzungspfleger/Verfahrensbeistand in Kindschaftssachen 151 59 f.; 158 16
- Ersetzung der Einwilligung zur Annahme als Kind 186 28
- Geltendmachung des Kindesunterhalts 137 33; 140 8
- Vertretung nicht verfahrensfähiger Personen 9 19

Ergänzungspflegschaft
- als Kindschaftssache 151 19
- Beschwerde 58 26
- für minderjährige abwesende Beteiligte 364 (a.F.) 13

Erklärung zur Niederschrift der Geschäftsstelle 25
- Anhörungsrüge 44 9
- Anschlussbeschwerdeschrift 66 9
- Anwaltsverfahren 25 1, 3, 5
- Beschwerdeeinlegung 25 13, 15 f.
- Ehe- und Familienstreitsachen 25 4
- elektronisches Dokument 25 2
- E-Mail 25 7
- (fern-)mündliche Anträge/Erklärungen 25 13
- Form und Inhalt 25 11
- Geschäftsstelle
  - Ausgangsgericht 25 15
  - jedes Amtsgericht 25 1, 14
  - unzuständiges Gericht
    - Fristwahrung 25 14 ff.
    - Weiterleitung 25 14, 17 ff.
    - Wiedereinsetzung 25 18
  - zuständiges Gericht 25 9
- Urkundsbeamter 25 10

- Widerruf der Zustimmung zur Scheidung 134 1
- Wiedereinsetzungsantrag 18 10
- Zustimmung zur Rücknahme der Scheidung 134 7

Erklärung zur Niederschrift des Gerichts
- in Abstammungssachen 180
- Widerruf der Zustimmung zur Scheidung 134 1
- Zustimmung zur Rücknahme der Scheidung 134 7

Erledigung der Hauptsache
- in Amtsverfahren 22 22
- in Antragsverfahren 22 17
- Fortsetzungsfeststellungsantrag, s. unter Beschwerde nach Erledigung 62
- Freiheitsentziehungssachen 429 4 ff., 11
- Kostenentscheidung 22 21; 83
- Rechtsfolgen 22 19 ff.
- Tod eines Beteiligten in Abstammungssachen 181 3
- Tod eines Ehegatten in Ehesachen 131
- übereinstimmende Beendigungserklärungen 22 19
- Wiederaufnahme 22 20

Erörterungstermin
- Abgrenzung mündliche Verhandlung im Zivilprozess 32 7, 10
- Anordnung des persönlichen Erscheinens 32 38
- Bekanntgabe Termin und Gegenstand 32 11
- Beschwerdeinstanz 32 11
- Dolmetscher 32 13
- Durchführung
  - Einzelrichter 32 37
  - Öffentlichkeit 32 36
    - Betreuungs- und Unterbringungssachen 32 36
    - echte Streitsachen 32 36
    - Grundbuchsachen 32 36
    - Nachlasssachen 32 36
    - Registersachen 32 36
    - Vormundschaftssachen 32 36
  - Spruchkörper 32 37
- Terminsort
  - Anhörung des Bundespräsidenten 32 24
  - Bestimmungsverfügung 32 20
  - Dienstzimmer 32 20
  - Gerichtsgebäude 32 20
  - Inaugenscheinnahme 32 23
  - Publikumszugang 32 20
  - Sitzungssaal 32 20
  - Verlegung 32 23
  - Vernehmung in üblicher Umgebung 32 21 f.
- Verfahrensgrundsätze der früheren Rspr. 32 35
- Entbehrlichkeit 32 17 f.

- Erforderlichkeit 32 10 ff.
  - Ermessen des Gerichts 32 10
  - Ermessenskontrolle 32 17
- Erörterung
  - Abgrenzung persönliche Anhörung 32 2 ff.; 34 2
  - kein Mündlichkeitsprinzip 32 7 f.
  - Rechtsgespräch 32 5
  - Rechtsmittelinstanz 32 6
  - Zweck
    - Herbeiführung gütlicher Einigung 32 9
    - rechtliches Gehör 32 9, 12 ff.
    - Sachverhaltsaufklärung 32 9
- Gelegenheit zur Stellungnahme 32 13
  - Frist 32 13
- Heilung von Verfahrensmängeln 32 12
  - in Abstammungssachen 175
  - in Ehewohnungs- und Haushaltssachen 207
  - in Kindschaftssachen 157
  - in Versorgungsausgleichssachen 221
- persönliches Erscheinen der Beteiligten, s. dort 33
- Präklusion verspäteten Vortrags 32 8
- Protokoll/Vermerk 32 39
- rechtliches Gehör, s. i.Ü. dort 32 12 ff.
- Registersachen 32 18
- richterliche Hinweispflicht 32 14
- Terminierung 32 25 ff.
  - Ladungsfrist 32 26
  - Terminsverlegung 32 27
  - Verfügung des Vorsitzenden 32 25
- Verfahrenspflegerbestellung 32 11
- Verhandlung im Wege der Bild- und Tonübertragung
  - (Un-)Anfechtbarkeit der Entscheidung zur 32 34
  - Aufzeichnung 32 33
  - Durchführung 32 32
  - Protokoll 32 33
  - übereinstimmender Antrag 32 29 ff.
  - ZPO-Verweis 32 28
- Vertretung durch Verfahrensbevollmächtigten 32 38
- Verzicht 32 12 f., 18 f.
- Videokonferenz, s. Verhandlung im Wege der Bild- und Tonübertragung
- Zweck 32 9
  - Gewährung rechtlichen Gehörs 32 9
  - Herbeiführung einer gütlichen Einigung 32 9
  - Sachverhaltsaufklärung 32 9

Erzwingung von Duldungen und Unterlassungen
- Vollstreckung 95 14 ff.

EuErbVO
- Anerkennungshindernisse in Nachlasssachen 109 14a
- Anwendungsbereich 343 154a ff.
- Erbstatut 352 101

[EuErbVO]
- Europäische Erbrechtsverordnung 97 26; 343 154 ff.
- Europäisches Nachlasszeugnis 352 103
- internationale Zuständigkeit dt. Nachlassgerichte **Vor 98–106** 25, 36; 343 154 ff.
  - Erbausschlagung/Haftungsbegrenzung 343 161
  - Erklärungen im Zusammenhang mit Erbausschlagungen 343 175
  - gewöhnlicher Aufenthalt 343 156
  - Notzuständigkeit 343 159
  - Ort der Belegenheit 343 158
  - Übergangsrecht 343 162
- Nachlassverfahrensrecht 343 163; 352 100 ff.
- Text 343 Anh
- Unterhaltspflichten, die mit dem Tod entstehen 110 Anh 1 4
- Vollstreckbarkeit ausländischer Entscheidungen 110 12a
- Vorrang 343 155

EuGH
- Eil-Vorlageverfahren 97 12
- Vorabentscheidungsverfahren 97 12

EU-Recht
- Vorrang 97 8 ff.

Europäische Genossenschaft
- Eintragung und Überwachung 375 13

Europäische Gesellschaft (SE)
- unternehmensrechtliche Verfahren 375 9
- Verfahren bei unzulässigem Firmengebrauch 392 5

Europäische Wirtschaftliche Interessengemeinschaft (EWIV)
- Verfahren bei unzulässigem Firmengebrauch 392 5
- Zwangsgeldverfahren in Registersachen 388 24

Europäischer Vollstreckungstitel
- in Unterhaltssachen mit Auslandsbezug 110 Anh 1 13

Europäisches justizielles Netz 97 18
Europäisches Nachlasszeugnis 354 22 ff.

EuUntVO
- Abänderung 110 Anh 365 ff.
- Abschaffung Exequaturverfahren 110 Anh 3 88 ff.
- Anerkennung 110 Anh 3 111 ff.
  - Anerkennungshindernisse 110 Anh 3 118
    - Ordre-public-Vorbehalt 110 Anh 3 118
    - Gehörsverletzungen 110 Anh 3 120 ff.
  - Anerkennungszuständigkeit 110 Anh 3 125
- anwendbares Recht 110 Anh 3 79
- Anwendungsbereich 110 Anh 3 2 ff.
- Aussetzung wegen Sachzusammenhangs 110 Anh 3 73 ff.
- einstweilige Maßnahmen 110 Anh 3 78, 82, 148
- Europäische UnterhaltsVO 97 24, 40
- negative Feststellungsanträge 110 Anh 3 36
- Rechtshängigkeitssperre 110 Anh 3 74
- Regressklagen öffentlicher Einrichtungen 110 Anh 3 40
- Text 110 Anh 3
- Unterhaltsregress 110 Anh 3 39
- Verfahrensbegrenzung 110 Anh 3 65 ff.
- Verfahrenskostenhilfe 110 Anh 3 156 ff.
- Verhältnis zum Richtlinienrecht 110 Anh 3 179
- Verhältnis zur Brüssel I-VO 110 Anh 3 175
- Verhältnis zur EuVTVO 110 Anh 3 176
- Verweigerung oder Aussetzung der Vollstreckung 110 Anh 3 104 ff.
- vollstreckbare Ausfertigung 110 Anh 3 100
- Vollstreckbarerklärung 110 Anh 3 128 ff.
  - Anwaltszwang 110 Anh 3 132
  - Einwendungen 110 Anh 3 146
  - Rechtsmittel 110 Anh 3 140 ff.
- Zuständigkeit 20 ff. 110 Anh 3 20 ff.
  - Abänderung 110 Anh 3 66
  - Gerichtsstandsvereinbarungen 110 Anh 3 46 ff.
  - Notzuständigkeit 110 Anh 3 59
  - örtliche konzentrierte 110 Anh 3 44

EuZustVO
- Europäische Zustellungsverordnung 15 47 ff.

Exequatur
s. unter Vollstreckbarerklärung ausländischer Entscheidungen

Exterritorialität Vor 98–106 32

FamFG
- Amtsermittlungsgrundsatz **Einl** 57 ff.; 26
- Änderungen seit Inkrafttreten **Einl** 45a
- Änderungen vor Inkrafttreten **Einl** 45
- Änderungen, wichtige ggü. altem Rechtszustand **Einl** 33 ff.
- Anwendungsbereich 1 7 ff.
- Aufbau **Einl** 21 f.
- Entstehung **Einl** 10 ff.
- Geltungsbereich **Einl** 41 ff.
- Inhalt **Einl** 23 ff.
- Inkrafttreten **Einl** 15; FGG-RG Art. 112
- internationales Verfahrensrecht der fG **Einl** 88 ff.
- landesrechtliche Vorbehalte 486 ff.
- Mediation **Einl** 86 ff.
- Stellung im Rechtsschutzsystem **Einl** 16 ff.
- Streitschlichtung **Einl** 86 ff.
- Systematik 111 3 ff.; **Vor 231** 1 ff.
- Terminologie 200 1
- Übergangsvorschrift **Art. 111 FGG-RG**

Sachregister

- Verfahrensgrundsätze
  - Amtsermittlungsgrundsatz **Einl** 57 ff.
  - Aufklärungspflicht des Gerichts **Einl** 61
  - Dispositionsmaxime/Offizialprinzip **Einl** 60
  - Effektivität des Rechtsschutzes **Einl** 68a
  - Grundsatz der Öffentlichkeit **Einl** 63
  - Konzentrationsgrundsatz **Einl** 62
  - Verletzung, Rechtsfolgen **Einl** 64
- Verfahrensgegenstand **Einl** 69 ff.
  - Streitgegenstand im Zivilprozess **Einl** 70 ff.
  - Verfahrensgegenstand der fG **Einl** 76 ff.
- Verfassungsgarantien
  - Anspruch auf faires Verfahren **Einl** 66
  - Anspruch auf rechtliches Gehör **Einl** 65
  - Rechtsschutzgarantie **Einl** 68
  - Willkürverbot **Einl** 67
- Vergleich zur ZPO **Einl** 46 f.
- Verhältnis zu anderen Gesetzen **485**
- Verfahren vor landesgesetzlich zugelassenen Behörden **488**

FamGKG
- Abgrenzung zu anderen Kostengesetzen **1 FamGKG** 2
- einheitliches Gerichtskostenrecht **Vor 1 FamGKG** 1
- Geltungsbereich **1 FamGKG** 3
- Grundsätze **Vor 1 FamGKG** 2 ff.
- Kostenniveau **Vor 1 FamGKG** 6 ff.
- Kostenverzeichnis Anwendungshinweise, s. i.Ü. dort **Vor 1 FamGKG** 14 ff.
- Legaldefinition des Kostenbegriffs **1 FamGKG** 8
- s. i.Ü. unter Gerichtskosten

Familienbuch
- Abschaffung **133** 8

Familiensachen
- Amtsermittlung **26** 35b
- anwendbare Vorschriften **1** 9
- Aufrechnung **111** 66
- Begriff **1** 7 f.
- Definition **111** 9 ff.
- Einordnung **111** 9 ff.
  - Gläubigerwechsel **111** 14
  - Rechtsmittelzuständigkeit **111** 12
  - Sachverhalte mit Auslandsberührung **111** 11
  - Vorrang familienrechtlicher Spezialzuständigkeit **111** 10
  - Zuständigkeitsprüfung **111** 9
- Katalog
  - Abstammungssachen **111** 17
  - Adoptionssachen **111** 18
  - Ehesachen **111** 15
  - Ehewohnungs- und Haushaltssachen **111** 19
  - Gewaltschutzsachen **111** 20
  - Güterrechtssachen **111** 23
  - Kindschaftssachen **111** 16
  - Lebenspartnerschaftssachen **111** 25 f.
  - sonstige Familiensachen **111** 24
  - Unterhaltssachen **111** 22
  - Versorgungsausgleichssachen **111** 21
- kraft Sachzusammenhangs **111** 27
  - Abänderungs- und Wiederaufnahmeverfahren **111** 44, **118** 3
  - allgemeine vermögensrechtliche Ansprüche **111** 32
  - Anwaltshonorarklagen **111** 30
  - Beratungs-/Verfahrenskostenhilfe **111** 33
  - Eil-, Hilfs- und Sicherungsverfahren **111** 35
    - Arrest **111** 35
    - einstweilige Anordnungen **111** 35
    - Rechtshilfe **111** 37
    - selbständige Beweisverfahren **111** 36
    - Kostenfestsetzung **111** 37
  - Sekundäransprüche **111** 29
    - Bereicherungsansprüche **111** 29
    - Freistellungsansprüche **111** 29
    - Herausgabeansprüche **111** 29
    - Räumungsansprüche **111** 29
    - Rückgewähransprüche **111** 29
    - Verweigerung der Zustimmung zum Realsplitting **111** 29
    - (Verzugs-)Schadensersatzansprüche **111** 29
  - (scheidungs-)vertragliche Ansprüche **111** 31
  - Vollstreckbarerklärung ausländischer Entscheidungen **111** 43
  - vorbereitende Ansprüche **111** 28, 40
    - Auskunftsansprüche **111** 28
    - Herausgabe von Unterlagen **111** 28
    - Schadensersatzansprüche gegen Dritte **111** 28
  - Zwangsvollstreckung **111** 38 ff.
    - Anerkennung ausländischer Entscheidungen **111** 43
    - Auskunftserteilung gem. § 836 Abs. 3 ZPO **111** 40
    - Drittwiderspruchsklage **111** 41
    - Vollstreckbarerklärung ausländischer Entscheidung **111** 43
    - Vollstreckungsabwehrklage nach § 767 ZPO **111** 41
    - Vollstreckungserinnerung **111** 41
    - Vollstreckungsklauselerteilung **111** 42
    - Vollstreckungsschutzantrag nach § 765a ZPO **111** 40
  - Zwischen- und Nebenverfahren **111** 34
    - Ablehnungsgesuche **111** 34
    - Kompetenzkonflikte **111** 34
- Übergangsvorschrift **Art. 111 FGG-RG** 6
- Verfahrensverbindung **111** 65

[Familiensachen]
- Zuständigkeit des Familiengerichts 111 45 ff.
  - Beschwerdeinstanz 111 47
  - funktionelle 111 48
  - internationale 111 45
  - örtliche 111 49
  - Rechtsbeschwerdeinstanz 111 47
  - sachliche 111 46
- **Familienstreitsachen**
- Anordnung der sofortigen Vollziehbarkeit 116 26 ff.
  - Anerkenntnisentscheidungen 116 26
  - Güterrechtsfolgesachen 116 29
  - Unterhaltsfolgesachen 116 29
  - Verfahren 116 30
  - Versäumnisentscheidungen 116 26
- Anwendung ZPO-Vorschriften 113
- Außerkrafttreten einstweiliger Anordnung 56 3 ff.
- bisherige ZPO-Familiensachen 112 1
- Katalog
  - Güterrechtssachen nach § 261 Abs. 1/korrespondierende Lebenspartnerschaftssachen 112 3
  - sonstige Familiensachen nach § 266 Abs. 1/korrespondierende Lebenspartnerschaftssachen 112 3
  - Unterhaltssachen nach § 2231 Abs. 1/korrespondierende Lebenspartnerschaftssachen 112 3
  - selbständige, Gerichtskostenvorschusspflicht 14 FamGKG 2 ff.
- Mahnverfahren 113 19, 20
- Systematik 112 2
- Urkunden- und Wechselprozess 113 19, 20

s.a. unter Ehe- und Familienstreitsachen

Fassungsbeschwerde 383 12 ff.; 395 4

FEVG
- Freiheitsentziehungsverfahrensgesetz 415 1

FGG-Register
- „klassische" Vor 374–409 46 ff.

FGG-RG
- Inkrafttreten FGG-RG Art. 112
- Übergangsvorschrift FGG-RG Art. 111

Finanzamt/-behörde
- Anhörung im Amtslöschungsverfahren 394 27, 31
- Antragsrechte in Registersachen 382 36; 394 27 ff.
- Auskunftspflicht in Registersachen 379 5
- Auskunftspflicht in Versorgungsausgleichssachen 236 12
- Beschwerderechte in Registersachen 382 48; 394 28

Firma
- Erlöschen 393 4 ff.
- Löschung 393; 393 22 ff.

- unbefugter Gebrauch 392 8 ff.
- Ordnungsgeldverfahren 392 11 ff.

Flüchtlinge Vor 98–106 29

Flughafengewahrsam 415 24 ff.

Folgesachen
s. unter Verbund von Scheidungs- und Folgesachen

Formlose Mitteilung
s. unter Mitteilung, formlose

Freibeweis
s. unter Beweiserhebung 29

Freiheitsentziehung
- Aufhebung 426
- Begriff 415 22 ff.
  - Direktabschiebung 415 23
  - Flughafengewahrsam 415 24 ff.
- Behördengewahrsam 428 2 ff.
  - Beschwerde 428 11
  - Feststellung der Rechtswidrigkeit 428 7
  - Nachholung richterlicher Entscheidung 428 5 f.
- Dauer 425 3 ff.
  - Asylantrag aus Haft 425 7
  - Fristbestimmung und -berechnung 425 8 ff.
  - Höchstdauer 425 3
  - Sicherungshaft 425 5
  - Überhaft 425 9 ff.
  - Vorbereitung einer Ausweisung 425 4
  - Zurückschiebung 425 6
- einstweilige 427
- Entlassung 425 15
- Freiheitsbeschränkung 415 22 ff.
- in abgeschlossener Abteilung eines Krankenhauses 417 8; 420 21
- nach Infektionsschutzgesetz 420 21 ff.; 422 7; 422 4, 13
- Sicherungshaft 425 5
- Überhaft 421 5; 425 9
- Verlängerung 425 16 ff.
- Vollzug 422 8 ff.
  - Abschiebungshaft 422 9a
  - außerhalb Justizvollzugsanstalt 422 11 ff.
  - in Justizvollzugsanstalt 422 9 f.
  - Rechtsmittel gegen Vollzugsmaßnahmen 422 14
  - Vollzugsaussetzung 424
- vorläufige 427

Freiheitsentziehungssachen 415 ff.
- Amtsermittlung 26 35f
- Anhörung 420
  - Betroffener 420 3 ff.
    - Absehen von 420 16 ff.
    - Beschwerdeinstanz 420 10 ff.
      - erneute 420 11a
    - Dolmetscher 420 7, 9
    - einstweilige Anordnung 420 5
    - Teilnahme des Verfahrensbevollmächtigten 420 8, 14

- unterlassene 420 12 ff.
- Verlängerung der Freiheitsentziehung 420 6
- Videokonferenz 420 4a
- Vorführung zur Anhörung 420 15
- Sachverständiger, ärztlicher 420 21 ff.
- weiterer Personen 420 19 ff.
  - Ehegatte 420 19
  - Lebensgefährte 420 19
  - nahe Angehörige 420 19
  - Unterbleiben 420 19
  - Vertrauensperson 420 19
- Anordnung der sofortigen Vollziehung 422 3 ff.
- Anfechtbarkeit 422 7
- Antrag
  - ärztliches Gutachten 417 8
  - Aktenvorlage 417 7, 10 f.
  - Aushändigung Kopie/Übersetzung 417 8a
  - Begründung 417 5 ff.
  - Einvernehmen Staatsanwaltschaft 417 6b
  - Rechtsfolge fehlerhaften Antrags 417 9 f.
    - mangelnde Beiziehung Ausländerakte 417 10 f.
  - zuständige Behörde 417 1a ff.
    - Abschiebungshaftsachen 417 2
    - örtlich zuständige Behörde in Abschiebungshaftsachen 417 3
    - ordnungsbehördliche Ingewahrsamnahme 417 2
    - Verfahren nach dem Infektionsschutzgesetz 417 2
- Anwendung, entsprechende aufgrund Landesrecht 415 5 f.
- Anwendungsbereich aufgrund Bundesrechts 415 2 ff.
- Aufhebungsverfahren 426 4 ff.
  - Beteiligte 426 7 f.
  - Rechtsmittel 426 10 f.
- Aussetzung der Vollziehung
  - Anhörung 424 3
    - Leiter der Einrichtung 424 3
    - Verwaltungsbehörde 424 3
  - Auflagen 424 2
  - Rechtsmittel 424 7 f.
  - Widerruf 424 4
- Beistand 12 4
- Benachrichtigung von Angehörigen
- Benachrichtigungspflichten
  - Abschiebungshaftgefangene 432 7a
  - Angehörige/nahe stehende Personen 415 19; 432
  - Ausländer 415 20; 432 6
  - Folgen der Pflichtverletzung 432 5
  - Nachholung 432 5
  - Vertrauensperson 415 19; 432
  - Verzicht 432 3 f.

- Beschluss
  - Aufhebung 426
  - Bekanntgabe
    - Absehen von Bekanntgabe der Gründe 423
  - Beschlussformel 421
    - Abschiebungshaftanordnung 421 4
    - Ingewahrsamnahme Fußball-Hooligan 421 6
    - Quarantäneanordnung 421 7
    - Überhaftanordnung 421 5
  - Wirksamkeit 422
    - Anordnung der sofortigen 422 3 ff.
    - Ende der Wirksamkeit 422 15 f.
- Beschwerde
  - Beschwerdebefugnis
    - Betroffener 429 2 ff.
    - nahe Angehörige 429 14
    - Verfahrenspfleger 429 14
    - Vertrauensperson 429 14
    - Verwaltungsbehörde 429 10 ff.
  - Einlegung 429 15 f.
  - Entscheidung durch unzuständiges Gericht 416 7 f.
  - Kosten/Gebühren 429 17
  - Verzicht 429 3a
- Beteiligte
  - antragstellende Behörde 418 2
  - Betroffene 418 2
  - Ehegatte, nahe Angehörige 418 4 ff.
  - Verfahrenspfleger 418 3; 419
  - Vertrauensperson 418 8 ff.
    - Verfahrensbefugnisse 418 9 f.
- Dauer der Freiheitsentziehung 425 3 ff.
- Dolmetscher 419 3; 420 8
- einstweilige Anordnung 427
  - Dauer 427 4
  - gesteigerte Dringlichkeit 427 9 ff.
  - Rechtsmittel 427 14 ff.
  - Verfahren 427 5 ff.
  - verfassungsrechtliche Vorgaben 427 3a
  - Voraussetzungen 427 2 ff.
  - Zuständigkeit 427 13
- Fortsetzungsfeststellungsantrag
  - Antrag 429 9
  - Auslagenersatz des Betroffenen 430 6a
  - berechtigtes Interesse 429 8
  - nach Tod des Betroffenen 429 14a
  - Rechtsbeschwerde 429 9a
  - Verwaltungsbehörde 429 11
  - Zuständigkeit 416 8
- Kosten
  - Auslagenersatz 430
  - Erstattungsanspruch bei Fehlern des Gerichts 430 10
  - Erstattungsschuldner 430 9 ff.
  - Voraussetzungen 430 7 ff.
  - Gerichtskosten 430 11 ff.
  - Nichterhebung 430 14
- Mitteilung von Entscheidungen
  - Aktenkundigkeit 431 9

[Freiheitsentziehungssachen 415 ff.]
- an Leiter der Vollzugseinrichtung 431 5
- Dokumentation 431 9
- Unterrichtung über Mitteilungen 431 7 f.
  - Betroffener 431 7
  - Nachholung 431 8
  - Unterbleiben 431 8
  - Verfahrenspfleger 431 7
  - Verwaltungsbehörde 431 7
- zur Gefahrenabwehr 431 3
- zur Strafverfolgung 431 4
- Zuständigkcit 431 6
- Rechtsmittel bei Maßnahmen im Vollzug 422 14
- Rechtsmittelverzicht 429 3a
- Verfahrensaussetzung 21 10, 14
- Verfahrenspfleger
  - Aufwendungsersatz 419 1
  - Beschwerderecht 429 14
  - Beteiligtenstellung 418 3
  - Bestellung
    - Anfechtbarkeit 419 1
    - Aufhebung 419 1
    - Ende 419 1
    - Sprachprobleme 419 3 f.
    - Unterbleiben 419 1
    - Voraussetzungen 419 2 ff.
  - Unterrichtung über Mitteilungen 431 7
- verfassungsrechtliche Vorgaben 415 15 ff.
  - Benachrichtigungspflichten 415 19 ff.
  - Gesetzesvorbehalt 415 15
  - Richtervorbehalt 415 16
  - Verfahrensgestaltung 415 18a
  - Verhältnismäßigkeitsgrundsatz 415 18
- Verlängerung der Freiheitsentziehung 425 16 ff.
- Vertrauensperson 418 8 ff.
- Verwaltungsmaßnahme ohne richterliche Entscheidung 428
  - nachträgliche richterliche Entscheidung 428 5 f.
  - nachträgliche richterliche Kontrolle 428 7 ff.
- völkerrechtliche Vorgaben 415 9 ff.
  - Schadensersatzanspruch nach EMRK 415 11 ff.
- Vollziehung der Maßnahme 421 8 ff.
  - Aussetzung des Vollzugs 424
  - Rechtsmittel 424 7
- Vorführung des Betroffenen 420 15
- Wiedereinsetzung 19 11 ff.
- Zuständigkeit
  - Eilzuständigkeit 416 5
  - Fortsetzungsfeststellungsanträge 416 8
  - internationale 105 29
  - örtliche 416 2 ff.
  - sachliche 416 1
  - Zuständigkeitsstreit 416 6

- Zuständigkeitswechsel in Abschiebungshaftsachen 416 4

Freiwillige Gerichtsbarkeit
- Amtsermittlungsgrundsatz 26
- Angelegenheiten der 1 5 f., 17 f.
  - weitere Angelegenheiten der 410
- Begriff **Einl** 48 ff.; 1 3 ff.
- Beweisrecht 26 36 ff.
- geschichtliche Entwicklung **Einl** 1 ff.
- systematische Stellung **Einl** 17 ff.
- Verhältnis zur Schiedsgerichtsbarkeit 1 16
- Verhältnis zur streitigen Zivilgerichtsbarkeit 1 10 f.

s.a. unter Weitere fG-Angelegenheiten

Fristen
- Änderungen ggü. alter Rechtslage 16 1 ff.
- Beginn 16 8 ff.
  - durch richterliche Bestimmung 16 11
  - verschiedene Beteiligte 16 12
- Berechnung 16 11 ff.
  - Fristbeginn 16 12 f.
  - Fristdauer 16 16
  - Fristende 16 17 ff.
    - Monats-, Jahres-(bruchteils-)fristen 16 20
    - Sams-, Sonn-, Feiertage 16 21 f.
    - Stundenfristen 16 17
    - Tagesfristen 16 18
    - Wochenfristen 16 19
- Ehe- und Familienstreitsachen 16 4
- Friständerung durch Gericht 16 23 ff.
  - Anfechtbarkeit 16 30
  - Berechnung der neuen Frist 16 26
  - Verfahren 16 27 ff.
  - Voraussetzungen 16 23 ff.
- gerichtlich bestimmte 16 6
  - Wiedereinsetzung 16 6
- gesetzliche 16 5
  - Wiedereinsetzung 16 5
- Wahrung 16 7

Fürsorgezuständigkeit
- Abstammungssachen 100 6
- betreuungsrechtliche Zuweisungssachen 341 2
- Betreuungssachen 272 8 ff., 19 ff.
- Kindschaftssachen 99 36; 152 21 ff.
- Pflegschaft für Erwachsene 104 19
- Unterbringungssachen 313 7 f.

Fußball-Hooligan
- Ingewahrsamnahme 421 6; 428 4

Geldforderung
- Vollstreckung 95 3 f., 23

Gemeinschaftliches Testament
- Besonderheiten bei Eröffnung 349
- Mitteilung über Verwahrung 347

Genehmigung von Rechtsgeschäften
s. unter Rechtsgeschäfte, Genehmigung 48 26

Sachregister

Genossenschaft
- Anhörung des Prüfungsverbands in Registersachen 394 31; 397 15; 398 11
- Erlöschen der Firma 393 10
- Ermächtigung zur Einberufung der Generalversammlung 375 12
- Löschung nichtiger 397; 397 2, 8
- Löschung nichtiger Beschlüsse 398 2, 7
- Löschung vermögensloser 394
- unbefugter Firmengebrauch 392 1
- Zwangsgeldverfahren in Registersachen 388 23; 391 5

Genossenschaftsregister
- Einsichtnahme 385 1
- öffentliche Bekanntmachung von Eintragungen 383 9

Genossenschaftsregistersachen
- Beteiligung der berufsständischen Organe 380 1, 15
- Registersachen 374

Gerichtsakte
- Führung einer elektronischen, s. unter Elektronische Akte
- Mikroverfilmung und elektronische Speicherung 14 27 ff.
  - Abschriften 14 27 ff.
  - Akteneinsicht 14 33
  - Ausfertigungen 14 32, 34

Gerichtskosten
- Abgabe 6 FamGKG 4
- Abhängigmachung Vorauszahlung/Vorschuss 12 ff. FamGKG
- Abhilfe bei Verletzung rechtliches Gehör 61 FamGKG
- Abtrennung von Folgesachen aus Verbund 6 FamGKG 7
- Antragsrücknahme 83 5
- Anwendungsbereich des FamGKG 1 FamGKG
- Aufhebung der Ehe 132
- Auslagen, Vorschusspflicht
  - Aktenversendungspauschale 16 FamGKG 7
  - Dokumentenpauschale 16 FamGKG 7
  - Fortdauer 17 FamGKG
  - Haftanordnung 16 FamGKG 9
  - Vornahme einer Handlung 16 FamGKG 2 ff., 8
- Bekanntmachung von Neufassungen 62a FamGKG
- Beschwerde Kostenansatz 57 FamGKG 13 ff.
- Beschwerde Verfahrenswertfestsetzung 59 FamGKG
  - Wiedereinsetzung 59 FamGKG 15 f.
- Beschwerde Verzögerungsgebühr 60 FamGKG
- Beschwerde Vorauszahlungsanordnung 58 FamGKG
- besondere Wertvorschriften
- Abstammungssachen 47 FamGKG
  - mehrere Kinder betreffend 47 FamGKG 3
  - nach Billigkeit 47 FamGKG 4
- Ehesachen 43 FamGKG
  - Einkommensverhältnisse 43 FamGKG 4 ff.
  - Gesamtabwägung 43 FamGKG 21 ff.
  - Mindestwert 43 FamGKG 23
  - Schulden und Unterhaltslasten 43 FamGKG 16 ff.
  - staatliche Leistungen als Einkommen 43 FamGKG 11 ff.
  - Vermögensverhältnisse 43 FamGKG 18 ff.
  - VKH-Gewärung 43 FamGKG 24 f.
- Ehewohnungs- und Haushaltssachen 48 FamGKG
- Gewaltschutzsachen 49 FamGKG
- Güterrechtssachen 52 FamGKG
- Kindschaftssachen 45 FamGKG
  - Kindesherausgabe 45 FamGKG 2
  - mehrere Kinder betreffend 45 FamGKG 8
  - nach Billigkeit 45 FamGKG 9
  - (Teil-)Übertragung/Entziehung der elterlichen Sorge 45 FamGKG 2
  - Umgangsrecht (einschl. Umgangspflegschaft) 45 FamGKG 2
- übrige Kindschaftssachen 46 FamGKG
- Unterhaltssachen 51 FamGKG
  - Mindestunterhalt 51 FamGKG 11 f.
  - Mutter und Kind 51 FamGKG 8
  - Rückstände 51 FamGKG 13 f.
  - sonstige Unterhaltssachen 51 FamGKG 16
  - Stufenantrag 51 FamGKG 10
  - Titulierungsinteresse 51 FamGKG 7
  - Unterhaltsfeststellungsanträge 51 FamGKG 9, 14
  - vertragliche Unterhaltsansprüche 51 FamGKG 2
  - VKH-Antrag 51 FamGKG 15
  - wiederkehrende Leistung 51 FamGKG 2 ff.
- Verbund 44 FamGKG
  - Berücksichtigung von Kindschaftssachen 44 FamGKG 3 ff.
  - Scheidungssache und Folgesachen 44 FamGKG 2
- Versorgungsausgleichssachen 50 FamGKG
  - Nettoeinkommen 50 FamGKG 7 ff.
  - Auskunftsanspruch 50 FamGKG 13 f.
  - nach Billigkeit 50 FamGKG 15 f.
- Einmalerhebung Verfahrens- und Entscheidungsgebühr pro Rechtszug 29 FamGKG 2

Sachregister

[Gerichtskosten]
- einvernehmliche Konfliktbeilegung **61a FamGKG**
- elektronische Akte/elektronisches Dokument **8 FamGKG**
- Erlöschen der Zahlungspflicht **25 FamGKG**
  - Aufhebung/Abänderung einer Kostenentscheidung **25 FamGKG 2f.**
  - Erstattung gezahlter Gerichtskosten **25 FamGKG 4**
- Fälligkeit
  - Aktenversendungspauschale **11 FamGKG 11**
  - Antragsrücknahme **11 FamGKG 3c ff.**
  - Dokumentenpauschale **11 FamGKG 11**
  - Ergehen unbedingter Kostenentscheidung **11 FamGKG 2**
  - Erledigterklärung ohne Kostenentscheidung **11 FamGKG 9**
  - Ruhen/Nichtbetreiben **11 FamGKG 5 ff.**
  - sog. Aktgebühren **9 FamGKG 5**
  - Unterbrechung/Aussetzung **11 FamGKG 6 ff.**
  - Verfahrensbeendigung durch Vergleich **11 FamGKG 3 ff.**
  - Verfahrensgebühr in Ehesachen **9 FamGKG 2**
    - erstinstanzliches und Rechtsmittelverfahren **9 FamGKG 3**
    - Folgesachen im Verbund **9 FamGKG 4**
  - Verfahrensgebühr in selbständigen Familienstreitsachen **9 FamGKG 2**
  - Vormundschaft/Dauerpflegschaft **10 FamGKG**
  - Weiterbetreiben des Verfahrens **11 FamGKG 10**
- Fortführung als selbständige Familiensachen **6 FamGKG 6**
- Gebührentabelle für Verfahrenswerte bis 500 000 – **28 FamGKG**
- Haftkosten, Übergangsvorschrift **64 FamGKG**
- Kappungsgrenze **33 FamGKG 8**
- Kostenansatz
  - Berichtigung im Verwaltungsweg **18 FamGKG 4**
  - Zuständigkeit **18 FamGKG 2**
- Kostenbefreiung
  - für Bund und Länder **2 FamGKG 3**
  - Landesgebührenbefreiungsgesetze **2 FamGKG 5**
  - Umfang **2 FamGKG 6 ff.**
- Kostenerhebung ausschließlich nach Kostenverzeichnis **3 FamGKG 3**
- Kostenhaftung **21 FamGKG**
  - Antragsteller **21 FamGKG 2 ff.; 39 FamGKG 6 ff.**
  - Gewaltschutzsachen **21 FamGKG 12**
  - Minderjähriger **21 FamGKG 12a**
  - Umfang **21 FamGKG 6 ff.**
  - Verfahren nach IntFamRVG **21 FamGKG 12**
  - Verfahrensbeistand **21 FamGKG 12**
  - Vollstreckungsbescheid **21 FamGKG 13**
  - Hilfsantrag **39 FamGKG 9 ff.**
  - Streitgenossen **27 FamGKG**
  - Vergleichsgebühr **21 FamGKG 14**
- kostenrechtliche Unbeachtlichkeit der Umgangspflegschaft **4 FamGKG 1**
- Kostenschuldner
  - Aktenversendungspauschale **23 FamGKG 5**
  - bei VKH-Bewilligung **23 FamGKG 6 f.; 26 FamGKG 11 ff.**
  - Dokumentenpauschale **23 FamGKG 2 ff.**
  - Entscheidungsschuldner **24 FamGKG 2 ff.**
  - Erst- und Zweitschuldner **26 FamGKG 4 ff.**
  - Gesamtschuldner **26 FamGKG 2 ff.**
  - Haftungsschuldner **24 FamGKG 19 ff.**
  - mehrere Kostenschuldner **24 FamGKG 23 ff.; 26 FamGKG**
  - Minderjähriger **21 FamGKG 12a; 22 FamGKG**
  - Übernahmeschuldner **24 FamGKG 10 ff.**
  - Vollstreckungsschuldner **24 FamGKG 22**
  - Vormundschaft/Dauerpflegschaft **22 FamGKG**
- Lebenspartnerschaftssachen, Übersicht zur kostenrechtlichen Gleichbehandlung **5 FamGKG 1**
- Mehrkosten durch Anrufung unzuständiges Gericht **6 FamGKG 8**
- Mindesthöhe zu erhebender Gebühren **28 FamGKG 4 f.**
- Nachforderung **19 FamGKG**
  - Änderung der Wertfestsetzung **19 FamGKG 11 f.**
  - bei Vorbehalt weiteren Ansatzes **19 FamGKG 7**
  - Falschangaben Kostenschuldner **19 FamGKG 8**
  - Nachforderungsfrist **19 FamGKG 9 f.**
  - unrichtiger Kostenansatz **19 FamGKG 6**
- Nichterhebung
  - Antragsrücknahme/-abweisung **20 FamGKG 9 f.**

Sachregister

- Entscheidung Gericht 20 FamGKG 11 ff.; 24 FamGKG 26 f.
- Entscheidung im Verwaltungsweg 20 FamGKG 14 f.
- unrichtige Sachbehandlung 20 FamGKG 3 ff.
- Vertagung/Terminsverlegung 20 FamGKG 8
- Rechtsbehelfe gegen Kostenansatz 57 FamGKG
  - Beschwerde 57 FamGKG 13 ff.
  - Erinnerung 57 FamGKG 3 ff.
  - Verfahren 57 FamGKG 19 ff.
- Rechtsbehelfsbelehrung 8a FamGKG
- Streitgenossen, Kostenhaftung 27 FamGKG
- Teile des Verfahrensgegenstands 30 FamGKG
- Übergangsvorschrift 63 FamGKG
  - Haftkosten 64 FamGKG
- Vaterschaftsanfechtung 183
- Verfahren nach IntFamRVG 13 FamGKG
- Verfahrenswert, Begriff 3 FamGKG 2
- Verjährung
  - Anspruch auf Rückerstattung von Kosten 7 FamGKG 4
  - Anspruch auf Zahlung von Kosten 7 FamGKG 2 f.
  - nur auf Einrede 7 FamGKG 5
  - Verjährungsfristbeginn, erneuter nach Zahlungsaufforderung/Stundungsmitteilung 7 FamGKG 6
- Verweisung 6 FamGKG 2 ff.
- Verwirkung
  - Ansprüche auf Zahlung/Rückerstattung von Kosten 7 FamGKG 8
- Verzinsung
  - Ansprüche auf Zahlung/Rückerstattung von Kosten 7 FamGKG 9
- Verzögerungsgebühr
  - Beschwerde 60 FamGKG
  - Familienstreitsachen 32 FamGKG
- Vorauszahlung
  - Ausnahmen 15 FamGKG
    - Befreiung auf Antrag 15 FamGKG 4 ff.
    - Gebührenfreiheit 15 FamGKG 3
    - VKH-Bewilligung 15 FamGKG 2
  - Ehesachen und selbständige Familienstreitsachen 14 FamGKG 2 ff.
    - Antragserweiterung 14 FamGKG 6
    - einstweilige Anordnung/Arrest 14 FamGKG 3
    - Folgesachen 14 FamGKG 5
    - Vereinfachtes Verfahren über Unterhalt Minderjähriger 14 FamGKG 4
  - sonstige Verfahren mit Antragstellerhaftung 14 FamGKG 8 ff.
  - Widerantrag 14 FamGKG 7
- Vorrang kostenrechtliche Verfahrensvorschriften 1 FamGKG 10
- Wertangabe bei Antragstellung 53 FamGKG
- Wertberechnung
  - Auffangwert nach billigem Ermessen 42 FamGKG
    - nichtvermögensrechtliche Angelegenheit 42 FamGKG 10 ff.
    - vermögensrechtliche Angelegenheit 42 FamGKG 2 ff.
  - bei mehreren Verfahrensgegenständen 33 FamGKG 2 ff.
  - bezifferte Geldforderung 35 FamGKG
  - einstweiliges Anordnungsverfahren 41 FamGKG
  - Erledigung durch Vergleich 39 FamGKG 21
  - Früchte/Nutzungen/Zinsen/Kosten 37 FamGKG
  - Genehmigung einer Erklärung oder deren Ersetzung 36 FamGKG
  - Hilfsantrag 39 FamGKG 9 ff.
  - Hilfsaufrechnung 39 FamGKG 18 ff.
  - Klage und Widerklage 39 FamGKG 2 ff.
  - Rechtsmittelverfahren 40 FamGKG
  - Stufenantrag 38 FamGKG
  - Verbindung nichtvermögensrechtlicher mit vermögensrechtlichem Anspruch 33 FamGKG 6 f.
  - wechselseitig eingelegte Rechtsmittel 39 FamGKG 14 ff.
  - Zeitpunkt 34 FamGKG
    - Amtsverfahren 34 FamGKG 5 ff.
    - Antragsverfahren 34 FamGKG 2 ff.
- Wertfestsetzung für Gerichtsgebühren
  - Änderung 55 FamGKG 22 ff.
  - endgültige 55 FamGKG 16 ff.
  - vorläufige 55 FamGKG 2 ff.
  - Anfechtung 55 FamGKG 10 ff.
  - Beschwerderecht, eigenes des Rechtsanwalts 55 FamGKG 13 ff.
- Wertfestsetzung für Zulässigkeit der Beschwerde 54 FamGKG
- Wertschätzung, Kosten für Sachverständigengutachten 56 FamGKG
- Zurückverweisung/Abänderung/Aufhebung 31 FamGKG

Gerichtssprache Vor 98–106 66 ff.

Gerichtsvollzieher
- Ablehnung 6 19
- Ausschließung 6 6
- Durchsetzung unmittelbaren Zwangs 90 4
- Einsicht in Gerichtsvollzieherakten 87 11
- Vollstreckung 86 21
  - Herausgabe einer Sache 95 4a
  - Schutzanordnungen nach 1 GewSchG 96 2 ff.

[Gerichtsvollzieher]
- Vollstreckungsbefugnisse **87** 10 ff.
  - Hinzuziehung polizeilicher Vollzugsorgane **87** 10
  - Vollstreckungsprotokoll **87** 11
  - Zeugenhinzuziehung **87** 11

Geschäftsführerbestellung
- Amtslöschung der Eintragung nach § 395 **395** 20 ff.

Geschäftsverteilung 343 192a ff.

Gesellschaft bürgerlichen Rechts
- Beteiligtenfähigkeit **8** 14

Gesetzlicher Vertreter
- Anhörung bei Betreuerbestellung für Minderjährigen **279** 27 ff.
- Sonderregelung in Unterhaltssachen **234**
- Verschulden des gesetzlichen Vertreters **9** 32 ff.
- Vertretung nicht verfahrensfähiger Personen **9** 18 ff.
- Zustellung von Amts wegen **15** 29 f.

Gewaltschutzsachen
- Amtsermittlung **26** 35b
- Anerkennung ausländischer Entscheidungen **108** 32
- Antrag
  - Antragserfordernis **210** 16
  - auf Erlass einer (isolierten) einstweiligen Anordnung **210** 16
  - Gewaltschutz oder Ehewohnungssache bei Ehegatten und Lebenspartnern **210** 8, 16
  - zustellungsfähige Anschrift **210** 16
- Auslandsbezug
  - Übersicht Gemeinschafts- und Konventionsrecht **97** 23
  - VO über gegenseitige Anerkennung von Schutzmaßnahmen in Zivilsachen **97** 40
- außergerichtliche Konfliktbeilegung **36a** 12
- Beschluss **210** 19; **215** 1
  - Anordnung sofortiger Wirksamkeit **210** 19; **215** 1; **216** 3 f.
  - Befristung der Anordnung **210** 19
  - Begründung **210** 19; **215** 1
  - Durchführungsanordnungen **215** 3 ff.
    - Anordnung der sofortigen Räumung **215** 4
    - vorübergehende Aussetzung des Umgangs **215** 9
  - Ermächtigung des Gerichtsvollziehers zur Gewaltanwendung **215** 7
  - Rechtskraft **216** 2
  - Rechtsmittelbelehrung **215** 1
- Beteiligte
  - Dritte **212** 2 f.
  - Jugendamt **212** 5
- einstweilige Anordnung
  - Abänderung **214** 13
  - Anfechtbarkeit **214** 15
  - Anhörung **214** 8
  - Antrag **214** 2, 11
    - Begründung **214** 2, 11
    - Glaubhaftmachung **214** 2, 11
  - Außerkrafttreten **214** 14
  - Einleitung der Hauptsache **214** 12
  - mündliche Verhandlung **214** 8, 11
  - Regelungsbedürfnis **51** 4; **214** 3
    - Versöhnung **214** 6
    - vorbeugende Schutzanordnung **214** 4 f.
  - Vollstreckung **214** 14
- Jugendamt
  - Anhörung **213** 1
  - Beschwerdeberechtigung **213** 4
  - Beteiligung **212** 5
  - Mitteilung der Entscheidung **213** 3
  - Mitwirkungspflichten **213** 2
- kein Hinwirken auf gütliche Einigung **36** 2, 5 f.
- Maßnahmen des Gerichts (§ 1 GewSchG) **210** 5
  - Abstandsgebot **210** 5
  - Aufenthaltsverbot
  - Betretungsverbot **210** 5
  - Kontaktverbot **210** 5
  - Näherungsverbot **210** 5
    - Befristung **210** 6
    - Rücksicht auf Umgang **210** 6
- Maßnahmen des Gerichts (§ 2 GewSchG) **210** 7 ff.
  - Überlassung der Wohnung **210** 10
  - Nutzungsvergütung nach Billigkeit **210** 13
  - Schutzmaßnahmen zugunsten minderjähriger Kinder **210** 14
  - Befristung **210** 10
- Mediation/Güterichter **210** 17
- Mitteilungspflicht von Entscheidungen **216a** 2 ff.
  - Anordnung über Mitteilungen in Zivilsachen (MiZi) **216a** 7
  - Aufhebungen und Änderungen **216a** 3
  - Schulen, Kindergärten und Jugendhilfeeinrichtungen in öffentlich-rechtlicher Trägerschaft **216a** 5
  - unverzüglich **216a** 3 f.
  - zuständige Polizeibehörde **216a** 3
- strafrechtliche Ahndung **210** 15; **214** 9; **216** 5
- Verfahren
  - Amtsermittlung **210** 17
  - Anhörung **210** 17 f.
  - kein Anwaltszwang **210** 16
  - mündliche Verhandlung **210** 17
- Vollstreckung **86** 9; **87** 9; **96** 2 ff.; **215** 2
  - Gerichtsvollzieherauftrag **96** 2 ff.; **214** 9; **216** 10
  - nach ZPO **210** 20
  - vor Zustellung **210** 19; **216** 5

Sachregister

- Zuständigkeit
  - Familiengericht 210 1
  - internationale 105 13 f.
  - örtliche 211
    - Gericht der gemeinsamen Wohnung 211 6
    - Gericht des gewöhnlichen Aufenthalts 211 7
    - Gericht des Tatorts 211 5
  - sachliche 211 1

Gewerkschaften
- Beteiligtenfähigkeit 8 15 f.

Gewöhnlicher Aufenthalt
- allgemeine Grundsätze 122 4 ff.
- Begriff 2 12
- letzter gemeinsamer 122 27 ff.
- minderjähriger Kinder 122 15 ff.
- mit minderjährigen Kindern 122 23 ff.
- internationale Zuständigkeit **Vor 98–106** 21
- örtliche Zuständigkeit 2 12
  - Betreuungssachen 272 7
    - Abgabe bei Änderung 273
  - Ehewohnungs- und Haushaltssachen 201 2
  - Scheidungs- und Folgesachen 122
  - Unterhaltssachen 232 6
  - Unterbringungssachen 313 6
  - Versorgungsausgleichssachen 218 9 ff.

Glaubhaftmachung
- auch für Beweisgegner 31 11
- bei der Wiederaufnahme des Verfahrens 31 4
- bei der Akteneinsicht 31 5
- bei der Anerkennung ausländischer Entscheidungen 31 5
- bei der Einsicht in eröffnete Verfügungen von Todes wegen 31 5
- bei der Gehörsrüge 31 5
- bei der Kostenfestsetzung 31 5
- bei der Richterablehnung 31 5
- bei der Terminsverlegung 31 4
- bei der Verfahrenskostenhilfe 31 5
- bei der Vollstreckung aus einem Titel wegen einer Geldforderung 31 5
- bei der Vollstreckung in Ehesachen 31 5
- beim Antrag auf Wiedereinsetzung 31 5
- beim Arrest in Familienstreitsachen 31 5
- beim Beschluss über Zahlungen des Mündels 31 5
- beim persönlichen Erscheinen 31 5
- Begründungspflicht 31 14
  - Endentscheidung 31 14
  - Zwischenentscheidung 31 14
- Beweismaß 31 12
- Beweismittel 31 8 ff.
  - Augenschein 31 8
  - Beteiligtenvernehmung 31 8
  - Präsenz 31 8, 10
  - Sachverständige 31 8
  - Zeuge 31 8

- Beweiswürdigung 31 13
- Ehe- und Familienstreitsachen 31 6
- eidesstattliche Versicherung 31 9
- im Amtsverfahren 31 5
- im Antragsverfahren 31 5
- im Aufgebotsverfahren 31 5; 439 5 f.; 444; 449 f.
- in Eilverfahren 31 5
- in Zwischenverfahren 31 5
- Verfahren 31 7 ff.

GmbH
- Amtslöschung nach § 395 395 17 ff.
- Auflösung wegen Mangels der Satzung 399 12 ff.
- Erlöschen der Firma 393 10
- Liquidatorbestellung als unternehmensrechtliches Verfahren 375 11
- Löschung nichtiger 397 2, 7, 10
- Löschung nichtiger Beschlüsse 398 2, 6
- Registeranmeldung 382 31 ff., 40; 397 12
- Zwangsgeldandrohung in Registersachen 388 12, 15, 21

GmbH & Co. KG
- Beschwerdeberechtigung in Zwangsgeldverfahren in Registersachen 391 5
- Löschung vermögensloser 394 25

Großeltern
- Antragrecht
  - Vermittlungsverfahren 165 4
- Beschwerdeberechtigung
  - Abstammungssachen 184 11
  - Betreuungssachen 303
  - Kindschaftssachen 59 29
  - Unterbringungssachen 335 1
- Beteiligtenstellung
  - Betreuungssachen 274 3, 41 f.
  - Sorgerechtsverfahren 7 25
  - Unterbringungssachen 315

Großes Familiengericht Einl 34; 111 2; **Vor 231** 4; 266 1

Grundstückseigentümer
- Antragsberechtigung in Aufgebotssachen 434 6; 467 7 f.
- Beteiligter in Ehewohnungs- und Haushaltssachen 204 2
- Pflegschaft für 340 7

Gründungsprüfer
- Bestellung, unternehmensrechtliches Verfahren 375 7

Grundschuldbrief
- Aufgebotsverfahren zur Kraftloserklärung **Vor 466** 2; 467 7

Gütergemeinschaft
- Aufgebot von Nachlassgläubigern 462
- Auseinandersetzung 373
  - Teilungssache 342 43
  - Zeugniserteilung 342 44; 373 19
- Beendigung 373 8 ff.
- Antragsberechtigung 373 14 ff.
- Beteiligtenstellung 373 7
- der fortgesetzten 373 10, 16

[Gütergemeinschaft]
- Fortsetzung
  - Ablehnung, Nachlasssache 342 17
  - Zeugnis
    - Anordnungsbeschluss 352; 354 3 f.
    - Einziehung/Kraftloserklärung 353; 354 3 f.
    - Nachlasssache 342 28
- Güterrechtssachen 261 25
- Zuständigkeit, Gesamtgutsauseinandersetzung 343 5; 344 56 ff.

Güterichter
- Anwendungsbereich 36 24 f.
- Funktion 36 34; 36a 13
- Gewaltschutzsachen 36 24; 210 17
- Kompetenzen 36 35
- Verfahren vor Güterichter
  - Ausgestaltung 36 36
  - Beendigung 36 39
  - Einigung der Beteiligten 36 39
  - Verfahrensfehler 36 38
  - Vergleich 36 39
  - Vertraulichkeit 36 37
- Vermerk 28; 36 40
- Verweisung an Güterichter
  - Entscheidung 36 32
  - Beteiligte 36 26, 28
  - Ermessen 36 31
  - durch Spruchkörper 36 29
  - wiederholte 36 25
  - Zustimmung 36 27 f.
- VKH-Verfahren 36 25
- Zuständigkeit 36 33

Güterrechtsregister
- Bedeutung **Vor 374–409** 48
- Einsichtnahme 385 1

Güterrechtsregistersachen
- Registersachen 374
- Zuständigkeit 377 6; **Vor 374–409** 3 Fn. 2

Güterrechtssachen
- Abgabe an Gericht der Ehesache 263
  - Anhängigkeit Güterrechtssache 263 3 ff.
  - Abgabeverfahren 263 11 ff.
    - Einbeziehung in Verbund 263 13
  - Rechtshängigkeit Ehesache 263 9 ff.
- Ansprüche aus dem ehelichen Güterrecht 261 23 ff.
  - (ehe-)vertragliche Vereinbarungen 261 27 ff.
  - Gütergemeinschaft 261 25
  - Vermögensgemeinschaft der DDR 261 26
  - Zugewinngemeinschaft 261 24
- Begriff/Abgrenzung 261 3 ff.
- Drittbeteiligung 261 21 f.
- Familiensachen der freiwilligen Gerichtsbarkeit (§ 261 Abs. 2) 261 3
- Familienstreitsachen (§ 261 Abs. 1) 261 3, 46 ff.
- lebenspartnerschaftliches Güterrecht 261 2
- Güterrechtssachen nach § 261 Abs. 1 261 7 ff.
  - bei Anwendung ausländischen Rechts 261 39 ff.
    - dt.-frz. Wahl-Zugewinngemeinschaft 261 45a
    - Morgengabe 261 45
  - Verfahren 261 46 ff.
  - Zuordnung 261 9 ff., 29 ff.
    - Aufrechnung 261 15
    - doppelrelevante Tatsachen 261 13 ff.
    - Drittwiderspruchsantrag 261 20
    - Rückgewähransprüche 261 18
    - Schadensersatzansprüche 261 18
    - Vollstreckungsabwehrantrag 261 19
- Güterrechtssachen nach § 261 Abs. 2 261 50 ff., 55 ff.
  - dt.-frz. Wahl-Zugewinngemeinschaft 261 50
  - Verbund 261 52
  - Verfahren 261 51
  - Zuständigkeit 261 53 f.
- Kosten/Gebühren 261 58
- Übergangsrecht 265 8
- Verfahren auf Stundung und Übertragung von Vermögensgegenständen 264
  - Abänderung 264 24 f.
  - dt.-frz. Wahl-Zugewinngemeinschaft 264 2
  - einstweilige Anordnung 264 26
  - Endentscheidung 264 18 ff.
    - einheitlichen Beschluss 265
    - Anfechtbarkeit 265 6
    - Kostenentscheidung 265 5
    - Übergangsrecht 265 8
  - Rechtsmittel 264 23
  - Verfahren 264 14 ff.
    - anhängige Ausgleichsforderung 264 10 f.
    - nicht anhängige Ausgleichsforderung 264 5 ff.
  - Vollstreckung 264 22a
  - Wiederaufnahme 264 25
- Zuständigkeit
  - Abgabe an Gericht der Ehesache 263
  - internationale 105 17 f.; 262 19
  - örtliche 262
    - Anhängigkeit einer Ehesache 262 5 ff.
    - Gerichtsstand des Erfüllungsorts 262 15
    - ZPO-Vorschriften 262 10 ff.
  - Veränderung zuständigkeitsrelevanter Umstände 262 16 ff.

Gütertrennung
- Güterrechtssache 261 27a, 32

Haager Kindesschutzübereinkommen
s. unter KSÜ

Haager Minderjährigenschutzabkommen
s. unter MSA
HAdoptÜ
- Haager Adoptionsübereinkommen 97 22; 101 5; 109 13

Handelsregister
- Anmeldung, öffentliche Beglaubigung der Verfahrensvollmacht 11 10
- Einsichtnahme 385 1, 4
- öffentliche Bekanntmachung von Eintragungen 383 7

Handelsregistersachen 374
s. unter Registersachen

Handwerksinnung
- Unterstützung der Registergerichte 380 5

Handwerkskammer
- Unterstützung der Registergerichte 380 5

HAÜ
s. unter HAdoptÜ

Hauptversammlung
- Ermächtigung zur Einberufung 375 7

Haushaltssachen
s. unter Ehewohnungs- und Haushaltssachen

HErwSÜ/HErwSÜAG
- Haager Erwachsenenschutzübereinkommen 97 25; 104 8 ff.; 109 14
- Text 97 Anh 5

HKEntfÜ
- Haager Kindesentführungsübereinkommen 97 20; 99 23 ff.
- Text 97 Anh 4

Hoffolgezeugnis
- Zuständigkeit Landwirtschaftsgerichte 343 132 ff.

HUntVÜ 1973
- Anerkennungsvoraussetzungen 110 Anh 5 5 ff.
- Anwendungsbereich 110 Anh 5 3 f.
- Haager Unterhaltsvollstreckungsübereinkommen 1973 110 Anh 5
- Text 110 Anh 5
- Vollstreckbarerklärungsverfahren 110 Anh 5 8

HUntVÜ 2007
- Haager Unterhaltsvollstreckungsübereinkommen 2007 97 24
- Inkrafttreten für EU 97 24
- Text 110 Anh 6

Hypothekenbrief
- Aufgebotsverfahren zur Kraftloserklärung Vor 466 2

HZÜ
- Haager Zustellungsübereinkommen 15 49

Immunität
- internationalverfahrensrechtliche Rechtsinstrumente 97 29; Vor 98–106 33

Industrie- und Handelskammer
- Unterstützung der Registergerichte 380 5

Infektionsschutz
- Quarantäne 417 2; 421 7

Inhaberpapiere, hinkende
- Aufgebotsverfahren zur Kraftloserklärung 483

Inhaberschuldverschreibung
- Aufgebotsverfahren zur Kraftloserklärung Vor 466 2

Internationale Rechtshilfe
- Beweisrecht Vor 98–106 60
- Zustellungsrecht Vor 98–106 60

Internationale Zuständigkeit
s. unter Zuständigkeit, internationale

IntFamRVG
- dt. Ausführungsbestimmungen zum KSÜ 97 20
- dt. Ausführungsbestimmungen zur Brüssel IIa-VO 97 13, 19
- Text 97 Anh 1

Jugendamt
- Ablehnung von Mitarbeitern 6 6
- Anhörung
  - in Abstammungssachen 176
  - in Adoptionssachen 194
  - in Ehewohnungssachen 205
  - in Gewaltschutzsachen 213 1
  - in Kindschaftssachen, s. i. Ü. dort 162 4 ff.
- Beistandschaft in Abstammungssachen 173
- Beistandschaft in Unterhaltssachen 114 31; 234
- Bescheinigung über Eintritt der Vormundschaft 190
- Beschwerdeberechtigung
  - in Abstammungssachen 176 1, 6
  - in Adoptionssachen 194 1, 5
  - in Ehewohnungssachen 205 5
  - in Gewaltschutzsachen 213 4
  - in Kindschaftssachen 162 28
- Beteiligtenstellung 7 23
  - in Abstammungssachen 172 12
  - in Adoptionssachen 188 26
  - in Ehewohnungssachen 204
  - in Gewaltschutzsachen 212 5
  - in Kindschaftssachen 162 19 ff.
- fachliche Äußerung bei Kindesannahme 189 6 f.
- Kostentragung 81 4
- Ladung zur Erörterung der Kindeswohlgefährdung 157 8
- Mitwirkung
  - in Abstammungssachen 172
  - in Kindschaftssachen, s. i. Ü. dort 162
  - in Gewaltschutzsachen 213 2

[Jugendamt]
- Unterstützungspflicht
  - ggü. Gericht bei der Vollstreckung 88 5
  - ggü. Gerichtsvollzieher bei der Vollstreckung 88 5
- Vertretung des Kindes in Unterhaltssachen 114 31

Juristische Personen
- Beteiligtenfähigkeit 8 10 f.
- Erlöschen der Firma 393 10
- Registeranmeldung 382 34
- Zwangsgeldandrohung in Registersachen 388 10, 14

Kapitalgesellschaft
- Antragsteller in Registerverfahren 382 29, 31 ff.
- Auflösung wegen Satzungsmangels 399
- Erlöschen der Firma 393 10
- Löschung nichtiger 397 2, 5 f.

Kapitän
- Vermögenssicherungspflicht für vermisste/verstorbene Besatzungsmitglieder 343 141; 344 51

Kaufmännisches Orderpapier
- Aufgebotsverfahren zur Kraftloserklärung Vor 466 2

KG
- Beteiligtenfähigkeit 8 14

KGaA
- Amtslöschung 395 19
- Auflösung wegen Mangels der Satzung 399 5 ff.
- unternehmensrechtliche Verfahren
  - Bestellung Gründungsprüfer 375 7
  - Bestellung (Nachtrags-)Abwickler 375 7
- Erlöschen der Firma 393 10
- Löschung nichtiger 397 2, 5 ff., 11
- Löschung nichtiger Beschlüsse 398 2, 5
- Zwangsgeldandrohung in Registersachen 388 13, 16

Kindesentführung
- innerstaatliche 154
  - neuer gewöhnlicher Aufenthalt 154 9 ff.
- internationale
  - internationale Zuständigkeit 99 23 ff.
  - Rückführungsverfahren 99 28 ff.
  - Vollstreckung der Rückführungsanordnung 99 30

Kindesherausgabe
- einstweilige Anordnung 156 80
- Kindschaftssache 151 12 ff.
- Vergleich, gerichtlich gebilligter 156 46, 59
- Vollstreckung, s. i.Ü. dort 88 ff.
- Vorrang- und Beschleunigungsgebot 155 10

Kindesunterhalt
- Folgesache 137 33 ff.
- Lebenspartnerschaftssache 269 19 ff.
- Unterhaltssache 231 5
- vereinfachtes Verfahren, s. dort 249
- Verfahrensstandschaft 137 33
  - Abänderungsantrag 238 55, 59 ff.
  - Abtrennung vom Verbund 140 8
  - Gerichtsstand 232 6; 238 45
  - Unterhaltssache 231 5
  - Eintritt der Volljährigkeit
    - Vollstreckungsverfahren 244 6
    - vereinfachtes Verfahren 249 5

Kindeswohlgefährdung
- einstweilige Anordnung 157 29 ff.
- Erörterungstermin 157 16 ff.
- Überprüfung
  - Absehen von Maßnahmen nach §§ 1666 bis 1667 BGB 166 19 ff.
  - kindesschutzrechtliche Maßnahme 166 15 ff.
- Vorrang- und Beschleunigungsgebot 155 10
- s. i.Ü. unter Kindschaftssachen

Kindschaftssachen
- Abänderungsverfahren
  - einstweilige Anordnungen 166 9
  - Entscheidungen zum Sorge- und Umgangsrecht 166 3 ff.
  - gerichtlich gebilligte Vergleiche zu Umgang/Kindesherausgabe 166 6
  - kindesschutzrechtliche Maßnahmen 166 7
  - Verfahren 166 10 ff.
  - vorläufige Einstellung der Vollstreckung 166 14
- Anerkennung ausländischer Entscheidungen 108 29
- Anhörung
  - Eltern 160
    - Absehen 160 12, 17 ff.
    - Absehen von erneuter im Beschwerdeverfahren 160 20
    - Absehen, vorläufiges bei Gefahr im Verzug 160 21 f.
    - Anhörungsvermerk 160 13
    - ersuchter/beauftragter Richter 160 10 f.
    - Erzwingung 160 12
    - Gestaltung der Anhörung 160 9 ff.
    - Kindesschutzverfahren 160 8
    - personenbezogene Verfahren 160 6 f.
    - Verfahrensfehler/-mängel 160 23
    - Vermögenssorgeverfahren 160 14 ff.
  - Jugendamt 162
    - Absehen, vorläufiges bei Gefahr im Verzug 162 13
    - Gestaltung der Anhörung 162 10 ff.
    - Verfahrensfehler/-mängel 162 16
    - zuständiges Jugendamt 162 8 f.
  - Kind 159
    - Absehen 159 9 ff.
    - Absehen von erneuter 159 12 f.

Sachregister

- Absehen, vorläufiges bei Gefahr im Verzug 159 14f.
- Anhörungsvermerk 159 28
- ersuchter/beauftragter Richter 159 18f.
- Erzwingung 159 17
- Gestaltung der Anhörung 159 20ff.
- Ladung 159 16
- Kleinkinder 159 8
- mehrfache 159 26
- Mindestalter 159 8
- über 14 Jahre 159 5f.
- unter 14 Jahre 159 7
- Verfahrensfehler/-mängel 159 30
- wiederholte 159 27
- Pflege-/Bezugspersonen 161 10
- Beschluss über Zahlungen des Mündels 168
  - Festsetzung von Ansprüchen
    - Aufwendungsersatzansprüche 168 6
    - des Betreuers 168 2
    - des Pflegers/Ergänzungspflegers 168 2
    - des Verfahrensbeistands 168 2
    - des Verfahrenspflegers/Umgangspflegers 168 2
    - des Vormunds 168 1
    - gegen Mündel/Pflegling/Betreuten 168 5
    - gegen Staatskasse 168 4, 10ff.
    - Rückgriffsansprüchen der Staatskasse 168 8
    - Vergütungsansprüche 168 7
  - Festsetzungsverfahren 168
    - Anhörungen 168 30ff.
    - Antrag 168 16ff.
    - Beschluss 168 33ff.
    - Ergänzungspfleger/Verfahrensbeistand 168 31
    - Leistungsfähigkeit des Mündels etc. 168 27ff.
    - Rechtsmittel 168 41f.
    - Zuständigkeit 168 13ff.
  - Rückgriff gegen Erben 168 38ff.
  - Vollstreckung 168 43
- einstweilige Anordnung 156 80ff.; 157 29ff.
- Erörterung der Kindeswohlgefährdung 157
  - Anberaumung Erörterungstermin 157 16ff.
  - Durchführung Erörterungstermin 157 23ff.
  - Einleitung Verfahren nach §§ 1666f. BGB 157 7ff.
  - Erlass einstweiliger Anordnung 157 29ff.
  - gerichtliche Vorprüfung 157 10ff.
  - Terminierung/Ladung 157 13ff.
  - Verfahren nach Erörterungstermin 157 27ff.

- Hinwirken auf Einvernehmen 156 4
- Anwendungsbereich 156 10ff., 17
- Anordnung einer Beratung 156 28ff.
  - Anordnungsbeschluss 156 35
  - Muster 156 Anh 1
- Anordnung Informationsgespräch über Mediation 81 26a; 156 38ff.
- Einbeziehung des Kindes 156 43ff.
- einstweilige Anordnung 156 80ff.
  - Antrag 156 82ff.
  - einstweilige Umgangsanordnung während Beratung/Mediation etc. 156 85ff., 90ff.
- Folgen Nichtteilnahme 81 26; 156 42
- gerichtlich gebilligter Vergleich
  - Abänderung 156 71
  - Anwendungsbereich 156 46ff.
  - Aufhebung der gemeinsamen Sorge 156 74
  - Beschwerde 156 72f.
  - Einvernehmen 156 50ff.
  - gerichtliche Billigung 156 58ff.
    - Billigungsentscheidung 156 64ff.
    - Musterbeschluss 156 Anh 2
  - Protokollierung 156 56
  - Rechtsnatur 156 49
  - schriftlicher Vergleich 156 57
  - Sorgerechtsvollmacht 156 76
    - Muster 156 Anh 4
  - Sorgevereinbarung 156 75
    - Muster 156 Anh 3
  - Übertragung Alleinsorge 156 77
  - Vollstreckungstitel 156 70
  - Wechselmodell 156 78
  - Zustimmung Eltern 156 50
  - Zustimmung Jugendamt 156 53f.
  - Zustimmung Kind 156 51
  - Zustimmung Verfahrensbeistand 156 52
- Hinwirken Richter 156 13ff.
- Hinwirken Sachverständiger 156 16; 163 15ff.
- Hinwirken Verfahrensbeistand 156 16; 158 49ff.
- Hinweis auf Beratung 156 22ff.
- Hinweis auf Mediation 156 25ff.
- hochkonflikthafte Familien 156 19
- Teilnahme an Beratung 156 5f.
- Verfahren zur Übertragung der gemeinsamen elterlichen Sorge 155a 40ff.; 156 79
- internationale Kindschaftssachen 99 44ff.
- Katalog 151 6ff.
- elterliche Sorge 151 6ff.
- familiengerichtliche Aufgaben nach JGG 151 26f.
- Genehmigung freiheitsentziehender Unterbringung Minderjähriger 151 23ff.
- Kindesherausgabe 151 12ff.

[Kindschaftssachen]
- Pflegschaft/sonstige Vertretung Minderjähriger/Leibesfrucht 151 19 ff.
- Umgangsrecht 151 10 f.
- Vormundschaft 151 15 ff.
- Kindesschutzmaßnahmen
  - Aufhebung 166 7, 18
  - Überprüfung bei Absehen von Maßnahmen 166 19 ff.
    - Überprüfung, einmalige 166 19, 22
    - Überprüfungsverfahren 166 17, 22
  - Überprüfung, regelmäßige 166 15 ff.
    - Überprüfungsintervalle 166 16
    - Überprüfungsverfahren 166 17
- Mitteilungspflichten des Standesamts 168a
- Mitwirkung
  - Jugendamt 162
    - Anhörung 162 4 ff.
    - Antrag auf Beteiligung 162 24
    - Bekanntmachung gerichtlicher Entscheidungen 162 27
    - Benachrichtigung von Gerichtsterminen 162 25 f.
    - Beschwerdeberechtigung 162 28
    - Beteiligtenstellung 162 19 ff.
    - Datenübermittlung 162 15
    - Stellung bei nicht förmlicher Beteiligung 162 17 f.
  - Pflege-/Bezugspersonen 161
    - Anhörung 161 10
    - Beteiligtenstellung 161 8
    - Hinzuziehung 161 7
- Übersicht Gemeinschafts- und Konventionsrecht 97 20, 38 f.
- Umgangsverfahren des leiblichen, nicht rechtlichen Vaters, s. dort
- Unterbringung Minderjähriger, s. dort 167
- Verfahren zur Übertragung der gemeinsamen elterlichen Sorge, s. dort
- Verfahrensbeistand, s. dort
- Vollstreckung 86 15 f.; 88 ff.
- Vorrang- und Beschleunigungsgebot 155 1 f.
  - Amtshaftung 155 29
  - Anordnung des persönlichen Erscheinens 155 10 ff.
  - Anwendungsbereich 155 10 ff.
  - Befangenheitsantrag 155 28
  - Beschleunigungsgebot 155 15
    - Abwägung mit anderen Verfahrensgrundsätzen 155 20 ff.
    - Annahme öffentlicher Hilfen 155 21
    - Hinwirken auf Einvernehmen 155 21, 45
    - Orientierung am Kindeswohl 155 20
    - überlange Verfahrensdauer 155 19
  - Dienstaufsichtsbeschwerde 155 30
  - früher Erörterungstermin 155 31 ff.; 45 ff.
  - Anhörung Kind 155 41 ff.
  - Anhörung/Ladung Jugendamt 155 37 f.
  - Anordnung persönliches Erscheinen 155 39 f.
  - hochkonflikthafte Familien 155 45
  - Kindesschutzsachen 155 49; 157
  - Terminierung 155 33 ff.
  - Terminsverlegung 155 36
  - Terminsvermerk 155 48
  - Untätigkeitsbeschwerde 155 26
  - Untätigkeitsverfassungsbeschwerde 155 27
  - Verzögerungsrüge/Entschädigungsanspruch nach §§ 198 ff. GVG 155 24 f.
  - Vorranggebot 155 14
  - Wiederaufnahme bei Mediation 155 50 f.
- Verfahren 151 28 ff.
  - Anwaltszwang 151 64
  - Bekanntgabe der Entscheidung an Kind 164
    - über 14 Jahre 164 3 ff.
    - unter 14 Jahre 164 8
  - Begründung von Endentscheidungen 164 8 ff.
  - Beteiligte 151 54 ff.
    - Antragsteller 151 55
    - Eltern 151 56
    - Jugendamt 151 61; 162 19 ff.
    - Kind 151 57 ff.
      - Vertretung des Kindes 151 59
    - Pflege- und Bezugspersonen 151 63; 161 4 ff.
    - Verfahrensbeistand 151 62
  - Einholung Sachverständigengutachten 163 4 ff.
    - Auswahl Sachverständiger 163 9
    - Befangenheitsablehnung Sachverständiger 163 23 ff.
    - Beweisbeschluss 163 7, 20
    - Beweisthema 163 8
    - Beweiswürdigung 163 29 ff.
    - Erforderlichkeit 163 4 ff.
    - Fristsetzung 163 10 f.
    - Gewährung rechtlichen Gehörs 163 28
    - Hinwirken auf Einvernehmen 163 15 ff.
    - Mitwirkung der Beteiligten 163 21 f.
    - mündliches 163 12 ff.
    - schriftliches 163 10 f.
    - Qualifikation Sachverständiger 163 9
  - Einleitung 151 35 ff.
    - Abänderungsverfahren 151 41
    - Amtsverfahren 151 39 ff.
    - Antragserfordernisse 151 37 f.
    - echte Antragsverfahren 151 36 ff.

- unechte Antragsverfahren 151 42 f.
- Verfahrensbeendigung 151 44 ff.
  - Beschluss 151 51 ff.
    - Bekanntgabe 151 51; 164
    - Umgangsregelungen 151 53
  - Erledigung 151 46 f.
  - Rücknahme 151 45
- Zeugenvernehmung des Kindes 163 32
- Vermittlungsverfahren, s. dort 165
- Zuständigkeit
  - Abgabe an Gericht der Ehesache 153
  - funktionelle 152 27
  - internationale 152 28 ff.
    - Anknüpfung 99 35 ff.
    - Begriff der Kindschaftssache 99 33 ff.
    - Fürsorgezuständigkeit **Vor** 98–106 57 ff.; 99 40 ff.
    - grenzüberschreitende Verfahrenskoordination **Vor** 98–106 60; 99 40
    - Restzuständigkeiten dt. Gerichte 99 18 f.; 152 30
    - Verbundszuständigkeit 99 32
    - Vorrang der Brüssel IIa-VO 99 4 ff.; 152 28
    - Zuständigkeitskonzentration 152 8
  - örtliche
    - Abänderungsverfahren 152 7
    - Fürsorgebedürfnis 152 21 ff.
      - vorläufige Fürsorgemaßnahmen 152 23 ff.
    - einstweilige Anordnungsverfahren 152 7
    - freiheitsentziehende Unterbringung 152 6
    - Gericht der Ehesache 152 9 ff.
    - gewöhnlicher Aufenthalt 152 13 ff.
      - eigenmächtiger Umzug 152 17; 154 9 f.
      - Fremdunterbringung 152 19
      - Geschwisterkinder 152 20
      - Wechselmodell 152 18
    - Vollstreckungsverfahren 152 7
  - perpetuatio fori 152 4
  - sachliche 152 26
  - Verweisung bei Änderung des Kindesaufenthalts 154
    - Fälle häuslicher Gewalt/Drohung 154 13
    - neuer gewöhnlicher Aufenthalt 154 9 ff.
    - Rückverweisung 154 12
    - Verfahren 154 14 ff.
    - Verweisungsbeschluss 154 19
- **Kommanditgesellschaft**
  - unternehmensrechtliche Verfahren
    - Benennung und Abberufung der Liquidatoren 375 5
- **Konnossement**
  - Aufgebotsverfahren zur Kraftloserklärung **Vor** 466 2

Konsularbeamter
- Nachlassfürsorge 343 140; 344 52
- Zuständigkeit bei der Eröffnung von Verfügungen von Todes wegen 349 5

Konsulat
- Benachrichtigungspflichten in Freiheitsentziehungssachen 415 20; 432 6

Kostenentscheidung
- Antragsrücknahme 83 5
- Anwendungsbereich **Vor** 80 1 ff.
- Eheaufhebung 132
- Erledigung der Hauptsache 83 6 ff.
  - Feststellung der Erledigung
    - Amtsverfahren 83 10
    - Antrags-, Streitverfahren 83 8 f.
  - Hauptsachenerledigung
    - ABC der Einzelfälle 83 14
  - Rechtsfolgen 83 11 ff.
    - Erledigung in erster Instanz 83 11
    - Erledigung nach Rechtsmitteleinlegung 83 13
    - Erledigung vor Rechtsmitteleinlegung 83 12
  - Rechtsmittel 83 15
- Erstattungsgläubiger
  - Behörde 81 4
  - Beteiligtenbegriff 81 3 f.
  - Landeskasse 81 4
- Gerichtskosten, s. dort
- in Betreuungssachen 307
- in Ehe- und (selbständigen) Familienstreitsachen **Vor** 80 2; 80 1; 81 2
- in Ehesachen
  - Eheaufhebung 132
  - Scheidungs- und Folgesachen **Vor** 80 2
  - Tod eines Ehegatten 131
- in Erbscheinsverfahren 353 7 ff.
- in Familiensachen 81 2
- in Freiheitsentziehungssachen 430
- in Kindschaftssachen 81 26, 27
- in Registersachen 393; 399
- in Scheidungs- und Folgesachen 150
- in Sorge- und Umgangssachen 81 14a
- in Unterbringungssachen 337
- in Unterhaltssachen 243
- in Vaterschaftsanfechtungssachen 183
- in Vaterschaftsfeststellungsverfahren 81 14a
- Kostenentscheidung in der Endentscheidung 82 1
  - Absehen 81 8
  - Berichtigung 82 3
  - billiges Ermessen 81 2 ff.
    - Beteiligtenbegriff 81 3
    - Ermessensausübung 81 11 ff.
    - Grundsätze 81 6 ff.
  - einstweiliges Anordnungsverfahren 82 2
  - Einzelfälle 81 14
  - Ergänzung 82 3
  - Rechtsmittel 81 32

[Kostenentscheidung]
- Vollstreckungsverfahren 82 2
- Zeitpunkt 81 1 f.
- Kostenpflicht
  - abweichende Vorschriften 81 30 f.
  - aussichtsloser Antrag 81 23
  - Behörde 81 4
  - Beteiligte 81 3 ff., 19 ff.
  - Dritter 81 14, 28 f.
  - Jugendamt 81 4
  - Landeskasse 81 4
  - Minderjährige 81 27, 84 1
    - Begriff der Minderjährigkeit 81 27
    - in Kindschaftssachen 81 27
  - Nichtteilnahme an Beratung 81 26
  - Nichtteilnahme an Gespräch über Mediation 81 26a
  - unwahre Angaben 81 24
  - Verfahrensveranlassung 81 22
  - Verletzung von Mitwirkungspflichten 81 25
- Nichterhebung von Kosten 81 15 ff.
- Niederschlagung der Kosten 81 17
- notwendige Aufwendungen
  - Behörde 80 4
  - Beschwerde 80 5
  - Beteiligte 80 3 ff.
    - Reisekosten 80 12
  - Detektivkosten/Ermittlungskosten 80 6
  - Einzelfälle 80 4 ff.
  - Erstattung 81 9
  - Gutachtenkosten 80 7
  - Kopien, Ablichtungen, Abschriften, Ausdrucke 80 8 f
  - Post- und Telekommunikationsdienstleistungen 80 9
  - Rechtsanwaltskosten 80 10 f.
  - Rechtsbeschwerde 80 11
  - Reisekosten
    - Beteiligte 80 12
    - Rechtsanwalt 80 13 f.
  - Übersetzung 80 14
  - Umsatzsteuer auf die Anwaltsvergütung 80 15
  - Unterbevollmächtigter 80 16
  - Verdienstausfall 80 17
  - Verkehrsanwalt 80 18
  - Versorgungsausgleich 80 199
  - Vorbereitungskosten 80 20
  - Zeitversäumnis 80 21
- Rechtsmittel gegen Kostenentscheidung 81 32 ff.
  - isolierte Anfechtung 58 2, 7; 61 3, 7; 81 34
  - Mindestbeschwer
    - nicht vermögensrechtliche Angelegenheiten 81 34
    - vermögensrechtliche Angelegenheiten 81 33

- Überprüfung durch Beschwerdegericht 81 36
- Rechtsmittel gegen Kostenfestsetzungsbeschluss 85 9 ff.
- Rechtsmittelkosten 84
  - bei Zurückverweisung 82 4 f.; 84 7
  - erfolgreiches Rechtsmittel 84 6
  - Minderjähriger 84 1
  - Rücknahme des Rechtsmittels 84 3 f.
  - Verwerfung des Rechtsmittels 84 5
  - Zuständigkeit 84 4a
- selbständige fG-Verfahren **Vor 80** 4
- Spezialbestimmungen **Vor 80** 1 ff.
- Tod eines Ehegatten 131
- Vergleich 83 2 ff.
  - außergerichtlicher 83 4
  - gerichtlicher 83 2 f.

Kostenfestsetzung
- Änderung der Kostengrundentscheidung 85 8
- Bindung an Kostengrundentscheidung 85 3
- Festsetzungsbeschluss 85 6 f.
  - Rechtskraft 85 7
- Einwendungen 85 5
- Rechtsmittel gegen Festsetzungsbeschluss
  - Erinnerung 85 9
  - Beschwerde 85 9 ff.
  - Rechtsbeschwerde 85 13
- Rechtsnachfolger 85 3
- Verfahren 85 3 ff.
  - Glaubhaftmachung 85 4
  - rechtliches Gehör 85 4
  - Unterbrechung durch Insolvenz 85 4
- Voraussetzungen 85 2
- ZPO-Vorschriften 85 1

KSÜ
- Haager Kindesschutzübereinkommen 97 20; 99 20; 109 11
- Text 97 Anh 3

Ladeschein
- Aufgebotsverfahren zur Kraftloserklärung **Vor 466** 2

Ladung
- förmliche Zustellung 15 4, 23
- in Teilungssachen 365 6 ff.
- in unternehmensrechtlichen Verfahren 405
- Ladungsfrist 32 25 f.

Lagerschein
- Aufgebotsverfahren zur Kraftloserklärung **Vor 466** 2

Landesgesetzlich zugelassene Behörden
- Verfahren vor nichtgerichtlichen Behörden 488 f.

Landesjugendamt
- Anhörung in Adoptionssachen 195

- Beschwerdeberechtigung in Adoptionssachen 195 6
- Beteiligung in Adoptionssachen 188 26

Landesrechtliche Vorbehalte
- Aufgebot zur Kraftloserklärung von Urkunden 484; 491
- Bedeutung 485 5
- Ergänzungs- und Ausführungsbestimmungen 486
- Gütergemeinschaftsauseinandersetzung 487
- landesrechtliche Aufgebotsverfahren 490
- Nachlassauseinandersetzung 487

Landgericht
- Beschwerdegericht in Betreuungssachen 58 21
- Beschwerdegericht in Freiheitsentziehungssachen 58 21
- Beschwerdegericht in Vollstreckungssachen 87 14

Landwirtschaftsgericht
- Sonderzuständigkeit in Nachlass- und Teilungssachen 343 132 ff.

Landwirtschaftsgerichtliche Zuweisung
- Abgrenzung 363 61 ff.

Landwirtschaftskammer
- Mitwirkungspflichten ggü. Registergericht 380 6

Lebenspartner
- Stiefkindadoption 186 22

Lebenspartnerschaftssachen
- Anerkennung ausländischer Entscheidungen 108 35; 109 29; 270 14
- anwendbare Vorschriften 269 3; 270
  - Aufhebung der Lebenspartnerschaft 270 7 ff.
  - Feststellung Bestehen/Nichtbestehen einer Lebenspartnerschaft 270 10 ff.
- Begriff/Abgrenzung 269 5 f.
- Einordnung
  - Ehesachen 269 3
  - Familiensachen der fG 269 3, 24, 28
  - Familienstreitsachen 269 3, 21 f., 24, 27; 270 15
- Katalog 269
  - Annahme als Kind, Ersetzung Einwilligung zur Annahme 269 14 f.
  - Aufhebung der Lebenspartnerschaft 269 8
  - elterliche Sorge, Umgangsrecht, Kindesherausgabe 269 10 ff.
  - Feststellung Bestehen/Nichtbestehen einer Lebenspartnerschaft 269 9
  - Güterrecht 269 23 f.
    - dt.-frz. Wahl-Zugewinngemeinschaft 269 2, 23
  - Kindesunterhalt, Unterhalt der Lebenspartner 269 19 ff.
  - sonstige Lebenspartnerschaftssachen 269 25 ff.
  - Versorgungsausgleich 269 18
  - Wohnung, Haushaltsgegenstände 269 16 f.
- Übersicht zur kostenrechtlichen Gleichbehandlung 5 FamGKG 1
- Zuständigkeit, internationale 103; 105 21 f.; 270 13
  - Anknüpfung 103 5
  - Begriff der Lebenspartnerschaftssachen 103 5
  - entsprechend anwendbare Regelungen 103 22 ff.
  - Verbundszuständigkeit 103 11 ff.
  - vorrangiges Gemeinschafts- und Konventionsrecht 103 4

Legitimationspapier, qualifiziertes
- Aufgebotsverfahren zur Kraftloserklärung Vor 466 2; 483

Lex fori
- internationale Zuständigkeit 2 16
- Ermittlung ausländischen Rechts 26 20
- Prinzip Einl 70 f.; Vor 98–106 37

Liquidatoren
- GmbH 375 11
- OHG 375 5
- Nachtragsliquidatoren 375 11
- Partnerschaftsgesellschaft 375 20

Löschungs- und Auflösungsverfahren
s. unter Registersachen

LugÜ 2007
- Abänderungsverfahren 110 Anh 4 25
- Anerkennung 110 Anh 4 39 ff.
  - Anerkennungshindernisse 110 Anh 4 41
- Anwendungsbereich 110 Anh 4 4 ff.
- einstweilige Maßnahmen 110 Anh 4 37
- Lugano-Übereinkommen von 2007 97 23
- Text 110 Anh 4
- Vollstreckung 110 Anh 4 42 ff.
- Zuständigkeit 110 Anh 4 8 ff.
  - Gerichtsstandsvereinbarungen 110 Anh 4 30
  - rügelose Einlassung 110 Anh 4 31
  - Unterhaltsgerichtsstand 110 Anh 13 ff.

Mahnverfahren
- Anwendbarkeit der ZPO-Vorschriften über das 113 20; Vor 231 11; 231 39
- Gerichtskosten 1 FamGKG 6

Mediation
- gerichtlicher Vorschlag 36a 7 ff.
  - Form 36a 11
- gerichtsnahe/gerichtsinterne 36a 13
- Gewaltschutzsachen 36a 12; 210 17
- Güterichter, s. dort
- Informationsgespräch über Mediation
  - Folgesachen 135 3 f.; 150 12
  - Kindschaftssachen, s. dort 81 26 ff.; 156
- Mediations-RL 97 35
- Rechtsanwaltsvergütung 36a 16
- Verfahrensaussetzung 36a 14 f.

Sachregister

[Mediation]
- Verfahrenskostenhilfe 36a 16 f.
- Wiederaufnahme des Verfahrens 155 50 f.

Minderjähriges Kind
- Altersgutachten 26 35b
- Anhörung im Vollstreckungsverfahren 92 2
- Anwendung unmittelbaren Zwangs 90 4a ff.
- Beschwerdeberechtigung, s. unter Beschwerdeberechtigung Minderjähriger 60
- Kostentragungspflicht 81 27
- Unterbringung Minderjähriger, s. dort
- vereinfachtes Verfahren über den Unterhalt, s. dort
- Verfahrensfähigkeit 9 9 ff., 12 ff., 16, 31; 151 58 ff.; 167 20

Mitteilung, formlose
- Ausnahmen 15 71
- Behördenauskunft 15 67
- Beteiligtenschriftsatz 15 67
- Durchführung 15 69 f.
- gerichtliche Verfügungen 15 68
  - Mitteilungen an die Staatskasse/Bezirksrevisor/Behörde 15 68
  - zur Anhörung des Jugendamts 15 68
  - zur Beteiligung einer Pflegeperson 15 68
  - zur Einholung eines ärztlichen Zeugnisses 15 68
  - zur Verfahrensbeistandbestellung für Minderjährige 15 68
  - zur Verfahrenspflegerbestellung in Betreuungs-, Unterbringungs- und Freiheitsentziehungssachen 15 68
- Grundbucheintrag 15 13a
- Registereintragung 15 13a; 383; 383 2 ff.
- Sachverständigenstellungnahme 15 67

s.a. Bekanntgabe

Mitteilungen an Familien- und Betreuungsgerichte
- Ehe- und Familienstreitsachen 22a 1a
- Interessenabwägung 22a 7
- Mitteilungsbefugnis 22a 6 ff.
- Mitteilungspflicht 22a 2 ff.
  - Abstammungssachen 22a 4
  - Ehe- und Familienstreitsachen 113 10
  - Todeserklärung des Mündels 22a 4
  - Todeserklärung eines Elternteils 22a 4
  - Todeserklärung/Geschäftsunfähigkeit/ Insolvenzverfahren bei (Gegen-)Vormund/Betreuer/Pfleger/Beistand 22a 4
- Rechtsschutz 22a 8
- Sonderregelungen 22a 5

Mitteilungspflichten
- Behörden
  - ggü. Registergericht 379
- Gericht
  - des Nachlassgerichts 347; 356
  - des Registergerichts bei ausländischen Vereinen 400
  - des Verwahrgerichts 347
    - nach Eröffnung 350
  - in Betreuungssachen 308 ff.
  - in Freiheitsentziehungssachen 431
  - in Gewaltschutzsachen 216a
  - in Unterbringungssachen 338
  - über Einwendungen im vereinfachten Verfahren 254
- MiZi 22a 5; 216a 7
- Standesamt
  - in Kindschaftssachen 168a
- über die Verwahrung von Verfügungen von Todes wegen 347

Mitwirkungspflichten
- berufsständische Organe 380
- Beteiligte, s. dort 26
- Ehesachen
  - dritte Personen 129
  - Verwaltungsbehörde 129
- Haushaltssachen 206
- Kindschaftssachen
  - Jugendamt 162
  - Pflegeperson 161

Morgengabe
- Einbeziehung in Verbund 137 65
- Einordnung als Güterrechts-/Unterhaltssache 231 6; 261 45
- Einordnung als Familiensache 111 11

MSA
- Minderjährigenschutzabkommen 97 20; 99 20; 109 11

Mündliche Verhandlung
s. unter Erörterungstermin

Nacherbe
- Antragsberechtigung Erbschein 352 20
- Beschwerdeberechtigung 59 28
- Beteiligtenstellung in Nachlasssachen 345 34 ff.

Nacherbfolge
- Anzeige über Eintritt als Nachlasssache 342 23
- Aufgebot von Nachlassgläubigern 461

Nachlass- und Teilungssachen
- Nachlasssachen, Begriffsbestimmung 342 4 ff.; i.Ü. s. dort
- Teilungssachen, Begriffbestimmung 342 45 ff.; i.Ü. s. dort
- Übergangsrecht 343 193 ff.
- Zuständigkeit
  - funktionelle 343 142 ff.
    - Entgegennahmezuständigkeit bei Erbausschlagung 344 74
    - Richtervorbehalt 343 145 ff.
    - Verstoß, Rechtsfolge 343 151
  - internationale 343 7, 152 ff.
    - Entgegennahmezuständigkeit bei Erbausschlagung 344 75 ff.

- Erklärungen im Zusammenhang mit Erbausschlagungen 343 171 ff.
- EuErbVO, s. dort 343 154 ff.
- Nachlassinsolvenz 343 184
- Verstoß, Rechtsfolge 343 187
- örtliche
  - ausländischer Erblasser ohne Inlandswohnsitz/-aufenthalt 343 76 ff.
  - Nachlassbelegenheit im Inland 343 80 ff.
  - besondere amtliche Verwahrung von Erbverträgen 344 39
  - besondere amtliche Verwahrung von Testamenten 344 13 ff.
  - besondere amtliche Weiterverwahrung von gemeinschaftlichen Testamenten 344 34 ff.
  - deutscher Erblasser ohne Inlandswohnsitz/-aufenthalt 343 59 ff.
  - Entgegennahmezuständigkeit bei Erbausschlagung 344 72 ff.
  - Erblasser mit Inlandswohnsitz/-aufenthalt 343 8 ff.
  - Eröffnungszuständigkeit des Verwahrgerichts 344 61 ff.
  - Ersatzzuständigkeit bei Nichtausübung deutscher Gerichtsbarkeit 343 95 ff.
  - frühere interlokale deutsch-deutsche Zuständigkeit 343 120 ff.
  - Gesamtgutsauseinandersetzung bei Gütergemeinschaft 344 56 ff.
  - Inlandsbelegenheit 343 80 ff.
  - Mehrzahl zuständiger Gerichte 343 106
  - Nachlasssicherung 344 41 ff.
  - Veränderung zuständigkeitsbegründender Umstände 343 109 ff.
  - Verstoß, Rechtsfolge 343 127 f.
  - Verweisung bei Unzuständigkeit 343 126
- sachliche 343 129 ff.
  - Landwirtschaftsgerichte 343 132 ff.
  - Notare 343 141 b
  - Verstoß, Rechtsfolge 343 141 a

Nachlassgericht
- Abwesenheitspflegschaft 364 (a.F.) 18 ff.
- besondere amtliche Verwahrung von Verfügungen von Todes wegen 342 4; 346; 347 11 ff.; 349 27 ff.
- Auseinandersetzung einer Gütergemeinschaft (Anträge bis 31.8.2013) 373 4
- Auseinandersetzungsplan (Anträge bis 31.8.2013) 368
- Eröffnung von Verfügungen von Todes wegen 348 ff.
- Inventarfristbestimmung 360 9 ff.
- Mitteilungspflichten 356
  - kindlicher Vermögenserwerb von Todes wegen 356 9 ff.
  - Nachlasssicherung 356 13

- Mitteilung über Verwahrung 347
- Nachlasssicherung, -pflegschaft 342 5 ff.
- Nachlassverwaltung 359 4, 9
- Pflichtteilsstundung 362 4, 12 ff.
- Testamentsvollstreckung 355
- Übergangsrecht 343 193 ff.; 493
- Zuständigkeit
  - Erbscheinsverfahren 343 141 b; 352 6; 353 4 f.
  - Eröffnungszuständigkeit des Verwahrgerichts 350
  - Nachlasssachen 343 6, 129 ff.
    - EuErbVO 343 154 ff.
    - funktionelle 343 142 ff.
    - internationale 343 152 ff.
    - sachliche 343 129 ff.
  - Teilungssachen
    - funktionelle
      - Anträge ab 1.9.2013, Restzuständigkeit 363 9
      - Anträge bis 31.8.2013 363 9a; 343 8 ff.
    - örtliche
      - Anträge ab 1.9.2013, Restzuständigkeit 363 7
      - Anträge bis 31.8.2013 363 7a ff.
    - sachliche
      - Anträge ab 1.9.2013, Restzuständigkeit 343 4
      - Anträge bis 31.8.2013 343 5 ff.
    - internationale 363 10 ff.
  - Zuständigkeitsübertragung auf Notare 343 141 b

Nachlassgläubiger
- Antragsberechtigung
  - Erbscheinsverfahren 352 20
  - Nachlassverwaltung 359 11
- Beteiligter
  - in Nachlasssachen 345 37a
  - in Teilungssachen 363 19
- Inventarfristbestimmung, Beschwerde 360 13
- Verlangen eidesstattlicher Versicherung des Erben 361
- Verzeichnis 456

Nachlassinsolvenz
- internationale Zuständigkeit 343 161 ff.
- Beendigung des Aufgebotsverfahrens 457
- Zuständigkeit 343 161 ff.

Nachlassinventar
- Errichtung, Nachlasssache 342 40
- Fristbestimmung, Verfahrensbeteiligte 345 58 ff.
- Inventarfrist
  - Anordnung 360 9 ff.
  - Bestimmung 360
  - Beschwerde 360 13 ff.

Nachlasspfleger
- Antragsberechtigung
- Aufgebot 434 6; 455

Sachregister

[Nachlasspfleger]
- Erbauseinandersetzung 363 18
- Erbscheinsantrag 352
- Nachlassverwaltung 359 10
- Beteiligtenstellung 345 37a
- Einsicht in eröffnete Verfügung von Todes wegen 357 11
- Stundung des Pflichtteilsanspruchs 362 9
- wirksam bleibende Rechtsgeschäfte 47 4

Nachlasspflegschaft
- als Nachlasssache 342 8
- Verfahrensbeteiligte 345 54

Nachlasssachen
- Amtsermittlung 26 8, 35d
- Anerkennung ausländischer Entscheidungen 108 37
- Begriffsbestimmung 342 4 ff.
- Katalog
  - besondere amtliche Verwahrung von Verfügungen von Todes wegen 342 4
  - Entgegennahme von Erklärungen 342 17 ff.
  - Erbenermittlung 342 12 ff.
  - Eröffnung von Verfügungen von Todes wegen 342 11
  - Nachlasspflegschaft 342 8
  - Nachlassverwaltung 342 37
  - Sicherung des Nachlasses 342 5 ff.
  - sonstige zugewiesene Aufgaben 342 38 ff.
  - Testamentsvollstreckung 342 32 ff.
  - vom Nachlassgericht zu erteilende Zeugnisse 342 26 ff.
- Übersicht Gemeinschafts- und Konventionsrecht 97 26, 41
- Verfahren
  - Aussetzung 21 11
  - Beteiligte
    - Abgabe eidesstattlicher Versicherung 345 61 f.
    - Bestimmung erbrechtlicher Fristen 345 57
    - Entlassung des Testamentsvollstreckers 345 56
    - Ernennungs-/Zeugniserteilungsverfahren bei Testamentsvollstreckung 345 43 ff.
    - Erteilung eines Fortsetzungs- bzw. Überweisungszeugnisses 345 40
    - Inventarfristbestimmung 345 58 ff.
    - Nachlasspflegschaft/-verwaltung 345 54 f.
    - sonstige Antragsverfahren 345 54 ff.
    - Verfahren auf Erteilung eines Erbscheins 345 16 ff.
    - von Amts wegen durchzuführende Nachlassverfahren 345 67 f.
  - Mitteilungspflichten
    - kindlicher Vermögenserwerb von Todes wegen 356

- Nachlasssicherung 356
- Verfahren bei besonderer amtlicher Verwahrung 346
- Zuständigkeit, internationale 105 24 f.
- s.a. unter Nachlass- und Teilungssachen

Nachlasssicherung
- Zuständigkeit 344 41 ff.
  - Abwesenheitspfleger 344 53
  - ausländischer Erblasser 344 54 f.
  - Mitteilungspflichten des Nachlassgerichts 356 12

Nachlassverwalter
- Beteiligter in Nachlasssachen 345 37a
- Erbscheinsantrag 352 20

Nachlassverwaltung
- als Nachlasssache 342 37
- Anordnung 359 9 ff.
  - Aufhebung 359 17, 21
  - Rechtsmittel 359 13 ff., 19 f.
  - Verfahrensbeteiligte 359 8
  - Zuständigkeit 359 4 ff.
- Beteiligte 345 54 f.

Nachtragsabwickler
- Bestellung, unternehmensrechtliches Verfahren 375 7

Nichtehelicher Vater
- Auskunftsverfahren nach § 1686a BGB 167a 23
- Beschwerderecht 59 29
- Ersetzung der Einwilligung zur Annahme als Kind 186 30 f.
- Umgangsverfahren nach § 1686a BGB, s. dort 167a
- Verfahren zur Übertragung der gemeinsamen elterlichen Sorge, s. dort 155a

Nießbrauchsberechtigter an Erbteil
- Antragsberechtigung in Teilungssachen 363 48 ff.

Notar
- Akteneinsicht in Notariatsakten 13 10
- Antragsrecht in Registersachen 378
  - Antragsrücknahme 378 4, 18
  - Einlegung von Rechtsmitteln 378 15 ff.
  - Ermächtigungsvermutung 378 7 ff.
  - Vollmachtsvermutung 378 12 ff.
- Beschwerderecht, eigenes in Registersachen 378 17
- Bevollmächtigter 10 17
- Registervollmacht, notarielle
  - Antragsrücknahme 378 18
  - Beschwerdeverfahren 378 15 ff.
  - Vermutung 378 12 ff.
- Übertragung von Aufgaben der fG
  - entsprechende Anwendung nachlassgerichtlicher Vorschriften 492
  - Rechtsmittel 492 2
  - Übergangsvorschrift 493
  - Zuständigkeitsübertragung 343 141b
- Unterstützungspflicht ggü. Registergericht 379 4

- Verfahrensvollmacht 11 6, 15
- Zuständigkeit, landesgesetzliche
  - für Nachlasssicherung in Rheinland-Pfalz 344 49
  - in Nachlass- und Teilungssachen in Baden-Württemberg 343 130
- Zuständigkeit, Teilungssachen
  - funktionelle
    - Anträge ab 1.9.2013 363 9
  - örtliche
    - Anträge ab 1.9.2013 363 7
    - besondere örtliche 344 4a f., 55c ff.
  - sachliche
    - Anträge ab 1.9.2013 343 4
- Zustellung, öffentliche 492 2

Nottestament
- auf See 344 26 ff.
- Dreizeugennottestament 344 26 ff.
- vor Bürgermeister 344 23 f.

OHG
- Beteiligtenfähigkeit 8 14
- Liquidatorbestellung als unternehmensrechtliches Verfahren 375 5

OLG
- Antrag auf gerichtliche Entscheidung bei Anerkennung ausländischer Ehescheidung 107 56 ff.
- Beschwerdegericht, regelmäßiges 58 20
- Beschwerdegericht in Registersachen Vor 374–409 30, 32
- Beschwerdegericht in Vollstreckungssachen 87 14

OLG-Präsident
- Anerkennung ausländischer Ehescheidung 107 35

Ordnungsbehördliche Ingewahrsamnahme 417 2; 428

Ordnungsmittel
- Anhörung des Verpflichteten 92 2
- Erzwingung von Duldungen und Unterlassungen 95 14 ff.
- Hinweispflicht 89 10 ff.
- Ordnungsgeld
  - Höhe 89 12
  - unbefugter Firmengebrauch 392
  - unentschuldigtes Ausbleiben im Termin 33 24 ff.; 128 14
- Ordnungshaft 89 13
- Rechtsmittel 89 21
- Vollstreckung der Herausgabe von Personen 89
- Vollstreckung von Umgangsregelungen 89
- Vollstreckungsverfahren 92
- Warnhinweis 89 10 ff.
- wiederholte Festsetzung 89 20

Ordre public 109 43 ff.
- materiell-rechtlicher 109 48
- verfahrensrechtlicher 109 50
- Fallgruppen 109 54 ff.

Partnerschaftsgesellschaft
- Beschwerdeberechtigung
  - Zwangsgeldverfahren in Registersachen 391 5
- Beteiligtenfähigkeit 8 14
- Liquidatorbestellung als unternehmensrechtliches Verfahren 375 20
- Löschung des Namens 393 26
- unbefugter Namensgebrauch 392 2, 6, 19

Partnerschaftsregister
- Einsichtnahme 385 1
- öffentliche Bekanntmachung von Eintragungen 383 9

Partnerschaftsregistersachen 374
s. unter Registersachen

Perpetuatio fori
- internationale Zuständigkeit Vor 98–106 9 ff.
- örtliche Zuständigkeit 2 29 ff.

Personenhandelsgesellschaft
- Erlöschen der Firma 393 8 f.
- Registeranmeldung 382 30
- Zwangsgeldandrohung in Registersachen 388 11, 14, 19

Personenstandsbücher
- Berichtigung nach Annahme als Kind 197 53
- Berichtigung nach Aufhebung des Annahmebeschlusses 198 13

Personenstandsregister
- Einsichtnahme 13 9
- Ersetzung der Familienbücher 133 8

Pfandbriefanstalt/-bank
- unternehmensrechtliche Verfahren
  - Bestellung von Sachwaltern 375 17

Pfandrechtsberechtigter an Erbteil
- Antragsberechtigung in Teilungssachen 363 44 ff.

Pfandschein
- Aufgebotsverfahren zur Kraftloserklärung 483 2

Pfandverkauf
- Verfahren
  - Beteiligte 412 6
  - Zuständigkeit 411 6
- weitere fG-Angelegenheit 410 12 ff.

Pflegeeltern
- Beschwerdebefugnis in Betreuungssachen 303 19 ff.
- Beteiligtenstellung
  - in Betreuungssachen 274 41 ff.
  - in Unterbringungssachen 315 2

Pflegeperson
- Mitwirkung in Kindschaftssachen 161

Pflegschaft für Erwachsene
- Anerkennung ausländischer Entscheidungen 108 36; 109 14
- Übersicht einschlägiges Gemeinschafts- und Konventionsrecht 97 25
- Zuständigkeit, internationale 104

Pflichtteilsanspruch
- Stundung
  - Nachlasssache 342 40
- Verfahren
  - Antragserfordernis 362 12
  - Beteiligte 362 8
  - Entscheidung 362 14
  - Güteversuch 362 13
  - Rechtsmittel 362 20 f.
  - Zuständigkeit 362 4 ff.
  - Voraussetzungen 362 9 ff.

PKH-RL
- dt. Umsetzungsbestimmungen 97 13, 34

Politische Partei
- Beteiligtenfähigkeit 8 16 f.

Polizei
- Behördengewahrsam 428 4
- Einbindung in Gewaltschutzsachen 210 17; 216a 3
- Mitteilungspflichten an Registergericht 379
- Unterstützung der Betreuungsbehörde
  - bei der Vorführung zur Untersuchung 283 13 f.
  - bei der Zuführung zur Unterbringung 326 4
- Unterstützung des Gerichtsvollziehers bei der Vollstreckung 87 10; 90 4; 96 5; 96a 5
- Unterstützung des Jugendamts bei der Unterbringung Minderjähriger 167 10
- Unterstützungspflicht ggü. Registergericht 379 2
- Vollstreckung in Ehewohnungs- und Gewaltschutzsachen 96 5

Privatscheidung
- Anerkennung ausländischer 107 7, 26, 43; 108 51

Prokurist
- Beschwerdeberechtigung 391 6
- Löschung eingetragener Handlungsvollmacht bei angemeldeter Prokura 395 17
- Zwangsgeldverfahren in Registersachen 388 30; 391 6

Quarantäne
- nach Infektionsschutzgesetz
  - Beschlussformel 421 7
  - Zuständigkeit 417 2

Rechtliches Gehör
- Anhörungsrüge s. dort 44
- Äußerungsrecht 37 26 ff., 36
  - Grundlagen 37 26
  - Überraschungsentscheidung 37 36
- Ehe- und Familienstreitsachen 37 27
- Erörterungstermin 32 12 ff.
- Gehörsrüge 37 28 f.
- Umfang 37 34 ff.
  - Pflicht zur Erwägung 37 38
  - Pflicht zur Kenntnisnahme 37 37
- Recht auf Äußerung 37 36
- Recht auf Orientierung 37 35
- Verletzung rechtlichen Gehörs 32 16

Rechtsanwalt
- Akteneinsicht 13 39 ff.
- als Beistand 12
- Beiordnung, s. unter Verfahrenskostenhilfe
- Beiordnung eines Scheidungsanwalts gegen den Willen 138
- Rechtsanwaltszwang, s. dort
- Selbstvertretungsrecht 114 13
- Verfahrensvollmacht, s. dort
- Vertretungsverbot 114 4
- Wiedereinsetzung in den vorigen Stand, Verschulden 17 15 f.
- angestellter Rechtsanwalt 17 23
- Ausgangskontrolle 17 23
  - Versendung per Telefax 17 23a
- Büroorganisation 17 23
- Rechtsirrtum 17 25
  - fehlerhafte Rechtsbelehrung 17 24 ff.
- Sozien 17 23
- Unterbevollmächtigter 17 23
- Urlaubsvertreter 17 23
- Verkehrsanwalt 17 23
- Zustellung an Verfahrensbevollmächtigten 15 33 ff.

Rechtsanwaltskammer
- Mitwirkungspflichten ggü. Registergericht 380 7

Rechtsanwaltszwang
- Abstammungssachen 114 19
- allgemeine Grundsätze 114 4 ff.
- Behördenprivileg 114 23 ff.
- und Beistandschaft 114 6
- Ausnahmen 114 29 ff.
  - Antrag auf Abtrennung einer Folgesache 114 33
  - einstweilige Anordnung 114 11, 29 f.
  - Erklärungen zum Versorgungsausgleich 114 36; 217 20
  - Verfahren vor dem ersuchten/beauftragten Richter 114 35
  - Verfahrenshandlungen vor dem Urkundsbeamten der Geschäftsstelle 114 36
  - Verfahrenskostenhilfe 114 34
  - Vertretung durch Jugendamt in Unterhaltsverfahren 114 31
  - Zustimmung zur Rücknahme des Scheidungsantrags 114 32
  - Zustimmung zur Scheidung und Widerruf 114 32
- Ehe- und Folgesachen 114 14 f.
- Familiensachen der fG 114 19
- Familienstreitsachen, selbständige 114 16 ff.
- Mitwirkungsmöglichkeiten der Beteiligten 114 20 f.
- Rechtsfolgen bei Verletzung 114 12

- Rechtswahlvereinbarungen 114 10
- Reichweite 114 7 ff.
- Vergleiche 114 10 f.
- Vollmacht in Ehesachen 114 37 ff.
- Vollstreckungsmaßnahmen 114 8
- vor dem BGH 10 22 ff.; 114 22
  - Ausnahmen
    - Behörden, juristische Personen des öffentlichen Rechts 10 23
    - Richterablehnungsverfahren 10 22
    - Verfahrenskostenhilfeverfahren 10 22
  - Wiedereinsetzungsanträge 18 13 f.

Rechtsbehelfsbelehrung
- Berichtigung 39 18
- durch das Beschwerdegericht 39 12 ff.
- Erforderlichkeit 39 2 ff.
  - Anschlussbeschwerde 39 6a
  - außerordentliche Rechtsbehelfe 39 6b
  - Beschlüsse in der Hauptsache 39 2
  - Mindestbeschwerdewert 39 3
  - Sprungrechtsbeschwerde 39 6a
  - statthaftes Rechtsmittel 39 3
  - Unanfechtbarkeit der Entscheidung 39 4
- Folgen fehlerhafter 39 16 f.
  - Jahresfrist 39 17
  - Meistbegünstigung 39 16
  - Rechtsmittelfristbeginn 39 16
  - Wiedereinsetzung 17 27 ff.; 39 16 f.
- Folgen fehlender 17 28; 63 10
- Form 39 5 ff.
- Inhalt 39 6 ff.
  - Angabe der Empfangszuständigkeit 39 7
  - auf die konkrete Entscheidung zugeschnitten 39 6
  - Begründung des Rechtsmittels 39 11
  - Form des statthaften Rechtsmittels 39 8 f.
  - formularmäßig 39 6
  - Frist zur Einlegung des statthaften Rechtsmittels 39 10
  - Rechtsanwaltszwang 39 9
- Kostenverfahren **8a FamGKG**
- Verbund, einheitliche Endentscheidung 142 11
- Zwischenentscheidungen 39 2

Rechtsbeschwerde
- Anschlussrechtsbeschwerde, s. dort 73
- Ausschluss im einstweiligen Anordnungsverfahren 70 19
- Bekanntgabe der Rechtsbeschwerdeschrift und -begründung 71 26
- Beruhen der Entscheidung auf der Rechtsverletzung 72 24 ff.
  - absolute Rechtsbeschwerdegründe 72 26
  - Verletzung materiellen Rechts 72 24
  - Verletzung Verfahrensrechts 72 25
- Ehe- und Familienstreitsachen 117 71

- Einlegung 71 2 f.
- einstweilige Anordnungen des Rechtsbeschwerdegerichts 71 28 ff.
  - Amtsverfahren 71 31
  - Antragsverfahren 71 31
  - Dringlichkeit und Anordnungsanspruch 71 30
  - Entscheidungsform und -inhalt 71 32
  - Rückgriff auf §§ 49 ff. 71 28 f.
- Entscheidungen der Beschwerdegerichte in der Hauptsache 70 2
- Entscheidungen des OLG im ersten Rechtszug 70 3
- Erledigung der Hauptsache 74 16a
- Frist
  - Fünfmonatsfrist ab Erlass 71 6
  - Monatsfrist 71 4
  - Notfrist 71 4
  - Fristbeginn, Bekanntgabe der Beschwerdeentscheidung 71 5
- Rechtsbeschwerdebegründung 71 14 ff.
  - Anträge 71 22
  - Frist 71 15
  - Fristbeginn 71 16
  - Fristverlängerung 71 17 ff.
    - Entscheidung über den Verlängerungsantrag 71 21
    - nach Einwilligung des Gegners 71 20
    - ohne Einwilligung des Gegners 71 18
    - wegen Nichtvorliegens der Akten 71 19
  - Sachrügen 71 24
  - Teil der Rechtsbeschwerdeschrift oder separater Schriftsatz 71 14
  - umfassende Begründung 71 23
  - Verfahrensrügen 71 25
- Rechtsbeschwerdeentscheidung, s. dort 74
- Rechtsbeschwerdeschrift
  - Antrag 71 11
  - Bedingungen 71 13
  - Begehren einer Überprüfung 71 11
  - Beschränkung 71 13
  - Bezeichnung der angegriffenen Entscheidung 71 10
  - Bezeichnung des Beschwerdeführers 71 12
  - Rechtsanwaltszwang 71 8
  - Schriftform und Unterschrift 71 7
  - Vorlage einer Ausfertigung oder Abschrift des angefochtenen Beschlusses 71 9
- Rechtskontrolle 72 1 ff.
  - Ausnahmen
    - Einführung neuer Tatsachen oder Anträge 72 4 ff.
    - Einrede beschränkter Erbenhaftung 72 7
    - Entscheidungsreife nach fehlerhafter Tatsachenwürdigung der Vorinstanz 72 6

[Rechtsbeschwerde]
- Sprungrechtsbeschwerde, s. dort **75**
- Statthaftigkeit kraft Gesetzes **70** 16 ff.
  - Betreuungssachen **70** 18
  - Freiheitsentziehungssachen **70** 17
  - Unterbringung, geschlossene Minderjähriger **70** 17
  - Unterbringungssachen **70** 17
- überprüfbare Normen **72** 8 ff.
  - ausländisches Recht **72** 10 f.
  - Denkgesetze und Erfahrungssätze **72** 14
  - formelle Bundesgesetze und untergesetzliches Recht **72** 8
  - Gesetzesänderungen **72** 9
  - Landesrecht **72** 10 f.
  - mit Gesetzeskraft versehene BVerfG-Entscheidungen **72** 8
  - normenähnliche Regelungen und Registerpublikationen **72** 12
- überprüfbare Normen, Verfahrenshandlungen und Behördenakte **72** 13
- Verletzung ausländischen Rechts **Vor 98–106** 44
- Verletzung des Rechts **72** 15 ff.
  - Subsumtionsfehler **72** 15
  - Überprüfung der Ermessensausübung **72** 17
  - unbestimmte Rechtsbegriffe **72** 16
  - Verfahrensfehler **72** 18 ff.
    - Heilung noch in der Rechtsbeschwerdeinstanz **72** 18
  - verfahrensfehlerhafte Tatsachenfeststellung **72** 18, 19 ff.
- Wiedereinsetzung
  - Antrag, Form **18** 12 ff.; **19** 4
  - Nachholung der versäumten Begründung **18** 21
  - Zuständigkeit **19** 3
- Zulassung durch das Beschwerdegericht **70** 4 ff.
  - Beschwer und Mindestbeschwerdewert **70** 6
  - Bindung des Rechtsbeschwerdegerichts **70** 15
  - Entscheidung durch den Einzelrichter **70** 12
  - Ergänzung nach 43 **70** 14
  - Fortbildung des Rechts und Sicherung einer einheitlichen Rechtsprechung **70** 5
  - grundsätzliche Bedeutung **70** 4
  - keine Nichtzulassungsbeschwerde **70** 11
  - Korrektur fehlerhafter (Nicht-)Zulassungen **70** 11 ff.
  - Korrektur versehentlich unterlassener Zulassungsentscheidungen **70** 13
  - Zuständigkeit **70** 7
  - Zulassungsentscheidung
    - Beschränkung der Zulassung **70** 10
  - Beurteilungsspielraum und Ermessen des Gerichts **70** 9
  - Zulassung in Tenor oder Gründen **70** 8

Rechtsbeschwerdeentscheidung
- Anwendbarkeit der Vorschriften des ersten Rechtszugs **74** 12 f.
- Aufhebung und Zurückverweisung **74** 17 ff.
  - Folgen **74** 21 f.
- Begründungspflicht **74** 23
  - Ausnahmen **74** 24 ff.
    - keine Klärung von Zulassungsvoraussetzungen (Abs. 7) **74** 26
    - nach den Regeln zum erstinstanzlichen Verfahren **74** 24
    - Ausnahmen, unbegründete Verfahrensrügen **74** 25
- Entscheidung über begründete Rechtsbeschwerden **74** 16
- Entscheidung über unbegründete Rechtsbeschwerden **74** 15
- Erwiderung des Rechtsbeschwerdegegners **74** 9 ff.
- Feststellung der Rechtswidrigkeit **74** 16a
- Hinweis an Rechtsbeschwerdeführer **74a** 7
- keine Übertragung auf Einzelrichter **74** 3
- Kostenentscheidung **74** 32
- Prüfung der Zulässigkeitsvoraussetzungen **74** 3 ff.
- Prüfungsumfang **74** 6 ff.
  - Bindung an die Anträge **74** 6
  - Bindung an verfahrensfehlerfreie Tatsachenfeststellungen **74** 7
  - keine Bindung an Vorbringen der Beteiligten **74** 7
  - Überprüfung von Verfahrensmängeln nur auf Rüge **74** 8
- Zurückverweisung
  - an anderen Spruchkörper **74** 19
  - an Gericht erster Instanz **74** 20
  - an zuvor befassten Spruchkörper **74** 18
- Zurückweisungsbeschluss **74a**
  - Begründung **74a** 8
  - Kosten/Gebühren **74a** 10
  - Teilzurückweisung **74a** 9
  - Voraussetzungen
    - einstimmige Willensbildung des Senats **74a** 5
    - Fehlen eines Zulassungsgrundes **74a** 3
    - fehlende Erfolgsaussichten **74a** 4
    - Zulassung der Rechtsbeschwerde durch das Beschwerdegericht **74a** 2

Rechtsfähigkeit
- Entziehung der Rechtsfähigkeit eines Vereins **401**

Rechtsgeschäft, Genehmigung
- Beschwerdeberechtigung **59** 30

- Genehmigung eines einzelnen Rechtsgeschäfts 48 26
- keine außerordentlichen Rechtsmittel 48 26
  - Wiedereinsetzung in den vorigen Stand 48 26
  - Anhörungsrüge 48 26
  - Abänderung 48 26
  - Wiederaufnahme 48 26
- Wirksambleiben, s. nachstehend
- Wirksamwerden s. unter Beschluss, Wirksamwerden 40

Rechtsgeschäft, Wirksambleiben
- Aufhebung der Aufhebung 47 10
- Aufhebung des Ermächtigungsbeschlusses 47 5 ff.
  - Beschlüsse hierzu nicht befugter Gerichtspersonen 47 7
  - sonstige zur Unwirksamkeit führende Fehler 47 8
    - fehlende Unterschrift 47 8
    - mangelnde Einwilligung 47 8
  - „ungerechtfertigte" Ermächtigung 47 5
- Aufhebung von Beschränkungen nach § 1357 Abs. 2 BGB/§ 8 Abs. 2 LPartG 47 3
- Befugnis zur Vornahme von Rechtsgeschäften/Entgegennahme von Willenserklärungen 47 4
  - Betreuer 47 4
  - Nachlasspfleger 47 4
  - Nachlassverwalter 47 4
  - Pfleger 47 4
  - Testamentsvollstrecker 47 4
  - Vormund 47 4
- Fähigkeit zur Vornahme von Rechtsgeschäften/Entgegennahme von Willenserklärungen 47 3
- gerichtliche Ermächtigung 47 2
- Wirkung ex nunc 47 9

Rechtshilfe
- in Abstammungssachen mit Auslandsbezug 100 9; 178 16
- internationale Betreuungssachen 278 30
- internationalverfahrensrechtliche Rechtsinstrumente 97 30; **Vor 98–106** 60
- ZPO-Regeln zur justiziellen Zusammenarbeit in der EU 97 13

Rechtskraft, formelle
- Anwendungsbereich 45 2 f.
- Eintritt
  - Rechtsmittelverzicht 45 5
  - Unstatthaftigkeit von Rechtsmitteln 45 4
  - Unzulässigkeit von Rechtsmitteln 45 5
  - Zulässigkeit von Rechtsmitteln 45 6 ff.
    - nach Einlegung 45 7
    - Teilrechtskraft 45 8
    - unterlassene Einlegung 45 6

- Endentscheidungen 45 3
  - Ehe- und Familienstreitsachen 116 18 ff.
- Zwischenentscheidungen 45 3

Rechtskraft, materielle
- Betreuungs- und Unterbringungssachen 45 11
  - Betreuervergütungsentscheidungen 45 12
- echte Streitverfahren 45 12
- Erbscheinsverfahren 45 11
- Freiheitsentziehungssachen 45 11
- Genehmigung von Rechtsgeschäften 45 12
- Kindesannahme 45 12
- Personenstandssachen 45 11
- Registerverfahren 45 11
- Sorgerechtsverfahren 45 11
- Testamentsvollstreckerentlassung 45 12
- Umfang der Bindungswirkung 45 10
- Vaterschaftsfeststellung 45 12
- Versorgungsausgleichsentscheidungen 45 12
- Voraussetzungen 45 9

Rechtskraftzeugnis
- von Amts wegen, Ehe- und Abstammungssachen 46 3
- Anfrage beim Gericht des nächsten Rechtszugs 46 6
- auf Antrag 46 3
- Antragsberechtigung 46 4 f.
  - Dritte 46 5
  - jeder Beteiligte 46 4
- Beweiskraft 46 10
- Endentscheidungen 46 2
- Prüfung des Eintritts der Rechtskraft 46 6
- Rechtsmittel 46 11
- Sprungrechtsbeschwerde 46 6; 63 4a
- Vergleiche 46 2
- Vermerk auf der Ausfertigung 46 9
- Zuständigkeit 46 7 f.
  - funktionelle 46 8
  - instanzielle 46 7
- Zwischenentscheidungen 46 2

Rechtsmittelverzicht
- Ausnahme von Begründungspflicht 38 30 ff.
- Ehe- und Familienstreitsachen 116 22
- Eintritt der Rechtskraft 45 5
  - Rechtskraftzeugnis 46 6
- Genehmigung von Rechtsgeschäften 63 4a
- Scheidungs- und Folgesachen 144
- und Anschlussbeschwerde 66 5
- Verzicht auf die Anschlussbeschwerde 67 10 ff.; 144
- Verzicht auf die Beschwerde, s. dort 67
- Wirksamwerden von Entscheidungen in Folgesachen 148 4, 8

Sachregister

Rechtspfleger
- Abgabe, formlose an anderes Gericht 4 28
- Ablehnung 6 19
- Ausschließung 6 6
- Zuständigkeit
  - Bescheinigung über Eintritt der Vormundschaft 190 7
  - Erbauseinandersetzung (bis 31.8. 2013) 363 7a
  - in Betreuungssachen 271 23ff.
  - in Nachlasssachen 343 142
  - in Registersachen 388 33; 390 10; 393 14

Reeder
- Vermögenssicherungspflicht für vermisste/verstorbene Besatzungsmitglieder 343 141; 344 51

Reederei
- Beteiligtenfähigkeit 8 14

Registeranmeldung
- Ablehnungsbeschluss 382 19
- Antrag 382 2ff.
- Eintragung 382 6ff.
  - Begriff 382 10
  - Form
    - akademische Grade 382 16
    - Gründungs-, Liquiditätszusatz 382 16
    - HRV 382 12
    - Klammeraffe 382 18
    - Künstler-, Decknamen 382 15
    - Mitwirkungspflichten 382 13
    - Namens-/Firmenrecht 382 14
    - Schreibweise 382 15, 17
  - Inhalt 382 10f.
    - Datum, Unterschrift 382 11
  - Wirksamkeit
    - elektronisch geführte Register 382 7
    - in Papierform geführte Register 382 9
- Mitteilung an Beteiligte 383 2ff.
- Öffentliche Bekanntmachung 383 7ff.
- Rechtsmittel 382 19
- Zwischenverfügung
  - Beschwerde 382 24f.
  - Beseitigung eines Eintragungshindernisses 382 21f.
  - Fristsetzung 382 23

Registergericht
- Auflösung einer AG/KGaA/GmbH wegen Mangels der Satzung 399 17ff., 22ff.
- Bescheinigungserteilung 386
- Feststellung der Vermögenslosigkeit einer Gesellschaft 394 6ff.
- Löschung
  - Firma 393 22ff.
  - nichtige Beschlüsse 398 10ff.
  - unzulässige Eintragungen 395 3ff., 24ff.; 383 11

- vermögenslose Gesellschaften 394 21ff.; 40ff.
- Negativattest 386 1ff.
- Unterstützung
  - Beteiligung der berufsständische Organe 380 4ff., 8ff.
  - Mitteilungspflichten der Behörden 379 2ff.
- Zwangsgeldandrohung in Registersachen, Einzelfälle 388 7ff.

Registersachen
- Anerkennung ausländischer Entscheidungen 108 38
- historische Entwicklung Vor 374–409 42ff.
- Katalog Vor 374–409 5ff., 374
- Löschungs- und Auflösungsverfahren
  - Auflösung wegen Mangels der Satzung 399
  - Beschwerde 399 24
  - Mangelfeststellung 399 22ff.
  - Satzungsmängel
    - AG/KGaA 399 5ff.
    - GmbH 399 12ff.
  - Verfahren 399 17ff.
  - Wirkung der Löschung 399 25
- Löschung einer Firma 393
  - Beschwerde 393 21a, 25
  - Erlöschen der Firma 393 4ff.
    - Einzelkaufmann 393 6f.
    - Gesellschaften 393 8ff.
    - Partnerschaftsname 393 26
  - Löschungsverfahren
    - Adressat der Verfügung 393 15
    - Bekanntgabe der Verfügung 393 16f.
    - Einleitung 393 13ff.
    - Erörterungstermin 393 20
    - Kosten 393 21
    - Löschungsankündigung 393 14
    - Rechtsbehelfe 393 18ff.
  - Vollzug der Löschung 393 22ff.
  - Widerspruch 393 18ff.
    - Widerspruchsfrist 393 14f.
    - Widerspruchsverfahren 393 19ff.
  - Zwangsgeldfestsetzung 393 11f.
- Löschung nichtiger Beschlüsse 398
  - Anwendungsbereich 398 2ff.
    - Genossenschaften 398 1f., 7
  - öffentliches Beseitigungsinteresse 398 8f.
  - Rückgängigmachung einer Verschmelzung 398 9
  - Verfahren 398 10ff.
- Löschung nichtiger Genossenschaften 397
- Löschung nichtiger Gesellschaften 397
  - AG/KGaA 397 5f., 11
  - Genossenschaft 397 8
  - GmbH 397 7, 10
  - Löschung 397 18

- Löschungsgründe 397 4 ff.
  - nicht zur Löschung berechtigende Gründe 397 9 f.
  - Verfahren 397 14 ff.
- Löschung unzulässiger Eintragungen 395
  - Verfahren 395 24 ff.
  - Voraussetzungen 395 7 ff.
    - Fehlen wesentlicher Eintragungsvoraussetzung 395 11 ff.
    - Vorliegen einer Eintragung 395 7 ff.
    - Zeitpunkt 395 23
- Löschung vermögensloser Gesellschaften 394
  - Löschung 394 40 ff.
  - Löschungsankündigung 394 32 ff.
  - Löschungsgründe 394 5 ff.
    - durchgeführtes Insolvenzverfahren 394 17 ff.
    - Vermögenslosigkeit 394 6 ff.
  - Verein 394 4a
  - Verfahrenseinleitung 394 21 ff.
    - Amtsermittlung 394 30 f.
    - Amtslöschung 394 21 ff.
    - Antragsrechte 394 27 ff.
  - Widerspruch 394 37 ff.

Registersachen, Verfahren
- Antragsrecht der Notare 378
  - Antragsrücknahme 378 18
  - Rechtsmittel 378 15 ff.
- Aussetzung des Verfahrens 21 11; 381
- Bescheinigungen 386
- Beschwerdeberechtigung 382 44 ff.
  - berufsständische Organe 380 16 ff., 382 48
  - Finanzbehörden 382 48
  - Notar 378 17
- Beteiligte
  - Antragsteller 382 27 ff.
    - Aktionäre 382 39
    - Einzelkaufmann 382 30
    - Kapitalgesellschaft 382 29, 31 ff.
    - Personengesellschaft 382 30
    - sonstige juristische Personen 382 34
  - berufsständische Organe 382 42
  - Dritte 382 37 f., 40
  - Kann-Beteiligte 382 43
  - Mitteilung an Beteiligte 383 2 ff.
  - Muss-Beteiligte 382 35 ff., 41 f.
- Eintragung
  - Anfechtbarkeit 383 11 ff., 16
  - Bekanntmachung, öffentliche 383 7 ff.
  - Entscheidung über Anträge 382
  - Fassungsbeschwerde 383 12 ff.
  - Mitteilung an Beteiligte 383 2 ff.
  - amtswegige 384
    - Registerunrichtigkeit als Folge 384 4 f.
    - Unanfechtbarkeit 384 1 f.
  - Ermächtigung an Landesregierungen 387
  - Fassungsbeschwerde 383 12 ff.
  - Mitteilungspflichten 400
  - Negativatteste 386
- Registereinsicht 385
  - eingereichte Unterlagen 385 5
  - Register i. e. S 385 4
  - sonstige Akten 385 6
- Registervollmacht, notarielle
  - Antragsrücknahme 378 18
  - Beschwerdeverfahren 378 15 ff.
  - Vermutung 11 4, 6; 378 12 ff.
- Vereinsregister 400
- Verfahrenseinleitung 393 13 ff.
- Verfahrensvollmacht 11 4, 6
- Vertretungsbefugnis 378 3 ff.
- Verweisung bei Unzuständigkeit 3 5
- Widerspruch gegen Löschungsankündigung 393 18 ff.
- Zuständigkeit, internationale 105 26 f.
- Zwischenverfügung bei Registeranmeldung
  - Anfechtbarkeit 382 24 ff.
  - Inhalt 382 21 ff.
  - Zweck 382 20
- Zwangsgeldverfahren
  - Androhung
  - Anwendungsbereich 388 4 ff.
    - Anmeldungen zum Handelsregister 388 8 ff.
    - aktienrechtliche Verpflichtungen 388 20
    - Einreichung von Unterlagen 388 14 f.
    - genossenschaftsrechtliche Verpflichtungen 388 23
    - Geschäftsbriefangaben 388 18, 19, 21
    - Verpflichtungen bei Umwandlung 388 22
    - Sonderregeln für Vereinsregistersachen 388 25
  - Verfahren 388 28 ff.
    - Androhungsverfügung 388 28
    - Änderung der Androhungsverfügung 388 35
    - Bekanntmachung 388 34
    - Beteiligte 388 28a ff.
    - Fristsetzung 388 31
    - Zurücknahme der Androhungsverfügung 388 35
    - Zuständigkeit 388 33
  - Beschwerde
    - Beschwerde/Einspruch 390 1b
    - Beschwerdeberechtigung 391 4 ff.
    - Beschwerdegründe 391 7 ff.
  - Einspruchsverfahren
    - gegen wiederholte Androhung 390 15
    - begründeter Einspruch 390 7 ff.

[Registersachen, Verfahren]
- Einspruchsverwerfung 390 12 ff.
- Erörterungstermin 390 5 f.
- offensichtlich begründeter Einspruch 390 1b ff.
- Vollstreckung 390 17
- wiederholte Androhung 390 15 f.
- Festsetzung
  - Beschluss 389 8 f.
  - Verfahren 389 3 ff.
  - verspätete Erfüllung 389 6 f.
  - verspäteter Einspruch 389 4
  - wiederholte 389 10
- Verfahren bei unbefugtem Firmengebrauch 392
  - Anwendungsbereich 392 5 ff.
  - Aussetzung 392 7b f.
  - Einspruchsverfahren 392 16 f.
  - Festsetzungsverfahren 392 11 ff.
  - Ordnungsgeldfestsetzung 392 18 f.
  - Rechtsmittel 392 16 f.
  - unbefugter Firmengebrauch 392 8 ff.
    - Firma 392 5 ff.
    - Gebrauch 392 8a ff.
    - Geschäftsbezeichnung 392 10
    - Partnerschaftsname 392 19

Registersachen, unternehmensrechtliche Verfahren
- allgemeine Verfahrensvorschriften des Buches 1 **Vor 374–409** 21 ff.
  - Beschluss/Verfügung **Vor 374–409** 27 f.
  - Beteiligte **Vor 374–409** 23 ff.
  - Rechtsmittelrecht **Vor 374–409** 29 ff.
- historische Entwicklung **Vor 374–409** 42 ff.
- System der Neuordnung **Vor 374–409** 1 ff.
- Verhältnis zu sonstigen registerrechtlichen Vorschriften **Vor 374–409** 36 ff.

s.a. Registersachen; Unternehmensrechtliche Verfahren

RegisterverfahrensbeschleunigungsG Vor 374–409 43

Richter
- Ablehnung 6 19
- Antragstellung zu Protokoll des Richters 25 10
- Ausschließung 6 6
- beauftragter
  - Beweisaufnahme 30 2, 17 f.; 32 37
  - Hinwirken auf gütliche Einigung 36 4
  - persönliche Anhörung der Beteiligten 34 17, 20
  - Protokollierung der mündlichen Verhandlung 32 39
  - Vergleichsschluss 36 11
- Beistand, Auftretungsverbot am eigenen Gericht 12 5
- Bevollmächtigter, Vertretungsverbot am eigenen Gericht 10 26
- Dokumentationspflichten 28 20 ff.
- ehrenamtlicher
  - Ablehnung 6 19
  - Ausschließung 6 6
- Einzelrichter
  - Beschwerdeinstanz 32 37; 68 31 ff.
  - erstinstanzliches Verfahren 32 37
  - persönliche Anhörung der Beteiligten 34 17
  - vorbereitender in Ehe- und Familienstreitsachen 117 30a, 59a
- ersuchter
  - Hinwirken auf gütliche Einigung 36 4
  - persönliche Anhörung der Beteiligten 34 13, 16, 20
- Güterichter, s. dort
- Proberichter
  - Betreuungssachen 272 3
  - Einzelrichter in Beschwerdeinstanz 68 38
  - Unterbringungssachen 313 3
- richterliche Hinweispflicht, s. unter Verfahrensleitung
- richterliches Protokoll 28 20
- Richtervorbehalt
  - Freiheitsentziehungssachen 415 16
  - Nachlass- und Teilungssachen 343 145
  - Zwangshaft 35 11, 16
- Verfahrensleitung, s. dort

Rom III 97 36
- Ehebegriff 98 5

Rom IV 97 37

Rubrum
s. unter Beschluss

Sachverständigenbeweis 26 44c; 30 17
Sachverständiger
- Ablehnung 6 6, 19; 163 23 ff.
- Anhörung in Freiheitsentziehungssachen 420 21 ff.
- Ausschließung 6 6
- Begutachtung der Verfahrensfähigkeit 33 18
- Betreuungssachen 280
  - Entbehrlichkeit aufgrund ärztlichen Zeugnisses 281
  - Genehmigung der Sterilisation 297
  - Genehmigung ärztlicher Eingriffe 298
  - Unterbringung zur Begutachtung 284
  - Vorführung zur Untersuchung 283
  - vorhandene Gutachten des medizinischen Dienstes der Krankenversicherung 282
- DNA-Gutachten in Abstammungssachen 177 17 ff.
- Ernennung/Beeidigung/Vernehmung zur Zustands-/Wertfeststellung, Verfahren 410 8 f.; 414
  - Anfechtbarkeit stattgebender Entscheidung 414
  - Beteiligte 412 3
  - örtliche Zuständigkeit 411 3 f.

- Kindschaftssachen
  - Auswahl Sachverständiger 163 9
  - Befangenheitsablehnung 163 23 ff.
  - Fristsetzung bei schriftlicher Begutachtung 163 10 f.
  - Hinwirken auf Einvernehmen 163 15 ff.
  - mündliche Gutachtenerstattung 163 12 ff.
- Qualifikation
  - Betreuungssachen 280 16 ff.
  - Kindschaftssachen 163 9
  - Unterbringung Minderjähriger 167 34, 59, 69
- Unterbringungssachen
  - Unterbringung zur Vorbereitung eines Gutachtens 333 7
  - Verlängerung der Unterbringung 329
  - Verlängerung einstweiliger Anordnung 333 4

Säumnis
- Beschwerde gegen Versäumnisbeschlüsse des Familiengerichts 117 30
- der Beteiligten in Ehesachen 130
  - Antragsteller 130 2 ff.
  - Antragsgegner 130 6 ff.
- Versäumnisbeschluss 38 5
  - in Ehesachen 117 57
  - in Familienstreitsachen 117 56
  - in Folgesachen 142 10 ff.
    - Unterhaltsfolgesache 142 10
    - Güterrechtsfolgesache 142 10
    - Rechtsmittel 142 11; 143

Sammelvermögen
- Pflegschaft für Sammelvermögen 340 6
- Zuständigkeit 341 3

Scheck
- Aufgebotsverfahren zur Kraftloserklärung Vor 466 2
- Antragsberechtigung 467 6

Scheidungs- und Folgesachen
- Antragsschrift
  - Mängel der Antragsschrift 124 15 ff.; 133 6
  - Vorlage Heiratsurkunde/Geburtsurkunden der Kinder 133 7
  - zwingende Angaben 133 2 ff.
- Aufhebung/Scheidung, Kollision 126 13
- außergerichtliche Konfliktbeilegung über Folgesachen 135
  - gerichtliche Anordnung eines Informationsgesprächs 135 3, 6
  - gerichtlicher Vorschlag 36a; 135 4
  - Kostensanktion 150 12
  - Verfahrenskostenhilfe 36a 16 f.; 135 3
- Aussetzung des Verfahrens
  - auf Antrag 136 10 f.
    - Anwaltszwang 136 11
    - Aufhebungsantrag 136 11
    - Aussetzungsfrist 136 11
    - Rechtsmissbrauch 136 10
  - Scheidungsantrag auch des Antragsgegners 136 10
  - Zustimmung zur Scheidung des Antragsgegners 136 10
  - Kosten/Gebühren 136 12
  - von Amts wegen 136 8 f.
  - Eheerhaltungsinteresse 136 1
  - Rechtsfolgen der Aussetzung 136 7
  - sofortige Beschwerde 136 6
  - von Amts wegen 136 8 f.
  - Widerspruch 136 9
  - Voraussetzungen 136 4 ff.
- Beiordnung eines Rechtsanwalts 138
  - Verfahren 138 7
- Ehesachen, s. i.Ü. dort
- Einbeziehung Dritter 139
  - Verfahren 139 4
- Scheidungsantrag
  - Gegenantrag 126 4, 7 f.
  - Gerichtsstand 122 2; 126 7
  - Beschwerdeinstanz 126 8
  - parallele 126 9 ff.
  - Rücknahme 134 7, 9 f.; 141 2
    - Auswirkungen auf Folgesachen, s. unter Verbund von Scheidungs- und Folgesachen 141
  - Kostenentscheidung 150 4 f.
  - verfahrensrechtlich unwirksame 134 10
  - Widerantrag
- Verbundfragen, s. unter Verbund von Scheidungs- und Folgesachen 137
- Verfahrensaussetzung 21 4
- Zustimmung zur Rücknahme des Scheidungsantrags 134 7 ff.
  - Anwaltszwang 134 1, 7
  - mündliches Verhandeln zur Hauptsache 134 8
- Zustimmung zur Scheidung 134 3 ff.
  - Anwaltszwang 134 1, 7
  - Widerruf 134 5

Schiedsklausel
- Zulässigkeit 1 11

Schiffsgläubiger
- Aufgebot 465

Schiffsregister
- Aufgebot für Vormerkungen 453 2
- Belegenheitsfiktion 343 90

Schlussvorschriften 485 ff.

Seemannsamt
- Vermögenssicherungspflicht für vermisste/verstorbene Besatzungsmitglieder 343 141; 344 51

Seerechtliches Verfahren
- Dispacheverfahren 409 3

Selbständiges Beweisverfahren
- als Familiensache 11 36
- als Güterrechtssache 261 12
- Anwendbarkeit der ZPO-Vorschriften 30 17

Sicherheitsleistung
- Aussetzung der Vollstreckung einstweiliger Anordnung 55 3
  - in Unterhaltssachen 246 21
- Einstellung der Zwangsvollstreckung 120 3, 11 f.
  - in Unterhaltssachen 242 6
- einstweilige Unterhaltsanordnung bei Feststellung der Vaterschaft 248 15 f.
- Stundung der Ausgleichsforderung 264 18
- Stundung des Pflichtteilsanspruchs 362 15

Sofortige Beschwerde
- Anwendung unmittelbaren Zwangs 90 6
- Arrest 117 9
- Aufgebotsverfahren, Zahlungssperre 480 6; 482 1
- Ausschließung/Ablehnung von Gerichtspersonen 6 49 ff.
- Beiordnung nach § 138 138 9
- Berichtigungsbeschluss 42 25
- Entscheidungen im Vollstreckungsverfahren 87 12 ff.
- Kosten in Unterbringungssachen 337
- Kostenentscheidung nach Tod eines Ehegatten 131 14
- Nichthinzuziehung von Beteiligten 7 66; 345 15
- Ordnungsmittel 33 40 ff.; 89 21 f.; 128 14
- Richterablehnung 6 2
- richterlicher Durchsuchungsbeschluss 91 9
- Testamentsvollstreckung 355 2
- Überleitung
  - innerhalb des Amtsgerichts 111 50
  - zwischen verschiedenen Gerichten 111 61
- Unterbringung zur Begutachtung 284
- Untersuchungen zur Feststellung der Abstammung 178 10
- Verfahrensaussetzung 21 14 ff.; 136 6; 221 15; 370 18; 381 5
- Verfahrenskostenhilfesachen 76 11 ff.; 231 62
- verfahrensrechtliche Auskunftpflicht Dritter 220 27; 236 20
- Vorführung des Betroffenen 278 7b, 42; 283 22
- Zwangsmittel 35 20
- Zwischenentscheidungen 58 11
  - in Teilungssachen 372

Soldat
- Wohnsitz 343 37

Sonderprüfer
- Bestellung, unternehmensrechtliches Verfahren 375 8, 14

Sonstige Familiensachen
- Abgabe an Gericht der Ehesache 268
- Anerkennung ausländischer Entscheidungen 108 34
- Auffangfunktion 266 3
- Begriff/Abgrenzung 266 3, 8, 10
- Erweiterung der Zuständigkeit des Familiengerichts 266 1
- Rechtsschutzversicherung 266 63 ff.
- sonstige Familiensachen nach § 266 Abs. 1 266 13 ff.
  - Ansprüche aus Ehe 266 40 ff.
  - Ansprüche aus Eltern-Kind-Verhältnis 266 56 ff.
  - Ansprüche aus Umgangsrecht 266 58 f.
  - Ansprüche im Zusammenhang mit Beendigung der Ehe 266 46 ff., 54
    - inhaltlicher Zusammenhang 266 48 f.
    - zeitlicher Zusammenhang 266 49a ff.
  - Ansprüche im Zusammenhang mit Beendigung des Verlöbnisses 266 34 ff.
  - Ausschlussklausel 266 31 ff.
    - Sachgebiete des § 348 Abs. 1 Satz 2 Nr. 2a bis k ZPO 266 32a
    - Wohnungseigentums- oder Erbrechtsangelegenheit 266 32
    - Subsidiaritätsklausel 266 33
    - Zuständigkeit der Arbeitsgerichte 266 31
  - Einordnung 266 16 ff.
  - Aufrechnung 266 21
  - einstweilige Rechtsschutzverfahren 266 24
  - Klageerweiterung/Widerklage 266 19a
  - Mahnverfahren 266 24
  - VKH-Verfahren 266 24
  - Vollstreckungsabwehr-/Drittwiderspruchsantrag 266 23
- sonstige Familiensachen nach § 266 Abs. 2 266 60 ff.
- Verbund 266 5 f.
- Zuständigkeit
  - Abgabe an Gericht der Ehesache 268
  - örtliche 267
- Übergangsrecht
  - Aussetzung/Ruhen 266 26
  - VKH-Gesuch 266 26
  - Vollstreckungsgegenantrag 266 26
  - Widerklage, Klageerweiterung 266 19a
  - Überleitung/Verweisung 266 26a ff.

SorgeRÜ
- Sorgerechtsübereinkommen 97 20; 99 24 ff.; 109 11

Sparbuch
- Aufgebotsverfahren zur Kraftloserklärung Vor 466 2; 483

Speichelprobe
- Duldung der Entnahme, Vollstreckung 96a 3

Sprungrechtsbeschwerde
- Hemmung der Rechtskraft 75 8

- Verfahren nach Zulassung 75 12f.
  - Begründung und Prüfung der Rechtsbeschwerde 75 12
  - Entscheidung 75 13
- Verzicht auf die Beschwerde 75 9
- Voraussetzungen 75 2ff.
  - Antrag 75 3ff.
  - beschwerdefähige Entscheidung erster Instanz 75 2
  - Einwilligung der anderen Beteiligten 75 6f.
- Zulassungsverfahren 75 10ff.
  - Entscheidung 75 12
  - Zuständigkeit des Rechtsbeschwerdegerichts 75 10

Staatenlose
- staatenloser Betreuter, örtliche Zuständigkeit 272 13
- staatenloser Erblasser, örtliche Zuständigkeit 343 77

Staatsanwaltschaft
- Unterstützungspflicht ggü. Registergericht 379 2

Staatskasse
- Beschwerdebefugnis in Betreuungssachen 304
- Beteiligtenstellung in Betreuungssachen 274 49ff.
- formlose Mitteilungen 15 66
- Kosten in Betreuungssachen 307
- Kosten in Unterbringungssachen 337

Standesamt
- Mitteilungspflichten in Kindschaftssachen 168a
- Mitteilung über die Verwahrung von Verfügungen von Todes wegen 347 7, 49
- Sterbefallmitteilung an Zentrales Testamentsregister 347 46

Sterilisation
- des Betreuten, Genehmigung 297

Stiefkindadoption
- durch Lebenspartner 186 22
- überwiegende Interessen der Kinder des Anzunehmenden 193 5

Strengbeweis
s. unter Beweisaufnahme, förmliche 30

Stundung
- Ausgleichsforderung 264
- Pflichtteilsanspruch 362

Teilungssachen
- Auseinandersetzung
  - Losziehung 369 11ff.
  - Auseinandersetzungsplan 368 8ff
  - Aussetzung bei Streit 370
  - besondere Genehmigungszuständigkeit 368 36ff.
  - Bestätigung 368 34
  - Beurkundung 368 23ff.
  - Verbindlichkeit 371 10ff.
- Versäumnisverfahren, Wiedereinsetzung 368 35
- Vollstreckung 371 18ff.
- Wirksamwerden 371 6ff.
- außergerichtliche Vereinbarung
  - Bestätigung 366 24ff.
  - Beurkundung 366 6ff.
  - Verbindlichkeit 371 10ff.
  - Versäumnisverfahren 366 33ff.
  - Vollstreckung 371 18ff.
  - Wiedereinsetzung 367
  - Wirksamwerden 371 6ff.
- Begriffsbestimmung 342 45ff.
- Beteiligte 363 13ff.
- Entscheidung, Rechtsmittel 363 58ff.
- Katalog
  - Gütergemeinschaftsauseinandersetzung 342 46
  - Gütergemeinschaftsauseinandersetzung, Überweisungszeugnis 342 47
  - Nachlassauseinandersetzung 342 45
- Ladung, gerichtliche 365 6ff.
- Nichterscheinen 365 16
- Rechtsmittel
  - gegen Bestätigungsbeschluss 372 14ff.
  - gegen Zwischenentscheidungen 372 7ff.
- Verfahren
  - Abgrenzung landwirtschaftsgerichtliche Zuweisung 363 61ff.
  - Antragserfordernis 363 32ff.
    - Antragsanforderungen 363 52ff.
    - Antragsberechtigung 363 36ff.
  - Aussetzung 363 60
  - Beschwerde 363 58f.
  - gerichtliche Entscheidung 363 58f.
  - Vermittlung einvernehmlicher Auseinandersetzung 363 3, 35
- Vertagung 365 17f.
- Zuständigkeit
  - funktionelle
    - Anträge ab 1.9.2013 363 9; 344 55dff.
    - Anträge bis 31.8.2013 363 9a; 343 8ff.
  - örtliche
    - Anträge ab 1.9.2013 363 7
    - Anträge bis 31.8.2013 363 7aff.
  - sachliche
    - Anträge ab 1.9.2013, 363 4
    - Anträge bis 31.8.2013 363 5ff.
  - internationale 105 24f.; 363 10ff.

Terminologie
- bei der Anwendung der ZPO 113 29
- neue des FamFG 113 25

Terminsverlegung 32 27
- Ehe- und Familienstreitsachen 113 21; 231 40
- früher erster Erörterungstermin in Kindschaftssachen 155 9
- für Anhängigmachung von Folgesachen 137 47
- Glaubhaftmachung 31 4; 32 27

Testament
- Ablieferung 358
- besondere amtliche Verwahrung 344 13 ff.
  - auf Verlangen des Erblassers 344 32
  - eigenhändiges 344 25
  - Konsulartestament 344 29
  - notarielles 344 20
  - Nottestamente 344 23, 26 ff.
  - Verfahren 346
  - Zuständigkeit 344 12; 346 5 ff.
- Eröffnung, s. unter Verfügung von Todes wegen

Testament, gemeinschaftliches
- besondere amtliche Weiterverwahrung
  - auf Verlangen des Erblassers 344 33
  - auf Verlangen des Längstlebenden 344 38b ff.
  - Verfahren 346 2, 23
  - Zuständigkeit 344 34 ff.
- Besonderheiten bei der Eröffnung 349
- Mitteilung über die Verwahrung 347 15 f.
- Weiterverwahrung 344 34 ff.; 349 17 ff.
  - örtliche Zuständigkeit 343 125

Testamentsanfechtung
- als Nachlasssache 342 21

Testamentsverzeichnis 347 11 ff.

Testamentsvollstrecker
- Amtsannahmeerklärung 355 11 f.
- Bestimmung der Person 355 9 f.
- Beteiligtenstellung
  - bei der Entlassung 345 56
  - bei der Ernennung 345 46
- Erbscheinsantrag 352 13
- Meinungsverschiedenheiten zwischen mehreren 355 15 ff.

Testamentsvollstreckerzeugnis 354 7 ff.
- Anordnungsbeschluss 352; 354 4
- Beteiligte im Erteilungsverfahren 345 44 ff.
- Einziehung/Kraftloserklärung 354 4 f.
- Erteilung, Nachlasssache 342 26
- Formulierungsvorschlag 354 13, 17
- Kraftloserklärung Vor 433 6
- Zeugnisbeschränkung auf Inlandsnachlass 343 188 ff.

Testamentsvollstreckung
- Anfechtbarkeit nachlassgerichtlicher Entscheidungen 355
- Nachlasssache 342 32 ff.

Todeserklärung
- Aufgebotsverfahren Vor 433 5

Treuhänder
- Bestellung, unternehmensrechtliches Verfahren 375 16, 18, 19

Übergangsrecht
- Abänderungs-, Verlängerungs-, Aufhebungsverfahren Art. 111 FGG-RG 3
- Antragserweiterung Art. 111 FGG-RG 8
- Einleitung des Verfahrens Art. 111 FGG-RG 1
  - Erbscheinsverfahren Art. 111 FGG-RG 1; 352 123 ff.
  - VKH-Antrag Art. 111 FGG-RG 2a
- einstweilige Anordnungen Art. 111 FGG-RG 4
- Familiensachen Art. 111 FGG-RG 9
- Nachlass- und Teilungssachen 343 193 ff.
- Rechtsmittelverfahren Art. 111 FGG-RG 6, 10 f.
- selbständige gerichtliche Verfahren Art. 111 FGG-RG 5
  - Grundsatz der Meistbegünstigung Art. 111 FGG-RG 7
  - Klageerweiterung Art. 111 FGG-RG 8
- Testamentsvollstreckerentlassung Art. 111 FGG-RG 5
- Übertragung von Aufgaben der fG auf Notare 493
- Verfahrenspflegervergütung Art. 111 FGG-RG 1
- Versorgungsausgleichssachen
  - Übergangsvorschrift des FGG-RG Art. 111 FGG-RG 10 f.
  - Übergangsvorschriften des VersAusglG Vor 217–230 2 ff.

Überhaftanordnung 421 5; 425 9 ff.

Überweisungszeugnis nach GBO/SchRegO
- Anordnungsbeschluss 352; 354 3
- Einziehung/Kraftloserklärung 353; 354 3
- Nachlasssache 342 29
- Teilungssache 342 44

Umgangspflicht
- Durchsetzung 89 5

Umgangsrecht
- getrennt adoptierte Geschwister 186 11a
- leiblicher, nicht rechtlicher Vater 167a 1 f.

Umgangsregelung, Vollstreckung 88 ff.
s. unter Vollstreckung, Regelung des Umgangs

Umgangsverfahren
- Anhörung der Ehegatten zum Umgang 128 18 ff.
- Beschwerde 58 24
- einstweilige Anordnung 49 13; 156 80 ff., 85 ff.
- Kindschaftssache 151 10 ff.
- Umgangsverfahren des leiblichen, nicht rechtlichen Vaters, s. dort
- Verfahrenskostenhilfe, Mutwilligkeit 76 37
- Verfahrenswert 45 FamGKG
- Vergleich, gerichtlich gebilligter 156 46 ff.
  - Abänderung 166 6
- Vermittlungsverfahren 165
- s. i.Ü. unter Kindschaftssachen

Umgangsverfahren des leiblichen, nicht rechtlichen Vaters
- Antragsverfahren 151 37, 43; 167a 6
  - Antragsteller 167a 7 f.
- Auskunftsverfahren, isoliertes 167a 23
- Eidesstattliche Versicherung der Beiwohnung 167a 8 f.
- einstweilige Anordnung 167a 5, 15
- Inzidentprüfung der Vaterschaft 167a 16 ff.
  - Duldung der Probenentnahme 167a 20
  - Einholung Abstammungsgutachten 167a 19
  - Unterhaltsansprüche des Kindes 167a 22
  - Verweigerung der Untersuchung 167a 21
- Prüfung der Kindeswohldienlichkeit 167a 18
- Verfahren
  - Beteiligte 167a 11
  - Hinwirken auf Einvernehmen 167a 14
  - früher Erörterungstermin 167a 13
  - Zuständigkeit, funktionelle 167a 10
- Verfahrensbeistand/Ergänzungspfleger 167a 12
- Verfahrensverbindung 167a 4

Umwandlung
- Amtslöschung 398 9
- Bestellung besonderer Vertreter, unternehmensrechtliche Verfahren 375 10
- Zwangsgeldandrohung in Registersachen 388 17, 22

Unterbringung Minderjähriger
- aufgrund einstweiliger Anordnung 167 62 ff.
  - Anhörung
    - Absehen 167 76 ff.
    - Jugendamt 167 74
    - Minderjähriger 167 73
    - weitere Beteiligte 167 74 f.
  - ärztliches Zeugnis 167 69 ff.
    - Qualifikation des Arztes 167 69
  - Beschwerde 167 82
  - Eilbedürftigkeit 167 68
  - Genehmigungsbeschluss 167 79
  - Verfahrensbeistand 167 72
  - Verfahrenseinleitung 167 66
  - Verlängerung der Anordnung 167 80 f.
  - Zuständigkeit 167 67
- freiheitsentziehende psychisch kranker Minderjähriger 167 55 ff.
- gerichtliche Genehmigung freiheitsentziehender
  - Anhörung
    - Jugendamt 167 29 ff.
    - Minderjähriger 167 24 ff.
    - weitere Beteiligte 167 27 f.
  - Beschwerde 167 53 f.
  - Beteiligte 167 15 ff.
  - Genehmigungsbeschluss 167 39 ff.
    - Abänderung 167 50
    - Anordnung sofortiger Wirksamkeit 167 45
    - Aufhebung 167 52
    - Bekanntmachung 167 43 f.
  - Sachverständigengutachten 167 32 ff.
    - Qualifikation des Sachverständigen 167 34 f.
    - Vorführung zur Untersuchung 167 36
  - Überprüfungsverfahren 167 52
  - Verfahrensbeistand 167 22
  - Verfahrenseinleitung auf Antrag 167 7 f.
  - Verfahrenseinleitung von Amts wegen 167 9
  - Verfahrensfähigkeit des Minderjährigen 167 20 f.
  - Verlängerung der Unterbringung 167 51
  - Zuführung zur Unterbringung 167 46 ff.
  - Zuständigkeit
    - funktionelle 167 13
    - internationale 167 14
    - örtliche 167 10 ff.
- unterbringungsähnliche Maßnahmen 167 3

Unterbringungssachen
- Amtsermittlung 268 35c
- Katalog
  - Negativabgrenzung, Unterbringung Minderjähriger 312 7
  - öffentlich-rechtliche Unterbringung Volljähriger 312 6
  - ärztliche Zwangsmaßnahmen 312 3, 8a
  - unterbringungsähnliche Maßnahmen 312 5
  - zivilrechtliche Unterbringung Volljähriger 312 3 f.
- Verfahren
  - Anhörung
    - Betroffener 319
    - sonstige Beteiligte 320
    - zuständige Behörde 320
  - Benachrichtigung Angehöriger 339
  - Beschluss
    - Bekanntgabe 325
      - an Betroffenen 325 3 ff.
      - an Leiter der Unterbringungseinrichtung 325 7
      - an zuständige Behörde 325 9 ff.
    - Wirksamkeit 324 2
    - Anordnung der sofortigen 324 3 ff.
  - Beschlussformel 323
    - ärztliche Zwangsmaßnahme 323 6a
    - Angabe des Endzeitpunkts 323 6
    - Bezeichnung der Maßnahme 323 4 f.
    - Folgen fehlender Angaben 323 7
  - Beschwerde 58 25; 335 10 ff.

[Unterbringungssachen]
- Beschwerdebefugnis
  - Angehörige 335 2 ff.
  - Betreuer 335 8
  - Betreuungsbehörde 335 9
  - Betroffener 336
  - Leiter der Unterbringungseinrichtung 335 3
  - Mitbetreuer 335 11
  - Verfahrenspfleger 335 7
  - Vertrauensperson 335 3
  - Vorsorgebevollmächtigter 335 8
- Beteiligte 315
  - Angehörige 315 11 ff.
  - behandelnder Arzt 315 20
  - Betreuer 315 3
  - Betreuungsbehörde 315 8 f.
  - Betroffener 315 3
  - Bevollmächtigter 315 3
  - Leiter der Unterbringungseinrichtung 315 17 ff.
  - Pflegeeltern 315 2
  - sozialpsychiatrischer Dienst 315 20
  - Verfahrenspfleger 315 6 f.
  - Vertrauensperson 315 15 f.
- Betroffener
  - Anhörung 319
    - Absehen 319 10 ff.
    - Gewaltanwendung 319 18
    - Ort 319 6
    - persönliche 319 2 ff.
    - Rechtshilfe 319 15 f.
    - Verschaffung eines persönlichen Eindrucks 319 4 f.
    - Verstoß gegen Anhörungspflicht 319 20
    - Vorführung 319 17 f.
    - Wohnungsöffnung, -durchsuchung 319 18
  - Beschwerdeeinlegung 336
  - Beteiligtenstellung 315 3
  - Unterbringung zur Begutachtung 322 4
  - Verfahrensfähigkeit 316
  - Vorführung zur Anhörung 319 17 f.
  - Zuführung zur Unterbringung 326
    - Gewaltanwendung 326 4
    - Wohnungsöffnung, -durchsuchung 326 5
- einstweilige Anordnung 331
  - Anhörung 331 12 ff.
    - Nachholung 332 5
    - Verzicht 332 3 f.
  - ärztliches Zeugnis 331 10
  - Dauer 333
    - Gesamtdauer 333 6
    - Höchstdauer 333 2
    - Unterbringung zur Vorbereitung eines Gutachtens 333 7
    - Verlängerung 333 3 ff.
  - Eilbedürftigkeit 331 7 ff.
  - Erlass 331 17 f.
  - gesteigerte Dringlichkeit 332
  - Verfahrenspflegerbestellung 331 11
  - Verhältnismäßigkeit 331 16
- einstweilige Maßregeln in zivilrechtlichen Unterbringungssachen 334
- Kosten 337
  - öffentlich-rechtliche Unterbringungssachen 337 6 ff.
  - zivilrechtliche Unterbringungssachen 337 2 ff.
- Mitteilung von Entscheidungen 338
- Sachverständigengutachten
  - Einholung vor Unterbringung 321 2
  - Ersetzbarkeit durch ärztliches Zeugnis 321 7 f.
  - Facharzt 321 2 ff.
  - Inhalt 321 5
  - stationäre Zwangsbehandlung 321 4
  - Unterbringung zur Begutachtung 322 4
  - Untersuchungszwang 322 3
  - Vorführung zur Untersuchung 322 2
- Unterbringung
  - Aufhebung 330
  - Dauer 329 2 ff.
    - ärztliche Zwangsmaßnahme 329 3a
    - Höchstgrenze 329 2 f.
    - Verlängerung 329 6 ff.
    - Vierjahresfrist 329 10
  - vorläufige, s. unter einstweiliger Anordnung 331 ff.
- Verfahrensfähigkeit 316
- Verfahrenspfleger 317
  - Aufwendungsersatz 318
  - Beendigung 317 14
  - Beschwerdebefugnis 335 7
  - Bestellung
  - Anfechtbarkeit 317 15 f.
  - einstweiliges Anordnungsverfahren 331 11
  - Beteiligtenstellung 315 6 f.
  - Ehrenamt 317 12
  - Erforderlichkeit 317 3 ff.
  - Kostenfreiheit 317 17
  - Nichtbestellung, Begründungspflicht 317 10 f.
  - Subsidiarität 317 13
  - Vergütung 318
- Vollzug, Aussetzung 328
  - Auflagen 328 8
  - Befristung 328 9
  - Verfahren 328 12
  - Widerruf 328 11
- Vollzugsangelegenheiten 327
  - Antrag auf gerichtliche Entscheidung 327 3 ff.
  - Rechtsmittel 327 14
- Zuführung zur Unterbringung
  - gerichtliche Genehmigung 326 6 ff.

- Gewaltanwendung 326 4 f.
- öffentlich-rechtliche Unterbringung 326 10
- zivilrechtliche Unterbringung 326 2
- Zuständigkeit
  - Abgabe
    - öffentlich-rechtliche Unterbringungssache 313 16
    - zivilrechtliche Unterbringungssache 314 2 ff.
  - Beschwerdeeinlegung durch Betroffenen 336
  - örtliche 313 4 ff.
    - Eilsachen 313 10 ff.
    - Einleitung Betreuerbestellungsverfahren 313 5
    - gewöhnlicher Aufenthalt des Betroffenen 313 6
    - öffentlich-rechtliche Unterbringungen 313 2, 13 ff.
    - Ort des Fürsorgebedürfnisses 313 7 f.
    - zivilrechtliche Unterbringungen 313 1

Unterhaltssachen
- Abänderung, s. unter Unterhaltssachen, Abänderung 238 ff.
- Abgabe an Gericht der Ehesache 233 4
  - Bindungswirkung bei anhängiger Ehesache 233 14 f.
  - Bindungswirkung bei nachfolgender Ehesache 233 12 ff.
  - Bindungswirkung bei Fehlen einer Ehesache 233 16
  - Folgen 233 11
  - Kosten/Gebühren 233 17 f.
  - Verfahren 233 10
  - von Amts wegen 233 4
  - Voraussetzungen 233 8
- Amtsermittlungspflicht des Gerichts 235 5
- Anschlussbeschwerde 117 35b
- Anwaltszwang
  - in erstinstanzlichen Unterhaltsstreitigkeiten 231 24 f.
  - Ausnahmen 231 25
- Anwendungsbereich
  - selbständige Unterhaltssachen **Vor** 231 8
  - Unterhaltsfolgesachen **Vor** 231 8
- Auskunftsanordnung 235 6
  - Anfechtbarkeit für Beteiligte 236 20
  - Mitteilung an Beteiligte 236 19
  - Schriftform 236 18
  - sofortige Beschwerde für auskunftspflichtige Dritte 236 20
  - Zustellung bei Fristsetzung 236 18
- Auskunftspflichten, materiellrechtliche 235 8

- Auskunftspflichten, verfahrensrechtliche 235
  - Anfechtbarkeit 235 26
  - Anordnung Abgabe einer schriftlichen Versicherung 235 13
  - Hinweispflicht auf Folgen der Nichterfüllung 235 14
  - Muster gerichtliche Aufforderung 235 18
  - Regelungsbereich 235 6 ff.
  - Verfahren 235 14 ff.
  - Verpflichtung des Gerichts zur Beschaffung der Auskünfte 235 19 ff.
  - Verpflichtung zur ungefragten Information 235 23 ff.
  - Vorlage von Belegen 235 12
- Auskunftspflichten Dritter 236
  - auskunftspflichtige Personen und Stellen
    - Arbeitgeber 236 8, 13
    - Finanzämter 236 12
    - sonstige Personen/Stellen 236 10
    - Sozialleistungsträger, Künstlersozialkasse 236 9
    - Versicherungsunternehmen 236 11
  - Beschränkung auf Einkünfte 236 12
  - gerichtliche Anordnung 236 16 ff.
    - Anfechtbarkeit 236 20
    - Kostenauferlegung, Ordnungsgeld 236 14
  - Pflicht zur Auskunft 236 14 f.
- Beistandschaft Jugendamt 234
  - Abänderungsverfahren 234 7
  - Geltendmachung von Unterhaltsansprüchen 234 4b
  - Rechtsfolgen 234 4c ff.
    - Eintritt der Volljährigkeit 234 6
    - vollmachtloser Vertreter 234 9
    - Wechsel in der Person des gesetzlichen Vertreters 234 6
    - Zustellungen 234 6
  - Vaterschaftsfeststellung 234 4a
- dynamisierter Titel, Bezifferung für Auslandsvollstreckung 245
  - Kindergeldanrechnung nach § 1612b BGB 245 4
  - Rechtsmittel
    - gegen Bezifferung durch Rechtspfleger 245 8 f.
    - gegen Entscheidung des Notars 245 8
    - gegen Jugendamtsentscheidung 245 8
  - Unterhaltstitel nach § 1612a BGB 245 4
  - Verfahren 245 5 ff.
  - Antrag 245 6
- einstweilige Anordnung, s. unter Unterhaltssachen, einstweilige Anordnung 246
- Familiensachen der fG 321 56 ff.
  - anwendbare Vorschriften 231 57 ff.

[Unterhaltssachen]
- Bestimmung des Kindergeldbezugsberechtigten 231 56, 61
- Familienstreitsachen 231 4
  - anwendbare Vorschriften 231 20 ff.
  - durch die Ehe begründete Unterhaltspflicht 231 11 ff.
    - Zustimmung zur Zusammenveranlagung 321 13
  - Unterhaltsansprüche der nichtehelichen Mutter 231 19
  - Unterhaltspflicht unter Verwandten 231 5 ff.
    - Elternunterhalt 231 8
    - Enkelunterhalt 231 7
    - Feststellungsanträge gem. § 302 InsO 321 6
    - Kindesunterhalt 231 6
    - Rechtsnachfolge 231 9
- Kosten/Gebühren 231 63
- Kostenentscheidung 243
  - Anfechtbarkeit 243 30
    - isolierte Anfechtung 243 31
    - isolierte Kostenentscheidungen 243 32 ff.
    - Mindestbeschwer 243 33
  - Billigkeitsentscheidung 243 4
  - Kriterien
    - Auskunftspflichtverletzung 243 20 f.
    - Nichtbefolgung gerichtlicher Anordnungen 243 22
    - sofortiges Anerkenntnis 243 23 ff.
      - Aufforderung zur Errichtung Jugendamtsurkunde 243 27
    - Teilzahlung 243 26
    - Verhältnis von Obsiegen und Unterliegen 243 16 ff.
    - vorprozessuales Verhalten 243 19 ff.
  - Kostenverteilung im Einzelfall 243 4 ff.
    - Antragsrücknahme 243 10 ff.
    - Arrestverfahren 243 6
    - Beschwerdeverfahren 243 13 ff.
    - einstweilige Anordnung 243 6
    - übereinstimmende Erledigung 243 9
    - Vergleich 243 7 f.
- Unterhalt bei Vaterschaftsfeststellung 237
  - Abänderung 237 13; 240
  - Anhängigkeit Statusverfahren 237 4
  - Einwendungsausschluss 237 8
  - Entscheidung 237 10
    - Kostenentscheidung 237 10
  - Kosten/Gebühren 237 15 f.
  - Rechtsmittel 237 14
  - selbständiges Verfahren 237 3
  - Unterhalt für die Vergangenheit 237 9
  - Unterhaltsfestsetzung 237 6
  - Verbindung mit Statusverfahren 237 4
  - Verfahren 237 9
  - Vollstreckbarkeit 237 11 f.
    - Beschlussformel 237 12
  - Zulässigkeitsvoraussetzungen 237 4
  - Zuständigkeit 237 5
- vereinfachtes Verfahren, s. dort 249 ff.
  - Anwendungsbereich 244 4 ff.
    - dynamische Titel 244 4
    - Titel auf Individualunterhalt 244 5
    - Vollstreckungstitel 244 4
  - Rechtsfolgen 244 6
  - unzulässiger Einwand der Volljährigkeit 244
  - Voraussetzungen 244 6
- Vollstreckung im Ausland, s. unter Unterhaltssachen mit Auslandsbezug 245
- Zuständigkeit
  - internationale 232 23 f.
  - örtliche 232
    - Anhängigkeit Ehesache 232 4
    - Ausnahme: vereinfachtes Verfahren 232 7
    - Ausnahme: volljährige nicht privilegierte Kinder 232 21
    - Einbeziehung privilegiert volljähriger Kinder 232 10
    - Kindesunterhalt ohne Anhängigkeit Ehesache 232 8 ff.
      - Ersatzhaftung Großeltern 232 11
      - mehrere Kinder 232 9
      - Sozialleistungsträger 232 8
      - Wechselmodell 232 8
    - Vorrang 232 12 f.
    - Wahlgerichtsstand für Antrag Elternteil gegen Elternteil 232 16
    - Wahlgerichtsstand für Antrag Kind gegen beide Eltern 232 22
    - ZPO-Gerichtsstände 232 14
  - sachliche 232 25

Unterhaltssachen, Abänderung
- Abänderung nach § 240 240
  - Abgrenzung zu anderen Verfahren 240 9 ff.
  - Beschlussformel 240 24
  - Darlegungs- und Beweislast 240 13
  - Fristen 240 15 ff.
    - Jahresfrist vor Rechtshängigkeit 240 20
    - Monatsfrist 240 15 ff.
    - Auskunfts- oder Verzichtsverlangen 240 18
    - Erhöhungsanträge des Kindes 240 22
  - Kosten/Gebühren 240 27 ff.
  - Präklusion 240 13
  - Rechtsmittel 240 26
  - Regelungsbereich 240 9 ff.
    - vollstreckbare Urkunde 240 12
    - rechtskräftige Endentscheidung 240 11
    - Unterhalt bei Feststellung der Vaterschaft 240 10
    - Unterhaltsfestsetzung im vereinfachten Verfahren 240 9

- Alttitel 240 9
- Antrag auf Durchführung des streitigen Verfahrens 240 9
- Vergleichsabänderung 240 11
- Verbindung gegenläufiger Anträge 240 23
- Voraussetzungen 240 6 ff.
  - Antrag 240 7
  - Anwaltszwang 240 8
  - wesentliche Änderung der Verhältnisse 240 13
  - Zuständigkeit 240 6
- Abänderung gerichtlicher Entscheidungen
  - Abänderungsantrag, Begründetheit 238 79 ff.
    - Änderung der rechtlichen Verhältnisse 238 83 ff.
    - Änderung der Gesetzeslage 238 70
    - Änderung gefestigter höchstrichterlicher Rspr. 238 71
    - nicht: neue Beweismöglichkeiten 238 72
    - nachträgliche Veränderung 238 8 ff.
    - Änderung der tatsächlichen Verhältnisse 238 82
    - Beispiele für häufige Abänderungsgründe 238 82
    - Präklusion von Abänderungsgründen 238 86 ff.
      - Anerkenntnisbeschluss 238 102
      - im Erstverfahren nicht berücksichtigte Tatsachen 238 91 ff.
      - mehrere Abänderungsverfahren 238 103 f.
      - Versäumnisbeschluss 238 96 ff.
      - zeitliche Zäsur 238 89 ff.
    - Befristung/Begrenzung nach § 1578b BGB 238 104 ff.
      - Alttitel 238 108 ff.
    - wesentliche Veränderung der Verhältnisse 238 79 f.
  - Abänderungsentscheidung
    - Anpassungsmaßstab 238 122
    - Bindung an abzuändernde Entscheidung 238 117 ff.
    - Formulierungsvorschlag 238 134
    - Inhalt und Form 238 133 ff.
    - Kosten/Gebühren 238 138 f.
    - Prüfungsumfang 238 116 ff.
    - Rechtsmittel 238 137b
    - rückwirkende Abänderung 238 123 ff.
    - Wirksamwerden und Vollstreckbarkeit 239 137 f.
  - ausländisches Urteil über Unterhalt 238 9 f.
  - Darlegungs- und Beweislast 238 111 ff.
  - Festsetzungsbeschlüsse im vereinfachten Verfahren 238 15; 240
  - gerichtliche Endentscheidungen in der Hauptsache 238 5
  - nicht titulierte Unterhaltsvereinbarungen 238 20
  - sonstige Unterhaltstitel 238 12 ff.
    - einstweilige Anordnungen 238 18 f.
  - Übergangsregelungen für Abänderungsverfahren 238 6 ff.
  - Verhältnis zu anderen Rechtsbehelfen 238 21 ff.
    - Erstattungsantrag bei rückwirkendem Rentenbezug 238 43
    - Leistungsantrag 238 24 ff.
    - Nachforderungsantrag 238 29 ff.
    - negativer Feststellungsantrag 238 44 f.
    - Rechtsmittel 238 34 ff.
    - Vollstreckungsabwehrantrag 238 39 ff.
  - Zulässigkeit des Abänderungsantrags 238 47 ff.
    - abzuändernder Titel 238 64 ff.
    - anderweitige Rechtshängigkeit 238 57
    - Behauptung wesentlicher Veränderung 238 73 ff.
    - Identität der Beteiligten 238 70 ff.
      - Forderungsübergang 238 72
      - Verfahrensstandschaft 238 71 ff.
    - Identität des Verfahrensgegenstands 238 67 ff.
    - Unterhaltsanspruch vor/nach Volljährigkeit 238 69
    - Trennungs-/nachehelicher Unterhalt 238 68
    - Rechtsschutzbedürfnis 238 58 ff.
    - Verfahrensführungsbefugnis 238 62
    - Zuständigkeit 238 47 ff.
- einstweilige Einstellung der Vollstreckung 242
  - Antrag 242 9 ff.
  - Anwendungsbereich 242 4 ff.
    - Anhängigkeit eines Abänderungsantrags 242 4
    - Einreichung VKH-Antrag 242 4
    - entsprechende Anwendung 242 5 f.
  - Entscheidung 242 12 ff.
    - Tenorierung 242 16
  - Kosten/Gebühren 242 22 f.
  - Rechtsmittel 242 20 f.
    - Beschluss des Vollstreckungsgerichts 242 11 f.
  - Verfahren 242 7 ff.
    - Erfolgsaussicht des Abänderungsantrags 242 13
  - Voraussetzungen 242 4 ff.
  - Wirksamkeit 242 17 ff.
  - Zuständigkeit
    - Verfahrensgericht 242 7
    - Vollstreckungsgericht 242 8

[Unterhaltssachen, Abänderung]
- Korrekturklage, s. Abänderung nach § 240
- Rückforderung zu viel gezahlten Unterhalts
  - Ansprüche aus §§ 823, 826 BGB 241 11 ff.
  - Ansprüche aus ungerechtfertigter Bereicherung 241 6 ff.
    - verschärfte Haftung ab Rechtshängigkeit 241 7 ff.
    - Ansparpflicht 241 9
    - Aufrechnungsverbot 241 9
    - Wegfall der Bereicherung 241 6
  - einstweilige Anordnungen 241 18 ff.
  - Erstattungsansprüche gem. § 242 BGB 241 14
  - Rückzahlung Verfahrenskostenvorschuss 241 15
  - Vergleiche, vollstreckbare Urkunden 241 16 f.
- Unterhaltsbeschlüsse bei Vaterschaftsfeststellung 238 16; 240 2
- Verfahrensstandschaft 238 71 ff.
- Vergleiche und notarielle Urkunden 239
  - Abgrenzung Leistungs-/Abänderungsantrag 239 22a ff.
  - Begründetheit 239 32 ff.
    - Darlegungslast 239 38
  - Bindung an Alttitel 239 39 ff., 44a ff.
  - Entscheidung 239 50 f.
  - Jugendamtsurkunde 239 20
  - Rechtsmittel 239 50
  - Urkunden, abzuändernde 239 19 ff.
  - Vergleiche, abzuändernde 239 5 ff.
  - Vollstreckbarkeit 239 52
  - Zeitpunkt der Abänderung 239 42 ff.
  - Zulässigkeit 239 23 ff.
    - Darlegungslast 239 24a ff.

Unterhaltssachen, einstweilige Anordnung
- anwendbare Vorschriften 246 32 f.
- Anwendungsbereich 246 4 ff.
  - Ehegattenunterhaltsansprüche 246 7 ff.
  - Elternunterhalt 246 16
  - Kindesunterhaltsansprüche 246 12 f.
  - Kostenvorschussansprüche 246 17 ff.
  - nichteheliche Mutter/Vater 246 14
- Aufhebung/Abänderung 246 70 ff.
  - Erfordernis veränderter Tatsachengrundlage 246 73
  - Vollstreckungsaussetzung 246 74
  - Zuständigkeit 246 72
- Außerkrafttreten 246 84 ff.
  - Beschluss 246 29
  - mit Erledigung der Hauptsache 246 28
  - mit Rechtskraft der Endentscheidung 246 27
  - mit Rücknahme/Abweisung des Antrags in der Hauptsache 246 28
- bei Feststellung der Vaterschaft 248
  - Abänderung 248 19
  - Anhängigkeit eines Verfahrens auf Vaterschaftsfeststellung 248 5
    - auch bei Vaterschaftsanfechtung/-anerkennung? 248 6
  - Antrag 248 7
    - Antragsvoraussetzungen 248 8 ff.
    - Glaubhaftmachung 248 10 f.
    - Vaterschaftsvermutung 248 9
  - Außerkrafttreten 248 20
  - Einreichung VKH-Antrag 248 5
  - Entscheidung 248 15
  - Erfordernis mündlicher Verhandlung 248 13
  - Kostenentscheidung 248 17
  - Rechtsmittel 248 18
  - Schadensersatz 248 22
    - Muster 248 22
  - Selbständigkeit der Verfahren 248 4
  - Sicherheitsleistung 248 16
  - Vollstreckung 248 22
  - Zuständigkeit 248 12
- Beschluss
  - Inhalt 246 59 ff.
  - Kostenentscheidung 246 64
  - Rechtsbehelfsbelehrung 246 65
- Einleitung Hauptsacheverfahren 246 80 ff.
  - Antrag 246 80
  - Belehrung über Antragsrecht 246 80
  - Fristbestimmung 246 80
- kein Anwaltszwang 246 39
- Kosten/Gebühren 246 95 ff.
- Rechtsmittel 246 93
- Schadensersatzansprüche 246 94
- Verfahren 246 47 ff.
  - Antrag nach § 54 Abs. 2 246 55
  - Beendigung
    - Anerkenntnis 246 58
    - Vergleich 246 58
  - Glaubhaftmachung 246 50
  - mündliche Verhandlung 246 54 f.
- Verhältnis zu sonstigen Rechtsbehelfen 246 75 ff.
  - negative Feststellungsantrag 246 76
  - Vollstreckungsabwehrantrag 246 79
- Vollstreckung 246 69
- vor Geburt des Kindes 247
  - Antrag 247 7
  - Außerkrafttreten, Schadensersatz 247 22 f.
  - Geltung der Vaterschaftsvermutung 247 10
  - Einleitung der Hauptsache 247 18 ff.
  - Entscheidung 247 14 ff.
  - Muster 247 24
  - Rechtsmittel 247 17
  - Unterhaltssicherung in ersten 3 Lebensmonaten 247 4 f.

- Verfahren 247 9 ff.
  - Glaubhaftmachung 247 8
  - Zahlungs-/Hinterlegungsanordnung 247 15
  - Zuständigkeit 247 12
- Voraussetzungen 246 40 ff.
  - Regelungsbedürfnis 51 4; 246 41 ff.
- Zahlungsanordnung 246 59
- Zuständigkeit 246 35 ff.
  - Eilzuständigkeit 246 38

Unterhaltssachen mit Auslandsbezug
- Abänderung ausländischer Unterhaltstitel 110 Anh 1 32 ff.
- Annexunterhaltsentscheidungen 110 Anh 1 27 ff.
- ausländische Vollstreckungstitel 110 Anh 1 10 ff.
- Auslandsunterhaltsgesetz, s. dort 110 Anh 2
- EuErbVO 110 Anh 1 4
- EuUntVO, s. dort 110 Anh 3
- Günstigkeitsprinzip 110 Anh 1 23 ff.
- HUntVÜ 1973, s. dort 110 Anh 5
- HUntVÜ 2007, s. dort 110 Anh 6
- inländisches Erkenntnisverfahren 110 Anh 1 26
- internationale Zuständigkeit 110 Anh 1 1 ff.
- LugÜ 2007, s. dort 110 Anh 4
- Mahn- und Bagatellverfahren 110 Anh 1 7
- Mediation 110 Anh 1 42
- Parallelverfahren im Ausland 110 Anh 1 6
- UNUntÜ 110 Anh 7
- Verfahrenskostenhilfe, Verfahrenskostensicherheit 110 Anh 1 40 f.
- Verfolgung von Unterhaltsansprüchen im Ausland 110 Anh 1 36 ff.
- Zentrale Behörde 110 39a

Unternehmensrechtliche Verfahren
- Anerkennung ausländischer Entscheidungen 108 38
- Aushändigung von Schriftstücken, Einsichtsrecht 404
- Begriff 375 1
- Benennung und Abberufung der Liquidatoren einer OHG/KG 375 5
- Beschwerde 402 5 ff.; 408
- Bestellung der Gründungsprüfer einer AG oder KGaA 375 7
- Bestellung und Abberufung von Liquidatoren einer GmbH 375 11
- Bestellung und Abberufung von Liquidatoren einer Partnerschaftsgesellschaft 375 20
- Dispacheverfahren, s. dort
- Katalog 375
- Nachtragsabwicklung der KG bzw. KGaA 375 8
- Termin, Ladung 405

- Vereinssachen 375 22
- Verfahren im Termin 406
- Verfahrensgrundsätze 375 3 b f.
- Verfolgung des Widerspruchs 407
- Wirksamkeit, Vollstreckung 409
- Zuständigkeit
  - internationale 105 26 f.
  - örtliche 377
  - sachliche 376 2 f.
- Verordnungsvorbehalte 376 4

Unternehmensregister Vor 374–409 41

Unternehmergesellschaft
- Löschung nichtiger 397 7

Untersuchung von Sachen
- zur Feststellung des Zustands oder Werts 410 7; 414

UNUntÜ
- UN-Unterhaltsübereinkommen 97 24; 110 Anh 1 4, 16, 38
- Text 110 Anh 7

Urkunden
- Kraftloserklärung, Aufgebotsverfahren, s. dort 466 ff.
- landesrechtliche Vorbehalte 491

Urkundenbeweis 26 44d

Urkunden- und Wechselprozess
- Anwendbarkeit der ZPO-Vorschriften 113 20; 231 11, 39

Urkundenverkehr
- internationalverfahrensrechtliche Rechtsinstrumente 97 33

Urkundsbeamter der Geschäftsstelle
- Ablehnung 6 19
- Antragstellung zu Protokoll der Geschäftsstelle 25 10
- Antragstellung zu Protokoll des Richters 25 10
- Antragstellung zu Protokoll des Rechtspflegers 25 10
- Ausschließung 6 6
- Bekanntgabe von Dokumenten 15 24
- Niederschrift richterlicher Vermerke nach 28 Abs. 4 28 21
- Rechtskraftzeugniserteilung 46 8
- Verkündungsvermerk 38 25

VAStrRefG
- Strukturreform des Versorgungsausgleichs Vor 217–230 1

Vaterschaftsanfechtung
- Anfangsverdacht 171 15 ff.
- durch Behörde
  - Antragsrecht 171 11
  - Antragsinhalt 171 20
  - Beteiligtenstellung 172 10
  - Erörterungstermin 175 2
  - Kosten 183 5
  - Vertretung des Kindes 172 6
- durch biologischen Vater 171 22
- Beschluss 182

3243

[Vaterschaftsanfechtung]
- sozial-familiäre Beziehung 175 2; 176 3; 177 7
- heimlich eingeholtes Gutachten 171 17

s.a. unter Abstammungssachen

Vaterschaftsfeststellung
- Beweisvereitelung 177 27 f.; 178 15
- postmortale
  - Beteiligte 172 11
  - Untersuchungen zur Feststellung der Vaterschaft 178 8
- Unterhalt bei Feststellung der Vaterschaft 237
- Untersuchungen zur Feststellung der Vaterschaft 178
  - Weigerung 178 15

s.a. unter Abstammungssachen

Verbund von Scheidungs- und Folgesachen
- Abtrennung
  - Abtrennungsgründe
    - außergewöhnliche Verzögerung 140 20 ff.
    - Aussetzung des Versorgungsausgleichs 140 14 f.
    - Beschleunigung der Kindschaftsfolgesache 140
    - Beteiligung Dritter 140 7 ff.
    - Härteklausel 140 20
    - Kindschaftssachen 140 16
    - Mitwirkung am Versorgungsausgleich 140 18
    - unzumutbare Härte 140 23 ff.
    - Vorgreiflichkeit der Scheidung 140 12 f.
  - Abtrennungsentscheidung 140 36 f.
  - Antrag 140 10, 35
  - erweiterte Abtrennung 140 31
  - im Beschwerdeverfahren 140 29 f.
  - Kosten/Gebühren 140 41
  - Rechtsmittel 140 38
  - Unterhalts-/Güterrechtsfolgesache bei Beteiligung Dritter 137 15; 140 7 ff.; 150 8
  - Unterhaltsfolgesache bei Abtrennung Kindschaftsfolgesache 140 31 ff.
  - verfrühter Scheidungsantrag 140 34
  - von Amts wegen 140 10
  - weiteres Verfahren 140 39
  - Zweijahresgrenze 140 22
- Abweisung des Scheidungsantrags und Folgen 142 13 ff.
- Anschlussrechtsmittel 117 39 f.
  - verfahrensübergreifendes 145 4 ff., 11 ff.
  - Verzicht für Scheidungsausspruch 144
- Anwaltszwang 137 12
- anwendbare Verfahrensregeln 137 11
- Aufhebung des Scheidungsausspruchs
  - erweiterte durch BGH 147
  - Fortgang des Verfahrens 146 8; 147 7
  - Zurückverweisung zur Aufrechterhaltung des Verbunds 146 2 ff.
- Auflösung
  - des Restverbunds 140 30
  - des Verbunds 137 20 ff.
- Aussetzung ohne Abtrennung 137 13
- bei scheidungsähnlichen Verfahren ausländischen Rechts 137 8 f.
- Beiordnung eines Rechtsanwalts als Beistand 138
  - sofortige Beschwerde 139 9
  - Verfahren 139 7 ff.
  - Voraussetzungen 139 2 ff.
  - Wirkungen 139 11 ff.
- Einbeziehung weiterer Beteiligter und Dritter 139
  - dritte Personen 139 3
  - getrennte Schriftsätze 139 4
  - Jugendamt 139 3
  - Kind in Kindschaftsfolgesachen 139 5
  - mündliche Verhandlung 139 4
  - Rechtsmittelanträge 139 4a
  - Unterhalts- und Güterrechtsfolgesachen 139 2
  - weitere Beteiligte 139 2
  - Zustellungen 139 4a
- Entscheidung/Verbundbeschluss
  - Abweisung des Scheidungsantrags 142 13 ff.
  - Anordnung sofortiger Wirksamkeit 142 8
  - Begründung 142 6
  - Beschlussformel Unterhaltsfolgesache 142 5
  - einheitliche Endentscheidung 142 3 ff.
  - Kostenentscheidung, s. dort. 150
  - Rubrum 142 6
  - über Abtrennung und Rechtsmittel 140 36
  - Verkündung
    - Entscheidung über Versorgungsausgleich 142 16
    - Öffentlichkeit 137 12
  - Versäumnisentscheidung 142 10 ff.
    - Einspruch 143
    - Kosten/Gebühren 143 3
  - Wirksamwerden 148 7 ff.
  - Zustellung 142 7
- Folgesachen
  - Antrag, fristgerechter 137 47 ff.
  - Antragsänderung/-erweiterung 137 51
  - Beschwerdeinstanz 137 52
  - Zurückverweisung 137 53
  - Zweiwochenfrist 137 48 ff., 60
  - Anwendbarkeit ausländischen Rechts 137 64 ff.
  - Auskunftsbegehren
    - isolierte 137 43
    - Stufenanträge 137 41 ff.
  - Ehewohnungs- und Haushaltssachen 137 36
  - Güterrechtssachen 137 37, 49

- Kindschaftssachen 137 58 ff.
- Unterhaltssachen 137 30 ff., 49
- Versorgungsausgleich 137 29, 54 ff.
  - Einleitung von Amts wegen 137 54 f.
  - internationale Sachverhalte 137 57
- Vollstreckungsverfahren 137 46
- vorbereitende und ergänzende Verfahren 137 41 ff.
- Zwischenfeststellungsantrag 137 45
- Fortführung als selbständige Familiensache 142 2, 14 f.
  - Fortsetzungserklärung 142 14
  - unbedingter Antrag 142 15
  - Rechtsmittel gegen Abweisung des Scheidungsantrags 142 15
  - Kindschaftssachen 142 14
  - Kosten/Gebühren 142 17
- Fortwirken in Beschwerdeinstanz 117 58
- Fristberechnung bei verfrühtem Scheidungsantrag 140 34
- Kostenentscheidung
  - Abweisung des Scheidungsantrags 150 4
  - Billigkeit 150 9 ff.
    - Nichtteilnahme an Informationsgespräch 150 12
  - Drittbeteiligung 150 7 f., 23
  - Erledigung in der Hauptsache 150 4
  - gesonderte bei abgetrennter Folgesache 150 3, 15 ff.
  - isolierte Anfechtung 150 18 ff.
  - Kostenaufhebung 150 2 f.
  - Kostenverbund 150 2
  - Kostenvereinbarung 150 13
  - Rechtsmittelverfahren 150 21 ff.
  - Rücknahme des Scheidungsantrags 150 5
  - Säumnis 150 6
- Kostenfolgen des Verbunds 137 17 ff.
- mündliche Verhandlung 137 13
- Rechtskraft des Scheidungsausspruchs
  - in erster Instanz 148 3 ff.
  - in zweiter Instanz 148 5
  - Wiedereinsetzung 148 6
- Rechtsmittel
  - Anschließung 117 39 f.; 145 5 ff.
    - Verzicht auf Anschlussrechtsmittel 144
  - Begründung 145 14
  - Erweiterung 145 3 f.
  - Frist 145 11 ff.; 148 3 a
    - Bekanntgabe 145 11 f.
    - Verlängerung 145 15
  - Wiedereinsetzung 145 13
- Rücknahme des Scheidungsantrags
  - Erstreckung auf Folgesachen 141 2 ff.
  - Fortführung von Folgesachen 141 5 ff.
  - Kosten/Gebühren 141 10
- Verbund auslösende Scheidungssache 137 8 f.

- Verfahren bei Einspruch gegen Versäumnisentscheidung 143
- Verfahrenskostenhilfe in Folgesachen
  - Beiordnung eines Rechtsanwalts in Ehesache 149 5
  - Erstreckung der Bewilligung auf Versorgungsausgleichsfolgesache 149
- Verhandlungs- und Entscheidungsverbund 137 6 ff.
- Verkündung Entscheidung über Versorgungsausgleich 142 16
- Wirksamwerden von Entscheidungen
  - Rechtsmittelverzicht 148 4
  - unterbliebene Beteiligung 148 3 a
  - versäumte Zustellung 148 3 f.
  - VKH-Antrag für Rechtsmittel 148 6
  - Wiedereinsetzung 148 6
  - zweitinstanzlicher Scheidungsausspruch 148 5
- Zurückverweisung
  - Aufhebung ablehnender Entscheidung 146 2
    - erweiterte Aufhebung durch BGH 147
  - verfrühter Scheidungsantrag 146 2
  - Kosten/Gebühren 146 10
  - Verfahrensfortgang 146 8 f.
  - zur Entscheidung anstehende Folgesachen 146 4
- Zuständigkeit, internationale 98 39 ff.

Verein
- Ausländerverein
  - Mitteilungspflichten des Registergerichts 400
- Beschwerdeberechtigung
  - Zwangsgeldverfahren in Registersachen 391 5
- Entziehung der Rechtsfähigkeit 401
- unternehmensrechtliche Verfahren
  - Ermächtigung zur Einberufung einer Mitgliederversammlung 375 22

Verein, nichtrechtsfähiger
- Beteiligtenfähigkeit 8 15
- Verfahrensfähigkeit 9 23

Vereinfachtes Verfahren über den Unterhalt Minderjähriger
- Antrag 250
- Amtsgericht 250 6
- Anspruchsart 250 15
- Antragsformular 250 3; 259 5
- Beginn der Unterhaltszahlung 250 8 f.
- dynamisiert 250 10
- Einkommen des Kindes 250 14
- Eltern-Kind-Verhältnis 250 12
- Erklärung über Sozialhilfeleistungen 250 16
- Geburtsdatum des Kindes 250 7
- Haushalt, gemeinsamer 250 13
- Höhe des verlangten Unterhalts 250 10
- Kindergeld 250 11
- Namen und Adressen 250 5

[Vereinfachtes Verfahren über den Unterhalt Minderjähriger]
- statischer Betrag 250 10
- Statthaftigkeit des vereinfachten Verfahrens 250 17
- Verzugszinsen 250 9
- zu berücksichtigende Leistungen 250 11
- Anwaltszwang 257 4
- Beiordnung eines Rechtsanwalts 250 4
- Beschwerde 256 4 ff.
  - Abhilfe 256 9
  - Abgrenzung Beschwerde/Erinnerung/Abänderung 256 6, 18b
  - Antragsgegner 256 15 ff.
  - Antragsteller 256 11 ff.
  - Beschwerdebegründung 256 8c ff.
  - Beschwerdeeinlegung 256 8a f.
  - Beschwerdeentscheidung 256 20 ff.
    - unberücksichtigte Einwendungen 256 20d
    - unzulässige Einwendungen 256 20 f.
    - zulässige Einwendungen 256 20c
    - zulässige und unzulässige Einwendungen 256 20b
  - Beschwerdefrist 256 8a
  - Beschwerdegründe 256 10 ff.
    - unrichtige Beurteilung der Zulässigkeit von Einwendungen 256 10
    - unrichtige Unterhaltsberechnung nach Zeit und Höhe 256 10
    - unrichtige Kostengrundentscheidung/Kostenfestsetzung 256 10
    - Unzulässigkeit des vereinfachten Verfahrens 256 10
  - gegen Kostenentscheidung 256 5, 10
  - Präklusion 256 18
  - Rechtsbeschwerde 256 21
  - Verfahren Beschwerdegericht 256 9
  - Wiedereinsetzung 256 18a
- Eintritt der Volljährigkeit 252 7
- Einwendungen des Antragsgegners 252
  - Anrechnung kindbezogener Leistungen 252 9
  - Formularzwang 252 4 f., 13
  - Höhe des Unterhalts 252 9
  - materiell-rechtliche 252 12 ff.
    - Erfüllung 252 12, 14
    - fehlende Bedürftigkeit 252 12
    - keine Leistungen nach UVG 252 12a
    - Leistungsunfähigkeit 252 12, 13
    - Vorrang anderer Unterhaltsschuldner 252 12
    - Zulässigkeitsvoraussetzungen 252 13 f.
  - Mitteilung an Antragsteller 254
  - Präklusion 252 14, 16
  - Verfahren bei zu berücksichtigenden Einwendungen 252 11
  - Verfahrenskosten 252 10
  - Verpflichtungserklärung des Antragsgegners 252 13
  - Verzug 252 8
  - weiteres Verfahren bei zulässigen Einwendungen 254
    - Frist für Antrag auf Durchführung des streitigen Verfahrens 254 5
    - Nichtbetreiben 254 9
    - Teilanerkenntnis und Teilfestsetzung 254 6 f.
    - Teilrücknahme, Korrektur, Erledigung 254 8
  - zeitliche Befristung 252 15
  - Zulässigkeit des vereinfachten Verfahrens 252 7
- Jugendamtsurkunde nach Einleitung des Verfahrens 249 8; 252 7
- Festsetzungsbeschluss 253
  - dynamische Tenorierung 253 6
  - Kostenentscheidung 253 8
  - Mangelfall 253 7
  - Rechtsbehelfe 253 11
  - Rechtsbehelfsbelehrung 253 9
  - Rubrum 253 6
  - Verfahren 253 5
  - Verzugszinsen 253 7
  - Vollstreckung
    - Anordnung sofortiger Wirksamkeit 253 10
    - Aussetzung der Vollziehung 253 10
    - einstweilige Einstellung 253 10
    - im Ausland 253 10
  - Wartefrist 253 4
- Formularzwang 257 5; 259 5
  - Sonderregelungen für maschinelle Bearbeitung 258
- Kosten/Gebühren 249 18 f.; 255 14
- Übergang ins streitige Verfahren 255
  - Antrag 255 4 ff.
  - Ausschlussfrist 255 14
  - Kosten/Gebühren 255 15 f.
  - rückwirkender Eintritt der Rechtshängigkeit 255 12
  - weiteres Verfahren 255 6 ff.
    - Einbeziehung Teilfestsetzungsbeschluss 255 13
    - Nichtstellen Überleitungsantrag 255 14a
    - Termin zur mündlichen Verhandlung 255 5
- Urkundsbeamte der Geschäftsstelle 257 4a
- Urkundsperson des Jugendamts 257 4a
- Verbindung Verfahren mehrerer Kinder 250 23 f.
- Verbund 249 2
- Verfahren 251 4 ff.
  - gerichtliche Hinweise an Antragsgegner 251 5 ff.
  - Wiedereinsetzung 251 8a

- Zustellung 251 4
  - Auslandszustellung 251 11 f.
- Verfahrenskostenhilfe 250 4
- Verhältnis zu anderen Verfahren **Vor 249–260** 3 ff.
- Verjährungsunterbrechung 251 12
- Voraussetzungen 249 6 ff.
  - anderweitige Anhängigkeit 249 15 ff.
  - Antragsgegner 249 13 f.
  - Antragsteller 249 12 ff.
  - Minderjährigenunterhalt 249 6 ff.
    - Mindestunterhalt 249 9
    - Unterhalt für die Vergangenheit 249 10
    - Verzugszinsen 249 11
- Wechsel in Haushalt des anderen Elternteils 249 13b
- Zurückweisung des Antrags 250 18 ff.
  - Anfechtbarkeit 250 21
  - Teilzurückweisung 250 22
  - Zuständigkeit 250 20
- Zuständigkeitskonzentration 260 4
  - Empfangszuständigkeit für Anträge/Erklärungen des Kindes 260 5

Vereinsregister
- Einsichtnahme 385 1
- Entzug der Rechtsfähigkeit 401
- Ermächtigung für Vorschriften über Erweiterung und Führung 387 5
- gerichtliche Mitteilungspflichten 400
- öffentliche Bekanntmachung von Eintragungen 383 10
- Zwangsgeldverfahren, Sonderregelungen 388 25

Vereinsregistersachen
- Registersachen 374 7

Verfahren betreffend die Herstellung des ehelichen Lebens
- sonstige Familiensache 121 1; 266 44
- Vollstreckungsausschluss 120 13
- Zuständigkeit, internationale 98 32

Verfahren im ersten Rechtszug
- Beweisaufnahme, förmliche, s. dort 30
- Beweiserhebung, s. dort 29
- Entscheidungsgrundlagen 37
  - Amtsverfahren 37 6
  - Antragsverfahren 37 6
  - Anwendungsbereich 37 6 ff.
  - Äußerungsrecht der Beteiligten, s. unter Rechtliches Gehör 37 26 ff.
  - Beweiswürdigung, freie richterliche, s. dort 37 9 ff.
  - Ehe- und Familienstreitsachen 37 7
- Erörterungstermin, s. dort 32
- Glaubhaftmachung, s. dort 31
- Grundsatz der Amtsermittlung, s. dort 26
- Mitwirkung der Beteiligten, s. unter Beteiligte 27
- Niederschrift der Geschäftsstelle, s. dort 25
- persönliche Anhörung, s. unter Beteiligte, persönliche Anhörung 34
- persönliches Erscheinen, s. unter Beteiligte, persönliches Erscheinen 33
- Verfahrenseinleitung, s. dort 23, 24
- Verfahrensleitung, s. dort 28
- Vergleich, s. dort 36
- Vollstreckung von Zwischenentscheidungen, s. dort 35

Verfahren vor landesgesetzlich zugelassenen Behörden 488

Verfahren zur Übertragung der gemeinsamen elterlichen Sorge
- einstweilige Anordnung 155a 4
- modifiziertes Antragsmodell 155a 1
- Rechtsmittel 155a 46 f.
- Überleitung in reguläres Verfahren 155a 36 ff.
  - früher Erörterungstermin 155a 37 f.
  - Hinwirken auf Einvernehmen 155a 39; 156 10
  - übereinstimmende Sorgeerklärungen
    - Abgabe im Termin 155a 40 ff.; 156 79
    - Muster 155a 49
    - Sorgevereinbarung zum Lebensmittelpunkt des Kindes 155a 43
- Verfahren, vereinfachtes 155a 2; 15 ff.
  - Anhörung der Eltern 160 4
  - Anhörung des Kindes 155a 31
  - Antrag
    - Antrag Kind 155a 8
    - Antrag Mutter 155a 7
    - Antrag Vater 155a 6
  - Antragsfrist 155a 13
  - Antragsinhalt 155a 10 ff.
  - Gerichtsbeschluss 155a 29 ff.
  - Verfahrensbeistand 155a 32
  - Vortrag entgegenstehender Gründe 155a 23 ff.
  - Stellungnahmefrist 155a 18 ff.
    - Belehrung 155a 20, 25
  - Schutzfrist 155a 19
  - Wiedereinsetzung 155a 18, 35
  - Zustellungserfordernis 155a 16

Verfahrensanregung
- Anregung 24 4
- berechtigtes Interesse 24 6 f.
- Recht auf informationelle Selbstbestimmung 24 8 f.
- Unterrichtung bei Absehen von Verfahrenseinleitung 24 5 ff.
  - Anfechtbarkeit 24 11
  - Form und Inhalt 24 10
  - materiell Beteiligte 24 12
- s.a. Verfahrenseinleitung

Verfahrensaussetzung
- Abstammungssachen 21 7, 11; 181
- Änderungen ggü. alter Rechtslage 21 1 f.
- Aufhebung 20 14
- außergerichtliche Konfliktbeilegung/Mediation 36a 14 f.

[Verfahrensaussetzung]
- Beschwerde 21 14ff.
  - Beschwerdefrist 21 15
  - Beschwerdeschrift 21 16
  - Beschwerdeverfahren 21 17f.
  - Rechtsbeschwerde 21 19
- Ehe- und Familienstreitsachen 21 4
- einstweilige Anordnung 21 10c; 51 8
- Gewaltschutzsachen 21 10
- Kosten/Gebühren 21 20
- Nachlasssachen 21 11; 370
- Rechtsfolgen 21 13
- Registerverfahren 21 9, 11, 14; 381
- Scheidungssachen 21 4; 136
- Sorgerechtsverfahren 21 10
- Teilungssachen 370
- TSG-Verfahren 21 10b
- Unterbringungs- und Freiheitsentziehungssachen 21 10
- Verfahren 21 12
- Verfahrensstillstand
  - Ruhen 21 6
    - schwebende Vergleichsverhandlungen 21 6
  - Unterbrechung 21 5
    - Eröffnung des Insolvenzverfahrens 21 5
    - Tod eines Beteiligten 21 5
- Versorgungsausgleichssachen 21 7af.; 221
- Voraussetzungen 21 7ff.
  - wichtiger Grund 21 7
    - Einholung eines Gutachtens 21 7
    - Familienverhältnisse noch in der Entwicklung 21 7
    - Mediation 21 7, 10b
    - Tod eines Beteiligten 21 10a
    - Verfassungswidrigkeit 21 7, 10
- Vorgreiflichkeit 21 7, 8ff.
- Zumutbarkeit 21 10c

Verfahrensbeistand
- in Abstammungssachen 174
- in Adoptionssachen 191
- in Kindschaftssachen 158
  - Abänderungsverfahren 158 52
  - Anfechtbarkeit der (Nicht-)Bestellung 158 34
  - Aufgaben 158 40ff.
    - erweiterte 158 45ff.
      - Gespräche mit Eltern 158 46ff.
      - Mitwirken an einvernehmlicher Regelung 158 49
    - originäre 158 41ff.
  - Aufhebung der Bestellung 158 53
  - Aufwendungsersatz 158 56, 62
  - Auswahl 158 27f.
  - Auswechslung 158 54
  - Beschwerdeinstanz 158 52
  - Bestellungsbeschluss 158 30ff.
    - Begründung 158 33
  - Bestellungsverfahren
    - Anhörung Kindeseltern 158 24
    - Anhörung Verfahrensbeistand 158 29
    - früher Erörterungstermin 158 26
  - Entlassung 158 54
  - Erforderlichkeit der Bestellung 158 7ff.
    - Alter des Kindes 158 12f.
    - anderweitige Interessensicherung 158 10f.
    - einstweilige Anordnungsverfahren 158 14
    - Entziehung der elterlichen Sorge 158 18
    - erheblicher Interessengegensatz 158 16f.
    - fehlende Eignung der Eltern 158 9
    - HKEntfÜ-Verfahren 158 20
    - Trennung von Obhutperson 158 19
    - Umgangsausschluss/-beschränkung 158 21
    - Verbleibens-/Herausgabeanordnung 158 20
  - Kostentragung 158 38
  - mehrere Kinder 158 28, 59
  - Rechtsstellung des Verfahrensbeistands 158 35ff., 39
  - Vergütung 158 57ff.
    - Aufwendungsersatz 158 61
    - Festsetzung 158 62
    - Haupt-/einstweiliges Anordnungsverfahren 158 59
    - Korrespondenz-/Verkehrsbeistand 158 61
    - mehrere Instanzen 158 59
    - mehrere Kinder 158 59
    - mehrere Verfahrensgegenstände 158 59
    - Umsatzsteuer 158 61
  - Zeugnisverweigerungsrecht 158 35
- in Unterhaltssachen 234

Verfahrenseinleitung
- Amtsverfahren Vor 23, 24 3; 23 8a; 24
- Antragsverfahren Vor 23, 24 3; 23
- Antragsbefugnis 23 4f.
- Antragsfrist 23 17af.
- Auflagen zur Ergänzung 23 18; 28 10
- Ehe- und Familienstreitsachen Vor 23, 24 2
- (fern-)mündliche Antragstellung 23 10
- formelle Anforderungen 23 9f.
  - Begründung 23 12f.
  - Benennung Beteiligter 23 14
  - Benennung Beweismittel 23 14
  - notwendiger Inhalt
    - Begehren 23 11
    - Name und Anschrift des Antragstellers 23 11
  - Unterschriftserfordernis 23 16
  - Vorlage von Urkunden 23 15f.

Sachregister

- Haftantrag 23 3, 20a, 22a; **417** 9 ff.
- Mediationsgeeignetheit 23 1a, 17c f.
- Mehrheit von Antragstellern 23 6
- rechtliches Gehör 23 22a
- Rechtsschutzbedürfnis 23 7
- Sondervorschriften 23 20
  - Abstammungssachen 23 20; **171**
  - Adoptionssachen 23 20
  - Aufgebotsverfahren 23 20
  - Ehewohnungs- und Haushaltssachen 23 20; **203**
  - Freiheitsentziehungssachen 23 20; **417**
  - Teilungssachen 23 20; **363**
- Übermittlung an weitere Beteiligte 23 21 ff.
- Verfahrensantrag/Sachantrag 23 2
- Verfahrensstandschaft 23 5a
- Verfahrensvoraussetzungen 23 3 ff.
- Verwirkung 23 5b
- Verzicht 23 5b
- Zurückweisung/Verwerfung 23 18 f.

s.a. Verfahrensanregung

Verfahrensfähigkeit
- amtswegige Prüfung 9 29, 44
- Anwendungsbereich 9 5
- Ausländer 9 43
- Behörden und Vereinigungen 9 21 ff.
- Betroffene bei Betreuung oder Pflegschaft 9 16, 37; **10** 5
- beschränkt Geschäftsfähige 9 9 ff.
- Bestellung eines Verfahrenspflegers 9 38 ff.
  - herrenloses Grundstück 9 41
  - herrenloses Schiff 9 41
- Betreuungssachen **275**
- Ehegatten in Ehesachen **125**
  - beschränkt geschäftsfähiger Ehegatte **125** 2 f.
  - geschäftsunfähiger Ehegatte **125** 4 ff.
- Erwerb im Lauf des Verfahrens 9 31
- Geschäftsfähige 9 8
- Geschäftsunfähige 9 35
- Kinder ab 14 Jahren
  - Abstammungssachen **172** 7
  - Kindschaftssachen 9 13; **151** 57 ff.
- Minderjährige 9 9 ff., 12 ff., 16, 31
  - Verfahrensvollmacht 9 15a
- nichtrechtsfähiger Verein 9 23
- Prozesshandlungsvoraussetzung 9 2
- Rechtsfolgen 9 29 ff.
- Sachentscheidungsvoraussetzung 9 2
- verfahrensfähige Personen 9 8 ff.
  - beschränkt geschäftsfähige Personen
    - Minderjährige in Kindschaftssachen 9 13
  - Betroffene in Betreuungs- und Unterbringungssachen 9 16
  - geschäftsfähige Personen 9 8
  - Minderjährige in Ehesachen 9 16; **125**
- Unterbringungssachen **316**
- Verlust im Lauf des Verfahrens 9 31
- Verschulden
  - des gesetzlichen Vertreters 9 32 ff.
  - des gewillkürten Vertreters 9 33
- Vertretung nicht verfahrensfähiger Personen 9 18 ff.
- Vertretung des Kindes 9 19; **151** 59
- Voraussetzungen 9 8 ff.
- Wohnungseigentümergemeinschaft 9 28
- ZPO-Vorschriften 9 36
- Zulassung unter Vorbehalt 9 45
- Zulassungsstreit 9 30 f.
- Untersuchungsanordnung 9 31a

Verfahrensführungsbefugnis 9 46 f.

s.a. Verfahrensstandschaft

Verfahrenskostenhilfe
- Amtsverfahren **76** 4
- Anordnung von Ratenzahlungen **76** 27, 55
- Antrag
  - Erklärung über die persönlichen und wirtschaftlichen Verhältnisse **76** 47
  - Form und Inhalt **76** 47
  - wiederholter **76** 16
- Antragsverfahren **76** 5
- Anwaltszwang **76** 7, 50
- Aufhebung
  - der Beiordnung **78** 10
  - der Bewilligung **76** 57 f.
- Ausschluss wegen Geringfügigkeit **76** 39
- Bedürftigkeit **76** 18
  - Absatzbeträge **76** 22 ff.
    - besondere Belastungen **76** 26
    - Fahrtkosten **76** 23
    - Freibetrag für Erwerbstätige **76** 24
    - Freibeträge für Unterhaltsleistungen **76** 26
    - Grundfreibeträge **76** 24
    - Kosten für Unterkunft und Heizung **76** 25
    - Steuern, Sozialversicherungsbeiträge, Versicherungen **76** 22
  - Einkommen, einzusetzendes **76** 19 ff.
    - ALG II **76** 21
    - fiktives **76** 29
    - Grundsicherung **76** 21
    - Kindergeld **76** 20
    - Mehrbedarf Alleinerziehender **76** 21
    - Geltendmachung vom Sozialhilfeträger rückübertragener Unterhaltsansprüche **76** 35
    - Kreditaufnahme **76** 36
  - Vermögenseinsatz **76** 30 ff.
    - Auslandsvermögen **76** 32
    - Bausparguthaben **76** 32
    - Kapitallebensversicherung **76** 31
    - Pkw **76** 32
    - Schenkungsrückforderung **76** 32
    - Schonvermögen **76** 30a
    - Schmerzensgeld **76** 36
    - Verfahrenskostenvorschuss **76** 33 f.

Sachregister

[Verfahrenskostenhilfe]
- Beiordnung 78
  - Aufhebung 78 10
    - Antrag des beigeordneten Anwalts 78 10
    - Antrag des Beteiligten 78 10
    - Beiordnung neuen Anwalts 78 10
  - Auswahl durch Gericht 78 9
  - auswärtiger Rechtsanwalt 78 7
  - Beweisaufnahme vor ersuchtem Richter 78 8
  - Ehe- und Familienstreitsachen 78 5
    - einverständliche Scheidung 78 6
  - Grundsatz der Waffengleichheit 78 4
  - kein vertretungsbereiter Rechtsanwalt 78 9
  - Scheidungssachen 138
  - Umgangsregelung 78 6
  - Vaterschaftsanfechtung 78 6
  - Vaterschaftsfeststellungsverfahren 78 6
  - vereinfachtes Verfahren über den Unterhalt Minderjähriger 78 6
  - Verfahren mit Anwaltszwang 78 2
  - Verfahren ohne Anwaltszwang 78 3 ff.
    - Schwierigkeit der Sach- und Rechtslage 78 3 f.
  - Verkehrsanwalt 78 8
- Beschluss 76 6
  - Begründung 76 11
- Beschwerde
  - Beschwerdegericht 76 14
  - der Staatskasse 76 12
  - des beigeordneten Rechtsanwalts 76 11a
  - Ehe- und Familienstreitsachen 76 11a
  - Entscheidungen der Betreuungsgerichte 76 14
  - Freiheitsentziehungssachen 76 14
  - Frist 76 13
  - sofortige 76 11a
  - Verschlechterungsverbot 76 14
  - Zuständigkeit 76 14
- Beteiligte 76 10
- Bewilligung
  - Ablehnung wegen Nichterfüllung einer Auflage 76 51
  - Abstammungsgutachten 76 44 f.
  - Beschränkung auf Rechtszug 76 52
  - Erstreckung auf Versorgungsausgleichsfolgesache 149
  - für alle Verfahrensarten 76 41
  - für Vollstreckung in das bewegliche Vermögen 77 7
  - für zweite Instanz 76 53 f.
    - Antragseinlegung 76 53a
    - für Rechtsmittelgegner 76 54
  - für VKH-Beschwerdeverfahren 76 41
  - für VKH-Verfahren 76 41
  - nach Abschluss der Instanz 76 42
  - nach Tod des Beteiligten 76 42
  - Partei kraft Amts, juristische Personen, parteifähige Vereinigungen 76 9, 46
  - Stufenantrag 76 45
  - Umfang 76 40
  - unvollständige Angaben 76 42, 51
  - Vaterschaftsfeststellungsverfahren 76 45
  - Vermittlungsverfahren 76 43
- Ehe- und Familienstreitsachen 76 6
- Erfolgsaussicht 76 17
  - schwierige, bislang ungeklärte Rechtsfrage 76 17
- Gelegenheit zur Stellungnahme
  - anderer Beteiligter 76 48; 77 2 ff.
  - in Antragsverfahren 77 3
- Glaubhaftmachung
  - Amtsverfahren 76 49
  - Antragsverfahren 76 49
- internationale **Vor 98–106** 61; 97 13, 34
- Mediation **36a** 16 f.
- Mutwilligkeit
  - einstweilige Anordnung/Hauptsache 76 37a
  - Geltendmachung außerhalb des Verbunds 76 37
  - Kindschaftssachen 76 37a
  - neuer Scheidungsantrag 76 38
  - Scheinehe 76 38
  - Umgangsverfahren 76 37
  - Unterhaltsverfahren 76 37
- Ratenhöhe 76 27
- Rechtsbeschwerde 76 15
- Verfahren mit Auslandsbezug **Vor 98–106** 61 ff.
- Verweis auf Vorschriften der ZPO 76 2, 8
- Wiedereinsetzung 17 22; 18 4, 22, 24

Verfahrenskostensicherheit
- Verfahren mit Auslandsbezug **Vor 98–106** 65

Verfahrenskostenvorschuss
- einstw. Anordnung auf Kostenvorschuss 246 17 ff.
  - Anspruchsberechtigung 246 20 ff.
    - Kinder 246 21 f.
    - Eltern/Großeltern 246 23
    - Ehegatten/Lebenspartner 246 24 f.
    - nichteheliche Lebensgemeinschaft 246 26
  - Billigkeit 246 29 f.
  - Erfolgsaussichten/Mutwille 246 29
  - Leistungsfähigkeit 246 31
  - Regelungsbedürfnis 51 4
  - wichtige persönliche Angelegenheit 246 27
  - Zuständigkeit 246 36
- einstw. Anordnung bei Feststellung der Vaterschaft 248 14
- Verbund von Scheidungs- und Folgesachen 137 19
- VKH-Vermögen 76 33

Verfahrensleitung
- Dokumentationspflichten 28 20
  - elektronische Form 28 23
- Ehe- und Familienstreitsachen 28 6
- Grenzen 28 24
- Präklusion verspäteten Vortrags 28 14
- richterliche Befangenheit 28 15
- richterliche Hinweispflicht 28 7 ff.
  - Amtsverfahren 28 13
  - Antragsverfahren 28 10
    - Formfehler 28 10
    - Stellung sachdienlicher Anträge 28 10
  - Fristsetzung 28 7
  - rechtliche Hinweise 28 9
  - tatsächliche Hinweise 28 7 f.
  - Überraschungsentscheidung 28 9
  - unzulässige Hinweise 28 11 ff.
    - Amtsverfahren 28 13
    - Antragsverfahren 28 11 f.
    - Einrede der Verjährung 28 11
- richterlicher Hinweis
  - Aktenkundigkeit 28 18 f.
    - Aktenvermerk 28 18
    - Hinweisbeschluss 28 18
    - in der richterlichen Entscheidung 28 19
    - Verhandlungsprotokoll 28 18
  - Form 28 18 f.
  - Zeitpunkt 28 16 f.
  - Vermerk 28 20 ff.
    - Hinzuziehung eines Urkundsbeamten 28 21
    - Versuch gütlicher Einigung 28

Verfahrenspfleger
- Bestellung 9 38 ff.
- Eignung 276 41 ff.
- in Betreuungssachen, s. dort 276 f.
- in Ehesachen 125 4
- in Freiheitsentziehungssachen, s. dort 419
- in Unterbringungssachen, s. dort 317
- Kostenauferlegung 276; 317; 419
- Vergütung, Aufwendungsersatz 168 1; 277
- s.a. Verfahrensbeistand

Verfahrensstandschaft 9 46 f.
- Geltendmachung von Kindesunterhalt gegen anderen Elternteil 137 33
  - Abänderungsantrag 238 55, 59 ff.
  - Abtrennung vom Verbund 140 8
  - Gerichtsstand 232 6; 238 45
  - Unterhaltssache 231 5
  - Eintritt der Volljährigkeit
    - Vollstreckungsverfahren 244 6
    - vereinfachtes Verfahren 249 5

Verfahrenstrennung
- Abtrennung einer Folgesache 20 14; 140 4
- Anfechtbarkeit 20 15
- mehrere Aufgebote 434 4

- mehrere Ehesachen 126 4
- Voraussetzungen 20 13
  - Sachdienlichkeit 20 13

Verfahrensunterbrechung 21 5
- Fälligkeit der Gerichtsgebühren 11 **FamGKG** 6 ff.
- Tod eines Ehegatten 131 8
- Verlust der Verfahrensfähigkeit 11 38

Verfahrensverbindung
- Abstammungssachen 20 10
- Adoptionssachen 20 10
- allg. Grundsätze 126 4 ff.
- Anfechtbarkeit 20 12
- Familiensachen 111 65
- Familienstreitsachen 20 4, 9
- Ehesachen, s. i.Ü. dort 20 4, 9 f.; 126 4 ff.
- gemeinsame Verhandlung und Entscheidung 20 5
- gemeinsame Verhandlung und/oder Beweisaufnahme 20 5
- Kosten/Gebühren 20 16
- rechtliches Gehör 20 11
- Rechtsfolgen 20 11
- Verbindungsverbote 20 8
- Verbund 20 9; 137
- Voraussetzungen 20 5 ff.
  - gleiche Beteiligte 20 6
  - gleiche Zuständigkeit 20 6
  - Verfahrensförderung 20 7
  - Sachdienlichkeit 20 7

Verfahrensvollmacht
- Beschränkung
  - Interessenkonflikt, Rechtsmissbrauch 11 27 f.
  - Nebenverfahren 11 22 f.
  - Verfahren mit Anwaltszwang 11 24 f.
  - Verfahren ohne Anwaltszwang 11 26
  - Wirkung 11 29
- Ehe- und Familienstreitsachen 11 3; 114 37 ff.
- Erlöschen 11 43 ff.
  - Erlöschensanzeige 11 46
  - Kündigung/Widerruf des zugrunde liegenden Rechtsverhältnisses 11 44
  - Widerruf der Vollmacht 11 44
  - Wirkung 11 45 ff.
  - Zweckerreichung 11 44
- Fortbestand
  - Auftreten für Rechtsnachfolger 11 42
  - Verlust der Verfahrensfähigkeit des Vollmachtgebers 11 40
- in Ehesachen 114 37 ff.
- Inhalt 11 12
- Insolvenz des Vollmachtgebers 11 41, 44
- Mandatsniederlegung 11 48
- mehrere Bevollmächtigte 11 30 ff.
- Minderjährige 9 15a
- Rechtsanwälte und Notare 11 15; 15 34
- Registersachen 11 4, 6; 378
- Sozietät 11 6, 29

[Verfahrensvollmacht]
- Tod
  - des Bevollmächtigten 11 44
  - des Vollmachtgebers 11 39
- Überprüfung in Rechtsmittelinstanz 11 18
- Umfang
  - Kostenfestsetzungsverfahren 11 19
  - Nebenverfahren 11 22 f.
  - Vollstreckungsverfahren 11 19
  - Wiederaufnahmeverfahren 11 19
- Untervollmacht 11 13, 14, 20
- Verfahren bei fehlender Vorlage 11 15 ff.
  - einstweilige Zulassung 11 16
  - Frist zur Beibringung 11 16
  - Genehmigung bisheriger Verfahrensführung 11 17
- vollmachtsloser Vertreter
  - einstweilige Zulassung 11 49
  - Genehmigung 11 50
  - Kostentragung 11 51, 54
- Vollmachtsmangel, nicht behebbarer
  - Amtsverfahren 11 52
  - Antragsverfahren 11 53
  - Rechtsmittelverfahren 11 53
- Vorlage
  - Entbehrlichkeit 11 11
  - öffentliche Beglaubigung 11 9 f.
  - Schriftform 11 7 f.
    - elektronisches Dokument 11 8
- Vorsorgevollmacht 11 28
- Wirkung
  - Bindung an Verfahrenshandlungen 11 33 f.
  - Zurechnung der Kenntnis 11 35
  - Zurechnung des Verschuldens 11 36 ff.
- ZPO-Vorschriften 11 19 ff.

Verfahrenswert
- allgemeine Wertvorschriften
  - Antrag- und Widerantrag 39 **FamGKG**
  - Auffangwert 42 **FamGKG**
  - Aufrechnung 39 **FamGKG**
  - einstweilige Anordnung 41 **FamGKG**
  - (Ersetzung der) Genehmigung einer Erklärung 36 **FamGKG**
  - Früchte, Nutzungen, Zinsen, Kosten 37 **FamGKG**
  - Geldforderung 35 **FamGKG**
  - Grundsatz 33 **FamGKG**
  - Hilfsanspruch 39 **FamGKG**
  - Rechtsmittelverfahren 40 **FamGKG**
    - wechselseitige Rechtsmittel 39 **FamGKG**
  - Stufenantrag 38 **FamGKG**
  - Zeitpunkt der Wertberechnung 34 **FamGKG**
- Begriff 3 **FamGKG** 2
- besondere Wertvorschriften, s. unter Gerichtskosten
- Pflichtangabe bei Antragstellung 53 **FamGKG**

Verfügung
- Entscheidung in Registersachen **Vor 374–409** 27 f.
- Zwischenverfügung 382 20 ff.

Verfügung von Todes wegen
- Auslegungsvertrag/-vergleich 352 114 f.
- besondere amtliche Verwahrung
  - erstmalige nach Tod des Erstverstorbenen 347 17 ff.
  - gerichtliche Rückgabe 347 38 ff.
  - Verfahren 346
    - Annahme 346 13 ff.
    - Beteiligte 346 9
    - Herausgabe 346 24 ff.
    - Hinterlegungsschein 346 22 f.
    - Rechtsmittel 346 33 f.
  - Mitteilung über die Verwahrung 347 19 ff.; 58 ff.
  - Zentrales Testamentsregister 347 Anh
  - Zuständigkeit 344 13 ff.; 346 5
- besondere amtliche Weiterverwahrung 347 36 ff.
- einfache Aktenverwahrung 347 32 ff.
- Eröffnung
  - ausländischer Erblasser 348 28 ff.
  - Erbvertrag 349 24
  - gemeinschaftliches Testament 349
  - durch Nachlassgericht 348
  - durch anderes Gericht 350
  - durch Verwahrgericht 344 61 ff.; 350 9 ff.
  - Einsichtnahme 357
  - Eröffnungspflicht 348 12 ff.; 352 21 f.
  - Eröffnungszuständigkeit 344 61 ff.
  - Frist 351
  - in Anwesenheit der Beteiligten 348 32 ff.
  - Niederschrift 348 43 ff.
  - Rechtsbehelfe 348 48 ff.
  - stille Eröffnung 348 40 ff.
  - Verfahrensbeteiligte 348 8 ff.
  - Zeitpunkt 348 16 f.
  - Zuständigkeit 348 4 ff.
- nicht besonders amtlich verwahrte gemeinschaftliche Testamente 347 15 f.
- nicht besonders amtlich verwahrte sonstige Verfügungen 347 17 ff.
- Zwang zur Ablieferung 358

Vergleich
- Abänderung 36 22
- Amtsverfahren 36 8
- Auslegung 36 7b
- Beendigung des Verfahrens 36 13
- Berichtigung bei Unrichtigkeiten der Niederschrift 36 15 ff.
- Beschwerde 36 15, 18
- Bestimmtheit 36 21
- Beteiligung Dritter 36 10
- Betreuungssachen 36 8
- Doppelnatur 36 7

- Einigung
  - über (noch) nicht anhängige Gegenstände 36 8
  - über Kosten 36 8
  - über Verfahrenshandlungen 36 9
- Erbscheinsverfahren 36 9
- fehlende Geschäftsfähigkeit 36 19
- Fehler der Protokollierung 36 15 ff.
- Form 36 11
- Fortsetzung des Verfahrens 36 19 f.
- Hinwirken auf gütliche Einigung
  - Anerkenntnis 36 3
  - außer Gewaltschutzsachen 36 2, 5 f.
  - beauftragter/ersuchter Richter 36 4
  - Erbscheinsverfahren 36 3
  - Erledigungserklärung 36 3
  - „in jeder Lage des Verfahrens" 36 4
  - Pflichten des Gerichts 36 4
  - Rücknahme eines Antrags/Rechtsmittels 36 3
- Irrtumsanfechtung 36 17
- keine Bestimmung über die Kosten 36 8
- Rechtsnatur 36 7
  - Doppelnatur 36 7
  - kein gegenseitiges Nachgeben 36 7
- Teilvergleich 36 8
- Verfügungsbefugnis über Verfahrensgegenstand 36 8
- Vergleichsgebühr, Kostenhaftung 21 FamGKG 14
- Vergleichsschluss
  - auf Widerruf 36 7a
  - im schriftlichen Verfahren 36 12
  - im Termin 36 11
    - beauftragter Richter 36 11
    - Protokollierung 36 11
    - Vorlesen/Vorspielen 36 11
- Vollstreckungstitel 36 14, 21
- Wegfall der Geschäftsgrundlage 36 22
- Willensmängel 36 19

Verkündung
- Ehe- und Familienstreitsachen 116 12

Verlobte
- Ansprüche im Zusammenhang mit der Beendigung des Verlöbnisses als sonstige Familiensachen 266 34 ff.
- Beteiligte im Verfahren auf Befreiung vom Eheverbot 188 25

Vermieter
- Beschwerderecht in Betreuungssachen 303 7
- Beteiligung in Ehewohnungssachen 204 2
- Beteiligung in Gewaltschutzsachen 212 2

Vermittlungsverfahren 165
- Ablehnungsbeschluss 165 6
  - Anfechtbarkeit 165 6
- Anhörung des Kindes 165 10
- Antrag 165 4
- Erörterungstermin 165 7 ff., 12
- Feststellung der Erfolglosigkeit 165 14 ff.
  - Anfechtbarkeit 165 14
- Hinwirken auf Einvernehmen 165 13
- Ladung Jugendamt 165 9
- persönliches Erscheinen der Eltern 165 8
- Verfahrensbeistand 165 11
- Verfahrenskostenhilfe 165 8
- Verhältnis zur Vollstreckung 92 6 f.; 93 2; 165 2, 16
- Zuständigkeit, örtliche 165 5

VersAusglG
- Reform des Versorgungsausgleichsrechts Vor 217–230
- Übergangsvorschriften Vor 217–230 2 ff.; Anh 225–227

Verschollene
- Todeszeitpunkt 343 58
- Wohnsitz 343 35

Versicherungsschein
- Aufgebotsverfahren zur Kraftloserklärung 483 2

Versicherungsverein aG
- Erlöschen der Firma 393 10

Versorgungsausgleichssachen
- Abänderung
  - abänderungsfähige Anrechte 225 2 ff.
  - Abkehr von Totalrevision Vor 225–226 6
  - Entscheidungen über Ausgleichsansprüche nach Scheidung 227 2 ff.
    - schuldrechtliche Ausgleichsrente 227 4
    - Teilhabe an Hinterbliebenenversorgungen 227 4
    - Wesentlichkeitsgrenze 227 6
  - nachträgliche Änderung
    - Begünstigungserfordernis 225 11 f.
    - Bezug zur Ehezeit 225 7
    - rechtliche Änderung 225 6
    - tatsächliche Änderung 225 6
    - vergessene/verheimlichte Anrechte 225 7a
    - wesentliche Änderung 225 9 f.
  - Übersicht neues/altes Recht Vor 225–226 7
  - Vereinbarungen über den VA 227 7 ff.
  - verfassungsrechtliche Bedenken Vor 225–226 5; 225 3
- Wertausgleich bei der Scheidung 226
  - Antragsberechtigung 226 2 f.
  - Antragszeitpunkt 226 4
  - grobe Unbilligkeit 226 6 ff.
    - erhebliches wirtschaftliches Ungleichgewicht 226 8a
  - Tod Antragsteller/Antragsgegner 226 12 ff.
  - Vorteilhaftigkeit 225 11 ff.
  - Wirksamkeit, rückwirkende 226 9 ff.
  - Bereicherungsausgleich zwischen Ehegatten 226 11

[Versorgungsausgleichssachen]
- Schutz Versorgungsträger vor Doppelleistungen 226 10f.
- Amtsverfahren, Wertausgleich bei der Scheidung 217 18; 223 1
- Antragserfordernis 217 18
  - für Ausgleichsansprüche nach der Scheidung 223 2
  - sonstige Versorgungsausgleichssachen 223 7ff.
- Anwaltszwang 217 20
- Ausgleichsansprüche nach der Scheidung 217 6ff.; 223
  - Antragserfordernis 223 2
  - auf Kapitalzahlung gerichtete Anrechte nach dem BetrAVG und dem AltZertG 223 7
  - Durchführung 223 5ff.
- Auskunftserteilung
  - Form 220 12f.
- Auskunftspflicht, verfahrensrechtliche
  - Durchsetzung, zwangsweise 220 26
  - Erben/Hinterbliebene 220 6ff.
  - gegenseitige der Ehegatten 220 5
    - Geltendmachung im isolierten Verfahren 220 5
    - Geltendmachung im Verbund 220 5
  - Formularzwang 220 13
  - Rechtsmittel 220 27
  - sonstige Stellen 220 11f.
  - Versorgungsträger 220 4, 10
    - Berechnung des Ehezeitanteils 220 15
    - Berechnung des korrespondierenden Kapitalwerts 220 15
    - Erklärung zur externen Teilung 220 21
    - Nachvollziehbarkeit der Berechnung 220 16
    - vertragliche und satzungsrechtliche Grundlagen 220 17
    - Vorschlag eines Ausgleichswerts 220 14
- Aussetzung
  - Anfechtbarkeit 221 15
  - Streit über Bestand und Höhe eines Anrechts 221 9, 10ff.
    - zwingend bei Anhängigkeit vor Fachgerichten 221 11
  - Streit über Höhe Ehezeitanteil, Kapital-, Ausgleichswert 221 9
- Beschwerde
  - Anschlussbeschwerde 228 5
  - Beschwerdeberechtigung 228 4
    - Ehegatten 228 4e
    - Versorgungsträger 228 4aff.
  - Mindestbeschwer 228
- Beteiligte 217 21
  - Ehegatten 219 5
  - Hinterbliebene/Erben 219 6ff.
  - Rechtsstellung 219 4a
- Versorgungsträger 219 3, 10ff.; 220 12
- elektronischer Rechtsverkehr 229
- Endentscheidung über den VA 224
  - Begründungspflicht 224 1, 8ff.
    - fehlende Ausgleichsreife 224 12ff.
    - Tenor 224 17
  - (Teil-)Ausschluss des VA 224 18ff.
    - Tenor 224 23f.
  - Wirksamkeit 224 2ff.
    - abgetrenntes Verfahren 224 5
    - Folgesache 224 6
    - isoliertes Verfahren 224 5
    - Teilanfechtung 224 7a
- Erörterungstermin
  - Ehegatten 221 1
  - Erben/Hinterbliebene 221 7
  - Versorgungsträger 221 1
  - Verzicht 221 6a
- externe Teilung
  - Anrechte aus öffentlich-rechtlichen Dienst-/Amtsverhältnissen 222 18ff.
  - Fristsetzung 222 5ff.
  - Durchführung 222 14ff., 22
    - Tenor 222 14
    - Verzinsungspflicht 222 14a
  - Voraussetzungen 222 6f.
  - Wahl der Zielversorgung 222 9, 11
    - Einverständniserklärung Zielversorgungsträger 222 12
    - Zustimmung Ausgleichspflichtiger 222 13
- internationale Versorgungsausgleichsverfahren 102 9ff.
- Katalog 217 5ff.
- Kosten/Gebühren 217 22
- Legaldefinition 217 1f.
- Mitwirkungsverpflichtung Ehegatten unmittelbar ggü. Versorgungsträgern 220 25ff.
- Nutzung eines elektronischen Übermittlungsverfahrens 229
- Übergangsvorschriften
  - des VersAusglG **Vor 217–230** 2ff.; **Anh 225–227**
  - für Altehen **Vor 217–230** 10
  - für das FamFG **Art. 111 FGG-RG** 10f.
    - Rechtsmittelverfahren **Art. 111 FGG-RG** 10f.
    - Verfahrenskostenhilfe **Art. 111 FGG-RG** 10
  - Vollmacht **Art. 111 FGG-RG**
- für die Abänderung von Altentscheidungen **Anh 225–227**
  - Auskunftspflicht des Versorgungsträgers **Anh 225–227** 20ff.
  - Begünstigungerfordernis **Anh 225–227** 18
  - Durchführung **Anh 225–227** 16f., 19ff.
  - Erstattung von Beitragszahlungen **Anh 225–227** 24f.

- Wesentlichkeitsgrenze **Anh 225–227** 4f., 7, 11
- vergessene/verheimlichte Anrechte **Anh 225–227** 6a
- Wertänderung durch nachträgliche Anrechtsänderung **Anh 225–227** 6
- Wertänderung durch Wertverzerrungen bei Dynamisierung **Anh 225–227** 8ff.
- Verbund **217** 19
- Verfahrensaussetzung **21** 7
- Zuständigkeit
  - internationale **218** 3
    - Anknüpfung **102** 7
    - Verbundzuständigkeit **102** 6
    - vorrangiges Gemeinschafts- und Konventionsrecht **102** 4ff.
  - örtliche **218**
    - Gericht der Ehesache **218** 5f.
    - Abgabe **218** 9
    - Anhängigkeit Ehesache **218** 7f.
    - Gericht des gemeinsamen gewöhnlichen Aufenthalts **218** 11ff.
    - nachrangige Zuständigkeitsregelungen **218** 10ff.

Verwahrung von Sachen
- Verwahrerbestellung, Verfahren **410** 10f.
  - Beteiligte **412** 4
  - örtliche Zuständigkeit **411** 3
- Verwahrervergütung/-aufwendungen, Festsetzung **410** 11

Verwahrung von Verfügungen von Todes wegen 346 f.
s. dort

Verweisung
- Anwendungsbereich **3** 4ff.
- Familiengericht an fG-Abteilung **111** 56
- Familiengericht an Landgericht **111** 58
- Familiengericht an Prozessabteilung **111** 50ff.
- in Ehe- und Familienstreitsachen **3** 10
- Kosten **3** 29
- Rechtsfolge
  - Anfechtbarkeit **3** 22f.
  - Anhängigkeit **3** 21
  - Bindung **3** 24ff.; **111** 61ff.
- Rechtswegverweisung **3** 8f.
- Rück- oder Weiterverweisung **111** 63
- Verfahren
  - Bestimmung des zuständigen Gerichts **3** 15f.
  - erstinstanzliches Verfahren **3** 18
  - Rechtsmittelinstanz **3** 19
  - Unanfechtbarkeit **3** 20
  - Zuständigkeit mehrerer Gerichte **3** 17
- Voraussetzungen
  - Anhängigkeit bei angerufenem Gericht **3** 11
  - Unzuständigkeit **3** 13
  - Veranlassung **3** 14

Videokonferenz
- Erörterungstermin **32** 28ff.

Vollmacht
- Kraftloserklärung **Vor 433** 6
- Registervollmacht **378**
- Verfahrensvollmacht, Vorsorgevollmacht, s. dort

Vollstreckbarerklärung ausländischer Entscheidungen
- Exequatur, Begriff **110** 1
- Exequaturverfahren, Entbehrlichkeit **110** 2ff., 13ff.
- Vollstreckbarerklärungsverfahren **110** 16ff.
  - Anwendungsbereich **110** 16f.
  - Prozessvergleiche **110** 17
  - Schmerzensgeldansprüche nach ausländischem Scheidungsrecht **110** 16
  - vollstreckbare Urkunden **110** 17
- besondere **110** 6ff.
  - Brüssel I-VO, LugÜ **110** 6
  - Brüssel IIa-VO **110** 8ff.
  - EuErbVO **110** 12a
  - EuUntVO **110** 6
  - MSA, KSÜ, HErwSÜ **110** 11
  - Sonderregeln für Unterhaltstitel **110** 7
  - SorgeRÜ **110** 12
- Entscheidung **110** 26f.
- Kosten **110** 28
- Prüfung **110** 22ff.
- Unterbringungsanordnung **110** 3
- Verfahren **110** 20f.
- Verhältnis zu anderen Rechtsbehelfen **110** 29
- Zuständigkeit **110** 18f.
- Vollstreckbarkeit ohne Vollstreckungserklärung **110** 2ff., 13ff.
- vorrangiges Gemeinschafts- und Konventionsrecht **110** 2ff.

Vollstreckung
- Abstammungssachen, s. i.Ü. dort **96a**
- allgemeine Vollstreckungsvoraussetzungen **86** 6ff.
  - Vollstreckungstitel **86** 13ff.
    - Bestimmtheit **86** 7ff.
    - Beschluss, gerichtlicher **86** 14ff., 18f.
    - Vergleich, gerichtlich gebilligter **86** 15ff.
    - weitere iSd. § 794 ZPO **86** 17
    - Zustellung **86** 6; **87** 8f.
  - Vollstreckungsklausel
    - Erforderlichkeit **86** 20ff.
    - Rechtsmittel gegen Erteilung **86** 24
    - Verfahren der Erteilung **86** 23
    - Vollstreckung durch anderes Gericht **86** 21
    - Vollstreckung durch Gerichtsvollzieher **86** 21

Sachregister

[Vollstreckung]
- Vollstreckung einstweilige Anordnung 86 22
- zweite vollstreckbare Ausfertigung 86 25
- Vollstreckbarkeit 86 18 ff.
- Ehe- und Familienstreitsachen 86 4; 120
- Ehewohnungssachen 87 9; 96 6 ff.
  - Haushaltssachen 87 9
- Einstellung
  - Beschwerdeinstanz 93 3a
  - dauerhafte 93 4 ff.
  - einstweilige 93 2, 4a
  - Rechtsmittel 93 3b
  - Zuständigkeit 93 3
- einstweilige Anordnung 86 22; 87 9
- Gewaltschutzsachen 86 9; 87 9; 96
  - Hinzuziehung Gerichtsvollzieher 96 2 ff.
- Herausgabe von Personen, s. i.Ü. dort 88 ff.
- Kindschaftssachen 86 15 f.
- Rechtsmittel 87 12 ff.; 89 21; 92 8
- Umgangsregelung, s. i.Ü. dort 87 5; 88 ff.
- Verfahren
  - Einleitung 87 2 ff.
  - Entscheidung 87 7
    - Anfechtbarkeit 87 12 ff.
    - Kostenentscheidung 87 16
  - Gerichtsvollzieher, Befugnisse 87 10 f.
  - Zuständigkeit
    - örtliche 87 6
    - sachliche 87 14
- Zwischenentscheidungen, s. i.Ü. dort 86 5

Vollstreckung nach ZPO
- Anwendungsbereich 95 1 f.
  - Abgabe einer Willenserklärung 95 19 f.
  - Erzwingung von Duldungen und Unterlassungen 95 14 ff.
  - Herausgabe von Sachen 95 4 f.
  - Vollstreckung wegen Geldforderung 95 3 f.
  - Vornahme einer Handlung 95 5 ff.
- Ausschluss vor Eintritt der Rechtskraft 95 23 ff.
- Drittwiderspruchsantrag 95 21
- Ehe- und Familienstreitsachen, s. i.Ü. dort 120
- einstweilige Einstellung 95 25
- Entscheidung durch Beschluss 95 22
- in Ehesachen 86 1, 4; 95 2, 31
- in Familienstreitsachen 86 1, 4; 95 2, 27 ff.
- nicht zu ersetzender Nachteil 95 23 ff.
- Vollstreckungsgegenantrag 95 21
- Vollstreckungsvoraussetzungen 95 2 a f.
- Zwangsmittel
  - Zwangsgeld 95 8, 26
  - (Ersatz-)Zwangshaft 95 9, 26

Vollstreckung, Entscheidungen über die Herausgabe von Personen
- Anwendung unmittelbaren Zwangs 89 5 a ff.; 90
- Anordnung durch Beschluss 90 3b
- Ermessen, gerichtliches 90 3a
- gegen Kind 90 4a ff.
- Rechtsmittel 90 6
- Verhältnismäßigkeit 90 2
- Vollstreckungsauftrag an Gerichtsvollzieher 90 4
- Anwendungsbereich 88 1a, 1c
- Durchsuchungsbeschluss 91
  - Rechtsmittel 91 9
- Eidesstattliche Versicherung 94
- Einstellung 93
- Grundsätze 88
- Hinweis, gerichtlicher auf Folgen der Zuwiderhandlung 89 10 ff.
- Kostenentscheidung 92 4 f.
- Ordnungsmittel 89
  - Ordnungsgeld 89 12
  - Ordnungshaft 89 5, 13; 91 6
  - Rechtsmittel 89 21
  - wiederholte Festsetzung 89 20
- Unterstützung durch Jugendamt 88 5; 90 2
- Verschuldensvermutung 89 14 ff.
- Vollstreckungsverfahren 92
  - Anhörung 92 2 ff.
  - Rechtsmittel 92 8
- Zuständigkeit
  - funktionelle 88 4
  - örtliche 88 2 ff.
  - sachliche 88 4
- Zuwiderhandlung gegen Titel 89 7b

Vollstreckung, Regelung des Umgangs
- Anwendung unmittelbaren Zwangs 89 5 a ff.; 90
- Anordnung durch Beschluss 90 3b
- Ermessen, gerichtliches 90 3a
- gegen Kind 90 4a
- Rechtsmittel 90 6
- Verhältnismäßigkeit 90 2
- Anwendungsbereich 88 1a, 1c
- Bestimmtheit des Titels 89 7
- Durchsuchungsbeschluss 91
  - Rechtsmittel 91 9
- Einstellung 93
- Grundsätze 88
- Hinweis, gerichtlicher auf Folgen der Zuwiderhandlung 89 10 ff.
- Kostenentscheidung 92 4 f.
- Ordnungsmittel 89
  - gerichtliches Ermessen 89 8 f.
  - Ordnungsgeld 89 12
  - Ordnungshaft 89 5, 13; 91 6
  - Rechtsmittel 89 21
  - wiederholte Festsetzung 89 20
- Schadensersatzansprüche 89 5c
- Unterstützung durch Jugendamt 88 5

- Verschuldensvermutung 89 14 ff.
  - Einwirken auf Kind 89 16 ff.
- Vollstreckungsverfahren 92
  - Anhörung 92 2 ff.
  - Rechtsmittel 92 8
- Vermittlungsverfahren 92 6 f.
- Zuständigkeit
  - funktionelle 88 4
  - örtliche 88 2 ff.
  - sachliche 88 4
- Zuwiderhandlung gegen Titel 89 7b ff.

Vollstreckung, Zwischenentscheidungen
- Abwendungsbefugnis 35 16a
- Amtsverfahren 35 6
- Androhung 35 12
- Anordnung der Wegnahme einer Sache 35 17 f.
- Antragsverfahren 35 6
- Beschluss (mit Kostenausspruch) 35 19
- Beschwerde, sofortige 35 20
- Beugemittel 35 8
- Ersatzvornahme vertretbarer Handlung 35 17 f.
- Hinweis auf Folgen der Zuwiderhandlung 35 13
- schuldhaftes Verhalten 35 9
- vollstreckbarer Inhalt 35 4 f.
- zur Vornahme oder Unterlassung einer Handlung 35 3
- Zuständigkeit 35 11
- Zwangsgeld 35 7
  - Höhe 35 14
  - Vollstreckung 35 15
  - wiederholte Festsetzung 35 10
- Zwangshaft 35 7
  - Haftbefehl 35 16
  - Richtervorbehalt 35 11
  - Verhaftung 35 16
  - Vollzug 35 16

Vormundschaft
- Abgabe, grenzüberschreitende 99
- als Kindschaftssache 151 9; 269 12
- Bescheinigung über Eintritt in Adoptionssachen 190
- Kosten 22 **FamGKG**
- Vergütung des Vormunds
  - Aufwendungsersatz 168 2 f.; 277 9
  - Festsetzung 168 2 ff.
  - VBVG 277 25

Vorrang- und Beschleunigungsgebot
s. unter Kindschaftssachen

Vorsorgebevollmächtigter
- Beschwerderecht 11 27
  - in Unterbringungssachen 335 8
- Beteiligter in Betreuungssachen 274 22 ff.

Vorsorgevollmacht
- Herausgabe Abschrift 285
- Hinweis des Gerichts auf 279 25

Vorstand
- Bestellung fehlender Mitglieder 375 7

Wechsel
- Aufgebotsverfahren zur Kraftloserklärung **Vor** 466 2

Weitere fG-Angelegenheiten
- Begriff **Vor** 410–414 1
- Katalog
  - Bestellung eines Verwahrers 410 10 f.
  - Pfandverkauf 410 12 f.
  - Sachverständigenernennung usw. zur Zustands-/Wertfeststellung 410 8 f.
  - Verfahren auf Abgabe einer eidesstattlichen Versicherung 410 2 ff.
- Verfahren
  - Abgabe einer eidesstattlichen Versicherung 410 2 ff.; 413
  - allgemeine Verfahrensvorschriften **Vor** 410–414 5 f.
  - Anfechtbarkeit 414
  - Beteiligte 412
  - Zuständigkeit
    - funktionelle 414 4
    - örtliche 411

Wiederaufnahme
- in Abstammungssachen 185
- in Ehe- und Familienstreitsachen 118
- und Einstellung der Vollstreckung 93 2
s.a. unter Beschluss, Wiederaufnahme 48

Wiedereinsetzung
- Anhörungsrüge 19 13
- Anwaltszwang 18 13 f.
- anwaltliches Verschulden
  - Adressierung 17 23c
  - Ausgangskontrolle 17 23d
  - Büroorganisation 17 23a
  - Einzelanweisungen 17 23e
  - Fristenkalender 17 23b
  - Fristkontrolle 17 23f
  - Rechtsirrtum 17 24
  - Telefaxversendung 17 23h
- Anwendungsbereich 17 9 ff.
  - Versäumung gesetzlicher Fristen 17 9
  - Versäumung richterlicher Fristen 17 9
  - Widerrufsfristen in Vergleichen 17 9
- Aufgebotssachen 439
- Behörde 17 26
- Bewilligung, Unanfechtbarkeit 19 6 f.
- Definition 17 7
- Ehe- und Familienstreitsachen 17 4; 18 3
- elektronisches Dokument 17 23i
- Entscheidung über Wiedereinsetzung 19
  - Anfechtbarkeit 19 6 ff.
  - Verfahren 19 5 f.
  - Zuständigkeit 19 2 ff.
- Falschbezeichnung 17 8a
- fehlende/fehlerhafte Rechtsbehelfsbelehrung 17 1, 27 ff.
- Kausalität 17 31
- Vermutung fehlenden Verschuldens 17 29 f.
- Genehmigung eines Rechtsgeschäfts 17 5

[Wiedereinsetzung]
- Kosten/Gebühren 19 14
- Meistbegünstigung 17 8b
- Nachholung versäumter Rechtshandlung 18 19 ff.
  - Antragstellung/Rechtsmitteleinlegung 18 19 f.
  - Rechtsbeschwerdebegründung 17 3; 18 21 ff.
- Rechtsbeschwerde 18 12, 14; 19 3
- schuldlose Fristversäumung 17 12 ff., 13
  - Einreichung bei unzuständigem Gericht 17 19 f.
  - Kausalität 17 17
  - persönliche Verhinderung 17 20
  - Postverkehr 17 18
  - Rechtsanwaltsverschulden 17 15 f., 23, 25 f.
  - Rechtsirrtum 17 24 ff.
  - Unkenntnis 17 21
    - Ersatzzustellung 17 21
  - Verfahrenskostenhilfe 17 22
  - Verhinderung 17 12
  - Verschulden
    - Beteiligter/Antragsteller 17 14
    - Verfahrensbevollmächtigter 17 15 f.
    - Vertreter 17 15
  - Weiterleitung im ordentlichen Geschäftsgang 17 19; 25 17 ff.
- Teilungssachen 19 7a; 367; 368 35; 372 2
- und Einstellung der Vollstreckung 93 2
- Verfahren
  - Antrag 18 4 ff.; 19 4
    - Form 18 8 ff.
    - Beschwerdefrist 18 11
    - Rechtsbeschwerdefrist 18 12 ff.
    - Gericht 18 9
    - Inhalt 18 15 ff.
    - Wiedereinsetzungsfrist 18 4
    - Glaubhaftmachung 18 18
  - Versagung
    - Anfechtbarkeit 19 8 ff.
    - Betreuungs- und Unterbringungssachen 19 11 f.
    - Freiheitsentziehungssachen 19 11 f.
    - Zulassung des Rechtsmittels 19 9
    - Zwischenentscheidungen 19 13
- von Amts wegen 18 28 f.
- Widerrufsfristen 36 11
- Wiedereinsetzungsfrist 18 4 ff.

Wirksam bleibendes Rechtsgeschäft
s. unter Rechtsgeschäft, Wirksambleiben 47

Wirksamwerden eines Beschlusses
s. unter Beschluss, Wirksamwerden 40

Wohnsitz
- Begriff **Vor 98–106** 25
- Domizilwille 343 21 ff.
- Erblasser 343 8 ff.
- exterritoriale Deutsche 343 27 ff.
- Frauenhaus 343 25
- Hospiz 343 23
- mehrfacher 343 47 ff.
- minderjährige Kinder 343 41 ff.
- nicht voll Geschäftsfähige 343 26
- Niederlassen 343 14 ff.
- Ordensangehörige 343 17
- Pflegeheim 343 23
- Soldat 343 38 ff.
- Strafgefangene 343 20
- Student 343 24
- Verschollene 343 35
- Wehrpflichtige 343 19

Wohnungsdurchsuchung
- Duldungspflicht der Mitbewohner 91 7
- zum Zweck der Vollstreckung 87 10; 91 2 ff.

Wohnungseigentümergemeinschaft
- Beteiligtenfähigkeit 8 14
- Verfahrensfähigkeit 9 23

Wohnungszuweisung
- Vollstreckung durch Räumung 95 4; 96 5, 6 ff.
- mehrfacher Vollzug einstweiliger Anordnung 96 8
- s. a unter Ehewohnungs-, Gewaltschutzsachen

Zentrale Adoptionsstelle
- Anhörung bei Auslandsadoptionen 195

Zentrales Testamentsregister
- Mitteilungspflichten über die Verwahrung 347
- Testamentsregister-Verordnung 347 Anh 4
- Testamentsverzeichnis-Überführungsgesetz 347 Anh 3

Zeugenbeweis 26 44b
- Kind in Kindschaftssachen 163 32
- Verzicht auf Beeidigung 113 23

Zollkriminalamt
- zuständige Behörde in Freiheitsentziehungssachen 417 2

ZPO-Vorschriften, Anwendbarkeit 113
- Anerkenntnis 113 33
- Antragsverzicht/-rücknahme 113 34
- Antragsänderung 113 24 ff.
- Arrest 119 5 ff.
- Ausschließung und Ablehnung von Gerichtspersonen 113 13
- Beschleunigungsgrundsatz 113 29 ff.
- Geständnis 113 15, 23
- Ladungen, Termine, Fristen 113 14
- Mahnverfahren 113 19, 20
- Rechtsmittelverzicht 113 36
- schriftliches Vorverfahren 113 15, 29; 115 9
- Terminologie 113 37 ff.
- Terminverlegung 113 21
- Urkunden- und Wechselprozess 113 19, 20
- Urteilsvorschriften 116 16 ff.

- Vergleich 113 32, 35
- Vorschriften über die mündliche Verhandlung 113 14
- Vorschriften über Verfahren bis zum Urteil 113 15
- Zurückweisung von Angriffs- und Verteidigungsmitteln 113 15
- Zuständigkeit 113 12
- Zustellung 113 14

Zulassungsbeschwerde
s. unter Beschwerde 61

Zurückweisung verspäteten Vorbringens
- Angriffs- und Verteidigungsmittel 115 7
- Ehesachen 115 8
- Familienstreitsachen 115 9
- grobe Nachlässigkeit 115 11
- richterliche Hinweispflicht 115 6
- richterliches Ermessen 115 12
- Verzögerung 115 10

Zuständigkeit
- Abgabe, s. dort
- Familiengericht 111 45 ff.
  - Überleitung innerhalb des Amtsgerichts 111 50 f.
    - Verhältnis Familiengericht/fG-Abteilung 111 56
    - Verhältnis Familiengericht/Prozessabteilung 111 50 ff.
  - Überleitung zwischen verschiedenen Gerichten 111 57
- funktionelle, internationale, örtliche, sachliche, s. dort
- gerichtliche Bestimmung, s. unter Zuständigkeitsbestimmung
- und Geschäftsverteilung 2 17
- und Rechtsweg 2; 3 8 f.
- Verweisung, s. dort

Zuständigkeit, Fürsorgezuständigkeit
- Abstammungssachen 100 6
- betreuungsrechtliche Zuweisungssachen 341 2
- Betreuungssachen 272 19 ff.
- Kindschaftssachen 99 36; 152 9
- Pflegschaft für Erwachsene 104 19

Zuständigkeit, funktionelle
- Abstammungssachen 170 8
- Adoptionssachen 186 35
- Begriff 2 15
- Betreuungssachen 271 23 ff.
- Erbscheinsverfahren 352 7
- Güterrechtssachen 261 53 f.
- Kindschaftssachen 152 27
- Nachlasssachen 343 142 ff.; 344 19; 360 5
- Registersachen, Zwangsverfahren 388 33
- sonstige Familiensachen 266 4
- Teilungssachen 363 7 ff.; 373 4
- Unterhaltssachen 231 46; 250 18
- Verweisung 3 8 f.; 5 23
- weitere Angelegenheiten der fG 414 4

Zuständigkeit, internationale
- Abänderung, Annexkompetenz **Vor 98–106** 15 f.
- Abgabe, grenzüberschreitende **Vor 98–106** 58
- Abgrenzung Entscheidungs-/Anerkennungszuständigkeit **Vor 98–106** 2 f.
- Abgrenzung Kollisions-/Zuständigkeitsrecht **Vor 98–106** 35 f.
- Abstammungssachen **100**
  - Anknüpfung 100 4 ff.
  - Doppelfunktionalität 105 9
  - vorrangiges Gemeinschafts- und Konventionsrecht 100 3
- Adoptionssachen **101**
  - Anknüpfung
  - Begriff der Adoptionssache 101 8 ff.
  - Doppelfunktionalität 105 11 ff.
  - vorrangiges Gemeinschafts- und Konventionsrecht 101 3 ff.
- Anknüpfung
  - Aufenthalt **Vor 98–106** 21 ff.
    - gewöhnlicher **Vor 98–106** 21 ff.
    - schlichter **Vor 98–106** 24
    - Aufenthalt/Wohnsitz **Vor 98–106** 25
  - Gerichtsstandsvereinbarungen **Vor 98–106** 31a
  - Staatsangehörigkeit **Vor 98–106** 26 ff.
    - ausländische **Vor 98–106** 30
    - deutsche **Vor 98–106** 26
    - Mehrstaater **Vor 98–106** 28
    - Staatenlose **Vor 98–106** 31
  - Anknüpfungsmomente **Vor 98–106** 20 ff.
- Annexkompetenz
  - zur Abänderung **Vor 98–106** 15 f.
  - zur Wiederaufnahme **Vor 98–106** 16
- Auffangzuständigkeit **105**
- Aufgebotssachen
  - Doppelfunktionalität 105 30
- Ausschließlichkeit **106**
- Betreuungs- und Unterbringungssachen, Pflegschaft für Erwachsene **104**
  - Anknüpfung 104 23 f.
  - Anwendungsbereich 104 4 ff.
  - Erwachsenenschutz 104 8 ff., 27 ff.
  - Fürsorgezuständigkeit 104 19 ff.
  - grenzüberschreitende Verfahrenskoordination 104 25
  - Kindesschutz 104 22
  - Restzuständigkeiten dt. Gerichte 104 16 ff.
  - Unterbringung, freiheitsentziehende Volljähriger 104 26
  - vorrangiges Gemeinschafts- und Konventionsrecht 104 8 ff.
- Doppelfunktionalität, Grundsatz 105 1
- Ehesachen **98**
  - Anknüpfung 98 32
  - Doppelfunktionalität 105 6
  - Ehebegriff 98 5, 33

[Zuständigkeit, internationale]
- Verbundszuständigkeit 98 39 ff.
  - Grundlagen 98 39
  - Ehewohnungs- und Haushaltssachen 98 48
  - Güterrechtssachen 98 50
  - Sorge-, Umgangsrecht, Kindesherausgabe 98 52
  - Unterhalt 98 46
  - Versorgungsausgleich 98 44
- Vorrang der Brüssel IIa-VO 98 3 ff., 20 ff.
  - Eilzuständigkeiten 98 31
  - Restzuständigkeiten 98 29 f.
  - Zuständigkeit anderer Mitgliedstaat 98 23
  - Zuständigkeit Forumstaat 98 21
  - Zuständigkeit kein Mitgliedstaat 98 27
- Ehewohnungs- und Haushaltssachen 105 11 f.
  - Doppelfunktionalität 105 11
- einstweiliger Rechtsschutz Vor 98–106 17
- Entscheidungszuständigkeit Vor 98–106 2
- Ermittlung ausländischen Rechts 26 18 ff.; Vor 98–106 43 f.
- forum non conveniens Vor 98–106 8
- forum shopping Vor 98–106 13 f.
- Freiheitsentziehungssachen
  - Doppelfunktionalität 105 29
- Gewaltschutzsachen
  - Doppelfunktionalität 105 13 f.
- grenzüberschreitende Verfahrensabgabe Vor 98–106 58; 99 40 ff.
- Güterrechtssachen
  - Doppelfunktionalität 105 17 f.
- Kindesentführung, internationale 99 23 ff.
- Kindschaftssachen 99; 152 28 ff.
  - Anknüpfung 99 35
  - Begriff der Kindschaftssache 98 33
  - Doppelfunktionalität 105 7 f.
  - Fürsorgezuständigkeit Vor 98–106 12; 99 36
  - grenzüberschreitende Verfahrenskoordination 99 40 ff.
  - internationale, Verbundszuständigkeit 99 32
- Kindesentführung 98 23
- Restzuständigkeiten dt. Gerichte 99 18 f.
- Verbundszuständigkeit 98 32
- Vorrang der Brüssel IIa-VO 99 4 ff.
  - Gerichtsstände 98 13
  - Restzuständigkeit 98 18
- Lebenspartnerschaftssachen 103
  - Anknüpfung 103 6 ff.
  - Begriff 103 6 ff.
  - Doppelfunktionalität 105 21

- Verbundszuständigkeit 103 11 ff.
  - Grundlagen 103 11
  - Güterrechtssachen 103 18
  - Sorge-, Umgangsrecht, Kindesherausgabe 103 20
  - Unterhalt 103 14
  - Versorgungsausgleich 98 44; 103 12 f.
  - Wohnungszuweisungs- und Haushaltssachen 103 16
- Versorgungsausgleich 102 8; 103 13
- vorrangiges Gemeinschafts- und Konventionsrecht 103 4
- maßgeblicher Zeitpunkt Vor 98–106 9 f.
- Nachlass- und Teilungssachen 343 152 ff.
  - Doppelfunktionalität 105 24 f.
  - Erbausschlagung 343 171 ff.; 344 75 ff.
- Notzuständigkeit Vor 98–106 18 f.
  - Forum necessitatis Vor 98–106 18
- Parallelverfahren im Ausland Vor 98–106 47 ff.
  - antisuit injunctions Vor 98–106 56
  - Ehe- und Familienstreitsachen Vor 98–106 52
  - gleicher Streitgegenstand Vor 98–106 49
  - Kindschaftssachen Vor 98–106 50a
  - Nachlasssachen Vor 98–106 48
  - Unterhaltssachen Vor 98–106 48
  - Vormundschafts-/Betreuungs-/Unterbringungs-/Pflegschaftssachen Vor 98–106 54
- perpetuatio fori Vor 98–106 11 f.
  - in Fürsorgeangelegenheiten Vor 98–106 12
- Pflegschaft für Erwachsene 104
  - Anknüpfung 104 23 f.
  - Anwendungsbereich 104 4 ff.
  - Doppelfunktionalität 105 23
  - Erwachsenenschutz 104 8 ff., 27 ff.
  - Fürsorgezuständigkeit 104 19 ff.
  - grenzüberschreitende Verfahrenskoordination 104 25
  - Restzuständigkeiten dt. Gerichte 104 16 ff.
  - Unterbringung, freiheitsentziehende Volljähriger 104 26
  - vorrangiges Gemeinschafts- und Konventionsrecht 104 8 ff.
- Prüfung im Verfahren Vor 98–106 4 ff.
- Registersachen und unternehmensrechtliche Verfahren
  - Doppelfunktionalität 105 26 f.
- sonstige Familiensachen
  - Doppelfunktionalität 105 19 f.
- Trennungsverfahren nach ausländischem Recht Vor 98–106 41; 98 32
- Unzuständigkeit, wesenseigene dt. Gerichte Vor 98–106 34
- Verbund von Scheidungs- und Folgesachen 98 39 ff.

- Versorgungsausgleichssachen 102
  - Anknüpfung 102 7
  - Doppelfunktionalität 105 15
  - Verbundszuständigkeit 102 6
  - vorrangiges Gemeinschafts- und Konventionsrecht 102 4 ff.
- weitere Angelegenheiten der fG
  - Doppelfunktionalität 105 28
- Wiederaufnahme, Annexkompetenz **Vor 98–106** 16
- Zuständigkeitsverweisung **Vor 98–106** 19, 59

Zuständigkeit, örtliche
- Auffangzuständigkeiten des Amtsgericht Schöneberg in Berlin, s. dort
- in Abstammungssachen 170
- in Adoptionssachen 187
- in Betreuungssachen 272
- in Ehesachen 113 12; 122
- in Ehewohnungs- und Haushaltssachen 201
- in Familienstreitsachen 113 12
- in Freiheitsentziehungssachen 416
- in Gewaltschutzsachen 211
- in Güterrechtssachen 262
- in Kindschaftssachen 152 9 ff.
- in Nachlass- und Teilungssachen 343
- in Registersachen und unternehmensrechtlichen Verfahren 377
- in sonstigen Familiensachen 267
- in Unterbringungssachen 313
- in Unterhaltssachen 232
- in Versorgungsausgleichssachen 218
- in weiteren Angelegenheiten der fG 411
- Familiengericht in Familiensachen 111 49
- gewöhnlicher Aufenthalt 2 12
- Grundsatz der Doppelfunktionalität 105 1
- Kraftloserklärung von Urkunden 466
- perpetuatio fori 2 29
- Regelung 2 8
- Vereinbarung 2 13
- Vorgriffszuständigkeit 2 18 ff.
  - mehrere örtlich zuständige Gerichte 2 19
  - zuerst befasstes Gericht 2 20 ff.
- Wirksamkeit von gerichtlichen Handlungen 2 33 ff.

Zuständigkeit, sachliche
- Abstammungssachen 170 8
- Begriff 2 7
- Betreuungssachen 272 2
- Ehesachen 113 12
- Familiensachen 111 46
- Familienstreitsachen 113 12; 231 39
- Gewaltschutzsachen 211 1
- Kindschaftssachen 152 26
- Lebenspartnerschaftssachen 269 6a
- Nachlasssachen 343 129 ff.
- Regelung des § 23 GVG 2 8

- sonstige Familiensachen 266 26
- Teilungssachen 363 4 ff.
- unternehmensrechtliche Verfahren 375 1; 376 2 f.
- Vereinbarung 2 9

Zuständigkeitsbestimmung
- Analogie zu § 36 ZPO 5 32a
- Anwendungsbereich 5 4 ff.
  - Ehe- und Familienstreitsachen 5 7
  - Verhältnis zu GVG und ZPO 5 8
- Rechtsfolgen
  - Anfechtung 5 40
  - Anhängigkeit 5 38
  - Bindung 5 39
- Verfahren
  - Einleitung 5 33
  - Entscheidung 5 37
  - Kostenentscheidung 5 41
  - Zuständigkeit des bestimmenden Gerichts 5 34 ff.
- Voraussetzungen
  - Kompetenzkonflikt
    - negativer 5 23
    - positiver 5 18
  - Streit über Abgabe 5 25
  - Ungewissheit des Gerichtsbezirks 5 15
  - Verhinderung des Gerichts 5 10

Zuständigkeitskonzentration
- Adoptionssachen 101 16; 187 7 f.; 199 11
- Bayern 5 35
- weitere Beschwerde 5 35

Zustellung
- Auslandszustellung 15 46 ff.
  - EuZustVO 15 47 ff.
  - HZÜ 15 49 f.
- Ersatzzustellung
  - durch Einlegen in Briefkasten 15 41 ff.
  - in der Wohnung 15 36 ff.
  - in Gemeinschaftseinrichtungen 15 40
  - in Geschäftsräumen 15 39
- förmliche
  - Definition 15 26
  - Voraussetzungen 15 27
  - Zustellungsurkunde 15 26, 43
- gegen Empfangsbekenntnis 15 44 f.
- Heilung von Zustellungsmängeln 15 52 f.
- im Parteibetrieb 15 54
- öffentliche 15 51
- Notar 492 2
- von Amts wegen
  - an beschränkt Geschäftsfähige 15 31
  - an Bevollmächtigte 15 32
  - an gesetzlichen Vertreter 15 29 f.
  - an Rechtsanwälte und Notare 15 34
  - an Verfahrensbevollmächtigte 15 33 ff.
  - Betroffene in Betreuungs- und Unterbringungssachen 15 31
  - Minderjährige 15 20 f., 31

Zwangsmittel 35
- Zwangsgeld
  - Registerzwang 388; 391

Sachregister

[Zwangsmittel 35]
- Vollstreckung 95 8
- Vollstreckung zur Herausgabe einer Sache 95 26
- Vollstreckung zur Vornahme einer vertretbaren Handlung 95 26
- Zwangshaft
  - Vollstreckung 95 9
  - Vollstreckung zur Herausgabe einer Sache 95 26
  - Vollstreckung zur Vornahme einer vertretbaren Handlung 95 26

Zwangsmittel zur Vollstreckung von Zwischenentscheidungen
s. unter Vollstreckung, Zwischenentscheidungen 35

Zwangsvollstreckung
s. unter Vollstreckung

Zwischenentscheidung
- Anfechtbarkeit
  - nicht selbständig anfechtbare 58 16
    - Inzidentüberprüfung 58 16
  - Rechtsbeschwerde 58 18a
  - selbständig anfechtbare 58 17ff.
    - ausdrückliche Regelung 58 17
    - Beispiele 58 17
    - Instanzenzug 58 18
    - keine Inzidentüberprüfung 58 19
  - unanfechtbare 58 16
- Anhörungsrüge 44 2
- Entscheidungsform 38 37
- Ergänzung 43 3
- Rechtsbehelfsbelehrung 39 2
- Rechtskraft 45 3
  - Rechtskraftzeugnis 46 2
- Zwangsmittel, s. unter Vollstreckung, Zwischenentscheidungen 35

Prütting/Helms (Hrsg.), **FamFG**, 3. Auflage

- Hinweise und Anregungen: _____
_____
_____
_____
_____

- Auf Seite _____ § _____ Rz. _____ Zeile _____ von oben/unten

muss es statt _____
_____
_____

richtig heißen _____
_____
_____

Prütting/Helms (Hrsg.), **FamFG**, 3. Auflage

- Hinweise und Anregungen: _____
_____
_____
_____
_____

- Auf Seite _____ § _____ Rz. _____ Zeile _____ von oben/unten

muss es statt _____
_____
_____

richtig heißen _____
_____
_____

Absender

_____
_____
_____

Informationen unter **www.otto-schmidt.de**

So können Sie uns auch erreichen:
lektorat@otto-schmidt.de

Wichtig: Bitte immer den Titel des Werkes angeben!

Antwortkarte

Verlag Dr. Otto Schmidt KG
Lektorat
Gustav-Heinemann-Ufer 58
50968 Köln

Absender

_____
_____
_____

Informationen unter **www.otto-schmidt.de**

So können Sie uns auch erreichen:
lektorat@otto-schmidt.de

Wichtig: Bitte immer den Titel des Werkes angeben!

Antwortkarte

Verlag Dr. Otto Schmidt KG
Lektorat
Gustav-Heinemann-Ufer 58
50968 Köln